DICCIONARIO

ESPAÑOL-INGLÉS / INGLÉS-ESPAÑOL

SPANISH-ENGLISH/ENGLISH-SPANISH

DICTIONARY

LAROUSSE

DICCIONARIO
ESPAÑOL-INGLÉS
INGLÉS-ESPAÑOL

LAROUSSE

Enric Granados 84
08008 Barcelona

Dinamarca 81
México 06600 D.F.

17 Rue de Montparnasse
75298 París Cedex 06

Valentín Gómez 3530
1191 Buenos Aires

© Larousse, 1995

"D. R." © 1996, por Ediciones Larousse S. A. de C. V.
                    Dinamarca núm. 81, México 06600, D. F.

ISBN 2-03-451338-X (Larousse, París)
ISBN 2-03-420280-5 (Larousse Kingfisher Chambers Inc., Nueva York)
ISBN 2-03-430240-0 (Larousse plc, Londres)
ISBN 970-607-584-4 (Ediciones Larousse, México)

Library of Congress Catalog Card Number 95-76556

PRIMERA EDICIÓN

Impreso en México — Printed in Mexico

LAROUSSE

ENGLISH-SPANISH
SPANISH-ENGLISH
DICTIONARY

LAROUSSE

Enric Granados 84   Dinamarca 81   17 Rue de Montparnasse   Valentín Gómez 3530
08008 Barcelona   México 06600 D.F.   75298 París Cedex 06   1191 Buenos Aires

Realizado por/Produced by
LAROUSSE

Dirección de la obra/General Editor
ELVIRA DE MORAGAS

Redacción/Editors

JOAQUÍN BLASCO   VICTORIA ORDÓÑEZ
ANNA JENÉ   EDUARDO VALLEJO
SALUT LLONCH   STEPHEN WALLER

con/with

MONTSERRAT ALBERTE   WENDY LEE
VICTORIA ALONSO   SUZANNE MCNAMEE
ISABEL FERRER   Mª ANTÒNIA RODRÍGUEZ
ISABEL GARCÍA   FRANCESC REYES
CARMEN GONZÁLEZ   ANNA SERRA
MARGARET JULL COSTA   NÚRIA VILANOVA

Secretaria de edición/Copy Preparation
JUDITH MEDALL

Informática Editorial/Data Management
GABINO ALONSO   MARION PÉPIN
JOCELYNE REBENA

A NUESTROS LECTORES

Este DICCIONARIO LAROUSSE ESPAÑOL-INGLÉS, INGLÉS-ESPAÑOL es una nueva obra destinada a estudiantes, universitarios, profesores y a todos aquellos que, o bien usan el inglés en el trabajo, o bien quieren perfeccionar sus conocimientos de este idioma. Con esta nueva aportación a la renovada gama de diccionarios Larousse inglés-español, la editorial, cumpliendo con sus consignas de calidad y constante actualización, quiere responder a las necesidades del usuario de hoy en día.

Elaborada por un equipo internacional de lexicógrafos, los principales objetivos de esta obra han sido presentar un amplio lemario, hacer que el usuario pueda localizar fácilmente la información y que ésta sea correcta y fiable.

Las palabras y expresiones que figuran en el diccionario reflejan la variedad y riqueza de la lengua. Se han tratado con especial atención nombres propios y nombres geográficos, siglas y abreviaturas de uso común así como vocabulario específico de informática y economía. Los americanismos, tanto del español como del inglés, han sido objeto de un tratamiento privilegiado que da a esta obra una auténtica dimensión internacional.

La organización de los artículos y la tipografía están pensados para facilitar la localización de ejemplos y locuciones. Las diferencias de sentido y de niveles de lengua están claramente indicados para ayudar en la búsqueda de la traducción más apropiada. El usuario podrá encontrar gran cantidad de ejemplos con su pertinente traducción procedentes de fuentes reales y que reflejan el uso que los hablantes hacen hoy de la lengua.

En cuanto a las traducciones, éstas aparecen de manera clara y contextualizada. Cabe destacar, además, la incorporación en este diccionario de glosas explicativas en aquellos casos en los que resulta imposible dar una traducción directa o que por su significación cultural requieren algo más que una simple traducción lingüística.

Para atender a las necesidades específicas del usuario, hay en el diccionario unos módulos de uso fácilmente localizables en los que se da la información básica que un extranjero necesita saber en las situaciones más usuales. Estos módulos están organizados bajo temas ('correspondencia', 'felicitaciones', 'teléfono: al teléfono' etc) y se encuentran dentro del cuerpo del diccionario junto a la palabra del título. Así se amplía de forma práctica la información léxica de la entrada.

Este diccionario forma ya parte de nuestro ambicioso programa editorial para obras bilingües; un diccionario debe vivir al compás de su tiempo y nosotros somos conscientes de esto. Pero sabemos que todo es susceptible de mejora y es por esto, querido lector, que le animamos a participar en nuestra obra haciéndonos llegar sus sugerencias, sus comentarios, sus críticas; siempre serán bien recibidos.

EL EDITOR

To Our Readers

This LAROUSSE ENGLISH-SPANISH SPANISH-ENGLISH DICTIONARY is an entirely new work designed for students and teachers of Spanish at both school and university level, as well as for all those with an active interest in Spanish who use it regularly in the course of their work or leisure activities. Created by an international team of lexicographers, this book is the latest addition to the new range of Larousse Spanish-English dictionaries and seeks to maintain the same high standards set by our existing bilingual titles.

Our continuing aim has been to meet the three criteria that make for quality in dictionaries: comprehensiveness and relevance of coverage, ease of use, and reliability.

Lexical terms have been carefully chosen to reflect the variety and richness of Spanish and English as they are written and spoken today. Special attention has been paid to the coverage of geographical items and proper nouns, abbreviations and acronyms, and to essential fields such as business and computing. The text also reflects the international nature of the two languages; many Latin American terms are included, and users of American English will find that American vocabulary and usage are given generous treatment throughout.

The carefully structured layout and clear presentation of the dictionary text mean that set phrases and compounds are easy to identify. The various nuances of meaning and register of a word are clearly identified to avoid ambiguity and to make access to the appropriate translation as straightforward as possible. Every effort has been made to ensure that example sentences reflect authentic usage and that translations are accurate and up-to-date.

However, it is not just the linguistic meaning of words that can pose translation problems. Many words and expressions have a cultural resonance for which there is no equivalent in the other language, or which cannot be adequately conveyed by a translation alone. This dictionary places special emphasis on such 'culture-bound' items, using explanatory glosses or definitions to explain their full implications and relevance to the non-native speaker.

An additional feature of this dictionary is a practical guide to everyday usage. Sentences illustrating typical usage are grouped together in the A to Z text under topics and themes ('Letter writing', 'Congratulations', 'Telephone: Using the telephone' etc), enabling English users to express themselves more idiomatically in Spanish. As these topics are distributed alphabetically throughout the book, they are instantly accessible to the user and provide a useful complement to the information given in the actual dictionary entries themselves.

Language evolves and so does lexicography, and any good dictionary has a commitment to keep up to date with the changing needs of its users. The task of innovating and revising is an ongoing one, and we invite you, as users, to take part in this venture by sending us your comments and criticisms. With your help we hope to set new standards in language reference.

THE PUBLISHER

ABBREVIATIONS USED IN THIS DICTIONARY
ABREVIATURAS UTILIZADAS EN ESTE DICCIONARIO

Las etiquetas que se escriben enteras no figuran en esta lista
Labels that are always written in full are not included in this list

abbreviation	*abbr/abrev*	abreviatura
adjective	*adj*	adjetivo
adjective used only in feminine form	*adj f*	adjetivo femenino
demonstrative adjective	*adj demos*	adjetivo demostrativo
possessive adjective	*adj poses*	adjetivo posesivo
adverb	*adv*	adverbio
American English	*Am*	inglés americano
Latin American Spanish	*Amér*	español latinoamericano
before noun –indicates that the translation is used attributively, i.e. directly before the noun which it modifies	*antes de sust*	antes de sustantivo –indica que la traducción se utiliza antepuesta al sustantivo al que modifica
archaic	*arch*	arcaico
article	*art*	artículo
definite article	*art det*	artículo determinado
Australian English	*Austr*	inglés australiano
auxiliary verb	*aux vb*	verbo auxiliar
British English	*Br*	inglés británico
Canadian English	*Can*	inglés canadiense
compound-forming noun –shows noun headword used as a noun modifier, e.g. *computer* in *computer course* *law* in *law degree*	*comp*	–sustantivo antepuesto a otro sustantivo con el cual forma un compuesto p. ej. *computer* en *computer course* *law* in *law degree*
comparative	*compar*	comparativo
conjunction	*conj*	conjunción
continuous	*cont*	continuo
contraction	*contr*	forma contracta
compounds	*cpds*	compuestos
definite article	*def art*	artículo determinado
pejorative	*despec*	despectivo, peyorativo
dated	*desus*	desusado
especially	*esp*	especialmente
euphemism	*euph*	eufemismo
exclamation	*excl*	interjección
feminine noun	*f*	sustantivo femenino
informal	*fam*	familiar
figurative	*fig*	figurado
formal	*fml*	culto

ABBREVIATIONS ——————————— ABREVIATURAS

indefinite article	*indef art*	artículo indeterminado
inseparable –shows that the object of a phrasal verb cannot come between the verb and the particle, e.g. *I looked after him* **BUT NOT** *I looked him after*	*fus*	inseparable –indica que una locución verbal o 'phrasal' verb es inseparable y el complemento no puede aparecer entre el verbo en sí y la partícula, p. ej. *I looked after him* **PERO NO** *I looked him after*
generally, in most cases	*gen*	generalmente, en general
humorous	*hum*	humorístico
informal	*inf*	familiar
infinitive	*infin*	infinitivo
exclamation	*interj*	interjección
invariable –applied to a noun, indicates that the plural and singular forms are the same, e.g. **paréntesis** *(los paréntesis)*, **sheep** *(four sheep)*; applied to an adjective, indicates that feminine, masculine and plural forms are the same, e.g. **lila** *(unos pantalones lila)*	*inv*	invariable –con un sustantivo indica que la forma plural es igual que la del singular: **paréntesis** *(los paréntesis)*, **sheep** *(four sheep)*; con un adjetivo, indica que el femenino, el masculino y el plural tienen la misma forma: **lila** *(unos pantalones lila)*
Irish English	*Ir*	inglés irlandés
ironic	*iro/irón*	irónico
literal –in conjunction with *fig*, shows that both a literal and a figurative sense are being covered by the same translation	*lit*	literal –aparece sólo con la etiqueta *fig* e indica que la traducción abarca tanto el sentido literal como el figurado
phrase(s)	*loc*	locución, locuciones
phrase functioning as adjective	*loc adj*	locución adjetiva
phrase functioning as adverb	*loc adv*	locución adverbial
phrase functioning as conjunction	*loc conj*	locución conjuntiva
phrase functioning as preposition	*loc prep*	locución preposicional
masculine noun	*m*	nombre masculino
very informal	*mfam*	muy familiar
 –the gender of the noun can be either masculine or feminine	*m o f*	sustantivo ambiguo
masculine and feminine noun, e.g. *un dentista/una dentista*	*mf*	sustantivo masculino y femenino, p. ej. *un dentista/una dentista*
masculine and feminine noun –indicates a noun with different form in the masculine and the feminine, e.g. *camarero, ra*	*m, f*	sustantivo masculino y femenino –indica que un sustantivo tiene formas distintas para el masculino y el femenino, p. ej. *camarero, ra*
noun	*n*	sustantivo
plural noun	*npl*	sustantivo plural
numeral	*num/núm*	número
numeral adjective	*num adj*	adjetivo numeral
numeral adverb	*num adv*	adverbio numeral

ABBREVIATIONS ——————————— ABREVIATURAS

numeral noun	*num n*	sustantivo numeral
numeral pronoun	*num pron*	pronombre numeral
oneself	*o.s.*	
pejorative	*pej*	peyorativo, despectivo
personal pronoun	*pers pron*	pronombre personal
phrase	*phr*	locución
plural	*pl*	plural
possessive adjective	*poss adj*	adjetivo posesivo
possessive pronoun	*poss pron*	pronombre posesivo
past participle/irregular past participle	*pp/pp irreg*	participio pasado/participio pasado irregular
preposition	*prep*	preposición
pronoun	*pron*	pronombre
demonstrative pronoun	*pron demos*	pronombre demostrativo
personal pronoun	*pron pers*	pronombre personal
possessive pronoun	*pron poses*	pronombre posesivo
relative pronoun	*pron relat*	pronombre relativo
proverb	*proverb*	proverbio, refrán
past tense	*pt*	pasado, pretérito
noun	*s*	sustantivo
someone, somebody	*sb*	
Scottish English	*Scot*	inglés escocés
separable –shows that the object of a phrasal verb can come between the verb and the particle, e.g. *I let her in, he helped me out*	*sep*	separable –indica que el complemento de una locución verbal o 'phrasal verb' puede aparecer entre el verbo y la partícula, p. ej. *I let her in, he helped me out*
singular	*sg*	singular
slang	*sl*	argot
something	*sthg*	
subject	*subj/suj*	sujeto
superlative	*superl*	superlativo
uncountable noun –i.e. an English noun which is never used in the plural or with 'a'; used when the Spanish equivalent is or can be a plural, e.g. **infighting** *n (U)* disputas *(fpl)* internas, **balido** *m bleat, bleating (U)*	*U*	sustantivo 'incontable' –sustantivo inglés que no se usa en plural o con el artículo 'a'; indica que el equivalente en español es o puede ser plural, p. ej. **infighting** *n (U)* disputas *(fpl)* internas, **balido** *m bleat, bleating (U)*
usually	*usu*	normalmente
auxiliary verb	*v aux*	verbo auxiliar
verb	*vb/v*	verb

ABBREVIATIONS ———————————— ABREVIATURAS

intransitive verb	*vi*	verbo intransitivo
impersonal verb	*v impers*	verbo impersonal
very informal	*v inf*	muy familiar
pronominal verb	*vpr*	verbo pronominal
transitive verb	*vt*	verbo transitivo
vulgar	*vulg*	vulgar

SYMBOLS
SÍMBOLOS

☐ Separates expressions which are not set (given before the symbol) from more fixed expressions.

Separa las combinaciones de palabras menos fijas (antes del símbolo) de las más fijas.

≃ Indicates that the translation given is an approximate cultural equivalent.

Indica que la traducción es un equivalente cultural aproximado.

® Indicates that the item is a registered trademark.

Indica que la palabra es una marca registrada.

◇ Introduces a new part of speech within an entry.

Introduce una nueva categoría gramatical dentro de una entrada.

◆ Introduces a sub-entry, such as a plural form with its own specific meaning or a set phrase containing the headword (e.g. a phrasal verb or adverbial phrase).

Introduce una subentrada como por ejemplo un plural que cambia de significado, un pronominal, o una locución gramatical (adverbial, adjetiva etc).

TRADEMARKS

Words considered to be trademarks haven been designated in this dictionary by the symbol ®. However, neither the presence nor the absence of this symbol should be regarded as affecting the legal status of any trademark.

A NOTE ON ENGLISH COMPOUNDS

As in most modern dictionaries, we give lexicalized compounds (i.e. nouns consisting of more than one word) the same prominence as simplex headwords. This means that compounds that are considered as independent units of meaning appear as entries in their own right.

SPANISH VERBS

Spanish verbs have a number (from [4] to [81]) which refers to the conjugation table given in this dictionary. This number is not repeated for reflexive verbs when this appear as sub-entries.

MARCAS REGISTRADAS

En este diccionario, las marcas registradas se señalan mediante el símbolo ®. Sin embargo, no debe considerarse que la presencia o eventual ausencia de este símbolo pueda afectar a la situación legal de una marca.

LAS PALABRAS COMPUESTAS DEL INGLÉS

Al igual que en la mayoría de los diccionarios actuales, las palabras compuestas lexicalizadas (es decir, los sustantivos formados por más de una palabra) tienen el mismo rango que las palabras simples. Por lo cual, las palabras compuestas inglesas consideradas como unidades de sentido autónomas tienen entrada propia en este diccionario.

VERBOS ESPAÑOLES

Los verbos españoles tienen un número (del [4] al [81]) que remite al cuadro de conjugación incluido en esta obra. Este número no se repite después de los verbos pronominales que aparecen como subentradas.

Las rúbricas cuya etiqueta se escribe entera no figuran en esta lista
Field labels that are always written in full are not included in this list

Administration, administrative	ADMIN	Administración
Aeronautics, aviation	AERON	Aeronáutica, aviación
Agriculture, farming	AGR	Agricultura
Anatomy	ANAT	Anatomía
Archeology	ARCHEOL	Arqueología
Architecture	ARCHIT/ARQUIT	Arquitectura
Astrology	ASTROL	Astrología
Astronomy	ASTRON	Astronomía
Astronautics	ASTRONAUT/ASTRONÁUT	Astronáutica
Automobile, cars	AUT(OM)	Automovilismo, coches
Biology	BIOL	Biología
Botany	BOT	Botánica
Chemistry	CHEM	Química
Commerce, business	COM(M)	Comercio, negocios
Computers, computer science	COMPUT	Informática
Construction, buildings	CONSTR	Construcción
Culinary, cooking	CULIN	Cocina
Sport	DEP	Deporte
Juridical, legal	DER	Derecho, jurídico
Economics	ECON	Economía
School, education	EDUC	Educación
Electricity	ELEC(TR)	Electricidad
Electronics	ELETRON/ELECTRÓN	Electrónica
Pharmacology, pharmaceuticals	FARM	Farmacología, farmacia
Railways	FERROC	Ferrocarril
Philosophy	FILOS	Filosofía
Finance, financial	FIN	Finanzas
Physics	FÍS	Física
Photography	FOT	Fotografía
Soccer	FTBL	Fútbol
Geography, geographical	GEOGR	Geografía
Geology, geological	GEOL	Geología
Geometry	GEOM	Geometría
Grammar	GRAM(M)	Gramática
History	HIST	Historia
Industry	IND	Industria
Computers, computer science	INFORM	Informática
Juridical, legal	JUR	Derecho, jurídico
Linguistics	LING	Lingüística
Literature	LITER	Literatura
Mathematics	MAT(H)	Matemáticas
Mechanical Engineering	MEC	Mecánica
Medicine	MED	Medicina

Metallurgy	METAL	Metalurgia
Weather, meteorology	METEOR	Meteorología
Military, armed forces, armaments	MIL	Militar, fuerzas armadas, armamento
Mining	MIN	Minería
Music	MUS/MÚS	Música
Mythology	MYTH/MITOL	Mitología
Nautical, maritime	NAUT/NÁUT	Náutica, marítimo
Pharmacology, pharmaceutics	PHARM	Farmacología, farmacia
Philosophy	PHILOS	Filosofía
Photography	PHOT	Fotografía
Physics	PHYS	Física
Politics	POL/POLÍT	Política
Psychology, psychiatry	PSYCH/PSICOL	Psicología
Chemistry	QUÍM	Química
Railways	RAIL	Ferrocarril
Religion	RELIG	Religión
School, education	SCH	Educación
Sociology	SOCIOL	Sociología
Stock Exchange	ST EX	Bolsa
Bullfighting	TAUROM	Tauromaquia
Technology, technical	TECH/TECN	Tecnología, técnico
Telecommunications	TELEC(OM)	Telecomunicaciones
Television	TV	Televisión
Printing, typography	TYPO	Imprenta
University	UNIV	Universidad
Veterinary science	VETER	Veterinaria
Zoology	ZOOL	Zoología

Usage Modules

Below is a list of titles of 'Usage Modules', each of which appears in its alphabetical place in the text; you will find eg **'Addressing someone'** on the same page as the entry for **address** (in a few cases where the Module does not appear on the same page as the entry, you will find it on the page immediately following).

The Usage Module gives typical examples of ways in which you can express yourself in Spanish in a particular situation or context. While the dictionary entry for **agreement**, for example, shows you how to translate the word, the Module suggests different ways of saying in Spanish that you are in agreement with someone or something.

Addressing someone
Advice
Agreement
Answering machines
Apologies
Approval
Certainty
Comparisons
Complaints
Compliments
Conceding a point
Congratulations
Correcting someone
Disagreement
Disapproval
Dislikes
Emphasizing a point
Essay writing
Explanations
Fear
Goodbyes
Hypothetical situations
Indignation
Introductions
Invitations
Job applications
Letter writing

Likes
Meet: Arranging to meet someone
Numbers
Obligation
Offers
Opinions
Order: Giving orders
Permission
Persuasion
Preferences
Prohibitions
Refusals
Regrets
Requests
Subject: Changing the subject
Suggestion: Making suggestions
Summarizing
Surprise
Sympathy
Telephone: Using the telephone
Thanks
Threats
Uncertainty
Understand: Saying you have/haven't understood
Wishes

Los Módulos de Uso

A continuación se relacionan, en orden alfabético, los títulos de los 'módulos de uso'. Todos ellos aparecen al final de la página en que aparece la entrada correspondiente: **'Expresar sorpresa'**, por ejemplo, aparece en la misma página que la entrada **sorpresa** (en algunos casos, aparecerá en la página siguiente a la de la voz de la entrada que le corresponde).

Los 'módulos de uso' ofrecen una serie de expresiones útiles para poder expresarse en lengua inglesa en una situación o contexto dados. La entrada **queja**, por ejemplo, ofrece una traducción al inglés de dicha palabra, mientras que el módulo ofrece diversas posibilidades de expresar una queja en inglés.

Aclaraciones
Acuerdo: Estar de acuerdo
Agradecimiento
Amenazas
Aprobación
Argumentación: Estructura de una argumentación
Cambiar: Para cambiar de tema
Certeza
Cita: Concertar una cita
Comparación
Consejos
Contestador: Mensajes en el contestador automático
Convencer a alguien
Correspondencia
Crítica
Cumplidos
Desacuerdo: Estar en desacuerdo
Deseo: Formular deseos
Despedidas
Dirigirse a alguien
Empleo: Solicitudes de empleo
Enfado
Entender: Decir que uno entiende/no entiende algo
Excusas
Felicitaciones

Gustos
Hipótesis
Incertidumbre
Indiferencia
Insistencia
Invitaciones
Lamentar
Lástima: Expresar lástima o condolencia
Miedo: Expresar miedo y preocupación
Negativas
Números
Obligación
Ofrecimientos
Opiniones
Orden: Dar órdenes
Permiso: Dar/pedir permiso
Peticiones y preguntas
Preferencias
Presentaciones: Hacer las presentaciones
Prohibiciones
Quejas
Razón: Dar la razón a alguien
Rectificar a alguien
Resumir ideas
Sorpresa: Expresar sorpresa
Sugerencia: Hacer sugerencias
Teléfono: Al teléfono

PHONETIC TRANSCRIPTION _____ TRANSCRIPCIÓN FONÉTICA

English Vowels

[ɪ]	pit, big, rid
[e]	pet, tend
[æ]	pat, bag, mad
[ʌ]	putt, cut
[ɒ]	pot, log
[ʊ]	put, full
[ə]	mother, suppose

[i:]	bean, weed
[ɑ:]	barn, car, laugh
[ɔ:]	born, lawn
[u:]	loop, loose
[ɜ:]	burn, learn, bird
[ɑ̃]	piece de resistance, bon vivant

Vocales españolas

[i]	piso, imagen
[e]	tela, eso
[a]	pata, amigo
[o]	bola, otro
[u]	luz, una

English Diphthongs

[eɪ]	bay, late, great
[aɪ]	buy, light, aisle
[ɔɪ]	boy, foil
[əʊ]	no, road, blow
[aʊ]	now, shout, town
[ɪə]	peer, fierce, idea
[eə]	pair, bear, share
[ʊə]	poor, sure, tour

Diptongos españoles

[ei]	ley, peine
[ai]	aire, caiga
[oi]	soy, boina
[au]	causa, aura
[eu]	Europa, feudo

Semi-vowels

you, spaniel	[j]	hierba, miedo
wet, why, twin	[w]	agua, hueso

Semivocales

Consonants / Consonantes

pop, people	[p]	papá, campo
bottle, bib	[b]	vaca, bomba
	[ß]	curvo, caballo
train, tip	[t]	toro, pato
dog, did	[d]	donde, caldo
come, kitchen	[k]	que, cosa
gag, great	[g]	grande, guerra
	[ɣ]	aguijón, bulldog
chain, wretched	[tʃ]	ocho, chusma
jig, fridge	[dʒ]	
fib, physical	[f]	fui, afable
vine, livid	[v]	
think, fifth	[θ]	cera, paz
this, with	[ð]	cada, pardo
seal, peace	[s]	solo, paso
zip, his	[z]	
sheep, machine	[ʃ]	
usual, measure	[ʒ]	
loch, och	[x]	gema, jamón
how, perhaps	[h]	
metal, comb	[m]	madre, cama
night, dinner	[n]	no, pena
sung, parking	[ŋ]	
	[ɲ]	caña
little, help	[l]	ala, luz
right, carry	[r]	atar, paro
	[rr]	perro, rosa
	[ʎ]	llave, collar

The symbol ['] indicates that the following syllable carries primary stress and the symbol [ˌ] that the following syllable carries secondary stress.

The symbol [ʳ] in English phonetics indicates that the final 'r' is pronounced only when followed by a word beginning with a vowel. Note that it is nearly always pronounced in American English.

Since Spanish pronunciation follows regular rules, phonetics are only provided in this dictionary for loan words from other languages, when these are difficult to pronounce. All one-word English headwords have phonetics. For English compound headwords, whether hyphenated or of two or more words, phonetics are given for any element which does not appear elsewhere in the dictionary as a headword in its own right.

The pronunciation of certain monosyllabic words varies according to their prominence in a sentence, e.g. **the** when stressed is pronounced [ði:]; when unstressed, [ðə] and before a vowel [ðɪ]. This information is presented in the text as follows: **the** [*weak form* [ðə], *before vowel* [ðɪ], *strong form* [ði:]].

Los símbolos ['] y [ˌ] indican que la sílaba siguiente lleva un acento primario o secundario respectivamente.

El símbolo [ʳ] en fonética inglesa indica que la 'r' al final de palabra se pronuncia sólo cuando precede a una palabra que comienza por vocal. Adviértase que casi siempre se pronuncia en inglés americano.

Las palabras españolas no llevan transcripción fonética en este diccionario; sólo algunos préstamos lingüísticos procedentes de otras lenguas y de difícil pronunciación aparecen transcritos. Todas las entradas inglesas que constan de una palabra llevan transcripción fonética. En el caso de los compuestos ingleses (ya sea cuando lleven guiones o cuando no) se proporciona la transcripción fonética de todo aquel elemento que no aparezca en alguna otra parte del diccionario como entrada en sí misma.

La pronunciación de algunos monosílabos varía según el grado de intensidad que se les da dentro de una frase; por ejemplo, **the** se pronuncia [ði:] en posición acentuada, [ðə] en posición átona, y [ðɪ] cuando va delante de vocal. Estas diferencias se presentan del siguiente modo en el diccionario: **the** [*weak form* [ðə], *before vowel* [ðɪ], *strong form* [ði:]].

ESPAÑOL-INGLÉS
SPANISH-ENGLISH

a¹ (*pl* **aes**), **A** (*pl* **Aes**) *f* [letra] a, A.

a² (*a + el = al*) *prep* - **1.** [periodo de tiempo]: **a las pocas semanas** a few weeks later; **al mes de casados** a month after they were married; **al día siguiente** the following day. - **2.** [momento preciso] at; **a las siete** at seven o'clock; **a los 11 años** at the age of 11; **al caer la noche** at nightfall; **al oír la noticia se desmayó** on hearing the news, she fainted. - **3.** [frecuencia] per, every; **40 horas a la semana** 40 hours per o a week; **tres veces al día** three times a day. - **4.** [dirección] to; **voy a Sevilla** I'm going to Seville; **me voy al extranjero** I'm going abroad; **llegó a Barcelona/a la fiesta** he arrived in Barcelona/at the party. - **5.** [posición]: **a la puerta** at the door; **está a la derecha/izquierda** it's on the right/left; **a orillas del mar** by the sea. - **6.** [distancia]: **está a más de cien kilómetros** it's more than a hundred kilometres away. - **7.** [con complemento indirecto] to; **dáselo a Juan** give it to Juan; **dile a Juan que venga** tell Juan to come. - **8.** [con complemento directo]: **quiere a sus hijos/su gato** she loves her children/her cat; **me cuidan como a un enfermo** they look after me as if I was o like an invalid. - **9.** [cantidad, medida, precio]: **a cientos/miles/docenas** by the hundred/thousand/dozen; **la leche se vende a litros** milk is sold by the litre o in litres; **a... kilómetros por hora** at... kilometres per hour; **¿a cuánto están las peras?** how much are the pears?; **tiene las peras a cien pesetas** she's selling pears for o at a hundred pesetas; **ganaron tres a cero** they won three nil. - **10.** [modo]: **lo hace a la antigua** he does it the old way; **a lo bestia** rudely; **a lo grande** in style; **a lo Mozart** after Mozart, in Mozart's style; **a escondidas** secretly. - **11.** [instrumento]: **escribir a máquina** to use a typewriter; **a lápiz** in pencil; **a mano** by hand; **olla a presión** pressure cooker. - **12.** (*después de verbo y antes de infin*) [finalidad] to; **entró a pagar** he came in to pay; **aprender a nadar** to learn to swim. - **13.** (*después de sust y antes de infin*) [complemento de nombre]: **sueldo a convenir** salary to be agreed; **temas a tratar** matters to be discussed. - **14.** (*antes de infin*) [condición]: **a no ser por mí, hubieses fracasado** had it not been for me, you would have failed. - **15.** [en oraciones imperativas]: **¡a la cama!** go to bed!; **¡a callar todo el mundo!** quiet, everyone!; **¡a bailar!** let's dance! - **16.** (*antes de 'por'*) [en busca de]: **ir a por pan** to go for bread. - **17.** [indica desafío]: **¿a que no lo haces?** I bet you won't do it!

AA ◇ *mpl* (*abrev de* **Alcohólicos Anónimos**) AA. ◇ *fpl* (*abrev de* **Aerolíneas Argentinas**) AA.

AA EE *abrev escrita de* **Ministerio de Asuntos Exteriores**.

Aarón *m* BIBLIA Aaron.

ABA (*abrev de* **Agentes de Bolsa Asociados**) *mpl* Spanish association of stockbrokers.

ababa *f*, **ababol** *m* - **1.** BOT poppy. - **2.** *fam* [simplón] fool, idiot.

abacá (*pl* **abacás**) *m* - **1.** BOT abaca. - **2.** TEXTIL Manila hemp.

abacería *f* grocery store.

ábaco *m* - **1.** [para contar & ARQUIT] abacus. - **2.** MIN washing trough.

abad, **desa** *m, f* abbot (*f* abbess).

abadejo *m* - **1.** [pez] cod, codfish. - **2.** [pájaro] kinglet. - **3.** [insecto] blister beetle, Spanish fly.

abadía *f* - **1.** [edificio] abbey. - **2.** [dignidad, territorio] abbacy.

abajeño, ña, **abajero, ra** *Amér* ◇ *adj* lowland (*antes de sust*). ◇ *m, f* lowlander.

abajo ◇ *adv* - **1.** [posición - gen] below; [- en edificio] downstairs; **vive (en el piso de)** ~ she lives downstairs; **está aquí/allí** ~ it's down here/there; ~ **del todo** right at the bottom; **más** ~ further down. - **2.** [dirección] down; **ve** ~ [en edificio] go downstairs; **calle/escaleras** ~ down the street/stairs; **río** ~ downstream; **hacia/para** ~ down, downwards. - **3.** [en un texto] below; ~ **citado** undermentioned. ◇ *interj*: **¡**~**...!** down with...!; **¡**~ **la dictadura!** down with the dictatorship!
♦ **abajo de** *loc prep* less than.
♦ **de abajo** *loc adj* bottom; **el estante de** ~ the bottom shelf.

abalanzar [13] *vt* - **1.** [equilibrar] to balance. - **2.** [lanzar] to fling, to hurl. - **3.** *Amér* [caballo] to rear.
♦ **abalanzarse** *vpr*: ~ **hacia** to rush towards; ~ **sobre** to fall upon.

abalaustrado, da *adj* balustered.

abaldonar *vt* - **1.** [degradar] to degrade, to debase. - **2.** [ofender] to offend, to affront.

abalear *vt* - **1.** AGR *to separate from the chaff*. - **2.** *Amér* [tirotear] to shoot.

abaleo *m* - **1.** AGR *separation of grain from chaff*. - **2.** [tiroteo] shooting. - **3.** [escoba] broom.

abalizar [13] *vt* NÁUT to buoy, to mark with buoys.
♦ **abalizarse** *vpr* NÁUT to get one's bearings.

aballestar *vt* NÁUT to haul.

abalorio *m* (*gen pl*) - **1.** [cuenta] glass bead. - **2.** [bisutería] trinket.

abanderado *m lit & fig* standard-bearer.

abanderamiento *m* - **1.** NÁUT registration. - **2.** [adhesión] support.

abanderar *vt* - **1.** NÁUT to register. - **2.** [adherirse a] to support.

abanderizar [13] *vt* to divide into factions.
♦ **abanderizarse** *vpr* to join a cause.

abandonado, da *adj* - **1.** [desierto] deserted. - **2.** [desamparado] abandoned. - **3.** [descuidado - persona] unkempt; [- jardín, casa] neglected. - **4.** *Amér* [depravado] depraved.

abandonar ◇ *vt* - **1.** [gen] to abandon; [lugar, profesión, cónyuge] to leave; **abandonó su pueblo para trabajar en la ciudad** she left her home town for a job in the city. - **2.** [obligaciones, estudios] to neglect. - **3.** [renunciar] to give up; **abandonó la idea** he gave up the idea. ◇ *vi* [en ajedrez] to resign.
♦ **abandonarse** *vpr* - **1.** [de aspecto] to neglect o.s., to let o.s. go; **Laura se ha abandonado tanto que ni siquiera se peina** Laura has let herself go so much that she doesn't even comb her hair any more. - **2.** [desesperación, dolor]: ~**se a** to succumb to. - **3.** [vicio]: ~**se a** to give o.s. over to.

abandono *m* - **1.** [gen] abandonment; [de lugar, profesión, cónyuge] leaving. - **2.** [de obligaciones, estudios] neglect.

- 3. [estado] state of abandon. **- 4.** DEP: **ganar por** ~ to win by default. **- 5.** [desenfreno] abandon.

abanicar [10] *vt* to fan.

◆ **abanicarse** *vpr* to fan o.s.

abanicazo *m* fanning motion.

abanico *m* **- 1.** [para dar aire] fan. **- 2.** *fig* [gama] range. **- 3.** NÁUT capstan, winch.

abaniqueo *m* **- 1.** [con abanico] fanning. **- 2.** *fig* [gesticulación] gesticulation.

abano *m* ceiling o hanging fan.

abañador, ra ◇ *adj* sifting, sorting. ◇ *m, f* sifter, sorter.

abañar *vt* to sift, to sort.

abarajar *vt Amér* **- 1.** [golpe] to block, to parry. **- 2.** [agarrar] to catch in flight.

abaratamiento *m* cheapening, reduction in price.

abaratar *vt* to reduce the price of.

◆ **abaratarse** *vpr* to go down in price, to become cheaper.

abarca *f* (gen pl) type of sandal worn by country people.

abarcador, ra ◇ *adj lit & fig* embracing. ◇ *m, f Amér* COM stockpiler.

abarcadura *f*, **abarcamiento** *m* **- 1.** [con los brazos] embracing, surrounding. **- 2.** *fig* [inclusión] inclusion. **- 3.** *Amér* COM hoarding, stockpiling.

abarcar [10] *vt* **- 1.** [incluir] to embrace, to cover; **quien mucho abarca poco aprieta** *proverb* don't bite off more than you can chew. **- 2.** [ver] to be able to see, to have a view of. **- 3.** [encargarse de] to take on. **- 4.** *Amér* COM to stockpile.

abaritonado, da *adj* baritone.

abarque *etc v* → **abarcar**.

abarquillar *vt* [madera] to warp; [metal] to buckle; [cartón] to bend at the edges.

◆ **abarquillarse** *vpr* [madera] to warp; [metal] to buckle; [cartón] to curl up at the edges.

abarracar [10] *vi* MIL to set up camp, to bivouac.

abarraganarse *vpr* to cohabit, to live together.

abarrajar *vt* **- 1.** [derribar] to knock down. **- 2.** *Amér* [tirar] to hurl, to throw.

◆ **abarrajarse** *vpr Amér* **- 1.** [tropezarse] to trip, to stumble. **- 2.** [depravarse] to become corrupt.

abarrajo *m Amér* fall, stumble.

abarramiento *m* **- 1.** [lanzamiento] hurling (U). **- 2.** [sacudida] shaking (U).

abarrancadero *m* **- 1.** [abismo] precipice. **- 2.** *fig* [aprieto] fix, tight spot.

abarrancar [10] ◇ *vt* to form gulleys o ditches in. ◇ *vi* NÁUT to run aground.

◆ **abarrancarse** *vpr* **- 1.** [caerse] to fall into a ditch o ravine. **- 2.** *fig* [tener problemas] to get into a fix o jam.

abarrar *vt* **- 1.** [lanzar] to hurl. **- 2.** [sacudir] to shake.

abarrotado, da *adj*: ~ **(de)** [teatro, autobús] packed (with); [desván, baúl] crammed (with).

◆ **abarrotado** *m Amér* grocery store.

abarrotar *vt* **- 1.** [llenar]: ~ **algo (de o con)** [teatro, autobús] to pack sthg (with); [desván, baúl] to cram sthg full (of). **- 2.** NÁUT to stow. **- 3.** *Amér* COM to monopolize, to buy up.

abarrotería *f Amér* grocer's (store).

abarrotero, ra *m, f Amér* grocer.

abarrotes *mpl Amér* groceries.

abastar ◇ *vt* to supply. ◇ *vi* to be enough.

◆ **abastarse** *vpr* to satisfy o.s.

abastardar ◇ *vt* to bastardize. ◇ *vi* to degenerate.

abastecedor, ra ◇ *adj* supplying. ◇ *m, f* supplier.

abastecer [30] *vt*: ~ **algo/a alguien (de)** to supply sthg/sb (with).

◆ **abastecerse** *vpr*: ~**se (de algo)** to stock up (on sthg).

abastecido, da *adj* supplied, stocked; **una tienda bien abastecida** a well-stocked store.

abastecimiento *m* supply, supplying.

abasto *m* **- 1.** [provisión] supplying; **no dar** ~ **(a algo/para hacer algo)** to be unable to cope (with sthg/with doing sthg). **- 2.** *Amér* [matadero] slaughterhouse.

◆ **abastos** *mpl* supplies, provisions.

abatanar *vt* **- 1.** [paño] to full. **- 2.** *fig* [golpear] to beat, to hit.

abatatar *vt Amér* to frighten, to scare.

◆ **abatatarse** *vpr Amér* **- 1.** [acobardarse] to become frightened. **- 2.** [avergonzarse] to become embarrassed.

abate *m* ≃ abbé, *title given to French and Italian priests*.

abatible *adj* folding.

abatidamente *adv* dejectedly, despondently.

abatido, da *adj* **- 1.** [desanimado] dejected. **- 2.** [vil] low, despicable. **- 3.** COM depreciated.

abatimiento *m* **- 1.** [desaliento] dejection, low spirits (pl). **- 2.** [vileza] baseness. **- 3.** [bajada] lowering. **- 4.** [de armas] dismantling. **- 5.** NÁUT drift, leeway.

abatir ◇ *vt* **- 1.** [derribar - muro] to knock down; [- avión] to shoot down; [- árbol] to flatten; [- a tiros] to gun down. **- 2.** [desanimar] to depress. **- 3.** [bajar] to lower; ~ **la bandera** to lower the flag. **- 4.** [descomponer - gen] to take apart; [- armas] to dismantle. **- 5.** [humillar] to humiliate. ◇ *vi* NÁUT to drift off course.

◆ **abatirse** *vpr* **- 1.** [aves]: ~**se (sobre)** to swoop (down on). **- 2.** [desanimarse] to become depressed. **- 3.** [humillarse] to humiliate o.s.

abdicación *f* abdication.

abdicar [10] ◇ *vt* **- 1.** [suj: rey]: ~ **el trono (en alguien)** to abdicate the throne (in favour of sb). **- 2.** [renunciar] to renounce, to give up; **abdicó sus principios** he renounced his principles. ◇ *vi* to abdicate; ~ **de algo** *fig* to renounce sthg.

abdomen *m* abdomen.

abdominal *adj* abdominal.

◆ **abdominales** *mpl* sit-ups.

abducción *f* abduction.

abductor, ra *adj* ANAT abducent.

◆ **abductor** *m* abductor.

abecé *m lit & fig* ABC.

abecedario *m* **- 1.** [alfabeto] alphabet. **- 2.** [libro] spelling book.

abedul *m* birch (tree).

abeja *f* bee; ~ **obrera** worker (bee); ~ **reina** queen (bee).

abejar *m* apiary.

abejonear *vi Amér* to whisper.

abejorro *m* bumblebee.

Abel *m* BIBLIA Abel.

abellacar [10] *vt* to make villainous.

◆ **abellacarse** *vpr* to become villainous.

abemolar *vt* MÚS to put into a minor key; [voz] to soften.

aberración *f* perverse o evil thing.

aberrante *adj* perverse, evil.

aberrear *vt Amér* to anger.

◆ **aberrearse** *vpr Amér* to become angry.

Aberri Eguna *m* the official national day in the Basque country.

abertura *f* **- 1.** [apertura] opening. **- 2.** [hendidura] crack. **- 3.** [franqueza] openness, frankness. **- 4.** GEOGR valley. **- 5.** [en óptica] aperture.

abertzale [aβert∫ale] *adj & mf* Basque nationalist.

abestiarse [8] *vpr* to become brutish.

abete *m* **- 1.** [árbol] fir (tree). **- 2.** [madera] fir (wood).

abeto *m* fir.

abetunado, da *adj* [parecido al betún] pitch-like, tar-like.

abetunar *vt* [zapatos] to polish.

Abidjan *s* = Abiyán.

abiertamente *adv* openly, frankly.

abierto, ta ◇ *pp* → **abrir**. ◇ *adj* **- 1.** [gen] open; **dejar el grifo** ~ to leave the tap on; **la escuela está abierta hasta**

las diez the school is open until ten o'clock; **bien** o **muy** ~ **wide** open. - **2.** *fig* [liberal] open-minded; **tiene una mentalidad muy abierta** she's very open-minded; **estar** ~ **a** to be open to; **estoy abierta a todas las opiniones** I'm quite prepared to listen to other people's opinion.
◆ **abierto** *m Amér* [terreno] cleared land *(U)*.
abigarrado, da *adj* multicoloured; *fig* motley.
abigarrar *vt* to mottle.
abigeato *m* cattle rustling.
abigotado, da *adj* mustachioed.
ab intestato *adv* - **1.** [sin testamento] intestate. - **2.** *fig* [negligentemente] negligently, neglectfully; [descuidadamente] carelessly.
abisagrar *vt* to hinge.
abisal *adj* [fosa] very deep.
abiselar *vt* to bevel.
abismal *adj fig* vast, colossal.
abismar *vt* - **1.** [hundir] to engulf. - **2.** [abatir]: ~ **a alguien en algo** to plunge sb into sthg. - **3.** [humillar] to humble.
◆ **abismarse** *vpr* - **1.** [concentrarse en lectura]: ~**se en** to be engrossed o absorbed in. - **2.** [dolor]: ~**se en** to be overwhelmed with. - **3.** *Amér* [sorprenderse] to be amazed. - **4.** *Amér* [arruinarse] to be ruined.
abismático, ca *adj* deep, profound.
abismo *m* - **1.** [profundidad] abyss; **estar al borde del** ~ to be on the brink of ruin. - **2.** *fig* [diferencia] gulf. - **3.** RELIG hell.
Abiyán, Abidjan *s* Abidjan.
abjuración *f culto* abjuration, renunciation.
abjurar *culto* ◇ *vt* to abjure. ◇ *vi*: ~ **de algo** to abjure sthg.
ablación *f* MED ablation.
ablandabrevas *mf inv fam* good-for-nothing.
ablandador, ra *adj* softening.
ablandamiento *m* - **1.** [gen] softening. - **2.** *fig* [mitigación] mitigation, moderation.
ablandar ◇ *vt* - **1.** [gen] to soften. - **2.** *fig* [persona] to move; [actitud, rigor] to soften; [ira] to calm. ◇ *vi* [viento] to die down; [nieve] to thaw.
◆ **ablandarse** *vpr* - **1.** [material] to soften, to become softer. - **2.** *fig* [persona] to be moved; [actitud, rigor] to become softer; [ira] to cool off. - **3.** METEOR to calm down.
ablande *m Amér* AUTOM set of wheels.
ablandecer [31] *vt* to soften.
ablativo *m* ablative; ~ **absoluto** ablative absolute.
ablución *f (gen pl)* ablution.
ablusado, da *adj* loose, baggy.
abnegación *f* abnegation, self-denial.
abnegado, da *adj* unselfish, altruistic.
abnegar [35] *vt* to abnegate, to renounce.
◆ **abnegarse** *vpr* to deny o.s.
abobado, da *adj* - **1.** [estupefacto] blank, uncomprehending. - **2.** [estúpido] stupid.
abobamiento *m* - **1.** [tontería] stupidity, silliness *(U)*. - **2.** [asombro] stupefaction, bewilderment.
abobar *vt* - **1.** [entontecer] to make stupid. - **2.** [asombrar] to stupefy, to bewilder.
◆ **abobarse** *vpr* to become stupid.
abocado, da *adj* - **1.** [destinado]: ~ **a** destined o doomed to. - **2.** [vino] smooth. - **3.** *Amér* [comprometido] involved.
abocamiento *m* - **1.** [con la boca] biting. - **2.** [acercamiento] approach. - **3.** [reunión] meeting. - **4.** NÁUT entering.
abocar [10] ◇ *vt* - **1.** [con la boca] to grip between one's teeth. - **2.** [escanciar] to decant, to pour. - **3.** [acercar] to bring near. ◇ *vi* NÁUT to enter.
◆ **abocarse** *vpr* - **1.** [reunirse] to meet (by appointment). - **2.** [aproximarse] to approach. - **3.** *Amér* [comprometerse] to commit o.s.
abocardado, da *adj* [arma] bell-mouthed, flared.
abocardar *vt* to widen.

abocetar *vt* to sketch.
abochornado, da *adj* - **1.** [avergonzado] ashamed. - **2.** [sofocante] stifling, suffocating.
abochornar *vt* - **1.** [avergonzar] to embarrass. - **2.** [sofocar] to stifle, to suffocate. - **3.** [hacer sonrojar] to make blush.
◆ **abochornarse** *vpr* - **1.** [avergonzarse] to get embarrassed. - **2.** [sonrojarse] to blush. - **3.** AGR to parch, to become parched.
abocinar ◇ *vt* to shape like a trumpet. ◇ *vi fam* to fall flat on one's face.
abofetear *vt* to slap.
abogacía *f* legal profession.
abogadillo *m despec* second rate lawyer.
abogado, da *m, f* - **1.** DER lawyer; ~ **defensor** counsel for the defence; ~ **del estado** public prosecutor; ~ **laboralista/de oficio** labour/legal aid lawyer. - **2.** *fig* [intercesor] intermediary; [defensor] advocate; ~ **del diablo** devil's advocate.
abogar [16] *vi* - **1.** DER to plead. - **2.** *fig* [defender]: ~ **por algo** to advocate sthg; ~ **por alguien** to stand up for sb.
abolengo *m* - **1.** [linaje] lineage; **de (rancio)** ~ of noble lineage. - **2.** DER patrimony, inheritance.
abolición *f* abolition.
abolicionismo *m* abolitionism.
abolicionista *adj & mf* abolitionist.
abolir [78] *vt* to abolish.
abollado, da *adj* - **1.** [mellado] dented. - **2.** *fam fig* [sin dinero] broke.
◆ **abollado** *m* embossment.
abolladura *f* dent.
abollar *vt* - **1.** [mellar] to dent. - **2.** [grabar en relieve] to emboss.
◆ **abollarse** *vpr* to get dented.
abollonar *vt* to emboss.
abolsarse *vpr* - **1.** [formar bolsas] to form pockets. - **2.** [ropa] to become baggy. - **3.** [piel] to sag.
abombado, da *adj* - **1.** [convexo] buckled o bulging outwards. - **2.** *fam* [aturdido] stunned. - **3.** *Amér* [comida] bad, spoiled. - **4.** *Amér* [borracho] drunk.
abombar *vt* - **1.** [dar forma convexa] to buckle outwards. - **2.** *fam* [aturdir] to stun.
◆ **abombarse** *vpr Amér* - **1.** [estropearse] to spoil, to go bad. - **2.** [emborracharse] to get drunk.
abominable *adj* abominable.
abominación *f* abomination.
abominar ◇ *vt* - **1.** [condenar] to condemn. - **2.** [detestar] to abhor, to abominate. ◇ *vi* [condenar]: ~ **de alguien/algo** to condemn sb/sthg.
abonable *adj* payable, due.
abonado, da ◇ *adj* - **1.** [fiable] reliable. - **2.** [predispuesto] apt, inclined. ◇ *m, f* [a telefónica, revista] subscriber; [al fútbol, teatro] season-ticket holder.
abonador, ra *m, f* guarantor.
◆ **abonador** *m* auger.
abonanzar [13] *vi lit & fig* to clear up.
abonar ◇ *vt* - **1.** [pagar] to pay; ~ **algo en la cuenta de alguien** to credit sb's account with sthg. - **2.** [tierra] to fertilize. - **3.** [acreditar] to vouch for, to guarantee. ◇ *vi* METEOR to become calm.
◆ **abonarse** *vpr*: ~**se (a)** [revista] to subscribe (to); [fútbol, teatro] to buy a season ticket (for).
abonaré *m* promissory note.
abonero, ra *m, f Amér* hawker.
abono *m* - **1.** [pase] season ticket. - **2.** [fertilizante] fertilizer. - **3.** [pago] payment. - **4.** COM credit entry. - **5.** *Amér* [plazo] instalment; **pagar en** ~**s** to pay by instalments.
aboque *etc v* → **abocar**.
abordable *adj* - **1.** [persona] approachable. - **2.** [tema] that can be tackled; [tarea] manageable. - **3.** NÁUT boardable.

abordaje *m* NÁUT boarding.

abordar ◇ *vt* - **1.** [embarcación] to board. - **2.** *fig* [persona] to approach. - **3.** *fig* [tema, tarea] to tackle. ◇ *vi* NÁUT to put into port, to dock.

aborigen *adj* [indígena] indigenous; [de Australia] aboriginal.

◆ **aborígenes** *mfpl* [población indígena] indigenous population *(sg)*; [de Australia] aborígenes.

aborrascarse [10] *vpr* to become stormy.

aborrecer [30] *vt* to abhor, to loathe.

aborrecible *adj* abhorrent, loathsome.

aborrecimiento *m* - **1.** [odio] hatred, abhorrence. - **2.** [aburrimiento] boredom.

aborregarse [16] *vpr* - **1.** METEOR to become covered with fleecy clouds. - **2.** *Amér* [acobardarse] to become cowardly.

abortar ◇ *vi* [espontáneamente] to have a miscarriage, to miscarry; [intencionadamente] to have an abortion. ◇ *vt fig* [hacer fracasar] to foil.

abortista *adj & mf* abortionist.

abortivo *m* abortive.

aborto *m* - **1.** [MED - espontáneo] miscarriage; [- intencionado] abortion. - **2.** *fam despec* [persona fea] freak. - **3.** *fam fig* [fracaso] failure.

aborujar *vt* to make lumpy.

◆ **aborujarse** *vpr* to wrap o.s. up.

abotargarse [16] *vpr* to swell (up).

abotonador *m* button hook.

abotonadura *f* buttoning.

abotonar ◇ *vt* to button up. ◇ *vi* BOT to bud.

◆ **abotonarse** *vpr* [gen] to do one's buttons up; [abrigo, camisa] to button up.

abovedado, da *adj* ARQUIT arched, vaulted.

◆ **abovedado** *m* ARQUIT vaulting.

abovedar *vt* to arch, to vault.

aboyar ◇ *vt* to mark with buoys. ◇ *vi* to float.

abozalar *vt* to muzzle, to put a muzzle on.

abr. *(abrev escrita de **abril**)* Apr.

abra *f* *(con art masc 'el')* - **1.** [bahía] bay. - **2.** [valle] valley. - **3.** [grieta] fissure. - **4.** *Amér* [de puerta] leaf; [de ventana] pane. - **5.** *Amér* [en bosque] clearing.

abracadabra *m* abracadabra.

abrace *etc v* → **abrazar**.

Abraham *m* BIBLIA Abraham.

abrasado, da *adj* burned, scorched.

abrasador, ra *adj* burning.

abrasar ◇ *vt* - **1.** [quemar - casa, bosque] to burn down; [- persona, mano, garganta] to burn. - **2.** [desecar suj: sol, calor, lejía] to scorch; [- suj: sed] to parch. - **3.** [secar] to dry. - **4.** *fig* [malgastar] to squander. - **5.** *fig* [avergonzar] to shame, to humiliate. ◇ *vi* [café etc] to be burning o boiling hot.

◆ **abrasarse** *vpr* [casa, bosque] to burn down; [persona] to burn o.s.; [tierra, planta] to get scorched; **~se de/en** [de rabia, de pasión] to be consumed with.

abrasión *f* - **1.** [por fricción] abrasion. - **2.** GEOL erosion.

abrasivo, va *adj* abrasive.

◆ **abrasivo** *m* abrasive.

abrazadera *f* TECN brace, bracket; [en carpintería] clamp; [en imprenta] bracket.

abrazador, ra *adj* embracing, hugging.

abrazar [13] *vt* - **1.** [con los brazos] to hug, to embrace. - **2.** *fig* [doctrina] to embrace; **~ la religión católica** to embrace the Catholic religion. - **3.** [profesión] to go into. - **4.** [ceñir] to clasp. - **5.** [rodear] to surround, to encompass; **~ mucho terreno** to encompass a wide area. - **6.** [incluir] to include.

◆ **abrazarse** *vpr* to hug o embrace (each other).

abrazo *m* embrace, hug; **dar un ~** to hug; **un (fuerte) ~** [en cartas] best wishes.

abreboca *mf Amér* absent-minded person.

abrebotellas *m inv* bottle opener.

abrecartas *m inv* paper knife, letter opener.

ábrego *m* south wind.

abrelatas *m inv* tin opener *Br*, can opener *Am*.

abrevadero *m* [construido] drinking trough; [natural] watering place.

abrevar *vt* - **1.** [ganado] to water, to give water to. - **2.** [mojar] to wet; [pieles] to soak. - **3.** [la sed] to slake.

abreviación *f* - **1.** [de texto] abridgement. - **2.** [de viaje, estancia] cutting short.

abreviado, da *adj* - **1.** [texto] abridged. - **2.** [viaje, estancia] interrupted.

abreviador, ra ◇ *adj* abbreviating, shortening. ◇ *m, f* abridger.

abreviar [8] ◇ *vt* - **1.** [gen] to shorten; [texto] to abridge; [palabra] to abbreviate. - **2.** [viaje, estancia] to cut short. ◇ *vi* [acelerar] to hurry up; **para ~** [al hacer algo] to keep it quick; [al contar algo] to cut a long story short.

◆ **abreviarse** *vpr Amér* to hurry, to make haste.

abreviatura *f* abbreviation.

abriboca *adj inv Amér* open-mouthed.

abribonarse *vpr* to become a rogue o a rascal.

abridor, ra *adj* opener.

◆ **abridor** *m* - **1.** [abrebotellas] (bottle) opener. - **2.** [abrelatas] (tin) opener *Br*, (can) opener *Am*. - **3.** BOT freestone peach. - **4.** AGR grafting knife. - **5.** *Amér* [peine] large-toothed comb.

abrigada *f* sheltered place.

abrigadero *m* - **1.** [sitio protegido] sheltered place; NÁUT shelter. - **2.** *Amér* [guarida] den, lair.

abrigado, da *adj* sheltered, protected.

◆ **abrigado** *m* sheltered place.

abrigar [16] *vt* - **1.** [arropar - suj: persona] to wrap up; [- suj: ropa] to keep warm. - **2.** *fig* [albergar - esperanza] to cherish; [- sospechas, malas intenciones] to harbour. - **3.** *fig* [proteger] to shelter, to protect.

◆ **abrigarse** *vpr* - **1.** [arroparse] to wrap up. - **2.** [resguardarse]: **~se de** to shelter from.

abrigo *m* - **1.** [prenda] coat, overcoat. - **2.** [refugio] shelter; **al ~ de** [techumbre etc] under the shelter of; [peligro, ataque] safe from; [lluvia, viento] sheltered from; [ley] under the protection of. - **3.** NÁUT harbour. - **4.** *Amér* [manta] blanket.

abrigue *etc v* → **abrigar**.

abril *m* April; **estar hecho un ~** *fam fig* to be dressed up to the nines; **tiene 14 ~es** *fig* he is 14 (years of age); *ver también* **septiembre**.

abrillantador *m* - **1.** [producto] polish. - **2.** [de piedras preciosas - persona] lapidary; [- instrumento] *instrument for cutting and polishing gems*.

abrillantar *vt* - **1.** [madera, zapatos] to polish. - **2.** [piedras preciosas] to cut. - **3.** *fig* [realzar] to enhance. - **4.** *Amér* [fruta] to glaze.

abrir ◇ *vt* - **1.** [gen] to open; [alas] to spread; [melón] to cut open; **ella abrió la caja** she opened the box; **~ un libro** to open a book; **~ la licitación/sesión** to open the bidding/session; **~ la casa a alguien** to open one's home to sb. - **2.** [agua, gas] to turn on; [luz] to switch on, to turn on; **abre la luz, está muy oscuro** turn the light on, it's a bit dark in here. - **3.** [cerradura] to unlock, to open; [pestillo] to pull back; [grifo] to turn on; [cremallera] to undo. - **4.** [túnel] to dig; [canal, camino] to build; [agujero, surco] to make. - **5.** [apetito] to whet; **la natación abre el apetito** swimming makes you hungry. - **6.** [encabezar - lista] to head; [- manifestación, procesión] to lead. - **7.** *desus* [grabar] to engrave. - **8.** *Amér* [desbrozar] to clear. ◇ *vi* to open.

◆ **abrirse** *vpr* - **1.** [gen] to open; **la puerta se abre fácilmente** the door opens easily. - **2.** [sincerarse]: **~se a alguien** to open up to sb, to confide in sb. - **3.** [comunicarse]: **~se (con)** to be more open (with). - **4.** [posibilidades] to open up. - **5.** [cielo] to clear. - **6.** [flores] to blossom. - **7.**

[vehículo en una curva] to drift outwards. **- 8.** *mfam* [irse] to be o clear off; **o termináis pronto o me abro** if you don't finish soon, I'm off. **- 9.** *Amér* [retirarse] to back out, to withdraw.

abrochador *m* [abotonador] buttonhook.

abrochamiento *m* **- 1.** [con botones] buttoning. **- 2.** [con broches] fastening.

abrochar *vt* [gen] to do up; [cinturón] to fasten; [con botones] to button (up); [con broches] to fasten; [zapatos] to lace, to tie.

◆ **abrocharse** *vpr* [gen] to do up; [cinturón] to fasten; [con botones] to button (up); [con broches] to fasten; [zapatos] to lace, to tie; **¡abróchate el abrigo!** do your coat up!

abrogable *adj* repealable, revokable.

abrogación *f* abrogation, repeal.

abrogar [16] *vt* to abrogate, to repeal.

◆ **abrogarse** *vpr Amér* to assume, to take upon o.s.

abrojo *m* **- 1.** BOT star thistle, caltrop. **- 2.** MIL caltrop. **- 3.** *Amér* [planta con espinas] prickly o thorny plant.

◆ **abrojos** *mpl* **- 1.** NÁUT reefs, sharp rocks. **- 2.** *fam fig* [dolores] sorrows, grief *(U)*.

abroncar [10] *vt fam* **- 1.** [reprender] to tick off, to tell off. **- 2.** [abuchear] to boo. **- 3.** [disgustar] to annoy. **- 4.** [avergonzar] to embarrass, to shame.

abroquelar *vt* **- 1.** [proteger] to protect, to shield. **- 2.** NÁUT to boxhaul.

◆ **abroquelarse** *vpr* to shield o protect o.s.

abrótano *m* southernwood.

abrumado, da *adj* **- 1.** [agobiado] overwhelmed. **- 2.** [molesto] annoyed.

abrumador, ra ◇ *adj* overwhelming. ◇ *m, f* oppressor.

abrumar *vt* **- 1.** [agobiar] to overwhelm. **- 2.** [molestar] to annoy.

◆ **abrumarse** *vpr* METEOR to become cloudy o foggy.

abrupto, ta *adj* **- 1.** [escarpado] sheer; [accidentado] rugged. **- 2.** *fig* [áspero] abrupt, curt; **una respuesta abrupta** an abrupt response.

abrutado, da *adj* brutish, uncouth.

absceso *m* MED abscess.

abscisa *f* x-axis.

absenta *f* absinthe.

absentismo *m* **- 1.** [de terrateniente] absentee landownership. **- 2.** [de trabajador]: ~ **laboral** [justificado] absence from work; [injustificado] absenteeism.

absentista *adj & mf* absentee.

ábside *m* apse.

absolución *f* **- 1.** DER acquittal. **- 2.** RELIG absolution.

absoluta ◇ *adj f* → **absoluto**. ◇ *f* **- 1.** [afirmación] dogmatic assertion. **- 2.** MIL discharge.

absolutamente *adv* **- 1.** [completamente] absolutely, completely. **- 2.** [en absoluto] not at all, by no means.

absolutismo *m* absolutism.

absolutista *adj & mf* absolutist.

absoluto, ta *adj* **- 1.** [gen] absolute; [silencio, obediencia] total. **- 2.** [alcohol] pure. **- 3.** *fam fig* [imperioso] imperious, dominant.

◆ **en absoluto** *loc adv* [en negativas] at all; [tras pregunta] not at all; **¿te gusta? - en** ~ do you like it? - not at all; **nada en** ~ nothing at all.

absolutorio, ria *adj* absolutory, absolving.

absolver [24] *vt*: ~ **a alguien (de algo)** DER to acquit sb (of sthg); RELIG to absolve sb (of sthg).

absorbente *adj* **- 1.** [que empapa] absorbent. **- 2.** [persona, carácter] domineering. **- 3.** [actividad] absorbing.

absorber *vt* **- 1.** [gen] to absorb. **- 2.** [ocupar el tiempo de] to take up the time of. **- 3.** [consumir, gastar] to soak up.

◆ **absorberse** *vpr* to become absorbed o engrossed.

absorbible *adj* absorbable.

absorción *f*, **absorbimiento** *m* absorption.

absortar *vt* to engross.

◆ **absortarse** *vpr* to be engrossed.

absorto, ta *adj*: ~ **(en)** absorbed o engrossed (in).

abstemio, mia ◇ *adj* teetotal. ◇ *m, f* teetotaller.

abstención *f* abstention.

abstencionismo *m* abstentionism.

abstenerse [72] *vpr*: ~ **(de algo/de hacer algo)** to abstain (from sthg/from doing sthg).

abstinencia *f* abstinence.

abstinente *adj* abstinent.

abstracción *f* **- 1.** [gen] abstraction. **- 2.** [concentración] concentration. **- 3.** [preocupación] preoccupation.

abstracto, ta *adj* abstract.

◆ **abstracto** *m* abstract.

◆ **en abstracto** *loc adv* in the abstract.

abstraer [73] *vt* to consider separately, to detach.

◆ **abstraerse** *vpr*: ~**se (de)** to detach o.s. (from).

abstraído, da *adj* **- 1.** [distraído] lost in thought, engrossed. **- 2.** [retirado] withdrawn.

abstuviera *etc v* → **abstenerse**.

absuelto, ta *pp* → **absolver**.

absuelva *etc v* → **absolver**.

absurdo, da *adj* absurd; **lo** ~ **sería que no lo hicieras** it would be absurd for you not to do it.

◆ **absurdo** *m* absurdity; **decir/hacer un** ~ to say/do something ridiculous.

abubilla *f* hoopoe.

abuchear *vt* to boo.

abucheo *m* booing.

Abu Dhabi *s* Abu Dhabi.

abuelito, ta *m, f fam* grandpa (*f* grandma).

abuelo, la *m, f* **- 1.** [familiar] grandfather (*f* grandmother); **¡cuéntaselo a tu abuela!** *fam* pull the other one!; **éramos pocos y parió la abuela** *fam* that was all we needed; **no necesitar abuela** *fam* to be full of o.s. **- 2.** [anciano] old person, old man (*f* old woman).

◆ **abuelos** *mpl* grandparents.

abuhardillado, da *adj* attic *(antes de sust)*.

Abuja *s* Abuja.

abulia *f* apathy, lethargy.

abúlico, ca ◇ *adj* apathetic, lethargic. ◇ *m, f* apathetic o lethargic person.

abultado, da *adj* **- 1.** [paquete] bulky. **- 2.** [labios] thick. **- 3.** *fig* [exagerado] exaggerated.

abultamiento *m* **- 1.** [aumento] enlargement. **- 2.** [de paquete] bulkiness. **- 3.** [hinchazón] swelling. **- 4.** *fig* [exageración] exaggeration.

abultar ◇ *vt* **- 1.** [hinchar] to swell. **- 2.** [suj: lente] to magnify. **- 3.** [exagerar] to blow up. ◇ *vi* **- 1.** [ser difícil de manejar] to be bulky. **- 2.** [tener forma de bulto] to bulge.

abundancia *f* **- 1.** [gran cantidad] abundance; **en** ~ in abundance. **- 2.** [riqueza] plenty, prosperity; **nadar o vivir en la** ~ to be filthy rich.

abundante *adj* abundant.

abundantemente *adv* abundantly.

abundar *vi* **- 1.** [ser abundante] to abound; **abundaban los niños** there were hundreds of children there. **- 2.** [estar de acuerdo]: ~ **en** to agree completely with.

abundoso, sa *adj Amér* abundant.

aburguesado, da *adj* bourgeois.

aburguesamiento *m adoption of middle-class ways.*

aburguesarse *vpr to adopt middle-class ways.*

aburrido, da ◇ *adj* **- 1.** [harto, fastidiado] bored; **estar** ~ **de hacer algo** to be fed up with doing sthg. **- 2.** [que aburre] boring; **es una película muy aburrida** it's a really boring film. ◇ *m, f* bore.

aburridor, ra *adj* boring, tedious.

aburrimiento *m* boredom; **morirse de** ~ *fig* to be bored to death; **pudrirse de** ~ *fig* to die of boredom, to be bored stiff.

aburrir ◊ vt - **1.** [cansar] to bore. - **2.** [fastidiar] to annoy. - **3.** [abandonar] to leave, to abandon. - **4.** fam [gastar] to waste; ~ **una tarde** to waste an afternoon. ◊ vi [cansar] to be boring; **aburre hacer siempre lo mismo** it's boring always doing the same thing.
◆ **aburrirse** vpr to get bored; [estar aburrido] to be bored; **acostumbrado a la ciudad, en el pueblo se aburre** he's used to the city, so he gets bored in the countryside.

abusador, ra adj abusive.

abusar vi - **1.** [excederse] to go too far; ~ **de algo** to abuse sthg; ~ **de alguien** to take advantage of sb. - **2.** [forzar sexualmente]: ~ **de alguien** to sexually abuse sb.

abusión f - **1.** [abuso] abuse. - **2.** [absurdo] absurdity. - **3.** [superstición] superstition.

abusivo, va adj - **1.** [trato] very bad, appalling. - **2.** [precio] extortionate.

abuso m - **1.** [uso excesivo]: ~ **(de)** abuse (of); ~ **de confianza** breach of confidence; ~ **de poder** abuse of power; ~**s deshonestos** sexual abuse (U). - **2.** [escándalo] scandal, sin.

abusón, ona ◊ adj self-seeking. ◊ m, f self-seeking person.

abyección f culto abjection.

abyecto, ta adj culto vile, wretched.

a/c abrev escrita de **a cuenta**.

a. C. (abrev escrita de **antes de Cristo**) BC.

acá ◊ adv - **1.** [lugar] here; **de ~ para allá** back and forth; **más** ~ closer; **por** ~ around here; **¡ven** ~**!** come here! - **2.** [tiempo]: **de una semana** ~ during the last week; **de un tiempo** ~ recently. ◊ pron - **1.** [persona] this (here). - **2.** [cosa] this one.

acabado, da adj - **1.** [completo] perfect, consummate. - **2.** [fracasado] finished, ruined. - **3.** [terminado] finished.
◆ **acabado** m [de producto] finish; [de piso] fixtures and fittings (pl).

acabador, ra m, f finisher.

acabalar vt to finish, to complete.

acaballadero m stud farm.

acaballado, da adj horselike, horsy.

acaballar vt to cover.

acabamiento m completion.

acabar ◊ vt - **1.** [concluir] to finish. - **2.** [consumir - provisiones, dinero] to use up; [- comida] to finish; **cuando acabemos el dinero, volveremos a casa** once we've used all our money up we'll go home. ◊ vi - **1.** [gen] to finish, to end; **la espada acaba en punta** the sword ends in a point; **el asunto acabó mal** the affair finished o ended badly; **cuando acabes, avísame** tell me when you've finished; ~ **de hacer algo** to finish doing sthg. - **2.** [haber hecho recientemente]: ~ **de hacer algo** to have just done sthg; **acabo de llegar** I've just arrived. - **3.** [terminar por]: ~ **por hacer algo**, ~ **haciendo algo** to end up doing sthg. - **4.** [destruir]: ~ **con** [gen] to destroy; [salud] to ruin; [paciencia] to exhaust; [violencia, crimen] to put an end to. - **5.** [matar]: ~ **con alguien** to kill sb; **la droga acabó con él** drugs killed him; fig to be the death of sb. - **6.** [volverse] to end up; ~ **loco** to go mad. - **7.** (en frase negativa): **no acabo de entenderlo** I can't quite understand it; **no acaba de parecerme bien** I don't really think it's a very good idea. - **8.** loc: **de nunca** ~ never-ending.
◆ **acabarse** vpr - **1.** [agotarse] to be used up, to be gone; **se nos ha acabado la gasolina** we're out of petrol; **se ha acabado la comida** there's no more food left, all the food has gone. - **2.** [concluir] to finish, to be over. - **3.** loc: **¡se acabó!** [¡basta ya!] that's enough!; [se terminó] that's it, then!

acabildar vt to call together.

acabose m fam: **¡es el** ~**!** it really is the limit!

acachetar vt to slap, to hit.

acacia f acacia.

academia f - **1.** [colegio] school, academy. - **2.** [sociedad] academy.

◆ **Real Academia Española** f institution that sets lexical and syntactical standards for Spanish.

academicismo m academicism.

académico, ca ◊ adj academic. ◊ m, f academician.

academizar [13] vt to treat academically.

acaecer v impers culto to take place, to occur.

acaecimiento m culto happening, occurrence.

acalambrarse vpr to get cramp.

acallar vt - **1.** [hacer callar] to silence. - **2.** fig [aplacar] to placate.

acaloradamente adv - **1.** [con ardor] heatedly, vehemently. - **2.** [ávidamente] enthusiastically, passionately.

acalorado, da adj - **1.** [por cansancio] flushed (with effort). - **2.** [por calor] hot. - **3.** [apasionado - debate] heated; [- persona] hot under the collar; [- defensor] fervent.

acaloramiento m - **1.** [ardor] ardour, heat. - **2.** [avidez] passion.

acalorar vt - **1.** [dar calor] to (make) warm. - **2.** [excitar]: ~ **a alguien** to excite sb. - **3.** [cansar] to tire; **esta labor me acalora** this work tires me. - **4.** [alentar] to inspire, to encourage.
◆ **acalorarse** vpr - **1.** [coger calor] to get hot. - **2.** [excitarse] to get excited.

acampada f - **1.** [acción] camping. - **2.** [lugar] campsite.

acampamiento m - **1.** [acción] camping. - **2.** [lugar] camp, encampment.

acampanado, da adj flared.

acampanar vt to shape like a bell.

acampar vi to camp.

ácana m o f Amér hard, reddish Cuban wood.

acanalado, da adj [columna] fluted; [tejido] ribbed; [hierro, uralita] corrugated.

acanaladura f groove, fluting (U).

acanalar vt - **1.** [terreno] to dig channels in. - **2.** [tejado] to corrugate.

acanallar vt to corrupt, to deprave.
◆ **acanallarse** vpr to become corrupted o depraved.

acantilado, da adj [abrupto] steep; [costa] shelved.
◆ **acantilado** m cliff.

acanto m acanthus.

acantonar vt desus to billet.
◆ **acantonarse** vpr to be billeted; ~**se en las ciencias** to limit o.s to the sciences.

acañonear vt MIL to cannonade, to bombard.

acaparador, ra adj - **1.** [avaricioso] greedy. - **2.** [monopolizador] monopolizing. - **3.** [acumulador] stockpiling.

acaparamiento m - **1.** [posesión exclusiva] monopolization. - **2.** [acumulación] stockpiling.

acaparar vt - **1.** [monopolizar] to monopolize; [mercado] to corner; **acaparaba las miradas de todos** all eyes were on her. - **2.** [guardarse] to hoard.

acápite m Amér paragraph.

acaracolado, da adj spiral-shaped.

acaramelado, da adj - **1.** [con caramelo] covered in caramel. - **2.** [color] caramel-coloured. - **3.** fig [cariñoso] starry-eyed. - **4.** fig [afectado] sickly sweet.

acaramelar vt to cover in caramel.
◆ **acaramelarse** vpr to be starry-eyed.

acardenalar vt to bruise, to make black-and-blue.
◆ **acardenalarse** vpr to turn black-and-blue.

acarear vt to confront, to face.

acariciador, ra ◊ adj caressing. ◊ m, f caresser, fondler.

acariciar [8] Esp, **acariñar** Amér vt - **1.** [persona] to caress; [animal] to stroke; [con los dedos] to finger. - **2.** fig [idea, proyecto] to cherish. - **3.** [rozar] to caress, to brush; **la brisa acarició su rostro** the breeze caressed his face.
◆ **acariciarse** vpr to caress (each other).

acarraladura f Amér [en la media] ladder Br, run Am.

acarreador, ra ◊ adj carting, transporting. ◊ m, f carrier, transporter.

acarrear *vt* - **1.** [transportar] to carry; [carbón] to haul. - **2.** *fig* [ocasionar] to bring, to give rise to.

acarreo *m* transporting.

acarroñarse *vpr* - **1.** *Amér fam* [acobardarse] to chicken out. - **2.** *desus* [estropearse] to rot, to decay.

acartonar *vt* to give the appearance of cardboard.
◆ **acartonarse** *vpr fam* to become wizened.

acaso ◇ *adv* [quizá] perhaps; ¿~ **no lo sabías?** are you trying to tell me you didn't know? □ **por si** ~ (just) in case. ◇ *m* [casualidad] chance; **al** ~ at random.
◆ **por si acaso** *loc adv* just in case.
◆ **si acaso** ◇ *loc adv* [en todo caso] if anything. ◇ *loc conj* [en caso de que] if.

acatador, ra *adj* respectful.

acatamiento *m* respect, compliance.

acatar *vt* - **1.** [respetar] to respect, to comply with. - **2.** *Amér* [notar] to notice.

acatarrarse *vpr* - **1.** [resfriarse] to catch a cold. - **2.** *Amér fam* [emborracharse] to get sloshed.

acato *m* respect, reverence.

acatólico, ca *adj* non-Catholic.

acaudalado, da *adj* well-to-do, wealthy.

acaudalar *vt* to accumulate, to amass.

acaudillamiento *m* leadership, command.

acaudillar *vt* to lead.

acceder *vi* - **1.** [consentir]: ~ **(a algo/hacer algo)** to agree (to sthg/to do sthg). - **2.** [tener acceso]: ~ **a** to enter. - **3.** [alcanzar]: ~ **a** [trono] to accede to; [poder] to come to; [grado] to obtain.

accesibilidad *f* accessibility.

accesible *adj* - **1.** [gen] accessible. - **2.** [persona] approachable.

accesión *f* - **1.** [consentimiento] agreement, consent. - **2.** [entrada] access, entry. - **3.** [al trono] accession.

accésit *m inv* runners-up prize, consolation prize.

acceso *m* - **1.** [entrada]: ~ **(a)** entrance (to). - **2.** [paso]: ~ **(a)** access (to); **libre** ~ access. - **3.** [carretera] access road. - **4.** *fig* [ataque] fit; [de fiebre, gripe] bout; ~ **de tos** coughing fit.

accesorio, ria *adj* incidental, of secondary importance.
◆ **accesorio** *m (gen pl)* - **1.** [objeto auxiliar] accessory. - **2.** TEATRO prop.

accidentado, da ◇ *adj* - **1.** [vida] turbulent. - **2.** [viaje - en coche, tren, avión] bumpy; [- en barco] rough. - **3.** [terreno, camino] rough, rugged. ◇ *m, f* injured person, victim.

accidental ◇ *adj* - **1.** [no esencial] incidental, of secondary importance. - **2.** [imprevisto] accidental; [encuentro] chance. - **3.** [ocasional] temporary, acting; **un director** ~ an acting director. ◇ *m* MÚS accidental.

accidentalmente *adv* accidentally.

accidentar *vt* to cause to have an accident.
◆ **accidentarse** *vpr* to be involved in o have an accident.

accidente *m* - **1.** [desgracia] accident; ~ **de avión/coche** plane/car crash; ~ **de tráfico** road accident; ~ **en cadena** pileup; ~ **laboral/mortal** industrial/fatal accident. - **2.** *(gen pl)* [del terreno] unevenness *(U)*; ~ **geográfico** feature. - **3.** GRAM accidence. - **4.** [casualidad] chance; **por** ~ by accident, by chance.

acción *f* - **1.** [gen] action; **película de** ~ action film *Br* o movie *Am*; **un hombre de** ~ a man of action □ ~ **refleja** reflex action. - **2.** [hecho] deed, act; ~ **de gracias** RELIG thanksgiving; **mala** ~ evil deed. - **3.** [efecto] effect, action; **la** ~ **de un veneno** the action of a poison. - **4.** FIN share; ~ **ordinaria/preferente** ordinary/preference share *Br*, ordinary/preference stock *Am*; **acciones en cartera** shares in portfolio *Br*, stock in portfolio *Am*.
◆ **acción judicial** *f* legal action.

accionamiento *m* activation.

accionar *vt* - **1.** [activar] to activate. - **2.** MEC to drive, to propel. - **3.** [gesticular] to gesticulate, to gesture. - **4.** *Amér* DER to bring a suit against.

accionariado *m* shareholders *(pl) Br*, stockholders *(pl) Am*.

accionario, ria ◇ *adj* share *(antes de sust)*. ◇ *m, f* shareholder *Br*, stockholder *Am*.

accionista *mf* shareholder *Br*, stockholder *Am*; ~ **principal** majority shareholder *Br*, majority stockholder *Am*.

Accra *s* Accra.

ACE *(abrev de* **amplificador de contrafase equilibrado)** *m* QPP.

acebo *m* - **1.** [hoja] holly. - **2.** [árbol] holly (bush).

acece *etc v* → **acezar**.

acechador, ra *culto* ◇ *adj* - **1.** [observador] watching, observing. - **2.** [que acecha] ambushing. ◇ *m, f* - **1.** [observador] watcher, observer. - **2.** [emboscador] ambusher. - **3.** [espía] spy.

acechanza *f culto* observation, surveillance.

acechar *culto vt* - **1.** [vigilar] to observe, to keep under surveillance; [suj: cazador] to stalk. - **2.** [amenazar] to be lying in wait for. - **3.** [espiar] to spy on.

acecho *m culto* - **1.** [observación] observation, surveillance; **estar al** ~ to lie in wait for; *fig* to be on the lookout for. - **2.** [emboscada] ambush.

acecinar *vt* to cure.
◆ **acecinarse** *vpr fig* [envejecer] to wizen, to wither.

acedar *vt* - **1.** [agriar] to turn sour. - **2.** *fig* [persona] to sour. - **3.** [disgustar] to annoy, to displease.
◆ **acedarse** *vpr* - **1.** [agriarse] to turn sour. - **2.** [planta] to fade, to wilt.

acedera *f* sorrel.

acedía *f* - **1.** [acidez] acidity, sourness. - **2.** [pez] plaice. - **3.** MED heartburn. - **4.** *fig* [de carácter] rudeness, uncouthness.

acedo, da *adj* - **1.** [agrio] acid, sour. - **2.** *fig* [carácter] rude, uncouth.

acéfalo, la *adj culto* [estado, organización] leaderless.

aceitar *vt* - **1.** [motor] to lubricate. - **2.** [comida] to pour oil onto.

aceite *m* - **1.** [gen] oil; ~ **de colza/girasol/linaza/oliva/vegetal** rapeseed/sunflower/olive/linseed/vegetable oil; ~ **combustible** o **de quemar** fuel oil; ~ **de ricino/de hígado de bacalao/de ballena/de fusel** castor/cod-liver/whale/fusel oil. - **2.** [perfume] (essential) oil; ~ **de rosas** attar of roses.

aceitera *f* oilcan.
◆ **aceiteras** *fpl* cruet *(sg)*.

aceitero, ra *adj* oil *(antes de sust)*.

aceitoso, sa *adj* oily.

aceituna *f* olive; ~ **rellena** stuffed olive; ~ **sin hueso** pitted olive.

aceitunado, da *adj* olive.

aceitunero, ra *m, f* - **1.** [recogedor] olive picker. - **2.** [vendedor] olive merchant.

aceituno, na *adj Amér* [color] olive.
◆ **aceituno** *m* olive tree.

aceleración *f*, **aceleramiento** *m* acceleration.

acelerada *f* AUTOM acceleration.

acelerado, da *adj* rapid, quick; FÍS accelerated.
◆ **acelerado** *m* quick motion.

acelerador, ra *adj* accelerating.
◆ **acelerador** *m* accelerator; ~ **de partículas** particle accelerator.

aceleramiento *m* = **aceleración**.

acelerar ◇ *vt* - **1.** [avivar] to speed up; TECN to accelerate. - **2.** [adelantar] to bring forward. ◇ *vi* - **1.** [coche] to accelerate. - **2.** [precipitarse] to hurry. - **3.** [motor] to race.
◆ **acelerarse** *vpr* to hurry up.

acelerón *m* AUTOM: **dar un** ~ to put one's foot down.

acelga *f* chard.

acemita *f* bran bread.

acemite *m* - **1.** [harina integral] wholemeal flour; [harina con salvado] *bran mixed with flour*. - **2.** [papilla] porridge.

acendrado, da *adj* untarnished, pure.

acendrar *vt* - **1.** [metal] to purify. - **2.** *fig* [cualidad, sentimiento] to refine.

acensuar [6], **acensar** *vt* - **1.** [censar] to take a census of. - **2.** [gravar] to tax.

acento *m* - **1.** [signo] accent; **lleva ~ en la segunda vocal** the second vowel takes an accent ❑ **~ agudo/circunflejo/grave** acute/circumflex/grave accent; **~ ortográfico** (written) accent. - **2.** [intensidad] stress, accent. - **3.** [pronunciación particular] accent; **habla con ~ gallego** he has a Galician accent.

acentuable *adj* GRAM *that should have an accent.*

acentuación *f* accentuation.

acentuado, da *adj* - **1.** [con acento gráfico] stressed. - **2.** [marcado] marked, distinct.

acentual *adj* GRAM accentual.

acentuar [6] *vt* - **1.** [palabra, letra - al escribir] to accent, to put an accent on; [- al hablar] to stress. - **2.** *fig* [realzar] to accentuate. - **3.** *fig* [intensificar] to increase.

◆ **acentuarse** *vpr* [intensificarse] to deepen, to increase.

aceña *f* - **1.** [rueda] water wheel. - **2.** [molino] water mill.

acepar *vi* to take root.

acepción *f* meaning, sense.

acepilladora *f* [en carpintería] planing machine, surfacer.

acepillar *vt* - **1.** [limpiar] to brush. - **2.** [en carpintería] to plane. - **3.** *fig* [pulir] to polish.

aceptabilidad *f* acceptability.

aceptable *adj* acceptable.

aceptación *f* - **1.** [aprobación] acceptance. - **2.** [éxito] success, popularity.

aceptador, ra ◇ *adj* accepting. ◇ *m, f* acceptor.

aceptar *vt* - **1.** [admitir] to accept. - **2.** [aprobar] to approve of. - **3.** COM to accept, to honour.

acepto, ta *adj* acceptable.

aceptor *m* acceptor.

acequia *f* - **1.** [canal] irrigation channel. - **2.** *Amér* [arroyo] stream.

acequiar [8] *vi* to construct irrigation ditches o channels.

acera *f* - **1.** [para peatones] pavement *Br*, sidewalk *Am*; **ser de la otra ~, ser de la ~ de enfrente** *fam despec* to be one of them, to be queer. - **2.** [lado de la calle] side of the street. - **3.** [fila de casas] row of houses. - **4.** ARQUIT facing.

acerado, da *adj* - **1.** [cortante] sharp. - **2.** [con acero] containing steel. - **3.** *fig* [fuerte, resistente] steely, tough. - **4.** *fig* [mordaz] cutting, biting. - **5.** BOT barbed, spiky.

acerar *vt* - **1.** [pavimentar] to pave. - **2.** [convertir en acero] to turn into steel. - **3.** [recubrir de acero] to steel. - **4.** *fig* [fortalecer] to strengthen, to steel.

◆ **acerarse** *vpr fig* to steel o.s.

acerbidad *f culto* - **1.** [sabor] bitterness. - **2.** [severidad] cruelty, harshness.

acerbo, ba *adj culto* - **1.** [áspero] bitter. - **2.** [mordaz] caustic, cutting.

acerca ◆ **acerca de** *loc adv* about.

acercamiento *m* - **1.** [de personas, estados] rapprochement. - **2.** [de suceso, fecha] approach.

acercar [10] *vt* to bring nearer o closer; **¡acércame el pan!** could you pass me the bread?

◆ **acercarse** *vpr* - **1.** [arrimarse - viniendo] to come closer; [- yendo] to go over; **se acerca una tormenta** a storm is approaching; **acércate a la ventana** go over to the window. - **2.** [ir] to go; [venir] to come; [a casa de alguien] to come/go round; **me acercaré al supermercado** I'm going to go to the supermarket. - **3.** [tiempo] to draw nearer, to approach; **ya se acerca la hora de la verdad** the moment of truth is drawing nearer.

acería *f* steelworks *(sg)*.

acerista *mf* steel manufacturer.

acero *m* steel; **~ colado** o **fundido** cast steel; **~ inoxidable** stainless steel.

◆ **aceros** *mpl fig* - **1.** [valentía] courage *(U)*. - **2.** [apetito] appetite *(sg)*.

acerque *etc v* → **acercar.**

acérrimo, ma *adj* [defensor] diehard *(antes de sust)*; [enemigo] bitter.

acerrojar *vt* to bolt.

acertadamente *adv* correctly.

acertado, da *adj* - **1.** [con acierto - respuesta] correct; [- disparo] on target; [- comentario] appropriate. - **2.** [oportuno] good, clever.

acertante ◇ *adj* winning. ◇ *mf* - **1.** [ganador] winner. - **2.** [que resuelve problema] solver.

acertar [19] ◇ *vt* - **1.** [adivinar] to guess (correctly); **has acertado quince respuestas** you got fifteen of the questions right. - **2.** [el blanco] to hit. - **3.** [elegir bien] to choose well. - **4.** [encontrar] to find, to hit upon; **no acertamos el camino de vuelta** we couldn't find the way back. ◇ *vi* - **1.** [atinar]: **~ (al hacer algo)** to be right (to do sthg). - **2.** [conseguir]: **~ a hacer algo** to manage to do sthg; **no acertamos a encontrar el reloj** we didn't manage to find the watch; **acertaba a pasar por allí** *fig* she happened to pass that way. - **3.** [hallar]: **~ con** to find. - **4.** [elegir bien] to choose well; **has acertado al elegir este vestido, te favorece** you made a good choice with that dress, it suits you. - **5.** AGR to thrive, to flourish.

acertijo *m* riddle.

acervo *m* - **1.** [patrimonio] heritage. - **2.** [montón] pile, heap. - **3.** [propiedad común] common property. - **4.** [riquezas] wealth.

acescencia *f* slight sourness.

acescente *adj* slightly sour.

acetato *m* acetate.

acético, ca *adj* acetic.

acetileno *m* acetylene.

acetona *f* acetone.

acetoso, sa *adj* acetous.

acetre *m* [caldero] small bucket.

acetrinar *vt* to make sallow.

acezar [13] *vi* to pant, to gasp.

acezo *m* pant, panting *(U)*.

achabacanar *vt* to cheapen, to make vulgar o crude.

achacar [10] *vt*: **~ algo a alguien/algo** to attribute sthg to sb/sthg.

achacosidad *f* sickliness, frailty.

achacoso, sa *adj* - **1.** [persona] frail; [indispuesto] indisposed. - **2.** [cosa] faulty, defective.

achaflanar *vt* to chamfer, to bevel.

achampañado, da *adj* sparkling.

achamparse *vpr Amér* - **1.** [apropiarse] to retain *(another's property)*. - **2.** [establecerse] to settle, to put down roots.

achanchar *vt* - **1.** [en dominó] to block. - **2.** *Amér* [en damas] to jump. - **3.** *Amér* [engordar] to fatten.

◆ **achancharse** *vpr* - **1.** [debilitarse] to become weak. - **2.** *Amér* [apoltronarse] to get lazy. - **3.** *Amér* [engordar] to get fat.

achantar *vt fam* to put the wind up.

◆ **achantarse** *vpr fam* - **1.** [acobardarse] to get the wind up. - **2.** [esconderse] to hide from danger. - **3.** [conformarse] to conform.

achaparrado, da *adj* squat.

achaparrarse *vpr* - **1.** BOT to grow squat. - **2.** [engordar] to get chubby.

achaque¹ *etc v* → **achacar.**

achaque² *m* - **1.** [molestia] ailment. - **2.** [indisposición] indisposition.

acharolado, da *adj* resembling patent leather, varnished.

acharolar *vt* - **1.** [barnizar] to varnish. - **2.** [abrillantar] to polish.

achatado, da *adj* - **1.** [plano] flattened. - **2.** *Amér fig* [abatido] crushed, overwhelmed.

achatar *vt* to flatten.
◆ **achatarse** *vpr* to level out.
achicado, da *adj* childish.
achicadura *f*, **achicamiento** *m* - **1.** [disminución] reduction. - **2.** NÁUT bailing.
achicar [10] *vt* - **1.** [tamaño] to make smaller; [en costura] to take in. - **2.** [agua - de barco] to bale out; [- de mina] to drain. - **3.** *fig* [acobardar] to intimidate. - **4.** *Amér* [matar] to kill.
◆ **achicarse** *vpr* - **1.** [tamaño] to get smaller; [prenda] to shrink. - **2.** [acobardarse] to become intimidated. - **3.** [humillarse] to humble o.s.
achicharrado, da *adj* [de calor] sweltering.
achicharrante *adj* - **1.** [que quema] burning, scorching. - **2.** [bochornoso] sweltering.
achicharrar ◇ *vt* - **1.** [chamuscar] to burn. - **2.** [sobrecalentar] to overheat. - **3.** *fig* [a preguntas] to plague, to overwhelm. - **4.** *Amér* [aplastar] to squash. ◇ *vi* [sol, calor] to be scorching.
◆ **achicharrarse** *vpr* - **1.** *fig* [de calor] to fry, to roast. - **2.** [chamuscarse] to burn.
achicoria *f* chicory.
achimero, ra, achín, ina *m, f Amér* pedlar, hawker.
achimes *mpl Amér* pedlar's wares.
achín, ina *m, f* = **achimero**.
achinado, da *adj* - **1.** [ojos] slanting. - **2.** [persona] Chinese-looking. - **3.** *Amér* [de tez oscura] Indianlooking. - **4.** *Amér fig* [aplebeyado] vulgar, coarse.
achinar *vt fam* to frighten, to intimidate.
◆ **achinarse** *vpr Amér* to become coarse, to become common.
achique *etc v* → **achicar**.
achiquillado, da *adj Amér* childish.
achiquitar *vt Amér fam* to diminish, to make smaller.
◆ **achiquitarse** *vpr* to get scared, to become frightened.
achispado, da *adj* tipsy.
achispar *vt* to make tipsy.
◆ **achisparse** *vpr* to get tipsy.
achocar [10] *vt* - **1.** [arrojar] *to throw against the wall or floor*. - **2.** [herir] to hit, to strike. - **3.** *fam fig* [guardar, acumular] to hoard, to stash away.
achochar *vi Amér* to faint, to lose consciousness.
◆ **achocharse** *vpr* to begin to dote, to become senile.
acholado, da *adj* - **1.** *Amér* [mestizo] adopting mestizo ways. - **2.** *fig* [avergonzado] ashamed, red in the face.
acholar *vt Amér* to embarrass, to make blush.
◆ **acholarse** *vpr Amér* - **1.** [acriollarse] to adopt mestizo ways. - **2.** [avergonzarse] to be ashamed. - **3.** [aterrarse, asustarse] to be frightened. - **4.** [sufrir una insolación] to get sunstroke.
achoque *etc v* → **achocar**.
achubascarse [10] *vpr* [el cielo] to become threatening, to become overcast.
achuchado, da *adj fam* hard, tough.
achuchar *vt fam* - **1.** [abrazar] to hug. - **2.** *fig* [presionar] to be on at, to badger. - **3.** [aplastar] to crush, to squash. - **4.** [empujar] to push, to jostle.
achucharrar *vt Amér* to crush, to squash.
◆ **achucharrarse** *vpr* to be disheartened, to be discouraged.
achuchón *m fam* - **1.** [abrazo] big hug. - **2.** [indisposición] mild illness; **le dio un** ~ he got sick.
achucutarse, achucuyarse *vpr Amér* - **1.** [abatirse] to be disheartened. - **2.** [humillarse] to humble o.s - **3.** [marchitarse] to wither, to fade.
achulado, da *adj fam* - **1.** [chulo] jaunty, cocky. - **2.** [grosero] coarse, vulgar.
achunchar *vt Amér* [avergonzar] to shame.
◆ **achuncharse** *vpr Amér* [avergonzarse] to be ashamed.
achura *f Amér* [intestino] guts *(pl)*.

achurar *vt Amér* - **1.** [acuchillar] to stab to death. - **2.** [animal] to disembowel.
ACI (*abrev de* **Alianza Cooperativa Internacional**) *f* ICA.
aciago, ga *adj culto* black, fateful.
acíbar *m* - **1.** BOT aloes *(pl)*. - **2.** *fig* [amargura] bitterness.
acibarar *vt* - **1.** BOT to add bitter aloes to. - **2.** *fig* [amargar] to embitter.
aciberar *vt* to pulverize, to grind very fine.
acicalado, da *adj* smart, neat and tidy.
acicalar *vt* - **1.** [arreglar] to do up. - **2.** [pulir] to polish. - **3.** ARQUIT to finish, to put a finish on.
◆ **acicalarse** *vpr* to do o.s. up.
acicate *m* - **1.** [espuela] spur. - **2.** *fig* [estímulo] incentive.
acicatear *vt* to spur, to incite.
acicular *adj* - **1.** [en forma de aguja] needle-shaped. - **2.** MIN aciculate.
acidez (*pl* **acideces**) *f* - **1.** [cualidad] acidity. - **2.** MED: ~ **(de estómago)** heartburn.
acid house ['aθid 'xaus] *m* MÚS acid house.
acidia *f* laziness, indolence.
acidífero, ra *adj* acidiferous.
acidificación *f* acidification.
acidificante *adj* acidifying.
acidificar [10] *vt* to acidify.
◆ **acidificarse** *vpr* to become acidic.
ácido, da *adj* - **1.** QUÍM acidic. - **2.** [bebida, sabor, carácter] acid, sour.
◆ **ácido** *m* - **1.** QUÍM acid; ~ **bórico/carbónico/cítrico/ gálico** boric/carbonic/citric/gallic acid; ~ **clorhídrico/desoxirribonucleico/ ribonucleico/ sulfúrico** hydrochloric / deoxyribonucleic / ribonucleic / sulphuric acid; ~ **fénico/ graso/láctico/nítrico** carbolic/fatty/lactic/nitric acid. - **2.** *fam* [droga] acid.
acidular *vt* to acidulate.
acídulo, la *adj* acidulous.
acierta *etc v* → **acertar**.
acierto *m* - **1.** [a pregunta] correct answer. - **2.** [en quinielas] correct entry. - **3.** [habilidad, tino] good o sound judgment; **con** ~ successfully. - **4.** [éxito] success. - **5.** [logro] good shot, hit.
acije *m* copperas, ferrous sulphate.
ácimo *adj* = **ázimo**.
acimut (*pl* **acimutes**), **azimut** (*pl* **azimutes**) *m* azimuth.
ación *f* stirrup strap.
acirate *m* - **1.** [lindero] boundary marker, landmark. - **2.** [caballón] ridge of earth. - **3.** [camino] *path between rows of trees*.
acitara *f* - **1.** [tabique] partition, wall. - **2.** [de puente] bridge railing. - **3.** [de silla] chair cover.
ACJ (*abrev de* **Alianza Mundial de Asociaciones Cristianas Jóvenes**) *f* YMCA.
aclamación *f* [ovación] acclamation, acclaim; **por** ~ unanimously.
aclamador, ra ◇ *adj* acclamatory, acclaiming. ◇ *m, f* acclaimer.
aclamar *vt* to acclaim.
aclaración *f* explanation; *ver* USO *en página siguiente.*
aclarado *m* rinsing, rinse.
aclarar, aclarecer [31] ◇ *vt* - **1.** [ropa] to rinse. - **2.** [explicar] to clarify, to explain. - **3.** [carraspeando]: ~ **la voz** to clear one's throat. - **4.** [lo oscuro] to make lighter. - **5.** [chocolate, sopa] to thin (down). - **6.** [bosque] to thin out. ◇ *v impers* - **1.** [amanecer] to get light. - **2.** [clarear, despejarse] to clear up.
◆ **aclararse** *vpr* - **1.** [entender] to understand. - **2.** [explicarse] to explain o.s. - **3.** [ver claro] to see clearly. - **4.** [mejorar el tiempo] to clear up. - **5.** [confesarse] to confess a secret. - **6.** *Amér* [líquido] to become clear.
aclaratorio, ria *adj* explanatory.
aclarecer *vt* = **aclarar**.

aclimatable *adj* able to acclimatize.
aclimatación *f* acclimatization.
aclimatar *vt* - **1.** [al clima]: ~ **algo/a alguien (a)** to acclimatize sthg/sb (to). - **2.** [a ambiente]: ~ **algo/a alguien a algo** to get sthg/sb used to sthg.
◆ **aclimatarse** *vpr* - **1.** [al clima]: ~**se (a algo)** to acclimatize (to sthg). - **2.** [a ambiente] to settle in; ~**se a algo** to get used to sthg.
aclocar [36] *vi* [gallina] to brood.
◆ **aclocarse** *vpr* - **1.** [tenderse] to lie down, to stretch out. - **2.** [gallina] to become broody.
acloqué *etc v* → **aclocar.**
acloquemos *etc v* → **aclocar.**
aclueca *etc v* → **aclocar.**
aclueque *etc v* → **aclocar.**
acné *m o f* acne.
acobardamiento *m* cowardice, cowardliness.
acobardar *vt* to frighten, to scare.
◆ **acobardarse** *vpr* to get frightened o scared; ~**se ante** to shrink back from.
acobrado, da *adj* copper.
acocear *vt* - **1.** [dar coces] to kick. - **2.** *fig* [maltratar] to treat badly.
acochinar *vt fam* to bump off.
acodado, da *adj* - **1.** [persona] leaning (on one's elbows). - **2.** [cañería] elbowed.
acodadura *f* - **1.** [apoyo] *leaning on one's elbows.* - **2.** AGR layering. - **3.** [en carpintería] squaring.
acodalar *vt* ARQUIT to prop o shore up.
acodarse *vpr*: ~**se (en)** to lean (on).
acoderar *vt* NÁUT to anchor broadside on.
acodiciar [8] *vt* to long for.
◆ **acodiciarse** *vpr* to be covetous.
acodo *m* shoot.
acogedizo, za ◇ *adj* adaptable. ◇ *m, f* adaptable person.
acogedor, ra *adj* [país, persona] friendly, welcoming; [casa, ambiente] cosy.
acoger [14] *vt* - **1.** [recibir] to welcome. - **2.** [dar refugio] to take in. - **3.** *fig* [idea, noticia etc] to receive.
◆ **acogerse a** *vpr* [inmunidad parlamentaria etc] to take refuge in; [ley] to have recourse to.
acogida *f* - **1.** [de persona] welcome, reception. - **2.** [de idea, película etc] reception; **tener buena** ~ to be well received.
acogido, da *m, f* [pobre] poorhouse resident.
◆ **acogido** *m* AGR pasturing fee.
acogollar ◇ *vt* [planta] to protect, to cover. ◇ *vi* [echar cogollo] to bud.
acogotar *vt* - **1.** [matar] to kill. - **2.** *fam* [derribar] to knock down. - **3.** *fig* [dominar] to dominate.
acoja *etc v* → **acoger.**
acojinar *vt* to stuff, to pad.
◆ **acojinarse** *vpr* MEC to be cushioned.

acojonante *adj vulg* - **1.** [impresionante] bloody incredible. - **2.** [que da miedo] shit scary.
acojonar *vulg* ◇ *vt* - **1.** [asustar] to scare shitless. - **2.** [impresionar] to gobsmack. ◇ *vi* [asustar] to be shit scary.
◆ **acojonarse** *vpr vulg* to be shit scared.
acolchado, da *adj* padded.
◆ **acolchado** *m* - **1.** [relleno] padding. - **2.** *Amér* [colcha] bedspread.
acolchar *vt* to pad.
acólito *m* - **1.** [gen] acolyte. - **2.** [monaguillo] altar boy. - **3.** [discípulo] follower.
acollar [23] *vt* - **1.** AGR to cover with earth. - **2.** NÁUT to caulk. - **3.** [tensar] to tauten; [cuerda] to tighten.
acollarado, da *adj* ZOOL ring-necked.
acollarar *vt* - **1.** [poner collar] to put a collar on. - **2.** [uncir] to yoke. - **3.** *Amér* [unir] to tie together.
◆ **acollararse** *vpr* - **1.** [asirse] to hold each other by the neck. - **2.** *Amér fam* [casarse] to get hitched.
acombar *vt* to bend, to curve.
acomedido, da *adj Amér* accommodating, obliging.
acomedirse [26] *vpr Amér* to oblige, to volunteer.
acometedor, ra ◇ *adj* aggressive, attacking. ◇ *m, f* aggressor, attacker.
acometer ◇ *vt* - **1.** [atacar] to attack; **le acometió el sueño** he felt sleepy. - **2.** [emprender] to undertake. ◇ *vi* [embestir]: ~ **contra** to hurtle into.
acometida *f* - **1.** [ataque] attack, charge. - **2.** [de luz, gas etc] (mains) connection.
acometimiento *m* [acción] attacking; [ataque] attack.
acomida *etc v* → **acomedirse.**
acomidiera *etc v* → **acomedirse.**
acomodable *adj* accommodating.
acomodación *f* accommodation.
acomodadamente *adv* - **1.** [convenientemente] conveniently. - **2.** [confortablemente] comfortably.
acomodadizo, za *adj* accommodating, easy-going.
acomodado, da *adj* - **1.** [rico] well-off, well-to-do. - **2.** [instalado] ensconced. - **3.** [comodón] comfort-loving. - **4.** [moderado] moderate; **un precio** ~ a reasonable price.
acomodador, ra ◇ *m, f* usher (*f* usherette). ◇ *adj* accommodating.
acomodamiento *m* - **1.** [transacción] accommodation. - **2.** [convenio] arrangement. - **3.** [conveniencia] convenience, suitability.
acomodar ◇ *vt* - **1.** [instalar - persona] to seat, to instal; [- cosa] to place. - **2.** [adaptar] to fit. - **3.** [conciliar] to reconcile. - **4.** [emplear] to employ. - **5.** [proveer] to provide, to furnish. ◇ *vi* to suit, to be suitable.
◆ **acomodarse** *vpr* - **1.** [instalarse] to make o.s. comfortable; ~**se en** to settle down in. - **2.** [conformarse]: ~**se a** to adapt to. - **3.** [colocarse] to settle dowm. - **4.** *Amér* [arreglarse] to set o.s. up through connections. - **5.** *Amér* [casarse] to marry.

Pedir una aclaración

What do you mean exactly?
What do you mean by that?
Why do you say that?
How do you mean?
What do you mean by 'exaggeration'?

▶ *más educadamente:*

Could you explain more fully what you meant by 'unfair competition'?
Could you say a little more about that?
I wonder if you could be a little more specific?

Can I ask how you came to that conclusion?
Would you care to elaborate on o develop the last point you made? [*formal*]

Dar una explicación

What I mean is...
What I'm trying to say is...
The point I'm trying to make is...
Let me explain.
Let me put it another way.
The thing is, ... [*familiar*]
If I could just expand on that last point... [*formal*]

acomodaticio, cia *adj* [complaciente] accommodating, easy-going.

acomodo *m* - **1.** [alojamiento] accommodation. - **2.** [empleo] job. - **3.** *Amér* [chanchullo] cushy number. - **4.** *Amér* [arreglo] arrangement, deal.

acompañado, da ◇ *adj* - **1.** [con compañía] accompanied. - **2.** [concurrido] busy. - **3.** *Amér* [borracho] drunk. ◇ *m, f* [compañero] companion.

◆ **acompañado** *m Amér* sewage pipe, culvert.

acompañador, ra ◇ *adj* accompanying. ◇ *m, f* - **1.** [compañero] companion. - **2.** [escolta] escort. - **3.** MÚS accompanist.

acompañamiento *m* - **1.** [comitiva - en entierro] cortege; [- de rey] retinue. - **2.** CULIN & MÚS accompaniment.

acompañanta *f* [dueña] chaperon.

acompañante ◇ *adj* accompanying. ◇ *mf* companion. ◇ *m* [escolta] escort.

acompañar ◇ *vt* - **1.** [ir con]: ~ **a alguien** [gen] to go with o accompany sb; **todos los días acompaño a los niños a la escuela** I take the children to school every day; [a la puerta] to show sb out; [a casa andando] to walk sb home; [a casa en coche] to drive sb home. - **2.** [estar con]: ~ **a alguien** to keep sb company. - **3.** [compartir emociones con]: ~ **en algo a alguien** to be with sb in sthg. - **4.** [adjuntar] to enclose; **acompaño al informe las fotografías que me pidió** I'm enclosing the photographs you requested with the report. - **5.** MÚS to accompany. - **6.** [coexistir con] to accompany. - **7.** CULIN: ~ **algo con algo** to serve sthg with sthg. ◇ *vi* [hacer compañía] to provide company.

◆ **acompañarse** *vpr* MÚS: ~**se con** to accompany o.s. on.

acompasado, da *adj* [gen] steady, rhythmic; [pasos] measured.

acompasar *vt* - **1.** [gen]: ~ **algo (a)** to synchronize sthg (with). - **2.** [MÚS - con metrónomo] to measure; [- dar cadencia] to give rhythm to.

acomplejado, da ◇ *adj* inhibited, having a complex. ◇ *m, f* inhibited person, person with a complex.

acomplejar *vt* to give a complex.

◆ **acomplejarse** *vpr* to develop a complex.

acomunarse *vpr* to unite, to join forces.

Aconcagua *m*: **el** ~ Aconcagua.

aconchabamiento *m fam* banding together.

aconchabarse *vpr fam* to band together.

aconchar *vt* - **1.** [proteger] to push to safety. - **2.** NÁUT to beach.

◆ **aconcharse** *vpr* - **1.** [arrimarse]: ~**se a algo** to back against sthg. - **2.** NÁUT to run aground. - **3.** *Amér* [sedimiento] to settle.

acondicionado, da *adj* equipped; **estar bien/mal** ~ to be in a fit/no fit state.

acondicionador *m* (air) conditioner.

acondicionamiento *m* conversion, upgrading.

acondicionar *vt* - **1.** [reformar] to convert, to upgrade. - **2.** [preparar] to prepare, to get ready.

aconfesional *adj* with no official religion.

acongojar *vt* to distress, to cause anguish to.

◆ **acongojarse** *vpr* to be distressed.

aconsejable *adj* advisable.

aconsejado, da *adj* sensible, prudent.

aconsejador, ra ◇ *adj* advisory. ◇ *m, f* advisor, counsellor.

aconsejar *vt* - **1.** [dar consejos]: ~ **a alguien (que haga algo)** to advise sb (to do sthg). - **2.** [hacer aconsejable] to make advisable.

acontecer *v impers* to take place, to happen.

acontecido, da *adj* sad, depressed.

acontecimiento *m* event; **adelantarse** o **anticiparse a los** ~**s** [precipitarse] to jump the gun; [prevenir] to take preemptive measures.

acopar ◇ *vi* [árbol] to form a crown. ◇ *vt* [árbol] to trim, to shape.

acopas *adv Amér* unexpectedly.

acopiador, ra ◇ *adj* gathering, collecting. ◇ *m, f* gatherer, collector.

acopiar [8] *vt* - **1.** [juntar] to gather. - **2.** [acaparar] to buy up.

acopio *m* - **1.** [acumulación] stock, store; **hacer** ~ **de** [existencias, comestibles] to stock up on; [valor, paciencia] to summon up. - **2.** [recogimiento] gathering, collecting. - **3.** [abundancia] abundance.

acoplable *adj*: ~ **(a)** attachable (to).

acoplado, da *adj* coupled, joined.

◆ **acoplado** *m Amér* trailer.

acopladura *f* joint, connection.

acoplamiento *m* [de piezas] attachment, connection; [de módulo espacial] docking.

acoplar *vt* - **1.** [encajar] to attach, to fit together. - **2.** FERROC to couple. - **3.** *fig* [adaptar] to adapt, to fit. - **4.** [uncir] to yoke, to hitch. - **5.** *fig* [conciliar] to reconcile.

◆ **acoplarse** *vpr* - **1.** [adaptarse] to adjust to each other; ~**se a** to adjust to. - **2.** [encajar] to fit together; ~**se a algo** to fit sthg. - **3.** [aparearse] to mate.

acoquinar *vt fam* to put the wind up.

◆ **acoquinarse** *vpr fam* to get the wind up.

acorazado, da *adj* armour-plated.

◆ **acorazado** *m* battleship.

acorazar [13] *vt* to armour-plate, to armour.

◆ **acorazarse** *vpr fig* to steel o harden o.s.

acordada *f* → acordado.

acordadamente *adv* - **1.** [de común acuerdo] unanimously, by common consent. - **2.** [con sensatez] prudently, sensibly.

acordado, da *adj* - **1.** [con acuerdo] agreed (upon); **lo** ~ that o which has been agreed upon. - **2.** [sensato] prudent, sensible.

◆ **acordada** *f* - **1.** [orden] decree, order. - **2.** [documento] authorization (U).

acordar [23] ◇ *vt* - **1.** [ponerse de acuerdo en]: ~ **algo/hacer algo** to agree on sthg/to do sthg; **acordaron que lo harían** they agreed to do it. - **2.** [decidir] to decide, to resolve; **acordé no salir aquella noche** I decided not to go out that evening. - **3.** [conciliar] to reconcile. - **4.** [recordar]: ~ **algo a alguien** to remind sb of sthg. - **5.** MÚS to tune. - **6.** [colores] to harmonize, to blend. - **7.** *Amér* [conceder] to award. ◇ *vi* to go together.

◆ **acordarse** *vpr* - **1.** [recordar]: ~**se (de algo/de hacer algo)** to remember (sthg/to do sthg); **ella no se acuerda de eso** she doesn't remember that □ **si mal no me acuerdo** if I remember correctly, if my memory serves me right; **¡te vas a** ~! [como amenaza] you're in for it!, you'll catch it!; **¡como rompas algo, te vas a** ~! if you break anything, you've had it! - **2.** [ponerse de acuerdo] to agree, to come to an agreement; **no se acuerdan con nosotros** they don't agree with us.

acorde ◇ *adj* - **1.** [conforme] in agreement. - **2.** [en consonancia]: ~ **con** in keeping with. - **3.** [en armonía] in tune. ◇ *m* MÚS chord.

acordelar *vt* - **1.** [medir] to measure with a string. - **2.** [marcar] to mark off with a string.

acordeón *m* accordion.

acordeonista *mf* accordionist.

acordonado, da *adj* - **1.** [zapato] laced up. - **2.** [área] cordoned off. - **3.** [como un cordón] cord-like. - **4.** [moneda] milled. - **5.** *Amér* [animal] thin, lean.

acordonamiento *m* - **1.** [de zapatos] lacing. - **2.** [de área] cordoning off. - **3.** [de moneda] milling.

acordonar *vt* - **1.** [zapato] to do o lace up. - **2.** [cercar] to cordon off. - **3.** [moneda] to mill. - **4.** *Amér* [cultivar] to till.

acornear *vt* to gore.

acorralamiento *m* [de malhechor, animal de caza] cornering.

acorralar *vt* - **1.** *lit & fig* to corner. - **2.** [encerrar] to corral, to pen.

acortar *vt* - **1.** [falda, pantalón etc] to take up; [cable] to shorten. - **2.** [tiempo] to cut short. - **3.** [extensión] to shorten.

◆ **acortarse** *vpr* - **1.** [días] to get shorter; [reunión] to end early. - **2.** [intimidarse] to be shy, to be bashful.

acosador, ra ◇ *adj* relentless, persistent. ◇ *m, f* pursuer.

acosamiento *m* harassment.

acosar *vt* - **1.** [hostigar] to harass; ~ **sexualmente a alguien** to sexually harass sb. - **2.** [perseguir] to pursue relentlessly. - **3.** [caballo] to spur.

acoso *m* - **1.** [hostigamiento] harassment; ~ **sexual** sexual harassment. - **2.** [persecución] relentless pursuit.

acostado, da *adj* lying down.

acostar[1] [23] *vt* - **1.** [en la cama] to put to bed; **he acostado al niño en la cama** I've put the child to bed. - **2.** [embarcación] to bring alongside.

◆ **acostarse** *vpr* - **1.** [irse a la cama] to go to bed; **salí con los amigos y me acosté tarde** I went out with some friends and was late getting to bed. - **2.** [tumbarse] to lie down. - **3.** [inclinarse] to list. - **4.** *fam* [tener relaciones sexuales]: ~**se con alguien** to sleep with sb. - **5.** [arrimarse, embarcación] to go alongside. - **6.** *fig* [adherirse] to adhere. - **7.** *Amér* [parir] to give birth.

acostar[2] *vi* NÁUT to reach shore.

acostumbrado, da *adj* - **1.** [habitual] usual. - **2.** [habituado]: **estamos** ~**s** we're used to it; **estar** ~ **a** to be used to.

acostumbrar ◇ *vt* [habituar]: ~ **a alguien a algo/a hacer algo** to get sb used to sthg/to doing sthg; **he acostumbrado al niño a lavarse solo** I've taught the child to wash himself. ◇ *vi* [soler]: ~ **a hacer algo** to be in the habit of doing sthg, usually to do sthg; **los domingos acostumbro a levantarme tarde** on Sundays, I usually get up late.

◆ **acostumbrarse** *vpr* [habituarse]: **terminé acostumbrándome** I got used to it eventually; ~**se a algo/a hacer algo** to get used to sthg/to doing sthg.

acotación *f* - **1.** [nota] note in the margin. - **2.** TEATRO stage direction. - **3.** GEOGR elevation mark.

acotada *f* [terreno cercado] enclosed land *(U)* *(for cultivation)*.

acotado, da *adj* [terreno] enclosed.

acotamiento *m* - **1.** [de terreno, campo] enclosing, demarcation. - **2.** [señal] boundary mark. - **3.** [nota marginal] note in the margin. - **4.** GEOGR elevation mark.

acotar *vt* - **1.** [terreno, campo] to enclose, to demarcate. - **2.** *fig* [tema etc] to delimit. - **3.** [texto] to write notes in the margin of. - **4.** [tierra] to reserve, to preserve. - **5.** [notar] to note. - **6.** [admitir] to admit. - **7.** [elegir] to choose, to select. - **8.** [podar] to prune. - **9.** [mapa] *to indicate the elevations of.*

◆ **acotarse** *vpr* [ampararse] to seek refuge.

acotejar *vt* *Amér* to arrange.

acotillo *m* sledgehammer.

ácrata ◇ *adj* anarchistic. ◇ *mf* anarchist.

acre ◇ *adj* - **1.** [olor] acrid, pungent. - **2.** [sabor] bitter. - **3.** *fig* [brusco, desagradable] caustic. ◇ *m* acre.

acrecentador, ra *adj* increasing, growing.

acrecentamiento *m* increase, growth.

acrecentar [19] *vt* - **1.** [aumentar] to increase. - **2.** [prosperar] to promote, to advance.

◆ **acrecentarse** *vpr* to increase.

acrecer [30] *vt* to augment, to increase.

◆ **acrecerse** *vpr* to increase, to grow.

acrecimiento *m* - **1.** [aumento] increase, growth. - **2.** DER accretion.

acreditación *f* [credencial] credential.

acreditado, da *adj* - **1.** [reconocido] distinguished. - **2.** [marca] reputable. - **3.** [embajador, representante] accredited.

acreditar *vt* - **1.** [certificar] to certify; [autorizar] to authorize. - **2.** [confirmar] to confirm. - **3.** [dar fama] to be a credit to. - **4.** [embajador] to accredit. - **5.** [asegurar] to guarantee, to vouch for. - **6.** FIN to credit.

◆ **acreditarse de** *vpr* [hacerse una fama o reputación] to become famous for, to develop a reputation for; **se acreditan de necios** they are developing a reputation for being stupid.

acreditativo, va *adj* accrediting.

acreedor, ra ◇ *adj*: **hacerse** ~ **de algo** to earn sthg, to show o.s. to be worthy of sthg. ◇ *m, f* creditor; ~ **hipotecario** mortgagee.

acreencia *f* *Amér* credit.

acrezca *etc v* → **acrecer.**

acribadura *f* [criba] sifting, sieving.

◆ **acribaduras** *fpl* [de semillas] siftings.

acribar *vt* - **1.** [cribar] to sift, to sieve. - **2.** [agujerear] to riddle.

acribillar *vt* - **1.** [agujerear] to perforate. - **2.** [herir]: ~ **(a)** to pepper o riddle (with); **me han acribillado los mosquitos** the mosquitoes have bitten me all over. - **3.** *fam fig* [molestar]: ~ **a alguien a preguntas** to fire questions at sb.

acrílico, ca *adj* acrylic.

acriminador, ra ◇ *adj* incriminating, accusing. ◇ *m, f* accuser.

acriminar *vt* [acusar] to accuse, to incriminate.

◆ **acriminarse** *vpr* *Amér* to disgrace o.s.

acrimonia *f* = **acritud.**

acrimonioso, sa *adj* acrimonious.

acriollado, da *adj* Hispanicized.

acriollarse *vpr* *Amér* to adopt native ways.

acrisolado, da *adj* - **1.** [honrado] upright, honest. - **2.** [probado] proven, tested. - **3.** *Amér* [indiscutible] indisputable.

acrisolar *vt* - **1.** [metal] to refine, to purify. - **2.** *fig* [purificar] to clarify. - **3.** *fig* [verdad] to prove.

acristalar *vt* to glaze.

acritud, acrimonia *f* - **1.** [de olor] acridity, pungency; [de sabor] bitterness. - **2.** *fig* [mordacidad] venom. - **3.** [desavenencia] acrimony.

acrobacia *f* - **1.** [en circo] acrobatics *(pl)*. - **2.** [de avión] aerobatic manoeuvre.

acróbata *mf* acrobat.

acrobático, ca *adj* acrobatic.

acromado, da *adj* chrome-like.

acromático, ca *adj* achromatic, colourless.

acrónimo *m* acronym.

acrópolis *f inv* acropolis.

◆ **Acrópolis** *f* Acropolis.

acróstico, ca *adj* acrostic.

◆ **acróstico** *m* acrostic.

acta *f (con art masc 'el')* - **1.** [de junta, reunión] minutes *(pl)*; **constar en** ~ to be recorded in the minutes; **levantar** ~ to take the minutes; **tener** ~ **de** *Amér* to take note of. - **2.** [de defunción etc] certificate; ~ **notarial** affidavit; ~ **(de nombramiento)** certificate of appointment. - **3.** [informe] record. - **4.** *Amér* [ley] act.

◆ **actas** *fpl* - **1.** [de reunión] minutes. - **2.** [de santo] life o deeds of a saint.

actinio *m* QUÍM actinium.

actitud *f* - **1.** [disposición de ánimo] attitude. - **2.** [postura] posture, position.

activación *f* [estímulo] stimulation.

activador *m* activator.

activamente *adv* actively.

activar *vt* - **1.** [gen] to activate. - **2.** [explosivo] to detonate. - **3.** [estimular] to stimulate; [acelerar] to speed up.

◆ **activarse** *vpr* [accionarse] to activate.

actividad *f* - **1.** [acción] activity; **desplegar una gran** ~ to be in a flurry of activity; **en** ~ active; **el volcán sigue en** ~ the volcano is still active ❑ ~**es extraescolares** extracurricular activities. - **2.** [diligencia] energy. - **3.** [profesión] profession.

activismo *m* activism.

activista *mf* activist.

activo, va *adj* - **1.** [gen & GRAM] active. - **2.** [trabajador] hard-working. - **3.** [que trabaja] working; **en** ~ [en funciones] on active service. - **4.** [rápido] fast-acting.
◆ **activo** *m* FIN assets *(pl)*; ~ **fijo/líquido/financiero/disponible** fixed/liquid/financial/current assets.

acto *m* - **1.** [acción] act; **hacer** ~ **de presencia** to show one's face ❏ ~ **reflejo** reflex action; ~ **sexual** sexual act, sexual intercourse *(U)*; ~ **de solidaridad** show of solidarity. - **2.** [ceremonia] ceremony; **el** ~ **de presentación se hará en la biblioteca** the presentation (ceremony) will be in the library. - **3.** TEATRO act. - **4.** EDUC thesis.
◆ **acto seguido** *loc adv* immediately after; **se levantó y** ~ **seguido les apuntó con una pistola** he got up and pointed a gun at them.
◆ **en el acto** *loc adv* on the spot, there and then; **'fotos de carnet en el** ~' 'passport photos while you wait'.

actor[1]**, triz** *m, f* actor *(f* actress); **primer** ~ leading man; **primera actriz** leading lady.

actor[2]**, ra** *m, f* DER [demandante] plaintiff.

actuación *f* - **1.** [conducta, proceder] conduct, behaviour. - **2.** [interpretación] performance. - **3.** DER proceedings *(pl)*.

actual *adj* - **1.** [existente] present, current. - **2.** [de moda] modern, present-day. - **3.** [de actualidad] topical.

actualidad *f* - **1.** [momento presente] current situation; **de** ~ [moderno] in fashion; [de interés actual] topical; **en la** ~ at the present time, these days. - **2.** [vigencia] relevance to modern society. - **3.** [noticia] news *(U)*; **ser** ~ to be making the news.

actualización *f* - **1.** [puesta al día] updating; [de tecnología, industria] modernization. - **2.** FILOS actualization.

actualizar [13] *vt* - **1.** [poner al día] to update; [tecnología, industria] to modernize. - **2.** FILOS to actualize.

actualmente *adv* - **1.** [hoy día] these days, nowadays; ~ **la gente fuma menos** these days people don't smoke as much. - **2.** [en este momento] at the (present) moment.

actuante ◇ *adj* acting. ◇ *mf* [aspirante] *student defending a thesis.*

actuar [6] ◇ *vi* - **1.** [gen] to act; ~ **de** to act as. - **2.** DER undertake proceedings. - **3.** [defender] to defend a thesis. ◇ *vt* [poner en acción] to operate, to activate.
◆ **actuarse** *vpr* DER to instruct o.s.

actuarial *adj* actuarial.

actuario, ria *m, f* - **1.** DER clerk of the court. - **2.** FIN: ~ **de seguros** actuary.

acuadrillar *vt* - **1.** [juntar] to band together. - **2.** [encabezar] to lead *(a band)*. - **3.** *Amér* [atacar] to gang up on.
◆ **acuadrillarse** *vpr* to band together, to form a band.

acuarela *f* watercolour.

acuarelista *mf* watercolourist.

acuario *m* aquarium.

Acuario ◇ *m inv* - **1.** [zodiaco] Aquarius; **ser** ~ to be (an) Aquarius. - **2.** [constelación] Aquarius. ◇ *mf inv* [persona] Aquarius.

acuartelado, da *adj* - **1.** MIL quartered, billeted. - **2.** [escudo] quartered.

acuartelamiento *m* - **1.** [acción] confinement to barracks. - **2.** [lugar] barracks *(pl)*.

acuartelar, encuartelar *Am vt* - **1.** [alojar] to quarter. - **2.** [retener] to confine to barracks. - **3.** [dividir] to quarter, to divide into quarters.
◆ **acuartelarse** *vpr* [replegarse] to withdraw to quarters.

acuático, ca *adj* aquatic.

acuatizaje *m* AERON landing on water.

acuatizar [13] *vi* AERON to land on water.

acuchamado, da *adj Amér* [triste, abatido] downcast, dejected.

acuchar *vt fam* to harass.

acucharado, da *adj* spoon-shaped.

acuchillado, da *adj* - **1.** [herido] knifed, slashed. - **2.** *fig* [vestido] slashed, gored.
◆ **acuchillado** *m* [en carpintería] floor scraping, floor planing.

acuchillador, ra ◇ *adj* - **1.** [cortador] slashing, stabbing. - **2.** [reñidor, peleón] quarrelsome. ◇ *m, f* - **1.** [apuñalador] stabber, slasher. - **2.** [reñidor, abusador] quarrelsome person. - **3.** [en carpintería] floor-scraper, floor-planer.

acuchillamiento *m* - **1.** [apuñalamiento] stabbing, slashing. - **2.** [en carpintería] surfacing *(of wood)*.

acuchillar *vt* - **1.** [apuñalar] to stab. - **2.** [mueble, parquet] to grind down. - **3.** [vestidos] to slash, to gore. - **4.** AGR to thin out.
◆ **acuchillarse** *vpr* to fight with knives.

acuchillear *vt Amér* to knife, to stab.

acuciante *adj culto* urgent, pressing.

acuciar [8] *vt culto* - **1.** [suj: persona] to goad. - **2.** [suj: necesidad, deseo] to press.

acuciosamente *adv* - **1.** [con solicitud] diligently. - **2.** [con gran anhelo] eagerly.

acuciosidad *f* diligence, meticulousness.

acucioso, sa *adj* - **1.** [diligente] diligent, meticulous. - **2.** [deseoso] eager.

acuclillarse *vpr* to squat (down).

ACUDE *(abrev de* **Asociación de Consumidores y Usuarios de España)** *f Spanish consumer association,* ≈ CA *Br,* ≈ CAC *Am.*

acudir *vi* - **1.** [ir] to go; [venir] to come. - **2.** [recurrir]: ~ **a** to go o turn to. - **3.** [presentarse]: ~ **(a)** [escuela, iglesia] to attend; [cita, examen] to turn up (for); *fig* [memoria, mente] to come (to). - **4.** [valerse] to appeal, to have recourse; ~ **a la ley** to have recourse to the law. - **5.** [frecuentar] to go often. - **6.** [socorrer]: **acudió en su ayuda** she went to his aid. - **7.** [replicar] to respond, to reply. - **8.** AGR to be fruitful. - **9.** EQUITACIÓN to obey, to respond.

acueducto *m* aqueduct.

acuella *etc v* → **acollar**.

acuerda *etc v* → **acordar**.

acuerdo *m* - **1.** [avenencia] agreement; **trabajadores y directores firmaron el** ~ the agreement was signed by the workers and the management; **de** ~ all right, O.K.; **de** ~ **con** [conforme a] in accordance with; **de** ~ **con su carta, le envío los folletos solicitados** following your letter, I am sending you the brochures you requested; **estar de** ~ **(con alguien/en hacer algo)** to agree (with sb/to do sthg); **no estará de** ~ **en venir si no le pagamos** she

---

USO ▶ **Estar de acuerdo**

Expresando entusiasmo

I couldn't agree more.
I quite o totally agree.
I agree wholeheartedly with what's been said.
You're quite o absolutely right.
Those are my feelings o thoughts entirely.
I couldn't have put it better myself.
Absolutely!
Hear, hear! *[formal]*

En un tono más neutro

Personally, I think Henry's right.
I'll go along with that.
I feel pretty much the same as you.
We seem to be thinking along the same lines.
I think we're all (more or less) in agreement on this point.
I'm inclined to agree with him on this point.
I don't see why not.

won't agree to come unless we pay her; **llegar a un ~**, **ponerse de ~** to reach agreement; **por común ~** by common consent □ **~ marco** framework agreement. - **2.** [cordura] good sense, prudence. - **3.** [recuerdo] remembrance, memory. - **4.** [dictamen] opinion, ruling. - **5.** Amér [consejo de ministros] cabinet meeting.

acuesta etc v → **acostar**.

acuicultivo m hydroponics (U).

acuicultura f aquaculture.

acuífero, ra adj aquiferous, water-bearing.

acuilmarse vpr Amér to falter, to lose one's nerve.

acuitar vt [afligir] to distress, to afflict.
◆ **acuitarse** vpr [lamentarse] to grieve.

acular vt - **1.** [arrimar] to put o to place against. - **2.** fam [arrinconar] to corner.
◆ **acularse** vpr NÁUT to run aground.

acullá adv (over) there, yonder.

acumulable adj collectable.

acumulación f accumulation.

acumulador, ra adj accumulative.
◆ **acumulador** m accumulator.

acumular, cumular vt - **1.** [juntar] to accumulate. - **2.** DER to dispose of jointly. - **3.** [imputar] to impute.
◆ **acumularse** vpr to accumulate, to build up.

acumulativo, va adj accumulative.

acunar vt to rock.

acuñar vt - **1.** [moneda] to mint. - **2.** [palabra] to coin. - **3.** [meter cuñas] to wedge, to key.
◆ **acuñarse** vpr Amér to struggle to finish.

acuosidad f wateriness.

acuoso, sa adj - **1.** [gen] watery. - **2.** [jugoso] juicy.

acupuntor, ra m, f acupuncturist.

acupuntura f acupuncture.

acurrucarse [10] vpr to crouch down; [por frío] to huddle up; [por miedo] to cower; [en sitio agradable] to curl up.

acusable adj chargeable.

acusación f - **1.** [inculpación] charge. - **2.** [abogado]: **la ~** the prosecution; **la ~ particular** private prosecution.

acusadamente adv markedly.

acusado, da ◇ adj [marcado] marked, distinct. ◇ m, f [procesado] accused, defendant.

acusador, ra ◇ adj accusing. ◇ m, f accuser.

acusante adj accusing, accusatory.

acusar vt - **1.** [culpar] to accuse; DER to charge; **~ a alguien de algo** [gen] to accuse sb of sthg; DER to charge sb with sthg. - **2.** [mostrar] to show. - **3.** [padecer] to be susceptible to. - **4.** [recibo] to acknowledge. - **5.** [denunciar] to denounce, to give away. - **6.** [naipes] to lay down, to declare.
◆ **acusarse** vpr - **1.** [mutuamente] to blame one another. - **2.** [uno mismo]: **~se de haber hecho algo** to confess to having done sthg.

acusativo m accusative.

acusatorio, ria adj DER accusatory.

acuse m - **1.** [aviso] acknowledgement. - **2.** [en naipes] revealing.
◆ **acuse de recibo** m acknowledgement of receipt.

acusica mf fam telltale.

acusón, ona ◇ m, f gossip. ◇ adj gossipy.

acústico, ca adj acoustic.
◆ **acústica** f - **1.** [ciencia] acoustics (U). - **2.** [de local] acoustics (pl).

a.D. (abrev escrita de anno Domini) AD.

ADA (abrev de **Asociación de Ayuda al Automovilista**) f Spanish motoring association, ≃ AA Br, ≃ AAA Am.

adagio m - **1.** [sentencia breve] adage. - **2.** MÚS adagio.

adalid m - **1.** [defensor] champion. - **2.** MIL military leader. - **3.** fig [jefe] leader, head.

adamantino, na adj adamantine, diamond-like.

adamar vt to court, to woo.

◆ **adamarse** vpr - **1.** [adelgazar] to become thin o delicate. - **2.** [afeminarse] to become effeminate. - **3.** Amér [cohabitar] to live together, to cohabit.

adamascar [10] vt to damask.

adán m - **1.** fam fig [desaliñado] ragamuffin, scruffy man; **ir hecho un ~** to be scruffily dressed, to go about in rags. - **2.** [perezoso] lazy man.
◆ **Adán** m BIBLIA Adam; **ir en traje de ~** fig to be in one's birthday suit, to be naked.

adaptabilidad f adaptability.

adaptable adj adaptable, adjustable.

adaptación f - **1.** [aclimatación]: **~ (a)** adjustment (to). - **2.** [modificación] adaptation.

adaptado, da adj: **~ (a)** suited (to).

adaptador, ra m, f [persona] adapter.
◆ **adaptador** m ELECTR adapter.

adaptar vt - **1.** [acomodar, ajustar] to adjust; **la profesora adapta el programa al nivel de los estudiantes** the teacher adjusts her classes to the students' ability; **adaptamos la cortina a la ventana** we adjusted the curtain to fit the window. - **2.** [modificar] to adapt; **hay que ~ el reglamento a la nueva ley** we'll have to adapt the regulations in accordance with the new law.
◆ **adaptarse** vpr: **~se (a)** to adjust (to); **Pedro no se adapta a la nueva escuela** Pedro isn't adjusting to his new school.

adarme m - **1.** [medida] dram. - **2.** fig [pizca] trace.

adarvar vt - **1.** [pasmar] to amaze, to astonish. - **2.** [fortificar] to fortify with parapet walks.

adecenar vt to divide into groups of ten.

adecentar vt to tidy up.
◆ **adecentarse** vpr to make o.s. decent.

ADECU (abrev de **Asociación para la Defensa de los Consumidores y Usuarios**) f Spanish consumer association, ≃ CA Br, ≃ CAC Am.

adecuación f fitting, adjustment.

adecuadamente adv - **1.** [apropiadamente] appropriately, suitably. - **2.** [suficientemente] sufficiently, adequately.

adecuado, da adj - **1.** [apropiado] appropriate, suitable. - **2.** [suficiente] adequate, sufficient.

adecuar [7] vt to adapt.
◆ **adecuarse a** vpr - **1.** [ser adecuado] to be appropriate for. - **2.** [adaptarse] to adjust to.

adefesio m fam - **1.** [persona fea] fright, sight. - **2.** [cosa fea] eyesore, monstrosity. - **3.** [traje ridículo] ridiculous o gaudy outfit. - **4.** [disparate] absurdity.

adehesamiento m desus - **1.** [pasto] pasturage, pasture land. - **2.** [acción] converting into pasturage.

adehesar vt desus to convert into pasturage.

a. de JC., a. JC. (abrev escrita de **antes de Jesucristo**) BC.

adelantadamente adv in advance, beforehand.

adelantado, da adj - **1.** [en el tiempo] advanced; **llevo el reloj ~** my watch is fast; **por ~** in advance. - **2.** [inteligente] precocious, advanced; **este niño es muy ~** this child is very precocious. - **3.** [atrevido] forward, impudent.
◆ **adelantado** m desus governor, captain general.

adelantador, ra adj advancing.

adelantamiento m AUTOM overtaking.

adelantar ◇ vt - **1.** [dejar atrás] to overtake; **me adelantó en la última vuelta** she overtook me on the final lap. - **2.** [mover hacia adelante] to move forward; [pie, reloj] to put forward; **adelantó su coche para que yo pudiera aparcar** she moved her car forward so I could park. - **3.** [trabajo, viaje] to bring forward; **me quedaré en la oficina para ~ el trabajo** I'm going to stay late at the office to get ahead with my work. - **4.** [dinero] to pay in advance. - **5.** [conseguir]: **¿qué adelantas con eso?** what do you hope to gain o achieve by that? - **6.** [acelerar] to speed up, to hasten; **~ el paso** to speed up the pace. - **7.** [aventajar] to outdo, to surpass. - **8.** fig [mejorar] to promote, to advance. ◇ vi - **1.** [progresar] to make progress; **Carmen ha ade-**

lantado mucho en sus clases de matemáticas Carmen has made a lot of progress in maths. - **2.** [reloj] to be fast. - **3.** [avanzar] to advance, to go forward.

◆ **adelantarse** vpr - **1.** [en el tiempo] to be early; [frío, verano] to arrive early; [reloj] to gain; **la reunión se ha adelantado una hora** the meeting has been brought forward an hour; ~**se a alguien** to beat sb to it. - **2.** [en el espacio] to go on ahead; **me adelanto para comprar el pan** I'll go on ahead and buy the bread.

adelante ◇ adv forward, ahead; **(de ahora) en** ~ from now on, in future; **más** ~ [en el tiempo] later (on); [en el espacio] further on. ◇ interj - **1.** [¡siga!] go ahead! - **2.** [¡pase!] come in!

adelanto m advance; ~ **de dinero** advance.

adelfa f oleander.

adelgazador, ra adj slimming.

adelgazamiento m - **1.** [acción] slimming. - **2.** [delgadez] slimness.

adelgazante adj slimming.

adelgazar [13] ◇ vi to lose weight, to slim. ◇ vt - **1.** [enflaquecer] to lose. - **2.** fig [purificar] to purify, to refine.

◆ **adelgazarse** vpr to lose weight.

ademán m [gesto] gesture; [expresión del rostro] face, expression; **hacer** ~ **de** to make a move to; **en** ~ **de** as if to.

◆ **ademanes** mpl - **1.** [modales] manners. - **2.** [muestras] signs.

además adv moreover, besides; [también] also; ~ **de** as well as, in addition to; ~ **de simpático es inteligente** as well as being nice, he's intelligent.

ADENA (abrev de **Asociación para la Defensa de la Naturaleza**) f Spanish nature conservancy organization, ≃ NCC Br.

adentellar vt - **1.** [morder] to bite. - **2.** ARQUIT to leave toothing stones in.

adentrar vt to probe.

◆ **adentrarse** vpr: ~ **en** [jungla etc] to enter the heart of; [tema etc] to study in depth.

adentro ◇ adv inside; **tierra** ~ inland ❑ **mar** ~ out to sea; **ser muy de** ~ fig [familiar, conocido] to be one of the family. ◇ interj come in!; ¡~, **empieza a llover!** come in, it's starting to rain!

◆ **adentros** mpl: **para mis/tus** etc ~**s** to myself/yourself etc; **dice que sí pero para sus** ~**s piensa que no** she says yes, but she doesn't really think so herself.

adepto, ta ◇ adj [partidario] supporting; **ser** ~ **a** to be a follower of. ◇ m, f: ~ **(a)** follower (of).

aderezar [13] vt - **1.** [sazonar - ensalada] to dress; [- comida] to season. - **2.** [adornar] to deck out. - **3.** [preparar] to prepare, to get ready. - **4.** [reparar] to repair, to mend. - **5.** TEXTIL to treat.

◆ **aderezarse** vpr [arreglarse] to get dressed, to get ready.

aderezo m - **1.** [aliño - de ensalada] dressing; [- de comida] seasoning. - **2.** [adorno] adornment. - **3.** [preparación] preparation. - **4.** [arreglo] repair. - **5.** TEXTIL starch, gum. - **6.** [conjunto] set; ~ **de diamantes** set of diamonds. - **7.** [arreos] harness, trappings (pl). - **8.** [guarnición] ornamentation (on swords).

adeudar ◇ vt - **1.** [deber] to owe. - **2.** COM to debit. ◇ vi to become related.

◆ **adeudarse** vpr to get into debt.

adeudo m - **1.** [deuda] debt. - **2.** [impuesto] duty, tariff. - **3.** COM debit.

ADEVIDA (abrev de **Asociación en Defensa de la Vida Humana**) f Spanish pro-life organization, ≃ SPUC Br.

a.Dg. abrev escrita de **a Dios gracias**.

adherencia f - **1.** [de sellos, pegatina] stickiness, adhesion. - **2.** [de ruedas] roadholding. - **3.** [parte añadida] appendage. - **4.** MED adhesion. - **5.** fig [enlace] bond, connection.

adherente ◇ adj [adhesivo] adhesive, sticky. ◇ mf adherent, follower. ◇ m requirement.

adherir [27] ◇ vt to stick. ◇ vi desus - **1.** [pegar] to stick, to adhere. - **2.** fig [consentir] to lend one's support, to agree; **él adhiere al dictamen** he supports the ruling.

◆ **adherirse** vpr - **1.** [pegarse] to stick. - **2.** [mostrarse de acuerdo]: ~**se a** to adhere to. - **3.** [afiliarse]: ~**se a** to join.

adhesión f [apoyo] support.

adhesivo, va adj adhesive.

◆ **adhesivo** m - **1.** [pegatina] sticker. - **2.** [sustancia] adhesive.

adhiera etc v → **adherir**.

adhiriera etc v → **adherir**.

ad hoc adj ad hoc.

adiamantado, da adj diamond-like, adamantine.

adicción f: ~ **(a)** addiction (to).

adición f - **1.** [añadidura & MAT] addition. - **2.** [nota] explanatory note. - **3.** DER: ~ **de la herencia** acceptance of a bequest. - **4.** Amér [cuenta] bill, check Am.

adicional adj additional.

adicionar vt - **1.** [añadir & MAT] to add. - **2.** [alargar] to extend, to prolong.

adictivo, va adj addictive.

adicto, ta ◇ adj: ~ **(a)** [a droga] addicted (to); [a trabajo, afición] fond (of), attached (to). ◇ m, f: ~ **(a)** [a droga] addict (of); [a trabajo, afición] follower (of), supporter (of).

adiestrable adj trainable.

adiestrado, da adj trained, able.

adiestrador, ra ◇ adj training, instructing. ◇ m, f trainer, coach.

adiestramiento m training.

adiestrar vt - **1.** [instruir] to train; ~ **a alguien en algo/para hacer algo** to train sb in sthg/to do sthg. - **2.** [guiar] to guide, to lead.

◆ **adiestrarse** vpr to teach o.s., to coach o.s.; ~**se a montar en bicicleta** to teach o.s. to ride a bicycle.

adietar vt to put on a diet.

◆ **adietarse** vpr to diet, to go on a diet.

adifés Amér ◇ adv on purpose, purposely; **hacer algo** ~ to do something on purpose. ◇ adj - **1.** [difícil] difficult. - **2.** [sin orden, sin lógica] without a method o logic.

adinámico, ca adj & m, f adynamic.

adinerado, da ◇ adj wealthy. ◇ m, f wealthy person.

adinerarse vpr fam to get rich.

ad infinitum adv ad infinitum.

adiós ◇ m [despedida] goodbye; **decir** ~ to say goodbye. ◇ interj - **1.** [al despedirse] goodbye! - **2.** [al cruzarse con alguien] hello!

adiposidad f fattiness, adiposity.

adiposo, sa adj - **1.** [grasoso] fatty, adipose. - **2.** [gordo] obese, overweight.

aditamento m - **1.** [complemento] accessory. - **2.** [cosa añadida] addition; **por** ~ in addition.

aditivo m additive.

adivinable adj forseeable.

adivinación f - **1.** [predicción] prophecy, prediction; ~ **del pensamiento** mind reading. - **2.** [conjetura] guessing.

adivinador, ra ◇ adj prophetic. ◇ m, f fortune-teller.

adivinanza f riddle.

adivinar vt - **1.** [predecir] to foretell; [el futuro] to tell. - **2.** [acertar] to guess (correctly). - **3.** [intuir] to suspect. - **4.** [vislumbrar] to spot, to make out. - **5.** [conocer] to read; ~ **el pensamiento de alguien** to read sb's mind.

◆ **adivinarse** vpr [vislumbrarse] to be visible.

adivinatorio, ria adj prophetic.

adivino, na m, f fortune-teller.

adjetivación f adjectival use.

adjetivado, da adj used as an adjective.

adjetivar vt - **1.** GRAM to use adjectivally. - **2.** [nombre] to qualify. - **3.** [calificar] to name, to describe.

◆ **adjetivarse** vpr GRAM to be used as an adjective.

adjetivo, va *adj* adjectival.
♦ **adjetivo** *m* adjective; ~ **calificativo/demostrativo/ numeral** qualifying/demonstrative/quantitative adjective.
adjudicación *f* awarding.
adjudicador, dora ◇ *adj* awarding. ◇ *m, f* awarder.
adjudicar [10] *vt* [asignar] to award.
♦ **adjudicarse** *vpr* [apropiarse] to take for o.s.
adjudicatario, ria *m, f* awardee.
adjunción *f* - 1. [añadidura] addition. - 2. DER adjunction. - 3. LITER zeugma.
adjuntar *vt* to enclose.
adjunto, ta ◇ *adj* - 1. [incluido] enclosed; ~ **le remito...** please find enclosed... - 2. [auxiliar] assistant *(antes de sust)*. ◇ *m, f* - 1. [auxiliar] assistant. - 2. [añadidura] addition. - 3. GRAM adjunct.
adminículo *m* gadget.
administrable *adj* administrable.
administración *f* - 1. [suministro] supply; [de medicamento, justicia] administering; **en** ~ in trust. - 2. [gestión] administration. - 3. [gerentes] management; [oficina] manager's office. - 4. [gobierno] administration; **por** ~ officially □ ~ **local** local government; ~ **pública** civil service.
administrado, da ◇ *adj* under administration. ◇ *m, f* person under administration.
administrador, ra ◇ *m, f* - 1. [de institución, organismo] manager; ~ **de correos** postmaster (*f* postmistress). - 2. [de bienes ajenos] administrator. ◇ *adj* administrative.
administrar *vt* - 1. [gestionar - empresa, finca etc] to manage, to run; [- casa] to run. - 2. [país] to run the affairs of. - 3. [suministrar] to administer. - 4. [racionar] to use sparingly. - 5. *fam* [dar] to give, to deal; **le administré un puntapié** I gave him a kick.
♦ **administrarse** *vpr* [emplear dinero] to organize one's finances.
administrativo, va ◇ *adj* administrative. ◇ *m, f* office clerk.
admirable *adj* admirable.
admirablemente *adv* admirably.
admiración *f* - 1. [sentimiento] admiration. - 2. [signo ortográfico] exclamation mark. - 3. [sorpresa] surprise, wonder.
admirador, ra ◇ *m, f* admirer. ◇ *adj* admiring.
admirar *vt* - 1. [gen] to admire; **ser de** ~ to be admirable. - 2. [sorprender] to amaze.
♦ **admirarse** *vpr*: ~**se (de)** to be amazed (by).
admirativo, va *adj* - 1. [maravillado] admiring; **una mirada admirativa** an admiring look. - 2. [admirable] admirable.
admisible *adj* acceptable, admissible; **evidencia** ~ admissible evidence.
admisión *f* - 1. [de persona] admission. - 2. [de solicitudes etc] acceptance. - 3. INGENIERÍA induction, intake.
admitir *vt* - 1. [acoger, reconocer] to admit; ~ **a alguien en** to admit sb to. - 2. [suponer]: **admitamos que** supposing. - 3. [aceptar] to accept. - 4. [permitir, tolerar] to allow, to permit. - 5. [tener cabida] to hold, to accommodate; **este autobús admite cuarenta pasajeros** this bus holds forty passengers.
admón. (*abrev escrita de* **administración**). admin.
admonición *f* warning.
admonitorio, ria *adj* warning; **voz admonitoria** voice with a note of warning.
ADN (*abrev de* **ácido desoxirribonucleico**) *m* DNA.
adobado *m* marinated meat *(U)*.
adobador, ra ◇ *adj* - 1. [de comida] seasoning. - 2. [de curtido] tanning. ◇ *m, f* - 1. [reparador] repairer, mender. - 2. [curtidor] tanner.
adobadura *f*, **adobamiento** *m* - 1. CULIN seasoning, flavouring. - 2. [reparación] repair. - 3. [curtido] tanning, dressing.

adobar *vt* - 1. [comidas] to marinate. - 2. [pieles] to tan, to dress. - 3. [vinos] to improve, to fortify. - 4. [reparar] to repair, to mend.
adobe *m* - 1. [ladrillo] adobe. - 2. [grilletes] shackles *(pl)*, irons *(pl)*. - 3. *Amér fam* [pie] big foot.
adobería *f* - 1. [de ladrillos] adobe brick factory. - 2. [de curtidos] tannery.
adobo *m* - 1. [acción] marinating. - 2. [salsa] marinade. - 3. [reparación] repair. - 4. [curtido] dressing. - 5. [cosmético] make-up.
adocenado, da *adj* mediocre, run-of-the-mill.
adocenar *vt* - 1. [dividir] to divide into dozens. - 2. [menospreciar] to consider common.
♦ **adocenarse** *vpr* to lapse into mediocrity.
adoctrinamiento *m* instruction.
adoctrinar *vt* to instruct.
adolecer [30] ♦ **adolecer de** *vi* - 1. [enfermedad] to suffer from. - 2. [defecto] to be guilty of.
adolescencia *f* adolescence.
adolescente *adj & mf* adolescent.
adonde *adv* where; **la ciudad** ~ **vamos** the city we are going to, the city where we are going.
adónde *adv* where; **dígame usted** ~ **va** tell me where you are going.
adondequiera *adv* wherever.
adonis *m inv fig* Adonis, handsome young man.
♦ **Adonis** *m* Adonis.
adopción *f* [de hijo, propuesta] adoption; [de ley] passing.
adoptable *adj* adoptable.
adoptante ◇ *adj* adopting. ◇ *mf* adopter, adoptive parent.
adoptar *vt* - 1. [hijo, propuesta] to adopt; [ley] to pass. - 2. [incorporar] to adopt; ~ **un sistema** to adopt a system.
adoptivo, va *adj* [hijo, país] adopted; [padre] adoptive.
adoquín *m* - 1. [piedra] cobblestone. - 2. *fam fig* [tonto] dunce, idiot. - 3. *Amér* [madero] wooden paving block.
adoquinado, da *adj* cobbled.
♦ **adoquinado** *m* - 1. [suelo] cobbles *(pl)*. - 2. [acción] cobbling.
adoquinar *vt* to cobble.
adorable *adj* - 1. [persona] adorable. - 2. [ambiente, película] wonderful.
adoración *f* - 1. [amor] adoration; **sentir** ~ **por alguien** to worship sb. - 2. RELIG worship.
adorador, ra ◇ *adj* - 1. [enamorado] adoring. - 2. RELIG worshipping. ◇ *m, f* - 1. [enamorado] adorer. - 2. RELIG worshipper.
adorar ◇ *vt* - 1. [reverenciar] to worship. - 2. [pirrarse por] to adore. ◇ *vi* to worship.
adormecedor, ra *adj* soporific.
adormecer [30] *vt* - 1. [producir sueño] to lull to sleep. - 2. *fig* [aplacar] to calm. - 3. [entumecer] to numb.
♦ **adormecerse** *vpr* - 1. [dormirse] to nod off, to drop off. - 2. [amodorrarse] to become sleepy o drowsy. - 3. [entumecerse] to become numb. - 4. [viciarse]: ~**se en** to give o.s. over to.
adormecido, da *adj* - 1. [soñoliento] sleepy, drowsy. - 2. [entumecido] numb, asleep.
adormecimiento *m* - 1. [acción] dozing off. - 2. [sueño] sleepiness. - 3. [modorra] drowsiness.
adormidera *f* poppy.
adormilarse *vpr* to doze.
adornar ◇ *adj* adorning. ◇ *m, f* decorator.
adornamiento *m* adornment, decoration.
adornar ◇ *vt* - 1. [decorar] to decorate. - 2. [en costura] to trim. - 3. CULIN to garnish. - 4. [embellecer] to elaborate on, to embellish; ~ **una historia** to embellish a story. - 5. [dotar] to endow, to grace; **le adornan mil virtudes** he is endowed with many virtues. ◇ *vi* to serve as decoration.
adornista *mf* decorator.

adorno *m* - **1.** [ornamento] decoration; **de** ~ [árbol, figura] decorative, ornamental; [persona] serving no useful purpose. - **2.** [en costura] trimming. - **3.** CULIN garnish.

◆ **adornos** *mpl* BOT balsam *(sg)*.

adosado, da *adj* [casa] semi-detached.

adosar *vt* - **1.** [arrimar]: ~ **algo a algo** to push sthg up against sthg. - **2.** *Amér* [unir] to join firmly. - **3.** [agregar] to attach, to enclose.

adquirible *adj* acquirable, obtainable.

adquirido, da *adj* acquired.

adquiridor, ra, adquisidor, ra ◇ *adj* - **1.** [que obtiene algo] acquiring. - **2.** [comprador] buying. ◇ *m, f* - **1.** [que obtiene algo] acquirer. - **2.** [comprador] buyer.

adquirir [22] *vt* - **1.** [comprar] to acquire, to purchase. - **2.** [conocimientos, hábito, cultura] to acquire; **Ana ha adquirido nuevos conocimientos en su último viaje** Ana learnt a lot of new things on her recent trip. - **3.** [éxito, popularidad] to achieve; **en poco tiempo, Pedro ha adquirido gran popularidad** Pedro has become very popular in a short time. - **4.** [enfermedad] to catch, to get.

adquisición *f* - **1.** [compra, cosa comprada] purchase; **ser una buena/mala** ~ to be a good/bad buy. - **2.** [obtención] acquisition.

adquisidor, ra *adj & m, f* = **adquiridor**.

adquisitivo, va *adj* purchasing *(antes de sust)*.

adrede *adv* on purpose, deliberately.

adrenalina *f* adrenalin.

Adriano *m* Hadrian.

adrice *etc v* → **adrizar**.

adrizar [13] *vt* NÁUT to right.

◆ **adrizarse** *vpr* NÁUT to right itself.

adscribir *vt* - **1.** [asignar] to assign. - **2.** [destinar] to appoint o assign. - **3.** [atribuir] to attribute, to ascribe.

◆ **adscribirse** *vpr*: ~**se (a)** [grupo, partido] to become a member (of); [ideología] to subscribe to.

adscripción *f* - **1.** [destino laboral] assignment, appointment. - **2.** [atribución] attribution, ascription.

adscrito, ta ◇ *pp* → **adscribir**. ◇ *adj* - **1.** [destinado] assigned. - **2.** [atribuido] attributed, ascribed.

aduana *f* - **1.** [administración] customs *(pl)*. - **2.** [oficina] customs (office). - **3.** [derechos] customs duty; **exento de** ~**s** duty-free.

aduanero, ra *adj* customs *(antes de sust)*.

◆ **aduanero** *m* customs officer.

aducción *f* ZOOL adduction.

aducir [33] *vt* to adduce.

adueñarse ◆ **adueñarse de** *vpr* - **1.** [apoderarse] to take over, to take control of. - **2.** [dominar] to take hold of.

adujera *etc v* → **aducir**.

adulación *f* flattery.

adulador, ra ◇ *adj* flattering. ◇ *m, f* flatterer.

adular *vt* to flatter.

adulatorio, ria *adj* flattering.

adulce *etc v* → **adulzar**.

adulón, ona ◇ *adj* fawning, flattering. ◇ *m, f* toady.

adulteración *f* adulteration.

adulterador, ra ◇ *adj* adulterating. ◇ *m, f* adulterer *(f* adulteress).

adulterante *adj* adulterant, adulterating.

adulterar ◇ *vt* - **1.** [alimento] to adulterate; **sin** ~ unadultered. - **2.** [falsear] to doctor, to distort. ◇ *vi* to commit adultery.

adulterino, na *adj* - **1.** [del adulterio] adulterine. - **2.** *fig* [falso] false, spurious.

adulterio *m* adultery.

adúltero, ra ◇ *adj* - **1.** [infiel] adulterous. - **2.** [corrompido, viciado] corrupt. ◇ *m, f* adulterer *(f* adulteress).

adulto, ta *adj & m, f* adult.

adulzar [13] *vt* - **1.** [metal] to soften, to make pliable. - **2.** [endulzar] to sweeten.

adulzorar *vt* - **1.** [suavizar] to soften. - **2.** [endulzar] to sweeten.

◆ **adulzorarse** *vpr fig* to become sweet-tempered.

adustez *(pl* adusteces*) f* dourness.

adusto, ta *adj* - **1.** [seco, austero] dour. - **2.** [quemado] scorching, burning hot. - **3.** *Amér* [inflexible] stubborn, inflexible.

aduzca *etc v* → **aducir**.

advenedizo, za ◇ *adj* - **1.** [extranjero] immigrant, foreigner. - **2.** [no natural] parvenu *(f* parvenue). ◇ *m, f* parvenu *(f* parvenue).

advenimiento *m* advent; [al trono] accession.

advenir [75] *vi* to come, to arrive.

adventicio, cia *adj* - **1.** [ocasional] accidental, adventitious. - **2.** BOT adventitious.

adventismo *m* Adventism.

adventista *adj & mf* Adventist.

adverbial *adj* adverbial.

adverbio *m* adverb; ~ **de cantidad/lugar/modo/tiempo** adverb of degree/place/manner/time.

adversario, ria *m, f* adversary.

adversativo, va *adj* adversative.

adversidad *f* adversity.

adverso, sa *adj* - **1.** [desfavorable] adverse. - **2.** [destino] unkind; [suerte] bad. - **3.** [viento] unfavourable. - **4.** [opuesto] opposing, opposite.

advertencia *f* - **1.** [llamada de atención] warning; **servir de** ~ to serve as a warning. - **2.** [consejo] advice *(U)*. - **3.** [nota] note.

advertido, da *adj* - **1.** [avisado] informed, warned. - **2.** [capaz] capable, skilful.

advertir [27] ◇ *vt* - **1.** [notar] to notice. - **2.** [prevenir, avisar] to warn; **te advierto que no me sorprende** mind you, it doesn't surprise me. - **3.** [aconsejar] to advise; **te advierto que no deberías hacerlo** I'd advise against you doing it. ◇ *vi* to realize, to notice.

adviene *v* → **advenir**.

adviento *m* Advent.

advierta *etc v* → **advertir**.

adviniera *v* → **advenir**.

advino *v* → **advenir**.

advirtiera *etc v* → **advertir**.

adyacencia *f culto* adjacency.

adyacente *adj* adjacent.

AEE *(abrev de* **Agencia Espacial Europea***) f* ESA.

Aenor *(abrev de* **Asociación Española para la Normalización y Racionalización***) f* ≈ BSI *Br*, ≈ MBS *Am*.

Aeorma *(abrev de* **Asociación Española para la Ordenación del Medio Ambiente***) f Spanish association for the protection of the environment*, ≈ EPA *Am*.

aeración *f* aeration.

aéreo, a *adj* - **1.** [del aire] aerial. - **2.** AERON air *(antes de sust)*. - **3.** *fig* [leve] light.

aerobic [ae'roβik] *m* aerobics *(U)*.

aerobio, bia *adj* aerobic.

aerobús *(pl* aerobuses*) m* airbus.

aeroclub *(pl* aeroclubs o aeroclubes*) m* flying club.

aerodeslizador *m* hovercraft.

aerodinámico, ca *adj* - **1.** FÍS aerodynamic. - **2.** [forma, línea] streamlined.

◆ **aerodinámica** *f* aerodynamics *(U)*.

aerodinamismo *m* aerodynamic properties *(pl)*.

aeródromo *m* airfield, aerodrome.

aeroespacial *adj* aerospace *(antes de sust)*.

aerofaro *m* beacon *(at airport)*.

aerofobia *f* fear of flying.

aerófobo, ba *adj* scared of flying.

aerofotografía *f* - **1.** [arte] aerial photography. - **2.** [fotografía] aerial photograph.

aerogenerador *m* ELECTR wind turbine.

aerografía *f* aerography.

aerógrafo *m* airbrush.

aerograma *m* air letter, aerogram.

aerolínea *f* airline.

aerolito *m* aerolite.

aerología *f* aerology.

aeromarítimo, ma *adj* aeromarine.

AEROMEXICO (*abrev de* **Aerovías de México, SA**) *f* Mexican state airline.

aeromodelismo *m* airplane modelling.

aeromozo, za *m, f Amér* air steward (*f* air hostess).

aeronauta *mf* aeronaut.

aeronáutico, ca *adj* aeronautic.
◆ **aeronáutica** *f* aeronautics (*U*).

aeronaval *adj* air and sea (*antes de sust*).

aeronave *f* [gen] aircraft; [dirigible] airship.

aeroplano *m* aeroplane.

aeropuerto *m* airport.

aerosol *m* aerosol.

aerospacial *adj* = **aeroespacial**.

aerostación *f* aerostation.

aerostático, ca *adj* aerostatic.
◆ **aerostática** *f* aerostatics (*U*).

aeróstato *m* hot-air balloon.

aerotaxi *m* light aircraft (*for hire*).

aeroterrestre *adj* MIL air-land, air-to-ground.

aerotransportado, da *adj* airborne.

aerotransportar *vt* to airlift.

aerotrén *m* maglev.

aerovía *f* airway, air lane.

AES (*abrev de* **acuerdo económico y social**) *m agreement between Spanish government and trade unions on social and economic issues.*

afabilidad *f* affability.

afable *adj* affable.

afablemente *adv* affably.

afamado, da *adj* famous.

afamar *vt* to make famous.

afán *m* - **1.** [esfuerzo] hard work (*U*). - **2.** [anhelo] urge. - **3.** [fervor] eagerness, zeal; **trabajar con** ~ to work with zeal.

afanadamente *adv* = **afanosamente**.

afanado, da *adj* - **1.** [fervoroso] eager, zealous. - **2.** [trabajador] hard-working, diligent. - **3.** *fam* [robado] stolen, pilfered.

afanador, ra ◇ *adj* - **1.** [fervoroso] eager, zealous. - **2.** [trabajador] hard-working, diligent. ◇ *m, f* - **1.** [trabajador] hard worker. - **2.** *Amér* [ladrón] thief. - **3.** *Amér* [en prisiones] cleaner.

afanar ◇ *vt* - **1.** *fam* [robar] to pinch, to swipe. - **2.** [insistir] to urge, to press. - **3.** *Amér* [dinero] to earn. ◇ *vi* - **1.** [trabajar] to work hard, to work zealously. - **2.** [fatigar] to grow tired.
◆ **afanarse** *vpr* - **1.** [esforzarse]: ~**se (por hacer algo)** to do everything one can (to do sthg). - **2.** [trabajar] to work hard, to toil.

Afanías (*abrev de* **Asociación de Familias con Niños y Adultos Subnormales**) *f Spanish association for families of the mentally handicapped.*

afanosamente, afanadamente *adv* eagerly, zealously.

afanoso, sa *adj* - **1.** [trabajoso, penoso] hard, demanding. - **2.** [que se afana] keen, eager. - **3.** [trabajador] hard-working. - **4.** [agitado] hectic; **una búsqueda afanosa** a hectic search.

afarolarse *vpr Amér fam* to get excited, to get worked up.

afasia *f* aphasia.

afear *vt* - **1.** [hacer feo] to make ugly, to scar. - **2.** [reprobar] to censure, to condemn.

afección *f* - **1.** MED complaint, disease. - **2.** [afecto] affection. - **3.** [impresión] impression, effect.

afeccionarse *vpr culto* to become attached, to grow fond.

afectable *adj* impressionable.

afectación *f* affectation.

afectado, da ◇ *adj* - **1.** [gen] affected. - **2.** [afligido] upset, badly affected. - **3.** [fingido] affected, feigned; **ignorancia afectada** feigned ignorance. - **4.** [influido] affected, influenced; ~ **por el anuncio** affected by the advert. - **5.** [amanerado] affected, mannered. ◇ *m, f* [víctima] victim.

afectar *vt* - **1.** [gen] to affect. - **2.** [afligir] to upset, to affect badly. - **3.** [fingir] to affect, to feign; ~ **ignorancia** to feign ignorance. - **4.** [influir] to have an effect on, to influence. - **5.** [perjudicar] to afflict. - **6.** DER to encumber, to distrain. - **7.** *Amér* [guardar] to set aside.
◆ **afectarse** *vpr* - **1.** [impresionarse] to be moved. - **2.** *Amér* [afligirse] to fall ill.

afectísimo, ma *adj* [en cartas]: **suyo** ~ yours faithfully.

afectividad *f* emotional nature.

afectivo, va *adj* - **1.** [emocional] emotional. - **2.** [cariñoso] affectionate, loving. - **3.** [sensible] sensitive.

afecto, ta *adj* - **1.** [cariñoso] affectionate. - **2.** [afligido] afflicted. - **3.** [destinado] destined. - **4.** DER encumbered.
◆ **afecto** *m* affection, fondness; **sentir** ~ **por alguien, tenerle** ~ **a alguien** to be fond of sb.

afectuosamente *adv* affectionately.

afectuosidad *f* affection.

afectuoso, sa *adj* affectionate, loving.

afeitado, da *adj* clean-shaven.
◆ **afeitado** *m* - **1.** [del pelo] shave. - **2.** TAUROM blunting of bull's horns for safety reasons.
◆ **afeitada** *f Amér* shave, shaving (*U*).

afeitadora *f* electric razor o shaver.

afeitar *vt* - **1.** [pelo] to shave; **sin** ~ unshaven. - **2.** TAUROM to blunt bull's horns for safety reasons. - **3.** [maquillar] to make up, to put make-up on. - **4.** *fam fig* [rozar] to graze, to brush against.
◆ **afeitarse** *vpr* - **1.** [pelo, vello] to shave. - **2.** [maquillarse] to put on make-up, to make o.s. up.

afeite *m* - **1.** [acicalamiento] toilet, washing and dressing. - **2.** [cosmético] make-up (*U*). - **3.** [aderezo] ornament, adornment.

afelpado, da *adj* plush.
◆ **afelpado** *m* rush mat.

afelpar *vt* to make velvety o plush.

afeminación *f* effeminacy.

afeminado, da *adj* effeminate.
◆ **afeminado** *m* effeminate man.

afeminar *vt* to make effeminate.
◆ **afeminarse** *vpr* to become effeminate.

aferradamente *adv* tenaciously, persistently.

aferrado, da *adj* tenacious, persistent.

aferramiento *m* - **1.** [al asir] grasping, seizing. - **2.** [insistencia] persistence. - **3.** NÁUT - de velas] furling; [- con bichero] grappling; [- anclaje] anchoring.

aferrar ◇ *vt* - **1.** [asir] to grasp, to seize. - **2.** NÁUT - vela] to furl; [- con bichero] to hook, to grapple; [- anclar] to anchor, to moor. ◇ *vi* - **1.** [insistir] to persist. - **2.** [anclar] to anchor, to moor.
◆ **aferrarse** *vpr* - **1.** *lit & fig* [agarrarse]: ~**se a** to cling to. - **2.** [insistir] to persist.

affaire [a'fer] *m* affair.

Afganistán *s* Afghanistan.

afgano, na *adj & m, f* Afghan.

AFI ◇ *m* (*abrev de* **alfabeto fonético internacional**) IPA. ◇ *f* (*abrev de* **Asociación Fonética Internacional**) International Phonetic Association.

afianzamiento *m* - **1.** [en cargo, liderazgo] consolidation. - **2.** [garantía] guarantee. - **3.** [sostén] support, backing.

afianzar [13] *vt* - **1.** [teoría, diagnóstico etc] to reinforce.

- **2.** [objeto] to secure. - **3.** [garantizar] to guarantee. - **4.** [agarrar] to grasp, to seize.

◆ **afianzarse** *vpr* - **1.** [tomar confianza] to steady o.s.; ~**se en algo** [opinión etc] to become sure o convinced of sthg; [cargo, liderazgo] to consolidate sthg. - **2.** [establecerse] to establish o.s.

afiche *m Amér* poster.

afición *f* - **1.** [inclinación] fondness, liking; **por** ~ as a hobby; **tener** ~ **a algo** to be keen on sthg. - **2.** [aficionados] fans *(pl)*.

aficionado, da ◇ *adj* - **1.** [interesado] keen; **ser** ~ **a algo** to be keen on sthg. - **2.** [amateur] amateur; **José es un futbolista** ~ José is an amateur footballer. ◇ *m, f* - **1.** [interesado] fan; ~ **al cine** film buff. - **2.** [amateur] amateur.

aficionar *vt*: ~ **a alguien a algo** to make sb keen on sthg.

◆ **aficionarse** *vpr*: ~**se a algo** to become keen on sthg.

afiebrarse *vpr Amér* to have a fever.

afijo, ja *adj* affixed.

◆ **afijo** *m* affix.

afilado, da *adj* - **1.** [filo] sharp; [dedos] pointed. - **2.** *fig* [hiriente, mordaz] cutting. - **3.** [delgado] slender, thin.

◆ **afilado** *m* sharpening.

afilador, ra ◇ *adj* sharpening. ◇ *m, f* [persona] knife-grinder.

◆ **afilador** *m* [correa] strop; [máquina] sharpening o grinding machine.

◆ **afiladora** *f* [objeto] grindstone, sharpener.

afilalápices *m inv* pencil sharpener.

afilamiento *m* [de rasgos] fineness.

afilar *vt* - **1.** [aguzar] to sharpen. - **2.** [con navaja] to strop, to sharpen. - **3.** *fig* [afinar] to sharpen, to refine. - **4.** *Amér fam* [flirtear con] to flirt with. - **5.** *Amér* [halagar] to flatter.

◆ **afilarse** *vpr* - **1.** *fig* [adelgazarse] to become pointed, to taper. - **2.** *Amér* [estar a punto] to get ready.

afiliación *f* - **1.** [acción] joining. - **2.** [efecto] membership.

afiliado, da ◇ *adj* affiliated. ◇ *m, f*: ~ **(a)** member (of).

afiliar *vt* to affiliate.

◆ **afiliarse** *vpr*: ~**se a** to join, to become a member of.

afiligranado, da *adj* - **1.** [de filigrana] filigreed. - **2.** *fig* [delicado] delicate, dainty.

afilón *m* - **1.** [correa] strop. - **2.** [máquina] knife sharpener.

afín ◇ *adj* - **1.** [semejante] similar, like. - **2.** [contiguo] neighbouring. ◇ *mf* relative *(by marriage)*, relation *(by marriage)*.

afinación *f* - **1.** [perfeccionamiento] completion. - **2.** [depuración] refining. - **3.** *fig* [educación] refining, polishing. - **4.** *MÚS* tuning.

afinador, ra ◇ *adj* refining, finishing. ◇ *m, f* tuner.

◆ **afinador** *m* tuning key.

afinar ◇ *vt* - **1.** [instrumento] to tune; ~ **la voz** to sing in tune. - **2.** [perfeccionar, mejorar] to fine-tune. - **3.** [pulir] to refine. - **4.** *fig* [persona] to refine, to polish. ◇ *vi* [MÚS - con un instrumento] to play in tune; [- con la voz] to sing in tune.

◆ **afinarse** *vpr fig* [refinarse] to become refined, to become polished.

afincar [10] *vi* to buy land.

◆ **afincarse** *vpr*: ~**se en** to settle in.

afinidad *f* - **1.** [gen & QUÍM] affinity. - **2.** [parentesco]: **por** ~ by marriage.

afinque *etc v* → **afincar**.

afirmación *f* statement, assertion.

afirmado *m* roadbed.

afirmador, ra ◇ *adj* affirming. ◇ *m, f* affirmer.

afirmante *adj* affirming.

afirmar *vt* - **1.** [confirmar] to confirm; **el ministro ha afirmado que los rumores son ciertos** the minister has confirmed that the rumours are true. - **2.** [decir] to say, to declare. - **3.** [consolidar] to reaffirm. - **4.** *CONSTR* to reinforce. - **5.** *Amér* [apalear, pegar] to beat.

◆ **afirmarse** *vpr* - **1.** [asegurarse] to be confirmed. - **2.** [ratificarse]: ~**se en algo** to reaffirm sthg. - **3.** [apoyarse] to steady o.s.

afirmativamente *adv* affirmatively.

afirmativo, va *adj* affirmative.

◆ **afirmativa** *f* affirmative.

aflautado, da *adj* high-pitched.

aflechado, da *adj* arrow-shaped.

aflicción *f* suffering, sorrow.

aflictivo, va *adj* distressing.

afligido, da *adj* - **1.** [triste] afflicted, distressed; [rostro, voz] mournful. - **2.** [desconsolado] bereaved.

afligir [15] *vt* to afflict; [causar pena] to distress.

◆ **afligirse** *vpr* to be distressed.

aflojar ◇ *vt* - **1.** [destensar] to loosen; [cuerda] to slacken. - **2.** *fam* [dinero] to fork out. ◇ *vi* - **1.** [disminuir] to abate, to die down. - **2.** *fig* [ceder] to ease off.

◆ **aflojarse** *vpr* - **1.** [gen] to come loose; [cuerda] to slacken. - **2.** [debilitarse] to weaken.

afloramiento *m* - **1.** *MIN* outcrop. - **2.** *fig* [surgimiento] emergence.

aflorar ◇ *vi* - **1.** *fig* [surgir] to (come to the) surface, to show. - **2.** *MIN* to outcrop. ◇ *vt* to sieve, to sift.

afluencia *f* - **1.** [flujo] stream, volume. - **2.** [abundancia] abundance, affluence. - **3.** [de gente] crowd, crowding *(U)*. - **4.** [de sangre] flow. - **5.** *fig* [elocuencia] eloquence.

afluente ◇ *adj* - **1.** [que fluye] flowing. - **2.** *fig* [elocuente] eloquent. ◇ *m* tributary.

afluir [51] ◆ **afluir a** *vi* - **1.** [gente] to flock to. - **2.** [río] to flow into. - **3.** [sangre, fluido] to flow to.

afluya *etc v* → **afluir**.

afluyera *etc v* → **afluir**.

afma. *abrev escrita de* **afectísima**.

afmo. *abrev escrita de* **afectísimo**.

afofarse *vpr* to become soft, to become fluffy.

afollar *vt* - **1.** [soplar] to blow with a bellows. - **2.** [doblar] to pleat.

◆ **afollarse** *vpr* [pared] to blister, to form bubbles.

afondar ◇ *vt* to sink, to submerge. ◇ *vi* to sink, to go under.

afonía *f* loss of voice.

afónico, ca *adj* - **1.** [sin voz]: **quedarse** ~ to lose one's voice. - **2.** *LING* voiceless, silent.

aforado, da ◇ *adj* privileged. ◇ *m, f* - **1.** [privilegiado] holder of a privilege. - **2.** *POLÍT high-ranking official who, because of his/her position, may only face trial in the Supreme Court.*

aforador *m* estimator, appraiser.

aforar ◇ *vt* - **1.** [medir] to gauge. - **2.** [valorar] to appraise, to assess. ◇ *vi TEATRO to allow only centre-stage to be seen.*

aforismo *m* aphorism.

aforo *m* - **1.** [cabida] seating capacity. - **2.** [medida] measurement, gauging. - **3.** [valoración] appraisal, assessment.

afortunadamente *adv* fortunately, luckily.

afortunado, da ◇ *adj* - **1.** [agraciado] lucky, fortunate. - **2.** [feliz, oportuno] happy, felicitous. - **3.** *NÁUT* stormy. ◇ *m, f* [gen] lucky person; [en lotería] lucky winner.

afortunar *vt* to make happy.

afoscarse [10] *vpr NÁUT* to become foggy o misty.

afosque *etc v* → **afoscarse**.

afrancesado, da ◇ *adj* Frenchified. ◇ *m, f HIST supporter of the French during the Peninsular War.*

afrenta *f* - **1.** [vergüenza] disgrace. - **2.** [ofensa, agravio] affront.

afrentar *vt* - **1.** [ofender] to affront, to insult. - **2.** [humillar] to humiliate, to shame.

◆ **afrentarse** *vpr* to be ashamed, to be humiliated.

África *s* Africa.

africado, da *adj LING* affricative.

◆ **africada** *f* LING affricate.

africanismo *m* Africanism.

africanista *mf* Africanist.

africano, **na** *adj & m, f* African.

afro *adj inv* afro.

afroamericano, **na** *adj* Afro-American.

afrodisíaco, **ca**, **afrodisiaco**, **ca** *adj* aphrodisiac.

◆ **afrodisíaco** *m* aphrodisiac.

Afrodita *f* Aphrodite.

afrontado *adj* HERÁLDICA facing, face-to-face.

afrontamiento *m* - **1.** [acción] facing, confronting. - **2.** [confrontación] confrontation.

afrontar *vt* - **1.** [hacer frente a] to face. - **2.** [carear] to bring face to face.

afrutado, **da** *adj* fruity.

afuera ◇ *adv* - **1.** [en el exterior] outside; ~ **hace mucho frío** it's very cold outside; **por (la parte de)** ~ on the outside. - **2.** [en público] in public. ◇ *interj* - **1.** [para abrir paso] out of the way! - **2.** [para mandar salir] get out of here!

◆ **afueras** *fpl*: **las** ~**s** the outskirts; **vive en las** ~**s** she lives on the outskirts of the city.

afuerita *adv Amér fam* right outside.

afusilar *vt Amér fam* to shoot.

afusión *f* MED affusion, shower.

agachada *f fam* trick, ruse.

agachar *vt* to lower; [la cabeza] to bow.

◆ **agacharse** *vpr* - **1.** [acuclillarse] to crouch down; [inclinar la cabeza] to stoop. - **2.** *fig* [aguantarse] to grin and bear it. - **3.** *Amér* [someterse] to yield, to give in.

agalbanado, **da** *adj* lazy, idle.

agalla *f* - **1.** ZOOL gill. - **2.** ANAT tonsil.

◆ **agallas** *fpl* - **1.** *fig* [valor] guts. - **2.** MED quinsy *(U)*, angina *(U)*.

agallón *m* - **1.** [de collar] silver bead. - **2.** RELIG rosary bead. - **3.** ARQUIT echinus. - **4.** *Amér* BOT gallnut.

◆ **agallones** *mpl Amér* MED parotitis *(U)*.

Agamenón *m* Agamemnon.

agangrenarse *vpr* to become gangrenous.

ágape *m culto* banquet, feast.

agarabatado, **da** *adj* hook-shaped, hooked.

agarbado, **da** *adj* graceful.

agárico *m* BOT agaric; ~ **mineral** agaric mineral.

agarrada *f* → **agarrado**.

agarradera *f Amér* handle.

◆ **agarraderas** *fpl fam* pull *(U)*, influence *(U)*.

agarradero *m* - **1.** [asa] hold. - **2.** *fam fig* [pretexto] pretext, excuse. - **3.** *fam fig* [amparo] protection. - **4.** NÁUT anchorage.

agarrado, **da** *adj* - **1.** [asido]: ~ **(de)** gripped (by); ~**s del brazo** arm in arm; ~**s de la mano** hand in hand. - **2.** *fam* [tacaño] tight, stingy. - **3.** [baile] cheek-to-cheek.

◆ **agarrado** *m fam* smooch.

◆ **agarrada** *f fam* row, bust-up; **tener una agarrada** to have a skirmish.

agarrar ◇ *vt* - **1.** [asir] to grab. - **2.** *fam* [ladrón, enfermedad] to catch. - **3.** *fam fig* [conseguir] to get; **agarraron lo que querían** they got what they wanted. - **4.** *Amér* [tomar] to get, to take; **agarró el autobús** he took the bus. - **5.** *loc*: ~**la** *fam fig* to get sloshed. ◇ *vi* - **1.** [asir]: ~ **de** to take hold of; **¡agarra de la cuerda!** grab the rope! - **2.** [tinte] to take. - **3.** [planta] to take root. - **4.** *Amér* [encaminarse]: ~ **para** to head for. - **5.** *loc*: ~ **y hacer algo** to go and do sthg; **agarró y se fue** she upped and went.

◆ **agarrarse** *vpr* - **1.** [sujetarse] to hold on; **¡agárrate bien!** hold on tight!; ~**se de** o **a algo** to hold on to o clutch sthg; **este coche se agarra bien al firme** this car holds the road well. - **2.** [pegarse] to stick. - **3.** *fam fig* [pelearse] to scrap, to have a fight. - **4.** *fig* [pretextar]: ~**se a algo** to use sthg as an excuse. - **5.** [enfermedad]: **se le agarró la fiebre** he came down with a fever. - **6.** *loc*: **agarrársela con alguien** *Amér* to pick on sb.

agarre *m* - **1.** [acción de agarrar] grabbing, grasping; [de vehículos] roadholding. - **2.** *fig* [valor] guts *(pl)*.

agarrón *m* - **1.** [tirón] pull, tug. - **2.** *fam* [altercado] scrap, fight.

agarrotado, **da** *adj* - **1.** *fig* [rígido] stiff, tense. - **2.** MEC seized up.

agarrotamiento *m* - **1.** [rigidez] stiffness, tenseness. - **2.** [estrangulación] garrotting, strangulation. - **3.** [atadura] tight binding. - **4.** [compresión] compression. - **5.** *fig* [opresión] oppression, harrassment.

agarrotar *vt* - **1.** [parte del cuerpo] to cut off the circulation in; [mente] to numb. - **2.** [atar] to tie tightly. - **3.** [comprimir] to compress. - **4.** *fig* [oprimir] to oppress.

◆ **agarrotarse** *vpr* - **1.** [parte del cuerpo] to go numb. - **2.** [ponerse rígido] to become stiff, to become tense. - **3.** [mecanismo] to seize up.

agasajador, **ra** ◇ *adj* - **1.** [hospitalario] welcoming, hospitable. - **2.** [atento] attentive. - **3.** [que divierte] entertaining. ◇ *m, f* - **1.** [hospitalario] host. - **2.** [que divierte] entertainer.

agasajar *vt* - **1.** [halagar] to lavish attention on, to treat like a king; ~ **a alguien con algo** to lavish sthg upon sb. - **2.** [acoger] to greet, to welcome. - **3.** [festejar] to entertain.

agasajo *m* - **1.** [halago] lavish attention. - **2.** [acogida] welcome, reception. - **3.** [festejo] entertainment. - **4.** [refresco] refreshment.

ágata *f (con art masc 'el')* agate.

agazapar *vt fam* to nab, to seize.

◆ **agazaparse** *vpr* - **1.** [para esconderse] to crouch. - **2.** [agacharse] to bend down.

agencia *f* - **1.** [empresa] agency; ~ **de noticias** o **prensa** news agency; ~ **de aduanas** customs agent's; ~ **inmobiliaria** estate agent's *Br*, real estate office *Am*; ~ **matrimonial** marriage bureau; ~ **de viajes/de publicidad** travel/advertising agency. - **2.** [sucursal] branch; **este banco sólo tiene una** ~ **en mi ciudad** this bank only has one branch in my home town. - **3.** [oficina] office, bureau. - **4.** [diligencia] diligence. - **5.** *Amér* [casa de empeño] pawnshop.

agenciar [8] *vt* - **1.** [procurar]: ~ **algo a alguien** to fix sb up with sthg. - **2.** [promover] to go after. - **3.** [obtener] to obtain, to acquire.

◆ **agenciarse** *vpr* to get hold of, to fix o.s. up with.

agencioso, **sa** *adj* diligent, industrious.

agenda *f* - **1.** [de notas, fechas] diary; [de teléfonos, direcciones] address book; [de hojas recambiables] Filofax®; ~ **electrónica** electronic pocket diary, digital organizer. - **2.** [de trabajo] agenda.

agente ◇ *mf* [persona] agent; ~ **de policía** o **de la autoridad** policeman (*f* policewoman); ~ **de aduanas** customs officer; ~ **de cambio (y bolsa)** stockbroker; ~ **comercial** broker; ~ **doble/especial/secreto** double/special/secret agent; ~ **inmobiliario** estate agent *Br*, realtor *Am*; ~ **de seguros** insurance broker; ~**s económicos** ECON social partners. ◇ *m* - **1.** [causa activa] agent. - **2.** GRAM → **complemento**.

agigantado, **da** *adj* - **1.** [muy grande] huge, gigantic. - **2.** [extraordinario] extraordinary.

agigantar *vt* - **1.** [aumentar] to blow up, to magnify. - **2.** [exagerar] to exaggerate.

ágil *adj* - **1.** [movimiento, persona] agile. - **2.** [estilo, lenguaje] fluent; [respuesta, mente] nimble, sharp.

agilidad *f* agility.

agilipollado, **da** *adj vulg* dense.

agilitar *vt* - **1.** [hacer ágil] to make agile, to make nimble. - **2.** *Amér* [negocio, asunto] to speed up.

agilizar [13] *vt* to speed up.

ágilmente *adv* agilely, nimbly.

agio *m* - **1.** [beneficio] agio. - **2.** [especulación] agiotage, speculation.

agiotaje *m* ECON agiotage, speculation.

agiotista *mf* stockjobber.

agitación *f* **- 1.** [movimiento - de botella etc] shaking; [- de líquido] stirring. **- 2.** [de brazos] waving. **- 3.** [intranquilidad] restlessness. **- 4.** [jaleo] racket, commotion. **- 5.** [conflicto] unrest. **- 6.** NÁUT roughness, choppiness.

agitado, da *adj* **- 1.** [activo] hectic. **- 2.** [mar] rough. **- 3.** [intranquilo] uneasy, restless.

agitador, ra ◇ *adj* [viento] gusty. ◇ *m, f* agitator.
◆ **agitador** *m* QUÍM stirring rod.

agitanado, da *adj* gypsy-like.

agitar *vt* **- 1.** [mover - botella etc] to shake; [- líquido] to stir. **- 2.** [brazos] to wave. **- 3.** [inquietar] to perturb, to worry. **- 4.** [alterar, perturbar] to stir up.
◆ **agitarse** *vpr* **- 1.** [inquietarse] to get worried. **- 2.** [sacudirse] to wave, to flutter. **- 3.** NÁUT to be rough, to be choppy.

aglomeración *f* **- 1.** [amontonamiento] build-up. **- 2.** [de gente] crowd.

aglomerado *m* **- 1.** [agregación] agglomerate. **- 2.** [combustible] coal briquette.

aglomerante ◇ *adj* agglomerative. ◇ *m* IMPRENTA binding material.

aglomerar *vt* to bring together.
◆ **aglomerarse** *vpr* **- 1.** [cosas] to amass. **- 2.** *fig* [gente] to crowd together, to press together.

aglutinación *f* agglutination.

aglutinante *adj* **- 1.** [adherente] agglutinant. **- 2.** LING agglutinative.

aglutinar *vt* **- 1.** [pegar] to agglutinate. **- 2.** MED to bind. **- 3.** *fig* [aunar, reunir - personas] to unite; [- ideas, esfuerzos] to pool.

agnosticismo *m* agnosticism.

agnóstico, ca *adj & m, f* agnostic.

ago. (*abrev escrita de* **agosto**) Aug.

agobiado, da *adj* **- 1.** [agotado]: ~ **(de)** [trabajo] snowed under (with); [problemas] weighed down (with). **- 2.** [doblegado] bent over.

agobiador, ra, **agobiante** *adj* **- 1.** [abrumador] overwhelming; **problemas** ~**es** overwhelming problems. **- 2.** [agotador] exhausting; **trabajo** ~ backbreaking work. **- 3.** [caluroso] oppressive, stifling; **calor** ~ stifling heat.

agobiar [8] *vt* **- 1.** [abrumar] to overwhelm. **- 2.** [cansar] to exhaust, to weary. **- 3.** [cargar] to weigh down, to burden. **- 4.** [deprimir] to depress, to dispirit. **- 5.** [humillar] to oppress, to overwhelm.
◆ **agobiarse** *vpr* **- 1.** [abrumarse] to feel overwhelmed, to let things get one down. **- 2.** [doblegarse] to bend, to stoop.

agobio *m* **- 1.** [físico] choking, suffocation. **- 2.** [psíquico] pressure. **- 3.** [fatiga] fatigue, exhaustion. **- 4.** [carga] load, burden.

agolpamiento *m* **- 1.** [amontonamiento] accumulation, pile. **- 2.** [apiñamiento] crowding, thronging.

agolparse *vpr* **- 1.** [gente] to crowd round. **- 2.** [sangre] to rush. **- 3.** *fig* [problemas] to come to a head.

agonía *f* **- 1.** [pena] agony. **- 2.** [ansia] desperation. **- 3.** [del moribundo] death throes (*pl*). **- 4.** *fig* [decadencia] decline, dying days (*pl*). **- 5.** [deseo] desire, yearning.
◆ **agonías** *fpl fam* misery (*U*).

agónico, ca *adj* **- 1.** [moribundo] moribund, dying. **- 2.** [angustiado] in agony.

agonizante ◇ *adj* **- 1.** [moribundo] dying. **- 2.** *fig* [angustiado] in agony. ◇ *mf* dying person.

agonizar [13] ◇ *vi* **- 1.** [expirar] to be dying. **- 2.** *fig* [extinguirse] to fizzle out. **- 3.** *fig* [sufrir] to be in agony. **- 4.** *desus* [desear]: ~ **por** to be dying o yearning to; **agonizan por ir** they are dying to go. ◇ *vt* **- 1.** [auxiliar] to minister to. **- 2.** *fam fig* [molestar] to plague, to bother.

agorafobia *f* agoraphobia.

agorar [46] *vt culto* to augur, to foretell.

agorero, ra ◇ *adj* **- 1.** [que adivina] augural. **- 2.** [que predice males] ominous. ◇ *m, f* **- 1.** [adivino] soothsayer, fortune-teller. **- 2.** [fatalista] prophet of doom.

agorgojarse *vpr* to become infested with weevils.

agostar ◇ *vt* **- 1.** [arar] to plough in the summer. **- 2.** [secar] to wither, to parch. ◇ *vi* to graze in the summer.

agosto *m* **- 1.** [mes] August; *ver también* **septiembre**. **- 2.** *fig* [cosecha] harvest (time). **- 3.** *loc*: **hacer su** ~ to line one's pockets.

agotable *adj* exhaustible.

agotado, da *adj* **- 1.** [persona, animal]: ~ **(de)** exhausted (from). **- 2.** [dinero, provisiones] exhausted, used up. **- 3.** [mercancía] sold out. **- 4.** [pila, batería] flat; [libro] out-of-print; [disco] no longer available.

agotador, ra *adj* exhausting.

agotamiento *m* **- 1.** [físico] exhaustion. **- 2.** [de producto] selling-out.

agotar *vt* **- 1.** [gen] to exhaust. **- 2.** [producto] to sell out of. **- 3.** [agua] to drain.
◆ **agotarse** *vpr* **- 1.** [cansarse] to tire o.s. out. **- 2.** [acabarse] to run out; [libro, disco, entradas] to be sold out; [pila, batería] to go flat.

agrace *etc v* → **agrazar**.

agraceño, ña *adj* sour, tart.

agraciadamente *adv* gracefully.

agraciado, da ◇ *adj* **- 1.** [atractivo] attractive, fetching. **- 2.** [afortunado]: ~ **con algo** lucky enough to win sthg. **- 3.** [gracioso] graceful. ◇ *m, f* [afortunado] lucky winner.

agraciar [8] *vt* **- 1.** [embellecer] to make more attractive o fetching. **- 2.** [perdonar] to pardon. **- 3.** [favorecer] to favour. **- 4.** *culto* [premiar] to reward.

agradable *adj* pleasant; **es una mujer muy** ~ she's a very pleasant woman.

agradablemente *adv* agreeably, pleasantly.

agradar ◇ *vi* to be pleasant. ◇ *vt* to please.
◆ **agradarse** *vpr* **- 1.** [gustarse] to like one another. **- 2.** [estar satisfecho] to be pleased o satisfied.

agradecer [30] *vt* **- 1.** [suj: persona]: ~ **algo a alguien** [dar las gracias] to thank sb for sthg; [estar agradecido] to be grateful to sb for sthg. **- 2.** [suj: cosas] to be thankful for.
◆ **agradecerse** *v impers* to be nice.

agradecidamente *adv* gratefully, thankfully.

agradecido, da ◇ *adj* grateful; **muy** ~ much obliged. ◇ *m, f* grateful o thankful person.

agradecimiento *m* [gratitud] gratitude.
◆ **agradecimientos** *mpl* acknowledgements; *ver* USO *en página siguiente*.

agrado *m* **- 1.** [gusto] pleasure; **ésto no es de mi** ~ this is not to my liking. **- 2.** [afabilidad] kindness.

agramar *vt* **- 1.** AGR to scutch, to brake. **- 2.** *fam* [golpear] to beat, to flog.

agrandamiento *m* enlargement, increase.

agrandar *vt* **- 1.** [aumentar] to make bigger. **- 2.** [exagerar] to exaggerate.
◆ **agrandarse** *vpr* to increase, to grow larger.

agranujado, da *adj* **- 1.** [con granos] spotty *Br*, pimply *Am*. **- 2.** [con gránulos] granular. **- 3.** *fig* [pícaro] roguish.

agrario, ria *adj* **- 1.** [producto, política] agricultural. **- 2.** [reforma] agrarian.

agravación *f*, **agravamiento** *m* worsening, exacerbation.

agravante ◇ *adj* aggravating. ◇ *m o f* **- 1.** [problema] additional problem. **- 2.** DER aggravating circumstance.

agravar *vt* to aggravate; [impuestos etc] to increase (the burden of).
◆ **agravarse** *vpr* to get worse, to worsen.

agraviante ◇ *adj* offensive, insulting. ◇ *mf* offender, wrongdoer.

agraviar [8] *vt* **- 1.** [ofender] to offend. **- 2.** [perjudicar] to injure, to harm.
◆ **agraviarse** *vpr* **- 1.** [empeorar] to get worse. **- 2.** [ofenderse] to take offence, to be offended.

agravio *m* **- 1.** [ofensa] offence, insult. **- 2.** [perjuicio] wrong.

agravioso, sa *adj desus* insulting, offensive.

agraz (*pl* **agraces**) *m* **- 1.** [uva] unripe grape; [zumo] verjuice, *sour grape juice*; **en ~** *fig* prematurely. **- 2.** *fam fig* [disgusto] annoyance, displeasure. **- 3.** [arbusto] alpine currant. **- 4.** [marojo] mistletoe.

agrazar [13] ⬦ *vi* to be sour o tart. ⬦ *vt* **- 1.** [amargar] to embitter. **- 2.** *fig* [disgustar] to vex, to annoy.

agredido, da ⬦ *adj* assaulted, attacked. ⬦ *m, f* victim (of an attack).

agredir [78] *vt* to attack.

agregación *f* **- 1.** [incorporación] attachment, addition. **- 2.** [combinado] aggregate. **- 3.** [a un trabajo] appointment, nomination.

agregado, da ⬦ *adj* [añadido] added on. ⬦ *m, f* **- 1.** EDUC assistant teacher. **- 2.** [de embajada] attaché; **~ cultural** cultural attaché.

◆ **agregado** *m* **- 1.** [añadido] addition. **- 2.** ECON aggregate.

agregar [16] *vt* **- 1.** [añadir]: **~ algo (a algo)** to add sthg (to sthg). **- 2.** [unir] to gather, to collect. **- 3.** [designar] to appoint, to nominate.

◆ **agregarse** *vpr*: **~se a algo** to join sthg.

agremiación *f* union meeting.

agremiar *vi* to form a union.

agresión *f* **- 1.** [ataque] act of aggression, attack; **no ~** nonaggression. **- 2.** [provocación] aggression, provocation.

agresivamente *adv* aggressively.

agresividad *f* aggression.

agresivo, va *adj lit & fig* aggressive.

agresor, ra ⬦ *adj* **- 1.** [que ataca] attacking, assailing. **- 2.** [hostil] aggressive, hostile. ⬦ *m, f* **- 1.** [que ataca] attacker, assailant. **- 2.** [que provoca] aggressor, provoker.

agreste *adj* **- 1.** [abrupto, rocoso] rough, rugged. **- 2.** [rural] country (*antes de sust*), rural. **- 3.** *fig* [basto, rudo] coarse, uncouth.

agriamente *adv* **- 1.** *fig* [amargamente] bitterly. **- 2.** [ásperamente] sourly.

agriar [9] *vt* **- 1.** [vino, leche] to (turn) sour. **- 2.** *fig* [carácter] to sour, to embitter.

◆ **agriarse** *vpr lit & fig* to turn sour.

agrícola ⬦ *adj* agricultural; [pueblo] farming (*antes de sust*). ⬦ *mf* farmer.

agricultor, ra ⬦ *m, f* farmer. ⬦ *adj* farming, agricultural.

agricultura *f* agriculture; **~ extensiva/intensiva** extensive/intensive farming.

agridulce *adj* [gen] bittersweet; CULIN sweet-and-sour.

agrietado, da *adj* **- 1.** [muro, tierra] cracked. **- 2.** [labios, manos] chapped.

agrietamiento *m* **- 1.** [grieta] cracking (*U*). **- 2.** GEOL fissure, crack.

agrietar *vt* **- 1.** [muro, tierra] to crack. **- 2.** [labios, manos] to chap.

◆ **agrietarse** *vpr* **- 1.** [tierra] to be cracked. **- 2.** [piel] to chap.

agrimensor, ra *m, f* surveyor.

agrimensura *f* surveying.

agrio, agria *adj* **- 1.** [ácido] sour. **- 2.** *fig* [áspero] acerbic, bitter. **- 3.** [chocante] garish; **colores ~s** garish colours. **- 4.** [peñascoso] rough, uneven; **terreno ~** rough terrain. **- 5.** [frágil] brittle.

◆ **agrio** *m* **- 1.** [acidez] sourness, acidity. **- 2.** [zumo] sour juice.

◆ **agrios** *mpl* citrus fruits.

agrioso, sa *adj* **- 1.** [agrio] sour. **- 2.** *Amér* [agridulce] bittersweet.

agriparse *vpr Amér* to catch the flu.

agro *m* farmland.

agroalimentario, ria *adj* food-processing.

agronomía *f* agronomy.

agronómico, ca *adj* agronomical.

agrónomo, ma ⬦ *adj* agronomical. ⬦ *m, f* agronomist.

agropecuario, ria *adj* farming and livestock (*antes de sust*).

agror *m* sourness.

agrumar *vt* to curdle.

◆ **agrumarse** *vpr* to clot, to coagulate.

agrupación *f* **- 1.** [asociación] group, association. **- 2.** [agrupamiento] grouping.

agrupador, ra *adj* grouping, assembling.

agrupamiento *m* [concentración] grouping.

agrupar *vt* **- 1.** [unir] to group (together). **- 2.** [amontonar] to cluster, to bunch.

◆ **agruparse** *vpr* **- 1.** [congregarse] to gather (round). **- 2.** [unirse] to form a group. **- 3.** [amontonarse] to crowd o cluster together.

agrura *f* **- 1.** [amargor] sourness. **- 2.** [acidez] acidity.

◆ **agruras** *fpl* citrus fruits.

agua *f* (*con art masc 'el'*) **- 1.** [líquido, bebida] water; **~ bendita/dulce/destilada/potable** holy/fresh/distilled/drinking water; **~ corriente** running water; **~ de seltz** Seltzer (water); **~ dura** o **gorda** hard water; **~ fuerte** QUÍM nitric acid; **~ mineral sin gas/con gas** still/sparkling mineral water; **~ pesada** heavy water; **~ salada** saltwater; **~ tónica** tonic water; **~ pasada no mueve molino** *proverb* it's no use crying over spilt milk; **bailarle el ~ a alguien** to lick sb's boots; **claro como el ~** as clear as day; **como ~** [en cantidad] in abundance; **estar con el ~ al cuello** to be up to one's neck (in it); **hacerse ~ en la boca** to melt in one's mouth; **se me hace la boca ~** it makes my mouth water; **se me hizo la boca ~ al ver el pastel** when I saw the cake, my mouth started watering; **no digas nunca de esta ~ no beberé** *proverb* never say never again *proverb*; **quedar en ~ de borrajas** to come to nothing; **sin decir ~ va ni ~ viene** suddenly, unexpectedly; **venir como ~ de mayo** to be a godsend. **- 2.** [lluvia] rain; **ha caído tal cantidad de ~ que la ciudad está inundada** there has been so much rain that there are floods in the city. **- 3.**

USO ▶ Agradecimiento

De inmediato

Thank you (very much)!
Thanks (a lot)!

Con posterioridad

Thanks very much for offering to help.
I can't thank you enough for looking after Toby.
I'm very grateful to you for your advice.
I really appreciate all you've done for us.
I just wanted to thank you for the meal last night.
Thank you for having us.

▶ *por escrito*:

Thank you for your kindness/hospitality/sympathy.

Many thanks for your present/your letter.
Please accept our heartfelt thanks. [*formal*]
I am indebted to you for all your help. [*formal*]
Please extend our thanks to her on behalf of the company. [*formal*]

Respuestas

Not at all.
It was nothing.
Don't mention it.
Think nothing of it.
You're welcome.
My pleasure.
Any time! [*familiar*]
No problem! [*familiar*]

[grieta en barco] leak; **hacer** ~ [barca] to leak; *fig* [negocio etc] to go under; **este negocio hace** ~ **por todas partes** this firm is on the point of going under. - **4.** *Amér fam* [dinero] dough.

◆ **aguas** *fpl* - **1.** [manantial] waters, spring *(sg)*; **tomar las** ~**s** to take the waters ❑ ~**s termales** thermal o hot springs. - **2.** [de río, mar] waters; ~**s abajo** downstream; ~**s arriba** upstream ❑ ~**s muertas** backwater *(sg)*; ~**s territoriales** o **jurisdiccionales** territorial waters. - **3.** [de tejado] slope *(sg)*; **cubrir** ~**s** to put the roof on. - **4.** [de diamantes, telas] water *(U)*. - **5.** [marea] tide *(sg)*; ~**s llenas** high tide; ~**s muertas** neap tide. - **6.** *loc:* **entre dos** ~**s** in doubt, undecided; **nadar entre dos** ~**s** to sit on the fence; **ha roto** ~**s** her waters have broken.

◆ **agua de colonia** *f* eau de cologne.

◆ **agua de rosas** *f* rosewater.

◆ **agua nieve** *f* sleet.

◆ **agua oxigenada** *f* hydrogen peroxide.

◆ **aguas mayores** *fpl* faeces.

◆ **aguas menores** *fpl* water *(U)*, urine *(U)*.

◆ **aguas residuales** *fpl* sewage *(U)*.

aguacal *m* whitewash.

aguacate *m* - **1.** [fruto] avocado (pear); **ser** ~ **con pan** *Amér fig* to be dull o boring. - **2.** [árbol] avocado. - **3.** [en joyería] pear-shaped emerald. - **4.** *Amér* [enclenque] weakling, milksop.

aguace *etc v* → **aguazar**.

aguacero *m* - **1.** [lluvia] shower. - **2.** *fig* [desgracia] misfortune, misery. - **3.** *Amér* ZOOL glowworm, firefly.

aguachar *vt* - **1.** [inundar] to flood. - **2.** *Amér* [amansar] to tame. - **3.** *Amér* [separar] to separate from its mother *(calf or lamb)*.

◆ **aguacharse** *vpr Amér* - **1.** [caballo] to get fat. - **2.** [encariñarse]: ~**se de** to become attached to.

aguachento, ta *adj Amér* sodden.

aguachirle *f (con art masc 'el')* - **1.** [bebida] dishwater *(U)*, revolting drink. - **2.** [nadería] trifle.

aguachoso, sa *adj Amér* watery.

aguacil *m* = **alguacil**.

aguadero, ra *adj* waterproof.

◆ **aguadero** *m* watering trough.

◆ **aguadera** *f* wing feather.

aguado, da *adj* - **1.** [con demasiada agua] watery; [diluido a propósito] watered-down. - **2.** *fig* [estropeado] ruined. - **3.** [abstemio] abstemious. - **4.** *Amér* [insípido] tasteless. - **5.** *Amér* [sin fuerzas] weak. - **6.** *Amér* [aburrido] dull, boring.

◆ **aguada** *f* - **1.** ARTE gouache. - **2.** [depósito] watering place. - **3.** NÁUT water supply. - **4.** [inundación] flood, flooding *(U)*. - **5.** [abrevadero] watering trough.

aguador, ra *m, f* water vendor.

aguaducho *m* - **1.** [inundación] freshet. - **2.** [puesto de bebidas] refreshment stand. - **3.** [acueducto] aqueduct. - **4.** [máquina] waterwheel.

aguafiestas *mf inv* spoilsport.

aguafuerte *m* [grabado] etching.

aguaitada *f Amér fam* glance; **echar una** ~ **a algo** to have a look at sthg.

aguaitar *vt Amér fam* - **1.** [acechar] to spy on. - **2.** [esperar] to wait for.

aguaje *m* - **1.** [abrevadero] watering place, water hole. - **2.** [marea] tide, tidal wave. - **3.** [depósito] water supply. - **4.** [estela] wake. - **5.** [corriente marina] current. - **6.** *Amér* [regañina] reprimand, telling-off. - **7.** *Amér* [aguacero] downpour.

aguamala *f* ZOOL jellyfish.

aguamanil *m* - **1.** [jarro] water jug. - **2.** [palangana] washbasin *Br*, washbowl *Am*. - **3.** [lavamanos] ewer.

aguamarina *f* aquamarine.

aguamiel *m* o *f Amér* - **1.** [bebida] *water mixed with honey or cane syrup*. - **2.** *Amér* [jugo] agave juice.

aguanieve *f* sleet.

◆ **aguanieves** *fpl* ZOOL wagtail *(sg)*.

aguanoso, sa *adj* - **1.** [húmedo] watery. - **2.** [empapado] sodden, waterlogged. - **3.** *Amér* [insípido] watery. - **4.** *Amér fig* [carácter] wet.

aguantable *adj* bearable, tolerable.

aguantador, ra *adj Amér fam* patient.

aguantar ◇ *vt* - **1.** [sostener] to hold; **aguanta los libros mientras limpio la estantería** hold those books while I dust the shelf. - **2.** [resistir] to bear; **esa estantería no va a** ~ **el peso de los libros** that shelf won't take the weight of the books. - **3.** [tolerar, soportar] to bear, to stand; **no sé cómo la aguantas** I don't know how you put up with her. - **4.** [contener - risa] to contain; [- respiración] to hold; **debes** ~ **la respiración para hacerte la radiografía** you'll have to hold your breath when you have the X-ray. - **5.** [tiempo] to hold out for, to wait for. - **6.** NÁUT to tense, to tauten. ◇ *vi* - **1.** TAUROM to stand firm. - **2.** [tiempo] to hold on; **aguanta un poco más, enseguida nos vamos** hold on a bit longer, we'll be going soon.

◆ **aguantarse** *vpr* - **1.** [contenerse] to restrain o.s., to hold o.s. back. - **2.** [resignarse]: **no quiere** ~**se** he refuses to put up with it.

aguante *m* - **1.** [paciencia] self-restraint, tolerance. - **2.** [resistencia] strength; [de persona] stamina.

aguar [45] *vt* - **1.** [mezclar con agua, moderar] to water down. - **2.** *fig* [estropear] to spoil, to ruin. - **3.** [atenuar] to ease. - **4.** [echar al agua] to throw into the water. - **5.** *Amér* [abrevar] to water.

◆ **aguarse** *vpr* - **1.** [estropearse] to be spoiled. - **2.** [inundarse] to flood.

aguardar ◇ *vt* to wait for, to await. ◇ *vi* to wait, to hold on.

◆ **aguardarse** *vpr* to stop, to halt.

aguardiente *m* spirit, liquor; ~ **de caña** rum.

aguarrás *(pl* **aguarrases***) m* turpentine.

aguasal *f (con art masc 'el')* pickling brine.

aguatero *m Amér* water carrier.

aguaviento *m* squall.

aguazal *m* pool, puddle.

aguazar [13] *vt* to flood.

◆ **aguazarse** *vpr* to flood.

aguazo *m* ARTE gouache.

aguce *etc v* → **aguzar**.

agudamente *adv* - **1.** *fig* [ingeniosamente] wittily. - **2.** [sutilmente] acutely, keenly.

agudeza *f* - **1.** [de borde] sharpness. - **2.** [dicho ingenioso] witticism. - **3.** [acuidad] acuteness. - **4.** *fig* [humor] wit, wittiness.

agudización *f* - **1.** [agravamiento] worsening, aggravation. - **2.** [aumento] increase, intensification.

agudizar [13] *vt* - **1.** [afilar] to sharpen. - **2.** *fig* [acentuar] to exacerbate, to make worse.

◆ **agudizarse** *vpr* - **1.** [crisis] to get worse. - **2.** [ingenio] to get sharper.

agudo, da *adj* - **1.** [gen] sharp; [crisis, problema, enfermedad] serious, acute; **nuestro país atraviesa una aguda crisis económica** our country is undergoing a severe recession; **tiene un dolor** ~ **de estómago** she has acute stomach pains. - **2.** *fig* [perspicaz] keen, sharp; **fuiste muy** ~ **al adivinar mis intenciones** it was very sharp of you to spot my intentions. - **3.** *fig* [ingenioso] witty. - **4.** GRAM oxytone. - **5.** [nota, voz] high, high-pitched. - **6.** [chillón] shrill. - **7.** [color, sabor] pungent. - **8.** [vivo] lively, quick. - **9.** GEOM acute.

agüe *etc v* → **aguar**.

agüera[1] *etc v* → **agorar**.

agüera[2] *f* drainage ditch.

agüero *m* - **1.** [presagio] prediction; **de buen/mal** ~ that bodes well/ill. - **2.** [señal] sign, omen.

aguerrido, da *adj culto* - **1.** [valiente] battle-hardened. - **2.** *fig* [experimentado] veteran *(antes de sust)*.

aguerrir [78] *culto* ◇ *vt* to accustom to war. ◇ *vi* to become hardened o accustomed to war.

aguijada f goad.

aguijador, ra ◇ adj goading, inciting. ◇ m, f goader, inciter.

aguijar ◇ vt - 1. [caballo] to spur; [buey] to goad. - 2. fig [persona] to incite, to urge. ◇ vi to hurry o scurry along.

aguijón m - 1. [de insecto] sting. - 2. [de planta] thorn. - 3. [de espada, palo] point; [de tenedor] prong. - 4. fig [estímulo] spur, stimulus.

aguijonazo m sting, prick.

aguijonear ◇ adj - 1. [estimulante] goading, inciting. - 2. [punzante] pricking, stinging. ◇ m, f goader, provoker.

aguijonear vt - 1. [espolear]: ~ **a alguien para que haga algo** to goad sb into doing sthg. - 2. fig [estimular] to drive on. - 3. [picar] to sting, to prick.

águila ◇ f (con art masc 'el') - 1. [ave] eagle; ~ **calva** bald eagle; ~ **grande** spread eagle (in skating); ~ **pescadora** osprey; ~ **real** o **caudal** golden eagle. - 2. fig [vivo, listo] sharp o perceptive person. - 3. [condecoración] emblem. ◇ m - 1. NUMISMÁTICA eagle. - 2. ZOOL eagle ray. - 3. Amér fam [tramposo] swindler, cheat.

aguileño, ña adj aquiline.

aguilón m - 1. MEC jib, arm. - 2. ARQUIT gable. - 3. [caño] clay drainpipe. - 4. [teja] bevelled tile. - 5. [águila] large eagle. - 6. [blasón] eagle without beak or talons. - 7. Amér [caballo] slow horse.

aguilucho m eaglet.

aguinaldo m - 1. [retribución] Christmas box. - 2. [villancico] Christmas carol. - 3. Amér BOT aguinaldo.

aguja f - 1. [de coser, jeringuilla] needle; [de hacer punto] knitting needle; ~ **capotera** darning needle; ~ **de gancho** crochet hook; ~ **hipodérmica** hypodermic needle; **es como buscar una ~ en un pajar** fig it's like looking for a needle in a haystack. - 2. [de reloj] hand; [de brújula] pointer; [de iglesia] spire; ~ **de marear** o **magnética** compass. - 3. FERROC point. - 4. [de tocadiscos] stylus, needle. - 5. [de sombrero] hatpin. - 6. [en carpintería] brad, nail. - 7. ZOOL needle fish. - 8. AGR graft. - 9. BOT needle. - 10. Amér [estaca] fence post, stake.
◆ **agujas** fpl [de res] ribs.

agujador m Amér pincushion.

agujerear vt to make a hole o holes in.
◆ **agujerearse** vpr to be pierced o perforated.

agujero m - 1. [hueco] hole; **he hecho un ~ en el jardín** I've dug a hole in the garden. - 2. [alfiletero] pincushion.
◆ **agujero negro** m ASTRON black hole.

agujeta f - 1. [cinta] lace, cord. - 2. Amér [aguja] hatpin.
◆ **agujetas** fpl: **tener ~s** to feel stiff.

agujuela f brad.

aguoso, sa adj watery.

agusanarse vpr to become worm-eaten o wormridden.

Agustín m: **San** ~ Saint Augustine.

Agustina f: ~ **de Aragón** Agustina of Aragon.

agustiniano, na adj Augustinian.

agustino, na m, f Augustinian.

aguzado, da adj sharpened.

aguzador, ra ◇ adj sharpening. ◇ m, f sharpener (person).
◆ **aguzadora** f whetstone.

aguzar [13] vt - 1. [afilar] to sharpen. - 2. fig [apetito] to whet; [ingenio] to sharpen.

ah interj - 1. [admiración] gosh, ooh!; ¡~, **qué bien canta!** gosh, she sings really well. - 2. [sorpresa] oh! - 3. [pena] ah!

ahebrado, da adj fibrous, stringy.

ahechadero m place where grain is sifted.

ahechador, ra ◇ adj sifting, winnowing. ◇ m, f sifter, winnower.

ahechar vt to sift, to winnow.

ahelear ◇ vt - 1. [sabor] to make bitter. - 2. fig [persona] to embitter. ◇ vi to taste bitter.

aherrojar vt - 1. [encadenar] to shackle, to put in chains. - 2. fig [oprimir] to oppress.

aherrumbrar vt - 1. [dar color] to give a rusty-red colour to. - 2. [dar sabor] to give a rusty taste to.
◆ **aherrumbrarse** vpr - 1. [oxidarse] to rust, to get rusty. - 2. [tomar color] to turn rusty-red. - 3. [tomar sabor] to taste of rust.

ahervorarse vpr to heat up, to become heated.

ahí adv there; **vino por** ~ he came that way; **la solución está** ~ that's where the solution lies; ¡~ **tienes!** here you are!, there you go! □ ~ o **de** ~ therefore, hence; ~ **no más** Amér right over there; **de** ~ **que** [por eso] and consequently, so; **está por** ~ [en lugar indefinido] he/she is around (somewhere); **las llaves están por** ~, **no sé exactamente dónde** the keys are around here somewhere; [en la calle] he/she is out; **por** ~, **por** ~ fig something like that; **por** ~ **va la cosa** you're not too far wrong.

ahijado, da m, f - 1. [de padrinos] godson (f goddaughter). - 2. fig [protegido] protégé (f protégée). - 3. [hijo adoptivo] adopted child.

ahijar ◇ vt - 1. [adoptar] to adopt. - 2. fig [imputar] to impute, to attribute. ◇ vi - 1. [procrear] to procreate, to reproduce. - 2. AGR to bud.

ahijuna, aijuna interj Amér fam wow!

ahilado, da adj - 1. [brisa] gentle, soft. - 2. [voz] faint.

ahilar ◇ vt to line up, to put in line. ◇ vi to go in single file.
◆ **ahilarse** vpr - 1. [desmayarse] to faint. - 2. [suj: vino, levadura] to go bad. - 3. [adelgazarse] to become thin o drawn. - 4. BOT to grow tall and slender. - 5. Amér [marcharse] to go away, to leave.

ahilo m faintness, weakness.

ahincado, da adj earnest, zealous.

ahincar vi to urge, to press.
◆ **ahincarse** vpr to hurry, to rush.

ahínco m enthusiasm, devotion.

ahitar vt - 1. [indigestar] to give indigestion. - 2. [señalar] to stake o mark out.
◆ **ahitarse** vpr [hartarse] to gorge o stuff o.s.; [indigestarse] to have indigestion o an upset stomach.

ahíto, ta adj - 1. culto [saciado]: **estar** ~ to be full. - 2. fig [fastidiado]: ~ **(de)** fed up (with).
◆ **ahíto** m indigestion (U), upset stomach.

AHN (abrev de **Archivo Histórico Nacional**) m Spanish national historical archive.

ahocicar ◇ vi - 1. NÁUT to pitch. - 2. [caerse] to fall flat on one's face. - 3. fam [ceder] to give in, to admit defeat. ◇ vt fam [convencer] to prove wrong.

ahogado, da ◇ adj - 1. [en el agua] drowned. - 2. [respiración] laboured. - 3. [sin aliento] out of breath. - 4. [voz] muffled. - 5. [estrecho] cramped. - 6. fig [agobiado] overwhelmed, swamped. - 7. Amér [estofado] stewed. - 8. Amér fam [borracho] sloshed. ◇ m, f - 1. [moribundo] drowned person. - 2. fig [pobre] needy person.
◆ **ahogado** m Amér stew.

ahogador, ra adj choking, suffocating.
◆ **ahogador** m - 1. desus [joya] choker, necklace. - 2. Amér [de caballo] throatlatch.

ahogante adj - 1. [sofocante] stifling, suffocating. - 2. [en agua] drowning.

ahogar [16] vt - 1. [en el agua] to drown. - 2. [asfixiar] to smother, to suffocate. - 3. [estrangular] to strangle. - 4. [extinguir] to extinguish, to put out. - 5. fig [una sublevación] to put down, to quell. - 6. fig [pena] to hold back, to contain. - 7. [en ajedrez] to stalemate. - 8. AGR to drown, to soak. - 9. Amér [estofar] to stew.
◆ **ahogarse** vpr - 1. [en el agua] to drown. - 2. [asfixiarse] to suffocate. - 3. fig [de calor] to be stifled. - 4. fig [abrumarse] to feel oppressed o overwhelmed.

ahogo m - 1. [asfixia] breathlessness, difficulty in breathing. - 2. fig [angustia] anguish, distress. - 3. fig [económico] financial difficulty. - 4. Amér [salsa] stewing sauce.

ahogue etc v → **ahogar**.

ahombrado, da adj fam mannish.

ahombrarse *vpr fam* to become mannish o masculine.

ahondamiento *m* - **1**. [en cavidad, agujero] deepening. - **2**. [en asunto] investigation, probe.

ahondar *vi* [profundizar] to go into detail; ~ **en** [penetrar] to penetrate deep into; [investigar] to study in depth.
◆ **ahondarse** *vpr* to go deep, to penetrate.

ahora ◇ *adv* - **1**. [en el presente] now; ~ **mismo** right now ❑ **por** ~ for the time being. - **2**. [pronto] in a second o moment. - **3**. [hace poco] just now, a few minutes ago. ◇ *conj* - **1**. [ya... ya]: ~ **habla,** ~ **canta** one minute she's talking, the next she's singing. - **2**. [pero] but, however; ~ **bien** but, however; ~ **que** but, though.

ahorcado, da *m, f* hanged man (*f* hanged woman).

ahorcadura *f* hanging.

ahorcajarse *vpr* to sit astride, to straddle.

ahorcar, horcar *Amér* [10] *vt* - **1**. [estrangular] to hang. - **2**. *fig* [abandonar] to give up.
◆ **ahorcarse** *vpr* to hang o.s.

ahorita, ahoritita *adv Amér fam* right now.

ahormar *vt* - **1**. [en molde] to mould, to fit. - **2**. [ropa, zapatos] to break in. - **3**. *fig* [carácter] to mould. - **4**. TAUROM *to bring into position for the kill.*

ahornagarse *vpr* - **1**. [tierra] to become parched, to dry out. - **2**. [planta] to wither.

ahornar *vt* to put in the oven.
◆ **ahornarse** *vpr to burn on the outside without cooking on the inside.*

ahorque *etc v* → **ahorcar**.

ahorquillar *vt* - **1**. AGR to prop up with forks. - **2**. [dar forma] to shape like a fork.

ahorrador, ra ◇ *adj* thrifty, careful with money. ◇ *m, f* thrifty person.

ahorrar *vt* - **1**. [dinero] to save; [tiempo, palabras] to save, to spare. - **2**. [persona] to emancipate, to free.
◆ **ahorrarse** *vpr* - **1**. [evitarse]: ~**se algo** to save o spare o.s. sthg. - **2**. *Amér* [malograrse una cría] to fail. - **3**. [resistirse] to shirk, to refuse work.

ahorrativo, va *adj* - **1**. [ahorrador] thrifty, frugal. - **2**. [tacaño] mean, miserly.

ahorro *m* - **1**. [acción] saving. - **2**. *(gen pl)* [cantidad ahorrada] savings *(pl)*. - **3**. [economía] economy, thrift.

ahoyadura *f* - **1**. [excavación] excavation. - **2**. [hoyo] hole.

ahoyar *vi* to dig holes.

AHS *(abrev de* **Asociación de Hombres Separados***) f Spanish association for men separated from their wives.*

ahuchador, ra ◇ *adj* hoarding. ◇ *m, f* hoarder.

ahuchar *vt* - **1**. [en hucha] to hoard. - **2**. [en sitio seguro] to keep in a safe place. - **3**. [azuzar - animal] to set the dogs on; [- persona] to incite.

ahuecado, da *adj* - **1**. [vacío] hollow, empty. - **2**. [mullido] fluffed up. - **3**. [voz] deep.

ahuecamiento *m* - **1**. [hueco] hollowing-out. - **2**. [mullido] fluffing-up. - **3**. *fig* [engreimiento] conceit, vanity.

ahuecar, enhuecar [10] ◇ *vt* - **1**. [poner hueco - manos] to cup; [- tronco] to hollow out. - **2**. [mullir - colchón] to plump up; [- tierra] to hoe. - **3**. [voz] to deepen. ◇ *vi fam* [irse] to clear off.
◆ **ahuecarse** *vpr fam fig* [engreírse] to puff up o swell with pride.

ahuesado, da *adj* - **1**. [color] bone-coloured. - **2**. [dureza] bony, bone-like.

ahuesarse *vpr Amér* - **1**. COM [artículo] to become useless o worthless. - **2**. [persona] to become very thin.

ahuevado, da *adj* - **1**. [ovalado] egg-shaped. - **2**. *Amér fam* [tonto] daft.
◆ **ahuevado** *m* egg-shaped ornament.

ahuevar *vt* - **1**. [forma] to make egg-shaped. - **2**. [vino] *to clarify with egg white.*

ahumado, da *adj* - **1**. [alimento] smoked. - **2**. [habitación etc] smoky, smoke-filled. - **3**. [color] smoke-coloured.
◆ **ahumado** *m* smoking.

◆ **ahumada** *f* smoke signal.

ahumar ◇ *vt* - **1**. [jamón, pescado] to smoke. - **2**. [habitación etc] to fill with smoke. ◇ *vi* to smoke.
◆ **ahumarse** *vpr* - **1**. [alimento, guiso] to acquire a smoky taste. - **2**. [habitación, pared] to become blackened with smoke. - **3**. CULIN to be smoked.

ahusamiento *m* tapering.

ahusar *vt* to taper.
◆ **ahusarse** *vpr* to taper.

ahuyentador, ra ◇ *adj* scary. ◇ *m, f* scarecrow.

ahuyentar *vt* - **1**. [espantar, asustar] to scare away. - **2**. *fig* [apartar] to drive away.
◆ **ahuyentarse** *vpr* to flee, to run away.

AID *(abrev de* **Asociación Internacional de Desarrollo***) f* IDA.

AIEA *(abrev de* **Agencia Internacional de Energía Atómica***) f* IAEA.

AIF *(abrev de* **Asociación Internacional de Fomento***) f* IDA.

AIH *(abrev de* **Asociación Internacional de Hidrogeólogos***) f* IAH.

AIICA *(abrev de* **Asociación Internacional de Investigación sobre la Contaminación del Agua***) f* IAWPR.

AIJA *(abrev de* **Asociación Internacional de Jóvenes Abogados***) f* AIJA.

aijuna *interj* = **ahijuna**.

aimará *(pl* **aimarás***)* ◇ *adj* Aymaran. ◇ *mf* Aymara.

aindiado, da *adj* Indian-like, *having American Indian features.*

AIP *(abrev de* **Asociación Internacional de Puertos***) f* IAPH.

AIPCC *(abrev de* **Asociación Internacional Permanente de Congresos de Carreteras***) f* PIARC.

AIR *(abrev de* **Asociación Interamericana de Radiodifusión***) f* IAAB.

airadamente *adv* angrily.

airado, da *adj* - **1**. [enfadado] angry. - **2**. [depravado] immoral, depraved.

airar *vt* to anger, to make angry.
◆ **airarse** *vpr* to get angry.

airbag [erßak] *(pl* **airbags** [erßags]*) m* AUTOM airbag.

aire ◇ *m* - **1**. [fluido] air; **disparar al** ~ to shoot into the air ❑ ~ - ~ [misil] air-to-air; ~ **comprimido** compressed air; ~ **puro** fresh air; **al** ~ [al descubierto] exposed; **si duermes con los pies al** ~ **cogerás frío** if you sleep with your feet sticking out from under the covers, you'll catch cold; **al** ~ **libre** in the open air, outdoors; **cambiar de** ~**s** to have a change of scene; **el médico le recomendó cambiar de** ~**s** the doctor recommended a change of air; **dejar algo en el** ~ to leave sthg up in the air; **estar en el** ~ RADIO & TV to be on the air; [inseguro] to be in the air; **saltar** o **volar por los** ~**s** to be blown sky high, to explode; **tomar el** ~ to go for a breath of fresh air. - **2**. [viento] wind; [corriente] draught; **hoy hace (mucho)** ~ it's (very) windy today. - **3**. *fig* [aspecto] air, appearance. - **4**. *fig* [parecido]: **darse un** ~ **a alguien** to look like o resemble sb; **tiene un** ~ **a su madre** she has something of her mother. - **5**. *fig* [gracia] grace, elegance. - **6**. *fam* [parálisis]: **le dio un** ~ he suffered a stroke. - **7**. [MÚS - melodía] air, tune; [- ritmo] tempo. - **8**. EQUITACIÓN gait. - **9**. *fig* [humor]: **estar de buen/mal** ~ to be in a good/bad mood. - **10**. *loc*: **a mi/tu** *etc* ~ my/your *etc* (own) way; **beber los** ~**s por alguien** to do anything for sb; **mantenerse** o **vivir del** ~ hardly to eat anything. ◇ *interj fam* [¡largo!] get out!
◆ **aires** *mpl* [vanidad] airs (and graces); **darse** ~**s** to put on airs; **se da** ~**s de lista** she makes out she's clever; **desde que es jefe se da** ~**s de grandeza** since he became the boss he's been acting like he thinks he's someone special.
◆ **aire (acondicionado)** *m* air-conditioning.

aireación *f* ventilation.

aireado, da *adj* aired.

airear vt - **1.** [ventilar] to air. - **2.** fig [contar] to air (publicly).
◆ **airearse** vpr - **1.** [ventilarse] to get a breath of fresh air. - **2.** MED to come down with a cold.

aireo m airing, ventilation.

airón m - **1.** ZOOL crested heron. - **2.** [en aves] crest, tuft. - **3.** [en sombrero] panache, crest. - **4.** [pozo] very deep well. - **5.** loc: **al** ~ Amér at a gallop.

airosamente adv gracefully, elegantly.

airosidad f grace, elegance.

airoso, sa adj - **1.** [garboso] graceful, elegant. - **2.** [triunfante]: **salir** ~ **de algo** to come out of sthg with flying colours. - **3.** [ventoso] windy. - **4.** [ingenioso] neat, clever.

aislable adj - **1.** [separable] isolable, isolatable. - **2.** ELECTR insulatable.

aislacionismo m POLÍT isolationism.

aislacionista adj & mf POLÍT isolationist.

aislado, da adj - **1.** [gen] isolated. - **2.** TECN insulated. - **3.** [solo] alone, in isolation; **vivir** ~ to live alone. - **4.** [lejano] isolated, remote; **una región aislada** a remote area.

aislador, ra adj insulating.
◆ **aislador** m insulator.

aislamiento m - **1.** [apartamiento] isolation. - **2.** TECN insulation. - **3.** [soledad] isolation, seclusion; **vivir en** ~ to live in isolation.

aislante ◇ adj insulating. ◇ mf insulator.

aislar vt - **1.** [apartar] to isolate. - **2.** TECN to insulate. - **3.** [desunir] to isolate, to seclude. - **4.** [cercar de agua] to surround with water.
◆ **aislarse** vpr to isolate o.s., to withdraw.

AISS (abrev de **Asociación Internacional de Seguridad Social**) f ISSA.

AIT (abrev de **Asociación Internacional de Trabajadores**) f First International Working Men's Association.

aizkolari m competitor in the rural Basque sport of chopping felled tree-trunks.

ajá interj - **1.** [sorpresa] aha! - **2.** fam [aprobación] great!

Ajaccio [a'jaksio] s Ajaccio.

ajamonarse vpr fam [mujer] to get a middle-aged spread.

ajar vt - **1.** [flores] to wither, to cause to fade; [piel] to wrinkle; [colores] to make faded; [ropa] to wear out. - **2.** fig [persona] to abuse, to insult.
◆ **ajarse** vpr - **1.** [flores] to fade, to wither; [piel] to wrinkle, to become wrinkled. - **2.** fig [persona] to be insulted.

ajardinado, da adj landscaped.

ajardinar vt to landscape.

a. JC. = **a. de JC.**

ajedrecista mf chess player.

ajedrez (pl **ajedreces**) m - **1.** [juego] chess; [piezas] chess set. - **2.** NÁUT grating.

ajenjo m - **1.** BOT wormwood, absinth. - **2.** [licor] absinth.

ajeno, na adj - **1.** [de otro] of others; **jugar en campo** ~ to play away from home. - **2.** [extraño]: ~ **a** having nothing to do with; ~ **a nuestra voluntad** beyond our control. - **3.** fig [libre]: ~ **de** free from. - **4.** [de distinta naturaleza] different, distinct. - **5.** [impropio] inappropriate, unsuitable.

ajetreado, da adj busy.

ajetrear vt [molestar] to annoy.
◆ **ajetrearse** vpr [apresurarse] to rush, to hurry.

ajetreo m - **1.** [tarea] running around, hard work. - **2.** [animación] (hustle and) bustle. - **3.** [molestia] fatigue, weariness.

ají (pl **ajíes**) m Amér - **1.** BOT chilli (pepper); **ponerse como** ~ fig to turn as red as a beetroot. - **2.** [salsa] chilli sauce. - **3.** [jaleo] uproar, commotion.

ajiaceite m sauce made from garlic and olive oil.

ajiaco m Amér [estofado] spicy, chilli-based stew.

ajilimójili, ajilmoje m pepper, garlic and vinegar sauce.
◆ **ajilimójilis** mpl fam bits and pieces; **con todos sus** ~**s** fig with the works o all the trimmings.

ajillo m BOT young garlic.
◆ **al ajillo** loc adj CULIN in a sauce made with oil and garlic.

ajilmoje m = **ajilimójili**.

ajiseco m Amér dried red pepper.

ajo m - **1.** [planta] garlic; [diente] garlic clove. - **2.** [salsa] garlic sauce; ~ **blanco** CULIN cold garlic soup; ~ **tierno** spring onion. - **3.** fam fig [negocio, asunto] secret deal; **andar** o **estar en el** ~ to be in on it.

ajobar vt desus to carry on one's back.

ajobo m desus - **1.** [acción] carrying on one's back. - **2.** [carga] burden, load. - **3.** fig [molestia] burden, chore.

ajonjolí (pl **ajonjolíes**) m BOT sesame.

ajornalar vt to hire by the day.

ajotar vt Amér to torment, to harass.

ajuar m - **1.** [de novia] trousseau. - **2.** [mobiliario] furnishings (pl), household furniture.

ajuiciado, da adj wise, sensible.

ajuiciar vt - **1.** [juzgar] to judge. - **2.** [hacer juicioso] to make wise o sensible.

ajuntarse vpr fam to live together.

ajustado, da adj - **1.** [ceñido - ropa] tight-fitting; [- tuerca, pieza] tight; [- resultado, final] close. - **2.** [justo] correct, right; [precio] reasonable.
◆ **ajustado** m fitting.

ajustador, ra ◇ adj adjusting. ◇ m, f typesetter.
◆ **ajustadores** mpl Amér bra (sg).

ajustamiento m - **1.** [ajuste] adjustment. - **2.** COM settlement.

ajustar ◇ vt - **1.** [arreglar] to adjust. - **2.** [apretar] to tighten. - **3.** [encajar - piezas de motor] to fit; [- puerta, ventana] to push to. - **4.** [pactar - matrimonio] to arrange; [- pleito] to settle; [- precio] to negotiate; [- precio] to fix, to agree. - **5.** [adaptar] to alter; **el sastre ajustó el vestido** the tailor altered the dress. - **6.** [asestar] to deal, to give. - **7.** IMPRENTA to justify. - **8.** [reconciliar] to reconcile. - **9.** [contratar] to contract, to hire; ~ **a un criado** to hire a servant. - **10.** Amér [empeorar] to catch, to come down with. - **11.** Amér [escatimar] to skimp on. ◇ vi to be a tight fit.
◆ **ajustarse a** vpr - **1.** [adaptarse] to adapt to. - **2.** [conformarse] to fit in with. - **3.** [ponerse de acuerdo] to come to an agreement.

ajuste m [de pieza] fitting; [de mecanismo] adjustment; [de salario] agreement; ~ **de cuentas** fig settling of scores.

ajusticiado, da m, f executed criminal.

ajusticiamiento m execution.

ajusticiar vt to execute.

al → **a**.

ala f (con art masc 'el') - **1.** ZOOL, POLÍT & NÁUT wing. - **2.** [parte lateral - de avión, edificio] wing; [- de tejado] eaves (pl); [- de sombrero] brim; [- de nariz] side; [- de mesa] leaf. - **3.** DEP winger, wing. - **4.** MIL flank, wing. - **5.** [de hélice] blade. - **6.** ANAT ala, wing; ~ **del corazón** auricle. - **7.** fig [amparo] protection, wing. - **8.** loc: **ahuecar el** ~ fam to clear off, to hop it; **se le cayeron las** ~**s** he lost his nerve; **cortar las** ~**s a alguien** to clip sb's wings; **dar** ~**s a alguien** to encourage sb; **500 del** ~ Esp fam 500 pesetas; **tomar** ~**s** to try one's wings.
◆ **ala delta** f [aparato] hang glider.

Alá m Allah.

alabador, ra ◇ adj praising. ◇ m, f praiser.

alabancero, ra fam ◇ adj creeping, flattering. ◇ m, f creep.

alabanza f praise; **cantar las** ~**s de** to sing the praises of.

alabar ◇ vt to praise. ◇ vi Amér RELIG to sing the dawn o 'Alabado' hymn.
◆ **alabarse** vpr - **1.** [jactarse] to boast, to brag. - **2.** [contentarse] to be glad o pleased.

alabastro m alabaster.

alabear vt to warp.
◆ **alabearse** vpr to warp.

alacena f recess for storing food.

alacrán *m* - **1.** [animal] scorpion. - **2.** [en costura] button hook. - **3.** [en caballos] bridle ring. - **4.** *Amér* BOT *type of heliotrope.*

alacridad *f* alacrity, eagerness.

alada *f* → **alado.**

aladares *mpl locks of hair falling over the temples.*

alado, da *adj* - **1.** [con alas] winged. - **2.** *fig* [ligero] swift, fleet. - **3.** BOT alate, wing-shaped.

♦ **alada** *f* fluttering of the wing.

ALALC *(abrev de* **Asociación Latinoamericana de Libre Comercio)** *f* LAFTA.

alamar *m* - **1.** [presilla] frog, clasp. - **2.** [fleco] fringe.

alambicado, da *adj fig* - **1.** [sutil] elaborate, involved. - **2.** [moderado] given sparingly.

alambicamiento *m* - **1.** [destilación] distillation. - **2.** *fig* [sutileza] excessive subtlety.

alambicar [10] *vt* - **1.** [destilar] to distil. - **2.** *fig* [complicar] to over-complicate. - **3.** [examinar] to scrutinize. - **4.** [abaratar] to cut drastically.

alambique *m* still; **pasar por el** ~ *fig* to go over with a fine-toothed comb; **por** ~ *fig* sparingly.

alambrada *f* wire fence.

alambrado *m* - **1.** [red] wire-mesh screen. - **2.** [cerco] wire fence, wire fencing *(U)*.

alambrar *vt* to surround with wire fencing.

alambre *m* wire; ~ **de espino** o **púas** barbed wire.

alambrista *mf* tightrope walker.

alameda *f* - **1.** [sitio con álamos] poplar grove. - **2.** [paseo] tree-lined avenue.

álamo *m* poplar.

alanceado, da *adj* - **1.** BOT lanceolate. - **2.** [herido] speared.

alancear *vt* - **1.** [herir con lanza] to spear. - **2.** [ofender] to criticize, to reproach.

alano *m* [perro] mastiff.

alanzar [13] *vt* to spear.

alar *m* - **1.** [del tejado] eaves *(pl)*. - **2.** *Amér* [acera] pavement *Br*, sidewalk *Am*.

alarde *m* [ostentación]: ~ **(de)** show o display (of); **hacer** ~ **de algo** to show sthg off, to flaunt sthg.

alardear *vi*: ~ **de** to show off about.

alardeo *m* boasting *(U)*, bragging *(U)*.

alardoso, sa *adj* boastful.

alargador, ra *adj* extension *(antes de sust)*.

♦ **alargador** *m* extension lead.

alargamiento *m* - **1.** [acción] extension, lengthening. - **2.** [prolongación] length, extension.

alargar [16] *vt* - **1.** [ropa etc] to lengthen. - **2.** [viaje, visita, plazo] to extend; [conversación] to spin out. - **3.** [pasar]: ~ **algo a alguien** to pass sthg (over) to sb. - **4.** [extender] to stretch out. - **5.** [aumentar] to increase; ~ **el sueldo** to increase one's salary. - **6.** [cuerda, cabo] to pay out.

♦ **alargarse** *vpr* - **1.** [durar más - días] to get longer; [- reunión] to be prolonged. - **2.** *fig* [extenderse] to go on for ages. - **3.** [alejarse] to go away, to leave.

Alarico *m* Alaric.

alarido *m* shriek, howl; **dar** ~**s** to yell, to howl.

alarife *m* - **1.** [maestro de obras] master builder. - **2.** *Amér* [persona inteligente] clever o crafty person.

alarma *f* - **1.** [señal] alarm; **dar la** ~ to raise the alarm □ ~ **aérea** air-raid warning; ~ **antirrobo** burglar alarm; ~ **de incendios** fire alarm; **falsa** ~ false alarm. - **2.** MIL call to arms. - **3.** [inquietud] alarm.

alarmante *adj* alarming.

alarmar *vt* - **1.** [avisar] to alert. - **2.** *fig* [asustar] to alarm. - **3.** MIL to call to arms.

♦ **alarmarse** *vpr* [inquietarse] to be alarmed.

alarmismo *m* alarmism.

alarmista *mf* alarmist.

Alaska *s* Alaska.

alavense *adj & mf* = **alavés.**

alavés, esa *(pl* **alaveses)** ◇ *adj* of/relating to Alava. ◇ *m, f* native/inhabitant of Alava.

alazán, ana *adj* chestnut.

alba ◇ *adj f* → **albo.** ◇ *f (con art masc 'el')* - **1.** [amanecer] dawn, daybreak; **al** ~ at dawn; **al romper el** ~ at daybreak o dawn. - **2.** [vestidura] alb.

Alba *s*: **duque/duquesa de** ~ Duke/Duchess of Alba.

albacea *mf* executor *(f* executrix*)*.

albahaca *f* basil.

albaicín *m district of a town built on a hillside, esp that of Granada.*

albanega *f* - **1.** [para pelo] hairnet. - **2.** [para cazar] rabbit net.

albanés, esa *(pl* **albaneses)** *adj & m, f* Albanian.

♦ **albanés** *m* [lengua] Albanian.

Albania *s* Albania.

albañal *m* - **1.** [canal] sewer, drain. - **2.** [letrina] cesspool. - **3.** *fig* [suciedad] filth. - **4.** *loc*: **salir por el** ~ *fam* to turn out badly.

albañil *mf* bricklayer.

albañilería *f* - **1.** [arte] bricklaying. - **2.** [obra] brickwork.

albar ◇ *adj* white. ◇ *m* dry whitish land *(U)*.

albarán *m* delivery note.

albarda *f* - **1.** [arreos] packsaddle. - **2.** [tocino] strip of bacon. - **3.** *Amér* [silla de montar] saddle.

albardilla *f* - **1.** [silla de montar] training saddle. - **2.** [tejadillo] coping. - **3.** [de barro] ridge. - **4.** [tocino] strip of bacon.

albaricoque *m* apricot.

albarizo, za *adj* whitish.

♦ **albarizo** *m* white earth.

albarrada *f* - **1.** [pared] dry-stone wall. - **2.** [cerca] fence; [en la guerra] earthwork, barricade. - **3.** [vasija] clay bottle.

albatros *m inv* albatross.

albayalde *m* QUÍM white lead.

albear *vi* - **1.** [blanquear] to whiten. - **2.** *Amér* [madrugar] to get up early.

albedrío *m* - **1.** [antojo, elección] fancy, whim; **a su** ~ as takes his/her fancy; **libre** ~ free will; **a su libre** ~ of his/her own free will. - **2.** [costumbre] unwritten law.

alberca *f* - **1.** [depósito] water tank. - **2.** [balsa] retting pit o vat. - **3.** *Amér* [piscina] swimming pool.

albergar [16] ◇ *vt* - **1.** [personas] to accommodate, to put up. - **2.** [odio] to harbour; [esperanzas] to cherish. ◇ *vi* [refugiar] to take shelter.

♦ **albergarse** *vpr* to stay.

albergue *m* accommodation *(U)*, lodgings *(pl)*; [de montaña] shelter, refuge; ~ **de juventud** o **juvenil** youth hostel.

albergería *f* - **1.** [posada] inn. - **2.** [asilo] poorhouse.

albicante *adj* whitening, bleaching.

albinismo *m* albinism.

albino, na *adj & m, f* albino.

albis ♦ **in albis** *loc adv*: **estar in** ~ to be in the dark; **quedarse in** ~ not to have a clue o the faintest idea.

albo, ba *adj culto* white.

albóndiga *f* meatball.

albor *m* - **1.** [blancura] whiteness. - **2.** [luz del alba] first light of day; **a los** ~**es** at dawn. - **3.** *(gen pl)* *fig* [principio] dawn, earliest days *(pl)*; ~ o ~**es de la vida** *fig* infancy, youth.

alborada *f* - **1.** [amanecer] dawn, daybreak. - **2.** MÚS *popular song sung at dawn.* - **3.** MIL reveille.

alborear *v impers*: **empezaba a** ~ dawn was breaking.

albornoz *(pl* **albornoces)** *m* - **1.** [de baño] bathrobe. - **2.** [capa] burnoose.

alborotadamente *adv* - **1.** [desordenadamente] excitedly. - **2.** [ruidosamente] noisily, boisterously.

alborotado, da *adj* - **1.** [excitado] excited, agitated. - **2.** [revuelto] rough, choppy. - **3.** [ruidoso] noisy, rowdy. - **4.** [amotinado] riotous, mutinous.

alborotador, ra ◇ *adj* - **1.** [ruidoso] rowdy. - **2.** [rebelde] rebellious. ◇ *m, f* - **1.** [instigador] troublemaker. - **2.** [niño travieso] unruly child.

alborotapueblos *mf inv fam* - **1.** [agitador] agitator, rabblerouser. - **2.** [juerguista] life and soul of the party.

alborotar ◇ *vi* to be noisy o rowdy. ◇ *vt* - **1.** [perturbar] to disturb, to unsettle. - **2.** [amotinar] to stir up, to rouse. - **3.** [desordenar] to mess up. - **4.** *Amér* [causar curiosidad] to excite o arouse the curiosity of.

◆ **alborotarse** *vpr* - **1.** [inquietarse] to get worked up. - **2.** [rebelarse] to riot, to mutiny. - **3.** [encresparse] to become rough o choppy. - **4.** *Amér* [enamorarse] to become amorous. - **5.** *Amér* [encabritarse] to rear up.

alboroto *m* - **1.** [ruido] din. - **2.** [jaleo] fuss, to-do. - **3.** [desorden] mess. - **4.** [motín] riot. - **5.** [susto] scare, fright. - **6.** *Amér* [alegría] joy, jubilation.

◆ **alborotos** *mpl Amér* popcorn (*U*).

alborozado, da *adj* jubilant, overjoyed.

alborozador, ra ◇ *adj* cheering, heartening. ◇ *m, f person who brings cheer or joy.*

alborozar [13] *vt* to delight.

◆ **alborozarse** *vpr* to be overjoyed, to rejoice.

alborozo *m* delight, joy.

albricias ◇ *fpl* - **1.** [regalo] gift (*sg*). - **2.** [recompensa] reward (*U*). - **3.** *Amér* METAL air vents. ◇ *interj* great (news)!

albufera *f* lagoon.

albuhera *f* - **1.** [albufera] lagoon. - **2.** [depósito] reservoir, pool.

álbum (*pl* **álbumes**) *m* album; ~ **de recortes** scrapbook; ~ **de sellos** stamp album.

albumen *m* - **1.** BIOL albumen. - **2.** [clara] egg white.

albúmina *f* albumin.

albuminoide *adj* albuminoid.

albur *m* - **1.** *fig* [riesgo] risk, hazard; **jugar** o **correr un** ~ to take a risk. - **2.** [en naipes] first two draws. - **3.** ZOOL bleak. - **4.** *Amér* [juego de palabras] pun. - **5.** *Amér* [mentira] lie.

◆ **albures** *mpl* [juego] ≃ lansquenet (*U*).

albura *f* - **1.** [clara] egg white. - **2.** *culto* [blancura] whiteness. - **3.** BOT alburnum, sapwood.

alcachofa *f* - **1.** BOT artichoke. - **2.** [pieza - de regadera] rose, sprinkler; [- de ducha] shower head. - **3.** [panecillo] bread roll.

alcahuete, ta *m, f* - **1.** [mediador] go-between. - **2.** [chismoso] gossipmonger. - **3.** [encubridor] fence, receiver of stolen goods.

◆ **alcahuete** *m* TEATRO intermission curtain.

◆ **alcahueta** *f* procuress, madam.

alcahuetear ◇ *vt* to procure. ◇ *vi* - **1.** [intermediar en amoríos] to procure, to pimp. - **2.** [chismear] to gossip.

alcahuetería *f* - **1.** [acción] procuring, pimping. - **2.** *fam fig* [triquiñuela] trick, scheme.

alcaicería *f* silk district.

alcaide *m* prison governor.

alcalde, desa *m, f* mayor (*f* mayoress); ~ **mayor** magistrate; ~ **de monterrilla** small-town mayor; **tener el padre** ~ *fig* to have influence.

alcaldía *f* - **1.** [cargo] mayoralty. - **2.** [lugar] mayor's office. - **3.** [jurisdicción] municipality.

álcali *m* alkali; ~ **volátil** ammonia.

alcalinidad *f* alkalinity.

alcalino, na *adj* alkaline.

alcaloide *m* alkaloid.

alcance *m* - **1.** [de arma, misil, emisora] range; **de corto/largo** ~ short-/long-range. - **2.** [de persona]: **a mi/a tu** *etc* ~ within my/your *etc* reach; **al** ~ accessible; **al** ~ **del oído** within earshot; **al** ~ **de la vista** within sight; **dar** ~ **a alguien** to catch up with sb; **fuera del** ~ **de** beyond the reach of. - **3.** [magnitud] scope, extent; **de** ~ important, far-

reaching; **de gran** ~ *fig* far-reaching. - **4.** [talento]: **de pocos** ~**s** slow, dim-witted; **tener** ~**s** to have ability. - **5.** [persecución] pursuit. - **6.** *fig* [noticias] latest news (*U*).

alcancía *f* - **1.** [hucha] moneybox. - **2.** *Amér* [cepillo de limosnas] collection box.

alcanfor *m* camphor.

alcanforar *vt* to camphorate.

◆ **alcanforarse** *vpr Amér* to disappear, to vanish.

alcantarilla *f* - **1.** [cloaca] sewer; [boca] drain. - **2.** [puentecillo] small bridge. - **3.** *Amér* [depósito] water tank. - **4.** *Amér* [fuente] fountain.

alcantarillado *m* sewers (*pl*).

alcanzar [13] ◇ *vt* - **1.** [llegar a] to reach. - **2.** [igualarse con] to catch up with. - **3.** [agarrar] to take. - **4.** [entregar] to pass. - **5.** [suj: bala etc] to hit. - **6.** [lograr] to obtain. - **7.** [afectar] to affect. - **8.** [autobús, tren] to manage to catch. - **9.** [comprender] to understand, to grasp; **no alcanzo lo que me dices** I don't understand what you are saying. - **10.** [percibir] to take in. ◇ *vi* - **1.** [ser suficiente]: ~ **para algo/hacer algo** to be enough for sthg/to do sthg. - **2.** [poder]: ~ **a hacer algo** to be able to do sthg.

alcaparra *f* caper.

alcaparrado, da *adj* dressed with capers.

alcaravea *m* caraway.

alcarraza *f* clay water jug.

alcatraz (*pl* **alcatraces**) *m* - **1.** [ave] gannet. - **2.** BOT arum.

alcayata *f* hook.

alcazaba *f* citadel.

alcázar *m* - **1.** [fortaleza] fortress. - **2.** [palacio] royal palace. - **3.** NÁUT quarter-deck.

alce[1] *v* → **alzar**.

alce[2] *m* - **1.** ZOOL elk, moose. - **2.** [en naipes] cut. - **3.** *loc:* **no dar** ~ **a alguien** *Amér* to give sb no rest.

alcista ◇ *adj* FIN bullish; [mercado] bull (*antes de sust*). ◇ *mf* bull.

alcoba *f* - **1.** [dormitorio] bedroom. - **2.** [mobiliario] bedroom suite. - **3.** [de balanza] pointer case.

alcofa *f* wicker basket.

alcohol *m* [bebida & QUÍM] alcohol; **ha tomado** ~ **y no puede conducir** she's been drinking and can't drive ❑ ~ **etílico/de grano/metílico** ethyl/grain/methyl alcohol; ~ **de quemar** methylated spirits (*pl*).

alcoholemia *f* blood alcohol level.

alcohólico, ca *adj & m, f* alcoholic.

alcoholímetro *m* - **1.** [para bebida] alcoholometer. - **2.** [para la sangre] Breathalyzer® *Br*, drunkometer *Am*.

alcoholismo *m* alcoholism.

alcoholización *f* alcoholization.

alcoholizado, da *adj & m, f* alcoholic.

alcoholizar [13] *vt* to turn into an alcoholic.

◆ **alcoholizarse** *vpr* to become an alcoholic.

alcohotest (*pl* **alcohotests**) *m* Breathalyzer® *Br*, drunkometer *Am*.

alcor *m* hill.

alcornoque *m* - **1.** [árbol] cork oak. - **2.** [madera] cork, corkwood. - **3.** *fig* [persona] idiot, fool.

alcorzar [13] *vt* to ice *Br*, to frost *Am*.

alcotán *m* hobby (*bird*).

alcotana *f* pickaxe.

alcubilla *f* tank, reservoir.

alcucero, ra ◇ *adj* greedy. ◇ *m, f* oil seller.

alcurnia *f* lineage, descent; **de noble** ~ of noble birth.

alcuza *f* - **1.** [vasija] oil bottle. - **2.** *Amér* [vinagreras] cruet.

aldaba *f* - **1.** [llamador] doorknocker. - **2.** [pestillo] latch. - **3.** *loc:* **tener buenas** ~**s** *fam* to have pull, to have influence.

aldabada *f* - **1.** [toque] knock; **dar** ~**s** to knock. - **2.** *fig* [susto] fright, scare.

aldabear *vi* to knock at o on the door.

aldabeo *m* knocking.

aldabilla *f* latch, catch.

aldabón *m* - **1.** [de puerta] large knocker. - **2.** [de cofre, baúl] large handle.

aldabonazo *m* loud knock.

aldea *f* small village.

aldeano, na ◇ *adj* - **1.** [de aldea] village *(antes de sust)*. - **2.** [rústico] rustic. ◇ *m, f* - **1.** [de aldea] villager. - **2.** *fig* [rústico] peasant.

ALDHU (*abrev de* **Asociación Latinoamericana para los Derechos Humanos**) *f* Latin American human rights association.

ale ◇ *m* ale. ◇ *interj* come on!

aleación *f* - **1.** [acción] alloying. - **2.** [producto] alloy.

alear ◇ *vt* to alloy. ◇ *vi* - **1.** [ave] to flap, to flutter. - **2.** *fig* [persona] to get better, to convalesce.

aleatorio, ria *adj* [número] random; [suceso] chance *(antes de sust)*.

alebrestarse *vpr Amér* - **1.** [rebelarse] to rebel. - **2.** [ponerse nervioso] to get worked up.

aleccionador, ra *adj* - **1.** [instructivo] instructive. - **2.** [ejemplar] exemplary.

aleccionamiento *m* instruction, training.

aleccionar *vt* - **1.** [enseñar] to instruct, to teach. - **2.** [entrenar] to train.

aledaño, ña *adj* adjacent.

◆ **aledaño** *m* boundary, border.

◆ **aledaños** *mpl* surrounding area *(sg)*.

alegable *adj* allegeable.

alegación *f* - **1.** [aducción] allegation. - **2.** *Amér* [disputa] argument.

alegar [16] ◇ *vt* - **1.** [motivos, pruebas] to put forward; ~ **que** to claim (that). - **2.** *Amér* [disputar] to dispute. ◇ *vi* to argue.

alegato *m* - **1.** DER & *fig* plea. - **2.** [ataque] diatribe. - **3.** [razonamiento] allegation, claim. - **4.** *Amér* [disputa] argument.

alegoría *f* allegory.

alegóricamente *adv* allegorically.

alegórico, ca *adj* allegorical.

alegrar *vt* - **1.** [persona] to cheer up, to make happy; [fiesta] to liven up; **el regalo alegró a Marta** the present cheered Marta up. - **2.** *fig* [habitación etc] to brighten up; **las cortinas de colores alegran la sala** the colourful curtains brighten up the room. - **3.** *fig* [emborrachar] to make tipsy. - **4.** NÁUT to loosen. - **5.** TAUROM to rouse.

◆ **alegrarse** *vpr* - **1.** [sentir alegría]: ~**se (de algo/por alguien)** to be pleased (about sthg/for sb); **me alegro de que hayas venido** I'm glad you came; **si sale bien me alegraré por él** I'll be pleased for him if it turns out well. - **2.** *fig* [emborracharse] to get tipsy.

alegre *adj* - **1.** [contento] happy; **están ~s porque han ganado** they're happy because they won. - **2.** [que da alegría] cheerful, bright. - **3.** [colorido] lively, bright; **es un estampado muy** ~ it's a very bright cotton print. - **4.** *fig* [arriesgado] happy-go-lucky. - **5.** *fam* [borracho] tipsy. - **6.** *fig* [deshonesto] loose.

alegremente *adv* - **1.** [felizmente] happily. - **2.** [animadamente] cheerfully. - **3.** [con ligereza] blithely.

alegreto *m* MÚS allegretto.

alegría *f* - **1.** [gozo] happiness, joy; **la mayor** ~ **de mi vida ha sido ver nacer a mi hijo** the happiest moment in my live was when my son was born. - **2.** [motivo de gozo] joy. - **3.** *fig* [irresponsabilidad] rashness, recklessness. - **4.** BOT sesame.

◆ **alegrías** *fpl* - **1.** [canto y baile] *flamenco dance*. - **2.** [regocijo] festivities.

alegro *m* MÚS allegro.

alegrón, ona *adj Amér* - **1.** [achispado] merry. - **2.** [coquetón] flirtatious.

◆ **alegrón** *m* - **1.** *fam* [alegría] pleasant surprise. - **2.** [llamarada] burst of flame. - **3.** *Amér* [cosecha] *autumn cocoa harvest in Mexico*.

alegue *etc v* → **alegar**.

alejado, da *adj* distant, remote.

alejamiento *m* - **1.** [lejanía] remoteness. - **2.** [distancia] distance. - **3.** [separación - de objetos etc] separation; [- entre personas] estrangement.

Alejandría *s* Alexandria.

alejandrino *adj & m* LITER alexandrine.

Alejandro *m*: ~ **Magno** Alexander the Great.

alejar *vt* - **1.** [poner más lejos] to move away. - **2.** *fig* [ahuyentar] to drive out.

◆ **alejarse** *vpr*: ~**se (de)** [ponerse más lejos] to go o move away (from); [retirarse] to leave.

alelado, da *adj* stupid.

alelar *vt* to daze, to stupefy.

◆ **alelarse** *vpr* to be stupefied o bewildered.

alelí (*pl* **alelíes**) *m* BOT wallflower.

aleluya ◇ *m* o *f* hallelujah. ◇ *interj* Hallelujah!

alemán, ana *adj & m, f* German.

◆ **alemán** *m* [lengua] German.

Alemania *s* Germany; ~ **Occidental** o **del Oeste** West Germany; ~ **Oriental** o **del Este** East Germany.

alentada *f* long breath.

alentado, da *adj* - **1.** [animoso] brave, gallant. - **2.** [altanero] proud, haughty. - **3.** *Amér* [robusto] healthy. - **4.** *Amér* [convaleciente] recovered.

alentador, ra *adj* encouraging.

alentar [19] *vt* - **1.** [animar] to encourage. - **2.** *Amér* [palmotear] to applaud. - **3.** *Amér* [curar] to cure. ◇ *vi* to breathe.

◆ **alentarse** *vpr* - **1.** [animarse] to be encouraged. - **2.** *Amér* [recuperarse] to recover, to get better.

aleonado, da *adj* tawny.

alerce *m* BOT larch.

alergia *f* *lit & fig* allergy; **tener** ~ **a algo** to be allergic to sthg.

alérgico, ca ◇ *adj* *lit & fig*: ~ **(a)** allergic (to). ◇ *m, f* allergy sufferer.

alero *m* - **1.** [del tejado] eaves *(pl)*. - **2.** DEP winger, wing. - **3.** AUTOM wing. - **4.** *loc*: **estar en el** ~ to be (hanging) in the balance.

alerón *m* aileron.

alerta ◇ *adj inv & adv* alert; **estar** ~ to be on the alert. ◇ *f* alert; ~ **roja** red alert. ◇ *interj* watch o look out!

alertamente *adv* alertly, vigilantly.

alertar *vt* to alert.

alesna *f* awl.

aleta *f* - **1.** [de pez] fin. - **2.** [de buzo, foca] flipper. - **3.** [de coche] wing. - **4.** [de nariz] flared part. - **5.** ARQUIT alette, wing.

aletada *f* beat of the wings.

aletargado, da *adj* drowsy, lethargic.

aletargamiento *m* lethargy, drowsiness.

aletargar [16] *vt* to make drowsy, to send to sleep.

◆ **aletargarse** *vpr* to become drowsy o sleepy.

aletear *vi* - **1.** [ave, pez] to flap o flutter its wings. - **2.** *fig* [persona] to wave o flap one's arms.

aleteo *m* - **1.** [movimiento] fluttering *(U)*, flapping *(U)*. - **2.** *fig* [latido] palpitation, throbbing *(U)*.

aleve *adj desus* treacherous.

alevín *m* - **1.** [cría de pez] fry, young fish. - **2.** *fig* [persona] novice, beginner.

alevosamente *adv* treacherously.

alevosía *f* - **1.** [traición] treachery. - **2.** [premeditación] premeditation.

alevoso, sa ◇ *adj* - **1.** [traidor] treacherous. - **2.** [premeditado] premeditated. ◇ *m, f* traitor (*f* traitress).

alfa *f* (*con art masc 'el'*) FÍS & MAT alpha; ~ **y omega** *fig* beginning and end, alpha and omega.

alfabético, ca *adj* alphabetical.

alfabetización *f* - **1.** [de personas - acción] teaching to read and write; [- estado] literacy. - **2.** [de palabras, letras] alphabetization.

alfabetizado, da ◇ *adj* - **1.** [persona] literate. - **2.** [palabras, letras] alphabetized. ◇ *m, f* literate person.

alfabetizar [13] *vt* - **1.** [personas] to teach to read and write. - **2.** [palabras, letras] to put into alphabetical order.

alfabeto *m* - **1.** [abecedario] alphabet. - **2.** [código] code; ~ **Morse** Morse code.

alfalfa *f* alfalfa, lucerne.

alfanumérico, ca *adj* INFORM alphanumeric.

alfaque *m* sandbank, bar.

alfaquí (*pl* **alfaquís** o **alfaquíes**) *m* ulema, *Moslem scholar of law and religion.*

alfarería *f* - **1.** [técnica] pottery. - **2.** [lugar] potter's, pottery shop.

alfarero, ra *m, f* potter.

alfarjía *f* [en carpintería] frame.

alféizar *m* - **1.** [de ventana] windowsill. - **2.** ARQUIT [hueco] door o window embrasure.

alfeñicarse [10] *vpr* - **1.** [volverse remilgado] to become prim and proper. - **2.** *fam fig* [adelgazarse] to become very thin, to lose a lot of weight.

alfeñique *m* - **1.** *fam fig* [persona] weakling. - **2.** CULIN sweet almond paste. - **3.** [remilgo] primness.

alférez (*pl* **alféreces**) *m* ≃ second lieutenant.

alfil *m* bishop.

alfiler *m* - **1.** [aguja] pin; ~ **de gancho** *Amér* safety pin; **de veinticinco** ~**es** dressed up to the nines; **no cabe ni un** ~ it's jam-packed; **prendido con** ~**es** sketchy. - **2.** [joya] brooch, pin; ~ **de corbata** tiepin.

alfilerar *vt* to pin.

alfiletero *m* pin box.

alfolí (*pl* **alfolís** o **alfolíes**) *m* - **1.** [de grano] granary. - **2.** [de sal] salt warehouse.

alfombra *f* - **1.** [tapiz] carpet; [alfombrilla] rug; ~ **de baño** bath mat; ~ **mágica** magic carpet. - **2.** *fig* [capa] covering, carpet; **una** ~ **de flores** a carpet of flowers.

alfombrado, da *adj* carpeted.

◆ **alfombrado** *m* carpets (*pl*), carpeting.

alfombrar *vt* to carpet.

alfombrilla *f* - **1.** [alfombra pequeña] rug. - **2.** [felpudo] doormat. - **3.** [del baño] bathmat.

Alfonso *m*: ~ **X el Sabio** Alfonso X, Alfonso the Wise.

alforja *f* (*gen pl*) - **1.** [de persona] knapsack. - **2.** [de caballo] saddlebag.

alforza *f* - **1.** [pliegue] pleat, tuck. - **2.** *fam* [cicatriz] scar.

alforzar [13] *vt* to pleat, to tuck.

alga *f* (*con art masc 'el'*) [de mar] seaweed (U); [de río] algae (*pl*).

algalia *f* - **1.** BOT abelmosk. - **2.** [esencia] civet. - **3.** MED catheter.

algara *f* - **1.** [tropa] raiding party. - **2.** [de vegetales] thin skin.

algarabía *f* - **1.** [habla confusa] gibberish. - **2.** [alboroto] racket. - **3.** [escritura confusa] scribble, scrawl. - **4.** [lengua] Arabic. - **5.** BOT broom.

algarada *f* - **1.** [jaleo] racket, din. - **2.** [ataque] raid, attack.

algarroba *f* - **1.** [planta] vetch. - **2.** [fruto] carob o locust bean.

algarrobo *m* carob o locust tree.

Algarve *m*: **el** ~ the Algarve.

algazara *f* racket, uproar.

álgebra *f* (*con art masc 'el'*) - **1.** MAT algebra. - **2.** *desus & MED* bonesetting.

algebraico, ca *adj* algebraic.

algidez (*pl* **algideces**) *f* coldness.

álgido, da *adj* - **1.** [culminante] critical. - **2.** [frío] icy. - **3.** MED algid, chilly.

algo ◇ *pron* - **1.** [alguna cosa] something; [en interrogativas] anything; **¿te pasa** ~? is anything the matter?; **por** ~ **lo habrá dicho** he must have said it for a reason ❑ ~ **es** ~ something is better than nothing. - **2.** [cantidad pequeña] a bit, a little; ~ **de** some, a little. - **3.** *fig* [cosa importante] something; **se cree que es** ~ he thinks he's something (special). ◇ *adv* [un poco] rather, somewhat. ◇ *m Amér* refreshment.

algodón *m* cotton; ~ **de azúcar** candy floss *Br*, cotton candy *Am*; ~ **(hidrófilo)** FARM cotton wool *Br*, absorbent cotton *Am*; ~ **en rama** raw cotton; ~ **pólvora** guncotton; **criado entre algodones** *fig* pampered, mollycoddled; **a su hijo lo están criando entre algodones** they mollycoddle their son.

algodonal *m* cotton plantation.

algodonero, ra ◇ *adj* cotton (*antes de sust*). ◇ *m, f* - **1.** [obrero] cotton worker. - **2.** [comerciante] cotton dealer o trader.

◆ **algodonero** *m* BOT cotton plant.

algorín *m* olive bin.

algoritmo *m* algorithm.

alguacil, aguacil *m* - **1.** [del ayuntamiento] *mayor's assistant.* - **2.** [del juzgado] bailiff. - **3.** ZOOL jumping spider. - **4.** [ganzúa] skeleton key. - **5.** *Amér* [libélula] dragonfly.

alguacilazgo *m* post of 'alguacil'.

alguacilillo *m* mounted official at bullfight.

alguien *pron* - **1.** [alguna persona] someone, somebody; [en interrogativas] anyone; **¿hay** ~ **ahí?** is anyone there? - **2.** *fig* [persona de importancia] somebody; **se cree** ~ she thinks she's somebody (special).

algún *adj* → **alguno**.

alguno, na ◇ *adj* (*antes de sust masc sg* **algún**) - **1.** [indeterminado] some; [en interrogativas] any; ~**s hombres son así** some men are like that; **temas de alguna importancia** issues of some importance; **¿tienes algún libro?** do you have any books?; **algún día** some o one day; **ha surgido algún que otro problema** the odd problem has come up. - **2.** (*después de sust*) [ninguno] any; **no tengo interés** ~ I have no interest, I haven't any interest. ◇ *pron* - **1.** [persona] someone, somebody, (*pl*) some people; [en interrogativas] anyone, anybody; **¿ha llegado** ~? has anyone o anybody arrived?; **¿conocisteis a** ~**s?** did you get to know any?; ~**s de**, ~**s (de) entre** some o a few of. - **2.** [cosa] the odd one, (*pl*) some, a few; [en interrogativas] any; **me salió mal** ~ I got the odd one wrong; **compraremos** ~**s** we'll buy some o a few; ~ **de** some o a few of.

alhaja *f* - **1.** [joya] jewel. - **2.** [objeto de valor] treasure. - **3.** *fig* [persona] gem; **ser una (buena)** ~ *irón* to be a good-for-nothing.

alhajar *vt* - **1.** [persona] to bedeck with jewels. - **2.** [casa] to furnish.

alhajera *f*, **alhajero** *m Amér* jewellery box.

alharaca *f* fuss.

alhelí (*pl* **alhelíes**) *m* wallflower.

alheña *f* - **1.** BOT henna. - **2.** [polvo] (powdered) henna. - **3.** [grano] blight, mildew.

alheñar *vt* to (dye with) henna.

◆ **alheñarse** *vpr* to become blighted o mildewed.

alhucema *f* BOT lavender.

aliado, da *adj* allied.

◆ **Aliados** *mpl*: **los Aliados** the Allies.

alianza *f* - **1.** [pacto, parentesco] alliance. - **2.** [anillo] wedding ring.

aliar [9] *vt* - **1.** [naciones] to ally. - **2.** [cualidades etc] to combine.

◆ **aliarse** *vpr* to form an alliance.

alias ◇ *adv* alias. ◇ *m inv* [apodo] alias; [entre amigos] nickname.

álibi *m* DER alibi.

alible *adj* nourishing.

alicaído, da *adj* - **1.** [triste] depressed. - **2.** *fig* [débil] weak.

alicantino, na ◇ *adj* of/relating to Alicante. ◇ *m, f* native/inhabitant of Alicante.

alicatado *m* tiling.

alicatar *vt* to tile.

alicates *mpl* pliers; ~ **de uñas** nail clippers.

aliciente *m* - **1.** [incentivo] incentive. - **2.** [atractivo] attraction.

alícuota *adj* aliquot.

alienable *adj* alienable.

alienación *f* - **1.** [proceso] alienation. - **2.** [trastorno psíquico] derangement, madness.

alienado, da ◇ *adj* insane, mentally deranged. ◇ *m, f* insane person, mentally deranged person.

alienante *adj* alienating.

alienar *vt* - **1.** [enajenar] to derange, to drive mad. - **2.** FILOS to alienate.

alienígena *mf* alien.

alienta *etc v* → **alentar**.

aliento *m* - **1.** [respiración] breath; **cobrar** ~ to catch one's breath; **sin** ~ breathless ❑ **de un** ~ *fig* in one breath, without stopping. - **2.** *fig* [ánimo] strength; **dar** ~ to encourage.

alífero, ra *adj* winged.

aligación *f*, **aligamiento** *m* - **1.** [ligazón] bond, tie. - **2.** [aleación] alloy.

aligator *m* alligator.

aligeramiento *m* - **1.** [de carga] lightening. - **2.** *fig* [alivio] alleviation, easing.

aligerar *vt* - **1.** [peso] to lighten. - **2.** [ritmo] to speed up; [el paso] to quicken. - **3.** *fig* [aliviar] to relieve, to ease.
◆ **aligerarse** *vpr* to become lighter.

alígero, ra *adj culto* - **1.** [alado] winged. - **2.** [rápido] fleet.

alijador, ra *adj* unloading.
◆ **alijador** *m* lighter, barge.

alijar[1] *m* untilled land.
◆ **alijares** *mpl* common land (U).

alijar[2] *vt* - **1.** [con lija] to sandpaper. - **2.** NÁUT to unload.

alijo *m* contraband (U); ~ **de drogas** consignment of drugs.

alimaña *f* - **1.** [animal perjudicial] pest (fox, weasel etc). - **2.** [animal grande] large animal, beast.

alimentación *f* - **1.** [acción] feeding. - **2.** [comida] food. - **3.** [régimen alimenticio] diet; ~ **deficiente** malnutrition. - **4.** TECN feed, input. - **5.** [manutención] support.

alimentador, ra *adj* TECN feeding.
◆ **alimentador** *m* TECN feed, feeder; ~ **de papel** INFORM paper feed.

alimentar ◇ *vt* - **1.** [con comida] to feed; **alimenta al gato sólo con hígado de pollo** she only feeds her cat chicken liver. - **2.** [combustible] to fuel. - **3.** [mantener] to support. - **4.** *fig* [fomentar] to feed; **el espíritu alimenta el espíritu** study feeds the spirit. ◇ *vi* [nutrir] to be nourishing; **el pan blanco alimenta menos que el negro** white bread is less nourishing than brown bread.
◆ **alimentarse** *vpr* [comer] to take nourishment; ~**se de** to live on; **se alimenta de verduras y frutas** she lives on nothing but fruit and vegetables.

alimentario, ria *adj* food (antes de sust).

alimenticio, cia *adj* nourishing; **productos** ~**s** foodstuffs.

alimento *m* - **1.** [comida] food. - **2.** [valor nutritivo] nourishment; **las lentejas tienen mucho** ~ lentils are very nourishing. - **3.** [combustible] fuel. - **4.** *fig* [fomento] encouragement.
◆ **alimentos** *mpl* alimony (U).

alimoche *m* ZOOL Egyptian vulture.

alimón ◆ **al alimón** *loc adv* jointly, together.

alindado, da *adj* dandified, foppish.

alindamiento *m* setting of boundaries o limits.

alindar ◇ *vt* - **1.** [limitar] to establish o set boundaries for. - **2.** [embellecer] to embellish, to adorn. ◇ *vi* to be adjacent.

alineación *f* - **1.** [línea] alignment. - **2.** DEP line-up. - **3.** [colocación en línea] aligning, lining up.

alineado, da *adj* - **1.** [en línea] lined up. - **2.** DEP selected. - **3.** POLÍT seconding.
◆ **no alineado, da** *adj* POLÍT non-aligned.

alineamiento *m* alignment.
◆ **no alineamiento** *m* POLÍT non-alignment.

alinear *vt* - **1.** [poner en línea] to line up. - **2.** DEP to select.
◆ **alinearse** *vpr* - **1.** [ponerse en una fila] to line up. - **2.** POLÍT to align. - **3.** MIL to fall in.

aliñado, da *adj* - **1.** [CULIN - ensalada] dressed; [- carne] seasoned. - **2.** [aseado] neat, tidy.
◆ **aliñado** *m Amér* spiced brandy.

aliñador, ra ◇ *adj* fixing. ◇ *m, f* - **1.** [reparador] fixer. - **2.** *Amér* MED bonesetter.

aliñamiento *m* - **1.** [de ensalada] dressing. - **2.** [de carne] seasoning.

aliñar *vt* - **1.** [ensalada] to dress; [carne] to season. - **2.** [arreglar] to straighten, to tidy. - **3.** [adornar] to adorn. - **4.** *Amér* MED to set.
◆ **aliñarse** *vpr* to preen o.s.

aliño *m* - **1.** [para ensalada] dressing; [para carne] seasoning. - **2.** [aseo] neatness, tidiness. - **3.** [adorno] adornment. - **4.** [preparación] preparation.

alioli *m* garlic mayonnaise.

aliquebrado, da *adj fig* crestfallen, dejected.

alirón *interj* hooray!

alisar *vt* [allanar] to smooth (down); [pelo] to slick, to smooth.

alisio *adj* → **viento**.

aliso *m* alder.

alistado, da *adj* - **1.** [listado] listed. - **2.** [inscrito] enlisted, enrolled.

alistamiento *m* - **1.** [reclutamiento] enlistment. - **2.** [leva] levy, draft. - **3.** [inscripción en lista] listing. - **4.** [registro] enrolment.

alistar *vt* - **1.** [reclutar] to recruit. - **2.** [inscribir en lista] to list. - **3.** [preparar] to prepare, to get ready.
◆ **alistarse** *vpr* - **1.** MIL: ~**se en** to join, to enlist in. - **2.** *Amér* [prepararse] to get ready.

aliteración *f* - **1.** [repetición] alliteration. - **2.** [paronomasia] paronomasia.

aliviadero *m* overflow channel, spillway.

aliviado, da *adj* - **1.** [gen] relieved. - **2.** [de dolencia] better; **tomé una aspirina y me sentí más** ~ I took an aspirin and felt better.

aliviador, ra ◇ *adj* comforting, consoling. ◇ *m, f* [persona] consoler.
◆ **aliviador** *m* [palanca] *lever which raises or lowers a millstone.*

aliviar [8] *Esp*, **alivianar** *Amér vt* - **1.** [atenuar] to soothe. - **2.** [aligerar - persona] to relieve; [- carga] to lighten. - **3.** [confortar] to comfort, to console; **su visita me alivió** his visit comforted me. - **4.** *fig* [acelerar] to quicken, to speed up; **alivió el paso** he quickened his step.
◆ **aliviarse** *Esp*, **alivianarse** *Amér vpr* - **1.** [ser confortado] to be relieved. - **2.** [recuperarse] to recover, to get better.

alivio *m* - **1.** [mejoría] relief. - **2.** [consuelo] comfort, consolation. - **3.** [disminución] easing, alleviation. - **4.** [aligeramiento] lightening.
◆ **de alivio** *loc adj* [terrible] dreadful.

aljibe *m* - **1.** [cisterna] cistern. - **2.** NÁUT tanker. - **3.** [pozo] well.

aljófar *m* - **1.** [perla] seed pearl. - **2.** [conjunto de perlas] pearls (pl). - **3.** *fig* [gota] pearl, drop.

allá *adv* - **1.** [espacio] over there; **aquí no hay espacio para esos libros, ponlos** ~ there's no room for these books here, put them over there; ~ **abajo/arriba** down/up there; **más** ~ further on; **no dejes el vaso tan cerca del borde, ponlo más** ~ don't leave the glass so near the edge, move it in a bit; **más** ~ **de** beyond; **no vayas más**

~ **de la verja** don't go beyond the gate; **por** ~ over there, thereabouts. - **2.** [tiempo]: ~ **por los años cincuenta** back in the 50s; ~ **para el mes de agosto** around August some time. - **3.** *loc:* ~ **él/ella** *etc* that's his/her *etc* problem; **si no quiere estudiar** ~ **él/ella** if he/she doesn't want to study, that's his/her problem.

◆ **el más allá** *m* the great beyond.

allanador, ra ◇ *adj* levelling. ◇ *m, f* - **1.** [nivelador] leveller. - **2.** [ladrón] burglar.

allanamiento *m* - **1.** [irrupción] forceful entry; ~ **de morada** breaking and entering. - **2.** [nivelación] levelling, flattening. - **3.** DER [conformidad] acceptance.

allanar *vt* - **1.** [terreno] to flatten, to level. - **2.** *fig* [dificultad] to overcome. - **3.** [irrumpir en] to break into. - **4.** [invadir] to raid. - **5.** [pacificar] to pacify, to subdue.

◆ **allanarse** *vpr* - **1.** [nivelarse] to level out, to become level. - **2.** [avenirse] to submit, to acquiesce; **se allana a todo** he submits to everything.

allegadizo, za *adj* thrown in *(to increase the number)*.

allegado, da ◇ *adj* - **1.** [cercano] close. - **2.** [emparentado] related. ◇ *m, f* - **1.** [familiar] relative. - **2.** [amigo] close friend. - **3.** [partidario] supporter, adherent. - **4.** *Amér fam* [gorrón] sponger.

allegador, ra ◇ *adj* gathering, collecting. ◇ *m, f* gatherer, collector.

◆ **allegador** *m* - **1.** [rastro] rake. - **2.** [hurgón] poker.

allegamiento *m* gathering, collecting.

allegar [16] ◇ *vt* - **1.** [acercar] to place near. - **2.** [añadir] to add. - **3.** AGR to reap, to gather. ◇ *vi* to arrive.

◆ **allegarse** *vpr* - **1.** [acercarse] to approach, to draw near. - **2.** [adherirse] to conform.

allende ◇ *adv* - **1.** [de la parte de allá] beyond. - **2.** *desus* [además] moreover, furthermore. ◇ *prep* - **1.** [más allá de] on the other side of. - **2.** [fuera de] besides, in addition to.

allí *adv* - **1.** [espacio] there; ~ **abajo/arriba** down/up there; ~ **mismo** right there; **verás un bar y** ~ **mismo está el cine** you'll see a bar and the cinema is right next to it; **está por** ~ it's around there somewhere. - **2.** [tiempo] then, at that time.

alma *f (con art masc 'el')* - **1.** [espíritu, moral, voluntad] soul. - **2.** *fig* [individuo] soul; **no había (ni) un** ~ there wasn't a soul to be seen. - **3.** *fig* [de negocio, equipo] backbone; **son el** ~ **del movimiento** they are the backbone o core of the movement; **el** ~ **de la fiesta** the life and soul of the party. - **4.** [de bastón, ovillo etc] core; [de un arma] bore; [de un instrumento] soundpost. - **5.** *loc:* ~ **mía, mi** ~ [apelativo] dearest, darling; **arrancarle el** ~ **a alguien** [matarlo] to kill sb; **como** ~ **que lleva el diablo** hell for leather, like a bat out of hell; **con toda mi/tu** *etc* ~ with all my/your *etc* heart; **deseo con toda mi** ~ **que seas feliz** I hope you'll be happy with all my heart; **en el** ~ truly, from the bottom of one's heart; **entregar el** ~ to give up the ghost; **ir con el** ~ **en pena, ser como un** ~ **en pena** to go about like a lost soul; **llegar al** ~ **a alguien** to touch sb's heart; **no poder (uno) con su** ~ *fam* to be ready to drop, to be completely worn-out; **está tan cansada que no puede con su** ~ she's so tired, she's ready to drop; **no tener** ~ to be heartless; **partir el** ~ **a alguien** to break sb's heart; **se le cayó el** ~ **a los pies** his heart sank; **sentirlo en el** ~ to be truly sorry; **lo siento en el** ~ **pero no puedo darte** I'm truly sorry, but I can't help you; **ser el** ~ **gemela de alguien** to be sb's soul mate; **ser un** ~ **de Caín** o **de Judas** to be a fiend o a villain; **ser un** ~ **de cántaro** to be thoughtless o uncaring; **ser un** ~ **de Dios** to be a good soul.

almacén *m* - **1.** [depósito] warehouse. - **2.** MIL magazine. - **3.** *Amér* [tienda] grocery store.

◆ **(grandes) almacenes** *mpl* department store *(sg)*.

almacenaje *m* - **1.** [almacenamiento] storage; ~ **frigorífico** cold storage. - **2.** [pago] storage o warehouse charge.

almacenamiento *m* - **1.** [gen & INFORM] storage. - **2.** [conjunto] stock.

almacenar *vt* - **1.** [gen & INFORM] to store. - **2.** [reunir] to collect. - **3.** *fig* [amontonar] to hoard.

almacenero, ra *m, f* warehouseman.

◆ **almacenero** *m* *Amér* storekeeper.

almáciga *f* - **1.** [resina] mastic. - **2.** [masilla] putty. - **3.** [semillero] nursery, seedbed.

almácigo *m* - **1.** [árbol] mastic tree, lentiscus. - **2.** [semilla] nursery seed. - **3.** [semillero] nursery, seedbed.

almádena, almádana *f* sledgehammer.

almagre *m* red ochre.

almaizal, almaizar *m* - **1.** [toca] gauze veil. - **2.** RELIG humeral veil.

almanaque *m* - **1.** [calendario] calendar. - **2.** [pronóstico] almanac.

Almanzor *m* Almanzor.

almástiga *f* mastic.

almeja *f* clam.

almenara *f* - **1.** [fuego] beacon, signal fire. - **2.** [candelero] candelabrum, candelabra.

almendra *f* - **1.** [fruto] almond; ~ **garrapiñada** praline, sugared almond. - **2.** [semilla] kernel, stone. - **3.** *loc:* **de la media** ~ *fam* finicky, fussy.

almendrado, da *adj* almond-shaped.

◆ **almendrado** *m* - **1.** [pasta] almond paste. - **2.** [macarrón] macaroon. - **3.** *Amér* [guiso] *dish prepared in almond sauce.*

◆ **almendrada** *f* [bebida] almond milk.

almendrilla *f* - **1.** [lima] round file. - **2.** [grava] fine gravel.

almendro *m* almond (tree).

almeriense ◇ *adj* of/relating to Almería. ◇ *mf* native/inhabitant of Almería.

almiar *m* haystack.

almíbar *m* - **1.** CULIN syrup. - **2.** *fam fig* [persona amable] sweet person, sweetheart.

◆ **almíbares** *mpl* preserved fruit *(U)*.

almibarado, da *adj* - **1.** [con almíbar] covered in syrup. - **2.** [muy dulce] sugary, sweet. - **3.** *fig* [afectado] syrupy, sugary. - **4.** [afeminado] effeminate.

almibarar *vt* - **1.** [cubrir] to cover in syrup. - **2.** [confitar] to preserve.

almidón *m* - **1.** [gen] starch; **dar** ~ to starch. - **2.** *Amér* [para pegar] glue.

almidonado, da *adj* - **1.** [ropa] starched. - **2.** *fig* [persona] smart, dapper.

◆ **almidonado** *m* starching.

almidonar *vt* to starch.

alminar *m* minaret.

almirantazgo *m* - **1.** [dignidad, tribunal] admiralty. - **2.** [de la Armada] Admiralty.

almirante *m* admiral.

almirez *(pl* **almireces***) m* mortar.

almizcle *m* musk.

almizclero *m* musk deer.

almohada *f* - **1.** [cojín] pillow; **consultarlo con la** ~ *fig* to sleep on it; **debo consultarlo con la** ~ **antes de decidirlo** I'll sleep on it before I decide. - **2.** [funda] pillowcase. - **3.** ARQUIT bolster.

almohadado, da *adj* - **1.** [acolchado] padded. - **2.** ARQUIT cushioned, bolstered.

almohadilla *f* - **1.** TECN & ZOOL pad; [de sellos] sponge pad. - **2.** [cojín] small cushion. - **3.** *Amér* [alfiletero] pincushion. - **4.** [saquito] *silk handkerchief pouch.* - **5.** ARQUIT bolster, boss.

almohadillado, da *adj* padded.

almohadillar *vt* - **1.** [acolchar] to pad. - **2.** ARQUIT to decorate with bolsters o cushions.

almohadón *m* - **1.** [cojín] cushion. - **2.** ARQUIT springer, annulet.

almoneda *f* - **1.** [venta] sale. - **2.** [subasta] auction.

almorávide *adj & mf* Almoravid.

almorrana *f (gen pl)* piles *(pl)*.

almorzar [37] ◇ *vt* - **1.** [al mediodía] to have for lunch.

- **2.** [a media mañana] to have as a mid-morning snack. ◇ *vi* - **1.** [al mediodía] to have lunch. - **2.** [por la mañana] to have a mid-morning snack.

almuerzo *m* - **1.** [al mediodía] lunch; **sirven el ~ en el comedor principal** they serve lunch in the main dining room. - **2.** [a media mañana] mid-morning snack. - **3.** [desayuno] breakfast. - **4.** [vajilla] luncheon set.

alnado, da *m, f* stepson (*f* stepdaughter).

◆ **alnados** *mpl* stepchildren.

aló *interj Amér* [al teléfono] hello.

alocadamente *adv* - **1.** [locamente] crazily. - **2.** [irreflexivamente] thoughtlessly, rashly.

alocado, da *m, f* - **1.** [loco] crazy person. - **2.** [irreflexivo] rash person.

alocar [10] *vt* to drive crazy o insane.

◆ **alocarse** *vpr* - **1.** [volverse loco] to go crazy o insane. - **2.** *fig* [desquiciarse] to lose one's head, to get mad.

alocución *f* address, speech.

aloe, áloe *m* - **1.** BOT aloe. - **2.** MED aloes (*pl*).

alógeno, na *adj* of a different race.

alojado, da *m, f Amér* guest, lodger.

◆ **alojado** *m* [soldado] billeted soldier.

alojamiento *m* - **1.** [vivienda] accommodation; **dar ~ a** to put up. - **2.** [acuartelamiento] billeting, quartering. - **3.** [cuartel] billet, quarters (*pl*). - **4.** [campamento] camp.

alojar *vt* - **1.** [hospedar] to put up; **alojó a sus invitados en su casa** she put her guests up in her own home. - **2.** [meter] to lodge; **una bala alojada en la espalda** a bullet lodged in one's back. - **3.** [acuartelar] to billet, to quarter.

◆ **alojarse** *vpr* - **1.** [hospedarse] to stay; **se alojan en un hotel** they're staying in a hotel. - **2.** [introducirse] to lodge. - **3.** MIL [acuartelarse] to be billeted o quartered. - **4.** [situarse] to take up a position.

alondra *f* lark.

alongar [23] *vt* - **1.** [prolongar] to prolong, to extend. - **2.** [estirar] to lengthen, to stretch. - **3.** [alejar] to remove, to make distant.

◆ **alongarse** *vpr* to move o go away.

alopatía *f* allopathy.

alopecia *f* alopecia.

aloque *etc v →* **alocar**.

alpaca *f* - **1.** [animal, piel] alpaca. - **2.** METAL German o nickel silver.

alpargata *f (gen pl)* espadrille.

alpende, alpendre *m* tool shed.

Alpes *mpl*: **los ~** the Alps.

alpestre *adj* alpine.

alpinismo *m* mountaineering.

alpinista *mf* mountaineer.

alpino, na *adj* Alpine.

alpiste *m* - **1.** [planta] canary grass. - **2.** [semilla] birdseed. - **3.** *fam fig* [aguardiente] booze.

alquería *f* [cortijo] farmstead; [aldea] hamlet.

alquilable *adj* rentable, leasable.

alquiladizo, za *despec* ◇ *adj* - **1.** [cosa] to let. - **2.** [persona] for hire. ◇ *m, f* hireling.

alquilador, ra *m, f* - **1.** [que toma en alquiler] tenant. - **2.** [que da en alquiler] landlord (*f* landlady).

alquilamiento *m* renting, leasing.

alquilar *vt* [casa, TV, oficina] to rent; [coche, persona] to hire.

◆ **alquilarse** *vpr* - **1.** [casa, TV, oficina] to be for rent; [coche] to be for hire. - **2.** [persona] to hire o.s. out; **'se alquila'** 'to let'.

alquiler *m* - **1.** [acción - de casa, TV, oficina] renting; [- de coche] hiring; **de ~** [casa] rented; [coche] hire (*antes de sust*); **tenemos pisos de ~** we have flats to let *Br*, we have apartments to rent *Am*; **exento de ~** rent-free ❑; **~ sin chófer** self-drive hire. - **2.** [precio - de casa, oficina] rent; [- de televisión] rental; [- de coche] hire charge.

alquimia *f* alchemy.

alquímico, ca *adj* alchemic, alchemical.

alquimista *mf* alchemist.

alquitara *f* still.

alquitarar *vt* - **1.** [destilar] to distil. - **2.** *fig* [sutilizar] to over-refine.

alquitrán *m* tar.

alquitranado, da *adj* tarred.

◆ **alquitranado** *m* - **1.** [acción] tarring. - **2.** NÁUT tarpaulin.

alquitranar *vt* to tar.

alrededor *adv* - **1.** [en torno] around; **de ~** surrounding; **mira a tu ~** look around you; **mira a tu ~ y verás que hay otros peor que tú** look around you and you'll see there are others who are worse than you are. - **2.** [aproximadamente]: **~ de** around, about; **cuesta ~ de 25.000 pesetas** it costs about 25,000 pesetas.

◆ **alrededores** *mpl* - **1.** [cercanías] surrounding area (*sg*). - **2.** [afueras] outskirts; **trabajo en una fábrica de los ~s** I work in a factory on the outskirts of the city.

◆ **alrededor de** *loc prep* around; **llegaron ~ de las seis** they arrived at around six o'clock.

alta *f →* **alto**.

altamente *adv* highly, extremely; **~ satisfecho** highly satisfied.

altaneramente *adv* arrogantly, haughtily.

altanería *f* - **1.** [orgullo] haughtiness. - **2.** [caza] falconry. - **3.** [de ave] high flight.

altanero, ra *adj* - **1.** [orgulloso] haughty. - **2.** [ave] high-flying.

altar *m* - **1.** RELIG altar; **~ mayor** high altar; **conducir** o **llevar al ~ a alguien** *fig* to lead sb down the aisle. - **2.** MIN fire o flue bridge.

altavoz (*pl* **altavoces**) *m* [para anuncios] loudspeaker; [de tocadiscos] speaker.

alterabilidad *f* alterability.

alterable *adj* alterable.

alteración *f* - **1.** [cambio] alteration. - **2.** [excitación] agitation. - **3.** [alboroto] disturbance; **~ del orden público** breach of the peace. - **4.** [desarreglo] irregularity; **~ del pulso** irregularity of the pulse. - **5.** [disputa] altercation, fight. - **6.** [inquietud] worry.

alteradizo, za *adj* - **1.** [alterable] changeable, alterable. - **2.** [caprichoso] fickle.

alterado, da *adj* - **1.** [cambiado] altered, changed. - **2.** [perturbado] disturbed, upset. - **3.** [enfadado] angry, annoyed.

alterador, ra *adj* - **1.** [cambiante] altering. - **2.** [perturbador] disturbing.

alterar *vt* - **1.** [cambiar] to alter. - **2.** [perturbar - persona] to agitate, to fluster; [- orden público] to disrupt. - **3.** [estropear] to spoil; [leche] to turn. - **4.** [enfadar] to anger, to annoy.

◆ **alterarse** *vpr* - **1.** [perturbarse] to get agitated o flustered. - **2.** [estropearse] to spoil, to go off; [leche] to turn. - **3.** [cambiarse] to undergo change, to alter. - **4.** [enfadarse] to become angry o annoyed. - **5.** *Amér* [tener sed] to be thirsty.

alterativo, va *adj* alterative.

altercado *m* argument, row.

altercador, ra ◇ *adj* argumentative, quarrelsome. ◇ *m, f* argumentative o quarrelsome person.

altercar [10] *vi* to argue, to quarrel.

alter ego *m* alter ego.

alternación *f* alternation.

alternadamente *adv* alternately.

alternado, da *adj* alternate.

alternador *m* ELECTR alternator.

alternancia *f* alternation.

alternante *adj* alternating.

alternar ◇ *vt* to alternate. ◇ *vi* - **1.** [relacionarse]: **~ (con)** to mix (with), to socialize (with). - **2.** [sucederse]: **~ con** to alternate with.

◆ **alternarse** *vpr* - **1.** [en el tiempo] to take turns. - **2.** [en el espacio] to alternate.

alternativa *f* → **alternativo**.

alternativamente *adv* [moverse] alternately.

alternativo, va *adj* - **1.** [movimiento] alternating. - **2.** [posibilidad] alternative.

◆ **alternativa** *f* - **1.** [opción] alternative; **tomar una alternativa** to make a decision ❑ **alternativa de poder** POLÍT succession of power. - **2.** TAUROM *ceremony in which bullfighter shares the kill with his novice, accepting him as a professional;* **tomar la alternativa** to become a professional bullfighter. - **3.** [sucesión] alternation.

alterne *m practice whereby women encourage men to drink in return for a commission.*

alterno, na *adj* alternate; ELECTR alternating.

alteza *f* - **1.** *fig* [de sentimientos] loftiness. - **2.** [altura] height.

◆ **Alteza** *f* [tratamiento] Highness; **Su Alteza Real** His Royal Highness (*f* Her Royal Highness).

altibajo *m* downward thrust.

◆ **altibajos** *mpl* - **1.** [del terreno] unevenness *(sg).* - **2.** *fig* [de vida etc] ups and downs.

altillo *m* - **1.** [armario] *small cupboard usually found above another cupboard.* - **2.** [cerro] hillock. - **3.** *Amér* [desván] attic.

altilocuencia *f* grandiloquence.

altilocuente, altílocuo, cua *adj* grandiloquent.

altimetría *f* altimetry.

altímetro, tra *adj* altimetrical.

◆ **altímetro** *m* altimeter; ~ **aneroide/barométrico** aneroid/barometric altimeter.

altiplano *m,* **altiplanicie** *f* high plateau.

altísimo, ma *adj* very high.

◆ **Altísimo** *m:* **el Altísimo** the Most High.

altisonancia *f* grandiloquence, bombast.

altisonante *adj* high-sounding.

altitud *f* altitude.

altivamente *adv* haughtily, proudly.

altivarse *vpr* to put on airs.

altivez (*pl* **altiveces**) *f* haughtiness.

altivo, va *adj* haughty.

alto, ta *adj* - **1.** [de mucha altura] high; [persona, árbol, edificio] tall; [piso] top, upper; [vaso] tall; **tu mesa es muy alta para escribir bien** your desk is too high for writing comfortably. - **2.** [ruidoso] loud; **en voz alta** in a loud voice. - **3.** [avanzado] late; **a altas horas de la noche** late at night, in the small hours. - **4.** GEOGR upper. - **5.** HIST High; **la alta Edad Media** the High Middle Ages. - **6.** *fig* [noble, ideales etc] lofty. - **7.** [crecido, alborotado - río] swollen; [- mar] rough.

◆ **alto** ◇ *m* - **1.** [altura] height; **mide dos metros de** ~ [cosa] it's two metres high; [persona] he's two metres tall. - **2.** [interrupción] stop; **dar el** ~ **a alguien** MIL to order sb to halt; **hacer un** ~ to make a stop; **hicimos un** ~ **en el camino para comer** we stopped to have a bite to eat. - **3.** [lugar elevado] height; **en lo** ~ **de** at the top of. - **4.** MÚS alto. - **5.** *Amér* [montón] pile, heap. - **6.** *loc:* ~**s y bajos** [avatares] ups and downs; **lo** ~ [de lugar, objeto] the top; [el cielo] Heaven; **pasar por** ~ **algo** to pass over sthg; **esta vez pasaré por** ~ **tu retraso** I'll pass over the fact that you arrived late this time; **por todo lo** ~ [lujoso] grand, luxurious; [a lo grande] in (great) style; **la boda fue por todo lo** ~ they got married in style. ◇ *adv* - **1.** [arriba] high (up). - **2.** [hablar etc] loud; **por favor, no hables tan** ~ please, don't talk so loud. ◇ *interj* halt!, stop!

◆ **alta** *f (con art masc 'el')* - **1.** [del hospital] discharge; **dar de alta o el alta a alguien** to discharge sb (from hospital). - **2.** [documento] certificate of discharge. - **3.** [en una asociación] membership; **darse de alta** to become a member. - **4.** [en el ejército] entry, admittance; **dar de alta a alguien** to enlist sb. - **5.** [en la administración] registration; **dar de alta algo** to register sthg; **tengo que ir a dar de alta el agua del piso nuevo** I've got to tell the water board to

switch the water supply on in our new flat; **darse de alta** to register.

◆ **altos** *mpl Amér* [de edificio] top floor *(sg).*

◆ **alto el fuego** ◇ *m* cease-fire. ◇ *interj* cease fire!

altocúmulo *m* METEOR altocumulus.

altoparlante *m Amér* loudspeaker.

altozano *m* hillock.

altramuz (*pl* **altramuces**) *m* lupin.

altruismo *m* altruism.

altruista ◇ *adj* altruistic. ◇ *mf* altruist.

altruistamente *adv* unselfishly, altruistically.

altura *f* - **1.** [gen] height; [en el mar] depth; **Viella está a 1.000 m de** ~ Viella is 1,000 metres above sea level; **volar a gran** ~ to fly at altitude; **tiene dos metros de** ~ [gen] it's two metres high; [persona] he's two metres tall ❑ **rayar a gran** ~ to excel, to shine. - **2.** [nivel] level; **está a la** ~ **del ayuntamiento** it's next to the town hall. - **3.** [latitud] latitude. - **4.** [valor] value; **a la** ~ **de** on a par with; **comprarlo no estaba a la** ~ **de mis posibilidades** it wasn't within my means to buy it; **estar a la** ~ **de las circunstancias** to be worthy of the occasion, to be equal to the challenge; **ninguno de los dos equipos estuvo a la** ~ **de las circunstancias** neither of the teams was able to rise to the occasion. - **5.** *fig* [de persona] stature. - **6.** *fig* [de sentimientos, espíritu] loftiness. - **7.** [cumbre] summit, top.

◆ **alturas** *fpl* [el cielo] Heaven *(sg);* **a estas** ~**s** *fig* this far on, this late; **a estas** ~**s ya tendrían que saber lo que me gusta** by now, they ought to know what I like.

alubia *f* bean.

alucinación *f* hallucination.

alucinado, da ◇ *adj* - **1.** MED hallucinating. - **2.** *fam* [sorprendido] gobsmacked. ◇ *m, f* person who hallucinates.

alucinador, ra *adj* hallucinatory.

◆ **alucinador** *m* hallucinogen.

alucinamiento *m* hallucination.

alucinante *adj* - **1.** MED hallucinatory. - **2.** *fam* [extraordinario] amazing.

alucinar ◇ *vi* - **1.** MED to hallucinate. - **2.** *fam* [equivocarse]: **¡no alucines!** come off it! ◇ *vt* - **1.** *fam fig* [seducir] to hypnotize, to captivate. - **2.** *fig* [engañar] to delude, to deceive.

◆ **alucinarse** *vpr* to hallucinate.

alucinatorio, ria *adj* hallucinatory.

alucinogénico, ca *adj* hallucinogenic.

alucinógeno, na *adj* hallucinogenic.

◆ **alucinógeno** *m* hallucinogen.

alud *m* lit & fig avalanche.

aluda *f* → **aludo**.

aludido, da *m, f:* **el** ~ the aforesaid; **darse por** ~ [ofenderse] to take it personally; [reaccionar] to take the hint.

aludir *vi:* ~ **a** [sin mencionar] to allude to; [mencionando] to refer to.

aludo, da *adj* having large wings.

◆ **aluda** *f* ZOOL winged ant.

aluenga *etc v* → **alongar**.

alumbrado, da ◇ *adj* - **1.** [encendido] lighted, lit. - **2.** *fam* [achispado] tipsy. - **3.** QUÍM aluminiferous. ◇ *m, f* HIST & RELIG illuminist; **los** ~**s** the Illuminati.

◆ **alumbrado** *m* lighting; ~ **público** street lighting.

alumbramiento *m* - **1.** [mediante luz] lighting. - **2.** [parto] delivery.

alumbrar ◇ *vt* - **1.** [iluminar] to light up. - **2.** [instruir] to enlighten. - **3.** [enfocar] to light the way for. - **4.** [dar a luz] to give birth to. - **5.** [dar vista a] to give o restore sight to. ◇ *vi* - **1.** [iluminar] to give light. - **2.** [dar a luz] to give birth.

◆ **alumbrarse** *vpr fam* to get tipsy.

alumbre *m* alum.

aluminio *m* aluminium.

aluminosis *f inv* CONSTR *collapse of buildings as a result of inadequate building materials.*

aluminoso, sa *adj* aluminous.

alumnado *m* [de escuela] pupils *(pl)*; [de universidad] students *(pl)*.

alumno, na *m, f* [de escuela, profesor particular] pupil; [de universidad] student.

alunado, da *adj* - **1.** [persona] crazy, insane. - **2.** [caballo] spastic.

alunarado, da *adj* spotted, dotted.

alunarse *vpr* - **1.** [inflamarse] to fester. - **2.** [corromperse] to spoil, to rot. - **3.** *Amér fam* [ofenderse] to get offended.

alunizaje *m* landing on the moon.

alunizar [13] *vi* to land on the moon.

alusión *f* [sin mencionar] allusion; [mencionando] reference; **hacer ~ a** [sin mencionar] to allude to; [mencionando] to refer to.

alusivo, va *adj* allusive.

aluvial *adj* alluvial.

aluvión *m* - **1.** [inundación] flood. - **2.** GEOL alluvium. - **3.** *fig* [gran cantidad] flood, deluge.

alveolar *adj* ANAT & LING alveolar.

alvéolo, alveolo *m* - **1.** [de panal] cell. - **2.** ANAT alveolus.

alverja *f* - **1.** [algarroba] vetch. - **2.** *Amér* [guisante] pea.

alverjilla *f Amér* sweet pea.

alvino, na *adj* MED alvine, intestinal.

alza *f (con art masc 'el')* - **1.** [aumento] rise; **en ~** FIN rising; *fig* gaining in popularity; **jugar al ~** FIN to bull the market. - **2.** MIL backsight. - **3.** IMPRENTA overlay.

alzacuello *m* RELIG dog collar.

alzada *f* → **alzado**.

alzadamente *adv* for a lump sum.

alzado, da *adj* - **1.** [elevado] raised. - **2.** [comerciante] fraudulent. - **3.** [precio] fixed. - **4.** [rebelde] rebellious, mutinous. - **5.** *Amér* [salvaje] wild. - **6.** *Amér* [en celo] on heat *Br*, in heat *Am*. - **7.** *Amér* [insolente] insolent. - **8.** *Amér* [tosco] rude, unpolished. - **9.** *Amér* [borracho] drunk.

◆ **alzado** *m* - **1.** [elevación] elevation. - **2.** [altura] height. - **3.** ARQUIT front elevation.

◆ **alzada** *f* - **1.** [de caballo] height. - **2.** DER appeal.

alzamiento *m* - **1.** [rebelión] uprising, revolt. - **2.** [elevación] raising, lifting. - **3.** [aumento] rise, increase. - **4.** [puja] bid. - **5.** FIN fraudulent bankruptcy.

alzar [13] *vt* - **1.** [levantar] to lift, to raise; [voz] to raise; [vela] to hoist; [cuello de abrigo] to turn up; [mangas] to pull up. - **2.** [aumentar] to raise. - **3.** [construir] to erect. - **4.** [sublevar] to stir up, to raise. - **5.** [recoger] to pick (up); **~ los frutos** to gather fruit. - **6.** RELIG to elevate. - **7.** IMPRENTA to collate.

◆ **alzarse** *vpr* - **1.** [levantarse] to rise. - **2.** [sublevarse] to rise up, to revolt. - **3.** [conseguir]: **~se con** [victoria] to win; [botín] to make off with; [premio] to carry off. - **4.** FIN to go bankrupt fraudulently. - **5.** DER to appeal. - **6.** *Amér* [suj: animal] to run wild. - **7.** *Amér* [emborracharse] to get drunk.

a.m. *(abrev escrita de **ante meridiem**)* a.m.

ama *f* → **amo**.

amabilidad *f* kindness; **¿tendría la ~ de...?** would you be so kind as to...?

amabilísimo, ma *superl* → **amable**.

amable *adj* kind; **es un señor tan ~ que te ofrecerá ayuda sin que se la pidas** he's so kind that he'd offer to help you without you even needing to ask him; **¿sería tan ~ de...?** would you be so kind as to...?

amablemente *adv* kindly.

amachimbrarse, amachinarse *vpr Amér* to live together, to cohabit.

amación *f* mystic o spiritual love.

amado, da *m, f* loved one.

amador, ra ◇ *adj* loving, fond. ◇ *m, f* lover.

amadrinar *vt* - **1.** [acoplar] to yoke, to couple. - **2.** *fig* [apadrinar] to sponsor. - **3.** *Amér* EQUITACIÓN to train to follow the lead.

amaestrado, da *adj* [gen] trained; [en circo] performing.

amaestrador, ra ◇ *adj* training. ◇ *m, f* trainer.

amaestramiento *m* training.

amaestrar *vt* to train.

amagar [16] ◇ *vt* - **1.** [dar indicios de] to show signs of. - **2.** [mostrar intención] to threaten; **le amagó un golpe** he threatened to hit him. ◇ *vi* - **1.** [tormenta] to be imminent, to threaten. - **2.** [dar indicios de]: **~ a hacer algo** to threaten to do sthg, to show signs of doing sthg; **el enemigo amagaba a atacar** the enemy threatened to attack.

◆ **amagarse** *vpr fam* to hide.

amago *m* - **1.** [indicio] sign, hint. - **2.** [amenaza] threat. - **3.** [ataque simulado] feigned o mock attack.

amague *etc v* → **amagar**.

amainar ◇ *vt* NÁUT to take in. ◇ *vi* - **1.** [aflojar] to abate, to die down. - **2.** [ceder] to give up. - **3.** [tener paciencia] to be patient.

amaine *m* - **1.** NÁUT lowering, shortening. - **2.** [aflojamiento] subsiding.

amalgama *f* - **1.** QUÍM amalgam. - **2.** *fig* [mezcla] amalgam, mixture; **una ~ de colores** an amalgam of colours.

amalgamación *f*, **amalgamamiento** *m* - **1.** QUÍM amalgamation. - **2.** *fig* [mezcla] amalgamation, combination.

amalgamar *vt* - **1.** QUÍM to amalgamate. - **2.** *fig* [mezclar] to amalgamate, to mix.

◆ **amalgamarse** *vpr fig* [mezclarse] to amalgamate.

amamantador, ra *adj* suckling.

◆ **amamantadora** *f* nursing mother.

amamantamiento *m* suckling, nursing.

amamantar *vt* [animal] to suckle; [bebé] to breastfeed.

amancebamiento *m* living together, cohabitation.

amancebarse *vpr* to live together, to cohabit.

amanecer [30] ◇ *m* dawn; **al ~** at dawn o daybreak; **salimos de viaje al ~** we set off at dawn. ◇ *v impers*: **amaneció a las siete** dawn broke at seven; **en verano amanece a las seis** in the summer, it gets light at six. ◇ *vi* - **1.** [en un lugar] to see in the dawn. - **2.** *fig* [aparecer] to be at dawn; **por la mañana la ciudad amaneció nevada** the city woke up covered in snow.

amanecida *f* dawn, daybreak.

amaneradamente *adv* affectedly.

amanerado, da *adj* - **1.** [afeminado] effeminate. - **2.** [afectado] mannered, affected.

amaneramiento *m* - **1.** [afeminamiento] effeminacy. - **2.** [afectación] affectation.

amanerarse *vpr* - **1.** [afeminarse] to become effeminate. - **2.** [volverse afectado] to become affected.

amanita *f* amanita.

amansador, ra ◇ *adj* taming. ◇ *m, f* [domador] tamer; *Amér* [de caballos] horsebreaker.

◆ **amansadora** *f Amér* public waiting room.

amansamiento *m* - **1.** [domadura] taming; [del caballo] breaking. - **2.** [docilidad] tameness. - **3.** *fig* [apaciguamiento] easing, soothing.

amansar *vt* - **1.** [animal] to tame; [caballo] to break. - **2.** *fig* [persona] to calm down. - **3.** *fig* [pasiones] to calm.

◆ **amansarse** *vpr* to calm down.

amante ◇ *adj* fond, loving; **ser ~ de algo/hacer algo** to be keen on sthg/doing sthg. ◇ *mf* - **1.** [querido] lover. - **2.** *fig* [aficionado]: **los ~s del arte** art lovers. ◇ *m* NÁUT [cabo] runner.

amanuense *mf* - **1.** [escribiente] scribe. - **2.** [secretario] secretary.

amañado, da *adj* - **1.** [falsificado] fixed, falsified. - **2.** [diestro] clever, skilful.

amañar *vt* [falsear] to fix; [elecciones, resultado] to rig; [documento] to doctor.

◆ **amañarse** *vpr* - **1.** [espabilarse]: **amañárselas** to manage. - **2.** [acostumbrarse] to adapt o.s.

amaño *m (gen pl)* - **1.** [treta] ruse, trick. - **2.** [maña] skill, ability.

◆ **amaños** *mpl* tools, instruments.

amapola *f* poppy.

amar [1] *vt* to love.

amaraje *m* [de hidroavión] landing at sea; [de vehículo espacial] splashdown.

amaranto *m* amaranth.

amarar *vi* [hidroavión] to land at sea; [vehículo espacial] to splash down.

amarfilado, da *adj* - **1.** [blanquecino] ivory. - **2.** [semejante al marfil] ivory-like.

amargado, da ◇ *adj* [resentido] bitter. ◇ *m, f* bitter person.

amargamente *adv* bitterly.

amargar [16] ◇ *vt* - **1.** [hacer amargo] to make bitter. - **2.** [estropear] *fig* to spoil, to ruin. ◇ *vi* to be o taste bitter.

◆ **amargarse** *vpr* [suj: alimento, persona] to become bitter.

amargo, ga *adj* - **1.** [sabor] bitter. - **2.** *fig* [hecho] bitter, painful; **un recuerdo** ~ a painful memory. - **3.** *fig* [afligido] bitter, embittered; **él se puso muy** ~ he became very bitter. - **4.** *Amér* [cobarde] cowardly.

◆ **amargo** *m* - **1.** [gusto] bitterness. - **2.** [licor] bitters (U). - **3.** *Amér* [tipo de mate] sugarless maté.

amargor *m* - **1.** [sabor] bitterness. - **2.** *fig* [sentimiento] bitterness, pain.

amargoso, sa *adj* bitter.

amargue *etc* *v* → **amargar**.

amargura *f* - **1.** [sentimiento] sorrow; **¡qué** ~! what a pity! - **2.** [sabor] bitterness.

amariconado, da *adj mfam despec* poofy.

◆ **amariconado** *m mfam despec* pansy.

amarilla ◇ *adj f* → **amarillo**. ◇ *f* - **1.** *fam fig* [moneda] gold coin. - **2.** VETER sheep's liver disease.

amarillear *vi* - **1.** [ser amarillo] to be yellow. - **2.** [volverse amarillo] to yellow, to turn yellow. - **3.** [palidecer] to pale, to turn pale.

amarillento, ta *adj* [parecido al amarillo] yellowish; [tez] sallow.

amarillez (*pl* **amarilleces**) *f culto* yellowness.

amarillismo *m* PRENSA sensationalism.

amarillo, lla *adj* - **1.** [color] yellow. - **2.** PRENSA sensationalist. - **3.** [sindicato] conservative.

◆ **amarillo** *m* [color] yellow.

amarilloso, sa *adj Amér* yellowish.

amariposado, da *adj* [afeminado] effeminate.

amarra *f* - **1.** NÁUT mooring rope o line; **echar** ~**s** to moor; **largar** o **soltar** ~**s** to cast off. - **2.** [para caballo] martingale.

◆ **amarras** *fpl fig* [contactos] connections, friends in high places.

amarradero *m* - **1.** [poste] hitching post. - **2.** [argolla] hitching ring. - **3.** [NÁUT - poste] bollard; [- argolla] mooring ring. - **4.** [sitio] mooring.

amarrado, da *adj* - **1.** [atado] moored. - **2.** *Amér fam* [tacaño] stingy, mean. - **3.** *Amér fam* [torpe] stupid, slow.

amarradura *f* mooring.

amarraje *m* mooring charge.

amarrar *vt* - **1.** NÁUT to moor. - **2.** [atar] to tie (up); ~ **algo/a alguien a algo** to tie sthg/sb to sthg. - **3.** [en naipes] to stack.

◆ **amarrarse** *vpr* - **1.** *fam* [asegurarse] to make sure. - **2.** *Amér* [emborracharse]: **amarrársela** to get sloshed.

amarre *m* - **1.** NÁUT mooring. - **2.** [atado] tying, fastening. - **3.** [en naipes] stacking.

amarrete *Amér fam despec* ◇ *adj* mean, tight. ◇ *mf* mean person.

amartelamiento *m* - **1.** [enamoramiento] infatuation. - **2.** [galanteo] courting, wooing.

amartelar *vt* - **1.** [enamorar] to enamour. - **2.** [atormentar] to drive crazy with jealousy.

◆ **amartelarse** *vpr* to fall madly o deeply in love.

amartillar *vt* - **1.** [arma] to cock. - **2.** [martillear] to hammer. - **3.** *fam fig* [asegurar] to secure.

amasadera *f* kneading bowl.

amasador, ra ◇ *adj* kneading. ◇ *m, f* - **1.** [de masa] kneader. - **2.** [de pan] baker.

amasadura *f* - **1.** [acción] kneading. - **2.** [amasijo] dough.

amasar *vt* - **1.** [masa] to knead; [yeso] to mix. - **2.** *fam fig* [riquezas] to amass. - **3.** [masajear] to give a massage, to massage. - **4.** *fam fig* [tramar] to cook up, to concoct.

amasia *f Amér* mistress.

amasiato *m Amér* [concubinato] living in sin.

amasijo *m* - **1.** *fam fig* [mezcla] hotchpotch. - **2.** CULIN dough. - **3.** [amasamiento] kneading. - **4.** *fig* [tarea] task. - **5.** [convenio] plot, scheme. - **6.** *Amér fam* [paliza] thrashing, beating. - **7.** *Amér* [pan] wheat bread.

amateur [ama'ter] (*pl* **amateurs**) *adj & mf* amateur.

amateurismo [amate'rismo] *m* amateur nature.

amatista *f* amethyst.

amatorio, a *adj* love (*antes de sust*).

amaurosis *f inv* amaurosis.

amazacotado, da *adj* - **1.** [comida] stodgy. - **2.** *fig* [texto] jumbled, incoherent. - **3.** *fig* [pasajeros] packed, crammed.

amazona *f* - **1.** [jinete] horsewoman. - **2.** MITOL Amazon. - **3.** *fig* [mujer varonil] amazon. - **4.** [traje] woman's riding clothes (*pl*). - **5.** [loro] amazon.

Amazonas *s*: **el** ~ the Amazon.

amazónico, ca *adj* [gen] Amazon (*antes de sust*); [tribu, cultura] Amazonian.

ambages *mpl fig* circumlocution; **sin** ~ without beating about the bush, in plain English.

ámbar *m* - **1.** [resina, color] amber. - **2.** [perfume] perfume.

ambarino, na *adj* amber.

Amberes *s* Antwerp.

ambición *f* ambition; **su** ~ **es llegar a millonario** it's his ambition to become a millionaire; **tiene mucha** ~ she's very ambitious.

ambicionar *vt* to have as one's ambition.

ambiciosamente *adv* ambitiously.

ambicioso, sa ◇ *adj* ambitious. ◇ *m, f* ambitious person.

ambidextro, tra ◇ *adj* ambidextrous. ◇ *m, f* ambidextrous person.

ambientación *f* - **1.** CINE, LITER & TEATRO setting. - **2.** RADIO sound effects (*pl*). - **3.** [ambiente] atmosphere. - **4.** [acción] creation of an atmosphere. - **5.** [ajuste] adjustment.

ambientador *m* air freshener.

ambiental *adj* - **1.** [físico, atmosférico] ambient. - **2.** ECOLOGÍA environmental.

ambientar *vt* - **1.** CINE, LITER & TEATRO to set. - **2.** [animar] to liven up. - **3.** [crear ambiente] to give atmosphere to.

◆ **ambientarse** *vpr* to settle down.

ambiente ◇ *adj* ambient. ◇ *m* - **1.** [aire] air, atmosphere; **en el** ~ **había un olor desagradable** there was an unpleasant smell (in the air). - **2.** [circunstancias] environment. - **3.** [ámbito] world, circles (*pl*). - **4.** [animación] life, atmosphere; **en esta discoteca no hay** ~ there's no atmosphere in this disco. - **5.** *Amér* [habitación] room.

ambiguamente *adv* ambiguously.

ambigüedad *f* ambiguity.

ambiguo, gua *adj* - **1.** [gen] ambiguous. - **2.** GRAM that may be either masculine or feminine.

ámbito *m* - **1.** [espacio, límites] confines (*pl*); **una ley de** ~ **provincial** an act which is provincial in its scope. - **2.** [ambiente] world, circles (*pl*). - **3.** [perímetro] boundary, limit. - **4.** [recinto] enclosure. - **5.** [esfera] scope.

ambivalencia *f* ambivalence.

ambivalente *adj* ambivalent.

ambos, bas ◇ *adj pl* both. ◇ *pron pl* both (of them).

ambrosía *f* - **1.** MITOL ambrosia. - **2.** *fig* [exquisitez] delicacy. - **3.** BOT ambrosia, ragweed.

ambulancia *f* - **1.** [vehículo] ambulance. - **2.** [hospital móvil] field hospital o ambulance.

ambulanciero, **ra** *m, f* ambulance man (*f* ambulance woman).

ambulante ◇ *adj* [gen] travelling; [biblioteca] mobile. ◇ *m* - **1.** [vendedor] pedlar. - **2.** *Amér* [conductor] ambulance driver.

ambular *vi* to amble.

ambulatorio, **ria** *adj* ambulatory.

◆ **ambulatorio** *m* state-run surgery o clinic.

AME (*abrev de* **Acuerdo Monetario Europeo**) *m* EMA.

ameba *f* amoeba.

amedrentado, **da** *adj* frightened, browbeaten.

amedrentador, **ra** ◇ *adj* scary, frightening. ◇ *m, f* scarer, frightener.

amedrentar *vt* to scare, to frighten.

◆ **amedrentarse** *vpr* to get scared o frightened.

amén *adv* [en plegaria] amen; **en un decir** ~ *fig* in the twinkling of an eye; **decir** ~ **a** *fig* to accept unquestioningly.

◆ **amén de** *loc prep* - **1.** [además de] in addition to. - **2.** [excepto] except for, apart from.

amenamente *adv* pleasantly, agreeably.

amenaza *f* threat; ~ **de bomba** bomb scare; ~ **de muerte** death threat.

amenazador, **ra**, **amenazante** *adj* threatening, menacing.

amenazar [13] *vt* to threaten; ~ **a alguien con hacerle algo** to threaten to do sthg to sb; ~ **a alguien con hacer algo** to threaten sb with doing sthg; ~ **a alguien con el despido/de muerte** to threaten to sack/kill sb; **amenaza lluvia** it's threatening to rain.

amenguador, **ra** *adj* - **1.** [reductor] reducing, diminishing. - **2.** [deshonrador] denigrating, belittling.

amenguamiento *m* - **1.** [reducción] reduction. - **2.** [denigración] denigration, belittling.

amenguar [45] *vt* - **1.** [reducir] to reduce, to diminish. - **2.** [deshonrar] to denigrate, to belittle.

amenidad *f* - **1.** [entretenimiento] entertaining qualities (*pl*). - **2.** [agrado] pleasantness.

amenizar [13] *vt* [animar] to liven up; [hacer agradable] to make pleasant.

ameno, **na** *adj* [entretenido] entertaining; [placentero] pleasant.

amenorrea *f* amenorrhea.

amento *m* catkin.

América *s* America; ~ **del Sur** South America.

americana *f* [chaqueta] jacket.

americanismo *m* - **1.** [carácter] American character. - **2.** LING Americanism. - **3.** *Amér* [tendencia] *liking for North American ways*.

americanización *f* americanization.

americanizar [13] *vt* to americanize.

◆ **americanizarse** *vpr* to become americanized.

americano, **na** *adj & m, f* American.

americio *m* americium.

amerindio, **dia** *adj & m, f* American Indian, Amerindian.

ameritar *vt Amér* to deserve.

amerizaje *m* [de hidroavión] landing at sea; [de vehículo espacial] splashdown.

amerizar [13] *vi* [hidroavión] to land at sea; [vehículo espacial] to splash down.

amestizado, **da** *adj* mestizo-like, having mestizo features.

ametalado, **da** *adj* metallic.

ametrallador, **ra** *adj* machinegun (*antes de sust*).

◆ **ametralladora** *f* machinegun.

ametrallamiento *m* - **1.** MIL machinegunning. - **2.** *fig* [matanza] slaughter.

ametrallar *vt* - **1.** [con ametralladora] to machinegun. - **2.** [con metralla] to shower with shrapnel.

amianto *m* asbestos.

amical *adj* friendly.

amigabilidad *f* friendliness.

amigable *adj* - **1.** [amistoso] amicable. - **2.** *fig* [armonioso] harmonious.

amigablemente *adv* amicably.

amigar [16] *vt* - **1.** [unir en amistad] to bring together, to cause to become friends. - **2.** [reconciliar] to reconcile.

◆ **amigarse** *vpr* - **1.** [unirse en amistad] to become friendly. - **2.** [reconciliarse] to make up. - **3.** [cohabitar] to cohabit, to live together.

amigazo, **za** *fam* ◇ *adj* close, very friendly. ◇ *m, f* pal, buddy.

amígdala *f* (*gen pl*) tonsil.

amigdalitis *f inv* tonsillitis.

amigo, **ga** ◇ *adj* - **1.** [gen] friendly; **somos** ~**s desde niños** we've been friends since we were children. - **2.** [aficionado]: ~ **de algo/hacer algo** keen on sthg/doing sthg; ~ **de la buena mesa** partial to good food ❑ **ser** ~ **de lo ajeno** *fam* to have light fingers. ◇ *m, f* - **1.** [persona] friend; **es mi mejor amiga** she's my best friend; **hacerse** ~ **de** to make friends with; **me hice** ~ **del recepcionista** I made friends with the receptionist; **hacerse** ~**s** to become friends ❑ ~ **íntimo** o **del alma** bosom friend. - **2.** *fam* [compañero, novio] partner; [amante] lover. - **3.** [tratamiento] (my) friend; **Querido** ~ [en carta] Dear friend.

amigote, **amiguete** *m fam* pal, mate *Br*.

amigue *etc v* → **amigar**.

amiguete *m* = **amigote**.

amiguismo *m*: **hay mucho** ~ there are always jobs for the boys.

amilanado, **da** *adj* - **1.** [acobardado] cowardly. - **2.** [pusilánime] pusillanimous.

amilanar *vt* - **1.** [desanimar] to dishearten, to discourage. - **2.** [asustar] to terrify.

◆ **amilanarse** *vpr* - **1.** [desanimarse] to be discouraged, to lose heart. - **2.** [asustarse] to become frightened o intimidated.

Amílcar *m*: ~ **Barca** Hamilcar Barca.

aminoácido *m* amino acid.

aminorar ◇ *vt* to reduce. ◇ *vi* to decrease, to diminish.

amistad *f* - **1.** [afecto] friendship; **hacer** o **trabar** ~ **(con)** to make friends (with). - **2.** [afinidad] affinity.

◆ **amistades** *fpl* friends; **ha obtenido ese trabajo gra-**

USO ▶ Amenazas

Directas

If you don't stop that noise, I'll call the police!
Get out before I call the police!
Leave her alone, or else!
You'll be sorry you said that!
Put that down, or I'll slap you! [*a un niño*]
If payment is not made within seven days we shall instruct our legal departments to recover the amount outstanding. [*por escrito*]

▶ *en carteles*:

'Beware of the dog'.
'Trespassers will be prosecuted.'

Menos directas

Just you try it!
You wouldn't want me to get angry, now, would you?
If I were you, I'd think very carefully about this.
Don't say I didn't warn you!

cias a sus ~es she got the job through her friends; **hacer las** ~es to make up; **romper las** ~es to fall out.

amistar vt - **1.** [unir en amistad] to cause to become friends. - **2.** [reconciliar] to reconcile.

◆ **amistarse** vpr - **1.** [unirse en amistad] to become friends. - **2.** [reconciliarse] to make up.

amistosamente adv in a friendly way.

amistoso, sa adj friendly.

Ammán s Amman.

amnesia f amnesia; ~ **temporal** blackout.

amnésico, ca ◇ adj amnesic. ◇ m, f amnesiac.

amniótico, ca adj amniotic.

amnistía f amnesty; ~ **fiscal** amnesty during which people guilty of tax evasion may pay what they owe without being prosecuted.

amnistiado, da ◇ adj amnestied. ◇ m, f amnestied person.

amnistiar [9] vt to grant amnesty to.

amo, ama m, f - **1.** [propietario] owner; **en la calle hay muchos perros abandonados sin** ~ there are a lot of ownerless dogs on the streets. - **2.** [de criado, de situación] master (f mistress); **ser el** ~ **del cotarro** fam to rule the roost. - **3.** [en trabajo] boss, employer.

◆ **ama de brazos** f Amér nursemaid.

◆ **ama de casa** f housewife.

◆ **ama de cría** f wet nurse.

◆ **ama de llaves** f housekeeper.

amoblar vt = **amueblar**.

amodorrado, da adj drowsy.

amodorramiento m drowsiness.

amodorrarse vpr - **1.** [aletargarse] to get drowsy. - **2.** [adormecerse] to doze.

amohinar vt to irritate, to annoy.

◆ **amohinarse** vpr to become irritated o annoyed.

amojonar vt to delimit.

amolador ◇ adj fam fig tedious, bothersome. ◇ m - **1.** [afilador] grinder, sharpener. - **2.** [molestia] nuisance.

amoladura f grinding, sharpening.

◆ **amoladuras** fpl grinding dust (U).

amolar [23] vt - **1.** [afilar] to grind, to sharpen. - **2.** fig [molestar] to irritate, to annoy. - **3.** [adelgazar] to cause to lose weight.

◆ **amolarse** vpr Amér to become irritated o annoyed.

amoldable adj adaptable; **ser** ~ **a** to be able to adapt to.

amoldamiento m - **1.** [acción] fitting, moulding. - **2.** [ajuste] adjusting. - **3.** fig [adaptación] adaptation.

amoldar vt - **1.** [adaptar]: ~ **(a)** to adapt (to). - **2.** [ahormar] to mould.

◆ **amoldarse** vpr [adaptarse]: ~**se (a)** to adapt (to).

amonal m ammonal.

amonedar vt to mint, to coin.

amonestación f - **1.** [reprimenda] reprimand. - **2.** DEP warning.

◆ **amonestaciones** fpl [para matrimonio] banns; **correr las amonestaciones** to publish the marriage banns.

amonestar vt - **1.** [reprender] to reprimand. - **2.** DEP to warn. - **3.** [para matrimonio] to publish the banns of.

amoníaco, amoniaco m - **1.** [gas] ammonia. - **2.** [disolución] liquid ammonia. - **3.** [goma] gum resin.

amontonamiento m - **1.** [apilamiento] piling up. - **2.** [acumulación] gathering. - **3.** [montón] heap, pile. - **4.** [atasco] traffic jam. - **5.** [muchedumbre] crowding.

amontonar vt - **1.** [apilar] to pile up. - **2.** [reunir] to accumulate; [riquezas] to hoard.

◆ **amontonarse** vpr - **1.** [personas] to form a crowd. - **2.** [problemas, trabajo] to pile up; [ideas, solicitudes] to come thick and fast; [automóviles] to form a jam. - **3.** [enfadarse] to get angry. - **4.** Amér [para atacar] to gang up.

amor m - **1.** [gen] love; **Ana fue su primer** ~ Ana was his first love; **siente un gran** ~ **por los animales** she has a great love of animals; ~ **a** o **por algo** love of sthg; ~ **a**

o **por alguien** love for sb; ~ **mío, mi** ~ my love; **el** ~ **de mi vida** the love of my life; **por** ~ for love; **se casó con él por** ~, **no por su dinero** she married him for love, not for his money □ ~ **libre/platónico** free/platonic love; ~ **cortés** LITER courtly love; ~ **con** ~ **se paga** proverb one good turn deserves another proverb; **de mil** ~**es** with pleasure, gladly; **hacer el** ~ **(a)** to make love (to); **por** ~ **al arte** for the love of it; **¡por el** ~ **de Dios!** for God's sake! - **2.** [esmero] devotion; **limpiaba con** ~ **el valioso jarrón** he cleaned the valuable vase lovingly.

◆ **amores** mpl - **1.** [amoríos] love affairs, romances; **requerir de** ~**es a alguien** to court sb. - **2.** desus [requiebros] endearments.

◆ **al amor de** loc prep close to.

◆ **amor propio** m pride.

amoral adj amoral.

amoralidad f amorality.

amoratado, da adj [de frío] blue; [por golpes] black and blue.

amoratar vt [suj: el frío] to turn blue; [suj: persona] to bruise.

◆ **amoratarse** vpr [por el frío] to turn blue; [por golpes] to turn black and blue.

amorcillo m - **1.** [enamoramiento] fling. - **2.** [figura] cupid.

amordazar [13] vt - **1.** [persona] to gag; [perro] to muzzle. - **2.** fig [callar] to silence, to gag.

amorfia f, **amorfismo** m - **1.** [deformidad] amorphism, amorphousness. - **2.** MED amorphy, organic deformity.

amorfo, fa adj - **1.** [sin forma] amorphous. - **2.** fig [persona] lacking in character.

amorío m fam [romance] fling.

amoriscado, da adj Moorish-looking.

amorosamente adv lovingly, affectionately.

amoroso, sa adj - **1.** [afectuoso] loving; [carta, relación] love (antes de sust). - **2.** [enamoradizo] amorous; **miradas amorosas** amorous glances. - **3.** fig [tierra] workable. - **4.** [tiempo] pleasant, mild. - **5.** Amér [encantador] charming.

amorriñarse vpr to become sad and sullen.

amortajamiento m shrouding.

amortajar vt - **1.** [difunto] to shroud. - **2.** TECN to join. - **3.** fig [cubrir] to cover, to conceal.

amortecer [31] vt [golpe] to cushion; [ruido] to muffle, to deaden; [luz] to dim; [color, música] to tone down, to soften.

◆ **amortecerse** vpr - **1.** [suj: ruido] to be deadened o muffled. - **2.** [desmayarse] to faint.

amortiguación f - **1.** [de ruido] muffling; [de golpe] softening, cushioning. - **2.** AUTOM suspension, shock absorbers (pl).

amortiguador, ra adj [de ruido] muffling; [de golpe] softening, cushioning.

◆ **amortiguador** m AUTOM shock absorber; ~ **de luz** dimmer; ~ **de ruido** silencer Br, muffler Am; ~ **de sonido** sound absorber.

amortiguamiento m [de golpe] cushioning, softening; [de ruido] deadening, muffling; [de luz] dimming; [de color, de música] toning down, softening.

amortiguar [45] vt - **1.** [golpe] to soften, to cushion; [ruido] to muffle; [luz] to dim; [color, música] to tone down, to soften; [fuego] to dampen. - **2.** fig [mitigar] to mitigate, to alleviate.

◆ **amortiguarse** vpr [ruido] to die away; [golpe] to be cushioned.

amortizable adj - **1.** [ECON - bonos, acciones] redeemable; [- deuda] repayable. - **2.** DER amortization.

amortización f - **1.** [ECON - de deuda, préstamo] amortization, paying-off; [- de inversión, capital] recouping; [- de bonos, acciones] redemption; [- de bienes de equipo] depreciation. - **2.** DER amortization. - **3.** [de empleo] cutting.

amortizar [13] ◇ vt - **1.** [sacar provecho] to get one's money's worth out of. - **2.** [ECON - deuda, préstamo] to amortize, to pay off; [- inversión, capital] to recoup;

[- bonos, acciones] to redeem; [- bienes de equipo] to depreciate. - **3.** DER to amortize. - **4.** [empleo] to cut. ◇ *vi* to depreciate.

amoscarse [10] *vpr fam* to get in a huff.

amostazar [13] *vi fam* to irritate, to annoy.

◆ **amostazarse** *vpr* - **1.** [irritarse] to get irritated o annoyed. - **2.** *Amér* [avergonzarse] to become embarrassed.

amotinado, da ◇ *adj* rebel, insurgent. ◇ *m, f* - **1.** [insurrecto] rebel, insurgent. - **2.** MIL mutineer.

amotinamiento *m* [sublevación] rebellion, uprising; [de marineros] mutiny.

amotinar *vt* [sublevar] to incite to riot; [a marineros] to incite to mutiny.

◆ **amotinarse** *vpr* [sublevarse] to riot; [marineros] to mutiny.

amover [24] *vt* to dismiss.

amovible *adj* - **1.** [pieza] detachable. - **2.** [cargo] revocable.

amovilidad *f* removability, detachability.

amparar *vt* - **1.** [proteger] to protect. - **2.** [dar cobijo a] to give shelter to, to take in. - **3.** [defender] to defend, to aid.

◆ **ampararse** *vpr* - **1.** *fig* [apoyarse]: ~**se en** [ley] to have recourse to; [excusas] to draw on; [persona] to seek protection from. - **2.** [cobijarse]: ~**se de** o **contra** to (take) shelter from.

amparo *m* - **1.** [protección] protection; **al ~ de** [persona, caridad] with the help of; [ley] under the protection of. - **2.** [defensa] defence.

amperaje *m* amperage.

amperímetro *m* ammeter.

amperio *m* amp, ampere; ~ **hora** ampere-hour.

ampersand ['ampersen] (*pl* **ampersands**) *m* ampersand.

ampliable *adj* - **1.** [gen] expandable. - **2.** FOT enlargeable. - **3.** [plazo] extendible.

ampliación *f* - **1.** [aumento] expansion; [de edificio, plazo] extension; ~ **de capital** ECON increase in capital. - **2.** FOT enlargement. - **3.** [desarrollo] elaboration.

ampliador, ra *adj* extending, expanding.

◆ **ampliadora** *f* FOT enlarger.

ampliamente *adv* fully.

ampliar [9] *vt* - **1.** [hacer más extenso] to expand; [local] to add an extension to; [plazo] to extend; [producción] to increase. - **2.** [declaración, idea] to develop, to elaborate on. - **3.** FOT to enlarge, to blow up. - **4.** [estudios] to further, to continue.

ampliativo, va *adj* amplifying, enlarging.

amplificación *f* - **1.** ELECTRÓN amplification. - **2.** FOT enlargement.

amplificador *m* ELECTRÓN amplifier.

amplificar [10] *vt* to amplify.

amplio, plia *adj* - **1.** [sala etc] roomy, spacious; [avenida] wide. - **2.** [ropa] loose. - **3.** [extenso] broad; [explicación etc] comprehensive; **en el sentido más ~ de la palabra** in the broadest sense of the word; **una amplia gama de posibilidades** a wide range of possibilities. - **4.** [mentalidad] broad.

amplitud *f* - **1.** [espaciosidad] roominess, spaciousness; [de avenida] wideness. - **2.** [de ropa] looseness. - **3.** [anchura] amplitude, fullness. - **4.** *fig* [extensión] extent, comprehensiveness; ~ **de miras** broadmindedness.

ampolla *f* - **1.** [en piel] blister. - **2.** [para inyecciones] ampoule. - **3.** [frasco] phial. - **4.** [en agua hirviendo] bubble. - **5.** RELIG cruet, ampulla.

ampollar *vt* to blister.

◆ **ampollarse** *vpr* to blister.

ampolleta *f* hourglass.

ampulosamente *adv* pompously.

ampulosidad *f* pomposity.

ampuloso, sa *adj* pompous.

amputación *f* amputation.

amputado, da ◇ *adj* amputated. ◇ *m, f* amputee.

amputar *vt* to amputate.

AMS (*abrev de* **Asociación de Mujeres Separadas**) *f* Spanish association for women separated from their husbands.

Amsterdam *s* Amsterdam.

amuchachado, da *adj* childish.

amueblar, amoblar [23] *vt* to furnish.

amuela *etc v* → **amolar**.

amuermar *vt fam* to bore the pants off.

◆ **amuermarse** *vpr fam* to be bored stiff.

amueva *etc v* → **amover**.

amujerado, da *adj* effeminate, womanish.

amulatado, da *adj* mulatto-like.

amuleto *m* amulet.

amunicionar *vt* to supply with ammunition.

amuñecado, da *adj* doll-like.

amurallado, da *adj* walled.

amurallar *vt* to build a wall around.

amurrarse *vpr Amér* to get depressed.

amusgar [16] *vt* - **1.** [oreja] to flatten back. - **2.** [ojo] to screw up.

◆ **amusgarse** *vpr Amér* - **1.** [avergonzarse] to become embarrassed. - **2.** [avenirse] to give up, to concede.

amustiar [8] *vt* to wither.

◆ **amustiarse** *vpr* to wither.

Ana *f*: ~ **Bolena** Anne Boleyn.

anabaptismo *m* Anabaptism.

anabaptista *adj & mf* Anabaptist.

anabolismo *m* anabolism.

anabolizante ◇ *adj* anabolic. ◇ *m* anabolic steroid.

anacarado, da *adj* pearly.

anacardo *m* cashew.

anaconda *f* anaconda.

anacoreta *mf* anchorite, hermit.

Anacreonte *m* Anacreon.

anacreóntico, ca *adj* Anacreontic.

anacrónico, ca *adj* anachronistic.

anacronismo *m* anachronism.

ánade *m culto* duck; ~ **silvestre** o **real** mallard duck.

anadear *vi* to waddle.

anaerobio, bia *adj* anaerobic.

◆ **anaerobio** *m* aneorobe.

anáfora *f* anaphora.

anafrodisia *f* anaphrodisia.

anagrama *m* anagram.

anal *adj* ANAT anal.

anales *mpl lit & fig* annals.

analfabetismo *m* illiteracy.

analfabeto, ta *adj & m, f* illiterate.

analgesia *f* analgesia.

analgésico, ca *adj* analgesic.

◆ **analgésico** *m* analgesic.

análisis *m inv* analysis; ~ **clínico** (clinical) test; ~ **de Fourier** MAT Fourier analysis; ~ **gramatical** sentence analysis, parsing; ~ **de orina** urine analysis; ~ **de sangre** blood test.

analista *mf* - **1.** [gen] analyst. - **2.** INFORM (computer) analyst; ~ **programador/de sistemas** programmer/systems analyst. - **3.** [historiador] annalist. - **4.** RADIO & TV commentator.

analítica *f* → **analítico**.

analíticamente *adv* analytically.

analítico, ca *adj* analytical.

◆ **analítica** *f* MED clinical testing.

analizable *adj* analysable.

analizar [13] *vt* to analyse.

análogamente *adv* similarly.

analogía *f* - **1.** [semejanza] similarity; **por ~** by analogy. - **2.** [relación & GRAM] analogy.

analógico, ca *adj* - **1.** [análogo] analogous, similar. - **2.** INFORM & TECN analogue, analog. - **3.** → **reloj**.

analogismo *m* analogism.

análogo, ga *adj*: ~ **(a)** analogous o similar (to).

ananá (*pl* **ananás**), **ananás** (*pl* **ananases**) *m Amér* pineapple.

Ananías *m* BIBLIA Ananias.

anaquel *m* shelf.

anaranjado, da *adj* orange.

anarco *fam* ◇ *adj* anarchistic. ◇ *mf* anarchist.

anarcosindicalismo *m* anarchosyndicalism.

anarcosindicalista *adj* & *mf* anarchosyndicalist.

anarquía *f* - **1.** [falta de gobierno] anarchy. - **2.** [doctrina política] anarchism. - **3.** *fig* [desorden] chaos, anarchy.

anárquico, ca *adj* anarchic.

anarquismo *m* anarchism.

anarquista *adj* & *mf* anarchist.

anarquizar [13] ◇ *vt* to make anarchic. ◇ *vi* to propagate anarchism.

anatema *m* [maldición] curse, anathema.

anatematizar [13] *vt* - **1.** RELIG to anathematize, to excommunicate. - **2.** [maldecir] to curse.

anatomía *f* - **1.** [ciencia] anatomy. - **2.** [dissección] dissection.

anatómico, ca ◇ *adj* - **1.** ANAT anatomical. - **2.** [asiento, calzado] orthopaedic. ◇ *m, f* anatomist.

anatomizar [13] *vt* - **1.** [disecar] to anatomize, to dissect. - **2.** ARTE to delineate.

anca *f* (*con art masc 'el'*) - **1.** [de animal] haunch; [de caballo] croup, rump; ~**s de rana** frogs' legs; **montar en** ~**s** to ride pillion. - **2.** [de caballo] buttock. - **3.** *loc*: **llevar a las** ~**s** *fig* to support at one's own expense.

ANCA (*abrev de* **Asociación Nacional de Controladores Aéreos**) *f Spanish association of air-traffic controllers.*

ANCABA (*abrev de* **Asociación Nacional de Catedráticos de Bachillerato**) *f Spanish association of secondary school teachers.*

ancestral *adj* ancestral; [costumbre] age-old.

ancestro *m* ancestor.

anchar *vt* & *vi* to widen, to broaden.

ancho, cha, anchuroso, sa *adj* [gen] wide; [prenda] loose-fitting; **te va** o **está** ~ it's too big for you ❏ **a mis/tus** *etc* **anchas** *fig* at ease; **estar/ponerse muy** ~ *fam fig* to be/become conceited; **quedarse tan** ~ not to care less; **lo dijo delante de todos y se quedó tan** ~ he said it in front of everyone, just like that; **venirle** ~ **a alguien** to be too big for sb. ◆ **ancho** *m* width; **a lo** ~ crosswise; **tener cinco metros de** ~ to be five metres wide; **a lo** ~ **de** across (the width of) ❏ ~ **de vía** gauge.

anchoa *f* anchovy (*salted*).

anchura *f* - **1.** [medida] width; **el armario tiene más** ~ **que altura** the cupboard is wider than it is tall. - **2.** [de ropa] bagginess. - **3.** [amplitud] fullness. - **4.** *fig* [soltura] freedom.

anchuroso, sa *adj* = **ancho**.

ancianidad *f* old age.

anciano, na ◇ *adj* old. ◇ *m, f* old person, old man (*f* old woman); **tiene cincuenta años pero parece un** ~ he's only fifty, but he looks like an old man. ◆ **anciano** *m* [de tribu] elder.

ancla *f* (*con art masc 'el'*) anchor; **echar/levar** ~**s** to drop/weigh anchor ❏ ~ **de la esperanza** o **de salvación** NÁUT sheet anchor; *fig* [última esperanza] last hope.

anclaje *m* MEC & TECN fastening.

anclar *vi* to anchor.

ancón *m* - **1.** [ensenada] cove, inlet. - **2.** ARQUIT ancon, bracket. - **3.** *Amér* [rincón] corner. - **4.** *Amér* [balsa] raft.

áncora *f* (*con art masc 'el'*) anchor.

ancoraje *m* anchoring.

ancorar *vi* to anchor, to drop anchor.

anda *interj* - **1.** [sorpresa, desilusión] oh! - **2.** [¡vamos!]

come on! - **3.** [¡por favor!] go on! - **4.** [incredulidad]: ¡~ **ya!** come off it!

andada ◇ *adj f* → **andado**. ◇ *f* - **1.** [pan] crispbread. - **2.** [caminata] long walk. ◆ **andadas** *fpl* [en caza] tracks; **volver a las** ~ *fam fig* to return to one's evil ways.

andaderas *fpl* baby-walker (*sg*).

andadero, ra *adj desus* passable.

andado, da *adj* - **1.** [animado] busy (*place*). - **2.** [común] common, ordinary. - **3.** [usado] worn.

andador, ra ◇ *adj* - **1.** [andariego] fond of walking. - **2.** [veloz] quick, fast-walking. ◇ *m, f* - **1.** [andariego] wanderer, rover. - **2.** [caminante] walker. - **3.** [mensajero] court messenger, courier. ◆ **andadores** *mpl* [para niño] harness (*sg*).

andadura *f* - **1.** [acción] walking. - **2.** [manera] gait.

ándale, ándele *interj Amér fam* come on!

Andalucía *s* Andalusia.

andalucismo *m* - **1.** [doctrina] *doctrine favouring Andalusian autonomy.* - **2.** [palabra] *Andalusian word or expression.*

andaluz, za (*pl* **andaluces**) *adj* & *m, f* Andalusian.

andamiaje *m* scaffolding.

andamio *m* - **1.** [armazón] scaffold; ~ **colgado** o **colgante** o **suspendido** hanging scaffold. - **2.** [tablado] stage, platform.

andana *f* - **1.** [fila] row, tier. - **2.** [estante] shelf. - **3.** *loc*: **llamarse** ~ *fam* [desentenderse] to wash one's hands of the matter; [desdecirse] to go back on one's word.

andanada *f* - **1.** MIL & *fig* broadside; **soltar una** ~ **a** *fam fig* to tick off. - **2.** TAUROM *covered stand in a bullring.*

andando *interj* - **1.** [vamos] come on!, let's get a move on! - **2.** [en seguida] right away, immediately.

andante ◇ *adj* - **1.** [que anda] walking. - **2.** MÚS andante. ◇ *m* & *adv* MÚS andante.

andanza *f* (*gen pl*) - **1.** [aventura] adventure. - **2.** [suceso] ocurrence, event. - **3.** [suerte]: **buena/mala** ~ good/bad luck. - **4.** *loc*: **volver a las** ~**s** to be up to one's old tricks.

andar [52] ◇ *vi* - **1.** [caminar] to walk; [moverse] to move. - **2.** [funcionar] to work, to go; **el reloj no anda** the clock has stopped; **las cosas andan mal** things are going badly. - **3.** [estar] to be; ~ **preocupado** to be worried; ~ **mal de dinero** to be short of money; **creo que anda por el almacén** I think he is somewhere in the warehouse; ~ **tras algo/alguien** *fig* to be after sthg/sb. - **4.** (*antes de gerundio*): ~ **haciendo algo** to be doing sthg; **anda echando broncas a todos** he's going round telling everybody off; **anda explicando sus aventuras** he's talking about his adventures. - **5.** [ocuparse]: ~ **en** [asuntos, líos] to be involved in; [papeleos, negocios] to be busy with. - **6.** [hurgar]: ~ **en** to rummage around in; **¿has andado en mis papeles?** have you been fiddling with my papers? - **7.** (*antes de 'a' y sust pl*) [expresa acción]: **en ese país andan a tiros** in that country they go round shooting one another. - **8.** [alcanzar, rondar]: ~ **por** to be about; **anda por los 60** he's about sixty. - **9.** *fam* [enredar]: ~ **con algo** to play with sthg. - **10.** *loc*: **quien mal anda mal acaba** *proverb* everyone gets his just deserts. ◇ *vt* [recorrer] to go, to travel. ◇ *m* gait, walk. ◆ **andarse** *vpr* [obrar]: ~**se con cuidado/misterios** to be careful/secretive. ◆ **andares** *mpl* [de persona] gait (*sg*); **tener** ~**es de** to walk like.

andariego, ga ◇ *adj* wandering, roving. ◇ *m, f* wanderer, rover.

andarín, ina ◇ *adj* fond of walking. ◇ *m, f* walker.

andas *fpl* - **1.** [parihuelas] stretcher (*sg*). - **2.** [litera] litter (*sg*), sedan chair (*sg*). - **3.** [féretro] bier (*sg*). - **4.** [plataforma] portable platform (*sg*). - **5.** *loc*: **llevar a alguien en** ~ *fig* to be all over sb.

ándele *interj* = **ándale**.

andén *m* - **1.** FERROC platform. - **2.** [de carretera] hard shoulder. - **3.** [muelle] wharf. - **4.** [parapeto] parapet, railing. - **5.** *Amér* [bancal de tierra] terrace. - **6.** *Amér* [acera] pavement *Br*, sidewalk *Am*.

Andes *mpl*: **los** ~ the Andes.

andinismo *m Amér* mountaineering.

andinista *mf Amér* mountaineer.

andino, na *adj & m, f* Andean.

Andorra *s*: ~ **la Vella** Andorra-la-Vella; **(el Principado de)** ~ Andorra.

andorrano, na *adj & m, f* Andorran.

andrajo *m* - **1.** [harapo] rag. - **2.** *fig & despec* [persona] good-for-nothing.

andrajosamente *adv* raggedly.

andrajoso, sa ◇ *adj* ragged. ◇ *m, f* person dressed in rags.

Andrés *m* BIBLIA: **San** ~ Saint Andrew.

androcéfalo, la *adj* androcephalous.

androceo *m* BOT androecium.

androcracia *f* male supremacy *(U)*.

androfobia *f* MED androphobia.

andrógino, na *adj* androgynous.

◆ **andrógino** *m* hermaphrodite.

androide ◇ *adj* [masculino] masculine. ◇ *m* [autómata] android.

andrología *f* andrology.

andromorfo, fa *adj* andromorphous.

andullo *m* - **1.** [hoja de tabaco] rolled tobacco leaf. - **2.** NÁUT fender. - **3.** *Amér* [tabaco para mascar] plug of chewing tobacco.

andurriales *mpl* remote place *(sg)*; **¿qué haces por estos** ~**?** what are you doing as far off the beaten track as this?

anduviera *etc v* → **andar**.

ANE *(abrev de* **Asociación Numismática Española)** *f Spanish numismatic association*.

anea *f* bulrush *Br*, cattail *Am*.

anécdota *f* anecdote.

anecdotario *m* collection of anecdotes.

anecdótico, ca *adj* - **1.** [con historietas] anecdotal. - **2.** [no esencial] incidental.

ANEF *(abrev de* **Asociación Nacional de Entrenadores de Fútbol)** *f Spanish football managers' association*.

anegable *adj* floodable.

anegación *f* - **1.** [inundación] flooding. - **2.** [muerte] drowning.

anegadizo, za *adj* frequently flooded, subject to flooding.

anegamiento *m* - **1.** [inundación] flooding. - **2.** [ahogo] drowning.

anegar [16] *vt* - **1.** [inundar] to flood. - **2.** [planta] to drown. - **3.** NÁUT [hundirse] to sink.

◆ **anegarse** *vpr* - **1.** [inundarse] to flood; **sus ojos se anegaron de lágrimas** tears welled up in his eyes. - **2.** [ahogarse] to drown. - **3.** NÁUT [hundirse] to sink.

anejar *vt* to annex, to join.

anejín, anejir *m rhymed popular proverb which can be sung*.

anejo, ja *adj*: ~ **(a)** [edificio] connected (to); [documento] attached (to).

◆ **anejo** *m* - **1.** [suplemento] annexe. - **2.** [apéndice] annex, appendix.

anemia *f* anaemia.

anémico, ca ◇ *adj* anaemic. ◇ *m, f* - **1.** MED anaemia sufferer. - **2.** *fam fig* [persona débil] weakling.

anemómetro *m* anemometer, wind gauge.

anémona *f* - **1.** BOT anemone. - **2.** ZOOL sea anemone.

anestesia *f* anaesthesia; ~ **general/local** general/local anaesthesia.

anestesiar [8] *vt* to anaesthetize, to place under anaesthetic.

anestésico, ca *adj* anaesthetic.

◆ **anestésico** *m* anaesthetic.

anestesiólogo, ga *m, f* anaesthesiologist.

anestesista *mf* anaesthetist.

Aneto *m*: **el** ~ Aneto.

aneurisma *m* aneurysm.

anexar *vt* - **1.** [añadir] to attach. - **2.** [unir] to annex, to join.

anexión *f* annexation.

anexionar *vt* to annex.

anexionismo *m* annexationism.

anexionista *mf* annexationist.

anexo, xa *adj* [edificio] connected; [documento] attached.

◆ **anexo** *m* - **1.** [suplemento] annexe. - **2.** [apéndice] annex, appendix.

anfeta *f fam* pep pill.

anfetamina *f* amphetamine.

anfibio, bia *adj lit & fig* amphibious.

◆ **anfibio** *m* amphibian.

◆ **anfibios** *mpl* Amphibia.

anfibología *f* amphibology, amphiboly.

anfiteatro *m* - **1.** CINE & TEATRO circle. - **2.** [edificio] amphitheatre.

anfitrión, ona ◇ *adj* host *(antes de sust)*. ◇ *m, f* host *(f* hostess).

ánfora *f (con art masc 'el')* [cántaro] amphora.

anfractuosidad *f* - **1.** [desigualdad] roughness, cragginess. - **2.** [cavidad] cavity, depression. - **3.** ANAT anfractuosity.

anfractuoso, sa *adj* twisting, winding.

angarillas *fpl* - **1.** [parihuelas] stretcher *(sg)*. - **2.** [camilla] packsaddle with panniers *(sg)*. - **3.** [vinagreras] cruet set *(sg)*.

ángel *m lit & fig* angel; ~ **custodio** o **de la guarda** guardian angel; ~ **malo** o **de las tinieblas** Devil; **tener** ~ *fig* to have something special.

angelical *adj* angelic.

angelito *m* - **1.** [ángel] cherub. - **2.** *fam fig* [niño] cherub, small child.

angelote *m* - **1.** *fam* [estatua] large figure of an angel. - **2.** *fig* [niño] chubby child. - **3.** [persona sencilla] good sort. - **4.** ZOOL angelfish.

ángelus *m inv* RELIG angelus.

angina *f (gen pl)* [amigdalitis] sore throat; **tener** ~**s** to have a sore throat.

◆ **angina de pecho** *f* angina (pectoris).

anglicanismo *m* Anglicanism.

anglicano, na *adj & m, f* Anglican.

anglicismo *m* Anglicism.

anglicista *mf* Anglicist.

angloamericano, na *adj & m, f* Anglo-American.

anglófilo, la *adj & m, f* Anglophile.

anglofobia *f* Anglophobia.

anglófobo, ba *adj & m, f* Anglophobe.

anglófono, na ◇ *adj* English-speaking, Anglophone. ◇ *m, f* English speaker, Anglophone.

angloparlante *adj & mf* = **anglófono**.

anglosajón, ona *adj & m, f* Anglo-Saxon.

Angola *s* Angola.

angolano, na, angoleño, ña *adj & m, f* Angolan.

angora *f* [de conejo] angora; [de cabra] mohair.

angostar *vt & vi* to narrow.

◆ **angostarse** *vpr* to narrow.

angosto, ta *adj* narrow.

angostura *f* - **1.** [estrechez] narrowness. - **2.** GEOGR narrow passage. - **3.** NÁUT strait. - **4.** [extracto] angostura.

angra *f (con art masc 'el')* [ensenada] cove.

anguila *f* eel; ~ **de mar** conger eel.

angula *f* elver.

angular *adj* angular.

◆ **gran angular** *m* FOT wide-angle lens.

angulema *f* hemp cloth.

◆ **angulemas** *fpl fam* flattery *(U)*; **hacer** o **venir a alguien con** ~**s** to butter sb up, to softsoap sb.

ángulo *m* - **1.** [gen] angle; **de** ~ **ancho** FOT wide-angle; **en** ~ at an angle; **pon el sofá en** ~ **con la estantería** put the sofa at an angle to the shelf ▢ ~ **agudo/obtuso/recto** acute/obtuse/right angle; ~ **de mira** [para disparar] line of sight; ~ **de tiro** [para disparar] elevation. - **2.** [rincón] corner.

angulosidad *f* angularity.

anguloso, sa *adj* angular.

angurria *f Amér* - **1.** [hambre] hunger. - **2.** [avaricia] greed, avarice.

angurriento, ta *adj Amér* - **1.** [hambriento] hungry, starved. - **2.** [avaro] greedy.

angustia *f* - **1.** [aflicción] anxiety; **me produce una ~ increíble ver a tanta gente sin casa** it really upsets me to see so many homeless people. - **2.** PSICOL distress.

angustiado, da *adj* - **1.** [afligido, apenado] anguished, tormented. - **2.** *fig* [codicioso] greedy, covetous. - **3.** [miserable] miserable, wretched. - **4.** *Amér* [estrecho] narrow.

angustiar [8] *vt* to distress.

◆ **angustiarse** *vpr* - **1.** [agobiarse]: **~se (por)** to get worried (about). - **2.** [afligirse, apenarse] to become distressed.

angustiosamente *adv* - **1.** [con angustia] anxiously. - **2.** [que angustia] distressingly; **este trabajo es ~ difícil** this job is painfully difficult.

angustioso, sa *adj* [espera, momentos] anxious; [situación, noticia] distressing.

anhelante *adj* - **1.** [ansioso]: ~ **(por algo/hacer algo)** longing (for sthg/to do sthg), desperate (for sthg/to do sthg). - **2.** [jadeante] gasping, panting.

anhelar ◇ *vt* to long o wish for; ~ **hacer algo** to long to do sthg. ◇ *vi* - **1.** [ansiar] to yearn, to long. - **2.** [jadear] to gasp, to pant.

anhelo *m* longing.

anhelosamente *adv* yearningly, longingly.

anheloso, sa *adj* longing.

anhídrido *m* anhydride; ~ **carbónico/sulfúrico** carbon /sulphur dioxide; ~ **nítrico** nitric oxide.

Aníbal *m* Hannibal.

anidar ◇ *vi* - **1.** [pájaro] to nest. - **2.** *fig* [sentimiento]: ~ **en** to find a place in. - **3.** *fig* [habitar] to settle, to make one's home. ◇ *vt fig* to shelter, to take in.

◆ **anidarse** *vpr* to nest.

ANIEL (*abrev de* **Asociación Nacional de Industrias de Electrónica**) *f Spanish electronics industry association.*

anilina *f* aniline.

anilla *f* - **1.** [argolla] ring. - **2.** [de cortina] curtain ring.

◆ **anillas** *fpl* DEP rings.

anillado, da *adj* - **1.** [en forma de anillo] ring-shaped. - **2.** [rizado] curly. - **3.** ZOOL annelid.

◆ **anillado** *m* ZOOL annelid.

anillar *vt* - **1.** [sujetar] to fasten with rings. - **2.** [dar forma de anillo] to form o shape into a ring.

anillo *m* - **1.** [sortija] ring; ~ **de boda** wedding ring; ~ **pastoral** bishop's ring; **ir** o **venir** o **sentar como ~ al dedo** *fam* [persona] to be just the right person; [cosa] to be just what one needed; **no se me van a caer los ~s** *fam* it won't hurt me (to do it). - **2.** ASTRON annulet. - **3.** ZOOL annulus.

ánima *f (con art masc 'el')* - **1.** [alma] soul; ~ **bendita** soul in Purgatory. - **2.** MIL [de un arma] bore.

animación *f* - **1.** [alegría] liveliness. - **2.** [bullicio] hustle and bustle, activity. - **3.** CINE animation.

animadamente *adv* animatedly, in a lively way.

animado, da *adj* - **1.** [con buen ánimo] cheerful. - **2.** [divertido] lively. - **3.** [vivo, activo] animated, bustling; **una calle animada** a bustling street. - **4.** *fig* [motivado] moved, motivated; ~ **de buenas intenciones** motivated by good intentions. - **5.** CINE animated. - **6.** ZOOL animate. - **7.** *Amér* [mejor de salud] better.

animador, ra ◇ *adj* - **1.** [que alienta] encouraging. - **2.** [que alegra] enlivening. ◇ *m, f* - **1.** [en espectáculo] compere. - **2.** [en fiesta de niños] children's entertainer. - **3.** [en

béisbol etc] cheerleader. - **4.** [en ceremonias] emcee, master of ceremonies.

animadversión *f* - **1.** [enemistad] animosity. - **2.** [crítica] censure.

animal ◇ *adj* - **1.** [reino, funciones] animal *(antes de sust)*. - **2.** *fam* [persona - basto] rough; [- ignorante] ignorant. ◇ *mf fam fig* [persona] animal, brute; **es un ~, no tiene sentimientos** he's an animal, he doesn't have any feelings. ◇ *m* animal; ~ **doméstico** [de granja etc] domestic animal; [de compañía] pet.

animalada *f fam fig*: **decir/hacer una ~** to say/do something mindless.

animalidad *f* animality.

animalucho *m fig & despec* disgusting creature.

animar *vt* - **1.** [estimular] to encourage; ~ **a alguien a** o **para hacer algo** to encourage sb to do sthg. - **2.** [alegrar] to cheer up. - **3.** [fuego, diálogo, fiesta] to liven up; [comercio] to stimulate.

◆ **animarse** *vpr* - **1.** [alegrarse - persona] to cheer up; [- fiesta etc] to liven up. - **2.** [decidir]: **~se (a hacer algo)** to finally decide (to do sthg).

anímico, ca *adj* mental.

ánimo ◇ *m* - **1.** [valor] courage; **cobrar ~** to take heart. - **2.** [energía] energy, vitality; **trabajar con ~** to work energetically; **estar** o **tener ~s para** to be in the mood for, to feel like; **caerse los ~s** to lose heart, to become discouraged. - **3.** [aliento] encouragement; **dar ~s a alguien** to encourage sb. - **4.** [intención]: **con/sin ~ de** with/without the intention of; **lo hice sin ~ de ofenderte** I didn't mean to offend you. - **5.** [humor] disposition. - **6.** [alma] mind. ◇ *interj* [para alentar] come on!

animosidad *f* animosity.

animoso, sa *adj* [valiente] courageous; [decidido] undaunted.

aniñadamente *adv* childishly.

aniñado, da *adj* [comportamiento] childish; [voz, rostro] childlike.

aniñarse *vpr* to be childish.

aniquilación *f* annihilation.

aniquilar *vt* - **1.** [destruir] to annihilate, to wipe out. - **2.** *fig* [humillar] to overwhelm, to overcome.

◆ **aniquilarse** *vpr* - **1.** [destruirse] to be annihilated o destroyed. - **2.** [humillarse] to be overwhelmed o overcome. - **3.** [salud] to decline, to deteriorate.

anís (*pl* **anises**) *m* - **1.** [planta] anise. - **2.** [grano] aniseed. - **3.** [licor] anisette.

anisado, da *adj* aniseed-flavoured.

anisete *m* anisette.

aniversario, ria *adj* anniversary *(antes de sust)*.

◆ **aniversario** *m* - **1.** [de acontecimiento] anniversary; [de persona] birthday; ~ **de boda** wedding anniversary. - **2.** [misa] memorial service.

Ankara *s* Ankara.

Annapurra *m*: **el ~** the Annapurna.

ano *m* anus.

anoche *adv* last night, yesterday evening; ~ **me acosté tarde** I went to bed late last night; **antes de ~** the night before last.

anochecer [30] ◇ *m* dusk, nightfall; **al ~** at dusk. ◇ *v impers* to get dark. ◇ *vi*: ~ **en algún sitio** to be somewhere at nightfall.

anochecida *f* nightfall, dusk.

anodino, na *adj* - **1.** [sin gracia] dull, insipid. - **2.** [insustancial] lacking in substance. - **3.** MED anodyne.

◆ **anodino** *m* MED anodyne.

ánodo *m* anode.

anofeles ZOOL ◇ *adj inv* anopheline. ◇ *m inv* anopheles.

anomalía *f* anomaly.

anómalo, la *adj* anomalous.

anonadación *f* annihilation, destruction.

anonadado, da *adj* - **1.** [sorprendido] astonished, bewildered. - **2.** [abatido] stunned.

anonadador, ra *adj* - **1.** [destructivo] annihilating, destroying. - **2.** *fig* [aplastante] crushing, overwhelming.

anonadar *vt* - **1.** [sorprender] to astonish, to bewilder. - **2.** [abatir] to stun. - **3.** [aniquilar] to annihilate, to destroy.
◆ **anonadarse** *vpr* - **1.** [sorprenderse] to be astonished o bewildered. - **2.** [abatirse] to be stunned. - **3.** [aniquilarse] to be annihilated o destroyed.

anónimamente *adv* anonymously.

anonimato *m* anonymity; **permanecer en el** ~ to remain nameless; **vivir en el** ~ to live out of the public eye.

anónimo, ma *adj* anonymous.
◆ **anónimo** *m* - **1.** [carta] anonymous letter. - **2.** [persona] anonymous person. - **3.** [anonimato] anonymity. - **4.** [pseudónimo] pseudonym.

anorak (*pl* **anoraks**) *m* anorak.

anorexia *f* anorexia.

anoréxico, ca *adj* anorexic.

anormal ◇ *adj* - **1.** [anómalo] abnormal. - **2.** *ofensivo* [subnormal] subnormal. ◇ *mf* *ofensivo* subnormal person.

anormalidad *f* - **1.** [anomalía] abnormality. - **2.** [defecto físico o psíquico] handicap, disability.

anormalmente *adv* abnormally.

anotación *f* - **1.** [nota] note; [en registro] entry; ~ **contable** COM book entry. - **2.** [acción] noting.

anotador, ra ◇ *adj* annotative. ◇ *m, f* annotator.

anotar *vt* - **1.** [apuntar, tomar nota de] to note down, to make a note of. - **2.** [tantear] to notch up. - **3.** [poner notas] to annotate.

anovelado *adj* novelistic.

anovulatorio, ria *adj* anovulatory.
◆ **anovulatorio** *m* anovulant.

ANPE (*abrev de* **Asociación Nacional del Profesorado Estatal de EGB**) *f Spanish association of state primary school teachers.*

anquilosamiento *m* - **1.** [estancamiento] stagnation. - **2.** MED paralysis.

anquilosar *vt* MED to ankylose.
◆ **anquilosarse** *vpr* - **1.** [estancarse] to stagnate. - **2.** MED to become paralysed.

ánsar *m* [ave] goose.

ansia *f (con art masc 'el')* - **1.** [afán]: ~ **de** longing o yearning for. - **2.** [ansiedad] anxiousness; [angustia] anguish.
◆ **ansias** *fpl* [náuseas] sickness (U), nausea (U).

ansiadamente *adv* = **ansiosamente**.

ansiar [9] *vt*: ~ **hacer algo** to long o be desperate to do sthg.

ansiedad *f* - **1.** [inquietud] anxiety; **con** ~ anxiously. - **2.** PSICOL nervous tension.

ansiolítico, ca *adj* sedative.
◆ **ansiolítico** *m* sedative.

ansiosamente, ansiadamente *adv* - **1.** [con afán] longingly, yearningly. - **2.** [con ansiedad] anxiously.

ansioso, sa *adj* - **1.** [impaciente] impatient; **estar** ~ **por** o **de hacer algo** to be impatient to do sthg. - **2.** [angustiado] in anguish. - **3.** [codicioso] greedy. - **4.** *fam* [con náuseas] sick.

anta *f (con art masc 'el')* - **1.** ZOOL [alce] elk, moose. - **2.** *Amér* [tapir] tapir.

antagónico, ca *adj* antagonistic.

antagonismo *m* antagonism.

antagonista ◇ *adj* antagonistic. ◇ *mf* opponent.

antaño *adv* - **1.** [antiguamente] in days gone by. - **2.** [el año pasado] last year.

antañón, ona *adj fam* ancient.

antara *f Amér* [flauta] panpipes *(pl)*.

antártico, ca *adj* Antarctic.

Antártico *m*: **el (océano Glacial)** ~ the Antarctic Ocean.

Antártida *f*: **la** ~ the Antarctic.

ante[1] *m* - **1.** [piel] suede. - **2.** [alce] elk, moose. - **3.** [búfalo] African antelope.

ante[2] *prep* - **1.** [delante de, en presencia de] before. - **2.** [hecho, circunstancia] in the face of. - **3.** [respecto de] compared to; **su opinión prevaleció** ~ **la mía** his opinion prevailed over mine.
◆ **ante todo** *loc adv* - **1.** [sobre todo] above all. - **2.** [en primer lugar] first of all.

anteado, da *adj* - **1.** [amarillento] buff-coloured, fawn. - **2.** *Amér* [mercancía] unsaleable.

antealtar *m* choir.

anteanoche, antenoche *adv* the night before last.

anteayer *adv* the day before yesterday.

antebrazo *m* - **1.** ANAT forearm. - **2.** ZOOL shoulder.

antecámara *f* antechamber.

antecedente ◇ *adj* preceding, previous. ◇ *m* - **1.** [precedente] precedent. - **2.** GRAM & MAT antecedent.
◆ **antecedentes** *mpl* [de persona] record *(sg)*; [de asunto] background *(sg)*; **poner a alguien en** ~**s de** [informar] to fill sb in on □ ~**s penales** criminal record *(sg)*.

anteceder *vt* to come before, to precede.

antecesor, ra ◇ *adj* preceding, former. ◇ *m, f* [predecesor] predecessor.
◆ **antecesores** *mpl* [antepasados] ancestors.

antedata *f* antedate.

antedatar *vt* to antedate, to predate.

antedecir [57] *vt* to foretell, to predict.

antedicho, cha ◇ *pp* → **antedecir**. ◇ *adj* aforementioned.

antediluviano, na *adj lit & fig* antediluvian.

antefirma *f* - **1.** [cargo] title of the signatory. - **2.** [fórmula] closing formula.

antefoso *m* outer moat.

antelación *f*: **con** ~ in advance, beforehand; **con dos horas de** ~ two hours in advance; **con** ~ **a** before, prior to.

antelar *vt Amér* to anticipate.

antemano ◆ **de antemano** *loc adv* beforehand, in advance.

antemeridiano, na *adj* morning *(antes de sust)*.

antena *f* - **1.** RADIO & TV aerial, antenna; **estar/salir en** ~ to be/go on the air □ ~ **colectiva** *aerial shared by all the inhabitants of a block of flats*; ~ **parabólica** satellite dish; ~ **telescópica** telescopic aerial. - **2.** ZOOL antenna. - **3.** NÁUT lateen yard.

antenoche *adv* = **anteanoche**.

antenombre *m* title.

anteojera *f* [estuche, caja] glasses case.
◆ **anteojeras** *fpl* blinkers *Br*, blinders *Am*.

anteojo *m* - **1.** [catalejo] small telescope, spyglass; ~ **de larga vista** telescope. - **2.** [estuche] blinkers *(pl)*.
◆ **anteojos** *mpl desus* o *Amér* [gafas] spectacles.

antepagar [16] *vt* to prepay, to pay in advance.

antepasado, da ◇ *adj* before last; **el año** ~ the year before last. ◇ *m, f* ancestor.

antepasar *vt* to precede.

antepecho *m* - **1.** [de puente] parapet; [de ventana] sill. - **2.** EQUITACIÓN breast collar. - **3.** MIN stratum, layer.

antepenúltimo, ma *adj & m, f* last but two.

anteponer [65] *vt*: ~ **algo a algo** [dar prioridad] to put sthg before sthg; [poner delante] to place sthg in front of sthg.
◆ **anteponerse** *vpr*: ~**se a** to come before.

anteportada *f* [en imprenta] half title.

anteportal *m* porch.

anteproyecto *m* - **1.** [gen] draft; ~ **de ley** DER draft bill. - **2.** ARQUIT blueprint.

antepuerta *f* - **1.** [cortina] portière. - **2.** [fortificación] inner gate.

antepuesto, ta *pp* → **anteponer**.

anterior *adj* - **1.** [previo]: ~ **(a)** previous (to). - **2.** [delantero] front *(antes de sust)*. - **3.** ANAT & ZOOL front, fore.

anterioridad *f* precedence, anteriority; **con** ~ beforehand; **con** ~ **a** before, prior to.

anteriormente *adv* - **1.** [antes] previously. - **2.** [con antelación] beforehand, in advance.

antes ◇ *adv* - **1.** [gen] before; **lo he dicho** ~ I have said it before; **no importa si venís** ~ it doesn't matter if you come earlier; **ya no nado como** ~ I can't swim as I used to; **mucho/poco** ~ long/shortly before; **lo** ~ **posible, cuanto** ~ as soon as possible. - **2.** [primero] first; **esta señora está** ~ this lady is first; **entraron** ~ **que yo** they went in in front of me. - **3.** [expresa preferencia] rather; **no quiero tener coche,** ~ **me compraría una moto** I don't want a car, I'd rather buy a motorbike; ~... **que** rather... than; **prefiero la sierra** ~ **que el mar** I like the mountains better than the sea; **iría a la cárcel** ~ **que mentir** I'd rather go to prison than lie. ◇ *adj* [previo] previous; **la noche** ~ the night before; **cinco meses** ~ five months before o earlier.
◆ **de antes** *loc adj* - **1.** [antiguo] old; **los trenes de** ~ **eran muy lentos** the old trains were very slow. - **2.** [anterior] previous; **esta cerveza sabe igual que la de** ~ this beer tastes the same as the previous one o the one before.
◆ **antes bien** *loc adv* on the contrary; **no le aburría,** ~ **bien parecía agradarle** far from boring him, it appeared to please him.
◆ **antes de nada** *loc adv* [en primer lugar] first of all.
◆ **antes de** *loc prep* before; ~ **de hacer algo** before doing sthg; **el motel está** ~ **del próximo cruce** the motel is before the next junction.
◆ **antes (de) que** *loc conj* before; ~ **(de) que llegarais** before you arrived.

antesala *f* anteroom; **estar en la** ~ **de** *fig* to be on the verge of; **hacer** ~ *fig* [esperar] to wait.

antevíspera *f* day before yesterday.

antiabortista ◇ *adj* anti-abortion, pro-life. ◇ *mf* anti-abortion o pro-life campaigner.

antiácido, da *adj* antacid.
◆ **antiácido** *m* antacid.

antiadherente *adj* nonstick.

antiaéreo, a *adj* anti-aircraft.

antialcohólico, ca ◇ *adj* teetotal. ◇ *m, f* teetotaller.

antiamericano, na *adj* & *m, f* anti-American.

antiarrugas *adj inv* anti-wrinkle.

antiasmático, ca ◇ *adj* antiasthmatic. ◇ *m* antiasthmatic drug.

antiatómico, ca *adj* antinuclear.

antibala, antibalas *adj inv* bullet-proof.

antibiótico, ca *adj* antibiotic.
◆ **antibiótico** *m* antibiotic.

antichoc, antichoque *adj inv* shockproof.

anticiclón *m* anticyclone.

anticientífico, ca *adj* antiscientific.

anticipación *f* earliness; **con** ~ in advance; **con un mes de** ~ a month in advance; **con** ~ **a** prior to.

anticipada ◇ *adj f* → **anticipado**. ◇ *f* [en esgrima] unexpected thrust.

anticipadamente *adv* in advance, beforehand.

anticipado, da *adj* [elecciones] early; [pago] advance; **por** ~ in advance.

anticipador, ra ◇ *adj* anticipatory. ◇ *m, f* anticipator.

anticipar *vt* - **1.** [prever] to anticipate. - **2.** [adelantar] to bring forward. - **3.** [pago] to pay in advance. - **4.** [información]: **no te puedo** ~ **nada** I can't tell you anything just now.
◆ **anticiparse** *vpr* - **1.** [suceder antes] to arrive early; **se anticipó a su tiempo** he was ahead of his time. - **2.** [adelantarse]: ~**se a alguien** to beat sb to it.

anticipo *m* - **1.** [de dinero] advance. - **2.** [presagio] foretaste. - **3.** [de tiempo] anticipation.

anticlerical *adj* & *mf* anticlerical.

anticlericalismo *m* anticlericalism.

anticlímax *m inv* anticlimax.

anticlinal *m* GEOL anticline.

anticoagulante *adj* & *m* anticoagulant.

anticolonialismo *m* anticolonialism.

anticolonialista *adj* & *mf* anticolonialist.

anticombustible *adj* & *m* noncombustible.

anticomunismo *m* anti-communism.

anticomunista *adj* & *mf* anti-communist.

anticoncepción *f* contraception.

anticonceptivo, va *adj* contraceptive.
◆ **anticonceptivo** *m* contraceptive.

anticonformismo *m* nonconformism.

anticonformista *adj* & *mf* nonconformist.

anticongelante *adj* & *m* [de radiador] antifreeze; [de parabrisas] de-icer.

anticonstitucional *adj* unconstitutional.

anticonstitucionalidad *f* unconstitutional nature.

anticorrosivo, va *adj* anticorrosive.
◆ **anticorrosivo** *m* anticorrosive substance.

anticresis *f inv* antichresis.

anticristiano, na *adj* anti-Christian.

anticristo *m* Antichrist.

anticuado, da *adj* - **1.** [pasado de moda] oldfashioned. - **2.** [en desuso] antiquated, obsolete.

anticuar [8] *vt* to consider obsolete o old-fashioned.
◆ **anticuarse** *vpr* to become antiquated o oldfashioned.

anticuario, ria *m, f* [comerciante] antique dealer; [experto] antiquarian.
◆ **anticuario** *m* [tienda] antique shop.

anticuerpo *m* antibody.

antidemocrático, ca *adj* undemocratic.

antideportivo, va *adj* unsporting, unsportsmanlike.

antidepresivo, va *adj* antidepressant.
◆ **antidepresivo** *m* antidepressant (drug).

antideslizante *adj* anti-skid; [ruedas] non-skid.

antideslumbrante *adj* anti-dazzle.

antidisturbios *mpl* [policía] riot police.

antidopaje *m* doping tests *(pl)*.

antidoping [anti'ðopin] *adj* doping *(antes de sust)*.

antídoto *m* antidote.

antieconómico, ca *adj* - **1.** [caro] expensive. - **2.** [no económico] uneconomical.

antier *adv* *Amér fam* the day before yesterday.

antiestético, ca *adj* unsightly.

antifascista *adj* & *mf* anti-fascist.

antifaz *(pl* **antifaces)** *m* - **1.** [máscara] mask. - **2.** [velo] veil.

antigás *adj inv* gas *(antes de sust)*.

antígeno *m* antigen.

Antígona *f* Antigone.

antigripal ◇ *adj* designed to combat flu. ◇ *m* flu remedy.

antigualla *f* - **1.** *despec* [cosa] museum piece; [persona] old fogey, old fossil. - **2.** [antigüedad] antique.

antiguamente *adv* - **1.** [hace mucho] long ago. - **2.** [previamente] formerly.

antiguar [7] *vi* to acquire seniority.
◆ **antiguarse** *vpr* to become old-fashioned.

Antigua y Barbuda *s* Antigua and Barbuda.

antigubernamental *adj* anti-government.

antigüedad *f* - **1.** [edad, objeto] antiquity. - **2.** [veteranía] seniority.
◆ **antigüedades** *fpl* [objetos] antiques.

antiguo, gua *adj* - **1.** [viejo] old; [inmemorial] ancient; **de**

~ from time immemorial. - **2.** [anterior, previo] former.
- **3.** [veterano] senior. - **4.** [pasado de moda] old-fashioned;
a la antigua in an old-fashioned way.
◆ **antiguo** *m* veteran.
◆ **antiguos** *mpl* HIST ancients.
antihéroe *m* antihero.
antihigiénico, ca *adj* unhygienic.
antihistamínico *m* antihistamine.
antiimperialista *adj & mf* anti-imperialist.
antiinflacionista *adj* anti-inflationary.
antiinflamatorio *m* anti-inflammatory drug.
antijurídico, ca *adj* illegal, unlawful.
antillano, na ◇ *adj* West Indian, of/relating to the Antilles. ◇ *m, f* West Indian, native/inhabitant of the Antilles.
Antillas *s*: **las** ~ the West Indies, the Antilles; **las** ~ **Holandesas** the Netherlands Antilles.
antílope *m* antelope.
antimateria *f* antimatter.
antimilitarismo *m* antimilitarism.
antimilitarista *adj & mf* antimilitarist.
antimisil *m* antimissile.
antimonárquico, ca *adj* antimonarchist.
antimonio *m* antimony.
antimonopolio *adj inv* ECON antitrust *(antes de sust).*
antinacional *adj* antinational.
antinatural *adj* unnatural.
antiniebla *adj inv* → **faro.**
antinuclear *adj* antinuclear.
antioxidante ◇ *adj* anti-rust. ◇ *m* rustproofing agent.
antipalúdico, ca *adj* antimalarial.
antipapa *m* antipope.
antipapista *adj & mf* antipapal.
antipara *f* - **1.** [biombo] screen. - **2.** [polaina] gaiter.
antiparasitario *m* - **1.** VETER flea collar. - **2.** TELECOM suppressor.
antiparlamentario, ria ◇ *adj* antiparliamentary. ◇ *m, f* antiparliamentarian.
antiparras *fpl fam* specs.
antipartícula *f* antiparticle.
antipatía *f* dislike; **tener** ~ **a alguien** to dislike sb.
antipático, ca ◇ *adj* unpleasant. ◇ *m, f* unpleasant person.
antipatizar [13] *vi Amér* to feel dislike o antipathy.
antipatriótico, ca *adj* unpatriotic.
antipedagógico, ca *adj* antipedagogical.
antipirético, ca *adj* antipyretic.
◆ **antipirético** *m* antipyretic.
antípodas *fpl*: **las** ~ the Antipodes.
antipolilla *m* moth killer.
antiproteccionista *adj & mf* antiprotectionist.
antiquísimo, ma ◇ *superl* → **antiguo.** ◇ *adj* ancient.
antirrábico, ca *adj* antirabies.
antirracista *adj & mf* antiracist.
antirreflectante *adj* non-reflective.
antirreglamentario, ria *adj* DEP illegal, against the rules.
antirrepublicano, na *adj & m, f* antirepublican.
antirreumático, ca *adj* antirheumatic.
◆ **antirreumático** *m* antirheumatic.
antirrevolucionario, ria *adj & m, f* antirevolutionary.
antirrobo ◇ *adj inv* antitheft *(antes de sust).* ◇ *m* [en coche] antitheft device; [en edificio] burglar alarm.
antisemita ◇ *adj* anti-Semitic. ◇ *mf* anti-Semite.
antisemítico, ca *adj* anti-Semitic.
antiséptico, ca *adj* antiseptic.
◆ **antiséptico** *m* antiseptic.
antisociable *adj* antisocial, unsociable.
antisocial *adj* antisocial.

antisubmarino, na *adj* antisubmarine.
antisudoral *adj & m* antiperspirant.
antitanque *adj* MIL antitank.
antiterrorismo *m* fight against terrorism.
antiterrorista *adj* anti-terrorist.
antítesis *f inv* antithesis.
antitetánico, ca *adj* anti-tetanus *(antes de sust).*
antitético, ca *adj culto* antithetical.
antitóxico, ca *adj* antitoxic.
antitoxina *f* antitoxin.
antitranspirante *adj & m* antiperspirant.
antivirus *m inv* - **1.** MED vaccine. - **2.** INFORM antivirus system.
antojadizo, za *adj* capricious.
antojarse *vpr* - **1.** [capricho]: **se le antojaron esos zapatos** he fancied those shoes; **se le ha antojado ir al cine** he felt like going to the cinema; **cuando se me antoje** when I feel like it. - **2.** [posibilidad]: **se me antoja que...** I have a feeling that...
antojitos *mpl Amér* snacks, tapas.
antojo *m* - **1.** [capricho] whim; [de embarazada] craving; **a mi/tu** *etc* ~ my/your *etc* (own) way; **tener un** ~ [embarazada] to have a craving. - **2.** [lunar] birthmark. - **3.** *loc*: **no morirse de** ~ *Amér* to be unwilling; **tener** ~**s** *Amér fam* to be in the club.
antología *f* anthology; **de** ~ memorable, unforgettable.
antológico, ca *adj* - **1.** [recopilador] anthological. - **2.** [inolvidable] memorable, unforgettable.
antonimia *f* antonymy.
antónimo, ma *adj* antonymous.
◆ **antónimo** *m* antonym.
antonomasia *f*: **por** ~ par excellence.
antonomástico, ca *adj* antonomastic.
antorcha *f* - **1.** [tea] torch; ~ **soldadura** welding torch; ~ **a soplete** blowtorch. - **2.** [guía] guiding light.
antracita *f* anthracite.
ántrax *m inv* anthrax.
antro *m* - **1.** *despec* [local] dive, dump; ~ **de corrupción** den of iniquity. - **2.** [cueva] cavern, grotto. - **3.** ANAT antrum; ~ **timpánico** tympanic antrum.
antropocentrismo *m* anthropocentrism.
antropofagia *f* anthropophagy, cannibalism.
antropófago, ga ◇ *adj* anthropophagous. ◇ *m, f* cannibal.
antropografía *f* anthropography.
antropoide *adj & m* anthropoid.
antropología *f* anthropology.
antropológico, ca *adj* anthropological.
antropólogo, ga *m, f* anthropologist.
antropometría *f* anthropometry.
antropomórfico, ca *adj* anthropomorphic.
antropomorfo, fa ◇ *adj* anthropomorphous. ◇ *m, f* anthropomorph.
antruejo *m* carnival *(before Lent).*
anual *adj* - **1.** [de cada año] annual. - **2.** [que dura un año] year-long.
anualidad *f* - **1.** [pago] annuity, yearly payment. - **2.** [acontecimiento] annual occurrence.
anualmente *adv* annually, yearly.
anuario *m* yearbook; ~ **telefónico** telephone directory.
anubarrado, da *adj* cloudy, overcast.
anublar *vt* - **1.** [ocultar] to cloud. - **2.** *fig* [empañar] to stain, to tarnish; ~ **la reputación de alguien** to tarnish sb's reputation.
◆ **anublarse** *vpr* - **1.** METEOR to become cloudy o overcast. - **2.** *fig* [empañarse] to be tarnished. - **3.** *fig* [desvanecerse] to fade away.
anublo *m* BOT mildew.

anudadura *f*, **anudamiento** *m* knotting.

anudar *vt* - **1.** [atar con nudo] to knot, to tie in a knot. - **2.** [atar] to tie together; ~ **dos cables** to tie two cables together. - **3.** *fig* [unir] to unite. - **4.** [continuar] to continue, to resume.

♦ **anudarse** *vpr* - **1.** [atarse] to get into a knot. - **2.** [entorpecerse]: **se le anudó la voz** he got a lump in his throat. - **3.** [atrofiarse] to be stunted.

anuencia *f culto* consent, approval.

anulable *adj* that can be cancelled.

anulación *f* - **1.** [cancelación] cancellation; [de ley] repeal; [de matrimonio, contrato] annulment. - **2.** [DEP - de un partido] calling-off; [- de un gol] disallowing; [- de un resultado] declaration as void.

anulador, ra ◇ *adj* cancelling. ◇ *m, f* canceller.

anular¹ ◇ *adj* [en forma de anillo] annular. ◇ *m → dedo.

anular² *vt* - **1.** [cancelar - gen] to cancel; [- ley] to repeal; [- matrimonio, contrato] to annul. - **2.** [DEP - partido] to call off; [- gol] to disallow; [- resultado] to declare void. - **3.** [reprimir] to repress.

♦ **anularse** *vpr* [reprimirse, humillarse] to be selfeffacing.

anuloso, sa *adj* - **1.** [en forma de anillo] annular, ringshaped. - **2.** [formado por anillos] annulate, annulose.

anunciación *f* announcement.

♦ **Anunciación** *f* RELIG Annunciation.

anunciador, ra ◇ *adj* - **1.** [de publicidad] advertising *(antes de sust)*. - **2.** [de noticia] announcing. ◇ *m, f* - **1.** [de publicidad] advertiser. - **2.** [de noticia] announcer.

anunciante ◇ *adj* advertising *(antes de sust)*. ◇ *mf* advertiser.

anunciar [8] *vt* - **1.** [notificar] to announce. - **2.** [hacer publicidad de] to advertise. - **3.** [presagiar] to herald.

♦ **anunciarse** *vpr*: ~ **se en** to advertise in, to put an advert in.

anuncio *m* - **1.** [notificación] announcement; [cartel, aviso] notice; [póster] poster. - **2.** [publicidad]: **poner un** ~ to advertise ❑ ~ **(publicitario)** advertisement, advert; **me molesta que interrumpan las películas con** ~**s (publicitarios)** I hate it when they interrupt a film with adverts; ~**s clasificados** classified adverts; ~**s por palabras** classified adverts. - **3.** [presagio] sign, herald.

anuo, nua *adj* annual; **planta anua** annual (plant).

anverso *m* [de moneda] head, obverse; [de hoja] front.

anzuelo *m* - **1.** [para pescar] (fish) hook. - **2.** *fam* [señuelo] bait; **echar el** ~ to offer an inducement; **picar** o **morder el** ~ to take the bait.

añadido, da *adj*: ~ **(a)** added (to).

♦ **añadido** *m* - **1.** [añadidura] addition. - **2.** [postizo] toupee, hairpiece. - **3.** [de mesa] leaf.

añadidura *f* addition; **por** ~ in addition, what is more.

añadir *vt* - **1.** [agregar] to add; **hay que** ~ **agua al cocido para que no se pegue** you should add some water to the stew so it doesn't stick. - **2.** [aumentar] to increase.

añejar *vt* to mature, to age.

♦ **añejarse** *vpr* - **1.** [mejorarse] to age, to mature. - **2.** [deteriorarse] to go stale.

añejo, ja *adj* - **1.** [vino, licor] mature; [tocino] cured. - **2.** [costumbre] age-old.

añicos *mpl* [pedazos] bits, pieces; **hacer** ~ [romper, cansar] to shatter; **hacerse** ~ [romperse] to shatter.

añil ◇ *adj* [color] indigo. ◇ *m* - **1.** [color] indigo. - **2.** *Amér* [azulete] bluing.

añilar *vt* to dye indigo o blue.

añinos *mpl* - **1.** [piel] lambskins. - **2.** [lana] lambswool *(U)*.

año *m* year; **en el** ~ **1939** in 1939; **los** ~**s 30** the thirties; **¡Feliz Año Nuevo!** Happy New Year! ❑ ~ **académico/escolar** academic/school year; ~ **económico/fiscal** financial/tax year; ~ **bisiesto/solar** leap/solar year; ~ **civil** calendar year; ~ **nuevo** New Year; ~ **sabático** sabbatical; ~ **santo** Holy Year; **el** ~ **de la nana** *fam* the year dot; **ese vestido parece del** ~ **de la nana** that dress looks ancient;

el ~ **verde** *Amér fam* never; **estar de buen** ~ to be hale and hearty.

♦ **años** *mpl* [edad] age *(sg)*; **a mis/tus** *etc* ~**s** at my/your *etc* age; **¿cuántos** ~**s tienes?** - **tengo 17** ~**s** how old are you? - I'm 17 (years old); **cumplir** ~**s** to have one's birthday; **cumplo** ~**s el 25** it's my birthday on the 25th; **estar entrado** o **metido en** ~**s** to be getting on ❑ **por ti no pasan los** ~**s** you never seem to get any older; **quitarse** ~**s** to lie about one's age; **quitarse** ~**s de encima** [rejuvenecer] to look much younger; **este corte de pelo parece que te quita** ~**s de encima** that haircut makes you look much younger.

♦ **año luz** *(pl* **años luz)** *m* light year; **estar a** ~**s luz de** *fig* to be light years away from.

añojo, ja *m, f* yearling.

añoranza *f*: ~ **(de)** [gen] nostalgia (for); [hogar, patria] homesickness (for).

añorar ◇ *vt* - **1.** [echar de menos] to miss. - **2.** [llorar la pérdida de] to grieve for. - **3.** [anhelar] to long for. ◇ *vi* - **1.** [acongojarse] to grieve. - **2.** [anhelar] to pine, to yearn.

añoso, sa *adj* old, aged.

añublo *m* BOT mildew.

añusgar [16] *vi* - **1.** [atragantarse] to choke. - **2.** *fig* [enfadarse] to get angry.

aojador, ra ◇ *adj* jinxing. ◇ *m, f* person who casts the evil eye.

aojadura *f*, **aojamiento** *m* evil eye, jinx.

aojar *vt* - **1.** [echar mal de ojo] to give the evil eye to, to jinx. - **2.** *fig* [malograr] to spoil.

aojo *m* evil eye, jinx.

aorta *f* aorta.

aovado, da *adj* - **1.** [oval] egg-shaped. - **2.** BOT ovate.

aovar ◇ *vi* [gen] to lay eggs; [peces] to spawn. ◇ *vt* to make egg-shaped.

aovillarse *vpr* to curl up, to roll up into a ball.

ap. *abrev escrita de* **aparte.**

AP *(abrev de* **Alianza Popular)** *m former name of PP, Spanish party to the right of the political spectrum.*

APA *(abrev de* **asociación de padres de alumnos)** *f Spanish association for parents of schoolchildren,* ≃ PTA.

apabullamiento *m* = **apabullo.**

apabullar *vt* to overwhelm.

♦ **apabullarse** *vpr* to be overwhelmed.

apabullo, apabullamiento *m* [humillación] overwhelming.

apacentadero *m* pasture.

apacentador, ra ◇ *adj* grazing. ◇ *m, f* shepherd *(f* shepherdess).

apacentamiento *m* - **1.** [acción] grazing, pasturing. - **2.** [pasto] pasture.

apacentar [19] *vt* - **1.** [dar pasto] to graze. - **2.** *fig* [enseñar] to instruct, to teach. - **3.** *Amér* [apaciguar] to pacify.

♦ **apacentarse** *vpr* to graze.

apache ◇ *adj & mf* Apache. ◇ *m Amér* [impermeable] raincoat.

apachugarse *vpr Amér* to lie down flat.

apacibilidad *f* gentleness.

apacible *adj* [gen] mild, gentle; [lugar, ambiente] pleasant.

apaciblemente *adv* gently.

apacienta *etc v → **apacentar.**

apaciguador, ra ◇ *adj* calming. ◇ *m, f* pacifier.

apaciguar [45] *vt* - **1.** [tranquilizar] to calm down. - **2.** [dolor etc] to soothe.

♦ **apaciguarse** *vpr* - **1.** [tranquilizarse] to calm down. - **2.** [dolor etc] to abate.

apadrinamiento *m* - **1.** [de niño] role of godfather. - **2.** [en una boda] role of best man. - **3.** [de artista] sponsorship, patronage. - **4.** [en un desafío] seconding.

apadrinar vt - **1.** [niño] to act as a godparent to. - **2.** [artista] to sponsor. - **3.** [apoyar] to support. - **4.** [en una boda] to be best man for. - **5.** [en un desafío] to act as second for. - **6.** EQUITACIÓN to ride alongside.

apagable adj extinguishable.

apagadizo, za adj slow to burn.

apagado, da adj - **1.** [luz, fuego] out; [aparato] off. - **2.** [color, persona] subdued; **te veo un poco** ~ you seem rather subdued. - **3.** [sonido] dull, muffled; [voz] low, quiet.

apagador, ra adj extinguishing.

◆ **apagador** m - **1.** [apagavelas] snuffer. - **2.** MÚS damper.

apagamiento m extinguishing.

apagar [16] vt - **1.** [extinguir - fuego] to put out; [- luz] to switch off; [- vela] to extinguish; [- cal] to slake; **apaga la luz, hay que ahorrar energía** switch the light off, we have to save energy. - **2.** [desconectar] to turn o switch off; **si hay tormenta esta noche, apaga la tele** if there's a storm tonight, switch the telly off ❏ **apaga y vámonos** fig we have nothing more to talk about. - **3.** [aplacar - sed] to quench; [- dolor] to get rid of. - **4.** [rebajar - color] to soften; [- sonido] to muffle.

◆ **apagarse** vpr - **1.** [extinguirse - fuego, vela, luz] to go out; [- dolor, ilusión, rencor] to die down; [- sonido] to die away. - **2.** [morir] to pass away.

apagón ◇ m power cut. ◇ adj Amér [carbón, cigarro] slow to burn.

apague etc v → **apagar.**

apaisado, da adj oblong.

apalabrar vt - **1.** [concertar] to make a verbal agreement regarding; [contratar] to engage on the basis of a verbal agreement. - **2.** [arreglar de antemano] to arrange o discuss beforehand. - **3.** fam [dar trabajo] to take on, to hire.

◆ **apalabrarse** vpr to come to a verbal agreement.

Apalaches mpl: **los** ~ the Appalachians.

apalancamiento m leverage.

apalancar [10] vt [para abrir] to lever open; [para mover] to lever.

◆ **apalancarse** vpr mfam [apoltronarse] to install o.s.

apaleador, ra ◇ adj - **1.** [de persona] beating, thrashing. - **2.** AGR threshing. ◇ m, f - **1.** [persona] beater, thrasher. - **2.** AGR thresher.

apaleamiento, apaleo m - **1.** [paliza] beating, thrashing. - **2.** AGR threshing.

apalear vt - **1.** [golpear] to beat up. - **2.** AGR to thresh.

apaleo m = **apaleamiento.**

apanalado, da adj honeycombed.

apanar vt Amér to bread, to coat with breadcrumbs.

apandar vt fam to swipe.

apandillar vt to form into a gang.

◆ **apandillarse** vpr to gang up, to band together.

apañado, da adj fam [hábil, mañoso] clever, resourceful; **estar** ~ fig to have had it.

apañador, ra ◇ adj - **1.** [que prepara] preparatory. - **2.** [que roba] thieving, pilfering. ◇ m, f - **1.** [preparador] preparer. - **2.** [ladrón] thief.

apañar vt fam - **1.** [reparar] to mend. - **2.** [amañar] to fix, to arrange. - **3.** [asir] to seize, to grasp. - **4.** [apoderarse de] to pinch. - **5.** [aderezar] to season. - **6.** fam [abrigar] to wrap up. - **7.** Amér [excusar] to excuse, to forgive. - **8.** Amér [encubrir] to cover up for, to protect.

◆ **apañarse** vpr - **1.** fam [darse maña] to cope, to manage; **apañárselas (para hacer algo)** to manage (to do sthg). - **2.** Amér [apropiarse] to manage to get one's hands on; **se apañaron un negocio lucrativo** they managed to wangle a lucrative deal.

apaño m fam - **1.** [reparación] patch. - **2.** [chanchullo] fix, shady deal. - **3.** [acuerdo] compromise. - **4.** [habilidad] skill, knack. - **5.** [lío] mess, fix. - **6.** [acción de asir] seizing, grasping. - **7.** [amante] lover.

apapachado, da adj Amér pampered, spoilt.

apapachador, ra adj Amér comforting.

apapachar vt Amér to cuddle.

apapachos mpl Amér cuddles, caresses.

aparador m - **1.** [mueble] sideboard. - **2.** [escaparate] shop window. - **3.** [taller] workshop. - **4.** Amér [banquete] banquet.

aparar vt - **1.** [preparar] to prepare, to arrange. - **2.** [mano, pañuelo] to stretch out o open.

aparato m - **1.** [máquina] machine; [de laboratorio] apparatus (U); [electrodoméstico] appliance; **las oficinas están llenas de** ~**s que facilitan el trabajo** offices have all sorts of machines to make your work easier ❏ ~ **de radio** radio (set); ~**s del mando** controls; ~ **de televisión** television (set). - **2.** [dispositivo] device; ~ **de seguridad** safety device. - **3.** [teléfono] ¿**quién está al** ~? who's speaking? - **4.** [avión] plane. - **5.** [MED - prótesis] aid; [- para dientes] brace. - **6.** ANAT system. - **7.** POLÍT machinery. - **8.** [ostentación] pomp, ostentation.

aparatosidad f ostentation, showiness.

aparatoso, sa adj - **1.** [ostentoso] ostentatious, showy. - **2.** [espectacular] spectacular.

aparcamiento m - **1.** [acción] parking. - **2.** [parking] car park Br, parking lot Am. - **3.** [hueco] parking place.

aparcar [10] ◇ vt - **1.** [estacionar] to park; **me han puesto una multa porque he aparcado mal el coche** I got a fine for parking the car badly. - **2.** fam [posponer] to shelve. - **3.** [armas] to deposit. ◇ vi [estacionar] to park.

aparcería f AGR sharecropping.

aparcero, ra m, f - **1.** AGR sharecropper. - **2.** Amér [compañero] companion, comrade.

apareamiento m - **1.** [de animales] mating. - **2.** [acoplamiento] matching (up).

aparear vt - **1.** [animales] to mate. - **2.** [acoplar] to match up, to pair off. - **3.** [igualar] to equalize, to make equal o uniform.

◆ **aparearse** vpr [animales] to mate.

aparecer [30] vi - **1.** [gen] to appear. - **2.** [acudir]: ~ **por (un lugar)** to turn up at (a place). - **3.** [ser encontrado] to turn up.

◆ **aparecerse** vpr to appear.

aparecido, da m, f ghost.

aparecimiento m appearance.

aparejado, da adj: **ir** ~ **con** to go hand in hand with; **llevar** o **traer** ~ [acarrear] to entail.

aparejador, ra ◇ m, f - **1.** ARQUIT quantity surveyor. - **2.** CONSTR foreman. - **3.** [preparador] preparer. ◇ adj preparatory.

aparejar vt - **1.** [preparar] to get ready, to prepare. - **2.** [caballerías] to harness. - **3.** NÁUT to rig (out). - **4.** ARTE to prime, to size.

◆ **aparejarse** vpr - **1.** [prepararse] to get ready; ~**se para un viaje** to get ready for a trip. - **2.** Amér [emparejarse] to pair off.

aparejo m - **1.** [de caballerías] harness. - **2.** MEC block and tackle. - **3.** NÁUT rigging (U). - **4.** [preparación] preparation. - **5.** ARTE primer, sizing. - **6.** CONSTR bond, bonding (U). - **7.** Amér [silla] saddle.

◆ **aparejos** mpl equipment (U); [de pesca] tackle (U).

aparentar ◇ vt - **1.** [fingir] to feign. - **2.** [edad] to look. ◇ vi [presumir] to show off.

aparente adj - **1.** [falso, supuesto] apparent. - **2.** [visible] visible. - **3.** [llamativo] striking. - **4.** [conveniente] apt, suitable.

aparentemente adv apparently.

aparición f - **1.** [gen] appearance. - **2.** [de ser sobrenatural] apparition.

apariencia f - **1.** [aspecto] appearance; **en** ~ apparently, outwardly; **guardar las** ~**s** to keep up appearances; **juzgar por las** ~**s** to judge by appearances; **las** ~**s engañan** appearances can be deceptive. - **2.** [falsedad] illusion. - **3.** [verosimilitud] likelihood, probability.

aparque *etc v* → **aparcar**.

aparroquiado, da *adj* established in a parish.

aparroquiar [8] *vt* - **1.** RELIG to attract to one's parish. - **2.** [clientes] to attract.

◆ **aparroquiarse** *vpr* to become a parishioner.

apartadamente *adv* separately.

apartadero *m* - **1.** [ferrocarril] siding; ~ **muerto** dead-end siding. - **2.** [camino, vía] lay-by *Br*, ≈ rest area *Am*. - **3.** [de animales] pen.

apartado, da *adj* - **1.** [separado]: ~ **de** away from. - **2.** [alejado] remote. - **3.** [diferente] different, distinct.

◆ **apartado** *m* - **1.** [párrafo] paragraph; [sección] section. - **2.** [aposento] side room.

◆ **apartado de correos** *m* PO Box.

apartador *m* - **1.** [separador] sorter, selector. - **2.** *Amér* [aguijada] goad.

apartamento *m* apartment.

apartamiento *m* - **1.** [aislamiento] remoteness, isolation. - **2.** [lugar] remote area, secluded spot. - **3.** [separación] separation. - **4.** [piso] flat *Br*, apartment *Am*.

apartar *vt* - **1.** [alejar] to move away; [quitar] to remove. - **2.** [separar] to separate. - **3.** [escoger] to take, to select. - **4.** *fig* [disuadir] to dissuade.

◆ **apartarse** *vpr* - **1.** [hacerse a un lado] to move to one side, to move out of the way. - **2.** [separarse] to separate; ~**se de** [gen] to move away from; [tema] to get away from; [mundo, sociedad] to cut o.s. off from. - **3.** [divorciarse] to get divorced.

aparte ◇ *adv* - **1.** [en otro lugar, a un lado] aside, to one side; **las cartas urgentes ponlas** ~, **las leeré antes** put the urgent letters to one side, I'll read them first; **bromas** ~ joking apart. - **2.** [además] besides; ~ **de fea...** besides being ugly... - **3.** [por separado] separately; **la bufanda envuélvala** ~, **es para regalar** please wrap the scarf up separately, it's for a gift. ◇ *adj inv* separate; **ser caso** ~ to be a different matter. ◇ *m* - **1.** [párrafo] new paragraph. - **2.** TEATRO aside.

◆ **aparte de** *loc prep* [excepto] apart from, except from.

apartheid [apar'xeid] *m* apartheid.

apartotel, aparthotel *m* hotel apartments *(pl)*.

aparvar *vt* [mies] to heap for threshing.

apasionadamente *adv* passionately.

apasionado, da ◇ *adj* passionate. ◇ *m, f* lover, enthusiast.

apasionamiento *m* enthusiasm, excitement.

apasionante *adj* fascinating.

apasionar *vt* to fascinate; **le apasiona la música** he's mad about music.

◆ **apasionarse** *vpr* to get excited; ~**se por** o **con** to be mad about.

apatía *f* apathy.

apático, ca ◇ *adj* apathetic. ◇ *m, f* apathetic person.

apátrida ◇ *adj* stateless. ◇ *mf* stateless person.

apdo. *abrev escrita de* **apartado**.

APE (*abrev de* **Asamblea Parlamentaria Europea**) *f* European Parliament.

apeadero *m* - **1.** [de tren] halt. - **2.** [fonda] inn. - **3.** [para caballos] mounting block.

apeador, ra ◇ *adj* surveying. ◇ *m, f* surveyor.

apear *vt* - **1.** [bajar]: ~ **(de)** to take down (from). - **2.** *fam* [disuadir]: ~ **alguien de** to talk sb out of; **no consigo** ~**le de su opinión** I can't get him to change his mind. - **3.** *fam* [echar]: ~ **a alguien (de)** [de un cargo, trabajo] to kick sb out (of); [de competición deportiva] to knock sb out (of). - **4.** *fig* [problema, dificultad] to overcome. - **5.** [árbol] to fell. - **6.** [caballo] to fetter; [coche] to get out (of); [caballo] to scotch, to chock. - **7.** [terreno] to survey, to measure. - **8.** ARQUIT to shore o prop up. - **9.** *Amér* [regañar] to tell off.

◆ **apearse** *vpr* - **1.** [bajarse]: ~**se (de)** [tren] to alight (from), to get off; [coche] to get out (of); [caballo] to dismount (from). - **2.** *fam* [disuadirse]: ~**se de** to back down on. - **3.** *Amér* [hospedarse] to stay, to lodge.

apechugar [16] ◇ *vi* - **1.** [aceptar, aguantar]: ~ **con** to put up with, to live with. - **2.** [empujar] to push o shove with one's chest. ◇ *vt Amér fam* [apañar] to swipe.

apedazar [13] *vt* - **1.** [remendar] to patch. - **2.** [despedazar] to tear to pieces, to shred.

apedreamiento, apedreo *m* - **1.** [acción] stone-throwing. - **2.** [granizada] hailstorm, hail *(U)*. - **3.** [daño] hail damage. - **4.** [matanza] stoning.

apedrear ◇ *vt* [persona] to stone; [cosa] to throw stones at. ◇ *v impers* to hail.

◆ **apedrearse** *vpr* to suffer hail damage.

apedreo *m* = **apedreamiento**.

apegarse [16] *vpr* - **1.** [aficionarse]: ~ **a** to become fond of o attached to. - **2.** *Amér* [acercarse] to approach, to draw near.

apego *m* fondness, attachment; **tener/tomar** ~ **a** to be/become fond of.

apelable *adj* DER open to appeal.

apelación *f* - **1.** DER appeal; **desamparar la** ~ to abandon the appeal; **interponer** ~ to (file an) appeal. - **2.** [recurso] remedy, recourse; **sin** ~ [sin remedio] hopeless. - **3.** *fam* [consulta] consultation.

apelar *vi* - **1.** DER to (lodge an) appeal; ~ **ante/contra** to appeal to/against. - **2.** [recurrir]: ~ **a** [persona] to go to; [sentido común, bondad] to appeal to; [violencia] to resort to.

apelativo, va *adj* GRAM common noun, appellative.

◆ **apelativo** *m* - **1.** [apodo] name. - **2.** *Amér fam* [apellido] surname.

apellidarse *vpr*: **se apellida Suárez** her surname is Suárez.

apellido *m* - **1.** [nombre de familia] surname; ~ **de soltera** maiden name. - **2.** [apodo] nickname. - **3.** [clasificación] tag, label.

apelmazado, da *adj* - **1.** [jersey] shrunk. - **2.** [arroz, bizcocho] stodgy. - **3.** [compacto] compact, compressed.

apelmazar [13] *vt* - **1.** [jersey] to shrink. - **2.** [arroz, bizcocho] to make stodgy. - **3.** [compactar] to compress, to compact.

◆ **apelmazarse** *vpr* - **1.** [jersey] to shrink. - **2.** [arroz, bizcocho] to go stodgy.

apelotonar *vt* to bundle up.

◆ **apelotonarse** *vpr* - **1.** [gente] to crowd together. - **2.** [hacer bolitas] to form balls o tufts.

apenado, da *adj Amér* ashamed.

apenar *vt* to sadden.

◆ **apenarse** *vpr* - **1.** [afligirse] to be saddened. - **2.** *Amér* [ruborizarse] to be embarrassed.

apenas *adv* - **1.** [casi no] scarcely, hardly; [con dificultad] with difficulty; ~ **me puedo mover** I can hardly move. - **2.** [tan sólo] only; ~ **hace dos minutos** only two minutes ago. - **3.** [tan pronto como] as soon as; ~ **llegó, sonó el teléfono** no sooner had he arrived than the phone rang.

apencar [10] *vi fam*: ~ **con** [trabajo] to take on; [responsabilidad] to shoulder; [consecuencias, dificultad] to live with.

apéndice *m* - **1.** [de libro] appendix. - **2.** [añadido] appendage, adjunct. - **3.** ANAT appendix. - **4.** ZOOL & BIOL appendage. - **5.** *fam* [compinche] sidekick.

apendicitis *f inv* appendicitis.

Apeninos *mpl*: **los** ~ the Appenines.

apenque *etc v* → **apencar**.

apeo *m* - **1.** [de tierra] surveying. - **2.** [de árboles] felling. - **3.** [puntal] prop, shore. - **4.** ARQUIT propping, shoring.

aperar *vt* - **1.** [carro, aparejo] to repair. - **2.** *Amér* [finca rural] to supply. - **3.** *Amér* [caballos] to harness.

apercibimiento *m* [advertencia] warning, notice.

apercibir *vt* - **1.** [darse cuenta de] to notice. - **2.** [amonestar] to reprimand, to give a warning to. - **3.** DER to issue with a warning. - **4.** [preparar] to prepare, to make ready.

◆ **apercibirse** *vpr* - **1.** [darse cuenta]: ~**se de** to notice. - **2.** [prepararse] to prepare o.s.; ~**se para un viaje** to prepare o.s. for a trip.

apergaminado, da *adj* - **1.** [como pergamino] parchment-like. - **2.** [seco] wizened.

apergaminarse *vpr fam* to become wrinkled o wizened.

aperitivo, va *adj* - **1.** [comida] appetizing. - **2.** MED aperient.

◆ **aperitivo** *m* - **1.** [bebida] aperitif; [comida] appetizer. - **2.** MED aperient.

apero *m (gen pl)* - **1.** [herramienta] tool; ~**s de labranza** farming implements. - **2.** AGR draught animals *(pl)*. - **3.** *Amér* [arneses] riding gear *(U)*, trappings *(pl)*.

aperrearse *vpr fam* to refuse to change one's mind.

apersonarse *vpr* to appear (in person), to present o.s.

apertura *f* - **1.** [acción de abrir] opening. - **2.** [inauguración] opening; [de año académico, temporada] start. - **3.** [DEP - en rugby] kick-off; [- en ajedrez] opening (move). - **4.** POLÍT liberalization *(especially that introduced in Spain by the Franco regime after 1970)*. - **5.** [de testamento] reading.

aperturismo *m* progressive policies *(pl)*.

aperturista *adj & mf* progressive.

apesadumbrado, da *adj* broody, sorrowful.

apesadumbrar *vt* to weigh down.

◆ **apesadumbrarse** *vpr*: ~**se (de o por)** to be weighed down (by).

apesarar *vt* to grieve, to pain.

◆ **apesararse** *vpr Amér* to repent.

apestar ◇ *vi*: ~ **(a)** to stink (of). ◇ *vt* - **1.** [hacer que huela mal] to infest. - **2.** [contagiar peste] to infect with the plague. - **3.** [viciar] to corrupt, to spoil. - **4.** [fastidiar] to annoy, to irritate.

◆ **apestarse** *vpr* - **1.** [contaminarse] to be infected with the plague. - **2.** *Amér fam* [acatarrarse] to catch a cold.

apestoso, sa *adj* - **1.** [que huele mal] foul. - **2.** *fig* [fastidioso] annoying, irritating.

apetecedor, ra *adj* appetizing, tempting.

apetecer [30] ◇ *vi*: ¿**te apetece un café?** do you fancy a coffee?; **me apetece salir** I feel like going out. ◇ *vt* - **1.** [desear]: **tenían todo cuanto apetecían** they had everything they wanted. - **2.** [ansiar] to long for, to crave.

apetecible *adj* [comida] appetizing, tempting; [vacaciones etc] desirable.

apetito *m* - **1.** [hambre] appetite; **abrir el** ~ to whet one's appetite; **el paseo me ha abierto el** ~ that walk has made me hungry; **perder el** ~ to lose one's appetite; **desde que estuvo enfermo ha perdido el** ~ he's lost his appetite since he fell ill; **tener** ~ to be hungry. - **2.** *fig* [ambición] appetite, hunger.

apetitoso, sa *adj* - **1.** [que apetece] appetizing. - **2.** [sabroso] tasty, delicious. - **3.** [oferta, empleo] tempting.

apezonado, da *adj* nipple-shaped.

API *(abrev de* **agente de la propiedad inmobiliaria)** *m* estate agent *Br*, real estate broker *Am*.

apiadar *vt* to earn the pity of.

◆ **apiadarse** *vpr* to show compassion; ~**se de** to take pity on.

apianar *vt* [voz] to lower.

apicararse *vpr* to become a rogue.

ápice *m* - **1.** [pizca] iota; **ni un** ~ not a single bit; **no ceder un** ~ not to budge an inch. - **2.** [vértice - de montaña] peak; [- de hoja, lengua] tip; [- de edificio] top; **estar en los** ~**s de** to be on top of, to know all about. - **3.** [punto culminante] peak, height.

apicultor, ra *m, f* beekeeper.

apicultura *f* beekeeping.

apilar *vt* to pile up.

◆ **apilarse** *vpr* to pile up.

apiñado, da *adj* [apretado] packed, crammed.

apiñamiento *m* cramming.

apiñar *vt* to pack o cram together.

◆ **apiñarse** *vpr* [apretarse] to crowd together; [para protegerse, por miedo] to huddle together.

apio *m* celery.

apiolar *vt* - **1.** [presa de caza] to tie the legs of; [halcón] to fetter. - **2.** [matar] to kill. - **3.** *fam fig* [prender] to nab.

apisonadora, aplanadera *f* - **1.** [de carretera] steamroller. - **2.** [de tierra] tamper.

apisonamiento *m* - **1.** [de carretera] steamrolling, levelling. - **2.** [de tierra] tamping. - **3.** [aplastamiento] levelling, flattening.

apisonar *vt* - **1.** [carretera] to steamroller, to level. - **2.** [tierra] to tamp, to pack down.

apitonar *vi* - **1.** ZOOL to sprout horns. - **2.** BOT to bud, to sprout.

◆ **apitonarse** *vpr fam fig* to get into a huff.

aplacable *adj* placable.

aplacador, ra *adj* placating, soothing.

aplacar [10] *vt* [mitigar] to placate; [hambre] to satisfy; [sed] to quench.

◆ **aplacarse** *vpr* [mitigarse] to calm down; [dolor] to abate.

aplace *etc v* → **aplazar**.

aplanadera *f* = **apisonadora**.

aplanador, ra ◇ *adj* [allanador] levelling, flattening. ◇ *m, f* leveller, flattener.

◆ **aplanador** *m* - **1.** [de carretera] steamroller. - **2.** [de tierra] tamper.

aplanamiento *m* - **1.** [apisonamiento] levelling, flattening. - **2.** [derrumbamiento] collapse, crumbling. - **3.** *fam fig* [desánimo] discouragement, dejection.

aplanar *vt* - **1.** [allanar] to level. - **2.** *fam fig* [pasmar] to stun.

◆ **aplanarse** *vpr* - **1.** [derrumbarse] to collapse, to cave in. - **2.** *fam fig* [desanimarse] to lose heart, to become discouraged.

aplaque *etc v* → **aplacar**.

aplastamiento *m* crushing.

aplastante *adj* - **1.** *fig* [apabullante] overwhelming, devastating. - **2.** *Amér* [agotador] exhausting, tiring.

aplastar *vt* - **1.** [por el peso] to flatten. - **2.** [derrotar] to crush. - **3.** *fig* [apabullar] to stun. - **4.** *Amér* [agotar] to exhaust, to tire.

◆ **aplastarse** *vpr Amér* - **1.** [desanimarse] to become discouraged. - **2.** [cansarse] to become exhausted, to get tired.

aplatanado, da *adj fam* listless.

aplatanar *vt fam* to make listless.

◆ **aplatanarse** *vpr fam* to become listless.

aplaudir ◇ *vt lit & fig* to applaud; **aplaudo tu decisión** I applaud your decision. ◇ *vi* to applaud.

aplauso *m* - **1.** [ovación] round of applause; **un fuerte** ~ a big hand; ~**s** applause *(U)*. - **2.** *fig* [alabanza] applause; **su honradez es digna de** ~ her honesty should be applauded.

aplazable *adj* postponable.

aplazamiento *m* postponement.

aplazar [13] *vt* - **1.** [postergar] to postpone. - **2.** [citar] to call, to convene. - **3.** *Amér* [suspender] to fail.

aplicable *adj* applicable.

aplicación *f* - **1.** [gen & INFORM] application. - **2.** [decoración] appliqué. - **3.** [esmero] diligence. - **4.** *Amér* [solicitud] request, application.

aplicado, da *adj* - **1.** [estudioso] diligent. - **2.** [ciencia] applied.

aplicar [10] *vt* - **1.** [poner] to apply; [nombre, calificativo] to give; [esfuerzo, dinero] to devote, to assign. - **2.** [emplear] to use, to employ; ~ **un remedio** to use a remedy. - **3.** DER to adjudge.

◆ **aplicarse** *vpr* - **1.** [esmerarse]: ~**se (en algo)** to apply o.s. (to sthg). - **2.** [concernir]: ~**se a** to apply to.

aplique *m* - **1.** [lámpara] wall lamp. - **2.** TEATRO wing.

aplomado, da *adj* - **1.** [sereno] poised, self-assured. - **2.** [color] lead-coloured.

aplomar ◇ *vt* - **1.** [en construcción] to plumb. - **2.** *Amér* [avergonzar] to embarrass. ◇ *vi* [en construcción] to be plumb o vertical; **la pared aploma** the wall is plumb.

◆ **aplomarse** *vpr* - **1.** [caerse] to collapse, to fall down. - **2.** [serenarse] to become self-assured. - **3.** *Amér* [avergonzarse] to get embarrassed.

aplomo *m* - **1.** [serenidad] composure; **perder el** ~ to lose one's composure. - **2.** [verticalidad] vertical alignment. - **3.** [de caballos] leg alignment.

apocado, da *adj* - **1.** [tímido] timid. - **2.** [vil] base, low.

apocalipsis *m o f inv* calamity.

◆ **Apocalipsis** *m o f* Apocalypse.

apocalíptico, ca *adj* - **1.** BIBLIA apocalyptic. - **2.** [terrorífico] terrifying, frightening. - **3.** *fig* [enigmático] enigmatic, mysterious.

apocamiento *m* - **1.** [timidez] timidity. - **2.** [desánimo] depression, low spirits *(pl)*.

apocar [10] *vt* - **1.** [reducir] to lessen, to diminish. - **2.** [restringir] to restrict, to limit.

◆ **apocarse** *vpr* [intimidarse] to be frightened o scared; [humillarse] to humble o.s.

apocopar *vt* to apocopate.

apócope *f* apocopation.

apócrifo, fa *adj* - **1.** RELIG apocryphal. - **2.** [falso] false, counterfeit.

apodar *vt* to nickname.

◆ **apodarse** *vpr* to be nicknamed.

apoderado, da ◇ *adj* empowered, authorized. ◇ *m, f* - **1.** [representante] (official) representative. - **2.** DER attorney, proxy. - **3.** TAUROM agent, manager.

apoderamiento *m* - **1.** [apropiación] appropriation, seizure. - **2.** [autorización] empowering, authorization.

apoderar *vt* [autorizar] to authorize, to empower; DER to grant power of attorney to.

◆ **apoderarse de** *vpr* - **1.** [adueñarse de] to seize. - **2.** *fig* [dominar] to take hold of, to grip.

apodo *m* nickname.

apogeo *m* - **1.** *fig* [cumbre] height, apogee; **estar en (pleno)** ~ to be at its height. - **2.** ASTRON apogee.

apolillado, da *adj* moth-eaten.

apolillamiento *m* damage done by moths.

apolillar ◇ *vt* to eat holes in. ◇ *vi Amér fam* to snooze, to doze.

◆ **apolillarse** *vpr* to get moth-eaten.

apolítico, ca ◇ *adj* apolitical. ◇ *m, f* apolitical person.

Apolo *m* Apollo.

apologético, ca *adj* apologetic.

◆ **apologética** *f* RELIG apologetics *(U)*.

apología *f* - **1.** [defensa] apology, eulogy; ~ **del terrorismo** defence of terrorism. - **2.** [elogio] eulogy, praise.

apologista *mf* apologist.

apólogo *m* apologue.

apoltronado, da *adj* lazy, idle.

apoltronarse *vpr* - **1.** [apalancarse]: ~ **(en)** to become lazy o idle (in). - **2.** [acomodarse]: ~ **en** to lounge in.

apoplejía *f* apoplexy.

apoplético, ca *adj* apoplectic.

apoquinar *vt & vi fam* to fork out.

aporrar *vi fam* to be struck dumb, to be left speechless.

aporreado, da *adj* wretched, miserable; **vida aporreada** wretched life.

◆ **aporreado** *m Amér Cuban beef stew with tomato and garlic*.

aporreamiento *m* pounding.

aporrear *vt* - **1.** [golpear] to bang. - **2.** *fam fig* [molestar] to harp on at.

◆ **aporrearse** *vpr fig* [trabajar esforzadamente] to slave, to break one's back.

aporreo *m* - **1.** [golpeo] beating, thumping. - **2.** *fig* [molestia] annoyance. - **3.** [trabajo] drudgery, toil.

aportación *f* - **1.** [provisión] provision. - **2.** [contribución] contribution; **hacer una** ~ to contribute. - **3.** [dote] dowry.

aportar ◇ *vt* - **1.** [proporcionar] to provide. - **2.** [contribuir con] to contribute. - **3.** [dote] to bring into a marriage. ◇ *vi* - **1.** NÁUT to make port. - **2.** [llegar] to arrive. - **3.** *fig* [llegar por casualidad] to arrive o to end up by chance.

◆ **aportarse** *vpr Amér* to show up, to arrive.

aporte *m* contribution.

aportillar *vt* [romper] to break; [muro] to breach.

◆ **aportillarse** *vpr* [muro] to collapse, to fall down.

aposentar *vt* to put up, to lodge.

◆ **aposentarse** *vpr* to take up lodgings.

aposento *m desus* - **1.** [habitación] room; *Amér* [dormitorio] master bedroom; **retirarse a sus** ~s *desus & hum* to withdraw (to one's chamber). - **2.** [alojamiento] lodgings *(pl)*. - **3.** [palco] box.

aposición *f* apposition.

apósito *m* dressing.

aposta, apostas *adv* on purpose, intentionally.

apostadero *m* - **1.** [lugar] post, station. - **2.** MIL naval base.

apostante *mf* person who places a bet.

apostar [23] ◇ *vt* - **1.** [jugarse] to bet. - **2.** [emplazar] to post. ◇ *vi:* ~ **(por)** to bet (on); **apuesto a que no viene** I bet he doesn't come.

◆ **apostarse** *vpr* - **1.** [jugarse] to bet; ~**se algo con alguien** to bet sb sthg. - **2.** [colocarse] to post o.s. - **3.** [competir] to compete, to be rivals.

apostas *adv* = **aposta**.

apóstata *adj & mf* apostate.

apostatar *vi* - **1.** [renegar] to apostatize. - **2.** *fig* [cambiar de opinión] to change one's opinions.

apostilla *f* note.

apostillar *vt* to annotate.

apóstol *m* - **1.** RELIG apostle. - **2.** *fig* [propagador] champion.

apostolado *m* - **1.** [de apóstol] apostolate. - **2.** [de ideales] mission. - **3.** [pontificado] papacy, pontificate.

apostólico, ca *adj* - **1.** [de los apóstoles] apostolic. - **2.** [del Papa] papal, pontifical.

apostolizar [13] *vt* to convert to Christianity.

apóstrofe *m o f* - **1.** LITER apostrophe. - **2.** *fig* [insulto] insult.

apóstrofo *m* GRAM apostrophe.

apostura *f* - **1.** [gentileza] dashing nature. - **2.** [aspecto] looks *(pl)*.

apoteósico, ca *adj* tremendous.

apoteosis *f inv* - **1.** [final] grand finale. - **2.** *fig* [ensalzamiento] glorification.

apoyacabezas *m inv* headrest.

apoyar ◇ *vt* - **1.** [inclinar] to lean, to rest. - **2.** [basar, respaldar] to support. - **3.** [confirmar] to confirm, to uphold; **apoyó su posición con citas** he backed up his position with references. - **4.** MIL to reinforce. ◇ *vi* to lean, to rest; **la columna apoya sobre el pedestal** the column rests on the pedestal.

◆ **apoyarse** *vpr* - **1.** [sostenerse]: ~**se en** to lean on. - **2.** [basarse]: ~**se en** [suj: tesis, conclusiones] to be based on, to rest on; [suj: persona] to base one's arguments on. - **3.** *fig* [fiarse]: ~**se en** to rely on. - **4.** [respaldarse] to support one another.

apoyo *m* - **1.** [soporte] support. - **2.** [fundamento] basis, foundation. - **3.** [protección] protection.

APRA *(abrev de* **Alianza Popular Revolucionaria Americana**) *f Peruvian political party to the centre-right of the political spectrum*.

apreciable *adj* - **1.** [perceptible] appreciable, significant. - **2.** *fig* [estimable] worthy. - **3.** COM assessable.

apreciación *f* - **1.** [consideración] appreciation. - **2.** [estimación] evaluation. - **3.** COM appraisal, assessment.

apreciado, da *adj* - **1.** [valorado] valuable. - **2.** [querido] esteemed, well thought of.

apreciador, ra ◇ *adj* - **1.** [que estima] appreciative. - **2.** [que valora] appraising. ◇ *m, f* evaluator, appraiser.

apreciar [8] *vt* - **1.** [valorar] to appreciate; [sopesar] to appraise, to evaluate. - **2.** [sentir afecto por] to think highly of. - **3.** [percibir] to tell, to make out. - **4.** [opinar]: ~ **que** to consider (that); **los médicos han apreciado que debía ser operada** the doctors considered it necessary to operate. - **5.** COM to appraise, to assess.

apreciativo, va *adj* appraising; **una mirada apreciativa** an appraising look.

aprecio *m* - **1.** [estima] esteem; **sentir** ~ **por alguien** to think highly of sb. - **2.** COM appraisal, valuation. - **3.** *Amér* [atención] attention.

aprehender *vt* - **1.** [coger - persona] to apprehend; [- alijo, mercancía] to seize. - **2.** [comprender] to take in. - **3.** [temer] to fear, to be apprehensive about.

aprehensión *f* - **1.** [de persona] arrest, capture; [de alijo, mercancía] seizure. - **2.** [comprensión] comprehension, conception. - **3.** [miedo] fear, apprehension.

apremiante *adj* pressing, urgent.

apremiar [8] ◇ *vt* - **1.** [meter prisa]: ~ **a alguien para que haga algo** to urge sb to do sthg. - **2.** [obligar]: ~ **a alguien a hacer algo** to compel sb to do sthg. - **3.** [oprimir] to oppress. ◇ *vi* [ser urgente] to be pressing.

apremio *m* - **1.** [urgencia] urgency. - **2.** DER writ.

aprender ◇ *vt* - **1.** [estudiar] to learn. - **2.** [memorizar] to memorize. ◇ *vi*: ~ **(a hacer algo)** to learn (to do sthg); **los niños aprenden a andar alrededor del año** children learn to walk when they're about a year old; **¡para que aprendas!** that'll teach you!

◆ **aprenderse** *vpr* - **1.** [estudiar] to learn. - **2.** [memorizar] to memorize.

aprendiz, za (*pl* **aprendices**) *m, f* - **1.** [ayudante] apprentice, trainee; **ser** ~ **de todo y oficial de nada** *proverb* to be a Jack of all trades and master of none *proverb*. - **2.** [novato] beginner.

aprendizaje *m* - **1.** [acción] learning; **pagar el** ~ to pay for one's inexperience. - **2.** [tiempo, situación] apprenticeship. - **3.** [inicios] initiation.

aprensión *f* - **1.** [miedo]: ~ **(por)** apprehension (about). - **2.** [escrúpulo]: ~ **(por)** squeamishness (about). - **3.** [acción] capture, seizure.

aprensivo, va *adj* - **1.** [miedoso] apprehensive. - **2.** [escrupuloso] squeamish. - **3.** [hipocondríaco] hypochondriac.

apresador, ra ◇ *adj* capturing, seizing. ◇ *m, f* captor.

◆ **apresador** *m* privateer.

apresamiento *m* - **1.** [arresto] arrest, capture. - **2.** ZOOL clutch. - **3.** NÁUT capture, seizure.

apresar *vt* - **1.** [suj: animal] to catch; [suj: persona] to capture. - **2.** NÁUT to capture, to seize.

aprestar *vt* - **1.** [preparar] to prepare, to get ready. - **2.** [tela] to size.

◆ **aprestarse a** *vpr*: ~**se a hacer algo** to get ready to do sthg.

apresto *m* - **1.** [tela] size. - **2.** [preparación] preparation.

apresuradamente *adv* hurriedly, hastily.

apresurado, da *adj* hurried, hasty.

apresuramiento *m* - **1.** [prisa] haste. - **2.** [aceleración] hurrying, hastening.

apresurar *vt* to hurry along, to speed up; ~ **a alguien para que haga algo** to try to make sb do sthg more quickly.

◆ **apresurarse** *vpr* to hurry; ~**se a hacer algo** to do sthg quickly.

apretadamente *adv* tightly, closely.

apretadera *f* strap.

◆ **apretaderas** *fpl fam fig* pressure (U), insistence (U).

apretado, da *adj* - **1.** [comprimido, ceñido] tight. - **2.** [triunfo] narrow; [esprint] close. - **3.** [caligrafía] cramped.

- **4.** [apiñado] packed. - **5.** *fig* [arduo] difficult, tricky; **un asunto** ~ a tricky matter. - **6.** *fam fig* [mezquino] stingy, tightfisted. - **7.** *loc*: **estar muy** ~ *fam* [de problemas] to be in a jam o a tight spot; [de dinero] to be hard up, to be short of money.

apretador, ra *adj* tightening.

◆ **apretador** *m* - **1.** [instrumento] tightener. - **2.** [chaleco] bodice, jerkin. - **3.** [para niños] child-harness. - **4.** [faja] bellyband.

apretadura *f* tightening.

apretar [19] ◇ *vt* - **1.** [oprimir - botón, tecla] to press; [- gatillo] to pull, to squeeze; [- nudo, tuerca, cinturón] to tighten; **el zapato me aprieta** my shoe is pinching. - **2.** [estrechar] to squeeze; [abrazar] to hug; **la apretó contra su pecho** he held her to his chest. - **3.** [ropa, objetos] to pack tight. - **4.** [juntar - dientes] to grit; [- labios] to press together. - **5.** *fig* [el paso, la marcha] to quicken. - **6.** *fig* [presionar] to press; **lo apretaron tanto que acabó confesando** they pressed him so hard that he ended up confessing. - **7.** [afligir] to distress, to trouble. - **8.** [exigir] to tighten up on; ~ **la disciplina** to tighten up on discipline. - **9.** [apremiar] to press, to urge. ◇ *vi* - **1.** [calor, lluvia] to get worse, to intensify; **en agosto ha apretado mucho el calor** it got a lot hotter in August. - **2.** [zapatos] to pinch; [ropa] to be too tight. - **3.** [controlar]: ~ **con** to come to grips with. - **4.** *loc*: ~ **a correr** *fam* to run off; **el ladrón apretó a correr** the thief ran off.

◆ **apretarse** *vpr* [agolparse] to crowd together; [acercarse] to squeeze up; **apretaos un poco y así cabremos todos** squeeze up a bit so we can all fit in.

apretón *m* - **1.** [estrechamiento] squeeze; ~ **de manos** handshake. - **2.** [dolor] cramp. - **3.** *fam fig* [lío] jam, fix. - **4.** *fam* [carrera] dash, sprint.

◆ **apretones** *mpl* [aglomeración] crush *(sg)*.

apretujar *vt fam* - **1.** [apretar] to squash. - **2.** [hacer una bola con] to screw up. - **3.** [apiñar] to cram.

◆ **apretujarse** *vpr* [en banco, autobús] to squeeze together; [por frío] to huddle up.

apretujón *m fam* - **1.** [abrazo] bearhug. - **2.** [gente] crush.

aprieta *etc v* → **apretar**.

aprieto *m* - **1.** *fig* [apuro] fix, difficult situation; **poner en un** ~ **a alguien** to put sb in a difficult position; **verse** o **estar en un** ~ to be in a fix. - **2.** [de gente] crush.

apriorismo *m* apriorism.

aprisa *adv* quickly.

aprisco *m* fold, pen.

aprisionamiento *m* - **1.** [encarcelamiento] imprisonment. - **2.** *fig* [restricción] constraint.

aprisionar *vt* - **1.** [encarcelar] to imprison. - **2.** [inmovilizar - atando, con camisa de fuerza] to strap down; [- suj: viga etc] to trap.

aprobación *f* - **1.** [consentimiento] approval. - **2.** [de prueba] pass mark. - **3.** DER adoption, ratification; *ver* USO *en página siguiente*.

aprobado, da *adj* [aceptado] approved.

◆ **aprobado** *m* EDUC pass.

aprobador, ra ◇ *adj* approving. ◇ *m, f* approver.

aprobar [23] ◇ *vt* - **1.** [proyecto, moción, medida] to approve; [ley] to pass. - **2.** [comportamiento etc] to approve of. - **3.** [examen, asignatura] to pass. ◇ *vi* to pass; **tiene que estudiar más si quiere** ~ **en junio** she'll have to study harder if she wants to pass her exams in June.

aprobatorio, ria *adj* approving.

aprontar ◇ *vt* - **1.** [prevenir] to quickly prepare o get ready. - **2.** [entregar] to hand over at once. ◇ *vi Amér* to turn up.

apronte *m* - **1.** *Amér* [carrera] trial. - **2.** *fig* [preparación] dry run.

apropiación *f* - **1.** [robo] theft. - **2.** [adecuación] fitting, adapting.

apropiadamente *adv* appropriately.

apropiado, da *adj* suitable, appropriate.

apropiar [8] *vt* [adaptar, aplicar]: ~ **(a)** to adapt (to).
◆ **apropiarse** *vpr* [adueñarse] to take possession; ~**se de** to steal.

aprovechable *adj* usable.

aprovechadamente *adv* for one's own benefit o profit.

aprovechado, da ◇ *adj* - **1.** [caradura]: **es muy** ~ he's always sponging off other people. - **2.** [bien empleado - tiempo] well-spent; [- espacio] well-planned. - **3.** [aplicado] diligent. ◇ *m, f* [caradura] sponger.

aprovechador, ra ◇ *adj* opportunistic. ◇ *m, f* opportunist.

aprovechamiento *m* - **1.** [utilización] use. - **2.** [en el estudio] progress, improvement.

aprovechar ◇ *vt* - **1.** [sacar provecho de] to make the most of; [oferta, ocasión] to take advantage of; [conocimientos, experiencia] to use, to make use of; ~ **que...** to use the fact that, to make the most of the fact that...; **aprovechó que sabía alemán para solicitar un traslado a Alemania** she used the fact that she knew German to ask for a transfer to Germany. - **2.** [lo inservible] to put to good use. ◇ *vi* - **1.** [ser provechoso] to be beneficial; **¡que aproveche!** enjoy your meal! - **2.** [mejorar] to make progress; **desde que tiene un profesor particular aprovecha más en matemáticas** since he's had a private tutor he's made more progress in maths.
◆ **aprovecharse** *vpr*: ~**se (de)** to take advantage (of); **todo el mundo se aprovecha de la ingenuidad de Marta** everyone takes advantage of Marta's gullible nature; **nos aprovechamos de que teníamos coche para ir a la ciudad** we took advantage of the fact that we had a car to go to the city.

aprovisionamiento *m* - **1.** [acción] supplying. - **2.** [provisiones] supplies *(pl)*, provisions *(pl)*.

aprovisionar *vt* to supply.
◆ **aprovisionarse** *vpr*: ~**se de algo** to stock up with sthg.

aproximación *f* - **1.** [acercamiento] approach. - **2.** [en cálculo] approximation. - **3.** [en lotería] *in lotteries, consolation prize given to numbers immediately before and after the winning number*. - **4.** *fig* [de países] rapprochement; [de puntos de vista] converging.

aproximadamente *adv* approximately.

aproximado, da *adj* approximate.

aproximar *vt* to move closer.
◆ **aproximarse** *vpr* to come closer.

aprueba *etc v* → **aprobar**.

aptitud *f* - **1.** [capacidad] ability, aptitude; **tener** ~ **para algo** to have an aptitude for sthg. - **2.** [conformidad] aptness, suitability.
◆ **aptitudes** *fpl* gift *(sg)*, talent *(sg)*.

apto, ta *adj* - **1.** [adecuado, conveniente]: ~ **(para)** suitable (for). - **2.** [capacitado - intelectualmente] capable, able; [- físicamente] fit. - **3.** CINE: ~**/no** ~ **para menores** suitable/unsuitable for children.

apuesta[1] *etc v* → **apostar**.

apuesta[2] ◇ *adj f* → **apuesto**. ◇ *f* bet; **hacer una** ~ to place a bet.

apuestamente *adv* smartly, elegantly.

apuesto, ta *adj* dashing.

apulgararse *vpr* to mildew, to become mildewed *(linen)*.

apunarse *vpr Amér* to get altitude sickness.

apuntado, da *adj* pointed, sharp.

apuntador, ra ◇ *m, f* - **1.** [en teatro] prompter. - **2.** [observador] observer. - **3.** MIL pointer, gunner. ◇ *adj* observing, noting.

apuntalamiento *m lit & fig* underpinning.

apuntalar *vt lit & fig* to underpin.

apuntamiento *m* - **1.** [anotación] noting, taking down. - **2.** DER case summary. - **3.** [afiladura] sharpening.

apuntar ◇ *vt* - **1.** [anotar] to make a note of, to note down; ~ **a alguien** [en lista] to put sb down; **apúntamelo (en la cuenta)** put it on my account. - **2.** [dirigir - dedo] to point; [- arma] to aim; ~ **a alguien** [con el dedo] to point at sb; [con un arma] to aim at sb. - **3.** TEATRO to prompt. - **4.** *fig* [sugerir] to hint at; **la policía ha apuntado la posibilidad de que los secuestradores la hayan matado** the police have admitted that the kidnappers may have killed her. - **5.** *fig* [indicar] to point out. - **6.** [afilar] to sharpen. ◇ *vi* - **1.** [vislumbrarse] to appear; [día] to break; **en los árboles ya apuntaban las primeras hojas** the first leaves were appearing on the trees. - **2.** *fig* [indicar]: ~ **a** to point to, to suggest; **todas las pruebas apuntan a su culpabilidad** all the evidence points to him being guilty.
◆ **apuntarse** *vpr* - **1.** [en lista] to put one's name down; [en curso] to enrol. - **2.** [participar]: ~**se (a hacer algo)** to join in (doing sthg); **se apunta a todas las celebraciones** she never misses a party; **yo me apunto** I'm in. - **3.** [agriarse] to begin to sour. - **4.** *fam* [embriagarse] to begin to get tipsy.

apunte *m* - **1.** [nota] note. - **2.** [boceto] sketch. - **3.** COM entry. - **4.** TEATRO prompt. - **5.** [apuesta] stake *(in cards)*. - **6.** *fam* [pícaro] rogue, rascal. - **7.** *loc*: **llevar el** ~ *Amér fam* to pay attention.
◆ **apuntes** *mpl* EDUC notes; **tomar** ~**s** to take notes.

apuñalado, da *adj* shaped like a dagger.

apuñalamiento *m* stabbing.

apuñalar *vt* to stab.

apuñar *vt* to seize in one's fist.

apuñear, apuñetear *vt fam* to punch, to pummel.

apuracabos *m inv* save-all *(candle holder)*.

apuradamente *adv fam* exactly, precisely.

apurado, da *adj* - **1.** [necesitado] in need; ~ **de** short of. - **2.** [avergonzado] embarrassed. - **3.** [difícil] awkward. - **4.** [peligroso] dangerous, difficult. - **5.** [exacto] exact, precise.

apurador, ra *adj* - **1.** [agotador] tiring, exhausting. - **2.** [purificador] purifying, refining.
◆ **apurador** *m* save-all *(candle holder)*.

apuramiento *m* - **1.** [agotamiento] exhaustion. - **2.** [purificación] purification. - **3.** *fig* [aclaración] clarification.

apurar *vt* - **1.** [agotar] to finish off; [existencias, la paciencia] to exhaust. - **2.** [meter prisa] to hurry. - **3.** [preocupar] to trouble. - **4.** [avergonzar] to embarrass. - **5.** [barba] to shave closely. - **6.** [purificar] to purify, to refine; ~ **el oro** to refine gold. - **7.** [averiguar] to verify, to check.
◆ **apurarse** *vpr* - **1.** [preocuparse]: ~**se (por)** to worry (about). - **2.** [darse prisa] to hurry.

USO ▶ Aprobación

De una sugerencia, de una propuesta etc:

That sounds like a good idea.
I'm all for this sort of thing.
This is just the kind of approach we need.
You have my full backing o support on this.
I'm all in favour of the idea of greater accountability.
That's fine o OK by me. *[familiar]*

De una acción, ya realizada, de una decisión ya tomada etc:

You've made a wise choice/decision there.
I think you were absolutely right to tell him to leave.
I'd have done exactly the same in your situation.
I really admire the way she dealt with it.
Well done!
Good for you/him/them etc! *[familiar]*

apuro *m* - **1.** [dificultad] fix, difficult situation; **estar en ~s** to be in a tight spot; **sacar de ~s** to bail out. - **2.** [penuria] hardship (U); **pasar ~s** to be hard up. - **3.** [vergüenza] embarrassment; **me da ~ (decírselo)** I'm embarrassed (to tell her). - **4.** [prisa] hurry, haste.

aquaplaning [akwa'planin] *m* aquaplaning.

aquejado, da *adj*: ~ **de** suffering from.

aquejar *vt* to afflict; **le aquejan varias enfermedades** he suffers from a number of illnesses.

aquel, aquella (*mpl* **aquellos**, *fpl* **aquellas**) *adj demos* that, (*pl*) those.

aquél, aquélla (*mpl* **aquéllos**, *fpl* **aquéllas**) *pron demos* - **1.** [ése] that (one), (*pl*) those (ones); **este cuadro me gusta pero ~ del fondo no** I like this picture, but I don't like that one at the back; ~ **fue mi último día en Londres** that was my last day in London. - **2.** [nombrado antes] the former; **teníamos un coche y una moto, ésta estropeada y ~ sin gasolina** we had a car and a motorbike, the former was out of petrol, the latter had broken down. - **3.** [con oraciones relativas] whoever, anyone who; ~ **que quiera hablar que levante la mano** whoever wishes o anyone wishing to speak should raise their hand; **aquéllos que...** those who...

aquelarre *m* coven.

aquella *adj demos f* → **aquel**.

aquélla *pron demos f* → **aquél**.

aquello *pron demos (neutro)* that; **no consiguió saber si ~ lo dijo en serio** he never found out whether she meant those words o that seriously; ~ **de su mujer es una mentira** all that about his wife is a lie.

aquellos, aquellas *adj demos pl* → **aquel**.

aquéllos, aquéllas *pron demos pl* → **aquél**.

aquerenciado, da *adj Amér* in love, enamoured.

aquerenciarse *vpr*: ~ **a** to become fond of o attached to.

aquí *adv* - **1.** [gen] here; ~ **abajo/arriba** down/up here; ~ **dentro/fuera** in/out here; ~ **mismo** right here; **el exámen será ~ mismo, en esta misma aula** the exam will be right here in this room; ~ **y allá** here and there; **era muy desordenado y dejaba las cosas ~ y allá** he was very untidy and left things lying around all over the place; **de ~ en adelante** from now on, from here on in; **de ~ para allá** [de un lado a otro] to and fro; **va de ~ para allá sin tener destino fijo** she travels around without really knowing where she's going; **por ~** over here; **vive por ~** she lives around here somewhere. - **2.** [ahora] now; **de ~ a mañana** between now and tomorrow; **la traducción tiene que estar acabada de ~ a mañana** the translation has to be ready by tomorrow; **de ~ a poco** shortly, soon; **de ~ a un mes** a month from now, in a month. - **3.** [en tiempo pasado]: ~ **empezaron los problemas** that was when the problems started.
◆ **de aquí que** *loc conj* [por eso] hence, therefore; **llegaba siempre tarde al trabajo, de ~ que lo hayan despedido** he was always late for work, so they've sacked him.

aquiescencia *f* approval.

aquiescente *adj* acquiescent, assenting.

aquietar *vt* to calm down.
◆ **aquietarse** *vpr* to calm down.

aquilatar *vt* - **1.** [metales, joyas] to assay. - **2.** *fig* [examinar] to assess.
◆ **aquilatarse** *vpr Amér fig* to improve.

Aquiles *m* Achilles.

aquilino, na *adj* aquiline.

aquillado, da *adj* keel-shaped.

aquilón *m* north wind.

ara *f (con art masc 'el')* - **1.** *culto* [piedra] altar stone. - **2.** [altar] altar.
◆ **en aras de** *loc prep culto* for the sake of.

árabe ◇ *adj* Arab, Arabian. ◇ *mf* [persona] Arab. ◇ *m* [lengua] Arabic.

arabesco *m* arabesque.

Arabia Saudí, Arabia Saudita *s* Saudi Arabia.

arábigo, ga *adj* - **1.** [de Arabia] Arab, Arabian. - **2.** [numeración] Arabic.

Arábigo *m*: **el (mar)** ~ the Arabian Sea.

arabismo *m* Arabic word o expression.

arabista *mf* Arabist.

arable *adj* arable, cultivatable.

arácnido *m* arachnid.

arado *m* - **1.** [instrumento] plough. - **2.** [acción] ploughing. - **3.** *Amér* [huerto] orchard.

Aragón *s* Aragon.

aragonés, esa (*pl* **aragoneses**) *adj & m, f* Aragonese.

Aral *m* → **mar**.

arameo *m* [lengua] Aramaic.

arancel *m* tariff; **~es (de aduana)** customs duty (sg).

arancelario, ria *adj* tariff (antes de sust).

arándano *m* bilberry.

arandela *f* - **1.** MEC washer. - **2.** [de candelero] rim. - **3.** [de candelabro] candelabrum. - **4.** [de arma] hand guard. - **5.** NÁUT hatch. - **6.** *Amér* [de camisa] frills (*pl*), ruffle.

aranero, ra, aranoso, sa ◇ *adj* deceitful, tricky. ◇ *m, f* trickster, swindler.

araña *f* - **1.** [arácnido] spider; ~ **de mar** spider crab. - **2.** [lámpara] chandelier. - **3.** [pez] weever. - **4.** [planta] love-in-a-mist. - **5.** NÁUT crowfoot, rigging (U). - **6.** *Amér* [prostituta] prostitute, whore.

arañar *vt* - **1.** [gen] to scratch. - **2.** *fig* [reunir] to scrape together.
◆ **arañarse** *vpr* to scratch (o.s.).

arañazo *m* scratch.

arar *vt* - **1.** [tierra] to plough. - **2.** *fig* [arrugar] to furrow, to wrinkle.

Ararat *m* BIBLIA: **el monte** ~ Mount Ararat.

arbitrador, ra ◇ *adj* arbitrating. ◇ *m, f* arbitrator, arbiter.

arbitraje *m* - **1.** [DEP - en fútbol etc] refereeing; [- en tenis, críquet] umpiring. - **2.** DER arbitration. - **3.** FIN arbitrage.

arbitral *adj* - **1.** DEP of the referee. - **2.** DER arbitral; **juicio** ~ arbitral decision.

arbitrar ◇ *vt* - **1.** [DEP - en fútbol etc] to referee; [- en tenis, críquet] to umpire. - **2.** [medidas, recursos] to bring together. - **3.** DER to arbitrate. ◇ *vi* - **1.** [DEP - en fútbol etc] to referee; [- en tenis, críquet] to umpire. - **2.** DER to arbitrate. - **3.** [proceder libremente] to act freely.
◆ **arbitrarse** *vpr* to get along, to manage.

arbitrariamente *adv* arbitrarily.

arbitrariedad *f* - **1.** [cualidad] arbitrariness. - **2.** [acción] arbitrary action.

arbitrario, ria *adj* arbitrary.

arbitrio *m* [decisión] judgment; **dejar algo al ~ de alguien** to leave sthg to sb's discretion ❑ **libre** ~ free will.
◆ **arbitrios** *mpl* [impuestos] taxes.

arbitrista *mf* utopian, idealist.

árbitro *m* - **1.** [DEP - en fútbol etc] referee; [- en tenis, críquet] umpire. - **2.** DER arbitrator. - **3.** *fig* [persona influyente] absolute o sole judge.

árbol *m* - **1.** BOT tree; [de hoja perenne] evergreen; ~ **de la ciencia** *fig* tree of knowledge; ~ **de Navidad** Christmas tree. - **2.** TECN shaft; ~ **de levas** camshaft; ~ **motor** drive shaft. - **3.** NÁUT mast. - **4.** *Amér* [perchero] clothes rack.
◆ **árbol genealógico** *m* family tree.

arbolado, da *adj* - **1.** [terreno] wooded; [calle] treelined. - **2.** [mar] tempestuous.
◆ **arbolado** *m* woodland (U).

arboladura *f* NÁUT masts and spars (*pl*).

arbolar *vt* - **1.** [barco] to mast. - **2.** [bandera] to raise, to hoist. - **3.** [mar] to whip up.
◆ **arbolarse** *vpr* to rear up.

arbolecer [30] *vi* to grow into a tree.

arboleda *f* wood.

arbolista *mf* arborist.

arbóreo, a *adj* arboreal.

arboreto *m* arboretum.

arboricultura *f* tree cultivation.

arborización *f* MIN arborization.

arborizado, da *adj* MIN arborized.

arborizar [13] *vt* to plant with trees.

arbotante *m* flying buttress.

arbusto *m* bush, shrub.

arca *f* (con art masc 'el') - **1.** [arcón] chest. - **2.** [barco]: ~ **de la Alianza** Ark of the Covenant; ~ **de Noé** Noah's Ark. - **3.** [horno] tempering oven (in glassmaking). - **4.** [molusco] arkshell.

◆ **arcas** *fpl* - **1.** [tesorería] coffers; ~**s públicas** Treasury (sg). - **2.** ANAT hollows (under the ribs).

arcabuz (*pl* **arcabuces**) *m* - **1.** [arma] arquebus. - **2.** [persona] arquebusier.

arcada *f* - **1.** (gen pl) [de estómago] retching (U); **me dieron** ~**s** I retched. - **2.** [ARQUIT - arcos] arcade; [- de puente] arch.

arcaduz (*pl* **arcaduces**) *m* - **1.** [caño] pipe, conduit. - **2.** *fig fam* [medio] means (sg), way.

arcaico, ca *adj* archaic.

arcaísmo *m* archaism.

arcaísta *mf* archaist.

arcaizante *adj* archaizing.

arcaizar [13] *vi & vt* to archaize.

arcángel *m* archangel.

arcano, na *adj* arcane.

◆ **arcano** *m* - **1.** [carta] arcana. - **2.** [misterio] mystery.

arce *m* maple.

arcén *m* [de autopista] hard shoulder; [de carretera] verge.

archiconocido, da *adj fam* very well-known.

archidiócesis, arquidiócesis *f inv* archdiocese.

archiduque, quesa *m, f* archduke (*f* archduchess).

archilaúd *m* MÚS archlute.

archimillonario, ria *m, f* multimillionaire.

archipámpano *m fam irón* big shot.

archipiélago *m* archipelago.

archisabido, da *adj* very well-known.

archivador, ra ◇ *adj* archiving, filing. ◇ *m, f* archivist.

◆ **archivador** *m* filing cabinet.

archivar *vt* - **1.** [documento, fichero etc] to file. - **2.** *fig* [suceso etc] to push to the back of one's mind.

archivista *mf* = **archivero**.

archivero, ra *m, f* archivist.

archivo *m* - **1.** [lugar] archive; [documentos] archives (pl); **imágenes de** ~ TV library pictures. - **2.** [informe, ficha] file. - **3.** INFORM file; ~ **batch** batch file. - **4.** *fig* [persona inteligente] mine of information.

arcilla *f* clay; ~ **figulina** potter's clay.

arcillar *vt* to loam, to clay.

arcilloso, sa *adj* clay-like, clayey.

arcipreste *m* archpriest.

arco *m* - **1.** GEOM arc. - **2.** ARQUIT arch; ~ **formero** supporting arch; ~ **de herradura** horseshoe arch; ~ **triunfal** o **de triunfo** triumphal arch. - **3.** DEP, MIL & MÚS bow. - **4.** [aro] hoop (of barrel). - **5.** *Amér* [portería] goal, goalmouth.

◆ **arco iris** *m* rainbow.

◆ **arco voltaico** *m* ELECTR arc lamp.

arcón *m* large chest.

ardentía *f* MED heartburn.

arder *vi* - **1.** [quemarse] to burn; [sin llama] to smoulder; ~ **de** *fig* to burn with; **arde de impaciencia por conocer a su futuro yerno** she's dying to meet her future son-in-law ❏ **está que arde** [persona] he's fuming; [reunión] it's getting pretty heated. - **2.** AGR to ferment.

◆ **arderse** *vpr* - **1.** [quemarse] to burn up. - **2.** AGR to spoil, to rot.

ardid *m* ruse, trick.

ardido, da *adj Amér* [irritado] irritated.

ardiente *adj* - **1.** [que arde] burning; [líquido] scalding. - **2.** [admirador, defensor] ardent. - **3.** [color] glowing.

ardientemente *adv* ardently, fervently.

ardilla *f* - **1.** [animal] squirrel; ~ **gris/roja** grey/red squirrel; ~ **listada** o **rayada** chipmunk. - **2.** *Amér fam* [persona] go-getter.

ardite *m* [moneda] old Spanish coin of little value; **no vale un** ~ *fam fig* it isn't worth a brass farthing.

ardor *m* - **1.** [calor] heat. - **2.** [quemazón] burning (sensation); ~ **de estómago** heartburn. - **3.** *fig* [entusiasmo] fervour. - **4.** [valor] courage, valour. - **5.** *fig* [pasión] heat.

ardorosamente *adv fig* ardently, fervently.

ardoroso, sa *adj* - **1.** [caliente] hot, burning. - **2.** *fig* [apasionado] ardent, fervent.

arduamente *adv* arduously, with great difficulty.

arduo, dua *adj* arduous.

ARE (*abrev de* **Asamblea de Regiones Europeas**) *f* AER.

área *f* (con art masc 'el') - **1.** [gen] area; ~ **metropolitana/de servicio/de descanso** metropolitan/service/rest area; ~ **de libre cambio** ECON free exchange area. - **2.** [medida] = 100 square metres, are. - **3.** DEP playground; ~ (**de castigo** o **de penalti**) (penalty) area.

arena *f* - **1.** [de playa etc] sand; ~**s movedizas** quicksand (U). - **2.** [para luchar] arena. - **3.** TAUROM bullring. - **4.** [de metal] filings (pl), dust.

◆ **arenas** *fpl* MED gallstones.

arenal *m* - **1.** [terreno arenoso] sandy ground (U). - **2.** [arena movediza] quicksand.

arenar *vt* - **1.** [enarenar] to sand, to cover with sand. - **2.** [frotar] to sand, to rub o clean with sand.

arenero, ra *m, f* sand merchant.

◆ **arenero** *m* - **1.** FERROC sandbox. - **2.** TAUROM boy who smooths the surface of the bullring with sand.

arenga *f* - **1.** [discurso] harangue. - **2.** *fam fig* [perorata] sermon. - **3.** *Amér* [disputa] quarrel, argument.

arengar [16] *vt* to harangue.

arenífero, ra *adj* containing sand.

arenilla *f* - **1.** [polvo] dust. - **2.** MED stone, calculus.

◆ **arenillas** *fpl* - **1.** MED kidney stones. - **2.** [explosivo] granulated saltpetre (U).

arenisco, ca *adj* sandy.

◆ **arenisca** *f* sandstone.

arenoso, sa *adj* sandy.

arenque *m* herring.

areola *f* areola.

areolar *adj* areolar.

areometría *f* aerometry.

areómetro *m* aerometer.

arete *m* earring.

arfar *vi* NÁUT to pitch.

argadijo, argadillo *m* - **1.** [para hilar] spool, reel. - **2.** *fam fig* [persona bulliciosa] rowdy person.

argamandel *m* [andrajo] rag.

argamasa *f* mortar.

argamasar ◇ *vi* to make o mix mortar. ◇ *vt* to mortar.

árgana *f* crane.

◆ **árganas** *fpl* wicker baskets hung from a saddle.

argayo *m* landslide.

Argelia *s* Algeria.

argelino, na *adj & m, f* Algerian.

argentado, da *adj* - **1.** [bañado de plata] silver-plated. - **2.** [de color plateado] silver, silvery.

argentar *vt* - **1.** [bañar con plata] to silver-plate. - **2.** [decorar con plata] to decorate with silver. - **3.** *fig* [dar brillo] to make shine like silver; **la luna argentaba el paisaje** the moon bathed the landscape in silver light.

argentario *m* silversmith.

argénteo, a *adj* - **1.** [de plata] silver. - **2.** *fig* [brillante] shiny, silvery.

argentería *f* gold or silver embroidery.

Argentina *s*: **(la)** ~ Argentina.

argentinismo *m* word peculiar to Argentinian Spanish.

argentino, na ◊ *adj* - **1.** [persona] Argentinian. - **2.** [plateado] silvery, argentine. - **3.** [voz] silvery, clear. ◊ *m, f* Argentinian.

argento *m culto* argent; ~ **vivo** quicksilver.

argolla *f* - **1.** [aro] (large) ring. - **2.** [juego] croquet. - **3.** *Amér* [alianza] wedding ring. - **4.** *Amér* [suerte] luck. - **5.** *Amér fam* [camarilla]: **formar** ~ to form a monopoly.

argón *m* QUÍM argon.

argonauta *m* - **1.** MITOL Argonaut. - **2.** [molusco] argonaut, paper nautilus.

argos *m inv* - **1.** *fig* [persona] Argus, vigilant person. - **2.** [ave] argus pheasant.

argot (*pl* **argots**) *m* - **1.** [popular] slang. - **2.** [técnico] jargon.

argucia *f* sophism.

argüir [44] ◊ *vt* - **1.** [argumentar] to argue. - **2.** [demostrar] to prove, to demonstrate. - **3.** [deducir] to deduce. ◊ *vi* [argumentar] to argue.

argumentación *f* line of argument.

argumentador, ra ◊ *adj* argumentative. ◊ *m, f* argumentative person.

argumentar *vt* - **1.** [teoría, opinión] to argue. - **2.** [razones, excusas] to allege.

argumentativo, va *adj* argumentative.

argumentista *mf* - **1.** [que da argumentos] arguer. - **2.** CINE scriptwriter.

argumento *m* - **1.** [razonamiento] argument. - **2.** [trama] plot. - **3.** [resumen] summary, synopsis. - **4.** *Amér* [disputa] argument, dispute.

arguya, arguyera *etc v* → **argüir**.

aria ◊ *adj f* → **ario**. ◊ *f (con art masc 'el')* MÚS aria.

aridez (*pl* **arideces**) *f* [gen] dryness; [de zona, clima] aridity.

árido, da *adj* - **1.** [seco] dry; [zona, clima] arid. - **2.** *fig* [aburrido, pesado] dry, dull; **estudios** ~**s** dry studies.

♦ **áridos** *mpl* dry goods.

Aries ◊ *m inv* - **1.** [zodiaco] Aries; **ser** ~ to be (an) Aries. - **2.** [constelación] Aries. ◊ *mf inv* [persona] Aries.

ariete *m* - **1.** HIST & MIL battering ram. - **2.** DEP centre forward. - **3.** NÁUT ram (armoured steamship).

ario, ria *adj & m, f* Aryan.

arisco, ca *adj* - **1.** [huidizo] surly. - **2.** *Amér* [tímido] shy, timid.

arista *f* - **1.** GEOM edge. - **2.** BOT awn, beard. - **3.** ARQUIT arris.

aristado, da *adj* - **1.** [con bordes] edged, with edges. - **2.** BOT bearded, awned.

aristocracia *f* aristocracy.

aristócrata *mf* aristocrat.

aristocráticamente *adv* aristocratically.

aristocrático, ca *adj* - **1.** [noble] aristocratic. - **2.** [distinguido] distinguished.

Aristófanes *m* Aristophanes.

Aristóteles *m* Aristotle.

aristotélico, ca *adj & m, f* Aristotelian.

aritmético, ca ◊ *adj* arithmetic. ◊ *m, f* arithmetician.

♦ **aritmética** *f* - **1.** [ciencia] arithmetic. - **2.** [libro] arithmetic book.

aritmógrafo *m* adding machine.

arito *m Amér* [pendiente] earring.

arlequín *m* - **1.** [personaje] harlequin. - **2.** [helado] Neapolitan ice-cream.

arlequinada *f* clowning (U), buffoonery (U).

arlequinesco, ca *adj* - **1.** [de arlequín] harlequinesque. - **2.** [ridículo] ridiculous, buffoonish.

arma *f (con art masc 'el')* - **1.** [instrumento] arm, weapon; **presentar/rendir** ~**s** to present/surrender arms □ ~ **arrojadiza** [proyectil] missile, projectile; *fig & POLÍT* weapon; ~ **biológica/nuclear/química** biological/nuclear/chemical weapon; ~ **blanca** blade, weapon with a sharp blade; ~ **de dos filos** o **doble filo** *fig* double-edged sword;

USO ▶ Estructura de una argumentación

Introducción

In this essay, I propose to discuss...
It is often said that...
Nowadays, it is increasingly clear that...
In order to assess..., we must first consider...
By way of introduction, I would like to examine...
The question of... raises many important issues.
It is a well-known fact that...
It is widely acknowledged that...

Presentación de argumentos

▶ *para ordenarlos:*

First, I will discuss... then, I will examine... finally, I propose to...
On the one hand...; on the other hand...
As for... o As regards...
As far as ... is concerned, ...
Similarly, ... o Equally, ...

▶ *para dar una opinión:*

In my opinion, ...
It seems to me that...
For my part, I...

▶ *para poner un ejemplo:*

For example, ...

For instance, ...
Let us consider...
Take, for example, the case of...

▶ *para citar a un autor:*

According to Althusser, ...
To quote Freud, ...
As Irigaray says, ...

▶ *para presentar argumentos contrarios:*

This may well be true. Nevertheless, ...
It must be said, however, that...
In spite of these arguments, it remains the case that...
These arguments sound very convincing. And yet, I cannot help feeling that...
The author claims..., whereas in fact...
This is far from being the case. Indeed, ...

Conclusión

In conclusion, ...
To sum up, ...
All in all, ...
Ultimately, ...
What emerges from all this is that...
Having considered all aspects of the question, we may conclude that...
Overall, then, it would seem that...

~ de fuego firearm; **~ homicida** murder weapon; **~ negra** [en esgrima] fencing foil. **- 2.** *fig* [medio] weapon; **el ~ más valiosa de un político es la facilidad de palabra** a politician's most valuable weapon is to have a way with words. **- 3.** MIL division, arm; **~ de infantería** infantry division o arm. **- 4.** *loc:* **¡a las ~s!** to arms!; **alzarse en ~s** to rise up; **¡descansen, ~s!** order arms!; **pasar a alguien por las ~s** to shoot sb, to execute sb (by firing squad); **ser de ~s tomar** to be sb reckoned with; **este niño es de ~s tomar** this child is quite a handful; **tomar las ~s** to take up arms.
◆ **armas** *fpl* **- 1.** [profesión] military career *(sg)*. **- 2.** HERÁLDICA arms.
armada *f* → **armado**.
armadillo *m* armadillo.
armado, da *adj* **- 1.** [con armas] armed. **- 2.** [con armazón] reinforced. **- 3.** *Amér* [testarudo] stubborn, obstinate.
◆ **armado** *m* **- 1.** [pez] catfish. **- 2.** *Amér* [armadillo] armadillo. **- 3.** *Amér* [armadura] armour.
◆ **armada** *f* **- 1.** [marina] navy; [escuadra] fleet. **- 2.** *Amér* [lazo] lasso.
◆ **Armada** *f* HIST: **la Armada Invencible** the Spanish Armada.
armador, ra *m, f* shipowner.
armadura *f* **- 1.** [de barco, tejado] framework; [de gafas] frame; [de cama] bedstead, bed frame. **- 2.** [de guerrero] armour. **- 3.** ELECTR armature. **- 4.** [esqueleto] skeleton, frame. **- 5.** ARQUIT frame, shell; **~ volada** cantilever truss. **- 6.** MÚS key signature.
armamentismo *m* policy of heavy armament.
armamentista, armamentístico, ca *adj* arms *(antes de sust)*.
armamento *m* **- 1.** [armas] arms *(pl)*. **- 2.** [acción] armament, arming.
armañac *m* armagnac.
armar *vt* **- 1.** [montar - mueble etc] to assemble; [- tienda] to pitch. **- 2.** [ejército, personas] to arm. **- 3.** [fusil, pistola] to load. **- 4.** *fam fig* [provocar] to cause; **~la** *fam* to cause trouble. **- 5.** [fundar, sentar] to base, to found. **- 6.** *fam* [organizar, fraguar] to arrange, to organize. **- 7.** NÁUT to provision, to equip. **- 8.** *Amér* [cigarrillo] to roll.
◆ **armarse** *vpr* **- 1.** [con armas] to arm o.s. **- 2.** [prepararse]: **~se de** [valor, paciencia] to summon up. **- 3.** *Amér* [animal] to balk, to shy. **- 4.** *Amér* [obstinarse] to balk, to be obstinate. **- 5.** *Amér* [tener fortuna] to strike it rich, to get lucky. **- 6.** *loc:* **se armó la gorda** o **la de San Quintín** o **la de Dios es Cristo** *fam* all hell broke loose.
armario *m* [para objetos] cupboard; [para ropa] wardrobe; **~ empotrado** fitted cupboard/wardrobe.
armatoste *m* **- 1.** [mueble, objeto] unwieldy object; [máquina] contraption. **- 2.** *fig* [persona] slob, big oaf.
armazón ◇ *f* [gen] framework, frame; [de avión, coche] chassis; [de edificio] skeleton. ◇ *m Amér* [estantería de comercio] shelving *(U)*, shelves *(pl)*.
armella *f* eyebolt.
Armenia *s* Armenia.
armenio, nia *adj & m, f* Armenian.
armería *f* **- 1.** [depósito] armoury. **- 2.** [tienda] gunsmith's (shop). **- 3.** [museo] military o war museum. **- 4.** [arte] gunsmith's craft.
armero *m* **- 1.** [fabricante] gunsmith. **- 2.** MIL armourer. **- 3.** [aparato] gun rack.
armilar *adj* armillary.
armiño *m* [piel] ermine; [animal] stoat.
armisticio *m* armistice.
armonía, harmonia *f* **- 1.** MÚS harmony. **- 2.** *fig* [amistad] harmony; **vivir en ~** to live in harmony.
armónica *f* → **armónico**.
armónicamente, harmónicamente *adv* harmoniously, in harmony.
armónico, ca, harmónico, ca *adj* harmonic.

◆ **armónico** *m* harmonic.
◆ **armónica** *f* harmonica.
armonio, harmonio *m* harmonium.
armoniosamente, harmoniosamente *adv* harmoniously, in harmony.
armonioso, sa, harmonioso, sa *adj* harmonious.
armonizable, harmonizable *adj* harmonizable.
armonización, harmonización *f* **- 1.** [de sonidos] harmonizing, harmonization. **- 2.** [de colores] matching, coordination.
armonizador, ra, harmonizador, ra ◇ *adj* harmonious. ◇ *m, f* harmonizer.
armonizar, harmonizar [13] ◇ *vt* **- 1.** [concordar] to match. **- 2.** MÚS to harmonize. ◇ *vi* [concordar]: **~ con** to match.
ARN *(abrev de ácido ribonucleico) m* RNA.
arnés *(pl arneses) m* armour *(U)*.
◆ **arneses** *mpl* **- 1.** [de animales] trappings, harness *(U)*. **- 2.** *fig* [equipo] tools, equipment *(U)*.
árnica *f* arnica.
aro *m* **- 1.** [círculo] hoop; TECN ring; **~ del émbolo** piston ring; **~s olímpicos** Olympic rings; **entrar** o **pasar por el ~** to knuckle under. **- 2.** [servilletero] napkin o serviette ring. **- 3.** [alianza] ring; [de boda] wedding ring. **- 4.** [juego] quoits *(U)*, hoop-la. **- 5.** BOT arum; **~ de Etiopía** calla lily. **- 6.** *Amér* [pendiente] earring.
aroma ◇ *m* [perfume] aroma; [de vino] bouquet; CULIN flavouring. ◇ *f* [flor] aroma, huisache flower.
aromar *vt* to perfume, to scent.
aromaterapia *f* aromatherapy.
aromático, ca *adj* aromatic.
aromatización *f* perfuming, scenting.
aromatizador *m* air freshener.
aromatizante *adj* perfuming.
aromatizar [13] *vt* [perfumar] to perfume; CULIN to flavour.
arpa *f (con art masc 'el')* harp; **~ eolia** Aeolian harp.
arpado, da *adj* **- 1.** [dentado] serrated, jagged. **- 2.** *culto* [armonioso] melodious.
arpadura *f* [arañazo] scratch.
arpar *vt* **- 1.** [arañar] to scratch. **- 2.** [rasgar] to tear (to shreds).
arpegio *m* arpeggio.
arpía *f fig* [mujer] old hag.
◆ **Arpía** *f* Harpy.
arpillar *vt Amér* to cover with sackcloth.
arpillera *f* sackcloth, hessian.
arpista *mf* harpist.
arpón *m* **- 1.** [para cazar] harpoon. **- 2.** ARQUIT [grapa] clamp.
arponear *vt* to harpoon.
arqueada *f* **- 1.** MÚS bowing. **- 2.** [náusea] retching *(U)*.
arquear ◇ *vt* **- 1.** [curvar] to bend; [cejas, espalda, lomo] to arch. **- 2.** [barco] to gauge. **- 3.** [lana] to beat. ◇ *vi* **- 1.** [tener náuseas] to retch. **- 2.** *Amér* COM to do the books.
◆ **arquearse** *vpr* to bend.
arqueo *m* **- 1.** [curvamiento] bending; [de cejas, espalda, lomo] arching. **- 2.** COM cashing up. **- 3.** NÁUT registered tonnage. **- 4.** [de lana] beating.
arqueolítico, ca *adj* Stone-age.
arqueología *f* archeology.
arqueológico, ca *adj* archeological.
arqueólogo, ga *m, f* archeologist.
arquería *f* arcade.
arquero *m* **- 1.** DEP & MIL archer. **- 2.** [tesorero] treasurer. **- 3.** [portero] goalkeeper.
arquetípico, ca *adj* archetypal.
arquetipo *m* archetype.
arquidiócesis *f inv* = **archidiócesis**.

Arquímedes *m* - **1.** HIST Archimedes. - **2.** → **principio**.

arquitecto, ta *m, f* architect.

arquitectónico, ca *adj* architectural.

arquitectura *f* architecture.

arquitectural *adj* architectural.

arquitrabe *m* architrave.

arquivolta *f* archivolt.

arrabal *m* [barrio pobre] slum *(on city outskirts)*; [barrio periférico] outlying district.

◆ **arrabales** *mpl* outskirts.

arrabalero, ra ◇ *adj* - **1.** [periférico] outlying. - **2.** [barriobajero] rough, coarse. ◇ *m, f* [barriobajero] rough o coarse person.

arrabio *m* METAL cast iron.

arracada *f* drop o pendant earring.

arracimado, da *adj* clustered, bunched.

arracimarse *vpr* to cluster together.

arraigado, da *adj* - **1.** [costumbre, idea] deeply rooted. - **2.** [persona] established.

◆ **arraigado** *m* NÁUT mooring.

arraigamiento *m* = **arraigo**.

arraigar [16] ◇ *vt* - **1.** [fijar, afirmar] to establish. - **2.** *Amér* DER to limit o restrict the movement of. ◇ *vi* - **1.** [echar raíces, asentarse] to take root. - **2.** DER to post bail o bond.

◆ **arraigarse** *vpr* [establecerse] to settle down.

arraigo, arraigamiento *m* - **1.** [fijación, afirmación] roots *(pl)*; **tener mucho** ~ to be deeply rooted. - **2.** [bienes raíces] real estate.

arramblar ◇ *vi fam* [arrebatar] to make off; **arrambló con el dinero** he made off with the money. ◇ *vt* [suj: río, torrente] to cover with sand.

◆ **arramblarse** *vpr* to become covered with sand.

arramplar *vt fam* [arrebatar] to make off with.

arrancaclavos *m inv* claw *(of hammer)*.

arrancada ◇ *adj f* → **arrancado**. ◇ *f* sudden start.

arrancadera *f* large cowbell.

arrancadero *m* starting point.

arrancado, da *adj fig* broke, penniless.

arrancador, ra *adj* starting.

◆ **arrancador** *m* AUTOM starter.

◆ **arrancadora** *f* AGR lifter, picker.

arrancar [10] ◇ *vt* - **1.** [desarraigar - árbol] to uproot; [- malas hierbas, flor] to pull up. - **2.** [quitar, separar] to tear o rip off; [cable, página, pelo] to tear out; [cartel, cortinas] to tear down; [muela] to pull out, to extract; [ojos] to gouge out; [persona] to pull away, to snatch. - **3.** [arrebatar]: ~ **algo a alguien** to grab o snatch sthg from sb. - **4.** AUTOM & TECN to start. - **5.** INFORM to start up. - **6.** *fig* [obtener]: ~ **algo a alguien** [confesión, promesa, secreto] to extract sthg from sb; [sonrisa, dinero, ovación] to get sthg out of sb; [suspiro, carcajada] to bring sthg from sb. - **7.** *fig* [mover]: ~ **a alguien de un sitio** to shift sb from somewhere. ◇ *vi* - **1.** [partir] to set off. - **2.** [suj: máquina, coche] to start. - **3.** [provenir]: ~ **de** to stem from.

◆ **arrancarse** *vpr*: ~**se a hacer algo** to begin o start to do sthg.

arranchar *vt* - **1.** [NÁUT - costa] to skirt; [- aparejo] to brace. - **2.** *Amér* [arrebatar] to seize, to snatch.

arranciarse [8] *vpr* to become rancid.

arranque *m* - **1.** [comienzo] start. - **2.** AUTOM starter motor; ~ **automático** self-starter. - **3.** *fig* [arrebato] fit. - **4.** [prontitud] sudden jolt o start. - **5.** [ocurrencia] witticism, witty remark.

arrapiezo *m* - **1.** [harapo] rag. - **2.** *fam fig* [persona] urchin, young scallywag.

arras *fpl* - **1.** [fianza] deposit *(sg)*. - **2.** [en boda] coins given by the bridegroom to the bride.

arrasado, da *adj* satiny, satin-like.

arrasar ◇ *vt* - **1.** [destruir] to destroy, to devastate. - **2.** [allanar] to level, to smooth. - **3.** [colmar] to fill to the brim. ◇ *vi* [cielo] to clear.

◆ **arrasarse** *vpr* [cielo] to clear.

arrastradero *m* - **1.** [de maderas] log path over which timber is dragged. - **2.** TAUROM place where dead bull is dragged after bullfight. - **3.** *Amér* [garito] gambling den.

arrastradizo, za *adj* - **1.** [transportable] dragging, trailing. - **2.** [trillado] much-frequented.

arrastrado, da *fam* ◇ *adj* - **1.** *fam fig* [fatigoso] miserable, wretched. - **2.** *fam* [persona] roguish, mischievous. ◇ *m, f* rogue, rascal.

arrastrar ◇ *vt* - **1.** [llevar] to drag o pull along; [pies] to drag; [carro, vagón] to pull; [suj: corriente, aire] to carry away. - **2.** *fig* [convencer] to win over, to sway; **un buen líder es aquel que es capaz de** ~ **a las masas** a good leader is able to win over the masses; ~ **a alguien a algo/a hacer algo** to lead sb into sthg/to do sthg; **dejarse** ~ **por algo/alguien** to allow o.s. to be swayed by sthg/sb. - **3.** *fig* [producir] to bring; **sus declaraciones arrastraron consecuencias muy graves** her words had very serious consequences. - **4.** *fig* [soportar - vida] to lead; [- deudas, penas] to have hanging over one; **descubrieron que arrastraba deudas de juego** they discovered that he had left behind gambling debts. ◇ *vi* - **1.** [rozar el suelo] to drag (along) the ground. - **2.** [colgar] to trail, to hang down.

◆ **arrastrarse** *vpr* - **1.** [por el suelo] to crawl. - **2.** *fig* [humillarse] to grovel.

arrastre *m* - **1.** [acarreo] dragging. - **2.** [pesca] trawling. - **3.** MIN slope. - **4.** *Amér* [influencia] influence, pull. - **5.** *Amér* [molino] silver mill. - **6.** *loc*: **estar para el** ~ to have had it, to be done for.

arrayán *m* myrtle.

arre *interj* gee up!

arrea *interj fam* hey!

arrear ◇ *vt* - **1.** [azuzar] to gee up. - **2.** *fam* [propinar] to give. - **3.** [poner arreos] to harness. - **4.** *Amér* [ganado] to steal, to rustle. ◇ *vi* - **1.** [caminar] to hurry. - **2.** *loc*: **¡arrea!** hurry up!, move along!

arrebatadamente *adv* - **1.** [precipitadamente] impetuously. - **2.** [violentamente] thoughtlessly, carelessly.

arrebatado, da *adj* - **1.** [impetuoso] impulsive, impetuous. - **2.** [ruborizado] flushed. - **3.** [iracundo] enraged.

arrebatador, ra *adj* - **1.** [seductor] captivating. - **2.** [violento] violent.

arrebatar *vt* - **1.** [arrancar]: ~ **algo a alguien** to snatch sthg from sb. - **2.** *fig* [cautivar] to captivate. - **3.** AGR to parch, to dry up. - **4.** *Amér* [atropellar] to knock down.

◆ **arrebatarse** *vpr* - **1.** [enfurecerse] to get furious. - **2.** [cocerse] to burn, to overcook.

arrebato *m* - **1.** [arranque] fit, outburst; **un** ~ **de amor** a crush. - **2.** [furia] rage, fury.

arrebol *m* - **1.** [rubor] rosiness, ruddiness. - **2.** [colorete, afeite] rouge. - **3.** [de nubes] red glow.

arrebolar *vt* to redden, to make red.

◆ **arrebolarse** *vpr* - **1.** [ruborizarse] to redden, to turn red. - **2.** [maquillarse] to put on rouge.

arrebozar [13] *vt* - **1.** [rebozar] to muffle, to wrap up. - **2.** *fig* [encubrir] to hide, to conceal.

◆ **arrebozarse** *vpr* [insectos] to swarm.

arrebujar *vt* - **1.** [amontonar] to bundle (up). - **2.** [arropar] to wrap up (warmly).

◆ **arrebujarse** *vpr* [arroparse] to wrap o.s. up.

arrechar *vt Amér mfam* to make horny, to turn on.

◆ **arrecharse** *vpr Amér mfam* to get horny.

arrecho, cha *adj Amér mfam* horny, randy.

arrechucho *m fam* - **1.** [indisposición] funny turn. - **2.** [ataque] fit, attack; **un** ~ **de cólera** a fit of anger.

arreciar [8] *vi* - **1.** [temporal etc] to get worse. - **2.** *fig* [críticas etc] to intensify.

◆ **arreciarse** *vpr* [fortalecerse] to get stronger.

arrecife *m* reef.

arrecirse [78] *vpr* to become numb from cold.

arredrarse *vpr* - **1.** [asustarse]: ~ **ante** to be frightened of, to be intimidated by. - **2.** [apartarse] to move away, to draw back.

arregazado, da *adj* [falda] tucked up.

arregazar [13] *vt* [falda] to tuck up, to gather towards one's lap.

arregladamente *adv* - **1.** [en regla] regularly. - **2.** [en orden] in an orderly fashion.

arreglado, da *adj* - **1.** [reparado] fixed, repaired; [ropa] mended. - **2.** [ordenado] tidy. - **3.** [bien vestido] smart. - **4.** [solucionado] sorted out. - **5.** *fig* [precio] reasonable. - **6.** *loc:* **estamos ~s** we're really done for.

arreglar *vt* - **1.** [reparar] to fix, to repair; [ropa] to mend. - **2.** [ordenar] to tidy (up). - **3.** [solucionar] to sort out. - **4.** MÚS to arrange. - **5.** [en el vestir] to smarten up; [cabello] to do. - **6.** [adornar, decorar] to decorate, to fit out. - **7.** *fam* [escarmentar]: **¡ya te arreglaré!** I'm going to sort you out! - **8.** *Amér* [deuda] to settle. - **9.** *Amér* [animal] to castrate.
◆ **arreglarse** *vpr* - **1.** [apañarse]: **~se (con algo)** to make do (with sthg); **es muy austero, con poca cosa se arregla** he's very austere, he makes do with very little; **arreglárselas (para hacer algo)** to manage (to do sthg); **siempre se las arregla para conseguir lo que quiere** she always manages to get what she wants. - **2.** [en el vestir] to smarten up.

arreglista *mf* MÚS (musical) arranger.

arreglo *m* - **1.** [reparación] mending, repair; [de ropa] mending. - **2.** [solución] settlement. - **3.** MÚS (musical) arrangement. - **4.** [acuerdo] agreement; **llegar a un ~** to reach agreement □ **con ~** a in accordance with. - **5.** [decoración] decoration, doing up. - **6.** *fam* [concubinato] cohabitation.

arrejacar [10] *vt* AGR to harrow.

arrejuntar *vt fam* [cosas] to put together.
◆ **arrejuntarse** *vpr fam* [amantes] to shack up together.

arrellanarse *vpr* - **1.** [acomodarse] to settle back. - **2.** [trabajar a gusto] to enjoy one's work.

arremangado, da *adj* rolled-up.

arremangar, remangar [16] *vt* to roll up.
◆ **arremangarse** *vpr* to roll up one's sleeves.

arremedar [19] *vt* to imitate, to copy.

arremetedor, ra *fam fig* ◇ *adj* determined, resolute. ◇ *m, f* determined o resolute person.

arremeter ◇ *vi* - **1.** [atacar] to attack; **~ contra** to attack. - **2.** *fig* [chocar] to be shocking o offensive. ◇ *vt desus* [caballo] to spur on.

arremetida *f* attack.

arremolinarse *vpr* - **1.** *fig* [personas]: **~ alrededor de** to crowd around. - **2.** [agua, hojas] to swirl (about).

arrendable *adj* rentable, leasable.

arrendador, ra *m, f* - **1.** [propietario] lessor. - **2.** [inquilino] tenant, lessee.

arrendajo *m* - **1.** [ave] jay. - **2.** *fig* [imitador] mimic.

arrendamiento, arriendo *m* - **1.** [acción] renting, leasing. - **2.** [precio] rent, lease.

arrendar [19] *vt* - **1.** [dar en arriendo] to let, to lease. - **2.** [tomar en arriendo] to rent, to lease. - **3.** [caballo - atar] to tie up, to hitch; [- adiestrar] to train. - **4.** [imitar] to ape, to mimic.

arrendatario, ria ◇ *adj* leasing *(antes de sust).* ◇ *m, f* leaseholder, tenant.

arreo *m* - **1.** [adorno] ornament, adornment. - **2.** *Amér* [recua] herd, drove.
◆ **arreos** *mpl* - **1.** [de caballo] harness *(U).* - **2.** [de equipo] accessories, equipment *(sg).*

arrepanchingarse [16] *vpr fam* to stretch out, to sprawl.

arrepentido, da ◇ *adj* repentant. ◇ *m, f* - **1.** [gen] penitent. - **2.** POLÍT *person who renounces terrorist activities.*

arrepentimiento *m* - **1.** [lamentación] regret, repentance. - **2.** [en pintura] alteration, correction.

arrepentirse [27] *vpr* - **1.** [lamentar] to repent; **~ de algo/de haber hecho algo** to regret sthg/having done sthg. - **2.** [desdecirse] to be sorry.

arrequesonarse *vpr* [leche] to curdle, to go sour.

arrequive *m desus* [de vestido] decorative hem.
◆ **arrequives** *mpl* - **1.** *fam* [atavíos] finery *(U).*, best clothes. - **2.** *fig* [circunstancias] circumstances.

arrestado, da ◇ *adj* - **1.** [preso] under arrest. - **2.** [audaz] bold, daring. ◇ *m, f* detainee, person under arrest.

arrestar *vt* to arrest.
◆ **arrestarse** *vpr* to rush boldly.

arresto *m* - **1.** [detención] arrest; **~ domiciliario** house arrest. - **2.** [reclusión] imprisonment.
◆ **arrestos** *mpl* courage *(U).*

arrezagar [16] *vt* - **1.** [arremangar] to roll up, to tuck up. - **2.** [alzar] to raise.

arria *f* team of pack animals.

arrianismo *m* RELIG Arianism, Arian heresy.

arriano, na *adj & m, f* RELIG Arian.

arriar [9] *vt* - **1.** [vela, bandera] to lower. - **2.** [cabo, cable] to slacken. - **3.** [inundar] to flood, to swamp.

arriate *m* - **1.** [de flores] (flower) bed. - **2.** [camino] path.

arriba ◇ *adv* - **1.** [posición - gen] above; [- en edificio] upstairs; **vive (en el piso de) ~** she lives upstairs; **está aquí/allí ~** it's up here/there; **~ del todo** right at the top; **en el estante de ~** del todo estaban los libros the books were on the very top shelf; **más ~** further up. - **2.** [dirección] up; **calle/escaleras ~** up the street/stairs; **el consultorio está dos pisos escaleras ~** the consulting room is two floors up; **río ~** upstream; **ve ~** [en edificio] go upstairs; **hacia/para ~** up, upwards. - **3.** [en un texto] above; **el ~ mencionado...** the above-mentioned... - **4.** *loc:* **de ~ abajo** [cosa] from top to bottom; [texto] from beginning to end; [persona] from head to toe o foot; **me empapé de ~ abajo** I got soaked through; **mirar a alguien de ~ abajo** [con desdén] to look sb up and down. ◇ *prep:* **~ (de)** *Amér* [encima de] on top of. ◇ *interj:* **¡~...!** up (with)...!; **¡~ los mineros!** up (with) the miners!; **¡~ las manos!** hands up!
◆ **de arriba** *loc adj* top; **el estante de ~** the top shelf.
◆ **arriba de** *loc prep* more than.

arribada *f* NÁUT - **1.** [llegada] arrival, entry into port. - **2.** [bordada] leeward tack.

arribar *vi* - **1.** NÁUT to reach port. - **2.** *desus* [llegar] to arrive; **~ a** *fig* to manage to; **~ a comprender** to manage to understand.

arribeño, ña *m, f Amér fam* - **1.** [de tierras altas] highlander. - **2.** [extranjero] stranger.

arribismo *m* - **1.** [oportunismo] opportunism. - **2.** [ambición] social climbing.

arribista *adj & mf* arriviste.

arribo *m* NÁUT [llegada] arrival.

arrienda *etc v* → **arrendar**.

arriendo *m* = **arrendamiento**.

arriero, ra *m, f* - **1.** [persona] muleteer. - **2.** [ave] Cuban cuckoo.

arriesgadamente *adv* - **1.** [con riesgo] riskily. - **2.** [con valor] daringly.

arriesgado, da *adj* - **1.** [peligroso] risky. - **2.** [osado] daring.

arriesgar [16] *vt* to risk; [hipótesis] to venture, to suggest.
◆ **arriesgarse** *vpr* to take risks/a risk.

arrimadizo, za ◇ *adj* parasitic. ◇ *m, f* parasite.

arrimar *vt* - **1.** [acercar] to move o bring closer; **~ algo a** [pared, mesa] to move sthg up against. - **2.** *fig* [arrinconar] to put away. - **3.** NÁUT to stow.
◆ **arrimarse** *vpr* - **1.** [acercarse] to come closer o nearer; **arrimaos que no cabemos** move up or we won't all fit in; **~se a algo** [acercándose] to move closer to sthg; [apoyándose] to lean on sthg. - **2.** *fig* [ampararse]: **~se a alguien** to seek sb's protection. - **3.** *fam* [vivir juntos] to shack up, to live together.

arrimo *m* - **1.** *fig* [amparo] protection. - **2.** [pared media-nera] partition, dividing wall. - **3.** [apego] attachment, fondness.

arrimón *m* loiterer; **estar de** ~ to hang about, to wait around.

arrinconado, da *adj* - **1.** [en una esquina] in a corner. - **2.** [abandonado] discarded, forgotten.

arrinconar *vt* - **1.** [apartar] to put in a corner. - **2.** [abandonar] to discard, to put away. - **3.** *fig* [persona - dar de lado] to cold-shoulder; [- acorralar] to corner.

◆ **arrinconarse** *vpr* to withdraw, to retreat.

arriscado, da *adj* - **1.** [atrevido] daring, bold. - **2.** [peñascoso] craggy, rough.

arriscamiento *m* daring, boldness.

arriscar [10] ◇ *vt* - **1.** [arriesgar] to risk. - **2.** *Amér* [arremangar] to turn up. ◇ *vi Amér* [llegar a]: ~ **a** to come to, to amount to.

◆ **arriscarse** *vpr* - **1.** [engreírse] to become conceited. - **2.** [despeñarse] to plunge over a cliff. - **3.** *fig* [irritarse] to get irritated. - **4.** *Amér* [engalanarse] to dress up.

arritmia *f* - **1.** MED arrhythmia. - **2.** [falta de ritmo] lack of rhythm.

arrítmico, ca *adj* arrhythmic.

arroba *f* [peso] = 11.5 kg; **por** ~**s** *fig* by the sackful.

arrobamiento *m* ecstasy, rapture.

arrobar *vt* to captivate.

◆ **arrobarse** *vpr* to go into raptures.

arrobo *m* [éxtasis] ecstasy, rapture.

arrocero, ra ◇ *adj* rice *(antes de sust)*. ◇ *m, f* - **1.** [agricultor] rice grower. - **2.** [vendedor] rice dealer.

arrocinado, da *adj* nag-like.

arrocinar *vt* - **1.** [embrutecer] to brutalize. - **2.** *Amér* [amansar] to tame, to break.

◆ **arrocinarse** *vpr fam fig* [enamorarse] to fall madly in love.

arrodillar *vt* to force to kneel.

◆ **arrodillarse** *vpr* - **1.** [ponerse de rodillas] to kneel down. - **2.** *fig* [humillarse] to go down on one's knees, to grovel.

arrogación *f* arrogation.

arrogancia *f* - **1.** [soberbia] arrogance. - **2.** [valor] bravery, gallantry.

arrogante *adj* - **1.** [soberbio] arrogant. - **2.** [valiente] brave, gallant.

arrogar [16] *vt* [adoptar] to adopt.

◆ **arrogarse** *vpr* to assume, to claim for o.s.

arrojadamente *adv* - **1.** [con atrevimiento] boldly. - **2.** [con resolución] resolutely.

arrojado, da *adj* - **1.** [osado] bold, fearless. - **2.** [resuelto] resolute.

arrojar *vt* - **1.** [lanzar] to throw; [con violencia] to hurl, to fling. - **2.** [despedir - humo] to send out; [- olor] to give off; [- lava] to spew out. - **3.** [echar]: ~ **a alguien de** to throw sb out of. - **4.** [resultado] to produce, to yield. - **5.** [vomitar] to throw up.

◆ **arrojarse** *vpr* [lanzarse] to hurl o.s.; ~**se sobre** to rush at, to attack.

arrojo *m* courage, fearlessness.

arrollador, ra *adj* overwhelming; [belleza, personalidad] dazzling.

arrollar *vt* - **1.** [enrollar] to roll (up). - **2.** [atropellar] to knock down, to run over. - **3.** [suj: agua, viento] to sweep away. - **4.** [vencer] to crush. - **5.** [desorientar] to confuse, to confound. - **6.** *Amér* [niño] to rock, to cradle.

arromadizarse [13] *vpr* [resfriarse] to catch a cold.

arropar *vt* - **1.** [con ropa] to wrap up; [en cama] to tuck up. - **2.** *fig* [proteger] to protect.

◆ **arroparse** *vpr* to wrap o.s. up.

arrope *m* - **1.** [mosto cocido] boiled must. - **2.** [jarabe] syrup.

arrorró *(pl* arroroes*)*, **arrurrú** *(pl* arrurúes*)* *m Amér fam* lullaby.

arrostrar *vt* to face up to.

◆ **arrostrarse** *vpr*: ~**se a** to face up to, to stand up to.

arroyada *f* - **1.** [inundación] flood, freshet. - **2.** [valle] *valley through which a river runs.* - **3.** [surco] gulley, channel.

arroyar *vt* [suj: lluvia] to form channels in.

◆ **arroyarse** *vpr* [formar arroyos] to become hollowed out.

arroyo *m* - **1.** [riachuelo] stream. - **2.** [de la calle] gutter. - **3.** *fig* [afluencia] affluence. - **4.** *Amér* [río] small river. - **5.** *loc:* **estar en el** ~ to be on the street; **poner a alguien en el** ~ to throw sb out into the street; **sacar a alguien del** ~ to drag sb out of the gutter; **ser del** ~ to be an orphan.

arroz *(pl* arroces*)* *m* rice; ~ **blanco/integral/silvestre** boiled/brown/wild rice; ~ **a la cubana** *boiled rice served with tomato sauce, fried egg and fried banana;* ~ **con leche** rice pudding; **hubo** ~ **y gallo muerto** *fig* it was a slap-up meal.

arrozal *m* paddy field.

arruar [7] *vi* [jabalí] to grunt.

arruga *f* - **1.** [en ropa, papel] crease. - **2.** [en piel] wrinkle, line. - **3.** GEOL ruga, fold. - **4.** *Amér* [estafa] trick, swindle.

arrugado, da *adj* - **1.** [ropa] creased. - **2.** [piel] wrinkled, lined.

arrugar [16] *vt* - **1.** [ropa, papel] to crease, to crumple. - **2.** [piel] to wrinkle. - **3.** *Amér* [fastidiar] to annoy, to bother.

◆ **arrugarse** *vpr* - **1.** [ropa] to get creased. - **2.** [piel] to get wrinkled. - **3.** *fam* [acobardarse]: ~**se ante** to shrink from.

arruinado, da *adj* ruined.

arruinar *vt lit & fig* to ruin.

◆ **arruinarse** *vpr* - **1.** [ir a la ruina] to go bankrupt, to be ruined. - **2.** [caerse] to fall down, to fall into ruin.

arrullador, ra *adj* lulling, soothing.

arrullar *vt* to lull to sleep.

◆ **arrullarse** *vpr* - **1.** [animales] to coo. - **2.** *fam fig* [personas] to whisper sweet nothings.

arrullo *m* - **1.** [de palomas] cooing *(U)*. - **2.** [nana] lullaby. - **3.** *fig* [de agua, olas] murmur.

arruma *f* - **1.** [de barco] *partition in hold of ship for stowing cargo.* - **2.** *Amér* [montón] pile, heap.

arrumaco *m fam* - **1.** [abrazo, cariño] lovey-dovey behaviour *(U)*. - **2.** [adorno] frill, trinket.

◆ **arrumacos** *mpl* - **1.** [demostración de afecto] show of affection *(sg)*; **hacerse** ~**s** to canoodle. - **2.** *loc:* **andar con** ~**s** to flatter.

arrumaje *m* - **1.** [de carga] stowage. - **2.** [en el horizonte] bank of clouds.

arrumar *vt* - **1.** NÁUT [cargar] to stow. - **2.** *Amér* [amontonar] to pile up.

◆ **arrumarse** *vpr* [nublarse] to become overcast o cloudy.

arrumbador, ra ◇ *adj* navigating, steering. ◇ *m, f* navigator.

◆ **arrumbador** *m worker in a wine cellar.*

arrumbamiento *m* [rumbo] course.

arrumbar ◇ *vt* - **1.** [desechar] to put away. - **2.** *fig* [arrinconar] to neglect, to abandon. ◇ *vi* NÁUT to set a course.

◆ **arrumbarse** *vpr* to get seasick.

arrume *m Amér* pile.

arrurrú *m* = arrorró.

arrurruz *(pl* arruruces*)* *m* [fécula] arrowroot.

arsenal *m* - **1.** [de barcos] shipyard. - **2.** [de armas] arsenal. - **3.** [de cosas] array. - **4.** *fig* [de conocimientos] fount, store.

arsénico *m* arsenic.

art. *(abrev escrita de* **artículo***)* art.

art deco *m* art deco.

arte *m o f (en sg gen m; en pl f)* - **1.** [gen] art; ~ **abstracto/figurativo** abstract/figurative art; ~ **dramático** drama. - **2.** [habilidad] artistry; **tiene mucho** ~ **haciendo paellas** she's a real expert when it comes to making paellas. - **3.**

[astucia] artfulness, cunning; **por malas** ~**s** by trickery. - **4.** [en pesca]: ~ **(de pesca)** fishing tackle *(sg)*. - **5.** *loc*: **no tener** ~ **ni parte en** to have nothing whatsoever to do with; **como por** ~ **de birlibirloque** o **de encantamiento** o **de magia** as if by magic.
◆ **artes** *fpl* arts; ~**s gráficas/liberales/marciales/plásticas** graphic/liberal/martial/plastic arts; ~**s y oficios** ≃ technical college; **bellas** ~**s** fine arts.

artefacto *m* [aparato] device; [máquina] machine; ~ **explosivo** explosive device.

arteramente *adv* craftily, cunningly.

arteria *f lit & fig* artery.

artería *f* artfulness, cunning.

arterial *adj* arterial.

arterioesclerosis, **arteriosclerosis** *f inv* arteriosclerosis.

artero, ra *adj* crafty, cunning.

artesa *f* trough.

artesanado *m* - **1.** [artesanos] craftsmen *(pl)*. - **2.** [arte] artisanship, artisanry.

artesanal *adj* [hecho a mano] handmade.

artesanía *f* - **1.** [habilidad] craftsmanship; **de** ~ handmade. - **2.** [productos] handmade articles *(pl)*.

artesano, na *m, f* craftsman (*f* craftswoman).

artesilla *f* [de pozo] small trough.

artesón *m* - **1.** [techo] coffered ceiling. - **2.** ARQUIT [adorno] coffer, moulding. - **3.** [para fregar] washtub.

artesonado *m* coffered ceiling.

artesonar *vt* ARQUIT to apply coffers to.

ártico, ca *adj* arctic.

Ártico *m*: **el (océano Glacial)** ~ the Arctic Ocean.

articulación *f* - **1.** ANAT & TECN joint; ~ **esférica/giratoria/universal** ball-and-socket/swivel/universal joint. - **2.** LING articulation. - **3.** [estructuración] coordination. - **4.** *Amér* [pregunta] question.

articulado, da *adj* - **1.** [lenguaje] articulate. - **2.** ANAT articulate, jointed.
◆ **articulado** *m* articles *(pl)*.

articular ◇ *vt* - **1.** [palabras, piezas] to articulate. - **2.** [ley, contrato] to break down into separate articles. - **3.** [plan, proyecto] to coordinate. - **4.** DER [interrogar] to interrogate, to question. ◇ *vi Amér* [disputar] to argue, to quarrel. ◇ *adj* ANAT articular, of the joints.

articulista *mf* journalist.

artículo *m* - **1.** [gen] article; ~ **adicional** DER addendum, adjunct; ~ **básico** ECON basic product; ~ **de comercio** COM commodity; ~ **de consumo** COM basic commodity; ~ **definido** o **determinado** GRAM definite article; ~ **de fondo** PRENSA editorial, leader; ~ **de importación** COM import; ~ **indefinido** o **indeterminado** GRAM indefinite article; ~ **líder** ECON product leader; ~ **de primera necesidad** COM basic commodity. - **2.** [de diccionario] entry. - **3.** ANAT articulation, joint. - **4.** *loc*: **hacer el** ~ **de algo** [idea etc] to sell sthg; *fig* [ensalzar] to praise sthg.
◆ **artículos** *mpl* COM commodities, goods; ~**s de consumo** consumer goods; ~**s de lujo** luxury goods o items; ~**s de ocasión** special offers; ~**s de tocador** toiletries.
◆ **artículo de fe** *m* - **1.** RELIG article of faith. - **2.** *fig* [verdad absoluta] gospel (truth) *(U)*; **sus palabras fueron tomadas como** ~ **de fe** his words were taken as gospel.

artífice *mf* - **1.** [autor] architect. - **2.** [estafador] schemer.

artificial *adj* artificial.

artificialidad *f* artificiality.

artificialmente *adv* artificially.

artificiero *m* - **1.** [pirotécnico] explosives expert. - **2.** [desactivador] bomb disposal expert.

artificio *m* - **1.** [aparato] device. - **2.** *fig* [falsedad] artifice; [artimaña] trick. - **3.** *(gen pl)* [pirotecnia] firework. - **4.** [habilidad] skill, ability.

artificiosamente *adv* - **1.** *fig* [con disimulo] cunningly, craftily. - **2.** [con arte] ingeniously.

artificiosidad *f* artifice.

artificioso, sa *adj* - **1.** *fig* [engañoso] deceptive. - **2.** [habilidoso] skilful, ingenious.

artillería *f* artillery; ~ **antiaérea** anti-aircraft guns *(pl)*; ~ **de batalla** o **de campo** field artillery; ~ **de sitio** siege artillery.

artillero *m* artilleryman.

artilugio *m* - **1.** [aparato] gadget, contrivance. - **2.** *fig* [trampa] trick, gimmick.

artimaña *f (gen pl)* - **1.** [para cazar] trick, ruse. - **2.** *fig* [engaño] cunning.

artista ◇ *adj* artistic. ◇ *mf* [gen] artist; [de espectáculos] artiste.

artísticamente *adv* artistically.

artístico, ca *adj* artistic.

artrítico, ca *adj & m, f* arthritic.

artritis *f inv* arthritis.

artrópodos *mpl* ZOOL arthropods.

artrosis *f inv* arthrosis.

Arturo *m*: **rey** ~ King Arthur.

arveja *f Amér* - **1.** [algarrobo] vetch, tare. - **2.** [guisante] pea.

arvejo *m* [guisante] green pea.

arz. *(abrev escrita de* **arzobispo***)* Arch.

arzobispado *m* archbishopric.

arzobispo *m* archbishop.

as *m (pl* **ases***)* - **1.** [carta, dado] ace. - **2.** [campeón]: **un** ~ **del volante** an ace driver ❑ **ser un** ~ to be brilliant. - **3.** HIST [moneda romana] as.

asa *f (con art masc 'el')* - **1.** [asidero] handle. - **2.** *fig* [pretexto] pretext, excuse. - **3.** BOT [jugo] juice, sap. - **4.** *loc*: **en** ~**s** akimbo; **ser del** ~ to be on good terms.

asado *m* - **1.** [de carne] roast. - **2.** [guiso] barbecue. - **3.** *Amér* [barbacoa] barbecued meat.

asador *m* - **1.** [aparato] roaster. - **2.** [varilla] spit.

asaduras *fpl* [gen] offal *(U)*; [de pollo, pavo] giblets; **echar las** ~ *fam fig* to bust a gut.

asaeteador, ra *adj* piercing, wounding.
◆ **asaeteador** *m* bowman, archer.

asaetear *vt* - **1.** [disparar a] to shoot arrows at; [matar] to kill with arrows. - **2.** *fig* [molestar] to annoy, to bother.

asalariado, da ◇ *adj* salaried. ◇ *m, f* - **1.** [trabajador] wage earner. - **2.** *despec* [mercenario] mercenary, hireling.

asalariar [8] *vt* - **1.** [contratar] to take on. - **2.** [fijar salario] to set a salary for.

asalmonado, da *adj* salmon (pink).

asaltante *mf* [agresor] attacker; [atracador] robber.

asaltar *vt* - **1.** [atacar] to attack; [castillo, ciudad etc] to storm. - **2.** [robar] to rob. - **3.** *fig* [suj: dudas etc] to assail. - **4.** [importunar] to plague.

asalto *m* - **1.** [ataque] attack; [de castillo, ciudad] storming. - **2.** [robo] robbery. - **3.** [DEP - boxeo] round; [- esgrima] bout.

asamblea *f* [reunión] assembly; POLÍT mass meeting; ~ **de accionistas** shareholders' meeting; ~ **plenaria** plenary session.
◆ **Asamblea General** *f* General Assembly.

asambleísta *mf* member of an assembly.

asar *vt* - **1.** [alimentos - al horno] to roast; [- a la parrilla] to grill. - **2.** *fig* [importunar]: ~ **a alguien a preguntas** to plague sb with questions.
◆ **asarse** *vpr fig* to be boiling hot; ~**se vivo** to be boiling (hot); **si pones la calefacción tan fuerte, nos asaremos vivos** if you turn up the heating so high, we'll be boiled alive.

asbesto *m* asbestos *(U)*.

ascalonia *f* shallot.

ascendencia *f* - **1.** [linaje] descent. - **2.** [extracción social] extraction. - **3.** *fig* [influencia] ascendancy.

ascendente ◇ *adj* rising. ◇ *m* ASTROL ascendant.

ascender [20] ◇ *vi* - **1.** [subir] to go up, to climb. - **2.** [aumentar, elevarse] to rise, to go up. **- 3.** [en empleo, deportes]: ~ **(a)** to be promoted (to). **- 4.** [precio etc]: ~ **a** to come o amount to. ◇ *vt*: ~ **a alguien (a)** to promote sb (to).

ascendiente ◇ *adj* ascending, upward. ◇ *mf* [antepasado] ancestor. ◇ *m* [influencia] influence.

ascensión *f* ascent.

◆ **Ascensión** *f* RELIG Ascension.

ascenso *m* **- 1.** [en empleo, deportes] promotion. **- 2.** [ascensión] ascent.

ascensor *m* lift *Br*, elevator *Am*; ~ **de carga** freight lift *Br*, freight elevator *Am*.

ascensorista *mf* lift attendant *Br*, elevator attendant *Am*.

asceta *mf* ascetic.

ascético, ca *adj* ascetic.

◆ **ascética** *f* asceticism.

ascetismo *m* asceticism.

ASCII (*abrev de* **American Standard Code for Information Interchange**) *m* ASCII.

asco *m* **- 1.** [sensación] revulsion; **siento** ~ I feel sick; **¡qué** ~ **de tiempo!** what foul weather!; **me da** ~ I find it disgusting; **¡qué** ~**!** how disgusting o revolting!; **tener** ~ **a algo** to find sthg disgusting o revolting □ **cobrar** o **coger** ~ **a** *fam* to become sick of; **hacer** ~**s a** to turn one's nose up at; **estar hecho un** ~ *fam* [cosa] to be filthy; **la cocina está hecha un** ~ the kitchen is filthy; [persona] to be a real sight; **poner a alguien de** ~ *Amér fam* to call sb names; **ser un** ~ *fam* to be the pits; **trabajar tantas horas es un** ~ working such long hours is the pits. **- 2.** [cosa] disgusting o revolting thing. **- 3.** *fam fig* [miedo] fear.

ascua *f* (*con art masc 'el'*) ember; **arrimar uno el** ~ **a su sardina** to put o.s. first, to look after number one; **en** o **sobre** ~**s** on tenterhooks.

aseado, da *adj* [limpio] clean; [arreglado] smart.

asear *vt* **- 1.** [limpiar] to clean. **- 2.** [arreglar] to tidy (up).

◆ **asearse** *vpr* **- 1.** [limpiarse] to get washed and dressed. **- 2.** [arreglarse] to smarten o.s. (up).

asechador, ra ◇ *adj* trapping. ◇ *m, f* trapper.

asechanza *f*, **asechamiento** *m* snare.

asechar *vt* to trap, to snare.

asedar *vt* to make silky o smooth.

asediador, ra ◇ *adj* **- 1.** [sitiador] besieging. **- 2.** *fig* [importuno] pestering. ◇ *m, f* **- 1.** [sitiador] besieger. **- 2.** *fig* [importuno] pest.

asediar [8] *vt* **- 1.** [atacar] to lay siege to. **- 2.** *fig* [importunar] to pester, to badger.

asedio *m* **- 1.** [ataque] siege. **- 2.** *fig* [molestia] pestering, badgering.

asegundar *vt* to repeat immediately.

aseguración *f* insurance.

asegurado, da *m, f* policy-holder.

asegurador, ra ◇ *adj* insurance (*antes de sust*). ◇ *m, f* insurer.

aseguramiento *m* **- 1.** [fijación] fastening, securing. **- 2.** [afirmación] assurance, guarantee. **- 3.** [salvoconducto] insurance.

asegurar *vt* **- 1.** [fijar] to secure; **aseguró la librería a la pared con escuadras** he fixed the bookshelf to the wall with brackets. **- 2.** [garantizar] to assure; **te lo aseguro** I assure you; ~ **a alguien que...** to assure sb that... **- 3.** COM: ~ **(contra)** to insure (against); ~ **algo en** [cantidad] to insure sthg for; **han asegurado la casa en 20 millones** they've insured the house for 20 million.

◆ **asegurarse** *vpr* **- 1.** [cerciorarse]: ~**se de que...** to make sure that...; **asegúrate de cerrar la puerta** make sure you close the door. **- 2.** COM to insure o.s., to take out an insurance policy.

asemejar *vt* **- 1.** [hacer semejante] to make similar. **- 2.** [comparar] to liken, to compare.

◆ **asemejar a** *vi* to be similar to, to be like.

◆ **asemejarse** *vpr* to be similar o alike; ~**se a** to be similar to, to be like.

asenderear *vt* **- 1.** [abrir camino en] to open paths through. **- 2.** [persona] to pursue, to harry.

asenso *m* assent.

asentada ◇ *adj f* → **asentado**. ◇ *f* [sentada] sitting, session; **de una** ~ at one sitting.

asentaderas *fpl fam* [nalgas] behind (*sg*), buttocks.

asentado, da *adj* **- 1.** *fig* [establecido] settled, established. **- 2.** [juicioso] sensible, judicious.

asentador, ra *m, f* [mercader] wholesale dealer.

◆ **asentador** *m* **- 1.** [de herrero] turning chisel. **- 2.** *Amér* [en imprenta] planer.

asentamiento *m* **- 1.** [aseguramiento] securing. **- 2.** [campamento] settlement. **- 3.** *fig* [juicio] common sense, wisdom.

asentar [19] ◇ *vt* **- 1.** [instalar - empresa, campamento] to set up; [- comunidad, pueblo] to settle. **- 2.** [asegurar] to secure; [cimientos] to lay. **- 3.** [establecer] to establish, to agree on; ~ **un tratado** to settle a treaty. **- 4.** [golpear] to give, to deal. **- 5.** *Amér* [afectar] to afflict, to sadden. ◇ *vi* to suit, to be suitable.

◆ **asentarse** *vpr* **- 1.** [instalarse] to settle down; [aves] to perch, to alight. **- 2.** [sedimentarse] to settle.

asentimiento *m* approval, assent.

asentir [27] *vi* **- 1.** [estar conforme]: ~ **(a)** to agree (to). **- 2.** [afirmar con la cabeza] to nod.

asentista *mf* [abastecedor] supplier.

aseo *m* **- 1.** [limpieza - acción] cleaning; [- cualidad] cleanliness. **- 2.** [habitación] bathroom. **- 3.** [orden, cuidado] neatness, tidiness.

◆ **aseos** *mpl* toilets *Br*, rest room (*sg*) *Am*; ~**s públicos** public convenience (*sg*).

asepsia *f* **- 1.** MED asepsis. **- 2.** *fig* [indiferencia] detachment.

aséptico, ca *adj* **- 1.** MED aseptic. **- 2.** *fig* [indiferente] detached.

asequible *adj* **- 1.** [accesible] accessible. **- 2.** [precio, producto] affordable. **- 3.** [comprensible] understandable, comprehensible.

aserción *f* assertion.

aserradero *m* sawmill.

aserrado, da *adj* serrated.

◆ **aserrado** *m* sawing.

aserrador, ra *adj* sawing.

◆ **aserrador** *m* sawyer.

aserradura *f* cut.

◆ **aserraduras** *fpl* sawdust (*U*).

aserrar [19] *vt* to saw.

aserrín *m* sawdust.

asertivo, va *adj* affirmative.

aserto *m* assertion.

asesinar *vt* [gen] to murder; [rey, jefe de estado] to assassinate.

asesinato *m* [gen] murder; [de rey, jefe de estado] assassination.

asesino, na ◇ *adj lit & fig* murderous. ◇ *m, f* [gen] murderer (*f* murderess); [de rey, jefe de estado] assassin; ~ **profesional** professional killer; ~ **a sueldo** hired assassin.

asesor, ra ◇ *adj* advisory. ◇ *m, f* adviser; FIN consultant; ~ **financiero** financial adviser; ~ **fiscal** tax consultant; ~ **de imagen** image consultant.

asesoramiento *m* **- 1.** [acción] advice. **- 2.** [consejo] advice, counsel. **- 3.** FIN consultancy.

asesorar *vt* **- 1.** [gen] to advise. **- 2.** FIN to provide with consultancy services.

◆ **asesorarse** *vpr* to seek advice; ~**se de** to consult.

asesoría *f* **- 1.** [oficio] consultancy. **- 2.** [oficina] consultant's office. **- 3.** [estipendio] consultant's fee.

asestar *vt* **- 1.** [golpe] to deal; [tiro] to fire. **- 2.** [orientar] to aim, to point.

aseveración f assertion.

aseverar vt to assert.

aseverativo, va adj assertive.

asexuado, da adj asexual.

asexual adj asexual.

asfaltado, da adj covered with asphalt, paved.

◆ **asfaltado** m [acción] asphalting, surfacing; [asfalto] asphalt, (road) surface.

asfaltadora f (road) surfacer.

asfaltar vt to asphalt, to surface.

asfalto m asphalt.

asfixia f asphyxiation, suffocation.

asfixiante adj - **1.** [que ahoga] asphyxiating. - **2.** fig [calor] stifling.

asfixiar [8] vt - **1.** [ahogar] to asphyxiate, to suffocate. - **2.** fig [agobiar] to overwhelm.

◆ **asfixiarse** vpr - **1.** [ahogarse] to asphyxiate, to suffocate. - **2.** fig [agobiarse] to be overwhelmed. - **3.** fig [por calor] to be stifling.

asga etc v → **asir**.

así ◇ adv [de este modo] (in) this way, like this; [de ese modo] (in) that way, like that; **ellos lo hicieron** ~ they did it this way; **no seas** ~ don't be like that; ~ **de...** so...; **no seas** ~ **de celoso** don't be so jealous; **era** ~ **de largo** it was this/that long; ~ **es/era/fue como...** that is how...; ~ ~ [no muy bien] so so; **¿cómo te ha ido el examen? - ~ ~** how did the exam go? - so so; **algo** ~ [algo parecido] something like that; **tiene seis años o algo** ~ she is six years old or something like that; **algo** ~ **como** [algo igual a] something like; **el piso les ha costado algo** ~ **como 20 millones** the flat cost them something like 20 million; ~ **como** ~ [como si nada] as if it were nothing; **no puedes marcharte** ~ **como** ~ you can't just go like that; [irreflexivamente] lightly; [de cualquier manera] any old how; **¡~ cualquiera!** anyone could do that!; ~ **es** [para asentir] that is correct, yes; ~ **o asá** fam either way, one way or the other; ~ **sea** so be it; ~ **sin más** Esp, ~ **no más** o **nomás** Amér just like that; **o** ~ [más o menos] or so, or something like that; **y** ~ thus, and so; **y** ~ **sucesivamente** and so on, and so forth; **y** ~ **todos los días** and the same thing happens day after day. ❑ ~ **como** [también] as well as, and also; [tal como] just as, exactly as; [tan pronto como] as soon as; **las inundaciones,** ~ **como la sequía, son catástrofes naturales** both floods and droughts are natural disasters. ◇ conj Amér [aun si] even if; **no nos lo dirá,** ~ **le paguemos** he won't tell us, even if we pay him. ◇ adj inv [como éste] like this; [como ése] like that; **una situación** ~ **es muy peligrosa** such a situation is very dangerous; **con un coche** ~ **no se puede ir muy lejos** you can't go very far with a car like this one. ◇ interj **¡~...!** I hope...; **¡~ no vuelva nunca!** I hope he never comes back!

◆ **así es que** loc conj so; **el abrigo le quedaba pequeño,** ~ **es que se compró otro** the coat was too small for her, so she bought another one.

◆ **así pues** loc adv so, therefore; **no firmaron el tratado,** ~ **pues la guerra era inevitable** they didn't sign the treaty, so war became inevitable.

◆ **así que** loc conj - **1.** [de modo que] so; **la película empieza dentro de media hora,** ~ **que no te entretengas** the film starts in half an hour, so don't be long. - **2.** [tan pronto como] as soon as; ~ **que tengamos los resultados del análisis, le citaremos para la visita** as soon as we have the results of the test we'll make an appointment for you.

◆ **así y todo, aun así** loc adv even so; **se ha estado medicando mucho tiempo y,** ~ **y todo, no se encuentra bien** he's been taking medication for some time and even so he's no better.

Asia s Asia; **(el)** ~ **Central** Central Asia.

asiático, ca adj ≥ m, f Asian, Asiatic.

asidero m - **1.** [agarradero] handle. - **2.** fig [apoyo] support. - **3.** fig [pretexto] pretext, excuse.

asiduamente adv - **1.** [frecuentemente] frequently, regularly. - **2.** [persistentemente] assiduously, diligently.

asiduidad f - **1.** [frecuencia] frequency. - **2.** [persistencia] assiduousness, assiduity.

asiduo, dua ◇ adj - **1.** [frecuente] regular. - **2.** [persistente] assiduous, diligent. ◇ m, f regular.

asienta etc v - **1.** → **asentar**. - **2.** → **asentir**.

asiento m - **1.** [mueble, localidad] seat; **tomar** ~ to sit down ❑ ~ **abatible** seat that can be tipped forward; ~ **trasero** o **de atrás** back seat. - **2.** [base] bottom. - **3.** [excavación arqueológica] site. - **4.** COM entry; ~ **contable** book entry. - **5.** [del freno] bit. - **6.** fig [estabilidad] stability, permanence. - **7.** fig [cordura] good sense, judgment. - **8.** fam [empacho] indigestion (U). - **9.** mfam [nalgas] bottom, seat. - **10.** Amér [zona minera] mining district o area.

asierra etc v → **aserrar**.

asignable adj: ~ **a** that can be given to.

asignación f - **1.** [atribución] allocation. - **2.** [sueldo] salary. - **3.** [cita] appointment.

asignar vt - **1.** [atribuir]: ~ **algo a alguien** to assign o allocate sthg to sb. - **2.** [destinar]: ~ **a alguien a** to send sb to. - **3.** [nombrar] to appoint.

asignatura f EDUC subject; **aprobar/suspender una** ~ to pass/fail a subject ❑ ~ **pendiente** EDUC subject which a pupil has to resit; fig [problema pendiente] unresolved matter.

asilado, da m, f person living in an old people's home, convalescent home etc; ~ **político** political refugee.

asilar vt - **1.** [huérfano, anciano] to put into a home. - **2.** [refugiado político] to grant political asylum to.

◆ **asilarse** vpr - **1.** [huérfano, anciano] to enter a home. - **2.** [refugiado político] to seek political asylum.

asilo m - **1.** [hospicio] home; ~ **de ancianos** old people's home; ~ **de huérfanos** orphanage; ~ **de locos** (lunatic) asylum; ~ **de pobres** poorhouse. - **2.** [amparo] asylum; **buscar** o **pedir** ~ to seek asylum; **dar** ~ to shelter ❑ ~ **político** political asylum. - **3.** [hospedaje] accommodation. - **4.** fig [refugio] shelter, refuge.

asimetría f asymmetry.

asimétrico, ca adj asymmetric, asymmetrical.

asimiento m - **1.** [acción] grasping, holding. - **2.** fig [afecto] attachment.

asimilable adj assimilable.

asimilación f - **1.** [gen & LING] assimilation. - **2.** [comparación] comparison. - **3.** [equiparación] granting of equal rights.

asimilar vt - **1.** [gen] to assimilate. - **2.** [comparar] to compare. - **3.** [equiparar] to grant equal rights to.

◆ **asimilarse** vpr LING to become assimilated.

asimismo adv [también] also, as well; (a principio de frase) likewise.

asincronismo m asynchronism.

asintiera etc v → **asentir**.

asir [53] ◇ vt to grasp, to take hold of. ◇ vi [planta] to take root.

◆ **asirse** vpr - **1.** [agarrarse, ampararse]: ~**se de** o **a** to cling to. - **2.** fig [reñir] to fight, to come to blows. - **3.** [aprovecharse]: ~**se de** to take advantage of, to avail o.s. of.

asisito adv Amér fam so so.

asistencia f - **1.** [presencia - acción] attendance; [- hecho] presence. - **2.** [ayuda] assistance; ~ **letrada** o **jurídica** legal advice; ~ **médica** medical attention; ~ **pública** social security; ~ **sanitaria** health care; ~ **social** social work; ~ **técnica** technical assistance. - **3.** [afluencia] audience. - **4.** DEP assist. - **5.** Amér [salón] parlour. - **6.** Amér [pensión] guesthouse.

asistencial adj - **1.** MED healthcare (antes de sust). - **2.** [que ayuda] assisting, relief; **agencia** ~ relief agency.

asistenta f cleaning lady.

asistente ◇ adj assisting. ◇ m MIL aide. ◇ mf - **1.** [ayudante] assistant, helper; ~ **social** social worker. - **2.** [presente] person present; **los** ~**s** the audience (sg).

asistido, da *adj* - **1.** AUTOM power *(antes de sust)*. - **2.** INFORM computer-assisted.

asistir ◇ *vt* - **1.** [ayudar] to attend to. - **2.** [acompañar] to accompany. - **3.** [cuidar] to care for, to nurse. - **4.** [suj: cosa inmaterial] to be on the side of; **la razón le asiste** right is on his side. - **5.** *Amér* DER to represent. ◇ *vi* - **1.** [ir]: ~ **a** to attend, to go to. - **2.** [en naipes] to follow suit.

asistólico, ca *adj* asystolic.

asma *f (con art masc 'el')* asthma.

asmático, ca *adj & m, f* asthmatic.

asna *f* she-ass, jenny.

◆ **asnas** *fpl* [en carpintería] rafters.

asnada *f fam fig* stupidity *(U)*, foolishness *(U)*.

asnalmente *adv fam* - **1.** [al montar] riding a donkey o an ass. - **2.** [brutalmente] brutishly, bestially.

asnilla *f* prop, stanchion.

asno *m* - **1.** [animal] ass; **caer uno de su** ~ *fig* to back down, to give in. - **2.** *fam fig* [persona] pig, slob.

asociable *adj* associable.

asociación *f* association; ~ **de consumidores/de vecinos** consumer/residents' association; ~ **de ideas** association of ideas; ~ **gremial/sindical** COM trade/labour union.

asociado, da ◇ *adj* - **1.** [relacionado] associated. - **2.** [miembro] associate. ◇ *m, f* - **1.** [socio] associate, partner. - **2.** [miembro] associate, member. - **3.** EDUC associate lecturer.

asocial *adj* asocial.

asociar [8] *vt* - **1.** [relacionar] to associate. - **2.** COM to take into partnership. - **3.** [combinar] to combine, to pool.

◆ **asociarse** *vpr* to form a partnership.

asociativo, va *adj* associative.

asolador, ra ◇ *adj* - **1.** [destructor] ravaging, devastating. - **2.** [allanador] razing, levelling. ◇ *m, f* - **1.** [destructor] destroyer, ravager. - **2.** [allanador] leveller.

asolanar *vt* AGR to spoil, to damage.

◆ **asolanarse** *vpr* AGR to become spoiled o damaged.

asolapar *vt* [tejas, losas] to overlap.

asolar[1] [23] *vt* - **1.** [destruir] to devastate. - **2.** [arrasar] to raze, to level.

◆ **asolarse** *vpr* QUÍM to settle, to clarify.

asolar[2] *vt* AGR to scorch, to parch.

asoldar [23] *vt* to hire.

asoleamiento *m* sunstroke *(U)*.

asolear *vt* to expose to the sun, to put in the sun.

◆ **asolearse** *vpr* - **1.** [tomar el sol] to bask in the sun, to sun o.s. - **2.** [broncearse] to become tanned, to get a tan. - **3.** VETER to suffer sunstroke o heat suffocation. - **4.** *Amér* [trabajar] to work, to slave.

asoleo *m* - **1.** [insolación] insolation, exposure to the sun. - **2.** VETER heat suffocation.

asomada *f* - **1.** [aparición] brief appearance, apparition. - **2.** [atalaya] vantage point, lookout.

asomar ◇ *vi* [gen] to peep up; [del interior de algo] to peep out; **la sábana asoma por debajo de la colcha** the sheet is peeping out from under the bedspread. ◇ *vt* to stick; ~ **la cabeza por la ventana** to stick one's head out of the window.

◆ **asomarse** *vpr* - **1.** [persona]: ~**se (a o por)** [en ventana] to stick one's head out (of); [en balcón] to come/go out (onto). - **2.** [mostrarse] to show o.s., to appear. - **3.** *fam* [emborracharse] to get tipsy.

asombrado, da *adj* - **1.** [admirado] amazed. - **2.** [sorprendido] surprised.

asombrador, ra *adj* amazing, astonishing.

asombrar *vt* - **1.** [causar admiración] to amaze; [causar sorpresa] to surprise. - **2.** *fig* [asustar] to frighten, to scare. - **3.** [hacer sombra] to shade, to shadow. - **4.** [color] to darken, to make darker.

◆ **asombrarse** *vpr* - **1.** [sorprenderse]: ~**se (de)** [sentir admiración] to be amazed (at); [sentir sorpresa] to be surprised (at). - **2.** [asustarse] to be frightened o scared.

asombro *m* - **1.** [admiración] amazement; [sorpresa] surprise. - **2.** [susto] fright, fear. - **3.** [maravilla] marvel, wonder.

asombrosamente *adv* amazingly, astonishingly.

asombroso, sa *adj* [sensacional] amazing; [sorprendente] surprising.

asomo *m* - **1.** [indicio] trace, hint; [de esperanza] glimmer; **ni** ~**s** o **un** ~ **de** not a trace of, not the least bit of; **ni por** ~ not under any circumstances. - **2.** [mirada] look, peek. - **3.** [sospecha] suspicion, conjecture.

asonada *f* riot.

asonancia *f* - **1.** LITER assonance. - **2.** LING consonance, harmony. - **3.** *fig* [correspondencia] relation, correspondence.

asonante *adj* assonant.

asordar *vt* to deafen.

asorochar *Amér vt* to cause to have altitude sickness.

◆ **asorocharse** *vpr Amér* - **1.** [enfermarse] to get altitude sickness. - **2.** [ruborizarse] to blush.

aspa *f (con art masc 'el')* - **1.** [cruz] X-shaped cross; [de molino] arms *(pl)*; **en** ~ crosswise. - **2.** [signo] multiplication sign. - **3.** [para madeja] spool, reel. - **4.** *Amér* [cuerno] horn.

aspado, da ◇ *adj* - **1.** [con forma de cruz] cross-shaped. - **2.** [con brazos extendidos] with outstretched arms. - **3.** *fam fig* [por ropa estrecha] hobbled. ◇ *m, f* penitent with arms tied to a bar in the shape of a cross.

aspador, ra ◇ *adj* reeling, winding. ◇ *m, f* - **1.** [persona] reeler, winder. - **2.** [aparato] reel, spool.

aspar *vt* - **1.** [hilo] to reel, to wind. - **2.** [crucificar] to crucify. - **3.** *fam fig* [mortificar] to mortify. - **4.** *fig* [ofender] to vex, to annoy. - **5.** *loc*: **que me aspen si lo hago** I'll be damned if I'll do it.

◆ **asparse** *vpr fig* [por dolor] to writhe.

aspaventar [19] *vt* to frighten, to scare.

aspaventero, ra, aspaventoso, sa *adj* effusive, theatrical.

aspavientarse *vpr Amér* - **1.** [asustarse] to become frightened o scared. - **2.** [alarmarse] to become alarmed.

aspaviento *m (gen pl)* furious gesticulations *(pl)*; **hacer** ~**s** to make a fuss o a scene.

aspecto *m* - **1.** [apariencia] appearance; **a primer** ~ at first glance; **tener buen/mal** ~ [persona] to look well/awful; [cosa] to look nice/horrible. - **2.** [faceta] aspect; **bajo este** ~ from this angle; **en todos los** ~**s** in every respect.

ásperamente *adv* harshly, roughly.

aspereza *f* - **1.** [rugosidad] roughness. - **2.** *fig* [desagrado] sharpness, sourness. - **3.** *fig* [brusquedad] gruffness, surliness; **limar** ~**s** to smooth things over.

asperges *m inv* - **1.** [aspersión] asperges, sprinkling. - **2.** [canto] liturgical chant.

asperiego, ga *adj* sour, tart.

asperillo *m* tartness, sourness.

asperjar *vt* - **1.** [rociar] to sprinkle. - **2.** RELIG to sprinkle with holy water.

áspero, ra *adj* - **1.** [rugoso] rough. - **2.** [acre] sour. - **3.** *fig* [desagradable] sharp, sour. - **4.** [abrupto] rugged. - **5.** *fig* [brusco] gruff, surly.

asperón *m* sandstone.

aspersión *f* [de jardín] sprinkling; [de cultivos] spraying; **sistema de** ~ **automática** (automatic) sprinkling system.

aspersor *m* [para jardín] sprinkler; [para cultivos] sprayer.

aspersorio *m* sprinkler.

áspid, áspide *m* - **1.** [serpiente] asp. - **2.** [cañón] culverin.

aspillera *f* MIL loophole, crenel.

aspiración *f* - **1.** [gen & LING] aspiration. - **2.** [de aire - por una persona] breathing in; [- por una máquina] suction. - **3.** MÚS short pause.

aspirado, da *adj* LING aspirated.

aspirador, ra *adj* - **1.** FISIOLOGÍA inhaling, aspirating. - **2.** MEC sucking, suction.

◆ **aspirador** *m* - **1.** [de polvo] vacuum cleaner. - **2.** MEC aspirator. - **3.** [bomba] suction pump.

◆ **aspiradora** *f* vacuum cleaner; **pasar la aspiradora por** to vacuum.

aspirante ◇ *adj* - **1.** [persona] aspiring. - **2.** FISIOLOGÍA inhaling, aspirating. - **3.** [de succión] suction, sucking. ◇ *mf*: ~ **(a)** [gen] candidate (for); [en deportes, concursos] contender (for).

aspirar ◇ *vt* - **1.** [aire - suj: persona] to breath in, to inhale; [- suj: máquina] to suck in. - **2.** LING to aspirate. ◇ *vi*: ~ **a algo** [ansiar] to aspire to sthg.

aspiratorio, ria *adj* aspiratory.

aspirina® *f* aspirin.

asqueado, da *adj* - **1.** *fig* [aburrido] annoying. - **2.** [repugnante] sickening, disgusting.

asquear ◇ *vt* to disgust, to make sick. ◇ *vi* to be sickening o disgusting.

asquerosamente *adv* disgustingly, repulsively.

asquerosidad *f* - **1.** [física] disgusting o revolting thing. - **2.** [moral] vileness, loathsomeness.

asqueroso, sa *adj* - **1.** [repugnante] disgusting, revolting. - **2.** [sucio] filthy, foul. - **3.** [nauseabundo] nauseous. - **4.** *Amér fig* [achispado] tipsy.

asta *f (con art masc 'el')* - **1.** [de bandera] flagpole, mast; **a media** ~ at half-mast. - **2.** [de lanza] shaft; [de brocha] handle. - **3.** [de toro] horn. - **4.** [lanza] lance, spear.

astado *m* TAUROM bull.

asterisco *m* asterisk.

asteroide ◇ *m* asteroid. ◇ *adj* asteroidal.

astigmático, ca *adj* astigmatic.

astigmatismo *m* astigmatism.

astil *m* - **1.** [de hacha, pico] haft; [de azada] handle. - **2.** [de flecha] shaft. - **3.** [de balanza] arm, beam. - **4.** [de pluma] quill.

astilla *f* splinter; **hacer** ~**s** *fig* to smash to smithereens.

◆ **astillas** *fpl* kindling (U).

astillar *vt* - **1.** [fragmentar] to splinter; [tronco] to chop up. - **2.** [destruir] to destroy, to break into pieces.

◆ **astillarse** *vpr* to splinter.

astillero *m* - **1.** NÁUT shipyard. - **2.** MIL spear o lance rack. - **3.** [almacén] lumberyard. - **4.** *Amér* [en monte] lumbering site.

astilloso, sa *adj* splintery.

astracán *m* astrakhan.

astracanada *f despec* farce.

astrágalo *m* - **1.** ANAT astragalus. - **2.** ARQUIT astragal. - **3.** BOT milk vetch.

astral *adj* astral.

astreñir [26] *vt* to constrict, to bind.

astricción *f* - **1.** ANAT astringency. - **2.** [sujeción] constriction.

astrictivo, va *adj* astrictive, astringent.

astringencia *f* - **1.** ANAT astringency. - **2.** [constricción] constriction.

astringente *adj* astringent.

astringir [15] *vt* - **1.** ANAT to astringe, to contract. - **2.** *fig* [sujetar] to bind, to constrain.

astriña, astriñera *etc v* → **astreñir**.

astro *m* - **1.** ASTRON heavenly body. - **2.** *fig* [persona] star.

astrofísico, ca *adj* astrophysical.

◆ **astrofísica** *f* astrophysics (U).

astrología *f* astrology.

astrológico, ca *adj* astrological.

astrólogo, ga *m, f* astrologer.

astronauta *mf* astronaut.

astronáutica *f* astronautics (U).

astronave *f* spacecraft, spaceship.

astronomía *f* astronomy.

astronómico, ca *adj lit & fig* astronomical.

astrónomo, ma *m, f* astronomer.

astroso, sa *adj* - **1.** [andrajoso] shabby, ragged. - **2.** [sucio] dirty. - **3.** [despreciable] despicable, vile.

astucia *f* - **1.** [picardía] cunning, astuteness. - **2.** *(gen pl)* [treta] cunning trick. - **3.** [artimaña] craftiness, slyness.

asturiano, na *adj & m, f* Asturian.

Asturias *s* Asturias.

astuto, ta *adj* [ladino, tramposo] cunning; [sagaz, listo] astute.

asuela *etc v* → **asolar**.

asuelda *etc v* → **asoldar**.

asueto *m* break, rest; **unos días de** ~ a few days off.

asumir *vt* - **1.** [gen] to assume. - **2.** [aceptar] to accept.

asunceno, na ◇ *adj* of/relating to Asunción. ◇ *m, f* native/inhabitant of Asunción.

asunción *f* assumption.

Asunción *s* - **1.** GEOGR Asunción. - **2.** RELIG: **la** ~ the Assumption.

asuntar *vi Amér* - **1.** [prestar atención] to pay attention. - **2.** [curiosear] to pry.

asunto *m* - **1.** [tema - general] subject; [- específico] matter; [- de obra, libro] theme; **desorbitar un** ~ to misinterpret a matter ❏ ~**s a tratar** agenda *(sg)*. - **2.** [cuestión, problema] issue; **el** ~ **es que...** the fact is that...; **ir al** ~ to get down to business o to the matter at hand. - **3.** [negocio] affair, business *(U)*; **no es** ~ **tuyo** it's none of your business; **tener muchos** ~**s entre manos** to have a lot on ❏ ~ **pendiente** unresolved matter. - **4.** *fam* [romance] affair. - **5.** *loc*: **poner el** ~ *Amér* to watch one's step.

◆ **asuntos** *mpl* - **1.** POLÍT affairs; ~**s exteriores** foreign affairs. - **2.** [efectos] possessions.

asurar *vt* - **1.** [guiso] to burn. - **2.** [sembrado] to scorch. - **3.** *fig* [persona] to worry, to trouble.

◆ **asurarse** *vpr* - **1.** [guiso] to be burned. - **2.** [sembrado] to be scorched. - **3.** *fig* [persona] to worry.

asurcado, da *adj* furrowed.

asustadizo, za *adj* easily frightened.

asustado, da *adj* frightened, scared.

asustador, ra *adj Amér* scary, frightening.

asustar *vt* to frighten, to scare.

◆ **asustarse** *vpr*: ~**se (de** o **por** o **con)** to be frightened o scared (of o by).

asustón, ona *adj Amér* easily frightened.

atabacado, da *adj* - **1.** [de color tabaco] tobaccocoloured. - **2.** *Amér* [torpe] clumsy.

atabe *m* pipe vent.

atablar *vt* AGR to level.

atacable *adj* vulnerable, susceptible to attack.

atacado, da *adj* - **1.** *fam fig* [irresoluto] wishy-washy. - **2.** [mezquino] stingy, tightfisted.

atacante ◇ *adj* attacking. ◇ *mf* [agresor] attacker. ◇ *m* DEP forward.

atacar [10] *vt* - **1.** [combatir] to attack; **me ataca los nervios** *fig* it gets on my nerves. - **2.** [sobrevenir]: **le atacó la risa/fiebre** he had a fit of laughter/bout of fever. - **3.** *fig* [acometer] to set about. - **4.** *fig* [contradecir] to refute, to contradict. - **5.** [abrochar] to fasten, to attach. - **6.** MIL to ram o to tamp down. - **7.** QUÍM to corrode, to eat away.

◆ **atacarse** *vpr* [abrocharse] to fasten, to button up.

ataderas *fpl fam* garters.

atadero *m* - **1.** [lo que ata] tie, fastening. - **2.** [lo que se ata] hook, loop. - **3.** *loc*: **no tener** ~ not to hang together, not to make sense.

atadijo *m* awkward bundle.

atado, da *adj fig* timid, inhibited.

◆ **atado** *m* - **1.** [paquete] bundle. - **2.** *Amér* [cajetilla] cigarette pack.

atador, ra ◇ *adj* tying, binding. ◇ *m, f* [persona] binder.

◆ **atadora** *f* [máquina] sheaf binder.

atadura *f* - **1.** [ligadura, obligación] tie. - **2.** [acción] tying, binding. - **3.** [cuerda] cord, string. - **4.** *fig* [traba] restriction, hindrance.

atafagar [16] *vt* - **1.** [sofocar] to suffocate, to stifle. - **2.** *fam fig* [molestar] to pester.

ataguía *f* cofferdam.

Atahualpa *m* Atahuallpa.

ataire *m* moulding.

atajada *f Amér* [detención] interception, heading off; DEP body-check, obstruction *(U)*.

atajadizo *m* - **1.** [tabique] partition. - **2.** [terreno] plot.

atajador, ra ◇ *adj* barring, obstructing. ◇ *m, f* [obstructor] obstructor.

◆ **atajador** *m Amér* [arriero] cattle driver.

atajar ◇ *vi* [acortar]: ~ **(por)** to take a short cut (through). ◇ *vt* - **1.** [contener] to put a stop to; [hemorragia, inundación] to stem. - **2.** *fig* [interrumpir] to cut short. - **3.** [interceptar] to intercept, to head off. - **4.** [separar] to fence, to partition. - **5.** *Amér* [evitar pelea] to hold back.

◆ **atajarse** *vpr* - **1.** *fig* [avergonzarse] to be embarrassed o ashamed. - **2.** [emborracharse] to get drunk. - **3.** *Amér* [reprimirse] to contain o.s., to keep one's temper.

atajo *m* - **1.** [camino corto, medio rápido] short cut; **coger** o **tomar un** ~ to take a short cut. - **2.** *despec* [panda] bunch. - **3.** [división] division, segment.

atalajar *vt* [caballo] to harness.

atalaje *m* - **1.** [arreos] harness. - **2.** MIL team of draft horses. - **3.** *fam fig* [equipo] gear.

atalantar *vt* - **1.** [agradar] to please. - **2.** [aturdir] to stun, to shock.

atalaya *f* - **1.** [torre] watchtower. - **2.** [altura] vantage point. - **3.** [centinela] guard, lookout.

atalayador, ra ◇ *adj* watching, observing. ◇ *m, f* - **1.** [observador] watcher, observer. - **2.** *fam fig* [averiguador] investigator, inquirer.

atalayar *vt* - **1.** [vigilar] to watch, to observe. - **2.** *fig* [espiar] to spy on.

ataludar, ataluzar [13] *vt* to slope, to slant.

atamiento *m fam fig* shyness.

atanor *m* water pipe.

atanquía *f desus* - **1.** [depilatorio] depilatory cream. - **2.** [seda] coarse silk.

atañer *vi* - **1.** [concernir]: ~ **a** to concern; **en lo que atañe a este asunto** as far as this subject is concerned. - **2.** [corresponder]: ~ **a** to be the responsibility of.

ataque[1] *etc v* → **atacar**.

ataque[2] *m* - **1.** [gen & DEP] attack; ~ **aéreo** air raid; ~ **por sorpresa** surprise attack. - **2.** *fig* [acceso] fit, bout; **tener un** ~ **de risa** to have a fit of laughter; ~ **cardíaco** o **al corazón** heart attack. - **3.** [disputa] dispute, attack.

atar *vt* - **1.** [unir] to tie (up). - **2.** *fig* [relacionar] to link together. - **3.** *fig* [constreñir] to tie down; ~ **corto a alguien** *fam* to keep a tight rein on sb. - **4.** [sujetar] to tie up, to bind. - **5.** *fig* [maniatar] to tie down, to restrict.

◆ **atarse** *vpr* - **1.** [comprometerse] to tie o.s. up in knots. - **2.** [ceñirse]: ~**se a** to become tied to. - **3.** *fig* [azorarse] to get flustered.

atarantado, da *adj* - **1.** [por tarántula] bitten by a tarantula. - **2.** *fam fig* [bullicioso] restless, dizzy. - **3.** [aturdido] stunned, dazed. - **4.** [espantado] terrified, frightened.

atarantar *vt* [aturdir] to daze, to stun.

◆ **atarantarse** *vpr Amér* - **1.** [apresurarse] to rush, to dash. - **2.** [emborracharse] to get tipsy.

ataraxia *f* ataraxia, ataraxy.

atarazana *f* - **1.** [astillero] shipyard. - **2.** [taller del cordelero] ropemaker's workshop.

atarazar [13] *vt* to bite, to chomp.

atardecer [30] ◇ *m* dusk; **al** ~ at dusk. ◇ *v impers* to get dark.

atareado, da *adj* busy.

atarear *vt* to assign work to.

◆ **atarearse** *vpr* to busy o to occupy o.s.

atarjea *f* - **1.** [cañería] piping *(U)*, pipeline. - **2.** [alcantarilla] culvert, drain. - **3.** *Amér* [depósito] water supply.

atarquinar *vt* to cover with mud.

atarraya *f* casting net.

atarugamiento *m* - **1.** [de ensamblado] pegging. - **2.** [de recipiente] plugging. - **3.** *fam fig* [perplejidad] confusion, embarrassment. - **4.** [atestamiento] cramming. - **5.** [de comida] gorging.

atarugar [16] *vt* - **1.** [ensamblado] to peg, to wedge. - **2.** [recipiente] to plug. - **3.** *fam fig* [hacer callar] to silence. - **4.** [llenar] to stuff, to cram.

◆ **atarugarse** *vpr fam fig* [por comida] to stuff o to gorge o.s.

atasajar *vt* [carne] to jerk.

atascadero *m* - **1.** [ciénaga] bog, mire. - **2.** *fig* [estorbo] stumbling block.

atascado, da *adj* blocked (up).

atascamiento *m* - **1.** [obstrucción] blockage, obstruction. - **2.** *fig* [impedimento] obstacle, barrier.

atascar [10] *vt* - **1.** [obstruir] to block (up). - **2.** *fig* [impedir] to hamper, to impede. - **3.** NÁUT to calk.

◆ **atascarse** *vpr* - **1.** [obstruirse] to get blocked up. - **2.** *fig* [detenerse] to get stuck; [al hablar] to dry up. - **3.** *fig* [embrollarse] to become bogged down.

atasco *m* - **1.** [obstrucción] blockage. - **2.** AUTOM traffic jam. - **3.** [impedimento] hindrance, obstacle.

atasque *etc v* → **atascar**.

ataúd *m* coffin.

ataviar [9] *vt* [cosa] to deck out; [persona] to dress up.

◆ **ataviarse** *vpr* to dress up.

atávico, ca *adj* atavistic.

atavío *m* - **1.** [adorno] adornment. - **2.** [indumentaria] attire *(U)*.

◆ **atavíos** *mpl* finery *(U)*, trappings.

atavismo *m* atavism, intermittent heredity.

ataxia *f* MED ataxia, ataxy.

ate *m Amér* quince jelly.

atece *etc v* → **atezar**.

ateísmo *m* atheism.

atelaje *m* - **1.** [arreos] harness. - **2.** MIL team of draughthorses o dray-horses.

atemorizar [13] *vt* to frighten.

◆ **atemorizarse** *vpr* to get frightened; ~**se de** o **por** to be frightened of.

atemperación *f* tempering, moderation.

atemperador, ra *adj* tempering, moderating.

◆ **atemperador** *m* FÍS moderator.

atemperar *vt* - **1.** [moderar] to temper, to moderate. - **2.** [acomodar] to adjust, to accommodate.

atenacear *vt* = **atenazar**.

Atenas *s* Athens.

atenazar [13], **atenacear** *vt* - **1.** [sujetar] to clench. - **2.** *fig* [suj: dudas] to torment, to rack; [suj: miedo, ansias] to grip. - **3.** [torturar] *to torture by tearing off the flesh with pincers*.

atención ◇ *f* - **1.** [interés] attention; **a la** ~ **de** for the attention of; **llamar la** ~ [atraer] to attract attention; **su belleza llama la** ~ her beauty is striking; **llamar la** ~ **a alguien** [amonestar] to tell sb off; **poner** o **prestar** ~ to pay attention; **si no pones** o **prestas** ~, **no te enterarás de lo que hay que hacer** if you don't pay attention, you won't know what to do. - **2.** [cortesía] attentiveness *(U)*; **en** ~ **a** [teniendo en cuenta] out of consideration for; **le cedió el asiento en** ~ **a su avanzada edad** he let her have the seat because of her age; [en honor a] in honour of; **organizaron una cena en** ~ **al nuevo embajador** they held a dinner in honour of the new ambassador. ◇ *interj* [en aeropuerto, conferencia] your attention please!

◆ **atenciones** *fpl* - **1.** [cortesías] attentions, attentiveness *(U)*; **deshacerse en atenciones con** to lavish attention on. - **2.** [negocios] duties, responsibilities.

atender [20] ◇ *vt* - **1.** [satisfacer - petición, ruego] to attend to; [- consejo, instrucciones] to heed; [- propuesta] to agree to. - **2.** [cuidar de - necesitados, invitados] to look after; [-enfermo] to care for; [- cliente] to serve; **¿le atienden?** are you being served? - **3.** [tener en cuenta] to keep in mind. - **4.** [obedecer] to comply with, to heed. - **5.** [esperar] to await, to wait for. ◇ *vi* - **1.** [estar atento]: ~ **(a)** to pay attention (to); **lo castigaron porque no atendía en clase** he was punished for not paying attention in class; **no atiendes a las explicaciones que te hacen tus invitados** you're not paying attention to what your guests are saying. - **2.** [tener en cuenta]: **atendiendo a** taking into account, bearing in mind; **le enviamos la mercancía atendiendo a su petición** following your order, please find enclosed the goods requested. - **3.** [responder]: ~ **por** to answer to the name of; **su nombre es Manuel, pero en la cárcel atiende por Manu** his real name is Manuel, but they call him Manu in jail.

atendible *adj* considerable, worthy of consideration.

ateneo *m* athenaeum.

atenerse [72] ◆ **atenerse a** *vpr* - **1.** [promesa, orden] to stick to; [ley, normas] to observe, to abide by. - **2.** [consecuencias] to bear in mind. - **3.** [adherirse] to depend o to rely on. - **4.** *loc:* **no saber a qué** ~ not to know which way to turn.

ateniense *adj & mf* Athenian.

atentado *m* [crimen] illegal act, crime; ~ **contra alguien** attempt on sb's life; ~ **contra algo** crime against sthg ❏ ~ **terrorista** terrorist attack.

atentamente *adv* - **1.** [con atención, cortesía] attentively; **mire** ~ watch carefully. - **2.** [en cartas] Yours sincerely o faithfully.

atentar ◇ *vi:* ~ **contra (la vida de) alguien** to make an attempt on sb's life; ~ **contra algo** [principio etc] to be a crime against sthg. ◇ *vt* to attempt, to commit.
◆ **atentarse** *vpr* to control o to contain o.s.

atentatorio, ria *adj* which constitutes an attempt o a threat.

atento, ta *adj* - **1.** [interesado] attentive; **estar** ~ **a** [explicación, programa, lección] to pay attention to; [ruido, sonido] to listen out for; [acontecimientos, cambios, avances] to keep up with; ~ **a** in view of, considering. - **2.** [cortés] considerate, thoughtful.

atenuación *f* - **1.** [disminución] attenuation, diminishing. - **2.** LITER litotes.

atenuador, ra *adj* attenuating.
◆ **atenuador** *m* ELECTR attenuator.

atenuante *m* - **1.** DER extenuating circumstance. - **2.** [paliativo] attenuating, palliative.

atenuar [6] *vt* - **1.** [gen] to diminish; [dolor] to ease; [luz] to filter. - **2.** DER to extenuate, to mitigate.

ateo, a ◇ *adj* atheistic. ◇ *m, f* atheist.

aterciopelado, da *adj* velvety.

aterido, da *adj* freezing.

aterirse *vpr* to be freezing.

aterrado, da *adj* terror-stricken.

aterrador, ra *adj* terrifying.

aterrajar *vt* to thread, to tap.

aterraje *m* - **1.** AERON landing. - **2.** NÁUT approaching land, landfall.

aterrar[1] *vt* [asustar] to terrify.

aterrar[2] [19] ◇ *vt* - **1.** [echar al suelo] to knock down. - **2.** [cubrir] to cover with earth. ◇ *vi* - **1.** AERON to land. - **2.** NÁUT to stand inshore.
◆ **aterrarse** *vpr* NÁUT to approach land.

aterrizaje *m* - **1.** AERON landing; ~ **forzoso** emergency landing. - **2.** NÁUT landfall.

aterrizar [13] *vi* - **1.** [avión] to land. - **2.** *fig* [persona] to turn up.

aterrorizador, ra *adj* terrifying.

aterrorizar [13] *vt* to terrify; [suj: agresor] to terrorize.
◆ **aterrorizarse** *vpr* to be terrified.

atesoramiento *m* hoarding, amassing.

atesorar *vt* - **1.** [riquezas] to amass. - **2.** *fig* [virtudes] to be blessed with.

atestación *f* affidavit, deposition.

atestado, da *adj* - **1.** [lleno] full to the brim, chockfull. - **2.** [testarudo] stubborn, obstinate.
◆ **atestado** *m* official report; ~ **policial** charge sheet.
◆ **atestados** *mpl* testimonials.

atestadura *f*, **atestamiento** *m* stuffing, cramming.

atestar *vt* - **1.** [llenar] to pack, to cram. - **2.** DER to testify to. - **3.** *fam fig* [atiborrar] to stuff, to gorge.

atestiguación *f*, **atestiguamiento** *m* DER attestation.

atestiguar [45] *vt* to testify to.

atetar *vt* to suckle, to nurse.

atezado, da *adj* - **1.** [bronceado] tanned. - **2.** [negro] black.

atezamiento *m* - **1.** [pulimento] smoothing, polishing. - **2.** [bronceadura] tanning, bronzing. - **3.** [ennegrecimiento] blackening.

atezar [13] *vt* - **1.** [pulir] to polish, to smooth. - **2.** [broncear] to tan. - **3.** [ennegrecer] to blacken.
◆ **atezarse** *vpr* [broncearse] to tan.

atiborramiento *m* packing, stuffing.

atiborrar *vt* - **1.** [hartar] to stuff full. - **2.** [llenar] to cram, to pack.
◆ **atiborrarse** *vpr fam fig:* ~**se (de)** to stuff one's face (with).

atice *etc v* → **atizar**.

ático *m* penthouse.

atienda *etc v* → **atender**.

atierra *etc v* → **aterrar**.

atierre *m* MIN - **1.** [escombro] cave-in. - **2.** *Amér* [cubrimiento] covering with earth.

atiesar *vt* to stiffen, to harden.

atigrado, da ◇ *adj* tiger-striped, marked like a tiger. ◇ *m, f* [gato] tabby.

Atila *m* Attila.

atildado, da *adj* smart, spruce.

atildadura *f*, **atildamiento** *m* - **1.** [pulcritud] smartness, spruceness. - **2.** GRAM putting tildes on letters. - **3.** [crítica] criticism, censure.

atildar *vt* - **1.** [arreglar al vestirse] to smarten up. - **2.** GRAM to write a tilde over. - **3.** *fig* [censurar] to censure, to criticize.
◆ **atildarse** *vpr* [arreglarse] to spruce o.s. up.

atinadamente *adv* prudently, sensibly.

atinar ◇ *vi* [adivinar] to guess correctly; [dar en el blanco] to hit the target; ~ **a hacer algo** to succeed in doing sthg; ~ **con** to hit upon. ◇ *vt* [encontrar] to find, to locate.

atinente *adj* relevant, pertinent.

atingencia *f Amér* - **1.** [relación] connection. - **2.** [puntualización] observation, remark.

atípico, ca *adj* atypical.

atiplado, da *adj* shrill.

atiplar *vt* MÚS [instrumento, voz] to raise the pitch of.
◆ **atiplarse** *vpr* MÚS [instrumento, voz] to rise in pitch.

atirantar *vt* - **1.** [poner tirante] to tighten, to tauten. - **2.** ARQUIT to stay, to brace with ties.

atisbador, ra *adj* watching, observing.

atisbar *vt* - **1.** [divisar, prever] to make out. - **2.** [acechar] to observe, to spy on.

atisbo *m* (*gen pl*) - **1.** [indicio] trace, hint; [de esperanza] glimmer. - **2.** [acecho] observation.

atiza *interj* my goodness!, you don't say!

atizador, ra ◇ *adj* rousing, stirring up. ◇ *m, f* [incitador] inciter.
◆ **atizador** *m* poker.

atizar [13] *vt* - **1.** [fuego] to poke, to stir. - **2.** *fig* [sospechas, discordias etc] to fan. - **3.** *fam* [puñetazo, patada] to land, to deal. - **4.** [vela] to snuff; [mecha] to trim.

◆ **atizarse** *vpr fam* [comida, bebida] to guzzle.

atizonar *vt* - **1.** [muro] to bond. - **2.** [madero] to embed.

◆ **atizonarse** *vpr* AGR to blight, to be blighted.

atlante *m* ARQUIT atlas, telamon.

atlántico, ca *adj* Atlantic.

Atlántico *m*: **el (océano)** ~ the Atlantic (Ocean).

Atlántida *s*: **la** ~ Atlantis.

atlantismo *m* POLÍT *doctrine followed by NATO*.

atlas *m inv* - **1.** [de mapas] atlas. - **2.** [de ilustraciones] set of illustrations, charts *(pl)*. - **3.** ANAT atlas, first cervical vertebra.

Atlas *m*: **el** ~ the Atlas Mountains.

atleta *mf* - **1.** [en atletismo] athlete. - **2.** [en gimnasia] gymnast. - **3.** *fig* [defensor] stalwart, staunch defender.

atlético, ca *adj* athletic.

atletismo *m* athletics *(U)*.

atmósfera *f* - **1.** [capa gaseosa] atmosphere; **alta** ~ upper atmosphere. - **2.** FÍS atmosphere. - **3.** [aire] air. - **4.** *fig* [ambiente] atmosphere, environment. - **5.** *fig* [influencia] sphere of influence.

atmosférico, ca *adj* atmospheric.

atoar *vt* to tow.

atocha *f* esparto grass.

atochar *vt* [rellenar] to stuff, to pack; [de esparto] to fill with esparto.

atocinado, da *adj fam fig* [persona] porky, fat.

atocinar *vt* - **1.** [cerdo] to cut up. - **2.** [hacer tocino] to make into bacon. - **3.** *fam fig* [asesinar] to bump off.

atolladero *m* - **1.** [apuro] fix, jam; **meter en/sacar de un** ~ **a alguien** to put sb in/get sb out of a tight spot. - **2.** *fig* [impedimento] obstruction, handicap. - **3.** *fig* [callejón] impasse, dead end.

atollar *vi* to get bogged down.

◆ **atollarse** *vpr* to be bogged down.

atolón *m* atoll.

atolondradamente *adv* - **1.** [impulsivamente] impulsively, recklessly. - **2.** [confusamente] bewilderedly, confusedly.

atolondrado, da ◇ *adj* - **1.** [precipitado] hasty, disorganized. - **2.** [aturdido] bewildered. ◇ *m, f* [precipitado] hasty o disorganized person.

atolondramiento *m* - **1.** [precipitación] haste, disorganization. - **2.** [aturdimiento] bewilderment.

atolondrar *vt* [aturdir] to bewilder, to confuse.

◆ **atolondrarse** *vpr* [aturdirse] to be bewildered o confused.

atómico, ca *adj* [del átomo] atomic; [central, armas] nuclear.

atomismo *m* FILOS atomism.

atomista *mf* - **1.** FILOS atomist. - **2.** FÍS atomic physicist.

atomización *f* atomization, atomizing.

atomizador *m* atomizer, spray.

atomizar [13] *vt fig* [fragmentar] to break down (into constituent parts).

átomo *m lit & fig* atom; ~ **activo/fisionado** FÍS hot/split atom; ~ **gramo** gram atom.

atonal *adj* MÚS atonal.

atonalidad *f* MÚS atonality.

atonía *f* atony.

atónito, ta *adj* astonished, astounded; **dejar** ~ to stagger.

átono, na *adj* atonic.

atontadamente *adv* foolishly, stupidly.

atontado, da *adj* - **1.** [aturdido] dazed. - **2.** [tonto] stupid.

atontamiento *m* - **1.** [aturdimiento] confusion, bewilderment. - **2.** [alelamiento] stupefaction.

atontar *vt* - **1.** [aturdir] to daze. - **2.** [alelar] to dull the mind of.

atoramiento *m* obstruction, blockage.

atorar *vt* to obstruct, to clog.

◆ **atorarse** *vpr* to choke, to have something stuck in one's throat.

atormentadamente *adv* tormentedly.

atormentador, ra ◇ *adj* - **1.** [que aflige] tormenting. - **2.** [que preocupa] troubling, worrisome. ◇ *m, f* - **1.** [perseguidor] tormentor. - **2.** [torturador] torturer.

atormentante *adj* tormenting, distressing.

atormentar *vt* to torture; *fig* to torment.

◆ **atormentarse** *vpr* to torment o.s.; **no** ~**se por nada** not to worry about a thing.

atornillar *vt* - **1.** MEC to screw. - **2.** *Amér* [molestar] to needle, to harass.

atoro *m desus* blockage, obstruction.

atorón *m Amér* traffic jam.

atorrante *Amér* ◇ *adj* lazy. ◇ *mf* layabout.

atortolar *vt* [confundir] to shake up, to rattle.

◆ **atortolarse** *vpr Amér* [enamorarse] to fall in love.

atortujar *vt* to flatten, to squash.

atosigador, ra *adj* [venenoso] poisonous, toxic.

atosigamiento *m* - **1.** *fig* [apremio] urging, pressing. - **2.** [envenenamiento] poisoning.

atosigar [16] *vt* - **1.** *fig* [dar prisa] to harass. - **2.** *fig* [acosar] to pester. - **3.** [envenenar] to poison.

◆ **atosigarse** *vpr* to get flustered.

atóxico, ca *adj* nontoxic.

atrabancar [10] *vt* - **1.** [hacer de prisa] to do in a hurry. - **2.** [abarrotar] to stuff.

◆ **atrabancarse** *vpr* to be in a tight spot.

atrabiliario, ria *adj* - **1.** MED atrabilious. - **2.** [desabrido] bad-tempered, peevish.

atrabilis *f inv* - **1.** FISIOLOGÍA black bile. - **2.** *fig* [mal genio] bad temper.

atracada *f* - **1.** [NÁUT - al lado de embarcación] coming alongside, drawing near; [- en muelle] docking, berthing. - **2.** *Amér* [banquete] feast.

atracadero *m* landing stage.

atracador, ra *m, f* [de banco] armed robber; [en la calle] mugger.

atracar [10] ◇ *vi* NÁUT: ~ **(en)** to dock (at). ◇ *vt* - **1.** [banco] to rob; [persona] to mug. - **2.** *fam* [hartar] to cram, to stuff. - **3.** *Amér* [golpear] to beat, to hit.

◆ **atracarse** *vpr* - **1.** [hartarse]: ~**se de** to eat one's fill of. - **2.** *Amér* [acercarse] to approach, to come near. - **3.** *Amér* [pelearse] to fight, to quarrel.

atracción *f* - **1.** [gen] attraction; **sentir** ~ **por** to feel attracted to ❑ ~ **universal** FÍS gravity. - **2.** [atractivo] attractiveness, charm. - **3.** [espectáculo] act. - **4.** *fig* [centro de atención] centre of attention. - **5.** *(gen pl)* [diversión infantil] fairground attraction.

atraco *m* robbery; ~ **a mano armada** armed robbery.

atracón *m* - **1.** *fam* [de comida] feast; **darse un** ~ to stuff one's face. - **2.** *Amér* [pelea] brawl, fight. - **3.** *Amér* [empujón] push, shove.

atractivo, va *adj* - **1.** [atrayente] attractive. - **2.** [placentero] pleasing, charming.

◆ **atractivo** *m* [de persona] attractiveness, charm; [de cosa] attraction; **su principal** ~ **es su franqueza** the most attractive thing about her is her honesty; **el** ~ **de viajar en tren es la comodidad** the best thing about travelling by train is the comfort.

atraer [73] *vt* - **1.** [gen] to attract. - **2.** *fig* [ocasionar] to bring; **dicen que derramar la sal atrae la desgracia** it's said that spilling salt brings bad luck.

atrafagar [16] *vi* to toil, to labour.

atragantamiento *m* choking, gagging.

atragantar ◇ *vt* to choke. ◇ *vi* to gag, to swallow with difficulty.

◆ **atragantarse** *vpr* - **1.** [ahogarse]: ~**se (con)** to choke (on). - **2.** *fam fig* [turbarse] to get mixed up o tongue-tied. - **3.** [no soportar]: **se me atraganta** I can't stand him/her.

atraíble *adj* attractable.

atraiga, atrajera *etc v* → **atraer**.

atraillar *vt* - **1.** [perro] to leash. - **2.** *fig* [dominar] to hold in check.

atrajera *etc v* → **atraer**.

atramparse *vpr* - **1.** [en trampa] to fall into a trap. - **2.** [suj: conducto] to become clogged; [suj: pestillo] to stick, to jam. - **3.** *fam fig* [detenerse] to get stuck.

atrancar [10] ◇ *vt* - **1.** [cerrar] to bar. - **2.** [obturar] to block. ◇ *vi fam* - **1.** [al caminar] to stride. - **2.** *fig* [al leer] to scan, to read quickly.

◆ **atrancarse** *vpr* - **1.** [encerrarse] to lock o.s. in. - **2.** [atascarse] to get blocked. - **3.** *fig* [al hablar, escribir] to dry up. - **4.** *Amér* [obstinarse] to be stubborn. - **5.** *Amér* [estreñirse] to be constipated.

atranco, atranque *m* - **1.** [atasco] obstruction, blockage. - **2.** *fig* [apuro] tight spot, jam.

atrapamoscas *f inv* [planta] Venus'-flytrap.

atrapar *vt* - **1.** [agarrar, alcanzar] to catch. - **2.** *fam* [conseguir] to get o.s. - **3.** *fam* [engañar] to take in.

atraque[1] *etc v* → **atracar**.

atraque[2] *m* - **1.** [NÁUT - amarre] mooring; [- muelle] berth, mooring. - **2.** ASTRONÁUT docking, link-up. - **3.** [de explosivo] packing.

atrás ◇ *adv* - **1.** [detrás - posición] behind, at the back; [- movimiento] backwards; **los asientos de ~ se quedaron libres** the seats at the back were empty; **camina hacia ~** walk backwards; **echarse para ~** to move backwards; **estuvo a punto de tirarse en paracaídas pero se echó para ~ en el último momento** she was about to do a parachute jump, but she changed her mind at the very last moment; **quedarse ~** to fall behind; **se quedó muy ~ en los estudios** he fell seriously behind with his studies. - **2.** [antes] earlier, before; **meses ~** months earlier. ◇ *interj* get back!

atrasado, da *adj* - **1.** [en el tiempo] delayed; [reloj] slow; [pago] overdue, late; [número, copia] back *(antes de sust)*. - **2.** [en evolución, capacidad] backward. - **3.** [en dinero] short of funds, poor.

atrasar ◇ *vt* [gen] to put back; [reloj] to put back. ◇ *vi* to be slow; **he llevado el reloj a reparar porque atrasaba** I've taken my watch to be mended because it's slow.

◆ **atrasarse** *vpr* - **1.** [demorarse] to be late. - **2.** [quedarse atrás] to fall behind. - **3.** *Amér* [no crecer] to be stunted. - **4.** *Amér* [estar embarazada] to be pregnant.

atraso *m* - **1.** [gen] delay. - **2.** [del reloj] slowness. - **3.** [de evolución] backwardness; **~ mental** mental backwardness.

◆ **atrasos** *mpl fam* arrears.

atravesado, da *adj* - **1.** [bizco] cross-eyed, cock-eyed. - **2.** *fig* [malo] evil, wicked. - **3.** [híbrido] crossbred.

atravesaño *m* crosspiece.

atravesar [19] *vt* - **1.** [interponer] to put across. - **2.** [cruzar] to cross. - **3.** [traspasar] to penetrate. - **4.** *fig* [vivir] to go through. - **5.** *fam* [aojar] to put the evil eye on, to cast a spell on. - **6.** NÁUT to lie to. - **7.** *Amér* [acaparar] to hoard, to buy up.

◆ **atravesarse** *vpr* - **1.** [interponerse] to be in the way; **se me ha atravesado la vecina** *fig* I can't stand my neighbour. - **2.** *fig* [mezclarse] to interfere, to butt in. - **3.** [reñir] to quarrel, to argue. - **4.** [apostar] to bet, to wager. - **5.** [ocurrir] to arise, to come up.

atrayente *adj* attractive.

atrechar *vi Amér fam* to take a short cut.

atreguado, da *adj* [lunático] mad, deranged.

atreguar [45] *vt* to grant.

atreverse *vpr.* **~ (a hacer algo)** to dare (to do sthg); **~ a algo** to be bold enough for sthg; **~ con alguien** to take sb on; **es un cobarde, sólo se atreve con los más pequeños** he's a coward, he'll only take on the smallest boys.

atrevidamente *adv* - **1.** [osadamente] daringly, boldly. - **2.** [descaradamente] impudently, brazenly.

atrevido, da ◇ *adj* [osado] daring; [caradura] cheeky. ◇ *m, f* [osado] daring person; [caradura] cheeky person.

atrevimiento *m* - **1.** [osadía] daring. - **2.** [insolencia] cheek.

atrezo *m* props *(pl)*.

atribución *f* - **1.** [imputación] attribution. - **2.** [competencia] responsibility, duty.

◆ **atribuciones** *fpl* authority *(U)*, jurisdiction *(U)*.

atribuible *adj* attributable.

atribuir [51] *vt* [imputar]: **~ algo a** to attribute sthg to.

◆ **atribuirse** *vpr* [méritos] to claim for o.s.; [poderes] to assume.

atribulación *f* tribulation.

atribular *vt* to distress.

◆ **atribularse** *vpr* to be distressed.

atributivo, va *adj* attributive.

atributo *m* - **1.** [cualidad] attribute. - **2.** [símbolo] symbol. - **3.** GRAM predicate. - **4.** *Amér* RELIG *processional stand for artifacts.*

atril *m* [para libros] lectern; MÚS music stand.

atrincheramiento *m* entrenchment.

atrincherar *vt* to entrench, to surround with trenches.

◆ **atrincherarse** *vpr* - **1.** MIL to entrench o.s. - **2.** *fig* [escudarse]: **~se en** to hide behind.

atrio *m* - **1.** [pórtico] portico. - **2.** [claustro] cloister. - **3.** [patio] atrium. - **4.** [entrada] entrance, vestibule. - **5.** MIN *upper end of washing trough.*

atrito, ta *adj* repentant.

atrocidad *f* - **1.** [crueldad] atrocity. - **2.** *fig* [necedad] stupid thing. - **3.** *fam* [exceso] excess, enormity.

atrofia *f* - **1.** MED atrophy. - **2.** *fig* [deterioro] deterioration.

atrofiado, da *adj* atrophied, atrophic.

atrofiar [8] *vt* - **1.** MED to atrophy. - **2.** *fig* [deteriorar] to weaken.

◆ **atrofiarse** *vpr* - **1.** MED to atrophy. - **2.** *fig* [deteriorarse] to deteriorate.

atrojar *vt* - **1.** [mieses] to store in bins. - **2.** *Amér* [preocupar] to worry.

◆ **atrojarse** *vpr Amér* [preocuparse] to be bewildered.

atronado, da *adj* hasty, reckless.

atronador, ra *adj* deafening.

atronar [23] *vt* - **1.** [asordar] to deafen. - **2.** [aturdir] to stun, to stupefy.

◆ **atronarse** *vpr* [animal] to be frightened by thunder.

atropar *vt* - **1.** [tropa] to assemble. - **2.** [mies] to sheaf.

atropelladamente *adv* - **1.** [con prisa] hastily, hurriedly. - **2.** [en desorden] helter-skelter, pell-mell.

atropellado, da *adj* hasty.

atropellar ◇ *vt* - **1.** [suj: vehículo] to run over. - **2.** *fig* [pisotear] to trample on. - **3.** *fig* [agraviar] to bully, to abuse. - **4.** [hacer precipitadamente] to do hurriedly, to rush through. - **5.** [agobiar] to overwhelm, to oppress. ◇ *vi:* **~ por** to push violently through; **~ por la concurrencia** to push violently through the crowd.

◆ **atropellarse** *vpr* - **1.** [al hablar] to trip over one's words. - **2.** [con la prisa] to rush, to act hastily.

atropello *m* - **1.** [por vehículo] running over. - **2.** *fig* [moral] abuse. - **3.** [ataque] attack, assault.

atroz *(pl* **atroces)** *adj* - **1.** [cruel] atrocious; [dolor] awful. - **2.** *fam* [grave] serious. - **3.** *fam* [enorme] enormous, huge.

atrozmente *adv* atrociously.

atruena *etc v* → **atronar**.

ATS *(abrev de* **ayudante técnico sanitario)** *mf qualified nurse.*

atte. *abrev escrita de* **atentamente**.

atuendo *m* - **1.** [vestido] attire. - **2.** [pompa] pomp, ostentation.

atufamiento *m* anger, annoyance.

atufar ◇ *vi* to stink. ◇ *vt* - **1.** [suj: olor, humo - persona] to overpower; [- lugar] to infest. - **2.** *fig* [enfadar] to anger, to annoy.

◆ **atufarse** *vpr* - **1.** [oler mal] to stink. - **2.** [enfadarse] to get angry. - **3.** [marearse] to feel sick. - **4.** *Amér* [aturdirse] to become dazed o confused.

atún *m* tuna.

aturdido, da *adj* - **1.** [turbado] dazed. - **2.** *fig* [desconcertado] confused, bewildered. - **3.** MED dizzy, light-headed.

aturdimiento *m* - **1.** [desconcierto] bewilderment, confusion. - **2.** [irreflexión] thoughtlessness. - **3.** [choc] shock. - **4.** MED dizziness, vertigo.

aturdir *vt* - **1.** [gen] to stun; [suj: alcohol] to fuddle; [suj: ruido, luz] to confuse, to bewilder. - **2.** MED to cause dizziness o vertigo.

◆ **aturdirse** *vpr* [gen] to be stunned; [por alcohol] to get fuddled; [con ruido, luz] to get confused.

aturquesado, da *adj* - **1.** [azul] turquoise. - **2.** [como la turquesa] turquoise-like.

aturullar, aturrullar *fam vt* to fluster.

◆ **aturullarse** *vpr* to get flustered.

atusar *vt* - **1.** [recortar - pelo] to trim, to cut; [- planta] to prune, to trim. - **2.** [alisar] to smooth, to slick back. - **3.** *Amér* [esquilar] to shear.

◆ **atusarse** *vpr* - **1.** *fig* [arreglarse] to spruce up. - **2.** *Amér* [enfadarse] to get angry.

audacia *f* [intrepidez] daring.

audaz (*pl* **audaces**) ◇ *adj* [intrépido] daring. ◇ *mf* daredevil, bold person.

audazmente *adv* audaciously, boldly.

audible *adj* audible.

audición *f* - **1.** [gen] hearing. - **2.** MÚS & TEATRO audition. - **3.** [programa] broadcast, programme.

audiencia *f* - **1.** [público, recepción] audience; **dar** ~ **to** grant an audience. - **2.** [DER - juicio] hearing; [- tribunal, edificio] court; ~ **provincial** provincial court; ~ **pública** public hearing.

audífono *m* - **1.** [aparato] hearing aid. - **2.** [auricular] earphone, headphone.

audímetro *m* TV audiometer, *audience-monitoring device*.

audiómetro *m* audiometer.

audiovisual *adj* audiovisual.

auditar *vt* FIN to audit.

auditivo, va *adj* ear *(antes de sust)*.

auditor, ra *m, f* - **1.** FIN auditor. - **2.** [oyente] adviser, counsellor.

auditoría *f* - **1.** [profesión] auditing. - **2.** [despacho] auditing company. - **3.** [balance] audit; ~ **externa/interna** external/internal audit. - **4.** [DER - cargo] office of judge advocate; [- tribunal] judge advocate's court.

auditorio, ria *adj* auditive, auditory.

◆ **auditorio** *m* - **1.** [público] audience. - **2.** [lugar] auditorium.

auge *m* - **1.** [gen & ECON] boom; **estar en** (**pleno**) ~ **to** be booming ❑ ~ **económico** economic boom. - **2.** [punto máximo] peak, climax. - **3.** [prosperidad] prosperity. - **4.** ASTRON apogee, zenith.

augurador, ra *adj* auguring.

augural *adj* augural.

augurar *vt* [suj: persona] to predict; [suj: suceso] to augur.

augurio *m* omen, sign.

augusto, ta *adj* august.

◆ **augusto** *m* clown.

◆ **Augusto** *m* Augustus.

aula *f* (*con art masc* 'el') - **1.** [de escuela] classroom; [de universidad] lecture room; ~ **magna** great hall. - **2.** *culto* [palacio] palace.

aullador, ra *adj* howling.

◆ **aullador** *m* [mono] howler monkey.

aullar *vi* to howl.

aullido *m* howl; **dar** ~**s** to howl.

aumentación *f* increase.

aumentador, ra *adj* increasing.

aumentar ◇ *vt* - **1.** [incrementar] to increase; [peso] to put on. - **2.** [en óptica] to magnify. - **3.** FOT to enlarge. - **4.** [sonido] to amplify. - **5.** [mejorar] to raise; **ha aumentado la calidad de vida** it has improved living standards. ◇ *vi* to increase; [precios] to rise.

aumentativo, va *adj* augmentative.

◆ **aumentativo** *m* augmentative.

aumento *m* - **1.** [incremento] increase; [de sueldo, precios] rise; **ir en** ~ **to** be on the increase ❑ ~ **lineal** across-the-board pay rise. - **2.** [en óptica] magnification. - **3.** FOT enlargement. - **4.** [de sonido] amplification. - **5.** *Amér* [posdata] postscript.

aun *adv* even; ~ **estando cansado, lo hizo** even though he was tired, he did it; **ni** ~ **puesta de puntillas logra ver** she can't see, even on tiptoe ❑ ~ **así** even so.

◆ **aun cuando** *loc conj*: ~ **cuando** even though; **es muy pesimista,** ~ **cuando todos los pronósticos le son favorables** she's very pessimistic, even though all the predictions seem to favour her.

aún *adv* [todavía] still; *(en negativas)* yet, still; **no ha llegado** ~ **he** hasn't arrived yet, he still hasn't arrived.

aunar *vt* - **1.** [unir] to join, to pool. - **2.** [combinar] to combine.

◆ **aunarse** *vpr* [aliarse] to unite.

aunque *conj* - **1.** [a pesar de que] even though, although; [incluso si] even if; ~ **más** however much, no matter how much; ~ **más traté, no logré convencerla** no matter how much I tried, I couldn't convince her. - **2.** [pero] although.

aúpa *interj* [¡levántate!] get up!; ¡~ **el Atleti!** up the Athletic!

◆ **de aúpa** *loc adj fam*: **un susto de** ~ **a** real fright.

au pair [o'per] (*pl* **au pairs**) *mf* au pair.

aupar *vt* - **1.** [levantar] to help up. - **2.** *fig* [animar] to cheer on. - **3.** *fig* [enaltecer] to praise, to exalt.

◆ **auparse** *vpr* to climb up.

aura *f* (*con art masc* 'el') - **1.** [halo] aura. - **2.** [viento] gentle breeze. - **3.** *fig* [aceptación] popularity, acceptance. - **4.** *Amér* [ave] turkey buzzard.

áureo, a *adj* - **1.** [dorado] golden. - **2.** [de oro] gold.

◆ **áureo** *m* NUMISMÁTICA aureus.

aureola *f* - **1.** ASTRON & RELIG halo. - **2.** *fig* [fama] aura. - **3.** [mancha] aureole, circular stain.

aureolado, da *adj* haloed, adorned with a halo o aureole.

aureolar *vt* - **1.** [ceñir] to halo. - **2.** *fig* [glorificar] to glorify, to exalt.

aurícula *f* auricle.

auricular ◇ *adj* auricular. ◇ *m* - **1.** [de teléfono] receiver. - **2.** ANAT [dedo] little finger.

◆ **auriculares** *mpl* [cascos] headphones.

aurífero, ra *adj* GEOL & MIN auriferous, gold-bearing.

aurora *f* - **1.** [alba] first light of dawn; **al despuntar** o **romper la** ~ **at** dawn ❑ ~ **boreal** aurora borealis, northern lights *(pl)*. - **2.** *fig* [principio] beginning, dawn. - **3.** [planta] sagebrush. - **4.** *Amér* [ave] small owl.

auscultación *f* auscultation.

auscultar *vt* to sound with a stethoscope.

ausencia *f* absence; **en** ~ **de** in the absence of ❑ **brillar por su** ~ *fig* to be conspicuous by one's/its absence.

ausentar *vt* to send.

◆ **ausentarse** *vpr* - **1.** [alejarse] to go away. - **2.** [no volver] to stay away.

ausente ◇ *adj* - **1.** [no presente] absent; **estará** ~ **todo el día** he'll be away all day. - **2.** [distraído] absent-minded. ◇ *mf* - **1.** [no presente]: **hay varios** ~**s** there are a number of absentees; **criticó a los** ~**s** he criticized the people who weren't there. - **2.** DER missing person.

ausentismo *m* absenteeism.

auspiciar [8] *vt* [apoyar] to back.

auspicio *m* - **1.** [protección] protection; **bajo los ~s de** under the auspices of. - **2.** [agüero] auspice, omen.
◆ **auspicios** *mpl* [señales] omens.
auspicioso, sa *adj Amér* auspicious, favourable.
austeridad *f* austerity.
austero, ra *adj* - **1.** [gen] austere. - **2.** [moderado] sober. - **3.** [severo] severe, stern.
austral ◇ *adj* southern. ◇ *m* [moneda] austral.
Australia *s* Australia.
australiano, na *adj & m, f* Australian.
Austria *s* - **1.** GEOGR Austria. - **2.** HIST: **los ~** the House of Austria.
austríaco, ca *adj & m, f* Austrian.
austro *m* south wind.
autarquía *f* - **1.** POLÍT autarchy. - **2.** ECON autarky.
autárquico, ca *adj* - **1.** POLÍT autarchical. - **2.** ECON autarkic.
auténtica ◇ *adj f* → **auténtico**. ◇ *f* certificate.
autenticación *f* = **autentificación**.
auténticamente *adv* genuinely.
autenticar *vt* = **autentificar**.
autenticidad *f* authenticity.
auténtico, ca *adj* [gen] genuine; [piel, joyas] genuine, real; **un ~ imbécil** a real idiot.
autentificación, autenticación *f* authentication.
autentificar, autenticar [10] *vt* to authenticate.
autismo *m* autism.
autista ◇ *adj* autistic. ◇ *mf* autistic person.
auto *m* - **1.** [coche] car. - **2.** DER judicial decree; **~ de procesamiento** indictment. - **3.** LITER (mystery) play.
◆ **autos** *mpl* DER case documents; **constar en ~s** to be recorded in the case documents.
◆ **de autos** *loc adj* DER: **la noche de ~s** the night of the crime.
◆ **auto de fe** *m* auto-da-fé.
autoabastecimiento *m* self-sufficiency.
autoadhesivo, va *adj* self-adhesive.
autoalimentación *f* INFORM automatic paper feed.
autobanco *m* system of computerized banking that can be operated from one's car.
autobiografía *f* autobiography.
autobiográfico, ca *adj* autobiographical.
autobombo *m fam*: **darse ~** to blow one's own trumpet.
autobús (*pl* **autobuses**) *m* bus; **~ de dos pisos** double-decker bus.
autocamión *m* truck.
autocar *m* coach.
autocartera *f* shares in a company held by that same company.
autocensura *f* self-censorship.
autocine *m* drive-in (cinema).
autoclave *m* autoclave, sterilizing unit.
autocomplacencia *f* self-satisfaction.
autocomplaciente *adj* self-satisfied.
autocontrol *m* self-control.
autocracia *f* autocracy.
autócrata *mf* autocrat.
autocrático, ca *adj* autocratic, autocratical.
autocrítica *f* self-criticism.
autóctono, na ◇ *adj* indigenous, native. ◇ *m, f* native.
autodefensa *f* self-defence.
autodestrucción *f* self-destruction.
autodeterminación *f* self-determination.
autodidacta ◇ *adj* self-taught. ◇ *mf* self-taught person.
autodirigido, da *adj* guided.
autodisciplina *f* self-discipline.
autódromo *m* motor racing circuit.

autoedición *f* INFORM desktop publishing.
autoencendido *m* AUTOM automatic ignition.
autoescuela *f* driving school.
autoestima *f* self-esteem.
autoestop, autostop *m* hitch-hiking; **hacer ~** to hitch-hike.
autoestopista, autostopista *mf* hitch-hiker.
autofecundación *f* BOT self-fertilization, self-pollination.
autofinanciación *f* self-financing.
autofinanciar [8] *vt* to self-finance.
◆ **autofinanciarse** *vpr* to be self-financed.
autofocus *m inv* FOT autofocus.
autógeno, na *adj* [soldadura] autogenous.
autogestión *f* self-management.
autogiro *m* AERON autogiro, autogyro.
autogobierno *m* self-government, self-rule.
autografiar [9] *vt* to autograph.
autógrafo, fa *adj* autographic.
◆ **autógrafo** *m* autograph.
autoinducción *f* ELECTR self-induction.
automación *f* automation.
automarginación *f* self-exclusion from society.
autómata *m lit & fig* automaton.
automáticamente *adv* automatically.
automático, ca *adj* - **1.** MEC automatic. - **2.** *fig* [instintivo] automatic, instinctive; **conduce de forma automática** he drives without thinking about it.
◆ **automático** *m* [botón] press-stud.
◆ **automática** *f* - **1.** [ciencia] automation. - **2.** *Amér* [restaurante] self-service restaurant.
automatismo *m* automatism.
automatización *f* automation.
automatizar [13] *vt* to automate.
automedicarse [10] *vpr* to self-administer medicine.
automotor, triz *adj* self-propelled.
◆ **automotor** *m* - **1.** [por vía férrea] electric o diesel train. - **2.** *Amér* AUTOM self-propelled vehicle.
automóvil ◇ *adj* self-propelled, automotive. ◇ *m* car *Br*, automobile *Am*; **~ de carreras** racing car.
automovilismo *m* - **1.** [gen] motoring; DEP motor racing. - **2.** [industria] automobile industry.
automovilista ◇ *adj* motoring *(antes de sust)*. ◇ *mf* motorist, driver.
automovilístico, ca *adj* motor *(antes de sust)*; DEP motor-racing *(antes de sust)*.
autonomía *f* - **1.** [POLÍT - facultad] autonomy; [- territorio] autonomous region. - **2.** [de persona] independence. - **3.** [de vehículo] range; [de videocámara] recording time; **~ de vuelo** range.
autonómico, ca *adj* autonomous.
autonomismo *m* autonomy movement.
autonomista *adj & mf* autonomist.
autónomo, ma ◇ *adj* - **1.** POLÍT autonomous. - **2.** [trabajador] self-employed; [traductor, periodista] freelance. - **3.** FISIOLOGÍA autonomic. ◇ *m, f* self-employed person; [traductor, periodista] freelance.
autopista *f* motorway *Br*, freeway *Am*; **~ de peaje** toll motorway *Br*, tollway *Am*.
◆ **autopista de la información** *f* INFORM information superhighway.
autopropulsado, da *adj* self-propelled.
autopropulsión *f* self-propulsion.
autopsia *f* autopsy, post-mortem.
autor, ra *m, f* - **1.** LITER author (*f* authoress). - **2.** [de crimen] perpetrator; **~ material del hecho** DER actual perpetrator of the crime. - **3.** [originador] creator; **Einstein fue el ~ de la teoría de la relatividad** Einstein invented the theory of relativity. - **4.** [responsable] person responsible o concerned; **felicitaron al ~ del único gol** they congratulated the scorer of the only goal.

autoría *f* [gen] authorship; [de crimen] perpetration.

autoridad *f* - **1.** [gen] authority; **con** ~ authoritatively; **imponer su** ~ to impose one's authority. - **2.** [ley]: **la** ~ the authorities *(pl)*; **presentarse a la** ~ [a la policía] to give o.s. up. - **3.** [experto] expert, authority. - **4.** [ostentación] show, ostentation.

autoritariamente *adv* in an authoritarian way, dictatorially.

autoritario, ria ◇ *adj* - **1.** [dictatorial] authoritarian. - **2.** [imperioso] imperious. ◇ *m, f* authoritarian.

autoritarismo *m* authoritarianism.

autorizable *adj* authorizable.

autorización *f* authorization; **dar** ~ **a alguien (para hacer algo)** to authorize sb (to do sthg).

autorizado, da *adj* - **1.** [permitido] authorized; **no** ~ unlicensed, unauthoriwed. - **2.** [digno de crédito] authoritative.

autorizante *adj* authorizing.

autorizar [13] *vt* - **1.** [dar permiso] to allow; [en situaciones oficiales] to authorize. - **2.** [capacitar] to allow, to entitle. - **3.** [justificar] to justify; **la necesidad autoriza tales medidas** necessity justifies such measures.

autorradio *m* car radio.

autorrebobinado *m* FOT auto rewind, automatic rewind.

autorregulación *f* self-regulation.

autorretrato *m* self-portrait.

autorreverse [auto'reßers] *m* [de casete] auto reverse.

autorreversible *adj* auto-reverse *(antes de sust)*.

autoservicio *m* - **1.** [tienda] self-service shop. - **2.** [restaurante] self-service restaurant.

autostop *m* = **autoestop**.

autostopista *mf* = **autoestopista**.

autosuficiencia *f* self-sufficiency.

autosuficiente *adj* self-sufficient.

autosugestión *f* autosuggestion.

autosugestionarse *vpr* to suggest to o.s.

autovacuna *f* autoinoculation.

autovía *f* dual carriageway *Br*, state highway *Am*.

auxiliador, ra ◇ *adj* helping, assisting. ◇ *m, f* helper, assistant.

auxiliar [8] ◇ *adj* [gen & GRAM] auxiliary. ◇ *mf* - **1.** [ayudante] assistant; ~ **administrativo** office clerk; ~ **sanitario** paramedic, health worker; ~ **de vuelo** air steward (*f* air hostess o air stewardess). - **2.** [maestro] assistant teacher. ◇ *m* GRAM auxiliary. ◇ *vt* - **1.** [ayudar] to assist, to help. - **2.** [consolar] to attend.

auxilio *m* assistance, help; **pedir/prestar** ~ to call for/give help □ ~ **social** social work; **primeros** ~**s** first aid *(U)*.

av., avda. *(abrev escrita de* **avenida)** Ave.

aval *m* - **1.** [persona] guarantor. - **2.** [documento] guarantee, reference; **por** ~ as a guarantee □ ~ **bancario** banker's reference. - **3.** COM endorsement.

avalancha *f lit & fig* avalanche.

avalar *vt* to endorse, to guarantee.

avalentonarse *vpr* to brag, to boast.

avalista *mf* guarantor.

avalorar *vt* - **1.** [cosa] to value, to appraise. - **2.** *fig* [persona] to encourage, to inspire.

avaluar [6] *vt* to appraise, to calculate the value of.

avalúo *m* appraisal, valuation.

avance[1] *etc v* → **avanzar**.

avance[2] *m* - **1.** [acción] advance. - **2.** [anticipo] advance payment. - **3.** [RADIO & TV - meteorológico etc] summary; [- de futura programación] preview; ~ **informativo** news *(U)* in brief. - **4.** [balance] balance sheet; [presupuesto] estimate. - **5.** MEC feed, lead. - **6.** *Amér* [vómito] vomit. - **7.** *Amér* [regalo] lucrative offer. - **8.** *Amér* [saqueo] looting, sacking. - **9.** *Amér* [gesto] friendly gesture.

avanzada *f* → **avanzado**.

avanzadilla *f* MIL advance patrol.

avanzado, da ◇ *adj* - **1.** [gen] advanced. - **2.** [progresista] progressive. ◇ *m, f* person ahead of his/her time.
◆ **avanzada** *f* MIL advance patrol.

avanzar [13] ◇ *vi* to advance. ◇ *vt* - **1.** [adelantar] to move forward. - **2.** [anticipar] to tell in advance. - **3.** *Amér* [vomitar] to vomit. - **4.** *Amér* [saquear] to loot. - **5.** *Amér* [robar] to steal.

avanzo *m* - **1.** [balance] balance sheet, balance. - **2.** [presupuesto] estimate.

avaramente *adv* meanly, in a miserly fashion.

avaricia *f* greed, avarice; **la** ~ **rompe el saco** *fig* greed doesn't pay; **ser feo/pesado con** ~ *fig* to be ugly/boring in the extreme.

avariciosamente *adv* - **1.** [tacañamente] avariciously, meanly. - **2.** [codiciosamente] greedily.

avaricioso, sa ◇ *adj* - **1.** [tacaño] avaricious, miserly. - **2.** [codicioso] greedy. ◇ *m, f* - **1.** [tacaño] miser. - **2.** [codicioso] greedy person.

avariento, ta ◇ *adj* avaricious, miserly. ◇ *m, f* miser.

avaro, ra ◇ *adj* - **1.** [tacaño] miserly, mean. - **2.** [codicioso] greedy. ◇ *m, f* - **1.** [tacaño] miser. - **2.** [codicioso] greedy person.

avasallador, ra *adj* overwhelming.

avasallamiento *m* subjugation.

avasallar *vt* - **1.** [arrollar] to overwhelm. - **2.** [someter] to subjugate.
◆ **avasallarse** *vpr* - **1.** [someterse] to submit, to yield. - **2.** [hacerse vasallo] to become a subject o vassal.

avatar *m (gen pl)* vagary, sudden change; **los** ~**es de la vida** the ups and downs of life.

avda. = **av.**

ave *f (con art masc 'el')* - **1.** [gen] bird; ~ **cantora** o **canora** song bird; ~ **de corral** fowl; ~ **del paraíso** bird of paradise; ~ **rapaz** o **de rapiña** bird of prey; **ser un** ~ **pasajera** o **de paso** *fig* to be a rolling stone. - **2.** *Amér* [pollo] chicken.
◆ **ave negra** *f Amér fig* con artist.

AVE *(abrev de* **de alta velocidad española)** *m* Spanish high-speed train.

avece *etc v* → **avezar**.

avechucho *m* ugly bird.

avecinarse *vpr* to be on the way.

avecindar *vt* to domicile.
◆ **avecindarse** *vpr* to take up residence.

avefría *f (con art masc 'el')* lapwing.

avejentar *vt culto* to age, to put years on.
◆ **avejentarse** *vpr* to age.

avejigar [16] *vt* to blister.

avellana *f* hazelnut.

avellanar *vt* MEC to countersink.
◆ **avellanarse** *vpr fig* to shrivel, to wither.

avellano, na *adj* - **1.** [color] hazel. - **2.** [arrugado] wizened, shrivelled.
◆ **avellano** *m* hazel (tree).

avemaría *f (con art masc 'el')* - **1.** [oración] Hail Mary; **en un** ~ *fam fig* in a flash o twinkling. - **2.** [de rosario] small rosary bead.
◆ **al avemaría** *loc adv* at dusk o nightfall.

ave maría *interj* good heavens!

avena *f* - **1.** [planta] oat. - **2.** [grano] oats *(pl)*.

avenado, da *adj* mad, deranged.

avenar *vt* to drain.

avenate *m* CULIN oatmeal drink.

avenencia *f* - **1.** [acuerdo] compromise. - **2.** COM deal.

avenible *adj* - **1.** [conciliable] reconciliable, conciliable. - **2.** [adaptable] adaptable.

avenida *f* - **1.** [calle] avenue. - **2.** [desbordamiento] flood. - **3.** *fig* [afluencia] gathering.

avenido, da *adj*: **bien/mal** ~**s** on good/bad terms.
avenimiento *m* - **1.** [reconciliación] reconciliation, conciliation. - **2.** [acuerdo] agreement, accord.
avenir [75] ◇ *vt* to reconcile, to conciliate. ◇ *vi* to happen, to occur.
◆ **avenirse** *vpr* - **1.** [llevarse bien] to get on (well). - **2.** [ponerse de acuerdo] to come to an agreement; ~**se a algo/a hacer algo** to agree on sthg/to do sthg. - **3.** [armonizar] to harmonize, to go together.
aventajado, da *adj* - **1.** [adelantado] outstanding. - **2.** [ventajoso] advantageous, favourable.
aventajar *vt* - **1.** [rebasar] to overtake; [estar por delante de] to be ahead of; ~ **a alguien en algo** to surpass sb in sthg. - **2.** [ganar] to beat. - **3.** [mejorar] to improve. - **4.** [preferir] to prefer, to put before.
◆ **aventajarse** *vpr* - **1.** [superar] to excel. - **2.** [avanzar] to advance, to get ahead.
aventamiento *m* AGR winnowing.
aventar [19] *vt* - **1.** [abanicar] to fan. - **2.** [echar en el aire] to cast to the winds; [trigo] to winnow. - **3.** [empujar] to blow away. - **4.** *fam fig* [expulsar] to throw out, to drive out. - **5.** *Amér* [tirar] to throw. - **6.** *Amér* AGR to dry in the sun.
◆ **aventarse** *vpr* - **1.** [llenarse] to swell up, to be filled with air. - **2.** *fam fig* [escaparse] to beat it, to scram.
aventura *f* - **1.** [gen] adventure; **correr** ~**s** to have adventures; **de** ~**s** [film] swashbuckling. - **2.** [relación amorosa] affair. - **3.** [riesgo] risk, danger; **le atrae la** ~ he's bought a racing car because he's attracted by the risk.
aventurado, da *adj* risky.
aventurar *vt* - **1.** [dinero, capital] to risk, to venture. - **2.** [opinión, suposición] to venture, to hazard.
◆ **aventurarse** *vpr* to take a risk o risks; ~**se a hacer algo** to dare do sthg.
aventurero, ra ◇ *adj* adventurous. ◇ *m, f* adventurer (*f* adventuress).
avergonzado, da *adj* - **1.** [ruborizado] embarrassed. - **2.** [por remordimiento] ashamed.
avergonzar [38] *vt* - **1.** [deshonrar] to shame. - **2.** [abochornar] to embarrass.
◆ **avergonzarse** *vpr*: ~**se (de)** [por remordimiento] to be ashamed (of); [por timidez] to be embarrassed (about); ~**se por** to be ashamed of.
avería *f* - **1.** [de máquina] fault; [de coche] breakdown. - **2.** [en mercancía] damage (*U*), spoilage (*U*).
averiado, da *adj* - **1.** [máquina] out of order; [coche] broken down. - **2.** [mercancía] spoiled.
averiar [9] *vt* - **1.** [estropear] to damage. - **2.** [echar a perder] to spoil. - **3.** [romper] to break.
◆ **averiarse** *vpr* - **1.** [máquina] to be out of order; [coche] to break down. - **2.** [mercancía] to spoil, to become spoiled.
averiguable *adj* verifiable, ascertainable.
averiguación *f* - **1.** [investigación] investigation; **hacer averiguaciones** to make inquiries. - **2.** [comprobación] ascertainment. - **3.** [verificación] verification. - **4.** *Amér* [discusión] argument, dispute.
averiguar [45] ◇ *vt* - **1.** [indagar] to find out. - **2.** [verificar] to verify, to check. - **3.** [adivinar] to guess. ◇ *vi Amér* [discutir] to argue, to dispute.
Averroes *m* Averroës.
averrugado, da *adj* warty.
averrugarse [16] *vpr* to become warty.
aversión *f* aversion; **cobrar** o **coger una** ~ **a** to develop an aversion to; **tener** ~ **a** to feel aversion towards.
avestruz (*pl* **avestruces**) *m* - **1.** ZOOL ostrich. - **2.** *Amér fam fig* dimwit, dunce.
avetado, da *adj* veined.
avezar [13] *vt* to accustom.
aviación *f* - **1.** [navegación] aviation. - **2.** [ejército] airforce.
Aviaco (*abrev de* **Aviación y Comercio, SA**) *f* division of Spanish state airline, Iberia, mainly responsible for charter flights.
aviador, ra ◇ *m, f* aviator. ◇ *adj* flying.

aviamento *m* prevention, foresight.
AVIANCA (*abrev de* **Aerovías Nacionales de Colombia**) *f* Colombian state airline.
aviar [9] *vt* - **1.** [maleta] to pack; [habitación] to tidy up; [persona] to dress up. - **2.** [comida] to prepare. - **3.** [apresurar] to hurry up. - **4.** *Amér* [dinero, efecto] to provide.
Aviateca (*abrev de* **Aviación Guatemalteca**) *f* Guatemalan state airline.
avícola *adj* poultry (*antes de sust*).
avicultor, ra *m, f* poultry breeder, chicken farmer.
avicultura *f* poultry farming.
ávidamente *adv* - **1.** [ansiosamente] avidly, eagerly. - **2.** [codiciosamente] greedily, avariciously.
avidez (*pl* **avideces**) *f* [ansia] eagerness; [codicia] greed; **con** ~ [con ansia] eagerly; [con codicia] greedily.
ávido, da *adj*: ~ **de** [ansioso] eager for; [codicioso] greedy for.
avienta *etc v* → **aventar**.
avieso, sa *adj* - **1.** [torcido] twisted. - **2.** *fig* [malo] evil.
◆ **avieso** *m Amér* abortion.
avillanado, da *adj desus* rude, boorish.
avinagrado, da *adj lit & fig* sour.
avinagrar *vt* [vino, alimento] to sour, to make sour.
◆ **avinagrarse** *vpr* - **1.** [vino, alimento] to go sour. - **2.** *fig* [persona, carácter] to become sour.
avío *m* - **1.** [preparativo] preparation. - **2.** [víveres] provisions (*pl*). - **3.** [prevención] prevention, foresight.
◆ **avíos** *mpl fam* [equipo] things, kit (*U*).
avión *m* [gen] plane; [de puente aéreo] shuttle; [grande de pasajeros] airliner; **en** ~ by plane; **por** ~ [en un sobre] airmail ❑ ~ **de bombardeo** bomber; ~ **de caza** fighter plane; ~ **a chorro** o **de reacción** jet plane; ~ **de despegue vertical** jump jet; ~ **de hélice** light aircraft; ~ **nodriza** supply plane.
avioneta *f* light aircraft.
avisado, da *adj* prudent, discreet.
avisar *vt* - **1.** [informar]: ~ **a alguien** to let sb know, to tell sb. - **2.** [advertir]: ~ **(de)** to warn (of). - **3.** [llamar] to call, to send for.
aviso *m* - **1.** [advertencia, amenaza] warning; **andar** o **estar sobre** ~ to be on the alert; **dar** ~ to give notice; **poner sobre** ~ **a alguien** to warn sb. - **2.** [notificación] notice; [en teatros, aeropuertos] call; **hasta nuevo** ~ until further notice; **sin previo** ~ without notice ❑ ~ **de vencimiento** COM due-date reminder. - **3.** [anuncio]: ~**s de ocasión** classified advertisements. - **4.** TAUROM *warning to matador not to delay the kill any longer*.
avispa *f* - **1.** ZOOL wasp. - **2.** *fam* [astuto] sly person. - **3.** [prudencia] prudence, discretion. - **4.** NÁUT dispatch boat. - **5.** [anuncio] advertisement. - **6.** *Amér* [ladrón] thief.
avispado, da *adj* - **1.** *fam* [despabilado] sharp, quick-witted. - **2.** *fam* [astuto] shrewd, sly.
avispar *vt* - **1.** [caballo] to spur. - **2.** *fam fig* [despabilar] to make alert, to make quick-witted. - **3.** *Amér* [espantar] to frighten.
◆ **avisparse** *vpr* - **1.** [inquietarse] to worry, to fret. - **2.** *fam fig* [despabilarse] to become alert, to become quick-witted. - **3.** *Amér* [alarmarse] to become alarmed.
avispero *m* - **1.** [nido] wasp's nest. - **2.** [panal] honeycomb. - **3.** *fam fig* [lío] mess; **meterse en un** ~ to get into a mess. - **4.** MED carbuncle.
avispón *m* ZOOL hornet.
avistar *vt* to sight, to make out.
◆ **avistarse** *vpr* to meet to discuss business.
avitaminosis *f inv* vitamin deficiency.
avituallamiento *m* provisioning.
avituallar *vt* to provide with food.
avivador, ra *adj* livening, reviving.
◆ **avivador** *m* - **1.** ARQUIT quirk. - **2.** [en carpintería] rabbet plane.

avivamiento *m* - **1.** [animación] enlivening, animation. - **2.** [de colores] brightening. - **3.** [del fuego] stoking, stirring. - **4.** *fig* [excitación] rousing, exciting.

avivar ◇ *vt* - **1.** [animar] to spur on, to encourage. - **2.** [sentimiento] to rekindle. - **3.** [color] to brighten. - **4.** [fuego] to stoke up. ◇ *vi* to revive, to liven up.
◆ **avivarse** *vpr* to revive, to liven up.

avizor, ra ◇ *adj* watching, watchful. ◇ *m, f* watcher, observer.

avizorar *vt* to watch, to spy on.

avutarda *f* great bustard.

axial *adj* axial.

axila *f* - **1.** ANAT armpit. - **2.** BOT axil.

axiológico, ca *adj* axiological.

axioma *m* axiom.

axiomático, ca *adj* axiomatic.

ay (*pl* **ayes**) ◇ *m* groan; **dar ~es** to sigh, to moan; **estar en un ~** to be in pain. ◇ *interj* [dolor físico] ouch!; [sorpresa, pena] oh!; **¡~ de mí!** woe is me!; **¡~ de ti si te cojo!** Heaven help you if I catch you!

ayatollah [aʝato'la] *m* ayatollah.

ayer ◇ *adv* yesterday; *fig* in the past; **antes de ~** the day before yesterday; **~ (por la) noche** last night; **~ por la mañana** yesterday morning ❑ **de ~ a hoy** recently; **no nací ayer** I wasn't born yesterday. ◇ *m fig* yesteryear.

ayo, aya *m, f* [tutor] tutor (*f* governess).

ayuda *f* - **1.** [gen] help, assistance; **acudir en ~ de alguien** to go to sb's assistance; **prestar ~** to help, to assist ❑ **~ en carretera** breakdown service. - **2.** ECON & POLÍT aid.
◆ **ayuda de cámara** *mf* valet.

ayudante ◇ *mf* - **1.** [colaborador] assistant. - **2.** MIL adjutant. ◇ *adj* assistant.

ayudantía *f* - **1.** [cargo] assistantship; [oficina] assistant's office. - **2.** [MIL - cargo] adjutancy; [- oficina] adjutant's office.

ayudar *vt* to help; **~ a alguien a hacer algo** to help sb (to) do sthg; **¿en qué puedo ~le?** how can I help you?
◆ **ayudarse** *vpr*: **~se de** to make use of.

ayunador, ra ◇ *adj* fasting. ◇ *m, f* faster.

ayunar *vi* to fast.

ayuno, na *adj* - **1.** [sin comer] fasting. - **2.** *fig* [sin saber] uninformed, ignorant; **estar ~ de un asunto** to be uninformed about a matter.
◆ **ayuno** *m* fast; **hacer ~** to fast.
◆ **ayunas** *fpl*: **en ayunas** [sin comer] without having eaten; [sin desayunar] without having had breakfast; *fig* [sin enterarse] in the dark ❑ **quedarse en ayunas** *fig* to not understand a thing, to be completely in the dark.

ayuntamiento *m* - **1.** [corporación] ≈ town council. - **2.** [edificio] town hall. - **3.** [unión] joining, uniting. - **4.** [coito] sexual intercourse.

azabache *m* - **1.** [color & MIN] jet; **negro como el ~** jet-black. - **2.** [pájaro] titmouse.

azada *f* hoe.

azadón *m* large hoe; **~ mecánico** backdigger, trench hoe; **~ de peto** o **pico** pickaxe, mattock.

azadonar *vt* to hoe, to dig with a hoe.

azafaifa *f* jujube.

azafata *f* - **1.** [que atiende]: **~ (de vuelo)** air hostess *Br*, air stewardess; **~ de exposiciones y congresos** hostess; **~ de tierra** stewardess. - **2.** [criada] lady-in-waiting.

azafate *m Amér* - **1.** [cesta] flat wicker basket. - **2.** [bandeja] tray.

azafrán *m* saffron.

azagaya *f* assegai.

azahar *m* [del naranjo] orange blossom; [del limonero] lemon blossom.

azalá (*pl* **azalás**) *m* Moslem prayer.

azalea *f* azalea.

azar *m* chance, fate; **al ~** at random; **por (puro) ~** by (pure) chance.

azarandar *vt* to strain, to sieve.

azarar *vt* to embarrass, to fluster.
◆ **azararse** *vpr* - **1.** [malograrse] to go wrong, to turn out badly. - **2.** [sobresaltarse] to become flustered.

azaroso, sa *adj* - **1.** [con azar] hazardous, risky. - **2.** [vida, viaje] eventful. - **3.** [desgraciado] unlucky, troubled.

Azerbayán *s*: **el ~** Azerbaijan.

azerbayano, na *adj & m, f* Azerbaijani.

azerí (*pl* **azeríes**) *adj & m* Azeri.

ázimo, ácimo *adj* [pan] unleavened.

azimut *m* = **acimut**.

azocar [10] *vt* to press, to pack.

azófar *m* brass.

azogado, da ◇ *adj* - **1.** [con mercurio] quicksilvered; [espejo] silvered. - **2.** *fig* [inquieto] restless, fidgety. - **3.** MED suffering from mercurialism. ◇ *m, f* - **1.** MED person with mercury poisoning. - **2.** *fig* [inquieto] restless person, fidgety person.
◆ **azogado** *m* quicksilvering, silvering; **temblar como un ~** *fig* to shake like a leaf.

azogar [16] *vt* - **1.** METAL to quicksilver, to silver. - **2.** MIN to slake.
◆ **azogarse** *vpr* - **1.** MED to get mercury poisoning. - **2.** *fig* [inquietarse] to be restless, to be fidgety.

azogue[1] *etc v* → **azogar**.

azogue[2] *m* - **1.** MIN mercury. - **2.** [plaza] marketplace. - **3.** *loc*: **ser un ~** *fig* to be restless.

azolvarse *vpr* to get blocked.

azoque *etc v* → **azocar**.

azor *m* goshawk.

azoramiento *m* - **1.** [turbación] embarrassment. - **2.** [sobresalto] sudden fright, alarm.

azorante *adj* - **1.** [que produce turbación] confusing, bewildering. - **2.** [sobresaltante] alarming, startling.

azorar *vt* - **1.** [turbar] to embarrass. - **2.** [sobresaltar] to alarm, to startle.
◆ **azorarse** *vpr* - **1.** [turbarse] to be embarrassed. - **2.** [sobresaltarse] to be alarmed, to be startled.

Azores *fpl*: **las (islas) ~** the Azores.

azorrado, da *adj* - **1.** [del zorro] fox-like. - **2.** *fig* [con sueño] sleepy.

azorramiento *m fig* sleepiness, drowsiness.

azorrarse *vpr* to become drowsy.

azotacalles *mf inv fam* loafer, idler.

azotado, da ◇ *adj* - **1.** [abigarrado] multicoloured, motley. - **2.** *Amér* [atigrado] striped. ◇ *m, f* - **1.** [reo] *criminal sentenced to be whipped*. - **2.** RELIG flagellant.

azotaina *f fam* slapping, smacking.

azotamiento *m* whipping, flogging.

azotar *vt* - **1.** [suj: persona] to beat; [en el trasero] to smack, to slap; [con látigo] to whip. - **2.** *fig* [suj: calamidad] to devastate. - **3.** *fig* [olas, lluvia etc] to lash, to beat upon; **las olas azotan la playa** the waves lash the beach.
◆ **azotarse** *vpr* - **1.** [persona] to flog o.s., to whip o.s. - **3.** *Amér* [lanzarse] to throw o.s. - **3.** *Amér* [vagabundear] to roam, to wander.

azotazo *m* - **1.** [azote] lash, lashing *(U)*. - **2.** *fam* [manotazo] smack, spank.

azote *m* - **1.** [golpe] blow; [en el trasero] smack, slap; [latigazo] lash. - **2.** *fig* [calamidad, persona] scourge. - **3.** [látigo] whip. - **4.** [embate] beating, pounding.

azotea *f* - **1.** [de edificio] terraced roof. - **2.** *fam* [cabeza] head; **estar mal de la ~** to be funny in the head. - **3.** *Amér* [casa] flat-roofed house.

azotina *f fam* drubbing, thrashing.

azteca *adj, mf & m* Aztec.

azúcar *m o f* sugar; **~ blanquilla/moreno** refined/brown sugar; ~ **de caña/en polvo/en terrón** cane/icing/lump sugar; ~ **cande** o **candi** sugar candy; ~ **hilado** candy floss *Br*, cotton candy *Am*; ~ **quemado** caramel; ~ **glass** o **de lustre** icing sugar.

azucarado, da *adj* sweet, sugary.

azucarar *vt* - **1.** [endulzar] to sugar-coat, to sugar. - **2.** *fam fig* [suavizar] to sweeten.

◆ **azucararse** *vpr* - **1.** [almibarar] to become sugary. - **2.** *Amér* [cristalizar] to crystallize.

azucarero, ra *adj* sugar *(antes de sust)*.

◆ **azucarero** *m* sugar bowl.

◆ **azucarera** *f* - **1.** [fábrica] sugar factory. - **2.** [recipiente] sugar bowl.

azucarillo *m* - **1.** CULIN lemon candy. - **2.** [terrón] sugar lump.

azuce *etc v* → **azuzar**.

azucena *f* - **1.** [liliácea] white lily; ~ **anteada** day o fire lily; ~ **atigrada** tiger lily; ~ **de agua** water lily. - **2.** *Amér* [amarilidácea] nard. - **3.** *Amér fig* pure person.

azud *m*, **azuda** *f* - **1.** [rueda] water wheel. - **2.** [presa] dam.

azufaifa *f* jujube fruit.

azufrado, da *adj* QUÍM sulphurous; [color] sulphurco-loured.

◆ **azufrado** *m* sulphuring, sulphurization.

azufrar *vt* [con azufre] to sulphur; [sahumar] to fumigate with sulphur.

azufre *m* sulphur; ~ **vegetal** lycopodium powder.

azufroso, sa *adj* sulphurous.

azul ◇ *adj* blue. ◇ *m* - **1.** [color] blue; ~ **celeste/marino/eléctrico** sky/navy/electric blue; ~ **turquesa** turquoise; ~ **turquí** indigo. - **2.** *Amér* [tinte] blue (dye).

azulado, da *adj* bluish.

azular *vt* to blue, to dye blue.

azulejo *m* - **1.** [baldosa] (glazed) tile. - **2.** [abejaruco] bee-eater. - **3.** BOT cornflower. - **4.** *Amér* [pájaro] thrush.

azulete *m* [para lavar] blue.

azulgrana *adj inv* DEP Barcelona football club *(antes de sust)*.

azulino, na *adj* bluish.

azumbre *f* = *2.016 litres.*

azuzar [13] *vt* - **1.** [animal] to set on. - **2.** *fig* [persona] to egg on.

azuzón, ona ◇ *adj* inciting. ◇ *m, f* inciter, troublemaker.

B

b, B *f* [letra] b, B.

baba *f* - **1.** [de niño] dribble. - **2.** [de adulto] spittle, saliva. - **3.** [de animal] foam. - **4.** [de caracol etc] slime. - **5.** BOT sap. - **6.** *Amér* [caimán] cayman, alligator. - **7.** *Amér fig* [palabrería] drivel, nonsense. - **8.** *loc*: **echar** ~ to drool, to slobber; **se le cae la** ~ **con su hija** *fam* she drools over her daughter; **tener mala** ~ *fam* to be bad-tempered.

babada *f* - **1.** [babilla] stifle, knee. - **2.** *Amér* [comentario] foolish o silly remark.

babadero, babador *m* bib.

babarse *vpr* to dribble.

babear *vi* - **1.** [niño] to dribble; [adulto, animal] to slobber. - **2.** *fig* [disfrutar] to drool.

◆ **babearse** *vpr Amér* - **1.** [felicitarse] to feel flattered. - **2.** [estar ansioso]: ~**se por** to yearn for.

babel *m* o *f fam fig* bedlam.

◆ **Babel** *s* BIBLIA: **la torre de Babel** the Tower of Babel.

babélico, ca *adj* - **1.** [confuso] confused, chaotic. - **2.** [ininteligible] unintelligible.

babeo *m* dribbling.

babera *f* - **1.** [de armadura] beaver. - **2.** [babero] bib.

babero *m* - **1.** [de niño] bib. - **2.** [guardapolvos] dust cover.

babi *m* child's overall.

babia *f*: **estar** o **quedarse en** ~ *fig* to have one's head in the clouds.

babieca *fam* ◇ *adj* simple, stupid. ◇ *mf* fool, idiot.

babilla *f* - **1.** ZOOL stifle. - **2.** [rótula] kneecap. - **3.** *Amér* [fractura] swelling of a fractured bone.

Babilonia *s* Babylon.

babilónico, ca *adj* - **1.** HIST Babylonian. - **2.** [fastuoso] lavish.

bable *m* Asturian dialect.

babor *m* port; **a** ~ to port.

babosada *f Amér fam* [disparate] daft thing, rubbish (U).

babosear ◇ *vt* to drool over, to dribble over. ◇ *vi* to dote.

baboseo *m* - **1.** [de babas] dribbling. - **2.** *fam* [enamoramiento] doting.

baboso, sa ◇ *adj* - **1.** [niño] dribbly; [adulto, animal] slobbering. - **2.** *Amér fam* [tonto] daft, stupid. - **3.** *fig* [sentimental] mushy. ◇ *m, f Amér* - **1.** [que babea] dribbler, drooler. - **2.** [persona infantil] immature person. - **3.** *Amér fam* [tonto] twit, idiot.

◆ **babosa** *f* - **1.** ZOOL slug. - **2.** *Amér* [enfermedad vacuna] cattle tick. - **3.** *Amér* [serpiente] *kind of snake.*

babucha *f* - **1.** [zapatilla] slipper. - **2.** *Amér* [blusa] blouse.

◆ **a babucha** *loc adv Amér fam* on one's shoulders.

baca *f* roof o luggage rack.

bacaladero, ra *adj* cod-fishing *(antes de sust)*.

◆ **bacaladero** *m* cod-fishing boat.

bacalao *m* - **1.** [fresco] cod; [salado] dried salted cod; ~ **a la vizcaína** CULIN *Basque dish of salt cod cooked in a thick sauce of olive oil, onions, tomato and red peppers;* ~ **al pil-pil** CULIN *Basque dish of salt cod cooked slowly in an earthenware dish with olive oil and garlic;* **partir** o **cortar el** ~ *fam fig* to be the boss. - **2.** *Amér* [avaro] miser.

bacán *Amér* ◇ *adj* fine. ◇ *m* - **1.** [hombre rico] toff; **como un** ~ like a real gentleman. - **2.** [empanada] tamale. - **3.** [holgazán] idler, loafer. - **4.** [amante] sugar daddy.

bacanal *f* orgy.

bacante *f* - **1.** HIST bacchante. - **2.** *despec* loud drunken woman.

bacarrá *(pl* **bacarrás)**, **bacará** *(pl* **bacarás)** *m* baccarat.

bache *m* - **1.** [en carretera] pothole. - **2.** [en un vuelo] air pocket. - **3.** *fig* [dificultades] bad patch.

bachiller *mf person who has passed the 'bachillerato'.*
bachillerar *vt to confer a 'bachillerato' on.*
◆ **bachillerarse** *vpr to gain one's 'bachillerato'.*
bachillerato *m (former) Spanish course of secondary studies for academically orientated 14 to 16-year-olds;* ~ **unificado polivalente** → BUP; ~ **elemental** *first two years of 'bachillerato';* ~ **superior** *final years of 'bachillerato'.*
bachillerear *vi fam fig to babble, to chatter.*
bachillería *f -* **1.** [locuacidad] *babble (U), chatter (U). -* **2.** [tontería] *nonsense (U).*
bacilo *m bacillus;* ~ **de Koch** *tubercle bacillus.*
bacín *m -* **1.** [orinal] *chamber pot. -* **2.** [para limosnas] *beggar's bowl. -* **3.** *fam fig* [hombre] *wretch.*
bacinete *m -* **1.** [de armadura] *basinet;* [soldado] *cuirassier. -* **2.** ANAT *pelvis.*
bacinica *f Amér -* **1.** [orinal] *chamber pot. -* **2.** [de mendigo] *beggar's bowl.*
backgammon *m inv backgammon.*
backup [ba'kap] *(pl* **backups)** *m* INFORM *backup.*
Baco *m Bacchus.*
bacon [' beikon] *m inv bacon;* ~ **entreverado** *streaky bacon.*
bacteria *f germ.*
◆ **bacterias** *fpl bacteria.*
bacteriano, na *adj bacterial.*
bactericida *adj bactericidal.*
bacteriología *f bacteriology.*
bacteriológico, ca *adj* [guerra] *germ (antes de sust).*
bacteriólogo, ga *m, f bacteriologist.*
báculo *m -* **1.** [de obispo] *crosier;* ~ **pastoral** *bishop's crosier. -* **2.** *fig* [sostén] *support;* **el** ~ **de la vejez** *a comfort in one's old age.*
badajada *f,* **badajazo** *m -* **1.** [golpe de campana] *stroke, chime. -* **2.** *fam fig* [chisme] *piece of gossip.*
badajear *vi fam to talk nonsense.*
badajo *m -* **1.** [de campana] *clapper. -* **2.** [charlatán] *chatterbox.*
badana *f* [piel] *sheepskin;* **zurrarle a alguien la** ~ *fig* [golpear] *to tan sb's hide;* [con palabras] *to give sb a tonguelashing.*
badea *f -* **1.** [cosa sin sustancia] *tasteless thing. -* **2.** [vegetales - melón] *insipid melon;* [- sandía] *insipid watermelon;* [- pepino] *insipid cucumber.*
badén *m -* **1.** [de carretera] *ditch. -* **2.** [cauce] *channel.*
badil *m,* **badila** *f fire shovel.*
badilejo *m mason's trowel.*
bádminton *m inv badminton.*
badulaque ◇ *adj* [tonto] *foolish, stupid.* ◇ *m -* **1.** [tonto] *fool, idiot. -* **2.** *Amér* [pícaro] *rogue.*
badulaquear *vi -* **1.** [engañar] *to cheat, to swindle. -* **2.** *Amér* [ser terco] *to be stubborn.*
bafle *(pl* **bafles)**, **baffle** *(pl* **baffles)** *m loudspeaker.*
bagaje *m -* **1.** *fig background;* ~ **cultural** *cultural baggage. -* **2.** [MIL - equipaje] *baggage, equipment;* [- que transporta equipaje] *beast of burden.*
bagar [16] *vi to pod, to go to seed.*
bagatela *f trifle.*
bagazo *m -* **1.** [de caña de azúcar] *bagasse, sugarcane pulp. -* **2.** [de linaza] *linseed pulp. -* **3.** [de frutas] *marc, waste pulp. -* **4.** *Amér* [persona despreciable] *contemptible person.*
Bagdad *s Baghdad.*
bagre *m -* **1.** [pez] *catfish. -* **2.** *Amér despec* [mujer] *ugly woman. -* **3.** *Amér despec* [prostituta] *prostitute. -* **4.** *Amér* [persona astuta] *astute person. -* **5.** *Amér* [zoquete] *oaf, lout. -* **6.** *Amér* [idiota] *fool, idiot.*
bagual, la *adj Amér -* **1.** [feroz] *wild, untamed. -* **2.** [descortés] *rough, ill-mannered.*
◆ **bagual** *m -* **1.** [caballo] *wild horse. -* **2.** [zoquete] *lout, oaf.*

bague *etc v* → **bagar**.
bah *interj bah!*
Bahamas *fpl:* **las (islas)** ~ *the Bahamas.*
bahamés, esa *(pl* **bahameses)** ◇ *adj of/relating to the Bahamas.* ◇ *m, f native/inhabitant of the Bahamas.*
bahía *f bay.*
bahorrina *f -* **1.** [de cosas] *slops (pl), filth (U). -* **2.** [de personas] *mob, rabble.*
Baikal *m* → **lago**.
bailador, ra ◇ *adj dancing.* ◇ *m, f dancer.*
bailaor, ra *m, f flamenco dancer.*
bailar ◇ *vt -* **1.** [danzar] *to dance;* ~ **una polca** *to dance a polka* ❑ **que me quiten lo bailao** *fam no one can take away the good times;* **algunos me reprochan haber sido un calavera, pero ¡que me quiten lo bailao!** *some people accuse me of having been a bit of a rake in the past, but it was good while it lasted. -* **2.** [hacer girar] *to spin.* ◇ *vi -* **1.** [danzar] *to dance;* **es otro que tal baila** *fam he's just the same, he's no different;* **el padre era un mujeriego y el hijo es otro que tal baila** *the father was a womanizer and his son's a chip off the old block. -* **2.** [no encajar] *to be loose;* **los pies me bailan (en los zapatos)** *my shoes are too big. -* **3.** [girar] *to spin;* **el niño contemplaba cómo bailaba la peonza** *the child was watching the top spin. -* **4.** EQUITACIÓN *to prance.*
bailarín, ina *m, f dancer;* [de ballet] *ballet dancer.*
baile *m -* **1.** [gen] *dance;* ~ **clásico** *ballet;* ~ **de salón** *ballroom dancing. -* **2.** [fiesta] *ball;* ~ **de etiqueta** *formal dance, ball;* ~ **de máscaras** o **disfraces** *costume ball, masked ball;* ~ **tradicional** *country dancing. -* **3.** COM: ~ **de cifras** *number transposition. -* **4.** *desus* [magistrado] *alderman, bailiff.*
◆ **baile de San Vito** *m* MED *St Vitus' dance;* **tener el** ~ **de San Vito** *fam fig* [no estar quieto] *to have ants in one's pants.*
bailete *m short ballet.*
bailía *f bailiwick.*
bailongo *m fam bop.*
bailotear *vi fam to boogie, to bop.*
bailoteo *m fam bopping.*
baivel *m bevel square.*
baja *f* → **bajo**.
bajá *(pl* **bajás)** *m pasha, bashaw.*
bajada *f -* **1.** [descenso] *descent;* ~ **de bandera** [de taxi] *minimum fare. -* **2.** [pendiente] *(downward) slope. -* **3.** [disminución] *decrease, drop.*
bajamar *f low tide.*
bajante *f Amér low tide.*
bajar ◇ *vt -* **1.** [poner abajo - libro, cuadro etc] *to take* o *bring down;* [- telón, ventanilla, mano] *to lower. -* **2.** [montaña, escaleras] *to go/come down. -* **3.** [precios, inflación, hinchazón] *to reduce;* [música, volumen, radio] *to turn down;* [fiebre] *to bring down. -* **4.** [ojos, cabeza, voz] *to lower. -* **5.** [apear] *to help down. -* **6.** [hacer descender de categoría] *to demote. -* **7.** *Amér fam* [pagar] *to cough up, to pay up.* ◇ *vi -* **1.** [descender] *to go* o *come down;* ~ **por algo** *to go/come down sthg;* ~ **corriendo** *to run down. -* **2.** [apearse]: ~ **(de)** [árbol, escalera, silla] *to get* o *come down (from);* [coche] *to get out (of);* [moto, tren, avión] *to get off;* **es peligroso** ~ **de un tren en marcha** *it's dangerous to jump off a train when it's still moving;* **bajo en la próxima parada** *I'm getting off at the next stop. -* **3.** [disminuir] *to fall, to drop;* [fiebre, hinchazón] *to go* o *come down;* [Bolsa] *to suffer a fall;* **los precios bajaron** *prices dropped. -* **4.** [descender de categoría]: ~ **(a)** *to be demoted (to);* [en fútbol] *to be relegated (to).*
◆ **bajarse** *vpr -* **1.** [apearse]: ~ **se (de)** [árbol, escalera, silla] *to get* o *come down (from);* [coche] *to get out (of);* [moto, tren, avión] *to get off. -* **2.** [agacharse] *to bend down, to stoop;* **¡bájate un poco, que no veo nada!** *move your head down a bit, I can't see. -* **3.** *Amér* [alojarse] *to stay.*

bajel *m culto* vessel, ship.

bajera *f Amér* - **1.** [de cabalgadura] saddle blanket. - **2.** [tabaco] bad tobacco.

bajero, ra *adj* lower.

bajeza *f* - **1.** [cualidad] baseness. - **2.** [acción] nasty deed.

◆ **bajeza de ánimo** *f* timidity.

bajial *m Amér* lowland.

bajío *m* - **1.** [de arena] sandbank. - **2.** [terreno bajo] low-lying ground.

bajista ◇ *adj* FIN bearish; [mercado] bear *(antes de sust)*. ◇ *mf* MÚS bassist.

bajo, ja *adj* - **1.** [gen] low; [persona, estatura] short; [piso] ground floor *(antes de sust)*; [planta] ground *(antes de sust)*. - **2.** [cabeza] bowed; [ojos] downcast. - **3.** [poco audible] low; [sonido] soft, faint; **en voz baja** softly, in a low voice. - **4.** [grave] deep. - **5.** GEOGR lower; **el ~ Amazonas** the lower Amazon. - **6.** HIST late; **la baja Edad Media** the late Middle Ages *(pl)*. - **7.** *fig* [pobre] lower-class. - **8.** *fig* [vil] base. - **9.** *fig* [soez] coarse, vulgar. - **10.** METAL base.

◆ **bajo** ◇ *m* - **1.** *(gen pl)* [dobladillo] hem. - **2.** [piso] ground floor flat. - **3.** [MÚS - instrumento, cantante] bass; [- instrumentista] bassist. - **4.** [hondonada] hollow. - **5.** [banco de arena] shoal, sandbank. - **6.** *loc:* **por lo ~** [en voz baja] in an undertone; [en secreto] secretly. ◇ *adv* - **1.** [gen] low. - **2.** [hablar] quietly, softly; **ella habla más ~ que él** she speaks more softly than he does. ◇ *prep* - **1.** [gen] under. - **2.** [con temperaturas] below; **~ cero** below zero.

◆ **baja** *f* - **1.** [descenso] drop, fall; **una baja en las temperaturas** a drop in temperature; **jugar a la baja** FIN to bear the market. - **2.** [cese]: **dar de baja a alguien** [en una empresa] to lay sb off; [en un club, sindicato] to expel sb; **darse de baja (de)** [dimitir] to resign (from); [salirse] to drop out (of). - **3.** [por enfermedad - permiso] sick leave *(U)*; [- documento] sick note, doctor's certificate; **estar/darse de baja** to be on/to take sick leave. - **4.** MIL loss, casualty. - **5.** DEP casualty, injured player.

◆ **bajos** *mpl* [planta] ground floor *(sg)*.

bajón *m* - **1.** [decaída] slump; **dar un ~** to slump. - **2.** MÚS bassoon.

bajoncillo *m* treble basson.

bajonista *mf* bassoonist, bassoon player.

bajorrelieve *m* bas-relief.

bajuno, na *adj* low, vile.

bajura *f* - **1.** [pequeñez] lowness; [estatura] shortness. - **2.** → **pesca**.

bakalao *m fam* MÚS ≃ acid house o techno music.

Bakú *s* Baku.

bala *f* - **1.** [proyectil] bullet; [de cañón] cannonball; [de carabina] shot; **lanzar la ~** DEP to shoot; **quemar ~s** to fire shots □ **~ fría** spent bullet. - **2.** [fardo] bale. - **3.** IMPRENTA inking ball. - **4.** *loc:* **como una ~** *fam fig* like a shot; **ni a ~** *Amér* no way; **no le entra ~** *Amér* [ser fuerte] he has a strong constitution; [ser inflexible] he is unyielding.

◆ **bala perdida** *mf fam* ne'er-do-well.

◆ **bala rasa** *mf* ne'er-do-well.

balacear *vt Amér* [tirotear] to shoot.

balacera *f Amér* shoot-out.

balada *f* ballad.

baladí *(pl* **baladíes***) adj* trivial.

baladrar *vi* to yell, to shout.

baladro *m* [grito] shout; [chillido] shriek, scream.

baladrón, ona ◇ *adj* boasting, blustering. ◇ *m, f* braggart, swaggerer.

baladronada *f* boast; **echar ~s** to boast, to brag.

baladronear *vi* to boast, to brag.

bálago *m* - **1.** [paja] grain stalk. - **2.** [espuma] soapsuds *(pl)*.

balaguero *m* haystack, mow.

balalaica *f* balalaika.

balance *m* - **1.** [COM - operación] balance; [- documento] balance sheet; **~ comercial** balance of trade; **~ consoli-**

dado consolidated balance sheet; **~ pendiente** balance due, outstanding balance. - **2.** [resultado] outcome; **hacer ~ (de)** to take stock (of). - **3.** [movimiento] rocking, swaying. - **4.** NÁUT rocking *(U)*, roll. - **5.** *fig* [vacilación] vacillation, wavering. - **6.** *Amér* [transacción] transaction. - **7.** *Amér* [balancín] rocking chair.

balancear ◇ *vt* [cuna, mecedora] to rock; [columpio] to swing. ◇ *vi* - **1.** [oscilar] to rock, to sway. - **2.** NÁUT to roll. - **3.** *fig* [vacilar] to waver.

◆ **balancearse** *vpr* [en cuna, mecedora] to rock; [en columpio] to swing; [barco] to roll.

balanceo *m* - **1.** [gen] swinging *(U)*; [de cuna, mecedora] rocking *(U)*; [de barco] roll. - **2.** *Amér* AUTOM wheel balance. - **3.** *fig* [vacilación] vacillation.

balancín *m* - **1.** [mecedora] rocking chair; [en el jardín] swing hammock. - **2.** [columpio] seesaw. - **3.** AUTOM rocker arm. - **4.** *Amér* [coche] jalopy, crock.

◆ **balancines** *mpl* NÁUT sheets, yard lifts.

balandra *f* NÁUT sloop.

balandrán *m* cassock.

balandrista *mf* yachtsman (*f* yachtswoman).

balandro *m* - **1.** [yate] yacht. - **2.** *Amér* [para pescar] fishing boat.

bálano, balano *m* - **1.** [del pene] glans penis. - **2.** ZOOL acorn barnacle.

balanza *f* - **1.** [báscula] scales *(pl)*; **~ de cocina** kitchen scales; **~ de precisión** precision balance; **en la ~** in the balance, undecided; **la ~ se inclinó a nuestro favor** the balance o scales tipped in our favour. - **2.** COM: **~ comercial/de pagos** balance of trade/payments. - **3.** *fig* [comparación] comparison, judgement.

Balanza ◇ *f inv* - **1.** [signo] Libra; **ser ~** to be a Libran. - **2.** [constelación] Libra. ◇ *mf inv* [persona] Libra.

balanzón *m* - **1.** [vasija] cleaning pan. - **2.** *Amér* [para granos] grain-sorting sieve. - **3.** *Amér* [de balanza] pan.

balar *vi* to bleat.

balarrasa *m* ne'er-do-well.

balastar *vt* to ballast.

balastera *f* ballast pit.

balasto *m* - **1.** FERROC ballast. - **2.** *Amér* [en carreteras] gravel bed.

Balatón *s* → **lago**.

balaustrado, da *adj* - **1.** [con balaustres] balustered. - **2.** [con forma de balaustre] baluster-shaped.

◆ **balaustrada** *f* balustrade; [de escalera] banister.

balaustrar *vt* to build a balustrade on.

balaustre, balaústre *m* - **1.** [de barandilla] baluster, banister. - **2.** *Amér* CONSTR trowel.

balay *(pl* **balays** o **balayes***) m Amér* - **1.** [cesta] wicker basket. - **2.** [para arroz] wooden bowl for washing rice. - **3.** [red] *fishing net made of reed*.

balazo *m* [disparo] shot; [herida] bullet wound; **ser ~** *Amér fig* to be a whizz.

balboa *m* balboa.

balbucear, balbucir [79] *vi & vt* - **1.** [como niños] to babble. - **2.** [tartamudear] to stammer, to stutter.

balbuceo *m* [como de niños] babbling; [tartamudeo] stammering, stuttering.

balbucir *vi & vt* = **balbucear**.

Balcanes *mpl*: **los ~** the Balkans.

balcánico, ca *adj* Balkan.

balcón *m* - **1.** [terraza] balcony. - **2.** [mirador] vantage point.

balda *f* shelf.

baldada *f Amér* bucketful.

baldado, da *adj* - **1.** [tullido] crippled. - **2.** [exhausto] shattered.

baldadura *f,* **baldamiento** *m* disability, handicap.

baldaquín, baldaquino *m* - **1.** [palio] pallium. - **2.** [pabellón] canopy, baldachin.

baldar *vt* - **1.** [lisiar] to cripple, to disable. - **2.** [en naipes] to trump.
◆ **baldarse** *vpr* - **1.** [lisiarse] to become crippled, to become disabled. - **2.** *fam* [cansarse] to get shattered, to get worn-out.
balde *m* pail, bucket.
◆ **de balde** *loc adv* - **1.** [gratis] free (of charge). - **2.** [sin motivo] without reason. - **3.** *loc*: **estar de** ~ [sobrar] to be getting in the way.
◆ **en balde** *loc adv* in vain.
baldear *vt* - **1.** [regar] to wash down. - **2.** [achicar] to bail out.
baldío, día *adj* - **1.** [sin cultivar] uncultivated; [no cultivable] waste *(antes de sust)*. - **2.** [inútil] fruitless.
◆ **baldío** *m* uncultivated land.
baldón *m* insult.
baldosa *f* [en casa, edificio] floor tile; [en la acera] paving stone.
baldosín *m* tile.
balear[1] ◇ *adj* Balearic. ◇ *mf* native/inhabitant of the Balearic Islands.
balear[2] *vt Amér* - **1.** [disparar] to shoot. - **2.** [estafar] to swindle.
◆ **balearse** *vpr* to exchange fire, to shoot at one another.
Baleares *fpl*: **las (islas)** ~ the Balearic Islands.
baleárico, ca *adj* Balearic.
baleo *m Amér* [disparo] shot.
balero *m* - **1.** [de balas] bullet mould. - **2.** *Amér* [juguete] cup and ball.
Bali *s*: **(la isla de)** ~ (the island of) Bali.
balice *etc v* → **balizar**.
balido *m* bleat, bleating *(U)*.
balín *m* pellet.
◆ **balines** *mpl* shot *(U)*, buckshot *(U)*.
balístico, ca *adj* ballistic.
◆ **balística** *f* ballistics *(U)*.
balitar *vi* to bleat repeatedly.
baliza *f* - **1.** NÁUT marker buoy. - **2.** AERON beacon; ~ **luminosa** marker stud.
balizar [13] *vt* to mark with buoys.
ballena *f* - **1.** [animal] whale. - **2.** [varilla - de corsé] stay; [-de paraguas] spoke.
ballenato *m* whale calf.
ballenero, ra *adj* whaling *(antes de sust)*.
◆ **ballenero** *m* [barco] whaler, whaling ship.
ballesta *f* - **1.** HIST crossbow. - **2.** AUTOM (suspension) spring.
ballestear *vt* to shoot with a crossbow.
ballestera *f* loophole for crossbows.
ballestería *f* - **1.** [deporte] archery. - **2.** [ballesteros] crossbowmen *(pl)*.
ballestero *m* crossbowman.
ballestilla *f* - **1.** [de carro] small swingletree. - **2.** *desus* ASTRON cross-staff. - **3.** [instrumento] fleam.
ballet [baˈle] *(pl* **ballets)** *m* ballet.
balneario, ria *adj* spa *(antes de sust)*.
◆ **balneario** *m* spa.
balompié *m* football.
balón *m* - **1.** [pelota] ball; **echar balones fuera** to evade the issue. - **2.** [recipiente] bag; ~ **de oxígeno** oxygen bag; *fig* shot in the arm. - **3.** [globo] balloon. - **4.** [en tebeos] (speech) balloon.
baloncestista *mf* basketball player.
baloncesto *m* basketball.
balonmano *m* handball.
balonvolea *m* volleyball.
balota *f* ballot.
balotaje *m* second round of voting.
balotar *vi* to vote by ballot.

balsa *f* - **1.** [embarcación] raft. - **2.** [estanque] pond, pool. - **3.** BOT balsa tree. - **4.** *Amér* [zona húmeda] marsh, swamp. - **5.** *Amér* [cabaña flotante] floating hut. - **6.** *loc*: **ser una** ~ **de aceite** [mar] to be as calm as a millpond; [reunión] to go smoothly.
balsámico, ca *adj* balsamic.
bálsamo *m* - **1.** FARM balsam. - **2.** [alivio] balm.
balsero *m* ferryman.
Baltasar *m* BIBLIA Balthasar.
Báltico *m*: **el (mar)** ~ the Baltic (Sea).
baluarte *m* - **1.** [fortificación] bulwark. - **2.** *fig* [bastión] bastion, stronghold.
bamba *f Amér* [moneda] silver coin.
bambalear *vi* - **1.** [moverse] to sway, to swing. - **2.** *fig* [tambalearse] to totter, to reel.
bambalina *f* backdrop; **entre** ~**s** *fig* backstage.
bambarria ◇ *mf* [tonto] idiot, fool. ◇ *f* [en billar] fluke.
bamboche *m fam* chubby, red-faced person.
bambolear, bambonear *vt* to shake.
◆ **bambolearse** *vpr* [gen] to sway; [mesa, silla] to wobble.
bamboleo *m* tottering *(U)*, wobble.
bambolla *f* - **1.** *fam* [pompa] show, ostentation. - **2.** *Amér* [charla] chatter. - **3.** [fanfarronería] bragging, boasting.
bambollero, ra *adj fam* showy.
bambonear *vi* = **bambolear**.
bamboneo *m* swaying, swinging.
bambú *(pl* **bambúes** o **bambús)** *m* bamboo.
banal *adj* banal.
banalidad *f* banality.
banalizar [13] *vt* to trivialize.
banana *f* banana.
bananal, bananar *m* - **1.** [plantío] banana grove. - **2.** [plantación] banana plantation.
bananero, ra *adj* banana *(antes de sust)*.
◆ **bananero** *m* [árbol] banana tree.
banano *m* banana tree.
banasta *f* large wicker basket, hamper.
banasto *m* round basket.
banca *f* - **1.** [actividad] banking; ~ **electrónica** electronic banking. - **2.** [institución]: **la** ~ the banks *(pl)* □ ~ **inversionista** investment bank. - **3.** [en juegos] bank; **hacer saltar la** ~ to break the bank. - **4.** [asiento] bench. - **5.** [puesto] stand, stall. - **6.** *loc*: **tener** ~ *Amér* to have influence o pull.
bancada *f* - **1.** [asiento] stone bench. - **2.** [mesa] large table. - **3.** NÁUT rower's bench. - **4.** MIN stope. - **5.** MEC bedplate, bed. - **6.** ARQUIT piece of masonry.
bancal *m* - **1.** [de tierra] bed. - **2.** [para cultivo] terrace. - **3.** [tapete] bench cover. - **4.** [de arena] sandbank, sandbar.
bancario, ria *adj* banking *(antes de sust)*.
bancarrota *f* - **1.** ECON bankruptcy; **en** ~ bankrupt; **ir a la** ~ to go bankrupt. - **2.** *fig* disaster, failure.
banco *m* - **1.** [asiento] bench; [de iglesia] pew. - **2.** FIN bank; ~ **de ahorros/de préstamo/hipotecario** savings/loan/mortgage bank; ~ **en casa** home banking; ~ **central/comercial/emisor/industrial** central/commercial/issuing/industrial bank. - **3.** [de peces] shoal. - **4.** [de ojos, semen etc] bank. - **5.** [de carpintero, artesano etc] workbench. - **6.** GEOL stratum. - **7.** [de ladrillos] row of bricks. - **8.** ARQUIT impost. - **9.** *Amér* [en juegos] bank. - **10.** *Amér* [terreno] fertile alluvial land. - **11.** *Amér* [de sábana] plateau.
◆ **banco azul** *m* POLÍT ≃ front bench *Br*.
◆ **banco de arena** *m* sandbank.
◆ **banco de datos** *m* INFORM data bank.
◆ **banco de niebla** *m* fog bank.
◆ **banco de pruebas** *m* MEC test bench; *fig* testing ground.
◆ **Banco Mundial** *m*: **el Banco Mundial** the World Bank.

banda *f* - **1.** [cuadrilla] gang; ~ **armada** terrorist organization. - **2.** MÚS band. - **3.** [faja] sash. - **4.** [cinta] ribbon. - **5.** [franja] stripe. - **6.** RADIO waveband; ~ **de frecuencias** frequency (band). - **7.** [margen] side; [en billar] cushion; [en fútbol] touchline. - **8.** NÁUT side. - **9.** *loc:* **cerrarse en** ~ to dig one's heels in; **llevarse en** ~ *Amér fam* to gang up.
◆ **banda magnética** *f* magnetic strip.
◆ **banda salarial** *f* ECON salary scale.
◆ **banda sonora** *f* soundtrack.
◆ **banda transportadora** *f* conveyor belt.

bandada *f* [grupo] band, group; [de aves] flock; [de peces] shoal.

bandazo *m* - **1.** [del barco] lurch; **dar** ~**s** [barco, borracho] to lurch; *fig* [ir sin rumbo] to chop and change; **dar un** ~ [con el volante] to swerve violently. - **2.** *fam* [paseo] stroll.

bandeado, da *adj* - **1.** [listado] striped. - **2.** *Amér* [herido] severely wounded.

bandear *vt* - **1.** [mover] to buffet. - **2.** *Amér* [un río] to cross. - **3.** *Amér* [perseguir] to pursue, to chase. - **4.** [herir] to wound severely. - **5.** *Amér* [cortejar] to court.
◆ **bandearse** *vpr* to look after o.s., to cope.

bandeja *f* [gen] tray; [para comida] serving dish, platter; **servir** o **dar algo a alguien en** ~ *fig* to hand sthg to sb on a plate; **con su mal juego, me ha servido** o **dado el triunfo en** ~ he played so badly, he really handed me the victory (on a plate).

bandera *f* flag; **arriar** ~ NÁUT to strike one's colours; **jurar** ~ to swear allegiance (to the flag); ~ **blanca** white flag; ~ **de parlamento** o **de paz** white flag; **a** ~**s desplegadas** *fig* openly, freely; **dar la** ~ **a** *fig* to give the place of honour to.
◆ **de bandera** *loc adj fam* [magnífico] fantastic, terrific.

bandería *f* band, faction.

banderilla *f* - **1.** TAUROM banderilla, *barbed dart thrust into bull's back;* ~ **de fuego** o **negra** *banderilla with fireworks attached;* **poner** ~**s a alguien** *fam fig* to taunt sb. - **2.** [aperitivo] *savoury hors d'œuvre on a stick.* - **3.** IMPRENTA correction note. - **4.** *Amér* [trampa] swindle, trick.

banderillero, ra *m, f* TAUROM banderillero, *bullfighter's assistant who sticks 'banderillas' into the bull.*

banderín *m* - **1.** [bandera] pennant. - **2.** MIL pennant-bearer.

banderizar [13] *vt* to divide into bands.

banderizo, za *adj* - **1.** [que sigue un bando] partisan. - **2.** [sedicioso] seditious. - **3.** [alborotado] headstrong, rash.

banderola *f* - **1.** [banderín] pennant. - **2.** *Amér* [de puerta] transom.

bandidaje *m* banditry.

bandido, da *m, f* - **1.** [delincuente] bandit. - **2.** [granuja] rascal.

bando *m* - **1.** [facción] side; **pasarse al otro** ~ to change sides. - **2.** [edicto] edict; **echar** ~ to issue an edict. - **3.** [de peces] school. - **4.** [de aves] flock.
◆ **bandos** *mpl* marriage bans.

bandola *f* - **1.** MÚS mandolin. - **2.** NÁUT jury mast.

bandolera *f* → **bandolero**.

bandolerismo *m* banditry.

bandolero, ra *m, f* bandit.
◆ **bandolera** *f* [correa] bandoleer; **en bandolera** slung across one's chest.

bandolina *f* - **1.** [cosmético] bandoline, *hair pomade.* - **2.** MÚS mandolin.

bandolinista *mf* mandolin player.

bandolón *m* large mandolin.

bandoneón *m* concertina.

bandurria *f* *small 12-stringed guitar.*

Bangkok *s* Bangkok.

Bangladesh [baŋgla'def] *s* Bangladesh.

Bangui *s* Bangui.

banjo ['banʒo] *m* banjo.

Banjul *s* Banjul.

banquero, ra *m, f* banker.

banqueta *f* - **1.** [asiento] stool; [para pies] footstool. - **2.** *Amér* [acera] pavement *Br*, sidewalk *Am*. - **3.** MIL banquette.

banquete *m* [comida] banquet; ~ **de boda** wedding breakfast; ~ **eucarístico** holy communion.

banquillo *m* - **1.** [asiento] low stool; [para pies] footstool; ~ **de los acusados** DER dock. - **2.** DEP bench. - **3.** *Amér* [patíbulo] gallows *(pl)*.

banzo *m* - **1.** [bastidor] cheek *(of embroidery frame)*. - **2.** [de escalera] cheek, side piece. - **3.** [de silla] upright. - **4.** [de acequia] sloping side.

bañada *f Amér* [acción de bañarse] bath.

bañadera *f Amér* [bañera] bath.

bañado *m* swamp, marsh.

bañador, ra *adj* bathing.
◆ **bañador** *m* [for women] swimsuit; [for men] swimming trunks *(pl)*.

bañar *vt* - **1.** [asear] to bath; MED to bathe. - **2.** [sumergir] to soak, to submerge. - **3.** [revestir] to coat. - **4.** CULIN to cover; **bañó el bizcocho con chocolate** she covered the sponge cake with chocolate icing. - **5.** [suj: río] to flow through; [suj: mar] to wash the coast of. - **6.** *fig* [suj: sol, luz] to bathe, to flood; **la luz baña toda la sala** light flooded the room.
◆ **bañarse** *vpr* - **1.** [en el baño] to have o take a bath. - **2.** [en playa, piscina] to go for a swim.

bañera *f* bathtub, bath.

bañista *mf* bather.

baño *m* - **1.** [en bañera] bath; [en playa, piscina] swim; **darse un** ~ [en bañera] to have o take a bath; [en playa, piscina] to go for a swim ❑ ~ **de asiento** hip bath; ~ **ocular** eyebath; ~ **de sol** sunbathing *(U)*; ~ **turco** Turkish bath; ~ **de sangre** *fig* bloodbath; **dar un** ~ **a alguien** *fig* to knock spots off sb; **en informática nos da un** ~ **a todos** when it comes to computers, she knocks spots off the rest of us. - **2.** [bañera] bathtub, bath. - **3.** [cuarto de aseo] bathroom. - **4.** [vahos] inhalation *(U)*. - **5.** [capa] coat; **no es de oro macizo, sólo tiene un** ~ it's not solid gold, it's only gold plate. - **6.** *fig* [apariencia] veneer; **un** ~ **de cultura** a veneer of culture.
◆ **baños** *mpl* [balneario] spa *(sg)*.
◆ **baño María** *m* bain Marie.

bao *m* beam.

baptismo *m* baptism.

baptista *adj & mf* Baptist.

baptisterio *m* baptistry.

baque *m* thump, thud.

baquelita *f* Bakelite®.

baqueta *f* - **1.** [de fusil] ramrod; **tratar** o **llevar a la** ~ *fig* to treat harshly. - **2.** MÚS drumstick. - **3.** [castigo] gauntlet; **correr** ~**s** to run the gauntlet.

baquetazo *m* - **1.** [de baquetas] blow with a ramrod. - **2.** *fam* [caída] fall.

baquetear ◇ *vt* - **1.** [ejercitar] to exercise. - **2.** [tratar mal] to mistreat. - **3.** [castigar] to force to run the gauntlet. - **4.** *fig* [incomodar] to annoy, to vex. ◇ *vi* [equipaje etc] to bump up and down.

baquiano, na *Amér* ◇ *adj* - **1.** [conocedor de una zona] familiar with a region. - **2.** [experto] expert, skilful. ◇ *m, f* - **1.** [conocedor de una zona] guide. - **2.** [experto] expert.

báquico, ca *adj* bacchic, bacchanalian.

bar *m* bar.

barahúnda, baraúnda *f* racket, din.

baraja *f* - **1.** [naipes] pack (of cards); **entrarse en** ~ [en el juego] to throw in one's hand; *fig* [desistir] to give up; **jugar con dos** ~**s** *fig* to play a double game. - **2.** *Amér* [carta] playing card.

barajadura *f* - **1.** [de cartas] shuffling *(U)*. - **2.** [confusión] confusion *(U)*, mix-up. - **3.** [disputa] dispute, quarrel.

barajar ◇ *vt* - **1.** [cartas] to shuffle. - **2.** [considerar - nombres, posibilidades] to consider; [- datos, cifras] to marshal,

to draw on. **- 3.** *Amér* [estorbar] to hinder, to delay. **- 4.** *Amér* [agarrar] to grab, to snatch. ◇ *vi* [discutir] to fight, to quarrel.
◆ **barajarse** *vpr* [nombres, posibilidades] to be considered; [datos, cifras] to be drawn upon, to be marshalled.
baranda *f* **- 1.** [de escalera] handrail. **- 2.** [de billar] cushion.
barandado, barandaje *m* railing, banister.
barandilla *f* **- 1.** [de escalera] handrail, banister. **- 2.** [balaustrada] balustrade, railing. **- 3.** *Amér* [de automóvil] siderail.
barata ◇ *adj f* → **barato**. ◇ *f* **- 1.** [trueque] barter, exchange. **- 2.** *Amér* [rebaja] sale. **- 3.** *Amér* [insecto] cockroach.
◆ **a la barata** *loc adv Amér* in disorder, in a mess.
baratear *vt* to sell at a discount, to sell cheap.
baratería *f* **- 1.** [venta] fraudulent sale. **- 2.** NÁUT barratry.
baratero, ra *adj* **- 1.** [persona, negocio] who/that sells cheap. **- 2.** *Amér* [barato] cheap.
◆ **baratero** *m person who collects money from gamblers.*
baratija *f* trinket, knick-knack.
◆ **baratijas** *fpl* junk *(U)*.
baratillero, ra *m, f* pedlar.
baratillo *m* **- 1.** [género] junk. **- 2.** [tienda] junkshop; [mercadillo] flea market.
barato, ta *adj* cheap.
◆ **barato** ◇ *m* sale. ◇ *adv* cheap, cheaply; **en los restaurantes de comida rápida se come bastante** ~ you can eat cheaply at fast-food restaurants; **de** ~ for free.
báratro *m culto* Hell.
baratura *f* cheapness.
baraúnda *f* = **barahúnda**.
barba ◇ *f* **- 1.** [pelo] beard; **apurarse la** ~ to shave close; **dejarse** ~ to let one's beard grow ❏ ~ **cerrada/corrida** heavy/full beard; ~ **de ballena** whalebone; ~ **incipiente** stubble *(U)*; ~**s de chivo** goatee *(sg)*; **hacer la** ~ **a alguien** [afeitar] to shave sb, to give a shave to sb; [adular] to flatter sb; [fastidiar] to annoy sb, to pester sb; **por** ~ [cada uno] per head; **la comida nos ha salido a 2.000 pesetas por** ~ the meal cost us 2,000 pesetas per head; **hacer algo en las** ~**s de alguien** o **en sus propias** ~**s** to do sthg under sb's nose; **reírse de alguien en sus propias** ~**s** to laugh in sb's face; **subirse a las** ~**s de** *fam* to be insolent to. **- 2.** [de pájaro] wattle, gill. **- 3.** BOT beard. ◇ *m* character actor.
◆ **barbas** *fpl* **- 1.** [de pez] barbel *(sg)*. **- 2.** [bigotes] whiskers. **- 3.** BOT root hairs. **- 4.** [de papel] deckle edges.
◆ **barba honrada** *m* distinguished person.
Barba Azul *m* Bluebeard.
barbacana *f* **- 1.** [de defensa] barbican. **- 2.** [de iglesia] churchyard wall. **- 3.** [saetera] loophole, embrasure.
barbacoa *f* **- 1.** [gen] barbecue. **- 2.** *Amér* [carne] barbecued meat. **- 3.** *Amér* [catre] makeshift cot. **- 4.** *Amér* [empanado] trellis. **- 5.** *Amér* [desván] loft, garret. **- 6.** *Amér* [baile] tap dance.
barbada *f* **- 1.** [de caballo] lower jaw. **- 2.** [de freno] curb strap. **- 3.** [pez] flounder, dab. **- 4.** *Amér* [del sombrero] chin strap.
barbado, da *adj* bearded.
◆ **barbado** *m* **- 1.** [hombre] bearded man. **- 2.** [sarmiento] seedling; **plantar de** ~ to plant as a seedling. **- 3.** [renuevo] transplanted tree.
Barbados *s* Barbados.
barbaja *f* cut-leaved viper's grass.
◆ **barbajas** *fpl* first roots.
barbar *vi* **- 1.** [echar barbas] to grow a beard. **- 2.** [criar abejas] to keep bees. **- 3.** [echar raíces] to take root.
bárbaramente *adv* **- 1.** [de forma bárbara] barbarously, savagely. **- 2.** *fam* [extraordinariamente] brilliantly, fantastically.
barbárico, ca *adj* barbaric, barbarian.
barbaridad *f* **- 1.** [cualidad] cruelty; **¡qué** ~! how terrible! **- 2.** [disparate] nonsense *(U)*; **decir** ~**es** to talk nonsense.

- 3. [montón]: **una** ~ **(de)** tons (of); **se gastó una** ~ she spent a fortune.
barbarie *f* **- 1.** [crueldad - cualidad] cruelty, savagery; [- acción] atrocity. **- 2.** [incultura] barbarism.
barbarismo *m* **- 1.** [extranjerismo] foreign word. **- 2.** [incorrección] substandard usage.
barbarizar [13] ◇ *vt* **- 1.** [hacer bárbaro] to make barbarous. **- 2.** [lenguaje] to introduce substandard usages into. ◇ *vi* to talk nonsense.
bárbaro, ra ◇ *adj* **- 1.** HIST barbarian. **- 2.** [cruel] barbaric, cruel. **- 3.** [bruto] uncouth, coarse. **- 4.** *fam* [extraordinario] brilliant, great. **- 5.** [temerario] bold, reckless. **- 6.** *fam* [grande] huge, enormous. ◇ *m, f* HIST barbarian.
◆ **bárbaro** *adv fam* [magníficamente]: **pasarlo** ~ to have a wild time.
Barbarroja *m* Red Beard.
barbear ◇ *vt* [tocar con la barba] to reach with one's chin. ◇ *vi* **- 1.** [nivelar] to be almost the same height. **- 2.** [afeitar] to shave. **- 3.** [trabajar de barbero] to work as a barber. **- 4.** *Amér* [adular] to flatter, to butter up.
barbechar *vt* AGR **- 1.** [no cultivar] to leave fallow. **- 2.** [arar] to plough for sowing.
barbecho *m* fallow (land); [retirada de tierras] land set aside; **estar** o **quedar en** ~ to be left fallow, to be in fallow ❏ **firmar algo en** ~ *fam fig* to sign sthg without examining it carefully.
barbería *f* barber's (shop).
barbero, ra ◇ *m, f* barber. ◇ *adj Amér* flattering, wheedling.
barbiblanco, ca *adj* white-bearded.
barbicano, na *adj* [con canas] grey-bearded; [con barba blanca] white-bearded.
barbiespeso, sa *adj* thick-bearded.
barbihecho, cha *adj* fresh-shaved, newly shaved.
barbilampiño, ña *adj* smooth-faced, beardless.
◆ **barbilampiño** *m* beardless man.
barbilla *f* **- 1.** [barba] chin. **- 2.** [pez] barb, barbel. **- 3.** [en carpintería] tenon, rabbet.
◆ **barbillas** *m inv Amér fam* scantily bearded man.
barbiquejo *m* **- 1.** [de sombrero] chin strap, bonnet ribbon. **- 2.** NÁUT bobstay. **- 3.** *Amér* [cabestro] halter. **- 4.** [pañuelo] handkerchief, scarf.
barbirrubio, bia *adj* fair-bearded.
barbitúrico, ca *adj* barbituric.
◆ **barbitúrico** *m* barbiturate.
barbo *m* barbel; ~ **de mar** red mullet.
barbón *m* **- 1.** [hombre] bearded man. **- 2.** ZOOL billy goat. **- 3.** RELIG Carthusian lay brother. **- 4.** *fam fig* [anciano] *stern-looking old person.*
barboquejo *m* chin strap, bonnet ribbon.
barbotar *vi & vt* to mutter.
barbote *m* **- 1.** [de armadura] beaver. **- 2.** *Amér* [en indios] *ornamental plug embedded in the bottom lip of some American Indians.*
barboteo *m* mutter, muttering *(U)*.
barbudo, da ◇ *adj* bearded. ◇ *m, f* bearded person.
◆ **barbudo** *m* BOT offshoot.
barbulla *f fam* jabbering, chatter.
barbullar *vi* to jabber.
barbullón, ona ◇ *adj* jabbering, chattering. ◇ *m, f* babbler, chatterer.
barca *f* dinghy, small boat.
barcada *f* **- 1.** [carga] boatload. **- 2.** [viaje] crossing.
barcaza *f* barge.
Barcelona *s* Barcelona.
barcelonés, esa *(pl* **barceloneses)** ◇ *adj* of/relating to Barcelona. ◇ *m, f* native/inhabitant of Barcelona.
barceno, na *adj* roan.
barchilón, ona *m, f Amér* **- 1.** [enfermero] nurse. **- 2.** [curandero] quack.

barcia *f* chaff.

barcina *f* - **1.** [saco] esparto net sack. - **2.** [paja] bundle of straw.

barcino, na *adj* - **1.** ZOOL roan. - **2.** *Amér fig* opportunistic.

barco *m* [gen] boat; [de gran tamaño] ship; **en** ~ by boat; **me marea viajar en** ~ I get seasick when I travel by boat □ ~ **de carga** o **mercante** cargo ship; ~ **cisterna** tanker; ~ **de guerra** warship; ~ **de vapor** steamer, steamboat; ~ **de vela** sailing ship; **como** ~ **sin timón** *fig* aimlessly.

barda *f* - **1.** [armadura] bard, armour *(for a horse)*. - **2.** METEOR thundercloud.

bardaguera *f* willow.

bardal *m* fence of brambles and thorns.

bardo *m* bard.

baremo *m* [escala] scale.

bario *m* barium.

barítono *m* baritone.

barloa *f* NÁUT mooring cable o rope.

barloar *vt* NÁUT to moor.

barloventear *vi* - **1.** NÁUT to tack to windward. - **2.** *fam fig* [vagabundear] to wander about, to meander.

barlovento *m* windward.

barman (*pl* **barmans**) *m* barman.

Barna. *abrev escrita de* **Barcelona.**

barniz (*pl* **barnices**) *m* [para madera] varnish; [para loza, cerámica] glaze; ~ **para las uñas** nail varnish.

barnizado *m* - **1.** [acción] varnishing. - **2.** [capa] coat of varnish.

barnizar [13] *vt* [madera] to varnish; [loza, cerámica] to glaze.

barométrico, ca *adj* METEOR barometric.

barómetro *m* barometer; ~ **altimétrico** altitude barometer.

barón, onesa *m, f* baron (*f* baroness).

barquear ◇ *vt* to cross in a boat. ◇ *vi* to sail around in a boat.

barquero, ra *m, f* boatman (*f* boatwoman).

barquilla *f* - **1.** [de globo] basket. - **2.** *Amér* [helado] ice cream cone.

barquillo *m* - **1.** [galleta] wafer. - **2.** [helado] cornet, cone.

barquín *m* large bellows *(sg)*.

barquinazo *m fam* [porrazo] bump, jolt; [vuelco] roll; **dar** ~**s** [porrazos] to jolt; [vuelcos] to roll.

barra *f* - **1.** [gen] bar; [de hielo] block; [para cortinas] rod; [en bicicleta] crossbar; **me tomé un café en la** ~ **porque no había mesas libres** I had a coffee at the bar because there weren't any tables free; **la** ~ [de tribunal] the bar □ ~ **espaciadora** [de máquina de escribir, ordenador] space bar; ~ **de labios** lipstick; ~ **de pan** baguette, French stick. - **2.** [de bar, café] bar *(counter)*; ~ **americana** *bar where hostesses chat with clients*; ~ **libre** *unlimited drink for a fixed price*. - **3.** [para bailarines] barre. - **4.** [de gimnasia] bar; ~ **fija** horizontal bar; ~**s paralelas** parallel bars. - **5.** [signo gráfico] slash, oblique stroke; ~ **inversa** backslash. - **6.** MEC rod, lever. - **7.** *Amér* [público] public, spectators *(pl)*. - **8.** MIN stake in a mine. - **9.** [desembocadura] mouth of a river. - **10.** *loc:* **sin pararse en** ~**s** stopping at nothing.

barrabás *m inv fig* scoundrel, rascal.

Barrabás *m* BIBLIA Barrabas.

barrabasada *f fam* mischief *(U)*.

barraca *f* - **1.** [chabola] shack. - **2.** [caseta de feria] stall. - **3.** [en Valencia y Murcia] thatched farmhouse. - **4.** *Amér* [almacén] warehouse.

barracón *m* large hut; ~ **de tiro al blanco** shooting gallery.

barracuda *f* barracuda.

barrado, da *adj* - **1.** [con listas] streaked with different colours. - **2.** HERÁLDICA barred.

barragán *m* - **1.** [tela] *waterproof woollen material*; [abrigo] *waterproof woollen overcoat*. - **2.** *Amér* [enaguas] woollen underskirt.

barragana *f* concubine.

barranco *m*, **barranca** *f*, **barranquera** *f* - **1.** [precipicio] precipice. - **2.** [cauce] ravine. - **3.** *fig* obstacle, difficulty.

barrancón *m* gully, ravine.

barrancoso, sa *adj* full of ravines.

barranquera *f* = **barranco**.

barraquero, ra *m, f* - **1.** [constructor] builder of a shack. - **2.** *Amér* [almacén] warehouse owner.

barraquismo *m* shanty towns *(pl)*.

barrar *vt* to smear with mud, to cover with mud.

barrear *vt* - **1.** [fortificar] to barricade; [con barras] to bar, to fasten with bars. - **2.** *Amér* [amanillar] to tie the hands of.
♦ **barrearse** *vpr* to wallow in mud.

barredero, ra *adj* dragging, sweeping.
♦ **barredero** *m* [para horno] mop for cleaning bread ovens.
♦ **barredera** *f* [máquina] street sweeper.

barredor, ra ◇ *adj* sweeping. ◇ *m, f* sweeper; **barredora eléctrica** vacuum cleaner.

barredura *f* sweeping.
♦ **barreduras** *fpl* [basura] sweepings, refuse *(U)*; [residuos] residue *(U)*.

barrena *f* - **1.** [instrumento] drill; [barra] (drill) bit. - **2.** *loc:* **entrar en** ~ AERON to go into a spin; *fig* [persona, gobierno] to totter.

barrenado, da *adj fam* crazy, screwy.

barrenar *vt* - **1.** [taladrar] to drill. - **2.** [frustrar] to scupper. - **3.** [barco] to scuttle. - **4.** DER to violate, to infringe. - **5.** TAUROM to twist the pike into the bull.

barrendero, ra *m, f* street sweeper.

barrenero *m* MIN driller, borer.

barrenillo *m* - **1.** [insecto] boring insect, borer. - **2.** BOT disease caused by a boring insect. - **3.** *Amér* [impertinencia] mania, obsession.

barreno *m* - **1.** [instrumento] large drill. - **2.** [para explosiones] blast hole. - **3.** *Amér* [manía] mania, obsession. - **4.** *loc:* **llevarle el** ~ **a alguien** to humour o indulge sb.

barreño *m* - **1.** [recipiente] washing-up bowl. - **2.** *Amér* [baile] *type of dance*.

barrer ◇ *vt* - **1.** [con escoba, reflectores] to sweep. - **2.** [suj: viento, olas] to sweep away. - **3.** *fam* [derrotar] to thrash, to annihilate. ◇ *vi:* ~ **con** [llevarse] to finish off, to make short work of □ ~ **hacia** o **para adentro** *fig* to look after number one.
♦ **barrerse** *vpr Amér* [caballo] to shy.

barrera *f* - **1.** [gen] barrier; FERROC crossing gate; [de campo, casa] fence; **poner** ~**s a algo** *fig* to erect barriers against sthg, to hinder sthg □ ~ **de peaje** tollgate; ~**s arancelarias** tariff barriers. - **2.** TAUROM barrier around the edge of a bullring. - **3.** DEP wall. - **4.** [para sacar barro] clay pit. - **5.** [alacena] crockery cupboard.
♦ **barrera del sonido** *f* sound barrier.

barrero *m* - **1.** [alfarero] potter. - **2.** [barrera] clay pit. - **3.** [barrizal] mud hole, mire. - **4.** *Amér* [terreno salitroso] salt marsh.

barreta *f* - **1.** [barra pequeña] small bar. - **2.** [de zapato] leather reinforcement. - **3.** *Amér* [piqueta] pick, pickaxe.

barretear *vt* - **1.** [afianzar] to bar, to fasten with bars. - **2.** *Amér* [abrir hoyos] to drill, to bore.

barriada *f* neighbourhood, area.

barrial *m* - **1.** [gredal] clay pit. - **2.** [barrizal] bog, mire.

barrica *f* keg.

barricada *f* barricade; **levantar** ~**s en** to barricade.

barrida *f* - **1.** [acción policial] police raid. - **2.** *Amér* [con escoba] sweeping *(U)*.

barrido *m* - **1.** [con escoba] sweep, sweeping *(U)*; **dar un** ~ **(a algo)** to sweep (sthg) □ **servir** o **valer tanto para un** ~ **como para un fregado** [persona] to be a jack-of-all-trades. - **2.** TECN scan, scanning *(U)*. - **3.** CINE pan, panning *(U)*.

barriga *f* - **1.** [panza] belly; [abdomen] abdomen, stomach; **echar** ~ to get a paunch; **a los cuarenta muchos hombres echan** ~ many men get a paunch when they are about forty; **llenarse la** ~ to fill one's belly ◻ ~ **llena, corazón contento** there's nothing better than a full stomach; **rascarse** o **tocarse la** ~ *fig* to twiddle one's thumbs, to laze around. - **2.** [de vasija] belly, bulge. - **3.** [de pared] bulge.

barrigazo *m fam*: **darse un** ~ to fall flat on one's face.

barrigón, ona, barrigudo, da ◇ *adj* paunchy. ◇ *m, f* - **1.** [persona] portly person. - **2.** *Amér* [hijo] tot, nipper.
◆ **barrigón** *m* [barriga] big belly.

barriguera *f* EQUITACIÓN cinch, bellyband.

barril *m* - **1.** [recipiente] barrel; **de** ~ [bebida] draught. - **2.** *loc*: **comer del** ~ *Amér fam* to eat slop; **irse al** ~ *Amér* COM to go bankrupt.

barrilete *m* - **1.** [de revólver] chamber. - **2.** [en carpintería] clamp, dog. - **3.** ZOOL fiddler crab. - **4.** *Amér despec* ugly woman. - **5.** *Amér* DER junior barrister. - **6.** *Amér* [cometa] kite.

barrillo *m* blackhead.

barrio *m* - **1.** [vecindario] area, neighborhood *Am*; ~ **chino** red light district; ~ **comercial/periférico** shopping/outlying district; ~ **latino** Latin Quarter; ~ **residencial** suburb; ~**s bajos** slums; **mandar a alguien al otro** ~ *fam fig* to do sb in, to finish sb off; **de dos navajazos lo mandó al otro** ~ she finished him off with a couple of stabs. - **2.** *Amér* [arrabal] shanty town.

barriobajero, ra *despec* ◇ *adj* low-life *(antes de sust)*. ◇ *m, f* common person.

barrista *mf* DEP *gymnast who works on the horizontal bars*.

barrizal *m* mire.

barro *m* - **1.** [fango] mud. - **2.** [arcilla] clay. - **3.** [grano] blackhead. - **4.** *Amér* [error] blunder, error. - **5.** *loc*: **arrastrarse por el** ~ to abase o.s.

barroco, ca *adj* - **1.** ARTE baroque. - **2.** [recargado] ornate.
◆ **barroco** *m* ARTE baroque.

barroquismo *m* ARTE baroque style.

barroso, sa *adj* - **1.** [gen] muddy. - **2.** [granoso] spotty, pimply. - **3.** *Amér* [de caballo] dun.

barrote *m* - **1.** [barra] bar. - **2.** [sostén] rung. - **3.** [en carpintería] crosspiece.

barrueco *m* - **1.** [perla] irregularly shaped pearl. - **2.** GEOL nodule.

barruntador, ra *adj* surmising, conjecturing.

barruntar *vt* - **1.** [presentir] to suspect. - **2.** [ser indicio de] to suggest, to hint at.

barrunto, barrunte *m* - **1.** [presentimiento] suspicion. - **2.** [indicio] sign, indication.

bartola ◆ **a la bartola** *loc adv fam*: **tumbarse a la** ~ to lounge around.

bartolear *Amér vi* to muse.

bartulear, bartular *vi Amér* to ponder, to muse.

bártulos *mpl* things, bits and pieces; **liar los** ~ *fam fig* to pack one's bags.

barullero, ra *fam* ◇ *adj* rowdy, noisy. ◇ *m, f* [gritón] loudmouth; [entrometido] busybody.

barullo *m fam* - **1.** [ruido] din, racket; **armar** ~ to raise hell. - **2.** [desorden] mess.

barzón *m* - **1.** [paseo] stroll; **dar** o **hacer un** ~ to go for a stroll. - **2.** [anillo del arado] *yoke ring to which the plough is attached*. - **3.** [de yugo] bow.

barzonear *vi* to stroll.

basa *f* ARQUIT base.

basáltico, ca *adj* basaltic.

basalto *m* basalt.

basamento *m* ARQUIT base, plinth.

basar *vt* - **1.** [fundamentar] to base. - **2.** ARQUIT to build on a base.
◆ **basarse en** *vpr* [suj: teoría, obra etc] to be based on; [suj: persona] to base one's argument on.

basalto *m* basalt.

basamento *m* ARQUIT base, plinth.

basar *vt* - **1.** [fundamentar] to base. - **2.** ARQUIT to build on a base.
◆ **basarse en** *vpr* [suj: teoría, obra etc] to be based on; [suj: persona] to base one's argument on.

basca *f* - **1.** *fam* [de amigos] pals *(pl)*, mates *(pl)*. - **2.** [náusea] nausea; **dar** ~**s** to make nauseous.

bascosidad *f* - **1.** [suciedad] filth, dirt. - **2.** [náusea] nausea. - **3.** *fig* [asco] repugnance, revulsion. - **4.** *Amér* [obscenidad] obscenity, rude word.

bascoso, sa *adj* - **1.** [sucio] filthy, dirty. - **2.** [de náusea] nauseated; *fig* [asqueroso] repugnant, revolting. - **3.** *Amér* [obsceno] vulgar, obscene.

báscula *f* scales *(pl)*; ~ **de baño/de precisión** bathroom/precision scales.

basculador *m* dumper truck *Br*, dump truck *Am*.

bascular *vi* to tilt.

base ◇ *f* - **1.** [gen, MAT & MIL] base; [de edificio] foundations *(pl)*; ~ **aérea/naval** air/naval base; ~ **espacial** space station; ~ **de lanzamiento** launch site; ~ **de operaciones** operational base. - **2.** [fundamento, origen] basis; **partimos de la** ~ **de que...** we assume that...; **sentar las** ~**s para** to lay the foundations of. - **3.** [de partido, sindicato]: **las** ~**s** the grass roots, the rank and file *(sg)*; **de** ~ grassroots *(antes de sust)*. ◇ *mf* [en baloncesto] base.
◆ **bases** *fpl* [para prueba, concurso] rules.
◆ **a base de** *loc prep* by (means of); **me alimento a** ~ **de verduras** I live on vegetables; **el flan está hecho a** ~ **de huevos** crème caramel is made with eggs.
◆ **a base de bien** *loc adv* extremely well.
◆ **en base a** *loc prep* on the basis of; **el plan se efectuará en** ~ **a lo convenido** the plan will be carried out in accordance with the terms agreed upon.
◆ **base de datos** *f* INFORM database; ~ **de datos documental/relacional** INFORM documentary/relational database.
◆ **base imponible** *f* taxable income.

BASIC, basic ['beisik] *m* INFORM BASIC.

básico, ca *adj* basic; **el pan es el alimento** ~ bread is a staple food; **tiene conocimientos** ~**s de informática** she has some basic knowledge of computers; **lo** ~ **de** the basics of.

basílica *f* - **1.** [templo] basilica. - **2.** ANAT basilic vein.

basílico, ca *adj* basilic.

basilisco *m* basilisk; **ponerse hecho un** ~ *fam fig* to go mad, to fly into a rage.

basquear ◇ *vi* to feel nauseated. ◇ *vt* to nauseate.

basquiña *f* (outer) skirt.

Basseterre *s* Basse-Terre.

basta ◇ *f* [hilván] basting, tacking. ◇ *interj* that's enough!; **¡**~ **de chistes/tonterías!** that's enough jokes/of this nonsense!

bastante ◇ *adv* - **1.** [suficientemente] enough; **es lo** ~ **lista para...** she's smart enough to... - **2.** [considerablemente - antes de adj o adv] quite, pretty; [- después de verbo] quite a lot; **me gustó** ~ I quite enjoyed it, I enjoyed it quite a lot. ◇ *adj* - **1.** [suficiente] enough; **no tengo dinero** ~ I haven't enough money. - **2.** [mucho]: **éramos** ~**s** there were quite a few of us; **tengo** ~ **frío** I'm quite o pretty cold.

bastar *vi* to be enough; **con ocho basta** eight will be enough; ~ **a** o **para** to be enough to o for; **basta con que se lo digas** it's enough for you to tell her.
◆ **bastarse** *vpr* to be self-sufficient.

bastarda ◇ *adj f* → **bastardo**. ◇ *f* - **1.** [lima] locksmith's file. - **2.** [arma] small culverin.

bastardear ◇ *vi* [degenerar] to degenerate, to decline. ◇ *vt* [adulterar] to adulterate.

bastardía *f* - **1.** [cualidad] bastardy. - **2.** [dicho] nasty remark. - **3.** [hecho] dirty trick.

bastardilla *f* → **letra**.

bastardo, da ◇ *adj* - **1.** [hijo etc] bastard *(antes de sust)*. - **2.** [animal] crossbred. - **3.** *despec* [innoble] mean, base. ◇ *m, f* bastard.

baste *m* - **1.** [hilván] basting, tacking. - **2.** EQUITACIÓN saddle pack.

bastear *vt* to baste, to tack.

bastidor *m* - **1.** [armazón] frame. - **2.** AUTOM chassis. - **3.** NÁUT screw propeller's frame. - **4.** *Amér* [de ventana] lattice window.
◆ **bastidores** *mpl* TEATRO wings; **entre** ~**es** *fig* behind the scenes.

bastilla *f* hem.

bastimentar *vt* to provision, to supply with provisions.

bastimento *m* supplies *(pl)*, provisions *(pl)*.

bastión *m* *lit & fig* bastion.

basto, ta *adj* coarse.
◆ **bastos** *mpl* [naipes] ≃ clubs.

bastón *m* - **1.** [para andar] walking stick. - **2.** [de mando] baton; **empuñar el** ~ *fig* to take the helm. - **3.** [para esquiar] ski stick.

bastonazo *m* blow (with a stick).

bastonear *vt* to beat with a stick.

bastoneo *m* cudgeling.

bastonera *f* umbrella stand.

bastonero *m* - **1.** [fabricante] cane maker; [vendedor] cane seller. - **2.** [carcelero] assistant warden.

basura *f* *lit & fig* rubbish *Br*, garbage *Am*; **rebuscar entre las** ~**s** to scavenge; **tirar algo a la** ~ to throw sthg away.

basural *m* *Amér* rubbish dump *Br*, garbage dump *Am*.

basurear *vt* *Amér* to slander.

basurero *m* - **1.** [persona] dustman *Br*, garbage man *Am*. - **2.** [vertedero] rubbish dump *Br*, garbage dump *Am*. - **3.** [cubo] dustbin *Br*, garbage can *Am*.

bata *f* - **1.** [de casa] housecoat; [para baño, al levantarse] dressing gown. - **2.** [de trabajo] overall; [de médico] white coat; [de laboratorio] lab coat. - **3.** *Amér* DEP bat, paddle *Am*.

batacazo *m* bump, bang.

batahola *f* *fam* rumpus.

batalla *f* battle; ~ **campal** pitched battle; **dar** o **librar** ~ *fig* to do battle; **de** ~ [de uso diario] everyday.

batallador, ra *adj* - **1.** [que batalla] battling *(antes de sust)*. - **2.** *fig* [agresivo] aggressive.

batallar *vi* - **1.** [con armas] to fight. - **2.** *fig* [por una cosa] to battle. - **3.** [discutir] to dispute, to argue; ~ **por detalles** to argue over details. - **4.** [vacilar] to vacillate, to waver. - **5.** [en esgrima] to fence.

batallón *m* - **1.** MIL batallion. - **2.** *fig* [grupo numeroso] crowd.

batán *m* - **1.** [máquina] fulling mill. - **2.** [zurra] beating. - **3.** *Amér* [agitación] agitation, excitement. - **4.** *Amér* [para maíz] grinding stone.

batanear *vt* to beat up.

batanero *m* fuller.

batata *f* - **1.** [boniato] sweet potato. - **2.** *Amér* [timidez] shyness. - **3.** *Amér fam* [idiota] fool, dolt.

batatazo *m* *Amér* [chiripa] fluke; **dar** ~ [en los caballos] to win by an upset; [en billar] to get a fluke.

bate *m* - **1.** DEP bat. - **2.** *Amér fig* busybody.

batea *f* - **1.** *Amér* [para lavar] washing trough. - **2.** [bandeja] painted tray. - **3.** [artesa] deep trough. - **4.** [embarcación] lighter, punt. - **5.** [vagón] platform car.

bateador, ra *m, f* batsman *(f* batswoman).

batear ◇ *vt* to hit. ◇ *vi* to bat.

batel *m* small boat.

batelero, ra *m, f* boatman *(f* boatwoman).

batería ◇ *f* - **1.** ELECTR & MIL battery; ~ **solar** solar cell. - **2.** MÚS drums *(pl)*. - **3.** TEATRO floodlights *(pl)*. - **4.** [conjunto] set; [de preguntas] barrage; ~ **de cocina** pots *(pl)* and pans. - **5.** *loc:* **aparcado en** ~ parked at an angle to the pavement; **dar** ~ *Amér* to cause trouble. ◇ *mf* drummer.

batey *m* *Amér* - **1.** [plazoleta] *small square in front of a country house*. - **2.** [para azúcar] sugar mill machinery *(U)*.

batiborrillo, batiburrillo *m* jumble.

baticola *f* - **1.** [correa] crupper. - **2.** [taparrabos] loin cloth.

batidera *f* - **1.** CONSTR beater, paddler. - **2.** [de colmena] honeycomb cutter.

batidero *m* - **1.** [golpeo] beat, beating *(U)*; [sitio] beating place. - **2.** [terreno] uneven ground *(U)*.
◆ **batideros** *mpl* NÁUT washboard *(sg)*.

batido, da *adj* - **1.** [nata] whipped; [claras] whisked. - **2.** [senda, camino] well-trodden.
◆ **batido** *m* - **1.** [acción de batir] beating. - **2.** [bebida] milkshake.
◆ **batida** *f* - **1.** [de caza] beat. - **2.** [de policía] combing, search.

batidor, ra *adj* beating.
◆ **batidor** *m* - **1.** [aparato manual] whisk; [de huevo] egg whisk. - **2.** [en caza] beater. - **3.** MIL scout.
◆ **batidora** *f* [eléctrica] mixer.

batiente ◇ *adj* beating. ◇ *m* - **1.** [de puerta] jamb; [de ventana] frame. - **2.** [costa] shoreline.

batifondo *m* *Amér* rumpus, uproar.

batihoja *m* [de metal] beater.

batimetría *f* bathymetry.

batín *m* short dressing gown.

batintín *m* gong.

batir ◇ *vt* - **1.** [gen] to beat; [nata] to whip. - **2.** [récord] to break. - **3.** [suj: olas, lluvia, viento] to beat against. - **4.** [derribar] to knock down. - **5.** [explorar] to comb, to search; **los hombres batían el campo** the men searched the countryside. - **6.** NUMISMÁTICA to mint. - **7.** *Amér* [ropa] to rinse. - **8.** *Amér* [denunciar] to report, to turn in. ◇ *vi* [suj: sol, lluvia] to beat down.
◆ **batirse** *vpr* [luchar] to fight.

batiscafo *m* bathyscaphe.

batista *f* batiste, cambric.

baturro, rra ◇ *adj* Aragonese. ◇ *m, f* Aragonese peasant.

batuta *f* baton; **llevar la** ~ *fig* to call the tune.

baúl *m* - **1.** [cofre] trunk. - **2.** *Amér* [maletero] boot *Br*, trunk *Am*.

bauprés *(pl* **baupreses)** *m* bowsprit.

bausa *f* *Amér* laziness, idleness.

bausán, ana ◇ *adj* lazy, idle. ◇ *m, f* mannequin, dummy.

bautismal *adj* baptismal.

bautismo *m* baptism.

bautista *adj & mf* RELIG Baptist.
◆ **Bautista** *m* RELIG: **el Bautista** John the Baptist.

bautisterio *m* baptistry, baptistery.

bautizar [13] *vt* - **1.** RELIG to baptize, to christen. - **2.** *fig* [denominar, poner mote] to christen. - **3.** *fam fig* [aguar] to dilute. - **4.** [mojar] to drench, to soak.

bautizo *m* - **1.** RELIG baptism, christening. - **2.** [fiesta] christening party.

bauxita *f* bauxite.

baya ◇ *adj f* → **bayo**. ◇ *f* - **1.** BOT berry. - **2.** *Amér* [molusco] mussel. - **3.** *Amér* [licor] chicha.

bayadera *f* *Indian female dancer and singer*.

bayal ◇ *adj* - **1.** BOT long-stemmed. - **2.** TEXTIL cambric-like. ◇ *m* lever used to lift millstones.

bayeta ◇ *f* - **1.** [tejido] flannel. - **2.** [para fregar] cloth; ~ **de gamuza** chamois. ◇ *adj Amér fig* [hombre] weak.

bayo, ya *adj* bay.
◆ **bayo** *m* - **1.** [caballo] bay (horse). - **2.** [mariposa] silkworm butterfly. - **3.** *Amér* [para féretro] bier.

bayoneta *f* bayonet.

bayonetazo *m* - **1.** [golpe] bayonet thrust. - **2.** [herida] bayonet wound.

baza *f* - **1.** [en naipes] trick. - **2.** [ventaja] advantage. - **3.** *loc:* **meter** ~ **en algo** to butt in on sthg; **no pude meter** ~ **(en la conversación)** I couldn't get a word in edgeways.

bazar *m* bazaar.

bazo *m* ANAT spleen.

bazofia *f* - **1.** [comida] pigswill *(U)*. - **2.** *fig* [libro, película etc] rubbish *(U)*.

bazuca, bazooka *m* bazooka.

bazucar [10], **bazuquear** *vt* to shake.

bazuque *etc v* → **bazucar**.

bazuquear *vt* = **bazucar**.

be *f*: ~ **por** ~ *fig* down to the last detail; **tener las tres** ~**s** *fig* to have everything, to be perfect.

beagle *m* beagle.

bearnesa *adj* → **salsa**.

beatería *f* devoutness.

beatificación *f* beatification.

beatificar [10] *vt* - **1.** [venerar] to beatify. - **2.** *Amér* [administrar sacramento] to give extreme unction o the last rites to.

beatífico, ca *adj* beatific, beatifical.

beatitud *f* - **1.** [bienaventuranza] beatitude. - **2.** *fam* [alegría] happiness, bliss.

beatnik ['bitnik] *m* beatnik.

beato, ta ◇ *adj* - **1.** [beatificado] blessed. - **2.** [piadoso] devout. - **3.** *fig* [santurrón] sanctimonious. - **4.** *fam* [alegre] blissful, joyful. ◇ *m, f* - **1.** RELIG beatified person. - **2.** [piadoso] devout person. - **3.** *fig* [santurrón] sanctimonious person.

beba *f Amér fam* little girl.

bebé (*pl* **bebés**) *m* - **1.** [niño] baby; ~ **probeta** test-tube baby. - **2.** *mfam* [muñeco] babe, doll.

bebedero, ra *adj* drinkable.

◆ **bebedero** *m* - **1.** [de jaula] water dish. - **2.** [abrevadero] drinking trough. - **3.** [de vasija] lip, spout. - **4.** *Amér* [bar] refreshment stand.

◆ **bebedera** *f Amér* drinking bout.

bebedizo, za *adj* drinkable.

◆ **bebedizo** *m* - **1.** [brebaje] potion; [de amor] love potion; [mágico] magic philtre. - **2.** [veneno] poison.

bebedor, ra *m, f* [borrachín] heavy drinker.

beber ◇ *vt* - **1.** [líquido] to drink. - **2.** *fig* [absorber - palabras, consejos] to lap up; [- sabiduría, información] to draw, to acquire. ◇ *vi* - **1.** [tomar líquido] to drink. - **2.** *fig* [emborracharse] to drink (heavily); **bebía desde los doce años y acabó alcoholizado** he started drinking when he was twelve and became an alcoholic. - **3.** [brindar]: ~ **a** o **por** to drink to; **¡bebamos por nuestra amistad!** let's drink to our friendship.

bebible *adj fam* drinkable.

bebida *f* - **1.** [líquido] drink; ~ **alcohólica** alcohol *(U)*, liquor *(U)*; ~ **blanca** *Amér* spirits *(pl)*. - **2.** [vicio] drink, drinking; **darse** o **entregarse a la** ~ to take to the bottle; **tener mala** ~ to turn nasty when drinking. - **3.** *Amér* [poción medicinal] potion, concoction.

bebido, da *adj* drunk.

bebistrajo *m fam* concoction, brew.

bebito, ta *m, f Amér* little baby.

bebop, be-bop [bi'boß] *m* bebop.

beborrotear *vi fam* to sip.

beca *f* - **1.** [del gobierno] grant; [de organización privada] scholarship; ~ **de investigación** research grant. - **2.** *desus* [prenda] tippet, hood.

becar [10] *vt* [suj: gobierno] to award a grant to; [suj: organización privada] to award a scholarship to.

becario, ria *m, f* [del gobierno] grant holder; [de organización privada] scholarship holder.

becerrada *f* bullfight with young bulls.

becerro, rra *m, f* - **1.** [animal] calf; ~ **marino** seal. - **2.** [piel] calf-skin. - **3.** *desus* [libro] register, cartulary.

◆ **becerra** *f* [planta] snapdragon.

◆ **becerro de oro** *m fig* golden calf.

bechamel [betʃa'mel], **besamel** *f* béchamel sauce.

becuadro *m* MÚS natural sign.

bedel *m* janitor.

beduino, na *adj & m, f* Bedouin.

befa *f* jeer; **hacer** ~ **de** to jeer at.

befo, fa *adj* - **1.** [de labios gruesos] thick-lipped. - **2.** [zambo] knock-kneed.

◆ **befo** *m* thick lower lip.

begonia *f* begonia.

BEI (*abrev de* **Banco Europeo de Inversiones**) *m* EIB.

beige [beiʃ] *adj inv & m inv* beige.

Beirut *s* Beirut.

béisbol *m* baseball.

bejuco *m* rattan.

bel *m* FÍS bel.

bel canto *m inv* bel canto.

Belcebú *m* BIBLIA Beelzebub.

beldad *f culto* fairness, beauty.

belén *m* - **1.** [de Navidad] crib, Nativity scene. - **2.** *fam* [desorden] bedlam *(U)*. - **3.** *(gen pl) fig* [embrollo] mess *(U)*. - **4.** *loc*: **estar en belenes** to daydream; **meterse en belenes** *fam* to get mixed up in trouble.

Belén *s* BIBLIA Bethlehem.

belfo, fa *adj* thick-lipped.

◆ **belfo** *m* horse's lip.

belga *adj & mf* Belgian.

Bélgica *s* Belgium.

Belgrado *s* Belgrade.

Belice *s* Belize.

beliceño, ña *adj & m, f* Belizean.

belicismo *m* warmongering.

belicista ◇ *adj* belligerent. ◇ *mf* warmonger.

bélico, ca *adj* - **1.** [gen] war *(antes de sust)*. - **2.** [actitud] bellicose, warlike.

belicosidad *f* bellicosity.

belicoso, sa *adj* - **1.** [guerrero] bellicose. - **2.** *fig* [agresivo] aggressive.

beligerancia *f* belligerence.

beligerante *adj & mf* belligerent.

belio *m* FÍS bel.

bellaco, ca ◇ *adj* - **1.** [pícaro] roguish. - **2.** *Amér* [caballo] spirited, hard to control. - **3.** *Amér* [valiente] brave. ◇ *m, f* villain, scoundrel.

belladona *f* belladonna, deadly nightshade.

bellamente *adv* beautifully, gracefully.

bellaquear *vi* - **1.** [trampear] to cheat. - **2.** *Amér* [caballo] to buck, to rear. - **3.** *Amér* [resistirse] to resist.

bellaquería *f* - **1.** [maldad] wickedness, roguery. - **2.** [trampa] sly trick.

belleza *f* beauty.

bello, lla *adj* - **1.** [hermoso] beautiful. - **2.** [bueno] fine, noble.

bellota *f* - **1.** [fruto] acorn. - **2.** [de clavel] carnation bud. - **3.** [adorno] tassel, pompom.

bellotear *vi* to feed on acorns.

bellotero, ra *m, f* - **1.** [cosechador] acorn gatherer. - **2.** [vendedor] acorn seller.

◆ **bellotera** *f* acorn harvest.

Belmopan *s* Belmopan.

bemba *f*, **bembo** *m Amér* - **1.** [boca] muzzle, snout. - **2.** *despec* [labio] thick lips *(pl)*. - **3.** [tonto] fool, idiot.

bembón, ona, bembudo, da *adj Amér despec* thick-lipped.

bemol ◇ *adj* flat. ◇ *m* MÚS flat; **doble** ~ double flat; **tener (muchos)** ~**es** [ser difícil] to be tricky; [tener valor] to have guts; [ser un abuso] to be a bit rich o much.

bemolado, da *adj* MÚS flatted.

benceno *m* benzene.

bencina f benzine.

bendecir [66] vt - **1.** [suj: sacerdote] to bless. - **2.** [ensalzar] to praise, to extol. - **3.** [agradecer] to bless.

bendición f blessing; ~ **de la mesa** grace ❏ **echar la** ~ **a** [bendecir] to give one's blessing to; fam [renunciar] to give up on; **ser una** ~ fam to be marvellous.

◆ **bendiciones** fpl [boda] wedding (sg).

bendiga, bendijera etc v → **bendecir**.

bendito, ta ◇ adj - **1.** [santo] holy; [alma] blessed; ¡~ **sea Dios!** fam fig thank goodness! - **2.** [dichoso] lucky. - **3.** [para enfatizar] damned. - **4.** fam [tonto] simple, simple-minded. ◇ m, f simple soul; **dormir como un** ~ to sleep like a baby.

◆ **bendito** m - **1.** [oración] prayer. - **2.** Amér [hornacina] niche. - **3.** Amér [sacerdote] local priest.

benedictino, na adj & m, f Benedictine.

◆ **benedictino** m [licor] Benedictine®.

benefactor, ra ◇ adj beneficent. ◇ m, f benefactor (f benefactress).

beneficencia f charity.

beneficiador, ra ◇ adj beneficial. ◇ m, f benefactor.

beneficiar [8] ◇ vt - **1.** [mejorar] to benefit. - **2.** [tierra] to cultivate. - **3.** [mina] to develop, to work. - **4.** Amér [res] to slaughter. ◇ vi to be of benefit.

◆ **beneficiarse** vpr to benefit; ~**se de algo** to do well out of sthg.

beneficiario, ria m, f [gen] beneficiary; [de cheque] payee; [de patente] patentee.

beneficio m - **1.** [bien] benefit; **a** ~ **de** [gala, concierto] in aid of; **en** ~ **de** for the good of; **en** ~ **de todos** in everyone's interest; **en** ~ **propio** for one's own good. - **2.** [ganancia] profit; **reportar un** ~ to bring profit ❏ ~ **bruto/neto** gross/net profit. - **3.** Amér [de res] slaughter. - **4.** Amér [abono] fertilizer.

beneficioso, sa adj: ~ **(para)** beneficial (to).

benéfico, ca adj - **1.** [favorable] beneficial. - **2.** [rifa, función] charity (antes de sust); [organización] charitable.

Benelux (abrev de **België-Nederland-Luxembourg**) m: **el** ~ Benelux.

Benemérita f: **la** ~ another name for the 'Guardia Civil'.

benemérito, ta adj worthy.

beneplácito m consent.

benevolencia f benevolence.

benevolente, benévolo, la adj benevolent.

bengala f - **1.** [para pedir ayuda, iluminar etc] flare. - **2.** [para fiestas etc] sparkler. - **3.** [caña] cane.

Bengala s → **golfo**.

bengalí (pl **bengalíes**) adj & mf Bengali.

benignidad f benign nature.

benigno, na adj - **1.** [gen] benign. - **2.** [clima, temperatura] mild.

Benin s Benin.

benjamín, ina m, f youngest child.

benjuí (pl **benjuís** o **benjuíes**) m benzoin, benjamin.

benzoato m QUÍM benzoate.

benzol m benzol.

beodo, da adj & m, f drunk.

beque¹ etc v → **becar**.

beque² m - **1.** [NÁUT - de proa] figurehead; [- retrete] crew's latrines (pl). - **2.** Amér [orinal] toilet.

berberecho m cockle.

bereber (pl **bereberes**), **beréber** (pl **beréberes**) adj, mf & m Berber.

berenjena f aubergine Br, eggplant Am.

berenjenal m fam [enredo] mess; **meterse en un** ~ to get o.s. into a right mess.

bergamota f [planta] bergamot.

bergante m scoundrel, rascal.

bergantín m - **1.** [buque] brigantine. - **2.** Amér [ojo morado] black eye.

beriberi m beriberi.

berilio m beryllium.

Bering s → **mar**.

berkelio m QUÍM berkelium.

Berlín s Berlin.

berlina f four-door saloon; **poner a alguien en** ~ fig to make sb look stupid.

berlinga f - **1.** METAL clothesline pole. - **2.** NÁUT round timber.

berma f berm.

bermejear vi to be reddish.

bermejo, ja adj reddish.

bermellón adj inv & m vermilion.

bermuda f [planta] Bermuda grass.

bermudas fpl Bermuda shorts.

Berna s Berne.

bernardo, da adj & m, f Bernardine.

bernegal m - **1.** [taza] cup with scalloped edge. - **2.** Amér [tinaja] clay jug.

bernia ◇ f [tejido] rough woollen cloth. ◇ mf Amér [haragán] loafer, idler.

berra f [planta] watercress.

berrear vi - **1.** [animal] to bellow. - **2.** [persona] to howl. - **3.** [cantar mal] to sing off-key o out of tune.

berreo m tantrum, fit of rage.

berrido m - **1.** [del becerro] bellow, bellowing (U). - **2.** [de persona] howl, howling (U).

berrín m hothead.

berrinche m - **1.** fam [enfado] tantrum; **coger** o **agarrarse un** ~ to throw a tantrum. - **2.** Amér [disputa] dispute, argument.

berrizal m watercress bed.

berro m watercress.

berrocal m craggy o rocky place.

berrueco m - **1.** [roca] granite rock. - **2.** [tumor ocular] eye tumour.

bertsolari m in Basque culture, poet who extemporizes poems at gatherings and literary competitions.

berza f cabbage; **mezclar** ~**s con capachos** fam fig to bring in irrelevant details.

berzotas mf inv fam thickhead.

besamel f = **bechamel**.

besar vt - **1.** [con labios] to kiss. - **2.** [rozar] to graze, to touch.

◆ **besarse** vpr to kiss.

beso m - **1.** [acción] kiss; **comerse a** ~**s a alguien** to smother sb with kisses; **tirar un** ~ to blow a kiss ❏ ~ **de Judas** Judas' kiss. - **2.** [roce] brush.

bestia ◇ f [animal] beast; ~ **de albarda** pack animal; ~ **de carga** beast of burden. ◇ mf - **1.** [ignorante, torpe] brute. - **2.** [maleducado] rude person. ◇ adj - **1.** [ignorante] thick, stupid. - **2.** [torpe] clumsy. - **3.** [maleducado] rude.

◆ **a lo bestia** loc adv: **gritar a lo** ~ to shout like mad; **divertirse a lo** ~ to have a brilliant time.

◆ **gran bestia** f tapir.

bestiaje m beasts of burden (pl).

bestial adj - **1.** [brutal] animal, brutal; [apetito] tremendous. - **2.** fam [formidable] terrific.

bestialidad f - **1.** [brutalidad] brutality. - **2.** fam [tontería] rubbish (U), nonsense (U). - **3.** fam [montón]: **una** ~ **de** tons (pl) o stacks (pl) of.

bestializar [13] vt to bestialize, to brutalize.

◆ **bestializarse** vpr to become bestialized.

bestiario m LITER bestiary.

best-seller [bes'seler] (pl **best-sellers**) m best-seller.

besucador, ra fam ◇ adj fond of kissing. ◇ m, f kisser.

besucar vt = **besuquear**.

besucón, ona fam ◇ adj kissy. ◇ m, f kissy person.

besugo *m* - **1.** [animal] sea bream. - **2.** *fam* [persona] idiot.

besuquear, besucar [10] *vt fam* to smother with kisses.
◆ **besuquearse** *vpr fam* to smooch.

besuqueo *m fam* smooching.

beta *adj* beta *(antes de sust)*.

betarraga, betarrata *f* beetroot *Br*, beet *Am*.

bético, ca *adj* - **1.** [andaluz] Andalusian. - **2.** DEP *of or relating to Real Betis Football Club.*

Betsabé *m* BIBLIA Bathsheba.

betún *m* - **1.** [para calzado] shoe polish. - **2.** QUÍM bitumen; ~ **de Judea** asphalt. - **3.** *Amér* CULIN icing.

betunar, betunear *vt Amér* - **1.** [pulir] to shine, to polish. - **2.** [asfaltar] to tar, to asphalt.

bezo *m* - **1.** [labio] thick lip. - **2.** *fig* [en herida] proud flesh *(U)*.

bezoárido *m* antidote.

bezudo, da *adj* thick-lipped.

biangular *adj* biangular.

bianual *adj* - **1.** [dos veces al año] biannual, twice-yearly. - **2.** [cada dos años] biennial.

biatómico, ca *adj* QUÍM diatomic.

biaza *f* leather saddlebag.

bibásico, ca *adj* QUÍM dibasic.

biberón *m* (baby's) bottle; **dar el** ~ **a** to bottle-feed.

Biblia *f* Bible; **la** ~ **en pasta** *fam fig* too much, a lot; **ser la** ~ **en verso** *fam fig* to be endless.

bíblico, ca *adj* biblical.

bibliófilo, la *m, f* - **1.** [coleccionista] book collector. - **2.** [lector] book lover.

bibliografía *f* bibliography.

bibliográfico, ca *adj* bibliographic.

bibliógrafo, fa *m, f* bibliographer.

bibliología *f* bibliology.

bibliomanía *f* bibliomania.

bibliómano, na *m, f* bibliomaniac.

bibliorato *m Amér* file.

biblioteca *f* - **1.** [gen] library; ~ **ambulante/pública** mobile/public library; ~ **de consulta/de préstamo** reference/lending library. - **2.** [mueble] bookcase.

bibliotecario, ria *m, f* librarian.

biblioteconomía *f* library management.

bicameral *adj* bicameral, two-chamber *(antes de sust)*.

bicarbonatado, da *adj* containing bicarbonate.

bicarbonato *m* - **1.** FARM bicarbonate of soda. - **2.** QUÍM bicarbonate.

bicéfalo, la *adj* bicephalic, bicephalous.

bicentenario *m* bicentenary.

bíceps *m inv* biceps.

bicha *f fam* snake.

bicharraco *m fam* - **1.** [animal] disgusting creature. - **2.** [persona mala] nasty piece of work.

bichero *m* NÁUT boat hook.

bicho *m* - **1.** [animal] beast, animal; [insecto] bug; **las ratas son los** ~**s que más asco me dan** rats are the animal I find most disgusting; **la harina se me llenó de** ~**s** the flour was full of bugs. - **2.** *fam* [persona]: ~ **raro** weirdo; **entre tanta gente con corbata me siento como un** ~ **raro** I feel like the odd man out among all these people in ties; **(mal)** ~ nasty piece of work; **no te fíes de él, es un mal** ~ don't trust him, he's a nasty piece of work; **todo** ~ **viviente** every Tom, Dick or Harry; **todo** ~ **viviente sabe quién escribió 'El Quijote'** every Tom, Dick or Harry knows who wrote 'Don Quijote'. - **3.** [pillo] little terror; **su hermano tiene cara de** ~ her brother looks like a little terror. - **4.** [toro] bull. - **5.** *fig* [persona estrafalaria] freak, odd person. - **6.** *Amér* [envidia] spite, envy; **de puro** ~ out of pure spite. - **7.** *Amér* [mocoso] brat, imp.

bichoco, ca *adj Amér* [caballo] old, decrepit.

bici *f fam* bike.

bicicleta *f* bicycle; **andar** o **ir en** ~ to go by bicycle; **montar en** ~ to ride a bicycle ❏ ~ **de montaña** mountain bike; ~ **estática** exercise bike.

biciclo *m* penny-farthing.

bicípete *adj desus* bicipital.

bicoca *f* - **1.** *fam* [compra, alquiler] bargain; [trabajo] cushy number. - **2.** *Amér* [casquete] skullcap. - **3.** *Amér* [capirotazo] slap. - **4.** *loc*: **por una** ~ for a song.

bicolor *adj* two-coloured.

bicóncavo, va *adj* biconcave.

biconvexo, xa *adj* biconvex.

bicorne *adj* bicorn.

bicornio *m* two-cornered hat.

bicromático, ca *adj* dichromatic, two-coloured.

bicromía *f* print in two colours.

bicúspide *adj* bicuspid.

Bidasoa *m*: **el** ~ the Bidasoa.

bidé *m* bidet.

bidente *culto* ◇ *adj* bidentate. ◇ *m* two-pronged pitchfork.

bidimensional *adj* two-dimensional.

bidón *m* [de metal] drum *(for oil etc)*; [pequeño] can, canister; [de plástico] (large) bottle.

biela *f* connecting rod.

bieldar *vt* AGR to winnow.

bieldo *m* AGR winnowing fork.

Bielorrusia *s* Belorussia.

bielorruso, sa *adj & m, f* Belorussian.
◆ **bielorruso** *m* [lengua] Belorussian.

bien ◇ *adv* - **1.** [como es debido, adecuado] well; **has hecho** ~ you did the right thing; **habla inglés** ~ she speaks English well; **cierra** ~ **la puerta** shut the door properly; **hiciste** ~ **en decírmelo** you were right to tell me. - **2.** [expresa opinión favorable]: **estar** ~ [de aspecto] to be nice; [de salud] to be o feel well; [de calidad] to be good; [de comodidad] to be comfortable; **está** ~ **que te vayas, pero antes despídete** it's all right for you to go, but say goodbye first; **oler** ~ to smell nice; **pasarlo** ~ to have a good time; **sentar** ~ **a alguien** [ropa] to suit sb; [comida] to agree with sb; [comentario] to please sb. - **3.** [muy, bastante] very; **hoy me he levantado** ~ **temprano** I got up nice and early today; **quiero un vaso de agua** ~ **fría** I'd like a nice cold glass of water. - **4.** [vale, de acuerdo] all right, OK; **¿nos vamos? -** ~ shall we go? - all right o OK. - **5.** [de buena gana, fácilmente] quite happily; **ella** ~ **que lo haría, pero no la dejan** she'd be happy to do it, but they won't let her. - **6.** *loc*: **¡**~ **por...!** three cheers for...! **¡está** ~**!** [bueno, vale] all right then!; [es suficiente] that's enough; **¡ya está** ~**!** that's enough!; **estar a** ~ **con alguien** to be on good terms with sb; **¡muy** ~**!** very good!, excellent!; **¡pues (sí que) estamos** ~**!** that's all we needed!; **tener a** ~ **hacer algo** to be good enough to do sthg. ◇ *adj inv* [adinerado] well-to-do. ◇ *conj*: ~ **...** ~ either... or; **dáselo** ~ **a mi hermano,** ~ **a mi padre** either give it to my brother or my father. ◇ *m* good; **el** ~ **y el mal** good and evil; **hacer el** ~ to do good (deeds) ❏ **por el** ~ **de** for the sake of; **lo hice por tu** ~ I did it for your own good.
◆ **bienes** *mpl* - **1.** [patrimonio] property *(U)*; ~**es gananciales** shared possessions; ~**es inmuebles** o **raíces** real estate *(U)*; ~**es muebles** personal property *(U)*. - **2.** [productos] goods; ~**es de capital** capital goods o assets; ~**es de consumo** consumer goods; ~**es de equipo** capital goods; ~**es de producción** industrial goods.
◆ **más bien** *loc adv* rather; **no estoy contento, más** ~ **sorprendido** I'm not so much happy as stunned.
◆ **no bien** *loc adv* no sooner, as soon as; **no** ~ **me había marchado cuando empezaron a...** no sooner had I gone than they started...
◆ **si bien** *loc conj* although, even though.

bienal ◇ *adj* biennial. ◇ *f* biennial exhibition.

bienandante *adj* happy, fortunate.

bienandanza *f* good fortune, prosperity.

bienaventurado, da ◇ *adj* - **1.** RELIG blessed. - **2.** [afortunado] fortunate, lucky. - **3.** [cándido] simple, naive. ◇ *m, f* - **1.** RELIG blessed person. - **2.** [afortunado] fortunate o lucky person. - **3.** [cándido] simpleton, naive person.

bienaventuranza *f* - **1.** RELIG divine vision. - **2.** [felicidad] happiness.
◆ **bienaventuranzas** *fpl* RELIG Beatitudes.

bienestar *m* - **1.** [económico] wellbeing. - **2.** [físico] comfort.

bienhablado, da *adj* well-spoken.

bienhadado, da *adj culto* lucky, fortunate.

bienhechor, ra ◇ *adj* beneficial. ◇ *m, f* benefactor (*f* benefactress).

bienintencionado, da *adj* well-intentioned.

bienio *m* - **1.** [periodo] two years (*pl*). - **2.** [aumento de sueldo] two-yearly increment.

bienmandado, da *adj* obedient, well-behaved.

bienquerencia *f*, **bienquerer** *m* goodwill.

bienquerer [67] *vt* to like, to be fond of.

bienvenido, da ◇ *adj* welcome; **en aquel pueblo los forasteros siempre eran** ~**s** strangers were always welcome in that town. ◇ *interj* welcome!; ¡~ **a casa!** welcome home!
◆ **bienvenida** *f* welcome; **dar la bienvenida a alguien** to welcome sb.

bienvivir *vi* - **1.** [con holgura] to live comfortably. - **2.** [con honestidad] to live an honest life.

bies *m inv* bias binding; **al** ~ [costura] on the bias; [sombrero etc] at an angle.

bifásico, ca *adj* two-phase (*antes de sust*).

bife *m Amér* - **1.** [bistec] steak. - **2.** *fam* [guantazo] slap.

bífero, ra *adj* BOT bearing fruit twice a year.

bífido, da *adj* forked.

bifocal *adj* bifocal.

biforme *adj* biform.

bíforo, ra *adj* having two doors or entrances.

bifronte *adj* having two faces.

biftec *m* = **bistec**.

bifurcación *f* fork.

bifurcado, da *adj* forked.

bifurcarse [10] *vpr* to fork.

bigamia *f* bigamy.

bígamo, ma ◇ *adj* bigamous. ◇ *m, f* bigamist.

bigardear *vi fam* to wander, to roam.

bigardo, da, **bigardón, ona** ◇ *adj* - **1.** [vagabundo] idle, lazy. - **2.** [libertino] libertine, licentious. ◇ *m, f* - **1.** [vagabundo] idler, loafer. - **2.** [libertino] libertine.

bígaro *m* winkle.

bigarrado, da *adj* = **abigarrado**.

big bang [biɣ'ban] (*pl* **big bangs**) *m* big bang.

bigote *m* - **1.** [del labio] moustache; ~ **retorcido** handlebar moustache; ~**s de foca** walrus moustache (*sg*); **de** ~**s** *fig* fantastic; **tener** ~**s**, **ser hombre de** ~**s** *fig* to be firm o stern. - **2.** *Amér* [de comer] croquette.

bigotera *f* - **1.** [para cubrir] moustache cover. - **2.** *fam fig* [después de beber] moustache. - **3.** [compás] bow compass.

bigotudo, da *adj* with a big moustache.

bigudí (*pl* **bigudís** o **bigudíes**) *m* curler.

bija *f* - **1.** [planta] annatto. - **2.** [tintura] annatto (dye).

bikini *m* = **biquini**.

bilabiado, da *adj* BOT bilabiate.

bilabial *adj & f* LING bilabial.

bilateral *adj* bilateral.

bilbaíno, na ◇ *adj* of/relating to Bilbao. ◇ *m, f* native/inhabitant of Bilbao.

Bilbao, Bilbo *s* Bilbao.

biliar, biliario, ria *adj* bile (*antes de sust*).

bilingüe *adj* bilingual.

bilingüismo *m* bilingualism.

bilioso, sa *adj lit & fig* bilious.

bilirrubina *f* bilirubin.

bilis *f inv lit & fig* bile; **descargar la** ~ *fig* to vent one's spleen; **se le exaltó la** ~ *fig* she got annoyed o angry; **tragar** ~ *fig* to bite one's tongue.

billar *m* - **1.** [juego] billiards (*U*); ~ **americano** ≃ pool; ~ **romano** bar billiards. - **2.** [mesa] billiard table. - **3.** [sala] billiard hall.

billete *m* - **1.** [dinero] note *Br*, bill *Am*; ~ **de banco** banknote. - **2.** [de rifa, transporte etc] ticket; **'no hay** ~**s'** TEATRO 'sold out' □ ~ **de andén** platform ticket; ~ **de ida** single *Br*, one-way ticket *Am*; ~ **de ida y vuelta** return (ticket) *Br*, round-trip (ticket) *Am*; ~ **de vuelta** return (ticket); ~ **kilométrico** ticket to travel a set distance; ~ **sencillo** single (ticket) *Br*, one-way (ticket) *Am*; **medio** ~ half fare. - **3.** [de lotería] lottery ticket. - **4.** [carta] note, short letter.

billetera *f*, **billetero** *m* - **1.** [cartera] wallet. - **2.** *Amér* [lotero] lottery ticket vendor.

billón *núm* billion *Br*, trillion *Am*; *ver también* **seis**.

billonésimo, ma *adj* billionth *Br*, trillionth *Am*; *ver también* **sexto**.
◆ **billonésimo** *m* billionth *Br*, trillionth *Am*.

bilobulado, da *adj* bilobate.

bilocación *f* RELIG bilocation.

bilocarse [10] *vpr* - **1.** RELIG to be in two places at once. - **2.** *Amér* [chiflarse] to go crazy.

biloque *etc v* → **bilocarse**.

bimensual *adj* twice-monthly.

bimestral *adj* two-monthly.

bimestre ◇ *adj* bimonthly. ◇ *m* - **1.** [periodo] two months (*pl*). - **2.** [pago] bimonthly payment.

bimetalismo *m* ECON bimetallism.

bimotor ◇ *adj* twin-engine (*antes de sust*). ◇ *m* twin-engined plane.

bina *f* AGR second ploughing.

binador, ra *m, f* AGR - **1.** [persona] plougher. - **2.** [herramienta] hoe.

binar ◇ *vt* AGR to plough a second time. ◇ *vi* RELIG to celebrate two masses on the same day.

binario, ria *adj* [gen & INFORM] binary.

bincha *f* = **vincha**.

bingo *m* - **1.** [juego] bingo. - **2.** [sala] bingo hall. - **3.** [premio] (full) house.

binguero, ra ◇ *adj* fond of bingo. ◇ *m, f* bingo caller.

binocular *adj* binocular.

binoculares *mpl* binoculars; TEATRO opera glasses.

binóculo *m* pince-nez.

binomio *m* - **1.** MAT binomial; ~ **de Newton** binomial theorem. - **2.** *fig* [de personas] duo.

biodegradable *adj* biodegradable.

biodinámica *f* biodynamics (*U*).

biodiversidad *f* biodiversity.

biofeedback [bio'fidbak] *m inv* PSICOL biofeedback.

biofísico, ca *adj* biophysical.
◆ **biofísica** *f* biophysics (*U*).

biogenético, ca *adj* genetic.
◆ **biogenética** *f* genetics (*U*).

biografía *f* biography.

biografiar [9] *vt* to write the biography of.

biográfico, ca *adj* biographical.

biógrafo, fa *m, f* [persona] biographer.
◆ **biógrafo** *m Amér* [cine] cinema.

bioingeniería *f* bioengineering.

biología *f* biology.

biológico, ca *adj* biological.

biólogo, ga *m, f* biologist.

biomasa *f* biomass.

biombo *m* (folding) screen.

biomecánica *f* biomechanics *(U)*.

biometría *f* biometry.

biónico, ca *adj* bionic.

biopsia *f* biopsy.

bioquímico, ca ◇ *adj* biochemical. ◇ *m, f* [persona] biochemist.

◆ **bioquímica** *f* [ciencia] biochemistry.

biorritmo *m* biorhythm.

biosfera *f* biosphere.

biosíntesis *f inv* BIOL biosynthesis.

bioterapia *f* biotherapy.

biotipo *m* biotype.

bióxido *m* dioxide; ~ **de carbono** carbon dioxide.

bipartidismo *m* two-party system.

bipartidista *adj* two-party *(antes de sust)*.

bipartito, ta, **bipartido, da** *adj* bipartite.

bípedo, da, **bípede** *adj* biped.

biplano *m* biplane.

biplaza ◇ *adj* two-seater *(antes de sust)*. ◇ *m* twoseater.

bipolar *adj* bipolar.

biquini, bikini *m* [bañador] bikini.

birimbao *m* MÚS Jew's harp.

birlar *vt* - **1.** *fam* [robar] to pinch, to swipe. - **2.** *fig* [derribar] to kill o knock down with one blow.

birlibirloque *m* → **arte**.

birlocha *f* kite.

birlocho *m* four-wheeled carriage.

Birmania *s* Burma.

birmano, na *adj & m, f* Burmese.

◆ **birmano** *m* [lengua] Burmese.

birome *m o f Amér* biro.

birra *f mfam* beer.

birreactor, ra *adj* twin-jet *(antes de sust)*.

◆ **birreactor** *m* twin-jet aircraft.

birreta *f* biretta.

birrete *m* - **1.** [de clérigo] biretta. - **2.** [de catedrático] mortarboard. - **3.** [de abogados, jueces] *cap worn by judges and lawyers*.

birria *f fam* - **1.** [fealdad - persona] sight, fright; [- cosa] monstrosity. - **2.** [cosa sin valor] rubbish *(U)*; **jugar de** ~ *Amér fig* to play half-heartedly.

bis (*pl* **bises**) ◇ *adj inv*: **viven en el 150** ~ they live at 150a. ◇ *m* encore. ◇ *adv* MÚS [para repetir] bis.

bisabuelo, la *m, f* great-grandfather (*f* greatgrandmother); ~**s** great-grandparents.

bisagra *f* hinge.

bisanuo, a *adj* BOT biennial.

bisbisar, bisbisear *vt fam* to mutter.

bisbiseo *m* muttering.

bisecar [10] *vt* GEOM to bisect.

bisección *f* bisection.

bisector, triz *adj* GEOM bisecting.

bisectriz (*pl* **bisectrices**) *f* bisector.

bisel *m* bevel.

biselado *m* bevelling.

biselar *vt* to bevel.

bisemanal *adj* twice-weekly.

biseque *etc v* → **bisecar**.

bisexual *adj & mf* bisexual.

bisiesto → **año**.

bisílabo, ba, **bisilábico, ca** *adj* two-syllabled.

bismutita *f* bismutite.

bismuto *m* QUÍM bismuth.

bisnieto, ta, **biznieto, ta** *m, f* great-grandchild, great-grandson (*f* great-granddaughter).

bisojo, ja ◇ *adj* cross-eyed. ◇ *m, f* cross-eyed person.

bisonte *m* bison.

bisoñada, bisoñería *f fam fig* novice's mistake.

bisoñé *m* toupee.

bisoñería *f* = **bisoñada**.

bisoño, ña ◇ *adj* inexperienced, green. ◇ *m, f* - **1.** [persona inexperta] novice. - **2.** [soldado nuevo] recruit.

bistec (*pl* **bistecs**), **biftec** (*pl* **biftecs**) *m* steak; ~ **a la rusa** *fried cutlet of minced beef, chopped pork, ham and onion*; ~ **tártaro** steak tartare.

bisturí (*pl* **bisturíes**) *m* scalpel.

bisutería *f* imitation jewellery.

bit [bit] (*pl* **bits**) *m* INFORM bit.

bita *f* NÁUT bitt.

bitácora *f* binnacle.

bíter, bitter *m* bitters *(U)*.

bitoque *m* - **1.** [de tonel] bung, plug. - **2.** *Amér* [grifo] tap *Br*, faucet *Am*. - **3.** *Amér* [de jeringa] cannula. - **4.** *Amér* [cloaca] sewer.

bituminoso, sa *adj* bituminous.

Bizancio *s* Byzantium.

bizantino, na ◇ *adj* - **1.** HIST Byzantine. - **2.** [discusión, razonamiento] hair-splitting. ◇ *m, f* Byzantine.

bizarrear *vi* - **1.** [ser valiente] to act bravely. - **2.** [ser generoso] to act generously.

bizarría *f* - **1.** [valor] bravery. - **2.** [generosidad] generosity.

bizarro, rra *adj* - **1.** [valiente] brave, valiant. - **2.** [generoso] generous.

bizaza *f* saddlebag.

bizco, ca ◇ *adj* cross-eyed. ◇ *m, f* cross-eyed person; **dejar a alguien** ~ *fig* to dumbfound sb, to flabbergast sb; **quedarse** ~ *fig* to be dumbfounded o flabbergasted.

bizcocho ◇ *m* - **1.** [de repostería] sponge; ~ **borracho** *sponge soaked in alcohol*, ≈ rum baba. - **2.** [de yeso] bisque, biscuit. - **3.** *loc*: **embarcarse con poco** ~ to set out unprepared. ◇ *adj Amér* - **1.** [de poca calidad] poor-quality. - **2.** *fig* [cobarde] cowardly.

bizcotela *f* iced sponge cake.

bizma *f* poultice.

biznieto, ta *m, f* = **bisnieto**.

bizquear *vi* to squint.

bizquera *f* squint.

blablablá *m inv fam* blah, blahblah.

Blancanieves *f* Snow White.

blanco, ca ◇ *adj* - **1.** [gen] white. - **2.** *fig & desus* [cobarde] yellow, chicken. ◇ *m, f* - **1.** [de raza blanca] white (person). - **2.** *fig & desus* [cobarde] yellow, belly chicken.

◆ **blanco** *m* - **1.** [color] white; **calentar al** ~ to make white-hot. - **2.** [diana] target; ~ **fácil** sitting duck; **dar en el** ~ DEP & MIL to hit the target; *fig* to hit the nail on the head; **la campaña publicitaria dio en el** ~ the advertising campaign really struck a chord. - **3.** *fig* [objetivo] target; [de miradas] object; **el actor se convirtió en el** ~ **de la crítica** the actor became the target of much criticism. - **4.** [espacio vacío] blank (space); **ha dejado muchos** ~**s en el examen** she left a lot of things blank in the exam. - **5.** *desus* TEATRO interval. - **6.** *Amér* [formulario] blank form.

◆ **blanca** *f* - **1.** MÚS minim. - **2.** NUMISMÁTICA *old Spanish coin*; **estar o quedarse sin blanca** *fig* to be flat broke. - **3.** [en ajedrez, damas etc] white (piece); **la blanca doble** [en dominó] double blank.

◆ **en blanco** *loc adv* - **1.** [gen] blank; **quedarse en** ~ [no comprender] not to understand a word; [no recordar nada] to be unable to remember a thing; **se quedó con la mente en** ~ his mind went blank. - **2.** [sin dormir]: **una noche en** ~ a sleepless night.

◆ **blanco del ojo** *m* white of the eye.

◆ **blanco (de) España** *m* whiting.
blancura *f*, **blancor** *m* whiteness.
blancuzco, ca *adj* off-white.
blandear ◇ *vi* [ceder] to soften, to yield. ◇ *vt* [convencer] to convince.
blandengue *adj despec* weak.
blandiente *adj* brandishing, waving.
blandir [78] *vt* to brandish.
blando, da *adj* - **1.** [gen] soft; [carne] tender. - **2.** *fig* [persona - débil] weak; [- indulgente] lenient, soft; [- amable] gentle, kind; **es demasiado ~ con sus hijos** he's too lenient with his children.
blandón *m* - **1.** [de cera] large wax candle. - **2.** [candelero] candlestick.
blandura *f* - **1.** [gen] softness; [de carne] tenderness. - **2.** *fig* [debilidad] weakness; [indulgencia] leniency; [amabilidad] gentleness, kidness.
blanduzco, ca *adj fam* softish.
blanqueado *m* = **blanqueo**.
blanqueador, ra *adj* - **1.** [de ropa] whitening *(antes de sust)*; [con lejía] bleaching. - **2.** [con cal] white washing.
◆ **blanqueador** *m* - **1.** [de ropa] whitener; [con lejía] bleacher. - **2.** [con cal] whitewasher.
blanquear ◇ *vt* - **1.** [ropa] to whiten; [con lejía] to bleach. - **2.** [con cal] to whitewash. - **3.** *fig* [dinero] to launder. ◇ *vi* - **1.** [volverse blanco] to turn white. - **2.** [tirar a blanco] to turn whitish, to fade.
blanquecer [30] *vt* - **1.** [metal] to blanch. - **2.** [ropa] to whiten.
blanquecino, na *adj* off-white.
blanqueo *Esp*, **blanqueado** *Amér m* - **1.** [de ropa] whitening; [con lejía] bleaching. - **2.** [encalado] whitewashing. - **3.** *fig* [de dinero] laundering.
blanquillo, lla *adj* [pan] white.
◆ **blanquillo** *m Amér* - **1.** [huevo] egg. - **2.** [melocotón] white peach.
blanquizal, blanquizar *adj* clay pit.
blasfemar *vi* - **1.** RELIG: **~ (contra)** to blaspheme (against). - **2.** [maldecir] to swear, to curse.
blasfematorio, ria *adj* blasphemous.
blasfemia *f* - **1.** RELIG blasphemy. - **2.** [palabrota] curse. - **3.** *fig* [injuria]: **es una ~ hablar así de...** it's sacrilege to talk like that about...
blasfemo, ma ◇ *adj* blasphemous. ◇ *m, f* blasphemer.
blasón *m* - **1.** [escudo] coat of arms. - **2.** [ciencia] heraldry. - **3.** *fig* [orgullo] honour, glory.
blasonado, da *adj* noble, blue-blooded.
blasonar ◇ *vt* [escudo] to emblazon. ◇ *vi* [jactarse] to boast, to brag.
blasonería *f* boasting.
blasonista *mf* heraldry expert.
bledo *m*: **me importa un ~ (lo que diga)** *fam* I don't give a damn (about what he says); **no valer un ~** *fig* not to be worth tuppence, not to matter in the least.
blenda *f* blende.
blenorragia *f* gonorrhoea.
blinda *f* MIL blind.
blindado, da *adj* [gen] armour-plated; [coche] armoured.
blindaje *m* armour-plating; [de coche] armour.
blindar *vt* to armour-plate.
bloc [blok] (*pl* **blocs**) *m* pad; **~ de dibujo** sketchpad; **~ de notas** notepad.
blocao *m* MIL portable blockhouse.
blocar [10] *vt* DEP to block.
blonda *f* - **1.** [encaje] blond lace. - **2.** [para tartas etc] doily.
blondo, da *adj* blond (*f* blonde), fair.
bloomers ['blumers], **blúmers** *mpl Amér* knickers.
bloque[1] *etc v* → **blocar**.

bloque[2] *m* - **1.** [gen & INFORM] block; **~ de pisos** block of flats *Br*, apartment block *Am*. - **2.** POLÍT bloc; **en ~ en masse**; [votación] block *(antes de sust)*. - **3.** MEC cylinder block; **~ del motor** engine block. - **4.** [de papel] pad, notepad.
bloqueador, ra ◇ *adj* - **1.** MIL blockading. - **2.** [que obstruye] blocking, obstructing. ◇ *m, f* MIL blockader.
bloquear *vt* - **1.** [gen & DEP] to block. - **2.** [suj: ejército, barcos] to blockade. - **3.** [suj: nieve, inundación] to cut off. - **4.** FIN to freeze. - **5.** AUTOM to lock.
◆ **bloquearse** *vpr* [persona] to have a mental block.
bloqueo *m* - **1.** [gen & DEP] blocking; **~ mental** mental block. - **2.** ECON & MIL blockade; **violar el ~** to run the blockade. - **3.** FIN freeze, freezing *(U)*. - **4.** AUTOM locking.
blues ['blus] *m inv* MÚS blues.
blúmers *mpl* = **bloomers**.
blusa *f* blouse.
blusón *m* smock.
bluyín *m*, **bluyínes** *mpl Amér* jeans *(pl)*.
BNG *(abrev de* **Bloque Nacionalista Gallego)** *m Galician nationalist party.*
boa ◇ *f* ZOOL boa; **~ constrictor** boa constrictor. ◇ *m* [prenda] (feather) boa.
Boabdil *m* Boabdil.
boardilla *f* = **buhardilla**.
boato *m* show, ostentation.
bobada *f fam*: **decir ~s** to talk nonsense; **hacer ~s** to mess about.
bobalías *mf inv fam* fool, idiot.
bobalicón, ona *fam* ◇ *adj* simple. ◇ *m, f* simpleton.
bobatel *m fam* fool, idiot.
bobear *vi fam* [hacer tonterías] to fool around; [decir tonterías] to talk nonsense.
bobera, bobería *f fam* foolish act o remark.
bóbilis ◆ **de bóbilis bóbilis** *loc adv* - **1.** *fam* [de balde] for free, for nothing. - **2.** [sin trabajar] without lifting a finger.
bobillo *m* - **1.** [jarro] big-bellied jug. - **2.** *desus* [encaje] lace fichu.
bobina *f* - **1.** [gen] reel; [en máquina de coser] bobbin. - **2.** ELECTR coil; **~ de campo** o **de excitación** field coil; **~ de encendido** ignition coil.
bobinar *vt* to wind.
bobo, ba ◇ *adj* - **1.** [tonto] stupid, daft. - **2.** [ingenuo] naive, simple. ◇ *m, f* - **1.** [tonto] fool, idiot. - **2.** [ingenuo] simpleton.
◆ **bobo** *m* - **1.** [de teatro] clown, jester. - **2.** *desus* [adorno] ruff. - **3.** *Amér* [pez] *type of Central American freshwater fish.*
bobón, ona *adj fam* stupid.
bobote, ta *fam* ◇ *adj* stupid. ◇ *m, f* fool, idiot.
bobsleigh [boßs'leix] (*pl* **bobsleighs**) *m* bobsleigh.
boca *f* - **1.** [gen] mouth; **una ~ más para alimentar** one more mouth to feed ❑ **~ de escorpión** *fig* evil tongue. - **2.** [entrada] opening; [de cañón] muzzle; [de alcantarillado] manhole; **~ de incendio** fire hydrant; **~ del estómago** pit of the stomach; **~ de metro** tube o underground entrance *Br*, subway entrance *Am*; **~ de riego** hydrant. - **3.** ZOOL [pinza] pincer. - **4.** [filo] cutting edge. - **5.** [del vino] flavour. - **6.** *Amér* [aperitivo] snack. - **7.** *loc*: **a pedir de ~** perfectly; **fue un éxito, salió todo a pedir de ~** it was a complete success, everything turned out perfectly; **abrir ~** to whet one's appetite; **abrir tanta ~** *Amér* to be amazed; **andar** o **ir de ~ en ~** to be on everyone's lips; **buscar la ~ a alguien** to draw sb out; **¡cállate la ~!** shut up!; **cerrar la ~ a alguien** to make sb shut up; **apareció en público para cerrar la ~ a quienes lo daban por muerto** he appeared in public in order to silence everyone who thought he was dead; **decir (uno) lo que se le viene a la ~** to talk off the top of one's head; **estar en ~ de todos** to be on everyone's lips; **hablar por ~ de ganso** to repeat what one has heard; **irse de la ~** to let the cat out of the bag; **lo**

han detenido porque su cómplice se ha ido de la ~ he has been arrested because his accomplice gave him away; **me lo has quitado de la** ~ you took the words right out of my mouth; **meterse en la** ~ **del lobo** to put one's head into the lion's mouth; **no decir esta** ~ **es mía** not to open one's mouth; **(oscuro) como** ~ **de lobo** pitch-black; **por la** ~ **muere el pez** silence is golden; **quedarse con la** ~ **abierta** to be left speechless; **se me hace la** ~ **agua** it makes my mouth water; **tapar la** ~ **a alguien** to silence sb.
◆ **a boca de jarro** *loc adv* point-blank.
◆ **boca abajo** *loc adv* face down; **no es aconsejable poner a los bebés** ~ **abajo** it's best not to lie babies on their front.
◆ **boca arriba** *loc adv* face up; **ronca más cuando duerme** ~ **arriba** he snores more when he sleeps on his back.
◆ **boca a boca** *m inv* mouth-to-mouth resuscitation.
◆ **boca de dragón** *f* BOT snapdragon.
◆ **boca de fuego** *f* firearm.
bocacalle *f* [entrada] entrance *(to a street)*; [calle] side street; **gire en la tercera** ~ take the third turning.
bocacaz (*pl* **bocacaces**) *m* spillway.
bocacha *f* - **1.** *fam* [boca] bigmouth, blabbermouth. - **2.** [trabuco] blunderbuss.
bocací (*pl* **bocacís** o **bocacíes**) *m* [tela] fine glazed buckram.
bocadillo *m* - **1.** CULIN sandwich. - **2.** [en cómic] speech bubble, balloon. - **3.** [aperitivo] snack, titbit. - **4.** [lienzo] thin linen.
bocado *m* - **1.** [comida] mouthful; **con el** ~ **en la boca** scarcely having finished eating; **no probar** ~ [por estar desganado] not to touch one's food; [no haber podido comer] not to have a bite (to eat) ▢ ~ **de cardenal** choice morsel; **sin hueso** *fam* cushy job; **no tener para un** ~ *fam* to be broke o penniless. - **2.** [mordisco] bite. - **3.** [de caballo] bridle, bit.
◆ **bocados** *mpl* dried fruit *(U)*.
◆ **bocado de Adán** *m* Adam's apple.
bocajarro ◆ **a bocajarro** *loc adv* - **1.** [a quemarropa] point-blank. - **2.** [de improviso] unexpectedly; **se lo dije a** ~ I told him to his face.
bocal *m* jar, jug.
bocallave *f* keyhole.
bocamanga *f* cuff.
bocamina *f* pithead, mine entrance.
bocana *f Amér* mouth *(of river)*.
bocanada *f* [de líquido] mouthful; [de humo] puff; [de viento] gust.
bocata *m fam* sarnie *Br*, sandwich.
bocateja *f* front tile.
bocatijera *f* socket for a carriage pole.
bocatoma *f Amér* sluice *(in an irrigation ditch)*.
bocazas *m y f inv fam despec* big mouth, blabbermouth.
bocear *vi* = **bocezar**.
bocece *etc v* → **bocezar**.
bocel *m* - **1.** [moldura] torus, convex moulding; **cuarto/medio** ~ quarter/half round. - **2.** [herramienta] moulding plane.
bocelar *vt* to emboss.
bocetar *vt* to sketch, to draft.
boceto *m* sketch, rough outline.
bocezar [13], **bocear** *vi* [caballo] to move its lips.
bocha *f* - **1.** [bolo] bowl. - **2.** *Amér mfam* [cabeza] nut, bonce *Br*.
◆ **bochas** *fpl* [juego] bowls *(U)*.
bochar *vt* - **1.** [en bolos] to displace. - **2.** *Amér fig* [rechazar] to reject, to rebuff. - **3.** *Amér fam* [examen] to fail.
bochazo *m* blow of one bowl against another.
boche *m Amér* - **1.** [rechazo] rebuff, slight; **dar** ~ **a alguien** to give sb the cold shoulder. - **2.** [en bolos] shock of one

bowl hitting another. - **3.** *fig* [barullo] uproar, tumult. - **4.** [riña, disputa] fight, quarrel.
bochinche *m* - **1.** *fam* [barullo] commotion, uproar. - **2.** [taberna] dive, low-class bar. - **3.** *Amér* [chisme] gossip. - **4.** *Amér* [fiesta] party.
bochinchear *vi Amér* to cause an uproar o commotion.
bochinchero, ra *Amér* ◇ *adj* - **1.** [alborotador] rowdy, brawling. - **2.** [chismoso] gossipy. ◇ *m, f* - **1.** [alborotador] rowdy, brawler. - **2.** [chismoso] gossip.
bochorno *m* - **1.** [calor] stifling o muggy heat. - **2.** [vergüenza] embarrassment. - **3.** [sonrojo] flush, blush.
bochornoso, sa *adj* - **1.** [tiempo] stifling, muggy. - **2.** [vergonzoso] embarrassing.
bocina *f* - **1.** AUTOM & MÚS horn; **tocar la** ~ to toot o honk one's horn. - **2.** [megáfono] megaphone, loudhailer. - **3.** [caracola] conch shell. - **4.** *Amér* [trompetilla] ear trumpet. - **5.** *Amér* [altavoz] loudspeaker.
bocinar *vi* to sound a horn.
bocinazo *m* AUTOM hoot.
bocio *m* goitre.
bock (*pl* **bocks**) *m* stein.
bocón, ona *fam* ◇ *adj* bigmouthed. ◇ *m, f* - **1.** [chismoso] bigmouth, blabbermouth. - **2.** [fanfarrón] bigmouth.
◆ **bocón** *m Amér* Antillian sardine.
bocoy (*pl* **bocoyes**) *m* barrel, cask.
boda *f* wedding; ~ **de blanco** white wedding; ~**s de diamante/oro/plata** diamond/golden/silver wedding *(sg)*.
bodega *f* - **1.** [cava] wine cellar. - **2.** [tienda] wine shop; [bar] bar. - **3.** [en buque, avión] hold. - **4.** [granero] granary, barn. - **5.** *Amér* [colmado] small grocery store. - **6.** *Amér* [almacén] store.
bodegaje *m Amér* storage.
bodegón *m* - **1.** ARTE still life. - **2.** [taberna] tavern, inn.
bodegonear *vi fam* ≃ to go on a pub crawl *Br*, ≃ to go bar hopping *Am*.
bodeguero, ra *m, f* [dueño] owner of a wine shop; [encargado] wine shop assistant.
bodijo *m despec* [boda desigual] unequal match, misalliance; [boda discreta] quiet wedding.
bodocal *m* black grape.
bodoque *m* - **1.** [en bordado] tuft. - **2.** *fam fig* [persona torpe] blockhead, dunce. - **3.** *Amér* [chichón] lump, swelling.
bodoquera *f* - **1.** [molde] pellet mould. - **2.** [cerbatana] blowpipe.
bodrio *m* - **1.** *fam despec* [gen] rubbish *(U)*; [comida] pigswill *(U)*; **¡qué** ~! what a load of rubbish! - **2.** *fig* [mezcla, confusión] muddle, confusion.
body ['boði] (*pl* **bodies**) *m* body *(garment)*.
BOE (*abrev de* **Boletín Oficial del Estado**) *m official Spanish gazette*.
bofe ◇ *adj Amér* disagreeable, unpleasant. ◇ *m* - **1.** [pulmón] lung. - **2.** *Amér* [trabajo fácil] easy work *(U)*, child's play *(U)*. - **3.** *loc*: **echar los** ~**s** *fam* to break one's back; **ser un** ~ *fam* to be a bore.
bofetada *f* - **1.** [guantazo] slap (in the face); **dar una** ~ **a alguien** to slap sb (in the face) ▢ **darse de** ~**s con algo** *fig* [no pegar] to clash with sthg; **emprenderla a** ~**s con alguien** to punch sb, to begin hitting sb. - **2.** *fig* [desaire, ofensa] insult. - **3.** *Amér* [puñetazo] punch.
bofetón *m* hard slap (in the face).
bofia *f fam*: **la** ~ the cops *(pl)*.
boga ◇ *f* - **1.** [moda] fashion, vogue; **estar en** ~ to be in vogue. - **2.** [acción] rowing. ◇ *mf* - **1.** [remero] rower. - **2.** *Amér* [persona desagradable] ill-bred person.
bogada *f* distance covered in one oarstroke.
bogador, ra *m, f* rower.
bogar [16] *vi* - **1.** [remar] to row. - **2.** [navegar] to sail.
bogavante *m* - **1.** [crustáceo] lobster. - **2.** [remero] stroke.
Bogotá *s* Bogotá.

bogotano, na ◇ *adj* of/relating to Bogotá. ◇ *m, f* native/inhabitant of Bogotá.

bogue *etc v* → **bogar**.

Bohemia *s* - **1.** [zona] Bohemia. - **2.** → **selva**.

bohemio, mia ◇ *adj* - **1.** [vida etc] bohemian. - **2.** [de Bohemia] Bohemian. ◇ *m, f* - **1.** [artista] bohemian. - **2.** [de Bohemia] Bohemian.

◆ **bohemia** *f*: **la bohemia** the bohemian lifestyle.

bohío *m Amér* hut.

bohordo *m* - **1.** [de planta] scape, stalk. - **2.** *desus* [lanza] dart.

boicot (*pl* **boicots**), **boycot** (*pl* **boycots**) *m* boycott.

boicotear, boycotear *vt* to boycott.

boicoteo, boycoteo *m* boycotting.

boíl *m* ox stall.

boina *f* beret.

boîte ['bwat] (*pl* **boîtes**) *f* nightclub.

boj (*pl* **bojes**) *m* - **1.** [árbol] box. - **2.** [madera] boxwood.

bojedal *m* boxwood grove.

bol (*pl* **boles**) *m* bowl.

bola *f* - **1.** [gen] ball; [canica] marble; ~ **de cristal** crystal ball; ~ **de fuego** fireball; ~ **de nieve** snowball; ~**s de naftalina** o **de alcanfor** mothballs; **convertirse en una** ~ **de nieve** *fig* to snowball. - **2.** *fam* [mentira] fib. - **3.** [betún] shoe polish. - **4.** *Amér* [cometa] kite. - **5.** *Amér* [riña] tumult, uproar. - **6.** *Amér* [empanada] tamale. - **7.** *Amér* [rumor] rumour. - **8.** *loc*: **andar como** ~ **sin manija** *Amér* to wander around; **¡dale** ~**!** come off it!; **dejar rodar la** ~ to let it ride; **en** ~**s** *fam* starkers *Br*, stark naked; **estar** o **meterse en** ~ *Amér* to participate; **no rascar** ~ *fam* to get everything wrong.

◆ **bolas** *fpl Amér* croquet (*U*).

bolada *f* - **1.** [en billar] stroke, billiards shot. - **2.** *Amér* [oportunidad] opportunity. - **3.** *Amér fam* [jugarreta] dirty trick. - **4.** *Amér* [golosina] sweet. - **5.** *loc*: **no hay** ~ **con él** *Amér fam* there is no one else like him.

bolado *m* CULIN fondant made of syrup, egg white and lemon.

bolazo *m* - **1.** [golpe] blow with a ball. - **2.** *Amér* [disparate] silly o foolish remark.

◆ **de bolazo** *loc adv* hurriedly, carelessly.

bolchevique *adj & mf* Bolshevik.

bolchevismo *m* Bolshevism.

bolea *f* DEP volley.

boleada *f Amér* hunting with large rocks and slings.

boleadoras *fpl Amér* type of sling that fires large rocks used for hunting.

bolear *Amér* ◇ *vt* - **1.** [cazar] to hunt with a sling that fires large rocks. - **2.** *fig* [engañar] to entangle, to snare. - **3.** [votar en contra de] to blackball. - **4.** [embetunar] to shine, to polish. ◇ *vi* - **1.** [jugar] to play billiards for fun. - **2.** *fam* [mentir] to fib.

◆ **bolearse** *vpr Amér* - **1.** [caballo] to rear and fall, to roll over. - **2.** [tropezar] to stumble, to falter. - **3.** [ruborizarse] to get embarrassed. - **4.** [coche] to overturn.

boleo *m* - **1.** [acción] bowling. - **2.** [sala de bolos] bowling green o alley.

◆ **a boleo** *loc adv* blindly.

bolera *f* bowling alley.

bolería *f Amér* shoeshine store.

bolero, ra ◇ *adj* - **1.** *fam fig* [mentiroso] fibbing. - **2.** [pillo] truant. ◇ *m, f* - **1.** *fam fig* [mentiroso] fibber. - **2.** [pillo] truant.

◆ **bolero** *m* - **1.** [baile, música, chaquetilla] bolero. - **2.** *Amér* [juguete] cup and ball. - **3.** *Amér* [sombrero] top hat. - **4.** *Amér* [limpiabotas] shoeshine.

boleta *f* - **1.** [para entrar] (admission) ticket. - **2.** *Amér* [para votar] ballot, voting slip.

boletaje *m Amér* ticket sales (*pl*).

boletería *f Amér* box office, ticket office.

boletero, ra *m, f Amér* box office attendant.

boletín *m* - **1.** [publicación] journal, periodical; ~ **de noticias** o **informativo** news bulletin; ~ **de prensa** press release; ~ **de suscripción** subscription form; ~ **meteorológico** weather forecast. - **2.** *Amér* [billete] train ticket.

boleto *m* - **1.** [de lotería, rifa] ticket; [de quinielas] coupon; ~ **de apuestas** betting slip. - **2.** *Amér* [billete] ticket.

boli *m fam* Biro®.

boliche *m* - **1.** [en la petanca] jack. - **2.** [bolos] ten-pin bowling. - **3.** [bolera] bowling alley. - **4.** [horno] smelting furnace. - **5.** *Amér* [tabaco] inferior tobacco. - **6.** *Amér* [casa de juego] gambling den. - **7.** *Amér* [tienda] small grocery store. - **8.** *loc*: **caerse en** ~ *Amér* to fall flat on one's face.

bólido *m* - **1.** [vehículo] racing car; **ir como un** ~ *fam fig* to go like the clappers. - **2.** ASTRON fireball, meteorite.

bolígrafo *m* ballpoint pen, Biro®.

bolillo *m* - **1.** [en costura] bobbin. - **2.** [hueso de caballo] fetlock. - **3.** *Amér* [panecillo] bread roll.

◆ **bolillos** *mpl Amér* - **1.** MÚS drumsticks. - **2.** [dulces] ≃ sticks of rock *Br*, ≃ sticks of candy *Am*.

bolina *f* - **1.** NÁUT bowline; **ir** o **navegar de** ~ NÁUT to sail close to the wind. - **2.** *fig* [alboroto] din, uproar.

bolinear *vi* NÁUT to sail close to the wind.

bolinga *adj inv mfam* plastered.

bolingón *m mfam*: **pillar un** ~ to get plastered.

bolitas *fpl Amér* marbles.

bolívar *m* bolivar.

bolivariano, na *adj* Bolivarian, relating to Simón Bolívar.

Bolivia *s* Bolivia.

boliviano, na *adj & m, f* Bolivian.

bolladura *f* - **1.** [abolladura] dent. - **2.** [protuberancia] bump.

bollar *vt* - **1.** [sellar] to stamp. - **2.** [abollar] to emboss.

bollería *f* - **1.** [tienda] cake shop. - **2.** [productos] cakes (*pl*).

bollero, ra *m, f* baker.

bollo *m* - **1.** [para comer - de pan] (bread) roll; [- dulce] bun. - **2.** [abolladura] dent. - **3.** [abultamiento] bump. - **4.** *fam* [embrollo] fuss, to-do; **armar un** ~ to kick up a fuss. - **5.** *Amér* [puñetazo] punch. - **6.** *Amér* [empanada] tamale. - **7.** *loc*: **no pelar** ~ *Amér* never to be wrong.

◆ **bollos** *mpl Amér* trouble (*U*), difficulties.

bollón *m* - **1.** [clavo] boss, stud. - **2.** [pendiente] button earring.

bollonado, da *adj* studded, embossed.

bollycao® *m* - **1.** [bollo] roll stuffed with chocolate. - **2.** *mfam* [adolescente] bit of crumpet.

bolo *m* - **1.** DEP skittle. - **2.** [actuación] show. - **3.** *fam fig* [tonto] dunce, dimwit. - **4.** *fam* [píldora] large pill. - **5.** [cuchillo] machete. - **6.** *Amér* [borracho] drunk. - **7.** *loc*: **andar en** ~ *Amér fam* to be in one's birthday suit; **ir en** ~ *Amér fam* to run; **tumbar** ~ *Amér fam* to succeed.

◆ **bolos** *mpl* [deporte] skittles (*U*); **jugar a los** ~**s** to play skittles ❑ **echar a rodar los** ~**s** *fam* to stir up trouble.

bolonio, nia *fam desus* ◇ *adj* stupid, ignorant. ◇ *m, f* dunce, ignoramus.

bolsa *f* - **1.** [recipiente] bag; ~ **de agua caliente** hot-water bottle; ~ **de aire** air pocket; ~ **de basura** bin liner; ~ **de la compra** shopping bag; ~ **de deportes** holdall, sports bag; ~ **de hielo** ice pack; ~ **de plástico** [en tiendas] carrier o plastic bag; ~ **de viaje** travel bag; **aflojar la** ~ *fam* to put one's hands in one's pocket, to fork out; **afloja la** ~ **e invítame a una copa** fork out and buy me a drink. - **2.** FIN stock exchange, stock market; **la** ~ **ha subido/bajado** share prices have gone up/down; **jugar a la** ~ to speculate on the stock market ❑ ~ **alcista** bull market; ~ **bajista** bear market; ~ **de comercio** commodity exchange; ~ **(de valores)** stock exchange, stock market. - **3.** [bolso] purse, pocketbook. - **4.** [premio] purse, prize money. - **5.** MIN pocket. - **6.** ANAT sac. - **7.** *Amér* [saco de dormir] sleeping bag. - **8.** *loc*: **de** ~ *Amér* at someone else's expense; **hacer** ~ *Amér* to abuse; **¡la** ~ **o la vida!** your money or your life!

◆ **bolsa de marginación** *f* underprivileged social group o area.

◆ **bolsa de trabajo** *f* employment bureau, labour exchange.

bolsear *Amér* ◇ *vi* to bag. ◇ *vt* - **1.** [robar] to pick the pocket of. - **2.** [desairar] to jilt. - **3.** [obtener gratis] to sponge off, to cadge from.

bolsera *f* snood.

bolsillo *m* - **1.** [en prenda] pocket; **de** ~ pocket *(antes de sust)*; **libros en edición de** ~ pocket editions of books; **una calculadora de** ~ pocket calculator; **lo pagué de mi** ~ I paid for it out of my own pocket ☐ **meterse** o **tener a alguien en el** ~ to have sb eating out of one's hand; **rascarse el** ~ *fam* to fork out; **hoy no pienso pagarle la comida, ¡que se rasque él el** ~! I'm not going to buy the meal today, he can fork out for once!; **revolver en los** ~**s** to fish in one's pockets. - **2.** [dinero] purse, money.

bolsista *mf* - **1.** FIN stockbroker. - **2.** *Amér* [carterista] pickpocket.

bolso *m* [gen] bag; [de mujer] handbag; ~ **de bandolera** shoulder bag; ~ **de mano** clutch bag.

bolsón *m Amér* - **1.** [de colegial] school bag. - **2.** [tonto] dunce, ignoramus. - **3.** [de mineral] pocket. - **4.** [laguna] lagoon. - **5.** [de tierra] hollow.

boludo, da *m, f Amér mfam* prat *Br*, jerk *Am*.

bomba ◇ *f* - **1.** [explosivo] bomb; ~ **atómica** atom o nuclear bomb; ~ **fétida** stink bomb; ~ **H** o **de hidrógeno** H o hydrogen bomb; ~ **lacrimógena** tear gas grenade; ~ **de mano** (hand) grenade; ~ **de neutrones/de relojería** neutron/time bomb; ~ **termonuclear** thermonuclear bomb. - **2.** [máquina] pump; ~ **alimenticia/aspirante/centrífuga** feed/suction/centrifugal pump; ~ **de cobalto** MED cobalt bomb; ~ **hidráulica/impelente/neumática** hydraulic/force/pneumatic pump; ~ **gástrica** ANAT stomach pump. - **3.** *fig* [acontecimiento] bombshell. - **4.** [para lámpara] globe, glass. - **5.** *Amér* [burbuja] bubble. - **6.** *Amér* [mentira] fib. - **7.** *Amér* [borrachera] drinking bout. - **8.** *Amér* [sombrero] top hat. - **9.** *Amér* [cometa] circular kite. - **10.** *Amér* [gasolinera] petrol station *Br*, gas station *Am*. - **11.** *loc:* **caer como una** ~ to be a bombshell; **estar echando** ~**s** *fam* to be boiling hot; **estar en** ~ *Amér* to be drunk; **pasarlo** ~ *fam* to have a great time. ◇ *adj inv fam* astounding.

bombachas *fpl*, **bombacha** *f Amér* knickers.

bombacho *adj* baggy, loose-fitting.

◆ **bombachos** *mpl* baggy trousers.

bombarda *f* - **1.** MIL & *desus* bombard. - **2.** MÚS bombardon.

bombardear *vt lit & fig* to bombard.

bombardeo *m* bombardment; ~ **aéreo** air raid; ~ **atómico** FÍS bombardment in a particle accelerator; ~ **en picado** dive bombing.

bombardero *m* - **1.** [avión] bomber. - **2.** [soldado] bombardier, gunner.

bombardino *m* MÚS saxhorn.

bombardón *m* MÚS bombardon.

bombasí (*pl* **bombasíes**) *m* bombazine, fustian.

bombástico, ca *adj irón* bombastic.

bombazo *m* - **1.** [explosión] explosion, blast. - **2.** *fig* [noticia] bombshell.

bombé (*pl* **bombés**) *m* gig.

bombear *vt* - **1.** [líquido] to pump. - **2.** MIL to bomb, to shell. - **3.** DEP to pump. - **4.** *fam fig* [elogiar] to give a buildup to, to make a fuss over. - **5.** *Amér* [explorar] to scout, to reconnoitre. - **6.** *Amér* [expulsar] to dimiss, to fire.

bombeo *m* - **1.** [de líquido] pumping. - **2.** [abombamiento] bulge. - **3.** [de carretera] crown.

bombero, ra ◇ *m, f* - **1.** [de incendios] fireman (*f* firewoman). - **2.** *Amér* [de gasolinera] petrol-pump attendant *Br*, gaspump attendant *Am*. - **3.** *Amér* [explorador] scout, explorer. - **4.** *Amér* [espía] spy. ◇ *adj Amér* inane, foolish.

bombilla *f* - **1.** [de lámpara] light bulb; ~ **de destello** flash bulb. - **2.** [de barco] lantern. - **3.** *Amér* [cucharón] ladle. - **4.** *Amér* [para mate] *tube for drinking mate*.

bombillo *m Amér* light bulb.

bombín *m* - **1.** [sombrero] bowler. - **2.** [inflador] bicycle pump.

bombo *m* - **1.** [MÚS - instrumento] bass drum; [- persona] bass drummer. - **2.** *fam fig* [pompa] hype; **dar** ~ **a** *fam* to give a buildup to, to make a fuss over. - **3.** MEC drum. - **4.** [barco] barge. - **5.** *Amér* [sombrero] bowler hat. - **6.** *loc:* **a** ~ **y platillo** with a lot of hype; **irse al** ~ *Amér* to fail, to come to nothing; **estar con** ~ *fam fig* to be in the family way; **mandar a alguien al** ~ *Amér mfam* to bump sb off; **poner a alguien** ~ [insultar] to insult sb; [golpear] to hit sb.

bombo, ba *adj* - **1.** *fam* [sorprendido] dazed, dumbfounded. - **2.** *Amér* [tibio] lukewarm. - **3.** *Amér* [tonto] foolish. - **4.** *Amér* [comida] spoiled, off.

bombón *m* - **1.** [golosina] chocolate. - **2.** *fam fig* [persona] stunner; **esta chica es un** ~ that girl's a bit of all right. - **3.** *Amér* [cucharón] ladle.

bombona *f* - **1.** [para gas] cylinder; ~ **de butano** (butane) gas cylinder. - **2.** [para líquido] demijohn, flagon.

bonachón, ona *fam* ◇ *adj* kindly. ◇ *m, f* kindly person.

bonaerense ◇ *adj* of/relating to Buenos Aires. ◇ *mf* native/inhabitant of Buenos Aires.

bonancible *adj* [tiempo] fair; [mar] calm.

bonanza *f* - **1.** [de tiempo] fair weather; [de mar] calm at sea. - **2.** *fig* [prosperidad] prosperity; **ir en** ~ to be fortunate. - **3.** MIN bonanza, rich lode.

bondad *f* [cualidad] goodness; [inclinación] kindness; **tener la** ~ **de hacer algo** to be kind enough to do sthg.

bondadoso, sa *adj* kind, good-natured.

boneta *f* NÁUT bonnet.

bonete *m* - **1.** [eclesiástico] biretta; [universitario] mortarboard. - **2.** [para dulces] sweet jar. - **3.** [fortificación] bonnet. - **4.** *loc:* **a tente** ~ doggedly, insistently.

bonetería *f Amér* haberdashery.

bongo *m* - **1.** [instrumento] bongo (drum). - **2.** *Amér* [canoa] canoe.

boniato *m* sweet potato.

bonificación *f* - **1.** [descuento] discount. - **2.** [mejora] improvement.

bonificar [10] *vt* - **1.** [descontar] to give a discount of. - **2.** [mejorar] to improve.

bonito, ta *adj* [bello] pretty; [bueno] nice; **¡muy** ~! *irón* oh great!, that's nice!

◆ **bonito** *m* bonito (tuna).

bono *m* - **1.** [vale] voucher. - **2.** COM bond; ~ **basura/de caja** junk/short-term bond; ~ **del Estado/del tesoro** government/treasury bond.

bonobús *m inv* multiple-journey ticket.

bonoloto *f Spanish state-run lottery drawn four times a week*.

bonsai *m* bonsai.

boñiga *f* cowpat.

boom *m* boom.

boqueada *f* gasp; **dar la última** ~ to give one's last gasp.

boquear ◇ *vi* - **1.** [expirar] to be at death's door. - **2.** [jadear] to gasp. ◇ *vt* to mouth, to utter.

boquera *f* - **1.** [llaga] mouth ulcer. - **2.** [de riego] sluice.

boquerón *m* - **1.** [pez] (fresh) anchovy. - **2.** [abertura] large aperture o hole. - **3.** [boca grande] big mouth.

boquete *m* - **1.** [agujero] hole. - **2.** [entrada] gap, narrow entrance o opening.

boquiabierto, ta *adj* - **1.** [con boca abierta] openmouthed. - **2.** *fig* [embobado] astounded, speechless.

boquiancho, cha *adj* large-mouthed, wide-mouthed.

boquiangosto, ta *adj* narrow-mouthed.

boquifresco, ca *adj* - **1.** [caballo] tender-mouthed. - **2.** *fam fig* [persona] cheeky.

boquilla *f* - **1.** [para fumar] cigarette holder. - **2.** [de pipa, instrumento musical] mouthpiece. - **3.** [de tubo, aparato] nozzle. - **4.** [para pólvora] fuse hole. - **5.** [en acequia] irrigation outlet. - **6.** *Amér* [rumor] rumour, gossip.

◆ **de boquilla** *loc adv fam*: **ser todo de** ~ to be all hot air.
boquimuelle *adj* - **1.** [caballo] tender-mouthed. - **2.** *fam fig* [persona] docile.
boquirroto, ta *adj fam fig* talkative.
boquirrubio, bia *adj* - **1.** *fig* [hablador] blabbing, loose-tongued. - **2.** [inexperto] inexperienced, green.
◆ **boquirrubio** *m* dandy.
boquituerto, ta *adj* wry-mouthed.
boracita *f* MIN boracite.
borato *m* borate.
bórax *m inv* borax.
borbollar, borbollear *vi* - **1.** [líquido] to bubble, to boil. - **2.** *fig* [tartamudear] to stutter, to stammer.
borbolleo *m* bubbling, boiling.
borbollón *m* bubbling.
◆ **a borbollones** *loc adv* furiously; **hablar a borbollones** to talk furiously.
Borbón *s* Bourbon; **los Borbones** The Bourbons.
borbónico, ca *adj* Bourbon.
borbotear, borbotar *vi* to bubble.
borboteo *m* bubbling.
borbotón *m*: **caer a borbotones** to tumble; **salir a borbotones** to gush out.
borda *f* NÁUT gunwale; **tirar** o **echar algo por la** ~ *fig* to throw sthg overboard.
◆ **fuera borda** *m* [barco] outboard motorboat; [motor] outboard motor.
bordado, da *adj* embroidered.
◆ **bordado** *m* embroidery.
bordador, ra *m, f* embroiderer.
bordadura *f* embroidery.
bordar *vt* - **1.** [coser] to embroider. - **2.** *fig* [hacer bien] to do excellently.
borde ◇ *m* [gen] edge; [de carretera] side; [del mar] shore, seaside; [de río] bank; [de vaso, botella] rim; **al** ~ **de** *fig* on the verge o brink of ~. ◇ *mf* - **1.** *mfam* [antipático] stroppy *Br* o miserable person. - **2.** [bastardo] bastard. ◇ *adj* - **1.** *mfam* [antipático] stroppy *Br*, miserable. - **2.** [planta] wild. - **3.** [bastardo] bastard, illegitimate.
bordear ◇ *vt* - **1.** [estar alrededor de] to border; [moverse alrededor de] to skirt (round). - **2.** *fig* [rozar] to be close to. ◇ *vi* NÁUT to tack.
bordillo *m* kerb.
bordo *m* - **1.** NÁUT board, side; **al** ~ alongside; **de alto** ~ sea-going. - **2.** *Amér* [presa] dam, dike.
◆ **a bordo** *loc adv* on board.
◆ **a bordo de** *loc prep* aboard.
bordón *m* - **1.** [estribillo] chorus, refrain. - **2.** MÚS bass string. - **3.** *Amér* [benjamín] youngest-born male.
bordoncillo *m* refrain.
bordonear *vi* - **1.** MÚS to strum. - **2.** *fig* [vagar] to loaf, to idle.
bordonería *f* idle wandering.
bordonero, ra *adj & m, f* vagrant.
boreal *adj* northern.
bóreas *m inv* Boreas, north wind.
borgoña *m* burgundy (wine).
bórico *adj* boric.
borla *f* - **1.** [cordoncillo] tassel. - **2.** [pompón] pompom. - **3.** *loc*: **tomar la** ~ *fig* to get one's doctorate.
◆ **borlas** *fpl* amaranth *(sg)*.
borlarse *vpr Amér* to get one's doctorate.
borne *m* terminal.
borneadizo, za *adj* pliable, flexible.
bornear ◇ *vt* - **1.** [torcer] to twist, to bend. - **2.** ARQUIT to set o put into place. ◇ *vi* to swing o turn on its moorings.
◆ **bornearse** *vpr* to warp, to become warped.
borneo *m* - **1.** [torcedura] twisting, bending. - **2.** NÁUT swinging at anchor.

Borneo *s* Borneo.
boro *m* boron.
borona *f* - **1.** [mijo] millet. - **2.** [maíz] maize *Br*, corn *Am*. - **3.** *Amér* [migaja] breadcrumb.
borra *f* - **1.** [de lana] flock. - **2.** [poso - de aceite] dregs *(pl)*; [- de café] grounds *(pl)*. - **3.** *fig* [palabras inútiles] empty words *(pl)*.
borrachear *vi fam* to booze.
borrachera *f* - **1.** [embriaguez] drunkenness *(U)*. - **2.** *fig* [emoción] intoxication. - **3.** [disparate] nonsense *(U)*.
borrachez (*pl* **borracheces**) *f* - **1.** [de alcohol] drunkenness. - **2.** *fig* [del juicio] intoxication.
borrachín, ina *m, f fam* boozer.
borracho, cha ◇ *adj* - **1.** [ebrio] drunk; ~ **como una cuba** *fam* blind drunk. - **2.** *fig* [emocionado]: ~ **de** drunk o intoxicated with; **estaba** ~ **de alegría** he was wild with joy. ◇ *m, f* [persona] drunk.
◆ **borracho** *m* [bizcocho] *sponge soaked in alcohol,* ≃ rum baba.
◆ **borracha** *f fam* wineskin.
borrador *m* - **1.** [escrito] rough draft; **hacer un** ~ **de** to draft. - **2.** [papel] scribbling pad *Br*, scratch paper o pad *Am*. - **3.** [goma de borrar] rubber *Br*, eraser *Am*. - **4.** COM daybook.
borradura *f* erasure, deletion.
borraja *f* borage.
borrajear *vt fam* to scribble.
borrajo *m* ember, cinder.
borrar *vt* - **1.** [con goma] to rub out *Br*, to erase *Am*; [en ordenador] to delete; [en casete] to erase. - **2.** [tachar] to cross out; *fig* [de lista etc] to take off; **no pienso asistir a la cena, bórrame de la lista** I'm not going to the dinner, you can take me off the list. - **3.** *fig* [olvidar] to erase; **el tiempo borró el recuerdo de aquel desastre** with time, she was able to erase the disaster from her memory.
◆ **borrarse** *vpr* - **1.** [desaparecer] to disappear; **se estropeó el ordenador y se borraron algunos documentos** when the computer crashed, certain files were lost. - **2.** *fig* [olvidarse] to be wiped away; **con la distancia se borraron los sentimientos que les unían** being apart led to their feelings for each other waning.
borrasca *f* - **1.** [tempestad] thunderstorm. - **2.** *fig* [riesgo] hazard, danger. - **3.** *Amér* MIN absence of ore in a vein.
borrascoso, sa *adj* - **1.** [tempestuoso] stormy. - **2.** [desordenado] rowdy.
borrasquero, ra *adj fam* - **1.** [escandaloso] rowdy. - **2.** [licencioso] licentious.
borregada *f* - **1.** [rebaño] flock. - **2.** *Amér fam* [siesta] nap, siesta.
borrego, ga *m, f* - **1.** [animal] lamb. - **2.** *fam despec* [persona] cretin, moron.
◆ **borrego** *m Amér* hoax.
borreguil *adj lit & fig* sheep-like.
borricada *f* - **1.** [rebaño] herd of donkeys. - **2.** [cabalgata] donkey-ride. - **3.** *fam fig* [necedad] stupid thing.
borrico, ca *m, f* - **1.** [animal] donkey. - **2.** [persona] *fig* ass.
◆ **borrico** *m* [en carpintería] sawhorse.
borricón, borricote *m* - **1.** *fam* [tonto] idiot, fool. - **2.** [persona laboriosa] plodder. - **3.** [caballete] sawhorse.
borriquero ◇ *adj* → **cardo**. ◇ *m* donkey driver.
borriquete *m* sawhorse.
borro *m* - **1.** [cordero] yearling lamb. - **2.** [impuesto] sheep tax.
borrón *m* - **1.** [mancha] blot. - **2.** *fig* [deshonor] blemish. - **3.** [borrador] rough draft, first draft; [de una pintura] preliminary sketch. - **4.** *loc*: **hacer** ~ **y cuenta nueva** to wipe the slate clean.
◆ **borrones** *mpl fig* jottings.
borronear *vt* - **1.** [escribir] to scribble, to scrawl. - **2.** [esbozar] to outline.

borrosidad *f* blurriness, fuzziness.

borroso, sa *adj* [foto, visión] blurred; [escritura, texto] smudgy.

boruca *f fam* din, uproar; **armar** ~ to make a din.

borujo *m* - **1.** [bulto] bulky object. - **2.** [de aceituna] oil cake.

borusca *f* - **1.** [hojas] dead leaves *(pl)*. - **2.** [ramaje] brushwood.

boscaje *m* - **1.** [bosque] thicket, copse. - **2.** ARTE landscape.

Bosco *m*: **el** ~ Hiëronymus Bosch.

boscoso, sa *adj* wooded, woody.

bósforo *m* GEOGR strait.

Bosnia Herzegovina *s* Bosnia Herzegovina.

bosnio, nia, bosniano, na *adj & m, f* Bosnian.

bosque *m* - **1.** [pequeño] wood; [grande] forest; ~ **maderable** timber forest. - **2.** *fig* [confusión] confusion.

bosquejar *vt* - **1.** [esbozar] to sketch (out); [escultura] to rough-hew. - **2.** *fig* [dar una idea de] to give a rough outline of.

bosquejo *m* - **1.** [esbozo] sketch. - **2.** *fig* [de idea, tema, situación] rough outline.

bossa-nova *f inv* bossa nova.

bosta *f* manure.

bostezar [13] *vi* to yawn.

bostezo *m* yawn.

bota ◇ *adj f* → **boto**. ◇ *f* - **1.** [calzado] boot; ~**s camperas/de montar** cowboy/riding boots; ~**s de agua** o **de lluvia** wellingtons; ~**s de caña alta** knee-length boots; ~**s de esquí** ski boots; ~**s de goma** gumboots; **estar con las** ~**s puestas** *fam fig* to be ready to go; **morir con las** ~**s puestas** *fam fig* to die with one's boots on; **ponerse las** ~**s** *fam fig* [comiendo] to stuff one's face. - **2.** [de vino] *small leather container in which wine is kept*. - **3.** [medida] *liquid measure, = 516 litres*.

botado, da *Amér* ◇ *adj fam* - **1.** [expulsado] fired, kicked out. - **2.** [barato] cheap. ◇ *m, f* - **1.** [expósito] foundling. - **2.** *fam* [borracho] drunkard.

botador, ra ◇ *adj* [caballo] bucking. ◇ *m, f Amér fam* [persona] spendthrift.
◆ **botador** *m* - **1.** [para clavos] nail puller. - **2.** [de dentista] forceps *(sg)*. - **3.** [de barquero] pole.

botadura *f* launching.

botafumeiro *m* censer.

botalón *m* - **1.** NÁUT boom. - **2.** *Amér* [poste] post, stake.

botamen *m* - **1.** [de farmacia] pots and jars *(pl)*. - **2.** NÁUT water and wine casks *(pl)*.

botana *f* - **1.** *Amér* [tapa] snack, tapa. - **2.** [en odre] patch. - **3.** [de barril] stopper. - **4.** *fam* [para herida] patch, plaster. - **5.** [cicatriz] scar.

botánico, ca ◇ *adj* botanical. ◇ *m, f* [persona] botanist.
◆ **botánica** *f* [ciencia] botany.

botanista *mf* botanist.

botar ◇ *vt* - **1.** NÁUT to launch. - **2.** *fam* [despedir] to throw o kick out. - **3.** [pelota] to bounce. - **4.** [córner etc] to take. - **5.** *Amér* [tirar] to throw away. - **6.** *Amér* [malgastar] to waste, to squander. ◇ *vi* - **1.** [saltar] to jump; **está que bota** *fam fig* he/she is hopping mad. - **2.** [pelota] to bounce. - **3.** [caballo] to buck.
◆ **botarse** *vpr* - **1.** [volverse] to become. - **2.** *Amér* [de trabajo] to change jobs.

botaratada *f fam* stupid thing.

botarate *m* - **1.** *fam despec* [atolondrado, tonto] madcap. - **2.** *Amér* [malgastador] spendthrift, squanderer.

botarga *f* - **1.** [vestido ridículo] ridiculous costume. - **2.** *fam* [mamarracho] clown, outlandish person. - **3.** *desus* [calzón] loose breeches *(pl)*, galligaskins *(pl)*.

botasilla *f* MIL boots and saddles *(sg)* *(bugle call)*.

botavara *f* boom.

bote *m* - **1.** [tarro] jar; ~ **de humo** smoke canister. - **2.**

[lata] can. - **3.** [botella de plástico] bottle. - **4.** [barca] boat; ~ **salvavidas** lifeboat. - **5.** [propinas] tips *(pl)*; **dar algo de** ~ to give sthg as a tip. - **6.** [salto] jump; **dar** ~**s** [gen] to jump up and down, [en tren, coche] to bump up and down ❑ ~ **de carnero** [de caballo] bucking; **de** ~ **y voleo** immediately, instantly. - **7.** [de pelota] bounce; **dar** ~**s** to bounce. - **8.** *Amér m fam* [cárcel] jug, slammer. - **9.** *loc*: **chupar del** ~ *fam* to feather one's nest; **dar el** ~ **a** to give the boot, to fire; **darse el** ~ to go away; **tener en el** ~ **a alguien** *fam* to have sb eating out of one's hand.
◆ **a bote pronto** *loc adv* - **1.** DEP on the rebound. - **2.** *fig* [sin pensar] off the top of one's head.
◆ **de bote en bote** *loc adv* chock-a-block.

botella *f* - **1.** [recipiente] bottle; **en** ~ bottled ❑ ~ **de Leiden** ELECTR Leyden jar; ~ **de oxígeno** oxygen cylinder; ~ **termo** Thermos® (flask). - **2.** *Amér* [prebenda] sinecure.

botellazo *m* blow with a bottle.

botellero *m* wine rack.

botellín *m* small bottle.

botería *f* - **1.** NÁUT water casks *(pl)*. - **2.** [de bolas, de barril] wineskin shop. - **3.** *Amér* [zapatería] shoe shop.

botero *m* - **1.** [fabricante] bootmaker. - **2.** [vendedor] boot seller. - **3.** NÁUT skipper.

botica *f* - **1.** *desus* [farmacia] pharmacy, chemist's (shop) *Br*. - **2.** *fig* [medicamentos] medicines *(pl)*. - **3.** [tienda] shop, store.

boticario, ria *m, f desus* pharmacist, chemist *Br*.

botija *f* - **1.** [vasija] earthenware jar; **estar hecho una** ~ *fam fig* [ser gordo] to have spare tyres; [enojarse] to be in a bad mood. - **2.** *Amér* [tesoro] buried treasure. - **3.** *Amér fam* [niño] child, baby.
◆ **botija verde** *f fam* insult.

botijero, ra *m, f* - **1.** [fabricante] potter. - **2.** [vendedor] pottery seller.

botijo *m* - **1.** [vasija] earthenware jug. - **2.** *fam* [persona gorda] chubby person.

botillería *f* - **1.** *Amér* [de vino, licor] liquor store. - **2.** [de bebidas] refreshment stall.

botillero *m* [vendedor de bebidas] refreshment stand owner.

botín *m* - **1.** [de guerra, atraco] plunder, loot. - **2.** [bota corta] ankle boot. - **3.** [polaina] spat, gaiter. - **4.** *Amér* [calcetín] sock.

botina *f* ankle boot.

botinería *f* - **1.** [de botas] boot shop. - **2.** [de zapatos] shoe shop.

botinero, ra ◇ *adj* [ganado] black-footed. ◇ *m, f* - **1.** [fabricante] bootmaker, cobbler. - **2.** [vendedor] boot seller.

botiquín *m* - **1.** [caja] first-aid kit; [mueble] first-aid cupboard. - **2.** *Amér* [taberna] wine shop.

botivoleo *m* [acción] half-volley; [en baloncesto] dribble.

boto, ta *adj* - **1.** [romo] blunt. - **2.** *fig* [torpe] dense, obtuse.
◆ **boto** *m* riding boot.

botón *m* - **1.** [de ropa, de aparato] button; [de timbre] doorbell, buzzer; ~ **de arranque** AUTOM starter. - **2.** [de planta] bud, gemma; ~ **de oro** buttercup. - **3.** [de instrumento de viento] key. - **4.** [en vano]: **al** ~ *Amér* in vain. - **5.** *Amér* [reproche] reproach.
◆ **botones** *m inv* [de hotel] bellboy, bellhop *Am*; [de oficinas etc] errand boy.
◆ **botón de muestra** *m* sample.

botonadura *f* buttons *(pl)*.

botonería *f* - **1.** [fábrica] button factory. - **2.** [tienda] haberdashery.

botonero, ra *m, f* - **1.** [fabricante] button maker. - **2.** [vendedor] button seller.

Botsuana, Botswana *s* Botswana.

botsuanés, esa, botswanés, esa ◇ *adj* of/relating to Botswana. ◇ *m, f* native/inhabitant of Botswana.

Botswana *s* = **Botsuana**.

botswanés, esa *adj & m, f* = **botsuanés**.
botulismo *m* botulism.
bou *m* - **1.** [pesca] seine fishing. - **2.** [barco] seiner.
bouillabaisse *f* = **bullabesa**.
boulder *m* DEP bouldering.
bouquet *m* = **buqué**.
bourbon ['burbon] *m* bourbon.
boutique [bu'tik] *f* boutique.
bóveda *f* - **1.** ARQUIT vault. - **2.** [techo] dome, cupola. - **3.** [cripta] crypt. - **4.** [caverna] cave, cavern.
◆ **bóveda celeste** *f* firmament.
◆ **bóveda craneal** *f* cranial vault.
◆ **bóveda palatina** *f* ANAT palate, roof of the mouth.
bovino, na *adj* bovine.
◆ **bovinos** *mpl* cattle (U).
box (*pl* **boxes**) *m* - **1.** [de caballo] stall. - **2.** [de coches] pit; **entrar en ~es** to make a pit stop. - **3.** *Amér* DEP [boxeo] boxing.
boxeador, ra *m, f* boxer.
boxear *vi* to box.
boxeo *m* boxing.
bóxer (*pl* **bóxers**) *m* boxer.
boya *f* - **1.** [en el mar] buoy; **~ de salvamento** o **salvavidas** life buoy. - **2.** [de una red] float.
boyada *f* drove of oxen.
boyante *adj* - **1.** [feliz] happy. - **2.** [próspero - empresa, negocio] prosperous; [- economía, comercio] buoyant. - **3.** TAUROM easy to fight.
boyar *vi* to float.
boycot *m* = **boicot**.
boy scout [bois'kaut] (*pl* **boy scouts**) *m* boy scout.
bozal ◇ *m* - **1.** [gen] muzzle. - **2.** *Amér* [cabestro] halter. ◇ *mf* - **1.** *fam* [idiota] idiot, fool. - **2.** *fig* [novato] novice, greenhorn. ◇ *adj* - **1.** *fam* [tonto] stupid, ignorant. - **2.** *fig* [novato] raw, green. - **3.** [salvaje] wild, untamed.
bozo *m* - **1.** [vello] down, fuzz. - **2.** [boca] mouth. - **3.** [cabestro] halter.
Br. *abrev escrita de* **bachiller**.
brabante *m* TEXTIL brabant.
braceada *f* [movimiento] swing of the arms; [en natación] stroke.
braceaje *m* - **1.** [de moneda] minting, coining. - **2.** NÁUT fathomage, depth in fathoms.
bracear *vi* - **1.** [mover los brazos] to wave one's arms about. - **2.** [nadar] to swim. - **3.** [suj: caballo] to step high. - **4.** *fig* [esforzarse] to struggle, to strive.
braceo *m* [acción] waving of the arms; [en natación] stroke.
bracero *m* day labourer.
◆ **de bracero** *loc adv* arm in arm.
bracmán *m* = **bramán**.
braco, ca ◇ *adj* [persona] pug-nosed. ◇ *m, f* - **1.** [perro] pointer. - **2.** *fam* [persona] pug-nosed person.
braga *f* (*gen pl*) - **1.** [de mujer] knickers (*pl*); [de bebé] nappy *Br*, diapers (*pl*) *Am*; [de hombre] wide breeches (*pl*); **pillar a alguien en ~s** *fam fig* to catch sb with his/her pants down. - **2.** [cuerda] sling, rope.
bragado, da *adj* - **1.** [firme] resolute. - **2.** [enérgico] energetic. - **3.** [valiente] brave. - **4.** [animal] *with a gaskin of a different colour to the rest of its body*. - **5.** [alborotador] troublemaking.
◆ **bragada** *f* gaskin.
bragadura *f* crotch.
bragazas *m inv fam despec* henpecked man.
braguero *m* - **1.** [para hernias] truss. - **2.** [de caballo] martingale.
bragueta *f* flies (*pl*) *Br*, zipper *Am*.
braguetazo *m fam* marriage for money.
brahmán *m* = **bramán**.

brahmanismo *m* = **bramanismo**.
braille ['braile] *m* Braille.
brainstorming [brein'stormin] (*pl* **brainstormings**) *m* brainstorming session.
brama *f* rut, rutting season.
bramadera *f* - **1.** [juguete] bull-roarer. - **2.** MÚS reed pipes (*pl*). - **3.** *Amér* [de horno] vent.
bramadero *m* - **1.** [sitio] rutting place. - **2.** *Amér* [poste] tethering post.
bramador, ra *adj* [vaca] lowing; [toro] bellowing, roaring.
bramán, brahmán, bracmán *m* Brahman.
bramanismo, brahmanismo *m* Brahmanism.
bramante ◇ *adj* bellowing, roaring. ◇ *m* string.
bramar *vi* - **1.** [animal] to bellow. - **2.** [persona - de dolor] to groan; [- de ira] to roar. - **3.** *fig* [viento] to howl.
bramido *m* - **1.** [de animal] bellow. - **2.** [de persona - de dolor] groan; [- de ira] roar. - **3.** *fig* [del viento] howl.
brancada *f* trammel net.
brandal *m* NÁUT backstay.
brandy (*pl* **brandies**), **brandi** (*pl* **brandis**) *m* brandy.
branquia *f* (*gen pl*) gill.
branquial *adj* branchial.
branquífero, ra *adj* branchial, having gills.
braquial *adj* ANAT brachial.
braquigrafía *f* shorthand.
brasa *f* ember; **a la ~** CULIN barbecued.
brasca *f* METAL fettling.
brasear *vt* to barbecue.
brasero *m* - **1.** [fuego] brazier. - **2.** *Amér* [fogón] fireplace, hearth. - **3.** *Amér* [hoguera] bonfire.
brasier, brassier *m Amér* bra.
brasil *m* - **1.** BOT brazilwood. - **2.** *desus* [cosmético] rouge.
Brasil *s*: **(el) ~** Brazil.
brasileño, ña, brasilero, ra *adj & m, f Amér* Brazilian.
Brasilia *s* Brasilia.
brassier *m* = **brasier**.
Bratislava *s* Bratislava.
bravata *f* (*gen pl*) - **1.** [amenaza] threat. - **2.** [fanfarronería] bravado (U).
braveador, ra ◇ *adj* blustering. ◇ *m, f* bully.
bravear *vi fam* - **1.** [jactarse] to boast, to bluster. - **2.** [vitorear] to cheer.
bravera *f* [de horno] vent.
braveza *f* - **1.** [de persona] bravery. - **2.** [del mar, del viento] fury, roughness.
bravío, a *adj* - **1.** [salvaje] wild; [feroz] fierce. - **2.** [rústico, tosco] uncouth, coarse.
◆ **bravío** *m* fierceness, ferocity.
bravo, va *adj* - **1.** [valiente] brave. - **2.** [animal] wild. - **3.** [mar] rough. - **4.** [excelente] excellent, great. - **5.** [áspero] craggy, rugged. - **6.** *fam* [valentón] boastful, swaggering. - **7.** [enojado] angry, furious. - **8.** *fam fig* [de mal genio] rude, illtempered. - **9.** *Amér* [ambicioso] ambitious.
◆ **bravo** ◇ *m* [aplauso] cheer. ◇ *interj* bravo!
◆ **por las bravas** *loc adv* by force.
bravucón, ona *despec* ◇ *adj* swaggering. ◇ *m, f* braggart.
bravuconada *f despec* show of bravado.
bravuconear *vi despec* to brag.
bravuconería *f despec* bravado.
bravura *f* - **1.** [valentía] bravery. - **2.** [fiereza] ferocity. - **3.** [fanfarronería] bluster, bravado. - **4.** MÚS bravura.
braza *f* - **1.** DEP breaststroke; **nadar a ~** to swim breaststroke. - **2.** [medida] fathom. - **3.** [cabo] brace.
brazada *f* - **1.** DEP stroke; **~ de espaldas** backstroke; **~ de pecho** breaststroke. - **2.** [gesto] uplifting o extension of the arms. - **3.** [cantidad] armful. - **4.** *Amér* [medida] fathom.
◆ **brazada de piedra** *f Amér cubic measure used in masonry*.
brazado *m* armful.

brazal *m* - **1.** [insignia] armband. - **2.** [de escudo] handle. - **3.** [de armadura] brassard. - **4.** [acequia] irrigation ditch.

brazalete *m* - **1.** [en la muñeca] bracelet. - **2.** [en el brazo] armband.

brazo *m* - **1.** [gen & ANAT] arm; [de animal] foreleg; **los ~s de una silla** the arms of a chair; **cogidos del** ~ arm in arm; **en** ~**s** in one's arms □ **con los** ~**s abiertos** with open arms; **dar el** ~ **a alguien** to lend sb a hand; **dar un** ~ **por algo** to give one's right arm for sthg; **daría un** ~ **por saber lo que piensa** I'd give my right arm to know what she thinks; **luchar a** ~ **partido** [con empeño] to fight tooth and nail; **no dar su** ~ **a torcer** not to give an inch; **por mucho que le insistas, no dará su** ~ **a torcer** however much you insist, he won't give an inch; **quedarse** o **estarse con los** ~**s cruzados** *fig* to sit around doing nothing; **ser el** ~ **derecho de alguien** to be sb's right-hand man (*f* woman); **es el** ~ **derecho del presidente** he's the president's right-hand man. - **2.** [de árbol, río, candelabro] branch; [de grúa] boom, jib. - **3.** *fig* [de asamblea, organización] wing; ~ **armado** military wing. - **4.** *fig* [fuerza] power, strength.

◆ **brazos** *mpl* - **1.** *fig* [jornaleros] ≃ hands. - **2.** *fig* [valedores] backers, supporters.

◆ **brazo de gitano** *m* ≃ swiss roll *Br*, ≃ jelly roll *Am*.

◆ **brazo de mar** *m* GEOGR arm (*of the sea*).

brea *f* - **1.** [sustancia] tar; ~ **mineral** mineral pitch, asphalt; ~ **seca** rosin. - **2.** [para barco] pitch. - **3.** [lienzo] tarpaulin, waterproof canvas. - **4.** *Amér fig* [excremento] excrement.

break dance [breik'dans] *m* break dance.

brear *vt* - **1.** *fam fig* [a palos] to bash in; [a preguntas] to bombard. - **2.** [burlarse de] to make fun of, to tease.

brebaje *m* concoction, foul drink.

brecha *f* - **1.** [abertura] hole, opening. - **2.** MIL breach; **batir en** ~ to batter □ **abrir** ~ MIL to make a breach; *fig* [causar impresión] to make an impression. - **3.** *fig* [impresión] impression. - **4.** *loc*: **estar siempre en la** ~ [amigo etc] always to be there (when one is needed); [socio, empleado] to work tirelessly; [deportista, artista] always to be up there with the best.

brécol *m*, **brécoles** *mpl* broccoli.

brega *f* - **1.** [lucha] struggle, fight. - **2.** [trabajo] hard work (*U*); **andar a la** ~ to toil, to work hard. - **3.** [burla] practical joke, trick; **dar** ~ **a** to play a trick on.

bregar [16] ◇ *vi* - **1.** [luchar] to struggle. - **2.** [trabajar] to work hard. - **3.** [reñir] to quarrel. ◇ *vt* CULIN to roll out.

brenca *f* sluice post.

breña *f* scrub.

breñal *m* brambly, rugged ground (*U*).

breque *m* - **1.** [pez] bleak. - **2.** *Amér* [freno] handbrake. - **3.** *Amér* [vagón] luggage van *Br*, baggage car *Am*.

brequero *m* *Amér* brakeman.

bretaña *f* - **1.** [tela] Brittany cloth. - **2.** [jacinto] hyacinth.

brete *m* - **1.** [apuro] fix, difficulty; **estar en un** ~ to be in a fix; **poner a alguien en un** ~ to put sb in a difficult position. - **2.** [grillete] shackle, fetter. - **3.** [planta] betel. - **4.** *Amér* AGR branding o butchering chute. - **5.** *Amér fig* [romance] love affair.

breteles *mpl inv Amér* braces.

bretón, ona *adj & m, f* Breton.

◆ **bretón** *m* - **1.** [idioma] Breton. - **2.** [col] Brussels sprout.

breva *f* - **1.** [fruta] early fig. - **2.** [cigarro] flat cigar. - **3.** [bellota] early acorn. - **4.** *fig* [ventaja] windfall, piece of luck; **me cayó una buena** ~ I had a real piece of luck. - **5.** *Amér* [tabaco de mascar] chewing tobacco. - **6.** *loc*: **estar más blando que una** ~ to be as gentle as a lamb; **¡no caerá esa** ~! *fam* some chance (of that happening)!

breve ◇ *adj* brief; **en** ~ [pronto] shortly; [en pocas palabras] in short. ◇ *f* MÚS breve. ◇ *m* RELIG papal brief.

brevedad *f* shortness; **a** o **con la mayor** ~ as soon as possible.

breviario *m* - **1.** RELIG breviary. - **2.** [compendio] compen-

---

dium. - **3.** *fig* [lectura habitual] favourite author o reading (*U*). - **4.** IMPRENTA brevier.

brezal *m* moorland (*U*), moors (*pl*).

brezo *m* heather.

briaga *f* - **1.** [cuerda] esparto rope. - **2.** *Amér* [borrachera] drinking binge.

briba *f* rogue's life; **andar** o **vivir a la** ~ *fig* to loaf around.

bribón, ona ◇ *adj* - **1.** [pícaro] roguish. - **2.** [perezoso] lazy, idle. ◇ *m, f* - **1.** [pícaro] scoundrel, rogue. - **2.** [holgazán] loafer.

bribonada *f* - **1.** [cualidad] roguishness. - **2.** [acción] trickery (*U*), knavery (*U*).

bribonear *vi* - **1.** [hacer bribonadas] to play mischievous tricks. - **2.** [holgazanear] to loaf about.

bribonería *f* - **1.** [vida] rogue's life. - **2.** [picardía] roguish trick.

bricho *m* [en bordado] spangle, sequin.

bricolaje, bricolage *m* D.I.Y., do-it-yourself.

brida *f* - **1.** [de caballo] bridle; **a toda** ~ [caballo] at full gallop; [muy rápido] at full speed. - **2.** [de tubo] bracket, collar. - **3.** MED adhesion.

bridge *m* - **1.** [juego de naipes] bridge. - **2.** [prótesis dental] bridge, bridgework.

Bridgetown [bridʒ'taun] *s* Bridgetown.

brigada ◇ *m* MIL ≃ warrant officer. ◇ *f* - **1.** MIL brigade. - **2.** [equipo] squad, team; ~ **antidisturbios/antidroga** riot/drug squad. - **3.** [de bestias] team, train. - **4.** [de máquinas] fleet.

brigadier *m* brigadier.

brillante ◇ *adj* - **1.** [luz, astro] shining. - **2.** [metal, zapatos, pelo] shiny. - **3.** [ojos, sonrisa, diamante] sparkling. - **4.** [magnífico] brilliant. ◇ *m* diamond.

brillantemente *adv* brilliantly.

brillantez (*pl* **brillanteces**) *f fig* brilliance.

brillantina *f* - **1.** [para pelo] brilliantine, Brylcreem®. - **2.** [tela] brilliantine, shiny percaline.

brillar *vi lit & fig* to shine.

brillo *m* - **1.** [resplandor - de luz] brilliance; [- de estrellas] shining. - **2.** [de zapatos] shine; **sacar** ~ **a**, **to polish, to shine; después de sacarles** ~ **a los zapatos quedaron como nuevos** after the shoes had been polished, they looked as good as new. - **3.** [lucimiento] splendour, brilliance. - **4.** *loc*: **hacer** ~ to persist.

brilloso, sa *adj Amér* shining.

brin *m* - **1.** [tela] fine canvas, duck. - **2.** [de azafrán] thread of saffron.

brincar [10] ◇ *vi* - **1.** [saltar] to skip (about); ~ **de alegría** to jump for joy. - **2.** *fig* [enfadarse]: **está que brinca** he's hopping mad. - **3.** [retozar] to frolic, to gambol. ◇ *vt* [niño] to bounce.

brinco *m* jump; **dar** ~**s** to skip (about) □ **en un** ~ *fig* in a second, quickly; **quitar los** ~**s a** *Amér fig* to bring down a peg.

brindar ◇ *vi* to drink a toast; ~ **por algo/alguien** to drink to sthg/sb; **¡brindemos por los novios!** let's drink to the bride and groom! ◇ *vt* - **1.** [ofrecer] to offer; **me brindó su casa** he offered me the use of his house. - **2.** [convidar] to invite.

◆ **brindarse** *vpr*: ~**se a hacer algo** to offer to do sthg; **amablemente se brindó a llevarme en coche a casa** she very kindly offered to drive me home.

brindis *m inv* toast; **echar** o **anunciar un** ~ **a alguien** to toast sb, to drink to sb's health.

brinque *etc v* → **brincar**.

brío *m* - **1.** [energía, decisión] spirit, verve. - **2.** [garbo] grace, charm. - **3.** *loc*: **cortar** o **bajar los** ~**s a alguien** to take sb down a peg or two.

◆ **bríos** *interj fam* damn!

briol *m* NÁUT buntline.

brioso, sa *adj* - **1.** [enérgico] spirited, lively. - **2.** [determinado] determined, resolute. - **3.** [garboso] graceful, charming.

briqueta *f* charcoal briquette.

brisa *f* - **1.** [viento] breeze; ~ **marina** sea breeze. - **2.** AGR bagasse.

briscado, da *adj* brocaded.

briscar [10] *vt* to brocade.

brisque *etc v* → **briscar**.

bristol *m* Bristol board.

británico, ca ◇ *adj* British. ◇ *m, f* British person, Briton; **los** ~**s** the British.

brizna *f* - **1.** [filamento - de hierba] blade; [- de tabaco] strand. - **2.** *fig* [un poco] trace, bit. - **3.** *Amér* [llovizna] drizzle.

broca *f* - **1.** [taladro] (drill) bit. - **2.** [clavo] shoemaker's tack. - **3.** [en costura] bobbin, reel.

brocado *m* brocade.

brocal *m* - **1.** [de pozo] kerb, parapet. - **2.** [de bota] mouthpiece. - **3.** [de escudo] ornamental steel rim. - **4.** [de cañón] bushing, flange. - **5.** MIN shaft mouth o opening. - **6.** [de vaina] metal ring o mouth.

broce *etc v* → **brozar**.

brocearse *vpr* - **1.** *Amér* MIN to be mined. - **2.** *fig* [negocio] to fail, to fold.

broceo *m Amér* MIN exhaustion, depletion.

brocha *f* - **1.** [gen] brush; ~ **de afeitar** shaving brush. - **2.** [dado] loaded die. - **3.** *Amér* DEP quoits (*U*). - **4.** *Amér* [entremetido] meddler. - **5.** *loc:* **hacerse** ~ *Amér* to play the fool.

brochada *f* brushstroke.

brochado, da *adj* brocade.

brochazo *m* brushstroke.

broche *m* - **1.** [cierre] clasp, fastener. - **2.** [joya] brooch; ~ **de oro** *fig* final flourish. - **3.** *Amér* [clip] paperclip.

◆ **broches** *mpl Amér* cuff links.

brocheta *f* CULIN shish kebab; [aguja] skewer.

bróculi *m* broccoli.

broma *f* [ocurrencia, chiste] joke; [jugarreta] prank, practical joke; **tiene muy poco sentido del humor, no le gustan las** ~**s** he hasn't got much of a sense of humour, he doesn't think jokes are funny; **de** ~ trick (*antes de sust*); **¡déjate de** ~**s!** *fam* stop fooling around!; **en** ~ as a joke; **te lo he dicho en** ~ I meant it as a joke; **entre** ~**s y veras** half joking; **estar de** ~ to be joking; **gastar una** ~ **a alguien** to play a joke o prank on sb; **no estar para** ~**s** not to be in the mood for jokes; **hoy tengo un mal día y no estoy para** ~**s** I've had a bad day today, I'm in no mood for joking; **tomar algo a** ~ not to take sthg seriously ◻ ~ **de mal gusto** bad joke; ~ **pesada** nasty practical joke; **ni en** ~ *fig* no way, not on your life; **no vuelvas a decir esta palabrota ni en** ~ don't you ever dare say that word again.

bromato *m* QUÍM bromate.

bromazo *m* stupid joke.

bromear *vi* to joke.

bromista ◇ *adj* fond of playing jokes. ◇ *mf* joker.

bromo *m* bromine.

bromuro *m* bromide.

bronca *f* → **bronco**.

bronce *m* - **1.** [aleación] bronze; ~ **amarillo** brass; **ser un** ~ **o de** ~ [ser muy fuerte] to be as strong as an ox; [ser insensible] to have a heart of stone. - **2.** [estatua] bronze (statue). - **3.** NUMISMÁTICA copper coin. - **4.** *culto* [cañón] cannon. - **5.** *culto* [campana] bell. - **6.** *culto* [trompeta] trumpet.

bronceado, da *adj* - **1.** [moreno] tanned. - **2.** [color] bronze, bronze coloured.

◆ **bronceado** *m* - **1.** [por sol] tan. - **2.** ARTE & METAL bronzing, bronze finish.

bronceador, ra *adj* tanning (*antes de sust*), suntan (*antes de sust*).

◆ **bronceador** *m* [loción] suntan lotion; [leche] suntan cream.

broncear *vt* - **1.** [suj: sol] to tan. - **2.** ARTE & METAL to bronze.

◆ **broncearse** *vpr* to get a tan.

broncista *mf* bronzesmith.

bronco, ca *adj* - **1.** [tosco] rough; [paisaje, peñascos] rugged. - **2.** [grave - voz] harsh; [- tos] throaty. - **3.** *fig* [brusco] gruff, surly. - **4.** METAL brittle. - **5.** [desapacible] harsh, gruff.

◆ **bronca** *f* - **1.** [jaleo] row; **armar (una) bronca** to kick up a row; **buscar bronca** to look for trouble. - **2.** [regañina] scolding, telling-off; **echar una bronca a alguien** to give sb a row, to tell sb off. - **3.** *Amér* [enfado]: **me da** ~ it makes me mad.

bronconeumonía *f* MED bronchopneumonia.

bronquedad, bronquera *f* - **1.** [tosquedad] roughness; [de voz] harshness; [de carácter] gruffness. - **2.** METAL brittleness.

bronquial *adj* bronchial.

bronquiectasia *f* MED bronchiectasis.

bronquina *f fam* quarrel, row.

bronquio *m* bronchial tube.

bronquiolo *m* ANAT bronchiole.

bronquitis *f inv* bronchitis.

broquel *m* - **1.** [escudo] small shield. - **2.** *fig* [amparo] shield.

broquelarse *vpr* to shield o.s., to protect o.s.

broqueta *f* CULIN skewer.

brotar ◇ *vi* - **1.** [planta] to sprout, to bud. - **2.** [agua, sangre etc]: ~ **de** to well up out of. - **3.** *fig* [esperanza, sospechas, pasiones] to stir. - **4.** [en la piel]: **le brotó un sarpullido** he broke out in a rash. ◇ *vt* to sprout.

brote *m* - **1.** [de planta] bud, shoot; ~ **de soja** CULIN bean shoot, bean sprout. - **2.** *fig* [inicios] sign, hint.

broza *f* - **1.** [maleza] brush, scrub. - **2.** *fig* [relleno] waffle. - **3.** [deshechos] rubbish, refuse. - **4.** IMPRENTA printer's brush.

brozar [13] *vt* IMPRENTA to brush, to clean with a brush.

brozoso, sa *adj* - **1.** [cubierto de maleza] brushy. - **2.** [lleno de deshechos] full of rubbish.

bruce *etc v* → **bruzar**.

bruces ◆ de bruces *loc adv* face down; **se cayó de** ~ he fell headlong, he fell flat on his face.

bruja *f* → **brujo**.

brujear *vi* to practise witchcraft.

brujería *f* witchcraft, sorcery.

brujo, ja *adj* [hechicero] enchanting, captivating.

◆ **brujo** *m* wizard, sorcerer.

◆ **bruja** ◇ *f* - **1.** [hechicera] witch, sorceress. - **2.** [mujer fea] hag. - **3.** [mujer mala] (old) witch. - **4.** [lechuza] barn owl. ◇ *adj inv Amér fam* [sin dinero] broke, skint.

brújula *f* - **1.** [instrumento] compass; **perder la** ~ to lose one's bearings. - **2.** [mirilla] sight. - **3.** *fig* [norma] standard, norm.

brulote *m* - **1.** NÁUT & MIL fire ship. - **2.** *Amér* [palabrota] swearword. - **3.** *Amér* [escrito] satirical article.

bruma *f* [niebla] mist; [en el mar] sea mist.

brumal *adj* misty, foggy.

brumazón *m* dense fog.

brumo *m* refined wax, pure wax.

brumoso, sa *adj* misty.

bruno, na *adj* dark brown.

bruñido, da *adj* polished.

◆ **bruñido** *m* - **1.** [pulido] polishing. - **2.** [brillo] shine, gloss.

bruñidor, ra ◇ *adj* polishing. ◇ *m, f* polisher, burnisher.

◆ **bruñidor** *m* polishing tool.

bruñidura *f*, **bruñimiento** *m* - **1.** [pulido] polishing. - **2.** [brillo] shine, polish.

bruñir *vt* - **1.** [pulir] to polish. - **2.** *Amér fam* [fastidiar] to annoy, to pester.

◆ **bruñirse** *vpr fam fig* to make o.s. up.

bruscamente *adv* - **1.** [toscamente] brusquely. - **2.** [de repente] suddenly, abruptly.

brusco, ca *adj* - **1.** [repentino, imprevisto] sudden, abrupt. - **2.** [tosco, grosero] brusque.

◆ **brusco** *m* [arbusto] butcherbroom, butcher's broom.

Bruselas *s* Brussels.

bruselense ◇ *adj* of/relating to Brussels. ◇ *mf* native/inhabitant of Brussels.

brusquedad *f* - **1.** [imprevisión] suddenness, abruptness. - **2.** [grosería] brusqueness.

brut *m inv* brut.

brutal ◇ *adj* - **1.** [violento] brutal. - **2.** *fam* [extraordinario] tremendous. ◇ *m* brute, beast.

brutalidad *f* - **1.** [crueldad] brutality. - **2.** [acción] brutal act. - **3.** *fig* [tontería] stupidity, foolishness. - **4.** *fam* [gran cantidad]: **una** ~ **(de)** loads *(pl)* (of food).

brutalizar [13] *vt* to brutalize, to maltreat.

◆ **brutalizarse** *vpr* to be brutalized.

brutalmente *adv* brutally.

bruteza *f* - **1.** [grosería] brutishness, boorishness. - **2.** [tosquedad] roughness, crudeness.

bruto, ta ◇ *adj* - **1.** [torpe] clumsy; [ignorante] thick, stupid; [maleducado] rude; **a la bruta, a lo** ~ roughly, crudely; *Amér* [excesivo] to excess, excessively. - **2.** [sin tratar]: **en** ~ [diamante] uncut; [petróleo] crude. - **3.** [sueldo, peso etc] gross. - **4.** *fam* [enorme] huge, enormous. - **5.** *Amér* [animal] inferior. ◇ *m, f* - **1.** [persona] brute. - **2.** [animal] beast, animal.

Bruto *m* Brutus.

bruza *f* [cepillo] coarse brush, scrubbing brush; [para caballo] horse brush; [en imprenta] printer's brush.

bruzar [13] *vt* to clean with a scrubbing brush.

Bta. *abrev escrita de* **beata**.

Bto. *abrev escrita de* **beato**.

bu *(pl* **búes)** *m* bogeyman; **hacer el** ~ **a alguien** *fig* to scare sb.

búa *f* MED pustule.

buba *f* MED - **1.** [tumor] small tumour. - **2.** [ganglio linfático] yaws *(U)*.

bubón *m* MED large tumour.

bubónica *adj* → **peste**.

bucal *adj* oral.

bucanero *m* buccaneer.

Bucarest *s* Bucharest.

búcaro *m* - **1.** [arcilla] fragrant clay. - **2.** [botijo] clay water jug. - **3.** [florero] ceramic vase. - **4.** *Amér* [flor] *kind of lily*.

buce *etc v* → **buzar**.

buceador, ra *m, f* (underwater) diver.

bucear *vi* - **1.** [en agua] to dive, to swim underwater. - **2.** *fig* [investigar]: ~ **en** to delve into.

buceo *m* (underwater) diving.

buchada *f* mouthful.

buche *m* - **1.** [de ave] crop. - **2.** [de animal] maw. - **3.** *fam* [de persona] belly. - **4.** [porción] mouthful, gulp; **un** ~ **de café** a gulp of coffee. - **5.** [pliegue] sag, pucker. - **6.** *fam fig* [pecho] chest, bosom. - **7.** *Amér* [sombrero] top hat. - **8.** *Amér* [bocio] goitre.

buchete *m* puffed-up cheek.

buchón, ona *adj* - **1.** [paloma] pouting. - **2.** *Amér* [bonachón] good-natured. - **3.** *Amér* [corrupto] dishonest.

bucle *m* - **1.** [rizo] curl, ringlet. - **2.** AUTOM & INFORM loop.

bucólico, ca *adj* - **1.** [campestre] country *(antes de sust)*. - **2.** LITER bucolic.

◆ **bucólica** *f* - **1.** [poema] bucolic, pastoral poem. - **2.** *fam* [comida] grub. - **3.** *fam* [hambre] hunger.

bucolismo *m* liking for bucolic poetry.

Buda *m* Buddha.

Budapest *s* Budapest.

budín *m* pudding.

budismo *m* Buddhism.

budista *adj & mf* Buddhist.

buen *adj* → **bueno**.

Buena Esperanza *s* → **cabo**.

buenamente *adv*: **hice lo que** ~ **pude** I did what I could, I did as much as I could.

buenandanza *f* = **bienandanza**.

buenas *fpl* → **bueno**.

buenaventura *f* - **1.** [adivinación] fortune; **leer la** ~ **a alguien** to tell sb's fortune. - **2.** [suerte] good luck.

bueno, na *(compar* **mejor,** *superl* **el mejor** o **la mejor)** *adj (antes de sust masc sg:* **buen)** - **1.** [gen] good; **hacer ejercicio es** ~ **para la salud** excercise is good for your health; **una buena cantidad de comida** a good o considerable amount of food; **tu hijo es muy buen estudiante** your son's a very good student. - **2.** [bondadoso] kind, good; **ser** ~ **con alguien** to be good to sb. - **3.** [curado, sano] well, all right; **ya estoy** ~ I'm all right now. - **4.** [tiempo, clima] nice, fine. - **5.** [aprovechable] all right; [comida] fresh. - **6.** [uso enfático]: **ese buen hombre** that good man; **un buen día** one fine day. - **7.** *fam* [atractivo]: **estar** ~ to be a bit of all right, to be tasty. - **8.** *irón* [muy malo] fine; **¡buen amigo te has echado!** some friend he is! - **9.** *loc:* **¡**~ **está!** that's enough!; **dar algo por** ~ to approve sthg; **de buen ver** good-looking, attractive; **de buenas a primeras** [de repente] all of a sudden; [a simple vista] at first sight, on the face of it; **estar de buenas** to be in a good mood; **estar en la buena** *Amér fam* to be on a roll; **estaría** ~ *irón* that would really cap it all; **librarse de una buena** to have a narrow escape; **lo** ~ **es que...** the best thing about it is that...; **poner** ~ **a alguien** *irón* to criticize sb harshly; **por las buenas** willingly.

◆ **bueno** ◇ *m* CINE: **el** ~ the goody. ◇ *adv* - **1.** [vale, de acuerdo] all right, O.K.; **¿te acompaño hasta la esquina?** - ~ would you like me to walk up to the corner with you? - O.K. - **2.** [pues] well; ~, **el caso es que...** well, the thing is... - **3.** *Amér* [bien]: **¡qué** ~! (that's) great! ◇ *interj Amér* [al teléfono] hello!

◆ **buenas** *interj* hello!

Buenos Aires *s* Buenos Aires.

buey *(pl* **bueyes)** *m* - **1.** [animal] ox; ~ **de Tíbet** yak; ~ **marino** sea cow; **conversar** o **hablar de** ~**es perdidos** *fam* to prattle; **pegar** ~**es** *Amér* to drop off; **saber los** ~**es con que ara** *fam* to know who can (and can not) be trusted; **trabajar como un** ~ *fam* to work like a slave. - **2.** *Amér fig* [cornudo] cuckold. - **3.** *Amér* [entrometido] meddler, busybody. - **4.** *Amér* [fortuna] fortune.

◆ **buey de agua** *m measurement in hydraulics*.

◆ **buey de cabestrillo** *m* hunting blind.

◆ **buey corneta** *m Amér fig* troublemaker.

◆ **buey muerto** *m Amér* bargain.

◆ **buey suelto** *m* - **1.** [persona independiente] free agent. - **2.** *fam* [soltero] bachelor.

bueyada *f Amér* drove of oxen.

búfalo *m* buffalo.

bufanda *f* scarf.

bufar *vi* - **1.** [toro, caballo] to snort. - **2.** *fig* [persona] to be furious.

◆ **bufarse** *vpr Amér* to blister.

bufé *(pl* **bufés),** **buffet** *(pl* **buffets)** *m* - **1.** [en restaurante] buffet. - **2.** [mueble] sideboard.

bufete *m* - **1.** [despacho] lawyer's office; **abrir** ~ DER to set up a practice. - **2.** [clientela] lawyer's practice. - **3.** [escritorio] writing desk o table.

buffer ['bafer] *(pl* **buffers)** *m* INFORM buffer.

buffet *m* = **bufé**.

bufido *m* - **1.** [de toro, caballo] snort. - **2.** *fam* [de persona] fit of rage.

bufo, fa *adj* [gen & MÚS] comic.

◆ **bufo** *m* clown, buffoon.

bufón *m* buffoon, jester.

bufonada, **bufonería** *f* clowning around *(U)*.

bufonearse *vpr* - **1.** [hacer bufonadas] to play the fool. - **2.** [burlarse] to make fun.

bufonería *f* = **bufonada**.

bufonesco, **ca** *adj* comical, clownish.

bufonizar [13] *vi* to joke, to jest.

bug [buk] *(pl* **bugs**) *m* INFORM bug.

buganvilla *f* bougainvillea.

buhardilla, **buharda**, **boardilla** *f* - **1.** [habitación] attic. - **2.** [ventana] dormer (window).

búho *m* - **1.** [ave] owl; ~ **real** eagle owl. - **2.** *fam fig* [recluso] recluse, hermit.

buhonería *f* pedlar's wares *(pl)*, trinkets *(pl)*.

buhonero, **ra** *m*, *f* hawker, pedlar.

buido, **da** *adj* - **1.** [afilado] sharp. - **2.** [acanalado] grooved.

buitre *m lit & fig* vulture.

buitrero, **ra** *adj* vulturine.

◆ **buitrero** *m* vulture hunter.

◆ **buitrera** *f* vulture trap; **estar ya para buitreras** *fig* to be about to die.

buitrón *m* - **1.** NÁUT fish trap. - **2.** [red] game-hunting net. - **3.** [trampa] snare, trap. - **4.** [cenicero] ashpit. - **5.** *Amér* [horno] silver-smelting furnace. - **6.** *Amér* [era] silver ore working yard.

buje *m* MEC axle box, bushing.

bujería *f* knick-knack, trinket.

bujeta *f* - **1.** [caja] wooden box. - **2.** [estuche] perfume box. - **3.** [frasco] perfume bottle.

bujía *f* - **1.** AUTOM spark plug. - **2.** [medida] candle, candlepower. - **3.** [vela] candle. - **4.** [candelero] candlestick. - **5.** [supositorio] suppository.

bula *f* - **1.** [documento] (papal) bull. - **2.** [sello] metal seal, bulla.

bulbo *m* ANAT & BOT bulb; ~ **raquídeo** rachidian bulb.

buldog *(pl* **buldogs**), **bulldog** [bul'dog] *(pl* **bulldogs**) *m* bulldog.

buldozer *(pl* **buldozers**), **bulldozer** [bul'doθer] *(pl* **bulldozers**) *m* bulldozer.

bulerías *fpl* popular Andalusian song and dance.

bulevar *(pl* **bulevares**) *m* boulevard.

Bulgaria *s* Bulgaria.

búlgaro, **ra** *adj & m, f* Bulgarian.

◆ **búlgaro** *m* [lengua] Bulgarian.

bulimia *f* bulimia.

bulín *m Amér* bachelor flat.

bulla *f* - **1.** [ruido] racket, uproar; **armar** ~ to kick up a racket. - **2.** [muchedumbre] crowd, mob. - **3.** *fig* [prisa] bustling, rush; **tener** ~ to be in a hurry. - **4.** *Amér* [discusión] argument, row.

bullabesa, **bouillabaisse** [buja'ßes] *f* CULIN bouillabaisse.

bullanguero, **ra** ◇ *adj* noisy, rowdy. ◇ *m, f* noisy o boisterous person.

bulldog *m* = **buldog**.

bulldozer *m* = **buldozer**.

bullebulle *m fam* busybody, nosy person.

bullicio *m* [de ciudad, mercado] hustle and bustle; [de multitud] hubbub.

bullicioso, **sa** ◇ *adj* - **1.** [agitado - reunión, multitud] noisy; [- calle, mercado] busy, bustling. - **2.** [inquieto] rowdy, boisterous. ◇ *m, f* boisterous person.

bullidor, **ra** *adj* bustling, lively.

bullir ◇ *vi* - **1.** [hervir] to boil; [burbujear] to bubble. - **2.** *fig* [multitud] to bustle; [ratas, hormigas etc] to swarm; [mar] to boil; ~ **de** to seethe with. ◇ *vt* to budge, to move.

◆ **bullirse** *vpr* to budge, to move.

bullón *m* - **1.** [en libro] ornamental stud. - **2.** [en vestido] puff.

bulo *m* false rumour.

bulto *m* - **1.** [volumen] bulk, size; **a** ~ [aproximadamente] approximately, roughly; COM wholesale; **de gran** ~ bulky; **hacer mucho** ~ to take up a lot of space ❏ **buscar el** ~ **a alguien** *fam* to try to get sb's goat; **coger en el** ~ **a** *fam* to grab, to catch; **de** ~ glaringly obvious; **escurrir el** ~ [trabajo] to shirk; [opinión] to evade the issue. - **2.** [abombamiento - en rodilla, superficie etc] bump; [- en maleta, bolsillo etc] bulge. - **3.** [forma imprecisa] blurred shape. - **4.** [paquete] package; [maleta] item of luggage *Br* o baggage *Am*; [fardo] bundle; **he metido todos los** ~**s en el maletero** I've put all the luggage in the boot ❏ ~ **de mano** piece o item of handluggage *Br* o baggage *Am*. - **5.** ARTE bust, statue. - **6.** *Amér* [cartapacio] briefcase, satchel.

bululú *(pl* **bululúes**) *m* - **1.** TEATRO strolling player. - **2.** *Amér fam* [alboroto] racket, commotion.

bumerán *(pl* **bumeráns**), **bumerang** [bume'ran] *(pl* **bumerangs**) *m* boomerang.

bungalow [buŋga'lo] *(pl* **bungalows**) *m* bungalow.

buniato *m* = **boniato**.

búnquer *(pl* **búnquers**), **bunker** ['buŋker] *(pl* **bunkers**) *m* - **1.** [refugio] bunker. - **2.** POLÍT reactionary forces *(pl)*.

buñolería *f* stand or shop selling doughnuts.

buñolero, **ra** *m, f* doughnut seller.

buñuelo *m* - **1.** [CULIN - dulce] ≃ doughnut; [- de bacalao etc] ≃ dumpling; ~ **de viento** doughnut. - **2.** *fam* [cosa mal hecha] mess, bungle.

BUP *(abrev de* **bachillerato unificado polivalente**) *m academically orientated secondary-school course taught in Spain for pupils aged 14-17.*

buque *m* - **1.** [barco] ship; ~ **almirante** flagship; ~ **de cabotaje** coaster; ~ **de carga** cargo ship; ~ **faro** lightship; ~ **de guerra** warship; ~ **insignia** flagship; ~ **mercante** merchant ship; ~ **nodriza** supply ship; ~ **de pasajeros** passenger ship, liner; ~ **petrolero** oil tanker; ~ **tanque** tanker; ~ **de vapor** steamer, steamship; ~ **velero** o **de vela** sailing ship. - **2.** [casco] hull.

buqué *(pl* **buqués**), **bouquet** [bu'ke] *(pl* **bouquets**) *m* bouquet.

burato *m* - **1.** [tejido] Canton crepe. - **2.** [manto] *transparent veil of light silk.*

burbuja *f* bubble; **con** ~**s** bubbly; **hacer** ~**s** to bubble.

burbujear *vi* to bubble.

burbujeo *m* bubbling.

burdel ◇ *m* brothel. ◇ *adj* lustful, licentious.

burdeos ◇ *adj inv* maroon. ◇ *m inv* Bordeaux.

burdo, **da** *adj* [gen] crude; [tela] coarse.

bureo *m* - **1.** [diversión] entertainment, amusement; **ir de** ~ to go off and have a good time. - **2.** [paseo]: **darse un** ~ *fam* to go for a walk.

burga *f* hot springs *(pl)*, spa.

burgomaestre *m* burgomaster, mayor.

burgués, **esa** *(pl* **burgueses**) ◇ *adj* middle-class, bourgeois. ◇ *m, f* member of the middle class; HIST & POLÍT member of the bourgeoisie; **pequeño** ~ petit bourgeois.

burguesía *f* middle class; HIST & POLÍT bourgeoisie; **alta** ~ upper middle class; HIST & POLÍT haute bourgeoisie.

buril *m* burin, graver.

burilar *vt* to engrave.

burla *f* - **1.** [mofa] taunt; **hacer** ~ **de** to mock. - **2.** [broma] joke; ~**s aparte** joking aside; **de** ~**s** in fun. - **3.** [engaño] trick.

◆ **burlas** *fpl* ridicule *(U)*, mockery *(U)*.

burladero *m* TAUROM *wooden board behind which bullfighter can hide from bull.*

burlador, **ra** ◇ *adj* mocking, jesting. ◇ *m, f* mocker.

◆ **burlador** *m* Casanova, Don Juan.

burlar *vt* - **1.** [esquivar] to evade; [ley] to flout; **los ladrones han burlado a la policía** the thieves have evaded the police ❏ **burla burlando** *fig* without anyone noticing. - **2.** [frustrar] to frustrate, to dash; **el veredicto burló sus es-**

peranzas de libertad the verdict dashed his hopes of freedom.

◆ **burlarse de** *vpr* to mock, to make fun of.

burlería *f* - **1.** [engaño] deception, trick. - **2.** [mofa] mockery, scoffing. - **3.** [cuento] tall tale.

burlesco, ca *adj* [tono] jocular; LITER burlesque.

burlete *m* draught excluder.

burlón, ona ◇ *adj* - **1.** [bromista] waggish, fond of telling jokes. - **2.** [sarcástico] mocking. ◇ *m, f* - **1.** [burlador] jeerer, mocker. - **2.** [bromista] joker.

buró (*pl* **burós**) *m* - **1.** [escritorio] bureau, writing desk. - **2.** POLÍT executive committee. - **3.** *Amér* [mesa de noche] bedside table.

burocracia *f* bureaucracy.

burócrata *mf* bureaucrat.

burocrático, ca *adj* bureaucratic.

burocratizar [13] *vt* to bureaucratize.

burrada *f* - **1.** [acción, dicho]: **hacer ~s** to act stupidly; **decir ~s** to talk nonsense. - **2.** *fam* [cantidad]: **una ~ (de)** tons (*pl*) (of), masses (*pl*) (of).

burro, rra ◇ *adj* [necio] stupid, dim. ◇ *m, f* - **1.** [animal] donkey; **apearse** o **bajarse del ~** *fam* to back down; **no ver tres en un ~** *fam* to be as blind as a bat. - **2.** *fam* [necio] ass, dimwit. - **3.** *fam* [trabajador]: **~ (de carga)** workhorse. - **4.** *loc*: **~ cargado de letras** *fam* pompous ass; **ver ~s negros** *Amér* to see stars.

◆ **burro** *m* - **1.** [caballete] sawhorse, sawbuck. - **2.** [rueda] cogwheel. - **3.** [en gimnasia] horse. - **4.** NÁUT feed pump. - **5.** *Amér* [escalera] stepladder.

bursátil *adj* stock-market (*antes de sust*).

burujo *m* - **1.** [en pasta, en masa] lump. - **2.** [nudo] tangle, knot. - **3.** [de aceituna] cattle cake.

bus (*pl* **buses**) *m* AUTOM & INFORM bus.

busca ◇ *f* - **1.** [búsqueda] search; **en ~ de** in search of; **la ~ de** the search for ❏ **andar a la ~** *fig* to find a way of getting by. - **2.** [cacería] party of hunters. ◇ *m inv* = **buscapersonas**.

◆ **buscas** *fpl Amér fam* money earned on the side (U).

buscada *f* search, pursuit.

buscador, ra ◇ *adj* searching. ◇ *m, f* hunter; **~ de oro** gold prospector.

◆ **buscador** *m* [de instrumento óptico] finder.

buscapersonas *m inv* bleeper, pager.

buscapié *m fig* [en conversación] feeler.

buscapiés *m inv* firecracker, jumping jack.

buscapleitos *mf inv* troubleseeker.

buscar [10] ◇ *vt* - **1.** [gen] to look for; [provecho, beneficio propio] to seek; **voy a ~ el periódico** I'm going for the paper o to get the paper; **busco piso en esta zona** I am looking for a flat in this area; **¿me ayudas a ~ las llaves?** would you mind helping me to look for the keys?; **ir a ~ a alguien** to pick sb up; **ya iré yo a ~ a los niños al colegio** I'll go and pick the children up from school. - **2.** [en diccionario, índice, horario] to look up. - **3.** INFORM to search for. - **4.** *fam* [provocar] to push, to try the patience of. ◇ *vi* to look.

◆ **buscarse** *vpr* - **1.** [castigo etc]: **buscársela** to be asking for it. - **2.** [personal, aprendiz etc]: **'se busca camarero'** 'waiter wanted'.

buscarruidos *mf inv fam fig* troublemaker.

buscavidas *mf inv fam* - **1.** [ambicioso] go-getter. - **2.** [entrometido] nosy person, nosy parker *Br*. - **3.** *Amér* [acusón] tell-tale *Br*, tattletale *Am*.

busco *m* base of a sluice gate.

buscón, ona ◇ *adj* searching, seeking. ◇ *m, f* - **1.** [estafador] swindler. - **2.** [ratero] pickpocket. - **3.** [ladrón] petty thief.

◆ **buscona** *f fam despec* [prostituta] whore.

busconear *vi* to pry, to snoop.

buseta *f Amér* minibus.

busilis *m inv fam* - **1.** [clave] crux. - **2.** [dificultad] hitch, snag; **ahí está el ~** that's the catch.

busque *etc v* → **buscar**.

búsqueda *f* - **1.** [busca] search. - **2.** [investigación] investigation, research.

busto *m* - **1.** [pecho] chest; [de mujer] bust. - **2.** [escultura] bust.

butaca *f* - **1.** [mueble] armchair. - **2.** [localidad] seat.

butacón *m* large easy chair.

butano *m* butane (gas).

buten ◆ **de buten** *loc adj fam* wicked, terrific.

butifarra *f* - **1.** [longaniza] type of Catalan pork sausage. - **2.** *Amér* [bocadillo] ham, lettuce and onion sandwich. - **3.** *Amér fam* [farra] spree, wild party. - **4.** *fam* [media] baggy stocking.

butileno *m* QUÍM butylene.

buz (*pl* **buces**) *m* formal kiss.

buzar [13] *vi* GEOL to dip.

buzo *m* - **1.** [persona] diver. - **2.** *Amér* [chándal] tracksuit.

buzón *m* - **1.** [para correo] letterbox; **echar algo al ~** to post sthg. - **2.** [conducto] sluice, canal. - **3.** [tapón] stopper, plug.

buzoneo *m* mailshotting.

byte ['bait] (*pl* **bytes**) *m* INFORM byte.

C

c, C f [letra] c, C.

c., c/ (abrev escrita de **calle**) St.

c/ (abrev escrita de **cuenta**) a/c.

cabal ◇ adj - **1.** [honrado] upright, honest. - **2.** [exacto] exact; [completo] complete; **a los nueve meses ~es** at exactly nine months. ◇ adv exactly, precisely.
◆ **cabales** mpl: **no estar en sus ~es** not to be in one's right mind; **por sus ~es** exactly, precisely.

cábala f - **1.** [doctrina] cabbala. - **2.** (gen pl) [conjeturas] guess; **hacer ~s** to speculate, to guess. - **3.** [adivinación] superstitious divination. - **4.** fig [cálculo] esoteric calculation. - **5.** fam fig [intriga] intrigue, cabal.

cabalgada f - **1.** [tropa] cavalry troop. - **2.** [correría] cavalry raid, foray.

cabalgador, ra m, f rider, horseman (f horsewoman).

cabalgadura f mount.

cabalgar [16] ◇ vi to ride. ◇ vt - **1.** [caballo] to ride. - **2.** ZOOL to cover, to copulate with.

cabalgata f cavalcade, procession.

cabalista m - **1.** [estudioso] cabbalist. - **2.** [intrigante] intriguer.

cabalístico, ca adj - **1.** [de cábala] cabbalistic. - **2.** fig [oculto] mysterious.
◆ **cabalística** f cabbalism.

caballa f mackerel.

caballada f - **1.** [manada] herd of horses. - **2.** Amér [animalada] stupid thing; **hacer ~s** to make a fool of o.s.

caballar adj equine, horse (antes de sust).

caballazo m Amér collision between horses.

caballear vi fam to go horseriding frequently.

caballerescamente adv gallantly, chivalrously.

caballeresco, ca adj - **1.** [persona, modales] chivalrous. - **2.** [literatura] chivalric. - **3.** fig [sentimiento] noble, refined.

caballería f - **1.** [animal] mount, horse; **~ andante** knight-errantry; **~ mayor** horse; **~ menor** donkey. - **2.** [cuerpo militar] cavalry; **~ ligera** MIL light cavalry. - **3.** [orden militar] order of knights. - **4.** [hidalguía] chivalry; **andarse en ~s** fam fig to bow and scrape.

caballeriza f - **1.** [cuadra] stable. - **2.** [caballos] stud, stable. - **3.** [cuidadores] stablehands (pl), staff of grooms.

caballerizo m groom, stable lad; **~ mayor del rey** Master of the King's Horse.

caballero, ra adj - **1.** [que cabalga] riding, mounted. - **2.** fig [obstinado]: **~ en** obstinate o stubborn in; **en sus intenciones** stubborn in his intentions.
◆ **caballero** ◇ adj [cortés] gentlemanly. ◇ m - **1.** [gen] gentleman; [al dirigir la palabra] sir; **ser todo un ~** to be a real gentleman; **'~s'** [en aseos] 'gents'; [en grandes almacenes] 'menswear' □ **~ solitario** fig lone wolf. - **2.** [miembro de una orden] knight; **armar ~** to knight □ **~ andante** knight errant. - **3.** [noble] nobleman; **~ cubierto** grandee.

caballerosidad f chivalry.

caballeroso, sa adj chivalrous.

caballete m - **1.** [de lienzo] easel. - **2.** [de mesa] trestle. - **3.** [de nariz] bridge. - **4.** [de tejado] ridge. - **5.** AGR ridge. - **6.** [de tortura] rack.

caballista mf - **1.** [experto] expert on horses. - **2.** [jinete] expert rider.

caballito m - **1.** [caballo pequeño] small horse, pony. - **2.** [juguete] hobbyhorse, rocking horse.
◆ **caballitos** mpl [de feria] merry-go-round (sg).
◆ **caballito del diablo** m Amér [insecto] dragonfly.
◆ **caballito de mar** m seahorse.

caballo m - **1.** [animal] horse; **a ~** mounted, on horseback; **montar a ~** to ride □ **~ de carga** packhorse; **~ de carrera** racehorse; **~ mecedor** rocking horse; **~ de montar** o **de silla** saddle horse; **~ de posta** post horse; **~ semental** stud; **~ de tiro** draft horse. - **2.** [jinete] rider, horseman; **una tropa de quinientos ~s** a troop of five hundred horsemen. - **3.** [pieza de ajedrez] knight. - **4.** [naipe] ≃ queen. - **5.** MEC: **~ (de fuerza** o **de vapor)** horsepower; **~ hora** horsepower-hour. - **6.** mfam [heroína] smack. - **7.** fam fig [bestia] brute, beast. - **8.** fig [bruto] oaf, dolt. - **9.** [en carpintería] sawhorse. - **10.** MIN vein of barren rock. - **11.** loc: **a mata ~** at breakneck speed; **como ~ desbocado** hastily, rashly; **estar a ~ entre dos cosas** to be halfway between two things; **a ~ regalado no le mires el diente** o **el dentado** proverb don't look a gift horse in the mouth proverb.
◆ **caballos** mpl MIL cavalry (U), cavalrymen.
◆ **caballo blanco** m fam fig [promotor, impulsor] sponsor.
◆ **caballo de batalla** m fig - **1.** [dificultad, escollo] bone of contention. - **2.** [objetivo, obsesión] hobbyhorse.
◆ **caballo del diablo** m [insecto] dragonfly.
◆ **caballo de Frisa** m MIL cheval-de-frise.
◆ **caballo negro** m POLÍT [incógnita] dark horse.
◆ **caballo marino** m - **1.** [hipocampo] seahorse. - **2.** [hipopótamo] hippopotamus.
◆ **caballo padre** m stallion.
◆ **caballo de Troya** m fig Trojan horse.

cabalmente adv - **1.** [totalmente] totally, fully. - **2.** [exactamente] exactly, precisely. - **3.** [justamente] fairly.

cabaña f - **1.** [choza] hut, cabin. - **2.** [ganado] livestock (U). - **3.** Amér [finca] cattle ranch.

cabañero, ra adj livestock (antes de sust).
◆ **cabañero** m - **1.** [pastor] shepherd. - **2.** [caballerizo] stableman.

cabaret (pl **cabarets**) m cabaret.

cabaretera f cabaret girl.

cabe prep culto near.

cabecear ◇ vi - **1.** [persona - negando] to shake one's head; [- afirmando] to nod one's head. - **2.** [dormir] to nod (off). - **3.** [caballo] to toss its head. - **4.** [en fútbol] to head the ball. - **5.** [balancearse - coche] to lurch; [- barco] to pitch. ◇ vt - **1.** [en costura] to bind. - **2.** Amér [tabaco] to bind.

cabeceo m - **1.** [movimiento] shaking (U), toss. - **2.** NÁUT & AERON pitch. - **3.** AUTOM lurch.

cabecera f - **1.** [parte superior] head; [de cama] headboard. - **2.** [de texto] heading; [de periódico] headline. - **3.** [de río] headwaters (pl). - **4.** [almohada] pillow, bolster. - **5.** POLÍT capital, seat. - **6.** [de libro] headband.
◆ **cabeceras** fpl IMPRENTA quoins.
◆ **cabecera de puente** f MIL bridgehead.

cabecilla ◇ mf - **1.** [jefe] ringleader. - **2.** [extremista] hothead. ◇ f small head.

cabellera *f* - **1.** [pelo] long hair *(U)*. - **2.** [peluca] wig, toupee. - **3.** ASTRON tail.

cabello *m* - **1.** [pelo] hair *(U)*; **en ~** with one's hair down; **en ~s** bareheaded. - **2.** *loc*: **asirse de un ~** *fam* to grasp at straws; **cortar un ~ en el aire** *fam* to be keen-sighted; **estar pendiente de un ~** *fam* to be hanging by a thread; **se le pusieron los ~s de punta** *fam* her hair stood on end.
◆ **cabellos** *mpl* [de mazorca] corn-silk *(U)*.
◆ **cabello de ángel** *m* CULIN pumpkin and syrup preserve.

cabelludo, da *adj* - **1.** [persona] hairy. - **2.** [fruta, planta] fibrous, filamentous.

caber [54] *vi* - **1.** [gen] to fit; **no cabe nadie más** there's no room for anyone else; **no me cabe en el dedo** it won't fit (on) my finger; **~ por** to go through; **el armario no cabe por la puerta** the wardrobe won't go through the door. - **2.** MAT: **nueve entre tres caben a tres** three into nine goes three (times). - **3.** [ser posible] to be possible; **cabe decir** it is possible to say; **cabe destacar que...** it's worth pointing out that...; **cabe preguntarse si...** one might ask whether... - **4.** [corresponder] to be one's duty o honour, to fall to; **me cupo a mí darle las noticias** it fell to me to give him the news. - **5.** *loc*: **dentro de lo que cabe** as far as possible; **no ~ en sí de gozo/celos** to be beside o.s. with joy/jealousy; **no cabe más** that's the limit.

cabestrante, cabrestante *m* capstan.

cabestrar *vt* - **1.** [poner riendas] to halter. - **2.** *Amér* [guiar] to lead by the halter.

cabestrillo *m* - **1.** [cadena] chain, necklace. - **2.** [abrazadera] bracket, brace.
◆ **en cabestrillo** *loc adj* in a sling.

cabestro *m* - **1.** [cuerda] halter; **llevar del ~** *fig* to lead by the nose. - **2.** [animal] leading ox. - **3.** *fam fig* [necio] dupe.

cabeza *f* - **1.** [gen] head; **la ~ de un alfiler** the head of a pin; **(ella) tiene buena ~ para los números** she has a (good) head for numbers; **~ abajo** upside down; **~ arriba** the right way up; **por ~** per head; **costará 500 por ~** it will cost 500 per head; **pagamos 2.000 pesetas por ~** we paid 2,000 pesetas each; **obrar con ~** to use one's head; **tirarse de ~ (a)** to dive (into); **se tiró de ~ a la piscina** she dived into the pool ❏ **~ atómica** o **nuclear** nuclear warhead; **~ buscadora** [en misil] homing device; **~ (de combate** o **de guerra)** warhead; **~ grabadora** recording head; **~ (lectora)** [gen] head; [de tocadiscos] pickup. - **2.** [pelo] hair; **lavarse la ~** to wash one's hair. - **3.** [posición] front, head; **a la** o **en ~** at the top o head; [en competición etc] in front, in the lead; **el equipo francés está a la ~ de la clasificación** the French team is top of the league; **a la ~ de** [delante de] at the head of; [al cargo de] in charge of; **estar a la ~ de la empresa** to run the company; **Juan está a la ~ de la expedición** Juan is the leader of the expedition ❏ **~ de playa** MIL beachhead; **~ de puente** MIL & *fig* bridgehead. - **4.** [ciudad] main town; **~ de partido** ≃ county town. - **5.** *fig* [vida] life, head; **se jugó la ~** he risked his life. - **6.** *loc*: **alzar** o **levantar la ~** to get back on one's feet, to recover; **no hay manera de que levante ~** it's hard to see her recovering; **andar** o **estar mal de la ~** to be funny in the head; **bajar** o **doblar la ~** to bow one's head; **calentarse la ~** to tire o.s. out (mentally); **de ~** [de memoria] by heart; [atareado, con prisa] in a hurry; [en fútbol] with a header; **de la ~ de uno** of one's own invention; **en ~** *Amér* [sin sombrero] bareheaded; **escarmentar en ~ ajena** to learn from another's mistakes; **ir/andar de ~** [muy atareado] to be snowed under; **esta semana voy de ~ y no he tenido tiempo de llamar a nadie** I'm really snowed under this week, I haven't had time to call anyone; **ir de ~ a** to head straight for; **ir de ~ con alguien** [enamorado] to be head over heels in love with sb; **se me va la ~** [me mareo] I feel dizzy; **írsele de la ~ a alguien** to go out of sb's mind; **meter algo en la ~ a alguien** to get sthg into sb's head; **meter la ~** to get one's foot in the door; **meterse de ~ en algo** to plunge into sthg; **se le ha metido en la ~ que...** he has got it into his head that...; **se me pasó por la ~** it crossed my mind; **perder la ~** to lose one's head; **Pedro ha perdido la ~ por**

esa chica Pedro has lost his head over that girl; **romperse la ~** to rack one's brains; **sacar la ~** [aparecer] to show one's face; [atreverse] to speak up; **sentar la ~** to settle down; **se le subió a la ~** it went to his head; **el vino se le subió a la ~** the wine went to her head; **se le ha subido a la ~ el ascenso** his promotion has gone to his head; **tener la ~ llena de pájaros** to have one's head in the clouds; **tener la ~ como una olla de grillos** to be round the bend; **tener mala ~** to act foolishly; **(estar) tocado de la ~** (to be) touched; **traer de ~ a alguien** to drive sb mad; **venirle a la ~ a alguien** to occur to sb.
◆ **cabeza de ajo** *f* head of garlic.
◆ **cabeza de chorlito** *mf* scatterbrain.
◆ **cabeza de familia** *mf* head of the family.
◆ **cabeza de lista** *mf* POLÍT *person who heads a party's list of candidates*.
◆ **cabeza rapada** *mf* skinhead.
◆ **cabeza de turco** *mf* scapegoat.

cabezada *f* - **1.** [de sueño] nod, nodding *(U)*; **dar ~s** to nod off; **echar** o **dar una ~** to have a nap. - **2.** [golpe] butt. - **3.** [arreo] headstall. - **4.** NÁUT pitch. - **5.** [cabeza]: **tirarse de ~** to dive. - **6.** *Amér* [de silla de montar] saddlebow.

cabezal *m* - **1.** [de aparato] head. - **2.** [almohada] bolster. - **3.** [colchón] small mattress. - **4.** [de sillón] headrest. - **5.** MED compress. - **6.** *Amér* [travesaño] doorpost, doorjamb.

cabezazo *m* - **1.** [golpe - que se da] head butt; [- que se recibe] blow o bump on the head. - **2.** DEP header.

cabezo *m* - **1.** [cumbre] summit, peak; [cerro alto] high hill; [montecillo] small hill, hillock. - **2.** [de camisa] collar. - **3.** [escollo] reef.

cabezón, ona ◇ *adj* - **1.** [de cabeza grande] with a big head. - **2.** *fam* [terco] pigheaded, stubborn. - **3.** *Amér* [licor] strong, heady. ◇ *m, f fam* [terco] pigheaded o stubborn person.
◆ **cabezón** *m* - **1.** [de prenda - cuello] collarband; [- abertura] neck. - **2.** [de caballo] headstall. - **3.** [lista] tax roll. - **4.** *Amér* [remolino] eddy, whirlpool.

cabezonada *f fam* stubborn action, pigheaded action.

cabezonería *f fam* pigheadedness, stubbornness.

cabezota *fam* ◇ *adj* pigheaded. ◇ *mf* - **1.** [terco] pigheaded o stubborn person. - **2.** [persona de cabeza grande] large-headed person. ◇ *f* large o big head.

cabezudo, da *fam* ◇ *adj* - **1.** [terco] pigheaded, stubborn. - **2.** [espirituoso] heady, intoxicating. ◇ *m, f* pigheaded o stubborn person.
◆ **cabezudo** *m* [en fiesta] *giant-headed carnival figure*.

cabida *f* - **1.** [capacidad] capacity; **tener ~ en** to have a place in. - **2.** [alcance] extent, range; **dar ~ a, tener ~ para** to hold, to have room for.

cabildada *f fam imprudent decision of a district council*.

cabildante *m* councillor.

cabildear *vi* - **1.** [influir] to lobby. - **2.** [intrigar] to scheme.

cabildeo *m* - **1.** [propaganda] lobbying. - **2.** [intriga] scheming.

cabildero *m* - **1.** [propagandista] lobbyist. - **2.** [intrigante] schemer.

cabildo *m* - **1.** [municipio] ≃ district council. - **2.** [sala] town hall, city hall. - **3.** [RELIG - reunión] chapter; [- sala] chapterhouse. - **4.** [corporación] *organization in the Canary Islands comprising representatives from all the towns*.

cabina *f* - **1.** [recinto aislado] booth, cabin; **~ anticlimática** o **presurizada** AERON pressurized cabin; **~ electora** voting booth; **~ insonorizada** RADIO & TV soundproof booth; **~ de proyección** projection room; **~ telefónica** phone box *Br*, phone booth. - **2.** [de avión] cockpit; [de camión] cab. - **3.** [vestuario - en playa] bathing hut; [- en piscina] changing cubicle.

cabinera *f Amér* air hostess.

cabizbajo, ja *adj* crestfallen, downcast.

cable *m* - **1.** [cuerda] cable; **~ aéreo/eléctrico** overhead/electric cable; **~ de remolque** towrope; **~ de teléfonos** phone line; **echar un ~** *fam fig* to help out, to lend a hand. - **2.** NÁUT cable's length. - **3.** TELECOM cable, cablegram.

cableado, **da** *adj* INFORM hardwired.
◆ **cableado** *m* INFORM hardwiring.
cablegrafiar [9] *vt* to cable.
cablegráfico, **ca** *adj* cablegram *(antes de sust).*
cablegrama *m* cablegram, cable.
cablero *m* NÁUT cable ship.
cablevisión *f* cable television.
cabo *m* - **1.** GEOGR cape; **el ~ de Buena Esperanza** Cape of Good Hope; **el ~ de Finisterre** Cape Finisterre; **el ~ de Hornos** Cape Horn; **el ~ San Vicente** Cape Saint Vincent. - **2.** NÁUT cable, rope. - **3.** MIL corporal; **~ de escuadra** corporal; **~ de mar** petty officer; **~ primero** *military rank between corporal and sergeant;* **~ de ronda** patrol leader. - **4.** [trozo] bit, piece; [trozo final] stub, stump; [de cuerda] end; **~ de desgarre** AERON ripcord. - **5.** [fin] end, conclusion; **llegar al ~ de una tarea** to arrive at the end of a task. - **6.** [mango] handle; **~ de hacha** axe handle. - **7.** [hilo] thread, strand. - **8.** [en aduanas] package, bundle. - **9.** *loc:* **atar ~s** to put two and two together; **dar ~ a algo** to put the finishing touches to sthg; **dar ~ de algo** to put an end to sthg, to finish sthg; **no dejar ningún ~ suelto** to tie up all the loose ends; **estar al ~ de la calle** to be well-informed; **llevar algo a ~** to carry sthg out.
◆ **cabos** *mpl* - **1.** [accesorios] accessories. - **2.** MIL [en uniforme] braid *(U).* - **3.** EQUITACIÓN mane and tail.
◆ **al cabo** *loc adv* in the end.
◆ **de cabo a rabo** *loc adv* from beginning to end.
◆ **al cabo de** *loc prep* after.
◆ **cabo suelto** *m fig* loose end.
cabotaje *m* - **1.** NÁUT coastal shipping. - **2.** COM coastal trading.
Cabo Verde *s* Cape Verde.
caboverdiano, **na** ◇ *adj* of/relating to Cape Verde. ◇ *m, f* native/inhabitant of Cape Verde.
cabra *f* - **1.** [animal] goat; **~ de almizcle** musk deer; **~ montés** wild goat; **estar como una ~** *fam* to be off one's head; **la ~ siempre tira al monte** *proverb* you can't make a leopard change his spots *proverb.* - **2.** [piel] goatskin. - **3.** [catapulta] catapult. - **4.** *Amér* [carruaje] gig, cabriolet. - **5.** *Amér* [caballete] sawhorse. - **6.** *Amér* [dado cargado] loaded die.
cabrales *m inv* Asturian cheese similar to Roquefort.
cabré *v →* **caber**.
cabrear *vt mfam:* **~ a alguien** to get sb's goat, to annoy sb.
◆ **cabrearse** *vpr mfam:* **~se (con)** to get really narked *Br* o pissed *Am* (with).
cabreo *m mfam* rage, fit; **cogerse** o **coger un ~** to get really narked *Br* o pissed *Am.*
cabrero, **ra** ◇ *m, f* goatherd. ◇ *adj Amér fam* hottempered.
cabrestante *m* = **cabestrante**.
cabria *f* derrick, crane.
cabría *v →* **caber**.
cabrilla *f* - **1.** [pez] cabrilla. - **2.** [trípode] sawhorse.
◆ **cabrillas** *fpl* - **1.** ASTRON: **las ~s** the Pleiades. - **2.** [manchas] burn marks. - **3.** [olas] whitecaps, white horses. - **4.** [juego] ≃ duck and drakes *(U).*
cabrillear *vi* - **1.** [formarse olas] to form whitecaps, to break into foam. - **2.** [resplandecer] to glimmer, to sparkle.
cabrío, **a** *adj* - **1.** [de cabra] caprine, hircine. - **2.** → **macho**.
cabriola *f* prance; **hacer ~s** to prance about.
cabriolar *vi* - **1.** [saltar] to jump, to leap. - **2.** [voltear] to tumble. - **3.** EQUITACIÓN to capriole.
cabriolé *m* - **1.** [coche] convertible. - **2.** [carruaje] cabriolet. - **3.** [capote] short sleeveless cape.
cabrita *f Amér* popcorn.
cabritilla *f* kid, kidskin.
cabrito *m* - **1.** [animal] kid (goat). - **2.** *vulg* [cabrón] bastard, bugger *Br.* - **3.** *Amér* [proxeneta] pimp.
◆ **cabritos** *mpl Amér* popcorn *(U).*
cabro, **bra** *m, f Amér fam* kid.
cabrón, **ona** *vulg* ◇ *adj:* **¡qué ~ eres!** you bastard! ◇ *m, f* bastard *(f* bitch).

◆ **cabrón** *m* - **1.** *vulg* [cornudo] cuckold. - **2.** [animal] billy goat.
cabronada *f vulg* dirty o nasty trick; **hacerle una ~ a alguien** to be a bastard to sb.
cabronazo *m vulg* bastard.
cabruno, **na** *adj* goat *(antes de sust).*
cabujón, **cabuchón** *m* - **1.** [piedra] cabochon. - **2.** [cabeza de clavo] ornamental stud.
cabuya *f* - **1.** [cuerda] rope. - **2.** [planta] agave. - **3.** [fibra] pita fibre *Br,* fiber hemp *Am.* - **4.** [cabo] cordage. - **5.** *Amér* [atar]: **dar ~** to moor. - **6.** *loc:* **ponerse en la ~** *Amér fam* to catch the drift.
cabuyería *f* NÁUT cordage.
caca *f fam* - **1.** [excremento] pooh; **hacer ~** to do a pooh. - **2.** [cosa sucia] nasty o dirty thing. - **3.** *fig* [desastre] crap *(U).*
cacahuete *Esp,* **cacahuate** *Amér,* **cacahuey** *Amér (pl* **cacahueyes)** *m* - **1.** [fruto] peanut. - **2.** [planta] groundnut.
cacao *m* - **1.** [bebida] cocoa. - **2.** [semilla] cocoa bean. - **3.** [árbol] cacao. - **4.** *fam* [confusión] chaos, mess; [jaleo] fuss, rumpus; **~ mental** mental confusion. - **5.** *loc:* **no valer un ~** *fam* to be worthless; **pedir ~** *Amér* to beg for mercy; **tener mucho ~** *Amér* to be strong and brave.
cacaraña *f* pockmark.
cacareador, **ra** *adj* - **1.** [gallo, gallina] clucking. - **2.** *fam fig* [jactancioso] boasting, crowing.
cacarear ◇ *vi* [gallo] to cluck, to cackle. ◇ *vt fam* - **1.** [jactarse de] to boast about. - **2.** [pregonar] to blab about.
cacareo *m* - **1.** [de gallo, de gallina] clucking. - **2.** *fam* [jactancia] boasting, crowing.
cacatúa *f* - **1.** [ave] cockatoo. - **2.** *fam* [mujer vieja] old bat.
cace *etc v →* **cazar**.
cacear *vt* to stir with a ladle.
cacera *f* irrigation ditch.
cacería *f* - **1.** [partida] hunt. - **2.** [caza] hunting; **ir de ~** to go hunting. - **3.** [animales muertos] bag, game bagged. - **4.** ARTE hunting scene.
cacerina *f* cartridge pouch.
cacerola *f* pot, pan.
cacha *f* - **1.** *fam* [muslo] thigh. - **2.** [mango - de cuchillo] handle; [- de pistola] butt. - **3.** *Amér* [engaño] trick, deceit. - **4.** *Amér* [asta] horn. - **5.** *Amér* [arcón] wooden chest. - **6.** *loc:* **hacer ~s** *Amér* [llevar recado] to run errands; [burlarse] to make fun; **hasta las ~s** *fam* up to one's neck.
◆ **cachas** *m inv fam* [hombre fuerte] he-man, strong man; **estar ~s** to be well-built.
cachaco, **ca** *adj Amér* foppish.
◆ **cachaco** *m Amér* policeman.
cachada *f Amér* - **1.** TAUROM goring. - **2.** [broma] mockery *(U),* taunt.
cachalote *m* sperm whale.
cachar *vt* - **1.** [despedazar] to chip. - **2.** [rajar] to split. - **3.** *Amér* [burlar] to tease. - **4.** *Amér* [engañar] to trick, to deceive. - **5.** *Amér* [acornear] to gore. - **6.** *Amér* [agarrar] to grab. - **7.** *Amér* [sorprender] to catch. - **8.** *Amér* [robar] to steal.
cacharpas *fpl Amér* junk *(U).*
cacharrazo *m fam* - **1.** [golpe] blow. - **2.** *Amér* [trago] swig.
cacharro *m* - **1.** [recipiente] pot; **fregar los ~s** to do the dishes. - **2.** *fam* [trasto] junk *(U),* rubbish *(U).* - **3.** [vasija] wooden or stone cup. - **4.** [máquina] crock; [coche] banger. - **5.** [pedazo] shard. - **6.** *Amér* [cárcel] jail, prison.
cachaza *f* - **1.** [lentitud] sluggishness. - **2.** *fam:* **tener ~** to keep one's cool. - **3.** [aguardiente] cheap rum.
cachazudo, **da** ◇ *adj* - **1.** [lento] sluggish. - **2.** [flemático] calm, placid. ◇ *m, f* - **1.** [lento] slowcoach *Br,* slowpoke *Am.* - **2.** [flemático] phlegmatic person.
◆ **cachazudo** *m Amér* [gusano] tobacco worm.
cache *adj Amér* sloppy, slovenly.
caché *m* cachet.
cachear *vt* - **1.** [registrar] to frisk. - **2.** *Amér* [cornear] to gore.

cachemir *m*, **cachemira** *f* cashmere.

Cachemira *s* Kashmir.

cacheo *m* frisk, frisking *(U)*.

cachet [ka'tʃe] *m* - **1**. [distinción] cachet. - **2**. [cotización de artista] fee.

cachetada *f Amér fam* smack.

cachete *m* - **1**. [moflete] chubby cheek. - **2**. [bofetada] slap; **dar un ~ a alguien** to smack sb. - **3**. [puñal] dagger.

cachetear *vt* to slap.

cachetero *m* - **1**. [puñal] dagger. - **2**. *fam fig* [rematador] hit man. - **3**. TAUROM *bullfighter who finishes off the bull with a dagger*. - **4**. *Amér* [peso fuerte] heavy weight.

cachetina *f* fist fight.

cachetudo, da *adj* chubby-cheeked.

cachicán ◇ *m* - **1**. [capataz] farm overseer. - **2**. *fam fig* [hombre astuto] sly person. ◇ *adj fam fig* crafty, sly.

cachifollar *vt fam* - **1**. [humillar] to humiliate, to put down. - **2**. [apabullar] to crush, to flatten.

cachimba *f* - **1**. [pipa] pipe. - **2**. *Amér* [pozo] shallow well. - **3**. *Amér* [cartucho] empty cartridge shell. - **4**. *Amér* [pistola] pistol.

cachimbo *m Amér* - **1**. [pipa] pipe; **chupar ~** [fumar] to smoke a pipe; *fam* [chuparse el dedo] to suck one's thumb. - **2**. [refinería] small sugar mill. - **3**. [músico] amateur musician.

cachiporra *f* - **1**. [palo] club, cudgel; [de policía] truncheon. - **2**. *Amér* ZOOL blacknecked stilt.

cachiporrazo *m* - **1**. [golpe] blow with a club. - **2**. [acción] clubbing, bludgeoning.

cachirulo *m* - **1**. [chisme] thingamajig. - **2**. [pañuelo] *headscarf worn by men as part of traditional Aragonese costume*. - **3**. [recipiente] flask *(for liquor)*. - **4**. [barco] small three-masted ship. - **5**. *fam* [novio] sweetie. - **6**. [sombrero] hat.

◆ **cachirulos** *mpl* junk *(U)*.

cachivache *m* - **1**. *fam* [trasto] knick-knack. - **2**. [persona] good-for-nothing.

cacho *m* - **1**. *fam* [pedazo] piece, bit; **un ~ a** (little) bit. - **2**. *Amér* [asta] horn. - **3**. *Amér* [cubilete] dice cup. - **4**. *Amér* [cuento] story. - **5**. *Amér* [embuste] trick. - **6**. *Amér* [burla] joke.

cachón, ona *adj Amér* [animal] with large horns.

◆ **cachón** *m* breaker.

cachondearse *vpr fam*: **~ (de)** to take the mickey (out of).

cachondeo *m fam* - **1**. [diversión] lark; **irse de ~** to go out on the town. - **2**. *despec* [cosa poco seria] joke; **tomarse algo a ~** to treat sthg as a joke.

cachondez *(pl* **cachondeces)** *f fam* - **1**. [celo] heat, rut. - **2**. [lujuria] randiness.

cachondo, da ◇ *adj* - **1**. *fam* [divertido] funny. - **2**. *vulg* [salido] randy; **poner ~** to turn on. ◇ *m, f fam*: **~ (mental)** joker.

cachopín, ina *m, f* = **cachupín**.

cachorro, rra *m, f* [de perro] pup, puppy; [de gato] kitten; [de león, lobo, oso] cub.

cachucha *f* - **1**. [gorra] cap. - **2**. [baile] *Andalusian dance*. - **3**. [bote] small boat. - **4**. *Amér* [aguardiente] cheap rum. - **5**. *Amér* [bofetón] slap.

cachuchear *vt* - **1**. [mimar] to spoil. - **2**. [adular] to flatter.

cachucho *m* - **1**. [medida] *oil measure equivalent to 1/6 pound*. - **2**. [bote] small boat. - **3**. [vasija] small jar. - **4**. [alfiletero] pin box.

cachuela *f* - **1**. [guisado] stew. - **2**. [molleja] sweetbread. - **3**. *Amér* [río] rapids *(pl)*.

cachuelo *m Amér* tip.

cachumbo *m Amér* - **1**. [cáscara] husk, shell. - **2**. *fam* [rizo] curl.

cachunde *f* cachou.

cachupín, ina, cachopín, ina *m, f Amér desus & despec Spanish settler in South America*.

cacicazgo, cacicato *m* - **1**. [dignidad] chieftainship. - **2**. [territorio] *territory of a 'cacique'*. - **3**. [autoridad] authority, power.

cacimba *f* - **1**. [para buscar agua] hole, shallow well. - **2**. [balde] pail, bucket.

cacique *m* - **1**. [persona influyente] cacique, local political boss. - **2**. *despec & fig* [déspota] despot. - **3**. [jefe indio] chief, cacique.

caciquear *vi fam* - **1**. [mandar] to boss people around. - **2**. [mangonear] to run things.

caciquil *adj fig* despotic.

caciquismo *m* caciquism.

caco *m fam* thief.

cacofonía *f* cacophony.

cacofónico, ca *adj* cacophonous.

cacografía *f* cacography, poor penmanship.

cacología *f* GRAM & LITER solecism.

cacoquímico, ca *adj fig* [achacoso] ailing.

cacoquimio, mia *m, f* melancholy person.

cactus *m inv* cactus.

cacumen *m fam* - **1**. [ingenio] brains *(pl)*, wits *(pl)*. - **2**. [cabeza] nut, head.

CAD *(abrev de* **computer aided design)** *m* CAD.

cada *adj inv* - **1**. [gen] each; [con números, tiempo] every; **~ dos meses** every two months; **~ cosa a su tiempo** one thing at a time; **~ cual** each one, everyone; **¿~ cuánto?** how often?; **~ uno de** each of. - **2**. [valor progresivo]: **~ vez más** more and more; **~ vez más largo** longer and longer; **~ día más** more and more each day. - **3**. [valor enfático] such; **¡se pone ~ sombrero!** she wears such hats!

cadalso *m* - **1**. [horca] scaffold. - **2**. [tablado] platform, stage.

cadáver *m* corpse, (dead) body; **antes pasarán por encima de mi ~** *fig* over my dead body.

cadavérico, ca *adj* [de cadáver] cadaverous; [pálido] deathly pale.

caddy *m* = **cadi**.

cadejo *m* - **1**. [en cabello] tangle, snarl. - **2**. [de hilos] cluster of threads. - **3**. [madeja] small skein. - **4**. *Amér fam* [animal fantástico] *imaginary animal that comes out at night*. - **5**. *Amér* [melena] long hair *(U)*, mane.

cadena *f* - **1**. [gen & QUÍM] chain; **ayer se rompió la ~ de mi bicicleta** my bicycle chain broke yesterday; **en ~** [accidente] multiple; **tirar de la ~** to pull the chain, to flush the toilet □ **~ de acontecimientos** chain of events; **~ alimenticia** food chain; **~ de agrimensor** surveyor's chain; **~ de hoteles/de tiendas** chain of hotels/of stores; **~ de oro/de plata** gold/silver chain; **~ sin fin** endless chain. - **2**. TV channel; **¿en qué ~ dan la película?** what channel's the film on? - **3**. [RADIO - emisora] station; [- red de emisoras] network. - **4**. [de proceso industrial] line; **~ de fabricación** ο production line; **~ de montaje** assembly line; **~ de producción** production line. - **5**. [aparato de música] sound system. - **6**. GEOGR range. - **7**. *fig* [sujeción] chains *(pl)*, bonds *(pl)*; **romper sus ~s** to break out of one's chains. - **8**. ARQUIT frame. - **9**. [de presidiarios] chain gang.

◆ **cadenas** *fpl* AUTOM (tyre) chains.

◆ **cadena perpetua** *f* life imprisonment.

cadencia *f* - **1**. [ritmo] rhythm, cadence. - **2**. LITER & MÚS cadence.

cadencioso, sa *adj* - **1**. [rítmico] rhythmical. - **2**. [melódico] lilting, melodious.

cadenero *m* - **1**. *Amér* [caballo] workhorse. - **2**. AGR chainman.

cadeneta *f* - **1**. [en costura] chain stitch. - **2**. [encuadernación] headband. - **3**. [adorno] paper chain.

cadenilla *f* small ornamental chain.

cadente *adj* lilting.

cadera *f* hip.

◆ **caderas** *fpl* bustle *(sg)*.

cadete ◇ *m* cadet. ◇ *mf Amér* [aprendiz] apprentice, trainee; **hacer el ~** *fam* to play pranks.

cadi, **caddy** ['kaði] *(pl* **caddies***)* *m* caddie.

cadmio *m* cadmium.

caducar [10] *vi* **- 1.** [carnet, ley, pasaporte etc] to expire. **- 2.** [medicamento] to pass its use-by date; [alimento] to pass its sell-by date; **cómete el yogur, caduca mañana** eat that yoghurt up, tomorrow is its sell-by date. **- 3.** [chochear] to become senile. **- 4.** DER to become null and void, to be invalid. **- 5.** BIOL to become extinct. **- 6.** *fig* [gastarse] to wear out, to deteriorate.

caducidad *f* **- 1.** [invalidez] expiry. **- 2.** [senilidad] senility.

caduco, ca *adj* **- 1.** [viejo] decrepit; [idea] outmoded. **- 2.** [perecedero] transitory. **- 3.** [desfasado] no longer valid. **- 4.** BOT deciduous. **- 5.** DER null and void, cancelled.

caduque *etc v* → **caducar**.

CAE *(abrev escrita de* **cóbrese al entregar***)* COD.

caedizo, za ◇ *adj* **- 1.** [que cae] in danger of falling. **- 2.** BOT deciduous. ◇ *m Amér* [saliente] overhang.

caer [55] *vi* **- 1.** [gen] to fall; [diente, pelo] to fall out; **cuando caen las hojas** when the leaves fall; **los precios cayeron súbitamente** prices fell suddenly; **el Imperio Romano cayó en el siglo V** the Roman Empire fell in the fifth century; **miles de soldados cayeron en esa batalla** thousands of soldiers fell in that battle; **dejar ~ algo** to drop sthg; **hacer ~ algo** to knock sthg down, to make sthg fall □ **~ bajo** to sink (very) low; **estar al ~** to be about to arrive; **ya son las cinco, así que deben de estar al ~** it's five o'clock, they should arrive any minute now. **- 2.** [al perder equilibrio] to fall over o down; **~ de un tejado/caballo** to fall from a roof/horse; **~ en un pozo/una trampa** to fall into a well/a trap. **- 3.** *fig* [abalanzarse]: **~ sobre** to fall o descend upon. **- 4.** [colgar] to fall, to hang down; **el cabello le caía sobre los hombros** her hair hung down to o fell over her shoulders. **- 5.** *fig* [tocar, ir a parar a]: **me cayó el premio** I won the prize; **nos cayó la mala suerte** we had bad luck. **- 6.** *fig* [decrecer] to decrease to subside; **ha caído bastante el interés por estos temas** interest in these subjects has subsided quite a lot. **- 7.** *fig* [aparecer]: **dejarse ~ por casa de alguien** to drop by sb's house. **- 8.** *fig* [sentar]: **~ bien/mal (a alguien)** [comentario, noticia etc] to go down well/badly (with sb); [comida, bebida] to agree/disagree with sb; [ropa] to suit/not to suit sb. **- 9.** *fig* [dar cierta impresión]: **me cae bien/mal** I like/don't like him; **Luis me cae bien** I like Luis, Luis seems nice; **tu hermano me cae muy mal** I don't like your brother much. **- 10.** *fig* [estar situado]: **cae cerca de aquí** it's not far from here. **- 11.** *fig* [recordar]: **~ (en algo)** to be able to remember (sthg); **no caigo** I can't remember. **- 12.** [pago etc] to fall due.

◆ **caer a** *vi* [balcón etc] to overlook, to look out onto; **la ventana caía a la plaza** the window looked out onto the square.

◆ **caer en** *vi* **- 1.** [entender] to get, to understand; [solución] to hit upon; **ahora caigo en lo que dices** now I see what you are saying. **- 2.** [fecha] to fall on; **cae en domingo** it falls on a Sunday. **- 3.** [incurrir en] to fall into.

◆ **caerse** *vpr* **- 1.** [persona] to fall over o down; **el chico resbaló y se cayó** the boy slipped and fell over; **~se de** to fall from; **se cayó de cabeza** she fell headfirst □ **~se de ingenuo/listo** *fig* to be incredibly naive/clever. **- 2.** [objetos] to drop, to fall; **se me cayó el libro** I dropped the book. **- 3.** [desprenderse - diente, pelo etc] to fall out; [- botón] to fall off; [- cuadro] to fall down. **- 4.** [falda, pantalones etc] to fall down; **se te caen los pantalones** your trousers are falling down.

café ◇ *m* **- 1.** [gen] coffee; **~ americano** large, weak black coffee; **~ expreso** expresso; **~ instantáneo** o **soluble** instant coffee; **~ irlandés** Irish coffee; **~ molido/tostado** ground/roasted coffee; **~ solo/con leche** black/white coffee; **de mal ~** *fam* in a bad mood. **- 2.** [establecimiento] cafe; **~ concierto** o **cantante** cabaret bar. **- 3.** *Amér fam* [re-

primenda] ticking-off, scolding. ◇ *adj inv* [color] coffee-coloured.

cafeína *f* caffeine.

cafetal *m* coffee plantation.

cafetalero, ra *adj* coffee *(antes de sust)*; **industria cafetalera** coffee industry.

◆ **cafetalero** *m* coffee grower, owner of a coffee plantation.

cafetera *f* → **cafetero**.

cafetería *f* cafe.

cafetero, ra ◇ *adj* **- 1.** [de café] coffee *(antes de sust)*; [país] coffee-producing. **- 2.** [bebedor de café] fond of coffee. ◇ *m, f* **- 1.** [cultivador] coffee grower. **- 2.** [comerciante] coffee merchant. **- 3.** [propietario] cafe owner.

◆ **cafetera** *f* **- 1.** [para preparar café] coffee pot; [en bares] expresso machine; [eléctrica] percolator, coffee machine. **- 2.** *fam* [aparato viejo] old crock; [coche viejo] jalopy, wreck. **- 3.** *loc*: **estar como una cafetera** *fam* to be nuts o batty.

cafetín *m* small cafe o coffee shop.

cafeto *m* coffee bush.

cafiche *m Amér fam* pimp.

cafre ◇ *adj* brutish. ◇ *mf* brute.

cagada *f* → **cagado**.

cagadero *m vulg* bog *Br*, john *Am*.

cagado, da *m, f vulg* [cobarde] yellow-belly, chicken.

◆ **cagada** *f vulg* **- 1.** [equivocación] cock-up. **- 2.** [excremento] shit.

cagalera, **cagaleta** *f vulg* **- 1.** [diarrea] the runs *(pl)*, the shits *(pl)*. **- 2.** [miedo] fear; **tener ~** to be shit-scared.

cagar [16] *vulg* ◇ *vi* [defecar] to shit, to crap. ◇ *vt* [estropear] to bugger up; **~la** *fig* to cock it up.

◆ **cagarse** *vpr vulg lit & fig* to shit o.s.

cagarro *m vulg* turd.

Cagliari *s* Cagliari.

cagón, ona *adj vulg* **- 1.** [que caga] shitty. **- 2.** [miedica] chicken, cowardly.

cague *etc v* → **cagar**.

cagueta *vulg* ◇ *adj* chicken, cowardly. ◇ *mf* coward, chicken. ◇ *f* the runs *(pl)*.

cahíz *(pl* **cahíces***)* *m* AGR dry measure equivalent to 12 bushels.

caído, da *adj* **- 1.** [árbol, hoja] fallen. **- 2.** [hombros, senos] drooping. **- 3.** *fig* [cansado] tired. **- 4.** *fig* [decaído] low.

◆ **caída** *f* **- 1.** [gen] fall, falling *(U)*; [de diente, pelo] loss; **caída de agua** waterfall; **caída pluvial** rainfall; **caída radiactiva** (nuclear) fallout. **- 2.** [de paro, precios, terreno]: **caída (de)** drop (in). **- 3.** [de falda, vestido etc] drape. **- 4.** GEOL dip. **- 5.** NÁUT [de velas] drop, hoist. **- 6.** *loc*: **a la caída del sol** at sunset; **a la caída de la tarde** at nightfall.

◆ **caídos** *mpl* **- 1.** MIL: **los ~s** the fallen. **- 2.** *desus* COM arrears.

◆ **caídas** *fpl* **- 1.** *fam fig* [ocurrencias] witticisms. **- 2.** [lana] coarse wool *(sg)*.

◆ **caída de ojos** *f* droop of one's eyelids.

◆ **caída libre** *f* DEP free-fall.

caiga *etc v* → **caer**.

caimán *m* **- 1.** [animal] alligator, cayman. **- 2.** *fig* [persona] sly fox.

Caín *m* BIBLIA Cain.

cairel *m* **- 1.** [peluca] wig, hairpiece. **- 2.** [fleco] decorative fringe.

caja *f* **- 1.** [recipiente] box; [para transporte, embalaje] crate; **tengo todos los libros en ~s para hacer la mudanza** I've put all my books in boxes ready for the move; **una ~ de cervezas** a crate of beer □ **~ de cerillas** matchbox; **~ de colores** o **pinturas** paintbox; **~ de herramientas** tool box; **~ (de) sorpresa**, **~ de sorpresas** jack-in-the-box; **la ~ de Pandora** *fig* Pandora's box. **- 2.** [de engranajes etc] housing; **~ de cambios** gearbox; **~ de fuego** FERROC firebox; **~ de velocidades** AUTOM gearbox. **- 3.**

ELECTR: ~ **de conexiones** O **empalmes** junction box; ~ **de fusibles** fuse-box; ~ **de enchufe** socket *Br*, outlet *Am*. - **4.** ANAT: ~ **del tambor** O **del tímpano** middle ear; ~ **torácica** rib cage. - **5.** [ataúd] coffin. - **6.** [de dinero] cash box; ~ **chica** O **de menores** petty cash; ~ **fuerte** O **de caudales** safe, strongbox; ~ **de hierro** *Amér* safe, strongbox; ~ **de seguridad** safe-deposit box. - **7.** [en tienda, supermercado - máquina registradora] till; [- mostrador] checkout; **para pagar, pasen por la** ~ **número dos** please pay at till number two. - **8.** [en banco] cashier's desk; ~ **(de ahorros)** savings bank. - **9.** [dinero recaudado] takings *(pl)*. - **10.** [hueco - de escalera] well; [- de chimenea, ascensor] shaft; ~ **de registro** manhole. - **11.** IMPRENTA case; ~ **alta/baja** upper/lower case. - **12.** [de instrumento musical] body; ~ **de resonancia** MÚS sound box; *fig* [de opiniones etc] sounding board. - **13.** [cuenta contable] cash account; ~ **de amortización/de jubilaciones** sinking/pension fund; ~ **de resistencia** [sindical] strike fund. - **14.** [tambor] drum. - **15.** [en armas] gun stock. - **16.** [en carpintería] socket, mortise; ~ **y espiga** mortise and tenon. - **17.** TEATRO wings *(pl)*. - **18.** BOT seed capsule. - **19.** *Amér* [depósito] water tank. - **20.** *Amér* [de un río] dry riverbed. - **21.** *loc*: **echar a alguien con ~s destempladas** *fam* to send sb packing.
◆ **caja de dientes** *f Amér* false teeth *(pl)*.
◆ **caja de música** *f* music box.
◆ **caja negra** *f* black box.
◆ **caja registradora** *f* cash register.
◆ **caja de reclutamiento, caja de reclutas** *f* recruiting office.
◆ **caja tonta** *f*: **la** ~ **tonta** *fam* [la tele] the box.
cajero, ra *m, f* - **1.** [en tienda] cashier; [en banco] teller. - **2.** [fabricante] box O case maker.
◆ **cajero** *m*: ~ **(automático)** cash machine, cash dispenser.
cajeta *f Amér* - **1.** [caja pequeña] little box; [para dulces] small round box; [para tabaco] tobacco box. - **2.** [dulce] *type of nougat*. - **3.** [cobarde] coward. - **4.** *loc*: **de** ~ [de primera calidad] first-rate.
cajetilla *f* - **1.** [de cigarrillos] packet. - **2.** [de cerillas] box. - **3.** *Amér* [petimetre] fop, dandy.
cajetín *m* - **1.** [en imprenta] box. - **2.** ELECTR cleat insulator.
cajista *mf* typesetter.
cajón *m* - **1.** [de mueble] drawer. - **2.** [recipiente] crate, case. - **3.** [caseta] stall, booth. - **4.** *Amér* [ataúd] coffin. - **5.** *Amér* [tienda] grocery (shop). - **6.** *loc*: **eso es de** ~ *fam* that goes without saying.
◆ **cajón de sastre** *m* muddle, jumble.
cajonera *f* - **1.** [mueble] chest of drawers. - **2.** *Amér* [vendedora] itinerant saleswoman.
cajonería *f* set of drawers.
cajuela *f Amér* boot *Br*, trunk *Am*.
cal *f* lime; ~ **apagada** O **muerta** slaked lime; ~ **blanca/hidráulica** high-calcium/hydraulic lime; ~ **viva** quicklime; **cerrar a** ~ **y canto** *fig* to shut tight O firmly; **dar una de** ~ **y otra de arena** *fig* to be inconsistent.
cala *f* - **1.** [bahía pequeña] cove. - **2.** [del barco] hold. - **3.** [de fruta] sample slice; **vender a** ~ **y cata** to offer samples of merchandise. - **4.** BOT arum lily. - **5.** *fam* [dinero] peseta. - **6.** [zona de pesca] fishing ground. - **7.** [perforación] test boring. - **8.** *fig* [sondeo] opinion poll. - **9.** MED suppository.
calabacear *vt fam* - **1.** [suspender] to fail. - **2.** [dejar plantado] to jilt.
calabacín *m* - **1.** [fruto] courgette *Br*, zucchini *Am*. - **2.** *fam* [tonto] blockhead.
calabacino *m* dried gourd, calabash.
calabaza *f* - **1.** [fruto, planta] pumpkin, gourd; ~ **confitera** O **totanera** pumpkin; ~ **vinatera** bottle gourd, calabash. - **2.** *fam* [tonto] blockhead. - **3.** NÁUT tub, unseaworthy vessel. - **4.** *loc*: **dar ~s a alguien** *fam* [a pretendiente] to turn sb down; [en exámenes] to fail sb; **recibir** O **llevarse ~s** *fam* [de pretendiente] to be jilted O given the brush-off; [en exámenes] to fail.

calabobos *Esp*, **mojabobos** *Amér m inv* drizzle.
calabozo *m* cell.
calada *f* → **calado**.
caladero *m* fishing grounds *(pl)*.
calado, da *adj* soaked.
◆ **calado** *m* - **1.** NÁUT draught. - **2.** AUTOM stalling. - **3.** [bordado] openwork. - **4.** ARQUIT openwork, fretwork. - **5.** [bodega] draught.
◆ **calada** *f* - **1.** [inmersión] soaking. - **2.** [de cigarrillo] drag; **dar una calada** to take a drag.
calador *m* - **1.** [taladro] driller, borer. - **2.** NÁUT caulking iron. - **3.** *Amér* [sonda] sampler. - **4.** MED probe.
calafatear *vt* to caulk.
calamar *m* squid.
◆ **calamares** *mpl* [culin] squid *(U)*.
calambre *m* - **1.** [descarga eléctrica] (electric) shock. - **2.** [contracción muscular] cramp *(U)*. - **3.** [espasmo] spasm; ~ **de estómago** stomach cramp.
◆ **calambre del escribiente** *m* writer's cramp.
calambuco *m* - **1.** [árbol] calaba tree. - **2.** *Amér* [beato] pious man.
calamidad *f* calamity; **pasar ~es** to suffer great hardship
❑ **ser una** ~ *fig* to be a dead loss.
calamita *f* - **1.** [brújula] compass. - **2.** [imán] lodestone.
calamitoso, sa *adj* - **1.** [desastroso] calamitous. - **2.** *fam fig* [desgraciado] wretched.
cálamo *m* - **1.** [planta] calamus. - **2.** [flauta] *type of ancient reed flute*. - **3.** [pluma] pen. - **4.** [caña] reed, stalk.
calamocha *f* yellow ochre.
calamoco *m* icicle.
calandra *f* radiator grille.
calandrajo *m fam* - **1.** [jirón] tatter. - **2.** [trapo] rag. - **3.** *fig* [persona] idiot, fool.
calandrar *vt* [papel, ropa] to calender.
calandria ◊ *f* - **1.** [pájaro] calandra lark. - **2.** [para papel y telas] calender. - **3.** [torno] hoisting treadmill. ◊ *mf fam* [persona] malingerer.
calaña *f* - **1.** *despec* [naturaleza]: **de esa** ~ of that ilk. - **2.** [modelo] pattern, model. - **3.** [abanico] reed hand fan.
calar[1] ◊ *adj* calcareous. ◊ *m* limestone deposit.
calar[2] ◊ *vt* - **1.** [empapar] to soak. - **2.** *fig* [persona] to see through. - **3.** [gorro, sombrero] to jam on. - **4.** [tela] to do openwork embroidery on. - **5.** [fruta] to cut a sample of. - **6.** *fam* [humillar] to humiliate. - **7.** NÁUT to lower, to let down. - **8.** [armas] to fix, to aim. - **9.** ARQUIT to do openwork on. - **10.** [perforar] to perforate, to pierce. - **11.** *Amér* [maíz] to sample. ◊ *vi* - **1.** NÁUT to draw. - **2.** *fig* [penetrar]: ~ **en** to have an impact on. - **3.** [ave] to swoop, to dive.
◆ **calarse** *vpr* - **1.** [empaparse] to get soaked. - **2.** [motor] to stall. - **3.** [lograr entrar] to slip O sneak in. - **4.** [ave] to swoop, to dive.
calato, ta *adj Amér* [desnudo] naked.
calavera ◊ *f* - **1.** [cráneo] skull. - **2.** ZOOL death's-head hawk moth. ◊ *m fig* madcap, crazy person.
◆ **calaveras** *fpl Amér* AUTOM rear lights.
calaverada *f* reckless escapade.
calaverear *vi* - **1.** [ir de juerga] to live it up. - **2.** [hacer imprudencias] to act recklessly.
calcado, da *adj* traced; **ser ~ a alguien** to be the spitting image of sb.
calcador, ra *m, f* [persona] tracer, copier.
◆ **calcador** *m* [instrumento] tracer.
calcañal, calcañar *m* heel.
calcar [10] *vt* - **1.** [dibujo] to trace. - **2.** [imitar] to copy.
calcáreo, a *adj* calcareous.
calce[1] *etc v* → **calzar**.
calce[2] *m* - **1.** [cuña] wedge. - **2.** [llanta] steel rim. - **3.** *Amér* DER footnote.
calcedonia *f* MIN chalcedony.

calceta *f* stocking; **hacer** ~ to knit.

calcetín *m* sock.

calcificación *f* calcification.

calcificarse [10] *vpr* to calcify.

calcina *f* concrete.

calcinación *f* burning.

calcinar *vt* - **1.** [quemar] to burn, to char. - **2.** TECN to calcine.

calcio *m* calcium.

calco *m* - **1.** [reproducción] tracing. - **2.** [imitación] carbon copy. - **3.** LING calque, loan translation.

calcografía *f* chalcography.

calcografiar [9] *vt* - **1.** [gravar] to engrave on metal. - **2.** [reproducir] to print by means of metal engravings.

calcomanía *f* transfer.

calculable *adj* calculable.

calculado, da *adj* - **1.** [contado] estimated. - **2.** *fig* [preparado] calculated.

calculador, ra *adj lit & fig* calculating.

◆ **calculadora** *f* calculator; **calculadora de bolsillo** pocket calculator; **calculadora electrónica** computer.

calcular *vt* - **1.** [cantidades] to calculate; ~ **mal** [cantidad] to miscalculate; [tiempo, distancia] to misjudge. - **2.** [suponer] to reckon; **le calculo sesenta años** I reckon he's about sixty.

calculista ◇ *adj* calculating. ◇ *mf* COM planner.

cálculo *m* - **1.** [operación] calculation; ~ **mental** mental arithmetic *(U).* - **2.** [ciencia] calculus; ~ **diferencial/infinitesimal/integral** differential/infinitesimal/integral calculus. - **3.** [evaluación] estimate; ~ **de probabilidades** probability theory; ~ **prudencial** estimate, approximation. - **4.** MED stone, calculus; ~ **biliar** gallstone; ~ **renal** kidney stone. - **5.** [prudencia] caution; **obrar con mucho** ~ to act shrewdly.

Calcuta *s* Calcutta.

caldas *fpl* hot springs.

caldeamiento, caldeo *m* warming, heating.

caldear *vt* - **1.** [calentar] to heat (up). - **2.** *fig* [excitar] to warm up, to liven up. - **3.** METAL to fire.

caldeo *m* = **caldeamiento**.

caldera *f* - **1.** [recipiente] cauldron. - **2.** [máquina] boiler; ~ **de vapor** steam boiler. - **3.** MIN sump. - **4.** [instrumento] kettledrum case o shell. - **5.** *Amér* [tetera] teapot. - **6.** *Amér* [cráter] volcanic crater. - **7.** *loc:* **las ~s de Pedro Botero** *fam* hell *(U).*

calderería *f* - **1.** [oficio] boilermaking. - **2.** [tienda] boilermaker's shop. - **3.** METAL ironworks *(sg),* smithy.

calderero, ra *m, f* boilermaker.

caldereta *f* [de pescado] fish stew; [de carne] meat stew.

calderilla *f* small change, coppers *(pl)* Br.

caldero *m* cauldron.

calderón *m* - **1.** MÚS pause. - **2.** [caldera] large cauldron. - **3.** MAT *symbol designating one thousand.* - **4.** [párrafo] paragraph mark.

caldillo *m* stock.

caldo *m* - **1.** [sopa] broth. - **2.** [caldillo] stock. - **3.** [vino] wine. - **4.** [aceite] oil. - **5.** [aderezo] dressing. - **6.** *Amér* [de caña] sugarcane juice. - **7.** [loc]: **poner a alguien a** ~ *fam* [criticar] to slate sb; [reñir] to give sb a ticking off.

◆ **caldos** *mpl* liquid foodstuffs.

◆ **caldo de cultivo** *m* - **1.** BIOL culture medium. - **2.** *fig* [condición idónea] breeding ground.

caldoso, sa *adj* watery.

calducho *m* - **1.** *desus* [caldo] *thin and poorly seasoned broth.* - **2.** *Amér* [vacación] day off.

calé *adj & mf* gypsy.

calecer [30] *vi* to heat up.

calefacción *f* heating; ~ **central** central heating.

calefactor *m* - **1.** [aparato] heater. - **2.** [persona] heating engineer.

caleidoscopio *m* = **calidoscopio**.

calendario *m* - **1.** [de fechas] calendar; ~ **de Adviento** Advent calendar; ~ **escolar/laboral** school/working year; ~ **exfoliador** o **americano** o **de taco** desk calendar; ~ **gregoriano** o **nuevo** o **reformado** Gregorian calendar; ~ **juliano** Julian calendar. - **2.** [programa] schedule. - **3.** *loc:* **hacer ~s** [pensar] to ponder, to muse; [conjeturar] to conjecture.

calendas *fpl* - **1.** *fam* [época] time *(sg),* epoch *(sg).* - **2.** [primer día] calends *(sg).*

caléndula *f* calendula, pot marigold.

calentador, ra *adj* heating, warming.

◆ **calentador** *m* - **1.** [aparato] heater; [para agua] water heater. - **2.** [de cama] warming pan, bed warmer. - **3.** [prenda] legwarmer. - **4.** *fam* [reloj] cumbersome pocket watch.

calentamiento *m* - **1.** [subida de temperatura de] heating; ~ **global** o **mundial** global warming. - **2.** [ejercicios] warm-up. - **3.** VETER inflammation.

calentar [19] ◇ *vt* - **1.** [subir la temperatura de] to heat (up), to warm (up); **calienta un poco la leche** warm the milk up a bit. - **2.** *fig* [animar] to liven up. - **3.** *fig* [pegar] to hit, to strike; **si rompes el cristal con la pelota, te calentaré** if your ball breaks the window, you'll feel the back of my hand. - **4.** *mfam fig* [sexualmente] to turn on. - **5.** *fam* [irritar] to annoy, to irritate. ◇ *vi* [entrenarse] to warm up; **las jugadoras calentaron antes del partido** the players warmed up before the match.

◆ **calentarse** *vpr* - **1.** [por calor - suj: persona] to warm o.s., to get warm; [- suj: cosa] to heat up; **me sentaré junto al fuego para ~me** I'll sit next to the fire to warm up a bit. - **2.** *mfam fig* [sexualmente] to get randy *Br* o horny. - **3.** ZOOL to be on heat *Br,* to be in heat *Am.* - **4.** [alterarse] to get worked up o excited. - **5.** [enfadarse] to get angry o annoyed.

calentón, ona *m, f mfam* randy *Br* o horny person.

calentura *f* - **1.** [fiebre] fever. - **2.** [herida] cold sore. - **3.** *Amér* [tisis] tuberculosis, consumption. - **4.** *Amér* BOT *type of milkweed.* - **5.** *Amér* AGR fermentation of tobacco. - **6.** *Amér fam* [rabieta] fit of anger, rage.

◆ **calentura de pollo** *f fam fig* feigned illness, malingering *(U).*

calenturiento, ta *adj* - **1.** [con fiebre] feverish. - **2.** *fig* [incontrolado] wild; [sexualmente] filthy. - **3.** *Amér* [tísico] tubercular, consumptive.

calesa *f* calash.

calesera *f* - **1.** [chaqueta] short jacket. - **2.** [cante] *Andalusian folk song.*

calesitas *fpl Amér* merry-go-round *(sg).*

caleta *f* - **1.** [bahía] cove, inlet. - **2.** *Amér* [calle] *short road leading to sea.* - **3.** *Amér* [barca] small coaster. - **4.** *Amér* [gremio] port workers' association.

caletear *vi Amér* to dock at all ports.

caletero *m Amér* - **1.** [barco] coaster. - **2.** [descargador] docker, stevedore.

calezca *etc v → calecer*.

calibrado *m,* **calibración** *f* - **1.** [gen] calibration. - **2.** [de arma] boring.

calibrador *m* callipers *(pl);* ~ **de alambres/de brocas/de cubo** wire/drill/socket gauge; ~ **micrométrico** vernier callipers.

calibrar *vt* - **1.** [medir] to calibrate, to gauge. - **2.** [arma] to bore. - **3.** *fig* [juzgar] to gauge.

calibre *m* - **1.** [diámetro - de pistola] calibre; [- de alambre] gauge; [- de tubo] bore. - **2.** [instrumento] gauge. - **3.** *fig* [tamaño] size. - **4.** *fig* [importancia] importance, significance.

calicanto *m* stone masonry.

◆ **de calicanto** *loc adj* [sólido] firm, solid.

caliche *m* - **1.** [piedrecilla] pebble *(in a brick).* - **2.** [costrilla] flake of whitewash. - **3.** [en fruta] bruise. - **4.** *Amér* [salitre] saltpetre. - **5.** *Amér* MIN ground rich in nitrates *(U).*

calichera *f Amér* ground rich in nitrates *(U).*

calicó (*pl* **calicós**) *m Amér* calico.

calidad *f* - **1.** [cualidad] quality; **de** ~ quality (*antes de sust*) ❏ ~ **de vida** quality of life. - **2.** [clase] class. - **3.** [condición]: **en** ~ **de** in one's capacity as. - **4.** [importancia] importance, seriousness; **un asunto de** ~ a matter of importance. - **5.** COM stipulation, term; [en contrato]: **a** ~ **de que** providing that, on condition that.

cálido, da *adj* - **1.** [temperatura] warm. - **2.** [comida] hot, spicy.

calidoscopio, caleidoscopio *m* kaleidoscope.

calienta *etc v* → **calentar**.

calientacamas *m inv* electric blanket.

calientapiés *m inv* foot warmer.

calientaplatos *m inv* hotplate.

caliente¹ *v* → **calentar**.

caliente² *adj* - **1.** [gen] hot; [templado] warm; **a Carmen le gusta el café muy** ~ Carmen likes her coffee very hot; **esta habitación está decorada en tonos** ~**s** this room is decorated in warm colours ❏ **en** ~ *fig* in the heat of the moment. - **2.** *fig* [acalorado] heated. - **3.** *mfam* [excitado - persona] randy *Br*, horny; [- animal] on heat *Br*, in heat *Am*; **estar** ~ [persona] to be randy; [animal] to be on heat *Br*, to be in heat *Am*.

califa *m* caliph.

califato *m* caliphate.

calificable *adj* qualifiable.

calificación *f* - **1.** [atributo] quality. - **2.** EDUC mark.

calificado, da *adj* - **1.** [importante] eminent. - **2.** [apto] qualified. - **3.** [probado] proven.

calificador, ra *adj* - **1.** [que evalúa] assessing. - **2.** [que clasifica] classifying, grading. - **3.** [de examen] grading, marking.

calificar [10] *vt* - **1.** [denominar]: ~ **a alguien de algo** to call sb sthg, to describe sb as sthg. - **2.** EDUC to mark. - **3.** GRAM to qualify. - **4.** [evaluar] to assess. - **5.** *fig* [ennoblecer] to ennoble, to exalt.

calificativo, va *adj* qualifying.

◆ **calificativo** *m* epithet.

californio *m* californium.

caligrafía *f* - **1.** [arte] calligraphy. - **2.** [rasgos] handwriting.

calígrafo, fa *m, f* calligrapher; ~ **perito** handwriting expert.

calina *f* - **1.** [niebla] haze, mist. - **2.** [calor] heat.

calinoso, sa *adj* - **1.** [brumoso] misty, hazy. - **2.** [caluroso] warm.

Calíope *f* Calliope.

calipso *m* calypso.

cáliz (*pl* **cálices**) *m* - **1.** RELIG chalice. - **2.** ANAT & BOT calyx. - **3.** LITER goblet.

calizo, za *adj* chalky.

◆ **caliza** *f* limestone.

callado, da *adj* - **1.** [silencioso] quiet, silent. - **2.** [reservado] reserved. - **3.** [omitido] tacit, unspoken.

◆ **callada** *f* - **1.** [silencio] silence; **a la** o **de callada** [secretamente] on the quiet; **dar la callada por respuesta** [no responder] to say nothing in reply. - **2.** NÁUT lull. - **3.** [comida] tripe dinner.

callampa *f Amér* [seta] mushroom.

callana *f Amér* - **1.** [cazuela] earthenware dish for roasting corn. - **2.** MIN refinable slag. - **3.** [reloj] large pocket watch.

callandito, callandico *adv fam* on the quiet.

callao *m* - **1.** [terreno] stretch of land covered with pebbles. - **2.** [guijarro] pebble.

callar ◇ *vi* - **1.** [no hablar] to keep quiet, to be silent; **calló la verdad para no inculpar a su amigo** she withheld the truth so as not to incriminate her friend ❏ **quien calla otorga** silence signifies consent. - **2.** [dejar de hablar] to be quiet, to stop talking; **hacer** ~ to silence. - **3.** *loc*: **calla callando** *fam* quietly; **calla y cuez** [no meterse en asuntos aje-

nos] mind your own business; [no desatender un trabajo] stick to the business at hand. ◇ *vt* - **1.** [ocultar] to keep quiet about; [secreto] to keep. - **2.** [acallar] to silence.

◆ **callarse** *vpr* - **1.** [no hablar] to keep quiet, to be silent. - **2.** [dejar de hablar] to be quiet, to stop talking; **no se calló hasta que no terminó de contar sus vacaciones** he didn't stop talking until he had told everyone all about his holidays; **¡cállate!** shut up!, be quiet! - **3.** [ocultar] to keep quiet about; [secreto] to keep.

calle *f* - **1.** [vía de circulación] street, road; ~ **arriba/abajo** up/down the street ❏ ~ **de dirección única/de doble sentido** one-way/two-way street; ~ **mayor** high street *Br*, main street *Am*; ~ **peatonal** pedestrian precinct. - **2.** *fig* [lugar en el exterior]: **la** ~ the street; **se pasa el día en la** ~ she is always out; **salgo un momento, ¿quieres algo de la** ~? I'm just popping out, can I get you anything (from the shops)? - **3.** *fig* [ciudadanía]: **la** ~ the public; **el lenguaje de la** ~ everyday language. - **4.** *fam fig* [vecindario] neighbourhood; **no grites, te puede oír toda la** ~ don't shout, the whole neighbourhood can hear you. - **5.** DEP lane. - **6.** [paso]: **abrir** ~ to make way. - **7.** *Amér* [callejón] cul-de-sac. - **8.** *loc*: **dejar a alguien en la** ~ to put sb out of a job; **echar a alguien a la** ~ [de un trabajo] to sack sb; [de un lugar público] to kick o throw sb out; **echar por la** ~ **de en medio** to forge ahead; **echarse a la** ~ [manifestarse] to take to the streets; **hacer la** ~ to walk the streets; **llevarse a alguien de** ~ to win sb over; **traer** o **llevar a uno por la** ~ **de la amargura** to drive sb mad.

callejear *vi* to wander the streets.

callejeo *m* - **1.** [paseo] roaming o strolling about. - **2.** [de vagabundo] loitering.

callejero, ra *adj* - **1.** [de la calle] street (*antes de sust*). - **2.** [perro] stray. - **3.** [persona] fond of being out and about.

◆ **callejero** *m* [guía] street map.

callejón *m* - **1.** [calle pequeña] alley; ~ **sin salida** [calle] cul-de-sac; *fig* [conflicto, problema] blind alley, impasse. - **2.** TAUROM passage between barriers of a bulling.

callejuela *f* backstreet, side street.

callista *mf* chiropodist.

callo *m* - **1.** [dureza, cicatriz] callus; [en el pie] corn; **dar el** ~ *fam fig* to slog. - **2.** *fam fig* [persona fea] sight, fright. - **3.** [en equitación] calkin.

◆ **callos** *mpl* CULIN tripe (*U*); ~ **a la madrileña** tripe cooked with ham, smoked pork sausage, onion and peppers.

callosidad *f* callus, hard skin (*U*).

calloso, sa *adj* calloused.

calma ◇ *adj f* → **calmo**. ◇ *f* - **1.** [sin ruido o movimiento] calm; **en** ~ calm ❏ ~ **chicha** dead calm. - **2.** [sosiego] tranquility; **perder la** ~ to lose one's composure; **tómatelo con** ~ take it easy. - **3.** [apatía] sluggishness, indifference. - **4.** [en dolor, en negocio] lull.

calmante ◇ *adj* sedative, soothing. ◇ *m* sedative.

calmar ◇ *vt* - **1.** [mitigar] to relieve. - **2.** [tranquilizar] to calm, to soothe. ◇ *vi* to calm down.

◆ **calmarse** *vpr* to calm down; [dolor, tempestad] to abate.

calmo, ma *adj* - **1.** [tranquilo] calm. - **2.** [sin árboles] barren, treeless.

calmoso, sa *adj* - **1.** [tranquilo] calm. - **2.** *fam fig* [lento] slow. - **3.** *fam fig* [perezoso] lazy, sluggish.

caló *m* gypsy dialect.

calofonía *f* rosin.

calofriarse [9] *vpr* to have a chill.

calofrío *m* shiver.

calor *m* - **1.** [temperatura alta] heat; [tibieza] warmth; **entrar en** ~ [gen] to get warm; [público, deportista] to warm up; **hacer** ~ to be warm o hot; **tener** ~ to be warm o hot; **voy a abrir la ventana, tengo** ~ I'm going to open the window, I'm too hot ❏ ~ **animal/canicular/latente** body/stifling/latent heat; ~ **blanco/rojo** white/red heat; ~ **específico** FÍS specific heat; ~ **natural** natural body temperature; **freírse de** ~ *fig* to be boiling hot. - **2.** *fig* [afecto, entusiasmo] warmth; **dar** ~ **a** to encourage ❏ **al** ~ **de** under the wing of. - **3.** [pasión] ardour, passion.

caloría f calorie; **bajo en** ~s low-calorie.
calórico, ca adj caloric.
◆ **calórico** m heat.
calorífero, ra adj [que da calor] heat-producing.
◆ **calorífero** m [calefactor] heater; ~ **de aire** fan heater; ~ **de vapor** radiator; ~ **mural** wall radiator.
calorífico, ca adj calorific.
calorímetro m calorimeter.
caloroso, sa adj = **caluroso**.
calostro m colostrum.
calote m Amér swindle.
calque etc v → **calcar**.
calumnia f [oral] slander; [escrita] libel.
calumniador, ra ◇ adj slanderous. ◇ m, f slanderer.
calumniar [8] vt [oralmente] to slander; [por escrito] to libel.
calumnioso, sa adj [de palabra] slanderous; [por escrito] libellous.
calurosamente adv [con afecto] warmly.
caluroso, sa, caloroso, sa adj - **1.** [gen] hot; [templado] warm; **un día** ~ a hot o warm day. - **2.** [persona que siente el calor] who feels the heat. - **3.** fig [afectuoso] warm.
calva f → **calvo**.
calvados m inv Calvados.
calvario m - **1.** [vía crucis] Calvary, stations (pl) of the Cross. - **2.** fig [sufrimiento] ordeal; **sufrir un** ~ to bear one's cross. - **3.** [deudas] string of debts.
calvero m - **1.** [claro] clearing, glade. - **2.** [terreno] clay pit.
calvicie, calvez (pl **calveces**) f baldness.
calvinismo m RELIG Calvinism.
calvinista adj Calvinist.
Calvino m: **Juan** ~ John Calvin.
calvo, va ◇ adj - **1.** [sin cabello] bald; **quedarse** ~ to go bald; **mi hermano se ha quedado** ~ **en poco tiempo** my brother went bald very quickly. - **2.** [yermo] bare, barren. - **3.** [raído] threadbare. - **4.** loc: **ni tanto ni tan** ~ neither one extreme nor the other. ◇ m, f bald person.
◆ **calva** f - **1.** [en la cabeza] bald patch. - **2.** [en tejido, terreno] bare patch.
calza f - **1.** [cuña] wedge, block. - **2.** desus [media] stocking. - **3.** [para animales] identification tag. - **4.** Amér [empaste] filling (in tooth).
◆ **calzas** fpl breeches.
calzada f → **calzado**.
calzadera f [cuerda] hemp cord.
calzado, da adj - **1.** [con zapatos] shod. - **2.** [ave] feather-legged.
◆ **calzado** m - **1.** [zapatos] footwear; **tienda de** ~ shoe shop. - **2.** [medias] hosiery.
◆ **calzada** f road (surface).
calzador m - **1.** [para zapatos] shoehorn. - **2.** Amér [estuche - para plumas] penholder; [- para lápices] pencil holder.
calzar [13] vt - **1.** [poner calzado] to put on. - **2.** [proveer de calzado] to provide shoes for. - **3.** [llevar un calzado] to wear; **¿qué número calza?** what size do you take? - **4.** [poner cuña a] to wedge, to block. - **5.** fam [comprender] to grasp, to understand. - **6.** [arma] to carry, to take (a certain calibre). - **7.** [coche] to put tyres on. - **8.** [en imprenta] to raise. - **9.** Amér [empastar] to fill (a tooth).
◆ **calzarse** vpr - **1.** [ponerse zapatos] to put on shoes. - **2.** Amér [obtener] to get, to obtain.
calzo m - **1.** [cuña] wedge. - **2.** NÁUT stowing chock, skid.
calzón m (gen pl) - **1.** desus [pantalón] trousers (pl); **calzones cortos** shorts. - **2.** Amér [bragas] knickers (pl). - **3.** Amér [calzoncillos] underpants (pl). - **4.** Amér [guiso] pork stew. - **5.** loc: **a** ~ **quitado** fam boldly, fearlessly; **amarrarse los calzones** Amér to stand firm; **tener bien puestos los calzones** to be a real man; **tener muchos calzones** to have guts.
◆ **calzones** mpl Amér [bragas] knickers.

calzonazos m inv fam - **1.** [marido] henpecked husband. - **2.** [hombre] weakling.
calzoncillo m (gen pl) underpants (pl).
CAM (abrev de **computer-aided manufacturing**) f CAM.
cama f - **1.** [lecho] bed; [armazón] bedstead; **caer en** ~ to fall ill; **estar en** o **guardar** ~ to be confined to bed; **el médico le ha dicho que tiene que estar en** o **guardar** ~ the doctor told her to stay in bed; **hacer la** ~ to make the bed; **irse a la** ~ to go to bed □ ~ **de agua** water bed; ~ **individual/de matrimonio** single/double bed; ~ **gemela/turca** twin/divan bed; ~ **nido** pull-out bed (under other bed); ~ **de tijera** camp bed Br, folding cot Am; **hacerle** o **ponerle la** ~ **a alguien** fig to plot against sb. - **2.** [de enfermo] sickbed. - **3.** [guarida] lair. - **4.** [de animal] litter, straw bed. - **5.** [de carro] floor, bed. - **6.** GEOL bedrock; ~ **de roca** bedrock.
camada f litter.
camafeo m cameo.
camal m - **1.** [cabestro] halter. - **2.** [palo] meathook. - **3.** Amér [matadero] slaughterhouse.
camaleón ◇ m - **1.** [reptil] chameleon. - **2.** [persona] chameleon. - **3.** Amér [ave] falcon. ◇ adj changeable.
camaleónico, ca adj fig fickle.
camalero m Amér slaughterer, butcher.
camalotal m Amér [terreno] water hyacinth bed.
camalote m Amér water hyacinth.
camandulear vi fam - **1.** [fingir] to be hypocritical. - **2.** Amér [intrigar] to scheme.
camandulero, ra ◇ adj fam - **1.** [hipócrita] hypocritical. - **2.** Amér [astuto] sly, cunning. ◇ m, f fam - **1.** [hipócrita] hypocrite. - **2.** Amér [intrigante] schemer.
cámara ◇ f - **1.** [gen, POLÍT & TECN] chamber; ~ **acorazada** strong room, vault; ~ **de aire/gas** air/gas chamber; ~ **alta/baja** upper/lower house; ~ **de combustión** combustion chamber; ~ **de Comercio** Chamber of Commerce; ~ **de compensación** clearing house; ~ **de compresión/descompresión** compression/decompression chamber; ~ **de los Comunes/Lores** House of Commons/Lords; ~ **frigorífica** cold-storage room; ~ **mortuoria** funeral chamber; ~ **de oxígeno** oxygen tent; ~ **de Representantes** House of Representatives; ~ **de torturas/de vacío** torture/vacuum chamber. - **2.** CINE, FOT & TV camera; **a** ~ **lenta** lit & fig in slow motion; **si miras la repetición de la jugada a** ~ **lenta podrás fijarte en todos los detalles** if you watch the slow-motion replay, you'll be able to see all the details; **mi hermano lo hace todo a** ~ **lenta** my brother does everything in slow motion □ ~ **cinematográfica** film camera Br, movie camera Am; ~ **fotográfica** camera; ~ **de televisión** television camera; ~ **oscura** camera obscura. - **3.** [de balón, neumático] inner tube. - **4.** [de arma] chamber, breech. - **5.** NÁUT cabin. - **6.** ANAT cavity, chamber. - **7.** AGR granary. ◇ mf [persona] cameraman (f camerawoman).
◆ **cámaras** fpl MED diarrhoea (U).
◆ **de cámara** loc adj - **1.** MÚS chamber (antes de sust). - **2.** [del rey] court (antes de sust), royal; **pintor de** ~ court painter.
camarada mf - **1.** POLÍT comrade. - **2.** [compañero] colleague; ~ **de colegio** classmate; ~ **de trabajo** workmate, colleague.
camaradería f camaraderie.
camarero, ra m, f - **1.** [de restaurante] waiter (f waitress); [de hotel] steward (f chambermaid); **camarera mayor** chief lady-in-waiting; ~ **mayor** royal chamberlain; ~ **principal** head waiter. - **2.** [de rey etc] chamberlain (f lady-in-waiting).
◆ **camarera** f - **1.** Amér [azafata] air hostess. - **2.** [criada] maid.
camareta f - **1.** NÁUT small cabin. - **2.** Amér [pequeño cañón] small cannon.
camarilla f [grupo] clique; POLÍT lobby, pressure group.
camarín m - **1.** [en teatro] dressing room. - **2.** [despacho] study. - **3.** [tocador] boudoir. - **4.** RELIG niche, alcove.

camarón *m* - **1.** [animal] shrimp. - **2.** *Amér* [propina] tip. - **3.** *Amér* [ganga] bargain. - **4.** *Amér* [persona] turncoat.

camarote *m* cabin.

camarotero *m Amér* NÁUT steward.

camasquince *mf inv fam* [entrometido] busybody, meddler.

camastro *m* ramshackle bed.

camastrón, na *fam* ◇ *adj* cunning, sly. ◇ *m, f* cunning person.

cambado, da *adj Amér* bowlegged.

cambalache *m fam* - **1.** [trueque] swap. - **2.** *Amér* [tienda] junk shop.

cambalachear *vt fam* to swap.

cambalachero, ra ◇ *adj* swapping. ◇ *m, f* - **1.** [trocador] swapper. - **2.** *Amér* [vendedor] owner of a second-hand shop.

cámbaro *m* ZOOL crayfish, crawfish.

cambiable *adj* - **1.** [alterable] changeable. - **2.** [canjeable] exchangeable.

cambiadizo, za *adj* changeable, variable.

cambiador, ra ◇ *adj* changing. ◇ *m, f* moneychanger.
◆ **cambiador** *m Amér* - **1.** FERROC pointsman *Br*, switchman *Am*. - **2.** [mando] control switch.
◆ **cambiador automático** *m* record changer.

cambiante ◇ *adj* changeable. ◇ *m* moneychanger.
◆ **cambiantes** *mpl* iridescence *(U)*, lustre *(U)*.

cambiar [8] ◇ *vt* - **1.** [gen] to change; ~ **libras por pesetas** to change pounds into pesetas. - **2.** [canjear]: ~ **algo (por)** to exchange sthg (for); **cambié mi reloj por el suyo** I swapped watches with him. ◇ *vi* - **1.** [gen] to change; ~ **de** [gen] to change; [casa] to move; ~ **de trabajo** to move jobs. - **2.** [de marchas] to change gear. - **3.** METEOR to change, to shift.
◆ **cambiarse** *vpr*: ~**se (de)** [ropa] to change; [casa] to move; ~**se de vestido** to change one's dress.

cambiavía *m* - **1.** [mecanismo] points *(pl) Br*, switch *Am*. - **2.** *Amér* [persona] pointsman *Br*, switchman *Am*.

cambiazo *m fam* - **1.** [cambio grande] radical change. - **2.** [sustitución] switch *(in order to steal bag etc)*; **dar el** ~ *fig* to do a switch.

cambio *m* - **1.** [moneda pequeña] change. - **2.** [variación, modificación] change; ~ **de aceite** AUTOM oil change; ~ **de domicilio** change of address; ~ **radical** turnabout, turnround; ~ **de tiempo** change in the weather; ~ **de tribunal** DER change of venue; **a las primeras de** ~ at the first opportunity. - **3.** [trueque] exchange; **a** ~ **(de)** in exchange o return (for). - **4.** FIN - de acciones] price; [- de divisas] exchange rate; '~' 'bureau de change' ❑ ~ **base** base rate; ~ **extranjero** foreign exchange. - **5.** AUTOM: ~ **automático** automatic transmission; ~ **de marchas** o **velocidades** gear change; ~ **de sentido** U-turn.
◆ **en cambio** *loc adv* - **1.** [por otra parte] on the other hand, however; **éste me gusta, en** ~ **este otro es feo** I like this one, but this other one is horrible. - **2.** [en su lugar] instead.
◆ **cambio de rasante** *m* brow of a hill.
◆ **libre cambio** *m* - **1.** ECON [librecambismo] free trade. - **2.** FIN [de divisas] floating exchange rates *(pl)*.

cambista ◇ *mf* money changer. ◇ *m Amér* pointsman *Br*, switchman *Am*.

Camboya *s* Cambodia.

camboyano, na *adj & m, f* Cambodian.

cambray *(pl* **cambrayes)** *m* TEXTIL cambric.

cambujo, ja *Amér* ◇ *adj* [persona] dark; [asno] reddish-black. ◇ *m, f* Indian mestizo.

cambur *m Amér* - **1.** [empleo] job. - **2.** [empleado] clerk. - **3.** [plátano] banana.

CAME *(abrev de* **Consejo de Ayuda Mutua Económica)** *m* CMEA.

camelador, ra ◇ *adj* flattering. ◇ *m, f* flatterer.

camelar *vt fam* - **1.** [seducir, engañar] to butter up, to win over. - **2.** [enamorar] to flirt with. - **3.** *Amér* [observar] to watch, to observe.

camelear *vt fam* to deceive.

cameleo *m fam* flattery, wheedling.

camelia *f* camellia.

camelista *fam* ◇ *adj* wheedling, flattering. ◇ *mf* flatterer.

camello, lla *m, f* [animal] camel.
◆ **camello** *m fam* [traficante] drug pusher o dealer.

camellón *m* - **1.** [abrevadero] drinking trough. - **2.** AGR ridge. - **3.** *Amér* [terreno] central reservation *Br*, median *Am*.

camelo *m fam* - **1.** [engaño] humbug *(U)*. - **2.** [noticia falsa] hoax. - **3.** [galanteo] flirting *(U)*. - **4.** [chasco] teasing *(U)*, joking *(U)*; **dar** ~ **a** to make fun of, to tease.

camembert ['kamember] *(pl* **camemberts)** *m* camembert.

camerino *m* dressing room.

camero, ra *adj* bed *(antes de sust)*; **cama camera** double bed.

Camerún *s* Cameroon.

camerunés, esa *(pl* **cameruneses)** ◇ *adj* of/relating to Cameroon. ◇ *m, f* native/inhabitant of Cameroon.

camilla ◇ *f* - **1.** [gen] stretcher; [de psiquiatra, dentista] couch. - **2.** [cama] small bed. ◇ *adj →* **mesa**.

camillero, ra *m, f* stretcher-bearer.

caminador, ra *adj* fond of walking.

caminante ◇ *adj* walking. ◇ *mf* walker. ◇ *m* footman, groom.

caminar ◇ *vi* - **1.** [a pie] to walk. - **2.** *fig* [ir]: ~ **(hacia)** to head (for). ◇ *vt* [una distancia] to travel, to cover.

caminata *f* long walk.

camino *m* - **1.** [sendero] path, track; [carretera] road; ~ **de acceso** access road; ~ **de herradura** bridle path; ~ **de hierro** railway; ~ **forestal** forest track; ~ **real** HIST king's highway; ~ **de sirga** towpath; ~ **vecinal** country lane; **abrir** ~ **(a)** to clear the way (for); **el hermano mayor ha abierto** ~ **a los pequeños** the older brother cleared the way for the younger ones; **abrirse** ~ to get on o ahead; **le costó mucho abrirse** ~, **pero ahora tiene una buena posición** it wasn't easy for him to get on, but he's got a good job now; **allanar el** ~ to smooth the way; **ir cada cual por su** ~ to each go his/her own way; **ir por buen** ~ to be on the right track; **ir por mal** ~ to go astray; **traer a alguien al buen** ~ to put sb back on the right track. - **2.** [itinerario] way; **no recuerdo el** ~ **de vuelta** I can't remember the way back; **a medio** ~ halfway; **estar a me-**

USO ▶ Para cambiar de tema

En conversación	**En un tono más formal**
Incidentally, has anyone heard from John lately?	Moving swiftly on to our next topic, ...
By the way, you still owe me £5.	On a completely different note, could I just mention...
Talking of John, has anyone seen him lately?	Leaving aside the question of..., let us turn now to the problem of...
While I remember o Before I forget, has anyone seen John recently?	I'd like to look now at the question of...
Anyway, as I was saying, ... *[familiar]*	If we could now turn to the second item on the agenda.

dio ~ to be halfway there; **quedarse a medio** ~ to stop halfway through; ~ **de** on the way to; **va** ~ **de convertirse en estrella** she's on her way to stardom ❑ **cruzarse** o **interponerse en el** ~ **de alguien** to stand in sb's way; **en el** o **de** ~ [de paso] on the way; **de** ~ *fig* [de pasada] in passing. - 3. [viaje] journey; **ponerse en** ~ to set off. - 4. *fig* [medio] way; **el** ~ **para conseguir tus propósitos es la honestidad** the way to get what you want is to be honest. - 5. *Amér* [de mesa] table runner; [en vestíbulo, pasillo] runner, narrow strip of carpet.

◆ **camino de Santiago** *m* - 1. ASTRON Milky Way. - 2. RELIG Way of St. James, *pilgrimage route to Santiago de Compostela.*

◆ **camino trillado** *m fig* well-trodden path.

camión *m* - 1. [de mercancías] lorry *Br*, truck *Am*; ~ **articulado** articulated lorry; ~ **de la basura** dustbin van *Br*, garbage truck *Am*; ~ **blindado** armoured truck; ~ **de bomberos** fire engine; ~ **cisterna** tanker; ~ **de la mudanza** removal van; ~ **remolcador** tow truck; ~ **de volteo** dumper truck *Br*, dump truck *Am*. - 2. *Amér* [autobús] bus.

camionaje *m* haulage.

camionero, ra *m, f* lorry driver *Br*, trucker *Am*.

camioneta *f* van.

camisa *f* - 1. [prenda] shirt; ~ **de dormir** nightshirt. - 2. TECN lining; ~ **de agua** water jacket. - 3. ZOOL slough, skin. - 4. BOT skin. - 5. *loc*: **dejar sin** ~ **a alguien** *fam* to leave sb penniless; **en** ~ without a dowry; **jugarse hasta la** ~ to stake one's shirt; **meterse en** ~ **de once varas** to complicate matters unnecessarily; **mudar** o **cambiar de** ~ to change sides; **no le llega la** ~ **al cuerpo** she's scared stiff; **perder hasta la** ~ *fam* to lose the shirt off one's back; **se gastó todo lo que tenía en la lotería, perdió hasta la** ~ he lost everything he had playing the lottery, he even had to sell she shirt off his back.

◆ **camisa de fuerza** *f* straitjacket.

camisería *f* [tienda] shirt shop, outfitter's.

camisero, ra ◇ *adj* shirt *(antes de sust)*. ◇ *m, f* - 1. [que confecciona] shirtmaker. - 2. [que vende] outfitter.

camiseta *f* - 1. [ropa interior] vest; [sin mangas] singlet *Br*, undershirt *Am*. - 2. [de verano] T-shirt. - 3. [DEP - de tirantes] vest; [- de mangas] shirt.

camisola *f* - 1. [prenda interior] camisole. - 2. DEP sports shirt. - 3. [camiseta] shirt. - 4. [de hombre] man's dress shirt. - 5. *Amér* [de mujer] woman's blouse.

camisolín *m* dicky, shirt front.

camisón *m* - 1. [de noche] nightdress. - 2. [camisa grande] big shirt. - 3. *Amér* [de mujer] chemise.

camomila *f* camomile.

camorra *f* trouble; **armar** ~ to pick a fight; **buscar** ~ to look for trouble.

camorrear *vi fam* to squabble, to quarrel.

camorrero, ra *adj & m, f* = **camorrista**.

camorrista ◇ *adj* belligerent, quarrelsome. ◇ *mf* troublemaker.

camote *m Amér* - 1. [boniato] sweet potato. - 2. [bulbo] tuber, bulb. - 3. [enamoramiento] infatuation; **tener un** ~ to be infatuated. - 4. [amante] lover, sweetheart. - 5. [mentira] lie. - 6. [morado, cardenal] bruise. - 7. [bobo, tonto] fool. - 8. [bribón] scoundrel, rascal. - 9. *loc*: **tragar** ~ [balbucir] to stammer.

camotillo *m Amér* - 1. [dulce] *sweet made of mashed sweet potatoes.* - 2. [madera] *type of violet-coloured wood streaked with black.* - 3. BOT turmeric.

camp [kam] *adj inv* camp.

campal *adv* → **batalla**.

campamento *m* camp; ~ **de refugiados/de verano** refugee/summer camp.

campana *f* bell; **tañer** o **tocar las** ~s to ring the bells ❑ ~ **de buzo** o **de salvamento** diving bell; ~ **de cristal** o **de vidrio** bell jar; ~ **extractora de humos** extractor

hood; **a** ~ **herida** o **tañida** *fig* at the sound of a bell; **echar las** ~s **al vuelo** *fam fig* to jump for joy; **oír** ~s **y no saber dónde** *fig* not to know what one is talking about.

campanada *f* - 1. [de campana] peal. - 2. [de reloj] stroke. - 3. *fig* [suceso] sensation; **dar la** ~ to cause a sensation.

campanario *m* belfry, bell tower; **de** ~ *fig* mean, despicable.

campanear *vi* - 1. [tocar] to ring the bells. - 2. [observar] to act as a lookout.

campaneo *m* ringing o pealing of bells.

campanero, ra *m* - 1. [persona] bell ringer. - 2. *Amér* ZOOL bellbird.

campanil ◇ *adj* bell *(antes de sust)*; **bronce** ~ bell bronze. ◇ *m* belfry, bell tower.

campanilla *f* - 1. [de la puerta] (small) bell; [con mango] handbell. - 2. ANAT uvula. - 3. [flor] campanula, bellflower; ~ **de invierno** snowdrop. - 4. [burbuja] bubble. - 5. *loc*: **de muchas** ~s of great importance.

campanilleo *m* tinkling *(U)*.

campante *adj* - 1. [destacado] outstanding. - 2. *loc*: **estar** o **quedarse** o **seguir tan** ~ *fam* to remain quite unruffled.

campanudo, da *adj* - 1. [acampanado] bell-shaped. - 2. *fig* [grandilocuente] high-flown; **retórica campanuda** high-flown rhetoric.

campaña *f* - 1. [gen] campaign; **hacer** ~ **(de/contra)** to campaign (for/against); **de** ~ MIL field *(antes de sust)* ❑ ~ **electoral** election campaign. - 2. [campo llano] open countryside; **batir** o **correr la** ~ to reconnoitre. - 3. [temporada] season; ~ **teatral** theatre season. - 4. NÁUT cruise.

campar *vi* - 1. [acampar] to camp. - 2. [sobresalir] to stand out, to excel.

campeador *adj* mighty o heroic in battle.

campear *vi* - 1. [pacer] to graze. - 2. BOT to (turn) green. - 3. *fig* [sobresalir] to stand out, to excel. - 4. MIL to reconnoitre. - 5. *Amér* [buscar en el campo] to search o scour the countryside.

campechanía *f* - 1. [buen humor] geniality, goodnatured character. - 2. [generosidad] generosity. - 3. [franqueza] openness, straightforwardness.

campechano, na *adj fam* - 1. [amistoso] genial, good-natured. - 2. [generoso] generous.

campeón, ona *m, f* champion.

campeonato *m* championship; **de** ~ *fig* terrific, great.

campero, ra *adj* - 1. [de campo] country *(antes de sust)*; [al aire libre] open-air. - 2. *Amér* [persona] expert at ranching o farming.

◆ **campero** *m Amér* ≃ Jeep®.

◆ **campera** *f* - 1. [bota] ≃ cowboy boot. - 2. *Amér* [chaqueta] short leather jacket.

campesinado *m* peasants *(pl)*, peasantry.

campesino, na ◇ *adj* country *(antes de sust)*, rural. ◇ *m, f* peasant.

campestre *adj* country *(antes de sust)*.

camping ['kampin] *(pl* **campings***) m* - 1. [actividad] camping; **ir de** ~ to go camping. - 2. [terreno] campsite.

campiña *f* - 1. [campo] countryside. - 2. [terreno] large field; **una** ~ **de trigo** a large field of wheat.

campista *mf* camper.

campito *m Amér* property, estate.

campo *m* - 1. [gen & INFORM] field; ~s **de maíz** cornfields; **es una celebridad en el** ~ **de la política** she's well known in the field of politics; **el** ~ **enemigo** enemy territory *(U)* ❑ ~ **de aterrizaje** landing field; ~ **de aviación** airfield; ~ **de batalla** battlefield; ~ **de cultivo** breeding-ground; ~ **eléctrico/gravitatorio/magnético** FÍS electric/gravitational/magnetic field; ~ **del honor** *fig* field of honour; ~ **de instrucción** drilling ground; ~ **de minas** minefield; ~ **operatorio** MED surgical area; ~ **petrolífero** oilfield; ~ **santo** cemetery; ~ **semántico** semantic field; ~

de tiro firing range. **- 2.** [campiña, zona no urbana] country, countryside; **una casa en el** ~ a house in the country; **la belleza del** ~ **escocés** the beauty of the Scottish countryside ❑ ~ **abierto** open countryside; ~ **a través** DEP cross-country; **a** ~ **abierto** out in the open; **a** ~ **traviesa** cross country. **- 3.** [DEP - de fútbol] pitch; [- de tenis] court; [- de golf] course; **jugar en** ~ **contrario/propio** to play away (from home)/at home; ~ **de deportes** o **de juego** [de universidad, escuela etc] playing field Br, athletic field Am; [del ayuntamiento] recreation ground Br, playground Am. **- 4.** fig [partido, bando] camp, side. **- 5.** ARTE background. **- 6.** Amér [finca] farm, ranch. **- 7.** Amér MIN mining concession. **- 8.** loc: **dejar el** ~ **libre** fig to leave the field open; **el** ~ **se le hizo orégano** Amér fam it was plain sailing for her; **levantar el** ~ MIL to strike camp; fig [ceder] to give up; **quedar en el** ~ fig to die in battle; **reconocer el** ~ MIL to reconnoitre; COM to carry out market research.
◆ **campo de concentración** m concentration camp.
◆ **campo de trabajo** m [de vacaciones] work camp; [para prisioneros] labour camp.
◆ **campo visual** m field of vision.
camposanto m cemetery.
Campsa (abrev de **Compañía Arrendataria del Monopolio de Petróleos, SA**) f Spanish state petroleum company.
campus m inv campus.
camuflaje m camouflage.
camuflar vt to camouflage.
can m **- 1.** [perro] hound, dog. **- 2.** [de viga] corbel. **- 3.** ARQUIT modillion. **- 4.** [gatillo] trigger.
cana f → **cano**.
Canadá s: (**el**) ~ Canada.
canadiense adj & mf Canadian.
canal ◇ m **- 1.** [cauce artificial] canal. **- 2.** GEOGR [estrecho] channel, strait; **el** ~ **de la Mancha** the English Channel; **el** ~ **de Suez** the Suez Canal. **- 3.** RADIO & TV channel. **- 4.** ANAT canal, duct. **- 5.** [de agua, gas] conduit, pipe. **- 6.** fig [medio, vía] channel; ~ **de comercialización** ECON distribution channel. **- 7.** [res] carcass; **abrir en** ~ to slit open; fig to tear apart. ◇ m o f **- 1.** [de un tejado] (valley) gutter. **- 2.** [de libro] edge. **- 3.** ARQUIT groove, fluting.
canalé m ribbed knitwear.
canaleta f Amér [canal] gutter.
canalete m paddle.
canalizable adj capable of being channelled.
canalización f **- 1.** [encauzamiento] piping. **- 2.** (gen pl) [cañería] pipes (pl). **- 3.** fig [orientación] channelling. **- 4.** [de electricidad] wiring. **- 5.** Amér [de cloacas] sewers (pl), sewage system.
canalizar [13] vt **- 1.** [territorio] to canalize; [agua] to channel. **- 2.** [por tuberías] to pipe. **- 3.** [cauce] to deepen the course of. **- 4.** fig [orientar] to channel.
canalla ◇ mf swine, dog. ◇ f rabble, riffraff.
canallada f [acto] dirty trick.
canalón m **- 1.** [de tejado] gutter; [en la pared] drainpipe. **- 2.** [sombrero] shovel hat.
canana f **- 1.** [cinto] cartridge belt. **- 2.** Amér fam [camisa de fuerza] straitjacket. **- 3.** Amér [bocio] goitre.
◆ **cananas** fpl Amér [esposas] handcuffs.
canapé m **- 1.** CULIN canapé. **- 2.** [sofá] sofa, couch.
Canarias fpl: **las (islas)** ~ the Canary Islands, the Canaries.
canario, ria ◇ adj of the Canary Islands. ◇ m, f [persona] Canary Islander.
◆ **canario** m **- 1.** [pájaro] canary. **- 2.** [embarcación] small boat. **- 3.** Amér [generoso] big tipper. **- 4.** Amér [silbato] toy whistle.
canasta f **- 1.** [cesta & DEP] basket; [cesto grande] hamper. **- 2.** [juego de naipes] canasta. **- 3.** NÁUT bowknot.
canastero, ra m, f **- 1.** [oficio] basket maker. **- 2.** Amér [vendedor ambulante] street vendor.
canastilla f **- 1.** [cesto pequeño] basket. **- 2.** [de bebé] layette. **- 3.** Amér [de novia] trousseau.

canasto m large basket.
◆ **canastos** interj **- 1.** [expresa enfado] for Heaven's sake! **- 2.** [expresa sorpresa] good heavens!
Canberra s Canberra.
cancán m [baile] cancan.
cáncana f Amér **- 1.** [de asar] spit. **- 2.** [de vela] candlestick. **- 3.** [persona] thin person.
cancanear vi Amér **- 1.** [tartamudear] to stutter, to stammer. **- 2.** [expresarse] to express o.s. with difficulty. **- 3.** [bailar] to dance the cancan. **- 4.** POLÍT to engage in dirty politics.
cancaneo m **- 1.** fam [vagabundeo] loitering, loafing. **- 2.** [detonación] sputter. **- 3.** Amér [tartamudeo] stuttering, stammering.
cáncano m fam louse.
cancel m **- 1.** [puerta] storm door. **- 2.** [tabique] partition. **- 3.** Amér [mampara] folding screen.
cancela f wrought-iron gate.
cancelación f cancellation.
cancelar vt **- 1.** [anular] to cancel. **- 2.** [deuda] to pay, to settle. **- 3.** fig [borrar] to dispel.
cáncer m cancer.
Cáncer ◇ m inv **- 1.** [zodiaco] Cancer; **ser** ~ to be (a) Cancer. **- 2.** [constelación] Cancer. ◇ mf inv [persona] Cancer, Cancerian.
cancerarse vpr **- 1.** [tumor] to become cancerous. **- 2.** [enfermar] to get cancer. **- 3.** fig [corromperse] to become corrupt.
cancerbero m **- 1.** DEP goalkeeper. **- 2.** [portero] severe doorman.
cancerígeno, na adj carcinogenic.
cancerología f oncology.
cancerológico, ca adj oncological.
cancerólogo, ga m, f cancer specialist, oncologist.
canceroso, sa ◇ adj [úlcera, tejido] cancerous; [enfermo] suffering from cancer. ◇ m, f [enfermo] cancer patient.
cancha f **- 1.** [campo] field, ground; [de tenis] court; [de pelea de gallos] cockpit; **abrir** o **dar** ~ **a alguien** Amér to give the advantage to sb; **estar en su** ~ Amér to be in one's element; **tener** ~ Amér to be experienced ❑ ~ **de carreras** racetrack; ~ **de fútbol** football pitch o ground Br, soccer field Am. **- 2.** Amér [descampado] open space o ground. **- 3.** Amér [corral] fenced yard. **- 4.** Amér [senda] path, lane. **- 5.** Amér fam [maíz] toasted maize Br, toasted corn Am.
◆ **cancha** interj Amér make way!
canchero, ra Amér ◇ adj expert, skilled. ◇ m, f **- 1.** [experto] expert. **- 2.** [cuidador] groundsman. **- 3.** [vago] loafer, layabout. **- 4.** DEP score keeper.
cancho m **- 1.** [peñasco] boulder. **- 2.** Amér [propina] tip. **- 3.** Amér [retribución] fee.
canciller, chanciller m **- 1.** [de gobierno, embajada] chancellor. **- 2.** [de asuntos exteriores] foreign minister.
cancillería f **- 1.** [de gobierno] chancellorship. **- 2.** [de embajada] chancellery. **- 3.** [de asuntos exteriores] foreign ministry.
canción f **- 1.** MÚS song; ~ **de cuna** lullaby; ~ **fúnebre** dirge; ~ **de gesta** chanson de geste; ~ **infantil** nursery rhyme; ~ **popular** folk song; **la misma** ~ fig the same old story. **- 2.** LITER ballad.
cancionero m **- 1.** MÚS songbook. **- 2.** LITER anthology, collection.
cancionista mf **- 1.** [compositor] songwriter. **- 2.** [cantante] singer, vocalist.
cancro m **- 1.** MED cancer. **- 2.** BOT canker.
candado m padlock; **estar con** ~ to be padlocked; **poner bajo** ~ to put under lock and key ❑ ~ **de combinación** combination lock.
candela f **- 1.** [vela] candle. **- 2.** [candelero] candlestick. **- 3.** fam fig [lumbre] light. **- 4.** FÍS candle. **- 5.** BOT chestnut blossom. **- 6.** Amér [fuego] fire. **- 7.** loc: **arrimar** ~ **a** to thrash, to

beat; **dar** ~ **a** *Amér* to pester, to annoy; **en** ~ NÁUT vertical; **estar con la** ~ **en la mano** *fam* to be at death's door.

◆ **candelas** *fpl Amér* [amoríos] love affairs.

candelabro *m* - **1.** [para velas] candelabra. - **2.** *Amér* BOT cactus.

candelada *f* bonfire.

candelaria *f* - **1.** RELIG Candlemas. - **2.** BOT great mullein.

candelero *m* - **1.** [para velas] candlestick; [de aceite] oil lamp; **estar en el** ~ *fig* to be in the limelight; **poner en el** ~ *fig* to put at the top. - **2.** NÁUT stanchion. - **3.** *Amér* BOT cactus. - **4.** *Amér* [hiedra] ivy. - **5.** *Amér* [bombero] stoker-fireman.

candelilla *f* - **1.** [candela pequeña] small candle. - **2.** MED catheter. - **3.** [amento] catkin. - **4.** [planta] euphorbia. - **5.** *(gen pl) Amér* [fuego fatuo] will-o'-the-wisp. - **6.** *Amér* [luciérnaga] firefly, glowworm. - **7.** *Amér* [en costura] hemstitch. - **8.** *Amér* [insecto] insect which attacks leaves of tobacco plant. - **9.** *loc:* **se le hicieron** ~**s los ojos** she was tipsy o merry.

candente *adj* - **1.** [incandescente] red-hot. - **2.** *fig* [actual] burning *(antes de sust).* - **3.** *fig* [tenso, cargado] charged; **una atmósfera** ~ a charged atmosphere.

candi *adj* candied.

Candia *s* Canea.

candidato, ta *m, f* candidate; **presentar de** o **por** ~ to propose as a candidate.

candidatura *f* - **1.** [para un cargo] candidacy; **presentar uno su** ~ **(a)** to put o.s. forward as a candidate (for). - **2.** [lista] list of candidates.

candidez *(pl* **candideces)** *f* - **1.** [ingenuidad] ingenuousness. - **2.** [franqueza] frankness, candour.

cándido, da *adj* - **1.** [ingenuo] ingenuous, simple. - **2.** [franco] frank, candid. - **3.** *culto* [blanco] white.

candil *m* - **1.** [lámpara] oil lamp. - **2.** *fam* [de sombrero] peak, cock. - **3.** ZOOL crown, tine. - **4.** BOT wake-robin, wild arum. - **5.** *Amér* [candelabro] chandelier.

candileja *f* - **1.** [parte del candil] oil reservoir. - **2.** [candil pequeño] small oil lamp. - **3.** BOT nigella.

◆ **candilejas** *fpl* footlights.

candombe *m Amér* - **1.** [baile] *South American dance of African origin.* - **2.** [sala de baile] 'candombe' dance hall. - **3.** [tambor] *drum used to accompany the 'candombe'.* - **4.** [desgobierno] corrupt government.

candongo, ga *fam* ◇ *adj* - **1.** [zalamero] smarmy. - **2.** [astuto] sly, cunning. - **3.** [holgazán] lazy. ◇ *m, f* - **1.** [zalamero] smooth talker. - **2.** [astuto] sly person. - **3.** [holgazán] layabout, idler.

◆ **candonga** *f* - **1.** [zalamería] flattery. - **2.** [chasco] trick; [broma] practical joke; [burla] teasing *(U).* - **3.** NÁUT storm sail on the mizzen mast. - **4.** *Amér* [para recién nacido] stomach band. - **5.** [mula] draft mule.

◆ **candongas** *fpl Amér* [pendientes] earrings.

candonguear *fam* ◇ *vt* [bromear] to kid, to tease. ◇ *vi* [holgazanear] to shirk.

candonguero, ra *adj fam* - **1.** [bromista] joking, kidding. - **2.** [holgazán] workshy.

candor *m* - **1.** [ingenuidad] ingenuousness, simplicity. - **2.** [franqueza] frankness. - **3.** *culto* [blancura] whiteness.

candoroso, sa *adj* ingenuous, simple.

canear *vi* to go o turn grey.

caneca *f Amér* - **1.** [para basura] rubbish bin *Br*, trashcan *Am.* - **2.** [para licores] glazed earthenware bottle. - **3.** [balde] wooden bucket. - **4.** [de agua caliente] hotwater bottle.

caneco *m* hip flask.

canelo, la *adj* - **1.** [caballo, perro] cinnamon-coloured. - **2.** *fam fig* [inocentón] gullible; **hacer el** ~ to be a mug.

◆ **canela** ◇ *f* cinnamon; **canela en rama** cinammon sticks *(pl)*; **ser canela fina** *fig* to be sheer class. ◇ *interj fig* good gracious!

canelón *m* - **1.** *(gen pl)* CULIN cannelloni *(pl).* - **2.** [cañería] roof gutter. - **3.** [carámbano] icicle. - **4.** [labor] tubular braid. - **5.** [confite] cinnamon sweet *Br*, cinnamon candy *Am.* - **6.**

fam pointed tip of a scourge. - **7.** *Amér* [rizo] corkscrew curl.

canesú *(pl* **canesúes** o **canesús)** *m* - **1.** [de vestido] bodice. - **2.** [de blusa] yoke.

cangilón *m* - **1.** [cántaro] large jug o pitcher. - **2.** [cubo] bucket, scoop. - **3.** *Amér* [carril] rut. - **4.** *Amér* [bache] pothole. - **5.** *Amér* [tambor] drum.

cangrejo *m* - **1.** ZOOL crab; ~ **hermitaño** hermit crab; ~ **de río** crayfish. - **2.** NÁUT gaff. - **3.** [vagón] trolley. - **4.** *Amér* [tonto] idiot, fool. - **5.** *Amér* [deshonesto] rogue, rascal.

Cangrejo *m* [constelación] the Crab.

cangrena *f* = **gangrena**.

canguelo *m fam:* **le entró** ~ she got the wind up.

canguro ◇ *m* [animal] kangaroo. ◇ *mf fam* [persona] babysitter; **hacer de** ~ to babysit.

caníbal ◇ *adj* cannibalistic. ◇ *mf* cannibal.

canibalismo *m* cannibalism.

canica *f* [pieza] marble.

◆ **canicas** *fpl* [juego] marbles *(U).*

caniche *m* poodle.

canicie *f* [de pelo] whiteness, greyness.

canícula *f* ASTRON Sirius, Dog Star; [periodo] dog o hottest days *(pl).*

cánido, da *adj* canine.

◆ **cánido** *m* canine.

canijo, ja ◇ *adj* sickly. ◇ *m, f* sickly person.

canilla *f* - **1.** [espinilla] shinbone. - **2.** [bobina] bobbin. - **3.** [en tejido] stripe, rib. - **4.** *Amér* [grifo] tap. - **5.** *Amér* [pierna] leg. - **6.** *Amér fig* [fuerza] strength; **a** ~ by force. - **7.** *Amér* [juego] dice game.

canillera *f* - **1.** [de armadura] greave. - **2.** [almohadilla] shin pad. - **3.** *Amér* [cobardía] cowardice. - **4.** *Amér* [temblor] shaking *(U)*, trembling *(U).* - **5.** *Amér* [pánico] panic, terror.

canillita *m Amér* newspaper seller.

canino, na *adj* canine.

◆ **canino** *m* [diente] canine (tooth).

◆ **canina** *f* dog excrement.

canje *m* exchange.

canjeable *adj* exchangeable.

canjear *vt* to exchange.

Can Mayor *m* ASTRON Canis Major.

Can Menor *m* ASTRON Canis Minor.

cannabis *m inv* cannabis.

cano, na *adj* - **1.** [con cabellos blancos] grey, grey-haired. - **2.** *fig* [viejo] old. - **3.** [blanco] white, snowy.

◆ **cana** *f* - **1.** [pelo] grey hair; **echar una cana al aire** *fig* to let one's hair down; **peinar** ~**s** *fig* to get old. - **2.** *Amér fam* [cárcel] prison, jail.

canoa *f* - **1.** [embarcación] canoe; [de remos] rowing boat *Br*, rowboat *Am.* - **2.** *Amér* [acueducto] aqueduct. - **3.** *Amér* [artesa] trough. - **4.** *Amér* [canal] gutter.

canódromo *m* greyhound track.

canon *m* - **1.** [norma] canon. - **2.** [modelo] ideal. - **3.** [impuesto] tax. - **4.** MÚS canon. - **5.** RELIG Canon.

◆ **cánones** *mpl* DER canon law *(U).*

canónico, ca *adj* canonical; [derecho] canon *(antes de sust).*

canónigo *m* canon.

canonización *f* canonization.

canonizar [13] *vt* - **1.** RELIG to canonize. - **2.** *fig* [alabar] to applaud, to praise.

canoro, ra *adj* - **1.** [melodioso] melodious. - **2.** *fig* [lírico] lyrical.

canoso, sa *adj* grey; [persona] grey-haired.

cansado, da *adj* - **1.** [gen] tired; **estoy muy cansada, me voy a dormir** I'm very tired, I'm going to bed; ~ **de algo/de hacer algo** tired of sthg/of doing sthg; **estoy cansada de escribir en el ordenador** I'm tired of using the computer. - **2.** [pesado, cargante] tiring; **es muy** ~ **viajar cada día en tren** it's very tiring travelling on the train every day.

◆ **a las cansadas** *loc adv Amér* after much delay.

cansador, ra *adj Amér* boring.

cansancio *m* tiredness; **muerto de** ~ tired do death.

cansar ◇ *vt* to tire (out). ◇ *vi* to be tiring; **me cansa mucho leer sin gafas** I get very tired if I read without my glasses.

◆ **cansarse** *vpr*: ~**se (de)** *lit & fig* to get tired (of); **los niños se cansan muy pronto de todo** children get tired of things very quickly.

cansino, na *adj* - **1.** [cansado] lethargic; **paso** ~ slow pace. - **2.** [molesto] bothersome, annoying.

Cantabria *s* Cantabria.

cantábrico, ca *adj* Cantabrian.

Cantábrico *m*: **el (mar)** ~ the Cantabrian Sea.

cántabro, bra *adj & m, f* Cantabrian.

cantador, ra *m, f* traditional folk singer.

cantal *m* - **1.** [canto] boulder. - **2.** [terreno] stony ground *(U)*.

cantaleta *f Amér* nagging; **dar** ~ *fig* to make fun of, to deride; **estar con la misma** ~ *fig* to go on and on.

cantamañanas *mf inv* unreliable person.

cantante ◇ *adj* singing. ◇ *mf* singer.

cantaor, ra *m, f* flamenco singer.

cantar ◇ *vt* - **1.** [canción] to sing; [recitar] to recite. - **2.** [bingo, línea, el gordo] to call (out). - **3.** *fam fig* [confesar] to confess. - **4.** *fig* [alabar] to praise; ~ **la belleza de una mujer** to praise the beauty of a woman. - **5.** *loc*: ~**las claras** to tell it straight. ◇ *vi* - **1.** [persona, ave] to sing; [gallo] to crow; [insecto] to chirp. - **2.** *fam fig* [confesar] to talk. - **3.** *fam fig* [apestar] to stink; **lávate los pies, te cantan un montón** wash your feet, they stink. - **4.** *fam fig* [desentonar] to stick out like a sore thumb; **Carlos y yo cantamos en una fiesta tan elegante** Carlos and I really stood out at that posh party. - **5.** *fig* [alabar]: ~ **a** to sing the praises of. ◇ *m* LITER poem; ~ **de gesta** chanson de geste; **eso es otro** ~ that's another story.

◆ **Cantar de los Cantares** *m* RELIG Song of Songs.

cántara *f* large pitcher.

cantarela *f* - **1.** MÚS first o highest string. - **2.** BOT chanterelle.

cantarín, ina ◇ *adj* fond of singing. ◇ *m, f* singer.

cántaro *m* large pitcher; **a** ~**s** in torrents ▢ **llover a** ~**s** to rain cats and dogs.

cantata *f* cantata.

cantatriz (*pl* **cantatrices**) *f* female singer, chanteuse.

cantautor, ra *m, f* singer-songwriter.

cante *m*: ~ **(jondo o hondo)** flamenco singing; **dar el** ~ *fam* to call attention to o.s.

cantear *vt* - **1.** [ladrillo] to place on edge. - **2.** *Amér* [piedra] to cut.

cantegril *m Amér* shanty town.

cantera *f* - **1.** [de piedra] quarry. - **2.** *fig* [de profesionales] young blood *(U)*. - **3.** *Amér* [construcción] freestone, ashlar.

cantería *f* [arte] stonecutting; [obra] stonework.

cantero *m* - **1.** [pedrero] quarry worker. - **2.** [de pan] crust; **un** ~ **de pan** a crust of bread. - **3.** [de tierra] plot, strip of land.

cántico *m* canticle.

cantidad ◇ *f* - **1.** [medida] quantity. - **2.** [abundancia] abundance, large number; ~ **de** lots of; **en** ~ in abundance. - **3.** [número] number; ~ **variable** MAT variable. - **4.** [suma de dinero] sum (of money); ~ **alzada** lump sum. ◇ *adv fam* really; **me gusta** ~ I don't half like it.

cantiga, cántiga *f* ballad.

cantil *m* - **1.** [escalón] ledge. - **2.** *Amér* [borde de acantilado] cliff edge. - **3.** *Amér* [serpiente] large snake.

cantilena, cantinela *f*: **la misma** ~ *fig* the same old story.

cantimplora *f* - **1.** [para agua] water bottle. - **2.** *Amér* MED mumps *(U)*.

cantina *f* - **1.** [de soldados] mess; [en fábrica] canteen; [en

estación de tren] buffet. - **2.** [bodega] wine cellar. - **3.** [portacomidas] lunch o picnic basket.

◆ **cantinas** *fpl* saddlebags.

cantinela *f* = **cantilena**.

cantinero, ra *m, f* canteen manager (*f* canteen manageress).

cantizal *m* stony ground *(U)*.

canto *m* - **1.** [acción, arte] singing. - **2.** [canción] song; ~ **del cisne** swansong; ~ **llano** plainsong; ~ **de sirena** wheedling *(U)*. - **3.** *fig* [alabanza] hymn. - **4.** LITER short heroic poem. - **5.** [lado, borde] edge; [de pan] crust; [de libro] front edge; **de** ~ edgeways. - **6.** [de cuchillo] blunt edge. - **7.** [guijarro] pebble; ~ **rodado** [pequeño] pebble; [grande] boulder. - **8.** *loc*: **al** ~ **del gallo** *fam* at daybreak; **con un** ~ **en el pecho** gladly, with a song in one's heart; **darse con un** ~ **en los dientes** to consider o.s. lucky; **en** ~ **llano** *fam* in plain language; **por el** ~ **de un duro** by a hair's breadth.

cantón *m* - **1.** [territorio] canton. - **2.** [esquina] corner. - **3.** *Amér* [tejido] fine crepe.

Cantón *s* Canton.

cantonada *f*: **dar** ~ **a alguien** *fig* to give sb the slip.

cantonal ◇ *adj* cantonal, *pertaining to a canton or district*. ◇ *mf* supporter of cantonalism.

cantonalismo *m* cantonalism.

cantonar *vt* to billet, to quarter.

cantonear *vi* to wander aimlessly.

◆ **cantonearse** *vpr* to strut.

cantonero, ra ◇ *adj* idle. ◇ *m, f* idler, loafer.

◆ **cantonero** *m* instrument for gilding book corners.

◆ **cantonera** *f* - **1.** [pieza de refuerzo] cornerpiece. - **2.** [estante] corner cupboard. - **3.** *despec* [prostituta] streetwalker.

cantor, ra ◇ *adj* singing (*antes de sust*). ◇ *m, f* singer.

◆ **cantor** *m* [pájaro] songbird.

◆ **cantora** *f Amér* [orinal] chamber pot.

cantoral *m* choir book.

canturía *f* - **1.** [acción] singing. - **2.** [canto] vocal music; [canto monótono] monotonous singing *(U)*. - **3.** [modo de cantar] musical quality.

canturrear, canturriar [8] *vt & vi fam* to sing softly.

cánula *f* - **1.** [caña] small reed. - **2.** MED cannula.

canutas *fpl fam*: **pasarlas** ~ to have a rough time.

canutero *m* - **1.** [para alfileres] pincushion. - **2.** *Amér* [de pluma] penholder.

canutillo *m* glass tube.

canuto *m* - **1.** [tubo] tube. - **2.** *fam* [porro] joint. - **3.** BOT internode. - **4.** *Amér* [de la pluma] stem, penholder. - **5.** *loc*: **dar el** ~ **a** MIL to discharge.

caña *f* - **1.** BOT cane; ~ **de azúcar** sugarcane. - **2.** [de río, de estanque] reed; ~ **brava** ditch reed; ~ **de Batavia** o **espina** *kind of bamboo*; ~ **de Bengala** o **Indias** rattan; ~ **de cuentas** o **la India** canna, Indian reed. - **3.** [tuétano] bone marrow. - **4.** [de la bota, del calcetín] leg. - **5.** [de cerveza] small glass of beer; **nos tomamos unas** ~**s con unos amigos** we had a few beers with some friends. - **6.** [tallo] stem, stalk. - **7.** [de fusil] tipstock. - **8.** ZOOL shank. - **9.** ARQUIT shaft of a column. - **10.** *Amér fam* [bravata] boast, brag. - **11.** *Amér* [trago] drink. - **12.** *loc*: **correr** ~**s** to joust (with sharp canes); **darle** o **meterle** ~ **a algo** *fam* to get a move on with sthg; **echar** ~**s** *Amér fam* to boast, to brag.

◆ **caña de pescar** *f* fishing rod.

cañabrava *f Amér kind of cane*.

cañada *f* - **1.** [tierra] gorge, ravine. - **2.** *Amér* [arroyo] stream.

cañadón *m Amér* [arroyo] deep stream.

cañadulza, cañaduzal *m Amér* sugarcane plantation.

cañal *m* - **1.** [cañaveral] reedbed. - **2.** [de azúcar] sugarcane plantation. - **3.** [cerco] cane fence for trapping fish; [canal pequeño] *small channel for trapping fish*.

cañamazo *m* - **1.** [tela] hessian. - **2.** [para bordar] canvas.

cañamelar *m* sugarcane plantation.

cañamero, ra *adj* hemp *(antes de sust)*.

cáñamo *m* hemp; ~ **de Manila** Manila hemp.

cañamón *m* hempseed.

cañavera *f* reed-grass.

cañaveral *m* reedbed.

cañazo *m* - **1**. [golpe] blow given with a cane. - **2**. *Amér* [aguardiente] rum. - **3**. *loc:* **dar** ~ **a** *fam* to let down; **darse** ~ *Amér* to be disappointed.

cañería *f* pipe.

cañero *m* - **1**. [persona] pipe fitter, pipe layer. - **2**. *Amér* [almacén] sugar mill storeroom.

cañizo *m* wattle.

caño *m* - **1**. [de fuente] jet. - **2**. [bodega] cellar. - **3**. [canal] narrow channel. - **4**. *Amér* [río] navigable river.

cañón *m* - **1**. [arma] gun; HIST cannon; ~ **antiaéreo** antiaircraft gun; ~ **antitanque** o **anticarro** antitank gun; ~ **de avancarga** muzzle-loader; ~ **de campaña** field gun; ~ **de escobén** NÁUT hawse pipe; ~ **de gran** o **largo alcance** long-range gun; ~ **lanzacabos** linethrowing gun; ~ **obús** howitzer; ~ **de plaza** o **sitio** siege o heavy field gun; ~ **de torre** turret gun. - **2**. [de fusil] barrel; ~ **rayado** rifled barrel; [de chimenea] flue; [de órgano] pipe. - **3**. GEOGR canyon. - **4**. [de pluma] pinfeather. - **5**. [de escalera] stairwell. - **6**. [de barba] stubble. - **7**. *fam* [vago] tramp, vagrant. - **8**. [en costura] flute, fold. - **9**. EQUITACIÓN bridle bit. - **10**. MIN gallery. - **11**. *Amér* tree trunk. - **12**. *Amér* [sendero] mountain path. - **13**. *loc:* **estar** ~ *fam* to be gorgeous; **ni a** ~ **rayado** *Amér* by no means, no way.

cañonazo *m* - **1**. [disparo de cañón] gunshot. - **2**. [en fútbol] powerful shot.

cañonear *vt* to shell.

cañoneo *m* shelling.

cañonera *f* gunboat.

cañutero *m* pin box.

cañutillo *m* - **1**. [abalorio] bead. - **2**. [bordado] *gold or silver embroidery twist*.

cañuto *m* - **1**. [canuto] small tube. - **2**. *fam fig* [soplón] gossip.

caoba *f* mahogany.

caolín *m* kaolin, china clay.

caos *m inv* chaos.

caótico, ca *adj* chaotic.

cap. *(abrev escrita de* **capítulo***)* ch.

CAP *m* - **1**. *(abrev de* **Certificado de Aptitud Pedagógica***) Spanish teaching certificate needed to teach in secondary education.* - **2**. *(abrev de* **Centro de Asistencia Pedagógica***) State primary healthcare centre.*

capa *f* - **1**. [manto] cloak, cape; ~ **aguadera** o **gascona** waterproof cape; ~ **pluvial** RELIG cope; ~ **del cielo** *fig* firmament; **so** ~ **de** under the pretext of; **andar de** ~ **caída** to be in a bad way; **de** ~ **y espada** cloak and dagger; **defender a** ~ **y espada** to defend tooth and nail; **hacer de su** ~ **un sayo** to do as one pleases. - **2**. [baño - de barniz, pintura] coat; [- de chocolate etc] coating. - **3**. [estrato] layer; [de madera] ply; GEOL stratum, layer; **madera de tres** ~**s** three-ply wood ◻ ~ **atmosférica** atmosphere; ~ **de ozono** ozone layer; ~ **terrestre** earth's surface. - **4**. [grupo social] stratum, class. - **5**. TAUROM cape. - **6**. *Amér* ZOOL paca. - **7**. *Amér* [azotaina] beating, trashing.

capacete *m* - **1**. [de armadura] casque. - **2**. *Amér* [de coche] bonnet *Br*, hood *Am*.

capacha *f* - **1**. [cesta] two-handled basket; [pequeña] palm-leaf fruit basket. - **2**. *Amér fam* jail.

capacho *m* - **1**. [cesto] wicker basket; [para cemento etc] leather hod. - **2**. [pájaro] night heron. - **3**. *Amér* [bolsillo] pocket. - **4**. *Amér* [sombrero] old hat.

capacidad *f* - **1**. [cabida] capacity; [espacio] space, room; **con** ~ **para 500 personas** with a capacity of 500 ◻ ~ **eléctrica** capacitance; ~ **de ganancia** earning power. - **2**. [aptitud] ability; **no tener** ~ **para algo/para hacer algo** to be no good at sthg/at doing sthg. - **3**. DER capacity. ◆ **capacidad adquisitiva** *f* purchasing power.

capacitación *f* training.

capacitar *vt:* ~ **a alguien para algo** [habilitar] to qualify sb for sthg; [formar] to train sb for sthg.

capadura *f* - **1**. [castración] castration; [cicatriz] castration scar. - **2**. [hoja de tabaco] tobacco leaf.

capar *vt* - **1**. [castrar] to castrate. - **2**. *fam* [disminuir] to reduce, to diminish. - **3**. *Amér* [podar] to prune, to cut back. - **4**. *Amér* [empezar] to begin to eat.

caparazón *m lit & fig* shell.

caparrón *m* BOT bud.

caparrosa *f* QUÍM copperas; ~ **azul/blanca/roja/verde** blue/white/red/green vitriol.

capataz *(pl* **capataces***) mf* foreman *(f* forewoman*)*.

capaz *(pl* **capaces***) adj* - **1**. [gen] capable; ~ **de algo/de hacer algo** capable of sthg/of doing sthg. - **2**. DER competent. - **3**. [espacioso]: **muy/poco** ~ with a large/small capacity ◻ ~ **para** with room for.

capazo *m* large wicker basket.

capcioso, sa *adj* - **1**. [pregunta] trick *(antes de sust)*. - **2**. [engañoso] captious, deceitful.

CAPE *(abrev de* **Comisión Autónoma de Puertos Españoles***) f Spanish ports authority.*

capea *f* TAUROM bullfight with young bulls.

capear ◇ *vt fig* [eludir] to get out of. ◇ *vi* - **1**. NÁUT to lie to. - **2**. *Amér* [faltar a clase] to play truant.

capellán *m* chaplain.

capellanía *f* RELIG chaplaincy.

capelo *m* - **1**. [de cardenal] cardinal's hat. - **2**. *Amér* [campana] bell jar.

caperuza *f* - **1**. [gorro] hood. - **2**. [capuchón] top, cap.

capeta *f* short cape o cloak.

Capeto *s* Capetian.

capicúa ◇ *adj inv* reversible. ◇ *m inv* reversible number.

capigorrista *mf*, **capigorrón** *m fam* [holgazán] loafer, idler.

capilar ◇ *adj* - **1**. [del cabello] hair *(antes de sust)*. - **2**. ANAT & FÍS capillary. ◇ *m* ANAT capillary.

capilaridad *f* FÍS capillarity, capillary action.

capilla *f* - **1**. [iglesia] chapel; ~ **ardiente/mayor** funeral/main chapel; **estar en** ~ *fig* [condenado a muerte] to be awaiting execution; *fam* [en ascuas] to be on tenterhooks. - **2**. [oratorio] oratory. - **3**. [coro] choir. - **4**. IMPRENTA proof o advanced sheet.

capillero *m* sexton.

capillo *m* - **1**. [de niño] baby bonnet. - **2**. [de bautizo] baptismal cape. - **3**. [del calzado] toe lining. - **4**. [para cazar] rabbit net. - **5**. [colador] cloth filter o strainer. - **6**. BOT silk cocoon. - **7**. *Amér* [recipiente] *clay pot for melting tin or lead*.

capirotazo *m* flick.

capirote ◇ *m* - **1**. [gorro] hood. - **2**. → **tonto**. ◇ *adj* [ganado] *having a different colour head to the rest of its body*.

capirucho *m fam* hood.

capisayo *m* - **1**. [vestidura] mantelet; [de obispos] bishop's mantelleta. - **2**. *Amér* [camiseta] vest *Br*, undershirt *Am*.

cápita ◆ **per cápita** *loc adj* per capita.

capitación *f* capitation.

capital ◇ *adj* - **1**. [importante] supreme; **de importancia** ~ of vital importance. - **2**. [principal] main; **los siete pecados** ~**es** the seven deadly sins. - **3**. *Amér* [letra] capital, upper-case. ◇ *m* ECON capital; **he invertido un pequeño** ~ **en el negocio de mi hermano** I've invested a small sum in my brother's business ◻ ~ **activo/lucrativo/propio** working/productive/equity capital; ~ **bajo riesgo** sum at risk; ~ **circulante/ fijo/social** working/fixed/share capital; ~ **disponible** available funds *(pl)*; ~ **escriturado** declared capital, capital stock; ~ **físico** *Amér* capital assets *(pl)*; ~ **de inversión/en giro/en préstamo/de riesgo** investment/operating/loan/venture capital; ~ **líquido** liquid assets *(pl)*; ~ **nominal en acciones** capital stock. ◇ *f* [ciudad] capital; **esta ciudad es la** ~ **del estado** this is the country's capital city.

capitalidad *f* capital status.

capitalino, na ◇ *adj* capital *(antes de sust)*. ◇ *m, f* native or inhabitant of the capital.

capitalismo *m* capitalism.

capitalista *adj & mf* capitalist.

capitalizable *adj* capitalizable.

capitalización *f* capitalization.

capitalizar [13] *vt* - **1.** ECON to capitalize; [interés] to compound. - **2.** *fig* [sacar provecho] to capitalize on.

capitán, ana *m, f* captain; ~ **de fragata** commander; ~ **general** MIL ≃ field marshal *Br*, general of the army *Am*; ~ **de puerto** harbourmaster.

◆ **capitana** *f* NÁUT flagship.

capitanear *vt* - **1.** DEP & MIL to captain. - **2.** [dirigir] to head, to lead.

capitanía *f* MIL - **1.** [empleo] captaincy. - **2.** [oficina] military headquarters *(pl)*; ~ **general** Captaincy General. - **3.** *Amér* HIST territory governed by a captain general during colonial times.

capitel *m* capital.

capitolio *m* - **1.** [edificio] capitol. - **2.** [acrópolis] acropolis.

◆ **Capitolio** *m*: **el Capitolio** the Capitol.

capitoste *mf despec* big wheel, big boss.

capítula *f* passage of scripture office.

capitulación *f* - **1.** [entrega] capitulation, surrender. - **2.** [convenio] agreement, pact.

◆ **capitulaciones matrimoniales** *fpl* marriage contract *(sg)*.

capitular¹ *adj* RELIG capitular.

capitular² *vi* to capitulate, to surrender.

capítulo *m* - **1.** [sección, división] chapter. - **2.** *fig* [tema] subject; **ser** ~ **aparte** to be another matter (altogether). - **3.** RELIG assembly, chapter.

◆ **capítulos matrimoniales** *mpl* marriage contract *(sg)*.

capo *m* boss (of a gang).

capó *(pl* **capós)**, **capot** [ka'po] *(pl* **capots)** *m* bonnet *Br*, hood *Am*.

capón ◇ *m* - **1.** [animal] capon. - **2.** [golpe] rap on the head. - **3.** *Amér* [carnero] castrated sheep. ◇ *adj* castrated.

caponearse *vpr Amér* to pop (corn).

caponera *f* - **1.** [jaula] chicken coop. - **2.** *fam* [comedor gratuito] soup kitchen. - **3.** [cárcel] jail. - **4.** MIL caponiere.

caporal *m* MIL ≃ corporal.

capot *m* = **capó**.

capota *f* - **1.** AUTOM hood *Br*, top *Am*. - **2.** [capa corta] short cape. - **3.** *Amér* [capa larga] long cloak.

capotaje *m* roll.

capotar *vi* [coche] to overturn; [avión] to nosedive.

capotazo *m* TAUROM pass with the cape.

capote *m* - **1.** [capa] cape with sleeves; [militar] greatcoat; ~ **de montar** riding cape; ~ **de monte** poncho. - **2.** TAUROM cape; ~ **de brega** bullfighter's working cape; ~ **de paseo** ceremonial cape. - **3.** [en naipes] slam. - **4.** *Amér* [azotaina] beating, thrashing. - **5.** *loc*: **dar** ~ *Amér* to trick, to deceive; **darse** ~ *Amér* to give up, to quit; **echar un** ~ **a alguien** to give sb a (helping) hand.

capotear *vt* - **1.** TAUROM to distract with the cape. - **2.** *fam* [eludir] to dodge.

capricho *m* whim, caprice; **darse un** ~ to treat o.s.; **con el sueldo que gana no puede darse ni un** ~ she earns so little, she can't even afford to treat herself once in a while; **tener** ~ **por** to take a fancy to.

caprichoso, sa *adj* [con antojos] capricious; [inconstante] fickle; **es un niño** ~, **quiere todo lo que ve** he's a capricious child who wants everything he sees.

Capricornio ◇ *m inv* - **1.** [zodiaco] Capricorn; **ser** ~ to be (a) Capricorn. - **2.** [constelación] Capricorn. ◇ *mf inv* [persona] Capricorn.

cápsula *f* - **1.** [pastilla] capsule. - **2.** ANAT capsule; ~ **atrabiliaria** o **renal** renal capsule o gland; ~ **suprarrenal** adrenal gland. - **3.** [de laboratorio] laboratory dish. - **4.** [de arma] cartridge shell; ~ **detonante** o **fulminante** percussion cap. - **5.** [tapón] cap.

◆ **cápsula (espacial)** *f* (space) capsule.

capsular *adj* capsular.

captar *vt* - **1.** [atraer - simpatía] to win; [- interés] to gain, to capture. - **2.** [entender] to grasp. - **3.** [sintonizar] to pick up, to receive. - **4.** [agua] to harness.

◆ **captarse** *vpr* [atraer] to win, to attract.

captura *f* capture.

capturar *vt* to capture.

capucha *f* hood.

capuchino, na *adj* Capuchin.

◆ **capuchino** *m* - **1.** [fraile] Capuchin. - **2.** [café] cappuccino. - **3.** [pájaro] capuchin. - **4.** *Amér* [cometa] small paper kite.

capuchón *m* cap, top.

capullo, lla *vulg* ◇ *adj* bloody stupid. ◇ *m, f* [persona] prat *Br*, jerk *Am*.

◆ **capullo** *m* - **1.** [de flor] bud. - **2.** [de gusano] cocoon. - **3.** *mfam* [prepucio] foreskin.

caqui, kaki ◇ *adj inv* [color] khaki. ◇ *m* - **1.** BOT kaki. - **2.** [color] khaki.

cara ◇ *adj f* → **caro**. ◇ *f* - **1.** [rostro, aspecto] face; **tiene** ~ **de buena persona** she has a kind face, she looks like a nice person; **esta comida tiene buena** ~ this meal looks good; **a** ~ **descubierta** openly; **arrugar la** ~ to screw up one's face; **asomar la** ~ *lit & fig* to show one's face; **(de)** ~ **a** [frente a] facing; **quiero un piso** ~ **al mar** I want a flat that looks out onto the sea; ~ **a** ~ face to face; **de** ~ [sol, viento] in one's face; **de** ~ **a la pared** [castigar] face to the wall; **mirar a alguien a la** ~ to look sb in the face; **poner** ~ **de tonto** to pull a stupid face; **sin** ~ faceless; **tener buena/mala** ~ [persona] to look well/awful; **tener** ~ **de ángel** to look like an angel; **tener** ~ **de enfadado** to look angry; **tiene** ~ **de ponerse a llover** it looks as if it's going to rain; **volver la** ~ to look around. - **2.** [lado] side; GEOM face. - **3.** [de moneda] heads *(U)*; ~ **o cruz** heads or tails; **echar algo a** ~ **o cruz** to toss (a coin) for sthg. - **4.** *fam* [frescura] cheek; **tener la** ~ **de hacer algo** to have the nerve to do sthg □ **tener (mucha)** ~, **tener la** ~ **muy dura** to have a cheek. - **5.** [parte frontal] front. - **6.** *loc*: ~ **de acelga/de pascua/de póquer** *fam* long/happy/poker face; ~ **de hereje** *fam* ugly mug; ~ **de juez** *fam* stern look; ~ **de viernes** *fam* long face; ~ **de vinagre** *fam* sour expression; **cruzar la** ~ **a alguien** to slap sb in the face; **dar** ~ **a algo** to face o confront sthg; **dar la** ~ to face the consequences o the music; **dar la** ~ **por alguien** [disculpar] to make excuses for sb; [defender] to stick up for sb; **de** ~ **a** [con vistas a] with a view to; **decir algo a alguien en** o **la** ~ to say sthg to sb's face; **echar en** ~ **algo a alguien** to reproach sb for sthg; **entrar por la** ~ *fam* [sin pagar] to get in without paying; [sin ser invitado] to gatecrash; **es lo más grosero que me he echado a la** ~ *fam* he's the rudest person I've ever met; **hacer** ~ **a** to stand up to; **lavarle la** ~ **a algo** to make cosmetic changes to sthg; **plantar** ~ **a alguien** to confront sb; **poner** ~ **de circunstancias** to look serious; **poner** ~ **larga** to pull a long face; **por su linda** ~, **por su** ~ **bonita** because his/her face fits; **reírse de alguien en su** ~ to laugh in sb's face; **romper** o **partir la** ~ **a alguien** to smash sb's face in; **sacar la** ~ **por alguien** to stick up for sb; **saltar a la** ~ to be blindingly obvious; **se le cayó la** ~ **de vergüenza** she blushed with shame; **tener** ~ **de pocos amigos** to have an unfriendly face; **tener dos** ~**s** to be two-faced; **verse las** ~**s** [pelearse] to have it out; [enfrentarse] to fight it out.

carabela *f* caravel.

carabina *f* - **1.** [arma] carbine, rifle. - **2.** *fam fig* [mujer] chaperone. - **3.** *Amér* [apuesta] small wager. - **4.** *loc:* **ser la ~ de Ambrosio** *fam* to be utterly useless.

carabinero *m* - **1.** [en España] customs policeman. - **2.** [en Italia] carabiniere. - **3.** [policía] policeman. - **4.** [crustáceo] large prawn. - **5.** *fam* [persona severa] severe person.

Caracas *s* Caracas.

caracha *f*, **carache** *m* mange.

caracol *m* - **1.** [animal] snail. - **2.** [concha] shell. - **3.** [del oído] cochlea. - **4.** [rizo] curl. - **5.** [espiral] spiral. - **6.** [del reloj] fusee. - **7.** *Amér* [camisón] nightdress, nightgown. - **8.** *Amér* [blusa] blouse.

◆ **caracoles** *interj desus fam* good grief!

caracola *f* conch.

caracolada *f* CULIN stew made with snails.

caracolear *vi* [caballo] to prance about.

caracolillo ◇ *m* - **1.** BOT Australian pea. - **2.** [café] pea-bean coffee. - **3.** [caoba] veined mahogany. - **4.** *Amér* [fideo] shell-shaped noodle. ◇ *m* TEATRO make-up assistant.

carácter *m* - **1.** [temperamento] character; **tener buen/mal ~** to be good-natured/bad-tempered ❑ **~ adquirido** acquired trait o characteristic; **~ dominante** dominant trait o characteristic; **~ heredado** inherited trait o characteristic; **~ recesivo** recessive trait o characteristic. - **2.** [índole] character; **una reunión de ~ privado/oficial** a private/official meeting. - **3.** IMPRENTA character, letter; **caracteres de imprenta** typeface *(sg)*. - **4.** [dignidad] status, capacity; **en ~ de juez** in one's capacity as a judge. - **5.** *Amér* [virtud] virtue.

característico, ca *adj* characteristic.

◆ **característica** *f* characteristic; **característica anódica** plate characteristic; **característica de traspaso** transfer characteristic.

caracterización *f* - **1.** [gen] characterization. - **2.** [maquillaje] make-up.

caracterizador, ra *adj* characterizing.

caracterizar [13] *vt* - **1.** [definir] to characterize. - **2.** [representar] to portray. - **3.** [maquillar] to make up.

◆ **caracterizarse por** *vpr* to be characterized by.

caracú *(pl* **caracús** o **caracúes)** *m Amér* bone marrow.

caracul *m* karakul.

caradura *fam* ◇ *adj* cheeky. ◇ *mf* cheeky person.

carajillo *m* coffee with a dash of liqueur.

carajo *vulg* ◇ *m* prick, cock; **me importa un ~** I couldn't give a monkey's; **irse al ~** to go down the tubes; **¡vete al ~!** go to hell! ◇ *interj* damn it!

caramba *interj* - **1.** [sorpresa] good heavens! - **2.** [enfado] for heaven's sake!

carámbano *m* icicle.

carambola *f* cannon *(in billiards)*; **por ~** by a fluke.

◆ **carambolas** *interj Amér* good heavens!

carambolear *vi* [en billar] to cannon *Br*, to carom *Am*.

caramelizar [4] *vt* - **1.** [bañar] to cover with caramel. - **2.** [hacer caramelo] to caramelize.

caramelo *m* - **1.** [golosina] sweet; **~ de menta** mint; **~ para la tos** cough sweet. - **2.** [azúcar fundido] caramel; **de ~** *fig* great.

caramillo *m* - **1.** [flauta] *type of small flute.* - **2.** [montón] untidy heap o pile.

carancho *m Amér* - **1.** [halcón] caracara. - **2.** [búho] owl.

carantoña *f fam* [mujer vieja] mutton dressed as lamb *(U)*.

◆ **carantoñas** *fpl:* **hacer ~s a alguien** to butter sb up.

caraota *f Amér* bean.

carapacho *m* carapace.

caraqueño, ña ◇ *adj* of/relating to Caracas. ◇ *m, f* native/inhabitant of Caracas.

carate *m Amér* brown spots (on the skin) *(pl)*.

cárate *m* = **kárate**.

carátula *f* - **1.** [de libro] front cover; [de disco] sleeve. - **2.** [máscara] mask. - **3.** *fig* [profesión] theatre, acting. - **4.** *Amér* [página] title page. - **5.** *Amér* [de reloj] dial, face.

caravana *f* - **1.** [gen] caravan. - **2.** [de coches] tailback. - **3.** *Amér* [pájaro] stone curlew.

◆ **caravanas** *fpl Amér* [pendientes] earrings.

caravaning [kara'ßanin] *m* caravanning.

caray *interj* - **1.** [sorpresa] good heavens! - **2.** [enfado] damn it!

carbaso *m* fine linen.

carbohidrato *m* carbohydrate.

carbol *m* phenol.

carbón *m* - **1.** [para quemar] coal; **~ activado** activated carbon; **~ animal** boneblack; **~ bituminoso** bituminous coal; **~ de gas** o **retorta** gas-carbon; **~ de leña** o **vegetal** charcoal; **~ menudo** slack, small coal; **~ mineral** o **de piedra** coal; **negro como el ~** [negro] black as coal; [bronceado] brown as a berry. - **2.** [para dibujar] charcoal.

carbonado *m* black diamond, carbonado.

carbonar *vt* to char, to make into charcoal.

◆ **carbonarse** *vpr* to become charred.

carbonatado, da *adj* carbonated.

carbonato *m* carbonate.

carboncillo *m* charcoal.

carbonera *f* → **carbonero**.

carbonería *f* coal merchant.

carbonero, ra ◇ *adj* coal *(antes de sust)*. ◇ *m, f* [persona] coal merchant.

◆ **carbonera** *f* - **1.** [lugar] coal bunker. - **2.** [de leña] charcoal stack.

carbónico, ca *adj* carbonic.

carbonífero, ra *adj* carboniferous.

◆ **carbonífero** *m* Carboniferous period.

carbonilla *f* - **1.** [ceniza] cinder. - **2.** [carbón pequeño] small coal.

carbonización *f* carbonization.

carbonizado, da *adj* charred.

carbonizar [13] *vt* to char, to carbonize; **morir carbonizado** to burn to death.

◆ **carbonizarse** *vpr* to carbonize.

carbono *m* carbon; **~ 14** carbon 14.

carborundo *m* carborundum.

carbunclo *m* - **1.** MIN carbuncle. - **2.** MED anthrax.

carbúnculo *m* carbuncle.

carburación *f* carburization.

carburador *m* carburettor.

carburante ◇ *adj* containing a hydrocarbon. ◇ *m* fuel.

carburar ◇ *vt* to carburate. ◇ *vi fam* to function.

carburo *m* carbide; **~ de calcio/de hidrógeno** calcium/hydrogen carbide.

carca *fam despec* ◇ *adj* old-fashioned. ◇ *mf* old fogey.

carcaj *(pl* **carcajes)** *m*, **carcaza** *f* quiver.

carcajada *f* guffaw; **reír a ~s** to roar with laughter.

carcajearse *vpr* to roar with laughter.

carcamal *mf fam despec* old crock.

carcamán *m* - **1.** NÁUT tub. - **2.** *Amér* [emigrante] poor immigrant. - **3.** *Amér* [pretencioso] pretentious person. - **4.** *Amér* [viejo] decrepit old person.

carcasa *f* carcass.

cárcava *f* - **1.** [zanja] ditch. - **2.** [foso] pit. - **3.** [sepultura] grave.

carcaza *f* = **carcaj**.

cárcel *f* - **1.** [prisión] prison; **meter a alguien en la ~** to put sb in prison ❑ **~ de alta seguridad** top security prison. - **2.** [ranura] groove. - **3.** [herramienta] clamp, vice.

carcelario, ria *adj* prison *(antes de sust)*.

carcelería *f* - **1.** [detención] imprisonment. - **2.** [fianza] bail.

carcelero, ra ◇ *adj* prison *(antes de sust)*, jail *(antes de sust)*. ◇ *m, f* warder, jailer.

carcinoma *m* carcinoma, cancerous tumour.

carcinomatoso, sa *adj* MED carcinomatous.
carcoma *f* - **1.** [insecto] woodworm. - **2.** [polvo] wood dust. - **3.** *fig* [preocupación] anxiety, grief. - **4.** [persona que gasta] spendthrift.
carcomer *vt lit & fig* to eat away at.
◆ **carcomerse** *vpr fig* [consumirse] to be eaten up o consumed.
carcomido, da *adj* [madera] wormeaten.
carda *f* - **1.** [TEXTIL - acción] carding; [- instrumento] card. - **2.** BOT teasel. - **3.** *fam fig* [reprensión] scolding; **dar una ~ a alguien** to tell sb off.
cardado *m* - **1.** [de lana] carding. - **2.** [del pelo] backcombing.
cardador, ra *m, f* [persona] carder.
◆ **cardador** *m* [insecto] millipede.
◆ **cardadora** *f* [máquina] carder, carding machine.
cardamomo *m* cardamom.
cardán *m* cardan joint.
cardar *vt* - **1.** [lana] to card. - **2.** [pelo] to backcomb. - **3.** *fam fig* [reprender] to reprimand, to scold.
cardenal *m* - **1.** RELIG cardinal. - **2.** [hematoma] bruise. - **3.** *Amér* [pájaro] cardinal. - **4.** *Amér* BOT geranium.
cardenalicio, cia *adj* cardinal's.
cárdeno, na *adj* purple.
◆ **cárdeno** *m* [color] purple.
cardiaco, ca, cardíaco, ca ◇ *adj* cardiac, heart *(antes de sust)*. ◇ *m, f* cardiac o heart patient.
cardialgia *f* cardialgia.
cardias *m inv* cardia.
cárdigan *(pl* **cárdigans**), **cardigán** *(pl* **cardigáns**) *m* cardigan.
cardinal *adj* cardinal.
cardiografía *f* - **1.** [estudio] cardiography. - **2.** [aparato] cardiograph.
cardiógrafo, fa *m, f* cardiographer.
◆ **cardiógrafo** *m* cardiograph.
cardiograma *m* electrocardiogram.
cardiología *f* cardiology.
cardiólogo, ga *m, f* cardiologist.
cardiopatía *f* heart condition.
cardiovascular *adj* cardiovascular.
cardo *m* - **1.** [planta] thistle; **~ borriquero** cotton thistle. - **2.** *fam fig* [persona] prickly customer.
cardume, cardumen *m* - **1.** [de peces] school, shoal. - **2.** *Amér* [abundancia] abundance.
carduzar [13] *vt* [lana, algodón] to card, to comb.
carear ◇ *vt* - **1.** DER to bring face to face. - **2.** [cotejar] to check, to compare; **careaba la copia con el original** he was comparing the copy with the original. ◇ *vi:* **~ a** to face; **la casa carea al mar** the house faces the sea.
◆ **carearse** *vpr* to meet face to face.
carecer [30] *vi:* **~ de algo** to lack sthg.
carel *m* NÁUT edge.
carencia *f* [ausencia] lack; [defecto] deficiency.
carente *adj:* **~ de** lacking (in).
careo *m* - **1.** DER confrontation. - **2.** [cotejo] checking, comparison. - **3.** [reunión] meeting.
carero, ra *adj fam* pricey.
carestía *f* - **1.** [escasez] scarcity, shortage. - **2.** [encarecimiento]: **la ~ de la vida** the high cost of living.
careta *f* - **1.** [máscara] mask; **~ antigás** gas mask; **quitarle a alguien la ~** to unmask sb. - **2.** *fig* [engaño] front.
carey *(pl* **careys**) *m* - **1.** [tortuga] sea turtle. - **2.** [material] tortoiseshell. - **3.** *Amér* BOT rough-leaved liana.
carga *f* - **1.** [acción] loading. - **2.** [cargamento - de avión, barco] cargo; [- de tren] freight; **la ~ va en la bodega** the cargo goes in the hold ❑ **~ aérea** air freight; **~ bruta** gross tonnage. - **3.** [peso] load; **no sé si esta viga aguantará tanta ~** I don't know if this beam will be able to take such

a heavy load. - **4.** *fig* [sufrimiento] burden. - **5.** [ataque, explosivo] charge; **~ explosiva** payload; **~ policial** baton charge; **~ de pólvora** blasting charge; **~ de profundidad** depth charge; **volver a la ~** MIL to return to the attack; *fig* [insistir] to persist. - **6.** [de batería, condensador] charge. - **7.** [para mechero, bolígrafo] refill. - **8.** *fig* [componente] charge. - **9.** [impuesto] tax; **~ real** property tax; **~s sociales** social security contributions. - **10.** *fig* [obligación] duty. - **11.** [responsabilidad] responsibility.
cargada *f* → **cargado**.
cargadero *m* - **1.** [para carga] loading bay. - **2.** ARQUIT lintel. - **3.** TECN throat.
cargado, da *adj* - **1.** [abarrotado]: **~ (de)** loaded (with) ❑ **estar ~ de** *fam* to have loads of. - **2.** [arma] loaded. - **3.** [bebida] strong. - **4.** [bochornoso - habitación] stuffy; [- tiempo] sultry, close; [- cielo] overcast. - **5.** [de electricidad] charged.
◆ **cargada** *f Amér* - **1.** [cargo] loading. - **2.** [broma] practical joke.
cargador *m* - **1.** [de arma] chamber. - **2.** [persona] loader; **~ de muelle** docker, stevedore. - **3.** ELECTR charger.
◆ **cargadores** *mpl Amér* braces *Br*, suspenders *Am*.
cargamento *m* cargo.
cargante *adj fam fig* annoying.
cargar [16] ◇ *vt* - **1.** [poner carga en - vehículo, arma, cámara etc] to load; [- pluma, mechero] to refill; **~ algo de** to load sthg with; **~ algo en un barco/en un camión** to load sthg onto a ship/onto a lorry; **~ algo demasiado** to overload sthg. - **2.** [peso encima] to throw over one's shoulder. - **3.** ELECTR to charge. - **4.** *fig* [responsabilidad, tarea] to give; **le cargaron la culpa a ella** they laid o put the blame on her. - **5.** *fam fig* [molestar] to annoy; [aburrir] to bore. - **6.** [producir pesadez - suj: humo] to make stuffy; [- suj: comida] to bloat. - **7.** [gravar]: **~ un impuesto a algo/a alguien** to tax sthg/sb. - **8.** [importe, factura, deuda]: **~ algo (a)** to charge sthg (to); **~ algo a alguien en su cuenta** to charge sthg to sb's account; **~ de menos** to undercharge. - **9.** NÁUT [velas] to furl, to take in. - **10.** *Amér* [llevar encima] to carry; [llevar puesto] to wear; **~ anteojos** to wear glasses. - **11.** *Amér* [atacar] to attack. ◇ *vi* - **1.** [colocar carga, mercancía] to load (up). - **2.** [recaer]: **~ sobre alguien** to fall on sb. - **3.** [atacar]: **~ (contra alguien)** to charge (sb). - **4.** [acento]: **~ en** to fall on. - **5.** ARQUIT: **~ en** o **sobre** to lean o rest on. - **6.** AGR to produce a good crop. - **7.** [tormenta] to turn, to veer.
◆ **cargar con** *vi* - **1.** [paquete, equipaje etc] to carry away. - **2.** *fig* [coste, responsabilidad] to bear; [consecuencias] to accept; [culpa] to get.
◆ **cargarse** *vpr* - **1.** *fam* [romper] to break. - **2.** *fam* [suspender] to fail. - **3.** *fam* [matar - persona] to bump off; [- animal] to kill. - **4.** *fam* [eliminar, prescindir de] to get rid of. - **5.** METEOR to cloud over. - **6.** [por el humo] to get stuffy. - **7.** [colmarse]: **~se de** to be loaded down with; **se cargó de hijos** she had a lot of children; **los ojos se le cargaban de lágrimas** his eyes filled with tears. - **8.** *loc:* **¡te la vas a ~!** *fam* you're in for it!
cargazón *f* - **1.** [carga] load. - **2.** [malestar físico] heaviness. - **3.** METEOR overcast sky. - **4.** *Amér* [obra mal hecha] contraption. - **5.** *Amér* [de fruta] heavy load of fruit.
cargo *m* - **1.** [gen, ECON & DER] charge; **con ~ a** charged to; **correr a ~ de** to be borne by; **estar a ~ de algo, tener algo a ~ de uno** to be in charge of sthg ❑ **hacerse ~ de** [asumir el control de] to take charge of; [ocuparse de] to take care of; [comprender] to understand; **tener ~ de conciencia** to feel pangs of conscience, to feel remorse. - **2.** [empleo] post, position; **alto ~** highranking official; **~ público** public office.
cargosear *vt Amér* to annoy, to pester.
cargoso, sa *adj Amér* annoying.
carguero, ra *adj* - **1.** [transporte de carga] freight *(antes de sust)*, cargo *(antes de sust)*. - **2.** *Amér* [animal] beast of burden.
◆ **carguero** *m* - **1.** [barco] cargo boat. - **2.** *Amér* [animal] beast of burden.
cariacontecido, da *adj* crestfallen.

cariado, da *adj* decayed.

cariar [8] *vt* to decay.

◆ **cariarse** *vpr* to decay.

cariátide *f* caryatid.

Caribe *m*: **el (mar)** ~ the Caribbean (Sea).

caribeño, ña ◇ *adj* Caribbean. ◇ *m, f* native/inhabitant of the Caribbean Islands.

caribú (*pl* **caribús** o **caribúes**) *m* caribou.

caricato *m* - **1.** [actor] comedian. - **2.** [bufo] basso buffo. - **3.** *Amér fam* [caricatura] caricature.

caricatura *f* caricature.

caricaturar *vt* = **caricaturizar**.

caricaturesco, ca *adj* caricature (*antes de sust*).

caricaturista *mf* caricaturist.

caricaturizar [13], **caricaturar** *vt* to caricature.

caricia *f* [gesto cariñoso] caress; [a perro, gato etc] stroke; **hacer** ~**s a** to caress/stroke.

caridad *f* charity; **¡por** ~**!** for pity's sake!

caries *f inv* tooth decay.

carilla *f* - **1.** [página] page, side. - **2.** [de colmenero] beekeeper's mask.

carillón *m* carillon.

cariñena *m* wine from Cariñena, in the province of Zaragoza.

cariño *m* - **1.** [afecto] affection; **sentir** ~ **por, tener** ~ **a** to like, to be fond of; **tengo** ~ **a mi gato** I'm fond of my cat; **tomar** ~ **a** to grow fond of. - **2.** [cuidado] loving care. - **3.** [apelativo] love. - **4.** [caricia] caress. - **5.** *Amér* [regalo] gift.

cariñoso, sa *adj* affectionate.

carioca ◇ *adj* of/relating to Rio de Janeiro. ◇ *mf* native/inhabitant of Rio de Janeiro.

carisma *m* charisma.

carismático, ca *adj* charismatic.

Cáritas *f* charitable organization run by the Catholic Church.

caritativo, va *adj* charitable.

cariz (*pl* **carices**) *m* look, appearance; **tomar mal/buen** ~ to take a turn for the worse/better.

carlanca *f* - **1.** [para mastín] spiked collar. - **2.** *fam* [picardía] dirty trick. - **3.** *Amér* [molestia, fastidio] annoyance.

carlancón, ona ◇ *adj* cunning, crafty. ◇ *m, f* cunning person.

carlear *vi* to pant.

carlinga *f* [para piloto] cockpit; [para pasajeros] cabin.

carlista *adj & mf* Carlist.

Carlomagno *m* Charlemagne.

carmelita ◇ *adj* - **1.** RELIG Carmelite. - **2.** *Amér* [marrón] brown. ◇ *mf* Carmelite. ◇ *f* BOT nasturtium flower.

carmenar *vt* - **1.** [desenredar] to disentangle. - **2.** *fam fig* [tirar del pelo] to pull the hair of. - **3.** [robar] to rob.

carmesí (*pl* **carmesíes**) *adj & m* crimson.

carmín ◇ *adj* [color] carmine. ◇ *m* - **1.** [color] carmine. - **2.** [lápiz de labios] lipstick.

carmíneo, a *adj desus* carmine.

carnada *f lit & fig* bait.

carnal *adj* - **1.** [de la carne] carnal. - **2.** [terrenal] worldly, material. - **3.** [parientes] first (*antes de sust*); **hermano** ~ full brother.

carnalidad *f* carnality.

carnaval *m* - **1.** [fiesta, celebración] carnival. - **2.** RELIG Shrovetide.

carnavalada *f fam* farce.

carnavalesco, ca *adj* carnival (*antes de sust*).

carnaza *f* - **1.** *lit & fig* bait. - **2.** *fam* [corpulencia] corpulence.

carne *f* - **1.** [de persona, fruta] flesh; **en** ~ **viva** raw ❑ **cobrar** o **echar** ~**s** to put on weight; **en** ~**s** naked; **entrado** o **metido en** ~**s** plump; **le temblaban las** ~**s** he was very frightened; **perder** ~**s** to lose weight; **ser de** ~ **y hueso** to be human. - **2.** [alimento] meat; ~ **asada al horno** roast (meat); ~ **asada a la parrilla** grilled meat *Br*, broiled meat

Am; ~ **de carnero** mutton; ~ **de cerdo** pork; ~ **de cordero** lamb; ~ **picada** mince; ~ **de res** *Amér* beef *Br*, mincemeat *Am*; ~ **roja** red meat; ~**s blancas** white meat (U); ~ **de ternera** veal; ~ **de vaca** beef; ~ **de venado** venison; ~ **sin hueso** CULIN boned meat; *fig* cushy job; **no ser ni** ~ **ni pescado** *fig* to be neither fish nor fowl; **poner toda la** ~ **en el asador** *fig* to go for broke.

◆ **carne de cañón** *f* cannon fodder.

◆ **carne de gallina** *f* gooseflesh.

carné (*pl* **carnés**), **carnet** (*pl* **carnets**) *m* - **1.** [documento] card; ~ **de conducir** driving licence *Br*, driver's license *Am*; ~ **de donante** donor card; ~ **de identidad** identity card; ~ **de socio** membership card. - **2.** [agenda] notebook.

carneada *f Amér* - **1.** [acción] slaughtering, butchering. - **2.** [lugar] slaughterhouse.

carnear *vt Amér* - **1.** [animal] to slaughter, to butcher. - **2.** [engañar] to deceive, to take in. - **3.** [en una riña] to knife to death.

carnero *m* - **1.** [animal] sheep; [macho] ram; **no hay tales** ~**s** *fam* there's no such thing. - **2.** CULIN mutton; ~ **verde** mutton stew. - **3.** [cementerio] cemetery; [osario] charnel house; **cantar para el** ~ *Amér fam* to kick the bucket; **mandar al** ~ *fam* to bump off. - **4.** *Amér fig* [persona] weak-willed person.

◆ **carnero de la sierra** *m Amér* llama, alpaca.

◆ **carnero del cabo** *m* [pájaro] albatross.

◆ **carnero marino** *m* [foca] seal.

carnet *m* = **carné**.

carnicería *f* - **1.** [tienda] butcher's. - **2.** *fig* [destrozo] butchery (U). - **3.** *fig* [masacre] carnage (U); **hacer una** ~ **con** to butcher.

carnicero, ra ◇ *adj* [animal] carnivorous. ◇ *m, f lit & fig* [persona] butcher.

◆ **carnicero** *m* ZOOL carnivore.

cárnico, ca *adj* meat (*antes de sust*).

carniseco, ca *adj* lean.

carnívoro, ra *adj* carnivorous.

◆ **carnívoro** *m* carnivore.

carnosidad *f* - **1.** [de una herida] proud flesh (U). - **2.** [gordura] fleshy part.

carnoso, sa *adj* fleshy; [labios] full.

caro, ra *adj* - **1.** [precio] expensive. - **2.** *culto* [querido] cherished.

◆ **caro** *adv*: **costar** ~ to be expensive; **el traje me ha costado** ~, **a pesar de estar rebajado** the dress was expensive, even though it was reduced ❑ **vender** ~ **algo** to sell sthg at a high price; *fig* not to give sthg up easily; **venderse** ~ *fig* to play hard to get; **pagar** ~ **algo** *fig* to pay dearly for sthg.

carolingio, gia *adj & m, f* Carolingian.

carón, ona *adj Amér* - **1.** [gordo de cara] fat-faced. - **2.** [descarado] brazen.

◆ **carona** *f* - **1.** [tela] saddle padding. - **2.** [de la albarda] inside of a packsaddle. - **3.** [del lomo] saddle.

carota *mf fam* cheeky so-and-so.

carótida *adj & f* carotid.

carozo *m Amér* stone (of fruit).

carpa *f* - **1.** [pez] carp; ~ **dorada** goldfish. - **2.** [de circo] big top; [para fiestas etc] marquee. - **3.** *Amér* [tienda] tent.

carpanta *f fam* ravenous hunger.

Cárpatos *mpl*: **los** ~ the Carpathians.

carpeta *f* [para documentos] file, folder.

carpetazo *m*: **dar** ~ **a algo** to shelve sthg.

carpetear *vt Amér* - **1.** [esconder] to hide. - **2.** [estafar] to swindle.

carpetovetónico, ca *adj* deeply Spanish.

carpincho *m Amér* ZOOL capybara.

carpintera *f* → **carpintero**.

carpintería *f* - **1.** [arte] carpentry; [de puertas y ventanas] joinery. - **2.** [taller] carpenter's o joiner's shop.

carpintero, ra *m, f* - **1.** [artesano] carpenter; [de puertas y ventanas] joiner; [de barco] shipwright. - **2.** *Amér* [persona pesada] annoying person.
◆ **carpintero** *m* [pájaro] woodpecker.
◆ **carpintera** *f* [abeja] carpenter bee.

carpir *vt Amér* - **1.** [pasmar] to stun. - **2.** [tierra] to hoe.
◆ **carpirse** *vpr Amér* to be stunned.

carraca *f* - **1.** [instrumento] rattle. - **2.** *fam fig* [cosa vieja] old crock.

carrada *f* cartload.

carrara *m* Carrara marble.

carraspear *vi* - **1.** [hablar ronco] to speak with a hoarse voice. - **2.** [toser] to clear one's throat.

carraspera *f*, **carraspeo** *m* hoarseness.

carrasposo, sa *adj* - **1.** [con carraspera] hoarse. - **2.** *Amér* [áspero] rough.
◆ **carrasposa** *f Amér type of plant with rough leaves.*

carrera *f* - **1.** [acción de correr] run, running (U); **a ~ abierta** o **tendida** at full speed; **a la ~** [corriendo] running; [rápidamente] fast, quickly; [alocadamente] hastily ❑ **tomar ~** to take a run-up. - **2.** DEP & *fig* race; [en béisbol, críquet] run; **echaron una ~ hasta la puerta** they raced each other to the door; **hacer ~s de** to race ❑ **armamentística** o **de armamentos** arms race; **~ contra reloj** race against the clock; **~ de caballos/coches** horse/motor race; **~ de obstáculos** steeplechase; **~s de motos** speedway (U). - **3.** [trayecto] route. - **4.** [de taxi] ride. - **5.** [estudios] university course; **darle (una) ~ a alguien** to pay for sb's studies; **hacer la ~ de derecho** to study law (at university). - **6.** [profesión] career; **de ~** [de profesión] career *(antes de sust)* ❑ **hacer ~** [triunfar] to succeed (in life); **no poder hacer ~ con alguien** *fig* to make no headway with sb. - **7.** [en medias] ladder, run *Am*; **tener una ~** to have a ladder *Br* o run *Am*. - **8.** [calle] *name of certain Spanish streets*; **hacer la ~** [prostituirse] to walk the streets. - **9.** NÁUT route. - **10.** ASTRON course. - **11.** [hilera] row, line; [de ladrillos] course. - **12.** MEC stroke; **~ ascendente** upstroke; **~ descendente** downstroke. - **13.** ARQUIT girder, beam.
◆ **carreras** *fpl* DEP races, racing (U); **de ~s** race *(antes de sust)*, racing *(antes de sust)*.

carrerilla *f*: **coger** o **tomar ~** to take a run-up.
◆ **de carrerilla** *loc adv* by heart.

carrerista ◇ *mf* - **1.** [aficionado] racegoer. - **2.** [participante] racer. ◇ *f mf am* [prostituta] whore.

carreta *f* - **1.** [carro] cart; **~ de bueyes** oxcart; **andar como una ~** to go at snail's pace. - **2.** *Amér* [rueda] wheel.

carretada *f lit & fig* cartload.

carrete *m* - **1.** [de hilo] bobbin, reel; [de alambre] coil. - **2.** FOT roll (of film); **revelar un ~** to develop a film. - **3.** [para pescar] reel. - **4.** [de máquina de escribir] spool. - **5.** *loc*: **dar ~ a alguien** to draw sb out.

carretear *vt* - **1.** [transportar] to cart, to haul. - **2.** [conducir] to drive.

carretel *m* - **1.** [para pesca] reel. - **2.** NÁUT winch.

carretera *f* road; **~ de circunvalación** ring road; **~ comarcal** minor road; **~ de cuota** *Amér* toll road; **~ nacional** ≃ A road *Br*, ≃ state highway *Am*.

carretero, ra *m, f* - **1.** [conductor] carter. - **2.** [que hace carros] cartwright. - **3.** *loc*: **fumar como un ~** to smoke like a chimney; **jurar como un ~** to swear like a trooper.
◆ **carretero** *m Amér* [carretera] road.

carretilla *f* - **1.** [de ruedas] wheelbarrow; **~ elevadora** o **de horquilla** fork lift; **~ de equipaje** luggage trolley *Br*, baggage truck *Am*. - **2.** [de niños] babywalker. - **3.** [cohete] squib, firecracker. - **4.** *Amér* [mandíbula] jawbone. - **5.** *Amér* [tontería] nonsense (U).
◆ **de carretilla** *loc adv* mechanically, automatically.

carretillada *f* cartload.

carricoche *m* cart.

carril *m* - **1.** [de carretera] lane; **~ de aceleración** fast lane; **~ bici** cycle lane *Br*, bikeway *Am*; **~ bus** bus lane. - **2.** [de vía de tren] rail; **~ americano** trail; **~ de cambio** o **aguja** points rail *Br*, switch rail *Am*; **~ conductor** contact rail; **~ de toma/maestro/reversible** third/ running/contraflow rail. - **3.** [de ruedas] rut. - **4.** *Amér fam* [tren] train.

carrilera *f* - **1.** [de rueda] track, rut. - **2.** *Amér* [vía muerta] siding.

carrillera *f* - **1.** [quijada] jaw. - **2.** [de casco] strap.

carrillo *m* - **1.** [de la cara] cheek; **comer a dos ~s** *fig* to cram one's face with food. - **2.** [polea] pulley.

carrilludo, da *adj* plump-cheeked.

carrito *m* [de supermercado] trolley *Br*, cart *Am*.

carrizo *m* ditch reed.
◆ **carrizo** *interj Amér* wow!

carro *m* - **1.** [vehículo] cart; **un ~ de trigo** a cartload of wheat ❑ **~ blindado** MIL armoured tank; **~ de combate** MIL tank; **~ fuerte** dray; **¡para el ~!** [espera un momento] hang on a minute! - **2.** [de máquina de escribir] carriage. - **3.** *Amér* [de ferrocarril] car; **~ comedor** dining car; **~ dormitorio** sleeper. - **4.** *Amér* [perezoso] loafer.

carrocería *f* bodywork *Br*, body.

carromato *m* - **1.** [carro] wagon. - **2.** [coche viejo] old car.

Carro Mayor *m* ASTRON Big Dipper.

Carro Menor *m* ASTRON Little Dipper.

carroña *f* carrion.

carroñero, ra *adj* scavenger.

carroño, ña *adj* - **1.** [podrido] rotten. - **2.** *Amér fam* [cobarde] yellow.

carroza ◇ *f* [coche] carriage. ◇ *mf fam* [viejo] old fogey.

carruaje *m* - **1.** [vehículo] carriage. - **2.** [caravana] caravan.

carrujado, da ◇ *adj* wrinkled. ◇ *m, f* gathering.

carrusel *m* - **1.** [tiovivo] carousel, merry-go-round. - **2.** [de caballos] mounted patrol.

carta *f* - **1.** [escrito] letter; **echar una ~** to post a letter ❑ **~ aérea/certificada/urgente** airmail/registered/express letter; **~ abierta** open letter; **~ de amor** love letter; **~ pastoral** pastoral letter; **~ de pésame** letter of condolence; **~ postal** *Amér* postcard; **~ de presentación** [para un tercero] letter of introduction; [con un currículum] covering letter *Br*, cover letter *Am*; **~ de recomendación** reference (letter). - **2.** [naipe] (playing) card; **echar las ~s a alguien** to tell sb's fortune *(with cards)*; **jugar a las ~s** to play cards ❑ **~ falsa** low card. - **3.** [menú] menu; **a la ~** à la carte; **no tienen menú del día y hay que comer a la ~** they don't have a set menu, you have to choose from the à la carte menu ❑ **~ de vinos** wine list. - **4.** [mapa] map; NÁUT chart; **~ astral** star chart; **~ de marear** sea chart; **~ meteorológica** weather map. - **5.** [documento] charter; **~ de contramarca** NÁUT letter of reprisal; **~ de crédito** COM letter of credit; **~ de fletamento** NÁUT charter party; **~ de hidalguía** letters *(pl)* patent of nobility; **~ de marca** NÁUT letters *(pl)* of marque; **~ de naturaleza** naturalization papers *(pl)*; **~ de pago** COM receipt; **~ de pedido** COM order. - **6.** [COM - marítimo] bill of lading; [- aéreo] air waybill; **~ general** COM form letter; **~ de trabajo** work permit; **~ de venta** COM bill of sale; **~ verde** green card; **~s credenciales** letters of credence. - **7.** *loc*: **a ~ cabal** through and through; **es un hombre íntegro a ~ cabal** he's honest through and through; **adquirir** o **tomar ~ de naturaleza** [costumbre etc] to become widely accepted; **enseñar las ~s** to show one's hand; **jugar a ~s vistas** [con honradez] to act openly; [con certeza] to act with certainty; **jugar (uno) bien sus ~s** to play one's cards right; **jugarse la última ~** to play one's last card; **jugarse todo a una ~** to put all one's eggs in one basket; **no saber a qué ~ quedarse** to be unsure; **poner las ~s boca arriba** o **sobre la mesa** to put one's cards on the table; **tomar ~s en un asunto** to intervene in a matter.
◆ **carta blanca** *f* carte blanche; **tiene ~ blanca para conceder un crédito** she is solely responsible for deciding whether or not to give somebody a loan.
◆ **carta bomba** *f* letter bomb.
◆ **carta de ajuste** *f* test card *Br*, test pattern *Am*.

cartabón *m* - **1.** [de dibujo] set square. - **2.** [de zapatero] foot gauge, shoemaker's size stick. - **3.** ARQUIT *angle formed by two slopes of a roof.* - **4.** [en topografía] octagonal prism. - **5.** *Amér* [para medir personas] measuring stick.

Cartagena *s* Cartagena.

cartapacio *m* - **1.** [carpeta] folder. - **2.** [cuaderno] notebook.

cartear *vi* to play low.
◆ **cartearse** *vpr* to correspond.

cartel *m* - **1.** [anuncio] poster; **'prohibido fijar ~es'** 'billposters will be prosecuted'. - **2.** [pasquín] pasquinade, lampoon. - **3.** *fig* [fama]: **de ~** famous, star *(antes de sust)* ❏ **tener ~** to be all the rage.

cártel *m* cartel.

cartela *f* - **1.** [tarjeta] card. - **2.** ARQUIT modillion. - **3.** HERÁLDICA rectangular emblem.

cartelera *f* - **1.** [tablón] hoarding, billboard. - **2.** PRENSA entertainments page; **estar en ~** to be showing; **lleva un año en ~** it's been running for a year.

cartelero, ra *adj* popular, big-name.

cartelista *mf* poster artist.

carteo *m* correspondence.

cárter *(pl* **cárters)** *m* AUTOM housing; **~ de cigüeñal** crankcase; **~ de engranajes** gearbox.

cartera *f* - **1.** [para dinero] wallet. - **2.** [para documentos] briefcase; [sin asa] portfolio; **tener algo en ~** *fig* to have sthg in the pipeline. - **3.** [de colegial] satchel. - **4.** COM, FIN & POLIT portfolio; **~ de pedidos** [pedidos pendientes] orders *(pl)* in hand; [pedidos atrasados] backlog; **~ de valores** portfolio. - **5.** *Amér* [bolso] bag.

carterista *mf* pickpocket.

cartero, ra *m, f* postman *(f* postwoman).

cartesiano, na *adj & m, f* FILOS Cartesian.

cartilaginoso, sa *adj* cartilaginous.

cartílago *m* cartilage.

cartilla *f* - **1.** [documento] book; **~ (de ahorros)** savings book; **~ militar** *booklet to say one has completed one's military service;* **~ de parado** ≃ UB40 *Br, registration card issued to the unemployed;* **~ de la seguridad social** social security card. - **2.** [para aprender a leer] primer. - **3.** *loc:* **leerle la ~ a alguien** to read sb the riot act; **no saberse la ~** not to have a clue.

cartografía *f* cartography.

cartógrafo, fa *m, f* cartographer.

cartomancia *f* cartomancy.

cartomántico, ca ◇ *adj* fortune-telling. ◇ *m, f* fortuneteller.

cartón *m* - **1.** [material] cardboard; **~ alquitranado** tarpaper; **~ de encuadernar** millboard; **~ de paja** strawboard; **~ piedra** papier mâché; **~ yeso** plasterboard. - **2.** [de cigarrillos] carton. - **3.** ARQUIT bracket, corbel.

cartoné ◆ **en cartoné** *loc adv* bound in boards.

cartonería *f* cardboard factory.

cartuchera *f* - **1.** [cinturon] cartridge belt. - **2.** [caja] cartridge box O case.

cartucho *m* - **1.** [de arma] cartridge; **~ sin bala** O **en blanco** blank cartridge; **~ de dinamita** dynamite stick; **~ de fogueo** blank; **quemar el último ~** *fig* to play one's last card. - **2.** [de monedas] roll. - **3.** [para frutos secos etc] paper cone.

cartujo, ja *adj* Carthusian.
◆ **cartujo** *m* - **1.** [religioso] Carthusian. - **2.** *fig* [persona retraída] hermit.
◆ **cartuja** *f* charterhouse.

cartulina *f* card.

carvallo *m* oak tree.

carvi *m* caraway seed.

casa *f* - **1.** [edificio] house; [piso] flat *Br*, apartment *Am*; **vivo en una ~ de tres plantas** my house has got three floors; **de ~ en ~** house-to-house ❏ **~ adosada** semidetached house; **~ de altos** *Amér* multistorey building; **~ de campo** country house; **~ de departamentos** *Amér* block of flats *Br*, apartment building *Am*; **~ de labor** O **de labranza** farmhouse; **~ de muñecas** doll's house *Br*, dollhouse *Am*; **~ de postas** posthouse, inn; **~ de vecindad** tenement house; **~ unifamiliar** *house (usually detached) on an estate;* **~ y comida** board and lodgings; **como una ~** *fam* [enorme] massive; **dijo un disparate como una ~** he made a totally ludicrous remark; **echar** O **tirar la ~ por la ventana** to spare no expense; **para comprarse un coche tan caro, tiró la ~ por la ventana** he spared no expense when he bought that car; **empezar la ~ por el tejado** to put the cart before the horse; **en ~ del herrero cuchillo de palo** *proverb* the shoemaker's wife is always worst shod *proverb;* **la oficina es la ~ de tócame Roque** everyone does as they please in the office; **se le cae la ~ encima** [se deprime] it's the end of the world for him. - **2.** [hogar] home; **hemos recogido a un niño sin ~** we've taken in a child from a broken home; **en ~** at home; **me quedé en ~ leyendo** I stayed at home and read a book; **estar fuera de ~** to be out; **ir a ~** to go home; **irse de ~** to leave home; **me fui de ~ a los dieciséis años** I left home at sixteen; **pásate por mi ~** come round to my place ❏ **~ mortuoria** home of the deceased; **~ paterna** parents' home; **~ solariega** ancestral home; **de** O **para andar por ~** [ropa, zapatillas] for wearing around the house; *fig* [no especializado] simple, basic; **hice un apaño** O **para andar por ~ y ya funciona** I patched it up myself and it works again now; **estar de ~** to be casually dressed; **franquear la ~ a alguien** to open one's home to sb; **llevar la ~** to run the house; **generalmente es la mujer la que lleva la ~** it's usually the woman who runs the household; **no para en ~** he's hardly ever at home; **no tener ~ ni hogar** to be homeless; **quiere poner ~ en Valencia** she wants to go and live in Valencia; **sentirse como en ~** to feel at home; **ser (uno) muy de su ~** to be a homebody. - **3.** [familia] family; **procede de una de las mejores ~s de la ciudad** she comes from one of the most important families in the city ❏ **~ real** royal family. - **4.** [linaje] house; **la ~ de Borbón** the house of Bourbon. - **5.** [empresa] company; **este producto lo fabrican varias ~s** this product is made by several different companies ❏ **~ de asistencia** *Amér* boarding house; **~ de banca** banking house; **~ central** COM head office; **~ de citas** brothel; **~ de comidas** cheap restaurant; **~ discográfica** record company; **~ editorial** publishing house; **~ de empeño** O **préstamo** pawnshop; **~ exportadora** exporter; **~ de huéspedes** guesthouse; **~ importadora** importer; **~ de juego** gambling house; **~ matriz** [de sucursales] head office; [de filiales] parent company; **~ pública** brothel; **~ de putas** *vulg* whorehouse. - **6.** [institución, organismo]: **~ de beneficencia** O **caridad** poorhouse; **~ de cambio** FIN bureau de change; **~ Consistorial** town hall; **~ de correos** post office; **~ cuna** [orfanato] foundling home; [guardería] nursery; **~ de Dios, ~ del Señor** house of God; **~ de fieras** ZOO; **~ de locos** *lit & fig* madhouse; **parece una ~ de locos con tanto jaleo** with all the coming and going, it's like a madhouse in here; **~ rectoral** rectory; **~ religiosa** [de monjas] convent; [de monjes] monastery; **~ de socorro** first-aid post. - **7.** DEP home *(U)*; **jugar en ~** to play at home; **el equipo de ~** the home team. - **8.** [casilla de ajedrez, damas etc] square.
◆ **casa celeste** *f* ASTROL house.
◆ **Casa Blanca** *f* [en Estados Unidos] White House.
◆ **Casa de la Moneda** *f* mint.
◆ **Casa Rosada** *f* [en Argentina] *official residence of the Argentinian president.*

casabe *m* - **1.** [pez] amberfish. - **2.** [planta] cassava. - **3.** *Amér* [torta] *thin cake made of cassava meal.*

Casablanca *s* Casablanca.

casaca *f* - **1.** [prenda] frock coat; **cambiar** O **volver ~** *fig* to be a turncoat, to change sides. - **2.** *Amér* [conversación] whispered conversation.

casación *f* annulment.

casadero, ra *adj* marriageable.

casado, da ◇ *adj* married; ~ **(con)** married (to); **estar** ~ to be married; ¿**estás** ~? are you married? ◇ *m, f* married man (*f* married woman); **los** ~**s no entienden que los solteros podamos ser felices** you married people can't understand how single people can be happy ❑ **los recién** ~**s** the newly-weds.
◆ **casado** *m* - **1.** IMPRENTA imposition. - **2.** *Amér* [comida] *two different foods eaten together.*

casamentero, ra ◇ *adj* matchmaking. ◇ *m, f* matchmaker.

casamiento *m* wedding, marriage; ~ **de braguteta** *fig* marriage of convenience; ~ **a la fuerza** shotgun wedding.

casanova *m* Casanova.

casar ◇ *vt* - **1.** [en matrimonio] to marry. - **2.** [unir] to fit together; [con pegamento] to stick together. - **3.** IMPRENTA to impose. ◇ *vi* - **1.** [armonizar] to match; **el tapizado del sofá y el de las sillas no casan** the sofa and the chairs don't match. - **2.** [cuadrar] to balance, to tally; **las cuentas no casan** the accounts don't tally.
◆ **casarse** *vpr*: ~**se (con)** to get married (to); **se casó con una mujer diez años mayor que él** he married a woman ten years his senior; ~**se en segundas nupcias** to remarry; ~**se por interés** to marry for money; ~**se por la iglesia/lo civil** to have a church/civil wedding; ~**se por poderes** to marry by proxy ❑ **antes que te cases mira lo que haces** *fam fig* look before you leap; ~**se por detrás de la iglesia** *fig* to live in sin; **no** ~**se con nadie** *fig* to be totally impartial; **en cuestiones de política no se casa con nadie** when it comes to politics, she's totally impartial.

casatienda *f combined shop and home.*

casca *f* - **1.** [de almendra, huevo, etc] shell. - **2.** [de limón, naranja] peel. - **3.** [corteza] tanning bark. - **4.** [de uva] bagasse of pressed grapes. - **5.** [de mazapán] *fruitcake made of marzipan and cider or sweet potato covered with sugar.*

cascabel *m* (small) bell; **de** ~ **gordo** *fam fig* trashy; **echar el** ~ *fig* to drop a hint; **poner el** ~ **al gato** *fig* to dare to go ahead; **ser alegre como un** ~ *fig* to be as happy as a lark; **ser un** ~ *fam fig* to be a scatterbrain; **tener un** ~ *fig* to be worried o anxious.

cascabela *f Amér* rattlesnake.

cascabelada *f* - **1.** [fiesta] noisy party. - **2.** *fam fig* [tontería] scatterbrained thing.

cascabelear ◇ *vt* to take in, to beguile. ◇ *vi* - **1.** *fam fig* [estar atolondrado] to act in a scatterbrained manner. - **2.** *Amér fam fig* [refunfuñar] to grumble.

cascabelero, ra *fam* ◇ *adj* scatterbrained. ◇ *m, f* scatterbrain.
◆ **cascabelero** *m* (baby's) rattle.

cascaciruelas *mf inv fam fig* good-for-nothing.

cascada *f* [de agua] waterfall; **en** ~ one after another.

cascado, da *adj* - **1.** *fam* [estropeado] bust; [persona, ropa] worn-out. - **2.** [ronco] rasping.

cascadura *f* crack.

cascajo *m* - **1.** [fragmento] fragment, shard. - **2.** *fam* [trasto] rubbish, scrap. - **3.** *Amér* [dinero] money. - **4.** *loc*: **estar hecho un** ~ *fam fig* to be a wreck.

cascamajar *vt* to crush.

cascamiento *m* crushing.

cascanueces *m inv* nutcracker.

cascapiñones *m inv* nutcracker.

cascar [10] ◇ *vt* - **1.** [romper] to crack. - **2.** *fam* [dañar] to damage, to harm. - **3.** *fam* [la voz] to make hoarse. - **4.** *fam* [pegar] to thump. - **5.** *loc*: ~**la** *fig* [morir] to kick the bucket. ◇ *vi* - **1.** *fam* [hablar] to witter on. - **2.** *mfam fig* [morir] to kick the bucket.
◆ **cascarse** *vpr* - **1.** [romperse] to crack. - **2.** *fam* [enfermarse] to fall ill, to become sick.

cáscara *f* - **1.** [de almendra, huevo etc] shell. - **2.** [de limón, naranja] peel. - **3.** [de cereal] husk, hull. - **4.** *Amér* [de árbol] bark. - **5.** *loc*: **ser de la** ~ **amarga** [ser travieso] to be a troublemaker; [ser de ideas avanzadas] to have advanced ideas.

◆ **cáscaras** *interj* good heavens!
◆ **cáscara sagrada** *f* cascara.

cascarilla ◇ *f* husk. ◇ *adj Amér* quick-tempered.

cascarón *m* - **1.** [de huevo] eggshell. - **2.** [bóveda] vault, dome. - **3.** *Amér* [de carnaval] confetti-filled eggshell. - **4.** *Amér* [árbol] cork-oak tree. - **5.** *loc*: **no haber salido aún del** ~ to be inexperienced; **romper el** ~ to hatch; **salir del** ~ to leave the nest.
◆ **cascarón de nuez** *m* very small boat.

cascarrabias *mf inv* grouch, misery guts (*sg*).

cascarrón, ona *adj fam* rough, harsh.

casco *m* - **1.** [para la cabeza] helmet; [de motorista] crash helmet; ~ **de buzo** diver's helmet; ~ **sideral** space helmet. - **2.** [de barco] hull. - **3.** [de ciudad]: ~ **antiguo** old (part of) town; ~ **urbano** city centre. - **4.** [de caballo] hoof. - **5.** [envase] empty bottle. - **6.** [pedazo] fragment, piece. - **7.** [tonel] cask, barrel. - **8.** [de sombrero] crown. - **9.** *Amér* [gajo de fruta] segment, slice. - **10.** *Amér* [pecho] chest, breast. - **11.** *loc*: **lavar el** ~ **a** *fam* to soft-soap.
◆ **cascos** *mpl fam* [cabeza] nut (*sg*); **calentarse o romperse los** ~**s** *fig* to rack one's brains; **levantar de** ~**s** *fig* to egg on with false hopes; **romperle los** ~ **s a** *fam fig* to bore, to weary; **sentar los** ~**s** *fam fig* to settle down; **ser alegre o ligero de** ~**s** *fig* to be scatterbrained.
◆ **cascos azules** *mpl* blue berets.

cascote *m* piece of rubble.

cascotear *vt Amér* to throw out.

caseación *f* curdling.

casería *f* - **1.** [edificio] country house. - **2.** [control de la casa] housekeeping. - **3.** *Amér* [clientela] customers (*pl*).

caserío *m* - **1.** [casa de campo] country house. - **2.** [pueblecito] hamlet. - **3.** *Amér* [urbanización] housing estate *Br*, housing project *Am*.

caserna *f* MIL bombproof bunker.

casero, ra ◇ *adj* - **1.** [comida] home-made. - **2.** [trabajos] domestic. - **3.** [reunión, velada] at home. - **4.** [de la familia] family (*antes de sust*). - **5.** [hogareño] homeloving. ◇ *m, f* - **1.** [propietario] landlord (*f* landlady). - **2.** [encargado] house agent. - **3.** [hogareño] homebody, stay-at-home. - **4.** [inquilino] tenant. - **5.** *Amér* [clientela] customer. - **6.** *Amér* [vendedor] door-to-door salesman (*f* door-to-door saleswoman).

caserón *m* large, rambling house.

caseta *f* - **1.** [casa pequeña] hut; ~ **de cambios** o **de agujas** signal box; ~ **de derrota** o **del timón** NÁUT wheelhouse, pilothouse; ~ **de peaje** tollbooth; ~ **telefónica** telephone booth. - **2.** [en la playa] bathing hut. - **3.** [de feria] stall, booth. - **4.** [para perro] kennel.

casete, cassette [ka'sete] ◇ *f* [cinta] cassette. ◇ *m* [magnetófono] cassette recorder.

casi *adv* almost; **su interpretación de la sonata fue** ~ **perfecta** his performance of the sonata was almost perfect; ~ **me muero** I almost o nearly died; ~ **no dormí** I hardly slept at all; ~ ~ *fam* very nearly; ~ ~ **preferiría dormir en un albergue que en una pensión** I'd almost prefer to sleep in a youth hostel to a guesthouse; ~ **nada** almost nothing, next to nothing; ~ **nunca** hardly ever.

casilla *f* - **1.** [taquilla] box office. - **2.** [de caja, armario] compartment; [para cartas] pigeonhole; ~ **de correos** *Amér* post office box. - **3.** [en un impreso] box. - **4.** [de ajedrez etc] square. - **5.** *fam* [prisión] clink, slammer. - **6.** *Amér* [para cazar] bird snare. - **7.** *Amér* [retrete] toilet, lavatory. - **8.** *loc*: **sacar a alguien de sus** ~**s** to drive sb mad; **salir o salirse de sus** ~**s** to fly off the handle.

casillero *m* - **1.** [mueble] set of pigeonholes. - **2.** [casilla] pigeonhole. - **3.** DEP scoreboard.

casino *m* - **1.** [para jugar] casino. - **2.** [asociación] (social) club.

casis [ka'sis] *m inv* - **1.** [licor] cassis. - **2.** [arbusto] blackcurrant bush. - **3.** [fruto] blackcurrant.

caso *m* - **1.** [gen, DER & GRAM] case; **voy a contarles un** ~ **curioso que pasó aquí** I'm going to tell you about something strange that happened here; **les expuse mi** ~ I made out my case to them; **se han dado varios** ~**s de intoxicación** there have been several cases of poisoning; **el** ~ **Watergate** Watergate, the Watergate affair; **el** ~ **es que** [el hecho es que] the fact is (that); [lo importante es que] what matters is (that); **en el mejor/peor de los** ~**s** at best/worst; **en ese** ~ in that case; **en tal** ~ in such a case; **ponerse en el** ~ **de alguien** to put o.s. in sb's position; **según (sea) el** ~, **según los** ~**s** as o whatever the case may be □ ~ **de conciencia** matter of conscience; ~ **fortuito** DER act of God; ~ **de fuerza mayor** force (U) of circumstance; ~ **de honra** question of honour; ~ **de prueba** DER test case. - **2.** [ocasión] occasion; **cuando llegue el** ~ **se lo diremos** we'll tell you when the time comes; **llegado** o **si llega el** ~, **ya veremos qué hacemos** we'll cross that bridge when we come to it; **en** ~ **de** in the event of; **en** ~ **de emergencia** in case of emergency; **en** ~ **de incendio** in the event of fire; **en** ~ **de no haber mayoría...** should there be no majority...; **en** ~ **de necesidad** if necessary □ **en** ~ **de que** if; **(en)** ~ **de que venga** should she come; **en cualquier** o **todo** ~ in any event o case; **en último** ~, **en** ~ **extremo** as a last resort. - **3.** loc: **hablar al** ~ to keep to the point; **hacer** ~ **a** o **de** [prestar atención a] to pay attention to; [tomar en consideración] to take into account; **tuve que gritar para que me hicieran** ~ I had to shout to attract their attention; **hacer** ~ **omiso de** to ignore; **ir al** ~ to get to the point; **¡ni** ~! **¡no hagas** ~! don't take any notice!; **no hacer** o **venir al** ~ to be irrelevant; **poner por** ~ **algo/a alguien** to take sthg/sb as an example; **pongamos por** ~ **que...** let's assume that...; **ser un** ~ **(clínico)** fam to be a case, to be a right one; **ser un** ~ **perdido** to be a lost cause; **verse en el** ~ **de hacer algo** to be obliged o compelled to do sthg.

casón m, **casona** f large house, mansion.

casorio m fam mismatch, unwise marriage.

caspa f - **1.** [en cuero cabelludo] dandruff. - **2.** [en llaga] scab, crust. - **3.** [en metal] patina.

Caspio m: **el (mar)** ~ the Caspian Sea.

cáspita interj desus - **1.** [sorpresa] my word! - **2.** [enfado] dash it!

casposo, sa adj full of dandruff.

casque etc v → **cascar**.

casquete m - **1.** [gorro] skullcap. - **2.** [de armadura] helmet, casque. - **3.** [peluca] toupee.
◆ **casquete esférico** m segment of a sphere.
◆ **casquete glaciar** m ice cap.
◆ **casquete polar** m polar cap.

casquijo m gravel, broken stone.

casquillo m - **1.** [de bala] case. - **2.** [de lámpara] socket, lampholder. - **3.** [de herramienta] collar, sleeve; ~ **escariador** reaming shell; ~ **partido** split bushing. - **4.** [de saeta] iron arrowhead. - **5.** Amér [herradura] horseshoe. - **6.** Amér [de sombrero] hat lining. - **7.** Amér [portaplumas] penholder.

casquivano, na adj fam harebrained.

cassette f & m = **casete**.

casta f - **1.** [linaje] stock, lineage; **cruzar las** ~**s** to crossbreed; **de** ~ [de animales] thoroughbred; [de personas] well-bred; [auténtico] real, genuine; **le viene de** ~ it runs in the family. - **2.** [especie, calidad] breed. - **3.** [en la India] caste. - **4.** Amér IMPRENTA font. - **5.** loc: **de** ~ **le viene al galgo** like father, like son.

castaña ◇ adj f → **castaño**. ◇ f - **1.** [fruto] chestnut; ~ **apilada** o **pilonga** dried chestnut; ~ **de Brasil** o **de Pará** brazil nut; ~ **regoldana** o **de Indias** horse chestnut; **sacarle a alguien las** ~**s del fuego** fam to get sb out of trouble. - **2.** fam [golpe] thump. - **3.** fam [borrachera]: **agarrarse una** ~ to get legless. - **4.** [vasija] demijohn. - **5.** Amér [barril] keg. - **6.** Amér TECN journal bearing in roller of sugar mill. - **7.** loc: **dar a alguien la** ~ fam fig to play a trick on sb; **dar a alguien para** ~**s** to threaten to punish sb.

castañazo m fam bash.

castañeda f chestnut grove.

castañeta f - **1.** [chasquido] snap of the fingers. - **2.** desus [instrumento] castanet.

castañetazo m - **1.** [con castañeta] clack of a castanet. - **2.** [con dedos] snap, click. - **3.** [de huesos] crack. - **4.** fam [golpe] punch, blow.

castañetear ◇ vt - **1.** [con castañuelas] to play on the castanets. - **2.** [dedos] to click. ◇ vi - **1.** [dientes] to chatter. - **2.** [huesos] to crack. - **3.** [ave] to cry, to squawk.

castañeteo m - **1.** [de castañuelas] clacking. - **2.** [de dientes] chattering. - **3.** [de dedos] snapping, clicking. - **4.** [de huesos] cracking. - **5.** [de ave] squawking.

castaño, ña adj [color] chestnut.
◆ **castaño** m - **1.** [color] chestnut; **pasar de** ~ **oscuro** fig to be beyond a joke. - **2.** [árbol] chestnut (tree); ~ **de Indias** horse chestnut (tree). - **3.** [madera] chestnut.

castañuela f - **1.** [instrumento] castanet; **estar como unas** ~**s** fam fig to be in a festive mood. - **2.** [planta] type of sedge.

castellanizar [13] vt to hispanicize.

castellano, na adj & m, f Castilian.
◆ **castellano** m [lengua] (Castilian) Spanish.

castellano-leonés, esa (pl **castellano-leoneses**) adj & m, f Castilian-Leonese.

casticismo m, **casticidad** f purism.

castidad f - **1.** [pudor] chastity. - **2.** [soltería] celibacy, chastity.

castigador, ra fam ◇ adj - **1.** [seductor] seductive. - **2.** [que maltrata] punitive, chastising. ◇ m, f - **1.** [seductor] ladykiller (f man-eater). - **2.** [que maltrata] punisher, chastiser.

castigar [16] vt - **1.** [imponer castigo] to punish. - **2.** DEP to penalize. - **3.** [maltratar] to damage. - **4.** fig [enamorar] to seduce. - **5.** fig [enmendar] to correct, to emend. - **6.** [reducir] to reduce, to cut; ~ **los gastos** to cut expenses. - **7.** TAUROM to wound. - **8.** Amér [apretar] to squeeze, to tighten.

castigo m - **1.** [sanción] punishment; **levantar el** ~ to lift the sentence □ ~ **corporal** corporal punishment; ~ **ejemplar** exemplary punishment; **ser de** ~ fig to be hard going. - **2.** [sufrimiento] suffering (U); [daño] damage (U). - **3.** DEP penalty. - **4.** fig [enmienda] correction, emendation. - **5.** TAUROM wound.

Castilla-La Mancha s Castile and La Mancha.

Castilla-León s Castile and León.

castillo m - **1.** [edificio] castle; ~**s en el aire** o **de naipes** fig castles in the air. - **2.** NÁUT: ~ **de popa** quarterdeck; ~ **de proa** forecastle.
◆ **castillo de fuego** m firework display.

castizo, za ◇ adj - **1.** [típico] typical, traditional; **ella es una española castiza** she is a typical Spaniard. - **2.** [de linaje] pure; [lenguaje] purist. ◇ m, f Amér quadroon.
◆ **castizo** m Amér very fertile male animal.

casto, ta adj - **1.** [virginal] chaste. - **2.** [puro] pure, clean.

castor m beaver.

castración f - **1.** [de animal] castration. - **2.** fig [apocamiento] emasculation.

castrado, da adj - **1.** [animal] castrated. - **2.** fig [apocado] emasculated.
◆ **castrado** m [hombre] eunuch; [caballo] gelding.

castrar vt - **1.** [animal, persona] to castrate; [gato] to doctor. - **2.** fig [debilitar] to sap, to impair. - **3.** [planta] to prune.

castrazón f extraction of honeycombs from the beehive.

castrense adj military.

Castries s Castries.

castrista adj & mf Castroist.

casual adj chance, accidental.

casualidad f coincidence; **de** ~ by chance o accident; **me encuentras aquí de** ~, **porque hoy no pensaba venir** I'm only here by chance, I hadn't intended to come today; **dio la** ~ **de que...** it so happened that...; **por** ~ by chance; **me he enterado por** ~ **de que estás buscando piso** I happened to hear that you're looking for a flat; **¡qué** ~! what a coincidence!

casualmente *adv* - **1.** [accidentalmente] by chance. - **2.** *Amér* [exactamente] precisely, exactly.

casucha *f despec* hovel, dump.

casuístico, ca *adj* casuistic.

◆ **casuística** *f* casuistry.

casulla *f* - **1.** [de sacerdote] chasuble. - **2.** *Amér* [de arroz] rice grain with husk.

CAT (*abrev de* **Comisaría de Abastecimientos y Transportes**) *f Spanish Commisariat of Supply and Transport.*

cata *f* - **1.** [degustación] tasting. - **2.** *Amér* [de minerales] prospecting pit. - **3.** *Amér* [secreto] hidden o secret thing. - **4.** *Amér* [ave] parakeet.

catabolismo *m* catabolism.

cataclismo *m* cataclysm.

catacumbas *fpl* catacombs.

catador, ra *m, f* taster.

catadura *f* - **1.** [degustación] tasting, sampling. - **2.** *fig* [semblante] look, appearance.

catafalco *m* catafalque.

catalán, ana *adj & m, f* Catalan, Catalonian.

◆ **catalán** *m* [lengua] Catalan.

catalanismo *m* - **1.** [palabra] Catalanism. - **2.** POLÍT Catalan nationalism.

catalejo *m* telescope.

catalepsia *f* catalepsy.

cataléptico, ca *adj & m, f* MED cataleptic.

catalina *adj* → **rueda**.

Catalina *f*: ~ **de Aragón** Catherine of Aragon; ~ **la Grande** Catherine the Great.

catálisis *f inv* catalysis.

catalítico, ca *adj* QUÍM catalytic.

catalizador, ra *adj* - **1.** QUÍM catalytic. - **2.** *fig* [impulsor] catalysing (*antes de sust*).

◆ **catalizador** *m* - **1.** QUÍM & *fig* catalyst. - **2.** AUTOM catalytic converter.

catalizar [13] *vt* - **1.** QUÍM to catalyse. - **2.** *fig* [impulsar] to provoke.

catalogación *f* cataloguing.

catalogador, ra ◇ *adj* cataloguing. ◇ *m, f* cataloguer.

catalogar [16] *vt* - **1.** [en catálogo] to catalogue. - **2.** [clasificar]: ~ **a alguien (de)** to class sb (as).

catálogo *m* [gen] catalogue; [turístico] brochure.

Cataluña *s* Catalonia.

catamarán *m* catamaran.

cataplasma *f* - **1.** MED poultice. - **2.** *fam fig* [pesado] bore.

cataplum, cataplún *interj* crash!, bang!

catapulta *f* catapult.

catapultar *vt* to catapult.

catar *vt* - **1.** [degustar] to taste. - **2.** [inspeccionar] to examine, to inspect. - **3.** [colmena] to remove, to extract.

catarata *f* - **1.** [de agua] waterfall; ~**s del Iguazú** Iguaçu Falls; ~**s del Niágara** Niagara Falls. - **2.** (*gen pl*) MED cataract; **tener** ~**s** *fig* to be blind.

catarro *m* cold; **coger un** ~ to catch a cold.

catarroso, sa ◇ *adj* suffering from a cold. ◇ *m, f* person suffering from a cold.

catarsis *f inv* [purificación] catharsis.

catártico, ca *adj* cathartic.

catástasis *f inv* LITER catastasis, climax.

catastral *adj* cadastral, *of/relating to the land register*.

catastro *m* land registry.

catástrofe *f* - **1.** [desastre] catastrophe; [accidente de avión, tren etc] disaster. - **2.** [en una obra] denouement, conclusion.

catastrófico, ca *adj* catastrophic.

catastrofismo *m* scaremongering, alarmism.

catastrofista *adj & mf* alarmist.

catavino *m* - **1.** [enólogo] winetaster. - **2.** *fam fig* [borracho] boozer, drunk.

catch [katʃ] *m* DEP all-in wrestling.

cátcher ['katʃer] (*pl* **catchers**) *m* DEP catcher.

catchup, ketchup ['ketʃup] *m inv* ketchup.

cate *m fam* fail.

catear *vt* - **1.** *fam* [examen, curso] to fail. - **2.** *Amér* [terreno] to prospect. - **3.** *Amér* [casa] to watch, to spy on.

catecismo *m* catechism.

cátedra ◇ *f* - **1.** [en universidad] chair; [en instituto] post of head of department; **opositar a una** ~ to compete for a chair. - **2.** [departamento] department. - **3.** *desus* [asiento] professor's chair. - **4.** [aula] classroom, lecture hall. - **5.** [asignatura] subject; **explicar una** ~ to hold a chair. - **6.** [de prelado] cathedra, see; ~ **del Espíritu Santo** pulpit; ~ **de San Pedro** the Holy See. - **7.** *Amér* [maravilla] wonder, marvel. - **8.** *loc*: **poner** o **sentar** ~ to lay down the law; **ser la** ~ *Amér fam* to be very knowledgeable. ◇ *adj Amér* wonderful, marvellous.

catedral *f* cathedral; **como una** ~ *fam fig* huge, enormous.

catedralicio, cia *adj* cathedral (*antes de sust*).

catedrático, ca *m, f* [de universidad] professor; [de instituto] head of department.

categoría *f* - **1.** [gen] category. - **2.** [posición social] standing; **de** ~ important. - **3.** [calidad] quality; **de (primera)** ~ first-class; **de segunda** ~ second-rate.

categóricamente *adv* categorically, absolutely.

categórico, ca *adj* categorical.

catenaria *adj & f* catenary.

catequesis *f inv*, **catequismo** *m* catechesis.

catequizar [13] *vt* - **1.** [enseñar religión] to instruct in the Christian doctrine. - **2.** *fig* [adoctrinar] to convert.

caterva *f* host, multitude.

catéter *m* MED catheter.

cateto, ta *despec* ◇ *adj* uncultured, uncouth. ◇ *m, f* country bumpkin.

◆ **cateto** *m* GEOM cathetus.

catilinaria ◇ *adj* violently satirical. ◇ *f* diatribe.

catinga *f Amér* - **1.** [bosque] stunted forest. - **2.** [olor] foul smell.

catire, ra *adj Amér* blond (*f* blonde).

cato *m* - **1.** [sustancia] catechu. - **2.** *Amér* [medida] *agricultural measure equivalent to 40 yd²*.

catódico, ca *adj* cathodic, cathode.

cátodo *m* cathode.

catolicismo *m* Catholicism.

católico, ca ◇ *adj* - **1.** [creyente] Catholic. - **2.** *fam fig* [sano] healthy, sprightly. - **3.** *loc*: **no estar muy** ~ *fam* to be under the weather; **no ser muy** ~ to be o look suspicious. ◇ *m, f* Catholic.

catolizar [13] *vt* to catholicize.

catón *m* - **1.** [libro] primer. - **2.** *fig* [persona severa] severe person.

catorce *núm* fourteen; *ver también* **seis**.

catorceavo, va, catorzavo, va *núm* fourteenth; *ver también* **sexto**.

catre *m* [cama] camp bed; **irse al** ~ *fam* to hit the sack ❑ ~ **de tijera** o **de viento** camp bed; ~ **de balsa** *Amér* raft.

catrín, trina *m, f Amér fam* toff.

Catulo *m* Catullus.

caucásico, ca *adj & m, f* Caucasian.

Caucaso *m*: **el** ~ the Caucasus.

cauce *m* - **1.** AGR & *fig* channel. - **2.** [de río] riverbed; **volver a su** ~ *fig* to return to normal.

cauchero, ra ◇ *adj* rubber (*antes de sust*). ◇ *m, f* rubber gatherer o worker.

◆ **cauchera** *f* rubber plant.

caucho *m* - **1.** [sustancia] rubber; ~ **esponjoso** foam rubber; ~ **vulcanizado** vulcanized rubber. - **2.** [planta] rubber tree. - **3.** *Amér* [manta] mac *Br*, slicker *Am*.

caución *f* - **1.** [precaución] caution. - **2.** DER bail; **bajo** ~ DER on bail ❑ ~ **de indemnidad** DER bond of indemnity.

caucionar *vt* - **1.** [precaver] to caution. - **2.** DER to put up o to post bail for.

caudal ◇ *adj* - **1.** [de pez] caudal. - **2.** [de agua] carrying o holding a lot of water. ◇ *m* - **1.** [cantidad de agua] flow, volume. - **2.** [capital, abundancia] wealth. - **3.** *loc:* **hacer** ~ **de** to hold in high regard.

caudaloso, sa *adj* - **1.** [río] with a large flow. - **2.** [persona] wealthy, rich.

caudillaje, caudillismo *m* - **1.** [mando] leadership. - **2.** *Amér* [tiranía] tyranny.

caudillo *m* - **1.** [en la guerra] leader, head. - **2.** *Amér* [cacique] political boss.

◆ **Caudillo** *m:* **el Caudillo** HIST title used to refer to Franco.

causa *f* - **1.** [origen, ideal] cause; **luchaban por una** ~ **justa** they were fighting for a just cause □ ~ **común** common cause; ~ **eficiente** FILOS efficient cause; ~ **final** FILOS final cause; ~ **perdida** lost cause; ~ **primera** FILOS prime mover. - **2.** [razón] reason; **un cigarrillo mal apagado fue la** ~ **del incendio** the cause of the fire was a cigarette that someone had forgotten to put out properly; **a** ~ **de** because of; **el accidente se produjo a** ~ **de la niebla** the accident was caused by the fog; **por** ~ **de** because of; **sin** ~ without good reason. - **3.** DER case; **formar** o **instruir** ~ DER to prosecute, to bring a legal action. - **4.** *Amér* [aperitivo] light meal, snack. - **5.** *Amér* [guiso] potato salad.

causador, ra ◇ *adj* causative. ◇ *m, f* cause.

causahabiente *m* DER assignee.

causal ◇ *adj* causal. ◇ *f* reason, cause.

causalidad *f* - **1.** [relación] causality. - **2.** [origen] origin, cause.

causante ◇ *adj:* **la razón** ~ the cause. ◇ *mf* cause.

causar *vt* [gen] to cause; [impresión] to make; [placer] to give.

causativo, va *adj* causative.

causticidad *f lit & fig* causticity.

cáustico, ca *adj lit & fig* caustic.

cautela *f* - **1.** [prudencia] caution, cautiousness; **con** ~ cautiously; **tener** ~ to take precautions. - **2.** [astucia] astuteness, cunning.

cautelar *adj* DER preventive.

cauteloso, sa ◇ *adj* cautious, careful. ◇ *m, f* cautious person.

cauterio *m* - **1.** MED cauterization. - **2.** *fig* [remedio] remedy, cure.

cauterizador, ra ◇ *adj* cauterizing. ◇ *m, f* cauterizer.

cauterizar [13] *vt* - **1.** MED to cauterize. - **2.** *fig* [remediar] to correct o reproach with severity.

cautivador, ra ◇ *adj* captivating, enchanting. ◇ *m, f* charmer.

cautivante *adj* captivating, charming.

cautivar *vt* - **1.** [apresar] to capture. - **2.** [seducir] to captivate, to enchant; **la interpretación del pianista cautivó al público** the pianist's performance captivated the audience. - **3.** *fig* [ganar, conseguir] to capture, to hold; ~ **el interés del público** to capture the public interest.

cautiverio *m*, **cautividad** *f* captivity; **vivir en** ~ to live in captivity.

cautivo, va *adj & m, f* captive.

cauto, ta *adj* cautious, careful.

cava ◇ *m* [bebida] *Spanish champagne-type wine.* ◇ *f* - **1.** [bodega] wine cellar. - **2.** [excavación] digging.

cavacote *m* mound of earth.

cavado, da *adj* concave.

cavador, ra *m, f* digger.

cavar *vt & vi* [gen] to dig; [con azada] to hoe.

caverna *f* - **1.** [concavidad] cave; [grande] cavern. - **2.** MED cavity.

cavernario, ria *adj* - **1.** [gen] cave (antes de sust). - **2.** [hombre] cave-dwelling.

cavernícola ◇ *adj* - **1.** [hombre] cave-dwelling. - **2.** *fig* [retrógrado] reactionary. ◇ *mf* - **1.** [hombre] caveman (*f* cavewoman). - **2.** *fig* [retrógrado] reactionary.

cavernoso, sa *adj* cavernous; [voz, tos] hollow.

caviar, cavial *m* caviar.

cavidad *f* [hueco] cavity; [formada con las manos] cup.

cavilación *f* deep thought, pondering.

cavilar *vi* to think deeply, to ponder.

cavilosear *vi Amér* - **1.** [pensar] to ponder, to meditate. - **2.** [chismear] to gossip.

caviloso, sa *adj* - **1.** [pensativo] thoughtful, pensive. - **2.** *Amér* [chismoso] gossipy, backbiting. - **3.** *Amér* [puntilloso] fussy, finicky.

cayado *m* - **1.** [de pastor] crook. - **2.** [de obispo] crozier.

Cayena *s* Cayenne.

cayera *etc v* → **caer.**

cayo *m* [isla] key, islet.

cayuco *m Amér* Indian canoe.

caz (*pl* **caces**) *m* ditch, canal.

caza ◇ *f* - **1.** [acción de cazar] hunting; **dar** ~ to give chase; **dar** ~ **a** to hunt down; **ir a la** ~ **de** to chase; **salir** o **ir de** ~ to go hunting □ ~ **de brujas** *fig* witch-hunt; ~ **furtiva** poaching; **andar** o **ir a la** ~ **de** *fam* to be on the lookout for. - **2.** [animales, carne] game; ~ **mayor/menor** big/small game. ◇ *m* fighter (plane).

cazabe *m Amér* cassava bread.

cazabombardero *m* fighter-bomber.

cazaclavos *m inv* nail lifter.

cazador, ra ◇ *adj* - **1.** [persona] hunting. - **2.** [animal] predatory. ◇ *m, f* [persona] hunter; ~ **de alforja** o **de pieles** trapper; ~ **furtivo** poacher.

◆ **cazadora** *f* - **1.** [prenda] bomber jacket. - **2.** *Amér* [camioneta] light lorry *Br*, truck *Am.* - **3.** *Amér* [ave] yellow warbler.

◆ **cazador mayor** *m* royal huntsman.

cazadotes *m inv* fortune hunter.

cazalla *f* [bebida] *aniseed-flavoured spirit.*

cazar [13] *vt* - **1.** [animales etc] to hunt; ~ **furtivamente** o **en vedado** to poach. - **2.** *fig* [pillar, atrapar] to catch. - **3.** *fig* [en matrimonio] to trap; **ha cazado a una viuda rica** he's trapped a rich widow. - **4.** [captar voluntad] to take in, to win over. - **5.** NÁUT to haul in.

cazatalentos *mf inv* - **1.** [de artistas] talent scout. - **2.** [de ejecutivos] headhunter.

cazcalear *vi fam* to scurry around, to bustle about.

cazcarria *f* - **1.** [lodo] mud. - **2.** *Amér* [excremento] dung.

cazo *m* - **1.** [cacerola] saucepan. - **2.** [cucharón] dipper, ladle; ~ **de fundidor** o **de colada** casting ladle, founder's scoop.

cazolero ◇ *adj* fussy. ◇ *m* fusspot.

cazoleta *f* - **1.** [recipiente] pot. - **2.** [de pipa] bowl. - **3.** [de mosquetón] pan. - **4.** [de espada] hand guard. - **5.** [perfume] *kind of perfume.*

cazón *m* dogfish.

cazonal *m* - **1.** [arreos] fishing tackle; [red] large fishing net. - **2.** *fig* [enredo] tight spot, mess.

cazuela *f* - **1.** [recipiente] pot; [de barro] earthenware pot; [para el horno] casserole (dish). - **2.** [guiso] casserole, stew; **a la** ~ casseroled. - **3.** *desus* [en teatro] rear balcony, gallery. - **4.** IMPRENTA wide composing stick.

cazumbrar *vt* to caulk.

cazumbre *m* caulking.

cazurro, rra ◇ *adj* [bruto] stupid. ◇ *m, f* [bruto] idiot, fool.

CBS (*abrev de* **Columbia Broadcasting System**) *f* CBS.

cc (*abrev escrita de* **centímetros cúbicos**) cc.

c/c (*abrev escrita de* **cuenta corriente**) a/c.

CC *m* - **1.** *abrev de* **código civil**. - **2.** *abrev de* **código de circulación**. - **3.** (*abrev de* **cuerpo consular**) consular staff.

CCA ◇ *m* (*abrev de* **Consejo de Cooperación Aduanera**)

CCC. ◇ *f* (*abrev de* **Compañía Cubana de Aviación**) CCA.

CCEI (*abrev de* **Conferencia de Cooperación Económica Internacional**) *f* CIEC.

CC OO (*abrev de* **Comisiones Obreras**) *fpl* Spanish communist-inspired trade union.

CC-RTV (*abrev de* **Corporación Catalana de Radio y Televisión**) *f* independent Catalan broadcasting company.

CD *m* - **1.** (*abrev de* **club deportivo**) sports club; [en fútbol] FC. - **2.** (*abrev de* **cuerpo diplomático**) CD. - **3.** (*abrev de* **compact disc**) CD.

CDC (*abrev de* **Convergència Democràtica de Catalunya**) *m* Catalan political party to the centre-right of the political spectrum.

CDN (*abrev de* **Centro Dramático Nacional**) *m* Spanish national theatre.

CDS (*abrev de* **Centro Democrático y Social**) *m* Spanish political party at the centre of the political spectrum.

ce *f*: ~ **por be** *fig* in great detail; **por** ~ **o por be** *fig* one way or the other.

CE ◇ *m* (*abrev de* **Consejo de Europa**) CE. ◇ *f* - **1.** (*abrev de* **Comunidad Europea**) EC. - **2.** (*abrev de* **constitución española**) Spanish Constitution.

CEA *f* - **1.** (*abrev de* **Compañía Ecuatoriana de Aviación**) CEA. - **2.** (*abrev de* **Confederación Europea de Agricultura**) ECA.

CEAPA (*abrev de* **Confederación Española de Asociaciones de Padres de Alumnos**) *f* confederation of Spanish parent-teacher associations.

CEAR (*abrev de* **Comisión Española de Ayuda al Refugiado**) *f* charitable organization that helps refugees in Spain.

cebada *f* barley; ~ **perlada** pearl barley.

cebadar *vt* to feed barley to.

cebadera *f* - **1.** [manta] nosebag, feedbag. - **2.** [arca] barley hopper o bin. - **3.** NÁUT spritsail.

cebadero *m* - **1.** [vendedor] barley seller. - **2.** [caballo guía] lead mule. - **3.** [cuadra] feeding place. - **4.** [para mineral] mouth.

cebado, da *adj Amér* [animal] man-eating.

cebador, ra *adj* fattening.

◆ **cebador** *m* - **1.** [de fluorescente] ballast. - **2.** [de pólvora] primer.

cebadura *f* - **1.** [de animales] fattening. - **2.** *Amér* [de mate] measure of maté.

cebar ◇ *vt* - **1.** [sobrealimentar] to fatten (up). - **2.** [máquina, arma] to prime. - **3.** [anzuelo] to bait. - **4.** [fuego] to fire, to stoke. - **5.** *fig* [fomentar] to excite, to fuel. - **6.** *Amér* [mate] to prepare, to brew. ◇ *vi* to penetrate, to go in.

◆ **cebarse** *vpr* - **1.** *fig* [entregarse] to devote o.s. - **2.** [ensañarse] to be cruel. - **3.** *Amér* [fallar] to fail.

◆ **cebarse en** *vpr* to take it out on.

cebiche *m Amér* raw fish marinated in lemon and garlic.

cebo *m* - **1.** [para cazar] bait; ~ **vivo** live bait. - **2.** [para alimentar] feed, food. - **3.** *fig* [para atraer] incentive. - **4.** [explosivo] fuel, charge; ~ **de gelatina** gelatin primer; ~ **fulminante** percussion cap.

cebolla *f* - **1.** [planta] onion; ~ **albarrana** o **escila** squill; ~ **escalonia** shallot. - **2.** *Amér fam* [autoridad] power, command.

cebolleta *f* - **1.** BOT spring onion. - **2.** [en vinagre] pickled onion; [muy pequeña] silverskin onion.

cebollino *m* - **1.** BOT chive; [cebolleta] spring onion. - **2.** *fam* [necio] idiot. - **3.** *loc*: **escardar** ~**s** *fam* to waste time on trifles; **mandar a alguien a escardar** ~**s** *fam* to tell sb to get lost.

cebón, ona ◇ *adj* fattened. ◇ *m, f* fattened animal. ◇ *m* pig.

cebra *f* zebra.

cebruno, na *adj* bay, reddish-brown.

cebú (*pl* **cebúes**) *m* zebu.

ceca *f* mint.

Ceca *f*: **ir de la** ~ **a la Meca** *fig* to go here, there and everywhere.

CECA *f* - **1.** (*abrev de* **Comunidad Europea del Carbón y del Acero**) ECSC. - **2.** (*abrev de* **Confederación Española de Cajas de Ahorro**) Spanish association of savings banks.

cecear *vi* to lisp.

ceceo *m* lisp.

cecial *m* dried and cured fish.

cecina *f* - **1.** [carne curada] dried, salted meat. - **2.** *Amér* [embutido] dried beef sausage.

cecinar *vt* to cure.

CECU (*abrev de* **Confederación Estatal de Consumidores y Usuarios**) *f* Spanish consumer association, ≃ CA *Br*.

ceda *f* zed *Br*, zee *Am*.

CEDA (*abrev de* **Confederación Española de Derechas Autónomas**) *f* Spanish extreme right-wing Catholic political party.

cedazo *m* - **1.** [para separar] sieve; **pasar por** ~ to sift. - **2.** [para pescar] large fishing net. - **3.** *Amér* [baile] type of waltz.

ceder ◇ *vt* - **1.** [traspasar] to hand over; **se arruinaron y tuvieron que** ~ **el negocio** they were ruined and had to sell the business. - **2.** [dejar voluntariamente] to give up; **me levanté para** ~ **mi asiento a una anciana** I stood up and gave my seat to an old lady. ◇ *vi* - **1.** [venirse abajo] to give way; **el estante cedió por el peso de los libros** the shelf gave way under the weight of the books. - **2.** [destensarse] to give, to become loose; **tuvieron que tensar los cables que habían cedido** they had to tauten the ropes, since they had become slack. - **3.** [disminuir] to abate. - **4.** [rendirse] to give up; **es inútil insistirle, porque es de los que no ceden nunca** there's no point insisting, he's one of those people who never give in; ~ **a** to give in to; **no cederá a tus ruegos** she won't give in to your demands; ~ **de** to renounce, to give up; ~ **en** to give up on.

CEDES (*abrev de* **Centro de Debates y Estudios Sindicales**) *m* centre for debating and studying trade-union issues.

CEDI (*abrev de* **Centro Europeo de Documentación e Información**) *m* European Documentation and Information Centre.

cedilla *f* cedilla.

cedizo, za *adj* spoiled, off.

cedro *m* cedar; ~ **amargo** o **blanco** *Amér* white cedar; ~ **de las Antillas** Spanish cedar; ~ **colorado** red cedar; ~ **deodara** o **de la India** deodar; ~ **de España** savin, Spanish juniper; ~ **del Líbano** cedar of Lebanon; ~ **de Singapur** toon.

cédula *f* - **1.** [escrito] document; ~ **ante diem** summons *(sg)*; ~ **en blanco** blank form; ~ **de citación** summons *(sg)*; ~ **de habitabilidad** certificate stating that a place is habitable; ~ **hipotecaria** mortgage bond; ~ **(de identidad)** *Amér* identity card; ~ **real** royal issue; ~ **testamentaria** DER codicil; ~ **de vecindad** identity card. - **2.** [pagaré] promissory note; ~ **de cambio** bill of exchange.

CEE (*abrev de* **Comunidad Económica Europea**) *f* EEC.

CEEA (*abrev de* **Comisión Europea para la Energía Atómica**) *f* CEEA.

cefalea *f* MED headache, cephalalgia.

cefalópodo *m* cephalopod.

céfiro *m* zephyr.

cegador, ra *adj* blinding.

cegar [35] ◇ *vt* - **1.** [gen] to blind. - **2.** [tapar - ventana] to block off; [- tubo] to block up. ◇ *vi* to be blinding.

◆ **cegarse** *vpr lit & fig* to be blinded.

cegato, ta *fam* ◇ *adj* short-sighted. ◇ *m, f* shortsighted person.

cegatoso, sa ◇ *adj* bleary-eyed. ◇ *m, f* bleary-eyed person.

cegesimal *adj* of or relating to cgs units.

cegué *etc v* → **cegar**.

ceguedad *f* - **1.** [ceguera] blindness. - **2.** *fig* [alucinación] hallucination.

ceguera *m lit & fig* blindness.

CEH (*abrev de* **Centro de Estudios Hispánicos**) *m centre for Hispanic studies.*

CEI (*abrev de* **Confederación de Estados Independientes**) *f* CIS.

Ceilán *s* Ceylon.

ceilandés, esa *adj & m, f* Sinhalese.
◆ **ceilandés** *m* [lengua] Sinhalese.

ceja *f* - **1.** ANAT eyebrow; **arquear las ~s** to arch one's eyebrows; **enarcar las ~s** to raise one's eyebrows; **fruncir las ~s** to knot one's brow, to frown ❑ **hasta las ~s** up to one's neck; **quemarse las ~s** *fam* to burn the midnight oil; **se le metió entre ~ y ~** *fam* he got it into his head; **tener a alguien entre ~ y ~** *fam* not to be able to stand the sight of sb. - **2.** [borde] border, edging. - **3.** [MÚS - puente] bridge; [- cejilla] capo. - **4.** *fig* [cima] summit, peak. - **5.** [de nubes] cloud cover. - **6.** *Amér* [senda] path, lane; **~ de monte** copse, wooded area.

cejar *vi* [retroceder] to back up, to move backwards; **~ en** to give up on.

cejijunto, ta *adj* - **1.** [persona] bushy-eyebrowed. - **2.** [gesto] frowning.

cejilla *f* MÚS capo.

cejo *m* - **1.** [niebla] mist over a river. - **2.** [ceño] ring, hoop.

cejudo, da *adj* bushy-browed, thick-browed.

celada *f* - **1.** [trampa] trick, trap. - **2.** [de armadura] sallet. - **3.** [soldado] *horse soldier with sallet.*

celador, ra *m, f* - **1.** [de colegio, hospital] watchman (*f* watchwoman). - **2.** [de prisión] warder. - **3.** [de museo] attendant. - **4.** [policía] police officer.

celaje *m* - **1.** [claraboya] skylight. - **2.** *fig* [presagio] presage, sign. - **3.** *Amér* [fantasma] ghost.
◆ **celajes** *mpl* [nubes] swift-moving clouds.

Celam (*abrev de* **Consejo Episcopal Latinoamericano**) *m Latin American episcopal council.*

celar ◇ *vt* - **1.** [cumplir] to comply with, to fulfil. - **2.** [vigilar] to watch over, to keep an eye on. - **3.** [encubrir] to hide, to conceal. - **4.** [esculpir] to engrave, to sculpt. ◇ *vi:* **~ por** o **sobre** to watch out for, to take care of.

celda *f* cell; **~ de castigo** solitary confinement cell.
◆ **celda galvánica** *f* galvanic cell.

celdilla *f* - **1.** [de abejas] cell. - **2.** [en muro] niche, recess.

celebérrimo, ma *adj* extremely famous.

celebración *f* - **1.** [festejo] celebration; **invitaron a sus amigos a la ~ de las bodas de plata** they invited their friends to their silver wedding party. - **2.** [realización] holding; **la oposición exige la ~ de elecciones anticipadas** the opposition is calling for early elections to be held.

celebrante ◇ *adj* celebrating. ◇ *mf* participant in a celebration. ◇ *m* RELIG celebrant.

celebrar ◇ *vt* - **1.** [festejar] to celebrate. - **2.** [llevar a cabo] to hold; [oficio religioso] to celebrate; **el Parlamento celebró una sesión extraordinaria** Parliament held an emergency debate. - **3.** [alegrarse de] to be delighted with; **celebro el éxito de tu libro** I'm delighted that your book has been so successful. - **4.** [alabar] to praise, to applaud. - **5.** *Amér* [enamorarse de] to fall in love with. ◇ *vi* RELIG to celebrate o say mass.
◆ **celebrarse** *vpr* - **1.** [festejarse] to be celebrated; **esa fiesta se celebra el 24 de Julio** that festivity falls on 24 July. - **2.** [llevarse a cabo] to take place, to be held; **el juicio se celebrará mañana** the trial will take place tomorrow. - **3.** *Amér* [enamorarse] to fall in love.

célebre *adj* - **1.** [famoso] famous, celebrated. - **2.** *fam* [gracioso] funny, witty. - **3.** *Amér* [hermoso] attractive, good-looking.

celebridad *f* - **1.** [fama] fame. - **2.** [persona famosa] celebrity.

celemín *m dry measure equivalent to 4.625 litres.*

célere *adj culto* prompt, rapid.
◆ **céleres** ◇ *mpl the select three hundred knights of ancient Roman nobility.* ◇ *fpl* MITOL the hours.

celeridad *f culto* speed; **con toda ~** as quickly as possible.

celeste ◇ *adj* - **1.** [del cielo] celestial, heavenly. - **2.** [del órgano] muting, soft. - **3.** → **azul**. ◇ *m* - **1.** [color] sky blue, azure. - **2.** [de órgano] celeste.

celestial *adj* - **1.** [del cielo] celestial, heavenly. - **2.** *fam* [bobo] silly, stupid.

celestina *f* - **1.** [mediadora] lovers' go-between. - **2.** [mineral] celestine.

celibato *m* celibacy.

célibe *adj & mf* celibate.

cellisca *f* sleet.

cellisquear *vi* to sleet.

celo *m* - **1.** [esmero] zeal, keenness. - **2.** [devoción] devotion. - **3.** [de animal] heat; **en ~** on heat *Br*, in heat *Am*. - **4.** [cinta adhesiva] Sellotape®.
◆ **celos** *mpl* jealousy (*U*); **dar ~s a alguien** to make sb jealous; **coquetea con todos para dar ~s a su novio** she flirts with everyone to make her boyfriend jealous; **tener ~s de alguien** to be jealous of sb; **el hermano mayor tiene ~s del menor** the older brother is jealous of the younger one.

celofán *m* cellophane.

celosamente *adv* [con tesón] conscientiously, zealously.

celosía *f* lattice window, jalousie; **~ de ventilación** louvre.

celoso, sa ◇ *adj* - **1.** [con celos] jealous. - **2.** [cumplidor] keen, eager. - **3.** *Amér* [embarcación] unstable, easily capsized. - **4.** *Amér* [arma] liable to go off, hair-trigger. ◇ *m, f* [con celos] jealous person.

celotipia *f* jealousy.

celsitud *f culto* - **1.** [grandeza] grandeur. - **2.** [tratamiento] Highness.

Celsius *s* → **grado**.

celta ◇ *adj* Celtic. ◇ *mf* [persona] Celt. ◇ *m* [lengua] Celtic.

celtíbero, ra, celtibero, ra, celtibérico, ca *adj & m, f* Celtiberian.

céltico, ca *adj* Celtic.

celtismo *m* Celticism.

celtista *mf* Celticist.

celtohispano, na, celtohispánico, ca *adj* Celtic-Spanish, Celto-Spanish.

célula *f* cell; **~ embrionaria** o **germen** germ cell.
◆ **célula fotoeléctrica** *f* photoelectric cell, electric eye.
◆ **célula fotovoltaica** *f* photovoltaic cell.

celulado, da *adj* cellular.

celular *adj* - **1.** BIOL cellular, cell (*antes de sust*). - **2.** [en prisión] celled, having individual cells.

celulitis *f inv* cellulitis.

celuloide *m* - **1.** QUÍM celluloid. - **2.** [película] film.

celulosa *f* cellulose.

celuloso, sa *adj* cellulous, cellular.

CEM (*abrev de* **Centro de Estudios para la Mujer**) *m centre for women's studies.*

cementación *f* cementation.

cementar *vt* to face-harden.

cementerio *m* - **1.** [de muertos] cemetery, graveyard. - **2.** [de cosas inutilizables] dump; **~ de automóviles** o **coches** scrapyard; **~ nuclear** o **radioactivo** nuclear dumping ground.

cemento *m* - **1.** [cal] cement; [hormigón] concrete; **~ armado** reinforced concrete; **~ de goma/romano** rubber/quick-drying cement. - **2.** [de dientes] cementum.

CEMT (*abrev de* **Conferencia Europea de Ministros de Transportes**) *f European Conference of Transport Ministers.*

cena *f* dinner, evening meal; **dar una ~** to give a dinner party ❑ **~ de despedida** farewell dinner.
◆ **Última Cena** *f:* **la Última Cena** the Last Supper.

cenacho *m* wicker basket.

cenáculo *m culto & fig* [círculo] circle.

cenador, ra ◇ *adj* dinner *(antes de sust)*. ◇ *m, f* diner.
◆ **cenador** *m* arbour, bower.

cenagal *m* - **1.** [de lodo] bog, marsh. - **2.** *fig* [lío] jam, mess; **estar metido en un** ~ to be in a fix o tight spot.

cenagoso, sa *adj* muddy, boggy.

cenaoscuras *mf inv fam fig* - **1.** [huraño] recluse. - **2.** [avaro] skinflint.

cenar ◇ *vt* to have for dinner. ◇ *vi* to have dinner; ~ **fuera** to dine out; **ayer no cenamos en casa, cenamos fuera** yesterday we didn't eat at home, we ate out.

cenceño, ña *adj* thin, slender.

cencerrear *vi* - **1.** [cencerro] to clang, to ring. - **2.** *fam fig* [instrumento] to be out of tune. - **3.** [máquina, puerta] to rattle. - **4.** [con los dientes] to play o fidget with a loose tooth.

cencerro *m* cowbell; **a** ~**s tapados** *fig* stealthily, on the sly; **estar como un** ~ *fam fig* to be as mad as a hatter.

cendal *m* - **1.** [tela] sendal. - **2.** [de pluma] barbs *(pl)*.

cenefa *f* - **1.** [en tela] border; [en techo, pared] valance. - **2.** NÁUT top rim.

cenetista ◇ *adj* of or relating to the CNT. ◇ *mf* member of the CNT.

cenicero *m* ashtray.

Cenicienta *f* Cinderella.

ceniciento, ta *adj* ashen, ash-grey.

CENIDE *(abrev de* **Centro Nacional de Investigaciones para el Desarrollo de la Educación)** *m Spanish educational development research centre.*

cenit *m* = **zenit**.

cenital *adj* midday *(antes de sust)*.

cenizo, za *adj* ashen, ash-grey.
◆ **cenizo** *m* - **1.** [mala suerte] bad luck; **tener el** ~ *fam* to have bad luck. - **2.** [gafe] jinx; **tener el** ~ *fam* to be jinxed. - **3.** [planta] goosefoot.
◆ **ceniza** *f* - **1.** [polvo] ash; **tomar la** ~ RELIG to receive ashes *(on Ash Wednesday)*. - **2.** [pintura] copper-based paint.
◆ **cenizas** *fpl* [de cadáver] ashes; **reducir a** ~**s** *fig* to reduce to dust, to destroy.

cenobita *mf* cenobite.

cenobítico, ca *adj* cenobitic, monastic.

cenojil *m* garter.

cenotafio *m* cenotaph.

cenote *m Amér* natural water well.

censar *vt* to take a census of.

censatario, ria *m, f* person who pays an annuity out of his estate.

censo *m* - **1.** [padrón] census; **levantar el** ~ to take a census ❑ ~ **electoral** electoral roll. - **2.** [tributo] tax. - **3.** DER lease. - **4.** *loc:* **ser un** ~ *fig* to be a financial burden, to be a drain.

CENSOLAR *(abrev de* **Centro de Estudios de la Energía Solar)** *m Spanish solar energy research centre.*

censor, ra *m, f* - **1.** [funcionario] censor. - **2.** [crítico] critic.
◆ **censor de cuentas** *m* ECON auditor.

censorio, ria *adj* censorial.

censualista *mf* [con rentas] annuitant.

censura *f* - **1.** [prohibición] censorship. - **2.** [organismo] censors *(pl)*. - **3.** [reprobación] censure, severe criticism.

censurable *adj* censurable.

censurador, ra ◇ *adj* severely critical. ◇ *m, f* critic.

censurar *vt* - **1.** [prohibir] to censor. - **2.** [reprobar] to criticize severely, to censure.

centauro *m* centaur.

centavo, va *núm* hundredth; *ver también* **sexto**.
◆ **centavo** *m* - **1.** [en países anglosajones] cent. - **2.** [en países latinoamericanos] centavo; **sin un** ~ *fig* penniless.

centella *f* - **1.** [rayo] flash. - **2.** [chispa] spark. - **3.** *fig* [cosa, persona]: **es una** ~ he's like lightning; **rápido como una** ~

quick as a flash. - **4.** *Amér* [planta] crowfoot, ranunculus.

centellar *vi* = **centellear**.

centelleante *adj* - **1.** [luz] sparkling. - **2.** [destello] twinkling.

centellear, centellar *vi* [brillar] to sparkle; [estrella] to twinkle.

centelleo *m* [brillo] sparkle, sparkling *(U)*; [de estrella] twinkle, twinkling *(U)*.

centena *f* hundred; **una** ~ **de** a hundred.

centenar *m* hundred; **a** ~**es** by the hundred; **un** ~ **de** a hundred.

centenario, ria *adj* [persona] in one's hundreds; [cifra] three-figure *(antes de sust)*.
◆ **centenario** *m* centenary; **quinto** ~ five hundredth anniversary.

centeno *m* rye.

centesimal *adj* centesimal.

centésimo, ma *núm* hundredth; *ver también* **sexto**.
◆ **centésimo** *m Amér* centésimo.

centígrado, da *adj* Centigrade.
◆ **centígrado** *m* Centigrade.

centigramo *m* centigram.

centilitro *m* centilitre.

centímetro *m* - **1.** [medida] centimetre; ~ **cuadrado/cúbico** square/cubic centimetre. - **2.** [cinta] measuring tape.

céntimo *m* [moneda] cent; **estar sin un** ~ *fig* to be flat broke.

centinela *m* - **1.** [soldado] sentry; **estar de** ~ to be on guard, to stand sentry. - **2.** *fig* [vigilante] lookout, sentinel; **hacer** ~ to be on the lookout.

centollo *m* spider crab.

centrado, da *adj* - **1.** [basado]: ~ **en** based on. - **2.** [equilibrado] stable, steady. - **3.** [rueda, cuadro etc] centred.

central ◇ *adj* central. ◇ *m* DEP central defender. ◇ *f* - **1.** [oficina] headquarters *(pl)*, head office; [de correos, comunicaciones] main office; ~ **telefónica** telephone exchange; ~ **sindical** trade union (headquarters). - **2.** [de energía] power station; ~ **eléctrica** power station; ~ **eólica** wind farm; ~ **hidroeléctrica** o **hidráulica** hydroelectric power station; ~ **nuclear/térmica** nuclear/thermal power station. - **3.** *Amér* [de azúcar] sugar mill.

centralismo *m* centralism.

centralista *adj & mf* centralist.

centralita *f* switchboard.

centralización *f* centralization.

centralizado, da *adj* centralized.

centralizar [13] *vt* to centralize.

centrar *vt* - **1.** [gen & DEP] to centre. - **2.** [arma] to aim. - **3.** [persona] to steady, to make stable. - **4.** [atención, interés] to be the centre of. - **5.** [en carpintería] to true.
◆ **centrarse** *vpr* - **1.** [concentrarse]: ~**se en** to concentrate o focus on. - **2.** [equilibrarse] to find one's feet.

céntrico, ca *adj* central.

centrifugadora *f* - **1.** [máquina centrífuga] centrifuge. - **2.** [para secar ropa] spin-dryer.

centrifugar [16] *vt* - **1.** TECN to centrifuge. - **2.** [ropa] to spin-dry.

centrífugo, ga *adj* centrifugal.

centrípeto, ta *adj* centripetal.

centrismo *m* centrism.

centrista ◇ *adj* centre *(antes de sust)*. ◇ *mf* centrist.

centro *m* - **1.** [gen, ANAT & GEOM] centre *Br*, center *Am*; **un importante** ~ **de actividad financiera** an important financial centre; **ella es el** ~ **de nuestras preocupaciones** she is at the centre of our concerns; **envió un** ~ **al área contraria** DEP he crossed the ball into the opposition's penalty area; **juega en el** ~ **del campo** he plays in midfield; **estaba en el** ~ **de la muchedumbre** she was in the middle of the crowd; **ser de** ~ POLÍT to be at the centre of the

political spectrum ❑ ~ **de acogida** reception centre; ~ **de atención** centre of attention; ~ **de cálculo** computer centre; ~ **demográfico** centre of population; ~ **de desintoxicación** detoxification centre; ~ **docente** o **de enseñanza** educational institution; ~ **de masa** FÍS centre of mass; ~ **nervioso/óptico** nerve/optic centre; ~ **neurológico** *fig* nerve centre; ~ **de planificación familiar** family planning clinic; ~ **privado concertado** *state-subsidized public school*; ~ **turístico** tourist resort; ~ **social** community centre. **- 2.** [de ciudad] town centre; **me voy al** ~ I'm going to town. **- 3.** *Amér* [traje] suit. **- 4.** *Amér* [chaleco] waistcoat *Br*, vest *Am*. **- 5.** *Amér* [enaguas] underskirt. **- 6.** *Amér* [falda] *short flannel skirt*.
◆ **centro comercial** *m* shopping centre *Br*, shopping mall o plaza *Am*.
◆ **centro de atracción** *m* centre of attraction; **las playas son el** ~ **de atracción para el turismo** beaches are the main tourist attraction.
◆ **centro de gravedad** *m* centre of gravity.
◆ **centro de mesa** *m* centrepiece.

Centroamérica *s* Central America.

centroamericano, na *adj & m, f* Central American.

centrocampista *mf* DEP midfielder.

centuplicar [10] *vt* to increase a hundredfold.

céntuplo, pla *adj* hundredfold.
◆ **centúplo** *m* hundredfold.

centuria *f* century.

centurión *m* centurion.

ceñido, da *adj* tight.

ceñidor *m* belt.

ceñir [26] *vt* **- 1.** [apretar] to be tight on. **- 2.** [abrazar] to embrace. **- 3.** *fig* [amoldar]: ~ **a** to keep o restrict to. **- 4.** *fig* [abreviar] to condense, to shorten.
◆ **ceñirse** *vpr* **- 1.** [apretarse] to tighten. **- 2.** [limitarse]: ~**se a** to keep o stick to. **- 3.** [moderarse] to hold o.s. in check, to limit o.s.

ceño *m* **- 1.** [gesto] frown, scowl; **fruncir el** ~ to frown, to knit one's brow. **- 2.** *fig* [aspecto] threatening appearance.

ceñoso, sa, ceñudo, da *adj* **- 1.** [desagradable] frowning, scowling. **- 2.** *fig* [amenazador] threatening.

CEOE (*abrev de* **Confederación Española de Organizaciones Empresariales**) *f Spanish employers' organization*, ≈ CBI *Br*.

CEOTMA (*abrev de* **Centro de Estudios de Ordenación del Territorio y Medio Ambiente**) *m Spanish government body for the regulation of town planning and environmental pollution.*

cepa *f* **- 1.** [vid] stock; ~ **caballo** carline thistle; ~ **virgen** *type of vine-like plant*. **- 2.** [linaje] stock, origin; **de pura** ~ [auténtico] real, genuine; [pura sangre] thoroughbred. **- 3.** [en arco, puente] pier, pillar. **- 4.** *Amér* [árboles] *group of trees or plants having a common root*.

CEPA (*abrev de* **Colectivo de Educación Permanente de Adultos**) *m Spanish continuing adult education group.*

CEPAL (*abrev de* **Comisión Económica para América Latina**) *f* ECLAC.

cepillado *m* **- 1.** [gen] brush, brushing (*U*). **- 2.** [de madera] planing.

cepillar *vt* **- 1.** [pasar el cepillo a] to brush. **- 2.** [madera] to plane. **- 3.** *fam* [birlar] to pinch. **- 4.** *fam* [adular] to butter up, to flatter.
◆ **cepillarse** *vpr* **- 1.** [pasar el cepillo] to brush. **- 2.** *fam* [comida, trabajo etc] to polish off. **- 3.** *fam* [suspender] to fail. **- 4.** *mfam* [matar] to bump off. **- 5.** *vulg* [fornicar] to screw.

cepillo *m* **- 1.** [para limpiar] brush; ~ **de dientes** toothbrush; ~ **para el pelo** hairbrush; ~ **para el suelo** scrubbing brush *Br*, scrub brush *Am*; ~ **para la ropa** clothes brush; ~ **para las uñas** nailbrush. **- 2.** [de carpintero] plane; ~ **de achaflanar** bevel plane; ~ **biselador/bocel/universal** chamfer/fluting/pinting plane; ~ **mecánico** planer, jointer. **- 3.** [de donativos] collection box, poor box. **- 4.** *Amér* *fig* [adulador] flatterer.

cepo *m* **- 1.** [para cazar] trap; **caer en el** ~ *fig* to fall into the trap. **- 2.** [para vehículos] wheel clamp. **- 3.** [para sujetar] clamp. **- 4.** [para presos] stocks (*pl*). **- 5.** [para seda] reel. **- 6.** [para limosnas] alms o collection box. **- 7.** [del árbol] branch, bough. **- 8.** [del ancla] anchor stock.

ceporro *m fam* idiot, blockhead.

CEPSA (*abrev de* **Compañía Española de Petróleos, SA**) *f Spanish petroleum company.*

CEPYME (*abrev de* **Confederación Española de la Pequeña y Mediana Empresa**) *f Spanish confederation of SME's.*

cera *f* **- 1.** [gen] wax; [de abeja] beeswax; [de oídos] earwax, cerumen; ~ **aleda** bee glue, propolis; ~ **depilatoria /amarilla/toral** hair-removing/yellow/ unbleached wax; ~ **vana** o **virgen** virgin wax. **- 2.** [de lustrar] polish. **- 3.** *Amér* [vela] candle. **- 4.** *Amér* [planta] liana. **- 5.** *loc:* **sacar** ~ *Amér* [alejarse] to stay away; [conseguir ganga] to get a bargain; **ser una** ~ *fam* to be pliable o docile.
◆ **ceras** *fpl* honeycomb (*sg*).

cerafolio *m* chervil.

cerámico, ca *adj* ceramic.
◆ **cerámica** *f* **- 1.** [arte] ceramics (*U*), pottery. **- 2.** [objeto] piece of pottery.

ceramista *mf* potter.

cerbatana *f* **- 1.** [para disparar] blowpipe. **- 2.** [para sordos] ear trumpet.

Cerbero *m* Cerberus.

cerca ◇ *f* **- 1.** [valla] fence; ~ **viva** hedge. **- 2.** [muro] wall. ◇ *adv* near, close; **el verano ya está** ~ summer is nearly here; **no me hace falta un taxi porque voy** ~ I don't need a taxi, I'm not going far; **por aquí** ~ nearby; **de** ~ [examinar etc] closely; [afectar, vivir] deeply; **vivió de** ~ **el problema de las drogas** she had firsthand experience of drug addiction.
◆ **cercas** *mpl* ARTE objects in the foreground.
◆ **cerca de** *loc prep* **- 1.** [en el espacio] near, close to; **la tienda está** ~ **del metro** the shop's near the underground. **- 2.** [aproximadamente] nearly, about; **los hechos ocurrieron** ~ **de las seis de la tarde** the events in question happened at around six o'clock in the evening.

cercado *m* **- 1.** [valla] fence. **- 2.** [lugar] enclosure. **- 3.** *Amér* [distrito] district, territorial division.

cercanía *f* [cualidad] nearness, closeness.
◆ **cercanías** *fpl* [lugar] outskirts, suburbs.

cercano, na *adj* **- 1.** [pueblo, lugar] nearby. **- 2.** [tiempo] near. **- 3.** [pariente, fuente de información]: ~ **(a)** close (to).

cercar [10] *vt* **- 1.** [vallar] to fence (off). **- 2.** [rodear, acorralar] to surround. **- 3.** MIL to besiege, to lay siege to.

cercenadura *f*, **cercenamiento** *m* cutting, trimming.

cercenar *vt culto* **- 1.** [extremidad] to amputate. **- 2.** [gasto, coste] to cut back, to curtail. **- 3.** [abreviar] to shorten, to abridge.

cercha *f* **- 1.** [para medir] *flexible rule for measuring curved surfaces.* **- 2.** [para esculpir] curved template. **- 3.** NÁUT outer rim. **- 4.** *Amér* [varilla] rod, rib.

cerciorar *vt* to assure.
◆ **cerciorarse** *vpr*: ~**se (de)** to make sure (of).

cerco *m* **- 1.** [círculo] circle, ring; **en** ~ round about ❑ ~ **policial** police cordon. **- 2.** [de puerta, ventana] frame. **- 3.** [de astro] halo. **- 4.** [asedio] siege; **levantar** o **alzar un** ~ MIL to raise o end a siege; **poner** ~ **a** to lay siege to. **- 5.** *Amér* [seto] hedge. **- 6.** *Amér* [cercado] enclosure.

cerda *f* → **cerdo**.

cerdada *f fam* dirty trick.

cerdear ◇ *vi* **- 1.** [animal] to become weak in the forelegs. **- 2.** [instrumento] to screech, to grate. **- 3.** *fam fig* [comportarse mal] to do sthg filthy. ◇ *vt Amér* to cut the mane of.

cerdo, da *m, f* **- 1.** [animal] pig (*f* sow). **- 2.** *fam fig* [persona] pig, swine.
◆ **cerdo** *m* [carne] pork.
◆ **cerda** *f* **- 1.** [pelo - de cerdo, jabalí] bristle; [- de caballo]

horsehair. - **2.** [para cazar] snare, noose. - **3.** *Amér* [ganga] bargain. - **4.** *Amér* [huella, pista] track, path.

◆ **cerdo marino** *m* porpoise.

cereal *m* cereal.

◆ **cereales** *mpl* (breakfast) cereal *(U)*.

cerebelo *m* cerebellum.

cerebral *adj* - **1.** [del cerebro] brain *(antes de sust)*, cerebral. - **2.** [racional] cerebral.

cerebro *m* - **1.** [gen] brain. - **2.** *fig* [cabecilla] brains *(sg)*; **la policía detuvo al supuesto** ~ **del atraco** the police arrested the person who was allegedly the brains behind the robbery ❑ **ser el** ~ **de algo** to mastermind sthg. - **3.** *fig* [inteligencia] brains *(pl)*; **exprimir el** ~ to rack one's brains. - **4.** *fig* [persona inteligente] genius.

◆ **cerebro electrónico** *m* electronic brain.

ceremonia *f* - **1.** [acto] ceremony; **de** ~ formal; **hacer** ~**s** to stand on ceremony. - **2.** [cumplido] affected gesture o compliment; **con** ~ ceremoniously; **por** ~ as a matter of form.

ceremonial *adj & m* ceremonial.

ceremonioso, sa *adj* ceremonious.

céreo, a *adj* wax *(antes de sust)*.

cerería *f* - **1.** [negocio] candlemaker's shop. - **2.** [oficio] candlemaker's trade.

cereza *f* - **1.** [fruta] cherry; ~ **gordal** o **garrafal** white heart cherry; ~ **pasa/póntica/silvestre** dried/sour/wild cherry. - **2.** *Amér* [del café] coffee bean husk.

cerezo *m* - **1.** [árbol] cherry tree. - **2.** [madera] cherry (wood).

cerilla *f* - **1.** [fósforo] match. - **2.** [de oído] earwax. - **3.** [vela] wax taper.

cerillera *f*, **cerillero** *m* - **1.** [para fósforos] matchbox. - **2.** [vendedor] match vendor.

cerillo *m* - **1.** [árbol] soapberry tree. - **2.** *Amér* [fósforo] match.

cerina *f* - **1.** [de árbol] cerin. - **2.** QUÍM cerotic acid.

cerio *m* QUÍM cerium.

cernada *f Amér* vomitive, emetic.

cernedor, ra *m, f* sifter.

◆ **cernedor** *m* sifter, sieve.

cerner [20], **cernir** [21] ◇ *vt* - **1.** [cribar] to sieve, to sift. - **2.** *fig* [observar] to scan, to keep an eye on. - **3.** [depurar] to clarify, to distil. ◇ *vi* - **1.** [planta] to bud, to blossom. - **2.** [llover] to drizzle.

◆ **cernerse** *vpr* - **1.** [ave, avión] to hover. - **2.** *fig* [amenaza, peligro] to loom. - **3.** [caminar] to sway one's hips.

cernícalo *m* - **1.** [ave] kestrel. - **2.** *fam* [bruto] brute. - **3.** *mfam* [borrachera] drunken spree, binge.

cernidor *m* sieve.

cernidura *f* sifting.

◆ **cerniduras** *fpl* dregs of flour.

cernir *vt* = **cerner.**

cero ◇ *adj inv* zero. ◇ *núm* zero; *ver también* **seis.** ◇ *m* - **1.** [signo] nought, zero; [en fútbol] nil; [en tenis] love. - **2.** [en la escuela] nought, zero. - **3.** [cantidad] nothing. - **4.** FÍS & METEOR zero; **sobre/bajo** ~ above/below zero ❑ ~ **absoluto** absolute zero. - **5.** *loc*: **partir de** ~ to start from scratch; **ser un** ~ **a la izquierda** *fam* [un inútil] to be useless; [un don nadie] to be a nobody.

cerollo, lla *adj* reaped while still green.

ceroso, sa *adj* waxy.

cerote *m* - **1.** [de zapatero] cobbler's wax. - **2.** *fam fig* [miedo] fear. - **3.** *Amér* [de cera] wax taper.

cerque *etc v* → **cercar.**

cerquillo *m Amér* fringe.

cerrado, da *adj* - **1.** [al exterior] closed, shut; [con llave, pestillo etc] locked. - **2.** [tiempo, cielo] overcast; [noche] dark. - **3.** [mentalidad, sociedad]: ~ **(a)** closed (to). - **4.** [rodeado] surrounded; [por montañas] walled in. - **5.** [circuito] closed. - **6.** [curva] sharp, tight. - **7.** [vocal] close. - **8.** [acen-

to, deje] broad, thick. - **9.** [torpe] dense, stupid. - **10.** *Amér* [obstinado] obstinate, stubborn.

◆ **cerrado** *m* fenced-in garden.

cerrador, ra *adj* closing.

◆ **cerrador** *m* - **1.** [pestillo] bolt. - **2.** [cerradura] lock.

cerradura *f* lock; ~ **de cilindros/de combinación/embutida/de seguridad** cylinder/combination/mortise/safety lock; ~ **de golpe** o **de muelle** spring lock.

cerraja *f* - **1.** [cerradura] lock. - **2.** [planta] sow thistle.

cerrajería *f* - **1.** [oficio] locksmithery. - **2.** [local] locksmith's (shop).

cerrajero, ra *m, f* locksmith.

cerrajón *m* steep cliff.

cerrar ◇ *vt* - **1.** [gen] to close; ¡**cierra el libro y escúchame!** close the book and listen to me; **cerró los ojos pero no se durmió** she closed her eyes, but didn't go to sleep. - **2.** [puerta, cajón, boca] to shut, to close. - **3.** [puño] to clench. - **4.** [con llave, pestillo etc] to lock. - **5.** [un negocio definitivamente] to close down. - **6.** [apagar] to turn off. - **7.** [suj: accidente, inundación etc] to block. - **8.** [suj: policía etc] to close off. - **9.** [tapar] to fill, to block (up). - **10.** [poner tapa] to put the lid o top on. - **11.** [cercar] to fence (off), to enclose. - **12.** [cicatrizar] to heal, to close up. - **13.** [ir último en] to bring up the rear of, to close; **la orquesta cerraba el desfile** the orchestra closed the procession. - **14.** [plegar] to close up; **cerró el paraguas** he closed up his umbrella. ◇ *vi* - **1.** [gen] to close, to shut. - **2.** [con llave, pestillo etc] to lock up.

◆ **cerrarse** *vpr* - **1.** [al exterior] to close, to shut. - **2.** [incomunicarse] to clam up; ~**se a** to close one's mind to. - **3.** [herida] to heal, to close up. - **4.** [acto, debate, discusión etc] to (come to a) close. - **5.** [cielo] to cloud over.

cerrazón *f* - **1.** *fig* [obstinación] stubbornness, obstinacy. - **2.** *Amér* [de cordillera] spur.

cerredero, ra *adj* closing, shutting.

◆ **cerredero** *m* - **1.** [de cerradura] catch. - **2.** [de bolsa] drawstrings *(pl)*.

cerrero, ra *adj* - **1.** [libre] wandering, roaming. - **2.** [cabezota] wild, untamed. - **3.** *Amér fig* [bruto] rough, coarse. - **4.** *Amér* [amargo] bitter.

cerril *adj* - **1.** [animal] wild. - **2.** *fam fig* [obstinado] stubborn, obstinate. - **3.** [tosco, grosero] ignorant, rude. - **4.** [terreno] rough, uneven.

cerro *m* - **1.** [colina] hill; **irse por los** ~**s de Úbeda** *fig* to stray from the point. - **2.** [de animal] neck; **en** ~ bareback. - **3.** [tejido] *bundle of dressed hemp or flax.*

cerrojazo *m* - **1.** [cierre brusco] slamming. - **2.** *fig* [interrupción] sudden interruption.

cerrojo *m* - **1.** [pestillo] bolt; **echar el** ~ to bolt the door. - **2.** DEP stonewalling, blanket defence.

certamen *m* competition, contest.

certero, ra *adj* - **1.** [tiro] accurate. - **2.** [opinión, respuesta etc] correct.

certeza *f* certainty; **tener la** ~ **de que** to be certain (that); *ver* USO *en página siguiente.*

certidumbre *f* certainty.

certificación *f* - **1.** [hecho] certification. - **2.** [documento] certificate.

certificado, da *adj* [gen] certified; [carta, paquete] registered.

◆ **certificado** *m* certificate; ~ **de acciones** COM share certificate; ~ **de calidad** quality guarantee; ~ **de defunción/de matrimonio/médico** death/marriage/medical certificate; ~ **de depósito** BANCA certificate of deposit; ~ **de origen** COM certificate of origin; ~ **de penales** police record; ~ **de vacuna** vaccination certificate.

certificador, ra ◇ *adj* certifying. ◇ *m, f* certifier.

certificar [10] *vt* - **1.** [constatar] to certify. - **2.** *fig* [sospechas, inocencia] to confirm. - **3.** [en correos] to register.

certificativo, va, **certificatorio, ria** *adj* certifying.

certitud *f* certainty.

cerúleo, a *adj* sky-blue.

cerumen *m* earwax.

ceruminoso, sa *adj* **- 1.** [del cerumen] ceruminous. **- 2.** [como cera] waxy.

cerval *adj* deer-like.

Cervantes *m*: **Miguel de** ~ Miguel de Cervantes.

cervantino, na, cervantesco, ca *adj* Cervantine.

cervantista *mf* specialist on Cervantes.

cervatillo *m* (small) fawn.

cervato *m* fawn.

cervecería *f* **- 1.** [fábrica] brewery. **- 2.** [bar] bar.

cervecero, ra ◇ *adj* beer *(antes de sust)*. ◇ *m, f* [que hace cerveza] brewer.

cerveza *f* beer; ~ **sin alcohol** non-alcoholic beer, alcohol-free beer; ~ **de barril** o **al grifo** draught beer; ~ **negra** stout; ~ **rubia** lager.

cervical ◇ *adj* cervical, neck *(antes de sust)*. ◇ *f (gen pl)* back of the neck.

cerviz *(pl* **cervices)** *f* ANAT nape, back of the neck; **de dura** ~ *fig* stubborn; **doblar** o **bajar la** ~ *fig* to bow down; **levantar la** ~ *fig* to lift up one's head.

cesación *f* cessation.

cesamiento *m* cessation, suspension.

cesante ◇ *adj* **- 1.** [destituido] sacked; [ministro] removed from office; **dejar** ~ **a alguien** to dismiss sb. **- 2.** *Amér* [parado] unemployed. ◇ *mf* [destituido] sacked person; [ministro] person removed from office.

cesantear *vt Amér* to make redundant.

cesantía *f* **- 1.** [destitución] sacking; [de ministro] removal from office. **- 2.** *Amér* [desempleo] unemployment.

cesar ◇ *vt* [destituir] to sack; [ministro] to remove from office. ◇ *vi* **- 1.** [parar]: ~ **(de hacer algo)** to stop o cease (doing sthg); **sin** ~ non-stop, incessantly. **- 2.** [dimitir]: ~ **(de** o **en)** to resign (from).

César *m*: **(Julio)** ~ (Julius) Caesar.

cesárea *f* caesarean (section).

cesáreo, a *adj* imperial.

cese *m* **- 1.** [detención, paro] stopping, ceasing; ~ **de fuego** o **de hostilidades** cease-fire. **- 2.** [destitución] sacking; [de ministro] removal from office.

Cesedén *(abrev de* **Centro Superior de Estudios de la Defensa Nacional)** *m Spanish national defence studies centre.*

cesible *adj* DER transferable, assignable.

Cesid *(abrev de* **Centro Superior de Investigación de la Defensa)** *m Spanish military intelligence and espionage service.*

cesio *m* caesium.

cesión *f* cession, transfer; ~ **de bienes** surrender of property.

cesionario, ria *m, f* DER transferee, assignee.

cesionista *mf* COM & DER transferor, assignor.

CESL *(abrev de* **Confederación Europea de Sindicatos Libres)** *f* ECFTU.

césped *m* **- 1.** [hierba] lawn, grass *(U)*. **- 2.** DEP field, pitch. **- 3.** [gallón] sod, turf.

cespitar *vi* to hesitate.

cesta *f* **- 1.** [recipiente] basket; ~ **de costura/para papeles** sewing/wastepaper basket; ~ **de Navidad** Christmas hamper. **- 2.** [cochecillo] wicker cart. **- 3.** [DEP - pala] jai alai racket; [- en baloncesto] basket. **- 4.** *loc*: **llevar la** ~ *fam* [acompañar] to play gooseberry; *vulg* [ser proxeneta] to pimp.

◆ **cesta de la compra** *f* **- 1.** [recipiente] shopping basket. **- 2.** *fig* [productos básicos] cost of living.

cestería *f* **- 1.** [oficio] basketmaking. **- 2.** [tienda] basket shop. **- 3.** [guante romano] cestus.

cesto *m* **- 1.** [cesta] (large) basket; ~ **de** o **para papeles** wastepaper basket. **- 2.** DEP basket.

cestón *m* **- 1.** [cesto grande] large basket, pannier. **- 2.** MIL gabion.

cetáceos *mpl* cetaceans.

cetina *f* whale sperm.

cetrería *f* falconry.

cetrero, ra *adj* falconry *(antes de sust)*.

◆ **cetrero, ra** *m* **- 1.** [cazador] falconer. **- 2.** RELIG verger.

cetrino, na *adj* **- 1.** *culto* [cara, piel] sallow. **- 2.** [color] citron, greenish-yellow. **- 3.** *fig* [melancólico] melancholy, dispirited.

cetro *m* **- 1.** [vara] sceptre; RELIG rod, staff; **empuñar el** ~ [reinar] to ascend to the throne; *fig* [mandar] to take over the running. **- 2.** *fig* [reinado] reign. **- 3.** *fig* [superioridad]: **ostentar el** ~ **de** to hold the crown of.

CEU *(abrev de* **Centro de Estudios Universitarios)** *m private secondary school and university in Spain.*

Ceuta *s* Ceuta.

ceutí *(pl* **ceutíes)** ◇ *adj* of/relating to Ceuta. ◇ *mf* native/inhabitant of Ceuta.

cf., cfr. *(abrev escrita de* **confróntese)** cf.

CFC *(abrev de* **clorofluocarbono)** *m* CFC.

CFI *(abrev de* **Corporación Financiera Internacional)** *f* IFC.

cfr. = **cf.**

cg *(abrev escrita de* **centigramo)** cg.

cgo. *abrev escrita de* **cargo.**

CGPJ *(abrev de* **Consejo General del Poder Judicial)** *m governing body of the Spanish judiciary, elected by the Spanish parliament.*

CGT *(abrev de* **Confédération Général du Travail)** *f* CGT.

ch, Ch *f* [letra] ch, Ch.

ch/ *abrev escrita de* **cheque.**

CH *(abrev de* **Confederación Helvética)** *f* CH.

chabacanada *f* vulgar thing.

chabacanear *vi* to behave in a vulgar way.

chabacanería *f* **- 1.** [acción, comentario]: **lo que hizo/dijo fue una** ~ what he did/said was vulgar. **- 2.** [cualidad] vulgarity.

chabacano, na *adj* **- 1.** [de mal gusto] vulgar. **- 2.** [grosero] coarse, crude. **- 3.** [mal hecho] shoddy.

USO ▶ Certeza

De algo que ya ha ocurrido

He's definitely the man I saw.
There's no doubt about it, she did it.
Make no mistake about it, they're very determined.
I know for a fact that he couldn't have done it.
I'm convinced he was lying.
There's no way she could have done it. [*familiar*]

De algo que puede ocurrir

Mark my words, they'll be back.

Take it from me, he's the right man for the job.
Just you wait, he'll surprise us all.
Believe (you) me, it won't be easy.
I'm sure they'll be fine.
I bet he changes his mind!

▶ *de forma menos categórica*:

You'll see, everything will be all right in the end.
No doubt he'll calm down eventually.
Doubtless she'll reveal all soon.
She should be home soon.

◆ **chabacano** *m Amér* apricot.

chabola *f* shack; **barrios de** ~**s** shanty town *(sg)*.

chabolismo *m* shanty towns *(pl)*.

chabolista *mf* shanty town dweller.

chacal *m* jackal.

chácara *f Amér* - **1.** [granja] small farm. - **2.** [bolsa] large leather bag. - **3.** *fam* [úlcera] sore.

chacarero, ra *Amér* ◇ *adj* farming. ◇ *m, f* - **1.** [granjero] farmer. - **2.** [curandero] quack.

◆ **chacarera** *f* Argentinian peasant dance.

chacha *f* maid.

chachachá *(pl* **chachachás)** *m* cha-cha.

cháchara *f* - **1.** *fam* [charla] chatter, nattering; **estar de** ~ to have a natter. - **2.** *Amér* [chiste] joke.

◆ **chácharas** *fpl* trinkets.

chacharear *vi* to chatter, to babble.

chacharero, ra ◇ *adj* chattering, talkative. ◇ *m, f* chatterbox.

chachi *adj inv mfam* cool, neat *Am*.

chacho *m fam* kid.

chacina *f* cured o prepared pork.

chacinería *f* pork butcher's (shop).

chacinero, ra *m, f* pork butcher.

chacolí *(pl* **chacolís)** *m light wine from the Basque Country.*

chacota *f*: **estar de** ~ [bromear] to be in a joking mood; **echar** o **tomar algo a** ~**, hacer** ~ **de algo** [broma] to take sthg as a joke; [burla] to make fun of sthg.

chacotear *vi* [bromear, burlarse] to joke.

chacoteo *m* joking.

chacotero, ra ◇ *adj* joking. ◇ *m, f* joker.

chacra *f Amér* farm.

chacuaco *Amér* ◇ *m* - **1.** [cigarrillo] poorly made cigarette. - **2.** [colilla] cigarette butt. ◇ *adj* - **1.** [chapucero] clumsy, careless. - **2.** [rústico, grosero] coarse, uncouth.

Chad *m*: **el** ~ Chad.

chafaldita *f fam* joke.

chafallar *vt fam* to botch, to make a mess of.

chafallo *m fam* botch job.

chafallón, ona *fam* ◇ *adj* slapdash, careless. ◇ *m, f* slapdash worker.

chafalonía *f scrap silver or gold.*

chafar *vt* - **1.** [aplastar] to flatten. - **2.** [arrugar] to crease. - **3.** *fig* [estropear] to spoil, to ruin. - **4.** *fig* [abatir] to depress. - **5.** [en discusión] to silence. - **6.** *Amér* [echar] to fling, to throw.

◆ **chafarse** *vpr* [estropearse] to be ruined.

chafarrinada *f* stain, blot.

chafarrinar *vt* to stain, to blot.

chaflán *m* - **1.** [de edificio] corner. - **2.** GEOM bevel.

chagra *Amér* ◇ *adj* [inculto] boorish, uncouth. ◇ *mf* peasant, person from the country. ◇ *f* - **1.** [granja] farm. - **2.** [de zapatero] shoemaker's knife.

chaguar [45] *vt Amér* to wring out.

chaira *f* - **1.** [cuchilla] shoemaker's knife. - **2.** [afilador] knife sharpener. - **3.** *Amér* [guiso] *Bolivian meat and potato stew.*

chal *m* shawl.

chala *f Amér* - **1.** [de mazorca] maize husk *Br*, corn husk *Am*. - **2.** *fig* [dinero] cash, money; **pelarle la** ~ **a alguien** to rob sb.

chalado, da *fam* ◇ *adj* crazy, mad; **estar** ~ **por algo/alguien** *fig* to be crazy about sthg/sb. ◇ *m, f* nutter.

chaladura *f fam* - **1.** [locura] craziness, madness. - **2.** [enamoramiento] crazy infatuation.

chalán, ana ◇ *adj* horse-trading. ◇ *m, f fig & despec* shark, wheeler-dealer.

◆ **chalán** *m Amér* horse trainer.

chalana *f* NÁUT barge.

chalanear ◇ *vi despec* to wheel and deal. ◇ *vt Amér* - **1.** [adiestrar] to break. - **2.** [abusar] to jeer at. - **3.** [bromear] to play a joke on.

chalaneo *m* - **1.** *despec* [en negocio] wheeling and dealing. - **2.** *Amér* [adiestramiento] horse breaking.

chalanería *f* tricks *(pl)*.

chalar *vt* to drive round the bend.

◆ **chalarse** *vpr* to fall head over heels in love.

chalé *(pl* **chalés)**, **chalet** *(pl* **chalets)** *m* [gen] detached house (with garden); [en el campo] cottage; [de alta montaña] chalet; [de playa] beach hut; ~ **adosado** semi-detached house.

chaleco *m* waistcoat, vest *Am*; [de punto] tank-top; ~ **antibalas** bullet-proof vest; ~ **de fuerza** *Amér* straitjacket; ~ **salvavidas** life jacket.

chalet *m* = **chalé**.

chalina *f* - **1.** [corbata] cravat. - **2.** *Amér* [chal] narrow shawl.

chalón *m Amér* shawl.

chalona *f Amér* jerked o salted mutton.

chalupa *f* - **1.** NÁUT small boat. - **2.** *Amér* [torta] tortilla.

chama *f despec* swap.

chamaco, ca *m, f Amér fam* nipper, lad *(f* lass).

chamán *m* shaman.

chámara, chamarasca *f* - **1.** [leña] brushwood. - **2.** [llama] brushfire.

chamarileo *m* dealing in second-hand goods.

chamarilero, ra *m, f* junk dealer.

chamarra *f* - **1.** [chaquetón] sheepskin jacket. - **2.** *Amér* [manta] blanket. - **3.** *Amér* [fraude] fraud, swindle.

chamarrear *vt Amér* to swindle, to cheat.

chamarreta *f* short, loose jacket.

chamba *f* - **1.** *fam* [chiripa] fluke; **de** o **por** ~ by luck. - **2.** *Amér fam* [trabajo] job. - **3.** *Amér* [zanja] ditch.

chambear *Amér* ◇ *vi* - **1.** [trabajar] to work. - **2.** [por chamba] to go through the grasslands. ◇ *vt* [tierra] to fill in with turf.

chambelán *m* chamberlain.

chambergo *m wide-brimmed hat with a bell-shaped top.*

chambero, ra *m, f Amér* itinerant worker.

chambón, ona *fam* ◇ *adj* - **1.** [torpe] awkward, clumsy. - **2.** [afortunado] lucky. ◇ *m, f* - **1.** [chapucero] bungler, botcher. - **2.** [jugador] flukey player.

chambonear *vi* - **1.** [ganar] to win by a fluke. - **2.** *Amér fam* [hacer chapucerías] to bungle.

chambra *f Amér* tumult, uproar.

chamiza *f* - **1.** [hierba] thatch. - **2.** [leña] brushwood.

chamizar [13] *vt* to thatch.

chamizo *m* - **1.** [leña] half-burnt wood *(U)*. - **2.** [casa] thatched hut. - **3.** *fam despec* [lugar] hovel, dive.

chamorro, rra *adj* - **1.** [persona] shorn, clipped. - **2.** [trigo] beardless.

champa *f Amér* - **1.** [tienda de campaña] tent. - **2.** [cobertizo] shed.

champán *m*, **champaña** *f* champagne.

champar *vt fam* to say something unpleasant to.

champear *vt Amér* to fill in with turf.

champiñón *m* mushroom.

champú *(pl* **champús** o **champúes)** *m* shampoo; ~ **anticaspa** anti-dandruff shampoo.

champurrar *vt fam* [licores] to mix.

champús *(pl* **champuses)**, **champuz** *(pl* **champuces)** *m Amér cornmeal porridge flavoured with orange juice and sugar.*

chamuscar [10] *vt* - **1.** [quemar] to scorch; [cabello, barba, tela] to singe. - **2.** *Amér* [vender] to sell cheaply.

◆ **chamuscarse** *vpr* - **1.** [cabello, barba, tela] to get singed. - **2.** *Amér* [enfadarse] to become furious.

chamusquina *f* scorch, scorching *(U)*; **me huele a** ~ *fam fig* it smells a bit fishy to me.

chancar [10] *vt Amér* to crush, to grind.

chance *f Amér* - **1.** [oportunidad] opportunity. - **2.** [suerte] good luck.

chancha *f* → **chancho**.

chanchada *f Amér* - **1.** *fam* [jugarreta] dirty trick. - **2.** [porquería] mess.

chancho, **cha** *adj Amér* dirty, filthy.

◆ **chancho** *m Amér* - **1.** [cerdo] pig. - **2.** [en ajedrez] blocked piece. - **3.** [máquina] grinder, crusher. - **4.** *loc:* **hacerse un ~ rengo** to pretend not to notice; **quedar como un ~** to make a bad impression; **ser como ~s** to be as thick as thieves.

◆ **chancha** *f Amér* - **1.** [hembra de cerdo] sow. - **2.** [carreta] small wooden cart. - **3.** *fam* [boca] trap, mouth.

chanchullero, **ra** *fam* ◇ *adj* crooked, dodgy. ◇ *m, f* trickster, crook.

chanchullo *m fam* fiddle, racket; **andar en ~s** to be involved in rackets.

chanciller *m* = **canciller**.

chancla *f* - **1.** *despec* [calzado viejo] old shoe. - **2.** [chancleta] low sandal; [para la playa] flip-flop.

chancleta ◇ *f* - **1.** [zapatilla] low sandal; [para la playa] flip-flop. - **2.** *Amér* [bebé] baby girl. ◇ *mf fam* good-for-nothing.

chancletear *vi* - **1.** [andar, hacer ruido] to shuffle about. - **2.** *Amér* [huir] to flee.

chancletero, **ra** *adj Amér* low-class.

chanclo *m* - **1.** [de madera] clog. - **2.** [de plástico] galosh.

chancro *m* [enfermedad] chancre.

chándal (*pl* **chandals**), **chandal** (*pl* **chandals**) *m* tracksuit.

chanfaina *f stew made of liver and lungs.*

chanflón, **ona** *adj* coarse, crude.

changa *f* → **chango**.

changador *m Amér* [cargador] porter.

changar [16] *vi Amér* to work as a porter.

changarro *m Amér* small shop.

chango, **ga** *Amér* ◇ *adj* - **1.** [bromista] playful, joking. - **2.** [listo] clever, alert. - **3.** [fastidioso] tedious, annoying. - **4.** *loc:* **estar ~** to be cheap and plentiful; **ponerse ~** to be on one's guard, to take precautions. ◇ *m, f* - **1.** [bromista] joker, prankster. - **2.** [fastidioso] tedious person. - **3.** [muchacho] youngster.

◆ **chango** *m Amér* - **1.** [mono] small monkey. - **2.** [mozo] houseboy, servant.

◆ **changa** *f Amér* - **1.** [de cargador] porterage. - **2.** [chiste] joke. - **3.** *fam* [propina] tip.

◆ **changos** *mpl Amér* [harapos] rags.

changuear *vi Amér* to joke, to jest.

changurro *m typical Basque dish of dressed crab.*

chanquete *m tiny transparent fish eaten in Málaga.*

chantaje *m* blackmail; **hacer ~ a** to blackmail.

chantajear *vt* to blackmail.

chantajista *mf* blackmailer.

chantar *vt Amér* - **1.** [golpear] to beat. - **2.** [tirar] to throw. - **3.** [dejar plantado] to abandon, to leave in the lurch.

chantillí, **chantilly** *m* whipped cream.

chanza *f* joke; **de** o **en ~** in fun; **estar de ~** to be joking; **gastar ~s** to crack jokes ❏ **entre ~s y veras** *fig* only half-joking.

chao *interj fam* bye!, see you!

chapa *f* - **1.** [lámina - de metal] sheet, plate; [- de madera] board; **de tres ~s** three-ply ❏ **~ ondulada** corrugated iron. - **2.** [tapón] top, cap. - **3.** [insignia] badge. - **4.** [ficha de guardarropa] metal token o disc. - **5.** [cerradura] lock. - **6.** [de maquillaje] rouge, blusher. - **7.** *fig* [cordura] good sense o judgment. - **8.** *Amér* [policía] policeman.

◆ **chapas** *fpl* - **1.** [juego] children's game played with bottle tops. - **2.** *Amér fam* [en las mejillas] rosiness *(U)*.

chapado, **da** *adj* [con metal] plated; [con madera] veneered; **~ de oro** gold-plated; **~ a la antigua** *fig* stuck in the past, old-fashioned.

◆ **chapado** *m* [metal] plate; [madera] veneer.

chapalear *vi* [chapotear] to splash.

chapar *vt* - **1.** [con metal] to plate; [con madera] to veneer. - **2.** *fig* [encajar] to come out with, to say. - **3.** *Amér* [alcanzar] to catch up with. - **4.** *Amér* [agarrar] to seize, to grasp. - **5.** *Amér* [apresar] to catch, to capture.

chaparral *m* chaparral, thicket of dwarf oaks.

chaparro, **rra** ◇ *adj* short and squat. ◇ *m, f* [persona] short, squat person.

◆ **chaparro** *m* - **1.** BOT dwarf oak. - **2.** *Amér* [niño] child.

chaparrón *m* - **1.** [lluvia] downpour. - **2.** *fam fig* [gran cantidad] torrent.

chapear *vt* - **1.** [con metal] to plate; [con madera] to veneer. - **2.** *Amér* [escardar] to clear with a machete.

chapela *f* beret.

chapero *m mfam* male prostitute, rent boy.

chapetón, **ona** *Amér* ◇ *adj* - **1.** [recién llegado] newly arrived from Europe. - **2.** *fig* [inexperto] green, inexperienced. - **3.** [fanfarrón] boastful. ◇ *m, f* - **1.** [inmigrante] newly arrived European immigrant. - **2.** [novato] novice.

◆ **chapetón** *m Amér* - **1.** [aguacero] downpour, cloudburst. - **2.** [enfermedad] illness suffered by Europeans arriving in America.

chapista *mf* AUTOM panel beater.

chapodar *vt* - **1.** [árbol] to prune, to cut back. - **2.** *fig* [reducir] to reduce, to trim.

chapodo *m* pruned branch.

chapola *f Amér* butterfly.

chapón *m* ink blot.

chapopote *m Amér* bitumen, pitch.

chapotear ◇ *vi* to splash about. ◇ *vt* to moisten, to dampen.

chapoteo *m* splash, splashing *(U)*.

chapucear *vt* - **1.** [trabajo] to botch (up). - **2.** *Amér* [estafar] to swindle.

chapucería *f* botch (job).

chapucero, **ra** ◇ *adj* [trabajo] shoddy, sloppy; [persona] bungling. ◇ *m, f* bungler.

◆ **chapucero** *m* [herrero] blacksmith.

chapulín *m Amér* grasshopper.

chapurrear, **chapurrar** *vt* - **1.** [hablar] to speak badly. - **2.** *fam* [licores] to mix.

chapurreo *m* jabbering.

chapuz (*pl* **chapuces**) *m* - **1.** [chapuzón] ducking. - **2.** [chapuza] botched job.

chapuza *f* - **1.** [trabajo mal hecho] botch (job); **hacer ~s** to tinker. - **2.** [trabajo ocasional] odd job.

chapuzar [13] *vt* to duck (under water).

chapuzón *m* - **1.** [voluntario] dip; **darse un ~** to go for a dip. - **2.** [involuntario] duck, ducking. - **3.** [zambullida] dive.

chaqué (*pl* **chaqués**) *m* morning coat.

chaqueta *f* [gen] jacket; [de punto] cardigan; **cambiarse de ~** *fig* to change sides; **con el cambio de régimen, muchos políticos se cambiaron de ~** when the regime changed a lot of politicians went over to the other side.

chaquetear *vi* - **1.** *fam* [cambiar de bando] to change sides. - **2.** [huir] to flee, to run away.

chaqueteo *m fam* changing sides.

chaquetero, **ra** *adj & m, f fam* turncoat.

chaquetilla *f* short jacket.

chaquetón *m* long jacket.

chaquira *f Amér* glass bead used as currency by Indians.

charada *f newspaper puzzle in which a word must be guessed, with its meaning and certain syllables given as clues.*

charanga *f* - **1.** [banda] brass band. - **2.** *fam* [fiesta] party. - **3.** *Amér* [baile] informal dance.

charango *m Amér* small five-stringed Andean guitar.

charanguero, **ra** ◇ *adj* careless, slipshod. ◇ *m, f* - **1.** [chapucero] bungler. - **2.** [buhonero] hawker, pedlar.

◆ **charanguero** *m small coastal trading boat*.

charca *f* pool, pond.

charcal *m* marshy area.

charco *m* puddle; **cruzar el** ~ *fig* to cross the pond o Atlantic.

charcutería *f* - **1.** [tienda] *shop selling cold cooked meats and cheeses,* ≈ delicatessen. - **2.** [productos] cold cuts (*pl*) *and cheese*.

charcutero, ra *m, f owner of a 'charcutería'*.

charla *f* - **1.** [conversación] chat. - **2.** [conferencia] talk.

charlador, ra ◇ *adj* talkative, garrulous. ◇ *m, f* chatterbox.

charladuría *f* gossip (*U*), chatter (*U*).

charlar *vi* - **1.** [conversar] to chat. - **2.** [hablar mucho] to chatter, to prattle.

charlatán, ana ◇ *adj* - **1.** [que habla mucho] talkative. - **2.** [chismoso] gossipy. ◇ *m, f* - **1.** [hablador] chatterbox. - **2.** [mentiroso] trickster, charlatan. - **3.** [vendedor] travelling salesman (*f* travelling saleswoman). - **4.** [chismoso] gossip.

charlatanear *vi* = **charlar**.

charlatanería *f* - **1.** [locuacidad] talkativeness. - **2.** [palabrería] spiel.

charlatanismo *m* charlatanism.

charlestón *m* charleston.

charlotada *f* - **1.** [payasada] clowning around (*U*). - **2.** TAUROM slapstick bullfight.

charlotear *vi* to chat.

charloteo *m* chat, chatting (*U*).

charnego, ga *m, f pejorative term referring to immigrant to Catalonia from another part of Spain*.

charnela *f* hinge.

charol *m* - **1.** [piel] patent leather. - **2.** [barniz] shiny varnish; **darse** ~ *fam* to brag, to blow one's own trumpet. - **3.** *Amér* [bandeja] tray.

charola *f Amér* tray.

charolado, da *adj* - **1.** [barnizado] varnished. - **2.** [lustroso] shiny, glossy.

charolar *vt* to varnish.

charque *m Amér* jerked o salted beef.

charquear *vt Amér* - **1.** [carne] to dry, to cure. - **2.** *fam* [herir] to slash.

charqui *m Amér* - **1.** [carne] jerked o salted meat. - **2.** [fruta] dried fruit.

charquicán *m Amér stew made from salted meat, potatoes, beans and seasoning*.

charrada *f* - **1.** [baile] *Salamancan peasant dance*. - **2.** [torpeza] coarseness (*U*), boorishness (*U*). - **3.** *fam fig* [adorno] gaudy ornament.

charrán ◇ *adj* rascally. ◇ *mf* scoundrel, rascal.

charranear *vi* to behave like a scoundrel.

charranería *f* dirty trick.

charrasqueo *m* jangle, clatter.

charretera *f* epaulette.

charro, rra ◇ *adj* - **1.** [salmantino] Salamancan. - **2.** *fig* [recargado] gaudy, showy. - **3.** *fig* [tosco] rustic, unsophisticated. - **4.** *Amér* [diestro] skilled in horsemanship. - **5.** *Amér* [pintoresco] picturesque. ◇ *m, f* - **1.** [salmantino] Salamancan. - **2.** [basto] yokel, bumpkin.

◆ **charro** *m Amér* - **1.** [jinete] charro, Mexican cowboy. - **2.** [sombrero] wide-brimmed hat. - **3.** [juego] *game similar to marbles*.

charrúa *adj inv & mf inv inv Amér* Uruguayan.

chárter ◇ *adj inv* charter (*antes de sust*). ◇ *m* charter plane.

chas *interj* pow!, wham!

chasca *f Amér* mop of hair.

chascar [10] ◇ *vt* - **1.** [lengua] to click. - **2.** [dedos] to snap. ◇ *vi* - **1.** [madera] to crack. - **2.** [lengua] to click.

chascarrillo *m fam* funny story.

chasco *m* - **1.** [decepción] disappointment; **llevarse un** ~ to be disappointed. - **2.** [burla] trick; **dar un** ~ **a alguien** to play a trick on sb.

chasis *m inv* - **1.** AUTOM chassis. - **2.** FOT plateholder. - **3.** *fam* [esqueleto] body.

chasponazo *m* bullet mark, graze.

chasque *etc v* → **chascar.**

chasquear ◇ *vt* - **1.** [látigo] to crack. - **2.** [lengua] to click. - **3.** *fig* [engañar] to play a trick on. - **4.** [decepcionar] to disappoint, to let down. - **5.** [incumplir] to break, to fail to keep. ◇ *vi* [madera] to crack.

◆ **chasquearse** *vpr* [frustrarse] to come to nothing.

chasqui *m Amér* messenger.

chasquido *m* - **1.** [de látigo, madera, hueso] crack. - **2.** [de lengua, arma] click. - **3.** [de dedos] snap.

chasquillas *fpl Amér* fringe (*sg*) *Br*, bangs *Am*.

chata *f* - **1.** [embarcación] barge. - **2.** [orinal] bedpan.

chatarra *f* - **1.** [metal] scrap (metal). - **2.** [objetos, piezas] junk. - **3.** *fam despec* [joyas] cheap and nasty jewellery; [condecoraciones] brass, medals (*pl*). - **4.** *fam* [monedas] small change.

chatarrería *f* scrapyard.

chatarrero, ra *m, f* scrap (metal) dealer.

chatear *vi* to go out drinking.

chateo *m* pub crawl, pub crawling (*U*); **ir de** ~ to go out drinking.

chato, ta ◇ *adj* - **1.** [nariz] snub; [persona] snub-nosed. - **2.** [aplanado] flat. - **3.** [bajo] low; **torre chata** low tower. - **4.** *Amér fam* [pobre] commonplace. - **5.** *loc:* **dejar** ~ [anonadar] to stun, to bewilder; [estafar] to deceive, to swindle; **quedarse** ~ **con algo** *Amér* to appropriate sthg, to take possession of sthg. ◇ *m, f* - **1.** [persona] snub-nosed person. - **2.** *fam* [apelativo] love, dear.

◆ **chato** *m* [de vino] small glass of wine; **tomarse unos** ~**s** to have a few drinks.

chatón *m* large mounted gem.

chau, chaucito *interj Amér fam* see you later!

chaucha *Amér* ◇ *adj* - **1.** [de mala clase] poor-quality. - **2.** [insípido] insipid, dull. ◇ *f* - **1.** [moneda] coin of little value. - **2.** [haba] early bean. - **3.** [patata] early potato; **pelar la** ~ *fig* to brandish a knife. - **4.** [beneficio] small profit.

chaucito *interj* = **chau.**

chauvinismo *m* = **chovinismo.**

chauvinista *adj & mf* = **chovinista.**

chaval, la *m, f fam* kid, lad (*f* lass).

chavalería *f fam* kids (*pl*).

chavalo, la *m, f Amér fam* lad (*f* lass).

chaveta *f* - **1.** [clavija] cotter pin. - **2.** *fam* [cabeza] nut, head; **perder la** ~ to go off one's rocker. - **3.** *Amér* [navaja] penknife.

chavo *m fam* - **1.** [dinero]: **no tener un** ~ to be penniless. - **2.** *Amér* [hombre] guy, bloke.

chayote *m* - **1.** *Amér fam* [bobo] fool, idiot. - **2.** *Amér fam* [cobarde] chicken, coward. - **3.** BOT chayote.

che, ché *interj* hey!

checo, ca *adj & m, f* Czech.

◆ **checo** *m* [lengua] Czech.

checoslovaco, ca *adj & m, f* Czechoslovak, Czechoslovakian.

Checoslovaquia *s* Czechoslovakia.

chef [ʃef] (*pl* **chefs**) *m* chef.

cheli *m fam* modern Spanish slang used by young people.

chelín, schilling [ˈʃilin] (*pl* **schillings**) *m* shilling.

chelo, la *adj Amér* blond (*f* blonde).

chencha *adj Amér* lazy, idle.

chepa *f fam* hump.

cheposo, sa ◇ *adj* hunchbacked. ◇ *m, f* hunchback.

cheque *m* cheque *Br*, check *Am*; **extender un** ~ to make out a cheque ❑ ~ **en blanco/sin fondos** blank/bad cheque; ~ **cruzado** o **barrado** crossed cheque; ~ **(de) gasolina** petrol voucher; ~ **nominativo** cheque in favour of a specific person; ~ **al portador** cheque payable to the bearer; ~ **de viaje** traveller's cheque.

chequear vt - **1.** MED: ~ **a alguien** to examine sb, to give sb a checkup. - **2.** [comprobar] to check. - **3.** [cotejar] to compare. - **4.** Amér [facturar] to check in.

chequeo m - **1.** MED checkup. - **2.** [comprobación] check, checking (U).

chequera f chequebook Br, checkbook Am.

Chernóbil s Chernobyl.

chévere adj Amér fam great, fantastic.

cheviot (pl **cheviots**) m cheviot.

chía f - **1.** [manto] short black coat. - **2.** Amér BOT kind of sage seed. - **3.** Amér [refresco] drink made from sage seeds, lemon juice and sugar.

chibolo m Amér swelling, bump.

chibuquí (pl **chibuquíes**) m chibouk.

chic adj inv & m inv chic.

chica ◇ adj f → **chico**. ◇ f - **1.** [joven] girl. - **2.** [tratamiento] darling. - **3.** [criada] maid. - **4.** [bebida] maize liquor Br, corn liquor Am.
◆ **chica de alterne** f girl who works in bars encouraging customers to drink in return for a commission.

chicada f childish prank.

Chicago s Chicago.

chicanear vi to engage in chicanery o trickery.

chicano, na adj & m, f Chicano, Mexican-American.
◆ **chicano** m [lengua] Chicano.

chicarrón, ona m, f strapping lad (f strapping lass).

chicha f - **1.** fam [para comer] meat. - **2.** fam [de persona] flesh. - **3.** [bebida] maize liquor Br, corn liquor Am; ~ **de uva** Amér unfermented grape juice. - **4.** Amér [mal humor] ill humour; **estar de** ~ Amér to be in a bad mood. - **5.** loc: **de** ~ **y navo** insignificant; **estar como** ~ Amér to be plentiful; **estar hecho una** ~ Amér to be very dirty; **no ser ni** ~ **ni limoná** not to be one thing or the other; **sacar la** ~ **a algo** to get the most out of sthg.

chícharo m Amér pea.

chicharra f - **1.** ZOOL cicada. - **2.** [timbre] electric buzzer. - **3.** [juguete] kazoo. - **4.** fam fig [persona] chatterbox.

chicharrero m fig oven, hot place; **esta oficina es un** ~ this office is an oven.

chicharro m - **1.** [alimento] pork crackling. - **2.** [pez] horse mackerel.

chicharrón m - **1.** [frito] pork crackling. - **2.** [comida requemada] overcooked o burned food. - **3.** fam fig [persona] very tanned person.
◆ **chicharrones** mpl - **1.** [embutido] cold processed meat made from pork. - **2.** [corteza] pork scratchings.

chiche Amér ◇ adj easy, comfortable. ◇ m - **1.** [adorno] adornment. - **2.** [pecho] chest.

chichear vi to hiss.

chichería f Amér store where maize liquor is sold.

chichero, ra m, f Amér person who makes or sells maize liquor.

chichi Amér ◇ m breast (of a wet nurse). ◇ mf baby.

chichigua f Amér [nodriza] wet nurse.

chicho m fam kiss curl.

chichón m bump.

chichonear vi Amér to play jokes.

chichonera f helmet.

chichota f - **1.** [chichón] bump, lump. - **2.** BOT chickpea. - **3.** loc: **sin faltar** ~ down to the last detail.

chicle m - **1.** [goma de mascar] chewing gum. - **2.** [resina] chicle. - **3.** Amér [suciedad] filth, dirt.

chiclé, chicler m AUTOM jet.

chico, ca adj [pequeño] small.
◆ **chico** m - **1.** [joven] boy. - **2.** [tratamiento] sonny, mate; **has cambiado mucho,** ~ you've changed a lot, my son.

- **3.** [recadero - de oficina] messenger, office-boy; [- de tienda, supermercado] errand-boy. - **4.** [medida] wine measure equivalent to 168 millilitres. - **5.** Amér [en juegos] game, round.

chicolear vi fam to make flirtatious compliments.
◆ **chicolearse** vpr Amér to enjoy o.s.

chicoleo m fam flirtatious compliment, ≃ wolf whistle; **decir** ~s to make flirtatious compliments.

chicote m Amér - **1.** [látigo] whip. - **2.** [retahíla] string, line.

chifla f - **1.** [silbido] whistle. - **2.** [acción] whistling. - **3.** [burla] mockery. - **4.** [cuchillo] paring knife. - **5.** Amér [mal humor] bad mood.

chiflado, da fam ◇ adj - **1.** [loco] crazy, mad. - **2.** [enamorado] in love. ◇ m, f nutter.

chifladura f - **1.** [locura] madness. - **2.** [pasión] craze, craziness (U). - **3.** [silbido] whistle, whistling (U).

chiflar ◇ vt - **1.** fam [encantar]: **me chiflan las patatas fritas** I'm mad about chips. - **2.** [abuchear] to hiss at, to boo; ~ **a un actor** to boo an actor. - **3.** [beber] to guzzle, to gulp. - **4.** [piel] to pare, to trim. ◇ vi [silbar] to whistle.
◆ **chiflarse** vpr - **1.** [enloquecer] to go crazy o mad. - **2.** [enamorarse] to fall in love.

chifle m - **1.** [silbato] whistle. - **2.** [reclamo] fake bird call used when hunting birds. - **3.** [para pólvora] powder horn.

chiflido m Amér whistling.

chiflón m Amér - **1.** [corriente de aire] draught. - **2.** [corriente de agua] jet, spout. - **3.** [cascada] waterfall. - **4.** MIN cave-in.

chigüín m Amér kid, nipper.

chihuahua mf chihuahua.

chiíta adj & mf Shiite.

chilaba f jellaba.

chilar m chilli patch.

chile m - **1.** [pimiento] chilli; ~ **con carne** CULIN chilli con carne. - **2.** Amér fam fig [mentira, bola] fib.

Chile s Chile.

chileno, na adj & m, f Chilean.

chilindrina f - **1.** fam [cosa sin importancia] trifle. - **2.** fam [anécdota] anecdote, funny story. - **3.** Amér CULIN bread sprinkled with sugar.

chilindrón m CULIN seasoning made of tomatoes and peppers.

chillado m roof made of laths.

chillar ◇ vi - **1.** [personas] to scream, to yell. - **2.** [aves, monos] to screech; [cerdo] to squeal; [ratón] to squeak. - **3.** [chirriar] to screech; [puerta, madera] to creak; [bisagras] to squeak. - **4.** [destacar] to be loud. - **5.** fam [protestar] to protest, to complain. - **6.** [en caza] to call. ◇ vt fam [reñir] to yell at.
◆ **chillarse** vpr Amér - **1.** [ofenderse] to take offence. - **2.** [avergonzarse] to become ashamed.

chillería f - **1.** [alboroto] screaming, yelling. - **2.** [regaño] scolding, reprimand.

chillido m - **1.** [de persona] scream, yell. - **2.** [de ave, mono] screech; [de cerdo] squeal; [de ratón] squeak.

chillo, lla adj Amér jet black.
◆ **chillo** m - **1.** [en carpintería] lath. - **2.** Amér [deuda] debt. - **3.** Amér [resentimiento] anger, resentment.

chillón, ona ◇ adj - **1.** [voz] piercing. - **2.** [persona] noisy, screeching. - **3.** [color] loud, gaudy. ◇ m, f noisy person.

chilote m Amér - **1.** [bebida] drink made of chilli and pulque. - **2.** [mazorca] green corn ear.

chilpayate, ta m, f Amér kid.

chimba f → **chimbo**.

chimbar Amér ◇ vt [río] to ford. ◇ vi - **1.** [salir bien] to turn out well. - **2.** [negocio] to make fraudulent deals.

chimbo, ba adj Amér worn-out, exhausted.
◆ **chimbo** m Amér piece of meat.
◆ **chimba** f Amér - **1.** [de río] opposite bank. - **2.** [barrio] part of a town on the less important bank of a river. - **3.** [trenza] plait Br, braid Am. - **4.** [vado] ford.

chimenea f - **1.** [hogar] fireplace; ~ **de campana** canopy fireplace; ~ **francesa** mantelpiece. - **2.** [tubo] chimney; ~ **volcánica** volcanic chimney o vent. - **3.** [de teatro] *wooden channel for scenery counterweights*. - **4.** [en arma] nipple, inner casing. - **5.** *Amér* MIN shaft, opening; ~ **de aire** air shaft.

chimpancé m chimpanzee.

china f→ **chino**.

China s - **1.** [país]: **(la)** ~ China. - **2.** → **mar**.

chinampa f *Amér floating garden near Mexico City*.

chinchar vt *fam* - **1.** [molestar] to pester, to bug. - **2.** [causar molestia] to annoy, to bother; **me chincha tener que hacerlo** it bothers me to have to do it. - **3.** *desus* [matar] to kill.
◆ **chincharse** vpr *fam* to get cross; **ahora te chinchas** now you can lump it.

chincharrero m *Amér* small fishing boat.

chinche ◇ adj *fam fig* annoying. ◇ f - **1.** [insecto] bedbug; **morir como ~s** *fam* to drop like flies. - **2.** [chincheta] drawing pin *Br*, thumbtack *Am*. ◇ mf *fam fig* [persona] pest, pain.

chincheta f drawing pin *Br*, thumbtack *Am*.

chinchilla f chinchilla.

chinchín ◇ m - **1.** [ruido] noise of a brass band. - **2.** [brindis] toast; **hacer ~ por alguien** to toast sb. - **3.** [música] street music. - **4.** *Amér* [llovizna] drizzle, light rain. - **5.** *Amér* [sonajero] rattle. ◇ *interj* cheers!

chinchón m strong aniseed liquor.

chinchorro m *Amér* - **1.** [red] net. - **2.** [hamaca] hammock.

chinchoso, sa ◇ adj annoying. ◇ m, f pest, pain.

chinchudo, da adj *Amér* prickly, touchy.

chinela f - **1.** [zapatilla] slipper. - **2.** [chanclo] clog.

chinero m china o glass cabinet.

chinesco, ca adj Chinese.
◆ **chinesco** m MÚS Chinese pavilion.

chinga f *Amér* - **1.** [colilla] cigar end. - **2.** [borrachera] drunkenness. - **3.** ZOOL skunk. - **4.** [en el juego] *fee paid by gamblers*.

chingado, da adj - **1.** *fam* [enfadado] cheesed off *Br*, pissed *Am*. - **2.** *mfam* [estropeado] buggered. - **3.** *Amér vulg* [jodido] fucking.
◆ **chingada** f *Amér vulg*: ¡**vete a la chingada!** fuck off!

chingadura f - **1.** *Amér vulg* [fornicación] fucking. - **2.** [fracaso] flop.

chinganear vi *Amér* to go on a binge o spree.

chingar [16], **chinguear** ◇ vt - **1.** *fam* [molestar] to cheese off *Br*, to make mad. - **2.** *mfam* [estropear] to bugger up. - **3.** *Amér vulg* [fornicar con] to fuck. - **4.** *Amér* [beber] to drink a lot of. - **5.** *Amér* [gallos de pelea] to train. ◇ vi *vulg* [fornicar] to screw, to fuck.
◆ **chingarse** vpr - **1.** *mfam* [beberse] to knock back. - **2.** *Amér* [drogarse] to get high. - **3.** *Amér* [enfadarse] to get annoyed. - **4.** *Amér* [fracasar] to be a flop.

chingo, ga adj *Amér* - **1.** [persona] snub-nosed. - **2.** [ropa] short. - **3.** [animal] bobtailed. - **4.** *loc*: **estar ~ por algo** to want sthg very badly.
◆ **chingos** mpl *Amér* underwear (U).

chinguear vt = **chingar**.

chinita f *Amér* - **1.** [criada] maid. - **2.** [animal] ladybird.

chino, na ◇ adj - **1.** [de China] Chinese. - **2.** *Amér* [mestizo] of mixed ancestry. - **3.** *Amér* [pelón] bald. - **4.** *Amér* [rizado] curly. - **5.** *Amér* [enfadado] angry. ◇ m, f - **1.** [de China] Chinese; **engañar a alguien como a un ~** *fig* to take sb for a ride; **trabajar como un ~** *fig* to slave away. - **2.** *Amér* [mestizo] person of mixed ancestry. - **3.** *Amér* [niño] child.
◆ **chino** m - **1.** [lengua] Chinese. - **2.** [instrumento] sieve.
◆ **china** f - **1.** [piedra] small stone, pebble; **poner chinas** *fig* to put obstacles in the way; **tocarle a uno la china** *fam* to have bad luck. - **2.** *fam* [droga] deal, *small amount of hash*. - **3.** [tejido] Chinese silk. - **4.** [porcelana] porcelain, china. - **5.** [naranja] *type of small orange*. - **6.** *Amér* [india] Indian woman. - **7.** *Amér* [criada] maid.
◆ **chinos** mpl [juego] *game in which each player must guess the number of coins or pebbles in the other's hand*.

chip (pl **chips**) m INFORM chip.

chipé, chipén adj *inv fam* brilliant, terrific; **ser de ~** to be brilliant o terrific.

chipichape m *fam* - **1.** [riña] scrap, brawl. - **2.** [golpe] blow.

chipirón m baby squid.

chipote, chipotazo m *Amér* slap.

chipotear vt *Amér* to slap.

Chipre s Cyprus.

chipriota adj *& mf* Cypriot.

chiqueadores mpl *Amér* - **1.** [remedio] home remedy for headaches. - **2.** CULIN long thin pastries.

chiquero m - **1.** TAUROM bull-pen. - **2.** [pocilga] pigsty.

chiquichaque m sawyer.

chiquilicuatro m *fam* busybody.

chiquilín m *fam* small boy, youngster.

chiquillada f childish thing.

chiquillería f kids (pl).

chiquillo, lla ◇ adj small. ◇ m, f kid.

chiquitín, ina ◇ adj tiny. ◇ m, f tiny tot.

chiquito, ta adj tiny; **no andarse con chiquitas** *fig* not to mess about.
◆ **chiquito** m - **1.** [de vino] small glass of wine. - **2.** *Amér* [instante] minute; **espere un ~** wait a minute.

chirapa f *Amér* - **1.** [lluvia con sol] rain and sunshine (U). - **2.** [harapo] rag, tatter.

chiribita f [chispa] spark.
◆ **chiribitas** fpl *fam* [en los ojos] spots in front of one's eyes; **echar ~s** *fam fig* to fume.

chiribitil m - **1.** [desván] attic. - **2.** *fam* [cuarto] tiny room.

chirigota f *fam* joke.

chirigotear vi *fam* to joke.

chirigotero, ra *fam* ◇ adj joking. ◇ m, f joker.

chirimbolo m *fam* thingamajig, whatsit.

chirimía f shawm.

chirimoya f custard apple.

chirimoyo m custard apple tree.

chiringuito m *fam* - **1.** [bar] refreshment stall. - **2.** [negocio]: **montarse un ~** to set up a little business.

chiripa f *fam fig* fluke; **de o por ~** by luck.

chiripá (pl **chiripaes**) m *Amér garment worn by gauchos as trousers*.

chiripazo m *Amér* fluke, stroke of luck.

chiripero, ra m, f *Amér* lucky person.

chirivía f BOT parsnip.

chirla f small clam.

chirlador, ra *fam* ◇ adj jabbering. ◇ m, f jabberer.

chirlar vi *fam* to jabber.

chirlata f *fam* gambling joint.

chirle ◇ adj *fam* insipid, tasteless. ◇ m droppings (pl).

chirlo m [herida] slash, gash; [cicatriz] scar.

chirlomirlo m titbit, snack.

chirola f *Amér* - **1.** [moneda] 20 'centavo' coin. - **2.** [cárcel] jail.

chirona f *fam* clink, slammer; **en ~** in the clink.

chirote m *Amér* - **1.** [pájaro] linnet. - **2.** *fig* [tonto] fool, idiot.

chirrear vi = **chirriar**.

chirriado, da adj *Amér* witty.

chirriador, ra, chirriante adj - **1.** [gen] screeching; [puerta, madera] creaking; [bisagra, muelles] squeaking. - **2.** [al freírse algo] sizzling. - **3.** *Amér* [voz] shrill.

chirriante adj [gen] screeching; [puerta, madera] creaky; [bisagra, muelles] squeaky.

chirriar [9], **chirrear** vi - **1.** [gen] to screech; [puerta, madera] to creak; [bisagra, muelles] to squeak. - **2.** [al freír] to sizzle. - **3.** *Amér* [tiritar] to shiver. - **4.** [ir de juerga] to go on a spree.

chirrido m - **1.** [gen] screech; [de puerta, madera] creak;

[de bisagra, muelles] squeak. - **2.** [al freír] sizzling *(U)*. - **3.** *fam* [grito] shriek.

chirrión *m* - **1.** [carro] heavy cart. - **2.** *Amér* [látigo] horse-whip.

chiruca® *f (gen pl)* canvas hiking boot.

chirula *f* Basque flute.

chirumen *m fam* gumption.

chis *interj* = **chist**.

chiscarra *f* MIN soft, crumbly limestone.

chischás *m inv* [de espadas] clash.

chiscón *m despec* poky little room.

chisgarabís (*pl* **chisgarabises**) *m fam* busybody.

chisguete *m* - **1.** *fam* [trago] swig. - **2.** [chorro] jet, spurt.

Chisinau *s* Kishinyov.

chismar *vi* = **chismear**.

chisme *m* - **1.** [cotilleo] rumour, piece of gossip. - **2.** *fam* [cosa] thingamajig, thingy.

chismear, chismar *vi* to tell tales.

chismería *f* gossip.

chismero, ra ◇ *adj* gossiping. ◇ *m, f* gossip.

chismografía *f hum* - **1.** [afición al chisme] fondness for gossip. - **2.** [conjunto de chismes] gossiping.

chismorrear *vi* to spread rumours, to gossip.

chismorreo *m* gossip.

chismoso, sa ◇ *adj* gossipy. ◇ *m, f* gossip, scandalmonger.

chispa ◇ *adj f* → **chispo**. ◇ *f* - **1.** [de fuego, electricidad] spark; **echar** ~**s** *fam fig* to be hopping mad. - **2.** [de lluvia] spot (of rain). - **3.** *fig* [pizca] bit; **ni** ~**s** nothing at all. - **4.** *fig* [agudeza] sparkle; **ser una** ~, **tener mucha** ~ to be a live wire. ◇ *adj Amér* [divertido] amusing, funny.

chispar *vt Amér fam* to throw out.

◆ **chisparse** *vpr* - **1.** [emborracharse] to get tipsy. - **2.** *Amér* [escaparse] to run away.

chispazo *m lit & fig* spark.

chispeante *adj* - **1.** [que chispea] that gives off sparks. - **2.** *fig* [conversación, discurso, mirada] sparkling.

chispear ◇ *vi* - **1.** [chisporrotear] to spark. - **2.** [relucir] to sparkle. ◇ *v impers* [llover] to spit (with rain).

◆ **chispearse** *vpr Amér* to get tipsy.

chispero, ra *adj* sparkling.

◆ **chispero** *m* - **1.** *fam* [rufián] villain, rogue. - **2.** [herrero] blacksmith. - **3.** *Amér* [revólver] revolver.

chispo, pa *fam adj* [borracho] tight, tipsy.

◆ **chispo** *m* swig.

chispoleto, ta *adj* alert, wide awake.

chisporrotear *vi* - **1.** [fuego, leña] to crackle. - **2.** [aceite] to splutter. - **3.** [comida] to sizzle.

chisporroteo *m* - **1.** [de fuego, leña] crackling. - **2.** [de aceite] spluttering. - **3.** [de comida] sizzling.

chisposo, sa *adj* sparking.

chisquero *m* [cigarette] lighter.

chist, chis *interj* ssh!

chistar *vi*: **me fui sin** ~ I left without a word.

chiste *m* joke; **caer en el** ~ *fam* to get the joke, to get it; **contar** ~**s** to tell jokes; **hacer** ~ **de** to make a joke of □ ~ **verde** dirty joke; **dar en el** ~ *fam* to guess what's wrong; **el** ~ the main thing; **tiene** ~ it's not as easy as it seems.

chistera *f* - **1.** [sombrero] top hat. - **2.** [cesta de pescador] fisherman's basket.

chistido *m* whistle.

chistorra *f* type of cured pork sausage typical of Aragon and Navarre.

chistoso, sa ◇ *adj* funny. ◇ *m, f* amusing o funny person.

chistu *m* Basque flute.

chistulari *mf* 'chistu' player.

chita *f* ANAT anklebone.

◆ **a la chita callando** *loc adv fam* quietly, on the quiet.

chiticalla *mf fam* reserved person.

chiticallando ◆ **a la chiticallando** *loc adv fam* quietly, on the quiet.

chito *interj* hush!, sh!

chitón *interj* quiet!

chiva *f Amér* - **1.** [barba] goatee. - **2.** [manta] blanket. - **3.** [borrachera] drunkenness. - **4.** [berrinche] rage, fit of anger. - **5.** [autobús] bus. - **6.** *despec* [marimacho] mannish woman, butch woman *Br*. - **7.** [chica traviesa] naughty girl. - **8.** [red] net bag.

◆ **chivas** *fpl Amér* odds and ends.

chivar *vt fam* - **1.** [delatar] to whisper, to tell secretly. - **2.** [fastidiar] to annoy, to bug.

◆ **chivarse** *vpr fam* - **1.** *fam*: ~**se (de/a)** [niños] to split (on/to); [delincuentes] to grass (on/to). - **2.** *fam* [fastidiarse] to become o get annoyed. - **3.** *Amér* [enfadarse] to become o get angry.

chivatazo *m fam* tip-off; **dar el** ~ to grass.

chivateo *m fam* - **1.** [de niño] splitting. - **2.** [de delincuente] grassing. - **3.** *Amér* [vociglería] shouting.

chivato, ta *m, f* - **1.** *fam* [delator] grass, informer; [acusica] telltale. - **2.** ZOOL kid.

◆ **chivato** *m* - **1.** [luz] warning light; [alarma] alarm bell. - **2.** *Amér fam* [pez gordo] big cheese. - **3.** *Amér* [aprendiz] apprentice. - **4.** *Amér* [bebida] firewater.

chivo, va *m, f* kid, young goat; **ser el** ~ **expiatorio** *fig* to be the scapegoat.

◆ **chivo** *m* - **1.** [poza] pit for oil residue. - **2.** *Amér fam* [cólera] rage, fit of anger. - **3.** *Amér* [juego] dice game. - **4.** *Amér* [golpe] punch. - **5.** *Amér* [chico travieso] naughty boy. - **6.** *Amér* [salario] day's wage. - **7.** *Amér* [tráfico ilícito] illegal trade; [contrabando] contraband.

choc (*pl* **chocs**), **choque**, **shock** [tʃok] (*pl* **shocks**) *m* shock.

chocador, ra *adj* shocking.

chocante *adj* - **1.** [sorprendente] startling. - **2.** [desagradable] offensive. - **3.** *Amér* [impropio] inappropriate, unsuitable. - **4.** *Amér* [fastidioso] annoying.

chocar [10] ◇ *vi* - **1.** [colisionar]: ~ **(contra)** to crash (into), to collide (with); **iba despistado y chocó contra una farola** she wasn't concentrating and she drove into a lamppost; **los dos vehículos chocaron frontalmente** the two vehicles collided head-on; ~ **de frente** to collide head-on. - **2.** *fig* [enfrentarse] to clash; **tenemos una ideología tan diferente que chocamos constantemente** we have such different ideas that we're always disagreeing about something. - **3.** [disgustar] to offend. ◇ *vt* - **1.** [manos] to shake; **¡chócala!** put it there! - **2.** [copas, vasos] to clink. - **3.** *fig* [sorprender] to startle.

chocarrear *vi* to tell dirty jokes.

chocarrería *f* dirty joke.

chocarrero, ra ◇ *adj* coarse, vulgar. ◇ *m, f* teller of dirty jokes.

chochaperdiz (*pl* **chochaperdices**) *f* woodcock.

chochear *Esp*, **chochar** *Amér vi* - **1.** [viejo] to be senile. - **2.** *fam fig* [de cariño]: ~ **por alguien** to dote on sb.

chochez (*pl* **chocheces**), **chochera** *f* - **1.** [vejez] senility. - **2.** [dicho, hecho]: **decir/hacer chocheces** to say/do senile things.

chocho, cha *adj* - **1.** [viejo] senile. - **2.** *fam fig* [encariñado] soft, doting.

◆ **chocho** *m* - **1.** *vulg* [órgano] cunt. - **2.** *fam* [altramuz] lupin. - **3.** BOT lupin seed. - **4.** [confite] cinnamon sweet *Br*, cinnamon candy *Am*.

choclo *m Amér* [maíz] corn *Br*, maize *Am*.

choclón *m Amér fam* crowd.

choco ◇ *m* - **1.** [sepia] small cuttlefish. - **2.** *Amér* [perro] spaniel. - **3.** *Amér* [persona morena] dark-skinned person. - **4.** *Amér* [disminuido físico] person with missing limb; [tuerto] one-eyed person. - **5.** *Amér* [rojo oscuro] dark red. - **6.** *Amér* [de pelo rizado] curly-haired person. ◇ *adj Amér* [disminuido físico] missing a limb; [tuerto] one-eyed.

◆ **chocos** *mpl Amér* curls.

chocolate *m* - **1.** [para comer, beber] chocolate; ~ **amargo/blanco** plain/white chocolate; ~ **con leche** milk chocolate; ~ **(a la taza)** thick drinking chocolate; ~**s surtidos** assorted chocolates; **sacar** ~ **a alguien** *Amér* to give sb a bloody nose. - **2.** *fam* [para fumar] hash.

chocolatera *f →* **chocolatero**.

chocolatería *f* - **1.** [fábrica] chocolate factory. - **2.** [establecimiento] *café where drinking chocolate is served*.

chocolatero, ra *m, f* - **1.** [aficionado al chocolate] chocoholic, person fond of chocolate. - **2.** [oficio] chocolate maker o seller.

◆ **chocolatera** *f* - **1.** [vasija] *pot for making chocolate*. - **2.** *fam* [coche viejo] old banger *Br*, jalopy *Am*. - **3.** *fam* [barco viejo] old hulk.

chocolatina *f* chocolate bar.

chófer (*pl* **chóferes** o **chófers**), **chofer** *Amér mf* chauffeur.

chola ◇ *adj f →* **cholo**. ◇ *f =* **cholla** *sentido 1*.

cholada *f Amér despec action typical of an Indian or half-caste*.

cholería *f Amér despec group of Indians or half-castes*.

cholla, chola *f fam* - **1.** [cabeza] nut. - **2.** *Amér* [flema] sluggishness.

chollo *m fam* - **1.** [producto, compra] bargain. - **2.** [trabajo, situación] cushy number.

cholo, la *Amér* ◇ *adj* - **1.** [mestizo] half-caste, mestizo. - **2.** [cobarde] cowardly. - **3.** [querido] dear, darling. ◇ *m, f* - **1.** [mestizo] half-caste, mestizo. - **2.** [indio civilizado] civilized Indian. - **3.** [indio puro] pure Indian. - **4.** [cobarde] coward.

choloque *m Amér* soapberry tree.

◆ **choloques** *mpl Amér* soapberries.

chomba, chompa *f Amér* sweater, jumper.

chompipe *m Amér species of turkey*.

chonchón *m Amér* lamp.

chongo *m Amér* - **1.** [moño] bun. - **2.** [rizo] curl. - **3.** [dulce] sweet, dessert. - **4.** *fam* [broma] joke.

chonta *f Amér* - **1.** BOT *type of palm tree*. - **2.** ZOOL *type of Colombian black snake*.

chopera *f* poplar grove.

chopito *m* baby squid in batter.

chopo *m* - **1.** [árbol] poplar. - **2.** *fam* [fusil] rifle.

choque¹ *v →* **chocar**.

choque² *m* - **1.** [impacto] impact; [de coche, avión etc] crash; ~ **de frente** head-on collision. - **2.** *fig* [enfrentamiento] clash. - **3.** = **choc**.

chorcha *f* - **1.** [pájaro] woodcock. - **2.** *Amér* [grupo] gang, bunch of friends.

chordón *m* BOT raspberry.

chorear *vi Amér* - **1.** *vulg* [refunfuñar] to grumble, to moan. - **2.** *fam* [robar] to swipe, to pilfer.

choreo *m Amér* - **1.** *vulg* [refunfuño] grumbling, moaning. - **2.** *fam* [robo] swiping, pilfering.

choriceo *m fam* [robo] robbery; [timo] rip-off.

choricería *f* sausage shop.

choricero, ra *m, f* - **1.** [fabricante] sausage maker. - **2.** [vendedor] sausage seller.

chorizar [13] *vt fam* to swipe, to pinch.

chorizo *m* - **1.** [embutido] *highly seasoned pork sausage*. - **2.** *fam* [ladrón] thief. - **3.** *Amér* [bobo] fool, idiot. - **4.** *Amér* [pasta de barro y paja] daub, mud plaster.

chorlito *m* - **1.** ZOOL plover. - **2.** → **cabeza**.

chorlo *m* - **1.** MIN schorl. - **2.** *Amér* [tataranieto] great-great-grandson.

choro *m Amér* mussel.

chorote *m Amér* - **1.** [recipiente] *unglazed pot for making chocolate*. - **2.** [bebida espesa] thick drink. - **3.** [chocolate] *mixture of chocolate, water and brown sugar*.

chorra *mfam* ◇ *mf* [tonto] idiot; **hacer el** ~ to muck about. ◇ *f* [suerte] luck.

chorrada *f mfam* rubbish *(U)*; **decir** ~**s** to talk rubbish.

chorreado, da *adj* - **1.** [animal] striped. - **2.** *Amér* [sucio] stained. - **3.** *Amér* [empapado] soaked.

◆ **chorreado** *m Amér* [baile] *type of folk dance*.

chorreadura *f* - **1.** [goteo] dripping. - **2.** [mancha] stain.

chorrear ◇ *vi* - **1.** [gotear - gota a gota] to drip; [- en un hilo] to trickle. - **2.** [brotar] to spurt (out), to gush (out). - **3.** *fam* [venir poco a poco] to come in dribs and drabs. ◇ *vt* - **1.** [suj: jersey etc] to drip. - **2.** [suj: persona] to drip with. - **3.** *Amér* [abroncar] to tell off. - **4.** *Amér* [empapar] to soak.

◆ **chorrearse** *vpr Amér* to steal.

chorreo *m* - **1.** [goteo - gota a gota] dripping; [- en un hilo] trickling. - **2.** [brote] spurting, gushing.

chorrera *f* - **1.** [canal] channel, gully. - **2.** [de río] rapids *(pl)*. - **3.** *Amér* [serie] string. - **4.** *Amér* [reprimenda] scolding, telling-off.

◆ **chorreras** *fpl* frill *(sg)*.

chorrillo *m* [chorro] flow; **irse por el** ~ *fam fig* to go with the flow.

chorro *m* - **1.** [de líquido - borbotón] jet, spurt; [- hilo] trickle; **salir a** ~**s** to spurt o gush out. - **2.** *fig* [de luz, gente etc] stream; **tiene un** ~ **de dinero** she has loads of money. - **3.** *Amér* [grifo] tap *Br*, faucet *Am*. - **4.** *Amér* [de látigo] thong. - **5.** *Amér* [reprimenda] telling-off, scolding. - **6.** *Amér* [ladrón] thief. - **7.** *loc:* **como los** ~**s del oro** as clean as a new pin.

chorroborro *m* [aluvión] flood.

chorrón *m* dressed hemp.

chortal *m* spring.

chotacabras *m inv* nightjar.

chotearse *vpr fam:* ~ **(de)** to make fun (of).

choteo *m fam* joking, kidding; **tomar algo a** ~ to take sthg as a joke.

chotis *m inv dance typical of Madrid*.

choto, ta ◇ *m, f* - **1.** [cabrito] kid, young goat. - **2.** [ternero] calf. ◇ *adj Amér* - **1.** [domesticado] tame. - **2.** [tramposo] swindling, cheating.

chotuno, na *adj* [cabra] very young; **oler a** ~ *fig* to stink to high heaven.

chova *f* jackdaw.

chovinismo, chauvinismo [tʃoβi'nismo] *m* chauvinism.

chovinista, chauvinista [tʃoβi'nista] ◇ *adj* chauvinistic. ◇ *mf* chauvinist.

choza *f* hut.

chozno, na *m, f* great-great-grandson (*f* great-great-granddaughter).

chozpo *m* gambol, caper.

christmas *m inv =* **crismas**.

chubasco *m* - **1.** METEOR shower. - **2.** *fig* [contratiempo] setback.

chubascoso, sa *adj* squally.

chubasquero *m* raincoat, mac *Br*.

chúcaro, ra *Amér* ◇ *adj* - **1.** [salvaje] wild. - **2.** [huraño] shy. ◇ *m, f* wild o untamed mule.

chuce *etc v →* **chuzar**.

chucear *vt Amér* to wound with a pike.

chucha *f* - **1.** [pereza] laziness. - **2.** [olor corporal] body odour. - **3.** [maraca] maraca. - **4.** *vulg* [coño] cunt. - **5.** *Amér* ZOOL opossum.

chuchear *vi* - **1.** [cazar] to snare game. - **2.** [cuchichear] to whisper.

chuchería *f* - **1.** [golosina] sweet. - **2.** [objeto] trinket.

chucho, cha *adj Amér* - **1.** [fruta] watery. - **2.** [persona] wrinkled. - **3.** [mezquino] mean, miserly.

◆ **chucho** *m* - **1.** *fam* [perro] mutt, dog. - **2.** *Amér* [escalofrío] shivers *(pl)*. - **3.** *Amér* [pez] *small teleost fish*. - **4.** *Amér fam* [susto] fright. - **5.** *Amér* [buhonería] pedlar's wares *(pl)*. - **6.** *Amér* [látigo] whip. - **7.** *Amér* [cárcel] jail.

chuchumeco *m Amér fam* jerk.

chueca *f* - **1.** [de coyuntura] ball. - **2.** [juego] *game resembling hockey*. - **3.** *fam* [burla] joke.

chueco, ca *adj Amér* - **1.** [torcido] twisted. - **2.** [patizambo] bowlegged.

chufa *f* - **1.** [planta] chufa. - **2.** [tubérculo] tiger nut.

chufar *vi* to mock, to make fun.

chiufla *f fam* joke.

chuflarse *vpr fam* to tease, to make fun.

chufleta *f fam* joke.

chufletear *vi fam* to joke.

chufletero, ra *fam* ◇ *adj* joking. ◇ *m, f* joker.

chulada *f* - **1.** [bravuconada] swaggering *(U)*. - **2.** *fam* [cosa bonita] delight, gorgeous thing.

chulapear *vi* to lead a roguish life.

chulapo, pa, chulapón, ona *m, f* HIST lower-class native of Madrid.

chulear *fam* ◇ *vt* - **1.** [vivir a costa de alguien]: ~ **a una mujer** to live off a woman. - **2.** [hacer una broma] to play a joke on. - **3.** *Amér* [cortejar] to flirt with. ◇ *vi* [fanfarronear]: ~ **(de)** to be cocky (about).

◆ **chulearse** *vpr fam* - **1.** [burlarse] to make fun, to tease. - **2.** [presumir] to show off.

chulería *f* - **1.** [valentonería] cockiness. - **2.** [salero] charm, winning ways *(pl)*.

chulesco, ca ◇ *adj* - **1.** [descarado] brazen, cheeky. - **2.** [vistoso] flashy. ◇ *m, f* [chulo] sharp dresser.

chuleta ◇ *f* - **1.** [de carne] chop. - **2.** [en exámenes] crib note. ◇ *mf fam* [chulo] cocky person. ◇ *adj fam* [chulo] cocky.

chulo, la ◇ *adj fam* - **1.** [descarado] cocky; **ponerse** ~ to get cocky. - **2.** *fam* [bonito] lovely. ◇ *m, f* - **1.** *fam* [descarado] cocky person. - **2.** [madrileño] working-class native of Madrid.

◆ **chulo** *m* - **1.** *fam* [proxeneta] pimp. - **2.** TAUROM bullfighter's assistant.

chumacera *f* - **1.** MEC axle bearing. - **2.** NÁUT rowlock.

chumba → **higuera**.

chumbar *vt Amér* - **1.** [perro] to set on. - **2.** [disparar] to shoot.

chumbe *m Amér* [faja] zinc sulphide.

chumbera *f* prickly pear.

chumbo → **higo**.

chuminada *f fam* silly thing.

chuncho *m Amér* - **1.** BOT pot marigold. - **2.** [pájaro] owl.

chungo, ga *adj fam* [persona] horrible, nasty; [cosa] lousy.

◆ **chunga** *f fam*: **tomarse algo a chunga** to take sthg as a joke.

chunguearse *vpr fam* to joke.

chungueo *m fam* joke.

chuño *m Amér* potato starch.

chupa *f* - **1.** *fam* [abrigo] coat. - **2.** *loc*: **poner a alguien como** ~ **de dómine** to wipe the floor with sb.

chupachup® (*pl* **chupachups**) *m* lollipop.

chupacirios *mf inv fam* sanctimonious person.

chupadero, ra *adj* sucking.

chupado, da *adj* - **1.** [delgado] skinny. - **2.** *fam* [fácil]: **estar** ~ to be dead easy o a piece of cake. - **3.** *Amér* [borracho] drunk.

◆ **chupada** *f* [gen] suck; [fumando] puff, drag.

chupador, ra ◇ *adj* sucking. ◇ *m, f* [bebedor] heavy drinker.

◆ **chupador** *m* - **1.** [chupete] dummy *Br*, pacifier *Am*. - **2.** [de biberón] nipple.

chupadura *f* sucking.

chupaflor, chupamirto *m Amér* [pájaro] hummingbird.

chupar *vt* - **1.** [succionar] to suck; [fumando] to puff at. - **2.** [absorber] to soak up; [beber] to sip. - **3.** [quitar]: ~**le algo a alguien** to milk sb for sthg.

◆ **chuparse** *vpr* - **1.** [adelgazar] to get thinner. - **2.** *fam* [aguantar] to put up with. - **3.** *loc*: **¡chúpate esa!** take that!

chupatintas *mf inv despec* pen-pusher.

chupe *m* - **1.** *fam* [chupete] dummy *Br*, pacifier *Am*. - **2.** *Amér* [guisado] stew.

chupeta *f* - **1.** NÁUT roundhouse. - **2.** *Amér* [embriaguez] drunkenness. - **3.** *Amér* [chupete] dummy *Br*, pacifier *Am*.

chupete *m* - **1.** [para niños] dummy *Br*, pacifier *Am*. - **2.** [caramelo] lollipop.

chupetear *vt* to suck on o away at.

chupeteo *m* sucking.

chupetón *m* hard suck.

chupi *adj fam* great, brill.

chupinazo *m* - **1.** [cañonazo] cannon shot. - **2.** [en fútbol] hard kick.

chupito *m fam* shot.

chupón, ona ◇ *adj* sucking. ◇ *m, f fam* [gorrón] sponger, cadger.

◆ **chupón** *m* - **1.** BOT sucker. - **2.** *fam* [beso] love-bite. - **3.** *Amér* [chupete] dummy *Br*, pacifier *Am*. - **4.** *Amér* [biberón] (baby's) bottle.

chupóptero, ra *m, f fam* parasite.

churdón *m* raspberry jam.

churla *f*, **churlo** *m* burlap bag.

churo *m Amér* - **1.** [rizo] curl. - **2.** [escalera] spiral staircase.

churrasco *m* grilled steak.

churrasquear *vi Amér* to have a barbecue.

churre *m* - **1.** [pringue] thick grease. - **2.** *fam* [suciedad] filth, grime.

churrería *f* shop selling 'churros'.

churrero, ra *m, f* 'churros' seller.

churrete *m* blob; [de grasa] stain.

churriento, ta *adj* - **1.** [sucio] filthy, grimy. - **2.** *Amér* [con diarrea] suffering from diarrhea.

churrigueresco, ca *adj* churrigueresque.

churro, rra *adj* [lana] coarse.

◆ **churro** *m* - **1.** [para comer] *dough formed into sticks or rings and fried in oil*. - **2.** *fam* [fracaso] botch. - **3.** *fam* [suerte] fluke, stroke of luck.

churrullero, ra ◇ *adj* talkative. ◇ *m, f* talkative person.

churruscarse [10] *vpr* [comida] to start to burn.

churrusco *m* piece of burnt toast.

churumbel *m fam* kid.

churumbela *f* - **1.** MÚS type of shawm. - **2.** *Amér* [pipa] pipe. - **3.** *Amér* [para mate] *tube for drinking maté*. - **4.** *Amér* [cuidado] care, worry.

churumo *m fam* juice.

chuscada *f* joke.

chusco, ca *adj* - **1.** [divertido] funny. - **2.** *Amér* [ordinario] common, ordinary.

◆ **chusco** *m* - **1.** *fam* [de pan] crust of stale bread. - **2.** *Amér* [perro] mongrel.

chusma *f* rabble, mob.

chuspa *f Amér* knapsack.

chut (*pl* **chuts**) *m* kick.

chutar *vi* - **1.** [lanzar] to shoot. - **2.** *fam* [funcionar] to work; **esto va que chuta** it's going very well.

◆ **chutarse** *vpr mfam* to shoot up.

chute *m mfam* fix.

chuza *f Amér* [en bolos] strike.

chuzar [13] *vt Amér* to prick.

chuzazo *m* prick, pricking *(U)*.

chuzo *m* - **1.** [pica] pike; **llover a ~s, caer ~s de punta** *fig* to rain cats and dogs. - **2.** [bastón] stick, club. - **3.** *Amér* [rocín] nag. - **4.** *Amér* [látigo] horsewhip. - **5.** *Amér* [aguijada] goad. - **6.** *Amér* [de agua] water jet. - **7.** *Amér* [objeto punzante] sharp object.

CI (*abrev de* **coeficiente de inteligencia**) *m* IQ.

CIA (*abrev de* **Central Intelligence Agency**) *f* CIA.

cía., Cía. (*abrev escrita de* **compañía**) Co.

cianato *m* QUÍM cyanate.

cianosis *f inv* MED cyanosis.

cianuración *f* METAL cyanidation, cyaniding.

cianuro *m* cyanide; ~ **de potasio** potassium cyanide.

ciar [9] *vi* - **1.** [remar] to back water. - **2.** [retroceder] to back up, to go backwards. - **3.** *fig* [ceder] to back down.

ciático, ca *adj* sciatic.

◆ **ciática** *f* sciatica.

Cibeles *f* Cybele.

cibelina *f* sable.

cibera ◇ *adj* feeding. ◇ *f* - **1.** [de trigo] load. - **2.** [simiente] feed, fodder. - **3.** [residuos] marc.

cibernético, ca *adj* cybernetic.

◆ **cibernética** *f* cybernetics (U).

cibica *f* - **1.** [barra] iron plate. - **2.** NÁUT staple, clamp.

cíbolo *m* bison.

ciborio *m* - **1.** [baldaquino] ciborium. - **2.** [copa] ciborium.

CIC *m* - **1.** (*abrev de* **Código de Derecho Canónico**) canon law code. - **2.** (*abrev de* **Consejo Interamericano Cultural**) inter-American cultural council.

CICAT (*abrev de* **Comisión Interministerial Coordinadora de Asistencia Técnica**) *f* interministerial coordinating committee on technical assistance.

cicatería *f* stinginess, meanness.

cicatero, ra ◇ *adj* stingy, mean. ◇ *m, f* skinflint, miser.

cicatriz (*pl* **cicatrices**) *f lit & fig* scar.

cicatrización *f* scarring.

cicatrizante ◇ *adj* healing. ◇ *m* healing substance.

cicatrizar [13] ◇ *vi* to form a scar, to heal (up). ◇ *vt fig* to heal.

cicerón *m* eloquent speaker.

◆ **Cicerón** *m* Cicero.

cicerone *mf* guide.

ciclamen *m* cyclamen.

cíclico, ca *adj* cyclical.

ciclismo *m* - **1.** [ir en bici] cycling. - **2.** DEP cycle racing.

ciclista ◇ *adj* cycling (*antes de sust*). ◇ *mf* cyclist.

ciclo *m* - **1.** [gen] cycle; ~ **lunar/solar** lunar/solar cycle. - **2.** [de conferencias, actos] series. - **3.** *Amér* [curso] studies (*pl*), course.

ciclocrós *m* cyclo-cross.

cicloide *f* GEOM cycloid.

ciclomotor *m* moped.

ciclón *m* cyclone; **entrar como un** ~ *fig* to burst in.

cíclope *m* Cyclops.

ciclópeo, a *adj culto & fig* [enorme] colossal, massive.

ciclostil, ciclostilo *m* cyclostyle.

ciclotimia *f* MED cyclothymia.

ciclotrón *m* FÍS cyclotron.

CICR (*abrev de* **Comité Internacional de la Cruz Roja**) *m* IRCC.

cicuta *f* hemlock.

cid *m fig* brave man, valiant man.

◆ **Cid** *m*: **el Cid (Campeador)** the Cid.

CIDEM (*abrev de* **Consejo Interamericano de Música**) *m* inter-American music association.

cidra *f* citron.

CIE (*abrev de* **Centro Internacional de la Infancia**) *m* ICC.

CIEA (*abrev de* **Centro Internacional de Estudios Agrícolas**) *m international agricultural studies centre*.

ciega ◇ *v* → **cegar**. ◇ *adj f* → **ciego**.

ciegamente *adv* blindly.

ciego, ga ◇ *adj* - **1.** [sin vista] blind; **Juan es** ~ **de nacimiento** Juan was born blind; **dicen que el amor es** ~ they say that love is blind; **quedarse** ~ to go blind ❑ **a ciegas** *lit & fig* blindly; **no aceptes nunca un trabajo a ciegas** you should never take on a job blindly; **andar a ciegas** to grope one's way. - **2.** *fig* [enloquecido]: ~ **(de)**

blinded (by); **está** ~ **con los videojuegos** she's really hooked on video games; ~ **de ira** blind with anger. - **3.** [pozo, tubería] blocked (up). - **4.** [pan, queso] without holes. - **5.** *mfam* [drogado] stoned. ◇ *m, f* [invidente] blind person; **los** ~**s** the blind ❑ **hacerse el** ~ *fig* to turn a blind eye.

◆ **ciego** *m* - **1.** ANAT caecum. - **2.** *mfam* [de droga] trip. - **3.** [morcilla] black pudding *Br*, blood pudding o sausage *Am* - **4.** *fig* [hacienda] country house. - **5.** *Amér* [en naipes] loser. - **6.** *Amér* [terreno llano] *flat land surrounded by trees.* - **7.** *Amér* [pez] *type of river fish.*

ciegue *v* → **cegar**.

cielo *m* - **1.** [firmamento] sky; **desde la ventana se ve un trocito de** ~ you can see a small patch of sky from the window; **hoy el** ~ **está despejado** the sky's clear today; **mira hacia el** ~ look upwards; **a** ~ **abierto** [gen] in the open; MIN opencast ❑ ~ **máximo** AERON ceiling; **cerrarse el** ~ to cloud up o over. - **2.** RELIG heaven; **ganarse el** ~ to go to heaven. - **3.** [atmósfera] atmosphere. - **4.** *fig* [Dios]: **el** ~ the Good Lord. - **5.** [nombre cariñoso] my love, my dear. - **6.** [parte superior] roof; ~ **de la cama** canopy; ~ **del paladar** roof of the mouth; ~ **raso** ceiling. - **7.** *loc*: **como llovido del** ~ [inesperadamente] out of the blue; [oportunamente] at just the right moment; **escupir al** ~ to spit into the wind; **estar en el séptimo** ~ to be in seventh heaven; **me viene bajado del** ~ it's a godsend (to me); **mover** ~ **y tierra** to move heaven and earth; **poner por los** ~**s** to praise to the skies; **se le cerró el** ~ *fam* he had no way out; **se le juntó el** ~ **con la tierra** he lost his nerve; **ser un** ~ to be an angel; **se vino el** ~ **abajo** *fam* [llover] it rained cats and dogs; [arruinarse] there was no way out; **tomar el** ~ **con las manos** *fam* to hit the roof; **ver el** ~**abierto** to see one's way out.

◆ **cielos** *interj* good heavens!

◆ **medio cielo** *m* ASTRON meridian.

ciempiés *m inv* - **1.** [animal] centipede. - **2.** *fam fig* [necedad] silly thing.

cien *núm* a o one hundred; ~ **días** a o one hundred days; ~ **mil** a o one hundred thousand; *ver también* **seis**.

ciénaga *f* marsh, bog.

ciencia *f* - **1.** [gen] science; **la** ~ **ya no puede hacer nada para salvar al enfermo** science is unable to do anything more to help the patient; **la astronomía es la** ~ **que estudia los cuerpos celestes** astronomy is the science in which heavenly bodies are studied ❑ ~**s económicas** economics (U); ~**s exactas** exact o pure sciences; ~**s naturales/sociales** natural/social sciences; ~**s ocultas** occult sciences; **a** ~ **y paciencia de alguien** with sb's knowledge and permission. - **2.** *fig* [saber, habilidad] learning, knowledge; ~ **infusa** intuitive knowledge; **tener poca** ~ [ser fácil] to be quite simple; **la cocina tiene poca** ~, **pero requiere mucho sentido común** cooking doesn't require a lot of skill, but you do need to use common sense.

◆ **ciencias** *fpl* EDUC science (U); **hago** ~**s para hacer luego medicina** I'm taking science because I want to study medicine at university.

◆ **a ciencia cierta** *loc adv* for certain; **no se conoce a** ~ **cierta el número de víctimas** the number of victims isn't known for certain.

◆ **ciencia ficción** *f* science fiction.

◆ **gaya ciencia** *f desus & culto* art of poetry.

cieno *m* mud, sludge.

cientificismo *m* over-emphasis on scientific ideas.

científico, ca ◇ *adj* scientific. ◇ *m, f* scientist.

cientista *mf*: ~ **social** *Amér* sociologist.

ciento *núm* a o one hundred; ~ **cincuenta** a o one hundred and fifty; ~**s de** hundreds of; **por** ~ per cent ❑ ~ **por** ~ a hundred per cent; **darle** ~ **y raya a alguien** *fam fig* to run rings around sb; **eran** ~ **y la madre** *fam fig* everybody and his dog was there; *ver también* **seis**.

cierna *etc v* → **cerner**.

cierne *m* budding, blossoming; **en** ~ in flower o blossom.

◆ **en ciernes** *loc adv*: **estar en** ~**s** to be in its infancy; **una campeona en** ~**s** a budding champion.

cierre *m* - **1.** [gen] closing, shutting; [de fábrica] shutdown; RADIO & TV closedown; ~ **centralizado** AUTOM central locking; ~ **hermético** hermetic seal; ~ **patronal** lockout. - **2.** [mecanismo] fastener; ~ **de cremallera** zip *Br*, zipper *Am*; ~ **metálico** [de tienda etc] metal shutter; ~ **relámpago** *Amér* zip *Br*, zippper *Am*.

ciertamente *adv* - **1.** [con certeza] certainly. - **2.** [sí enfático] of course.

cierto, ta *adj* - **1.** [verdadero] true; **estar en lo** ~ to be right; **lo** ~ **es que...** the fact is that... - **2.** [seguro] certain, definite. - **3.** [algún] certain; ~ **hombre** a certain man; **en cierta ocasión** once, on one occasion. - **4.** [determinado] definite; **nos reuniremos a cierta hora** we will meet at a definite time.

◆ **cierto** *adv* right, certainly; **de** ~ certainly.
◆ **por cierto** *loc adv* by the way.

ciervo, va *m, f* deer, stag (*f* hind); ~ **común** red deer.
◆ **ciervo volante** *m* [insecto] stag beetle.

cierzo *m* north wind.

CIES (*abrev de* **Consejo Interamericano Económico y Social**) *m* Inter-American Economic and Social Council.

CIF (*abrev de* **código de identificación fiscal**) *m tax code.*

cifra *f* - **1.** [signo] figure. - **2.** [número] numeral; **mi número de teléfono consta de siete** ~**s** my telephone number has seven digits. - **3.** [cantidad] quantity, amount; **el terremoto se cobró una elevada** ~ **de muertos** there was a high death toll as a result of the earthquake □ ~ **de negocios** ECON turnover. - **4.** [clave]: **en** ~ [secretamente] coded, in code; **el mensaje estaba en** ~ the message was coded o in code; [en compendio] in brief, concisely. - **5.** [total] sum. - **6.** [monograma] monogram, initials (*pl*). - **7.** [abreviatura] abbreviation. - **8.** *fig* [compendio] summary.

cifrado, da *adj* coded, in code.

cifrar *vt* - **1.** [codificar] to code. - **2.** *fig* [centrar] to concentrate, to centre; ~ **en** *fig* to find in, to place in; **cifra la felicidad en el dinero** the finds happiness in money.
◆ **cifrarse** *vpr* - **1.** [compendio] to be summarized o condensed. - **2.** [sumar]: ~**se en** to come to, to amount to.

cigala *f* Dublin Bay prawn.

cigarra *f* cicada.

cigarrera *f* → **cigarrero.**

cigarrería *f Amér* tobacconist.

cigarrero, ra *m, f* [persona] cigar maker.
◆ **cigarrera** *f* - **1.** [caja] cigar case. - **2.** [petaca] tobacco pouch.

cigarrillo *m* cigarette; ~ **con filtro** filter-tipped cigarette.

cigarro *m* - **1.** [habano] cigar; ~ **puro** cigar. - **2.** [cigarrillo] cigarette; ~ **de papel** cigarette. - **3.** *Amér* [insecto] dragonfly.

cigoñino *m* young stork.

cigoto *m* BIOL zygote.

ciguato, ta *Amér* ◇ *adj* suffering from food poisoning. ◇ *m, f* - **1.** [enfermo] food poisoning victim. - **2.** [simple] idiot, fool. - **3.** [pálido] anaemic-looking person.

cigüeña *f* - **1.** [ave] stork. - **2.** [de campana] yoke. - **3.** [manubrio] winch, crank. - **4.** *Amér* [organillo] barrel organ.

cigüeñal *m* crankshaft.

cilantro *m* coriander.

CILCE (*abrev de* **Centro Internacional de Lengua y Cultura Españolas**) *m international centre for Spanish language and culture.*

CILEH (*abrev de* **Centro de Investigaciones Literarias Españolas e Hispanoamericanas**) *m Spanish and Latin American literary research centre.*

ciliado, da *adj* ciliated.
◆ **ciliados** *mpl* ciliates.

ciliar *adj* ciliary.

cilicio *m* hair shirt.

cilindrada *f* cylinder capacity.

cilindrar *vt* [comprimir] to roll; [carretera] to roll, to steam-roller.

cilíndrico, ca *adj* cylindrical.

cilindro *m* - **1.** [gen] cylinder; [de imprenta] roller; ~ **maestro** AUTOM master cylinder. - **2.** *fam* [sombrero] top hat. - **3.** *Amér* [organillo] barrel organ.
◆ **cilindro compresor** *m* steamroller.

cilio *m* BIOL cilium.

cilla *f* - **1.** [granero] granary. - **2.** [renta] tithe.

cillerizo *m* granary keeper.

cillero *m* - **1.** [cillerizo] granary keeper. - **2.** [despensa] storeroom. - **3.** [granero] granary.

CIM (*abrev de* **Centro de Instrucción de Marinería**) *m Spanish naval training centre.*

cima *f* - **1.** [punta - de montaña] peak, summit; [- de árbol] top. - **2.** *fig* [apogeo] peak, high point. - **3.** [remate] end; **dar** ~ **a** to finish off, to complete. - **4.** [BOT - tallo] stalk, stem; [- inflorescencia] cyme.
◆ **por cima** *loc adv* - **1.** [encima] on top. - **2.** [superficialmente] superficially.

CIMA (*abrev de* **Comisión Interministerial de Medio Ambiente**) *f interministerial commission for the environment.*

cimarrón, ona *Amér* ◇ *adj* - **1.** [fugitivo] runaway, fugitive. - **2.** [animal, planta] wild. - **3.** *despec* [rústico] uncouth. ◇ *m, f* - **1.** [fugitivo] runaway slave. - **2.** [marinero] lazy sailor.

cimarronear *vi Amér* - **1.** [huir] to run away. - **2.** [tomar mate] to drink unsweetened maté.

cimbalero, cimbalista *m* MÚS cymbalist.

címbalo *m (gen pl)* cymbal.

cimbel *m* - **1.** [cordel] *rope used to tie decoys.* - **2.** [señuelo] decoy. - **3.** *fig* [aliciente] lure, enticement. - **4.** *fam fig* [soplón] telltale. - **5.** *fig* [informador] informer.

cimbra *f* - **1.** ARQUIT form, centring. - **2.** NÁUT curvature. - **3.** *Amér* [trampa] bird trap.

cimbrar *vt* - **1.** [vibrar] to cause to vibrate. - **2.** *fam fig* [golpear] to bash. - **3.** ARQUIT to erect the centring for.
◆ **cimbrarse** *vpr* to sway.

cimbreante *adj* swaying.

cimbrear *vt* - **1.** [vara] to waggle. - **2.** [caderas] to sway.

cimbreño, ña *adj* - **1.** [flexible] flexible. - **2.** *fam fig* [persona] willowy.

cimbreo *m* - **1.** [doblamiento] bending. - **2.** [temblor] shaking, quivering. - **3.** [oscilación] swaying.

cimbronazo *m* - **1.** [golpe] blow with the flat of a sword. - **2.** *Amér* [estremecimiento] strong nervous convulsion. - **3.** *Amér* [temblor de tierra] earthquake.

CIME (*abrev de* **Comité Intergubernamental para la Migración Europea**) *m* ICEM.

cimentación *f* - **1.** [acción] laying of the foundations. - **2.** [cimientos] foundations *(pl)*.

cimentar [19] *vt* - **1.** [edificio] to lay the foundations of; [ciudad] to found, to build. - **2.** *fig* [idea, paz, fama] to cement, to consolidate. - **3.** [oro] to refine. - **4.** METAL to face-harden.

cimento *m* = **cemento.**

cimera *f* [de casco, de escudo] crest.

cimero, ra *adj* - **1.** [alto] topmost. - **2.** *fig* [sobresaliente] foremost, most outstanding.

cimienta *etc v* → **cimentar.**

cimiento, cimento *m (gen pl)* - **1.** CONSTR foundation; **abrir los** ~**s** to dig the foundations; **echar los** ~**s** *lit & fig* to lay the foundations. - **2.** *fig* [base] basis; **desde los** ~**s** from the very start.
◆ **cimiento real** *m* METAL compound for purifying gold.
◆ **cimiento romano** *m Amér* hydraulic lime.

cimitarra *f* scimitar.

CINA (*abrev de* **Comisión Internacional de la Navegación Aérea**) *f* ICAN.

cinabrio *m* cinnabar.

cinc (*pl* **cincs**), **zinc** (*pl* **zincs**) *m* zinc.

cincel *m* chisel.

cincelar *vt* to chisel.

cincha *f* girth; **a revienta** ~**s** *fig* [de mala gana] unwillingly, reluctantly; [rápido] at breakneck speed.

cinchar *vt* - **1.** [ceñir] to girth. - **2.** [encarcar] to hoop, to band.

cinchera *f* - **1.** [de caballo] belly. - **2.** [enfermedad] girth gall.

cincho *m* - **1.** [cinturón] belt. - **2.** [aro de hierro] hoop. - **3.** [de rueda] iron rim. - **4.** ARQUIT projecting rib. - **5.** VETER *ring of top of horse's hoof*. - **6.** *Amér* [de caballo] girth, cinch.

cinco ◇ *núm* five; **¡choca esos** ~! *fig* put it there!; **decir a alguien cuántos son** ~ *fam fig* to tell sb a few home truths; **saber cuántos son** ~ *fam fig* to know what's what; *ver también* **seis**. ◇ *m Amér* - **1.** [guitarra] five-string guitar. - **2.** [moneda] five-cent piece; **estar sin un** ~ to be broke. - **3.** *fam* [culo] bottom, backside.

cincuenta *núm* fifty; **los (años)** ~ the fifties; *ver también* **seis**.

cincuentavo, va *núm* fiftieth; *ver también* **sexto**.

cincuentena *f* → **cincuenteno**.

cincuentenario *m* fiftieth anniversary.

cincuenteno, na *adj* fiftieth.
◆ **cincuentena** *f* fifty.

cincuentón, ona *m, f* fifty-year-old.

cine *m* cinema; **me gusta más el** ~ **que el teatro** I prefer the cinema to the theatre; **está prohibido fumar en el** ~ smoking is prohibited inside the cinema; **hacer** ~ to make films □ ~ **en colores** colour films *(pl)*; ~ **de estreno/de verano** first-run/open-air cinema; ~ **multisalas** multiplex cinema; ~ **mudo** silent films *(pl)*; ~ **de sesión continua** continuous-showing cinema; ~ **sonoro** talking pictures *(pl)*, talkies *(pl)*.
◆ **cine fórum** *m film with discussion group*.

cineasta *mf* - **1.** [director] film maker o director. - **2.** [productor] film producer. - **3.** [trabajador] *person who works in the film industry*. - **4.** [actor] film actor (*f* film actress).

cineclub (*pl* **cineclubs** o **cineclubes**) *m* - **1.** [asociación] film society. - **2.** [sala] club cinema.

cinéfilo, la *m, f* film buff.

cinegético, ca *adj* hunting *(antes de sust)*.
◆ **cinegética** *f* hunting.

cinemascope *m* cinemascope.

cinemateca *f* film library.

cinemática *f* kinematics *(U)*.

cinematografía *f* cinematography, film-making.

cinematografiar [9] *vt* to film.

cinematográfico, ca *adj* film *(antes de sust)*.

cinematógrafo *m* - **1.** [proyector] film projector. - **2.** [cámara] film camera. - **3.** [local] cinema.

cinerama *m* Cinerama®.

cinerario, ria *adj* - **1.** [para cenizas] cinerary. - **2.** [ceniciento] ashen.

cinesia *f*, **cinesis** *f inv* MED kinaesthesia.

cinesiología *f* kinesiology.

cinesis *f inv* = **cinesia**.

cinesiterapia *f* MED kinesitherapy.

cinético, ca *adj* kinetic.
◆ **cinética** *f* kinetics *(U)*.

cingalés, esa (*pl* **cingaleses**) *adj & m, f* Sinhalese.
◆ **cingalés** *m* [lengua] Sinhalese.

cíngaro, ra, zíngaro, ra *adj & m, f* Tzigane.

cinglar *vt* - **1.** METAL to puddle. - **2.** NÁUT to scull.

cínico, ca ◇ *adj* - **1.** [sarcástico] cynical. - **2.** [descarado] shameless, impudent. ◇ *m, f* cynic.

cinismo *m* - **1.** [sarcasmo] cynicism. - **2.** [descaro] shamelessness, impudence.

cinódromo *m* greyhound track.

cinta *f* - **1.** [tira - de plástico, papel] strip, band; [- de tela] ribbon; ~ **adhesiva** o **autoadhesiva** adhesive o sticky tape; ~ **aislante** o **aisladora** insulating tape; ~ **de freno** MEC brake lining; ~ **de impresora** printer ribbon; ~ **métrica** tape measure; ~ **perforada** punched tape. - **2.** [de imagen, sonido, ordenadores] tape; ~ **cinematográfica** film; ~ **digital/magnética** digital/magnetic tape; ~ **magnetofónica** recording tape; ~ **de teletipo** tickertape; ~ **de vídeo** videotape. - **3.** [mecanismo] belt; ~ **transportadora** conveyor belt. - **4.** [película] film. - **5.** ARQUIT scroll. - **6.** CONSTR first row of tiles. - **7.** VETER coronet. - **8.** [planta] ribbon grass.
◆ **cintas** *fpl* NÁUT wales.

cintarazo *m* blow with the flat of a sword.

cintería *f* - **1.** [cintas] ribbons *(pl)*. - **2.** [industria] ribbon trade. - **3.** [tienda] haberdashery *Br*, notions shop *Am*.

cintilar *vt* to sparkle, to twinkle.

cinto *m* - **1.** [cinturón] belt. - **2.** [cintura] waist, waistline.

cintura *f* - **1.** ANAT waist; ~ **pelviana** ANAT pelvic girdle o arch; **meter en** ~ to bring under control; **enviaron al ejército para meter en** ~ **a los rebeldes** they brought in the army to bring the rebels under control. - **2.** [cinturón] belt, girdle. - **3.** ARQUIT chimney throat.

cinturilla *f* waistband.

cinturón *m* - **1.** [cinto] belt; ~ **de castidad** HIST chastity belt; ~ **negro** DEP black belt; ~ **salvavidas** o **de salvamento** NÁUT life belt; **apretarse el** ~ *fam* to tighten one's belt. - **2.** AUTOM ring road. - **3.** [cordón] cordon. - **4.** *fig* [cadena] series, chain; **un** ~ **de fortalezas** a chain of forts. - **5.** [zona] belt, zone; **las industrias se concentran en el** ~ **de las grandes ciudades** industry is concentrated in the belt of big cities.
◆ **cinturón de seguridad** *m* seat o safety belt; ~ **(de seguridad) retráctil** inertia-reel seat belt.

cinzolín *m* reddish-violet, fuchsia *(antes de sust)*.

ciña, ciñera *etc v* → **ceñir**.

CIO *(abrev de* **Comité Internacional Olímpico)** *m* IOC.

CIOA *(abrev de* **Comisión Internacional para la Ordenación Alimentaria)** *f international committee for the regulation of food standards*.

CIOSL *(abrev de* **Confederación Internacional de Organizaciones Sindicales Libres)** *f* ICFTU.

cipayo *m* - **1.** [soldado indio] sepoy. - **2.** *Amér despec* [político] *politician in the service of foreign business interests*. - **3.** *Amér* [nativo] *name given to natives who joined the Spanish army*.

cipo *m* - **1.** [lápida] memorial stone. - **2.** [hito] milestone. - **3.** *Amér* [trozo grande] chunk.

cipolino, na *adj* cipolin *(antes de sust)*.
◆ **cipolino** *m* cipolin.

cipote, ta *m, f Amér* lad (*f* lass).
◆ **cipote** ◇ *adj fam* thick. ◇ *m vulg* prick, cock.

ciprés (*pl* **cipreses**) *m* - **1.** [árbol] cypress. - **2.** *Amér* [altar] main altar.

CIR *(abrev de* **Centro de Instrucción de Reclutas)** *m Spanish training centre for new army recruits*.

Circe *f* Circe.

circense *adj* - **1.** [del circo actual] circus *(antes de sust)*. - **2.** [del circo romano] circensian.

circo *m* - **1.** [gen] circus. - **2.** GEOGR cirque, corrie. - **3.** [anfiteatro] circus, amphitheatre.

circón *m* [piedra preciosa] zircon.

circonio *m* QUÍM zirconium.

circuir [51] *vt* to surround, to encircle.

circuito *m* - **1.** DEP & ELECTRÓN circuit; ~ **abierto/cerrado/magnético** open/closed/magnetic circuit; ~ **impreso/integrado** printed/integrated circuit; **corto** ~ short circuit. - **2.** [contorno] belt. - **3.** [viaje] tour. - **4.** [circunferencia] circumference.

circulación *f* - **1.** [gen] circulation; **fuera de** ~ out of circulation; **poner en** ~ to put into circulation □ ~ **fiduciaria** o **monetaria** paper currency. - **2.** [tráfico] traffic. - **3.** [conducción] driving.

circulante *adj* circulating.

circular ◇ *adj & f* circular. ◇ *vi* - **1.** [pasar]: ~ **(por)** [líquido] to flow o circulate (through); [persona] to move o walk (around); [vehículos] to drive (along); **este autobús no circula hoy** this bus doesn't run today. - **2.** [de mano en mano] to circulate; [moneda] to be in circulation. - **3.** [difundirse] to go round. ◇ *vt* to circulate, to pass around; **circularon el memorándum** they passed around the memorandum.

circularmente *adv* circularly.

circulatorio, ria *adj* - **1.** ANAT circulatory. - **2.** AUTOM traffic *(antes de sust)*.

círculo *m lit & fig* circle; ~ **horario** ASTRON hour circle; ~ **máximo** GEOM great circle.

◆ **círculos** *mpl* [medios] circles.

◆ **círculo polar** *m* polar circle; **el** ~ **polar ártico/antártico** the Arctic/Antarctic Circle.

◆ **círculo vicioso** *m* vicious circle.

circumpolar *adj* circumpolar.

circuncidar *vt* to circumcise.

circuncisión *f* circumcision.

circundante *adj* surrounding.

circundar *vt* to surround.

circunferencia *f* circumference.

circunferir [27] *vt* to circumscribe, to limit.

circunflejo *adj* → **acento**.

circunlocución *f* circumlocution.

circunloquio *m* circumlocution.

circunnavegación *f* circumnavigation.

circunnavegar [16] *vt* to circumnavigate, to sail round.

circunscribir *vt* - **1.** [limitar] to restrict, to confine. - **2.** GEOM to circumscribe.

◆ **circunscribirse a** *vpr* to confine o.s. to.

circunscripción *f* - **1.** [limitación] limitation. - **2.** [distrito] district; MIL division; POLÍT constituency.

circunscrito, ta ◇ *pp* → **circunscribir**. ◇ *adj* restricted, limited.

circunspección *f culto* - **1.** [comedimiento] circumspection. - **2.** [seriedad] graveness, seriousness.

circunspecto, ta *adj culto* - **1.** [comedido] circumspect. - **2.** [serio] grave, serious.

circunstancia *f* circumstance; **bajo las** ~**s** under the circumstances; **de** ~**s** circumstantial; **en las** ~**s actuales** under the present circumstances; **en estas** ~**s** under the circumstances ❑ ~ **atenuante/agravante/eximente** DER extenuating/aggravating/exonerating circumstance.

circunstanciado, da *adj* detailed, minute.

circunstancial *adj* - **1.** [accidental] chance *(antes de sust)*. - **2.** GRAM → **complemento**.

circunstanciar [8] *vt* to circumstantiate, to verify in detail.

circunstante ◇ *adj* - **1.** [que está alrededor] surrounding. - **2.** [presente] present, attending. ◇ *mf* spectator, onlooker; **los** ~**s** those present.

circunvalación *f* [acción] going round.

circunvalar *vt* to go round.

circunvecino, na *adj* neighbouring.

circunvolución *f* - **1.** [vuelta] circumvolution. - **2.** ANAT convolution; ~ **cerebral** ANAT cerebral convolution.

cirílico, ca *adj* Cyrillic.

cirineo *m fig* helper, assistant.

cirio *m* - **1.** [vela] (wax) candle; ~ **pascual** paschal candle; **montar un** ~ *fam* to make a row. - **2.** *Amér* [árbol] pine-like ornamental tree. - **3.** *Amér* [cacto] cereus, saguaro cactus.

Ciro *m* Cirus.

cirro *m* - **1.** [gen] cirrus. - **2.** MED scirrhus.

cirrosis *f inv* cirrhosis.

ciruela *f* plum; ~ **amarilla** mirabelle (plum); ~ **claudia** o **verdal** greengage; ~ **damascena** damson; ~ **pasa** prune; ~ **de yema** yellow plum.

ciruelo *m* - **1.** [árbol] plum tree. - **2.** *fam* [tonto] fool, idiot.

cirugía *f* surgery; ~ **estética** o **plástica** cosmetic o plastic surgery; ~ **mayor** major surgery; ~ **menor** o **ministrante** minor surgery.

cirujano, na *m, f* surgeon; ~ **dentista** dental surgeon.

cisandino, na *adj on this side of the Andes.*

ciscar [10] *vt* - **1.** *fam* [ensuciar] to dirty, to soil. - **2.** *Amér* [avergonzar] to embarrass. - **3.** *Amér* [molestar] to bother, to annoy.

◆ **ciscarse** *vpr fam* to soil o.s.

cisco *m* - **1.** [carbón] slack. - **2.** *fam* [alboroto] row, rumpus; **armar un** o **meter** ~ to kick up a row. - **3.** [reyerta] wrangle, squabble. - **4.** *loc:* **hacer** ~ *fam* to smash to smithereens; **hecho** ~ shattered.

cisión *f* incision.

CISL *(abrev de* **Confederación Internacional de Sindicatos Libres)** *f* ICFTU.

cisma *m* - **1.** [separación] schism. - **2.** [discordia] split.

cismático, ca ◇ *adj* - **1.** [disidente] schismatic. - **2.** *Amér fam* [chismoso] gossipy. - **3.** *Amér* [melindroso] finicky. ◇ *m, f* schismatic.

cismontano, na *adj* cismontane.

cisne *m* - **1.** [ave] swan. - **2.** *fig* [poeta] bard. - **3.** *Amér* [para empolvar] powder puff.

Cisne *m* ASTRON Cygnus.

cisque *etc v* → **ciscar**.

cisquero *m* - **1.** [comerciante] slack dealer. - **2.** [muñequilla] pounce bag.

cisterciense *adj & mf* Cistercian.

cisterna *f* - **1.** [de retrete] cistern. - **2.** [aljibe, tanque] tank.

cistitis *f inv* cystitis.

cisura *f* fissure.

cita *f* - **1.** [entrevista] appointment; [de novios] date; **darse** ~ to meet; **los enamorados se dieron** ~ **en el parque** the lovers met in the park; **faltar a una** ~ to miss an appointment; **tener una** ~ to have an appointment ❑ ~ **a ciegas** blind date. - **2.** [referencia] quotation.

USO ▶ Concertar una cita

Proponer una cita

Can I see you next week?
Could I see you sometime?
How about meeting up next month?
Let's get together soon.
Can we arrange a meeting for Friday? [*a un compañero*]

Concertar una cita

When/What time would suit you?
Are you free any time next week?
Would Tuesday be OK?
How about Friday?

Can you make Tuesday lunchtime?
Eight o'clock, is that all right?
Let's meet outside the cinema.
I'll see you inside the café.

Para concluir

See you then!
Let's make it a date, then!
I look forward to it!
Look forward to seeing you!
I'll pencil you in, then.

◆ **cita espacial** *f* ASTRON space linkup o docking.

citación *f* - **1.** DER summons *(sg)*; ~ **de evicción** eviction notice; ~ **de remate** notice of public sale. - **2.** [referencia] citation, quotation.

citador, ra ◇ *adj* quoting. ◇ *m, f* quoter.

citar *vt* - **1.** [convocar] to make an appointment with; **el jefe convocó una reunión y citó a todos los empleados** the boss called a meeting to which he invited all his workers. - **2.** [aludir] to mention; [textualmente] to quote; **el jefe de la oposición citó algunos ejemplos de corrupción** the leader of the opposition cited a few cases of corruption; **para no** ~ **otros** to name but a few. - **3.** DER to summons; **el juez citó a declarar a los procesados** the judge summonsed the defendants to give evidence. - **4.** TAUROM to incite.

◆ **citarse** *vpr.* ~**se (con alguien)** to arrange to meet (sb).

cítara *f* zither.

citatorio, ria *adj* DER citatory, summoning.

◆ **citatoria** *f* DER citation, summons *(sg)*.

citéreo, a *adj culto* Cytherean.

citerior *adj* hithermost.

cítola *f* mill clapper.

citología *f* - **1.** [análisis ginecológico] smear test. - **2.** BIOL cytology.

citoplasma *m* cytoplasm.

cítrico, ca *adj* citric.

◆ **cítricos** *mpl* citrus fruits.

citrina *f* lemon oil.

CiU *(abrev de* **Convergència i Unió)** *f Catalan coalition party to the centre-right of the political spectrum.*

ciudad *f* - **1.** [localidad - grande] city; [- pequeña] town; **la emigración del campo a la** ~ migration from the countryside to the city ❑ ~ **dormitorio/satélite** commuter/satellite town; ~ **hermana** twin town; ~ **jardín** garden city; ~ **natal** native town o city. - **2.** [instalaciones] complex; ~ **deportiva** sports complex; ~ **sanitaria** hospital complex; ~ **universitaria** university campus.

◆ **ciudad condal** *f*: **la** ~ **condal** Barcelona.

◆ **ciudad eterna** *f*: **la** ~ **eterna** the Eternal City.

◆ **ciudad santa** *f*: **la** ~ **santa** the Holy City.

ciudadanía *f* - **1.** [nacionalidad] citizenship. - **2.** [población] public, citizens *(pl)*.

ciudadano, na ◇ *adj* city *(antes de sust)*; [orgullo, deberes etc] civic. ◇ *m, f* citizen; **el** ~ **de a pie** the man in the street; ~ **honorífico** freeman.

Ciudad de Belice *s* Belize City.

Ciudad del Cabo *s* Cape Town.

Ciudad del Vaticano *s* Vatican City.

Ciudad de México *s* Mexico City.

ciudadela *f* citadel, fortress.

cívico, ca *adj* - **1.** [ciudadano] civic; [conducta] public-spirited. - **2.** [civil] civil, civilian.

civil ◇ *adj lit & fig* civil. ◇ *m* - **1.** [no militar] civilian. - **2.** *fam* [Guardia Civil] member of 'Guardia Civil'.

civilidad *f* civility, courtesy.

civilista *m* - **1.** [juriconsulto] person versed in civil law. - **2.** *Amér* POLÍT opponent of military and church influence in politics.

civilización *f* civilization.

civilizado, da *adj* civilized.

civilizador, ra ◇ *adj* civilizing. ◇ *m, f* civilizer.

civilizar [13] *vt* to civilize.

◆ **civilizarse** *vpr* to become civilized.

civilmente *adv* civilly.

civismo *m* - **1.** [urbanidad] community spirit. - **2.** [cortesía] civility, politeness.

cizalla *f* - **1.** [herramienta] shears *(pl)*, metal cutters *(pl)*; ~ **de guillotina** [para papel] guillotine shears. - **2.** [recortes] metal cuttings *(pl)*.

cizallar *vt* to shear.

cizaña *f* - **1.** BOT darnel; **crecer como la** ~ to grow like weeds; **separar la** ~ **del buen grano** to separate the wheat from the chaff. - **2.** [disensión] discord; **meter** o **sembrar** ~ to sow discord. - **3.** [influencia mala] bad o corrupting influence. - **4.** [vicio] vice, evil. - **5.** BIBLIA tare.

cizañar *vt fig* to sow discord in.

cizañero, ra *fig* ◇ *adj* troublemaking, mischiefmaking. ◇ *m, f* troublemaker, mischief-maker.

CJM *(abrev de* **código de justicia militar)** *m Spanish code of military justice.*

cl *(abrev escrita de* **centilitro)** cl.

clac *(pl* **claques)** *m* - **1.** [sombrero plegable] opera hat. - **2.** [sombrero de tres picos] cocked hat. - **3.** TEATRO claque.

clamar ◇ *vt* - **1.** [expresar] to exclaim. - **2.** [exigir] to cry out for. ◇ *vi* - **1.** [implorar] to appeal. - **2.** [protestar] to cry out.

clamor *m* clamour.

clamorear ◇ *vt* to cry out for. ◇ *vi* - **1.** [rogar] to clamour, to cry out. - **2.** [campana] to toll, to knell.

clamoreo *m* - **1.** [ruido] clamour, clamouring *(U)*. - **2.** [ruego] pleading *(U)*, imploring *(U)*.

clamoroso, sa *adj* - **1.** [rotundo] resounding. - **2.** [vociferante] loud, clamorous. - **3.** [quejoso] complaining, moaning.

clan *m* - **1.** [tribu, familia] clan. - **2.** [banda] faction.

clandestinamente *adv* clandestinely.

clandestinidad *f* secrecy; **en la** ~ underground.

clandestino, na *adj* clandestine; POLÍT underground.

clangor *m culto* [de trompeta] clarion.

claque ['klak] *f* claque.

claqué *m* tap dancing.

claqueta *f* clapperboard.

clara *f* → **claro.**

claraboya *f* skylight; ~ **de bóveda** vault light.

claramente *adv* clearly.

clarear ◇ *vt* - **1.** [dar claridad] to light up. - **2.** *fig* [explicar] to clarify. - **3.** *Amér* [suj: bala] to go o to pass through. ◇ *v impers* - **1.** [amanecer]: **empezaba a** ~ dawn was breaking. - **2.** [despejarse] to clear up, to brighten up.

◆ **clarearse** *vpr* - **1.** [transparentarse] to be see-through. - **2.** [quedarse raído] to wear thin, to become threadbare. - **3.** *fam fig* [autodescubrirse] to give o.s. away.

clarecer [30] *v impers* to dawn.

clarete *adj* → **vino.**

claridad, clareza *f* - **1.** [transparencia] clearness, clarity. - **2.** [luz] light. - **3.** [franqueza] candidness; **con** ~ clearly ❑ **ser de una** ~ **meridiana** to be crystal clear. - **4.** [lucidez] clarity. - **5.** *fig* [fama] fame.

◆ **claridades** *fpl fig* plain language *(U)*, blunt remarks.

◆ **claridad de la vista** *f* clear-sightedness, perspicacity.

clarificación *f* - **1.** [aclaración] clarification. - **2.** [iluminación] illumination, lighting up.

clarificador, ra *adj* clarifying.

clarificar [10] *vt* - **1.** [aclarar] to clarify; [misterio] to clear up. - **2.** [purificar] to refine. - **3.** [iluminar] to illuminate, to light up.

clarificativo, va *adj* clarifying.

clarín ◇ *m* - **1.** [instrumento] bugle. - **2.** [tela] fine batiste o cambric. ◇ *mf* [persona] bugler.

◆ **clarín de la selva** *m* [ave] American thrush.

clarinete ◇ *m* [instrumento] clarinet. ◇ *mf* [persona] clarinettist.

clarinetista *mf* clarinettist.

clarión *m* chalk.

clarividencia *f* farsightedness, perception.

clarividente ◇ *adj* farsighted, perceptive. ◇ *mf* perceptive person.

claro, ra *adj* - **1.** [gen] clear; **hablaba con una voz clara/ con un lenguaje** ~ she spoke in a clear voice/ in clear terms; **está ~ que van a ganar** it's clear they're going to win; **¿está ~?** is that clear?; **~ está que...** of course...; **dejar algo ~** to make sthg clear **◻ a las claras** clearly; **poner algo en ~** to get sthg clear, to clear sthg up; **sacar algo en ~ (de)** to make sthg out (from); **verlo ~** [estar seguro] to be sure. - **2.** [luminoso] bright. - **3.** [color] light; **rojo ~** light red. - **4.** [diluido - té, café] weak; [- salsa, sopa] thin. - **5.** [poco tupido] thin, sparse. - **6.** *fig* [célebre] famous, illustrious.

◆ **claro** ◇ *m* - **1.** [en bosque] clearing; [en multitud] space, gap; **vi un ~ en la fila** I saw a gap in the row. - **2.** METEOR bright spell; **en cuanto haya un ~ salimos** we'll go out as soon as it brightens up. - **3.** [en pintura] highlight. - **4.** ARQUIT skylight. ◇ *adv* clearly; **hablemos ~** let's speak clearly o plainly. ◇ *interj* of course!; **¡~ que sí!** of course!, sure!; **¡~ que no!** of course not!

◆ **clara** *f* - **1.** [de huevo] white. - **2.** [bebida] shandy. - **3.** [calvicie] bald patch. - **4.** *fam* [escampada] break *(in the storm)*. - **5.** *Amér* [monja clarisa] nun.

◆ **claro de luna** *m* moonlight.

claroscuro *m* chiaroscuro.

clase *f* - **1.** [gen & BIOL] class; **huevos de ~ A** class A eggs; **una mujer con mucha ~** a very classy woman; **de primera ~** first-class; **de segunda ~** second-class ◻ **~ alta/baja/media** upper/lower/middle class; **~ obrera** o **trabajadora** working class; **~ preferente/turista** club/tourist class; **~ salón** *Amér* FERROC first class; **~s pasivas** pensioners; **primera/segunda ~** first/second class. - **2.** *fig* [grupo profesional, institucional] establishment, class; **la ~ política** the political establishment o class; **la ~ dirigente** the ruling class. - **3.** [tipo] sort, kind; **no me gusta esta ~ de bromas** I don't like that kind of joke; **de toda ~ de** all sorts o kinds; **sin ninguna ~ de dudas** without a doubt; **toda ~ de libros** all sorts o kinds of books. - **4.** [EDUC - asignatura, alumnos] class; [- aula] classroom; [- lección o en universidad] lecture; **una ~ de historia** a history class o lesson; **faltó una semana a ~ por enfermedad** she was off school for a week because she was ill; **dar ~s (de algo a alguien)** [en un colegio] to teach (sthg to sb); [en una universidad] to lecture (on sthg to sb); **doy ~ con el Sr. Vega** Mr Vega is my teacher; **faltar a ~** to miss school ◻ **~ de conducir** driving lesson; **~ nocturna** evening class; **~s particulares** private classes o lessons; **~s de recuperación** *extra lessons for pupils who have failed their exams*; **fumarse una ~** *fam* [en un colegio] to skip a class; [en una universidad] to skip a lecture.

◆ **clases** *fpl* MIL noncommissioned officers.

clásicas *fpl* → **clásico**.

clasicismo *m* - **1.** ARTE & LITER classicism. - **2.** [tradicionalismo] classical nature.

clasicista *adj & mf* classicist.

clásico, ca ◇ *adj* - **1.** [de la Antigüedad] classical. - **2.** [ejemplar, prototípico] classic. - **3.** [peinado, estilo, música etc] classical. - **4.** [habitual] customary. - **5.** [peculiar]: **~ de** typical of. - **6.** [notable] remarkable, outstanding. ◇ *m, f* [persona] classic.

◆ **clásicas** *fpl* [estudios] classics.

clasificación *f* [gen] classification; DEP (league) table.

clasificador, ra *adj* classifying.

◆ **clasificador** *m* [mueble] filing cabinet.

◆ **clasificadora** *f* [máquina] sorter.

clasificar [10] *vt* - **1.** [ordenar] to classify. - **2.** [archivar] to sort, to file.

◆ **clasificarse** *vpr* - **1.** [ganar acceso]: **~se (para)** [gen] to qualify (for); DEP to get through (to). - **2.** [llegar]: **se clasificó en segundo lugar** she came second.

clasismo *m* class discrimination.

clasista ◇ *adj* class-conscious; *despec* snobbish. ◇ *mf* class-conscious person; *despec* snob.

claudia *adj* → **ciruela**.

claudicación *f* withdrawal.

claudicar [10] *vi* - **1.** [ceder] to give in. - **2.** [renunciar]: **~**

de to renounce. - **3.** *fig* [evadir] to shirk. - **4.** [cojear] to limp, to hobble.

Claudio *m* Claudius.

claustro *m* - **1.** ARQUIT & RELIG cloister. - **2.** [de universidad] senate. - **3.** [estado monástico] monastic life.

◆ **claustro materno** *m* womb.

claustrofobia *f* claustrophobia.

claustrofóbico, ca *adj* claustrophobic.

cláusula *f* clause; **~ absoluta** [latín] ablative absolute; [inglés] absolute construction; **~ compuesta/simple** complex/simple sentence; **~ de escape** DER escape clause; **~ penal** DER penalty o forfeit clause; **~ resolutoria** DER defeasance clause.

clausura *f* - **1.** [acto solemne] closing ceremony. - **2.** [cierre] closing down. - **3.** [aislamiento] enclosed life, enclosure. - **4.** [abadía] cloister, monastery. - **5.** EDUC graduation ceremony.

clausurar *vt* - **1.** [acto] to close, to conclude. - **2.** [local] to close down.

clava *f* - **1.** [porra] club, cudgel. - **2.** NÁUT scupper.

clavada ◇ *adj f* → **clavado**. ◇ *f mfam* [estafa] rip-off.

clavadista *mf Amér* diver.

clavado, da *adj* - **1.** [con clavos] nailed. - **2.** [hora] on the dot. - **3.** [a la medida] just right; **~ para** perfect o ideal for. - **4.** [parecido] almost identical; **ser ~ a alguien** to be the spitting image of sb. - **5.** [fijo] fixed. - **6.** *loc*: **dejar a alguien ~** to leave sb speechless; **quedar ~** to be dumbfounded.

clavar *vt* - **1.** [clavo, estaca etc] to drive; [cuchillo] to thrust; [chincheta, alfiler] to stick. - **2.** [cartel, placa etc] to nail, to fix. - **3.** *fig* [mirada, atención] to fix, to rivet; **los ojos en** to stare at. - **4.** *mfam* [estafar] to sting, to rip off; **me han clavado mil pesetas** they stung me for a thousand pesetas. - **5.** [en joyería] to set, to mount. - **6.** MIL to spike. - **7.** VETER to prick, to pierce.

◆ **clavarse** *vpr* - **1.** [hincarse]: **me clavé un cristal en el pie** I got a splinter of glass in my foot. - **2.** *Amér fig*: **clavársela** to get drunk.

clavazón *f* set of nails.

clave ◇ *adj inv* key. ◇ *m* MÚS harpsichord. ◇ *f* - **1.** [código] code; **en ~** in code. - **2.** *fig* [solución] key. - **3.** MÚS clef; **~ de do** tenor o alto clef; **~ de fa/de sol** bass/treble clef. - **4.** INFORM key; **~ de acceso** access key. - **5.** ARQUIT keystone. - **6.** *loc*: **echar la ~ a un asunto** to close a matter.

clavecín *m* spinet.

clavel *m* carnation; **~ coronado** garden pink; **~ doble** o **reventón** double carnation, clove pink; **~ del Japón** sweet William; **~ de las Indias** French marigold.

clavelito *m* sweet William.

claveque *m* rock crystal.

clavera ◇ *adj f* → **clavero**. ◇ *f* - **1.** [molde] nail mould. - **2.** [agujero] nail hole.

clavería *f* - **1.** [oficio] *office of keybearer in knightly orders.* - **2.** *Amér* [tesorería] cathedral treasury.

clavero, ra *m, f* [llavero] caretaker.

◆ **clavero** *m* - **1.** MIL & RELIG keeper of the keys. - **2.** [árbol] clove (tree). - **3.** *Amér* [clavijero] peg.

clavete *m* - **1.** [clavo pequeño] small nail, tack. - **2.** MÚS plectrum.

claveteado *m* studding.

clavetear *vt* - **1.** [adornar con clavos] to stud (with nails). - **2.** [poner clavos] to nail roughly. - **3.** *fig* [terminar] to wind up; **~ un negocio** to clinch a deal.

claveteo *m* - **1.** [con clavos] studding. - **2.** *fig* [término] winding up, conclusion.

clavicémbalo *m* harpsichord.

clavicordio *m* clavichord.

clavícula *f* collar bone.

clavija *f* - **1.** ELECTR & TECN pin; [de auriculares, teléfono] jack; **~ de dos contactos** o **de enchufe** ELECTR two-pin plug; **~ hendida** o **de dos patas** cotter pin; **~ maestra**

MEC kingpin. - **2.** MÚS peg; **apretar las ~s a alguien** to put the screws on sb. - **3.** [en carpintería] peg, dowel.

clavijero *m* - **1.** MÚS pegbox. - **2.** [percha] clothes hook o peg. - **3.** AGR clevis. - **4.** ELECTR plug.

clavo *m* - **1.** [pieza metálica] nail; ~ **de chilla/de roseta/ de rosca** roofing/ornamental/round-headed nail; ~ **romano** brass-headed nail; ~ **tachuela** tack; **agarrarse a un ~ ardiendo** to clutch at straws; **dar en el** ~ to hit the nail on the head; **de** ~ **pasado** *fam* [evidente] self-evident; [fácil] easy as pie; **estaré allí como un** ~ I'll be there on the dot; **remachar el** ~ [empeorar situación] to make matters worse; [en discusión] to drive home the point. - **2.** BOT & CULIN clove. - **3.** MED [para huesos] pin. - **4.** *Amér fam fig* [mercancía] white elephant. - **5.** *Amér* [situación desagradable] nasty business. - **6.** *Amér* MIN rich vein.

claxon *m* horn; **tocar el** ~ to sound the horn.

clemencia *f* mercy, clemency.

clemente *adj* - **1.** [persona] merciful, clement. - **2.** *fig* [invierno etc] mild.

clementina *f* clementine.

clepsidra *f* clepsydra.

cleptomanía *f* kleptomania.

cleptómano, na *m, f* kleptomaniac.

clerecía *f* - **1.** [clero] clergy. - **2.** [oficio] priesthood.

clerical ◇ *adj* clerical. ◇ *mf* - **1.** [partidario del clero] clericalist. - **2.** *Amér* [protestante] clergyman.

clericalismo *m* clericalism.

clericato *m*, **clericatura** *f* priesthood.

clérigo *m* - **1.** [católico] priest; [anglicano] clergyman. - **2.** EDUC & HIST scholar.

clero *m* clergy; ~ **regular/secular** regular/secular clergy.

clerofobia *f* anticlericalism.

cliché, clisé *m* - **1.** FOT negative. - **2.** IMPRENTA plate. - **3.** *fig* [tópico] cliché.

cliente, ta *m, f* [de tienda, garaje, bar] customer; [de banco, abogado etc] client; [de hotel] guest.

clientela *f* [de tienda, garaje] customers *(pl)*; [de banco, abogado etc] clients *(pl)*; [de hotel] guests *(pl)*; [de bar, restaurante] clientele.

clima *m* - **1.** *lit & fig* climate; **la reunión prosiguió en un ~ distendido** the meeting was held in a relaxed atmosphere ❏ ~ **mediterráneo/tropical** Mediterranean/tropical climate. - **2.** GEOGR climatic zone o region.

climatérico, ca *adj* - **1.** [crítico] climacteric. - **2.** *fam* [peligroso] dangerous. - **3.** *fig* [de mal talante] ill-humoured.

climaterio *m* climacteric.

climático, ca *adj* climatic.

climatización *f* air conditioning.

climatizado, da *adj* air-conditioned.

climatizar [13] *vt* to air-condition.

climatología *f* - **1.** [tiempo] weather. - **2.** [ciencia] climatology.

climatológico, ca *adj* climatological.

clímax *m inv* climax.

clínica *f* → **clínico**.

clínicamente *adv* clinically.

clínico, ca *adj* clinical.

◆ **clínico** *m* doctor.

◆ **clínica** *f* - **1.** [hospital privado] clinic. - **2.** [hospital de práctica] teaching hospital. - **3.** [enseñanza] clinical medicine instruction.

clip *(pl* **clips)** *m* - **1.** [para papel] paper clip. - **2.** [para el pelo] hairclip. - **3.** [vídeo] (video) clip. - **4.** [aro] clip-on earring.

clíper *m* clipper.

clisé *m* = **cliché**.

clítoris *m inv* clitoris.

cloaca *f* - **1.** [alcantarilla] sewer; ~ **pluvial** storm sewer, storm drain. - **2.** ZOOL cloaca.

clocar [36] *vi* to cluck.

clon *m* clone.

clonación *f* cloning.

clonar *vt* to clone.

clónico, ca *adj* clonic.

cloque *m* - **1.** [bichero] boathook. - **2.** [garfio] gaff.

cloqué *etc v* → **clocar**.

cloquear *vi* to cluck.

cloquera *f* brooding, broodiness.

cloración *f* chlorination.

clorado, da *adj* chlorinated.

cloral *m* chloral.

clorato *m* chlorate; ~ **de potasio/de sodio** potassium/ sodium chlorate.

clorhidrato *m* hydrochlorate.

clorhídrico *adj* → **ácido**.

clórico, ca *adj* chloric.

cloro *m* chlorine.

clorofila *f* chlorophyll.

clorofluorocarbono *m* chlorofluorocarbon.

cloroformizar [13] *vt* to chloroform.

cloroformo *m* chloroform.

cloromicetina *f* ≃ Chloromycetin®.

cloruro *m* chloride; ~ **de cal** bleaching powder; ~ **cálcico** o **de calcio** calcium chloride; ~ **mercúrico** mercuric chloride; ~ **de sodio** o **sódico** sodium chloride.

clóset *(pl* **clósets)** *m Amér* fitted cupboard.

clown ['klaun] *(pl* **clowns)** *m* clown.

club *(pl* **clubs** o **clubes)** *m* club; ~ **de fans/de fútbol** fan/ football club; ~ **náutico** yacht club; ~ **nocturno** nightclub.

clubista *mf* club member.

clueca *etc v* → **clocar**.

clueco, ca *adj fam* [decrépito] decrepit.

◆ **clueca** *adj* broody.

clueque *etc v* → **clocar**.

cm *(abrev escrita de* **centímetro)** cm.

CMP *(abrev de* **Consejo Mundial de la Paz)** *m* WPC.

CMRE *(abrev de* **Consejo de Municipios y Regiones de Europa)** *m* CEMR.

CMT *(abrev de* **Confederación Mundial del Trabajo)** *f* WCL.

CNA *(abrev de* **Comité Nacional de Árbitros)** *m Spanish referees' committee*.

CNAE *(abrev de* **Censo Nacional de Actividades Económicas)** *m Spanish census of economic activities*.

CNAG *(abrev de* **Confederación Nacional de Agricultores y Ganaderos)** *f Spanish national farmers' confederation*.

CNAS *(abrev de* **Colegio Nacional de Agentes de Seguros)** *m Spanish professional body of insurance agents*.

CNAT *(abrev de* **Confederación Nacional de Autónomos del Taxi)** *f Spanish national confederation of independent taxi drivers*.

CNMV *(abrev de* **Comisión Nacional de Mercado de Valores)** *f* ≃ SIB *Br*, ≃ SEC *Am*.

CNT *(abrev de* **Confederación Nacional del Trabajo)** *f Spanish anarchist trade union federation created in 1911*.

CNUMAD *(abrev de* **Conferencia de las Naciones Unidas sobre el Medio Ambiente y el Desarrollo)** *f* UNCED.

Co. *(abrev escrita de* **compañía)** Co.

coa *f Amér* - **1.** [AGR - palo] *wooden rod used by Indians to till the soil*; [- herramienta] hoe. - **2.** [argot carcelero] prison slang.

coacción *f* - **1.** [influencia] coercion. - **2.** DER duress.

coaccionar *vt* to coerce.

coacervar *vt* to pile o to heap up.

coacreedor, ra *m, f* joint creditor.

coactivo, va *adj* coercive.

coacusado, da DER ◇ *adj* jointly accused. ◇ *m, f* codefendant.

coadjutor, ra ◇ *adj* coadjutant. ◇ *m, f* coadjutor.

coadjutoría *f* coadjutorship.

coadquiridor, ra *m, f* joint purchaser o acquirer.

coadquisición *f* joint acquisition o purchase.

coadunar *vt* to mix, to combine.

coadyuvante, coadyutorio, ria *adj* helping, assisting.

coadyuvar ◇ *vt* to help, to assist. ◇ *vi* to collaborate, to contribute; ~ **al bien público** to contribute to the common good.

coagente *mf* helper, assistant.

coagulable *adj* coagulable.

coagulación *f* [gen] congealing; [de la sangre] clotting, coagulation; [de la leche] curdling.

coagulante ◇ *adj* clotting. ◇ *m* clotting agent.

coagular *vt* [gen] to coagulate; [sangre] to clot; [leche] to curdle.

◆ **coagularse** *vpr* [gen] to coagulate; [sangre] to clot; [leche] to curdle.

coágulo *m* [gen] coagulation; [de sangre] clot; [de leche] curd *(U)*.

coalición *f* coalition.

coaligar *vt* = **coligar**.

coartación *f* - 1. [restricción] restriction, limitation. - 2. RELIG *obligation to become an ordained priest within a specific period of time.*

coartada *f* alibi; **probar** o **presentar** o **alegar una** ~ DER to establish o provide an alibi.

coartar *vt* to limit, to restrict.

coaseguro *m* COM coinsurance.

coatí (*pl* **coatís** o **coatíes**) *m* [mono] coati.

coautor, ra *m, f* coauthor.

coaxial *adj* coaxial.

coba *f* - 1. *fam* [halago] flattery; **dar** ~ **a alguien** [hacer la pelota] to suck up o crawl to sb; [aplacar] to soft-soap sb. - 2. [embuste] tall tale. - 3. [tienda de campaña] sultan's tent. - 4. [cúpula] dome. - 5. *Amér* QUÍM *type of coating found on sodium nitrate.*

cobalto *m* cobalt.

cobarde ◇ *adj* cowardly. ◇ *mf* coward.

cobardear *vi* to be a coward.

cobardía *f* cowardice.

cobardica *despec* ◇ *mf* scaredy-cat. ◇ *adj*: **no seas** ~ don't be a scaredy-cat.

cobardón, ona *fam* ◇ *adj* chicken *(antes de sust)*. ◇ *m, f* chicken.

cobaya *m* o *f* guinea pig.

cobear *vi fam* to soft-soap, to butter up.

cobertera *f* - 1. [cubierta] lid. - 2. BOT white water lily. - 3. ZOOL tail covert.

cobertizo *m* - 1. [tejado adosado] lean-to. - 2. [barracón] shed. - 3. [cochera] carport.

cobertor *m* - 1. [colcha] bedspread, coverlet; [de plumas] quilt. - 2. [manta] blanket.

cobertura *f* - 1. [cubierta] cover. - 2. [de un edificio] covering. - 3. [colcha] bedspread, coverlet. - 4. PRENSA: ~ **informativa** news coverage; ~ **radiofónica** airtime.

cobija *f* - 1. [teja] ridge tile. - 2. [cubierta] cover, covering. - 3. [de aves] covert. - 4. *Amér* [manta] blanket. - 5. *Amér* [chal] wrap. - 6. *Amér* [techo] *roof made from thatched palm leaves.* - 7. *Amér* [palmera] *type of palm.*

◆ **cobijas** *fpl Amér* bedclothes.

cobijador, ra ◇ *adj* covering, protective. ◇ *m, f* protector.

cobijamiento *m* - 1. [cubrimiento] covering. - 2. [protección] protection, shelter. - 3. [albergue] lodging, lodgings *(pl)*.

cobijar *vt* - 1. [albergar] to house. - 2. [proteger] to shelter. - 3. *Amér* [techar] to thatch.

◆ **cobijarse** *vpr* to take shelter.

cobijo *m* - 1. [protección] shelter; **dar** ~ **a alguien** to give shelter to sb, to take sb in. - 2. [albergue] lodgings *(pl)*. - 3. [cubrimiento] covering. - 4. *Amér* [ropa] bedclothes *(pl)*. - 5. *Amér* [manta] blanket.

cobista *mf fam* creep.

COBOL *m* INFORM COBOL.

cobra *f* - 1. [serpiente] cobra; ~ **de capuchón** hooded cobra. - 2. [coyunda] rope for yoking oxen. - 3. [en la caza] retrieval.

cobrable *adj* cashable.

cobradero, ra *adj* - 1. [cobrable] cashable. - 2. [recuperable] retrievable, recoverable.

cobrador, ra ◇ *m, f* (del autobús) conductor (*f* conductress); [de deudas, recibos] collector. ◇ *adj* → **perro**.

cobranza *f* - 1. [cobro] collection, collecting *(U)*. - 2. [de cheque] cashing. - 3. [pago] payment. - 4. [recuperación] retrieval, recovery. - 5. [en caza] retrieval.

cobrar ◇ *vt* - 1. [COM - dinero] to charge; [- cheque] to cash; [- deuda] to collect; **cantidades por** ~ amounts due; **¿me cobra, por favor?** how much do I owe you? - 2. [en el trabajo] to earn, to be paid; **en junio cobraremos una prima** we'll be paid a bonus in June. - 3. [adquirir] to get, to acquire; ~ **fama** to become famous. - 4. [sentir] to start to feel; ~ **le afecto a alguien** to take a liking to sb. - 5. [recuperar] to retrieve, to recover. - 6. [en caza] to retrieve, to fetch. - 7. *Amér* [apremiar] to dun, to press for payment. ◇ *vi* - 1. [en el trabajo] to get paid; **cobraréis el día cinco de cada mes** you'll be paid on the 5th of every month. - 2. *fam* [recibir una paliza] to catch it; **¡vas a** ~**!** you'll be in for it!

◆ **cobrarse** *vpr*: **el accidente se cobró nueve vidas** nine people were killed in the crash.

cobre *m* - 1. [metal] copper; ~ **quemado** copper sulphate; **batir el** ~ to go hard at it; **mostrar el** ~ *Amér* to show one's true colours. - 2. MÚS brass instrument. - 3. *Amér* cent; **no tener un** ~ to be flat broke.

◆ **cobre verde** *m* malachite.

cobrizo, za *adj* - 1. [color, piel] copper *(antes de sust)*. - 2. [metal] containing copper.

cobro *m* - 1. [de talón] cashing; [de pago] collection; **poner al** o **en** ~ [hacer pagadero] to make payable; [enviar] to send (out); **presentar al** ~ to cash, to present for payment ❏ ~ **a la entrega** cash on delivery *Br*, collect on delivery *Am*; ~ **revertido** reverse charge *Br*, call collect *Am*. - 2. [pago] payment. - 3. [recuperación] retrieval, recuperation. - 4. [en caza] retrieval. - 5. *loc*: **poner algo en** ~ to put o store sthg in a safe place; **poner** ~ **en algo** to try hard to get o to collect sthg; **ponerse en** ~ to take refuge.

coca *f* - 1. [planta] coca. - 2. *fam* [cocaína] coke. - 3. [de pelo] *hair on either side of the parting.* - 4. [moño] bun. - 5. [de un cabo] bend, kink. - 6. *fam* [cabeza] nut. - 7. [golpe] rap on the head.

◆ **de coca** *loc adv Amér fam* - 1. [en vano] vainly. - 2. [gratis] free.

◆ **coca de Levante** *f* [planta] Indian berry tree.

cocacho *Amér* ◇ *adj* [frijol] hard. ◇ *m* rap o blow on the head.

Coca-Cola® *f* Coca-Cola®, Coke®.

cocada *f* - 1. CULIN *sweet made with shredded coconut.* - 2. *Amér* [para mascar] *lump of coca and lime.* - 3. *Amér* [provisión de coca] supply of coca leaves.

cocaína *f* cocaine.

cocainismo *m* = **cocaísmo**.

cocainómano, na *m, f* cocaine addict.

cocaísmo, cocainismo *m* cocaine addiction.

cocal *m Amér* - 1. [cocotal] coconut grove. - 2. [plantación de coca] coca plantation.

cocar [10] *vt fam* - 1. [hacer carantoñas] to make eyes at. - 2. [adular] to flatter.

cocción f [gen] cooking; [en agua] boiling; [en horno] baking.

cóccix, coxis m inv coccyx.

cocear vi - **1.** [dar coces] to kick. - **2.** fam fig [resistir] to resist, to kick.

cocer [41] ◇ vt - **1.** [gen] to cook; [hervir] to boil; [en horno] to bake. - **2.** [cerámica, ladrillos] to fire. - **3.** MED to maturate, to suppurate. ◇ vi - **1.** [en horno]: **la carne cuece** the meat is cooking. - **2.** [fermentar] to ferment, to brew.
◆ **cocerse** vpr - **1.** [gen] to cook; [hervir] to boil; [en horno] to bake. - **2.** fig [plan] to be afoot.

cocha ◇ adj f → **cocho.** ◇ f - **1.** METAL water tank. - **2.** Amér [pampa] pampa, plain. - **3.** Amér [charco] pool.

cochambre f fam - **1.** [suciedad] filth. - **2.** [basura] rubbish.

cochambrería f fam - **1.** [suciedad] filth. - **2.** [basura] rubbish.

cochambroso, sa adj fam filthy.

cochayuyo m Amér seaweed.

coche m - **1.** [automóvil] car, automobile Am; **ir en** ~ [montado] to go by car; [conduciendo] to drive; **no me gusta ir en** ~ **al centro** I prefer not to drive into town ❑ ~ **de alquiler** hire car Br, rental car Am; ~ **blindado / patrulla** armoured/patrol car; ~ **de bomberos** fire engine; ~ **de carreras** racing car; ~ **celular** police van; ~ **de línea** [autocar] coach Br, bus Am; ~ **deportivo / familiar** sports/estate car; ~ **descapotable** convertible (car); ~ **escoba** [en ciclismo] sag wagon; ~ **fúnebre** hearse; ~ **grúa** breakdown van o lorry Br o truck Am; ~ **oficial/particular** official/private car. - **2.** [de tren] coach, carriage Br, car Am; ~ **cama** sleeping car, sleeper; ~ **comedor** o **restaurante** restaurant o dining car. - **3.** [de caballos] carriage; ~ **de plaza** o **de punto** hackney carriage; ~ **de sitio** Amér dispatched car. - **4.** loc: **ir en el** ~ **de San Fernando** fam to go on foot.
◆ **coche bomba** m car bomb.
◆ **coches de choque** mpl Dodgems®.

cochecito m [para bebés] pram Br, baby carriage Am.

cochera f [para coches] garage; [de autobuses, tranvías] depot.

cocheril adj fam coachman (antes de sust).

cochero m coachman; ~ **de punto** cabdriver.

cochifrito m [de cabrito] kid stew; [de cordero] lamb stew.

cochinada, cochinería f - **1.** fam fig [guarrería] dirty o filthy thing. - **2.** [grosería] obscenity, dirty word; **decir** ~**s** to use foul language. - **3.** [mala jugada] dirty trick.

cochinear vi fam to act o behave like a pig.

cochinería f = **cochinada.**

cochinilla f - **1.** [crustáceo] woodlouse. - **2.** [insecto] cochineal; ~ **de humedad** woodlouse.

cochinillo m sucking pig.

cochino, na ◇ adj - **1.** [sucio] filthy. - **2.** [tiempo, dinero] lousy. - **3.** fam [ruin] rotten, miserable; **suerte cochina** rotten luck. ◇ m, f - **1.** [animal - macho] pig; [- hembra] sow; ~ **montés** o **de monte** wild pig. - **2.** [tacaño] miser.
◆ **cochino** m Amér [pez] triggerfish.

cochiquera f fam pigsty.

cochitril m - **1.** fam [pocilga] pigsty. - **2.** fig [barraca] hovel, pigsty.

cochizo m MIN richest vein.

cocho, cha adj - **1.** [crudo] raw. - **2.** [sucio] dirty, filthy.
◆ **cocho** m - **1.** [cerdo] pig. - **2.** Amér [CULIN - gachas] gruel o porridge made with corn meal; [- maíz endulzado] mixture of corn meal and carob.

cochura f - **1.** [cocción] cooking. - **2.** [puesta al horno] baking. - **3.** [masa de pan] kneaded bread dough.

cocido m stew; ~ **madrileño** CULIN stew made with chickpeas, bacon, meat and root vegetables, typical of Madrid.

cociente m quotient; ~ **intelectual** I.Q., intelligence quotient.

cocimiento m - **1.** [cocción] cooking; [en horno] baking. - **2.** [líquido] medicinal decoction. - **3.** TEXTIL solution for preparing wool for dyeing.

cocina f - **1.** [habitación] kitchen; **generalmente desayuno en la** ~ I usually have breakfast in the kitchen. - **2.** [electrodoméstico] cooker, stove; ~ **eléctrica/de gas** electric/gas cooker. - **3.** [arte] cooking; **de** ~ culinary; **hacer la** ~ [cocinar] to cook, to do the cooking; [limpiar] to tidy up the kitchen ❑ **alta** ~ haute cuisine; ~ **casera** home cooking; ~ **española** Spanish cuisine o cooking; **libro/clase de** ~ cookery book/class. - **4.** [caldo] broth.

cocinar ◇ vt [guisar] to cook; [en horno] to bake. ◇ vi - **1.** [guisar] to cook. - **2.** fig [entremeterse] to meddle.

cocinero, ra m, f cook; **haber sido** ~ **antes que fraile** fig to know what one is talking about.

cocinilla f - **1.** [infiernillo] portable o camp stove. - **2.** [cuarto] kitchenette.

cocker ['koker] (pl **cockers**) mf cocker spaniel.

coco m - **1.** [árbol] coconut palm; [fruto] coconut. - **2.** fam [cabeza] nut, head; **comerse el** ~ to worry (one's head); **comer el** ~ **a alguien** [convencer] to brainwash sb. - **3.** fam [fantasma] bogeyman; **parecer** o **ser un** ~ fam to be a frightful sight. - **4.** [bacteria] coccus. - **5.** [gusano] mealybug. - **6.** [mueca] grimace, face; **hacer** ~**s** fam [lisonjear] to coax, to cajole; [hacer carantoñas] to make eyes. - **7.** Amér [sombrero] bowler hat Br, derby hat Am. - **8.** Amér [ave] white ibis.
◆ **coco de Levante** m Indian berry tree.

cococha f barbel.

cocodrilo m crocodile.

cocoliche m Amér fam - **1.** [jerga] pidgin Spanish spoken by Italian immigrants. - **2.** [lengua italiana] Italian.

cócora ◇ adj fam annoying, bothersome. ◇ mf - **1.** fam [persona molesta] nuisance, pest. - **2.** Amér [cólera] anger, rage. - **3.** Amér [escozor] irritation. - **4.** Amér [antipatía] animosity, ill will. - **5.** Amér [miedo] fear.

cocotal m coconut grove.

cocotero m coconut palm.

cóctel, coctel m - **1.** [bebida, comida] cocktail. - **2.** [reunión] cocktail party.
◆ **cóctel Molotov** m Molotov cocktail.

coctelera f cocktail shaker.

cocuyo, cucuy (pl **cucuyes**), **cucuyo** m - **1.** [insecto] glow-worm, firefly. - **2.** Amér BOT type of tree common in Cuba.

cód. abrev escrita de **código.**

coda f - **1.** MÚS coda. - **2.** [en carpintería] wedge.

codal ◇ adj elbow-shaped. ◇ m - **1.** [de armadura] elbow armour piece. - **2.** CONSTR frame. - **3.** ARQUIT shore, prop. - **4.** [de vid] layer. - **5.** MIN brick arch. - **6.** Amér [vela] large candle.

codaste m NÁUT sternpost.

codazo m nudge, jab (with one's elbow); **abrirse paso a** ~**s** to elbow one's way through; **dar un** ~ to elbow; **dar** ~**s** to nudge.

codeador, ra Amér ◇ adj scrounging, spongeing. ◇ m, f scrounger, sponger.

codear vi Amér to wheedle, to cajole.
◆ **codearse** vpr: ~**se (con)** to rub shoulders (with).

codeína f codeine.

codelincuente DER ◇ adj codelinquent. ◇ mf accomplice, accessory.

codeo m - **1.** [con codo] elbowing (U), jostling (U). - **2.** Amér [insistencia] wheedling, cajoling.

codera f - **1.** [remiendo] elbow patch. - **2.** NÁUT mooring cable.

codeudor, ra m, f joint debtor.

códice m codex.

codicia f - **1.** [de riqueza] greed. - **2.** fig [de aprender, saber]: ~ **(de)** thirst (for). - **3.** [envidia] envy, covetousness. - **4.** TAUROM fighting spirit.

codiciador, ra ◇ *adj* covetous. ◇ *m, f* coveter.

codiciar [8] *vt* to covet.

codicilar *adj* DER codicillary.

codicilo *m* DER codicil.

codicioso, sa ◇ *adj* - **1.** [avaricioso] greedy; **ser** ~ **de** to be greedy for, to covet. - **2.** *fam fig* [trabajador] hardworking, industrious. ◇ *m, f* - **1.** [avaricioso] greedy person. - **2.** *fam fig* [trabajador] hard worker.

codificación *f* - **1.** [de norma, ley] codification. - **2.** [de mensaje en clave] encoding. - **3.** INFORM coding.

codificado, da *adj* coded.

codificador, ra ◇ *adj* codifying. ◇ *m, f* INFORM encoder.
◆ **codificador** *m* [aparato] encoder.

codificar [10] *vt* - **1.** [ley] to codify. - **2.** [mensaje] to encode. - **3.** INFORM to code.

código *m* [gen & INFORM] code; ~ **ASCII** ASCII code; ~ **de barras/de señales** bar/signal code; ~ **de circulación** highway code; ~ **civil/penal** civil/penal code; ~ **deontológico** profesional code of ethics; ~ **de edificación/de leyes/fiscal** building/legal/tax code; ~ **del honor** code of honour; ~ **mercantil** o **de comercio** commercial law; ~ **militar** articles *(pl)* of war; ~ **máquina** machine code; ~ **Morse** Morse code; ~ **postal** post code *Br*, zip code *Am*; ~ **territorial** TELECOM dialling code *Br*, area code *Am*.

codillo *m* - **1.** [en un cuadrúpedo] upper foreleg. - **2.** [de jamón] shoulder. - **3.** [de un tubo] elbow, bend; **dar** ~ to bend. - **4.** [de una rama] stump. - **5.** [estribo] stirrup. - **6.** NÁUT end of the keel. - **7.** *loc:* **jugársela de** ~ **a alguien** *fam* to trick sb, to outwit sb; **tirar a alguien al** ~ *fam* to try to ruin sb.

codirector, ra ◇ *adj* - **1.** [de empresa] co-managing. - **2.** [de cine] co-directing. ◇ *m, f* co-director.

codo *m* - **1.** [en brazo, tubería] elbow; **estaba de** ~**s sobre la mesa** she was leaning (with her elbows) on the table; ~ **con** ~, ~ **a** ~ side by side; **dar con el** ~ to nudge. - **2.** [medida] cubit. - **3.** *fig* [en río, camino] bend, turn. - **4.** *loc:* **a base de** ~**s** by sheer hard work; **se sacó la carrera a base de** ~**s** she got her degree by sheer hard work; **empinar el** ~ *fam* to booze; **hablar por los** ~**s** *fam* to talk nineteen to the dozen, to be a chatterbox; **mentir por los** ~**s** to be a compulsive liar; **romperse los** ~**s** to grind, to study hard.

codorniz *(pl* **codornices***) f* quail.

COE *(abrev de* **Comité Olímpico Español***) m* SOC.

coedición *f* coedition.

coeditar *vt* to coedit.

coeficiente ◇ *m* - **1.** [gen] coefficient; ~ **de caja** BANCA cash ratio; ~ **de dilatación** FÍS coefficient of expansion; ~ **intelectual** o **de inteligencia** intelligence quotient, I.Q. - **2.** [índice] rate. ◇ *adj* coefficient.

coercer [11] *vt* to restrict, to constrain.

coercible *adj* coercible, restrainable.

coerción *f* coercion.

coercitivo, va *adj* coercive.

coerza *etc v* → **coercer**.

coetáneo, a *adj & m, f* contemporary.

coeternidad *f* RELIG coeternity.

coexistencia *f* coexistence; ~ **pacífica** peaceful coexistence.

coexistente *adj* coexisting.

coexistir *vi* to coexist.

coextenderse [20] *vpr* to coextend.

cofa *f* NÁUT lower mast top; ~ **mayor** maintop; ~ **para el vigía** crow's nest.

cofia *f* - **1.** [de enfermera, camarera] cap; [de monja] coif. - **2.** [red] hairnet. - **3.** BOT calyptra.

cofrade *mf* - **1.** [de cofradía religiosa] brother (*f* sister). - **2.** [de cofradía no religiosa] member.

cofradía *f* - **1.** [religiosa] brotherhood (*f* sisterhood). - **2.** [gremio] guild. - **3.** [pandilla] gang, band; **una** ~ **de ladrones** a band of thieves.

cofre *m* - **1.** [arca] chest, trunk. - **2.** [para joyas] jewel box. - **3.** [pez] boxfish, trunkfish.

cogedero, ra *adj* ready for picking.
◆ **cogedero** *m* [asidero] handle.
◆ **cogedera** *f* - **1.** [palo] *pole for picking fruit.* - **2.** *Amér* [de cordel] rope headstall.

cogedor, ra ◇ *adj* picking, gathering. ◇ *m, f* [persona] picker, gatherer.
◆ **cogedor** *m* - **1.** [para basura] dustpan. - **2.** [para carbón, ceniza] shovel. - **3.** *Amér* [trago de licor] shot. - **4.** *Amér* [agente] government conscription agent.

coger [14] ◇ *vt* - **1.** [asir, agarrar] to take; ~ **a alguien de** o **por la mano** to take sb by the hand. - **2.** [ladrón, pez, pájaro] to catch. - **3.** [persona, vehículo] to catch up with; **aceleró para** ~ **al corredor que llevaba delante** she ran faster to try and catch up with the runner in front of her. - **4.** [frutos, flores] to pick. - **5.** [propina, empleo, piso] to take; **hemos cogido un piso en el centro de la ciudad** we've taken a flat in the city centre. - **6.** [personal] to take on. - **7.** [quitar]: ~ **algo (a alguien)** to take sthg (from sb); **devuélveme el lápiz que me has cogido** give me back that pencil you took from me. - **8.** [tren, autobús] to take, to catch; **no me gusta** ~ **el avión** I don't like flying. - **9.** [gripe, resfriado] to catch, to get; ~ **una borrachera** to get drunk. - **10.** [manía, odio, afecto] to start to feel; ~ **cariño/miedo a** to become fond/scared of. - **11.** [suj: vehículo] to knock over, to run over; [suj: toro] to gore. - **12.** [oír] to catch; [entender] to get; **no cogió el chiste** he didn't get the joke. - **13.** [sorprender, encontrar]: ~ **a alguien haciendo algo** to catch sb doing sthg; **lo cogieron robando** they caught him stealing. - **14.** [canal, emisora] to get, to receive. - **15.** [espacio] to cover, to take up; **estas oficinas cogen tres plantas del edificio** these offices take up three floors of the building. - **16.** [absorber] to absorb, to soak up; **este tipo de esponja coge mucha agua** this type of sponge absorbs a lot of water. - **17.** *Amér vulg* [fornicar con] to screw. ◇ *vi* - **1.** [situarse] to be; **coge muy cerca de aquí** it's not very far from here. - **2.** [dirigirse]: ~ **a la derecha /la izquierda** to turn right/left. - **3.** *loc:* **cogió y se fue** he upped and went; **de pronto cogió y me insultó** he turned round and insulted me.
◆ **cogerse** *vpr* - **1.** [agarrarse]: ~**se de** o **a algo** to cling to o clutch sthg; **el anciano se coge del brazo de la enfermera** the old man is clutching the nurse's arm. - **2.** [pillarse]: ~**se los dedos/la falda en la puerta** to catch one's fingers/skirt in the door.

cogestión *f* - **1.** [gestión] copartnership. - **2.** [administración] comanagement.

cogida *f* - **1.** [de torero] goring. - **2.** [de frutos] picking.

cogitabundo, da *adj* pensive.

cognac *m* = **coñá**.

cognición *f* cognition.

cognomento *m* cognomen.

cognoscible *adj* knowable.

cognoscitivo, va *adj* cognitive.

cogollo *m* - **1.** [de lechuga] heart. - **2.** [de árbol, planta] shoot; [de pino] top. - **3.** *fig* [lo mejor] cream; **el** ~ **de la sociedad** the cream of society. - **4.** *Amér* [de caña de azúcar] sugar cane top.

cogorza *f fam:* **agarrarse una** ~ to get smashed, to get blind drunk.

cogotazo *m* rabbit punch.

cogote *m* - **1.** [nuca] nape, back of the neck. - **2.** *loc:* **ponérselas en el** ~ *Amér fam* [largarse] to scram, to beat it; **tieso de** ~ [arrogante] stiff-necked.

cogotera *f* - **1.** [de tela] havelock. - **2.** [sombrero] *sunshade for beasts of burden.*

cogotudo, da *Amér fam* ◇ *adj* - **1.** [rico] loaded. - **2.** [orgulloso] arrogant. ◇ *m, f* - **1.** [rico] filthy rich person. - **2.** [orgulloso] arrogant person.

cogulla *f* RELIG habit.

cohabitación *f* cohabitation.

cohabitar *vi* to cohabit, to live together.

cohechador, ra ◇ *adj* bribing. ◇ *m, f* briber.

cohechar *vt* - **1.** [sobornar] to bribe. - **2.** AGR to till.

cohecho *m* bribery.

coheredero, ra *m, f* coheir (*f* coheiress).

coherencia *f* - **1.** [de razonamiento] coherence. - **2.** FÍS cohesion.

coherente *adj* coherent.

cohesión *f* cohesion.

cohesivo, va *adj* cohesive.

cohete *m* - **1.** [gen] rocket; ~ **balístico** ballistic missile; ~ **chispero/tronador** shower/detonating rocket; ~ **de señales** flare; ~ **de tres cuerpos/de sonda** three-stage/sounding rocket. - **2.** *Amér* [pistola] pistol. - **3.** *Amér* [agujero] blasting hole. - **4.** *loc:* **al** ~ *Amér fam* [en vano] in vain; **escapar** o **salir como un** ~ to be off like a shot.

◆ **cohetes** *mpl* fireworks.

cohetería *f* rocketry.

cohibición *f* inhibition.

cohibido, da *adj* inhibited.

cohibir *vt* - **1.** [reprimir] to inhibit. - **2.** [incomodar] to make uneasy.

◆ **cohibirse** *vpr* - **1.** [reprimirse] to become inhibited. - **2.** [incomodarse] to be o feel uneasy.

cohorte *f* cohort.

COI (*abrev de* **Comité Olímpico Internacional**) *m* IOC.

coima *f* - **1.** [concubina] concubine. - **2.** [de garitero] rake-off. - **3.** *Amér fam* [soborno] bribe.

coincidencia *f* coincidence.

coincidente *adj* coincidental.

coincidir *vi* - **1.** [gen] to coincide; **su versión de los hechos no coincide con la de otros testigos** her version of events doesn't coincide with that of other witnesses. - **2.** [personas - encontrarse] to meet; [- estar de acuerdo] to agree; **coincidimos en una fiesta** we saw each other at a party; **con ideologías tan opuestas es difícil que coincidamos** we're not very likely to agree, seeing as we have such different ideas.

coinquilino, na ◇ *adj* joint tenancy (*antes de sust*). ◇ *m, f* joint tenant.

cointeresado, da ◇ *adj* jointly interested. ◇ *m, f* jointly interested party.

coito *m* (sexual) intercourse.

coja ◇ *v* → **coger**. ◇ *adj f* → **cojo**.

cojear *vi* - **1.** [persona] to limp. - **2.** [mueble] to wobble. - **3.** *fig* [adolecer] to falter, to flounder.

cojera *f* [acción] limp; [estado] lameness.

cojín *m* - **1.** [almohadón] cushion. - **2.** NÁUT bolster, fender.

◆ **cojín de aire** *m* air cushion.

cojinete *m* - **1.** [en eje] bearing; [en un riel de ferrocarril] chair; ~ **de agujas/de collares/de rodillos** needle/collar/roller bearing; ~ **de bolas** o **bolillas** ball bearing. - **2.** [almohadilla] small cushion.

◆ **cojinetes** *mpl Amér* saddlebags.

cojo, ja ◇ *adj* - **1.** [persona] lame. - **2.** [mueble] wobbly. - **3.** *fig* [razonamiento, frase] faulty. ◇ *m, f* cripple; **no ser** ~ **ni manco** *fig* to know a thing or two.

cojón *m* (*gen pl*) *vulg* ball; **¡ahora lo vas a hacer por cojones!** you bloody well are going to do it!; **tener cojones** to have balls o guts; **¡un** ~**! ¡qué cojones!** bollocks!

◆ **cojones** *interj vulg* [enfado] for fuck's sake!

cojonudo, da *adj vulg* bloody brilliant.

cojudear *vt Amér mfam* - **1.** [hacer tonterías] to piss about, to muck about. - **2.** [engañar] to trick.

cojudez (*pl* **cojudeces**) *f Amér mfam* rubbish, stupidity.

cojudo, da *adj Amér mfam* bloody stupid.

col *f* cabbage; ~ **de Bruselas** Brussels sprout; ~ **lombarda** red cabbage; ~ **rizada** kale; **entre** ~ **y** ~, **lechuga** *fig* variety is the spice of life.

cola *f* - **1.** [de animal, avión] tail. - **2.** [de vestido de novia] train. - **3.** [fila] queue *Br*, line *Am*; **a la** ~ behind; **llegué el último y me tuve que poner a la** ~ I was the last to arrive, so I had to join the end of the queue *Br* o line *Am*; **hacer** ~ to queue (up) *Br*, to stand in line *Am* ❑ ~ **de impresión** INFORM printout queue. - **4.** [pegamento] glue; ~ **de boca** solid glue pastille for stamps or envelopes; ~ **de pescado** isinglass; ~ **de retal** size. - **5.** [de clase, lista] bottom; [de desfile] end. - **6.** [bebida] cola. - **7.** [peinado]: ~ **(de caballo)** ponytail. - **8.** *fam* [pene] willy. - **9.** MÚS prolonged final note. - **10.** ARQUIT tailing; ~ **de milano** o **pato** dovetail (joint). - **11.** *loc:* **comer** ~ *Amér fam* to suffer a setback; **no pegan ni con** ~ *fam* they don't match at all; **ser arrimado a la** ~ *fam* to be short on brains; **te va a salir** ~ *Amér fam* you will have to face the consequences; **tener** o **traer** ~ to have serious consequences o repercussions; **sus declaraciones trajeron** ~ **y detuvieron a otros implicados** her statement had serious consequences and a number of other people were arrested.

◆ **cola de caballo** *f* BOT horsetail.

◆ **cola de zorra** *f* BOT foxtail.

colaboración *f* - **1.** [gen] collaboration. - **2.** [de prensa] contribution, article.

colaboracionismo *m* collaborationism.

colaboracionista ◇ *adj* collaborationist. ◇ *mf* collaborator.

colaborador, ra ◇ *adj* cooperative. ◇ *m, f* - **1.** [gen] collaborator. - **2.** [de prensa] contributor, writer.

colaborar *vi* - **1.** [ayudar] to collaborate; **algunos maridos se niegan a** ~ **en las tareas domésticas** some husbands refuse to help with the housework. - **2.** [en prensa]: ~ **en** o **con** to write for, to work for; **colabora en una revista científica** she writes for a scientific journal. - **3.** [contribuir] to contribute.

colación *f* - **1.** [para comer] snack. - **2.** [comparación] comparison, collation. - **3.** *Amér* [dulce] sweet *Br*, candy *Am*. - **4.** *loc:* **sacar** o **traer algo a** ~ [tema] to bring sthg up.

colacionar *vt* to compare.

colada *f* → **colado**.

coladera *f* - **1.** [colador] colander. - **2.** *Amér* [alcantarilla] sewer.

coladero *m* - **1.** *fam* [lugar de fácil entrada] easy way through. - **2.** [colador] colander. - **3.** [camino] narrow path o trail. - **4.** MIN winze.

colado, da *adj* - **1.** [líquido] strained; METAL cast; **hierro** ~ cast iron. - **2.** [enamorado]: **estar** ~ **por alguien** *fam* to have a crush on sb.

◆ **colada** *f* - **1.** [ropa] laundry; **hacer la** ~ to do the washing ❑ **salir en la** ~ *fam fig* to come out in the wash. - **2.** [cañada] cattle trail. - **3.** [cañón] gorge. - **4.** *fam* [enredo] mess, jam. - **5.** METAL tap.

colador *m* - **1.** [para líquidos] strainer, sieve; [para verdura] colander. - **2.** [en imprenta] leach tub.

coladora *f* - **1.** [lavandera] laundress. - **2.** [máquina] bleaching machine.

coladura *f* - **1.** [acción] straining. - **2.** [de café] filtering. - **3.** [residuos] filter residue. - **4.** *fig* [plancha] blunder.

colágeno *m* collagen.

colanilla *f* small sliding bolt.

colapsado, da *adj* [de actividad] paralyzed; [de tráfico] congested.

colapsar ◇ *vt* to bring to a halt, to stop. ◇ *vi* to come o grind to a halt.

colapso *m* - **1.** MED collapse, breakdown; **sufrir un** ~ to collapse ❑ ~ **nervioso** nervous breakdown. - **2.** [de actividad] stoppage; [de tráfico] traffic jam, holdup.

colar [23] ◇ *vt* - **1.** [verdura, té] to strain; [café] to filter. - **2.** [dinero falso] to pass off as genuine; [mentira] to slip through. - **3.** [por un sitio estrecho] to slip, to squeeze. - **4.** [ropa] to bleach, to whiten. - **5.** METAL to cast. ◇ *vi* - **1.** [pasar por bueno]: **esto no colará** this won't wash. - **2.** [introducirse, pasar]: **el aire cuela por esta rendija** air passes through this crack. - **3.** [rezumar] to ooze, to seep. - **4.** *fam* [beber] to booze.

◆ **colarse** *vpr* - **1.** [líquido]: ~**se por** to seep through. - **2.** [persona] to slip, to sneak; [en una cola] to jump the queue *Br*, to jump the line *Am*; ~**se en una fiesta** to gatecrash a party. - **3.** *fam* [por error] to slip up. - **4.** *fam* [mentir] to fib. - **5.** *loc*: ~**se por alguien** *fam* to fall for sb.

colateral *adj* - **1.** [lateral] on either side. - **2.** [pariente] collateral.

colatitud *f* colatitude.

colativo, va *adj* collative.

colcha *f* bedspread.

colchado, da *adj* quilted.

◆ **colchado** *m* quilting.

colchadura *f* quilting.

colchar *vt* to quilt.

colchón *m* - **1.** [gen] mattress; ~ **inflable** o **neumático** o **hinchable** air bed; ~ **de muelles** o **de tela metálica** spring mattress; ~ **de plumas** feather bed. - **2.** INFORM buffer.

colchonero, ra ◇ *m, f* [fabricante] upholsterer, mattress maker; [vendedor] mattress seller. ◇ *adj* - **1.** DEP of or relating to the *Atlético de Madrid Football Club*. - **2.** [en costura] tufting; **aguja colchonera** tufting neddle.

colchoneta *f* - **1.** [para playa] beach mat; [en gimnasio] mat. - **2.** [cojín] cushion.

cole *m fam* school.

coleada *f* - **1.** [de cola] swish, flick; [de perro] wag. - **2.** *Amér* [derribo] throwing down of a bull by its tail.

colear ◇ *vi* - **1.** [animal] to wag its tail. - **2.** *fig* [asunto, problema] to drag on. ◇ *vt* - **1.** TAUROM to hold by the tail. - **2.** *Amér* [res] to throw down by the tail. - **3.** *Amér* [edad] to be close to; **colea los cincuenta** he's pushing fifty. - **4.** *Amér* [examen] to fail. - **5.** *Amér fam* [molestar] to bother, to annoy. - **6.** *Amér* [seguir] to tail. - **7.** *Amér* [gallos] to prepare for a fight.

◆ **colearse** *vpr Amér* [suj: vehículo] to skid.

colección *f* - **1.** [de personas, de cosas] collection. - **2.** LITER anthology.

coleccionable ◇ *adj* collectable. ◇ *m special supplement in serialized form.*

coleccionador, ra *m, f* collector.

coleccionar *vt* to collect.

coleccionismo *m* collecting.

coleccionista *mf* collector.

colecta *f* - **1.** [recaudación] collection; **hacer una** ~ to collect. - **2.** RELIG collect.

colectación *f* collection.

colectar *vt* to collect; ~ **un impuesto** to collect a tax.

colectividad *f* community; **la** ~ **social** society.

colectivismo *m* collectivism.

colectivista ◇ *adj* collectivistic. ◇ *mf* collectivist.

colectivización *f* collectivization.

colectivizar [13] *vt* to collectivize.

◆ **colectivizarse** *vpr* to unionize.

colectivo, va *adj* collective.

◆ **colectivo** *m* - **1.** [grupo] group. - **2.** GRAM collective noun. - **3.** *Amér* [autobús] minibus.

colector, ra ◇ *adj* collecting. ◇ *m, f* [persona] collector.

◆ **colector** *m* - **1.** [sumidero] sewer; ~ **de basuras** chute. - **2.** [de motor] manifold; ~ **de aceite** drip pan. - **3.** [de transistor] collector.

colecturía *f* - **1.** [recaudación] collection, collecting. - **2.** [despacho] tax collector's office.

colega *mf* - **1.** [compañero profesional] colleague. - **2.** [homólogo] counterpart, opposite number; **el ministro recibió con todos los honores a su** ~ **japonés** the minister received his Japanese counterpart with full honours. - **3.** *fam* [amigo] mate; **oye** ~, **no te pases** watch it, mate.

colegatario, ria *m, f* joint legatee.

colegiado, da *adj who belongs to a professional association.*

◆ **colegiado** *m* DEP referee.

colegial, la ◇ *m, f* - **1.** [estudiante] schoolboy (*f* schoolgirl). - **2.** *Amér* [jinete inexperto] inexperienced rider. - **3.** *Amér fam* [persona inexperta] novice. ◇ *adj* - **1.** [de colegio] school (*antes de sust*). - **2.** *Amér fam* [inexperto] raw, green.

colegiarse [8] *vpr to become a member of a professional association.*

colegiata *f* collegiate church.

colegiatura *f* scholarship, educational grant.

colegio *m* - **1.** [escuela] school; ~ **concertado** private school with state subsidy; ~ **de curas** school run by priests; ~ **de internos/de monjas/de párvulos** boarding/convent/nursery school; ~ **de pago** feepaying o private school. - **2.** [de profesionales]: ~ **(profesional)** professional association. - **3.** [comunidad] college; ~ **de Cardenales** College of Cardinals.

◆ **colegio electoral** *m* [lugar] polling station; [votantes] ward.

◆ **colegio mayor** *m* hall of residence.

colegir [42] *vt* [reunir] to collect, to gather.

◆ **colegir de** *vi* to infer from, to gather from.

◆ **colegirse de** *vpr* to be inferred from.

colegislador, ra *adj* [asamblea] joint legislative.

coleo *m* wagging.

coleóptero ◇ *adj* coleopteral. ◇ *m* coleopteran.

◆ **coleópteros** *mpl* coleoptera.

cólera ◇ *m* MED cholera; ~ **asiático/de gallinas** Asiatic/chicken cholera; ~ **esporádico** sporadic o summer cholera; ~ **morbo** gastroenteritis. ◇ *f* - **1.** [ira] anger, rage; **dar** ~ [encolerizar] to anger, to infuriate; **descargar la** ~ **en** to vent one's anger on; **montar en** ~ to get angry, to lose one's temper ▢ **cortar la** ~ *fam* [comer] to have a snack; **cortar la** ~ *fam* [calmar] to calm down, to soothe; **tomarse de la** ~ [enfadarse] to lose one's temper. - **2.** [bilis] bile.

colérico, ca ◇ *adj* - **1.** [carácter] bad-tempered. - **2.** MED cholera (*antes de sust*). ◇ *m, f* - **1.** MED cholera patient, person suffering from cholera. - **2.** *fig* [temperamento] irascible o ill-tempered person.

colesterol *m*, **colesterina** *f* cholesterol.

coleta *f* - **1.** [de pelo] pigtail. - **2.** *fam* [de texto] postscript. - **3.** [lona] type of coarse material. - **4.** *Amér* [cañamazo] coarse canvas. - **5.** *Amér* [tela] nankeen. - **6.** *loc*: **cortarse la** ~ to call it a day, to retire; **tener** o **traer** ~ *fig* to have serious consequences.

coletazo *m* flick o swish of the tail; **está dando (los últimos)** ~**s** *fig* it's in its death throes.

coletilla *f* postscript.

coleto *m* - **1.** [vestidura] jerkin. - **2.** *fam fig* [adentros] inner self; **decir para su** ~ to say to o.s.; **echarse algo al** ~ to eat o drink sthg right up; **echarse un libro al** ~ to read a book right through.

colgadero, ra *adj* hangable.

◆ **colgadero** *m* hook, peg.

colgadizo, za *adj* hanging, suspended.

◆ **colgadizo** *m* - **1.** [cobertizo] lean-to. - **2.** *Amér* [techo] single pitched roof.

colgado, da *adj* - **1.** [cuadro, jamón etc]: ~ **(de)** hanging (from). - **2.** [teléfono] on the hook. - **3.** *fam fig* [abandonado]: **dejar** ~ **a alguien** to leave sb in the lurch. - **4.** *fam* [enganchado]: **quedarse** ~ **(con)** to get hooked (on). - **5.** [incierto] uncertain, pending.

colgador *m* - **1.** [percha] hanger, coathanger. - **2.** [en imprenta] peel.

colgajo *m* - **1.** [de ropa] hanging piece of material. - **2.** [de piel] flap. - **3.** [de fruta] bunch.

colgamiento *m* hanging, suspension.

colgante ◇ *adj* hanging. ◇ *m* - **1.** [adorno] pendant. - **2.** ARQUIT festoon. - **3.** *Amér* [de reloj] watch chain.

colgar [39] ◇ *vt* - **1.** [suspender, ahorcar] to hang; ~ **el teléfono** to hang up. - **2.** [imputar]: ~ **algo a alguien** to

blame sthg on sb; **le colgaron un robo que no había cometido** they pinned a robbery he hadn't committed on him. - **3.** [suspender en los estudios] to fail. - **4.** [abandonar] to give up; **encontró un trabajo y colgó los estudios** she got a job and gave up her studies. ◇ *vi* - **1.** [pender]: ~ **(de)** to hang (from); **la lámpara cuelga del techo** the lamp hangs from the ceiling; **hay un cable que cuelga** there's a cable hanging loose. - **2.** [hablando por teléfono] to hang up, to put the phone down.
◆ **colgarse** *vpr*: ~**se (de)** [gen] to hang (from); [ahorcarse] to hang o.s. (from).

colibrí (*pl* **colibríes**) *m* hummingbird.

cólico, ca *adj* colonic.
◆ **cólico** *m* stomachache; ~ **hepático** biliary colic; ~ **nefrítico** o **renal** renal colic; ~ **miserere** ileus.
◆ **cólica** *f* mild colic.

colicuar [7], **colicuecer** [30] *vt* to dissolve o melt together.

coliflor *f* cauliflower.

coligado, da ◇ *adj* allied. ◇ *m, f* ally, confederate.

coligar, **coaligar** [16] *vt* to ally, to unite.
◆ **coligarse** *vpr* to unite, to join together.

colige, **coligió** *etc v* → **colegir**.

coligue *etc v* → **coligar**.

colija *etc v* → **colegir**.

colilla *f* (cigarette) butt o stub.

colillero, ra *m, f* person who picks up cigarette butts.

colimba *f* Amér fam military service.

colín *adj* - **1.** [caballo] short-tailed, bobtailed. - **2.** [piano] baby.

colina *f* - **1.** [cerro] hill. - **2.** BOT cabbage seed. - **3.** AGR cabbage patch.

colindante *adj* neighbouring, adjacent.

colindar *vi* to be adjacent, to adjoin.

colineal *adj* collinear.

colineta *f* - **1.** [ramillete] dish of sweets. - **2.** Amér [dulce] egg and almond confection.

colino *m* - **1.** BOT cabbage seed. - **2.** AGR cabbage patch.

colirio *m* eyewash, eyedrops (*pl*).

colisa *f* - **1.** [plataforma] swivel gun platform. - **2.** [cañón] swivel gun. - **3.** Amér [sombrero] straw hat.

coliseo *m* coliseum.
◆ **Coliseo** *m*: **el Coliseo** the Coliseum.

colisión *f* - **1.** [de automóviles] collision, crash; ~ **frontal** o **de frente** head-on collision; ~ **múltiple** o **en cadena** multiple crash, pileup. - **2.** [de ideas, intereses] clash.

colisionar *vi* - **1.** [coche]: ~ **(contra)** to collide (with), to crash (into). - **2.** fig [ideas] to clash.

colista *mf* [en liga de fútbol etc] bottom team; [en carreras] tailender.

colitigante *mf* joint litigant.

colitis *f inv* stomach infection.

collado *m* - **1.** [colina] hill. - **2.** [de montaña] mountain pass.

collage [ko'laʃ] (*pl* **collages** [ko'laʃ]) *m* collage.

collar *m* - **1.** [adorno] necklace. - **2.** [para animales] collar. - **3.** [abrazadera] collar, ring. - **4.** ZOOL collar, ruff.

collarín *m* - **1.** MED surgical collar. - **2.** [de botella] label. - **3.** MEC sleeve, tube. - **4.** RELIG collar.

collera *f* - **1.** [de caballo] horse collar. - **2.** fig [de presidiario] chain gang. - **3.** (gen pl) Amér [gemelo de camisa] cufflink. - **4.** Amér [yunta] brace, yoke. - **5.** Amér [pareja] pair, team.

colmado, da *adj*: ~ **(de)** [lleno] full to the brim (with); [abundante] abundant, copious; **su vida estaba colmada de satisfacciones** he led a very successful life.
◆ **colmado** *m* - **1.** [tienda] grocer's (shop). - **2.** [cafetería] café.

colmar *vt* - **1.** [recipiente] to fill (to the brim). - **2.** fig [aspiración, deseo] to fulfil; ~ **a alguien de regalos/elogios** to shower gifts/praise on sb.

colmena *f* - **1.** [de abejas] beehive. - **2.** fig [de gente, actividad] hive; **una** ~ **humana** a hive of people.

colmenar *m* apiary.

colmenero, ra *m, f* beekeeper.
◆ **colmenero** *m* Amér ZOOL honey bear.

colmillazo *m* wound from a fang or tusk.

colmillo *m* - **1.** [de persona] canine, eye-tooth. - **2.** [de perro] fang; [de elefante] tusk. - **3.** loc: **enseñar los** ~**s** to show one's teeth; **escupir por el** ~ fam to talk big; **tener el** ~ **retorcido** fam to be sly o crafty.

colmilludo, da *adj* - **1.** ZOOL having long fangs or tusks. - **2.** fig [astuto] shrewd, crafty.

colmo *m* height; **es el** ~ **de la locura** it's sheer madness ❑ **para** ~ **de desgracias** to crown it all; **¡(eso) es el** ~**!** fam that's the last straw!

colocación *f* - **1.** [acción] placing, positioning; [situación] place, position. - **2.** [empleo] position, job. - **3.** COM investment.

colocado, da *adj* - **1.** [gen] placed; **estar muy bien** ~ to have a very good job. - **2.** fam [borracho] legless; [drogado] high, stoned.

colocar [10] *vt* - **1.** [en su sitio] to place, to put; **el acomodador coloca a los espectadores en sus asientos** the usher shows the audience to their seats; **coloqué los libros en el estante** I put the books on the shelf. - **2.** [en una posición]: ~ **los brazos en alto** to raise one's arms. - **3.** [en un empleo] to find a job for. - **4.** [casar] to marry off. - **5.** [invertir] to place, to invest.
◆ **colocarse** *vpr* - **1.** [en un trabajo] to get a job; **se colocó en un bufete de abogados** she got a job at a lawyer's practice. - **2.** fam [emborracharse] to get legless; [drogarse] to get high o stoned; **como no acostumbro a beber, me coloqué con un vaso de vino** I'm not used to drinking, so one glass of wine was enough to get me legless. - **3.** DEP to place; **el equipo se colocó en segundo lugar** the team has moved up into second place.

◆ **colocón** *m* mfam: **llevar un** ~ [de droga] to be high; [de bebida] to be pissed.

colofón *m* - **1.** [remate, fin] climax, culmination. - **2.** [de libro] colophon.

coloidal, **coloideo, a** *adj* colloidal.

coloide *adj* colloid.

coloideo, a *adj* = **coloidal**.

Colombia *s* Colombia.

colombianismo *m* Colombian expression.

colombiano, na *adj & m, f* Colombian.

colombino, na *adj* Columbian, of Christopher Columbus.

Colombo *s* Colombo.

colombofilia *f* pigeon fancying.

colombófilo, la ◇ *adj* pigeon-fancying. ◇ *m, f* pigeon fancier.

colon *m* - **1.** ANAT colon; ~ **transverso** transverse colon. - **2.** GRAM main clause; ~ **imperfecto** subordinate o dependent clause; ~ **perfecto** main clause. - **3.** [dos puntos] colon. - **4.** [punto y coma] semicolon.

colón *m* colon (unit of currency in Costa Rica and El Salvador).

Colón *m*: **Cristóbal** ~ Cristopher Columbus.

colonia *f* - **1.** [gen] colony; **Angola fue una** ~ **portuguesa** Angola was a Portuguese colony; **una** ~ **de cigüeñas se instaló en esta zona** a colony of storks arrived here ❑ ~ **penitenciaria** prison camp. - **2.** [de niños]: ~ **(de verano)** (summer) camp; **ir de** ~**s** to go on a summer camp; **vamos de** ~**s cada verano** we go on a summer camp every summer. - **3.** [perfume] eau de cologne. - **4.** [comunidad] community; **el embajador recibió a los representantes de la** ~ **española** the ambassador received the representatives of the Spanish community. - **5.** [cinta] silk ribbon. - **6.** Amér [barrio] district; ~ **proletaria** shanty town, slum area. - **7.** Amér [hacienda] sugarcane plantation.

coloniaje *m* Amér - **1.** [época] colonial period. - **2.** [gobierno] colonial government.

colonial ◇ *adj* colonial. ◇ *m* imported goods *(pl)*.

colonialismo *m* colonialism.

colonialista *adj & mf* colonialist.

colonización *f* colonization.

colonizador, ra ◇ *adj* colonizing. ◇ *m, f* colonizer, colonist.

colonizar [13] *vt* to colonize.

colono *m* - **1.** [colonizador] settler, colonist. - **2.** [labrador] tenant farmer.

coloque *etc v* → **colocar**.

coloquial *adj* colloquial.

coloquio *m* - **1.** [conversación] conversation. - **2.** [debate] discussion, debate. - **3.** LITER dialogue.

color *m* - **1.** [gen] colour *Br*, color *Am*; **una falda de ~ rosa** a pink skirt; **el carnaval es una fiesta llena de ~** the carnival is a colourful festival; **¿de qué ~?** what colour?; **¿de qué ~ es tu coche?** what colour is your car?; **pintó las sillas de ~ verde** she painted the chairs green; **me han regalado un vestido de ~es** they gave me a colourful dress; **a (todo) ~** in (full) colour; **nos dieron un folleto con fotos a todo ~** they gave us a full-colour brochure; **de ~** [persona] coloured, black; **el atleta de ~ ganó la medalla de oro** the coloured o black athlete won the gold medal; **en ~** [foto, televisor] colour; **tener buen mal ~** [de cara] to have a healthy colour □ **~ azul** blue; **~ local** local colour; **~ primario** primary colour; **~ rojo** red; **~ sólido** fast colour; **~es complementarios** complementary colours. - **2.** *fig* [aspecto] tone; **la situación adquirió un ~ trágico** the situation took on tragic overtones. - **3.** [en los naipes] suit. - **4.** *culto* [pretexto] **so ~ de** under the pretext of. - **5.** *loc:* **cambiar** o **mudar de ~** [gen] to change colour; *fig* [palidecer] to turn pale; *fig* [sonrojarse] to blush; **dar ~ a algo** [pintar] to colour sthg in; *fig* [animar] to brighten o liven sthg up; **no hay ~** it's no contest; **entre un ordenador y una máquina de escribir no hay ~** if you have to choose between a computer and a typewriter, it's no contest; **ponerse de mil ~es** to flush; **sacarle a alguien los ~es (a la cara)** to make sb blush; **le salieron los ~es (a la cara)** he blushed; **subido de ~** [chiste etc] off-colour; **ver ~ a algo** [negocio, asunto etc] to see an improvement in sthg; **ver las cosas de ~ de rosa** to see things through rose-coloured o rose-tinted spectacles.

◆ **colores** *mpl* DEP & MIL colours; **el equipo defendió con orgullo sus ~es** the players showed great pride in fighting for their team.

coloración *f* - **1.** [acción] colouring. - **2.** [color] colouration, colouring. - **3.** BIOL markings *(pl)*; **~ defensiva** protective markings.

colorado, da *adj* - **1.** [color] red; **ponerse ~** to blush, to go red. - **2.** [con color] coloured. - **3.** *fig* [obsceno] risqué; **un chiste ~** a risqué joke.

◆ **colorado** *m* - **1.** [color] red. - **2.** *Amér* MED scarlet fever.

Colorado *m*: **el ~** the Colorado (river).

coloradote, ta *adj fam* ruddy, red-faced.

colorante *adj & m* colouring.

colorar *vt* - **1.** [dar color] to colour. - **2.** [teñir] to dye, to tint. - **3.** [pintar] to paint.

colorear ◇ *vt* - **1.** [dar color] to colour (in). - **2.** *fig* [encubrir] to whitewash, to gloss over. - **3.** [excusar] to justify, to make excuses for. ◇ *vi* - **1.** [enrojecer] to redden, to turn red. - **2.** [madurar] to ripen.

colorete *m* rouge, blusher.

colorido *m* - **1.** [color] colours *(pl)*. - **2.** [brillo] verve, style; **el ensayo tiene poco ~** the essay has a rather poor style.

colorín *m* *(gen pl)* bright colour; **~ colorado, este cuento se ha acabado** and they all lived happily ever after.

colorinche *m Amér* gaudy colours *(pl)*.

colorir [78] ◇ *vt* - **1.** [dar color] to colour. - **2.** *fig* [teñir] to dye. - **3.** [pretextar] to excuse. ◇ *vi* to be coloured.

colorismo *m* - **1.** ARTE colourist style. - **2.** LITER floridity.

colorista *adj* colouristic.

colosal *adj* - **1.** [estatura, tamaño] colossal. - **2.** [extraordinario] great, enormous.

coloso *m* - **1.** [estatua] colossus. - **2.** *fig* [cosa, persona] giant. - **3.** *fig* [fenómeno] colossus, phenomenon.

colt® *m* Colt®.

columna *f* - **1.** ARQUIT column. - **2.** [de ejército] column; **quinta ~** fifth column. - **3.** *fig* [pilar] pillar. - **4.** [en página de libro, periódico] column.

◆ **columna de dirección** *f* AUTOM steering column.

◆ **columna vertebral** *f* ANAT spinal column.

columnata *f* colonnade.

columnista *mf* columnist.

columpiar [8] *vt* to swing.

◆ **columpiarse** *vpr* - **1.** [mecerse] to swing. - **2.** *fam fig* [contonearse] to swagger, to sway. - **3.** *fam fig* [meter la pata] to put one's foot in it.

columpio *m* - **1.** [en parques] swing; **~ basculante** o **de tabla** seesaw. - **2.** *Amér* [mecedora] rocking chair.

colusión *f* collusion.

colutorio *m* mouthwash, gargle.

colza *f* BOT rape.

coma ◇ *m* MED coma; **en ~** in a coma. ◇ *f* - **1.** GRAM comma; **sin faltar una ~** down to the last detail. - **2.** MAT ≃ decimal point. - **3.** MÚS comma, caesura.

comadre *f* - **1.** [mujer chismosa] gossip, gossipmonger. - **2.** [vecina] neighbour. - **3.** [madrina] godmother. - **4.** [relación] mother.

comadrear *vi* to gossip.

comadreja *f* weasel.

comadreo *m* gossip.

comadrón *m fam* male midwife.

comadrona *f* midwife.

comal *m Amér* clay dish used for baking 'tortillas'.

comalia *f* VETER sheep dropsy.

comandancia *f* - **1.** [rango] command. - **2.** [edificio] command headquarters *(pl)*. - **3.** [territorio] district under a commander.

comandante *m* [rango] major; [de un puesto] commander, commandant; **~ de armas** commandant; **~ de barco** captain, commander; **~ en jefe** commander-in-chief.

comandar *vt* MIL to command.

comanditar *vt* COM to finance as a silent partner.

comanditario, ria COM ◇ *adj* silent. ◇ *m, f* silent partner.

comando *m* - **1.** MIL commando; **~ aéreo** air command; **~ terrorista** terrorist unit. - **2.** TECN control; **~ a distancia** remote control. - **3.** INFORM command.

comarca *f* region, area.

comarcal *adj* district *(antes de sust)*, local.

comarcano, na *adj* nearby, neighbouring.

comarcar [10] ◇ *vi* to border on. ◇ *vt* to plant in straight lines.

comatoso, sa *adj* comatose.

comba *f* - **1.** [juego] skipping; **jugar a la ~** to skip. - **2.** [cuerda] skipping rope. - **3.** [curva] curve. - **4.** *Amér* [martillo] large hammer. - **5.** *loc:* **hacer ~s** *fam* to swing one's hips; **no perder ~** *fam* not to miss a chance.

combado, da *adj* curved.

combadura *f* [de alambre, barra] bend; [de pared] bulge; [de viga] sag.

combar *vt* to bend.

◆ **combarse** *vpr* [alambre, barra] to bend; [pared] to bulge; [madera] to warp.

combate *m* - **1.** [gen] fight; [batalla] battle; **~ aéreo** dogfight; **~ naval** o sea battle. - **2.** *fig* [desasosiego] struggle, conflict. - **3.** *loc:* **dejar a alguien fuera de ~** [en boxeo] to knock sb out; *fig* to put sb out of the running; **ganar por fuera de ~** to win by a knockout.

combatible *adj* combatable.

combatiente ◇ *adj* combatant, fighting. ◇ *mf* - **1.** [luchador] combatant, fighter. - **2.** MIL soldier.

combatir ◇ *vi*: ~ **(contra)** to fight (against). ◇ *vt* - **1.** [luchar contra] to combat, to fight. - **2.** [acometer] to attack, to rush upon. - **3.** *fig* [golpear] to beat (upon), to lash; **las olas combatían el acantilado** the waves beat against the bottom of the cliff. - **4.** [agitar] to agitate.
◆ **combatirse** *vpr* - **1.** [pelearse] to fight, to struggle. - **2.** *fig* [agitarse] to become agitated.

combatividad *f* fighting spirit.

combativo, va *adj* aggressive, combative.

combi *m* [frigorífico] fridge-freezer.

combinación *f* - **1.** [gen] combination; **una ~ de letras y cifras** a combination of letters and numbers; **sólo el director conocía la ~ de la caja fuerte** only the manager knew the combination for the safe; **esta ~ de colores no te favorece** that colour combination doesn't suit you ❏ - **métrica** LITER rhyme scheme. - **2.** [de bebidas] cocktail. - **3.** QUÍM compound. - **4.** [prenda] slip. - **5.** [plan] scheme. - **6.** [de medios de transporte] connections *(pl)*; **entre mi casa y la universidad no hay buena ~** the connections between my house and the university aren't very good. - **7.** MAT permutation.

combinado *m* - **1.** [bebida] cocktail. - **2.** DEP combined team. - **3.** *Amér* [radiograma] radiogram.

combinar *vt* - **1.** [gen] to combine; **combina su trabajo con los estudios** she combines her work with her studies. - **2.** [bebidas] to mix. - **3.** [colores] to match. - **4.** [planificar] to arrange, to organize; **fueron descubiertos por la policía cuando combinaban un atraco** they were caught by the police planning a robbery.
◆ **combinarse** *vpr* - **1.** [hacer turnos] to take turns; **se combinan para cuidar el niño** they take turns looking after the child. - **2.** [mezclarse] to blend.

combinatorio, ria *adj* combinatorial.
◆ **combinatoria** *f* MAT combinatorial analysis.

combo, ba *adj* bent, curved.
◆ **combo** *m* - **1.** [para vinos] *stand on which wine casks are placed*. - **2.** *Amér* [mazo] sledgehammer. - **3.** *Amér* [puñetazo] punch, blow.

combustibilidad *f* combustibility.

combustible ◇ *adj* combustible. ◇ *m* fuel; ~ **fósil** fossil fuel.

combustión *f* combustion; ~ **espontánea** spontaneous combustion.

comecocos *m inv fam* - **1.** [para convencer]: **este panfleto es un ~** this pamphlet is designed to brainwash you. - **2.** [cosa difícil de comprender] mind-bending problem o puzzle.

COMECON *(abrev de* **Council for Mutual Economic Assistance)** *m* COMECON.

comedero ◇ *m* - **1.** [para animales] trough. - **2.** [comedor] dining room. ◇ *adj* edible.

comedia *f* - **1.** [obra, género] comedy; **alta ~** high comedy; ~ **de capa y espada** cloak-and-dagger play; ~ **de costumbres/de enredo** comedy of manners/of intrigue; ~ **en un acto** one-act play; ~ **ligera** light comedy; ~ **musical** musical (comedy). - **2.** *fig* [engaño] farce; **hacer la ~** *fam* to pretend, to make believe. - **3.** [edificio] theatre.

comediante, ta *m, f* - **1.** [profesional] actor (*f* actress). - **2.** *fig* [farsante] fraud.

comedido, da *adj* - **1.** [moderado] moderate, restrained. - **2.** [cortés] courteous, polite. - **3.** *Amér* [servicial] obliging.

comedimiento *m* moderation, restraint.

comedio *m* - **1.** [de lugar] centre, middle. - **2.** [de tiempo] interval.

comediógrafo, fa *m, f* playwright, dramatist.

comedirse [26] *vpr* - **1.** [moderarse] to be restrained. - **2.** *Amér* [entrometerse] to meddle, to interfere.

comedor, ra ◇ *adj* gluttonous. ◇ *m, f* glutton.
◆ **comedor** *m* - **1.** [habitación - de casa] dining room; [- de fábrica] canteen. - **2.** [muebles] dining-room suite.

comendador *m* - **1.** MIL knight commander. - **2.** RELIG prelate.

comendadora *f* mother superior.

comensal *mf* fellow diner.

comentador, ra *m, f* - **1.** [comentarista] commentator. - **2.** [cotilla] malicious gossip.

comentar *vt* [opinar sobre] to comment on; [hablar de] to discuss.

comentario *m* - **1.** [observación] comment, remark; **¡huelgan los ~s!, sin ~s** no comment. - **2.** [crítica] commentary.
◆ **comentarios** *mpl* - **1.** [murmuraciones] gossip *(U)*. - **2.** [memorias] commentaries.

comentarista *mf* commentator.

comenzar [34] ◇ *vt* to start, to begin; ~ **a hacer algo** to start doing o to do sthg; **en septiembre comienzan a caer las hojas de los árboles** in September, the leaves start falling from the trees; ~ **diciendo que...** to start o begin by saying that... ◇ *vi* to start, to begin; ~ **con** to begin with; **una lista de nombres que comienza con 'm'** a list of names that begin with 'm'; ~ **por** to begin with o by; **comenzó por el segundo** he began with the second one; **comenzó por explicar las reglas** he began by explaining the rules.

comer ◇ *vi* [ingerir alimentos - gen] to eat; [- al mediodía] to have lunch; **en casa comemos a las tres** we have lunch at three o'clock at home; ~ **fuera** to eat out; **dar de ~** to feed ❏ ~ **y callar** *fam fig* beggars can't be choosers; **ser de buen ~** *fam fig* to have a healthy appetite. ◇ *vt* - **1.** [alimentos] to eat; **hoy hemos comido pescado** we had fish today. - **2.** [colores] to fade. - **3.** [en juegos de tablero] to take, to capture. - **4.** *fig* [consumir] to eat up; **le come la envidia** she's eaten up by envy. - **5.** [metales] to corrode; **la humedad se come el hierro** moisture causes iron to rust. - **6.** *loc*: **sin ~lo ni beberlo** through no fault of one's own; **tener qué ~** to have enough to live on.
◆ **comerse** *vpr* - **1.** [alimentos] to eat; **me he comido un helado de chocolate** I had a chocolate ice cream. - **2.** *fig* [consumirse] to eat up. - **3.** [metales] to corrode. - **4.** [en juegos de tablero] to take, to capture. - **5.** *fam* [palabras]: **~se las palabras** to swallow one's words. - **6.** [pelearse] to have it in for one another. - **7.** [ser mejor que]: **mi trabajo se come al tuyo** my job beats yours. - **8.** *Amér vulg* [fornicar]: **~se a** to fuck.

comerciable *adj* marketable.

comercial ◇ *adj* commercial. ◇ *m Amér* commercial, advertisement.

comercialización *f* marketing.

comercializar [13] *vt* to market.

comerciante ◇ *adj* trading. ◇ *mf* tradesman (*f* tradeswoman); [tendero] shopkeeper; ~ **al por mayor** wholesaler; ~ **al por menor** retailer.

comerciar [8] *vi* to trade, to do business.

comercio *m* - **1.** [de productos] trade; **ha aumentado el ~ con los países del este de Europa** trade with Eastern Europe has increased ❏ ~ **exterior/interior** foreign/domestic trade; **libre ~** free trade. - **2.** [actividad] business, commerce; **esta región se dedica fundamentalmente a la industria y al ~** this region's economy is based on industry and commerce. - **3.** [tienda] shop.

comestible *adj* edible, eatable; **las setas pueden ser ~s o venenosas** mushrooms can be either edible or poisonous.
◆ **comestibles** *mpl* [gen] food *(U)*; [en una tienda] groceries; **en estos grandes almacenes han abierto una sección de ~s** this department store has opened a food hall.

cometa ◇ *m* ASTRON comet. ◇ *f* kite.

cometer *vt* - **1.** [crimen] to commit; [error] to make. - **2.** [encargar] to charge with; **me cometieron la realización del plan** they charged me with carrying out the plan.

cometido *m* - **1.** [objetivo] mission, task. - **2.** [deber] duty.

comezón *f* - **1.** [picor] itch, itching *(U)*. - **2.** *fig* [remordimiento] twinge; [deseo] urge, itch.

comible *adj fam* just about edible.

cómic (*pl* **cómics**), **comic** (*pl* **comics**) *m* (adult) comic.

comicidad *f* humorousness.

comicios *mpl* - **1.** POL elections. - **2.** HIST comitia.

cómico, ca ◇ *adj* - **1.** [de la comedia] comedy (*antes de sust*), comic. - **2.** [gracioso] comic, comical. ◇ *m, f* [actor de teatro] actor (*f* actress); [humorista] comedian (*f* comedienne), comic.

comida[1] *etc v* → **comedirse**.

comida[2] ◇ *adj f* → **comido**. ◇ *f* - **1.** [alimento] food (*U*); **los anoréxicos sienten aversión por la** ~ anorexics have an aversion to food; **me gustan las** ~**s picantes** I like spicy food ❏ **cambiar la** ~ *fam* to throw up. - **2.** [acción] eating. - **3.** [almuerzo, cena etc] meal; ~ **campestre** picnic; '~ **corrida**' *Amér* 'meals served all day'; ~ **preparada/rápida** convenience/fast food. - **4.** [al mediodía] lunch; **sirvieron la** ~ **a las dos** they served lunch at two.

comidiera *etc v* → **comedirse**.

comidilla *f fam*: **ser/convertirse en la** ~ **del pueblo** to be/to become the talk of the town.

comidió *v* → **comedirse**.

comido, da *adj* fed; **estar** ~ to have eaten ❏ ~ **y bebido** *fam fig* kept, supported; **ser** ~ **por servido** *fam fig* to be unprofitable; **sin haberlo** ~ **ni bebido** *fig* through no fault of his/her *etc* own.

comience *etc v* → **comenzar**.

comienzo *m* start, beginning; **al** ~ at first, at the beginning; **a** ~**s de los años 50** in the early 1950s; **dar** ~ to start, to begin; **en breves momentos dará** ~ **el partido** the match will start in a few moments.

comillas *fpl* inverted commas, quotation marks; **abrir/cerrar** ~ to open/close quotation marks; **entre** ~ in inverted commas.

comilón, ona *fam* ◇ *adj* greedy. ◇ *m, f* [persona] greedy pig, glutton.

comilona *f fam* [festín] blow-out; **darse una** ~ to have a blow-out.

comino *m* [planta] cumin, cummin; **me importa un** ~ *fig* I don't give a damn; **no valer un** ~ *fig* not to be worth tuppence.

COMINTERN (*abrev de* **Internacional Comunista**) *f* COMINTERN, the Third International.

comisar *vt* to confiscate.

comisaría *f*, **comisariato** *m* - **1.** [oficina] police station, precinct *Am*; ~ **de policía** police station. - **2.** [cargo] commisariat.

comisario, ria *m, f* - **1.** [jefe]: ~ **(de policía)** police superintendent. - **2.** [delegado] commissioner; **alto** ~ high commissioner; ~ **político** political commissar.

comiscar [10] *vt* to nibble at.

comisión *f* - **1.** [de un delito] perpetration. - **2.** COM commission; **(trabajar) a** ~ (to work) on a commission basis ❏ ~ **fija** ECON flat fee; **comisiones bancarias** bank charges. - **3.** [delegación] committee, commission; ~ **investigadora** committee of inquiry; ~ **mixta** joint committee; ~ **parlamentaria** parliamentary committee; ~ **permanente** standing commission; ~ **planificadora** planning board; ~ **de servicio** special assignment. - **4.** [encargo] task, assignment.

comisionado, da ◇ *adj* commissioned. ◇ *m, f* committee member.

◆ **comisionado** *m Amér* commissioner.

comisionar *vt* to commission.

comisionista *mf* commission agent.

comiso *m* DER - **1.** [acción] confiscation. - **2.** [objetos] confiscated goods (*pl*).

comisorio, ria *adj* DER valid for a specified period.

comistrajo *m fam* hodgepodge.

comisura *f* corner (of mouth, eyes).

comité *m* committee; ~ **ejecutivo** executive committee; ~ **de empresa** works council; ~ **permanente** standing committee.

comitiva *f* retinue.

como ◇ *adv* - **1.** (*comparativo*) [lo mismo que]: **ser** ~ **algo** to be like sthg; **volar** ~ **un pájaro** to fly like a bird; **habla** ~ **tú** he speaks like you (do); **vive** ~ **un rey** he lives like a king; **tan...** ~**... as... as...**; **es (tan) negro** ~ **el carbón** it's as black as coal; **lo que dijo fue** ~ **para ruborizarse** his words were enough to make you blush. - **2.** [de la manera que] as; **lo he hecho** ~ **es debido** I did it as o the way it should be done; **me encanta** ~ **bailas** I love the way you dance. - **3.** [según] as; ~ **dice la Biblia** as the Bible says; ~ **te decía ayer...** as I was telling you yesterday... - **4.** [en calidad de] as; ~ **presidente que es, tiene que asistir** as president, he must attend; **trabaja** ~ **bombero** he works as a fireman; **dieron el dinero** ~ **anticipo** they gave the money as an advance. - **5.** [aproximadamente] about; **me quedan** ~ **mil pesetas** I've got about a thousand pesetas left; **estamos** ~ **a mitad de camino** we're about halfway there; **tiene un sabor** ~ **a naranja** it tastes a bit like an orange. - **6.** [por ejemplo] such as, like; **me gustan deportes** ~ **el tenis y el golf** I like sports such as tennis and golf. ◇ *conj* - **1.** [ya que] as, since; ~ **no llegabas, nos fuimos** as o since you didn't arrive, we left. - **2.** [si] if; ~ **no me hagas caso, lo pasarás mal** if you don't listen to me, there will be trouble. - **3.** [que] that; **después de tantas veces** ~ **te lo he explicado** after all the times (that) I've explained it to you.

◆ **como quiera** *loc adv* [de cualquier modo] anyway, anyhow.

◆ **como que** *loc conj* - **1.** [que] that; **le pareció** ~ **que lloraban** it seemed to him (that) they were crying. - **2.** [expresa causa]: **pareces cansado** - ~ **que he trabajado toda la noche** you seem tired - well, I've been up all night working. - **3.** [expresa incredulidad]: ~ **que te voy a creer a ti que eres un mentiroso** as if I'd believe a liar like you! - **4.** [como si] as if; **mira a tu alrededor** ~ **que buscas algo** look around you, as if you were looking for something.

◆ **como quiera que** *loc conj* - **1.** [de cualquier modo que] whichever way, however; ~ **quiera que elijas** whichever way o however you choose; ~ **quiera que sea** whatever the case may be. - **2.** [dado que] since, given that; ~ **quiera que la mayoría parece estar a favor...** since the majority seems to be in favour...

◆ **como si** *loc conj* as if.

cómo ◇ *adv* - **1.** [de qué modo, por qué motivo] how; ¿~ **lo has hecho**? how did you do it?; ¿~ **son**? what are they like?; ¿~ **estás**? how are you?; **no sé** ~ **has podido decir eso** I don't know how you could say that; ¿~ **que no la has visto nunca**? what do you mean you've never seen her?; ¿**a** ~ **están los tomates**? how much are the tomatoes?; ¿~? *fam* [¿qué dices?] sorry?, what?; ¿~ **es eso**? *fam* [¿por qué?] how come? - **2.** [exclamativo] how; ¡~ **pasan los años**! how time flies!; ¡~ **no**! of course!; **está lloviendo, ¡y** ~! it isn't half raining! ◇ *m*: **el** ~ **y el porqué** the whys and wherefores (*pl*).

cómoda ◇ *adj f* → **cómodo**. ◇ *f* chest of drawers.

cómodamente *adv* - **1.** [confortablemente] comfortably. - **2.** [de forma conveniente] conveniently.

comodidad *f* - **1.** [gen] comfort, convenience (*U*); **para su** ~ for your convenience. - **2.** [ventaja] advantage.

◆ **comodidades** *fpl* comforts.

comodín ◇ *m* - **1.** [naipe] joker. - **2.** *fig* [cosa] multipurpose gadget; [persona] jack-of-all-trades. - **3.** [pretexto] weak excuse. - **4.** *Amér* [comodón] comfort lover. ◇ *adj Amér* [comodón] comfort-loving.

cómodo, da *adj* - **1.** [gen] comfortable. - **2.** [útil] convenient. - **3.** [oportuno, fácil] easy.

comodón, ona ◇ *adj* [amante de la comodidad] comfort-loving; [vago] laid-back; **no seas** ~ don't be lazy. ◇ *m, f* [amante de la comodidad] comfort-lover; [vago] laid-back person.

comodoro *m* commodore.

comoquiera *adv*: ~ **que** [de cualquier manera que] whichever way, however; [dado que] since, seeing as.

compa *mf Amér fam* mate, buddy.

compacidad *f* compactness.

compact ['kompak] (*pl* **compacts**) *m* compact disc player.

compactación *f* INFORM compression; ~ **de ficheros** zipping.

compactar *vt* to compress.

compact disk [kompak'dis] (*pl* **compact disks** [kompak'dis]), **compact disc** (*pl* **compact discs**) *m* compact disc.

compacto, ta *adj* compact.

compactoteca *f* compact disc library.

compadecer [30] *vt* - **1.** [tener lástima] to pity, to feel sorry for. - **2.** [desgracias ajenas] to sympathize with; **compadezco los problemas del director** I sympathize with the problems of the director.
♦ **compadecerse** *vpr* - **1.** [sentir lástima]: ~**se de** to pity, to feel sorry for. - **2.** [armonizar, coincidir]: ~**se (con)** to coincide (with); **sus ideas no se compadecen con las mías** their ideas don't coincide with mine.

compadraje *m* - **1.** [relación] *relationship between parents and godparents*. - **2.** [conspiración] conspiracy.

compadrar *vi* - **1.** [ser padrino] to become a godparent. - **2.** [hacerse amigo] to become friends.

compadrazgo *m* - **1.** [padrinazgo] godparenthood. - **2.** [relación] *relationship between parents and godparents*. - **3.** [conspiración] conspiracy.

compadre *m* - **1.** *fam* [amigo] friend, mate. - **2.** [padrino] godfather. - **3.** [relación] father. - **4.** *Amér fam* [engreído] braggart, show-off.

compaginador, ra *m, f* - **1.** [en imprenta] pager. - **2.** [ordenador] arranger.

compaginar *vt* - **1.** [combinar] to reconcile. - **2.** [en imprenta] to make up. - **3.** [ordenar] to arrange, to put in order.
♦ **compaginarse** *vpr*: ~**se con** to square with, to go together with.

compañerismo *m* comradeship.

compañero, ra *m, f* - **1.** [pareja, acompañante] companion; **la actriz asistió junto a su actual** ~ the actress was accompanied by her current partner. - **2.** [colega] colleague; ~ **de armas** comrade in arms; ~ **de clase** classmate; ~ **de colegio** schoolmate; ~ **de cuarto** roommate; ~ **de fatigas** fellow sufferer; ~ **de juego** playmate; ~ **de piso** flatmate; ~ **de trabajo** workmate, colleague; ~ **de viaje** travelling companion. - **3.** [par]: **el** ~ **de este guante** the other glove of this pair.

compañía *f* company; **el actor había debutado en una pequeña** ~ **de cómicos** the actor had started off with a small company of comedians; **le perdieron las malas** ~**s** he was led astray by the bad company he kept; **su** ~ **resulta siempre agradable** her company is always pleas-

ant; **en** ~ **de** accompanied by, in the company of; **hacer** ~ **a alguien** to keep sb company; **cuando estaba sola en casa, la radio le hacía** ~ when she was on her own at home, the radio kept her company □ ~ **naviera** shipping company; ~ **petrolera** oil company; ~ **de seguros** insurance company.

comparable *adj* comparable.

comparación *f* - **1.** [similitud] comparison; **no es conveniente establecer comparaciones entre hermanos** it's not a good idea to compare brothers and sisters; **en** ~ **con** in comparison with, compared to; **en** ~ **con tu casa, ésta es mucho mejor** compared to your house, this one is much better; **sin** ~ beyond comparison; **'El Globo' es, sin** ~**, el periódico más vendido del país** 'El Globo' is by far the best-selling newspaper in the country. - **2.** LITER simile.

comparado, da *adj* comparative.

comparar *vt*: ~ **algo (con)** to compare sthg (to); **comparé los precios y me quedé el más barato** I compared the prices and took the cheapest one.

comparativamente *adv* comparatively.

comparativo, va *adj* comparative.
♦ **comparativo** *m* GRAM comparative.

comparecencia *f* appearance.

comparecer [30] *vi* to appear.

compareciente DER ◇ *adj* appearing. ◇ *mf* person appearing.

comparición *f* DER - **1.** [comparecencia] appearance. - **2.** [orden, mandato] summons *(sg)*.

comparsa ◇ *f* - **1.** TEATRO extras *(pl)*. - **2.** [en carnaval] *group of people at carnival in same costume and with masks*. ◇ *mf* - **1.** TEATRO extra. - **2.** *fig* [en carreras, competiciones] also-ran; *fig* [en organizaciones, empresas] nobody.

compartimentar *vt* to compartmentalize.

compartimento, compartimiento *m* - **1.** [parte, en un tren] compartment; ~ **de fumadores** smoking compartment. - **2.** [división] division; ~ **estanco** watertight compartment.

compartir *vt* - **1.** [ganancias] to share (out). - **2.** [piso, ideas] to share.

compás (*pl* **compases**) *m* - **1.** [instrumento] pair of compasses; ~ **de calibres** callipers *(pl)*; ~ **de división** dividers *(pl)*; ~ **de espesores** thickness gauge; ~ **de proporción** proportional dividers *(pl)*. - **2.** NÁUT [brújula] compass. - **3.** [MÚS - periodo] bar; [- ritmo] rhythm, beat; **al** ~ **(de la música)** in time (with the music); **llevar** o **marcar el** ~ to keep time; **perder el** ~ to lose the beat □ ~ **binario/ternario** double/triple time. - **4.** *fig* [regla] rule.
♦ **compás de espera** *m* pause, interlude.

compasado, da *adj* moderate.

compasar *vt* - **1.** [medir] to measure with a pair of com-

---

USO ▶ Comparación

Establecer una comparación entre personas

She's as pleased about it as you (are).
They're both as lazy as each other.
She's (much) taller than you (are).
He's nowhere near as good as her o as she is.
Compared to his brother, he's a genius!
Unlike his father, Tony's always been interested in art.
He's not a patch on you at golf! [*Br, familiar*]
Like father, like son!

Establecer una comparación entre dos cosas, dos lugares, dos ideas etc

In comparison to London, Copenhagen is quite small.
In comparison with Rovers, United are doing pretty well.
London is, by comparison, quite a peaceful city.

This year's results are pretty good compared with last year's.
Her skill doesn't compare with that of most beginners. [= *es inferior a*]
It's like this one, only smaller.
There's not much to choose between them. [= *son muy parecidos*]
Which do I prefer? Well, there's no comparison!

▶ *en un tono más formal:*

In contrast with o to his former policies, his new approach seems more interventionist.
I want to look at this from a theoretical as opposed to a purely practical angle.
The former is highly traditional in conception; the latter is more up-to-date.

passes. - **2.** *fig* [gastos, tiempo] to apportion. - **3.** MÚS to divide into bars.

compasillo *m* MÚS four-four time.

compasión *f* compassion, pity; **llamar** o **mover a la** ~ to move to pity; **sin** ~ merciless; **tener** ~ **de** to feel sorry for ❏ ¡**por** ~! for pity's sake!

compasivo, va *adj* compassionate, sympathetic.

compatibilidad *f* [gen & INFORM] compatibility.

compatibilizar [13] *vt* to make compatible.

compatible *adj* [gen & INFORM] compatible.

compatriota *mf* compatriot, fellow countryman (*f* fellow countrywoman).

compeler *vt* to compel, to force.

compendiador, ra ◇ *adj* summarizing. ◇ *m, f* abridger.

compendiar [8] *vt* - **1.** [cualidades, características] to summarize. - **2.** [libro, historia] to abridge.

compendio *m* - **1.** [libro] compendium. - **2.** *fig* [síntesis] epitome, essence; **en** ~ in short, in brief.

compendioso, sa *adj* concise.

compendizar [13] *vt* - **1.** [cualidades, características] to summarize. - **2.** [libro, historia] to abridge.

compenetración *f* - **1.** [entendimiento] mutual understanding. - **2.** [penetración] interpenetration.

compenetrarse *vpr* - **1.** [entenderse] to understand each other. - **2.** [penetrar] to interpenetrate.

compensación *f* - **1.** [gen] compensation; **en** ~ (**por**) in return (for). - **2.** BANCA compensation; ~ **bancaria** bank clearing.

compensador, ra *adj* compensating.
◆ **compensador** *m* compensator.

compensar *vt* - **1.** [valer la pena] to make up for; **no me compensa (perder tanto tiempo)** it's not worth my while (wasting all that time). - **2.** [indemnizar]: ~ **a alguien (de** o **por)** to compensate sb (for).

compensatorio, ria *adj* compensatory.

competencia *f* - **1.** [entre personas, empresas] competition; **hacer la** ~ **a** to compete with o against; **a** ~ as rivals; **de** ~ competitive ❏ ~ **desleal** ECON unfair competition, dumping. - **2.** [incumbencia] field, province. - **3.** [aptitud, atribuciones] competence. - **4.** *Amér* [competición] competition.

competente *adj* competent; ~ **en materia de** responsible for.

competer ◆ **competer a** *vi* [gen] to be up to, to be the responsibility of; [una autoridad] to come under the jurisdiction of.

competición *f* competition.

competidor, ra ◇ *adj* rival, competing. ◇ *m, f* competitor.

competir [26] *vi* - **1.** [contender]: ~ (**con/por**) to compete (with/for). - **2.** [igualar]: ~ (**con**) to be on a par with; **este coche compite con aquél** this car is on a par with that one.

competitividad *f* competitiveness.

competitivo, va *adj* competitive.

compilación *f* [acción] compiling; [colección] compilation.

compilador, ra ◇ *adj* compiling (*antes de sust*). ◇ *m, f* [persona] compiler.
◆ **compilador** *m* INFORM compiler.

compilar *vt* [gen & INFORM] to compile.

compinche *mf fam* crony.

compita, compitiera *etc* *v* → **competir**.

complacencia *f* pleasure, satisfaction.

complacer [29] *vt* to please.
◆ **complacerse** *vpr*: ~**se de** o **por** to delight in, to take pleasure in.

complacido, da *adj* satisfied, content; ~ **de sí** self-satisfied, smug.

complaciente *adj* - **1.** [amable] obliging, helpful. - **2.** [indulgente] indulgent. - **3.** [satisfactorio] satisfying.

complejidad, complexidad *f* complexity.

complejo, ja *adj* - **1.** [complicado] complex. - **2.** MAT compound.
◆ **complejo** *m* complex; ~ **de Edipo/ de Electra /de inferioridad/de superioridad** Oedipus/Electra/inferiority/superiority complex; ~ **fundamental** GEOL basal complex; ~ **industrial** industrial park.

complementar *vt* to complement.
◆ **complementarse** *vpr* to complement each other.

complementario, ria *adj* complementary.

complemento *m* - **1.** [añadido] complement. - **2.** (*gen pl*) [de vestir] accessory. - **3.** GRAM object, complement; ~ **agente** agent; ~ **circunstancial** adjunct; ~ **directo/indirecto** direct/indirect object. - **4.** [perfección] culmination.

completamente *adv* completely, entirely.

completar *vt* - **1.** [acabar] to complete. - **2.** [perfeccionar] to perfect.
◆ **completarse** *vpr* to be completed.

completo, ta *adj* - **1.** [entero, perfecto] complete; **un deportista muy** ~ an all-round sportsman ❏ **por** ~ completely; **me convenció por** ~ she completely convinced me. - **2.** [lleno] full; **los hoteles de la costa están** ~**s** the hotels along the coast are all full. - **3.** [acabado] completed, finished.

complexidad *f* = **complejidad**.

complexión *f* - **1.** FISIOLOGÍA build. - **2.** LITER anadiplosis.

complicación *f* - **1.** [gen] complication. - **2.** [complejidad] complexity.

complicado, da *adj* - **1.** [difícil] complicated. - **2.** [implicado]: ~ (**en**) involved (in).

complicar [10] *vt* - **1.** [dificultar] to complicate. - **2.** [comprometer]: ~ **a alguien (en)** to involve sb (in).
◆ **complicarse** *vpr* [problema] to become complicated; [enfermedad] to get worse.

cómplice ◇ *mf* accomplice; ~ **encubridor/instigador** accessory after the fact/before the fact. ◇ *adj* accessory.

complicidad *f* complicity.

complot (*pl* **complots**), **compló** (*pl* **complós**) *m* plot, conspiracy.

componedor, ra *m, f* - **1.** [de textos] typesetter. - **2.** *Amér* [de huesos] bonesetter.
◆ **componedor** *m* [en imprenta] composing stick.

componenda *f* shady deal.

componente ◇ *adj* component, constituent. ◇ *m* - **1.** [gen & ELECTR] component. - **2.** [persona] member.

componer [65] ◇ *vt* - **1.** [formar un todo, ser parte de] to make up. - **2.** [música, versos] to compose. - **3.** [arreglar] to repair. - **4.** [adornar - cosa] to deck out, to adorn; [- persona] to dress up. - **5.** [en imprenta] to set, to compose. - **6.** [ensalada] to dress. - **7.** [reconciliar] to reconcile; ~ **a dos enemigos** to reconcile two enemies. - **8.** *fam* [estómago] to settle. - **9.** MAT to compound. - **10.** *Amér* [hueso] to set. - **11.** *Amér* [gallo de pelea, caballo de carreras] to prime. - **12.** *Amér* [castrar] to castrate. ◇ *vi* LITER & MÚS to compose.
◆ **componerse** *vpr* - **1.** [estar formado]: ~**se de** to be made up of, to consist of; **el grupo se compone de artistas y músicos** the group is made up of artists and musicians. - **2.** [engalanarse] to dress up. - **3.** [calmarse] to compose o.s. - **4.** [reconciliarse] to reconcile, to make up. - **5.** *loc*: **allá se las compongan** that's their problem; **componérselas (para hacer algo)** to manage (to do sthg).

componible *adj* reconcilable.

comportable *adj* bearable, tolerable.

comportamiento *m* behaviour.

comportar *vt* to involve, to entail.
◆ **comportarse** *vpr* to behave.

composición *f* - **1.** [gen] composition; ~ **química** chemistry; **hacer** o **hacerse una** ~ **de lugar** to size up the situation. - **2.** [mesura] composure. - **3.** [tipográfica] typography.

compositor, ra ◇ *m, f* - **1.** [músico] composer. - **2.** *Amér* [de caballos] trainer. - **3.** *Amér* MED bonesetter. ◇ *adj* composing.

compostelano, na ◇ *adj* of/relating to Santiago de Compostela. ◇ *m, f* native/inhabitant of Santiago de Compostela.

compostura *f* - **1.** [en comportamiento] restraint; **guardar la** ~ to show restraint. - **2.** [reparación] repair; **en** ~ under repair. - **3.** [de persona, rostro] composure. - **4.** [estructura] composition, make-up. - **5.** [mezcla] compound, mixture. - **6.** [convenio] agreement, arrangement.

compota *f* CULIN compote, stewed fruit *(U)*.

compotera *f* compote bowl o dish.

compra *f* purchase; **por la** ~ **de una enciclopedia te regalan un televisor** if you buy an encyclopaedia, they'll give you a television free; **algunos supermercados te llevan la** ~ **a casa** some supermarkets deliver your shopping to your home; **hacer** ~**s** to shop; **ir de** ~**s** to go shopping; **ir a** o **hacer la** ~ to do the shopping; **los sábados va** o **hace la** ~ **para toda la semana** on Saturdays she does the shopping for the whole week ❑ ~ **al contado/a plazos** cash/hire purchase.

comprable, compradero, ra *adj* purchasable.

comprador, ra ◇ *adj* buying, purchasing. ◇ *m, f* [gen] buyer, purchaser; [en una tienda] shopper, customer.

comprar *vt* - **1.** [adquirir] to buy, to purchase; ~ **algo a alguien** to buy sthg from sb ❑ ~ **al barrer** *Amér* to buy without careful selection. - **2.** [sobornar] to buy (off), to bribe.

compraventa *f* buying and selling, trading.

comprehensivo, va *adj* = **comprensivo**.

comprender *vt* - **1.** [incluir] to include, to comprise. - **2.** [entender] to understand.

◆ **comprenderse** *vpr* [personas] to understand each other.

comprensible *adj* understandable, comprehensible.

comprensión *f* - **1.** [entendimiento] understanding. - **2.** [en lógica] intension.

comprensivo, va, comprehensivo, va *adj* understanding.

compresa *f* - **1.** [para menstruación] sanitary towel *Br*, sanitary napkin *Am*. - **2.** [para herida] compress; ~ **fría** cold compress.

compresible *adj* compressible.

compresión *f* compression.

compresivo, va *adj* compressive, compressing.

compresor, ra *adj* compressing.

◆ **compresor** *m* compressor.

comprimido, da *adj* - **1.** [apretado] compressed. - **2.** *fig* [reprimido] restricted, repressed.

◆ **comprimido** *m* pill, tablet.

comprimir *vt* - **1.** [apretar] to compress. - **2.** *fig* [reprimir] to contain, to repress.

comprobación *f* - **1.** [verificación] checking. - **2.** [prueba] proof, evidence.

comprobante ◣ *m* [documento] supporting document, proof *(U)*; [recibo] receipt.

comprobar [23] *vt* - **1.** [averiguar] to check. - **2.** [demostrar] to prove.

comprometedor, ra *adj* compromising.

comprometer *vt* - **1.** [poner en peligro - éxito etc] to jeopardize; [- persona] to compromise; [- salud] to impair. - **2.** [avergonzar] to embarrass. - **3.** [hacer responsable]: ~ **a alguien (a hacer algo)** to oblige o compel sb (to do sthg). - **4.** [someter a arbitraje]: **comprometerán el acuerdo en un juez** they will submit the agreement to the arbitration of a judge.

◆ **comprometerse** *vpr* - **1.** [hacerse responsable]: ~**se (a hacer algo)** to commit o.s. (to doing sthg). - **2.** [ideológicamente, moralmente]: ~**se (en algo)** to become involved (in sthg).

comprometido, da *adj* - **1.** [con una idea] committed. - **2.** [difícil] compromising, awkward. - **3.** [involucrado] involved, implicated; **estar** ~ [prometido] to be engaged; [ocupado] to be tied up.

comprometimiento *m* involvement.

compromisario, ria *adj* arbitrating, mediating.

◆ **compromisario** *m* - **1.** [delegado] delegate, representative *(in an election)*. - **2.** [árbitro] arbitrator, mediator.

compromiso *m* - **1.** [obligación] commitment; [acuerdo] agreement; **el gobierno reafirmó su** ~ **de acabar con el paro** the government emphasized its commitment to putting an end to unemployment; **las dos partes llegaron a un** ~ the two parties reached an agreement; **sin** ~ without obligation; **es una joven soltera y sin** ~ she's young, free and single; **se han ofrecido a hacerme un presupuesto sin** ~ they've offered to do an estimate, no obligation. - **2.** [cita] engagement; **esta noche tengo un** ~ **y no podré salir con vosotros** I'm busy this evening, so I won't be able to go out with you ❑ ~ **matrimonial** engagement. - **3.** [dificultad] compromising o difficult situation; **estar en** ~ to be in question; **poner en** ~ to call into question. - **4.** DER arbitration.

◆ **compromisos** *mpl Amér* curls.

compuerta *f* - **1.** [de canal] sluice, floodgate; ~ **de exclusa** sluicegate; ~ **de marea** floodgate. - **2.** [en puerta] hatch.

compuesta *f* BOT composite.

compuesto, ta ◇ *pp* → **componer**. ◇ *adj* - **1.** [formado]: ~ **de** composed of, made up of. - **2.** [palabra] compound *(antes de sust)*. - **3.** [persona] dressed up. - **4.** *fig* [mesurado] composed, calm. - **5.** ARQUIT & BOT composite.

◆ **compuesto** *m* GRAM & QUÍM compound.

compulsa *f* - **1.** [comparación] comparison. - **2.** DER certified o true copy.

compulsar *vt* - **1.** [comparar] to check against the original. - **2.** DER to make an official copy of. - **3.** *Amér* [compeler] to oblige, to compel.

compulsión *f* DER compulsion, duress.

compulsivo, va *adj* compulsive, urgent.

compunción *f* - **1.** [arrepentimiento] compunction, remorse. - **2.** *fig* [tristeza] sorrow, sadness.

compungido, da *adj* contrite, remorseful.

compungir [15] *vt* - **1.** [causar remordimientos] to cause compunction o remorse. - **2.** [entristecer] to sadden.

◆ **compungirse** *vpr*: ~**se (por)** [arrepentirse] to feel compunction o remorse (about); [entristecerse] to feel sad (about).

compusiera *etc v* → **componer**.

computable *adj* computable.

computación *f* calculation, computation.

computador *m*, **computadora** *f* computer.

computadorizar *vt* = **computarizar**.

computar *vt* - **1.** [calcular] to compute, to calculate. - **2.** [considerar] to count, to regard as valid.

computarizar, computadorizar, computerizar [13] *vt* to computerize.

cómputo *m* calculation.

comulgante ◇ *adj* communicating. ◇ *mf* communicant.

comulgar [16] ◇ *vi* - **1.** RELIG to take communion. - **2.** *fig* [estar de acuerdo]: ~ **con algo** to share sthg. ◇ *vt* to administer communion to.

comulgatorio *m* communion rail.

común ◇ *adj* - **1.** [gen] common; **poco** ~ unusual; **la ballena azul es poco** ~ blue whales are unusual o rare; **poner en** ~ [conocimiento] to pool; **por lo** ~ generally; **por lo** ~, **suele venir pronto** she generally arrives early. - **2.** [compartido - amigo, interés] mutual; [- bienes, pastos] communal; **el motociclismo es nuestra afición** ~ we both like motorcycling; **había un sentimiento** ~ **de repudio al terrorismo** there was a general feeling that terrorism should be rejected; **tener algo en** ~ to have sthg in common; **hacer algo en** ~ to do sthg together. - **3.** [vino etc] ordinary, average. **- 4.** FIN common, public. ◇ *m* [gente, pueblo] general public o population; **el ~ de las gentes** the majority, most people.

◆ **comunes** *mpl* [asignaturas] general subjects.

comuna *f* commune.

comunal *adj* communal.

comunero, ra ◇ *adj* **- 1.** [popular] popular. **- 2.** HIST *relating to the uprisings in Castile during the reign of Carlos I.* **- 3.** *Amér* HIST pro-independence. ◇ *m, f* **- 1.** [copropietario] joint owner. **- 2.** HIST *supporter of the uprisings in Castile during the reign of Carlos I.* **- 3.** *Amér* HIST supporter of independence.

◆ **comuneros** *mpl Amér* towns with joint pasture land.

comunicable *adj* communicable.

comunicación *f* **- 1.** [gen] communication; **guiñar los ojos es un ejemplo de ~ no verbal** winking is an example of non-verbal communication; **ponerse en ~ con alguien** to get in touch with sb ❑ **medios de ~ de masas** mass media. **- 2.** [escrito oficial] communiqué; [informe] report; **en el próximo congreso presentaré una ~** I'll be giving a report at the next conference.

◆ **comunicaciones** *fpl* communications.

comunicado, da *adj*: **bien ~** [lugar] well-served, with good connections.

◆ **comunicado** *m* announcement, statement; **~ oficial** communiqué; **~ a la prensa** press release.

comunicante ◇ *adj* communicating. ◇ *mf* informant.

comunicar [10] ◇ *vt* **- 1.** [transmitir - sentimientos, ideas] to convey; [- movimiento, virus] to transmit; **aquella música comunicaba una profunda tristeza** that music conveyed a feeling of great sadness. **- 2.** [información]: **~ algo a alguien** to inform sb of sthg, to tell sb sthg. ◇ *vi* **- 1.** [hablar - gen] to communicate; [- al teléfono] to get through. **- 2.** [escribir] to get in touch. **- 3.** [dos lugares]: **~ con algo** to connect with sthg, to join sthg; **el vestíbulo comunica con el salón** the hall leads to the living room. **- 4.** [el teléfono] to be engaged *Br*, to be busy *Am*; **está comunicando** the line's engaged.

◆ **comunicarse** *vpr* **- 1.** [hablarse] to communicate (with each other); **los sordomudos se comunican por señas** deaf-mutes communicate using sign language. **- 2.** [dos lugares] to be connected. **- 3.** [propagarse] to spread.

comunicativo, va *adj* **- 1.** [persona] communicative, open. **- 2.** [risa etc] infectious.

comunidad *f* **- 1.** [gen] community; **~ autónoma** autonomous region, *regional division of the Spanish state, which has its own parliament, cabinet, etc*; **~ de propietarios** residents' association ❑ **de ~** jointly, in common; **en ~** together. **- 2.** [espiritual etc] communion; **~ de bienes** co-ownership *(between spouses)*.

◆ **comunidades** *fpl* HIST *popular uprisings in Castile during the reign of Carlos I.*

◆ **Comunidad Económica Europea** *f*: **la Comunidad (Económica Europea)** the European (Economic) Community.

◆ **Comunidad Valenciana** *f*: **la Comunidad Valenciana** autonomous community of Valencia.

comunión *f lit & fig* communion.

comunismo *m* communism.

comunista *adj & mf* communist.

comunitario, ria *adj* **- 1.** [de la comunidad] community *(antes de sust)*. **- 2.** [de la CEE] Community *(antes de sust)*, of the European Community.

comúnmente *adv* **- 1.** [generalmente] commonly, generally. **- 2.** [usualmente] usually, ordinarily.

con *prep* **- 1.** [gen] with; **¿~ quién vas?** who are you going with?; **lo ha conseguido ~ su esfuerzo** he has achieved it through his own efforts; **una cartera ~ varios documentos** a briefcase containing several documents; **~ el tiempo lo olvidé** in time I forgot it. **- 2.** [a pesar de] in spite of; **~ todo** despite everything; **~ lo estudioso que es, le suspendieron** for all his hard work, they still failed him.

- 3. [hacia]: **para ~** towards; **es amable para ~ todos** she is friendly towards o with everyone. **- 4.** (+ *infin*) [para introducir una condición] by (+ *gerund*); **~ hacerlo así** by doing it this way; **~ salir a las diez es suficiente** if we leave at ten, we'll have plenty of time. **- 5.** [a condición de que]: **~ (tal) que** (+ *subjuntivo*) as long as; **~ que llegue a tiempo me conformo** I don't mind as long as he arrives on time. **- 6.** [para expresar queja o decepción]: **mira que perder ¡~ lo bien que jugaste!** it's bad luck you lost, you played really well!

conato *m* **- 1.** [intento] attempt; **un ~ de robo** an attempted robbery; **un ~ de incendio** the beginnings of a fire. **- 2.** [empeño] effort.

concadenar *vt* = concatenar.

concatenación *f* **- 1.** [encadenamiento] succession. **- 2.** LITER anadiplosis.

concatenar, concadenar *vt* to link together.

concavidad *f* **- 1.** [cualidad] concavity. **- 2.** [lugar] hollow.

cóncavo, va *adj* concave.

◆ **concavo** *m* cavity, hollow.

concebible *adj* conceivable, imaginable.

concebir [26] ◇ *vt* **- 1.** [plan] to conceive; [imaginar] to imagine. **- 2.** [hijo] to conceive. **- 3.** [sentir] to begin to feel; **una antipatía por** to take a dislike to. ◇ *vi* to conceive.

concedente *adj* granting, conceding.

conceder *vt* **- 1.** [dar] to grant; [premio] to award. **- 2.** [asentir] to admit, to concede.

concejal, la *m, f* (town) councillor.

concejalía *f* seat on the town council.

concejo *m* (town) council.

concelebrar *vt* to concelebrate.

concentración *f* **- 1.** [gen] concentration. **- 2.** [de gente] gathering. **- 3.** DEP training camp.

◆ **concentración parcelaria** *f* ECON land consolidation.

concentrado *m* concentrate.

concentrar *vt* **- 1.** [gen] to concentrate. **- 2.** [reunir - gente] to bring together; [- tropas] to assemble.

◆ **concentrarse** *vpr* to concentrate.

concéntrico, ca *adj* concentric.

concepción *f* conception.

conceptismo *m* LITER conceptism.

concepto *m* **- 1.** [idea] concept; **formarse un ~ de algo** to conceptualize sthg. **- 2.** [opinión] opinion; **tener buen ~ de**, tener en buen ~ a to think highly of. **- 3.** [motivo]: **bajo ningún ~** under no circumstances; **en ~ de** by way of, as; **por ningún ~** by no means; **por o bajo todos los ~s** in every respect. **- 4.** [de una cuenta] heading, item.

conceptual *adj* conceptual.

conceptualismo *m* conceptualism.

conceptualista ◇ *adj* conceptualistic. ◇ *mf* conceptualist.

conceptuar [6] *vt* to consider, to judge.

conceptuoso, sa *adj* **- 1.** [afectado] affected, laboured. **- 2.** [agudo] witty.

concerniente *adj*: **~ a** concerning, regarding.

concernir [21] *v impers* to concern; **en lo que concierne a** as regards; **por lo que a mí me concierne** as far as I'm concerned.

concertación *f* settlement.

concertado, da ◇ *adj* arranged. ◇ *m, f Amér* servant.

concertador, ra ◇ *adj* arranging. ◇ *m, f* arranger.

concertar [19] ◇ *vt* **- 1.** [precio] to agree on; [cita, matrimonio] to arrange; [pacto] to reach. **- 2.** MÚS to harmonize. **- 3.** [concluir] to settle, to conclude. ◇ *vi* **- 1.** [concordar]: **~ (con)** to tally (with), to fit in (with). **- 2.** GRAM to agree; **el adjetivo tiene que ~ con el sustantivo** the adjective has to agree with the noun.

◆ **concertarse** *vpr* **- 1.** [ponerse de acuerdo] to reach an agreement. **- 2.** [ajustarse] to go together. **- 3.** MÚS to be in tune. **- 4.** *Amér* [criado] to offer one's services.

concertina *f* concertina.

concertino *m* first violin.

concertista *mf* soloist.

concesible *adj* grantable.

concesión *f* - **1.** [de préstamo etc] granting; [de premio] awarding. - **2.** COM & *fig* concession; **hacer concesiones** to make concessions.

concesionario, ria ◇ *adj* concessionary. ◇ *m, f* [persona con derecho exclusivo de venta] licensed dealer; [titular de una concesión] concessionaire, licensee.

concha ◇ *adj f* → **concho**. ◇ *f* - **1.** [de los animales] shell; **meterse en su** ~ *fig* to crawl into one's shell. - **2.** [material] tortoiseshell. - **3.** TEATRO prompter's box. - **4.** *Amér vulg* [coño] cunt. - **5.** *Amér fam* [descaro] nerve, cheek; **tener muchas** ~**s** to be very sharp.

♦ **concha de su madre** *mf Amér vulg* bastard.

conchabanza *f* - **1.** [acomodo] comfort. - **2.** *fam* [complot] plot, conspiracy.

conchabar *vt* - **1.** [unir] to join. - **2.** [mezclar] to mix, to blend. - **3.** *Amér* [sirviente] to hire, to take on.

♦ **conchabarse** *vpr fam:* ~**se (contra)** to gang up (on).

conchabo *m Amér* domestic service.

concho, cha *adj Amér* - **1.** [ámbar] amber. - **2.** [rojo] dark red.

♦ **concho** *m Amér* - **1.** [residuos] dregs *(pl)*. - **2.** BOT maize husk *Br*, corn husk *Am*. - **3.** [final] end, finish.

♦ **conchos** *mpl Amér* leftovers.

conchudo, da *adj Amér vulg* bloody stupid.

conciba, concibiera *etc v* → **concebir**.

conciencia, consciencia *f* - **1.** [conocimiento] consciousness, awareness; **tener/tomar** ~ **de** to be/become aware of. - **2.** [moral, integridad] conscience; **a** ~ conscientiously; **ancho de** ~ unscrupulous; **en** ~ in good faith; **sin** ~ unscrupulous; **me remuerde la** ~ I have a guilty conscience ❑ ~ **social** social conscience.

concienciar [8] *vt* to make aware.

♦ **concienciarse** *vpr* to become aware.

concienzudamente *adv* conscientiously.

concienzudo, da *adj* conscientious.

concierna *etc v* → **concernir**.

concierta *etc v* → **concertar**.

concierto *m* - **1.** [actuación] concert. - **2.** [composición] concerto. - **3.** [acuerdo] agreement; **de** ~ in agreement. - **4.** [orden] order.

conciliábulo *m* secret meeting.

conciliación *f* [en un litigio] reconciliation; [en un conflicto laboral] conciliation.

conciliador, ra *adj* conciliatory.

conciliar [8] ◇ *adj* conciliar. ◇ *vt* to reconcile; ~ **el sueño** to get to sleep.

♦ **conciliarse** *vpr* to win, to gain; ~**se el respeto de todos** to gain everyone's respect.

conciliativo, va, conciliatorio, ria *adj* conciliatory.

concilio *m* council; ~ **ecuménico** ecumenical council.

concisión *f* conciseness.

conciso, sa *adj* concise.

concitar *vt* to stir up, to arouse.

conciudadano, na *m, f* fellow citizen.

cónclave, conclave *m* conclave.

concluir [51] ◇ *vt* - **1.** [terminar] to conclude; ~ **haciendo** o **por hacer algo** to end up doing sthg. - **2.** DER to sum up. ◇ *vi* to (come to an) end.

♦ **concluirse** *vpr* to finish, to end.

conclusión *f* - **1.** [gen] conclusion; **llegar a una** ~ to come to o to reach a conclusion; **en** ~ in conclusion. - **2.** DER summary, summing up.

conclusivo, va *adj* conclusive, final.

concluso, sa *adj* DER closed pending sentence.

concluyente *adj* conclusive.

concomerse *vpr:* ~ **de** [envidia] to be green with; [arrepentimiento] to be consumed with; [impaciencia] to be itching with.

concomitancia *f* concomitance.

concomitante *adj* concomitant.

concomitar *vt* to go with.

concordación *f* - **1.** [coordinación] coordination. - **2.** [conciliación] conciliation.

concordador, ra ◇ *adj* - **1.** [que coordina] coordinating. - **2.** [que concilia] conciliating. ◇ *m, f* - **1.** [coordinador] coordinator. - **2.** [conciliador] conciliator.

concordancia *f* [gen & GRAM] agreement.

concordar [23] ◇ *vt* to reconcile. ◇ *vi:* ~ **(con)** [estar de acuerdo] to agree o tally (with); GRAM to agree (with).

concordato *m* concordat.

concorde *adj* in accord, in agreement.

concordia *f* - **1.** [armonía] harmony; **de** ~ of a common accord. - **2.** [ajuste] agreement, settlement. - **3.** [sortija] double ring.

concreción *f* - **1.** [acción y efecto] precision. - **2.** [de partículas] concretion. - **3.** MED stone, calculus.

concretamente *adv* specifically.

concretar *vt* - **1.** [precisar] to specify, to state exactly. - **2.** [reducir a lo esencial] to summarize.

♦ **concretarse** *vpr* - **1.** [limitarse]: ~**se a hacer algo** to confine o limit o.s. to doing sthg. - **2.** [materializarse] to take shape.

concretizar [13] *vt* to specify, to state exactly.

concreto, ta *adj* specific, particular; **nada en** ~ nothing definite ❑ **en** ~ [en resumen] in short; [específicamente] specifically.

♦ **concreto armado** *m Amér* concrete.

concubina *f* concubine.

concubinato *m* concubinage.

concuerda *v* → **concordar**.

conculcar [10] *vt* - **1.** [ley] to infringe, to break. - **2.** [pisotear] to trample underfoot.

concuñado, da *m, f* [hermano del cuñado] *brother or sister of one's brother-in-law or sister-in-law*; [cónyuge del cuñado] *spouse of one's brother-in-law or sister-in-law*.

concupiscencia *f* concupiscence, lustfulness.

concupiscente *adj* - **1.** [lascivo] lascivious. - **2.** [avaro] greedy.

concupiscible *adj* - **1.** [deseable] desirable. - **2.** [que hace desear] sensual; **apetito** ~ sexual appetite.

concurrencia *f* - **1.** [asistencia] attendance; [espectadores] crowd, audience. - **2.** [de sucesos] concurrence. - **3.** COM competition; **no** ~ DER non-competition clause.

concurrente ◇ *adj* concurrent. ◇ *mf* person present.

concurrido, da *adj* [bar, calle] crowded, busy; [espectáculo] well-attended.

concurrir *vi* - **1.** [reunirse]: ~ **a algo** to go to sthg, to attend sthg. - **2.** [influir]: ~ **(a)** to contribute (to). - **3.** [participar]: ~ **a** [concurso] to take part in, to compete in; [examen] to sit *Br*, to take. - **4.** [converger] to converge, to meet. - **5.** [convenir] to concur, to agree; ~ **en** to agree on, to concur on.

concursante *mf* [en concurso] competitor, contestant; [en oposiciones] candidate.

concursar *vi* [competir] to compete, to participate; [en oposiciones] to be a candidate.

concurso *m* - **1.** [prueba - literaria, deportiva] competition; [- de televisión] game show; **fuera de** ~ out of the running ❑ ~ **de belleza** beauty contest. - **2.** [para una obra] tender; **salir a** ~ to be put out to tender. - **3.** [ayuda] cooperation. - **4.** DER bankruptcy proceedings *(pl)*.

concusión *f* - **1.** [extorsión] extortion. - **2.** [sacudimiento] concussion.

concusionario, ria ◇ *adj* extortive. ◇ *m, f* extortionist.

concuspiscente *adj* - **1.** [lascivo] lascivious. - **2.** [avaro] greedy.

condado *m* [territorio] county.

condal *adj* → **ciudad**.

conde, desa *m, f* count (*f* countess).

CONDECA (*abrev de* **Consejo de Defensa Centro-americana**) *m* Central American defence council.

condecoración *f* - **1.** [insignia] medal. - **2.** [acto] decoration.

condecorar *vt* to decorate.

condena *f* sentence; **cumplir** ~ to serve a sentence ◻ ~ **condicional** suspended sentence; ~ **a perpetuidad** life sentence.

condenable *adj* condemnable.

condenación *f* - **1.** [desaprobación] condemnation. - **2.** RELIG damnation. - **3.** [DER - juicio] sentence; [- declaración] conviction.

condenadamente *adj* bloody, damn.

condenado, da ◇ *adj* - **1.** [a una pena] convicted, sentenced; [a un sufrimiento] condemned. - **2.** *fam* [maldito] damned, wretched. - **3.** *Amér* [astuto] shrewd, astute. ◇ *m, f* convicted person; [a muerte] condemned person; **trabajar como un** ~ *fig* to work like a slave.

condenar *vt* - **1.** [declarar culpable] to convict. - **2.** [castigar]: ~ **a alguien a algo** to sentence sb to sthg. - **3.** [predestinar]: **estar condenado a** to be doomed to. - **4.** [recriminar] to condemn. - **5.** [desaprobar] to disapprove of. - **6.** [molestar] to annoy, to bother.

◆ **condenarse** *vpr* to be damned.

condenatorio, ria *adj* condemnatory.

condensable *adj* condensable.

condensación *f* condensation.

condensado, da *adj* condensed.

condensador, ra *adj* condensing.

◆ **condensador** *m* condenser; ~ **eléctrico** capacitor; ~ **de fuerza** accumulator.

condensar *vt lit & fig* to condense.

condescendencia *f* - **1.** [benevolencia] graciousness, kindness. - **2.** [altivez] condescension.

condescender [20] *vi*: ~ **a** [con amabilidad] to consent to, to accede to; [con desprecio] to deign to, to condescend to.

condescendiente *adj* obliging.

condestable *m* HIST constable.

condición *f* - **1.** [gen] condition; **a o con la** ~ **de que alguien haga algo** on condition that sb does sthg; **con una sola** ~ on one condition; **sin condiciones** unconditional. - **2.** [naturaleza] nature. - **3.** [clase social] social class; **de** ~ **humilde** of humble circumstances. - **4.** [calidad] capacity; **en su** ~ **de abogado** in his capacity as a lawyer.

◆ **condiciones** *fpl* - **1.** [aptitud] talent (*U*), ability (*U*). - **2.** [circunstancias] conditions; **condiciones atmosféricas/de vida** weather/living conditions. - **3.** [estado] condition (*U*); **estar en condiciones de o para hacer algo** [físicamente] to be in a fit state to do sthg; [por la situación] to be in a position to do sthg; **no estar en condiciones** [carne, pescado] to be off. - **4.** COM terms; **condiciones acostumbradas/convenidas** usual/agreed terms; **condiciones de un contrato** terms of a contract **condiciones de pago** terms of payment; **condiciones de venta** conditions of sale.

condicionado, da *adj* conditioned; ~ **a** subject to, dependent upon.

condicional *adj & m* conditional.

condicionamiento *m* conditioning.

condicionante *m* determinant.

condicionar ◇ *vt*: ~ **algo a algo** to make sthg dependent on sthg. ◇ *vi* to fit.

condigno, na *adj* commensurate; ~ **de** commensurate with.

condimentación *f* seasoning.

condimentar *vt* to season.

condimento *m* seasoning (*U*).

condiscípulo, la *m, f* schoolmate.

condolencia *f* condolence.

condolerse [24] *vpr*: ~ **(de)** to feel pity (for).

condominio *m* - **1.** [de un territorio] condominium; [de una cosa] joint ownership. - **2.** *Amér* [edificio] block of flats *Br*, condominium *Am*.

condón *m* condom.

condonación *f* - **1.** [acción] condoning. - **2.** [resultado] pardon, forgiveness.

condonar *vt* - **1.** [deuda, pena] to remit. - **2.** [violencia, terrorismo] to condone.

cóndor *m* - **1.** [pájaro] condor. - **2.** *Amér* [moneda] condor.

conducción *f* - **1.** [de vehículo] driving. - **2.** [por tubería] piping; [por cable] wiring. - **3.** [conducto - de agua, gas] pipe; [- de electricidad] cable. - **4.** *fig* [dirección] management, running. - **5.** COM wage o price agreement.

conducente *adj* conductive.

conducir [33] ◇ *vt* - **1.** [vehículo] to drive. - **2.** [dirigir - empresa] to manage, to run; [- ejército] to lead; [- asunto] to handle; **conduce su empresa con mano férrea** he runs his company very strictly. - **3.** [persona] to lead; **condujo a la novia al altar** he led the bride to the altar. - **4.** [por tubería, cable - calor] to conduct; [- líquido] to convey; [- electricidad] to carry. ◇ *vi* - **1.** [en vehículo] to drive. - **2.** [a sitio, situación]: ~ **a** to lead to; **tu despreocupación te conducirá a la ruina** your carefree attitude will lead to your downfall.

◆ **conducirse** *vpr* to behave.

conducta *f* - **1.** [proceder] behaviour, conduct; **cambiar de** ~ to change one's ways ◻ **mala** ~ misconduct. - **2.** [dirección] direction.

conductismo *m* PSICOL behaviourism.

conductividad *f* FÍS conductivity.

conducto *m* - **1.** [de fluido] pipe. - **2.** *fig* [vía] channel; **por** ~ **de** through. - **3.** ANAT duct.

conductor, ra ◇ *adj* FÍS conductive. ◇ *m, f* - **1.** [de vehículo] driver. - **2.** FÍS conductor. - **3.** *Amér* [cobrador] conductor.

conduela *etc v* → **condolerse**.

condueño, ña *m, f* joint owner, co-owner.

conectado, da *adj* - **1.** ELECTR: ~ **(a)** connected (to). - **2.** INFORM on-line.

conectador *m* TECN connector.

conectar ◇ *vt* [engranar] to connect; [acoplar] to hook up, to couple; [enchufar] to plug in; ~ **algo (a o con)** to connect sthg (to o up to). ◇ *vi*: ~ **con** RADIO & TV to go over to; [persona] to contact.

conejero, ra ◇ *adj* rabbit-hunting. ◇ *m, f* [criador] rabbit breeder; [vendedor] rabbit seller.

◆ **conejera** *f* - **1.** [madriguera] (rabbit) warren; [conejar] rabbit hutch. - **2.** *fig* [guarida] den.

conejillo ◆ **conejillo de Indias** *m* guinea pig.

conejo, ja *m, f* - **1.** [mamífero] rabbit (*f* doe); ~ **a la cazadora** CULIN rabbit cooked in olive oil with chopped onion, garlic and parsley; **ser una coneja** *mfam fig* to have one baby after another. - **2.** *Amér* [cobayo] guinea pig. - **3.** *Amér* [agutí] agouti. - **4.** *Amér* [pez] type of salmonoid fish.

conexión *f* - **1.** [gen] connection. - **2.** RADIO & TV link-up; ~ **vía satélite** satellite link.

◆ **conexiones** *fpl* [influencia] connections.

conexionarse *vpr* - **1.** [en trato social, comercial] to establish contacts. - **2.** [ponerse en contacto] to get in touch, to get in contact.

conexo, xa *adj* related, connected.

confabulación *f* - **1.** [complot] conspiracy. - **2.** [discusión] conference, discussion.

confabulador, ra *m, f* [intrigante] schemer.

confabular *vi desus* to converse.

◆ **confabularse** *vpr*: ~**se (para)** to plot o conspire (to).

confección *f* - **1.** [de ropa] tailoring, dressmaking; **de** ~ off-the-peg. - **2.** [de lista] drawing up. - **3.** [de comida] preparation, making. - **4.** [fármaco] confection.

confeccionar *vt* - **1.** [ropa] to make (up). - **2.** [lista] to draw up. - **3.** [plato] to prepare; [bebida] to mix. - **4.** [fármaco] to compound, to confect.

confederación *f* confederation.

confederado, da *adj* confederate.

◆ **confederado** *m* HIST Confederate.

confederarse *vpr* to confederate, to form a confederation.

confederativo, va *adj* confederative.

conferencia *f* - **1.** [charla] lecture; **dar una** ~ to give a talk o lecture ❑ ~ **de prensa** press conference. - **2.** [reunión] conference. - **3.** [por teléfono] (long-distance) call; **poner una** ~ to make a long-distance call ❑ ~ **a cobro revertido** reverse-charge call *Br*, collect call *Am*.

conferenciante *mf* lecturer.

conferenciar [8] *vi* to have a discussion.

conferencista *mf Amér* lecturer.

conferir [27] *vt* - **1.** [cualidad] to give; ~ **algo a alguien** [honor, dignidad] to confer o bestow sthg upon sb; [responsabilidades] to give sthg to sb. - **2.** [comparar] to compare.

confesante ◇ *adj* confessing. ◇ *mf* DER *person who makes a statement in court.*

confesar [19] *vt* [gen] to confess; [debilidad] to admit.

◆ **confesarse** *vpr* RELIG: ~**se (de algo)** to confess (sthg).

confesión *f* - **1.** [gen] confession; **oír en** ~ to hear the confession of. - **2.** [credo] religion, (religious) persuasion.

confesional *adj* denominational; **estado** ~ *country with an official state religion.*

confesionario *m* confessional.

confeso, sa ◇ *adj* - **1.** [confitente] self-confessed. - **2.** [convertido] converted. ◇ *m, f* converted Jew.

◆ **confeso** *m* [monje] lay brother.

confesor *m* confessor.

confeti *mpl* confetti *(U).*

confiable *adj* reliable, trustworthy.

confiado, da *adj* [seguro] confident; [crédulo] trusting.

confianza *f* - **1.** [seguridad]: ~ **(en)** confidence (in); **tengo plena** ~ **en su trabajo** I have the utmost confidence in her work; ~ **en uno mismo** self-confidence. - **2.** [fe] trust; **de** ~ trustworthy; **el chico que le mando es de** ~ the boy I'm sending you is trustworthy. - **3.** [familiaridad] familiarity; **amigo de** ~ close o intimate friend; **con toda** ~ in all confidence; **puedes hablar con toda** ~ you can talk quite freely; **en** ~ in confidence; **en** ~, **no creo que apruebe** don't tell anyone I said this, but I doubt she'll pass; **ser digno de** ~ to be trustworthy; **tengo mucha** ~ **con él** I am very close to him.

confianzudo, da *adj fam* forward, fresh.

confiar [9] *vt* - **1.** [secreto] to confide. - **2.** [responsabilidad, persona, asunto]: ~ **algo a alguien** to entrust sthg to sb.

◆ **confiar en** *vi* - **1.** [tener fe] to trust in; **confío en su palabra** I trust his word. - **2.** [suponer]: ~ **en que** to be confident that; **confío en que venga esta noche** I'm confident she'll come tonight.

◆ **confiarse** *vpr* - **1.** [despreocuparse] to be too sure (of o.s.), to be overconfident; **se confió demasiado y no pudo entregar el trabajo a tiempo** he was too sure of himself and didn't manage to hand the work in on time. - **2.** [sincerarse]: ~**se a** to confide in; **la niña se confió a su mejor amiga** the girl confided in her best friend.

confidencia *f* confidence, secret; **hacer** ~**s a** to confide in.

confidencial *adj* confidential.

confidencialidad *f* confidentiality.

confidencialmente *adv* confidentially.

confidente ◇ *mf* - **1.** [amigo] confidant (*f* confidante). - **2.** [soplón] informer. ◇ *adj* faithful.

confiera *etc v* → **conferir**.

confiesa *etc v* → **confesar**.

configuración *f* - **1.** [gen & INFORM] configuration. - **2.** [del terreno] lie; [de la costa] outline, shape; [de ciudad] layout.

configurar *vt* - **1.** [formar] to shape, to form. - **2.** INFORM to configure.

confín ◇ *m* (*gen pl*) - **1.** [límite] border, boundary. - **2.** [del reino, universo] outer reaches *(pl)*; **en los confines de** on the very edge of. ◇ *adj* bordering, adjoining.

confinación *f* - **1.** [destierro] exile. - **2.** [encierro] confinement.

confinado, da ◇ *adj* - **1.** [limitado] confined. - **2.** [desterrado] exiled. ◇ *m, f* - **1.** [preso] prisoner. - **2.** [desterrado] exile.

confinamiento *m*: ~ **(en)** [de un detenido] confinement (to); [de un desterrado] banishment (to).

confinar ◇ *vt*: ~ **(en)** [detener] to confine (to); [desterrar] to banish (to). ◇ *vi* [lindar]: ~ **con** to border on; **Colombia confina con Venezuela** Colombia borders on Venezuela.

◆ **confinarse** *vpr* to shut o.s. away, to confine o.s.

confiriera *etc v* → **conferir**.

confirmación *f* [gen & RELIG] confirmation.

confirmado, da ◇ *adj* confirmed. ◇ *m, f* RELIG confirmed person.

confirmador, ra ◇ *adj* confirmatory, confirmative. ◇ *m, f* confirmer.

confirmante ◇ *adj* confirming. ◇ *mf* confirmer.

confirmar *vt* [verificar] to confirm; [corroborar] to support, to endorse.

confirmatorio, ria *adj* confirmatory, confirmative.

confiscable *adj* confiscable.

confiscación *f* confiscation, appropriation.

confiscar [10] *vt* to confiscate.

confitado, da *adj* candied; **frutas confitadas** crystallized fruit *(U).*

confitar *vt* to candy.

confite *m* sweet *Br*, candy *Am*.

confitera *f* → **confitero**.

confitería *f* - **1.** [tienda] sweetshop, confectioner's. - **2.** *Amér* [cafetería] cafe.

confitero, ra *m, f* confectioner.

◆ **confitera** *f* [caja] sweet box *Br*, candy box *Am*; [vasija] sweet dish *Br*, candy dish *Am*.

confitura *f* preserve, jam.

conflagración *f* conflict, war.

conflictividad *f* conflict; ~ **laboral** industrial unrest.

conflictivo, va *adj* [asunto] controversial; [situación] troubled; [trabajador] difficult.

conflicto *m* - **1.** [gen] conflict; [de intereses, opiniones] clash; ~ **laboral** industrial dispute. - **2.** [apuro] quandary, dilemma.

confluencia *f* confluence; **la** ~ **de las dos calles** the place where the two roads meet.

confluente ◇ *adj* confluent. ◇ *m* confluence.

confluir [51] *vi*: ~ **(en)** [corriente, cauce] to converge o meet (at); [personas] to come together o to gather (in).

conformación *f* [configuración] shape.

conformar ◇ *vt* - **1.** [configurar] to shape. - **2.** [adaptar] to adapt; **hay que** ~ **la conducta a las reglas** one has to adapt one's behaviour to the rules. ◇ *vi* [ajustarse] to agree; **estas cifras no conforman** these figures are not in agreement.

◆ **conformarse con** *vpr* [suerte, destino] to resign o.s. to; [apañárselas con] to make do with; [contentarse con] to settle for.

conforme ◇ *adj* - **1.** [acorde]: ~ **a** in accordance with. - **2.** [de acuerdo]: ~ **(con)** in agreement (with). - **3.** [contento]: ~ **(con)** happy (with). ◇ *adv* - **1.** [gen] as; ~ **envejecía** as he got older; **te lo cuento** ~ **lo vi** I'm telling you exactly what I saw. - **2.** [en cuanto] as soon as; ~ **amanezca, iré** I'll leave as soon as it gets light; ~ **a** in accordance o keeping with. ◇ *m* approval; **el jefe puso el** ~ **al pie de la página** the boss put his endorsement at the bottom of the page.

conformidad *f* [aprobación]: ~ **(con)** approval (of); **dar uno su** ~ to give one's consent; **de** ~ in agreement.

conformismo *m* conformity.

conformista *adj & mf* conformist.

confort (*pl* **conforts**) *m* comfort; **'todo** ~**'** 'all mod cons'.

confortable *adj* comfortable.

confortación *f* - **1.** [consuelo] consolation, comfort. - **2.** [fortalecimiento] invigoration.

confortador, ra ◊ *adj* - **1.** [animador] comforting, consoling. - **2.** [fortalecedor] invigorating. ◊ *m, f* comforter, consoler.

confortante *adj* comforting, consoling.

confortar *vt* - **1.** [consolar] to console, to comfort. - **2.** [animar] to cheer, to encourage.

confraternidad *f* brotherhood.

confraternizar [13] *vi* to get along (like brothers).

confrontación *f* - **1.** [enfrentamiento] confrontation. - **2.** [comparación] comparison.

confrontar ◊ *vt* - **1.** [enfrentar] to confront. - **2.** [comparar] to compare. ◊ *vi* to border.

◆ **confrontarse** *vpr* to be faced o confronted.

confucianismo, confucionismo *m* Confucianism.

confuciano, na *adj & m, f* Confucianist.

Confucio *m* Confucius.

confucionismo *m* = **confucianismo**.

confundido, da *adj* - **1.** [avergonzado] embarrassed. - **2.** [equivocado] confused.

confundir *vt* - **1.** [trastocar]: ~ **una cosa con otra** to mistake one thing for another; ~ **dos cosas** to get two things mixed up. - **2.** [liar] to confuse; **sus preguntas confunden a cualquiera** her questions are enough to confuse anyone. - **3.** [mezclar] to mix up. - **4.** [abrumar] to embarrass, to overwhelm.

◆ **confundirse** *vpr* - **1.** [equivocarse] to make a mistake; ~**se de piso** to get the wrong flat; **se ha confundido** [al teléfono] you've got the wrong number. - **2.** [liarse] to get confused; **me confundo con tanta información** I get confused by all that information. - **3.** [mezclarse]: ~**se (en)** [colores, siluetas] to merge (into); ~**se entre la gente** [personas] to lose o.s. in the crowd.

confusamente *adv* - **1.** [con turbación] confusedly. - **2.** [en desorden] in confusion, in disorder.

confusión *f* - **1.** [gen] confusion; **hubo una gran ~ en la sala** there was great confusion in the room. - **2.** [error] mix-up; **ha habido una** ~ there has been a bit of a mix-up. - **3.** [vergüenza] embarrassment, abashment.

confusionismo *m* confusion.

confuso, sa *adj* - **1.** [estilo, explicación] obscure. - **2.** [poco claro - rumor] muffled; [- clamor, griterío] confused; [- contorno, forma] blurred. - **3.** [persona] confused, bewildered.

confutación *f desus* disproof.

confutar *vt desus* to disprove.

conga *f* - **1.** [baile, música] conga. - **2.** *Amér* [hormiga] *large poisonous ant.* - **3.** *Amér* [rata] *large greyish rodent.* - **4.** *Amér* [tupé] toupee.

congelación *f* - **1.** [de alimentos] freezing. - **2.** [de precios, salarios] freeze. - **3.** MED frostbite.

congelado, da *adj* - **1.** [helado] frozen. - **2.** MED frostbitten.

◆ **congelados** *mpl* frozen foods.

congelador *m* freezer.

congelante *adj* freezing.

congelar *vt* - **1.** [helar & ECON] to freeze. - **2.** MED to affect with frostbite. - **3.** [coagular] to congeal, to coagulate.

◆ **congelarse** *vpr* to freeze.

congénere ◊ *mf* kind o sort (of person). ◊ *adj* congeneric, congenerous.

congenial *adj* congenial.

congeniar [8] *vi*: ~ **(con)** to get on (with).

congénito, ta *adj* [enfermedad] congenital; [talento] innate.

congestión *f* congestion; ~ **cerebral** stroke; ~ **pulmonar** pneumonia.

congestionado, da *adj* [gen] congested; [nariz] bunged up, blocked up.

congestionar *vt* to block.

◆ **congestionarse** *vpr* - **1.** AUTOM & MED to become congested. - **2.** [de rabia etc] to flush, to turn purple.

congestivo, va *adj* MED congestive.

conglobación *f* - **1.** [montón] heaping up. - **2.** *fig* [de palabras, de ideas] conglomeration. - **3.** [en retórica] accumulation of arguments.

conglomeración *f* conglomeration.

conglomerado *m* - **1.** GEOL & TECN conglomerate. - **2.** *fig* [mezcla] combination.

conglomerante ◊ *adj* agglutinative. ◊ *m* agglutinant, bonding o adhesive material.

conglomerar *vt* - **1.** TECN to conglomerate. - **2.** *fig* [intereses etc] to unite.

conglutinación *f* conglutination.

conglutinar *vt* to conglutinate.

◆ **conglutinarse** *vpr* to conglutinate.

conglutinoso, sa *adj* conglutinative, adhesive.

congo *m Amér* - **1.** [de tabaco] second crop tobacco leaf. - **2.** [mono] howler monkey. - **3.** [baile] congo. - **4.** [pez] *black-striped teleost fish.*

Congo *m*: **el** ~ (the) Congo.

congoja *f* [angustia] anguish; [pena] sorrow, grief.

congojar *vt* to distress.

congojoso, sa *adj* - **1.** [afligido] distressed, anguished; [apenado] sad, sorrowful. - **2.** [que causa congoja] distressing, painful.

congoleño, ña *adj & m, f* Congolese.

congraciador, ra *adj* winning.

congraciarse [8] *vpr*: ~ **con alguien** to win sb over.

congratulación *f culto* congratulation.

congratular *vt*: ~ **a alguien (por)** to congratulate sb (on).

◆ **congratularse** *vpr*: ~**se (por)** to be pleased (about).

congratulatorio, ria *adj culto* congratulatory.

congregación *f* congregation.

congregar [16] *vt* to assemble, to bring together.

congresista *Esp*, **congresal** *Amér mf* - **1.** [en un congreso] delegate. - **2.** [político] congressman (*f* congresswoman).

congreso *m* - **1.** [de una especialidad] congress. - **2.** [asamblea nacional]: ~ **de diputados** [en España] *lower house of Spanish Parliament*, ≃ House of Commons *Br*, ≃ House of Representatives *Am*. - **3.** [edificio] parliament building.

◆ **Congreso** *m*: **el Congreso** [en Estados Unidos] Congress.

congrio *m* conger eel.

congrua *f* - **1.** [subvención] *additional payment made to some state employees.* - **2.** [renta del que se ordena] *adequate income required of a person to be ordained.*

congruencia *f* congruity.

congruente *adj* consistent, congruous.

cónico, ca *adj* conical.

conífero, ra *adj* coniferous.

◆ **conífera** *f* conifer.

conforme *adj* conical.

conjetura *f* conjecture; **hacer** ~**s, hacerse una** ~ to conjecture.

conjeturar *vt* to conjecture about, to make predictions about.

conjuez (*pl* **conjueces**) *mf* joint judge.

conjugable *adj* conjugable.

conjugación *f* - **1.** GRAM conjugation. - **2.** [de opiniones] combination; [de esfuerzos, ideas] pooling.

conjugado, da *adj* - **1.** MAT & GRAM conjugate. - **2.** [combinado] combined.

conjugar [16] *vt* - **1.** GRAM to conjugate. - **2.** [opiniones] to bring together, to combine; [esfuerzos, ideas] to pool. - **3.** *Amér* [discutir con] to quarrel with.

◆ **conjugarse** *vpr* - **1.** GRAM to be conjugated. - **2.** [mezclarse] to fit together.

conjunción *f* - **1.** ASTRON & GRAM conjunction. - **2.** [de hechos, esfuerzos] combination.

conjuntado, da *adj* coordinated.

conjuntamente *adv* jointly, together.

conjuntar *vt* to coordinate.

conjuntiva *f* → **conjuntivo**.

conjuntivitis *f inv* conjunctivitis.

conjuntivo, va *adj* conjunctive.

◆ **conjuntiva** *f* conjunctiva.

conjunto, ta *adj* [gen] joint; [hechos, acontecimientos] combined.

◆ **conjunto** *m* - **1.** [gen] set, collection; **un** ~ **de circunstancias** a number of reasons ❑ ~ **urbanístico** housing estate *Br*, housing project *Am*. - **2.** [de ropa] outfit. - **3.** *desus* MÚS [- de rock] group, band; [- de música clásica] ensemble. - **4.** [totalidad] whole; **en** ~ overall, as a whole. - **5.** MAT set.

conjura, conjuración *f* conspiracy, plot.

conjurado, da ◇ *adj* - **1.** [intrigante] plotting, conspiring. - **2.** [impedido] averted, prevented. ◇ *m, f* plotter, conspirator.

conjurador *m* - **1.** [intrigante] plotter, conspirator. - **2.** [exorcista] exorcist.

conjuramentar *vt* to swear in.

◆ **conjuramentarse** *vpr* to be sworn in.

conjurante ◇ *adj* - **1.** [que intriga] plotting, conspiring. - **2.** [que suplica] appealing. ◇ *mf* - **1.** [intrigante] plotter, conspirator. - **2.** [exorcista] exorcist.

conjurar ◇ *vi* [conspirar] to conspire, to plot. ◇ *vt* - **1.** [exorcizar] to exorcize. - **2.** [evitar] to ward off, to avert. - **3.** [suplicar] to entreat, to beseech.

conjuro *m* - **1.** [hechizo] spell, incantation. - **2.** [exorcismo] exorcism.

conllevar *vt* - **1.** [implicar] to involve, to entail. - **2.** [soportar] to bear. - **3.** [trabajos] to help to bear.

conmemoración *f* commemoration; **en** ~ **de** in commemoration of.

conmemorar *vt* to commemorate.

conmemorativo, va *adj* commemorative.

conmensurable *adj* measurable.

conmensurar *vt* to make commensurate.

conmigo *pron pers* with me; ~ **mismo/misma** with myself.

conminación *f* threat.

conminar *vt*: ~ **a alguien (con hacer algo)** to threaten sb (with doing sthg).

conminativo, va, conminatorio, ria *adj* threatening, menacing.

conmiseración *f* compassion, pity.

conmiserarse *vpr Amér* to commiserate.

conmiserativo, va *adj* compassionate.

conmistión, conmixtión *f* mixture.

conmoción *f* - **1.** [física o psíquica] shock; ~ **cerebral** concussion. - **2.** *fig* [trastorno, disturbio] upheaval. - **3.** GEOL tremor.

conmocionar *vt* - **1.** [psíquicamente] to shock, to stun. - **2.** [físicamente] to concuss.

conmonitorio *m* - **1.** [relación] report. - **2.** DER *reminder from a superior judge to a lower one.*

conmovedor, ra *adj* moving, touching.

conmover [24] *vt* - **1.** [emocionar] to move, to touch. - **2.** [sacudir] to shake. - **3.** [perturbar] to disturb.

◆ **conmoverse** *vpr* - **1.** [emocionarse] to be moved, to be touched. - **2.** [sacudirse] to be shaken.

conmutabilidad *f* commutability.

conmutable *adj* commutable.

conmutación *f* - **1.** DER commutation. - **2.** [permuta] exchange.

conmutador *m* - **1.** ELECTR switch; ~ **de palanca** toggle switch. - **2.** *Amér* [centralita] switchboard.

conmutar *vt* - **1.** [gen] to commute. - **2.** [permutar] to exchange, to trade.

conmutativo, va *adj* commutative.

conmutatriz (*pl* **conmutatrices**) *f* ELECTR converter.

connatural *adj* innate.

connaturalización *f* acclimatization.

connaturalizar [13] *vt* to acclimatize.

◆ **connaturalizarse** *vpr* to adapt o accustom o.s.

connivencia *f* - **1.** [confabulación]: **en** ~ in collusion. - **2.** [disimulo] connivance.

connotación *f* - **1.** [gen] connotation; **una** ~ **irónica** a hint of irony. - **2.** [parentesco] distant relationship.

connotado, da *adj Amér* noted, famous; **el** ~ **autor** the noted author.

◆ **connotado** *m* distant relationship.

connotar *vt* to suggest, to have connotations of.

connotativo, va *adj* GRAM connotative.

connubio *m culto* matrimony, marriage.

cono *m* cone; ~ **circular/oblicuo/recto/truncado** circular/oblique/right circular/truncated cone; ~ **de sombra** ASTRON umbra.

conocedor, ra ◇ *adj* knowledgeable, expert *(antes de sust)*. ◇ *m, f*: ~ **(de)** [gen] expert (on); [de vinos] connoisseur (of).

conocer [31] ◇ *vt* - **1.** [gen] to know; ~ **bien un tema** to know a lot about a subject; ~ **a alguien de vista** to know sb by sight; ~ **a alguien de oídas** to have heard of sb; **darse a** ~ to make o.s. known; **Juan enseguida se dio a** ~ **a mi amiga** Juan immediately introduced himself to my friend. - **2.** [lugar, país] to get to know. - **3.** [persona] to meet; **lo conocí cuando era niño** I first met him when he was a child. - **4.** [reconocer]: ~ **a alguien (por algo)** to recognize sb (by sthg); **lo conocí por su forma de andar** I recognized him by the way he walked. - **5.** [conjeturar] to presume; **conozco que va a nevar por el aspecto del cielo** I can tell it is going to snow by the look of the sky. - **6.** *fig* [carnalmente] to have carnal knowledge of. ◇ *vi*: ~ **de** [saber] to know about; DER to try; ~ **de una causa** to try a case.

◆ **conocerse** ◇ *vpr* - **1.** [a uno mismo] to know o.s. - **2.** [dos o más personas - por primera vez] to meet, to get to know each other; [- desde hace tiempo] to know each other; **nos conocimos en la recepción de la embajada** we met at the ambassador's reception; **no me engañes, nos conocemos demasiado** you can't fool me, we know each other too well! ◇ *v impers* [parecer]: **se conoce que...** apparently...; **se conoce que hacía tiempo que estaba enfermo** apparently, he had been ill for some time.

conocible *adj* knowable.

conocidamente *adv* clearly, evidently.

conocido, da ◇ *adj* well-known. ◇ *m, f* acquaintance.

conocimiento *m* - **1.** [gen] knowledge; **el** ~ **del inglés es muy útil** a knowledge of English is very useful; **tengo** ~ **de los hechos** I'm aware of the facts; **hablar/actuar con** ~ **de causa** to know what one is talking about /doing; **poner en** ~ **de** to inform about, to notify about. - **2.** MED consciousness; **perder/recobrar el** ~ to lose/regain consciousness. - **3.** [de embarque] bill of lading.

◆ **conocimientos** *mpl* knowledge *(U)*; **tener muchos** ~**s** to be very knowledgeable; **tiene muchos** ~**s de retórica** she knows a lot about rhetoric.

conoidal *adj* conoidal, conoid.

conozca *etc v* → **conocer**.

conque ◇ *conj* so; **¿** ~ **te has cansado?** so you're tired, are you? ◇ *m fam* condition; **es un** ~ **esencial del acuerdo** it is an essential condition of the agreement.

conquista *f* - **1.** [de tierras, persona] conquest. - **2.** *fig* [de libertad, derecho] winning.

conquistador, ra ◇ *adj* [seductor] seductive. ◇ *m, f* - **1.** [de tierras] conqueror. - **2.** HIST conquistador. - **3.** *fig* [persona seductora] Casanova, womanizer (*f* man-eater).

conquistar *vt* - **1.** [tierras] to conquer. - **2.** *fig* [libertad, derechos, simpatía] to win. - **3.** *fig* [seducir] to win the heart of.

consabido, da *adj* - **1.** [conocido] well-known. - **2.** [habitual] usual.

consagración *f* - **1.** RELIG consecration. - **2.** [dedicación] dedication. - **3.** [reconocimiento] recognition.

consagrado, da *adj* - **1.** RELIG consecrated. - **2.** [dedicado] dedicated. - **3.** [reconocido] recognized, established; [renombrado] famous, renowned.

consagrar *vt* - **1.** RELIG to consecrate. - **2.** [dedicar]: **~ algo a algo/alguien** [tiempo, espacio] to devote sthg to sthg/sb; [monumento, lápida] to dedicate sthg to sthg/sb. - **3.** [acreditar, confirmar] to confirm, to establish.
◆ **consagrarse** *vpr* - **1.** [dedicarse]: **~se (a)** to devote o dedicate o.s. (to). - **2.** [alcanzar reconocimiento] to establish o.s.

consagratorio, ria *adj* consecratory, consecrative.

consanguíneo, nea *adj* related by blood; **hermano ~** half-brother *(of same father)*.

consanguinidad *f* - **1.** [de hermanos] sharing of the same father. - **2.** [de parientes] blood relation.

consciencia *f* = **conciencia**.

consciente *adj* conscious; **ser ~ de** to be aware of; **estar ~** [físicamente] to be conscious.

conscripción *f Amér* conscription.

conscripto *m Amér* conscript.

consecución *f*, **conseguimiento** *m* [de un deseo] realization; [de un objetivo] attainment; [de un premio] winning.

consecuencia *f* - **1.** [resultado] consequence; **a o como ~ de** as a consequence o result of; **en ~** consequently; **por ~** consequently, as a result; **sacar en ~** to conclude; **tener ~s** to have consequences; **traer como ~** to result in. - **2.** [coherencia] consistency.

consecuentemente *adv* - **1.** [por consiguiente] consequently, as a result. - **2.** [con coherencia] consistently.

consecutivamente *adv* consecutively.

consecutivo, va *adj* consecutive.

conseguimiento *m* = **consecución**.

conseguir [43] *vt* [gen] to obtain, to get; [objetivo] to achieve; **~ hacer algo** to manage to do sthg.

conseja *f* tale, story.

consejería *f* department.

consejero, ra ◇ *adj* advisory. ◇ *m, f* - **1.** [en asuntos personales] counsellor; [en asuntos técnicos] adviser, consultant. - **2.** [de un consejo de administración] member; POLÍT councillor; **~ delegado** managing director.

consejo *m* - **1.** [advertencia] advice *(U)*; **dar un ~** to give some advice; **te voy a dar un ~** I've got a piece of advice for you. - **2.** [organismo] council; **~ de administración** board of directors. - **3.** [tribunal] tribunal, court. - **4.** [reunión] meeting.
◆ **consejo de guerra** *m* court martial.
◆ **consejo de ministros** *m* cabinet.
◆ **Consejo de Europa** *m* POLÍT Council of Europe.

consenso *m* [acuerdo] consensus; [consentimiento] consent.

consensuado, da *adj* approved by consensus.

consensual *adj* consensual.

consensuar [6] *vt* to approve by consensus.

consentido, da ◇ *adj* - **1.** [mimado] spoilt, spoiled. - **2.** *fam* [cornudo] cuckolded. ◇ *m, f* spoiled brat.

consentidor, ra ◇ *adj* - **1.** [acomodadizo] acquiescent. - **2.** *fam* [mimoso] pampering, spoiling. ◇ *m, f* - **1.** [persona acomodadiza] acquiescent person. - **2.** *fam* [persona mimosa] indulgent person.

consentimiento *m* consent.

consentir [27] ◇ *vt* - **1.** [tolerar] to allow, to permit. - **2.** [mimar] to spoil. - **3.** [soportar] to bear. ◇ *vi* - **1.** [acceder]: **~ en algo/en hacer algo** to agree to sthg/to do sthg; **consintió en que se quedaran** he agreed to let them stay. - **2.** [romperse] to come apart, to give way.
◆ **consentirse** *vpr* to give way.

conserje *mf* [portero] porter; [encargado] caretaker.

conserjería *f* - **1.** [de un hotel] reception desk. - **2.** [de un edificio público o privado] porter's lodge.

conserva *f* - **1.** [de alimentos] tinned food *(U) Br*, canned food *(U)*; **en ~** tinned, canned ▢ **~ de carne** tinned meat *(U)*; **~s alimenticias** canned o tinned foods. - **2.** [confitura] preserve.

conservación *f* - **1.** [gen] conservation; [de alimentos] preservation; **~ en frío** cold storage. - **2.** [mantenimiento] maintenance.

conservador, ra ◇ *adj* [gen] conservative; [del partido conservador] Conservative. ◇ *m, f* - **1.** [por ideología] conservative; [miembro del partido conservador] Conservative. - **2.** [de museo] curator. - **3.** [oficio] conservator.

USO ▶ Consejos

Pedir consejo

▶ *de forma directa*:

What should I do?
What would you do, if you were me?
What would you do in my place?
Do you think I should tell him?
What would you advise?

▶ *de forma menos directa*:

I need some advice.
I'd appreciate o be glad of your advice.
I would be grateful if you could advise me on the following matter. [*formal*]

Dar un consejo

▶ *de forma directa*:

Why not just tell her?
Take my advice and say nothing to her.
If I were you, I'd tell her.
My advice to you would be to write a letter of apology.
Whatever you do, don't tell her what I said.
I would urge you to seek legal advice. [*formal*]

▶ *de forma menos directa*:

Perhaps o maybe you should tell him.
You'd be as well to tell him. [*Br*]
You could always try telling him about it.
Have you (ever) thought of telling him?
What about telling him yourself?
I'd think twice about telling him.
It might be better o an idea to tell him yourself.
One thing you might consider would be contacting him directly.

Fórmulas para introducir un consejo

▶ *de forma directa*:

Now listen to me: you really must go and see a doctor.
A word of warning: whatever you do, don't tell anyone about it.
If you want my advice, you'll pretend it never happened.

▶ *de forma menos directa*:

I hope you won't take this the wrong way, but...
It's not really any of my business, but...
This is just a suggestion, but...

conservaduría f [cargo] curatorship; [oficina] curator's office.

conservadurismo m conservatism.

conservante mf preservative.

conservar vt - **1.** [mantener & CULIN] to preserve; [amistad] to sustain, to keep up; [salud] to look after; [calor] to retain. - **2.** [libros, cartas, secreto] to keep.

◆ **conservarse** vpr - **1.** [mantenerse] to keep; **se conserva bien** he's keeping well. - **2.** CULIN to keep, to stay fresh.

conservatismo m Amér conservatism.

conservativo, va adj preservative.

conservatorio, ria adj preservative.

◆ **conservatorio** m - **1.** MÚS conservatoire. - **2.** Amér [escuela] private school. - **3.** Amér [invernadero] greenhouse.

conservería f - **1.** [acción] preserving; [en lata] canning. - **2.** [industria] canning industry.

conservero, ra adj canning (antes de sust).

considerable adj [gen] considerable; [importante, eminente] notable.

consideración f - **1.** [valoración] consideration; **tomar en ~** to take into consideration. - **2.** [respeto] respect; **tratar a alguien con ~** to be nice to sb; **en ~ a algo** in recognition of sthg. - **3.** [importancia]: **de ~** serious; **hubo varios heridos de ~** several people were seriously injured.

considerado, da adj - **1.** [atento] considerate, thoughtful. - **2.** [respetado] respected, highly-regarded.

considerando m DER whereas.

considerar vt - **1.** [valorar] to consider. - **2.** [juzgar, estimar] to think. - **3.** [respetar] to esteem, to treat with respect.

◆ **considerarse** vpr [estimarse] to be considered; [uno mismo] to consider o.s.; **me considero feliz** I consider myself happy.

consienta etc v → **consentir**.

consiga v → **conseguir**.

consigna f - **1.** [órdenes] instructions (pl). - **2.** [para el equipaje] left luggage office Br, baggage room Am. - **3.** [eslogan] watchword, slogan.

consignación f - **1.** COM consignment, shipment. - **2.** FIN deposit. - **3.** [asignación] allocation.

consignador m COM consignor.

consignar vt - **1.** [poner por escrito] to record, to write down. - **2.** [asignar] to allocate. - **3.** COM to consign, to dispatch. - **4.** [equipaje] to deposit in the left luggage office Br o baggage room Am.

consignatario, ria m, f - **1.** [de una mercancía] consignee. - **2.** [representante]: **~ de buques** shipping agent.

consigo[1] etc v → **conseguir**.

consigo[2] pron pers with him/her, (pl) with them; [con usted] with you; [con uno mismo] with o.s.; **lleva siempre la pistola ~** she always carries the gun with her; **~ mismo/misma** with himself/herself; **hablar ~ mismo** to talk to o.s.

consiguiente adj consequent; **por ~** consequently, therefore.

consiguientemente adv consequently.

consiguiera etc v → **conseguir**.

consintiera etc v → **consentir**.

consistencia f - **1.** [fijeza] consistency. - **2.** [estabilidad] stability. - **3.** fig [coherencia] consistency, coherence.

consistente adj - **1.** [material] solid. - **2.** [argumento] sound, convincing. - **3.** [compuesto]: **~ en** consisting of.

consistir ◆ **consistir en** vi - **1.** [gen] to consist of. - **2.** [deberse a] to lie in, to be based on.

consistorial adj of a town hall; **casa ~** town hall.

consistorio m town council.

consocio, cia m, f - **1.** [colega] fellow member. - **2.** [asociado] joint partner.

consola f - **1.** [mesa] console table. - **2.** INFORM & TECN console; **~ de videojuegos** video console.

consolación f consolation.

consolador, ra adj consoling, comforting.

consolar [23] vt to console.

◆ **consolarse** vpr to console o.s., to take comfort.

consolidación f consolidation.

consolidado, da adj FIN consolidated.

◆ **consolidado** m FIN consolidated annuity.

consolidar vt to consolidate.

◆ **consolidarse** vpr to consolidate, to become consolidated.

consomé m consommé.

consonancia f - **1.** [armonía] harmony; **en ~ con** in keeping with. - **2.** [rima] consonance.

consonante ◇ adj - **1.** [armonioso] consonant, harmonious; **sus modales son sus ~s a su condición social** her manners are in keeping with her social status. - **2.** GRAM consonantal. - **3.** [rimado] rhyming. ◇ f consonant.

consonántico, ca adj consonantal.

consonar [23] vi - **1.** MÚS to harmonize. - **2.** [rimar] to rhyme. - **3.** fig [concordar] to agree.

consorcio m consortium; **~ bancario** bankers' consortium.

consorte mf spouse; **príncipe ~** prince consort.

◆ **consortes** mf DER - **1.** [litigantes] colitigants. - **2.** [cómplices] accomplices.

conspicuo, cua adj - **1.** [evidente] conspicuous. - **2.** [ilustre] eminent.

conspiración f plot, conspiracy.

conspirador, ra m, f conspirator, plotter.

conspirar vi to conspire, to plot.

constancia f - **1.** [perseverancia - en una empresa] perseverance; [- en las ideas, opiniones] steadfastness; **hacer algo con ~** to persevere with sthg. - **2.** [testimonio] record; **dejar ~ de algo** [registrar] to put sthg on record; [probar] to demonstrate sthg. - **3.** Amér [prueba] proof, evidence.

constante ◇ adj - **1.** [persona - en una empresa] persistent; [- en ideas, opiniones] steadfast. - **2.** [acción] constant. ◇ f constant; **mantener las ~s vitales de alguien** MED to keep sb alive.

constantemente adv - **1.** [a menudo] constantly. - **2.** [sin duda] undoubtedly. - **3.** [con firmeza] steadfastly.

Constantino m Constantine.

Constantinopla s Constantinople.

constar vi - **1.** [una información]: **~ (en)** to appear (in), to figure (in); **~le a alguien** to be clear to sb; **hacer ~** to put on record; **hacer ~ por escrito** to confirm in writing; **me consta que** I am quite sure that; **para que así conste** [en cartas] for the record; **que conste que...** let it be clearly understood that..., let there be no doubt that... - **2.** [estar constituido por]: **~ de** to consist of.

constatar vt - **1.** [observar] to confirm. - **2.** [comprobar] to check.

constelación f constellation.

consternación f consternation, dismay.

consternado, da adj consternated, dismayed.

consternar vt to dismay.

constipado, da ◇ adj: **estar ~** to have a cold. ◇ m cold.

constipar vt to give a cold to.

◆ **constiparse** vpr to catch a cold.

constitución f - **1.** [fundación] constitution. - **2.** [composición] composition; **la ~ del agua** the composition of water.

Constitución f [de un Estado] Constitution.

constitucional adj constitutional.

constitucionalidad f constitutionality.

constitucionalmente adv constitutionally.

constituir [51] vt - **1.** [componer] to make up. - **2.** [ser] to be. - **3.** [crear] to set up, to constitute.

◆ **constituirse** vpr to be established o formed; **~se en o por** to assume the position of.

constitutivo, **va** *adj* constituent; **ser** ~ **de algo** to constitute sthg.

constituyente *adj & m* constituent.

constreñimiento *m* constraint, compulsion.

constreñir *vt* - **1.** [obligar]: ~ **a alguien a hacer algo** to compel o force sb to do sthg. - **2.** [oprimir, limitar] to restrict.

constricción *f* constriction.

constrictivo, **va** *adj* constrictive, constraining.

constrictor, **ra** *adj* [gen] constrictive; MED astringent.
◆ **constrictor** *m* MED astringent.

constringente *adj* binding.

construcción *f* - **1.** [gen] construction; **en** ~ under construction. - **2.** [edificio] building.

constructivo, **va** *adj* constructive.

constructor, **ra** *adj* building *(antes de sust)*, construction *(antes de sust)*.
◆ **constructor** *m* [de edificios] builder; ~ **naval** o **de buques** shipbuilder.

construir [51] *vt* - **1.** [edificio, barco] to build; [aviones, coches] to manufacture. - **2.** [frase, teoría] to construct.

consubstancial *adj* = **consustancial**.

consuegro, **gra** *m, f* father-in-law or mother-in-law of one's son or daughter.

consuela *etc v* → **consolar**.

consuelo *m* consolation, solace; **sin** ~ inconsolable.

consuena *etc v* → **consonar**.

consuetudinario, **ria** *adj* customary; **derecho** ~ common law.

cónsul, **consulesa** *m, f* consul; ~ **general** consul general.

consulado *m* [oficina] consulate; [cargo] consulship.

consular *adj* consular.

consulta *f* - **1.** [sobre un problema] consultation; **hacer una** ~ **a alguien** to seek sb's advice. - **2.** [despacho de médico] consulting room; **pasar** ~ to hold a surgery ❏ ~ **a domicilio** house call, home visit; **horas de** ~ surgery hours.

consultación *f* consultation.

consultante ◇ *adj* consulting, consultant. ◇ *mf* consultant.

consultar ◇ *vt* - **1.** [dato, fecha] to look up. - **2.** [libro, persona] to consult; **consulté al profesor sobre el examen** I consulted the teacher about the exam. ◇ *vi*: ~ **con** to consult, to seek advice from; **consulté con mis colegas el asunto del que me hablaste** I asked my colleagues about the matter you mentioned.

consultivo, **va** *adj* consultative, advisory.

consultor, **ra** ◇ *adj* consultory, advisory. ◇ *m, f* consultant.

consultoría *f* consultancy firm.

consultorio *m* - **1.** [de un médico] consulting room. - **2.** [en periódico] problem page; [en radio] *programme answering listeners' questions*; ~ **sentimental** agony column. - **3.** [asesoría] advice bureau.

consumación *f* - **1.** [gen] consummation. - **2.** [de un crimen] perpetration.

consumado, **da** *adj* consummate, perfect; **es un granuja** ~ he's a complete scoundrel.

consumar *vt* - **1.** [gen] to complete. - **2.** [un crimen] to perpetrate. - **3.** [el matrimonio] to consummate.

consumible *adj* consumable.

consumición *f* - **1.** [acción] consumption; **está prohibida la** ~ **de bebidas alcohólicas** the consumption of alcohol is prohibited. - **2.** [bebida] drink; [comida] food; ~ **mínima** cover charge.

consumido, **da** *adj* [flaco] emaciated.

consumidor, **ra** *m, f* [gen] consumer; [en un bar, restaurante] patron.

consumir ◇ *vt* - **1.** [gastar] to consume; **consumieron**

sus refrescos en el bar they had their drinks at the bar. - **2.** [destruir - suj: fuego] to destroy; [- suj: enfermedad] to eat away at. ◇ *vi* to consume.
◆ **consumirse** *vpr* - **1.** [persona] to waste away; **me consumo esperando el resultado de la prueba** I'm worried sick about the result of the test. - **2.** [fuego] to burn out.

consumismo *m* consumerism.

consumista *adj* acquisitive.

consumo *m* consumption; **bienes/sociedad de** ~ consumer goods/society; ~ **de drogas** taking of drugs.
◆ **consumos** *mpl* excise tax *(sg)*.

consunción *f* consumption.

consuno ◆ **de consuno** *loc adv* by mutual agreement o consent.

consuntivo, **va** *adj* consuming.

consustancial, **consubstancial** *adj*: **ser** ~ to be an integral part.

contabilidad *f* - **1.** [oficio] accountancy. - **2.** [de persona, empresa] bookkeeping, accounting; **llevar la** ~ to do the accounts ❏ **doble** ~ double-entry bookkeeping.

contabilización *f* COM entering.

contabilizar [13] *vt* COM to enter.

contable ◇ *adj* - **1.** [numérico] countable. - **2.** [relatable] reliable, relatable. ◇ *mf* accountant.

contactar ◆ **contactar con** *vi* to contact.

contacto *m* - **1.** [gen] contact; **perder el** ~ to lose touch; **ponerse en** ~ **con** to get in touch with. - **2.** AUTOM ignition.

contactología *f* technique for the manufacture of contact lenses.

contactólogo, **ga** *m, f* contact lens specialist.

contado, **da** *adj* - **1.** [raro] rare, infrequent; **contadas veces** very rarely. - **2.** [enumerado] counted.
◆ **al contado** *loc adv*: **pagar al** ~ to pay (in) cash.

contador, **ra** *m, f Amér* [persona] accountant.
◆ **contador** *m* [aparato] meter; ~ **de revoluciones** AUTOM rev counter.

contaduría *f* - **1.** [estudio] accounting. - **2.** [oficio] accountancy. - **3.** [oficina] accountant's office. - **4.** [taquilla] box office. - **5.** *Amér* [casa de empeños] pawnshop.
◆ **contaduría general** *f Amér* audit office.

contagiar [8] *vt* [persona] to infect; [enfermedad] to transmit.
◆ **contagiarse** *vpr* [enfermedad, risa] to be contagious; [persona] to become infected.

contagio *m* - **1.** MED infection, contagion. - **2.** *fig* [contaminación] contamination, corruption.

contagioso, **sa** *adj* - **1.** [enfermedad] contagious, infectious; [risa etc] infectious. - **2.** *fig* [vicio, costumbre] corrupting, contagious.

container *m* = **contenedor**.

contaminación *f* - **1.** [gen] contamination; [del medio ambiente] pollution; ~ **acústica** noise pollution. - **2.** [corrupción] corruption.

contaminado, **da** *adj* polluted, contaminated.

contaminador, **ra** *adj* - **1.** [infeccioso] contaminating. - **2.** [del medio ambiente] polluting. - **3.** [corruptor] corrupting.

contaminante *adj* contaminating, polluting.
◆ **contaminantes** *mpl* pollutants.

contaminar *vt* - **1.** [gen] to contaminate; [el medio ambiente] to pollute. - **2.** *fig* [pervertir] to corrupt. - **3.** [alterar] to alter; ~ **un texto** to alter a text. - **4.** RELIG to profane.
◆ **contaminarse** *vpr* - **1.** [contagiarse] to be contaminated. - **2.** [pervertirse] to be corrupted.

contante → **dinero**.

contar [23] ◇ *vt* - **1.** [enumerar, incluir] to count; **cuenta también el gasto en viajes** count travel expenses, too. - **2.** [narrar] to tell; **¿qué (te) cuentas?** *fam* how are you doing? ◇ *vi* to count.
◆ **contar con** *vi* - **1.** [confiar en] to count on; **es un buen**

amigo, siempre se puede ~ con él he's a good friend, you can count on him. **- 2.** [tener, poseer] to have; **cuenta con dos horas para hacerlo** he has two hours to do it. **- 3.** [tener en cuenta] to take into account; **con esto no contaba** I hadn't reckoned with that.

contemperar *vt* to temper, to moderate.

contemplación *f* contemplation.

◆ **contemplaciones** *fpl* [miramientos] consideration *(U)*; [ceremonia] ceremony *(U)*; **no andarse con contemplaciones** not to beat about the bush; **sin contemplaciones** without ceremony.

contemplador, ra ◇ *adj* **- 1.** [contemplativo] contemplative. **- 2.** [amable] obliging. ◇ *m, f* **- 1.** [persona] contemplative person. **- 2.** RELIG contemplative.

contemplar ◇ *vt* **- 1.** [mirar, considerar] to contemplate. **- 2.** [mimar] to indulge, to pamper. ◇ *vi* to contemplate, to meditate.

contemplativo, va ◇ *adj* **- 1.** [meditativo] contemplative. **- 2.** [indulgente] obliging, indulgent. ◇ *m, f* contemplative person.

contemporaneidad *f* contemporaneity, contemporaneousness.

contemporáneo, a *adj & m, f* contemporary.

contemporizador, ra ◇ *adj* temporizing. ◇ *m, f* temporizer.

contemporizar [13] *vi* to be accommodating.

contención *f* **- 1.** CONSTR: **muro de ~** retaining wall. **- 2.** [moderación] restraint, self-restraint. **- 3.** [contienda] competition, contest. **- 4.** DER dispute.

contencioso, sa *adj* **- 1.** [tema, cuestión] contentious. **- 2.** DER litigious.

◆ **contencioso** *m* dispute, conflict.

contender [20] *vi* [competir] to contend; [pelear] to fight.

contendiente ◇ *adj* [en una competición] contending *(antes de sust)*; [en una guerra] warring *(antes de sust)*. ◇ *mf* [en una competición] contender; [en una guerra] warring faction.

contenedor, container *m* [gen] container; [para escombros] skip; **~ de basura** large wheely bin for collecting rubbish from blocks of flats etc.

contener [72] *vt* **- 1.** [encerrar] to contain. **- 2.** [detener, reprimir] to restrain, to hold back. **- 3.** *Amér* [significar] to mean.

◆ **contenerse** *vpr* to restrain o.s., to hold o.s. back.

contenido, da *adj* contained, restrained.

◆ **contenido** *m* [gen] contents *(pl)*; [de discurso, redacción] content.

contenta ◇ *adj f →* **contento**. ◇ *f* **- 1.** [agasajo] treat. **- 2.** COM endorsement. **- 3.** *Amér* [declaración] acknowledgment.

contentar *vt* **- 1.** [satisfacer] to please, to keep happy; **ser de mal ~** to be hard to please. **- 2.** *Amér* [reconciliar] to reconcile.

◆ **contentarse** *vpr* **- 1.** [estar satisfecho]: **~se con** to make do with. **- 2.** *Amér* [reconciliarse] to make up.

contento, ta *adj* [alegre] happy; [satisfecho] pleased.

◆ **contento** *m* [alegría] happiness, joy; [satisfacción] contentment, satisfaction; **no caber uno en sí de ~** to be beside o.s. with joy.

conteo *m* counting-up.

contera *f* **- 1.** [de bastón, paraguas] ferrule; [de espada] chape. **- 2.** [de cañón] cascabel. **- 3.** [estribillo] refrain. **- 4.** [terceto] last three lines of a sextain. **- 5.** *fig* [remate] end, finishing; **por ~** to cap it all.

conterráneo, a *adj* = **coterráneo**.

contertulio, lia *m, f* companion *(at a social gathering)*.

contestable *adj* **- 1.** [discutible] debatable, questionable. **- 2.** [que se puede contestar] answerable.

contestación *f* **- 1.** [respuesta] answer. **- 2.** [disputa] dispute, argument.

◆ **contestación a la demanda** *f* DER defence o defendant's plea.

contestador ◆ **contestador (automático)** *m* answering machine.

contestar ◇ *vt* **- 1.** [responder] to answer; **contesté a su invitación** I answered his invitation. **- 2.** [confirmar] to confirm, to corroborate. **- 3.** [impugnar] to contest, to impugn. **- 4.** [corresponder] to return. ◇ *vi* **- 1.** [responder] to answer. **- 2.** [convenir] to agree. **- 3.** *Amér* [conversar] to chat. **- 4.** *Amér* [discutir] to argue.

contestatario, ria *adj* anti-establishment.

contexto *m* context.

contextualizar [13] *vt* to contextualize.

contextura *f* **- 1.** [unión] contexture. **- 2.** FISIOLOGÍA build, physique. **- 3.** [textura] texture.

contienda[1] *etc v →* **contender**.

contienda[2] *f* **- 1.** [competición, combate] contest; [guerra] conflict, war. **- 2.** [disputa] dispute, argument.

contiene *v →* **contener**.

contigo *pron pers* with you; **~ mismo/misma** with yourself.

contiguo, gua *adj* adjacent; **estar ~ a** to adjoin.

continencia *f* continence, self-restraint.

◆ **continencia de la causa** *f* DER consistency in proceedings.

continental *adj* continental.

continente ◇ *m* **- 1.** GEOGR continent. **- 2.** [recipiente] container. **- 3.** [actitud] countenance. ◇ *adj* **- 1.** [que contiene] containing. **- 2.** [moderado] continent.

contingencia *f* [eventualidad] eventuality; [imprevisibilidad] unpredictability.

contingente ◇ *adj* unforeseeable. ◇ *m* **- 1.** [grupo] contingent. **- 2.** COM quota. **- 3.** [posibilidad] contingency.

continuación *f* continuation; **a ~** next, then.

continuador, ra ◇ *adj* continuing. ◇ *m, f* continuator.

continuamente *adv* **- 1.** [con repetición] continually. **- 2.** [sin interrupción] continuously.

continuar [6] ◇ *vt* to continue, to carry on with. ◇ *vi* to continue, to go on; **~ haciendo algo** to continue doing o to do sthg; **continúa lloviendo** it's still raining; **'continuará'** 'to be continued'.

continuidad *f* [en una sucesión] continuity; [permanencia] continuation.

continuo, nua *adj* **- 1.** [ininterrumpido] continuous; **de ~, a la continua** continually. **- 2.** [constante, perseverante] continual.

◆ **continuo** ◇ *adv* continually. ◇ *m* continuum.

contonearse *vpr* [hombre] to swagger; [mujer] to swing one's hips.

contoneo *m* [de hombre] swagger; [de mujer] sway of the hips.

contorcerse [41] *vpr* to contort o.s.

contorción *f* contortion.

contornear, contornar *vt* [seguir el contorno de] to go round; [perfilar] to outline.

contorno *m* **- 1.** GEOGR contour; [línea] outline. **- 2.** *(gen pl)*

USO ▶   Mensajes en el contestador automático

Para grabar un mensaje

This is 081-741-7440. I'm sorry there's no one here to take your call, but if you'd like to leave a message, I'll get back to you as soon as I can. Please speak after the tone o beep.

Para dejar un mensaje

Hello, this is Claire Stubbs. It's Wednesday, 3pm, and I wanted to confirm the time of our meeting next week. Could you call me as soon as possible, please? Thank you.

[vecindad] neighbourhood; [de una ciudad] outskirts *(pl).* - **3.**[perímetro] perimeter, periphery. - **4.**[canto de moneda] edge, rim.
◆ **en contorno** *loc adv* around.
contorsión *f* - **1.** [torsión] contortion. - **2.** [mueca] grimace.
contorsionarse *vpr* [gen] to do contortions; [de dolor] to writhe.
contorsionista *mf* contortionist.
contra ◇ *prep* against; **un jarabe ~ la tos** a cough syrup; **estar en ~ de algo** to be opposed to sthg ❑ **en ~** against; **en ~ de** [a diferencia de] contrary to. ◇ *m* - **1.** [lo contrario]: **los pros y los ~s** the pros and cons. - **2.** MÚS organ pedal. ◇ *f* - **1.** *fam* [obstáculo] snag, hitch. - **2.** ESGRIMA parry. - **3.** *Amér* [dádiva] bonus, extra. - **4.** *Amér* [antídoto] antidote.
contraacusación *f* countercharge.
contraalmirante *m* rear admiral.
contraatacar [10] *vt* to counterattack.
contraataque *m* counterattack.
contrabajo ◇ *m* - **1.** [instrumento] double bass. - **2.** [voz, cantante] low bass. ◇ *mf* [instrumentista] double bass player.
contrabandear *vi* to smuggle.
contrabandista *mf* smuggler.
contrabando *m* [acto] smuggling; [mercancías] contraband; **pasar algo de ~** to smuggle sthg in ❑ **~ de armas** gunrunning; **tabaco de ~** contraband cigarettes.
contracción *f* contraction.
contracepción *f* contraception.
contraceptivo, va *adj* contraceptive *(antes de sust).*
contrachapado, da, contrachapeado, da *adj* made of plywood.
◆ **contrachapado** *m* plywood.
contracorriente *f* crosscurrent; **ir a ~** to go against the current o tide.
contráctil *adj* contractile.
contracto, ta *adj* GRAM contracted.
contractual *adj* contractual.
contracultura *f* counter-culture.
contracultural *adj* counter-culture *(antes de sust).*
contradecir [66] *vt* to contradict.
◆ **contradecirse** *vpr* to contradict o.s.
contradicción *f* - **1.** [objeción] contradiction; **estar en ~ con** to be in (direct) contradiction to. - **2.** *fig* [incompatibilidad] incompatibility, inconsistency.
contradicho, cha *pp* → **contradecir**.
contradictor, ra ◇ *adj* contradictory. ◇ *m, f* contradictor.
contradictorio, ria *adj* contradictory.
contraemboscada *f* counterambush.
contraer [73] *vt* - **1.** [encoger] to contract. - **2.** [costumbre, acento etc] to acquire. - **3.** [enfermedad] to catch. - **4.** [discurso, texto] to shorten, to condense.
◆ **contraerse** *vpr* - **1.** [encogerse] to contract. - **2.** [limitarse] to be limited o restricted. - **3.** *Amér* [en trabajo, asunto] to apply o.s., to work hard.
contraescritura *f* DER counter-deed.
contraespionaje *m* counterespionage.
contrafaz *(pl* **contrafaces)** *f* [de moneda, medalla] reverse, other side.
contrafilo *m* [de espada] sharpened back.
contrafuego *m* backfire.
contrafuero *m* violation, infringement.
contrafuerte *m* - **1.** ARQUIT buttress. - **2.** [del calzado] heel reinforcement. - **3.** GEOGR foothill. - **4.** MIL outwork.
contragolpe *m* - **1.** [gen] counterattack. - **2.** MED contrecoup. - **3.** AUTOM kickback.
contraguerrilla *f* antiguerrilla troops *(pl).*
contrahacer [60] *vt* - **1.** [imitar] to imitate; [libro] to plagiarize; [moneda] to counterfeit; [documento] to forge. - **2.** [enfermedad] to fake, to feign.

◆ **contrahacerse** *vpr* to feign, to pretend.
contrahaz *(pl* **contrahaces)** *f* [de ropa] wrong side.
contrahecho, cha ◇ *pp* → **contrahacer**. ◇ *adj* - **1.** [deforme] deformed. - **2.** [falso] counterfeit, fake. ◇ *m, f* deformed person.
contrahechura *f* - **1.** [imitación] imitation. - **2.** [falsificación] falsification; [de moneda] counterfeiting; [de documento] forgery.
contraindicación *f*: **'contraindicaciones:'** 'not to be taken with...'
contraindicado, da *adj*: **está ~ beber durante el embarazo** alcohol should be avoided during pregnancy.
contraindicar [10] *vt* MED to advise against taking, to contraindicate.
contralmirante *m* rear admiral.
contralor *m* *Amér inspector of public spending.*
contraloría *f* *Amér office controlling public spending.*
contralto ◇ *m* [voz] contralto. ◇ *mf* [cantante] counter tenor *(f* contralto).
contraluz *(pl* **contraluces)** *m* back lighting; **a ~** against the light.
contramaestre *m* - **1.** NÁUT boatswain; MIL warrant officer. - **2.** [capataz] foreman.
contramaniobra *f* countermanoeuvre.
a contramano *loc adv* the wrong way; **circulación a ~** traffic going the wrong way.
contramarca *f* - **1.** [segunda marca] countermark. - **2.** [impuesto] customs duty.
contramarcar [10] *vt* to countermark.
contramarcha *f* - **1.** MIL countermarch. - **2.** AUTOM reverse.
contramatar *vt* *Amér* to slam.
◆ **contramatarse** *vpr* *Amér* to repent.
contramedida *f* countermeasure.
contraminar *vt* - **1.** MIL to countermine. - **2.** *fig* [conspirar] to counterplot against.
contranatural *adj* contrary to nature, against nature.
contraofensiva *f* counteroffensive.
contraorden *f* countermand.
contrapartida *f* - **1.** [compensación] compensation; **como ~** to make up for it. - **2.** COM cross entry.
contrapasar *vi* to go over to the other side, to change sides.
contrapelo ◆ **a contrapelo** *loc adv* - **1.** [acariciar] the wrong way. - **2.** [vivir, actuar - con dificultad] against the grain; [- con desgana] unwillingly, against one's will.
◆ **a contrapelo de** *loc prep* against, counter to.
contrapesar *vt* - **1.** [físicamente] to counterbalance. - **2.** *fig* [contrarrestar] to compensate for.
contrapeso *m* - **1.** [en ascensores, poleas] counterweight. - **2.** *fig* [fuerza que iguala] counterbalance. - **3.** [añadidura] makeweight. - **4.** [balancín] balancing pole. - **5.** *Amér* [inquietud] restlessness.
contraponer [65] *vt* - **1.** [oponer]: **~ (a)** to set up (against). - **2.** [cotejar] to compare.
◆ **contraponerse** *vpr* to oppose.
contraportada *f* [de periódico, revista] back page; [de libro, disco] back cover.
contraposición *f* - **1.** [oposición] conflict. - **2.** [comparación] comparison. - **3.** [contraste] contrast.
contraproducente *adj* counterproductive.
contraproposición *f* counterproposal.
contrapuerta *f* - **1.** [cancel] storm door. - **2.** [en fortificación] second o inner door.
contrapuesto, ta ◇ *pp* → **contraponer**. ◇ *adj* conflicting.
contrapuntear ◇ *vt* - **1.** MÚS to sing in counterpoint. - **2.** *fig* [provocar] to taunt. ◇ *vi* *Amér* - **1.** [cantar] to sing improvised verses. - **2.** [rivalizar] to compete.
◆ **contrapuntearse** *vpr* - **1.** [molestarse] to be annoyed o piqued. - **2.** *Amér* [enfadarse] to quarrel, to argue.

contrapunteo *m* - **1.** MÚS counterpoint. - **2.** *fig* [rivalidad] rivalry, competition. - **3.** [provocación] provocation. - **4.** *Amér* [disputa] quarrel, argument.

contrapunto *m* - **1.** MÚS counterpoint. - **2.** *fig* [contraste] contrast. - **3.** *fig* [desenlace] ending. - **4.** *Amér* [desafío poético] *contest in which poetry is improvised to a musical accompaniment.*

contrariado, da *adj* upset.

contrariar [9] *vt* - **1.** [contradecir] to go against. - **2.** [disgustar] to upset. - **3.** [oponer] to oppose. - **4.** [obstaculizar] to obstruct, to hinder.

contrariedad *f* - **1.** [dificultad] setback. - **2.** [disgusto] annoyance. - **3.** [oposición] contrary o opposing nature. - **4.** [percance] mishap.

contrario, ria *adj* - **1.** [opuesto - dirección, sentido] opposite; [- parte] opposing; [- opinión] contrary; **ser ~ a algo** to be opposed to sthg; **soy ~ a la anticipación de elecciones** I'm opposed to early elections. - **2.** [perjudicial]: **~ a** contrary to; **el abuso de la bebida es ~ a la salud** drinking is bad for your health. - **3.** *loc:* **llevar la contraria** to be awkward o contrary.
◆ **contrario** *m* - **1.** [rival] opponent. - **2.** [opuesto] opposite; **al ~ de** contrary to; **al ~ de lo que le dijo a usted** contrary to what he told you; **al ~, por el ~** on the contrary; **no es que este disgustado, al ~, me ha encantado su actitud** I'm not upset at all, on the contrary I was very pleased by his attitude; **de lo ~** otherwise; **respeta a tu madre o de lo ~ tendrás que marcharte** show your mother some respect, other wise you'll have to go; **todo lo ~** quite the contrary.

contrarreembolso *m* = **contrarrembolso.**

contrarreforma *f* Counter-Reformation.

contrarreloj *adj inv:* **etapa ~** time trial; **ir ~** to be working against the clock.

contrarrembolso, contrarreembolso *m* cash on delivery.

contrarréplica *f* [gen] reply; DER counterclaim.

contrarrestar *vt* - **1.** [neutralizar] to counteract. - **2.** [resistir] to resist, to oppose. - **3.** DEP to return.

contrarrevolución *f* counterrevolution.

contrarrevolucionario, ria *adj & m, f* counterrevolutionary.

contrasello *m* counterseal.

contrasentido *m* - **1.** [disparate] nonsense *(U)*; **es un ~ hacer eso** it doesn't make sense to do that. - **2.** [contradicción] contradiction, incongruity. - **3.** [interpretación incorrecta] misinterpretation.

contraseña *f* - **1.** [seña] password. - **2.** [firma] countersign. - **3.** [contramarca] countermark.
◆ **contraseña de salida** *f* readmission ticket.

contrastable *adj* contrastable.

contrastador, ra ◇ *adj* contrasting. ◇ *m, f* contraster.

contrastar ◇ *vi* to contrast. ◇ *vt* - **1.** [comprobar] to check, to verify. - **2.** [resistir] to resist. - **3.** METAL to assay and hallmark. - **4.** NUMISMÁTICA to assay.

contraste *m* - **1.** [desigualdad & TV] contrast; **hacer ~ con** to contrast with o **en ~ con** in contrast to o with; **por ~** in contrast. - **2.** [oposición] opposition, resistance. - **3.** NÁUT sudden change in the wind. - **4.** METAL assay. - **5.** [funcionario] assayer, assay officer; [oficina] public assaying office. - **6.** [marca] hallmark. - **7.** [de la seda] weighing.

contrata *f* (fixed price) contract.

contratación *f* - **1.** [de personal] hiring. - **2.** [negocio] trade, commerce.

contratante *mf* contracting party.

contratar *vt* - **1.** [obreros, personal, detective] to hire; [deportista] to sign. - **2.** [servicio, obra, mercancía]: **~ algo a alguien** to contract for sthg with sb.

contraterrorismo *m* counterterrorism.

contraterrorista *adj & mf* counterterrorist.

contratiempo *m* - **1.** [accidente] mishap; [dificultad] setback. - **2.** MÚS syncopation; **a ~** syncopated, offbeat.

contratista *mf* contractor; **~ de obras** building contractor; **~ de transportes** haulier.

contrato *m* contract; **bajo ~** under contract □ **~ de aceptación/de cambio** COM acceptance/exchange agreement; **~ administrativo** administrative contract; **~ de ajuste** o **de conchabo** *Amér* employment contract; **~ aleatorio/bilateral/colectivo de trabajo** aleatory/bilateral/labour contract; **~ de aprendizaje** apprentice contract; **~ de arrendamiento** lease; **~ de asociación** o **de sociedad** partnership contract; **~ blindado** lump-sum contract; **~ colectivo** collective bargaining *(U)*; **~ de compraventa** contract of sale; **~ de fideicomiso** deed of trust; **~ de fletamento** charter party; **~ a la gruesa** o **a riesgo marítimo** NÁUT bottomry; **~ indefinido/laboral/mercantil** indefinite/work/commercial contract; **~ matrimonial** marriage contract; **~ pignoraticio** pignorative contract; **~ de prenda** collateral contract; **~ temporal** temporary o short-term contract; **~ de trabajo** o **de empleo** employment contract; **~ unilateral** unilateral contract; **~ verbal** oral contract.

contratorpedero *m* MIL destroyer.

contratuerca *f* MEC locknut.

contravención *f* contravention, violation.

contravenir [75] *vi:* **~ a** to contravene.

contraventana *f* - **1.** [postigo] shutter. - **2.** [puertaventana] storm window.

contraventor, ra DER ◇ *adj* contravening, violating. ◇ *m, f* contravener, violator.

contrayente *mf person getting married.*

contribución *f* - **1.** [gen] contribution; **poner a ~** to make use of, to put to use □ **~ de sangre** *fig* military service. - **2.** [impuesto] tax; **~ directa/indirecta/territorial** direct/indirect/land tax; **~ de guerra** MIL tribute; **~ urbana** ≃ council tax *Br*.
◆ **contribuciones** *fpl* taxes, taxation *(U)*; **exento de contribuciones** tax-exempt.

contribuidor, ra ◇ *adj* contributory. ◇ *m, f* contributor.

contribuir [51] ◇ *vi* - **1.** [gen]: **~ (a)** to contribute (to); **~ con algo para** to contribute sthg towards. - **2.** [pagar impuestos] to pay taxes. ◇ *vt* - **1.** [pagar] to pay. - **2.** *fig* [aportar] to contribute; **~ ideas** to contribute ideas.

contribuyente ◇ *adj* - **1.** [que contribuye] contributing, contributory. - **2.** [que paga impuestos] taxpaying. ◇ *mf* - **1.** [el que contribuye] contributor. - **2.** [el que paga impuestos] taxpayer.

contrición *f* contrition.

contrincante *mf* rival, opponent.

contristar *vt* to sadden.
◆ **contristarse** *vpr* to become sad o unhappy.

contrito, ta *adj* - **1.** [arrepentido] contrite. - **2.** *fig* [triste, compungido] downcast.

control *m* - **1.** [gen] control; **bajo ~** under control; **fuera de ~** out of control; **perder el ~** to lose one's temper □ **~ de cambios** ECON foreign exchange regulation; **~ de la circulación** traffic control; **~ de natalidad** birth control; **~ de precios** price control; **~ remoto** o **a distancia** remote control; **~ sobre sí mismo** self-control. - **2.** [verificación] examination, inspection; **(bajo) ~ médico** (under) medical supervision □ **~ antidoping** dope test; **~ de calidad** quality control. - **3.** [puesto policial] checkpoint; **~ de frontera** border checkpoint; **~ de pasaportes** passport control. - **4.** [comprobación] check, checking *(U)*. - **5.** COM audit.

controlado, da *adj* controlled.

controlador, ra *m, f* controller; **~ aéreo** air-traffic controller; **~ de disco** disk controller.

controlar *vt* - **1.** [gen] to control; [cuentas] to audit. - **2.** [comprobar] to check. - **3.** [vigilar] to watch, to keep an eye on.

◆ **controlarse** *vpr* to control o.s., to restrain o.s.

controversia *f* controversy.

controvertible *adj* arguable, debatable.

controvertido, da *adj* controversial.

controvertir [27] ◇ *vi* to argue. ◇ *vt* to question, to dispute.

contubernio *m* - **1.** *fig* [confabulación] conspiracy. - **2.** [cohabitación] cohabitation.

contuerce *etc v* → **contorcerse**.

contuerza *etc v* → **contorcerse**.

contumacia *f* - **1.** [obstinación] obstinacy, stubbornness. - **2.** DER nonappearance, default.

contumaz (*pl* **contumaces**) *adj* - **1.** [obstinado] stubborn, obstinate. - **2.** DER in default; **condenar por** ~ to convict for contempt of court.

contumelioso, sa *adj* insulting, offensive.

contundencia *f* - **1.** [de golpes, patadas] force. - **2.** *fig* [de palabras, argumentos] forcefulness.

contundente *adj* - **1.** [arma, objeto] blunt; [golpe] thudding. - **2.** *fig* [razonamiento, argumento] forceful.

contundir *vt* to bruise.

conturbación *f* uneasiness, anxiety.

conturbado, da *adj* troubled, perturbed.

conturbar *vt* to trouble, to perturb.

◆ **conturbarse** *vpr* to become troubled o perturbed.

contusión *f* bruise.

contusionar *vt* to bruise.

contuso, sa ◇ *adj* bruised. ◇ *m, f* bruised person.

contuviera *etc v* → **contener**.

conurbación *f* conurbation.

convalecencia *f* - **1.** [recobramiento] convalescence. - **2.** [lugar] rest home, sanatorium.

convalecer [30] *vi:* ~ **(de)** to convalesce (after).

convaleciente *adj* convalescent.

convalidación *f* [de estudios] recognition; [de asignaturas] validation.

convalidar *vt* [estudios] to recognize; [asignaturas] to validate.

convección *f* convection.

convecino, na ◇ *adj* neighbouring. ◇ *m, f* neighbour.

convector *m* convector.

convelerse *vpr* [músculo] to contract.

convencer [11] *vt* to convince; ~ **a alguien de algo** to convince sb of sthg.

◆ **convencerse** *vpr:* ~**se de** to become convinced of.

convencible *adj* convincible.

convencido, da *adj* - **1.** [persuadido] convinced. - **2.** [culpable] convicted.

convencimiento *m* - **1.** [certeza] conviction. - **2.** [acción] convincing.

convención *f* - **1.** [gen] convention; **de** ~ by convention. - **2.** [conformidad] conformity, harmony.

convencional ◇ *adj* conventional. ◇ *m* delegate.

convencionalismo *m* conventionality.

convencionalmente *adv* conventionally.

convenible *adj* - **1.** [persona] easy-going, accommodating. - **2.** [precio] fair, reasonable.

convenido *adv* agreed.

conveniencia *f* - **1.** [utilidad] usefulness; [oportunidad] suitability; **a la primera** ~ at the first o earliest opportunity. - **2.** [interés] convenience; **sólo mira su** ~ he only looks after his own interests; **ser de la** ~ **de alguien** to be convenient for sb, to suit sb. - **3.** [conformidad] agreement, harmony. - **4.** [puesto] position. - **5.** [acuerdo] arrangement, agreement. - **6.** [decoro] decorum.

◆ **conveniencias** *fpl* - **1.** [convenciones] conventions. - **2.** [renta] income *(U)*. - **3.** [propiedad] property *(U)*. - **4.** [de un trabajo] perquisites.

conveniente *adj* - **1.** [útil] useful; [oportuno] suitable, appropriate; [lugar, hora] convenient; [aconsejable] advisable; **sería** ~ **asistir** it would be a good idea to go; **creer** o **juzgar** ~ to think o see fit. - **2.** [proporcionado] correct, proper.

convenio *m* - **1.** [acuerdo] agreement; **llegar a un** ~ to reach an agreement ❑ ~ **colectivo** collective bargaining *(U)*; ~ **comercial** trade agreement; ~ **de préstamos y arriendos** lend-lease agreement. - **2.** COM settlement.

convenir [75] ◇ *vi* - **1.** [venir bien] to be suitable; **conviene analizar la situación** it would be a good idea to analyse the situation; **no te conviene hacerlo** you shouldn't do it. - **2.** [acordar]: ~ **en** to agree on. - **3.** [corresponder] to correspond, to be fitting. - **4.** [juntarse] to meet. ◇ *vt* to agree on.

◆ **convenirse** *vpr* to agree, to come to an agreement; ~**se a** o **en** to agree to.

conventillero, ra *m, f Amér* gossip.

conventillo *m Amér* tenement house.

convento *m* - **1.** [de monjas] convent; [de monjes] monastery. - **2.** *Amér* [casa del cura] rectory.

convergencia *f* convergence.

convergente *adj* converging, convergent.

converger [14], **convergir** [15] *vi* - **1.** [juntarse en un punto] to converge. - **2.** *fig* [concurrir] to concur, to agree.

conversa *f fam* chat.

conversación *f* conversation; **cambiar de** ~ to change the subject; **dar** ~ **a alguien** to keep sb talking; **dirigir la** ~ **a alguien** to address sb; **trabar** ~ to strike up a conversation; **trabé** ~ **con un danés** I struck up a conversation with a Dane.

◆ **conversaciones** *fpl* [negociaciones] talks.

conversada *f Amér* chat.

conversador, ra ◇ *adj* talkative. ◇ *m, f* - **1.** [hablador] talker, conversationalist. - **2.** *Amér* [charlatán] gossip.

conversar ◇ *vi* - **1.** [charlar] to talk, to converse. - **2.** MIL to wheel, to change fronts. ◇ *vt Amér* to relate, to tell.

conversión *f* - **1.** [cambio] conversion. - **2.** MIL wheel. - **3.** LITER epistrophe.

converso, sa ◇ *adj* converted. ◇ *m, f* - **1.** [convertido] convert. - **2.** [lego] lay brother (*f* lay sister).

convertibilidad *f* ECON convertibility.

convertible ◇ *adj* convertible. ◇ *m Amér* AUTOM convertible.

USO ▶ Convencer a alguien

Convencer a alguien de que haga algo

Are you sure you won't come?
Do come — I'm sure you'll enjoy it.
Come on, it'll be fine.
I really think you should come.
It's not every day you get an opportunity like this, you know.
Oh, go on — you know you'll enjoy it.
What have you got to lose?

Convencer a alguien de que no haga algo

Are you sure you really want to do this?
Do you really think you should go?
What good would it do?
I wouldn't go, if I were you.
Don't go — it's far too dangerous.
Nobody will mind if you don't go.
I'd think twice about going if I were you.
On your own head be it!

convertidor *m* ELECTR & METAL converter; ~ **de frecuencia** ELECTR frequency changer.

convertir [21] *vt* - **1.** RELIG to convert. - **2.** [transformar]: ~ **algo/a alguien en** to convert sthg/sb into, to turn sthg/sb into; ~ **la tienda en bar** to convert the shop into a bar; ~ **al príncipe en rana** to turn the prince into a frog. - **3.** COM & FIN to convert, to exchange.
◆ **convertirse** *vpr* - **1.** RELIG: ~**se (a)** to convert (to). - **2.** [transformarse]: ~**se en** to become, to turn into; **la rana se convirtió en un príncipe** the frog turned into a prince.

convexo, xa *adj* convex.

convicción *f* conviction; **tener la** ~ **de que** to be convinced that.

convicto, ta ◇ *adj* convicted. ◇ *m, f* convict.

convidado, da *m, f* guest; **como el** ~ **de piedra** *fig* silent as the grave.

convidar *vt* [invitar] to invite.
◆ **convidar a** *vi* [mover, incitar] to be conducive to.
◆ **convidarse** *vpr* to offer one's services, to volunteer.

conviene *v* → **convenir**.

convierta *etc v* → **convertir**.

convincente *adj* convincing.

conviniera *etc v* → **convenir**.

convite *m* - **1.** [invitación] invitation. - **2.** [fiesta] banquet. - **3.** *Amér* [mojiganga] street costume parade announcing a party.

convivencia *f* - **1.** [entre personas] living together. - **2.** [entre países, bandos] coexistence.

convivir *vi* to live together; ~ **con** to live with.

convocación *f* - **1.** [de reunión] convening. - **2.** [de huelga, elecciones] calling.

convocador, ra ◇ *adj* convening, summoning. ◇ *m, f* convener.

convocar [10] *vt* - **1.** [reunión] to convene; [huelga, elecciones] to call. - **2.** [aclamar] to acclaim, to hail.

convocatorio, ria *adj* convening, summoning.
◆ **convocatoria** *f* - **1.** [anuncio, escrito] notice. - **2.** [de examen] diet.

convoy (*pl* **convoyes**) *m* - **1.** [gen] convoy. - **2.** [tren] train. - **3.** [escolta] escort, guard. - **4.** *fam fig* [séquito] procession, retinue. - **5.** [vinagreras] cruet.

convoyar *vt* - **1.** [escoltar] to escort. - **2.** *Amér* [ayudar] to back.
◆ **convoyarse** *vpr Amér* [confabularse] to conspire, to connive.

convulsión *f* - **1.** [de músculos] convulsion. - **2.** [política, social] upheaval (*U*). - **3.** [de tierra] tremor.

convulsionar *vt* - **1.** [contraer] to convulse. - **2.** *fig* [agitar] to agitate, to disturb.

convulsivamente *adv* convulsively.

convulsivo, va *adj* [espasmódico] convulsive; [tos] whooping.

convulso, sa *adj* - **1.** MED convulsed. - **2.** *fig* [excitado] agitated, excited.

conyugal *adj* conjugal; **vida** ~ married life.

cónyuge *mf* spouse; **los** ~**s** husband and wife.

coña *f mfam* - **1.** [guasa] joke; **está de** ~ she's joking. - **2.** [molestia] drag, pain.

coñá, coñac (*pl* **coñacs**), **cognac** (*pl* **cognacs**) *m* brandy, cognac.

coñazo *m mfam* pain, drag; **dar el** ~ to be a pain.

coño *vulg* ◇ *m* - **1.** [genital] cunt. - **2.** [para enfatizar]: **¿dónde/qué** ~...? where/what the fuck...? ◇ *interj* - **1.** [enfado] for fuck's sake! - **2.** [asombro] fucking hell!

COOB (*abrev de* **Comité Organizador Olímpico Barcelona 92**) *m* COOB.

cooperación *f* cooperation.

cooperador, ra *adj* cooperative.

cooperante *adj* cooperating.

cooperar *vi*: ~ **(con alguien en algo)** to cooperate (with sb in sthg).

cooperativa *f* → **cooperativo**.

cooperativismo *m* cooperative movement.

cooperativista ◇ *adj* supporting the cooperative movement. ◇ *mf* supporter of the cooperative movement.

cooperativo, va *adj* cooperative.
◆ **cooperativa** *f* cooperative; **cooperativa agrícola** farming cooperative.

coopositor, ra *m, f* rival candidate.

cooptación *f* co-option.

coordenada *f* (*gen pl*) coordinate.

coordinación *f* coordination.

coordinado, da *adj* coordinated.

coordinador, ra ◇ *adj* coordinating. ◇ *m, f* coordinator.

coordinar *vt* - **1.** [movimientos, gestos] to coordinate. - **2.** [esfuerzos, medios] to combine, to pool. - **3.** [ordenar] to classify.

copa *f* - **1.** [vaso] glass; [contenido] glassful; **¿quieres (tomar) una** ~? would you like (to have) a drink?; **ir de** ~**s** to go out drinking. - **2.** [de árbol] top. - **3.** [de sombrero] crown. - **4.** DEP cup. - **5.** [brasero] brazier.
◆ **copas** *fpl* - **1.** [naipes] suit with pictures of goblets in Spanish playing cards, ≈ hearts. - **2.** [del freno] bosses. - **3.** *loc*: **echar por** ~**s** *Amér* to exaggerate.

COPA (*abrev de* **Compañía Panameña de Aviación**) *f* Panamanian state airline.

copaiba *f* BOT copaiba (balsam).

copal *m* [resina] copal.

copar *vt fig* - **1.** [en competición] to win. - **2.** [cargos] to monopolize. - **3.** MIL to surround, to cut off.

coparticipación *f* copartnership.

copartícipe *mf* copartner.

COPE (*abrev de* **Cadena de Ondas Populares Españolas**) *f* private Spanish radio station.

copear *vi* - **1.** [beber] to have a few drinks. - **2.** [vender] to sell by the glassful.

COPEL (*abrev de* **Coordinadora de Presos Españoles en Lucha**) *f* Spanish coordinating committee for the defence of prisoners' rights.

Copenhague *s* Copenhagen.

copeo *m* drinking.

Copérnico *m* Copernicus.

copero, ra *adj* - **1.** [competición, partido] cup (*antes de sust*); [equipo] cupwinning (*antes de sust*). - **2.** [mueble] cupboard.

copete *m* - **1.** [de ave] crest. - **2.** [mechón] tuft. - **3.** [tupé] toupee, hairpiece. - **4.** [de caballo] forelock. - **5.** [cima] summit, top. - **6.** [de mueble] headpiece. - **7.** [de zapato] tongue. - **8.** *fam fig* [altanería] arrogance, haughtiness. - **9.** CULIN topping. - **10.** *loc*: **de alto** ~ upper-class; **estar hasta el** ~ *Amér* to be completely fed up; **tener mucho** ~ to be snobbish o stuck-up.

copetín *m Amér* cocktail.

copetón, ona *adj Amér* - **1.** [ave] tufted, crested. - **2.** [arrogante] snobbish, stuck-up. - **3.** *fam* [achispado] tipsy. - **4.** [cobarde] cowardly.
◆ **copetón** *m Amér* [ave] crested sparrow.
◆ **copetona** *f Amér* elegant woman.

copetudo, da *adj* - **1.** [ave] tufted, crested. - **2.** [arrogante] snobbish.
◆ **copetuda** *f* - **1.** [ave] skylark. - **2.** *Amér* [planta] marigold.

copia *f* - **1.** [reproducción] copy; **hacer una** ~ **de algo** to duplicate sthg; **sacar una** ~ to make a copy □ ~ **al carbón** carbon copy; ~ **por contacto** FOT contact print; ~ **fotostática** photostat; ~ **heliográfica** blueprint; ~ **en limpio** fair copy; ~ **mecanografiada** typescript; ~ **de seguridad** INFORM backup. - **2.** [acción] copying. - **3.** [persona] (spitting) image. - **4.** *fig* [imitación] imitation. - **5.** [gran cantidad] abundance, profusion. - **6.** [fotocopia] photocopy.

copiador, ra ◇ *adj* copying. ◇ *m, f* [copista] copyist, transcriber.
◆ **copiador** *m* COM correspondence file.

copiadora *f* [fotocopiadora] photocopier.
copiar [8] ◇ *vt* [gen] to copy; [al dictado] to take down. ◇ *vi* [en examen] to cheat, to copy.
copiloto *mf* copilot.
copión, ona *m, f* - **1.** [imitador] copycat. - **2.** [en examen] cheat.
copiosamente *adv* copiously.
copiosidad *f* copiousness.
copioso, sa *adj* [abundante] copious; [lluvia] heavy.
copista *mf* copyist.
copla *f* - **1.** [canción] folksong, popular song. - **2.** [estrofa] verse, stanza.
◆ **coplas** *fpl fam* [poemas] verses, poetry *(U)*; ~s **de ciego** doggerel *(U)*.
coplear *vi* - **1.** [escribir cantos] to write songs. - **2.** [escribir versos] to write poetry. - **3.** [cantar] to sing ballads.
coplero, ra *m, f,* **coplista** *mf* - **1.** [que hace coplas] balladist. - **2.** *fig* [mal poeta] bad poet.
copo *m* - **1.** [de nieve, cereales] flake; ~s **de avena** rolled oats; ~s **de maíz** cornflakes. - **2.** [de algodón] ball. - **3.** TEXTIL bundle, tuft. - **4.** [coágulo] clot. - **5.** [de red] bottom. - **6.** *Amér* [nube] rain cloud. - **7.** *Amér* [de árbol] treetop.
copón *m* ciborium; **un lío del** ~ *fam fig* a hell of a mess.
coposesión *f* co-ownership.
coposesor, ra *m, f* co-owner.
coposo, sa *adj* [árbol] spreading.
copra *f* copra.
coprocesador *m* INFORM coprocessor; ~ **matemático** maths chip o coprocessor.
coproducción *f* coproduction.
copropiedad *f* joint ownership.
copropietario, ria *m, f* co-owner, joint owner.
coprotagonista *mf* co-star.
coprotagonizar *vt* to co-star in.
copto, ta *adj* Coptic.
◆ **copto** *m* [lengua] Coptic.
cópula *f* - **1.** [sexual] copulation. - **2.** GRAM copula. - **3.** [unión] union, coupling. - **4.** [atadura] link.
copulación *f* copulation.
copular *vi* to copulate.
copulativo, va *adj* copulative.
coque[1] *etc v* → **cocar**.
coque[2] *m* coke.
coquear *vi Amér* to chew coca leaves.
coquera *f* - **1.** [en piedra] hollow. - **2.** [para coque] coke scuttle. - **3.** *Amér* [para coca] place for storing coca.
coquero, ra *Amér* ◇ *adj* addicted to coca. ◇ *m, f* - **1.** [adicto] coca addict. - **2.** [vendedor] coca seller.
coqueta *f* → **coqueto**.
coquetear *vi* to flirt.
coqueteo *m* flirtation.
coquetería *f* - **1.** [encanto] coquetry. - **2.** [afectación] affectation.
coqueto, ta *adj* - **1.** [que flirtea] flirtatious, coquettish. - **2.** [que se arregla mucho] concerned with one's appearance. - **3.** [cosa] charming, delightful.
◆ **coqueta** *f* [tocador] dressing table.
coquetón, ona *fam* ◇ *adj* [agradable] attractive, charming. ◇ *m, f* flirt.
coquito *m* - **1.** [gesto] funny face; **hacer** ~s to pull faces. - **2.** *Amér* [ave] turtledove. - **3.** *Amér* [árbol] coquito palm.
coracero *m* - **1.** [soldado] cuirassier. - **2.** *fam* [cigarro] strong rough cigar.
coracha *f* leather bag.
coraje *m* - **1.** [valor] courage. - **2.** [rabia] anger; **me da mucho** ~ it makes me furious.
corajina *f fam* fit of temper.
corajudo, da *adj fam* ill-tempered.

coral ◇ *adj* choral. ◇ *m* - **1.** ZOOL coral. - **2.** *Amér* [planta] coral tree. - **3.** *loc:* **más fino que un** ~ as sharp as a needle. ◇ *f* - **1.** [coro] choir. - **2.** [composición] chorale. - **3.** [serpiente] coral snake.
◆ **corales** *mpl* - **1.** [cuentas] coral beads. - **2.** ZOOL caruncle *(sg)*.
Coral *s* → **mar**.
coralina *f* coralline.
coralino, na *adj* coral.
corambre *f* - **1.** [conjunto de cueros] hides *(pl)*, skins *(pl)*. - **2.** [cuero] hide; ~ **de vaca** cowhide.
Corán *m:* **el** ~ the Koran.
coraza *f* - **1.** [de soldado] cuirasse, armour *(U)*. - **2.** [de tortuga] shell. - **3.** *fig* [protección] shield. - **4.** NÁUT armour, plate.
corazón *m* - **1.** [gen] heart; **andar es bueno para el** ~ walking is good for your heart; **le hirió en el** ~ she wounded his heart; **le falta** ~ he lacks the heart; **padecer del** ~ to have heart trouble; **en pleno** ~ **de la ciudad** right in the heart of the city; **a** ~ **abierto** [operación] open-heart; **de buen** ~ kindhearted; **no tener** ~ to have no heart, to be heartless; **no tener** ~ **para hacer algo** [valor] not to have the heart to do sthg; **ser blando/duro de** ~ to be softhearted/hardhearted; **tener buen** ~ to be kindhearted, to have a good heart. - **2.** [de frutas] core; **sácale el** ~ **a la manzana** core the apple. - **3.** [apelativo cariñoso] darling; **ven aquí,** ~ come here, darling. - **4.** ~ **dedo.** - **5.** *loc:* **con el** ~ **en la mano** frankly, openly; **te hablo con el** ~ **en la mano** to be quite frank...; **de (todo)** ~ from the bottom of one's heart, quite sincerely; **te lo digo de todo** ~ I'm telling you from the bottom of my heart; **estar con el** ~ **en un puño** to have one's heart in one's mouth; **llevar el** ~ **en la mano** to wear one's heart on one's sleeve; **no le cabía el** ~ **en el pecho** [de contento] he was bursting with joy; **romper** o **partir el** ~ **a alguien** to break sb's heart; **se me encoge el** ~ **al ver...** it breaks my heart to see...; **tener el** ~ **oprimido** to be sick at heart; **tener un** ~ **de oro** to have a heart of gold.
◆ **corazones** *mpl* [naipes] hearts.
corazonada *f* - **1.** [presentimiento] feeling, hunch. - **2.** [impulso] sudden impulse. - **3.** *fam* [entrañas] entrails *(pl)*.
corbata *f* - **1.** [prenda] tie; **con** ~ wearing a tie ❑ ~ **de pajarita** bow tie. - **2.** [banda] cravat; [en bandera] streamer, sash. - **3.** [insignia] insignia. - **4.** [en carambolas] two-cushion shot. - **5.** TEATRO apron. - **6.** *Amér* [pañuelo] neckerchief.
corbeta *f* corvette.
Córcega *s* Corsica.
corcel *m* steed.
corchar *vt* - **1.** [botella, vasija] to cork. - **2.** NÁUT to lay. - **3.** *Amér fam* [desacreditar] to show up.
corchea *f* quaver; **doble** ~ MÚS semiquaver *Br*, sixteenth note *Am*.
corchera *f* lane marker o rope.
corchete *m* - **1.** [broche] hook and eye. - **2.** [macho del broche] hook. - **3.** [signo ortográfico] square bracket. - **4.** [en carpintería] bench stop o hook. - **5.** [renglón] overrun. - **6.** *Amér* [grapa] staple.
corchetera *f Amér* stapler.
corcho *m* - **1.** [material, tapón] cork; **sacar el** ~ to uncork ❑ ~ **bornizo** o **virgen** virgin cork; ~ **segundero** cork from second cutting of a tree. - **2.** [para enfriar] wine cooler. - **3.** [caja] cork box. - **4.** [de mesa] corksoled sandal. - **5.** [de la pesca] float. - **6.** [colmena] beehive. - **7.** *Amér* [planta] type of climbing plant. - **8.** *loc:* **estar** ~ *fam* to be in the dark; **hacer el** ~ *Amér fam* to vanish.
corcholata *f Amér* metal bottle top.
córcholis *interj* - **1.** [para expresar sorpresa] good heavens! - **2.** [para expresar enfado] for Heaven's sake!
corcova *f* hump.
corcovado, da ◇ *adj* hunchbacked, humpbacked. ◇ *m, f* hunchback.

corcovar *vt* to curve, to bend.

corcovear *vi* - **1.** [dar saltos] to buck. - **2.** *Amér* [refunfuñar] to grumble, to grouse. - **3.** *Amér* [tener miedo] to be scared.

corcusir *vt* to sew poorly.

cordada *f* roped party of mountaineers.

cordaje *m* - **1.** [de guitarra, raqueta] strings *(pl)*. - **2.** NÁUT rigging.

cordal *m* MÚS tailpiece.

cordel *m* - **1.** [cuerda] cord. - **2.** [distancia] five paces *(pl)*. - **3.** [cañada] cattle path. - **4.** *Amér* [juego] skipping *Br*, jump rope *Am*. - **5.** *Amér* [medida] = 414 m².
◆ **a cordel** *loc adv* in a straight line.

cordelado, da *adj* corded.

cordelería *f* - **1.** [oficio] ropemaking. - **2.** [taller] rope-works *(sg)*. - **3.** [conjunto de cuerdas] ropes *(pl)*.

cordelero, ra *m, f* - **1.** [fabricante] rope maker. - **2.** [vendedor] rope dealer.

corderillo *m* dressed lambskin.

cordero, ra *m, f lit & fig* lamb; ~ **lechal** o **recental** suckling lamb; ~ **pascual** RELIG paschal lamb.
◆ **Cordero** *m*: **el Cordero de Dios**, el Divino Cordero RELIG the Lamb of God.

cordial *adj* - **1.** [afectuoso] cordial. - **2.** FARM stimulating, tonic.

cordialidad *f* - **1.** [afectuosidad] cordiality. - **2.** [franqueza] frankness, sincerity.

cordialmente *adv* [afectuosamente] cordially; [en una carta] sincerely.

cordillera *f* mountain range; **la** ~ **Cantábrica** the Cantabrian Mountains *(pl)*.

cordillerano, na *adj & m, f* Andean.

córdoba *m* [moneda] cordoba.

Córdoba *s* Cordoba.

cordobán *m* cordovan.

cordobés, esa *(pl* **cordobeses)** ◇ *adj* of/relating to Cordoba. ◇ *m, f* native/inhabitant of Cordoba.

cordón *m* - **1.** [gen] cord; [de zapato] lace; ~ **umbilical** umbilical cord. - **2.** [cable eléctrico] flex. - **3.** *fig* [para protección, vigilancia] cordon; ~ **sanitario** cordon sanitaire. - **4.** NÁUT strand. - **5.** *Amér* [de la acera] kerb; **aparcar en** ~ to park end-to-end.
◆ **cordones** *mpl* MIL aiguillettes.

cordoncillo *m* - **1.** [de tela] rib, cord. - **2.** [de una moneda] milling *(U)*.

cordonería *f* - **1.** [conjunto] cords *(pl)*, cording. - **2.** [oficio] cordmaking. - **3.** [tienda] cordmaker's shop.

cordonero, ra *m, f* [cordelero] rope maker.
◆ **cordonero** *m* NÁUT rigging maker.

cordura *f* [juicio] sanity; [sensatez] sense.

Corea *s*: ~ **del Norte/Sur** North/South Korea.

coreano, na *adj & m, f* Korean.
◆ **coreano** *m* [lengua] Korean.

corear *vt* - **1.** [acompañar] to chorus. - **2.** *fig* [asentir] to agree to, to approve of.

coreografía *f* choreography.

coreógrafo, fa *m, f* choreographer.

corintio, tia *adj & m, f* Corinthian.

corista ◇ *mf* - **1.** [en coro] chorus singer. - **2.** RELIG chorister. ◇ *f* [en cabaret] chorus girl.

corlar, corlear *vt* TEC to varnish.

corma *f* - **1.** [cepo] pillory, stocks *(pl)*. - **2.** *desus & fig* [obstáculo] hindrance, obstacle.

cormorán *m* cormorant.

cornada *f* - **1.** [herida] goring. - **2.** [golpe] butt; **dar una** ~ to gore.

cornamenta *f* - **1.** [de toro] horns *(pl)*; [de ciervo] antlers *(pl)*. - **2.** *fam* [del marido engañado] cuckold's horns *(pl)*.

cornamusa *f* - **1.** [trompeta] hunting horn. - **2.** [gaita] bagpipe.

córnea *f* cornea; ~ **opaca** sclera; ~ **transparente** cornea.

corneado, da *adj* gored.

cornear, acornear *vt* - **1.** TAUROM to gore. - **2.** [dar un golpe] to butt.

córneo, a *adj* horny.

córner *(pl* **córners)** *m* corner (kick).

corneta ◇ *f* - **1.** [instrumento] bugle; [de caza] hunting horn; [del porquero] swineherd's horn; ~ **acústica** ear trumpet; ~ **de llaves** cornet; ~ **de monte** hunting horn. - **2.** MIL cornet. ◇ *m Amér* car horn. ◇ *mf* [persona] bugler.

cornete *m* - **1.** [helado] cornet, cone. - **2.** ANAT turbinate bone.

cornetín ◇ *m* [instrumento] cornet, bugle. ◇ *mf* [persona] cornet player.

cornezuelo *m* - **1.** [aceituna] *large pointed type of olive.* - **2.** [hongo] ergot.

cornflakes® ['konfleiks] *mpl* Cornflakes®.

cornisa *f* - **1.** ARQUIT cornice. - **2.** GEOGR: **la** ~ **Cantábrica** the Cantabrian Coast.

cornisamento *m* ARQUIT entablature.

corno *m* dogwood tree.
◆ **corno inglés** *m* MÚS cor anglais, English horn.

cornucopia *f* - **1.** [espejo] *small decorative mirror.* - **2.** [cuerno] cornucopia, horn of plenty.

cornudo, da *adj* - **1.** [animal] horned; [ciervo] antlered. - **2.** *fam fig* [marido] cuckolded; **tras** ~ **apaleado** adding insult to injury.
◆ **cornudo** *m fam fig* cuckold.

coro *m* - **1.** [gen] choir; **contestar a** ~ to answer all at once □ **hacer** ~ **a** to back up. - **2.** [de obra musical] chorus.

coroides *f inv* choroid.

corola *f* corolla.

corolario *m* - **1.** [consecuencia] corollary. - **2.** [inferencia] deduction, inference.

corona *f* - **1.** [de rey etc] crown; ~ **de espinas** crown of thorns; ~ **del casco** VETER coronet; **triple** ~ RELIG triple crown, papal tiara; **ceñirse la** ~ *fig* to ascend to the throne. - **2.** [de flores] garland; ~ **fúnebre/de laurel** funeral/laurel wreath. - **3.** [aureola] halo. - **4.** [de comida] ring. - **5.** RELIG tonsure. - **6.** ASTRON & ARQUIT corona. - **7.** [arandela] washer. - **8.** [llanta] rim.

coronación *f* - **1.** [de monarca] coronation. - **2.** *fig* [remate, colmo] culmination. - **3.** ARQUIT corona.

coronamiento, coronamento *m* - **1.** *fig* [remate, fin] culmination. - **2.** ARQUIT crown. - **3.** NÁUT taffrail.

coronar ◇ *vt* - **1.** [persona] to crown. - **2.** *fig* [terminar] to complete; [culminar] to crown, to cap. - **3.** *fig* [cima] to reach. - **4.** [en ajedrez] to queen, to promote. - **5.** *fam* [ser infiel a] to cuckold. ◇ *vi* MED [bebé] to crown.
◆ **coronarse** *vpr* - **1.** [rey, emperador] to be crowned. - **2.** [cubrirse] to become covered.

coronaria *f* [de reloj] crown wheel.

coronario, ria *adj* coronary.

coronel *m* colonel.

coronilla *f* crown (of the head); **andar** o **bailar de** ~ *fig* to bend over backwards; **dar de** ~ *fig* to bump one's head; **estar hasta la** ~ **(de)** *fig* to be sick and tired (of).

corotos *mpl Amér* things, whatnots.

coroza *f* - **1.** [castigo] *conical hat worn by convicts.* - **2.** [capa] *straw cape worn by Galician farmers.*

corpachón, corpanchón *m* - **1.** *fam* [de persona] bulk, big body. - **2.** [de ave] carcass.

corpiño *m* - **1.** [prenda] bodice. - **2.** [cuerpo] little body.

corporación *f* corporation.

corporal *adj* corporal.

corporalidad *f* corporality.

corporativismo *m* *self-interested behaviour, especially of professional groups.*

corporativo, va ◇ *adj* corporate. ◇ *m, f* corporate part o constituent.

corporeidad *f* corporeity, corporeality.
corporeizar [13] *vt* to make material.
corpóreo, a *adj* corporeal.
corpulencia *f* corpulence.
corpulento, ta *adj* corpulent.
corpus (*pl inv* o **corpora**) *m* corpus.
Corpus Christi ['korpus 'kristi] *m* Corpus Christi.
corpúsculo *m* corpuscle.
corral *m* - **1.** [gen] yard; [para cerdos, ovejas] pen; ~ **de madera** timberyard *Br*, lumberyard *Am*; ~ **de vacas** *fam fig* dump. - **2.** [para teatro] open-air theatre in courtyard. - **3.** GEOL perpetually snow-covered cirque. - **4.** *Amér* [hacienda] small plantation. - **5.** *loc*: **hacer ~es** to play truant.
corraliza *f* yard.
corralón *m* - **1.** [cercado] large yard; [de madera] timberyard *Br*, lumberyard *Am*. - **2.** *Amér* [solar] enclosed plot.
◆ **corral de tránsito** *m Amér* car pound.
correa *f* - **1.** [de bolso, reloj] strap; [de pantalón] belt; [de perro] lead, leash. - **2.** TECN belt; ~ **del ventilador** fan belt. - **3.** [flexibilidad] stretch. - **4.** ARQUIT purlin. - **5.** *loc*: **tener ~** *fam fig* [resignarse] to be long-suffering; [tener resistencia] to be tough.
correaje *m* [de un caballo] harness.
correcalles *mf inv fam* loafer.
corrección *f* - **1.** [de errores] correction. - **2.** [de exámenes] marking. - **3.** [de texto] revision; ~ **de pruebas** o **galeradas** IMPRENTA proofread. - **4.** [de comportamiento] correctness, courtesy. - **5.** [reprimenda] reprimand. - **6.** [castigo] punishment, correction.
correccional ◇ *adj* correctional, reforming. ◇ *m* reformatory, reform school.
correctamente *adv* correctly, properly.
correctivo, va *adj* corrective.
◆ **correctivo** *m* punishment.
correcto, ta *adj* - **1.** [resultado, texto, respuesta] correct. - **2.** [persona] polite; [conducta] proper.
corrector, ra ◇ *adj* corrective. ◇ *m, f*: ~ **(de pruebas)** proofreader.
◆ **corrector** *m* INFORM: ~ **de estilo** stylechecker; ~ **ortográfico** spellchecker.
corredero, ra *adj* sliding.
◆ **corredera** *f* - **1.** [ranura] runner; **puerta (de) corredera** sliding door. - **2.** [muela de molino] upper millstone. - **3.** [calle] street, road. - **4.** MEC slide valve. - **5.** NÁUT log, log line. - **6.** [cucaracha] cockroach. - **7.** *Amér* [rabión] river rapid. - **8.** *Amér* [diarrea] diarrhoea.
corredizo, za *adj* - **1.** [puerta] sliding (*antes de sust*). - **2.** [nudo] running, slip (*antes de sust*).
corredor, ra ◇ *adj* - **1.** [que corre] running (*antes de sust*). - **2.** [ave] ratite. ◇ *m, f* - **1.** [deportista] runner. - **2.** [intermediario]: ~ **de apuestas** bookmaker; ~ **de bolsa** stockbroker; ~ **de comercio/de seguros** COM registered/insurance broker; ~ **de fincas** land agent; ~ **de lonja** o **de mercaderías** COM sales agent.
◆ **corredor** *m* - **1.** [pasillo] corridor, passage. - **2.** [galería] gallery. - **3.** MIL scout. - **4.** [en fortificación] covert way.
◆ **corredora** *f* [ave] ratite.
correduría *f* FIN brokerage; ~ **de bolsa** stockbroking.
corregidor, ra ◇ *m, f* HIST - **1.** [magistrado] *magistrate appointed by king, especially in former Spanish colonies*. - **2.** [alcalde] mayor. ◇ *adj* correcting.
corregimiento *m* HIST - **1.** [empleo] post of 'corregidor'. - **2.** [territorio] district of 'corregidor'. - **3.** [oficina] office of 'corregidor'.
corregir [42] *vt* - **1.** [enmendar] to correct; **necesito ~me la vista** I need to have my eyesight corrected. - **2.** [exámenes] to mark. - **3.** [reprender] to reprimand. - **4.** [templar] to temper, to mitigate. - **5.** IMPRENTA to proofread. - **6.** *Amér* [defecar] to evacuate.
◆ **corregirse** *vpr* to change for the better.

correlación *f* correlation.
correlacionar *vt* to correlate.
correlativamente *adv* correlatively.
correlativo, va *adj* correlative.
◆ **correlativo** *m* - **1.** GRAM correlative. - **2.** *Amér* [laxante] laxative.
correligionario, ria ◇ *adj* - **1.** [en religión] fellow (*antes de sust*). - **2.** [en política, ideología] like-minded. ◇ *m, f* - **1.** [en religión] coreligionist, person of the same religion. - **2.** [en política, ideología] like-minded person.
correncia, correntía *f fam* the runs (*pl*).
correntada *f Amér* [de río] strong current.
correntía *f* = **correncia**.
correntío *adj* - **1.** [líquido] flowing. - **2.** *fam fig* [suelto] nimble, agile.
correntón, ona *adj* - **1.** [trotacalles] roving. - **2.** [bromista] playful.
◆ **correntón** *m Amér* strong current.
correntoso, sa *adj Amér* [río] swift, rapid.
correo ◇ *m* - **1.** [correspondencia] post, mail; **a vuelta de** ~ by return (of post); **echar al** ~ to post; **por** ~ by mail ❑ ~ **aéreo** airmail; ~ **certificado** registered post o mail; ~ **comercial/electrónico** direct/electronic mail; ~ **urgente** special delivery. - **2.** [mensajero] courier, messenger. - **3.** [cartero] postman *Br*, mailman *Am*. - **4.** [buzón] postbox *Br*, mailbox *Am*. - **5.** [oficina] post office. - **6.** DER accomplice. ◇ *adj*: **tren** ~ mail train.
◆ **Correos** *m* [organismo] the post office.
correoso, sa *adj* - **1.** [duro] leathery. - **2.** [flexible] flexible. - **3.** *fig* [al masticar] tough, rubbery.
correr ◇ *vi* - **1.** [andar de prisa] to run; **a todo** ~ at full speed o pelt; **(ella) corre que se las pela** *fam* she runs like the wind. - **2.** [conducir de prisa] to drive fast. - **3.** [río] to flow. - **4.** [camino, agua del grifo] to run; **deja** ~ **el agua del grifo** leave the tap running. - **5.** [el tiempo, las horas] to pass, to go by; **que corre** [mes, semana] current; **hay que enviar las cartas en el mes que corre** we have to send off the letters this month. - **6.** [noticia etc] to spread. - **7.** [moneda] to be legal tender. - **8.** [encargarse de]: ~ **con** [los gastos] to bear; [la cuenta] to pay; ~ **a cargo de** to be taken care of by; **la comida corre a cargo de la empresa** the meal is on the company. - **9.** [sueldo etc] to be payable. - **10.** [viento] to blow. - **11.** [venderse] to sell. - **12.** INFORM to run. ◇ *vt* - **1.** [distancia] to cover; **corrió los 100 metros** he ran the 100 metres. - **2.** [mesa, silla] to move o pull up. - **3.** [cortinas] to draw. - **4.** [experimentar - aventuras, vicisitudes] to have; [- riesgo] to run; ~**la** *fam* to go out on the town. - **5.** [perseguir] to pursue, to chase; ~ **un venado** to hunt a deer. - **6.** [girar] to turn; ~ **la llave** to turn the key; ~ **el pestillo** to bolt the door. - **7.** [desatar] to unfasten. - **8.** *fam* [avergonzar] to embarrass. - **9.** [confundir] to disconcert, to confuse. - **10.** [robar] to make off with. - **11.** MIL to overrun. - **12.** COM to auction, to sell at auction. - **13.** INFORM to run. - **14.** *Amér* [despedir] to throw out.
◆ **correrse** *vpr* - **1.** [desplazarse - persona] to move over; [-cosa] to slide; **córrete hacia la derecha** move over to the right a bit. - **2.** [pintura, colores] to run. - **3.** *vulg* [tener un orgasmo] to come. - **4.** *fam* [avergonzarse] to be embarrassed. - **5.** [confundirse] to become confused. - **6.** [excederse] to go too far. - **7.** [ofrecer demasiado] to offer too much. - **8.** *Amér* [escaparse] to run away, to escape.
correría *f* - **1.** MIL foray. - **2.** [viaje] short trip, excursion.
correspondencia *f* - **1.** [gen] correspondence. - **2.** [de metro, tren] connection. - **3.** [conformidad] conformity, agreement. - **4.** [comunicación] communication, contact. - **5.** [sinonimia] synonymy, synonymity. - **6.** [significado] equivalent.
corresponder *vi* - **1.** [compensar]: ~ **(con algo) a alguien/algo** to repay sb/sthg (with sthg). - **2.** [pertenecer] to belong. - **3.** [coincidir]: ~ **(a/con)** to correspond (to/with). - **4.** [tocar]: ~**le a alguien hacer algo** to be sb's responsibility to do sthg. - **5.** [a un sentimiento] to reciprocate.

- **6.** [tener proporción] to fit, to go. - **7.** [comunicar] to connect, to communicate. ◆ **corresponderse** *vpr* - **1.** [escribirse] to correspond. - **2.** [amarse] to love each other. - **3.** [hacer juego] to match, to go together. - **4.** [comunicarse] to connect, to communicate.

correspondiente ◇ *adj* - **1.** [gen]: ~ (a) corresponding (to). - **2.** [respectivo] respective. ◇ *mf* correspondent.

corresponsal ◇ *adj* correspondent, corresponding. ◇ *mf* - **1.** PRENSA correspondent. - **2.** COM agent.

corresponsalía *f* post of correspondent.

corretaje *m* - **1.** [COM - oficio] brokerage; [- comisión] broker's fee o commission. - **2.** *Amér* AGR sharecropper's consignment o quota.

corretear ◇ *vi* - **1.** [correr] to run about. - **2.** *fam* [vagar] to hang about. ◇ *vt Amér* - **1.** [perseguir] to chase, to pursue. - **2.** [despedir] to drive away. - **3.** [agilizar] to speed up.

correteo *m* - **1.** [vagabundeo] wandering o roaming of the streets. - **2.** [retozo] frolic, romp.

correveidile *mf inv* gossip.

corrido, da *adj* - **1.** [cortina] drawn. - **2.** [avergonzado] embarrassed. - **3.** [continuo] continuous. - **4.** [peso, medida] full, good; **un kilo** ~ a full kilo. - **5.** [cursiva] cursive. - **6.** [transcurrido] running; **tres meses** ~**s** three months running. - **7.** [experimentado] experienced, worldly. - **8.** *Amér* [completo] whole, complete. ◆ **corrido** *m* - **1.** [cobertizo] *projecting roof along yard walls.* - **2.** [romance] ballad. - **3.** *Amér* [fugitivo] fugitive. ◆ **corrida** *f* - **1.** TAUROM bullfight. - **2.** [acción de correr] run; **dar una corrida** to make a dash ❑ **en una corrida** in an instant o a flash. - **3.** [canto] *Andalusian song.* - **4.** *Amér* MIN outcrop. - **5.** *Amér* [juerga] celebration, spree. - **6.** *Amér* [hilera] row, line. ◆ **corridos** *mpl* COM accrued interest (U). ◆ **de corrido** *loc prep* by heart; **recitar algo de** ~ to recite sthg parrot-fashion.

corriente ◇ *adj* - **1.** [normal] ordinary, normal; ~ **y moliente** run-of-the-mill. - **2.** [agua] running. - **3.** [mes, año, cuenta] current. - **4.** [fluido] smooth, flowing. ◇ *f* - **1.** [de río, electricidad] current; ~ **alterna/continua** alternating/direct current. - **2.** [de aire] draught. - **3.** *fig* [tendencia] trend, current; [de opinión] tide. - **4.** *loc*: **dejarse llevar de** o **por la** ~ to follow the crowd; **estar al** ~ **de** to be up to date with; **estoy al** ~ **de la marcha de la empresa** I'm aware of how the company is doing; **ir contra** ~ to go against the tide; **llevarle** o **seguirle la** ~ **a alguien** to humour sb; **llévale** o **síguele la** ~ **al jefe o te despedirá** you'd better humour the boss or he'll sack you; **poner al** ~ to bring up to date; **el profesor puso al** ~ **de las clases a su sustituto** the teacher filled his substitute in on the classes; **ponerse al** ~ to bring o.s. up to date; **tener al** ~ to keep informed.

Corriente del Golfo *f* Gulf Stream.

corrientemente *adv* - **1.** [comúnmente] commonly, usually. - **2.** [fácilmente] fluently; **conversan** ~ **en alemán** they speak fluent German. - **3.** [actualmente] currently.

corrige, corrigió *etc v* → **corregir**.

corrillo *m* knot o small group of people.

corrimiento *m* - **1.** GEOL shift, slipping; ~ **de tierras** landslide. - **2.** [acción] running. - **3.** MED discharge, secretion. - **4.** *fig* [vergüenza] embarrassment. - **5.** [empacho] shyness. - **6.** *Amér* [reuma] rheumatism.

corro *m* - **1.** [círculo] circle, ring; **en** ~ in a circle; **hacer** ~ to form a circle ❑ **hacer** ~ **aparte** *fam* [dentro de un grupo] to form a small separate group; [separarse del partido] to form another party. - **2.** [cotizaciones] stocks (*pl*).

corroboración *f* - **1.** [confirmación] corroboration. - **2.** [fortificación] strengthening.

corroborar *vt* - **1.** [confirmar] to corroborate. - **2.** [fortificar] to strengthen, to fortify.

corroborativo, va *adj* corroborative.

corroer [69] *vt* - **1.** [gen] to corrode; GEOL to erode. - **2.** *fig* [consumir] to consume, to eat away at.

USO ▶ Correspondencia

Cartas a amigos, familiares etc

▶ *encabezamiento*:

Dear Fred/Mum/Auntie Jean,
Dearest Paul, [*más afectuoso*]

▶ *comienzo*:

Sorry it's been so long since I last wrote.
Just a few lines to let you know how we all are.
Just a short note to thank you for your card.

▶ *conclusión*:

I must go now.
Write soon.
Give my love to Sarah/to your family.
Keep in touch.

▶ *despedida*:

(With) best wishes,
Best regards, [*Am*]
Yours,
(With) love,
Lots of love, [*familiar*]

Carta comercial/oficial

▶ *encabezamiento*:

Dear Mr/Mrs/Ms Edmonds(,)
Dear Mr./Mrs./Ms. Edmonds: [*Am, soutenu*]
Dear Jane Brown
Dear Sirs(,) [*Br: si es a una empresa u organización en general*]

Gentlemen: [*Am: si es una empresa u organización en general*]
Dear Sir(,) [*si el destinatario es un hombre*]
Dear Madam(,) [*si la destinataria es una mujer*]
Dear Sir or Madam(,) [*si no se conoce el nombre del destinatario*]

▶ *comienzo*:

Thank you for your letter of 25th June [*Br*] o June 25 [*Am*].
With reference to o Re your letter of 25th June, ...
Following o Further to our recent telephone conversation, ...

▶ *desarrollo*:

I am writing to ask for details of your offer.
Please find enclosed a cheque for the full amount.
I should be grateful if you would confirm the dates of your visit as soon as possible.

▶ *conclusión*:

If you (should) require any further information, please do not hesitate to contact me.
I look forward to hearing from you.

▶ *despedida*:

Yours faithfully(,) [*Br: si no se conoce el nombre del destinatario*]
Yours sincerely(,) [*si se conoce el nombre del destinatario*]
Sincerely yours [*Am*]

corromper ◇ *vt* - **1.** [pudrir - madera] to rot; [- alimentos] to turn bad, to spoil. - **2.** [pervertir] to corrupt. - **3.** [sobornar] to bribe. - **4.** [seducir] to seduce. - **5.** *fig* [viciar] to corrupt, to taint; ~ **el habla** to corrupt the language. - **6.** *fam* [fastidiar] to bother, to annoy. ◇ *vi* to stink.
◆ **corromperse** *vpr* - **1.** [pudrirse] to rot. - **2.** [pervertirse] to become corrupted. - **3.** [degenerarse] to degenerate, to deteriorate.

corrosión *f* [gen] corrosion; [de un metal] rust; GEOL erosion.

corrosivo, va *adj lit & fig* corrosive.

corrugación *f* corrugation.

corrupción *f* - **1.** [gen] corruption; ~ **de menores** corruption of minors. - **2.** [soborno] bribery. - **3.** [de una substancia] decay. - **4.** [seducción] seduction. - **5.** [mal olor] stench.

corruptela *f* corruption.

corruptibilidad *f* corruptibility.

corruptible *adj* - **1.** [persona] corruptible. - **2.** [producto] perishable.

corruptivo, va *adj* - **1.** [persona] corruptive, corrupting. - **2.** [producto] putrefactive.

corrupto, ta *adj* corrupt.

corruptor, ra ◇ *adj* corrosive. ◇ *m, f* corrupter.

corrusco *m* hard crust.

corsario, ria *adj* pirate *(antes de sust)*.
◆ **corsario** *m* corsair, pirate.

corsé *m* corset.

corsetería *f* ladies' underwear shop.

corso *m* NÁUT privateering.

cortacallos *m inv* maize cutter *Br*, corn cutter *Am*.

cortacésped *m* lawnmower.

cortacigarros *m inv* cigar cutter.

cortacircuitos *m inv* circuit breaker.

cortacorriente *m* ELECTR switch.

cortada ◇ *adj f →* **cortado**. ◇ *f Amér* cut.

cortadero, ra *adj* easily cut.
◆ **cortadera** *f* - **1.** [cincel] blacksmith's chisel. - **2.** [cuchilla] beekeeper's knife. - **3.** *Amér* [planta] *type of bulrush with sharp leaves*.

cortado, da *adj* - **1.** [labios, manos] chapped. - **2.** [leche] sour, off; [salsa] curdled. - **3.** *fam fig* [tímido] inhibited; **quedarse** ~ to be left speechless. - **4.** [ajustado] proportioned. - **5.** [estilo] disjointed. - **6.** *Amér fam* [pobre, sin dinero] broke, penniless.
◆ **cortado** *m* - **1.** [café] *small coffee with just a little milk*. - **2.** [cabriola] prance.

cortador, ra *adj* cutting.
◆ **cortador** *m* - **1.** [el que corta] cutter. - **2.** [carnicero] butcher. - **3.** [diente] incisor.
◆ **cortadora** *f* cutter.

cortadura *f* - **1.** [incisión] cut. - **2.** [acción] cutting. - **3.** [recortado] cutting, clipping. - **4.** GEOGR mountain pass. - **5.** [en fortificación] parapet.
◆ **cortaduras** *fpl* cuttings.

cortafuego *m* firebreak.

cortalápices *m inv* pencil sharpener.

cortante ◇ *adj* - **1.** [afilado] sharp. - **2.** *fig* [tajante frase, estilo] cutting; [- viento] biting; [- frío] bitter. ◇ *m* - **1.** [carnicero] butcher. - **2.** [cuchilla] butcher's knife o cleaver.

cortapapel *m*, **cortapapeles** *m inv* paperknife, letter opener.

cortapisa *f* - **1.** [limitación] limitation, restriction. - **2.** [en costura] trimming. - **3.** *fig* [gracia] elegance, grace.

cortaplumas *m inv* penknife.

cortapuros *m inv* cigar cutter.

cortar ◇ *vt* - **1.** [seccionar - pelo, uñas] to cut; [- papel] to cut up; [- ramas] to cut off; [- árbol] to cut down. - **2.** [amputar] to amputate, to cut off. - **3.** [tela, figura de papel] to cut out. - **4.** [interrumpir - retirada, luz, teléfono] to cut off; [- carretera] to block (off); [- hemorragia] to stop, to staunch;

[- discurso, conversación] to interrupt. - **5.** [calle, territorio] to cut across. - **6.** [labios, piel] to crack, to chap. - **7.** [aire, olas] to slice through. - **8.** [alimento] to curdle. - **9.** [gastos etc] to cut back. - **10.** [beca etc] to cut. - **11.** [avergonzar]: **este hombre me corta un poco** I find it hard to be myself when that man's around. - **12.** [censurar] to censor; [película] to cut. - **13.** INFORM to cut off. - **14.** *fam* [criticar] to slate, to cut to pieces. ◇ *vi* - **1.** [producir un corte] to cut. - **2.** [atajar] to take a short cut; ~ **por** to take a short cut through; **corté por el camino del bosque** I took a short cut through the forest. - **3.** [cesar una relación] to break o split up; ~ **con** to split up with; **corté con mi novio** I've split up with my boyfriend.
◆ **cortarse** *vpr* - **1.** [herirse] to cut o.s.; ~**se el pelo** to have a haircut. - **2.** [labios, piel] to become chapped o cracked. - **3.** [alimento] to go off, to go sour; **se me cortado la mayonesa** my mayonnaise has gone off. - **4.** [comunicación] to get cut off; **la comunicación telefónica se cortó por culpa de la tormenta** the phone lines went down because of the storm. - **5.** *fam* [turbarse] to become tongue-tied. - **6.** *Amér* [separarse] to be left behind. - **7.** *Amér* [morirse] to die. - **8.** *Amér* [caballo] to catch a chill.

cortaúñas *m inv* nail clippers *(pl)*.

corte ◇ *m* - **1.** [raja] cut; [en pantalones, camisa etc] tear; ~ **de pelo** haircut. - **2.** [retal de tela] length. - **3.** [contorno] shape. - **4.** [interrupción]: ~ **de luz** power cut. - **5.** [sección] section. - **6.** [concepción, estilo] style. - **7.** [pausa] break; ~ **publicitario** commercial break. - **8.** [filo] (cutting) edge. - **9.** *fam* [respuesta ingeniosa] put-down; **dar un** ~ **a alguien** to cut sb dead ☐ **hacer un** ~ **de mangas** *mfam* ≈ to stick two fingers up, ≈ to make a V-sign. - **10.** *fam* [vergüenza] embarrassment; **dar** ~ **a alguien** to embarrass sb. - **11.** *loc*: **darse** ~ *Amér fam* to put on airs. ◇ *f* - **1.** [palacio] court. - **2.** [cortejo amoroso]: **hacer la** ~ **a alguien** to court sb. - **3.** [comitiva] entourage, retinue. - **4.** [corral] courtyard, yard. - **5.** *Amér* [tribunal] court.
◆ **corte celestial** *f* heaven.
◆ **corte y confección** *m* [para mujeres] dressmaking; [para hombres] tailoring.

cortedad *f* - **1.** [de extensión] shortness. - **2.** *fig* [timidez] shyness. - **3.** [brevedad] briefness, brevity. - **4.** [falta] lack, dearth.

cortejador, ra ◇ *adj* wooing, courting. ◇ *m, f* suitor.

cortejar *vt* - **1.** [galantear] to court. - **2.** [asistir] to attend, to wait upon o on.

cortejo *m* - **1.** [séquito] retinue; ~ **fúnebre** funeral cortège o procession. - **2.** [agasajo] gift, present. - **3.** *fam* [amante] lover.

Cortes *fpl* POLÍT the Spanish parliament.

cortés (*pl* **corteses**) *adj* - **1.** [atento] polite, courteous. - **2.** [galante] gallant, gracious.

cortesana *f →* **cortesano**.

cortesanía *f* courtesy.

cortesano, na ◇ *adj* [fiestas, vida] court *(antes de sust)*; [modales] courtly. ◇ *m, f* [personaje de la corte] courtier.
◆ **cortesana** *f* [meretriz] courtesan.

cortesía *f* - **1.** [amabilidad] courtesy; **de** ~ courtesy *(antes de sust)*; **por** ~ **de** courtesy of. - **2.** [regalo] gift, present. - **3.** [merced] grace, mercy. - **4.** [tratamiento] title. - **5.** [en carta] formal ending. - **6.** [en libro] blank page.

corteza *f* - **1.** [del árbol] bark. - **2.** [de pan] crust; [de queso, tocino, limón] rind; [de naranja etc] peel. - **3.** [terrestre] crust. - **4.** ANAT cortex. - **5.** *fig* [rusticidad] crudeness, roughness.

cortical *adj* cortical.

corticoide *m* corticoid.

cortijo *m* [finca] farm; [casa] farmhouse.

cortina *f* [de tela] curtain; ~ **de agua** sheet of water; ~ **de fuego** barrage of fire; ~ **de hierro** *Amér* Iron Curtain; ~ **de humo** smokescreen; **correr la** ~ **de** *fig* to unveil, to uncover.

cortinaje *m* curtains *(pl)*.

cortisona *f* cortisone.

corto, ta *adj* - **1.** [gen] short; **las mangas me quedan cortas** my sleeves are too short. - **2.** [escaso - raciones] small, meagre; [- disparo] short of the target; ~ **de** [dinero etc] short of; ~ **de vista** shortsighted. - **3.** *fig* [bobo] dim, simple. - **4.** *loc*: **a la corta o a la larga** sooner or later; **quedarse** ~ [al calcular] to underestimate; **decir que es bueno es quedarse** ~ it's an understatement to call it good; **ni** ~ **ni perezoso** without thinking twice.
◆ **corto** *m* CINE short (film).

cortocircuito *m* short circuit.

cortometraje *m* short (film).

coruñense ◇ *adj* of/relating to Corunna. ◇ *mf* native/inhabitant of Corunna.

coruscar [10] *vi culto* to coruscate.

corva *f* → **corvo**.

corvadura *f* - **1.** [torcedura] curvature, bend. - **2.** ARQUIT curve.

corvar *vt* to curve, to bend.

corvato *m* young crow.

corvejón *m* - **1.** [ave] cormorant. - **2.** [articulación] hock. - **3.** [espolón] spur.

corvetear *vi* to curvet.

corvino, na *adj* corvine.
◆ **corvina** *f* corvina, corbina.

corvo, va *adj* [gen] curved; [nariz] hooked.
◆ **corvo** *m* - **1.** [gancho] hook. - **2.** [pez] corvina, corbina. - **3.** *Amér* [machete] double-bladed knife.
◆ **corva** *f* back of the knee.

corzo, za *m, f* roe buck (*f* roe deer).

cosa *f* - **1.** [gen] thing; **comprar unas ~s en el mercado** to buy some things at the market; **¿queréis alguna** ~? is there anything you want?; **¿quiere usted alguna otra** ~? do you want anything else?; **fue una** ~ **nunca vista** it was really out of the ordinary; **no hay tal** ~ on the contrary; **no es gran** ~ it's not important, it's no big deal; **poca** ~ nothing much. - **2.** [asunto] matter; **no es** ~ **de risa** it's no laughing matter; **esto es** ~ **seria** this is a serious matter; **eso es otra** ~ that's another matter. - **3.** [ocurrencia] funny remark; **¡qué** ~**s tienes!** you do say some funny things! - **4.** *loc*: **a** ~ **hecha** on purpose; **hacer algo como quien no quiere la** ~ [disimuladamente] to do sthg as if one wasn't intending to; [sin querer] to do sthg almost without realizing it; **como si tal** ~ as if nothing had happened; **entre unas** ~ **y otras...** what, with one thing and another; **¡lo que son las** ~**s!** it's a funny old world; **ni** ~ **que se le parezca** nor anything of the kind; **no sea** ~ **que** just in case; **no ser** ~ **del otro mundo** o **del otro jueves** to be nothing special; **o** ~ **así** or thereabouts; **¡qué** ~ **más** o **tan rara!** how strange!; **ser** ~ **de ver/oír** *etc* to be worth seeing/hearing *etc*; **eso es** ~ **mía** that's my affair o business; **son** ~**s de mamá** that's just the way Mum is, that's just one of Mum's little idiosyncrasies; **son las** ~**s de la vida** that's life.
◆ **cosa de** ◇ *loc adv* about; **es** ~ **de tres semanas** it takes about three weeks. ◇ *loc adj* [conveniente]: **es** ~ **de hacer algo** it would be a good idea to do sthg; **será** ~ **de pensárselo** we'll have to think about it.
◆ **cosa que** *loc conj Amér* so that.

cosaco, ca ◇ *adj* Cossack. ◇ *m, f* Cossack; **beber como un** ~ *fig* to drink like a fish.
◆ **cosaco** *m fig* warrior, soldier.

cosario, ria *adj* - **1.** [de mercader] carrier (antes de sust). - **2.** [frecuente] frequented. - **3.** *Amér* [caballo] tame.
◆ **cosario** *m* - **1.** [trajinero] carrier, delivery man. - **2.** [cazador] huntsman.

coscarse [10] *vpr fam* to shrug.

coscón, ona *fam* ◇ *adj* cunning, crafty. ◇ *m, f* smart aleck.

coscorrón *m fam* bump on the head.

cosecante *f* cosecant.

cosecha *f* - **1.** [gen] harvest; **hacer la** ~ to harvest ☐ **ser**

---

de la (propia) ~ **de alguien** to be made up o invented by sb. - **2.** *fig* [acopio] crop, bunch. - **3.** [del vino] vintage.

cosechadora *f* combine harvester.

cosechar ◇ *vt* - **1.** [cultivar] to grow. - **2.** [recolectar] to harvest. - **3.** *fig* [obtener] to win, to reap. ◇ *vi* to (bring in the) harvest.

cosechero, ra *m, f* [de cereales] harvester, reaper; [de frutos] picker.

coseno *m* cosine.

coser ◇ *vt* - **1.** [con hilo] to sew; ~ **un botón** to sew on a button ☐ ~ **a balazos** *fig* to riddle with bullets; ~ **a cuchilladas** *fig* to stab repeatedly. - **2.** [con grapas] to staple (together). ◇ *vi* to sew; **ser cosa de** ~ **y cantar** *fam fig* to be child's play o a piece of cake; **el trabajo que nos queda es cosa de** ~ **y cantar** the remaining work is a piece of cake.
◆ **coserse** *vpr*: ~**se con** to stick close to.

cosido *m* stitching.

COSLI (*abrev de* **Coordinadora de Sindicatos Libres Independientes**) *f Spanish coordinating committee of independent free trade unions.*

cosmético, ca *adj* cosmetic (antes de sust).
◆ **cosmético** *m* cosmetic.
◆ **cosmética** *f* cosmetics (U).

cósmico, ca *adj* cosmic.

cosmogonía *f* cosmogony.

cosmogónico, ca *adj* cosmogonic.

cosmografía *f* cosmography.

cosmología *f* cosmology.

cosmológico, ca *adj* cosmological.

cosmólogo, ga *m, f* cosmologist.

cosmonauta *mf* cosmonaut.

cosmopolita *adj & mf* cosmopolitan.

cosmopolitismo *m* cosmopolitanism.

cosmorama *m* [aparato] peepshow (of views etc).

cosmos *m inv* cosmos.

coso *m* - **1.** [plaza] bullring. - **2.** [calle] main street. - **3.** *Amér* [chisme] whatnot, thing.

cosquillas *fpl*: **hacer** ~ to tickle; **tener** ~ to be ticklish ☐ **buscarle las** ~ **a alguien** *fig* to wind sb up, to irritate sb; **tener malas** ~ *fig* to be touchy o on edge.

cosquillear *vt* to tickle.

cosquilleo *m* tickling sensation.

costa *f* - **1.** GEOGR coast; **barajar la** ~ to sail close to the shore. - **2.** COM cost; **a** ~ at cost; **a** ~ **ajena** at sb else's expense; **ser generoso a** ~ **ajena es muy fácil** it's easy to be generous at other people's expense.
◆ **costas** *fpl* DER costs; **condenar a alguien en** ~**s** DER to order sb to pay costs.
◆ **a costa de** *loc prep* at the expense of; **lo hizo a** ~ **de grandes esfuerzos** he did it by dint of much effort; **vive a** ~ **de sus padres** she lives off her parents.
◆ **a toda costa** *loc prep* at all costs; **tienes que conseguir entrar a toda** ~ you have to get in at all costs.

Costa Azul *f*: **la** ~ the Côte d'Azur.

Costa Blanca *f*: **la** ~ the Costa Blanca.

Costa Brava *f*: **la** ~ the Costa Brava.

Costa del Sol *f*: **la** ~ the Costa del Sol.

Costa de Marfil *s* Ivory Coast.

costado *m* - **1.** [de cuerpo, de barco] side; **dar el** ~ NÁUT to turn broadside on; **de** ~ sideways ☐ **por los cuatro** ~**s** *fig* through and through. - **2.** MIL flank. - **3.** *Amér* [andén] platform.
◆ **costados** *mpl* lineage (U).

Costa Dorada *f*: **la** ~ the Costa Dorada.

costal ◇ *adj* rib (antes de sust), costal. ◇ *m* - **1.** [saco] sack; ~ **de huesos** *fam* bag of bones; **no parecer** ~ **de pajas** *fam* to look attractive; **vaciar el** ~ *fam* to get it all off one's chest, to unburden o.s. - **2.** [listón] brace.

costalada f, **costalazo** m heavy fall.

costalero m - **1.** [mozo de cuerda] porter. - **2.** RELIG *bearer in Holy Week processions.*

costanero, ra adj - **1.** [de la costa] coastal. - **2.** [inclinado] sloping.

◆ **costanera** f - **1.** [pendiente] slope. - **2.** [orilla] seaside promenade.

◆ **costaneras** fpl rafters.

costar [23] ◇ vt - **1.** [dinero] to cost; **¿cuánto cuesta?** how much is it? - **2.** [tiempo] to take. - **3.** loc: **cueste lo que cueste** fig whatever the cost; **le costó la vida** it cost him his life; ~ **un ojo de la cara** o **un riñón** fam to cost an arm and a leg. ◇ vi [ser difícil]: ~**le a alguien hacer algo** to be difficult for sb to do sthg; ~ **caro a alguien** fig to cost sb dear.

Costa Rica s Costa Rica.

costarricense adj & mf Costa Rican.

costarriqueño, ña adj & m, f = **costarricense**.

coste m [de producción] cost; [de un objeto] price; ~ **unitario** ECON unit cost; ~ **de la vida** cost of living.

costear vt - **1.** [pagar] to pay for. - **2.** [costa] to hug, to keep close to. - **3.** Amér [ganado] to graze, to pasture.

◆ **costearse** vpr - **1.** [pagar] to pay; ~**se algo** [pagárselo] to pay for sthg o.s.; [permitírselo] to be able to afford sthg. - **2.** Amér [burlarse de] to make fun of, to tease. - **3.** Amér [llegar] to arrive with difficulty.

costeño, ña, costero, ra ◇ adj [gen] coastal; [pueblo] seaside (antes de sust). ◇ m, f coastal inhabitant.

costero, ra ◇ adj coastal. ◇ m, f coastal inhabitant.

◆ **costero** m plank of wood nearest to the bark.

◆ **costera** f - **1.** [pendiente] slope, incline. - **2.** [costa] coast, shore.

costilla f - **1.** [de persona, barco] rib; ~ **falsa/flotante/verdadera** ANAT false/floating/true rib. - **2.** [de animal] cutlet. - **3.** fam fig [cónyuge] better half.

◆ **costillas** fpl fam [espalda] back (sg); **a las** ~**s de** fig at the expense of; **medirle a alguien las** ~**s** fig to beat sb up; **pasearle a alguien las** ~**s** fig to trample sb.

costillar m [de persona] ribs (pl); rib cage; [de carne] side.

costo m - **1.** [de una mercancía] price; [de un producto, de la vida] cost; ~ **efectivo** actual cost; **al** ~ at cost. - **2.** Amér [esfuerzo] effort.

◆ **costo hortense** m [planta] costmary.

costoso, sa adj - **1.** [operación, maquinaria] expensive. - **2.** fig [trabajo] exhausting; [triunfo] costly.

costra f - **1.** [de pan] crust; [de queso] rind. - **2.** [de herida] scab.

◆ **costra láctea** f infantile eczema (U).

costroso, sa adj crusty.

costumbre f - **1.** [hábito] habit, custom; **coger/perder la** ~ **de hacer algo** to get into/out of the habit of doing sthg; **como de** ~ as usual; **por** ~ through force of habit, out of habit; **tener por** ~ **hacer algo** to be in the habit of doing sthg. - **2.** [práctica] practice.

◆ **costumbres** fpl [de país, cultura] customs; [de persona] habits.

costumbrismo m literary style that deals with typical regional or national customs.

costumbrista adj describing the customs of a country or region.

costura f - **1.** [labor] sewing, needlework. - **2.** [puntadas] seam; **sin** ~**s** seamless □ ~ **de soldadura** welded seam. - **3.** [oficio] dressmaking; **alta** ~ haute couture. - **4.** [de cicatriz] seam. - **5.** [en buque] seam, splice. - **6.** loc: **meter a alguien en** ~ fam to make sb see reason; **saber de toda** ~ fam to be worldly-wise; **sentar a alguien las** ~**s** fam to take sb to task.

costurera f dressmaker, seamstress.

costurero m - **1.** [caja] sewing box. - **2.** [habitación] sewing room.

cota f - **1.** [altura] altitude, height above sea level. - **2.** [armadura] tabard; ~ **de mallas** coat of mail. - **3.** fig [nivel] level, height.

cotangente f cotangent.

cotarro m - **1.** [jaleo] riotous gathering; **alborotar el** ~ fam to stir up trouble; **dirigir el** ~ fam to rule the roost, to be the boss. - **2.** [de vagabundos] shelter. - **3.** [de barranco] bank.

cotejar vt to compare.

cotejo m - **1.** [comparación] comparison. - **2.** Amér [lagarto] type of small lizard.

.**coterráneo, a, conterráneo, a** adj compatriot (antes de sust).

cotice etc v → **cotizar**.

cotidianamente adv daily, every day.

cotidianidad f [vida cotidiana] everyday life; [monotonía] monotony.

cotidiano, na adj daily.

cotiledón m cotyledon.

cotilla mf fam gossip, busybody.

◆ **cotilla** f desus corset.

cotillear vi fam to gossip.

cotilleo m fam gossip, tittle-tattle.

cotillo m [de martillo] head.

cotillón m New Year's Eve party.

cotiza f Amér sandal; **ponerse las** ~**s** fig to take shelter.

cotizable adj quotable.

cotización f - **1.** [valor] price. - **2.** [en Bolsa] quotation, price.

cotizado, da adj - **1.** [en la Bolsa] quoted. - **2.** [persona] sought-after.

cotizar [13] ◇ vt - **1.** [valorar] to quote, to price. - **2.** [pagar] to pay. - **3.** Amér [vender] to sell. ◇ vi - **1.** [pagar] to pay a fee o dues. - **2.** [recaudar] to collect a fee o dues.

◆ **cotizarse** vpr [persona] to be valued o prized; ~**se a** [producto] to sell for, to fetch; [bonos, valores] to be quoted at.

coto m - **1.** [terreno] preserve; ~ **de caza** game preserve. - **2.** [término] limit, boundary; **poner** ~ **a** to put a stop to. - **3.** [mojón] landmark, boundary marker. - **4.** [medida lineal] measurement equal to length of a fist and a thumb. - **5.** [pez] miller's thumb. - **6.** Amér [bocio] goitre.

cotón m - **1.** [tejido] cotton fabric. - **2.** Amér [camisa] work shirt.

cotona f Amér - **1.** [camisa] coarse cotton vest Br, coarse cotton undershirt Am. - **2.** [chaqueta] chamois jacket.

Cotopaxi m: **el** ~ Cotopaxi.

cotorra f - **1.** [loro] parrot. - **2.** [urraca] magpie. - **3.** fam fig [persona] chatterbox; **hablar como una** ~ to talk nineteen to the dozen.

cotorrear vi fam to chatter.

cotorreo m fam chatter.

cotoso, sa, cotudo, da adj Amér goitrous.

cotufa f - **1.** [tubérculo] Jerusalem artichoke. - **2.** [golosina] delicacy, titbit. - **3.** [chufa] tiger nut. - **4.** loc: **pedir** ~**s en el golfo** fam to ask for the moon.

coturno m buskin; **calzar el** ~ fig to use high-flown language.

COU (abrev de **curso de orientación universitaria**) m one-year course which prepares pupils aged 17-18 for Spanish university entrance examinations.

covacha f - **1.** [cueva] hovel. - **2.** Amér [casa humilde] hut, shack. - **3.** Amér [tienda] greengrocer's shop. - **4.** Amér [perrera] kennel.

coxal m hipbone.

coxis m inv = **cóccix**.

coya f HIST wife of the Inca.

coyotaje m Amér stockbroking, share dealing.

coyote m - **1.** [animal] coyote. - **2.** Amér [comerciante] speculator.

coyotear *vi Amér* to deal in shares.

coyoteo *m Amér* sharedealing.

coyotero, ra *adj Amér* [perro] coyote-hunting.

◆ **coyotera** *f* - **1.** [manada] pack of coyotes. - **2.** [trampa] coyote trap.

coyunda *f* - **1.** [correa] strap for yoking oxen. - **2.** *fig* [matrimonio, dominio] yoke. - **3.** *Amér* [látigo] whip.

coyuntura *f* - **1.** [situación] moment; **la ~ económica** the economic situation. - **2.** ANAT joint.

coyuntural *adj* transitional.

coz (*pl* **coces**) *f* - **1.** [patada] kick. - **2.** [insulto] insult. - **3.** [culata] butt. - **4.** *loc*: **dar** O **pegar** O **tirar coces** to kick; **dar** O **tirar coces contra el aguijón** to resist authority; **mandar alguien a coces** *fam* to order sb about roughly; **tratar a alguien a coces** *fam* to treat sb like dirt.

cozamos *v* → **cocer**.

cp *abrev escrita de* **código postal**.

CPME (*abrev de* **Confederación de Pequeñas y Medianas Empresas**) *f Spanish confederation of SMEs*.

CPN (*abrev de* **Cuerpo de la Policía Nacional**) *m Spanish police force*.

cps (*abrev escrita de* **caracteres por segundo**) cps.

CPU (*abrev de* **central processing unit**) *f* CPU.

crac (*pl* **cracs**) *m* FIN crash.

crack (*pl* **cracks**) *m* - **1.** *fig* [estrella] star, superstar. - **2.** FIN crash. - **3.** [droga] crack.

crampón *m* crampon.

craneal, craneano, na *adj* cranial.

cráneo *m* cranium, skull; **ir de ~** *fam fig* to be doing badly; **se le secó el ~** *fam fig* she went mad.

crápula ◇ *mf* - **1.** [libertino] libertine. - **2.** [borracho] drunkard. ◇ *f* [borrachera] drunkenness.

crapuloso, sa ◇ *adj* - **1.** [libertino] debauched. - **2.** [borracho] drunken. ◇ *m, f* - **1.** [libertino] degenerate. - **2.** [borracho] drunkard, drunk.

crasamente *adv fig* crassly.

craso, sa *adj* - **1.** [grueso] fat. - **2.** [grasiento] greasy, fatty. - **3.** *fig* [grave] gross, crass.

◆ **craso** *m* fatness.

cráter *m* crater.

creación *f* creation.

◆ **Creación** *f*: **la Creación** RELIG the Creation.

creacionismo *m* LITER *doctrine that proclaims the complete autonomy of the poem*.

creador, ra ◇ *adj* creative. ◇ *m, f* creator; **~ gráfico** creator (*of cartoon etc*).

◆ **Creador** *m*: **el Creador** the Creator.

crear *vt* - **1.** [gen] to create; **ha creado un nuevo estilo de hacer política** he's created a new style of politics; **el poeta creó una oda** the poet composed an ode; **no quiero ~ problemas** I don't want to cause any trouble. - **2.** [invento] to invent. - **3.** [academia, ciudad] to found. - **4.** [cargo, título] to establish, to institute.

creatividad *f* creativity.

creativo, va ◇ *adj* creative. ◇ *m, f* [en publicidad] ideas man (*f* ideas woman).

crecedero, ra *adj* - **1.** [persona] growing. - **2.** [ropa] with room to be grown into.

crecepelo *m inv* hair-restorer.

crecer [30] *vi* - **1.** [persona, planta] to grow. - **2.** [días, noches] to grow longer. - **3.** [río, marea] to rise. - **4.** [aumentar - animosidad etc] to grow, to increase; [- rumores] to spread. - **5.** [luna] to wax. - **6.** [moneda] to increase in value.

◆ **crecerse** *vpr* [persona] to become more selfconfident; **se crece ante el peligro** she gets stronger in the face of danger.

creces ◆ **con creces** *adv* with interest.

crecido, da *adj* - **1.** [cantidad] large; [hijo] grown-up. - **2.** [engreído] conceited, vain.

◆ **crecida** *f* spate, flood.

◆ **crecidos** *mpl* added stitches.

creciente ◇ *adj* [gen] growing; [luna] crescent. ◇ *m* - **1.** [luna] crescent moon. - **2.** [marea] rising tide.

crecimiento *m* - **1.** [gen] growth; [de precios] rise; **~ económico** ECON economic growth. - **2.** [de la luna] waxing. - **3.** [de río] rising, swelling.

credencial ◇ *adj* accrediting. ◇ *f* [de acceso a un lugar] pass.

◆ **credenciales** *fpl* [diplomáticas] credentials.

credibilidad *f* credibility.

crediticio, cia *adj* credit (*antes de sust*).

crédito *m* - **1.** [préstamo] loan; **a ~** on credit ❏ **~ abierto** ECON open credit; **~ blando** ECON soft loan; **~ al consumo/a la exportación** ECON consumer/export credit; **~ hipotecario/oficial** ECON mortgage/ official credit; **~ personal** ECON personal loan; **~s activos** ECON assets; **~s pasivos** ECON liabilities. - **2.** [plazo de préstamo] credit. - **3.** [confianza] trust, belief; **digno de ~** trustworthy ❏ **dar ~ a algo** to believe sthg. - **4.** [fama] standing, reputation. - **5.** [en universidad] credit.

credo *m* - **1.** [religioso] creed. - **2.** [ideológico, político] credo.

◆ **en un credo** *loc adv fam* in a jiffy O flash.

credulidad *f* credulity.

crédulo, la *adj* credulous.

creederas *fpl fam* gullibility (*U*).

creedor, ra *adj* credulous.

creencia *f* belief.

creer [50] *vt* - **1.** [gen] to believe; **¡ya lo creo!** *fam* of course!, I should say so! - **2.** [imaginar] to think; **creo que no** I don't think so; **creo que sí** I think so; **según creo** to the best of my knowledge. - **3.** [estimar] to consider, to regard; **le creo capaz** I consider him competent.

◆ **creer en** *vi* to believe in; **creo en tu honestidad** I believe you're being honest.

◆ **creerse** *vpr* - **1.** [considerarse] to believe o.s. to be; **¿qué se cree?** who does he think he is? - **2.** [dar por cierto] to believe completely; **creérselas** to be selfsatisfied.

creíble *adj* credible, believable.

creído, da *m, f* - **1.** [presumido] conceited. - **2.** [confiado] trusting, credulous.

crema ◇ *f* - **1.** [gen] cream; **la ~ del mundo literario** the cream of the literary world ❏ **~ batida** whipped cream; **~ de leche** single cream. - **2.** [betún] shoe polish. - **3.** [licor] crème. - **4.** [dulce, postre] custard. - **5.** [cosmético] cold cream; **~ de afeitar** shaving cream; **~ dental** toothpaste; **~ depilatoria** hair remover; **~ facial** face cream; **~ hidratante** moisturizer; **~ protectora** barrier O sun cream. ◇ *adj* [color] cream (*antes de sust*).

cremación *f* cremation.

cremallera *f* - **1.** [para cerrar] zip (fastener) *Br*, zipper *Am*. - **2.** TECN rack. - **3.** [para desplazarse] cogway, rack railway.

crematístico, ca *adj* financial.

◆ **crematística** *f* political economy.

crematorio, ria *adj*: **horno ~** cremator.

◆ **crematorio** *m* crematorium.

cremoso, sa *adj* creamy.

crencha *f* parting.

creosota *f* creosote.

crepe [krep] *f* crepe.

crepé *m* - **1.** [tejido] crepe. - **2.** [pelo] hairpiece.

crepitación *f* [chasquido] crackling; [de huesos] crepitus.

crepitante *adj* cracking.

crepitar *vi* to crackle.

crepuscular, crepusculino, na *adj* crepuscular, twilight (*antes de sust*).

crepúsculo *m* - **1.** [al amanecer] first light; [al anochecer] twilight, dusk. - **2.** *fig* [fin] twilight.

crescendo *m* crescendo.

◆ **in crescendo** [inkres'tʃendo] *adv* growing.

creso *m* wealthy person.
◆ **Creso** *m* Croesus.

crespo, pa *adj* - **1.** [cabello] tightly curled, frizzy. - **2.** [mar] choppy. - **3.** [hoja] crinkled, curly. - **4.** [estilo] obscure, complicated. - **5.** *fig* [persona] huffy.
◆ **crespo** *m* curl.

crespón *m* crepe.

cresta *f* - **1.** [gen] crest. - **2.** [del gallo] comb. - **3.** [cima] summit, peak. - **4.** *loc:* **alzar** o **levantar la** ~ *fam* to stick one's nose in the air; **dar en la** ~ **a alguien** *fam* to cut sb down to size, to bring sb down a peg; **estar en la** ~ **(de la ola)** to be riding high.

crestón *m* - **1.** [de casco] crest. - **2.** [de rocas] outcrop. - **3.** *Amér* [persona] infatuated young man.

creta *f* chalk.

Creta *s* - **1.** [isla] Crete. - **2.** → **mar**.

cretáceo, a *adj* cretaceous.
◆ **cretáceo** *m* Cretaceous period.

cretense *adj & mf* Cretan.

cretinismo *m* - **1.** *fam fig* [necedad] stupidity, idiocy. - **2.** [enfermedad] cretinism.

cretino, na ◇ *adj* - **1.** *fig* [necio] cretinous, idiotic. - **2.** [enfermo] cretinous. ◇ *m, f* cretin.

cretona *f* cretonne.

creyente ◇ *adj* believing. ◇ *mf* believer; **no** ~ nonbeliever.

creyera *etc v* → **creer**.

crezca *etc v* → **crecer**.

cría *f* → **crío**.

criadero *m* - **1.** [de animales] farm *(breeding place)*; [de árboles, plantas] nursery; ~ **de ostras** oyster bed. - **2.** [de mineral] seam.

criadilla *f fig* [panecillo] round roll.
◆ **criadillas** *fpl* bull's testicles.
◆ **criadilla de mar** *f* polyp.
◆ **criadilla de tierra** *f* truffle.

criado, da ◇ *adj* brought up; **niño mal** ~ spoilt child. ◇ *m, f* servant (*f* maid).

criador, ra ◇ *adj* producing. ◇ *m, f* [de animales] breeder; [de vinos] grower.

criandera *f Amér* wet nurse.

crianza *f* - **1.** [de bebé] nursing, breastfeeding. - **2.** [de animales] breeding, rearing. - **3.** [del vino] vintage. - **4.** [educación] breeding; **dar** ~ to bring up. - **5.** [lactancia] lactation. - **6.** *Amér* [camada] litter.

criar [9] ◇ *vt* - **1.** [amamantar - suj: mujer] to breastfeed; [- suj: animal] to suckle. - **2.** [animales] to breed, to rear; [flores, árboles] to grow. - **3.** [vino] to mature, to make. - **4.** [educar] to bring up. - **5.** [tierra] to produce, to bring forth. - **6.** [fomentar] to foster, to nurture. ◇ *vi* to reproduce.
◆ **criarse** *vpr* - **1.** [crecer] to grow up. - **2.** [reproducirse] to breed.

criatura *f* - **1.** [niño] child; [bebé] baby. - **2.** [ser vivo] creature.

criba *f* - **1.** [tamiz] sieve; **estar como una** ~, estar hecho una ~ *fig* to be riddled with holes. - **2.** [selección] screening.
◆ **criba hidráulica** *f* jig.

cribado *m* - **1.** [tamizado] sieving, sifting. - **2.** *Amér* [bordado] embroidery. - **3.** *Amér* [prenda] *decorative lace garment worn under 'chiripá' trousers*.

cribar *vt* - **1.** [con el tamiz] to sieve. - **2.** [seleccionar] to screen out, to select.

cric (*pl* **crics**) *m* jack; ~ **de tornillo** screw jack, jackscrew.

cricket *m* = **críquet**.

Crimea *s* → **península**.

crimen *m* crime; **cometer un** ~ to commit a crime ❑ ~ **de guerra** war crime; ~ **organizado** organized crime; ~ **pasional** crime of passion.

criminal ◇ *adj* criminal. ◇ *mf* criminal; ~ **de guerra** war criminal.

criminalidad *f* - **1.** [cualidad] criminality. - **2.** [crímenes]: (**índice de**) ~ crime (rate).

criminalista ◇ *adj* criminal. ◇ *mf* criminal lawyer.

criminología *f* criminology.

criminólogo, ga *m, f* criminologist.

crin *f* - **1.** [de animal] mane. - **2.** [pelo] horsehair.
◆ **crin vegetal** *f* vegetable fibre.

crío, a *m, f* [niño] kid.
◆ **cría** *f* - **1.** [hijo del animal] young. - **2.** [crianza - de animales] breeding; [- de plantas] growing. - **3.** [camada - de gallinas] brood; [- de perros, gatos etc] litter.

criollismo *m* *word or expression indigenous to Latin America.*

criollo, lla ◇ *adj* - **1.** [nativo] native to Latin America. - **2.** [comida, lengua] creole. ◇ *m, f* [nativo] *person (black or white) born in Latin America*; **a la criolla** *Amér fig* plainly.
◆ **criollo** *m* [idioma] creole.

cripta *f* crypt.

críptico, ca *adj* cryptic.

criptograma *m* cryptogram.

criptón *m* krypton.

críquet, cricket ['kriket] *m* cricket.

crisálida *f* chrysalis.

crisantemo *m*, **crisantema** *f* chrysanthemum.

crisis *f inv* - **1.** [gen] crisis; **llegar a la** ~, **hacer** ~ to reach crisis point, to come to a head ❑ ~ **económica** recession; ~ **ministerial** cabinet crisis; ~ **nerviosa** nervous breakdown. - **2.** [escasez] shortage.

crisma *f* - **1.** *fam fig* [cabeza] nut; **romperle la** ~ **a alguien** to bash sb's head in. - **2.** RELIG chrism.

crismas, christmas *m inv* Christmas card.

crisol *m* - **1.** [de metales] crucible. - **2.** *fig* [lugar donde se mezclan cosas] melting pot.

crisólito *m* chrysolite; ~ **de los volcanes** chrysolite.
◆ **crisólito oriental** *m* yellow topaz.

crisopeya *f* alchemy.

crispación *f* [de nervios] tension; [de músculos] tenseness.

crispadura *f* = **crispatura**.

crispante *adj* nerve-racking.

crispar *vt* [nervios] to set on edge; [músculos] to tense; [manos] to clench.
◆ **crisparse** *vpr* to become tense.

crispatura, crispadura *f* - **1.** [contracción] twitching. - **2.** *fig* [irritación] annoyance.

cristal *m* - **1.** [material] glass (U); [vidrio fino] crystal (U); **de** ~ glass ❑ ~ **ahumado/armado/cilindrado** smoked/wire/plate glass; ~ **de aumento/de seguridad** magnifying/safety glass; ~ **esmerilado/estriado / inastillable** ground/ribbed/splinter-proof glass; ~ **hilado** fibreglass; ~ **irrompible** safety o shatterproof glass; ~ **de patente** NÁUT bull's-eye; ~ **de roca** rock crystal; ~ **tallado** o **labrado** cut glass; ~ **tintado** tinted glass. - **2.** [en la ventana] (window) pane; ~ **doble** double glazing. - **3.** MIN crystal. - **4.** *fig* [espejo] mirror. - **5.** *culto* [agua] water. - **6.** *Amér* [copa] drinking glass. - **7.** *Amér* [jalea] jelly. - **8.** *Amér* [de vegetales] vegetable mucilage.
◆ **cristales** *mpl* windows.

cristalera *f* - **1.** [puerta] French window. - **2.** [techo] glass roof. - **3.** [armario] glass-fronted cabinet.

cristalería *f* - **1.** [objetos] glassware. - **2.** [tienda] glassware shop; [fábrica] glassworks (sg). - **3.** [arte] glasswork, glassmaking.

cristalero *m* glazier.

cristalino, na *adj* - **1.** [de cristal] crystalline. - **2.** *fig* [claro] crystal clear, transparent.
◆ **cristalino** *m* crystalline lens.

cristalización *f lit & fig* crystallization.

cristalizador *m* crystallizer.

cristalizar [13] *vt* - **1.** [sustancia] to crystallize. - **2.** *fig* [asunto] to bring to a head.
◆ **cristalizarse** *vpr* to crystallize.

◆ **cristalizarse en** *vpr fig* to develop into.
cristaloide *m* crystalloid.
cristianar *vt fam* to baptize, to christen.
cristiandad *f* Christianity.
cristianismo *m* Christianity.
cristianización *f* Christianization, conversion to Christianity.
cristianizar [13] *vt* to Christianize, to convert to Christianity.
cristiano, na ◇ *adj* Christian. ◇ *m, f* **- 1.** [creyente] Christian. **- 2.** *mfam irón* [persona, alma] (living) soul. **- 3.** *Amér* [bonachón] good soul.
◆ **cristiano** *m*: **hablar en** ~ *despec* to speak (proper) Spanish.
cristo *m* crucifix.
◆ **Cristo** *m* Christ; **armar un Cristo** *fam fig* to kick up a fuss; **donde Cristo dio las tres voces/perdió el gorro** *fam fig* in the back of beyond; **estar hecho un Cristo** *fam fig* to be a pitiful sight.
cristus *m inv desus* [abecedario] alphabet; **no saber el** ~ *fam fig* to be ignorant.
crisuela *f* drip pan.
criterio *m* **- 1.** [norma] criterion. **- 2.** [juicio] taste, discernment. **- 3.** [opinión] opinion.
crítica *f* → **crítico**.
criticable *adj* censurable, open to criticism.
criticador, ra ◇ *adj* critical. ◇ *m, f* critic.
criticar [10] *vt* **- 1.** [literatura, arte] to review. **- 2.** [censurar] to criticize. **- 3.** [hablar de] to gossip about; **siempre estáis criticando a vuestros amigos** you're always criticizing your friends.
crítico, ca ◇ *adj* critical. ◇ *m, f* [persona] critic.
◆ **crítica** *f* **- 1.** [sobre arte, literatura] review. **- 2.** [conjunto de críticos]: **la** ~ the critics *(pl)*. **- 3.** [ataque] criticism. **- 4.** [murmuración] gossip.
criticón, ona ◇ *adj* nitpicking, over-critical. ◇ *m, f* nitpicker.
CRM (*abrev de* **certificados de regulación monetaria**) *mpl* exchange control certificate.
Croacia *s* Croatia.
croar *vi* to croak.
croata ◇ *adj* Croatian. ◇ *mf* Croat, Croatian.
crocante *m* almond brittle.
croché [kro'tʃe], **crochet** *m* **- 1.** [labor] crochet. **- 2.** [en boxeo] hook.
crocitar *vi* to caw.
croissant [krwa'san] (*pl* **croissants**) *m* croissant.
croissantería [krwasante'ria] *f* shop selling filled croissants.
crol *m* DEP crawl.
cromado *m* chromium-plating.
cromar *vt* to chrome, to chromium-plate.
cromático, ca *adj* chromatic.
cromatina *f* chromatin.
cromatismo *m* colouring.
cromo *m* **- 1.** [metal] chrome. **- 2.** [estampa] transfer.
cromolitografía *f* chromolithography.
cromosfera *f* chromosphere.
cromosoma *m* chromosome.

cromosómico, ca *adj* chromosomal.
crónico, ca *adj* chronic.
◆ **crónica** *f* **- 1.** [de la historia] chronicle. **- 2.** [de un periódico] column; [de la televisión] feature, programme.
cronicón *m* brief, usually anonymous, chronicle.
cronista *mf* [historiador] chronicler; [periodista] columnist.
crono *m* DEP time.
cronoescalada *f* DEP uphill time trial.
cronógrafo, fa *m, f* chronologist.
◆ **cronógrafo** *m* chronograph.
cronología *f* chronology.
cronológico, ca *adj* chronological.
cronometrador, ra *m, f* timekeeper.
cronometraje *m* timing.
cronometrar *vt* to time.
cronométrico, ca *adj* [puntual] extremely punctual.
cronometrista *mf* person who makes chronometers.
cronómetro *m* DEP stopwatch; TECN chronometer.
Cronos *m* Kronos.
croquet *m* croquet.
croqueta *f* croquette.
croquis *m inv* sketch.
croscitar *vi* to caw.
cross *m inv* [carrera] cross-country race; [deporte] cross-country (running).
crótalo *m* **- 1.** [serpiente] rattlesnake. **- 2.** *culto* [castañuelas] castanets *(pl)*.
croupier *m* = **crupier**.
cruce[1] *etc v* → **cruzar**.
cruce[2] *m* **- 1.** [de líneas] crossing, intersection; [de carreteras] crossroads *(sg)*; ~ **giratorio** roundabout *Br*, traffic circle *Am*. **- 2.** [paso] crossing; ~ **inferior** underpass; ~ **a nivel** o **de vías** level crossing *Br*, grade crossing *Am*; ~ **de peatones** pedestrian crossing; ~ **superior** flyover *Br*, overpass *Am*. **- 3.** [de animales] cross, crossbreeding *(U)*. **- 4.** [de teléfono] crossed line. **- 5.** [de electricidad] short circuit. **- 6.** GRAM cross.
cruceiro *m* cruzeiro.
crucero *m* **- 1.** [viaje] cruise; **hacer un** ~ to cruise, to go on a cruise. **- 2.** [barco] cruiser; ~ **de batalla** battle cruiser; ~ **pesado** heavy cruiser. **- 3.** [de iglesias] transept. **- 4.** [madero] batten, crossbeam.
Crucero del Sur *m* ASTRON Southern Cross.
cruceta *f* **- 1.** [de una cruz] crosspiece. **- 2.** [en fútbol] angle (of crossbar and goalpost). **- 3.** [de automóvil] crosshead. **- 4.** NÁUT crosstree. **- 5.** *Amér* [molinillo] small mill.
crucial *adj* **- 1.** *fig* [decisivo] crucial. **- 2.** [en cruz] cruciform.
cruciferario *m* RELIG crucifer, crossbearer.
crucífero, ra *adj culto* cruciferous.
◆ **crucífero** *m* RELIG crucifer, crossbearer.
crucificado, da *adj* crucified.
◆ **Crucificado** *m*: RELIG **el Crucificado** Jesus Christ.
crucificar [10] *vt* **- 1.** [en una cruz] to crucify. **- 2.** *fig* [atormentar] to torment.
crucifijo *m* crucifix.
crucifixión *f* crucifixion.
cruciforme *adj* cruciform.
crucigrama *m* crossword (puzzle).

USO ▶   Crítica

A una persona, acción, comportamiento
I don't approve of smoking.
I can't say I approve of her.
I don't hold with drinking.
Frankly, I don't think much of him.
I'm not happy about you staying out late.

▶ *de forma más categórica:*
She was wrong to o it was wrong of her to say that.
I can't condone that kind of behaviour. [*formal*]
We utterly condemn this kind of irresponsible attitude. [*formal*]
That's no way to behave! [*familiar*]

crudeza *f* - **1.** [gen] harshness; **con** ~ harshly. - **2.** [de descripción, imágenes] brutality, harsh realism.

crudillo *m* unbleached linen.

crudo, da *adj* - **1.** [natural] raw; [petróleo] crude. - **2.** [sin cocer completamente] undercooked; **medio** ~ rare. - **3.** [realidad, clima, tiempo] harsh; [novela] harshly realistic, hard-hitting. - **4.** [cruel] cruel. - **5.** [color] beige. - **6.** [verde, no maduro] unripe, green. - **7.** *Amér* [con resaca] hung over.
◆ **crudo** *m* - **1.** [mineral] crude (oil). - **2.** *Amér* [tejido] burlap, sackcloth.

cruel *adj* - **1.** [gen] cruel. - **2.** [dolor] excruciating, terrible. - **3.** [clima] harsh.

crueldad *f* - **1.** [gen] cruelty; [del clima] harshness. - **2.** [acción cruel] act of cruelty.

cruelmente *adv* cruelly.

cruento, ta *adj* bloody.

crujía *f* - **1.** [pasillo] passage. - **2.** [sala] hospital ward. - **3.** NÁUT midship gangway. - **4.** *loc:* **pasar una** ~ *fam* to go through a bad patch.

crujidero, ra *adj* crackling.

crujido *m* - **1.** [de madera] creak, creaking (U); [de hojas secas] crackle, crackling (U); [de huesos] crack, cracking (U). - **2.** [de espada] flaw.

crujiente *adj* [madera] creaky; [hojas secas] rustling; [patatas fritas] crunchy; [huesos] creaky; [pan] crusty; [vegetales] crisp.

crujir *vi* [madera] to creak; [patatas fritas, nieve] to crunch; [hojas secas] to crackle; [huesos] to creak; [dientes] to grind.

crup *m* croup.

crupier (*pl* **crupiers**), **croupier** [kru'pier] (*pl* **croupiers**) *m* croupier.

crustáceo *m* crustacean.

cruz (*pl* **cruces**) *f* - **1.** [gen] cross; **en** ~ cross-shaped ❑ ~ **gamada** swastika; ~ **de Malta** Maltese Cross; ~ **de San Andrés/de San Antonio** Saint Andrew's/Saint Anthony's Cross. - **2.** [de una moneda] tails (U). - **3.** *fig* [aflicción] burden, torment. - **4.** [del árbol] crotch. - **5.** [del ancla] crown. - **6.** [de animal] withers (*pl*). - **7.** *loc:* **de la** ~ **a la fecha** from beginning to end; **fallar en** ~ to crossruff; **hacer** ~ **y raya** to break off relations; **hacerse cruces** [persignarse] to cross o.s.; *fig* [sorprenderse] to show one's astonishment; **por estas que son cruces** *fam* by all that is holy.
◆ **cruz de Jerusalén** *f* [planta] scarlet lychnis.

cruza *f Amér* cross, crossbreed.

cruzado, da *adj* - **1.** [cheque, piernas, brazos] crossed. - **2.** [atravesado]: ~ **en la carretera** blocking the road. - **3.** [animal] crossbred. - **4.** [abrigo, chaqueta] double-breasted.
◆ **cruzado** *m* crusader.
◆ **cruzada** *f lit & fig* crusade.

cruzamen *m* NÁUT width.

cruzamiento *m* - **1.** [acción] crossing. - **2.** [de animales] crossbreeding.

cruzar [13] ◇ *vt* - **1.** [gen] to cross. - **2.** [palabras] to exchange. - **3.** *Amér* [tierra] to plough a second time. ◇ *vi* to cruise.
◆ **cruzarse** *vpr* - **1.** [gen] to cross; ~**se de brazos** to fold one's arms. - **2.** [personas]: ~**se con alguien** to pass sb. - **3.** *Amér* [pelearse] to fight.

Cruz Roja *f* Red Cross.

CSCE (*abrev de* **Conferencia de Seguridad y Cooperación Europeas**) *f* CSCE.

CSCO (*abrev de* **Consejo Superior de las Cámaras Oficiales**) *m Spanish council for Chambers of Commerce.*

CSD (*abrev de* **Consejo Superior de Deportes**) *m Spanish national sports council.*

CSF (*abrev de* **coste, seguro y flete**) *m* CIF.

CSIC (*abrev de* **Consejo Superior de Investigaciones Científicas**) *m Spanish council for scientific research.*

CSN (*abrev de* **Consejo de Seguridad Nuclear**) *m Spanish nuclear safety council.*

CSP (*abrev de* **Cuerpo Superior de Policía**) *m Spanish police force.*

CSPM (*abrev de* **Consejo Superior de Protección de Menores**) *m Spanish council for the protection of minors.*

CSTAL (*abrev de* **Confederación Sindical de los Trabajadores de América Latina**) *f Trade Union Confederation of the Workers of Latin America.*

cta. (*abrev escrita de* **cuenta**) a/c.

cte. (*abrev escrita de* **corriente**) inst.

CTNE (*abrev de* **Compañía Telefónica Nacional de España**) *f Spanish state telephone company.*

ctra. (*abrev escrita de* **carretera**) Rd.

c/u *abrev escrita de* **cada uno**.

cuaderna *f* NÁUT rib.
◆ **cuaderna vía** *f* LITER verse form with four alexandrines.

cuadernillo *m* - **1.** [papel] quinternion. - **2.** [calendario] ecclesiastical calendar.

cuaderno *m* - **1.** [gen] notebook; [en el colegio] exercise book; ~ **de dibujo** sketchbook. - **2.** IMPRENTA quarto.
◆ **cuaderno de bitácora** *m* NÁUT logbook.

cuadra *f* - **1.** [de caballos] stable. - **2.** *fam* [lugar sucio] pigsty. - **3.** [de hospital] ward. - **4.** NÁUT quarter; **navegar a la** ~ to sail with the wind on the quarter. - **5.** *Amér* [recibidor] reception room. - **6.** *Amér* [de calle] block.

cuadrado, da *adj* - **1.** [gen & MAT] square; **elevar al** ~ to square. - **2.** [musculoso] square-built, stocky; **desde que va al gimnasio está** ~ since he started going to the gym, he's become very muscular. - **3.** *fam* [cansado de estar sentado] stiff; **llevamos cuatro horas en el coche y estoy cuadrada** I'm really stiff after being in the car for four hours. - **4.** *fig* [perfecto] complete, consummate. - **5.** *Amér* [elegante] graceful, elegant.
◆ **cuadrado** *m* - **1.** [figura geométrica] square. - **2.** IMPRENTA quadrat, quad.

cuadrafonía *f* quadraphonics (U).

cuadrafónico, ca *adj* quadraphonic.

cuadragenario, ria *adj & m, f* quadragenarian.

cuadragésimo, ma *núm* fortieth; *ver también* **sexto**.

cuadrangular *adj* quadrangular.

cuadrángulo, la *adj* quadrangular.
◆ **cuadrángulo** *m* quadrangle.

cuadrante *m* - **1.** [gen] quadrant. - **2.** [reloj de sol] sundial. - **3.** [cristal] face. - **4.** *Amér* [sacristía] sacristy.

cuadrar ◇ *vi* - **1.** [información, hechos]: ~ **(con)** to square o agree (with). - **2.** [números, cuentas] to tally, to add up. - **3.** [agradar] to suit. - **4.** *Amér* [estar listo] to be ready. ◇ *vt* - **1.** [gen] to square. - **2.** *Amér* [aparcar] to park.
◆ **cuadrarse** *vpr* - **1.** MIL to stand to attention. - **2.** [mostrar firmeza] to make a stand. - **3.** *Amér* [lucirse] to shine, to excel. - **4.** *Amér* [enriquecerse] to strike it rich.

cuadratura *f* GEOM quadrature; **la** ~ **del círculo** *fam fig* squaring the circle.

cuadricenal *adj* done/occurring every forty years.

cuádriceps *m inv* quadriceps.

cuadrícula *f* grid.

cuadriculado, da *adj* squared.

cuadricular ◇ *adj* squared. ◇ *vt* to divide into squares.

cuadrienal *adj* quadrennial.

cuadrienio, cuatrienio *m* four-year period.

cuadriforme *adj* four-faced.

cuadriga, cuádriga *f* four-in-hand.

cuadril *m* - **1.** [cadera] hipbone. - **2.** [anca] hip.

cuadrilateral *adj* quadrilateral.

cuadrilátero *m* - **1.** GEOM quadrilateral. - **2.** DEP ring.

cuadrilla *f* - **1.** [de amigos, trabajadores] group; [de maleantes] gang. - **2.** [de un torero] team of helpers. - **3.** [baile de salón] quadrille.

cuadrillero *m* - **1.** [jefe] foreman. - **2.** *Amér* [asaltante] gang member.

cuadrillo *m* - **1.** [de hierro] square-sectioned iron bar. - **2.** [de azúcar] sugar lump. - **3.** [regla] ruler, straight edge.

cuadringentésimo, ma *núm* four hundredth.

◆ **cuadringentésimo** *m* four hundredth; *ver también* **sexto.**

cuadrinomio *m* MAT quadrinomial.

cuadrisílabo, ba *adj* quadrisyllabic.

◆ **cuadrisílabo** *m* quadrisyllable.

cuadro *m* - **1.** [pintura] painting, picture; ~ **al óleo** oil painting. - **2.** [escena] scene, spectacle; **después del terremoto el** ~ **de la ciudad es terrible** after the earthquake, the city was a scene of devastation. - **3.** [descripción] portrait; ~ **de costumbres** scene portraying regional customs. - **4.** [cuadrado] square; [de flores] bed. - **5.** [equipo] team; **en este hospital hay un buen** ~ **médico** the medical staff in this hospital are good ❏ ~**s intermedios** middle management *(U).* - **6.** [gráfico] chart, diagram; ~ **sinóptico** (synoptic) chart. - **7.** [de la bicicleta] frame. - **8.** [de un aparato]: ~ **de distribución** switchboard; ~ **de mandos** control panel. - **9.** TEATRO scene; ~ **flamenco** flamenco group; ~ **vivo** tableau vivant. - **10.** [armazón] framework. - **11.** MIL square formation. - **12.** *Amér* [matadero] slaughterhouse. - **13.** *loc:* **estar** o **quedarse en** ~ **cuadros** to be all alone in the world.

◆ **a cuadros** *loc adj* check *(antes de sust);* **me he comprado una falda a** ~**s** I've bought a check skirt.

cuadrúmano, na ◇ *adj* quadrumanous. ◇ *m, f* quadrumane.

cuadrúpedo *m* quadruped.

cuádruple, cuádruplo *m* quadruple.

cuadruplicación *f* quadruplication.

cuadruplicar [10] *vt* to quadruple.

cuádruplo *m* = **cuádruple.**

cuajado, da *adj* - **1.** [leche] curdled; [huevo] set. - **2.** [lleno]: ~ **de** full of. - **3.** *fam fig* [dormido] fast asleep. - **4.** *Amér* [perezoso] lazy.

◆ **cuajado** *m* dish of mincemeat, eggs and sugar.

◆ **cuajada** *f* - **1.** [queso] curd (cheese). - **2.** [requesón] cottage cheese.

cuajamiento *m* [de sangre] clotting; [de leche] curdling; [de gelatina] setting.

cuajar[1] *m* ZOOL abomasum.

cuajar[2] ◇ *vt* - **1.** [solidificar - leche] to curdle; [- huevo] to set; [- sangre] to clot, to coagulate. - **2.** : ~ **de** [llenar] to fill with; [cubrir] to cover with. ◇ *vi* - **1.** [lograrse - acuerdo] to be settled; [- negocio] to take off, to get going. - **2.** [ser aceptado - persona] to fit in; [- moda] to catch on. - **3.** [nieve] to settle. - **4.** *Amér* [charlar] to chatter. - **5.** *Amér* [mentir] to lie.

◆ **cuajarse** *vpr* - **1.** [leche] to curdle; [sangre] to clot, to coagulate. - **2.** [llenarse]: ~**se de** to fill (up) with. - **3.** *fam fig* [dormirse] to fall fast asleep. - **4.** *Amér* [emborracharse] to get drunk.

cuajo *m* - **1.** [sustancia] rennet. - **2.** *fig* [calma] calmness; **ensanchar el** ~ to have patience, to be patient; **tener buen** o **mucho** ~ [ser paciente] to be patient; [ser lento] to be slow. - **3.** *Amér fam* [charla] chatter. - **4.** *Amér* [mentira] hoax, trick.

◆ **de cuajo** *loc adv:* **arrancar de** ~ [árbol] to uproot; [brazo etc] to tear right off.

cual *pron relat:* **el/la** *etc* ~ [de persona] *(sujeto)* who; *(complemento)* whom; [de cosa] which; **lo** ~ which; **conoció a una española, la** ~ **vivía en Buenos Aires** he met a Spanish girl who lived in Buenos Aires; **está muy enfadada, lo** ~ **es comprensible** she's very angry, which is understandable; **todo lo** ~ all of which; **sea** ~ **sea** o **fuere su decisión** whatever his decision (may be); **los tres son a** ~ **más inteligente** all three are equally intelligent.

cuál *pron* - **1.** *(interrogativo)* what; [en concreto, especificando] which one; ¿~ **es tu nombre?** what is your name?; ¿~ **es la diferencia?** what's the difference?; **no sé** ~**es son mejores** I don't know which are best; ¿~ **prefieres?** which one do you prefer? - **2.** *(en oraciones distributivas):* **to-dos contribuyeron,** ~ **más,** ~ **menos** everyone contributed, although some more than others.

cualesquiera *pl* → **cualquiera.**

cualidad *f* quality; **su mayor** ~ **es la simpatía** her best quality is her kindness.

cualificación *f* degree of skill *(of a worker).*

cualificado, da *adj* skilled; **no** ~ unskilled.

cualificar [10] *vt* to qualify.

cualitativo, va *adj* qualitative.

cualquiera *(pl* **cualesquiera)** ◇ *adj (antes de sust:* **cualquier)** any; **cualquier día vendré a visitarte** I'll drop by one of these days; **en cualquier momento** at any time; **en cualquier lugar** anywhere. ◇ *pron* anyone; ~ **te lo dirá** anyone will tell you; ~ **que** [persona] anyone who; [cosa] whatever; ~ **que te vea se reiría** anyone who saw you would laugh; ~ **que sea la razón** whatever the reason (may be). ◇ *mf* [don nadie] nobody. ◇ *f fam* [prostituta] tart.

cuan *adv* [todo lo que]: **se desplomó** ~ **largo era** he fell flat on the ground.

cuán *adv* how.

cuando ◇ *adv* when; **de** ~ **en** ~, **de vez en** ~ from time to time, now and again. ◇ *conj* - **1.** [de tiempo] when; ~ **llegue el verano iremos de viaje** when summer comes we'll go travelling. - **2.** [si] if; ~ **tú lo dices será verdad** it must be true if you say so. - **3.** *(después de 'aun')* [aunque]: **no mentiría aun** ~ **le fuera en ello la vida** she wouldn't lie even if her life depended on it.

◆ **cuando más** *loc adv* at the most.

◆ **cuando menos** *loc adv* at least.

◆ **cuando quiera que** *loc conj* whenever.

cuándo ◇ *adv* when; ¿~ **vas a venir?** when are you coming?; **quisiera saber** ~ **sale el tren** I'd like to know when o at what time the train leaves. ◇ *m:* **ignorará el cómo y el** ~ **de la operación** he won't know how or when the operation will take place.

cuanta ◇ *adj f & pron f* → **cuanto.** ◇ *m* FÍS quanta.

cuantía *f* - **1.** [suma] amount, quantity; [alcance] extent. - **2.** DER assessed value.

cuántico, ca, quántico, ca *adj* quantum.

cuantificable *adj* quantifiable.

cuantificar [10] *vt* to quantify.

cuantimás *adv fam* all the more.

cuantioso, sa *adj* - **1.** [grande] large, substantial. - **2.** [abundante] abundant, copious. - **3.** [numeroso] numerous.

cuantitativo, va *adj* quantitative.

cuanto, ta ◇ *adj* - **1.** [todo]: **despilfarra** ~ **dinero gana** he squanders all the money he earns; **soporté todas cuantas críticas me hizo** I put up with every single criticism he made of me. - **2.** *(antes de adv)* [compara cantidades]: **cuantas más mentiras digas, menos te creerán** the more you lie, the less people will believe you. ◇ *pron relat (gen pl)* [de personas] everyone who; [de cosas] everything (that); ~**s fueron alabaron el espectáculo** everyone who went said the show was excellent; **dio las gracias a todos** ~**s le ayudaron** he thanked everyone who helped him.

◆ **cuanto** ◇ *pron relat (neutro)* [todo lo que] everything, as much as; **come** ~ **quieras** eat as much as you like; **comprendo** ~ **dice** I understand everything he says; **todo** ~ everything. - **2.** [compara cantidades]: ~ **más se tiene, más se quiere** the more you have, the more you want. ◇ *adv* [compara cantidades]: **más come,** ~ **más gordo está** the more he eats, the fatter he gets.

◆ **cuanto antes** *loc adv* as soon as possible.

◆ **en cuanto a** *loc prep* as regards; **en** ~ **a tu petición** as regards your request, as far as your request is concerned.

◆ **en cuanto** ◇ *loc conj* [tan pronto como] as soon as; **en** ~ **acabe** as soon as I've finished. ◇ *loc prep* [en calidad de] as; **en** ~ **cabeza de familia** as head of the family.

cuánto, ta ◇ *adj* - **1.** *(interrogativo)* how much, *(pl)* how many; ¿**cuántas manzanas tienes?** how many apples do you have?; ¿~ **pan quieres**? how much bread do you want?; **no sé ~s hombres había** I don't know how many men were there. **- 2.** *(exclamativo)* what a lot of; **¡cuánta gente (había)!** what a lot of people (were there)! ◇ *pron (gen pl)* **- 1.** *(interrogativo)* how much, *(pl)* how many; ¿~**s han venido? - 1.** *(interrogativo)* how many came?; **dime cuántas quieres** tell me how many you want. **- 2.** *(exclamativo)*: **¡~s quisieran conocerte!** there are so many people who would like to meet you!

◆ **cuánto** *pron (neutro)* **- 1.** *(interrogativo)* how much; ¿~ **quieres**? how much do you want?; **me gustaría saber ~ te costarán** I'd like to know how much they'll cost you. **- 2.** *(exclamativo)*: **¡~ han cambiado las cosas!** how things have changed!; **¡~ me gusta!** I really like it!

cuaquerismo *m* Quakerism.

cuáquero, ra *m, f* Quaker.

cuarenta *núm* forty; **los (años)** ~ the forties; **cantar a alguien las** ~ *fig* to give sb a piece of one's mind; **ésas son otras** ~ *Amér fig* that's another matter entirely; *ver también* **seis.**

cuarentavo, va *núm* fortieth; *ver también* **sexto.**

cuarentena *f* **- 1.** [por epidemia] quarantine; **poner en** ~ [enfermos] to (put in) quarantine; [noticia] to put on hold. **- 2.** [cuarenta unidades] forty; **una** ~ **de personas** about forty people. **- 3.** RELIG Lent. **- 4.** *fam fig* [aislamiento] isolation.

cuarentón, ona *m, f* person in his/her forties.

Cuaresma *f* Lent.

cuarta *f* → **cuarto.**

cuartago *m* pony.

cuartear *vt* **- 1.** [descuartizar] to cut o chop up. **- 2.** [hacer cuartos] to quarter, to divide into four pieces. **- 3.** [hacer eses en] to zigzag along. **- 4.** *Amér* [azotar] to whip.

◆ **cuartearse** *vpr* **- 1.** [romperse] to crack. **- 2.** TAUROM to dodge. **- 3.** *Amér* [desafiar] to challenge. **- 4.** *Amér* [esperar] to wait. **- 5.** *Amér* [acobardarse] to go back on one's word.

cuartel *m* **- 1.** MIL barracks *(pl)*; ~ **general** headquarters *(pl)*; **estar de** ~ MIL to be unassigned and on half-pay. **- 2.** *fam fig* [casa] place, house. **- 3.** [terreno] lot, plot. **- 4.** NÁUT hatch door o cover. **- 5.** *fig* [piedad]: **no dar** ~ a to show no mercy to; **sin** ~ [guerra] all-out; **lucha sin** ~ fight to the death.

◆ **cuarteles** *mpl* MIL quarters.

◆ **cuartel de bomberos** *m* fire station.

cuartelada *f,* **cuartelazo** *m* minor military uprising.

cuartelero, ra *adj* **- 1.** [de cuartel] barracks *(antes de sust)*. **- 2.** [lenguaje] vulgar, coarse.

◆ **cuartelero** *m Amér* [camarero] waiter.

cuartelillo *m* [de policía] police station.

cuarteo *m* **- 1.** [descuartizamiento] quartering. **- 2.** [grieta] crack, split. **- 3.** TAUROM dodge; **al** ~ dodging. **- 4.** *Amér* [sequía] *break in winter rains.*

cuarterola *f* **- 1.** [barril] quarter cask. **- 2.** [medida] *measurement equivalent to 129 litres.* **- 3.** *Amér* [cubeta] *water vendor's bucket.*

cuarteto *m* quartet.

cuartilla *f* **- 1.** [papel] sheet of quarto. **- 2.** [medida - de áridos] *measure of 13.87 litres*; [- de líquido] *measure of 4.003 litres.*

cuarto, ta *núm* fourth; *ver también* **sexto.**

◆ **cuarto** *m* **- 1.** [parte] quarter; **dividí el pastel en cuatro ~s** I divided the cake in four; **un** ~ **de hora** a quarter of an hour; **son las dos y/menos** ~ it's a quarter past/to two ❏ ~ **creciente/menguante** first/last quarter; ~ **delantero** forequarter; **ser tres ~s de lo mismo** to be exactly the same o no different; **Clara es muy rara y su hermano tres ~s de lo mismo** Clara is rather odd and her brother is no different. **- 2.** [habitación] room; **este piso tiene tres ~s** this flat has three rooms; ~ **y comida** board and lodgings ❏ ~ **de aseo** washroom *Am*, small bathroom; ~ **de baño** bathroom; ~ **de dormir** bedroom; ~ **de estar** living room; ~ **de huéspedes** guestroom; ~ **oscuro** FOT dark-

room; ~ **trastero** lumber room. **- 3.** *loc*: **estar sin un** ~ to be skint.

◆ **cuarta** *f* **- 1.** [palmo] span. **- 2.** ASTRON quadrant. **- 3.** NÁUT rhumb. **- 4.** *Amér* [para caballo de tiro] riding crop. **- 5.** *loc*: **andar de la cuarta al pértigo** *Amér fam* to live from hand to mouth.

◆ **cuartos** *mpl* **- 1.** *fam* [dinero] dough *(U)*, readies. **- 2.** DEP: ~**s de final** quarter finals.

cuartón *m* **- 1.** [madero] plank of wood. **- 2.** [medida] *liquid measure*. **- 3.** [parcela] oblong field.

cuartucho, cuartuco *m* dingy room.

cuarzo *m* quartz; ~ **ahumado** smoky quartz, cairngorm; ~ **hialino** rock crystal.

cuasi *adv culto* quasi.

cuasicontrato *m* DER quasi contract.

cuasidelito *m* DER quasi delict.

cuasimodo *m* RELIG Quasimodo, Low Sunday.

cuate, ta *Amér* ◇ *adj* **- 1.** [gemelo] twin. **- 2.** [semejante] similar. ◇ *m, f* **- 1.** [amigo] mate. **- 2.** [gemelo] twin.

cuaterna *f* quartern.

cuaternario, ria *adj* Quaternary.

◆ **cuaternario** *m*: **el** ~ the Quaternary (era).

cuatrerear *vt Amér* to rustle, to steal.

cuatrero, ra ◇ *adj* **- 1.** [de ganado] cattle-rustling. **- 2.** *Amér* [traidor] treacherous, disloyal. **- 3.** *Amér* [chistoso] joking. **- 4.** *Amér* [pícaro] rascally, roguish. ◇ *m, f* **- 1.** [de caballos] horse thief; [de ganado] cattle rustler. **- 2.** *Amér* [traidor] traitor. **- 3.** *Amér* [chistoso] joker. **- 4.** *Amér* [pícaro] rascal, rogue.

cuatrienio *m* = **cuadrienio.**

cuatrillizo, za *m, f* quadruplet, quad.

cuatrimestral *adj* **- 1.** [en frecuencia] four-monthly. **- 2.** [en duración] four-month *(antes de sust)*, lasting four months.

cuatrimestre *m* period of four months.

cuatrimotor *m* four-engined plane.

cuatripartito, ta *adj* four-part.

cuatrisílabo, ba *adj* four-syllable.

◆ **cuatrisílabo** *m* four-syllable word.

cuatro ◇ *núm* four; **más de** ~ *fam fig* quite a few; *ver también* **seis.** ◇ *adj fig* [poco] a few; **hace** ~ **días** a few days ago. ◇ *m Amér* **- 1.** [instrumento] four-string guitar. **- 2.** [engaño] trick, ruse. **- 3.** [disparate] blunder.

cuatrocientos, tas *núm* four hundred; *ver también* **seis.**

cuba *f* **- 1.** [tonel] barrel, cask. **- 2.** *fam fig* [gordo] tub, potbellied person. **- 3.** METAL stack. **- 4.** *Amér* [el menor] youngest child, baby of the family. **- 5.** *loc*: **beber como una** ~ *fam* to drink like a fish; **estar como una** ~ *fam* to be legless o blind drunk.

Cuba *s* Cuba.

cubación *f* cubing.

cubalibre *m* rum and Coke.

cubano, na *adj & m, f* Cuban.

cubata *m fam* rum and Coke.

cubero *m*: **a ojo de buen** ~ *fig* roughly.

cubertería *f* set of cutlery, cutlery *(U)*; ~ **de plata** silverware *(U)*.

cubeta *f* **- 1.** [cuba pequeña] bucket, pail. **- 2.** [de barómetro] bulb. **- 3.** FOT tray; ~ **del carburador** float chamber; ~ **de siembra** seed box. **- 4.** [de arpa] pedestal. **- 5.** *Amér* [sombrero] top hat.

cubicaje *m* cylinder capacity.

cubicar [10] *vt* **- 1.** MAT to cube. **- 2.** [volumen] to determine the volume o capacity of.

cúbico, ca *adj* cubic.

cubierto, ta ◇ *pp* → **cubrir.** ◇ *adj* **- 1.** [gen]: ~ **(de)** covered (with) ❏ **estar a** ~ [protegido] to be under cover; [con saldo acreedor] to be in the black; **ponerse a** ~ to take cover. **- 2.** [cielo] overcast. **- 3.** [vacante] filled.

◆ **cubierto** *m* **- 1.** [pieza de cubertería] piece of cutlery;

poner los ~s to set the table. **- 2.** [juego de cubertería] set of cutlery. **- 3.** [para cada persona] place setting. **- 4.** [comida] set menu. **- 5.** [protección] protection, shelter.
◆ **cubierta** *f* **- 1.** [gen] cover; **bajo cubierta** under separate cover. **- 2.** [de neumático] tyre. **- 3.** [de barco] deck; **cubierta de aterrizaje** o **de vuelo** [de avión] flight deck; **cubierta de paseo/de sol** NÁUT promenade/sun deck. **- 4.** [envoltura] wrapping. **- 5.** [sobre] envelope. **- 6.** *fig* [pretexto] pretext, cover.

cubil *m* **- 1.** [de animales] den, lair. **- 2.** *fig* [de personas] poky room.

cubilete *m* **- 1.** [en juegos] cup; [molde] mould. **- 2.** [hielo] ice cube. **- 3.** [flor] water lily flower. **- 4.** *Amér* [sombrero] top hat.

cubiletear *vi* **- 1.** [hacer malabarismos] to juggle. **- 2.** *fig* [intrigar] to scheme.

cubileteo *m* **- 1.** [malabarismo] juggling *(U)*. **- 2.** *fig* [intriga] scheming *(U)*.

cubiletero *m* **- 1.** [malabarista] juggler. **- 2.** [molde] copper baking mould.

cubillo *m* **- 1.** [de vajilla] water cooler. **- 2.** [de teatro] *one of two small boxes on either side of the stage.*

cubique *etc v* → **cubicar**.

cubismo *m* cubism.

cubista *adj & mf* cubist.

cubitera *f* ice bucket.

cubito *m* [de hielo] ice cube.

cúbito *m* ulna.

cubo *m* **- 1.** [recipiente] bucket; **~ de la basura** rubbish bin *Br*, garbage can *Am*. **- 2.** GEOM & MAT cube; **elevar al ~** to cube. **- 3.** [de rueda] hub. **- 4.** [de fortaleza] round turret. **- 5.** [de molino] socket. **- 6.** *Amér* [engaño] trick, deception *(U)*.
◆ **a cubos** *loc adv* abundantly; **llover a ~s** *fig* to rain cats and dogs.

cubrecadena *m* (bicycle) chainguard.

cubrecama *m* bedspread.

cubrepiano *m* piano keyboard cover.

cubrimiento *m* covering.

cubrir *vt* **- 1.** [tapar] to cover; **durante las obras he cubierto los muebles** I've covered the furniture while the building is going on. **- 2.** [proteger] to protect. **- 3.** [disimular] to cover up, to hide. **- 4.** [puesto, vacante] to fill; **hay veinte solicitudes para ~ tres plazas** there are twenty applications for three jobs. **- 5.** [recorrer] to cover; **hoy cubrimos tres kilómetros del camino** today we covered three kilometres. **- 6.** [historia, asunto] to cover. **- 7.** [deuda] to repay; **con este dinero cubriré la deuda que tengo** this money will allow me to repay my debt. **- 8.** MIL to cover; **~ la retirada** to cover the retreat.
◆ **cubrir de** *vt*: **~ de algo a alguien** to heap sthg on sb; **Ana cubrió de besos a su padre** Ana covered her father with kisses.
◆ **cubrirse** *vpr* **- 1.** [taparse]: **~se (de)** to become covered (with); **se cubrió la cara con las manos** she covered her face with her hands. **- 2.** [protegerse]: **~se (de)** to shelter (from). **- 3.** [con sombrero] to put one's hat on. **- 4.** [con ropa]: **~se (con)** to cover o.s. (with). **- 5.** [cielo] to cloud over; **de repente, el cielo se cubrió** suddenly, the sky clouded over. **- 6.** *loc*: **~se de gloria** [triunfar] to cover o.s. in o with glory; *irón* to land o.s. in it.

cuca *f* → **cuco**.

cucamonas *fpl fam* sweet talk *(U)*.

cucaña *f* **- 1.** [palo] greasy pole. **- 2.** *fam fig* [ganga] cinch, easy job.

cucañero, ra *fam fig* ◇ *adj* smart. ◇ *m, f* smart mover.

cucar [10] *vt* **- 1.** [guiñar] to wink. **- 2.** [burlar] to make fun of, to mock.

cucaracha *f* **- 1.** [insecto] cockroach. **- 2.** [tabaco] snuff. **- 3.** *Amér* [tranvía] trailer. **- 4.** *Amér* [coche] jalopy, old banger *Br*.

cucarda *f* **- 1.** [divisa] cockade, rosette. **- 2.** [de brida] bridle ornament. **- 3.** [martillo] toothed finishing hammer.

cucarrón *m Amér* beetle.

cuchara *f* **- 1.** [para comer] spoon; [para servir] ladle; **~ cafetera** teaspoon; **~ de palo/de postre** wooden/dessert spoon; **~ sopera** o **de sopa** [en la mesa] soup spoon; [como medida] tablespoon. **- 2.** [cucharada] spoonful; **me gusta el café con una ~ de azúcar** I like a spoonful of sugar in my coffee. **- 3.** METAL scoop, bucket; **~ de fundición** casting ladle. **- 4.** NÁUT bailing scoop. **- 5.** *Amér* [ladrón] pickpocket. **- 6.** *loc*: **despacharse** o **servirse con la ~ grande** *Amér* to look after number one; **hacer ~s** *Amér* to pout; **media ~** *fam* mediocre person; **meter su ~** *fam* to butt in.
◆ **cuchara de albañil** *f Amér* trowel.

cucharada *f* spoonful; **meter** o **echar alguien su ~** *fig* to stick one's oar in.

cucharadita *f* teaspoon.

cucharear ◇ *vt* to spoon out. ◇ *vi* **- 1.** [con cuchara] to stir. **- 2.** *fig* [en negocios] to meddle.

cucharetear *vi fam* **- 1.** [con cuchara] to stir with a spoon. **- 2.** [hacer ruido] to slurp. **- 3.** [entremeterse] to meddle, to interfere.

cucharilla *f* **- 1.** [para café] teaspoon. **- 2.** VETER *liver disease suffered by pigs.*

cucharón *m* **- 1.** [para servir] ladle; **despacharse uno con el ~** *fam* to take the biggest part for o.s. **- 2.** *Amér* [ave] *type of wading bird.*

cuche *m Amér* pig.

cucheta *f Amér* NÁUT berth.

cuchichear *vi* to whisper.

cuchicheo *m* whispering.

cuchilla *f* **- 1.** [para cortar] blade; **~ de afeitar** razor blade; **~ de arado** coulter. **- 2.** *Amér* [cumbre] mountain crest o ridge. **- 3.** *Amér* [cortaplumas] pocketknife, jack knife.

cuchillada *f*, **cuchillazo** *m* [golpe] stab; [herida] stab wound.
◆ **cuchilladas** *fpl* **- 1.** *fig* [riñas] wrangles, quarrels. **- 2.** [en costura] ornamental slashes o slits.

cuchillería *f* **- 1.** [oficio] cutlery, knifemaking. **- 2.** [taller] cutler's shop.

cuchillero *m* **- 1.** [persona] cutler. **- 2.** [abrazadera] iron ring o band. **- 3.** ARQUIT cleat, wedge.

cuchillo *m* **- 1.** [para cortar] knife; **~ de carnicero** chopper; **~ de cocina/de trinchar** kitchen/carving knife; **~ eléctrico** electric carving knife; **pasar a ~** to put to the sword. **- 2.** ZOOL lower tusk. **- 3.** [en costura] gore, godet. **- 4.** ARQUIT support, upright. **- 5.** NÁUT triangular sail.

cuchipanda *f fam*: **salir de ~** to go out on the town.

cuchitril *m* hovel.

cucho *m fertilizing mixture of manure and compost.*

cuchufleta *f* **- 1.** *fam* [burla] joke. **- 2.** *Amér* [zapato] old shoe. **- 3.** *Amér* [bizcocho] *type of biscuit.*

cuchufletero, ra *fam* ◇ *adj* joking. ◇ *m, f* joker, tease.

cuclillas ◆ **en cuclillas** *loc adv* squatting; **ponerse en ~** to squat (down).

cuclillo *m* **- 1.** [ave] cuckoo. **- 2.** *fig* [marido] cuckold.

cuco, ca *fam* ◇ *adj* **- 1.** [bonito] pretty. **- 2.** [astuto] shrewd, canny. ◇ *m, f* clever person.
◆ **cuco** *m* **- 1.** [ave] cuckoo. **- 2.** [oruga] caterpillar. **- 3.** [fantasma] ghost, phantom. **- 4.** *fam* [tahúr] gambler. **- 5.** *Amér* [melocotón] peach. **- 6.** *loc*: **hacer ~ a alguien** *Amér* to poke fun at sb.
◆ **cuca** *f* **- 1.** *fam* [moneda] peseta. **- 2.** [planta] chufa, sedge. **- 3.** [oruga] caterpillar. **- 4.** *Amér* [ave] *type of heron.* **- 5.** *Amér* [dulce] *type of cake.*
◆ **cucos** *mpl* panties.

cucú (*pl* **cucús**) *m* **- 1.** [canto] cuckoo. **- 2.** [reloj] cuckoo clock.

cucufato *m Amér* bigot.

cuculí (*pl* **cuculíes**) *m Amér* small grey dove.

cucurucho *m* - **1.** [de papel] paper cone. - **2.** [para helado] cornet, cone. - **3.** [gorro] pointed hat.

cucuy *m* = **cocuyo**.

cueca *f Amér* popular dance of Bolivia, Peru and Chile.

cuece *v* → **cocer**.

cuela *etc v* → **colar**.

cuelga[1] *etc v* → **colgar**.

cuelga[2] *f* - **1.** [de frutas] bunch of fruit hung out to dry. - **2.** [regalo] birthday present.

cuelgacapas *m inv* coatrack.

cuellicorto, ta *adj* short-necked.

cuellierguido, da *adj* stiff-necked.

cuellilargo, ga *adj* long-necked.

cuello *m* - **1.** [gen] neck; **alargar el** ~ to stretch o crane one's neck □ ~ **de botella** bottleneck; ~ **uterino** cervix; **erguir el** ~ to be arrogant; **levantar uno el** ~ *fam* to get back on one's feet; **meter el** ~ to put one's nose to the grindstone. - **2.** [de prendas] collar; ~ **acanalado** o **alechugado** o **escarolado** ruff; ~ **duro/postizo/romano** stiff/detachable/dog collar; ~ **de pajarita** wing collar; ~ **de pico** V-neck; ~ **vuelto** o **alto** o **(de) cisne** polo neck *Br*, turtleneck *Am*; **hablar para el** ~ **de su camisa** to talk to o.s.

cuenca *f* - **1.** [de río] basin. - **2.** [del ojo] (eye) socket. - **3.** [región minera] coalfield. - **4.** [valle] valley, bowl. - **5.** [vasija] wooden bowl.

cuenco *m* earthenware bowl.

cuenta[1] *etc v* → **contar**.

cuenta[2] *f* - **1.** [acción de contar] count; **echar** ~s to reckon up; **vamos a echar** ~s **de cuánto te debo** let's work out how much I owe you; **llevar/perder la** ~ **de** to keep/lose count o □ ~ **atrás** countdown. - **2.** [cálculo] sum; ~ **de la vieja** *fam* counting on one's fingers. - **3.** BANCA & COM account; **abonar/cargar algo en** o ~ **a alguien** to credit/debit sthg to sb's account; **me han abonado el sueldo en** ~ they paid my wages into my account; **he cargado el recibo en tu** ~ I've charged the bill to your account; **abrir/ cerrar una** ~ to open/close an account; **yo misma llevo las** ~**s de mi negocio** I keep my business accounts myself; **llevar las** ~**s** to keep the books; **pagar mil pesetas a** ~ to pay a thousand pesetas down □ ~ **abierta/acreedora/deudora** active/credit/overdrawn account; ~ **bancaria/ corriente/de ahorros** bank/current/savings account; ~ **de ahorro vivienda** home loan; ~ **de crédito** current account with an overdraft facility; ~ **de explotación** operating statement; ~ **indistinta** o **conjunta** joint account; ~ **a plazo fijo** deposit account. - **4.** [factura] bill; **le pedí la** ~ **al camarero** I asked the waiter for the bill; **domiciliar una** ~ to pay an account by standing order o direct debit; **pasar la** ~ □ ~ **de gastos** expenditure account; ~ **por cobrar/pagar** account receivable/payable; ~ **pendiente** outstanding account. - **5.** [obligación, cuidado] responsibility; **esa tarea es** ~ **mía** that task in my responsibility; **déjalo de mi** ~ leave it to me. - **6.** [de collar, rosario] bead. - **7.** *loc*: **a fin de** ~s in the end; **no te preocupes, a fin de** ~s **es mi problema** don't you worry about it, after all, it's my problem; **ajustarle a alguien las** ~s to settle an account o a score with sb; **caer en la** ~ **de algo** to realize sthg; **dar** ~ **de algo** [comunicar] to report sthg; [terminar] to account for sthg, to finish sthg off; **darse** ~ **de algo** to realize sthg; **en resumidas** ~s in short; **habida** ~ **de** considering; **habida** ~ **de todo esto...** bearing all this in mind...; **habida** ~ **de que...** bearing in mind that...; **vamos a** ~s let's get things straight; **más de la** ~ too much; **tu hermano ha bebido más de la** ~ your brother has had too much to drink; **pedir** ~s **a alguien** to call sb to account; **por** ~ **de alguien** [en nombre de] on behalf of sb; [con gastos pagados por] at sb's expense; **por** ~ **y riesgo de uno** at one's own risk; **por la** ~ **que me/te** *etc* **tiene** in my/your *etc* own interest; **por mi/tu** *etc* ~ [en solitario] on my/your *etc* own; [sin requerimientos] of my/your *etc* own accord; **investigaré esto por mi** ~**, no me fío de**

la policía I'll look into this matter myself, I don't trust the police; **rendir** ~s **de algo ante alguien** to give an account of sthg to sb; **salir de** ~s to be due to give birth; **tener** o **tomar en** ~ **algo** to bear sthg in mind; **trabajar por su** ~ o **por** ~ **propia** to be self-employed.

cuentagotas *m inv* dropper; **a** o **con** ~ *fig* in dribs and drabs.

cuentakilómetros *m inv* [de distancia recorrida] ≃ milometer; [de velocidad] speedometer.

cuentarrevoluciones *m inv* tachometer, rev counter.

cuentear *vi Amér fam* to tattle.

cuentero, ra ◇ *adj* gossipy. ◇ *m, f* gossip, gossipmonger.

cuentista ◇ *adj* - **1.** [de narrativa] short story (*antes de sust*). - **2.** *fam* [chismoso] fibbing. - **3.** [jactancioso] boastful, bragging. ◇ *mf* - **1.** [escritor] short story writer. - **2.** [mentiroso] fibber, story-teller. - **3.** *fam* [chismoso] gossip, gossipmonger. - **4.** [jactancioso] boaster, braggart.

cuento *m* - **1.** [fábula] tale; ~ **de fantasmas** ghost story; ~ **de hadas** fairy tale; ~ **de viejas** *fam* old wives' tale; **el** ~ **de la lechera** *fig* wishful thinking (*U*). - **2.** [narración] short story. - **3.** [mentira, exageración] story, lie; **¡puro** ~! what nonsense! □ ~ **chino** tall story. - **4.** *fam* [chisme] gossip. - **5.** [cómputo] counting; **sin** ~ countless. - **6.** *desus* [millón] million. - **7.** [puntal] support, prop. - **8.** [de bastón, de pica etc] tip, point. - **9.** *loc*: **quitarse** o **dejarse de** ~s to stop beating about the bush; **ser el** ~ **de nunca acabar** to be the same old story; **tener** ~ to put it on; **venir a** ~ to be relevant; **venir con** ~s to tell fibs o stories; **vivir del** ~ to live by one's wits.

cuerazo *m Amér* lash.

cuerda *f* - **1.** [para atar - fina] string; [- más gruesa] rope; ~ **floja** tightrope. - **2.** [MÚS - de instrumento] string; [- de voz] range; ~ **de tripa** catgut. - **3.** [de reloj] spring; **dar** ~ **a** [reloj] to wind up. - **4.** GEOM chord. - **5.** [de presos] chain gang. - **6.** *loc*: **aflojar la** ~ to ease up; **apretar la** ~ to tighten up on discipline; **bajo** ~ secretly, in an underhand manner; **dar** ~ **a alguien** to encourage sb to speak; **de la misma** ~ of the same opinion; **estar en la** ~ **floja** to be hanging by a thread; **tener mucha** ~, **tener** ~ **para rato** to go on and on; **si hablamos de este tema, Juan tiene** ~ **para rato** whenever we get onto that subject, Juan goes on and on; **tirar de la** ~ to go too far, to push it; **tocar a alguien la** ~ **sensible** to hit a chord with sb.

♦ **cuerdas vocales** *fpl* vocal cords.

cuerdo, da ◇ *adj* - **1.** [sano de juicio] sane. - **2.** [sensato] sensible. ◇ *m, f* sane person.

cuereada *f Amér* [zurra] beating, thrashing.

cuerear *vt Amér* - **1.** [azotar] to whip, to lash. - **2.** [desollar] to skin, to flay. - **3.** [adobar] to tan. - **4.** *fig* [criticar] to slate.

cueriza *f Amér* beating.

cuerna *f* - **1.** [vasija] drinking horn. - **2.** [cornamenta] horns (*pl*); [de ciervo] antlers (*pl*). - **3.** [trompa] hunting horn.

cuerno *m* - **1.** [gen] horn; [de ciervo] antler. - **2.** [antena] feeler, antenna. - **3.** MIL flank. - **4.** *loc*: **en los** ~**s del toro** *fam* in imminent danger; **mandar al** ~ **a alguien** *fam* to send sb packing; **poner a alguien en los** ~**s de la luna** to praise sb to the skies; **saber** o **oler a** ~ **quemado** *fam* to be fishy; **¡vete al** ~! *fam* go to hell! ◇ *interj* oh my goodness!

♦ **cuernos** ◇ *mpl fam*: **poner** ~**s a alguien** to be unfaithful to sb; [a un hombre] to cuckold sb. ◇ *interj Amér* no way!

♦ **cuerno de la abundancia** *m* horn of plenty, cornucopia.

cuero *m* - **1.** [piel de animal] skin; [piel curtida] hide; ~ **cabelludo** scalp; **en** ~s, **en** ~s **vivos** stark naked. - **2.** [material] leather; ~ **charolado** patent leather. - **3.** [para vino] wineskin; **borracho como un** ~ blind drunk. - **4.** *Amér vulg* [prostituta] whore. - **5.** *Amér* [látigo] whip; **arrimar el** ~ o **dar** ~ **a alguien** to whip sb, to flog sb. - **6.** *Amér* [vieja] old maid. - **7.** *Amér* [amante] mistress. - **8.** *Amér* [descaro] nerve, cheek. - **9.** *loc*: **no hay** ~ **sin garras** *Amér* nothing is perfect.

cuerpear *vi Amér* - **1.** [esquivar] to swerve, to dodge. - **2.** *fig* [obligación] to shirk.

cuerpo *m* - **1.** [gen] body; **un vino con mucho** ~ a full-bodied wine; **de medio** ~ [retrato, espejo] half-length; **de** ~ **entero** [persona] complete, consummate; [retrato, espejo] full-length ❏ ~ **celeste** ASTRON heavenly body; ~ **compuesto** QUÍM compound; ~ **extraño** foreign body; ~ **muerto** NÁUT mooring buoy; ~ **simple** QUÍM element; **a** ~ without a coat on; **dar con el** ~ **en la tierra** to fall down; **en** ~ **y alma** body and soul; **hacer de** ~ to relieve o.s.; **hurtar el** ~ to dodge; **luchar** ~ **a** ~ to fight hand-to-hand; **tomar** ~ to take shape; **este proyecto empieza a tomar** ~ this project is beginning to take shape; **vivir a** ~ **de rey** to live like a king. - **2.** [tronco] trunk. - **3.** [parte principal] main body; **el** ~ **del libro** the main part o body of the book. - **4.** [grosor] thickness; **dar** ~ **a** [salsa etc] to thicken. - **5.** [cadáver] corpse; **de** ~ **presente** (lying) in state. - **6.** [corporación consular, militar etc] corps; ~ **de baile** dance company; ~ **de bomberos** fire brigade; ~ **diplomático** diplomatic corps; ~ **del ejército** army corps; ~ **expedicionario** expeditionary force; ~ **de policía** police force. - **7.** [parte de armario, edificio] section. - **8.** [en carreras hípicas] length; **el caballo ganó por cuatro** ~**s** the horse won by four lengths. - **9.** IMPRENTA point.

cuerudo, da *adj Amér* - **1.** [caballo] slow, sluggish. - **2.** [persona] shameless, brazen.

cuervo *m* crow; ~ **marino** cormorant; ~ **merendero** rook.

cuesco *m fam* fart.

cuesta¹ *v* → **costar**.

cuesta² *f* - **1.** [pendiente] slope; ~ **arriba** uphill; ~ **abajo** downhill ❏ **a** ~**s** on one's back, over one's shoulders. - **2.** *loc*: **hacérsele** ~ **arriba a alguien** to be hard going o an uphill struggle for sb; **ir** ~ **abajo** to decline, to go downhill.

cuestación *f* collection (for charity).

cueste *v* → **costar**.

cuestión *f* - **1.** [pregunta] question; **el estudiante planteó una** ~ **muy interesante** the student asked a very interesting question. - **2.** [problema] problem. - **3.** [asunto] matter, issue; **la primera** ~ **es como solucionar el problema del transporte** the first thing is how to solve the transport problem; **en** ~ **de** [en materia de] as regards; **en** ~ **de una hora** in no more than an hour ❏ ~ **de gabinete** affair of state; **en** ~ in question, at issue; **el tema en** ~ **debería tratarse con más calma** the matter in question should be dealt with more calmly; **es** ~ **de** [se trata de] it's a question of. - **4.** [disputa] dispute, controversy.

cuestionable *adj* questionable, debatable.

cuestionar *vt* to question.
◆ **cuestionarse** *vpr* to (call into) question.

cuestionario *m* - **1.** [encuesta] questionnaire. - **2.** [examen] (test) questions *(pl)*.

cuestor *m* - **1.** HIST quaestor. - **2.** [de limosna, caridad] collector for charity.

cueva *f* - **1.** [gruta] cave; ~ **de ladrones** *fam* den of thieves. - **2.** [sótano] basement, cellar.

cuévano *m* pannier, large basket.

cueza *etc v* → **cocer**.

cuicos *mpl Amér fam* cops.

cuidado ◇ *m* - **1.** [gen] care; **con** ~ [con esmero] carefully; [con cautela] cautiously; **de** ~ dangerous; **es un criminal de** ~ he's a dangerous criminal; **es un niño de** ~, **es muy travieso** he's a little terror, he's so naughty; **tuvo un accidente de** ~ she had a serious accident; **estar al** ~ **de** to be in charge of; **yo trabajo mientras él está al** ~ **de los niños** I work while he looks after the children; **estar de** ~ [estar enfermo] to be seriously ill; [ser peligroso] to be dangerous; **poner** ~ **en** to take care in; **sin** ~ carelessly; **tener** ~ **con** to be careful with; **ten** ~ **con el perro, que muerde** mind the dog doesn't bite you ❏ ~**s intensivos** intensive care *(U)*; **eso me tiene** o **trae sin** ~ I couldn't care less about that; **me tiene** o **trae sin** ~ **lo que hagas** I couldn't care less what you do. - **2.** [miedo] concern, apprehension. ◇ *interj* careful!, look out!

cuidador, ra ◇ *adj* careful. ◇ *m, f* - **1.** DEP trainer. - **2.** [que cuida] custodian.
◆ **cuidadora** *m* [niñera] nanny.

cuidadosamente *adv* [con esmero] carefully.

cuidadoso, sa *adj* careful.

cuidar *vt* [gen] to look after; [estilo etc] to take care over; [detalles] to pay attention to.
◆ **cuidar de** *vi* to look after; **cuida de que no lo haga** make sure she doesn't do it.
◆ **cuidarse** *vpr* to take care of o to look after o.s.; ~**se de** to worry about; **debería** ~**se más de los niños** she should look after her children better.

cuita *f* trouble, worry.

cuja *f* - **1.** [bolsa] lance bucket o holder. - **2.** *Amér* [cama] bed. - **3.** *Amér* [ataúd] coffin. - **4.** *Amér* [sobre] envelope. - **5.** *Amér* [envoltura] wrapping.

culantrillo *m* maidenhair (fern).

culantro *m* coriander.

culata *f* - **1.** [de arma] butt. - **2.** [de cañón] breech. - **3.** [de animal] hindquarters *(pl)*; [de caballo] croup. - **4.** [de motor] cylinder head. - **5.** *fig* [parte posterior] rear, back.

culatazo *m* [golpe] *blow with the butt of a rifle*; [retroceso] recoil, kick.

culé *adj fam* DEP of/relating to the Barcelona Football Club.

culebra *f* - **1.** [animal] snake; **hacer** ~ to zigzag ❏ ~ **de anteojos** cobra; ~ **de cascabel** rattlesnake. - **2.** [tubo] coil. - **3.** *fam fig* [alboroto] disturbance, din. - **4.** NÁUT cable, line. - **5.** *Amér* [cuenta] bill. - **6.** *Amér* [tromba de agua] waterspout.

culebrear *vi* to zigzag.

culebrilla *f* - **1.** [enfermedad] ringworm. - **2.** [papel] tissue paper.

culebrón *m* TV soap opera.

culero, ra *adj* lazy.
◆ **culero** *m* - **1.** [pañal] nappy *Br*, diaper *Am*. - **2.** *Amér* [cinturón] *miner's leather belt*.
◆ **culera** *f* - **1.** [mancha] nappy stain *Br*, diaper stain *Am*. - **2.** [remiendo] patch.

culinario, ria *adj* culinary.

culminación *f* culmination.

culminante *adj* - **1.** [más elevado] culminating; **punto** ~ high point. - **2.** *fig* [sobresaliente] outstanding.

culminar ◇ *vt*: ~ **(con)** to crown (with). ◇ *vi* to finish, to culminate.

culo *m fam* - **1.** [de personas] backside, bum *Br*; ~ **de mal asiento** [inquieto] restless o fidgety person. - **2.** [de objetos] bottom; ~ **de vaso** *despec* imitation precious stone. - **3.** [líquido]: **queda un** ~ there are a few drops left in the bottom.

culombio *m* FÍS coulomb.

culpa *f* [responsabilidad] fault; **echar la** ~ **a alguien (de)** to blame sb (for); **tener la** ~ **de algo** to be to blame for sthg; **por** ~ **de** because of.
◆ **culpas** *fpl* sins.

culpabilidad *f* guilt.

culpabilizar [13] *vt* to blame.
◆ **culpabilizarse** *vpr*: ~**se (de)** to accept the blame (for).

culpable ◇ *adj*: ~ **(de)** [responsable] guilty (of); **tú eres** ~ **de lo que me pasó** you're responsible for what happened to me; [acusado] accused (of); **declarar** ~ **a alguien** to find sb guilty; **declararse** ~ to plead guilty. ◇ *mf* DER guilty party; **tú eres el** ~ you're to blame.

culpado, da ◇ *adj* - **1.** [responsable] guilty. - **2.** [acusado] accused. ◇ *m, f* - **1.** [acusado] accused. - **2.** [preso] culprit.

culpar *vt* - **1.** [atribuir la culpa]: ~ **a alguien (de)** to blame sb (for); [acusar] to accuse sb (of). - **2.** [censurar] to censure, to criticize.
◆ **culparse** *vpr*: ~**se (de)** to blame o.s. (for), to take the blame (for).

culteranismo *m* Gongorism.

culterano, na ◇ *adj* Gongoristic. ◇ *m, f* Gongorist.

cultismo *m* - **1.** [palabra] literary o learned word. - **2.** LITER Gongorism.

cultivable *adj* cultivable, arable.

cultivación *f* cultivation.

cultivado, da *adj* cultivated.

cultivador, ra ◇ *adj* cultivating. ◇ *m, f* grower.

cultivar *vt* - **1.** [tierra] to farm, to cultivate; [planta] to grow. - **2.** [amistad, inteligencia] to cultivate. - **3.** [arte] to practise. - **4.** [germen] to culture.
♦ **cultivarse** *vpr* [persona] to improve o.s.

cultivo *m* - **1.** [de tierra] farming; [de plantas] growing; ~ **de regadío** irrigation farming. - **2.** [plantación] crop. - **3.** [de gérmenes] culture.

culto, ta *adj* - **1.** [persona] cultured, educated; [estilo] refined; [palabra] literary, learned. - **2.** [afectado] affected. - **3.** [tierra, planta] cultivated.
♦ **culto** *m* - **1.** [devoción] worship; **rendir** ~ **a** [dios etc] to worship; [persona, valentía etc] to pay homage o tribute to ❏ ~ **de dulía** *worship of angels and saints*; ~ **externo** external ritual; ~ **interno** personal faith; ~ **de la personalidad** personality cult; ~ **supersticioso** superstitious ritual. - **2.** [religión] cult.

cultura *f* - **1.** [de sociedad] culture. - **2.** [sabiduría] learning, knowledge; ~ **general** general knowledge.

cultural *adj* cultural.

culturismo *m* body building.

culturista *mf* body-builder.

culturizar [13] *vt* to educate.

cumbia *f* Amér Colombian dance.

cumbre ◇ *adj* greatest. ◇ *f* - **1.** [de montaña] summit. - **2.** *fig* [punto culminante] peak, pinnacle. - **3.** POLÍT summit (conference).

cumbrera *f* - **1.** [cumbre] summit. - **2.** ARQUIT lintel. - **3.** [en carpintería] large beam. - **4.** [hilera] ridgepole.

cumpleaños *m inv* birthday; **¡feliz** ~! happy birthday!; **hoy es mi** ~ - **¡felicidades!** today is my birthday - congratulations.

cumplidero, ra *adj* - **1.** [plazo] expiring. - **2.** [conveniente] convenient, suitable.

cumplido, da *adj* - **1.** [acabado - orden] carried out; [- promesa, deber, profecía] fulfilled; [- plazo] expired. - **2.** [completo, lleno] full, complete. - **3.** [cortés] courteous.
♦ **cumplido** *m* - **1.** [piropo] compliment. - **2.** [cortesía] courtesy, polite gesture.

cumplidor, ra ◇ *adj* - **1.** [de confianza] reliable, dependable. - **2.** [cortés] courteous, polite. ◇ *m, f* - **1.** [persona de confianza] reliable o dependable person. - **2.** [persona cortés] courteous person.

cumplimentar *vt* - **1.** [saludar] to greet. - **2.** [felicitar] to congratulate. - **3.** [cumplir - orden] to carry out; [- contrato] to fulfil.

cumplimiento *m* - **1.** [de un deber] performance; [de contrato, promesa] fulfilment; [de la ley] observance; [de órde-nes] carrying out; [de condena] completion; [de plazo] expiry. - **2.** [piropo] compliment. - **3.** [cortesía] courtesy, polite gesture.

cumplir ◇ *vt* - **1.** [orden] to carry out; [promesa] to keep; [ley] to observe; [contrato] to fulfil. - **2.** [años] to reach; **mañana cumplo los 20** I'm 20 o it's my 20th birthday tomorrow. - **3.** [condena] to serve; [servicio militar] to do. ◇ *vi* - **1.** [plazo, garantía] to expire. - **2.** [realizar el deber] to do one's duty; ~ **con alguien** to do one's duty by sb; **para** o **por** ~ out of politeness; ~ **con el deber** to do one's duty; ~ **con la palabra** to keep one's word. - **3.** [servicio militar] to complete one's military service. - **4.** *culto* [convenir] to behove; **le cumple llegar a tiempo** it behoves him to arrive on time. - **5.** [por cortesía]: ~ **uno por otro** to pay respects on sb else's behalf; **cumpla usted por mí** pay my respects.
♦ **cumplirse** *vpr* [verificarse] to be fulfilled.

cumular *vt* = **acumular**.

cumulativo, va *adj* DER cumulative.

cúmulo *m* - **1.** [de objetos] pile, heap. - **2.** [nube] cumulus. - **3.** *fig* [de asuntos, acontecimientos] accumulation, series.

cuna *f* - **1.** [para dormir] cot, cradle. - **2.** *fig* [de movimiento, civilización] cradle; [de persona] birthplace. - **3.** [asilo] foundling hospital. - **4.** [puente] rope bridge. - **5.** ZOOL space between an animal's horns.

cundido *m* sandwich spread.

cundir *vi* - **1.** [propagarse] to spread. - **2.** [dar de sí comida, reservas, tiempo] to go a long way; [- trabajo, estudio] to go well. - **3.** [progresar] to progress, to make headway.

cunear *vt* to rock.
♦ **cunearse** *vpr* to rock, to sway.

cuneiforme *adj* - **1.** [gen] cuneiform. - **2.** BOT cuneate, wedge-shaped.

cuneta *f* [de una carretera] ditch; [de una calle] gutter.

cunilinguo *m* cunnilingus.

cuña *f* - **1.** [pieza] wedge. - **2.** [de publicidad] commercial break. - **3.** [orinal] bedpan. - **4.** *fig* [apoyo] help, support. - **5.** [adoquín] wedge-shaped paving stone. - **6.** IMPRENTA quoin. - **7.** Amér fam [pez gordo] big shot. - **8.** Amér [coche] two-seater car. - **9.** Amér [enchufe]: **tener** ~ to have friends in high places. - **10.** *loc*: **meter** ~ to sow discord; **no hay peor** ~ **que la del mismo palo** *proverb* a person's worst enemies are often to be found at his own home.

cuñado, da *m, f* brother-in-law (*f* sister-in-law).

cuñete *m* small barrel, keg.

cuño *m* - **1.** [troquel] die. - **2.** [sello, impresión] stamp. - **3.** *fig* [huella] stamp, mark; **el trabajo muestra el** ~ **del artesano** the work shows the mark of the artisan. - **4.** *loc*: **ser de nuevo** ~ to be a new coinage.

cuociente *m* = **cociente**.

cuota *f* - **1.** [contribución - a entidad, club] membership fee, subscription; [- a Hacienda] tax (payment); ~ **de admisión** o **de entrada** admission fee; ~ **del gremio** union dues (*pl*). - **2.** [precio, gasto] fee, cost. - **3.** [cupo] quota.
♦ **cuota de mercado** *f* ECON market share.

USO ► Cumplidos

Hacer un cumplido

► *sobre el aspecto, la ropa etc:*

That dress really suits you.
What a beautiful ring!
That's a nice tie you've got there.
You look lovely o great!
I like your new glasses — they make you look really intelligent.
I love your shirt, where did you get it?
Blue is definitely your colour.
Great haircut! [*familiar*]

► *en una visita:*

What a lovely baby!
This is a gorgeous house/beautiful garden.
That was really delicious.

Responder a un cumplido

Thank you.
It's very kind of you to say so.
I'm glad you like it.
Do you think so?
Don't, you'll make me blush! [*humorístico*]

cupaje *m* blending of wines.

cupé *m* coupé.

cupido *m* *fig* ladies' man.

◆ **Cupido** *m* Cupid.

cupiera *etc v* → **caber**.

cuplé *m* popular song.

cupletista *mf* singer of popular songs.

cupo[1] *v* → **caber**.

cupo[2] *m* - **1**. [cantidad máxima] quota. - **2**. [cantidad proporcional] share; [de una cosa racionada] ration. - **3**. *Amér* [cabida] capacity, room. - **4**. *Amér fam* [cárcel] jail.

cupón *m* [gen] coupon; [de lotería, rifa] ticket; ~ **de respuesta** reply coupon.

cúprico, ca *adj* copper *(antes de sust)*.

cuprita *f* MIN cuprite.

cúpula *f* - **1**. ARQUIT dome, cupola. - **2**. *fig* [mandos] leaders *(pl)*. - **3**. BOT cupule. - **4**. NÁUT turret.

cuquillo *m* cuckoo.

cura ◇ *m* - **1**. [sacerdote] priest; ~ **ecónomo** substitute parish priest; ~ **de misa y olla** *fam* ignorant priest; **este** ~ *fam* yours truly. - **2**. *fam* [saliva] spit. ◇ *f* - **1**. [curación] recovery; **tener** ~ to be curable. - **2**. [tratamiento] treatment, cure; **necesitar una** ~ **de sueño** to need a good sleep; **ponerse en** ~ to begin treatment ❑ ~ **de emergencia, primera** ~ first aid; ~ **de reposo** rest cure; ~**s médicas** medical care *(U)*. - **3**. *Amér* [borrachera] drunkennes. - **4**. *loc*: **alargar la** ~ to prolong business for one's own profit; **encarecer la** ~ to exaggerate one's efforts; **no tener** ~ [ser incurable] to be incurable; *fam* [ser incorregible] to be incorrigible.

◆ **cura de almas** *f* pastoral care.

curable *adj* curable.

curaca *m Amér* Indian chief, headman.

curación *f* - **1**. [de un enfermo - recuperación] recovery; [- tratamiento] treatment. - **2**. [de una herida] healing. - **3**. [de jamón] curing.

curado, da *adj* - **1**. [alimento] cured; [pieles] tanned. - **2**. *Amér fam* [borracho] sloshed.

◆ **curado** *m* [de alimentos] curing; [de pieles] tanning.

curador, ra ◇ *adj* curing, healing. ◇ *m, f* - **1**. [de alimentos] curer. - **2**. DER guardian; ~ **ad bona** o **ad hoc** guardian of an invalid; ~ **ad litem** guardian of a minor.

curaduría *f* guardianship.

curandería *f*, **curanderismo** *m* quackery.

curandero, ra *m, f* quack.

curar ◇ *vt* - **1**. [gen] to cure; ~ **al humo** [alimento] to smoke. - **2**. [vendar] to dress. - **3**. [pieles] to tan. - **4**. [alma] to soothe, to heal. - **5**. [madera] to season. - **6**. [tela] to bleach. ◇ *vi* - **1**. [enfermo] to get well, to recover; [herida] to heal up. - **2**. [hacer caso]: ~ **(de)** to take notice (of).

◆ **curarse** *vpr* - **1**. [sanar]: ~**se (de)** to recover (from) ❑ ~**se en salud** to play safe. - **2**. [alimento] to cure. - **3**. *Amér fam* [emborracharse] to get sloshed.

curare *m* [veneno] curare.

curasao, curazao [kura'sao] *m* curaçao.

curatela *f* guardianship.

curativo, va *adj* curative.

curazao *m* = **curasao**.

curco, ca, curcuncho, cha *adj Amér* hunchback.

cúrcuma *f* turmeric.

curcuncho, cha *adj Amér* = **curco**.

curda *fam* ◇ *f*: **coger** o **agarrar una** ~ to get plastered. ◇ *adj Amér* plastered. ◇ *mf Amér* boozer, wino.

curdo, da *adj & m, f* = **kurdo**.

curia *f* - **1**. HIST & RELIG curia. - **2**. DER court.

curial HIST ◇ *adj* curial. ◇ *m* officer of the Curia Romana.

curio *m* curium.

curiosear ◇ *vi* [fisgonear] to nose around; [por una tienda] to browse round. ◇ *vt* [libros, revistas] to browse through.

curiosidad *f* - **1**. [gen] curiosity; **sentir** o **tener** ~ **por** to be curious about. - **2**. [limpieza] neatness, tidiness. - **3**. [cuidado] care, carefulness.

◆ **curiosidades** *fpl* sights, attractions.

curioso, sa ◇ *adj* - **1**. [por saber, averiguar] curious, inquisitive. - **2**. [raro] odd, strange; **es un libro muy** ~ it's a very odd book. - **3**. [limpio] neat, tidy; [cuidadoso] careful; **como siempre está limpiando, tiene la casa muy curiosa** she's always cleaning, so her house is very tidy. ◇ *m, f* - **1**. [espectador] onlooker. - **2**. [entrometido] busybody. - **3**. *Amér* [curandero] witch doctor.

curita *f Amér* sticking plaster.

currante *fam* ◇ *adj* hardworking. ◇ *mf* worker.

currar, currelar *vi fam* to work.

curre *m* = **curro**.

currelar *vi* = **currar**.

currículum (vitae) [ku'rrikulum 'bite] *(pl* **currícula (vitae)** o **currículums)**, **currículo** *m* curriculum vitae.

curro, curre *m fam* work.

curruscar [10] *vi* to crunch.

currutaco, ca *adj Amér* [rechoncho] chubby, plump.

◆ **currutaco** *m* dandy.

◆ **currutacos** *mpl Amér* diarrhoea *(U)*.

curry *m* curry.

cursado, da *adj* skilled, versed.

cursante ◇ *adj* studying. ◇ *m* student.

cursar *vt* - **1**. [estudiar] to study. - **2**. [enviar] to send. - **3**. [órdenes etc] to give, to issue. - **4**. [tramitar] to submit.

cursi ◇ *adj fam* [vestido, canción etc] tacky, naff *Br*; [modales, persona] affected. ◇ *mf fam* affected o pretentious person.

cursilada *f* [acto, comportamiento] pretentious o affected act; [comentario] tacky remark; [decoración, objeto] tacky thing.

cursilería *f* - **1**. [objeto] tacky thing; [comentario] tacky remark; [acto, comportamiento] pretentious o affected act. - **2**. [cualidad] tackiness, naffness *Br*.

cursillo *m* - **1**. [curso] short course. - **2**. [conferencias] series of lectures.

cursivo, va *adj* cursive.

◆ **cursiva** → **letra**.

curso *m* - **1**. [año académico] year; **este año el** ~ **terminará antes** this year we're finishing earlier than usual. - **2**. [lecciones] course; ~ **acelerado** o **intensivo** crash course; ~ **por correspondencia** correspondence course. - **3**. [texto, manual] textbook. - **4**. [dirección - de río, acontecimientos] course; [- de la economía] trend; **seguir su** ~ to go on, to continue; **el resfriado debe seguir su** ~ you should allow the cold to run its course ❑ **en el** ~ **de** during (the course of); **en** ~ [mes, año] current; [trabajo] in progress; **dar** ~ **a algo** [dar rienda suelta] to give free rein to sthg; [tramitar] to process o deal with sthg; **han dado** ~ **a tu solicitud** they've processed your application. - **5**. [circulación]: **moneda de** ~ **legal** legal tender. - **6**. ASTRON course, route.

cursor *m* INFORM cursor.

CURT *(abrev de* **centro urbano de rehabilitación de toxicómanos)** *m* urban drug users' rehabilitation centre.

curtido, da *adj* - **1**. [piel, cuero] tanned. - **2**. *fig* [experimentado] seasoned.

◆ **curtido** *m* tanning.

◆ **curtidos** *mpl* tanned leather *(U)*.

curtidor *m* tanner.

curtiduría *f* tannery.

curtiembre *f* - **1**. [proceso] tanning. - **2**. *Amér* [establecimiento] tannery.

curtiente ◇ *adj* tanning. ◇ *m* tanning agent.

curtir *vt* - **1**. [cuero] to tan. - **2**. *fig* [persona] to harden.

◆ **curtirse** *vpr* - **1**. [cuero] to tan. - **2**. *fig* [persona] to become hardened. - **3**. *Amér* [ensuciarse] to get dirty.

curva $f \rightarrow$ **curvo**.

curvado, da *adj* - **1.** [gen] curved; [doblado] bent. - **2.** *Amér* [de piernas] bow-legged. - **3.** *Amér* [zurdo] left-handed.

curvar *vt* [doblar] to bend; [espalda, cejas] to arch.

◆ **curvarse** *vpr* to become bent.

curvatura *f* curvature.

curvilíneo, a *adj* [gen] curved; [forma del cuerpo] curvaceous.

curvo, va *adj* - **1.** [gen] curved; [doblado] bent. - **2.** *Amér* [de piernas] bow-legged. - **3.** *Amér* [zurdo] left-handed.

◆ **curva** *f* [gen] curve; [en carretera] bend; **curva cerrada** sharp bend; **curva de enlace** FERROC connecting curve; **curva de la felicidad** *fig* [barriga] paunch; **curva en herradura** hairpin bend; **curva inversa** FERROC reverse curve; **curva de nivel** contour line; **curva sinusoidal** MAT sine wave; **curva sin visibilidad** blind corner.

cuscurro *m* - **1.** [trozo de pan frito] crouton. - **2.** [punta de pan] end *(of baguette)*.

cuscús *m inv* couscous.

cusma *f Amér* sleeveless wool shirt worn by Indians.

cúspide *f* - **1.** [de montaña] summit, top. - **2.** *fig* [apogeo] peak, height. - **3.** GEOM apex.

custodia ◇ *adj f* → **custodio**. ◇ *f* - **1.** [de cosas] safekeeping. - **2.** [de personas] custody; **estar bajo la ~ de** to be in the custody of □ **~ preventiva** protective custody. - **3.** RELIG monstrance.

custodiar [8] *vt* - **1.** [vigilar] to guard. - **2.** [proteger] to look after.

custodio, dia *adj* guardian *(antes de sust)*.

◆ **custodio** *m* guard.

cutáneo, a *adj* skin *(antes de sust)*.

cúter (*pl* **cúteres**) *m* NÁUT cutter.

cutícula *f* cuticle.

cutirreacción *f* MED skin test.

cutis *m inv* skin, complexion.

cutre *adj fam* - **1.** [de bajo precio, calidad] cheap and nasty. - **2.** [sórdido] shabby. - **3.** [tacaño] tight, stingy.

cutter ['kuter] (*pl* **cutters**) *m* (artist's) scalpel *(with retractable blade)*.

cuy (*pl* **cuyes**) *m Amér* - **1.** [conejillo de indias] guinea pig. - **2.** [cohete] firecracker.

cuyo, ya *adj* [posesión - por parte de personas] whose; [- por parte de cosas] of which, whose; **ésos son los amigos en cuya casa nos hospedamos** those are the friends in whose house we spent the night; **ese señor, ~ hijo conociste ayer** that man, whose son you met yesterday; **un equipo cuya principal estrella...** a team, the star player of which o whose star player...; **en ~ caso** in which case.

CV *(abrev de* **curriculum vitae***)* *m* CV.

Cyrano *m* Cyrano.

D

d, D *f* [letra] d, D.

D. *abrev escrita de* **don**.

dable *adj desus* possible, feasible.

dabuten *adv mfam* fabulously.

Dacca *s* Dacca.

dactilar *adj* → **huella**.

dactilografía *f* typing.

dactilógrafo, fa *m, f* typist.

dactilología *f* sign language.

dactiloscopia *f* dactylography.

dadá, dadaísmo *m inv* Dada, Dadaism.

dádiva *f* [regalo] gift; [donativo] donation.

dadivosidad *f desus* generosity.

dadivoso, sa *adj* generous.

dado, da *adj* given; **en un momento ~** at a certain point; **ser ~ a** to be fond of.

◆ **dado** *m* [en el juego] dice, die; **cargar los ~s** *fig* to load the dice; **correr el ~** *fig* to be in luck; **dar o echar el ~** *fam fig* to trick.

◆ **dado que** *loc conj* since, seeing as.

dador, ra ◇ *m, f* - **1.** [de letra de cambio] drawer. - **2.** [de carta] bearer. ◇ *adj* giving.

daga *f* dagger.

daguerrotipo *m* daguerreotype.

daifa *f* mistress.

Dakar *s* Dakar.

dal (*abrev escrita de* **decalitro**) dal.

dale *interj fam*: ¡~! ¡otra vez con lo mismo! there you go

again!; ¡~ que te pego! give it a rest!, you do go on!

dalia *f* dahlia.

dallar *vt* to scythe.

Dallas ['dalas] *s* Dallas.

dalle *m* scythe.

Dalmacia *s* Dalmatia.

dálmata *adj & mf* [persona, perro] Dalmatian.

dalmático, ca *adj & m, f* Dalmatian.

◆ **dalmática** *f* dalmatic.

daltónico, ca ◇ *adj* colour-blind. ◇ *m, f* person with colour blindness.

daltonismo *m* colour blindness.

dam (*abrev escrita de* **decámetro**) dam.

dama *f* - **1.** [mujer] lady; **~ de honor** [de novia] bridesmaid; [de reina] lady-in-waiting; **primera ~** TEATRO leading lady; POLÍT first lady *Am*. - **2.** [en damas] king; [en ajedrez, naipes] queen.

◆ **damas** *fpl* [juego] draughts *(U)*.

◆ **dama de noche** *f* BOT morning glory.

damajuana *f* demijohn.

damasco *m* - **1.** [tela] damask. - **2.** *Amér* [albaricoque] apricot.

Damasco *s* Damascus.

damasquillo *m* - **1.** [tejido] damassin. - **2.** [albaricoque] apricot.

damasquinado *m* damascene.

damasquinar *vt* to damascene.

damero *m* draughts board.

damisela f desus damsel.

damnación f desus condemnation.

damnificado, da ◇ adj [cosa] affected, damaged; [persona] injured, harmed. ◇ m, f [persona] victim.

damnificar [10] vt [cosa] to damage; [persona] to harm, to injure.

Damocles m: **la espada de** ~ the Sword of Damocles.

dance etc v → **danzar**.

dandi, dandy m dandy.

dandismo m dandyism, foppishness.

danés, esa (pl **daneses**) ◇ adj Danish. ◇ m, f [persona] Dane.
◆ **danés** m [lengua] Danish.
◆ **gran danés** mf [perro] Great Dane.

danta f ZOOL - **1.** [anta] elk. - **2.** Amér [tapir] tapir.

dantesco, ca adj lit & fig Dantesque.

Danubio m: **el** ~ the (River) Danube.

danza f - **1.** [gen] dancing (U); [baile] dance; ~ **de cintas/de espadas/de figuras** maypole/sword/square dance; ~ **macabra** o **de la muerte** danse macabre; ~ **del vientre** belly-dance; **estar siempre en** ~ to be always on the go o doing sthg; **estar metido en** ~ to be up to no good. - **2.** fam [riña] quarrel, argument.

danzador, ra ◇ adj dancing. ◇ m, f dancer.

danzante ◇ adj dancing. ◇ mf - **1.** [bailarín] dancer. - **2.** fam fig [entrometido] busybody.

danzar [13] ◇ vi - **1.** [bailar] to dance. - **2.** fig [ir de un sitio a otro] to run about. ◇ vt to dance.

danzarín, ina m, f dancer.

danzón m Amér Cuban music and dance derived from the 'habanera'.

dañable adj harmful.

dañado, da adj - **1.** [lastimado] damaged. - **2.** [echado a perder] spoiled.

dañador, ra ◇ adj damaging, harmful. ◇ m, f damager.

dañar vt - **1.** [vista, cosecha] to harm. - **2.** [perjudicar] to damage. - **3.** [persona] to hurt. - **4.** [pieza, objeto] to damage.
◆ **dañarse** vpr - **1.** [persona] to hurt o.s.; [cosa] to become damaged. - **2.** [echarse a perder] to spoil, to go bad.

dañino, na adj harmful.

daño m - **1.** [dolor] pain, hurt; **hacer** ~ **a alguien** to hurt sb; **tus palabras le han hecho** ~ your words hurt her; **te ha hecho** ~ **sin querer** he didn't mean to hurt you; **hacerse** ~ to hurt o.s.; **mi hermano se ha hecho** ~ **con un cuchillo** my brother cut himself with a knife. - **2.** [perjuicio - a algo] damage; [- a persona] harm; ~**s punitivos** DER punitive damages; ~**s y perjuicios** damages; **la compañía pagará** ~**s y perjuicios en caso de accidente** the company will pay damages in the event of an accident; **sin** ~ **de barras** without danger to anyone.

dañoso, sa adj damaging, harmful.

dar [56] ◇ vt - **1.** [gen] to give; [baile, fiesta] to hold, to give; [naipes] to deal; ~ **algo a alguien** to give sthg to sb, to give sb sthg. - **2.** [producir - gen] to give, to produce; [- frutos, flores] to bear; [- beneficios, intereses] to yield. - **3.** [suj: reloj] to strike; **el reloj ha dado las doce** the clock struck twelve. - **4.** [suministrar luz etc - por primera vez] to connect; [- tras un corte] to turn back on; [- encender] to turn o switch on. - **5.** CINE, TEATRO & TV to show; [concierto, interpretación] to give. - **6.** [señales, indicios etc] to show; ~ **pruebas de sensatez** to show good sense. - **7.** [untar con] to apply; ~ **barniz a una silla** to varnish a chair. - **8.** [gusto, escalofríos etc] to give; **me da vergüenza/pena** it makes me ashamed/sad; **me da la risa** it makes me laugh; **me da miedo** it frightens me; **si sigues trabajando así te va a** ~ **algo** fam you can't go on working like that. - **9.** fam [fastidiar] to ruin; **es tan pesado que me dio la tarde** he's so boring that he ruined the afternoon for me. - **10.** [expresa acción]: ~ **un grito** to give a cry; ~ **un vistazo a** to have a look at; ~**le un golpe/una puñalada a alguien** to hit/

stab sb; **voy a** ~ **un paseo** I'm about (to go) for a walk. - **11.** [considerar]: ~ **algo por** to consider sthg as; **eso lo doy por hecho** I take that for granted; ~ **a alguien por muerto** to give sb up for dead. - **12.** loc: **donde las dan las toman** you get what you deserve; **no** ~ **una** to get everything wrong; **si no se calla me va a** ~ **algo** fam if he doesn't shut up soon, I'll go mad. ◇ vi - **1.** [en naipes] to deal. - **2.** [horas] to strike; **han dado las tres en el reloj** three o'clock has struck. - **3.** [golpear]: **le dieron en la cabeza** they hit him on the head; **la piedra dio contra el cristal** the stone hit the window. - **4.** [accionar]: ~ **a** [llave de paso] to turn; [botón, timbre] to press. - **5.** [estar orientado]: ~ **a** [suj: ventana, balcón] to look out onto; to overlook; [suj: pasillo, puerta] to lead to; [suj: casa, fachada] to face. - **6.** [encontrar]: ~ **con algo/alguien** to find sthg/sb; **he dado con la solución** I've hit upon the solution. - **7.** [proporcionar]: ~ **de beber a alguien** to give sb sthg to drink; **le da de mamar a su hijo** she breast-feeds her son. - **8.** [ser suficiente]: ~ **para** to be enough for. - **9.** [motivar]: ~ **que hablar** to set people talking; **aquello me dio que pensar** that made me think. - **10.** [expresa repetición]: **le dieron de palos** they beat him repeatedly with a stick. - **11.** [coger costumbre]: ~**le a uno por hacer algo** to get it into one's head to do sthg; **le ha dado por la gimnasia** she's taken it into her head to start gymnastics. - **12.** loc: ~ **de sí** [ropa, calzado] to give, to stretch; **no** ~ **más de sí** o **para más** [persona, animal] not to be up to much any more; **te digo que pares y tú ¡dale (que dale)!** I've told you to stop, but you just carry on and on!
◆ **darse** vpr - **1.** [suceder] to occur, to happen; **se da pocas veces** it rarely happens. - **2.** [entregarse]: ~**se a** [droga etc] to take to. - **3.** [golpearse]: ~**se contra** to bump into. - **4.** [tener aptitud]: **se me da bien/mal el latín** I'm good/bad at Latin. - **5.** [considerarse]: ~**se por** to consider o.s. (to be); ~**se por vencido** to give in. - **6.** loc: **dársela a alguien** [engañar] to take sb in; **se las da de listo** he makes out (that) he is clever.

dardo m - **1.** [flecha] dart. - **2.** fig [sátira] jibe, cutting remark.

Darío m Darius.

dársena f dock.

darvinismo m Darwinism.

data f - **1.** [fecha] date. - **2.** COM items (pl).

datar vt - **1.** [fecha] to date. - **2.** COM to enter.
◆ **datar de** vi to date back to, to date from.

dátil m BOT & CULIN date.
◆ **dátiles** mpl fam [dedos] fingers.
◆ **dátil (de mar)** m date mussel.

dativo, va adj dative.
◆ **dativo** m dative.

dato m - **1.** [gen] piece of information, fact; ~**s** [gen] information (U); INFORM data □ ~**s personales** personal details. - **2.** MAT datum.

DC (abrev de **Democracia Cristiana**) f Christian Democrats.

dcha. (abrev escrita de **derecha**) rt.

d. de JC., d.JC. (abrev escrita de **después de Jesucristo**) AD.

DDT (abrev de **diclorodigenil tricloroetano**) m DDT.

de prep (de + el = del) - **1.** [posesión, pertenencia] of; **el coche** ~ **mi padre/mis padres** my father's/parents' car; **es** ~ **ella** it's hers; **la pata** ~ **la mesa** the table leg. - **2.** [materia] (made) of; **un vaso** ~ **plástico** a plastic cup; **un reloj** ~ **oro** a gold watch. - **3.** [en descripciones]: **un vaso** ~ **agua** a glass of water; ~ **fácil manejo** user-friendly; **la señora** ~ **verde** the lady in green; **el chico** ~ **la coleta** the boy with the ponytail; **he comprado las peras** ~ **100 ptas el kilo** I bought the pears that were o at 100 pesetas a kilo; **un sello** ~ **50 ptas** a 50 peseta stamp. - **4.** [asunto] about; **hablábamos** ~ **ti** we were talking about you; **libros** ~ **historia** history books. - **5.** [uso]: **una bici** ~ **carreras** a racer; **ropa** ~ **deporte** sportswear. - **6.** [en calidad de] as; **trabaja** ~ **bombero** he works as a fireman. - **7.** [tiempo - desde] from; [- durante] in; **trabaja** ~ **nueve a**

cinco she works from nine to five; ~ **madrugada** early in the morning; **a las cuatro** ~ **la tarde** at four in the afternoon; **trabaja** ~ **noche y duerme** ~ **día** he works at night and sleeps during the day. - **8.** [procedencia, distancia] from; **salir** ~ **casa** to leave home; **soy** ~ **Bilbao** I'm from Bilbao; ~ **la playa al apartamento hay 100 metros** it's 100 metres from the beach to the apartment. - **9.** [causa, modo] with; **morirse** ~ **hambre** to die of hunger; **llorar** ~ **alegría** to cry with joy; ~ **una patada** with a kick; ~ **una sola vez** in one go. - **10.** [con superlativos]: **el mejor** ~ **todos** the best of all; **el más importante del mundo** the most important in the world. - **11.** [en comparaciones]: **más/menos** ~... more/less than... - **12.** *(antes de infin)* [condición] if; ~ **querer ayudarme, lo haría** if she wanted to help me, she'd do it; ~ **no ser por ti, me hubiese hundido** if it hadn't been for you, I wouldn't have made it. - **13.** *(después de adj y antes de sust)* [enfatiza cualidad]: **el idiota** ~ **tu hermano** your stupid brother. - **14.** *(después de adj y antes de infin)*: **es difícil** ~ **creer** it's hard to believe.

dé *v* → **dar**.

deambular *vi* to wander (about).

deambulatorio *m* ambulatory.

deán *m* dean.

debacle *f* debacle.

debajo *adv* underneath; **por** ~ **de lo normal** below normal ▫ ~ **de** underneath, under.

debate *m* debate.

debatir *vt* to debate.

◆ **debatirse** *vpr* [luchar] to struggle.

debe *m* debit (side); ~ **y haber** debit and credit.

debelador, ra *culto* ◇ *adj* conquering, victorious. ◇ *m, f* conqueror, victor.

debelar *vt culto* to conquer, to defeat.

deber ◇ *vt* [adeudar] to owe; ~ **algo a alguien** to owe sb sthg, to owe sthg to sb. ◇ *vi* - **1.** *(antes de infin)* [expresa obligación]: **debo hacerlo** I have to do it, I must do it; **deberían abolir esa ley** they ought to o should abolish that law; **debes dominar tus impulsos** you must o should control your impulses. - **2.** [expresa posibilidad]: **el tren debe de llegar alrededor de las diez** the train should arrive at about ten; **deben de ser las diez** it must be ten o'clock; **no debe de ser muy mayor** she can't be very old. ◇ *m* duty.

◆ **deberse a** *vpr* - **1.** [ser consecuencia de] to be due to. - **2.** [dedicarse a] to have a responsibility towards.

◆ **deberes** *mpl* [trabajo escolar] homework *(U)*; **hacer los** ~**es** to do one's homework.

debidamente *adv* properly.

debido, da *adj* - **1.** [adeudado] owing. - **2.** [justo, conveniente] due, proper; **como es** ~ properly.

◆ **debido a** *loc conj (a principio de frase)* owing to; *(en mitad de frase)* due to.

débil ◇ *adj* - **1.** [persona - sin fuerzas] weak; [- condescendiente] lax, lenient; **desde la operación está muy** ~ she's been very weak since the operation. - **2.** [voz, sonido] faint; [luz] dim. - **3.** GRAM weak. ◇ *mf* weak person.

debilidad *f* - **1.** [gen] weakness; **tener** ~ **por** to have a soft spot for. - **2.** [condescendencia] laxness.

debilitación *f* weakening.

debilitador, ra *adj* debilitating.

debilitante *adj* debilitating.

debilitar *vt* to weaken.

◆ **debilitarse** *vpr* to become o grow weak.

débilmente *adv* - **1.** [con poca fuerza] gently, softly. - **2.** [apenas] faintly.

débito *m* [debe] debit; [deuda] debt.

debut *(pl* **debuts)** *m* [de persona] debut; [de obra] premiere.

debutante ◇ *adj* debutant. ◇ *mf* person making his/her debut.

debutar *vi* to make one's debut.

década *f* decade.

decadencia *f* [gen] decadence; **en** ~ [moda] on the way out; [cultura, sociedad] in decline.

decadente *adj & mf* decadent.

decaer [55] *vi* [gen] to decline; [enfermo] to get weaker; [salud] to fail; [entusiasmo] to flag; [restaurante etc] to go downhill; **¡que no decaiga!** *fig* don't lose heart!

decágono *m* decagon.

decagramo *m* decagram.

decaído, da *adj* [desalentado] gloomy, downhearted; [débil] frail.

decaiga *etc v* → **decaer**.

decaimiento *m* [desaliento] gloominess; [decadencia] decline; [falta de fuerzas] weakness.

decalitro *m* decalitre.

decálogo *m* - **1.** RELIG Decalogue. - **2.** *fig* [normas] golden o basic rules *(pl)*.

decámetro *m* decametre.

decanato *m* - **1.** [cargo] deanship. - **2.** [despacho] dean's office.

decano, na *m, f* - **1.** [de corporación, facultad] dean. - **2.** [veterano] doyen *(f* doyenne), senior member.

decantación *f* decanting.

decantar *vt* to decant.

◆ **decantarse** *vpr* - **1.** [inclinarse]: ~**se (a)** to lean (towards). - **2.** [optar]: ~**se por** to opt for.

decapitación *f* decapitation, beheading.

decapitar *vt* to decapitate, to behead.

decasílabo, ba *adj* decasyllabic.

◆ **decasílabo** *m* decasyllable.

decatlón, decathlón *m* decathlon.

decayera *etc v* → **decaer**.

deceleración *f* deceleration.

decena *f* ten; **una** ~ **de veces** about ten times.

decencia *f* - **1.** [gen] decency; [en el vestir] modesty. - **2.** [dignidad] dignity.

decenio *m* decade.

decentar [19] *vt* - **1.** [pan, queso] to start (on), to begin. - **2.** [deteriorar] to begin to spoil.

◆ **decentarse** *vpr* to get bedsores.

decente *adj* - **1.** [gen] decent. - **2.** [en el comportamiento] proper; [en el vestir] modest. - **3.** [limpio] clean.

decentemente *adv* - **1.** [decorosamente] decently. - **2.** [pulcramente] neatly.

decepción *f* - **1.** [desengaño] disappointment. - **2.** [engaño] deception, trickery.

decepcionante *adj* disappointing.

decepcionar *vt* to disappoint.

deceso *m* decease, death.

dechado *m* - **1.** [modelo] model; **ser un** ~ **de virtudes** to be a paragon of virtue. - **2.** [en costura] sampler.

decibelio *m* decibel.

decible *adj* [que se puede decir] sayable; [que se puede explicar] expressible, communicable.

decididamente *adv* - **1.** [con decisión] with determination, determinedly. - **2.** [ciertamente] definitely.

decidido, da *adj* determined.

decidir ◇ *vt* - **1.** [gen] to decide; ~ **hacer algo** to decide to do sthg; **he decidido cambiar de piso** I've decided to move flat. - **2.** [determinar] to determine. - **3.** [persuadir] to persuade, to convince; **lo decidí a quedarse** I convinced him to stay. ◇ *vi* to decide, to choose.

◆ **decidirse** *vpr* to decide, to make up one's mind; ~**se a hacer algo** to decide to do sthg; **al final, me decidí a estudiar inglés** in the end, I decided to study English; ~**se por** to decide on, to choose; **no sabía por qué color** ~**me** I couldn't decide which colour to go for.

decienta *etc v* → **decentar**.

decigramo *m* decigram.

decilitro *m* decilitre.

décima *f →* **décimo**.

decimal ◇ *adj* - **1.** [sistema] decimal. - **2.** [parte] tenth. ◇ *m* decimal.

decímetro *m* decimetre.

décimo, **ma** *núm* tenth; *ver también* **sexto**.

◆ **décimo** *m* - **1.** [en lotería] *tenth part of a lottery ticket*. - **2.** *Amér* [moneda] ten cent coin.

◆ **décima** *f* - **1.** [en medidas] tenth; **tiene 3 décimas de fiebre** she has a slight fever ❑ **una décima de segundo** a tenth of a second. - **2.** LITER ten-line stanza.

decimoctavo, **va** *núm* eighteenth; *ver también* **sexto**.

decimocuarto, **ta** *núm* fourteenth; *ver también* **sexto**.

decimonónico, **ca** *adj* - **1.** [del siglo XIX] nineteenth-century. - **2.** [anticuado] old-fashioned.

decimonono, **na** *núm culto* nineteenth.

decimonoveno, **na** *núm* nineteenth; *ver también* **sexto**.

decimoquinto, **ta** *núm* fifteenth; *ver también* **sexto**.

decimoséptimo, **ma** *núm* seventeenth; *ver también* **sexto**.

decimosexto, **ta** *núm* sixteenth; *ver también* **sexto**.

decimotercero, **ra** *núm* thirteenth; *ver también* **sexto**.

decir [57] ◇ *vt* - **1.** [gen] to say; **siempre digo lo que pienso** I always say what I think; **¿qué dice la etiqueta?** what does the label say?; **no digas tonterías** don't talk nonsense; ~ **que sí/no** to say yes/no; **dice que no viene** she says (that) she is not coming; **¿cómo se dice 'estación' en inglés?** how do you say 'estación' in English?; **al ~ esto se marchó** with these words, he left; **¿diga? ¿dígame?** [al teléfono] hello? - **2.** [contar, ordenar] to tell; **dígame lo que pasó** tell me what happened; **me dijo el secreto** she told me the secret; ~ **a alguien que haga algo** to tell sb to do sthg; **nos dijeron que nos fuéramos** they told us to go away; **se dice que** o people say (that); **se dice que subirán los impuestos** it's said they're going to raise taxes; ~ **la verdad** to tell the truth. - **3.** [recitar] to recite, to read. - **4.** *fig* [revelar] to tell, to show; **eso lo dice todo** that says it all. - **5.** [llamar] to call; **me dicen Paco** they call me Paco. - **6.** [asegurar] to tell, to assure; **te digo que ella no está mintiendo** I tell you o assure you that she isn't lying. - **7.** *loc:* **como quien dice, como si dijéramos** so to speak; **como quien no dice nada** as if it were nothing; ~ **mucho (en favor) de** to say a lot for; ~ **para sí** to say to o.s.; ~ **por** ~ to talk for the sake of talking; ~**le a alguien cuatro verdades** to tell sb a few home truths; **¡digo!** *fam* [¡ya lo creo!] of course!; [¡madre mía!] I say!; **es** ~ that is, that's to say; **aracnofobia, es** ~ **miedo a las arañas** arachnophobia, that's to say fear of spiders; **preocuparse por el qué dirán** to worry about what people will say; **ni que** ~ **tiene** needless to say; **¡no me digas!** no!, never!; **¡no me digas que no te gusta!** don't tell me you don't like it!; **no me dice nada el tenis** tennis doesn't do anything for me; **no hay más que** ~ that's all there is to it, that's that; **invito yo, no hay más que hablar** it's my round and that's that; **(o) mejor dicho** or rather; **por** ~**lo así, por así** ~**lo** in other words, so to speak; **no llueve mucho que digamos** it's not exactly raining; **él no es muy inteligente, que digamos** he isn't what you'd call intelligent; **querer** ~ to mean; **¿qué quieres** ~ **con eso?** what do you mean by that?; **si tú lo dices** if you say so; **¡tú lo has dicho!** [tienes razón] you're right!; **¡y que lo digas!** you can say that again! ◇ *m* - **1.** [refrán] saying. - **2.** [ocurrencia] witticism, witty remark. - **3.** *loc:* **a** ~ **de todos, según el** ~ **general** by all accounts; **es un** ~ it's not strictly true; **es un** ~ **que todos tengamos las mismas oportunidades** it's not really true that we all have the same chances in life.

decisión *f* - **1.** [dictamen, resolución] decision; **tomar una** ~ to make o take a decision. - **2.** [empeño, tesón] determination, resolve; [seguridad, resolución] decisiveness.

decisivamente *adv* positively.

decisivo, **va** *adj* decisive.

declamación *f* - **1.** [arte] declamation. - **2.** [perorata] harangue, tirade. - **3.** [recitación] recital, recitation.

declamador, **ra** ◇ *adj* declaiming. ◇ *m, f* declaimer.

declamar *vt & vi* to declaim, to recite.

declaración *f* - **1.** [gen] statement; [de amor, impuestos, guerra] declaration; **prestar** ~ to give evidence; **tomar** ~ to take (down) a statement ❑ ~ **de derechos** bill of rights; ~ **del impuesto sobre la renta** income tax return; ~ **jurada** sworn statement. - **2.** [de incendio] outbreak.

declaradamente *adv* clearly, manifestly.

declarante ◇ *adj* declaring. ◇ *mf* witness.

declarar ◇ *vt* [gen] to declare; [afirmar] to state, to say; ~ **la verdad** to tell the truth; ~ **culpable/inocente a alguien** to find sb guilty /not guilty. ◇ *vi* DER to testify, to give evidence.

◆ **declararse** *vpr* - **1.** [incendio, epidemia] to break out. - **2.** [confesar el amor] to declare one's feelings o love. - **3.** [dar una opinión]: ~**se a favor de algo** to say that one supports sthg; ~**se en contra de algo** to say one is opposed to sthg; ~**se culpable/inocente** to plead guilty/not guilty.

declarativo, **va**, **declaratorio**, **ria** *adj* declarative, declaratory.

declinación *f* - **1.** [caída] decline. - **2.** GRAM declension. - **3.** ASTRON declination.

declinar ◇ *vt* - **1.** [gen & GRAM] to decline. - **2.** [responsabilidad] to disclaim. ◇ *vi* - **1.** [día, tarde] to draw to a close. - **2.** [fiebre] to subside, to abate. - **3.** [economía] to decline. - **4.** [brújula] to vary from the true meridian.

declive *m* - **1.** [decadencia] decline, fall; **en** ~ in decline. - **2.** [pendiente] slope.

decodificador *adj & m* = **descodificador**.

decodificar *vt* = **descodificar**.

decolaje *m Amér* take off.

decolar *vi Amér* to take off.

decoloración *f* [gen] discolouration, fading; [de pelo] bleaching.

decolorante ◇ *adj* bleaching. ◇ *m* bleaching agent.

decolorar *vt* to bleach.

◆ **decolorarse** *vpr* to fade.

decomisar *vt* to confiscate, to seize.

decomiso *m* - **1.** *culto* [acción] confiscation, seizure. - **2.** [objeto] confiscated article.

decoración *f* - **1.** [acción] decoration; [efecto] décor. - **2.** [adorno] decorations *(pl)*. - **3.** TEATRO set, scenery.

decorado, **da** *adj* decorated.

◆ **decorado** *m* - **1.** CINE & TEATRO set. - **2.** [acción] decoration.

decorador, **ra** ◇ *adj* decorative, ornamental. ◇ *m, f* [interiorista] interior designer; TEATRO set designer; ~ **de escaparates** window-dresser.

decorar *vt* to decorate.

decorativo, **va** *adj* decorative.

decoro *m* - **1.** [pudor] decency, decorum. - **2.** [dignidad] dignity; **vivir con** ~ to live decently. - **3.** [respeto] respect; **tratar a alguien con** ~ to treat sb with respect.

decoroso, **sa** *adj* [decente] decent; [correcto] seemly, proper.

decrecer [30] *vi* [gen] to decrease, to decline; [caudal del río] to go down.

decreciente *adj* declining, decreasing.

decrecimiento *m* decrease.

decremento *m* - **1.** [decrecimiento] decrease. - **2.** INFORM decrement.

decrépito, **ta** *adj despec* [viejo] decrepit; [civilización] decadent, declining.

decrepitud *f despec* [de un viejo] decrepitude; [de una civilización] decline.

decretar *vt* to decree.

decreto *m* decree; **por real** ~ by royal decree ❑ ~ **ley** decree, ≃ order in council *Br*.

decúbito *m* horizontal position; ~ **prono** o **supino** prone position.

decuplar *vt* to multiply by ten.

décuplo, pla *adj* decuple.

◆ **décuplo** *m*: **ser el** ~ **de algo** to be tenfold sthg.

decurso *m* passage, course; **en el** ~ **del tiempo** in the course of time.

dedada *f* pinch, small amount; **dar una** ~ **de miel a alguien** *fig* to keep sb's hopes up.

dedal *m* thimble.

dedalera *f* BOT foxglove.

dédalo *m* labyrinth, maze.

Dédalo *m* Daedalus.

dedeo *m* dexterity.

dedicación *f* dedication; **con** ~ **(en) exclusiva** full-time.

dedicar [10] *vt* **- 1.** [tiempo, dinero, energía] to devote. **- 2.** [libro, monumento] to dedicate.

◆ **dedicarse a** *vpr* **- 1.** [a una profesión]: **¿a qué se dedica usted?** what do you do for a living?; **se dedica a la enseñanza** she works as a teacher. **- 2.** [a una actividad, persona] to spend time on; **los domingos me dedico al estudio** I spend Sundays studying.

dedicatorio, ria *adj* dedicatory.

◆ **dedicatoria** *f* dedication.

dedillo *m*: **saber algo al** ~ *fam* to know sthg (off) by heart.

dedique *etc v* → **dedicar**.

dedo *m* **- 1.** [de la mano] finger; **dos** ~**s de whisky** two fingers of whisky; **contar con los** ~**s** to count on one's fingers □ ~ **anular/corazón** ring/middle finger; ~ **gordo** o **pulgar** thumb; ~ **índice/meñique** index/little finger. **- 2.** [del pie] toe; ~ **gordo/pequeño** big/little toe. **- 3.** *fig* [pizca] bit, touch. **- 4.** *loc*: **chuparse los** ~**s** [gozar] to smack one's lips; [al comer] to eat with relish; **esta comida está para chuparse los** ~**s** this is a really mouthwatering meal; **escapársele a alguien de entre los** ~**s** to slip through sb's fingers; **estar a dos** ~**s de** [a punto de] to be within an inch of; **estar para chuparse los** ~**s** to be mouthwatering; **hacer** ~ *fam* to hitchhike; **hicimos** ~ **para ir a la estación** we hitchhiked to the station; **ligero de** ~**s** light-fingered; **mamarse el** ~ ~ to be a fool; **no creas que me chupo el** ~ I wasn't born yesterday, you know; **meterle a alguien los** ~**s** *fam* [sonsacarle] to pumb sb for information; **meterse el** ~ **en la nariz** to pick one's nose; **morderse los** ~**s** [morderse las uñas] to bite one's nails; [arrepentirse] to regret it; **nombrar a alguien a** ~ to handpick sb; **no mover un** ~ [no ayudar] not to lift a finger; **yo no paro de trabajar y tú no eres capaz de mover un** ~ here I am working non-stop and you won't even lift a finger; **no tener dos** ~**s de frente** to be as thick as two short planks; **pillarse** o **cogerse los** ~**s** to get one's fingers burnt; **poner el** ~ **en la llaga** to put one's finger on it; **ponerle los cinco** ~**s en la cara a alguien** to slap sb across the face; **señalar a alguien con el** ~ to criticize sb.

deducción *f* **- 1.** [rebaja] deduction; ~ **fiscal** ECON tax-deductible expenditure. **- 2.** [en lógica] inference. **- 3.** MÚS diatonic scale.

deducible *adj* **- 1.** [dinero] deductible. **- 2.** [idea] deducible.

deducir [33] *vt* **- 1.** [descontar] to deduct. **- 2.** [inferir] to guess, to deduce.

deductivo, va *adj* deductive.

dedujera, deduzca *etc v* → **deducir**.

defalcar *vt* = **desfalcar**.

defecación *f* defecation.

defecar [10] *vi* to defecate.

defección *f* defection, desertion.

defectivo, va *adj* defective.

defecto *m* [físico] defect; [moral] fault, shortcoming; **en** ~ **de** *culto* for want of □ ~ **de forma** administrative error; ~ **de pronunciación** speech defect.

◆ **por defecto** *loc adv* by default; **sale en mayúscula por** ~, **si lo quieres en minúscula hay que apretar esta tecla** the default setting is capitals, if you want lower case you have to press this key.

defectuoso, sa *adj* [mercancía] defective, faulty; [trabajo] inaccurate.

defender [20] *vt* **- 1.** [gen] to defend; [amigo etc] to stand up for; ~ **los derechos humanos** to defend human rights. **- 2.** [proteger]: ~ **a alguien (de)** to protect sb (against).

◆ **defenderse** *vpr* **- 1.** [protegerse]: ~**se (de)** to defend o.s. (against). **- 2.** *fig* [apañarse] to get by; **me defiendo en francés** I'm reasonably good at French; **se defiende con su trabajo** he's getting along okay at work.

defendible *adj* defensible.

defendido, da ◇ *adj* defended. ◆ *m, f* DER defendant.

defenestrar *vt* *fig* to throw out, to get rid of.

defensa ◇ *f* defence; **en** ~ **propia**, **en legítima** ~ in self-defence; **en** ~ **de** in defence of. ◆ *mf* DEP defender; ~ **central** centre-back.

defensivo, va *adj* defensive.

◆ **defensivo** *m* **- 1.** [resguardo] protection, safeguard. **- 2.** MED wet compress.

◆ **defensiva** *f*: **ponerse/estar a la defensiva** to go/be on the defensive.

defensor, ra ◇ *adj* **- 1.** [que defiende] defending, protecting. **- 2.** → **abogado**. ◆ *m, f* [gen] defender; [abogado] counsel for the defence; [adalid] champion; ~ **del pueblo** ≃ ombudsman; ~ **del soldado** *public body created to defend soldiers' rights, especially those of young soldiers doing military service*.

defeque *etc v* → **defecar**.

deferencia *f* deference; **por** ~ **a** in deference to.

deferente *adj* [cortés] deferential.

deferir [27] ◇ *vi*: ~ **(a)** to defer (to). ◆ *vt* DER to refer.

deficiencia *f* [defecto] deficiency, shortcoming; [insuficiencia] lack.

deficiente *adj* **- 1.** [defectuoso] deficient; ~ **en** lacking o deficient in; [audición, vista] defective. **- 2.** [mediocre] poor, unsatisfactory.

◆ **deficiente (mental)** *mf* mentally-handicapped person.

◆ **muy deficiente** *m* EDUC very poor, ≃ E.

déficit (*pl* **déficits**) *m* **- 1.** ECON deficit. **- 2.** [falta] lack, shortage.

deficitario, ria *adj* [empresa, operación] loss-making; [balance] negative, showing a deficit.

defienda *etc v* → **defender**.

defiera *etc v* → **deferir**.

definición *f* **- 1.** [gen] definition; **por** ~ by definition; **el libre mercado es por** ~ **competitivo** the free market is competitive by definition. **- 2.** [descripción] description. **- 3.** [en televisión] resolution; **alta** ~ high resolution.

definido, da *adj* **- 1.** [gen] defined. **- 2.** GRAM → **artículo**.

◆ **definido** *m* definition.

definir *vt* **- 1.** [gen] to define. **- 2.** [describir] to describe. **- 3.** [determinar] to determine, to decide.

◆ **definirse** *vpr* to take a clear stance; **me defino como católica** I would describe myself as a Catholic.

definitivamente *adv* **- 1.** [sin duda] definitely. **- 2.** [para siempre] for good.

definitivo, va *adj* [texto etc] definitive; [respuesta] definite; **en definitiva** in short, anyway.

defiriera *etc v* → **deferir**.

deflación *f* deflation.

deflacionario, ria *adj* deflationary.

deflacionista *adj* deflationary.

deflagración *f* deflagration.

deflagrador, ra *adj* deflagrating.

◆ **deflagrador** *m* *culto* electric detonator.

deflagrar *vi* to deflagrate.

deflector *m* baffle board o plate.

defoliación f defoliation.

defoliante adj defoliant.

deforestación f deforestation.

deformación f [de huesos, objetos etc] deformation; [de la verdad etc] distortion; ~ **física** (physical) deformity; ~ **lindera** o **de límite** GEOL boundary deformation; **tener** ~ **profesional** to be always acting as if one were still at work.

deformado, da adj - **1.** [cuerpo] deformed. - **2.** [objeto] misshapen. - **3.** fig [verdad etc] distorted.

deformador, ra ◇ adj deforming. ◇ m, f deformer.

deformar vt - **1.** [huesos, objetos etc] to deform. - **2.** fig [verdad etc] to distort.

◆ **deformarse** vpr to go out of shape.

deforme adj [cuerpo] deformed, disfigured; [imagen] distorted; [objeto] misshapen.

deformidad f - **1.** [del cuerpo etc] deformity. - **2.** fig [error] moral shortcoming.

defraudación f - **1.** [fraude] tax evasion. - **2.** [decepción] disappointment.

defraudador, ra ◇ adj - **1.** [que engaña] deceiving, cheating. - **2.** [decepcionante] disappointing. ◇ m, f - **1.** [evasor] evader. - **2.** [estafador] swindler, cheat.

defraudar vt - **1.** [decepcionar] to disappoint. - **2.** [estafar] to defraud; ~ **a Hacienda** to practise tax evasion.

defunción f decease, death.

DEG (abrev de **derecho especial de giro**) m SDR.

degeneración f [gen] degeneration; [moral] degeneracy.

degenerado, da adj & m, f degenerate.

degenerar vi: ~ **(en)** to degenerate (into).

deglutir vt & vi to swallow.

degollación f, **degollamiento** m [degüello] throat-cutting; [decapitación] beheading.

degolladero m - **1.** [matadero] slaughterhouse. - **2.** ANAT throat. - **3.** [cadalso] scaffold; **llevar al** ~ fam to put in mortal danger.

degolladura f - **1.** [herida] cut to the throat. - **2.** [balaustrada] neck. - **3.** [junta de ladrillos] joint.

degollamiento m = **degollación**.

degollar [23] vt - **1.** [cortar la garganta] to cut o slit the throat of; [decapitar] to behead. - **2.** fig [destruir] to destroy, to ruin. - **3.** fam fig [aburrir] to bore to death; **Juan me degüella** Juan bores me to death.

degradación f - **1.** [moral] (moral) degradation. - **2.** [de un cargo] demotion. - **3.** [de colores] gradation.

degradante adj degrading.

degradar vt - **1.** [moralmente] to degrade, to debase. - **2.** [de un cargo] to demote. - **3.** [colores] to gradate.

◆ **degradarse** vpr to degrade o lower o.s.

degüella etc v → **degollar**.

degüello m [decapitación] beheading; [degolladura] slaughter; [corte en el cuello] throat-cutting; **entrar a** ~ **en** fig to massacre; **tirar a** ~ fig to have it in for.

degustación f tasting (of wines etc).

degustar vt to taste (wines etc).

dehesa f meadow.

deicida ◇ adj deicidal. ◇ mf deicide.

deicidio m deicide.

deidad f deity.

deificación f deification.

deificar [10] vt - **1.** [divinizar] to deify. - **2.** [ensalzar] to glorify, to exalt.

dejada f → **dejado**.

dejadez (pl **dejadeces**) f - **1.** [abandono] neglect; [en aspecto] slovenliness. - **2.** [pereza] laziness.

dejado, da ◇ adj - **1.** [abandonado] careless; [aspecto] slovenly. - **2.** [perezoso] lazy. - **3.** [deprimido] depressed, dejected. ◇ m, f [persona] slovenly person.

◆ **dejada** f [en tenis] drop shot.

dejador m - **1.** [el que presta] lender. - **2.** [el que cede] bequeather.

dejar ◇ vt - **1.** [gen] to leave; **deja esa pera en el plato** put that pear on the plate; **deja el abrigo en la percha** leave your coat on the hanger; ~ **a alguien en algún sitio** [con el coche] to drop sb off somewhere; **deja algo de café para mí** leave some coffee for me; ~ **algo/a alguien a alguien** [encomendar] to leave sth/sb with sb. - **2.** [prestar]: ~ **algo a alguien** to lend sb sth, to lend sth to sb. - **3.** [abandonar - casa, trabajo, país] to leave; [- tabaco, estudios] to give up; [- familia] to abandon; ~ **algo por imposible** to give sth up as a lost cause; ~ **a alguien atrás** to leave sb behind. - **4.** [permitir]: ~ **a alguien hacer algo** to let sb do sthg, to allow sb to do sthg; **sus gritos no me dejaron dormir** his cries prevented me from sleeping; **deja que tu hijo venga con nosotros** let your son come with us; ~ **salir** to let out ❑ ~ **correr algo** fig to let sthg be; ~ **pasar** o **escapar algo** to let sthg slip. - **5.** [omitir] to leave out; ~ **algo por** o **sin hacer** to fail to do sthg; **dejó lo más importante por resolver** he left the most important question unsolved. - **6.** (en imperativo) [prescindir de] to forget (about); **déjalo, no importa** forget it, it doesn't matter. - **7.** (en imperativo) [no molestar] to leave alone o in peace; **¡déjame! que tengo trabajo** leave me alone, I'm busy!; **déjame tranquilo** leave me alone o in peace. - **8.** [esperar]: ~ **que** to wait until; **dejó que acabara de llover para salir** he waited until it had stopped raining before going out. ◇ vi - **1.** [parar]: ~ **de hacer algo** to stop doing sthg; **no deja de venir ni un solo día** he never fails to come. - **2.** [expresando promesa]: **no** ~ **de** to be sure to; **¡no dejes de escribirme!** be sure to write to me! - **3.** loc: ~ **(mucho** o **bastante) que desear** to leave a lot to be desired.

◆ **dejarse** vpr - **1.** [olvidar]: ~**se algo en algún sitio** to leave sthg somewhere. - **2.** [permitir]: ~**se engañar** to allow o.s. to be taken in. - **3.** [cesar]: ~**se de hacer algo** to stop doing sthg; **¡déjate de tonterías!** stop messing about! - **4.** [descuidarse] to let o.s. go. - **5.** loc: ~**se llevar (por algo)** to get carried away (with sthg).

deje m - **1.** [acento] accent. - **2.** fig [resabio] touch, hint.

dejo m - **1.** [acento] accent. - **2.** [sabor] aftertaste. - **3.** [abandono] abandonment. - **4.** [fin] end, termination. - **5.** [inflexión de voz] drop. - **6.** [flojedad] weakness.

del → **de**.

delación f denunciation.

delantal m [sin peto] apron; [con peto] pinafore.

delante adv - **1.** [en primer lugar, en la parte delantera] in front; **el de** ~ the one in front; **el asiento de** ~ the seat in front. - **2.** [enfrente] opposite. - **3.** [presente] present.

◆ **delante de** loc prep in front of.

delantero, ra ◇ adj front. ◇ m, f DEP forward; ~ **centro** centre forward.

◆ **delantera** f - **1.** DEP forwards (pl), attack. - **2.** fam [de una mujer] bust. - **3.** [de un libro] front edge. - **4.** TEATRO front row. - **5.** loc: **coger** o **tomar la delantera** to take the lead; **coger** o **tomar la delantera a alguien** to beat sb to it; **llevar la delantera** to be in the lead.

◆ **delanteras** fpl overalls.

delatar vt to denounce; fig [suj: sonrisa, ojos etc] to betray, to give away; **le delató a la policía** he reported him to the police.

◆ **delatarse** vpr to give o.s. away.

delator, ra ◇ adj denouncing. ◇ m, f informer.

delco m distributor.

deleble adj erasable, delible.

delectación f delight, delectation.

delegación f - **1.** [autorización, embajada] delegation; ~ **de poderes** devolution (of power). - **2.** [sucursal] branch. - **3.** [oficina pública] local office.

delegado, da m, f - **1.** [gen] delegate; ~ **de curso** form monitor. - **2.** COM representative.

delegar [16] vt: ~ **algo (en** o **a)** to delegate sthg (to).

deleitable adj delightful.

deleitación f, **deleitamiento** m delight, pleasure.

deleitar vt to delight.

◆ **deleitarse** *vpr.* ~**se con** o **en algo** to take pleasure in sthg; ~**se haciendo algo** to take pleasure in o enjoy doing sthg.

deleite *m* delight.

deleitoso, sa *adj* delightful.

deletéreo, a *adj* deleterious, noxious.

deletrear *vt* - **1.** [pronunciar] to spell (out). - **2.** *fig* [descifrar] to decipher, to interpret. - **3.** *Amér* [escudriñar] to observe closely.

deletreo *m* - **1.** [de palabras, sílabas] spelling. - **2.** [descifra-miento] deciphering.

deleznable *adj* - **1.** *fig* [malo - clima, libro, actuación] appalling; [- excusa, razón] contemptible. - **2.** [frágil] crumbly; **arcilla** ~ crumbly clay. - **3.** [resbaladizo] slippery. - **4.** [que-bradizo] brittle, fragile.

delfín *m* - **1.** [animal] dolphin. - **2.** [título] dauphin.

delgadez (*pl* **delgadeces**) *f* [gen] thinness; [esbeltez] slim-ness.

delgado, da *adj* - **1.** [gen] thin; [esbelto] slim; **ponerse** ~ to lose weight ❑ **hilar** ~ *fam* to split hairs. - **2.** *fig* [tenue] tenuous, delicate. - **3.** [agudo] sharp, clever. - **4.** [terreno] poor.

◆ **delgados** *mpl* [de animal] flanks.

deliberación *f* deliberation.

deliberadamente *adv* deliberately, on purpose.

deliberado, da *adj* deliberate.

deliberar ◇ *vi* to deliberate. ◇ *vt* to decide, to resolve.

delicadez (*pl* **delicadeces**) *f* - **1.** [sensibilidad] hypersensi-tivity, touchiness. - **2.** [debilidad] weakness, frailty. - **3.** [in-dolencia] laziness.

delicadeza *f* - **1.** [miramiento - con cosas] care; [- con per-sonas] kindness, attentiveness; **tener la** ~ **de** to be thoughtful enough to. - **2.** [finura - de perfume, rostro] de-licacy; [- de persona] sensitivity. - **3.** [de un asunto, situa-ción] delicacy. - **4.** [debilidad] weakness, frailty.

delicado, da *adj* - **1.** [gen] delicate; [perfume, gusto] subtle; [paladar] refined. - **2.** [persona - sensible] sensitive; [- muy exigente] fussy; [- educado] polite; **estar** ~ **de salud** to be very weak.

delicia *f* delight; **hacer las** ~**s de alguien** *fig* to delight sb.

deliciosamente *adv* - **1.** [con encanto] delightfully. - **2.** [sabrosamente] deliciously.

delicioso, sa *adj* - **1.** [comida] delicious. - **2.** [persona] lovely, delightful.

delictivo, va *adj* criminal.

delimitar *vt* [finca etc] to set out the boundaries of; [fun-ciones etc] to define.

delincuencia *f* crime; ~ **juvenil** juvenile delinquency.

delincuente *mf* criminal; ~ **habitual** hardened criminal; ~ **juvenil** juvenile delinquent; ~ **primario** o **sin antece-dentes penales** first-time offender.

delineador, ra ◇ *adj* delineating, outlining. ◇ *m, f* - **1.** [persona que delinea] delineator. - **2.** [dibujante] draughts-man (*f* draughtswoman).

delineamento, delineamiento *m* - **1.** [acción] delin-eation, outlining. - **2.** [dibujo] sketch, draft.

delineante *mf* draughtsman (*f* draughtswoman).

delinear *vt* to draw; *fig* to outline.

delinquir [18] *vi* to commit a crime.

delirante *adj* - **1.** [gen] delirious. - **2.** [idea] wild, crazy.

delirar *vi* [enfermo] to be delirious; [desbarrar] to talk non-sense.

delirio *m* - **1.** [por la fiebre] delirium; [de un enfermo men-tal] ravings (*pl*); ~**s de grandeza** delusions of grandeur. - **2.** *fig* [manía] mania, frenzy. - **3.** *loc:* **tener** ~ **por** to be crazy about.

◆ **con delirio** *loc adv* madly.

delito *m* crime, offence; **(cogido) en flagrante** ~ (caught) red-handed o in the act; **cometer un** ~ to commit a crime o an offence ❑ ~ **común** common law offence; ~ **ecoló-**

gico unlawful pollution; ~ **de incendio** arson; ~ **de ma-yor cuantía** felony; ~ **de menor cuantía** misdemeanour.

delta ◇ *m* [de un río] delta. ◇ *f* [letra] delta.

delusivo, va, delusorio, ria *adj* deceptive.

demacrado, da *adj* gaunt.

demacrarse *vpr* to become emaciated, to waste away.

demagogia *f* demagoguery.

demagógico, ca *adj* demagogic, demagogical.

demagogo, ga *m, f* demagogue.

demanda *f* - **1.** [petición] request; [reivindicación] demand; **en** ~ **de** asking for ❑ ~ **salarial** wage claim. - **2.** ECON de-mand. - **3.** [DER - acción] lawsuit; [- por daños y perjuicios] claim; **estimar una** ~ to allow a claim; **presentar una** ~ **contra** to take legal action against; **salir a la** ~ to contest the action. - **4.** [limosna] alms (*pl*). - **5.** [pregunta] question, inquiry; ~**s y respuestas** haggling (*U*). - **6.** [busca]: **ir en** ~ **de** to go in search of. - **7.** [empresa] enterprise. - **8.** [empe-ño] perseverance. - **9.** [pedido] order. - **10.** ELECTR load. - **11.** TEATRO call.

demandado, da *m, f* defendant.

demandador, ra *m, f* - **1.** DER plaintiff. - **2.** [de limosna] alms-collector.

demandante *mf* plaintiff.

demandar *vt* - **1.** DER: ~ **a alguien (por)** to sue sb (for). - **2.** [pedir] to ask for, to seek. - **3.** [desear] to desire, to long for.

demarcación *f* - **1.** [señalización] demarcation. - **2.** [terri-torio demarcado] area; [jurisdicción] district.

demarcar [10] *vt* to demarcate, to delimit.

demás ◇ *adj* other; **los** ~ **invitados** the other o remain-ing guests. ◇ *pron:* **lo** ~ the rest; **todo lo** ~ everything else; **he cogido mis libros y he dejado todo lo** ~ **en tu casa** I took my books with me and left everything else at your place; **los/las** ~ the others, the rest; **por lo** ~ apart from that, otherwise; **y** ~ and so on. ◇ *adv* moreover, be-sides.

◆ **por demás** *loc adv* - **1.** [excesivamente] excessively, too much. - **2.** [inútilmente] in vain.

demasía *f* - **1.** [exceso] excess, surplus. - **2.** [abuso] disre-gard, abuse. - **3.** [insolencia] insolence, audacity. - **4.** MIN space between two claims.

◆ **en demasía** *loc adv* in excess, too much.

demasiado, da ◇ *adj* too much, (*pl*) too many; **demasia-da comida** too much food; ~**s niños** too many children. ◇ *adv* [gen] too much; (*antes de adj o adv*) too; **habla** ~ she talks too much; **iba** ~ **rápido** he was going too fast.

demencia *f* madness, insanity; ~ **senil** senile dementia.

demencial *adj* [disparatado] chaotic.

dementar *vt* to drive mad o insane.

demente ◇ *adj* mad. ◇ *mf* MED mental patient; [loco] lu-natic.

demérito *m* black mark.

demeritorio, ria *adj* unworthy, undeserving.

demisión *f* submission, humility.

demiurgo *m* demiurge.

democión *f* demotion.

democracia *f* democracy.

demócrata ◇ *adj* democratic. ◇ *mf* democrat.

democratacristiano, na, democristiano, na *adj & m, f* Christian Democrat.

democrático, ca *adj* - **1.** POLÍT democratic. - **2.** *fig* [popular] popular, widespread.

democratización *f* democratization.

democratizar [13] *vt* to democratize.

democristiano, na *adj & m, f* = **democratacristiano**.

demografía *f* demography.

demográfico, ca *adj* [estudio, instituto] demographic; [concentración, explosión] population (*antes de sust*).

demógrafo, fa *m, f* demographer.

demoledor, ra ◇ *adj* [huracán, críticas] devastating; [razones] overwhelming. ◇ *m, f* demolisher.

demoler [24] *vt* [edificio] to demolish, to pull down; *fig* [destruir] to destroy.

demolición *f* demolition.

demoniaco, ca, demoníaco, ca *adj* devilish, diabolic.

demonio *m* - **1.** *lit & fig* devil; **como el** ~ like the devil, like hell; **de mil o todos los** ~**s** *fam* a hell of a; **una sorpresa de mil** ~**s** *fam* a hell of a surprise; **¡que me lleve el** ~! *fam* I'll be damned!; **saber a** ~**s** to taste disgusting; **tener el** ~ **en el cuerpo** *fam* to be full of the devil. - **2.** [para enfatizar]: **¿qué/dónde** ~**s...?** what/where the hell...?; **¿dónde** ~**s he puesto mi paraguas?** where the hell have I put my umbrella? - **3.** [genio] evil spirit.

◆ **demonios** *interj* damn (it)!

demonolatría *f* demonolatry.

demora *f* - **1.** [tardanza] delay; **esto no admite** ~ this matter allows for no delay. - **2.** NÁUT bearing.

demorar ◇ *vt* to delay. ◇ *vi* - **1.** [detenerse] to linger, to stay. - **2.** NÁUT to bear.

◆ **demorarse** *vpr* - **1.** [retrasarse] to be delayed. - **2.** [detenerse] to stop (somewhere).

Demóstenes *m* Demosthenes.

demostración *f* - **1.** [gen] demonstration; **hacer una** ~ [de cómo funciona algo] to demonstrate; [de gimnasia etc] to put on a display ❑ ~ **de cariño** show of affection; ~ **de cólera** display of anger. - **2.** [de un teorema] proof. - **3.** [exhibición] display; [señal] sign; [prueba] proof.

demostrar [23] *vt* - **1.** [hipótesis, teoría, verdad] to prove. - **2.** [alegría, impaciencia, dolor] to show. - **3.** [funcionamiento, procedimiento] to demonstrate, to show.

demostrativo, va *adj* - **1.** [representativo] representative. - **2.** GRAM demonstrative.

demudar *vt* to change, to alter.

◆ **demudarse** *vpr* - **1.** [cara] to change colour. - **2.** [alterarse] to become suddenly upset o agitated.

demuela *etc v* → **demoler**.

demuestra *etc v* → **demostrar**.

denegación *f* refusal, denial.

denegar [35] *vt* - **1.** [rechazar] to turn down, to reject. - **2.** [negar] to deny.

dengoso, sa *adj* hypersensitive, finicky.

dengue *m* - **1.** [melindre] affectation. - **2.** [esclavina] woman's cape. - **3.** MED dengue fever. - **4.** *Amér* [planta] marvel of Peru. - **5.** *loc*: **no me vengas con** ~**s** stop putting on airs.

denigración *f* denigration.

denigrante, denigrador, ra *adj* - **1.** [humillante] degrading. - **2.** [insultante] insulting.

denigrar *vt* - **1.** [humillar] to denigrate, to vilify. - **2.** [insultar] to insult.

denodado, da *adj* [decidido] determined; [valiente] brave, intrepid.

denominación *f* - **1.** [acción] naming. - **2.** [nombre] denomination, name; '~ **de origen**' 'appellation d'origine'.

denominado, da *adj* MAT denominate, compound.

denominador, ra *adj* denominating, denominative.

◆ **denominador** *m* denominator; ~ **común** MAT & *fig* common denominator.

denominar *vt* to call.

denostar [23] *vt* to insult.

denotar *vt* to indicate, to show.

densidad *f* [gen & INFORM] density; ~ **absoluta** FÍS true specific gravity; **alta/doble** ~ INFORM high/double density; ~ **de población** population density; ~ **de radiación** FÍS radiation flux.

denso, sa *adj* - **1.** [espeso] dense; [líquido] thick. - **2.** [sólido] heavy, solid. - **3.** *fig* [oscuro] dark.

dentado, da *adj* [rueda] cogged, toothed; [filo, cuchillo] serrated; [sello] perforated; [hojas] dentate.

◆ **dentado** *m* [borde] perforations *(pl)*.

◆ **dentada** *f Amér* bite.

dentadura *f* teeth *(pl)*; ~ **postiza** false teeth *(pl)*, dentures *(pl)*.

dental *adj* dental.

dentellado, da *adj* - **1.** [que tiene dientes] toothed. - **2.** HERÁLDICA engrailed.

◆ **dentellada** *f* - **1.** [mordisco] bite; **dar** ~**s** to bite ❑ **a** ~**s** with one's teeth. - **2.** [herida] toothmark. - **3.** [movimiento] snap of the jaws.

dentellar *vi* to chatter.

dentellear *vt* to nibble.

dentera *f* - **1.** *fig* [envidia] envy, jealousy. - **2.** [deseo intenso] craving. - **3.** *loc*: **dar** ~ **a alguien** [producir desagrado] to set sb's teeth on edge; [dar envidia] to make sb jealous.

dentición *f* - **1.** [proceso] teething; **primera** ~ milk teeth *(pl)*. - **2.** [conjunto] teeth *(pl)*. - **3.** [período] teething period.

dentífrico, ca *adj* tooth *(antes de sust)*.

◆ **dentífrico** *m* toothpaste.

dentista *mf* dentist.

dentistería *f Amér* dental surgery.

dentística *f Amér* dentistry.

dentro *adv* inside; **está ahí** ~ it's in there ❑ **de** ~ inside; **el abrazo me salió de** ~ the hug came spontaneously; **el bolsillo de** ~ the inside pocket; **hacia/para** ~ inwards; **por** ~ (on the) inside; *fig* inside, deep down; **le dije que sí, pero por** ~ **pensaba lo contrario** I said yes, but actually I was thinking the opposite; **¡**~ **o fuera!** *fig* yes or no!, make up your mind!

◆ **dentro de** *loc prep* in; ~ **del coche** in o inside the car; ~ **de poco/un año** in a while/a year; ~ **de un año terminaré los estudios** I'll have finished my studies within a year; ~ **de lo posible** as far as possible.

dentudo, da *adj* large-toothed, toothy.

◆ **dentudo** *m Amér* [pez] *type of shark*.

denuedo *m* [valor] courage; [esfuerzo] resolve.

denuesta *etc v* → **denostar**.

denuesto *m* insult, affront.

denuncia *f* - **1.** [acusación] accusation; [condena] denunciation; [a la policía] complaint; **presentar una** ~ **contra** to file a complaint against. - **2.** [declaración] declaration.

denunciable *adj* punishable.

denunciación *f* denunciation.

denunciante *mf*, **denunciador, ra** *m, f* person who reports a crime.

denunciar [8] *vt* - **1.** [acusar] to denounce; [delito] to report. - **2.** [declarar] to declare, to announce. - **3.** [pronosticar] to foretell, to prophesy. - **4.** *fig* [indicar] to indicate, to reveal. - **5.** *Amér* MIN to register a claim for.

denuncio *m* - **1.** MIN registration of a claim. - **2.** *Amér* [acusación] denunciation.

deontología *f* deontology.

deparar *vt* [gen] to bring; [oportunidad, placer] to afford.

departamental *adj* departmental.

departamento *m* - **1.** [gen] department; ~ **de bienes raíces** real estate department; ~ **jurídico** legal department; ~ **de máquinas** NÁUT engine room. - **2.** [división territorial] administrative district; [en Francia] department. - **3.** [de maleta, cajón, tren] compartment. - **4.** *Amér* [piso] apartment, flat *Br*.

departir *vi* to chat, to talk.

depauperación *f* - **1.** [moral] impoverishment. - **2.** [física] weakness, exhaustion.

depauperar *vt* - **1.** [moralmente] to impoverish. - **2.** [físicamente - persona] to debilitate, to weaken; [- salud] to undermine.

◆ **depauperarse** *vpr* - **1.** [moralmente] to become impoverished. - **2.** [físicamente] to become weak o exhausted.

dependencia *f* - **1.** [de una persona] dependence; [de país, drogas, alcohol] dependency; ~ **de la droga** drug addiction. - **2.** [departamento] section; [sucursal] branch. - **3.** [pa-

rentesco] relationship, kinship. **- 4.** [amistad] friendship, relationship. **- 5.** [negocio] business. **- 6.** [empleados] employees *(pl)*.
◆ **dependencias** *fpl* [habitaciones] rooms; [edificios] outbuildings.
depender *vi* to depend; **depende...** it depends...
◆ **depender de** *vi:* ~ **de algo** to depend on sthg; ~ **de alguien** to be dependent on sb; **depende de ti** it's up to you.
dependienta *f* shop assistant, saleswoman.
dependiente ◇ *adj* dependent; **es un organismo** ~ **de la federación central** it's a body which forms part of the central federation; **los niños son muy** ~**s de sus padres** children are very dependent on their parents. ◇ *m* shop assistant, salesman.
depilación *f* hair removal; ~ **a la cera** waxing.
depiladora *f* ladies' shaver, hair remover.
depilar *vt* [gen] to remove the hair from; [cejas] to pluck; [con cera] to wax.
◆ **depilarse** *vpr* [gen] to remove one's body hair; [con cera]: ~**se las piernas** to wax one's legs.
depilatorio, ria *adj* hair-removing.
◆ **depilatorio** *m* hair-remover.
deplorable *adj* [suceso, comportamiento] deplorable; [aspecto] sorry, pitiful.
deplorar *vt* to regret deeply.
deponente ◇ *adj* GRAM deponent. ◇ *mf* DER deponent, witness. ◇ *m* GRAM deponent verb.
deponer [65] ◇ *vt* **- 1.** [abandonar - actitud] to drop, to set aside; [- las armas] to lay down. **- 2.** [destituir - ministro, secretario] to remove from office; [- líder, rey] to depose; ~ **a alguien de su cargo** to strip sb of his/her office. **- 3.** DER to provide a testimony for. **- 4.** *Amér* [vomitar] to vomit, to regurgitate. ◇ *vi* **- 1.** [defecar] to defecate. **- 2.** DER to testify.
deportación *f* deportation.
deportar *vt* to deport.
deporte *m* sport; **hacer** ~ to do sports; **hacer** ~ **es bueno para la salud** sport is good for your health; **practicar un** ~ to do a sport ❑ ~**s náuticos** water sports; **hacer algo por** ~ *fig* to do sthg as a hobby; **no cobro nada, lo hago por** ~ I don't get paid for it, I do it for fun.
deportista ◇ *adj* sporty, sports-loving. ◇ *mf* sportsman *(f* sportswoman).
deportividad *f* sportsmanship.
deportivo, va *adj* **- 1.** [revista, evento] sports *(antes de sust)*. **- 2.** [conducta, espíritu] sportsmanlike.
◆ **deportivo** *m* sports car.
deposición *f* **- 1.** [destitución - de ministro, secretario] removal from office; [- de líder, rey] overthrow. **- 2.** [defecación] defecation.
depositante ◇ *adj* depositing. ◇ *mf* depositor.
depositar *vt* **- 1.** [gen] to place; ~ **algo en alguien** [confianza, ilusiones] to place sthg in sb. **- 2.** [en el banco etc] to deposit.
◆ **depositarse** *vpr* [asentarse] to settle.
depositario, ria *m, f* **- 1.** [de dinero] trustee. **- 2.** [de confianza etc] repository. **- 3.** [de mercancías etc] depositary.
◆ **depositario** *m* **- 1.** [cajero] cashier. **- 2.** [tesorero] treasurer.
depósito *m* **- 1.** [almacén - de mercancías] store, warehouse; [- de armas] dump, arsenal; ~ **de cadáveres** morgue, mortuary; ~ **de equipaje** left luggage office *Br*, baggage room *Am*; ~ **de libros** book stack; ~ **de locomotoras** FERROC roundhouse; ~ **de maderas** lumberyard; ~ **de municiones** MIL ammunition dump. **- 2.** [recipiente] tank; ~ **de agua** reservoir, water tank; ~ **compresor** pressure tank; ~ **de gasolina** petrol tank *Br*, gas tank *Am*. **- 3.** [de dinero] deposit; ~ **indistinto** COM joint deposit; ~ **a la vista** o **disponible** COM demand deposit. **- 4.** QUÍM deposit, sediment. **- 5.** GEOL & MIN deposit.
◆ **depósito legal** *m copy of a publication legally required to be sent to the authorities.*

depravación *f* depravity.
depravado, da ◇ *adj* depraved. ◇ *m, f* depraved person.
depravador, ra ◇ *adj* depraving. ◇ *m, f* depraver, corrupter.
depravar *vt* **- 1.** [corromper] to corrupt, to deprave. **- 2.** [echar a perder] to harm, to damage.
◆ **depravarse** *vpr* to become depraved.
deprecación *f culto* entreaty.
deprecar [10] *vt culto* to entreat, to implore.
deprecatorio, ria *adj culto* entreating, imploring.
depreciación *f* depreciation; ~ **de línea recta** o **simplista** ECON straight-line depreciation.
depreciar [8] *vt* to (cause to) depreciate.
◆ **depreciarse** *vpr* to depreciate.
depredación *f* **- 1.** [saqueo] depredation, pillaging. **- 2.** [malversación] embezzlement, misappropiation.
depredador, ra *adj* predatory.
◆ **depredador** *m* predator.
depredar *vt* to pillage.
depresión *f* **- 1.** [gen] depression; ~ **nerviosa** nervous breakdown. **- 2.** [en superficie, terreno] hollow, depression. **- 3.** *fig* [humillación] humiliation.
◆ **depresión de horizonte** *f* NÁUT dip of the horizon.
depresivo, va ◇ *adj* PSICOL depressive; [deprimente] depressing. ◇ *m, f* depressive.
deprimente *adj* depressing.
deprimido, da *adj* depressed.
deprimir *vt* **- 1.** [abatir] to depress. **- 2.** METEOR to lower, to decrease. **- 3.** *fig* [humillar] to humiliate.
◆ **deprimirse** *vpr* to get depressed.
deprisa, de prisa ◇ *adv* fast, quickly. ◇ *interj* quick!
depuesto, ta ◇ *pp* → **deponer**. ◇ *adj* [ministro, secretario] removed from office; [líder, rey] deposed.
depuración *f* **- 1.** [de agua, metal, gas] purification. **- 2.** *fig* [de organismo, sociedad] purge.
depurador, ra *adj* purifying.
◆ **depurador** *m* purifier.
◆ **depuradora** *f* purifier.
depurar *vt* **- 1.** [agua, metal, gas] to purify. **- 2.** *fig* [organismo, sociedad] to purge. **- 3.** [estilo, gusto] to refine.
depusiera *etc v* → **deponer**.
derby ['derßi] *m* **- 1.** [en hípica] derby. **- 2.** [en fútbol] (local) derby.
derecha *f* → **derecho**.
derechazo *m* **- 1.** [en boxeo] right. **- 2.** TAUROM right-handed pass with the final cape.
derechismo *m* POLÍT right-wing views *(pl)*.
derechista ◇ *adj* right-wing. ◇ *mf* right-winger.
derecho, cha ◇ *adj* **- 1.** [diestro] right; **el margen** ~ the right-hand margin. **- 2.** [vertical] upright; **siempre anda muy derecha** she always walks with a very upright posture. **- 3.** [recto] straight. **- 4.** *Amér* [afortunado] lucky, fortunate. **- 5.** *loc:* **estar** ~**s** *Amér* [sin deberse nada] to be quits.
◇ *adv* **- 1.** [en posición vertical] upright. **- 2.** [directamente] straight; **se fue derecha a casa** she went straight home ❑ **todo** ~ straight ahead; **siga todo** ~ **para llegar al museo** continue straight ahead and you'll come to the museum.
◆ **derecho** *m* **- 1.** [leyes, estudio] law; **un estudiante de** ~ a law student; **de** ~ de jure, by right ❑ ~ **administrativo/mercantil** administrative/mercantile law; ~ **canónico/fiscal** canon/tax law; ~ **civil/penal** civil/criminal law; ~ **consuetudinario/internacional/ natural** common/international/natural law. **- 2.** [prerrogativa] right; **con** ~ **a** with a right to; **de pleno** ~ fully-fledged; **el** ~ **del voto** the right to vote; **hacer valer (uno) sus** ~**s** to exercise one's rights; **¡no hay** ~**!** it's not fair!; **por** ~ **propio, por propio** ~ in my/ your/his *etc* own right; **reservado el** ~ **de admisión** the management reserves the right of admission; **tener** ~ **a algo** to have a right to sthg; **tienes** ~ **a quejarte** you

have the right to complain; **tener ~ a hacer algo** to have the right to do sthg ❑ **~ de asilo/de paso/de reunión** right of way/of assembly/of asylum; **~ de réplica** o **de respuesta** right to reply; **~ de retención** ECON right of retention; **~s civiles/humanos** civil/human rights; **me queda el ~ al pataleo** all I can do now is complain. **- 3.** [de una tela, prenda] right side; **del ~** right side out.

◆ **derecha** ◇ *f* **- 1.** [contrario de izquierda] right, right-hand side; **a la ~** to the right; **la iglesia está a la derecha** the church is on the right; **girar a la ~** to turn right. **- 2.** POLÍT right (wing); **ser de ~s** to be right-wing. **- 3.** *loc:* **no hacer nada a derechas** to do nothing right; **Carmen hoy está muy despistada, no hace nada a derechas** Carmen's very absent-minded today, she can't seem to do anything right. ◇ *interj* MIL right face!

◆ **derechos** *mpl* [tasas] duties, taxes; [profesionales] fees; **~s de aduana** customs duty (U); **~s de autor** [potestad] copyright (U); [dinero] royalties; **~s de entrada** import duties; **~s de inscripción** membership fee (sg); **~s de puerto** harbour dues; **~s reales** death duty (U).

deriva *f* drift; **a la ~** adrift; **ir a la ~** to drift.

derivación *f* **- 1.** [cable, canal, carretera] branch. **- 2.** ELECTR shunt. **- 3.** GRAM derivation. **- 4.** [acción de derivar] derivation, deriving. **- 5.** MED healing, calming.

derivado, da *adj* GRAM derived.

◆ **derivado** *m* **- 1.** [producto] by-product. **- 2.** QUÍM derivative.

◆ **derivada** *f* MAT derivative.

derivar ◇ *vt* **- 1.** [desviar] to divert. **- 2.** MAT to derive. **- 3.** [dirigir] to lead, to direct. ◇ *vi* [desviarse] to change direction, to drift.

◆ **derivar de** *vi* **- 1.** [proceder] to derive from. **- 2.** GRAM to be derived from.

◆ **derivarse** *vpr* to be derived o come from.

dermatitis *f inv* dermatitis.

dermatología *f* dermatology.

dermatológico, ca *adj* dermatological.

dermatólogo, ga *m, f* dermatologist.

dérmico, ca *adj* skin *(antes de sust)*.

dermis *f inv* dermis.

dermoprotector, ra *adj* skin-protecting.

derogación *f* **- 1.** DER repeal. **- 2.** [disminución] decrease, deterioration.

derogar [16] *vt* **- 1.** [ley] to repeal; [contrato] to rescind. **- 2.** [destruir] to destroy.

derogatorio, ria *adj* **- 1.** [ley] repealing. **- 2.** [contrato] rescinding.

◆ **derogatoria** *f* **- 1.** [de ley] repeal. **- 2.** [de contrato] rescinding.

derrama *f* **- 1.** [de impuesto] apportionment. **- 2.** [impuesto extraordinario] special o additional tax.

derramadero *m* **- 1.** [desagüe] drain. **- 2.** [aliviadero] spillway, wasteway. **- 3.** [para basura] dump, dumping ground.

derramado, da *fam fig* ◇ *adj* prodigal, extravagant. ◇ *m, f* prodigal o extravagant person.

derramamiento *m* **- 1.** [acción de derramar] spilling; **~ de sangre** bloodshed. **- 2.** [rebosamiento] overflowing. **- 3.** [dispersión] dispersion, scattering. **- 4.** *fig* [despilfarro] squandering, wasting.

derramar *vt* **- 1.** [por accidente] to spill; [verter] to pour; **~ lágrimas/sangre** to shed tears/blood. **- 2.** [dispersar] to scatter, to spread. **- 3.** *fig* [noticia] to spread, to make known. **- 4.** [impuestos] to apportion.

◆ **derramarse** *vpr* [por accidente] to spill.

derrame *m* **- 1.** MED discharge; **~ cerebral** brain haemorrhage; **~ sinovial** water on the knee (U). **- 2.** [de líquido] spilling; [de sangre, lágrimas] shedding. **- 3.** [dispersión] scattering, spreading. **- 4.** [diseminación] spreading, dissemination. **- 5.** [pérdida] leakage. **- 6.** [rebosamiento] overflow. **- 7.** ARQUIT chamfer, splay. **- 8.** [declive] slope, incline. **- 9.** NÁUT leakage.

derrapar *vi* to skid.

derrape *m* skid.

derredor *m* periphery, circumference; **al** o **en ~** around; **por todo el ~** all around.

derrelicto, ta *adj* derelict, abandoned.

◆ **derrelicto** *m* NÁUT derelict.

derrelinquir [18] *vt* to abandon, to relinquish.

derrengado, da *adj* **- 1.** [torcido] bent, twisted. **- 2.** *fig* [cansado] exhausted, worn-out.

derrengar [16] *vt* **- 1.** [cansar] to exhaust, to tire out. **- 2.** [descaderar] to break the back of. **- 3.** [torcer] to twist, to bend.

derretido, da *adj* [persona]: **~ (por)** madly in love (with).

◆ **derretido** *m* concrete.

derretir [26] *vt* **- 1.** [gen] to melt; [nieve] to thaw; [metal] to fuse, to found. **- 2.** [liquidar] to liquefy. **- 3.** *fig* [consumir] to squander, to waste.

◆ **derretirse** *vpr* **- 1.** [metal, mantequilla] to melt; [hielo, nieve] to thaw. **- 2.** *fam fig* [enamorarse]: **~se (por alguien)** to be madly in love (with sb). **- 3.** *fam fig* [inquietarse] to worry, to fret. **- 4.** [impacientarse] to be restless o impatient.

derribar *vt* **- 1.** [construcción] to knock down, to demolish. **- 2.** [hacer caer - árbol] to cut down, to fell; [- avión] to bring down. **- 3.** [gobierno, gobernante] to overthrow. **- 4.** *fig* [humillar] to humiliate.

◆ **derribarse** *vpr* **- 1.** [tirarse] to throw o.s. to the ground. **- 2.** [caerse] to tumble o fall to the ground.

derribo *m* **- 1.** [de edificio] demolition; [de árbol] felling; [de avión] bringing down; [de gobierno, gobernante] overthrow. **- 2.** [material] rubble.

derrita, derritiera *etc* *v* → **derretir**.

derrocamiento *m* **- 1.** [de gobierno] overthrow; [de ministro] ousting. **- 2.** [demolición] demolition, knocking down. **- 3.** [despeño] hurling o throwing down.

derrocar [10] *vt* **- 1.** [gobierno] to bring down, to overthrow; [ministro] to oust. **- 2.** [demoler] to demolish, to knock down. **- 3.** [despeñar] to hurl o throw down.

derrochador, ra ◇ *adj* wasteful. ◇ *m, f* spendthrift.

derrochar *vt* **- 1.** [malgastar] to squander. **- 2.** [rebosar de] to ooze, to be full of.

derroche *m* **- 1.** [malgaste] waste, squandering. **- 2.** [abundancia] profusion.

derrota *f* **- 1.** [fracaso] defeat. **- 2.** NÁUT [rumbo] course. **- 3.** [camino] route, path. **- 4.** *fig* [desorden] disorder.

derrotado, da *adj* [de aspecto] shabby, ragged.

derrotar *vt* **- 1.** [vencer] to defeat. **- 2.** [arruinar] to ruin, to spoil. **- 3.** [echar a perder] to waste, to squander. **- 4.** TAUROM to gore.

◆ **derrotarse** *vpr* NÁUT to drift o be driven off course.

derrotero *m* **- 1.** [camino] direction; **tomar diferentes ~s** to follow a different course. **- 2.** [NÁUT - rumbo] course; [- guía] pilot book, navigation track. **- 3.** *fig* [modo de obrar] course, plan of action. **- 4.** [tesoro] hidden o buried treasure.

derrotismo *m* defeatism.

derrotista *adj* & *mf* defeatist.

derrubio *m* **- 1.** [desgaste] erosion, washing away. **- 2.** [tierra] alluvium, sediment deposit.

derruir [51] *vt* to demolish, to knock down.

derrumbadero *m* **- 1.** [despeñadero] precipice, cliff. **- 2.** *fig* [peligro] pitfall, hazard.

derrumbamiento *m* **- 1.** [de puente, edificio - por accidente] collapse; [- intencionado] demolition. **- 2.** [en mina] cave-in; **~ de tierra** landslide. **- 3.** *fig* [de imperio] fall; [de empresa etc] collapse. **- 4.** *fig* [de persona] devastation.

derrumbar *vt* **- 1.** [puente, edificio] to demolish. **- 2.** [persona] to destroy, to devastate. **- 3.** [despeñar] to hurl o cast down.

◆ **derrumbarse** *vpr* **- 1.** [puente, edificio] to collapse; [techo] to fall o cave in. **- 2.** [persona] to be devastated; [esperanzas] to be shattered. **- 3.** [tirarse] to throw o.s. headfirst.

derrumbe *m* **- 1.** [desplome] collapse. **- 2.** [despeñadero] precipice. **- 3.** [MIN - socavón] cave-in; [- de tierra] landslide. **- 4.** [demolición] demolition, knocking down.

desabastecer [30] *vt:* ~ **a alguien de** to leave sb short of.

desabastecido, da *adj* without supplies; ~ **de** short o out of.

desabono *m* **- 1.** [cancelación] cancellation. **- 2.** [descrédito] discredit.

desaborido, da *fam* ◇ *adj* boring, dull. ◇ *m, f* bore.

desabotonar ◇ *vt* to unbutton. ◇ *vi* [flor] to blossom, to bloom.

◆ **desabotonarse** *vpr* [suj: persona] to undo one's buttons; [suj: ropa] to come undone.

desabrido, da *adj* **- 1.** [tiempo] unpleasant, bad. **- 2.** [persona] surly; [tono] harsh. **- 3.** [de poco sabor] tasteless, insipid. **- 4.** [de mal sabor] unsavoury. **- 5.** MIL kicking, recoiling.

desabrigado, da *adj* **- 1.** [descubierto] unprotected, exposed. **- 2.** *fig* [desamparado] unprotected, defenceless.

desabrigar [16] *vt* **- 1.** [de ropa] to wrap up insufficiently. **- 2.** *fig* [descubrir] to uncover. **- 3.** *fig* [desamparar] to deprive of shelter o protection.

◆ **desabrigarse** *vpr* **- 1.** [al salir a la calle]: ¡**no te desabrigues!** make sure you wrap up warmly! **- 2.** [en la cama] to throw off the covers.

desabrimiento *m* **- 1.** [del tiempo] unpleasantness. **- 2.** [de persona] surliness. **- 3.** [de tono] harshness. **- 4.** [falta de sabor] tastelessness, insipidness. **- 5.** [mal sabor] unpleasant taste.

desabrir *vt* **- 1.** [no sazonar] to make tasteless o insipid. **- 2.** [dar mal sabor] to spoil the taste of. **- 3.** *fig* [molestar] to harass, to annoy.

desabrochar *vt* **- 1.** [ropa] to undo. **- 2.** *fig* [abrir] to open, to uncover.

◆ **desabrocharse** *vpr* **- 1.** [suj: persona] to undo one's buttons; [suj: ropa] to come undone. **- 2.** *fam fig* [confiarse] to unburden o.s., to confide; ~**se con** to confide in.

desacalorarse *vpr* to cool off o down.

desacatar *vt* [ley, regla] to disobey; [costumbre, persona] not to respect.

◆ **desacatarse** *vpr* to behave disrespectfully o irreverently.

desacato *m* **- 1.** [gen]: ~ **(a)** lack of respect (for), disrespect (for). **- 2.** DER contempt of court.

desaceitado, da *adj* lacking oil.

desaceitar *vt* to remove oil from.

desacertado, da *adj* **- 1.** [inoportuno] unwise, ill-considered. **- 2.** [erróneo] mistaken, wrong.

desacierto *m* [error] error.

desacomodado, da *adj* **- 1.** [molesto] inconvenient. **- 2.** [pobre] badly-off, poor. **- 3.** [incómodo] uncomfortable. **- 4.** [desempleado] unemployed, out of work. **- 5.** *Amér* [desordenado] untidy, messy.

desacomodar *vt* **- 1.** [molestar] to inconvenience, to bother. **- 2.** [despedir] to discharge, to dismiss.

◆ **desacomodarse** *vpr* to lose one's job.

desacomodo *m* **- 1.** [molestia] inconvenience, bother. **- 2.** [incomodidad] discomfort. **- 3.** [desempleo] unemployment. **- 4.** [despedida] discharge, dismissal.

desacompañar *vt* to leave (alone).

desaconsejado, da ◇ *adj* unwise. ◇ *m, f* unwise o imprudent person.

desaconsejar *vt:* ~ **algo (a alguien)** to advise (sb) against sthg; ~ **a alguien que haga algo** to advise sb not to do sthg.

desacoplar *vt* ELECTR to disconnect; TECN to uncouple.

desacordar [23] *vt* MÚS to put out of tune.

◆ **desacordarse** *vpr* **- 1.** MÚS [desafinar] to get out of tune. **- 2.** [olvidarse] to be forgetful.

desacorde *adj* **- 1.** [opiniones] differing, conflicting. **- 2.** MÚS out of tune.

desacorralar *vt* [animal] to let out of its pen.

desacostumbrado, da *adj* unusual, uncommon.

desacostumbrar *vt* to get out of the habit.

◆ **desacostumbrarse** *vpr* to get out of the habit.

desacotar ◇ *vt* **- 1.** [coto] to open up. **- 2.** [rechazar] to reject, to refuse. **- 3.** [suspender] to lift, to suspend. ◇ *vi* to withdraw.

desacreditado, da *adj* discredited.

desacreditar *vt* to discredit.

◆ **desacreditarse** *vpr* to become discredited.

desactivado, da *adj* deactivated.

◆ **desactivado** *m* deactivation.

desactivar *vt* to defuse.

desacuerdo *m* **- 1.** [discordia] disagreement; **estar en** ~ **(con)** to disagree (with). **- 2.** [error] error, mistake. **- 3.** [olvido] forgetfulness, loss of memory.

desadormecer [30] *vt* **- 1.** [despertar] to wake, to rouse. **- 2.** [desentumecer] to rid of numbness.

◆ **desadormecerse** *vpr* **- 1.** [despertarse] to wake up. **- 2.** [desentumecerse] to regain feeling.

desadvertir [27] *vt* to fail to notice, to be unaware of.

desafección *f* disaffection, dislike.

desafecto, ta *adj* **- 1.** [que no siente afecto] disaffected. **- 2.** [opuesto] hostile.

◆ **desafecto** *m* disaffection, dislike.

desafiador, ra ◇ *adj* challenging. ◇ *m, f* challenger.

desafiante *adj* defiant.

desafiar [9] *vt* **- 1.** [retar] to challenge; ~ **a alguien a algo/ a que haga algo** to challenge sb to sthg/to do sthg. **- 2.** [peligro] to defy. **- 3.** [competir con] to oppose, to compete with.

desafilado, da *adj* blunt.

desafilar *vt* to blunt, to dull.

◆ **desafilarse** *vpr* to get blunt.

desafinado, da *adj* out of tune.

desafinar *vi* **- 1.** MÚS to be out of tune; [al tocar] to play out of tune; [al cantar] to sing out of tune. **- 2.** *fam fig* [decir algo importuno] to speak out of turn o indiscreetly.

USO ▶ **Estar en desacuerdo**

Categóricamente

I totally disagree.
That is out of the question.
I can't accept that.
I totally refute that suggestion. [*formal*]
It's just not on! [*familiar*]

Menos categóricamente

I'm sorry, but I can't agree with you there.
I'm afraid I can't go along with you on that.

I'm not convinced!
With respect, I think you're forgetting one important point.
I beg to differ. [*formal*]

De forma poco categórica

You have a point, but...
Be that as it may, I still think...
That's all very well, but...
We must agree to differ then.

◆ **desafinarse** *vpr* MÚS to go out of tune.

desafío *m* - **1.** [reto] challenge. - **2.** [duelo] duel. - **3.** [competencia] competition, rivalry.

desaforadamente *adv* - **1.** [con exceso] excessively. - **2.** [con furia] furiously; **gritar** ~ to shout one's head off, to shout at the top of one's voice. - **3.** [desenfrenadamente] rowdily.

desaforado, da *adj* - **1.** [apetito] uncontrolled. - **2.** [grito] furious, wild. - **3.** [gigantesco] huge, gigantic. - **4.** [contra fuero] illegal, unlawful.

desaforar [23] *vt* - **1.** [violar fueros de] to violate the rights of. - **2.** [privar del fuero] to deprive of rights.

◆ **desaforarse** *vpr* to lose control, to fly off the handle.

desafortunadamente *adv* unfortunately.

desafortunado, da ◇ *adj* - **1.** [gen] unfortunate. - **2.** [sin suerte] unlucky. ◇ *m, f* unlucky person.

desafuero *m* - **1.** [abuso] outrage, atrocity. - **2.** [violación de leyes] infringement, violation. - **3.** [violación de fueros] infringement, encroachment.

desagraciado, da *adj* - **1.** [sin gracia] graceless, artless. - **2.** [desdichado] unhappy, unfortunate. - **3.** *Amér* [desvergonzado] shameless.

desagradable *adj* unpleasant.

desagradar *vi* to be displeasing; **me desagrada su actitud** I don't like her attitude.

desagradecer [30] *vt* to be ungrateful for.

desagradecido, da ◇ *adj* ungrateful. ◇ *m, f* ungrateful person.

desagrado *m* displeasure; **con** ~ reluctantly.

desagraviar [8] *vt*: ~ **a alguien por algo** [por una ofensa] to make amends to sb for sthg; [por un perjuicio] to compensate sb for sthg.

◆ **desagraviarse** *vpr* to obtain satisfaction o compensation.

desagravio *m* compensation; **en** ~ **de** in amends for; **en señal de** ~ (in order) to make amends.

◆ **desagravios** *mpl Amér* RELIG acts of atonement.

desagregar [16] *vt* to disintegrate, to break up.

desaguadero *m* drain.

desaguador *m* drain.

desaguar [45] ◇ *vt* [líquido] to drain. ◇ *vi* - **1.** [suj: bañera, agua] to drain. - **2.** [suj: río]: ~ **en** to flow into. - **3.** [malgastar] to waste, to consume.

◆ **desaguarse** *vpr* - **1.** *fig* [vomitar] to vomit. - **2.** [defecar] to defecate, to void one's bowels.

desagüe *m* [vaciado] drain; [cañería] drainpipe; ~ **de azotea** roof drain; ~ **superficial** surface drainage.

desaguisado, da *adj* - **1.** [contra la ley] unlawful, illegal. - **2.** [contra razón] outrageous, unreasonable.

◆ **desaguisado** *m* - **1.** [destrozo] damage *(U)*. - **2.** [delito] offence.

desahijar *vt* to wean.

◆ **desahijarse** *vpr* ZOOL to swarm.

desahogado, da *adj* - **1.** [espacioso] spacious, roomy. - **2.** [de dinero] well-off, comfortable. - **3.** [descarado] brazen, fresh. - **4.** [despejado] clear, open.

desahogar [16] *vt* [ira] to vent; [pena] to relieve, to ease.

◆ **desahogarse** *vpr* - **1.** [contar penas]: ~**se con alguien** to pour out one's woes o to tell one's troubles to sb. - **2.** [desfogarse] to let off steam. - **3.** [descansar] to relax, to take it easy. - **4.** [recobrarse] to recover, to feel better. - **5.** [desempeñarse] to extricate o.s. from difficulty.

desahogo *m* - **1.** [moral] relief, release. - **2.** [de espacio] space, room. - **3.** [económico] ease; **vivir con** ~ to be comfortably off. - **4.** [descanso] rest, respite. - **5.** [libertad] freedom. - **6.** [descaro] brazenness, impudence. - **7.** [salida] outlet; **esta actividad le sirve de** ~ this activity serves as an outlet for him.

desahuciar [8] *vt* - **1.** [inquilino] to evict. - **2.** [enfermo]: ~ **a alguien** to give up all hope of saving sb. - **3.** [desesperar] to lose hope for.

desahucio *m* [de vivienda] eviction.

desairado, da *adj* - **1.** [poco airoso] unimpressive, unsuccessful. - **2.** [humillado] spurned. - **3.** [sin garbo] ungraceful, clumsy.

desairar *vt* [person] to snub, to slight; [cosa] not to think much of, to be unimpressed by.

desaire *m* - **1.** [desprecio] snub, slight; **hacer un** ~ **a alguien** to snub sb; **sufrir un** ~ to receive a rebuff. - **2.** [falta de gracia] gracelessness, lack of charm. - **3.** [rechazo] rebuff.

desajustar *vt* - **1.** [piezas] to disturb, to knock out of place. - **2.** [planes] to upset.

◆ **desajustarse** *vpr* - **1.** [estropearse] to go wrong, to break down. - **2.** *fig* [acuerdo, pacto] to break.

desajuste *m* - **1.** [de piezas] misalignment; [de máquina] breakdown. - **2.** [de declaraciones] inconsistency. - **3.** [económico etc] imbalance. - **4.** *fig* [de acuerdo, pacto] breaking.

desalabar *vt* to disparage, to belittle.

desalado, da *adj* - **1.** [quitada la sal] desaltted. - **2.** [apresurado] hurried. - **3.** [ansioso] anxious, eager.

desalar ◇ *vt* - **1.** [quitar sal] to remove salt from; [agua] to desalinate. - **2.** [quitar alas] to remove o clip the wings of. ◇ *vi fig* - **1.** [apresurarse] to hurry, to rush. - **2.** [desear] to yearn, to long.

◆ **desalarse por** *vpr fig* to yearn o long for.

desalentador, ra *adj* discouraging, disheartening.

desalentar [19] *vt* - **1.** [desanimar] to dishearten, to discourage. - **2.** [quitar el aliento] to leave breathless, to put out of breath.

◆ **desalentarse** *vpr* to be discouraged, to lose heart.

desaliento *m* dismay, dejection.

desalinearse *vpr* to go out of line.

desaliñado, da *adj* - **1.** [aspecto] scruffy; [pelo] dishevelled. - **2.** *fig* [negligente] careless, neglectful.

desaliñar *vt* - **1.** [desarreglar] to make untidy. - **2.** [arrugar] to crease.

◆ **desaliñarse** *vpr* to become untidy.

desaliño *m* - **1.** [del aspecto] scruffiness; [del pelo] dishevelment. - **2.** *fig* [negligencia] carelessness, neglect.

◆ **desaliños** *mpl* long earrings.

desalmado, da ◇ *adj* heartless. ◇ *m, f* heartless person.

desalmar *vt* - **1.** *fig* [debilitar] to weaken, to debilitate. - **2.** [desasosegar] to disturb, to upset.

◆ **desalmarse** *vpr* - **1.** [desasosegarse] to become disturbed o upset. - **2.** [sentir anhelo]: ~**se por** to crave, to long for.

desalojamiento *m* dislodging, removal.

desalojar ◇ *vt* - **1.** [por una emergencia] to evacuate. - **2.** [por la fuerza - suj: policía, ejército] to clear; [- inquilinos etc] to evict. - **3.** [por propia voluntad] to abandon, to move out of. - **4.** [contenido, gas] to expel. - **5.** [desplazar] to dislodge. ◇ *vi* to move out, to leave.

desalojo *m* - **1.** [abandonamiento] evacuation, abandonment. - **2.** [de contenido, de gas] expulsion. - **3.** [desplazamiento] dislodging.

desalquilar *vt* - **1.** [lo alquilado] to stop renting. - **2.** [mudarse de] to move out of, to vacate.

◆ **desalquilarse** *vpr* to become vacant.

desalterar *vt* to calm, to soothe.

desamar *vt* - **1.** [dejar de amar] to stop loving. - **2.** [aborrecer] to hate, to detest.

desamarrar *vt* - **1.** NÁUT to cast off. - **2.** [desatar] to untie.

◆ **desamarrarse** *vpr* to come untied.

desambientado, da *adj* [persona] out of place.

desamor *m* [falta de afecto] indifference, coldness; [odio] dislike.

desamorar *vt* to stop loving.

◆ **desamorarse** *vpr* to cease o stop loving.

desamortización *f* disentailment, alienation.

desamortizar [13] *vt* to disentail, to alienate.

desamparado, da ◇ *adj* [niño] helpless; [lugar] desolate, forsaken. ◇ *m, f* helpless person.

desamparador, ra ◇ *adj* abandoning. ◇ *m, f* abandoner.

desamparar *vt* to abandon.

desamparo *m* - **1.** [abandono] abandonment. - **2.** [aflicción] helplessness.

desamueblar *vt* to remove the furniture from.

desanclar, desancorar *vt* to weigh the anchor of.

desandar [52] *vt* to go back over; ~ **lo andado** to retrace one's steps.

desangelado, da *adj* [casa, habitación] dull, uninspiring.

desangramiento *m* heavy bleeding.

desangrar *vt* - **1.** [animal, persona] to bleed. - **2.** *fig* [económicamente] to bleed dry. - **3.** [lago, estanque] to drain, to empty.
◆ **desangrarse** *vpr* [perder la sangre] to lose a lot of blood; [morir] to bleed to death.

desanimado, da *adj* - **1.** [persona] downhearted. - **2.** [fiesta, lugar] quiet, lifeless.

desanimar *vt* to discourage.
◆ **desanimarse** *vpr* to get downhearted o discouraged.

desánimo *m* [gen] dejection; [depresión] depression.

desanudar, desañudar *vt* - **1.** [nudo] to untie. - **2.** *fig* [desenmarañar] to straighten out, to clarify.

desapacible *adj* unpleasant.

desaparecer [30] ◇ *vi* - **1.** [gen] to disappear; **el ladrón desapareció sin dejar rastro** the thief disappeared without a trace. - **2.** [en guerra, accidente] to go missing. - **3.** [disipar] to wear off. ◇ *vt* to make disappear, to cause to vanish.

desaparecido, da *m, f* missing person.

desaparición *f* disappearance.

desapasionado, da *adj* dispassionate.

desapasionar *vt* to cause to lose interest.
◆ **desapasionarse** *vpr* to lose interest.

desapegar [16] *vt* - **1.** [desprender] to unstick. - **2.** [separar] to separate, to detach. - **3.** *fig* [desaficionar] to estrange, to alienate.
◆ **desapegarse** *vpr* - **1.** [desprenderse] to come unstuck. - **2.** [separarse] to become separated o detached. - **3.** *fig* [desaficionarse] to become estranged o alienated.

desapego *m* - **1.** [falta de afecto] indifference. - **2.** [desafición] estrangement. - **3.** [imparcialidad] impartiality.

desapercibido, da *adj* - **1.** [inadvertido]: **pasar** ~ to go unnoticed. - **2.** [no preparado] unprepared, unready.

desaplicado, da ◇ *adj* lazy, idle. ◇ *m, f* lazy person, idler.

desapoderar *vt* - **1.** [quitar] to dispossess. - **2.** [privar del poder] to remove from power.

desapolillar *vt* to rid o clear of moths.
◆ **desapolillarse** *vpr fam fig* to clear the cobwebs from one's mind.

desapreciar [8] *vt* to underestimate.

desaprender *vt* to unlearn.

desaprensar *vt* - **1.** [quitar lustre] to take the gloss o finish off. - **2.** *fig* [soltar] to free.

desaprensión *f* unscrupulousness.

desaprensivo, va *m, f* unscrupulous person.

desapretar [19] *vt* to loosen, to make loose.

desaprobación *f* disapproval.

desaprobador, ra *adj* disapproving.

desaprobar [23] *vt* [gen] to disapprove of; [plan etc] to reject.

desaprovechado, da ◇ *adj* - **1.** [estudiante] lacking in application, idle. - **2.** [tiempo, ocasión] wasted; [casa, jardín] not properly used. ◇ *m, f* idle o lazy person.

desaprovechamiento *m* - **1.** [de estudiante] lack of application, idleness. - **2.** [de tiempo, ocasión] waste; [de casa, jardín] failure to exploit fully. - **3.** [falta de progreso] backwardness.

desaprovechar ◇ *vt* to waste. ◇ *vi* to lose ground, to go backwards.

desarbolar *vt* - **1.** NÁUT to dismast, to strip of masts. - **2.** *Amér mfam* [destartalar] to mess up, to make a mess of.

desarenar *vt* to remove the sand from, to clear of sand.

desarmado, da *adj* - **1.** [gen] unarmed. - **2.** [desmontado] dismantled.

desarmador *m Amér* screwdriver.

desarmar ◇ *vt* - **1.** [gen] to disarm. - **2.** [desmontarse] to take apart, to dismantle. - **3.** *fig* [templar] to calm, to appease. - **4.** NÁUT to lay up. - **5.** MIL to discharge, to disband. ◇ *vi* - **1.** [gen] to disarm. - **2.** [desmontarse] to come o fall apart, to fall to pieces.
◆ **desarmarse** *vpr* - **1.** [gen] to disarm. - **2.** [desmontar] to come o fall apart, to fall to pieces.

desarme *m* - **1.** MIL & POLÍT disarmament; ~ **nuclear** nuclear disarmament. - **2.** [de reloj, máquina] taking apart, dismantling.

desarmonía *f* disharmony.

desarmonizar [13] *vt* to make inharmonious.

desarraigado, da ◇ *adj* - **1.** [árbol] uprooted. - **2.** *fig* [persona] rootless. ◇ *m, f* rootless person.

desarraigar [16] *vt* - **1.** [vicio, costumbre] to root out. - **2.** [persona, pueblo] to banish, to drive (out). - **3.** *fig* [extirpar] to extirpate, to eradicate. - **4.** *fig* [de una opinión] to cause to give up.
◆ **desarraigarse** *vpr* - **1.** [árbol] to be uprooted. - **2.** [extirparse] to be extirpated o eradicated.

desarraigo *m* - **1.** [de árbol] uprooting. - **2.** [de vicio, costumbre] rooting out. - **3.** [de persona, pueblo] banishment. - **4.** *fig* [extirpación] extirpation, eradication.

desarrapado, da *adj* ragged, tattered.

desarrebujar *vt* - **1.** [desarropar] to loosen, to unfasten. - **2.** [desenvolver] to disentangle, to unwind. - **3.** *fig* [misterio] to unravel.

desarreglado, da *adj* - **1.** [cuarto, armario, persona] untidy; [vida] disorganized. - **2.** [roto] out of order, broken (down).

desarreglar *vt* - **1.** [armario, pelo] to mess up; [planes, horario] to upset. - **2.** [mecanismo] to break.
◆ **desarreglarse** *vpr* - **1.** [desordenarse] to become untidy o messy. - **2.** [mecanismo] to break (down).

desarreglo *m* - **1.** [de cuarto, persona] untidiness; [de vida] disorder. - **2.** [de un mecanismo] breakdown.

desarrendar [19] *vt* - **1.** [dejar de arrendar] to stop leasing. - **2.** [dejar de alquilar] to stop renting.

desarrimar *vt* - **1.** [apartar] to separate, to remove. - **2.** *fig* [disuadir] to dissuade.

desarrollado, da *adj* developed.

desarrollar *vt* - **1.** [crecimiento, país] to develop. - **2.** [teoría, tema, fórmula] to expound, to explain. - **3.** [actividad, trabajo] to carry out. - **4.** MAT to expand. - **5.** [deshacer] to unroll. - **6.** QUÍM to expand.
◆ **desarrollarse** *vpr* - **1.** [crecer, mejorar] to develop. - **2.** [suceder - reunión] to take place; [- película] to be set. - **3.** [deshacerse] to unroll.

desarrollismo *m policy of development at all costs.*

desarrollo *m* - **1.** [mejora] development. - **2.** [crecimiento] growth. - **3.** [despliegue] unrolling. - **4.** [explicación] exposition. - **5.** [de suceso] development, course. - **6.** MAT expansion.

desarrugar [16] *vt* [alisar] to smooth out; [planchar] to iron out the creases in.
◆ **desarrugarse** *vpr* to become smooth.

desarticulación *f* - **1.** [de huesos] dislocation. - **2.** *fig* [de organización, banda] breaking up.

desarticular *vt* - **1.** [huesos] to dislocate. - **2.** *fig* [organización, banda] to break up; [plan] to foil. - **3.** MEC to disassemble, to take apart.
◆ **desarticularse** *vpr* to get dislocated.

desarzonar *vt* EQUITACIÓN to unseat.

desaseado, da ◇ *adj* [sucio] dirty; [desarreglado] untidy. ◇ *m, f* - **1.** [sucio] dirty person. - **2.** [desarreglado] untidy person.

desasear *vt* - **1.** [ensuciar] to dirty. - **2.** [desordenar] to mess up.

desasegurar *vt* - **1.** [desestabilizar] to make unsteady. - **2.** [cancelar] to cancel the insurance policy of.

desasentar [19] *vt* - **1.** [remover] to move, to remove. - **2.** *fig* [sentar mal] to displease.

◆ **desasentarse** *vpr* to rise from one's seat.

desaseo *m* - **1.** [suciedad] dirtiness. - **2.** [desarreglo] untidiness, messiness.

desasimiento *m* - **1.** [cesión] releasing. - **2.** *fig* [desinterés] disinterestedness, unselfishness.

desasir [53] *vt* to release, to let go.

◆ **desasirse** *vpr* to yield, to give up.

desasociar [8] *vt* to dissociate, to separate.

desasosegar [35] *vt* to disturb, to make uneasy.

◆ **desasosegarse** *vpr* to become uneasy.

desasosiego *m* - **1.** [mal presentimiento] unease. - **2.** [nerviosismo] restlessness.

desastar *vt* [animal] to remove the horns of.

desastrado, da *adj* - **1.** [desaseado] scruffy; [sucio] dirty. - **2.** [desgraciado] wretched, unfortunate.

desastre *m* disaster; **su madre es un** ~ her mother is hopeless; **¡vaya** ~! what a shambles!

desastroso, sa *adj* disastrous.

desatacar [10] *vt* - **1.** [prenda] to unbutton, to unfasten. - **2.** [arma] to withdraw the ramrods from.

◆ **desatacarse** *vpr* to unbutton one's trousers.

desatadura *f* untying, unfastening.

desatancar [10] *vt* [conducto] to unblock.

◆ **desatancarse** *vpr* to free o.s., to pull loose.

desatar *vt* - **1.** [nudo, lazo] to untie; [paquete] to undo; [animal] to unleash. - **2.** *fig* [tormenta, iras, pasión] to unleash; [entusiasmo] to arouse. - **3.** *fig* [lengua] to loosen. - **4.** *fig* [problema, misterio] to unravel.

◆ **desatarse** *vpr* - **1.** [nudo, lazo] to come undone. - **2.** *fig* [desencadenarse - tormenta] to break; [- ira, cólera] to erupt. - **3.** [hablar en exceso] to chatter, to talk excessively. - **4.** *fig* [descomedirse] to be rude. - **5.** [perder el encogimiento] to loosen up, to stop feeling self-conscious. - **6.** [librarse]: ~**se de** to get out of, to rid o.s. of.

desatascar [10] *vt* - **1.** [conducto] to unblock. - **2.** [sacar del atascadero] to pull out of the mud. - **3.** *fig* [ayudar] to get out of a jam.

◆ **desatascarse** *vpr* to get out of the mud.

desatavío *m* untidiness, disarray.

desate *m* - **1.** [acción] unleashing. - **2.** [de palabras] flood.

◆ **desate de vientre** *m* diarrhoea.

desatención *f* [falta de atención] lack of attention; [descortesía] discourtesy, impoliteness.

desatender [20] *vt* - **1.** [obligación, persona] to neglect. - **2.** [ruegos, consejos] to ignore.

desatendido, da *adj* - **1.** [obligación, persona] neglected. - **2.** [maleta, paquete] unattended. - **3.** [ruegos, consejo] ignored.

desatentar [19] *vt* to confuse, to disorient.

desatento, ta ◇ *adj* - **1.** [distraído] inattentive. - **2.** [descortés] impolite. ◇ *m, f* impolite person.

desatinado, da ◇ *adj* - **1.** [necio] foolish, silly. - **2.** [imprudente] rash, reckless. ◇ *m, f* fool.

desatinar ◇ *vt* - **1.** [exasperar] to exasperate. - **2.** [atolondrar] to cause to lose one's head. ◇ *vi* - **1.** [cometer desaciertos] to make blunders. - **2.** [disparatar] to talk nonsense.

desatino *m* - **1.** [locura] foolishness. - **2.** [desacierto] foolish act; **decir** ~**s** to talk nonsense.

desatontarse *vpr* to come to one's senses.

desatorar *vt* - **1.** NÁUT to unload. - **2.** MIN to clear of debris.

desatornillador *m* *Amér* screwdriver.

desatornillar *vt* = **destornillar**.

desatracar [10] NÁUT ◇ *vt* to cast off. ◇ *vi* to steer away from the coast.

desatrancar [10] *vt* [puerta, ventana] to unbolt; [tubería] to unblock.

desatufarse *vpr* - **1.** [tomar aire fresco] to get some fresh air. - **2.** *fig* [calmarse] to calm down, to cool off.

desaturdir *vt* to bring to, to revive.

desautorización *f* withdrawal of authority.

desautorizado, da *adj* - **1.** [falto de autoridad] unauthorized. - **2.** [desmentido] denied. - **3.** [prohibido] banned.

desautorizar [13] *vt* - **1.** [quitar autoridad] to deprive of authority. - **2.** [desacreditar] to discredit. - **3.** [desmentir] to deny. - **4.** [prohibir] to ban.

desavenencia *f* [desacuerdo] friction, tension; [riña] quarrel.

desavenido, da *adj* - **1.** [incompatible] incompatible. - **2.** [opuesto] opposing.

desavenir [75] *vt* to cause discord o enmity between.

◆ **desavenirse** *vpr* to fall out.

desaventajado, da *adj* disadvantaged.

desaventura *f* misfortune.

desavisado, da *adj* uninformed, unaware.

desavisar *vt* to countermand.

desayunado, da *adj* having breakfasted.

desayunar ◇ *vi* to have breakfast; ~ **con** to have for breakfast. ◇ *vt* to have for breakfast.

◆ **desayunarse** *vpr* - **1.** [tomar desayuno] to have breakfast. - **2.** *fig* [enterarse] to receive the first news of.

desayuno *m* breakfast; **prefiero el** ~ **continental que el** ~ **inglés** I prefer a continental breakfast to an English breakfast.

desazón *f* - **1.** [desasosiego] unease, anxiety. - **2.** [falta de sazón] tastelessness, insipidity. - **3.** *fig* [disgusto] annoyance, irritation. - **4.** MED discomfort. - **5.** AGR poorness.

desazonado, da *adj* - **1.** [soso] tasteless, insipid. - **2.** MED unwell. - **3.** AGR poor.

desazonar *vt* - **1.** [disgustar] to worry, to cause anxiety to. - **2.** [hacer insípido] to make tasteless, to take the flavour out of.

◆ **desazonarse** *vpr* - **1.** [disgustarse] to become annoyed o irritated. - **2.** MED to feel unwell, to be out of sorts.

desbancar [10] *vt* - **1.** *fig* [ocupar el puesto de] to oust, to replace. - **2.** [en el juego] to take the bank from.

desbandada *f* - **1.** [huida desordenada] breaking up, scattering; **a la** ~ in great disorder. - **2.** MIL rout.

desbandarse *vpr* - **1.** [huir en desorden] to flee in disorder, to disband. - **2.** *fig* [dispersarse] to scatter.

desbarajustar *vt* to disorder.

desbarajuste *m* disorder, confusion; **¡vaya** ~! what a mess!

desbaratado, da ◇ *adj* - **1.** [desordenado] wild, unruly. - **2.** [roto] wrecked, broken down. ◇ *m, f* - **1.** [ruina] ruin, wreck. - **2.** *fam* [libertino] libertine.

desbaratar ◇ *vt* - **1.** [arruinar] to ruin, to wreck. - **2.** [malgastar] to squander, to waste. - **3.** *fig* [estorbar] to hinder. - **4.** MEC to break. - **5.** MIL to rout. ◇ *vi* to talk o act wildly.

◆ **desbaratarse** *vpr* - **1.** [descomponerse] to be ruined o wrecked. - **2.** [malgastarse] to be squandered o wasted. - **3.** [disparatarse] to talk o act wildly. - **4.** MEC to break down.

desbarbado, da *adj* [que no tiene barba] beardless; [afeitado] shaven.

desbarbar *vt* - **1.** *fam* [barba] to shave. - **2.** AGR to trim, to prune.

◆ **desbarbarse** *vpr* [afeitarse] to shave.

desbarrar *vi* - **1.** [desatinar] to talk nonsense. - **2.** [deslizar] to slip, to slide.

desbarrigar [16] ◇ *vt* *fam* to rip open the belly of. ◇ *vi* *Amér* to become known.

desbarro *m* - **1.** [desliz] slip, skid. - **2.** [error] slip, blunder.

desbastador *m* [en carpintería] plane.

desbastar *vt* - **1.** [en carpintería] to plane. - **2.** [suavizar] to smooth. - **3.** [desgastar] to wear out, to weaken. - **4.** *fig* [educar, afinar] to polish.

desbaste *m* [en carpintería] planing.

desbazadero *m wet and slippery place*.

desbecerrar *vt* to wean.

desbloquear *vt* [cuenta] to unfreeze; [país] to lift the blockade on; [negociación] to end the deadlock in.

desbocado, da ◇ *adj* - **1.** [caballo] runaway. - **2.** [prenda de vestir] stretched around the neck. - **3.** [roto] having a chipped rim. - **4.** [mellado] nicked. - **5.** *fam fig* [malhablado] foul-mouthed. - **6.** [pieza de artillería] wide-mouthed. - **7.** *Amér* [líquido] overflowing. ◇ *m, f fam fig* foul mouth, foul-mouthed person.

desbocamiento *m* - **1.** [de un caballo] bolting. - **2.** *fig* [injurias] insults *(pl)*, abuse *(U)*.

desbocar [10] ◇ *vt* - **1.** [astillar] to chip the rim of. - **2.** [mellar] to nick. ◇ *vi* [desembocar] to lead o open into; [río] to flow o empty into; **la calle desboca en la avenida** the street leads into the avenue.

◆ **desbocarse** [10] *vpr* - **1.** [caballo] to bolt. - **2.** *fig* [injuriar] to start to swear, to break into a stream of insults.

desbordable *adj* which can overflow.

desbordamiento, desborde *m* - **1.** [de río] overflowing. - **2.** *fig* [de sentimiento] loss of control. - **3.** MIL outflanking.

desbordante *adj* - **1.** [que se derrama] overflowing. - **2.** *fig* [que sale de sus límites] boundless, unrestrained.

desbordar *vt* - **1.** [cauce, ribera] to overflow, to burst. - **2.** [límites, previsiones] to exceed; [paciencia] to push beyond the limit. - **3.** [contrario, defensa] to get past, to pass.

◆ **desbordar de** *vi* to overflow with.

◆ **desbordarse** *vpr* - **1.** [líquido]: ~**se (de)** to overflow (from). - **2.** [río] to overflow. - **3.** *fig* [sentimiento] to erupt. - **4.** *fig* [entusiasmo, alegría]: ~**se de** to burst o brim with.

desborde *m* = **desbordamiento**.

desborrar *vt* TEXTIL to burl.

desbragado, da *adj* - **1.** *fam* [sin bragas] without knickers. - **2.** *fig* [descamisado] ragged, destitute.

◆ **desbragado** *m fig* tramp.

desbravar ◇ *vt* [ganado] to tame, to break in. ◇ *vi* - **1.** [perder braveza] to become less fierce. - **2.** *fig* [disminuir] to diminish, to abate.

◆ **desbravarse** *vpr* [licor] to lose strength.

desbriznar *vt* - **1.** CULIN to chop up. - **2.** BOT to remove the stamens from.

desbrozar [13] *vt* to clear of undergrowth.

desbrozo *m* - **1.** [acción] clearing away of undergrowth. - **2.** [basura] rubbish. - **3.** [maleza] undergrowth.

descabal *adj* incomplete.

descabalar *vt* to leave incomplete.

descabalgar [16] ◇ *vi* to dismount. ◇ *vt* [arma de fuego] to dismount.

◆ **descabalgarse** *vpr* [arma de fuego] to be put out of action.

descabellado, da *adj* crazy.

descabellar *vt* - **1.** TAUROM to give the coup de grâce to. - **2.** [pelo] to tousle, to ruffle.

descabezado, da ◇ *adj* - **1.** [sin cabeza] headless. - **2.** *fig* [imprudente] rash, wild. ◇ *m, f fig* rash o wild person.

descabezamiento *m* - **1.** [decapitación] decapitation, beheading. - **2.** [de árbol] topping.

descabezar [13] ◇ *vt* - **1.** [quitar la cabeza - persona] to behead; [- cosa] to break the head off. - **2.** [planta, árbol] to top. - **3.** *fam fig* [vencer] to get over the worst of; **hemos descabezado la dificultad** we have surmounted the difficulty. - **4.** MIL to move to a new position. ◇ *vi* to border.

◆ **descabezarse** *vpr* - **1.** *fam fig* [descalabazarse] to rack one's brain. - **2.** AGR to shed grain.

descabullirse *vpr* to sneak off, to steal away.

descachar *vt Amér* to remove the horns from.

descacharrar *vt fam* to smash up.

descaecer [30] *vi* to decline, to deteriorate.

descafeinado, da *adj* - **1.** [sin cafeína] decaffeinated. - **2.** *fig* [sin fuerza] watered down.

◆ **descafeinado** *m* decaffeinated coffee.

descafeinar *vt* - **1.** [quitar cafeína] to decaffeinate. - **2.** *fig* [quitar fuerza] to water down.

descaimiento *m* decline.

descalabazarse [13] *vpr fam fig* to rack one's brains.

descalabrado, da ◇ *adj* - **1.** [herido] wounded in the head. - **2.** *fig* [que pierde] losing, unsuccessful; **salir** ~ **to** end up losing. ◇ *m, f* loser.

descalabrar *vt* - **1.** [herir] to wound in the head. - **2.** *fam fig* [perjudicar] to harm, to damage. - **3.** *Amér* [frustrar] to thwart, to frustrate.

◆ **descalabrarse** *vpr* to hurt one's head.

descalabro *m* - **1.** [desgracia] setback, damage *(U)*. - **2.** MIL defeat.

descalandrajar *vt* to rip to shreds.

descalce *m* undermining.

descalcificación *f* decalcification.

descalcificar [10] *vt* to decalcify.

◆ **descalcificarse** *vpr* to decalcify.

descalificación *f* - **1.** [pérdida de calificación] disqualification. - **2.** [descrédito] discredit.

descalificar [10] *vt* - **1.** [en una competición] to disqualify. - **2.** [desprestigiar] to discredit.

descalzar [13] *vt* - **1.** [quitar calzado]: ~ **a alguien** to take sb's shoes off. - **2.** [quitar calzo] to remove a wedge o block from. - **3.** [socavar] to dig under, to undermine.

◆ **descalzarse** *vpr* - **1.** [quitarse el calzado] to take off one's shoes. - **2.** [desherrarse] to lose a shoe.

descalzo, za ◇ *adj* - **1.** [sin calzado] barefoot. - **2.** *fig* [pobre] destitute, poor. - **3.** RELIG discalced. ◇ *m, f* RELIG discalced monk (*f* discalced nun).

descamarse *vpr* to flake (off).

descambiar [8] *vt* to change back again.

descaminado, da *adj* - **1.** *fig* [equivocado]: **andar** o **ir** ~ to be on the wrong track. - **2.** [caminante, excursionista] heading in the wrong direction.

descaminar *vt* - **1.** [suj: malas compañías] to lead astray; [suj: guía] to take the wrong way. - **2.** [meter de contrabando] to smuggle. - **3.** *Amér* [atrasar] to hold up, to delay.

◆ **descaminarse** *vpr* - **1.** [por malas compañías] to go astray. - **2.** [en una excursión] to go the wrong way.

descamisado, da ◇ *adj* - **1.** [sin camisa] barechested. - **2.** *fig* [pobre] wretched. ◇ *m, f* poor wretch.

descampado, da *adj* open, clear.

◆ **descampado** *m* open country; **en** ~ in the open country.

descampar *vi* to clear up.

descangallado, da *adj Amér fam* shabby.

descansadero *m* resting place.

descansado, da *adj* - **1.** [sin esfuerzo] easy, undemanding. - **2.** [tranquilo] restful, tranquil.

descansapié *m* footrest.

descansar ◇ *vi* - **1.** [reposar] to rest; **después de tanto trabajo, necesito** ~ I need a rest after all that work. - **2.** [dormir] to sleep; **¡que descanses!** sleep well! - **3.** : ~ **en** [viga, teoría etc] to rest on; [persona] to rely on. ◇ *vt* - **1.** [apoyar] to rest, to lean; **descansa la cabeza en mi hombro** rest your head on my shoulder. - **2.** [aliviar] to rest. - **3.** [ayudar] to help, to aid.

◆ **descansarse** *vpr* to rest, to take a rest; ~**se en alguien** to rely on sb.

descansillo *m* landing.

descanso *m* - **1.** [reposo] rest; **tomarse un** ~ to take a rest ❑ **día de** ~ day off. - **2.** [pausa] break; CINE & TEATRO interval; DEP half time, interval; **en la escuela, hacemos un ~ de veinte minutos** at school, our break lasts twenty minutes. - **3.** *fig* [alivio] relief; **ya no tengo que preocuparme por los exámenes, ¡qué ~!** I don't have to worry about my exams any more, thank God! - **4.** [calzado] *boot worn after skiing.* - **5.** MIL: **adoptar la posición de ~** to stand at ease. - **6.** *Amér* [lavabo] toilet.

descantar *vt* to clear of stones.

descantillar *vt* - **1.** [objeto] to chip. - **2.** [cantidad] to deduct, to subtract.

◆ **descantillarse** *vpr* [objeto] to get chipped.

descantonar *vt* - **1.** [objeto] to chip. - **2.** [cantidad] to deduct.

descañonar *vt* - **1.** [plumas] to pluck. - **2.** [barba] to shave close.

descapitalizar [13] *vt* COM to undercapitalize.

◆ **descapitalizarse** *vpr* to be undercapitalized.

descapotable *adj & m* convertible.

descaradamente *adv* cheekily.

descarado, da ◇ *adj* - **1.** [persona] cheeky, impertinent. - **2.** [intento etc] barefaced, blatant; **¡es un robo ~!** it's daylight robbery! ◇ *m, f* cheeky devil.

descararse *vpr* to be cheeky o insolent; **~ a** to have the nerve to.

descarburar *vt* to decarbonize.

descarga *f* - **1.** [de mercancías] unloading. - **2.** [de electricidad] shock. - **3.** [disparo] firing, shots *(pl)*; **~ cerrada** MIL volley.

descargadero *m* wharf, unloading dock.

descargador *m* stevedore.

descargar [16] ◇ *vt* - **1.** [mercancías, pistola] to unload. - **2.** [munición, arma, ráfaga]: **~ (sobre)** to fire (at). - **3.** [puntapié, puñetazo] to deal, to land. - **4.** ELECTR to run down. - **5.** [exonerar]: **~ a alguien de algo** to free o release sb from sthg. - **6.** DER [absolver]: **~ a alguien de algo** to clear sb of sthg. - **7.** [aliviar] to ease, to relieve. ◇ *vi* - **1.** [lluvia] to burst; [tormenta] to break. - **2.** [desaguar]: **~ en** to flow, to empty.

◆ **descargarse** *vpr* - **1.** [desahogarse]: **~se con alguien** to take it out on sb. - **2.** DER: **~se (de)** to clear o.s. (of). - **3.** ELECTR to go flat. - **4.** [renunciar]: **~se de algo en alguien** *fig* to unload sthg on sb.

descargo *m* - **1.** [acción] unloading. - **2.** [excusa]: **~ a** argument against. - **3.** DER defence; **en su ~** in his/her defence. - **4.** [COM - de deuda] discharge; [- recibo] receipt.

descargue *m* unloading.

descariñarse *vpr*: **~ de** to lose one's affection o love for.

descariño *m* lack of affection.

descarnadamente *adv* *fig* brutally.

descarnado, da *adj* - **1.** [descripción] brutal. - **2.** [persona, animal] scrawny.

descarnar *vt* - **1.** [hueso, piel] to scrape the flesh from. - **2.** [desmoronar] to eat away. - **3.** *fig* [desapegar] to disembody.

◆ **descarnarse** *vpr* to be eaten away.

descaro *m* cheek, impertinence.

descarozar [13] *vt* *Amér* to pit, to stone.

descarriar [9] *vt* - **1.** [oveja, ganado] to separate from the herd. - **2.** [pervertir] to lead astray.

◆ **descarriarse** [9] *vpr* - **1.** [ovejas, ganado] to stray. - **2.** *fig* [pervertirse] to lose one's way, to go astray.

descarrilamiento *m* [de tren] derailment.

descarrilar *vi* - **1.** [tren] to be derailed. - **2.** *fig* [persona] to wander from the point.

descarrío *m* straying.

descartar *vt* [ayuda] to refuse, to reject; [posibilidad] to rule out.

◆ **descartarse** *vpr*: **~se (de)** to discard.

descarte *m* - **1.** [de naipes] discard. - **2.** *fig* [excusa] excuse.

descasar *vt* - **1.** [separar] to separate. - **2.** [anular matrimo-

nio de] to annul the marriage of. - **3.** [turbar] to disturb, to upset. - **4.** IMPRENTA to change the position of, to disarrange. - **5.** *Amér* [pacto] to break.

◆ **descasarse** *vpr* - **1.** [divorciarse] to get divorced. - **2.** [turbarse] to be disturbed.

descascar [10] *vt* - **1.** [almendra, huevo etc] to shell. - **2.** [limón, naranja] to peel.

◆ **descascarse** *vpr* - **1.** [romperse] to break into pieces. - **2.** *fig* [hablar mucho] to blab, to run off at the mouth.

descascarar *vt* - **1.** [almendra, huevo etc] to shell. - **2.** [limón, naranja] to peel.

◆ **descascararse** *vpr* to peel (off).

descascarillar *vt* to husk.

◆ **descascarillarse** *vpr* to flake (off).

descastado, da ◇ *adj* cold, indifferent. ◇ *m, f* ungrateful person.

descastar *vt* to exterminate.

descatolizar [13] *vt* to cause to abandon Catholicism.

descendencia *f* - **1.** [hijos] offspring; **morir sin ~** to die without issue. - **2.** [linaje] lineage, descent.

descendente *adj* [gen] descending; [movimiento, posición] downward; [marea] ebb.

descender [20] ◇ *vi* - **1.** [en estimación] to go down; **~ a segunda** to be relegated to the second division. - **2.** [cantidad, valor, temperatura, nivel] to fall, to drop. ◇ *vt* - **1.** [escalera] to descend, to go down. - **2.** [temperatura, valor] to lower, to bring down.

◆ **descender de** *vi* - **1.** [avión] to get off. - **2.** [linaje] to be descended from. - **3.** [derivar] to derive o come from.

descendiente ◇ *adj* descending. ◇ *mf* descendant, offspring (U).

descenso *m* - **1.** [en el espacio] descent. - **2.** [de cantidad, valor, temperatura, nivel] drop. - **3.** [en esquí] downhill. - **4.** [en fútbol etc] relegation.

descentración *f* putting off-centre.

descentrado, da *adj* - **1.** [geométricamente] off-centre. - **2.** [mentalmente] unsettled, disorientated.

descentralización *f* decentralization.

descentralizar [13] *vt* to decentralize.

descentrar *vt* - **1.** [sacar del centro] to knock off-centre. - **2.** *fig* [desconcentrar] to distract.

◆ **descentrarse** *vpr* to go off-centre.

desceñido, da *adj* loose, loose-fitting.

desceñir [26] *vt* to unbelt.

descepar *vt* - **1.** [planta] to uproot, to pull up by the roots. - **2.** *fig* [mal] to extirpate.

descercar [10] *vt* - **1.** [jardín, campo] to take down the wall o fence from. - **2.** [ciudad] to lift the siege from.

descerrajar *vt* - **1.** [cerradura] to force, to break open. - **2.** *fig* [disparo] to fire, to discharge.

deschavetado, da *adj* *Amér fam* crazy, loony.

deschavetarse *vpr* *Amér fam* to go crazy, to go off one's rocker.

descienda *etc v* → **descender**.

descifrable *adj* [mensaje, jeroglífico] decipherable; [letra] legible.

descifrar *vt* - **1.** [clave, mensaje] to decipher. - **2.** [motivos, intenciones] to work out; [misterio] to solve; [problemas] to puzzle out.

desciña, desciñera *etc v* → **desceñir**.

desclavar *vt* - **1.** [clavo] to remove the nails from. - **2.** [botón, broche] to unfasten.

descoagulante *adj* liquefying, dissolving.

descocado, da ◇ *adj* outrageous. ◇ *m, f* brazen o forward person.

descocar [10] *vt* to clear of insects.

◆ **descocarse** *vpr* to be brazen.

descodificación *f* decoding.

descodificador, decodificador *m* decoder.

descodificar, decodificar [10] *vt* decode.

descoger [14] *vt* to unfold, to spread.

descojonarse *vpr vulg* [de risa]: ~ **(de)** to piss o.s. laughing (at).

descolar *vt* - **1.** [cortar la cola] to dock the tail of. - **2.** *Amér* [despreciar] to show contempt for.

descolgar [39] *vt* - **1.** [una cosa colgada] to take down. - **2.** [teléfono - para contestar] to pick up, to take off the hook; [- para no recibir llamadas] to leave off the hook. - **3.** DEP to lead.
◆ **descolgarse** *vpr* - **1.** [bajar]: ~**se (por algo)** to let o.s. down o to slide down (sthg). - **2.** DEP: ~**se de** to break away from. - **3.** *fam* [mencionar]: ~**se con que** to come out with the idea that; **se descolgó con que no podía venir porque no tenía dinero** she reckoned she couldn't come because she didn't have any money.

descollar *vi fig* [sobresalir] to stand out.

descolocado, da *adj* [objeto] out of place.

descolocar [10] *vt* [objeto] to put out of place, to disturb.

descolonización *f* decolonization.

descolonizar [13] *vt* to decolonize.

descolorante ◇ *adj* - **1.** [de color] fading. - **2.** [del pelo] bleaching. ◇ *m* bleach, bleaching agent.

descolorar *vt* - **1.** [color] to fade. - **2.** [pelo] to bleach.
◆ **descolorarse** *vpr* - **1.** [color] to become faded. - **2.** [pelo] to bleach one's hair.

descolorido, da *adj* - **1.** [sin color] faded. - **2.** [pálido] pallid, colourless.

descolorimiento *m* fading, discolouration.

descolorir [78] *vt* to fade, to discolour.
◆ **descolorirse** *vpr* to discolour.

descombrar *vt* to clear of obstacles.

descombro *m* clearing.

descomedido, da *adj* - **1.** [excesivo] excessive, uncontrollable. - **2.** [grosero] rude.

descomedirse [26] *vpr* to be rude, to be impolite.

descompaginar *vt* to disarrange.

descompás (*pl* **descompases**) *m* lack of proportion, excess.

descompasado, da *adj* excessive, uncontrollable.

descompasar *vt* to cause to go too far.
◆ **descompasarse** *vpr* to be rude, to be impolite.

descompensación *f* imbalance.

descompensar *vt* to unbalance.

descomponer [65] *vt* - **1.** [pudrir - fruta] to rot; [- cadáver] to decompose. - **2.** [dividir] to break down; ~ **algo en** to break sthg down into. - **3.** [desordenar] to mess up. - **4.** [estropear] to damage, to break. - **5.** *fig* [enojar] to annoy. - **6.** [deshacer] to separate, to break up.
◆ **descomponerse** *vpr* - **1.** [pudrirse - fruta] to rot; [- cadáver] to decompose. - **2.** [irritarse] to get annoyed. - **3.** *fig* [indisponerse] to feel sick. - **4.** *Amér* [averiarse] to break down.

descomposición *f* - **1.** [de elementos] decomposition. - **2.** [putrefacción - de fruta] rotting; [- de cadáver] decomposition. - **3.** [alteración] distortion. - **4.** [diarrea] diarrhoea.

descompostura *f* - **1.** [falta de mesura] lack of respect, rudeness. - **2.** *fig* [descaro] impudence, brazenness. - **3.** [desaliño] slovenliness, messiness. - **4.** *Amér* [avería] breakdown.

descompresión *f* decompression.

descomprimir *vt* to decompress.

descompuesto, ta ◇ *pp* → **descomponer**. ◇ *adj* - **1.** [putrefacto - fruta] rotten; [- cadáver] decomposed. - **2.** [rostro] distorted, twisted. - **3.** [desarreglado] slovenly, messy. - **4.** *fig* [descortés] rude, impolite. - **5.** *Amér* [borracho] tipsy.

descomulgar [16] *vt* to excommunicate.

descomunal *adj* - **1.** [grande] tremendous, enormous. - **2.** [extraordinario] extraordinary.

descomunalmente *adv* tremendously.

desconcentrar *vt* to distract.
◆ **desconcentrarse** *vpr* to get distracted.

desconceptuar [6] *vt* to discredit.
◆ **desconceptuarse** *vpr* to be discredited.

desconcertado, da *adj* - **1.** [confuso] confused, puzzled. - **2.** *fig* [de mala conducta] wild, unruly.

desconcertante *adj* disconcerting.

desconcertar [19] *vt* - **1.** [sorprender] to disconcert, to throw. - **2.** [estropear] to break. - **3.** [hueso] to dislocate.
◆ **desconcertarse** *vpr* - **1.** [sorprenderse] to be thrown o bewildered. - **2.** [estropearse] to break down. - **3.** [descomedirse] to go too far.

desconchado *m* [de pintura] peeling paint; [de enyesado] peeling plaster.

desconchar *vt* to chip.
◆ **desconcharse** *vpr* [pintura] to flake off; [pared, loza] to chip.

desconcierto *m* [desorden] disorder; [desorientación, confusión] confusion.

desconcordia *f* discord.

desconectar *vt* [aparato] to switch off; [línea] to disconnect; [desenchufar] to unplug.
◆ **desconectarse** *vpr fig* [aislarse, olvidarse] to forget about one's worries; ~**se de algo** to shut sthg out, to forget (about) sthg.

desconfiado, da ◇ *adj* distrustful. ◇ *m, f* distrustful person.

desconfianza *f* distrust.

desconfiar [9] ◆ **desconfiar de** *vi* - **1.** [sospechar de] to distrust; **desconfía de él** don't trust him. - **2.** [no confiar en] to have no faith in.

descongelar *vt* - **1.** [producto] to thaw; [nevera] to defrost. - **2.** *fig* [precios] to free; [créditos, salarios] to unfreeze.

descongestionar *vt* - **1.** MED to clear. - **2.** *fig* [calle, centro de ciudad] to make less congested; ~ **el tráfico** to reduce congestion.

descongestivo, va *adj* decongestive.
◆ **descongestivo** *m* decongestant.

desconocedor, ra *adj* unknowing, unaware.

desconocer [31] *vt* - **1.** [ignorar] not to know. - **2.** *fig* [no reconocer] to fail to recognize. - **3.** [rechazar] to deny.

desconocido, da ◇ *adj* - **1.** [no conocido] unknown. - **2.** [muy cambiado]: **estar** ~ to have changed beyond all recognition. ◇ *m, f* - **1.** [extraño] stranger; **lo** ~ the unknown. - **2.** [recién llegado] newcomer.

desconocimiento *m* - **1.** [ignorancia] ignorance, lack of knowledge. - **2.** [olvido] forgetfulness.

desconsideración *f* thoughtlessness.

desconsiderado, da ◇ *adj* thoughtless, inconsiderate. ◇ *m, f* thoughtless o inconsiderate person.

desconsiderar *vt* to be inconsiderate o thoughtless towards.

desconsolado, da *adj* - **1.** [triste] disconsolate. - **2.** *fig* [estómago] empty.

desconsolar [23] *vt* to distress.

desconsuelo *m* - **1.** [pena] distress, grief. - **2.** *fig* [en el estómago] empty feeling.

descontado, da *adj* discounted.
◆ **por descontado** *loc adv* obviously, needless to say; **dar algo por** ~ to take sthg for granted.

descontaminar *vt* to decontaminate.

descontar [23] *vt* - **1.** [una cantidad] to deduct. - **2.** COM to discount. - **3.** [dar por cierto] to take for granted, to assume.

descontentadizo, za ◇ *adj* hard to please. ◇ *m, f* person who is hard to please.

descontentar *vt* to upset, to make unhappy.
◆ **descontentarse** *vpr* to become discontented.

descontento, ta *adj* unhappy, dissatisfied.
◆ **descontento** *m* dissatisfaction.

descontrol *m* lack of control.

descontrolarse *vpr* [coche, inflación] to go out of control; [persona] to lose control.

desconvenir [75] *vi* to disagree.

desconvocar [10] *vt* to cancel, to call off.

descorazonado, da *adj* disheartened.

descorazonador, ra *adj* discouraging.

descorazonamiento *m* discouragement.

descorazonar *vt* to discourage.

◆ **descorazonarse** *vpr* to be discouraged, to lose heart.

descorchar *vt* - 1. [botella] to uncork. - 2. [árbol] to remove the bark from. - 3. [colmena] to break.

descornar [23] *vt* to dehorn.

◆ **descornarse** *vpr fam fig* to rack one's brains.

descoronar *vt* to depose.

descorrer ◇ *vt* - 1. [cortinas] to draw back, to open. - 2. [cerrojo, pestillo] to draw back. ◇ *vi* [líquido] to flow.

descortés (*pl* **descorteses**) ◇ *adj* rude. ◇ *mf* rude person.

descortesía *f* discourtesy.

descortésmente *adv* rudely.

descortezar [13] *vt* - 1. [árbol] to strip the bark from; [pan] to cut the crust off. - 2. *fig* [persona] to knock the rough edges off.

descoser *vt* - 1. [puntadas] to unstitch. - 2. *fig* [secreto] to let out. - 3. *fam fig* [pedo] to let out.

◆ **descoserse** *vpr* to come unstitched.

descosido, da *adj* - 1. [tela, costura] unstitched. - 2. *fig* [indiscreto] indiscreet. - 3. [desordenado] disorderly, chaotic.

◆ **descosido** *m* [a propósito] open seam; [por accidente] tear; **como un** ~ [hablar] endlessly, nonstop; [beber, comer] to excess; [gritar] wildly.

descotarse *vpr fam* to wear a low-cut neckline.

descote *m fam* low-cut neckline, decolletage.

descoyuntar *vt* - 1. [dislocar] to dislocate. - 2. *fig* [molestar] to bother, to annoy.

◆ **descoyuntarse** *vpr* to dislocate.

descrédito *m* discredit; **ir en** ~ **de algo/alguien** to count against sthg/sb; **estar en** ~ to be discredited.

descreer [50] *vt* - 1. [no creer] to disbelieve. - 2. [negar] not to give due credit to.

descreído, da ◇ *adj* disbelieving, incredulous. ◇ *m, f* nonbeliever, disbeliever.

descreimiento *m* disbelief, incredulousness.

descremado, da *adj* skimmed.

descremar *vt* to skim.

describable, descriptible *adj* describable.

describir *vt* to describe; **la novela describe la sociedad del siglo pasado** the novel describes society in the last century; **el avión describió un círculo** the plane described a circle.

descripción *f* - 1. [especificación] description. - 2. DER [inventario] inventory.

descriptible *adj* = **describible**.

descriptivo, va *adj* descriptive.

descrismar *vt fam* [golpear] to bash over the head.

◆ **descrismarse** *vpr* - 1. [enfadarse] to lose one's patience. - 2. *fig* [pensar mucho] to rack one's brains.

descristianizar [13] *vt* to dechristianize, to turn away from Christianity.

descrito, ta *pp* → **describir**.

descuadernar *vt* - 1. [libro, cuaderno] to unbind. - 2. *fig* [juicio] to upset.

descuajar *vt* - 1. [derretir] to melt. - 2. [arrancar] to uproot. - 3. *fig* [desanimar] to discourage, to dishearten.

descuajaringar [16] *vt* to break into pieces.

◆ **descuajaringarse** *vpr* - 1. [estropearse] to fall apart o to pieces. - 2. [troncharse de risa] to fall about laughing. - 3. [relajarse] to relax, to take it easy. - 4. *fam* [agotarse] to be exhausted o worn-out.

descuartizar [13] *vt* [persona] to quarter; [res] to carve up.

descubierto, ta ◇ *pp* → **descubrir**. ◇ *adj* - 1. [gen] uncovered; [coche] open. - 2. [cielo] clear. - 3. [sin sombrero] bareheaded.

◆ **descubierto** *m* [de empresa] deficit; [de cuenta bancaria] overdraft; **girar en** ~ FIN to overdraw.

◆ **al descubierto** *loc adv* - 1. [al raso] in the open. - 2. BANCA overdrawn; **quedar al** ~ *fig* to be exposed o uncovered.

◆ **en descubierto** *loc adv* - 1. BANCA overdrawn. - 2. *fig* [sin habla] at a loss for words.

descubridor, ra ◇ *adj* - 1. [persona] discovering. - 2. [barco] scouting, reconnaissance *(antes de sust)*. ◇ *m, f* discoverer.

◆ **descubridor** *m* MIL scout.

descubrimiento *m* - 1. [de continentes, invenciones] discovery. - 2. [de placa, busto] unveiling. - 3. [de complots] uncovering; [de asesinos] detection. - 4. [revelación] disclosure, revelation.

descubrir *vt* - 1. [hallar, inventar] to discover, [petróleo] to strike; [complot] to uncover; **Fleming descubrió la penicilina** Fleming discovered penicillin; **descubrí un cajón secreto** I discovered a secret drawer; **la policía descubrió al secuestrador** the police found the kidnapper. - 2. [estatua, placa] to unveil. - 3. [vislumbrar] to spot, to spy. - 4. [delatar] to give away. - 5. *fig* [enterarse de] to find out; **descubrió que su mujer lo engañaba** he discovered that his wife was cheating on him. - 6. MIL to reconnoitre.

◆ **descubrirse** *vpr* - 1. [quitarse el sombrero] to take one's hat off; **~se ante algo** to take one's hat off to sthg. - 2. [cielo, horizonte] to clear. - 3. [dejarse ver] to reveal o.s., to show o.s. - 4. [confesarse]: **~se a** o **con alguien** to confide in sb.

descuelga *etc v* → **descolgar**.

descuenta *etc v* → **descontar**.

descuento *m* discount; **hacer** ~ to give a discount; **con** ~ at a discount; **un** ~ **del 10%** 10% off.

descuerar *vt* - 1. [despellejar] to skin, to flay. - 2. *Amér* [criticar] to slam, to criticize.

descuidado, da ◇ *adj* - 1. [desaseado - persona, aspecto] untidy; [- jardín] neglected. - 2. [negligente] careless. - 3. [distraído] off one's guard; **coger** ~ **a alguien** to catch sb unawares o off guard. - 4. [despreocupado] carefree, easygoing. ◇ *m, f* - 1. [desaseado] untidy person. - 2. [negligente] careless o thoughtless person.

descuidar ◇ *vt* - 1. [desatender] to neglect. - 2. [liberar] to relieve, to free. ◇ *vi* [no preocuparse] not to worry; **descuida, que yo me encargo** don't worry, I'll take care of it.

◆ **descuidarse** *vpr* - 1. [abandonarse] to neglect one's appearance; **~se de algo/de hacer algo** to neglect sthg/to do sthg. - 2. [despistarse] not to be careful.

descuido *m* - 1. [falta de aseo] carelessness. - 2. [olvido] oversight; [error] slip; **al menor** ~ if you let your attention wander for even a moment □ **al** ~ nonchalantly, casually; **con** ~ carelessly, thoughtlessly; **en un** ~ *Amér* when least expected.

descular *vt* to break the bottom of.

desde *prep* - 1. [tiempo] since; **no lo veo** ~ **el mes pasado/ayer** I haven't seen him since last month/yesterday; ~ **ahora** from now on; ~ **hace mucho/un mes** for ages/a month; **~... hasta...** from... until...; ~ **el lunes hasta el viernes** from Monday till Friday; ~ **entonces** since then; ~ **que** since; ~ **que murió mi madre** since my mother died; ~ **ya** [inmediatamente] right now. - 2. [espacio] from; **~... hasta...** from... to...; ~ **aquí hasta el centro** from here to the centre.

◆ **desde luego** *loc adv* - 1. [por supuesto] of course. - 2. [en tono de reproche] for goodness' sake!; ¡~ **luego tienes cada idea!** you really come out with some funny ideas!

desdecir [66] ◆ **desdecir de** *vi* - 1. [desmerecer] to be unworthy of. - 2. [no cuadrar con] not to go with, to clash with.

◆ **desdecirse** *vpr* to go back on one's word; **~se de** to go back on.

desdén *m* disdain, scorn; **al** ~ casually, nonchalantly.

desdentado, da *adj* - **1.** [persona] toothless. - **2.** [animal] edentate.

desdentar [19] *vt* to remove the teeth of.

desdeñable *adj* contemptible; **una cantidad nada** ~ a considerable amount.

desdeñar *vt* to scorn.

◆ **desdeñarse** *vpr* to be disdainful; ~ **de** not to deign to.

desdeñoso, sa ◇ *adj* scornful, disdainful. ◇ *m, f* disdainful person.

desdibujado, da *adj* blurred.

desdibujarse *vpr* to blur, to become blurred.

desdice *v* → **desdecir**.

desdicha *f* [situación] misery; [suceso] misfortune; **por** ~ unfortunately.

desdichado, da ◇ *adj* - **1.** [decisión, situación] unfortunate. - **2.** [persona - sin suerte] unlucky; [- sin felicidad] unhappy; ¡~ **de mí!** *culto* woe is me! ◇ *m, f* - **1.** [desgraciado] poor wretch. - **2.** [pusilánime] spiritless person.

desdicho, cha *pp* → **desdecir**.

desdienta *etc v* → **desdentar**.

desdiga, desdijera *etc v* → **desdecir**.

desdoblamiento *m* - **1.** [de objeto] unfolding. - **2.** [de imagen, personalidad] splitting. - **3.** *fig* [explicación] explanation.

desdoblar *vt* - **1.** [servilleta, carta] to unfold; [alambre] to straighten out. - **2.** *fig* [dividir] to split.

desdorar *vt* - **1.** [cosa dorada] to tarnish. - **2.** *fig* [reputación] to tarnish, to sully.

desdoro *m* blemish, stain.

desdramatizar [13] *vt* to play down.

deseable *adj* desirable.

desear *vt* - **1.** [querer] to want; [anhelar] to wish; ¿**qué desea?** [en tienda] what can I do for you?; **desearía estar allí** I wish I was there; **estoy deseando que llegue** I can't wait for her to arrive ❑ **dejar mucho/no dejar nada que** ~ to leave much/nothing to be desired. - **2.** [sexualmente] to desire.

desecar [10] *vt* - **1.** [terreno] to dry out. - **2.** *fig* [corazón, sensibilidad] to harden.

◆ **desecarse** *vpr* to dry out.

desecativo, va *adj* drying.

desechable *adj* disposable.

desechar *vt* - **1.** [ropa, piezas] to throw out, to discard. - **2.** [ayuda, oferta] to refuse, to turn down. - **3.** [desestimar - idea] to reject; [- plan, proyecto] to drop. - **4.** [despreciar] to ignore, to take no notice of.

desecho *m* - **1.** [objeto usado] unwanted object; [ropa] castoff; **material de** ~ [gen] waste products *(pl)*; [metal] scrap. - **2.** [escoria] dregs *(pl)*. - **3.** *fig* [desprecio] scorn, contempt. - **4.** *Amér* [tabaco] class-A tobacco.

◆ **desechos** *mpl* [basura] rubbish *(U)*; [residuos] waste products; ~**s radioactivos** radioactive waste *(U)*.

desembalaje *m* unpacking.

desembalar *vt* to unpack.

desembanastar *vt* - **1.** [paquete] to unpack. - **2.** *fig* [espada] to draw. - **3.** [hablar mucho de] to chatter about, to babble about.

◆ **desembanastarse** *vpr* - **1.** [de atadura] to break out. - **2.** [de carruaje] to alight.

desembarazado, da *adj* free, clear.

desembarazar [13] *vt* - **1.** [despejar] to clear. - **2.** *Amér* [parir] to give birth to. - **3.** *Amér* [desocupar] to evacuate, to leave.

◆ **desembarazarse** *vpr*: ~**se de** to get rid of.

desembarazo *m* - **1.** [desenvoltura] ease. - **2.** *Amér* [parto] childbirth.

desembarcadero *m* pier, landing stage.

desembarcar [10] ◇ *vt* [pasajeros] to disembark; [mercancías] to unload. ◇ *vi* - **1.** [de barco, avión] to disembark. - **2.**

[escalera] to end in a landing. - **3.** *Amér* [de autobús, tren] to get off.

◆ **desembarcarse** *vpr Amér* to get off.

desembarco *m* - **1.** [de pasajeros] disembarkation. - **2.** MIL landing. - **3.** [de escalera] landing.

desembargar [16] *vt* - **1.** [impedimento] to clear. - **2.** [quitar el embargo de] to raise o lift the embargo on.

desembarque *m* [de mercancías] unloading; [de pasajeros] disembarkation.

desembarrancar [10] *vt* to refloat.

desembarrar *vt* to clear of mud.

desembaular *vt* - **1.** [baúl, paquete] to unpack. - **2.** *fig* [pena, tristeza] to get off one's chest.

desembelesarse *vpr* to come to one's senses.

desembocadero *m*, **desembocadura** *f* - **1.** [de río] mouth. - **2.** [de calle] entrance, end.

desembocar [10] ◆ **desembocar en** *vi* - **1.** [río] to flow into. - **2.** [calle] to lead onto. - **3.** [asunto] to lead to, to result in.

desembolsar *vt* - **1.** [pagar] to pay out. - **2.** [sacar] to take out, to remove.

desembolso *m* - **1.** [pago] payment; ~ **inicial** down payment. - **2.** [gasto] expenditure, outlay.

desembotar *vt fig* to sharpen, to hone.

desembozar [13] *vt* - **1.** [rostro] to unmask, to uncover. - **2.** [cañería] to unblock.

◆ **desembozarse** *vpr* to uncover one's face, to unmask o.s.

desembragar [16] *vi* AUTOM to disengage the clutch, to declutch.

desembravecer [30] *vt* - **1.** [animal] to tame, to domesticate. - **2.** [persona] to calm down.

desembriagar [16] *vt* to sober up.

desembrollar *vt* - **1.** *fam* [lío, malentendido] to straighten out. - **2.** [ovillo] to disentangle.

desembuchar ◇ *vt* [suj: ave] to disgorge. ◇ *vi fam fig* [persona] to spit it out.

desemejante *adj* different, dissimilar.

desempacar [10] *vt* to unpack.

desempachar *vt* to relieve of indigestion.

◆ **desempacharse** *vpr fig* to loosen up.

desempacho *m fig* self-confidence.

desempalagar [16] *vt* - **1.** [estómago] to settle the stomach of. - **2.** [molino] to clear of stagnant water.

desempalmar *vt* to disconnect.

desempañar *vt* - **1.** [con trapo etc] to wipe the steam off; [electrónicamente] to demist *Br*, to defog *Am*. - **2.** [pañales] to remove the nappies from *Br*, to remove the diapers from *Am*.

desempapelar *vt* - **1.** [pared, habitación] to strip the wallpaper from. - **2.** DER to discontinue an action against.

desempaque *m* unpacking.

desempaquetar *vt* [paquete] to unwrap; [caja] to unpack.

desempatar ◇ *vt* - **1.** [resultado] to decide. - **2.** *Amér* [desatar] to untie, to separate. ◇ *vi* [a puntos]: **jugar para** ~ to have a play-off.

desempate *m* final result; **partido de** ~ decider.

desempedrar [19] *vt* - **1.** [quitar piedras de] to unpave. - **2.** *fam fig* [correr por] to rush along.

desempeñar *vt* - **1.** [función, misión] to carry out; [cargo, puesto] to hold. - **2.** [papel] to play. - **3.** [joyas] to redeem. - **4.** [de deudas] to get out of debt, to free from debt. - **5.** *fig* [ayudar] to get out of trouble.

◆ **desempeñarse** *vpr* to get o.s. out of debt.

desempeño *m* - **1.** [de función] carrying out. - **2.** [de papel] performance. - **3.** [de objeto] redemption. - **4.** [de deuda] freeing from debt.

desempernar *vt* to unbolt.

desempleado, da ◇ *adj* unemployed. ◇ *m, f* unemployed person.

desempleo *m* unemployment.

desemplumar *vt* to pluck.

desempolvar *vt* - **1.** [mueble, jarrón] to dust. - **2.** *fig* [recuerdos] to revive.

desenamorar *vt* to destroy the love of.

◆ **desenamorarse** *vpr*: ~**se (de)** to fall out of love (with).

desencadenamiento *m* unleashing.

desencadenar *vt* - **1.** [preso, perro] to unchain. - **2.** *fig* [suceso, polémica] to give rise to, to spark off; [pasión, furia] to unleash.

◆ **desencadenarse** *vpr* - **1.** [pasiones, odios, conflicto] to erupt; [guerra] to break out. - **2.** [viento] to blow up; [tormenta] to burst; [terremoto] to strike. - **3.** [preso, perro] to break loose.

desencajar *vt* - **1.** [mecanismo, piezas - sin querer] to knock out of place; [- intencionadamente] to take apart. - **2.** [hueso] to dislocate.

◆ **desencajarse** *vpr* - **1.** [piezas] to come apart. - **2.** [rostro] to distort, to become distorted.

desencajonar *vt* to take out of a box.

desencallar *vt* to refloat.

desencaminar *vt* to misdirect.

desencantado, da *adj* [desilusionado] disenchanted.

desencantar *vt* - **1.** [decepcionar] to disappoint. - **2.** [romper el hechizo] to disenchant.

◆ **desencantarse** *vpr* to be disappointed.

desencanto *m* disappointment.

desencapotar *vt* - **1.** [persona] to uncloak. - **2.** *fam fig* [cosa oculta] to reveal. - **3.** [caballo] to cause to raise its head.

◆ **desencapotarse** *vpr* - **1.** [cielo] to clear. - **2.** *fig* [persona] to calm down.

desencapricharse *vpr* to rid o.s. of a caprice o whim.

desencarcelar *vt* to set free, to release.

desencerrar [19] *vt* - **1.** [liberar] to free. - **2.** *fig* [descubrir, manifestar] to bring to light, to reveal.

desenchufar *vt* [quitar el enchufe] to unplug; [apagar] to switch off.

desencinchar *vt Amér* to ungirth.

desenclavar *vt* - **1.** [quitar clavos de] to remove the nails from. - **2.** *fig* [persona] to oust.

desenclavijar *vt* - **1.** [instrumento musical] to remove the pegs from. - **2.** *fig* [conexión, unión] to disconnect.

desencoger [14] *vt* to stretch o spread out.

◆ **desencogerse** *vpr fig* to come out of one's shell.

desencolar *vt* to unstick.

desencolerizar [13] *vt* to calm, to pacify.

desenconar *vt* - **1.** [herida] to calm, to relieve the inflammation of. - **2.** [ánimo] to soothe, to pacify.

◆ **desenconarse** *vpr* - **1.** [suavizarse] to become smooth. - **2.** [ánimo] to calm down.

desencordar [23] *vt* to unstring.

desencuadernar *vt* to unbind.

desendiosar *vt fig* to bring down to earth.

desenfadado, da *adj* - **1.** [persona, conducta] relaxed, easygoing; [estilo] light; [en el vestir] casual. - **2.** [comedia, programa de TV] light-hearted. - **3.** [espacioso] spacious, ample.

desenfadar *vt* to pacify, to appease.

◆ **desenfadarse** *vpr* to calm down.

desenfado *m* [seguridad en sí mismo] self-assurance; [desenvoltura] ease; [desparpajo] forwardness, uninhibited nature.

desenfocado, da *adj* [imagen] out of focus; [visión] blurred.

desenfocar [10] *vt* [objeto] to focus incorrectly; [foto] to take out of focus.

desenfoque *m* lack of focus.

desenfrenado, da *adj* [ritmo, baile] frantic, frenzied; [comportamiento] uncontrolled; [apetito] insatiable.

desenfrenar *vt* [coche] to take the brakes off; [caballo] to unbridle.

◆ **desenfrenarse** *vpr* - **1.** [persona] to lose one's self-control. - **2.** [pasiones] to break loose, to be unleashed. - **3.** [tempestad] to break, to burst.

desenfreno *m* - **1.** [gen] lack of restraint. - **2.** [vicio] debauchery.

◆ **desenfreno de vientre** *m* diarrhoea.

desenfundar *vt* - **1.** [pistola] to draw. - **2.** [mueble] to uncover.

desenganchar *vt* - **1.** [vagón] to uncouple. - **2.** [caballo] to unhitch. - **3.** [pelo, jersey] to free.

◆ **desengancharse** *vpr fam* [de un vicio] to kick the habit.

desengañado, da *adj*: ~ **(de)** disillusioned (with).

desengañar *vt* - **1.** [a una persona equivocada]: ~ **a alguien** to reveal the truth to sb. - **2.** [a una persona esperanzada] to disillusion.

◆ **desengañarse** *vpr*: ~**se (de)** to become disillusioned (with); **desengáñate** stop kidding yourself.

desengaño *m* disappointment; **llevarse un ~ con alguien** to be disappointed in sb ❑ ~ **amoroso** unhappy affair.

◆ **desengaños** *mpl* bitter lessons of life.

desengarzar [13] *vt* [perlas] to unstring; [diamante] to remove from its setting.

desengastar *vt* to remove from its setting.

desengomar *vt* to unstick.

desengranar *vt* to disengage.

desengrasar ◇ *vt* - **1.** [quitar grasa de] to remove the grease from. - **2.** *Amér* [postre] to eat. ◇ *vi* - **1.** *fig* [enflaquecer] to lose weight. - **2.** *fam* [quitar sabor] to remove the greasiness.

desenlace *m* [de obra, narración] denouement, ending; [de suceso, aventura] result, outcome.

desenlazar [13] *vt* - **1.** [lazo, nudo] to undo. - **2.** *fig* [problema] to clear up, to resolve. - **3.** [argumento] to unravel.

◆ **desenlazarse** *vpr* - **1.** [lazo, nudo] to become untied o loose. - **2.** [obra, narración] to reach its denouement.

desenlutar *vt* to bring out of mourning.

desenmarañar *vt* - **1.** [ovillo, pelo] to untangle. - **2.** *fig* [asunto] to sort out; [problema] to resolve.

desenmascarar *vt* [descubrir] to unmask.

desenmohecer [30] *vt* [de moho] to remove the mildew from; [de óxido] to remove the rust from.

desenmudecer [30] ◇ *vt* - **1.** [el mudo] to rid of a speech impediment. - **2.** *fig* [el callado] to cause to break his/her silence. ◇ *vi* - **1.** [el mudo] to lose one's speech impediment. - **2.** *fig* [el callado] to end one's silence.

desenojar *vt* to calm, to pacify.

◆ **desenojarse** *vpr* - **1.** [calmarse] to become calm. - **2.** [distraerse] to amuse o.s.

desenojo *m* calm, calmness.

desenredar *vt* - **1.** [hilos, pelo] to untangle. - **2.** *fig* [asunto] to sort out; [problema] to resolve.

◆ **desenredarse** *vpr*: ~**se (de algo)** to extricate o.s. (from sthg); ~**se el pelo** to unknot one's hair.

desenredo *m* - **1.** [de hilos, de pelo] disentangling, untangling. - **2.** *fig* [aclaración] straightening out. - **3.** [de obra] denouement.

desenrollar *vt* [hilo, cinta] to unwind; [persiana] to roll down; [pergamino, papel] to unroll.

desenroscar [10] *vt* to unscrew.

desensamblar *vt* to take apart, to disassemble.

desensañar *vt* to soothe, to appease.

desenseñar *vt* to re-educate.

desensibilizar [13] *vt* to desensitize.

desensillar *vt* to unsaddle.

desensoberbecer [30] *vt* to humble, to make humble.

desentablar *vt* - **1.** [quitar tablas de] to rip up planks o boards from. - **2.** *fig* [amistad, negocio] to break up.

desentenderse [20] *vpr* to pretend not to hear/know *etc*; ~ **de** to refuse to have anything to do with.

desenterrar [19] *vt* - **1.** [cadáver] to disinter; [tesoro, escultura] to dig up. - **2.** *fig* [recordar]: ~ **algo (de)** to recall o revive sthg (from).

desentonación *f* dissonance.

desentonar ◇ *vi* - **1.** [MÚS - cantante] to sing out of tune; [- instrumento] to be out of tune. - **2.** [color, cortinas, edificio]: ~ **(con)** to clash (with). - **3.** [persona, modales] to be out of place. ◇ *vt* to humiliate.
◆ **desentonarse** *vpr* to raise one's voice.

desentono *m* - **1.** [de voz, sonido] dissonance. - **2.** *fig* [insolencia] rude o insolent tone of voice.

desentorpecer [30] *vt* - **1.** [músculo, cuerpo] to rid of numbness o stiffness. - **2.** [persona] to make alert.
◆ **desentorpecerse** *vpr* - **1.** [músculo, cuerpo] to come back to life. - **2.** [persona] to become alert.

desentrañar *vt* to unravel, to figure out.
◆ **desentrañarse** *vpr* to give one's all.

desentrenado, da *adj* [bajo de forma] out off training; [falto de práctica] out of practice.

desentrenarse *vpr* [bajar de forma] to get off training; [faltar la práctica] to get out of practice.

desentubar *vt fam*: ~ **a alguien** to switch off sb's life-support machine.

desentumecer [30] *vt* to stretch.
◆ **desentumecerse** *vpr* to loosen up.

desenvainar *vt* - **1.** [espada] to draw. - **2.** [garras] to bare. - **3.** *fig* [cosa oculta] to uncover, to expose.

desenvoltura *f* - **1.** [al moverse, comportarse] ease; [al hablar] fluency. - **2.** [desvergüenza] forwardness, brazenness.

desenvolver [24] *vt* - **1.** [paquete, regalo] to unwrap. - **2.** [idea, asunto] to develop, to expand.
◆ **desenvolverse** *vpr* - **1.** [asunto, proceso] to progress; [trama] to unfold; [entrevista] to pass off. - **2.** [persona] to cope, to manage.

desenvuelto, ta ◇ *pp* → **desenvolver**. ◇ *adj* - **1.** [al moverse, comportarse] natural; [al hablar] fluent. - **2.** [desvergonzado] forward, brazen.

desenzarzar [13] *vt* [prenda] to untangle.

deseo *m* - **1.** [pasión] desire; **arder en ~s de hacer algo** to be burning with desire to do sthg. - **2.** [anhelo] wish; **buenos ~s** good intentions.

deseoso, sa *adj*: **estar ~ de algo/hacer algo** to long for sthg/to do sthg.

deseque *etc v* → **desecar**.

desequilibrado, da ◇ *adj* - **1.** [persona] unbalanced. - **2.** [balanza, eje] off-centre. ◇ *m, f* unbalanced person.

desequilibrar *vt* - **1.** [persona, mente] to unbalance. - **2.** [objeto] to knock off balance.
◆ **desequilibrarse** *vpr* - **1.** [persona, mente] to become mentally unbalanced o unstable. - **2.** [objeto] to lose its balance.

desequilibrio *m* [mecánico] lack of balance; [mental] mental instability.

deserción *f* - **1.** [abandono] desertion. - **2.** DER forfeiture.

desertar *vi* to desert; ~ **a** to defect to, to go over to; ~ **de** to stop frequenting.

desértico, ca *adj* [del desierto] desert *(antes de sust)*; [despoblado] deserted.

desertificación *f* desertification.

desertización *f* [del terreno] desertification; [de la población] depopulation.

desertor, ra *m, f* deserter.

deservir [26] *vt* to fail in one's duty to.

desescalada *f* de-escalation.

desescolarización *f* lack of schooling.

desesperación *f*, **desespero** *m* - **1.** [falta de esperanza] despair, desperation; **con ~** in despair. - **2.** *fig* [enojo]: **es una ~ lo lento que van los trenes** it's maddening how slowly the trains go.

desesperadamente *adv* desperately.

desesperado, da ◇ *adj* [persona, intento] desperate; [estado, situación] hopeless; [esfuerzo] furious; **(hacer algo) a la desesperada** *fig* (to do sthg) in desperation. ◇ *m, f* desperate person.

desesperante *adj* - **1.** [agobiante] infuriating. - **2.** [descorazonador] discouraging.

desesperanza *f* despair, hopelessness.

desesperanzar [13] ◇ *vt* to cause to lose hope. ◇ *vi*: ~ **de hacer algo** to have lost all hope of doing sthg.
◆ **desesperanzarse** *vpr* to lose hope.

desesperar *vt* - **1.** [quitar la esperanza] to drive to despair. - **2.** [irritar, enojar] to exasperate, to drive mad.
◆ **desesperarse** *vpr* - **1.** [perder la esperanza] to be driven to despair. - **2.** [irritarse, enojarse] to get mad o exasperated.

desespero *m* = **desesperación**.

desestabilizar [13] *vt* to destabilize.

desestima, desestimación *f* low opinion, lack of respect.

desestimar *vt* - **1.** [rechazar] to turn down. - **2.** [despreciar] to turn one's nose up at.

desfachatado, da *adj fam* cheeky.

desfachatez (*pl* **desfachateces**) *f fam* cheek.

desfalcar, defalcar [10] *vt* - **1.** [robar] to embezzle. - **2.** [desnivelar] to remove part of.

desfalco *m* embezzlement.

desfallecer [30] ◇ *vi* - **1.** [debilitarse] to be exhausted; ~ **de** to feel faint from. - **2.** [desmayarse] to faint. ◇ *vt* to weaken, to debilitate.

desfallecido, da *adj* faint, weak.

desfallecimiento *m* - **1.** [desmayo] fainting fit. - **2.** [debilidad] faintness.

desfasado, da *adj* [persona] out of touch; [libro, moda] out of date; **estar ~** to be out of touch.

desfasar *vt* ELECTR to phase out.

desfase *m* [diferencia] gap.

desfavorable *adj* unfavourable.

desfavorecer [30] *vt* - **1.** [perjudicar] to go against the interests of. - **2.** [sentar mal] not to suit.

USO ▶ Formular deseos

Deseando que algo ocurra

I'd love o I'd so like you to meet them.
Wouldn't it be wonderful if we could all go?
I'd like nothing better than to talk to him.
What wouldn't I give to be there now!
I'd give anything to see it!
Please let her say yes!
All I want is for him to go.
What I don't want is for her to find out.
I just wish this was all over.

If only I could persuade them.
Our only o dearest wish is for you to be happy. [*formal*]

Deseando que algo no hubiera ocurrido

I wish you hadn't told him that.
Why on earth did you have to tell him.
How I wish I'd never agreed to this!
If only you hadn't mentioned it.
It should never have happened.

desfavorecido, da *adj* [desaventajado] disadvantaged.

desfibrado *m* removal of fibres.

desfibradora *f* fibre-removing machine.

desfiguración *f*, **desfiguramiento** *m* - **1.** [de rostro, cuerpo] disfigurement. - **2.** *fig* [de la verdad] distortion.

desfigurar *vt* - **1.** [rostro, cuerpo] to disfigure. - **2.** *fig* [la verdad] to distort. - **3.** *fig* [disfrazar] to disguise, to camouflage.

◆ **desfigurarse** *vpr* [rostro, cuerpo] to be disfigured.

desfijar *vt* to pull off.

desfiladero *m* narrow mountain pass.

desfilar *vi* - **1.** MIL to parade. - **2.** *fig* [marcharse] to head off, to leave.

desfile *m* MIL parade; [de carrozas] procession; ~ **de modelos** fashion show.

desflecar [10] *vt* - **1.** [quitar flecos de] to fringe. - **2.** *Amér* [azotar] to whip.

desfloración *f*, **desfloramiento** *m* deflowering.

desflorar *vt* to deflower.

desflorecer [30] *vi* to lose its flowers o bloom.

◆ **desflorecerse** *vpr* to lose its flowers o bloom.

desflorecimiento *m* loss of flowers o bloom.

desfogar [16] ◇ *vt* - **1.** [sentimiento] to vent. - **2.** [fuego] to make an opening o vent in. ◇ *vi* NÁUT to break.

◆ **desfogarse** *vpr* to let off steam.

desfogue *m* - **1.** [desahogo] letting off of steam. - **2.** [agujero] vent. - **3.** *Amér* [desagüe] outlet.

desfollonar *vt* to prune.

desfondamiento *m* - **1.** [de caja, de silla] breaking of the bottom. - **2.** *fig* [de equipo] defeat.

desfondar *vt* - **1.** [caja, bolsa] to knock the bottom out of. - **2.** [agotar] to wear out. - **3.** [tierra] to plough deeply. - **4.** [barco, nave] to damage the bottom of.

◆ **desfondarse** *vpr* [persona] to become completely exhausted.

desforestación *f* deforestation.

desforestar *vt* to deforest.

desformar *vt* to deform, to disfigure.

desfortalecer [30] *vt* to take down the defences of.

desfrenar *vt* to unbridle.

desfruncir [12] *vt* to unfold, to unfurl.

desgaire *m* - **1.** [desaliño] slovenliness, sloppiness; **al** ~ nonchalantly, casually. - **2.** [desprecio] scornful gesture.

desgajar *vt* [página] to tear out; [rama] to break off; [libro, periódico] to rip up; [naranja] to split into segments.

◆ **desgajarse** *vpr* [rama] to break off; [hoja] to fall.

desgalonar *vt* to strip of rank.

desgana *f*, **desgano** *m* - **1.** [falta de hambre] lack of appetite. - **2.** [falta de ánimo] lack of enthusiasm; **con** ~ unwillingly, reluctantly.

desganado, da *adj* - **1.** [sin apetito]: **estar** ~ to be off one's food. - **2.** [sin ganas] listless, apathetic.

desganar *vt* to take away the desire of.

◆ **desganarse** *vpr* - **1.** [perder apetito] to lose one's appetite. - **2.** *fig* [cansarse] to lose interest.

desganchar *vt* - **1.** [quitar los ganchos] to lop off branches from. - **2.** *Amér* [desatar] to unhook, to unfasten.

desgano *m* = **desgana**.

desgañitarse *vpr* to scream o.s. hoarse.

desgarbado, da *adj* clumsy, ungainly.

desgarbo *m* ungainliness, awkwardness.

desgargantarse *vpr fam* to yell at the top of one's voice, to scream one's head off.

desgaritar *vi* to lose the way.

◆ **desgaritarse** *vpr* - **1.** [extraviarse] to get lost. - **2.** *fig* [renunciar, abandonar] to give up.

desgarrado, da *adj* - **1.** [roto] torn, ripped. - **2.** *fig* [desvergonzado] impudent, shameless.

desgarrador, ra *adj* harrowing.

desgarrar *vt* to rip; ~ **el corazón** to break one's heart.

◆ **desgarrarse** *vpr* - **1.** [romperse] to rip. - **2.** [apartarse] to break away, to go off by o.s.

desgarro *m* - **1.** [rotura] tear. - **2.** *fig* [desfachatez] boast, brag. - **3.** *fig* [fanfarronada] boldness (U), impudence (U). - **4.** *Amér* [esputo] sputum.

desgarrón *m* big tear.

desgastado, da *adj* worn.

desgastar *vt* - **1.** [consumir] to wear out. - **2.** *fig* [debilitar] to wear down.

◆ **desgastarse** *vpr* - **1.** [consumirse] to wear o.s. out. - **2.** *fig* [debilitarse] to become weak o feeble.

desgaste *m* - **1.** [de tela, muebles etc] wear and tear; [de roca] erosion; [de pilas] running down; [de cuerdas] fraying; [de metal] corrosion. - **2.** [de persona] wear and tear; [de dirigentes] losing of one's touch.

desgaznatarse *vpr fam* to yell at the top of one's voice, to scream one's head off.

desglosar *vt* - **1.** [tema, cuestión] to break down. - **2.** [texto] to remove footnotes from. - **3.** [película] to cut, to edit.

desglose *m* - **1.** [de tema, de cuestión] breakdown. - **2.** [de texto] removal of footnotes. - **3.** [de película] cutting, editing.

desgobernar [19] *vt* - **1.** [país] to govern badly. - **2.** [huesos] to dislocate. - **3.** [orden, dirección] to mismanage, to handle badly. - **4.** [barco] to steer badly.

◆ **desgobernarse** *vpr* to lose control.

desgobierno *m* - **1.** [de país] misgovernment, misrule. - **2.** [desorden] disorder, confusion. - **3.** [incompetencia] mismanagement.

desgolletar *vt* - **1.** [vasija] to break the neck of. - **2.** [ropa] to loosen.

desgonzar [13], **desgoznar** *vt* to unhinge, to remove the hinges from.

◆ **desgonzarse** *vpr* - **1.** [desencajarse] to be dislocated. - **2.** *fig* [desgobernarse] to lose control.

desgracia *f* - **1.** [mala suerte] misfortune; **por** ~ unfortunately; **tener la** ~ **de** to be unfortunate enough to. - **2.** [catástrofe] disaster; **es una** ~ **que...** it's a terrible shame that... □ ~**s personales** casualties; **el descarrilamiento del tren no produjo** ~**s personales** there were no casualties as a result of the derailment. - **3.** [falta de gracia] gracelessness, clumsiness. - **4.** *loc*: **caer en** ~ to fall into disgrace.

desgraciadamente *adv* unfortunately.

desgraciado, da ◇ *adj* - **1.** [gen] unfortunate. - **2.** [sin suerte] unlucky. - **3.** [infeliz] unhappy. - **4.** [sin gracia] graceless, clumsy. - **5.** [sinvergüenza] wretched, despicable. ◇ *m, f* - **1.** [persona sin suerte] born loser. - **2.** *fig* [pobre infeliz] miserable wretch. - **3.** [sinvergüenza] wretch, despicable person.

desgraciar [8] *vt* - **1.** [cosa] to spoil. - **2.** [persona - deshonrar] to demean; [- herir] to injure seriously; [- matar] to kill.

◆ **desgraciarse** *vpr* - **1.** [plan, proyecto] to be a complete disaster, to fall through. - **2.** [cosa, objeto] to be ruined o spoiled.

desgranador, ra ◇ *adj* - **1.** [de trigo] threshing. - **2.** [de guisantes] shelling. ◇ *m, f* - **1.** [de trigo] thresher. - **2.** [de guisantes] sheller.

◆ **desgranadora** *f* threshing machine.

desgranar *vt* - **1.** [insultos, frases, oraciones] to spout, to come out with. - **2.** [maíz, trigo] to thresh.

◆ **desgranarse** *vpr* - **1.** [collar] to come unstrung. - **2.** [arma] to wear out its vent. - **3.** *Amér* [grupo, personas] to disperse, to break up.

desgrasar *vt* to remove grease from.

desgrase *m* degreasing.

desgravable *adj* tax-deductible.

desgravación *f* deduction; ~ **fiscal** tax deduction, tax relief (U).

desgravar *vt* to deduct from one's tax bill.

desgreñado, da *adj* dishevelled.

desgreñar *vt* to dishevel, to tousle.

◆ **desgreñarse** *vpr* - **1.** [despeinarse] to become dishevelled o tousled. - **2.** [reñir] to have a heated argument.

desguace *m* [de coches] scrapping; [de buques] breaking.

desguarnecer [30] *vt* - **1.** [casa, sala] to strip. - **2.** [caballo] to unharness. - **3.** MIL to leave unprotected o without troops.

desguazar [13] *vt* [coche] to scrap; [buque] to break up.

deshabillé *m* negligee.

deshabitado, da *adj* uninhabited.

deshabitar *vt* - **1.** [casa] to leave. - **2.** [territorio] to depopulate, to empty of people.

deshabituar [6] *vt*: ~ **a alguien (de)** to get sb out of the habit (of).

◆ **deshabituarse** *vpr*: ~**se (de)** to break the habit (of).

deshacedor, ra ◇ *adj* undoing. ◇ *m, f* undoer; ~ **de agravios** o **entuertos** righter of wrongs.

deshacer [60] *vt* - **1.** [costura, nudo, paquete] to undo; [maleta] to unpack; [tarta, castillo de arena] to destroy. - **2.** [disolver - helado, mantequilla] to melt; [- pastilla, terrón de azúcar] to dissolve. - **3.** [despedazar - libro] to tear up; [- res, carne] to cut up. - **4.** [poner fin a - contrato, negocio] to cancel; [- pacto, tratado] to break; [- plan, intriga] to foil; [- organización] to dissolve. - **5.** [destruir - enemigo] to rout; [- matrimonio] to ruin. - **6.** [desgastar] to wear out. - **7.** [desarmar] to take apart. - **8.** *fig* [afligir] to devastate.

◆ **deshacerse** *vpr* - **1.** [disolverse - helado, mantequilla] to melt; [- pastilla, terrón de azúcar] to dissolve. - **2.** [desarmarse] to fall apart. - **3.** [desvanecerse] to disappear. - **4.** *fig* [afligirse] to be devastated. - **5.** *fig* [librarse]: ~**se de** to get rid of; **salió por una puerta trasera para** ~**se del detective** he left by a back door to lose the detective. - **6.** *fig* [prodigarse]: ~**se en algo (con** o **hacia alguien)** [cumplidos] to lavish sthg (on sb); [insultos] to heap sthg (on sb). - **7.** *fig*: ~**se por alguien** [desvivirse] to bend over backwards for sb; [estar enamorado] to be madly in love with sb; ~**se por hacer/ conseguir algo** to go out of one's way to do/get sthg.

desharrapado, da ◇ *adj* ragged. ◇ *m, f* person dressed in rags.

deshecha *f* - **1.** [disimulo] pretence; **hacer la** ~ to feign, to pretend. - **2.** [despedida] polite farewell. - **3.** [salida] speedy departure, swift exit. - **4.** [estribillo] refrain.

deshecho, cha ◇ *pp* → **deshacer**. ◇ *adj* - **1.** [costura, nudo, paquete] undone; [cama] unmade; [maleta] unpacked. - **2.** [enemigo] destroyed; [tarta, matrimonio] ruined. - **3.** [derretido - pastilla, terrón de azúcar] dissolved; [- helado, mantequilla] melted. - **4.** [anulado - contrato, negocio] cancelled; [- pacto, tratado] broken; [- plan, intriga] foiled; [- organización] dissolved. - **5.** [afligido] devastated. - **6.** [cansado] tired out.

◆ **deshecho** *m Amér* short cut.

deshelar [19] *vt* [nieve, lago, hielo] to thaw, to melt; [parabrisas] to de-ice.

◆ **deshelarse** *vpr* to thaw, to melt.

desheredado, da ◇ *adj* - **1.** [excluido de herencia] disinherited. - **2.** *fig* [indigente] underprivileged. ◇ *m, f* [indigente] deprived person; **los** ~**s** the underprivileged.

desheredar *vt* to disinherit.

deshermanar *vt* to make different.

◆ **deshermanarse** *vpr* to forsake one's brother.

desherrar [19] *vt* - **1.** [caballo] to unshoe. - **2.** [prisionero] to unchain.

◆ **desherrarse** *vpr* - **1.** [caballo] to lose a shoe. - **2.** [prisionero] to free o.s. from one's chains.

deshice *etc v* → **deshacer**.

deshidratación *f* dehydration.

deshidratado, da *adj* dehydrated.

deshidratante ◇ *adj* dehydrating. ◇ *m* dehydrating agent.

deshidratar *vt* to dehydrate.

◆ **deshidratarse** *vpr* to become dehydrated.

deshidrogenar *vt* to dehydrogenate, to dehydrogenize.

deshiela *etc v* → **deshelar**.

deshielo *m* [de nieve] thaw; [de nevera] defrosting.

deshierra *etc v* → **desherrar**.

deshijar *vt* - **1.** [cría] to separate from its mother. - **2.** *Amér* [planta] to remove the suckers from.

deshilachado, da *adj* frayed.

deshilachar *vt* to unravel.

◆ **deshilacharse** *vpr* to fray.

deshilado, da *adj* in single file.

◆ **deshilado** *m* openwork embroidery.

◆ **a la deshilada** *loc adv* - **1.** [en fila] in single file. - **2.** *fig* [con disimulo] secretly.

deshilar ◇ *vt* - **1.** [tela] to unravel. - **2.** [carne, pescado] to cut to ribbons. - **3.** [abejas] to lead to a new hive. ◇ *vi* to get o grow thin.

◆ **deshilarse** *vpr* to become frayed.

deshilvanado, da *adj* - **1.** [tela] untacked. - **2.** *fig* [discurso, guión] disjointed.

deshilvanar *vt* to untack.

deshincar [10] *vt* to pull out, to draw out.

deshinchar *vt* - **1.** [globo, rueda] to let down, to deflate. - **2.** [brazo, pierna etc] to reduce the swelling in. - **3.** *fig* [enojo, cólera] to give vent to.

◆ **deshincharse** *vpr* - **1.** [globo, hinchazón] to go down; [neumático] to go flat. - **2.** *fig* [desanimarse] to get off one's high horse.

deshipoteca *f* paying off of the mortgage.

deshipotecar [10] *vt* to pay off the mortgage on.

deshizo *v* → **deshacer**.

deshojadura *f*, **deshojamiento** *m* stripping of leaves.

deshojar *vt* [árbol] to strip the leaves off; [flor] to pull the petals off; [libro] to pull the pages out of.

◆ **deshojarse** *vpr* [árbol] to shed its leaves; [flor] to drop its petals.

deshoje *m* falling of leaves.

deshollejar *vt* to peel.

deshollinador, ra ◇ *adj* - **1.** [de chimenea] chimney-sweeping. - **2.** *fig* [fisgón] nosy. ◇ *m, f* - **1.** [de chimenea] chimney sweep. - **2.** *fig* [fisgón] busybody.

◆ **deshollinador** *m* chimney-sweeping machine.

deshollinar *vt* - **1.** [chimenea] to sweep. - **2.** *fig* [fisgonear] to scrutinize, to examine closely.

deshonestidad *f* dishonesty.

deshonesto, ta *adj* [sin honradez] dishonest; [sin pudor] indecent.

deshonor *m* - **1.** [agravio] dishonour. - **2.** [afrenta] insult, affront.

deshonra *f* dishonour.

deshonrabuenos *mf inv fam* - **1.** [calumniador] slanderer. - **2.** [inútil] black sheep.

deshonrar *vt* - **1.** [quitar la honra] to dishonour. - **2.** [insultar] to insult, to affront.

◆ **deshonrarse** *vpr* to be shamed.

deshonroso, sa *adj* dishonourable, shameful.

deshora ◆ **a deshora, a deshoras** *loc adv* [en momento inoportuno] at a bad time; [en horas poco habituales] at an unearthly hour.

deshuesa *etc v* → **desosar**.

deshuesar *vt* [carne] to bone; [fruto] to stone.

deshumanización *f* dehumanization.

deshumanizar [13] *vt* to dehumanize.

◆ **deshumanizarse** *vpr* to become dehumanized, to lose one's humanity.

deshumedecer [30] *vt* to dry out.

◆ **deshumedecerse** *vpr* to dry out.

desiderátum *m inv* greatest wish.

desidia *f* [en el trabajo] neglect; [en el aspecto] slovenliness.

desidioso, sa *adj* [en el trabajo] neglectful; [en el aspecto] slovenly.

desierto, ta *adj* - **1.** [despoblado] deserted. - **2.** [vacante - concurso] void; [- premio] deferred. - **3.** [desolado] desolate, bleak.

◆ **desierto** *m* desert; **es como predicar en el** ~ *fig* it's like talking to a brick wall.

designación *f* - **1.** [nombre] designation. - **2.** [nombramiento] appointment.

designar *vt* - **1.** [nombrar] to appoint. - **2.** [fijar, determinar] to name, to fix.

designio *m* intention, plan.

desigual *adj* - **1.** [diferente] different; [terreno] uneven. - **2.** [tiempo, persona, humor] changeable; [alumno, actuación] inconsistent. - **3.** [lucha] unevenly matched, unequal. - **4.** [tratamiento] unfair, unequal. - **5.** [difícil] arduous, difficult.

desigualar *vt* to make unequal.

◆ **desigualarse** *vpr* to get ahead.

desigualdad *f* - **1.** [gen] inequality; [diferencia] difference. - **2.** [del terreno] roughness. - **3.** [de carácter] changeability. - **4.** [de actuación, rendimiento] inconsistency.

desilusión *f* disappointment, disillusionment *(U)*; **llevarse una** ~ to be disappointed.

desilusionado, da *adj* disillusioned, disappointed.

desilusionar *vt* [desengañar] to reveal the truth to; [decepcionar] to disappoint, to disillusion.

◆ **desilusionarse** *vpr* [decepcionarse] to be disappointed o disillusioned; [desengañarse] to realize the truth.

desimantación *f* demagnetization.

desimantar *vt* to demagnetize.

desimpresionar *vt* to open the eyes of.

◆ **desimpresionarse** *vpr* to have one's eyes opened.

desincorporar *vt* to break up.

desincrustar *vt* to descale.

desinencia *f* ending.

desinfección *f* disinfection.

desinfectante ◇ *adj* disinfectant *(antes de sust)*. ◇ *m* disinfectant.

desinfectar *vt* to disinfect.

desinflado, da *adj* [neumático] flat.

desinflamar *vt* to reduce the inflammation in.

◆ **desinflamarse** *vpr* to become less inflamed.

desinflar *vt* - **1.** [quitar aire] to let down, to deflate. - **2.** *fig* [quitar importancia] to play down. - **3.** [desanimar] to depress.

◆ **desinflarse** *vpr* - **1.** [perder aire - gen] to go down; [- neumático] to go flat. - **2.** [desanimarse] to get depressed.

desinformación *f* misinformation.

desinformar *vi* to give incorrect information.

desinhibido, da *adj* uninhibited.

desintegración *f* - **1.** [de objetos] disintegration; ~ **nuclear** nuclear fission. - **2.** [de grupos, organizaciones] breaking up.

desintegrar *vt* - **1.** [objetos] to disintegrate; [átomo] to split. - **2.** [grupos, organizaciones] to break up.

◆ **desintegrarse** *vpr* - **1.** [objetos] to disintegrate. - **2.** [grupos, organizaciones] to break up.

desinterés (*pl* **desintereses**) *m* - **1.** [indiferencia] disinterest, lack of interest. - **2.** [generosidad] unselfishness.

desinteresadamente *adv* unselfishly.

desinteresado, da *adj* - **1.** [indiferente] disinterested, impartial. - **2.** [generoso] unselfish.

desinteresarse *vpr*: ~ **de** o **por algo** to lose interest in sthg.

desintoxicación *f* detoxification.

desintoxicar [10] *vt* to detoxify.

◆ **desintoxicarse** *vpr* to detoxify o.s.

desirva, desirviera *etc v* → **deservir**.

desistir *vi*: ~ **(de hacer algo)** [de propósito] to give up o to stop (doing sthg); ~ **de un derecho** to waive a right.

desjarretar *vt* - **1.** [animal] to hamstring. - **2.** *fig* [persona] to weaken, to debilitate.

desjuiciado, da *adj* injudicious.

desjuntar *vt* to separate, to divide.

◆ **desjuntarse** *vpr* to separate, to divide.

deslabonar *vt* - **1.** [cadena] to unlink. - **2.** *fig* [desunir] to disconnect. - **3.** [proyecto] to ruin, to destroy.

◆ **deslabonarse** *vpr* - **1.** *fig* [desunirse] to come apart. - **2.** [proyecto] to fall apart.

deslavar *vt* - **1.** [ropa] to wash superficially. - **2.** *Amér* [ribera] to wash away.

deslavazado, da *adj* - **1.** [blando] limp. - **2.** [disperso] disjointed.

deslazar [13] *vt* to unlace, to untie.

desleal ◇ *adj* - **1.** [persona]: ~ **(con)** disloyal (to). - **2.** [competencia] unfair. ◇ *mf* traitor.

deslealmente *adv* disloyally.

deslealtad *f* disloyalty.

desleír [28] *vt* - **1.** [sólido] to dissolve; [líquido] to dilute. - **2.** *fig* [discurso, pensamiento] to dilute, to weaken.

◆ **desleírse** *vpr* [sólido] to dissolve.

deslenguado, da *adj fig* foul-mouthed.

deslenguar [45] *vt* to cut out the tongue of.

◆ **deslenguarse** *vpr fig* to use foul language, to swear.

deslía *v* → **desleír**.

desliar [9] *vt* - **1.** [paquete] to unwrap. - **2.** [enredo] to untie, to undo. - **3.** [vino] to separate the lees from.

deslíe *etc v* → **desleír**.

desligadura *f* - **1.** [de atadura] untying, unfastening. - **2.** *fig* [desenredo] disentanglement.

desligar [16] *vt* - **1.** [desatar] to untie. - **2.** *fig* [separar]: ~ **algo (de)** to separate sthg (from). - **3.** *fig* [desenredar] to untangle, to unravel. - **4.** MÚS to pick.

◆ **desligarse** *vpr* - **1.** [desatarse] to untie o.s. - **2.** *fig* [separarse]: ~**se de** to become separated from; ~**se de un grupo** to distance o.s. from a group.

deslindar *vt* - **1.** [limitar] to mark out (the boundaries of). - **2.** *fig* [separar] to define. - **3.** *fig* [aclarar] to clarify.

deslinde *m* - **1.** [delimitación] delimitation, demarcation. - **2.** *fig* [aclaración] clarification, elucidation.

deslió *v* → **desleír**.

desliz (*pl* **deslices**) *m* slip, error; **tener** o **cometer un** ~ to slip up □ ~ **de lengua** slip of the tongue.

deslizable *adj* - **1.** [resbaladizo] slippery. - **2.** [corredero] sliding.

deslizadizo, za *adj* slippery.

deslizamiento *m* slide, sliding *(U)*; ~ **de tierra** landslide.

deslizante *adj* slippery.

deslizar [13] ◇ *vt* - **1.** [mano, objeto]: ~ **algo en** to slip sthg into; ~ **algo por algo** to slide sthg along sthg. - **2.** [indirecta, comentario] to slip in. ◇ *vi* to slide, to slip.

◆ **deslizarse** *vpr* - **1.** [resbalar]: ~**se por** to slide along. - **2.** [introducirse]: ~**se en** [persona] to slip into; [error] to creep into. - **3.** [tiempo] to slip away o by. - **4.** [sobre agua] to glide.

deslomar *vt* [a golpes] to thrash.

◆ **deslomarse** *vpr fam* to break one's back, to wear o.s. out.

deslucido, da *adj* - **1.** [sin brillo] faded; [plata] tarnished. - **2.** [sin gracia - acto, ceremonia] dull; [- actuación] lacklustre, uninspired.

deslucimiento *m* - **1.** [falta de gracia] inelegance, gracelessness. - **2.** [falta de brillantez] unimpressiveness, insignificance. - **3.** [falta de vitalidad] dullness, lifelessness.

deslucir [32] *vt* - **1.** [estropear] to spoil, to ruin. - **2.** [quitar brillo] to dull, to tarnish. - **3.** *fig* [desacreditar] to discredit.

◆ **deslucirse** *vpr* - **1.** [perder brillo] to become dull o tarnished. - **2.** [desacreditarse] to become discredited.

deslumbrador, ra adj lit & fig dazzling.

deslumbramiento m - **1.** [ceguera] dazzling, dazzle. - **2.** [confusión] bewilderment.

deslumbrante adj dazzling.

deslumbrar vt lit & fig to dazzle.

deslustrado, da adj - **1.** [zapatos] unpolished. - **2.** [ropa] dingy. - **3.** [metal] tarnished.

deslustrar vt - **1.** [zapatos] to take the shine off. - **2.** [ropa] to remove the finish from. - **3.** [cristal] to frost. - **4.** fig [deslucir] to dull, to tarnish. - **5.** fig [desacreditar] to tarnish the reputation of.

deslustre m - **1.** [de zapatos] dullness. - **2.** [de ropa] removal of the finish. - **3.** [de cristal] frosting; [de metal] tarnishing. - **4.** fig [deshonra] dishonour, disgrace.

deslustroso, sa adj - **1.** [feo] disgraceful. - **2.** fig [indecoroso] unbecoming, improper.

desmadejar vt to wear o tire out.

desmadrado, da adj [animal] abandoned by its mother.

desmadrar vt [animal] to take away from its mother.

◆ **desmadrarse** vpr fam [persona] to go wild.

desmadre m fam chaos, utter confusion.

desmalezar [13] vt Amér to clear of undergrowth.

desmán m - **1.** [con la bebida, comida etc] excess. - **2.** [abuso de poder] abuse (of power). - **3.** [desgracia] misfortune, mishap. - **4.** ZOOL muskrat.

desmanchar vt Amér to remove the stains from.

◆ **desmancharse** vpr Amér [apartarse] to withdraw.

desmandado, da adj [desobediente] unruly.

desmandar vt to countermand, to revoke.

◆ **desmandarse** vpr - **1.** [desobedecer] to be disobedient. - **2.** [insubordinarse] to get out of hand.

desmano ◆ a desmano loc adv - **1.** [fuera de alcance] out of reach. - **2.** [fuera del camino seguido] out of the way.

desmanotado, da fam ◇ adj clumsy, awkward. ◇ m, f clumsy person.

desmantecar [10] vt - **1.** [quitar manteca] to skim. - **2.** [quitar grasa] to remove the fat from.

desmantelado, da adj - **1.** [desarmado] dismantled. - **2.** [mal cuidado] dilapidated, run-down.

desmantelamiento m - **1.** [de casa, fábrica] stripping; [de organización] disbanding; [de arsenal, andamiaje] dismantling; [de barco] unrigging. - **2.** [estado ruinoso] dilapidation.

desmantelar vt [casa, fábrica] to clear out, to strip; [organización] to disband; [arsenal, andamio] to dismantle; [barco] to unrig.

desmaña f, **desmaño** m clumsiness, awkwardness.

desmañado, da ◇ adj clumsy, awkward. ◇ m, f clumsy person.

desmaño m = **desmaña**.

desmaquillador m make-up remover.

desmaquillar vt to remove the make-up from.

◆ **desmaquillarse** vpr to take one's make-up off.

desmarañar vt to disentangle, to unravel.

desmarcar [10] vt DEP to draw the marker away from.

◆ **desmarcarse** vpr DEP to lose one's marker.

desmarrido, da adj desus - **1.** [desfallecido] weak. - **2.** [alicaído] dejected.

desmatar Esp, **desmatonar** Amér vt to clear of undergrowth.

desmayado, da adj - **1.** [sin sentido] unconscious; **caer** ~ to faint. - **2.** [color] pale. - **3.** [hambriento] faint. - **4.** [agotado] exhausted, worn-out. - **5.** [desanimado] discouraged, disheartened.

desmayar ◇ vi to lose heart. ◇ vt to cause to faint.

◆ **desmayarse** vpr to faint.

desmayo m - **1.** [físico] fainting fit; **sufrir** ~ to have fainting fits. - **2.** [moral] loss of heart; **sin** ~ unfalteringly. - **3.** [inconsciencia] unconsciousness. - **4.** BOT weeping willow.

desmedido, da adj - **1.** [excesivo] excessive, disproportionate. - **2.** [sin límite] boundless, limitless.

desmedirse [26] vpr to go too far, to go over the top.

desmedrar ◇ vt [deteriorar] to impair, to damage. ◇ vi [decaer] to decline, to deteriorate.

desmedro m decline, deterioration.

desmejorar ◇ vt to spoil. ◇ vi to go downhill, to deteriorate.

◆ **desmejorarse** vpr to go downhill, to deteriorate.

desmelenado, da adj - **1.** [persona] reckless, wild. - **2.** [cabello] tousled, dishevelled.

desmelenar vt [cabello] to dishevel.

◆ **desmelenarse** vpr [persona] to go wild.

desmembramiento m, **desmembración** f [de cuerpo] dismemberment; [de miembro, extremidad] loss; [de estados, partidos] breaking up.

desmembrar [19] vt - **1.** [trocear - cuerpo] to dismember; [- miembro, extremidad] to cut off. - **2.** [disgregar] to break up.

desmemoriado, da ◇ adj forgetful. ◇ m, f forgetful person.

desmemoriarse [8] vpr to become forgetful.

desmentido m denial.

desmentir [27] ◇ vt - **1.** [negar] to deny. - **2.** [no corresponder a] to belie. - **3.** [contradecir] to contradict. - **4.** [refutar] to refute, to disprove. - **5.** [proceder contrariamente a] to go against; ~ **su carácter** to go against his/her etc nature. ◇ vi to go out of line.

◆ **desmentirse** vpr - **1.** [contradecirse] to contradict o.s. - **2.** [faltar a su palabra] to go back on one's word.

desmenuzador, ra ◇ adj - **1.** [que despedaza] crumbling. - **2.** [que investiga] scrutinizing. ◇ m, f - **1.** [despedazador] shredder. - **2.** [investigador] investigator.

desmenuzar [13] vt - **1.** [trocear - pan, pastel, roca] to crumble; [- carne] to chop up; [- papel] to tear up into little pieces. - **2.** fig [examinar, analizar] to scrutinize.

desmeollar vt to remove the marrow from.

desmerecedor, ra adj unworthy, undeserving.

desmerecer [30] ◇ vt not to deserve, to be unworthy of. ◇ vi - **1.** [perder valor, mérito] to lose value; ~ **(en algo) de alguien** to be inferior to sb (in sthg). - **2.** [decaer] to deteriorate.

desmerecimiento m unworthiness.

desmesura f lack of moderation.

desmesuradamente adv - **1.** [excesivamente] excessively, extremely. - **2.** [descomunalmente] uncommonly, extremely.

desmesurado, da adj - **1.** [excesivo] excessive, disproportionate; [enorme] enormous. - **2.** [insolente] insolent, impudent.

desmesurar vt - **1.** [descomponer] to disturb, to upset. - **2.** [desordenar] to put in disorder.

◆ **desmesurarse** vpr to go too far, to forget o.s.

desmida, desmidiera etc v → **desmedirse**.

desmiembra etc v → **desmembrar**.

desmienta etc v → **desmentir**.

desmigajar vt to crumble.

◆ **desmigajarse** vpr to crumble.

desmilitarizar [13] vt to demilitarize.

desmineralización f MED demineralization.

desmintiera etc v → **desmentir**.

desmitificar [10] vt to demythologize.

desmochar vt - **1.** [árbol] to pollard. - **2.** [res] to blunt the horns of. - **3.** fig [obra] to cut.

desmoldar vt to remove from its mould.

desmonetización f ECON demonetarization.

desmontable ◇ adj [que se puede desarmar] that can be dismantled; [que se quita] detachable; **una librería** ~ a self-assembly bookcase. ◇ m tyre iron.

desmontaje *m* - **1.** [desarme] dismantling, disassembly. - **2.** [demolición] demolition. - **3.** [de arma de fuego] uncocking.

desmontar ◇ *vt* - **1.** [desarmar - máquina] to take apart o to pieces; [- motor] to strip down; [- piezas] to dismantle; [- rueda] to remove, to take off; [- tienda de campaña] to take down; [- arma] to uncock. - **2.** [jinete - suj: caballo] to unseat; [- suj: persona] to help down. - **3.** [árbol] to fell, to cut down. - **4.** [terreno] to level. ◇ *vi*: ~ **de** [caballo] to dismount from; [moto, bicicleta] to get off; [coche] to get out of.
◆ **desmontarse** *vpr*: ~**se de** [caballo] to dismount from; [moto, bicicleta] to get off; [coche] to get out of.

desmonte *m* - **1.** (*gen pl*) [terreno] levelled ground (*U*). - **2.** [allanamiento] levelling. - **3.** [de bosque] clearing. - **4.** MIN slag.

desmoralización *f* demoralization.

desmoralizado, da *adj* demoralized.

desmoralizador, ra *adj* demoralizing.

desmoralizar [13] *vt* - **1.** [desalentar] to demoralize. - **2.** [corromper] to corrupt.
◆ **desmoralizarse** *vpr* - **1.** [desalentarse] to become demoralized. - **2.** [corromperse] to become corrupt o depraved.

desmoronamiento *m* [de edificios, rocas, ideales] crumbling; [de imperios] fall.

desmoronar *vt* [edificios, rocas] to cause to crumble.
◆ **desmoronarse** *vpr* - **1.** [edificio, roca, ideales] to crumble. - **2.** *fig* [persona] to be devastated; [imperio] to fall.

desmotadera *f* - **1.** TECN & TEXTIL burling iron. - **2.** *Amér* [de algodón] cotton gin.

desmotador, ra *m, f* burler.
◆ **desmotadora** *f* cotton gin.

desmotar *vt* - **1.** [lana, paño] to burl. - **2.** *Amér* [algodón] to gin.

desmote *m* - **1.** [de lana, paño] burling. - **2.** *Amér* [de algodón] ginning.

desmotivar *vt* demotivate.

desmovilización *f* MIL demobilization.

desmovilizar [13] *vt* - **1.** MIL to demobilize. - **2.** *fig* [quitar energía] to dispel energy o enthusiasm from.

desnacionalización *f* denationalization, privatization.

desnacionalizar [13] *vt* to denationalize, to privatize.

desnatado, da *adj* skimmed.

desnatadora *f* skimmer, cream separator.

desnatar *vt* - **1.** [quitar nata] to skim. - **2.** *fig* [sacar lo mejor] to take the cream o the best of.

desnaturalización *f* - **1.** [de ciudadano] denaturalization. - **2.** [de carácter] perversion, corruption. - **3.** [de texto] distortion.

desnaturalizado, da *adj* - **1.** [sustancia] adulterated; [alcohol] denatured. - **2.** [con la familia] inhuman. - **3.** [sin nacionalidad] denaturalized. - **4.** [corrompido] perverted, corrupted. - **5.** [malo] unnatural.

desnaturalizar [13] *vt* - **1.** [sustancia] to adulterate. - **2.** [privar de derechos] to deny his/her *etc* natural rights of. - **3.** [corromper] to pervert, to corrupt.
◆ **desnaturalizarse** *vpr* to be denaturalized.

desnitrificar [10] *vt* to denitrify.

desnivel *m* - **1.** [cultural, social etc] difference, inequality. - **2.** [del terreno - irregularidad] irregularity, unevenness (*U*); [- depresión] drop.

desnivelar *vt* - **1.** [gen] to make uneven; [balanza] to tip. - **2.** *fig* [desequilibrar] to throw off balance, to unbalance.
◆ **desnivelarse** *vpr* to become uneven.

desnucar [10] *vt* to break the neck of.
◆ **desnucarse** *vpr* to break one's neck.

desnuclearizar [13] *vt* to make nuclear-free.

desnudar *vt* - **1.** [desvestir] to undress. - **2.** *fig* [quitar adornos] to strip. - **3.** *fig* [descubrir] to lay bare, to uncover. - **4.**

[espada] to draw. - **5.** *fam* [en el juego] to fleece, to clean out. - **6.** NÁUT to unrig.
◆ **desnudarse** *vpr* - **1.** [desvestirse] to undress, to get undressed. - **2.** [despojarse]: ~**se de** to free o rid o.s. of.

desnudez (*pl* **desnudeces**) *f* [de persona] nakedness, nudity; [de cosa] bareness.

desnudismo *m* nudism.

desnudista *adj & mf* nudist.

desnudo, da *adj* - **1.** [sin ropa] naked; [con poca ropa] undressed. - **2.** *fig* [salón, hombro, árbol] bare; [verdad] plain; [paisaje] bare, barren; ~ **de** devoid of, lacking. - **3.** *fig* [pobre] destitute. - **4.** [espada] drawn.
◆ **desnudo** *m* nude.

desnutrición *f* malnutrition.

desnutrido, da *adj* undernourished.

desnutrirse *vpr* to suffer from malnutrition.

desobedecer [30] *vt* to disobey.

desobediencia *f* disobedience.

desobediente *adj* disobedient.

desobligar [16] *vt* - **1.** [librar] to free. - **2.** *fig* [ofender] to alienate.

desocupación *f* - **1.** [desempleo] unemployment. - **2.** [ociosidad] idleness.

desocupado, da ◇ *adj* - **1.** [persona - ocioso] free, unoccupied; [- sin empleo] unemployed. - **2.** [lugar] vacant, unoccupied. ◇ *m, f* - **1.** [desempleado] unemployed person. - **2.** [ocioso] idler.

desocupar *vt* - **1.** [edificio] to vacate; [habitación, mesa] to leave. - **2.** [vasija] to empty.
◆ **desocuparse** *vpr* - **1.** [de un trabajo] to leave, to quit. - **2.** *Amér* [parir] to give birth.

desodorante ◇ *adj* deodorizing. ◇ *m* deodorant.

desodorizar [13] *vt* to deodorize.

desoír [62] *vt* not to listen to, to take no notice of.

desojar *vt* to break the eye of (*needle etc*).
◆ **desojarse** *vpr* to strain one's eyes.

desolación *f* - **1.** [destrucción] desolation. - **2.** [desconsuelo] distress, grief. - **3.** [soledad] loneliness.

desolado, da *adj* [lugar] desolate.

desolador, ra *adj* [imagen, espectáculo] desolate; [noticia etc] devastating.

desolar [80] *vt* - **1.** [destruir] to devastate, to lay waste. - **2.** [afligir] to cause anguish to.
◆ **desolarse** *vpr* to be devastated.

desollado, da ◇ *adj fam* brazen, cheeky. ◇ *m, f* brazen o cheeky person.

desollador, ra ◇ *adj* - **1.** [que despelleja] skinning. - **2.** *fam fig* [caro] exorbitant. ◇ *m, f* - **1.** [en el matadero] skinner. - **2.** *fam fig* [comerciante] cut-throat trader, thief.
◆ **desollador** *m* ZOOL butcherbird.

desolladura *f* - **1.** [de reses] skinning, flaying. - **2.** [arañazo] graze. - **3.** *fig* [robo] fleecing.

desollar [23] *vt* - **1.** [despellejar] to skin. - **2.** *fig* [dañar] to harm, to injure. - **3.** [hacer pagar mucho] to fleece. - **4.** [criticar] to flay, to criticize; ~ **a alguien vivo** *fam* to fleece sb, to rip sb off. - **5.** *fam* [murmurar de] to slander.

desorbitado, da *adj* - **1.** [gen] disproportionate; [precio] exorbitant. - **2.** *loc*: **con los ojos** ~**s** pop-eyed.

desorbitar *vt* - **1.** *fig* [exagerar] to exaggerate, to blow out of proportion. - **2.** *Amér* [enloquecer] to drive mad.
◆ **desorbitarse** *vpr* - **1.** [ojos] to bulge. - **2.** [satélite] to leave its orbit. - **3.** *fig* [descomedirse] to lose one's sense of proportion.

desorden *m* - **1.** [confusión] disorder, chaos; [falta de orden] mess; **en** ~ topsy-turvy; **poner en** ~ to upset, to disarrange. - **2.** [disturbio] disturbance; **la subida del pan provocó desórdenes en las calles** the rise in the price of bread provoked disturbances in the streets. - **3.** [vida desenfrenada] excess. - **4.** MED disorder.

desordenadamente *adv* - **1.** [sin orden] in a disorderly way. - **2.** [confusamente] confusedly.

desordenado, da *adj* - **1.** [habitación, persona] untidy, messy; [documentos, fichas] jumbled (up). - **2.** *fig* [sin regla] chaotic. - **3.** [conducta] unruly. - **4.** [excesivo] excessive, inordinate.

desordenar *vt* - **1.** [habitación, cajón] to mess up; [documentos, fichas] to jumble up; [pelo] to ruffle. - **2.** [desconcertar] to throw into confusion.

◆ **desordenarse** *vpr* - **1.** [ponerse en desorden] to become disarranged o disorderly. - **2.** [salirse de la regla] to get out of order o out of control.

desorejado, da *adj* - **1.** *fam* [infame] despicable, abject. - **2.** *Amér* [sin asas] without handles. - **3.** *Amér* [que tiene mal oído] tone-deaf. - **4.** *Amér* [derrochador] wasteful. - **5.** *Amér* [tonto] silly, foolish.

desorejar *vt* to cut off the ears of.

desorganización *f* disorganization.

desorganizado, da *adj* disorganized.

desorganizar [13] *vt* to disrupt, to disorganize.

desorientación *f* - **1.** [en el espacio] disorientation. - **2.** *fig* [en la mente] confusion.

desorientado, da *adj* disorientated.

desorientar *vt* - **1.** [en el espacio] to disorientate, to mislead. - **2.** *fig* [en la mente] to confuse.

◆ **desorientarse** *vpr* - **1.** [extraviarse] to lose one's way o bearings. - **2.** [confundirse] to become confused.

desosar [48] *vt* [carne] to bone; [fruta] to pit.

desovar *vi* [peces, anfibios] to spawn; [insectos] to lay eggs.

desovillar *vt* - **1.** [ovillo] to unwind, to unravel. - **2.** *fig* [misterio, problema] to unravel, to solve. - **3.** *fig* [dar ánimo] to encourage.

◆ **desovillarse** *vpr* to uncurl.

desoxirribonucleico *adj* → **ácido**.

despabilado, da *adj* - **1.** [despierto] wide-awake. - **2.** [listo] smart, quick.

despabilador *m* [de vela] candle snuffer.

despabilar *vt* - **1.** [despertar] to wake up. - **2.** [hacer más avispado] to make streetwise. - **3.** [mecha] to trim; [vela] to snuff. - **4.** *fig* [robar] to pinch, to steal. - **5.** [avivar] to liven up. - **6.** *fam fig* [malgastar] to blow, to squander. - **7.** [despachar] to dispatch.

◆ **despabilarse** *vpr* - **1.** [despertarse] to wake up. - **2.** [darse prisa] to hurry up. - **3.** [avivarse] to liven up. - **4.** *Amér hum* [desaparecer] to vanish, to disappear.

despachaderas *fpl* - **1.** [brusquedad] curtness (U), sharpness (U). - **2.** [insolencia] insolence (U), brazenness (U). - **3.** [habilidad] resourcefulness (U); **tener buenas** ~ to be on the ball.

despachador, ra *adj* prompt, quick.

◆ **despachador** *m* - **1.** [el que despacha] dispatcher. - **2.** *Amér* MIN excavator.

despachante *m Amér* [dependiente] clerk; ~ **de aduanas** customs officer.

despachar ◇ *vt* - **1.** [mercancía] to dispatch. - **2.** [en tienda - cliente] to serve; [- entradas, bebidas etc] to sell. - **3.** *fam fig* [terminar - trabajo, discurso] to finish off; [- comida] to polish off. - **4.** [del trabajo]: ~ **a alguien (de)** to dismiss o sack sb (from). - **5.** [asunto, negocio] to settle. - **6.** *fam* [matar] to dispatch, to kill. - **7.** *Amér* [facturar] to check in. ◇ *vi* - **1.** [resolver un asunto] to do business. - **2.** [en una tienda] to serve. - **3.** [darse prisa] to hurry up. - **4.** [hablar] to speak one's mind.

◆ **despacharse** *vpr* - **1.** [hablar francamente]: ~**se con alguien** to give sb a piece of one's mind. - **2.** [desembarazarse]: ~**se de** to get rid of. - **3.** [darse prisa] to hurry up.

despacho *m* - **1.** [oficina] office; [en casa] study. - **2.** [muebles] set of office furniture. - **3.** [comunicación oficial] dispatch. - **4.** [venta] sale. - **5.** [lugar de venta]: ~ **de billetes/localidades** ticket/box office. - **6.** [envío] dispatch, sending. - **7.** [resolución] efficiency; **tener buen** ~ to be efficient. - **8.** [cédula] commission. - **9.** *Amér* [colmado] general store.

◆ **despacho telegráfico** *m* telegram.

despachurramiento *m* squashing.

despachurrar *vt* - **1.** *fam* [aplastar] to squash. - **2.** [relato, historia] to confuse, to mix up. - **3.** *fig* [con argumentos, evidencias] to silence.

despacio ◇ *adv* - **1.** [lentamente] slowly. - **2.** [gradualmente] little by little, gradually. - **3.** *Amér* [en voz baja] in a low voice, quietly. ◇ *interj* take it easy!

despalmadura *f* - **1.** NÁUT caulking. - **2.** VETER paring of a horse's hoof.

◆ **despalmaduras** *fpl* parings from a horse's hooves.

despalmar *vt* - **1.** NÁUT to caulk. - **2.** [caballo] to pare. - **3.** [en carpintería] to bevel, to chamfer. - **4.** [césped] to pull up.

despampanante *adj* stunning.

despampanar ◇ *vt* - **1.** *fam fig* [desconcertar] to confuse, to bewilder. - **2.** [dejar atónito] to amaze, to bowl over. - **3.** [brotes] to prune, to trim. ◇ *vi fam fig* to unburden o.s.

◆ **despampanarse** *vpr fam* to hurt o.s. falling down, to have a nasty fall.

despanzurrar, despancijar *vt fam* to cause to burst open.

desparejar *vt* to mix up.

desparejo, ja *adj* odd.

desparpajar ◇ *vt* [desbaratar] to ruin, to spoil. ◇ *vi* [hablar sin sentido] to prattle.

desparpajo *m* - **1.** *fam* [desenvoltura] forwardness, self-assurance; [descaro] cheek, nerve. - **2.** *Amér fam* [desorden] chaos, confusion.

desparramado, da *adj* - **1.** [líquido] spilt; [objetos, personas] scattered. - **3.** [espacioso] sprawling.

desparramar *vt* - **1.** [líquido] to spill; [objetos] to spread, to scatter. - **2.** *fig* [dinero] to squander. - **3.** *Amér* [líquido espeso] to dilute.

◆ **desparramarse** *vpr* - **1.** [líquido] to spill; [objetos, personas] to scatter, to spread out. - **2.** *fig* [divertirse] to let one's hair down.

despartir *vt* - **1.** [dividir] to divide, to separate. - **2.** [reconciliar] to reconcile.

despatarrada *f fam* splits *(sg)*.

despatarrar *vt* - **1.** *fam* [abrir las piernas]: ~ **a alguien** to make open their legs wide. - **2.** [aturdir] to astonish, to amaze; **dejar a alguien despatarrado** to flabbergast sb.

◆ **despatarrarse** *vpr* - **1.** *fam* [abrirse de piernas] to open one's legs wide. - **2.** [caerse] to fall with one's legs apart. - **3.** [aturdirse] to be flabbergasted.

despavorido, da *adj* terrified.

despavorir [80] *vt* to terrify.

despearse *vpr* - **1.** [cansarse] to get footsore. - **2.** [caballo] to become bruised.

despechar *vt* - **1.** [enojar] to anger, to make angry. - **2.** [disgustar] to displease, to upset. - **3.** [irritar] to vex. - **4.** *fam* [destetar] to wean.

◆ **despecharse** *vpr* to get angry.

despecho *m* - **1.** [rencor, venganza] spite; [desengaño] bitterness; **(hacer algo) por** ~ (to do sthg) out of spite. - **2.** [irritación] vexation. - **3.** [desesperación] despair. - **4.** *Amér* [destete] weaning.

◆ **a despecho de** *loc prep* in spite of, despite.

despechugar [16] *vt* to cut o to carve the breast of.

◆ **despechugarse** *vpr fam fig* to bare one's breast.

despectivamente *adv* scornfully, contemptuously.

despectivo, va *adj* - **1.** [despreciativo] scornful, contemptuous. - **2.** GRAM pejorative.

◆ **despectivo** *m* GRAM pejorative.

despedazamiento *m* - **1.** [rotura] breaking o tearing to pieces. - **2.** *fig* [ruina] shattering.

despedazar [13] *vt* - **1.** [físicamente] to tear apart. - **2.** *fig* [moralmente] to shatter.

◆ **despedazarse** *vpr* - **1.** [físicamente] to fall o to break apart. - **2.** [moralmente] to be shattered.

despedida *f* - **1.** [adiós] goodbye, farewell. - **2.** [fiesta] farewell party; ~ **de soltero/de soltera** stag/hen party. - **3.** [despido] dismissal, firing.

despedir [26] *vt* - **1.** [decir adiós a] to say goodbye to; **fuimos a ~le a la estación** we went to see him off at the station. - **2.** [echar - de un empleo] to dismiss, to sack; [- de un club] to throw out. - **3.** [lanzar, arrojar] to fling; **salir despedido de/por/hacia algo** to fly out of/through/towards sthg; **con el choque, el conductor salió despedido del coche** the impact sent the driver flying out of the car. - **4.** *fig* [difundir, desprender] to give off. - **5.** *fig* [deshacerse de] to get rid of.
◆ **despedirse** *vpr:* ~**se (de)** to say goodbye (to); **los enamorados se despidieron con un beso** the lovers kissed each other goodbye.

despedregar [16] *vt* to remove stones from.

despegable *adj* detachable.

despegado, da *adj fig* cold, detached.

despegadura *f* - **1.** [desprendimiento] unsticking. - **2.** *fig* [desapego] detachment.

despegamiento *m* detachment.

despegar [16] ◇ *vt* - **1.** [desenganchar] to unstick. - **2.** [carta] to open. - **3.** [separar] to detach, to separate. - **4.** [quitar] to remove, to take off. - **5.** *Amér* [caballos] to unhitch. ◇ *vi* [avión] to take off; [cohete] to blast off.
◆ **despegarse** *vpr* - **1.** [etiqueta, pegatina, sello] to come unstuck. - **2.** [alejarse]: ~**se de alguien** to break away from sb.

despego *m* detachment, indifference.

despegue *m* [de avión] takeoff; [de cohete] blastoff; ~ **económico** *fig* economic takeoff.

despeinado, da *adj* - **1.** [por el viento] windswept. - **2.** [descuidado] dishevelled.

despeinar *vt* [pelo] to ruffle; ~ **a alguien** to mess up sb's hair.
◆ **despeinarse** *vpr* to mess up one's hair.

despejado, da *adj* - **1.** [tiempo, día] clear. - **2.** *fig* [persona, mente] alert. - **3.** [espacio - ancho] spacious; [- sin estorbos] clear, uncluttered. - **4.** [lleno de confianza] confident, sure of oneself.

despejar *vt* - **1.** [gen] to clear. - **2.** MAT [incógnita] to find. - **3.** *fig* [aclarar] to clear up; ~ **una situación** to clear up a situation.
◆ **despejarse** *vpr* - **1.** [persona - espabilarse] to clear one's head; [- despertarse] to wake o.s. up; [- divertirse] to enjoy o.s. - **2.** [tiempo] to clear up; [cielo] to clear. - **3.** [fiebre] to go down.

despeje *m* DEP clearance.

despellejadura *f* skinning, flaying.

despellejar *vt* - **1.** [animal] to skin. - **2.** *fig* [criticar] to pull to pieces.

despelotarse *vpr fam* - **1.** [desnudarse] to strip. - **2.** [mondarse]: ~ **(de risa)** to laugh one's head off.

despelote *m fam* - **1.** [desmadre] chaos *(U)*. - **2.** [desnudo] strip.

despeluzar [13] *vt* - **1.** [desmelenar] to dishevel, to tousle. - **2.** [erizar] to cause to stand on end. - **3.** *Amér* [dejar sin dinero] to fleece.
◆ **despeluzarse** *vpr* - **1.** [despeinarse] to become dishevelled. - **2.** [asustarse] to be terrified.

despeluznante *adj* hair-raising, terrifying.

despenalización *f* decriminalization.

despenalizar [13] *vt* to decriminalize.

despenar *vt* - **1.** [consolar] to console, to comfort. - **2.** *fam fig* [matar] to do in, to bump off. - **3.** *Amér* [desesperanzar] to deprive of hope.

despendedor, ra ◇ *adj* wasteful. ◇ *m, f* spendthrift.

despensa *f* - **1.** [lugar] larder, pantry; [en barco] storeroom. - **2.** [provisiones] provisions *(pl)*, supplies *(pl)*. - **3.** [oficio] post of steward, stewardship. - **4.** *Amér* MIN strong room. - **5.** *Amér* [almacén] warehouse.

despensero, ra *m, f* steward (*f* stewardess).
◆ **despensera** *f* housekeeper.

despeñadero, ra *adj* steep, precipitous.
◆ **despeñadero** *m* - **1.** [precipicio] precipice. - **2.** *fig* [peligro] danger, risk.

despeñar *vt* to throw over a cliff.
◆ **despeñarse** *vpr* - **1.** [caerse] to fall over a cliff. - **2.** *fig* [entregarse] to abandon o.s.; ~**se en el vicio** to give o.s. up to vice.

despeño *m* - **1.** [acción de despeñar] hurling. - **2.** [caída] fall, plunge. - **3.** MED diarrhoea. - **4.** *fig* [fracaso] downfall, ruin.

despepitar *vt* [fruto] to remove the pips from.
◆ **despepitarse** *vpr* - **1.** [gritar] to rant. - **2.** [desmandarse] to act rashly. - **3.** [pirrarse]: ~**se por algo** to be mad about sthg.

desperdiciado, da *adj* wasted, squandered.

desperdiciador, ra ◇ *adj* wasteful. ◇ *m, f* - **1.** [malgastador] spendthrift. - **2.** *Amér fig* [sinvergüenza] scoundrel, rogue.

desperdiciar [8] *vt* [tiempo, comida] to waste; [dinero] to squander; [ocasión] to throw away.

desperdicio *m* - **1.** [acción] waste. - **2.** *loc:* **no tener** ~ to be excellent from start to finish.
◆ **desperdicios** *mpl* [residuos] scraps.

desperdigar [16] *vt* to scatter, to disperse.
◆ **desperdigarse** *vpr* to scatter.

desperezarse [13] *vpr* to stretch.

desperezo *m* - **1.** [estirón] stretch, stretching *(U)*. - **2.** [despertamiento] waking up.

Antes de irse

Well, (it was) good o nice to meet you.
Keep in touch.
(Have a) safe journey.
Have a good trip.
Have a nice day! [Am]

▶ *a amigos íntimos:*

All the best!
Take care!
Look after yourself!

Al irse

▶ *cuando no se prevé un nuevo encuentro:*

Goodbye!

See you soon o around.
See you again some time.
See you! [*familiar*]
Bye! [*familiar*]
So long! [Am, *familiar*]
Cheers (then)! [Br, *familiar*]
Speak to you soon. [*al teléfono*]

▶ *si va a haber otro encuentro pronto:*

Bye for now!
See you later/in July, then!
Until next Tuesday, then.

▶ *para dar las buenas noches:*

(Good) night!
Night-night! [*familiar*]

desperfecto *m* [deterioro] damage *(U)*; [defecto] flaw, imperfection; **sufrir ~s** to get damaged.

despersonalizar [13] *vt* to depersonalize.

despertador, ra ◇ *adj* awakening, arousing. ◇ *m, f* waker-up.

◆ **despertador** *m* alarm clock.

despertamiento *m* waking up, awakening.

despertar [19] ◇ *vt* - **1.** [persona, animal] to wake (up). - **2.** [muerto] to revive, to resuscitate. - **3.** *fig* [reacción] to arouse; **aquella emocionante historia despertó mi curiosidad** that thrilling story aroused my curiosity. - **4.** *fig* [recuerdo] to revive, to awaken. ◇ *vi* - **1.** [dejar de dormir] to wake up. - **2.** [espabilar] to wise up. ◇ *m* awakening.

◆ **despertarse** *vpr* to wake up.

despesar *m desus* displeasure.

despezuñarse *vpr* - **1.** [pezuña] to become useless. - **2.** *Amér fig* [caminar de prisa] to go very quickly. - **3.** *Amér fig* [esforzarse] to exert o.s., to make an effort. - **4.** *Amér fig* [desvivirse] to be very eager.

despiadadamente *adv* pitilessly, mercilessly.

despiadado, da *adj* pitiless, merciless.

despicar [10] *vt* to calm down.

◆ **despicarse** *vpr* - **1.** [vengarse] to get one's revenge, to get one's own back. - **2.** [pájaro] to break its beak. - **3.** *Amér fig* [caer en desgracia] to fall into disgrace.

despida, despidiera *etc v* → **despedir**.

despido *m* dismissal, sacking; ~ **improcedente** wrongful dismissal.

despiece *m* cutting-up.

despierta *etc v* → **despertar**.

despierto, ta *adj* - **1.** [sin dormir] awake. - **2.** *fig* [espabilado, listo] bright, sharp.

despigmentación *f* depigmentation.

despilarar *vt Amér* MIN to remove the props from.

despilfarrador, ra ◇ *adj* wasteful. ◇ *m, f* spendthrift.

despilfarrar *vt* [dinero] to squander; [electricidad, agua etc] to waste.

◆ **despilfarrarse** *vpr* to squander a fortune.

despilfarro *m* - **1.** [de dinero] squandering; [de energía, agua etc] waste. - **2.** [destrozo] spoiling, ruining.

despintar ◇ *vt* - **1.** [lo pintado] to take the paint off. - **2.** *fig* [desfigurar] to distort, to misrepresent. ◇ *vi* to be no worse; **esa chica no despinta de su familia** that girl is no worse than the rest of her family.

◆ **despintarse** *vpr* - **1.** [descolorarse, desteñirse] to fade. - **2.** [olvidar]: **no despintársele a uno** not to fade from one's memory.

despiojar *vt* - **1.** [quitar piojos] to delouse. - **2.** *fam fig* [sacar de la miseria] to rescue from the gutter.

despiole *m Amér fam* rumpus, shindy.

despistado, da ◇ *adj* absent-minded. ◇ *m, f* scatterbrain.

despistar *vt* - **1.** [dar esquinazo] to throw off the scent. - **2.** *fig* [confundir] to mislead.

◆ **despistarse** *vpr* - **1.** [perderse] to lose one's way, to get lost. - **2.** *fig* [distraerse] to get confused.

despiste *m* - **1.** [distracción] absent-mindedness; [error] mistake, slip. - **2.** [de vehículo] leaving the road. - **3.** [persona]: **Marta es un ~** Marta is very absent-minded.

desplacer [29] *vt* to displease.

desplantación *f* uprooting.

desplantar *vt* - **1.** [desarraigar] to uproot, to pull up. - **2.** [desviar] to cause to deviate from the vertical.

◆ **desplantarse** *vpr* [en baile, esgrima] to tilt over.

desplante *m* - **1.** [dicho] rude remark. - **2.** [hecho] arrogant action. - **3.** [en baile, esgrima] bad posture. - **4.** TAUROM defiant stance.

desplazado, da *adj fig* [persona] out of place.

desplazamiento *m* - **1.** [viaje] journey; [traslado] move. - **2.** NÁUT displacement.

desplazar [13] *vt* - **1.** [trasladar] to move. - **2.** *fig* [desban-

car] to take the place of; ~ **a alguien/algo de** to remove sb/sthg from. - **3.** NÁUT to displace.

◆ **desplazarse** *vpr* [viajar] to travel.

desplegable *adj* [mapa] folded; [libro] pop-up.

desplegar [35] *vt* - **1.** [tela, periódico, mapa] to unfold; [alas] to spread, to open; [bandera] to unfurl. - **2.** [cualidad] to display. - **3.** MIL to deploy. - **4.** [significado oscuro] to explain, to clarify.

◆ **desplegarse** *vpr* - **1.** [desdoblarse] to unfold, to spread out. - **2.** [ejército] to fan out.

despliegue *m* - **1.** [de cualidad] display. - **2.** MIL deployment; ~ **de misiles** missile deployment. - **3.** [algo doblado] unfolding, spreading out.

desplomar *vt* - **1.** [inclinar] to tilt out of the vertical. - **2.** *Amér* [regañar] to scold, to reprimand.

◆ **desplomarse** *vpr* - **1.** [gen] to collapse; [techo] to fall in. - **2.** [inclinarse] to lean, to tilt.

desplome *m* - **1.** [inclinación] leaning, tilting. - **2.** [caída] collapse. - **3.** [salidizo] overhang; **en** ~ overhanging. - **4.** *fig* [desmayo] fainting fit, fainting *(U)*.

desplumar *vt* - **1.** [ave] to pluck. - **2.** *fig* [estafar] to fleece.

despoblación *f* depopulation.

despoblado, da *adj* unpopulated, deserted.

◆ **despoblado** *m* deserted spot; **en** ~ in the wilds.

despoblar [23] *vt* - **1.** [disminuir población de] to depopulate. - **2.** *fig* [despojar]: ~ **(de)** to clear (of), to strip (of). - **3.** [devastar] to lay waste, to ravage.

◆ **despoblarse** *vpr* to become depopulated.

despojador, ra ◇ *adj* - **1.** [expoliador] plundering. - **2.** [privativo] depriving. ◇ *m, f* plunderer.

despojar *vt* - **1.** [privar, quitar]: ~ **a alguien de algo** to strip sb of sthg. - **2.** [robar] to rob.

◆ **despojarse** *vpr*: ~ **se de algo** [bienes, alimentos] to give sthg up; [abrigo, chandal] to take sthg off.

despojo *m* - **1.** [acción] stripping, plundering. - **2.** [botín] loot, plunder. - **3.** [desnudo] undressing. - **4.** *fig* [víctima] prey, victim; **ser** ~ **de** to be the prey of; **la juventud es** ~ **del tiempo** youth eventually falls prey to time.

◆ **despojos** *mpl* - **1.** [sobras, residuos] leftovers. - **2.** [de animales] offal *(U)*. - **3.** [restos mortales] remains. - **4.** [de aves] giblets. - **5.** CONSTR scrap *(U)*; ~**s de hierro** scrap iron *(U)*. - **6.** *Amér* MIN low-grade minerals.

despolitizar [13] *vt* to depoliticize.

despolvar *vt* to dust.

despopularización *f* loss of popularity.

desportilladura *f* chip.

desportillar *vt* to chip.

desposado, da ◇ *adj* - **1.** [recién casado] newly-wed. - **2.** [con esposas] handcuffed. ◇ *m, f* - **1.** [recién casado] newlywed. - **2.** [con esposas] handcuffed person.

desposar *vt* to marry.

◆ **desposarse** *vpr* to get married, to marry.

desposeer [50] *vt*: ~ **a alguien de** to dispossess sb of.

◆ **desposeerse** *vpr*: ~**se de** to renounce, to give up.

desposeimiento *m* dispossession.

desposorios *mpl* - **1.** [compromiso] betrothal *(sg)*. - **2.** [matrimonio] marriage *(sg)*, wedding *(sg)*.

déspota *mf* despot.

despótico, ca *adj* despotic.

despotismo *m* despotism; ~ **ilustrado** enlightened despotism.

despotricar [10] ◇ *vi* [hablar contra]: ~ **(contra)** to rant on (at). ◇ *vt Amér* to squander.

despreciable *adj* despicable; **nada** ~ significant.

despreciar [8] *vt* - **1.** [desdeñar] to scorn. - **2.** [rechazar] to spurn.

◆ **despreciarse** *vpr*: **no** ~**se de recibirnos** not to deign to receive us.

despreciativo, va *adj* scornful, contemptuous.

desprecio *m* scorn, contempt; **hacer un** ~ **a alguien** to snub sb.

desprender *vt* - **1.** [gen] to remove, to detach; [soltar] to loosen. - **2.** [olor, luz] to give off.

◆ **desprenderse** *vpr* - **1.** [caerse, soltarse] to come o fall off. - **2.** *fig* [deducirse]: **de sus palabras se desprende que...** from his words it is clear o it can be seen that... - **3.** [librarse]: ~**se de** to get rid of. - **4.** [renunciar]: ~**se de algo** to part with sthg, to give sthg up. - **5.** [emanar] to be given off, to emanate. - **6.** MED to be detached.

desprendido, da *adj* - **1.** [generoso] generous. - **2.** [desunido] detached, loose. - **3.** [desinteresado] disinterested, detached. - **4.** MED detached.

desprendimiento *m* - **1.** [separación] detachment; ~ **de tierras** landslide; ~ **de retina** MED detachment of the retina. - **2.** *fig* [generosidad] generosity. - **3.** [emisión] emission, release. - **4.** [despego] disinterest, detachment.

◆ **desprendimiento termiónico** *m* RADIO Edison effect.

despreocupación *f* - **1.** [falta de preocupación] unconcern. - **2.** [imparcialidad] impartiality. - **3.** [falta de conformidad] unconventionality. - **4.** [descuido] carelessness, negligence.

despreocupadamente *adv* [sin cuidado] carelessly; [en el vestir] casually.

despreocupado, da ◇ *adj* - **1.** [libre de preocupaciones] unworried, unconcerned; [en el vestir] casual. - **2.** [imparcial] impartial. - **3.** [poco convencional] unconventional. - **4.** [descuidado] slovenly, sloppy. ◇ *m, f* [en el vestir] *person who doesn't care too much about his/her appearance.*

despreocuparse ◆ **despreocuparse de** *vpr* - **1.** [asunto] to stop worrying about. - **2.** [persona] to be neglectful of.

desprestigiado, da *adj* discredited.

desprestigiar [8] *vt* [desacreditar] to discredit; [hacer perder prestigio] to cause to lose prestige; [hacer perder reputación] to ruin the reputation of.

◆ **desprestigiarse** *vpr* to lose one's prestige.

desprestigio *m* discredit.

desprevención *f* improvidence, lack of foresight.

desprevenido, da *adj* unprepared; **coger** o **pillar** ~ **a alguien** to catch sb unawares, to take sb by surprise.

desproporción *f* disproportion.

desproporcionado, da *adj* disproportionate.

desproporcionar *vt* to disproportion.

despropósito *m* [disparate] stupid remark, nonsense *(U)*; [metedura de pata] blunder.

desprotegido, da *adj* unprotected.

desproveer [50] *vt* to deprive.

desprovisto, ta ◇ *pp* → **desproveer**. ◇ *adj*: ~ **de** lacking in, devoid of.

despuebla *etc v* → **despoblar**.

después *adv* - **1.** [en el tiempo - más tarde] afterwards, later; [- entonces] then; [- justo lo siguiente] next; **años** ~ years later; **ellos llegaron** ~ they arrived later; **llamé primero y** ~ **entré** I knocked first and then I went in; **yo voy** ~ it's my turn next; **poco** ~ soon after. - **2.** [en el espacio] next, after; **¿qué viene** ~? what comes next o after?; **hay una farmacia y** ~ **está mi casa** there's a chemist's and then you come to my house; **varias manzanas** ~ several blocks further on. - **3.** [en una lista] further down.

◆ **después de** *loc prep* - **1.** [en el tiempo, el espacio] after; **llegó** ~ **de ti** she arrived after you; ~ **de él, nadie lo ha conseguido** no one else has done it since he did; ~ **de hacer algo** after doing sthg. - **2.** [en jerarquías] next to; ~ **de él, soy el primero de la clase** after him, I'm the best in the class.

◆ **después de todo** *loc adv* after all.

◆ **después de que** *loc conj* after; ~ **de que amanezca** after dawn; ~ **de que te fueras a la cama** after you went to bed; ~ **de que lo hice** after I did it, after doing it.

despuntar ◇ *vt* - **1.** [romper] to break the point off; [desgastar] to blunt. - **2.** [colmena] to remove the dry combs from. - **3.** NÁUT to round; ~ **el cabo** to round the cape.

◇ *vi* - **1.** [brotar - flor, capullo] to bud; [- planta] to sprout. - **2.** *fig* [persona] to excel, to stand out. - **3.** [alba] to break; [día] to dawn.

◆ **despuntarse** *vpr* to break its point.

despunte *m* - **1.** [acción] blunting. - **2.** *Amér* [leña menuda] twigs *(pl)*.

desquerer [67] *vt* to lose affection for.

desquiciador, ra ◇ *adj* - **1.** [que desencaja] unhinging. - **2.** [que desequilibra] disturbing, unsettling. - **3.** [que desorganiza] disruptive. ◇ *m, f* person who unsettles o disturbs.

desquiciamiento *m* - **1.** [desencajamiento] unhinging. - **2.** *fig* [perturbación] mental disorder. - **3.** [trastorno] disturbance, disruption.

desquiciar [8] *vt* - **1.** [puerta, ventana] to unhinge. - **2.** *fig* [desequilibrar] to derange, to disturb mentally; [sacar de quicio] to drive mad. - **3.** [desconectar] to disconnect. - **4.** *fig* [quitar confianza] to oust.

◆ **desquiciarse** *vpr* - **1.** [puerta, ventana] to come off its hinges. - **2.** *fig* [descomponerse] to become unsettled. - **3.** [trastornarse] to become unhinged. - **4.** [desconectarse] to become disconnected.

desquilatar *vt* to lessen the intrinsic value of.

desquitar *vt* to compensate.

◆ **desquitarse** *vpr*: ~**se (de algo/alguien)** to get one's own back (for sthg/on sb).

desquite *m* - **1.** [venganza] revenge; **en** ~ in revenge o retaliation. - **2.** [de pérdida] recovery, recouping. - **3.** [compensación] compensation. - **4.** DEP return match o game.

desraizar [13] *vt Amér* to uproot.

desratizar [13] *vt* to clear of rats.

desrazonable *adj fam* unreasonable, irrational.

desriñonarse *vpr* to break one's back.

destacado, da *adj* - **1.** [notable - persona] distinguished, prominent; [- acto] outstanding. - **2.** MIL detached; ~ **en** stationed in.

destacamento *m* - **1.** [tropa] detachment; ~ **de tropas** task force. - **2.** [lugar] post, station.

destacar [10] ◇ *vt* - **1.** [poner de relieve] to emphasize, to highlight; **cabe** ~ **que...** it is important to point out that... - **2.** MIL to detach, to detail. - **3.** ARTE to cause to stand out, to highlight. ◇ *vi* [sobresalir] to stand out.

◆ **destacarse** *vpr* - **1.** [sobresalir]: ~**se (de/por)** to stand out (from/because of); **el actor se destacó por sus dotes de cómico** the actor was notable for his comic talent; **el edificio se destacaba de los demás por su altura** the building stood out from the rest because it was so tall. - **2.** [aventajarse] to draw ahead.

destaconar *vt* to wear out the heels of.

destajar *vt* - **1.** [trabajo, asunto] to settle the conditions for. - **2.** [baraja] to cut. - **3.** *Amér* [res] to quarter.

destajero, ra *m, f* pieceworker.

destajo *m* - **1.** [trabajo] piecework. - **2.** [tajo] job.

◆ **a destajo** *loc adv* - **1.** **trabajar a** ~ [por trabajo hecho] to do piecework; *fig* [afanosamente] to work flat out. - **2.** *fam* [por adivinación] at a guess. - **3.** *Amér* [a bulto] in bulk. - **4.** [en exceso]: **hablar a** ~ to talk nineteen to the dozen.

destapadura *f* - **1.** [de botella] uncorking. - **2.** [de olla] taking the lid off. - **3.** *fig* [revelación] revelation, discovery.

destapar ◇ *vt* - **1.** [caja, botella] to open; [olla] to take the lid off; [descorchar] to uncork. - **2.** [descubrir] to uncover. ◇ *vi Amér* [caballo] to bolt.

◆ **destaparse** *vpr* - **1.** [desabrigarse] to lose the covers. - **2.** *fig* [revelarse] to open up. - **3.** [desahogarse] to unburden o.s.

destape *m* - **1.** [en revistas] nude photos *(pl)*; [en películas, teatro etc] striptease. - **2.** [acción] uncovering, revealing. - **3.** [liberalización] liberalization.

destaponar *vt* - **1.** [botella] to uncork. - **2.** [taponamiento] to unplug, to unstop.

destartalado, da *adj* - **1.** [viejo, deteriorado] dilapidated. - **2.** [desordenado] untidy. - **3.** [desproporcionado] disproportionate.

destechar *vt* to take the roof off.

destejar *vt* - **1.** [quitar tejas de] to take the tiles off. - **2.** *fig* [dejar sin defensa] to leave defenceless.

destejer *vt* - **1.** [lo tejido] to undo, to unravel. - **2.** [lo cosido] to unstitch. - **3.** *fig* [plan, proyecto] to upset, to disrupt.

destellar ◇ *vi* [diamante, ojos] to sparkle; [estrellas] to twinkle; [luces] to flash. ◇ *vt* to give off.

destello *m* - **1.** [de luz, brillo] sparkle; [de estrella] twinkle. - **2.** [luz repentina] flash. - **3.** TECN flashing light. - **4.** *fig* [manifestación momentánea] glimmer.

◆ **destellos** *mpl* glimpse *(sg)*, hint *(sg)*; ~**s de genio** signs of genius.

destemplado, da *adj* - **1.** [persona] out of sorts, off colour. - **2.** [instrumento] out of tune. - **3.** [tiempo, clima] unpleasant. - **4.** [carácter, actitud] irritable. - **5.** [voz] sharp. - **6.** [ritmo, pulso] irregular. - **7.** METAL untempered. - **8.** [cuadro, pintura] inharmonious. - **9.** [desmesurado] immoderate, intemperate.

destemplanza *f* - **1.** [del tiempo, clima] unpleasantness. - **2.** [del pulso] irregularity, unevenness. - **3.** [desazón] indisposition. - **4.** *fig* [al hablar, al comportarse] intemperance, lack of moderation.

destemplar *vt* - **1.** [instrumento] to put out of tune. - **2.** [alterar] to disturb the order o harmony of. - **3.** [poner en infusión] to steep, to infuse. - **4.** METAL to untemper.

◆ **destemplarse** *vpr* - **1.** [coger frío] to catch a chill. - **2.** [irritarse] to get upset. - **3.** [instrumento] to go o get out of tune. - **4.** METAL to lose temper. - **5.** [pulso] to become irregular. - **6.** *Amér* [sentir dentera] to have one's teeth on edge.

destemple *m* - **1.** [de instrumento] dissonance. - **2.** [indisposición] indisposition. - **3.** *fig* [desconcierto] confusion, disorder.

destentar [19] *vt* to dissuade from temptation.

desteñido, da *adj* faded, bleached.

desteñir ◇ *vt* [quitar tinte] to fade, to bleach; [descolorar] to discolour. ◇ *vi* [perder tinte] to run, not to be colour fast; [descolorarse] to discolour.

◆ **desteñirse** *vpr* to fade.

desternillante *adj* hilarious.

desternillarse *vpr*: ~ **de risa** to split one's sides laughing o with laughter.

desterrar [19] *vt* - **1.** [persona] to banish, to exile. - **2.** [raíces] to remove the soil from. - **3.** *fig* [idea] to dismiss. - **4.** *fig* [costumbre, hábito] to do away with.

◆ **desterrarse** *vpr* to go into exile.

destetar *vt* to wean.

◆ **destetarse** *vpr* - **1.** [bebé] to be weaned; ~**se con** *fig* to have been brought up on. - **2.** [deshabituarse] to break the habit.

destete *m* weaning.

destiempo ◆ **a destiempo** *loc adv* at the wrong time.

destienta *etc v* → **destentar**.

destierra *etc v* → **desterrar**.

destierro *m* - **1.** [exilio] exile; **en el** ~ in exile. - **2.** *fig* [lugar apartado] remote place.

destilable *adj* distillable.

destilación *f* distillation; ~ **fraccionada** QUÍM fractional distillation.

destilador *m* distiller.

destilar ◇ *vt* - **1.** [agua, petróleo] to distil. - **2.** [sangre, pus] to ooze. - **3.** *fig* [cualidad, sentimiento] to exude, to ooze. ◇ *vi* [gotear] to trickle, to drip; [exudar] to ooze.

destilería *f* distillery; ~ **de petróleo** oil refinery.

destinación *f* - **1.** [destino] destination. - **2.** [asignación] assignment.

destinar *vt* - **1.** [gen]: ~ **algo a** o **para** [cantidad, edificio] to set sthg aside for; [empleo, cargo] to assign sthg to; [carta] to address sthg to; [medidas, programa, publicación] to aim sthg at; ~ **a alguien a** [cargo, empleo] to appoint sb to; [plaza, lugar] to post sb to. - **2.** COM to allot, to earmark. - **3.** [barco] to station.

◆ **destinarse** *vpr*: ~**se a** to intend to go into o to take up.

destinatario, ria *m, f* [de una carta] addressee; [de un giro] payee.

destino *m* - **1.** [sino] destiny, fate. - **2.** [rumbo] destination; **(ir) con** ~ **a** (to be) bound for o going to; **cogió un avión con** ~ **a Londres** she caught a plane to o band for London. - **3.** [empleo, plaza] position, post. - **4.** [finalidad] use, function. - **5.** COM allotment, earmarking.

destitución *f* dismissal.

destituir [51] *vt* - **1.** [de un cargo] to dismiss. - **2.** [privar] to deprive.

destorcer [41] *vt* - **1.** [lo retorcido] to untwist. - **2.** *fig* [lo torcido] to straighten (out), to rectify.

◆ **destorcerse** *vpr* NÁUT to go off course.

destornillado, da *fig* ◇ *adj* crazy, harebrained. ◇ *m, f* nut, nutcase.

destornillador *m* screwdriver.

destornillar, desatornillar *vt* to unscrew.

◆ **destornillarse** *vpr* - **1.** [tornillo] to come unscrewed. - **2.** *fig* [persona] to go crazy.

destoserse *vpr* to clear one's throat.

destrabar *vt* - **1.** [desatar] to untie. - **2.** [apartar] to separate, to disconnect.

destrenzar [13] *vt* to unbraid, to unplait.

destreza *f* skill, dexterity.

destripacuentos *mf inv fam* person who butts in.

destripador, ra ◇ *adj* disembowelling. ◇ *m, f* butcher.

destripar ◇ *vt* - **1.** [sacar las tripas - animal, persona] to disembowel; [- pescado] to gut. - **2.** *fig* [despanzurrar] to rip open. - **3.** [sacar el relleno de] to remove the stuffing from. - **4.** *fam fig* [historia, relato] to take the punch out of. - **5.** AGR to break up. ◇ *vi Amér fam* to drop out.

destrizar [13] *vt* - **1.** [hacer trizas] to tear into strips. - **2.** [desmenuzar] to shred.

◆ **destrizarse** *vpr* to go to pieces.

destronamiento *m* - **1.** [del rey] dethronement. - **2.** *fig* [derrocamiento] overthrow.

destronar *vt* - **1.** [rey] to dethrone, to depose. - **2.** *fig* [rival] to unseat, to replace at the top. - **3.** *fig* [derrocar] to overthrow.

destroncadora *f* pruning hook.

destroncamiento *m* - **1.** [de árbol] lopping off. - **2.** *fig* [ruina] ruination.

destroncar [10] *vt* - **1.** [árbol] to cut down, to fell. - **2.** *fig* [interumpir] to cut off; ~ **un discurso** to interrupt a speech. - **3.** [miembro, extremidad] to dislocate. - **4.** [mutilar] to maim, to mutilate. - **5.** [cansar] to exhaust, to tire out. - **6.** *fig* [arruinar] to ruin. - **7.** *Amér* [arrancar] to uproot. - **8.** *Amér* [aplastar] to crush.

destronque *m Amér* [de planta] uprooting.

destrozado, da *adj* - **1.** [físicamente] exhausted. - **2.** [objeto] ruined. - **3.** [moralmente] devastated.

destrozador, ra ◇ *adj* destructive. ◇ *m, f* destroyer, wrecker.

destrozar [13] *vt* - **1.** [físicamente - romper] to smash; [- estropear] to ruin. - **2.** [moralmente - persona] to shatter, to devastate; [- vida] to ruin. - **3.** [ejército] to wipe out.

◆ **destrozarse** *vpr* to smash, to break into pieces.

destrozo *m* - **1.** [daño] damage *(U)*; **ocasionar grandes** ~**s** to cause a lot of damage. - **2.** [destrucción] destruction, ruin. - **3.** [derrota] defeat.

destrozón, ona *adj* - **1.** [destructor] destructive. - **2.** [de ropa] hard on one's clothes.

destrucción *f* destruction.

destructible *adj* destructible.

destructivamente *adj* destructively.

destructivo, va *adj* destructive.

destructor, ra ◇ *adj* destructive. ◇ *m, f* destructive person.

◆ **destructor** *m* destroyer.

destruir [51] *vt* - **1.** [gen] to destroy; [casa, argumento] to demolish; **destruyó las pruebas que le comprometían** she destroyed anything that might have incriminated her; **la explosión destruyó varios edificios** the explosion destroyed several buildings. - **2.** [proyecto] to ruin, to wreck; [ilusión] to dash. - **3.** [hacienda, fortuna] to squander.
◆ **destruirse** *vpr* MAT to cancel (each other) out.

destruyente *adj* destructive.

destuerce *etc v* → **destorcer**.

destuerza *etc v* → **destorcer**.

desudar *vt* to wipe the sweat off.

desuella *etc v* → **desollar**.

desuerar *vt* [manteca, queso etc] to drain the whey from.

desunión *f* - **1.** [separación] separation. - **2.** [división, discordia] disunity.

desunir *vt* - **1.** [separar] to separate. - **2.** [enemistar] to divide, to cause a rift between. - **3.** [desconectar] to disconnect, to disengage.
◆ **desunirse** *vpr* to separate, to break apart.

desuñar *vt* - **1.** [persona] to tear out the nails of. - **2.** [animal] to tear out the claws of. - **3.** [planta] to pull out the roots of.
◆ **desuñarse** *vpr* - **1.** [empeñarse] to work one's fingers to the bone. - **2.** [entregarse al vicio] to indulge in vice.

desurdir *vt* - **1.** [tela] to undo the warp of. - **2.** *fig* [intriga] to thwart, to frustrate.

desusado, da *adj* - **1.** [pasado de moda] old-fashioned, obsolete. - **2.** [desacostumbrado] unusual. - **3.** [poco usado] uncommon, rare.

desusar *vt* to stop using.
◆ **desusarse** *vpr* to become obsolete o out of date.

desuso *m* disuse; **caer en** ~ to become obsolete, to fall into disuse.

desustanciar [8] *vt* - **1.** [diluir] to weaken, to dilute. - **2.** [debilitar] to enervate, to deprive of strength.
◆ **desustanciarse** *vpr* to become weak.

desvaído, da *adj* - **1.** [color] pale, washed-out. - **2.** [forma, contorno] blurred; [mirada] vague. - **3.** [persona] gawky; *fig* [personalidad] dull, lacklustre.

desvainar *vt* to shell.

desvalido, da ◇ *adj* needy, destitute. ◇ *m, f* needy o destitute person.

desvalijar *vt* [casa] to burgle; [persona] to rob.

desvalimiento *m* destitution.

desvalorar *vt* - **1.** [gen] to depreciate; [moneda] to devalue. - **2.** [despreciar] to disdain.

desvalorización *f* [gen] depreciation; [de moneda] devaluation.

desvalorizar [13] *vt* to devalue.
◆ **desvalorizarse** *vpr* to depreciate.

desvaluación *f* depreciation.

desván *m* attic, loft.

desvanecer [30] *vt* - **1.** [humo, nubes] to dissipate. - **2.** [sospechas, temores] to dispel. - **3.** [persona] to make dizzy. - **4.** [color] to tone down. - **5.** FOT to mask. - **6.** RADIO to fade. - **7.** [envanecer] to make vain.
◆ **desvanecerse** *vpr* - **1.** [desmayarse] to faint. - **2.** [disiparse - humo, nubes] to clear, to disappear; [- sonido, sospechas, temores] to fade away. - **3.** [evaporarse] to evaporate. - **4.** RADIO to fade out. - **5.** [envanecerse] to become vain.

desvanecimiento *m* - **1.** [desmayo] fainting fit. - **2.** [desaparición] vanishing, disappearance. - **3.** [evaporación] evaporation. - **4.** [de colores] toning down. - **5.** FOT masking. - **6.** RADIO fade, fading *(U)*. - **7.** [altanería] arrogance, haughtiness.

desvarar *vt* NÁUT to refloat.
◆ **desvararse** *vpr desus* [resbalar] to slip, to slide.

desvariar [9] *vi* [delirar] to be delirious; [decir locuras] to talk nonsense, to rave.

desvarío *m* - **1.** [dicho] raving; [hecho] act of madness. - **2.**

[delirio] delirium. - **3.** [tontería] foolish thing. - **4.** [capricho] whim. - **5.** *fig* [monstruosidad] monstrosity.

desvelar *vt* - **1.** [quitar el sueño] to keep awake. - **2.** [noticia, secreto etc] to reveal, to tell.
◆ **desvelarse** *vpr* - **1.** [dedicarse] to devote o dedicate o.s. - **2.** : ~**se por hacer algo** to make every effort to do sthg.

desvelo *m* - **1.** [insomnio] sleeplessness, insomnia. - **2.** [esfuerzo] effort. - **3.** [esmero] watchfulness. - **4.** [devoción] devotion, dedication.
◆ **desvelos** *mpl* trouble *(U)*.

desvencijado, da *adj* [silla, mesa] rickety; [camión, coche] battered; [estructura] ramshackle, tumbledown.

desvencijar *vt* - **1.** [romper] to break. - **2.** [desencajar] to cause to come apart. - **3.** [aflojar] to weaken. - **4.** [agotar] to exhaust.
◆ **desvencijarse** *vpr* - **1.** [romperse] to break, to come apart. - **2.** *fam* [cansarse] to get exhausted. - **3.** [descansar] to relax. - **4.** MED to rupture o.s.

desvendar *vt* to unbandage.

desventaja *f* disadvantage; **en** ~ at a disadvantage.

desventajoso, sa *adj* disadvantageous, unfavourable.

desventura *f* misfortune.

desventurado, da ◇ *adj* - **1.** [desgraciado] unfortunate. - **2.** [tímido] timid, fainthearted. - **3.** [pobre] poor. ◇ *m, f* - **1.** [desgraciado] poor wretch. - **2.** [tímido] timid person.

desvergonzado, da ◇ *adj* shameless, insolent. ◇ *m, f* shameless person.

desvergonzarse [38] *vpr* - **1.** [desmandarse] to behave shamelessly. - **2.** [insolentarse] to speak rudely o impudently.

desvergüenza *f* - **1.** [atrevimiento, frescura] shamelessness; [insolencia] insolence. - **2.** [dicho] shameless remark; [hecho] shameless act.

desvestir [26] *vt* - **1.** [quitar ropa] to undress. - **2.** *fig* [revelar] to lay bare, to reveal.
◆ **desvestirse** *vpr* to undress (o.s.).

desviación *f* - **1.** [de dirección, cauce, norma] deviation. - **2.** [en la carretera] diversion, detour. - **3.** MED: ~ **de columna** slipped disc. - **4.** [de golpe] deflection. - **5.** FÍS deviation, deflection; ~ **electromagnética** electromagnetic deflection; ~ **magnética/normal** magnetic/standard deviation.

desviacionismo *m* deviationism.

desviado, da *adj* - **1.** [cambiado de dirección] diverted. - **2.** [ojo] squinty.

desviar [9] *vt* - **1.** [río, carretera, tráfico] to divert; [dirección] to change. - **2.** [golpe] to parry; [pelota, disparo] to deflect; [pregunta] to evade. - **3.** [conversation] to change the direction of. - **4.** [mirada, ojos] to avert. - **5.** *fig* [disuadir] to dissuade.
◆ **desviarse** *vpr* - **1.** [cambiar de dirección - conductor] to take a detour; [- avión, barco] to go off course; ~**se de** to turn off. - **2.** [cambiar]: ~**se de** [tema] to wander o digress from; [propósito, idea] to lose sight of.

desvincular *vt* - **1.** [liberar]: ~ **a alguien de** to release o discharge sb from. - **2.** DER to free from mortmain. - **3.** *Amér* [amortizar] to amortize.
◆ **desvincularse de** *vpr* to cut o.s. off from.

desvío *m* - **1.** [rodeo] diversion, detour. - **2.** *fig* [desapego] indifference. - **3.** *fig* [desagrado] displeasure. - **4.** FÍS deviation, deflection. - **5.** FERROC siding; ~ **de atajo** catch siding.
◆ **desvío de frecuencia** *f* RADIO frequency drift.
◆ **desvío de la brújula** *f* FÍS compass error.

desvirar *vt* - **1.** [cabrestante] to reverse. - **2.** [suela de zapato] to pare the rough edge of. - **3.** [libro] to trim.

desvirgar [16] *vt* to deflower.

desvirtuar [6] *vt* - **1.** [quitar vigor] to detract from. - **2.** [estropear] to spoil. - **3.** [verdadero sentido] to distort. - **4.** [adulterar] to adulterate.
◆ **desvirtuarse** *vpr* to spoil, to go bad.

desvista, desvistiera *etc v* → **desvestir**.

desvivirse *vpr* - **1.** [desvelarse]: ~ **(por alguien/algo)** to do everything one can (for sb/sthg); ~ **por hacer algo** to bend over backwards to do sthg. - **2.** [estar enamorado]: ~ **(por)** to be madly in love (with). - **3.** [dedicarse] to dedicate o devote o.s.

desyemar *vt* [árbol] to remove the buds from.

desyerbar *vt* to weed.

detalladamente *adv* in (great) detail.

detallado, da *adj* detailed, thorough.

detallar *vt* - **1.** [historia, hechos] to detail, to give a run-down of. - **2.** [cuenta, gastos] to itemize. - **3.** [mercancía] to retail, to sell retail.

detalle *m* - **1.** [gen] detail; **de su infancia sólo recuerda algunos ~s** she can only remember a few details about her childhood; **la diapositiva recogía un ~ del cuadro** the slide showed a detail of the painting; **me obsequiaron con un pequeño ~** they gave me a small gift; **con ~** in detail; **entrar en ~s** to go into detail ❑ **reparar en ~s** to be a stickler for detail. - **2.** [atención] kind gesture o thought; **tener un ~ con alguien** to be thoughtful o considerate to sb; **el jefe tuvo un ~ con su secretaria y le regaló flores** the boss very kindly bought his secretary some flowers. - **3.** *Amér* COM retailing.
◆ **al detalle** *loc adv* COM retail.

detallista ◇ *adj* [meticuloso] painstaking; [atento] thoughtful. ◇ *mf* COM retailer.

detección *f* detection; ~ **audible** audible detection.

detectar *vt* to detect.

detective *mf* detective; ~ **privado** private detective.

detector, ra *adj* detecting.
◆ **detector** *m* detector; ~ **de mentiras/de incendios/ de minas** lie/fire/mine detector.

detención *f* - **1.** [arresto] arrest; ~ **en masa** mass arrest; ~ **preventiva** protective custody. - **2.** [parada] stopping, holding-up. - **3.** [estado] stoppage, standstill; ~ **de juego** DEP stoppage (in play). - **4.** [prisión] detention. - **5.** [retraso] delay. - **6.** [cuidado] care, thoroughness. - **7.** NÁUT demurrage.

detener [72] *vt* - **1.** [arrestar] to arrest; [encarcelar] to detain. - **2.** [parar] to stop; [retrasar] to hold up. - **3.** [entretener] to keep, to delay.
◆ **detenerse** *vpr* - **1.** [pararse] to stop; **~se a hacer algo** to stop to do sthg. - **2.** [demorarse] to hang about, to linger. - **3.** [dilatarse]: **~se en** to dwell upon.

detenidamente *adv* carefully, thoroughly.

detenido, da ◇ *adj* - **1.** [detallado] careful, thorough. - **2.** [arrestado]: **(estar)** ~ (to be) under arrest. - **3.** [tímido] timid, faint-hearted. - **4.** [escaso] sparing. - **5.** [dilatorio] dilatory. ◇ *m, f* prisoner, person under arrest.

detenimiento ◆ **con detenimiento** *loc adv* carefully, thoroughly.

detentación *f* deforcement.

detentar *vt* to hold unlawfully.

detentor, ra *m, f* DEP holder.

detergente *m* detergent; ~ **para vajillas** washing-up liquid *Br*, dish soap *Am*.

deterioración *f* - **1.** [empeoramiento] deterioration. - **2.** [daño] damage. - **3.** [desgaste] wear and tear.

deteriorado, da *adj* [estropeado] damaged, spoilt; [por los elementos naturales] damaged; [edificio] dilapidated.

deteriorar *vt* - **1.** [estropear] to damage, to spoil. - **2.** [desgastar] to wear out.
◆ **deteriorarse** *vpr* - **1.** [dañarse] to be damaged, to be harmed. - **2.** [desgastarse] to wear out. - **3.** *fig* [empeorar] to deteriorate, to get worse.

deterioro *m* [daño] damage; [empeoramiento] deterioration.

determinación *f* - **1.** [de precio etc] settling, fixing. - **2.** [resolución] determination, resolution. - **3.** [decisión]: **tomar una ~** to take a decision.

determinado, da *adj* - **1.** [concreto] specific; [en particular] particular. - **2.** [resuelto] determined. - **3.** GRAM definite.

determinante ◇ *adj* decisive, determining. ◇ *m* - **1.** GRAM determiner. - **2.** MAT determinant.

determinar *vt* - **1.** [fecha, precio] to settle, to fix. - **2.** [averiguar] to determine; ~ **las causas de la muerte** to establish the cause of death. - **3.** [motivar] to cause, to bring about. - **4.** [decidir] to decide; ~ **hacer algo** to decide to do sthg. - **5.** [distinguir] to distinguish, to discern; **no pude ~ quién era** I couldn't make out who he was. - **6.** DER to settle, to decide.
◆ **determinarse** *vpr*: **~se a hacer algo** to make up one's mind to do sthg.

determinativo, va *adj* determinative.

determinismo *m* determinism.

determinista ◇ *adj* deterministic. ◇ *mf* determinist.

detersión *f* cleansing.

detersivo, va, detersorio, ria *adj* detergent.
◆ **detersivo** *m* detergent.

detestable *adj* detestable.

detestación *f* detestation, hatred.

detestar *vt* to detest.

detiene *v* → **detener**.

detonación *f* [acción] detonation; [sonido] explosion.

detonador *m* detonator.

detonante ◇ *adj* explosive. ◇ *m* - **1.** [explosivo] explosive. - **2.** *fig* [desencadenante]: **ser el ~ de algo** to spark sthg off.

detonar *vi* to detonate, to explode.

detracción *f* - **1.** [denigración] denigration, disparagement. - **2.** [retiro] withdrawal.

detractar *vt* to denigrate, to disparage.

detractor, ra ◇ *adj*: ~ **(de)** disparaging (about). ◇ *m, f* detractor.

detrás *adv* - **1.** [en el espacio] behind; **tus amigos vienen ~** your friends are coming on behind; **el interruptor está ~** the switch is at the back. - **2.** [en el orden] then, afterwards; **Portugal y ~ Puerto Rico** Portugal and then Puerto Rico.
◆ **por detrás** *loc adv* at the back; **hablar de alguien por ~** to talk about sb behind his/her back.
◆ **detrás de** *loc prep* - **1.** [gen] behind. - **2.** [a espaldas de]: ~ **de alguien** behind sb's back.

detrimento *m* damage; **en ~ de** to the detriment of.

detrito *m* BIOL detritus.
◆ **detritos** *mpl* [residuos] waste *(U)*.
◆ **detrito radioactivo** *m* radioactive waste.

detuviera *etc v* → **detener**.

deuda *f* [de dinero, moral] debt; **contraer una ~** to get into debt; **estar en ~ con alguien** [moral] to be indebted to sb ❑ ~ **exterior** ECON foreign debt; ~ **incobrable** o **morosa** bad debt; ~ **a largo plazo** long-term debt; ~ **pública** ECON national debt *Br*, public debt *Am*; **~s activas** assets; **~s pasivas** liabilities.

deudo, da *m, f* relative, relation.
◆ **deudo** *m* relationship, kinship.

deudor, ra ◇ *adj* [saldo] debit *(antes de sust)*; [entidad] indebted. ◇ *m, f* debtor; ~ **hipotecario** mortgagor.

deutóxido *m* QUÍM dioxide.

devaluación *f* devaluation.

devaluar [6] *vt* to devalue.
◆ **devaluarse** *vpr* to go down in value.

devanadera *f* - **1.** [bobina] reel, spool. - **2.** [marco] winding frame. - **3.** NÁUT log-reel. - **4.** TEATRO mechanism for revolving sets.

devanado *m* ELECTR winding; ~ **inductor** o **de campo** field winding.

devanador, ra ◇ *adj* winding. ◇ *m, f* winder.
◆ **devanador** *m* - **1.** [de ovillo] spool. - **2.** *Amér* [devanadera] winder, reel.

devanar *vt* to wind.
◆ **devanarse** *vpr* *Amér* to double up.

devanear *vi* to rave, to talk deliriously.

devaneo *m* - **1.** [delirio] delirium, madness. - **2.** [disparate] raving.

◆ **devaneos** *mpl* - **1.** [distracción] idle pursuits. - **2.** [amoríos] affairs; [coqueteos] flirting (U).

devastación *f* devastation.

devastado, da *adj* devastated.

devastador, ra ◇ *adj* devastating. ◇ *m, f* devastator, destroyer.

devastar *vt* to devastate.

develar *vt* to reveal.

devengar [16] *vt* [intereses] to yield, to earn; [sueldo] to earn.

devengo *m* amount due.

devenir [75] ◇ *m* transformation. ◇ *vi* - **1.** [convertirse]: ~ **en** to become, to turn into. - **2.** [ocurrir] to come to pass, to happen.

devoción *f* - **1.** [veneración]: ~ **(por)** devotion (to). - **2.** [piedad] devoutness, piety. - **3.** [afición] affection, attachment; **tener por** ~ **hacer algo** to be in the habit of doing sthg. - **4.** *loc*: **estar a la** ~ **de alguien** to be at sb's disposal.

devocionario *m* prayer book.

devolución *f* - **1.** [gen] return; [de dinero] refund; ~ **fiscal** tax rebate o refund. - **2.** DER devolution. - **3.** [restauración] restoration.

devolutivo, va *adj* DER returnable, restorable.

devolver [24] ◇ *vt* - **1.** [restituir]: ~ **algo (a)** [coche, dinero etc] to give sthg back (to); [producto defectuoso, carta] to return sthg (to). - **2.** [restablecer, colocar en su sitio]: ~ **algo a** to return sthg to; **he devuelto el libro al estante** I've returned the book to the shelf. - **3.** [favor, agravio] to pay back for; [visita] to return. - **4.** [vomitar] to bring o throw up. - **5.** [restaurar] to restore. - **6.** COM to refund. ◇ *vi* to throw up.

◆ **devolverse** *vpr Amér* to come back.

devorador, ra ◇ *adj* devouring; **hambre devoradora** ravenous hunger. ◇ *m, f* devourer.

devorante *adj* voracious, ravenous.

devorar *vt lit & fig* to devour; **la culpabilidad le devora** he is consumed with guilt.

devotamente *adv* piously.

devotería *f fam* false piety, sanctimoniousness.

devoto, ta ◇ *adj* - **1.** [piadoso] devout; **ser** ~ **de** to have a devotion for. - **2.** [admirador]: ~ **(de alguien)** devoted (to sb). - **3.** [imagen, templo, lugar] devotional. - **4.** [venerable] venerable, revered. ◇ *m, f* - **1.** [beato]: **los** ~**s** the faithful. - **2.** [admirador] devotee.

devuelto, ta *pp* → **devolver**.

◆ **devuelta** *f Amér* change.

devuelva *etc v* → **devolver**.

dexteridad *f* dexterity.

dextrosa *f* QUÍM dextrose.

deyección *f* [de una montaña] debris (U); [de un volcán] ejecta (pl).

◆ **deyecciones** *fpl* MED stools, faeces.

deyector *m* antiscale device.

dg *(abrev escrita de* **decigramo***)* dg.

DGS *(abrev de* **Dirección General de Seguridad***) f Spanish police headquarters.*

DGT *f (abrev de* **Dirección General de Tráfico***) government department in charge of traffic.*

di *etc v* - **1.** → **dar**. - **2.** → **decir**.

día *m* - **1.** [gen] day; **me voy el** ~ **ocho** I'm going on the eighth; **¿a qué** ~ **estamos?** what day is it today?; **ocho** ~**s** a week; **¿qué tal** ~ **hace?** what's the weather like today?; **todos los** ~**s** every day; **el** ~ **que se entere nos mata** when he finds out, he'll kill us □ ~ **azul** *cheap day for rail travel in Spain*; ~ **de Año Nuevo** New Year's Day; ~ **de asueto** day off; ~ **de ayuno / de guardar** fast / holy day; ~ **de deuda** COM pay-by date; ~ **de diario**, ~ **entre semana** weekday; ~ **del espectador** *day when some cinemas*

sell tickets at a discount; ~ **festivo** (public) holiday; ~ **de fiesta** holiday; ~ **hábil** o **laborable** o **de trabajo** working day; ~ **de la Hispanidad** Columbus day; ~ **del juicio (final)/ de los difuntos** Judgment/All Soul's Day; ~ **de los inocentes** 28th December, ≃ April Fools' Day; ~ **lectivo** school o teaching day; ~ **libre** day off; ~ **de la madre/del padre** Mother's/Father's Day; ~ **de pago** payday; ~ **de Reyes** Epiphany; ~ **de todos los santos** All Saint's Day; ~ **de vigilia** day of abstinence; ~**s de gracia** COM days of grace; ~ **señalado** red-letter day; ~ **del trabajador** Labour Day; **menú del** ~ today's menu; **al** ~ [diariamente] per day, a day; **al** ~ **siguiente** on the following day; **a los pocos** ~**s** a few days later; **de** ~ **en** ~, ~ **a** ~ from day to day, day by day; **del** ~ fresh; **este pan está seco, no es del** ~ this bread's stale, it's not fresh; ~ **tras** ~ day after day; **el** ~ **de hoy** today; **el** ~ **de mañana** in the future; **en su** ~ [a su debido tiempo] in due course; **en su** ~ **les advertí que esa inversión sería imposible** I told them at the time that the investment would be impossible; [en el pasado] in his/her *etc* day; **la pintura abstracta, en su** ~ **no fue valorada** in its day abstract art wasn't highly thought of; **hoy (en)** ~ nowadays; **todo el (santo)** ~ all day long; **un** ~ **sí y otro no** every other day. - **2.** [luz] daytime, day; **es de** ~ it's daytime; **hacer algo de** ~ to do sthg in the daytime o during the day; ~ **y noche** day and night; **trabajaba** ~ **y noche para acabar la novela** he worked day and night to finish the novel; **en pleno** ~, **a plena luz del** ~ in broad daylight. - **3.** *loc*: **¡cualquier** ~**!** *fam irón* not on your life!; **cualquier** ~ **de estos, un** ~ one of these days; **dar el** ~ **a alguien** to ruin sb's day (for them); **el mejor** ~ some fine day; **el** ~ **menos pensado** when you least expect it; **estar/ponerse al** ~ **(de)** to be/get up to date (with); **mañana será otro** ~ tomorrow is another day; **los** ~**s no pasan para ella** she doesn't look her age; **poner algo/a alguien al** ~ to update sthg/sb; **tener** ~**s** to have one's good days and one's bad days; **un** ~ **es un** ~ this is a special occasion; **vivir al** ~ to live from hand to mouth.

◆ **días** *mpl* - **1.** [vida] days, life *(sg)*. - **2.** [época]: **en mis** ~**s** in my day; **en aquellos** ~**s de felicidad** in those happy times.

◆ **buen día** *interj Amér* good morning!

◆ **buenos días** ◇ *interj* [gen] hello!; [por la mañana] good morning! ◇ *mpl*: **dar los buenos** ~**s a alguien** to say good morning to sb.

diabetes *f inv* diabetes (U).

diabético, ca *adj & m, f* diabetic.

diabla *f* - **1.** *fam* [diablo hembra] she-devil. - **2.** [carro] two-wheeled carriage. - **3.** TEATRO footlights (pl).

◆ **a la diabla** *loc adv fam* any old how.

diablear *vi fam* to play pranks.

diablesa *f fam* she-devil.

diablillo *m* - **1.** *fam fig* [persona traviesa] little devil. - **2.** [disfrazado de diablo] person disguised as a devil.

◆ **diablillos** *mpl fam* short hairs at the back of the neck.

diablo *m* - **1.** *lit & fig* devil; **al** o **como el** ~ *fam* like hell, a hell of a lot; **me pica como el** ~ it stings like hell; **darse al** ~ to get angry; **donde el** ~ **perdió el poncho** *Amér* in the middle of nowhere; **el** ~ **encarnado** the devil incarnate, the devil himself; **mandar al** ~ **a alguien** to send sb packing; **más sabe el** ~ **por viejo que por** ~ experience is what really counts; **pactar con el** ~ to sell one's soul to the devil; **pobre** ~ poor devil; **es un pobre** ~ **que vive de la caridad** he's a poor soul who depends on charity to survive; **tener el** ~ **en el cuerpo, ser la piel del** ~ to be a little devil. - **2.** [persona muy fea] ugly devil. - **3.** *Amér* [vehículo] ox-cart, dray. - **4.** *Amér* [en billar] bridge.

◆ **diablos** *fam* ◇ *mpl* [para enfatizar]: **¿dónde/cómo** ~**s...?** where/how the hell...? ◇ *interj* damn it!

◆ **diablo marino** *m* scorpaenid.

◆ **diablos azules** *mpl Amér* delirium tremens (U).

diablura *f* prank.

diabólico, ca *adj* - **1.** [del diablo] diabolic. - **2.** *fig* [muy malo, difícil] diabolical.

diaconado, **diaconato** *m* diaconate, deaconship.

diaconisa *f* deaconess.

diácono *m* deacon.

diacrítico, **ca** *adj* - **1.** [signo] diacritical. - **2.** [síntoma] diagnostic.

diacronía *f* diachrony.

diacrónico, **ca** *adj* diachronic.

diadema *f* [para el pelo] hairband.

diáfano, **na** *adj* - **1.** [transparente] transparent, diaphanous. - **2.** [sin tabiques] open-plan. - **3.** *fig* [claro] clear.

diaforesis *f inv* diaphoresis.

diafragma *m* diaphragm.

diagnosis *f inv* diagnosis.

diagnosticar [10] *vt* to diagnose.

diagnóstico, **ca** *adj* diagnostic.

◆ **diagnóstico** *m* - **1.** [de enfermedad] diagnosis. - **2.** [ciencia] diagnostics *(U)*.

diagonal ◇ *adj* diagonal. ◇ *f* diagonal; **en** ~ diagonally.

diagonalmente *adv* diagonally.

diagrama *m* diagram; ~ **en escala** scale diagram; ~ **de fabricación** o **flujo** flow chart o diagram.

dial ◇ *m* dial. ◇ *adj* daily.

◆ **diales** *mpl* diary *(sg)*, journal *(sg)*.

dialectal *adj* dialect *(antes de sust)*.

dialéctico, **ca** ◇ *adj* dialectical. ◇ *m, f* dialectician.

◆ **dialéctica** *f* dialectics *(U)*.

dialecto *m* dialect.

dialectología *f* dialectology.

diálisis *f inv* dialysis.

dializar [13] *vt* to dialyse, to perform dialysis.

◆ **dializarse** *vpr* to undergo dialysis.

dialogado, **da** *adj* [obra] written in dialogue.

dialogante *adj*: **persona** ~ interlocutor.

dialogar [16] *vi*: ~ **(con)** [hablar] to have a conversation (with), to talk (to); [negociar] to hold a dialogue o talks (with). ◇ *vt* [obra] to write in dialogue.

diálogo *m* [conversación] conversation; LITER & POLÍT dialogue; ~ **de besugos** mindless chatter *(U)*; **fue un** ~ **de sordos** *fig* nobody listened to anyone else.

dialoguista *mf* dialogist.

diamantado, **da** *adj* glittering.

diamante *m* [piedra preciosa] diamond; ~ **brillante** brilliant, cut diamond; ~ **en bruto** uncut diamond; ~ **falso** o **de imitación** paste.

◆ **diamantes** *mpl* [naipes] diamonds.

diamantino, **na** *adj* - **1.** [de diamante] diamantine, diamond-like. - **2.** *fig & LITER* adamantine.

diamantista *mf* diamond cutter.

diametral *adj* diametric, diametrical.

diametralmente *adv* diametrically; ~ **opuesto a** diametrically opposed to.

diámetro *m* diameter.

diana *f* - **1.** [en blanco de tiro] bull's-eye, bull; **hacer** ~ to hit the bull's-eye. - **2.** [en cuartel] reveille; **tocar** ~ to sound the reveille.

Diana *f* Diana.

diantre *interj* dash it!

diapasón *m* - **1.** [instrumento] tuning fork. - **2.** [escala] range. - **3.** [de violín] fingerboard. - **4.** [de voz] tone.

diapositiva *f* slide, transparency.

diariamente *adv* daily, every day.

diariero, **ra** *m, f Amér* newspaper seller.

diario, **ria** *adj* daily; **a** ~ every day; **hago la compra a** ~ I go shopping every day; **de** ~ daily, everyday; **tengo tres trajes de** ~ **y uno para los domingos** I've got three everyday suits and one for Sundays; **ropa de** ~ everyday clothes.

◆ **diario** *m* - **1.** [periódico] newspaper, daily; ~ **hablado/**

televisado radio/television news (bulletin); ~ **matinal** o **de la mañana** morning newspaper; ~ **vespertino** o **de la noche** evening newspaper. - **2.** [relación día a día] diary; ~ **de a bordo** logbook; ~ **de sesiones** parliamentary report; ~ **de vuelo** log, logbook. - **3.** [gasto] daily expenses *(pl)*. - **4.** COM journal, daybook.

diarista *mf Amér* [periodista] journalist.

diarrea *f* diarrhoea; **tener una** ~ **mental** *mfam fig* not to be thinking straight.

diáspora *f* diaspora.

diástole *f* diastole, dilation of the heart.

diatriba *f* diatribe.

dibujante ◇ *mf* [gen] drawer, sketcher; [de dibujos animados] cartoonist; [de dibujo técnico] draughtsman (*f* draughtswoman). ◇ *adj* drawing, sketching.

dibujar *vt* - **1.** [con lápiz, pluma etc] to draw, to sketch. - **2.** *fig* [describir] to portray, to depict; ~ **un carácter** to depict a character.

◆ **dibujarse** *vpr* [revelarse] to be outlined, to stand out; **un árbol se dibujaba a lo lejos** the outline of a tree could be seen in the distance.

dibujo *m* - **1.** [gen] drawing; **siempre me suspenden en** ~ I always fail at drawing; **no se le da el** ~ he's no good at drawing ❑ ~ **artístico** art; ~ **esquemático** diagram; ~ **lineal** o **técnico** technical drawing; ~ **al natural** drawing o sketching from life; ~**s animados** cartoons. - **2.** [de tela, prenda etc] pattern. - **3.** *fig* [descripción] portrayal, depiction.

dic., **dicbre.** (*abrev escrita de* **diciembre**) Dec.

dicción *f* diction.

diccionario *m* dictionary; ~ **de sinónimos** thesaurus.

dice *v* → **decir**.

dicha ◇ *adj f* → **dicho**. ◇ *f* - **1.** [alegría] joy. - **2.** [suerte] good fortune; **a** o **por** ~ fortunately.

dicharachero, **ra** ◇ *adj* - **1.** *fam* [hablador] talkative. - **2.** [gracioso] witty. ◇ *m, f* - **1.** [hablador] chatterbox. - **2.** [gracioso] joker.

dicho, **cha** ◇ *pp* → **decir**. ◇ *adj* said, aforementioned; ~**s hombres** the said men, these men; **dejar** ~ o **escrito** to leave word; **¡haberlo** ~!** you could have said so!; **lo** ~ what I/we *etc* said; **o mejor** ~ or rather ❑ ~ **y hecho** no sooner said than done.

◆ **dicho** *m* - **1.** [sentencia, refrán] saying; ~ **de las gentes** gossip; **del** ~ **al hecho hay un gran** o **mucho trecho** it's easier said than done. - **2.** [ocurrencia] witticism, witty remark. - **3.** *fam* [expresión insultante] insulting remark. - **4.** DER statement, deposition.

◆ **dichos** *mpl* [en matrimonio] marriage vows; **tomarse los** ~**s** to exchange marriage vows.

dichosamente *adv* blissfully.

dichoso, **sa** *adj* - **1.** [feliz] happy; [afortunado] fortunate. - **2.** [para enfatizar] blessed, confounded.

diciembre *m* December; *ver también* **septiembre**.

dicotomía *f* dichotomy.

dicromático, **ca** *adj* dichromatic.

dictado *m* - **1.** [acción, texto] dictation; **escribir al** ~ to take dictation. - **2.** [de nobleza] title.

◆ **dictados** *mpl* [órdenes] dictates.

dictador, **ra** *m, f* dictator.

dictadura *f* dictatorship; ~ **del proletariado** dictatorship of the proletariat.

dictáfono *m* Dictaphone®.

dictamen *m* [opinión] opinion, judgment; [informe] report; ~ **médico** diagnosis.

dictaminar *vi* to express an opinion.

dictar *vt* - **1.** [texto] to dictate. - **2.** [emitir - sentencia, fallo] to pronounce, to pass; [- ley] to enact; [- decreto] to issue. - **3.** *Amér* [conferencia] to give, to deliver. - **4.** *Amér* [clase] to give, to teach.

dictatorial, **dictatorio**, **ria** *adj* - **1.** [en política] dictatorial. - **2.** *fig* [arbitrario] dictatorial, domineering.

dicterio *m culto* insult.

didáctico, ca *adj* didactic.

◆ **didáctica** *f* didactics *(U)*.

diecinueve *núm* nineteen; *ver también* **seis**.

diecinueveavo, va *núm* nineteenth; *ver también* **sexto**.

dieciocho *núm* eighteen; *ver también* **seis**.

dieciochoavo, va *núm* eighteenth; *ver también* **sexto**.

dieciséis *núm* sixteen; *ver también* **seis**.

dieciseisavo, va *núm* sixteenth; *ver también* **sexto**.

diecisiete *núm* seventeen; *ver también* **seis**.

diecisieteavo, va *núm* seventeenth; *ver también* **sexto**.

diente *m* tooth; ~ **canino** canine (tooth); ~ **incisivo** incisor; ~ **de leche** milk tooth; ~ **molar** molar; ~**s postizos** false teeth; ~**s salientes** buckteeth; **armado hasta los** ~**s** armed to the teeth; **daba** ~ **con** ~ her teeth were chattering; **de** ~**s afuera** insincerely; **enseñar los** ~**s to** bare one's teeth; **estar a** ~ to be famished o ravenous; **hablar entre** ~**s** to mumble, to mutter; **hincar el** ~ **a algo** [morder] to sink one's teeth into sthg; *fig* to get one's teeth into sthg; **me rechinan los** ~**s** it sets my teeth on edge; **pelar el** ~ *Amér* [coquetear] to flirt; [adular] to flatter; **ponerle a alguien los** ~**s largos** to turn sb green with envy; **reírse entre** ~**s** to chuckle; **tener buen** ~ to have a good appetite.

◆ **diente de ajo** *m* clove of garlic.

◆ **diente de león** *m* dandelion.

diera *v* → **dar**.

diéresis *f inv* diaeresis.

dieron *etc v* → **dar**.

diesel, diésel ['diesel] *adj* diesel.

diestro, tra *adj* [hábil]: ~ **(en)** skilful (at); **a** ~ **y siniestro** *fig* left, right and centre, all over the place.

◆ **diestro** *m* - **1**. TAUROM matador. - **2**. [en esgrima] swordsman.

◆ **diestra** *f* right hand; **a la diestra** on the right o right-hand side.

dieta *f* MED diet; **estar a** ~ to be on a diet; **poner/ponerse a dieta** to put/to go on a diet ❑ ~ **hídrica/láctea** water/milk diet; ~ **equilibrada** balanced diet.

◆ **dietas** *fpl* COM expenses.

dietario *m* - **1**. [de cuentas] housekeeping book. - **2**. [agenda] diary. - **3**. [de crónicas] book of chronicles.

dietético, ca *adj* dietetic, dietary.

◆ **dietética** *f* dietetics *(U)*.

dietista *mf Amér* dietician.

diez ◇ *núm* ten; *ver también* **seis**. ◇ *m* - **1**. [en la escuela] ≈ A, top marks *(pl)*. - **2**. *Amér* [moneda] ten-cent piece. - **3**. *loc:* **hacer las** ~ **de última** to damage one's own chances.

diezmar *vt* to decimate.

diezmo *m* [tributo] tithe.

difamación *f* [verbal] slander; [escrita] libel.

difamador, ra ◇ *adj* [de palabra] defamatory, slanderous; [por escrito] libellous. ◇ *m, f* [de palabra] slanderer; [por escrito] libeller.

difamar *vt* [verbalmente] to slander; [por escrito] to libel.

difamatorio, ria *adj* [declaraciones, críticas] defamatory; [texto, carta, escrito] libellous.

diferencia *f* difference; **a** ~ **de** unlike; **él, a** ~ **de su hermano, logró ir a la universidad** unlike his brother, he got into university; **establecer** o **hacer una** ~ **entre** to make a distinction between; **partir la** ~ to split the difference ❑ ~ **horaria** time difference; ~ **salarial** wage differential; **con** ~ [de largo] by a long chalk, by far; **limar** ~**s** to settle one's differences.

diferenciación *f* differentiation.

diferenciado, da *adj* differential.

diferencial ◇ *adj* distinguishing. ◇ *m* MEC differential. ◇ *f* MAT differential.

diferenciar [8] ◇ *vt* - **1**. : ~ **(de)** [distinguir] to distinguish (from); [hacer diferente] to differentiate (from). - **2**. MAT to

differentiate. ◇ *vi*: ~ **(entre)** to distinguish o differentiate (between).

◆ **diferenciarse** *vpr* - **1**. [diferir]: ~**se (de/en)** to differ (from/in), to be different (from /in). - **2**. [descollar]: ~**se de** to stand out from.

diferente ◇ *adj*: ~ **(de** o **a)** different (from o to); **la cerveza alemana es** ~ **de** o **a la inglesa** German beer is different to English beer. ◇ *adv* differently; **a pesar de ser gemelos, se comportan** ~ although they are twins, they behave very differently.

◆ **diferentes** *adj pl* various, several; **eso me ha pasado** ~**s veces** that's happened to me several times.

diferentemente *adv* differently.

diferido ◆ **en diferido** *loc adv* TV recorded.

diferir [27] ◇ *vt* [posponer] to postpone, to put off. ◇ *vi* [diferenciarse] to differ, to be different; ~ **de alguien en algo** to differ from sb in sthg.

difícil *adj* difficult; **encontrar trabajo es** ~ finding work is difficult; **el chino es una lengua** ~ Chinese is a difficult language; **es** ~ **que ganen** they are unlikely to win; ~ **de hacer** difficult to do.

difícilmente *adv* with difficulty.

dificultad *f* - **1**. [calidad de difícil] difficulty; **en eso topa la** ~ there's the rub. - **2**. [obstáculo] problem; **poner** ~**es** to raise objections.

◆ **dificultades** *fpl* [problemas] trouble *(U)*; **pasar** ~**es** to suffer hardship.

dificultar *vt* [estorbar] to hinder; [obstruir] to obstruct.

dificultoso, sa *adj* - **1**. [difícil] hard, fraught with difficulties. - **2**. *fam* [fastidioso] awkward, fussy. - **3**. *fam fig* [feo] ugly.

difiera, difiriera *etc v* → **diferir**.

difteria *f* diphtheria.

difuminado, da *adj* - **1**. ARTE stumped. - **2**. FOT soft-focus; **en** ~ in soft focus. - **3**. [poco claro] blurred.

◆ **difuminado** *m* ARTE stumping.

difuminar *vt* to blur.

difundir *vt* - **1**. [noticia, doctrina, epidemia] to spread. - **2**. [luz, calor] to diffuse; [emisión radiofónica] to broadcast.

◆ **difundirse** *vpr* - **1**. [noticia, doctrina, epidemia] to spread. - **2**. [luz, calor] to be diffused.

difunto, ta ◇ *adj* [gen] deceased, dead; **el** ~ **Sr. Pérez** the late Mr Pérez. ◇ *m, f*: **el** ~ the deceased.

difusión *f* - **1**. [de cultura, noticia, doctrina] dissemination. - **2**. [de luz, calor, ondas] diffusion. - **3**. [de programa] broadcasting.

difusivo, va *adj* diffusive.

difuso, sa *adj* - **1**. [luz] diffuse. - **2**. [estilo, explicación] wordy. - **3**. [vago] vague, hazy. - **4**. [ancho] wide.

difusor, ra ◇ *adj* - **1**. [que difunde] spreading. - **2**. [medio, agencia] broadcasting. ◇ *m, f* propagator.

diga *v* → **decir**.

digerir [27] *vt* - **1**. [alimento] to digest. - **2**. *fig* [hechos] to assimilate, to take in. - **3**. *fig* [sufrir] to suffer, to endure; ~ **una afrenta** to suffer an insult.

digestible *adj* digestible.

digestión *f* digestion.

digestivo, va *adj* digestive.

◆ **digestivo** *m* digestive (drink).

digiera, digiriera *etc v* → **digerir**.

digitado, da *adj* digitate.

digital *adj* - **1**. [del dedo] finger *(antes de sust)*. - **2**. INFORM & TECN digital.

digitalización *f* INFORM digitizing.

digitalizar [13] *vt* INFORM to digitize.

dígito *m* digit.

dignarse *vpr*: ~ **a** to deign to.

dignatario, ria *m, f* dignitary.

dignidad *f* - **1**. [cualidad] dignity. - **2**. [cargo] office. - **3**. [personalidad] dignitary.

dignificante *adj* dignifying.

dignificar [10] *vt* to dignify.

digno, na *adj* - **1.** [noble - actitud, respuesta] dignified; [-persona] honourable, noble. - **2.** [merecedor]: ~ **de** worthy of; ~ **de elogio** praiseworthy; ~ **de mención/de ver** worth mentioning/seeing. - **3.** [adecuado]: ~ **de** appropriate for, fitting for. - **4.** [sueldo, actuación etc] decent, good. - **5.** [mesurado] dignified.

digo *v* → **decir**.

digresión *f* digression.

dije ◇ *m* - **1.** [adorno] charm. - **2.** *fam fig* [persona] treasure, gem; **esa criada es un** ~ that maid is a treasure. ◇ *adj Amér* nice, pleasant.

◆ **dijes** *mpl* boasting (U), bravado (U).

dijera *etc v* → **decir**.

dilaceración *f* tearing.

dilacerar *vt* to tear.

dilación *f* delay; **sin** ~ without delay, at once.

dilapidación *f* waste, squandering.

dilapidar *vt* to squander, to waste.

dilatable *adj* expandable.

dilatación *f* - **1.** [gen] expansion; [de partes del cuerpo] dilation. - **2.** [prolongación] prolongation. - **3.** *fig* [serenidad] serenity, calmness. - **4.** [difusión] diffuseness.

dilatado, da *adj* dilated.

dilatador, ra *adj* expanding.

◆ **dilatador** *m* MED dilator.

dilatar *vt* - **1.** [extender] to expand; [partes del cuerpo] to dilate. - **2.** [prolongar] to prolong. - **3.** [demorar] to delay. - **4.** [propagar] to spread.

◆ **dilatarse** *vpr* - **1.** [extenderse] to expand; [partes del cuerpo] to dilate. - **2.** [prolongarse] to be prolonged, to go on. - **3.** [demorarse] to be delayed. - **4.** [propagarse] to extend, to stretch.

dilatorio, ria *adj* DER dilatory, delaying.

◆ **dilatoria** *f* delay; **andar con dilatorias** to waste time, to use delaying tactics.

dilección *f culto* sincere affection.

dilecto, ta *adj culto* beloved, loved.

dilema *m* dilemma.

diletante *adj & mf* dilettante.

diligencia *f* - **1.** [esmero, cuidado] diligence. - **2.** [prontitud] speed. - **3.** [trámite, gestión] business (U); **hacer una** ~ to run an errand. - **4.** [vehículo] stagecoach.

◆ **diligencias** *fpl* DER proceedings; **instruir** ~**s** to start proceedings.

diligente *adj* - **1.** [cuidadoso, esmerado] diligent. - **2.** [rápido] speedy, quick.

diligentemente *adv* - **1.** [con esmero, cuidado] diligently. - **2.** [con prontitud] speedily, quickly.

dilucidación *f* elucidation, explanation.

dilucidar *vt* to elucidate.

dilución *f* dilution.

diluente *adj* = **diluyente**.

diluido, da *adj* diluted.

diluir [51] *vt* to dilute.

◆ **diluirse** *vpr* to dissolve.

diluviano, na *adj* diluvian, diluvial.

diluviar [8] *v impers* to pour with rain.

diluvio *m lit & fig* flood.

diluya, diluyera *etc v* → **diluir**.

diluyente, diluente *adj* diluting.

dimanar ◆ **dimanar de** *vi* - **1.** [alegría] to emanate from. - **2.** [medidas, consecuencias] to arise from. - **3.** [agua, manantial] to flow from, to have its source in. - **4.** [radicar] to stem from; **su éxito dimana de su talento** his success stems from his abilities.

dimensión *f* dimension; **las dimensiones de la tragedia** the extent of the tragedy.

dimensional *adj* dimensional.

diminución *f* diminishing, lessening.

diminuir [51] *vt desus* to diminish, to lessen.

diminutamente *adv* - **1.** [con escasez] minutely, in small quantities. - **2.** [al por menor] retail.

diminutivo *m* diminutive.

diminuto, ta *adj* tiny, minute.

dimisión *f* resignation; **presentar la** ~ to hand in one's resignation.

dimisionario, ria, dimitente ◇ *adj* resigning. ◇ *m, f* person resigning.

dimitir *vi*: ~ **(de)** to resign (from).

dimos *v* → **dar**.

dina *f* FÍS dyne.

Dinamarca *s* Denmark.

dinámico, ca *adj* dynamic.

◆ **dinámica** *f* - **1.** [gen] dynamics (pl). - **2.** FÍS dynamics (U).

dinamismo *m* dynamism.

dinamita *f* dynamite.

dinamitar *vt* to dynamite.

dinamitero, ra *m, f* dynamiter.

dinamizar [13] *vt* to speed up.

dinamo, dínamo *f* dynamo.

dinar *m* dinar.

dinastía *f* dynasty.

dinástico, ca *adj* dynastic.

dineral *m*, **dinerada** *f fam* fortune.

dinero *m* money; **andar bien/mal de** ~ to be well-off for/short of money; **una familia de** ~ a family of means ❑ ~ **en caja** cash in hand; ~ **circulante** ECON money in circulation; ~ **contante (y sonante)** hard cash; ~ **de curso legal** legal tender; ~ **en metálico** cash; ~ **negro** o **sucio** illegally obtained money; ~ **rentado** o **prestado** loan, borrowed money; ~ **suelto** loose change; **dormirse con el** ~ *fig* to delay payment; **ensuciarse por** ~ *fig* to accept o take bribes; **hacer trabajar el** ~ *fig* to make one's money work; ~ **llovido del cielo** *fig* windfall.

dinosaurio *m* dinosaur.

dintel *m* ARQUIT lintel.

diñar *vt fam*: ~**la** to kick the bucket.

dio *v* → **dar**.

diocesano, na *adj* diocesan.

◆ **diocesano** *m* diocesan.

diócesis *f inv* diocese.

diodo *m* ELECTR diode.

Diógenes *m* Diogenes.

Diomiciano *m* Domitian.

Dionisos *m* Dionysus.

dioptría *f* dioptre.

dios, sa (*pl* **dioses**) *m, f* god (*f* goddess); **todo** ~ *mfam fig* [todos] everyone.

◆ **Dios** *m* God; **¡a Dios gracias!** **¡gracias a Dios!** thank heavens!; **a Dios rogando y con el mazo dando** *proverb* God help those who help themselves *proverb*; **a la buena de Dios** any old how; **viajan a la buena de Dios sin pasaporte ni dinero** they travel completely unprepared, without taking any money or their passports; **¡anda** o **ve con Dios!** God be with you!; **armar la de Dios es Cristo** to raise hell, to make an almighty racket; **como Dios le da a entender** as best one can; **como Dios manda** properly; **para comer como Dios manda hay que sentarse en la mesa** to eat properly, you have to sit down at a table first; **Dios dirá** it's in the lap of the gods; **Dios los cría y ellos se juntan** *proverb* birds of a feather flock together *proverb*; **Dios mediante, si Dios quiere** God willing; **¡Dios me libre!** Heaven forbid!; **¡Dios mío!** good God!, (oh) my God!; **Dios sabe, sabe Dios**, God (alone) knows; **necesitar Dios y ayuda** to have one's work cut out; **¡por Dios!** for God's sake!; **sin encomendarse a Dios ni al diablo** throwing caution to the winds; **¡válgame Dios!** goodness gracious!, bless my soul!; **¡vaya por Dios!** for Heaven's sake!, honestly!

diplodoco *m* diplodocus.

diploma *m* diploma.

diplomacia *f* - **1.** [gen] diplomacy. - **2.** [carrera] diplomatic service.

diplomado, da ◇ *adj* - **1.** [cualificado] qualified. - **2.** [con diploma] having a diploma. ◇ *m, f* holder of a diploma.

diplomar *vt* to grant a diploma to.

◆ **diplomarse** *vpr* to graduate, to gain a diploma.

diplomático, ca ◇ *adj lit & fig* diplomatic. ◇ *m, f* diplomat.

◆ **diplomática** *f* [ciencia] diplomacy.

dipsomanía *f* dipsomania.

dipsómano, na, dipsomaníaco, ca *adj & m, f* dipsomaniac.

diptongo *m* diphthong.

diputación *f* - **1.** [corporación] committee; ~ **permanente** standing committee; ~ **provincial** *governing body of each province of an autonomous region in Spain,* ≃ county council *Br.* - **2.** [cargo] post of member of parliament. - **3.** [duración del cargo] term of office. - **4.** [delegación] delegation, deputation. - **5.** *Amér* [ayuntamiento] town hall.

diputado, da *m, f* ≃ Member of Parliament *Br,* ≃ MP *Br,* ≃ representative *Am.*

diputar *vt* [delegar] to delegate.

dique *m* - **1.** [en río] dike; ~ **de contención** dam. - **2.** [en puerto] dock; **entrar en** ~ to dock □ ~ **flotante/de marea/seco** floating/wet/dry dock. - **3.** *fig* [barrera, contención] check, barrier; **poner un** ~ **a** *fig* to check. - **4.** GEOL dyke. - **5.** *loc:* **dar** ~ *Amér fam* to deceive.

dirá *v → decir.*

dirección *f* - **1.** [sentido, rumbo] direction; **calle de** ~ **única** one-way street □ ~ **de tiro** fire control; **'~ prohibida'** 'no entry'; **en** ~ **a** towards, in the direction of; **el barco navega en** ~ **a la costa** the boat is sailing towards the coast. - **2.** [domicilio] address. - **3.** [mando - de empresa, hospital] management; [- de partido] leadership; [- de colegio] headship; [- de periódico] editorship. - **4.** [de película] direction; [de obra de teatro] production; [de orquesta] conducting; **llevar la** ~ to conduct. - **5.** [junta directiva] management; ~ **comercial** commercial department; ~ **general** head office. - **6.** [de un vehículo] steering; ~ **asistida** power steering. - **7.** [tendencia] tendency, trend. - **8.** GEOL strike.

◆ **Dirección General de Tráfico** *f government department in charge of traffic.*

direccional ◇ *adj* directional. ◇ *m Amér* AUTOM indicator.

direccionar *vt* INFORM to address.

directa *f → director.*

directamente *adv* - **1.** [sin paradas, ahora mismo] straight. - **2.** [sin intermediarios] directly.

directivo, va ◇ *adj* managerial. ◇ *m, f* [jefe] manager.

◆ **directiva** *f* - **1.** [junta] board (of directors). - **2.** [orden, ley] directive.

directo, ta *adj* - **1.** [gen] direct; **su lenguaje era** ~, **sin rodeos** her words were direct, she didn't beat about the bush; **no hay tren** ~ **de Barcelona a Roma** there isn't a direct train from Barcelona to Rome. - **2.** [derecho] straight.

◆ **directo** ◇ *m* - **1.** [tren] through train. - **2.** [en boxeo] straight punch. ◇ *adv* [derecho, en línea recta] straight; ~ **a** straight to; **el atracador me apuntó** ~ **al corazón** the robber pointed his gun straight at my heart.

◆ **directa** *f* AUTOM top gear; **poner** o **meter la directa** to go into top gear; *fig* to really get a move on.

◆ **en directo** *loc adv* live; **la televisión retransmite el debate en** ~ the debate is being broadcast live on television.

director¹, ra ◇ *adj* [que dirige] directing, managing. ◇ *m, f* - **1.** [de empresa] director; [de hotel, hospital] manager (*f* manageress); [de periódico] editor; [de cárcel] governor; ~ **de banco/de producción** bank/production manager; ~ **ejecutivo/gerente** executive/managing director; ~ **de funeraria** funeral director; ~ **general** general manager. - **2.** [de obra artística]: ~ **de banda musical** MÚS bandmaster; ~ **de cine** film director; ~ **de circo** ringmaster; ~ **de escena** producer, stage manager; ~ **de orquesta** conductor; ~ **visitante** MÚS guest conductor. - **3.** [de colegio] headmaster (*f* headmistress). - **4.** [de tesis, trabajo de investigación] supervisor; ~ **espiritual** father confessor; ~ **técnico** DEP trainer.

director², triz *adj* GEOM director.

directorio, ria *adj* directory, directive.

◆ **directorio** *m* - **1.** [gen & INFORM] directory; ~ **raíz** root directory. - **2.** [junta] directorate, governing body. - **3.** *Amér* [de teléfonos] telephone directory.

directriz (*pl* **directrices**) ◇ *adj f → director.* ◇ *f* GEOM directrix.

◆ **directrices** *fpl* [normas] guidelines.

diría → decir.

dirigente ◇ *adj* [en partido] leading; [en empresa] management *(antes de sust).* ◇ *mf* [de partido político] leader; [de empresa] manager.

dirigible ◇ *adj* - **1.** AERON dirigible. - **2.** NÁUT navigable. ◇ *m* airship.

dirigido, da *adj* - **1.** [carta, paquete]: ~ **a** addressed to. - **2.**: ~ **por** [empresa] managed by; [colegio, cárcel, periódico] run by; [película] directed by; [orquesta] conducted by.

dirigir [15] *vt* - **1.** [conducir - coche, barco] to steer; [- avión] to pilot. - **2.** *fig* [mirada] to direct. - **3.** [llevar - empresa, hotel, hospital] to manage; [- colegio, cárcel, periódico] to run; [- partido, revuelta] to lead; [- expedición] to head. - **4.** [película, obra de teatro] to direct; [orquesta] to conduct. - **5.** [carta, paquete] to address. - **6.** [guiar] to guide. - **7.** [dedicar]: ~ **algo a** to aim sthg at.

◆ **dirigirse** *vpr* - **1.** [encaminarse]: ~**se a** o **hacia** to head for. - **2.** [hablar]: ~**se a** to address, to speak to. - **3.** [escribir]: ~**se a** to write to.

Para llamar la atención de alguien

Excuse me!
Sir!/Ma'am!/Miss! [*Am*]
Ladies and gentlemen, ... [*a un grupo*]
Mr Chairman/Madam Chairwoman, ... [*a quien preside una reunión*]

Tratamientos profesionales

Nurse!
Doctor, I think there's something wrong.
Sir/Miss! [*Br, en la escuela*]
Officer, I'd like to report a burglary.
Good morning, professor (Jones) [*en la facultad*]

En tiendas, restaurantes etc

Can I help you?
Excuse me! [*a un dependiente, camarero etc*]
Are you ready to order, Sir?
Is everything alright, Madam/Miss?

Tratamientos honoríficos

Your Excellency, ... [*a un embajador*]
Your Honour, ... [*a un juez*]
Mr/Madam President, ...
Prime Minister, ...

dirigismo *m* state control.

dirija *etc v →* **dirigir**.

dirimir *vt* - **1.** [resolver] to resolve. - **2.** [disolver] to annul, to dissolve.

discantar *vt* - **1.** [glosar, hablar mucho de] to comment at length on, to discant upon. - **2.** *fig* [recitar] to recite. - **3.** [cantar] to sing, to chant. - **4.** [echar contrapunto sobre] to sing in counterpoint.

discante *m* - **1.** [guitarra] small guitar. - **2.** *desus* [concierto] string recital. - **3.** *Amér* [patochada] folly, craziness.

discar [10] *vt Amér* to dial.

discernible *adj* discernible.

discernimiento *m* - **1.** [acción, facultad] discernment. - **2.** DER appointment as guardian.

discernir [21] *vt* - **1.** [distinguir] to discern, to distinguish; ~ **algo de algo** to distinguish sthg from sthg. - **2.** DER to appoint as guardian.

disciplina *f* - **1.** [comportamiento, asignatura] discipline. - **2.** [doctrina] doctrine.

disciplinado, da *adj* disciplined.

disciplinar *vt* - **1.** [imponer disciplina] to discipline. - **2.** [enseñar] to teach, to instruct. - **3.** [azotar] to whip, to scourge.

disciplinario, ria *adj* disciplinary.

discípulo, la *m, f* disciple.

disc-jockey [dis'jokei] (*pl* **disc-jockeys**) *mf* disc jockey.

disco *m* - **1.** ANAT, ASTRON & GEOM disc; ~ **cromático** FÍS colour disc; ~ **invertebral** MED spinal disc; ~ **motor** AUTOM licence disc; ~ **volador** flying saucer. - **2.** [de música] record; ~ **compacto** compact disc; ~ **de larga duración** LP, long-playing record; **soltar un** ~ **a alguien** *fam* to tell sb the same old story. - **3.** [semáforo] (traffic) light; **saltarse un** ~ **rojo** to jump a red light *Br*, to run a red light *Am*. - **4.** DEP discus. - **5.** INFORM disk; ~ **de arranque/del sistema** startup/system disk; ~ **duro/flexible/maestro/magnético** hard/floppy/master/magnetic disk; ~ **óptico** optical disk, CD-ROM; ~ **removible/rígido/virtual** removable/hard/virtualdisk. - **6.** [del teléfono] dial.

discóbolo *m* discus thrower.

discografía *f* records (*pl*) previously released (*by an artist or group*).

discográfico, ca *adj* record (*antes de sust*).

díscolo, la *adj* disobedient, rebellious.

disconforme *adj* in disagreement; **estar** ~ **con** to disagree with.

disconformidad *f* - **1.** [desacuerdo] disagreement. - **2.** [diferencia] difference, divergence.

discontinuar [6] *vt* to discontinue, to interrupt.

discontinuidad *f* lack of continuity.

discontinuo, nua *adj* [esfuerzo] intermittent; [línea] broken, dotted.

disconveniencia *f* incongruity.

disconvenir [75] *vi* - **1.** [en opinión] to disagree, to differ. - **2.** [no concordar] not to match.

discordancia *f* discordance, disagreement.

discordante *adj* [sonidos] discordant; [opiniones] clashing.

discordar [23] *vi* - **1.** [desentonar - colores, opiniones] to clash; [- instrumentos] to be out of tune. - **2.** [discrepar]: ~ **de alguien (en)** to disagree with sb (on o about).

discorde *adj* [colores, opiniones] clashing; MÚS discordant.

discordia *f* discord.

discoteca *f* - **1.** [local] disco, discotheque. - **2.** [colección] record collection.

discotequero, ra ◇ *adj* disco (*antes de sust*). ◇ *m, f* nightclubber.

discreción *f* - **1.** [prudencia] discretion. - **2.** [astucia] wisdom.

◆ **a discreción** *loc adv* as much as one wants, freely.

discrecional *adj* [gen] optional; [parada] request (*antes de sust*).

discrepancia *f* [diferencia] difference, discrepancy; [desacuerdo] disagreement.

discrepante *adj* - **1.** [diferente] divergent, differing. - **2.** [en desacuerdo] dissenting.

discrepar *vi*: ~ **(de)** [diferenciarse] to differ (from); [disentir] to disagree (with).

discretamente *adv* discreetly.

discretear *vi* to be witty.

discreto, ta *adj* - **1.** [prudente] discreet. - **2.** [cantidad] moderate, modest. - **3.** [no extravagante] modest; [actuación] fair, reasonable. - **4.** [ingenioso] witty. - **5.** MAT & FÍS discrete.

◆ **a lo discreto** *loc adv* - **1.** [a discreción] as much as one wants, freely. - **2.** [discretamente] discreetly.

discriminación *f* discrimination; ~ **racial/sexual** racial/sexual discrimication.

discriminador *m* discriminator.

discriminante *m* MAT discriminant.

discriminar *vt* - **1.** [cosa]: ~ **algo de** to discriminate o distinguish sthg from. - **2.** [persona, colectividad] to discriminate against.

discriminatorio, ria *adj* discriminatory.

discuerda *etc v →* **discordar**.

disculpa *f* [pretexto] excuse; [excusa, perdón] apology; **dar** ~**s** to make excuses; **pedir** ~**s a alguien (por)** to apologize to sb (for).

disculpar *vt* to excuse; ~ **a alguien (de o por algo)** to forgive sb (for sthg); **disculpó a su marido de o por su ausencia** she forgave her husband his absence.

◆ **disculparse** *vpr*: ~**se (de o por algo)** [por una cosa] to apologize (for sthg); ~**se (con alguien)** to apologize (to sb); **después de su mala actuación, se disculpó con el público** after his bad performance he apologized to the audience.

discurrir ◇ *vi* - **1.** [pasar - personas] to wander, to walk; [- tiempo, vida, sesión] to go by, to pass; [- río, tráfico] to flow. - **2.** [pensar] to think, to reflect. ◇ *vt* to come up with.

discursar, discursear *vi irón* to lecture; ~ **sobre política** to lecture on politics.

discursista *mf* glib talker.

discursivo, va *adj* - **1.** [del discurso] discursive. - **2.** [meditativo] meditative, reflective.

discurso *m* - **1.** [para público] speech; **pronunciar** o **dictar un** ~ to make o deliver a speech ❑ ~ **inaugural** POLÍT inauguration speech. - **2.** [transcurso] passage, course; **en el** ~ **del tiempo** with the passage of time. - **3.** [tratado] treatise. - **4.** [facultad] reasoning. - **5.** GRAM speech.

discusión *f* - **1.** [conversación, debate] discussion; **en** ~ under discussion; **la ley todavía está en** ~ the act is still under discussion; **prestarse a** ~ to be open to argument o discussion; **la eutanasia es un tema que se presta a** ~ euthanasia is a much-discussed subject. - **2.** [pelea] argument.

discutible *adj* - **1.** [debatible] debatable. - **2.** [dudoso] doubtful, questionable.

discutidor, ra ◇ *adj* argumentative. ◇ *m, f* arguer.

discutir ◇ *vi* - **1.** [hablar] to discuss. - **2.** [pelear]: ~ **(de)** to argue (about); **no se hablan desde que discutieron de política** they haven't been talking since they had that argument about politics. ◇ *vt* [hablar] to discuss; [contradecir] to dispute.

disecado, da *adj* [animal] stuffed.

disecar [10] *vt* - **1.** [cadáver] to dissect; [animal] to stuff; [planta] to dry. - **2.** *fig* [analizar] to dissect.

disección *f* [de cadáver] dissection.

diseminación *f* dissemination, spreading.

diseminar *vt* - **1.** [semillas] to scatter. - **2.** [ideas] to disseminate.

◆ **diseminarse** *vpr* to disseminate, to spread.

disensión *f* disagreement, dissension.

disentería *f* dysentery.

disentimiento *m* dissent, disagreement.

disentir [27] *vi:* ~ **(de/en)** to disagree (with/on).

diseñador, ra *m, f* designer; ~ **gráfico/industrial** graphic/industrial designer; ~ **de interiores** interior decorator; ~ **de modas** fashion designer.

diseñar *vt* - **1.** [crear] to design. - **2.** [dibujar] to draw, to sketch. - **3.** [con palabras] to outline.

diseño *m* - **1.** [creación] design; ~ **asistido por ordenador** INFORM computer-aided design; ~ **gráfico/industrial** graphic / industrial design; **ropa de** ~ designer clothes *(pl)*. - **2.** [dibujo] drawing, sketch. - **3.** [con palabras] outline.

diseque *etc v* → **disecar**.

disertación *f* [oral] lecture, discourse; [escrita] dissertation.

disertador, ra *adj* fond of making speeches.

disertante ◇ *adj* lecturing. ◇ *mf* lecturer.

disertar *vi:* ~ **(sobre)** to speak o to lecture (on).

disforme *adj* - **1.** [deformado] deformed. - **2.** [sin forma] shapeless. - **3.** [feo] disfigured. - **4.** [enorme] huge, enormous; **un error** ~ a huge error.

disfraz *(pl disfraces) m* - **1.** [traje] disguise; [para baile, fiesta etc] fancy dress *(U)*. - **2.** *fig* [pretexto] pretext, excuse. - **3.** [disimulo] dissimulation, dissembling; **sin** ~ plainly. - **4.** MIL camouflage.

disfrazar [13] *vt* - **1.** [encubrir] to disguise; ~ **a alguien de** to dress sb up as. - **2.** [disimular] to dissimulate, to dissemble. - **3.** MIL to camouflage.

◆ **disfrazarse** *vpr* to disguise o.s.; ~**se de** to dress up as.

disfrutar ◇ *vi* - **1.** [sentir placer] to enjoy o.s. - **2.** [disponer de]: ~ **de algo** to enjoy sthg; **este hotel disfruta de vistas magníficas** this hotel enjoys a magnificent view. ◇ *vt* to enjoy.

disfrute *m* - **1.** [placer] enjoyment. - **2.** [provecho] benefit, use. - **3.** [posesión] possession.

disfunción *f* malfunction.

disgregación *f* breaking up.

disgregar [16] *vt* - **1.** [multitud, manifestación] to disperse, to break up. - **2.** [roca, imperio, estado] to break up; [átomo] to split.

◆ **disgregarse** *vpr* - **1.** [multitud, manifestación] to disperse, to break up. - **2.** [roca, imperio, estado] to break up.

disgustado, da *adj* - **1.** [enfadado] annoyed, displeased. - **2.** [apesadumbrado] worried, anxious.

disgustar *vt* - **1.** [suj: comentario, críticas, noticia] to upset. - **2.** [suj: mal olor] to disgust.

◆ **disgustarse** *vpr:* ~**se (con alguien/por algo)** [sentir enfado] to get upset (with sb/about sthg); [enemistarse] to fall out (with sb/over sthg).

disgusto *m* - **1.** [enfado] annoyance; [pesadumbre] sorrow, grief; **dar un** ~ **a alguien** to upset sb; **llevarse un** ~ to be upset; **se llevó un gran** ~ **cuando se le murió el perro** she was very upset when her dog died ❑ **matar a alguien a** ~**s** to worry sb to death. - **2.** [desinterés, incomodidad]: **hacer algo a** ~ to do sthg unwillingly o reluctantly; **estudiaba medicina a** ~**, pues su vocación eran las letras** he studied medicine only reluctantly because what he really wanted to do was arts; **estar a** ~ to feel uncomfortable o uneasy. - **3.** [pelea]: **tener un** ~ **con alguien** to have a quarrel with sb.

disidencia *f* [política, religiosa] dissidence; [desacuerdo] disagreement.

disidente ◇ *adj* [en política] dissident; [en religión] dissenting. ◇ *mf* [político] dissident; [religioso] dissenter.

disidir *vi* to dissent.

disienta *etc v* → **disentir**.

disímil *adj* dissimilar.

disimilar *vt* to dissimilate.

disimilitud *f* dissimilarity.

disimulable *adj* excusable, pardonable.

disimulación *f* - **1.** [encubrimiento] concealment, hiding. - **2.** [tolerancia] toleration.

disimulado, da ◇ *adj* hidden, concealed; **hacerse el** ~ to pretend not to notice. ◇ *m, f* dissimulator, dissembler.

disimulador, ra ◇ *adj* dissimulating, dissembling. ◇ *m, f* dissimulator, dissembler.

disimular ◇ *vt* - **1.** [encubrir] to hide, to conceal. - **2.** [fingir] to feign, to pretend; ~ **ignorancia** to feign ignorance. - **3.** [disfrazar] to disguise. - **4.** [tolerar] to tolerate, to overlook; ~ **las culpas de un amigo** to overlook the faults of one's friend. - **5.** [perdonar] to pardon. ◇ *vi* to pretend.

disimulo *m* - **1.** [encubrimiento] pretence, concealment; **con** ~ furtively. - **2.** [fingimiento] feigning, pretence. - **3.** [tolerancia] toleration.

disintiera *etc v* → **disentir**.

disipación *f* - **1.** [de dudas, sospechas] dispelling; [de ilusiones] shattering. - **2.** [de fortuna, herencia] squandering, wasting. - **3.** [de niebla, humo, vapor] dispersion.

disipado, da ◇ *adj* - **1.** [herencia, fortuna] squandering. - **2.** [libertino] dissolute. ◇ *m, f* - **1.** [derrochador] squanderer. - **2.** [libertino] dissolute person.

disipador, ra ◇ *adj* wasteful, extravagant. ◇ *m, f* spendthrift.

disipar *vt* - **1.** [dudas, sospechas] to dispel; [ilusiones] to shatter. - **2.** [fortuna, herencia] to squander, to throw away. - **3.** [niebla, humo, vapor] to drive o blow away.

◆ **disiparse** *vpr* - **1.** [dudas, sospechas] to be dispelled; [ilusiones] to be shattered. - **2.** [niebla, humo, vapor] to vanish. - **3.** [fortuna, herencia] to be squandered.

diskette *n* = **disquete**.

dislate *m* nonsense *(U)*, absurdity.

dislexia *f* dyslexia.

disléxico, ca *adj & m, f* dyslexic.

dislocación *f* - **1.** MED dislocation. - **2.** *fig* [dispersión] break-up. - **3.** *fig* [desmembramiento] dividing up, dismemberment. - **4.** GEOL fault, slip.

dislocar [10] *vt* - **1.** [hueso] to dislocate. - **2.** *fig* [dispersar] to break up. - **3.** *fig* [desmembrar] to divide up, to dismember.

◆ **dislocarse** *vpr* - **1.** [hueso] to dislocate. - **2.** *fig* [dispersarse] to break up.

disminución *f* decrease, drop; **ir en** ~ to be on the decrease.

disminuido, da ◇ *adj* handicapped. ◇ *m, f* handicapped person; ~ **psíquico** mentally-handicapped person.

disminuir [51] ◇ *vt* to reduce, to decrease. ◇ *vi* [gen] to decrease; [precios, temperatura] to drop, to fall; [vista, memoria] to fail; [días] to get shorter; [beneficios] to fall off.

disnea *f* dyspnoea, difficulty in breathing.

disociable *adj* dissociable.

disociación *f* dissociation.

disociar [8] *vt:* ~ **(de)** to dissociate (from).

◆ **disociarse** *vpr:* ~**se (de)** to dissociate o.s. (from).

disoluble *adj* dissoluble, soluble.

disolución *f* - **1.** [en un líquido] dissolving. - **2.** [de matrimonio, sociedad, partido] dissolution. - **3.** [mezcla] solution. - **4.** *fig* [libertinaje] dissoluteness. - **5.** [para neumáticos] rubber solution.

disolutivo, va *adj* solvent.

disoluto, ta ◇ *adj* dissolute. ◇ *m, f* dissolute person.

disolvente *adj & m* solvent.

disolver [24] *vt* - **1.** [cuerpo, sustancia] to dissolve. - **2.** [reunión, manifestación, familia] to break up. - **3.** [matrimonio] to annul. - **4.** [sociedad, compañía] to liquidate.

◆ **disolverse** *vpr* - **1.** [gen] to dissolve. - **2.** [reunión, manifestación, familia] to break up. - **3.** COM to go into liquidation.

disonancia *f*, **disón** *m* MÚS dissonance.

disonante adj dissonant, discordant.

disonar [23] vi - **1.** MÚS to be out of tune. - **2.** fig [opinión] to disagree. - **3.** fig [no armonizar] to lack harmony; ~ **con** to clash with, to be out of keeping with.

dispar adj disparate, dissimilar.

disparadero m: **poner a alguien en el** ~ to push sb too far.

disparado, da adj: **salir/entrar** ~ to shoot out/in.

disparador, ra m, f firer.
◆ **disparador** m - **1.** [de armas] trigger. - **2.** FOT shutter release. - **3.** [de reloj] escapement. - **4.** NÁUT anchor tripper. - **5.** Amér [derrochador] spendthrift.

disparar ◇ vt [gen] to shoot; [pedrada] to throw. ◇ vi - **1.** [tirar tiros] to shoot, to fire. - **2.** [decir disparates] to talk nonsense. - **3.** [hacer disparates] to act foolishly. - **4.** Amér [derrochar] to be a spendthrift.
◆ **dispararse** vpr - **1.** [arma] to go off. - **2.** [precipitarse - persona] to rush off; [- caballo] to bolt. - **3.** [perder los estribos] to get carried away. - **4.** [precios, inflación] to shoot up.

disparatado, da adj - **1.** [absurdo] absurd, crazy. - **2.** fam [desmesurado] excessive.

disparatar vi [decir tonterías] to talk nonsense; [hacer tonterías] to behave foolishly.

disparate m - **1.** [comentario, acción] silly thing; [idea] crazy idea. - **2.** [precio]: **gastar un** ~ to spend a ridiculous amount.

disparatero, ra Amér ◇ adj absurd, foolish. ◇ m, f [que dice disparates] person who talks nonsense; [que hace disparates] person who acts foolishly.

disparejo, ja adj - **1.** [desigual] unequal. - **2.** [diferente] different, disparate.

disparidad f difference, disparity.

disparo m - **1.** [tiro] shot; ~ **de aviso** o **de advertencia** warning shot; ~ **de ensayo** trial shot. - **2.** fig [disparate] foolish thing. - **3.** MEC release, trip.

dispendio m extravagance, spending on luxuries.

dispendioso, sa adj costly, expensive.

dispensa, dispensación f - **1.** [de examen] exemption. - **2.** [para casarse] dispensation.

dispensable adj pardonable, excusable.

dispensación f = **dispensa**.

dispensador, ra ◇ adj dispensing. ◇ m, f dispenser.

dispensar vt - **1.** [disculpar] to excuse, to forgive. - **2.** [rendir]: ~ **algo (a alguien)** [honores] to confer sthg (upon sb); [bienvenida, ayuda] to give sthg (to sb). - **3.** [eximir]: ~ **a alguien de** to excuse o exempt sb from.
◆ **dispensarse** vpr [disculparse]: ~**se (de)** to excuse o.s. (from).

dispensario m dispensary.

dispepsia f dyspepsia.

dispersador, ra ◇ adj dispersive, dispersing. ◇ m, f disperser.

dispersar vt - **1.** [objetos] to scatter. - **2.** [disolver - gentío] to disperse; [- manifestación] to break up; [- esfuerzos] to dissipate. - **3.** MIL to rout.
◆ **dispersarse** vpr - **1.** [esparcirse] to scatter. - **2.** MIL to deploy.

dispersión f - **1.** [de objetos] scattering. - **2.** [de gentío, luz] scattering; [de manifestación] breaking up. - **3.** FÍS dispersion; ~ **magnética** magnetic dispersion; ~ **nuclear** nuclear scattering; ~ **retrógada** backscattering.

disperso, sa adj scattered.
◆ **disperso** m unattached soldier.

dispersor, ra adj dispersive.

displacer [29] vt to displease.

display [dis'plei] (pl **displays**) m INFORM display.

displicencia f - **1.** [desagrado] contempt. - **2.** [negligencia] carelessness; [desgana] lack of enthusiasm.

displicente adj - **1.** [desagradable] contemptuous. - **2.** [negligente] careless; [desganado] unenthusiastic.

disponedor, ra ◇ adj arranging. ◇ m, f arranger.

disponer [65] ◇ vt - **1.** [colocar] to arrange. - **2.** [cena, comida] to lay on. - **3.** [decidir - suj: persona] to decide; [- suj: ley] to stipulate. - **4.** [preparar] to prepare, to get ready; ~ **la mesa** to set the table. - **5.** MIL to line up. ◇ vi: ~ **de** [poseer] to have; [usar] to make use of.
◆ **disponerse** vpr - **1.** [prepararse]: ~**se a hacer algo** to prepare o get ready to do sthg. - **2.** MIL to line up.

disponibilidad f - **1.** [gen] availability. - **2.** [a ayudar] readiness to help.
◆ **disponibilidades** fpl [medios] financial resources.

disponible adj [gen] available; [tiempo] free, spare.

disposición f - **1.** [colocación] arrangement, layout. - **2.** [estado]: **estar** o **hallarse en** ~ **de hacer algo** to be prepared o ready to do sthg. - **3.** [orden] order; [de ley] provision; **última** ~ last will and testament. - **4.** [uso]: **a** ~ **de** at the disposal of; **pasar a** ~ **judicial** to be brought before the judge. - **5.** fig [aptitud] talent. - **6.** [inclinación] inclination. - **7.** MIL formation. - **8.** LITER organization.
◆ **disposiciones** fpl provisions, measures.

dispositivo, va adj stipulating.
◆ **dispositivo** m device; ~ **antivaho** demister Br, defogger Am; ~ **de detonación retardada** timing device; ~ **intrauterino** intrauterine device, IUD.

dispuesto, ta ◇ pp → **disponer**. ◇ adj - **1.** [preparado] ready; **estar bien** ~ [bien intencionado] to be well-disposed; [sano] to be well; **estar** ~ **a hacer algo** to be prepared o to do sthg; **estar mal** ~ [mal intencionado] to be ill-disposed; [enfermo] to be indisposed; **estar poco** ~ **a** to be reluctant to. - **2.** [capaz] capable; [a ayudar] ready to help.

dispusiera etc v → **disponer**.

disputa f - **1.** [enfrentamiento] dispute. - **2.** [discusión] controversy, debate; **sin** ~ indisputably, undoubtedly.

disputable adj disputable, debatable.

disputador, ra ◇ adj argumentative. ◇ m, f arguer.

disputar ◇ vt - **1.** [cuestión, tema] to argue about. - **2.** [trofeo, puesto] to compete for, to dispute; [carrera, partido] to compete in. ◇ vi to argue, to quarrel.
◆ **disputarse** vpr - **1.** [competir por] to contend o compete for. - **2.** [discutirse] to be debated o discussed.

disquete, diskette [dis'kete] m INFORM diskette, floppy disk.

disquetera f INFORM disk drive.

disquisición f [exposición] disquisition.
◆ **disquisiciones** fpl [digresión] digressions.

distancia f - **1.** [gen] distance; **a** ~ from a distance; **a larga** ~ long-distance; **mantener a** ~ to keep at a distance; **recorrer una gran** ~ to cover a lot of ground ▫ ~ **de enfoque** o **focal** FOT focal length o distance; ~ **del suelo** AUTOM clearance, height off the ground; ~ **de seguridad** safe distance; ~ **en millas** mileage. - **2.** [en el tiempo] gap, space. - **3.** [diferencia] difference; **no hay una gran** ~ **entre la ideología de algunos partidos políticos** there's not much difference between some political parties' ideologies. - **4.** loc: **acortar las** ~**s** to come closer (to an agreement); **guardar las** ~**s** to keep one's distance; **salvando las** ~**s** only up to a point.

distanciamiento m [afectivo] distance, coldness.

distanciar [8] vt [gen] to drive apart; [rival] to forge ahead of.
◆ **distanciarse** vpr [alejarse - afectivamente] to grow apart; [- físicamente] to distance o.s.

distante adj - **1.** [en el espacio]: ~ **(de)** far away (from). - **2.** [en el trato] distant.

distar vi - **1.** [hallarse a]: **ese sitio dista varios kilómetros de aquí** that place is several kilometres away from here. - **2.** fig [diferenciarse]: ~ **de** to be far from.

diste etc v → **dar**.

distender [20] ◇ vt - **1.** [situación, relaciones] to ease. - **2.** [cuerda] to slacken. ◇ vt [músculo, tendón] to strain, to pull.

◆ **distenderse** *vpr* - **1.** [situación, relaciones] to ease. - **2.** [cuerda] to become loose o slack. - **3.** [músculo, tendón] to be strained o pulled.

distendido, da *adj* [informal] relaxed, informal.

distensión *f* - **1.** [entre países] détente; [entre personas] easing of tension. - **2.** [de arco, cuerda] slackening. - **3.** MED strain.

distienda *etc v* → **distender**.

distinción *f* - **1.** [diferencia] distinction; **a ~ de** in contrast to, unlike; **sin ~** alike; **hacer distinciones** not to treat everyone the same. - **2.** [privilegio] privilege. - **3.** [modales] refinement. - **4.** [claridad] clarity, clearness.

distinguible *adj* discernible.

distinguido, da *adj* - **1.** [notable] distinguished. - **2.** [elegante] refined.

distinguir [17] ◇ *vt* - **1.** [diferenciar] to distinguish; **~ algo de algo** to tell sthg from sthg. - **2.** [separar] to pick out. - **3.** [caracterizar] to characterize. - **4.** [premiar] to honour. - **5.** [vislumbrar] to make out. - **6.** [preferir] to favour, to show preference for. ◇ *vi* to be discriminating, to discriminate. ◆ **distinguirse** *vpr* - **1.** [destacarse] to stand out. - **2.** [vislumbrarse] to be visible.

distintivamente *adv* distinctly, clearly.

distintivo, va *adj* distinctive; [señal] distinguishing. ◆ **distintivo** *m* [insignia] badge; [marca] distinguishing mark o characteristic.

distinto, ta *adj* [diferente] different. ◆ **distintos, tas** *adj pl* [varios] various.

distorsión *f* - **1.** [de tobillo, rodilla] sprain. - **2.** [de imágenes, sonidos, palabras] distortion.

distorsionado, da *adj* distorted.

distorsionar *vt* to distort.

distracción *f*, **distraimiento** *m* - **1.** [entretenimiento] entertainment; [pasatiempo] hobby, pastime. - **2.** [despiste] slip; [falta de atención] absent-mindedness; **por ~** through an oversight. - **3.** [acción] distraction, distracting. - **4.** [malversación] embezzlement, misappropriation.

distraer [73] ◇ *vt* - **1.** [divertir] to amuse, to entertain. - **2.** [despistar] to distract. - **3.** [malversar] to embezzle, to misappropriate. ◇ *vi* [entretener] to be entertaining; **la lectura distrae mucho** reading is fun. ◆ **distraerse** *vpr* - **1.** [divertirse] to enjoy o.s.; [pasar el tiempo] to pass the time. - **2.** [despistarse] to let one's mind wander.

distraídamente *adv* absent-mindedly.

distraído, da ◇ *adj* - **1.** [entretenido] amusing, entertaining. - **2.** [despistado] absent-minded; **hacerse el ~** to pretend not to notice. - **3.** *Amér* [desaliñado] ragged, shabby. ◇ *m, f* daydreamer, absent-minded person.

distraimiento *m* = **distracción**.

distribución *f* - **1.** [gen] distribution; **~ de premios** prizegiving; **~ de la riqueza** distribution of wealth. - **2.** [de correo, mercancías] delivery; **~ comercial** commercial distribution. - **3.** [de casa, habitaciones] layout. - **4.** MEC timing gears (*pl*).

distribuidor, ra ◇ *adj* [entidad] wholesale; [red] supply (*antes de sust*). ◇ *m, f* [persona] deliveryman (*f* deliverywoman). ◆ **distribuidor** *m* - **1.** [aparato] vending machine. - **2.** [de automóvil] distributor. ◆ **distribuidora** *f* [firma] wholesaler, supplier.

distribuir [51] *vt* - **1.** [gen] to distribute; [carga, trabajo] to spread; [pastel, ganancias] to divide up. - **2.** [correo, mercancías] to deliver. - **3.** [casa, habitaciones] to arrange. - **4.** [abastecer] to supply. ◆ **distribuirse** *vpr* to be distributed.

distributivo, va *adj* distributive.

distrito *m* district; **~ electoral** constituency; **~ postal** postal district.

distrofia *f* dystrophy; **~ muscular** muscular dystrophy.

disturbar *vt desus* to disturb.

disturbio *m* disturbance; [violento] riot; **~ racial** race riot.

disuadir *vt*: **~ (de)** to dissuade (from).

disuasión *f* deterrence.

disuasivo, va *adj* deterrent.

disuasorio, ria *adj* deterrent.

disuelto, ta *pp* → **disolver**.

disuelva *etc v* → **disolver**.

disuena *etc v* → **disonar**.

disyunción *f* disjunction.

disyuntivo, va *adj* GRAM disjunctive. ◆ **disyuntiva** *f* straight choice.

disyuntor *m* circuit breaker.

dita *f* - **1.** [garantía] guarantee, surety. - **2.** [préstamo] credit. - **3.** *Amér* [deuda] debt.

DIU (*abrev de* **dispositivo intrauterino**) *m* IUD.

diurético, ca *adj* diuretic. ◆ **diurético** *m* diuretic.

diurno, na *adj* [gen] daytime (*antes de sust*); [planta, animal] diurnal.

divagación *f* digression. ◆ **divagaciones** *fpl* wanderings.

divagador, ra ◇ *adj* wandering. ◇ *m, f* wanderer.

divagar [16] *vi* - **1.** [hablando, escribiendo] to digress. - **2.** [vagar] to wander, to roam.

diván *m* [gen] divan; [de psiquiatra] couch.

divergencia *f* - **1.** [de líneas] divergence. - **2.** [de opinión] difference of opinion.

divergente *adj* divergent, diverging.

divergir [15] *vi* - **1.** [calles, líneas] to diverge. - **2.** *fig* [opiniones]: **~ (en)** to differ (on).

diversidad *f* - **1.** [variedad] diversity. - **2.** [abundancia] abundance.

diversificación *f* diversification.

diversificar [10] *vt* to diversify. ◆ **diversificarse** *vpr* to grow apart.

diversión *f* entertainment, amusement.

diverso, sa *adj* [diferente] different. ◆ **diversos, sas** *adj pl* [varios] several, various.

divertido, da *adj* - **1.** [entretenido - película, libro] entertaining; [- fiesta] enjoyable. - **2.** [que hace reír] funny. - **3.** *Amér* [achispado] tipsy.

divertimiento *m* entertainment, amusement.

divertir [27] *vt* - **1.** [entretener] to entertain, to amuse. - **2.** [distraer] to distract. ◆ **divertirse** *vpr* - **1.** [entretenerse, pasarlo bien] to enjoy o.s. - **2.** [distraerse] to be distracted.

dividendo *m* FIN & MAT dividend; **~ a cuenta** interim dividend.

dividido, da *adj* divided.

dividir *vt*: **~ (en)** to divide (into); **~ entre** [gen] to divide between; MAT to divide by. ◆ **dividirse** *vpr* to separate.

divierta *etc v* → **divertir**.

divieso *m* MED boil.

divinamente *adv lit & fig* divinely.

divinatorio, ria *adj* divinatory.

divinidad *f* divinity, god.

divino, na *adj lit & fig* divine.

divirtiera *etc v* → **divertir**.

divisa *f* - **1.** (*gen pl*) [moneda] foreign currency; **~ convertible** convertible currency. - **2.** [distintivo] emblem. - **3.** HERÁLDICA motto.

divisar *vt* to spy, to make out.

divisibilidad *f* divisibility.

divisible *adj* divisible.

división *f* - **1.** [gen] division; [partición] splitting up; **~ acorazada** o **blindada** MIL armoured division; **~ continental** GEOL continental divide; **~ del trabajo** ECON division of labour. - **2.** GRAM dash, hyphen. - **3.** LITER distribution of points of discussion.

divisional *adj* divisional.

divisionismo *m* [en pintura] divisionism.

divisivo, va *adj* divisive.

divisor, ra *adj* MAT factorial.
◆ **divisor** *m* MAT divisor; **máximo común** ~ highest common factor.

divisorio, ria *adj* [que divide] dividing; [para dividir] divisive.
◆ **divisorio** *m* copy holder.
◆ **divisoria** *f* - **1.** [línea] dividing line; **divisoria de aguas** watershed. - **2.** GEOL divide; **divisoria continental** continental divide.

divo, va ◇ *m, f* - **1.** [MÚS - mujer] diva, prima donna; [-hombre] opera singer. - **2.** [celebridad] star. ◇ *adj* LITER divine.

divorciado, da ◇ *adj* divorced. ◇ *m, f* divorcé (*f* divorcée).

divorciar [8] *vt lit & fig* to divorce.
◆ **divorciarse** *vpr* to get divorced; ~**se de alguien** to divorce sb, to get divorced from sb.

divorcio *m* - **1.** DER divorce. - **2.** *fig* [diferencia] difference, inconsistency. - **3.** *Amér* [cárcel] women's jail.

divulgación *f* [de noticia, secreto] revelation; [de rumor] spreading; [de cultura, ciencia, doctrina] popularization.

divulgador, ra ◇ *adj* divulging, revealing. ◇ *m, f* divulger, revealer.

divulgar [16] *vt* [noticia, secreto] to reveal; [rumor] to spread; [cultura, ciencia, doctrina] to popularize.
◆ **divulgarse** *vpr* to be revealed.

dizque *adv Amér* apparently.

dl (*abrev escrita de* **decilitro**) dl.

dm (*abrev escrita de* **decímetro**) dm.

Dm. (*abrev escrita de* **Dios mediante**) DV.

DNEF (*abrev de* **Delegación Nacional de Educación Física y Deportes**) *f* Spanish national council for physical education and sport.

DNI (*abrev de* **documento nacional de identidad**) *m* ID card.

Dña *abrev escrita de* **doña**.

do *m* MÚS C; [en solfeo] doh; ~ **de pecho** high C; **dar el** ~ **de pecho** *fam fig* to give one's all.

doberman *mf* Doberman (pinscher).

dobladillar *vt* to hem.

dobladillo *m* - **1.** [de traje, vestido] hem; [de pantalón] turn-up *Br*, cuff *Am*; **hacer un** ~ **a** to turn up, to hem. - **2.** [hilo] strong knitting yarn.

doblado, da *adj* - **1.** [papel, camisa] folded. - **2.** [voz, película] dubbed. - **3.** [terreno] rough, uneven. - **4.** *fig* [que disimula] false, deceitful. - **5.** [persona] stocky, thickset.

doblador, ra *m, f* [de película] dubber.
◆ **doblador** *m Amér* [de tabaco] maize husk for rolling tobacco.

dobladura *f* fold, crease.

doblaje *m* dubbing.

doblamiento *m* bending, folding.

doblar ◇ *vt* - **1.** [duplicar] to double. - **2.** [plegar] to fold. - **3.** [torcer] to bend. - **4.** [esquina] to turn, to go round. - **5.** NÁUT to round; ~ **el cabo** to round the cape. - **6.** [voz, actor] to dub. - **7.** *Amér* [avergonzar] to embarrass. ◇ *vi* - **1.** [girar] to turn. - **2.** [campanas] to toll. - **3.** [actor] to double, to play two roles.
◆ **doblarse** *vpr* - **1.** [someterse]: ~**se a** to give in to; **siempre se dobla a las exigencias de su mujer** he always gives in to his wife's demands. - **2.** [plegarse] to fold. - **3.** [de dolor] to double up. - **4.** *Amér* [avergonzarse] to be embarrassed.

doble ◇ *adj* - **1.** [por dos] double; **tiene** ~ **número de habitantes** it has double o twice the number of inhab-

itants; **es** ~ **de ancho** it's twice as wide; **una frase de** ~ **sentido** a phrase with a double meaning. - **2.** [grueso] thick. - **3.** [falso] duplicitous, insincere. ◇ *mf* [gen & CINE] double. ◇ *m* - **1.** [duplo]: **al** ~ doubly; **el** ~ twice as much; **gana el** ~ **que yo** she earns twice as much as I do, she earns double what I do. - **2.** [pliegue] fold, crease. - **3.** [de campanas] death knell. - **4.** [copia] copy. ◇ *adv* double; **trabajar** ~ to work twice as hard.
◆ **dobles** *mpl* DEP doubles; ~**s mixtos** mixed doubles.

doblegable, doblegadizo, za *adj* flexible.

doblegar [16] *vt* - **1.** [someter] to bend, to cause to give in. - **2.** [doblar] to fold, to crease. - **3.** [torcer] to twist. - **4.** [blandir] to brandish.
◆ **doblegarse** *vpr*: ~**se (ante)** to give in o yield (to).

doblemente *adv* - **1.** [dos veces] doubly. - **2.** [con falsedad] falsely, deceitfully.

doblete *m* - **1.** [joya] fake, imitation. - **2.** LING doublet.

doblez (*pl* **dobleces**) ◇ *m* - **1.** [pliegue] fold, crease. - **2.** [dobladillo] hem. ◇ *m o f fig* [falsedad] deceit.

doblón *m* doubloon; ~ **de a ocho** piece of eight; **escupir doblones** *fam fig* to parade one's wealth.

doc. (*abrev escrita de* **documento**) doc.

doce *núm* twelve; *ver también* **seis**.
◆ **Doce** *mpl*: **los Doce** POLÍT the Twelve, *the twelve former member states of the EC.*

doceavo, va *núm* twelfth; *ver también* **sexto**.

docena *f* dozen; **a o por** ~**s** by the dozen ❑ ~ **de fraile** baker's dozen.

docencia *f* teaching.

docente ◇ *adj* [que enseña] teaching; [de enseñanza] educational; **institución** ~ educational institution. ◇ *mf* teacher.

dócil *adj* - **1.** [obediente, apacible] obedient. - **2.** [dúctil] ductile.

docilidad *f* - **1.** [obediencia, suavidad] obedience. - **2.** [ductilidad] ductility.

docilitar *vt* to make obedient.

dócilmente *adv* obediently.

doctamente *adv* learnedly.

docto, ta ◇ *adj* learned. ◇ *m, f* learned person, scholar.

doctor, ra *m, f* - **1.** [médico, título]: ~ **(en)** doctor (of) ❑ ~ **en medicina** doctor of medicine. - **2.** [profesor] teacher.
◆ **doctora** *f* - **1.** [esposa] doctor's wife. - **2.** *irón* [mujer pedante] bluestocking.

doctorado *m* doctorate.

doctoral *adj* - **1.** [de doctor] doctoral. - **2.** *irón* [pedante] pedantic.

doctorar *vt* to confer a doctorate on.
◆ **doctorarse** *vpr*: ~**se (en)** to get one's doctorate (in).

doctrina *f* - **1.** [ciencia, enseñanza] doctrine. - **2.** [ideas] knowledge, learning. - **3.** RELIG catechism, religious instruction.

doctrinal ◇ *adj* doctrinal. ◇ *m* [libro] catechism.

doctrinar *vt* = **adoctrinar**.

doctrinario, ria *adj & m, f* doctrinaire.

doctrinero *m* - **1.** [de doctrina cristiana] catechist. - **2.** *Amér* [párroco] parish priest.

doctrino *m* orphan; **parecer un** ~ *fig* to be timid.

docudrama *m* docudrama.

documentación *f* - **1.** [en archivos] documentation. - **2.** [identificación personal] papers (*pl*).

documentado, da *adj* - **1.** [informado - película, informe] researched; [- persona] informed. - **2.** [con documentación personal] having identification.

documental *adj & m* documentary.

documentalista *mf* archivist.

documentar *vt* - **1.** [evidenciar] to document. - **2.** [informar] to brief.
◆ **documentarse** *vpr* to do research.

documento *m* - **1.** [escrito] document; ~ **comercial** commercial paper, corporate note; ~ **justificativo** voucher, certificate; ~ **nacional de identidad** identity card; ~ **a la vista** sight bill, draft. - **2.** [testimonio] record.
◆ **documentos** *mpl* papers.

dodecaedro *m* dodecahedron.

dodecafonismo *m* dodecaphonism.

dodecágono, na *adj* dodecagonal.
◆ **dodecágono** *m* dodecagon.

dogal *m* - **1.** [para ahorcar] noose; **estar con el** ~ **al cuello** o **a la garganta** *fam* to be in a tight spot. - **2.** [de caballo] halter.

dogma *m* dogma.

dogmático, ca *adj* dogmatic.

dogmatismo *m* dogmatism.

dogmatizador, ra ◇ *adj* dogmatic. ◇ *m, f* dogmatist.

dogmatizante *adj* dogmatic.

dogmatizar [13] *vi* to see everything in a dogmatic way.

dogo *mf* bull mastiff.

Doha *s* Doha.

dolador *m* [de piedra] stonecutter; [de madera] woodcutter.

doladura *f* cutting, hewing.

dólar *m* dollar.

dolby® *m inv* Dolby®.

dolencia *f* pain.

doler [24] *vi* to hurt; **me duele la pierna** my leg hurts; **¿te duele?** does it hurt?; **me duele la garganta/la cabeza** I have a sore throat/a headache; **me duele ver tanta injusticia** it pains me to see so much injustice ❏ **¡ahí le duele!** that has really got him/her *etc*!
◆ **dolerse** *vpr* - **1.** : ~**se de** o **por algo** [quejarse] to complain about sthg; [arrepentirse] to be sorry about sthg; [lamentarse] to regret sthg; **se duele de la situación en que los encuentra** it grieves him to find them like that. - **2.** [compadecerse]: ~**se (de)** to be sorry (about); **me duelo de las desgracias de mis vecinos** I am sorry that my neighbours have got so many problems.

dolido, da *adj* hurt.

doliente ◇ *adj* - **1.** [enfermo] ill. - **2.** [afligido] grieving. ◇ *mf* - **1.** [enfermo] sick person. - **2.** [en entierro, duelo] mourner.

dolmen *m* dolmen.

dolo *m* fraud.

dolor *m* - **1.** [físico] pain; **siento un** ~ **en el brazo** I have a pain in my arm; **tener** ~ to be in pain; **(tener)** ~ **de cabeza** (to have a) headache; **(tener)** ~ **de muelas** (to have) toothache ❏ ~ **de barriga** bellyache; ~ **de espalda** backache; ~ **de estómago** stomachache; ~**es menstruales** period pains; ~**es de parto** labour pains; ~ **de oído** earache; ~ **sordo** *fig* dull pain; **rabiar de** ~ to be in agony; **el pisotón me hizo rabiar de** ~ the kick made me writhe in agony. - **2.** [moral] grief, sorrow. - **3.** [arrepentimiento] repentance; ~ **de corazón** *fig* remorse, regret.

dolorido, da *adj* [físicamente] sore; [moralmente] grieving.

dolorosamente *adv* painfully.

doloroso, sa *adj* [físicamente] painful; [moralmente] distressing.

doloso, sa *adj* fraudulent, deceitful.

doma *f* [de caballos] breaking-in; [de fieras] taming.

domable *adj* tamable.

domador, ra *m, f* [de caballos] breaker; [de fieras] tamer.

domadura *f* [de caballos] breaking; [de fieras] taming.

domar *vt* - **1.** [fieras] to tame; [caballo] to break in. - **2.** *fig* [personas, pasión] to control.

domeñar *vt culto* to subdue, to bring under control.

domesticable *adj* which can be domesticated.

domesticación *f* domestication.

domesticado, da *adj* [animal] tame.

domesticar [10] *vt* - **1.** [animal] to tame. - **2.** *fig* [persona, pasión] to subdue.

domesticidad *f* domesticity.

doméstico, ca ◇ *adj* domestic. ◇ *m, f* domestic, household servant.
◆ **doméstico** *m* [en ciclismo] domestique, *cyclist whose role it's to help the team's best cyclist.*

domiciliación *f:* ~ **(bancaria)** standing order, direct debit *(U).*

domiciliar [8] *vt* - **1.** [pago] to pay by direct debit o standing order. - **2.** [persona] to put up. - **3.** *Amér* [carta] to address.
◆ **domiciliarse** *vpr* to settle, to take up residence.

domiciliario, ria ◇ *adj* house *(antes de sust).* ◇ *m, f* resident, inhabitant.

domicilio *m* - **1.** [vivienda] residence, home; **a** ~ house *(antes de sust);* **servicio a** ~ home delivery ❏ ~ **particular** private residence. - **2.** [dirección] address; **sin** ~ **fijo** of no fixed abode ❏ ~ **fiscal** registered office; ~ **social** head office. - **3.** [localidad] residence.

dominable *adj* manageable.

dominación *f* - **1.** [control] rule, dominion. - **2.** [acción] domination. - **3.** MIL commanding position, high ground.
◆ **dominaciones** *fpl* RELIG dominations, dominions.

dominador, ra ◇ *adj* [que domina] dominating; [carácter] domineering, overbearing. ◇ *m, f* - **1.** [soberano] dominator. - **2.** [de carácter] domineering o overbearing person.

dominante ◇ *adj* - **1.** [nación, religión, tendencia] dominant; [viento] prevailing. - **2.** [persona] domineering. ◇ *f* - **1.** [característica] predominant feature. - **2.** BIOL & MÚS dominant.

dominar ◇ *vt* - **1.** [controlar - país, territorio] to dominate, to rule (over); [- pasión, nervios, caballo] to control; [- situación] to be in control of; [- incendio] to bring under control; [- rebelión] to put down. - **2.** [divisar] to overlook. - **3.** [conocer - técnica, tema] to master; [- lengua] to be fluent in. ◇ *vi* [predominar] to predominate.
◆ **dominarse** *vpr* to control o.s.

domingada *f* Sunday festival.

domingo *m* Sunday; ~ **de Adviento** Advent Sunday; ~ **de Pentecostés** Pentecost, Whit Sunday; ~ **de Ramos** Palm Sunday; ~ **de Resurrección** o **de Pascua** Easter Sunday; **guardar** o **santificar el** ~ *fig* to keep the Sabbath; **hacer** ~ *fig* to take a day off; *ver también* **sábado**.

dominguero, ra *fam despec* ◇ *adj* Sunday *(antes de sust).* ◇ *m, f* [excursionista] Sunday tripper; [conductor] Sunday driver.

Dominica *s* Dominica.

dominical *adj* Sunday *(antes de sust).*

dominicano, na *adj & m, f* Dominican.

dominico, ca *adj & m, f* Dominican.

dominio *m* - **1.** [dominación, posesión]: ~ **(sobre)** control (over) ❏ ~ **de** o **sobre sí mismo** self-control. - **2.** [autoridad] authority, power. - **3.** *fig* [territorio] domain; [ámbito] realm. - **4.** [conocimiento - de arte, técnica] mastery; [- de idiomas] command. - **5.** DER ownership; ~ **directo** legal ownership; ~ **público** public domain. - **6.** *loc:* **ser del** ~ **público** to be public knowledge.
◆ **dominios** *mpl* [territorio] dominions.

dominó *(pl* **dominós)** *m* - **1.** [juego] dominoes *(U).* - **2.** [fichas] set of dominoes. - **3.** [traje] domino.

domo *m* [cúpula] dome, cupola.

dompedro *m* - **1.** BOT morning glory. - **2.** *fam* [orinal] urinal.

DOMUND *(abrev de* **Domingo Mundial de Propagación de la Fe)** *m Spanish Catholic missionary society and registered charity.*

don *m* - **1.** [tratamiento]: ~ **Luis García** [gen] Mr Luis García; [en cartas] Luis García Esquire; ~ **Luis** *not translated in modern English or translated as 'Mr' + surname, if known.* - **2.** [habilidad] gift; **el** ~ **de la palabra** the gift of the gab; **te-**

ner ~ de gentes to have a way with people; **tener ~ de lenguas** to have a gift for languages □ **~ de acierto/de errar** knack for doing the right thing/the wrong thing; **~ de mando** leadership qualities *(pl).* - **3.** [regalo] gift.

donación *f* - **1.** [a institución] donation. - **2.** DER gift, present. - **3.** [en testamento] bequest.

donado, da *m, f* lay brother (*f* lay sister).

donador, ra *m, f* donor.

donaire *m* [al expresarse] wit; [al andar etc] grace.

donairoso, sa *adj* graceful, elegant.

donante *mf* donor; **~ de sangre** blood donor.

donar *vt* to donate.

donatario, ria *m, f* recipient of a donation.

donativo *m* donation.

doncel *desus* ◇ *m* - **1.** [paje] page. - **2.** [noble] young nobleman o squire. - **3.** [hombre virgen] (male) virgin. ◇ *adj* mellow, mild.

doncella *f desus* - **1.** [criada] maid. - **2.** [chica] girl. - **3.** [mujer virgen] virgin. - **4.** ZOOL blenny. - **5.** *Amér* MED whitlow.

doncellez (*pl* **doncelleces**) *f desus* virginity.

donde ◇ *adv* where; **el bolso está ~ lo dejaste** the bag is where you left it; **puedes marcharte ~ quieras** you can go wherever you want; **hasta ~** as far as, up to where; **llegaré hasta ~ pueda** I'll get as far as I can; **por ~** wherever; **iré por ~ me manden** I'll go wherever they send me. ◇ *pron* where; **la casa ~ nací** the house where I was born; **la ciudad de ~ viene** the town (where) she comes from, the town from which she comes; **hacia ~** towards where, towards which; **hasta ~** as far as where, as far as which.

♦ **de donde** *loc adv* [de lo cual] from which.

dónde *adv* *(interrogativo)* where; **¿~ está el niño?** where's the child?; **no sé ~ se habrá metido** I don't know where she can be; **¿a ~ vas?** where are you going?; **¿de ~ eres?** where are you from?; **¿hacia ~ vas?** where are you heading?; **¿por ~?** whereabouts?; **¿por ~ se va al teatro?** how do you get to the theatre from here?

dondequiera ♦ **dondequiera que** *adv* wherever.

♦ **por dondequiera** *loc adv* everywhere, all over the place.

dondiego BOT *m* marvel of Peru, four o'clock.

♦ **dondiego de día** *m* morning glory.

dongón *m* BOT dungeon.

donosidad *f culto* - **1.** [gracia] wit. - **2.** [elegancia] elegance, poise.

donoso, sa *adj culto* - **1.** [gracioso] witty. - **2.** [elegante] elegant, poised.

Donostia *s* = **San Sebastián**.

donostiarra ◇ *adj* of/relating to Donostia. ◇ *mf* native/inhabitant of Donostia.

donosura *f culto* - **1.** [agudeza, chiste] witticism, quip. - **2.** [porte] poise.

donuts®, dónut *m* (ring)doughnut.

doña *f* - **1.** [título]: **~ Luisa García** Mrs Luisa García; **~ Luisa** *not translated in modern English or translated as 'Mrs' + surname, if known.* - **2.** [anfitriona]: **la ~** *fam* the lady of the house. - **3.** *Amér* [nativa] native Indian woman.

dopado, da *adj* having taken performance-enhancing drugs.

dopar *vt* to dope.

♦ **doparse** *vpr* to take artificial stimulants.

doping ['dopin] *m* doping.

doquier ♦ **por doquier** *loc adv culto* everywhere.

dorado, da *adj lit & fig* golden.

♦ **dorado** *m* - **1.** [material] gilt. - **2.** [acción] gilding.

♦ **dorada** *f* [pez] gilthead.

dorador, ra *m, f* gilder.

doradura *f* gilding.

dorar *vt* - **1.** [cubrir con oro] to gild. - **2.** [alimento] to brown. - **3.** [piel] to turn golden brown. - **4.** *fig* [paliar, encubrir] to put a gloss on.

♦ **dorarse** *vpr* - **1.** [comida] to glaze. - **2.** [piel] to tan.

dórico, ca *adj* Doric.

dorio, ria *adj & m, f* Dorian.

dormida ◇ *adj f* → **dormido.** ◇ *f* - **1.** *fam* [sueño] sleep. - **2.** [de aves] roost. - **3.** *Amér* [dormitorio] bedroom.

dormidero, ra *adj* soporific.

♦ **dormidero** *m place where cattle are penned for the night.*

♦ **dormidera** *f* - **1.** [planta de opio] opium poppy. - **2.** *Amér* [sensitiva] sensitive plant.

♦ **dormideras** *fpl fam* sleepiness (U); **tener buenas dormideras** to have no trouble sleeping.

dormido, da *adj* asleep.

dormilón, ona ◇ *adj fam* fond of sleeping. ◇ *m, f fam* [persona] sleepyhead.

♦ **dormilón** *m Amér* nightjar *Br,* goatsucker *Am.*

♦ **dormilona** *f* - **1.** *Amér* [prenda] nightshirt, nightdress. - **2.** [poltrona] easy chair.

♦ **dormilonas** *fpl* [de perlas] pearl earrings; [de brillantes] diamond earrings.

dormir [25] ◇ *vt* - **1.** [acostar] to put to bed; **~ la siesta** to have an afternoon nap □ **~la** *fam* to sleep it off. - **2.** *Amér fig* [seducir] to seduce. ◇ *vi* - **1.** [reposar] to sleep; **~ sobre algo** *fig* to sleep on sthg. - **2.** [pernoctar] to spend the night. - **3.** *fig* [moderarse] to calm down, to subside.

♦ **dormirse** *vpr* - **1.** [persona] to fall asleep. - **2.** [brazo, mano] to go to sleep. - **3.** *fig* [actuar sin prontitud] to be slow to react; **acabad el trabajo, no os durmáis** wake up, you've got to finish your work. - **4.** NÁUT to heel, to list.

dormitar *vi* to doze.

dormitorio *m* - **1.** [de casa] bedroom; [de colegio] dormitory; **~ principal** master bedroom. - **2.** [muebles] bedroom suite.

dorsal ◇ *adj* dorsal. ◇ *m* number *(on player's back).*

dorso *m* back; **al ~, en el ~** on the back; **'véase al ~'** 'see overleaf' □ **~ de la mano** back of one's hand.

dos *núm* two; **los/las** *etc* **~** both (of them) □ **de ~ en ~** in twos, two by two; **en un ~ por tres** in no time at all; **cada ~ por tres** every five minutes, continually; *ver también* **seis.**

DOS (*abrev de* **disk operating system**) *m* DOS.

doscientos, tas *núm* two hundred; *ver también* **seis.**

dosel *m* - **1.** [para cubrir] canopy. - **2.** [antepuerta] portière.

doselera *f* valance.

dosificación *f* dosage.

dosificador *m* dispenser.

dosificar [10] *vt* - **1.** FARM & QUÍM to measure out. - **2.** *fig* [fuerzas, palabras] to use sparingly.

dosis *f inv fig & MED* dose; **a o en pequeñas ~** in small doses; **tener una buena ~ de** to have one's share of □ **~ de recuerdo** booster.

dossier [do'sjer] *m inv* dossier, file.

dotación *f* - **1.** [de dinero, armas, medios] amount granted. - **2.** [personal] staff, personnel; [tripulantes] crew; [patrulla] squad.

dotado, da *adj* gifted; **~ de** [persona] blessed with; [edificio, instalación, aparato] equipped with.

dotar *vt* - **1.** [proveer]: **~ algo de** to provide sthg with. - **2.** [tripular]: **~ algo de** to man sthg with. - **3.** *fig* [suj: la naturaleza]: **~ a algo/alguien de** to endow sthg/sb with. - **4.** [dar una dote] to give a dowry to.

dote ◇ *m o f* [en boda] dowry. ◇ *m* [en naipes] score, points total.

♦ **dotes** *fpl* [dones] qualities; **~s de mando** leadership qualities.

dovela *f* voussoir.

Dow Jones *s* → **índice.**

doy *v* → **dar.**

dozavo, va *núm* twelfth; *ver también* **sexto.**

♦ **en dozavo** *loc adj* [libro] duodecimo, twelvemo.

Dr. (*abrev escrita de* **doctor**) Dr.

Dra. (*abrev escrita de* **doctora**) Dr.

dracma *f* - **1.** [moneda] drachma. - **2.** *desus* [peso] dram.

draconiano, na *adj fig* draconian.

DRAE (*abrev de* **Diccionario de la Real Academia Española**) *m* dictionary of the Spanish Royal Academy.

draga *f* [máquina] dredge; [barco] dredger; ~ **cavadora** dragline excavator; ~ **de cucharón** o **de balde** clamshell dredge.

dragado *m* dredging.

dragaminas *m inv* minesweeper.

dragar [16] *vt* to dredge.

dragomán *m* dragoman.

dragón *m* - **1.** [monstruo] dragon. - **2.** [reptil] flying dragon. - **3.** [planta] snapdragon. - **4.** [soldado] dragoon.

dragona *f* - **1.** [charretera] epaulette. - **2.** *Amér* [capa] man's cape.

dragonear *vi Amér* - **1.** [hacerse pasar por]: ~ **de** to pass o.s. off as. - **2.** [alardear] to boast.

drague *etc v* → **dragar**.

drama *m* [gen] drama; [obra] play.

dramática *f* → **dramático**.

dramáticamente *adv* dramatically.

dramático, ca ◇ *adj* dramatic. ◇ *m, f* playwright, dramatist.

◆ **dramático** *m* actor.

◆ **dramática** *f* - **1.** [arte] drama. - **2.** [actriz] actress.

dramatismo *m* dramatic nature, drama.

dramatización [13] *f* dramatization.

dramatizar [13] *vt* to dramatize.

dramaturgia *f* drama.

dramaturgo, ga *m, f* playwright, dramatist.

dramón *m fam* melodrama.

drásticamente *adv* drastically.

drástico, ca *adj* drastic.

drenaje *m* drainage.

drenar *vt* to drain.

dribbling ['drißlin] *m* DEP dribbling.

driblar *vt* DEP to dribble.

dril *m* drill.

drive [draif] *m* DEP drive.

droga *f* - **1.** [alucinógeno] drug; **la** ~ drugs (*pl*) ❑ ~ **blanda/dura** soft/hard drug; ~ **de diseño** designer drug. - **2.** *fig* [embuste] fib. - **3.** *fig* [molestia] nuisance, bother. - **4.** *Amér* [deuda] bad debt. - **5.** *loc:* **mandar a alguien a la** ~ *fam* to tell sb to get lost.

drogadicción *f* drug addiction.

drogadicto, ta ◇ *adj* addicted to drugs. ◇ *m, f* drug addict.

drogado, da ◇ *adj* drugged. ◇ *m, f* drug addict.

◆ **drogado** *m* drugging.

drogar [16] *vt* to drug.

◆ **drogarse** *vpr* to take drugs.

drogodependencia *f* drug dependence, drug addiction.

drogue *etc v* → **drogar**.

droguería *f* - **1.** [de productos químicos, de limpieza] shop selling paint, cleaning materials etc. - **2.** *Amér* [supermercado] drugstore.

droguero, ra *m, f* - **1.** [comerciante] owner of a 'droguería'. - **2.** *Amér fam* [estafador] swindler.

droguista *mf* - **1.** [comerciante] pharmacist. - **2.** *Amér fam* [estafador] swindler.

dromedario *m* dromedary.

drugstore ['drugstor] *m* establishment comprising late-night shop and bar.

druida *mf* druid.

druidesa *f* druidess.

dto. *abrev escrita de* **descuento**.

dual *adj* - **1.** [doble] dual; **número** ~ dual number. - **2.** [TV] system which allows the viewer to watch television programmes in their original language version.

dualidad *f* - **1.** [duplicidad] duality. - **2.** QUÍM dimorphism. - **3.** *Amér* [empate] draw.

dualismo *m* dualism.

dubitación *f* - **1.** [duda] doubt, uncertainty. - **2.** LITER rhetorical question.

dubitativo, va *adj* - **1.** [persona] hesitant. - **2.** GRAM dubitative.

Dublín *s* Dublin.

dublinés, esa ◇ *adj* of/relating to Dublin. ◇ *m, f* Dubliner.

ducado *m* - **1.** [tierras] duchy. - **2.** [moneda] ducat. - **3.** [título] dukedom.

ducal *adj* ducal.

ducha ◇ *adj f* → **ducho**. ◇ *f* shower; **tomar** o **darse una** ~ to have o take a shower ❑ ~ **del teléfono** handset shower; **una** ~ **de agua fría** *fam fig* a bucket of cold water; **la noticia de su muerte me sentó como una** ~ **de agua fría** the news of her death stunned me.

duchar *vt* to shower.

◆ **ducharse** *vpr* to have a shower.

ducho, cha *adj:* **ser** ~ **en** [entendido] to know a lot about; [diestro] to be skilled at.

dúctil *adj* - **1.** [metal] ductile. - **2.** [persona] malleable.

ductilidad *f* - **1.** [de metal] ductility. - **2.** [de persona] malleability.

duda *f* doubt; **poner algo en** ~ to call sthg into question; **sacar a alguien de la** ~ to remove sb's doubts; **salir de** ~s to set one's mind at rest; **sin** ~ doubtless, undoubtedly; **el avión es sin** ~, **el medio de transporte más cómodo** the plane is indoubtedly the most comfortable form of transport; **sin la menor** ~ without the slightest doubt; **sin sombra de** ~ beyond the shadow of a doubt; **tener uno sus** ~s to have one's doubts ❑ **en** ~ in question; **no cabe** ~ *fig* there is no doubt about it; **no cabe** ~ **que el tabaco es perjudicial para la salud** there's no doubt that smoking is bad for your health; **no te quepa** ~ *fig* don't doubt it, make no mistake about it.

dudable *adj* doubtful, dubious.

dudar ◇ *vi* - **1.** [desconfiar]: ~ **de algo/alguien** to have one's doubts about sthg/sb. - **2.** [no estar seguro]: ~ **sobre algo** to be unsure about sthg. - **3.** [vacilar] to hesitate; ~ **entre hacer una cosa u otra** to be unsure whether to do one thing or another. ◇ *vt* to doubt; **dudo que venga** I doubt (whether) he'll come.

dudoso, sa *adj* - **1.** [improbable]: **ser** ~ **(que)** to be doubtful (whether), to be unlikely (that). - **2.** [vacilante] hesitant, indecisive. - **3.** [sospechoso] questionable, suspect.

duela *etc v* → **doler**.

duelista *m* duellist.

duelo *m* - **1.** [combate] duel; **batirse a** o **en** ~ to fight a duel. - **2.** [sentimiento] grief, sorrow; **en señal de** ~ to show one's grief; **sin** ~ unrestrainedly. - **3.** [luto] mourning; **estar de** ~ to be in mourning.

◆ **duelos** *mpl* troubles, hardship (*U*).

duende *m* - **1.** [personaje] imp, goblin. - **2.** *fig* [encanto] charm. - **3.** [tela] cloth of gold or silver thread.

duendo, da *adj* domesticated, tame.

dueño, ña *m, f* - **1.** [gen] owner; [de piso etc] landlord (*f* landlady); **habla directamente con el** ~ speak to the owner himself; **cambiar de** ~ to change hands; **ser** ~ **de** to own, to be the owner of. - **2.** [señor] master; **acusaron al sirviente del asesinato de su** ~ they accused the servant of killing her master. - **3.** *loc:* **hacerse** ~ **de algo** to take control of sthg; **ser** ~ **de sí mismo** to be self-possessed; **ser (muy)** ~ **de hacer algo** to be free to do sthg; **ya eres mayor de edad y eres** ~ **de hacer lo que quieras** now you've come of age you can do whatever you want.

duerma *etc v* → **dormir**.

Duero *m*: **él** ~ the Douro.

duetista *mf* duettist.

dueto *m* duet.

dula *f* AGR *plot watered in turn by a common ditch.*

dulce ◇ *adj* - **1.** [gen] sweet; **ha quedado demasiado** ~ it's too sweet; **una voz muy** ~ a very sweet voice. - **2.** [agua] fresh. - **3.** [mirada] tender. - **4.** *fig* [dócil] mild, gentle. ◇ *m* - **1.** [caramelo, postre] sweet; [pastel] cake, pastry; **en** ~ [confitado] candied; [en almíbar] in syrup □ ~ **de arroz** rice pudding; ~ **de fruta** candied fruit; ~ **de leche** custard; **a nadie le amarga un** ~ anything's better than nothing. - **2.** *Amér* [pan de azúcar] brown sugar. ◇ *adv* gently.

dulcedumbre *f* [bondad, suavidad] gentleness.

dulcemente *adv* sweetly.

dulcera *f* → **dulcero**.

dulcería *f* confectioner's (shop).

dulcero, ra ◇ *adj* [goloso] sweet-toothed; **ser** ~ to have a sweet tooth. ◇ *m, f* [confitero] confectioner.

◆ **dulcera** *f* [recipiente] compote.

dulcificación *f* - **1.** [acción] sweetening. - **2.** *fig* [sosiego] soothing.

dulcificar [10] *vt* - **1.** [endulzar] to sweeten. - **2.** *fig* [suavizar] to soften.

◆ **dulcificarse** *vpr* to soften.

dulcinea *f desus* - **1.** [amada] beloved. - **2.** [ideal] ideal.

dulcísono, na *adj culto* melodious, sweet-sounding.

dulzarrón, ona, dulzón, ona *adj fam irón* sickly sweet, cloying.

dulzor *m* sweetness.

dulzura *f* - **1.** [gen] sweetness. - **2.** [palabra cariñosa] sweet nothing. - **3.** [docilidad] mildness. - **4.** [bondad] gentleness.

dumping ['dumpin] *m* dumping.

duna *f* dune.

dúo *m* - **1.** MÚS duet. - **2.** [pareja] duo; **a** ~ together.

duodécimo, ma *núm* twelfth; *ver también* **sexto**.

duodeno *m* duodenum.

dupdo. *abrev escrita de* **duplicado**.

dúplex, duplex *m inv* - **1.** [piso] duplex. - **2.** ELECTRÓN link-up.

duplicación *f* duplication.

duplicado, da *adj* in duplicate.

◆ **duplicado** *m* duplicate; **(por)** ~ (in) duplicate.

duplicador, ra ◇ *adj* - **1.** [que copia] duplicating, copying. - **2.** [que dobla] doubling. ◇ *m, f* duplicator.

◆ **duplicador** *m* FOT copier, copying machine.

◆ **duplicador de voltaje** *m* ELECTRON voltage doubler.

duplicar [10] *vt* - **1.** [cantidad] to double. - **2.** [documento] to duplicate. - **3.** DER to rejoin, to reply.

◆ **duplicarse** *vpr* to double.

duplicidad *f* - **1.** [repetición] duplication. - **2.** [falsedad] duplicity.

duplo, pla *adj* double.

◆ **duplo** *m* double.

duque, sa *m, f* duke (*f* duchess).

◆ **duque de alba** *m* NÁUT *clump of piles used for a mooring.*

◆ **gran duque** *m* [búho] grand duke.

durabilidad *f* durability.

durable *adj* durable, lasting.

duración *f* - **1.** [periodo] length; **de corta** o **poca** ~ short-lived; **de larga** ~ [gen] long-lasting; [disco] long-playing. - **2.** [permanencia] duration.

duradero, ra *adj* [gen] lasting; [ropa, zapatos] hard-wearing.

duralex® *m tough glass-like plastic used for making glasses, dishes etc.*

duramente *adv* - **1.** [con fuerza] hard. - **2.** [con agresividad] severely, harshly.

durante *prep* during; **le escribí** ~ **las vacaciones** I wrote to him during the holidays; **estuve escribiendo** ~ **una hora** I was writing for an hour; ~ **toda la semana** all week.

durar *vi* [gen] to last; [permanecer, subsistir] to remain, to stay; [ropa] to wear well; **aún dura la fiesta** the party's still going on.

duraznero *m* 'durazno' tree.

durazno *m small variety of peach.*

dureza *f* - **1.** [de objeto, metal etc] hardness. - **2.** [de clima, persona] harshness. - **3.** [callosidad] callus, hard skin *(U)*. - **4.** *fig* [indiferencia] indifference; ~ **de corazón** hard-heartedness. - **5.** [obstinación] obstinacy, stubbornness. - **6.** [aguante, resistencia] toughness.

durmiente ◇ *adj* - **1.** [que duerme] sleeping; **la bella durmiente** Sleeping Beauty. - **2.** *fig* [inactivo] dormant, inactive. ◇ *mf* sleeper. ◇ *m Amér* FERROC sleeper.

durmiera *etc v* → **dormir**.

duro, ra *adj* - **1.** [gen] hard; [carne] tough; [pan] stale; **el diamante es el mineral más** ~ diamond is the hardest mineral; **me gustan los colchones** ~s I like hard mattresses. - **2.** [resistente] tough. - **3.** [severo] harsh. - **4.** [obstinado] stubborn, obstinate. - **5.** *Amér fam* [borracho] sloshed. - **6.** *loc*: **estar a las duras y a las maduras** [sin rendirse] to be there through thick and thin; [sin quejarse] to take the rough with the smooth; **ser** ~ **de pelar** to be a hard nut to crack.

◆ **duro** ◇ *m* - **1.** [moneda] five-peseta piece; **cinco** ~s 25 pesetas; **veinte** ~s 100 pesetas. - **2.** [persona] tough guy. - **3.** *loc*: **estar sin un** ~ to be flat broke; **lo que faltaba para el** ~ that's all I/we *etc* need. ◇ *adv* - **1.** [gen] hard; **trabajar** ~ to work hard. - **2.** [en el trato] harshly; **trata muy** ~ **a la servidumbre** she treats her servants very harshly.

d/v (*abrev de* **días vista**): **15** ~ within 15 days.

E

e[1], **E** f [letra] e, E.

e[2] *conj (en lugar de 'y' ante palabras que empiecen por 'i' o 'hi')* and.

ea *interj* come on!, come along!

EA *(abrev de* **Eusko Alkartasuna***) f Basque nationalist political party.*

EAU *(abrev de* **Emiratos Árabes Unidos***) mpl* UAE.

ebanista *mf* cabinet-maker.

ebanistería f **- 1.** [oficio] cabinet-making. **- 2.** [taller] cabinet-maker's. **- 3.** [obra] cabinetwork.

ébano *m* ebony.

ebonita f ebonite, vulcanite.

ebriedad f drunkenness, inebriation.

ebrio, ebria ◇ *adj* **- 1.** [borracho] drunk. **- 2.** *fig* [ofuscado]: ~ **de** blind with. ◇ *m, f* drunk, drunkard.

Ebro *m*: **el** ~ the Ebro.

ebullición f **- 1.** [hervor] boiling. **- 2.** *fig* [agitación] ferment; **estar en** ~ to be overflowing o bubbling over.

ebúrneo, a *adj* ivory.

eccehomo, ecce homo *m* **- 1.** RELIG Ecce Homo. **- 2.** *fig* [persona con mal aspecto] pitiful wretch; **estar hecho un** ~ to be in a sorry state, to cut a sorry figure.

eccema *m* eczema.

ECG *(abrev de* **electrocardiograma***) m* ECG.

echacantos *m inv fam* good-for-nothing.

echacuervos *m inv fam* **- 1.** [alcahuete] pimp. **- 2.** [embustero] cheat, swindler.

echada f **- 1.** [lanzamiento] throw. **- 2.** [espacio, medida] length. **- 3.** *Amér* [fanfarronada] boast.

echadero *m* resting place.

echadizo, za ◇ *adj* **- 1.** [esparcido] circulated in a clandestine way. **- 2.** [inútil] useless. **- 3.** [espía] spying. **- 4.** [expósito] abandoned. ◇ *m, f* [espía] spy.

◆ **echadizo** *m* [desperdicios] refuse, waste.

echador, ra ◇ *adj* **- 1.** [lanzador] throwing. **- 2.** *Amér* [fanfarrón] boastful, bragging. ◇ *m, f* thrower.

◆ **echador** *m* **- 1.** [camarero] *waiter who pours coffee and milk.* **- 2.** *Amér* [fanfarrón] braggart, boaster.

echamiento *m* **- 1.** [lanzamiento] throwing. **- 2.** [impulso] expulsion, ejection.

echar ◇ *vt* **- 1.** [tirar] to throw; [red] to cast; ~ **una piedra por la ventana** to throw a stone through the window; ~ **la basura al cubo** to throw the rubbish in the bin. **- 2.** [meter] to put; ~ **ropa en la maleta** to put clothes in the suitcase. **- 3.** [añadir]: ~ **algo (a** o **en algo)** [vino, agua etc] to pour sthg (into sthg); [sal, azúcar etc] to add sthg (to sthg). **- 4.** [decir - discurso] to give; [- reprimenda] to dish out; [- buenaventura] to tell; ~ **una maldición a alguien** to put a curse on sb. **- 5.** [carta, postal] to post. **- 6.** [humo, vapor, chispas] to give off, to emit. **- 7.** [lágrimas, sangre] to shed. **- 8.** [hojas, flores] to sprout, to shoot. **- 9.** [raíces, pelo, barba] to begin to grow. **- 10.** [dientes] to cut. **- 11.** [barriga] to develop. **- 12.** [expulsar]: ~ **a alguien (de)** to throw sb out (of). **- 13.** [despedir]: ~ **a alguien (de)** to sack sb (from). **- 14.** [accionar]: ~ **la llave/el cerrojo** to lock/bolt the door; ~ **el freno** to brake, to put the brakes on. **- 15.** [acostar] to lie (down). **- 16.** [condena, multa] to give. **- 17.** [calcular]:

¿**cuántos años le echas**? how old do you reckon he is? **- 18.** *fam* [en televisión, cine, teatro] to show; ¿**qué echan esta noche en la tele**? what's on telly tonight? **- 19.** [naipe, partida] to play. **- 20.** [apostar] to gamble; ~ **dinero a** [la lotería, un caballo etc] to gamble money on. **- 21.** [trago, sorbo] to take. **- 22.** *Amér* [animales] to urge on. **- 23.** *loc*: ~ **abajo** [edificio] to pull down, to demolish; [gobierno] to bring down; [proyecto] to ruin; ~ **a perder** [vestido, alimentos, plan] to ruin; [ocasión] to waste; ~ **de menos** to miss; ~ **de ver algo** to notice sthg; ~**la de** to pose as, to pretend to be; ~**las** *Amér* to run away. ◇ *vi* **- 1.** [dirigirse]: ~ **por** to go o head along; ~ **por la derecha** to go (to the) right. **- 2.** [empezar]: ~ **a hacer algo** to begin to do sthg, to start doing sthg; ~ **a correr** to break into a run; ~ **a llorar** to burst into tears; ~ **a reír** to burst out laughing.

◆ **echarse** *vpr* **- 1.** [lanzarse]: ~**se a** to throw o.s. o jump into; ~**se encima de** o **sobre** to fall upon. **- 2.** [acostarse] to lie down. **- 3.** [empezar]: ~**se a hacer algo** to begin to do sthg, to start doing sthg. **- 4.** [apartarse]: ~**se (a un lado)** to move (aside); ~**se atrás** *fig* to back out. **- 5.** [obtener]: ~**se (un) novio** to get o.s. a boyfriend. **- 6.** [viento] to drop, to die down. **- 7.** *loc*: ~**se a dormir** [acostarse] to go to bed; *fig* [descuidarse] to let things slide; ~**se a perder** [comida] to go off, to spoil; [plan] to fall through; [país, persona] to go to the dogs; ~**se de ver** to be obvious, to be easy to see; **echárselas de** to pose as, to pretend to be.

echarpe *m* shawl.

eclecticismo *m* eclecticism.

ecléctico, ca *adj & m, f* eclectic.

eclesiástico, ca *adj* ecclesiastical.

◆ **eclesiástico** *m* clergyman.

eclipsar *vt lit & fig* to eclipse.

◆ **eclipsarse** *vpr* **- 1.** [astro] to be eclipsed. **- 2.** *fig* [persona] to disappear, to vanish.

eclipse *m lit & fig* eclipse; ~ **anular/parcial/total** annular/partial/total eclipse; ~ **lunar** o **de luna** lunar eclipse, eclipse of the moon; ~ **solar** o **de sol** solar eclipse, eclipse of the sun.

eclíptica f ecliptic.

eclosión f *culto* emergence.

eco *m* **- 1.** [gen] echo; **hacerse** ~ **de** to report; **tener** ~ to arouse interest. **- 2.** [rumor] rumour; ~**s de sociedad** society column *(sg)*.

ecografía f ultrasound scanning.

ecología f ecology.

ecológicamente *adv* ecologically.

ecológico, ca *adj* [gen] ecological; [alimentos] organic; [producto] environmentally friendly.

ecologismo *m* Green movement.

ecologista ◇ *adj* environmental, ecological. ◇ *mf* environmentalist, ecologist.

economato *m* **- 1.** [tienda] company cooperative shop. **- 2.** [administrador] trustee, guardian.

econometría f ECON econometrics *(U)*.

economía f **- 1.** [gen] economy; ~ **doméstica** housekeeping; ~ **de libre mercado** free-market economy; ~ **de mercado** market economy; ~ **mixta** mixed economy; ~

económicamente 238

planificada planned economy; ~ sumergida black economy o market. - 2. [estudio] economics *(U)*; ~ aplicada applied economics; ~ familiar home economics; ~ política political economy. - 3. [ahorro] saving; hacer ~s to economize, to save. - 4. [escasez] scarcity.

económicamente *adv* - 1. [gen] economically. - 2. [con ahorro] cheaply, inexpensively.

económico, ca *adj* - 1. [problema, doctrina etc] economic. - 2. [barato] cheap, low-cost. - 3. [que gasta poco - motor etc] economical; [- persona] thrifty.

economista *mf* economist.

economizar [13] *vt lit & fig* to save.

ecónomo ◇ *adj* acting, provisional. ◇ *m* - 1. [sacerdote] acting o provisional priest. - 2. [administrador] trustee, guardian.

ecosistema *m* ecosystem.

ectoplasma *m* ectoplasm.

ecu *(abrev de* European Currency Unit*) m* ECU.

ecuación *f* equation; ~ diferencial/lineal/química differential/linear/chemical equation; ~ personal personal equation; ~ de primer grado/de segundo grado simple/quadratic equation; ~ de tiempo equation of time.

ecuador *m* equator; ~ celestial celestial equator; ~ magnético magnetic equator, aclinic line; pasar el ~ *fam fig* to pass the halfway mark.

Ecuador *s* Ecuador.

ecualizador *m* equalizer.

ecuánime *adj* - 1. [en el ánimo] level-headed, even. - 2. [en el juicio] impartial, fair.

ecuanimidad *f* - 1. [del ánimo] equanimity, composure. - 2. [del juicio] impartiality, fairness.

ecuatoguineano, na ◇ *adj* of/relating to Equatorial Guinea. ◇ *m, f* native/inhabitant of Equatorial Guinea.

ecuatorial *adj* equatorial.

ecuatoriano, na *adj & m, f* Ecuadorian, Ecuadoran.

ecuestre *adj* equestrian.

ecuménico, ca *adj* ecumenical.

ecumenismo *m* ecumenism.

ed. - 1. *(abrev escrita de* editor*)* ed. - 2. *(abrev escrita de* edición*)* edit. - 3. *abrev escrita de* editorial.

edad *f* age; ¿qué ~ tienes? how old are you?; tiene 25 años de ~ she's 25 (years old); una persona de mediana ~ a middle-aged person; una persona de ~ an elderly person ❑ ~ adulta adulthood; ~ avanzada old age; ~ del chivateo *Amér* puberty; ~ crítica menopause, change of life; ~ escolar school age; ~ de jubilación retirement age; ~ del juicio o de la razón age of reason; ~ mental mental age; ~ del pavo awkward age; ~ viril prime of life; la tercera ~ [ancianos] senior citizens *(pl)*; estar en ~ de merecer to be of marriageable age.
◆ Edad Media *f* Middle Ages *(pl)*.
◆ Edad de Oro *f* Golden Age.
◆ Edad de Piedra *f* Stone Age.

edecán *m* - 1. MIL aide-de-camp. - 2. *fig* [acompañante] assistant, aide.

edelweiss ['eðelweis] *m inv* edelweiss.

edema *m* oedema.

edén *m* RELIG Eden; *fig* paradise.

edénico, ca *adj* paradisiacal.

edición *f* - 1. IMPRENTA publication; INFORM, RADIO & TV editing. - 2. [ejemplares] edition; ~ abreviada/crítica/limitada abridged/critical/limited edition; ~ escolar school o student edition; ~ extraordinaria/de bolsillo special/pocket edition; ~ príncipe o princeps first edition, editio princeps; primera ~ first edition; segunda ~ *fam fig* spitting image, carbon copy. - 3. [celebración periódica] staging.

edicto *m* edict; ~ emplazatorio summons *(sg)*.

edículo *m* - 1. [edificio] small building. - 2. [templo pequeño] shrine.

edificación *f* - 1. [construcción] building. - 2. *fig* [mejora] edification, enlightenment.

edificador, ra ◇ *adj* - 1. [constructor] construction *(antes de sust)*, building *(antes de sust)*. - 2. *fig* [que ayuda] edifying, enlightening. ◇ *m, f* constructor, builder.

edificante *adj* [conducta] exemplary; [libro, discurso] edifying.

edificar [10] *vt* - 1. [construir] to build. - 2. [aleccionar] to edify. - 3. *fig* [establecer] to establish, to form.

edificio *m* building; ~ inteligente intelligent building.

edil *m* - 1. [concejal] (town) councillor. - 2. HIST aedile.

edilicio, cia *adj* civic, municipal.

Edimburgo *s* Edinburgh.

Edipo *m* - 1. MITOL Oedipus. - 2. → complejo.

editar *vt* [libro, periódico] to publish; [disco] to release; INFORM, RADIO & TV to edit.

editor, ra ◇ *adj* publishing *(antes de sust)*. ◇ *m, f* [de libro, periódico] publisher; RADIO & TV editor.
◆ editor *m* INFORM editor; ~ de textos text editor.

editorial ◇ *adj* publishing *(antes de sust)*. ◇ *m* [de periódico] editorial, leader. ◇ *f* [compañía] publisher, publishing house.

editorialista *mf* leader writer.

edredón *m* duvet, eiderdown; ~ nórdico duvet.

Eduardo *m* Edward.

educable *adj* teachable.

educación *f* - 1. [enseñanza] education; ~ de adultos adult education; ~ escolar schooling; ~ física/sexual physical/sex education; ~ nacional state education; escuela de ~ especial special school. - 2. [modales] good manners *(pl)*; ¡qué poca ~! how rude! ❑ mala ~ bad manners *(pl)*. - 3. [crianza] upbringing, rearing.

educacional *adj* educational.

educadamente *adv* nicely, politely.

educado, da *adj* - 1. [cortés] polite, well-mannered; bien ~ well-bred, well-mannered; mal ~ rude, ill-mannered. - 2. [enseñado] educated, trained.

educador, ra ◇ *m, f* teacher. ◇ *adj* educating, instructing.

educar [10] *vt* - 1. [enseñar] to educate. - 2. [criar] to bring up. - 3. [cuerpo, voz, oído] to train.

educativo, va *adj* [juego, libro, método] educational; [sistema] education *(antes de sust)*.

edulcorante ◇ *adj* sweetening *(antes de sust)*. ◇ *m* sweetener.

edulcorar *vt* to sweeten.

eduque *etc v* → educar.

EE *(abrev de* Euskadiko Ezkerra*) m* Basque political party to the left of the political spectrum.

EEE *(abrev de* espacio económico europeo*) m* EEA.

EE UU *(abrev de* Estados Unidos*) mpl* USA.

EFA *(abrev de* Eurofighter Aircraft*) m* EFA.

efebo *m culto* ephebe.

efectismo *m* striving for effect, sensationalism.

efectista *adj* designed for effect, dramatic.

efectivamente *adv* [en respuestas] precisely, exactly.

efectividad *f* - 1. [realidad] effectiveness. - 2. MIL nominal rank.

efectivo, va *adj* - 1. [útil] effective. - 2. [real] actual, true; hacer ~ [gen] to carry out; [promesa] to keep; [dinero, crédito] to pay; [cheque] to cash. - 3. [permanente] permanent; un empleo ~ a regular job.
◆ efectivo *m* - 1. [dinero] cash; en ~ in cash ❑ ~ en caja cash in hand *Br*, cash on hand *Am*. - 2. [cantidad total] total number.
◆ efectivos *mpl* [personal] forces.

efecto *m* - 1. [gen] effect; el analfabetismo es un ~ de la falta de escuelas illiteracy is a result of the lack of schools; de ~ retardado delayed-action; hacer o surtir ~ to have the desired effect; llevar algo a ~ to put sthg into effect, to

implement sthg ❑ ~ **invernadero** greenhouse effect; ~ **óptico** optical illusion; ~**s sonoros/visuales** sound/visual effects; ~**s especiales** special effects; ~**s secundarios** side effects; ~ **útil** MEC output; **tener** ~ [tener vigencia] to come into o take effect; [ocurrir] to take place. - **2.** [finalidad] aim, purpose; **a tal** ~ to that end; **a** ~**s** o **para los** ~**s de algo** as far as sthg is concerned. - **3.** [impresión] impression; **producir buen/mal** ~ to make a good/bad impression. - **4.** [de balón, bola] spin; **dar** ~ **a** to put spin on. - **5.** [documento] bill; ~ **de comercio** commercial paper; ~ **de favor** accommodation bill; ~**s a cobrar/a pagar** bills receivable/payable; ~**s públicos** o **del estado** government securities.
◆ **efectos** *mpl* - **1.** [bienes] effects, property *(U)*. - **2.** [mercancía] goods; ~**s de consumo** consumer goods.
◆ **en efecto** *loc adv* indeed.
◆ **efectos personales** *mpl* personal possessions o effects.
efectuar [6] *vt* [gen] to carry out; [compra, pago, viaje] to make.
◆ **efectuarse** *vpr* to take place.
efeméride *f* [suceso] major event; [conmemoración] anniversary.
◆ **efemérides** *fpl* PRENSA list of the day's anniversaries published in a newspaper.
efervescencia *f* - **1.** [de líquido] effervescence; [de bebida] fizziness; **estar en** ~ to effervesce. - **2.** *fig* [agitación, inquietud] unrest.
efervescente *adj* - **1.** [bebida] fizzy. - **2.** *fig* [persona] effervescent, high-spirited.
eficacia *f* - **1.** [eficiencia] efficiency. - **2.** [efectividad] effectiveness.
eficaz (*pl* **eficaces**) *adj* - **1.** [eficiente] efficient. - **2.** [efectivo] effective.
eficazmente *adv* effectively.
eficiencia *f* efficiency.
eficiente *adj* efficient.
eficientemente *adv* efficiently.
efigie *f* - **1.** [gen] effigy; [en monedas etc] image, picture. - **2.** *fig* [personificación] personification, embodiment.
efímero, ra *adj* ephemeral.
efluvio *m* - **1.** [emanación] vapour; [aroma] scent. - **2.** *fig* [de alegría, simpatía etc] aura.
EFTA (*abrev de* **European Free Trade Association**) *f* EFTA.
efugio *m culto* subterfuge.
efusión *f* - **1.** [cordialidad] effusiveness, warmth; **con** ~ effusively. - **2.** [de líquido] effusion; ~ **de sangre** bloodshed, spilling of blood.
efusivamente *adv* effusively.
efusividad *f* effusiveness.
efusivo, va *adj* effusive.
e.g. (*abrev escrita de* **exempli gratia**) e.g.
EGB (*abrev de* **educación general básica**) *f Spanish primary education system for pupils aged 6-14.*
Egeo *m*: **el (mar)** ~ the Aegean Sea.
égida *f fig* aegis, protection; **bajo la** ~ **de** under the aegis o auspices of.
egipcio, cia *adj & m, f* Egyptian.
Egipto *s* Egypt.
egiptología *f* Egyptology.
égloga *f* eclogue.
ego *m* ego.
egocéntrico, ca ◇ *adj* egocentric, self-centred. ◇ *m, f* egocentric o self-centred person.
egocentrismo *m* egocentricity.
egoísmo *m* selfishness, egoism.
egoísta ◇ *adj* egoistic, selfish. ◇ *mf* egoist, selfish person.
egoísticamente *adv* egoistically.
ególatra ◇ *adj* egotistical. ◇ *mf* egotist.

egolatría *f* egotism.
egotismo *m* egotism.
egotista ◇ *adj* egotistic, egotistical. ◇ *mf* egotist.
egregio, gia *adj culto* egregious, illustrious.
egresado, da *m, f Amér* - **1.** [de escuela] *student who has completed a course.* - **2.** [de universidad] graduate.
egresar *vi Amér* - **1.** [de escuela] to leave school after graduation. - **2.** [de universidad] to graduate.
egreso *m Amér* - **1.** [de escuela] completion of course. - **2.** [de universidad] graduation.
eh *interj* hey!
einstenio *m* QUÍM einsteinium.
ej. *abrev escrita de* **ejemplar**.
eje *m* - **1.** [de rueda] axle; [de máquina] shaft; ~ **de transmisión** drive shaft. - **2.** GEOM axis; ~ **de abscisas** x-axis; ~ **de coordenadas** y-axis; **partir por el** ~ *fam* to foul up. - **3.** *fig* [idea central] central idea, basis.
ejecución *f* - **1.** [realización] carrying out. - **2.** [de condenado] execution. - **3.** [de concierto] performance, rendition. - **4.** INFORM [de un programa] execution. - **5.** DER attachment, distraint.
ejecutable *adj* - **1.** [realizable] feasible, practicable. - **2.** [en concierto] performable. - **3.** DER attachable.
ejecutante ◇ *adj* DER distraining. ◇ *mf* - **1.** [de concierto] performer. - **2.** DER distrainer.
ejecutar *vt* - **1.** [realizar] to carry out. - **2.** [condenado] to execute. - **3.** [concierto] to perform. - **4.** INFORM [programa] to execute, to run. - **5.** DER to attach, to distrain.
ejecutivo, va ◇ *adj* executive. ◇ *m, f* [persona] executive; ~ **agresivo** thrusting executive; ~ **de cuentas** account administrator.
◆ **ejecutivo** *m* POLÍT: **el** ~ the government.
◆ **ejecutiva** *f* [junta] executive.
ejecutor, ra *m, f* - **1.** DER executor; ~ **de la justicia** executioner; ~ **testamentario** executor (*f* executrix). - **2.** [verdugo] executioner. - **3.** [de concierto] performer.
ejecutoria *f* - **1.** [título] letters patent of nobility (*pl*). - **2.** *fig* [historial] record of accomplishment. - **3.** [DER - sentencia] final judgement; [- despacho] writ of execution.
ejecutorio, ria *adj* DER final.
ejem *interj* [expresa duda] um!; [expresa ironía] ahem!
ejemplar ◇ *adj* exemplary. ◇ *m* - **1.** [de libro] copy; [de revista] issue; [de moneda] example; [de especie, raza] specimen; ~ **de muestra** specimen copy; ~ **de regalo** [libro] complimentary copy. - **2.** [precedente] precedent; **sin** ~ unprecedented. - **3.** *loc*: **¡menudo** ~! *fam* he's/she's a sly one!
ejemplaridad *f* exemplary nature.
ejemplificación *f* exemplification, illustration.
ejemplificar [10] *vt* to exemplify.
ejemplo *m* example; **dar** ~ to set an example; **los padres tienen que dar** ~ **a sus hijos** parents should set their children an example; **hacer un** ~ **de** to make an example of; **por** ~ for example; **países europeos, por** ~ **Bélgica** European countries, for example Belgium; **sin** ~ unprecedented ❑ **predicar con el** ~ to practise what one preaches.
ejercer [11] ◇ *vt* - **1.** [profesión] to practise; [cargo] to hold. - **2.** [poder, derecho] to exercise; [influencia, dominio] to exert; ~ **presión sobre** to put pressure on. ◇ *vi* to practise (one's profession); ~ **de** to practise o work as.
ejercicio *m* - **1.** [gen] exercise; **el profesor nos puso** ~**s para casa** the teacher set us some exercises for homework; **hacer** ~ to (do) exercise ❑ ~ **físico** physical exercise; ~**s de mantenimiento** keep-fit exercises. - **2.** [de profesión] practising; [de cargo, funciones] carrying out. - **3.** [de poder, derecho] exercising. - **4.** MIL drill. - **5.** ECON: ~ **económico/fiscal** financial/tax year.
◆ **ejercicios espirituales** *mpl* retreat *(U)*.
ejercitación *f* exercise.

ejercitar *vt* - **1.** [derecho] to exercise. - **2.** [conocimiento, inteligencia] to train, to drill.
◆ **ejercitarse** *vpr:* ~**se (en)** to train (in).
ejército *m* MIL & *fig* army; ~ **regular** regular army.
◆ **Ejército del Aire** *m* Air Force.
◆ **Ejército de Salvación** *m* Salvation Army.
ejerza *etc v* → **ejercer**.
ejido *m* common land.
ejote *m Amér* green bean.
el, la (*pl* **los** o **las**) *art* (**el** *antes de sustantivo femenino que empiece por 'a' o 'ha' tónica; a + el* = **al**; *de + el* = **del**) - **1.** [gen] the; [en sentido genérico] *no se traduce;* ~ **coche** the car; **la casa** the house; **los niños** the children; ~ **agua/hacha/águila** the water/axe/eagle; **fui a recoger a los niños** I went to pick up the children; **los niños imitan a los adultos** children copy adults. - **2.** [con sustantivo abstracto] *no se traduce;* ~ **amor** love; **la vida** life. - **3.** [indica posesión, pertenencia]: **se partió la pierna** he broke his leg; **se quitó los zapatos** she took her shoes off; **tiene** ~ **pelo oscuro** he has dark hair. - **4.** [con días de la semana]: **vuelven** ~ **sábado** they're coming back on Saturday. - **5.** [con nombres propios geográficos] the; ~ **Sena** the (River) Seine; ~ **Everest** (Mount) Everest; **la España de la postguerra** post-war Spain. - **6.** *fam* [con nombre propio de persona]: **llama a la María** call Maria. - **7.** [con complemento de nombre, especificativo]: ~ **de** the one; **he perdido** ~ **tren, cogeré** ~ **de las nueve** I've missed the train, I'll get the nine o'clock one; ~ **de azul** the one in blue. - **8.** [con complemento de nombre, posesivo]: **mi hermano y** ~ **de Juan** my brother and Juan's. - **9.** [antes de frase]: ~ **que** [cosa] the one, whichever; [persona] whoever; **coge** ~ **que quieras** take whichever you like; ~ **que más corra** whoever runs fastest. - **10.** [antes de adjetivo]: **prefiero** ~ **rojo al azul** I prefer the red one to the blue one.
él, ella *pron pers* - **1.** [sujeto, predicado - persona] he (*f* she); [- animal, cosa] it; **mi hermana es ella** that's my sister there. - **2.** *(después de prep)* [complemento] him (*f* her); **voy a ir de vacaciones con ella** I'm going on holiday with her; **díselo a ella** tell her it. - **3.** [posesivo]: **de** ~ his; **de ella** hers.
elaborable *adj* workable.
elaboración *f* [de producto] manufacture; [de idea] working out; [de plan, informe] drawing up; **de** ~ **casera** homemade.
elaborador, ra ◇ *adj* manufacturing, producing. ◇ *m, f* manufacturer, producer.
elaborar *vt* [producto] to make, to manufacture; [idea] to work out; [plan, informe] to draw up.
elan *m* élan.
elástica ◇ *adj f* → **elástico**. ◇ *f* vest *Br*, undershirt *Am*.
elasticidad *f* - **1.** [gen] elasticity. - **2.** *fig* [falta de rigor] flexibility.
elástico, ca *adj* - **1.** [gen] elastic. - **2.** *fig* [sin rigor] flexible.
◆ **elástico** *m* [cinta] elastic.
◆ **elásticos** *mpl* [tirantes] braces *Br*, suspenders *Am*.
El Cairo *s* Cairo.
elección *f* - **1.** [nombramiento] election. - **2.** [opción] choice; ~ **parcial** by-election; ~ **primaria** primary election.
◆ **elecciones** *fpl* POLÍT election *(sg)*; **elecciones autonómicas** elections to the regional parliament; **elecciones generales/presidenciales** general/presidential election; **elecciones municipales** local elections.
eleccionario, ria *adj Amér* electoral.
electivo, va *adj* elective.
electo, ta *adj* elect; **el presidente** ~ the president elect.
elector, ra ◇ *m, f* voter, elector. ◇ *adj* electing.
◆ **elector** *m* elector.
electorado *m* electorate.
electoral *adj* electoral.
electoralismo *m* electioneering.

electoralista *adj* electioneering *(antes de sust)*.
Electra *f* - **1.** MITOL Electra. - **2.** → **complejo**.
electricidad *f* electricity; ~ **estática** static electricity.
electricista ◇ *adj* electrical. ◇ *mf* electrician.
eléctrico, ca *adj* electric.
electrificación *f* electrification.
electrificar [10] *vt* to electrify.
electrizable *adj* electrifiable.
electrizador, ra ◇ *adj* electrifying. ◇ *m, f* electrifier.
electrizante *adj lit & fig* electrifying.
electrizar [13] *vt fig* [exaltar] to electrify.
electrocardiógrafo *m* electrocardiograph.
electrocardiograma *m* electrocardiogram.
electrochoque, electroshock [elektro'ʃok] (*pl* **electroshocks**) *m* electric shock therapy.
electrocución *f* electrocution.
electrocutar *vt* to electrocute.
◆ **electrocutarse** *vpr* to electrocute o.s.
electrodo *m* electrode.
electrodoméstico *m* electrical household appliance.
electroencefalógrafo *m* electroencephalograph.
electroencefalograma *m* electroencephalogram.
electrógeno, na *adj* generating.
◆ **electrógeno** *m* generator.
electroimán *m* electromagnet.
electrólisis *f inv* electrolysis.
electrólito *m* electrolyte.
electromagnético, ca *adj* electromagnetic.
electromagnetismo *m* electromagnetism.
electromecánico, ca *adj* electromechanical.
◆ **electromecánica** *f* electromechanics *(U)*.
electromotor, ra, triz *adj* electromotive.
◆ **electromotor** *m* electromotor.
electrón *m* electron.
electrónico, ca *adj* - **1.** [de la electrónica] electronic. - **2.** [del electrón] electron *(antes de sust)*.
◆ **electrónica** *f* electronics *(U)*.
electroscopio *m* electroscope.
electroshock *m* = **electrochoque**.
electrostático, ca *adj* electrostatic.
◆ **electrostática** *f* electrostatics *(U)*.
electrotecnia *f* electrical engineering.
electroterapia *f* electrotherapy.
elefante, ta *m, f* elephant.
◆ **elefante blanco** *m fig* white elephant.
◆ **elefante marino** *m* sea cow, walrus.
elefantiasis *f inv* elephantiasis.
elegancia *f* elegance.
elegante *adj* - **1.** [persona, traje, estilo] elegant. - **2.** [conducta, actitud, respuesta] dignified.
elegantemente *adv* elegantly.
elegantoso, sa *adj Amér* elegant.
elegía *f* elegy.
elegiaco, ca, elegíaco, ca *adj culto* elegiac.
elegibilidad *f* eligibility.
elegible *adj* eligible.
elegido, da *adj* [escogido] selected, chosen; POLÍT elected.
elegir [42] *vt* [escoger] to choose, to select; [por votación] to elect.
elemental *adj* - **1.** [básico] basic. - **2.** [obvio] obvious.
elemento *m* - **1.** [gen] element; **estar (uno) en su** ~ to be in one's element. - **2.** [factor] factor. - **3.** [en equipo, colectivo] individual. - **4.** *fam* [persona] chap *Br*, guy *Am*; **un** ~ **de cuidado** a bad lot. - **5.** [de batería] cell. - **6.** *Amér fig* [torpe] dimwit, blockhead.
◆ **elementos** *mpl* - **1.** [fundamentos] rudiments. - **2.** [medios, recursos] resources, means. - **3.** [fuerzas atmosféricas]

elements; **los cuatro ~s** the four elements.

elenco _m_ - **1.** [reparto] cast. - **2.** [catálogo] list, index.

elepé _m_ LP (record).

elevación _f_ - **1.** [de pesos, objetos etc] lifting; [de nivel, altura, precios] rise. - **2.** [de terreno] elevation, rise. - **3.** _fig_ [de cargo] promotion. - **4.** [nobleza] loftiness. - **5.** [enajenación] rapture, ecstasy.

elevadamente _adv_ loftily.

elevado, da _adj_ [alto] high; _fig_ [sublime] lofty.

elevador _m_ - **1.** [montacargas] hoist. - **2.** _Amér_ [ascensor] lift _Br_, elevator _Am_.

◆ **elevador eléctrico** _m_ booster.

elevadorista _mf Amér_ lift operator _Br_, elevator operator _Am_.

elevalunas _m inv_ window winder; ~ **eléctrico** electric window.

elevar _vt_ - **1.** [gen & MAT] to raise; [peso, objeto] to lift. - **2.** [ascender]: ~ **a alguien (a)** to elevate sb (to). - **3.** _fig_ [propuesta, quejas] to present.

◆ **elevarse** _vpr_ [gen] to rise; [edificio, montaña] to rise up; **~se a** [altura] to reach; [gastos, daños] to amount o come to.

elfo _m_ elf.

El Hierro _s_ Hierro.

Elías _m_ Elijah.

elidir _vt_ - **1.** [vocal] to elide. - **2.** [frustrar] to thwart.

elige, eligió _v →_ **elegir**.

eliminación _f_ elimination.

eliminar _vt_ [gen] to eliminate; [contaminación, enfermedad] to get rid of.

eliminatorio, ria _adj_ qualifying _(antes de sust)._

◆ **eliminatoria** _f_ [gen] qualifying round; [en atletismo] heat.

elipse _f_ ellipse.

elipsis _f inv_ ellipsis.

elipsoide _m_ ellipsoid.

elíptico, ca _adj_ elliptical.

elíseo, a _adj_ Elysian.

◆ **elíseo** _m_ MITOL Elysium.

élite, elite _f_ elite.

elitismo _m_ elitism.

elitista _adj & mf_ elitist.

elixir, elíxir _m_ - **1.** FARM: ~ **bucal** mouthwash. - **2.** _fig_ [remedio milagroso] elixir.

ella _pron pers f →_ **él**.

ellas _pron pers f →_ **ellos**.

ello _pron pers (neutro)_ it; **no nos llevamos bien, pero ~ no nos impide formar un buen equipo** we don't get on very well, but it o that doesn't stop us making a good team; **no quiero hablar de ~** I don't want to talk about it; **por ~** for that reason.

ellos, ellas _pron pers_ - **1.** [sujeto, predicado] they; **los invitados son ~** they are the guests, it is they who are the guests. - **2.** _(después de prep)_ [complemento] them; **me voy al bar con ellas** I'm going with them to the bar; **díselo a ~** tell them it. - **3.** [posesivo]: **de ~/ellas** theirs.

elocución _f_ elocution.

elocuencia _f_ eloquence.

elocuente _adj_ eloquent; **se hizo un silencio ~** the silence said it all.

elocuentemente _adv_ eloquently.

elogiable _adj_ praiseworthy.

elogiador, ra ◇ _adj_ eulogistic, laudatory. ◇ _m, f_ praiser.

elogiar [8] _vt_ to praise.

elogio _m_ praise.

elogioso, sa _adj_ [palabras] appreciative, eulogistic.

elongación _f_ elongation.

elote _m Amér_ ear of tender maize.

El Salvador _s_ El Salvador.

elucidación _f_ elucidation.

elucidar _vt_ to elucidate, to throw light upon.

elucubración _f_ - **1.** [reflexión] reflection, meditation. - **2.** _despec_ [divagación] mental meandering.

elucubrar _vt_ - **1.** [reflexionar] to reflect o meditate upon. - **2.** _despec_ [teorizar] to theorize about.

eludible _adj_ avoidable.

eludir _vt_ [gen] to avoid; [perseguidores] to escape.

elusivo, va _adj_ evasive.

e.m. _(abrev de_ **en mano**_)_ by hand.

Em. _f abrev escrita de_ **Eminencia**.

EM _(abrev de_ **Estado Mayor**_) m_ GS.

emaciado, da _adj_ MED emaciated.

emanación _f_ emanation, emission.

emanante _adj_ emanating.

emanar ◆ **emanar de** _vi_ to emanate from.

emancipación _f_ [de mujeres, esclavos] emancipation; [de menores de edad] coming of age; [de países] obtaining of independence.

emancipador, ra ◇ _adj_ emancipating. ◇ _m, f_ emancipator.

emancipar _vt_ [gen] to emancipate, to free; [países] to grant independence (to).

◆ **emanciparse** _vpr_ to free o.s., to become independent.

emascular _vt_ to emasculate.

embabucar [10] _vt_ to deceive.

embace _etc v →_ **embazar**.

embadurnar _vt_: ~ **algo (de)** to smear sthg (with).

◆ **embadurnarse** _vpr_: ~**se (de)** to smear o.s. (with).

embaidor, ra _desus_ ◇ _adj_ deceptive, misleading. ◇ _m, f_ swindler.

embaimiento _m_ deception.

embaír [51] _vt_ to deceive, to mislead.

embajada _f_ - **1.** [edificio] embassy. - **2.** [cargo] ambassadorship. - **3.** [empleados] embassy staff. - **4.** [mensaje] message. - **5.** _fam_ [impertinencia] cheeky suggestion.

embajador, ra _m, f_ - **1.** [diplomático] ambassador. - **2.** _fig_ [mensajero] messenger, envoy.

embalador, ra _m, f_ packer.

embaladura _f Amér_ packing.

embalaje _m_ - **1.** [acción] packing. - **2.** [caja] packaging.

embalar ◇ _vt_ - **1.** [empaquetar] to wrap up, to pack. - **2.** [acelerar] to rev (up). ◇ _vi_ - **1.** [pescar] _to chase fish into nets._ - **2.** AUTOM to race.

◆ **embalarse** _vpr_ - **1.** [acelerar - corredor] to race away; [-vehículo] to pick up speed. - **2.** _fig_ [entusiasmarse] to get carried away.

embaldosado _m_ - **1.** [acción] tiling. - **2.** [pavimento] tiled floor.

embaldosar _vt_ [piso] to tile; [calle] to pave.

emballenar _vt_ to stiffen with whalebone stays.

embalsadero _m_ bog, swamp.

embalsamamiento _m_ embalming.

embalsamar _vt_ - **1.** [cadáver] to embalm. - **2.** [con perfume] to perfume, to scent.

◆ **embalsamarse** _vpr_ to become fragrant o perfumed.

embalsar _vt_ to dam (up).

◆ **embalsarse** _vpr_ to collect, to form puddles.

embalse _m_ reservoir.

embalumar _vt_ to load with large bulky objects.

◆ **embalumarse** _vpr fig_ to overload o.s., to overburden o.s.

embanastar _vt_ - **1.** [meter en cesta] to put into a basket. - **2.** _fig_ [apiñar] to pack in, to crowd in.

embancarse [10] _vpr_ - **1.** [barco] to run aground. - **2.** _Amér_ [río, lago] to silt up. - **3.** _Amér_ METAL to stick to the furnace walls.

embanderar *vt* to decorate with flags.

embanquetar *vt Amér* to pave.

embarazada *f* → **embarazado**.

embarazadamente *adv* with difficulty.

embarazado, da *adj* troubled.

◆ **embarazada** ◇ *adj f* pregnant; **dejar embarazada a alguien** to get sb pregnant; **estar embarazada de ocho meses** to be eight months pregnant; **quedarse embarazada** to get pregnant. ◇ *f* pregnant woman.

embarazador, ra *adj* restricting.

embarazar [13] *vt* - **1.** [preñar] to get pregnant. - **2.** [impedir] to restrict. - **3.** [cohibir] to inhibit.

◆ **embarazarse** *vpr* - **1.** [preñarse] to get pregnant. - **2.** [estorbarse] to be restricted.

embarazo *m* - **1.** [preñez] pregnancy; ~ **psicológico** phantom pregnacy. - **2.** [timidez] embarrassment. - **3.** [impedimento] obstacle.

embarazoso, sa *adj* awkward, embarrassing.

embarbascarse [10] *vpr* - **1.** [arado] to become entangled in the roots. - **2.** *fig* [mezclarse] to become confused o mixed up.

embarbecer [30] *vi* to grow a beard.

embarcación *f* - **1.** [barco] craft, boat; ~ **de desembarco** landing craft; ~ **de pesca** o **pesquera** fishing boat; ~ **de recreo** pleasure boat. - **2.** [embarque] embarkation.

embarcadero *m* - **1.** [muelle] jetty. - **2.** *Amér* [andén] loading platform.

embarcador *m* shipper, freighter.

embarcar [10] ◇ *vt* - **1.** [personas] to board; [mercancías] to ship. - **2.** *fig* [involucrar]: ~ **a alguien en algo** to involve sb in sthg. - **3.** *Amér* [engañar] to deceive. ◇ *vi* to board.

◆ **embarcarse** *vpr* - **1.** [para viajar] to board; ~**se para** to sail for. - **2.** *fig* [aventurarse]: ~**se en algo** to become involved in sthg.

embarco *m* = **embarque**.

embargable *adj* subject to embargo.

embargador, ra *m, f* person who applies an embargo.

embargante *adj* impeding.

◆ **no embargante** *loc adv desus* nevertheless.

embargar [16] *vt* - **1.** DER to seize. - **2.** [suj: emoción etc] to overcome. - **3.** [estorbar] to impede, to hamper.

embargo *m* - **1.** DER seizure. - **2.** [de buque & ECON] embargo. - **3.** [indigestión] indigestion.

◆ **sin embargo** *loc adv* however, nevertheless.

embarnizar [13] *vt* to varnish.

embarque, embarco *m* [de personas] boarding; [de mercancías] embarkation.

embarrada *f Amér* huge blunder.

embarrado, da *adj* muddy.

embarrador, ra ◇ *adj* - **1.** [que mancha] muddying. - **2.** *fig* [embustero] mischief-making. ◇ *m, f fig* mischief-maker.

embarradura *f* muddying.

embarrancar [10] ◇ *vi* - **1.** [barco] to run aground. - **2.** *fig* [en dificultad] to get bogged down. ◇ *vt* [barco] to ground.

◆ **embarrancarse** *vpr* [barco] to run aground; [coche etc] to get stuck.

embarrar *vt* - **1.** [con barro] to cover with mud. - **2.** *Amér* [fastidiar] to injure. - **3.** *Amér* [involucrar] to implicate.

◆ **embarrarse** *vpr* to get covered in mud.

embarrilar *vt* to barrel.

embarrullar *vt* - **1.** *fam* [mezclar] to mess up. - **2.** [hacer con atropello] to bungle.

◆ **embarullarse** *vpr fam* to get into a muddle.

embastar *vt* - **1.** [tela] to put in an embroidery frame. - **2.** [caballo] to put a packsaddle on.

embastecer [30] *vi* to get fat.

◆ **embastecerse** *vpr* to become coarse o crude.

embate *m* - **1.** [del mar] pounding *(U)*. - **2.** [viento] sea breeze.

embaucador, ra ◇ *adj* deceitful. ◇ *m, f* swindler.

embaucamiento *m* deception, swindling.

embaucar [10] *vt* to swindle, to deceive.

embaular *vt* - **1.** [meter en baúl] to pack in a trunk. - **2.** *fam fig* [comer mucho de] to stuff o.s. with. - **3.** *fig* [amontonar] to cram.

embausamiento *m* amazement, astonishment.

embaya *etc v* → **embaír**.

embayera *etc v* → **embaír**.

embazar [13] ◇ *vt* - **1.** [teñir] to dye brown. - **2.** *fig* [sorprender] to astound, to amaze. ◇ *vi* to be dumbfounded.

◆ **embazarse** *vpr* - **1.** [fastidiarse] to have had enough. - **2.** [cansarse] to get tired, to get bored.

embebecer [30] *vt* to fascinate.

◆ **embebecerse** *vpr* to be fascinated o enchanted.

embebecimiento *m* fascination, captivation.

embeber *vt* - **1.** [absorber] to soak up. - **2.** [estrechar] to take in. - **3.** *fig* [añadir] to add.

◆ **embeberse** *vpr*: ~**se (en algo)** [ensimismarse] to become absorbed (in sthg); *fig* [empaparse] to immerse o.s. (in sthg).

embelecador, ra ◇ *adj* deceptive. ◇ *m, f* deceiver, cheat.

embelecamiento *m* deception.

embelecar [10] *vt* to deceive, to cheat.

embeleco *m* - **1.** [embuste] deceit, fraud. - **2.** *fam fig* [persona molesta] pain, nuisance.

embelesado, da *adj* spellbound.

embelesador, ra *adj* captivating.

embelesamiento *m* captivation.

embelesar *vt* to captivate.

◆ **embelesarse** *vpr* to be captivated.

embeleso *m* - **1.** [encanto] captivation. - **2.** *Amér* [planta] leadwort.

embellaquecerse [30] *vpr* to become a villain.

embellecedor *m* [moldura] go-faster stripes *(pl)*; [tapacubos] hubcap.

embellecer [30] *vt* to adorn, to embellish.

embellecimiento *m* embellishment.

embermejar ◇ *vt* - **1.** [teñir] to dye red. - **2.** [avergonzar] to put to shame, to embarrass. ◇ *vi* to turn red.

◆ **embermejarse** *vpr* to blush, to turn red.

embestida *f* - **1.** [ataque] attack; [de toro] charge. - **2.** *fig* [acoso] pestering *(U)*.

embestidor, ra *adj* attacking.

◆ **embestidor** *m fig* sponger.

embestir [26] ◇ *vt* - **1.** [atacar] to attack; [suj: toro] to charge. - **2.** *fig* [molestar] to pester. ◇ *vi* to attack.

embetunar *vt* - **1.** [calzado] to polish, to black. - **2.** [asfalto] to cover with bitumen.

embijar *vt* - **1.** [teñir] *to paint or dye with annatto dye or vermillion.* - **2.** *Amér* [ensuciar] to soil, to dirty.

emblandecer [30] *vt & vi* to soften.

emblanquecer [30] *vt* to whiten.

◆ **emblanquecerse** *vpr* to become whitened o bleached.

emblema *m* - **1.** [divisa, distintivo] emblem, badge. - **2.** [símbolo] symbol.

embobamiento *m* stupefaction.

embobar *vt* to captivate.

◆ **embobarse** *vpr* to be captivated.

embobecer [30] *vt* to make foolish o silly.

◆ **embobecerse** *vpr* to become foolish o silly.

embobecimiento *m* stupefaction.

embocadero *m* narrow channel.

embocadura *f* - **1.** [de río, puerto] mouth. - **2.** [de instrumento] mouthpiece. - **3.** [de vino] taste. - **4.** [de caballo] bit. - **5.** [de teatro] proscenium arch.

embocar [10] *vt* - **1.** [meter] to enter *(a narrow space)*, to squeeze into. - **2.** [engullir] to gulp down.

◆ **embocarse** *vpr* to enter, to go in.

emboce *etc v* → **embozar**.

embochinchar *vt Amér* to throw into confusion.

embodegar [16] *vt* to store in a cellar.

embolado *m* - **1.** *fam* [mentira] fib. - **2.** *fam* [follón] jam, mess. - **3.** [papel teatral] bit part, minor role. - **4.** [toro] *bull with protective wooden balls on its horns.*

embolador *m Amér* boot black, shoeshine boy.

embolar *vt* - **1.** [toro] to tip the horns of with wooden balls. - **2.** [calzado] to shine, to polish. - **3.** *Amér* [emborrachar] to make drunk.

embolia *f* clot, embolism.

embolismador, **ra** *adj* disparaging.

embolismar *vt* - **1.** *fig* [chismear] to gossip about. - **2.** *Amér fam* [alborotar] to stir up.

embolismo *m* - **1.** [de tiempo] *insertion of time in the calendar.* - **2.** *fig* [enredo] confusion, muddle. - **3.** [mentira] lie. - **4.** [chisme] gossip.

émbolo *m* AUTOM piston.

embolsarse *vpr* [ganar] to make, to earn.

embolsicar [10] *vt Amér* to pocket.

embolso *m* pocketing.

embonar *vt fam Amér* - **1.** [ajustar] to suit. - **2.** [mejorar] to improve. - **3.** [abonar] to manure. - **4.** [ensamblar] to join.

emboque[1] *etc v* → **embocar**.

emboque[2] *m* - **1.** [paso] *passage through a narrow place.* - **2.** *fig* [engaño] hoax. - **3.** *Amér* [juguete] cup and ball.

emboquillado, **da** *adj* filter-tipped.

emborrachar *vt* - **1.** [embriagar] to make drunk. - **2.** [aturdir, adormecer] to make sleepy o drowsy.

◆ **emborracharse** *vpr* to get drunk.

emborrascar [10] *vt* to irritate, to annoy.

◆ **emborrascarse** *vpr* - **1.** [cielo] to cloud over, to turn black. - **2.** [irritarse] to become irritated o annoyed. - **3.** [fracasar] to fail, to go wrong.

emborricarse [10] *vpr fam* - **1.** [enamorarse] to be madly in love. - **2.** [aturdirse] to be stunned o bewildered.

emborronar *vt* - **1.** [garabatear] to scribble on; [manchar] to smudge. - **2.** [escribir de prisa] to scribble.

emboscada *f lit & fig* ambush; **tender una** ~ to lay an ambush.

emboscar [10] *vt* to ambush.

◆ **emboscarse** *vpr* to lie in ambush.

embotado, **da** *adj* [sentidos] dulled; [cabeza] muzzy.

embotadura *f* bluntness.

embotamiento *m* dullness.

embotar *vt* - **1.** [sentidos] to dull. - **2.** [líquido] to put into a jar.

◆ **embotarse** *vpr* - **1.** [sentidos] to become blunt. - **2.** [ponerse botas] to put on one's boots.

embotellado, **da** *adj* bottled.

◆ **embotellado** *m* bottling.

embotellador, **ra** ◇ *adj* bottling. ◇ *m, f* bottler.

◆ **embotelladora** *f* bottling machine.

embotellamiento *m* - **1.** [de tráfico] traffic jam. - **2.** [de líquidos] bottling.

embotellar *vt* - **1.** [tráfico] to block. - **2.** [líquido] to bottle. - **3.** *fig* [acorralar] to corner. - **4.** [memorizar] to learn by heart.

embotijar *vt* to put in earthenware jugs.

◆ **embotijarse** *vpr* - **1.** [inflarse] to swell, to become swollen. - **2.** *fig* [irritarse] to become angry o annoyed.

embovedado *m* vault, arch.

embozalar *vt* to muzzle, to put a muzzle on.

embozar [13] *vt* - **1.** [conducto] to block. - **2.** [rostro] to cover (up). - **3.** [planes, ideas] to disguise, to conceal. - **4.** [animal] to muzzle, to put a muzzle on.

◆ **embozarse** *vpr* - **1.** [conducto] to get blocked (up). - **2.** [persona] to cover one's face.

embozo *m* [de sábana] turnover.

embragar [16] *vt* - **1.** [vehículo] to engage the clutch of. - **2.** [abrazar] to connect, to couple.

embrague *m* clutch; ~ **automático/de fricción** automatic/friction clutch.

embravecer [30] ◇ *vt* to enrage. ◇ *vi* to flourish, to thrive.

◆ **embravecerse** *vpr* - **1.** [animal] to become enraged. - **2.** [mar] to become rough.

embravecido, **da** *adj* rough.

embravecimiento *m* fury, rage.

embrear *vt* - **1.** [gen] to cover with tar. - **2.** [barco] to cover with pitch.

embregarse [16] *vpr* to quarrel.

embriagado, **da** *adj* intoxicated.

embriagador, **ra** *adj* intoxicating.

embriagar [16] *vt* - **1.** [extasiar] to intoxicate. - **2.** [emborrachar] to make drunk.

◆ **embriagarse** *vpr* - **1.** [extasiarse]: ~**se (de)** to become intoxicated (with). - **2.** [emborracharse]: ~**se (con)** to get drunk (on).

embriaguez (*pl* **embriagueces**) *f* - **1.** [borrachera] drunkenness. - **2.** [éxtasis] intoxication.

embridar *vt* to put a bridle on, to bridle.

embriología *f* embryology.

embrión *m* - **1.** BIOL embryo. - **2.** *fig* [inicio] germ; **en** ~ in embryo.

embrionario, **ria** *adj fig* [inicial] embryonic.

embrocar [10] *vt* - **1.** [vaciar] to empty, to pour. - **2.** [clavar] to tack, to nail. - **3.** TAUROM to catch between the horns.

◆ **embrocarse** *vpr Amér* - **1.** [vestirse] to put a garment on over one's head. - **2.** [quedar perjudicado] to come off badly.

embrolla *f fam* muddle, mess.

embrollado, **da** *adj* [asunto] confused, complicated.

embrollador, **ra** ◇ *adj* confusing, muddling. ◇ *m, f* troublemaker.

embrollar *vt* [asunto] to confuse, to complicate; [hilos] to tangle up.

◆ **embrollarse** *vpr* to get muddled up o confused.

embrollo *m* - **1.** [de hilos] tangle. - **2.** *fig* [lío] mess; [mentira] lie.

embrollón, **ona** *fam* ◇ *adj* confusing. ◇ *m, f* troublemaker.

embrolloso, **sa** *adj fam* confusing, muddling.

embromado, **da** *adj Amér fam* tricky.

embromador, **ra** ◇ *adj* - **1.** [que bromea] teasing. - **2.** [que engaña] tricking, cheating. ◇ *m, f* - **1.** [bromista] joker, tease. - **2.** [mentiroso] trickster, cheat.

embromar *vt* - **1.** [burlarse de] to tease. - **2.** [engañar] to hoodwink. - **3.** *Amér fam* [fastidiar] to annoy. - **4.** *Amér* [dañar] to harm, to damage. - **5.** *Amér* [detener] to hold up.

◆ **embromarse** *vpr Amér* to get annoyed o cross.

embroquelarse *vpr* to shield o.s.

embrujamiento *m* bewitchment.

embrujar *vt lit & fig* to bewitch.

embrujo *m* [maleficio] curse, spell; *fig* [de ciudad, ojos] charm, magic.

embrutecedor, **ra** *adj* stultifying.

embrutecer [30] *vt* to stultify.

◆ **embrutecerse** *vpr* to become stultified.

embrutecimiento *m* stultification.

embuchado, **da** *adj*: **carne embuchada** cured cold meat.

◆ **embuchado** *m* - **1.** [de carne] pork sausage. - **2.** *fig* [de votos] fraudulent voting. - **3.** *fig* [engaño] fraud, deception. - **4.** *fam fig* [enojo] feigned anger.

embuchar *vt* - **1.** *fam* [comer] to wolf down, to gobble up. - **2.** [embutir] to process into sausages. - **3.** *fam fig* [hacer creer]: ~ **algo a alguien** to put sthg over on sb.

◆ **embucharse** *vpr Amér* to hold back one's anger.

embudar *vt* - **1.** [embudo] to put a funnel into. - **2.** *fig* [engañar] to trick. - **3.** [caza, animal] to chase into a narrow space.

embudo *m* - **1.** [utensilio] funnel. - **2.** *fig* [trampa] trick.

embullar *vt* to liven up.

emburujar *vt* - **1.** *fig* [amontonar] to heap together, to jumble together. - **2.** *Amér* [confundir] to bewilder, to confuse.

◆ **emburujarse** *vpr* to wrap o.s. up.

embuste *m* [mentira] lie; [engaño] fraud.

◆ **embustes** *mpl* [baratijas] trinkets.

embustear *vi* to lie.

embustero, ra ◇ *adj* - **1.** [mentiroso] lying. - **2.** *Amér* [orgulloso] haughty. - **3.** *Amér* [remilgado] finicky. ◇ *m, f* - **1.** [mentiroso] liar. - **2.** *Amér* [que comete faltas ortográficas] bad speller.

embute *m Amér fam* bribe.

embutido *m* - **1.** [comida] cold cured meat. - **2.** [acción] stuffing *(of sausages).* - **3.** *Amér* [entredós] panel of lace.

embutir *vt lit & fig* to stuff.

◆ **embutirse** *vpr fam* to stuff o.s.

eme *f fam* [mierda] sugar, fudge; ¡**vete a la** ∼! eff off!

emergencia *f* - **1.** [urgencia] emergency; **en caso de** ∼ in case of emergency. - **2.** [brote] emergence.

emergente *adj* emerging.

emerger [14] *vi* [salir del agua] to emerge; [aparecer] to come into view, to appear.

emérito, ta *adj* emeritus.

emerja *etc v* → **emerger**.

emético, ca *adj* emetic.

emigración *f* - **1.** [de personas] emigration; [de aves] migration. - **2.** [grupo de personas] emigrant community.

emigrado, da *m, f* emigrant; ∼ **político** émigré.

emigrante ◇ *adj* emigrating. ◇ *mf* emigrant.

emigrar *vi* [persona] to emigrate; [ave] to migrate.

eminencia *f* - **1.** [persona] eminent figure, leading light; ∼ **gris** éminence grise. - **2.** *fig* [grandeza] eminence, distinction.

◆ **Eminencia** *f*: **Su Eminencia** His Eminence.

eminente *adj* - **1.** [distinguido] eminent. - **2.** [elevado] high.

eminentemente *adv* eminently.

emir *m* emir.

emirato *m* emirate.

Emiratos Árabes Unidos *mpl*: **los** ∼ United Arab Emirates.

emisario, ria *m, f* emissary.

◆ **emisario** *m* drainage outlet.

emisión *f* - **1.** [de energía, rayos etc] emission; ∼ **espectral/secundaria** spectral/secondary emission. - **2.** [de bonos, sellos, monedas] issue; ∼ **gratuita de acciones** bonus issue; ∼ **de obligaciones** COM debentures issue; **nueva** ∼ new issue. - **3.** RADIO & TV [- transmisión] broadcasting; [- programa] programme, broadcast.

emisor, ra *adj* - **1.** [que emite] transmitting *(antes de sust).* - **2.** TELECOM broadcasting. - **3.** COM issuing.

◆ **emisor** *m* transmitter.

◆ **emisora** *f* radio station.

emitir ◇ *vt* - **1.** [rayos, calor, sonidos] to emit. - **2.** [moneda, sellos, bonos] to issue. - **3.** [expresar - juicio, opinión] to express; [- fallo] to pronounce. - **4.** RADIO & TV to broadcast. ◇ *vi* to broadcast.

emoción *f* - **1.** [conmoción, sentimiento] emotion. - **2.** [expectación] excitement; ¡**qué** ∼! how exciting!

emocionado, da *adj* - **1.** [conmovido] moved, touched. - **2.** [perturbado] distressed.

emocional *adj* emotional.

emocionalmente *adv* emotionally.

emocionante *adj* - **1.** [conmovedor] moving, touching. - **2.** [apasionante] exciting, thrilling.

emocionar *vt* - **1.** [conmover] to move. - **2.** [excitar, apasionar] to thrill, to excite.

◆ **emocionarse** *vpr* - **1.** [conmoverse] to be moved. - **2.** [excitarse, apasionarse] to get excited.

emoliente *adj & m* emollient.

emolumento *m (gen pl)* emolument.

emotivamente *adv* emotionally.

emotividad *f* emotional impact, emotiveness.

emotivo, va *adj* [persona] emotional; [escena, palabras] moving.

empacador, ra ◇ *adj* packing. ◇ *m, f* packer.

◆ **empacadora** *f* packing machine.

empacar [10] ◇ *vt* - **1.** [empaquetar] to pack. - **2.** *Amér* [enfadar] to annoy, to anger. ◇ *vi Amér* to pack.

◆ **empacarse** *vpr* - **1.** [obstinarse] to be stubborn, to be obstinate. - **2.** [turbarse] to get flustered.

empachado, da *adj* awkward, clumsy; **estar** ∼ [de comida] to have indigestion; [de situación] to be fed up, to be sick and tired.

empachar *vt* - **1.** [ahitar] to give indigestion to. - **2.** [estorbar] to obstruct, to hinder.

◆ **empacharse** *vpr* - **1.** [hartarse] to stuff o.s.; [sufrir indigestión] to get indigestion. - **2.** *Amér* [candelero] to become clogged with wax.

empacho *m* - **1.** [indigestión]: **tener un** ∼ to have an upset stomach, to have indigestion. - **2.** *fig* [hartura]: **tener un** ∼ **de** to have had one's fill o enough of. - **3.** [estorbo] hindrance, obstacle. - **4.** [turbación] confusion. - **5.** [timidez] shyness; **sin** ∼ without ceremony.

empachoso, sa *adj* - **1.** [indigesto] indigestible. - **2.** [molesto] annoying, bothersome. - **3.** [tímido] shy.

empadronador *m* census taker.

empadronamiento *m* ≃ registration on the electoral roll.

empadronar *vt* ≃ to register on the electoral roll.

◆ **empadronarse** *vpr* ≃ to register on the electoral roll.

empajar *vt* - **1.** [con paja] to cover with straw. - **2.** *Amér* [arcilla] to mix with straw.

◆ **empajarse** *vpr Amér* - **1.** [hartarse] to eat one's fill. - **2.** [obtener provecho] to make a good profit.

empalagamiento *m* = **empalago**.

empalagar [16] *vt* - **1.** [suj: dulces]: **los bombones me empalagan** I find chocolates sickly. - **2.** *fig* [fastidiar] to weary, to tire.

◆ **empalagarse** *vpr* - **1.** [hartarse]: ∼**se de** o **con** to get sick of. - **2.** [cansarse] to be weary, to be tired.

empalago, empalagamiento *m* - **1.** [de dulce] cloying taste. - **2.** *fig* [fastidio] annoyance, irritation.

empalagoso, sa ◇ *adj* - **1.** [muy dulce] sickly, cloying. - **2.** *fig* [molesto] wearying, tiresome. ◇ *m, f* pest, nuisance.

empalamiento *m* impalement, impaling.

empalar *vt* to impale.

◆ **empalarse** *vpr* - **1.** [obstinarse] to be persistent o obstinate. - **2.** *Amér* [entumecerse] to become numb o stiff. - **3.** *Amér* [secarse el pan] to turn out hard.

empalizada *f* [cerca] fence; MIL stockade.

empalizar [13] *vt* to fence (in).

empalmar ◇ *vt* - **1.** [tubos, cables] to connect, to join. - **2.** [planes, ideas] to link. - **3.** [en fútbol] to volley. - **4.** [película, foto] to splice. ◇ *vi* - **1.** [autocares, trenes] to connect. - **2.** [carreteras] to link o join (up). - **3.** [sucederse]: ∼ **(con)** to follow on (from).

◆ **empalmarse** *vpr* to meet, to join.

empalme *m* - **1.** [entre cables, tubos] joint, connection. - **2.** [de líneas férreas, carreteras] junction. - **3.** [de película, foto] splice, splicing *(U).*

empanada ◇ *adj f* → **empanado**. ◇ *f* - **1.** [alimento] pasty; **tener una** ∼ **mental** to be in a real muddle, not to be able to think straight. - **2.** *fig* [fraude] fraud, deception.

empanadilla *f* small pasty.

empanado, da *adj* - **1.** [alimento] breaded. - **2.** [habitación] dark and stuffy.

◆ **empanado** *m* dark and stuffy room.

empanar *vt* - **1.** CULIN to coat in breadcrumbs. - **2.** [sembrar] to sow with wheat.

◆ **empanarse** *vpr* to be choked.

empantanar *vt* - **1.** [inundar] to flood. - **2.** *fig* [detener] to bog down.

◆ **empantanarse** *vpr* - **1.** [inundarse] to be flooded o waterlogged. - **2.** *fig* [atascarse] to get bogged down.

empanzarse [13] *vpr Amér* to be full (up).

empañado, da *adj* - **1.** [cristal] misted o steamed up. - **2.** [reputación] tarnished.

empañamiento *m* - **1.** [de cristal] misting, steaming up. - **2.** *fig* [de fama, reputación] tarnishing. - **3.** [con pañales] putting a nappy on *Br*, diapering *Am*.

empañar *vt* - **1.** [cristal] to mist o steam up. - **2.** *fig* [reputación] to tarnish. - **3.** [con pañales] to put a nappy on *Br*, to diaper *Am*.

◆ **empañarse** *vpr* to mist o steam up.

empapado, da *adj* soaked, drenched.

empapar *vt* - **1.** [humedecer] to soak. - **2.** [absorber] to soak up. - **3.** [calar] to saturate, to drench.

◆ **empaparse** *vpr* - **1.** [persona, traje] to get soaked. - **2.** [enterarse bien]: ~**se de** o **en** to become imbued with.

empapelado *m* - **1.** [acción] papering. - **2.** [papel] wallpaper.

empapelador, ra *m, f* paperhanger.

empapelar *vt* - **1.** [pared] to paper. - **2.** *fam fig* [procesar] to have up (before the courts).

empapirotar *vt fam* to doll up.

◆ **empapirotarse** *vpr fam* to doll o.s. up.

empaque[1] *etc v* → **empacar**.

empaque[2] *m* - **1.** [empaquetado] packing. - **2.** *fam* [aspecto] air. - **3.** *Amér* [descaro] nerve, cheek.

empaquetado, da *adj* [alimento] prepacked.

empaquetador, ra *m, f* packer.

empaquetar *vt* - **1.** [paquete] to pack, to package. - **2.** *fig* [personas] to pack in.

emparamarse *vpr Amér* to freeze to death.

emparedado, da *adj* confined.

◆ **emparedado** *m* sandwich.

emparedar *vt* - **1.** [encerrar, aprisionar] to shut up, to lock away. - **2.** [esconder] to hide o conceal between walls.

emparejamiento *m*, **emparejadura** *f* - **1.** [de personas] pairing. - **2.** [de desniveles] levelling.

emparejar ◇ *vt* - **1.** [aparejar - personas] to pair off; [- zapatos etc] to match (up). - **2.** [nivelar] to make level. ◇ *vi fig* to be a match.

◆ **emparejarse** *vpr* - **1.** [personas] to find a partner. - **2.** *Amér* [abastecerse]: ~**se con algo** to take sthg for o.s.

emparentado, da *adj* related.

emparentar [19] *vi*: ~ **con** to marry into.

emparrado *m* [pérgola] bower.

emparrar *vt* to train.

emparrillar *vt* to grill.

emparvar *vt* to lay for threshing.

empastar *vt* - **1.** [diente] to fill. - **2.** [pared, mueble] to paste. - **3.** [libro] to bind. - **4.** [lienzo] to impaste. - **5.** *Amér* [tierra] to turn into pasture.

◆ **empastarse** *vpr Amér* to become overgrown with weeds.

empaste *m* - **1.** [dental] filling. - **2.** [de libro] bookbinding. - **3.** [de lienzo] impasting, impastation.

empatado, da *adj* - **1.** [DEP - partido] drawn; [- equipos] level. - **2.** [en elecciones etc] equally placed, tied.

empatar ◇ *vi* DEP to draw; [en elecciones etc] to tie; ~ **a cero** to draw nil-nil. ◇ *vt Amér* - **1.** [enlazar] to join, to link. - **2.** [fijar] to fit together. - **3.** [importunar] to pester, to bother.

◆ **empatarse** *vpr* to result in a draw; **empatársela a alguien** [igualar] to be a match for sb; *Amér* [engañar] to fool o deceive sb.

empate *m* - **1.** [resultado] draw; **un** ~ **a cero/dos** a goalless/two-two draw. - **2.** *Amér* [empalme] joint, link.

empavar *vt Amér* - **1.** [burlarse de] to tease. - **2.** [irritar] to annoy, to irritate.

◆ **empavarse** *vpr Amér* to become embarrassed.

empavesado, da *adj* armed with a shield.

◆ **empavesado** *m* - **1.** [soldado] soldier armed with a shield. - **2.** [de barco] bunting.

empavesar *vt* - **1.** [barco] to decorate with bunting. - **2.** [calle] to deck, to adorn. - **3.** [estatua, monumento] to veil.

empavonar *vt* - **1.** [metal] to blue. - **2.** *Amér* [superficie] to grease.

◆ **empavonarse** *vpr Amér* to dress up.

empecatado, da *adj* incorrigible.

empecé *etc v* → **empezar**.

empecinado, da *adj* stubborn.

◆ **empecinado** *m* - **1.** [fabricante] maker of pitch. - **2.** [vendedor] pitch seller.

empecinamiento *m* stubbornness.

empecinarse *vpr*: ~ **(en hacer algo)** to insist (on doing sthg).

empedarse *vpr Amér fam* to get sloshed.

empedernido, da *adj* - **1.** [bebedor, fumador] heavy; [criminal, jugador] hardened. - **2.** *fig* [insensible] hard-hearted, heartless.

empedernir [78] *vt* to harden, to toughen.

◆ **empedernirse** *vpr* - **1.** [endurecerse] to harden, to toughen. - **2.** *fig* [insensibilizarse] to harden, to become callous.

empedrado, da *adj* dappled, spotted.

◆ **empedrado** *m* paving.

empedrar [19] *vt* - **1.** [pavimentar] to pave. - **2.** *fig* [cubrir, llenar] to sprinkle, to scatter.

empegar [16] *vt* - **1.** [cubrir] to coat with pitch. - **2.** [marcar, señalar] to mark with pitch.

empeine *m* - **1.** [de pie, zapato] instep. - **2.** [del vientre] groin.

empellar, empeller *vt* to push, to shove.

empellón *m* push, shove; **a empellones** *fig* roughly, violently.

empelotarse *vpr* - **1.** *fam* [reñir] to get into a row. - **2.** *mfam* [desnudarse] to strip naked. - **3.** *Amér* [enamorarse]: ~ **con** o **por** to fall madly in love with.

empeñado, da *adj* - **1.** [en préstamo] in pawn. - **2.** [obstinado] determined; **estar** ~ **en hacer algo** to be determined to do sthg.

empeñar *vt* - **1.** [joyas etc] to pawn. - **2.** [palabra, honor] to give.

◆ **empeñarse** *vpr* - **1.** [obstinarse] to insist; ~**se en hacer algo** [obstinarse] to insist on doing sthg; [persistir] to persist in doing sthg. - **2.** [endeudarse] to get into debt. - **3.** [interceder]: ~**se por** o **con** to intercede o mediate on behalf of.

empeño *m* - **1.** [de joyas etc] pawning; **casa de** ~**s** pawnshop. - **2.** [obstinación] determination; **tener** ~ **en hacer algo** to be determined to do sthg; **en el** ~ in the attempt. - **3.** [constancia] persistence, tenacity; **poner** o **tomar** ~ **en** to put a lot into □ **con** ~ persistently, tenaciously. - **4.** [deseo] desire. - **5.** *Amér* [casa de empeños] pawnshop, pawnbroker's.

empeñoso, sa *adj Amér* persevering, tenacious.

empeoramiento *m* worsening, deterioration.

empeorar *vi* to get worse, to deteriorate.

empequeñecer [30] *vt* [quitar importancia] to diminish; [en una comparación] to overshadow, to dwarf.

empequeñecimiento *m* - **1.** [de tamaño] diminishing, reduction. - **2.** *fig* [de importancia] overshadowing.

emperador, emperatriz *m, f* emperor (*f* empress).

◆ **emperador** *m* [pez] swordfish.

emperchar *vt* to put on a hanger, to hang up.

◆ **empercharse** *vpr* to become caught in a snare.
emperejilar *vt fam* to doll up.
◆ **emperejilarse** *vpr fam* to get dolled up.
empergaminar *vt* to bind in parchment.
emperifollado, da *adj fam* dolled up.
emperifollar *vt fam* to doll o tart up.
◆ **emperifollarse** *vpr fam* to doll o tart o.s. up.
empernar *vt* to bolt.
empero *conj culto* [pero] but; [sin embargo] nevertheless.
emperramiento *m fam* - **1.** [obstinación] stubbornness. - **2.** [rabia] rage, anger.
emperrarse *vpr fam* - **1.** [obstinarse]: ~ **(en hacer algo)** to insist (on doing sthg). - **2.** [enfadarse] to lose one's rag.
empertigar [16] *vt Amér* to yoke.
empezar [34] ◇ *vt* to begin, to start. ◇ *vi:* ~ **(a hacer algo)** to begin o start (to do sthg); **en noviembre empezó a hacer frío** it started getting colder in November; ~ **(por hacer algo)** to begin o start (by doing sthg); **al** ~ at the beginning o start; **para** ~ to begin o start with; **no me gusta; para** ~, **es demasiado pequeño** I don't like it, to start with it's too small.
empicarse [10] *vpr* to become infatuated.
empiedra *etc v* → **empedrar**.
empiezo *v* → **empezar**.
empinado, da *adj* - **1.** [camino, cuesta] steep. - **2.** *fig* [persona] proud, haughty.
empinadura *f,* **empinamiento** *m* lifting, raising.
empinar *vt* - **1.** [inclinar] to tip up. - **2.** [levantar] to raise.
◆ **empinarse** *vpr* - **1.** [animal] to stand up on its hind legs. - **2.** [persona] to stand on tiptoe. - **3.** *mfam* [pene]: **se le empinó** he got a hard-on.
empingorotado, da *adj* stuck-up, posh.
empingorotar *vt* to place on top.
◆ **empingorotarse** *vpr* - **1.** [subirse] to climb on top. - **2.** *fam* [engreírse] to become stuck-up.
empipada *f Amér* blowout.
empique *etc v* → **empicarse**.
empíreo, a *adj* empyreal, empyrean.
◆ **empíreo** *m* empyrean.
empírico, ca ◇ *adj* empirical. ◇ *m, f* empiricist.
empirismo *m* empiricism.
empizarrado *m* slate roof.
empizarrar *vt* to roof with slate, to slate.
emplastar *vt* - **1.** FARM to apply a poultice to. - **2.** *fig* [maquillar] to make up.
◆ **emplastarse** *vpr* - **1.** [ensuciarse] to become smeared. - **2.** *Amér* [sentarse] to sit down.
emplastecer [30] *vt* to smooth with primer.
emplasto *m* - **1.** FARM poultice. - **2.** *fig* [persona enfermiza] weakling. - **3.** *Amér fam* [parche] temporary arrangement.
emplazamiento *m* - **1.** [ubicación] location; ~ **arqueológico** archaeological site. - **2.** DER summons.

emplazar [13] *vt* - **1.** [situar] to locate; MIL to position. - **2.** [citar] to summon; DER to summons.
◆ **emplazarse** *vpr* TAUROM to go into the centre of the bullring.
empleado, da *m, f* [gen] employee; [de banco, administración, oficina] clerk; **empleada de hogar** maid; ~ **del estado** civil servant; ~ **a prueba** probationer.
◆ **empleados** *mpl* staff *(sg)*.
empleador, ra ◇ *m, f* employer. ◇ *adj* employing.
emplear *vt* - **1.** [usar - objetos, materiales etc] to use; [- tiempo] to spend; ~ **algo en hacer algo** to use sthg to do sthg. - **2.** [contratar] to employ. - **3.** [invertir] to invest. - **4.** *loc:* **lo tiene** o **le está bien empleado** he deserves it, it serves him right.
◆ **emplearse** *vpr* - **1.** [colocarse] to find a job. - **2.** [usarse] to be used.
empleo *m* - **1.** [uso] use. - **2.** [trabajo] employment; [puesto] job; **estar sin** ~ to be out of work □ ~ **comunitario** community service; ~ **juvenil** youth employment; **pleno** ~ full employment. - **3.** MIL rank. - **4.** [inversión] investment.
emplomado, da *adj* leaded.
emplomadura *f Amér* [de diente] filling.
emplomar *vt* - **1.** [cubrir con plomo] to lead. - **2.** [sellar] to seal with lead. - **3.** *Amér* [diente] to fill.
emplumar ◇ *vt* - **1.** [poner plumas] to adorn with feathers. - **2.** *fam* [castigar] to tar and feather. - **3.** *Amér* [engañar] to dupe. - **4.** *Amér* [golpear] to beat up; ~**las** *fam* to beat it, to split. ◇ *vi* - **1.** [ave] to fledge, to grow feathers. - **2.** *Amér* [huir] to flee, to take flight.
empobrecer [30] *vt* to impoverish.
◆ **empobrecerse** *vpr* to get poorer.
empobrecido, da *adj* impoverished.
empobrecimiento *m* impoverishment.
empoce *etc v* → **empozar**.
empolladura *f* cramming.
empollar ◇ *vt* - **1.** [huevo] to incubate. - **2.** *fam* [estudiar] to swot up on. ◇ *vi* - **1.** *fam* [estudiar] to swot. - **2.** *Amér* [hacerse ampollas] to blister, to develop blisters.
◆ **empollarse** *vpr fam* to swot up on.
empollón, ona *fam* ◇ *adj* swotty. ◇ *m, f* swot.
empolvado, da *adj* powdered.
empolvar *vt* - **1.** [rostro, peluca] to powder. - **2.** [de suciedad] to cover with dust.
◆ **empolvarse** *vpr* to powder one's face.
emponchado, da *adj Amér* - **1.** [con poncho] wearing a poncho. - **2.** *fig* [sospechoso] suspicious.
emponcharse *vpr Amér* to wrap o.s. in a poncho.
emponzoñar *vt* to poison.
emporcar [36] *vt* to soil, to dirty.
◆ **emporcarse** *vpr* to become soiled o dirty.
emporio *m* - **1.** [centro comercial] *centre of commerce, fi-*

Encabezamiento

Dear Sir/Madam/Sir or Madam,
Dear Mrs/Mr/Ms Varley,

Comienzo

I am writing to apply for the position of editor as advertised in today's edition of *The Times*.
I wish to apply for the post of assistant teacher which you advertised last week.

Desarrollo de la carta

I speak fluent English and have a working knowledge of German and Italian.

I shall be available for work from the end of June.
Please find enclosed my CV [*Br*] o resumé [*Am*].

Conclusión

I would be grateful if you could send me further details/ an application form.

Despedida

Yours faithfully [*Br: si no se conoce el nombre del destinatario*].
Yours sincerely [*si se conoce el nombre del destinatario*].

nance etc. - **2**. [centro artístico] artistic centre. - **3**. *Amér* [grandes almacenes] department store.

emporrado, da *adj fam* stoned.

emporrarse *vpr fam* to get stoned (on cannabis).

empotrado, da *adj* fitted, built-in.

empotrar *vt* to fit, to build in.

empozar [13] ◇ *vt* to throw into a well. ◇ *vi* to form puddles.

◆ **empozarse** *vpr fig* to be shelved, to be put aside.

emprendedor, ra *adj* enterprising.

emprender *vt* - **1**. [trabajo] to start; [viaje, marcha] to set off on; ~**la para** to set out for; ~ **vuelo** to fly off. - **2**. [reñir, importunar]: ~**la a** o **con** to accost; ~**la con** to quarrel o wrangle with.

empreñar *vt* to make pregnant.

empresa *f* - **1**. [sociedad] company; ~ **funeraria** undertaker's; ~ **júnior** junior enterprise, *firm set up and run by business studies students*; ~ **filial** subsidiary; ~ **libre, libre** ~ free enterprise; ~ **matriz** parent company; ~ **mixta/privada** mixed/private company; ~ **pública/de seguridad** public sector/security firm; ~ **de servicios** service company; **pequeña y mediana** ~ small and medium-sized business. - **2**. [acción] enterprise, undertaking; ~ **arriesgada** *fig* gamble.

empresariado *m* employers (*pl*).

empresarial *adj* management (*antes de sust*).

◆ **empresariales** *fpl* business studies.

empresario, ria *m, f* [patrono] employer; [hombre, mujer de negocios] businessman (*f* businesswoman); [de teatro] impresario; ~ **de pompas fúnebres** undertaker, funeral director; **pequeño** ~ small businessman.

empréstito *m* debenture loan; **lanzar** o **hacer un** ~ to float a loan □; ~ **público** government o public loan.

emprimar *vt* - **1**. [lana] to give a second carding to. - **2**. [lienzo] to prime. - **3**. *fam* [abusar] to dupe.

empuerca *etc v* → **emporcar**.

empuerque *etc v* → **emporcar**.

empujar *vt* - **1**. [impeler] to push; ~ **a alguien a que haga algo** to push sb into doing sthg. - **2**. [apretar] to press. - **3**. *fig* [despedir] to give the push to.

empuje *m* - **1**. [presión] pressure. - **2**. [energía] energy, drive. - **3**. [impulso] thrust.

empujón *m* - **1**. [empellón] shove, push; **dar un** ~ **a alguien** to give sb a push o a shove; **abrirse paso a empujones** to shove o push one's way through. - **2**. *fig* [impulso] effort; **dar un último** ~ **a** to make one last effort with.

empujoncito *m* prod.

empulgar [16] *vt* - **1**. [llenar de pulgas] to fill with fleas. - **2**. [ballesta] to set.

empuntar *vt* - **1**. [sacar punta] to put a point on. - **2**. *Amér* [dirigir] to direct. - **3**. *Amér fam* [irse]: ~**las** to scram.

◆ **empuntarse** *vpr Amér* to dig one's heels in.

empuñadura *f* - **1**. [mango, puño] handle; [de espada] hilt. - **2**. *fam fig* [de cuento] starting formula.

empuñar ◇ *vt* - **1**. [mango, puño] to take hold of, to grasp. - **2**. *fig* [empleo, trabajo] to land. ◇ *vi Amér* [mano] to make a fist.

empurpurado, da *adj* dressed in purple.

emputecer [30] *vt* to prostitute.

emú *m* emu.

emulación *f* [gen & INFORM] emulation.

emulador *m* INFORM emulator.

emular *vt* [gen & INFORM] to emulate.

émulo, la ◇ *m, f* rival. ◇ *adj* emulating.

emulsión *f* emulsion.

en *prep* - **1**. [lugar - en el interior de] in; [- sobre la superficie de] on; [- en un punto concreto de] at; **viven** ~ **la capital** they live in the capital; **tiene el dinero** ~ **el banco** he keeps his money in the bank; ~ **la mesa/el plato** on the table/plate; ~ **casa/el trabajo** at home/work. - **2**. [direc-

ción] into; **el avión cayó** ~ **el mar** the plane fell into the sea; **entraron** ~ **la habitación** they came into the room. - **3**. [tiempo - mes, año etc] in; [- día] on; **nació** ~ **1940/ mayo** he was born in 1940/May; ~ **aquel día** on that day; ~ **Nochebuena** on Christmas Eve; ~ **Navidades** at Christmas; ~ **aquella época** at that time, in those days; ~ **un par de días** in a couple of days. - **4**. [medio de transporte] by; **ir** ~ **tren/coche/avión/barco** to go by train/car/ plane/boat. - **5**. [modo] in; ~ **voz baja** in a low voice; **lo dijo** ~ **inglés** she said it in English; **pagar** ~ **libras** to pay in pounds; **la inflación aumentó** ~ **un 10%** inflation increased by 10%; **todo se lo gasta** ~ **ropa** he spends all her money on clothes. - **6**. [precio] in; **las ganancias se calculan** ~ **millones** profits are calculated in millions; **te lo dejo en 5.000** I'll let you have it for 5,000. - **7**. [tema]: **es un experto** ~ **la materia** he's an expert on the subject; **es doctor** ~ **medicina** he's a doctor of medicine. - **8**. [causa] from; **lo detecté** ~ **su forma de hablar** I could tell from the way he was speaking. - **9**. [materia] in, made of; ~ **seda** in silk. - **10**. [cualidad] in terms of; **le supera** ~ **inteligencia** she is more intelligent than he is.

enagua *f (gen pl)* petticoat.

enaguar [45] *vt* to soak, to drench.

enagüe *etc v* → **enaguar**.

enajenación *f*, **enajenamiento** *m* - **1**. [locura] mental derangement, insanity; [éxtasis] rapture. - **2**. [de una propiedad] transfer of ownership, alienation.

enajenar *vt* - **1**. [volver loco] to drive mad; [extasiar] to enrapture. - **2**. [propiedad] to transfer ownership of, to alienate.

◆ **enajenarse** *vpr* - **1**. [apartarse] to become estranged. - **2**. [extasiarse] to get carried away.

enalbardar *vt* - **1**. [poner albarda] to saddle. - **2**. [rebozar] to coat. - **3**. [alimento] to lard.

enaltecedor, ra *adj* praising.

enaltecer [30] *vt* to praise.

enaltecimiento *m* praising.

enamoradamente *adv* - **1**. [con amor] lovingly. - **2**. [con pasión] passionately.

enamoradizo, za ◇ *adj* who falls in love easily. ◇ *m, f* person who falls in love easily.

enamorado, da ◇ *adj*: ~ **(de)** in love (with). ◇ *m, f* [amante] lover; ~ **de** lover of.

enamoramiento *m* falling in love.

enamorar *vt* to win the heart of.

◆ **enamorarse** *vpr* - **1**. [sentir amor]: ~**se (de)** to fall in love (with). - **2**. *fig* [entusiasmarse] to become enamoured.

enamoriscarse, enamoricarse [10] *vpr* to be attracted; ~ **de** to take a fancy to.

enancarse [10] *vpr Amér* - **1**. [montar caballo] to mount behind. - **2**. [encabritarse] to rear up.

enanismo *m* dwarfism.

enano, na *adj & m, f* dwarf.

enanque *etc v* → **enancarse**.

enarbolar *vt* [bandera] to raise, to hoist; [pancarta] to hold up; [arma] to brandish.

◆ **enarbolarse** *vpr* - **1**. [encabritarse] to rear up. - **2**. [enfadarse] to be angry.

enarcar [10] *vt* - **1**. [cejas] to arch. - **2**. [barril] to hoop.

◆ **enarcarse** *vpr* to arch.

enardecedor, ra *adj* inflammatory.

enardecer [30] *vt* [gen] to inflame; [persona, multitud] to fill with enthusiasm.

◆ **enardecerse** *vpr* to be ignited.

enarenar *vt* - **1**. [con arena] to cover with sand, to sand. - **2**. MIN to mix with sand.

◆ **enarenarse** *vpr* to run aground.

enarque *etc v* → **enarcar**.

enartrosis *f inv* ball-and-socket joint.

enastar *vt* to put a handle on.

encabalgar [16] ◇ *vi* [apoyarse] to lean. ◇ *vt* - **1.** [montar] to mount. - **2.** [proveer] to provide with horses.

encaballar *vt* - **1.** [superponer] to overlap. - **2.** IMPRENTA to pi.

◆ **encaballarse** *vpr* IMPRENTA to become pied.

encabestrar *vt* - **1.** [poner cabestro] to put a halter on, to halter. - **2.** *fig* [atraer] to attract.

◆ **encabestrarse** *vpr* to become tangled up in the halter.

encabezamiento *m* - **1.** [de carta, escrito] heading; [de artículo periodístico] headline. - **2.** [preámbulo] foreword. - **3.** [impuesto] tax roll o register. - **4.** [registro] census list o register.

encabezar [13] *vt* - **1.** [artículo de periódico] to headline; [libro] to write the foreword for. - **2.** [lista, carta] to head. - **3.** [marcha, expedición] to lead. - **4.** [suscripción, lista] to register. - **5.** [vino] to fortify.

◆ **encabezarse** *vpr* to come to terms.

encabritarse *vpr* - **1.** [caballo, moto] to rear up. - **2.** *fam* [persona] to get shirty.

encabronar *vt vulg* to piss off.

◆ **encabronarse** *vpr vulg* to get pissed off.

encadenado, da *adj* LITER linked.

◆ **encadenado** *m* - **1.** CINE fade, dissolve. - **2.** CONSTR buttress.

encadenamiento *m* linking.

encadenar *vt* - **1.** [atar, inmovilizar] to chain (up). - **2.** [enlazar] to link (together). - **3.** *fig* [esclavizar] to chain.

encajar ◇ *vt* - **1.** [meter ajustando]: ~ **(en)** to fit (into). - **2.** [meter con fuerza]: ~ **(en)** to push (into). - **3.** [hueso dislocado] to set. - **4.** [golpe, noticia, críticas] to take. - **5.** [soltar]: ~ **algo a alguien** [discurso] to force sb to listen to o sit through sthg; [insultos] to hurl sthg at sb; ~**le un golpe a alguien** to land sb a blow. - **6.** *fam fig* [engañar]: to palm off; **le encajaron un billete falso** they palmed off a counterfeit note on him. ◇ *vi* - **1.** [piezas, objetos] to fit. - **2.** [hechos, declaraciones, datos]: ~ **(con)** to square (with), to match. - **3.** [ser oportuno, adecuado]: ~ **(con)** to fit nicely (with).

◆ **encajarse** *vpr* - **1.** [meterse] to squeeze in. - **2.** *fig* [ropa] to put on. - **3.** *Amér* [vehículo] to get stuck.

encaje *m* - **1.** [ajuste] insertion, fitting-in. - **2.** [tejido] lace. - **3.** [hueco] socket.

◆ **encajes** *mpl* cash reserve *(sg)*.

encajetar *vt* to insert, to put in.

encajonado *m* - **1.** [tapia] boxing work, packed work. - **2.** [canal] cofferdam.

encajonamiento *m* boxing, crating.

encajonar *vt* - **1.** [en cajas, cajones] to pack, to put in boxes. - **2.** [en sitio estrecho]: ~ **algo/a alguien (en)** to squeeze sthg/sb (into). - **3.** [muro, tapia] to buttress.

◆ **encajonarse** *vpr* [río] to run through a narrow place.

encalabozar [13] *vt fam* to lock up in a dungeon.

encalabrinar *vt* - **1.** [aturdir] to make dizzy. - **2.** [irritar] to exasperate.

◆ **encalabrinarse** *vpr* - **1.** [encapricharse]: ~**se con** to become obsessed with, to become infatuated with. - **2.** [obstinarse] to dig one's heels in.

encalado *m*, **encaladura** *f* whitewash.

encalar *vt* to whitewash.

encalladero *m* - **1.** [de barcos] shoal, sandbank. - **2.** *fig* [atascadero] stumbling block.

encallado, da *adj* stranded.

encallar *vi* - **1.** [barco] to run aground. - **2.** *fig* [solicitud, proyecto] to founder.

◆ **encallarse** *vpr* [alimentos] to harden.

encallecer [30] *vi* - **1.** [formarse callosidad] to become calloused o hard. - **2.** *fig* [endurecerse] to become callous.

encallecido, da *adj* hardened, calloused.

encallejonar *vt* to lead through a narrow passage o alley.

encalvecer [30] *vi* to go bald.

encamarar *vt* to store in a granary.

encamarse *vpr* - **1.** [enfermo] to take to one's bed. - **2.** *fam* [pareja]: ~ **con alguien** to sleep with sb. - **3.** [mieses] to be beaten down, to get flattened.

encambronar *vt* - **1.** [con caña] to hedge with brambles. - **2.** [con hierro] to strengthen with iron.

encaminamiento *m*, **encaminadura** *f* - **1.** [dirección] guiding, direction. - **2.** *fig* [consejo] guidance.

encaminar *vt* - **1.** [persona, pasos] to direct. - **2.** [medidas, leyes, actividades] to aim; **encaminado a** aimed at.

◆ **encaminarse** *vpr*: ~**se a/hacia** to set off for/towards.

encamisado *m* - **1.** [disfraz] masquerade. - **2.** [de pieza] relining.

encamisar *vt* - **1.** [poner camisa a] to put a shirt on. - **2.** [funda, envoltorio] to cover. - **3.** *fig* [disfraz] to disguise. - **4.** [pieza] to reline.

◆ **encamisarse** *vpr* to disguise for a night attack.

encamotado, da *adj Amér fam* in love.

encamotarse *vpr Amér fam*: ~ **de** to fall in love with.

encampanar *vt Amér* - **1.** [elevar] to raise, to lift. - **2.** [dejar solo] to leave in the lurch.

◆ **encamparse** *vpr* - **1.** [ensancharse] to put on airs. - **2.** TAUROM to raise its head defiantly.

encanalar, encanalizar [13] *vt* to channel through pipes.

encanallarse *vpr* - **1.** [corromperse] to become degenerate, to become depraved. - **2.** [relacionarse] to keep bad company.

encanar *vt Amér fam* to lock up.

encanastar *vt* to put in a basket.

encandecer [30] *vt* to make incandescent.

encandelar ◇ *vi* [árbol] to blossom. ◇ *vt Amér* [molestar] to bother.

encandelillar *vt Amér* - **1.** [deslumbrar] to dazzle. - **2.** [sobrehilar] to overstitch.

encandilado, da *adj fam* [erguido] erect.

encandilar *vt* - **1.** [impresionar] to dazzle, to impress greatly. - **2.** *fig* [engañar] to dazzle. - **3.** [avivar] to stir, to poke. - **4.** [emoción] to kindle, to spark.

◆ **encandilarse** *vpr* to be dazzled.

encanecer [30] *vi* - **1.** [volverse cano] to go grey. - **2.** *fig* [envejecer] to grow old. - **3.** [ponerse mohoso] to become mouldy.

◆ **encanecerse** *vpr* to go grey.

encanijarse *vpr* to grow weak o puny.

encanillar *vt* to wind on a spool o bobbin.

encantación *f* = **encantamiento**.

encantado, da *adj* - **1.** [contento] delighted; ~ **de conocerle** pleased to meet you. - **2.** [hechizado - casa, lugar] haunted; [- persona] bewitched.

encantador, ra ◇ *adj* delightful, charming. ◇ *m, f* charmer.

◆ **encantador** *m* sorcerer, magician.

◆ **encantadora** *f* - **1.** [maga] sorceress, witch. - **2.** [seductora] seductress.

encantadoramente *adv* charmingly.

encantamiento *m*, **encantación** *f* - **1.** [fascinación] enchantment. - **2.** [hechizo] spell.

encantar *vt* - **1.** [gustar]: **me encanta el chocolate** I love chocolate; **le encanta ir al cine** he loves going to the cinema. - **2.** [embrujar] to bewitch, to cast a spell on.

◆ **encantarse** *vpr fam* to be in a dream.

encante *m* - **1.** [subasta] auction. - **2.** [sala de subasta] auction room.

encanto *m* - **1.** [atractivo] charm; **ser un** ~ to be a treasure o a delight. - **2.** [apelativo cariñoso] darling. - **3.** [hechizo] spell; **como por** ~ as if by magic.

encañar ◇ *vt* - **1.** [agua] to channel, to pipe. - **2.** [tierra] to drain. - **3.** [planta] to stake, to prop up. ◇ *vi* to form stalks.

encañonar ◇ *vt* - **1.** [persona] to point a gun at. - **2.** [agua] to channel, to pipe. - **3.** [ropa] to goffer, to crimp. ◇ *vi* [ave] to grow feathers, to fledge.

encapillar *vt* - **1.** NÁUT to rig. - **2.** MIN to open a new gallery in.

encapotado, da *adj* - **1.** [nublado] overcast. - **2.** [encapuchado] cloaked. - **3.** *Amér fig* [alicaído] downcast, dejected.

encapotar *vt* to cover with a cloak, to cloak.

◆ **encapotarse** *vpr* - **1.** [nublarse] to cloud over. - **2.** [enfadarse] to frown. - **3.** *Amér fig* [ave] to become dejected o listless.

encaprichamiento *m* whim, fancy.

encapricharse *vpr* - **1.** [obstinarse]: ~ **con algo/hacer algo** to set one's mind on sthg/doing sthg. - **2.** [enamorarse]: ~ **(con alguien)** to become infatuated (with sb). - **3.** [enfadarse] to frown. - **4.** *Amér fig* [ave] to become dejected o listless.

encapuchado, da ◊ *adj* hooded. ◊ *m, f* hooded person.

encapuchar *vt* to put a hood on.

◆ **encapucharse** *vpr* to put one's hood on.

encarado, da *adj*: **bien** ~ good-looking; **mal** ~ plain, ugly.

encaramar *vt* - **1.** [levantar] to lift up. - **2.** *fig* [promover, ascender] to elevate, to promote. - **3.** [elogiar] to extol, to praise. - **4.** *Amér* [abochornar] to make blush.

◆ **encaramarse** *vpr* - **1.** [subirse]: ~**se** (a o en) to climb up (onto). - **2.** *fig* [ascender] to reach a high position. - **3.** *Amér* [abochornarse] to blush.

encaramiento *m* encounter, confrontation.

encarar *vt* - **1.** [hacer frente a] to confront, to face up to. - **2.** [poner frente a frente] to bring face to face. - **3.** [apuntar con arma] to take aim at.

◆ **encararse** *vpr* [enfrentarse]: ~**se** a o **con** to stand up to.

encarcelamiento *m* imprisonment.

encarcelar *vt* - **1.** [meter en prisión] to imprison. - **2.** [empotrar] to embed.

encarecedor, ra ◊ *adj* praising, extolling. ◊ *m, f* praiser, extoller.

encarecer [30] *vt* - **1.** [productos, precios] to make more expensive. - **2.** [rogar]: ~ **a alguien que haga algo** to beg o implore sb to do sthg. - **3.** [recomendar] to strongly recommend, to urge. - **4.** *fig* [elogiar] to extol, to praise.

◆ **encarecerse** *vpr* to become more expensive.

encarecidamente *adv* earnestly.

encarecimiento *m* - **1.** [de producto, coste] increase in price. - **2.** [empeño]: **con** ~ insistently. - **3.** [recomendación] strong recommendation, urging. - **4.** *fig* [alabanza] praise.

encargado, da ◊ *adj*: ~ **(de)** responsible (for), in charge (of). ◊ *m, f* [gen] person in charge; COM manager (*f* manageress); ~ **de negocios** chargé d'affaires.

encargar [16] *vt* - **1.** [poner al cargo]: ~ **a alguien de algo** to put sb in charge of sthg; ~ **a alguien que haga algo** to tell sb to do sthg. - **2.** [pedir] to order.

◆ **encargarse** *vpr* - **1.** [ocuparse]: ~**se de** to be in charge of; **yo me encargaré de eso** I'll take care of o see to that. - **2.** [pedir] to order.

encargo *m* - **1.** [pedido] order; **por** ~ to order; **el artista trabaja por** ~ the artist does commission work ☐ **es como hecho de** ~ it's tailor-made. - **2.** [recado] errand. - **3.** [tarea] task, assignment. - **4.** [empleo] post.

encariñar *vt* to make fond, to endear.

◆ **encariñarse** *vpr*: ~**se con** to become fond of.

encarnación *f* [cosa] embodiment; [persona] personification.

◆ **Encarnación** *f* RELIG Incarnation.

encarnado, da *adj* - **1.** [personificado] incarnate. - **2.** [colorado] red. - **3.** [de color carne] flesh-coloured.

◆ **encarnado** *m* - **1.** [rojo] red. - **2.** [de color carne] flesh (colour).

encarnar ◊ *vt* - **1.** [ideal, doctrina] to embody; [personaje, papel] to play. - **2.** [sabueso] to blood. - **3.** [escultura] to give flesh colour to. ◊ *vi* - **1.** RELIG to become flesh. - **2.** [herida] to heal (over). - **3.** *fig* [impresionar] to make a great impression.

◆ **encarnarse** *vpr* to mix, to blend.

encarnizadamente *adv* fiercely, bitterly.

encarnizado, da *adj* - **1.** [sangriento] bloody, bitter. - **2.** [ensangrentado] bloodshot.

encarnizamiento *m* - **1.** *fig* [crueldad] bloodthirstiness. - **2.** [de sabueso] gorging on meat.

encarnizar [13] *vt* to blood.

◆ **encarnizarse** *vpr* - **1.** [volverse cruel]: ~**se con** [presa] to fall upon; [prisionero, enemigo] to treat savagely. - **2.** [batirse] to fight bitterly o fiercely.

encaro *m* - **1.** [enfrentamiento] facing, confronting. - **2.** [puntería] aiming.

encarpetar *vt* - **1.** [guardar] to file away. - **2.** [abandonar] to shelve.

encarrilar *vt* - **1.** [tren] to put back on the rails; [coche] to put back on the road. - **2.** *fig* [negocio, situación] to put on the right track, to point in the right direction.

◆ **encarrilarse** *vpr* - **1.** [persona] to find out what one wants to do in life. - **2.** [barco] to get fouled up.

encarrujar *vt Amér* to gather, to shirr.

◆ **encarrujarse** *vpr Amér* to become twisted.

encartar ◊ *vt* - **1.** [naipes] to lead. - **2.** [procesar] to proscribe, to outlaw. - **3.** [empadronar] to register, to enrol. ◊ *vi fig* to be suitable.

◆ **encartarse** *vpr* to have to follow suit.

encarte *m* [en naipes] lead.

encartonar *vt* to pack with cardboard.

encascabelar *vt* to decorate with bells.

encascotar *vt* to fill with rubble.

encasillado, da *adj Amér* chequered.

◆ **encasillado** *m* grid.

encasillamiento *m* pigeonholing.

encasillar *vt* - **1.** [clasificar] to pigeonhole; TEATRO to typecast. - **2.** [poner en casillas] to put in a box, to enter into a grid. - **3.** [candidato] to designate as a government candidate.

encasquetar *vt* - **1.** *fam* [imponer]: ~ **algo a alguien** [idea, teoría] to drum sthg into sb; [discurso, lección] to force sb to sit through sthg. - **2.** [sombrero] to pull on. - **3.** [bultos, objetos]: ~ **algo a alguien** to lumber sb with sthg.

◆ **encasquetarse** *vpr* - **1.** [sombrero] to pull on. - **2.** *fig* [obstinarse]: **se le encasquetó la idea** he got the idea into his head.

encasquillador *m Amér* farrier.

encasquillar *vt Amér* to shoe.

◆ **encasquillarse** *vpr* - **1.** [atascarse] to get jammed. - **2.** *Amér fam* [acobardarse] to get scared.

encastillar *vt* - **1.** [fortificar] to fortify with castles. - **2.** [apilar] to pile, to pile up. - **3.** [hacer andamio en] to erect scaffolding round.

◆ **encastillarse** *vpr* - **1.** [defenderse] to defend o.s. - **2.** *fig* [obstinarse] to stick to one's guns.

encastrar *vt* - **1.** [ensamblar] to mesh, to engage. - **2.** [empotrar] to embed, to fit in.

encauchar *vt* to rubberize.

encausar *vt* to prosecute.

encauzar [13] *vt* - **1.** [corriente] to channel. - **2.** [orientar] to direct.

encebadar *vt* VETER to overfeed.

◆ **encebadarse** *vpr* to become bloated.

encebollado *m* stew of meat and onions.

encebollar *vt* to add onions to.

encefálico, ca *adj* brain *(antes de sust)*.

encefalitis *f inv* encephalitis.

encéfalo *m* encephalon.

encefalograma *m* encephalogram.

encelar *vt* to make jealous.

◆ **encelarse** *vpr* - **1.** [sentir celos] to become jealous. - **2.** [estar en celo] to be on heat *Br*, to be in heat *Am*.

enceldar *vt* to put in a cell.

encella *f* cheese mould.

encenagado, da *adj* - **1.** [con cieno] muddy. - **2.** *fig* [enviciado] depraved.

encenagarse [16] *vpr* to wallow.

encendedor *m* lighter.

encender [20] *vt* - **1.** [vela, cigarro, chimenea] to light. - **2.** [aparato] to switch on. - **3.** *fig* [avivar - entusiasmo, ira] to arouse; [- pasión, discusión] to inflame. - **4.** *fig* [guerra, contienda] to spark off.
◆ **encenderse** *vpr* - **1.** [fuego, gas] to ignite; [luz, estufa] to come on. - **2.** *fig* [ojos] to light up; [persona, rostro] to go red, to blush; [de ira] to flare up. - **3.** *fig* [guerra, contienda] to break out.

encendido, da *adj* - **1.** [luz, colilla] burning; **la luz está encendida** the light is on. - **2.** *fig* [deseos, mirada, palabras] passionate, ardent. - **3.** [mejillas] red, flushed.
◆ **encendido** *m* AUTOM ignition.

encenizar [13] *vt* to cover with ashes.

encentar [19] *vt* - **1.** [empezar] to begin. - **2.** [gastar, consumir] to cut the first slice from.

encepar ◇ *vt* - **1.** [prisionero] to put in the stocks, to pillory. - **2.** NÁUT to put stocks on. ◇ *vi* to take deep root.

encerado, da *adj* - **1.** [pulido] waxed, polished. - **2.** [de color de cera] wax-coloured.
◆ **encerado** *m* - **1.** [acción] waxing, polishing. - **2.** [pizarra] blackboard.

encerador, ra *m, f* floor polisher.
◆ **enceradora** *f* [aparato] floor polisher.

encerar ◇ *vt* - **1.** [superficie, suelo] to wax, to polish. - **2.** *Amér* [iglesia] to furnish o provide with candles. ◇ *vi Amér* [mieses] to turn yellow.
◆ **encerarse** *vpr Amér* [mieses] to turn yellow.

encerramiento *m*, **encerradura** *f* - **1.** [encarcelamiento] jailing, incarceration. - **2.** [retiro] retreat.

encerrar [19] *vt* - **1.** [recluir - gen] to shut (up o in); [- con llave] to lock (up o in); [- en la cárcel] to lock away o up; **se encerró en su casa para acabar la novela** she shut herself away in her house to finish the novel. - **2.** [contener] to contain. - **3.** [en ajedrez] to checkmate.
◆ **encerrarse** *vpr* [gen] to shut o.s. away; [con llave] to lock o.s. away.

encerrona *f* - **1.** [trampa] trap. - **2.** TAUROM private bullfight.

encespedar *vt* to turf.

encestar *vt & vi* to score *(in basketball)*.

enceste *m* basket.

enchancletar *vt* to put low sandals on.
◆ **enchancletarse** *vpr* to put on low sandals.

enchapado *m* veneer.

encharcamiento *m* flooding, swamping.

encharcar [10] *vt* to waterlog.
◆ **encharcarse** *vpr* - **1.** [terreno] to become waterlogged. - **2.** [pulmones] to become flooded.

enchastrar *vt Amér* to make dirty.

enchicharse *vpr Amér* - **1.** [emborracharse] to get drunk on 'chicha'. - **2.** *fig* [irritarse] to get angry, to get riled.

enchilado, da *adj Amér* - **1.** [rojo] bright red. - **2.** *fig* [irritable] hot-tempered.
◆ **enchilado** *m* shellfish stew with chilli, tomatoes and onions.
◆ **enchilada** *f* enchilada, *rolled tortilla filled with meat or cheese and served with chilli sauce.*

enchilar *Amér* ◇ *vt* - **1.** [alimento] to season with chilli. - **2.** *fig* [persona] to irritate, to annoy. ◇ *vi* to be hot o spicy.
◆ **enchilarse** *vpr Amér fam* to get angry.

enchinar *vt Amér* to curl.

enchinchar *vt Amér* - **1.** [incomodar] to annoy, to bother. - **2.** [retrasar] to delay.
◆ **enchincharse** *vpr Amér* to become infested with bedbugs.

enchiquerar *vt* - **1.** TAUROM to shut in the bullpen. - **2.** *mfam fig* [encarcelar] to put in the clink.

enchironar *vt fam* to put in the clink.

enchivarse *vpr Amér* to fly into a rage.

enchuecar [10] *vt Amér* to twist.

enchufado, da *fam* ◇ *adj*: **estar** ~ to have got where one is through connections. ◇ *m, f* person who got where they are through connections; **ser el** ~ **de la clase** *fig* to be the teacher's pet.

enchufar *vt* - **1.** [aparato] to plug in. - **2.** *fam* [a una persona] to pull strings for. - **3.** [negocio] to merge.
◆ **enchufarse** *vpr Amér* to get angry.

enchufe *m* - **1.** [ELECTR - macho] plug; [- hembra] socket; ~ **de clavija** jack plug; ~ **fusible** adapter. - **2.** [conexión] connection. - **3.** *fam* [recomendación] connections *(pl)*; **obtener algo por** ~ to get sthg by pulling strings o through one's connections; **tener** ~ to have connections; **le han ascendido porque tiene** ~ he's been promoted because he has connections. - **4.** [cargo, puesto] cushy job.

enchufismo *m fam* string-pulling.

enchufista *mf fam despec* person who pulls strings, person who has pull.

encía *f* gum.

encíclica *f* encyclical.

enciclopedia *f* encyclopedia.

enciclopédico, ca *adj* encyclopedic.

enciclopedismo *m* encyclopedism.

enciclopedista *adj & mf* encyclopedist.

encienda *etc v* → **encender**.

encienta *etc v* → **encentar**.

encierra *etc v* → **encerrar**.

encierro *m* - **1.** [protesta] sit-in. - **2.** TAUROM running of the bulls. - **3.** [retiro] retreat. - **4.** [prisión] small cell.

encima *adv* - **1.** [arriba] on top; **yo vivo** ~ I live upstairs; **por** ~ [superficialmente] superficially. - **2.** [además] on top of that. - **3.** [sobre sí]: **lleva un abrigo** ~ she has a coat on; **¿llevas dinero** ~? have you got any money on you?
◆ **de encima** *loc adv Amér* in addition, besides.
◆ **encima de** *loc prep* - **1.** [en lugar superior que] above; **vivo** ~ **de tu casa** I live upstairs from you. - **2.** [sobre, en] on (top of); **el pan está** ~ **de la mesa** the bread is on (top of) the table ☐ **estar** ~ **de alguien** *fig* to be on at sb. - **3.** [además] on top of; ~ **de ser tonto, es feo** on top of being stupid, he's also ugly.
◆ **por encima de** *loc prep* - **1.** [gen] over; **vive por** ~ **de sus posibilidades** he lives beyond his means. - **2.** *fig* [más que] more than; **por** ~ **de todo** more than anything else.

encimar ◇ *vt* - **1.** [poner en alto] to raise high. - **2.** [en naipes] to raise. - **3.** [dar de más] to give an extra measure to. - **4.** *Amér* [alcanzar la cima de] to reach the top of. ◇ *vi Amér* to reach the top o summit.
◆ **encimarse** *vpr* to rise.

encimero, ra *adj* top.
◆ **encimera** *f* worktop.

encina *f* holm oak.

encinta *adj f* pregnant.

encintar *vt* - **1.** [adornar] to adorn with ribbon. - **2.** [toro] to rope, to put a rope on. - **3.** [barco] to put wales on.

enclancharse *vpr Amér* to put something on (to wear).

enclaustrado, da *adj* cloistered.

enclaustrar *vt* - **1.** [en convento] to shut up in a convent. - **2.** *fig* [esconder] to hide, to conceal.
◆ **enclaustrarse** *vpr* - **1.** [en convento] to shut o.s. up in a convent. - **2.** *fig* [encerrarse] to lock o.s. up in a room.

enclavado, da *adj* - **1.** [situado] set, situated. - **2.** [encajado] embedded.

enclavar *vt* - **1.** [clavar] to nail. - **2.** [caballo] to wound. - **3.** [situar] to locate, to situate. - **4.** *fam* [engañar] to dupe.

enclave *m* enclave.

enclavijar *vt* - **1.** [instrumento] to peg. - **2.** [dos partes] to peg together.

enclenque ◇ *adj* [débil, enfermizo] sickly, frail; [flaco] skinny. ◇ *mf* sickly person.

enclócar [36] *vi* to go broody.

enclueca *etc v* → **enclocar**.

enclueque *etc v* → **enclocar**.

encobrado, da *adj* containing copper.

◆ **encobrado** *m* coppering, coating with copper.

encobrar *vt* to cover o coat with copper.

encocorar *vt fam* to bug, to aggravate.

◆ **encocorarse** *vpr fam* to be aggravated o exasperated.

encofrado *m* - **1.** ARQUIT plank moulding, formwork. - **2.** MIN plank lining, timbering.

encofrar *vt* MIN to plank, to timber.

encoger [14] ◇ *vt* - **1.** [ropa] to shrink. - **2.** [miembro, músculo] to contract. - **3.** *fig* [ánimo] to discourage; **sus duras palabras me encogieron y fui incapaz de reaccionar** her harsh words took my breath away and I was unable to react. ◇ *vi* to shrink.

◆ **encogerse** *vpr* - **1.** [ropa] to shrink. - **2.** [músculos etc] to contract; **~se de hombros** to shrug one's shoulders. - **3.** *fig* [apocarse] to cringe; **es muy tímido y se encoge ante sus superiores** he's very timid and he clams up in the presence of his superiors.

encogido, da ◇ *adj* [tímido] shy; [pusilánime] fearful, faint-hearted. ◇ *m, f* [tímido] shy person; [pusilánime] faint-hearted person.

encogimiento *m* - **1.** [reducción] shrinkage. - **2.** *fig* [cobardía] faint-heartedness.

◆ **encogimiento de hombros** *m* shrugging.

encoja *etc v* → **encoger**.

encolado, da *adj Amér* foppish.

◆ **encolado** *m* - **1.** [de silla etc] glueing; [de pared] sizing. - **2.** [de vino] clarification.

encoladura *f* - **1.** [adherencia] sticking, gluing. - **2.** [clarificación] clarification, clarifying. - **3.** ARTE priming, sizing.

encolar *vt* - **1.** [silla etc] to glue; [pared] to size, to paste. - **2.** [vino] to clarify.

encolerizar [13] *vt* to infuriate, to enrage.

◆ **encolerizarse** *vpr* to get angry.

encomendar [19] ◇ *vt* - **1.** [encargar] to entrust. - **2.** HIST to bestow the rank of knight commander on. ◇ *vi* HIST to become a knight commander.

◆ **encomendarse** *vpr*: **~se a** [persona] to entrust o.s. to; [Dios, santos] to put one's trust in.

encomendero *m* - **1.** [comisionista] commissioner, agent. - **2.** HIST *Spanish colonist in charge of Indian labourers.* - **3.** *Amér* [carnicero] wholesale meat supplier. - **4.** *Amér* [tendero] grocer.

encomiable *adj* praiseworthy.

encomiador, ra ◇ *adj* laudatory, eulogistic. ◇ *m, f* praiser.

encomiar [8] *vt* to praise, to extol.

encomiástico, ca *adj* laudatory, eulogistic.

encomienda *f* - **1.** [encargo] assignment, mission. - **2.** [dignidad militar] command. - **3.** [recomendación] praise, commendation. - **4.** [amparo] care, protection. - **5.** *Amér* [paquete] package, parcel.

◆ **encomiendas** *fpl* regards, compliments.

encomio *m* praise.

encompadrar *vi* - **1.** [apadrinar] to become a godparent. - **2.** [hacerse amigos] to become friends.

enconado, da *adj* [lucha] bitter; [partidario] passionate, ardent.

enconamiento *m* - **1.** [inflamación] inflammation. - **2.** *fig* [rencor] rancour, animosity.

enconar *vt* - **1.** [inflamar] to inflame. - **2.** *fig* [irritar] to anger, to irritate.

◆ **enconarse** *vpr* - **1.** [persona] to get angry. - **2.** [herida] to become inflamed.

enconchado *m Amér* furniture inlaid with mother-of-pearl.

encongarse [16] *vpr Amér* to become very annoyed o irritated.

encono *m* - **1.** [rencor] rancour, animosity. - **2.** *Amér* [llaga] wound.

enconoso, sa *adj* inflamed.

encontradizo, za *adj*: **hacerse el ~** *fig* to contrive a meeting.

encontrado, da *adj* - **1.** [opuesto] conflicting. - **2.** [de enfrente] facing o opposite one another.

encontrar [23] ◇ *vt* - **1.** [gen] to find; **he encontrado el paraguas** I've found my umbrella; **encontró la dirección por casualidad** she found the address by chance; **encontré la mesa puesta** I found the table already set. - **2.** [dificultades] to encounter. - **3.** [persona] to meet, to come across. ◇ *vi* to meet.

◆ **encontrarse** *vpr* - **1.** [hallarse] to be; **se encuentra en París** she's in Paris. - **2.** [coincidir]: **~se (con alguien)** to meet (sb); **me encontré con Juan** I ran into o met Juan. - **3.** *fig* [de ánimo] to feel. - **4.** [chocar] to collide. - **5.** [enemistarse] to clash, to come into conflict.

encontronazo, encontrón *m* collision, crash.

encopetado, da *adj* - **1.** [lujoso] posh, upper-class. - **2.** [presumido] arrogant, haughty.

encopetar *vt* to raise high.

◆ **encopetarse** *vpr fig* to put on airs.

encorajar *vt* to encourage, to hearten.

◆ **encorajarse** *vpr* to become incensed.

encorajinarse *vpr* - **1.** *fam* [enfadarse] to get angry, to lose one's temper. - **2.** *Amér* [fracasar] to fail, to fall through.

encorar [23] ◇ *vt* - **1.** [con cuero] to cover with leather. - **2.** [llaga] to heal. ◇ *vi* to heal.

encorchador, ra ◇ *adj* corking. ◇ *m, f person who corks bottles.*

◆ **encorchadora** *f* corking machine.

encorchar *vt* - **1.** [botella] to cork. - **2.** [abejas] to put into a hive, to hive.

encorchetar *vt* - **1.** [sujetar] to fasten with a clasp. - **2.** [poner corchete] to fit with a clasp.

encordar [23] *vt* - **1.** [instrumento] to string. - **2.** [con cuerda] to bind with a cord.

encordelar *vt* - **1.** [con adornos, galones] to braid. - **2.** [con cuerda] to tie o bind with cord.

encordonado, da *adj* braided.

encordonar *vt* to bind with cord.

encoriación *f* healing.

encornado, da *adj* horned.

encorralar *vt* to corral, to pen.

encorsetar *vt* [poner corsé] to corset; *fig* [poner límites] to straitjacket.

encortinar *vt* to provide with curtains.

encorvado, da *adj* hunched.

encorvadura *f*, **encorvamiento** *m* bending, curving.

encorvar *vt* to bend.

◆ **encorvarse** *vpr* - **1.** [doblarse] to bend down o over. - **2.** *fig* [mostrarse parcial] to be inclined.

encostrar *vt* to cover with a crust.

◆ **encostrarse** *vpr* to form a crust.

encrespar *vt* - **1.** [pelo] to curl; [mar] to make choppy o rough. - **2.** [irritar] to irritate.

◆ **encresparse** *vpr* - **1.** [mar] to get rough. - **2.** [persona] to get irritated. - **3.** [pelo] to stand on end. - **4.** *fig* [asunto, situación] to become complicated.

encrucijada *f* - **1.** [de caminos] crossroads *(sg)*. - **2.** *fig* [dilema] dilemma. - **3.** *fig* [emboscada] ambush.

encrudecer [30] ◇ *vt* - **1.** [alimento] to give an appearance of rawness o. - **2.** *fig* [persona] to aggravate, to exasperate. ◇ *vi* to become harsh o rough.

◆ **encrudecerse** *vpr* to become harsh o rough.

encuadernación *f* - **1.** [acción] binding; **~ en cuero/en tela** leather/cloth binding. - **2.** [taller] bindery.

encuadernador, ra *m, f* bookbinder.

encuadernar *vt* to bind.

encuadrar *vt* - **1.** [cuadro, tema] to frame. - **2.** [encerrar] to contain. - **3.** [encajar] to fit.

encuadre *m* FOT composition.

encuartelar *vt* = **acuartelar**.

encubar *vt* - **1.** [líquido] to pour into a vat o cask. - **2.** MIN to shore up.

encubierto, ta ◇ *pp* → **encubrir**. ◇ *adj* [intento] covert; [insulto, significado] hidden.

encubridor, ra ◇ *m, f*: ~ **(de)** [de delito] accessory (to). ◇ *adj* concealing, harbouring.

encubrimiento *m* [de delito] concealment; [de persona] harbouring.

encubrir *vt* [delito] to conceal; [persona] to harbour.

encuclillarse *vpr Amér* to squat, to crouch.

encuentra *etc v* → **encontrar**.

encuentro *m* - **1.** [acción] meeting, encounter; **salir al ~ de alguien** [para recibir] to go to meet sb; [para atacar] to confront sb. - **2.** DEP game, match. - **3.** [hallazgo] find. - **4.** [choque] crash, collision. - **5.** [contradicción, oposición] clash, conflict. - **6.** MIL skirmish. - **7.** [axila] armpit.
◆ **encuentros** *mpl* inner wing joints.

encuera *etc v* → **encorar**.

encuerado, da *adj Amér* naked, nude.

encuerar *vt Amér* - **1.** [desnudar] to strip. - **2.** *fig* [en el juego] to skin, to clear out.
◆ **encuerarse** *vpr Amér* to live together.

encuerda *etc v* → **encordar**.

encuesta *f* - **1.** [de opinión] survey, opinion poll. - **2.** [investigación] investigation, inquiry.

encuestado, da *m, f* person polled.

encuestador, ra *m, f* pollster.

encuestar *vt* to poll.

encuitarse *vpr* to grieve.

encumbrado, da *adj* exalted, distinguished.

encumbramiento *m* - **1.** [acción] rise. - **2.** [posición] distinguished o exalted position. - **3.** *fig* [exaltación] exaltation.

encumbrar ◇ *vt* - **1.** [ensalzar] to elevate o raise to a higher position. - **2.** [levantar] to raise, to lift. ◇ *vi* to reach the summit.
◆ **encumbrarse** *vpr* - **1.** [elevarse] to rise up. - **2.** [envanecerse] to rise to a higher position.

encunar *vt* - **1.** [bebé] to put in the cradle. - **2.** TAUROM to catch between the horns.

encurdelarse *vpr fam* to get sloshed.

encurtidos *mpl* pickles.

encurtir *vt* - **1.** [alimento] to pickle. - **2.** *Amér* [piel] to tan.

endeble *adj* [persona, argumento] weak, feeble; [objeto] fragile.

endeblez (*pl* **endebleces**) *f* [de objeto] fragility.

endecasílabo, ba *adj* hendecasyllabic.
◆ **endecasílabo** *m* hendecasyllabic verse.

endechadera *f* hired mourner.

endechar *vt* to sing laments over.
◆ **endecharse** *vpr* to grieve, to lament.

endemia *f* endemic disease.

endémico, ca *adj* MED *& fig* endemic.

endemoniado, da ◇ *adj* - **1.** *fam fig* [molesto - niño] wicked; [- trabajo] very tricky. - **2.** [desagradable] terrible, foul. - **3.** [poseído] possessed (of the devil). ◇ *m, f* person possessed of the devil.

endemoniar *vt* - **1.** [suj: diablo] to possess. - **2.** *fig* [irritar] to enrage, to infuriate.
◆ **endemoniarse** *vpr fig* to get furious, to fly into a rage.

endenantes *adv Amér fam* before.

endentar [19] *vt* - **1.** [encajar] to engage, to mesh. - **2.** [rueda] to tooth, to serrate.

endentecer [30] *vi* to teethe.

enderezamiento *m* - **1.** [acción de poner derecho]

straightening. - **2.** [acción de poner vertical] putting upright. - **3.** *fig* [enmienda] righting.

enderezar [13] ◇ *vt* - **1.** [poner derecho] to straighten. - **2.** [poner vertical] to put upright. - **3.** *fig* [corregir] to set right, to straighten out. - **4.** [encaminar] to direct, to guide. - **5.** *fig* [castigar] to punish, to discipline. - **6.** NÁUT to right. ◇ *vi* [dirigirse]: ~ **a** to go straight to.
◆ **enderezarse** *vpr* [sentado] to sit up straight; [de pie] to stand up straight.

ENDESA (*abrev de* **Empresa Nacional de Electricidad, SA**) *f Spanish electricity company*.

endeudamiento *m* debt.

endeudarse *vpr* - **1.** [económicamente] to get into debt. - **2.** [moralmente] to become indebted.

endiablado, da *adj* - **1.** [persona] wicked. - **2.** [tiempo, genio] foul. - **3.** [problema, crucigrama] fiendishly difficult. - **4.** [propio del diablo] devilish, diabolical. - **5.** *fig* [muy feo] hideous, repulsive. - **6.** [colérico] irascible, ill-tempered. - **7.** [muy animado] wild, frenzied.

endiablar *vt* - **1.** [endemoniar] to possess with the devil. - **2.** [corromper] to pervert, to corrupt.
◆ **endiablarse** *vpr* to become furious.

endibia *f* = **endivia**.

endienta *etc v* → **endentar**.

endilgador, ra *fam* ◇ *adj* directing, guiding. ◇ *m, f* - **1.** [guía] director, guide. - **2.** [alcahuete] pimp.

endilgar [16] *vt fam* - **1.** [endosar]: ~ **algo a alguien** [sermón, bronca] to dish sth out to sb; [bulto, tarea] to lumber sb with sth. - **2.** [encaminar] to send off.

endiñar *vt fam*: ~ **algo a alguien** [golpe] to land o deal sb sth; [trabajo, tarea] to lumber sb with sth.

endiosamiento *m* - **1.** [engreimiento] self-importance, conceit. - **2.** [enajenamiento] preoccupation.

endiosar *vt* to deify.
◆ **endiosarse** *vpr* - **1.** [engreírse] to become conceited o full of oneself. - **2.** [enajenarse] to become absorbed o preoccupied.

endivia, endibia *f* endive.

endocrino, na ◇ *adj* endocrine (*antes de sust*). ◇ *m, f* endocrinologist.

endocrinología *f* endocrinology.

endocrinólogo, ga *m, f* endocrinologist.

endogamia *f* endogamy.

endogámico, ca *adj* endogamic.

endógeno, na *adj* endogenous.

endomingado, da *adj fam* dressed-up, dolled-up.

endomingar [16] *vt fam* to dress o doll up.
◆ **endomingarse** *vpr fam* to get dressed o dolled up in one's best clothes.

endosable *adj* endorsable.

endosante ◇ *adj* endorsing. ◇ *mf* endorser.

endosar *vt* - **1.** *fig* [tarea, trabajo]: ~ **algo a alguien** to lumber sb with sth. - **2.** COM to endorse.

endosatario, ria *m, f* COM endorsee *Br*, indorsee *Am*.

endoscopia *f* endoscopy.

endoscopio *m* endoscope.

endoso *Esp*, **endose** *Amér m* COM endorsement.

endovenoso, sa *adj* MED intravenous.

endrogarse [16] *vpr Amér* [endeudarse] to get into debt.

endulzar [13] *vt* - **1.** [con azúcar] to sweeten. - **2.** *fig* [con dulzura] to ease, to make more bearable.

endurecer [30] *vt* - **1.** [gen] to harden; **el sufrimiento endureció su corazón** *fig* suffering hardened his heart. - **2.** [fortalecer] to strengthen.
◆ **endurecerse** *vpr* - **1.** [ponerse duro] to harden, to become hard. - **2.** [robustecerse] to become tough o hardy. - **3.** *fig* [volverse cruel] to become hard-hearted.

endurecimiento *m lit & fig* hardening.

ene. (*abrev escrita de* **enero**) Jan.

Eneas *m* Aeneas.

enebro *m* juniper.

eneldo *m* BOT dill.

enema *m* enema.

enemigo, ga ◇ *adj* enemy *(antes de sust);* **ser** ~ **de algo** to hate sthg. ◇ *m, f* enemy; **revolverse al** ~ to turn to face the enemy ❏ **el** ~ **(malo)** *fam* the Devil.

enemistad *f* enmity.

enemistar *vt* to make enemies of.

◆ **enemistarse** *vpr:* ~**se (con)** to fall out (with).

energético, ca *adj* energy *(antes de sust).*

◆ **energética** *f* energetics *(U).*

energía *f* - **1.** [gen] energy; ~ **atómica** o **nuclear** nuclear power; ~ **calórica/cinética/potencial** heat/kinetic/potential energy; ~ **eléctrica/eólica/hidráulica** electric/wind/water power; ~ **libre** QUÍM & FÍS free energy; ~ **solar** solar energy o power. - **2.** [fuerza] strength; **hay que empujar con** ~ you have to push hard. - **3.** [eficacia] effectiveness. - **4.** [ánimo] spirit; **hay que tener mucha** ~ **para hacer frente a las dificultades** you need a lot of spirit to face up to problems.

enérgicamente *adv* - **1.** [gen] energetically. - **2.** [vigorosamente] vigorously.

enérgico, ca *adj* - **1.** [gen] energetic; **este detergente es muy** ~ **con las manchas** this detergent is very tough on stains. - **2.** [carácter] forceful; **no se amilana ante nada, es un hombre** ~ he isn't scared of anything, he's a very forceful man. - **3.** [gesto, medida] vigorous. - **4.** [decisión, postura] emphatic.

energúmeno, na *m, f* - **1.** *fig* [loco] madman *(f* madwoman). - **2.** [poseso] person possessed by the devil.

enero *m* January; *ver también* **septiembre**.

enervación *f* - **1.** [debilitación] weakening. - **2.** [afeminación] effeminacy.

enervador, ra *adj* = **enervante**.

enervamiento *m* [debilitación] weakening.

enervante, enervador, ra *adj* - **1.** [debilitador] draining. - **2.** [exasperante] exasperating.

enervar *vt* - **1.** [debilitar] to sap, to weaken. - **2.** [poner nervioso] to exasperate.

enésimo, ma *adj* - **1.** MAT nth. - **2.** *fig* umpteenth; **por enésima vez** for the umpteenth time.

enfadadizo, za *adj* touchy, irritable.

enfadado, da *adj* angry.

enfadar *vt* to anger.

◆ **enfadarse** *vpr:* ~**se (con)** to get angry (with); **no te enfades con quien no tiene la culpa** don't get angry with people if it isn't their fault.

enfado *m* - **1.** [enojo] anger. - **2.** [molestia] annoyance, irritation.

enfadoso, sa *adj* - **1.** [molesto] annoying, irritating. - **2.** [desagradable] disagreeable, unpleasant.

enfajar *vt* to girdle.

enfaldada, da *adj fig* tied to someone's apron strings.

enfaldar *vt* - **1.** [recoger faldas de] to gather up the skirts of. - **2.** [cortar ramas de] to prune o trim the lower branches of.

◆ **enfaldarse** *vpr* to gather up one's skirts.

enfangar [16] *vt* to cover in mud.

◆ **enfangarse** *vpr* - **1.** [con fango] to get covered in mud. - **2.** *fam fig* [en un asunto sucio] to get mixed up in shady business. - **3.** *fig* [en los placeres] to wallow.

enfardar *vt* to pack, to wrap.

enfardelar *vt* to bundle, to bale.

énfasis *m inv* - **1.** [insistencia] emphasis; **poner** ~ **en algo** to emphasize sthg. - **2.** [afectación] affectation.

enfáticamente *adv* emphatically.

enfático, ca *adj* emphatic.

enfatizar [13] *vt* to emphasize, to stress.

enfermar ◇ *vt* - **1.** [causar enfermedad] to make ill. - **2.** *fig* [irritar] to make sick. - **3.** [debilitar] to weaken. ◇ *vi* to fall ill; ~ **del pecho** to develop a chest complaint.

enfermedad *f* - **1.** [física] illness; ~ **contagiosa/profesional** contagious/occupational disease; ~ **infecciosa/venérea** infectious/venereal disease; ~ **mental** mental illness; ~ **del sueño** sleeping sickness. - **2.** *fig* [sentimiento] sickness; [problema] ill.

enfermería *f* - **1.** [casa, sala] sick bay. - **2.** [pacientes] patients *(pl).*

enfermero, ra *m, f* male nurse *(f* nurse); ~ **auxiliar** auxiliary nurse *Br,* nurse's aide *Am;* ~ **diplomado/jefe/titulado** ≃ registered/charge/staff nurse; ~ **graduado** ≃ state registered nurse *Br,* registered nurse *Am.*

enfermizo, za *adj lit & fig* unhealthy.

enfermo, ma ◇ *adj* ill, sick; **caer** ~ to fall ill ❏ ~ **de amor** *fig* lovesick; ~ **de aprensión** hypochondriac; ~ **de gravedad** seriously ill. ◇ *m, f* [gen] invalid, sick person; [en el hospital] patient.

enfermucho, cha *adj fam* sickly.

enfervorizado, da *adj* ecstatic.

enfervorizar [13] *vt* to inflame, to rouse.

enfeudar *vt* to enfeoff, to give in vassalage.

enfielar *vt* [balanza] to balance.

enfierecerse [30] *vpr* to go raving mad.

enfiestarse *vpr Amér* to live it up.

enfilar ◇ *vt* - **1.** [camino] to go o head straight along. - **2.** [arma] to aim. - **3.** [alinear] to line up, to align. - **4.** [enhebrar] to thread, to string; ~ **los abalorios** to thread beads. ◇ *vi:* ~ **hacia** to go o head straight towards.

enfisema *m* emphysema.

enflaquecer [30] ◇ *vt* - **1.** [adelgazar] to make thin. - **2.** *fig* [debilitar] to weaken, to debilitate. ◇ *vi* - **1.** [adelgazarse] to grow thin, to lose weight. - **2.** *fig* [desanimarse] to lose heart.

enflaquecimiento *m* - **1.** [adelgazamiento] losing weight, slimming. - **2.** *fig* [debilitación] weakening, debilitation. - **3.** [desánimo] losing heart.

enflautado, da *adj fam* pompous, high-flown.

◆ **enflautada** *f Amér* blunder.

enflautador, ra *fam* ◇ *adj* cheating, swindling. ◇ *m, f* - **1.** [estafador] cheat, swindler. - **2.** [alcahuete] pimp.

enflautar *vt* - **1.** [hinchar] to inflate, to blow up. - **2.** *fam* [engañar] to cheat, to swindle. - **3.** *fam* [alcahuetear] to pimp. - **4.** *Amér fam* [encasquetar] to foist, to unload.

USO ▶ Enfado

Lenguaje oral	**Lenguaje escrito/oral**
How dare she call me a liar!	It's a disgrace that people should have to live like this.
Who does he think he is!	
I'll have you know I paid full price!	Nobody should have to put up with that kind of treatment.
Are you accusing me of cheating?	
Honestly, the way some people behave!	It's about time something was done about this.
I don't see why I should have to apologize!	I must protest at the tone of your letter.
What business is it of yours, anyway?	

enflorar *vt* to adorn with flowers.

enflorecer [30] *vi* to flower, to bloom.

enfocar [10] *vt* - **1.** [imagen, objetivo] to focus. - **2.** [suj: luz, foco] to shine on. - **3.** *fig* [tema, asunto] to approach, to look at.

enfoque *m* - **1.** [de una imagen] focus; ~ **automático** FOT self-focusing. - **2.** *fig* [de un asunto] approach, angle; **dar un ~ nuevo a algo** to adopt a new approach to sthg. - **3.** [acción] focusing.

enfoscar [10] *vt* - **1.** [agujero] to fill with mortar. - **2.** [pared] to plaster.

◆ **enfoscarse** *vpr* - **1.** [ponerse hosco] to be sullen. - **2.** [enfrascarse] to become deeply involved. - **3.** [encapotarse] to cloud over.

enfrascado, **da** *adj*: **estar** ~ **(en)** to be totally absorbed (in).

enfrascamiento *m* total involvement.

enfrascar [10] *vt* to bottle.

◆ **enfrascarse** *vpr* - **1.** [dedicarse]: ~**se en** [riña] to get embroiled in; [lectura, conversación] to become engrossed in. - **2.** [meterse en una espesura] to enter a thicket.

enfrenar *vt* - **1.** [frenar] to apply the brakes to; [caballo] to bridle, to rein in. - **2.** *fig* [pasiones] to curb, to check.

enfrentamiento *m* confrontation.

enfrentar ◇ *vt* - **1.** [hacer frente] to confront, to face. - **2.** [poner frente a frente] to bring face to face. ◇ *vi* to face.

◆ **enfrentarse** *vpr* - **1.** [luchar, encontrarse] to meet, to clash; ~**se a** to face. - **2.** [oponerse] ~**se con** o **a alguien** to confront sb.

enfrente *adv* - **1.** [delante] opposite; **la tienda de** ~ **the** shop across the road □ ~ **de** opposite; **lo tenía** ~ **de mí y no me daba ni cuenta** he was right in front of me and I didn't even notice. - **2.** [en contra]: **tiene a todos** ~ everyone's against her.

enfriador, **ra** *adj* cooling.

◆ **enfriador** *m* cold room.

enfriamiento *m* - **1.** [catarro] cold. - **2.** [acción] cooling.

enfriar [9] ◇ *vt* - **1.** [gen] to cool; **la distancia enfría las relaciones** distance makes people's relationships cool off. - **2.** *fam fig* [matar] to bump off. ◇ *vi* [quedarse demasiado frío] to cool; **ven a la mesa que enfría la sopa** come to the table, the soup's going cold.

◆ **enfriarse** *vpr* - **1.** [líquido, pasión, amistad] to cool down. - **2.** [quedarse demasiado frío] to go cold. - **3.** MED to catch a cold.

enfrontar *vt* to confront, to face.

enfullar *vt fam* [en juego] to cheat.

enfundar *vt* [espada] to sheathe; [pistola] to put away.

◆ **enfundarse** *vpr*: ~**se algo** to wrap o.s. up in sthg.

enfurecer [30] *vt* to infuriate, to madden.

◆ **enfurecerse** *vpr* - **1.** [gen] to get furious. - **2.** *fig* [mar] to become rough.

enfurecido, **da** *adj* enraged.

enfurecimiento *m* anger.

enfurruñamiento *m fam* sulking.

enfurruñarse *vpr fam* to sulk.

enfurtir *vt* [paño] to full; [fieltro] to felt.

engaitar *vt fam* to coax.

engalanar *vt* - **1.** [adornar] to decorate. - **2.** [vestir] to dress up, to deck out.

◆ **engalanarse** *vpr* - **1.** [vestirse] to dress up. - **2.** [adornarse] to adorn o.s.

engallarse *vpr fig* to put on airs.

enganchar *vt* - **1.** [agarrar - vagones] to couple; [- remolque, caballos] to hitch up; [- pez] to hook. - **2.** [colgar de un gancho] to hang up. - **3.** *fam fig* [atraer]: ~ **a alguien para que haga algo** to rope sb into doing sthg. - **4.** [empleo, marido] to land (o.s.). - **5.** [reclutar] to enlist, to recruit. - **6.** TAUROM to catch by its horns.

◆ **engancharse** *vpr* - **1.** [prenderse]: ~**se algo con algo**

to catch sthg on sthg. - **2.** [alistarse] to enlist, to join up. - **3.** [hacerse adicto]: ~**se (a)** to get hooked (on).

enganche *m* - **1.** [acción] hooking (up). - **2.** [de trenes] coupling. - **3.** [gancho] hook. - **4.** [reclutamiento] enlistment. - **5.** *Amér* [depósito] deposit.

enganchón *m* [de ropa etc] snag.

engangrenarse *vpr Amér* to become gangrenous.

engañabobos *m inv* - **1.** [cosa] con (trick). - **2.** [persona] con man, con artist.

engañadizo, **za** *adj* gullible, credulous.

engañador, **ra** ◇ *adj* deceiving, deceptive. ◇ *m, f* deceiver, trickster.

engañapichanga *f Amér fam* trick, fraud.

engañar ◇ *vt* - **1.** [gen] to deceive; **engaña a su marido** she cheats on her husband; **engañó a su padre haciéndole ver que había aprobado** she deceived her father into believing that she had passed. - **2.** [estafar] to cheat, to swindle; **te engañaron vendiéndote esto tan caro** they cheated you if they sold that to you for such a high price. - **3.** [hacer más llevadero] to appease; ~ **el hambre** to cheat one's stomach. ◇ *vi* to be deceptive o misleading.

◆ **engañarse** *vpr* - **1.** [hacerse ilusiones] to delude o.s.; **se engaña si cree esto** she's deluding herself if she thinks so. - **2.** [equivocarse] to be wrong.

engañifa *f fam* [gen] trick; [estafa] swindle.

engaño *m* - **1.** [gen] deceit; [estafa] swindle; [mentira] deception; [ardid] ploy, trick; **las rebajas son un** ~ **para que la gente compre estupideces** the sales are a swindle intended to try to make people buy rubbish; **ha sido víctima de un** ~ **en la compra del terreno** he was swindled over the sale of the land; **llamarse a** ~ to claim one has been cheated. - **2.** [equivocación] error, mistake. - **3.** TAUROM muleta. - **4.** [para pescar] lure.

engañosamente *adv* - **1.** [deshonestamente] deceitfully. - **2.** [aparentemente] deceptively.

engañoso, **sa** *adj* - **1.** [deshonesto] deceitful. - **2.** [aparente] deceptive. - **3.** [mentiroso] misleading; **consejos** ~**s** misleading advice. - **4.** [burlador] deceiving, tricking.

engarabatar *vt* to hook.

◆ **engarabatarse** *vpr* to become hooked.

engarabitarse *vpr* - **1.** *fam* [subir] to climb, to go up. - **2.** [entumecerse] to become numb.

engarbullar *vt fam* to confuse, to mix up.

engarce *m* - **1.** [engaste] setting. - **2.** [encadenamiento] stringing, threading. - **3.** [unión] linking, joining.

engargolar *vt* to fit together.

engaritar *vt* - **1.** *fam* [engañar] to trick, to deceive. - **2.** [castillo, fortaleza] to furnish with sentry boxes.

engarnio *m fam* nuisance.

engarrafar *vt fam* to seize.

engarriar [8] *vi* to climb.

engarrotar *vt* - **1.** [agarrotar] to garrotte. - **2.** *Amér* [entumecer] to make numb.

engarzador, **ra** ◇ *adj* - **1.** [que encadena - abalorios] threading; [- perlas] stringing. - **2.** [en joyería] setting. ◇ *m, f* [en joyería] setter.

engarzar [13] *vt* - **1.** [encadenar - abalorios] to thread; [- perlas] to string. - **2.** [en joyería] to set. - **3.** [palabras] to string together. - **4.** [pelo] to curl.

◆ **engarzarse** *vpr Amér* to fight, to quarrel.

engasar *vt* to cover with gauze.

engastador, **ra** ◇ *adj* setting. ◇ *m, f* setter, mounter.

engastar *vt* to set, to mount.

engaste *m* - **1.** [en joyería] setting, mounting. - **2.** [perla] imperfect pearl.

engatar *vt fam* to coax.

engatusador, **ra** *fam* ◇ *adj* coaxing, cajoling. ◇ *m, f* coaxer.

engatusamiento *m fam* coaxing, cajoling.

engatusar *vt fam* to get round; ~ **a alguien para que haga algo** to coax o cajole sb into doing sthg.

engendrador, ra ◇ *adj* begetting. ◇ *m, f* begetter.

engendramiento *m* begetting.

engendrar *vt* - **1.** [procrear] to give birth to, to beget. - **2.** *fig* [originar] to give rise to. - **3.** MAT to generate.

engendro *m* - **1.** [obra de mala calidad] monstrosity. - **2.** [ser deforme] freak, deformed creature; [niño] malformed child. - **3.** [embrión] foetus. - **4.** [chapucería] botch-up.

englobar *vt* to bring together.

engolado, da *adj* - **1.** [que tiene gola] having a ruff. - **2.** *fig* [presuntuoso] presumptuous, arrogant; [pomposo] pompous, bombastic.

engolfar *vi* [barco] to sail far out to sea.

◆ **engolfarse** *vpr* - **1.** [barco] to sail out to sea. - **2.** *fig* [ocuparse]: ~**se (en algo)** to become absorbed o engrossed (in sthg).

engolillado, da *adj fam* - **1.** [con golilla] wearing a ruff. - **2.** *fig* [anticuado] old-fashioned.

engolletado, da *adj fam* - **1.** [engreído] bigheaded. - **2.** [altivo] proud, haughty.

engolletarse *vpr fam* - **1.** [engreírse] to become bigheaded. - **2.** [altivarse] to become proud.

engolondrinarse *vpr fam* - **1.** [engreírse] to become bigheaded. - **2.** [envanecerse] to become vain. - **3.** *fig* [enamoriscarse] to have a crush.

engolosinar *vt* [tentar] to entice, to tempt.

◆ **engolosinarse** *vpr* - **1.** [aficionarse]: ~**se con** to develop a taste for. - **2.** [habituarse]: ~**se (a)** to get used (to).

engomado, da *adj* gluey.

◆ **engomado** *m* TEXTIL sizing.

engomar *vt* - **1.** [pegar] to stick, to glue. - **2.** TEXTIL to size.

engominar *vt* to put hair cream on.

engorda *f Amér* - **1.** [ceba] fattening (up). - **2.** [ganado] cattle fattened for slaughter.

engordadero *m* - **1.** [sitio] fattening pen. - **2.** [periodo] fattening period o season. - **3.** [alimento] fattening fodder.

engordar ◇ *vt* - **1.** [cebar] to fatten up. - **2.** *fig* [aumentar] to swell. ◇ *vi* - **1.** [ponerse gordo] to put on weight. - **2.** *fam* [hacerse rico] to get rich.

engorde *m* fattening (up).

engorro *m* nuisance.

engorroso, sa *adj* bothersome.

engoznar *vt* to hinge.

engranaje *m* - **1.** [acción] gearing. - **2.** [de reloj, piñón] cogs *(pl)*; AUTOM gears *(pl)*. - **3.** [conjunto de dientes] gear teeth *(pl)*. - **4.** *fig* [de ideas] chain, sequence. - **5.** [político, burocrático] machinery.

engranar *vt* - **1.** [piezas] to engage. - **2.** *fig* [ideas] to link, to connect.

engrandecer [30] *vt* - **1.** *fig* [enaltecer] to exalt. - **2.** [aumentar] to increase, to enlarge. - **3.** [elevar] to enhance, to heighten. - **4.** [exagerar] to exaggerate.

◆ **engrandecerse** *vpr* - **1.** *fig* [exaltarse] to become exalted. - **2.** [elevarse] to rise, to be promoted.

engrandecimiento *m* - **1.** [enaltecimiento] enhancement. - **2.** [aumento] increase. - **3.** [exageración] exaggeration.

engranujarse *vpr* - **1.** [encanallarse] to become a rascal, to become a rogue. - **2.** [llenarse de granos] to become covered with pimples o spots.

engrapadora *f* stapler.

engrapar *vt* - **1.** TECN to cramp. - **2.** [grapar] to staple.

engrasado *m* - **1.** [acción] lubrication. - **2.** [sustancia] lubricant.

engrasador, ra *adj* lubricating.

◆ **engrasador** *m* grease gun.

engrasar *vt* - **1.** [gen] to lubricate; [bisagra, mecanismo] to oil; [eje, bandeja] to grease. - **2.** [fertilizar] to spread with manure.

◆ **engrasarse** *vpr Amér* to become ill with lead poisoning.

engrase *m* - **1.** [acción - gen] lubrication; [- de goznes] oiling; [- de bandeja] greasing. - **2.** [sustancia] lubricant.

engreído, da ◇ *adj* - **1.** [vanidoso] conceited, full of one's own importance. - **2.** *Amér* [mimado] spoiled. ◇ *m, f* conceited person.

engreimiento *m* pride, haughtiness.

engreír [28] *vt* - **1.** [envanecer] to make vain o conceited. - **2.** *Amér* [mimar] to spoil, to pamper.

◆ **engreírse** *vpr* - **1.** [envanecerse] to become vain o conceited. - **2.** *Amér* [volverse mimado] to become spoiled o pampered. - **3.** *Amér* [encariñarse]: ~**se a algo/alguien** to grow fond ofsthg/sb.

engrescar [10] *vt* - **1.** [incitar] to egg on, to incite. - **2.** *fig* [alegrar] to liven up.

engría *etc v →* **engreír**.

engríe *etc v →* **engreír**.

engriera *etc v →* **engreír**.

engrifar *vt* to curl, to crimp.

◆ **engrifarse** *vpr* - **1.** [caballo] to rear up. - **2.** *fam* [persona] to get high.

engrillar *vt* - **1.** [meter en grillos] to put in irons, to shackle. - **2.** *fig* [sujetar] to bring under control, to subdue.

◆ **engrillarse** *vpr Amér* - **1.** [caballo] to lower its head. - **2.** [endeudarse] to get into debt. - **3.** [aficionarse] to become fond.

engringarse [16] *vpr Amér fam* to adopt American ways.

engrió *etc v →* **engreír**.

engrosamiento *m* - **1.** [engorde] fattening. - **2.** [espesamiento] thickening. - **3.** [aumento] increase, enlargement.

engrosar [23] ◇ *vt* - **1.** *fig* [aumentar] to swell. - **2.** [engordar - animal] to fatten; [- texto] to bump up the size of. - **3.** [hacer grueso] to thicken. ◇ *vi* - **1.** [engordar] to put on weight. - **2.** [crecer] to grow.

engrudar *vt* to paste.

◆ **engrudarse** *vpr* to take on the consistency of a paste.

engrudo *m* paste.

engruesa *etc v →* **engrosar**.

engrumecerse [30] *vpr* to go lumpy.

enguantarse *vpr* to put one's gloves on.

enguatar *vt* to pad.

enguedejado, da *adj* - **1.** [pelo] in long tresses. - **2.** [persona] long-haired.

enguedejar *vt* [pelo] to comb in long tresses.

enguijarrado *m* pebbledash.

enguijarrar *vt* to pave with cobblestones.

enguillotarse *vpr:* ~ **(en)** to be absorbed (in).

enguirnaldar *vt* to decorate with garlands.

engullir *vt* to gobble up, to wolf down.

engurruñar *vt* to wrinkle, to crease.

◆ **engurruñarse** *vpr* - **1.** [encogerse] to become wrinkled. - **2.** *fam* [entristecerse] to get sad.

enhacinar *vt* to pile, to heap.

enharinar *vt* to flour.

enhastiar [9] *vt* to bore.

enhebillar *vt* to put a buckle on.

enhebrar *vt* - **1.** [gen] to thread; [perlas] to string. - **2.** *fig* [palabras] to string together. - **3.** *fig* [ideas] to link, to connect.

enhestar [19] *vt* - **1.** [levantar] to raise, to lift. - **2.** [poner derecho] to erect, to set upright.

◆ **enhestarse** *vpr* - **1.** [levantarse] to be raised o lifted. - **2.** [ponerse derecho] to stand upright.

enhielar *vt* - **1.** [mezclar con hiel] to mix with bile. - **2.** [volver amargo] to make bitter.

enhiesta *etc v →* **enhestar**.

enhiesto, ta *adj* [derecho] erect, upright; [bandera] raised.

enhilar ◇ *vt* - **1.** [aguja, cuentas, abalorios] to thread. - **2.** [perlas] to string. - **3.** *fig* [ideas, argumentos] to order, to arrange. - **4.** *fig* [dirigir, encaminar] to direct, to guide. ◇ *vi* [encaminarse] to set out.

enhorabuena ◇ *f* congratulations *(pl)*; **dar la** ~ **a** to congratulate. ◇ *adv* - **1.** [felicidades]: ¡~ **(por...)!** congratulations (on...)! - **2.** [felizmente] luckily, fortunately. - **3.** [con mucho gusto] with pleasure.

enhoramala *adv* - **1.** [inoportunamente] inopportunely, at the wrong time. - **2.** [desgraciadamente] unfortunately. - **3.** *loc:* ¡vete ~! *fam* go to hell!

enhorcar [10] *vt* [cebolla, ajo] to string.

enhornar *vt* to put in the oven.

enhuecar *vt* = **ahuecar**.

enhuerar ◇ *vt* to addle. ◇ *vi* to become addled.

enigma *m* enigma.

enigmático, ca *adj* enigmatic.

enjabonado, da *adj* - **1.** [con jabón] soapy. - **2.** *Amér* [caballo] piebald.

◆ **enjabonado** *m* washing.

enjabonar, jabonar *vt* - **1.** [con jabón] to soap. - **2.** *fig* [dar coba] to soft-soap. - **3.** [reprender] to scold, to tell off.

enjaezar [13] *vt* - **1.** [poner jaeces] to harness. - **2.** *Amér* [ensillar] to saddle.

enjagüe *m* - **1.** [enjuague] rinse, rinsing (U). - **2.** NÁUT *adjudication made in favour of a ship's creditors*.

enjalbegar [16] *vt* - **1.** [blanquear] to whitewash. - **2.** *fig* [maquillar] to make up.

enjalma *f* packsaddle.

enjalmar ◇ *vt* to put a packsaddle on. ◇ *vi* to make packsaddles.

enjambrar ◇ *vt* - **1.** [abejas] to hive. - **2.** [enjambre] to cause to swarm. ◇ *vi* - **1.** [irse de colonia] to swarm. - **2.** *fig* [multiplicar] to multiply.

enjambre *m* - **1.** [de abejas, de personas] swarm. - **2.** ASTRON cluster. - **3.** *Amér* [pez] *fish similar to a 'cabrilla'*.

enjaquimar *vt* to put a halter on.

enjardinar *vt* [árboles, flores] to trim.

enjaretar *vt* - **1.** [cinta, cordón] to thread through a hem. - **2.** *fam fig* [hacer de prisa] to rush through, to do in a rush. - **3.** *fam* [decir sin cuidado] to reel o rattle off. - **4.** *fam* [endilgar] to palm o foist off. - **5.** *fam* [intercalar] to insert.

enjaulado, da *adj* caged.

enjaular *vt* - **1.** [en jaula] to cage. - **2.** *fam fig* [en prisión] to jail, to lock up.

enjebar *vt* - **1.** [paño] to treat with mordant. - **2.** [muro] to whitewash.

enjergar [16] *vt fam* [negocio, asunto] to start up and manage.

enjertar *vt* = **injertar**.

enjoyar *vt* - **1.** [adornar] to adorn with jewels. - **2.** [engastar] to set with precious stones. - **3.** *fig* [embellecer] to adorn, to embellish.

◆ **enjoyarse** *vpr* to put on (one's) jewels.

enjoyelado, da *adj* - **1.** [oro, plata] wrought into jewellery. - **2.** [adornado] bejewelled.

enjuagadientes *m inv fam* mouthwash.

enjuagar [16] *vt* to rinse.

◆ **enjuagarse** *vpr* to rinse (o.s.).

enjuagatorio *m* - **1.** [acción] rinse, rinsing (U). - **2.** [recipiente] rinsing cup. - **3.** *fig* [estratagema] scheme, plot.

enjuague *m* rinse.

enjugador, ra *adj* drying.

◆ **enjugador** *m* - **1.** MEC clothes dryer. - **2.** [de ropa] clothes rack. - **3.** FOT photographic plate dryer.

enjugamanos *m inv* towel.

enjugar [16] *vt* - **1.** [secar] to dry, to wipe away. - **2.** *fig* [pagar - deuda] to pay off; [- déficit] to cancel out.

◆ **enjugarse** *vpr* - **1.** [secarse] to wipe, to dry. - **2.** [adelgazarse] to grow thin.

enjuiciable *adj* indictable, liable to prosecution.

enjuiciamiento *m* - **1.** [DER - proceso] trial; [- pleito] lawsuit; [- procedimiento] procedure. - **2.** [opinión] judgment.

enjuiciar [8] *vt* - **1.** [DER - procesar] to try; [- causa] to institute; [- llevar a juicio] to indict, to prosecute. - **2.** [opinar sobre] to judge.

enjuncar [10] *vt* - **1.** [cubrir de juncos] to cover with rushes. - **2.** [NÁUT - vela] to lash with rush ropes; [- tomadores] to replace with rope-yarn.

enjundia *Esp*, **infundia** *Amér f* - **1.** [gordura] grease, animal fat; [de ave] fat. - **2.** [sustancia] substance. - **3.** *fig* [vigor] strength, vitality. - **4.** *fig* [carácter] character, personality.

enjundioso, sa *adj* - **1.** [grasiento] fatty. - **2.** [sustancioso] substantial. - **3.** *fig* [vigoroso] vigorous, forceful. - **4.** *fig* [de mucho carácter] having a strong character o personality.

enjuta ◇ *adj f* → **enjuto**. ◇ *f* ARQUIT spandrel.

enjutar *vt* - **1.** [secar] to dry. - **2.** ARQUIT to fill up.

enjutez (*pl* **enjuteces**) *f* dryness.

enjuto, ta *adj* - **1.** [delgado] lean. - **2.** [seco] dry.

◆ **enjutos** *mpl* - **1.** [palos] kindling (U). - **2.** [tapas] snacks, appetizers.

enlabiar [8] *vt* - **1.** [acercar labios] to bring one's lips to. - **2.** [seducir] to sweet-talk.

enlabio *m* [seducción] sweet talk.

enlace[1] *etc v* → **enlazar**.

enlace[2] *m* - **1.** [acción] link. - **2.** [persona] go-between; ~ **sindical** shop steward. - **3.** QUÍM bond; ~ **covalente** covalent bond. - **4.** [casamiento]: ~ **(matrimonial)** marriage. - **5.** [de trenes] connection; **estación de** ~ junction; **vía de** ~ crossover. - **6.** [parentesco] tie, bond.

enlaciar [8] *vt* to make limp.

◆ **enlaciarse** *vpr* to become limp.

enladrillado *m* brick paving.

enladrillador *m* bricklayer.

enladrillar *vt* to pave with bricks.

enlajar *vt Amér* to pave with flagstones o slabs.

enlanado, da *adj* covered with wool.

enlardar *vt* CULIN to lard.

enlatado, da *adj* canned, tinned.

enlatar *vt* - **1.** [envasar] to can, to tin. - **2.** *Amér* [techo] to roof with tin.

enlazador, ra ◇ *adj* linking, connective. ◇ *m, f* connector.

enlazar [13] ◇ *vt* - **1.**: ~ **algo a** [atar] to tie sthg up to; [trabar, relacionar] to link o connect sthg with. - **2.** [coger con lazos] to lace. ◇ *vi*: ~ **en** [trenes] to connect at.

◆ **enlazarse** *vpr* - **1.** [unirse] to become linked. - **2.** *fig* [casarse] to marry, to get married. - **3.** *fig* [emparentarse] to become related by marriage.

enlejiar [9] *vt* - **1.** [meter en lejía] to steep in bleach. - **2.** QUÍM to dissolve in water.

enllantar *vt* to rim.

enllentecer [30] *vt* to soften.

enloce *etc v* → **enlozar**.

enlodadura *f*, **enlodamiento** *m* muddying.

enlodar *vt* - **1.** [cubrir de lodo] to cover in mud. - **2.** [manchar de lodo] to stain with mud. - **3.** *fig* [infamar] to smear, to defame. - **4.** [grietas] to seal with clay.

◆ **enlodarse** *vpr* to become muddy.

enloquecedor, ra *adj* - **1.** [que vuelve loco] maddening. - **2.** [que trastorna] disturbing, upsetting.

enloquecer [30] ◇ *vt* - **1.** [volver loco] to drive mad. - **2.** *fig* [gustar mucho] to drive wild o crazy. ◇ *vi* - **1.** [volverse loco] to go mad. - **2.** [AGR - dejar de dar fruto] to become barren; [- dar fruto con irregularidad] to bear fruit irregularly.

◆ **enloquecerse** *vpr* - **1.** [volverse loco] to go mad. - **2.** [trastornarse] to get upset.

enloquecidamente *adv* madly.

enloquecido, da *adj* mad, crazed.

enloquecimiento *m* - **1.** [locura] madness. - **2.** [proceso] going mad.

enlosado *m* tiled floor.

enlosador, ra *m, f* tiler, tile layer.

enlosar *vt* to tile.

enlozar [13] *vt Amér* to cover o coat with enamel.

enlucido, da *adj* - **1.** [blanqueado] whitewashed. - **2.** [enyesado] plastered.

◆ **enlucido** *m* plaster.

enlucidor *m* - **1.** [de paredes] plasterer. - **2.** [de metales] polisher.

enlucir [32] *vt* - **1.** [blanquear] to whitewash. - **2.** [enyesar] to plaster. - **3.** [metales] to polish.

enlutado, da *adj* in mourning.

enlutar *vt* - **1.** [vestir de luto] to dress in mourning. - **2.** [poner de luto] to put into mourning, to bereave. - **3.** *fig* [entristecer] to cast a shadow over. - **4.** *fig* [oscurecer] to darken, to make gloomy.

◆ **enlutarse** *vpr* - **1.** [ponerse de luto] to go into mourning. - **2.** *fig* [oscurecerse] to get dark o gloomy.

enmaderado, enmaderamiento *m* woodwork, timbering.

enmaderar *vt* [pared] to panel; [suelo] to lay the floorboards of.

enmadrarse *vpr* to become too tied to one's mother.

enmalecerse [30], **enmalezarse** [13] *vpr Amér* to become covered with undergrowth, to get overgrown.

enmallarse *vpr* [pez] to get caught in a net.

enmangar [16] *vt* to put a handle on.

enmantar *vt* to cover with a blanket.

◆ **enmantarse** *vpr fig* to become melancholy o sad.

enmarañado, da *adj* matted, tangled.

enmarañamiento *m* - **1.** [de cosas] tangle. - **2.** *fig* [de un asunto] confusion.

enmarañar *vt* - **1.** [enredar] to tangle (up). - **2.** [complicar] to complicate, to confuse.

◆ **enmarañarse** *vpr* - **1.** [enredarse] to become tangled. - **2.** [complicarse] to become confused o complicated. - **3.** METEOR to become cloudy o overcast.

enmararse *vpr* NÁUT to sail out into the high seas.

enmarcar [10] *vt* - **1.** [en un marco] to frame. - **2.** *fig* [rodear] to surround.

enmaridar *vi* to marry, to take a husband.

◆ **enmaridarse** *vpr* to marry, to take a husband.

enmarillecerse [30] *vpr* to turn yellow.

enmaromar *vt* to tie with a rope, to rope.

enmascarado, da ◇ *adj* masked. ◇ *m, f* masked man (*f* masked woman).

enmascarar *vt* - **1.** [rostro] to mask. - **2.** *fig* [encubrir] to disguise.

◆ **enmascararse** *vpr* to put on a mask.

enmasillar *vt* to putty.

enmelar [19] ◇ *vt* - **1.** [untar con miel] to smear with honey. - **2.** [agregar miel a] to add honey to. - **3.** *fig* [endulzar] to sweeten. - **4.** *fig* [hacer agradable] to make pleasant. - **5.** *fig* [suavizar] to soften. ◇ *vi* to make honey.

enmendable *adj* - **1.** [error] correctable. - **2.** [ley] amendable.

enmendación *f* - **1.** [de error] correction. - **2.** [de ley] amendment.

enmendar [19] *vt* - **1.** [error] to correct. - **2.** [ley, dictamen] to amend. - **3.** [comportamiento] to mend. - **4.** [daño, perjuicio] to redress. - **5.** [rumbo] to alter, to change.

◆ **enmendarse** *vpr* to mend one's ways.

enmiela *etc v* → **enmelar**.

enmienda *f* - **1.** [acción]: **hacer propósito de** ~ to promise to mend one's ways. - **2.** [en un texto] corrections (*pl*). - **3.** POLÍT amendment. - **4.** [reparo] reparation, compensation. - **5.** [premio] award, prize. - **6.** [fertilizante] mineral fertilizer.

enmiende *v* → **enmendar**.

enmohecer, mohecer [30] *vt* - **1.** [gen] to turn mouldy; [metal] to rust. - **2.** *fig* [memoria] to make rusty.

◆ **enmohecerse** *vpr* [gen] to grow mouldy; [metal, conocimientos] to go rusty.

enmohecimiento *m* - **1.** [gen] mould; [de metal] rust. - **2.** *fig* [de la memoria] rustiness.

enmollecer [30] *vt* [ablandar] to soften.

enmontarse *vpr Amér* [campo] to turn into a wilderness.

enmoquetado *m* carpeting.

enmoquetar *vt* to carpet.

enmudecer [30] ◇ *vt* to silence. ◇ *vi* [callarse] to fall silent, to go quiet; [perder el habla] to be struck dumb.

enmudecimiento *m* silence.

enmugrecer *Esp* [30], **enmugrar** *Amér vt* [ensuciar] to soil, to dirty.

◆ **enmugrecerse** *Esp*, **enmugrarse** *Amér vpr* [ensuciarse] to become soiled o dirty.

ennegrecer [30] *vt* [gen] to blacken; [suj: nubes] to darken.

◆ **ennegrecerse** *vpr* [gen] to become blackened; [nublarse] to darken, to grow dark.

ennegrecimiento *m* - **1.** [acción] blackening, turning black. - **2.** *fig* [oscurecimiento] darkening.

ennoblecer [30] *vt* - **1.** *fig* [dignificar] to lend distinction to. - **2.** [dar un título] to ennoble. - **3.** *fig* [embellecer] to adorn, to embellish.

ennoblecimiento *m* ennobling, ennoblement.

enojadizo, za *adj* irritable, touchy.

enojado, da *adj* irritated.

enojar *vt* [enfadar] to anger; [molestar] to annoy.

◆ **enojarse** *vpr* - **1.** [enfadarse]: ~**se (con)** to get angry (with); [molestarse] to get annoyed (with); **no te enojes con él, lo ha hecho sin querer** don't get angry with him, he didn't mean it. - **2.** METEOR to become rough o stormy.

enojo *m* - **1.** [enfado] anger; [molestia] annoyance. - **2.** [disgusto] displeasure, annoyance. - **3.** [trabajo] trouble (*U*).

enojoso, sa *adj* - **1.** [molesto] annoying. - **2.** [delicado, espinoso] awkward. - **3.** [desagradable] displeasing, annoying. - **4.** [que causa trabajo] troublesome.

enología *f* oenology, study of wine.

enólogo, ga *f* oenologist, wine expert.

enorgullecer [30] *vt* to fill with pride.

◆ **enorgullecerse** *vpr* to be proud, to pride o.s.; ~**se de** to be proud of.

enorme *adj* - **1.** [grande] enormous, huge. - **2.** [grave, serio] monstrous. - **3.** *fig* [perverso] wicked.

enormemente *adv* enormously, extremely.

enormidad *f* - **1.** [de tamaño] enormity, hugeness. - **2.** *fig* [despropósito] crass remark o mistake. - **3.** *fig* [monstruosidad] wickedness. - **4.** *fig* [gravedad] seriousness.

enotecnia *f* (art of) wine-making.

ENPETROL (*abrev de* **Empresa Nacional de Petróleos**) *f* Spanish petroleum company.

enquiciar [8] *vt* - **1.** [puerta] to put on its hinges; [ventana] to put in a frame. - **2.** *fig* [poner en orden] to set right, to put in order.

enquistado, da *adj* - **1.** MED: **tiene la mano enquistada** he has a cyst on his hand. - **2.** *fig* [embutido] embedded.

enquistamiento *m* encystment.

enquistarse *vpr* to develop into a cyst.

enrabiar [8] *vt* to enrage, to infuriate.

◆ **enrabiarse** *vpr* to become enraged o furious.

enraizar [13] *vi* - **1.** [árbol] to take root. - **2.** [persona] to put down roots.

enralecer [30] *vi* to get thin.

enramada *f* - **1.** [espesura] branches (*pl*), canopy. - **2.** [cobertizo] bower. - **3.** [adorno] garland of branches.

enramar ◇ *vt* - **1.** [ramos] to make into a bower. - **2.** [adornar] to decorate with branches. - **3.** NÁUT to fit the ribs to. ◇ *vi* [árbol] to put out branches.

◆ **enramarse** *vpr* to hide between the branches.

enranciar [8] *vt* to make rancid.

◆ **enranciarse** *vpr* to become rancid, to spoil.

enrarecer [30] ◇ *vt* - **1.** [contaminar] to pollute. - **2.** [rarificar] to rarefy. - **3.** *fig* [hacer escaso] to make scarce. ◇ *vi fig* [escasear] to become scarce.

◆ **enrarecerse** *vpr* - **1.** [contaminarse] to become polluted. - **2.** [rarificarse] to become rarefied. - **3.** *fig* [situación, ambiente] to become tense.

enrarecido, da *adj* rarefied.

enrarecimiento *m* - **1.** [rarefracción] rarefying. - **2.** [escasez] scarcity.

enrasar ◇ *vt* - **1.** [CONSTR - igualar] to make flush; [- allanar] to smooth. - **2.** FÍS to level up. ◇ *vi* to be at the same level.

enrayar *vt* [rueda] to spoke, to put spokes in.

enredadera ◇ *adj* climbing. ◇ *f* [sin flores] creeper; [con flores] bindweed.

enredado, da *adj* - **1.** [madeja, pelo] tangled. - **2.** [asunto] complicated.

enredador, ra ◇ *adj* - **1.** [travieso] naughty, mischievous; [chismoso] gossiping. - **2.** [que enmaraña] entangling. - **3.** [dañino] mischievous. ◇ *m, f* [travieso] mischief-maker; [chismoso] gossip.

enredar ◇ *vt* - **1.** [madeja, pelo] to tangle up. - **2.** [situación, asunto] to complicate, to confuse. - **3.** *fig* [implicar]: ~ **a alguien (en)** to embroil sb (in), to involve sb (in). - **4.** *fig* [entretener] to bother, to annoy. - **5.** [atrapar] to net. - **6.** [red] to lay, to set. - **7.** [enemistar] to cause trouble between. ◇ *vi* to get up to mischief.

◆ **enredarse** *vpr* - **1.** [plantas] to climb; [madeja, pelo] to get tangled up. - **2.** [situación, asunto] to become confused - **3.** [empezar]: ~ **se en algo** to get involved in sthg; ~ **se a hacer algo** to start doing sthg. - **4.** *fam* [amancebarse]: ~ **se con** to get involved o have an affair with.

enredo *m* - **1.** [maraña] tangle, knot. - **2.** [lío] mess, complicated affair; [asunto ilícito] shady affair. - **3.** [amoroso] (love) affair. - **4.** [engaño] deceit. - **5.** LITER plot.

◆ **enredos** *mpl fam* stuff (U), gear (U).

enredoso, sa *adj* - **1.** [complicado] complicated. - **2.** *Amér* [intrigante] troublemaking, mischievous. - **3.** *Amér* [chismoso] gossipy.

enrejado *m* - **1.** [barrotes - de balcón, verja] railings (pl); [- de jaula, celda, ventana] bars (pl). - **2.** [de cañas] trellis. - **3.** [emparrillado] grille, grating. - **4.** [en costura] openwork embroidery.

enrejar *vt* - **1.** [ventanas] to bar. - **2.** [cercar] to put railings round. - **3.** [tablas] to lay crosswise. - **4.** [fijar al arado] to fit the ploughshare to. - **5.** VETER to wound with a ploughshare. - **6.** *Amér* [ternero] to tie to the leg of a cow.

enrevesado, da ◇ *adj* [complicado] complex, complicated. ◇ *adj fig* [travieso] mischievous.

enrielar *vt* - **1.** [METAL - hacer rieles] to make into ingots; [- echar en rielera] to put o cast into ingot moulds. - **2.** *Amér* [poner rieles] to lay rails on. - **3.** *Amér fig* [encarrilar] to set o put on the right track.

enripiar [8] *vt* CONSTR to fill with rubble.

Enrique *m*: ~ **VIII** Henry VIII; ~ **el Navegante** Henry the Navigator.

enriquecedor, ra *adj* enriching.

enriquecer [30] ◇ *vt* - **1.** [hacer rico] to bring wealth to, to make rich. - **2.** *fig* [engrandecer] to enrich; **los viajes enriquecen la personalidad** travelling enriches one's character. - **3.** *fig* [adornar] to adorn, to embellish. ◇ *vi* [prosperar] to prosper, to flourish.

◆ **enriquecerse** *vpr* - **1.** [hacer dinero] to get rich. - **2.** [prosperar] to prosper, to flourish.

enriquecimiento *m* enrichment.

enriscar [10] *vt fig* [levantar] to raise, to lift.

◆ **enriscarse** *vpr* [guarecerse] to take refuge.

enristrar *vt* - **1.** [ajos, cebollas] to string. - **2.** [lanza] to couch. - **3.** *fig* [ir derecho hacia] to go straight towards. - **4.** [acertar] to get right.

enrocar[1] [10] *vt & vi* to castle.

enrocar[2] [36] *vt* TEXTIL to put on the distaff.

◆ **enrocarse** *vpr* [barco] to get caught in the rocks.

enrojecer [30] ◇ *vt* - **1.** [gen] to redden, to turn red; [rostro, mejillas] to cause to blush. - **2.** [con fuego] to make red-hot. ◇ *vi* [por calor] to flush; [por turbación] to blush.

◆ **enrojecerse** *vpr* - **1.** [por calor] to flush; [por turbación] to blush. - **2.** [por fuego] to turn red-hot.

enrojecimiento *m* - **1.** [rubor] blushing. - **2.** [irritación] redness, red mark.

enrolar *vt* to enlist.

◆ **enrolarse en** *vpr* [la marina] to enlist in; [un buque] to sign up for.

enrollado, da *adj* - **1.** [en forma de rollo] in a roll, rolled up. - **2.** *fam* [interesante, animado] fun. - **3.** *fam* [en relaciones amorosas]: **estar** ~ **con** to be involved with.

enrollar *vt* - **1.** [arrollar] to roll up. - **2.** *fam* [gustar]: **me enrolla mucho** I love it, I think it's great. - **3.** [empedrar] to cobble. - **4.** *fam* [enredar] to entangle.

◆ **enrollarse** *vpr* - **1.** *fam* [tener relaciones]: ~ **se (con)** to get involved o have an affair (with). - **2.** *fam* [hablar] to go on (and on). - **3.** [arrollarse] to be rolled up.

enromar *vt* to dull, to blunt.

enronquecer [30] *vt* to make hoarse.

◆ **enronquecerse** *vpr* to become hoarse.

enronquecimiento *m* hoarseness.

enroñar *vt* - **1.** [llenar de roña] to cover with scabs. - **2.** [hierro] to rust, to make rusty.

◆ **enroñarse** *vpr* [hierro] to rust, to corrode.

enroque *etc v* → **enrocar**.

enroqué *etc v* → **enrocar**.

enroscado, da *adj* [pelo] curly.

enroscadura *f* - **1.** [acción] coiling. - **2.** [rosca] coil.

enroscar [10] *vt* - **1.** [atornillar] to screw in. - **2.** [enrollar] to roll up; [cuerpo, cola] to curl up. - **3.** [arrollar] to coil.

◆ **enroscarse** *vpr* - **1.** [atornillarse] to screw. - **2.** [persona, animal] to curl up.

enrudecer [30] *vt* - **1.** [hacer rudo] to roughen, to make coarse. - **2.** [entorpecer] to stupefy.

enrueca *etc v* → **enrocar**.

enrueque *etc v* → **enrocar**.

enrular *vt Amér* to curl.

ensabanar *vt* - **1.** [envolver] to cover with a sheet. - **2.** [enyesar] to give a coat of plaster to.

◆ **ensabanarse** *vpr Amér* to rise up, to rebel.

ensacar [10] *vt* to bag, to put into sacks.

ensaimada *f cake made of sweet coiled pastry.*

ensalada *f* - **1.** [de lechuga etc] salad; ~ **de frutas/rusa/verde** fruit/Russian/green salad. - **2.** *fam fig* [lío] mishmash. - **3.** MÚS *composition featuring a variety of tempos.* - **4.** LITER *poem consisting of verses from other poems.* - **5.** *Amér* [refresco] *mint-flavoured citrus drink.*

ensaladera *f salad bowl.*

ensaladilla *f* - **1.** [tipo de ensalada]: ~ **(rusa)** Russian salad. - **2.** [de dulces] assortment. - **3.** [en joyería] *jewel set with stones of different colours.*

ensalivar *vt* to wet with saliva.

ensalmar *vt* - **1.** [hueso] to set. - **2.** [curar] to cure by magic.

ensalmista *mf* quack.

ensalmo *m* incantation, spell; **como por** ~ *fig* as if by magic.

ensalobrarse *vpr* [agua] to become salty.

ensalzador, ra *adj* praising.

ensalzamiento *m* praise.

ensalzar [13] *vt* - **1.** [alabar] to praise. - **2.** [enaltecer] to exalt, to glorify.

ensamblado *m* assembly.

ensamblador, ra *m, f* [persona] joiner.

◆ **ensamblador** *m* INFORM assembler.

ensambladura *f*, **ensamblaje** *m*, **ensamble** *m* [acción] assembly; [pieza] joint; ~ **de ranura y lengüeta** tongue-and-groove joint.

ensamblar *vt* [gen & INFORM] to assemble; [madera] to join.

ensamble *m* = **ensambladura**.

ensancha *f* [de calle etc] widening; [de ciudad] expansion.

ensanchador, ra ◇ *adj* [de calle etc] widening; [de ciudad] expanding. ◇ *m, f* [de calle etc] widener; [de ciudad] expander.

ensanchamiento *m* - **1.** [de orificio, calle] widening; [de ropa] letting out. - **2.** [extensión] stretching, extension.

ensanchar ◇ *vt* - **1.** [orificio, calle] to widen; [ropa] to let out; [ciudad] to expand. - **2.** [extender] to stretch, to extend. ◇ *vi* - **1.** *fig* [envanecerse] to get conceited. - **2.** [engrandecerse] to expand, to broaden.

◆ **ensancharse** *vpr* - **1.** *fig* [envanecerse] to get conceited. - **2.** [engrandecerse] to expand, to broaden.

ensanche *m* - **1.** [de calle etc] widening; [en la ciudad] new suburb. - **2.** [extensión] extension, stretching. - **3.** [en costura] tuck.

ensandecer [30] *vi* to become simple-minded.

ensangrentado, da *adj* bloodstained.

ensangrentar [19] *vt* to cover with blood.

◆ **ensangrentarse** *vpr* - **1.** [mancharse con sangre] to become bloodstained. - **2.** *fig* [encolerizarse] to fly into a rage. - **3.** [mostrarse cruel]: ~**se con** o **contra** to be cruel towards.

ensañamiento *m* ferocity.

ensañar *vt* to enrage, to infuriate.

◆ **ensañarse** *vpr*: ~**se con** to torment, to treat cruelly.

ensaque *etc v* → **ensacar**.

ensarnecer [30] *vi* to itch all over.

ensartar *vt* - **1.** [perlas] to string; [aguja] to thread. - **2.** [torero] to gore. - **3.** [puñal] to plunge, to bury. - **4.** *fig* [cosas inconexas] to reel o rattle off; ~ **mentiras** to tell one lie after another. - **5.** *Amér* [engañar] to snare, to trap.

◆ **ensartarse** *vpr fig* to get into a mess.

ensayador, ra *m, f* [de metales preciosos] assayer.

ensayar *vt* - **1.** [gen] to test. - **2.** TEATRO to rehearse. - **3.** [metales preciosos] to assay. - **4.** [adiestrar] to train. - **5.** [intentar] to try, to attempt.

◆ **ensayarse** *vpr* to practise, to rehearse.

ensayista *mf* essayist.

ensayo *m* - **1.** TEATRO rehearsal; ~ **general** dress rehearsal. - **2.** [prueba] test; **de** ~ test, trial; **hacer** ~**s** to practise. - **3.** LITER essay. - **4.** [en rugby] try. - **5.** [ejercicio] exercise. - **6.** *fig* [intento] attempt.

ensebar *vt* to grease.

enseguida *adv* [inmediatamente] immediately, at once; [pronto] very soon; **llegará** ~ he'll be here any minute now.

ensenada *f* - **1.** [golfo] cove, inlet. - **2.** *Amér* [potrero] paddock.

enseña *f* ensign.

enseñado, da *adj* - **1.** [educado] educated. - **2.** [perro] housebroken.

enseñador, ra ◇ *adj* teaching. ◇ *m, f* teacher.

enseñante *mf* teacher.

enseñanza *f* [gen] education; [instrucción] teaching; **la** ~ **de idiomas debe fomentarse** language teaching should be promoted; **de cualquier error puede extraerse una** ~ there's a lesson to be learned from every mistake you make ❑ ~ **estatal** o **pública** state education; ~ **personificada** personal o individual tutoring; ~ **privada** private (sector) education; ~ **primaria/media** primary/secondary education; ~ **superior/universitaria** higher/university education; **primera/segunda** ~ primary/secondary education.

◆ **enseñanzas** *fpl* [de maestro] teachings.

enseñar *vt* - **1.** [instruir, aleccionar] to teach; ~ **a alguien a hacer algo** to teach sb (how) to do sthg; **está enseñando a su hijo a conducir** she's teaching her son to drive. - **2.** [mostrar] to show; **enseñó la casa a sus invitados** he showed his guests the house.

◆ **enseñarse** *vpr* [acostumbrarse] to grow accustomed.

enseñorearse *vpr*: ~ **(de)** to take possession (of).

enseres *mpl* - **1.** [efectos personales] belongings. - **2.** [utensilios] equipment *(U)*; ~ **domésticos** household goods; ~ **de pescar** fishing tackle *(U)*.

enseriarse [8] *vpr Amér* to become serious.

ensilaje *m* [de grano, forraje] ensilage.

ensilar *vt* [grano, forraje] to store in a silo, to ensile.

ensillado, da *adj* saddled.

ensillar *vt* to saddle up; **no dejarse** ~ *fam fig* to stand firm.

ensimismado, da *adj* - **1.** [enfrascado] absorbed; [pensativo] lost in thought. - **2.** [engreído] conceited, vain.

ensimismamiento *m* - **1.** [enfrascamiento] absorption. - **2.** [engreimiento] conceit, vanity.

ensimismarse *vpr* - **1.** [enfrascarse] to become absorbed; [abstraerse] to be lost in thought. - **2.** [engreírse] to become conceited o vain.

ensoberbecer [30] *vt* to fill with pride.

◆ **ensoberbecerse** *vpr* - **1.** [persona] to become proud o arrogant. - **2.** [mar] to become rough.

ensogar [16] *vt* - **1.** [atar] to rope, to tie with a rope. - **2.** [forrar] to bind with rope.

ensolver [24] *vt* - **1.** [incluir] to include. - **2.** [contraer] to reduce, to condense. - **3.** MED to resolve, to dissipate.

ensombrecer [30] *vt lit & fig* to cast a shadow over.

◆ **ensombrecerse** *vpr* - **1.** [oscurecerse] to darken. - **2.** *fig* [entristecerse] to become sad o gloomy.

ensoñación *f* daydream.

ensoñador, ra ◇ *adj* dreamy. ◇ *m, f* dreamer.

ensopar *vt Amér* to soak.

ensordecedor, ra *adj* deafening.

ensordecer [30] ◇ *vt* - **1.** [causar sordera] to cause to go deaf. - **2.** [suj: sonido] to deafen. - **3.** [amortiguar] to muffle, to deaden. ◇ *vi* - **1.** [contraer sordera] to go deaf. - **2.** [enmudecer] to pretend not to hear.

ensordecimiento *m* - **1.** [sordera] deafness. - **2.** [acción de ensordecer] deafening. - **3.** [amortiguamiento] muffling, deadening.

ensortijado, da *adj* [pelo] in ringlets.

ensortijamiento *m* - **1.** [acción] curling. - **2.** [rizos] curls *(pl)*.

ensortijar *vt* - **1.** [rizar] to curl. - **2.** [enrollar] to coil, to wind. - **3.** [poner aro] to ring, to put a ring in.

◆ **ensortijarse** *vpr* to curl.

ensuciar [8] ◇ *vt* - **1.** [manchar] to (make) dirty. - **2.** *fig* [desprestigiar] to sully, to tarnish. - **3.** [estropear] to mess up. ◇ *vi fam* to make a mess.

◆ **ensuciarse** *vpr* - **1.** [mancharse] to get dirty. - **2.** *fam* [evacuarse] to make a mess. - **3.** *fig* [desacreditarse] to discredit o.s.; **con este negocio se ha ensuciado mucho** he has been seriously discredited as a result of that business deal.

ensuelto, ta *pp irreg* → **ensolver**.

ensuelva *etc v* → **ensolver**.

ensueño *m* - **1.** [sueño] dream; **de** ~ dream *(antes de sust)*, ideal. - **2.** [fantasía] fantasy, illusion.

entablado *m* [armazón] wooden platform; [suelo] floorboards *(pl)*.

entablamento *m* entablature.

entablar ◇ *vt* - **1.** [suelo] to put down floorboards on. - **2.** [iniciar - conversación, amistad] to strike up; [- negocio] to start up. - **3.** [entablillar] to put in a splint. - **4.** [en juegos de tablero] to set up. - **5.** RELIG to write on tablets. - **6.** *Amér* DER to bring, to file. - **7.** *Amér* [ganado] to train to stay in a herd.

◇ *vi Amér* - **1.** [fanfarronear] to boast, to brag. - **2.** [empatar] to tie, to draw.

◆ **entablarse** *vpr* - **1.** [empezar] to begin, to start. - **2.** [viento] to settle. - **3.** [caballo] to resist turning its head. - **4.** *Amér* [ganado] to graze in a herd.

entable *m* - **1.** [entabladura] boarding, planking. - **2.** [en damas, ajedrez] position of the pieces. - **3.** *Amér* [orden] order, arrangement. - **4.** *Amér* [empresa, negocio] business, enterprise.

entablillar *vt* to put in a splint.

entalegar [16] *vt* - **1.** [meter en talegos] to put into sacks. - **2.** [dinero] to hoard.

entallado, **da** *adj* tailored.

entalladura *f*, **entallamiento** *m* - **1.** [escultura] carving. - **2.** [grabado] engraving. - **3.** [para resinar] cut. - **4.** [en carpintería] notch, groove.

entallar ◇ *vt* - **1.** [prenda] to cut, to tailor. - **2.** [esculpir] to carve, to sculpt. - **3.** [grabar] to engrave. - **4.** [resinar] to tap. - **5.** [en carpintería] to notch, to groove. ◇ *vi* to fit.

entapar *vt Amér* to bind.

entapujar *vt* - **1.** *fam* [cubrir] to cover haphazardly. - **2.** *fig* [encubrir] to cover up.

◆ **entapujarse** *vpr fam* to be covered haphazardly.

entarimado *m* [plataforma] wooden platform; [suelo] floorboards (*pl*).

entarimar *vt* [suelo] to put down floorboards on.

entarugado *m* wooden paving.

entarugar [16] *vt* [pavimentar] to pave in wood.

◆ **entarugarse** *vpr Amér* [sombrero] to pull down over one's head.

ente *m* - **1.** [ser] being; ~ **de ficción** fictional character; ~ **de razón** imaginary being. - **2.** [corporación] body, organization; ~ **público** [gen] state-owned body o institution; [televisión] Spanish state broadcasting company. - **3.** *fam* [personaje] odd bod.

entechar *vt Amér* to roof.

entejar *vt Amér* to tile, to roof with tiles.

Entel (*abrev de* **Empresa Nacional de Telecomunicaciones**) *f* Spanish telecommunications company.

entelequia *f* - **1.** FILOS entelechy. - **2.** [fantasía] pipe dream.

entelerido, **da** *adj* - **1.** [de frío] numb with cold. - **2.** *Amér* [flaco] weak, sickly.

entendederas *fpl fam* brains; **ser corto de** ~, **tener malas** ~ to be dim, to be slow on the uptake; **tener buenas** ~ to be bright.

entendedor, **ra** ◇ *adj* - **1.** [que entiende] understanding. - **2.** [experto] expert. - **3.** [listo] clever, sharp. ◇ *m, f* - **1.** [que entiende] understanding person; **al buen** ~ **sobran las palabras** o **pocas palabras bastan** *proverb* a word to the wise is sufficient. - **2.** [experto] expert.

entender [20] ◇ *vt* - **1.** [comprender] to understand; ¿**tú qué entiendes por 'amistad'**? what do you understand by 'friendship'?; **dar a** ~ **que...** to imply (that)...; ~ **mal algo** to misunderstand sthg. - **2.** [darse cuenta de] to realize. - **3.** [oír] to hear. - **4.** [juzgar] to think; **entiendo que sería mejor no decir nada** I think it would be better not to say anything; **yo no lo entiendo así** I don't see it that

way. ◇ *vi* - **1.** [comprender] to understand. - **2.** [saber]: ~ **de** o **en algo** to be an expert on sthg; ~ **poco/algo de** to know very little/a little about. - **3.** [ocuparse]: ~ **de** o **en** [gen] to deal with; [suj: juez] to be in charge of. ◇ *m*: **a mi** ~... the way I see it...

◆ **entenderse** *vpr* - **1.** [comprenderse - uno mismo] to know what one means; [- dos personas] to understand each other. - **2.** [llevarse bien] to get on. - **3.** [ponerse de acuerdo] to reach an agreement. - **4.** [comunicarse] to communicate (with each other). - **5.** [tener relación amorosa]: ~**se (con)** to have an affair (with).

entendido, **da** ◇ *adj* - **1.** [comprendido] understood. - **2.** [experto] expert. - **3.** [inteligente] intelligent, smart. ◇ *m, f*: ~ **(en)** expert (on).

◆ **entendido** *interj* all right!, okay!

entendimiento *m* [comprensión] understanding; [juicio] judgment; [inteligencia] mind, intellect.

entenebrecer [30] *vt* to darken.

◆ **entenebrecerse** *vpr* to darken, to become dark.

entente *f* - **1.** POLÍT entente cordiale. - **2.** COM agreement.

enterado, **da** ◇ *adj* - **1.** [informado]: ~ **(en)** wellinformed (about); **estar** ~ **de algo** to be aware of sthg; **no darse por** ~ to turn a deaf ear. - **2.** *Amér* [engreído] conceited. ◇ *m, f* - **1.** [experto] expert. - **2.** *fam* [sabelotodo] know-it-all.

enteramente *adv* completely, entirely.

enterar ◇ *vt* - **1.** [informar]: ~ **a alguien de algo** to inform sb about sthg. - **2.** *Amér* [pagar] to pay. - **3.** *Amér* [completar] to make up. ◇ *vi Amér* to let the days go by.

◆ **enterarse** *vpr* - **1.** [descubrir]: ~**se (de)** to find out (about); ¿**te has enterado de la boda de Ana**? did you hear about Ana's wedding? - **2.** *fam* [comprender] to get it, to understand; **no me enteré de lo que dijo en clase** I didn't understand what she said in the class. - **3.** [darse cuenta]: ~**se (de algo)** to realize (sthg). - **4.** *loc*: **no te enteras de nada** *fam* you don't understand, do you?; **¡para que te enteres!** I'll have you know!, as a matter of fact!; **¡te vas a** ~! you'll know all about it!, you'll catch it!

entercarse [10] *vpr* to become stubborn.

entereza *f* - **1.** [serenidad] composure. - **2.** [honradez, constancia] integrity. - **3.** [firmeza] firmness. - **4.** *fig* [fortaleza] fortitude, strength. - **5.** *fig* [severidad] strictness, severity.

enteritis *f inv* enteritis.

enterizo, **za** *adj* - **1.** [entero] entire, whole. - **2.** [de una pieza] in one piece.

enternecedor, **ra** *adj* touching.

enternecer [30] *vt* - **1.** [conmover] to move, to touch. - **2.** [ablandar] to soften.

◆ **enternecerse** *vpr* - **1.** [conmoverse] to be moved. - **2.** [ceder] to relent.

enternecimiento *m* - **1.** [compasión] compassion. - **2.** [ternura] tenderness. - **3.** [ablandamiento] softening.

entero, **ra** *adj* - **1.** [completo] whole; **por** ~ entirely, completely; **se entrega por** ~ **al trabajo** she's completely dedicated to her work. - **2.** [sereno] composed; **se mostró muy** ~ **en el juicio** he was very composed at the trial. - **3.** [honrado] upright, honest. - **4.** *fig* [justo] just, fair; **puedes confiar en él, es un hombre** ~ you can trust him,

---

USO ▶ Decir que uno entiende/no entiende algo

Cuando uno ha entendido	**Cuando uno no ha entendido**
I see.	I'm sorry, I don't follow you.
I understand.	I'm sorry, I still don't understand/it's still not very clear.
That's much clearer, thank you.	I'm afraid you've lost me there.
I know o see what you mean now.	I'm not sure I've understood.
That makes sense.	Could you go through it again, please?
I think I've got it now. [*familiar*]	What exactly do you mean?
So THAT'S how it works!	I don't get it. [*familiar*]

he's a very fair man. - **5.** [firme] steadfast, resolute. - **6.** [robusto] robust. - **7.** *fam* [tela] thick, strong. - **8.** [animal] uncastrated. - **9.** *Amér fam* [idéntico] identical.

◆ **entero** *m* - **1.** BOLSA point. - **2.** MAT integer, whole number. - **3.** *Amér* [pago] payment. - **4.** *Amér* [saldo] balance.

enterrador, ra *m, f* gravedigger.

enterramiento *m* - **1.** [entierro] burial. - **2.** [sepulcro] grave; [sepultura] burial place.

enterrar [19] *vt* - **1.** [gen] to bury. - **2.** *fig* [olvidar] to forget about. - **3.** [sobrevivir] to outlive, to survive. - **4.** [clavar] to sink o to drive in.

◆ **enterrarse** *vpr fig* to hide o.s. away.

entesar [19] *vt* - **1.** [cuerda] to tighten. - **2.** [reforzar] to strengthen.

entestado, da *adj* obstinate, stubborn.

entibar ◇ *vi* [estribar] to rest. ◇ *vt* MIN [apuntalar] to shore.

entibiar [8] *vt* - **1.** [enfriar] to cool. - **2.** [templar] to warm; [poner tibio] to make lukewarm o tepid.

◆ **entibiarse** *vpr* - **1.** [sentimiento] to cool. - **2.** [ponerse tibio] to become lukewarm.

entice *etc v* → **entizar**.

entidad *f* - **1.** [corporación] body; [empresa] firm, company; ~ **bancaria** bank. - **2.** FILOS entity. - **3.** [importancia] importance. - **4.** [esencia] essence.

entienda *etc v* → **entender**.

entierra *etc v* → **enterrar**.

entierro *m* - **1.** [acción] burial; [ceremonia] funeral. - **2.** [sepulcro] grave. - **3.** [comitiva] funeral procession. - **4.** *Amér fam* [tesoro] buried treasure.

entiesa *etc v* → **entesar**.

entiesar *vt Amér* to stiffen, to make stiff.

entinar *vt* to place in a vat.

entintar *vt* - **1.** IMPRENTA to ink. - **2.** *fig* [teñir] to dye, to tint.

entizar [13] *vt Amér* [taco de billar] to chalk.

entiznar *vt* to stain.

entlo. *abrev escrita de* **entresuelo**.

entoldado *m* [toldo] awning; [para fiestas, bailes] marquee.

entoldar *vt* - **1.** [cubrir] to cover with an awning. - **2.** [tapizar] to cover with tapestry.

◆ **entoldarse** *vpr* - **1.** *fig* [persona] to put on airs. - **2.** [cielo] to become overcast, to cloud over.

entomología *f* entomology.

entomológico, ca *adj* entomological.

entomólogo, ga *m, f* entomologist.

entonación *f* - **1.** [tono] intonation. - **2.** [modulación] modulation. - **3.** *fig* [arrogancia] arrogance, conceit.

entonador, ra ◇ *adj* in-tune. ◇ *m, f* organ blower.

entonar ◇ *vt* - **1.** [cantar] to sing. - **2.** [tonificar] to pick up. - **3.** [dar cierto tono] to modulate. - **4.** [órgano] to work the bellows of. - **5.** *fig* [plegaria] to sing, to sound. - **6.** [colores] to harmonize, to tone. ◇ *vi* - **1.** [al cantar] to sing in tune. - **2.** [empezar a cantar] to set the pitch. - **3.** [colores] to match; ~ **(con algo)** [armonizar] to match (sthg).

◆ **entonarse** *vpr* - **1.** [envanecerse] to put on airs. - **2.** MED to tone o.s. up.

entonatorio *m* chant book.

entonces ◇ *adv* then; **hoy tengo que estudiar** - ~, **¿no vienes al cine?** I have to study today - so you're not coming to the cinema, then?; **desde** ~ since then; **en** o **por aquel** ~ at that time; **hasta** ~ until then. ◇ *interj* well, then!

entonelar *vt* to put in barrels.

entono *m* - **1.** [acción de entonar] modulation. - **2.** [tono] intonation. - **3.** *fig* [arrogancia] arrogance, conceit.

entontecer [30] ◇ *vt*: ~ **a alguien** to dull sb's brain. ◇ *vi* to become silly o foolish.

◆ **entontecerse** *vpr* to become silly o foolish.

entorchado *m* [bordado] *silk braided with gold or silver*.

entorchar *vt* [retorcer] to twist; [velas] to twist together to form a torch.

entorilar *vt* TAUROM to put in the bullpen.

entornar *vt* - **1.** [medio cerrar] to half-close. - **2.** [inclinar] to tilt. - **3.** [volcar] to upset, to tip over.

entorno *m* environment, surroundings *(pl)*.

entorpecedor, ra *adj* numbing, dulling.

entorpecer [30] *vt* - **1.** [debilitar - movimientos] to hinder; [- miembros] to numb; [- mente] to cloud. - **2.** [dificultar] to obstruct, to hinder. - **3.** [poner torpe] to slow down.

entorpecimiento *m* - **1.** [debilitamiento - físico] numbness; [- mental] haziness. - **2.** [dificultad] hindrance. - **3.** [torpeza] slowness.

entortar [23] *vt* - **1.** [dejar tuerto] to make crooked. - **2.** [cegar] to blind in one eye.

◆ **entortarse** *vpr* [quedarse tuerto] to become crooked.

entozoario *m* ZOOL entozoan.

entrada *f* - **1.** [acción] entry; [llegada] arrival; [ingreso] admission; **el rey hizo una solemne** ~ the king made a solemn entrance; **celebraron su** ~ **a** o **en la sociedad** they celebrated her admission into the society; **dar** ~ **a** to let in, to admit; **'prohibida la** ~**'** 'no entry' ❑ ~ **a viva fuerza** forced entry. - **2.** [lugar] entrance; [puerta] doorway; MIN adit; ~ **principal** main entrance; ~ **de servicio** trodesman's entrance. - **3.** TECN inlet, intake; ~ **de aire** air intake. - **4.** [en espectáculos - billete] ticket; [- recaudación] receipts *(pl)*, takings *(pl)*; **sacar una** ~ to buy a ticket ❑ ~ **gratuita** o **regalo** complimentary ticket; ~ **libre** admission free. - **5.** [público] audience; DEP attendance. - **6.** [pago inicial] down payment. - **7.** [en contabilidad] income. - **8.** [plato] starter; **fue una cena completa:** ~, **plato fuerte y postre** it was a three-course meal: starter, main course and dessert. - **9.** [en la frente]: **tener** ~**s** to have a receding hairline. - **10.** [en un diccionario, presupuesto] entry. - **11.** [principio] beginning, start; **la** ~ **del año** the beginning of the year; **de** ~ right from the beginning o the word go; **de** ~ **lo reconocí** I recognized him right from the start; **de** ~ **me insultó y luego me explicó sus motivos** first she insulted me, then she explained why; **de primera** ~ at first sight. - **12.** [en fútbol] tackle. - **13.** INFORM input; ~ **de datos** data entry, data input. - **14.** MÚS & TEATRO entrance. - **15.** *Amér* [embestida] sudden attack, onslaught. - **16.** *Amér* [paliza] beating. - **17.** *Amér* [salida nula] false start.

entrado, da *adj* - **1.** [gen]: ~ **el otoño** once autumn has started; ~ **en años** elderly; ~ **en carnes** portly, rather large. - **2.** INFORM input.

entrador, ra *adj Amér* - **1.** [animoso] spirited, energetic. - **2.** [enamoradizo] who falls in love easily. - **3.** [agradable] likeable, charming. - **4.** [entrometido] meddling, meddlesome.

entramado *m* framework.

entramar *vt* to make the framework of.

entrambos, bas *adj culto* both.

entrampar *vt* - **1.** [animal] to trap, to snare. - **2.** *fig* [engañar] to deceive, to trick. - **3.** [enredar] to make a mess of. - **4.** *fam fig* [gravar con deudas] to burden with debts.

◆ **entramparse** *vpr fam fig* to get into debt.

entrante ◇ *adj* - **1.** [año, mes] coming. - **2.** [presidente, gobierno] incoming. - **3.** ARQUIT recessed. - **4.** [ángulo] re-entrant. - **5.** [marea] rising, incoming. - **6.** [guardia] relief *(antes de sust)*. ◇ *m* - **1.** [plato] starter. - **2.** [hueco] recess. - **3.** GEOGR inlet. ◇ *mf* person entering.

entraña *f (gen pl)* - **1.** [víscera] entrails *(pl)*, insides *(pl)*. - **2.** [voluntad] will. - **3.** *fig* [centro, esencia] heart. - **4.** *fig* [genio] disposition, nature. - **5.** *loc*: **arrancársele a alguien las** ~**s** to break sb's heart; **dar hasta las** ~**s** to give one's all; **de buenas** ~**s** good-natured; **de malas** ~**s** heartless, callous; **echar las** ~**s** *fam* to puke up, to throw up; **no tener** ~**s** to be heartless.

entrañable *adj* - **1.** [íntimo] intimate. - **2.** [querido] beloved, dear. - **3.** [sentimiento] deep; **afecto** ~ deep affection.

entrañar *vt* - **1.** [conllevar] to involve. - **2.** [acarrear] to entail. - **3.** [enterrar] to bury deep.

◆ **entrañarse** *vpr* to become deeply attached.

entrapar *vt* - **1.** [cabello] to powder. - **2.** AGR *to fertilize by burying rags under each plant.*

◆ **entraparse** *vpr* - **1.** [pelo, ropa] to get dirty. - **2.** [cuchillo, herramienta] to go blunt.

entrar ◇ *vi* - **1.** [introducirse - viniendo] to enter, to come in; [- yendo] to enter, to go in; **~ en algo** to enter sthg, to come/go into sthg; **entré por la ventana** I got in through the window. - **2.** [penetrar] to go in; **~ en algo** to go into sthg. - **3.** [caber]: **~ (en)** to fit (in); **este anillo no te entra** this ring won't fit you. - **4.** [incorporarse]: **~ (en algo)** [colegio, empresa] to start (at sthg); [club, partido político] to join (sthg); **~ de** [botones etc] to start off as. - **5.** [empezar]: **~ a hacer algo** to start doing sthg. - **6.** [participar] to join in; **~ en** [discusión, polémica] to join in; [negocio] to get in on. - **7.** [estar incluido] **~ en** to be included in. - **8.** [figurar]: **~ en** to belong to; **entro en el grupo de los disconformes** I number among the dissidents. - **9.** [estado físico o de ánimo]: **le entraron ganas de hablar** he suddenly felt like talking; **me entró mucha pena** I was filled with pity; **me está entrando frío** I'm getting cold. - **10.** [periodo de tiempo] to start; **el verano entra el 21 de junio** summer starts on 21 June; **~ en** [edad, vejez] to reach; [año nuevo] to enter. - **11.** [cantidad]: **¿cuántos entran en un kilo?** how many do you get to the kilo? - **12.** [concepto, asignatura etc]: **no le entra la geometría** he can't get the hang of geometry. - **13.** AUTOM to engage; **no entra la tercera** it won't go into third gear. - **14.** INFORM to enter, to log. ◇ *vt* - **1.** [introducir] to bring in. - **2.** [prenda de vestir] to take in. - **3.** [abordar] to approach, to deal with; **a ése no hay por donde ~le** there's no way of getting through to him.

entre *prep* - **1.** [gen] between; **era un color ~ verde y azul** the colour was somewhere between green and blue; **su estado de ánimo estaba ~ la alegría y la emoción** his state of mind was somewhere between o was a mixture of joy and excitement; **~ una cosa y otra** what with one thing and another; **~ nosotros** [en confianza] between you and me, between ourselves. - **2.** [en medio de muchos] among, amongst; **estaba ~ los asistentes** she was among those present; **estuvo ~ los mejores** he was one of o amongst the best; **~ hombres y mujeres somos más de cien** there are over a hundred of us, counting men and women; **~ sí** amongst themselves; **discutían ~ sí** they were arguing with each other.

entreabierto, ta ◇ *pp* → **entreabrir**. ◇ *adj* half-open, ajar; **dejar una puerta entreabierta** to leave a door ajar.

entreabrir *vt* to half-open.

◆ **entreabrirse** *vpr* to be half-open, to be ajar.

entreacto *m* - **1.** TEATRO interval. - **2.** [cigarro] small cigar.

entreancho, cha *adj* of medium width.

entrecalle *f* quirk, space between two mouldings.

entrecanal *m* [en columna] fillet.

entrecano, na *adj* [cabello, persona] graying.

entrecava *f* shallow digging (U).

entrecavar *vt* to dig shallowly.

entrecejo *m* space between the brows; **fruncir el ~** to frown.

entrecerrar [19] *vt* to half-close.

entrechocar [10] ◇ *vt* [espadas] to clash. ◇ *vi* [dientes] to chatter.

entreclaro, ra *adj* fairly clear.

entrecoger [14] *vt* - **1.** [agarrar] to seize. - **2.** *fig* [apremiar] to compel, to force.

entrecomillado, da *adj* in quotation marks.

◆ **entrecomillado** *m* text in quotation marks.

entrecomillar *vt* to put in quotation marks.

entrecoro *m* chancel.

entrecortado, da *adj* - **1.** [voz, habla] faltering; [respiración] laboured. - **2.** [señal, sonido] intermittent.

entrecortar *vt* - **1.** [cortar] to cut into, to cut partially. - **2.** [interrumpir] to interrupt, to cut off.

entrecorteza *f* ingrown bark.

entrecot (*pl* **entrecots**), **entrecote** (*pl* **entrecotes**) *m* entrecôte.

entrecruzado, da *adj* interwoven, intertwined.

entrecruzar [13] *vt* [gen] to interweave; [miradas] to meet; [dedos] to link together.

◆ **entrecruzarse** *vpr* [gen] to interweave; [miradas, caminos] to meet.

entrecubiertas *fpl* NÁUT between-decks.

entredecir [66] *vt* to prohibit.

entredicho, cha *pp* → **entredecir**.

◆ **entredicho** *m* - **1.** [duda]: **estar en ~** to be in doubt; **poner en ~** to question, to call into question. - **2.** [prohibición] prohibition, interdiction. - **3.** RELIG interdict.

entredoble *adj* [tejido] of medium thickness.

entredós (*pl* **entredoses**) *m* - **1.** [en costura] insert, panel. - **2.** [armario] dresser. - **3.** IMPRENTA long primer.

entrefino, na *adj* of medium quality.

entreforro *m* interlining.

entrega *f* - **1.** [gen] handing over; [de pedido, paquete] delivery; [de premios] presentation; **hacer ~ de algo a alguien** to hand sthg over to sb; **pagadero a la ~** payable on delivery ❑ **~ a domicilio** home delivery. - **2.** [dedicación]: **~ (a)** devotion (to). - **3.** [fascículo] instalment; **publicar por ~s** to serialize. - **4.** DEP pass. - **5.** ARQUIT *part of a beam embedded in a wall.*

entregado, da *adj* ARQUIT embedded.

entregador, ra ◇ *adj* delivering. ◇ *m, f* deliverer.

entregar [16] *vt* - **1.** [gen] to hand over; [pedido, paquete] to deliver; [examen, informe] to hand in; **le entregaron las llaves de la ciudad** they handed over the keys to the city to him. - **2.** [persona] to turn over; **entregó al ladrón a la policía** she turned the thief over to the police.

◆ **entregarse** *vpr* - **1.** [rendirse - soldado, ejército] to surrender; [- criminal] to turn o.s. in. - **2.** *desus* [tomar posesión]: **~se de** to take possession of.

◆ **entregarse a** *vpr* - **1.** [persona, trabajo] to devote o.s. to. - **2.** [vicio, pasión] to give o.s. over to.

entreguerras ◆ **de entreguerras** *loc adj* between the wars.

entrejuntar *vt* [en carpintería] to assemble, to joint.

entrelazar [13] *vt* to interlace, to interlink.

entrelínea *f* space between two lines.

entreliño *m* AGR space between rows.

entrelistado, da *adj* striped.

entrelucir [32] *vi* to show through.

entremedias *adv* - **1.** [entre dos cosas] in between. - **2.** [mientras tanto] in the meantime, meanwhile.

◆ **entremedias de** *loc prep* between, among.

entremedio ◇ *adv* [en medio] in between. ◇ *m* [intermedio] intermission.

entremés (*pl* **entremeses**) *m* - **1.** (*gen pl*) CULIN hors d'œuvres. - **2.** TEATRO interlude, entr'acte.

entremeter *vt* to insert, to put in.

◆ **entremeterse** *vpr* - **1.** [inmiscuirse]: **~se (en)** to meddle (in). - **2.** [interrumpir] to interrupt.

entremetido, da ◇ *adj* meddling. ◇ *m, f* meddler.

entremetimiento *m* - **1.** [inserción] insertion. - **2.** [intromisión] meddling, interfering.

entremezclar *vt* to mix up.

◆ **entremezclarse** *vpr* to mix.

entrenador, ra ◇ *adj* training. ◇ *m, f* DEP coach; [seleccionador] manager; **~ del pilotaje** flight simulator.

entrenamiento *m* training.

entrenar *vt & vi* to train.

◆ **entrenarse** *vpr* to train.

entrenzar [13] *vt* to plait *Br*, to braid *Am*.

entreoír [62] *vt* to half-hear.

entrepanes *mpl* fallow land *(U)*.

entrepaño *m* - **1.** ARQUIT bay. - **2.** [en carpintería] shelf.

entreparecerse [30] *vpr* to show through.

entrepierna *f*, **entrepiernas** *fpl* - **1.** ANAT crotch; [en costura] crotch reinforcement. - **2.** *Amér* [traje de baño] bathing o swimming trunks *(pl)*.

entrepiso *m* - **1.** ARQUIT mezzanine. - **2.** MIN space between galleries.

entrepunzar [13] *vt* to cause intermittent shooting pains.

entrerrenglonar *vt* to write between the lines.

entresaca, **entresacadura** *f* thinning.

entresacar [10] *vt* - **1.** [escoger, elegir] to pick out. - **2.** [bosque, cabello] to thin (out).

entresijo *m* - **1.** *fig* [secreto] secret, mystery. - **2.** ANAT mesentery.

◆ **entresijos** *mpl* ins and outs; **tener muchos** ~ *fig* [dificultades] to be very complicated; [persona] to be a dark horse.

entresuelo *m* mezzanine.

entresurco *m* space between furrows.

entretalla, **entretalladura** *f* bas-relief.

entretallar *vt* - **1.** [labrar, grabar] to carve. - **2.** [tela] to do openwork on. - **3.** [persona] to hinder, to impede.

◆ **entretallarse** *vpr* to fit together.

entretanto ◇ *adv* meanwhile. ◇ *m*: **en el** ~ in the meantime.

entretecho *m Amér* loft, attic.

entretejer *vt* - **1.** TEXTIL to interweave. - **2.** [enlazar] to interlace. - **3.** *fig* [incluir] to insert, to put in; ~ **citas con el texto** to insert quotations throughout the text.

entretela *f* - **1.** [de ropa] inner lining. - **2.** IMPRENTA surfacing, smoothing.

◆ **entretelas** *fpl fig* innermost heart *(sg)*.

entretelar *vt* - **1.** [ropa] to interline. - **2.** IMPRENTA to surface, to smoothe.

entretención *f Amér* entertainment.

entretener [72] *vt* - **1.** [despistar] to distract. - **2.** [retrasar] to hold up, to keep. - **3.** [divertir] to entertain. - **4.** [mantener] to keep alive, to sustain. - **5.** [mitigar] to alleviate, to make more bearable. - **6.** [ocupar] to occupy, to keep busy; **el libro me entretenía toda la mañana** the book kept me busy all morning.

◆ **entretenerse** *vpr* - **1.** [despistarse] to get distracted. - **2.** [divertirse] to amuse o.s. - **3.** [retrasarse] to be held up.

entretenida *f desus* [amante] mistress.

entretenido, da *adj* - **1.** [divertido] entertaining, enjoyable. - **2.** HERÁLDICA interlaced, interwoven.

◆ **entretenido** *m desus* trainee.

entretenimiento *m* - **1.** [acción] entertainment. - **2.** [pasatiempo] pastime. - **3.** [alivio] alleviation, easing. - **4.** [retraso] delay. - **5.** [conservación, mantenimiento] maintenance, upkeep.

entretiempo *m*: **de** ~ mild-weather *(antes de sust)*.

entreventana *f* pier.

entrever [76] *vt* - **1.** [vislumbrar] to barely make out; [por un instante] to glimpse. - **2.** *fig* [adivinar] to see signs of.

◆ **entreverse** *vpr* to be barely visible; **no se entrevé una solución** *fig* there's no sign of a solution.

entreverado, da *adj* streaky.

◆ **entreverado** *m Amér* roast lamb with salt and vinegar.

entreverar *vt Amér* to mix.

◆ **entreverarse** *vpr Amér* to get tangled.

entrevero *m Amér* - **1.** [confusión] tangle, mess. - **2.** [mezcla] mixture. - **3.** [pelea] brawl.

entrevía *f* gauge.

entrevista *f* - **1.** [de periodista, de trabajo] interview; ~ **de selección** job interview. - **2.** [cita] meeting.

entrevistado, da ◇ *adj* interviewed. ◇ *m, f* interviewee.

entrevistador, ra *m, f* interviewer.

entrevistar *vt* to interview.

◆ **entrevistarse** *vpr*: ~**se (con)** to have a meeting (with).

entrevisto, ta *pp* → **entrever**.

entripado, da *adj* - **1.** [dolor] intestinal. - **2.** [animal muerto] uneviscerated.

◆ **entripado** *m fam fig* concealed anger, gnawing resentment.

◆ **entripada** *f Amér* soaking, drenching.

entristecer [30] *vt* to make sad.

◆ **entristecerse** *vpr* to become sad.

entristecimiento *m* - **1.** [acción] saddening. - **2.** [tristeza] sadness.

entrojar *vt* to store in a granary, to garner.

entrometerse *vpr*: ~ **(en)** to interfere (in).

entrometidamente *adv* intrusively.

entrometido, da ◇ *adj* interfering. ◇ *m, f* meddler.

entrometimiento *m* meddling.

entromparse *vpr* - **1.** *fam* [emborracharse] to get sloshed. - **2.** *Amér* [enfadarse] to get angry.

entroncamiento *m* [parentesco] relationship, connection.

entroncar [10] *vi* - **1.** [emparentarse] ~ **(con)** to become related (to). - **2.** [linaje, dinastía] to show o establish the relationship between. - **3.** [trenes etc] to connect. - **4.** *fig* [relacionarse] ~ **(con)** to be related (to). - **5.** *Amér* [caballos] to mate.

entronización *f*, **entronizamiento** *m* - **1.** [de rey, soberano] coronation. - **2.** *fig* [ensalzamiento] exaltation.

entronizar [13] *vt* - **1.** [rey, soberano] to crown. - **2.** *fig* [ensalzar] to revere, to exalt.

◆ **entronizarse** *vpr fig* [engreírse] to put on airs.

entronque *m* - **1.** [parentesco] blood relationship. - **2.** [de vías, carreteras] junction.

entruchada *f*, **entruchado** *m fam* trick, plot.

entruchar *vt fam* to lure.

◆ **entrucharse** *vpr Amér* to meddle.

entrujar *vt* - **1.** [aceitunas] to store in bins; [grano, cereales] to store in a granary. - **2.** *fam* [embolsar, guardar] to pocket.

entubación *f*, **entubamiento** *m* tubing.

entubar *vt* to fit tubes to, to tube.

entuerta *etc v* → **entortar**.

entuerto *m* wrong, injustice; **deshacer** ~**s** to right wrongs.

◆ **entuertos** *mpl* MED afterpains.

entullecer [30] ◇ *vt fig* [parar] to check, to stop. ◇ *vi* [tullirse] to become paralyzed.

◆ **entullecerse** *vpr* [tullirse] to become paralyzed.

entumecer [30] *vt* to numb.

◆ **entumecerse** *vpr* - **1.** [miembro] to become numb. - **2.** *fig* [río] to swell, to rise; **el río se entumece** the river is rising.

entumecido, da *adj* numb.

entumecimiento *m* - **1.** [de miembro] numbness. - **2.** [crecida] swelling, rise.

entunicar [10] *vt* - **1.** [en pintura] *to plaster with lime and sand in preparation for painting in fresco*. - **2.** [vestir] to put a tunic on.

entupir *vt* - **1.** [apretar] to compress, to squeeze. - **2.** [obstruir] to clog, to block.

enturbiar [8] *vt lit & fig* to cloud.

◆ **enturbiarse** *vpr lit & fig* to become cloudy.

entusiasmado, da *adj* excited.

entusiasmar *vt* - **1.** [animar] to fill with enthusiasm. - **2.** [gustar]: **le entusiasma la música** he loves music.

◆ **entusiasmarse** *vpr*: ~**se (con)** to get excited (about).

entusiasmo *m* - **1.** [exaltación] enthusiasm. - **2.** [pasión] enthusiasm, zeal. - **3.** [inspiración] inspiration. - **4.** [fervor, devoción] ardour, fervour.

entusiasta ◇ *adj* - **1.** [que tiene entusiasmo] enthusiastic. - **2.** [fervoroso, devoto] ardent, fervid. ◇ *mf* enthusiast.

entusiástico, ca *adj* enthusiastic.

enumeración *f* enumeration, listing.

enumerador, ra ◇ *adj* enumerating, enumerative. ◇ *m, f* enumerator.

enumerar *vt* - **1.** [nombrar] to enumerate, to list. - **2.** [contar] to count.

enunciación *f*, **enunciado** *m* formulation, enunciation.

enunciar [8] *vt* to formulate, to enunciate.

enunciativo, va *adj* - **1.** [que expresa claramente] enunciative, enunciatory. - **2.** [oración] declarative.

enuresis *f inv* bed-wetting.

envainar *vt* - **1.** [espada] to sheathe. - **2.** [envolver] to enclose.

envalentonamiento *m* boldness.

envalentonar *vt* to urge on, to fill with courage.
◆ **envalentonarse** *vpr* to become daring.

envanecedor, ra *adj* ego-boosting.

envanecer [30] *vt* to make vain.
◆ **envanecerse** *vpr* - **1.** [de vanidad] to become vain. - **2.** *Amér* [fruto] to wither.

envanecimiento *m* vanity.

envarado, da ◇ *adj* stiff, formal. ◇ *m, f* stiff o formal person.

envaramiento *m* stiffness.

envararse *vpr fam fig* to get stuck-up.

envasado *m* [en botellas] bottling; [en latas] canning; [en paquetes] packing.

envasador, ra ◇ *adj* [gen] packing, packaging; [en latas] canning; [en botellas] bottling. ◇ *m, f* [gen] packer; [enlatador] canner; [embotellador] bottler.
◆ **envasador** *m* [embudo] large funnel.

envasar *vt* - **1.** [gen] to pack; [en latas] to can; [en botellas] to bottle. - **2.** *fig* [beber] to knock back. - **3.** *fig* [apuñalar] to stab.

envase *m* - **1.** [envasado - en botellas] bottling; [- en latas] canning; [- en paquetes] packing. - **2.** [recipiente] container; [botella] bottle; ~ **desechable** disposable container; ~ **sin retorno** non-returnable bottle. - **3.** *fig* [bebida] heavy drinking. - **4.** *fig* [puñalada] stab.

envedijarse *vpr* - **1.** [pelo, lana] to become entangled. - **2.** *fam* [pelearse] to get into a fight.

envejecer [30] ◇ *vi* [hacerse viejo] to grow old. ◇ *vt* to age; **la muerte de su madre lo envejeció mucho** his mother's death aged him a lot.

envejecido, da *adj* - **1.** [de edad] old; [de aspecto] aged. - **2.** *desus* [acostumbrado] accustomed, experienced.

envejecimiento *m* ageing.

envenenado, da *adj* poisoned.

envenenador, ra ◇ *adj* poisonous, venomous. ◇ *m, f* poisoner.

envenenamiento *m* poisoning.

envenenar *vt* - **1.** [poner veneno, matar] to poison. - **2.** *fig* [corromper] to poison. - **3.** [interpretar mal] to misconstrue.

enverar *vi* [frutos] to begin to ripen.

enverdecer [30] *vi* BOT to turn o become green.

envergadura *f* - **1.** [importancia] size, extent; [complejidad] complexity; **una reforma de gran** ~ a wide-ranging reform. - **2.** [anchura] span; [distancia entre alas] wingspan.

envergar [16] *vt* [velas] to fasten.

envés (*pl* **enveses**) *m* [gen] reverse (side), back; [de tela] wrong side.

envesado, da *adj* back-to-front.

envestir *vt* = **investir**.

enviada *f* = **envío**.

enviado, da *m, f* POLÍT envoy; PRENSA correspondent; ~ **especial** special correspondent; ~ **extraordinario** special envoy.

enviar [9] *vt* - **1.** [mandar, remitir] to send; [por barco] to ship; [por fax] to fax; **envíele mis saludos a su madre** give my regards to her mother; ~ **de** to send as; **le enviaron de embajador** they sent him as an ambassador; ~ **por** to send for; **le enviaron por agua** they sent him for water. - **2.** [transmitir] to convey, to transmit.

enviciar [8] ◇ *vt*: ~ **a alguien en algo** to get sb hooked on sthg. ◇ *vi* [planta] to bear a lot of foliage and little fruit.
◆ **enviciarse** *vpr* - **1.** [viciarse] to become addicted. - **2.** [corromperse] to become corrupted.

envidia *f* - **1.** [sentimiento negativo] envy; **dar** ~ to make jealous o envious; **¡qué** ~ **me das al verte tan feliz con tu hijo!** it makes me really envious seeing you so happy with your son!; **tener** ~ **de** to envy □ **comerse de** ~ to be eaten up with jealousy o envy; **muerto** o **verde de** ~ green with envy. - **2.** [deseo positivo] desire to emulate.

envidiable *adj* enviable.

envidiar [8] *vt* - **1.** [a amigo, riquezas ajenas etc] to envy. - **2.** [codiciar] to covet, to desire.

envidioso, sa ◇ *adj* envious. ◇ *m, f* envious person.

envigar [16] *vt* to put rafters o beams in.

envilecedor, ra *adj* debasing.

envilecer [30] *vt* to debase.
◆ **envilecerse** *vpr* to become debased.

envilecimiento *m* debasement.

envinagrar *vt* to add vinegar to.

envinar *vt* to add wine to.

envío *m*, **enviada** *f* - **1.** COM dispatch; [de correo] delivery; [de víveres, mercancías] consignment; [de dinero] remittance. - **2.** [paquete] package. - **3.** [transmisión] transmission. - **4.** [dedicatoria] dedication, inscription.

envión *m* [empujón] push, shove.

envista *etc v* → **envestir**.

envistiera *etc v* → **envestir**.

envite *m* - **1.** [en el juego] raise. - **2.** [ofrecimiento] offer. - **3.** [empujón] push, shove; **al primer** ~ [de buenas a primeras] right away, from the outset.

enviudar *vi* to be widowed.

envoltorio *m*, **envoltura** *f* - **1.** [para envolver] wrapper, wrapping. - **2.** [lío, atado] bundle. - **3.** [en tela] flaw.

envolvedor, ra *m, f* [persona] wrapper.

envolvente *adj* [que envuelve] enveloping; [maniobra] surrounding, encircling.

envolver [24] *vt* - **1.** [empaquetar, embalar] to wrap (up). - **2.** [enrollar] to wind; ~ **hilo en un carrete** to wind thread onto a spool. - **3.** [implicar]: ~ **a alguien en** to involve sb in. - **4.** [cubrir, rodear] to envelop, to cover; MIL to encircle, to surround; **envuelve al niño con la manta** wrap the child in the blanket. - **5.** *fig* [dominar] to envelop, to take over; **le envuelve el cariño de sus admiradores** she's enveloped by the affection of her admirers.
◆ **envolverse** *vpr*: ~**se en** o **con algo** [cubrirse] to wrap o.s. in sthg; [involucrarse] to get involved with; **se ha envuelto en un asunto de drogas** he has got involved in something to do with drugs.

envolvimiento *m* - **1.** [cubrimiento] covering. - **2.** [enrollamiento] winding. - **3.** [implicación] involvement, entanglement. - **4.** MIL encirclement.

envuelto, ta *pp* → **envolver**.
◆ **envuelto** *m Amér* - **1.** [bollo] roll made with maize or plantain. - **2.** [tortilla] maize tortilla with filling. - **3.** [pelele] rompers (*pl*).
◆ **envueltas** *fpl* [de bebé] swaddling clothes.

envuelva *etc v* → **envolver**.

enyesado, da *adj* plastered.
◆ **enyesado** *m* plastering.

enyesar *vt* - **1.** MED to put in plaster. - **2.** [tapar con yeso] to plaster. - **3.** [agregar yeso] to add gypsum to.

enyetar *vt Amér fam* to jinx.

enyugar [16], **enyuntar** *vt* to yoke.

enzarzar [13] *vt* - **1**. [discordias] to entangle, to embroil. - **2**. [poner zarzas] to cover with brambles.
◆ **enzarzarse** *vpr* - **1**. [pelearse]: ~**se en** to get entangled o embroiled in. - **2**. [enredarse en zarzas] to get caught o entangled in brambles.
enzima *f* enzyme.
enzurizar [52] *vt* to provoke trouble between.
enzurronar *vt* - **1**. [en zurrón] to bag, to put in a bag. - **2**. *fam fig* [encerrar] to stick in.
EOI (*abrev de* **Escuela Oficial de Idiomas**) *f* Spanish State language-teaching institute.
eólico, ca *adj* wind (*antes de sust*).
Eolo *m* Aeolus.
eón *m* eon.
epa *interj Amér* - **1**. [¡hola!] hi!, hello! - **2**. [¡ea!] come on! - **3**. [¡cuidado!] look out!
EPA (*abrev de* **encuesta de población activa**) *f* working population survey.
epatar *vt* to shock.
e.p.d. (*abrev escrita de* **en paz descanse**) RIP.
eperlano *m* [pez] smelt, sparling.
épica *f* → **épico**.
epicentro *m* epicentre.
épico, ca *adj* epic.
◆ **épica** *f* epic.
epicureísmo *m* Epicureanism.
epicúreo, a *adj & m, f* Epicurean.
Epicuro *m* Epicurus.
epidemia *f* epidemic.
epidémico, ca *adj* epidemic.
epidemiología *f* epidemiology.
epidérmico, ca *adj* epidermic.
epidermis *f inv* epidermis.
epidural *adj & f* epidural.
Epifanía *f* Epiphany.
epífisis *f inv* epiphysis.
epigastrio *m* epigastrium.
epiglotis *f inv* epiglottis.
epígono *m* epigone.
epígrafe *m* - **1**. [encabezamiento, título] heading. - **2**. [cita] quotation.
epigrafía *f* epigraphy.
epigrama *m* epigram.
epilepsia *f* epilepsy.
epiléptico, ca *adj & m, f* epileptic.
epilogar [16] *vt* - **1**. [concluir] to round off. - **2**. [resumir] to summarize, to sum up. - **3**. LITER to add an epilogue to.
epílogo *m* - **1**. [conclusión & LITER] epilogue. - **2**. [resumen] summary.
episcopado *m* - **1**. [gen] episcopate, episcopacy. - **2**. [territorio] diocese.
episcopal *adj* episcopal.
episódico, ca *adj* episodic, episodical.
episodio *m* - **1**. [gen] episode. - **2**. [suceso] event.
epistemología *f* epistemology.
epístola *f culto* [carta] epistle; RELIG Epistle.
epistolar *adj culto* epistolary.
epistolario *m* collected letters (*pl*).
epitafio *m* epitaph.
epitalamio *m* epithalamium.
epitelio *m* epithelium.
epíteto *m* epithet.
epitomar *vt culto* to abridge.
epítome *m* summary, synopsis.
e.p.m. *abrev escrita de* **en propia mano**.
época *f* - **1**. [período] period; [estación] season; **de** ~ período (*antes de sust*); **en aquella** ~ at that time ❑ **hacer** ~ to

become a symbol of its time. - **2**. [era] epoch, era; **la** ~ **victoriana** the Victorian era. - **3**. GEOL age; ~ **cenozoica** Cenozoic age.
epónimo, ma *adj* eponymous.
◆ **epónimo** *m* eponym.
epopeya *f* - **1**. [gen] epic. - **2**. *fig* [hazaña] feat.
épsilon *f* epsilon.
eptágono, na *adj* GEOM heptagonal.
◆ **eptágono** *m* GEOM heptagon.
epulón *m* gourmand.
equidad *f* - **1**. [justicia] fairness. - **2**. [de precio] moderateness, reasonableness.
equidistancia *f* equidistance.
equidistante *adj* equidistant.
equidistar *vi*: ~ **(de)** to be equidistant (from).
équidos *mpl* members of the horse family.
equilátero, ra *adj* equilateral.
equilibrado, da *adj* - **1**. [gen] balanced. - **2**. [sensato] sensible.
equilibrar *vt* to balance.
◆ **equilibrarse** *vpr* to balance.
equilibrio *m* - **1**. [gen] balance; **mantener algo en** ~ to balance sthg; **mantenerse/perder el** ~ to keep/lose one's balance ❑ ~ **ecológico** ecological balance; ~ **de poder** o **político** balance of power; **hacer** ~**s** *fig* to perform a balancing act. - **2**. [contrapeso] counterbalance, counterpoise. - **3**. *fig* [sensatez] composure, poise.
equilibrismo *m* [en trapecio] trapeze; [funambulismo] tightrope walking.
equilibrista *mf* [trapecista] trapeze artist; [funambulista] tightrope walker.
equino, na *adj* equine.
equinoccial ◇ *adj* equinoctial. ◇ *f* equinoctial line.
equinoccio *m* equinox.
equipaje *m* luggage *Br*, baggage *Am*; **hacer el** ~ to pack ❑ ~ **de mano** hand luggage.
equipamiento *m* [acción] equipping; [equipo] equipment.
equipar *vt*: ~ **(de)** [gen] to equip (with); [ropa] to fit out (with).
◆ **equiparse** *vpr* to equip o.s.
equiparable *adj*: ~ **(a)** comparable (to).
equiparación *f* comparison.
equiparar *vt* to compare.
◆ **equipararse** *vpr* to be compared.
equipo *m* - **1**. [equipamiento] equipment; ~ **de oficina** office equipment; ~ **de primeros auxilios** first-aid kit; ~ **quirúrgico** surgical instruments (*pl*). - **2**. [uniforme - de novia] trousseau; [- de soldado] kit; [- de colegial] uniform. - **3**. [personas, jugadores] team; ~ **de rescate** rescue team. - **4**. [de música] system; ~ **de sonido** sound system.
equis ◇ *adj inv* X; **un número** ~ **de personas** x number of people. ◇ *f* name of the letter *X*; **estar en la** ~ *Amér fig* [estar flaco] to be as thin as a rake.
equitación *f* [arte] equestrianism; [actividad] horse riding.
equitativamente *adv* fairly.
equitativo, va *adj* fair, even-handed.
equivalencia *f* equivalence.
equivalente *adj & m* equivalent.
equivaler [74] ◆ **equivaler a** *vi* - **1**. [gen] to be equivalent to. - **2**. *fig* [significar] to amount to.
equivocación *f* - **1**. [error] mistake; **por** ~ by mistake. - **2**. [malentendido] misunderstanding.
equivocadamente *adv* mistakenly, by mistake.
equivocado, da *adj* mistaken.
equívocamente *adv* ambiguously, equivocally.
equivocar [10] *vt* to choose wrongly; ~ **algo con algo** to mistake sthg for sthg.
◆ **equivocarse** *vpr* to be wrong; **se equivocó de nombre** he got the wrong name; ~**se en** to make a mistake in; **se equivocó en la suma** she got the total wrong.

equívoco, ca *adj* - **1.** [ambiguo] ambiguous, equivocal. - **2.** [sospechoso] suspicious.
◆ **equívoco** *m* - **1.** [malentendido] misunderstanding. - **2.** [ambigüedad] ambiguity.

era[1] *v* → **ser**.

era[2] *f* - **1.** [periodo] era; ~ **atómica/espacial/glacial** atomic/space/ice age; ~ **cristiana/geológica** Christian/geological era. - **2.** [para trillar mieses] threshing floor. - **3.** [de albañil] working yard. - **4.** [de cultivo] plot, patch. - **5.** *Amér* [vasija] vessel in which 'chicha' is fermented.

erario *m* funds (*pl*); ~ **público** exchequer.

Erasmo *m*: ~ **de Rotterdam** Erasmus of Rotterdam.

ERASMUS (*abrev de* **European Action Scheme for the Mobility of University Students**) *m* ERASMUS.

erbio *m* erbium.

ERC (*abrev de* **Esquerra Republicana de Catalunya**) *f* left-wing Catalan republican party.

erección *f* - **1.** [gen] erection. - **2.** [fundación] founding, establishment.

eréctil *adj* erectile.

erecto, ta *adj* erect.

erector, ra ◇ *adj* erecting. ◇ *m, f* erector, builder.

eremita *mf* hermit.

eremítico, ca *adj* hermitical, eremitic.

eres *v* → **ser**.

ergio, erg ['erg] (*pl* **ergs**) *m* FÍS erg.

ergo *conj culto* ergo.

ergonomía *f* ergonomics (*U*).

ergonómico, ca *adj* ergonomic.

ergotismo *m* - **1.** FILOS sophistry. - **2.** MED ergotism.

ergotista FILOS ◇ *adj* sophistic. ◇ *mf* sophist.

erguidamente *adv* upright.

erguido, da *adj* erect.

erguimiento *m* raising.

erguir [58] *vt* to raise.
◆ **erguirse** *vpr* - **1.** [levantarse] to rise up. - **2.** [engreírse] to become vain o conceited.

erial ◇ *adj* uncultivated. ◇ *m* uncultivated land (*U*).

erice *etc v* → **erizar**.

Erie *s* → **lago**.

erigir [15] *vt* - **1.** [construir] to erect, to build. - **2.** [nombrar] to name. - **3.** [fundar] to found, to establish.
◆ **erigirse en** *vpr* to set o.s. up as.

Erik *m*: ~ **el Rojo** Erik the Red.

erina *f* forceps (*sg*).

erístico, ca *adj* eristic, eristical.

eritema *m* skin rash.

Eriván *s* Yerevan.

erizado, da *adj* - **1.** [de punta] on end; [con púas o espinas] spiky. - **2.** [tieso] rigid, stiff. - **3.** *fig* [lleno]: ~ **de** plagued with.

erizamiento *m* bristling, standing on end.

erizar [13] *vt* to cause to stand on end.
◆ **erizarse** *vpr* [pelo] to stand on end; [persona] to stiffen.

erizo *m* - **1.** [mamífero] hedgehog. - **2.** [pez] globefish; ~ **de mar** sea urchin. - **3.** *fam fig* [persona] prickly customer. - **4.** [planta] tibourbou. - **5.** [de castaña] chestnut burr.

ermita *f* hermitage.

ermitaño, ña *m, f* hermit.
◆ **ermitaño** *m* ZOOL hermit crab.

erogación *f* - **1.** [distribución] distribution. - **2.** *Amér* [donativo] contribution.

erogante *Amér* ◇ *adj* contributing. ◇ *mf* contributor.

erogar [16] *vt* - **1.** [distribuir] to distribute. - **2.** *Amér* [donar] to contribute.

erógeno, na *adj* erogenous.

erogue *etc v* → **erogar**.

eros *m inv* eros.

erosión *f* erosion.

erosionar *vt* to erode.
◆ **erosionarse** *vpr* to erode.

erosivo, va *adj* erosive.

erótico, ca *adj* erotic.
◆ **erótica** *f* - **1.** [atracción]: **la erótica del poder** the thrill of power. - **2.** LITER erotic poetry.

erotismo *m* eroticism.

errabundo, da *adj* wandering, roving.

erradamente *adv* mistakenly.

erradicación *f* eradication.

erradicar [10] *vt* - **1.** [eliminar] to eradicate. - **2.** [arrancar] to uproot.

erradizo, za *adj* errant, wandering.

errado, da *adj* - **1.** [disparo] wide of the mark, missed. - **2.** [razonamiento] mistaken.

errante *adj* wandering.

errar [47] ◇ *vt* - **1.** [vocación, camino] to choose wrongly. - **2.** [disparo, golpe] to miss. - **3.** [fallar] to fail. ◇ *vi* - **1.** [vagar] to wander. - **2.** [equivocarse] to make a mistake. - **3.** [al disparar] to miss.
◆ **errarse** *vpr* to be mistaken, to make a mistake.

errata *f* misprint.

errático, ca *adj* - **1.** [errante] wandering. - **2.** MED erratic.

errátil *adj* erratic, inconsistent.

erre *f* name of the Spanish double 'r'; ~ **que** ~ *fig* stubbornly.

erróneamente *adv* erroneously, mistakenly.

erróneo, a *adj* mistaken.

error *m* - **1.** [falta, equivocación] mistake, error; **estar en un** ~ to be mistaken; **por** ~ by mistake; **salvo** ~ **u omisión** errors and omissions excepted □ ~ **de cálculo** miscalculation; ~ **de copia** clerical error; ~ **humano** human error; ~ **de imprenta** misprint; ~ **judicial** DER miscarriage of justice; ~ **de máquina** o **tecla** typing mistake o error; ~ **tipográfico** typo, typographical error. - **2.** [idea falsa] misconception, fallacy; **estás en un** ~ **si piensas que es inocente** you're wrong if you think he's innocent.

ertzaina [er'tʃaina] *mf* member of Basque regional police force.

ertzaintza [er'tʃaintʃa] *f* Basque regional police force.

erubescencia *f culto* [rubor] blush.

erubescente *adj culto* [que se ruboriza] blushing.

eructar *vi* to belch.

eructo *m* belch.

erudición *f* erudition.

eruditamente *adv* eruditely.

erudito, ta ◇ *adj* erudite. ◇ *m, f* scholar; ~ **a la violeta** *irón* pseudo-intellectual.

eruginoso, sa *adj* rusty.

erupción *f* - **1.** GEOL eruption; **en** ~ erupting; **entrar en** ~ to erupt. - **2.** MED rash.
◆ **erupción solar** *f* solar flare.

eruptivo, va *adj* [roca] volcanic; [volcán] active.

es *v* → **ser**.

E/S *abrev escrita de* **entrada/salida**.

esa *adj demos f* → **ese**.

ésa *pron demos f* → **ése**.

esbatimiento *m* [en pintura] shadow.

esbeltez (*pl* **esbelteces**) *f* slenderness, slimness.

esbelto, ta *adj* slender, slim.

esbirro *m* henchman.

esbozar [13] *vt* [bosquejar] to sketch, to outline; [sonrisa] to give a hint of.

esbozo *m* sketch, outline.

escabechado, da *adj* CULIN marinated.
◆ **escabechado** *m* CULIN marinade.

escabechar *vt* - **1.** CULIN to marinate. - **2.** *fam fig* [matar] to bump off. - **3.** *fig* [canas] to dye. - **4.** [suspender] to fail; **el profesor me escabechó en el examen final** the teacher failed me in the final exam.

escabeche *m* - **1.** CULIN marinade. - **2.** [pescado] marinated fish. - **3.** *fig* [para canas] dye.

escabechina *f* destruction; [en examen] huge number of failures.

escabel *m* - **1.** [para pies] footstool. - **2.** [asiento] stool.

escabro *m* - **1.** VETER sheep scab. - **2.** BOT scaly bark.

escabrosamente *adv* - **1.** *fig* [con dificultad] awkwardly, trickily. - **2.** [obscenamente] indecently.

escabrosidad *f* - **1.** [de terreno, superficie] roughness, ruggedness. - **2.** *fig* [obscenidad] indecency, risqué nature. - **3.** *fig* [aspereza] awkwardness.

escabroso, sa *adj* - **1.** [abrupto] rough. - **2.** [obsceno] risqué. - **3.** [espinoso] awkward, thorny.

escabullirse *vpr* - **1.** [desaparecer]: ~ **(de)** to slip away (from). - **2.** [escurrirse]: **escabullírsele a alguien** to slip out of sb's hands.

escacharrado, da *adj fam* kaput, bust.

escacharrar *vt fam* to bust.

◆ **escacharrarse** *vpr fam* to get bust.

escafandra *f* diving suit; ~ **autónoma** scuba; ~ **espacial** spacesuit.

escafandrista *mf* diver.

escala *f* - **1.** [gen] scale; [de colores] range; **a** ~ [gráfica] to scale; **a** ~ **mundial** *fig* on a worldwide scale; **a gran** ~ on a large scale; **a pequeña** ~ small-scale; **en pequeña** ~ on a small scale ❑ ~ **cromática/diatónica** MÚS chromatic/ diatonic scale; ~ **(de) Faraday/Richter** Faraday/Richter scale; ~ **móvil** sliding scale; ~ **de popularidad** popularity stakes *(pl).* - **2.** [en un viaje] stopover; **hacer** ~ to stop over; **sin** ~ nonstop. - **3.** [escalera] ladder; ~ **de popa** o **portalón** NÁUT accommodation ladder; ~ **de viento** o **cuerda** NÁUT rope ladder. - **4.** NÁUT port of call. - **5.** MIL register, list; ~ **de reservas** list of reserves.

escalada *f* - **1.** [de montaña] climb. - **2.** [de violencia, precios] escalation, rise.

escalador, ra ◇ *adj* climbing *(antes de sust).* ◇ *m, f* - **1.** [alpinista] climber. - **2.** *fam* [de puestos] careerist.

escalafón *m* - **1.** [escala] scale, ladder. - **2.** [de empleados] list, roll. - **3.** *fig* [cuadro] table, list.

escalamiento *m* scaling, climbing.

escálamo *m* oarlock.

escalar ◇ *vt* - **1.** [trepar] to climb. - **2.** [asaltar] to break into; ~ **un apartamento** to break into an apartment. - **3.** MIL to escalade; ~ **una plaza fuerte** to escalade a fort. ◇ *vi fig* [ascender] to rise, to climb.

escaldado, da *adj* - **1.** CULIN scalded. - **2.** *fig* [receloso] wary. - **3.** [mujer] loose.

escaldadura *f* - **1.** [quemadura] scald. - **2.** [acción] scalding.

escaldar *vt* - **1.** [en agua hirviendo] to scald. - **2.** [abrasar] to turn red-hot.

◆ **escaldarse** *vpr* to get burned.

escaleno *adj* scalene.

escalera *f* - **1.** [gen] stairs *(pl)*, staircase; [escala] ladder; ~ **abajo** downstairs, down the stairs ❑ ~ **de caracol** spiral staircase; ~ **de incendios** fire escape; ~ **de mano** ladder; ~ **mecánica** o **automática** escalator; ~ **de servicio** service stairs *(pl)*; ~ **de tijera** stepladder; **de** ~ **abajo** [de baja categoría] menial *(antes de sust)*, downstairs. - **2.** [en naipes] run; ~ **de color** straight flush.

escalerilla *f* - **1.** [de avión] stairs *(pl)*. - **2.** [de tijera] stepladder. - **3.** [en naipes] *three- or five-card run.* - **4.** VETER speculum. - **5.** [de barco] gangway.

escalfado, da *adj* - **1.** [huevo] poached. - **2.** [mal encalado] blistered.

escalfador *m* - **1.** [para huevos] egg poacher. - **2.** [de sobremesa] chafing dish. - **3.** [de barbero] barber's hot water jug.

escalfar *vt* - **1.** [en agua] to poach. - **2.** [pan] to burn.

escalinata *f* staircase.

escalofriante *adj* spine-chilling.

escalofrío *m (gen pl)* shiver; **dar** ~**s a alguien** to give sb the shivers.

escalón *m* [peldaño] step; *fig* [grado] grade; **en escalones** *fig* unevenly.

escalona *f* shallot.

escalonado, da *adj* - **1.** [en el tiempo] spread out. - **2.** [terreno] terraced. - **3.** [pelo] layered.

escalonar *vt* - **1.** [gen] to spread out. - **2.** [terreno] to terrace.

escalope *m* escalope.

escalpelo *m* scalpel.

escama *f* - **1.** [de peces, reptiles] scale. - **2.** [de jabón, en la piel] flake. - **3.** *fig* [resentimiento] resentment, indignation. - **4.** *fig* [recelo] suspicion, mistrust.

escamado, da *adj fam* suspicious, wary.

escamadura *f desus* [pescado] scaling.

escamar *vt* - **1.** [pescado] to scale. - **2.** *fam fig* [mosquear] to make suspicious.

◆ **escamarse** *vpr fam* to smell a rat, to get suspicious.

escamonda *f* pruning.

escamondar *vt* - **1.** [podar] to prune. - **2.** *fig* [lo inútil] to prune, to trim. - **3.** [lavar] to wash.

escamonearse *vpr fam* to smell a rat.

escamoso, sa *adj* - **1.** [pez, reptil] scaly; [piel] flaky, scaly. - **2.** *fig* [receloso] suspicious, wary.

escamoteador, ra ◇ *adj* conjuring. ◇ *m, f* - **1.** [ilusionista] conjurer, magician. - **2.** *fam* [ladrón] thief.

escamotear *vt* - **1.** [estafar]: ~ **algo a alguien** to do o swindle sb out of sthg; [hurtar] to rob sb of sthg. - **2.** [hacer desaparecer] to (cause to) vanish. - **3.** *fig* [eludir] to avoid, to evade.

escamoteo *m* - **1.** *fam* [hurto] stealing. - **2.** [destreza] sleight of hand.

escampado, da *adj* [sitio] clear, open.

◆ **escampada** *f fam* METEOR break.

escampar ◇ *vt* [sitio] to clear, to open. ◇ *vi* - **1.** *fig* [desistir] to give up. - **2.** *Amér* [guarecerse] to take shelter. ◇ *v impers* METEOR to clear up, to stop raining.

escamudo, da *adj* scaly.

escanciar [8] *vt* to serve, to pour out.

escanda, escaña *f* spelt.

escandalizado, da *adj* shocked.

escandalizar [13] ◇ *vt* to scandalize, to shock. ◇ *vi* [alborotar] to make a fuss.

◆ **escandalizarse** *vpr* to be shocked.

escandallar *vt* - **1.** COM to price, to calculate the price of. - **2.** NÁUT to sound.

escandallo *m* - **1.** COM pricing. - **2.** *fig* [ensayo] sampling *(U)*, trial. - **3.** NÁUT sounding lead.

escándalo *m* - **1.** [inmoralidad] scandal; [indignación] outrage. - **2.** [alboroto] uproar, racket; **armar un** ~ to kick up a fuss.

escandalosa ◇ *adj f* → **escandaloso**. ◇ *f* NÁUT topsail, gaff; **echar la** ~ **a alguien** *fam fig* to give sb a piece of one's mind.

escandalosamente *adv* shockingly.

escandaloso, sa ◇ *adj* - **1.** [inmoral] outrageous, shocking. - **2.** [ruidoso] very noisy. ◇ *m, f* very noisy o loud person.

Escandinavia *s* Scandinavia.

escandinavo, va *adj & m, f* Scandinavian.

escandio *m* scandium.

escáner *(pl* **escáners**), **scanner** [es'kaner] *(pl* **scanners**) *m* INFORM & MED scanner.

escansión *f* LITER scansion.

escaña *f* = **escanda**.

escaño *m* - **1.** [cargo] seat *(in parliament).* - **2.** [asiento] bench *(in parliament).* - **3.** *Amér* [en parque, paseo] park bench.

escañuelo *m* [tarima] footstool.

escapada *f* - **1.** [huida] escape, flight; DEP breakaway; **darse una** ~ to slip away. - **2.** [viaje] quick trip.

escapar ◇ *vi* - **1.** [huir]: ~ **(de)** to get away o escape (from); **escapó de la cárcel** he escaped from jail. - **2.** [quedar fuera del alcance]: ~ **a alguien** to be beyond sb; **los motivos de su comportamiento se me escapan** the reasons for her behaviour are beyond me. ◇ *vt* - **1.** [caballo] to cause to gallop. - **2.** [de peligro] to save, to free.
◆ **escaparse** *vpr* - **1.** [huir]: ~**se (de)** to get away o escape (from); ~**se de casa** to run away from home. - **2.** [gas, agua, etc] to leak. - **3.** [soltar]: **se me escapó la risa/un taco** I let out a laugh/an expletive. - **4.** [perder]: **se me escapó el tren** I missed the train; **se me escapó la ocasión** the opportunity slipped by.

escaparate *m* - **1.** [de tienda] (shop) window. - **2.** *Amér* [ropero] wardrobe.

escaparatismo *m* window dressing.

escaparatista *mf* window dresser.

escapatoria *f* - **1.** [fuga] escape; **no tener** ~ to have no way out. - **2.** *fam* [evasiva] way (of getting) out.

escape *m* [de gas etc] leak; [de coche] exhaust; [de máquina] escapement; **a** ~ in a rush, at high speed.

escapismo *m* escapism.

escapista *adj* escapist.

escapulario *m* scapular.

escaque *m* (chess) square.
◆ **escaques** *mpl* chess *(U)*.

escaqueado, da *adj* chequered.

escaquearse *vpr fam* to duck out; ~ **de algo/de hacer algo** to worm one's way out of sthg/doing sthg.

escara *f* [costra] eschar, scab.

escarabajo *m* - **1.** ZOOL beetle; ~ **de la patata** colorado beetle. - **2.** [en tejidos] flaw. - **3.** *fam fig* [persona] runt.
◆ **escarabajos** *mpl fam* scribbling *(U)*, scrawl *(U)*.

escaramucear *vi* = **escaramuzar**.

escaramujo *m* - **1.** BOT wild rose. - **2.** ZOOL goose barnacle. - **3.** *Amér* [mal de ojo] evil eye.

escaramuza *f* MIL *& fig* skirmish.

escaramuzar [13], **escaramucear** *vi* to skirmish, to engage in a skirmish.

escarapela *f* rosette, cockade.

escarapelar ◇ *vi* [reñir] to quarrel, to fight. ◇ *vt Amér* - **1.** [manosear] to rumple. - **2.** [descascarar] to peel.
◆ **escarapelarse** *vpr Amér* to get goose flesh o pimples.

escarbadientes *m inv* toothpick.

escarbador, ra *adj* scratching, scraping.
◆ **escarbador** *m* scraper.

escarbar *vt* - **1.** [suelo] to scratch, to scrape. - **2.** [dientes] to pick. - **3.** [fuego] to rake, to poke. - **4.** *fig* [investigar] to investigate.

escarcela *f* [de cazador] game bag.

escarceos *mpl* - **1.** [incursiones] forays; ~ **amorosos** flirtations. - **2.** [en equitación] caracoles.

escarcha *f*, **escarche** *m* frost.

escarchado, da *adj* - **1.** [fruta] candied, crystallized. - **2.** [cubierto de escarcha] frosty.
◆ **escarchado** *m* silver or gold embroidery.

escarchar ◇ *v impers* [formarse escarcha] to freeze (over). ◇ *vt* [con azúcar] to candy.

escarche *m* = **escarcha**.

escarchilla *f Amér* fine hail.

escarcina *f* cutlass.

escarda *f* - **1.** [azada] weeding hoe. - **2.** [acción] weeding.

escardar *vt* - **1.** [sembrado] to weed. - **2.** *fig* [eliminar lo malo de] to weed out.

escariar [7] *vt* to ream.

escarificación *f* MED scarification.

escarificar [10] *vt* MED to scarify.

escarlata *adj & m* scarlet.

escarlatina *f* scarlet fever.

escarmenar *vt* - **1.** [peinar] to comb. - **2.** *fig* [castigar] to punish. - **3.** [estafar] to swindle over a period of time.

escarmentado, da ◇ *adj* having learned one's lesson. ◇ *m, f* person who has learned his/her lesson.

escarmentar [19] ◇ *vi* to learn (one's lesson). ◇ *vt* to teach a lesson to.

escarmiento *m* lesson; **servir de** ~ to serve as a lesson.

escarnecedor, ra ◇ *adj* mocking, ridiculing. ◇ *m, f* mocker, ridiculer.

escarnecer [30] *vt* to mock, to ridicule.

escarnecimiento *m* mockery, ridicule.

escarnio *m* mockery, ridicule.

escaro, ra ◇ *adj* having crooked feet. ◇ *m, f* person with crooked feet.

escarola *f* endive.

escarolado, da *adj* curled.

escarolar *vt* to curl.

escarpa, escarpadura *f* [en terreno] slope, scarp.

escarpado, da *adj* [inclinado] steep; [abrupto] craggy.

escarpadura *f* = **escarpa**.

escarpar *vt* - **1.** [escultura, talla] to rasp, to scrape. - **2.** [montaña, terreno] to scarp, to slope.

escarpelo *m* - **1.** [en carpintería, escultura] rasp. - **2.** MED scalpel.

escarpín *m* [calcetín] outer sock, woollen slipper.

escarzo *m* [panal] honeycomb without honey.

escasamente *adv* - **1.** [apenas] scarcely, just. - **2.** [con dificultad] with difficulty.

escasear *vi* to be scarce, to be in short supply.

escasez (*pl* **escaseces**) *f* - **1.** [insuficiencia] shortage; [pobreza] poverty. - **2.** [tacañería] meanness, miserliness.

escaso, sa *adj* - **1.** [insuficiente - conocimientos, recursos] limited, scant; [- tiempo] short; [- cantidad, número] low; [- víveres, trabajo] scarce, in short supply; [- visibilidad, luz] poor; **andar** ~ **de** to be short of. - **2.** [casi completo]: **un metro** ~ barely a metre.

escatimar *vt* [gastos, comida] to be sparing with, to skimp on; [esfuerzo, energías] to use as little as possible; **no** ~ **gastos** to spare no expense.

escatimoso, sa *adj* mean, miserly.

escatología *f* - **1.** [sobre excrementos] scatology. - **2.** [en teología] eschatology.

escatológico, ca *adj* - **1.** [de excrementos] scatological. - **2.** [en teología] eschatological.

escay, skai ['eskai] *m inv* Leatherette®.

escayola *f* - **1.** CONSTR plaster of Paris. - **2.** MED plaster.

escayolar *vt* to put in plaster.

escayolista *mf* decorative plasterer.

escena *f* - **1.** [gen] scene; **la** ~ **del reencuentro fue conmovedora** their reunion was a moving scene; **la policía se presentó en la** ~ **del crimen** the police arrived at the scene of the crime; **la** ~ **política está muy animada** the political scene is very lively; **me gusta la** ~ **en la que los protagonistas se despiden** I like the scene where the main actors say farewell to each other ❑ ~ **retrospectiva** flashback; **hacer una** ~ to make a scene. - **2.** [escenario] stage; **llevar a la** ~ to dramatize; **poner en** ~ to stage; **salir a** ~ to go on stage. - **3.** [arte] theatre. - **4.** [literatura dramática] drama, theatre.

escenario *m* - **1.** [tablas, escena] stage; CINE & TEATRO [lugar de la acción] setting. - **2.** *fig* [de suceso] scene.

escénico, ca *adj* scenic.

escenificación *f* [de novela] dramatization; [de obra de teatro] staging.

escenificar [10] *vt* [novela] to dramatize; [obra de teatro] to stage.

escenografía *f* set design.

escenógrafo, fa *m, f* set designer.
escepticismo *m* scepticism.
escéptico, ca ◇ *adj* - **1.** FILOSOFÍA sceptic. - **2.** [incrédulo] sceptical. ◇ *m, f* sceptic.
escindir *vt* to split.
◆ **escindirse** *vpr:* ~**se (en)** to split (into).
Escipión *m* Scipio.
escirro *m* MED scirrhus.
escisión *f* - **1.** [del átomo] splitting; [de partido político] split. - **2.** MED excision.
esclarecedor, ra *adj* illuminating.
esclarecer [30] ◇ *vt* - **1.** [poner en claro] to clear up, to shed light on. - **2.** [iluminar] to illuminate, to light up. - **3.** [ennoblecer] to ennoble. ◇ *vi* [amanecer] to get light.
esclarecidamente *adv* nobly, illustriously.
esclarecido, da *adj* illustrious, eminent.
esclarecimiento *m* clearing up, elucidation.
esclava *f* → **esclavo**.
esclavina *f* short cape.
esclavismo *m* (system of) slavery.
esclavista ◇ *adj* pro-slavery. ◇ *mf* supporter of slavery.
esclavitud *f* lit & fig slavery.
esclavizar [13] *vt* lit & fig to enslave.
esclavo, va ◇ *adj* enslaved. ◇ *m, f* lit & fig [persona] slave; **ser un ~ del trabajo** to be a drudge.
◆ **esclava** *f* [pulsera] bangle, bracelet.
esclerosis *f inv* MED sclerosis; ~ **múltiple** o **en placas** multiple sclerosis.
esclerótica *f* sclera, sclerotic.
esclusa *f* [de canal] lock; [compuerta] floodgate.
escoba *f* broom; **pasar la ~** to sweep (up).
escobada *f* [barrido] sweep.
escobar *vt* - **1.** [barrer] to sweep. - **2.** AGR to winnow.
escobazo *m* - **1.** [golpe] blow with a broom; **echar a alguien a ~s** fig to kick sb out. - **2.** [barrido] sweep, sweeping (U).
escobero, ra *m, f* - **1.** [fabricante] broom maker. - **2.** [vendedor] broom seller.
escobilla *f* - **1.** [cepillo] brush. - **2.** [escoba pequeña] small broom. - **3.** [en máquina] brush. - **4.** BOT teasel.
escobillar *vt Amér* - **1.** [cepillar] to brush. - **2.** [bailar] to tap once feet quickly on.
escobina *f* [de serrín] sawdust; [de metal] filings (*pl*).
escobón *m* [grande] large broom; [de deshollinador] chimney sweep's brush; [de mango corto] shorthandled broom.
escocedura *f* - **1.** [herida] sore. - **2.** [sensación] smarting, stinging.
escocer [41] *vi* lit & fig to sting.
◆ **escocerse** *vpr* - **1.** [piel] to get sore. - **2.** fig [dolerse] to be hurt.
escocés, esa ◇ *adj* - **1.** [gen] Scottish. - **2.** [whisky] Scotch. - **3.** [tejido] tartan, plaid. ◇ *m, f* [persona] Scot, Scotsman (*f* Scotswoman); **los escoceses** the Scottish, the Scots.
◆ **escocés** *m* [lengua] Scots (U).
Escocia *s* Scotland.
escocimiento *m* stinging.
escoda *f* stonecutter's hammer.
escodar *vt* - **1.** [piedra] to cut, to hew. - **2.** [cuernos] to rub.
escofina *f* coarse file, rasp.
escoger [14] *vt* to choose.
escogido, da *adj* [elegido] selected, chosen; [selecto] choice, select.
escoja *etc v* → **escoger**.
escolanía *f* choirboys (*pl*).
escolapio, pia ◇ *adj* of/relating to the religious order of the 'Escuelas Pías'. ◇ *m, f* member of the religious order of the 'Escuelas Pías'.
escolar ◇ *adj* school (antes de sust). ◇ *mf* pupil, schoolboy (*f* schoolgirl).

escolaridad *f* schooling.
escolarización *f* schooling.
escolarizar [13] *vt* to provide with schools.
escolástica *f* → **escolástico**.
escolasticismo *m* - **1.** [enseñanza] scholasticism. - **2.** FILOS & RELIG Scholasticism.
escolástico, ca *adj* scholastic.
◆ **escolástica** *f* - **1.** [enseñanza] scholasticism. - **2.** FILOS & RELIG Scholasticism.
escoliar [7] *vt* LITER to annotate.
escoliasta *mf* LITER annotator.
escoliosis *f inv* scoliosis.
escollar *vi* - **1.** [barco] to run aground on a reef. - **2.** *Amér* fig [propósito] to fail, to come to nothing.
escollera *f* breakwater.
escollo *m* - **1.** [en el mar] reef. - **2.** fig [obstáculo] stumbling block. - **3.** fig [peligro] danger, pitfall.
escolta *f* escort.
escoltar *vt* to escort.
escombra *f* clearing of rubble.
escombrar *vt* to sweep, to clean.
escombrera *f* dump, tip.
escombros *mpl* [de edificio] rubble (*U*), debris (*U*); [de mina, cantera] slag (*U*).
escomerse *vpr* [desgastarse] to erode, to wear away.
esconce *m* [ángulo] corner, angle.
esconder ◇ *vt* [ocultar] to hide, to conceal. ◇ *m* [juego] hide-and-seek.
◆ **esconderse** *vpr:* ~**se (de)** to hide (from).
escondidamente *adv* secretly, covertly.
escondido, da *adj* [lugar] secluded.
◆ **a escondidas** loc adv in secret.
escondijo *m* = escondrijo.
escondite *m* - **1.** [lugar] hiding place. - **2.** [juego] hide-and-seek.
escondrijo, escondijo *m* hiding place.
esconzado, da *adj* angular.
escoñar *vt fam* - **1.** [estropear] to knacker, to break. - **2.** [arruinar] to spoil, to mess up.
◆ **escoñarse** *vpr fam* - **1.** [estropearse] to get knackered. - **2.** [persona] to hurt o.s.
escopeta *f* shotgun; ~ **de aire comprimido** air gun; ~ **de cañones recortados** sawn-off shotgun; ~ **de caza** hunting rifle; ~ **de dos cañones** double-barreled rifle o shotgun.
escopetazo *m* [disparo] gunshot; [herida] gunshot wound.
escopetear *vt* [disparar] to shoot at.
◆ **escopetearse** *vpr fam* fig: ~**se con insultos** to shower each other with insults.
escopetero *m* - **1.** [hombre armado] rifleman. - **2.** [fabricante] gunsmith. - **3.** ZOOL bombardier beetle.
escoplo *m* chisel; ~ **de cantería** stonecutter's chisel.
escorar ◇ *vi* - **1.** NÁUT to list. - **2.** [marea] to reach low tide. ◇ *vt* - **1.** NÁUT to list, to heel. - **2.** [apuntalar] to shore o prop up.
◆ **escorarse** *vpr* - **1.** NÁUT to list, to heel. - **2.** [marea] to reach low tide. - **3.** *Amér* [esconderse] to hide o.s. from view, to take cover. - **4.** *Amér* [desahogarse] to get even.
escorbuto *m* scurvy.
escorchar *vt* [desollar] to skin.
escoria *f* fig - **1.** [desecho] dregs (*pl*), scum. - **2.** METAL slag; ~ **de fundición** slag. - **3.** GEOL scoria.
escorial *m* - **1.** [vertedero] slagheap. - **2.** [montón] pile of slag. - **3.** *Amér* [montaña] gorge.
escorificar [10] *vt* to slag, to scorify.
Escorpio, Escorpión ◇ *m inv* - **1.** [zodiaco] Scorpio; **ser ~** to be (a) Scorpio. - **2.** [constelación] Scorpio. ◇ *mf inv* [persona] Scorpio.
escorpión *m* scorpion.

Escorpión *m inv & mf inv* = **Escorpio**.

escorzo *m* foreshortening; **en** ~ foreshortened.

escotado, da *adj* low-cut, low-necked.

escotadura *f* low neckline.

escotar *vt* - **1.** [prenda] to lower the neckline of. - **2.** [río, laguna] to drain. - **3.** [gasto] to contribute, to pay.

escote *m* - **1.** [de prendas] neckline; [de persona] neck. - **2.** [encaje] lace collar. - **3.** [cuota] share, contribution; **pagar a** ~ to go Dutch.

escotilla *f* hatch, hatchway.

escotillón *m* - **1.** [trampa] trapdoor. - **2.** NÁUT scuttle.

escozamos *v* → **escocer**.

escozor *m* - **1.** [en piel] stinging. - **2.** *fig* [pena] grief, heartache.

escriba *m* RELIG scribe.

escribanía *f* - **1.** [profesión] clerkship. - **2.** [oficina] clerk's office. - **3.** [mueble] writing desk. - **4.** *Amér* [notaría] notary public's position and duties.

escribano, na *m, f* DER clerk of the court.

◆ **escribano** *m desus* [notario] notary public.

◆ **escribano de agua** *m* whirligig beetle.

escribidor, ra *m, f* scribbler, third-rate writer.

escribiente *mf* clerk.

escribir *vt & vi* to write; ~ **a lápiz** to write in pencil; ~ **a mano** to write by hand, to write in longhand; ~ **a máquina** to type.

◆ **escribirse** *vpr* - **1.** [personas] to write to one another. - **2.** [palabras]: **se escribe con 'h'** it is spelt with an 'h'.

escriño *m* - **1.** [cesta] straw basket. - **2.** [cofre] coffer.

escrito, ta ◇ *pp* → **escribir**. ◇ *adj* - **1.** [gen] written; **tiene la culpa escrita en la cara** *fig* his guilt is written all over his face; **por** ~ in writing. - **2.** [afirmado] said, stated.

◆ **escrito** *m* - **1.** [gen] text; [documento] document; [obra literaria] writing, work. - **2.** DER brief.

escritor, ra *m, f* writer.

escritorio *m* - **1.** [mueble] desk, bureau. - **2.** [habitación] office.

escritura *f* - **1.** [arte] writing. - **2.** [sistema de signos] script; ~ **aérea** skywriting. - **3.** [caligrafía] handwriting; ~ **corrida** longhand. - **4.** DER deed. - **5.** [póliza] policy; ~ **de seguro** insurance policy. - **6.** COM bill; ~ **de venta** bill of sale.

escrituración *f Amér* - **1.** DER notarizing, notarization. - **2.** [contratación] booking, signing.

escriturar *vt* - **1.** DER to execute by deed. - **2.** [contratar] to book, to sign.

escroto *m* scrotum.

escrupulizar [13] *vi* to have scruples, to hesitate.

escrúpulo *m* - **1.** [duda, recelo] scruple; **sin** ~**s** unscrupulous ❏ ~ **de monja** childish scruple. - **2.** [minuciosidad] scrupulousness, great care. - **3.** [aprensión] qualm; **le da** ~ he has qualms about it. - **4.** [en zapato] stone in one's shoe. - **5.** ASTRON minute.

escrupulosamente *adv* scrupulously.

escrupulosidad *f* scrupulousness, extreme care.

escrupuloso, sa *adj* - **1.** [gen] scrupulous. - **2.** [aprensivo] particular, fussy.

escrutador, ra *adj* [mirada] searching.

◆ **escrutador** *m* scrutineer *Br*, electoral inspector *Am*.

escrutar *vt* [con la mirada] to scrutinize, to examine; [votos] to count.

escrutinio *m* count (*of votes*).

escuadra *f* - **1.** [regla, ángulo] square; ~ **de agrimensor** cross staff, surveyor's cross; ~ **falsa, falsa** ~ [en carpintería] bevel square, carpenter's square; **a o de** ~ at right angles. - **2.** [de buques] squadron. - **3.** [de soldados] squad. - **4.** [grapa] angle iron. - **5.** *Amér* [pistola] automatic pistol.

escuadrar *vt* to square.

escuadrilla *f* squadron.

escuadrón *m* [de tierra] squadron; [de aire] air squadron; ~ **de la muerte** death squad.

escualidez (*pl* **escualideces**) *f* - **1.** [delgadez] emaciaton. - **2.** [suciedad] squalor, filth.

escuálido, da *adj* - **1.** [flaco] emaciated. - **2.** [sucio] squalid, filthy. - **3.** ZOOL squaloid.

◆ **escuálido** *m* ZOOL dogfish.

escucha *f* - **1.** [acción] listening-in, monitoring; **estar o permanecer a la** ~ to listen in ❏ ~**s telefónicas** telephone tapping (*U*). - **2.** [monja] locutory nun, chaperone. - **3.** [centinela] night scout.

escuchar ◇ *vt* - **1.** [sonido] to listen to. - **2.** [consejo, aviso] to mind, to heed; ~ **sus consejos** to heed their advice. ◇ *vi* to listen.

◆ **escucharse** *vpr* to like the sound of one's own voice; **es un pedante, parece que se escucha cuando habla** he's a pedant who likes the sound of his own voice.

escuchimizado, da ◇ *adj* skinny, thin as a rake. ◇ *m, f* skinny person.

escudar *vt fig* to shield.

◆ **escudarse** *vpr*: ~**se en algo** *fig* to hide behind sthg, to use sthg as an excuse.

escudería *f* team (*in motor racing*).

escudero *m* - **1.** [de caballero] squire. - **2.** [fabricante] shield maker. - **3.** [hidalgo] nobleman. - **4.** [en caza] *young boar accompanying an older one.*

escudete *m* [refuerzo] gusset.

escudilla *f* - **1.** [para sopa] wide bowl. - **2.** *Amér* [para té, café] bowl, large cup.

escudillar *vt* - **1.** [servir] to serve into wide bowls. - **2.** [en caldo] to soak. - **3.** *fig* [dominar] to control.

escudo *m* - **1.** [arma] shield. - **2.** [moneda] escudo. - **3.** [emblema] coat of arms; ~ **de armas** coat of arms.

escudriñador, ra ◇ *adj* - **1.** [que investiga] inquisitive. - **2.** [que examina] scrutinizing, examining. ◇ *m, f* - **1.** [investigador] inquisitive person. - **2.** [examinador] scrutinizer, examiner.

escudriñamiento *m* scrutiny, examination.

escudriñar *vt* [examinar] to scrutinize, to examine; [otear] to search.

escuece *v* → **escocer**.

escuela *f* school; **no pudo ir a la** ~ she was unable to go to school; **tiene talento, pero le falta** ~ he's talented, but lacks schooling; **la** ~ **cervantina sigue teniendo seguidores** Cervantes' school still has some followers ❏ ~ **de artes y oficios** ≃ technical college; ~ **de bellas artes/de equitación/especial/de verano** art/riding/special/summer school; ~ **normal** teacher training college; ~ **nocturna/parroquial** night/parish school; ~ **de párvulos** kindergarten; ~ **primaria** ≃ primary school *Br*, elementary school *Am*; ~ **privada** private school, public school *Br*; ~ **pública** state school; ~ **secundaria** ≃ secondary school *Br*, high school *Am*; ~ **universitaria** *university which awards degrees after three years of study*; **formar o hacer** ~ *fig* to have a following; **ser de la vieja** ~ *fig* to be of the old school.

escueto, ta *adj* - **1.** [sucinto] concise; [sobrio] plain, unadorned. - **2.** [despejado] free, unencumbered.

escueza *etc v* → **escocer**.

escuincle, cla *m, f Amér* nipper, kid.

esculapio *m fam fig* bones (*pl*), doctor.

◆ **Esculapio** *m* Asclepius, Aesculapius.

esculcar [10] *vt* - **1.** *desus* [espiar] to watch, to spy on. - **2.** *Amér* [registrar] to search.

esculpir *vt* - **1.** [labrar] to sculpt, to carve. - **2.** [grabar] to engrave.

escultor, ra *m, f* sculptor (*f* sculptress).

escultórico, ca *adj* sculptural.

escultura *f* sculpture.

escultural *adj* - **1.** ARTE sculptural. - **2.** [atractivo] statuesque.

escupida *f* → **escupido**.

escupidera *f* - **1.** [para escupir] spittoon. - **2.** [orinal] chamber pot.

escupidero *m* - **1.** [lugar] spitting place. - **2.** *fig* [situación] vulnerability to scorn.

escupido, da *adj*: **es su padre** ~ he's the spitting image of his father.
◆ **escupido** *m* spit, spittle.
◆ **escupida** *f Amér* spit, spittle.

escupidor, ra ◇ *adj* who spits frequently. ◇ *m, f* frequent spitter.
◆ **escupidor** *m Amér* spittoon.

escupidura *f* - **1.** [de saliva, sangre, etc] spit, spittle. - **2.** [en labios] cold sore.

escupir ◇ *vi* to spit. ◇ *vt* - **1.** [suj: persona, animal] to spit out; [suj: volcán, chimenea etc] to belch out. - **2.** MED to break out in, to come out in. - **3.** *fam* [confesar] to spill, to blab. - **4.** *fam* [pagar] to cough up, to fork out. - **5.** [suj: material] to exude. - **6.** *fig* [desdeñar] to spit at, to disdain.

escupitajo *m* gob, spit.

escurreplatos *m inv* dish rack.

escurridera *f* spoon rack.
◆ **escurrideras** *fpl Amér* excess irrigation water *(U)*, irrigation run-off *(U)*.

escurridero *m* draining board.

escurridizo, za *adj lit & fig* slippery; **hacerse** ~ to slip o steal away.

escurrido, da *adj* - **1.** [ropa - en lavadora] spun-dry; [- estrujando] wrung-out. - **2.** [verdura] drained.

escurridor *m* - **1.** [colador] colander. - **2.** [para platos] plate o dish rack. - **3.** FOT drying rack.

escurrir ◇ *vt* [gen] to drain; [ropa] to wring out; [en lavadora] to spin-dry. ◇ *vi* - **1.** [gotear] to drip. - **2.** [deslizar, resbalar] to slip, to slide.
◆ **escurrirse** *vpr* - **1.** [de las manos] to slip. - **2.** [líquido] to drip. - **3.** [deslizarse, resbalarse] to slip, to slide. - **4.** *fam* [excederse] to go too far; [decir demasiado] to say too much.

escúter *(pl* **escúters***)*, **scooter** [es'kuter] *(pl* **scooters***) m* (motor) scooter.

esdrújulo, la *adj & m, f* proparoxytone.

ese[1] *f* - **1.** [figura] zigzag; **hacer** ~**s** [en carretera] to zigzag; [al andar] to stagger about. - **2.** MÚS sound hole.

ese[2] *(pl* **esos***),* **esa** *adj demos* - **1.** [gen] that, *(pl)* those. - **2.** *(después de sust) fam* [despectivo] that, *(pl)* those; **el hombre** ~ **no me inspira confianza** I don't trust that guy.

ése *(pl* **ésos***),* **ésa** *pron demos* - **1.** [gen] that one, *(pl)* those ones. - **2.** [mencionado antes] the former. - **3.** *fam* [despectivo]: ~ **fue el que me pegó** that's the guy who hit me. - **4.** *loc*: ¡**a** ~! stop that man!; **ni por ésas** not even then; **no me lo vendió ni por ésas** even then he wouldn't sell me it.

esencia *f* - **1.** [lo principal, lo básico] essence; **en** ~ in essence, essentially ❏ **quinta** ~ quintessence. - **2.** QUÍM essential oil; ~ **mineral** mineral oil; ~ **de trementina** oil of turpentine. - **3.** [ser y naturaleza] being.

esencial *adj* essential; **lo** ~ the fundamental thing; **no** ~ nonessential, inessential.

esencialmente *adv* essentially, in essence.

esenciero *m* essence bottle.

esfera *f* - **1.** [gen] sphere; ~ **armilar/celeste** armillary/ celestial sphere; ~ **terrestre** (terrestrial) globe. - **2.** [de reloj] face. - **3.** [círculo social] circle; ~ **de influencia** *fig* sphere of influence; **importantes medios financieros están bajo su** ~ **de influencia** some important financiers are within her sphere of influence.

esférico, ca *adj* spherical.
◆ **esférico** *m* DEP ball.

esferográfica *f Amér* ballpoint pen.

esferoidal *adj* spheroidal.

esferoide *m* spheroid.

esfinge *f* - **1.** [escultura, monumento] sphinx; **ser** o **parecer una** ~ to be inscrutable. - **2.** ZOOL hawk moth.

◆ **Esfinge** *f*: **la Esfinge de Gizeh** the Sphinx of Giza.

esfínter *m* sphincter.

esforzadamente *adv* - **1.** [con valentía] bravely, courageously. - **2.** [con ánimo] spiritedly.

esforzar [37] *vt* - **1.** [voz] to strain; **hablar en público obliga a** ~ **la voz** speaking in public forces you to strain yor voice. - **2.** [animar] to encourage, to hearten.
◆ **esforzarse** *vpr* to make an effort; ~**se en** o **por hacer algo** to try very hard to do sthg, to do one's best to do sthg; **se esfuerza en** o **por contentar a los demás** she tries very hard to please everyone.

esfuerzo *m* - **1.** [físico, de ánimo] effort; **hacer** ~**s**, **hacer un** ~ to make an effort, to try hard; **estoy haciendo** ~**s por no llorar** I'm trying hard not to cry; **sin** ~ effortlessly; **sin** ~ **no se consigue nada** you don't get anything without trying. - **2.** [valor] courage, bravery. - **3.** [intento] attempt, endeavour; **haz un último** ~**, ya verás como ahora lo consigues** make one last attempt, you'll do it this time!

esfumar *vt* - **1.** [sombrear] to shade, to stump. - **2.** [rebajar color de] to tone down, to soften.
◆ **esfumarse** *vpr* [esperanzas, posibilidades] to fade away; [persona] to vanish, to disappear.

esfumino *m* stump.

esgarro *m* spit, spittle.

esgrima *f* fencing.

esgrimidor, ra *Esp m, f*, **esgrimista** *Amér mf* - **1.** DEP fencer. - **2.** MIL swordsman *(f* swordswoman).

esgrimir ◇ *vt* - **1.** [arma] to brandish, to wield. - **2.** [argumento, hecho, idea] to use, to employ. ◇ *vi* DEP to fence.

esgrimista *mf* = **esgrimidor**.

esguazar [13] *vt* to ford.

esguince *m* - **1.** [de ligamento, de tendón] sprain. - **2.** [para esquivar] dodge, swerve. - **3.** [de desdén] frown, grimace.

eslabón *m* - **1.** [gen] link; **el** ~ **perdido** the missing link ❏ ~ **giratorio** o **de guimbalete** NÁUT swivel. - **2.** [afilador] steel knife-sharpener. - **3.** ZOOL black scorpion. - **4.** VETER (bone) spavin.

eslabonar *vt lit & fig* to link together.
◆ **eslabonarse** *vpr* to be linked.

eslálom *(pl* **eslálom***),* **slalom** [es'lalom] *(pl* **slaloms***) m* slalom.

eslam *(pl* **eslams***),* **slam** *(pl* **slams***) m* slam.

eslavo, va ◇ *adj* Slav, Slavonic. ◇ *m, f* [persona] Slav.
◆ **eslavo** *m* [lenguas] Slavonic.

eslip *(pl* **eslips***),* **slip** [es'lip] *(pl* **slips***) m* briefs *(pl)*.

eslogan *(pl* **eslóganes***),* **slogan** [es'loɣan] *(pl* **slogans***) m* slogan.

eslora *f* NÁUT length; ~ **de flotación** waterline length.
◆ **esloras** *fpl* NÁUT binding strakes.

eslovaco, ca *adj & m, f* Slovak, Slovakian.
◆ **eslovaco** *m* [lengua] Slovak.

Eslovaquia *s* Slovakia.

Eslovenia *s* Slovenia.

esloveno, na *adj & m, f* Slovene.
◆ **esloveno** *m* [lengua] Slovene.

esmaltado, da *adj* enamelled.
◆ **esmaltado** *m* enamelling.

esmaltar *vt* - **1.** [con esmalte] to enamel. - **2.** [adornar con colores] to variegate. - **3.** *fig* [embellecer] to embellish, to adorn.

esmalte *m* - **1.** [sustancia - en dientes, cerámica etc] enamel; [- de uñas] (nail) varnish o polish. - **2.** [objeto, joya etc] enamelwork *(U)*. - **3.** [color azul] cobalt blue, smalt. - **4.** HERÁLDICA colour, tincture.

esmeradamente *adv* painstakingly, with extreme care.

esmerado, da *adj* - **1.** [persona] painstaking, careful. - **2.** [trabajo] carefully done, polished.

esmeralda *adj & m inv & f* emerald.

esmeraldino, na *adj* emerald, emerald-coloured.

esmerar *vt* to polish, to brighten.
◆ **esmerarse** *vpr:* ~**se (en algo/hacer algo)** [esforzarse] to take great pains (over sthg/doing sthg); [obrar con acierto] to do well (at sthg/to do sthg).

esmeril *m* emery.

esmerilado, da *adj* [pulido] polished with emery; [translúcido] ground.

◆ **esmerilado** *m* polishing with emery.

esmerilador, ra *m, f* emery polisher.

esmerilar *vt* [pulir] to polish with emery.

esmero *m* great care; **poner** ~ **en** to take great care over.

esmirriado, da *adj* - **1.** [débil] puny, weak. - **2.** [flaco] skinny, thin.

esmoquin (*pl* **esmóquines**), **smoking** [es'mokin] (*pl* **smokings**) *m* dinner jacket *Br*, tuxedo *Am*.

esnac (*pl* **esnacs**) *m* snack bar.

esnifada *f fam* sniff (*of a drug*).

esnifar *vt fam* to sniff (*drugs*).

esnob (*pl* **esnobs**), **snob** (*pl* **snobs**) ◇ *adj* trying to be trendy. ◇ *mf* person who wants to be trendy.

esnobismo, snobismo *m* desire to be trendy.

eso *pron demos (neutro)* that; ~ **es la Torre Eiffel** that's the Eiffel Tower; ~ **es lo que yo pienso** that's just what I think; **para** ~ **es mejor no ir** if that's all it is, you might as well not go; ~ **que propones es irrealizable** what you're proposing is impossible; ~ **de vivir solo no me gusta** I don't like the idea of living on my own; ¡~, ~! that's right!, yes!; ¡~ **es!** that's it; ¿cómo **es** ~?, ¿**y** ~? [¿por qué?] how come?; **por** ~ **vine** that's why I came.
◆ **a eso de** *loc prep* (at) about o around.
◆ **en eso** *loc adv* just then, at that very moment.
◆ **y eso que** *loc conj* even though.

esófago *m* oesophagus.

Esopo *m* Aesop.

esos, esas *adj demos mpl* → **ese**.

ésos, ésas *pron demos mpl* → **ése**.

esotérico, ca *adj* esoteric.

esoterismo - **1.** [impenetrabilidad] esoteric nature. - **2.** [ciencias ocultas] esotericism.

esotro, tra *culto* ◇ *adj* that other. ◇ *pron* that other one.

espabilado, da *adj* - **1.** [despierto] awake. - **2.** [avispado] bright.

espabilar *vt* - **1.** [despertar] to wake up. - **2.** [avispar]: ~ **a alguien** to sharpen sb's wits.
◆ **espabilarse** *vpr* - **1.** [despertarse] to wake up. - **2.** [darse prisa] to get a move on. - **3.** [avisparse] to sharpen one's wits.

espachurrar *fam vt* to squash.
◆ **espachurrarse** *vpr* to get squashed.

espaciado, da *adj* at regular intervals.

espaciador *m* space bar.

espacial *adj* space (*antes de sust*).

espaciar [8] *vt* - **1.** [en el espacio, en el tiempo] to space out. - **2.** *desus* [divulgar] to spread, to divulge. - **3.** IMPRENTA to space.
◆ **espaciarse** *vpr* - **1.** [hablando, escribiendo] to expatiate, to go on at length. - **2.** [esparcirse] to enjoy o amuse o.s., to relax.

espacio *m* - **1.** [gen] space; **la relación entre el** ~ **y el tiempo** the relationship between space and time; **la conquista del** ~ **es todavía un sueño** the conquest of (outer) space is still a dream; **no tengo mucho** ~ I don't have much room; **a doble** ~ double-spaced; **por** ~ **de** over a period of □ ~ **aéreo/extraterrestre/vital** air/outer/living space; ~ **en blanco** blank; ~ **verde** park. - **2.** RADIO & TV programme; ~ **electoral** party political broadcast; ~ **publicitario** advertising spot. - **3.** [tardanza] slowness.
◆ **espacio-tiempo** *m* FÍS space-time (continuum).

espaciosamente *adv* slowly, deliberately.

espacioso, sa *adj* - **1.** [amplio] spacious. - **2.** [lento] slow, deliberate.

espada ◇ *f* - **1.** [arma] sword; **ceñirse la** ~ *fam* to buckle o gird one's sword □ ~ **de dos filos** *fig* double-edged sword; **colgar la** ~ *fam* to hang up one's spurs; **desnudar la** ~ to draw one's sword; **estar entre la** ~ **y la pared** to be between the devil and the deep blue sea; **salió con su media** ~ he interrupted the conversation. - **2.** [pez] swordfish. - **3.** [espadachín] swordsman. ◇ *m* TAUROM matador.
◆ **espadas** *fpl* [naipes] suit in a Spanish deck of cards bearing swords.
◆ **espada de Damocles** *f fig* sword of Damocles.

espadachín *m* swordsman.

espadaña *f* - **1.** BOT bulrush, reedmace. - **2.** [campanario] belfry. - **3.** [en pozo] pail hook.

espadilla *f* - **1.** [insignia] emblem of the order of Santiago. - **2.** [en naipes] ace of spades. - **3.** [para pelo] large hairpin. - **4.** [remo] scull, oar.

espadillar *vt* [lino, cáñamo] to break, to crush.

espadín *m* [espada] dress o ceremonial sword.

espagueti, spaghetti [espa'γeti] *m* spaghetti (*U*).

espalda *f* - **1.** [gen] back; **de** ~**s** from behind; **lo vi de** ~**s** I saw him from behind; **caer** o **dar de** ~**s** to fall flat on one's back; **cargado de** ~**s** round-shouldered; **de** ~**s a alguien** with one's back turned on sb; ~ **con** ~ back to back; **por la** ~ [por atrás] from behind; *fig* [a escondidas] behind one's back; **tumbarse de** ~**s** to lie on one's back □ **cubrirse las** ~**s** to cover o.s.; **con este documento la empresa se cubre las** ~**s en caso de accidente** this document allows the firm to cover itself in the event of an accident; **echarse algo sobre las** ~**s** [responsabilizarse] to take sthg on; **hablar de alguien a sus** ~**s** to talk about sb behind their back; **hacer algo a** ~**s de alguien** to do sthg behind sb's back; **se lo ha echado a las** ~**s** he has put it behind him; **tener buenas** ~**s** to be mentally tough; **tirar** o **tumbar de** ~**s** to be amazing o stunning; **es un hombre tan guapo que tira** o **tumba de** ~**s** he's an amazingly good-looking man; **volver** o **dar la** ~ **a alguien** to turn one's back on sb. - **2.** [en natación] backstroke; **nadar a** ~ to do the backstroke. - **3.** *Amér* [destino] destiny, fate.

espaldar *m* - **1.** [de silla] back. - **2.** [enrejado] trellis, espalier. - **3.** [de tortuga] shell. - **4.** [de armadura] back plate.
◆ **espaldares** *mpl* wall hangings, tapestries.

espaldarazo *m* blow to the back; **eso le dio el** ~ (**definitivo**) *fig* that finally earned her widespread recognition.

espaldear *vt* - **1.** NÁUT to poop, to break over the stern of. - **2.** *Amér* [proteger] to guard the back of.

espaldera *f* [para plantas] trellis.
◆ **espalderas** *fpl* wall bars.

espaldilla *f* shoulder (*of lamb*).

espaldón, ona *adj Amér* broad-shouldered.
◆ **espaldón** *m* - **1.** [en carpintería] tenon. - **2.** [en fortificación] barricade.

espaldudo, da *adj* broad-shouldered.

espalera *f* [enrejado] trellis, espalier.

espantada *f* - **1.** [huida] stampede; [de caballo] bolt. - **2.** [miedo] sudden shock o fright.

espantadizo, za *adj* nervous, easily frightened.

espantador, ra *adj* - **1.** [que asusta] frightening. - **2.** *Amér* [caballo] jumpy.

espantajo *m* - **1.** [espantapájaros] scarecrow. - **2.** [persona fea] fright, sight.

espantapájaros *m inv* scarecrow.

espantar *vt* - **1.** [ahuyentar] to frighten o scare away. - **2.** [asustar] to frighten, to scare.
◆ **espantarse** *vpr* - **1.** [asustarse] to get frightened o scared. - **2.** [asombrarse]: ~**se (de)** to be astonished o amazed (at).

espanto *m* - **1.** [miedo] fright; ¡**qué** ~! how terrible! □ **estar curado de** ~**s** to be unshockable. - **2.** [asombro] astonishment, amazement. - **3.** [amenaza] threat, menace. - **4.** *Amér* [fantasma] ghost.

espantosamente *adv* - **1.** [con espanto] frighteningly. - **2.** [con asombro] astonishingly, amazingly.

espantoso, sa adj - **1.** [terrorífico] horrific. - **2.** [enorme] terrible; **tengo un dolor de cabeza** ~ I've got a terrible headache. - **3.** [feísimo] frightful, horrible. - **4.** fig [asombroso] astounding, amazing; **su capacidad para mentir es espantosa** he has an amazing ability to lie.

España s Spain.

español, la ◇ adj Spanish. ◇ m, f [persona] Spaniard.

◆ **español** m [lengua] Spanish.

españolado, da adj Spanish-looking.

◆ **españolada** f despec - **1.** [dicho, hecho] typically Spanish action or expression. - **2.** [imagen cultural] exaggerated portrayal of Spain.

españolismo m - **1.** [apego, afecto] affinity for things Spanish. - **2.** [carácter, naturaleza] Spanishness, Spanish character.

españolizar [13] vt to make Spanish, to hispanicize.

◆ **españolizarse** vpr to adopt Spanish ways.

esparadrapo m (sticking) plaster, Band-Aid® Am.

esparcido, da adj - **1.** [desparramado] scattered; [diseminado] widespread. - **2.** fig [persona] merry, cheerful.

esparcimiento m - **1.** [diseminación] scattering. - **2.** [ocio] relaxation, time off. - **3.** [diversión] amusement, entertainment. - **4.** [alegría] merriness, gaiety. - **5.** fig [de noticia, rumor] spreading.

esparcir [12] vt [gen] to spread; [semillas, papeles, objetos] to scatter.

◆ **esparcirse** vpr - **1.** [desparramarse] to spread (out). - **2.** [relajarse] to relax, to take it easy. - **3.** [distraerse] to amuse o entertain o.s.

espárrago m - **1.** [planta] asparagus (U); ~ **triguero** wild asparagus; **mandar a alguien a freír** ~**s** fam to tell sb to get lost. - **2.** [palo] pole, post. - **3.** [escalera] peg ladder.

esparraguera f asparagus (plant).

esparrancarse [10] vpr fam to open o spread one's legs.

Esparta s Sparta.

Espartaco m Spartacus.

espartano, na ◇ adj - **1.** [de Esparta] Spartan. - **2.** fig [severo] spartan. ◇ m, f Spartan.

esparteña f [alpargata] espadrille.

espartizal m esparto field.

esparto m esparto (grass).

espasmo m spasm.

espasmódico, ca adj spasmodic.

espástico, ca adj spastic.

espatarrarse vpr fam to sprawl (with one's legs wide open).

espátula f - **1.** CULIN & MED spatula; ARTE palette knife; CONSTR bricklayer's trowel; [de empapelador] stripping knife. - **2.** [animal] spoonbill.

especia f spice.

especial adj - **1.** [gen] special; **hoy es un día** ~, **celebramos nuestro aniversario** today's a special day, we're celebrating our anniversary; ~ **para** specially for; **en** ~ especially, particularly; **¿alguno en** ~? any one in particular? - **2.** [carácter, gusto, persona] peculiar, strange.

especialidad f - **1.** [gen] speciality, specialty Am; ~ **de la casa** house speciality. - **2.** [en estudios] speciality, specialist subject.

especialista ◇ adj: ~ **(en)** specializing (in). ◇ mf - **1.** [experto]: ~ **(en)** specialist (in); **es** ~ **en las enfermedades de la piel** she's a specialist in skin diseases. - **2.** CINE stuntman (f stuntwoman).

especialización f specialization.

especializado, da adj: ~ **en** specialized (in); **no** ~ [mano de obra] unskilled.

especializar [13] vt to specialize.

◆ **especializarse** vpr: ~**se (en)** to specialize (in).

especialmente adv especially, specially.

especie f - **1.** BIOL species (sg); ~ **en vías de extinción** endangered species; ~ **protegida** protected species. - **2.** [cla-se] kind, sort; **pagar en** ~ o ~**s** to pay in kind. - **3.** fig [asunto, suceso] matter, affair. - **4.** [noticia] piece of news. - **5.** [pretexto] pretext.

◆ **especies sacramentales** fpl RELIG species.

especiería f [tienda] spice shop.

especificación f specification.

específicamente adv specifically.

especificar [10] vt to specify.

especificativo, va adj specifying.

especificidad f specificity.

específico, ca adj specific.

◆ **específicos** mpl FARM patent medicines.

espécimen m specimen.

especioso, sa adj - **1.** [precioso] beautiful. - **2.** fig [engañoso] specious.

especiota f fam hoax.

espectacular adj spectacular.

espectacularidad f spectacular nature.

espectacularmente adv [en sentido positivo] spectacularly; [en sentido negativo] dramatically.

espectáculo m - **1.** [diversión] entertainment; **el** ~ **del fútbol tiene cada día más seguidores** football has more and more followers. - **2.** [función] show, performance; ~ **pirotécnico** firework display; ~ **de variedades** variety show. - **3.** [suceso, escena] sight; **ver cómo le pegaban fue un penoso** ~ seeing them hit him was a terrible sight. - **4.** loc: **dar el** ~ to cause a scene; **no puede pasar desapercibida, siempre tiene que dar el** ~ she can't just go about her business quietly, she always has to cause a scene.

espectador ◇ mf TV viewer; CINE & TEATRO member of the audience; DEP spectator; [de suceso, discusión] onlooker. ◇ adj observing, watching.

◆ **espectadores** mpl TV viewers; CINE & TEATRO audience (sg); DEP spectators; [de suceso, discusión] onlookers.

espectógrafo m spectograph.

espectral adj - **1.** FÍS spectral. - **2.** fig [misterioso, lúgubre] ghostly.

espectro m - **1.** [fantasma] spectre, ghost. - **2.** FÍS & MED spectrum. - **3.** fig [de horror, hambre] spectre. - **4.** fam fig [persona] ghost, spectre.

espectroscopia f spectroscopy.

espectroscopio ◇ m spectroscope. ◇ adj specular, mirror-like.

especulación f speculation.

especulador, ra ◇ adj speculating. ◇ m, f speculator.

especular ◇ vi - **1.** [conjeturar]: ~ **(sobre)** to speculate (about); ~ **en** COM to speculate on. - **2.** [meditar] to meditate on, to speculate about. ◇ vt [examinar] to examine, to inspect.

especulativa f intellect.

especulativo, va adj speculative.

espejado, da adj - **1.** [claro] clear, limpid. - **2.** [que refleja] reflecting.

espejear vi to shine, to gleam.

espejismo m - **1.** [imagen] mirage. - **2.** fig [ilusión] illusion.

espejo m - **1.** [para mirarse] mirror; ~ **de cuerpo entero** full-length mirror; ~ **retrovisor** AUTOM rearview mirror. - **2.** fig [imagen, reflejo] mirror. - **3.** fig [modelo] model, example.

◆ **espejo de los Incas** m MIN obsidian.

espejuelo m - **1.** [en caza] lark mirror. - **2.** VETER chestnut, callosity. - **3.** MIN selenite. - **4.** [conserva] citron. - **5.** [de talco] flake of talc.

◆ **espejuelos** mpl glasses, spectacles.

espeleología f potholing.

espeleólogo, ga m, f potholer.

espeluznante adj hair-raising, lurid.

espeluznar vt - **1.** [pelo] to cause to stand on end. - **2.** [asustar] to terrify. - **3.** [desordenar] to ruffle.

◆ **espeluznarse** *vpr* - **1.** [pelo] to stand on end. - **2.** [asustarse] to be terrified. - **3.** [desordenarse] to become ruffled.

espeluzno *m fam* shudder.

espeque *m* handspike.

espera *f* - **1.** [acción] wait; **en ~ de, a la ~ de** waiting for, awaiting; **seguimos a la ~ de su respuesta** [en cartas] we await your reply. - **2.** [paciencia] patience. - **3.** [plazo] respite. - **4.** [en carpintería] notch.

esperanto *m* Esperanto.

esperanza *f* - **1.** [deseo, ganas] hope; [confianza, expectativas] expectation; **dar ~s** to encourage, to give hope to; **perder la ~** to lose hope; **tener ~ de hacer algo** to hope to be able to do sthg ◻ **~ de vida** life expectancy. - **2.** [fe] faith.

esperanzadamente *adv* hopefully.

esperanzador, ra *adj* encouraging, hopeful.

esperanzar [13] *vt* to give hope to, to encourage.

◆ **esperanzarse** *vpr* to be encouraged.

esperar ◇ *vt* - **1.** [aguardar] to wait for; **~ a que alguien haga algo** to wait for sb to do sthg; **~ a que el señor te pregunte antes de hablar tú** wait for the man to ask you before you start speaking. - **2.** [tener esperanza de]: **~ que** to hope that; **espero que sí/que no** I hope so/not; **~ hacer algo** to hope to do sthg; **todos esperamos la victoria** we all hope for victory. - **3.** [tener confianza en] to expect; **~ algo de alguien** to expect sthg from sb, to hope for sthg from sb; **espero discreción de usted** I expect discretion from you; **~ que** to expect (that); **espero que venga esta noche** I expect she'll come tonight. - **4.** [ser inminente para] to await, to be in store for; **le esperan dificultades** many difficulties await him. ◇ *vi* [aguardar] to wait; **como era de ~** as was to be expected; **espera y verás** wait and see; **no creo que puedas hacerlo - espera y verás** I don't think you'll be able to do it - wait and see; **hacer ~ a alguien** to keep sb waiting, to make sb wait ◻ **quien espera desespera** *proverb* a watched pot never boils *proverb*.

◆ **esperarse** *vpr* - **1.** [imaginarse, figurarse] to expect; **ya me esperaba yo esta contestación** I expected that answer. - **2.** [aguardar] to wait; **~se a que alguien haga algo** to wait for sb to do sthg; **no te esperes a que nadie resuelva tus problemas** don't wait for other people to solve your problems.

esperma ◇ *m o f* BIOL sperm. ◇ *f Amér* [vela] candle.

◆ **esperma de ballena** *mf* sperm oil, spermaceti.

espermaticida ◇ *adj* spermicidal. ◇ *m* spermicide.

espermatozoide, espermatozoo *m* sperm, spermatozoon.

espermicida *m* = **espermaticida**.

esperón *m* - **1.** NÁUT ram. - **2.** *Amér* [espera] long wait.

esperpéntico, ca *adj* grotesque.

esperpento *m* - **1.** [persona] grotesque sight. - **2.** [cosa] absurdity, piece of nonsense.

espesante *m* thickening, thickener.

espesar *vt* - **1.** [líquido] to thicken. - **2.** [tejido] to weave tighter, to knit closer.

◆ **espesarse** *vpr* [líquido] to grow o become thicker.

espeso, sa *adj* - **1.** [gen] thick; [bosque, niebla] dense; [nieve] deep. - **2.** *fig* [sucio] dirty.

espesor *m* - **1.** [grosor] thickness; **tiene 2 metros de ~** it's 2 metres thick. - **2.** [densidad - de niebla, bosque] density; [- de nieve] depth.

espesura *f* - **1.** [vegetación] thicket. - **2.** [grosor] thickness; [densidad] density. - **3.** *fig* [suciedad] dirtiness.

espetaperro ◆ **a espetaperro** *loc adv* at breakneck speed.

espetar *vt* - **1.** [palabras] to blurt out. - **2.** [carne] to skewer. - **3.** [persona] to run through.

◆ **espetarse** *vpr* [ponerse serio, tenso] to become serious o solemn.

espetera *f* - **1.** [de cocina] kitchen rack. - **2.** *fam fig* [pecho]

bosom. - **3.** *Amér* [pretexto] excuse, pretext.

espetón *m* - **1.** CULIN skewer, spit. - **2.** ZOOL needlefish, pipefish.

espía ◇ *mf* spy; **~ doble** double agent. ◇ *f* NÁUT - **1.** [acción] warping. - **2.** [cabo] warp.

espiar [9] ◇ *vt* to spy on. ◇ *vi* NÁUT to warp.

espichar ◇ *vt* - **1.** [pinchar] to prick. - **2.** *Amér* [vasija, cuba] to put a tap on *Br*, to put a faucet on *Am*. ◇ *vi fam* to kick the bucket.

◆ **espicharse** *vpr Amér* - **1.** [avergonzarse] to be ashamed. - **2.** [asustarse] to become frightened. - **3.** [desinflarse] to become empty o drained.

espiche *m* - **1.** [estaca] spike. - **2.** [arma] sharp weapon.

espichón *m* stab wound.

espiga *f* - **1.** [de trigo etc] ear. - **2.** [en telas] herringbone. - **3.** [pieza - de madera] peg; [- de hierro] pin. - **4.** [de espada] tang. - **5.** NÁUT masthead.

espigadera *f* gleaner.

espigado, da *adj* - **1.** [persona] tall and slim. - **2.** [planta] ripe.

espigador, ra *m, f* gleaner.

espigar [16] ◇ *vt* - **1.** AGR to glean. - **2.** *fig* [noticias] to cull, to glean. - **3.** [en carpintería] to tenon, to dovetail. ◇ *vi* [cereales] to tassel, to grow ears.

◆ **espigarse** *vpr* - **1.** [persona] to shoot up. - **2.** [planta] to go to seed.

espigón *m* - **1.** [de mar, de río] breakwater. - **2.** [mazorca] cob. - **3.** [cerro] peak. - **4.** [aguijón] point.

espigue *etc v* → **espigarse**.

espiguear *vi Amér* [caballo] to swish its tail up and down.

espiguilla *f* - **1.** [dibujo] herringbone. - **2.** BOT spikelet.

espín *m* - **1.** FÍS spin. - **2.** MIL square formation with spears facing outwards.

espina *f* - **1.** [de pez] bone; [de planta] thorn. - **2.** [astilla] splinter. - **3.** *fig* [pena, pesar] grief, sorrow; **tener una ~ clavada** to bear a great burden. - **4.** *loc*: **estar en ~s** to be on tenterhooks; **me da mala ~** it makes me uneasy, there's something fishy about it; **sacarse la ~** to get even.

◆ **espina bífida** *f* spina bifida.

◆ **espina blanca** *f* cotton thistle.

◆ **espina dorsal** *f* spine.

◆ **espina santa** *f* Jerusalem thorn.

espinaca *f (gen pl)* spinach (U).

espinal *adj* spinal.

espinapez (*pl* **espinapeces**) *m* herringbone work (U).

espinar *vt* - **1.** [pincharse] to prick. - **2.** [árbol] to protect, to surround. - **3.** *fig* [herir con palabras] to hurt, to needle.

espinazo *m* spine, backbone; **doblar el ~** *fig* [humillarse] to kow-tow.

espinel *m* trotline.

espineta *f* spinet.

espinilla *f* - **1.** [hueso] shin, shinbone. - **2.** [grano] blackhead.

espinillera *f* shin pad.

espinillo *m Amér* - **1.** [árbol] nandubay. - **2.** [arbusto de flores amarillas] *variety of mimosa*.

espino *m* - **1.** [planta] hawthorn; **~ albar** o **blanco** hawthorn; **~ amarillo** o **falso** common seabuckthorn; **~ cerval** o **hediondo** purging buckthorn; **~ de escobas** euphorbia; **~ negro** buckthorn, blackthorn. - **2.** [alambre] barbed wire.

espinoso, sa *adj lit & fig* thorny.

espionaje *m* espionage; **~ industrial** industrial espionage.

espira *f* - **1.** GEOM spiral, helix. - **2.** ZOOL spire. - **3.** [vuelta] whorl. - **4.** ARQUIT surbase.

espiración *f* exhalation, breathing out.

espirador, ra *adj* - **1.** [que espira] exhaling. - **2.** ANAT expiratory; **músculo ~** expiratory muscle.

espiral *f* - **1.** [gen] spiral; **en** ~ [escalera, forma] spiral ❏ ~ **inflacionaria** ECON inflationary spiral. - **2.** [contraceptivo] coil. - **3.** [de reloj] balance spring, hairspring.

espirante *adj* - **1.** [que espira] exhaling. - **2.** [sonido] aspirate.

espirar ◇ *vt* - **1.** [exhalar] to exhale, to breathe out. - **2.** RELIG to inspire. ◇ *vi* - **1.** [respirar, expulsar aire] to exhale, to breathe out. - **2.** LITER to blow gently.

espiritado, **da** *adj fam* skinny.

espiritar *vt* to possess (with the devil).
◆ **espiritarse** *vpr* to become agitated.

espiritismo *m* spiritualism.

espiritista *adj & mf* spiritualist.

espiritoso, **sa** *adj* - **1.** [persona] spirited, lively. - **2.** [bebida] alcoholic.

espíritu *m* - **1.** [gen] spirit; RELIG soul; **el** ~ **de la época** the mood o spirit of the era; **el** ~ **de la ley** the spirit of the law; **despedir** o **exhalar el** ~ to give up the ghost; **levantar el** ~ to cheer up; **ser pobre de** ~ to have a weak character ❏ ~ **de equipo** team spirit. - **2.** [fantasma] ghost. - **3.** [modo de pensar, disposición] attitudes *(pl)*; **tener** ~ **de contradicción** to be contrary ❏ ~ **de cuerpo** esprit de corps. - **4.** QUÍM spirit; ~ **de sal/de vino** spirits *(pl)* of salt/ of wine. - **5.** GRAM breathing, spiritus.

espiritual *adj & m* spiritual.
◆ **espiritual negro** *m* Negro spiritual.

espiritualidad *f* spirituality.

espiritualismo *m* spiritualism.

espiritualista ◇ *adj* spiritualistic. ◇ *mf* spiritualist.

espiritualización *f* spiritualization.

espiritualizar [13] *vt* to spiritualize.

espiritualmente *adv* spiritually.

Espíritu Santo *m* Holy Ghost.

espiroidal *adj* spiral, spiroid.

espirómetro *m* spirometer.

espita *f* - **1.** [de tonel, de recipiente etc] spigot, tap, faucet *Am.* - **2.** *fig* [persona] drunkard.

espitar *vt* to tap, to put a spigot on.

espléndidamente *adv* - **1.** [con ostentación] magnificently, splendorously. - **2.** [con abundancia] generously, lavishly.

esplendidez *(pl* **esplendideces)** *f* - **1.** [generosidad] generosity. - **2.** [magnificencia] splendour.

espléndido, **da** *adj* - **1.** [magnífico] splendid, magnificent. - **2.** [generoso] generous, lavish. - **3.** [resplandeciente] resplendent.

esplendor *m* - **1.** [magnificencia] splendour. - **2.** [apogeo] greatness.

esplendoroso, **sa** *adj* magnificent.

espliego *m* lavender.

esplín *m* melancholy, depression.

espolear *Esp*, **espuelear** *Amér vt* - **1.** [caballo, persona] to spur on. - **2.** *Amér* [suj: gallo de pelea] to attack with its spur.

espoleo *m* [de gallo de pelea] spurring.

espoleta *f* - **1.** [de proyectil] fuse; ~ **de percusión/de retardo/de tiempo** percussion/delay/time fuse; ~ **de proximidad** o **radioproximidad** proximity fuse. - **2.** ZOOL wishbone.

espolín *m* - **1.** [instrumento] shuttle. - **2.** [tela] flowered silk brocade.

espolón *m* - **1.** [de ave] spur; **tener más espolones que un gallo** to be as old as the hills. - **2.** ARQUIT buttress; [de un puente] cutwater. - **3.** [de caballo] fetlock. - **4.** [NÁUT - para atacar] ram; [- de mar] sea wall, dike; [- de río] embankment *Br*, levee *Am*; **embestir con el** ~ to ram. - **5.** [paseo] promenade, esplanade. - **6.** GEOL & BOT spur. - **7.** *fam* [sabañón] chilblain. - **8.** MIL guncarriage grille.

espolonada *f* sudden attack by horsemen.

espolonazo *m* - **1.** [de ave] blow with a spur. - **2.** NÁUT ram, ramming *(U)*.

espolvorear, **espolvorizar** [13] *vt* to dust, to sprinkle.

espondeo *m* LITER spondee.

esponja *f* - **1.** [gen] sponge; ~ **vegetal** loofah, vegetable sponge. - **2.** *fam fig* [gorrón] sponger, leech. - **3.** *loc*: **beber como una** ~ *fam* to drink like a fish; **pasemos la** ~ **por eso** let bygones be bygones; **tirar** o **arrojar la** ~ to throw in the towel.

esponjadura *f* [acción] fluffing up.

esponjar *vt* to fluff up.
◆ **esponjarse** *vpr* - **1.** [ponerse fofo] to become flabby. - **2.** *fig* [engreírse] to puff o.s. up, to put on airs. - **3.** *fam* [rebosar salud] to glow with health.

esponjosidad *f* sponginess.

esponjoso, **sa** *adj* spongy.

esponsales *mpl* betrothal *(sg)*.

esponsalicio, **cia** *adj culto* betrothal *(antes de sust)*.

espontáneamente *adv* spontaneously.

espontanearse *vpr* to open up, to let out one's innermost feelings.

espontaneidad *f* spontaneity.

espontáneo, **a** ◇ *adj* - **1.** [persona, gesto] spontaneous; **fue un acto** ~ it was quite spontaneous. - **2.** [planta] wild.
◇ *m, f* spectator who tries to join in a bullfight, jump on stage during a concert etc.

espora *f* spore.

esporádico, **ca** *adj* sporadic.

esport, **sport** [es'port] *adj inv*: **(de)** ~ [de deporte] sports *(antes de sust)*; [informal] casual, informal.

esportada *f* basketful.

esportear *vt* to carry in baskets.

esportillero *m* porter.

esposa *f* → **esposo**.

esposado, **da** *adj* handcuffed.

esposar *vt* to handcuff.

esposo, **sa** *m, f* [persona] husband *(f* wife).
◆ **esposa** *f Amér* episcopal ring.
◆ **esposas** *fpl* [objeto] handcuffs.

espot *(pl* **espots)**, **spot** [es'pot] *(pl* **spots)** *m* advertising spot, commercial.

espray *(pl* **esprays)**, **spray** [es'prai] *(pl* **sprays)** *m* spray.

esprint *(pl* **esprints)**, **sprint** [es'prin] *(pl* **sprints)** *m* sprint.

esprintar, **sprintar** [esprin'tar] *vi* to sprint.

esprínter *(pl* **esprínters)**, **sprinter** [es'printer] *(pl* **sprinters)** *mf* sprinter.

ESPRIT *(abrev de* **European Strategic Programme for Research and Development for Information Technology)** *m* ESPRIT.

espuela *f* - **1.** [gen] spur; **dar de** ~, **dar** ~**s** to spur ❏ **calzar** o **calzarse la** ~ to be dubbed a knight, to be knighted; **estar con** o **tener las** ~**s calzadas** *fam* to be all set. - **2.** *fam fig* [última copa]: **tomar la** ~ to have one for the road. - **3.** *Amér* [de ave - espolón] spur; [- espoleta] wishbone.
◆ **espuela de caballero** *f* BOT larkspur.

espuelear *vt* = **espolear**.

espuerta *f* [recipiente] basket.
◆ **a espuertas** *loc adv* by the sackful o bucket.

espulgar [16] *vt* - **1.** [de pulgas, piojos] to delouse. - **2.** *fig* [examinar] to scrutinize, to examine closely.

espulgo *m* - **1.** [de pulgas, piojos] delousing. - **2.** *fig* [examen, reconocimiento] scrutiny, close examination.

espuma *f* - **1.** [gen] foam; [de cerveza] head; [de jabón] lather; [de olas] surf; [de un caldo] scum; **hacer** o **echar** ~ to foam ❏ ~ **de caucho** foam rubber; ~ **de mar** MIN meerschaum; ~ **de nitro** MIN saltpetre; ~ **de la sal** sea froth; ~ **de plata** QUIM litharge of silver; **crecer como (la)** ~ *fam* to mushroom. - **2.** [para pelo] (styling) mousse. - **3.** [tejido] voile; [de medias] sheer.

espumadera *f* skimmer.

espumaje *m* foaminess, frothiness.

espumajear *vi* to foam o froth at the mouth.

espumajoso, sa *adj* foamy, frothy.

espumante *adj* foaming, frothing.

espumar ◇ *vt* [cerveza, caldo etc] to skim. ◇ *vi* - **1.** [hacer espuma] to foam, to froth. - **2.** *fig* [crecer] to mushroom.

espumarajo *m* froth, foam; **echar ~s** to foam at the mouth.

espumilla *f* - **1.** [tejido] voile. - **2.** *Amér* [merengue] meringue.

espumillón *m* [tela] heavy silk cloth.

espumoso, sa *adj* [gen] foamy, frothy; [vino] sparkling; [jabón] lathery.

◆ **espumoso** *m* sparkling wine.

espundia *f* - **1.** [en caballo] skin ulcer. - **2.** *Amér* MED elephantiasis. - **3.** *Amér* [astilla] barb, spike.

espúreo, a, espurio, ria *adj* - **1.** [bastardo] illegitimate. - **2.** *fig* [falso] spurious, false.

esputar *vi* to cough up o spit phlegm.

esputo *m* [gen] spittle; MED sputum.

esquech (*pl* **esqueches**), **esquetch** (*pl* **esquetches**) *m* (comic) sketch.

esqueje *m* cutting.

esquela *f* - **1.** [comunicación breve] obituary; **~ amatoria** o **amorosa** love letter; **~ (mortuoria** o **de defunción)** obituary. - **2.** [aviso] notice, announcement. - **3.** [nota] note.

esquelético, ca *adj* - **1.** ANAT skeletal. - **2.** *fam* [muy delgado] skinny.

esqueleto *m* - **1.** [de persona] skeleton; **menear** o **mover el ~** *fam* to boogie, to bop. - **2.** [armazón] framework; **en ~** in outline form. - **3.** *fig* [persona muy delgada] skeleton; **estar hecho un ~** *fam fig* to be like a skeleton, to be skin and bones. - **4.** *Amér* [formulario] form.

esquema *m* - **1.** [gráfico] diagram. - **2.** [resumen] outline.

esquemáticamente *adv* schematically.

esquemático, ca *adj* schematic.

esquematismo *m* schematism.

esquematizar [13] *vt* - **1.** [en forma de gráfico] to draw a diagram of. - **2.** [resumir] to outline.

esquí (*pl* **esquíes** o **esquís**), **ski** [es'ki] (*pl* **skis**) *m* - **1.** [instrumento] ski. - **2.** [deporte] skiing; **~ alpino** downhill skiing; **~ de fondo** o **nórdico** cross-country skiing; **~ náutico** o **acuático** water skiing.

esquiador, ra *m, f* skier.

esquiar [9] *vi* to ski.

esquila *f* - **1.** [cencerro] cowbell; [campana pequeña] small bell. - **2.** [acción de esquilar] shearing. - **3.** [camarón] prawn. - **4.** [insecto] whirligig beetle. - **5.** BOT squill.

esquilador, ra ◇ *m, f* sheepshearer. ◇ *adj* shearing.

◆ **esquiladora** *f* shearing machine.

esquilar *vt* to shear.

esquileo *m* - **1.** [acción] shearing. - **2.** [lugar] shearing shed. - **3.** [época] shearing season.

esquilmar *vt* - **1.** [cosecha] to harvest, to gather. - **2.** [tierra] to impoverish. - **3.** *fig* [agotar] to exhaust. - **4.** *fam fig* [engañar] to fleece.

esquilmo *m* [cosecha] farm produce *(U)*.

Esquilo *m* Aeschylus.

esquimal *adj, mf* & *m* Eskimo.

esquina *f* - **1.** [gen] corner; **a la vuelta de la ~** just round the corner; **hacer ~ (con)** [edificios, calles] to be on the corner (of); [cruzarse] to meet o intersect □ **doblar la ~** [de calle] to turn the corner; [morir] to kick the bucket. - **2.** *Amér* [tienda] corner shop.

esquinado, da *adj* - **1.** [que hace esquina] on the corner. - **2.** *fig* [persona] difficult, prickly.

esquinar ◇ *vt* - **1.** [hacer esquina con] to form a corner with. - **2.** [poner en esquina] to put in a corner. - **3.** [madero] to square. - **4.** *fig* [persona] to set at odds. ◇ *vi*: **~ (con)** to form a corner (with).

◆ **esquinarse** *vpr* [reñir]: **~se con** *fig* to fall out o quarrel with.

esquinazo *m* - **1.** [esquina] corner; **dar (el) ~ a alguien** [dejar plantado] to give sb the slip; [abandonar] to stand sb up. - **2.** *Amér* [serenata] serenade.

esquinera *f*, **esquinero** *m* *Amér* cornerpiece.

esquirla *f* splinter.

esquirol *m* *fam despec* blackleg, scab.

esquisto *m* schist; **~ bituminoso/petrolífero** bituminous/oil shale.

esquite *m* *Amér* popcorn.

esquivar *vt* - **1.** [gen] to avoid; [golpe] to dodge. - **2.** [rechazar] to shun, to refuse; **~ una invitación** to refuse an invitation.

◆ **esquivarse** *vpr* to shy away.

esquivez (*pl* **esquiveces**) *f* shyness.

esquivo, va *adj* shy.

esquizofrenia *f* schizophrenia.

esquizofrénico, ca *adj* & *m, f* schizophrenic.

esquizoide *adj* schizoid.

esta *f* → **este**.

ésta *f* → **éste**.

estabilidad *f* - **1.** [gen] stability; **~ de precios** price stability. - **2.** QUÍM stableness.

estabilización *f* stabilization.

estabilizador, ra *adj* stabilizing.

◆ **estabilizador** *m* stabilizer.

estabilizar [13] *vt* to stabilize.

◆ **estabilizarse** *vpr* to stabilize, to become stable.

estable *adj* - **1.** [firme] stable. - **2.** [permanente - huésped] permanent; [- cliente] regular.

establecer [30] *vt* - **1.** [gen] to establish; [récord] to set. - **2.** [negocio, campamento] to set up. - **3.** [inmigrantes etc] to settle. - **4.** [ley, reglamento] to decree, to lay down.

◆ **establecerse** *vpr* - **1.** [instalarse] to settle. - **2.** [poner un negocio] to set up a business.

establecido, da *adj* [convencional] established.

establecimiento *m* - **1.** [gen] establishment; [de récord] setting. - **2.** [de negocio, colonia] setting up. - **3.** [de emigrantes, colonos] settlement. - **4.** [estatuto] decree, edict.

establo *m* - **1.** [para animales] cowshed. - **2.** *Amér* [para coches] garage.

estabulación *f* stabling.

estaca *f* - **1.** [para clavar, delimitar] stake; [de tienda de campaña] peg. - **2.** [garrote] cudgel. - **3.** BOT cutting. - **4.** [clavo] spike, nail. - **5.** *Amér* MIN mining concession. - **6.** *Amér* [de ave] spur.

estacada *f* - **1.** [valla] picket fence; MIL stockade, palisade. - **2.** *Amér* [herida] stab wound. - **3.** *loc*: **dejar a alguien en la ~** *fam* to leave sb in the lurch; **estar** o **quedar en la ~** *fam* to be defeated o beaten.

estacar [10] *vt* - **1.** [terreno] to stake out; MIL to stockade. - **2.** [animal] to tie to a stake o post. - **3.** *Amér* [sujetar] to fasten down with stakes. - **4.** *Amér* [engañar] to fool. - **5.** *Amér* [herir] to stab.

◆ **estacarse** *vpr* - **1.** *fig* [quedarse tieso] to freeze, to stand stock-still. - **2.** *Amér* [engañarse] to be fooled. - **3.** *Amér* [clavarse una astilla] to get a splinter. - **4.** *Amér* [herirse, pincharse] to prick o.s. - **5.** *Amér* [caballo] to balk.

estacazo *m* - **1.** [golpe] blow with a stake. - **2.** *fig* [revés] blow, setback.

estación *f* - **1.** [gen & INFORM] station; **el billete lo puedes comprar en la ~** you can buy your ticket at the station □ **~ de autobuses/de autocares/de tren** bus/coach/railway station; **~ emisora** broadcasting station; **~ espacial** space station; **~ de esquí** ski resort; **~ de gasolina/de servicio** petrol/service station; **~ meteorológica** weather station; **~ de metro** underground station *Br*, subway station *Am*; **~ de trabajo** workstation. - **2.** [del año, temporada] season. - **3.** ASTRON stationary o synchronous orbit.

estacional *adj* - **1.** [del año, de temporada] seasonal. - **2.** ASTRON stationary.

estacionamiento *m* - **1.** [acción de aparcar] parking; ~ **indebido** parking offence. - **2.** [plaza para aparcar] parking place o space. - **3.** [situación] stationing, positioning.

estacionar *vt* - **1.** AUTOM to park. - **2.** [colocar, asentar] to station, to position.

◆ **estacionarse** *vpr* - **1.** [estancarse] to remain stationary. - **2.** [colocarse, asentarse] to station o.s. - **3.** *Amér* [ganado lanar] to mate.

estacionario, ria *adj* [gen] stationary; ECON stagnant.

estadía *f* - **1.** [estancia] stay, stop; **planeó una ~ de tres días en Lima** he planned a three-day stop in Lima. - **2.** COM lay day.

estadio *m* - **1.** DEP stadium. - **2.** [fase] stage.

estadista *mf* - **1.** POLÍT statesman (*f* stateswoman). - **2.** [en estadística] statistician.

estadístico, ca *adj* statistical.

◆ **estadística** *f* - **1.** [ciencia] statistics (U). - **2.** [datos] statistics (pl).

estado *m* - **1.** [gen] state; **su ~ es grave** his condition is serious; **en ~ de alerta** on (the) alert; **en ~ de guerra** at war; **estar en buen/mal ~** [coche, terreno etc] to be in good/bad condition; **para ser de segunda mano, está en buen ~** it's in good condition, considering it's secondhand; [alimento, bebida] to be fresh/off □ ~ **de ánimo** state of mind; ~ **de bienestar** welfare state; ~ **civil** marital status; ~ **estacionario** [de enfermo] stable condition; ~ **de excepción** o **emergencia** state of emergency; ~ **físico** physical condition; ~ **de gracia** state of grace; ~ **llano** o **general** third estate, common people (pl); ~ **de salud** (state of) health; ~ **de sitio** state of siege. - **2.** [rango] rank, grade. - **3.** [lista] list; ~ **de personal** o **empleados** personnel list. - **4.** [resumen, informe] statement, report; ~ **de cuentas** statement of accounts. - **5.** *loc*: **estar en ~ de esperanza** o **de buena esperanza** o **interesante** to be expecting; **estar en ~ de merecer** to be marriageable; **tomar ~** [casarse] to marry; RELIG to take holy orders.

◆ **Estado** *m* - **1.** [gobierno] State. - **2.** MIL: **Estado Mayor** general staff.

Estados Unidos (de América) *s*: **(los)** ~ the United States (of America).

estadounidense ◇ *adj* United States (antes de sust). ◇ *mf* United States citizen.

estaf (*pl* **estafs**), **staf** [es'taf] (*pl* **stafs**) *m* staff.

estafa *f* [gen] swindle; COM fraud.

estafador, ra *m, f* swindler.

estafar *vt* [gen] to swindle; COM to defraud.

estafeta *f* - **1.** [oficina] sub-post office. - **2.** DIPLOMACIA diplomatic bag.

estafilococo *m* staphylococcus.

estalactita *f* stalactite.

estalagmita *f* stalagmite.

estalinismo, stalinismo [estali'nismo] *m* Stalinism.

estalinista, stalinista [estali'nista] *adj & mf* Stalinist.

estallante *adj* exploding.

estallar *vi* - **1.** [reventar - bomba] to explode; [- neumático] to burst; [- volcán] to erupt; [- cristal] to shatter. - **2.** [sonar - ovación] to break out; [- látigo] to crack. - **3.** *fig* [guerra, epidemia etc] to break out. - **4.** *fig* [persona]: ~ **en sollozos** to burst into tears; ~ **en una carcajada** to burst out laughing.

estallido *m* - **1.** [de bomba] explosion; [de trueno] crash; [de látigo] crack. - **2.** *fig* [de guerra etc] outbreak.

estambre *m* - **1.** [de planta] stamen. - **2.** [tela] worsted; [hilo] worsted yarn.

Estambul *s* Istanbul.

estamento *m* stratum, class.

estampa *f* - **1.** [imagen, tarjeta] print. - **2.** [aspecto] appearance; **tener mala ~** *fam* [ser feo] not to be a pretty sight; [lucir mal] to be dishevelled. - **3.** [retrato, ejemplo] image. - **4.** [huella] track, mark.

estampado, da *adj* printed.

◆ **estampado** *m* - **1.** [acción] printing. - **2.** [dibujo] (cotton) print.

estampador *m* - **1.** [gen] printer. - **2.** [de metal] engraver.

estampar *vt* - **1.** [imprimir - gen] to print; [- metal] to stamp. - **2.** [escribir]: ~ **la firma** to sign one's name. - **3.** [grabar] to emboss, to engrave. - **4.** [dejar huella de] to leave a mark of; ~ **el pie en la arena** to make a mark with one's foot in the sand. - **5.** *fig* [arrojar]: ~ **algo/a alguien contra** to fling sthg/sb against, to hurl sthg/sb against. - **6.** *fig* [dar - beso] to plant; [- bofetada] to land.

estampía ◆ **de estampía** *loc adv* suddenly, all at once.

estampida *f* stampede; **de** ~ suddenly, in a rush.

estampido *m* report, bang.

estampilla *f* - **1.** [para marcar documentos] rubber stamp. - **2.** [firma, rúbrica] seal. - **3.** *Amér* [de correos] stamp.

estampillar *vt* [gen] to stamp; [documentos] to rubberstamp.

estampita *f* → **timo**.

estancado, da *adj* - **1.** [agua] stagnant. - **2.** [situación, proyecto] at a standstill.

estancamiento *m* stagnation.

estancar [10] *vt* - **1.** [aguas] to dam up, to stem. - **2.** [progreso, negocio] to bring to a standstill. - **3.** COM to monopolize, to convert into a monopoly.

◆ **estancarse** *vpr* - **1.** [líquido] to stagnate, to become stagnant. - **2.** [progreso, negocio] to come to a standstill. - **3.** COM to be converted into a monopoly.

estancia *f* - **1.** [tiempo] stay. - **2.** [habitación] room. - **3.** LITER stanza. - **4.** *Amér* [ganadería] ranch, farm. - **5.** *Amér* [hacienda] ranch, farm.

estanciera *f Amér* van.

estanciero *m Amér* ranch owner.

estanco, ca *adj* watertight.

◆ **estanco** *m* - **1.** [de tabaco] shop officially licensed to sell stamps, tobacco and cigarettes, ≈ tobacconist's. - **2.** *fig* [archivos] archives (pl). - **3.** *Amér* [licorería] off-licence *Br*, liquor store *Am*.

estand (*pl* **estands**), **stand** [es'tand] (*pl* **stands**) *m* stand, stall.

estándar (*pl* **estándares**), **standard** [es'tandar] (*pl* **standards**) *adj & m* standard.

estandarización, standarización [estandariθa'θjon] *f* standardization.

estandarizar, standarizar [estandari'θar] [13] *vt* to standardize.

estandarte *m* standard, banner.

estanding (*pl* **estandings**), **standing** [es'tandin] [es'tandin] (*pl* **standings**) *m* standing, social status.

estanflación *f* ECON stagflation.

estanque *m* - **1.** [alberca] pond; [para riego] reservoir. - **2.** *Amér* [depósito] (petrol) tank.

estanquero, ra *m, f* ≈ tobacconist, owner of an 'estanco'.

estante ◇ *adj* permanent, fixed. ◇ *m* - **1.** [para libros, papeles etc] shelf. - **2.** [de máquina] leg, support. - **3.** *Amér* [estaca] post, pillar.

estantería *f* [gen] shelves (pl), shelving (U); [para libros] bookcase.

estañar *vt* - **1.** [cubrir, bañar] to tin-plate. - **2.** [soldar] to solder.

estaño *m* tin.

estaque *etc v* → **estacar**.

estaqueada *f Amér fam* beating, thrashing.

estaquear *vt Amér* to stretch with stakes.

estaquilla *f* - **1.** [espiga] wooden peg. - **2.** [estaca] spike.

estaquillar *vt* to peg, to fasten with pegs.

estar [59] ◇ *vi* - **1.** [hallarse] to be; **¿dónde está la llave?** where is the key?; **¿está María?** is María in?; **no está** she's not in. - **2.** [con fechas]: **¿a qué estamos hoy?** what's the date today?; **hoy estamos a martes/a 15 de julio** today is Tuesday/the 15th of July; **estábamos en octubre** it was October. **- 3.** [quedarse] to stay, to be; **estaré un par de horas y me iré** I'll stay a couple of hours and then I'll go. **- 4.** (antes de 'a') [expresa valores, grados]: **estamos a veinte grados** it's twenty degrees here; **el dólar está a 95 pesetas** the dollar is at 95 pesetas; **están a 100 ptas el kilo** they're 100 pesetas a kilo. **- 5.** [hallarse listo] to be ready; **¿aún no está ese trabajo?** is that piece of work still not ready? **- 6.** [servir]: ~ **para** to be (there) for; **para eso están los amigos** that's what friends are for; **para eso estoy** that's what I'm there for. **- 7.** (antes de gerundio) [expresa duración] to be; **están golpeando la puerta** they're banging on the door. **- 8.** (antes de 'sin' + infin) [expresa negación]: **estoy sin dormir desde ayer** I haven't slept since yesterday; **está sin acabar** it's not finished. **- 9.** [faltar]: **eso está aún por escribir** that has yet to be written. **- 10.** [hallarse a punto de]: ~ **por hacer algo** to be on the verge of doing sthg; **estuve por pegarle** I was on the verge of hitting him. **- 11.** [expresa disposición]: ~ **para algo** to be in the mood for sthg; **no estoy para bromas** I'm not in the mood for jokes. ◊ v copulativo **- 1.** (antes de adj) [expresa cualidad, estado] to be; **los pasteles están ricos** the cakes are delicious; **esta calle está sucia** this street is dirty. **- 2.** (antes de 'con' o 'sin' + sust) [expresa estado] to be; **estamos sin agua** we have no water. **- 3.** [expresa situación, acción]: ~ **de camarero** to work as a waiter, to be a waiter; ~ **de vacaciones** to be on holiday; ~ **de viaje** to be on a trip; ~ **de mudanza** to be (in the process of) moving; **estamos de suerte** we're in luck. **- 4.** [expresa permanencia]: ~ **en uso** to be in use; ~ **en guardia** to be on guard. **- 5.** [expresa apoyo, predilección]: ~ **por** to be in favour of. **- 6.** [expresa ocupación]: ~ **como** to be; **está como cajera** she's a checkout girl. **- 7.** [consistir]: ~ **en** to be, to lie in; **el problema está en la fecha** the problem is the date. **- 8.** [sentar]: **este traje te está bien** this suit looks good on you. **- 9.** (antes de 'que' + verbo) [expresa actitud]: **está que muerde porque ha suspendido** he's furious because he failed. ◆ **estarse** vpr [permanecer] to stay; **te puedes** ~ **con nosotros unos días** you can spend a few days with us.

estarcir vt to stencil.

estárter (pl **estárters**), **starter** [es'tarter] (pl **starters**) m starter.

estasis f inv stasis.

estatal adj state (antes de sust).

estatalizar [13] vt to nationalize.

estático, ca adj **- 1.** FÍS static. **- 2.** [inmóvil] stock-still. **- 3.** fig [pasmado] stunned, dumbfounded.
◆ **estática** f statics (U).

estatificar [10] vt to nationalize.

estatismo m **- 1.** POLÍT statism, state interventionism. **- 2.** [inmovilidad] stillness.

estatua f **- 1.** [escultura] statue; **¿qué haces ahí parado? pareces una** ~ what are you doing standing there so still? **- 2.** fam fig [persona poco afectuosa] cold fish.

estatuario, ria adj statuary.
◆ **estatuario** m sculptor, statuary.
◆ **estatuaria** f statuary, sculptures (pl).

estatuir [51] vt **- 1.** [establecer] to establish. **- 2.** [demostrar] to demonstrate, to prove; ~ **una teoría** to demonstrate a theory.

estatura f height.

estatus, **status** [es'tatus] m inv status.

estatutario, ria adj statutory.

estatuto m [gen] statute; [de empresa] article (of association); [de ciudad] by-law; ~**s sociales** articles of association.

estay (pl **estayes**) m NÁUT stay; ~ **mayor** mainstay.

este[1] ◊ adj [posición, parte] east, eastern; [dirección, viento] easterly. ◊ m east; **los países del** ~ the Eastern bloc countries.

este[2] (pl **estos**), **esta** adj demos **- 1.** [gen] this, (pl) these;

esta camisa this shirt; ~ **año** this year. **- 2.** fam [despectivo] that, (pl) those; **no soporto a la niña esta** I can't stand that girl.

éste (pl **éstos**), **ésta** pron demos **- 1.** [gen] this one, (pl) these (ones); **dame otro boli**; ~ **no funciona** give me another pen; this one doesn't work; **aquellos cuadros no están mal, aunque éstos me gustan más** those paintings aren't bad, but I like these (ones) better; **ésta ha sido la semana más feliz de mi vida** this has been the happiest week of my life. **- 2.** [recién mencionado] the latter; **entraron Juan y Pedro**, ~ **con un abrigo verde** Juan and Pedro came in, the latter wearing a green coat. **- 3.** fam [despectivo]: ~ **es el que me pegó** this is the guy who hit me; **éstos son los culpables de todo lo ocurrido** it's this lot who are to blame for everything.
◆ **en éstas** loc adv fam just then, at that very moment.

esteatita f MIN steatite, soapstone.

Esteban m: **san** ~ Saint Stephen.

estela f **- 1.** [de barco] wake; [de avión, estrella fugaz] trail. **- 2.** fig [rastro] trail. **- 3.** BOT lady's mantle. **- 4.** ARQUIT stele.

estelar adj **- 1.** ASTRON stellar. **- 2.** CINE & TEATRO star (antes de sust).

estelaridad f Amér popularity.

estenografía f shorthand.

estenógrafo, fa m, f stenographer, shorthand writer.

estenotipia f **- 1.** [arte] stenotypy. **- 2.** [máquina] Stenotype®.

estenotipista mf stenotypist.

estenotipo m Stenotype®.

estentóreo, a adj [culto] stentorian.

estepa f steppe.

estepario, ria adj steppe (antes de sust).

éster m ester.

estera f [tejido] matting; [alfombrilla] mat.

esterar ◊ vt to cover with mats. ◊ vi to wrap up, to dress warmly.

estercolamiento m, **estercoladura** f manuring, fertilizing.

estercolar ◊ m dunghill. ◊ vt to manure, to fertilize. ◊ vi [animales] to defecate.

estercolero m **- 1.** [de estiércol] dunghill. **- 2.** fig [lugar sucio] pigsty.

estéreo, stereo adj inv & m stereo.

estereofonía f stereo.

estereofónico, ca adj stereophonic, stereo.

estereografía f stereography.

estereoscopia f stereoscopy.

estereoscopio m stereoscope.

estereotipado, da adj stereotyped, stereotypical.

estereotipar vt to stereotype.

estereotipia f **- 1.** [arte] stereotypy. **- 2.** [oficina] stereotyper's shop. **- 3.** [máquina] stereotype. **- 4.** MED stereotypy.

estereotípico, ca adj stereotypical, stereotypic.

estereotipo m stereotype.

esterería f **- 1.** [fábrica] mat factory. **- 2.** [tienda] mat shop.

esterero, ra m, f **- 1.** [fabricante] mat maker. **- 2.** [vendedor] mat seller. **- 3.** [instalador] mat layer.

estéril adj **- 1.** [persona, terreno, imaginación] sterile. **- 2.** [gasa] sterilized. **- 3.** fig [inútil] futile, fruitless.

esterilete m coil, I.U.D.

esterilidad f **- 1.** [de persona, de imaginación] sterility; [de terreno] barrenness. **- 2.** fig [inutilidad] futility.

esterilización f sterilization.

esterilizado, da adj sterilized, sterile.

esterilizador, ra adj sterilizing.

esterilizar [13] vt to sterilize.

esterilla f **- 1.** [alfombrilla] small mat. **- 2.** [de oro] gold braid; [de plata] silver braid. **- 3.** Amér [rejilla] canework (U).

estérilmente *adv* sterilely.

esterlina, **sterling** [es'terlin] *adj* → **libra**.

esternón *m* breastbone, sternum.

estero *m* - **1.** [estuario] estuary. - **2.** *Amér* [pantano] marsh, swamp. - **3.** *Amér* [charca] puddle, pool. - **4.** *Amér* [arroyo] stream.

esteroide *m* steroid; ~ **anabolizante** anabolic steroid.

estertor *m* death rattle.

esteta *mf* aesthete.

estética *f* → **estético**.

estéticamente *adv* aesthetically.

esteticismo *m* aestheticism.

esteticista *mf*, **esthéticienne** [esteti'θjen] (*pl* **esthéticiennes**) *f* beautician.

estético, ca *adj* aesthetic.
◆ **estética** *f* - **1.** FILOS aesthetics (U); ~ **trascendental** transcendental aesthetics. - **2.** [belleza] beauty.

estetoscopio *m* stethoscope.

estevado, da ◇ *adj* bowlegged. ◇ *m, f* bowlegged person.

esthéticienne *f* = **esteticista**.

estiaje *m* - **1.** [nivel de río] low water. - **2.** [periodo] period of low water.

estiba *f* stowage.

estibador, ra *m, f* stevedore.

estibar *vt* - **1.** [carga de buque] to stow. - **2.** [lana] to pack tightly, to compress.

estiércol *m* [excrementos] dung; [abono] manure.

estigma *m* - **1.** [marca] mark, scar. - **2.** *fig* [deshonor] stigma.
◆ **estigmas** *mpl* RELIG stigmata.

estigmático, ca *adj* stigmatic.

estigmatización *f* - **1.** [marca] branding. - **2.** *fig* [deshonra] stigmatization.

estigmatizar [13] *vt* - **1.** [marcar] to scar; [con hierro candente] to brand. - **2.** *fig* [deshonrar] to stigmatize. - **3.** RELIG to mark with stigmata.

estilar ◇ *vi* [usar] to be in fashion; **no estila llevar ropa de lana** it's not fashionable to wear woollen clothing. ◇ *vt* - **1.** [documento] to draw up. - **2.** *Amér* [destilar] to distil.
◆ **estilarse** *vpr* to be in (fashion).

estilete *m* - **1.** [daga] stiletto. - **2.** [punzón] stylus, style. - **3.** MED stylet.

estilismo *m* stylism.

estilista *mf* - **1.** [escritor] stylist. - **2.** [de moda, accesorios] fashion designer.

estilístico, ca *adj* stylistic.
◆ **estilística** *f* stylistics (U).

estilizado, da *adj* stylized.

estilizar [13] *vt* to stylize.

estilo *m* - **1.** [gen & BOT] style; **cada uno tiene un** ~ **de hacer las cosas** we all have our own way of doing things; **este vestido no es de su** ~ that dress isn't her style; **me gusta el** ~ **de esta escritora** I like that writer's style; **esta iglesia es de** ~ **gótico** that church was built in the Gothic style; **al** ~ **de** in the style of ❏ ~ **de vida** lifestyle. - **2.** [en natación] stroke. - **3.** GRAM speech; ~ **directo/indirecto** direct/indirect speech. - **4.** [punzón] stylus, style. - **5.** [de reloj de sol] gnomon. - **6.** *loc*: **algo por el** ~ something of the sort; **me dijo esto o algo por el** ~ this, or something of the sort, is what she said; **ser por el** ~ **a** to be similar to.

estilográfica *f* fountain pen.

estima *f* - **1.** [aprecio] esteem, respect. - **2.** NÁUT dead reckoning.

estimable *adj* - **1.** [cantidad] considerable. - **2.** [digno de estimación] worthy of appreciation.

estimación *f* - **1.** [aprecio] esteem, respect. - **2.** [valoración] valuation; **hacer** ~ **(de algo)** to estimate (sthg). - **3.** [en impuestos] assessment.

estimado, da *adj* [querido] esteemed, respected; ~ **señor** [en carta] Dear Sir.

estimador, ra *adj* appreciative.
◆ **estimador** *m* COM appraiser.

estimar *vt* - **1.** [valorar - gen] to value; [- valor] to estimate. - **2.** [apreciar] to think highly of. - **3.** [creer] to consider, to think.
◆ **estimarse** *vpr* [tener dignidad] to have self-respect.

estimativa *f* - **1.** [juicio] judgement. - **2.** [instinto] instinct.

estimativo, va *adj* approximate, rough.

estimulador, ra *adj* encouraging.

estimulante ◇ *adj* - **1.** [que anima] encouraging. - **2.** [que excita] stimulating. ◇ *m* stimulant.

estimular *vt* - **1.** [animar] to encourage. - **2.** [excitar] to stimulate. - **3.** [incitar] to incite, to urge on; **la muchedumbre lo estimuló con gritos** the crowd shouted him on. - **4.** [picar] to prod, to push.

estímulo *m* - **1.** [aliciente] incentive; [ánimo] encouragement. - **2.** [de un órgano] stimulus.

estío *m* *culto* summer.

estipendiar [7] *vt* to give a stipend to.

estipendio *m* stipend, remuneration (U).

estíptico, ca *adj* - **1.** [astringente] styptic. - **2.** [estreñido] constipated. - **3.** *fig* [avaro] miserly.

estiptiquez (*pl* **estiptiqueces**) *f Amér* constipation.

estípula *f* stipule.

estipulación *f* - **1.** [acuerdo] agreement. - **2.** DER stipulation.

estipulante *adj* stipulating.

estipular *vt* to stipulate.

estira *f* currier's knife.

estirada ◇ *adj f* → **estirado**. ◇ *f* [en fútbol] dive.

estiradamente *adv* - **1.** [escasamente] hardly, scarcely. - **2.** *fig* [con violencia] forcibly, violently.

estirado, da *adj* - **1.** [persona - altanero] haughty; [- adusto] uptight. - **2.** *fig* [tacaño] miserly, mean. - **3.** [brazos, piernas] outstretched.

estiramiento *m* stretching; ~ **de piel** face-lift.

estirar ◇ *vt* - **1.** [alargar - gen] to stretch; [- el cuello] to crane; **estira la goma tanto como puedas** stretch the elastic band as far as you can; ~ **las piernas** to stretch one's legs. - **2.** [desarrugar] to straighten. - **3.** *fig* [el dinero etc] to make last; [discurso, tema] to spin out; [poderes, etc] to extend; **he de** ~ **el dinero para llegar a fin de mes** I have to try and make my money last till the end of the month. - **4.** *Amér* [matar a tiros] to shoot. - **5.** *Amér* [azotar] to flog. - **6.** *Amér fig* [estafar] to swindle. ◇ *vi*: ~ **(de)** to pull.
◆ **estirarse** *vpr* - **1.** [desperezarse] to stretch. - **2.** [tumbarse] to stretch out. - **3.** [crecer] to shoot up; **tu hijo se ha estirado mucho en el último año** your son has shot up over the past year.

estirón *m* - **1.** [acción] tug, pull. - **2.** [al crecer]: **dar** o **pegar un** ~ to shoot up suddenly.

estirpe *f* - **1.** [linaje] stock, lineage. - **2.** [herederos] heirs (*pl*); **la** ~ **del difunto** the heirs of the deceased.

estival *adj* summer (*antes de sust*).

esto *pron demos (neutro)* this thing; ~ **es tu regalo de cumpleaños** this is your birthday present; ~ **que acabas de decir no tiene sentido** what you just said doesn't make sense; ~ **de trabajar de noche no me gusta** I don't like this business of working at night; ~ **es** that is (to say).
◆ **en esto** *loc adv* just then, at that very moment.

estoc (*pl* **estocs**), **stock** [es'tok] (*pl* **stocks**) *m* stock.

estocada *f* [en esgrima] stab; TAUROM (sword) thrust.

Estocolmo *s* Stockholm.

estofa *f*: **de baja** ~ [gente] low-class; [cosas] poor-quality.

estofado, da *adj* - **1.** CULIN stewed. - **2.** [en costura] quilted.
◆ **estofado** *m* stew; ~ **de carne** meat stew.

estofar *vt* - **1.** CULIN to stew. - **2.** [en costura] to quilt.

estoicamente *adv* stoically.

estoicismo *m* stoicism.

estoico, ca ◇ *adj* stoic, stoical. ◇ *m, f* - **1.** FILOS Stoic. - **2.** *fig* [austero, impasivo] stoical.

estola *f* stole.

estomacal ◇ *adj* - **1.** [dolencia] stomach *(antes de sust)*. - **2.** [bebida] digestive. ◇ *m* digestive *(drink)*.

estomagar [16] *vt* - **1.** [empachar] to give indigestion to. - **2.** *fam fig* [fastidiar] to annoy, to irritate.

estómago *m* stomach; **revolverle el** ~ **a alguien** *fig* to turn sb's stomach; **me revuelve el** ~ **ver imágenes de guerra** it turns my stomach to see pictures of war; **tener buen** o **mucho** ~ *fig* to be tough, to be able to stand a lot; **tener un** ~ **de piedra** *fig* to have a cast-iron stomach.

estomaguero *m* infant's bellyband.

Estonia *s* Estonia.

estonio, nia *adj & m, f* Estonian.

estop *m* = **stop**.

estopa *f* [fibra] tow; [tela] burlap.

estoperol *m* - **1.** [mecha] tow wick. - **2.** [clavo] tack. - **3.** *Amér* [perol] pot, cauldron. - **4.** *Amér* [tachuela] stud.

estopilla *f* - **1.** [fibra] fine tow. - **2.** [tela] cheesecloth.

estopón *m* - **1.** [fibra] coarse tow. - **2.** [tela] burlap, sackcloth.

estoque *m* - **1.** [espada] rapier. - **2.** TAUROM bullfighter's sword. - **3.** BOT gladiolus.

estoquear *vt* to stab.

estoqueo *m* stabbing.

estor *m* Venetian blind.

estorbar ◇ *vt* [obstaculizar] to hinder; [molestar] to bother; ~ **el paso** to block the way. ◇ *vi* [estar en medio] to be in the way.

estorbo *m* [obstáculo] hindrance; [molestia] nuisance.

estornino *m* starling.

estornudar *vi* to sneeze.

estornudo *m* sneeze.

estos, tas *adj pl* → **este**.

éstos, tas *pron demos pl* → **éste**.

estoy *v* → **estar**.

estrábico, ca ◇ *adj* squint-eyed. ◇ *m, f* person with a squint.

estrabismo *m* squint.

Estrabón *m* Strabo.

estracilla *f* scrap, shred.

estrada *f* road, highway; **batir la** ~ MIL to scout.

estrado *m* - **1.** [tarima] platform. - **2.** [sala] drawing room. - **3.** [muebles] drawing room suite.

◆ **estrados** *mpl* DER courtrooms.

estrafalariamente *adv* - **1.** [con extravagancia] outlandishly, eccentricly. - **2.** [de forma desaliñada] slovenly, sloppily.

estrafalario, ria ◇ *adj* - **1.** [extravagante] outlandish, eccentric. - **2.** [desaliñado] slovenly, sloppy. ◇ *m, f* eccentric.

estragar [16] *vt* - **1.** [físicamente] to destroy, to devastate. - **2.** [moralmente] to corrupt, to pervert.

estragón *m* tarragon.

estragos *mpl*: **causar** o **hacer** ~ **en** [físicos] to wreak havoc with; [morales] to destroy, to ruin.

estrambote *m* LITER envoi.

estrambóticamente *adv* outlandishly.

estrambótico, ca *adj* outlandish.

estramonio *m* thorn apple.

estrangulación *f* MED strangulation.

estrangulado, da *adj* - **1.** [ahogado] strangled. - **2.** MED strangulated.

estrangulador, ra ◇ *m, f* strangler. ◇ *adj* strangulating.

◆ **estrangulador** *m* AUTOM choke.

estrangulamiento *m* MED strangulation.

estrangular *vt* - **1.** [ahogar] to strangle. - **2.** MED to stran-gulate. - **3.** [proyecto] to stifle, to nip in the bud. - **4.** MEC to choke.

◆ **estrangularse** *vpr* to strangle o.s.

estraperlista ◇ *mf* black marketeer. ◇ *adj* black market *(antes de sust)*.

estraperlo *m* black market; **de** ~ black market *(antes de sust)*.

Estrasburgo *s* Strasbourg.

estratagema *f* - **1.** MIL stratagem. - **2.** *fig* [astucia] artifice, trick.

estratega *mf* strategist.

estrategia *f* - **1.** [plan] strategy. - **2.** [astucia] cleverness, craftiness. - **3.** *Amér* [estratagema] stratagem.

estratégicamente *adv* strategically.

estratégico, ca *adj* strategic.

estratificación *f* stratification.

estratificado, da *adj* stratified.

estratificar [10] *vt* to stratify.

◆ **estratificarse** *vpr* to form strata.

estrato *m* - **1.** GEOL & *fig* stratum. - **2.** [nube] stratus.

estratosfera *f* stratosphere.

estraza *f* - **1.** [ropa] rag. - **2.** → **papel**.

estrechamente *adv* - **1.** [íntimamente] closely. - **2.** [apretadamente] tightly. - **3.** [con exactitud] punctually. - **4.** [con rigor] strictly. - **5.** [con limitación] narrowmindedly.

estrechamiento *m* - **1.** [de calle, tubo] narrowing. - **2.** *fig* [de relaciones] rapprochement.

estrechar *vt* - **1.** [hacer estrecho - gen] to narrow; [- ropa] to take in. - **2.** *fig* [relaciones] to make closer. - **3.** [apretar] to squeeze, to hug; ~ **la mano a alguien** to shake sb's hand. - **4.** *fig* [presionar] to compel.

◆ **estrecharse** *vpr* - **1.** [hacerse estrecho] to narrow. - **2.** [abrazarse] to embrace. - **3.** [apretarse] to squeeze up. - **4.** [en gastos] to economize. - **5.** *fig* [amistad, etc] to become closer.

estrechez (*pl* **estrecheces**) *f* - **1.** [falta de anchura] narrowness; [falta de espacio] lack of space; [de ropa] tightness; ~ **de miras** narrow-mindedness. - **2.** *fig* [falta de dinero] hardship; **pasar estrecheces** to be hard up. - **3.** [intimidad] closeness. - **4.** *fig* [aprieto] fix, jam; **hallarse en gran** ~ to be in a fix. - **5.** *fig* [austeridad] austerity. - **6.** MED stricture.

estrecho, cha ◇ *adj* - **1.** [no ancho - gen] narrow; [- ropa] tight; [- habitación] cramped; **las calles son muy estrechas** the streets are very narrow; **desde que he engordado toda la ropa me está estrecha** since I put on weight, all my clothes have been too tight for me □ ~ **de miras** narrow-minded. - **2.** *fig* [íntimo] close; **tengo una estrecha relación con él** I have a close relationship with him. - **3.** *fig* [tacaño] miserly, mean. - **4.** [rígido] strict. ◇ *m, f fam* [persona] prude.

◆ **estrecho** *m* - **1.** GEOGR strait; **el** ~ **de Gibraltar** the Strait of Gibraltar; **el** ~ **de Ormuz** the Strait of Hormuz. - **2.** *fig* [aprieto] jam, tight spot.

estregadera *f* - **1.** [cepillo] scrubbing brush. - **2.** [para calzado] footscraper.

estregadura *f*, **estregamiento** *m* rubbing.

estregar [35] *vt* [frotar] to rub; [con cepillo] to scrub.

estrella ◇ *adj inv* (*después de sust*) star *(antes de sust)*. ◇ *f* - **1.** [gen] star; *fig* [destino] fate; **en forma de** ~ star-shaped □ ~ **de cine** film star *Br*, movie star *Am*; ~ **de cometa** comet; ~ **errante** planet; ~ **fugaz** shooting star; ~ **invitada** guest star; ~ **polar** Pole Star; ~ **de rabo** kite; **poner sobre las** ~**s** to praise to the skies; **ver las** ~**s** to see stars; **me dio un golpe tan fuerte que vi las** ~**s** he hit me so hard, I saw stars. - **2.** [asterisco] asterisk. - **3.** [en caballo] star, blaze. - **4.** *loc*: **tener buena/mala** ~ to be lucky/unlucky.

◆ **estrellas** *fpl* star-shaped pasta *(U)*.

◆ **estrella de mar** *f* starfish.

estrelladera *f* (fish) slice.

estrellado, da *adj* - **1.** [con estrellas] starry. - **2.** [por la forma] star-shaped. - **3.** [que ha chocado] smashed.

estrellar *vt* - **1.** [arrojar] to smash. - **2.** [llenar de estrellas] to cover with stars. - **3.** [huevo] to fry.
◆ **estrellarse** *vpr* - **1.** [chocar]: ~**se (contra)** [gen] to smash (against); [avión, coche] to crash (into). - **2.** *fig* [fracasar] to come to nothing. - **3.** [llenarse de estrellas] to become starry.

estrellato *m* stardom.

estrellón *m* - **1.** *Amér* [choque] crash. - **2.** [fuego artificial] star-shaped firework.

estremecedor, ra *adj* - **1.** [ruido] startling, shocking. - **2.** [por miedo, horror] terrifying, frightening.

estremecer [30] *vt* to shake.
◆ **estremecerse** *vpr*: ~**se (de)** [horror, miedo] to tremble o shudder (with); [frío] to shiver (with).

estremecimiento *m* [de miedo] shudder, shaking *(U)*; [de frío] shiver, shivering *(U)*.

estrena *f* - **1.** [regalo] gift, reward. - **2.** [primer uso] first use; [de ropa] first wearing.

estrenar *vt* - **1.** [gen] to use for the first time; [ropa] to wear for the first time. - **2.** [piso] to move into. - **3.** CINE to release, to show for the first time; TEATRO to premiere.
◆ **estrenarse** *vpr* [persona] to make one's debut, to start; **se estrenó como jugador de rugby ayer** he made his debut as a rugby player yesterday.

estreno *m* - **1.** [de espectáculo] premiere, first night. - **2.** [de objeto] first use. - **3.** [en un empleo] debut. - **4.** [de casa, exposición] opening.

estrenuo, nua *adj desus* - **1.** [vigoroso] strenuous, vigorous. - **2.** [emprendedor] enterprising.

estreñido, da *adj* - **1.** [con estreñimiento] constipated. - **2.** *fig* [avaro] miserly, greedy.

estreñimiento *m* constipation.

estreñir *vt* to constipate.
◆ **estreñirse** *vpr* to get constipated.

estrépito *m* - **1.** [ruido] racket, din. - **2.** *fig* [ostentación] fanfare.

estrepitosamente *adv* - **1.** [gen] noisily. - **2.** [aplaudir] deafeningly. - **3.** *fig* [con ostentación] ostentatiously, showily.

estrepitoso, sa *adj* - **1.** [gen] noisy; [aplausos] deafening. - **2.** [derrota] resounding; [fracaso] spectacular.

estreptococo *m* streptococcus.

estreptomicina *f* streptomycin.

estrés, stress [es'tres] *m inv* stress.

estresado, da *adj* suffering from stress.

estresante *adj* stressful.

estresar *vt* to cause stress to.

estría *f* - **1.** [gen] groove; [en la piel] stretch mark. - **2.** ARQUIT fluting *(U)*. - **3.** GEOL striation.

estriado, da *adj* fluted.

estriar [9] *vt* - **1.** [gen] to groove. - **2.** ARQUIT to flute. - **3.** GEOL to striate.
◆ **estriarse** *vpr* to be striated o grooved.

estribación *f (gen pl)* foothills *(pl)*.

estribadero *m* support, prop.

estribar ◆ **estribar en** *vi* to be based on, to lie in.

estribera *f* - **1.** [estribo] stirrup. - **2.** *Amér* [correa] stirrup strap.

estriberón *m* stepping-stone.

estribillo *m* - **1.** MÚS chorus; LITER refrain. - **2.** *fam* [coletilla] pet word o phrase.

estribo *m* - **1.** [de montura] stirrup; [de coche, tren] step. - **2.** *fig* [de argumento] base, foundation. - **3.** [abrazadera] bracket, brace. - **4.** [del oído] stapes *(sg)*. - **5.** [contrafuerte] buttress. - **6.** [de montaña] spur. - **7.** *loc*: **estar con un pie en el** ~ to be ready to leave; **perder los** ~**s** to fly off the handle.

estribor *m* starboard; **a** ~ (to) starboard.

estricnina *f* strychnine.

estrictamente *adv* strictly.

estrictez *(pl* **estricteces)** *f Amér* strictness.

estricto, ta *adj* strict; **las normas de esta escuela son muy estrictas** the rules at this school are very strict; **es muy** ~ **en la educación de sus hijos** he's very strict with his children.

estridencia *f* - **1.** [ruido] stridency, shrillness. - **2.** *fig* [de colores] loudness.

estridente *adj* - **1.** [ruido] strident, shrill. - **2.** [color] garish, loud.

estriega *etc v* → **estregar**.

estro *m* - **1.** [mosca] oestrus. - **2.** [inspiración] inspiration.

estroboscopio *m* stroboscope.

estrofa *f* stanza, verse.

estrógeno, na *adj* oestrogenic.
◆ **estrógeno** *m* oestrogen.

estroncio *m* strontium.

estropajear *vt* [pared] to scrub, to clean.

estropajo *m* - **1.** [para fregar] scourer; ~ **de aluminio** Brillo pad®. - **2.** [trapo] dishcloth. - **3.** *fig* [persona] good-for-nothing. - **4.** *Amér* BOT loofah.

estropajoso, sa *adj* - **1.** [habla] indistinct, mumbled. - **2.** [persona] ragged. - **3.** [filete] tough, chewy.

estropeado, da *adj* - **1.** [averiado] broken-down. - **2.** [echado a perder] ruined, spoiled.

estropear *vt* - **1.** [averiar] to break; **los niños han estropeado el televisor** the children have broken the television. - **2.** [dañar] to damage. - **3.** [echar a perder] to ruin, to spoil; **la lluvia estropeó nuestros planes** the rain ruined o spoiled our plans.
◆ **estropearse** *vpr* - **1.** [máquina] to break down. - **2.** [comida] to go off, to spoil; [piel] to get damaged; **la fruta de la nevera se ha estropeado** the fruit in the fridge has gone off. - **3.** [plan] to fall through.

estropicio *m* - **1.** [rotura, destrozo] havoc; **hacer o causar un** ~ to wreak havoc. - **2.** [ruido, alboroto] row, uproar.

estructura *f* - **1.** [gen] structure; ~ **profunda/superficial** deep/surface structure. - **2.** [armazón] frame, framework.

estructuración *f* structuring, organization.

estructural *adj* structural.

estructuralismo *m* structuralism.

estructuralmente *adv* structurally.

estructurar *vt* to structure, to organize.

estruendo *m* - **1.** [estrépito] din, roar; [de trueno] crash. - **2.** [alboroto] uproar, tumult. - **3.** [pompa] pomp, show.

estruendoso, sa *adj* clamorous, noisy.

estrujador, ra *adj* squeezing.
◆ **estrujador** *m* squeezer.

estrujar *vt* - **1.** [limón] to squeeze; [trapo, ropa] to wring (out); [papel] to screw up; [caja] to crush. - **2.** [persona, mano] to squeeze. - **3.** *fig* [sacar partido] to bleed dry.
◆ **estrujarse** *vpr* [apretujarse] to huddle together.

estrujón *m* - **1.** *fam* [acción de estrujar] squeeze, squeezing *(U)*. - **2.** [de uvas] last pressing.

estuario *m* estuary.

estucado *m* stucco, stuccowork.

estucador, ra *m, f* stucco plasterer o worker.

estucar [10] *vt* to stucco.

estuche *m* - **1.** [caja] case; [de joyas] jewellery box. - **2.** [utensilios] set. - **3.** [vaina] sheath. - **4.** *loc*: **ser un** ~ to be a jack-of-all-trades.

estuco *m* stucco.

estudiado, da *adj* studied.

estudiante *mf* student.

estudiantil *adj* student *(antes de sust)*.

estudiar [8] ◇ *vt* - **1.** [gen] to study; **estudia inglés en una escuela nocturna** she's studying English at night school; **después de** ~ **tu propuesta he decidido no aceptarla** after studying your proposal, I've decided not to accept it. **- 2.** [observar] to observe; **estudió sus movimientos** he observed his movements. **- 3.** *Amér* [empeñar] to pawn. ◇ *vi* to study; **~ para médico** to be studying to be a doctor.

estudio *m* **- 1.** [gen] study; **estar en ~** to be under consideration; **hacer un ~ de algo** to survey sthg ❑ **~ de mercado** [técnica] market research; [investigación] market survey. **- 2.** [oficina] study; [de fotógrafo, pintor] studio. **- 3.** [apartamento] studio apartment. **- 4.** *(gen pl)* CINE, RADIO & TV studio. **- 5.** [en arte] study. **- 6.** [en música] étude, study.
◆ **estudios** *mpl* [serie de cursos] studies; [educación] education *(U)*; **dar ~s a alguien** to pay for o finance sb's education; **tener ~s** to be well-educated ❑ **~s primarios/secundarios/superiores** primary/secondary/higher education.

estudioso, sa ◇ *adj* [que estudia] studious. ◇ *m, f* [especialista] specialist, expert.

estufa *f* **- 1.** [aparato] heater, fire; **~ de gas** gas heater; **~ eléctrica** electric heater. **- 2.** [invernadero] greenhouse. **- 3.** [sauna] steam room.

estulticia *f* stupidity, foolishness.

estupa *m fam* drug squad detective.

estupefacción *f* astonishment.

estupefaciente ◇ *adj* narcotic. ◇ *m* narcotic, drug.

estupefactivo, va *adj* stupefying, amazing.

estupefacto, ta *adj* astonished.

estupendamente *adv* wonderfully; **estoy ~** I feel wonderful.

estupendo, da *adj* great, fantastic; **ayer vi una película estupenda** I saw a great film yesterday; **es una persona estupenda** she's a great person.
◆ **estupendo** *interj* great!; **¿vamos mañana a la playa? - ¡~!** shall we go to the beach tomorrow? - good idea!

estúpidamente *adv* stupidly.

estupidez *(pl* **estupideces)** *f* stupidity; **decir/hacer una ~** to say/do sthg stupid.

estúpido, da ◇ *adj* stupid. ◇ *m, f* idiot.

estupor *m* **- 1.** [asombro] astonishment. **- 2.** MED stupor.

estupro *m culto* rape of a minor.

estuque *etc v* → **estucar**.

esturgar [16] *vt* [en alfarería] to fettle, to trim.

esturión *m* sturgeon.

estuviera *etc v* → **estar**.

esvástica, svástica *f* swastika.

ETA *f* ETA, *terrorist Basque separatist organization.*

etano *m* ethane.

etapa *f* **- 1.** [trayecto, fase] stage; **de una ~** [cohete] single-stage; **por ~s** in stages ❑ **quemar ~s** to come on in leaps and bounds, to progress rapidly. **- 2.** [parada] stop, halt.

etarra ◇ *adj* ETA *(antes de sust)*. ◇ *mf* member of ETA.

ETB *(abrev de* **Euskal Telebista)** *f Basque television network.*

etc. *(abrev escrita de* **etcétera)** etc.

etcétera ◇ *adv* etcetera. ◇ *m:* **y un largo ~ de...** *fig* and a long list of...

éter *m* **- 1.** QUÍM ether; **~ etílico** ethyl ether. **- 2.** *culto* [cielo]: **el ~** the ether, the heavens *(pl)*.

etéreo, a *adj* **- 1.** QUÍM etheric. **- 2.** *fig* ethereal.

eternal *adj desus* eternal, everlasting.

eternamente *adv* eternally.

eternidad *f* eternity; **hace una ~ que no la veo** *fam* it's ages since I last saw her; **para** o **por toda la ~** for all eternity.

eternizar [13] *vt:* **~ algo** [perpetuar] to make sthg last forever; [hacer durar] to prolong sthg indefinitely.
◆ **eternizarse** *vpr:* **~se (haciendo algo)** to spend ages (doing sthg).

eterno, na *adj* **- 1.** [infinito] eternal. **- 2.** *fam* [larguísimo] never-ending, interminable.

ético, ca *adj* **- 1.** [moral & FILOS] ethical. **- 2.** = **hético**.

◆ **ética** *f* **- 1.** FILOS ethics *(U)*. **- 2.** [moralidad] ethics *(pl)*; **~ profesional** (professional) ethics.

etileno *m* ethylene.

etílico, ca *adj* **- 1.** QUÍM ethyl *(antes de sust)*; **intoxicación etílica** alcohol poisoning. **- 2.** [borracho] intoxicated, drunk.

etilismo *m* intoxication.

etilo *m* ethyl.

étimo *m* etymon.

etimología *f* etymology.

etimológico, ca *adj* etymological.

etimólogo, ga *m, f* etymologist.

etiología *f* MED etiology.

etíope *adj & mf* Ethiopian.

Etiopía *s* Ethiopia.

etiqueta *f* **- 1.** [gen & INFORM] label; **~ del precio** price tag. **- 2.** [ceremonial] etiquette; **de ~** formal; **vestirse de ~** to wear formal dress. **- 3.** [calificativo] qualifier, modifier.

etiquetado *m* labelling.

etiquetadora *f* pricing gun.

etiquetar *vt lit & fig* to label; **~ a alguien de algo** to label sb sthg.

etiquetero, ra *adj* ceremonious, formal.

etnia *f* ethnic group.

étnico, ca *adj* ethnic.

etnocentrismo *m* ethnocentrism.

etnocidio *m* genocide.

etnografía *f* ethnography.

etnográfico, ca *adj* ethnographic.

etnógrafo, fa *m, f* ethnographer.

etnología *f* ethnology.

etnológico, ca *adj* ethnologic, ethnological.

etnólogo, ga *m, f* ethnologist.

etrusco, ca *adj & m, f* Etruscan.

EUA *(abrev de* **Estados Unidos de América)** *mpl* USA.

eucalipto *m* eucalyptus.

eucaristía *f:* **la ~** the Eucharist.

eucarístico, ca *adj* Eucharistic.

Euclides *m* Euclid.

euclidiano, na *adj* Euclidean.

eucologio *m* RELIG prayer book.

eucrasia *f* good health.

eufemismo *m* euphemism.

eufemístico, ca *adj* euphemistic.

eufonía *f* euphony.

eufónico, ca *adj* euphonic, euphonious.

euforia *f* euphoria, elation.

eufóricamente *adv* euphorically.

eufórico, ca *adj* euphoric, elated.

Éufrates *m:* **el ~** the Euphrates.

eugenesia *f,* **eugenismo** *m* eugenics *(U)*.

eugenésico, ca *adj* eugenic.

Eugenia *f:* **~ de Montijo** Eugénie of Montijo.

eugenismo *m* = **eugenesia**.

eunuco *m* eunuch.

eupepsia *f* MED eupepsia, good digestion.

eurasiático, ca *adj* Eurasian.

EURATOM *(abrev de* **Comunidad Europea de la Energía Atómica)** *f* EURATOM.

eureka *interj* eureka!

Eurídice *f* Eurydice.

euritmia *f* **- 1.** ARTE eurhythmy. **- 2.** [equilibrio] eurhythmics *(U)*.

eurítmico, ca *adj* eurhythmic.

euro *m culto* east wind.

euroafricano, na *adj* Afro-European.

eurocheque *m* eurocheque *Br*, eurocheck *Am*.
eurocomunismo *m* Eurocommunism.
eurocomunista *adj & mf* Eurocommunist.
euroconector *m* TV Euroconnector.
eurócrata *adj & mf* Eurocrat.
eurodiputado, da *m, f* Euro-M.P., M.E.P.
eurodivisa *f* ECON eurocurrency.
eurodólar *m* ECON Eurodollar.
Europa *s* Europe.
europarlamentario, ria ◇ *adj* of the European Parliament. ◇ *m, f* Euro-M.P., M.E.P.
europeidad *f* Europeanness.
europeísmo *m* Europeanism.
europeísta *adj & mf* pro-European.
europeización *f* Europeanization.
europeizar [13] *vt* to Europeanize.
europeo, a *adj & m, f* European.
europio *m* QUÍM europium.
Eurovisión *f* Eurovision.
Euskadi *s* the Basque Country.
euskara, euskera *m* Basque.
eutanasia *f* euthanasia.
EUTI (*abrev de* **Escuela Universitaria de Traductores e Intérpretes**) *f Spanish university college of translators and interpreters.*
Eva *f* BIBLIA Eve.
evacuación *f* evacuation.
evacuado, da ◇ *adj* evacuated. ◇ *m, f* evacuee.
evacuador, ra *adj* evacuative.
evacuante *adj* = evacuativo.
evacuar [7] *vt* - **1.** [gen] to evacuate. - **2.** [vientre] to empty, to void. - **3.** [salir] to vacate, to leave. - **4.** [trámite] to carry out, to transact.
evacuativo, va, evacuante *adj* - **1.** [que desocupa] evacuating. - **2.** [purgante] evacuant, purgative.
◆ **evacuativo** *m* [purgante] evacuant, purgative.
evacuatorio, ria *adj* - **1.** [que desocupa] evacuating. - **2.** [purgante] evacuant, purgative.
◆ **evacuatorio** *m* [retrete] lavatory *Br*, rest room *Am*.
evadido, da ◇ *adj* - **1.** [persona] escaped. - **2.** [divisas, impuestos] evaded. ◇ *m, f* escapee, fugitive.
evadir *vt* [evitar] to evade; [respuesta, peligro] to avoid.
◆ **evadirse** *vpr*: ~se (de) to escape (from).
evaluable *adj* calculable.
evaluación *f* - **1.** [gen] evaluation. - **2.** [EDUC - examen] assessment; [- periodo] *period of continuous assessment.*
evaluador, ra *adj* evaluating, evaluative.
evaluar [6] *vt* to evaluate, to assess.
evanescencia *f culto* evanescence.
evanescente *adj culto* evanescent.
evangélicamente *adv* evangelically.
evangélico, ca *adj & m, f* evangelical.
evangelio *m* - **1.** [RELIG - doctrina] gospel; [- religión] Christianity. - **2.** *fig* [creencias] beliefs *(pl)*. - **3.** *fam fig* [verdad] gospel (truth).
evangelismo *m* evangelism.
evangelista *m* - **1.** RELIG Evangelist. - **2.** *Amér* [memorialista] amanuensis.
evangelización *f* evangelization, evangelizing.
evangelizador, ra ◇ *adj* evangelizing. ◇ *m, f* evangelist.
evangelizar [13] *vt* to envangelize.
evaporable *adj* evaporable.
evaporación *f* evaporation.
evaporar *vt* to evaporate.
◆ **evaporarse** *vpr* - **1.** [líquido etc] to evaporate. - **2.** *fam fig* [persona] to disappear into thin air.
evaporizar [13] *vt* to vaporize.

evasión *f* - **1.** [huida] escape. - **2.** [de dinero]: ~ **de capitales** o **divisas** capital flight; ~ **fiscal** tax evasion. - **3.** *fig* [entretenimiento] amusement, recreation; [escapismo] escapism; **de** ~ escapist.
evasiva *f* → evasivo.
evasivamente *adv* evasively.
evasivo, va *adj* evasive.
◆ **evasiva** *f* evasive answer; **responder con evasivas** not to give a straight answer.
evasor, ra ◇ *adj* guilty of evasion. ◇ *m, f* [de la cárcel] jailbreaker.
evento *m* event; **en cualquier** ~ in any event, in any case.
eventual *adj* - **1.** [no fijo - trabajador] temporary, casual; [- gastos] incidental. - **2.** [posible] possible.
eventualidad *f* - **1.** [temporalidad] temporariness. - **2.** [hecho incierto] eventuality; [posibilidad] possibility.
eventualmente *adv* - **1.** [por casualidad] by chance. - **2.** [posiblemente] possibly.
Everest *m*: **el** ~ (Mount) Everest.
eversión *f* destruction, ruin.
evicción *f* DER eviction.
evidencia *f* - **1.** [prueba] evidence, proof. - **2.** [claridad] obviousness; **poner algo en** ~ to demonstrate sthg ❑ **poner a alguien en** ~ to show sb up.
evidenciar [8] *vt* to show, to demonstrate.
◆ **evidenciarse** *vpr* to be obvious o evident.
evidente ◇ *adj* evident, obvious. ◇ *interj* obviously!, of course!
evidentemente *adv* evidently, obviously.
evitable *adj* avoidable.
evitar *vt* - **1.** [gen] to avoid; [desastre, accidente] to avert; **no puedo** ~ **ser como soy** I can't help the way I am; **Javier siempre evita encontrarse conmigo** Javier always avoids meeting me; ~ **que alguien haga algo** to prevent sb from doing sthg. - **2.** [eludir] to elude, to escape.
eviterno, na *adj culto* everlasting, eternal.
evo *m* - **1.** RELIG eternity. - **2.** *culto* [época] aeon.
evocable *adj* evocable.
evocación *f* recollection, evocation.
evocador, ra *adj* evocative.
evocar [10] *vt* - **1.** [recordar] to evoke. - **2.** [espíritu] to invoke, to call up.
evocativo, va *adj* evocative.
evolución *f* - **1.** [gen] evolution; [de enfermedad] development, progress; **la** ~ **de las especies marinas** the evolution of marine life; **me preocupa la** ~ **económica del país** I'm worried by the economic developments in this country. - **2.** [cambio] change. - **3.** MIL manoeuvre.
evolucionar *vi* - **1.** [gen] to evolve; [enfermedad] to develop, to progress; **la tecnología ha evolucionado mucho** technology has evolved a lot; **después de la operación evoluciona favorablemente** since the operation, his progress has been satisfactory. - **2.** [cambiar] to change. - **3.** MIL to carry out manoeuvres.
evolucionismo *m* evolutionism.
evolucionista *adj & mf* evolutionist.
evolutivo, va *adj* evolutionary.
evoque *etc v* → evocar.
ex ◇ *mf* [cónyuge etc] ex. ◇ *prep* ex; **el** ~ **presidente** the ex-president, the former president.
exabrupto *m* sharp word o remark.
ex abrupto *loc adv* - **1.** [inesperadamente] abruptly, sharply. - **2.** [arrebatadamente] impulsively, recklessly.
exacción *f* [de impuestos, multas] collection.
exacerbación *f* exacerbation, aggravation.
exacerbar *vt* - **1.** [agudizar] to exacerbate, to aggravate. - **2.** [irritar] to irritate, to infuriate.
exactamente *adv* exactly, precisely.
exactas *fpl* → exacto.

exactitud *f* - **1.** [precisión] accuracy, precision. - **2.** [puntualidad] punctuality. - **3.** [rigor] rigorousness.

exacto, ta *adj* - **1.** [cantidad, cálculo, medida] exact; **tres metros** ~**s** exactly three metres. - **2.** [preciso] precise; [correcto] correct, right; **sus palabras fueron exactas** her words were precise; **para ser** ~**s** to be precise. - **3.** [puntual] punctual. - **4.** [riguroso] rigorous. - **5.** [idéntico]: ~ **(a)** identical (to), exactly the same (as); **Alberto es** ~ **a su padre** Alberto's just like his father.

◆ **exacto** *interj* exactly!, precisely!

◆ **exactas** *fpl* exact o pure sciences.

exactor *m* tax collector.

exageración *f* exaggeration; **este precio es una** ~ this price is over the top.

exagerado, da *adj* - **1.** [gen] exaggerated. - **2.** [persona] overly dramatic. - **3.** [precio] exorbitant. - **4.** [gesto] flamboyant.

exagerador, ra ◇ *adj* exaggerating. ◇ *m, f* exaggerator.

exagerante *adj* exaggerating.

exagerar *vt & vi* to exaggerate.

exaltación *f* - **1.** [júbilo] elation, intense excitement; [acaloramiento] overexcitement. - **2.** [ensalzamiento] exaltation. - **3.** [estimulación] heightening. - **4.** RELIG ascent o advancement to the pontificate.

exaltado, da ◇ *adj* - **1.** [jubiloso] elated. - **2.** [acalorado - persona] worked up; [- discusión] heated. - **3.** [excitable] hotheaded. ◇ *m, f* [fanático] fanatic; POLÍT extremist.

exaltador, ra ◇ *adj* exalting. ◇ *m, f* exalter.

exaltar *vt* - **1.** [elevar] to promote, to raise. - **2.** [glorificar] to exalt.

◆ **exaltarse** *vpr* to get excited o worked up.

examen *m* - **1.** [ejercicio] exam, examination; **presentarse a un** ~ to sit an exam; **rendir** ~ to take an examination; **someter a** ~ to examine; **sufrir un** ~ to take o sit an examination □ ~ **de conducir** driving test; ~ **de ingreso** entrance examination; ~ **final/oral** final/oral (exam); ~ **parcial** ≃ end-of-term exam; ~ **de Rorschach** PSICOL Rorschach test. - **2.** [indagación] consideration, examination; **después de un detallado** ~, **la policía descubrió la verdad** after careful consideration of the facts, the police found out the truth; **hacer** ~ **de conciencia** to take a good look at o.s. □ ~ **médico** medical examination o check-up; ~ **de testigos** DER examination of witnesses; **libre** ~ personal interpretation.

examinador, ra *m, f* examiner.

examinando, da *m, f* examinee, candidate.

examinante *adj* examining.

examinar *vt* to examine.

◆ **examinarse** *vpr* to sit o take an exam; **mañana me examino de matemáticas** I've got my maths exam tomorrow.

exangüe *adj culto* - **1.** [exhausto] exhausted. - **2.** [desangrado] bloodless. - **3.** *fig* [muerto] dead.

exánime *adj* - **1.** [muerto] dead. - **2.** [desmayado] lifeless. - **3.** *fig* [agotado] exhausted, worn-out.

exasperación *f* exasperation.

exasperante *adj* exasperating, infuriating.

exasperar *vt* to exasperate, to infuriate.

◆ **exasperarse** *vpr* to get exasperated.

Exc *abrev escrita de* **Excelencia**.

excarcelación *f* freeing, release.

excarcelar *vt* to release (from prison).

excavación *f* - **1.** [acción] excavation. - **2.** [lugar] dig, excavation.

excavador, ra ◇ *adj* excavating, digging. ◇ *m, f* [persona] excavator, digger.

◆ **excavadora** *f* [máquina] digger.

excavar *vt* [gen] to dig; [en arqueología] to excavate.

excedencia *f* [de funcionario etc] leave (of absence); EDUC sabbatical.

excedente ◇ *adj* - **1.** [sobrante] surplus; [excesivo] excessive. - **2.** [funcionario etc] on leave; EDUC on sabbatical. ◇ *m* COM surplus. ◇ *mf* [persona] person on leave; ~ **de cupo** *person excused from military service because there are already enough new recruits*.

exceder ◇ *vt* to exceed, to surpass. ◇ *vi* to be greater; ~ **a** o **de** to exceed.

◆ **excederse** *vpr* - **1.** [pasarse de la raya]: ~**se (en)** to go too far o overstep the mark (in). - **2.** [rebasar el límite]: **se excede en el peso** it's too heavy.

excelencia *f* [cualidad] excellence; **por** ~ par excellence.

◆ **Excelencia** *mf*: **Su Excelencia** His Excellency (*f* Her Excellency).

excelente ◇ *adj* excellent. ◇ *m* [moneda] *old Spanish gold coin*.

excelentemente *adv* excellently.

excelentísimo, ma *adj* most excellent.

excelso, sa *adj culto* sublime, elevated.

◆ **Excelso** *m*: **el Excelso** the Almighty.

excéntricamente *adv* eccentrically.

excentricidad *f* eccentricity.

excentricismo *m* eccentricity.

excéntrico, ca *adj & m, f* eccentric.

excepción *f* exception; **hacer una** ~ to make an exception; **hoy haré una** ~ **y me iré a dormir tarde** I'll make an exception today and go to bed late □ **a** o **con** ~ **de** with the exception of, except for; **la** ~ **confirma la regla** *proverb* the exception proves the rule *proverb*.

◆ **de excepción** *loc adj* exceptional.

excepcional *adj* [anómalo] exceptional.

excepcionalmente *adv* exceptionally.

exceptivo, va *adj* exceptive.

excepto *adv* except (for).

exceptuación *f* exclusion.

exceptuar [6] *vt*: ~ **(de)** [excluir] to exclude (from); [eximir] to exempt (from); **exceptuando a...** excluding...

◆ **exceptuarse** *v impers*: **se exceptúa a los menores de 16 años** children under the age of 16 are exempt.

excesivamente *adv* excessively.

excesivo, va *adj* excessive.

exceso *m* - **1.** [demasía] excess; **en** ~ excessively, to excess □ ~ **de equipaje** excess baggage; ~ **de mano de obra** overmanning; ~ **de peso** [obesidad] excess weight; ~ **de producción** overproduction; ~ **de velocidad** speeding. - **2.** COM surplus.

excipiente *m* excipient.

excisión *f* MED excision.

excitabilidad *f* excitability.

excitable *adj* excitable.

excitación *f* - **1.** [nerviosismo] agitation. - **2.** [por enfado, sexo] arousal. - **3.** BIOL & ELECTR excitation.

excitado, da *adj* - **1.** [nervioso] agitated. - **2.** [por enfado, sexo] aroused.

excitador, ra *adj* exciting, stimulating.

◆ **excitador** *m* ELECTR exciter.

excitante ◇ *adj* - **1.** [emocionante] exciting. - **2.** [sexualmente] arousing. - **3.** [café, tabaco] stimulating. ◇ *m* stimulant.

excitar *vt* - **1.** [inquietar] to upset, to agitate. - **2.** [incitar]: ~ **a** to incite to. - **3.** [estimular - sentidos] to stimulate; [- apetito] to whet; [- pasión, curiosidad, persona] to arouse.

◆ **excitarse** *vpr* [alterarse] to get worked up o excited.

exclamación *f* [interjección] exclamation; [grito] cry.

exclamar *vt & vi* to exclaim, to shout out.

exclamativo, va *adj* exclamatory.

exclaustrado, da *m, f* secularized monk (*f* secularized nun).

excluir [51] *vt* - **1.** [descartar] to exclude; [hipótesis, opción] to rule out; ~ **a alguien de algo** to exclude sb from sthg.

- 2. [hacer imposible] to preclude. **- 3.** [expulsar] to throw out, to expel.

exclusión f exclusion.

exclusiva f → **exclusivo**.

exclusivamente adv exclusively.

exclusive adv **- 1.** [no incluyendo] exclusive. **- 2.** [exclusivamente] exclusively.

exclusividad f **- 1.** [gen] exclusiveness. **- 2.** [privilegio] exclusive o sole right.

exclusivismo m exclusivism.

exclusivista adj & mf exclusivist.

exclusivo, va adj exclusive.

◆ **exclusiva** f **- 1.** PRENSA exclusive. **- 2.** COM exclusive o sole right. **- 3.** [repulsa] rejection.

excluyente adj excluding.

Excma. abrev escrita de **Excelentísima**.

Excmo. abrev escrita de **Excelentísimo**.

excogitar vt culto to think out.

excombatiente mf ex-serviceman (f ex-servicewoman) Br, war veteran Am.

excomulgado, da m, f excommunicated person.

excomulgar [16] vt to excommunicate.

excomunión f excommunication.

excoriar [7] vt to chafe.

◆ **excoriarse** vpr to be chafed.

excrecencia f growth.

excreción f excretion.

excrementar vi to excrete, to defecate.

excrementicio, cia adj excremental.

excremento m (gen pl) excrement (U).

excretar ◇ vt [soltar] to secrete. ◇ vi [evacuar] to excrete.

excreto, ta adj excretory.

excretorio, ria adj excretory.

exculpación f exoneration; DER acquittal.

exculpar vt to exonerate; DER to acquit.

◆ **exculparse de** vpr to declare o.s. innocent of.

exculpatorio, ria adj exonerative.

excursión f **- 1.** [viaje] excursion, trip; **ir de** ~ to go on an outing o a trip □ ~ **en autocar** coach trip; ~ **campestre** picnic; ~ **de caza** hunting trip; ~ **con guía** guided tour; ~ **a pie** [de poca duración] walk; [de larga duración] hike. **- 2.** fam [paseo] walk, stroll. **- 3.** MIL incursion, raid.

excursionismo m [gen] rambling; [de montaña] hiking.

excursionista mf [en la ciudad] sightseer, tripper; [en el campo] rambler; [en la montaña] hiker.

excusa f **- 1.** [gen] excuse; **que mintieras a tu hermano no tiene** ~ there's no excuse for you lying to your brother; **buscar** ~**s** to look for an excuse; **no busques más** ~**s** don't keep trying to find excuses; **dar** ~**s** to make excuses; **¡nada de** ~**s!** no excuses! **- 2.** [petición de perdón] apology; **presentar uno sus** ~**s** to apologize, to make one's excuses.

excusable adj **- 1.** [perdonable] excusable. **- 2.** [evitable] avoidable.

excusado, da, escusado, da adj **- 1.** [disculpado] excused. **- 2.** [secreto] secret. **- 3.** [inútil] unnecessary, superfluous; ~ **(es) decir que...** needless to say...

◆ **excusado** m bathroom, lavatory.

excusador, ra adj exonerating.

◆ **excusador** m deputy, stand-in.

excusar vt **- 1.** [disculpar a] to excuse; [disculparse por] to apologize for; **no excuso la falta de educación de la gente** I will not excuse people being rude; ~ **le a alguien de algo** to excuse sb for sthg. **- 2.** [evitar] to avoid; ~ **hacer algo** to have no need to do sthg; **excusas venir** you have no need to come; **excuso decir que todos estáis invitados** there's no need for me to say that you're all invited.

◆ **excusarse** vpr **- 1.** [disculparse] to apologize, to excuse o.s.; **se excusaron por no venir a la cena** they apologized for not coming to the meal. **- 2.** [rehusar]: ~**se de** to refuse to.

execrable adj culto abominable, execrable.

execración f culto execration; **proferir execraciones** to utter curses.

execrar vt culto to abhor.

execratorio, ria adj culto execratory.

exégesis f inv exegesis, explanation.

exegeta mf culto exegete.

exención f exemption; ~ **fiscal** o **de impuestos** tax exemption.

exentar vt to exempt.

◆ **exentarse** vpr to exempt o.s.

exento, ta adj **- 1.** [libre] exempt; ~ **de** [sin] free from, without; [eximido de] exempt from. **- 2.** [sitio] clear, unobstructed. **- 3.** [columna] freestanding.

exequias fpl funeral (sg), funeral rites.

exequible adj culto attainable.

exfoliación f exfoliation.

exfoliador, ra adj tear-off.

◆ **exfoliador** m **- 1.** [calendario] tear-off calendar. **- 2.** Amér [cuaderno] loose-leaf notebook.

exfoliante ◇ adj exfoliating. ◇ m [cosmético] exfoliating cream/lotion etc.

exfoliar [7] vt to exfoliate.

◆ **exfoliarse** vpr to exfoliate.

ex gratia ex gratia.

exhalación f **- 1.** [emanación] exhalation, vapour. **- 2.** [sus-

---

| USO ▶ | Excusas |

Pedir excusas

▶ *de inmediato:*

Sorry! (I didn't see you there).
I'm sorry, I didn't mean it.
Sorry about that.
Sorry to bother you.
Sorry to interrupt, but could someone show me the way out?
You must excuse him, he's only a puppy.
I beg your pardon. [*formal*]

▶ *con posterioridad:*

I'm sorry about o for the confusion this morning.
I'm sorry if I offended you the other day.
I'm really sorry I couldn't make it to your party.

▶ *por escrito/más formalmente:*

I (really) must apologize for the other evening.
I can't apologize enough.
Please accept our sincere apologies for any inconvenience caused.

▶ *por adelantado:*

I'm sorry (that) I can't come on Saturday.
I'm afraid we're going to have to cancel dinner next week.

Respuesta a las excusas

That's o it's OK. [*familiar*]
Don't worry (about it). [*familiar*]
Let's say no more about it.
There's no need to apologize.

piro] breath. **- 3.** [centella]: **como una** ~ as quick as a flash. **- 4.** [estrella] shooting star.

exhalador, ra *adj* exhaling.

exhalar *vt* **- 1.** [aire] to exhale, to breathe out. **- 2.** [suspiros] to heave; ~ **el último suspiro** to breathe one's last (breath). **- 3.** [olor] to give off. **- 4.** [quejas] to utter.
◆ **exhalarse** *vpr* **- 1.** [respirar] to breathe hard. **- 2.** [correr] to hurry, to rush.

exhaustivamente *adv* exhaustively.

exhaustividad *f* exhaustiveness.

exhaustivo, va *adj* exhaustive.

exhausto, ta *adj* exhausted.

exheredar *vt* to disinherit.

exhibición *f* **- 1.** [demostración] show, display. **- 2.** [deportiva, artística etc] exhibition. **- 3.** [de películas] showing. **- 4.** [de moda] show, parade. **- 5.** DER exhibit.

exhibicionismo *m* exhibitionism.

exhibicionista *adj & mf* exhibitionist.

exhibir *vt* **- 1.** [exponer - cuadros, fotografías] to exhibit; [- modelos] to show; [- productos] to display. **- 2.** [joyas, cualidades etc] to show off. **- 3.** [película] to show, to screen. **- 4.** DER to exhibit. **- 5.** *Amér* [pagar] to pay.
◆ **exhibirse** *vpr* [alardear] to show off.

exhortación *f* exhortation.

exhortador, ra ◇ *adj* exhorting. ◇ *m, f* exhorter.

exhortar *vt*: ~ **a** to exhort to.

exhortatorio, ria *adj* exhortatory.

exhumación *f* exhumation, disinterment.

exhumar *vt* to exhume, to disinter.

exigencia *f* **- 1.** [obligación] demand, requirement; **según las** ~**s de la situación** as the situation demands; **tener muchas** ~**s** to be very demanding. **- 2.** [capricho] fussiness *(U)*.

exigente ◇ *adj* demanding. ◇ *mf* demanding person.

exigibilidad *f* liability.

exigible *adj* payable on demand.

exigir [15] ◇ *vt* **- 1.** [gen] to demand; **exigimos nuestros derechos** we demand our rights; ~ **algo de o a alguien** to demand sthg from sb. **- 2.** [requerir, necesitar] to call for, to require; **este trabajo exige mucha concentración** this work calls for a lot of concentration. **- 3.** [cobrar] to exact. ◇ *vi* to be demanding.

exigüidad *f* meagreness, paltriness.

exiguo, gua *adj* **- 1.** [escaso] meagre, paltry. **- 2.** [pequeño] minute.

exija *etc v* → **exigir**.

exiliado, da ◇ *adj* exiled, in exile. ◇ *m, f* exile.

exiliar [8] *vt* to exile.
◆ **exiliarse** *vpr* to go into exile.

exilio *m* exile; **en el** ~ in exile.

eximente ◇ *adj* absolutory, absolving. ◇ *f* case for acquittal.

eximio, mia *adj culto* eminent, illustrious.

eximir *vt* [librar] to free; ~ **(de)** [de obligación, deber] to exempt (from).
◆ **eximirse** *vpr* to excuse o.s.

existencia *f* existence.
◆ **existencias** *fpl* COM stock *(U)*; **en** ~**s** in stock; **reponer las** ~**s** to restock.

existencial *adj* existential.

existencialismo *m* existentialism.

existencialista *adj & mf* existentialist.

existente *adj* **- 1.** [que existe] existing, existent. **- 2.** COM in stock.

existir *vi* to exist; **existe mucha pobreza** there is a lot of poverty.

éxito *m* **- 1.** [gen] success; **su** ~ **se debe a su esfuerzo** she has achieved success through her own efforts; **la fiesta fue un** ~ the party was a success; **con** ~ successfully; **tener** ~

to be successful □ ~ **clamoroso** resounding success; ~ **rotundo** resounding success; ~ **de taquilla** box-office hit. **- 2.** [libro] bestseller; [canción] hit; **de** ~ [libro] bestselling; [canción] hit □ ~ **editorial** bestseller. **- 3.** [resultado] result, outcome.

exitoso, sa *adj* successful.

éxodo *m* exodus.

exógeno, na *adj* exogenous.

exoneración *f* **- 1.** [liberación] exoneration; [de tarea] freeing. **- 2.** [despido] dismissal.

exonerar *vt culto*: ~ **a alguien (de)** [culpa, responsabilidad] to exonerate sb (from); [carga, obligación] to free sb (from); [empleo, cargo] to dismiss o remove sb (from).

exorable *adj* easily persuaded.

exorar *vt* to implore, to beseech.

exorbitancia *f* exorbitance, excessiveness.

exorbitante *adj* exorbitant.

exorbitar *vt* to exaggerate.

exorcismo *m* exorcism.

exorcista *mf* exorcist.

exorcizar [13] *vt* to exorcize.

exordio *m culto* exordium.

exornar *vt culto* to embellish.

exotérico, ca *adj* **- 1.** [común] common, popular. **- 2.** FILOS exoteric.

exotérmico, ca *adj* QUÍM exothermic.

exoticidad, exotiquez (*pl* **exotiqueces**) *f* exoticism.

exótico, ca *adj* exotic.

exotiquez *f* = **exoticidad**.

exotismo *m* exoticism.

expandir *vt* to spread; FÍS to expand.
◆ **expandirse** *vpr* to spread; FÍS to expand.

expansible *adj* expansible.

expansión *f* **- 1.** FÍS expansion. **- 2.** ECON growth; **en** ~ expanding. **- 3.** *fig* [difusión] spread, spreading. **- 4.** [recreo] relaxation, amusement. **- 5.** *fig* [franqueza] expansiveness.

expansionar *vt* to expand.
◆ **expansionarse** *vpr* **- 1.** [desahogarse]: ~**se (con)** to open one's heart (to). **- 2.** [divertirse] to relax, to let off steam. **- 3.** [desarrollarse] to expand.

expansionismo *m* expansionism.

expansionista *adj* expansionist.

expansivo, va *adj* **- 1.** [gen] expansive. **- 2.** *fig* [persona] open, frank.

expatriación *f* [acto] expatriation; [condición] exile.

expatriado, da ◇ *adj* [qur vive fuera voluntariamente] expatriate *(antes de sust)*; [exiliado] exiled. ◇ *m, f* [que vive fuera voluntariamente] expatriate; [exiliado] exile.

expatriar [9] *vt* [expulsar] to expatriate; [exiliar] to exile.
◆ **expatriarse** *vpr* [emigrar] to leave one's country, to emigrate; [exiliarse] to go into exile.

expectable *adj* eminent, notable.

expectación *f* **- 1.** [espera] expectancy, anticipation. **- 2.** MED expectation.

expectante *adj* expectant.

expectativa *f* [espera] expectation; [esperanza] hope; [perspectiva] prospect; **estar a la** ~ to wait and see; **estar a la** ~ **de** [atento] to be on the lookout for; [a la espera] to be hoping for □ ~ **de vida** life expectancy.

expectoración *f* **- 1.** [acción] expectoration. **- 2.** [esputo] sputum *(U)*.

expectorante *adj & m* expectorant.

expectorar *vi* to expectorate.

expedición *f* **- 1.** [viaje, grupo] expedition; ~ **militar** military expedition; ~ **de salvamento** rescue mission. **- 2.** [envío] shipment, sending. **- 3.** [prontitud] dispatch, promptness.

expedicionario, ria ◇ *adj* expeditionary. ◇ *m, f* [en viaje, grupo] member of an expedition.

expedidor, ra *m, f* sender, dispatcher.
◆ **expedidor** *m* dispenser.
expedientar *vt* [castigar] to take disciplinary action against; [investigar] to start proceedings against.
expediente ◇ *adj* expedient. ◇ *m* - **1.** [documentación] documents *(pl)*; [ficha] file. - **2.** [historial] record; ~ **académico** academic record. - **3.** [investigación] inquiry; **abrir** ~ **a alguien** [castigar] to take disciplinary action against sb; [investigar] to start proceedings against sb; **formar** o **instruir** ~ **a un funcionario** to impeach a public official. - **4.** [facilidad] resource. - **5.** ECON: ~ **de regulación de empleo** streamlining (of the workforce). - **6.** *loc*: **cubrir el** ~ *fam fig* to do the bare minimum.
expedir [26] *vt* [carta, pedido] to send, to dispatch; [pasaporte, decreto] to issue; [contrato, documento] to draw up.
expeditar *vt Amér* [asunto] to expedite, to dispatch.
expeditivo, va *adj* expeditious.
expedito, ta *adj* clear, free.
expelente *adj* expelling.
expeler *vt* [suj: persona] to blow out; [suj: chimenea, tubo de escape] to emit; [suj: extractor, volcán] to expel.
expendedor, ra ◇ *adj* [máquina] vending *(antes de sust)*; [taquilla, establecimiento] sales *(antes de sust)*. ◇ *m, f* - **1.** [vendedor] dealer, retailer; [de lotería] seller, vendor. - **2.** TEATRO ticket agent. - **3.** [de moneda falsa] distributor.
◆ **expendedor automático** *m* vending machine.
expendeduría *f* - **1.** [de tabaco] tobacconist's *Br*, cigar store *Am*. - **2.** [de entradas] ticket office.
expender *vt* - **1.** [vender] to sell, to retail. - **2.** [gastar] to spend. - **3.** [moneda falsa] to circulate.
expendio *m* - **1.** [gasto] expense, outlay. - **2.** *Amér* [tienda] shop. - **3.** *Amér* [venta al detalle] retailing.
expensar *vt Amér* to defray the costs of.
expensas *fpl* [gastos] expenses, costs.
◆ **a expensas de** *loc prep* at the expense of.
experiencia *f* - **1.** [gen] experience; **por (propia)** ~ from (one's own) experience; **sé por (propia) experiencia que este trabajo implica sacrificio** I know from my own experience that this job involves a lot of sacrifices. - **2.** [experimento] experiment.
experimentación *f* experimentation.
experimentado, da *adj* [persona] experienced; [método] tried and tested.
experimentador, ra ◇ *adj* experimenting. ◇ *m, f* experimenter.
experimental *adj* experimental.
experimentalismo *m* experimentalism.
experimentalmente *adv* experimentally.
experimentar *vt* - **1.** [gen] to experience; [derrota, pérdidas] to suffer. - **2.** [probar] to test; [hacer experimentos con] to experiment with o on. - **3.** [mostrar] to show.
experimento *m* experiment.
experticia *f Amér* expertise, skill.
experto, ta *adj & m, f* expert.
expiable *adj* expiable.
expiación *f* atonement, expiation.
expiar [9] *vt* to atone for, to expiate.
expiativo, va *adj* expiatory.
expiatorio, ria *adj* expiatory.
expida, expidiera *etc v* → **expedir**.
expiración *f* expiry.
expirar *vi* to expire.
explanación *f* - **1.** [nivelación] levelling. - **2.** *fig* [aclaración] explanation.
explanada *f* - **1.** [llanura] flat o level ground *(U)*. - **2.** [paseo marítimo] esplanade.
explanar *vt* - **1.** [nivelar] to level. - **2.** *fig* [aclarar] to explain.
explayado, da *adj* displayed with wings outspread.
explayar *vt* to extend.

◆ **explayarse** *vpr* - **1.** [divertirse] to amuse o.s., to enjoy o.s. - **2.** [hablar mucho] to talk at length. - **3.** [desahogarse]: ~**se (con)** to pour out one's heart (to).
expletivo, va *adj* GRAM expletive.
explicable *adj* explicable.
explicación *f* explanation; **dar/pedir explicaciones** to give/demand an explanation; **no tengo que darte explicaciones de lo que hago** I don't have to explain my actions to you.
explicaderas *fpl fam* way of explaining oneself *(sg)*; **tener buenas** ~ to have a knack for explaining things.
explicar [10] ◇ *vt* - **1.** [gen] to explain; [teoría] to expound; **me explicó cómo hacerlo** she explained to me how to do it. - **2.** [enseñar] to teach, to lecture in. - **3.** [comentar] to comment on. - **4.** [justificar] to explain, to justify. ◇ *vi* to lecture.
◆ **explicarse** *vpr* - **1.** [comprender] to understand; **no me lo explico** I can't understand it. - **2.** [dar explicaciones] to explain o.s. - **3.** [expresarse] to make o.s. understood.
explicativo, va *adj* explanatory.
explícitamente *adv* explicitly.
explícito, ta *adj* explicit.
exploración *f* - **1.** [gen & MED] exploration; ~ **submarina** [investigación] underwater exploration; DEP skin diving. - **2.** MIN prospecting. - **3.** MIL scouting, reconnaissance. - **4.** TV scanning.
explorador, ra ◇ *adj* - **1.** [que explora] exploratory. - **2.** MIL scouting. - **3.** TV scanning. ◇ *m, f* [gen] explorer; [scout] boy scout *(f* girl guide).
◆ **explorador** *m* - **1.** MED probe. - **2.** TV scanner.
explorar ◇ *vt* - **1.** [gen] to explore; MIL to scout. - **2.** MIN to prospect. - **3.** MED to examine; [internamente] to explore, to probe. - **4.** [situación] to investigate. - **5.** TV to scan. ◇ *vi* to explore.
exploratorio, ria *adj* exploratory; [conversaciones] preliminary.
explosión *f lit & fig* explosion; **hacer** ~ to explode ❑ ~ **atómica/termonuclear** atomic/thermonuclear explosion; ~ **demográfica** population explosion.
explosionar *vt & vi* to explode, to blow up.
explosivo, va *adj* - **1.** [gen] explosive. - **2.** GRAM plosive.
◆ **explosivo** *m* explosive; ~ **detonante** o **de gran potencia** high explosive.
explotable *adj* exploitable.
explotación *f* - **1.** [acción] exploitation; [de fábrica etc] running; [de yacimiento minero] mining; [agrícola] farming; [de petróleo] drilling. - **2.** [instalaciones]: ~ **agrícola** farm; ~ **minera** mine; ~ **petrolífera** oil field.
explotador, ra ◇ *adj* - **1.** [abusador] exploiting. - **2.** [operador] operating. ◇ *m, f* - **1.** [abusador] exploiter. - **2.** [operador] operator.
explotar ◇ *vt* - **1.** [gen] to exploit; **ha explotado a todas sus amistades en provecho propio** she has exploited all her friends for her own benefit; **en esta empresa explotan a los trabajadores** this firm exploits its workers. - **2.** [fábrica] to run, to operate; [terreno] to farm; [mina] to work. ◇ *vi* to explode; **la bomba explotó aquí** the bomb exploded here.
expoliación *f* pillaging, plundering.
expoliador, ra ◇ *adj* pillaging, plundering. ◇ *m, f* pillager, plunderer.
expoliar [8] *vt* to pillage, to plunder.
expolio *m* pillaging, plundering.
exponencial *adj & f* exponential.
exponente ◇ *adj* expounding. ◇ *m* - **1.** MAT & *fig* exponent; ~ **de calidad** the best for quality. - **2.** *Amér* [modelo] prime example.
exponer [65] *vt* - **1.** [gen] to expose. - **2.** [teoría] to expound; [ideas, propuesta] to set out, to explain. - **3.** [cuadro, obra] to exhibit; [objetos en vitrinas] to display. - **4.** [vida, prestigio] to risk. - **5.** [bebé] to abandon. - **6.** RELIG to expose.

◆ **exponerse** *vpr* [arriesgarse]: ~**se (a)** [gen] to run the risk (of); [a la muerte] to expose o.s. (to).

exportable *adj* exportable.

exportación *f* - **1.** [acción] export. - **2.** [mercancías] exports *(pl)*; **exportaciones invisibles** invisible exports.

exportador, ra ◇ *adj* exporting *(antes de sust)*. ◇ *m, f* exporter.

exportar *vt* COM & INFORM to export.

exposición *f* - **1.** [gen & FOT] exposure. - **2.** [de arte etc] exhibition; [de objetos en vitrina] display; ~ **universal** world fair. - **3.** [de teoría] exposition; [de ideas, propuesta] setting out, explanation. - **4.** [petición] petition, claim. - **5.** MÚS exposition.

exposímetro *m* exposure meter.

expositivo, va *adj* explanatory.

expósito, ta ◇ *adj* foundling *(antes de sust)*. ◇ *m, f* foundling.

expositor, ra ◇ *adj* exponent. ◇ *m, f* [de arte] exhibitor; [de teoría] exponent.

exprés ◇ *adj inv* - **1.** [tren] express. - **2.** [café] espresso. ◇ *m* - **1.** [tren] express train. - **2.** [café] espresso. - **3.** [correo] express mail. - **4.** *Amér* [compañía de transportes] transport company.

expresado, da *adj* [mencionado] abovementioned.

expresamente *adv* - **1.** [a propósito] expressly. - **2.** [explícitamente] explicitly, specifically. - **3.** [rápidamente] rapidly, swiftly.

expresar *vt* [gen] to express; [suj: rostro] to show.

◆ **expresarse** *vpr* to express o.s.; **no consigo ~me con fluidez** I can't express myself well.

expresión *f* - **1.** [gen] expression; **reducir a la mínima** ~ to cut down to the bare minimum. - **2.** [zumo exprimido] extract.

◆ **expresiones** *fpl* regards.

expresionismo *m* expressionism.

expresionista *adj & mf* expressionist.

expresivamente *adv* - **1.** [con viveza] expressively. - **2.** [afectuosamente] affectionately.

expresividad *f* expressiveness.

expresivo, va *adj* [gen] expressive; [cariñoso] affectionate.

expreso, sa *adj* - **1.** [explícito] specific; [claro] clear. - **2.** [deliberado] express.

◆ **expreso** ◇ *m* - **1.** [tren] express train. - **2.** [café] espresso. - **3.** [correo] express mail. ◇ *adv* on purpose, expressly.

◆ **expreso aéreo** *m* air express.

exprimelimones *m inv* lemon squeezer.

exprimible *adj* squeezable.

exprimidor *m* squeezer.

exprimir *vt* - **1.** [fruta] to squeeze; [zumo] to squeeze out. - **2.** *fig* to exploit.

expropiación *f* expropriation.

expropiar [8] *vt* to expropriate.

expuesto, ta ◇ *pp* → **exponer**. ◇ *adj* - **1.** [dicho] stated, expressed. - **2.** [desprotegido]: ~ **(a)** exposed (to). - **3.** [arriesgado] dangerous, risky. - **4.** [exhibido] on display.

expugnar *vt culto* to (take by) storm.

expulsar *vt* - **1.** [persona - de clase, local, asociación] to throw out; [- de colegio] to expel. - **2.** DEP to send off. - **3.** [humo] to emit, to give off.

expulsión *f* [gen] expulsion; [de clase, local, asociación] throwing-out; DEP sending-off; ~ **temporal** suspension.

expulsor, ra *adj* ejector *(antes de sust)*.

◆ **expulsor** *m* ejector.

expurgación *f* - **1.** [de un libro] expurgation. - **2.** [purificación] purification.

expurgar [16] *vt* - **1.** [libro] to expurgate. - **2.** [purificar] to purify.

expurgativo, va *adj* expurgatory.

expurgatorio, ria *adj* expurgatory.

◆ **expurgatorio** *m* RELIG Index.

expusiera *etc v* → **exponer**.

exquisitamente *adv* exquisitely.

exquisitez *(pl* **esquisiteces)** *f* - **1.** [cualidad] exquisiteness. - **2.** [cosa] exquisite thing; [comida] delicacy.

exquisito, ta *adj* exquisite; [comida] delicious, sublime.

exsangüe *adj* MED bloodless, anaemic.

extasiarse [9] *vpr*: ~ **(ante** o **con)** to go into ecstasies (over).

éxtasis *m inv* - **1.** [estado de placer] ecstasy. - **2.** MED stasis.

extático, ca *adj* - **1.** [que siente placer] ecstatic. - **2.** *fig* [profundo] deep, profound.

extatismo *m* state of ecstasy.

extemporaneidad *f* untimeliness.

extemporáneo, a *adj* - **1.** [clima] unseasonable. - **2.** [comentario etc] inopportune, untimely.

extender [20] *vt* - **1.** [desplegar - tela, plano, alas] to spread (out); [- brazos, piernas] to stretch out. - **2.** [esparcir - mantequilla] to spread; [- pintura] to smear; [- objetos etc] to spread out. - **3.** [castigo, influencia etc] to extend, to widen. - **4.** [documento] to draw up; [cheque] to make out; [pasaporte, certificado] to issue. - **5.** [prolongar] to prolong, to extend. - **6.** *fig* [propagar] to spread; ~ **una creencia** to spread a belief.

◆ **extenderse** *vpr* - **1.** [ocupar]: ~**se (por)** to stretch o extend across. - **2.** [hablar mucho]: ~**se (en)** to enlarge o expand (on). - **3.** [durar] to extend, to last. - **4.** [difundirse]: ~**se (por)** to spread (across). - **5.** [tenderse] to stretch out. - **6.** [alcanzar]: ~**se hasta** to go as far as.

extendido, da *adj* - **1.** [esparcido] spread out. - **2.** [abierto] outstretched, open. - **3.** [diseminado] widespread, prevalent.

extensamente *adv* extensively.

extensibilidad *f* extensibility.

extensible *adj* extensible, extendible.

extensión *f* - **1.** [de terreno etc] area, expanse. - **2.** [de país etc] size. - **3.** [de conocimientos] extent . - **4.** [duración] duration, length. - **5.** [de concepto, palabra] range of meaning; **en toda la** ~ **de la palabra** in every sense of the word; **por** ~ by extension. - **6.** INFORM & TELECOM extension.

extensivo, va *adj* - **1.** [grande] extensive; **hacer algo** ~ **a** to extend sthg to. - **2.** [que extiende] extending. - **3.** [flexible] extendible, extensible. - **4.** [significado, interpretación] wider; **el sentido** ~ **de una palabra** the wider sense of a word.

extenso, sa *adj* [gen] extensive; [país] vast; [libro, película] long.

◆ **por extenso** *loc adv* at length, in (great) detail.

extensor *m* - **1.** [aparato] chest expander. - **2.** [músculo] extensor.

extenuación *f* - **1.** [debilitación] severe exhaustion. - **2.** LITER litotes.

extenuado, da *adj* completely exhausted, drained.

extenuante *adj* completely exhausting, draining.

extenuar [6] *vt* to exhaust completely, to drain.

◆ **extenuarse** *vpr* to exhaust o.s., to tire o.s. out.

exterior ◇ *adj* - **1.** [de fuera] outside; [capa] outer, exterior. - **2.** [visible] outward. - **3.** [extranjero] foreign. ◇ *m* - **1.** [superficie] outside; **al** ~ outside; **en el** ~ outside. - **2.** [extranjero] foreign countries *(pl)*; **en el** ~ abroad. - **3.** [aspecto] appearance.

◆ **exteriores** *mpl* CINE outside shots; **rodar en** ~**es** to film on location.

exterioridad *f* - **1.** [apariencia] outward appearance. - **2.** [calidad de externo] externality. - **3.** [demostración afectiva] superficiality, shallowness.

◆ **exterioridades** *fpl* pomp *(U)*, show *(U)*.

exteriorización *f* outward demonstration, manifestation.

exteriorizar [13] *vt* to show, to reveal.

exteriormente *adv* outwardly, externally.

exterminable *adj* exterminable.

exterminación *f* extermination.

exterminador, ra *adj* exterminating.

exterminar *vt* - **1.** [aniquilar] to exterminate. - **2.** [devastar] to destroy, to devastate.

exterminio *m* - **1.** [aniquilación] extermination. - **2.** [devastación] devastation, destruction.

externado *m* day school.

externamente *adv* externally, outwardly.

externo, na *adj* - **1.** [gen] external; [parte, capa] outer; [influencia] outside; [signo, aspecto] outward; **pinta la parte externa del cajón** paint the outside of the box. - **2.** [alumno] day *(antes de sust)*. - **3.** GEOM exterior.

extienda *etc v* → **extender**.

extinción *f* - **1.** [gen] extinction; [de esperanzas] loss. - **2.** [de plazos, obligaciones] termination, end. - **3.** [destrucción] destruction, obliteration.

extinguible *adj* extinguishable.

extinguir [17] *vt* - **1.** [incendio] to put out, to extinguish. - **2.** [raza] to wipe out. - **3.** [afecto, entusiasmo] to put an end to.

◆ **extinguirse** *vpr* - **1.** [fuego, luz] to go out. - **2.** [animal, raza] to become extinct, to die out. - **3.** [ruido] to die out. - **4.** [afecto] to die.

extintivo, va *adj* - **1.** [que causa extinción] extinctive. - **2.** DER extinguishing.

extinto, ta *adj* [extinguido] extinguished; [animal, volcán] extinct.

extintor, ra *adj* extinguishing.

◆ **extintor** *m* fire extinguisher.

extirpación *f* - **1.** MED removal. - **2.** *fig* [desaparición] eradication, stamping out.

extirpador, ra *adj* eradicating. ◇ *m, f* eradicator.

◆ **extirpador** *m* AGR cultivator.

extirpar *vt* - **1.** [tumor] to remove; [muela] to extract. - **2.** *fig* [erradicar] to eradicate, to stamp out. - **3.** [desarraigar] to uproot.

extornar *vt* COM to rebate.

extorno *m* COM rebate.

extorsión *f* - **1.** [molestia] trouble, bother. - **2.** DER extortion.

extorsionador, ra ◇ *adj* extortive. ◇ *m, f* extortionist.

extorsionar *vt* - **1.** [perjudicar - persona] to inconvenience; [- plan] to mess up. - **2.** DER to extort.

extorsionista *mf* extortionist.

extra ◇ *adj* - **1.** [adicional] extra. - **2.** [de gran calidad] top quality, superior. ◇ *mf* CINE extra. ◇ *m* - **1.** [gasto etc] extra. - **2.** *fig* [plus] bonus. - **3.** *fam* [comida] seconds *(pl)*, extra helping. ◇ *f* → **paga**.

◆ **extra de** *loc prep fam* on top of, besides.

◆ **extra largo** *adj* king-sized.

extra- *prefijo* extra-.

extracción *f* - **1.** [gen] extraction. - **2.** [en sorteos] draw. - **3.** [de carbón] mining.

extractar *vt* to summarize, to shorten.

extractivo, va *adj* extractive.

extracto *m* - **1.** [resumen] summary, résumé; ~ **de cuentas** statement (of account). - **2.** [concentrado] extract; ~ **de malta** malt extract; ~ **tebaico** opium extract. - **3.** [perfume] essence. - **4.** DER brief, legal abstract.

extractor, ra *adj* extractor *(antes de sust)*.

◆ **extractor** *m* extractor fan.

extracurricular *adj* extracurricular.

extradición *f* extradition.

extraditar *vt* to extradite.

extraer [73] *vt*: ~ **(de)** [gen] to extract (from); [sangre] to draw (from); [carbón] to mine (from); [conclusiones] to come to o draw (from).

extraescolar *adj* extracurricular.

extrafino, na *adj* top quality, de luxe.

extrahumano, na *adj* nonhuman.

extrajudicial *adj* extrajudicial.

extralegal *adj* extralegal.

extralimitación *f* abuse *(of power, authority)*.

extralimitarse *vpr* *fig* to go too far.

extramuros *adv* outside the city o town.

extranjería *f* foreign status.

extranjerismo *m* foreign word.

extranjerizar [13] *vt* to introduce foreign customs to.

extranjero, ra ◇ *adj* - **1.** [de otro país] foreign; **el marido de Nuria es** ~ Nuria's husband is foreign. - **2.** *Amér* [de otra lengua] non-Spanish-speaking. ◇ *m, f* [persona] foreigner.

◆ **extranjero** *m* [territorio] foreign countries *(pl)*; **al** ~ abroad, overseas; **la próxima semana iré al** ~ I'm going abroad next week; **del** ~ from abroad; **en** o **por el** ~ abroad; **mi hijo está viajando por el** ~ my son's travelling abroad; **estar en el/ir al** ~ to be/go abroad.

extranjis ◆ **de extranjis** *loc adv fam* on the quiet.

extrañamente *adv* strangely.

extrañamiento *m* - **1.** [destierro] banishment. - **2.** [asombro] surprise, astonishment. - **3.** [alejamiento] alienation, estrangement.

extrañar *vt* - **1.** [sorprender] to surprise; **me extraña (que digas esto)** I'm surprised (that you should say that). - **2.** [encontrar extraño] to find strange, not to be used to. - **3.** [echar de menos] to miss. - **4.** [desterrar] to banish.

◆ **extrañarse** *vpr* - **1.** [sorprenderse de]: ~**se de** to be surprised at. - **2.** [desterrarse] to go into exile.

extrañeza *f* - **1.** [sorpresa] surprise. - **2.** [rareza] strangeness *(U)*. - **3.** [cosa rara] rarity. - **4.** [alejamiento] estrangement, alienation.

extraño, ña ◇ *adj* - **1.** [gen] strange; **es muy** ~ **lo que me dices** what you're saying is very strange. - **2.** [ajeno] detached, uninvolved. - **3.** MED foreign. - **4.** [extravagante] eccentric. ◇ *m, f* - **1.** [desconocido] stranger. - **2.** [extranjero] foreigner.

extraoficial *adj* unofficial.

extraoficialmente *adv* unofficially.

extraordinariamente *adv* extraordinarily.

extraordinario, ria *adj* - **1.** [excepcional] extraordinary. - **2.** [gastos] additional; [edición, suplemento] special.

◆ **extraordinario** *m* - **1.** CULIN special dish. - **2.** PRENSA special edition. - **3.** [correo] special delivery. - **4.** [remuneración] bonus.

◆ **extraordinaria** *f* → **paga**.

extraparlamentario, ria *adj* non-parliamentary.

extraplano, na *adj* super-slim, extra-thin.

extrapolación *f* generalization.

extrapolar *vt* to generalize about, to jump to conclusions about.

extrarradio *m* outskirts *(pl)*, suburbs *(pl)*.

extraterreno, na *adj & m, f* = **extraterrestre**.

extraterrestre *adj & mf* extraterrestrial.

extraterritorial *adj* extraterritorial.

extraterritorialidad *f* extraterritorial rights *(pl)*.

extravagancia *f* - **1.** [excentricidad] eccentricity. - **2.** [rareza] outlandishness. - **3.** [tontería]: **decir** ~**s** to talk nonsense.

extravagante ◇ *adj* eccentric, outlandish. ◇ *mf* eccentric.

extravasarse *vpr* to flow out.

extravenar *vt* - **1.** MED to bleed. - **2.** *fig* [desviar] to displace.

◆ **extravenarse** *vpr* MED to bleed.

extraversión *f* = **extroversión**.

extravertido, da *adj & m, f* = **extrovertido**.

extraviado, da *adj* - **1.** [perdido] lost; [animal] stray. - **2.** *fig* [de vida airada] debauched. - **3.** [apartado] out-of-the-way, unfrequented.

extraviar [9] *vt* - **1.** [objeto] to lose, to mislay. - **2.** [excursionista] to mislead, to cause to lose one's way. - **3.** [mirada, vista] to allow to wander.
◆ **extraviarse** *vpr* - **1.** [perderse] to get lost. - **2.** [no encontrar] to be mislaid, to go missing. - **3.** *fig* [pervertirse] to go astray. - **4.** *fig* [equivocarse] to be mistaken.

extravío *m* - **1.** [pérdida] loss, mislaying. - **2.** [desenfreno] excess. - **3.** *fig* [desorden] unruliness. - **4.** *fig* [error] mistake, error.

extrema ◇ *adj f* → **extremo**. ◇ *f* RELIG extreme unction.

extremadamente *adv* extremely.

extremado, da *adj* extreme.

Extremadura *s* Estremadura.

extremar *vt* to go to extremes with.
◆ **extremarse** *vpr* to take great pains o care.

extremaunción *f* extreme unction.

extremeño, ña *adj & m, f* Estremaduran.

extremidad *f* - **1.** [extremo] end. - **2.** [parte extrema] extremity. - **3.** *fig* [último grado] extremity, edge. - **4.** [último momento] brink, verge.
◆ **extremidades** *fpl* ANAT extremities.

extremis ◆ **in extremis** *loc adv* right at the very last moment.

extremismo *m* extremism.

extremista *adj & mf* extremist.

extremo, ma *adj* - **1.** [gen] extreme; [en el espacio] far, furthest; **las condiciones climáticas de ese lugar son extremas** the climate here is extreme. - **2.** [último] last, ultimate. - **3.** [excesivo] greatest, utmost.
◆ **extremo** *m* - **1.** [punta] end. - **2.** [límite] extreme; **con** o **en** ~ in the extreme, extremely; **le mimas en** ~ you spoil him far too much; **en último** ~ as a last resort ❑ **ir** o **pa-**

sar **de un** ~ **al otro** to go from one extreme to the other. - **3.** DEP: ~ **derecho/izquierdo** outside right/left. - **4.** [lado] side; **el** ~ **del río** the riverside. - **5.** *fig* [esmero] great care.
◆ **extremos** *mpl* [efusiones] exaggerations; **hacer** ~**s** *fig* to gush, to be effusive.

extremosidad *f* [efusividad] effusiveness.

extremoso, sa *adj* - **1.** [efusivo] effusive, gushing. - **2.** [excesivo] extreme, excessive.

extrínseco, ca *adj* extrinsic.

extroversión, extraversión *f* extroversion.

extrovertido, da, extravertido, da *adj & m, f* extrovert.

exuberancia *f* exuberance.

exuberante *adj* exuberant.

exudación *f* exudation.

exudado, da *adj* exuding, oozing.
◆ **exudado** *m* exudation.

exudar *vt* to exude, to ooze.

exulceración *f* MED slight ulceration.

exultación *f* exultation.

exultante *adj* exultant.

exultar ◆ **exultar de** *vi* to exult with, to rejoice with.

exvoto *m* votive offering, ex voto.

eyaculación *f* ejaculation; ~ **precoz** premature ejaculation.

eyacular *vi* to ejaculate.

eyección *f* - **1.** [expulsión] ejection, expulsion. - **2.** [extracción] extraction, removal.

eyectar *vt* to eject, to expel.

eyector *m* [de armas] ejector; [de aire, gases] extractor.

Ezequiel *m* Ezekiel.

F

f, F *f* [letra] f, F.
◆ **23 F** *m* 23 February, day of the failed coup d'état in Spain in 198¹.

f. - **1.** *(abrev de* **factura***)* inv. - **2.** *(abrev de* **folio***)* f.

fa *m* - **1.** MÚS F; [en solfeo] fa. - **2.** *Amér* [diversión] binge, spree.

fabada *f* Asturian stew made with beans, pork sausage and bacon.

fábrica *f* - **1.** [establecimiento] factory; ~ **de cerveza** brewery; ~ **de conservas** canning plant, cannery; ~ **de harina** flour mill; ~ **de montaje** o **ensamblaje** assembly plant; ~ **de muebles** furniture factory; ~ **de papel** paper mill; ~ **siderúrgica** iron and steelworks *(sg)*. - **2.** [fabricación] manufacture. - **3.** [construcción] brickwork or stone masonry; **de** ~ built of brick and mortar or stone. - **4.** *fig* [de mentiras etc] fabrication. - **5.** *Amér* [alambique] still.

fabricación *f* - **1.** [manufactura] manufacture; **de** ~ **casera** home-made; **estar en** ~ to be in production ❑ ~ **en serie** mass production. - **2.** [construcción] construction.

fabricador, ra ◇ *adj* - **1.** [que manufactura] manufacturing. - **2.** [que inventa] fabricating. ◇ *m, f* - **1.** [fabricante] manufacturer. - **2.** [inventor] fabricator. - **3.** NÁUT constructor.

fabricante ◇ *adj* manufacturing *(antes de sust)*. ◇ *mf* [manufacturador] manufacturer; [propietario] factory owner.

fabricar [10] *vt* - **1.** [producir] to manufacture, to make. - **2.** [construir] to build, to construct. - **3.** *fig* [inventar] to fabricate, to make up.

fabril *adj* manufacturing *(antes de sust)*.

fábula *f* - **1.** LITER fable; [leyenda] legend, myth. - **2.** [rumor] piece of gossip. - **3.** [invención] fiction. - **4.** [argumento] plot, story.

fabular *vi* to make things up.

fabulista *mf* author of fables.

fabulosamente *adj* - **1.** [excesivamente] fabulously, fantastically. - **2.** [fingidamente] falsely.

fabuloso, sa *adj* - **1.** [ficticio] mythical, fantastic. - **2.** [muy bueno] fabulous, fantastic.

faca *f* large knife.

facción *f* - **1.** POLÍT faction. - **2.** [grupo amotinado] insurgent group. - **3.** [MIL - acción] combat, battle; [- guardia, patrulla] duty; **estar de** ~ **de guardia** to be on guard duty.
◆ **facciones** *fpl* [rasgos] features.

faccionario, ria *adj* factional.

faccioso, sa ◇ *adj* factious, rebellious. ◇ *m, f* - **1.** [rebelde] rebel. - **2.** POLÍT faction member. - **3.** [perturbador] troublemaker, agitator.

faceta *f* facet.

facha ◇ *f* - **1.** [aspecto] appearance, look; **tener buena** ~ to look good o promising; **tener mala** ~ to look bad. - **2.** [mamarracho] mess; **vas hecho una** ~ you look a mess. - **3.** [cara]: **~ a** ~ face-to-face. - **4.** *Amér* [presunción] arrogance, presumption. - **5.** *loc:* **ponerse en** ~ NÁUT to lie to; [prepararse] to get ready. ◇ *mf fam despec* [ultra derechista] fascist pig.

fachada *f* - **1.** ARQUIT façade; **con** ~ **a** facing; **hacer** ~ **con** o **a** to be opposite, to face. - **2.** *fig* [apariencia] outward appearance; **es pura** ~ it's just a show. - **3.** [dimensión] frontage. - **4.** [portada] title page.

fachenda *fam* ◇ *f* [jactancia] bragging, boasting. ◇ *m* [jactancioso] show-off.

fachendista *fam* ◇ *adj* boastful. ◇ *mf* show-off.

fachendoso, sa *adj* & *m, f* = **fachendista**.

fachoso, sa *adj* - **1.** [ridículo] ridiculous. - **2.** *Amér* [fachendoso] boastful. - **3.** *Amér* [elegante] elegant.

facial *adj* - **1.** [del rostro] facial. - **2.** [intuitivo] intuitive, instinctive.

fácil ◇ *adj* - **1.** [que no tiene dificultad] easy; **el examen fue muy** ~ the exam was very easy; **de puro** ~ so easy; ~ **de hacer** easy to do. - **2.** [tratable] easy-going. - **3.** [probable] probable, likely. - **4.** [condescendiente] easily persuaded, compliant. - **5.** [mujer] loose, of easy virtue. ◇ *adv* easily.

facilidad *f* - **1.** [simplicidad] ease, easiness; **con la mayor** ~ with the greatest of ease. - **2.** [aptitud] aptitude; **tener** ~ **de** to be apt to; **tener** ~ **para algo** to have a gift for sthg. - **3.** [oportunidad] opportunity, chance. - **4.** [complacencia] docility.
◆ **facilidades** *fpl* [comodidades] facilities; **dar** ~**es a alguien para algo** to make sthg easy for sb ❑ ~**es de pago** easy (payment) terms.

facilísimo, ma *adj* very easy.

facilitación *f* - **1.** [acción] facilitation. - **2.** [provisión] provision.

facilitar *vt* - **1.** [simplificar] to facilitate, to make easy; [posibilitar] to make possible. - **2.** [proporcionar] to provide.

fácilmente *adv* - **1.** [sin trabajo] easily. - **2.** [diestramente] deftly.

facilón, ona *adj fam* dead easy.

facineroso, sa ◇ *adj* - **1.** [criminal] criminal, delinquent. - **2.** [malévolo] wicked. ◇ *m, f* - **1.** [criminal] miscreant, criminal. - **2.** [malévolo] wicked person, villain.

facistol ◇ *m* [atril] lectern. ◇ *adj Amér* - **1.** [vanidoso] vain, conceited. - **2.** [bromista] fond of joking. ◇ *mf Amér* vain o conceited person.

facón *m Amér* sheath knife; **pelar el** ~ to unsheathe one's knife.

facsímil, facsímile *m* facsimile.

factible *adj* feasible.

fáctico, ca *adj* → **poder**.

facto ◆ **de facto** *loc adv* de facto.

factor *m* - **1.** [gen] factor; ~ **de riesgo** risk factor. - **2.** FERROC luggage clerk *Br*, baggage clerk *Am*. - **3.** [hacedor] maker. - **4.** MIL victualler, provisions supplier.

factoría *f* - **1.** [fábrica] factory. - **2.** COM outlet, agency. - **3.** [empleo] factorage, factor's post. - **4.** [establecimiento colonial] trading post. - **5.** [manufactura] manufacture, manufacturing. - **6.** *Amér* [fundición] foundry, ironworks *(sg)*.

factótum (*pl* **factotums**) *mf* - **1.** [persona capaz] factotum. - **2.** [entremetido] busybody. - **3.** [agente] right-hand man.

factura *f* - **1.** [por mercancías, trabajo realizado] invoice; **extender una** ~ to make out an invoice; **pasar** o **presentar una** ~ to send an invoice ❑ ~ **consular** consular invoice; ~ **detallada** itemized bill; ~ **pro forma** o **proforma** COM proforma invoice. - **2.** [de gas, teléfono, en

tienda, hotel] bill. - **3.** [hechura] creation, making. - **4.** *Amér* [bizcocho] bun.

facturación *f* - **1.** [cobro] invoicing. - **2.** [ventas] turnover *Br*, net revenue *Am*. - **3.** [de equipaje - en aeropuerto] checking-in; [- en estación] registration; **mostrador de** ~ check-in desk.

facturar *vt* - **1.** [cobrar]: ~**le a alguien algo** to invoice o bill sb for sthg. - **2.** [vender] to turn over. - **3.** [equipaje - en aeropuerto] to check in; [- en estación] to register.

facultad *f* - **1.** [gen] faculty; **estudio en la** ~ **de Química** I'm studying in the Faculty of Chemistry ❑ ~ **de derecho** law school; ~ **de letras** Arts faculty. - **2.** [capacidad] ability. - **3.** [poder] power, right; **las aguas termales tienen** ~**s curativas** hot springs have healing properties; **tener** ~ **para** to be authorized to ❑ ~**es mentales** mental faculties o powers. - **4.** [virtud] gift, advantage. - **5.** [fuerza] strength, resistance.

facultar *vt* to authorize.

facultativo, va ◇ *adj* - **1.** [voluntario] optional. - **2.** [médico] medical. - **3.** [de facultad mental] facultative. - **4.** [profesional] professional. ◇ *m, f* doctor.

facundia *f* - **1.** [elocuencia] eloquence. - **2.** *fam* [verbosidad] gift of the gab.

facundo, da *adj* - **1.** [elocuente] eloquent. - **2.** *fam* [parlanchín] talkative.

FAD (*abrev de* **Fondo de Ayuda al Desarrollo**) *m Spanish development aid fund.*

fado *m melancholy Portuguese folk song.*

faena *f* - **1.** [tarea] task, work *(U)*; **estar en plena** ~ to be hard at work ❑ ~**s domésticas** housework *(U)*, household chores; **hacerle una (mala)** ~ **a alguien** to play a dirty trick on sb. - **2.** TAUROM bullfighter's performance. - **3.** *fig* [trabajo mental] mental task. - **4.** *Amér* [en hacienda] overtime. - **5.** *Amér* [cuadrilla de obreros] group of labourers. - **6.** *Amér* [trabajo matinal] morning work.

faenar ◇ *vi* [pescar] to fish; *Amér* [ganado] to slaughter and dress. ◇ *vt* [pescar] to fish; *Amér* [ganado] to slaughter and dress.

faetón *m* phaeton.
◆ **Faetón** *m* MITOL Phaëthon.

fagocito *m* phagocyte.

fagot ◇ *m* [instrumento] bassoon. ◇ *mf* [músico] bassoonist.

FAH (*abrev de* **factor antihemofílico**) *m* antihaemophilic factor, factor VIII.

FAI (*abrev de* **Federación Anarquista Ibérica**) *f* FAI.

fair play ['ferplei] *m* fair play.

faisán *m* pheasant.

faja *f* - **1.** [prenda de mujer, terapéutica] corset; [banda] sash, cummerbund; [para niños] swaddling cloth o band; ~ **abdominal** girdle; ~ **braga** o **pantalón** panty girdle. - **2.** [de terreno - pequeña] strip; [- grande] belt. - **3.** [de libro] band *(around new book)*. - **4.** [de puerta, ventana] fascia. - **5.** FÍS zone, band; ~ **de frecuencia** RADIO frequency band. - **6.** *Amér* IMPRENTA *title label on spine of book.*

fajado, da *adj Amér* attacked.
◆ **fajado** *m Amér* - **1.** [acometida] beating. - **2.** [chasco] disappointment.
◆ **fajada** *f Amér* - **1.** [acometida] attack, assault. - **2.** [engaño] trick, ruse.

fajadura *f* - **1.** [ceñidura con faja] binding; [con corsé] girdling. - **2.** [envolvimiento] wrapping, encircling; [con venda] swathing, bandaging; [de un niño] swaddling. - **3.** NÁUT tarred covering.

fajamiento *m* [ceñidura con faja] binding; [con corsé] girdling; [con venda] bandaging; [de un niño] swaddling.

fajar *vt* - **1.** [encorsetar] to girdle. - **2.** [vendar] to bandage, to swathe. - **3.** [niño] to swaddle. - **4.** [periódico] to put a wrapper on; [libro] to put a band on. - **5.** *Amér* [acometer] to attack, to assault. - **6.** *Amér* [golpear] to hit. - **7.** *Amér* [pedir dinero] to ask for a loan.

◆ **fajarse** *vpr* - **1.** [trabajar] to work hard. - **2.** *Amér* [atacarse]: ~**se con** o **a** to attack, to fall on.

fajín *m* sash.

fajina *f* - **1.** [mieses] shock, rick. - **2.** [leña] kindling. - **3.** [MIL - toque de retiro] call to quarters; [- toque de comida] mess call. - **4.** [haz de ramas] fascine. - **5.** [faena] task. - **6.** *Amér* [trabajo extra] overtime.

fajo *m* - **1.** [de billetes, papel] wad; [de leña, cañas] bundle. - **2.** *Amér* [trago] shot, swig. - **3.** *Amér* [cintarazo] blow. - **4.** *Amér* [cinturón] leather belt.

◆ **fajos** *mpl* swaddling clothes.

fajón, ona *adj Amér* attacking, assaulting.

◆ **fajón** *m* ARQUIT plaster border o frame.

fakir *m* = **faquir**.

falacia *f* - **1.** [engaño] deceit, trick. - **2.** [hábito de engañar] falseness. - **3.** [error] fallacy.

falange *f* ANAT & MIL phalanx.

◆ **Falange** *f* POLÍT: **la Falange (Española)** the Falange, *totalitarian political group, founded in Spain in 1933, that played an important role in Franco's dictatorship.*

falangismo *m* Falangist movement.

falangista *adj & mf* Falangist.

falaz *adj* false.

falazmente *adv* - **1.** [con engaño] falsely. - **2.** [equivocadamente] fallaciously.

falca *f* - **1.** [cuña] wedge, chock. - **2.** [curvatura] warp, warping *(U)*. - **3.** NÁUT washboard. - **4.** *Amér* [alambique] small still. - **5.** *Amér* [canoa] canoe with a roof.

falcado, da *adj* - **1.** MIL & HIST falcated; **carro** ~ scythed chariot. - **2.** [en forma de hoz] falcate, falciform.

falciforme *adj* falciform, falcate.

falda *f* - **1.** [prenda] skirt; ~ **escocesa** kilt; ~ **pantalón** culottes *(pl)*. - **2.** [de montaña] slope, mountainside; ~ **de colina** hillside; ~ **de montaña** mountainside. - **3.** [regazo] lap; **estar pegado** o **cosido a las** ~**s de su madre** *fam fig* to be tied to his/her mother's apron strings. - **4.** [de mesa camilla] cover. - **5.** [MIL - hombrera] brassard, shoulder armour *(U)*; [- de cintura hacia abajo] tasse, tasset. - **6.** [carne] brisket. - **7.** [de sombrero] brim.

◆ **faldas** *fpl fam* [chicas] girls; **aficionado a las** ~**s** womanizer, ladies' man.

faldamenta *f* - **1.** [saya] skirt. - **2.** [falda larga] long o full-length skirt.

faldear *vt* to skirt.

faldellín *m* - **1.** [falda corta] short skirt. - **2.** [refajo] underskirt, slip. - **3.** *Amér* RELIG christening o baptismal gown.

faldero, ra *adj* - **1.** [dócil]: **perro** ~ lapdog. - **2.** [mujeriego] keen on women. - **3.** [de la falda] skirt *(antes de sust)*.

faldeta *f* - **1.** [falda pequeña] small skirt. - **2.** TEATRO drape. - **3.** *Amér fam* [camisa] shirt-tail.

faldón *m* - **1.** [de ropa] tail; [de cortina, mesa camilla] folds *(pl)*. - **2.** [de tejado] gable. - **3.** [falda grande] large skirt. - **4.** [saya] skirt. - **5.** [piedra de molino] top millstone. - **6.** [de chimenea] chimney breast and mantelpiece. - **7.** EQUITACIÓN flap, skirt. - **8.** *loc*: **agarrarse** o **asirse a los faldones de alguien** to hang onto sb's coat-tails.

falencia *f* - **1.** *desus* [error] error, mistake. - **2.** *Amér* COM bankruptcy.

falibilidad *f* fallibility.

falible *adj* fallible.

fálico, ca *adj* phallic.

falla ◇ *adj f* → **fallo**. ◇ *f* - **1.** [defecto, falta & GEOL] fault. - **2.** [para la cabeza] faille. - **3.** [falta de confianza] unreliability. - **4.** *Amér* [en juego de naipes] trumping, ruffing. - **5.** *Amér* [gorro de niño] baby bonnet.

◆ **fallas** *fpl* [fiesta] *celebrations in Valencia during which cardboard figures are burnt.*

fallar ◇ *vt* - **1.** [sentenciar] to pass sentence on; [premio] to award. - **2.** [equivocar - respuesta] to get wrong; [- tiro] to miss. - **3.** *Amér* [en juego de naipes] to trump, to ruff. ◇ *vi*

- **1.** [equivocarse] to get it wrong; [no acertar] to miss; **sin** ~ without fail. - **2.** [fracasar, flaquear] to fail; [plan] to go wrong. - **3.** [decepcionar]: ~**le a alguien** to let sb down. - **4.** [quebrarse, ceder] to give way. - **5.** [sentenciar]: ~ **a favor/en contra de** to find in favour of/against.

falleba *f* latch.

fallecer [30] *vi* - **1.** [morir] to pass away, to die. - **2.** *desus* [faltar] to run out, to end.

fallecido, da *adj* deceased.

fallecimiento *m* decease, death.

fallero, ra *adj relating to the celebrations in Valencia during which cardboard figures are burnt.*

fallido, da ◇ *adj* - **1.** [esfuerzo, intento] unsuccessful, failed; [esperanza] vain. - **2.** [disparo] missed. - **3.** [COM - en quiebra] bankrupt; [- incobrable] uncollectable, bad. ◇ *m, f* COM bankrupt.

fallir *vi* - **1.** [faltar] to run out, to end. - **2.** *Amér* COM to go bankrupt.

fallo, lla *adj* - **1.** [en juego de naipes] void. - **2.** *Amér* AGR failed.

◆ **fallo** *m* - **1.** [error] mistake; DEP miss; **tu ejercicio no ha tenido ningún** ~ there were no mistakes in your exercise; **tener** ~**s de memoria** to have memory lapses. - **2.** [sentencia] verdict. - **3.** [opinión] judgment. - **4.** [en juego de naipes] being void in a suit.

fallutería *f Amér fam* hypocrisy.

falluto, ta *adj Amér fam* phoney, hypocritical.

falo *m* phallus.

falocracia *f* male chauvinism *(U)*.

falócrata *m* male chauvinist.

falsa ◇ *adj f* → **falso**. ◇ *f* - **1.** MÚS dissonance. - **2.** [desván] attic, loft. - **3.** *Amér* [falsilla] guide lines *(pl)*.

falsamente *adv* falsely.

falsario, ria ◇ *adj* - **1.** [falso] false. - **2.** [mentiroso] lying, untruthful. ◇ *m, f* - **1.** [embustero] liar. - **2.** [falsificador] falsifier.

falseador, ra *adj* falsifying.

falseamiento *m* - **1.** [falsificación] falsifying, falsification. - **2.** [de cerradura] picking. - **3.** [flaqueamiento] weakening.

falsear ◇ *vt* - **1.** [hechos, historia] to falsify, to distort; [moneda, firma] to forge. - **2.** [armadura] to pierce. - **3.** [cerradura] to pick. - **4.** ARQUIT to bevel. ◇ *vi* - **1.** MÚS to go out of tune. - **2.** [flaquear] to weaken, to become weak.

falsedad *f* - **1.** [falta de verdad, autenticidad] falseness. - **2.** [mentira] falsehood, lie. - **3.** [hipocresía] hypocrisy.

falsete *m* - **1.** MÚS falsetto. - **2.** [corcho] plug, bung. - **3.** [puerta] small door.

falsificación *f* - **1.** DER forgery. - **2.** [falseamiento] falsification.

falsificado, da *adj* [dinero] counterfeit.

falsificador, ra ◇ *adj* - **1.** [falseador] falsifying. - **2.** [que copia] forging. - **3.** QUÍM adulterating. ◇ *m, f* - **1.** [copiador] forger. - **2.** [falsario] falsifier. - **3.** QUÍM adulterant.

falsificar [10] *vt* - **1.** [copiar] to forge. - **2.** [falsear] to falsify. - **3.** QUÍM to adulterate.

falsilla *f* guide sheet *(for writing paper)*.

falso, sa *adj* - **1.** [rumor, excusa etc] false, untrue; **de** o **en** ~ [falsamente] falsely; [sin firmeza] unsoundly; **lo** ~ the falsehood. - **2.** [dinero, firma, cuadro] forged; [joyas] fake; **este anillo es** ~ this ring is a fake; **jurar en** ~ to commit perjury. - **3.** [hipócrita] deceitful; **no soporto a los** ~**s amigos que te critican a la espalda** I can't stand false friends who criticize you behind your back. - **4.** [inadecuado] wrong, incorrect. - **5.** [teoría, argumento] fallacious, unsound. - **6.** [caballo] vicious.

◆ **falso** *m* - **1.** [en costura] facing. - **2.** *Amér fam* [falso testimonio] false evidence *(U)*.

falta ◇ *f* - **1.** [carencia]: ~ **(de)** lack (of); **estos animales tienen** ~ **de cariño** these animals suffer from a lack of affection; **hacer** ~ to be necessary; **me hace** ~ **suerte** I

need some luck; **por** ~ **de** for want o lack of; **no fuimos de vacaciones por** ~ **de dinero** we didn't go on holiday because we didn't have enough money. - **2.** [escasez] shortage; **en estos momentos hay** ~ **de trabajo** there's a shortage of work at the moment. - **3.** [ausencia] absence; **echar en** ~ **algo/a alguien** [notar la ausencia de] to notice that sthg/sb is missing; [echar de menos] to miss sthg/sb. - **4.** [imperfección] fault; [defecto de fábrica] defect, flaw; [error] mistake; **sacarle** ~**s a algo** to find fault with sthg ❑ ~ **de educación** bad manners (pl); ~ **de ortografía** spelling mistake; ~ **de respeto** disrespect (U). - **5.** [infracción] misdemeanour; [incumplimiento] breach; **una** ~ **contra la disciplina** a breach of discipline ❑ ~ **de pago** COM nonpayment. - **6.** DEP foul; [en tenis] fault; **doble** ~ double fault; ~ **libre directa** direct free kick offence; ~ **personal** personal foul. - **7.** DER offence. - **8.** [en la menstruación] missed period. ◇ adj f→ **falto.**
◆ **a falta de** loc prep in the absence of.
◆ **sin falta** loc adv without fail; **hemos de entregar este proyecto el lunes sin** ~ this project has to be handed in on Monday without fail.
faltar vi - **1.** [no haber] to be lacking, to be needed; **falta aire** there's not enough air; **falta sal** it needs a bit of salt; **después del robo faltaban dos cuadros** after the robbery, two paintings were missing. - **2.** [estar ausente] to be absent o missing; **falta Elena** Elena is missing. - **3.** [carecer]: **le faltan las fuerzas** he lacks o doesn't have the strength. - **4.** [hacer falta] to be necessary; **me falta tiempo** I need time. - **5.** [quedar]: **falta un mes para las vacaciones** there's a month to go till the holidays; **sólo te falta firmar** all you have to do is sign; **¿cuánto falta para Leeds?** how much further is it to Leeds?; **falta mucho por hacer** there is still a lot to be done; **falta poco para llenar del todo el camión** the lorry is almost completely full now; **falta poco para que llegue** it won't be long till he arrives; **faltó poco para que le matase** I very nearly killed him. - **6.** fig [morir] to die. - **7.** loc: **¡no faltaba o faltaría más!** [asentimiento] of course!; [rechazo] that tops it all!, that's a bit much! **claro que puedes usar mi teléfono, ¡no faltaba o faltaría más!** of course you can use my telephone, there's no need for you to ask.
◆ **faltar a** vi - **1.** [palabra, promesa] to break, not to keep; [deber, obligación] to neglect. - **2.** [cita, trabajo] not to turn up at; [clase] to miss; **¡no faltes (a la cita)!** don't miss it!, be there! - **3.** [no respetar] to be disrespectful towards; ~ **a alguien en algo** to offend sb in sthg. - **4.** [defraudar] to betray, to disappoint.
falto, ta adj - **1.** [carente, escaso]: ~ **de** lacking in, short of. - **2.** [mezquino] poor, wretched. - **3.** [inexacto] short; **una libra falta** a short pound. - **4.** Amér [fatuo] fatuous, stupid.
faltón, ona adj - **1.** fam [no fiable] unreliable, undependable. - **2.** Amér [inocente] innocent, simple. - **3.** Amér [irrespetuoso] disrespectful, irreverent.
faltoso, sa adj - **1.** [necesitado] needy. - **2.** [incompleto] incomplete, lacking. - **3.** Amér [informal] informal, casual. - **4.** Amér [irrespetuoso] disrespectful. - **5.** Amér [pendenciero] quarrelsome. - **6.** Amér [sin dulce] unsweetened.
faltriquera f - **1.** desus [bolsillo] pocket; **rascarse la** ~ fam to fork out. - **2.** [bolso] small handbag Br, small purse Am. - **3.** TEATRO small box.
falucho m - **1.** NÁUT felucca. - **2.** Amér [pendiente] clovershaped pendant. - **3.** Amér [sombrero] cocked hat.
fama f - **1.** [renombre] fame; **tener** ~ to be famous o well-known. - **2.** [reputación] reputation; **buena** ~ good name o reputation; **cría** ~ **y échate a dormir** proverb build yourself a good reputation, then you can rest on your laurels. - **3.** [gloria] prestige, glory. - **4.** loc: **es** ~ **que** it is rumoured o reported that.
famélico, ca adj starving, famished.
familia f - **1.** [padres e hijos] family; **de buena** ~ from a good family; **en** ~ privately, in private; **di lo que quieras, estamos en** ~ say whatever you want, we're in private now; **la** ~ **política** the in-laws (pl) ❑ ~ **numerosa** large

family; ~ **monoparental** oneparent family; ~ **real** royal family; **ser como de la** ~ to be like one of the family; **venir de** ~ to run in the family. - **2.** [gente de la misma casa] household. - **3.** [servidumbre] servants (pl).
familiar ◇ adj - **1.** [de familia] family (antes de sust); **todas las semanas organizamos una comida** ~ we have a family meal every week. - **2.** [en el trato - agradable] friendly; [- en demasía] overly familiar. - **3.** [lenguaje, estilo] informal, colloquial. - **4.** [conocido] familiar; **no sé quién es pero su cara me resulta** ~ I don't know who she is, but her face is familiar. ◇ mf - **1.** [miembro de familia] relative, relation; ~ **consanguíneo** blood relation. - **2.** [persona de la misma casa] household member. ◇ m [demonio] familiar.
familiaridad f familiarity.
familiarizar [13] vt: ~ **(con)** to familiarize (with).
◆ **familiarizarse** vpr: ~**se con** [estudiar] to familiarize o.s. with; [acostumbrarse a] to get used to.
familiarmente adv familiarly.
famoso, sa ◇ adj - **1.** [conocido] famous. - **2.** [extraordinario] extraordinary. - **3.** fam [excelente] fabulous, excellent. ◇ m, f famous person, celebrity.
fámulo, la m, f desus servant.
fan (pl fans) mf fan.
fanáticamente adv fanatically.
fanático, ca ◇ adj fanatical. ◇ m, f [gen] fanatic; DEP fan.
fanatismo m fanaticism.
fanatizador, ra ◇ adj fanaticizing. ◇ m, f person who spreads fanaticism.
fanatizar [13] vt to arouse fanaticism in.
fandango m - **1.** [baile] fandango. - **2.** fam fig [bullicio] row, uproar.
fandanguero, ra ◇ adj fond of noisy parties. ◇ m, f person who is fond of noisy parties.
fandanguillo m type of fandango.
fané adj Amér worn-out.
fanega f grain measure which varies from region to region; ~ **de tierra** land measure of 1.59 acres.
fanfarrear vi = fanfarronear.
fanfarria f - **1.** fam [jactancia] boasting, bragging. - **2.** [de música] fanfare; [banda] brass band.
fanfarrón, ona ◇ adj - **1.** [jactancioso] boastful. - **2.** [presumido] showy. ◇ m, f braggart, show-off.
fanfarronada f - **1.** [dicho] brag; **decir o echar** ~**s** to boast, to brag. - **2.** [acción] boasting, bragging.
fanfarronear, fanfarrear vi: ~ **(de)** to boast o brag (about).
fanfarronería f showing-off, bragging.
fangal, fangar m quagmire.
fango m - **1.** [lodo] mud. - **2.** fig [degradación] degradation.
fangosidad f muddiness.
fangoso, sa adj muddy.
fano m temple.
fantasear ◇ vi to fantasize. ◇ vt to imagine, to fantasize about.
fantasía f - **1.** [imaginación] imagination; [cosa imaginada] fantasy; **de** ~ [ropa] fancy; [bisutería] imitation, costume (antes de sust). - **2.** MÚS fantasia.
fantasioso, sa adj imaginative.
fantasma ◇ m - **1.** [espectro] ghost, phantom. - **2.** [visión] apparition. - **3.** fig [persona seria] solemn person. - **4.** fam [persona presuntuosa] conceited person. - **5.** TELECOM ghost. ◇ f [espantajo] scarecrow. ◇ mf fam [fanfarrón] show-off.
fantasmada f fam brag.
fantasmagoría f phantasmagoria.
fantasmagórico, ca adj phantasmagoric.
fantasmal adj ghostly.
fantasmón, ona m, f fam show-off.

fantástico, ca *adj* fantastic; **la fiesta de ayer fue fantástica** the party yesterday was fantastic.

fantochada *f* crazy o mad thing.

fantoche *m* - **1.** [títere] puppet. - **2.** [mamarracho] (ridiculous) sight.

fantochería *f Amér* tomfoolery *(U).*

FAO *(abrev de* **Food and Agriculture Organization)** *f* FAO.

faquir, fakir *m* fakir.

Faraday *s →* **escala**.

faradio *m* farad.

faralá (*pl* **faralaes**) *m* - **1.** [volante] frill, flounce. - **2.** *fam* [adorno] embellishment.

farallón *m* - **1.** [precipicio] headland, promontory. - **2.** MIN outcrop.

farándula *f* - **1.** [profesión]: **la** ~ the theatre, the stage. - **2.** [compañía] troupe of strolling players. - **3.** *fam fig* [charla] humbug *(U).*

farandulear *vi fam* to boast, to brag.

farandulero, ra ◇ *m, f* - **1.** [comediante] wandering player. - **2.** *fam fig* [trapacero] swindler, trickster. ◇ *adj fam* - **1.** *fig* [trapacero] swindling, tricking. - **2.** *Amér* [fanfarrón] boastful, bragging.

farante *m* - **1.** [mensajero] herald. - **2.** [rey de armas] king-of-arms. - **3.** TEATRO *actor who recites a play's prologue.* - **4.** *fig* [entremetido] busybody, meddler.

faraón *m* - **1.** HIST pharaoh. - **2.** [juego de naipes] faro.

faraónico, ca *adj* HIST pharaonic; *fig* [fastuoso] lavish, magnificent.

fardada *f fam* showing-off *(U).*

fardar ◇ *vi fam*: ~ **(de algo)** to show (sthg) off. ◇ *vt* to outfit.

fardel *m* - **1.** [talega] knapsack. - **2.** [bulto] bundle. - **3.** [persona desaliñada] slovenly person; **ir hecho un** ~ to look a state.

fardo *m* bundle.

fardón, ona *fam* ◇ *adj* flashy. ◇ *m, f* flash Harry.

Farenheit *s →* **grado**.

farero, ra *m, f* lighthouse keeper.

farfalloso, sa *adj* stammering, stuttering.

farfantón, ona, farfante *fam* ◇ *adj* boasting, boastful. ◇ *m, f* show-off.

farfolla *f* - **1.** BOT husk. - **2.** *fam* [baratija] bauble, trinket.

farfulla *fam* ◇ *adj* gabbling, spluttering. ◇ *mf* gabbler. ◇ *f* - **1.** [barbulla] gabble, spluttering. - **2.** *Amér* [fanfarronería] boasting, bragging.

farfullador, ra, farfullero, ra *fam* ◇ *adj* - **1.** [barbullón] gabbling, spluttering. - **2.** *fig* [chapucero] slapdash, careless. ◇ *m, f* - **1.** [barbullón] gabbler. - **2.** *fig* [chapucero] slapdash o careless person.

farfullar *vt & vi fam* to gabble, to splutter.

farfulleo *m fam* gabble.

farfullero, ra *adj* = **farfullador**.

fargallón, ona *fam* ◇ *adj* - **1.** [chapucero] slapdash, careless. - **2.** [desaliñado] sloppy, messy. ◇ *m, f* - **1.** [chapucero] slapdash o careless person. - **2.** [persona desaliñada] slob.

farináceo, a *adj* farinaceous.

faringe *f* pharynx.

faringitis *f inv* sore throat.

farinoso, sa *adj* floury.

farisaico, ca *adj* - **1.** [de los fariseos] Pharisaic, Pharisaical. - **2.** *fig* [hipócrita] hypocritical.

fariseo, a *m, f* - **1.** HIST Pharisee. - **2.** *fig* [hipócrita] hypocrite.

farmacéutico, ca ◇ *adj* pharmaceutical. ◇ *m, f* pharmacist, chemist *Br.*

farmacia *f* - **1.** [ciencia] pharmacy. - **2.** [establecimiento] pharmacy, chemist's (shop) *Br*, drugstore *Am*; ~ **de turno** o **de guardia** duty chemist's.

fármaco *m* medicine, drug.

farmacología *f* pharmacology.

farmacopea *f* pharmacopoeia.

farmacoterapia *f treatment using course of drugs.*

farniente *m* idleness.

faro *m* - **1.** [para barcos] lighthouse. - **2.** [de coche] headlight, headlamp; ~ **antiniebla** foglamp; ~ **trasero** rear light. - **3.** [señal] beacon. - **4.** *fig* [guía] guiding light.

farol *m* - **1.** [farola] street lamp o light; [linterna] lantern, lamp; ~ **a la veneciana** Chinese lantern. - **2.** [en el juego] bluff. - **3.** *fam* [mentira] fib, lie. - **4.** TAUROM *flourish of the cape over the bullfighter's head.* - **5.** *fam* [fachendoso] show-off. - **6.** *Amér* [mirador] glassed-in balcony. - **7.** *loc*: **adelante con los** ~**es** keep up the good work.

farola *f* [farol] street lamp o light; [poste] lamppost; [fanal] beacon.

farolear *vi fam* to fib.

farolería *f fam* boastfulness.

farolero, ra ◇ *adj fam* boastful. ◇ *m, f* - **1.** [que cuida del alumbrado] lamplighter. - **2.** *fam* [fanfarrón] show-off. - **3.** [fabricante] lamp maker.

farolillo *m* - **1.** [de papel] paper o Chinese lantern; **el** ~ **rojo** *fig* the last. - **2.** [planta] Canterbury bell.

farra *f* - **1.** *fam* [juerga] binge, spree; **ir de** ~ to paint the town red. - **2.** ZOOL lavaret. - **3.** *Amér* [burla] teasing, mockery.

fárrago *m* hotchpotch.

farragoso, sa *adj* confused, rambling.

farraguista *mf* confused o mixed-up person.

farrear *vi Amér* - **1.** [ir de juerga] to go on a binge. - **2.** [burlarse] to make fun, to tease. - **3.** [malbaratar] to squander money.

farrero, ra ◇ *adj* revelling. ◇ *m, f* reveller.

farrista *adj & mf* = **farrero**.

farro *m* - **1.** [cebada] *coarsely ground,* peeled barley. - **2.** [escanda] spelt wheat.

farruco, ca *adj* [valiente] cocky.

farsa *f* - **1.** [obra de teatro, engaño] farce. - **2.** [compañía] company of comic actors. - **3.** *despec* [obra mala] bad play.

farsante ◇ *adj* [tramposo] deceitful. ◇ *mf* [tramposo] deceitful person.

farsear *vi Amér* to fool around.

farsista *mf* writer of farces, farceur.

fas ◆ por fas o por nefas *loc adv fam* by hook or by crook.

FAS *(abrev de* **Fondo de Asistencia Social)** *m Spanish social welfare fund.*

fasces *fpl* HIST fasces.

fascículo *m* part, instalment *(of serialization).*

fascinación *f* fascination.

fascinador, ra *adj* fascinating.

fascinante *adj* fascinating.

fascinar *vt* - **1.** [encantar] to fascinate. - **2.** [engañar] to deceive.

fascismo *m* fascism.

fascista *adj & mf* fascist.

fase *f* - **1.** [etapa, aspecto] phase. - **2.** TECN stage.

fastidiado, da *adj* [de salud] ill; **ando** ~ **del estómago** I've got a bad stomach.

fastidiar [8] ◇ *vt* - **1.** [estropear - fiesta etc] to spoil, to ruin; [- máquina, objeto etc] to break. - **2.** [molestar] to annoy, to bother. - **3.** [perturbar] to upset. ◇ *vi*: **¡no fastidies!** you're having me on!

◆ **fastidiarse** *vpr* - **1.** [estropearse - fiesta etc] to be ruined; [- máquina] to break down. - **2.** [aguantarse] to put up with it.

fastidio *m* - **1.** [molestia] nuisance, bother; **¡qué** ~! what a nuisance! - **2.** [enfado] annoyance. - **3.** [aburrimiento] bore. - **4.** [repugnancia] repugnance. - **5.** *fig* [asco] disgust.

fastidioso, sa *adj* - **1.** [molesto] annoying. - **2.** [aburrido] boring, tedious.

fastigio *m* - **1.** *culto* [vértice] apex. - **2.** *fig* [cumbre] pinnacle, summit. - **3.** ARQUIT pediment.

fasto, ta *adj* auspicious, fortunate.

◆ **fasto** *m* pomp, extravagance.

◆ **fastos** *mpl* - **1.** [calendario] fasti. - **2.** *fig* [anales] annals.

fastuosamente, fastosamente *adv* - **1.** [lujosamente] lavishly. - **2.** [ostentosamente] ostentatiously.

fastuosidad *f* lavishness, sumptuousness.

fastuoso, sa *adj* - **1.** [lujoso] lavish, sumptuous. - **2.** [ostentoso] ostentatious.

fatal ◇ *adj* - **1.** [mortal] fatal; **el accidente fue** ~ it was a fatal accident. - **2.** [muy malo] terrible, awful. - **3.** [inevitable] inevitable. - **4.** [seductor]: **mujer** ~ femme fatale. ◇ *adv* terribly; **sentirse** ~ to feel terrible.

fatalidad *f* - **1.** [destino] fate, destiny. - **2.** [desgracia] misfortune.

fatalismo *m* fatalism.

fatalista ◇ *adj* fatalistic. ◇ *mf* fatalist.

fatalmente *adv* - **1.** [desdichadamente] unfortunately, unhappily. - **2.** [inevitablemente] inevitably. - **3.** [muy mal] terribly, awfully.

fatídico, ca *adj* fateful, ominous.

fatiga *f* - **1.** [cansancio] tiredness, fatigue; **dar** ~ to trouble, to annoy ❑ ~ **de combate** MIL combat fatigue; ~ **nerviosa** MED strain, stress; ~ **visual** MED eyestrain. - **2.** [trabajo] tiring o strenuous work *(U)*. - **3.** [al respirar] shortness of breath. - **4.** [náusea] nausea. - **5.** [de metal] fatigue.

◆ **fatigas** *fpl* [penas] troubles, hardships.

fatigado, da *adj* tired, weary.

fatigador, ra *adj* - **1.** [que cansa] tiring. - **2.** [molesto] annoying, troublesome.

fatigante *adj* tiring.

fatigar [16] *vt* - **1.** [cansar] to tire, to weary. - **2.** [molestar] to vex, to annoy.

◆ **fatigarse** *vpr* to get tired.

fatigosamente *adv* wearily.

fatigoso, sa *adj* - **1.** [que cansa] tiring, fatiguing. - **2.** [cansado] tired. - **3.** *fam* [cargante] bothersome, annoying.

fatigue *etc v* → **fatigar**.

fatuidad *f* - **1.** [necedad] fatuousness, foolishness. - **2.** [vanidad] conceit.

fatuo, tua ◇ *adj* - **1.** [necio] fatuous, foolish. - **2.** [engreído] conceited. ◇ *m, f* - **1.** [necio] fool, fatuous person. - **2.** [engreído] conceited person.

fauces *fpl* jaws; **las** ~ **de la muerte** death's jaws.

fauna *f* fauna.

fauno *m* faun.

◆ **Fauno** *m* Faunus.

fausto, ta *adj* happy, fortunate.

◆ **fausto** *m* - **1.** [lujo] luxury. - **2.** [esplendor] splendour, pomp.

fautor, ra *m, f* abettor, accomplice.

fauvismo [fo'βismo] *m* fauvism.

favila *f culto* ember.

favor *m* - **1.** [gen] favour; **los políticos tienen el** ~ **de sus votantes** the politicians enjoy the support of the voters; **a** ~ [viento, corriente] favourable; **a** ~ **de** in favour of; **a** ~ **de la noche** under cover of darkness; **de** ~ [gratuito] complimentary, free; **hacerle un** ~ **a alguien** [ayudar a] to do sb a favour; *fam fig* [acostarse con] to go to bed with sb; **hágame el** ~ **de cerrar la puerta** would you mind shutting the door, please?; **pedir un** ~ **a alguien** to ask sb a favour; **tener a o en su** ~ **a alguien** to enjoy sb's support; **tiene a todos los trabajadores a o en su** ~ she enjoys the support of all the workers. - **2.** *Amér* [cinta] ribbon. - **3.** *Amér* [regalo] gift.

◆ **favores** *mpl* [de una mujer] favours.

◆ **por favor** *loc adv* please; **¿puedes hablar más alto, por** ~? could you speak up a bit, please?

favorable *adj* favourable; **ser** ~ **a algo** to be in favour of sthg.

favorablemente *adv* favourably.

favorecedor, ra *adj* flattering, becoming.

favorecer [30] *vt* - **1.** [gen] to favour; [ayudar] to help, to assist. - **2.** [sentar bien] to suit.

◆ **favorecerse** *vpr* to aid o help one another; ~**se de** to avail o.s. of, to fall back on.

favorecido, da *adj* favoured.

favoreciente *adj* - **1.** [que favorece] favourable. - **2.** [que ayuda] aiding, helping.

favoritismo *m* favouritism.

favorito, ta *adj & m, f* favourite.

fax *m inv* - **1.** [aparato] fax (machine); **mandar algo por** ~ to fax sthg. - **2.** [documento] fax.

faya *f* [tejido] faille.

fayuquero *m Amér* dealer in contraband.

faz (*pl* **faces**) *f* - **1.** *culto* [cara] countenance, face; ~ **a** ~ face-to-face. - **2.** [del mundo, de la tierra] face.

◆ **a la faz de** *loc prep* in front of.

Faz *f*: **la Sacra** o **Santa** ~ RELIG the Holy Face.

FBI (*abrev de* **Federal Bureau of Investigation**) *m* FBI.

f.c. *abrev escrita de* **ferrocarril**.

FCI (*abrev de* **Fondo de Compensación Interterritorial**) *m fund created to promote the economies of the poorer autonomous regions in Spain.*

fe *f* - **1.** [gen] faith; **la** ~ **católica** the Catholic faith; **hacer algo de buena** ~ to do sthg in good faith; **ser digno de** ~ to be credible; **tener** ~ **en** to have faith in, to believe in; **hay que tener** ~ **en el médico** one must have confidence in one's doctor. - **2.** [documento] certificate; ~ **de bautismo** certificate of baptism; ~ **de erratas** errata *(pl)*; ~ **pública** legal authority. - **3.** *loc*: **a** ~ **mía** *desus* on my word (of honour); **dar** o **prestar** ~ **a algo** to give credence to sthg; **dar** ~ **de que** to testify that; **doy** ~ **de que sus palabras son ciertas** I testify that her words are true; **de** ~, **a** ~ truly; **la** ~ **mueve montañas** faith can move mountains.

FE *abrev de* **Falange Española**.

FEA (*abrev de* **Falange Española Auténtica**) *f* FEA.

fealdad *f* - **1.** [de rostro etc] ugliness. - **2.** [de conducta etc] unworthiness. - **3.** *fig* [torpeza] baseness, vileness.

feamente *adv* - **1.** [horriblemente] horribly. - **2.** *fig* [indignamente] basely, vilely.

feb., febr. (*abrev escrita de* **febrero**) Feb.

feble *adj* - **1.** [persona] feeble, weak. - **2.** [moneda, metal] *deficient in weight or quality*.

febrero *m* February; *ver también* **septiembre**.

febril *adj* feverish; *fig* [actividad] hectic.

febrilmente *adv fig* hectically.

fecal *adj* faecal.

fecha ◇ *f* - **1.** [gen] date; [momento actual] current date; **a estas** ~**s** by now; **a partir de esta** ~ from today; **en** ~ **próxima** in the next few days; **hasta la** ~ to date, so far; **ocurrió por estas** ~**s** it happened around this time of year; **poner la** ~ **en algo** to date sthg ❑ ~ **de caducidad** [de alimentos] sell-by date; [de carné, pasaporte] expiry date; [de medicamento] 'use before' date; ~ **de nacimiento** date of birth; ~ **tope** o **límite** deadline. - **2.** [día] day. ◇ *adj f*→ **fecho**.

fechador *m* postmark.

fechar *vt* to date.

fecho, cha *adj* DER done, executed.

◆ **fecho** *m* DER *note that certifies the execution of a legal document.*

fechoría *f* bad deed, misdemeanour.

Fecsa (*abrev de* **Fuerzas Eléctricas de Cataluña, SA**) *f Catalan Electricity company.*

fécula *f* starch *(in food)*.

feculento, ta *adj* - **1.** [harinoso] starchy. - **2.** [impuro] feculent.

◆ **feculento** *m* starchy food *(U)*.

feculoso, sa *adj* starchy.

fecundable *adj* fertile.

fecundación *f* fertilization; ~ **artificial** artificial insemination; ~ **in vitro** in vitro fertilization.

fecundador, ra *adj* fertilizing.

fecundamente *adv* fertilely.

fecundante *adj* fertilizing.

fecundar *vt* - **1.** [fertilizar] to fertilize. - **2.** [hacer productivo] to make fertile.

fecundativo, va *adj* fertilizing.

fecundidad *f* - **1.** [fertilidad] fertility. - **2.** [productividad] productiveness.

fecundizar [13] *vt* - **1.** [tierra] to make fertile. - **2.** [hembra] to fertilize.

fecundo, da *adj* [gen] fertile; [artista] prolific.

FED (*abrev de* **Fondo Europeo de Desarrollo**) *m* EDF.

FEDEFAM (*abrev de* **Federación Latinoamericana de Asociaciones de Familiares de Detenidos Desaparecidos**) *f* Latin American federation of associations of relatives of disappeared detainees.

FEDER (*abrev de* **Fondo Europeo de Desarrollo Regional**) *m* ERDF.

federación *f* federation.

federal *adj & mf* federal.

federalismo *m* federalism.

federalista *adj & mf* federalist.

federar *vt* to federate.

◆ **federarse** *vpr* - **1.** [formar federación] to become o form a federation. - **2.** [ingresar en federación] to join a federation.

federativo, va ◇ *adj* federative. ◇ *m, f* member of a federation.

Fedra *f* Phaedra.

feedback ['fidbak] (*pl* **feedbacks**) *m* feedback.

fehaciente *adj* irrefutable.

felación *f* fellatio.

feldespato *m* feldspar.

felicidad *f* - **1.** [alegría] happiness. - **2.** [buena suerte] good luck o fortune.

◆ **felicidades** *interj* [gen] congratulations!; [en cumpleaños] happy birthday!

felicitación *f* - **1.** [acción]: **felicitaciones** congratulations. - **2.** [postal] greetings card; **he escrito una** ~ **de Navidad a mis padres** I've sent my parents a Christmas card.

felicitar *vt* - **1.** [congratular] to congratulate; **te felicito** congratulations!; **felicita a Juan, es su cumpleaños** wish Juan well, it's his birthday; ~ **por** to congratulate on. - **2.** [desear el bien] to wish well.

◆ **felicitarse** *vpr*: ~**se (por)** to be pleased o glad (about).

félidos *mpl* felines, cats.

feligrés, esa (*pl* **feligreses**) *m, f* parishioner.

feligresía *f* - **1.** [feligreses] parishioners (*pl*). - **2.** [parroquia] parish.

felino, na *adj* feline.

◆ **felino** *m* feline, cat.

Felipe *m*: ~ **II** Philip II; **el Hermoso** Philip the Handsome.

feliz (*pl* **felices**) *adj* - **1.** [gen] happy; **son unos niños muy felices** those children are very happy; **fueron unos años muy felices** they were very happy years. - **2.** [afortunado] lucky. - **3.** [oportuno] timely.

felizmente *adv* - **1.** [gen] happily. - **2.** [oportunamente] at the right moment.

felón, ona ◇ *adj* treacherous. ◇ *m, f* villain.

felonía *f* [traición] treachery, betrayal; [infamia] vile deed.

felpa *f* - **1.** [de seda] plush; [de algodón] towelling. - **2.** *fam fig* [zurra] beating, thrashing. - **3.** *fam* [regañina] telling-off, scolding; **dar** o **echar una** ~ **a alguien** *fam fig* to tell sb off.

felpado, da *adj* plush.

felpar *vt* - **1.** [con felpa] to cover with plush. - **2.** *fig* [con vello, con hierba] to carpet.

felpilla *f* chenille.

felpo *m* mat.

felposo, sa *adj* plush, velvety.

felpudo, da *adj* plush, velvety.

◆ **felpudo** *m* doormat.

FEM (*abrev de* **Federación Española de Municipios**) *f* Spanish federation of municipalities.

femenil *adj* feminine, womanly.

femenino, na *adj* - **1.** [gen] feminine; BOT & ZOOL female; **es un vestido muy** ~ it's a very feminine dress. - **2.** DEP women's; **el campeonato de tenis** ~ the women's tennis championship.

◆ **femenino** *m* GRAM feminine.

fémina *f* woman, female.

femineidad *f* - **1.** [de mujer] femininity. - **2.** DER property belonging to a woman.

feminidad *f* - **1.** [de mujer] femininity. - **2.** [de hombre] effeminacy, effeminateness.

feminismo *m* feminism.

feminista *adj & mf* feminist.

feminización *f* feminization.

feminizar [13] *vt* to make feminine.

FEMISE (*abrev de* **Federación Mundial de Instituciones de Desarrollo**) *f* WFDFI.

femoral ◇ *adj* femoral. ◇ *f* femoral artery.

fémur *m* femur, thighbone.

FEN (*abrev de* **formación del espíritu nacional**) *f* compulsory school subject during the Franco dictatorship, designed to inculcate the political, religious and social values of the Falange.

fenecer [30] *culto* ◇ *vi* - **1.** [morir] to pass away, to die. - **2.** [concluir] to come to an end, to conclude. ◇ *vt* to finish, to settle.

fenecimiento *m culto* - **1.** [muerte] passing away, death. - **2.** [conclusión] conclusion, settlement.

USO ▶ Felicitaciones

Felicitar a alguien de palabra

Congratulations!
That's great o wonderful!
That's great news!
I'm so pleased o happy for you!
How marvellous!
Well done! [Br]
Great job! [Br, familiar]

▶ *por un cumpleaños, aniversario etc:*

Happy birthday!

Many happy returns!
Happy anniversary!

Felicitar a alguien por escrito

Congratulations on your promotion/engagement.
I was delighted to hear that you'd been promoted.
I'd like to offer my congratulations on your recent promotion.
Please accept our best wishes for your coming wedding.
With warmest congratulations on your wedding anniversary. [en una tarjeta/con un regalo]

Fenicia *s* Phoenicia.
fenicio, cia *adj & m, f* Phoenician.
◆ **fenicio** *m* [lengua] Phoenician.
fénico, ca *adj* carbolic.
fenilo *m* QUÍM phenyl.
fénix *m inv* - **1.** [ave] phoenix. - **2.** *fig* [persona] paragon.
◆ **Fénix** *m*: **Ave Fénix** Phoenix.
fenobarbital *m* phenobarbital.
fenol *m* QUÍM phenol.
fenomenal *adj* [magnífico] wonderful, fantastic.
fenómeno ◇ *m* - **1.** [gen] phenomenon. - **2.** [monstruo] freak. ◇ *adv fam* brilliantly, fantastically; **pasarlo** ~ to have a great time. ◇ *interj* great!, terrific!
fenomenología *f* phenomenology.
Fenosa (*abrev de* **Fuerzas Eléctricas del Noroeste, SA**) *f* *electricity company of north-east Spain.*
fenotipo *m* phenotype.
feo, a ◇ *adj* - **1.** [persona] ugly; **ser más** ~ **que Picio** o **de un** ~ **que asusta** to be as ugly as sin. - **2.** [aspecto, herida, conducta] nasty; **es** ~ **escupir** it's rude to spit; **lo que hiciste quedó** ~ that wasn't a very nice thing to do; **quedar** ~ to be slighted o offended. - **3.** [tiempo] foul, horrible; **la tarde se ha puesto fea** the weather has turned nasty this afternoon. - **4.** *loc*: **dejar** ~ to slight, to offend. ◇ *m, f* [persona] ugly person; **le tocó bailar con la más fea** *fam fig* he drew the short straw.
◆ **feo** ◇ *m* [desaire] slight, insult; **hacer un** ~ **a alguien** to offend o slight sb. ◇ *adv Amér* nasty, awful.
feracidad *f* [del campo] fertility, fecundity.
feral *adj desus* fierce.
féretro *m* coffin.
feria *f* - **1.** [exposición] fair; ~ **(de muestras)** trade fair. - **2.** [fiesta popular] festival. - **3.** [mercado] market. - **4.** [descanso] rest, respite. - **5.** *Amér* [dinero suelto] change. - **6.** *Amér* [propina] tip; **dar** ~**s** to give a gift.
ferial *adj* fair (*antes de sust*); **recinto** ~ fairground.
feriante ◇ *mf* [vendedor] trader; [comprador] fairgoer. ◇ *adj* fair-going.
feriar [7] ◇ *vt* - **1.** [comprar] to buy. - **2.** [vender] to sell. - **3.** [regalar] to give a gift to. - **4.** *Amér* [cambiar, permutar] to exchange. ◇ *vi* to take time off.
ferino, na *adj* fierce, ferocious.
fermentable *adj* fermentable.
fermentación *f* fermentation; ~ **ácida/amoniacal** acid/ ammoniacal fermentation.
fermentado, da *adj* fermented.
fermentar ◇ *vt* to ferment. ◇ *vi* - **1.** [sustancia orgánica] to ferment. - **2.** *fig* [persona] to get worked up.
fermentativo, va *adj* fermentative.
fermento *m* ferment; ~ **químico** chemical ferment.
fermio *m* QUÍM fermium.
Fernando *m* Ferdinand, Fernando; ~ **el Católico** Ferdinand the Catholic.
ferocidad *f* ferocity, fierceness.
feroz (*pl* **feroces**) *adj* - **1.** [animal, bestia] fierce, ferocious. - **2.** *fig* [criminal, asesino] cruel, savage. - **3.** *fig* [dolor, angustia] terrible. - **4.** *fig* [enorme] massive.
ferozmente *adv* ferociously, fiercely.
ferrado, da *adj* iron (*antes de sust*).
◆ **ferrado** *m* Galician land measure of 4 to 6 acres.
ferrar [19] *vt* to reinforce with iron.
ferrato *m* QUÍM ferrate.
férreo, a *adj* - **1.** [de hierro] iron (*antes de sust*). - **2.** *fig* [tenaz, duro] iron, strong. - **3.** *fig* [severo] harsh, severe.
ferrería *f* ironworks (*sg*), foundry.
ferretear *vt* - **1.** [cubrir] to reinforce with iron. - **2.** [labrar] to work with iron. - **3.** [marcar] to mark with a marking iron.
ferretería *f* - **1.** [comercio] ironmonger's (shop) *Br*, hard-

ware store. - **2.** [industria] ironworks (*sg*), foundry. - **3.** [quincalla] hardware.
ferretero, ra *m, f* ironmonger *Br*, hardware dealer.
férrico, ca *adj* ferric.
ferrita *f* ferrite.
ferrocarril *m* [sistema, medio] railway, railroad *Am*; [tren] train; **por** ~ by train □ ~ **de cremallera** rack railway; ~ **funicular** funicular; ~ **subterráneo** underground *Br*, subway *Am*.
ferrón *m* ironworker.
ferroso, sa *adj* ferrous.
ferroviario, ria ◇ *adj* rail (*antes de sust*), railway (*antes de sust*) *Br*, railroad (*antes de sust*) *Am*. ◇ *m, f* railway worker.
ferry (*pl* **ferrys** o **ferries**) *m* ferry.
fértil *adj lit & fig* fertile; ~ **de** o **en** abundant o rich in.
fertilidad *f lit & fig* fertility.
fertilización *f* fertilization; ~ **cruzada** crossfertilization; ~ **in vitro** in vitro fertilization.
fertilizador, ra *adj* fertilizing.
fertilizante ◇ *adj* fertilizing. ◇ *m* fertilizer.
fertilizar [13] *vt* to fertilize.
férula *f* - **1.** [planta] giant fennel. - **2.** [tabla] ruler. - **3.** MED splint. - **4.** *loc*: **estar bajo la** ~ **de alguien** *fig* to be under sb's thumb.
ferviente *adj* fervent.
fervientemente *adv* fervently.
fervor *m* fervour.
fervoroso, sa *adj* fervent.
festejador, ra *adj* entertaining.
◆ **festejador** *m* host.
◆ **festejadora** *f* hostess.
festejar *vt* - **1.** [celebrar] to celebrate. - **2.** [agasajar] to entertain. - **3.** [galantear, cortejar] to court, to woo. - **4.** *Amér fam* [golpear] to beat, to thrash.
◆ **festejarse** *vpr* [celebrarse] to be celebrated.
festejo *m* - **1.** [fiesta] party. - **2.** [agasajo] entertaining. - **3.** [galanteo, cortejo] courting, wooing.
◆ **festejos** *mpl* [fiestas] public festivities.
festín *m* banquet, feast.
festinar *vt Amér* - **1.** [apresurar] to hasten, to hurry up. - **2.** [agasajar] to entertain, to wine and dine.
festival *m* festival.
festivamente *adv* festively.
festividad *f* - **1.** [fiesta] festivity. - **2.** RELIG feast o holy day. - **3.** [agudeza] wit, humour.
festivo, va *adj* - **1.** [de fiesta] festive; **día** ~ (public) holiday. - **2.** [alegre] cheerful, jolly; [chistoso] funny, witty.
festón *m* - **1.** [bordado] scallop. - **2.** [guirnalda] festoon, garland. - **3.** ARQUIT festoon.
festonear *vt* [en costura] to scallop.
FET (*abrev de* **Falange Española Tradicionalista**) *f* original Spanish nationalist fascist party founded in 1932 by José Antonio Primo de Rivera.
fetal *adj* foetal.
fetén *adj inv fam* brilliant, great.
fetiche *m* fetish.
fetichismo *m* fetishism.
fetichista ◇ *adj* fetishistic. ◇ *mf* fetishist.
feticida ◇ *adj* foeticidal. ◇ *mf* person who commits foeticide.
feticidio *m* foeticide.
fetidez (*pl* **fetideces**) *f* fetidness, foul smell.
fétido, da *adj* fetid, foul-smelling.
feto *m* foetus.
feúco, ca, feúcho, cha *adj fam* hideous.
feudal *adj* feudal.
feudalismo *m* feudalism.
feudo *m* - **1.** HIST fief. - **2.** *fig* [dominio] domain, area of in-

fluence; ~ **alodial** alodium; ~ **franco** freehold. - **3.** [tributo] tribute, tithe.

FEVE (*abrev de* **Ferrocarriles Españoles de Vía Estrecha**) *m* Spanish narrow-gauge railways.

fez (*pl* **feces**) *m* fez.

FEZ (*abrev de* **Federación Europea de Zootecnia**) *f* EAAP.

FF AA (*abrev de* **Fuerzas Armadas**) *fpl* Spanish armed forces.

FFNN (*abrev de* **Fuerzas Navales**) *fpl* Navy.

fiabilidad *f* reliability.

fiable *adj* [máquina] reliable; [persona] trustworthy.

fiado, da ◇ *adj* trusting. ◇ *m*: **al** ~ on credit; **dar** ~ to give credit.

fiador, ra *m, f* guarantor, surety; **salir** ~ **por** to vouch for.
◆ **fiador** *m Amér* chinstrap.

fiambre ◇ *adj* - **1.** [alimento] (served) cold. - **2.** *irón* [noticia, discurso] old, stale. ◇ *m* - **1.** [comida] cold meat *Br*, cold cut *Am*. - **2.** *fam* [cadáver] stiff, corpse; **dejar** ~ to bump off; **estar hecho** ~ to have kicked the bucket. - **3.** *Amér* [plato, vianda] *dish of assorted cold meats*. - **4.** *Amér* [fiesta aburrida] boring party. ◇ *adv Amér* on credit.

fiambrera *f* - **1.** [cesto] lunch o sandwich box. - **2.** *Amér* [fresquera] meat safe.

fiambrería *f Amér* ≃ delicatessen.

fianza *f* - **1.** [depósito] deposit. - **2.** DER bail; **bajo** ~ on bail. - **3.** [garantía] security, bond. - **4.** [avalista] guarantor.

fiar [9] ◇ *vt* - **1.** COM to sell on credit. - **2.** [garantizar] to guarantee. - **3.** [loc]: **ser de** ~ *fig* to be trustworthy. ◇ *vi Amér* [pedir prestado] to ask for credit.
◆ **fiarse** *vpr*: **¡no te fíes!** don't be too sure (about it)!; ~**se de algo/alguien** to trust sthg/sb.

fiasco *m* fiasco.

FIBA (*abrev de* **Federación Internacional de Baloncesto Amateur**) *f* IABF.

fibra *f* - **1.** [gen] fibre; [de madera] grain; ~ **acrílica/vegetal** acrylic/vegetable fibre; ~ **artificial** artificial o manmade fibre; ~ **de carbono** carbon fibre; ~ **óptica** INFORM optic fibre; ~ **de poliuretano** polyurethane fibre; ~ **de vidrio** fibreglass. - **2.** [energía] character, vigour.

fibrilado, da, fibrilar *adj* fibrillose, fibrillar.

fibrina *f* fibrin.

fibrocemento *m* asbestos cement.

fibroma *m* fibroma.

fibrosis *f inv* fibrosis; ~ **quística** cystic fibrosis.

fibrositis *f inv* fibrositis.

fibroso, sa *adj* fibrous.

fíbula *f* fibula.

ficción *f* - **1.** [gen] fiction. - **2.** [simulación] pretence, make-believe. - **3.** DER: ~ **de derecho** o **legal** legal fiction.

ficha *f* - **1.** [tarjeta] (index) card; [con detalles personales] file, record card; **rellene esta** ~ **con sus datos** fill in your details on this card ❑ ~ **técnica** specifications (*pl*). - **2.** [de guardarropa, aparcamiento] ticket. - **3.** [de teléfono] token. - **4.** [de juego - gen] counter; [- en ajedrez] piece; [- en un casino] chip; [- de dominó] domino. - **5.** [contrato - dinero que se paga] transfer fee; [- acción de fichar] signing (up). - **6.** INFORM card; ~ **perforada** perforated card. - **7.** *Amér fig* [pillo] rogue, rascal. - **8.** *Amér* [moneda] five-cent piece.

fichaje *m* [contratación] signing (up); [importe] transfer fee.

fichar ◇ *vt* - **1.** [archivar] to note down on an index card, to file. - **2.** [suj: policía] to put on police files o records. - **3.** DEP to sign up. - **4.** *fam* [calar] to see through, to suss out *Br*. ◇ *vi* - **1.** [suj: trabajador - al entrar] to clock in; [- al salir] to clock out. - **2.** DEP: ~ **(por)** to sign up (for). - **3.** *Amér* [morir] to die.

fichero *m* INFORM file.

ficticio, cia *adj* - **1.** [imaginario] fictitious. - **2.** [convencional] imaginary.

ficus *m inv* rubber plant.

fidedigno, na *adj* reliable.

fideicomisario, ria ◇ *adj* trust (*antes de sust*). ◇ *m, f* trustee.

fideicomiso *m* trust.

fidelidad *f* - **1.** [lealtad] loyalty; [de cónyuge, perro] faithfulness. - **2.** [precisión] accuracy; **alta** ~ high fidelity.

fideo *m* - **1.** [para sopa] noodle. - **2.** *fig* [persona delgada] beanpole; **estar** o **quedarse como un** ~ to be as thin as a rake.

Fidias *m* Phidias.

Fidji ['fidʒi] *s* Fiji.

fidjiano, na *adj* & *m, f* = **fijiano**.

fiduciario, ria *adj* & *m, f* DER & ECON fiduciary.

fiebre *f* [temperatura] fever; **bajo** ~ delirious; **tener** ~ to have a temperature ❑ ~ **aftosa** VETER foot-and-mouth disease; ~ **amarilla/de Malta/del heno** yellow/Malta/hay fever; ~ **cerebral/láctea** brain/milk fever; ~ **palúdica** malaria; ~ **reumática/tifoidea** rheumatic/typhoid fever; **la** ~ **del oro** the gold rush.

fiel ◇ *adj* - **1.** [leal - amigo, seguidor] loyal; [- cónyuge, perro] faithful. - **2.** [fiable] reliable. - **3.** [preciso] accurate; **esta novela ofrece un** ~ **reflejo de la realidad** this novel gives a very accurate picture of reality. ◇ *m* - **1.** [de balanza] needle, pointer. - **2.** [vigilante] public inspector.
◆ **fieles** *mpl* RELIG: **los** ~**es** the faithful.

fielmente *adv* faithfully.

fieltro *m* felt.

fiera *f* → **fiero**.

fiereza *f* - **1.** [crueldad] fierceness, ferocity. - **2.** *fig* [deformidad] deformity.

fiero, ra *adj* - **1.** [salvaje] savage, ferocious. - **2.** [horroroso] terrifying, horrifying. - **3.** [excesivo, grande] enormous, huge.
◆ **fiero** *m* [amenaza] threat; **echar** ~**s** to bluster.
◆ **fiera** *f* - **1.** [animal] wild animal. - **2.** *fig* [persona - genial] demon; [- cruel] brute; **estar/ponerse hecho una fiera** to be/go wild with anger; **ser una fiera para** to be brilliant at; **es una fiera para las matemáticas** she's brilliant at mathematics.

fierra *etc v* → **ferrar**.

fierro *m Amér* - **1.** [hierro] iron. - **2.** [navaja] penknife. - **3.** [marca para ganado] brand. - **4.** [moneda] one-cent coin.
◆ **fierros** *mpl Amér* tools.

fiesta *f* - **1.** [reunión] party; [de pueblo etc] (local) festivities (*pl*); **se acabó la** ~ the party's over; **¡se acabó la** ~, **todo el mundo a trabajar!** the party's over, back to work everyone! ❑ ~ **benéfica** fête; ~ **de disfraces** fancy-dress party; ~ **mayor** *local celebrations for the festival of a town's patron saint*; **aguar la** ~ **a alguien** to spoil sb's fun; **la** ~ **nacional** bullfighting. - **2.** [día] public holiday; **guardar** o **santificar las** ~**s** RELIG to observe the holy days; **hacer** ~ to be on holiday; **ser** ~ to be a public holiday ❑ ~ **de guardar** o **de precepto** RELIG holy day of obligation. - **3.** *fig* [alegría] joy, delight; **no estar para** ~**s** to be in no mood for joking.
◆ **fiestas** *fpl* [vacaciones] holidays.

fiestear *vi Amér* to party.

FIFA (*abrev de* **Federación Internacional de Fútbol Asociación**) *f* FIFA.

fifí (*pl* **fifíes**) *m Amér fam* playboy.

fig (*abrev escrita de* **figura**) fig.

fígaro ◇ *adj Amér* medium blue. ◇ *m* - **1.** [barbero] barber. - **2.** [prenda] bolero.

figón *m* cheap restaurant.

figulino, na *adj* earthenware.

figura ◇ *f* - **1.** [gen] figure; [forma] shape; **vislumbré una** ~ **de mujer** I was able to make out the shape of a woman; **hace ejercicio para mantener la** ~ she exercises to stay in shape; **tener buena** ~ to be good-looking. - **2.** [en naipes] picture card. - **3.** [nota musical] note. - **4.** LITER figure; ~ **de dicción** figure of speech. - **5.** [personaje] character; **es una ~ de las letras** she's a well-known figure in the literary world. ◇ *mf* braggart.

figurable *adj* imaginable, conceivable.

figuración *f* - **1.** [representación] representation. - **2.** [invención] invention. - **3.** *Amér* [rango, categoría] standing.
◆ **figuraciones** *fpl* imaginings; **son ~ tuyas** it's all in your imagination.

figuradamente *adv* figuratively.

figurado, da *adj* - **1.** [simbólico] figurative. - **2.** [canto, música] figurate.

figurante, ta *m, f* extra.

figurar ◇ *vi* - **1.** [aparecer]: ~ **(en)** to appear (in), to figure (in). - **2.** [ser importante] to be prominent o important. ◇ *vt* - **1.** [representar] to represent. - **2.** [simular] to feign, to simulate.
◆ **figurarse** *vpr* [imaginarse] to imagine; **ya me lo figuraba yo** I thought as much.

figurativo, va *adj* ARTE figurative.

figurero, ra ◇ *adj* grimacing. ◇ *m, f* - **1.** [fabricante] figurine maker. - **2.** [vendedor] figurine seller.

figurilla ◇ *f* [estatuilla] figurine, statuette. ◇ *mf fam* [persona] runt, weed *Br*.

figurín *m* [dibujo] fashion sketch; **ir/estar hecho un ~** *fig* to be dressed up to the nines.
◆ **figurines** *mpl desus* [revistas] fashion magazines.

figurón *m* - **1.** [fanfarrón] poseur. - **2.** [mangoneador] person who wants to be the centre of attention.

fija ◇ *adj f* → **fijo**. ◇ *f* - **1.** *desus* [bisagra] large hinge. - **2.** [paleta] trowel. - **3.** *Amér* [arpón] harpoon.
◆ **a la fija** *loc adv Amér* for sure, for certain.

fijación *f* - **1.** [gen & FOT] fixing. - **2.** [obsesión] fixation.
◆ **fijaciones** *fpl* [en esquí] bindings.

fijado, da *adj* [blasón] pointed at the bottom.
◆ **fijado** *m* fixer.

fijador *m* - **1.** [líquido] fixative; ~ **de pelo** [crema] hair gel; [espray] hairspray. - **2.** [en esquí] ski-clip. - **3.** [obrero] pointer.

fijamente *adv* - **1.** [con atención] fixedly, attentively. - **2.** [con seguridad] firmly, assuredly. - **3.** [con intensidad] intensely, attentively.

fijar *vt* - **1.** [gen] to fix; [asegurar] to fasten; [cartel] to stick up; [sello] to stick on. - **2.** [establecer] to establish; ~ **el domicilio** to take up residence; ~ **la mirada/la atención en** to fix one's gaze/attention on; **su discurso no logró ~ la atención del público** her speech failed to capture the audience's attention. - **3.** CONSTR to point.
◆ **fijarse** *vpr* - **1.** [prestar atención] to pay attention; **~se en algo** to pay attention to sthg; **nunca te fijas en mis explicaciones** you never pay attention to what I'm saying; **¡fíjate!** just imagine! - **2.** [notar algo]: **~se en algo** to notice sthg; **¿no te has fijado en la expresión de su cara?** didn't you notice the expression on her face? - **3.** [asentarse] to settle.

fijeza *f* - **1.** [firmeza] firmness. - **2.** [seguridad] certainty, assuredness.
◆ **con fijeza** *loc adv* - **1.** [con seguridad] definitely, for sure. - **2.** [con persistencia] fixedly.

fijiano, na, fidjiano, na *adj & m, f* Fijian.

fijo, ja *adj* - **1.** [gen] fixed; [sujeto] secure. - **2.** [cliente] regular. - **3.** [fecha] firm, definite. - **4.** [empleado, trabajo] permanent. - **5.** [color, pintura] fast, permanent.
◆ **fijo** ◇ *m* fixed salary. ◇ *adv fam* definitely; **de ~** certainly, surely.

fila *f* - **1.** [hilera - gen] line; [- de asientos] row; **aparcar en doble ~** to double-park; **en ~, en ~ india** in line, in single file; **ponerse en ~** to line up. - **2.** MIL rank. - **3.** *fam* [manía] dislike; **tener ~ a alguien** to have it in for sb. - **4.** *mfam* [aspecto] mug.
◆ **filas** *fpl* MIL ranks; **alistarse en ~s** to sign up, to enlist;

en ~s doing military service; **formar ~s** to fall in; **incorporarse a ~s** to join the ranks; **llamar a ~s a alguien** to call sb up; **romper ~s** to fall out; **salir de las ~s** to rise from the ranks ❏ **cerrar ~s** *fig* to close ranks.

filacteria *f* phylactery.

filamento *m* filament.

filamentoso, sa *adj* filamentous, filamentary.

filantropía *f* philanthropy.

filantrópico, ca *adj* philanthropic.

filantropismo *m* philanthropy.

filántropo, pa *m, f* philanthropist.

filarmonía *f* love of music.

filarmónico, ca ◇ *adj* philharmonic. ◇ *m, f* music lover.
◆ **filarmónica** *f* philharmonic (orchestra).

filatelia *f* philately.

filatélico, ca ◇ *adj* philatelic. ◇ *m, f* philatelist.

filatelista *mf* philatelist.

filatero, ra ◇ *adj* fast-talking. ◇ *m, f* fast talker.

filete *m* - **1.** [CULIN - grueso] (fillet) steak; [- delgado] fillet; [- de solomillo] sirloin; ~ **de lomo** rump steak. - **2.** [para asar] small roasting spit. - **3.** [de tornillo] thread. - **4.** [adorno] fillet.

filetear *vt* - **1.** [adornar] to fillet, to decorate with fillets. - **2.** [dar forma de rosca] to thread.

filiación *f* - **1.** [ficha militar, policial] record, file. - **2.** POLÍT affiliation. - **3.** [parentesco] relationship. - **4.** [señas personales] description.

filial ◇ *adj* - **1.** [de hijo] filial. - **2.** [de empresa] subsidiary. ◇ *f* subsidiary.

filiar [7] *vt* to take down a description of.
◆ **filiarse** *vpr* - **1.** [afiliarse] to join. - **2.** [enrolarse] to enlist, to join up.

filibustero *m* pirate.

filiforme *adj* thread-like.

filigrana *f* - **1.** [en orfebrería] filigree. - **2.** *fig* [habilidad] skilful work *(U)*. - **3.** [en billetes] watermark. - **4.** *Amér* [planta] *variety of lantana*.

fililí *(pl* **fililíes***) m fam* fineness *(U)*, delicacy *(U)*.

filípica *f* invective.

Filipinas *fpl*: **(las) ~** the Philippines *(sg)*.

filipino, na *adj & m, f* Filipino.
◆ **filipino** *m* [lengua] Filipino.

filisteo, a *adj & m, f* Philistine.
◆ **filisteo** *m fig* - **1.** [hombre corpulento] giant, large man. - **2.** [inculto] philistine.

film *m* = **filme**.

filmación *f* filming, shooting.

filmador, ra *adj* film *(antes de sust)*.
◆ **filmadora** *f* [cámara] cine camera.

filmar *vt* to film, to shoot.

filme *(pl* **filmes***),* **film** *(pl* **films***) m* film *Br*, movie *Am*.
◆ **film fresco** *m* clingfilm *Br*, Saran Wrap® *Am*.

fílmico, ca *adj* film *Br (antes de sust)*, movie *Am (antes de sust)*.

filmografía *f* filmography.

filmología *f* film o cinema studies *(pl)*.

filmoteca *f* [archivo] film library; [sala de cine] film institute.

filo *m* - **1.** [borde, corte] (cutting) edge; **dar (un) ~ a** [afilar] to sharpen; [incitar] to incite; **de doble ~, de dos ~s** *lit & fig* double-edged; **sacar ~** to sharpen. - **2.** *Amér* [hambre] hunger. - **3.** *loc:* **de ~** *Amér* resolutely; **por ~** exactly; **tirarse un ~ con** *Amér* to have an argument with.
◆ **al filo de** *loc prep* just before; **al ~ de la medianoche** at the stroke of midnight.

filología *f* - **1.** [ciencia] philology. - **2.** [carrera] language and literature.

filológico, ca *adj* philological.

filólogo, ga *m, f* philologist.

filón *m* - **1.** [de carbón etc] seam. - **2.** *fig* [mina] gold mine.

filoso, sa *adj Amér* - **1.** [afilado] sharp. - **2.** [hambriento] hungry.

filosofal *adj* → **piedra**.

filosofar *vi* to philosophize.

filosofastro *m despec* sophist.

filosofía *f* - **1.** [ciencia] philosophy. - **2.** [resignación]: **tomarse algo con** ~ to be philosophical about sthg.

filosóficamente *adv* philosophically.

filosófico, ca *adj* philosophical.

filosofismo *m* sophistry.

filósofo, fa *m, f* philosopher.

filotecnia *f* love of the arts.

filoxera *f* - **1.** [enfermedad] phylloxera. - **2.** *fam* [borrachera] drunkenness.

filtración *f* - **1.** [de agua] filtration. - **2.** *fig* [de noticia etc] leak.

filtrador, ra ◇ *adj* filtering. ◇ *m, f* filterer.
◆ **filtrador** *m* filter.

filtrante *adj* filtering.

filtrar ◇ *vt* - **1.** [tamizar] to filter. - **2.** *fig* [datos, noticia] to leak. ◇ *vi* to filter.
◆ **filtrarse** *vpr* - **1.** [penetrar]: ~**se (por)** to filter o seep (through). - **2.** *fig* [datos, noticia] to be leaked. - **3.** [dinero, bienes] to disappear gradually, to dwindle.

filtro *m* - **1.** [gen] filter; [de cigarrillo] filter, filter tip; ~ **de aceite/de aire** oil/air filter; ~ **de gasolina** petrol filter *Br*, gas filter *Am*; ~ **solar** sun filter. - **2.** [pócima] philtre.

filudo, da *adj Amér* [afilado] sharp.

FIM (*abrev de* **Fédération Internationale Motocycliste**) *f* FIM.

fimbria *f* hem, border.

fimosis *f inv* phimosis.

fin *m* - **1.** [final] end; **dar** o **poner** ~ **a algo** to put an end to sthg; **tener** ~ to come to an end; **tocar a su** ~ to come to a close ❑ ~ **de fiesta** grand finale; ~ **de semana** weekend; **a** ~**es de** at the end of; **a** ~ **de cuentas** after all; **al** o **por** ~ at last, finally; ¡**al** o **por** ~ **hemos llegado!** we've arrived, at last!; **al** ~ **y al cabo** after all; **sin** ~ endless; **al** ~ **del mundo** to the end of the earth (and back). - **2.** [objetivo] aim, goal; **con** ~**es lucrativos** profit-making.
◆ **a fin de** *loc conj* in order to; **esfuérzate a** ~ **de aprobar** make an effort (in order) to try and pass.
◆ **a fin de que** *loc conj* so that; **compórtate bien a** ~ **de que no te puedan reprochar nada** behave well so that they can't reproach you for anything.
◆ **en fin** *loc adv* anyway.

finado, da *m, f*: **el** ~ the deceased.

final ◇ *adj* final, end (*antes de sust*). ◇ *m* - **1.** [fin] end; **a** ~**es de** at the end of; **te haré una visita a** ~**es de año** I'll visit you at the end of the year; **al** ~ [en conclusión] in the end; **no supe tratarla bien y al** ~ **me dejó** I treated her badly and in the end she left me; **al** ~ **de** at the end of; **su despacho está al** ~ **del pasillo** her office is at the end of the corridor; ~ **feliz** happy ending. - **2.** MÚS finale. ◇ *f* final.

finalidad *f* aim, purpose.

finalista ◇ *adj* amongst the finalists. ◇ *mf* finalist.

finalización *f* [gen] end; [de contrato] termination.

finalizar [13] ◇ *vt* to finish, to complete. ◇ *vi*: ~ **(con)** to end o finish (in).

finalmente *adv* finally.

finamente *adv* - **1.** [con cuidado] finely. - **2.** [con cortesía] courteously, politely.

financiación *f* financing.

financiar [8] *vt* to finance.

financiero, ra ◇ *adj* financial. ◇ *m, f* [persona] financier.
◆ **financiera** *f* [firma] finance company.

financista *mf Amér* financier.

finanzas *fpl* finance (U).

finar *vi culto* to pass away.

◆ **finarse** *vpr culto* to long, to yearn.

finca *f* [gen] property; [casa de campo] country residence; ~ **raíz** real estate; ~ **urbana** building.

fincar [10] ◇ *vt Amér* [terreno] to cultivate, to farm. ◇ *vi* - **1.** [comprar fincas] to acquire property o real estate. - **2.** *Amér* [consistir] to rest, to lie.
◆ **fincarse** *vpr* to acquire property o real estate.

finés, esa (*pl* **fineses**) ◇ *adj* Finnish. ◇ *m, f* Finn.
◆ **finés** *m* [lengua] Finnish.

fineza *f* - **1.** [cualidad] (fine) quality. - **2.** [cortesía] courtesy. - **3.** [obsequio] gift, present.

finger (*pl* **fingers**) *m* finger (*at airport*), jetway.

fingidamente *adv* feignedly, falsely.

fingido, da ◇ *adj* feigned, apparent. ◇ *m, f* feigner.

fingidor, ra ◇ *adj* feigning. ◇ *m, f* feigner.

fingimiento *m* pretence.

fingir [15] ◇ *vt* to feign. ◇ *vi* to pretend.

finiquitar *vt* - **1.** [cuenta] to settle. - **2.** [concluir] to conclude, to finish. - **3.** *fig* [matar] to bump off.

finiquito *m* settlement; **dar** ~ [saldar cuenta] to close o settle; *fig* [concluir] to finish, to wind up.

Finisterre *s* → **cabo**.

finito, ta *adj* finite.

finja *etc v* → **fingir**.

finlandés, esa (*pl* **finlandeses**) ◇ *adj* Finnish. ◇ *m, f* [persona] Finn.
◆ **finlandés** *m* [lengua] Finnish.

Finlandia *s* Finland.

fino, na *adj* - **1.** [gen] fine; [delgado] thin; [cintura] slim; **es de facciones finas** she has fine features. - **2.** [cortés] refined. - **3.** [agudo - oído, olfato] sharp, keen; [- gusto, humor, ironía] refined. - **4.** [oro, plata] pure. - **5.** [astuto] astute, shrewd.
◆ **fino** *m* dry sherry.

finolis *fam* ◇ *adj inv* affected. ◇ *mf inv* affected person.

finque *etc v* → **fincar**.

finta *f* feint.

fintar ◇ *vt* to feint at. ◇ *vi* to feint.

finura *f* - **1.** [primor, delicadeza] fineness. - **2.** [delgadez] thinness. - **3.** [cortesía] refinement. - **4.** [de oído, olfato] sharpness, keenness; [de gusto, humor, ironía] refinement.

fiordo *m* fiord.

firma *f* - **1.** [rúbrica] signature; [acción] signing; **estampar la** ~ to sign, to write one's signature ❑ ~ **en blanco** blank signature. - **2.** [empresa] firm.

firmamento *m* firmament.

firmante ◇ *adj* signatory. ◇ *mf* signatory; **el abajo** ~ the undersigned.

firmar *vt* to sign; ~ **algo en blanco** *fig* to rubber-stamp sthg.

firme ◇ *adj* - **1.** [gen] firm; [mueble, andamio, edificio] stable. - **2.** [argumento, base] solid; **estar en lo** ~ to be on firm ground. - **3.** [carácter, actitud, paso] resolute. - **4.** [color, tinte] fast. ◇ *adv* hard; **mantenerse** ~ **en** to hold fast to; **de** ~ [con constancia] hard; [con intensidad] hard, steadily; **en** ~ final, definitive. ◇ *m* road surface.
◆ **firmes** ◇ *interj* MIL attention! ◇ *adv* MIL: **ponerse** ~**s** to come to attention.

firmemente *adv* firmly.

firmeza *f* - **1.** [gen] firmness; [de mueble, edificio] stability. - **2.** [de argumento] solidity. - **3.** [de carácter, actitud] resolution.

firmón, ona *m, f* person who signs another's work.
◆ **firmón** *m Amér* dummy, figurehead.

firuletes *mpl Amér* adornments, ornaments.

fiscal ◇ *adj* tax (*antes de sust*), fiscal. ◇ *mf* - **1.** DER public prosecutor *Br*, district attorney *Am*; ~ **general del Estado** ≃ attorney general. - **2.** [tesorero] treasury official. - **3.** *fig* [entremetido] meddler. - **4.** *Amér* [ayuda de párroco] churchwarden.

fiscalía f - **1.** [cargo] post of public prosecutor Br o district attorney Am. - **2.** [oficina] office of public prosecutor Br o district attorney Am.

fiscalización f - **1.** [investigación] investigation, inquiry. - **2.** [supervisión] supervision, overseeing. - **3.** fig [fisgoneo] prying.

fiscalizador, ra ◇ adj investigating (antes de sust). ◇ m, f investigator.

fiscalizar [13] vt - **1.** [investigar] to inquire into o investigate the affairs of. - **2.** [supervisar] to supervise, to oversee. - **3.** fig [fisgonear] to pry into.

fisco m treasury, exchequer.

fisga f - **1.** [arpón] fishgig. - **2.** [burla] teasing, mocking; **hacer** ~ **de** to make fun of. - **3.** Amér TAUROM banderilla.

fisgador, ra ◇ adj - **1.** [curioso] prying. - **2.** [burlador] teasing, mocking. - **3.** [pescador] harpooning, spearing. ◇ m, f - **1.** [curioso] prying person. - **2.** [burlador] teaser, mocker. - **3.** [pescador] harpooner, spearer.

fisgar [16] ◇ vi - **1.** [curiosear] to pry; [escuchar] to eavesdrop. - **2.** [burlarse] to mock. ◇ vt [peces] to spear, to harpoon.
◆ **fisgarse** vpr to mock.

fisgón, ona ◇ adj - **1.** [curioso] prying. - **2.** [que escucha] eavesdropper. - **3.** [burlador] teasing, mocking. ◇ m, f - **1.** [curioso] busybody, nosy parker Br. - **2.** [burlador] tease, mocker.

fisgonear vt [curiosear] to pry.

fisgoneo m prying.

fisgue etc v → **fisgar**.

fisible adj fissile.

física f → **físico**.

físicamente adv physically.

físico, ca ◇ adj - **1.** [corporal] physical. - **2.** Amér fam [melindroso] finicky. ◇ m, f [persona] physicist.
◆ **físico** m [complexión] physique; **tiene un** ~ **atlético** he has an athletic physique.
◆ **física** f [ciencia] physics (U); **física experimental/nuclear** experimental/nuclear physics; **física de partículas** particle physics.

fisicoquímica f physical chemistry.

fisiocracia f physiocracy.

fisiócrata adj & mf physiocrat.

fisiología f physiology.

fisiológico, ca adj physiological.

fisiólogo, ga m, f physiologist.

fisión f fission; ~ **nuclear** nuclear fission.

fisionomía, fisonomía f [aspecto] appearance; [del rostro] features (pl), appearance.

fisionomista, fisonomista mf person who is good at remembering faces.

fisioterapeuta mf physiotherapist.

fisioterapia f physiotherapy.

FISL (abrev de **Federación Internacional de Sindicatos Libres**) f ICFTU.

fisonomía f = **fisionomía**.

fisonomista mf = **fisionomista**.

fistol m - **1.** [persona astuta] sly o crafty person. - **2.** Amér [alfiler de corbata] tie pin.

fístula f fistula.

fisura f - **1.** [grieta] fissure. - **2.** fig weakness, weak point.

FIT (abrev de **Fédération Internationale des Traducteurs**) f FIT.

fitografía f phytography.

fitología f botany.

FITUR (abrev de **Feria Internacional del Turismo**) f international tourism fair.

flabelado, da adj flabellate, flabelliform.

flacidez (pl **flacideces**), **flaccidez** (pl **flaccideces**) f flabbiness.

flácido, da, fláccido, da adj flaccid, flabby.

flaco, ca adj - **1.** [delgado] thin, skinny. - **2.** [sin fuerza] weak, feeble.
◆ **flaco** m weak spot, weakness.

flacón, ona adj Amér skinny.

flacucho, cha adj fam skinny.

flagelación f flagellation.

flagelado, da adj flagellate.

flagelador, ra ◇ adj whipping. ◇ m, f flagellator.

flagelante ◇ adj flagellating. ◇ mf [penitente] flagellant.

flagelar vt - **1.** [azotar] to flagellate. - **2.** fig [censurar] to slate, to flay.
◆ **flagelarse** vpr to flagellate o.s.

flagelo m - **1.** [látigo] whip. - **2.** BIOL flagellum.

flagrancia f flagrancy.

flagrante adj flagrant.

flama f - **1.** [llama] flame. - **2.** [destello] reflection.

flamante adj - **1.** [vistoso] resplendent. - **2.** [nuevo] brand-new. - **3.** [brillante] brilliant.

flambear vt to flambé.

flamear ◇ vi - **1.** [fuego] to blaze o flare (up). - **2.** [bandera, vela] to flap. ◇ vt to sterilize by passing through a flame.

flamenco, ca ◇ adj - **1.** MÚS flamenco (antes de sust). - **2.** [de Flandes] Flemish. - **3.** [achulado] cocky; **ponerse** ~ to get cocky. - **4.** Amér [flaco] skinny. ◇ m, f [de Flandes] Fleming.
◆ **flamenco** m - **1.** [ave] flamingo. - **2.** [lengua] Flemish. - **3.** MÚS flamenco.

flamencología f study of flamenco.

flamencólogo, ga m, f expert in flamenco.

flámula f streamer.

flan m crème caramel; **estar hecho** o **como un** ~ fig to shake like a jelly, to be a bundle of nerves.

flanco m flank.

flanera f, **flanero** m crème caramel mould.

flanqueado, da adj flanked; ~ **de** o **por** flanked by.

flanquear vt to flank.

flanqueo m flanking.

flaquear vi - **1.** [debilitarse] to weaken. - **2.** fig [perder intensidad] to flag.

flaqueza f - **1.** [debilidad] weakness. - **2.** [delgadez] thinness, skinniness.

flash [flaʃ] (pl **flashes**) m - **1.** FOT flash. - **2.** [informativo] newsflash. - **3.** fam [imagen mental] flash of inspiration.

flashback m flashback.

flato m - **1.** [molestia, punzada]: **tener** ~ to have a stitch. - **2.** Amér [tristeza] sadness, melancholy. - **3.** Amér [miedo] fear, apprehension.

flatoso, sa adj - **1.** [molesto] having a stitch. - **2.** Amér [triste] sad, melancholy.

flatulencia f flatulence, wind.

flatulento, ta adj flatulent.

flauta ◇ f flute; ~ **dulce** recorder; ~ **travesera** transverse o German flute; **de la gran** ~ Amér fig tremendous. ◇ interj: **¡(la gran)** ~**!** Amér good grief!, good heavens!

flautado, da adj flute-like.
◆ **flautado** m MÚS organ stop producing flute-like sound.

flautín ◇ m [instrumento] piccolo. ◇ mf [músico] piccolo player.

flautista mf flautist.

flavescente adj flavescent.

flébil adj culto lamentable, deplorable.

flebitis f inv phlebitis.

flebotomía f phlebotomy.

flecha ◇ f - **1.** [gen] arrow; **salir como una** ~ fig to shoot o fly out. - **2.** ARQUIT spire. - **3.** Amér [eje] axle. ◇ mf fam: **ser un** ~ to be red hot, to be extremely good.

flechar vt - **1.** [arco] to draw. - **2.** fam fig [enamorar] to be a hit with. - **3.** Amér fam [en el juego] to gamble recklessly on.

flechazo *m* - **1.** [disparo] arrow shot; [herida] arrow wound. - **2.** *fam fig* [amoroso]: **fue un** ~ it was love at first sight.

flechera *f Amér* long canoe.

flechero *m* - **1.** [arquero] archer, bowman. - **2.** [fabricante] arrow maker.

fleco *m* - **1.** [adorno] fringe. - **2.** [de tela gastada] frayed edge. - **3.** [del cabello] fringe *Br*, bangs *(pl) Am*.
♦ **flecos** *mpl* [de araña] gossamer *(U)*.

flector, ra *adj* flexural.
♦ **flector** *m* flexible joint.

flema *f* phlegm.

flemático, ca *adj* - **1.** [tranquilo] phlegmatic. - **2.** [con mucosidad] phlegmy.

flemón *m* gumboil.

flemoso, sa *adj* phlegmy.

flequillo *m* fringe.

fletador *Esp*, **fletante** *Amér m* - **1.** [que alquila] charterer. - **2.** [que embarca] transport hirer.

fletamiento *m* - **1.** [alquiler] charter, chartering *(U)*. - **2.** [embarque] freighting, freight loading.

fletante *m* = **fletador**.

fletar *vt* - **1.** [alquilar] to charter. - **2.** [cargar] to load. - **3.** *Amér* [bestia de carga] to hire. - **4.** *Amér* [insultos] to hurl.
♦ **fletarse** *vpr Amér fam* - **1.** [largarse] to scram, to split. - **2.** [colarse] to gatecrash.

flete *m* - **1.** [precio] freightage. - **2.** [carga] cargo, freight. - **3.** [alquiler] charter fee. - **4.** *Amér* [cargamento] freightage, shipping. - **5.** *Amér* [caballo] spirited horse.

fletera *f Amér* [prostituta] prostitute.

fletero, ra *adj Amér* [que se alquila] for hire.
♦ **fletero** *m Amér* - **1.** [de barco] boatman, ferryman; [de carro] owner of vehicles for hire. - **2.** [cobrador] fare collector. - **3.** [mozo] porter.

flexibilidad *f* flexibility.

flexibilizar [13] *vt* to make flexible.

flexible ◇ *adj* flexible. ◇ *m* flex *Br*, electric cord *Am*.

flexión *f* - **1.** [doblegamiento] bending. - **2.** GRAM inflection.

flexional *adj* GRAM inflectional.

flexionar *vt* to bend.

flexo *m* adjustable table lamp o light.

flexor, ra *adj* flexional.
♦ **flexor** *m* flexor.

flipado, da *adj fam* - **1.** [asombrado] stunned, gobsmacked *Br*. - **2.** [drogado] stoned, high.

flipar *fam* ◇ *vi* - **1.** [disfrutar] to have a wild time. - **2.** [asombrarse] to be stunned o gobsmacked *Br*. - **3.** [con una droga] to be stoned o high. ◇ *vt* [gustar]: **me flipan los videojuegos** I'm wild about video games.
♦ **fliparse** *vpr fam* - **1.** [disfrutar]: ~**se (con)** to go wild (about). - **2.** [drogarse] to get stoned o high.

flipper *m* pinball machine.

flirtear *vi* to flirt.

flirteo *m* flirtation, flirting *(U)*.

FLN *(abrev de* **Frente de Liberación Nacional)** *m* FLN.

flojear *vi* - **1.** [decaer - piernas, fuerzas etc] to weaken; [- memoria] to be failing; [- película, libro] to flag; [- calor, trabajo] to ease off; [- ventas] to fall off. - **2.** [persona]: ~ **en algo** to get worse at sthg.

flojedad *f* - **1.** [debilidad] weakness. - **2.** *fig* [pereza] laziness.

flojel *m* - **1.** [de tejido] nap. - **2.** [de ave] down.

flojera *f* lethargy, feeling of weakness.

flojo, ja ◇ *adj* - **1.** [suelto] loose; **el nudo está** ~ the knot is loose. - **2.** [débil - persona, bebida] weak; [- sonido] faint; [- tela] thin; [- salud] poor; [- viento] light. - **3.** [sin calidad, aptitudes] poor; **estar** ~ **en algo** to be poor o weak at sthg; **está** ~ **en latín** he's weak at Latin. - **4.** [mercado, negocio] slack. ◇ *m, f fig* [perezoso] idler, loafer.

floqueado, da *adj* fringed.

flor *f* - **1.** BOT flower; **de** ~**es** flowered; **en** ~ in flower □ ~ **de lis** fleur-de-lis; ~ **de mano** artificial flower; ~ **de Pascua** poinsettia; ~ **de la pasión** passionflower; ~ **silvestre** wild flower; ~ **del sol** sunflower; **echar** ~**es a alguien** *fig* to pay sb compliments; **no para de echarle** ~**es, creo que está enamorado de ella** he's always paying her compliments, I think he must be in love with her; **no tener ni** ~**es (de)** *fam* not to have a clue (about); **¿sabes dónde ha ido?** - **no tengo ni** ~**es** do you know where he's gone? - I haven't got a clue; **ser** ~ **de un día** *fig* to be a flash in the pan. - **2.** [lo mejor]: **la** ~ **(y nata)** the crème de la crème, the cream; **la** ~ **de la canela** the very best; **en la** ~ **de la edad** o **de la vida** in the prime of life. - **3.** METAL flowers *(pl)*, powder. - **4.** [de pieles] grain. - **5.** *Amér* [en uñas] white spot *(on fingernails)*.
♦ **a flor de** *loc prep*: **a** ~ **de agua/tierra** at water/ground level □ **a** ~ **de piel** *fig* just below the surface; **tiene una sensibilidad a** ~ **de piel** she's extremely sensitive.

flora *f* flora; ~ **intestinal** o **microbiana** intestinal flora.

floración *f* flowering, blossoming.

floral *adj* floral.

florar *vi* to flower, to bloom.

floreado, da *adj* flowery.

florear ◇ *vt* - **1.** [adornar] to decorate with flowers. - **2.** [harina] to sift. ◇ *vi* - **1.** [blandir la espada] to flourish. - **2.** [a la guitarra] to play an arpeggio. - **3.** *Amér* [florecer] to flower.

florecer [30] *vi* - **1.** [echar flor] to flower. - **2.** *fig* [prosperar] to flourish.
♦ **florecerse** *vpr* [ponerse mohoso] to become o go mouldy.

florecido, da *adj* - **1.** [mohoso] mouldy. - **2.** *Amér* [con flores] flowered.

floreciente *adj* - **1.** *fig* [próspero] flourishing. - **2.** [con flores] flowering, blooming.

florecimiento *m* - **1.** [de plantas, árboles etc] flowering. - **2.** *fig* [de fenómeno, movimiento etc] flourishing.

floreo *m* - **1.** *fig* [conversación vana] small talk. - **2.** *fig* [frivolidad] quip, jest. - **3.** [con espada] flourish. - **4.** [a la guitarra] arpeggio. - **5.** [en danza] flourish.

florería *f* florist's (shop).

florero, ra ◇ *adj fig* joking, jesting. ◇ *m, f* florist.
♦ **florero** *m* - **1.** [jarrón] vase. - **2.** [cuadro] flower painting.

florescencia *f* - **1.** BOT florescence. - **2.** QUÍM efflorescence.

floresta *f* - **1.** [terreno] wood. - **2.** [colección] anthology.

floreta *f* flourish in Spanish dance.

floretazo *m* - **1.** [golpe] foil thrust. - **2.** *Amér fam* [sablazo] scrounging, cadging.

florete ◇ *m* - **1.** [DEP - modalidad] foil fencing; [- espadín] foil. - **2.** [tela] medium-fine cotton cloth. ◇ *adj* [azúcar, papel] superfine.

floricultor, ra *m, f* flower grower.

floricultura *f* flower growing.

floridez *(pl* **florideces)** *f fig* floridity, floweriness.

florido, da *adj* - **1.** [con flores] flowery. - **2.** *fig* [estilo, lenguaje] florid.

florín *m* florin.

floripondio *m* - **1.** [arbusto] datura. - **2.** *fig* [adorno] gaudy flower.

florista *mf* florist.

floristería *f* florist's (shop).

floritura *f* flourish.

flota *f* - **1.** [de buques] fleet; [de barcos mercantes] merchant navy *Br*, merchant marine *Am*; [de aviones] squadron. - **2.** *Amér fig* [fanfarronada] brag, boast.

flotabilidad *f* - **1.** [en el agua] buoyancy. - **2.** ECON floatability.

flotable *adj* buoyant, floatable.

flotación *f* [gen & ECON] flotation.

flotador, ra adj floating, buoyant.
◆ **flotador** m - **1.** [para nadar] rubber ring. - **2.** [de caña de pescar] float. - **3.** [de cisternas] ballcock.

flotadura f, **flotamiento** m flotation, floating.

flotante adj - **1.** [gen & ECON] floating. - **2.** Amér fam [fanfarrón] bragging, boastful.

flotar vi - **1.** [gen & ECON] to float. - **2.** [banderas] to flutter.

flote ◆ **a flote** loc adv afloat; **mantenerse a** ~ to stay afloat; **sacar algo a** ~ fig to get sthg back on its feet; **salir a** ~ fig to get back on one's feet.

flotilla f [de buques] flotilla; [de aviones] small squadron.

fluctuación f - **1.** [variación] fluctuation. - **2.** [vacilación] wavering.

fluctuante adj fluctuating.

fluctuar [6] vi - **1.** [variar] to fluctuate. - **2.** [vacilar] to waver. - **3.** fig [peligrar] to be in danger, to be at risk.

fluente adj fluid, flowing.

fluidez (pl **fluideces**) f - **1.** [gen] fluidity; [del tráfico] free flow. - **2.** [de relaciones] smoothness. - **3.** fig [en el lenguaje] fluency.

fluidificar [10] vt to fluidize.

fluido, da adj - **1.** [gen] fluid; [tráfico] free-flowing. - **2.** [relaciones] smooth. - **3.** fig [lenguaje] fluent.
◆ **fluido** m fluid; ~ **eléctrico** electric current o power.

fluir [51] vi - **1.** [líquido] to flow. - **2.** fig [palabras, ideas] to gush, to stream.

flujo m - **1.** [movimiento] flow; ~ **de caja** cash flow; ~ **y reflujo** ebb and flow; ~ **sanguíneo** bloodstream. - **2.** [derrame] flow, discharge; ~ **de sangre** haemorrhage; ~ **de vientre** diarrhoea. - **3.** FÍS flux; ~ **magnético** magnetic flux. - **4.** fig [abundancia] flood, stream; ~ **de risa** fit of laughter.

flúor m fluorine.

fluorescencia f fluorescence.

fluorescente ◇ adj fluorescent. ◇ m strip light.

fluorización f fluoridation.

fluoroscopio m fluoroscope.

fluoruro m fluoride.

fluvial adj river (antes de sust).

fluviómetro m fluviometer, fluviograph.

flux m inv - **1.** [en naipes] flush. - **2.** Amér [traje] suit. - **3.** loc: **estar a** ~ **de todo** Amér to have nothing; **hacer** ~ Amér to squander everything; **tener** ~ Amér to be lucky.

fluya, fluyera etc v → **fluir**.

FM (abrev de **frecuencia modulada**) f FM.

FMCU (abrev de **Federación Mundial de Ciudades Unidas**) f UTO.

FMI (abrev de **Fondo Monetario Internacional**) m IMF.

FMLN (abrev de **Movimiento Farabundo Martí de Liberación Nacional**) m FMLN.

FN (abrev de **Fuerza Nueva**) f former Spanish political party to the extreme right of the political spectrum.

FNLA (abrev de **Frente Nacional para la Liberación de Angola**) m FNLA.

FNLC (abrev de **Frente Nacional de Liberación Corso**) m FNLC.

FNMT (abrev de **Fábrica Nacional de Moneda y Timbre**) f Spanish national mint.

fobia f phobia.

foca f seal.

focal adj focal.

focalizar [13] vt to focus.

foco m - **1.** [lámpara - para un punto] spotlight; [- para una zona] floodlight. - **2.** FÍS & GEOM focus; **fuera de** ~ out of focus. - **3.** fig [centro] centre, focal point. - **4.** Amér [bombilla] light bulb. - **5.** Amér [farola] street light. - **6.** Amér AUTOM (car) headlight.

fofo, fa adj flabby.

fogaje m - **1.** [calor] sultry weather. - **2.** desus [tributo] hearth money. - **3.** Amér [erupción] rash. - **4.** Amér [llamarada] blaze. - **5.** Amér fig [sofoco] blush.

fogarada f sudden blaze o fire.

fogata f [fuego] bonfire, fire; MIL fougasse.

fogón m - **1.** [para cocinar] stove. - **2.** [de máquina de vapor] firebox. - **3.** [de arma] vent, touchhole. - **4.** Amér [fogata] bonfire.

fogonadura f - **1.** [en barco] mast hole. - **2.** Amér [fogata] bonfire.

fogonazo m flash.

fogonero, ra m, f stoker.

fogosidad f passion.

fogoso, sa adj passionate.

foguear vt - **1.** [arma, escopeta] to scale. - **2.** [soldado, caballo] to accustom to gunfire. - **3.** VETER to cauterize.

fogueo m: **de** ~ blank.

foie-gras [fwa'γras] m (pâté de) foie-gras.

foja f - **1.** desus [de documento] page, leaf. - **2.** Amér [papel] sheet.

fol. (abrev escrita de **folio**) f.

folclore, folclor, folklor m folklore.

folclórico, ca ◇ adj traditional, popular. ◇ m, f flamenco singer.

folclorismo m folklore.

foliación, foliatura f foliation.

foliado, da adj leafy.

foliar [8] ◇ adj BOT foliar. ◇ vt to foliate, to number the pages of.

foliatura f = **foliación**.

folicular adj follicular.

foliculario m despec hack.

folículo m follicle.

folio m - **1.** [hoja] leaf, sheet. - **2.** [tamaño] folio; **en** ~ in folio. - **3.** Amér [propina] tip. - **4.** loc: **de a** ~ very big, huge.

foliolar adj BOT foliolate.

folklor m = **folclore**.

follaje m - **1.** [hojas] foliage. - **2.** despec [adorno] tasteless decoration. - **3.** fig [palabrería] verbiage.

follar vt & vi vulg [fornicar] to fuck.
◆ **follarse** vpr - **1.** vulg [fornicar]: ~**se a alguien** to fuck sb. - **2.** fam [ventosear] to fart silently.

folletín m [dramón] melodrama.

folletinesco, ca adj melodramatic.

folleto m [turístico, publicitario] brochure; [explicativo, de instrucciones] leaflet; ~ **informativo** prospectus.

follón, ona ◇ adj - **1.** [perezoso] lazy, idle. - **2.** [arrogante] boastful, arrogant. ◇ m, f fam [persona] bighead.
◆ **follón** m fam - **1.** [discusión] row; **se armó** ~ there was an almighty row. - **2.** [lío] mess; **¡vaya** ~! what a mess!
◆ **follones** mpl Amér slip (sg), petticoat (sg).

fomentación f MED fomentation.

fomentador, ra ◇ adj encouraging, fostering. ◇ m, f encourager, promoter.

fomentar vt - **1.** [promover, promocionar] to encourage, to foster. - **2.** [incubar] to incubate. - **3.** MED to foment, to apply poultices to. - **4.** Amér [organizar] to open, to set up.

fomento m - **1.** [promoción] encouragement, fostering. - **2.** MED poultice. - **3.** [calor] warmth.

fonación f phonation.

fonda f - **1.** [posada] boarding house. - **2.** Amér [taberna] tavern. - **3.** Amér [mal restaurante] cheap restaurant.

fondable adj fit for anchoring.

fondado, da adj - **1.** [barril, pipa] with reinforced heads. - **2.** Amér fam [persona] loaded.

fondeadero m anchorage.

fondeado, da adj Amér [acaudalado] rich, wealthy.

fondear ◇ vi to anchor. ◇ vt - **1.** [sondear] to sound. - **2.** [registrar] to search. - **3.** fig [examinar] to get to the bottom of.

◆ **fondearse** *vpr Amér* to get rich.

fondero, ra *m, f* = **fondista**.

fondillón, ona *adj Amér* big-bottomed.

◆ **fondillón** *m* dregs *(pl)*, lees *(pl)*.

fondillos *mpl* seat (of the pants) *(sg)*.

fondista *Amér & Esp mf* - **1.** [propietario de fonda] landlord *(f* landlady). - **2.** [DEP - corredor] long-distance runner; [- nadador] long-distance swimmer; [- esquiador] cross-country skier.

fondo *m* - **1.** [de recipiente, mar, piscina] bottom; **dar** ~ NÁUT to drop anchor; **echar a** ~ NÁUT to sink; **irse a** ~ NÁUT to sink, to founder; **sin** ~ bottomless; **tocar** ~ [embarcación] to scrape along the sea/river bed; *fig* [economía etc] to hit rock bottom ❑ **doble** ~ false bottom. - **2.** [de habitación, escenario etc] back; **al** ~ **de** [calle, pasillo] at the end of; [sala] at the back of. - **3.** [dimensión] depth. - **4.** [de tela, cuadro, foto] background; **quiero una tela de flores sobre** ~ **negro** I'd like some material with a pattern of flowers on a black background; **al** ~ in the background. - **5.** [de asunto, tema, problema] heart, bottom; **llegar al** ~ **de** to get to the heart o bottom of. - **6.** [de una persona]: **tener buen** ~ to have a good heart. - **7.** [de obra literaria] substance. - **8.** ECON fund; **a** ~ **perdido** non-returnable ❑ ~ **de amortización/de inversión/de pensiones** ECON sinking/investment/pension fund; ~ **de comercio** COM goodwill; ~ **común** kitty; ~ **de fideicomiso** trust fund; ~ **de garantía de depósito** BANCA deposit guarantee fund; ~ **vitalicio** life annuity. - **9.** [fundamento, motivación] reason, basis; **sus acciones tienen siempre un** ~ **humanitario** everything she does is for humanitarian reasons. - **10.** [de biblioteca, archivo] catalogue, collection; ~ **editorial** collection of published works. - **11.** DEP stamina; **de** ~ long-distance; **de medio** ~ middle-distance. - **12.** *fig* [caudal, reserva] store, reservoir; **un gran** ~ **de sabiduría** a large reservoir of knowledge. - **13.** *Amér* [combinación] petticoat. - **14.** *Amér* [caldero] cauldron. - **15.** *Amér* [para animales] pound. - **16.** *Amér* [baño] bathroom.

◆ **fondos** *mpl* - **1.** ECON [capital] funds; **estar mal de** ~**s** [persona] to be badly off; [empresa] to be short of funds; **recaudar** ~**s** to raise funds ❑ ~**s disponibles** COM ready cash *(sg)*; ~**s públicos** public funds. - **2.** [de embarcación] bottom *(sg)*.

◆ **a fondo** ◇ *loc adv* thoroughly; **emplearse a** ~ to do one's utmost; **tienes que emplearte a** ~ **para conseguirlo** you have to do your utmost to try and get it. ◇ *loc adj* thorough; **hicimos una lectura a** ~ we read it through throroughly.

◆ **en el fondo** *loc adv* - **1.** [en lo más íntimo] deep down; **en el** ~ **está enamorada de él** deep down, she loves him. - **2.** [en lo esencial] basically; **en el** ~ **vuestros problemas son los mismos** basically, you have the same problems.

◆ **bajos fondos** *mpl* underworld *(U)*.

fondón, ona *adj* big-bottomed.

fondue *f* fondue.

fonema *m* phoneme.

fonendoscopio *m* stethoscope.

fonético, ca *adj* phonetic.

◆ **fonética** *f* - **1.** [ciencia] phonetics *(U)*. - **2.** [sonidos] sound.

fonetista *mf* phonetician.

fónico, ca *adj* phonic.

fono *m Amér* phone.

fonográfico, ca *adj* phonographic.

fonógrafo *m* gramophone, phonograph *Am*.

fonología *f* phonology.

fonometría *f* phonometry.

fonoteca *f* record library.

fontanal ◇ *m* spring. ◇ *adj* spring *(antes de sust)*.

fontanería *f* plumbing.

fontanero, ra *m, f* plumber.

football *m* = **fútbol**.

footing ['futin] *m* jogging; **hacer** ~ to go jogging.

FOP *(abrev de* **Fuerzas de Orden Público***) fpl* police (force).

foque *m* NÁUT jib.

forajido, da *m, f* outlaw.

foral *adj* relating to ancient regional laws still existing in some parts of Spain.

foráneo, a *adj* foreign.

forastero, ra *m, f* stranger.

FORATOM *(abrev de* **Foro Atómico Europeo***) m* European Atomic Forum.

forcé *v* → **forzar**.

forcejear, forcejar *vi* to struggle.

forcejeo, forcejo *m* struggle.

forcejudo, da *adj* strong, tough.

forcemos *v* → **forzar**.

fórceps *m inv* forceps.

forense ◇ *adj* forensic. ◇ *mf* pathologist.

forero, ra ◇ *adj* statutory. ◇ *m, f* - **1.** [propietario] owner of a leasehold estate. - **2.** [arrendatario] lessee.

forestación *f* forestation.

forestal *adj* forest *(antes de sust)*.

forfait [for'fe] *m* - **1.** DEP default. - **2.** [abono] pass. - **3.** [precio invariable] fixed rate; **a** ~ fixed-price.

forja *f* - **1.** [fragua] forge. - **2.** [forjadura] forging. - **3.** [argamasa] mortar. - **4.** *Amér* [hornillo] small stove.

forjado, da *adj* wrought.

forjador, ra *m, f* (metal) forger.

forjadura *f*, **forjamiento** *m* forging.

forjar *vt* - **1.** [metal] to forge. - **2.** *fig* [inventarse] to invent; [crear] to build up.

◆ **forjarse** *vpr fig* [labrarse] to carve out for o.s.

forma *f* - **1.** [gen] shape, form; **dar** ~ **a** to form, to shape; **el escultor da** ~ **al barro** the sculptor shaped the clay; **en** ~ **de** in the shape of; **hacer** ~ to line up; **tomar** ~ to take shape; **el proyecto comienza a tomar** ~ the project is starting to take shape ❑ **guardar las** ~**s** to keep up appearances. - **2.** [manera] way, manner; **de cualquier** ~, **de todas** ~**s** anyway, in any case; **de esta** ~ in this way; **viajaremos en segunda, de esta** ~ **recortaremos gastos** we can travel second class, that way we'll keep the cost down; **de** ~ **que** in such a way that, so that; **dobla la camisa de** ~ **que no se arruguen las mangas** fold the shirt so the sleeves don't get creased ❑ ~ **de pago** method of payment. - **3.** ARTE & LITER form. - **4.** [condición física] fitness; **estar en** ~ to be fit; **voy todos los días al gimnasio para estar en** ~ I go to the gym every day to keep fit. - **5.** RELIG host.

◆ **formas** *fpl* - **1.** [silueta] figure *(sg)*, curves. - **2.** [modales] manners, social conventions.

formable *adj* formable, malleable.

formación *f* - **1.** [gen & MIL] formation; **la** ~ **de cuerpos celestes** the formation of stars and planets; **esta zona presenta formaciones calcáreas** there are limestone formations in this area. - **2.** [educación] training; **la** ~ **de los jóvenes es prioritaria** the education of young people is of great importance ❑ ~ **profesional** vocational training. - **3.** [conjunto] grouping; **las diferentes formaciones políticas han convocado una manifestación** the various political groupings have called for a demonstration.

formado, da *adj* - **1.** [hecho, modelado] formed, shaped. - **2.** [desarrollado] grown, developed.

formador, ra *adj* forming, constituting.

formal *adj* - **1.** [gen] formal; **en su aspecto** ~ **la novela es excelente** the formal aspects of the novel are excellent. - **2.** [que se porta bien] well-behaved, good; **es un niño muy** ~ he's a very well-behaved boy. - **3.** [de confianza] reliable. - **4.** [serio] serious.

formaldehído *m* QUÍM formaldehyde.

formalidad *f* - **1.** [gen] formality. - **2.** [educación] (good) manners *(pl)*. - **3.** [fiabilidad] reliability. - **4.** [seriedad] seriousness.

formalina f QUÍM formalin, formol.

formalismo m formalism.

formalista ◇ adj formal. ◇ mf formalist.

formalización f formalization.

formalizar [13] vt to formalize.

formalmente adv formally.

formar ◇ vt - **1.** [dar forma] to form; [moldear] to shape. - **2.** [constituir] to form. - **3.** [educar] to train, to educate. - **4.** MIL to form up. ◇ vi MIL to fall in.

◆ **formarse** vpr - **1.** [gen] to form. - **2.** [educarse] to be trained o educated.

formatear vt INFORM to format.

formateo m INFORM formatting.

formativo, va adj formative.

formato m [gen & INFORM] format.

Formentera s Formentera.

formero adj → arco.

formica® f Formica®.

formicante adj - **1.** [lento] slow, sluggish. - **2.** [pulso] rapid and faint.

fórmico adj QUÍM formic.

formidable adj - **1.** [enorme] tremendous. - **2.** [extraordinario] amazing, fantastic.

formol m formalin.

formón m firmer chisel.

Formosa s Formosa.

formoseño, ña adj & m, f Formosan.

fórmula f - **1.** [modelo] formula; ~ **uno** formula one. - **2.** [expresión] formality; **por** ~ as a matter of form. - **3.** MAT, MED & QUÍM formula; CULIN recipe.

formulación f formulation.

formular ◇ vt to formulate; ~ **una pregunta** to ask a question. ◇ vi to write formulae. ◇ adj formulaic.

formulario m form.

formulismo m - **1.** [apego a las formas] formalism. - **2.** [apego a las normas] sticking to the rules.

formulista ◇ adj formulistic. ◇ mf formulist.

fornicación f culto fornication.

fornicador, ra culto ◇ m, f fornicator. ◇ adj fornicating.

fornicar [10] vi culto to fornicate.

fornido, da adj well-built.

fornitura f - **1.** [adorno] cartridge belt. - **2.** IMPRENTA type cast to complete a font.

foro m - **1.** [tribunal] court (of law). - **2.** TEATRO back of the stage; **desaparecer por el** ~ fig to slip away unnoticed. - **3.** [debate] forum.

forofo, fa m, f fam fan, supporter.

FORPA (abrev de **Fondo de Ordenación y Regulación de Precios y Productos Agrarios**) m Spanish fund for the regulation of agricultural prices and products.

forrado, da adj - **1.** [libro] covered; [ropa] lined; [asiento] upholstered. - **2.** [persona]: **estar** ~ fam fig to be rolling in it.

forraje m - **1.** [pasto] fodder. - **2.** fig [desorden] hotchpotch, mixture.

forrajear vt to forage for.

forrar vt: ~ **(de)** [libro] to cover (with); [ropa] to line (with); [asiento] to upholster (with).

◆ **forrarse** vpr fam - **1.** [enriquecerse] to make a packet. - **2.** Amér [atiborrarse] to stuff o.s.

forro m - **1.** [de libro] cover; [de ropa] lining; [de asiento] upholstery; **ni por el** ~ fam fig at all. - **2.** [de buque] sheathing. - **3.** Amér [trampa] trick. - **4.** Amér [aptitud] aptitude.

◆ **de forro** loc adv Amér besides.

fortachón, ona adj strapping, well-built.

fortalecer [30] vt to strengthen.

◆ **fortalecerse** vpr to strengthen.

fortalecimiento m strengthening.

fortaleza f - **1.** [fuerza física, moral] strength. - **2.** [recinto] fortress. - **3.** Amér [hedor] stench, stink.

forte ◇ adv MÚS forte. ◇ interj NÁUT avast!

fortificación f fortification.

fortificante ◇ adj fortifying. ◇ m tonic.

fortificar [10] vt to fortify.

fortín m small fort.

fortísimo, ma adj very strong.

◆ **fortísimo** adv MÚS fortissimo.

FORTRAN s INFORM FORTRAN.

fortuitamente adv fortuitously, by chance.

fortuito, ta adj chance (antes de sust).

fortuna f - **1.** [suerte] (good) luck; **probar** ~ to try one's luck; **quiere probar** ~ **en América** he's going to America to seek his fortune □ **por** ~ fortunately, luckily; **por** ~ **estaba en casa cuando llamaron** fortunately, I was at home when they phoned. - **2.** [destino] fortune, fate. - **3.** [riqueza] fortune.

fortunón m fam - **1.** [dineral] vast fortune. - **2.** [suerte] stroke of luck.

forúnculo, furúnculo m boil.

forzadamente adv by force, forcibly.

forzado, da adj forced.

◆ **forzado** m convict.

forzador m forcer.

forzar [37] vt - **1.** [obligar] to force; ~ **a alguien a hacer algo** to force sb to do sthg; ~ **la vista** to strain one's eyes. - **2.** [abrir por la fuerza] to force. - **3.** [violar] to rape. - **4.** [ocupar con violencia] to take by force.

forzosamente adv - **1.** [por la fuerza] by force, forcibly. - **2.** [por necesidad] unavoidably, inevitably.

forzoso, sa adj - **1.** [obligatorio] obligatory, compulsory. - **2.** [inevitable] inevitable. - **3.** [necesario] necessary.

forzudo, da ◇ adj strong. ◇ m, f strong man (f strong woman).

fosa f - **1.** [sepultura] grave; ~ **común** [gen] common grave; MIL massgrave. - **2.** [hoyo] pit;. ~ **marina** ocean trough; ~ **séptica** septic tank. - **3.** ANAT cavity; ~s **nasales** nostrils.

fosar vt to dig a ditch around.

fosca f [calina] haze, mist.

fosco, ca adj - **1.** [oscuro] gloomy. - **2.** [áspero] sullen, surly.

fosfatar vt [fertilizar] to fertilize with phosphates.

fosfato m phosphate; ~ **cálcico** o **de cal** calcium phosphate.

fosforecer [30] vi to phosphoresce.

fosforero, ra m, f match seller.

◆ **fosforera** f [caja] matchbox.

fosforescencia f phosphorescence.

fosforescente adj phosphorescent.

fosfórico, ca adj QUÍM phosphoric.

fósforo m - **1.** QUÍM phosphorus. - **2.** [cerilla] match. - **3.** Amér [de arma] percussion cap. - **4.** Amér fam [café con licor] coffee with brandy.

fosforoso, sa adj QUÍM phosphorous.

fosfuro m QUÍM phosphide.

fósil ◇ adj fossil (antes de sust). ◇ m - **1.** CIENCIA fossil. - **2.** fam [viejo] old fossil.

fosilización f fossilization.

fosilizado, da adj fossilized.

fosilizarse [13] vpr - **1.** CIENCIA to fossilize. - **2.** fig [persona] to turn into an old fossil.

foso m - **1.** [hoyo] ditch. - **2.** [de fortaleza] moat. - **3.** [de garaje] pit. - **4.** DEP & TEATRO pit.

foto f photo; **sacar** ~s to take pictures o photos.

fotocélula f photocell, photoelectric cell.

fotocomponedora f IMPRENTA typesetter, typesetting machine.

fotocomponer [65] vt IMPRENTA to typeset.

fotocomposición f IMPRENTA typesetting.
fotocopia f - **1.** [objeto] photocopy. - **2.** [procedimiento] photocopying.
fotocopiadora f photocopier.
fotocopiar [8] vt to photocopy.
fotoelectricidad f photoelectricity.
fotoeléctrico, ca adj photoelectric.
foto-finish m inv photo finish.
fotofobia f photophobia.
fotogenia f photogenic qualities (pl).
fotogénico, ca adj photogenic.
fotograbado m photogravure.
fotograbar vt to photoengrave.
fotografía f - **1.** [arte, técnica] photography; ~ **aérea** aerial photography. - **2.** [objeto] photograph; ~ **instantánea** snapshot.
fotografiar [9] vt - **1.** [retratar] to photograph, to take a photograph of. - **2.** fig [detallar] to describe in detail.
fotográfico, ca adj photographic.
fotógrafo, fa m, f photographer.
fotograma m still.
fotolito m photolithograph.
fotolitografía f - **1.** [arte] photolithography. - **2.** [objeto] photolithograph.
fotomatón m passport photo machine.
fotometría f photometry.
fotómetro m light meter.
fotomodelo mf photographic model.
fotomontaje m photomontage.
fotón m FÍS photon.
fotonovela f photo story.
fotorrobot (pl **fotorrobots**) f Identikit® picture.
fotosensible adj photosensitive.
fotosfera f photosphere.
fotosíntesis f inv photosynthesis.
fotosintético, ca adj photosynthetic.
fototeca f photograph library.
fototipo m phototype.
fototropismo m phototropism.
fotuto m Amér AUTOM horn.
foulard m = **fular**.
foxterrier [fokste'rjer] (pl **foxterriers**) mf fox terrier.
foxtrot (pl **foxtrots**) m foxtrot.
FP (abrev de **formación profesional**) f vocationally orientated secondary education in Spain for pupils aged 14-18.
FPLP (abrev de **Frente Popular para la Liberación de Palestina**) m PFLP.
fra. (abrev escrita de **factura**) inv.
frac (pl **fracs**) m tails (pl), dress coat.
fracasado, da ◇ adj failed. ◇ m, f failure.
fracasar vi: ~ **(en/como)** to fail (at/as).
fracaso m failure; **todo fue un** ~ the whole thing was a disaster.
fracción f - **1.** [gen] fraction; ~ **continua/decimal/impropia/propia** MAT continued/decimal/improper/proper fraction; ~ **de segundo** split second. - **2.** POLÍT faction.
fraccionadora f Amér estate agent Br, realtor Am.
fraccionamiento m - **1.** [división] division, breaking up. - **2.** Amér [urbanización] housing estate.
fraccionar vt - **1.** [dividir] to divide, to break up. - **2.** MAT to fractionize. - **3.** QUÍM to fractionate.
fraccionario, ria adj fractional; **moneda fraccionaria** small change.
fractura f fracture.
fracturar vt to fracture.
◆ **fracturarse** vpr to fracture.
fragancia f - **1.** [olor] fragrance. - **2.** fig [fama] good reputation.

fragante adj fragrant.
fraganti → **in fraganti**.
fragata f - **1.** NÁUT frigate; ~ **ligera** corvette. - **2.** [ave] frigate bird.
frágil adj - **1.** [objeto] fragile; [persona] frail. - **2.** [fugaz] fleeting.
fragilidad f [de objeto] fragility; [de persona] frailty.
fragmentación f - **1.** [rotura] fragmentation. - **2.** [división] division.
fragmentado, da adj - **1.** [roto] fragmented. - **2.** [dividido] divided.
fragmentar vt - **1.** [romper] to fragment. - **2.** [dividir] to divide.
fragmentario, ria adj [incompleto] fragmentary.
fragmento m - **1.** [gen] fragment, piece. - **2.** [de obra] excerpt.
fragor m - **1.** [de batalla] clamour. - **2.** [de trueno] crash.
fragoroso, sa adj roaring, thunderous.
fragoso, sa adj - **1.** [áspero] rough, rugged. - **2.** [ruidoso] roaring, thunderous.
fragua f forge.
fraguado m CONSTR setting, hardening.
fraguador, ra ◇ adj scheming, plotting. ◇ m, f schemer, plotter.
fraguar [45] ◇ vt - **1.** [forjar] to forge. - **2.** fig [idear] to think up. ◇ vi CONSTR to set, to harden.
◆ **fraguarse** vpr to be in the offing.
fraile m friar; ~ **de misa y olla** fig simple-minded friar.
frailero, ra, frailesco, ca adj fam monkish, monk-like.
frailía f regular clergy.
frailuco m despec insignificant friar.
frambuesa f raspberry.
frambueso m raspberry cane.
francachela f fam [comilona] spread.
francalete m leather strap with a buckle.
francamente adv [con sinceridad] frankly.
francés, esa ◇ adj (pl **franceses**) ◇ adj French. ◇ m, f Frenchman (f Frenchwoman); **los franceses** the French ❑ **marcharse** o **despedirse a la francesa** fig to leave without even saying goodbye.
◆ **francés** m [lengua] French.
francesada f fam exaggerated portrayal of French life.
franchute, ta m, f despec Frog, pejorative term referring to a French person.
Francia s France.
francio m QUÍM francium.
franciscano, na adj & m, f Franciscan.
Francisco m: ~ **José** HIST Franz Josef; **san** ~ **de Asís** Saint Francis of Assisi; **san** ~ **Javier** Saint Francis Xavier.
francmasón m Freemason.
francmasonería f Freemasonry.
francmasónico, ca adj masonic.
franco, ca ◇ adj - **1.** [sincero] frank, open; [directo] frank. - **2.** [sin obstáculos, gastos] free; ~ **de porte** [carta] postpaid; [pedido] carriage-paid. - **3.** HIST Frankish. ◇ m, f HIST Frank.
◆ **franco** m - **1.** [moneda] franc. - **2.** [lengua] Frankish.
francocanadiense adj & mf French Canadian.
francófono, na ◇ adj francophone. ◇ m, f Francophone.
francotirador, ra m, f - **1.** MIL sniper. - **2.** fig [rebelde] maverick.
franela f - **1.** [tejido] flannel. - **2.** Amér [camiseta] vest Br, undershirt Am.
frangollar vt fam fig to botch.
frangollo m - **1.** [trigo] wheat porridge. - **2.** [pienso] type of cattle feed. - **3.** fam fig [chapuza] rushed o sloppy job. - **4.** Amér CULIN dessert made from mashed bananas.
franja f [tira, banda] strip; [en bandera, uniforme] stripe.

◆ **franja horaria** *f* TV watershed.

franjar, franjear *vt* to fringe, to trim.

franjeado, da *adj* fringed, trimmed.

franjear *vt* = **franjar**.

franquear *vt* - **1.** [paso, camino] to clear. - **2.** [río, montaña etc] to negotiate, to cross. - **3.** [correo] to frank. - **4.** [de obligación, impuesto] to exempt. - **5.** [preso, esclavo] to free, to release.

◆ **franquearse** *vpr* [sincerarse] to confide.

franqueo *m* - **1.** [de carta] postage; ~ **pagado** freepost. - **2.** [de preso, esclavo] freeing, liberation.

franqueza *f* - **1.** [sinceridad] frankness, openness. - **2.** [confianza] familiarity.

franquicia *f* - **1.** [exención] exemption. - **2.** [concesión] franchise.

franquismo *m*: **el** ~ [régimen] the Franco regime; [doctrina] Franco's doctrine.

franquista ◇ *adj* pro-Franco. ◇ *mf* supporter of Franco.

FRAP (*abrev de* **Frente Revolucionario Antifascista y Patriótico**) *m former Communist-inspired Spanish terrorist group.*

frasco *m* small bottle.

frase *f* - **1.** [oración] sentence; ~ **lapidaria** memorable phrase. - **2.** [locución] expression; ~ **hecha** [modismo] set phrase; [tópico] cliché.

frasear *vt* to phrase.

fraseo *m* MÚS phrasing.

fraseología *f* - **1.** [estilo] phraseology. - **2.** [palabrería] verbiage.

frasquera *f* case, box.

fraterna ◇ *adj f* → **fraterno**. ◇ *f* reprimand, scolding.

fraternal *adj* brotherly, fraternal.

fraternalmente *adv* fraternally.

fraternidad, fraternización *f* brotherhood, fraternity.

fraternizar [13] *vi* to get on like brothers.

fraterno, na *adj* brotherly, fraternal.

fratricida ◇ *adj* fratricidal. ◇ *mf* fratricide.

fratricidio *m* fratricide.

fraude *m* fraud; ~ **fiscal** tax evasion.

fraudulencia *f* fraudulence.

fraudulento, ta *adj* fraudulent.

fray *m* brother.

frazada *f Amér* blanket; ~ **eléctrica** electric blanket.

frece *etc v* → **frezar**.

frecuencia *f* frequency; **con** ~ often ❑ **alta/baja** ~ high/low frequency; ~ **alterada** RADIO static, interference; ~ **modulada, modulación de** ~ frequency modulation.

frecuentación *f* frequenting.

frecuentado, da *adj* popular.

frecuentador, ra ◇ *adj* frequenting. ◇ *m, f* frequenter.

frecuentar *vt* [lugar] to frequent; [persona] to see, to visit.

frecuentativo, va *adj* frequentative.

frecuente *adj* [reiterado] frequent; [habitual] common.

frecuentemente *adv* frequently.

freelance ['frilens] *adj inv* freelance.

Freetown ['fritaun] *s* Freetown.

fregadero *m* (kitchen) sink.

fregado, da *adj Amér* - **1.** *fam* [molesto] troublesome, annoying. - **2.** [terco] stubborn, obstinate.

◆ **fregado** *m* - **1.** [lavado - gen] wash; [- frotando] scrub. - **2.** *fam* [lío] mess; **meterse en un** ~ to get into a mess. - **3.** *fam* [discusión] row, rumpus.

fregar [35] *vt* - **1.** [lavar] to wash; ~ **los platos** to do the washing-up. - **2.** [frotar] to scrub. - **3.** *Amér fam* [molestar] to bother, to pester.

◆ **fregarse** *vpr Amér* to get annoyed o bothered.

fregón, ona *Amér* ◇ *adj* - **1.** [molesto] bothersome, annoying. - **2.** [descarado] brazen, insolent. ◇ *m, f* - **1.** [persona molesta] nuisance. - **2.** [descarado] brazen o insolent person.

fregona *f* - **1.** [utensilio] mop; **pasar la** ~ to mop. - **2.** *despec* [criada] skivvy. - **3.** *despec* [mujer vulgar]: **es una** ~ she's as common as muck.

fregotear *vt* to give a quick wash o wipe.

fregué *etc v* → **fregar**.

freidora *f* [gen] deep fat fryer; [para patatas fritas] chip pan.

freidura *f*, **freimiento** *m* frying.

freiduría *f shop where fried food, especially fish, is cooked and served.*

freimiento *m* = **freidura**.

freír [28] *vt* - **1.** CULIN to fry. - **2.** *fam* [molestar]: ~ **a alguien (a)** to pester sb (with). - **3.** *fam* [matar]: ~ **a alguien (a tiros)** to gun sb down.

◆ **freírse** *vpr lit & fig* to be frying; **me estoy friendo de calor** I'm boiling.

frenado *m* braking.

frenar ◇ *vt* - **1.** AUTOM to brake. - **2.** [contener] to check; **frena tus impulsos y reflexiona** check your impulses and think about it first. ◇ *vi* [gen] to stop; AUTOM to brake.

frenazo *m* - **1.** AUTOM: **dar un** ~ to brake hard. - **2.** *fig* [parón] sudden stop.

frenesí (*pl* **frenesíes**) *m* frenzy.

frenéticamente *adv* frenziedly, frantically.

frenético, ca *adj* - **1.** [colérico] furious, mad. - **2.** [enloquecido] frenzied, frantic.

frenillo *m* - **1.** ANAT fraenum. - **2.** [para hocico] muzzle. - **3.** *Amér* [de cometa] kite string. - **4.** *loc*: **no tener** ~ **en la lengua** not to mince one's words.

freno *m* - **1.** AUTOM brake; ~ **automático/de tambor** automatic/drum brake; ~ **de mano** handbrake; ~ **neumático** airbrake; ~ **de pedal** footbrake; ~**s ABS/de disco** ABS/disc brakes. - **2.** [de caballerías] bit; **tascar** o **morder el** ~ *fam fig* to champ at the bit. - **3.** *fig* [contención] check; **poner** ~ **a** to put a stop to.

frenología *f* phrenology.

frenopatía *f* psychiatry.

frenopático, ca *adj* psychiatric.

frente ◇ *f* forehead; **arrugar la** ~ to knit one's brow, to frown; **lo que dije no debió gustarle porque arrugó la** ~ she can't have liked what I said, because she knit her brow; ~ **a** ~ face to face. ◇ *m* - **1.** [gen & MIL] front; **el** ~ **de la casa está pintado de amarillo** the front of the house is painted yellow; **murió en el** ~ he died on the front; **estar al** ~ **(de)** [dirigir] to be at the head (of); **hacer** o **formar común** to make common cause; **hacer** ~ **a** to face up to; **tenemos que hacer** ~ **a la situación** we have to face up to the situation ❑ ~ **de batalla** battlefront; ~ **popular** popular front. - **2.** METEOR front; ~ **cálido/frío** warm/cold front.

◆ **de frente** *loc adv* - **1.** [hacia delante] forwards; **camina de** ~ walk forwards. - **2.** [uno contra otro] head on. - **3.** [hombro con hombro] abreast.

◆ **en frente** *loc adv* opposite.

◆ **en frente de** *loc prep* opposite.

◆ **frente a** *loc prep* - **1.** [enfrente de] opposite; **se encuentra** ~ **a él** she's opposite him. - **2.** [con relación a] towards; **no tengo ninguna queja** ~ **a los nuevos vecinos** I've no complaints about the new neighbours.

◆ **frente por frente** *loc adv* directly opposite.

fresa ◇ *f* - **1.** [planta, fruto] strawberry. - **2.** [herramienta - de dentista] drill; [- de orfebre etc] milling cutter. ◇ *adj* strawberry-coloured.

fresca *f* → **fresco**.

frescachón, ona *adj fam* robust and ruddy, healthy.

frescales *mf inv fam* brazen o cheeky person.

fresco, ca ◇ *adj* - **1.** [gen] fresh; [temperatura] cool; [pintura, tinta] wet; **compra pescado** ~ buy some fresh fish; **ha pasado la noche en vela y está tan** ~ he was up all night but he's still fresh as a daisy this morning; **¿traes noticias frescas?** is there any fresh news?; **este escritor tiene un estilo ~** this writer has a fresh approach. **- 2.** [caradura] cheeky; **¡qué ~!** what a nerve! **- 3.** *fig* [tez] fresh. **- 4.** [sereno] cool, calm. **- 5.** *loc:* **quedarse tan ~** not to bat an eyelid; **hizo una tontería enorme y se quedó tan ~** she made an incredibly stupid remark without batting an eyelid. ◇ *m, f* [caradura] cheeky person.

◆ **fresco** *m* **- 1.** ARTE fresco; **al ~** in fresco. **- 2.** [frescor] coolness; **hace ~** it's chilly; **tomar el ~** to get a breath of fresh air; **saldré a tomar el ~** I'll go out for a breath of fresh air. **- 3.** *Amér* [bebida] cool drink; **echar ~ a alguien** *fig* to tell sb a few home truths.

◆ **fresca** *f* **- 1.** [insolencia]: **soltarle una fresca** o **cuatro frescas a alguien** to tell sb a few home truths. **- 2.** [temperatura] cool o fresh air; **tomar la fresca** to get some fresh air.

frescor *m* **- 1.** [frescura] coolness, freshness. **- 2.** [en pintura] flesh tone.

frescura *f* **- 1.** [gen] freshness. **- 2.** [descaro] cheek, nerve; **¡qué ~!** what a cheek! **- 3.** [ocurrencia] cheeky remark. **- 4.** [descuido] unconcern.

fresno *m* ash (tree).

fresón *m* large strawberry.

fresquera *f* food cabinet.

fresquería *f Amér* refreshment stand.

freudiano, na [froi'ðjano] *adj* Freudian.

freza *f* **- 1.** [estiércol] dung (U). **- 2.** [desove] spawning. **- 3.** [temporada] spawning season. **- 4.** [huevos] spawn. **- 5.** [hoyo] hole made by an animal.

frezada *f desus* blanket.

frezar [13] *vi* **- 1.** [desovar] to spawn. **- 2.** [gusano] to excrete.

fría ◇ *adj f →* **frío.** ◇ *v →* **freír.**

friable *adj* friable.

frialdad *f* **- 1.** [falta de calor, indiferencia] coldness; **con ~** coldly, coolly. **- 2.** [falta de animación] dullness, insipidness. **- 3.** [MED - frigidez] frigidity; [- impotencia] impotence.

fríamente *adv* **- 1.** [con frialdad] coldly, coolly. **- 2.** *fig* [sin gracia] dully, colourlessly.

fricación *f* rubbing.

fricandó (*pl* **fricandós**) *m* fricandeau.

fricar [10] *vt* to rub.

fricasé *m* fricassee.

fricativo, va *adj* fricative.

◆ **fricativa** *f* fricative.

fricción *f* **- 1.** [gen] friction. **- 2.** [friega] rub, massage; **dar una ~** to give a massage o rubdown.

friccionar *vt* to rub, to massage.

fríe *v →* **freír.**

friega[1] *etc v →* **fregar.**

friega[2] *f* **- 1.** [masaje]: **dar ~s** to massage, to rub down. **- 2.** *Amér* [molestia] bother, annoyance. **- 3.** *Amér* [zurra] thrashing, beating. **- 4.** *Amér* [reprimenda] scolding, telling-off.

friera *etc v →* **freír.**

Frigia *s* Phrygia.

frígida *adj f* frigid.

frigider, friyider *m Amér* refrigerator, fridge *Br*, icebox *Am*.

frigidez (*pl* **frigideces**) *f* **- 1.** [sexual] frigidity. **- 2.** [frialdad] coldness, frigidity.

frígido, da *adj culto* frigid, cold.

frigorífico, ca *adj* [camión] refrigerator (*antes de sust*); [cámara] cold.

◆ **frigorífico** *m* **- 1.** [nevera] refrigerator, fridge *Br*, icebox *Am*. **- 2.** [local] cold-storage plant.

frijol, fríjol *m Amér* **- 1.** [judía] bean; **~ colorado/negro** kidney/black bean. **- 2.** [burla] joke.

◆ **frijoles** *mpl Amér* **- 1.** *fam* [comida] grub (U). **- 2.** *fig* [amenazas, fanfarronadas] bragging (U), boasting (U).

frió *v →* **freír.**

frío, a *adj* **- 1.** [gen] cold; **le dieron un ~ recibimiento** they gave him a cold reception; **sopla un viento ~** there's a cold wind blowing; **la sopa está fría** the soup's cold; **el azul es un color ~** blue is a cold colour; **se ha comportado de un modo muy ~ con nosotros** she behaved very coldly towards us; **dejar a alguien ~** to leave sb cold. **- 2.** [tranquilo, inmutable] cool.

◆ **frío** *m* cold; **coger ~** to catch a cold; **hace ~** it's cold; **hace un ~ que pela** it's freezing cold; **pelarse de ~** to be freezing to death; **tener ~** to be cold ❑ **coger a alguien en ~** *fig* to catch sb on the hop; **su pregunta me cogió en ~** her question caught me on the hop; **no darle a alguien ni ~ ni calor** *fig* to leave sb cold; **este asunto no me da ni ~ ni calor** this whole matter leaves me cold.

◆ **fríos** *mpl Amér* **- 1.** [malaria] malaria *(sg)*. **- 2.** [helados] ice creams.

friolento, ta *adj Amér* sensitive to the cold.

friolero, ra ◇ *adj* sensitive to the cold. ◇ *m, f* person who feels the cold.

◆ **friolera** *f fam:* **costó la friolera de 20.000 pesetas** it cost a cool 20,000 pesetas.

frique *etc v →* **fricar.**

frisa *f* **- 1.** [tela] frieze. **- 2.** NÁUT seal. **- 3.** MIL fraise. **- 4.** *Amér* [de felpa] nap. **- 5.** *Amér* [manta] blanket.

frisar ◇ *vt* **- 1.** [edad] to be around, to be getting on for *(a certain age)*. **- 2.** [tela] to frizz. **- 3.** [refregar] to rub. **- 4.** NÁUT to seal, to pack. ◇ *vi* **- 1.** [en edad]: **~ en** o **con** to be close to, to be nearly; **su edad frisa en los sesenta** he's getting on for sixty. **- 2.** [congeniar] to be compatible, to get along.

friso *m* **- 1.** ARQUIT frieze. **- 2.** [zócalo] skirting board *Br*, baseboard *Am*.

frisol, frísol *m* bean.

frisón, ona *adj & m, f* Frisian.

fritada *f* fry-up *Br*, fry *Am*, dish of fried food.

fritanga *f* **- 1.** [de pescado, carne] fry-up *Br*, fry *Am*. **- 2.** [fritura grasienta] greasy food (U).

frito, ta ◇ *pp →* **freír.** ◇ *adj* **- 1.** [alimento] fried. **- 2.** *fam fig* [harto] fed up (to the back teeth); **estos niños me tienen frita** I'm fed up with these children. **- 3.** *fam fig* [dormido] flaked out, asleep; **por la noche se queda ~ en el sofá** in the evenings, he flakes out on the sofa.

◆ **frito** *m* (*gen pl*) fried food (U).

fritura *f* fry-up *Br*, fry *Am*, dish of fried food.

frívolamente *adv* frivolously.

frivolidad *f* frivolity.

frívolo, la *adj* frivolous.

friyider *m* = **frigider.**

fronda *f*, **fronde** *m* **- 1.** [hoja] leaf. **- 2.** [de helecho] frond.

◆ **frondas** *fpl* [follaje] foliage (U), leaves.

frondosidad *f* leafiness.

frondoso, sa *adj* leafy.

frontal ◇ *adj* frontal. ◇ *m* **- 1.** [hueso] frontal bone. **- 2.** [en altar] frontal. **- 3.** *Amér* [de caballería] browband, headband.

frontalera *f* **- 1.** [para caballos] browband; [para bueyes] yoke pad. **- 2.** [en altar] altar frontal adornments *(pl)*.

frontera ◇ *adj f →* **frontero.** ◇ *f* **- 1.** [entre países, regiones etc] border. **- 2.** *fig* [límite] bounds *(pl)*.

fronterizo, za *adj* **- 1.** [de frontera] border *(antes de sust)*. **- 2.** [situado enfrente] facing, opposite.

frontero, ra *adj* facing, opposite.

◆ **frontero** *m* MIL border commander.

frontil *m* **- 1.** [para bueyes] yoke pad. **- 2.** *Amér* [para caballos] browband.

frontis *m inv* façade.

frontispicio *m* **- 1.** [de edificio - fachada] façade; [- remate] pediment. **- 2.** [de libro] frontispiece.

frontón *m* **- 1.** [deporte] pelota; [cancha] pelota court. **- 2.** ARQUIT pediment.

frotación f rub, rubbing (U).
frotador, ra ◇ adj rubbing. ◇ m, f rubber.
frotamiento m, **frotadura** f - **1.** [acción] rubbing. - **2.** MEC friction.
frotar vt to rub.
◆ **frotarse** vpr: ~se las manos to rub one's hands.
frote m rub, rubbing (U).
frotis m inv smear; ~ cervical cervical smear.
fructífero, ra adj - **1.** [productivo] fruitful. - **2.** BOT fruit-bearing, fructiferous.
fructificación f BOT fructification.
fructificador, ra, fructificante adj fructifying.
fructificar [10] vi lit & fig to bear fruit.
fructosa f fructose.
fructuoso, sa adj fruitful.
frugal adj frugal.
frugalidad f frugality.
frugalmente adv frugally.
frugífero, ra adj culto fruit-bearing.
frugívoro, ra adj fruit-eating, frugivorous.
fruición f gusto, delight.
fruir [51] vi to enjoy what one has.
fruitivo, va adj enjoyable, pleasurable.
frunce m gathering.
fruncido, fruncimiento m gathering.
fruncir [12] vt - **1.** [labios] to purse. - **2.** [tela] to gather.
◆ **fruncirse** vpr fig to feign modesty.
fruslería f triviality, trifle.
fruslero, ra adj trifling, frivolous.
frustración f frustration.
frustrado, da adj [gen] frustrated; [intento, proyecto etc] failed.
frustrante adj frustrating.
frustrar vt - **1.** [persona] to frustrate. - **2.** [posibilidades, ilusiones] to thwart, to put paid to.
◆ **frustrarse** vpr - **1.** [persona] to get frustrated. - **2.** [ilusiones] to be thwarted; [intento, proyecto] to fail.
fruta f fruit; ~ **bomba** Amér BOT papaya; ~ **de horno** Amér CULIN fruitcake; ~ **de la pasión** passionfruit; ~ **prohibida** BIBLIA forbidden fruit; ~ **de sartén** CULIN fritter; ~ **seca** dried fruit (U).
frutaje m still life of fruit and flowers.
frutal ◇ adj fruit (antes de sust). ◇ m fruit tree.
frutar vi to bear o produce fruit.
frutería f fruit shop.
frutero, ra ◇ m, f [persona] fruiterer. ◇ adj fruit (antes de sust).
◆ **frutero** m - **1.** [recipiente] fruit bowl. - **2.** [para cubrir fruta] napkin covering a fruit dish. - **3.** [en pintura] still life of fruit.
fruticultura f fruit farming.
frutilla f - **1.** Amér [fresa] strawberry. - **2.** RELIG rosary bead.
fruto m - **1.** [naranja, plátano etc] fruit; [nuez, avellana etc] nut; ~s **secos** dried fruit and nuts. - **2.** [resultado] fruit; **dar** ~ to bear fruit; **sacar** ~ a o **de algo** to profit from sthg; **sin** ~ fruitlessly, in vain.
◆ **frutos** mpl fruits; **los** ~s **de la tierra** the fruits of the earth.
fruya etc v → **fruir**.
fruyera etc v → **fruir**.
FSLN (abrev de **Frente Sandinista de Liberación Nacional**) m FSLN.
FSM (abrev de **Federación Sindical Mundial**) f WFTU.
fu m [de gato] hiss; **hacer** ~ fig [huir] to dart off; [despreciar] to snub.
◆ **ni fu ni fa** loc adv so-so.
fúcar m desus rich man.
fucilazo m sheet lightning (U).

fucsia ◇ f [planta] fuchsia. ◇ adj inv & m inv [color] fuchsia.
fue v - **1.** → ir. - **2.** → ser.
fuego ◇ m - **1.** [gen & MIL] fire; **abrir** ~, **romper el** ~ MIL to open fire; **atizar el** ~ to poke the fire; **hacer** ~ [disparar] to fire; [hacer hoguera] to light a fire; **pegar** o **prender** ~ a **algo** to set sthg on fire, to set fire to sthg ❑ ~ **antiaéreo** flak; ~ **cruzado** crossfire; ~ **fatuo** will-o'-the-wisp; ~ **graneado** o **nutrido** MIL heavy fire; ~ **de San Telmo** Saint Elmo's fire; ~s **artificiales** fireworks; **a** ~ **y sangre** mercilessly; **echar** ~ **por los ojos** to look daggers; **estar entre dos** ~s to be between the devil and the deep blue sea; **jugar con** ~ to play with fire. - **2.** [en cocina de gas, fogón] ring, burner; **a** ~ **lento/vivo** CULIN over a low/high heat. - **3.** [para cigarrillo]: **pedir/dar** ~ to ask for/give a light; ¿**tiene** ~? have you got a light? - **4.** fig [apasionamiento] passion, ardour; **en el** ~ **de la discusión se dijeron cosas terribles** terrible things were said in the heat of the argument. - **5.** [sensación de ardor] heat, burning; **siento** ~ **en el estómago** my stomach's burning. - **6.** NÁUT beacon. - **7.** MED rash; ~ **pérsico** shingles (U). ◇ interj MIL fire!
fuel m = fuel-oil.
fuelle m - **1.** [gen] bellows (pl). - **2.** [de maleta, bolso] accordion pleats (pl). - **3.** [entre vagones] connecting corridor, concertina vestibule. - **4.** [de carruaje] folding hood Br, folding top Am. - **5.** fig [persona] telltale. - **6.** [de vestido] pucker, gather.
fuel-oil, fuel m fuel oil.
fuente f - **1.** [manantial] spring. - **2.** [construcción] fountain. - **3.** [pila] font; ~ **bautismal** baptismal font. - **4.** [bandeja] (serving) dish. - **5.** fig [origen] source; **(de)** ~s **oficiosas/oficiales** (from) unofficial/official sources ❑ ~ **de información/de ingresos** source of information/of income; **beber en buenas** ~s to be well-informed. - **6.** ELECTRÓN: ~ **de alimentación** feed source.
fuer ◆ **a fuer de** loc adv as a, like a; **a** ~ **de hombre de bien** as a good man.
fuera¹ v - **1.** → ir. - **2.** → ser.
fuera² ◇ adv - **1.** [en el exterior] outside; **hace frío** ~ it's cold outside; **le echó** ~ she threw him out; **hacia** ~ outwards; **por** ~ (on the) outside. - **2.** [en otro lugar] away; [en el extranjero] abroad; **Martín está** ~ [de viaje] Martín is away; [ha salido] Martín is out; **de** ~ [extranjero] from abroad. - **3.** fig [alejado]: ~ **de** [alcance, peligro] out of; [cálculos, competencia] outside ❑ ~ **de sí** to be beside o.s. (with rage). - **4.** DEP [no en juego]: **la pelota salió** ~ the ball went out (of play); ~ **de banda** out of play; ~ **de combate** [en boxeo] knocked out; MIL & fig out of action ❑ ~ **de juego** offside. - **5.** DEP [en campo ajeno]: **jugar** ~ to play away (from home); **el equipo de** ~ the away team. ◇ interj [gen] (get) out!; [en espectáculos, teatro] (get) off!; ¡~ **de aquí**! get out of my sight!
◆ **fuera de** loc prep - **1.** [en el exterior de] outside. - **2.** [excepto] except for, apart from; ~ **de eso, he cumplido todos tus caprichos** apart from that, I've done everything you wanted me to.
◆ **fuera de que** loc conj aside from the fact that.
◆ **fuera de serie** ◇ adj exceptional, out of the ordinary. ◇ mf: **ser un** ~ **de serie** to be one of a kind.
◆ **fuera de servicio** loc adj [persona] off duty.
fueraborda m inv outboard motor o engine.
fuerce v → **forzar**.
fuero m - **1.** (gen pl) [ley local] ancient regional law still existing in some parts of Spain. - **2.** [jurisdicción] code of laws; **de** ~ de jure, according to the law ❑ ~ **externo** o **exterior** court of law. - **3.** loc: **en el** ~ **interno de alguien** in sb's heart of hearts.
◆ **fueros** mpl fam [arrogancia] arrogance (U), pride (U).
fuerte ◇ adj - **1.** [gen] strong; **una** ~ **cantidad de dinero** a large amount of money; **es un trabajo duro, sólo lo hacen hombres muy** ~s it's a hard job, only very strong men can do it; **necesito un tejido** ~ I need a strong material; **es una empresa** ~ **en el sector** the company's

strong in this sector. **- 2.** [carácter] unpleasant. **- 3.** [frío, dolor, color] intense; [lluvia, pérdidas] heavy; [ruido, grito] loud; [golpe, pelea] hard. **- 4.** [comida, salsa] rich. **- 5.** [nudo] tight. **- 6.** [grave]: **esto es** ~ that's a bit much. **- 7.** *fig* [versado]: **estar** ~ **en algo** to be good at sthg; **estar** ~ **en idiomas** to be good at languages. ◇ *adv* **- 1.** [intensamente - gen] hard; [- abrazar, agarrar] tight; **apuesta** ~ **por la vida** she's fighting hard for her life. **- 2.** [abundantemente] a lot; **en España se suele almorzar** ~ in Spain, people usually have a big meal at lunchtime. **- 3.** [en voz alta] loudly; **¡más** ~**!** speak up! ◇ *m* **- 1.** [fortificación] fort. **- 2.** [punto fuerte] strong point, forte. **- 3.** MÚS forte.

fuertemente *adv* **- 1.** [con fuerza] hard; **me apretó** ~ he squeezed me hard. **- 2.** *fig* [al hablar] vehemently, intensely.

Fuerteventura *s* Fuerteventura.

fuerza¹ *v* → **forzar**.

fuerza² *f* **- 1.** [gen] strength; [de sonido] loudness; [de dolor] intensity; **cobrar** ~ to gather strength; **su amor fue cobrando** ~ **con el tiempo** her love grew stronger with time; **tener** ~ to be strong; **el animal tiene mucha** ~ the animal is very strong; **tener** ~**s para hacer algo** to have the strength to do sthg ❑ ~ **física** brawn; ~ **mayor** DER force majeure; [en seguros] act of God; **no llegué por un caso de** ~ **mayor** I didn't make it due to circumstances beyond my control; ~ **de voluntad** willpower; **a** ~ **de** by dint of; **he aprendido la lección a** ~ **de mucho estudiar** I learnt the lesson by studying hard; **a la** ~ [contra la voluntad] by force; **por** ~ of necessity; **esta noche tengo que salir por** ~ **para atender a un paciente** I absolutely have to go out tonight to see a patient; **por la** ~ by force; **la policía se lo llevó por la** ~ the police carried him away by force; **es** ~ **confesar que...** it must be admitted that...; **sacar** ~**s de flaqueza** to screw up one's courage. **- 2.** [violencia] force; **ceder a la** ~ to give in to force ❑ ~ **bruta** brute force. **- 3.** FÍS & MIL force; ~ **aérea** airforce; ~ **centrífuga/centrípeta** centrifugal/centripetal force; ~ **disuasoria** deterrent; ~ **de la gravedad** force of gravity; ~ **motriz** [que causa movimiento] driving force; *fig* [impulso] prime mover; ~**s armadas** armed forces; ~**s del orden público** police; ~**s de pacificación** peacekeeping force *(sg)*; ~**s de seguridad** security forces. **- 4.** ELECTR & MEC power; ~ **hidráulica** water power.
◆ **fuerzas** *fpl* [grupo] forces; **todas las** ~**s políticas se han puesto de acuerdo** all the political groups have reached an agreement.

fuese *v* **- 1.** → **ir**. **- 2.** → **ser**.

fuetazo *m Amér* lash.

fuete *m Amér* whip.

fuetear *vt Amér* to whip.

fuga *f* **- 1.** [huida] escape; [de amantes] elopement; **darse a la** ~ to take flight ❑ ~ **de capitales** flight of capital; ~ **de cerebros** brain drain; ~ **precipitada** stampede; **poner a alguien en** ~ to rout sb, to put sb to flight. **- 2.** [escape] leak; ~ **radioactiva** meltdown. **- 3.** MÚS fugue. **- 4.** *fig* [ardor] ardour.

fugacidad *f* fleeting nature.

fugada *f* gust.

fugarse [16] *vpr* **- 1.** [huir, escaparse] to escape; [amantes] to elope; ~ **de casa** to run away from home; ~ **con alguien** to run off with sb. **- 2.** [gas, líquido] to leak (out), to escape.

fugaz *(pl* **fugaces)** *adj* **- 1.** *lit & fig* fleeting. **- 2.** → **estrella**.

fugitivo, va ◇ *adj* **- 1.** [en fuga] fleeing. **- 2.** [fugaz] fleeting. ◇ *m, f* fugitive.

fugue *etc v* → **fugarse**.

führer ['firer] *(pl* **führers)** *m* führer.

fui *v* → **ir**.

fulano, na *m, f* what's his/her name, so-and-so.
◆ **fulano** *m fam* [tipo] guy, fellow; **(don)** ~ **de tal** Joe Bloggs *Br*, John Doe *Am*; ~**, zutano y mengano** Tom, Dick and Harry.
◆ **fulana** *f mfam* [prostituta] tart, whore.

fular, foulard [fu'lar] *(pl* **foulards)** *m* headscarf.

fulcro *m* fulcrum.

fulero, ra ◇ *adj* **- 1.** [tramposo] dishonest. **- 2.** [chapucero] shoddy. ◇ *m, f* trickster.

fulgente *adj* brilliant, radiant.

fulgir [15] *vi* **- 1.** [resplandecer] to shine, to glow. **- 2.** [centellear] to sparkle, to glitter.

fulgor *m* [brillo] shining; [de disparo] flash.

fulguración *f* **- 1.** [de rayo] stroke of lightning. **- 2.** [destello] flash, flashing *(U)*.

fulgurante *adj* **- 1.** [rápido] rapid. **- 2.** [resplandeciente] flashing. **- 3.** [dolor] stabbing.

fulgurar *vi* [brillar] to gleam; [intermitentemente] to flash.

fulguroso, sa *adj* flashing.

fuliginoso, sa *adj* sooty.

fulja *etc v* → **fulgir**.

fullear *vi* to cheat.

fullería *f* **- 1.** [trampa] cheating. **- 2.** [astucia] guile. **- 3.** *Amér fig* [ostentación] presumption, arrogance.

fullero, ra ◇ *adj* **- 1.** [tramposo] cheating, dishonest. **- 2.** [astuto] cunning, wily. **- 3.** *Amér* [travieso] mischievous. ◇ *m, f* **- 1.** [tramposo] cheat. **- 2.** [astuto] cunning person. **- 3.** *Amér* [pícaro] rascal.

fulminación *f* fulmination.

fulminador, ra ◇ *adj* fulminating. ◇ *m, f* fulminator.

fulminante ◇ *adj* **- 1.** *fig* [despido, muerte] sudden; [enfermedad] devastating. **- 2.** [mirada] withering. **- 3.** [explosivo] fulminating. ◇ *m* [de cartucho] percussion cap.

fulminar ◇ *vt* **- 1.** [suj: enfermedad] to strike down; **un rayo la fulminó** she was struck by lightning; ~ **a alguien con la mirada** to look daggers at sb. **- 2.** [bombas, balas] to hurl. **- 3.** [sentencias, censuras] to thunder. **- 4.** *fig* [persona] to threaten, to menace. ◇ *vi* to fulminate, to explode violently.

fulminato *m* QUÍM fulminate.

fumable *adj* smokable.

fumada *f* **- 1.** [de cigarro] puff. **- 2.** *Amér fam* [burla] trick, ruse.

fumadero *m* [de opio] den.

fumador, ra *m, f* smoker; ~ **empedernido** chain-smoker; ~ **pasivo** passive smoker; **no** ~ nonsmoker.

fumar ◇ *vi* to smoke. ◇ *vt* **- 1.** [tabaco] to smoke. **- 2.** *Amér fam* [burlarse de] to outwit.
◆ **fumarse** *vpr fam* **- 1.** [gastarse] to blow; ~**se el salario** to blow one's wages. **- 2.** [no asistir a] to skive off *Br*, to cut *Am*; ~**se la clase** to skive off *Br*, to cut class *Am*.

fumarada *f* **- 1.** [de humo] puff. **- 2.** [de tabaco] pipeful.

fumeta *mf fam* pot-head, pot smoker.

fumigación *f* fumigation.

fumigador *m* fumigator.

fumigar [16] *vt* to fumigate.

fumígeno, na *adj* smoking, smoke-producing.

fumistería *f* **- 1.** [tienda] stove and heater shop. **- 2.** [oficio] stove and heater repairing. **- 3.** *Amér* [burla] joke, prank.

fumívoro, ra *adj* smokeless.

fumoso, sa *adj* smoky.

funámbulo, la *m, f* tightrope walker.

Funchal *s* Funchal.

función *f* **- 1.** [gen] function; [trabajo] duty; **director en funciones** acting director; **entrar en funciones** to take up one's duties. **- 2.** CINE & TEATRO show; ~ **de tarde** matinée.
◆ **en función de** *loc prep* depending on.

funcional *adj* functional.

funcionalidad *f* functional qualities *(pl)*.

funcionalismo *m* functionalism.

funcionamiento *m* operation, functioning; **entrar/estar en** ~ to come into/be in operation; **poner algo en** ~ to start sthg (working).

funcionar *vi* to work; ~ **con gasolina** to run on petrol; **'no funciona'** 'out of order'.

funcionariado *m* civil service.

funcionario, ria *m, f* civil servant.

funda *f* [de sofá, máquina de escribir] cover; [de almohada] case; [de disco] sleeve; [de pistola] holster; ~ **de edredón** duvet cover.

fundación *f* - **1.** [gen] foundation. - **2.** [origen] beginning, origin.

fundado, da *adj* well-founded.

fundador, ra ◇ *adj* founding. ◇ *m, f* founder.

fundamentación *f* foundation, basis.

fundamental *adj* fundamental.

fundamentalismo *m* fundamentalism.

fundamentalista *adj & mf* fundamentalist.

fundamentar *vt* - **1.** *fig* [basar] to base. - **2.** CONSTR to lay the foundations of.

◆ **fundamentarse en** *vpr fig* [basarse en] to be based o founded on.

fundamento *m* - **1.** [base] foundation, basis. - **2.** [razón] reason, grounds *(pl)*; **sin** ~ unfounded, groundless. - **3.** *fig* [seriedad] reliability.

◆ **fundamentos** *mpl* - **1.** [principios] basic principles. - **2.** [cimientos] foundations.

fundar *vt* - **1.** [crear, instituir] to found. - **2.** [basar]: ~ **algo (en)** to base sthg (on). - **3.** [edificar] to build.

◆ **fundarse** *vpr* [basarse]: ~**se (en)** to be based (on).

fundible *adj* fusible.

fundición *f* - **1.** [fusión - de vidrio] melting; [- de metal] smelting. - **2.** [taller] foundry; ~ **de acero** steelworks *(sg)*. - **3.** [hierro colado] cast iron. - **4.** IMPRENTA font, typeface.

fundido, da *adj* melted, liquefied.

◆ **fundido** *m* CINE [apareciendo] fade-in; [desapareciendo] fade-out; ~ **encadenado** dissolve.

fundidor, ra *m, f* foundry worker.

fundillos *mpl Amér* - **1.** [de pantalón] seat *(sg)*. - **2.** [trasero] backside *(sg)*.

fundir *vt* - **1.** [METAL - plomo] to melt; [- hierro] to smelt. - **2.** [en molde] to cast, to mould. - **3.** ELECTR to fuse; [bombilla, fusible] to blow. - **4.** COM & *fig* to merge.

◆ **fundirse** *vpr* - **1.** [bombilla, fusible] to blow. - **2.** [derretirse] to melt. - **3.** COM & *fig* to merge. - **4.** *Amér fig* [arruinarse] to be ruined.

fundo *m* DER rural property.

fúnebre *adj* - **1.** [pompa, honras etc] funeral *(antes de sust)*. - **2.** *fig* [triste] mournful, gloomy.

funeral *m (gen pl)* funeral.

funerala ◆ **a la funerala** *loc adv* with inverted weapons.

funerario, ria *adj* funeral *(antes de sust)*.

◆ **funeraria** *f* undertaker's *Br*, mortician's *Am*.

funéreo, a *adj culto* funereal.

funesto, ta *adj* fateful, disastrous.

fungible *adj* perishable.

fungicida ◇ *adj* fungicidal. ◇ *m* fungicide.

fungiforme *adj* mushroom-shaped.

fungir [15] *vi Amér* - **1.** [hacer de]: ~ **(de)** to act (as), to serve (as). - **2.** [suplir]: ~ **(a)** to stand in (for).

fungo *m* [tumor] fungus.

fungoso, sa *adj* fungous.

funicular ◇ *adj* funicular. ◇ *m* - **1.** [por tierra] funicular. - **2.** [por aire] cable car.

funky *adj* MÚS funky.

fuñique ◇ *adj* - **1.** [torpe] awkward, clumsy. - **2.** [meticuloso] fussy. ◇ *mf* [torpe] clumsy o awkward person.

furcia *f vulg* slag, whore.

furgón *m* AUTOM van; FERROC wagon *Br*, van *Br*, car ; ~ **de cola** guard's van *Br*, caboose *Am*; ~ **de equipajes** luggage van *Br*, baggage car *Am*; ~ **policial** Black Maria; ~ **de reparto** delivery van.

furgoneta *f* van.

furia *f* - **1.** [ira, violencia] fury; **ponerse hecho una** ~ to fly into a rage. - **2.** [prisa] haste; **a toda** ~ in frantic haste.

furibundo, da *adj* furious.

furiosamente *adv* furiously.

furioso, sa *adj* - **1.** [de ira] furious; **estar** ~ to rage. - **2.** *fig* [viento, etc] raging. - **3.** [gasto, caudal] tremendous. - **4.** [loco] crazy, raving.

furor *m* - **1.** [ira] fury, rage. - **2.** [ímpetu] fever, urge; ~ **uterino** nymphomania. - **3.** *loc:* **hacer** ~ to be all the rage.

furriel *m* quartermaster.

furtivamente *adv* furtively.

furtivo, va *adj* - **1.** [mirada, sonrisa] furtive. - **2.** → **cazador**.

furúnculo *m* = **forúnculo**.

fusa *f* demisemiquaver *Br*, thirty-second note *Am*.

fuseaux *m inv* ski pants *(pl)*.

fuselaje *m* fuselage.

fusible ◇ *m* fuse. ◇ *adj* fusible.

fusil *m* rifle.

fusilamiento *m* - **1.** [ejecución] execution by firing squad. - **2.** *fam* [plagio] plagiarism.

fusilar *vt* - **1.** [ejecutar] to execute by firing squad, to shoot. - **2.** *fam* [plagiar] to plagiarize.

fusilazo *m* rifle shot.

fusilero *m* fusilier, rifleman.

fusión *f* - **1.** [agrupación] merging. - **2.** [de empresas, bancos] merger. - **3.** [derretimiento] melting. - **4.** FÍS fusion; ~ **nuclear** nuclear fusion.

fusionar ◇ *vt* - **1.** [gen & ECON] to merge. - **2.** FÍS to fuse. ◇ *vi* to fuse.

◆ **fusionarse** *vpr* ECON to merge.

fusta *f* - **1.** [látigo] riding crop. - **2.** [vara] brushwood, twigs *(pl)*. - **3.** NÁUT rowing boat *Br*, rowboat *Am*.

fustán *m* - **1.** [tela] fustian. - **2.** *Amér* [enaguas] petticoat.

fuste *m* - **1.** [de columna, madero] shaft. - **2.** *fig* [de persona, discurso etc] importance, consequence. - **3.** [silla] saddletree. - **4.** *Amér* [enaguas] petticoat, underskirt.

fustigación *f* - **1.** [azotes] whipping. - **2.** *fig* [crítica, censura] censure.

fustigador, ra ◇ *adj* - **1.** [que azota] whipping. - **2.** [que critica, censura] censuring. ◇ *m, f* - **1.** [con azote] whipper. - **2.** [con críticas, censuras] censurer.

fustigar [16] *vt* - **1.** [azotar] to whip. - **2.** [censurar] to criticize harshly.

fútbol, football ['fudbol] *m* football *Br*, soccer *Am*; ~ **americano** American football *Br*, football *Am*; ~ **sala** indoor five-a-side.

futbolero, ra *adj* football-crazy.

futbolín *m* table football.

futbolista *mf* footballer *Br*, soccer player *Am*.

futbolístico, ca *adj* football *(antes de sust)* *Br*, soccer *(antes de sust)* *Am*.

fútil *adj* trivial.

futilidad *f* triviality.

futón *m* futon.

futre *Amér* ◇ *adj* foppish. ◇ *m* dandy.

futura ◇ *adj f* → **futuro**. ◇ *f* - **1.** *fam* [novia] fiancée. - **2.** DER reversion.

futurible *adj* potential.

futurismo *m* futurism.

futurista *adj & mf* futurist.

futuro, ra *adj* future.

◆ **futuro** *m* - **1.** [gen & GRAM] future; ~ **perfecto** future perfect. - **2.** *fam* [novio] fiancé.

◆ **futuros** *mpl* ECON futures.

futurología *f* futurology.

futurólogo, ga *m, f* futurologist.

G

g¹, G f [letra] g, G.

g² (*abrev escrita de* **gramo**) g.

g/ *abrev de* **giro**.

gabacho, cha *fam despec* ◇ *adj* Froggy, *pejorative term meaning 'French'*. ◇ *m, f* Frog, *pejorative term referring to a French person*.

gabán *m* overcoat.

gabardina f - **1.** [prenda] raincoat, mac *Br*. - **2.** [tela] gabardine.

gabarra f barge, lighter.

gabazo *m* bagasse.

gabela f - **1.** [impuesto] tax, duty. - **2.** *fig* [carga] burden. - **3.** *Amér* [ventaja] advantage.

gabinete *m* - **1.** [gobierno] cabinet. - **2.** [despacho] office; ~ **de imagen** image consultancy; ~ **de prensa** press office. - **3.** [sala] study. - **4.** [mobiliario] office furniture. - **5.** [tocador] boudoir. - **6.** [laboratorio] laboratory; ~ **de física** physics laboratory. - **7.** *Amér* [balcón] enclosed balcony.

Gabón s Gabon.

Gaborone s Gaborone.

Gabriel *m*: **el Arcángel** ~ BIBLIA The Archangel Gabriel.

gacela f gazelle.

gaceta f - **1.** [boletín] gazette. - **2.** *Amér* [chismoso] gossip.

gacetero, ra *m, f desus* - **1.** [vendedor] newsvendor. - **2.** [periodista] reporter, journalist.

gacetilla f - **1.** [sección] section of short news items. - **2.** [noticia breve] short news item.

gacetillero *m* writer of short news items.

gacha ◇ *adj f* → **gacho**. ◇ *f* - **1.** [masa] paste. - **2.** *Amér* [cuenco] bowl.

◆ **gachas** *fpl* - **1.** CULIN (corn) porridge (U); **hacerse unas** ~**s** *fam fig* to get mushy. - **2.** *fig* [halagos] cajolery (U).

gachí (*pl* **gachís**) f *fam* bird, chick.

gacho, cha *adj* - **1.** [orejas, cabeza etc] drooping. - **2.** [vaca] with downturned horns.

◆ **gacho** *m Amér* slouch hat.

◆ **a gachas** *loc adv* on all fours.

gachó (*pl* **gachós**) *m fam* guy, bloke *Br*.

gachón, ona *adj fam* - **1.** [gracioso] charming, sweet. - **2.** [mimado] spoiled.

gachupín *m* = **cachupín**.

gaditano, na ◇ *adj* of/relating to Cadiz. ◇ *m, f* native/inhabitant of Cadiz.

gaélico, ca *adj* Gaelic.

◆ **gaélico** *m* [lengua] Gaelic.

gafa ◇ *adj f* → **gafo**. ◇ *f* - **1.** [gancho] hook. - **2.** [grapa] clamp.

◆ **gafas** *fpl* glasses; ~**s bifocales** bifocals; ~**s de esquí** goggles; ~**s graduales** prescription glasses; ~**s oscuras** dark glasses; ~**s de sol** sunglasses; ~**s submarinas** [para submarinismo] diving mask (sg); [para nadar] goggles.

gafado, da *adj fam* jinxed.

gafar *vt* - **1.** *fam* [traer mala suerte a] to jinx, to bring bad luck to. - **2.** [con uñas, gancho] to grasp with its claws.

gafe ◇ *adj* jinxed; **ser** ~ to be jinxed. ◇ *mf* jinxed person.

gafo, fa *adj* claw-handed.

gag *m inv* gag.

gago, ga *adj Amér* stammering, stuttering.

gaguear *vi Amér* to stammer, to stutter.

gaita f - **1.** [instrumento] bagpipes (*pl*). - **2.** *fam* [pesadez] drag, pain. - **3.** *fam* [pescuezo] neck. - **4.** *Amér* [persona] good-for-nothing. - **5.** *Amér despec* [español] Spanish immigrant.

gaitería f *fam* flashy clothes (*pl*).

gaitero, ra ◇ *m, f* - **1.** [músico] piper. - **2.** *fam* [bufón] clown, buffoon. ◇ *adj fam* - **1.** [persona] clownish, buffoonish. - **2.** [llamativo] flashy.

gaje *m* [sueldo] salary.

◆ **gajes** *mpl*: ~**s del oficio** occupational hazards.

gajo *m* - **1.** [trozo de fruta] segment. - **2.** [racimo] bunch. - **3.** [rama] broken-off branch. - **4.** [punta] prong. - **5.** [de montaña] spur. - **6.** [lóbulo] lobe. - **7.** *Amér* [de pelo] ringlet.

gajoso, sa *adj* branched.

GAL (*abrev de* **Grupos Antiterroristas de Liberación**) *mpl* former Spanish terrorist group that directed its attacks against ETA.

gala f - **1.** [fiesta] gala; **ropa/uniforme de** ~ [ropa] full dress/uniform; **cena de** ~ black-tie dinner, formal dinner. - **2.** [actuación] show. - **3.** [elegancia] gracefulness, elegance. - **4.** *loc*: **hacer** ~ **de algo** [preciarse de] to be proud of sthg; [exhibir] to demonstrate sthg; **tener a** ~ **algo** to be proud of sthg.

◆ **galas** *fpl* [ropa] finery (U), best clothes.

galáctico, ca *adj* galactic.

galactita, galactites f galactite.

galaico, ca *adj culto* Galician.

galán *m* - **1.** [hombre atractivo] attractive young man. - **2.** TEATRO leading man, lead. - **3.** [pretendiente] suitor; [novio] gallant, beau. - **4.** [mueble] suit stand.

galanamente *adv* - **1.** [con ropas elegantes] smartly. - **2.** [con elegancia] elegantly; [con gracia] gracefully.

galancete *m* - **1.** [joven atractivo] attractive young man. - **2.** TEATRO young male lead.

galanía f elegance.

galano, na *adj* - **1.** [en el vestir] spruce, smart. - **2.** *fig* [estilo, discurso] elegant. - **3.** *Amér* [res] mottled.

galante *adj* gallant.

galanteador, ra ◇ *adj* flirtatious. ◇ *m, f* flirt.

galantear *vt* - **1.** [cortejar] to court, to woo. - **2.** *fig* [solicitar] to solicit favour with.

galantemente *adv* gallantly.

galanteo *m* courting, wooing.

galantería f - **1.** [cualidad] politeness. - **2.** [acción] gallantry, compliment.

galanura f - **1.** [en el vestir] elegance. - **2.** [gallardía] self-assurance.

galápago *m* - **1.** ZOOL turtle. - **2.** [de arado] mouldboard. - **3.** [molde] tile mould. - **4.** [venda] bandage. - **5.** [lingote] ingot, pig. - **6.** [silla de montar] light saddle; *Amér* [silla de montar femenina] sidesaddle.

Galápagos *fpl*: **las (islas)** ~ the Galapagos Islands.

galardón *m* award, prize.

galardonado, da *adj* award-winning, prize-winning.

galardonar *vt* to award a prize to.

galaxia *f* galaxy.

galayo *m* cliff.

galbana *f fam* laziness, idleness.

galbanear *vi fam* to loaf, to laze about.

galbanero, ra *adj fam* lazy, idle.

galeaza *f* NÁUT galleass.

galena *f* galena, lead sulphide.

galeno *m* doctor.

◆ **Galeno** *m* Galen of Pergamum.

galeón *m* galleon.

galeote *m* galley slave.

galera *f* - 1. [nave] galley; **condenar a** ~**s** to send to the galleys. - 2. [carro] covered wagon. - 3. [de hospital] hospital ward. - 4. [en carpintería] plane. - 5. ZOOL squilla. - 6. *Amér* [sombrero] top hat. - 7. *Amér* [cobertizo] shed.

galerada *f* - 1. *(gen pl)* IMPRENTA galley proof. - 2. [carga] wagonload.

galería *f* - 1. [gen] gallery; [corredor descubierto] verandah; ~ **de arte** art gallery. - 2. [para cortinas] curtain rail. - 3. *fig* [vulgo] masses *(pl)*; **hacer algo para la** ~ to play to the gallery.

◆ **galerías (comerciales)** *fpl* shopping arcade *(sg)*.

galerna *f*, **galerno** *m* strong north-west wind.

galerón *m Amér* - 1. [canción, baile] *popular song and dance*. - 2. [habitación] large room, hall. - 3. [cobertizo] shed.

Gales *s*: **(el país de)** ~ Wales.

galés, esa *(pl* **galeses)** ◇ *adj* Welsh. ◇ *m, f* Welshman *(f* Welshwoman); **los galeses** the Welsh.

◆ **galés** *m* [lengua] Welsh.

galga *f* - 1. MED rash. - 2. [cinta] shoe ribbon. - 3. [freno] wagon hub brake. - 4. GEOL boulder. - 5. [de molino] millstone. - 6. MEC gauge. - 7. *Amér* [de árboles] *simultaneous tree felling by cutting the first one only*.

galgo, ga *adj Amér* sweet-toothed.

◆ **galgo** *m* greyhound; ~ **afgano** Afghan hound; **¡échale un** ~! *fig* no way!, forget it!

galguear *vi Amér* - 1. [de hambre] to be ravenous o starving. - 2. [por comida] to be on the lookout for food.

gálibo *m* - 1. TECN gauge. - 2. [luz] warning light.

galicado, da *adj* gallicized.

galicano, na *adj* RELIG Gallican.

Galicia *s* Galicia.

galicismo *m* gallicism.

Galileo *m*: ~ **Galilei** Galileo Galilei.

galillo *m* - 1. *fam* [gaznate] gullet. - 2. [úvula] uvula.

galimatías *m inv* - 1. [lenguaje] gibberish *(U)*. - 2. [lío] jumble.

galio *m* gallium.

gallada *f fam* bold deed.

gallarda ◇ *adj f* → **gallardo**. ◇ *f* - 1. [danza] galliard. - 2. IMPRENTA *type size*.

gallardear *vi* to act with ease and grace.

gallardete *m* pennant.

gallardía *f* - 1. [valentía] bravery. - 2. [elegancia] elegance; [gracia] grace.

gallardo, da *adj* - 1. [valiente] brave. - 2. [elegante] elegant.

gallear *vi* - 1. [pavonearse] to strut about, to show off. - 2. [fanfarronear] to brag. - 3. [gritar] to shout. - 4. METAL to flaw.

gallego, ga ◇ *adj* - 1. [de Galicia] Galician. - 2. *Amér despec* [español] Spanish. ◇ *m, f* - 1. [de Galicia] Galician. - 2. *Amér despec* [español] Spaniard.

◆ **gallego** *m* - 1. [lengua] Galician. - 2. [viento] northwesterly, northwester. - 3. *Amér* [ave] *gull-like aquatic bird*.

galleguismo *m* [palabra] Galician expression.

gallera *f* - 1. [lugar de pelea] cockpit. - 2. [gallinero] gamecock coop.

gallería *f Amér* - 1. [de gallos] cockpit. - 2. *fig* [egoísmo] egotism, selfishness.

gallero *m* - 1. [criador] breeder of gamecocks. - 2. [aficionado] cockfighting enthusiast.

galleta *f* - 1. CULIN biscuit *Br*, cookie *Am*; ~ **de avena** oatcake; ~ **de perro** dog biscuit; ~ **salada** cracker. - 2. *fam* [cachete] slap, smack. - 3. NÁUT ship's biscuit, hardtack. - 4. [carbón] *type of anthracite*. - 5. *Amér* [vasija] maté gourd. - 6. *Amér* [pan] coarse bread *(U)*. - 7. *loc*: **colgar** o **dar la** ~ **a alguien** *Amér fam* [despedir] to fire sb, to give sb the sack; [novio] to dump o jilt sb.

galletero, ra ◇ *adj Amér fam* [adulador] fawning. ◇ *m, f* biscuit maker.

◆ **galletero** *m* biscuit tin *Br*, cookie tin *Am*.

gallina ◇ *f* [ave] hen; **la** ~ **ciega** blind man's buff □; ~ **de agua** o **río** coot; ~ **pintada** o **de Guinea** guinea fowl; ~ **sorda** woodcock; **acostarse con las** ~**s** *fam* to go to bed early; **estar como** ~ **en corral ajeno** *fam* to be like a fish out of water; **matar la** ~ **de los huevos de oro** to kill the goose that lays the golden eggs. ◇ *mf fam* [persona] chicken, coward.

gallináceo, a *adj* gallinaceous.

◆ **gallinácea** *f* [animal] gallinacean.

◆ **gallináceas** *fpl* [orden] Galliformes.

gallinazo, za *m, f Amér* ZOOL turkey buzzard.

gallinería *f* - 1. [tienda] poultry shop. - 2. [bandada] flock of hens. - 3. *fig* [cobardía] cowardice.

gallinero, ra *m, f* poultry seller.

◆ **gallinero** *m* - 1. [corral] henhouse. - 2. *fam* TEATRO gods *(sg)*. - 3. *fam* [alboroto] madhouse.

gallito *m* - 1. *fig* [persona] cock of the walk. - 2. *Amér* ZOOL jacana; ~ **del rey** blenny. - 3. *Amér* [dardo] dart.

gallo *m* - 1. [ave] cock, cockerel; ~ **de pelea** fighting cock; ~ **de roca** cock-of-the-rock; ~ **silvestre** capercaillie. - 2. [al cantar] false note; [al hablar] squeak. - 3. [pez] John Dory. - 4. *fig* [mandón] cock of the walk. - 5. [en boxeo] bantamweight. - 6. [gargajo] spit, spittle. - 7. *Amér fig* [valiente] cocky person; **ser muy** ~ to be very cocky. - 8. *Amér* [de bomberos] fire engine. - 9. *Amér* [serenata] serenade. - 10. *Amér* [de segunda mano] secondhand object. - 11. *loc*: **alzar el** ~ to brag; **andar** o **estar de** ~ **bravo** *Amér* to be in a bad mood; **comer** ~ *Amér* to eat humble pie *Br*, to eat crow *Am*; **en menos que canta un** ~ in no time at all; **haber comido** ~ *Amér* to be in a fighting mood; **tener mucho** ~ to be cocky.

gallofar, gallofear *vi* to live off alms.

gallofero, ra, gallofo, fa ◇ *adj* - 1. [holgazán] lazy, idle. - 2. [pordiosero] begging. ◇ *m, f* - 1. [holgazán] loafer, idler. - 2. [pordiosero] beggar.

gallón *m* turf.

gallote, ta *adj Amér fam* cocky.

galo, la ◇ *adj* HIST Gallic; [francés] French. ◇ *m, f* [persona] Gaul.

galocha *f* patten.

galófilo, la *adj & m, f* Francophile.

galón *m* - 1. [adorno] braid; MIL stripe. - 2. [medida] gallon.

galonear *vt* to trim with braid.

galopada *f* gallop.

galopante *adj* galloping.

galopar, galopear *vi* to gallop.

galope *m* gallop; **al** ~ at a gallop; **a** ~ **tendido** at full gallop.

galopín *m* - 1. [pilluelo] urchin, ragamuffin. - 2. [pícaro] rascal, rogue. - 3. [pinche] kitchen boy. - 4. [sabelotodo] smart aleck. - 5. [grumete] cabin boy.

galpón *m Amér* - 1. [cobertizo] shed. - 2. [de esclavos] slaves' quarters *(pl)*.

galvánico, ca *adj* galvanic.

galvanismo *m* galvanism.

galvanización *f* galvanization.

galvanizado, da *adj* galvanized.

◆ **galvanizado** *m* galvanization.

galvanizar [13] *vt* to galvanize.

galvanómetro *m* galvanometer.

gama *f* [gen] range; MÚS scale.

gamba *f* prawn.

gambado, da *adj* Amér bowlegged.

gambarse *vpr* Amér to become bowlegged.

gamberrada *f* act of vandalism.

gamberrismo *m* [gen] vandalism; [en fútbol etc] hooliganism.

gamberro, rra ◇ *adj* loutish. ◇ *m, f* [gen] vandal; [en fútbol etc] hooligan; **hacer el** ~ to lark about.

gambeta *f* - **1.** [al bailar] caper, prance. - **2.** [de caballo] curvet.

gambetear *vi* - **1.** [al bailar] to caper, to prance. - **2.** [hacer zigzag] to zigzag.

Gambia *s* (The) Gambia.

gambiense *adj & mf* Gambian.

gameto *m* gamete.

gamín *m* Amér child.

gamma *f* gamma.

gamo *m* fallow deer.

gamonal *m* Amér village chief.

gamonalismo *m* Amér caciquism.

gamuza *f* - **1.** [tejido] chamois (leather); [trapo] duster. - **2.** [animal] chamois.

gana *f* - **1.** [afán]: ~ **(de)** desire o wish (to); **con** ~**s** [comer] heartily; [con entusiasmo] enthusiastically; **hace el trabajo con** ~**s** she goes about her work with relish; **de** ~ energetically, eagerly; **de buena** ~ willingly; **de buena** ~ **lo dejaría todo y me iría lejos** I'd quite happily drop everything and go off somewhere far away; **de mala** ~ unwillingly; **no es nada trabajador, todo lo hace de mala** ~ he's not very hardworking, he always drags his feet when he has to do something; **me da/no me da la** ~ **hacerlo** I damn well feel like/don't damn well feel like doing it; **sin** ~**s** unwillingly ❑ **es** ~ Amér fam it's a waste of time, there's no point. - **2.** [apetito] appetite; **comía con mucha** ~ he ate with a lot of relish.

◆ **ganas** *fpl* [deseo]: **tener** ~**s de algo/hacer algo, sentir** ~**s de algo/hacer algo** to feel like sthg/doing sthg; **no tengo** ~**s de que me pongan una multa** I don't fancy getting a fine; **quedarse con (las)** ~**s de hacer algo** not to manage to do sthg ❑ **morirse de** ~**s de hacer algo** to be dying to do sthg; **tenerle** ~**s a alguien** to have it in for sb.

ganable *adj* gainable.

ganadería *f* - **1.** [actividad] livestock farming. - **2.** [ganado] livestock. - **3.** [lugar] livestock farm.

ganadero, ra ◇ *adj* livestock-farming (antes de sust); [industria] livestock (antes de sust). ◇ *m, f* livestock farmer.

ganado *m* - **1.** [gen] livestock, stock; ~ **caballar** horses (pl); ~ **cabrío** goats (pl); ~ **lanar** sheep (pl); ~ **porcino** pigs (pl); ~ **vacuno** cattle (pl). - **2.** [de abejas] hive. - **3.** fam fig [personas] mob, bunch. - **4.** Amér [el vacuno] cattle (pl).

ganador, ra ◇ *adj* winning. ◇ *m, f* winner.

ganancia *f* - **1.** [rendimiento] profit; [ingreso] earnings (pl); ~ **líquida** net profit; ~**s de capital** capital gains; ~**s y pérdidas** profit and loss; ~ **total** o **bruta** gross profit. - **2.** Amér [propina] extra, bonus.

ganancial *adj* → **bien**.

ganancioso, sa ◇ *adj* profitable, lucrative. ◇ *m, f* winner.

ganapán despec *m* - **1.** [trabajador] odd-job man. - **2.** [hombre rudo] lout.

ganar ◇ *vt* - **1.** [adquirir, conseguir] to win; [sueldo, dinero] to earn; [peso, tiempo, terreno] to gain. - **2.** [derrotar] to beat; ~ **a alguien a algo** to beat sb at sthg. - **3.** [aventajar]: ~ **a alguien en algo** to be better than sb as regards sthg;

me gana en hermosura pero no en inteligencia she's prettier than me, but not as intelligent. - **4.** [alcanzar] to reach, to make it to. - **5.** [conquistar] to take, to capture. ◇ *vi* - **1.** [vencer] to win. - **2.** [lograr dinero] to earn money; **sólo gana para subsistir** she earns only enough to live on. - **3.** [mejorar]: ~ **(con)** to benefit (from); **ha ganado con el cambio de trabajo** he has benefitted from changing jobs; ~ **en algo** to gain in sthg.

◆ **ganarse** *vpr* - **1.** [simpatía, respeto] to earn; [persona] to win over. - **2.** [merecer] to deserve. - **3.** Amér [refugiarse] to take refuge.

ganchete ◆ **a medio ganchete** loc adv fam [a medias] half-finished.

◆ **al ganchete** loc adv [de reojo] out of the corner of one's eye.

◆ **de medio ganchete** loc adv Amér [inclinado] about to fall.

◆ **de ganchete** loc adv Amér: **ir de** ~ to walk arm-in-arm.

ganchillo *m* - **1.** [aguja] crochet hook; [labor] crochet; **hacer** ~ to crochet. - **2.** [de pelo] hairpin.

gancho *m* - **1.** [pieza] hook; [de percha] peg; **echar el** ~ [fig] to hook, to snare. - **2.** [labor] crochet. - **3.** [cómplice - de timador] decoy; [- de vendedor] person who attracts buyers. - **4.** fam [atractivo] charm, sex appeal; **tener** ~ to have charm o sex appeal. - **5.** [de árbol] stump. - **6.** [palo] crook. - **7.** Amér [horquilla] hairpin. - **8.** Amér fam [ayuda] aid, help; **hacer** ~ to help. - **9.** Amér [silla] sidesaddle.

ganchudo, da *adj* hooked.

gándara *f* low wasteland.

gandaya *f* fam loafing, idleness.

gandido, da *adj* Amér gluttonous, greedy.

gandinga *f* - **1.** [mineral lavado] fine washed ore. - **2.** Amér [guisado] liver stew. - **3.** Amér [apatía] laziness, idleness.

gandujar *vt* to pleat.

gandul, la fam ◇ *adj* lazy. ◇ *m, f* lazybones, layabout.

◆ **gandul** *m* pigeon pea.

gandulear *vi* to loaf around.

gandulería *f* idleness.

ganga *f* - **1.** [con muy buen precio] snip Br, bargain. - **2.** [suerte] windfall. - **3.** MIN gangue.

Ganges *m*: **el** ~ the Ganges.

ganglio *m* ganglion.

gangosidad *f* nasality.

gangoso, sa *adj* nasal.

gangrena *f* - **1.** MED gangrene. - **2.** [en árbol] corrosive tree disease. - **3.** fig [corrupción] rot.

gangrenado, da *adj* - **1.** MED gangrenous. - **2.** fig [corrupto] rotten.

gangrenarse *vpr* MED to become gangrenous.

gangrenoso, sa *adj* MED gangrenous.

gángster (pl **gángsters**) *m* gangster.

gangsterismo *m* gangsterism.

ganguear *vi* to speak nasally, to speak through one's nose.

gangueo *m* nasal tone, twang.

ganguero, ra *m, f* fam bargain hunter.

gánguil *m* [de pesca] fishing boat.

Ganimedes *m* Ganymede.

ganoso, sa *adj* keen, eager; **están** ~**s de conseguir fama** they want to become famous.

gansada *f* fam silly thing.

gansear *vi* fam to lark about.

ganso, sa ◇ *adj* silly, daft. ◇ *m, f* - **1.** [ave - hembra] goose; [- macho] gander. - **2.** fam [persona] idiot, fool.

ganzúa *f* - **1.** [gancho] picklock. - **2.** fig [ladrón] burglar. - **3.** fam fig [fisgón] busybody, nosy parker Br.

gañido *m* yelp.

gañir *vi* - **1.** [perros] to yelp. - **2.** [ave] to croak, to caw. - **3.** fig [persona] to wheeze.

gañote *m* fam gullet; **de** ~ fam fig (for) free.

gañotear *vt fam* not to pay for.

garabatear ◇ *vi* **- 1.** [escribiendo] to scribble. **- 2.** [enganchar] to make a grab with a hook. **- 3.** *fam fig* [andarse con rodeos] to beat around the bush. ◇ *vt* to scribble.

garabateo *m* **- 1.** [escritura] scribble, scribbling *(U)*. **- 2.** [enganche] hooking. **- 3.** *fam fig* [rodeos] beating around the bush.

garabato *m* **- 1.** [de escritura] scribble; **hacer ~s** to scribble. **- 2.** [gancho] hook, grapple.

◆ **garabatos** *mpl* gesticulations.

garabito *m* market stall.

garaje *m* garage.

garajista *mf* garage attendant.

garambaina *f* [adorno] trinket.

◆ **garambainas** *fpl fam* **- 1.** [muecas] affected mannerisms. **- 2.** [garabatos] scribbles.

garante ◇ *adj* responsible. ◇ *mf* guarantor; **salir ~** to act as guarantor.

garantía *f* **- 1.** [gen] guarantee; **me ha dado su ~ de que lo hará** she guaranteed that she'd do it; **antes de comprarlo comprueba si tiene ~** before you buy it, make sure it has a guarantee; **de ~** reliable, dependable; **ser ~ de algo** to guarantee sthg; **su presencia en la película es ~ de éxito** the fact that he's in the film guarantees its success ❑ **~s constitucionales** constitutional rights. **- 2.** [fianza] surety.

garantir [78] *vt* **- 1.** [asegurar] to guarantee. **- 2.** [preservar] to protect, to defend.

garantizado, da *adj* guaranteed.

garantizador, ra ◇ *adj* responsible. ◇ *m, f* guarantor.

garantizar [13] *vt* **- 1.** [gen] to guarantee; **~ algo a alguien** to assure sb of sthg. **- 2.** [avalar] to vouch for.

garapiña *f Amér* [bebida] *pineapple-skin drink.*

garapiñar *vt* **- 1.** [golosina] to glaze, to coat with syrup. **- 2.** [líquido] to freeze.

garata *f Amér fam* brawl.

garatusa *f* **- 1.** *fam* [halago] flattery *(U)*. **- 2.** ESGRIMA thrust.

garbanceo *m fam* daily bread.

garbancero, ra ◇ *adj* chickpea *(antes de sust)*. ◇ *m, f* [vendedor] chickpea seller.

garbanzo *m* chickpea.

◆ **garbanzo negro** *m fam fig* [persona] black sheep.

garbanzuelo *m* [en caballos] spavin.

garbear ◇ *vi* **- 1.** [fanfarronear] to swagger, to put on airs. **- 2.** [robar] to steal, to rob. ◇ *vt* to steal, to rob.

◆ **garbearse** *vpr fam* **- 1.** [pasear] to go for a walk. **- 2.** [apañárselas] to manage, to get by.

garbeo *m fam* stroll; **dar un ~** to go for o take a stroll.

garbías *fpl fried dish of eggs, herbs and cheese.*

garbillar *vt* **- 1.** [grano] to sift, to sieve. **- 2.** [mineral] to screen, to riddle.

garbillo *m* **- 1.** [para grano] sieve. **- 2.** [para cribar] riddle. **- 3.** [mineral] riddle ore.

garbino *m* southwest wind.

garbo *m* [de persona] grace; [de escritura] stylishness, style.

garbosamente *adv* **- 1.** [con gracia] gracefully. **- 2.** [con generosidad] generously.

garboso, sa *adj* [persona] graceful; [escritura] stylish.

garbullo *m* confusion, uproar.

gardenia *f* gardenia.

garduña *f* marten.

garduño, ña *m, f fam* sneak thief.

garete *m*: **ir** o **irse al ~** *fam* to come adrift.

garfa *f* **- 1.** [garra] claw. **- 2.** ELECTR cable clip.

garfada *f* [con uñas] clawing *(U)*.

garfear *vi* to claw.

garfio *m* hook.

gargajear *vi* to spit.

gargajeo *m* spitting.

gargajo *m* phlegm.

garganta *f* **- 1.** ANAT throat; **lo tengo atravesado en la ~** *fig* he/it sticks in my gullet. **- 2.** [desfiladero] gorge. **- 3.** [voz] singing voice; **este niño tiene buena ~** that boy has a good (singing) voice. **- 4.** [de columna] gorgerin, necking. **- 5.** [de polea] groove.

gargantada *f* mouthful of spit.

gargantear *vi* [cantar] to warble, to trill.

garganteo *m* [canto] warbling, trilling.

gargantilla *f* choker, necklace.

gargantón *m Amér* [collar] heavy necklace.

gargantúa *m* big eater, glutton.

gárgara *f (gen pl)* gargle, gargling *(U)*; **hacer ~s** to gargle ❑ **mandar a alguien a hacer ~s** *fam* to send sb packing; **¡vete a hacer ~s!** *fam* get lost!

◆ **gárgaras** *fpl Amér* [líquido, elixir] gargle *(sg)*.

gargarear *vi* = **gargarizar**.

gargarismo *m* **- 1.** [líquido] gargle. **- 2.** [acción] gargle, gargling *(U)*.

gargarizar [13] *Esp*, **gargarear** *Amér vi* to gargle.

gárgol *m* [ranura] groove.

gárgola *f* gargoyle.

garguero, gargüero *m* windpipe, gullet.

garita *f* [gen] cabin; [de conserje] porter's lodge; MIL sentry box.

garitero *m* **- 1.** [propietario] gambling den owner. **- 2.** [jugador] gambler.

garito *m* **- 1.** *despec* [casa de juego] gambling den; [establecimiento] dive. **- 2.** [ganancia] winnings *(pl)*.

garlador, ra *fam* ◇ *adj* chatty. ◇ *m, f* chatterer.

garlar *vi fam* to chatter.

garlito *m* **- 1.** *fam* [trampa] trap, snare; **caer en el ~** to fall for it ❑ **coger a alguien en el ~** to catch sb in the act. **- 2.** [de pesca] fish trap.

garnacha *f* [uva] *purplish grape from the Pyrenees.*

garra *f* **- 1.** [de animal] claw; [de ave de rapiña] talon. **- 2.** *despec* [de persona] paw, hand; **caer en las ~s de alguien** to fall into sb's clutches; **echar la ~ a alguien** to lay one's hands on sb; **tener ~** [persona] to have charisma; [novela, canción etc] to be gripping. **- 3.** [de arpón] hook. **- 4.** *Amér* [fuerza] strength. **- 5.** *loc*: **como una ~** *Amér* very thin, emaciated.

◆ **garras** *fpl Amér* [harapos] tatters, rags.

garrafa *f* large bottle, usually in a wicker holder.

garrafal *adj* monumental, enormous.

garrafiñar *vt fam* to grab, to snatch.

garrafón *m* demijohn.

garrapata *f* **- 1.** [parásito] tick. **- 2.** *fam* [caballo] nag.

garrapatear *vi* to scribble, to scrawl.

garrapato *m* scribble, scribbling *(U)*.

garrapiña *f* sugar coating.

garrapiñado, da *adj* sugar-coated.

garrapiñar *vt* **- 1.** [fruta] to candy; [almendras etc] to coat with sugar. **- 2.** [hurtar] to grab, to snatch.

garrear ◇ *vt Amér* **- 1.** [res] to skin the hooves of. **- 2.** [robar] to steal. ◇ *vi* NÁUT to drag anchor.

garrete *m* = **jarrete**.

garrido, da *adj* elegant, smart.

garrocha *f* pike, lance.

garrón *m* **- 1.** [de ave] talon. **- 2.** [de pata] hoof by which dead animals are hung. **- 3.** [gancho] stump.

garrotazo *m* blow with a club o stick.

garrote *m* **- 1.** [palo] club, stick. **- 2.** [torniquete] tourniquet. **- 3.** [instrumento] garotte; **dar ~** to garotte. **- 4.** [de pared] bulge. **- 5.** [rama] cutting. **- 6.** NÁUT fid. **- 7.** *Amér* [freno] brake.

garrotear *vt Amér* to club.

garrotillo *m* MED croup.

garrudo, da *adj* - **1.** [con garra] strong-clawed. - **2.** *Amér* [forzudo] muscular, brawny.

garrular *vi* to chatter, to prattle.

gárrulo, la *adj* - **1.** *fig* [persona] garrulous, talkative. - **2.** [pájaro] twittering, chirping. - **3.** [agua] babbling.

garúa, garuja *f Amér* drizzle.

garulla *f* - **1.** [uvas] loose grapes (*pl*). - **2.** [granuja] rascal, scoundrel. - **3.** *fam fig* [gentío] mob.

garza *f* heron; ~ **imperial/real** purple/grey heron.

garzo, za *adj* blue.

◆ **garzo** *m* BOT agaric.

gas (*pl* **gases**) *m* gas; **con** ~ carbonated, sparkling □ ~ **butano** butane (gas); ~ **ciudad/natural** town/natural gas; ~**es de combustión** exhaust (*U*); ~ **hilarante/pobre/tóxico** laughing/producer/poison gas; ~ **lacrimógeno/nervioso** tear/nerve gas; ~ **de los pantanos** GEOL marsh gas.

◆ **gases** *mpl* [en el estómago] wind (*U*).

◆ **a todo gas** *loc adv* flat out, at top speed.

gasa *f* [tela] gauze; [de luto] crepe.

gaseado, da *adj* gassed.

gasear *vt* - **1.** [lugar] to gas. - **2.** [líquido] to carbonate.

gaseoducto *m* gas pipeline.

gaseoso, sa *adj* gaseous; [bebida] fizzy.

◆ **gaseosa** *f* lemonade.

gásfiter, gasfitero *m Amér* plumber.

gasfitería *f Amér* plumber's (shop).

gasfitero = **gásfiter**.

gasificación *f* gasification.

gasificador *m* gasifier.

gasificar [10] *vt* to gasify; [bebida] to carbonate.

gasóleo, gasoil *m* diesel oil.

gasolina *f* petrol *Br*, gas *Am*; **poner** ~ to fill up (with petrol) □ ~ **normal** three-star (petrol).

gasolinera *f* - **1.** [establecimiento] petrol station *Br*, gas station *Am*. - **2.** [lancha] motorboat.

gasómetro *m* gasometer.

Gaspar *m* BIBLIA Casper.

gastado, da *adj* - **1.** [ropa, pieza etc] worn-out. - **2.** [frase, tema] hackneyed. - **3.** [persona] broken, burnt out.

gastador, ra *adj & m, f* spendthrift.

◆ **gastador** *m* MIL sapper.

gastar ◇ *vt* - **1.** [consumir - dinero, tiempo] to spend; [- gasolina, electricidad] to use (up); [- ropa, zapatos] to wear out. - **2.** *fig* [usar - gen] to use; [- ropa] to wear; [- número de zapatos] to take; **gasta unos modales arrabaleros** she has a very coarse manner; ~ **una broma (a alguien)** to play a joke (on sb). - **3.** [malgastar] to waste. - **4.** *loc*: ~**las** to carry on, to behave; **no esperes que sea educado, ya sabes cómo las gasta** don't expect him to be polite, you know how he carries on. ◇ *vi* - **1.** [despilfarrar] to spend (money). - **2.** [desgastar] to be wearing.

◆ **gastarse** *vpr* - **1.** [deteriorarse] to wear out. - **2.** [terminarse] to run out. - **3.** [debilitarse] to wear o.s. out, to become exhausted.

Gasteiz *s* = **Vitoria**.

gasto *m* - **1.** [acción de gastar] outlay, expenditure; [cosa que pagar] expense; [de energía, gasolina] consumption; [despilfarro] waste; **cubrir** ~**s** to cover one's costs, to break even; **no reparar en** ~**s** to spare no expense □ ~ **amortizable** ECON capitalized expense; ~ **deducible** ECON tax-deductible expense; ~ **público** public expenditure; ~**s corrientes** running costs; ~**s diversos** sundries; ~**s de envío** postage and packing; ~**s fijos** COM fixed charges o costs; [en una casa] overheads; ~**s generales** overheads; ~**s de mantenimiento** maintenance costs; ~**s de representación** entertainment allowance (*sg*); ~**s de tramitación** handling charges; ~**s de viajes** travelling expenses; **hacer el** ~ **de la conversación** *fam* to do all the talking. - **2.** Fís volume of flow.

gastoso, sa *adj* spendthrift.

gástrico, ca *adj* gastric.

gastritis *f inv* gastritis.

gastroenteritis *f inv* gastroenteritis.

gastroenterología *f* gastroenterology.

gastrointestinal *adj* gastrointestinal.

gastrología *f* gastrology.

gastronomía *f* gastronomy.

gastronómico, ca *adj* gastronomic.

gastrónomo, ma *m, f* gourmet, gastronome.

gata *f* - **1.** [nubecilla] hill cloud. - **2.** BOT restharrow. - **3.** *Amér fam* [sirvienta] maid. - **4.** → **gato**.

◆ **a gatas** *loc adv* [de cuatro patas] on all fours.

gatada *f* - **1.** [movimiento, acto, etc] cat-like movement. - **2.** *fig* [trampa] ruse, trick.

gatallón, ona *fam* ◇ *adj* rascally, roguish. ◇ *m, f* rascal, rogue.

gatazo *m* - **1.** [gato] large cat. - **2.** *fam* [engaño] swindle, trick; **dar el** ~ **a alguien** to swindle sb.

gateado, da *adj* - **1.** [gatuno] catlike, feline. - **2.** [mármol] veined.

◆ **gateado** *m* - **1.** [madera] veined wood. - **2.** [gateo] crawling, creeping. - **3.** [a árbol, astil] climb, climbing (*U*).

gatear ◇ *vi* - **1.** [andar a gatas] to crawl. - **2.** [trepar] to climb. - **3.** *Amér fam* [seducir] to be after the girls. ◇ *vt* - **1.** [arañar] to scratch, to claw. - **2.** *fam* [hurtar] to swipe.

gatera *f* - **1.** [en pared, puerta etc] cat flap o door. - **2.** [en buque] hawsehole. - **3.** *Amér* [persona] market stallholder.

gatería *f* - **1.** [gatos] cats (*pl*). - **2.** *fam* [de chicos] gang of hooligans. - **3.** [cualidad] sham.

gatillero *m Amér* hired gunman.

gatillo *m* - **1.** [de arma] trigger. - **2.** MED forceps (*pl*). - **3.** [tenazas] clamp. - **4.** [de animal] nape. - **5.** *fam fig* [ratero] petty thief.

gatito, ta *m, f* kitten.

gato, ta *m, f* [animal] cat; ~ **de algalia** civet; ~ **de Angora** Angora cat; ~ **cerval** lynx; ~ **montés** wildcat; ~ **persa/romano/siamés** Persian/tabby/Siamese cat; **dar** ~ **por liebre a alguien** *fig* to swindle o cheat sb; **buscar tres pies al** ~ *fig* to overcomplicate matters; **llevar el** ~ **al agua** *fig* to pull it off; **no hay** ~**s, no hay un** ~ *fig fam* there isn't a soul; **sólo había cuatro** ~**s** *fig* there was hardly a soul there; **aquí hay** ~ **encerrado** *fig* there's something fishy going on here.

◆ **gato** *m* - **1.** TECN jack; ~ **hidráulico** hydraulic jack. - **2.** [gancho] clamp, vice. - **3.** *fam* [portamonedas] money bag. - **4.** [ahorros] savings (*pl*). - **5.** *fam* [ratero] young thief. - **6.** *fam* [madrileño] native of Madrid. - **7.** [hombre astuto] fox, slyboots (*sg*). - **8.** *Amér* [danza] Argentine folk dance. - **9.** *Amér* [sífilis] syphilis.

GATT (*abrev de* **General Agreement on Tariffs and Trade**) *m* GATT.

gatuno, na *adj* catlike, feline.

gauchada *f Amér* favour.

gauchaje *m Amér* group of gauchos.

gauchismo *m Amér* Argentine literary and musical movement concerned with gaucho life.

gaucho, cha *adj* - **1.** [de las pampas] gaucho. - **2.** *Amér* [astuto] shrewd, cunning. - **3.** *Amér* [jinete] good at riding. - **4.** *Amér* [grosero] rude, uncouth.

◆ **gaucho** *m* - **1.** [de las pampas] gaucho. - **2.** *Amér* [jinete] skilled horseman. - **3.** *Amér* [sombrero] broad-brimmed straw hat.

gaudeamus *m inv* celebration, festivity.

gaveta *f* drawer.

gavia *f* - **1.** [vela] topsail. - **2.** [jaula] wooden cage. - **3.** [zanja] ditch. - **4.** [gaviota] seagull.

gavial *m* gavial.

gavilán *m* - **1.** [ave] sparrowhawk. - **2.** [en escritura] flourish. - **3.** [de pluma] nib. - **4.** [de espada] quillon. - **5.** [uñero] ingrowing nail. **- 6.** *Amér* VETER *type of horse disease.* **- 7.** [flor del cardo] thistle flower.

gavilla *f* **- 1.** AGR sheaf. **- 2.** *fig* [de gente] gang, band; ~ **de ladrones** band of thieves.

gavillero *m* **- 1.** AGR row of sheaves. **- 2.** *Amér* [persona] thug.

gaviota *f* seagull.

gay (*pl* **gays**) *adj inv & mf* gay *(homosexual).*

gayumbos *mpl mfam* men's undies.

gazapa *f fam* lie, fib.

gazapatón *m fam* blunder.

gazapo *m* **- 1.** [animal] young rabbit. **- 2.** [error] misprint. **- 3.** *fig* [persona] sly fox. **- 4.** [mentira] lie, fib.

gazmoñería, gazmoñada *f* sanctimoniousness.

gazmoño, ña, gazmoñero, ra *adj* sanctimonious.

gaznápiro, ra ◇ *adj* simple-minded, dull-witted. ◇ *m, f* numbskull, dunce.

gaznatada *f* **- 1.** [golpe] blow to the throat. **- 2.** *Amér* [bofetada] slap.

gaznate *m* gullet; **remojar el ~** *fig* to wet one's whistle.

gazpacho *m* gazpacho, *Andalusian soup made from tomatoes, peppers, cucumbers and bread, served chilled.*

gazuzo, za *adj Amér* ravenous.

◆ **gazuza** *f Amér* **- 1.** [hambre] extreme hunger; **tener ~** to be famished o ravenous. **- 2.** [alboroto] row, uproar.

GB (*abrev de* **Gran Bretaña**) *f* GB.

géiser (*pl* **géiseres**), **géyser** (*pl* **géyseres**) *m* geyser.

geisha ['geiʃa] *f inv* geisha.

gel *m* gel.

gelatina *f* [de carne] gelatine; [de fruta] jelly.

gelatinoso, sa *adj* gelatinous.

gélido, da *adj* gelid, icy.

gema *f* gem.

gemelo, la ◇ *adj* twin *(antes de sust).* ◇ *m, f* [persona] twin.
◆ **gemelo** *m* [músculo] calf.
◆ **gemelos** *mpl* **- 1.** [de camisa] cufflinks. **- 2.** [prismáticos] binoculars; [para teatro] opera glasses.

Gemelos ◇ *m inv* **- 1.** [zodiaco] Gemini; **ser ~** to be (a) Gemini. **- 2.** [constelación] Gemini. ◇ *mf inv* [persona] Gemini.

gemido *m* [de persona] moan, groan; [de animal] whine; **dar ~s** to groan.

geminación *f* **- 1.** [división] separation, division. **- 2.** LITER gemination.

geminado, da *adj* geminate.

Géminis ◇ *m inv* [zodiaco] Gemini; **ser ~** to be (a) Gemini. ◇ *mf inv* [persona] Gemini.

gemir [26] *vi* **- 1.** [persona] to moan, to groan; [animal] to whine. **- 2.** [viento] to howl.

gemología *f* gemology.

gen *m* = gene.

gendarme *mf* gendarme.

gendarmería *f* gendarmerie.

gene, gen *m* gene.

genealogía *f* genealogy.

genealógico, ca *adj* genealogical.

genealogista *mf* genealogist.

generable *adj* generable, capable of being generated.

generación *f* generation; ~ **espontánea** spontaneous generation, autogenesis.

generacional *adj* generation *(antes de sust).*

generador, ra *adj* generating.
◆ **generador** *m* generator; ~ **de gas/de señales** gas/signal generator.

general ◇ *adj* **- 1.** [gen] general; **la huelga ha sido ~** it was a general strike; **ofreció una visión ~ de la situación** she gave a general overview of the situation; **sólo tengo unas nociones muy ~es de griego** I only have a

very general knowledge of Greek; **por lo ~**, **en ~** in general, generally. **- 2.** [usual] usual; **esa es la opinión ~ de la gente que no lee los periódicos** that's what people who don't read the papers usually think. ◇ *m* MIL general; ~ **de brigada** brigadier *Br*, brigadier general *Am*; ~ **de división** major general; ~ **en jefe** commander-in-chief.

generala *f* MIL call to arms; **tocar a ~** to sound the call to arms.

generalato *m* **- 1.** [grado] generalship. **- 2.** [conjunto] generals *(pl).*

generalidad *f* **- 1.** [mayoría] majority. **- 2.** [vaguedad] generalization.

◆ **generalidades** *fpl* [principios básicos] basic principles.

generalísimo *m* supreme commander, generalissimo.

generalista *adj* [médico] general.

Generalitat [ʒenerali'tat] *f* Generalitat, *autonomous government of Catalonia or Valencia.*

generalizable *adj* capable of becoming widespread o generalized.

generalización *f* **- 1.** [comentario amplio] generalization. **- 2.** [extensión - de conflicto] escalation, widening; [- de prácticas, enseñanza] spread.

generalizado, da *adj* widespread.

generalizar [13] ◇ *vt* to spread, to make widespread. ◇ *vi* to generalize.

◆ **generalizarse** *vpr* to become widespread.

generalmente *adv* generally.

generar *vt* [gen] to generate; [engendrar] to create.

generativo, va *adj* generative.

generatriz (*pl* **generatrices**) *f* generatrix.

genéricamente *adv* generically.

genérico, ca *adj* **- 1.** [común] generic. **- 2.** GRAM gender *(antes de sust).*

género *m* **- 1.** [clase] kind, type. **- 2.** GRAM gender. **- 3.** LITER genre. **- 4.** BIOL genus; **el ~ humano** the human race. **- 5.** MÚS: ~ **chico** zarzuela, *Spanish light opera;* ~ **lírico** opera. **- 6.** [productos] merchandise, goods *(pl).* **- 7.** [tejido] cloth, material; ~ **de punto** knitwear. **- 8.** [manera] manner, style.

generosamente *adv* generously.

generosidad *f* **- 1.** [hacia los demás] generosity. **- 2.** [valor] valour, courage.

generoso, sa *adj* **- 1.** [con los demás] generous. **- 2.** [noble] magnanimous, noble. **- 3.** [valiente] brave, courageous. **- 4.** [tierra] fertile. **- 5.** [vino] full-bodied.

génesis *f inv* genesis.
◆ **Génesis** *m* BIBLIA Genesis.

genético, ca *adj* genetic.
◆ **genética** *f* genetics *(U).*

Gengis *m*: ~ **Kan** Genghis Khan.

genial *adj* **- 1.** [autor, compositor etc] of genius. **- 2.** *fig* [estupendo] brilliant, great. **- 3.** [propio, típico] characteristic, typical.

genialidad *f* **- 1.** [capacidad] genius. **- 2.** [acción] stroke of genius.

genialmente *adv* **- 1.** [con talento] brilliantly. **- 2.** [alegremente] genially, pleasantly.

genio *m* **- 1.** [talento] genius. **- 2.** [carácter] nature, disposition. **- 3.** [personalidad fuerte] spirit. **- 4.** [mal carácter] bad temper; **estar de/tener mal ~** to be in a mood/bad-tempered; **volado de ~** *Amér* quicktempered. **- 5.** [ser sobrenatural & MITOL] genie.

genital ◇ *adj* genital. ◇ *m* testicle.
◆ **genitales** *mpl* genitals.

genitivo, va *adj* capable of reproducing.
◆ **genitivo** *m* genitive.

genitor, ra *adj* reproductive.
◆ **genitor** *m* procreator.

genocidio *m* genocide.

genoma *m* genome.

genotipo *m* genotype.

gente *f* - **1.** [gen] people *(pl)*; **esa información nunca llega a la** ~ that information never reaches the people; **la** ~ **de la oficina ha preparado una fiesta** the people at the office have organized a party ☐ ~ **baja** common people; ~ **bien** well-to-do people; ~ **de bien** decent folk *(pl)*; ~ **capa parda** country folk; ~ **de letras** well-read people; ~ **de mar** seamen *(pl)*; ~ **de medio pelo** people of limited means; ~ **menuda** kids *(pl)*; ¡~ **de paz!** MIL a friend!; ~ **perdida** [vagabundos] tramps *(pl)* Br, bums *(pl)* Am; [ladrones] crooks *(pl)*; ~ **de trato** tradespeople; ~ **de vida airada** libertines *(pl)*. - **2.** *fam* [familia] folks *(pl)*; **de** ~ **en** ~ from generation to generation. - **3.** [tropa] men *(pl)*, troops *(pl)*. - **4.** *Amér* [persona decente] decent person.
♦ **gentes** *fpl* BIBLIA Gentiles.

gentecilla *f despec* riffraff, rabble.

gentil ◇ *adj* - **1.** [amable] kind, nice. - **2.** [pagano] pagan, heathen. ◇ *mf* gentile.

gentileza *f* - **1.** [cortesía] courtesy, kindness; **¿tendría la** ~ **de decirme...?** would you be so kind as to tell me...?; **por** ~ **de** by courtesy of. - **2.** [gracia] gracefulness.

gentilhombre *m* HIST gentleman *(in the royal court)*.

gentilicio, cia *adj* [de linaje] hereditary.
♦ **gentilicio** *m term referring to the natives or inhabitants of a particular place.*

gentilmente *adv* - **1.** [con cortesía] courteously. - **2.** [con amabilidad] kindly. - **3.** [con gracia] gracefully.

gentío *m* crowd.

gentuza *f* riffraff.

genuflexión *f* genuflection; **hacer una** ~ to genuflect.

genuino, na *adj* genuine.

GEO *(abrev de* **Grupo Especial de Operaciones)** *m* specially trained police force, ≈ SAS Br, ≈ SWAT Am.

geocéntrico, ca *adj* geocentric.

geoda *f* geode.

geodesia *f* geodesy.

geodinámica *f* geodynamics *(U)*.

geofísico, ca ◇ *adj* geophysical. ◇ *m, f* [persona] geophysicist.
♦ **geofísica** *f* [ciencia] geophysics *(U)*.

geografía *f* geography; **varios puntos de la** ~ **nacional** several parts of the country ☐ ~ **física/política** physical/political geography.

geográfico, ca *adj* geographical.

geógrafo, fa *m, f* geographer.

geología *f* geology.

geológico, ca *adj* geological.

geólogo, ga *m, f* geologist.

geomancia *f* geomancy.

geómetra *mf* [en matemáticas] geometrician.

geometría *f* [ciencia] geometry; ~ **analítica/descriptiva** analytical/descriptive geometry; ~ **del espacio** solid geometry; ~ **plana/proyectiva** plane/projective geometry.

geométrico, ca *adj* - **1.** [de la geometría] geometric. - **2.** *fig* [exacto] exact, precise.

geomorfía, geomorfología *f* geomorphology.

geopolítico, ca *adj* geopolitical.
♦ **geopolítica** *f* geopolitics *(U)*.

geoquímica *f* geochemistry.

Georgetown ['ɔrdʒtaun] *s* Georgetown.

geórgico, ca *adj* LITER georgic.
♦ **geórgica** *f (gen pl)* LITER georgic.

geotermia *f* geothermics *(U)*.

geranio *m* geranium.

gerencia *f* - **1.** [gen] management. - **2.** [cargo] post of manager. - **3.** [oficina] manager's office.

gerente *mf* manager, director.

geriatra *mf* geriatrician.

geriatría *f* geriatrics *(U)*.

geriátrico, ca *adj* geriatric.

gerifalte, jerifalte *m* - **1.** ZOOL gerfalcon. - **2.** *fig* [persona] bigwig.

germanía *f culto* thieves' slang.

germánico, ca ◇ *adj* [gen] Germanic; [pueblos, carácter] Teutonic. ◇ *m, f* [alemán] German; HIST Teuton.
♦ **germánico** *m* [lengua] Germanic.

germanio *m* QUÍM germanium.

germanismo *m* Germanism.

germanista *mf* German scholar.

germanización *f* germanization.

germanizar [13] *vt* to germanize.

germano, na ◇ *adj* [gen] Germanic; [pueblos, carácter] Teutonic. ◇ *m, f* [alemán] German; HIST Teuton.

germanófilo, la *adj & m, f* Germanophile.

germanófobo, ba ◇ *adj* Germanophobic. ◇ *m, f* Germanophobe.

germen *m lit & fig* germ.
♦ **germen de trigo** *m* wheat germ.

germicida ◇ *adj* germicidal. ◇ *m* germicide.

germinación *f* germination.

germinador, ra *adj* germinating.

germinal *adj* germinal.

germinar *vi lit & fig* to germinate.

Gerona *s* Gerona.

Gerónimo *m* = **Jerónimo.**

gerontocracia *f* gerontocracy.

gerontología *f* gerontology.

gerontólogo, ga *m, f* gerontologist.

gerundense ◇ *adj* of/relating to Gerona. ◇ *mf* native/inhabitant of Gerona.

gerundio *m* gerund.

gesta *f* exploit, feat.

gestación *f lit & fig* gestation.

gestar *vi* to gestate.
♦ **gestarse** *vpr:* **se estaba gestando un cambio sin precedentes** the seeds of an unprecedented change had been sown.

gesticulación *f* gesticulation; [de cara] face-pulling.

gesticulador, ra *adj* [que hace gestos] gesturing, gesticulatory; [que hace muecas] grimacing.

gesticular *vi* to gesticulate; [con la cara] to pull faces.

gestión *f* - **1.** [diligencia] step, thing that has to be done; **tengo que hacer unas gestiones** I have a few things to do; **realizar gestiones** [negociar] to negotiate. - **2.** [administración] management; ~ **de cartera** ECON portfolio management.

gestionar *vt* - **1.** [tramitar] to negotiate. - **2.** [administrar] to manage.

gesto *m* - **1.** [gen] gesture; **hacer** ~**s** to gesture, to gesticulate. - **2.** [mueca] face, grimace; **hacer un** ~ to pull a face. - **3.** [expresión] look, expression. - **4.** [semblante] face. - **5.** *loc:* **estar de buen** ~ to be in a good mood o good spirits; **estar de mal** ~ to be in a bad mood o poor spirits; **hacer** ~**s a** to look disdainfully at; **poner** ~ **a** to scowl at.

gestor, ra ◇ *adj* - **1.** [que administra] managing *(antes de sust)*. - **2.** [que negocia] negotiating. ◇ *m, f person who carries out dealings with public bodies on behalf of private customers or companies, combining the role of solicitor and accountant.*

gestoría *f office of a 'gestor'.*

gestual *adj* using gestures.

Getsemaní *m* BIBLIA: **el huerto de** ~ the Garden of Gethsemane.

géyser *m* = **géiser.**

Ghana *s* Ghana.

ghanés, esa *(pl* **ghaneses)** *adj & m, f* Ghanaian.

ghetto *m* = **gueto.**

giba *f* - **1.** [de camello] hump. - **2.** [de persona] hunchback, hump. - **3.** *fig* [molestia] nuisance, bother.

gibar *vt* - **1.** [curvar] to bend, to curve. - **2.** [molestar] to annoy, to bother.

gibelino, na *adj & m, f* HIST Ghibelline.

gibón *m* gibbon.

giboso, sa ◇ *adj* hunchbacked. ◇ *m, f* hunchback.

Gibraltar *s* - **1.** → **estrecho.** - **2.** → **peñón.**

gibraltareño, ña *adj & m, f* Gibraltarian.

gigabyte [ʃiɣaˈβait] *m* INFORM gigabyte.

gigante, ta *m, f* giant.

◆ **gigante** *adj* gigantic.

gigantesco, ca *adj* gigantic.

gigantez (*pl* **giganteces**) *f* gigantic size.

gigantismo *m* gigantism.

gigantón, ona *m, f* [en procesiones] giant.

◆ **gigantón** *m Amér* BOT sunflower.

gigoló [ʃiɣoˈlo] (*pl* **gigolós**) *m* gigolo.

gil, gila *m, f Amér fam* twit *Br*, jerk *Am*.

gilí *mfam* ◇ *adj* stupid. ◇ *mf prat Br*, jerk *Am*.

gilipollada, jilipollada *f mfam*: **hacer/decir una** ~ to do/say sthg bloody stupid.

gilipollas, jilipollas *mfam* ◇ *adj inv* daft, dumb *Am*. ◇ *mf inv* prat *Br*, jerk *Am*.

gilipollez (*pl* **gilipolleces**), **jilipollez** (*pl* **jilipolleces**) *f inv mfam*: **hacer/decir una** ~ to do/say sthg bloody stupid.

gima, gimiera *etc v* → **gemir.**

gimnasia *f* [deporte] gymnastics *(U)*; [ejercicio] gymnastics *(pl)*; ~ **correctiva** O **médica** O **terapéutica** physiotherapeutic exercises *(pl)*; ~ **deportiva** gymnastics *(U)*; ~ **rítmica** rhythmic gymnastics *(U)*; ~ **sueca** free exercise, callisthenics *(U)*; **confundir la** ~ **con la magnesia** *fig* to get the wrong end of the stick.

gimnasio *m* gymnasium.

gimnasta *mf* gymnast.

gimnástico, ca *adj* gymnastic.

gimoteador, ra ◇ *adj* whining, whimpering. ◇ *m, f* whiner, whimperer.

gimotear *vi* to whine, to whimper.

gimoteo *m* whining, whimpering.

gin [ʃin] ◆ **gin tonic** *m* gin and tonic.

gincana, gymkhana [ʃinˈkana] *f* [de caballos] gymkhana; [de automóviles] rally.

ginebra *f* - **1.** [licor] gin. - **2.** [instrumento] *early type of xylophone*. - **3.** [juego de cartas] gin rummy. - **4.** *fig* [confusión] confusion, bedlam. - **5.** *fig* [ruido] din, uproar.

Ginebra *s* Geneva.

ginecocracia *f* gynaecocracy.

ginecología *f* gynaecology.

ginecológico, ca *adj* gynaecological.

ginecólogo, ga *m, f* gynaecologist.

ginger ale [ʃinjeˈreil] *m inv* ginger ale.

gingivitis *f inv* gingivitis.

ginseng *m* ginseng.

Gioconda *f:* **la** ~ the Mona Lisa.

gira *f* tour; **estar de** ~ to tour.

giradiscos *m inv* - **1.** [tocadiscos] record player. - **2.** [plato] turntable.

girado, da *m, f* COM drawee.

girador, ra *m, f* COM drawer.

giralda *f* weather vane.

girándula *f* - **1.** [de cohete] pinwheel. - **2.** [fuente] (water) jet. - **3.** [candelero] girandole.

giranta *f Amér mfam* tart, whore.

girar ◇ *vi* - **1.** [dar vueltas] to turn; [rápidamente] to spin. - **2.** [doblar] to turn; **el camino gira a la derecha** the road turns to the right. - **3.** *fig* [centrarse]: ~ **en torno a** O **alrededor de** to be centred around, to centre on; **mi discurso**

ha girado en torno al problema de la superpoblación my speech centred on the issue of overcrowding. - **4.** [negociar] to do business; **esta empresa gira mucho** this firm does a lot of business. - **5.** COM to remit payment; ~ **en descubierto** to overdraw. ◇ *vt* - **1.** [hacer dar vueltas] to turn; [rápidamente] to spin; **giró de nuevo la ruleta** he spun the roulette again. - **2.** COM to draw. - **3.** [dinero] to transfer, to remit.

girasol *m* - **1.** BOT sunflower. - **2.** *fig* [arribista] social climber.

giratorio, ria *adj* revolving; [silla] swivel *(antes de sust)*.

giro *m* - **1.** [gen] turn; **el avión dio un** ~ **completo** the plane turned right round; **no me gusta el** ~ **que toma la conversación** I don't like the turn this conversation is taking □ **andar de mal** ~ to be in a bad way. - **2.** [postal, telegráfico] money order; ~ **postal** postal order. - **3.** [de letras, órdenes de pago] draft. - **4.** [expresión] turn of phrase. - **5.** [de letras, órdenes de pago]: ~ **en descubierto** overdraft.

giroavión *m* gyroplane.

Girona *s* = **Gerona.**

giropiloto *m* gyropilot.

giroscopio *m* gyroscope, gyro.

gis (*pl* **gises**) *m Amér* - **1.** [tiza] chalk. - **2.** [lápiz] slate pencil.

gitanear *vi* to wheedle, to cajole.

gitanería *f* - **1.** [gitanos] gypsies *(pl)*. - **2.** [acción] gypsy-like action. - **3.** [dicho] gypsy saying. - **4.** [engaño] wiliness, craftiness. - **5.** [adulación] wheedling *(U)*, cajolery *(U)*.

gitanesco, ca *adj* - **1.** [de gitano] gypsy *(antes de sust)*. - **2.** [parecido a lo gitano] gypsy-like.

gitano, na ◇ *adj* - **1.** [de la raza] gypsy *(antes de sust)*. - **2.** *fig & despec* [astuto] wily, crafty. - **3.** [adulador] wheedling, cajoling. ◇ *m, f* - **1.** [persona] gypsy. - **2.** [adulador] wheedler, cajoler.

glaciación *f* glaciation.

glacial *adj* [gen] glacial; [viento, acogida] icy.

glacialmente *adv fig* icily.

glaciar ◇ *adj* glacial. ◇ *m* glacier.

gladiador *m* gladiator.

gladiolo, gladíolo *m* gladiolus.

glande *m* glans penis.

glándula *f* gland; ~ **endocrina** endocrine O ductless gland; ~ **exocrina/pituitaria/salivar** exocrine/pituitary/salivary gland; ~ **sebácea/sudorípara/suprarrenal** sebaceous/sweat/adrenal gland.

glandular *adj* glandular.

glasé ◇ *adj* glacé. ◇ *m* glacé silk.

glaseado, da *adj* glacé.

◆ **glaseado** *m* glazing.

glasear *vt* to glaze.

glasnost *f* glasnost.

glauco, ca *adj* BOT glaucous.

◆ **glauco** *m* ZOOL sea slug.

glaucoma *m* glaucoma.

gleba *f* feudal land *(U)*.

glicérido *m* glyceride.

glicerina *f* glycerine.

glicerol *m* glycerol, glycerin.

glicina *f* - **1.** BOT wisteria. - **2.** QUÍM glycine.

glicol *m* glycol.

glíptica *f* glyptics *(pl)*.

global *adj* global, overall.

globalizar [13] *vt* to give an overall view of.

globalmente *adv* globally, overall.

globo *m* - **1.** [Tierra] globe, earth; ~ **terráqueo** O **terrestre** globe. - **2.** [aeróstato, juguete] balloon; ~ **aerostático/sonda** aerostat/weather balloon; ~ **dirigible** airship. - **3.** [lámpara] round glass lampshade. - **4.** [esfera] sphere; ~ **ocular** eyeball. - **5.** *loc:* **echar** ~s *Amér* to ponder.

globosidad *f* spherical nature.

globoso, sa *adj* spherical.

globular *adj* globular.

globuliforme *adj* globular, globoid.

globulina *f* globulin.

glóbulo *m* MED corpuscle; ~ **blanco/rojo** white/red corpuscle.

gloria ◇ *f* - **1.** [gen] glory. - **2.** [celebridad] celebrity, star; **ser una vieja** ~ to be a has-been. - **3.** [placer] delight; **saber a** ~ to taste divine o heavenly. - **4.** [cielo] heaven; **ganar la** ~ to go to heaven ▢ **estar en la** ~ to be in seventh heaven. ◇ *m* RELIG Gloria.

gloria patri *m* - **1.** [rezo] Gloria Patri. - **2.** *Amér* [de rosario] paternoster, rosary bead. - **3.** *loc*: **de** ~ *Amér* cheap, of little value.

gloriar [9] *vt* to glorify.

◆ **gloriarse** *vpr* - **1.** [preciarse] to boast, to brag. - **2.** [complacerse] to glory.

glorieta *f* - **1.** [de casa, jardín] arbour. - **2.** [plaza - gen] square; [- redonda] circus, roundabout *Br*, traffic circle *Am*.

glorificable *adj* glorifiable.

glorificación *f* glorification.

glorificador, ra ◇ *adj* glorifying. ◇ *m*, *f* glorifier.

glorificar [10] *vt* to glorify.

◆ **glorificarse** *vpr* to glory.

gloriosamente *adv* gloriously.

glorioso, sa *adj* - **1.** [importante] glorious. - **2.** RELIG Blessed. - **3.** [vanidoso] boastful, conceited.

glosa *f* - **1.** [nota] marginal note. - **2.** MÚS variation (on a theme). - **3.** *Amér* [reprimenda] reprimand.

glosador, ra ◇ *m*, *f* commentator *(on text)*. ◇ *adj* glossing.

glosar *vt* - **1.** [anotar] to annotate. - **2.** [comentar] to comment on. - **3.** [interpretar mal] to interpret negatively. - **4.** *Amér* [reprender] to reprimand.

glosario *m* glossary.

glose *m* annotating.

glosopeda *f* VETER foot-and-mouth disease.

glotis *f inv* glottis.

glotón, ona ◇ *adj* gluttonous, greedy. ◇ *m*, *f* glutton.

glotonamente *adv* gluttonously.

glotonear *vi* to eat gluttonously.

glotonería *f* gluttony, greed.

glucemia *f* glycaemia.

glúcido *m* carbohydrate.

glucógeno *m* glycogen.

glucosa *f* glucose.

gluglú *m* glug-glug.

gluglutear *vi* to gobble.

glutamato *m* glutamate; ~ **monosódico** monosodium glutamate.

gluten *m* gluten.

glúteo, a *adj* gluteal.

◆ **glúteo** *m* gluteus.

glutinoso, sa *adj* glutinous.

gneis ['neis] *m inv* gneiss.

gnéisico, ca ['neisiko] *adj* gneissic.

gnomo, nomo *m* gnome.

gnomon ['nomon] *m* gnomon, sundial.

gnosis ['nosis] *f inv* gnosis.

gnosticismo [nosti'θismo] *m* gnosticism.

gnóstico, ca *adj & m*, *f* gnostic.

gnu ['nu] *m* gnu.

goa *f* pig iron *(U)*, bloom.

gobernabilidad *f* governability.

gobernable *adj* governable.

gobernación *f* governing.

gobernador, ra ◇ *adj* governing *(antes de sust)*. ◇ *m*, *f* governor; ~ **general** governor general.

gobernalle *m* rudder.

gobernanta *f* cleaning and laundry staff manageress.

gobernante ◇ *adj* ruling *(antes de sust)*. ◇ *mf* - **1.** [líder] ruler, leader. - **2.** *fam* [pez gordo] big shot.

gobernar [19] ◇ *vt* - **1.** [gen] to govern, to rule; [casa, negocio] to run, to manage; **el presidente es el que gobierna el Estado** the President governs the state; **no tiene carácter, se deja** ~ **por su marido** she has no character of her own, she allows herself to be ruled by her husband; **sus sentimientos gobiernan sus acciones** his feelings govern his actions. - **2.** [barco] to steer; [avión] to fly. ◇ *vi* NÁUT to steer.

gobiernista *adj Amér* governmental.

gobierno *m* - **1.** [gen] government; **el** ~ **en pleno asistió al acto** all the members of the government attended ▢ ~ **autónomo/central** autonomous/central government; ~ **militar** military command; ~ **monárquico** monarchy; ~ **de transición** caretaker o interim government. - **2.** [edificio] government buildings *(pl)*. - **3.** [administración, gestión] running, management; ~ **de la casa** housekeeping. - **4.** [control] control.

goce[1] *etc v* → **gozar**.

goce[2] *m* pleasure.

godo, da ◇ *adj* Gothic. ◇ *m*, *f* - **1.** HIST Goth. - **2.** *despec* [español peninsular] *pejorative term for a mainland Spaniard*.

GOE *(abrev de* **Grupo de Operaciones Especiales**) *m army special operations unit*.

gofio *m Amér* [harina] roasted maize meal *Br*; [pasta] sweet cake made with maize meal.

gofo, fa *adj* - **1.** [grosero] coarse, uncouth. - **2.** [en pintura] dwarf *(antes de sust)*.

gofrado, da *adj* corrugated.

gofre *m* waffle.

gol *m* goal; **marcar** o **meter un** ~ to score a goal ▢ ~ **de penalty** penalty goal; ~ **en propia meta** own goal.

gola *f* - **1.** [garganta] gullet, throat. - **2.** [adorno] ruff. - **3.** [de fortificación] gorge. - **4.** ARQUIT ogee. - **5.** [canal] channel, narrows *(pl)*.

goleada *f* high score, cricket score.

goleador, ra *m*, *f* goalscorer.

golear *vt* to score a lot of goals against, to thrash.

goleta *f* schooner.

golf *m* golf; ~ **miniatura** crazy golf.

golfa *f* → **golfo**.

golfante *mf* scoundrel, rascal.

golfear *vi fam* [vaguear] to loaf around.

golfería *f* - **1.** [golfos] layabouts *(pl)*, good-for-nothings *(pl)*. - **2.** [granujada] loutish behaviour *(U)*.

golfista *mf* golfer.

golfo, fa ◇ *adj* [gamberro] loutish; [vago] idle. ◇ *m*, *f* [gamberro] lout; [vago] layabout.

◆ **golfo** *m* GEOGR gulf, bay; **el** ~ **de Bengala** the Bay of Bengal; **el** ~ **de Guinea** the Gulf of Guinea; **el** ~ **de León** the Gulf of Leon; **el** ~ **de México** the Gulf of Mexico; **el** ~ **de Omán** the Gulf of Oman; **el** ~ **Pérsico** the Persian Gulf; **el** ~ **de Vizcaya** the Bay of Biscay.

◆ **golfa** *f mfam* [prostituta] tart, whore, hooker *Am*.

Goliat *m* BIBLIA Goliath.

golilla ◇ *f* - **1.** *desus* [cuello] ruff. - **2.** [pluma] ruff. - **3.** TECN pipe collar o flange. - **4.** *Amér* [pañuelo] neckerchief, bandanna. - **5.** *Amér fam* [deuda] debt. ◇ *m fam* magistrate.

golletazo *m* - **1.** [golpe] blow on the neck. - **2.** [final brusco] sudden end. - **3.** TAUROM *sword thrust in the neck*. - **4.** *loc*: **dar un** ~ **a algo** to cut sthg short, to put an end to sthg.

gollete *m* - **1.** [de persona] throat, neck. - **2.** [de botella] neck.

golletear *vt Amér* to collar, to grab by the neck.

golondrina *f* - **1.** [ave] swallow. - **2.** [barco] motor launch. - **3.** [pez] gurnard, swallow fish. - **4.** *Amér* BOT spurge. - **5.** *Amér* [camioneta] removal van *Br*, moving van *Am*.

golondrino *m* - **1.** MED boil in the armpit. - **2.** [pájaro] young swallow. - **3.** [pez] gurnard, swallow fish. - **4.** [vagabundo] tramp, vagrant. - **5.** MIL [desertor] deserter.

golosamente *adv* eagerly, with relish.

golosina *f* [dulce] sweet; [exquisitez] titbit, delicacy; **amargar la** ~ *fig* to spoil the fun.

golosinar, **golosinear** *vi* to nibble constantly on sweets.

goloso, sa ◇ *adj* - **1.** [glotón] sweet-toothed. - **2.** *fig* [deseoso] acquisitive, covetous. ◇ *m, f* sweet-toothed person.

golpazo *m*, **golpada** *f* heavy o violent blow; ~**s de sangre** streams o torrents of blood.

golpe *m* - **1.** [gen] blow; [bofetada] smack; [con puño] punch; [en puerta etc] knock; [en tenis, golf] shot; [entre coches] bump, collision; [de corazón] heartbeat; **un** ~ **de viento** a gust of wind; **un** ~ **de tos** a coughing fit; **a** ~**s** [golpeando] by force; *fig* [intermitentemente] in fits and starts; **dar** ~**s** to bang; **devolver un** ~ to strike back; **moler a alguien a** ~**s** to beat sb up; **un** ~ **bajo** DEP *& fig* a blow below the belt; **no me esperaba ese reproche, ha sido un** ~ **bajo** I didn't expect you to reproach me with that, it was a bit below the belt ❑ ~ **de castigo** [en rugby] penalty (kick); ~ **franco** free kick; ~ **seco** thump. - **2.** [disgusto] blow. - **3.** [atraco] raid, job, heist *Am*. - **4.** POLÍT: ~ **(de Estado)** coup (d'état); ~ **de mano** coup de main, sudden attack. - **5.** [ocurrencia] witticism. - **6.** [pestillo] spring lock. - **7.** *Amér* [mazo] sledgehammer. - **8.** *Amér* [trago] mouthful. - **9.** *loc*: **dar el** ~ *fam* to cause a sensation, to be a hit; **con ese vestido seguro que das el** ~ **en la fiesta** in that dress, you're bound to be a hit at the party; **darse** ~**s de pecho** to beat one's breast; **errar** o **fallar el** ~ to miss the mark; **no dar** o **pegar** ~ not to lift a finger, not to do a stroke of work.

◆ **a golpe de** *loc prep* by (means of); **aprenderá a** ~ **de fracasos** he'll learn from his mistakes.

◆ **al golpe** *loc adv Amér* instantly.

◆ **de golpe** *loc adv* suddenly; **de** ~ **se abrió la puerta** suddenly, the door opened.

◆ **de golpe y porrazo** *loc adv* without warning, just like that.

◆ **de un golpe** *loc adv* at one fell swoop, all at once.

◆ **golpe de efecto** *m*: **hacer algo para dar un** ~ **de efecto** to do sthg for effect.

◆ **golpe de gracia** *m* coup de grâce.

◆ **golpe maestro** *m* masterstroke.

◆ **golpe de suerte** *m* stroke of luck.

◆ **golpe de vista** *m* glance; **al primer** ~ **de vista** at a glance.

golpeador, ra ◇ *adj* hitting. ◇ *m, f* hitter.

◆ **golpeador** *m Amér* door knocker.

golpeadura *f*, **golpeo** *m* - **1.** [de objeto] beating, hammering. - **2.** [de persona] beating, thrashing.

golpear *vt & vi* [gen] to hit; [puerta] to bang; [con puño] to punch.

golpeo *m* = **golpeadura**.

golpetear *vt* to pound, to pummel.

golpeteo *m* [de dedos, lluvia] drumming; [de puerta, persiana] banging.

golpismo *m* tendency to have military coups.

golpista ◇ *adj* in favour of military coups; **la amenaza** ~ the threat of a military coup. ◇ *mf* person involved in a military coup.

golpiza *f Amér* beating.

goma *f* - **1.** [sustancia viscosa, pegajosa] gum; ~ **arábiga** gum arabic; ~ **laca** shellac; ~ **de mascar** chewing gum; ~ **de pegar** glue, gum. - **2.** [tira elástica] rubber band, elastic band *Br*; ~ **elástica** elastic. - **3.** [caucho] rubber; ~ **espuma** foam rubber; ~ **de borrar** rubber *Br*, eraser *Am*. - **4.** *fam* [preservativo] rubber. - **5.** *Amér* [resaca] hangover.

◆ **Goma 2** *f* plastic explosive.

gomal *m Amér* rubber plantation.

gomero *m Amér* - **1.** [persona] rubber plantation worker. - **2.** [árbol] rubber tree.

gomífero, ra *adj* gummiferous.

gomina *f* hair gel.

gominola *f* jelly bean.

Gomorra *s* BIBLIA → **Sodoma**.

gomosidad *f* gumminess.

gomoso, sa *adj* gummy.

gónada *f* gonad.

góndola *f* - **1.** [embarcación] gondola. - **2.** [carruaje] coach, wagon. - **3.** *Amér* [autobús] bus.

gondolero *m* gondolier.

gonfalón *m* banner, standard.

gong, gongo *m* gong.

gongorismo *m* LITER Gongorism.

gonococo *m* MED gonococcus.

gonorrea *f* gonorrhoea.

gorda *f* = **gordo**.

gordinflón, ona, gordiflón, ona ◇ *adj* chubby, tubby. ◇ *m, f* fatty.

gordo, da ◇ *adj* - **1.** [persona] fat; **me cae** ~ I can't stand him. - **2.** [grueso] thick. - **3.** [grande] big. - **4.** [grave] big, serious; **me pasó algo muy** ~ **con él** something very serious happened to me with him. - **5.** [graso] fatty, greasy. - **6.** [enorme] enormous, huge. ◇ *m, f* - **1.** [persona obesa] fat man (*f* fat woman); **armar la gorda** *fig* to kick up a fuss o stink; **como no me dejen entrar voy a armar la gorda** if they don't let me in, I'm going to kick up a fuss. - **2.** [querido] sweetheart, darling.

◆ **gordo** *m* - **1.** [en lotería] first prize, jackpot; **el** ~ *first prize in the Spanish national lottery, particularly in the Christmas draw*. - **2.** [sebo] fat.

◆ **gorda** *f* [moneda]: **estar sin una gorda** *fam fig* to be broke.

gordura *f* - **1.** [corpulencia] fatness. - **2.** [grasa] fat, grease. - **3.** *Amér* [crema] cream.

gorgojo *m* - **1.** [insecto] weevil. - **2.** *fam* [persona] midget.

gorgonzola [goryon'tsola] *m* gorgonzola.

gorgoritear *vi fam* to warble, to trill.

gorgorito *m* warble.

górgoros *mpl Amér* bubbles.

gorgorotada *f* gulp, swallow.

gorgotear *vi* to gurgle.

gorgoteo *m* gurgle, gurgling (*U*).

gorigori *m fam* dirge, funeral chant.

gorila *m* - **1.** ZOOL gorilla. - **2.** *fig* [guardaespaldas] bodyguard; [en discoteca etc] bouncer.

gorja *f* throat, gullet.

gorjal *m* - **1.** [de sacerdote] dog collar. - **2.** [de armadura] gorget.

gorjeador, ra, gorjeante *adj* chirping, twittering.

gorjear *vi* to chirp, to twitter.

◆ **gorjearse** *vpr fam* to gurgle.

gorjeo *m* chirping, twittering.

gorra *f* - **1.** [sombrero] (peaked) cap; [de bebé] bonnet; MIL busby. - **2.** *loc*: **de** ~ for free; **vivir de** ~ to scrounge.

gorrear *vt & vi* = **gorronear**.

gorrero, ra *m, f* - **1.** [fabricante] cap maker. - **2.** *fam* [que gorrea] sponger, scrounger.

gorretada *f* tip of one's cap.

gorrín *m* piglet, suckling pig.

gorrinada *f* - **1.** [guarrada - acción] disgusting behaviour (*U*); [- lugar] pigsty. - **2.** *fig* [mala pasada] dirty trick.

gorrinera *f* pigsty.

gorrinería *f* - **1.** [porquería] filth. - **2.** *fam fig* [acción grosera] dirty trick.

gorrino, na *m, f lit & fig* pig.

gorrión *m* - **1.** [ave gris] sparrow. - **2.** *Amér* [colibrí] hummingbird.

gorro *m* [gen] cap; [de niño] bonnet; ~ **de baño** [para ducha] shower cap; [para piscina] swimming cap; ~ **de dor-mir** nightcap; ~ **frigio** liberty cap; **estar hasta el ~ (de)** *fam fig* to be fed up (with); **poner el ~ a** *fam fig* [fastidiar] to pester, to annoy; *Amér* [ser infiel] to cuckold.

gorrón, ona *fam* ◇ *adj* - **1.** [que gorrea] sponging, scrounging. - **2.** [egoísta] selfish, greedy. ◇ *m, f* sponger, scrounger.
◆ **gorrón** *m* - **1.** MEC pivot, gudgeon. - **2.** [guijarro] smooth, round pebble. - **3.** [gusano] *silkworm that does not finish its cocoon.* - **4.** [adulador] flatterer.

gorronear, gorrear *vt & vi fam* to sponge, to scrounge.

gorronería *f fam* - **1.** [acción de gorronear] sponging, scrounging. - **2.** [egoísmo] selfishness, greediness.

gota *f* - **1.** [gen] drop; [de sudor] bead; [de lluvia] raindrop; **ponme una ~ de aguardiente** give me a drop of brandy ❏ **caer cuatro ~s** to spit (with rain); **ni ~** anything; **no se veía ni ~** you couldn't see a thing; **parecerse como dos ~s de agua** to be as like as two peas in a pod; **sudar la ~ gorda** to sweat blood, to work very hard. - **2.** *fig* [de aire] breath; [de sensatez etc] ounce. - **3.** MED gout; ~ **caduca** o **coral** epilepsy.
◆ **gota a gota** ◇ *m* MED intravenous drip. ◇ *loc adv fig* bit by bit, little by little; **me va entregando el dinero de la deuda ~ a ~** he's paying off his debt to me a little at a time.
◆ **gota fría** *f* METEOR *cold front that remains in one place for some time, causing continuous heavy rain.*

goteado, da *adj* spotted.

goteante *adj* dripping.

gotear ◇ *vi* [líquido] to drip; [techo, depósito etc] to leak; *fig* to trickle through. ◇ *v impers* [chispear] to spit, to drizzle.

goteo *m* dripping.

gotera *f* - **1.** [filtración] leak; **tener ~s** to leak. - **2.** [mancha] stain *(left by leaking water)*. - **3.** [parte de techo] gutter. - **4.** [cenefa] valance. - **5.** BOT *tree disease resulting from seepage.*
◆ **goteras** *fpl* - **1.** *fig* [achaques] aches and pains. - **2.** *Amér* [afueras] outskirts.

gotero *m Amér* eyedropper.

goterón *m* - **1.** [gota] large raindrop. - **2.** [canal] throat.

gótico, ca *adj* Gothic.
◆ **gótico** *m* [arte] Gothic.

gotoso, sa *adj* gouty, suffering from gout.

gourmet *mf* = **gurmet**.

goyesco, ca *adj* relating to o like Goya.

gozada *f fam* absolute delight.

gozar [13] *vi* to enjoy o.s.; ~ **de algo** to enjoy sthg; ~ **con** to take delight in.
◆ **gozarse** *vpr* [regocijarse] to rejoice; ~**se en el Señor** to rejoice in the Lord.

gozne *m* hinge.

gozo *m* - **1.** [alegría] joy, pleasure; **mi ~ en un pozo** *fig* that's just my (bad) luck. - **2.** *fig* [llamarada] sudden blaze.
◆ **gozos** *mpl* RELIG hymns in praise of the Virgin.

gozoso, sa *adj* joyful, delighted.

g/p, g.p. *(abrev escrita de* **giro postal***)* p.o.

GP *(abrev de* **gran premio***) m* GP.

gr *abrev de* **grado**.

grabación *f* recording; ~ **en cinta/digital/en video** tape/digital/video recording.

grabado *m* - **1.** [gen] engraving; [en madera] carving; ~ **al agua fuerte** etching; ~ **al agua tinta** aquatint; ~ **en cobre** copper plate; ~ **en madera** woodcut. - **2.** [en papel - acción] printing; [- lámina] print. - **3.** [ilustración] illustration.

grabador, ra ◇ *adj* [gen] engraving; [en papel] printing. ◇ *m, f* [gen] engraver; [en madera] carver; [en papel] printer.
◆ **grabadora** *f* [casete] tape recorder.

grabar *vt* - **1.** [gen] to engrave; [en madera] to carve; [en papel] to print; **grabado en su memoria** engraved on his

mind. - **2.** [sonido, cinta] to record, to tape. - **3.** INFORM to save.
◆ **grabarse en** *vpr fig*: **grabársele a alguien en la memoria** to become engraved on sb's mind.

gracejar *vi fam* to tell jokes, to joke.

gracejo *m* - **1.** [gracia] wit. - **2.** *Amér* [payaso] clown, joker.

gracia *f* - **1.** [humor, comicidad] humour; **hacer ~ a alguien** [divertir] to amuse sb; [agradar] to please sb; **mi sombrero le hizo ~ a Ana** Ana liked my hat; **no me hizo ~** I didn't find it funny; **¡qué ~!** how funny!; **tener ~** [ser divertido] to be funny; **tiene ~** [es curioso] it's funny ❏ **caer en ~** to be liked; **procura caer en ~ al director para que te dé el puesto** try and get in the manager's good books so he gives you the job; **¡maldita la ~!** it's not a bit funny! - **2.** [arte, habilidad] skill, natural ability. - **3.** [encanto, elegancia] grace, elegance; [atractivo] attractiveness, pleasing quality. - **4.** [chiste] joke. - **5.** [favor] favour; [indulto] pardon; **de ~** free, gratis; **en ~ a** for the sake o benefit of. - **6.** RELIG grace.
◆ **gracias** ◇ *fpl* thank you *(sg)*, thanks; ~**s a** thanks to; **lo he conseguido ~s a ti** I managed it thanks to you; **dar las ~s a alguien (por)** to thank sb (for) ❏ **gracias a Dios** thank God; ~**s a Dios ya estamos en casa** thank God we're home. ◇ *interj* thank you!, thanks!; **muchas ~s** thank you!, thanks very much!
◆ **Gracias** *fpl*: **las tres Gracias** the three Graces.

graciable *adj* - **1.** [afable] affable, good-natured. - **2.** [fácil de conceder] easily granted.

grácil *adj* - **1.** [gen] graceful; [delicado] delicate.

gracilidad *f* - **1.** [gen] gracefulness. - **2.** [delicadeza] delicacy.

graciosamente *adv* - **1.** [con gracia] gracefully. - **2.** [de balde] free (of charge).

gracioso, sa ◇ *adj* - **1.** [divertido] funny, amusing. - **2.** [curioso] funny; **es ~ que...** it's funny how... - **3.** [encantador] graceful. - **4.** [atractivo] attractive, pleasing. - **5.** [gratuito] free (of charge). ◇ *m, f* - **1.** [persona divertida] funny o amusing person. - **2.** [teatro] fool, clown.

grada *f* - **1.** [peldaño] step. - **2.** [teatro] row. - **3.** [para barco] slipway. - **4.** AGR harrow; ~ **de cota/de discos** brush/disc harrow. - **5.** [de monasterio] locutory. - **6.** *Amér* [escalera] stairs *(pl)*.
◆ **gradas** *fpl* - **1.** DEP terraces. - **2.** *Amér* [atrio] atrium *(sg)*.

gradación *f* - **1.** [en retórica] climax. - **2.** [escalonamiento] scale.

gradado, da *adj* stepped, with steps.

gradería *f*, **graderío** *m* - **1.** [teatro] rows *(pl)*; DEP terraces *(pl)*; ~ **descubierta** bleachers *(pl)*. - **2.** [escalera] flight of steps, steps *(pl)*.

gradiente ◇ *m* METEOR & FÍS gradient. ◇ *f Amér* [pendiente] gradient, slope.

gradilla *f* - **1.** [escalerilla] stepladder. - **2.** [soporte] test tube holder. - **3.** CONSTR brick mould.

grado *m* - **1.** [gen] degree; **de ~ en ~** by degrees, gradually; **en alto ~** to a great extent ❏ ~ **Celsius/Fahrenheit** degree Celsius/Fahrenheit; ~ **centígrado** degree centigrade. - **2.** [fase] stage, level; [índice, nivel] extent, level; **están examinando su ~ de ceguera** they're checking to see how blind she is; **en ~ sumo** greatly. - **3.** [rango] grade; MIL rank. - **4.** [EDUC - curso] year, class, grade *Am*; [- nivel] level; **tiene el ~ de licenciado** he has reached degree level. - **5.** [voluntad]: **hacer algo de buen/mal ~** to do sthg willingly/unwillingly. - **6.** [peldaño] step, stair. - **7.** DER stage of the proceedings.
◆ **grados** *mpl* RELIG minor orders.

graduable *adj* adjustable.

graduación *f* - **1.** [acción] grading; [de la vista] eye test. - **2.** EDUC graduation. - **3.** [de bebidas] strength, ≈ proof. - **4.** MIL rank.

graduado, da ◇ *adj* - **1.** [termómetro etc] graded. - **2.** [universitario] graduate. ◇ *m, f* [persona] graduate.
◆ **graduado** *m* [gen] certificate; [universitario] degree; ~ **escolar** *basic school-leaving certificate*.

graduador *m* TECN gauge, graduator.

gradual ◇ *adj* gradual. ◇ *m* RELIG gradual.

gradualmente *adv* gradually.

graduar [6] *vt* - **1.** [medir] to gauge, to measure; [regular] to regulate; [vista] to test. - **2.** [escalonar] to stagger; [publicación] to serialize. - **3.** [dividir en grados] to graduate. - **4.** EDUC to confer a degree on. - **5.** MIL to confer a rank on, to commission.

◆ **graduarse** *vpr*: ~**se (en)** to graduate (in).

grafía *f* written symbol.

gráfica *f* → **gráfico**.

gráficamente *adv* graphically.

gráfico, ca *adj* graphic.

◆ **gráfico** *m* [gráfica] graph, chart; [dibujo] diagram; ~ **de barras/de sectores** bar/pie chart.

◆ **gráfica** *f* graph, chart.

grafismo *m* - **1.** [diseño gráfico] graphics (U). - **2.** ARTE graphic art.

grafista *mf* graphic artist o designer.

grafitero, ra *m, f fam* graffiti artist.

grafito *m* graphite.

grafología *f* graphology.

grafólogo, ga *m, f* graphologist.

gragea *f* - **1.** MED pill, tablet. - **2.** [confite] sugar-coated sweet.

grajear *vi* - **1.** [cuervo] to caw. - **2.** [bebé] to gurgle.

grajilla *f* jackdaw.

grajo *m* - **1.** [pájaro] rook. - **2.** *Amér* [olor] body odour.

gral. (*abrev escrita de* **general**) gen.

grama *f* Bermuda grass; ~ **del norte** couch o quitch grass; ~ **de olor** vernal grass.

gramática *f* → **gramático**.

gramatical *adj* grammatical.

gramático, ca ◇ *adj* grammatical. ◇ *m, f* [persona] grammarian.

◆ **gramática** *f* [disciplina, libro] grammar; **andar a la gramática** *fig* to look out for o.s.

◆ **gramática parda** *f* native wit.

gramilla *f* - **1.** [tabla] brake bed. - **2.** *Amér* [césped] grass (U), lawn.

gramo *m* gram.

gramófono *m* gramophone.

gramola *f* gramophone.

grampa *f Amér* staple.

gran *adj* → **grande**.

grana *f* - **1.** [color] scarlet. - **2.** [colorante] cochineal. - **3.** [insecto] cochineal insect. - **4.** [acción] seeding. - **5.** [época] seeding time. - **6.** [semilla] seed. - **7.** [tela] fine scarlet cloth.

◆ **grana del Paraíso** *f* cardamom.

granada ◇ *adj f* → **granado**. ◇ *f* - **1.** [fruta] pomegranate. - **2.** [bomba de mano] grenade; ~ **de mano** hand grenade. - **3.** [proyectil] shell; ~ **de mortero** mortar shell.

Granada *s* - **1.** [en España] Granada. - **2.** [en las Antillas] Grenada.

granadero *m* MIL grenadier.

granadilla *f* - **1.** [planta, flor] passionflower. - **2.** [fruto] passionfruit.

granadino, na ◇ *adj* - **1.** [en España] of/relating to Granada. - **2.** [en las Antillas] Grenadian. ◇ *m, f* - **1.** [en España] native/inhabitant of Granada. - **2.** [en las Antillas] Grenadian.

◆ **granadino** *m* [flor] pomegranate flower.

◆ **granadina** *f* - **1.** [bebida, tela] grenadine. - **2.** [cante] *type of flamenco from Granada*.

granado, da *adj* - **1.** *fig* [notable] distinguished, notable; **lo más** ~ **de** the cream o pick of. - **2.** [experto] expert. - **3.** *fam* [alto] tall.

◆ **granado** *m* [árbol] pomegranate.

granador *m* - **1.** [criba] graining sieve. - **2.** [lugar] *place where grain is screened*.

granalla *f* granulated metal; ~ **de carbón** carbon granules (*pl*).

granar *vi* [gen] to seed; [maíz] to form kernels.

granate ◇ *m* garnet; ~ **almandino** almandine, almandite. ◇ *adj inv* garnet-coloured.

Gran Barrera del Coral *f*: **la** ~ the Great Barrier Reef.

Gran Bretaña *f* Great Britain.

Gran Canaria *s* Gran Canaria.

Gran Cañón del Colorado *m* Grand Canyon.

grande (*compar* **mayor**, *superl* **el mayor, la mayor**) ◇ *adj* (*antes de sust sg*: **gran**) - **1.** [de tamaño] big, large; [de altura] tall; [de intensidad, importancia] great; **un gran hombre** a great man; **un hombre** ~ a big man; **este traje me está** ~ this suit is too big for me. - **2.** *fig & irón* [enojoso] just great, a bit rich. - **3.** *Amér* [fantástico] great. - **4.** *Amér* [divertido] amusing. - **5.** *Amér* [mayor] mature. - **6.** *loc*: **pasarlo en** ~ *fam* to have a great time. ◇ *m* [noble] grandee. ◇ *f Amér* [en lotería] first prize.

◆ **grandes** *mpl* [adultos] grown-ups, adults.

◆ **a lo grande** *loc adv* in a big way, in style; **vivir a lo** ~ to live in style.

◆ **en grande** *loc adv* on a large scale.

grandemente *adv* - **1.** [muy bien] very well. - **2.** [en extremo] extremely, greatly.

Grandes Lagos *mpl*: **los** ~ the Great Lakes.

grandeza *f* - **1.** [de tamaño] (great) size. - **2.** [de sentimientos] generosity, graciousness. - **3.** [aristocracia] aristocracy, nobility. - **4.** [dignidad] grandeeship.

grandillón, ona *adj fam* overgrown.

grandilocuencia *f* grandiloquence.

grandilocuente, grandílocuo, cua *adj* grandiloquent.

grandiosidad *f* grandeur.

grandioso, sa *adj* grand, splendid.

grandor *m* size, magnitude.

grandote, ta *adj fam* huge, enormous.

grandullón, ona *fam* ◇ *adj* overgrown. ◇ *m, f* big boy (*f* big girl).

graneado, da *adj* - **1.** [granulado] granulated. - **2.** [punteado] stippled. - **3.** → **fuego**.

◆ **graneado** *m* [de piel] grain.

granear *vt* - **1.** [sembrar] to sow. - **2.** [sacar grano] to grain. - **3.** [puntear] to stipple. - **4.** *Amér* [cuero] to give a grain to.

granel ◆ **a granel** *loc adv* - **1.** [sin envase - gen] loose; [- en gran cantidad] in bulk. - **2.** [sin orden] any old how, in a rough and ready manner. - **3.** [en abundancia] in abundance.

granelar *vt* [piel] to grain.

granero *m* - **1.** [sitio] granary. - **2.** *fig* [territorio] granary, breadbasket.

granillo *m* - **1.** [grano] fine grain. - **2.** VETER small tumour. - **3.** *fig* [utilidad] profit, gain.

granítico, ca *adj* granitic, granite (*antes de sust*).

granito *m* - **1.** [roca] granite. - **2.** [en la piel] spot, pimple. - **3.** *loc*: **echar su** ~ **de sal en** to do one's bit for.

granizada *f* - **1.** METEOR hailstorm. - **2.** [bebida] iced drink. - **3.** *fig* [abundancia] hail, shower.

granizado *m* iced drink.

granizar [13] ◇ *v impers* [caer granizo] to hail. ◇ *vi fig* [caer con fuerza] to rain down.

granizo *m* - **1.** [agua congelada] hail. - **2.** *fig* [abundancia] hail, torrent.

granja *f* - **1.** [hacienda] farm; ~ **avícola** chicken o poultry farm; ~ **colectiva** collective (farm). - **2.** [quinta] country house. - **3.** [lechería] dairy.

granjear ◇ *vt* - **1.** *fig* [conquistar] to win over. - **2.** *Amér* [estafar] to swindle. ◇ *vi* - **1.** [traficar] to trade, to deal. - **2.** NÁUT to gain; ~ **a barlovento** to gain the wind.

◆ **granjearse** *vpr* to gain, to earn.

granjería *f* - **1.** [beneficio] farm earnings (*pl*). - **2.** *fig* [ganancia] gain, profit.

granjero, ra *m, f* farmer.

grano *m* - **1.** [de cereales] grain; ~ **de café** coffee bean; ~ **de pimienta** peppercorn. - **2.** [partícula] grain. - **3.** [en la piel] spot, pimple. - **4.** [medida de peso] grain. - **5.** [en joyería] quarter of a carat. - **6.** *loc:* **apartar el** ~ **de la paja** *fam fig* to separate the wheat from the chaff; **aportar** o **poner uno su** ~ **de arena** to do one's bit; **ir al** ~ to get to the point; **no te andes con rodeos, ve al** ~ **del problema** stop beating about the bush, get to the point; **no ser** ~ **de anís** *fam fig* to be no laughing matter.
◆ **grano malo** *m Amér* [en la piel] carbuncle.

granoso, sa *adj* granular, grainy.

granuja ◇ *mf* [pillo] rogue, scoundrel; [canalla] trickster, swindler. ◇ *f* - **1.** [uva] loose grapes *(pl)*. - **2.** [pipa] pip. - **3.** *fam* [granujería] gang of scoundrels.

granujada *f* dirty trick.

granujiento, ta *adj* spotty, pimply.

granulado, da *adj* granulated.
◆ **granulado** *m* granules *(pl)*.

granular ◇ *adj* - **1.** [granuloso] granular, grainy. - **2.** [granujiento] spotty, pimply. ◇ *vt* to granulate.
◆ **granularse** *vpr* [salir granos] to break out in spots o pimples.

gránulo *m* - **1.** [grano] granule. - **2.** [pequeña píldora] small pill.

granuloso, sa *adj* bumpy.

granzas *fpl* - **1.** [residuos] chaff *(U)*. - **2.** [cerniduras] siftings, screenings. - **3.** [de metal] dross *(U)*, slag *(U)*.

grapa *f* - **1.** [para papeles etc] staple; [para heridas] stitch, (wire) suture; [para madera] clamp; **sujetar con** ~**s** to staple. - **2.** [de caballo] grapes *(U)*. - **3.** *Amér* [bebida alcohólica] grappa.

grapadora *f* stapler.

grapar *vt* to staple.

GRAPO *(abrev de* **Grupos de Resistencia Antifascista Primero de Octubre)** *mpl left-wing Spanish terrorist group.*

grasa *f* → **graso**.

grasera *f* - **1.** [vasija] container for fat o grease. - **2.** [utensilio] drip pan.

grasiento, ta *adj* greasy.

graso, sa *adj* [gen] greasy; [con alto contenido en grasas] fatty.
◆ **graso** *m* - **1.** [gen] greasiness. - **2.** [alto contenido en grasas] fattiness.
◆ **grasa** *f* - **1.** [en comestibles] fat; [de cerdo] lard; [de carne] dripping; **criar grasa** *fam* to get fat; **tener mucha grasa** to be very fat ❑ **grasa de ballena** blubber; **grasa de pescado** fish oil; **grasa saturada** saturated fat; **grasa vegetal** vegetable fat. - **2.** [lubricante] grease, oil; **grasa para ejes** axle grease. - **3.** [suciedad] grease. - **4.** [grasilla] pounce.
◆ **grasas** *fpl* [de metal] slag *(U)*.

grasoso, sa *adj* greasy.

gratamente *adv* - **1.** [agradablemente] pleasingly. - **2.** [con agrado] with pleasure.

gratén *m* gratin; **al** ~ au gratin.

gratificación *f* - **1.** [moral] reward. - **2.** [remuneración] bonus; [propina] tip, gratuity.

gratificador, ra ◇ *adj* - **1.** [que recompensa] rewarding. - **2.** [que da propina] tipping. ◇ *m, f* - **1.** [persona que recompensa] rewarder. - **2.** [persona que da propina] tipper.

gratificante *adj* rewarding.

gratificar [10] *vt* - **1.** [complacer] to reward; [retribuir] to give a bonus to; [dar propina] to tip; **'se gratificará'** 'reward'. - **2.** [satisfacer] to gratify.

gratinado, da *adj* au gratin.
◆ **gratinado** *m* gratin.

gratinar *vt* to cook a dish au gratin.

gratis *adv* [sin dinero] free, for nothing; [sin esfuerzo] for nothing.

gratitud *f* gratitude.

grato, ta *adj* - **1.** [placentero] pleasant; **nos es** ~ **comunicarle que...** we are pleased to inform you that... - **2.** *Amér* [agradecido] grateful; **le estoy** ~ **por ello** I am grateful to you for it.

gratuitamente *adv* - **1.** [de gratis] free (of charge). - **2.** [sin fundamento] gratuitously.

gratuito, ta *adj* - **1.** [sin dinero] free. - **2.** [arbitrario] gratuitous; [infundado] unfair, uncalled for; **sus opiniones siempre son gratuitas** her opinions are always gratuitous.

gratulatorio, ria *adj* congratulatory.

grava *f* gravel.

gravamen *m* - **1.** [impuesto] tax; [carga fiscal] encumbrance; **libre de** ~ unencumbered, free from encumbrances. - **2.** [obligación moral] burden.

gravar *vt* - **1.** [con impuestos] to tax. - **2.** [agravar] to worsen.
◆ **gravarse** *vpr Amér* to get worse.

gravativo, va *adj* burdensome, heavy.

grave *adj* - **1.** [enfermedad, persona] serious; [estilo] formal; **presenta heridas** ~**s** he is seriously injured; **su semblante** ~ **impone respeto** her serious features inspire respect; **estar** ~ to be seriously ill. - **2.** *fam* [asunto, negocio] weighty, important. - **3.** [sonido, voz] low, deep. - **4.** [GRAM - acento prosódico] *with the stress on the penultimate syllable*; [- tilde] grave. - **5.** [que pesa] weighty, heavy.

gravedad *f* - **1.** [seriedad] seriousness. - **2.** FÍS gravity. - **3.** [importancia] importance. - **4.** MÚS depth.

gravemente *adv* seriously; **él está** ~ **enfermo** he is seriously ill.

gravidez *(pl* **gravideces)** *f* pregnancy.

grávido, da *adj* - **1.** [lleno] full. - **2.** [mujer] pregnant.

gravilla *f* gravel.

gravitación *f* gravitation.

gravitacional *adj* = **gravitatorio**.

gravitante *adj* gravitating.

gravitar *vi* - **1.** [planeta, satélite] to gravitate. - **2.** *fig* [pender]: ~ **sobre** to hang o loom over.

gravitatorio, ria, gravitacional *adj* FÍS gravitational.

gravoso, sa *adj* - **1.** [oneroso] burdensome. - **2.** [costoso] expensive, costly.

graznar *vi* - **1.** [cuervo] to caw; [ganso] to honk; [pato] to quack. - **2.** *fig* [persona] to squawk.

graznido *m* - **1.** [de cuervo] caw, cawing *(U)*; [de ganso] honk, honking *(U)*; [de pato] quack, quacking *(U)*. - **2.** *fig* [de personas] squawk, squawking *(U)*. - **3.** *despec* [canto] howl, wail.

Grecia *s* Greece.

Greco *m*: **El** ~ El Greco.

grecorromano, na *adj* Greco-Roman.

greda *f* MIN fuller's earth, clay.

gredal ◇ *adj* clayey. ◇ *m* clay pit.

gredoso, sa *adj* clayey.

gregario, ria *adj* - **1.** [en compañía] gregarious. - **2.** [servil] *fig* incapable of independent thought.

gregoriano, na *adj* Gregorian.

Gregorio *m* Gregory.

gremial ◇ *adj* [gen] (trade) union *(antes de sust)*; HIST guild *(antes de sust)*. ◇ *m* - **1.** [sindicalista] trade unionist. - **2.** [de gremio] guildsman. - **3.** [paño] gremial.

gremialismo *m* trade unionism.

gremio *m* - **1.** [sindicato] (trade) union; [profesión] profession, trade; HIST guild. - **2.** *fam* [grupo] league, club. - **3.** [fraternidad] fraternity, brotherhood.

grenchudo, da *adj* dishevelled, unkempt.

greña *f* (*gen pl*) - **1.** [de pelo] tangle of hair. - **2.** *fig* [maraña] tangle. - **3.** *Amér* [mies] pile of grain to be threshed. - **4.** *loc:* **andar a la** ~ *fam* to quarrel, to squabble.
◆ **en greña** *loc adj Amér* - **1.** [en rama] raw. - **2.** [sin pulir] unpolished.

greñudo, **da** *adj* dishevelled, unkempt.
◆ **greñudo** *m* shy horse.
gres *(pl* **greses)** *m* stoneware.
gresca *f* row.
grey *(pl* **greyes)** *f* - **1.** [de ovejas] flock. - **2.** [de vacas] herd. - **3.** [conjunto de individuos] people, nation. - **4.** *fig* [fieles] flock, congregation.
Grial *m* Grail; **el Santo** ~ the Holy Grail.
griego, **ga** *adj & m, f* Greek.
◆ **griego** *m* [lengua] Greek.
grieta *f* [abertura] crack; [entre montañas] crevice; [que deja pasar luz] chink.
grietarse, **grietearse** *vpr* - **1.** [agrietarse] to crack. - **2.** MED to chap. - **3.** ARTE to crackle.
grifa ◇ *adj f* → **grifo**. ◇ *f fam* pot, marijuana.
grifería *f* - **1.** [conjunto de grifos] taps *(pl)* *Br*, faucets *(pl)* *Am*, plumbing. - **2.** [tienda] plumbing shop.
grifero, **ra** *m, f Amér* petrol pump attendant *Br*, gas pump attendant *Am*.
grifo, **fa** *adj* - **1.** [cabello] curly. - **2.** IMPRENTA italic. - **3.** *Amér* [presuntuoso] conceited. - **4.** *Amér* [borracho] drunk. - **5.** *Amér* [enojado] angry, annoyed. - **6.** *Amér fam* [drogado] stoned, high.
◆ **grifo** *m* - **1.** [llave] tap *Br*, faucet *Am*; ~ **monomando** mixer tap. - **2.** MITOL griffin. - **3.** [para marihuana] roach clip. - **4.** *Amér* [gasolinera] petrol station *Br*, gas station *Am*.
grifón *m* - **1.** [grifo] large tap *Br*, large faucet *Am*. - **2.** [perro] griffon.
grifota *mf mfam* pothead.
grill [gril] *(pl* **grills)** *m* grill.
grilla *f Amér* - **1.** [molestia] annoyance, bother. - **2.** [niña] struggle, scuffle.
grillado, **da** *adj fam* crazy, loopy.
grillete *m* shackle.
grillo *m* - **1.** [insecto] cricket; ~ **cebollero** o **real** mole cricket. - **2.** *fig* [obstáculo] obstacle, hindrance.
◆ **grillos** *mpl* fetters, shackles.
grima *f* - **1.** [disgusto] annoyance; **dar** ~ **a alguien** to get on sb's nerves. - **2.** [dentera]: **dar** ~ **a alguien** to set sb's teeth on edge. - **3.** *Amér* [pizca] bit, strand.
◆ **en grima** *loc adj Amér* alone.
grimoso, **sa** *adj* annoying.
gringada *f despec* - **1.** [acción] *action typical of gringos*. - **2.** [reunión] group of gringos.
gringo, **ga** ◇ *adj* - **1.** [extranjero] gringo. - **2.** [norteamericano] Yankee. - **3.** *Amér* [rubio] blond *(f* blonde), fair. ◇ *m, f* - **1.** [extranjero] gringo. - **2.** [norteamericano] Yankee. - **3.** *Amér* [persona rubia] blond *(f* blonde), fairhaired person.
◆ **gringo** *m fam* [lenguaje] gibberish; **hablar en** ~ to speak gibberish.
griñón *m* [de monja] wimple.
gripa *f* = **gripe**.
gripal *adj* flu-like.
gripe, **gripa** *Amér f* flu; **coger la** ~ to catch the flu.
griposo, **sa** *adj* fluey; **estar** ~ to have the flu.
gris ◇ *adj* - **1.** [de color] grey. - **2.** *fig* [triste] gloomy, miserable. ◇ *m* - **1.** [color] grey; ~ **marengo/perla** dark/pearl grey. - **2.** [viento frío] cold wind. - **3.** *desus* [policía] pig, cop; **los** ~**es** HIST *national police during Franco regime*.
grisáceo, **a** *adj* greyish.
grisalla *f Amér* scrap metal.
grisear *vi* to become grey.
gríseo, **a** *adj* grey.
grisma *f Amér* bit, strand.
grisú *(pl* **grisúes)** *m* firedamp.
grita *f* [griterío] shouting; **dar** ~ **a** *fam fig* to boo.
gritar ◇ *vi* [hablar alto] to shout; [chillar] to scream, to yell; **no grites tanto, habla más bajo** don't shout so much, lower your voice a bit; **gritó de dolor** he cried in pain. ◇ *vt*: ~ **(algo) a alguien** to shout (sthg) at sb.

griterío *m*, **gritería** *f* screaming, shouting.
grito *m* - **1.** [gen] shout; [de dolor, miedo] cry, scream; [de sorpresa, de animal] cry; **dar** o **pegar un** ~ to shout o scream (out) ❑ ~ **de guerra** rallying cry, war cry; **a** ~ **limpio** o **pelado** at the top of one's voice; **estar en un** ~ to moan with constant pain; **pedir algo a** ~**s** to be crying out for sthg; **este niño está pidiendo a** ~**s que le den unos azotes** this boy is asking to get slapped; **poner el** ~ **en el cielo** to hit the roof; **ser el último** ~ to be the latest fashion o craze, to be the in thing. - **2.** [clamor] shouting, clamour.
◆ **al grito** *loc adv Amér* at once, immediately.
gritón, **ona** *adj fam* loudmouthed.
gro *m* TEXTIL grosgrain.
groelandés, **esa** *adj & m, f* = **groenlandés**.
groenlandés, **esa** *(pl* **groenlandeses)**, **groelandés**, **esa** *(pl* **groelandeses)** ◇ *adj* Greenlandic. ◇ *m, f* Greenlander.
Groenlandia *s* Greenland.
grog *m* grog.
grogui *adj lit & fig* groggy.
grosella *f* redcurrant; ~ **negra** blackcurrant; ~ **silvestre** gooseberry.
grosellero *m* currant bush; ~ **silvestre** gooseberry bush.
groseramente *adv* - **1.** [con mala educación] rudely, crudely. - **2.** [toscamente] crudely, stupidly. - **3.** [con indecencia] coarsely, roughly.
grosería *f* - **1.** [cualidad] rudeness. - **2.** [acción] rude thing. - **3.** [palabrota] swear word. - **4.** [tosquedad] ignorance, stupidity.
grosero, **ra** ◇ *adj* - **1.** [maleducado] rude, crude. - **2.** [tosco] coarse, rough. - **3.** [rústico] rustic, unpolished. ◇ *m, f* rude person.
grosor *m* thickness.
grosso ◆ **a grosso modo** *loc adv* roughly, in broad terms.
grosura *f* - **1.** [grasa] fat. - **2.** [carne] meat. - **3.** [parte de animal] extremities and intestines *(pl)*.
grotesco, **ca** *adj* grotesque.
groupie *f fam* groupie.
grúa *f* - **1.** CONSTR crane; ~ **de auxilio/fija** wrecking/ stationary crane; ~ **corrediza** o **oscilante** travelling crane; ~ **flotante** crane ship; ~ **de tijera** hoisting shears *(pl)*. - **2.** AUTOM breakdown truck.
gruesa *f* gross.
grueso, **sa** *adj* - **1.** [espeso] thick. - **2.** [corpulento] thickset; [obeso] fat. - **3.** [grande] large, big. - **4.** [mar] stormy. - **5.** [en grano] coarse; **sal gruesa** coarse salt.
◆ **grueso** *m* - **1.** [grosor] thickness. - **2.** [la mayor parte]: **el** ~ **de** the bulk of; **el** ~ **del público ya se ha marchado** most of the crowd has already left. - **3.** [de escritura] thick stroke. - **4.** [dimensión] depth.
◆ **en grueso** *loc adv* COM in bulk, gross.
grujir *vt* [vidrio] to trim with nippers.
grulla *f* - **1.** [ave] crane. - **2.** *Amér fam* [persona lista] go-getter.
grullo, **lla** *adj* - **1.** *Amér* [gris] dark grey. - **2.** *Amér* [gorrón] spongeing. - **3.** *fam* [palurdo] rustic, boorish.
◆ **grullo** *m Amér* - **1.** [caballo gris] dark grey horse. - **2.** [potro grande] large colt. - **3.** [moneda] peso.
grumete *m* cabin boy.
grumo *m* - **1.** [coágulo] lump; [de sangre] clot; [de leche] curd. - **2.** [apiñamiento] bunch, cluster. - **3.** [brote] bud. - **4.** [de ala] wing tip.
grumoso, **sa** *adj* - **1.** [con coágulos] lumpy; [sangre] clotted; [leche] curdled. - **2.** [apiñado] clustered.
gruñido *m* - **1.** [gen] growl; [del cerdo] grunt; **dar** ~**s** to growl/grunt. - **2.** *fig* [de personas] grumble.
gruñidor, **ra** ◇ *adj* - **1.** [gen] growling. - **2.** [cerdo] grunting. - **3.** *fig* [refunfuñón] grumpy. ◇ *m, f* grump.

gruñir *vi* - **1.** [gen] to growl; [cerdo] to grunt. - **2.** *fig* [persona] to grumble. - **3.** [chirriar] to creak, to squeak.

gruñón, ona *fam* ◇ *adj* grumpy. ◇ *m, f* old grump.

grupa *f* hindquarters *(pl)*; **montar a la** ~ to ride pillion.

grupera *f* EQUITACIÓN - **1.** [almohadilla] pillion. - **2.** [correa] crupper.

grupo *m* [gen] group; [de árboles] cluster; TECN unit, set; **la protesta está organizada por un** ~ **de vecinos** the protest has been organized by a residents group; **toca la batería en un** ~ **muy conocido** he plays drums for a very well-known group; **en** ~ in a group □ ~ **electrógeno** generator; ~ **de empresas** ECON (corporate) group; ~ **de presión/de riesgo/de trabajo** pressure/risk/working group.

◆ **grupo sanguíneo** *m* blood group.

grupúsculo *m* [grupo pequeño] small group; POLÍT splinter group.

gruta *f* grotto.

gruyère [gru'jer] *m* gruyère.

gta. *abrev escrita de* **glorieta**.

guaba *f* Amér - **1.** [fruta] guama. - **2.** *fam* [pie] foot.

guaca *f* Amér - **1.** [sepultura] Indian tomb. - **2.** [tesoro] hidden treasure. - **3.** [hucha] moneybox. - **4.** [hoyo] *pit for ripening fruit*. - **5.** CULIN roasted meat. - **6.** [úlcera] large sore. - **7.** [solterona] ugly old maid. - **8.** *loc*: **dar** ~ Amér to give a lecture to; **hacer** ~ Amér to make a lot of money; **hacer su** ~ Amér to make hay while the sun shines.

guacal *m* Amér - **1.** [calabaza] pumpkin. - **2.** [jaula] cage. - **3.** [cesta] wooden crate.

guacamayo, ya Amér ◇ *adj* flashily dressed. ◇ *m, f* [ave] macaw.

guacamol, guacamole *m* guacamole, avocado dip.

guacarnaco, ca Amér ◇ *adj* - **1.** [tonto] foolish, silly. - **2.** [de piernas largas] long-legged. ◇ *m, f* - **1.** [tonto] fool. - **2.** [persona de piernas largas] long-legged person.

guachada *f* Amér fam mean trick.

guachafita *f* Amér fam racket, uproar.

guáchara *f* Amér - **1.** *desus* [mentira] lie. - **2.** MÚS maraca.

guache *m* Amér - **1.** [canalla] thug. - **2.** [niño] child. - **3.** MÚS maraca. - **4.** [caña] *type of cane*. - **5.** [persona del interior] inlander.

guachimán *m* Amér night watchman.

guachinango *m* Amér [pez] red snapper.

guacho, cha Amér ◇ *adj* - **1.** *fam* [huérfano] orphaned. - **2.** [borde] wild. - **3.** [desparejado] odd. ◇ *m, f fam* [bastardo] illegitimate child.

◆ **guacho** *m* - **1.** [pollo] chick. - **2.** Amér [surco] furrow.

guaco *m* Amér - **1.** [con el labio leporino] harelipped. - **2.** [gemelo] twin.

◆ **guaco** *m* Amér - **1.** [planta] guaco. - **2.** [ave gallinácea] currasow. - **3.** [cerámica] *ceramic pottery found in native Indian tombs*. - **4.** [ave falcónida] caracara.

guadal *m* Amér sandy bog.

Guadalquivir *m*: **el** ~ the Guadalquivir.

guadaña *f* scythe.

guadañar *vt* to scythe.

guadaño *m* Amér small harbour boat.

guadarnés (*pl* **guadarneses**) *m* - **1.** [lugar] harness room. - **2.** [mozo] stable boy. - **3.** [armería] armoury.

Guadiana *m*: **el** ~ the Guadiana.

guagua *f* Amér - **1.** [autobús] bus. - **2.** [niño] baby. - **3.** [trivialidad] trifle. - **4.** [planta] chilli. - **5.** [insecto] orange scale insect. - **6.** [roedor] paca.

◆ **de guagua** *loc adv* free (of charge).

guaina *m* Amér youth, young man.

guaipe *m* Amér rag, cloth.

guaira *f* Amér - **1.** [horno] earthenware smelting furnace. - **2.** [vela] triangular sail. - **3.** [flauta] Indian panpipe.

guajira *f* Amér MÚS *Cuban popular song about country life*.

guajiro, ra Amér fam ◇ *adj* rustic, boorish. ◇ *m, f* peasant.

guajolote Amér ◇ *adj fam* [tonto] silly, foolish. ◇ *m* - **1.** [pavo] turkey. - **2.** *fam* [tonto] fool, idiot.

gualda *f* BOT dyer's rocket.

gualdo, da *adj* yellow.

gualdrapa *f* - **1.** [cobertura] caparison. - **2.** *fam* [guiñapo] tatter, rag.

gualicho, gualichú (*pl* **gualichús** o **gualichúes**) *m* Amér - **1.** [diablo] evil spirit, devil. - **2.** [talismán] good-luck charm. - **3.** *loc*: **tener** ~ to be bewitched.

guama *f* Amér - **1.** [fruto] guama fruit. - **2.** *fig* [calamidad] calamity, disaster. - **3.** [mentira] lie.

guamo *m* Amér - **1.** [árbol] guama. - **2.** [caracola] conch.

guampa *f* Amér horn.

guampudo, da *adj* Amér horned.

guanábana *f* Amér soursop, custard apple tree.

guanábano *m* Amér [árbol] soursop, custard apple tree.

guanajada, guanajería *f* Amér foolish thing, foolishness (U).

guanajo *m* Amér turkey.

guanche *adj* & *mf* Guanche.

guando *m* Amér stretcher.

guanera *f* Amér guano deposit.

guango *m* Amér - **1.** [trenza] braid worn by Indians. - **2.** [racimo] bunch of bananas. - **3.** [fajo] bundle, bunch. - **4.** [ratón] field mouse.

guano *m* - **1.** [abono] guano. - **2.** Amér [palmera] palm tree. - **3.** Amér fam [dinero] dough, cash.

guanque *m* Amér [planta] yam.

guantazo Esp *m*, **guantada** Esp *f*, **guantón** Amér *m fam* slap.

guante *m* - **1.** glove; ~ **de boxeo/de cirujano** boxing/surgeon's glove. - **2.** *loc*: **arrojar** o **tirar el** ~ to throw down the gauntlet; **de** ~ **blanco** gentlemanly; **echarle el** ~ **a algo** to get hold of sthg, to get one's hands on sthg; **estar más suave que un** ~ to be as meek as a lamb; **recoger el** ~ to take up the gauntlet.

guantear *vt* Amér to slap.

guantelete *m* gauntlet.

guantera *f* glove compartment.

guantero, ra *m, f* glover, glove maker.

guantón *m* = **guantazo**.

guapango *m* Amér fandango.

guapear *vi fam* - **1.** [ser valiente] to show courage o daring. - **2.** [fanfarronear] to brag, to boast.

guaperas *fam* ◇ *adj inv* pretty-pretty. ◇ *m inv* - **1.** [presumido] pretty boy. - **2.** [artista, cantante] heartthrob.

guapería *f* - **1.** [galantería] gallantry, courage. - **2.** [acción valiente] bold o daring deed.

guapetón, ona *adj fam* - **1.** [muy guapo] gorgeous. - **2.** [ostentoso] flashy.

guapeza *f fam* [ostentación] flashiness.

guapo, pa ◇ *adj* - **1.** [bien parecido] good-looking; [hombre] handsome; [mujer] pretty. - **2.** [ostentoso] flashy. - **3.** Amér fam [animoso] brave, daring. ◇ *m, f* - **1.** [valiente]: **a ver quién es el** ~ **que...** let's see who's brave enough to... - **2.** [fanfarrón] braggart. ◇ *interj* darling, sweetheart.

◆ **guapo** *m fam* [galán] ladies' man.

guapote, ta *adj fam* - **1.** [agraciado] gorgeous. - **2.** [bonachón] good-natured, easy-going.

guapura *f* [de hombre] handsomeness; [de mujer] prettiness.

guaraca *f* Amér sling.

guaracazo *m* Amér sudden blow.

guaracha *f* Amér - **1.** [baile, música] *popular song and dance similar to flamenco*. - **2.** [diversión] merrymaking, revelry. - **3.** [bulla] din, hubbub.

guarache *m* Amér *crude leather sandal*.

guarachear *vi* Amér to go out on the town.

guaragua f Amér - **1.** [contoneo] swing, turn. - **2.** [rodeo] evasion, indirectness. - **3.** [mentira] lie.

◆ **guaraguas** fpl Amér trinkets, baubles.

guarangada f Amér rude remark.

guarango, ga adj Amér [grosero] coarse, vulgar; [basto] boorish, uncouth.

◆ **guarango** m Amér - **1.** [aromo] huisache, wild acacia. - **2.** [divivi] divi-divi.

guaranguear vi Amér to behave boorishly.

guaraní (pl **guaraníes**) adj inv, m, f æ m Guarani.

guaranismo m Guarani word or expression.

guarapo m Amér cane liquor.

guarapón m Amér broad-brimmed hat.

guaraquear vt Amér to shoot with a sling.

guarda ◇ mf - **1.** [vigilante] guard, keeper; ~ **forestal** gamekeeper, forest ranger; ~ **jurado** security guard. - **2.** Amér [conductor de bus] bus driver. ◇ f - **1.** [tutela] guardianship. - **2.** [de libros] flyleaf. - **3.** [defensa] guarding. - **4.** [cumplimiento] observance. - **5.** [de abanico] outside rib. - **6.** [de llave] ward. - **7.** Amér [de traje regional] ribbing, trimming.

guardabarrera mf level crossing keeper Br, grade crossing keeper Am.

guardabarros Esp m inv, **guardafango** Amér m mudguard Br, fender Am.

guardabosque mf forest ranger.

guardabrisa ◇ m - **1.** [farol] glass shade. - **2.** [parabrisas] windscreen Br, windshield Am. ◇ f Amér screen.

guardacadena m chain guard.

guardacoches mf inv parking attendant.

guardacostas m inv [barco] coastguard boat.

guardador, ra ◇ adj - **1.** [cuidadoso] careful. - **2.** [observante] observant. - **3.** [tacaño] miserly, mean. ◇ m, f - **1.** [que guarda] keeper. - **2.** [observador] observer. - **3.** [avaro] miser. - **4.** desus [tutor] guardian, protector.

guardaespaldas mf inv bodyguard.

guardafango m = guardabarros.

guardafrenos mf inv brakeman (f brakewoman).

guardagujas mf inv switchman (f switchwoman).

guardalado m rail, railing.

guardameta mf goalkeeper.

guardamonte m - **1.** [en arma de fuego] trigger guard. - **2.** [capote] riding cape o cloak. - **3.** Amér [pieza de cuero] protective strip of leather.

guardamuebles m inv furniture warehouse (for storage).

guardapelo m locket.

guardapesca m patrol boat.

guardapolvo m - **1.** [prenda] overalls (pl). - **2.** [cubierta] dust cover. - **3.** [tejadillo] canopy. - **4.** [tapa de reloj] inner lid.

guardapuntas m inv pencil cap.

guardar vt - **1.** [gen] to keep; [en su sitio] to put away; **guarda el vestido en el armario** she keeps the dress in the wardrobe. - **2.** [vigilar] to keep watch over; [proteger] to guard; **guarda un rebaño de ovejas** he looks after a flock of sheep; **guarda a tu hijo del peligro** keep your child away from danger. - **3.** [reservar, ahorrar]: ~ **algo (a o para alguien)** to save sthg (for sb). - **4.** [cumplir - ley] to observe; [- secreto, promesa] to keep.

◆ **guardarse** vpr: **guardársela a alguien** to have it in for sb.

◆ **guardarse de** vpr: ~se **de hacer algo** [evitar] to avoid doing sthg; [abstenerse de] to be careful not to do sthg.

guardarropa ◇ m - **1.** [gen] wardrobe; [de cine, discoteca etc] cloakroom. - **2.** [abrótano] southernwood. ◇ mf cloakroom attendant.

guardarropía f - **1.** [teatro] wardrobe. - **2.** [accesorios] props (pl).

◆ **de guardarropía** loc adj fig sham, make-believe.

guardasellos m inv keeper of the seal.

guardavía m signalman.

guardería f [de niños] nursery; [en el lugar de trabajo] crèche.

guardia ◇ f - **1.** [gen] guard; [vigilancia] watch, guard; **en** ~ on guard; **montar (la)** ~ to mount guard ❏ ~ **de corps** bodyguard; ~ **de honor** guard of honour; ~ **municipal** o **urbana** urban police; **aflojar** o **bajar la** ~ to lower o drop one's guard; **la vieja** ~ the old guard; **es un político de la vieja** ~ he's a member of the old guard of politicians. - **2.** [turno] duty; **estar de** ~ to be on duty. ◇ mf - **1.** [policía] policeman (f policewoman); ~ **de tráfico** traffic warden. - **2.** [centinela] guard; ~ **jurado** o **de seguridad** security guard.

◆ **guardia marina** m sea cadet in final two years of training.

Guardia Civil f: **la** ~ the Civil Guard, military-style Spanish security force who police rural areas, highways and borders.

guardián, ana m, f [de persona] guardian; [de cosa] keeper.

◆ **guardián** m - **1.** RELIG guardian. - **2.** NÁUT strong hawser.

guardilla f - **1.** [buhardilla] attic. - **2.** [en costura] seam binding, welting. - **3.** [púa] largest tooth.

guarecer [30] vt: ~ **(de)** to protect o shelter (from).

◆ **guarecerse** vpr: ~se **(de)** to shelter (from).

guarida f - **1.** [de animales] lair. - **2.** fig [escondite] hideout. - **3.** [refugio] shelter, refuge.

guarismo m figure, number.

guarnecedor, ra adj - **1.** [que adorna] decorating; [de vestidos] trimming. - **2.** [de pared] plastering.

guarnecer [30] vt - **1.** [adornar] to decorate; [ropa] to trim; CULIN to garnish. - **2.** [vigilar] to be garrisoned in. - **3.** [proveer] to supply, to provide. - **4.** [engastar] to set. - **5.** [pared] to plaster.

guarnecido m [de pared] plaster, stucco.

guarnición f - **1.** CULIN garnish. - **2.** MIL garrison. - **3.** [adorno] decoration; [de ropa] trimming; [de joya] setting.

◆ **guarniciones** fpl harness (sg).

guarnicionar vt MIL to garrison.

guaro m - **1.** [loro] small parrot. - **2.** Amér [aguardiente de caña] cane liquor.

guarrada f fam - **1.** [cosa sucia] filthy thing. - **2.** [mala pasada] filthy o dirty trick.

guarrería f - **1.** [suciedad] filth, muck. - **2.** [acción] filthy thing. - **3.** [dicho]: **decir** ~s to use foul language. - **4.** fig [mala pasada] filthy o dirty trick.

guarro, rra ◇ adj filthy. ◇ m, f - **1.** [animal] pig. - **2.** fam [persona] filthy o dirty pig.

guarura m Amér fam bodyguard.

guasa ◇ adj f → guaso. ◇ f - **1.** fam [gracia] humour; [ironía] irony; **estar de** ~ to be joking. - **2.** fam [pesadez]: **tener mucha** ~ to be a pain in the neck. - **3.** Amér [árbol] guasa tree. - **4.** Amér [pez] jewfish.

guasada f Amér rude word.

guasca f Amér whip; **dar** ~ fig [azotar] to whip; [insistir en] to persist with; [prolongar] to prolong, to draw out.

guascazo m Amér lash.

guasearse vpr fam: ~ **(de)** to take the mickey (out of).

guasería f Amér coarseness, crudeness.

guaso, sa, **huaso, sa** Amér ◇ adj crude, coarse. ◇ m, f - **1.** [campesino] farmer, peasant. - **2.** [persona ruda] crude o coarse person.

guasón, ona fam ◇ adj fond of teasing. ◇ m, f joker, tease.

guasquear vt Amér to whip, to flog.

◆ **guasquearse** vpr Amér - **1.** [ir de un lado para otro] to jump to one side. - **2.** [enfadarse] to get annoyed without reason.

guata f - **1.** [de algodón] cotton padding (U). - **2.** Amér fam [barriga] belly. - **3.** Amér [alabeo] warping. - **4.** Amér [mentira] lie. - **5.** Amér [amigo] close friend. - **6.** loc: **echar** ~ Amér fam to grow rich, to prosper.

guateado, da adj padded.

Guatemala s - **1.** [país] Guatemala. - **2.** [ciudad] Guatemala City.

guatemalteco, ca, guatemaltés, esa adj & m, f Guatemalan.

guateque m desus private party.

guatón, ona adj Amér fam potbellied.

guau m woof.

guay adj fam cool, neat.

guaya f lament, lamentation.

guayaba f = guayabo.

guayabate m Amér guava paste.

guayabero, ra Amér fam ◇ adj fibbing. ◇ m, f fibber.

◆ **guayabera** f lightweight shirt.

guayabo, ba m, f Amér fam [persona] gorgeous person.

◆ **guayabo** m - **1.** [árbol] guava tree. - **2.** Amér [tristeza] sorrow, grief. - **3.** Amér [resaca] hangover.

◆ **guayaba** f - **1.** [fruta] guava. - **2.** [jalea] guava jelly. - **3.** Amér fam [mentira] fib.

guayar Amér ◇ vt - **1.** [rallar] to grate. - **2.** desus [raspar] to scrape. ◇ vi desus to work hard.

◆ **guayarse** vpr Amér - **1.** [emborracharse] to get drunk. - **2.** [fatigarse] to get tired.

guayín m Amér fam van.

guayo m Amér - **1.** [rallo] grater. - **2.** [borrachera] drunkenness (U). - **3.** [música mala] poor-quality music, caterwauling.

gubernamental ◇ adj [del gobierno] government (antes de sust); [partidario] loyalist. ◇ mf loyalist.

gubernativo, va adj government (antes de sust).

gubernista adj & mf Amér POLÍT loyalist.

gudari m Basque soldier.

guedeja f [de persona] long hair (U); [de león] mane.

guedejón, ona, guedejoso, sa, guedejudo, da adj longhaired.

guepardo m cheetah.

güero, ra adj Amér fam blond (f blonde).

guerra f [conflicto] war; [referido al tipo de conflicto] warfare; [pugna] struggle, conflict; [de intereses, ideas] conflict; **declarar la** ~ to declare war; **en** ~ at war; **hacer la** ~ to wage war ❑ ~ **abierta** open warfare; ~ **aérea** dogfight; ~ **atómica** o **nuclear** nuclear war; ~ **bacteriológica/química** germ/chemical warfare; ~ **civil/mundial** civil/world war; ~ **sin cuartel** all-out war; ~ **espacial** o **de las galaxias** star wars; ~ **fría** cold war; ~ **de guerrillas** guerrilla warfare (U); ~ **a muerte** fight to the death; ~ **de precios** price war; ~ **psicológica** psychological warfare (U); ~ **santa** Holy War, crusade; ~ **de trincheras** trench warfare (U); **dar** ~ to be a pain, to be annoying; **los niños han estado todo el día dando** ~ the children have been misbehaving all day.

guerreador, ra ◇ adj warring. ◇ m, f warrior.

guerrear vi - **1.** [luchar] to (wage) war. - **2.** fig [resistir] to resist.

guerrero, ra ◇ adj - **1.** [que guerrea] warlike. - **2.** fig [travieso] mischievous. ◇ m, f [luchador] warrior.

◆ **guerrera** f [prenda] (military) jacket.

guerrilla f [grupo] guerrilla group; [partida] band of guerrillas.

guerrillear vi to wage guerrilla warfare.

guerrillero, ra m, f guerrilla.

gueto, ghetto ['geto] m ghetto.

güevón m Amér vulg bloody idiot.

guía ◇ mf - **1.** [acompañante] guide; ~ **turístico** tourist guide. - **2.** [consejero] adviser; ~ **espiritual** spiritual adviser. - **3.** fig [director] director, leader. ◇ f - **1.** [indicación] guidance. - **2.** [libro] guide (book); ~ **de carreteras** road atlas; ~ **de ferrocarriles** train timetable; ~ **telefónica** telephone book o directory. - **3.** [de bicicleta] handlebars (pl). - **4.** [para cortinas] rail. - **5.** [caballo] leader, lead horse. - **6.** [palo] stake. - **7.** [para aduanas] customs permit. - **8.** [tallo]

leader, guide shoot. - **9.** MEC guide. - **10.** [cabo] guy, guide rope. - **11.** [filón] leader. - **12.** MÚS lead voice.

◆ **guías** fpl [riendas] reins.

guiado, da adj - **1.** [acompañado] guided; ~ **por** guided by. - **2.** [con permiso] having a permit.

guiador, ra ◇ adj guiding. ◇ m, f guide.

guiahilos m inv thread guide.

guiar [9] ◇ vt - **1.** [indicar dirección] to guide, to lead. - **2.** [aconsejar] to guide, to direct. - **3.** AUTOM to drive; NÁUT to steer. - **4.** [plantas, ramas] to train. - **5.** [mostrar] to show, to direct. ◇ vi [planta] to sprout.

◆ **guiarse** vpr: ~**se por algo** to be guided by o to follow sthg.

guija f pebble.

guijarro m pebble.

guijarroso, sa adj pebbly.

guijo m - **1.** [grava] gravel. - **2.** MEC pivot, gudgeon.

guillado, da ◇ adj crazy. ◇ m, f crazy person.

guilladura f craziness (U).

guillarse vpr fam - **1.** [chiflarse] to go crazy. - **2.** [irse] to run off.

Guillermo m: ~ **el Conquistador** William the Conqueror.

guillotina f - **1.** [para decapitar] guillotine. - **2.** [papel] to cut.

guillotinar vt [decapitar] to guillotine.

guinche, güinche m Amér winch, hoist.

guinda f morello cherry; **poner la** ~ fig to put the icing on the cake.

guindar vt fam: ~ **algo a alguien** to pinch o swine sthg off sb.

◆ **guindarse** vpr: ~**se a alguien** Amér to string sb up.

guindilla f chilli (pepper).

guindo m morello cherry tree.

guinea f guinea.

Guinea s → **golfo**.

Guinea-Bissau s Guinea-Bissau.

Guinea Ecuatorial s Equatorial Guinea.

guineano, na adj & m, f Guinean.

guiñada f - **1.** [pestañeo] wink. - **2.** NÁUT lurch, yaw.

guiñapo m - **1.** [andrajo] rag. - **2.** [persona enfermiza] (physical) wreck. - **3.** [persona andrajosa] slovenly person.

guiñaposo, sa adj ragged, tattered.

guiñar ◇ vt to wink. ◇ vi NÁUT to lurch, to yaw.

◆ **guiñarse** vpr to wink at each other.

guiño m wink; **hacer** ~**s** to wink.

guiñol m puppet theatre.

guiñolesco, ca adj puppet theatre (antes de sust).

guión m - **1.** [resumen] framework, outline. - **2.** CINE & TV script. - **3.** [signo] hyphen. - **4.** [de procesión] processional cross. - **5.** [estandarte] standard, banner. - **6.** fig [cabecilla] leader.

guionista mf scriptwriter.

guipuzcoano, na ◇ adj of/relating to Guipuzcoa. ◇ m, f native/inhabitant of Guipuzcoa.

güira Amér ◇ f [fruto, árbol] calabash. ◇ adj cowardly.

guiri fam despec ◇ adj foreign. ◇ mf foreigner.

guirigay m inv fam - **1.** [jaleo] racket. - **2.** [lenguaje ininteligible] gibberish.

guirlache m brittle sweet made of roasted almonds or hazelnuts and toffee.

guirnalda f garland.

güiro m Amér - **1.** [planta] gourd, calabash. - **2.** MÚS guiro, musical instrument made from a gourd. - **3.** [tallo de maíz] green maize stalk Br, green corn stalk Am.

guisa f way, manner; **a** ~ **de** by way of, as; **de esta** ~ in this way.

guisado m stew.

guisante m pea; ~ **mollar** mangetout pea.

guisar ◇ *vt* - **1.** [cocinar] to cook; [estofar] to stew. - **2.** *fig* [arreglar] to arrange, to prepare. ◇ *vi* [cocinar] to cook.

◆ **guisarse** *vpr fig* to be cooking, to be going on.

guiso *m* dish.

güisqui, whisky [wiski] *m* whisky; ~ **de malta** malt whisky.

guita *f* - **1.** *fam* [dinero] dough. - **2.** [cuerda] twine.

guitarra ◇ *f* - **1.** [instrumento] guitar; ~ **acústica/ eléctrica** acoustic/electric guitar; **chafar la** ~ **a alguien** *fam* to mess things up for sb. - **2.** TECN muller. ◇ *mf* guitarist.

guitarrear *vi* to play the guitar.

guitarrero, ra *m, f* - **1.** [fabricante] guitar maker. - **2.** [vendedor] guitar seller. - **3.** [intérprete] guitarist.

guitarrillo, guitarro *m small four-string guitar.*

guitarrista *mf* guitarist.

guitarro *m* = **guitarrillo.**

guitarrón *m* - **1.** [instrumento] large guitar. - **2.** *fam fig* [pícaro] rascal, scoundrel. - **3.** *Amér* [avispa] large wasp.

gula *f* gluttony.

gulag (*pl* **gulags**) *m* - **1.** [campo de trabajo] gulag. - **2.** [régimen] oppresive political regime.

gulasch [gu'laʃ] *m* goulash.

gulden *m* guilder, florin.

gulusmear *vi* - **1.** [golosinear] to sniff at what is cooking. - **2.** [mordiscar] to nibble.

gurí, isa (*pl* **gurís**) *m, f Amér fam* - **1.** [niño] kid, child. - **2.** [indio] Indian boy (*f* Indian girl).

guripa *m fam* cop.

gurmet (*pl* **gurmets**), **gourmet** (*pl* **gourmets**) [gur'met] *mf* gourmet.

gurrumino, na ◇ *adj* - **1.** [enclenque] sickly, frail. - **2.** *Amér* [cobarde] cowardly. - **3.** *Amér* [astuto] shrewd. ◇ *m, f Amér* - **1.** [niño] child. - **2.** [persona astuta] shrewd person.

◆ **gurrumino** *m* - **1.** [idólatra] uxorious husband. - **2.** [que se deja dominar] henpecked husband.

◆ **gurrumina** *f* - **1.** *fam* [idolatría] uxoriousness. - **2.** *Amér* [fruslería] trifle. - **3.** *Amér* [molestia] annoyance, bother.

guru, gurú (*pl* **gurús**) *m* guru.

gurupié (*pl* **gurupiés**) *m Amér* croupier.

gusanear *vi* to swarm, to teem.

gusanera *f* - **1.** [sitio] breeding ground for worms. - **2.** *fam fig* [pasión] burning passion.

gusanillo *m* - **1.** [labor] embroidery. - **2.** [hilo] *gold or silver or silk twist.* - **3.** *loc*: **el** ~ **de la conciencia** *fam* one's conscience; **entrarle a uno el** ~ **de algo** to get hooked on sthg; **matar el** ~ [bebiendo] to have a drink on an empty stomach; [comiendo] to have a snack between meals;

sentir un ~ **en el estómago** to have butterflies (in one's stomach).

gusano *m lit & fig* worm; ~ **de luz** glow-worm; ~ **de (la) seda** silkworm; **el** ~ **de la conciencia** one's conscience; **matar el** ~ *Amér fig* [bebiendo] to have a drink on an empty stomach; [comiendo] to have a snack between meals.

gusarapo, pa *m, f* creepy-crawly.

gustación *f* - **1.** [acción] tasting. - **2.** [percepción] taste.

gustar ◇ *vi* [agradar] to be pleasing; **me gusta esa chica/ ir al cine** I like that girl/going to the cinema; **me gustan las novelas** I like novels; ~ **de hacer algo** to like o enjoy doing sthg; **como guste** as you wish. ◇ *vt* to taste, to try.

gustativo, va *adj* taste (*antes de sust*).

gustazo *m fam* great pleasure; **darse el** ~ **de algo/de hacer algo** to allow o.s. the pleasure of sthg/of doing sthg.

gustillo *m* - **1.** [sabor] aftertaste. - **2.** [satisfacción] malicious sense of satisfaction.

gusto *m* - **1.** [cualidad, preferencia] taste; **tiene atrofiado el sentido del** ~ she's got a poor sense of taste; **al** ~ **de uno** to one's taste; **de buen/mal** ~ in good/bad taste; **tener buen/mal** ~ to have good/bad taste; **el buen** ~ **se forma desde la infancia** good taste is something you develop as a child ❑ **sobre ~s no hay nada escrito** there's no accounting for taste, each to his own. - **2.** [sabor, sentido] taste, flavour. - **3.** [placer] pleasure; **con mucho** ~ gladly, with pleasure; **da** ~ **estar aquí** it's a real pleasure to be here; **dar** ~ **a** to please, to gratify; **mucho o tanto** ~ pleased to meet you; **hola, soy el marido de Carmen - mucho o tanto** ~ hello, I'm Carmen's husband - pleased to meet you; **tener el** ~ **de** to have the pleasure of; **tengo el** ~ **de invitarle a la inauguración** I have the pleasure of inviting you to the opening; **tomar** ~ **a algo** to take a liking to sthg. - **4.** [capricho] whim.

◆ **a gusto** *loc adv* - **1.** [a voluntad, a placer] at will; **hacer algo a** ~ [de buena gana] to do sthg willingly o gladly; [cómodamente] to do sthg comfortably; **estar a** ~ to be comfortable o at ease; **está a** ~ **consigo mismo** he's at ease with himself. - **2.** [según paladar] to taste; **añada sal a** ~ add salt to taste.

gustosamente *adv* [con placer] with pleasure, gladly; **lo haré** ~ I will do it gladly.

gustoso, sa *adj* - **1.** [sabroso] tasty. - **2.** [con placer]: **hacer algo** ~ to do sthg gladly o willingly. - **3.** [agradable] pleasant, agreeable.

gutapercha *f* - **1.** BOT gutta-percha. - **2.** [tela] *cloth treated with gutta-percha.*

gutural *adj* guttural.

Guyana *f* Guyana; **la** ~ **francesa** French Guyana.

guyanés, esa (*pl* **guyaneses**) *adj & m, f* Guyanese.

gymkhana *f* = **gincana.**

USO ▶ Gustos

Para decir que algo o alguien no le gusta a uno

▶ *categóricamente:*

I hate him.
I loathe football.
I can't stand liars.
If there's one thing I can't abide, it's cheating.
I hate o detest having to be polite to people I hardly know.
I can't bear it when you talk to me like that.
What I don't like about him o The thing I don't like about him is his arrogance.
He really gets on my nerves.
He gives me the creeps. [*familiar*]

▶ *menos categóricamente:*

I don't enjoy opera that much.
I'm not awfully fond of ballet. [*Br*]
I'm not very keen on poetry. [*Br*]
I'm not really into sport. [*familiar*]

He's not (too) wild about the idea. [*familiar*]
I'm not crazy about hockey. [*familiar*]
Camping isn't really my thing o my cup of tea. [*familiar*]

Para decir que algo o alguien le gusta a uno

▶ *categóricamente:*

I love o adore opera.
I (really) like her.
I like nothing better o There's nothing I like more than a hot bath.
He's really into jazz. [*familiar*]
He's wild o crazy about jazz. [*familiar*]

▶ *menos categóricamente:*

I'm very interested in current affairs.
I'm keen on sport. [*Br*]
I'm rather fond of cream cakes. [*Br*]
It's/He's OK. [*familiar*]

H

h¹, H f [letra] h, H.
- ◆ **H** (*abrev escrita de* **Hermano**) Br.
h², h. (*abrev escrita de* **hora**) hr, h.
ha¹ v → **haber.**
ha² (*abrev escrita de* **hectárea**) ha.
haba f (con art masc 'el') - **1.** [planta, fruto] broad bean; **en to-das partes (se) cuecen** ~**s** fam fig it's the same all over the world; **son** ~**s contadas** fam fig it's a sure thing. - **2.** [ron-cha] swelling. - **3.** [trozo de mineral] nodule. - **4.** VETER tu-mour on a horse's palate.
- ◆ **haba de las Indias** f sweet pea.
habanero, ra adj & m, f Havanan.
- ◆ **habanera** f MÚS habanera.
habano, na adj Havanan.
- ◆ **habano** m Havana cigar.
hábeas corpus m inv habeas corpus.
haber [4] ◇ v aux - **1.** [en tiempos compuestos] to have; **lo he/había hecho** I have/had done it; **los niños ya han co-mido** the children have already eaten; **en el estreno ha habido mucha gente** there were a lot of people at the premiere. - **2.** [expresa reproche]: ~ **venido antes** you could have come a bit earlier; ¡~**lo dicho!** why didn't you say so? - **3.** [expresa obligación]: ~ **de hacer algo** to have to do sthg; **has de estudiar más** you have to study more. ◇ v impers - **1.** [existir, estar]: **hay** there is/are; **hay mucha gente en la calle** there are a lot of people in the street; **ha-bía/hubo muchos problemas** there were many prob-lems; **habrá dos mil** [expresa futuro] there will be two thousand; [expresa hipótesis] there must be two thousand. - **2.** [expresa obligación]: ~ **que hacer algo** to have to do sthg; **hay que hacer más ejercicio** one o you should do more exercise; **habrá que soportar su mal humor** we'll have to put up with his bad mood. - **3.** loc: **algo habrá** there must be something in it; **allá se las haya** that's his/her/your etc problem; **habérselas con alguien** to face o confront sb; ¡**hay que ver!** well I never!; **lo habido y por** ~ everything under the sun; **no hay de qué** don't mention it; ¿**qué hay?** fam [saludo] how are you doing? ◇ m - **1.** [bienes] assets (pl). - **2.** [en cuentas, contabilidad] credit (side).
- ◆ **haberes** mpl [sueldo] remuneration (U).
habichuela f bean; ~ **verde** string bean.
habido, da adj occurred; **los accidentes** ~**s este verano** the number of accidents this summer.
habiente adj DER having, possessing.
hábil adj - **1.** [diestro] skilful; [inteligente] clever. - **2.** [ca-paz] capable. - **3.** [utilizable] suitable, fit. - **4.** DER competent; **días** ~**es** working days.
habilidad f [destreza] skill; [inteligencia] cleverness; **tener** ~ **para algo** to be good at sthg.
habilidoso, sa ◇ adj skilful, clever. ◇ m, f skilful o cle-verperson.
habilitación f - **1.** [acondicionamiento] fitting out. - **2.** DER authorization, right. - **3.** [facilitación] provision, supply. - **4.** [financiación] financing.
habilitado, da ◇ adj - **1.** DER authorized. - **2.** COM businessman financed by another person. ◇ m, f [encar-gado] paymaster.

habilitador, ra ◇ adj qualifying. ◇ m, f - **1.** [autoridad] qualifier. - **2.** [proveedor] outfitter. - **3.** [comanditario] fin-ancial backer.
habilitar vt - **1.** [acondicionar] to fit out, to equip. - **2.** [au-torizar] to authorize. - **3.** [financiar] to finance. - **4.** [facilitar] to provide, to supply. - **5.** Amér [fastidiar] to annoy.
hábilmente adv skilfully.
habiloso, sa adj Amér shrewd, astute.
habitabilidad f habitability.
habitable adj habitable, inhabitable.
habitación f [gen] room; [dormitorio] bedroom; **la casa tiene seis habitaciones** the house has six rooms □ ~ **do-ble** [con cama de matrimonio] double room; [con dos ca-mas] twin room; ~ **individual** o **simple** single room; ~ **de invitados** spare room.
habitacional adj resident.
habitáculo m dwelling.
habitante m [de ciudad, país] inhabitant; [de barrio] resi-dent.
habitar ◇ vi to live. ◇ vt to live in, to inhabit.
hábitat (pl **hábitats**) m - **1.** [gen] habitat. - **2.** [vivienda] housing conditions (pl).
hábito m habit; **tener el** ~ **de hacer algo** to be in the ha-bit of doing sthg; **tomar el** ~ [monja] to take the veil; [sacerdote] to take holy orders □ ~ **adquirido** acquired habit; **colgar los** ~**s** RELIG to leave the priesthood, to give up the cloth; fig [renunciar] to give it up; **el** ~ **no hace al monje** clothes don't make the man.
habituación f [a drogas etc] addiction.
habitual adj [gen] habitual; [cliente, lector] regular.
habitualmente adv habitually, customarily.
habituar [6] vt: ~ **a alguien a** to accustom sb to.
- ◆ **habituarse** vpr: ~**se a** [gen] to get used o accustomed to; [drogas etc] to become addicted to.
habla f (con art masc 'el') - **1.** [idioma] language; [dialecto] dia-lect; **de** ~ **española** Spanish-speaking. - **2.** [facultad] speech; **negar** o **quitar el** ~ **a** to stop speaking to □ **que-darse sin** ~ to be left speechless. - **3.** LING discourse. - **4.** [al teléfono]: **estar al** ~ **con alguien** to be on the line to sb.
hablado, da adj spoken; **bien** ~ well-spoken; **mal** ~ foul-mouthed.
- ◆ **hablada** f Amér gossip.
hablador, ra ◇ adj - **1.** [charlatán] talkative. - **2.** [chismo-so] gossipy. ◇ m, f - **1.** [charlatán] chatterbox. - **2.** [chismo-so] gossip. - **3.** Amér [mentiroso] liar.
habladuría f [charla] chatter.
- ◆ **habladurías** fpl [rumores] rumours; [chismes] gossip (U).
hablanchín, ina fam ◇ adj - **1.** [charlatán] talkative. - **2.** [chismoso] gossipy. ◇ m, f - **1.** [charlatán] chatterbox. - **2.** [chismoso] gossip.
hablante ◇ adj speaking. ◇ mf speaker.
hablantín, ina fam ◇ adj - **1.** [charlatán] talkative. - **2.** [chismoso] gossipy. ◇ m, f - **1.** [charlatán] chatterbox. - **2.** [chismoso] gossip.
- ◆ **hablantina** f Amér [charla] idle talk, chatter.
hablar ◇ vi: ~ **(con)** to talk (to), to speak (to); ~ **de** [con-

versar, tratar de] to talk about; **siempre hablan de informática** they're always talking about computers; *fig* [revelar] to speak of; **estos detalles hablan mucho del tipo de persona que es** these small points say volumes about the sort of person she is; ~ **en español / inglés** to speak Spanish/English; ~ **por** [interceder por] to speak for; ~ **bien/mal de** to speak well/badly of; ~ **claro** to speak frankly; ~ **en voz alta/baja** to speak loudly/softly □ **dar que** ~ to make people talk; **ese escándalo dará que** ~ **en las próximas semanas** this scandal will give people plenty to talk about over the next few weeks; **eso es** ~ *fam* now you're talking; **estar hablando** [retrato] to be lifelike; ~ **por** ~ to talk for the sake of talking; **no sabe lo que dice, habla por** ~ he doesn't know what he's talking about, he just talks for the sake of talking; **¡ni** ~! no way!; **¿puedo irme ahora? -** **¿de eso ni** ~! can I go now? - no way! ◇ **vt - 1.** [idioma] to speak. - **2.** [asunto] ~ **algo (con)** to discuss sthg (with).

◆ **hablarse** *vpr* - **1.** [comunicarse] to speak (to each other); **no** ~**se** not to be speaking, not to be on speaking terms; **no se hablan desde que tuvieron la discusión** they haven't been speaking since they had the row. - **2.** [idioma]: **'se habla inglés'** 'English spoken'. - **3.** *desus* [ser novios] to court. - **4.** *loc:* **¡no se hable más! me voy** I'm going, and there's an end to it!

habrá *etc v* → **haber**.

Habsburgo *s:* **los** ~ the Hapsburgs.

haca *f (con art masc 'el')* small horse, pony.

hacecillo *m* BOT fascide.

hacedero, ra *adj* feasible, practicable.

hacedor, ra ◇ *adj* making. ◇ *m, f* - **1.** [creador] maker. - **2.** [administrador] administrator.

◆ **Hacedor** *m:* **el Hacedor** [Dios] the Maker.

◆ **hacedora** *f Amér* woman who makes or sells corn liquor.

hacendado, da ◇ *adj* landed, property-owning. ◇ *m, f* - **1.** [propietario] landowner. - **2.** *Amér* [ganadero] rancher.

hacendar [19] *vt* to give o transfer property to.

◆ **hacendarse** *vpr* to buy somewhere to settle down.

hacendista *mf* financial expert, economist.

hacendoso, sa *adj* houseproud.

hacer [60] ◇ *vt* - **1.** [elaborar, crear, cocinar] to make; ~ **un vestido/planes** to make a dress/plans; ~ **un poema/una sinfonía** to write a poem/symphony; **para** ~ **la carne...** to cook the meat... - **2.** [construir] to build; **han hecho un edificio nuevo** they've put up a new building. - **3.** [generar] to produce; **el árbol hace sombra** the tree gives shade; **la carretera hace una curva** there's a bend in the road. - **4.** [movimientos, sonidos, gestos] to make; **le hice señas** I signalled to her; **el reloj hace tic-tac** the clock goes tick-tock; ~ **ruido** to make a noise. - **5.** [obtener - fotocopia] to make; [- retrato] to paint; [- fotografía] to take. - **6.** [realizar - trabajo, estudios] to do; [- viaje] to make; [- comunión] to take; **hoy hace guardia** she's on duty today; **estoy haciendo segundo** I'm in my second year. - **7.** [practicar - gen] to do; [- tenis, fútbol] to play; **debes** ~ **deporte** you should start doing some sport. - **8.** [arreglar - casa, colada] to do; [- cama] to make. - **9.** [dar aspecto] to cause to look o seem; **este espejo te hace gordo** that mirror makes you look o seem fat. - **10.** [transformar en]: ~ **a alguien feliz** to make sb happy; **la guerra no le hizo un hombre** the war didn't make him (into) a man; **hizo pedazos el papel** he tore the paper to pieces; ~ **de algo/alguien algo** to make sthg/sb into sthg; **hizo de ella una buena cantante** he made a good singer of her. - **11.** [comportarse como]: ~ **el tonto** to act the fool; ~ **el vándalo** to act like a hooligan. - **12.** [causar]: ~ **daño a alguien** to hurt sb; **me hizo gracia** I thought it was funny. - **13.** CINE & TEATRO to play; **hace el papel de la hija del rey** she plays (the part of) the king's daughter. - **14.** [suponer] to think, to reckon; **a estas horas yo te hacía en París** I thought o reckoned you'd be in Paris by now. - **15.** [ser causa de]: ~ **que alguien haga algo** to make sb do sthg; **me hizo reír** it made me laugh; **has hecho que se enfadara** you've

made him angry. - **16.** [mandar]: ~ **que se haga algo** to have sthg done; **voy a** ~ **teñir este traje** I'm going to have this dress dyed. ◇ *vi* - **1.** [intervenir]: **déjame** ~ **a mí** let me do it. - **2.** [actuar]: ~ **de** CINE & TEATRO to play; [trabajar] to act as. - **3.** [aparentar]: ~ **como si** to act as if; **haz como que no te importa** act as if you don't care. - **4.** [procurar, intentar]: ~ **por hacer algo** to try to do sthg; **haré por verle esta noche** I'll try to see him tonight. - **5.** *loc:* **¿hace?** all right? ◇ *v impers* - **1.** [tiempo meteorológico]: **hace frío/ sol/viento** it's cold/sunny/windy; **hace un día precioso** it's a beautiful day. - **2.** [tiempo transcurrido]: **hace diez años** ten years ago; **hace mucho/poco** a long time/not long ago; **hace un mes que llegué** it's a month since I arrived; **no la veo desde hace un año** I haven't seen her for a year.

◆ **hacerse** *vpr* - **1.** [formarse] to form. - **2.** [desarrollarse, crecer] to grow. - **3.** [guisarse, cocerse] to cook. - **4.** [convertirse] to become; ~**se musulmán** to become a Moslem. - **5.** [resultar] to get; **se hace muy pesado** it gets very tedious. - **6.** [crearse en la mente]: ~**se ilusiones** to get one's hopes up; ~**se una idea de algo** to imagine what sthg is like. - **7.** [mostrarse]: **se hace el gracioso/el simpático** he tries to act the comedian/the nice guy; ~**se el distraído** to pretend to be miles away.

hacha *f (con art masc 'el')* - **1.** [herramienta] axe; ~ **de armas** battle-axe; **desenterrar el** ~ **de guerra** *fig* to sharpen one's sword; **ser un** ~ *fam* to be a whizz o an ace. - **2.** [cuerno de toro] horn.

hachazo *m* - **1.** [golpe] blow of an axe, hack; [con cuerno] sidelong blow. - **2.** *Amér* [de caballo] start.

hache *f:* **llamémosle** ~ *fig* call it what you like; **por** ~ **o por be** *fig* for one reason or another; **volverse** ~**s y erres** *fig Amér* to fall through, to fail.

hachear ◇ *vt* to hew. ◇ *vi* to hew with an axe.

hachero *m* - **1.** [leñador] woodcutter, lumberjack. - **2.** MIL sapper.

hachís [xaˈʃis], **hash** [xaʃ] *m inv* hashish.

hachón *m* - **1.** [tea] large torch. - **2.** [brasero] cresset.

hacia *prep* - **1.** [dirección, tendencia, sentimiento] towards; ~ **aquí/allí** this/that way; ~ **abajo** downwards; ~ **arriba** upwards; ~ **atrás** backwards; ~ **adelante** forwards. - **2.** [tiempo] around, about; ~ **las diez** around o about ten o'clock.

hacienda *f* - **1.** [finca] country estate o property. - **2.** [bienes] property; ~ **pública** public purse. - **3.** *Amér* [ganadería] livestock. - **4.** *Amér* [corral] pen.

◆ **Hacienda** *f* the Treasury.

◆ **haciendas** *fpl* household chores.

hacina *f* - **1.** [pila] stack, pile; ~ **de leña** stack of firewood. - **2.** *fig* [montón] pile, heap.

hacinamiento *m* [de personas] overcrowding; [de objetos] heaping, piling.

hacinar *vt* [amontonar] to pile o heap (up); [heces] to stock, to pile.

◆ **hacinarse** *vpr* [gente] to be crowded together; [cosas] to be piled o heaped (up).

hada *f (con art masc 'el')* fairy.

hado *m* fate, destiny.

hafnio *m* QUÍM hafnium.

haga *etc v* → **hacer**.

hagiografía *f* RELIG hagiography.

Haití *s* Haiti.

haitiano, na *adj* & *m, f* Haitian.

hala *interj* - **1.** [para dar ánimo, prisa] come on! - **2.** [para expresar incredulidad] no!, you're joking! - **3.** [para expresar admiración, sorpresa] wow!

halagador, ra ◇ *adj* [lisonjero] flattering; [adulador] cajoling. ◇ *m, f* [lisonjeador] flatterer.

halagar [16] *vt* - **1.** [lisonjear] to flatter; [adular] to cajole. - **2.** [mostrar afecto hacia] to show affection for. - **3.** [agradar] to please, to gratify.

halago *m* - **1.** [lisonja] flattery *(U)*. - **2.** [adulación] cajolery *(U)*.

halague *etc v* → **halagar**.

halagüeño, ña *adj* - **1.** [prometedor] promising, encouraging. - **2.** [lisonjero] flattering. - **3.** [agradable] pleasing, gratifying. - **4.** [atractivo] attractive.

halar ◇ *vt* - **1.** [tirar] to pull towards o.s. - **2.** NÁUT to haul, to tow. ◇ *vi* NÁUT to pull.

halcón *m* - **1.** ZOOL falcon, hawk; ~ **peregrino** peregrine falcon. - **2.** *Amér fam* [matón] *government-paid killer*.

halconear *vi fig* to vamp.

halconería *f* falconry.

halconero *m* falconer, hawker.

halda *f (con art masc 'el')* - **1.** *desus* [falda] skirt. - **2.** [harpillera] sackcloth, burlap.

hale *interj* come on!

halita *f* MIN halite, rock salt.

hálito *m* - **1.** [aliento] breath. - **2.** [vapor] vapour. - **3.** *fig* [aire] zephyr, gentle breeze.

halitosis *f inv* bad breath.

hall [xol] *(pl* **halls**) *m* entrance hall, foyer.

hallar *vt* - **1.** [gen] to find; [averiguar] to find out. - **2.** [notar] to note; ~ **errores en un examen** to spot errors in an exam. - **3.** [descubrir] to discover.
◆ **hallarse** *vpr* - **1.** [en un lugar - persona] to be, to find o.s.; [- casa etc] to be (situated). - **2.** [en una situación] to be; ~**se enfermo** to be ill.

hallazgo *m* - **1.** [descubrimiento] discovery. - **2.** [objeto] find.

halo *m* [de astros, santos] halo; [de objetos, personas] aura.

halógeno, na *adj* QUÍM halogenous; [faro] halogen *(antes de sust)*.

haltera *f* DEP dumbbell.

halterofilia *f* weightlifting.

hamaca *f* - **1.** [para colgar] hammock. - **2.** [tumbona - silla] deckchair; [- canapé] sunlounger. - **3.** [vehículo] palanquin. - **4.** *Amér* [columpio] swing.

hamacar [10] *vt Amér* to swing, to rock.
◆ **hamacarse** *vpr Amér* to swing, to rock.

hambre *f (con art masc 'el')* - **1.** [apetito] hunger; [inanición] starvation; **pasar** ~ to starve; **tener** ~ to be hungry ☐ ~ **canina** ravenous hunger; **matar el** ~ to satisfy one's hunger; **comí unas patatas fritas para matar el** ~ I ate some crisps to fill a hole; **morir** o **morirse de** ~ to be starving, to be dying of hunger; **rabiar de** ~ to be dying of hunger; **se juntan el** ~ **con las ganas de comer** it's one thing on top of another; **ser más listo que el** ~ to be nobody's fool. - **2.** [epidemia] famine. - **3.** *fig* [deseo]: ~ **de** hunger o thirst for.

hambreador *m Amér* exploiter.

hambrear ◇ *vt* to make hungry. ◇ *vi* to starve, to be hungry.

hambriento, ta ◇ *adj* - **1.** [famélico] starving. - **2.** [deseoso] hungry, longing. ◇ *m, f* starving person; **los** ~**s** the hungry.

hambruna *f Amér mfam* ravenous hunger.

hamburguesa *f* hamburger; ~ **con queso** cheeseburger.

hamburguesería *f* hamburger joint.

hamo *m desus* [anzuelo] fishhook.

hampa *f (con art masc 'el')* underworld.

hampón ◇ *m* thug. ◇ *adj* rowdy, rough.

hámster [xamster] *(pl* **hámsters**) *m* hamster.

hand ball [xambol] *m* DEP handball.

hándicap [xandikap] *(pl* **hándicaps**) *m* handicap.

hangar *m* hangar.

Hanoi *s* Hanoi.

haploide *adj* BIOL haploid.

hará *etc v* → **hacer**.

haragán, ana ◇ *adj* lazy, idle. ◇ *m, f* layabout, idler.

haraganear *vi* to laze about, to lounge around.

haraganería *f* laziness, idleness.

harakiri *m* = **haraquiri**.

harapiento, ta *adj* ragged, tattered.

harapo *m* rag, tatter.

haraposo, sa *adj* ragged, tattered.

haraquiri, harakiri *m* harakiri.

Harare *s* Harare.

hardware [xarwar] *m* INFORM hardware.

harén *m* harem.

harina *f* - **1.** [cereal molido] flour; ~ **de avena** oatmeal; ~ **de hueso** bone meal; ~ **de maíz** cornflour *Br*, corn meal *Am*; **ser** ~ **de otro costal** *fig* to be a different kettle of fish. - **2.** *fig* [polvo] powder; ~ **lacteada** malted milk powder. - **3.** *loc*: **estar metido en** ~ [pan] to be doughy o heavy; *fam fig* [estar gordo] to be plump; [estar absorto] to be hard at work.

harinero, ra *adj* flour *(antes de sust)*.
◆ **harinero** *m* - **1.** [persona] flour dealer. - **2.** [recipiente] flour bin.

harinoso, sa *adj* [de harina] floury; [farináceo] farinaceous; [manzana] mealy.

harmonía *f* = **armonía**.

harnero *m* sieve.

harpillera *f* sackcloth, burlap.

hartar *vt* - **1.** [atiborrar] to stuff (full). - **2.** [fastidiar]: ~ **a alguien** to annoy sb, to get on sb's nerves. - **3.** *fig* [satisfacer] to satisfy. - **4.** [aburrir] to bore. - **5.** [cansar] to tire, to weary.
◆ **hartarse** *vpr* - **1.** [atiborrarse] to stuff o gorge o.s. - **2.** [cansarse]: ~**se (de)** to get fed up (with). - **3.** [no parar]: ~**se de algo** to do sthg non-stop.

hartazgo, hartón *m* fill; **darse un** ~ **(de)** to have one's fill (of).

harto, ta *adj* - **1.** [de comida] full. - **2.** [cansado]: ~ **(de)** tired (of), fed up (with).
◆ **harto** *adv* somewhat, rather.

hartón *m* = **hartazgo**.

hash *m* = **hachís**.

hasta ◇ *prep* - **1.** [en el espacio] as far as, up to; **desde aquí** ~ **allí** from here to there; ¿~ **dónde va este tren?** where does this train go? - **2.** [en el tiempo] until, till; ~ **ahora** (up) until now, so far; ~ **el final** right up until the end; ~ **luego** o **pronto** o **la vista** see you (later); ¡~ **otra!** cheerio! - **3.** [con cantidades] up to. ◇ *adv* [incluso] even.
◆ **hasta que** *loc conj* until, till.

hastiado, da *adj* jaded.

hastiar [9] *vt* - **1.** [aburrir] to bore. - **2.** [asquear] to sicken, to disgust. - **3.** [fastidiar] to annoy, to bother.
◆ **hastiarse de** *vpr* to tire of, to get fed up with.

hastío *m* - **1.** [tedio] boredom *(U)*. - **2.** [repugnancia] disgust. - **3.** [fastidio] annoyance.

hatajo *m* load, bunch; **un** ~ **de** [gamberros] a bunch of; [mentiras] a pack of.

hatear ◇ *vi desus* [recoger] to gather one's things together. ◇ *vt* [dar provisiones] to give provisions.

hatillo *m* bundle of clothes; **tomar el** ~ *fam fig* to up and go.

hato *m* - **1.** [de ganado] herd; [de ovejas] flock. - **2.** [de ropa] bundle. - **3.** [cabaña] shepherd's hut. - **4.** [provisiones] provisions *(pl)*, supplies *(pl)*. - **5.** *fig* [banda] gang, band. - **6.** [montón] load, bunch. - **7.** *Amér fam* [hacienda] cattle ranch.

Hawai [xa'wai] *s* Hawaii.

hawaiano, na [xawai'ano], **hawayano, na** *adj & m, f* Hawaiian.

haya[1] *v* → **haber**.

haya[2] *f (con art masc 'el')* [árbol] beech (tree); [madera] beech (wood).

hayal *m* beech grove o wood.

haz[1] *v* → **hacer**.

haz² (*pl* **haces**) ◇ *m* - **1.** [de leña] bundle; [de cereales] sheaf. - **2.** [de luz] beam. ◇ *f* - **1.** *fig* [de tela] right side. - **2.** [cara] face, countenance; ~ **de la tierra** face of the earth; **a dos haces** *fig* with an ulterior motive; **ser de dos haces** *fig* to be two-faced.

haza *f* plot of arable land.

hazaña *f* feat, exploit.

hazañoso, sa *adj* - **1.** [heroico] heroic. - **2.** [valiente] gallant.

hazmerreír *m* laughingstock.

HB (*abrev de* **Herri Batasuna**) *f political wing of ETA.*

he *v* → **haber**.
◆ **he aquí** *loc adv* here is/are; ~**nos aquí** here we are; ~ **aquí el problema** this is the problem.

hebdómada *f* - **1.** [semana] seven days *(pl)*, week. - **2.** [siete años] seven years *(pl)*.

hebdomadario, ria ◇ *adj* weekly. ◇ *m, f* RELIG hebdomadary.

hebilla *f* buckle.

hebra *f* - **1.** [de hilo] thread. - **2.** [de judías, puerros] string; [de tabaco] strand (of tobacco). - **3.** [fibra] fibre. - **4.** [veta] grain. - **5.** *fig* [de argumento, discurso] thread; **pegar la** ~ to strike up a conversation. - **6.** [filón] vein.
◆ **hebras** *fpl culto* [cabello] locks, hair *(U)*.
◆ **de una hebra** *loc adv Amér* all at once, in one breath.

hebraico, ca *adj* Hebraic.

hebraísmo *m* Hebraism.

hebraizar [6] *vi* to Hebraize.

hebreo, a *adj & m, f* Hebrew.
◆ **hebreo** *m* [lengua] Hebrew.

hecatombe *f* - **1.** [desastre] carnage *(U)*, disaster. - **2.** [sacrificio] hecatomb. - **3.** [matanza] slaughter.

hechicería *f* - **1.** [arte] witchcraft, sorcery. - **2.** [maleficio] spell.

hechicero, ra ◇ *adj* [encantador] enchanting, bewitching. ◇ *m, f* - **1.** [brujo] wizard (*f* witch), sorcerer (*f* sorceress). - **2.** [encantador] charmer, enchanter (*f* enchantress).

hechizado, da *adj* spellbound.

hechizante *adj* bewitching.

hechizar [13] *vt* - **1.** [suj: brujo, hechicero etc] to cast a spell on. - **2.** [cautivar] *fig* to bewitch, to captivate.

hechizo, za *adj* - **1.** [fabricado] made, manufactured. - **2.** *Amér* [local] local, domestic; **producto** ~ local product.
◆ **hechizo** *m* - **1.** [maleficio] spell. - **2.** *fig* [encanto] magic, charm. - **3.** [persona] bewitcher, charmer.

hecho, cha ◇ *pp* → **hacer**. ◇ *adj* - **1.** [acabado - persona] mature; [- cuerpo feminino] shapely; **¡bien** ~! well done!; **estás** ~ **un artista** you've become quite an artist ❑ **una mujer hecha y derecha** a fully-grown woman. - **2.** [carne] done; **quiero el filete muy/poco** ~ I'd like the steak well-done/rare. - **3.** [ropa] ready-made. - **4.** [acostumbrado]: **estar** ~ **a algo/a hacer algo** to be used to sthg/to doing sthg.
◆ **hecho** ◇ *m* - **1.** [obra] action, deed; ~ **de armas** MIL feat of arms; **a lo** ~, **pecho** it's no use crying over spilt milk. - **2.** [suceso] event; ~ **consumado** fait accompli. - **3.** [realidad, dato] fact; **el** ~ **es que...** the fact is that... - **4.** [asunto] point, matter at hand; **volvamos al** ~ let's get back to the point ❑ ~ **ineludible** fact of life. ◇ *interj* it's a deal!, you're on!
◆ **Hechos** *mpl*: **los Hechos de los Apóstoles** BIBLIA the Acts of the Apostles.
◆ **de hecho** *loc adv* - **1.** [en realidad] in fact, actually. - **2.** DER de facto.

hechor, ra *m, f Amér* wrongdoer.
◆ **hechor** *m Amér* ZOOL stud donkey.

hechura *f* - **1.** [de traje] cut. - **2.** [forma] shape. - **3.** [fabricación] making, creation. - **4.** [criatura] creature. - **5.** *fig* [precio] fee, charge. - **6.** *Amér* [invitación] offer of a drink. - **7.** *loc*: **no tener** ~ to be impossible, not to be feasible.

hectárea *f* hectare.

héctico, ca *adj* MED consumptive.
◆ **héctica** *f* MED hectic fever.

hectogramo *m* hectogram.

hectolitro *m* hectolitre.

hectómetro *m* hectometre.

heder [20] *vi* - **1.** [apestar] to stink, to reek. - **2.** *fig* [fastidiar] to be annoying o irritating.

hediondez (*pl* **hediondeces**) *f* - **1.** [hedor] stench, stink. - **2.** [cosa hedionda] foul-smelling thing.

hediondo, da *adj* - **1.** [pestilente] stinking, foul-smelling. - **2.** *fig* [insoportable] unbearable. - **3.** [obsceno] filthy, obscene. - **4.** [molesto] annoying, insufferable.

hedonismo *m* hedonism.

hedonista ◇ *adj* hedonistic. ◇ *mf* hedonist.

hedor *m* stink, stench.

hegelianismo *m* FILOS Hegelianism.

hegeliano, na *adj & mf* FILOS Hegelian.

hegemonía *f* [gen] dominance; POLÍT hegemony.

hegemónico, ca *adj* [gen] dominant; [clase, partido] ruling.

hégira, héjira *f* hegira.

helada *f* → **helado**.

heladera *f Amér* refrigerator.

heladería *f* [tienda] ice cream parlour; [puesto] ice cream stall.

heladero, ra *m, f* ice cream seller.

helado, da *adj* - **1.** [hecho hielo - agua] frozen; [- lago] frozen over. - **2.** [muy frío] freezing. - **3.** *fig* [atónito] dumbfounded, speechless. - **4.** *fig* [desdeñoso] cold, unfeeling; **un corazón** ~ a cold heart. - **5.** BOT frostbitten, frozen.
◆ **helado** *m* - **1.** [cono, polo] ice cream. - **2.** [sorbete] sorbet, sherbet *Am*.
◆ **helada** *f* frost; **helada blanca** o **simple** hoarfrost, rime.

helador, ra *adj* freezing.
◆ **heladora** *f* ice cream machine.

helar [19] ◇ *vt* - **1.** [líquido] to freeze. - **2.** *fig* [dejar atónito] to dumbfound. - **3.** *fig* [desanimar] to dispirit, to discourage. ◇ *v impers*: **ayer heló** there was a frost last night.
◆ **helarse** *vpr* to freeze; [plantas] to be frostbitten.

helecho *m* fern, bracken; ~ **arbóreo** tree fern.

Helena *f*: ~ **de Troya** Helen of Troy.

helénico, ca *adj* Hellenic, Greek.

helenismo *m* Hellenism.

helenista *mf* Hellenist.

helenístico, ca *adj* Hellenistic.

helenizar [13] *vt* to Hellenize.
◆ **helenizarse** *vpr* to become Hellenized.

heleno, na *adj* Hellenic, Greek.

hélice *f* - **1.** TECN propeller. - **2.** [espiral] spiral. - **3.** ANAT & GEOM helix. - **4.** [caracol] snail.

Hélice *m* ASTRON Ursa Major, the Great Bear.

helicoidal *adj* GEOM helicoid, spiral.

helicóptero *m* helicopter.

helio *m* helium.

heliocéntrico, ca *adj* ASTRON heliocentric.

Helíos *m* Helios.

heliotropismo *m* BOT heliotropism.

heliotropo *m* - **1.** [planta] heliotrope. - **2.** FÍS & TECN heliostat. - **3.** [cuarzo] bloodstone, heliotrope.

helipuerto *m* heliport.

Helsinki *s* Helsinki.

helvético, ca *adj & m, f* Swiss.

hemático, ca *adj* hematic.

hematíe *m* red blood cell.

hematología *f* haematology.

hematológico, ca *adj* haematological.

hematólogo, ga *m, f* haematologist.

hematoma *m* bruise, haematoma MED.

hembra *f* - **1.** BIOL female; [mujer] woman; [niña] girl. - **2.** [del enchufe] socket. - **3.** [corchete] eye. - **4.** MEC female; [tornillo] nut; [cerradura] strike; ~ **de cerrojo** o **pestillo** strike plate. - **5.** [molde] hollow mould o form. - **6.** BOT female plant. - **7.** [cola de caballo] thin horsetail.

hembraje *m* Amér AGR female livestock.

hembrilla *f* [de corchete] eye.

hemeroteca *f* newspaper library o archive.

hemiciclo *m* - **1.** [semicírculo] semicircle. - **2.** [en el parlamento] floor.

hemiplejia, hemiplejía *f* hemiplegia.

hemipléjico, ca *adj & m, f* hemiplegic.

hemisférico, ca *adj* hemispheric.

hemisferio *m* hemisphere; **el ~ occidental** the West □ ~ **austral/boreal** southern/northern hemisphere; ~ **cerebral** o **del cerebro** cerebral hemisphere.

hemoderivado, da *adj* haemoderivate.

hemofilia *f* haemophilia.

hemofílico, ca ◇ *adj* haemophiliac. ◇ *m, f* haemophiliac.

hemoglobina *f* haemoglobin.

hemograma *m* blood test.

hemopatía *f* blood disease o disorder.

hemorragia *f* haemorrhage; ~ **nasal** nosebleed.

hemorrágico, ca *adj* haemorrhagic.

hemorroides *fpl* haemorrhoids, piles.

hemóstato *m* MED hemostat.

henal *m* hayloft.

henchido, da *adj* bloated.

henchidura *f* filling, stuffing.

henchir [26] *vt* to fill (up).

◆ **henchirse** *vpr* - **1.** [hartarse] to stuff o.s. - **2.** *fig* [llenarse]: ~**se (de)** to be full (of).

hendedura *f* [pequeña] crack; [más grande] cleft.

hender [20], **hendir** [27] *vt* - **1.** [carne, piel] to carve open, to cleave. - **2.** [piedra, madera] to crack open. - **3.** [aire, agua] to cut o slice through. - **4.** *fig* [abrirse paso por] to make one's way through.

hendido, da *adj* split (open).

hendidura *f* [en carne, piel] cut; [en piedra, madera] crack.

hendimiento *m* [de carne, piel] cutting; [de piedra, madera] cracking.

hendir *vt* = **hender**.

henificar [10] *vt* AGR to hay, to make into hay.

henil *m* hayloft.

henna *f* henna.

heno *m* hay; ~ **blanco** velvet grass.

heñir [26] *vt* to knead.

hepática *f* BOT liverwort.

◆ **hepáticas** *fpl* BOT Hepaticae.

hepático, ca ◇ *adj* liver *(antes de sust)*, hepatic. ◇ *m, f* person suffering from liver disease.

hepatitis *f inv* hepatitis.

heptagonal *adj* heptagonal.

heptágono *m* heptagon.

Heracles *m* Heracles.

Heráclito *m* Heraclitus.

heráldico, ca *adj* heraldic.

◆ **heráldica** *f* heraldry.

heraldista *mf* heraldist.

heraldo *m* herald.

herbáceo, a *adj* herbaceous.

herbajar ◇ *vt* to put out to pasture. ◇ *vi* to graze.

herbaje *m* - **1.** [pasto] pasture, herbage. - **2.** [tributo] grazing fee. - **3.** [tela] waterproof woollen fabric.

herbario, ria *adj* herbal.

◆ **herbario** *m* - **1.** [colección] herbarium. - **2.** [libro] herbal. - **3.** [experto] herbalist. - **4.** [de rumiante] rumen.

herbazal *Esp*, **hierbal** *Amér m* grassland, pasture.

herbecer [30] *vi* to come up, to begin to grow.

herbicida *m* weedkiller.

herbívoro, ra ◇ *adj* herbivorous. ◇ *m, f* herbivore.

herbolario, ria ◇ *adj fig* mad, crazy. ◇ *m, f* - **1.** [experto] herbalist. - **2.** *fig* [loco] mad o crazy person.

◆ **herbolario** *m* [tienda] herbalist's (shop).

herboristería *f* herbalist's (shop).

herboso, sa *adj* herbaceous.

hercio, hertz [erθ] *m* hertz.

hercúleo, a *adj* very powerful, incredibly strong.

hércules *m inv fig* ox, very strong man.

◆ **Hércules** *m* Hercules.

heredable *adj* inheritable.

heredad *f* country estate o property; ~ **residual** o **residuaria** residual estate.

heredar *vt:* ~ **(de)** to inherit (from).

heredero, ra ◇ *adj* inheriting. ◇ *m, f* heir (*f* heiress); **instituir** ~ o **por** ~ **a** to name as one's heir, to name in one's will □ ~ **forzoso/legal** heir apparent/at law.

hereditario, ria *adj* hereditary.

hereje ◇ *mf* heretic. ◇ *adj* Amér excessive, backbreaking.

herejía *f* heresy.

herencia *f* - **1.** [de bienes] inheritance; ~ **yacente** unclaimed estate, estate in abeyance. - **2.** [de características] legacy; BIOL heredity.

herético, ca *adj* heretical.

herido, da ◇ *adj* - **1.** [gen] injured; [en lucha, atentado] wounded. - **2.** [sentimentalmente] hurt, wounded. ◇ *m, f* [gen] injured person; [en lucha, atentado] wounded person; **no hubo ~s** there were no casualties; **los ~s** the wounded.

◆ **herida** *f* - **1.** [lesión] injury; [en lucha, atentado] wound; **herida contusa** contusion; **herida superficial** flesh wound; **heridas múltiples** multiple injuries. - **2.** [ofensa] injury, offence *(U)*; [pena] hurt *(U)*, pain *(U)*; **renovar la herida** to reopen an old wound; **tocar en la herida** to touch a sore spot.

herir [27] *vt* - **1.** [físicamente] to injure; [en lucha, atentado] to wound. - **2.** [vista] to hurt; [oído] to pierce. - **3.** [sentimentalmente] to hurt. - **4.** *fig* [suj: sol] to fall o shine on. - **5.** [instrumento] to pluck.

◆ **herirse** *vpr* to hurt o.s. to injure o.s.

hermafrodita *adj & mf* hermaphrodite.

hermanado, da *adj* - **1.** [esfuerzos, personas] united, joined. - **2.** [ciudades] twinned. - **3.** [flor] didymous, twin *(antes de sust)*.

hermanamiento *m* - **1.** [de esfuerzos, personas] union. - **2.** [de ciudades] twinning.

hermanar *vt* - **1.** [esfuerzos, personas] to unite. - **2.** [ciudades] to twin. - **3.** Amér [aparear] to pair off, to couple.

◆ **hermanarse** *vpr* [ciudades] to be twinned.

hermanastro, tra *m, f* stepbrother (*f* stepsister).

hermandad *f*, **hermanazgo** *m* - **1.** [asociación] association; [RELIG - de hombres] brotherhood; [- de mujeres] sisterhood. - **2.** [amistad] intimacy, close friendship. - **3.** [semejanza] similarity, likeness.

hermano, na ◇ *adj* related, connected. ◇ *m, f* brother (*f* sister); **hermana de la Caridad** RELIG Sister of Charity; ~ **de leche** foster brother; ~ **gemelo** twin brother; ~ **lego** RELIG lay brother; ~ **mayor** older o big brother; ~ **menor** younger o little brother; ~ **de padre** o **de madre** half brother; ~ **político** brother-in-law; ~ **de sangre** blood brother; ~**s siameses** Siamese twins.

hermenéutico, ca *adj* hermeneutic.

◆ **hermenéutica** *f* hermeneutics *(U)*.

Hermes *m* Hermes.

herméticamente *adv* hermetically.

hermeticidad *f* - **1.** [de cerradura] airtightness. - **2.** *fig* [de comprensión] impenetrability, incomprehensible nature.

hermético, ca *adj* - **1.** [al aire] airtight, hermetic; [al agua] watertight, hermetic. - **2.** *fig* [persona] inscrutable.

hermetismo *m* - **1.** [incomprensibilidad] inscrutability. - **2.** [timidez, reserva] inscrutability.

hermoseamiento *m* beautification, embellishment.

hermosear ◇ *vt* to beautify, to make beautiful. ◇ *vi desus* to show off one's beauty.

hermoso, sa *adj* - **1.** [gen] beautiful, lovely. - **2.** [hombre] handsome. - **3.** [excelente] wonderful. - **4.** [sano] healthy, robust.

hermosura *f* - **1.** [gen] beauty. - **2.** [de hombre] handsomeness.

hernia *f* hernia, rupture; ~ **de hiato** hiatus hernia; ~ **discal** slipped disc.

herniado, da ◇ *adj* ruptured. ◇ *m, f* person suffering from a hernia.

herniarse [8] *vpr* - **1.** MED to rupture o.s. - **2.** *fam* [esforzarse]: ~ **(a hacer algo)** to bust a gut (doing sthg).

Herodes *m* BIBLIA Herod.

héroe *m* hero.

heroicamente *adv* heroically.

heroicidad *f* - **1.** [cualidad] heroism. - **2.** [hecho] heroic deed.

heroico, ca *adj* heroic.

heroína *f* - **1.** [mujer] heroine. - **2.** [droga] heroin.

heroinomanía *f* heroin addiction.

heroinómano, na *m, f* heroin addict.

heroísmo *m* heroism.

herpes *m inv* herpes (U).

herpético, ca MED ◇ *adj* herpetic. ◇ *m, f* herpes sufferer.

herradero *m* - **1.** [acción] branding. - **2.** [lugar] branding place.

herrador, ra *m, f* blacksmith.

herradura *f* - **1.** [de caballo] horseshoe; ~ **hechiza** horseshoe with fixed nails. - **2.** [murciélago] horseshoe bat. - **3.** *loc*: **mostrar las** ~**s** to take to one's heels.

herraje *m* - **1.** [hierros] iron fittings (*pl*), ironwork. - **2.** *Amér* [herradura] horseshoe.

herramienta *f* - **1.** [de trabajo] tool; ~ **cortante** o **de corte** cutting tool. - **2.** *fam fig* [del toro] horns (*pl*). - **3.** *fig* [dentadura] grinders (*pl*), teeth (*pl*). - **4.** *mfam* [arma] weapon.

herranza *f Amér* horseshoeing.

herrar [19] *vt* - **1.** [caballo] to shoe. - **2.** [ganado] to brand. - **3.** [objeto] to trim with iron.

herrería *f* - **1.** [taller] smithy, forge. - **2.** [oficio] smithery, blacksmith's trade. - **3.** *fig* [alboroto] uproar, din.

herrerillo *m* blue tit.

herrero *m* - **1.** [del hierro] blacksmith, smith. - **2.** *Amér* [de caballos] horseshoer.

herrete *m* - **1.** [de cordón] metal tag o tip. - **2.** *Amér* [para ganado] branding iron.

herrín *m* rust.

herrumbrarse *vpr* to rust, to go rusty.

herrumbre *f* - **1.** [óxido] rust. - **2.** [sabor] iron taste. - **3.** BOT rust.

herrumbroso, sa *adj* rusty.

hertz *m* = **hercio**.

hervidero *m* - **1.** [de pasiones, intrigas] hotbed. - **2.** [de gente - muchedumbre] swarm, throng; [- sitio] place throbbing o swarming with people. - **3.** [manantial] bubbling spring.

hervido *m* stew.

hervidor *m* kettle.

hervir [27] ◇ *vt* to boil. ◇ *vi* - **1.** [líquido] to boil. - **2.** *fig* [lugar]: ~ **de** to swarm with. - **3.** *fig* [persona]: ~ **en** to be burning with. - **4.** *fig* [mar] to seethe.

hervor *m* - **1.** [de líquido] boiling; **alzar** o **levantar el** ~ to come to the boil; **dar un** ~ **a algo** to blanch sthg. - **2.** *fig* [de ánimo] fervour, ardour.

hervoroso, sa *adj* - **1.** [líquido] boiling. - **2.** *fig* [persona] fiery, ardent.

hesitar *vi desus* to hesitate.

hetera, hetaira *f* - **1.** [cortesana] hetaera. - **2.** [prostituta] prostitute.

heterodoxia *f* heterodoxy, unorthodox nature.

heterodoxo, xa ◇ *adj* heterodox, unorthodox. ◇ *m, f* heterodox o unorthodox person.

heterogamia *f* heterogamy.

heterógamo, ma *adj* heterogamous.

heterogeneidad *f* heterogeneity.

heterogéneo, a *adj* heterogeneous.

heteromorfo, fa *adj* heteromorphous.

heterónimo *m* heteronym.

heterosexual *adj & mf* heterosexual.

heterosexualidad *f* heterosexuality.

heterosis *f inv* heterosis.

hético, ca, ético, ca ◇ *adj* - **1.** [tísico] consumptive. - **2.** *fig* [flaco] skinny, emaciated. ◇ *m, f* consumptive.

heurístico, ca *adj* heuristic, heuristical.

◆ **heurística** *f* heuristics (U).

hevea *m* hevea.

hexacordo *m* MÚS - **1.** [instrumento] six-string lyre. - **2.** [intervalo] sixth. - **3.** [sistema] hexachord.

hexadecimal *adj* INFORM hexadecimal.

hexaedro *m* hexahedron; ~ **regular** cube.

hexagonal *adj* hexagonal.

hexágono *m* hexagon.

hexámetro, tra *adj* LITER hexametrical.

◆ **hexámetro** *m* LITER hexameter.

hexasílabo, ba *adj* LITER hexasyllabic.

◆ **hexasílabo** *m* LITER hexasyllabic verse.

hez (*pl* **heces**) *f lit & fig* dregs (*pl*).

◆ **heces** *fpl* [excrementos] faeces, excrement (*sg*).

hg (*abrev escrita de* **hectogramo**) hg.

hialografía *f* hyalography.

hialotecnia, hialurgia *f* glassmaking.

hiato *m* hiatus.

hibernación *f* [de animales] hibernation.

hibernal *adj* winter (*antes de sust*).

hibernar *vi* to hibernate.

hibernés, esa, hibérnico, ca *adj & m, f* Hibernian, Irish.

hibisco *m* hibiscus.

hibridación *f* hybridization.

híbrido, da *adj lit & fig* hybrid.

◆ **híbrido** *m* - **1.** [animal, planta] hybrid. - **2.** *fig* [mezcla] cross.

hice *etc v* → **hacer**.

hico *m Amér* cord for suspending a hammock.

hidalgo, ga ◇ *adj* - **1.** [nobiliar] noble. - **2.** *fig* [caballeroso] courteous, gentlemanly. ◇ *m, f* nobleman (*f* noblewoman).

◆ **hidalgo** *m Amér* [moneda] gold piece.

hidalguía, hidalguez (*pl* **hidalgueces**) *f* - **1.** [aristocracia] nobility. - **2.** *fig* [caballerosidad] courtesy, chivalry.

hidra *f* - **1.** [pólipo] hydra. - **2.** *fig* [peligro] threat. - **3.** [culebra] *type of poisonous aquatic snake*.

Hidra *f* Hydra.

hidratación *f* [de la piel] moisturizing; [de persona] rehydration; [de sustancia] hydration.

hidratado, da *adj* [piel] moist; QUÍM hydrated.

hidratante ◇ *adj* moisturizing. ◇ *m* moisturizing cream.

hidratar *vt* - **1.** [piel] to moisturize. - **2.** QUÍM to hydrate.

hidrato *m* hydrate; ~ **amónico** ammonium hydroxide; ~ **de calcio** calcium hydrate; ~ **de carbono** carbohydrate.

hidráulico, ca *adj* hydraulic.

◆ **hidráulica** *f* hydraulics (U).

hidria *f* hydria.

hídrico, ca *adj* hydric.

hidroavión *m* seaplane.

hidrocarburo *m* hydrocarbon.

hidrocefalia *f* water on the brain, hydrocephalus MED.

hidrocéfalo, la *adj* hydrocephalous.

hidrodinámico, ca *adj* hydrodynamic.

◆ **hidrodinámica** *f* hydrodynamics *(U).*

hidroelectricidad *f* hydroelectricity.

hidroeléctrico, ca *adj* hydroelectric.

hidrófilo, la *adj* - **1.** [que absorbe] absorbent; **algodón** ~ cotton wool *Br,* absorbent cotton *Am.* - **2.** [que habita en agua] hydrophilous.

◆ **hidrófilo** *m* hydrophilid.

hidrofobia *f* hydrophobia.

hidrófobo, ba *adj* hydrophobic, rabid.

hidrófugo, ga *adj* [contra filtraciones] waterproof; [contra humedad] damp-proof.

hidrogenación *f* hydrogenation.

hidrogenado, da *adj* hydrogenated.

hidrogenar *vt* to hydrogenate.

hidrógeno *m* hydrogen.

hidrografía *f* hydrography.

hidrográfico, ca *adj* hydrographic.

hidrólisis *f inv* hydrolysis.

hidrolizar [13] *vt* to hydrolyze.

hidrología *f* hydrology.

hidrológico, ca *adj* hydrologic, hydrological.

hidromecánico, ca *adj* hydrodynamic, waterpowered.

◆ **hidromecánica** *f* hydromechanics *(U).*

hidrometría *f* hydrometry.

hidrómetro *m* hydrometer.

hidropesía *f* MED dropsy.

hidrópico, ca ◇ *adj* - **1.** MED dropsical. - **2.** *fig* [sediento] extremely thirsty. ◇ *m, f* MED person suffering from dropsy.

hidroplano *m* - **1.** [barco] hydrofoil. - **2.** [avión] seaplane.

hidroponía *f* hydroponics *(U).*

hidrosfera *f* hydrosphere.

hidrosoluble *adj* water-soluble.

hidrostático, ca *adj* hydrostatic.

◆ **hidrostática** *f* hydrostatics *(U).*

hidrotecnia *f* hydraulic engineering.

hidroterapia *f* hydrotherapy.

hidrotermal *adj* hydrothermal.

hidrotropismo *m* hydrotropism.

hidróxido *m* hydroxide.

hidruro *m* hydride.

hieda *etc v* → **heder**.

hiedra *f* ivy.

hiel *f* - **1.** [bilis] bile; **echar la** ~ *fig* to sweat blood. - **2.** *fig* [mala intención] spleen, bitterness.

hiela *etc v* → **helar**.

hielera *f Amér* refrigerator.

hielo *m* - **1.** [agua sólida] ice; **con** ~ iced ❑ **romper el** ~ *fig* to break the ice. - **2.** *fig* [frialdad] coldness, indifference; **estar hecho un** ~ to be freezing cold; **ser más frío que el** ~, **ser como un pedazo de** ~ to be as cold as ice.

hiemación *f* - **1.** [invernación] wintering. - **2.** BOT winter blooming.

hiena *f* hyena.

hienda *etc v* → **hender**.

hiera *etc v* → **herir**.

hierático, ca *adj* - **1.** [solemne, tradicional] solemn. - **2.** [religioso] hieratic.

hieratismo *m* hieratic attitudes *(pl).*

hierba, yerba *f* - **1.** [planta] herb; **mala** ~ weed; ~ **mate** maté; ~**s marinas** algae; ~**s medicinales** medicinal herbs. - **2.** [césped] grass. - **3.** *fam* [droga] grass. - **4.** *loc:* **ser mala** ~ to be a nasty piece of work; **mala** ~ **nunca muere** *proverb* ill weeds grow apace *proverb;* **y otras** ~**s** and so on.

hierbabuena *f* mint.

hierbal *m* = **herbazal**.

hieroglífico, ca *adj* = **jeroglífico**.

hierro *m* - **1.** [metal] iron; **de** ~ [severo] iron *(antes de sust)* ❑ ~ **dulce/forjado/fundido/galvanizado** soft/wrought/cast/galvanized iron; ~ **laminado** sheet metal. - **2.** [de puñal] blade; [de flecha] point; **quien a** ~ **mata a** ~ **muere** *proverb* he who lives by the sword dies by the sword *proverb.* - **3.** [de ganado] brand.

◆ **hierros** *mpl* irons, shackles.

hierva *etc v* → **hervir**.

HI-FI *(abrev de* **high fidelity)** *m* hi-fi.

higa *f* - **1.** [amuleto] fist-shaped amulet. - **2.** *fig* [desprecio] mockery, derision. - **3.** *loc:* **dar una** ~ **a alguien** to make fun of sb; **no dar dos** ~**s por** not to give a damn about.

higadillo *m:* ~**s de pollo** chicken livers.

hígado ◇ *m* liver; **echar los** ~**s** *fam fig* to nearly kill o.s. (with the effort); **hasta los** ~**s** *fam fig* with heart and soul; **tener** ~**s** *fam fig* to have guts. ◇ *adj Amér* annoying, bothersome.

higiene *f* hygiene; ~ **mental/pública** mental/public health; ~ **personal** personal hygiene.

higiénico, ca *adj* hygienic.

higienista *mf* hygienist.

higienización *f* sterilization.

higienizar [13] *vt* to sterilize.

higo *m* fig; ~ **chumbo** prickly pear; **de** ~**s a brevas** once in a blue moon; **no se le da un** ~ **de ello** *fam* he couldn't care less about it.

higrometría *f* hygrometry.

higrómetro *m* hygrometer.

higroscópico, ca *adj* hygroscopic.

higuera *f* fig tree; ~ **chumba** prickly pear; ~ **infernal** castor oil plant; **estar en la** ~ *fig* to live in a world of one's own.

hijastro, tra *m, f* stepson *(f* stepdaughter).

hijo, ja *m, f* - **1.** [descendiente] son *(f* daughter); ~ **adoptivo/dotado/pródigo/único** adopted/gifted/prodigal/only child; ~ **de la chingada** *Amér* ◇ **de puta** *vulg* bastard *Br,* mother-fucker *Am;* ~ **de la cuna** foundling; ~ **de familia** minor; ~ **ilegítimo** ◇ **bastardo** ◇ **natural** illegitimate child; ~ **de leche/no deseado** foster/unwanted child; ~ **legítimo** ◇ **de bendición** legitimate child; ~ **de papá** *fam* daddy's boy; **cualquier** ◇ **todo** ~ **de vecino** *fam* any Tom, Dick or Harry; **cualquier** ◇ **todo** ~ **de vecino tiene derecho a trabajar** everyone, no matter who they are, has a right to work. - **2.** [natural] native. - **3.** [forma de dirigirse a alguien]: **¡pues** ~, **podrías haber avisado!** you could at least have told me, couldn't you?; **¡hija mía, qué bruta eres!** God, you're stupid!

◆ **hijo** *m* [hijo o hija] child.

◆ **hijos** *mpl* children.

◆ **Hijo de Dios** *m* RELIG Son of God.

◆ **Hijo del Hombre** *m* RELIG Son of Man.

hijuela *f* - **1.** [en vestido] widening strip. - **2.** [acequia] small irrigation ditch. - **3.** [camino] branch. - **4.** [correo] rural postal service. - **5.** [del cáliz] pall. - **6.** *Amér* [división territorial] *subdivision of an estate.*

hijuelar *vt Amér* - **1.** [territorio] to divide into plots. - **2.** [herencia] to give his/her portion of an estate.

hila *f* - **1.** [fila] line, row; **a la** ~ in single file. - **2.** [tripa] thin gut.

◆ **hilas** *fpl* lint *(U).*

hilacha *f,* **hilacho** *m* loose thread.

hilachento, ta *adj Amér* ragged, tattered.

hilacho *m* = **hilacha**.

hilachoso, sa *adj* ragged, frayed.
hilada *f* - **1.** [hilera] row. - **2.** [de ladrillos] course.
hiladillo *m* - **1.** [hilo de seda] floss silk. - **2.** [cinta] narrow ribbon.
hilador, ra *m, f* spinner.
hilandería *f* - **1.** [arte] spinning. - **2.** [taller] (spinning) mill.
hilandero, ra *m, f* spinner.
hilar *vt* - **1.** [hilo, tela] to spin. - **2.** [ideas, planes] to think up; ~ **delgado** o **muy fino** *fig* to split hairs.
hilarante *adj* hilarious.
hilaridad *f* hilarity.
hilatura *f* spinning.
hilaza *f* yarn.
hilera *f* - **1.** [fila] row; **en** ~ in a row. - **2.** [hilo] thread, filament.
◆ **hileras** *fpl* spinneret *(sg)*.
hilero *m* eddy.
hilo *m* - **1.** [fibra, hebra] thread; [de collar] string. - **2.** [tejido] linen. - **3.** [de metal, teléfono] wire; **sin** ~**s** wireless ❑ ~ **de bramante** twine; ~ **de tierra** ELECTR earth wire *Br*, ground wire *Am*. - **4.** [de agua, sangre] trickle. - **5.** *fig* [de pensamiento] train; [de discurso, conversación] thread; **al** ~ **de** [a propósito de] following on from. - **6.** [loc]: **apenas le salía un** ~ **de voz** *fig* he was barely able to speak; **colgar** o **pender de un** ~ to be hanging by a thread; **el** ~ **de la vida** the course of life; **mover los** ~**s** to pull some strings; **es él quien mueve los** ~**s de la empresa** he's the person who really runs the firm; **perder el** ~ to lose the thread; **seguir el** ~ to follow (the thread).
◆ **hilo musical®** *m* piped music.
◆ **hilo dental** *m* dental floss.
hilván *m* - **1.** [costura] tacking *Br*, basting *Am*. - **2.** [hilo] tacking stitch *Br*, basting stitch *Am*.
hilvanado *m* tacking *Br*, basting *Am*.
hilvanar *vt* - **1.** [ropa] to tack *Br*, to baste *Am*. - **2.** *fig* [ideas] to piece together. - **3.** *fig* [improvisar] to throw together.
Himalaya *m*: **el** ~ the Himalayas *(pl)*.
himen *m* hymen.
himeneo *m* LITER wedding.
himnario *m* hymn book.
himno *m* hymn; ~ **nacional** national anthem.
hincada *f Amér* - **1.** [acción] sinking, driving. - **2.** [genuflexión] genuflection.
hincadura *f Amér* sinking, driving.
hincapié *m*: **hacer** ~ **en** [insistir] to insist on; [subrayar] to emphasize, to stress.
hincar [10] *vt*: ~ **algo en** [clavar] to stick sthg into; [apoyar] to brace sthg against, to plant sthg against.
◆ **hincarse** *vpr*: ~**se de rodillas** to fall to one's knees.
hincha¹ *v* → **hinchar**.
hincha² ◇ *mf* [seguidor] fan. ◇ *f* [rabia]: **tener** ~ **a alguien** to have it in for sb.
hinchable *adj* inflatable.
hinchado, da *adj* - **1.** [rueda, globo] inflated; [cara, tobillo] swollen. - **2.** *fig* [persona] bigheaded, conceited; [lenguaje, estilo] bombastic.
◆ **hinchada** *f* fans *(pl)*.
hinchar *vt* - **1.** [inflar] to blow up. - **2.** [inflamar] to swell.
◆ **hincharse** *vpr* - **1.** [pierna, mano] to swell (up). - **2.** *fig* [sentirse satisfecho] to become bigheaded. - **3.** *fig* [de comida]: ~**se (a)** to stuff o.s. (with).
◆ **hincharse a** *vpr* [no parar de]: ~**se a hacer algo** to do sthg a lot; **se hincha a trabajar y no gana ni para vivir** he works non-stop and doesn't even earn enough to live on.
hinchazón *f* - **1.** [inflamación] swelling. - **2.** *fig* [vanidad] vanity, conceit.
hinche, hinchiera *etc v* → **henchir**.
hincón *m* - **1.** [mojón] marker. - **2.** [para barco] mooring post.

hindi *m* Hindi.
hindiera *etc v* → **hendir**.
hindú *(pl* **hindúes)** *adj & mf* - **1.** [de la India] Indian. - **2.** RELIG Hindu.
hinduismo *m* Hinduism.
hinojo *m* fennel; ~ **marino** samphire, sea fennel.
hinque *etc v* → **hincar**.
hioides *m inv* hyoid.
hip *interj*: ¡~! ¡~! ¡**hurra**! hip, hip, hooray!
hipar *vi* - **1.** [tener hipo] to hiccup, to have hiccups. - **2.** [fatigarse] to wear o tire o.s. out. - **3.** [gimotear] to whimper, to whine. - **4.** [desear]: ~ **por algo** to long o yearn for sthg.
hiper *m fam* hypermarket.
hiperactividad *f* hyperactivity.
hiperactivo, va *adj* hyperactive.
hipérbaton *(pl* **hipérbatos** o **hiperbatones)** *m* hyperbaton.
hipérbola *f* hyperbola.
hipérbole *f* hyperbole.
hiperbólico, ca *adj* GEOM & LITER hyperbolic.
hipercrítico, ca ◇ *adj* hypercritical. ◇ *m, f* hypercritical person.
hiperestesia *f* hyperesthesia.
hiperfunción *f* MED increase in the normal rate of functioning.
hiperglucemia, hiperglicemia *f* hyperglycaemia.
hiperinflación *f* hyperinflation.
hiperirritable *adj* hyperirritable.
hipermercado *m* hypermarket.
hipermetría *f* LITER enjambment.
hipermetropía *f* longsightedness.
hiperrealismo *m artistic movement concerned with almost photographic representation of reality*.
hipersensibilidad *f* hypersensitivity.
hipersensible *adj* hypersensitive.
hipersónico, ca *adj* hypersonic.
hipertensión *f* high blood pressure.
hipertenso, sa ◇ *adj* with high blood pressure. ◇ *m, f* person with high blood pressure.
hipertermia *f* hyperthermia.
hipertrofia *f* - **1.** MED hypertrophy. - **2.** *fig* [proliferación] overexpansion.
hipertrofiar *vt* to hypertrophy.
◆ **hipertrofiarse** *vpr* to hypertrophy.
hiperventilación *f* MED hyperventilation.
hipervitaminosis *f inv* MED hypervitaminosis.
hip-hop *m* hip-hop.
hípico, ca *adj* [de las carreras] horseracing *(antes de sust)*; [de la equitación] showjumping *(antes de sust)*.
◆ **hípica** *f* [carreras de caballos] horseracing; [equitación] showjumping.
hipido *m* [gimoteo] whimper, whine.
hipismo *m* horse racing.
hipnosis *f inv* hypnosis.
hipnoterapia *f* hypnotherapy.
hipnótico, ca *adj* hypnotic.
◆ **hipnótico** *m* hypnotic, narcotic.
hipnotismo *m* hypnotism.
hipnotización *f* hypnotization.
hipnotizador, ra ◇ *adj* - **1.** [que hipnotiza] hypnotic. - **2.** *fig* [que cautiva] spellbinding, mesmerizing. ◇ *m, f* hypnotist.
hipnotizar [13] *vt* - **1.** [con hipnosis] to hypnotize. - **2.** *fig* [cautivar] to mesmerize.
hipo *m* - **1.** [espasmo] hiccups *(pl)*; **tener** ~ to have (the) hiccups ❑ **quitar el** ~ **a uno** *fig* to take one's breath away. - **2.** *fig* [ansia] yearning, longing; **tener** ~ **por** to yearn for.

- **3.** [odio] grudge; **tener** ~ **con** o **contra** to have o hold a grudge against.
hipoalergénico, ca adj hypoallergenic.
hipoalérgico, ca adj hypoallergic.
hipocentro m hypocentre, focus.
hipocondría f hypochondria.
hipocondriaco, ca adj & m, f hypochondriac.
hipocondrio m hypochondrium.
Hipócrates m Hippocrates.
hipocrático, ca adj: **juramento** ~ Hippocratic oath.
hipocresía f hypocrisy.
hipócrita ◇ adj hypocritical. ◇ mf hypocrite.
hipodérmico, ca adj hypodermic.
hipodermis f inv hypodermis.
hipódromo m racecourse, racetrack.
hipófisis f inv pituitary gland.
hipofunción f MED decrease in the normal rate of functioning.
hipoglucemia, hipoglicemia f hypoglycaemia.
hipología f study of horses.
hipopótamo m hippopotamus.
hiposecreción f MED hyposecretion.
hiposo, sa adj hiccupping.
hipóstasis f inv hypostasis.
hipostático, ca adj hypostatic.
hiposulfito m QUÍM hyposulphite.
hipotálamo m hypothalamus.
hipotaxis f inv GRAM hypotaxis.
hipoteca f mortgage; **levantar una** ~ to pay off a mortgage.
hipotecable adj mortgageable.
hipotecar [10] vt - **1.** [bienes] to mortgage. - **2.** fig [poner en peligro] to compromise, to jeopardize.
hipotecario, ria adj mortgage (antes de sust).
hipotensión f low blood pressure.
hipotenso, sa ◇ adj with low blood pressure. ◇ m, f person with low blood pressure.
hipotensor m hypotensive drug.
hipotenusa f hypotenuse.
hipotermia f hypothermia.
hipótesis f inv hypothesis.
hipotético, ca adj hypothetic, hypothetical.
hipotiroidismo m MED hypothyroidism.
hipotrofia f MED hypotrophy.
hippy, hippie [xipi] (pl **hippies**) adj & mf hippy.
hiriente adj [palabras] hurtful, cutting.
hiriera etc v → **herir**.
hirsuto, ta adj - **1.** [cabello] wiry. - **2.** [brazo, pecho] hairy. - **3.** fig [persona] gruff, surly.
hirviente adj boiling.
hirviera etc v → **hervir**.
hisopear vt RELIG to sprinkle with holy water.
hisopillo m - **1.** MED mouth swab. - **2.** [planta] winter savory.
hisopo m - **1.** RELIG aspergillum, sprinkler. - **2.** BOT hyssop.

hispalense adj & mf Sevillian.
hispánico, ca adj & m, f Hispanic, Spanish-speaking.
hispanidad f [cultura] Spanishness; [pueblos] Spanish-speaking world.
hispanismo m - **1.** LING Hispanicism. - **2.** [afición] interest in or love of Spain.
hispanista mf Hispanist, student of Hispanic culture.
hispano, na ◇ adj [español] Spanish; [hispanoamericano] Spanish-American; [en Estados Unidos] Hispanic. ◇ m, f [español] Spaniard; [estadounidense] Hispanic.
Hispanoamérica s Spanish America.
hispanoamericanismo m Spanish Americanism.
hispanoamericanista adj & mf Spanish Americanist.
hispanoamericano, na ◇ adj Spanish-American. ◇ m, f Spanish American.
hispanoárabe ◇ adj Hispano-Arabic. ◇ mf Spanish Arab.
hispanófilo, la ◇ adj Hispanophilic. ◇ m, f Hispanophile.
hispanofobia f Hispanophobia.
hispanohablante ◇ adj Spanish-speaking. ◇ mf Spanish speaker.
hispanojudío, a ◇ adj Spanish-Jewish. ◇ m, f Spanish Jew.
histamina f histamine.
histerectomía f hysterectomy.
histeria f MED & fig hysteria.
histérico, ca ◇ adj - **1.** MED & fig hysterical; **ponerse** ~ to get hysterical. - **2.** [uterino] uterine. ◇ m, f MED hysteric; fig hysterical person.
histerismo m MED & fig hysteria.
histerotomía f hysterotomy.
histograma m histogram.
histología f histology.
histólogo, ga m, f histologist.
historia f - **1.** [gen] history; ~ **antigua/universal** ancient/world history; ~ **del arte** art history; **pasar a la** ~ to go down in history. - **2.** [narración, chisme] story; **colocar a alguien una** ~ fam to give sb the same old song; **dejarse de** ~s to stop beating about the bush. - **3.** ARTE history piece, historical painting.
◆ **historia natural** f natural history.
historiado, da adj gaudy.
historiador, ra m, f historian.
historial ◇ adj historical. ◇ m [gen] record; [profesional] curriculum vitae, résumé Am; ~ **médico** o **clínico** medical o case history.
historiar [7] vt - **1.** [relatar] to tell the story of, to narrate. - **2.** ARTE to paint, to depict. - **3.** Amér [confundir] to mix up, to confuse.
historicidad f historicity, historical authenticity.
historicismo m historicism.
histórico, ca adj - **1.** [de la historia] historical. - **2.** [verídico] factual. - **3.** [importante] historic.
historieta f - **1.** [chiste] funny story, anecdote. - **2.** [tira cómica] comic strip.
historiografía f historiography.
historiógrafo, fa m, f historiographer.

USO ▶ Hipótesis

If you leave now, (then) you'll catch the last train.
We'll go tomorrow, unless it rains.
Unless he pays me tomorrow, I'm leaving.
You'll only get him to come if you tell him she won't be there.
The only way I'll go is if it's free.
His selection depends on his performance this afternoon.

As long as you keep to the main road, you'll be safe.
Assuming he's telling the truth, we should receive it tomorrow.
Provided there are no snags, we should finish on time.
In order for us to be able to confirm your reservation, please return the enclosed form as quickly as possible.
[lenguaje escrito]

histrión *m* - **1.** [actor] actor. - **2.** [persona afectada] play-actor.

histriónico, ca *adj* histrionic.

histrionismo *m* histrionics (*pl*).

hit [xit] (*pl* **hits**) *m* hit.

hitita *adj & mf* Hittite.

hitleriano, na [xitle'rjano] *adj & m, f* Hitlerite.

hito, ta *adj desus* - **1.** [inmediato] adjoining. - **2.** [fijo] fixed, firm.
◆ **hito** *m* - **1.** [señal, acontecimiento] milestone; **mirar a alguien de ~ en ~** to stare at sb. - **2.** [juego] quoits (*U*). - **3.** *fig* [blanco] bull's-eye, target; **dar en el ~** to hit the nail on the head.

hitón *m* square, headless nail.

hizo *v* → **hacer**.

hl (*abrev escrita de* **hectolitro**) hl.

hm (*abrev escrita de* **hectómetro**) hm.

hnos. (*abrev escrita de* **hermanos**) bros.

hobachón, ona *adj fam* fat and lazy.

hobby ['xoßi] (*pl* **hobbies**) *m* hobby.

hocicar [10] ◇ *vt* [escarbar] to root around in. ◇ *vi* - **1.** *despec* [besuquear] to smooch. - **2.** [golpearse] to hit one's face. - **3.** *fig* [tropezar]: **~ con** to run into.

hocico *m* - **1.** [de perro] muzzle; [de gato] nose; [de cerdo] snout. - **2.** *despec* [de personas - boca] rubber lips (*pl*); [-cara] mug; **caer de ~s** to fall flat on one's face; **dar de ~s** to hit one's face. - **3.** [gesto] pout, sour face; **estar de ~s** to be annoyed; **poner ~** to pout, to pull a sour face. - **4.** *loc:* **meter el ~ en todo** to stick one's nose into everything.

hocicón, ona, hocicudo, da *adj* - **1.** [animal] big-snouted. - **2.** *despec* [persona] big-beaked.

hociquera *f Amér* muzzle.

hockey ['xokei] *m inv* hockey; **~ sobre hielo/patines** ice/roller hockey; **~ sobre hierba** (field) hockey.

hogar *m* - **1.** [de chimenea] fireplace; [de horno, cocina] grate; [hoguera] bonfire. - **2.** [domicilio] home. - **3.** [familia] family.

hogareño, ña *adj* [gen] family (*antes de sust*); [amante del hogar] home-loving, homely.

hogaza *f* large loaf.

hoguera *f* bonfire; **morir en la ~** to be burned at the stake.

hoja *f* - **1.** [de plantas] leaf; [de flor] petal; [de hierba] blade; **de ~ caduca** deciduous; **de ~ perenne** evergreen ❑ **~ de parra** *fig* fig leaf. - **2.** [de papel] sheet (of paper); [de libro] page; **~ informativa** newsletter; **~ de paga** pay slip; **~ de pedido** COM order form; **~ de ruta** waybill; **~ de servicios** record (of service), track record; **~ suelta** leaflet; **volver la ~** [hojear] to turn the page; [cambiar de tema] to change the subject. - **3.** [de cuchillo] blade; **~ de afeitar** razor blade. - **4.** [de puertas, ventanas] leaf. - **5.** [lámina] sheet, foil (*U*); **~ de aluminio** aluminium foil; **~ de estaño** tinfoil; **~ de lata** tin plate. - **6.** *fig* [espada] blade, sword. - **7.** [en numismática]: **tener ~** to have a false ring.
◆ **hoja de cálculo** *f* INFORM spreadsheet.

hojalata *f* tinplate.

hojalatería *f* tinsmith's.

hojalatero *m* tinsmith.

hojaldrado, da *adj* puff (*antes de sust*).

hojaldre *m* puff pastry.

hojarasca *f* - **1.** [hojas secas] (dead) leaves (*pl*); [frondosidad] tangle of leaves. - **2.** *fig* [paja] rubbish.

hojear ◇ *vt* to leaf through. ◇ *vi* - **1.** [metal] to peel, to flake. - **2.** [árbol] to rustle.

hojoso, sa, hojudo, da *adj* leafy.

hojuela *f* - **1.** [masa frita] pancake. - **2.** [de aceituna] pressed olive skin. - **3.** *Amér* [hojaldre] puff pastry.

hola *interj* hello!

holanda *f* [tejido] holland, Dutch linen.

Holanda *s* Holland.

holandés, esa (*pl* **holandeses**) ◇ *adj* Dutch. ◇ *m, f* [persona] Dutchman (*f* Dutchwoman).
◆ **holandés** *m* [lengua] Dutch.
◆ **holandesa** *f* [papel] piece of paper measuring 22 x 28 cm.

holding ['xoldin] (*pl* **holdings**) *m* holding company.

holgadamente *adv* - **1.** [con bienestar] comfortably, easily. - **2.** [con espacio] loosely.

holgado, da *adj* - **1.** [ropa] baggy, loose-fitting; [habitación, espacio] roomy. - **2.** [victoria, situación económica] comfortable. - **3.** [desocupado] idle, unoccupied.

holganza *f* - **1.** [descanso] leisure. - **2.** [placer] pleasure, enjoyment.

holgar [39] *vi* - **1.** [sobrar] to be unnecessary; **huelga decir que...** needless to say... - **2.** [descansar] to rest, to relax. - **3.** [no trabajar] to be out of work.
◆ **holgarse** *vpr* - **1.** [divertirse] to have a good time, to enjoy o.s. - **2.** [alegrarse] to be pleased.

holgazán, ana ◇ *adj* idle, good-for-nothing. ◇ *m, f* good-for-nothing.

holgazanear *vi* to laze about.

holgazanería *f* idleness.

holgué *etc v* → **holgar**.

holgura *f* - **1.** [anchura - de espacio] room; [- de ropa] bagginess, looseness; [- entre piezas] play, give. - **2.** [bienestar] comfort, affluence; **vivir con ~** to be comfortably off. - **3.** [diversión] amusement, enjoyment.

hollado, da *adj* trodden.

holladura *f* treading, trampling.

hollar [23] *vt* - **1.** [pisar] to tread (on). - **2.** *fig* [humillar] to trample, to humiliate.

hollejo *m* skin (of grape, olive etc).

hollín *m* soot.

hollinar *vt Amér* to cover with soot.

holliniento, ta *adj* sooty.

holmio QUÍM *m* holmium.

holocausto *m* holocaust.

holografía *f* holography.

hológrafo, fa, ológrafo, fa *adj* holographical.
◆ **hológrafo** *m* holograph.

holograma *m* hologram.

hombrada *f* manly action.

hombre ◇ *m* man; **el ~** [la humanidad] man, mankind; **mi ~** *fam* [mi marido] my man; **¡~ al agua!** man overboard! ❑ **el abominable ~ de las nieves** the abominable snowman; **~ de acción** man of action; **~ de bien** honourable man; **~ bueno** DER arbiter, referee; **el ~ de la calle** o **de a pie** the man in the street; **~ de las cavernas** caveman; **~ de estado** statesman; **~ de letras** man of letters; **~ de mar** seaman, sailor; **~ de mundo** man of the world; **~ de negocios** businessman; **~ de paja** front (man); **~ de palabra** man of his word; **~ de pelo en pecho** *fam fig* real man; **~ de pro** o **de provecho** worthy man; **~ del saco** *fam* bogeyman; **~ del tiempo** weatherman; **un pobre ~** a nobody; **¡pobre ~!** poor chap *Br* o guy!; **de ~ a ~** man to man; **ser muy ~** to be a (real) man; **ser todo un ~** to be every bit a man; **~ precavido vale por dos** *proverb* forewarned is forearmed *proverb*. ◇ *interj:* **¡~!** **¡qué alegría verte!** (hey,) how nice to see you!
◆ **hombre lobo** (*pl* **hombres lobo**) *m* werewolf.
◆ **hombre orquesta** (*pl* **hombres orquesta**) *m* one-man band.
◆ **hombre rana** (*pl* **hombres rana**) *m* frogman.

hombrear ◇ *vi* - **1.** [presumir] to act the man. - **2.** *Amér* [mujer] to work in a traditionally masculine occupation. ◇ *vt Amér* to lend a hand to.
◆ **hombrearse** *vpr* [querer igualarse]: **~se con** to strive to equal.

hombrecillo *m* [lúpulo] hop.

hombrera *f* [de traje, vestido] shoulder pad; [de uniforme] epaulette; [de armadura] pauldron, shoulder plate.

hombría f manliness; ~ **de bien** integrity, honesty.

hombrillo m yoke (of shirt).

hombro m shoulder; **a ~s** over one's shoulders; **al ~** across one's shoulder; **encogerse de ~s** to shrug one's shoulders; **~ con ~** abreast; **sobre los ~s** on one's shoulders ❑ **arrimar el ~** fig to lend a hand; **echar al ~ algo** fig to shoulder sthg, to take sthg on; **mirar por encima del ~ a alguien** fig to look down one's nose at sb.

hombruno, na adj masculine, mannish.

homenaje m - **1.** [gen] tribute; [al soberano] homage; **en ~ de** o **a** in honour of, as a tribute to; **rendir ~ a** to pay tribute to ❑ **partido (de) ~** testimonial (match). - **2.** [regalo] gift, favour.

homenajeado, da ◇ adj honoured. ◇ m, f guest of honour.

homenajear vt to pay tribute to, to honour.

homeópata mf homeopath.

homeopatía f homeopathy.

homeopático, ca adj homeopathic.

homérico, ca adj - **1.** LITER Homeric. - **2.** [épico] epic.

Homero m Homer.

homicida ◇ adj [mirada etc] murderous; **arma ~** murder weapon. ◇ mf murderer.

homicidio m homicide, murder; **~ involuntario** manslaughter.

homilía f homily, sermon.

homínido m hominid.

homo m Homo.

homocromático, ca adj homochromatic.

homofilia f homophilia.

homofonía f homophony.

homófono, na adj homophonic.

homógamo, ma adj BOT homogamous.

homogeneidad f homogeneity.

homogeneización f homogenization.

homogeneizador, ra adj homogenizing.

homogeneizar [13] vt to homogenize.

homogéneo, a adj homogenous.

homografía f homography.

homógrafo, fa adj homographic.

◆ **homógrafo** m homograph.

homologable adj: **~ (a)** comparable (to).

homologación f - **1.** [equiparación] bringing into line. - **2.** [ratificación - de un producto] official authorization; [- de un récord] official confirmation.

homologar [16] vt - **1.** [equiparar]: **~ (con)** to bring into line (with), to make comparable (with). - **2.** [dar por válido - producto] to authorize officially; [- récord] to confirm officially.

homólogo, ga ◇ adj - **1.** [semejante] equivalent. - **2.** GEOM & QUÍM homologous. ◇ m, f counterpart.

homomorfo, fa adj homomorphic, homomorphous.

homonimia f homonymy.

homónimo, ma ◇ adj homonymous. ◇ m, f [tocayo] namesake.

◆ **homónimo** m GRAM homonym.

homoplastia f homoplasty.

homosexual adj & mf homosexual.

homosexualidad f homosexuality.

honda ◇ adj f → **hondo**. ◇ f sling.

hondamente adv lit & fig deeply.

hondazo m shot from a sling.

hondear vt NÁUT - **1.** [sondar] to sound. - **2.** [desembarcar] to unload.

hondo, da adj - **1.** lit & fig [gen] deep; **tiene tres metros de ~** it's three metres deep; **lo ~** the depths (pl); **calar ~ en** to strike a chord with; **tus palabras han calado hondo en él** your words struck a chord with him; **en lo más ~ de** in the depths of; **en lo más ~ de mi alma lo sigo queriendo** I still love him deep down. - **2.** → **cante**.

◆ **hondo** m bottom.

hondón m - **1.** [fondo] bottom. - **2.** [valle] hollow, depression. - **3.** [ojo de aguja] eye.

hondonada f hollow.

hondura f depth; **meterse en ~s** fig to get in over one's depth.

Honduras s Honduras.

hondureño, ña adj & m, f Honduran.

honestamente adv - **1.** [con honradez] honestly. - **2.** [con decencia] modestly, decently. - **3.** [con justicia] fairly.

honestidad f - **1.** [honradez] honesty. - **2.** [decencia] modesty, decency. - **3.** [justicia] fairness.

honesto, ta adj - **1.** [honrado] honest. - **2.** [decente] modest, decent. - **3.** [justo] fair.

Hong Kong s Hong Kong.

hongo m - **1.** [planta - comestible] mushroom; [- no comestible] toadstool. - **2.** [enfermedad] fungus. - **3.** [sombrero] bowler (hat) Br, derby Am.

◆ **hongo marino** m sea anemone.

◆ **hongo nuclear** m mushroom cloud.

Honolulu s Honolulu.

honor m - **1.** [virtud] honour; **en ~ de** in honour of; **hacer ~ a** to live up to; **tener el ~ de** to have the honour of ❑ **en ~ a la verdad** to be (quite) honest. - **2.** [fama, reputación] reputation, prestige.

◆ **honores** mpl [ceremonial] honours; **hacer los ~es a** to pay one's respects to ❑ **~es militares** military honours; **hacer los ~es de la casa** fig to do the honours, to look after the guests.

honorabilidad f honour.

honorable adj honourable.

honorar vt to honour.

honorario, ria adj honorary.

◆ **honorarios** mpl fees.

honorífico, ca adj honorific.

honra f - **1.** [virtud] honour; **es la ~ de su país** she's the pride o toast of her country; **tener algo a mucha ~** to be honoured by sthg; **¡y a mucha ~!** and proud of it! - **2.** [buena fama] good name, reputation. - **3.** [pudor] virtue, chastity.

◆ **honras** fpl last respects.

◆ **honras fúnebres** fpl funeral (sg).

honradez (pl **honradeces**) f honesty.

honrado, da adj honest.

honrador, ra ◇ adj honouring. ◇ m, f honourer.

honrar vt to honour.

◆ **honrarse** vpr: **~se (con algo/de hacer algo)** to be honoured (by sthg/to do sthg).

honrilla f pride, concern about what people say.

honroso, sa adj - **1.** [que da honra] honorary. - **2.** [respetable] honourable, respectable.

hooligan [ˈxuliyan] mf hooligan.

hopear vi - **1.** [mover la cola] to wag its tail. - **2.** fig [corretear] to run o chase around. - **3.** Amér [llamar] to cry out.

hopo ◇ m - **1.** [cola] bushy tail. - **2.** [copete] tuft o shock of hair. ◇ interj get out!

hora f - **1.** [del día] hour; **a primera ~** first thing in the morning; **a última ~** [al final del día] at the end of the day; [en el último momento] at the last moment; **dar la ~** to strike the hour; **de última ~** [noticia] latest, up-to-the-minute; [preparativos] last-minute; **'última ~'** PRENSA 'stop press'; **(pagar) por ~s** (to pay) by the hour; **poner el reloj en ~** to set one's watch o clock ❑ **~ de dormir** bedtime; **~ del té** teatime; **~s de oficina/trabajo** office/working hours; **~ legal/local/oficial** standard/local/official time; **~ punta** rush hour; ELECTR peak hour; **~s extraordinarias** overtime (U); **~s libres** free time (U); **~s de visita** visiting

times; ~s **de vuelo** flying time *(sg)*; **media** ~ half an hour. - **2.** [momento determinado] time; **¿a qué** ~ **sale?** what time o when does it leave?; **es** ~ **de irse** it's time to go; **es** ~ **de cenar** it's time for supper; **a la** ~ on time; **cada** ~ hourly; **en su** ~ when the time comes, at the appropriate time; **hablaremos en su** ~ **de ese asunto** we'll talk about that matter when the time comes; **¿qué** ~ **es?** what time is it? ❏ ~ **de cerrar** closing time; ~ **H** zero hour. - **3.** [cita] appointment; **pedir/dar** ~ to ask for/give an appointment; **tener** ~ **en/con** to have an appointment at/with. - **4.** [muerte]: **llegó mi** ~ my time has come. - **5.** *loc:* **a altas** ~s **de la noche** in the small hours; **a buenas** ~s **(mangas verdes)** it's a bit late now; **a todas** ~s [constantemente] all the time; **comer entre** ~s to eat between meals; **en mala** ~ unluckily; **la** ~ **de la verdad** the moment of truth; **no ver la** ~ **de hacer algo** [no tener tiempo] not to know when one is going to find time to do sthg; [estar ansioso] not to be able to wait to do sthg; **pasarse las** ~s **muertas haciendo algo** to spend hours doing sthg; **tener las** ~s **contadas** to have one's days numbered; **¡ya era** ~! and about time too!; **ya es** o **ya iba siendo** ~ **de que...** it's about time o high time that...; **ya es** o **ya iba siendo** ~ **de que te fueses a casa** it's about time you went home.
◆ **horas** *fpl* RELIG [libro] book of hours *(sg)*; ~s **canónicas** canonical hours.
Horacio *m* Horace.
horadador, ra ◇ *adj* boring. ◇ *m, f* borer.
◆ **horadador** *m* drill.
horadar *vt* [agujerear] to pierce; [con máquina] to bore through.
horado *m* - **1.** [agujero] bore hole. - **2.** [caverna] cavern, grotto.
horario, ria *adj* time *(antes de sust)*.
◆ **horario** *m* - **1.** [tiempo regulado] timetable; ~ **comercial/laboral** opening/working hours *(pl)*; ~ **flexible** flexitime *(U)*; ~ **intensivo** working day without a long break for lunch; ~ **de visitas** visiting hours *(pl)*. - **2.** [aguja de reloj] hour hand. - **3.** [reloj] timepiece.
horca *f* - **1.** [patíbulo] gallows *(pl)*. - **2.** AGR pitchfork. - **3.** [ristra] string. - **4.** *Amér* [regalo] gift, present. - **5.** *loc:* **pasar por las** ~s **caudinas** to suffer humiliation.
horcadura *f* fork, crotch.
horcajadas ◆ **a horcajadas** *loc adv* astride.
horcajo *m* - **1.** [de ríos] fork. - **2.** [de mulas] yoke, harness. - **3.** [de montañas] junction.
horcar *vt* = **ahorcar**.
horchata *f* cold drink made from ground tiger nuts or almonds, milk and sugar.
horchatería *f* bar where 'horchata' is served.
horco *m* [ristra] string.
horcón *m* - **1.** AGR pitchfork. - **2.** [para árbol] *forked pole supporting tree branches.* - **3.** *Amér* [para vigas] *wooden column supporting ceiling beams.*
horda *f* horde.
horero *m Amér* hour hand.
horizontal *adj* horizontal.
horizontalidad *f* flatness.
horizonte *m* horizon.
horma *f* - **1.** [molde] mould, pattern. - **2.** [para arreglar zapatos] last; [para conservar zapatos] shoe tree; **encontrar alguien la** ~ **de su zapato** *fig* to meet one's match. - **3.** [de sombrero] hat block. - **4.** *Amér* [para cocinar] cake mould.
hormiga *f* - **1.** [animal] ant; **ser una** ~ *fig* to be hardworking and thrifty. - **2.** [enfermedad] formication.
hormigón *m* concrete; ~ **armado** reinforced concrete; ~ **hidráulico** hydraulic lime mortar; ~ **precomprimido** o **pretensado** prestressed concrete.
hormigonar *vt* to construct with concrete.
hormigonera *f* concrete mixer.
hormiguear *vi* - **1.** [dar hormigueo]: **me hormiguean las piernas** I've got pins and needles in my legs. - **2.** [bullir] to swarm.

hormigueo *m* - **1.** [sensación] pins and needles *(pl)*. - **2.** [multitud] swarm, throng.
hormiguero ◇ *adj* → **oso**. ◇ *m* - **1.** [de hormigas] ants' nest. - **2.** [de gente] hive of activity. - **3.** [de hierbas] *dried plants burned for fertilizer.* - **4.** [ave] wryneck. - **5.** *Amér* [de caballo] founder.
hormiguilla *f* - **1.** [cosquilleo] pins and needles *(pl)*. - **2.** *fig* [remordimiento] guilty conscience, remorse *(U)*.
hormiguillo *m* - **1.** [de caballo] founder. - **2.** [fila] human chain. - **3.** [picor] pins and needles *(pl)*. - **4.** *Amér* [de mineral] amalgamation of silver.
hormiguita *f fam* hardworking and thrifty person.
hormona *f* hormone.
hormonal *adj* hormonal.
hornachuela *f* hut, hovel.
hornacina *f* (vaulted) niche.
hornada *f lit & fig* batch.
hornaguear *vt* to dig for coal.
hornaguero, ra *adj* - **1.** [espacioso] ample, wide. - **2.** [con mineral] coal-bearing.
◆ **hornaguera** *f* coal.
hornalla *f Amér* - **1.** [horno] large oven. - **2.** [fogón] hearth.
hornaza *f* - **1.** [horno] silversmith's furnace. - **2.** [color] yellow glazing.
hornear *vt* to bake.
hornero, ra *m, f* baker.
hornilla *f* - **1.** [de cocina] burner. - **2.** [de palomar] pigeonhole.
hornillo *m* - **1.** [para cocinar] camping o portable stove. - **2.** [de laboratorio] small furnace; ~ **de atanor** athanor. - **3.** [de explosivos] land mine.
horno *m* - **1.** CULIN oven; [de cerámica, ladrillos] kiln; **alto** ~ blast furnace; **altos** ~s [factoría] iron and steelworks *(sg)*; ~ **crematorio** crematorium; ~ **eléctrico** electric oven; ~ **de gas** gas oven; ~ **microondas** microwave (oven); ~ **reverbero** reverberatory furnace; **no está el** ~ **para bollos** *fig* the time is not right. - **2.** *fig* [lugar caliente] oven.
Hornos *s* → **cabo**.
horóscopo *m* - **1.** [signo zodiacal] star sign. - **2.** [predicción] horoscope.
horqueta *f* - **1.** AGR pitchfork. - **2.** [de árbol] fork. - **3.** *Amér* [de camino] fork. - **4.** *Amér* [de río] bend. - **5.** *Amér* [rastrillo] winnowing fork.
horquilla *f* - **1.** [para el pelo] hairgrip, hairpin. - **2.** [de bicicleta etc] fork.
horrendo, da *adj* [gen] horrendous; [muy malo] terrible, awful.
hórreo *m raised granary typical of Asturias and Galicia.*
horrible *adj* [gen] horrible; [muy malo] terrible, awful; **soy** ~ **en matemáticas** I'm terrible at maths.
horrificar [10] *vt* to horrify.
horripilación *f* - **1.** [estremecimiento] horripilation. - **2.** [del vello] bristling.
horripilante *adj* - **1.** [terrorífico] horrifying, spine-chilling. - **2.** *fam* [muy malo, feo] dreadful, awful.
horripilar *vt* - **1.** [horrorizar] to terrify, to scare to death. - **2.** [erizar] to give the creeps.
horror *m* - **1.** [miedo] terror, horror; **los** ~**es de la guerra** the horrors of war; **¡qué** ~! how awful! - **2.** *(gen pl)* [atrocidad] atrocity.
◆ **horrores** *adv fam* terribly, an awful lot; **este chico me gusta** ~**es** I'm terribly keen on that boy.
horrorizado, da *adj* terrified, horrified.
horrorizar [13] *vt* to terrify, to horrify.
◆ **horrorizarse** *vpr* to be terrified o horrified.
horroroso, sa *adj* - **1.** [gen] awful, dreadful. - **2.** [muy feo] horrible, hideous. - **3.** *fam* [enorme] terrible.
horrura *f* filth, dirt.
◆ **horruras** *fpl* slag *(U)*.

hortaliza *f* (garden) vegetable.

hortelano, na ◇ *adj* market garden *(antes de sust)*. ◇ *m, f* market gardener.
◆ **hortelano** *m* [ave] ortolan.

hortense *adj* orchard *(antes de sust)*.

hortensia *f* hydrangea.

hortera *fam* ◇ *adj* tasteless, tacky. ◇ *mf* person with no taste.

horterada *f fam* tacky thing.

hortícola *adj* horticultural.

horticultor, ra *m, f* horticulturalist.

horticultura *f* horticulture.

hosanna *m* [himno] hymn sung on Palm Sunday.

hosco, ca *adj* - **1.** [arisco, ceñudo] sullen, gruff. - **2.** [desapacible] grim, gloomy. - **3.** [moreno] dark-skinned, swarthy.

hospedaje *m* - **1.** [alojamiento] accommodation, lodgings *(pl)*. - **2.** [dinero] (cost of) board and lodging.

hospedar *vt* to put up.
◆ **hospedarse** *vpr* to stay.

hospedería *f* [hostal] guest-house; [de convento] hospice.

hospedero, ra *m, f* innkeeper.

hospiciano, na *Esp n, f*, **hospiciante** *Amér mf* resident of an orphanage o a children's home.

hospicio *m* [para niños] orphanage, children's home; [para pobres] poorhouse.

hospital *m* hospital; ~ **de sangre** MIL field hospital.

hospitalario, ria *adj* - **1.** [acogedor] hospitable. - **2.** [de hospital] hospital *(antes de sust)*.

hospitalicio, cia *adj* hospitable.

hospitalidad *f* - **1.** [cordialidad] hospitality. - **2.** [permanencia] hospital stay.

hospitalización *f* hospitalization.

hospitalizar [13] *vt* to hospitalize, to take o send to hospital.

hosquedad *f* - **1.** [antipatía] sullenness, gruffness. - **2.** [de la piel] darkness, swarthiness.

hostal *m* guesthouse.

hostelería *f* catering.

hostelero, ra ◇ *adj* catering *(antes de sust)*. ◇ *m, f* landlord *(f* landlady).

hostería *f* guesthouse.

hostia *f* - **1.** RELIG host. - **2.** *vulg* [bofetada] bash, punch; **darle una** ~ **a alguien** to hit sb. - **3.** *vulg* [accidente] smash-up.
◆ **hostias** *interj vulg* bloody hell!, damn it!

hostiar [9] *vt vulg* to bash.

hostiario *m* - **1.** RELIG wafer box. - **2.** [molde] wafer mould.

hostigador, ra *fig* ◇ *adj* pestering, annoying. ◇ *m, f* pest.

hostigamiento *m* - **1.** *fig* [acoso] harassment. - **2.** [azote] whipping, lashing.

hostigar [16] *vt* - **1.** [acosar] to pester, to bother. - **2.** MIL to harass. - **3.** [incitar] to urge, to press. - **4.** [azotar] to whip, to lash.

hostigoso, sa *adj Amér* cloying, sickening.

hostil *adj* hostile.

hostilidad *f* [sentimiento] hostility.
◆ **hostilidades** *fpl* MIL hostilities; **romper las** ~**es** to begin o commence hostilities.

hostilizar [13] *vt* to harass.

hot dog [xotdoɣ] *(pl* **hot dogs***) m* hot dog.

hotel *m* hotel.

hotelería *f* hotel industry o trade.

hotelero, ra ◇ *adj* hotel *(antes de sust)*. ◇ *m, f* hotel manager *(f* hotel manageress), hotelier.

hoy *adv* - **1.** [en este día] today; **de** ~ **a mañana** from one day to the next, at any moment; **de** ~ **en adelante** from now on; ~ **mismo** this very day; **por** ~ for now, for the time being; **por** ~ **hemos acabado** we've finished for now. - **2.** [en la actualidad] nowadays, today; ~ **día**, ~ **en día**, ~ **por** ~ these days, nowadays.

hoya *f* - **1.** [cavidad] pit, hole. - **2.** [sepultura] grave. - **3.** *Amér* [cuenca de río] river basin.

hoyada *f* depression, hollow.

hoyar *vt Amér* to dig holes in.

hoyo *m* - **1.** [gen] hole, pit; [de golf] hole. - **2.** *fam* [sepultura] grave.

hoyuelo *m* [en mejilla, barbilla] dimple; [en garganta] depression.

hoz *(pl* **hoces***) f* sickle; **la** ~ **y el martillo** the hammer and sickle.

hozadura *f* rooting hole.

hozar [13] *vt* to root o dig up.

huacal *m Amér* - **1.** [jaula] cage. - **2.** [cajón] drawer.

huachafería *f Amér fam* - **1.** [hecho] tacky thing. - **2.** [dicho] tacky comment.

huachafo, fa *adj Amér fam* tacky.

huacho, cha *m, f Amér fam* illegitimate child.

huaco *m* = **guaco** *m*.

huahua *mf Amér* [niño] baby.

huaico *m Amér* - **1.** [avalancha] landslide. - **2.** [hondonada] ravine, gorge.

huamanga *f Amér* MIN alabaster.

huango *f* = **guango** *sentido 1*.

huasca *f Amér* whip.

huaso, sa *adj & m, f* = **guaso**.

huata *f* - **1.** = **guata** *sentido 2 3 4 5*. - **2.** [tejido] cotton padding o batting. - **3.** *Amér* [panza] potbelly, paunch. - **4.** *Amér* [deformación] warping.

huayco *m Amér* landslide.

hubiera *etc v* → **haber**.

hucha *f* - **1.** [alcancía] moneybox. - **2.** [ahorros] savings *(pl)*.

hueco, ca *adj* - **1.** [vacío] hollow; **dejar** ~ to hollow out. - **2.** [sonido] resonant, hollow. - **3.** [sin ideas] empty. - **4.** [mullido] soft, springy.
◆ **hueco** *m* - **1.** [cavidad - gen] hole; [- en pared] recess. - **2.** [tiempo libre] spare moment; **veré si tengo un** ~ **en mi agenda** I'll see if I can find a free moment in my schedule. - **3.** [espacio libre] space, gap; [de escalera] well; [de ascensor] shaft; **aparca en el** ~ **que hay entre esos dos coches** park in the space between those two cars; **dejar un** ~ **a alguien** to fit sb in. - **4.** *fig* [vacante] vacancy.

huecograbado *m* photogravure.

huecú *(pl* **huecúes***) m Amér* bog, swamp.

huela *etc v* → **oler**.

huelga¹ *v* → **holgar**.

huelga² *f* - **1.** [paro laboral] strike; **estar/declararse en** ~ to be/to go on strike □ ~ **de brazos caídos** o **cruzados** sit-down (strike); ~ **de celo** work-to-rule; ~ **de hambre/por solidaridad** hunger/sympathy strike; ~ **general/indefinida/salvaje** general/indefinite/wildcat strike; ~ **intermitente** go-slow *Br*, slowdown *Am*; ~ **patronal** lockout. - **2.** AGR fallow land *(U)*.

huelguista ◇ *adj* strike *(antes de sust)*. ◇ *mf* striker.

huelguístico, ca *adj* strike *(antes de sust)*.

huella¹ *v* → **hollar**.

huella² *f* - **1.** [de persona] footprint; [de animal, rueda] track; ~ **digital** o **dactilar** fingerprint; **seguir las** ~**s de alguien** to follow in sb's footsteps. - **2.** [de escalón] tread. - **3.** *fig* [vestigio] trace. - **4.** *fig* [impresión profunda] mark; **dejar** ~ to leave one's mark; **aquel viaje le dejó** ~ that journey left its mark on her.

huérfano, na ◇ *adj* - **1.** [sin padres] orphan; ~ **de** without, devoid of; **es** ~ **de madre** his mother is dead. - **2.** [desamparado] unprotected, defenceless. ◇ *m, f* orphan.

huero, ra *adj* - **1.** [tronco, pared] hollow. - **2.** *fig* [persona, idea] empty. - **3.** → **huevo**. - **4.** *Amér* [podrido] rotten. - **5.** *Amér* [rubio] blond (*f* blonde), fair. - **6.** *loc:* **salir** ~ *fam* to be a dud.

huerta *f* - **1.** [huerto] market garden *Br*, truck farm *Am*. - **2.** [tierra de regadío] *irrigated crop-growing region*.

huertano, na *m, f* - **1.** [murciano] Murcian. - **2.** [valenciano] Valencian.

huertero, ra *m, f* market gardener *Br*, truck farmer *Am*.

huerto *m* [de hortalizas] vegetable garden; [de frutales] orchard.

huesa *f* grave.

huesillo *m Amér* dried peach.

hueso *m* - **1.** [del cuerpo] bone; ~ **de la alegría** funny bone; ~ **de la suerte** wishbone; ~ **palomo** coccyx. - **2.** [de fruto] stone *Br*, pit *Am*. - **3.** *fam* [persona] very strict person; [asignatura] difficult subject. - **4.** *Amér* [empleo] government job. - **5.** *Amér fam* [enchufe] contacts *(pl)*, influence. - **6.** *loc:* **acabar** o **dar con sus** ~**s en** to end up in; **acabó** o **dio con sus** ~**s en la cárcel** she ended up in jail; **dar** o **tropezar en un** ~ to hit a snag; **estar en los** ~**s** to be all skin and bones; **meterse a** ~ **de puerco** *Amér* to swagger, to show off; **no dejar a alguien** ~ **salvo** to pull sb to pieces; **no puede con sus** ~**s** she's ready to drop, she's exhausted; **ser un** ~ **duro de roer** to be a hard nut to crack; **tener los** ~**s molidos** to be worn-out.
◆ **hueso de santo** *m* CULIN *small marzipan roll filled with egg yolk.*
◆ **la sin hueso** *f fam* the tongue; **soltar la sin** ~ *fig* to shoot off one's mouth.

huesoso, sa *adj* bony.

huésped, da *m, f* - **1.** [invitado] guest. - **2.** [parásito] host.

huestes *fpl* [gen] army *(sg)*; [seguidores] followers.

huesudo, da *adj* bony.

hueva *f* roe.

huevada *f Amér vulg* crap.

huevear *vi Amér fam* to muck about.

huevero, ra *m, f* egg seller.
◆ **huevera** *f* - **1.** [para servir] egg cup. - **2.** [para guardar] egg box. - **3.** [de ave] oviduct.

huevo *m* - **1.** [de animales] egg; ~ **a la copa** o **tibio** *Amér* boiled egg; ~ **claro/oscuro** golden/rotten egg; ~ **escalfado/huero/frito** poached/infertile/fried egg; ~ **pasado por agua/duro** soft-boiled/hard-boiled egg; ~**s al plato** *eggs cooked in the oven in an earthenware dish;* ~**s revueltos** scrambled eggs; **andar pisando** ~**s** to tread carefully; **pensar en los** ~**s de gallo** *Amér* to daydream. - **2.** *(gen pl) vulg* [testículos] balls *(pl)*; **costar un** ~ [ser caro] to cost a packet o bomb; [ser difícil] to be bloody hard; **saber un** ~ to know a hell of a lot; **tener** ~**s** to have (a lot of) balls; **¡y un** ~! bollocks! *Br*, like hell!

huevón *m vulg Amér* - **1.** [estúpido] stupid bastard. - **2.** [cobarde] cowardly.

hugonote, ta *adj & m, f* Huguenot.

huida ◇ *adj f* → **huido**. ◇ *f* - **1.** [fuga] escape, flight. - **2.** *fig* [pretexto] pretext.

huidizo, za *adj* shy, elusive.

huido, da *adj* - **1.** [fugitivo] fugitive, fleeing. - **2.** [reservado] withdrawn.

huidor, ra ◇ *adj* fugitive, fleeing. ◇ *m, f* fugitive, runaway.

huillón, ona *adj & m, f Amér fam* chicken.

huincha *f Amér* - **1.** [cinta] ribbon. - **2.** [punto de salida] starting line. - **3.** [metro] tape measure.
◆ **huinchas** *fpl Amér* finishing tape *(sg)*.

huinche *m Amér* winch.

huir [51] ◇ *vi* - **1.** [escapar]: ~ **(de)** [gen] to flee (from); [de cárcel etc] to escape (from); ~ **del país** to flee the country. - **2.** [evitar]: ~ **de algo** to avoid sthg, to keep away from sthg; **huye de las responsabilidades** she avoids responsibility. ◇ *vt* to avoid.
◆ **huirse** *vpr* to escape, to run away.

huiro *m Amér* seaweed.

hule *m* - **1.** [tela] oilskin. - **2.** [caucho] rubber. - **3.** *fam* [mesa de operaciones] operating table.

hulero, ra *Amér* ◇ *adj* rubber *(antes de sust).* ◇ *m, f* rubber gatherer.

hulla *f* soft coal; ~ **blanca** water power, white coal.

hullero, ra *adj* soft coal *(antes de sust).*

humanar *vt* to humanize.
◆ **humanarse** *vpr* - **1.** RELIG to become man. - **2.** *Amér* [condescender] to condescend.

humanidad *f* - **1.** [los hombres] humanity; **la** ~ mankind. - **2.** *fam* [corpulencia] corpulence.
◆ **humanidades** *fpl* [letras] humanities.

humanismo *m* humanism.

humanista ◇ *adj* humanist, humanistic. ◇ *mf* humanist.

humanístico, ca *adj* humanistic.

humanitario, ria *adj* humanitarian.

humanitarismo *m* humanitarianism.

humanización *f* humanization, making more human.

humanizar [13] *vt* to humanize, to make more human.
◆ **humanizarse** *vpr* to become more human.

humano, na *adj* - **1.** [del hombre] human. - **2.** [compasivo] humane; **tiene un comportamiento muy** ~ **con nosotros** she's very humane towards us.
◆ **humano** *m* human being; **los** ~**s** mankind *(U).*

humareda *f* cloud of smoke.

humazo *m* clouds of smoke *(pl).*

humeada *f Amér* puff of smoke.

humeante *adj* [lleno de humo] smoky; [que echa humo] smoking; [que echa vapor] steaming.

humear ◇ *vi* - **1.** [salir humo] to (give off) smoke; [salir vapor] to steam. - **2.** *fig* [presumir] to become conceited. ◇ *vt Amér* [fumigar] to fumigate.

humectación *f culto* dampening, moistening.

humectador *m culto* humidifier.

humectar *vt culto* to moisten.

humedad *f* - **1.** [gen] dampness; [en pared, techo] damp; [de algo chorreando] wetness; [de piel, ojos etc] moistness. - **2.** [de atmósfera etc] humidity; ~ **absoluta/relativa** absolute/relative humidity.

humedecedor *m* humidifier.

humedecer [30] *vt* to moisten.
◆ **humedecerse** *vpr* to become moist; ~**se los labios** to moisten one's lips.

humedecimiento *m* moistening.

húmedo, da *adj* - **1.** [gen] damp; [chorreando] wet; [piel, ojos etc] moist; **lugares** ~**s** damp places; **la ropa tendida todavía está húmeda** the washing is still damp. - **2.** [aire, clima, atmósfera] humid.

humera *f* drunkenness.

humeral ◇ *adj* ANAT humeral. ◇ *m* RELIG humeral veil.

humero *m* chimney, smokestack.

húmero *m* humerus.

humidificador *m* humidifier.

humidificar [10] *vt* to humidify.

humildad *f* - **1.** [virtud] humility. - **2.** [condición social] humbleness, lowliness.

humilde *adj* humble.

humildemente *adv* humbly.

humillación *f* humiliation.

humillado, da *adj* humiliated.

humillante *adj* humiliating.

humillar ◇ *vt* - **1.** [avergonzar] to humiliate. - **2.** *fig* [rebajar altivez de] to humble. ◇ *vi* TAUROM to lower its head.
◆ **humillarse** *vpr* to humble o.s.; ~**se a hacer algo** [rebajarse] to lower o.s. to do sthg, to stoop to doing sthg.

humillo *m fig* pride.

humo *m* [gen] smoke; [vapor] steam; [de coches etc]

fumes *(pl)*; **el ~ del tabaco me hace toser** cigarette smoke makes me cough; **el incendio levantó una nube de ~** the fire caused a cloud of smoke; **echar ~** to smoke; **las chimeneas de la fábrica echan ~** the factory chimneys are smoking; **tragarse el ~** [al fumar] to inhale ❑ **a ~ de pajas** *fig* lightly, without thinking; **hacerse ~** *fig* to vanish into thin air.

◆ **humos** *mpl fig* [aires] airs; **bajarle a alguien los ~s** *fig* to take sb down a peg or two; **tener muchos ~s** *fig* to put on airs; **desde que fue ascendido tiene muchos ~s** since he was promoted he has been putting on airs.

humor *m* - **1.** [estado de ánimo] mood; [carácter] temperament; **estar de buen/mal ~** to be in a good/bad mood; **los días lluviosos estoy de mal ~** when it rains I get in a bad mood ❑ **tener un ~ de perros** to be in a filthy mood. - **2.** [gracia] humour; **un programa de ~** a comedy programme ❑ **~ negro** black humour. - **3.** [ganas] mood; **no estoy de ~** I'm not in the mood. - **4.** ANAT humour; **~ ácueo/vítreo** aqueous/vitreous humour.

humorado, da *adj*: **bien ~** good-humoured; **mal ~** ill-humoured.

◆ **humorada** *f* - **1.** [chiste] joke. - **2.** [capricho] whim, fancy.

humorismo *m* humour; TEATRO & TV comedy.

humorista *mf* humorist; TEATRO & TV comedian (*f* comedienne).

humorístico, ca *adj* humorous.

humoso, sa *adj* smoky; [de vapor] steamy.

humus *m inv* humus.

hundible *adj* sinkable.

hundido, da *adj* - **1.** *fig* [desmoralizado] devastated. - **2.** [ojos] sunken, deep-set. - **3.** [mejillas] hollow, sunken.

hundimiento *m* - **1.** [naufragio] sinking. - **2.** [ruina] collapse.

hundir *vt* - **1.** [gen] to sink; **~ algo en el agua** to put sthg underwater. - **2.** *fig* [afligir] to devastate, to destroy; **la noticia de la muerte de su padre lo hundió** the news of his father's death devastated him. - **3.** *fig* [hacer fracasar] to ruin.

◆ **hundirse** *vpr* - **1.** [sumergirse] to sink; [intencionadamente] to dive. - **2.** [derrumbarse] to collapse; [techo] to cave in. - **3.** *fig* [fracasar] to be ruined; **la empresa se hundió por mala gestión** the firm went to the wall because of bad management.

húngaro, ra *adj & m, f* Hungarian.

◆ **húngaro** *m* [lengua] Hungarian.

Hungría *s* Hungary.

huno, na ◇ *adj* Hunnish. ◇ *m, f* Hun.

huracán *m* - **1.** METEOR hurricane. - **2.** *fig* [vendaval] storm, gale.

huracanado, da *adj* violent; METEOR hurricane-force.

huraña *f* unsociability.

huraño, ña *adj* unsociable.

hurgador, ra *adj* poking.

◆ **hurgador** *m* poker.

hurgar [16] ◇ *vi* [revolver]: **~ (en)** [gen] to rummage around (in); [con el dedo, un palo] to poke around (in). ◇ *vt fig* [incitar] to stir, to incite.

◆ **hurgarse** *vpr*: **~se la nariz** to pick one's nose; **~se los bolsillos** to rummage around in one's pockets.

hurgón *m* poker.

hurgonear *vt* to poke.

hurgue *etc v* → **hurgar**.

hurguetear *vt Amér* to poke o rummage around in.

hurguillas *mf inv* busybody.

hurí (*pl* **huríes**) *f* houri.

Huron *m* → **lago**.

hurón *m* - **1.** ZOOL ferret. - **2.** *fig* [huraño] unsociable person. - **3.** *fam* [entremetido] snooper.

huronear *vi* - **1.** [cazar] to ferret. - **2.** *fig* [curiosear] to snoop, to pry.

huronera *f* - **1.** [madriguera] ferret hole. - **2.** *fig* [guarida] hideout.

hurra *interj* hurray!

hurtadillas ◆ **a hurtadillas** *loc adv* on the sly, stealthily.

hurtador, ra ◇ *adj* stealing, thieving. ◇ *m, f* thief, robber.

hurtagua *f* watering pot.

hurtar *vt* - **1.** [robar] to steal. - **2.** [escamotear] to shortchange. - **3.** *fig* [erosionar] to wash away, to erode. - **4.** [plagiar] to plagiarize.

hurto *m* theft.

húsar *m* hussar.

husillo *m* - **1.** [tornillo] screw, worm. - **2.** [desaguadero] drain, drainage channel.

husma *f* prying.

husmeador, ra *adj* [perro] sniffer *(antes de sust)*; [persona] nosy, prying.

husmear ◇ *vt* - **1.** [olfatear] to sniff out, to scent. - **2.** *fig* [indagar] to pry into. ◇ *vi* [curiosear] to nose around.

husmeo *m* - **1.** [olfateo] sniffing. - **2.** *fig* [curioseo] prying.

husmo *m* stench, foul smell; **estar al ~** *fig* to wait until the time is ripe.

huso *m* spindle; [en máquina] bobbin.

◆ **huso horario** *m* time zone.

huta *f* hut for concealing hunters.

huy *interj* - **1.** [dolor] ouch! - **2.** [sorpresa] gosh!

huya, huyera *etc v* → **huir**.

I

i, I f [letra] i, I.

IAE (*abrev de* **Impuesto sobre Actividades Económicas**) m Spanish tax paid by professionals and shop owners.

ib., ibíd. (*abrev escrita de* **ibidem**) ibid.

iba v → **ir**.

ibérico, ca *adj* Iberian.

íbero, ra, ibero, ra *adj & m, f* Iberian.
◆ **íbero, ibero** m [lengua] Iberian.

iberoamericano, na *adj & m, f* Latin American.

ibicenco, ca ◇ *adj* of/relating to Ibiza. ◇ *m, f* native/inhabitant of Ibiza.

ibídem, ibidem *adv* ibidem, ibid.

ibis f *inv* ibis.

Ibiza s Ibiza.

IC (*abrev de* **Iniciativa per Catalunya**) f Catalan nationalist party to the left of the political spectrum.

Ícaro m Icarus.

ice *etc* v → **izar**.

ICE (*abrev de* **Instituto de Ciencias de la Educación**) m Spanish institute for educational sciences.

iceberg (*pl* **icebergs**) m iceberg.

ICI (*abrev de* **Instituto de Cooperación Iberoamericana**) m institute for Latin American cooperation.

Icona (*abrev de* **Instituto Nacional para la Conservación de la Naturaleza**) m Spanish national institute for conservation, ≃ NCC Br.

icono m icon.

iconoclasta ◇ *adj* iconoclastic. ◇ *mf* iconoclast.

iconografía f iconography.

iconográfico, ca *adj* iconographical.

iconólatra ◇ *adj* iconolatrous. ◇ *mf* iconolater, idol worshipper.

iconolatría f iconolatry.

iconología f iconology.

ictericia f jaundice.

ictiología f ichthyology.

ictiólogo, ga m, f ichthyologist.

ictiosauro m ichthyosaurus.

id v → **ir**.

ida ◇ *adj* f → **ido**. ◇ f - **1.** [viaje] outward journey; **(billete de)** ~ **y vuelta** return (ticket) Br, round-trip (ticket) Am. - **2.** [acción] going; **en dos ~s y venidas** in an instant; ~**s y venidas** fig comings and goings. - **3.** fig [ímpetu] rash o impulsive act. - **4.** [huella] trail, track.

IDE (*abrev de* **Iniciativa de Defensa Estratégica**) f SDI.

idea f - **1.** [gen] idea; [propósito] intention; **ha sido muy buena** ~ **escoger este restaurante** it was a very good idea to choose this restaurant; **a mala** ~ maliciously; **con la** ~ **de** with the idea o intention of; **hacerse a la** ~ **de que...** to get used to the idea that...; **hacerse una** ~ **de algo** to get an idea of sthg; **tener** ~ **de hacer algo** [propósito] to intend to do sthg; **tener** ~ **de algo/de (cómo) hacer algo** [conocimiento, habilidad] to know about sthg/how to do sthg □ ~ **fija** obsession; ~ **luminosa** brilliant idea, brainwave; ~ **preconcebida** preconception; **cuando**

se le mete una ~ **en la cabeza...** when he gets an idea into his head...; **no tener (ni) la menor** o **la más remota** ~ not to have the slightest idea; **no tener ni** ~ **(de)** not to have a clue (about); **la policía no tenía ni** ~ **de quién pudo haber cometido el crimen** the police had no idea who could have committed the crime; **¡no tienes** ~ o **no puedes hacerte una** ~ **de lo duro que fue!** you have no idea o you can't imagine how hard it was!; **¡ni** ~! fam [como respuesta] search me!, I haven't got a clue; **tener** ~**s de bombero** to have wild o crazy ideas. - **2.** [opinión] impression; **cambiar de** ~ to change one's mind.
◆ **ideas** fpl [ideología] ideas; ~**s políticas** politics.

ideación f ideation.

ideal ◇ *adj* - **1.** [perfecto] ideal. - **2.** fam [bonito] lovely, beautiful. ◇ m ideal; **lo** ~ **sería hacerlo mañana** ideally, we would do it tomorrow.

idealismo m idealism.

idealista ◇ *adj* idealistic. ◇ *mf* idealist.

idealización f idealization.

idealizar [13] vt to idealize.

idealmente *adv* ideally.

idear vt - **1.** [planear] to think up, to devise. - **2.** [inventar] to invent.

ideario m ideology.

ideático, ca *adj* Amér - **1.** [caprichoso] whimsical, capricious. - **2.** [ingenioso] ingenious.

IDEM (*abrev de* **Instituto de los Derechos de la Mujer**) m Spanish institute for women's rights.

ídem *pron* ditto; ~ **de** ~ exactly the same.

idéntico, ca *adj*: ~ **(a)** identical (to).

identidad f - **1.** [gen] identity. - **2.** [igualdad] identical nature.

identificable *adj* identifiable.

identificación f identification.

identificado, da *adj* identified; **no** ~ unidentified.

identificar [10] vt to identify.
◆ **identificarse** vpr: ~**se (con)** to identify (with).

ideografía f ideography.

ideograma m ideogram, ideograph.

ideología f ideology.

ideológico, ca *adj* ideological.

ideólogo, ga m, f ideologist.

idílico, ca *adj* idyllic.

idilio m love affair.

idioma m language.

idiomático, ca *adj* idiomatic.

idiosincrasia f individual character.

idiosincrásico, ca *adj* characteristic.

idiota ◇ *adj* - **1.** despec [tonto] stupid. - **2.** [enfermo] mentally deficient. ◇ *mf* despec idiot.

idiotez (*pl* **idioteces**) f - **1.** [tontería] stupid thing, stupidity (U). - **2.** [enfermedad] mental deficiency.

idiotismo m - **1.** [ignorancia] ignorance. - **2.** GRAM idiom, idiomatic expression.

idiotizar [13] vt to turn into an idiot, to zombify.

ido, ida *adj* - **1.** [chiflado] mad, touched. - **2.** *Amér* [ebrio] drunk. - **3.** [loc]: **estar** ~ to be miles away.

idólatra ◇ *adj lit & fig* idolatrous. ◇ *mf* idolater (*f* idolatress); *fig* idolizer.

idolatrar *vt* to worship; *fig* to idolize.

idolatría *f lit & fig* idolatry.

ídolo *m* idol.

idoneidad *f* suitability.

idóneo, a *adj* - **1.** [conveniente]: ~ **(para)** suitable (for). - **2.** [apto] capable.

i.e. (*abrev escrita de* **id est**) i.e.

IEE (*abrev de* **Instituto Español de Emigración**) *m* Spanish national emigration office.

IEM (*abrev de* **instituto de enseñanza media**) *m* Spanish state secondary school.

Ifigenia *f* Iphigeneia.

iglesia *f* [edificio] church; ~ **parroquial** parish church; **con la** ~ **hemos topado** *fig* now we're really up against it.
◆ **Iglesia** *f* [religión]: **la Iglesia** The Church ❑ **Iglesia Anglicana** Church of England, Anglican Church; **Iglesia Católica** Catholic Church; **Iglesia Romana** Roman Catholic Church.

iglú (*pl* **iglúes**) *m* igloo.

Ignacio *m*: **San** ~ **de Loyola** Saint Ignatius of Loyola.

ígneo, a *adj* igneous.

ignición *f* ignition.

ignífugo, ga *adj* flameproof, fireproof.

ignominia *f* ignominy.

ignominioso, sa *adj* ignominious.

ignorable *adj* ignorable.

ignorancia *f* ignorance; ~ **supina** blind ignorance.

ignorante ◇ *adj* - **1.** [sin instrucción] ignorant. - **2.** [sin información] uninformed, unaware. ◇ *mf* ignoramus.

ignorantón, ona *fam* ◇ *adj* extremely ignorant. ◇ *m, f* ignoramus.

ignorar *vt* - **1.** [desconocer] not to know, to be ignorant of. - **2.** [no tener en cuenta] to ignore; **los prepotentes ignoran los consejos de los demás** overbearing people ignore other people's advice.

ignoto, ta *adj* unknown, undiscovered.

igual ◇ *adj* - **1.** [idéntico]: ~ **(que)** the same (as); **llevan jerseys** ~**es** they're wearing the same jumper; **son** ~**es** they're the same. - **2.** [parecido]: ~ **(que)** similar (to); **este niño, de cara, es** ~ **que su padre** this child looks like his father. - **3.** [equivalente]: ~ **(a)** equal (to). - **4.** [liso] even. - **5.** [constante - velocidad] constant; [- clima, temperatura] even. - **6.** MAT: **A más B es** ~ **a C** A plus B equals C. ◇ *m* MAT equal sign. ◇ *mf* equal; **de** ~ **a** ~ as an equal; **te hablo de** ~ **a** ~ I am speaking to you as an equal; **no tener** ~ to have no equal, to be unrivalled; **sin** ~ without equal, unrivalled; **el actor principal tiene un talento sin** ~ the leading man is unrivalled in his ability. ◇ *adv* - **1.** [de la misma manera] the same; **yo pienso** ~ I think the same, I think so too; **al** ~ **que** just like; **el limón, al** ~ **que la naranja, tiene mucha vitamina C** lemons, like oranges, contain a lot of vitamin C; **la madre quiere por** ~ **a todos sus hijos** the mother loves all her children equally. - **2.** [posiblemente] perhaps; ~ **llueve** it could well rain. - **3.** DEP: ~**es a cuarenta** [en tenis] deuce; **van** ~**es** [en el tanteo] the scores are level; [en una carrera] they are even; **quince** ~**s** [en tenis] fifteen all. - **4.** *loc*: **dar** ○ **ser** ~ **a alguien** to be all the same to sb; **da** ○ **es** ~ it doesn't matter, it doesn't make any difference.

iguala *f* - **1.** [estipendio] stipend. - **2.** [ajuste] agreement, contract.

igualación *f* - **1.** [de terreno] levelling; [de superficie] smoothing. - **2.** [de cantidades] equalizing.

igualado, da *adj* - **1.** [equiparado] level. - **2.** [ave] with even plumage. - **3.** *Amér* [advenedizo] upstart.
◆ **igualada** *f* tied score.

igualador, ra ◇ *adj* equalizing. ◇ *m, f* equalizer.

igualamiento *m* equalization.

igualar *vt* - **1.** [gen] to make equal, to equalize; DEP to equalize; ~ **algo a** ○ **con** to equate sthg with. - **2.** [persona] to be equal to; **nadie le iguala en generosidad** nobody is as generous as he is. - **3.** [terreno] to level; [superficie] to smooth. - **4.** [mérito, opinión] to equate.
◆ **igualarse** *vpr* - **1.** [gen] to be equal, to equal one another; ~**se a** ○ **con** to be equated with. - **2.** [a otra persona]: ~**se a** ○ **con alguien** to treat sb as an equal.

igualdad *f* - **1.** [equivalencia] equality; **en** ~ **de condiciones** on equal terms ❑ ~ **de oportunidades** equal opportunities *(pl)*. - **2.** [identidad] sameness. - **3.** [uniformidad] evenness, levelness.

igualitario, ria *adj* egalitarian.

igualitarismo *m* egalitarianism.

igualmente *adv* - **1.** [también] also, likewise. - **2.** [fórmula de cortesía] the same to you, likewise.

iguana *f* iguana.

Iguazú *s* → **catarata**.

ijada *f*, **ijar** *m* - **1.** [costado] flank, side. - **2.** [dolor] stitch, pain in the side.

ikastola *f* primary school in the Basque country where classes are given entirely in Basque.

ikurriña *f* Basque national flag.

ilación *f* cohesion.

ilegal *adj* illegal.

ilegalidad *f* - **1.** [acción] unlawful act. - **2.** [cualidad] illegality.

ilegalizar *vt* to outlaw.

ilegalmente *adv* illegally.

ilegible *adj* illegible.

ilegitimidad *f* illegitimacy.

ilegítimo, ma *adj* - **1.** [no legal] illegitimate. - **2.** → **hijo**.

íleon, ileon *m* ANAT ileum.

ileso, sa *adj* unhurt, unharmed; **salir** ○ **resultar** ~ to escape unharmed.

iletrado, da *adj & m, f* illiterate.

iliaco, ca, ilíaco, ca ◇ *adj* - **1.** ANAT ileac. - **2.** [de Troya] Trojan. ◇ *m, f* Trojan.

ilícito, ta *adj* illicit.

ilimitable *adj* illimitable, limitless.

ilimitado, da *adj* unlimited, limitless.

ilógico, ca *adj* illogical.

ilogismo *m* illogicality.

ilota *mf* helot, serf.

iluminación *f* - **1.** [gen] lighting; [acción] illumination. - **2.** RELIG enlightenment.

iluminado, da ◇ *adj* - **1.** [gen] lit (up). - **2.** RELIG enlightened. ◇ *m, f* - **1.** RELIG enlightened person. - **2.** [hereje] illuminist; **los** ~**s** HIST the Illuminati. - **3.** [visionario] visionary.

iluminador, ra ◇ *adj* illuminating. ◇ *m, f* lighting technician.

iluminar *vt* - **1.** [alumbrar] to illuminate, to light up. - **2.** RELIG to enlighten. - **3.** [manuscrito] to illuminate.
◆ **iluminarse** *vpr* - **1.** [alumbrarse] to light up. - **2.** RELIG to become enlightened.

iluminativo, va *adj* illuminating.

ilusión *f* - **1.** [esperanza - gen] hope; [- infundada] delusion, illusion; **con** ~ hopefully, optimistically; **la novia lleva los preparativos de la boda con** ~ the bride is very excited about the preparations for the wedding; **hacerse** ○ **forjarse ilusiones** to build up one's hopes ❑ **hacerse la** ~ **de** to imagine that; **tener** ~ **por** to look forward to. - **2.** [emoción] thrill, excitement *(U)*; **¡qué** ~! how exciting!; **me hace mucha** ~ I'm really looking forward to it. - **3.** [espejismo] illusion; ~ **óptica** optical illusion.

ilusionar *vt* - **1.** [esperanzar]: ~ **a alguien (con algo)** to

build up sb's hopes (about sthg). - **2.** [emocionar] to excite, to thrill.
◆ **ilusionarse** *vpr* - **1.** [esperanzarse]: ~**se (con)** to get one's hopes up (about). - **2.** [emocionarse]: ~**se (con)** to get excited (about).
ilusionismo *m* conjuring.
ilusionista ◇ *adj* conjuring *(antes de sust).* ◇ *mf* illusionist, conjurer.
iluso, sa ◇ *adj* gullible. ◇ *m, f* gullible person.
ilusorio, ria *adj* - **1.** [que engaña] illusory. - **2.** [promesa] empty. - **3.** DER null and void.
ilustración *f* - **1.** [estampa] illustration. - **2.** [cultura] learning.
◆ **Ilustración** *f* HIST: **la Ilustración** the Enlightenment.
ilustrado, da *adj* - **1.** [publicación] illustrated. - **2.** [persona] learned. - **3.** HIST enlightened.
ilustrador, ra ◇ *adj* illustrative. ◇ *m, f* illustrator.
ilustrar *vt* - **1.** [explicar] to illustrate, to explain. - **2.** [publicación] to illustrate. - **3.** [educar] to enlighten. - **4.** [hacer famoso] to make famous; **la teoría de la evolución ilustraba a Darwin** the theory of evolution made Darwin famous.
ilustrativo, va *adj* illustrative.
ilustre *adj* - **1.** [gen] illustrious, distinguished. - **2.** [título]: **el** ~ **señor alcalde** his Worship, the mayor.
ilustrísimo, ma *adj* most illustrious.
◆ **Ilustrísima** *f*: **Su Ilustrísima** Your/His Grace, Your/His Worship.
imagen *f* - **1.** [gen] image; TV picture; **el sonido es bueno, pero las imágenes son borrosas** the sound is good, but the picture is blurred; **siempre lleva una** ~ **de la Virgen** she always carries an image of the Holy Virgin; **los casos de corrupción han deteriorado la** ~ **del gobierno** the corruption scandals have tainted the image of the government; **a** ~ **y semejanza de** identical to, exactly the same as; **ser la viva** ~ **de alguien** to be the spitting image of sb □ ~ **borrosa** blur; ~ **congelada** freeze frame; ~ **corporativa** COM corporate identity. - **2.** [símbolo] symbol. - **3.** *loc*: **quedarse para vestir imágenes** *fam* to be left on the shelf.
imaginable *adj* imaginable, conceivable.
imaginación *f* - **1.** [facultad] imagination; **pasar por la** ~ **de alguien** to occur to sb, to cross sb's mind; **no me pasó por la** ~ it never occurred to me; **se deja llevar por la** ~ he lets his imagination run away with him. - **2.** *(gen pl)* [idea falsa] delusion, imagining; **son imaginaciones tuyas** you're just imagining things, it's all in your mind.
imaginar *vt* - **1.** [gen] to imagine; **en sueños imaginaba que le tocaba la lotería** in her dreams she imagined she'd won the lottery. - **2.** [idear] to think up, to invent.
◆ **imaginarse** *vpr* to imagine; **no te llamé porque me imaginé que estabas muy ocupada** I didn't call you, because I thought you'd be very busy; **¡imagínate!** just think o imagine!; **me imagino que sí** I suppose so.
imaginario, ria *adj* imaginary.
◆ **imaginario** *m* MIL barracks sentry o guard.
◆ **imaginaria** *f* MIL reserve guard.
imaginativo, va *adj* imaginative.
◆ **imaginativa** *f* - **1.** [facultad] imagination. - **2.** [sentido común] common sense.
imaginería *f* - **1.** [oficio] *religious image-making.* - **2.** [en costura] embroidery.
imán *m* - **1.** [para atraer] magnet; ~ **director** control o directing magnet; ~ **inductor** o **del campo** field magnet; ~ **laminado** compound magnet. - **2.** [entre musulmanes] imam. - **3.** *fig* [atractivo] magnetism, charm.
imanación, imantación *f* magnetization.
imanar, imantar *vt* to magnetize.
imantación *f* = **imanación**.
imantar *vt* = **imanar**.
imbatible *adj* unbeatable.

imbatido, da *adj* unbeaten.
imbebible *adj* undrinkable.
imbécil ◇ *adj* stupid. ◇ *mf* idiot.
imbecilidad *f* stupidity; **decir/hacer una** ~ to say/do sthg stupid.
imberbe *adj* beardless.
imbornal *m* scupper.
imborrable *adj* *fig* indelible; [recuerdo] unforgettable.
imbricación *f* overlapping.
imbricado, da *adj* overlapping.
imbricar [10] *vt* to overlap.
imbuir [51] *vt*: ~ **(de)** to imbue (with).
imbunchar *vt* *Amér* - **1.** [embrujar] to bewitch, to cast a spell over. - **2.** [estafar] to swindle.
imbunche *m* *Amér* - **1.** [ser mitológico] *wizard who steals children and turns them into monsters.* - **2.** [maleficio] curse. - **3.** [barullo] mess, tangle.
imitable *adj* imitable.
imitación *f* [copia] imitation; [de humorista] impersonation; **a** ~ **de** in imitation of; **piel de** ~ imitation leather.
imitado, da *adj* fake, artificial; **flores imitadas** artificial flowers.
imitador, ra *m, f* imitator; [humorista] impersonator.
imitar *vt* [gen] to imitate, to copy; [a personajes famosos] to impersonate; [producto, material] to simulate.
imitativo, va *adj* imitative.
imp *abrev escrita de* **imprenta**.
impaciencia *f* impatience.
impacientar *vt* to make impatient, to exasperate.
◆ **impacientarse** *vpr* to grow impatient.
impaciente *adj* impatient; ~ **por hacer algo** impatient o anxious to do sthg; **los candidatos están** ~**s por conocer el fallo del jurado** the candidates are impatient to know the panel's decision.
impacientemente *adv* impatiently.
impactante *adj* hard-hitting.
impactar ◇ *vt* [suj: noticia] to have an impact on. ◇ *vi* [bala] to hit.
impacto *m* - **1.** [gen] impact; [de bala] hit. - **2.** [señal] (impact) mark; ~ **de bala** bullethole; ~ **ambiental** environmental impact.
impagable *adj* invaluable.
impagado, da *adj* unpaid.
◆ **impagado** *m* unpaid bill.
impago *m* nonpayment.
impalpable *adj* impalpable.
impar *adj* - **1.** MAT odd. - **2.** [sin igual] unequalled.
imparable *adj* unstoppable.
imparcial *adj* impartial.
imparcialidad *f* impartiality.
imparcialmente *adv* impartially.
impartible *adj* indivisible.
impartir *vt* to give.
impase, impasse [im'pas] *m* impasse.
impasibilidad *f* impassivity.
impasible *adj* impassive.
impasiblemente *adv* impassively.
impavidez *(pl* **impavideces)** *f* - **1.** [valor] fearlessness, courage. - **2.** [impasibilidad] impassivity. - **3.** *Amér* [descaro] audacity, impudence.
impávido, da *adj* - **1.** [valeroso] fearless, courageous. - **2.** [impasible] impassive. - **3.** *Amér* [descarado] audacious, impudent.
impecable *adj* impeccable.
impecablemente *adv* impeccably.
impedancia *f* impedance.
impedido, da ◇ *adj* disabled; **estar** ~ **de un brazo** to have the use of only one arm. ◇ *m, f* disabled person.

impedimento *m* [gen] obstacle; [contra un matrimonio] impediment; **no hay ningún** ~ **para hacerlo** there's no reason why we shouldn't do it.

impedir [26] *vt* - **1.** [imposibilitar] to prevent; ~ **a alguien hacer algo** to prevent sb from doing sthg. - **2.** [dificultar] to hinder, to obstruct.

impeditivo, va *adj* preventive.

impelente *adj* driving, impelling.

impeler *vt* - **1.** [hacer avanzar] to propel. - **2.** [estimular]: ~ **a alguien a algo/hacer algo** to drive sb to sthg/to do sthg.

impenetrabilidad *f lit & fig* impenetrability.

impenetrable *adj lit & fig* impenetrable.

impenitencia *f* impenitence.

impenitente *adj* unrepentant, impenitent; *fig* [incorregible] inveterate.

impensable *adj* unthinkable.

impensado, da *adj* unexpected.

impepinable *adj fam* clear as clear can be, undeniable.

imperante *adj* prevailing.

imperar *vi* to prevail.

imperativamente *adv* imperatively.

imperativo, va *adj* - **1.** [gen & GRAM] imperative. - **2.** [autoritario] imperious.
◆ **imperativo** *m* [gen & GRAM] imperative; ~**s económicos** economic considerations.

imperceptibilidad *f* imperceptibility.

imperceptible *adj* imperceptible.

imperceptiblemente *adv* imperceptibly.

imperdible *m* safety pin.

imperdonable *adj* unforgivable.

imperecedero, ra *adj* non-perishable; *fig* [eterno] immortal, eternal.

imperfección *f* - **1.** [cualidad] imperfection. - **2.** [defecto] flaw, defect.

imperfectamente *adv* imperfectly.

imperfectible *adj* imperfectible.

imperfecto, ta *adj* [gen] imperfect; [defectuoso] faulty, defective.
◆ **imperfecto** *m* GRAM imperfect.

imperial ◇ *adj* imperial. ◇ *f* top deck.

imperialismo *m* imperialism.

imperialista *adj & mf* imperialist.

impericia *f* lack of skill; [inexperiencia] inexperience.

imperio *m* - **1.** [territorio] empire. - **2.** [dominio] rule; **valer un** ~ to be worth a fortune. - **3.** [mandato] emperorship.

imperiosamente *adv* imperiously.

imperiosidad *f* imperiousness.

imperioso, sa *adj* - **1.** [autoritario] imperious. - **2.** [apremiante] urgent, pressing.

impermeabilidad *f* impermeability.

impermeabilización *f* waterproofing.

impermeabilizar [13] *vt* to (make) waterproof.

impermeable ◇ *adj* waterproof. ◇ *m* raincoat, mac *Br*.

impermutable *adj* unexchangeable.

impersonal *adj* impersonal.

impertérrito, ta *adj* unperturbed, unmoved; [ante peligros] fearless.

impertinencia *f* - **1.** [gen] impertinence. - **2.** [comentario] impertinent remark.

impertinente ◇ *adj* - **1.** [persona] impertinent. - **2.** [irrelevante] irrelevant. ◇ *mf* [persona] impertinent person.
◆ **impertinentes** *mpl* [anteojos] lorgnette *(sg)*.

impertinentemente *adv* impertinently.

imperturbabilidad *f* imperturbability.

imperturbable *adj* imperturbable.

impétigo *m* impetigo.

impetración *f culto* impetration.

impetrar *vt culto* to impetrate.

ímpetu *m* - **1.** [brusquedad] force. - **2.** [energía] energy. - **3.** FÍS impetus.

impetuosamente *adv* impetuously.

impetuosidad *f* [precipitación] impetuosity.

impetuoso, sa ◇ *adj* - **1.** [olas, viento, ataque] violent. - **2.** *fig* [persona] impulsive, impetuous. ◇ *m, f* impulsive person.

impíamente *adv* impiously.

impida *v* → **impedir**.

impidiera *v* → **impedir**.

impiedad *f* godlessness, impiety.

impío, a ◇ *adj* [no creyente] godless, impious. ◇ *m, f* HIST infidel.

implacable *adj* implacable, relentless.

implantación *f* - **1.** [establecimiento] introduction. - **2.** BIOL implantation. - **3.** MED insertion.

implantar *vt* - **1.** [establecer] to introduce; ~ **reformas** to introduce reforms. - **2.** MED to insert.
◆ **implantarse** *vpr* - **1.** [establecerse] to be introduced. - **2.** BIOL to become implanted.

implante *m* implant; [dental] dental plate.

implementar *vt* to implement.

implemento *m* implement.

implicación *f* - **1.** [participación] involvement. - **2.** *(gen pl)* [consecuencia] implication.

implicancia *f Amér* legal impediment.

implicante *adj* implicating.

implicar [10] ◇ *vt* - **1.** [involucrar]: ~ **(en)** to involve (in); DER to implicate (in). - **2.** [significar] to mean. ◇ *vi* to imply contradiction.
◆ **implicarse** *vpr* DER to incriminate o.s.; ~**se en** to become involved in.

implicatorio, ria *adj* implicative, implicatory.

implícitamente *adv* implicitly.

implícito, ta *adj* implicit.

imploración *f* entreaty, plea.

implorante *adj* imploring.

implorar *vt* to implore.

implosión *f* implosion.

implosivo, va *adj* implosive.

impolítico, ca *adj* impolite, discourteous.

impoluto, ta *adj* unpolluted, pure; *fig* unblemished, untarnished.

imponderabilidad *f* imponderability.

imponderable ◇ *adj* [incalculable] invaluable; [imprevisible] imponderable. ◇ *m* imponderable.

imponedor *m* imposer.

imponente *adj* - **1.** [impresionante] imposing, impressive. - **2.** [estupendo] sensational, terrific.

imponer [65] ◇ *vt* - **1.** : ~ **algo (a alguien)** [gen] to impose sthg (on sb); [respeto] to command sthg (from sb); **el profesor impuso silencio en la clase** the teacher silenced the class. - **2.** [moda] to set; [costumbre] to introduce. - **3.** [instruir] to instruct; **le impuse en sus responsabilidades** I instructed him in his responsibilities. - **4.** [informar]: ~ **de** to inform of. - **5.** IMPRENTA to impose. ◇ *vi* to be imposing.
◆ **imponerse** *vpr* - **1.** [hacerse respetar] to command respect, to show authority. - **2.** [prevalecer] to prevail. - **3.** [obligación, tarea] to take on. - **4.** [ser necesario] to be necessary. - **5.** DEP to win, to prevail.

imponible *adj* → **base**.

impopular *adj* unpopular.

impopularidad *f* unpopularity.

importable *adj* importable.

importación *f* [acción] importing; [artículo] import; **de** ~ imported.

importado, da *adj* imported.

importador, ra ◇ *adj* importing *(antes de sust).* ◇ *m, f* importer.

importancia *f* - **1.** [significación] importance; **dar ~ a algo** to attach importance to sthg; **de ~** important, of importance; **quitar ~ a algo** to play sthg down; **sin ~** unimportant ❏ **darse ~** to give o.s. airs, to show off. - **2.** [autoridad] authority. - **3.** [influencia] influence.

importante *adj* - **1.** [gen] important; [lesión] serious; **hoy en día, saber idiomas es muy ~** it's very important to know languages these days; **lo ~** the most important thing, the main thing; **no te preocupes, lo ~ es que tengas buena salud** don't worry, the most important thing is for you to be healthy. - **2.** [cantidad] considerable.

importar ◇ *vt* - **1.** [gen & INFORM] to import. - **2.** [suj: factura, coste] to amount to, to come to. ◇ *vi* - **1.** [preocupar] to matter; **no me importa** I don't care, it doesn't matter to me; **¿y a ti qué te importa?** what's it got to do with you? ❏ **me importa un bledo** o **comino** o **pito** *fam* I don't give a damn, I couldn't care less. - **2.** [en preguntas] to mind; **¿le importa que me siente?** do you mind if I sit down?; **¿te importaría acompañarme?** would you mind coming with me? ◇ *v impers* to matter; **no me importa** it doesn't matter; **¡qué importa que llueva!** who cares if it's raining.

importe *m* [gen] price, cost; [de factura] total; **~ total** total cost.

importunación *f* bothering, pestering.

importunamente *adv* inopportunely.

importunar ◇ *vt* to bother, to pester. ◇ *vi* to be tiresome o a nuisance.

importunidad *f* - **1.** [calidad] bothersomeness. - **2.** [molestia] annoyance.

importuno, na *adj* = **inoportuno.**

imposibilidad *f* impossibility; **su ~ para contestar la pregunta** his inability to answer the question ❏ **~ física** physical disability.

imposibilitado, da *adj* disabled; **estar ~ para hacer algo** to be unable to do sthg.

imposibilitar *vt:* **~ a alguien para hacer algo** to make it impossible for sb to do sthg, to prevent sb from doing sthg.

imposible ◇ *adj* - **1.** [irrealizable] impossible. - **2.** [insoportable] unbearable, impossible. - **3.** [lamentable] lamentable, terrible. - **4.** *Amér fam* [sucio] dirty, filthy. ◇ *m:* **pedir ~s** *fig* to ask for the impossible; **hacer lo ~** *fig* to do everything possible and more.

imposición *f* - **1.** [obligación] imposition. - **2.** [impuesto] tax. - **3.** BANCA deposit; **hacer** o **efectuar una ~** to make a deposit. - **4.** IMPRENTA imposition.

impositivo, va *adj* tax *(antes de sust).*

impostergable *adj* unpostponable.

impostor, ra ◇ *adj* [suplantador] fraudulent. ◇ *m, f* [suplantador] impostor.

impostura *f* - **1.** [suplantación] fraud. - **2.** [calumnia] slander.

impotencia *f* impotence.

impotente ◇ *adj* impotent. ◇ *m* impotent man.

impracticable *adj* - **1.** [irrealizable] impracticable. - **2.** [intransitable] impassable.

imprecación *f* imprecation.

imprecar [10] *vt* to imprecate.

imprecatorio, ria *adj* imprecatory.

imprecisión *f* imprecision, vagueness *(U).*

impreciso, sa *adj* imprecise, vague.

impredecible *adj* unforeseeable; [variable] unpredictable.

impregnación *f* impregnation.

impregnar *vt:* **~ (de)** to impregnate (with).

◆ **impregnarse** *vpr:* **~se (de)** to become impregnated (with).

impremeditación *f* lack of premeditation.

impremeditado, da *adj* unpremeditated.

imprenta *f* - **1.** [arte] printing. - **2.** [máquina] (printing) press. - **3.** [establecimiento] printing house.

imprescindible *adj* indispensable, essential; **lo ~** the basics *(pl).*

impresentable *adj* unpresentable.

impresión *f* - **1.** [gen] impression; [sensación física] feeling; **cambiar impresiones** to compare notes, to exchange views; **causar (una) buena/mala ~** to make a good/bad impression; **dar la ~ de** to give the impression of; **tener la ~ de que** to have the impression that. - **2.** [huella] imprint; **~ digital** o **dactilar** fingerprint. - **3.** [IMPRENTA - acción] printing; [- edición] edition.

impresionable *adj* impressionable.

impresionante *adj* impressive; [error] enormous.

impresionar ◇ *vt* - **1.** [maravillar] to impress. - **2.** [conmocionar] to move. - **3.** [horrorizar] to shock. - **4.** FOT to expose. ◇ *vi* - **1.** [maravillar] to make an impression. - **2.** [conmocionar] to be moving. - **3.** [horrorizar] to be shocking.

◆ **impresionarse** *vpr* - **1.** [maravillarse] to be impressed. - **2.** [conmocionarse] to be moved. - **3.** [horrorizarse] to be shocked.

impresionismo *m* impressionism.

impresionista *adj* & *mf* impressionist.

impreso, sa ◇ *pp* → **imprimir.** ◇ *adj* printed.

◆ **impreso** *m* - **1.** [texto] printed sheet, printed matter *(U).* - **2.** [formulario] form; **~ de solicitud** application form.

impresor, ra ◇ *adj* printing *(antes de sust).* ◇ *m, f* [persona] printer.

◆ **impresora** *f* INFORM printer; **impresora láser/térmica/de inyección** laser/thermal/bubblejet printer; **impresora de matriz** o **de agujas** dot-matrix printer; **impresora de chorro de tinta/de línea/de margarita** ink-jet/line/daisy-wheel printer.

imprevisible *adj* unforeseeable; [variable] unpredictable.

imprevisión *f* lack of foresight.

imprevisor, ra *adj* lacking foresight.

imprevisto, ta *adj* unexpected.

◆ **imprevisto** *m* [hecho] unforeseen circumstance; **salvo ~s** barring accidents.

◆ **imprevistos** *mpl* [gastos] unforeseen expenses.

imprimar *vt* to prime.

imprimátur *m inv* imprimatur.

imprimible *adj* printable.

imprimir ◇ *vt* - **1.** [gen] to print; [huella, paso] to leave, to make; [sello, dibujo] to stamp, to imprint. - **2.** *fig* [transmitir]: **~ algo a** to impart o bring sthg to. - **3.** *fig* [impresionar] to impress. ◇ *vi* to print.

improbabilidad *f* improbability, unlikelihood.

improbable *adj* improbable, unlikely.

improbidad *f culto* improbity.

ímprobo, ba *adj culto* - **1.** [duro, excesivo] Herculean, strenuous. - **2.** [con maldad] dishonest, corrupt.

improcedencia *f* - **1.** [gen] inappropriateness. - **2.** DER inadmissibility.

improcedente *adj* - **1.** [inoportuno] inappropriate. - **2.** DER inadmissible.

improductividad *f* unproductiveness.

improductivo, va *adj* unproductive.

impronta *f* mark, impression.

impronunciable *adj* unpronounceable.

improperio *m* insult.

◆ **improperios** *mpl Good Friday lamentations.*

impropiedad *f* impropriety.

impropio, pia *adj* - **1.** [inadecuado]: **~ (de)** improper (for), unbecoming (to). - **2.** [extraño] out of place.

improrrogable *adj* unable to be extended; [plazo] final.

improvisación *f* improvisation.

improvisado, da *adj* [gen] improvised; [discurso, truco] impromptu; [comentario] ad-lib; [cama etc] makeshift.

improvisador, ra *adj* improviser.

improvisar ◇ *vt* [gen] to improvise; [comida] to rustle up; ~ **una cama** to make (up) a makeshift bed. ◇ *vi* [gen] to improvise; MÚS to extemporize.

improviso ◆ **de improviso** *loc adv* unexpectedly, suddenly; **coger a alguien de** ~ to catch sb unawares.

improvisto, ta *adj* unexpected, unforeseen; **coger a alguien de** ~ to catch sb unawares.

imprudencia *f* [en los actos] carelessness *(U)*; [en los comentarios] indiscretion; ~ **temeraria** DER criminal negligence.

imprudente ◇ *adj* [en los actos] careless, rash; [en los comentarios] indiscreet. ◇ *mf* [en los actos] rash person; [en los comentarios] indiscreet person.

impúber, impúbero, ra ◇ *adj* pre-pubescent. ◇ *m, f* pre-pubescent child.

impudencia *f* shamelessness.

impudicia, impudicicia *f* immodesty.

impúdico, ca *adj* - **1.** [sin pudor] immodest, indecent. - **2.** [sin honestidad] dishonest.

impudor *m* - **1.** [falta de pudor] immodesty. - **2.** [deshonestidad] shamelessness.

impuesto, ta *pp* → **imponer**.
◆ **impuesto** *m* tax; **exento de** ~**s** tax-exempt ❏ ~ **a las ventas** sales tax; ~ **a las herencias** o **de herencias** inheritance tax; ~ **adicional** surtax; ~ **aduanal** o **de aduanas** customs duty; ~ **al consumo** tax on the consumer; ~ **arancelario** *Amér* customs duty; ~ **complementario** surtax; ~ **directo/indirecto/municipal** direct/indirect/local tax; ~ **de circulación/de sociedades/de lujo** road/corporation/luxury tax; ~ **de inmuebles** o **inmobiliario** real estate tax; ~ **real** o **sobre bienes** property tax; ~ **revolucionario** *fig* protection money paid by businessmen to terrorists; ~ **sobre el capital/sobre el valor añadido/sobre el patrimonio** capital/value-added/wealth tax; ~ **sobre incremento del patrimonio** o **sobre plusvalías** capital gains tax; ~ **sucesorio** o **de sucesión** inheritance tax; ~ **sobre la renta** ≃ income tax.

impugnable *adj* contestable.

impugnación *f* contestation, challenge.

impugnador, ra ◇ *adj* contesting, challenging. ◇ *m, f* challenger.

impugnante *adj* contestable.

impugnar *vt* to contest, to challenge.

impulsar *vt* - **1.** [empujar] to propel, to drive. - **2.** [incitar]: ~ **a alguien (a algo/a hacer algo)** to drive sb (to sthg/to do sthg). - **3.** [promocionar] to stimulate.

impulsión *f* impulsion.

impulsividad *f* impulsiveness.

impulsivo, va ◇ *adj* impulsive. ◇ *m, f* impulsive person, hothead.

impulso *m* - **1.** [progreso] stimulus, boost. - **2.** [fuerza] momentum; **tomar** ~ to take a run-up. - **3.** [motivación] impulse, urge.

impulsor, ra ◇ *adj* driving *(antes de sust)*. ◇ *m, f* - **1.** [fuerza] dynamic force. - **2.** *fig* [instigador] instigator.

impune *adj* unpunished; **quedar** ~ to go unpunished.

impunemente *adv* with impunity.

impunidad *f* impunity.

impuntualidad *f* unpunctuality.

impureza *f* - **1.** *(gen pl)* [del aire, del agua] impurity. - **2.** *fig* [moral, del espíritu] impurity.

impurificar [10] *vt* to make impure, to adulterate.

impuro, ra *adj lit & fig* impure.

impusiera *etc v* → **imponer**.

imputabilidad *f* imputability.

imputable *adj*: ~ **a** attributable to.

imputación *f* accusation.

imputador, ra *adj* accusing.

imputar *vt* - **1.** [atribuir]: ~ **algo a alguien** [delito] to accuse sb of sthg; [fracaso, error] to attribute sthg to sb. - **2.** COM to allocate, to assign.

inabarcable *adj* unmanageable.

inabordable *adj* inaccessible.

inabrogable *adj* irrevocable.

inacabable *adj* interminable, endless.

inacabado, da *adj* unfinished.

inaccesibilidad *f* inaccessibility.

inaccesible *adj* inaccessible.

inacción *f* inaction, inactivity.

inacentuado, da *adj* unaccented.

inaceptable *adj* unacceptable.

inacostumbrado, da *adj* unaccustomed.

inactividad *f* inactivity.

inactivo, va *adj* inactive.

inactual *adj Amér* out-of-date.

inadaptable *adj* unadaptable.

inadaptación *f* maladjustment.

inadaptado, da ◇ *adj* maladjusted. ◇ *m, f* misfit.

inadecuado, da *adj* [inapropiado] unsuitable, inappropriate.

inadmisible *adj* inadmissible.

inadoptable *adj* unadoptable.

inadvertencia *f* inadvertence, carelessness.
◆ **inadvertencias** *fpl* oversights.

inadvertido, da *adj* unnoticed; **pasar** ~ to go unnoticed.

inagotable *adj* inexhaustible.

inaguantable *adj* unbearable.

inalámbrico, ca *adj* cordless.

inalcanzable *adj* unattainable.

inalienable *adj* inalienable.

inalienado, da *adj* unalienated.

inalterabilidad *f* immutability.

inalterable *adj* - **1.** [gen] unalterable; [salud] stable; [amistad] undying. - **2.** [color] fast. - **3.** [rostro, carácter] impassive. - **4.** [resultado, marcador] unchanged.

inalterado, da *adj* unaltered, unchanged.

inamisible *adj* not likely to be lost.

inamistoso, sa *adj* unfriendly.

inamovible *adj* immovable, fixed.

inamovilidad *f* immovability.

inane *adj* useless, pointless.

inanición *f* starvation.

inanidad *f* uselessness, pointlessness.

inanimado, da *adj* inanimate.

inánime *adj* lifeless.

inapagable *adj* unextinguishable.

inapeable *adj* - **1.** [incomprensible] incomprehensible, unfathomable. - **2.** *fig* [obstinado] stubborn, obstinate.

inapelable *adj* - **1.** [inevitable] inevitable. - **2.** DER not open to appeal.

inapetencia *f* lack of appetite.

inapetente *adj* lacking in appetite.

inaplazable *adj* [reunión, sesión] that cannot be postponed; [necesidad] urgent, pressing.

inaplicable *adj* inapplicable, not applicable.

inaplicación *f* lack of application.

inaplicado, da *adj* lazy, slack.

inapreciable *adj* - **1.** [incalculable] invaluable, inestimable. - **2.** [insignificante] imperceptible.

inapropiado, da *adj* inappropriate.

inaptitud *f* unsuitability.

inarmónico, ca *adj* inharmonious.

inarrugable *adj* crease-resistant.

inarticulado, da *adj* inarticulate.

inasequible *adj* - **1.** [por el precio] prohibitive. - **2.** [inalcanzable - meta, ambición] unattainable; [- persona] unapproachable.

inasible *adj* ungraspable.

inasimilable *adj* unassimilable.

inasistencia *f* absence.

inastillable *adj* shatterproof.

inatacable *adj* unassailable; *fig* irrefutable.

inatención *f* inattention.

inatento, ta *adj* inattentive.

inaudible *adj* inaudible.

inaudito, ta *adj* - **1.** [no oído] unheard-of. - **2.** *fig* [extraordinario] extraordinary, unprecedented. - **3.** [monstruoso] monstrous, outrageous.

inauguración *f* inauguration, opening.

inaugurador, ra ◇ *adj* inaugurating. ◇ *m, f* inaugurator.

inaugural *adj* [discurso, reunión] inaugural; [viaje, vuelo] maiden.

inaugurar *vt* to inaugurate, to open.

inaveriguable *adj* unascertainable.

inca *adj & mf* Inca.

incaico, ca, incásico, ca *adj* Inca.

incalculable *adj* incalculable.

incalificable *adj* unspeakable, indescribable.

incambiable *adj* - **1.** [situación] unchangeable. - **2.** [producto, mercancía] unexchangeable.

incanato *m Amér* period of the Incan empire.

incandescencia *f* incandescence.

incandescente *adj* incandescent.

incansable *adj* untiring, tireless.

incansablemente *adv* untiringly, indefatigably.

incapacidad *f* - **1.** [imposibilidad] inability. - **2.** [inaptitud] incompetence. - **3.** *DER* incapacity; ~ **laboral** industrial disablement o disability; ~ **legal** legal incapacity.

incapacitación *f* - **1.** [por accidente] incapacitation. - **2.** [para ejercer un cargo] disqualification.

incapacitado, da ◇ *adj* [gen] disqualified; [para testar] incapacitated; [para trabajar] unfit. ◇ *m, f DER* disqualified person, person declared unfit.

incapacitar *vt*: ~ **(para)** to disqualify (from); [para trabajar etc] to render unfit (for); *DER* to disqualify (from).

incapaz (*pl* **incapaces**) *adj* - **1.** [gen]: ~ **de** incapable of. - **2.** [sin talento]: ~ **para** incompetent at, no good at. - **3.** *DER* incompetent; **declarar** ~ **a alguien** to declare sb incompetent. - **4.** *fig* [torpe] stupid, foolish. - **5.** *Amér* [inaguantable] unbearable, insufferable.

incasable *adj* unmarriageable.

incásico, ca *adj* = incaico.

incautación *f* seizure, confiscation.

incautamente *adv* incautiously, unwarily.

incautarse ◆ **incautarse de** *vpr* - **1.** *DER* to seize, to confiscate. - **2.** [apoderarse de] to grab.

incauto, ta ◇ *adj* - **1.** [inocente] gullible. - **2.** [imprudente] incautious, unwary. ◇ *m, f* gullible person.

incendiar [8] *vt* to set fire to.
◆ **incendiarse** *vpr* to catch fire.

incendiario, ria ◇ *adj* - **1.** [bomba etc] incendiary. - **2.** *fig* [artículo, libro etc] inflammatory. ◇ *m, f* arsonist, fire-raiser.

incendio *m* fire; ~ **provocado** arson; **echar** o **hablar** ~**s** *Amér fig* to curse, to swear.

incensación *f* - **1.** [de incienso] incensing, perfuming with incense. - **2.** *fig* [adulación] flattery, cajolery.

incensar [66] *vt* - **1.** [quemar incienso] to incense, to perfume with incense. - **2.** *fig* [adular] to flatter, to cajole.

incensario *m* censer; **romperle a alguien el** ~ **en las narices** *fig* to butter sb up.

incentivar *vt* to motivate.

incentivo *m* incentive.

incertidumbre *f* uncertainty.

incesante, incesable *adj* incessant, ceaseless.

incesantemente *adv* incessantly, ceaselessly.

incesto *m* incest.

incestuoso, sa *adj* incestuous.

incidencia *f* - **1.** [repercusión] impact, effect. - **2.** [suceso] event. - **3.** *FÍS* incidence.
◆ **por incidencia** *loc adv* accidentally, by chance.

incidental *adj* - **1.** [accidental] incidental, chance (*antes de sust*). - **2.** *GRAM* parenthetical, parenthetic.
◆ **incidental** *f GRAM* parenthetical clause.

incidentalmente *adv* incidentally.

incidente *adj & m* incident.

incidir ◆ **incidir en** *vi* - **1.** [incurrir en] to fall into, to lapse into. - **2.** [insistir en] to focus on. - **3.** [influir en] to have an impact on, to affect. - **4.** [suj: rayo] to fall on. - **5.** [suj: cirujano] to make an incision into.

inciensa *etc v* → **incensar**.

incienso *m* - **1.** [sustancia] incense. - **2.** *fig* [adulación] flattery. - **3.** *Amér* [planta] incense tree.

incierto, ta *adj* - **1.** [dudoso] uncertain. - **2.** [falso] untrue. - **3.** [inestable] unstable, unsteady.

incinerable *adj* incinerable.

incineración *f* [de cadáver] cremation; [de basura] incineration.

incinerador *m* [para basura] incinerator.

incinerar *vt* [cadáver] to cremate; [basura] to incinerate.

incipiente *adj* incipient; [estado, etapa] early.

incircunciso, sa *adj* uncircumcised.

incircunscrito, ta *adj* uncircumscribed.

incisión *f* incision.

incisivo, va *adj* - **1.** [instrumento] sharp, cutting. - **2.** *fig* [mordaz] incisive. - **3.** [diente] incisor (*antes de sust*).
◆ **incisivo** *m* incisor.

inciso, sa *adj* cut.
◆ **inciso** *m* - **1.** [frase] passing remark. - **2.** [coma] comma.

incitación *f* incitement.

USO ▶ Incertidumbre

▶ *marcada:*

I'm not sure whether it'll work.
I'm still in two minds about going.
I couldn't really say how long it will take.
I'm still undecided as to what to do.
It's too early to tell who will win.
It remains to be seen whether she'll agree.
She may agree, but then again she may not.
We may come, but it's still up in the air. [*familiar*]

It's anyone's guess when they'll get here. [*familiar*]

▶ *menos marcada:*

I believe he's coming.
It seems o Apparently she's arriving tomorrow.
From what I've heard o As far as I know, everything is going ahead as planned.
Presumably, that's all been taken care of.
I suppose o imagine he'll come and see us first.

incitador, ra ◇ *adj* inciting. ◇ *m, f* inciter.

incitante *adj* [instigador] inciting; [provocativo] provocative.

incitar *vt*: ~ **a alguien a algo** [violencia, rebelión etc] to incite sb to sthg; ~ **a alguien a la fuga/venganza** to urge sb to flee/avenge himself; ~ **a alguien a hacer algo** [rebelarse etc] to incite sb to do sthg; [fugarse, vengarse] to urge sb to do sthg.

incitativa ◇ *adj f* → **incitativo**. ◇ *f* DER *mandatory injunction from a higher to a lower court.*

incitativo, va *adj* inciting.
◆ **incitativo** *m* incitement.

incívico, ca *adj* antisocial.

incivil *adj* uncivil, rude.

incivilidad *f* incivility, rudeness.

incivilizable *adj* uncivilizable.

incivilizado, da *adj* uncivilized.

inclasificable *adj* unclassifiable.

inclemencia *f* harshness, inclemency.
◆ **a la inclemencia** *loc adv* exposed to the elements.

inclemente *adj* harsh, inclement.

inclinación *f* - **1.** [desviación] slant, inclination; [de terreno] slope. - **2.** *fig* [afición]: ~ **(a** o **por)** penchant o propensity (for). - **3.** [cariño]: ~ **hacia alguien** fondness towards sb. - **4.** [saludo] bow. - **5.** GEOM dip.

inclinado, da *adj* - **1.** [terreno] sloping. - **2.** [cabeza] bowed; [objeto] sloping, at o on a slant.

inclinar ◇ *vt* - **1.** [doblar] to bend; [ladear] to tilt. - **2.** [cabeza] to bow. - **3.** [influir]: ~ **a alguien a hacer algo** to persuade sb to do sthg. ◇ *vi*: ~ **a alguien** to resemble sb, to take after sb.
◆ **inclinarse** *vpr* - **1.** [doblarse] to lean. - **2.** [para saludar]: ~**se (ante)** to bow (before).
◆ **inclinarse a** *vi* [tender a] to be o feel inclined to.
◆ **inclinarse por** *vi* [preferir] to favour, to lean towards.

incluir [51] *vt* - **1.** [gen] to include; **el precio incluye desayuno y cena en el hotel** the price includes breakfast and evening meals at the hotel. - **2.** [adjuntar documentos etc] to enclose. - **3.** [contener] to contain.

inclusa ◇ *adj f* → **incluso**. ◇ *f* foundling hospital.

inclusero, ra *m, f* foundling.

inclusión *f* - **1.** [acción] inclusion; **con** ~ **de** including, with the inclusion of. - **2.** [amistad] relationship, association.

inclusivamente *adv* inclusive.

inclusive *adv* inclusive.

inclusivo, va *adj* inclusive.

incluso, sa *adj* enclosed.
◆ **incluso** *adv & prep* even.

incoacción *f* commencement, inception.

incoar [78] *vt* to commence, to initiate.

incoativo, va *adj* GRAM inchoative.

incobrable *adj* irrecoverable.

incoercibilidad *f* incoercibility.

incoercible *adj* incoercible.

incógnito, ta *adj* unknown.
◆ **incógnito** *m* person going incognito.
◆ **incógnita** *f* - **1.** MAT unknown quantity. - **2.** [misterio] mystery.
◆ **de incógnito** *loc adv* incognito.

incoherencia *f* - **1.** [cualidad] incoherence. - **2.** [comentario] nonsensical remark.

incoherente *adj* - **1.** [inconexo] incoherent. - **2.** [inconsecuente] inconsistent.

incoloro, ra *adj lit & fig* colourless.

incólume *adj culto* unscathed.

incombinable *adj* uncombinable.

incombustibilidad *f* incombustibility.

incombustible *adj* fire-resistant.

incomestible, incomible *adj* inedible.

incómodamente *adv* uncomfortably.

incomodar *vt* - **1.** [causar molestia] to bother, to inconvenience. - **2.** [enfadar] to annoy.
◆ **incomodarse** *vpr* [enfadarse]: ~**se (por)** to get annoyed (about).

incomodidad *f*, **incomodo** *m* - **1.** [de silla etc] uncomfortableness. - **2.** [de situación, persona] awkwardness, discomfort. - **3.** [poco oportuno] inconvenience.

incómodo, da *adj* - **1.** [silla etc] uncomfortable. - **2.** [situación, persona] awkward, uncomfortable; **sentirse** ~ to feel awkward o uncomfortable. - **3.** [visita] inconvenient.

incomparable *adj* incomparable.

incomparablemente *adv* incomparably.

incomparecencia *f* failure to appear (in court).

incompartible *adj* unshareable.

incompasivo, va *adj* uncompassionate, unsympathetic.

incompatibilidad *f* incompatibility.

incompatible *adj*: ~ **(con)** incompatible (with).

incompetencia *f* incompetence.

incompetente *adj* incompetent.

incompletamente *adv* incompletely.

incompleto, ta *adj* - **1.** [gen] incomplete. - **2.** [inacabado] unfinished.

incomprendido, da ◇ *adj* - **1.** [no entendido] misunderstood. - **2.** [no reconocido] unappreciated. ◇ *m, f* misunderstood person.

incomprensibilidad *f* incomprehensibility.

incomprensible *adj* incomprehensible.

incomprensión *f* lack of understanding.

incomprensivo, va *adj* unsympathetic.

incompresible *adj* incompressible.

incomunicable *adj* incommunicable.

incomunicación *f* - **1.** [gen] lack of communication. - **2.** [de detenido] solitary confinement. - **3.** [de una localidad] isolation.

incomunicado, da *adj* - **1.** [gen] isolated. - **2.** [por la nieve etc] cut off. - **3.** [preso] in solitary confinement.

incomunicar [10] *vt* - **1.** [gen] to cut off. - **2.** [detenido] to place in solitary confinement.
◆ **incomunicarse** *vpr* to isolate o.s., to shut o.s. off.

inconcebible *adj* inconceivable.

inconcebiblemente *adv* inconceivably.

inconciliable *adj* irreconcilable.

inconcluso, sa *adj* unfinished.

inconcuso, sa *adj* unquestionable, undeniable.

incondicional ◇ *adj* unconditional; [ayuda] wholehearted; [seguidor] staunch. ◇ *mf* staunch supporter.

incondicionalismo *m Amér* servility, subservience.

incondicionalmente *adv* unconditionally.

inconexión *f* disconnection.

inconexo, xa [gen] unconnected; [pensamiento, texto] disjointed.

inconfesable *adj* shameful.

inconforme *adj* not in agreement.

inconformismo *m* nonconformism.

inconformista *adj & mf* nonconformist.

inconfundible *adj* unmistakable; [prueba] irrefutable.

incongruencia *f* incongruity; **hacer/decir una** ~ to do/say sthg incongruous.

incongruente *adj* incongruous.

inconmensurabilidad *f* incommensurability; [de espacio] vastness.

inconmensurable *adj* immeasurable; [espacio] vast.

inconmovible *adj* - **1.** [seguro, firme] firm, solid. - **2.** *fig* [inalterable] unshakeable, unyielding.

inconmutabilidad *f* immutability.

inconmutable *adj* immutable.

inconquistable *adj* unassailable, impregnable.

inconsciencia *f* - **1.** [gen] unconsciousness. - **2.** *fig* [falta de juicio] thoughtlessness.

inconsciente ◇ *adj* - **1.** [gen] unconscious. - **2.** *fig* [irreflexivo] thoughtless. ◇ *mf* thoughtless person. ◇ *m* PSICOL: **el** ~ the unconscious.

inconscientemente *adv* - **1.** [gen] unconsciously. - **2.** *fig* [irreflexivamente] thoughtlessly.

inconsecuencia *f* inconsistency.

inconsecuente ◇ *adj* inconsistent. ◇ *mf* inconsistent person.

inconsideración *f* inconsiderateness, thoughtlessness.

inconsideradamente *adv* inconsiderately, thoughtlessly.

inconsiderado, da ◇ *adj* inconsiderate, thoughtless. ◇ *m, f* inconsiderate o thoughtless person.

inconsistencia *f* - **1.** [de tela, pared etc] flimsiness. - **2.** [de una salsa] runniness. - **3.** [de argumento, discurso etc] lack of substance.

inconsistente *adj* - **1.** [tela, pared etc] flimsy. - **2.** [salsa] runny. - **3.** [argumento, discurso etc] lacking in substance.

inconsolable *adj* disconsolate.

inconsolablemente *adv* inconsolably.

inconstancia *f* - **1.** [en el trabajo, la conducta] unreliability. - **2.** [de opinión, ideas] changeability.

inconstante *adj* - **1.** [en el trabajo, la conducta] unreliable. - **2.** [de opinión, ideas] changeable.

inconstitucional *adj* unconstitutional.

inconstitucionalidad *f* unconstitutionality.

inconsulto, ta *adj* *Amér* inconsiderate.

incontable *adj* - **1.** [innumerable] countless. - **2.** [inexplicable] untellable.

incontaminado, da *adj* uncontaminated, unpolluted.

incontenible *adj* [alegría] unbounded; [llanto] uncontrollable; [dolor] unbearable.

incontestable *adj* indisputable, undeniable.

incontestado, da *adj* uncontested, unquestioned.

incontinencia *f* - **1.** [vicio] lack of restraint. - **2.** MED incontinence.

incontinente *adj* - **1.** [insaciable] lacking all restraint. - **2.** MED incontinent.

incontinenti *adv* instantly, at once.

incontrolable *adj* uncontrollable.

incontrolado, da *adj* [velocidad] furious; [situación] out of hand; [comando] maverick, not controlled by the leadership; [aumento de precios etc] spiralling.

incontrovertible *adj* incontrovertible, indisputable.

inconvencible *adj* steadfast, unshakeable.

inconveniencia *f* - **1.** [inoportunidad] inappropriateness. - **2.** [comentario] tactless remark; [acto] faux pas, mistake.

inconveniente ◇ *adj* - **1.** [inoportuno] inappropriate. - **2.** [descortés] rude. ◇ *m* - **1.** [dificultad] obstacle, problem; **no tener** ~ **en hacer algo** to have no objection to doing sthg. - **2.** [desventaja] disadvantage, drawback.

inconvertible *adj* inconvertible.

incordiar [8] *vt* *fam* to bother, to pester.

incordio *m* *fam* - **1.** [molestia] pain, nuisance. - **2.** [inflamación] bubo.

incorporable *adj* incorporable.

incorporación *f*: ~ **(a)** [gen] incorporation (into); [a un puesto] induction (into).

incorporado, da *adj* TECN built-in.

incorporal *adj* incorporeal, intangible.

incorporar *vt* - **1.** [añadir]: ~ **(a)** [gen] to incorporate (into); CULIN to mix (into). - **2.** [anexionar]: ~ **a** to annex as part of. - **3.** [levantar] to sit up.

◆ **incorporarse** *vpr* - **1.** [empezar]: ~se **(a)** [equipo] to join; [trabajo] to start. - **2.** [levantarse] to sit up.

incorporeidad *f* incorporeity.

incorpóreo, a *adj* incorporeal, intangible.

incorrección *f* - **1.** [inexactitud] incorrectness; [error gramatical] mistake. - **2.** [descortesía] lack of courtesy *(U)*, rudeness *(U)*.

incorrectamente *adv* incorrectly.

incorrecto, ta *adj* - **1.** [equivocado] incorrect, wrong. - **2.** [descortés] rude, impolite.

incorregibilidad *f* incorrigibility.

incorregible *adj* incorrigible.

incorrupción *f* uncorrupted nature.

incorruptamente *adv* incorruptly.

incorruptibilidad *f* incorruptibility.

incorruptible *adj* - **1.** [substancia] imperishable. - **2.** *fig* [persona] incorruptible.

incorrupto, ta *adj* - **1.** [cadáver] uncorrupted, not decomposed. - **2.** *fig* [mujer] chaste, pure.

incredibilidad *f* incredibleness.

incredulidad *f* - **1.** [escepticismo] incredulity. - **2.** [falta de fe] unbelief, lack of faith.

incrédulo, la ◇ *adj* sceptical, incredulous; RELIG unbelieving. ◇ *m, f* unbeliever.

increíble *adj* - **1.** [difícil de creer] unconvincing, lacking credibility. - **2.** *fig* [extraordinario] incredible; **Marta tiene una facilidad** ~ **para los idiomas** Marta has an incredible gift for languages. - **3.** *fig* [inconcebible] unbelievable; **es** ~ **que pasen cosas así** it's hard to believe that such things can happen.

increíblemente *adv* *fig* incredibly, unbelievably.

incrementar *vt* to increase.

◆ **incrementarse** *vpr* to increase.

incremento *m* - **1.** [aumento] increase; [de temperatura] rise. - **2.** GRAM suffix.

increpación *f* severe rebuke o reproach.

increpante *adj* reprimanding.

increpar *vt* - **1.** [reprender] to reprimand. - **2.** [insultar] to abuse, to insult.

incriminación *f* accusation.

incriminar *vt* - **1.** [acusar] to accuse. - **2.** [exagerar] to exaggerate, to magnify.

incriminatorio, ria *adj* DER incriminating.

incruento, ta *adj* bloodless.

incrustación *f* inlay.

incrustado, da *adj* - **1.** TECN inlaid; [en joyería] set. - **2.** [cal etc] encrusted.

incrustar *vt* - **1.** TECN to inlay; [en joyería] to set. - **2.** *fam* *fig* [empotrar]: ~ **algo en algo** to sink sthg into sthg.

◆ **incrustarse** *vpr* - **1.** [cal etc] to become encrusted. - **2.** *fig* [recuerdo, vivencias] to become engraved.

incubación *f* incubation; ~ **artificial** artificial incubation.

incubador, ra *adj* incubating.

◆ **incubadora** *f* incubator.

incubar *vt* - **1.** [huevo] to incubate. - **2.** [enfermedad] to be sickening for.

incuestionable *adj* [teoría, razón] irrefutable; [deber] bounden.

inculcar [10] *vt* - **1.** [adoctrinar]: ~ **algo a alguien** to instil sthg into sb. - **2.** [apretar] to squeeze o press together. - **3.** IMPRENTA to crowd.

◆ **inculcarse** *vpr* to be obstinate o insistent.

inculpabilidad *f* innocence.

inculpación *f* accusation; DER charge.

inculpado, da ◇ *adj* accused; DER charged. ◇ *m, f* accused.

inculpar *vt*: ~ **a alguien (de)** [gen] to accuse sb (of); DER to charge sb (with).

incultivable *adj* uncultivable, unfit for cultivation.

inculto, ta ◇ *adj* - **1.** [persona] uneducated. - **2.** [tierra] uncultivated. - **3.** [aspecto, estilo] untidy. ◇ *m, f* ignoramus.

incultura *f* - **1.** [falta de cultura] lack of education. - **2.** [falta de cultivo] uncultivated state.

incumbencia *f*: **es/no es de nuestra** ~ it is/isn't a matter for us, it falls /doesn't fall within our area of responsibility; **no es asunto de tu** ~ it's none of your business.

incumbir ◆ **incumbir a** *vi*: ~ **a alguien** to be a matter for sb, to be within sb's area of responsibility; **esto no te incumbe** this is none of your business.

incumplimiento *m* [de deber] failure to fulfil; [de orden, ley] non-compliance; [de promesa] failure to keep; ~ **de contrato** breach of contract.

incumplir *vt* [deber] to fail to fulfil, to neglect; [orden, ley] to fail to comply with; [promesa] to break; [contrato] to breach.

incunable ◇ *adj* incunabular. ◇ *m* incunabulum.

incurabilidad *f* incurability.

incurable *adj* incurable.

incurrir ◆ **incurrir en** *vi* - **1.** [delito, falta] to commit; [error] to make. - **2.** [desprecio etc] to incur.

incursión *f* incursion; ~ **aérea** air raid.

incursionar *vi Amér* to penetrate, to get through.

indagación *f* investigation, inquiry.

indagador, ra ◇ *adj* investigating, inquiring. ◇ *m, f* investigator, inquirer.

indagar [16] ◇ *vt* to investigate, to inquire into. ◇ *vi* to investigate, to inquire.

indagatorio, ria *adj* DER investigatory.

indebidamente *adv* - **1.** [ilegalmente] illegally, unlawfully. - **2.** [inadecuadamente] unduly, improperly.

indebido, da *adj* - **1.** [incorrecto] improper. - **2.** [ilegal] unlawful, illegal.

indecencia *f* - **1.** [cualidad] indecency. - **2.** [acción] outrage, crime.

indecente *adj* - **1.** [impúdico] indecent. - **2.** [indigno] miserable, wretched.

indecentemente *adv* indecently.

indecible *adj* [alegría] indescribable; [dolor] unspeakable.

indecisión *f* indecisiveness.

indeciso, sa *adj* - **1.** [persona - inseguro] indecisive; [- que está dudoso] undecided, unsure. - **2.** [pregunta, respuesta] hesitant; [resultado] undecided. - **3.** [vago, poco claro] indistinct, vague.

indeclarable *adj* undeclarable.

indeclinable *adj* - **1.** [obligatorio] that cannot be declined. - **2.** GRAM indeclinable.

indecoroso, sa *adj* unseemly.

indefectibilidad *f* unfailingness.

indefectible *adj* unfailing.

indefectiblemente *adv* unfailingly.

indefensión *f* defencelessness.

indefenso, sa *adj* - **1.** [físicamente] defenceless. - **2.** [moralmente] indefensible.

indefinible *adj* indefinable; [edad] uncertain.

indefinidamente *adv* indefinitely.

indefinido, da *adj* - **1.** [ilimitado] indefinite; [contrato] open-ended. - **2.** [impreciso] vague. - **3.** GRAM indefinite.

indeformable *adj* that keeps its shape.

indeleble *adj culto* indelible.

indeliberado, da *adj* unintentional.

indelicado, da *adj* indelicate.

indemne *adj* unhurt, unharmed.

indemnidad *f culto* indemnity.

indemnización *f* [gen] compensation; [por despido] severance pay; ~ **por daños y perjuicios** DER damages *(pl)*.

indemnizar [13] *vt*: ~ **a alguien (por)** to compensate sb (for).

indemostrable *adj* unprovable.

independencia *f* independence; **con** ~ **de** independently of.

independentismo *m* independence movement.

independentista ◇ *adj* advocating independence. ◇ *mf* supporter of independence.

independiente *adj* - **1.** [gen] independent. - **2.** [aparte] separate.

independientemente *adv* - **1.** [gen] independently; ~ **de si...** regardless of whether... - **2.** [separadamente] separately.

independizar [13] *vt* to grant independence to.

◆ **independizarse** *vpr*: ~**se (de)** to become independent (of).

indescifrable *adj* [gen] indecipherable; [misterio] inexplicable, impenetrable.

indescriptible *adj* indescribable.

indescriptiblemente *adv* - **1.** [gen] indescribably, unspeakably. - **2.** [extraordinariamente] unspeakably.

indeseable *adj* undesirable.

indestructible *adj* indestructible.

indeterminable *adj* indeterminable.

indeterminación *f* indecisiveness.

indeterminado, da *adj* - **1.** [sin determinar] indeterminate; **por tiempo** ~ indefinitely. - **2.** [impreciso] vague. - **3.** GRAM → **artículo.**

índex *m desus* index.

indexación *f* INFORM indexing.

indexar *vt* INFORM to index.

India *s*: **(la)** ~ India.

indiada *f Amér* - **1.** [de personas] group of Indians. - **2.** [acto, expresión] expression or act typical of Indians.

indiana ◇ *adj f* → **indiano.** ◇ *f* printed calico.

indianismo *m* - **1.** [modismo] idiom from Indian languages. - **2.** [estudio] Indian studies *(U).*

indianista *mf* Indianist.

indiano, na ◇ *adj* (Latin American) Indian. ◇ *m, f* - **1.** [indígena] (Latin American) Indian. - **2.** [emigrante] Spanish emigrant to Latin America who returned to Spain having made his fortune.

indicación *f* - **1.** [señal, gesto] sign, signal. - **2.** *(gen pl)* [instrucción] instruction; [para llegar a un sitio] directions *(pl).* - **3.** [nota, corrección] note. - **4.** [recomendación] suggestion; **ir por** ~ **de alguien** to go at sb's suggestion. - **5.** *Amér* [consulta] proposal.

indicado, da *adj* - **1.** [apropiado] suitable, appropriate. - **2.** [aconsejado] recommended, advised.

indicador, ra *adj* indicating *(antes de sust).*

◆ **indicador** *m* [gen] indicator; TECN gauge, meter; ~ **de carretera** road sign; ~ **de humo** smoke detector; ~ **de nivel de gasolina** petrol gauge *Br*, fuel gauge *Am*; ~ **de velocidad** speedometer; ~ **económico** economic indicator.

indicar [10] *vt* - **1.** [señalar] to indicate; [suj: aguja etc] to read. - **2.** [explicar] to tell, to explain to. - **3.** [prescribir] to prescribe. - **4.** [sugerir] to give an idea of, to intimate; **sólo indicaremos los resultados generales** we will only give an idea of the overall results.

indicativo, va *adj* indicative.

◆ **indicativo** *m* GRAM indicative.

índice ◇ *m* - **1.** [gen] index; [proporción] level, rate; ~ **de audiencia** rating; ~**bursátil/cefálico/de refracción** stock market/cephalic/refractive index; ~ **de compresión** compression ratio; ~ **del coste de la vida/de precios al consumo** cost of living/retail price index; ~ **Dow-Jones** Dow-Jones average; ~ **de materias** table of contents; ~ **de natalidad** birthrate. - **2.** [señal] sign, indicator; ~ **económico** economic indicator. - **3.** [catálogo] catalogue. - **4.** [dedo] index finger. ◇ *adj* index *(antes de sust).*

indicio *m* sign; [pista] clue; [cantidad pequeña] trace.

Índico *m*: **el (océano)** ~ the Indian Ocean.

indiferencia *f* indifference.

indiferente *adj* indifferent; **me es** ~ [me da igual] I don't mind, it's all the same to me; [no me interesa] I'm not interested in it.

indiferentemente *adv* indifferently.

indígena ◇ *adj* indigenous, native. ◇ *mf* native.

indigencia *f culto* destitution, poverty.

indigenismo *m* Indianism.

indigenista *adj & mf* Indianist.

indigente ◇ *adj* destitute, poor. ◇ *mf* poor person.

indigestarse *vpr* to get indigestion; **se me ha indigestado esa chica** *fam fig* I can't stomach that girl.

indigestión *f* indigestion.

indigesto, ta *adj* - **1.** [alimento] indigestible; **estar** ~ to have indigestion. - **2.** *fam fig* [libro, película] stodgy, heavy. - **3.** *fam fig* [actos, pensamientos] muddled, confused.

indignación *f* indignation.

indignado, da *adj* indignant.

indignamente *adv* unworthily.

indignante *adj* shocking, outrageous.

indignar *vt* to anger.

◆ **indignarse** *vpr*: ~**se (por)** to get angry o indignant (about).

indignidad *f* unworthiness.

indigno, na *adj* - **1.** [gen]: ~ **(de)** unworthy (of). - **2.** [impropio] not fitting, wrong. - **3.** [vergonzoso] contemptible, shameful.

índigo *m* indigo.

indino, na *adj* - **1.** *mfam* [descarado] cheeky. - **2.** *Amér* [pillo] mischievous.

indio, dia ◇ *adj* - **1.** [nativo] Indian. - **2.** [color] blue. ◇ *m, f* Indian; ~ **americano** Native American; **hacer el** ~ *fig* to play the fool.

◆ **indio** *m* QUÍM indium.

indiófilo, la ◇ *adj* admiring of Indians. ◇ *m, f* admirer of Indians.

indique *etc v* → **indicar**.

indirecta *f* → **indirecto**.

indirectamente *adv* indirectly.

indirecto, ta *adj* indirect.

◆ **indirecta** *f* hint; **lanzar una indirecta a alguien** to drop a hint to sb.

indisciplina *f* indiscipline.

indisciplinable *adj* unmanageable.

indisciplinado, da ◇ *adj* undisciplined. ◇ *m, f* undisciplined person.

indiscreción *f* - **1.** [cualidad] indiscretion. - **2.** [comentario] indiscreet remark; **si no es** ~ if you don't mind my asking.

indiscretamente *adv* indiscreetly.

indiscreto, ta ◇ *adj* indiscreet. ◇ *m, f* indiscreet person.

indiscriminadamente *adv* indiscriminately.

indiscriminado, da *adj* indiscriminate.

indiscutible *adj* [gen] indisputable; [poder] undisputed.

indisociable *adj* inseparable.

indisolubilidad *f* indissolubility.

indisoluble *adj* - **1.** [substancia] insoluble. - **2.** [unión, ley] indissoluble.

indispensable *adj* indispensable, essential; **lo** ~ the essentials *(pl)*.

indisponer [65] *vt* - **1.** [enfermar] to make ill. - **2.** [enemistar] to set at odds.

◆ **indisponerse** *vpr* - **1.** [enfermarse] to fall ill. - **2.** *fig* [enfadarse] to fall out.

indisponibilidad *f* unavailability.

indisponible *adj* unavailable.

indisposición *f* - **1.** [malestar] indisposition. - **2.** [reticencia] unwillingness.

indispuesto, ta ◇ *pp* → **indisponer**. ◇ *adj* - **1.** [enfermo] indisposed, unwell. - **2.** [enfadado] on bad terms.

indisputable *adj* indisputable.

indistinguible *adj* indistinguishable.

indistintamente *adv* indiscriminately.

indistinto, ta *adj* - **1.** [indiferente]: **es** ~ it doesn't matter, it makes no difference. - **2.** [cuenta, cartilla] joint. - **3.** [perfil, figura] indistinct, blurred.

individuación *f* individuation.

individual *adj* - **1.** [gen] individual; [habitación, cama] single; [despacho] personal. - **2.** [prueba, competición] singles *(antes de sust)*.

◆ **individuales** *mpl* DEP singles.

individualidad *f* individuality.

individualismo *m* individualism.

individualista ◇ *adj* individualistic. ◇ *mf* individualist.

individualización *f* individualization.

individualizar [13] *vi* to single people out.

individualmente *adv* individually, one by one.

individuar [6] *vt* to individuate.

individuo, dua ◇ *m, f* person; *despec* individual. ◇ *adj* individual.

◆ **individuo** *m* [de una comunidad] member.

indivisamente *adv* undividedly.

indivisibilidad *f* indivisibility.

indivisible *adj* indivisible.

indivisión *f* - **1.** [sin división] indivision. - **2.** DER joint ownership.

indiviso, sa *adj* undivided.

indochino, na *adj & m, f* Indochinese.

indócil *adj* unmanageable, unruly.

indocilidad *f* unmanageableness, unruliness.

indocto, ta *adj* unlearned, uneducated.

indocumentado, da ◇ *adj* - **1.** [sin documentación] without identity papers. - **2.** *fam* [ignorante] ignorant. ◇ *m, f fam* [ignorante] ignoramus.

indoeuropeo, a *adj* Indo-European.

◆ **indoeuropeo** *m* [lengua] Indo-European.

índole *f* [naturaleza] nature; [tipo] type, kind.

indolencia *f* indolence, laziness.

indolente *adj culto* indolent, lazy.

indolentemente *adv* indolently, lazily.

indoloro, ra *adj* painless.

indomable *adj* - **1.** [animal] untameable; [caballo] unbreakable. - **2.** [carácter] rebellious; [pueblo] unruly.

indomesticable *adj* untameable.

indómito, ta *adj* - **1.** [animal] untameable. - **2.** [carácter] rebellious; [pueblo] unruly.

Indonesia *s* Indonesia.

indonesio, sia *adj & m, f* Indonesian.

◆ **indonesio** *m* [lengua] Indonesian.

inducción *f* - **1.** [gen & FÍS] induction. - **2.** [incitación] instigation.

inducir [33] *vt* - **1.** [incitar]: ~ **a alguien a algo/a hacer**

USO ▶ Indiferencia

I can take it or leave it.
I don't mind either way.
I'm not bothered o [*familiar*] fussed about it.
I don't care one way or the other.

I don't mind, you choose.
You decide, it's all one o the same to me.
I have no strong feelings on the matter.
It's a matter of complete indifference to me. [*formal*]

algo to lead sb into sthg/into doing sthg; ~ **a error** to mislead. - **2.** [deducir] to infer. - **3.** Fís to induce.

inductivo, va adj inductive.

inductor, ra ◇ adj - **1.** [instigador] instigating. - **2.** Fís inductive. ◇ m, f inducer.

◆ **inductor** m inductor.

indudable adj undoubted; **es** ~ **que...** there is no doubt that...

indudablemente adv undoubtedly.

indujera etc v → **inducir.**

indulgencia f indulgence; ~ **plenaria** plenary indulgence.

indulgente adj indulgent.

indulgentemente adv indulgently.

indultar vt - **1.** [perdonar] to pardon. - **2.** [exonerar] to exempt.

◆ **indultarse** vpr Amér - **1.** [entrometerse] to meddle. - **2.** [librarse de dificultades] to get out of a tight spot.

indulto m - **1.** [perdón] pardon. - **2.** [exoneración] exemption.

indumentaria f attire.

indumento m - **1.** [vestido] clothing, garments (pl). - **2.** BOT indumentum.

industria f - **1.** [gen] industry; ~ **automotriz/punta** motor/sunrise industry; ~ **del acero** steel industry; ~ **editorial** publishing; ~ **ligera/pesada** light/heavy industry; ~ **textil** textile industry. - **2.** [fábrica] factory. - **3.** [destreza] cleverness, skill.

industrial ◇ adj industrial. ◇ mf industrialist.

industrialismo m industrialism.

industrialista adj of/relating to industrialism.

industrialización f industrialization.

industrializar [13] vt to industrialize.

◆ **industrializarse** vpr to become industrialized.

industriar [7] vt to train, to instruct.

◆ **industriarse** vpr to cope, to manage.

industrioso, sa adj industrious.

induzca etc v → **inducir.**

INE (abrev de **Instituto Nacional de Estadística**) m organization that publishes official statistics about Spain, ≈ HMSO Br.

inédito, ta adj - **1.** [no publicado] unpublished. - **2.** [sorprendente] unheard-of, unprecedented.

INEF (abrev de **Instituto Nacional de Educación Física**) m Spanish university for training physical education teachers.

inefabilidad f ineffability.

inefable adj ineffable, inexpressible.

inefablemente adv ineffably.

ineficacia f - **1.** [bajo rendimiento] inefficiency. - **2.** [baja efectividad] ineffectiveness.

ineficaz (pl **ineficaces**) adj - **1.** [de bajo rendimiento] inefficient. - **2.** [de baja efectividad] ineffective.

ineficiencia f - **1.** [bajo rendimiento] inefficiency. - **2.** [baja efectividad] ineffectiveness.

ineficiente adj - **1.** [de bajo rendimiento] inefficient. - **2.** [de baja efectividad] ineffective.

inejecución f nonfulfilment.

inelegible adj ineligible.

ineluctable adj inevitable, inescapable.

ineludible adj unavoidable.

ineludiblemente adv unavoidably.

INEM (abrev de **Instituto Nacional de Empleo**) m Spanish department of employment.

inenarrable adj spectacular.

inepcia f - **1.** [necedad] stupid thing, nonsense (U). - **2.** Amér [incapacidad] ineptitude, incompetence.

ineptitud f ineptitude.

inepto, ta ◇ adj inept. ◇ m, f inept person.

inequívoco, ca adj [apoyo, resultado] unequivocal; [señal, voz] unmistakeable.

inercia f lit & fig inertia.

inerme adj [sin armas] unarmed; [sin defensa] defenceless.

inerte adj - **1.** [materia] inert. - **2.** [cuerpo, cadáver] lifeless.

inescrutable adj - **1.** [persona, rostro] inscrutable. - **2.** [misterio, verdad] impenetrable.

inescudriñable adj inscrutable.

inesperadamente adv unexpectedly.

inesperado, da adj unexpected.

inestabilidad f instability.

inestable adj lit & fig unstable.

inestimable adj inestimable, invaluable.

inestimado, da adj - **1.** [subestimado] underestimated. - **2.** [sin tasar] unestimated, unappraised.

inevitable adj inevitable.

inevitablemente adv inevitably.

inexactamente adv inaccurately.

inexactitud f inaccuracy.

inexacto, ta adj - **1.** [impreciso] inaccurate. - **2.** [erróneo] incorrect, wrong.

inexcusable adj - **1.** [imperdonable] inexcusable. - **2.** [ineludible] unavoidable.

inexhausto, ta adj unexhausted.

inexistencia f nonexistence.

inexistente adj nonexistent.

inexorabilidad f inexorability.

inexorable adj - **1.** [inevitable] inexorable. - **2.** [inflexible] unyielding.

inexorablemente adv inexorably.

inexperiencia f inexperience.

inexperto, ta, inexperimentado, da ◇ adj - **1.** [falto de experiencia] inexperienced. - **2.** [falto de habilidad] unskilful, inexpert. ◇ m, f inexperienced person.

inexpiable adj inexpiable.

inexplicable adj inexplicable.

inexplicablemente adv inexplicably.

inexplicado, da adj unexplained.

inexplorado, da adj unexplored.

inexplotable adj unexploitable.

inexpresable adj inexpressible.

inexpresado, da adj unexpressed.

inexpresivamente adv inexpressively.

inexpresividad f inexpressiveness, lack of expression.

inexpresivo, va adj expressionless.

inexpugnable adj unassailable, impregnable.

inextensible adj inextensible.

inextenso, sa adj unextended.

inextinguible adj [fuego] unquenchable; [sentimiento] undying.

inextirpable adj ineradicable.

inextricable adj intricate.

infalibilidad f infallibility.

infalible adj - **1.** [sin fallos] infallible. - **2.** [seguro] certain, inevitable.

infamación f culto defamation.

infamador, ra culto ◇ adj defamatory. ◇ m, f slanderer.

infamante adj culto defamatory.

infamar vt culto to defame.

infame ◇ adj - **1.** [vil] vile, base. - **2.** fig [odioso] odious. - **3.** [sucio] disgusting. ◇ mf vile person.

infamia f - **1.** [deshonra] infamy, disgrace. - **2.** [mala acción] vile o base deed.

infancia f - **1.** [periodo] childhood. - **2.** [todos los niños] children (pl). - **3.** fig [inicio, principio] infancy, early stages (pl).

infante, ta m, f - **1.** [niño] infant. - **2.** [hijo del rey] infante (f infanta), prince (f princess).

◆ **infante** m [soldado] infantryman.

◆ **infante del coro** *m* choirboy.

infantería *f* infantry; ~ **de marina** marines *(pl)*; ~ **ligera** light infantry.

infanticida ◇ *adj* infanticidal. ◇ *mf* infanticide, child-murderer.

infanticidio *m* infanticide.

infantil *adj* - **1.** [para niños] children's; [de niños] child *(antes de sust)*. - **2.** *fig* [inmaduro] infantile, childish.

infantilismo *m* infantilism.

infantiloide *adj* childlike.

infarto *m*: ~ **(de miocardio)** heart attack.

infatigable *adj* indefatigable, tireless.

infatigablemente *adv* indefatigably, untiringly.

infatuación *f* vanity.

infatuar [6] *vt* to make conceited.

◆ **infatuarse** *vpr* to become conceited.

infausto, ta *adj* ill-starred.

infección *f* infection.

infeccioso, sa *adj* infectious.

infectado, da *adj* infected.

infectar *vt* to infect.

◆ **infectarse** *vpr* to become infected.

infecto, ta *adj* - **1.** [agua, carroña] putrid. - **2.** [población, zona] infected. - **3.** *fig* [desagradable] foul, terrible.

infecundidad *f* - **1.** [de tierra] infertility. - **2.** [de mujer] sterility.

infecundo, da *adj* - **1.** [tierra] infertile. - **2.** [mujer] sterile.

infelicidad *f* unhappiness.

infeliz ◇ *adj* - **1.** [desgraciado] unhappy. - **2.** [miserable] wretched, miserable. - **3.** *fig* [ingenuo] gullible. ◇ *mf* [ingenuo] gullible person; **un pobre** ~ a poor wretch.

inferencia *f* inference.

inferior ◇ *adj*: ~ **(a)** [en espacio, cantidad] lower (than); [en calidad] inferior (to); **los vídeos pirata son muy ~es en calidad a los originales** pirate videos are of far inferior quality to the originals; **una cifra ~ a 100** a figure under o below 100. ◇ *mf* inferior; **el jefe trata con desprecio a sus ~es** the boss treats those beneath him with contempt.

inferioridad *f* inferiority; **estar en ~ de condiciones** to be at a disadvantage.

inferiormente *adv* in an inferior way.

inferir [27] *vt* - **1.** [deducir]: ~ **(de)** to deduce (from), to infer (from). - **2.** [ocasionar - herida] to inflict; [- mal] to cause.

infernal *adj lit & fig* infernal.

infestación *f* infestation.

infestar *vt* to infest; [suj: carteles, propaganda etc] to be plastered across.

inficionar *vt* - **1.** [contaminar] to infect, to contaminate. - **2.** [envenenar] to poison. - **3.** *fig* [corromper] to corrupt, to pervert.

infidelidad *f* [conyugal] infidelity; [a la patria, un amigo] unfaithfulness, disloyalty.

infiel ◇ *adj* - **1.** [desleal - cónyuge] unfaithful; [- amigo] disloyal. - **2.** [inexacto] inaccurate, unfaithful. ◇ *mf* RELIG infidel.

infiera *etc v* → **inferir**.

infiernillo *m* portable stove.

infierno *m* - **1.** [de almas] hell; **en el quinto** ~ in the middle of nowhere; **¡vete al ~!** go to hell! - **2.** *fig* [caos] hell. - **3.** *fig* [demonio] Devil.

◆ **infiernos** *mpl* MITOL Hades.

infiltración *f* - **1.** [de líquido] seeping. - **2.** [de persona, ideas] infiltration.

infiltrado, da ◇ *adj* infiltrated. ◇ *m, f* infiltrator.

infiltrar *vt* - **1.** [inyectar] to inject. - **2.** *fig* [ideas] to infiltrate.

◆ **infiltrarse en** *vpr* to infiltrate.

ínfimo, ma *adj* [calidad, categoría] extremely low; [precio] giveaway, knockdown; [importancia] minimal.

infinidad *f*: **una** ~ **de** an infinite number of; *fig* masses *(pl)* of; **en** ~ **de ocasiones** on countless occasions.

infinitamente *adv* infinitely; **es** ~ **mejor** it's infinitely better; **siento** ~ **que no puedas ir** I'm extremely sorry that you can't go.

infinitesimal *adj* infinitesimal.

infinitivo *m* infinitive.

infinito, ta *adj lit & fig* infinite; **infinitas veces** hundreds of times.

◆ **infinito** ◇ *m* infinity; **a lo** ~ ad infinitum. ◇ *adv* [mucho] extremely, infinitely.

infiriera *etc v* → **inferir**.

inflable *adj* inflatable.

inflación *f*, **inflamiento** *m* ECON inflation; ~ **subyaciente** underlying inflation.

inflacionario, ria, **inflacionista** *adj* inflationary.

inflacionismo *m* inflationism.

inflado, da *adj* inflated, blown up.

inflador *m* air pump.

inflamabilidad *f* inflammability.

inflamable *adj* inflammable, flammable.

inflamación *f* MED inflammation.

inflamado, da *adj* MED inflamed.

inflamar *vt* - **1.** MED & *fig* to inflame. - **2.** [encender] to set alight.

◆ **inflamarse** *vpr* - **1.** [hincharse] to become inflamed. - **2.** [encenderse] to ignite, to catch fire. - **3.** *fig* [enardecerse] to become inflamed o aroused.

inflamatorio, ria *adj* inflammatory.

inflamiento *m* = **inflación**.

inflar *vt* - **1.** [soplando] to blow up, to inflate; [con bomba] to pump up. - **2.** *fig* [exagerar] to blow up, to exaggerate. - **3.** *fig* [envanecer] to puff up with pride.

◆ **inflarse** *vpr*: ~**se (de)** [hartarse] to stuff o.s. (with).

inflexibilidad *f lit & fig* inflexibility.

inflexible *adj lit & fig* inflexible.

inflexiblemente *adv lit & fig* inflexibly.

inflexión *f* - **1.** [de la voz] inflection. - **2.** GEOM inflection. - **3.** FÍS deflection.

infligir [15] *vt* to inflict; [castigo] to impose.

inflorescencia *f* inflorescence.

influencia *f* influence.

influenciar [8] *vt* to influence, to have an influence on.

influenza *f* MED influenza.

influir [51] ◇ *vt* to influence. ◇ *vi* to have influence; ~ **en** to influence, to have an influence on.

influjo *m* - **1.** [influencia] influence. - **2.** [del mar] rising tide.

influyente *adj* influential.

influyentismo *m* *Amér* use of personal influence to achieve one's aims.

infolio *m* folio *(book)*.

información *f* - **1.** [conocimiento] information; **para tu** ~ for your information ❑ ~ **confidencial** inside information. - **2.** [PRENSA - noticias] news *(U)*; [- noticia] report, piece of news; [- sección] section, news *(U)*; ~ **meteorológica** weather report o forecast. - **3.** [oficina] information office; [mostrador] information desk; ~ **horaria** speaking clock. - **4.** TELECOM directory enquiries *(pl) Br*, directory assistance *Am*. - **5.** DER investigation, inquiry; ~ **sumaria** summary proceedings *(pl)*.

informado, da *adj* [sobre un tema, noticia] informed.

informador, ra ◇ *adj* informing, reporting. ◇ *m, f* reporter.

informal *adj* - **1.** [desenfadado] informal. - **2.** [irresponsable] unreliable.

informalidad *f* - **1.** [desenfado] informality. - **2.** [irresponsabilidad] unreliability.

informalmente *adv* - **1.** [desenfadadamente] informally. - **2.** [irresponsablemente] unreliably.

informante ◇ *adj* informing. ◇ *mf* informant, informer.

informar ◇ *vt* - **1.** [notificar]: ~ **a alguien (de)** to inform o tell sb (about); **se ha de ~ a los detenidos de sus derechos** when someone is arrested, you have to read them their rights. - **2.** FILOS to shape, to form. ◇ *vi* - **1.** [enterar] to inform; PRENSA to report. - **2.** DER to inquire.
◆ **informarse** *vpr* to find out (details); ~**se de** to find out about; **antes de emprender el viaje, se informó de los precios** before starting her journey, she found out about the prices.

informático, ca ◇ *adj* computer (*antes de sust*). ◇ *m, f* [persona] computer expert.
◆ **informática** *f* [ciencia] information technology, computing.

informativo, va *adj* - **1.** [instructivo, esclarecedor] informative. - **2.** [que da noticias] news (*antes de sust*); [que da información] information (*antes de sust*).
◆ **informativo** *m* news (bulletin).

informatización *f* computerization.

informatizado, da *adj* computerized.

informatizar [13] *vt* to computerize.

informe ◇ *adj* - **1.** [sin forma] shapeless. - **2.** [indeterminado] vague, indeterminate. ◇ *m* - **1.** [gen] report; ~ **a la prensa** press release. - **2.** DER plea.
◆ **informes** *mpl* [gen] information (*U*); [sobre comportamiento] report (*sg*); [para un empleo] references.

informulable *adj* incapable of being formulated.

infortunadamente *adv* unfortunately.

infortunado, da ◇ *adj* unfortunate, unlucky; [encuentro, conversación] ill-fated. ◇ *m, f* unfortunate o unlucky person.

infortunio *m* misfortune, bad luck (*U*).

infracción *f* infringement; [de circulación] offence.

infractor, ra ◇ *adj* offending. ◇ *m, f* offender.

infraestructura *f* - **1.** [de organización] infrastructure. - **2.** [de construcción] foundations (*pl*).

in fraganti *loc adv* in the act, red-handed; **coger a alguien** ~ to catch sb red-handed o in the act.

infrahumano, na *adj* subhuman.

infranqueable *adj* impassable; *fig* insurmountable.

infrarrojo, ja *adj* infrared.

infrautilizar [13] *vt* to underuse.

infravaloración *f* underestimation.

infravalorado, da *adj* underrated.

infravalorar *vt* to undervalue, to underestimate.

infrecuencia *f* infrequency.

infrecuente *adj* infrequent.

infringir [15] *vt* [quebrantar] to infringe, to break.

infructífero, ra *adj* unfruitful, fruitless.

infructuosamente *adv* unfruitfully, fruitlessly.

infructuoso, sa *adj* fruitless, unsuccessful.

ínfula *f* RELIG infula.
◆ **ínfulas** *fpl* pretensions, presumption (*U*).

infumable *adj* - **1.** [cigarrillo, tabaco etc] unsmokable. - **2.** *fam fig* [insoportable] unbearable, intolerable.

infundado, da *adj* unfounded.

infundia *f* = **enjundia**.

infundíbulo *m* ANAT infundibulum.

infundio *m culto* untruth, lie.

infundioso, sa *adj culto* untruthful, lying.

infundir *vt*: ~ **algo a alguien** to fill sb with sthg, to inspire sthg in sb; ~ **miedo** to inspire fear.

infusión *f* - **1.** [bebida] infusion; ~ **de manzanilla** camomile tea. - **2.** [en sacramento] sprinkling with holy water during baptism.

infuso, sa *adj* inspired.

ingeniar [8] *vt* to invent, to devise.
◆ **ingeniarse** *vpr*: **ingeniárselas** to manage, to engineer it; **ingeniárselas para hacer algo** to manage o contrive to do sthg.

ingeniería *f* engineering; ~ **civil** civil engineering; ~ **genética** genetic engineering.

ingeniero, ra *m, f* engineer; ~ **agrónomo** agronomist; ~ **eléctrico/militar/naval/químico** electrical/army/naval/chemical engineer; ~ **de caminos, canales y puertos/de minas/mecánico** civil/mining/mechanical engineer; ~ **industrial/de telecomunicaciones** industrial/telecommunications engineer; ~ **de montes** forester; ~ **de sistemas/sonido** systems/sound engineer.
◆ **ingenieros** *mpl* engineering corps (*sg*).

ingenio *m* - **1.** [inteligencia] ingenuity; **aguzar el** ~ to sharpen one's wits. - **2.** [agudeza] wit, wittiness. - **3.** [máquina] device. - **4.** [persona] creative person. - **5.** IMPRENTA paper cutter. - **6.** *Amér* [plantación de azúcar] sugar plantation. - **7.** *Amér* [fábrica azucarera] sugar mill.

ingeniosamente *adv* ingeniously.

ingeniosidad *f* ingenuity, ingeniousness.

ingenioso, sa *adj* [inteligente] ingenious, clever; [agudo] witty.

ingénito, ta *adj* innate, inborn.

ingente *adj* enormous, huge.

ingenuamente *adv* ingenuously, naively.

ingenuidad *f* ingenuousness, naivety.

ingenuo, nua ◇ *adj* ingenuous, naive. ◇ *m, f* ingenuous o naive person.

ingerencia *f* = **injerencia**.

ingerir [27] *vt* to consume, to ingest.

ingestión *f* consumption.

ingiera, ingiriera *etc v* → **ingerir**.

Inglaterra *s* England.

ingle *f* groin.

inglés, esa (*pl* **ingleses**) ◇ *adj* English. ◇ *m, f* [persona] Englishman (*f* Englishwoman); **los ingleses** the English.
◆ **inglés** *m* [lengua] English.

inglete *m* mitre (joint).

ingobernable *adj* [país] ungovernable; [niño] uncontrollable, unmanageable.

ingratamente *adv* ungratefully.

ingratitud *f* ingratitude, ungratefulness.

ingrato, ta *adj* - **1.** [desagradecido] ungrateful; [trabajo] thankless. - **2.** [desagradable] disagreeable, unpleasant.

ingravidez (*pl* **ingravideces**) *f* weightlessness.

ingrávido, da *adj* weightless.

ingrediente *m* ingredient.

ingresar ◇ *vt* BANCA to deposit, to pay in. ◇ *vi*: ~ **(en)** [asociación, ejército] to join; [hospital] to be admitted (to); [convento, universidad] to enter; ~ **cadáver** to be dead on arrival.
◆ **ingresarse** *vpr Amér* to enlist, to sign up.

ingreso *m* - **1.** [gen] entry; [en asociación, ejército] joining; [en hospital, universidad] admission. - **2.** BANCA deposit.
◆ **ingresos** *mpl* - **1.** [sueldo etc] income (*U*); ~**s brutos/netos** gross/net income. - **2.** [recaudación] revenue (*U*).

inguinal, inguinario, ria *adj* inguinal.

inhábil *adj* - **1.** [torpe] clumsy, unskilful. - **2.** [incapacitado - por defecto físico] unfit; [- por la edad] disqualified. - **3.** [festivo]: **día** ~ weekend day or public holiday.

inhabilidad *f* - **1.** [sin destreza] unskilfulness. - **2.** [ineptitud] incompetence, ineptitude. - **3.** [impedimento] disability, handicap.

inhabilitación *f* disqualification; [minusvalía] disablement.

inhabilitar *vt* to disqualify.
◆ **inhabilitarse** *vpr* to become disabled o incapacitated.

inhabitable *adj* uninhabitable.

inhabitado, da *adj* uninhabited.

inhalación *f* inhalation.

inhalador, ra *adj* inhalant.
◆ **inhalador** *m* inhaler.

inhalar *vt* to inhale.
inherencia *f* inherence.
inherente *adj*: ~ **(a)** inherent (in).
inhibición *f* inhibition.
inhibido, da *adj* inhibited.
inhibir *vt* to inhibit.
◆ **inhibirse de** *vpr* [gen] to keep out of, to stay away from; [responsabilidades] to avoid, to shirk.
inhibitorio, ria *adj* inhibitory.
◆ **inhibitoria** *f* DER restraining order.
inhospitalario, ria *adj* inhospitable.
inhospitalidad *f* inhospitableness.
inhóspito, ta *adj* inhospitable.
inhumación *f* interment, burial.
inhumanamente *adv* inhumanly.
inhumanidad *f* inhumanity.
inhumano, na *adj* - **1.** [despiadado] inhuman. - **2.** [desconsiderado] inhumane. - **3.** *Amér* [sucio] filthy.
inhumar *vt* to inter, to bury.
INI (*abrev de* **Instituto Nacional de Industria**) *m* Spanish governmental organization that promotes industry.
iniciación *f* - **1.** [gen] initiation. - **2.** [de suceso, curso] start, beginning.
iniciado, da ◊ *adj* started; [neófito] initiated. ◊ *m, f* initiate.
iniciador, ra ◊ *adj* initiating. ◊ *m, f* initiator.
inicial *adj & f* initial.
inicialización *f* INFORM initialization.
inicializar [13] *vt* INFORM to initialize.
inicialmente *adv* initially.
iniciar [8] *vt* [gen] to start, to initiate; [debate, discusión] to start off; ~ **a alguien en** to initiate sb into.
◆ **iniciarse** *vpr* - **1.** [instruirse] to teach o.s. - **2.** RELIG to receive holy orders.
iniciativa *f* initiative; **tomar la** ~ to take the initiative ❏ ~ **privada** private enterprise.
iniciativo, va *adj* initiating, initiatory.
inicio *m* start, beginning.
inicuamente *adv culto* iniquitously.
inicuo, cua *adj culto* iniquitous.
inigualable *adj* unrivalled.
inigualado, da *adj* unequalled.
inimaginable *adj* unimaginable.
inimitable *adj* inimitable.
ininteligible *adj* unintelligible.
ininterrumpidamente *adv* uninterruptedly, continuously.
ininterrumpido, da *adj* uninterrupted, continuous.
iniquidad *f* iniquity.
INIT (*abrev de* **Instituto Nacional de Ingenieros Técnicos**) *m* Spanish professional body of engineers.
injerencia, ingerencia *f* interference, meddling.
injerir [27] *vt* to introduce, to insert.
◆ **injerirse** *vpr* [entrometerse]: ~**se (en)** to interfere (in), to meddle (in).
injertar, enjertar *vt* to graft.
injerto *m* graft.
injiera, injiriera *etc v* → **injerir**.
injuria *f* [insulto] insult, abuse (*U*); [agravio] offence; DER slander.
injuriado *m Amér* low-grade tobacco.
injuriador, ra *m, f* offensive person.
injuriar [8] *vt* - **1.** [insultar] to insult, to abuse. - **2.** [agraviar] to offend; DER to slander.
injurioso, sa *adj* - **1.** [insultante] insulting, abusive. - **2.** DER slanderous.
injustamente *adv* unfairly, unjustly.

injusticia *f* injustice.
injustificable *adj* unjustifiable.
injustificado, da *adj* unjustified.
injusto, ta *adj* unfair, unjust.
INM (*abrev de* **Instituto Nacional de Meteorología**) *m* Spanish meteorology institute, ≃ the Met Office *Br*.
inmaculado, da *adj* immaculate.
◆ **Inmaculada** *f* RELIG: **la Inmaculada** the Virgin Mary.
inmadurez (*pl* **inmadureces**) *f* immaturity.
inmaduro, ra *adj* - **1.** [fruta] unripe. - **2.** [persona] immature.
inmanejable *adj* unmanageable.
inmanente *adj* immanent, inherent.
inmarcesible, inmarchitable *adj* unfading, imperishable.
inmaterial *adj* immaterial.
inmaterialidad *f* immateriality.
inmaterialismo *m* immaterialism.
inmaterializar [13] *vt* to immaterialize.
inmaturo, ra *adj* immature.
INME (*abrev de* **Instituto Nacional de Moneda Extranjera**) *m* Spanish national foreign exchange institute.
inmediación *f* immediacy.
◆ **inmediaciones** *fpl* [de localidad] surrounding area (*sg*); [de lugar, casa] vicinity (*sg*).
inmediatamente *adv* immediately, at once.
inmediatez (*pl* **inmediateces**) *f* immediateness, immediacy.
inmediato, ta *adj* - **1.** [gen] immediate; **de** ~ immediately, at once. - **2.** [contiguo] next, adjoining. - **3.** *loc*: **venir** o **llegar a las inmediatas** to get to the core, to get down to the nitty-gritty.
inmejorable *adj* unbeatable, that cannot be bettered.
inmemorial, inmemoriable *adj* immemorial.
inmensamente *adv* immensely.
inmensidad *f* - **1.** [grandeza] immensity. - **2.** [multitud] huge amount, sea.
inmenso, sa *adj* - **1.** [gen] immense. - **2.** *fig* [profundo] deep.
inmensurable *adj* immeasurable.
inmerecidamente *adv* undeservedly.
inmerecido, da *adj* undeserved.
inmergir [15] *vt* to immerse, to submerge.
inmersión *f* immersion; [de submarinista] dive.
inmerso, sa *adj*: ~ **(en)** immersed (in).
inmigración *f* immigration.
inmigrante *mf* immigrant.
inmigrar *vi* to immigrate.
inmigratorio, ria *adj* immigrant.
inminencia *f* imminence.
inminente *adj* imminent, impending.
inmiscuirse [51] *vpr*: ~ **(en)** to interfere o meddle (in).
inmobiliario, ria *adj* property (*antes de sust*), real estate *Am* (*antes de sust*).
◆ **inmobiliaria** *f* - **1.** [agencia] estate agency *Br*, realestate office *Am*. - **2.** [constructora] construction company.
inmoderación *f* immoderation, excess.
inmoderado, da *adj* immoderate, excessive.
inmodestia *f* immodesty.
inmodesto, ta *adj* immodest.
inmolación *f* immolation, sacrifice.
inmolador, ra ◊ *adj* immolating. ◊ *m, f* immolator.
inmolar *vt* to immolate, to sacrifice.
inmoral *adj* immoral.
inmoralidad *f* immorality.
inmortal *adj* immortal.
inmortalidad *f* immortality.

inmortalizar [13] *vt* [cuerpo, miembro] to immortalize.
inmovible *adj* immovable, fixed.
inmóvil *adj* motionless, still; [coche, tren] stationary.
inmovilidad *f* immobility.
inmovilismo *m* defence of the status quo.
inmovilización *f* - **1.** [física] immobilization. - **2.** [de capital] tying-up.
inmovilizado, da ◇ *adj* immobilized; [pierna, brazo] immobile.
◆ **inmovilizado** *m* ECON fixed assets *(pl)*.
inmovilizar [13] *vt* - **1.** [dejar inmóvil] to immobilize. - **2.** [capital] to tie up.
inmudable *adj* immutable.
inmueble ◇ *adj*: **bienes** ~**s** real estate *(U)*. ◇ *m* [edificio] building.
inmundicia *f* - **1.** [suciedad] filth, filthiness; [basura] rubbish. - **2.** *fig* [impureza] lewdness.
inmundo, da *adj* - **1.** [sucio] filthy, dirty. - **2.** *fig* [impuro] indecent, impure.
inmune *adj* - **1.** MED immune. - **2.** [exento] exempt.
inmunidad *f* - **1.** [gen] immunity; ~ **diplomática/parlamentaria** diplomatic/parliamentary immunity. - **2.** [privilegio, exención] exemption.
inmunitario, ria *adj* immune.
inmunización *f* immunization.
inmunizar [13] *vt* to immunize.
inmunodeficiencia *f* MED immunodeficiency.
inmunodepresor, ra *adj* immunodepressant.
inmunología *f* immunology.
inmunoterapia *f* immunotherapy.
inmutabilidad *f* immutability.
inmutable *adj* immutable, unchangeable.
inmutar *vt* to upset, to perturb.
◆ **inmutarse** *vpr* to get upset, to be perturbed; **ni se inmutó** he didn't bat an eyelid.
innato, ta *adj* innate.
innavegable *adj* - **1.** [mar, río] unnavigable. - **2.** [embarcación] unseaworthy.
innecesariamente *adv* unnecessarily, needlessly.
innecesario, ria *adj* unnecessary.
innegable *adj* undeniable.
innegociable *adj* unnegotiable, not negotiable.
innoble *adj* ignoble.
innocuo, cua *adj* = **inocuo**.
innombrable *adj* unmentionable.
innovación *f* innovation.
innovador, ra ◇ *adj* innovative, innovatory. ◇ *m, f* innovator.
innovar *vt* [método, técnica] to improve on.
innumerable *adj* countless, innumerable.
inobservable *adj* unobservable.
inobservado, da *adj* unobserved.
inobservancia *f* breaking, violation.
inocencia *f* innocence.
inocentada *f* - **1.** [broma] practical joke, trick. - **2.** *fam* [engaño] naive mistake o blunder.
inocente ◇ *adj* - **1.** [gen] innocent. - **2.** [ingenuo] naive, innocent. - **3.** [sin maldad] harmless. ◇ *mf* innocent person; [sin maldad] harmless person.
inocentemente *adv* innocently.
inocentón, ona ◇ *adj* naive, gullible. ◇ *m, f* naive person, simpleton.
inocuidad *f* innocuousness, harmlessness.
inoculable *adj* inoculable.
inoculación *f* inoculation.
inoculador, ra *m, f* inoculator.
inocular *vt* - **1.** [enfermedad] to inoculate. - **2.** *fig* [pervertir] to pervert, to corrupt.

inocultable *adj* unconcealable.
inocuo, cua, innocuo, cua *adj* innocuous, harmless.
inodoro, ra *adj* odourless.
◆ **inodoro** *m* toilet *Br*, washroom *Am*.
inofensivo, va *adj* inoffensive, harmless.
inoficioso, sa *adj* - **1.** DER inofficious. - **2.** *Amér* [inútil] ineffective, useless.
inolvidable *adj* unforgettable.
inoperable *adj* inoperable.
inoperancia *f* ineffectiveness.
inoperante *adj* ineffective.
inopia *f*: **estar en la** ~ *fig* to be miles away, to be daydreaming.
inopinable *adj* indisputable.
inopinadamente *adv* unexpectedly.
inopinado, da *adj* unexpected.
inoportunamente *adv* inopportunely.
inoportunidad *f* inopportuneness, untimeliness.
inoportuno, na, importuno, na *adj* - **1.** [en mal momento] inopportune, untimely. - **2.** [molesto] inconvenient. - **3.** [inadecuado] inappropriate.
inorgánico, ca *adj* inorganic.
inoxidable *adj* rustproof; [acero] stainless.
input ['imput] *(pl* **inputs**) *m* input *(U)*.
inquebrantable *adj* unshakeable; [lealtad] unswerving.
inquiera *etc v* → **inquirir**.
inquietamente *adv* uneasily.
inquietante *adj* worrying.
inquietar *vt* to worry, to trouble.
◆ **inquietarse** *vpr* to worry, to get anxious.
inquieto, ta *adj* - **1.** [preocupado]: ~ **(por)** worried o anxious (about). - **2.** [agitado, emprendedor] restless. - **3.** *Amér* [predispuesto] inclined, predisposed.
inquietud *f* - **1.** [preocupación] worry, anxiety. - **2.** [agitación] restlessness.
◆ **inquietudes** *fpl* [afán de saber]: **tener** ~**es** to have an inquiring mind; **además de trabajar, estudia porque tiene muchas** ~**es** she not only works, she also studies, because she has an inquiring mind.
inquilinato, inquilinaje *m* - **1.** [arriendo] leasing. - **2.** [derecho] tenancy.
inquilino, na *m, f* - **1.** [arrendador] tenant. - **2.** ZOOL inquiline. - **3.** *Amér* [de finca] tenant farmer. - **4.** *Amér* [ocupante] occupant.
inquina *f* antipathy, aversion; **tener** ~ **a** to feel aversion towards.
inquinar *vt* to contaminate.
inquirente *m* inquirer.
inquiridor, ra ◇ *adj* inquiring, investigating. ◇ *m, f* inquirer, investigator.
inquirir [22] *vt culto* to inquire into, to investigate.
inquisición *f* [indagación] inquiry, investigation.
◆ **Inquisición** *f* [tribunal] Inquisition.
inquisidor, ra ◇ *adj* inquisitive, inquiring. ◇ *m, f* inquirer, investigator.
◆ **inquisidor** *m* inquisitor.
inquisitivo, va *adj* inquisitive.
inri *m*: **para más** ~ *fam fig* to add insult to injury, to crown it all.
insaciabilidad *f* insatiability.
insaciable *adj* insatiable.
insaciablemente *adv* insatiably.
insalubre *adj culto* insalubrious, unhealthy.
insalubridad *f culto* insalubrity, unhealthiness.
Insalud (*abrev de* **Instituto Nacional de la Salud**) *m* ≃ NHS *Br*, ≃ Medicaid *Am*.
insalvable *adj* [obstáculo] insuperable, insurmountable.
insanable *adj* incurable.

insania f insanity.

insano, na adj - **1.** [gen] unhealthy. - **2.** [loco] insane.

insatisfacción f dissatisfaction.

insatisfactorio, ria adj unsatisfactory.

insatisfecho, cha adj - **1.** [descontento] dissatisfied. - **2.** [no saciado] not full, unsatisfied.

inscribir vt - **1.** [grabar]: ~ **algo (en)** to engrave o inscribe sthg (on). - **2.** [apuntar]: ~ **algo/a alguien (en)** to register sthg/sb (on). - **3.** GEOM to inscribe.
◆ **inscribirse** vpr: ~**se (en)** [gen] to enrol (on); [asociación] to enrol (with); [concurso] to enter.

inscripción f - **1.** EDUC registration, enrolment; [en censo, registro] registration; [en partido etc] enrolment; [en concursos etc] entry. - **2.** [escrito] inscription.

inscrito, ta ◇ pp → **inscribir**. ◇ adj - **1.** [grabado] inscribed. - **2.** [registrado] registered. - **3.** GEOM inscribed.

insecticida ◇ adj insecticidal. ◇ m insecticide.

insectívoro, ra adj insectivorous.

insecto m insect.

inseguridad f - **1.** [falta de confianza] insecurity. - **2.** [duda] uncertainty. - **3.** [peligro] lack of safety; ~ **ciudadana** crime, lack of law and order.

inseguro, ra adj - **1.** [sin confianza] insecure. - **2.** [dudoso] uncertain. - **3.** [peligroso] unsafe.

inseminación f insemination; ~ **artificial** artificial insemination.

inseminar vt to inseminate.

insensatez (pl **insensateces**) f foolishness, senselessness; **hacer/decir una** ~ to do/say sthg foolish.

insensato, ta ◇ adj foolish, senseless. ◇ m, f foolish o senseless person, fool.

insensibilidad f [emocional] insensitivity; [física] numbness.

insensibilización f anaesthetization.

insensibilizador, ra adj anaesthetic.

insensibilizar vt MED to numb.
◆ **insensibilizarse** vpr [emocionalmente] to become desensitized.

insensible adj - **1.** [indiferente]: ~ **(a)** insensitive (to). - **2.** [entumecido] numb. - **3.** [imperceptible] imperceptible. - **4.** [inconsciente] anaesthetized.

insensiblemente adv imperceptibly.

inseparabilidad f inseparability.

inseparable adj inseparable.

inseparablemente adv inseparably.

insepulto, ta adj culto unburied.

inserción f insertion.

insertar vt [gen & COMPUT]: ~ **(en)** to insert (into).
◆ **insertarse** vpr to be inserted.

inserto, ta adj inserted.

inservible adj useless, unserviceable.

insidia f - **1.** [trampa] trap, snare. - **2.** [mala acción] malicious act.

insidiosamente adv maliciously, insidiously.

insidioso, sa adj malicious.

insigne adj distinguished, illustrious.

insignia f - **1.** [distintivo] badge; MIL insignia. - **2.** [bandera] flag, banner.

insignificancia f - **1.** [cualidad] insignificance. - **2.** [cosa, hecho] trifle, insignificant thing.

insignificante adj insignificant.

insinceridad f insincerity.

insincero, ra adj insincere.

insinuación f - **1.** [comentario] hint, insinuation. - **2.** DER presentation of an exhibit to a judge. - **3.** LITER part of the introduction to a speech in which the speaker tries to get the audience on his side.
◆ **insinuaciones** fpl [amorosas] innuendo (U).

insinuador, ra ◇ adj insinuating. ◇ m, f insinuator.

insinuante adj suggestive, full of innuendo.

insinuar [6] vt: ~ **algo (a)** to hint at o insinuate sthg (to).
◆ **insinuarse** vpr - **1.** [amorosamente]: ~**se (a)** to make advances (to). - **2.** [asomar]: ~**se detrás de algo** to peep out from behind sthg.

insinuativo, va adj insinuating.

insípidamente adv insipidly.

insipidez (pl **insipideces**) f insipidness.

insípido, da adj lit & fig insipid.

insistencia f insistence.

insistente adj insistent.

insistir vi: ~ **(en)** to insist (on); **el padre insistió en pagar la cena** the father insisted on paying for the meal; ~ **en que** to insist o maintain that; **la dirección insiste en que los empleados deben llevar corbata** the management insist on employees wearing a tie.

insobornable adj incorruptible.

insociabilidad f unsociability.

insociable adj unsociable.

insolación f - **1.** MED sunstroke (U). - **2.** METEOR sunshine. - **3.** FOT exposure.

insolar vt to expose to the sun.
◆ **insolarse** vpr to get sunstroke.

insolencia f insolence; **hacer/decir una** ~ to do/say sthg insolent.

insolentar vt to make insolent.
◆ **insolentarse** vpr to be insolent.

insolente ◇ adj [descarado] insolent; [orgulloso] haughty. ◇ mf insolent person.

insolentemente adv insolently.

insolidaridad f lack of solidarity.

insolidario, ria ◇ adj lacking in solidarity. ◇ m, f person lacking in solidarity.

insólito, ta adj very unusual.

insolubilidad f insolubility.

insolubilizar [13] vt to make insoluble.

insoluble adj insoluble.

insoluto, ta adj unpaid.

insolvencia f insolvency.

insolvente adj insolvent.

insomne adj sleepless.

insomnio m insomnia, sleeplessness.

insondable adj lit & fig unfathomable.

insonorización f soundproofing.

insonorizado, da adj soundproof.

insonorizar [13] vt to soundproof.

USO ▶ **Insistencia**

Whatever you do, don't tell her.
You WILL remember to lock the door, won't you?
You haven't forgotten we're going out tonight?
Don't forget we're going out tonight, will you?
I don't want to go on about it, but please make sure you phone him.
I want it by tomorrow — and I mean tomorrow!

▶ *en lenguaje escrito/más formal:*

I cannot emphasize enough how important this is.
I must stress that these are only suggestions.
Do bear in mind that this is a temporary arrangement.
I must insist on the need for caution.
There is, I repeat, no cause for alarm.

insonoro, ra *adj* soundless.

insoportable *adj* unbearable, intolerable; **en agosto hace un calor** ~ in August it's unbearably hot.

insoslayable *adj* inevitable, unavoidable.

insospechable *adj* impossible to tell, unforeseeable.

insospechado, da *adj* unexpected, unforeseen.

insostenible *adj* untenable.

inspección *f* inspection; [policial] search; ~ **de calidad** quality control inspection.

inspeccionar *vt* to inspect; [suj: policía] to search.

inspector, ra ◇ *adj* inspecting, examining. ◇ *m, f* inspector; ~ **de aduanas** customs official; ~ **de Hacienda** tax inspector; ~ **de policía** police inspector.

inspectoría *f Amér* police station.

inspiración *f* - **1.** [gen] inspiration. - **2.** [respiración] inhalation, breath.

inspirado, da *adj* inspired.

inspirador, ra ◇ *adj* - **1.** [que inspira] inspiring. - **2.** [músculo] inspiratory. ◇ *m, f* inspirer.

inspirar *vt* - **1.** [gen] to inspire. - **2.** [respirar] to inhale, to breathe in.

◆ **inspirarse** *vpr*: ~**se (en)** to be inspired (by).

inspirativo, va *adj* inspiring, inspirational.

instabilidad *f* instability.

instable *adj* unstable.

instalación *f* - **1.** [gen] installation; ~ **eléctrica** wiring; ~ **sanitaria** plumbing. - **2.** [de gente] settling. - **3.** [equipo] equipment.

◆ **instalaciones** *fpl* [deportivas etc] facilities.

instalador, ra ◇ *adj* installing, fitting. ◇ *m, f* fitter; ~ **de cañerías** plumber.

instalar *vt* - **1.** [montar - antena etc] to instal, to fit; [- local, puesto etc] to set up. - **2.** [situar - objeto] to place; [- gente] to settle.

◆ **instalarse** *vpr* [establecerse]: ~**se en** to settle (down) in; [nueva casa] to move into.

instancia *f* - **1.** [solicitud] application (form). - **2.** [ruego] request; **a** ~**s de** at the request o bidding of; **en última** ~ as a last resort. - **3.** DER: **juzgado de primera** ~ court of first instance.

instantáneamente *adv* instantaneously.

instantáneo, a *adj* - **1.** [momentáneo] momentary. - **2.** [rápido] instantaneous.

◆ **instantánea** *f* snapshot, snap.

instante *m* moment; **a cada** ~ all the time, constantly; **al** ~ instantly, immediately; **en un** ~ in a second.

instar ◇ *vt*: ~ **a alguien a que haga algo** to urge o press sb to do sthg. ◇ *vi* to be urgent; **insta que sepamos la verdad** we urgently need to know the truth.

instauración *f* - **1.** [establecimiento] establishment, foundation. - **2.** [renovación] restoration.

instaurador, ra *adj* - **1.** [que establece] establishing. - **2.** [que restaura] restorative.

instaurar *vt* - **1.** [establecer] to establish, to set up. - **2.** [restaurar] to restore.

instaurativo, va ◇ *adj* restorative. ◇ *m, f* restorer.

instigación *f* instigation.

instigador, ra ◇ *adj* instigating. ◇ *m, f* instigator.

instigar [16] *vt*: ~ **a alguien (a que haga algo)** to instigate sb (to do sthg); ~ **a algo** to incite to sthg.

instilación *f* - **1.** [de líquidos] instillation. - **2.** *fig* [de ideas] instilling.

instilar *vt* - **1.** [líquido] to instill. - **2.** *fig* [idea] to instil.

instintivamente *adv* instinctively.

instintivo, va *adj* instinctive.

instinto *m* instinct; **por** ~ instinctively; **los animales actúan por** ~ animals react instinctively.

institución *f* - **1.** [gen] institution; ~ **benéfica** charitable organization; ~ **pública** public institution; ~ **de un he-**

redero institution o appointment of an heir; **ser una** ~ *fig* to be an institution. - **2.** [de ley, sistema] introduction; [de organismo] establishment; [de premio] foundation.

◆ **instituciones** *fpl* principles.

institucional *adj* institutional.

institucionalización *f* institutionalization.

institucionalizado, da *adj* institutionalized.

institucionalizar [13] *vt* to institutionalize.

instituir [51] *vt* - **1.** [fundar - gobierno] to establish; [- premio, sociedad] to found; [- sistema, reglas] to introduce. - **2.** [nombrar] to appoint, to name. - **3.** [enseñar] to teach, to instruct.

instituto *m* - **1.** [corporación] institute. - **2.** EDUC: ~ **(de Bachillerato o Enseñanza Media)** state secondary school; ~ **de Formación Profesional** ≃ technical college; ~ **politécnico** polytechnic.

◆ **instituto de belleza** *m* beauty salon.

institutor, ra ◇ *adj* - **1.** [que instuye] founding. - **2.** [que enseña] teaching. ◇ *m, f* founder.

◆ **institutor** *m Amér* schoolteacher.

institutriz (*pl* **institutrices**) *f* governess.

instituyente ◇ *adj* founding. ◇ *mf* founder.

instrucción *f* - **1.** [conocimientos] education; [docencia] instruction; ~ **militar** military training. - **2.** [DER - investigación] preliminary investigation; [- curso del proceso] proceedings (*pl*).

◆ **instrucciones** *fpl* [de uso] instructions.

instructivamente *adv* instructively.

instructivo, va *adj* [gen] instructive; [juguete, película] educational.

instructor, ra ◇ *adj* training, instructing. ◇ *m, f* [gen] instructor, teacher; DEP coach.

instruido, da *adj* educated.

instruir [51] *vt* - **1.** [enseñar] to instruct. - **2.** DER to prepare. - **3.** [informar] to inform.

instrumentación *f* instrumentation.

instrumental ◇ *adj* - **1.** [en música] instrumental. - **2.** DER documentary. ◇ *m* - **1.** [conjunto de instrumentos] instruments (*pl*). - **2.** GRAM instrumental (case).

instrumentar *vt* to orchestrate, to score.

instrumentista *mf* - **1.** MÚS instrumentalist. - **2.** MED surgeon's assistant.

instrumento *m* - **1.** MÚS & *fig* instrument; ~ **de cuerda/de viento** stringed/wind instrument. - **2.** [herramienta] tool, instrument; ~ **de precisión** precision tool. - **3.** [documento] document.

insubordinación *f* insubordination.

insubordinado, da ◇ *adj* insubordinate. ◇ *m, f* insubordinate (person), rebel.

insubordinar *vt* to stir up, to incite to rebellion.

◆ **insubordinarse** *vpr* to rebel.

insubstancial *adj* = **insustancial**.

insubstancialidad *f* = **insustancialidad**.

insubstancialmente *adv* = **insustancialmente**.

insubstituible *adj* = **insustituible**.

insuficiencia *f* - **1.** [escasez] lack, shortage. - **2.** MED failure, insufficiency; ~ **cardiaca/renal** heart/kidney failure. - **3.** [incompetencia] incompetence.

insuficiente ◇ *adj* - **1.** [escaso] insufficient. - **2.** [inepto] incompetent. ◇ *m* [nota] fail.

insuficientemente *adv* insufficiently.

insuflar *vt* to insufflate.

insufrible *adj* intolerable, insufferable.

ínsula *f culto* island.

insular ◇ *adj* insular, island (*antes de sust*). ◇ *mf* islander.

insularidad *f* insularity.

insulina *f* insulin.

insulsez (*pl* **insulseces**) *f* lit & *fig* blandness, insipidness.

insulso, sa *adj* lit & *fig* bland, insipid.

insultada *f Amér* insult.

insultador, ra ◇ *adj* insulting. ◇ *m, f* insulter.

insultante *adj* insulting, offensive.

insultar *vt* to insult; **no me gusta que insultes a otros niños** I don't like you insulting other children; **tu desconfianza me insulta** I'm insulted by your lack of trust in me.

insulto *m* insult; **proferir ~s** to hurl insults.

insumergible *adj* unsinkable.

insumisión *f* rebelliousness.

insumiso, sa ◇ *adj* rebellious. ◇ *m, f* [gen] rebel; MIL. *person who refuses to do military or community service.*

insumo *m* COM reinvestment.

insuperable *adj* - **1.** [inmejorable] unsurpassable. - **2.** [sin solución] insurmountable, insuperable.

insurgente *adj* insurgent.

insurrección *f* insurrection, revolt.

insurreccional *adj* insurrectional.

insurreccionar *vt* to incite to insurrection.

◆ **insurreccionarse** *vpr* to rebel, to revolt.

insurrecto, ta *adj & m, f* insurgent, rebel.

insustancial, insubstancial ◇ *adj* - **1.** [sin sabor] insubstantial. - **2.** *fig* [trivial] trite, shallow. ◇ *mf* shallow o superficial person.

insustancialidad, insubstancialidad *f* - **1.** [falta de sustancialidad] insubstantiality. - **2.** *fig* [trivialidad] triteness, superficiality.

insustancialmente, insubstancialmente *adv* insubstantially.

insustituible, insubstituible *adj* irreplaceable.

INTA (*abrev de* **Instituto Nacional de Técnicas Aeroespaciales**) *m Spanish national aerospace institute.*

intachable *adj* irreproachable.

intacto, ta *adj* untouched; *fig* intact.

intangibilidad *f* intangibility.

intangible *adj* intangible.

integración *f* - **1.** [acción] integration; **~ racial** racial integration. - **2.** MAT integration.

integrado, da *adj* integrated.

integrador, ra ◇ *adj* integrating. ◇ *m, f* integrator.

integral ◇ *adj* - **1.** [total] total, complete. - **2.** [sin refinar - pan, harina, pasta] wholemeal; [- arroz] brown. - **3.** MAT → **cálculo.** ◇ *f* MAT integral.

íntegramente *adv* wholly, entirely.

integrante ◇ *adj* integral, constituent; **estado ~ de la CE** member state of the EC. ◇ *mf* member.

integrar *vt* - **1.** [gen & MAT] to integrate. - **2.** [componer] to make up. - **3.** [reintegrar] to reimburse. - **4.** *Amér* [pagar] to pay.

◆ **integrarse** *vpr* to integrate; **~se en** to become integrated into.

integridad *f* - **1.** [gen] integrity; [totalidad] wholeness. - **2.** [virginidad] virginity.

integrismo *m* reaction, traditionalism.

integrista *adj & mf* - **1.** POLÍT reactionary, traditionalist. - **2.** RELIG fundamentalist.

íntegro, gra *adj* - **1.** [completo] whole, entire; [versión etc] unabridged. - **2.** [honrado] upright, honourable.

intelección *f* thought, mental activity.

intelectivo, va *adj* intellective.

◆ **intelectiva** *f* intellect, intelligence.

intelecto *m* intellect.

intelectual *adj & mf* intellectual.

intelectualidad *f* - **1.** [grupo de personas] intelligentsia, intellectuals *(pl)*. - **2.** [entendimiento] intellectuality.

intelectualismo *m* intellectualism.

intelectualista *adj & mf* intellectualist.

intelectualizar [13] *vt* to intellectualize.

intelectualmente *adv* intellectually.

intelectualoide *adj fam* pseudo-intellectual, pseudy *Br*.

inteligencia *f* - **1.** [facultad] intelligence; **~ artificial** INFORM artificial intelligence. - **2.** [comprensión] understanding; **en la ~ de que** on the understanding that. - **3.** [habilidad] skill, ability; **tener ~ para** to be skilled in. - **4.** [correspondencia secreta] intelligence.

inteligente *adj* [gen & INFORM] intelligent.

inteligentemente *adv* intelligently.

inteligibilidad *f* intelligibility.

inteligible *adj* intelligible.

inteligiblemente *adv* intelligibly.

intelligentsia *f* intelligentsia.

Intelsat (*abrev de* **International Telecommunications Satellite Organization**) *m* Intelsat.

intemperancia *f* intemperance, immoderation.

intemperante *adj* intemperate, immoderate.

intemperie *f* inclemency; **a la ~** in the open air.

intempestivamente *adv* [hacer proposición, visita] inopportunely.

intempestivo, va *adj* [clima, comentario] harsh; [hora] ungodly, unearthly; [proposición, visita] inopportune.

intemporal *adj* - **1.** [no temporal] timeless, independent of time. - **2.** [eterno] eternal.

intención *f* - **1.** [proyecto] intention; **tener la ~ de** to intend to; **tiene la ~ de cambiar de coche** she's intending to get a new car; **tener malas intenciones** to be up to no good ❑ **buena/mala ~** good/bad intentions *(pl)*; **primera ~** frankness, candour; **segunda ~** underhandedness, duplicity; **con ~** intentionally; **la ~ es lo que cuenta** it's the thought that counts. - **2.** [voluntad] will *(U)*, wish; **el hijo cumplió con las últimas intenciones de su padre** the son obeyed his father's last wishes. - **3.** *fig* [instinto dañino] viciousness.

intencionadamente *adv* deliberately, on purpose.

intencionado, da *adj* intentional, deliberate; **bien ~** [acción] well-meant; [persona] well-meaning; **mal ~** [acción] ill-meant, ill-intentioned; [persona] malevolent.

intencional *adj* intentional, deliberate.

intencionalidad *f* intent.

intencionalmente *adv* intentionally.

intendencia *f* - **1.** [administración] management, administration; **~ militar** service corps. - **2.** [oficina] intendancy.

intendente *m* - **1.** [militar] quartermaster. - **2.** [civil] intendant.

intensamente *adv* - **1.** [gen] intensely. - **2.** [llover] heavily. - **3.** [iluminar] brightly. - **4.** [amar] passionately.

intensidad, intensión *f* - **1.** [gen] intensity; **~ máxima de corriente** peak current. - **2.** [de lluvia] heaviness. - **3.** [de luz, color] brightness. - **4.** [de amor] passion, strength.

intensificación *f* intensification.

intensificador, ra *adj* intensifying.

intensificar [10] *vt* to intensify.

◆ **intensificarse** *vpr* to intensify.

intensión *f* = **intensidad**.

intensivo, va *adj* intensive.

intenso, sa *adj* - **1.** [gen] intense. - **2.** [lluvia] heavy. - **3.** [luz, color] bright. - **4.** [amor] passionate, strong.

intentar *vt* - **1.** [probar]: **~ (hacer algo)** to try (to do sthg); **el gimnasta intentó dar un triple salto mortal** the gymnast tried to do a triple somersault. - **2.** [tener intención de] to intend, to mean. - **3.** DER to institute.

intento *m* [tentativa] attempt; [intención] intention; **~ de golpe/robo** attempted coup/robbery; **~ de suicidio** suicide attempt; **de ~** intentionally, on purpose.

intentona *f*: **~ (golpista)** POLÍT attempted coup.

ínter ◇ *adv* meanwhile. ◇ *m* interim; **en el ~** in the meantime.

interacción *f* interaction.

interaccionar *vi* to interact.

interactivo, **va** *adj* INFORM interactive.
interamericano, **na** *adj* inter-American.
interandino, **na** *adj* inter-Andean.
interastral *adj* ASTRON interstellar.
intercalación *f* insertion.
intercalar ◇ *adj* intercalary. ◇ *vt* to insert, to put in.
intercambiable *adj* interchangeable.
intercambiar [8] *vt* to exchange; [lugares, posiciones] to change, to swap.
intercambio *m* exchange; **hacer un** ~ [de cosas] to swap; [persona] to go on an exchange programme; [institución etc] to have an exchange programme ❑ ~ **comercial** trade.
interceder *vi*: ~ **(por alguien)** to intercede (on sb's behalf).
interceptar *vt* - **1.** [detener] to intercept. - **2.** [obstruir] to block. - **3.** [teléfono] to tap.
interceptor, **ra** ◇ *adj* intercepting.
◆ **interceptor** *m* interceptor.
intercesión *f* intercession.
intercesor, **ra** ◇ *adj* interceding. ◇ *m, f* interceder, intercessor.
intercomunicación *f* intercommunication.
interconexión *f* interconnection.
interconfesional *adj* interdenominational.
intercontinental *adj* intercontinental.
intercostal *adj* intercostal, between the ribs.
intercultural *adj* intercultural.
interdecir [66] *vt* to prohibit, to forbid.
interdepartamental *adj* interdepartmental.
interdependencia *f* interdependence.
interdependiente *adj* interdependent.
interdicción *f* interdiction.
interdicho, **cha** *pp* → **interdecir**.
interdicto *m* interdict.
interdigital *adj* ZOOL interdigital.
interdisciplinar, **interdisciplinario**, **ria** *adj* interdisciplinary.
interés (*pl* **intereses**) *m* - **1.** [gen & FIN] interest; **de** ~ interesting; **es un pueblo de** ~ **histórico** it's a town of historic interest; **devengar** ~ to bear interest; **tener** ~ **en** o **por** to be interested in; **tengo** ~ **en que venga pronto** it's in my interest that he should come soon ❑ ~ **acumulado** o **devengado** accrued interest; ~ **compuesto/simple** compound/simple interest; ~ **dominante/público** contronlling/publicinterest; ~ **interbancario** interbank deposit rate; ~ **preferencial** preferential interest rate; **intereses creados** vested interests; **intereses vencidos** interest due (U). - **2.** [egoísmo] self-interest, selfishness; **por** ~ out of selfishness; **las personas egoístas actúan por** ~ selfish people act out of self-interest.
◆ **intereses** *mpl* interests.
interesado, **da** ◇ *adj* - **1.** [gen]: ~ **(en** o **por)** interested (in). - **2.** [egoísta] selfish, self-interested. - **3.** [implicado]: **las partes interesadas** the interested parties. ◇ *m, f* - **1.** [deseoso] interested person; **los** ~**s** those interested. - **2.** [egoísta] selfish o self-interested person.
interesante *adj* interesting.
interesar *vi* - **1.** [inspirar interés a] to interest; **le interesa el arte** she's interested in art. - **2.** [dar parte en un negocio] to give an interest in a business. - **3.** MED to affect.
◆ **interesarse** *vpr*: ~**se (en** o **por)** to take an interest (in), to be interested (in); **se interesó por tu salud** she asked after your health.
interestatal *adj* interstate.
interestelar *adj* ASTRON interstellar.
interfaz (*pl* **interfaces**) *f* INFORM interface.
interfecto, **ta** *m, f* murder victim.
interferencia *f* interference; ~**s atmosféricas** atmospheric interference (U).

interferente *adj* interfering.
interferir [27] ◇ *vt* - **1.** RADIO, TELECOM & TV to jam. - **2.** [interponerse] to interfere with. ◇ *vi*: ~ **(en)** to interfere (in).
interfono *m* intercom.
intergaláctico, **ca** *adj* intergalactic.
intergubernamental *adj* intergovernmental.
interhumano, **na** *adj* interpersonal.
ínterin (*pl* **intérines**) *culto* ◇ *adv* - **1.** [mientras] while. - **2.** [hasta que] until. - **3.** [entretanto] meanwhile. ◇ *m* temporariness; **en el** ~ in the meantime.
interina *f* → **interino**.
interinamente *adv* temporarily, provisionally.
interinato *m* - **1.** [interinidad] temporariness. - **2.** [empleo interino] temporary post.
interinidad *f* - **1.** [cualidad] temporariness. - **2.** [tiempo] (period of) temporary employment.
interino, **na** ◇ *adj* [gen] temporary; [presidente, director etc] acting; [gobierno] interim. ◇ *m, f* [gen] stand-in; [médico, juez] locum; [profesor] supply teacher.
◆ **interina** *f* [asistenta] cleaning lady.
interinsular *adj* inter-island.
interior ◇ *adj* - **1.** [gen] inside, inner; [patio, jardín etc] interior, inside; [habitación, vida] inner; **esta compañía aérea sólo realiza vuelos** ~**es** this airline only does domestic flights. - **2.** POLÍT domestic. - **3.** GEOGR inland. ◇ *m* - **1.** [parte de dentro] inside, interior; **en el** ~ **de la botella había un mensaje** there was a message inside the bottle. - **2.** GEOGR interior, inland area. - **3.** [de una persona] inner self, heart; **en mi** ~ deep down. - **4.** DEP inside forward. - **5.** *Amér* [calzoncillos] underpants (*pl*).
◆ **interiores** *mpl* [entrañas] entrails.
interioridad *f* [carácter] inner self.
◆ **interioridades** *fpl* [asuntos] private affairs.
interiorismo *m* interior design.
interiorista *mf* interior designer.
interiorización *f* internalization; [de sentimientos] bottling-up.
interiorizar [13] *vt* to internalize; [sentimientos] to bottle up.
interiormente *adv* inside, inwardly.
interjección *f* interjection.
interjectivo, **va** *adj* interjectional.
interlínea *f* - **1.** [espacio] space between lines. - **2.** [escritura] interlineation, interlining. - **3.** IMPRENTA lead, leading.
interlineado, **da** *adj* - **1.** [escrito] interlined. - **2.** IMPRENTA leaded.
◆ **interlineado** *m* - **1.** [espacio] space between the lines. - **2.** IMPRENTA leading.
interlineal *adj* interlinear.
interlinear *vt* to interline.
interlocutor, **ra** *m, f* interlocutor, speaker; **su** ~ the person she was speaking to.
interludio *m* [gen & MÚS] interlude.
intermediar [8] *vi* to mediate.
intermediario, **ria** ◇ *adj* intermediary. ◇ *m, f* [gen] intermediary; COM middleman; [en disputas] mediator; ~ **financiero** credit broker.
intermedio, **dia** *adj* - **1.** [etapa] intermediate, halfway; [calidad] average; [tamaño] medium. - **2.** [tiempo] intervening; [espacio] in between.
◆ **intermedio** *m* [gen & TEATRO] interval; CINE intermission.
interminable *adj* endless, interminable.
interminablemente *adv* endlessly.
interministerial *adj* interministerial.
intermisión *f* intermission.
intermitencia *f* intermittence, intermittency.
intermitente ◇ *adj* intermittent. ◇ *m* indicator.
internación *f* - **1.** [hospitalización] hospitalization. - **2.** [encierro] internment.

internacional *adj* international.

◆ **Internacional** *f* POLÍT International; **La Internacional** [himno] the Internationale.

internacionalidad *f* internationality.

internacionalismo *m* internationalism.

internacionalista *adj & mf* internationalist.

internacionalización *f* internationalization.

internacionalizar [13] *vt* to internationalize.

internacionalmente *adv* internationally, worldwide.

internado, da ◇ *adj* [en manicomio] confined; [en colegio] boarding; POLÍT interned. ◇ *m, f* [en manicomio] inmate; [en colegio] boarder; POLÍT internee.

◆ **internado** *m* - **1.** [internamiento - en manicomio] confinement; [- en colegio] boarding. - **2.** [colegio] boarding school.

◆ **internada** *f* DEP break, breakaway.

internamente *adv* internally.

internamiento *m* [en manicomio] confinement; [en escuela] boarding; POLÍT internment.

internar *vt* - **1.** [encerrar]: ~ **(en)** [internado] to send to boarding school (at); [manicomio] to commit (to); [campo de concentración] to intern (in). - **2.** [hospitalizar] to hospitalize.

◆ **internarse** *vpr*: ~**se (en)** [un lugar] to go o penetrate deep (into); [un tema] to become deeply involved (in).

internista *adj & mf* internist.

interno, na ◇ *adj* - **1.** [gen] internal; POLÍT domestic. - **2.** [alumno] boarding. - **3.** [interior] interior, inside; **patio** ~ interior patio. - **4.** → **medicina**. ◇ *m, f* - **1.** [alumno] boarder. - **2.** [preso] prisoner, inmate. - **3.** → **médico**.

interoceánico, ca *adj* interoceanic.

interparlamentario, ria *adj* interparliamentary.

interpelación *f* - **1.** [interrogación] formal question. - **2.** [ruego] appeal, plea.

interpelante ◇ *adj* - **1.** [interrogante] interrogating. - **2.** [suplicante] appealing, pleading. ◇ *mf* - **1.** [interrogador] interpellator. - **2.** [suplicante] appealer.

interpelar *vt* - **1.** [interrogar] to question formally. - **2.** [rogar] to appeal, to plead.

interpenetración *f* interpenetration.

interpersonal *adj* interpersonal.

interplanetario, ria *adj* interplanetary.

Interpol (*abrev de* **International Criminal Police Organization**) *f* Interpol.

interpolación *f* interpolation.

interpolar *vt* - **1.** [intercalar] to interpolate, to put in. - **2.** [interrumpir] to interrupt. - **3.** MAT to interpolate.

interponer [65] *vt* - **1.** [gen] to interpose, to put in. - **2.** DER to lodge, to make.

◆ **interponerse** *vpr* to intervene.

interposición *f* - **1.** [gen] interposition. - **2.** DER lodging (*of an appeal*).

interpretable *adj* interpretable.

interpretación *f* - **1.** [explicación] interpretation; ~ **auténtica** o **legislativa** authentic interpretation; ~ **judicial/restrictiva** legal/limited interpretation; **mala** ~ misinterpretation. - **2.** [artística] performance. - **3.** [traducción] interpreting.

interpretador, ra ◇ *adj* interpreting. ◇ *m, f* interpreter.

interpretar *vt* - **1.** [gen] to interpret; ~ **mal** to misinterpret. - **2.** [artísticamente] to perform.

interpretariado *m* interpreting.

interpretativo, va *adj* interpretative.

intérprete *mf* - **1.** [traductor & INFORM] interpreter. - **2.** [artista] performer. - **3.** [comentarista] commentator.

interpuesto, ta *pp* → **interponer**.

interracial *adj* interracial.

interregno *m* interregnum.

interrelación *f* interrelation.

interrelacionar *vt* to interrelate.

interrogación *f* - **1.** [acción] questioning. - **2.** [signo] question mark. - **3.** [pregunta] question.

interrogador, ra ◇ *adj* questioning. ◇ *m, f* [gen] questioner; [que usa amenazas etc] interrogator.

interrogante ◇ *adj* interrogating. ◇ *m o f* [pregunta] question mark.

interrogar [16] *vt* [gen] to question; [con amenazas etc] to interrogate.

interrogativamente *adv* - **1.** [con interrogación] interrogatively. - **2.** [con duda] questioningly.

interrogativo, va *adj* interrogative.

interrogatorio *m* [gen] questioning; [con amenazas] interrogation.

interrumpir *vt* - **1.** [gen] to interrupt; **interrumpieron la emisión por causas técnicas** the programme was interrupted because of a technical problem. - **2.** [discurso, trabajo] to break off. - **3.** [viaje, vacaciones] to cut short. - **4.** [circulación] to block.

◆ **interrumpirse** *vpr* to be interrupted; [tráfico] to be blocked.

interrupción *f* - **1.** [gen] interruption. - **2.** [de discurso, trabajo] breaking-off; [de viaje, vacaciones] cutting-short. - **3.** [de circulación etc] blocking.

interruptor *m* [gen] switch; [de pared] wall switch; [de circuito] circuit breaker; ~ **auxiliar /general/unipolar** booster/mains /single-throw switch; ~ **con fusible/de dos direcciones/de dos posiciones/de mando** fuse/two-way/double-throw/control switch; ~ **de palanca acodada** o **de volquete** toggle switch; ~ **de pie** footswitch.

intersección *f* intersection.

intersideral *adj* interstellar.

intersticio *m* interstice.

interurbano, na *adj* inter-city; TELECOM long-distance.

intervalo *m* - **1.** [gen & MÚS] interval; [de espacio] space, gap; **a** ~**s** at intervals. - **2.** [duración]: **en el** ~ **de un mes** in the space of a month.

intervención *f* - **1.** [gen] intervention; **no** ~ nonintervention. - **2.** [discurso] speech; [interpelación] contribution. - **3.** COM auditing. - **4.** MED operation. - **5.** TELECOM tapping.

intervencionismo *m* interventionism.

intervencionista *adj & mf* interventionist.

intervenir [75] ◇ *vi* - **1.** [participar]: ~ **(en)** [gen] to take part (in); **en la evolución de la economía intervienen muchos factores** several different factors play a part in the state of the economy; [pelea] to get involved (in); [discusión etc] to make a contribution (to). - **2.** [dar un discurso] to make a speech. - **3.** [interferir]: ~ **(en)** to intervene (in). - **4.** MED to operate. ◇ *vt* - **1.** MED to operate on. - **2.** TELECOM to tap. - **3.** [incautar] to seize. - **4.** COM to audit. - **5.** [controlar] to control.

interventor, ra ◇ *m, f* - **1.** COM auditor. - **2.** [en elecciones] scrutineer. ◇ *adj* - **1.** [que interfiere] intervening. - **2.** [que participa] participating.

interviú (*pl* **interviús**) *f* interview.

intestado, da *adj & m, f* intestate.

intestato → **ab intestato**.

intestinal *adj* intestinal.

intestino, na *adj* internecine.

◆ **intestino** *m* intestine; ~ **ciego** caecum; ~ **delgado/grueso** small/large intestine.

intifada *f* intifada.

intimación, intima *f* - **1.** [conminación] notification, notice. - **2.** [indicio] hint, intimation.

íntimamente *adv* - **1.** [privadamente] privately. - **2.** [a solas] in private. - **3.** [a fondo] intimately.

intimar ◇ *vi*: ~ **(con)** to become intimate o very friendly (with). ◇ *vt* - **1.** [hacer saber] to make known, to announce. - **2.** [mandar] to order.

intimatorio, ria *adj* DER notifying.

intimidación *f* intimidation.

intimidad *f* - **1.** [vida privada] private life; [privacidad] privacy; **en la** ~ in private; **en la** ~ **es menos engreído de lo que parece** in private, he's not as conceited as he seems ❑ **en la** ~ **de** in the privacy of; **la prensa amarilla se inmiscuye en la** ~ **de los famosos** the gutter press pries into the private lives of famous people. - **2.** [amistad] intimacy. - **3.** [círculo] circle of friends.

intimidado, da *adj* intimidated, browbeaten.

intimidar *vt* to intimidate.

intimista *adj* Intimist.

íntimo, ma ◇ *adj* - **1.** [vida, fiesta] private; [ambiente, restaurante] intimate. - **2.** [relación, amistad] close. - **3.** [sentimiento etc] innermost; **en lo (más)** ~ **de su corazón/alma** deep down in her heart/soul. - **4.** *fig* [esencial] essential; **la naturaleza íntima del hombre** the essential nature of man. ◇ *m, f* close friend.

intitular *vt* to entitle, to call.

intocable *adj* untouchable.

◆ **intocables** *mf pl* [en la India] untouchables.

intolerable *adj* intolerable, unacceptable; [dolor, ruido] unbearable.

intolerancia *f* - **1.** [actitud] intolerance. - **2.** MED allergy.

intolerante ◇ *adj* intolerant. ◇ *mf* intolerant person.

intoxicación *f* poisoning *(U)*; ~ **alimenticia** food poisoning.

intoxicar [10] *vt* to poison.

◆ **intoxicarse** *vpr* to poison o.s.

intraducible *adj* untranslatable.

intramuros *adv* within the city walls.

intranquilidad *f* - **1.** [preocupación] unease, anxiety. - **2.** [agitación] restlessness.

intranquilizar [13] *vt* to worry, to make uneasy.

◆ **intranquilizarse** *vpr* to get worried.

intranquilo, la *adj* [preocupado] worried, uneasy; [nervioso] restless.

intranscendencia *f* = **intrascendencia**.

intranscendente *adj* = **intrascendente**.

intransferible *adj* non-transferable, untransferable.

intransigencia *f* intransigence.

intransigente *adj* intransigent.

intransitable *adj* impassable.

intransitivo, va *adj* intransitive.

intransmutable *adj* = **intrasmutable**.

intrascendencia, intranscendencia *f* insignificance, unimportance.

intrascendente, intranscendente *adj* insignificant, unimportant.

intrasmutable, intransmutable *adj* intransmutable.

intratable *adj* - **1.** [insociable] unsociable, difficult to get on with. - **2.** [incontrolable] unmanageable, intractable.

intrauterino, na *adj* intrauterine.

intravenoso, sa *adj* intravenous.

intrépido, da *adj* intrepid.

intriga *f* - **1.** [curiosidad] curiosity; **de** ~ suspense *(antes de sust)*. - **2.** [maquinación] intrigue. - **3.** [trama] plot; ~ **secundaria** subplot.

intrigado, da *adj* intrigued.

intrigante ◇ *adj* intriguing. ◇ *mf* schemer.

intrigar [16] *vt & vi* to intrigue.

intrincado, da *adj* - **1.** [bosque etc] thick, dense. - **2.** [problema etc] intricate.

intrincamiento *m* intricacy.

intrincar [10] *vt* to complicate, to confuse.

intríngulis *m inv fam* - **1.** [dificultad] snag, catch. - **2.** [quid] nub, crux. - **3.** [incógnita] puzzle, mystery.

intrínsecamente *adv* intrinsically.

intrínseco, ca *adj* intrinsic.

introducción *f* [gen]: ~ **(a)** introduction (to); **este libro es una buena** ~ **a la astronomía** this book is a good introduction to astronomy; **la** ~ **del manual la escribió un famoso científico** the introduction to the manual was written by a famous scientist.

introducido, da *adj fam* close, familiar.

introducir [33] *vt* - **1.** [llave, carta etc] to put in, to insert. - **2.** [mercancías etc] to bring in, to introduce. - **3.** [dar a conocer]: ~ **a alguien en** to introduce sb to; ~ **algo en** to introduce o bring sthg to. - **4.** [ocasionar] to cause, to bring about.

◆ **introducirse** *vpr* - **1.** [entrar]: ~**se en** to get into. - **2.** [entremeterse] to interfere, to meddle.

introductivo, va *adj* introductory.

introductor, ra ◇ *adj* introductory; **el país** ~ **de esta moda** the country that brought in this fashion. ◇ *m, f* introducer.

introductorio, ria *adj* introductory.

intromisión *f* - **1.** [intrusión] meddling, interfering. - **2.** DER intromission.

introspección *f* introspection.

introspectivo, va *adj* introspective.

introversión *f* introversion.

introvertido, da *adj & m, f* introvert.

intrusión *f* intrusion.

intrusismo *m* illegal practice of a profession.

intruso, sa ◇ *adj* intrusive. ◇ *m, f* intruder.

intubar *vt* to intubate.

intuición *f* intuition.

intuir [51] *vt* to know by intuition, to sense.

intuitivamente *adv* intuitively.

intuitivo, va *adj* intuitive.

intuya, intuyera *etc v* → **intuir**.

inundación *f* - **1.** [de agua] flood, flooding *(U)*. - **2.** *fig* [abundancia] flood.

inundar *vt* to flood; *fig* to inundate, to swamp.

◆ **inundarse** *vpr* to flood; ~**se de** *fig* to be inundated o swamped with.

inurbanidad *f* incivility, impoliteness.

inurbano, na *adj* uncivil, impolite.

inusitado, da *adj* uncommon, rare.

inusual *adj* unusual.

inútil ◇ *adj* - **1.** [gen] useless; [intento, esfuerzo] unsuccessful, vain. - **2.** [inválido] disabled. - **3.** [no apto] unfit. ◇ *mf* hopeless case, useless person.

inutilidad *f* - **1.** [gen] uselessness. - **2.** [falta de sentido] pointlessness. - **3.** [invalidez] disablement.

inutilizado, da *adj* unused.

inutilizar [13] *vt* - **1.** [gen] to make unusable. - **2.** [máquinas, dispositivos] to disable, to put out of action. - **3.** [sellos] to cancel.

inútilmente *adv* in vain, to no avail.

invadir *vt* to invade; **le invade la tristeza** she's overcome by sadness.

invaginar *vt* MED to invaginate.

invalidación *f* invalidation.

invalidar *vt* to invalidate.

invalidez (*pl* **invalideces**) *f* - **1.** MED disablement, disability; ~ **permanente/temporal** permanent/temporary disability. - **2.** DER invalidity.

inválido, da ◇ *adj* - **1.** MED disabled. - **2.** DER invalid. - **3.** *fig* [nulo] invalid, null. ◇ *m, f* invalid, disabled person; **los** ~**s** the disabled.

invariabilidad *f* invariability.

invariable *adj* invariable.

invariablemente *adv* invariably.

invariación *f* invariability.

invasión *f* invasion.
invasor, ra ◇ *adj* invading. ◇ *m, f* invader.
invectiva *f* invective *(U)*.
invencible *adj* invincible; [timidez etc] insurmountable, insuperable.
invención *f* invention.
invendible *adj* unsaleable.
inventado, da *adj* made-up.
inventar *vt* [gen] to invent; [narración, falsedades] to make up.
♦ **inventarse** *vpr* to make up.
inventariar [9] *vt* to make an inventory of.
inventario *m* inventory; **hacer el** ~ COM to do the stock-taking.
inventivo, va *adj* inventive.
♦ **inventiva** *f* inventiveness.
invento *m* [invención] invention.
inventor, ra ◇ *m, f* inventor. ◇ *adj* inventive.
invernáculo *m* greenhouse.
invernada *f* - **1.** [temporada] wintertime, winter. - **2.** *Amér* [invernadero] winter pasture. - **3.** *Amér* [tiempo de engorde] wintering. - **4.** *Amér* [aguacero] downpour.
invernadero *m* - **1.** [invernáculo] greenhouse. - **2.** [lugar] winter quarters *(pl)*. - **3.** [paraje] winter pasture.
invernal *adj* winter *(antes de sust)*; [tiempo, paisaje] wintry.
invernar [19] *vi* - **1.** [pasar el invierno] to (spend the) winter. - **2.** [hibernar] to hibernate. - **3.** [hacer frío] to be wintry.
invernizo, za *adj* wintry.
inverosímil *adj* [improbable] unlikely, improbable.
inverosimilitud *f* unlikeliness, improbability.
inversamente *adv* - **1.** [en proporción] inversely; **la enzima afecta** ~ **el proceso químico** the enzyme inversely affects the chemical process. - **2.** [a la inversa] conversely.
inversión *f* - **1.** [del orden] inversion; ~ **sexual** homosexuality. - **2.** [de dinero, tiempo] investment; ~ **de capitales** capital investment; **inversiones extranjeras** ECON foreign investments.
inversionista *mf* investor.
inversivo, va *adj* inversive.
inverso, sa ◇ *adj* opposite, inverse; ~ **a** opposite to; **a la inversa** the other way round; **en orden** ~ in reverse order.
inversor, ra ◇ *adj* investing. ◇ *m, f* COM & FIN investor.
♦ **inversor** *m* ELECTR inverter.
invertebrado, da *adj* - **1.** ZOOL invertebrate. - **2.** *fig* [incoherente] disjointed.
♦ **invertebrado** *m* invertebrate.
invertido, da ◇ *adj* - **1.** [al revés] reversed, inverted; [sentido, dirección] opposite. - **2.** [dinero] invested. - **3.** [homosexual] homosexual. ◇ *m, f* homosexual.
invertir [27] *vt* - **1.** [gen] to reverse, to invert; [poner boca abajo] to invert, to turn upside down. - **2.** [dinero, esfuerzo] to invest. - **3.** [tiempo] to spend.
investidura *f* investiture.
investigación *f* - **1.** [estudio] research *(U)*; ~ **y desarrollo** research and development. - **2.** [indagación] investigation, inquiry; ~ **judicial** judicial inquiry.
investigador, ra ◇ *adj* - **1.** [que estudia] research *(antes de sust)*. - **2.** [que indaga] investigating. ◇ *m, f* - **1.** [estudioso] researcher. - **2.** [detective] investigator; ~ **privado** private investigator o detective.
investigar [16] ◇ *vt* - **1.** [estudiar] to research. - **2.** [indagar] to investigate. ◇ *vi* - **1.** [estudiar] to do research. - **2.** [indagar] to investigate.
investir [26], **envestir** *vt*: ~ **a alguien con algo** to invest sb with sthg.
inveterado, da *adj* deep-rooted.
inveterarse *vpr* to become deep-rooted.
inviabilidad *f* impracticability.
inviable *adj* impractical, unviable.

invicto, ta *adj culto* unconquered, unbeaten.
invidente ◇ *adj* blind, sightless. ◇ *mf* blind person; **los** ~**s** the blind.
invierna *etc v* → **invernar**.
invierno *m* - **1.** [estación] winter; ~ **nuclear** nuclear winter. - **2.** *Amér* [periodo de lluvia] rainy season.
invierta *etc v* → **invertir**.
inviolabilidad *f* inviolability; ~ **parlamentaria** parliamentary immunity.
inviolable *adj* [seguro] inviolable; [protegido] impregnable; **una fortaleza** ~ an impregnable fortress.
inviolado, da *adj* inviolate.
invirtiera *etc v* → **invertir**.
invisibilidad *f* invisibility.
invisible *adj* invisible.
invista, invistiera *etc v* → **investir**.
invitación *f* invitation; *ver* USO *en página siguiente.*
invitado, da ◇ *adj* invited. ◇ *m, f* guest; ~ **de honor** guest of honour.
invitar ◇ *vt* - **1.** [convidar]: ~ **a alguien (a algo/a hacer algo)** to invite sb (to sthg/to do sthg); **el moderador invitó a los oyentes a participar en el coloquio** the presenter invited listeners to take part in the debate. - **2.** [pagar]: **os invito** it's my treat, this one's on me; ~ **a alguien a algo** to buy sb sthg *(food, drink)*; **te invito a cenar fuera** I'll take you out for dinner. ◇ *vi* to pay; **invita la casa** it's on the house.
♦ **invitar a** *vi fig* [incitar]: ~ **a algo** to encourage sthg; **la lluvia invita a quedarse en casa** the rain makes you want to stay at home.
in vitro *loc adv* - **1.** [de probeta] in vitro. - **2.** → **fecundación**.
invocación *f* invocation.
invocar [10] *vt* to invoke.
invocatorio, ria *adj* invocatory.
involución *f* regression.
involucionista ◇ *adj* regressive, reactionary. ◇ *mf* reactionary.
involucrado, da *adj* BOT involucrate.
involucrar *vt* - **1.** [implicar]: ~ **a alguien (en)** to involve sb (in). - **2.** [divagar] to introduce digressions in.
♦ **involucrarse** *vpr*: ~**se (en)** to get involved (in).
involuntario, ria *adj* [espontáneo] involuntary; [sin querer] unintentional.
invoque *etc v* → **invocar**.
invulnerabilidad *f* invulnerability.
invulnerable *adj*: ~ **(a)** immune (to), invulnerable (to).
inyección *f* injection; **poner una** ~ to give an injection □ ~ **de tinta** IMPRENTA ink-jet.
inyectable ◇ *adj* injectable. ◇ *m* injection.
inyectado, da *adj* flushed, red.
inyectar *vt* to inject.
♦ **inyectarse** *vpr* [drogas] to take drugs intravenously; ~**se algo** to inject o.s. with sthg.
inyector *m* injector.
iodo *m* = **yodo**.
ion *m* ion.
ionice *etc v* → **ionizar**.
iónico, ca *adj* ionic.
ionización *f* ionization.
ionizador *m* ionizer.
ionizar [13] *vt* to ionize.
ionosfera *f* ionosphere.
IORTV *(abrev de* **Instituto Oficial de Radiodifusión y Televisión***) m Spanish broadcasting institute.*
iota *f* iota.
IPA *(abrev de* **International Phonetic Association***) f* IPA.
IPC *(abrev de* **índice de precios al consumo***) m Spanish cost of living index,* ≃ RPI *Br.*

ípsilon f upsilon.

ipso facto loc adv - **1.** [inmediatamente] immediately. - **2.** DER ipso facto.

ir [61] vi - **1.** [gen] to go; ~ **hacia el sur/al cine** to go south/ to the cinema; ~ **en autobús/coche** to go by bus/car; ~ **andando** to go on foot, to walk; **¡vamos!** let's go! - **2.** [expresa duración gradual]: ~ **haciendo algo** to be (gradually) doing sthg; **va anocheciendo** it's getting dark; **voy mejorando mi estilo** I'm working on improving my style. - **3.** [expresa intención, opinión]: ~ **a hacer algo** to be going to do sthg; **voy a decírselo a tu padre** I'm going to tell your father; **te voy a echar de menos** I'm going to miss you. - **4.** [cambiar]: ~ **a mejor/peor** etc to get better/worse etc. - **5.** [funcionar] to work; **la manivela va floja** the crank is loose; **la televisión no va** the television isn't working. - **6.** [desenvolverse] to go; **le va bien en su nuevo trabajo** things are going well for him in his new job; **su negocio va mal** his business is going badly **¿cómo te va?** how are you doing? - **7.** [vestir]: ~ **en/con** to wear; **iba con corbata** he was wearing a tie; ~ **de azul/de uniforme** to be dressed in blue/in uniform. - **8.** [tener aspecto físico] to look; **iba hecho un pordiosero** he looked like a beggar. - **9.** [vacaciones, tratamiento]: ~**le bien a alguien** to do sb good. - **10.** [ropa]: ~**le (bien) a alguien** to suit sb; ~ **con algo** to go with sthg. - **11.** [comentario, indirecta]: ~ **con** o **por alguien** to be meant for sb, to be aimed at sb. - **12.** loc: **fue y dijo que...** he went and said that... ❑ **ni me va ni me viene** fam I don't care; **¡qué va!** you must be joking!; **ser el no va más** to be the ultimate.
◆ **ir de** vi - **1.** [película, novela] to be about. - **2.** fig [persona] to think o.s.; **va de listo** he thinks he's clever.
◆ **ir por** vi - **1.** [buscar]: ~ **por algo/alguien** to go and get sthg/sb, to go and fetch sthg/sb. - **2.** [alcanzar]: **va por el cuarto vaso de vino** he's already on his fourth glass of wine; **vamos por la mitad de la asignatura** we covered about half the subject.

◆ **irse** vpr - **1.** [marcharse] to go, to leave; ~**se a** to go to; **¡vete!** go away! - **2.** [gastarse, desaparecer] to go. - **3.** loc: ~**se abajo** [edificio] to fall down; [negocio] to collapse; [planes] to fall through.

ira f - **1.** [cólera] anger, rage; **llenarse de** ~ to become angry; **ponerse rojo de** ~ to see red, to become furious; **rabioso de** ~ raging mad. - **2.** fig [furia] fury.

IRA (abrev de **Irish Republican Army**) m IRA.

iraca f Amér Panama-hat palm.

iracundia f - **1.** [propensión] irascibility. - **2.** [cólera] ire, wrath.

iracundo, da adj angry, irate; [irascible] irascible.

Irak, Iraq s: (el) ~ Iraq.

irakí (pl **irakíes**), **iraquí** (pl **iraquíes**) adj & mf Iraqi.

Irán s: (el) ~ Iran.

iraní (pl **iraníes**) adj & mf Iranian.
◆ **iraní** m [lengua] Iranian.

Iraq s = **Irak**.

iraquí adj & mf = **irakí**.

irascible adj irascible.

irga, irguiera etc v → **erguir**.

iridiado, da adj iridic.

iridio m QUÍM iridium.

iridiscencia f iridescence.

iridiscente adj iridescent.

iridólogo, ga m, f MED iridologist.

iris m inv - **1.** [del ojo] iris. - **2.** [arco luminoso] rainbow. - **3.** MIN noble opal.

irisación f iridescence.

irisar ◇ vi to be iridescent. ◇ vt to cause to be iridescent.

Irlanda s - **1.** [país] Ireland; ~ **del Norte** Northern Ireland. - **2.** → **mar**.

irlandés, esa (pl **irlandeses**) ◇ adj Irish. ◇ m, f [persona] Irishman (f Irishwoman); **los irlandeses** the Irish.

USO ▶ Invitaciones

Invitaciones

▶ *por escrito:*

Tony and Margaret Hansen request the pleasure of your company at dinner on Saturday, 14th February 1995, at 8pm. RSVP.

Mr and Mrs Richard Wilson request the pleasure of the company of Ms Mary Edwards at the marriage of their daughter Katherine to Mr Philip Smart, in St Steven's Church, Quinton, and afterwards, at the Queen's Hotel, Harborne.

▶ *menos formal:*

Steve and I are organising a class reunion and would very much like you to come?

Would you and your family care to join us for a weekend in the country sometime?

▶ *de palabra:*

Would you and Alice like to come over for an evening?
Are you free for lunch any day next week?
Why not come up next week, and I'll show you around.
Do come and stay — it would be so good to see you and the children.
What would you say to a holiday in Wales?
I was wondering whether or not you'd like to have dinner with me tonight.
How about having dinner some time?
Shall we go for a drive?
How about a game of tennis?
Do you feel like a drink? [familiar]

Respuestas

▶ *por escrito:*

Thank you for your invitation to dinner on 14th February. I shall be glad to come.

Mary Edwards thanks Mr & Mrs Richard Wilson for their kind invitation to the marriage of their daughter Katherine on 14th February, and is glad to accept/but regrets that she is unable to attend.

▶ *menos formal:*

Thank you for inviting us. It'd be lovely to see everyone again.

Thanks for the offer — we'd love to come and stay with you.

▶ *de palabra:*

We'd love to, but I'm afraid we're busy.
Certainly — how would Tuesday suit you?
Thanks, I'd really appreciate that.

Thank you so much for the invitation, but I'm afraid we can't make it.
That'd be lovely.
That'd be very kind of you, but I'm afraid I'm already doing something.
Yes, I'd love to.
I'd rather not, I'm feeling a bit tired.
Why not?
Yes, I'd love one.

◆ **irlandés** m [lengua] Irish.
ironía f irony.
irónicamente adv ironically.
irónico, ca adj ironic, ironical.
ironizar [13] ◇ vt - **1.** [ridiculizar] to ridicule. - **2.** [hablar con ironía de] to ironize, to make ironical. ◇ vi: ~ **(sobre)** to be ironical (about).
iroqués, esa (pl **iroqueses**) adj & m, f Iroquois.
IRPF (abrev de **Impuesto sobre la Renta de las Personas Físicas**) m Spanish personal income tax.
irracional adj irrational.
irracionalidad f irrationality.
irracionalismo m irrationalism.
irracionalista adj & mf irrationalist.
irradiación f - **1.** [gen] irradiation. - **2.** [de cultura, ideas] dissemination, spreading.
irradiar [8] vt lit & fig to radiate.
irrazonable adj - **1.** [desrazonable] unreasonable. - **2.** [absurdo] absurd, ridiculous. - **3.** [insensato] senseless.
irreal adj unreal.
irrealidad f unreality.
irrealizable adj [sueño, objetivo] unattainable; [plan] impractical.
irrebatible adj irrefutable, indisputable.
irreconciliable adj irreconcilable.
irreconocible adj unrecognizable.
irrecuperable adj irretrievable.
irrecusable adj unchallengeable, unimpeachable.
irredento, ta adj [territorio] unredeemed.
irreducible, irreductible adj - **1.** [no reducible] irreducible. - **2.** [inflexible] inflexible, intransigent.
irreemplazable adj = **irremplazable**.
irreflexión f rashness.
irreflexivamente adv unthinkingly.
irreflexivo, va adj rash.
irreformable adj incorrigible.
irrefrenable adj irrepressible, uncontainable.
irrefutable adj irrefutable.
irrefutablemente adv irrefutably.
irregular adj [gen] irregular; [terreno, superficie] uneven; **su rendimiento en los estudios es** ~ she's inconsistent in her studies; **'ser' es un verbo** ~ 'ser' is an irregular verb.
irregularidad f [gen] irregularity; [de terreno, superficie] unevenness.
irregularmente adv irregularly.
irrelevancia f irrelevance.
irrelevante adj irrelevant.
irreligión f irreligion.
irreligiosidad f irreligiousness.
irreligioso, sa ◇ adj irreligious. ◇ m, f irreligious person.
irremediable adj irremediable.
irremediablemente adv irremediably.
irremisible adj [imperdonable] unpardonable; [irremediable] irremediable.
irremplazable, irreemplazable adj irreplaceable.
irreparable adj irreparable.
irrepetible adj unique, unrepeatable.
irreprensible adj irreproachable.
irreprimible adj irrepressible.
irreprochable adj irreproachable.
irresistible adj irresistible.
irresistiblemente adv irresistibly.
irresoluble adj - **1.** [sin solución] unsolvable. - **2.** [sin resolución] irresolute, indecisive.
irresolución f irresolution, indecisiveness.
irresoluto, ta culto ◇ adj - **1.** [sin resolución] irresolute. - **2.** [pendiente] unresolved. ◇ m, f irresolute person.

irrespetuoso, sa ◇ adj disrespectful. ◇ m, f disrespectful person.
irrespirable adj unbreathable.
irresponsabilidad f irresponsibility.
irresponsable ◇ adj irresponsible. ◇ mf irresponsible person.
irrestricto, ta adj unrestricted.
irresuelto, ta adj unresolved.
irretroactividad f DER nonretroactive nature.
irrevelable adj unrevealable.
irreverencia f irreverence.
irreverenciar [7] vt to treat irreverently o with disrespect.
irreverente adj irreverent.
irreversible adj irreversible.
irrevocabilidad adj irrevocability.
irrevocable adj irrevocable.
irrevocablemente adv irrevocably.
irrigable adj irrigable.
irrigación f irrigation.
irrigador m MED irrigator.
irrigar [16] vt to irrigate.
irrisible adj ridiculous, laughable.
irrisión f - **1.** [mofa] ridicule, derision. - **2.** [hazmerreír] laughingstock.
irrisorio, ria adj - **1.** [excusa etc] laughable, derisory. - **2.** [precio etc] ridiculously low.
irritabilidad f irritability.
irritable adj irritable.
irritación f - **1.** [gen] irritation. - **2.** DER annulment.
irritado, da adj irritated.
irritante adj irritating.
irritar vt - **1.** [gen] to irritate. - **2.** fig [incitar] to excite.
◆ **irritarse** vpr - **1.** [enfadarse] to get angry o annoyed. - **2.** [suj: piel etc] to become irritated.
irrito, ta adj DER null, invalid.
irrogar [16] vt to cause, to occasion.
irrompible adj unbreakable.
irrumpir vi: ~ **en** to burst into.
irrupción f - **1.** [acometida] bursting in. - **2.** [invasión] invasion.
IRYDA (abrev de **Instituto Nacional de Reforma y Desarrollo**) m Spanish government body that provides financial aid to the agricultural sector.
Isabel f: ~ **la Católica** Isabella the Catholic.
isabelino, na adj [en España] Isabelline; [en Inglaterra] Elizabethan.
Isaías m BIBLIA Isaiah.
ISBN (abrev de **international standard book number**) m ISBN.
Isidro m: **San** ~ **Labrador** Saint Isidore.
isla f - **1.** [tierra] island; **la** ~ **de Man** the Isle of Man; **la** ~ **Mauricio** (the Island of) Mauritius; **la** ~ **de Pascua** Easter Island; **la** ~ **San Lorenzo** (the Island of) San Lorenzo □ **desierta** desert island. - **2.** [de casas] block. - **3.** Amér [de árboles] grove. - **4.** Amér fig [terreno] flood plain.
islam m inv Islam.
Islamabad s Islamabad.
islámico, ca adj Islamic.
islamismo m Islam.
islamita RELIG ◇ adj Islamic. ◇ mf Moslem.
islamizar [13] vt to Islamize, to convert to Islam.
◆ **islamizarse** vpr to convert to Islam.
islandés, esa (pl **islandeses**) ◇ adj Icelandic. ◇ m, f [persona] Icelander.
◆ **islandés** m [lengua] Icelandic.
Islandia s Iceland.
islario m map or description of the islands of an area.

isleño, ña ◇ *adj* island *(antes de sust).* ◇ *m, f* islander.

isleta *f* - **1.** [isla pequeña] isle, islet. - **2.** [acera] traffic island.

islote *m* small, rocky island.

ISO *(abrev de* **International Standards Organization***) f* ISO.

isobara, isóbara *f* isobar.

Isolda *f →* **Tristán.**

isómero, ra *adj* QUÍM isomeric.

◆ **isómero** *m* QUÍM isomer.

isomorfo, fa *adj* MIN isomorphic.

isósceles ◇ *adj inv* isosceles. ◇ *m inv* isosceles triangle.

isoterma *f →* **isotermo.**

isotérmico, ca *adj* isothermal.

isotermo, ma *adj* isothermal.

◆ **isoterma** *f* isotherm.

isotópico, ca *adj* isotopic.

isótopo *m* isotope.

isquión *m* ischium.

Israel *s* Israel.

israelí *(pl* **israelíes***) adj & mf* Israeli.

israelita *adj & mf* Israelite.

ISSN *(abrev de* **número internacional normalizado de publicaciones en serie***) m* ISSN.

istmeño, ña, ístmico, ca *adj* isthmian.

istmo *m* isthmus.

Italia *s* Italy.

italianismo *m* Italianism.

italianizar [13] *vt* to Italianize.

italiano, na *adj & m, f* Italian.

◆ **italiano** *m* [lengua] Italian.

itálico, ca *adj & m, f* HIST Italic.

◆ **itálica** *f →* **letra.**

item *(pl* **items***),* **ítem** *(pl* **ítems***)* ◇ *m* item. ◇ *adv* furthermore, moreover.

iteración *f* repetition.

iterar *vt* to repeat.

iterativo, va *adj* repetitive.

iterbio *m* QUÍM ytterbium.

itinerante *adj* itinerant; [embajador] roving.

itinerario *m* route, itinerary.

ITV *(abrev de* **inspección técnica de vehículos***) f* annual technical inspection for motor vehicles of ten years or more, ≃ MOT Br.

IU *(abrev de* **Izquierda Unida***) f* coalition of Spanish left-wing parties.

IVA *(abrev de* **impuesto sobre el valor añadido***) m* VAT.

Iván *m:* ~ **el Terrible** Ivan the Terrible.

izar [13] *vt* to raise, to hoist.

izda *(abrev escrita de* **izquierda***)* L, l.

izquierda *f →* **izquierdo.**

izquierdismo *m* left-wing views *(pl).*

izquierdista ◇ *adj* left-wing. ◇ *mf* left-winger.

izquierdo, da *adj* left; **ve menos con el ojo ~ que con el derecho** she can't see as well with her left eye as with her right one.

◆ **izquierda** *f* - **1.** [lado] left; **a la izquierda (de)** on o to the left (of); **girar a la izquierda** to turn left; **de la izquierda** on the left; **por la izquierda** on the left. - **2.** [mano] left hand. - **3.** POLÍT left (wing); **de izquierdas** left-wing; **la prensa de izquierdas criticaba al gobierno conservador** the left-wing press criticized the Conservative government.

izquierdoso, sa *adj fam* leftish.

j, J *f* [letra] j, J.

ja *interj* ha!

jaba *f Amér* - **1.** [cesto] wicker basket. - **2.** [saco] beggar's bag. - **3.** [calabaza] hollow gourd. - **4.** [pobreza] poverty.

jabado, da *adj Amér* - **1.** [ave] mottled. - **2.** *fig* [persona] hesitant, wavering.

jabalcón *m* - **1.** ARQUIT strut, brace. - **2.** *Amér* [barranco] ravine.

jabalí, ina *(pl* **jabalíes***) m, f* wild boar (*f* wild sow).

jabalina *f* DEP javelin.

jabardear *vi* to swarm.

jabardillo *m* - **1.** [de insectos] swarm. - **2.** *fig* [de personas] throng.

jabardo *m* - **1.** [enjambre] swarm. - **2.** [multitud] throng.

jabato, ta *adj* [valiente] brave.

◆ **jabato** *m* - **1.** ZOOL baby wild boar. - **2.** *fam* [joven] brash young man.

jábega *f* - **1.** [red] dragnet. - **2.** [barco] fishing boat.

jabeque *m* - **1.** [velero] xebec. - **2.** *fam* [herida] gash in the face.

jabí *(pl* **jabíes***) m* - **1.** [uva] *small wild grape typical of Granada.* - **2.** [manzana] small wild apple. - **3.** [árbol] quebracho.

jabladera *f* [en carpintería] crozer.

jabón *m* - **1.** [para lavar] soap; ~ **de afeitar/de tocador** shaving/toilet soap; ~ **líquido** liquid soap; ~ **en polvo** soap powder. - **2.** *fam* [reprensión] tonguelashing; **dar ~ a alguien** to soft-soap sb; **dar un ~ a** *fam* [regañar] to tell off, to haul over the coals; *Amér* [asustar] to frighten. - **3.** *loc:* **tener ~** *Amér* to be afraid.

◆ **jabón de sastre** *m* soapstone, French chalk.

jabonada *f Amér* - **1.** [jabonadura] soaping, lathering. - **2.** *fam* [reprimenda] tongue-lashing.

jabonado *m* - **1.** [jabonadura] soaping, lathering. - **2.** [ropa] laundry, wash.

jabonadura *f* - **1.** [enjabonado] soaping, lathering. - **2.** *fam* [reprimenda]: **dar una ~ a** *fam* to tell off, to haul over the coals.

◆ **jabonaduras** *fpl* soapsuds, lather *(sg).*

jabonar *vt* - **1.** [ropa, cuerpo] to soap. - **2.** [barba] to lather. - **3.** *fam* [reprender] to tell off, to haul over the coals.

jaboncillo *m* - **1.** [de sastre] tailor's chalk. - **2.** [jabón] bar of soap. **- 3.** [árbol, fruto] soapberry. **- 4.** *Amér* [para afeitar] shaving soap.

jabonera *f* **- 1.** [recipiente] soap dish. **- 2.** [hierba] soapwort.

jabonero, ra ◇ *adj* **- 1.** [del jabón] soap *(antes de sust)*. **- 2.** TAUROM off-white. ◇ *m, f* soapmaker.

jabonoso, sa *adj* soapy.

jabuco *m Amér* large straw basket.

jaca *f* **- 1.** [caballo pequeño] pony; [yegua] mare. **- 2.** *Amér* [gallo] gamecock, fighting cock.

jacal *m Amér* hut.

jácara ◇ *adj f* → **jácaro.** ◇ *f* **- 1.** [romance] picaresque ballad. **- 2.** [música, danza] *type of song and dance*. **- 3.** *fam* [juerguistas] group of revellers. **- 4.** [mentira] lie. **- 5.** [molestia] annoyance, bother. **- 6.** [cuento] story, tale. **- 7.** [juerga]: **estar de** ~ to live it up.

jacarandá (*pl* **jacarandás**) *m* BOT jacaranda.

jacarandoso, sa *adj* merry, lively.

jacaré *m Amér* alligator.

jacarear ◇ *vi* [cantar] to sing 'jácaras'. ◇ *vt* [insultar] to insult.

jacarero, ra ◇ *adj* merry, lively. ◇ *m, f* **- 1.** [juerguista] merrymaker, reveller. **- 2.** [cantante] singer of 'jácaras'.

jacarista *adj & mf* = **jacarero.**

jácaro, ra ◇ *adj* boastful, swaggering; **a lo** ~ boastfully. ◇ *m, f* boaster, swaggerer.

jácena *f* ARQUIT summer, summer tree.

jacerina *f* coat of mail.

jacinto *m* **- 1.** [planta] hyacinth. **- 2.** MIN jacinth.

◆ **jacinto occidental** *m* topaz.

◆ **jacinto oriental** *m* ruby.

jaco *m* **- 1.** *mfam* [heroína] junk, heroin. **- 2.** [jamelgo] hack, nag. **- 3.** [cota] short-sleeved coat of mail.

jacobeo, a *adj* of/relating to St James.

jacobinismo *m* Jacobinism.

jacobino, na *adj & m, f* Jacobin.

jacobita *adj & mf* Jacobite.

jactancia *f* boasting.

jactancioso, sa *adj* boastful.

jactarse *vpr:* ~ **(de)** to boast (about o of).

jaculatorio, ria *adj* ejaculatory.

◆ **jaculatoria** *f* short prayer.

jacuzzi® [ja'kusi] (*pl* **jacuzzis**) *m* Jacuzzi®.

jada *f* hoe.

jade *m* jade.

jadeante *adj* panting.

jadear *vi* to pant.

jadeo *m* panting *(U)*.

jaez (*pl* **jaeces**) *m* **- 1.** [arreo] harness. **- 2.** *despec* [carácter] ilk, kind.

◆ **jaeces** *mpl* trappings.

jaguar (*pl* **jaguars**) *m* jaguar.

jaguay *m Amér* **- 1.** [aguada] watering trough. **- 2.** [balsa] pond. **- 3.** [liana] liana.

jagüel *m Amér* pond.

jagüey *m Amér* **- 1.** [charca] pond. **- 2.** [árbol] banyan tree.

jai alai *m* DEP jai alai, pelota.

jaiba *Amér* ◇ *f* [cangrejo de río] crayfish. ◇ *adj* [persona] clever, astute.

jaibol *m Amér* highball.

Jaime *m:* ~ **I el Conquistador** James the Conqueror.

jaique *m* haik.

Jakarta [ja'karta] *s* Jakarta.

jalapa *f* [planta] jalap.

jalapina *f* jalap resin.

jalar ◇ *vi* **- 1.** *mfam* [comer] to pig (out), to scoff. **- 2.** *Amér* [irse] to go off. ◇ *vt* **- 1.** [tirar] to pull, to haul. **- 2.** *Amér* [hacer el amor con] to make love to. **- 3.** *Amér* [suspender] to fail. **- 4.** *Amér* [hacer] to do; [decir] to say.

◆ **jalarse** *vpr* **- 1.** *mfam* [comer] to scoff (down). **- 2.** *Amér* to get drunk.

jalbegar [16] *vt* **- 1.** [blanquear] to whitewash. **- 2.** [afeitar] to make up.

jalca *f Amér* elevated place in the Andes.

jalde, jaldo, da *adj* bright yellow.

jalea *f* jelly; ~ **de guayaba/de membrillo/real** guava/quince/royal jelly.

jaleador, ra ◇ *adj* cheering. ◇ *m, f* cheerer.

jalear *vt* **- 1.** [animar] to cheer on. **- 2.** [perro] to urge on. **- 3.** *Amér* [molestar] to pester, to bother. **- 4.** *Amér* [burlarse de] to make fun of.

jaleo *m* **- 1.** [alboroto] row, rumpus; **armar** ~ to kick up a row o fuss. **- 2.** [lío] mess, confusion. **- 3.** [aplausos, gritos] cheering. **- 4.** [juerga] binge, spree. **- 5.** [mezcla] jumble; **un** ~ **de cifras** a jumble of figures. **- 6.** [baile] *popular Andalusian dance*. **- 7.** *Amér* [galanteo] courting.

jalifa *f* HIST *Spanish Moroccan governor*.

jalifato *m* HIST *territory of a Spanish Moroccan governor*.

jalisco, ca *adj Amér* drunk.

◆ **jalisco** *m Amér* straw hat.

jalma *f* packsaddle.

jalón *m* **- 1.** [palo] marker pole. **- 2.** *fig* [hito] milestone. **- 3.** *fig* [etapa] stage. **- 4.** *Amér* [tirón] pull, tug. **- 5.** *Amér* [trecho] stretch, distance. **- 6.** *Amér* [trago] swig.

jalonar *vt* **- 1.** [camino, carretera] to stake o mark out. **- 2.** *fig* [marcar] to mark.

jalonear, jalotear *vi Amér* **- 1.** [dar tirones] to pull, to tug. **- 2.** [regatear] to haggle.

jaloneo, jaloteo *m Amér* **- 1.** [tirón] pull, tug. **- 2.** [regateo] haggling.

jalotear *vi* = **jalonear.**

jaloteo *m* = **jaloneo.**

Jamaica *s* Jamaica.

jamaicano, na *adj & m, f* Jamaican.

jamancia *f fam* grub.

jamar *vt fam* to guzzle.

jamás *adv* never; **no le he visto** ~ I've never seen him; **la mejor película que** ~ **se haya hecho** the best film ever made ❏ ~ **de los jamases** never ever.

jamba *f* jamb, doorpost.

jambaje *m* [de puerta] door frame; [de ventana] window frame.

jámbico, ca *adj* LITER iambic.

jamboree *m* jamboree.

jamelgo *m fam* nag.

jamón *m* ham; ~ **ahumado** smoked ham; ~ **del país** local homemade ham; ~ **serrano** cured ham, ≃ Parma ham; ~ **(de) York** o **(en) dulce** boiled ham; **¡y un** ~! *fam fig* you've got to be joking!, not on your life!

jamona *fam* ◇ *adj f* generously built. ◇ *f* generously built woman.

jam-session ['ʒam'sesjon] *f* MÚS jam.

jamugas *fpl* sidesaddle *(sg)*.

jangada *f* **- 1.** [tontería] silly remark. **- 2.** [trastada] dirty trick. **- 3.** [balsa] raft; [de árboles] floating logs *(pl)*.

jansenismo *m* Jansenism.

Japón *s* **- 1.** [país]: **(el)** ~ Japan. **- 2.** → **mar.**

japonés, esa (*pl* **japoneses**) *adj & m, f* Japanese.

◆ **japonés** *m* [lengua] Japanese.

jaque *m* **- 1.** [en ajedrez]: **dar** ~ to check, to put in check; **dar** ~ **mate** to checkmate; **estar en** ~ to be in check ❏ ~ **mate** checkmate; ~ **(al rey)** check; **tener en** ~ **a alguien** *fig* to keep sb in a state of anxiety. **- 2.** [valentón] braggart, boaster.

jaquear *vt* **- 1.** [en ajedrez] to check. **- 2.** *fig* [amenazar] to hold a threat over. **- 3.** *fig* [hostigar] to harass.

jaqueca *f* migraine; **dar** ~ **a alguien** *fam fig* to bother sb, to pester sb.

jaquecoso, sa *adj* - **1.** [con jaqueca] suffering from migraines. - **2.** *fam fig* [fastidioso] bothersome, tiresome.

jaquetón *m* - **1.** *fam* [valentón] braggart. - **2.** [tiburón] maneating shark.

jáquima *f* - **1.** [del caballo] headstall. - **2.** *Amér fam* [borrachera] drunkenness.

jaquimón *m Amér* headstall.

jara *f* - **1.** [arbusto] rockrose. - **2.** [arma] arrow. - **3.** *Amér fam* [policía] cops *(pl)*. - **4.** *Amér* [descanso] rest.

jarabe *m* syrup; ~ **de arce** maple syrup; ~ **de maíz** maize syrup *Br*, corn syrup *Am*; ~ **para la tos** cough mixture o syrup; ~ **de palo** *fam fig* beating; **dar** ~ *fig* to butter up; **tener mucho** ~ **de pico** *fig* to have the gift of the gab, to be a smooth talker.

◆ **jarabe tapatío** *m popular Mexican folk dance.*

jarabear *vt* to dose with medicine.

◆ **jarabearse** *vpr* to take medicinal syrups.

jaral *m* - **1.** [terreno] patch of rockroses. - **2.** *fig* [asunto intrincado] thorny question, tricky affair.

jaramago *m* wall rocket.

jaramugo *m* [pez] fry.

jarana *f* - **1.** [juerga]: **estar/irse de** ~ to be/go out on the town. - **2.** [alboroto] row, rumpus. - **3.** *Amér fam* [chanza] joke. - **4.** *Amér* [guitarra] small guitar. - **5.** *Amér* [deuda] debt. - **6.** *Amér* [embuste] trick, hoax.

jaranear *vi* - **1.** [ir de juerga] to go out on the town. - **2.** [divertirse] to have a good time. - **3.** *Amér* [estafar] to swindle, to cheat. - **4.** *Amér* [chancear] to joke. - **5.** *Amér* [deber] to get into debt.

jaranero, ra ◇ *adj* fond of partying. ◇ *m, f* party-goer.

jarca *f* acacia.

jarcia *f* - **1.** [NÁUT - cabos, aparejos] rigging; [- para pescar] fishing tackle. - **2.** [mezcolanza] heap, jumble. - **3.** *Amér* [cordel] rope.

jarciar [8] *vt* NÁUT to rig.

jardín *m* - **1.** [terreno] garden; ~ **botánico/colgante** botanical/hanging garden; ~ **público** public gardens *(pl)*; ~ **zoológico** zoo, zoological garden. - **2.** NÁUT latrine. - **3.** [de piedra preciosa] flaw.

◆ **jardín de infancia** *m* kindergarten, nursery school.

jardinera *f* → **jardinero**.

jardinería *f* gardening.

jardinero, ra *m, f* gardener; ~ **paisajista** landscape gardener.

◆ **jardinera** *f* - **1.** [objeto] flowerpot stand. - **2.** CULIN: **a la jardinera** garnished with vegetables. - **3.** [carruaje] open carriage.

jareta *f* - **1.** [dobladillo] hem. - **2.** [cabo] rope.

jaretón *m* wide hem.

jarocho, cha ◇ *adj* uncouth, rude. ◇ *m, f* - **1.** [insolente] rude person. - **2.** *Amér* [de Veracruz] native of Veracruz.

jarope *m* - **1.** [jarabe] syrup. - **2.** *fam* [bebida mala] dishwater *(U)*, unpleasant drink.

jarra *f* - **1.** [para servir] jug; [de leche] churn. - **2.** [para beber] tankard; [de cerveza] mug.

◆ **en jarras** *loc adv* [postura] hands on hips.

jarrear ◇ *vt* [sacar con jarro] to draw with a pitcher o jug. ◇ *vi fig* [llover] to pour down, to rain cats and dogs.

jarretar *vt fig* - **1.** [enervar] to enervate. - **2.** [quitar fuerzas] to weaken.

jarrete *Esp*, **garrete** *Amér m* ANAT back of the knee; [de animal] hock.

jarretera *f* - **1.** [liga] garter. - **2.** [orden militar] Order of the Garter.

jarro *m* jug; **fue como un** ~ **de agua fría** *fig* it was a bolt from the blue.

jarrón *m* vase.

Jartum *s* Khartoum.

jaspe *m* jasper.

jaspeado, da *adj* [veteado] mottled, speckled.

◆ **jaspeado** *m* mottling.

jaspear *vt* to mottle, to speckle.

jato, ta *m, f* calf.

jauja *f fam* paradise, heaven on earth; **estar** o **vivir en** ~ to have it made; **ser** ~ to be heaven on earth o paradise.

jaula *f* - **1.** [para animales] cage. - **2.** [para criminales] cell. - **3.** [para niños] playpen. - **4.** [embalaje] crate. - **5.** MIN cage. - **6.** *Amér* [coche policial] police van, ≃ Black Maria.

jauría *f* pack of dogs.

Java *s* Java.

javanés, esa *(pl* **javaneses)** *adj & m, f* Javanese.

jazmín *m* jasmine.

◆ **jazmín de la India** *m* gardenia.

jazz [ʒas] *m* jazz.

JC *(abrev escrita de* **Jesucristo)** JC.

je *interj* ha!

jeans [ʒins] *mpl* jeans.

jebe *m* - **1.** MIN alum. - **2.** *Amér* [caucho] rubber plant. - **3.** *Amér* [goma elástica] rubber band. - **4.** *Amér fam* [preservativo] rubber.

jeep [ʒip] *(pl* **jeeps)** *m* jeep.

jefatura *f* - **1.** [cargo] leadership. - **2.** [organismo] headquarters *(pl)*, head office; ~ **de policía** police station.

jefazo, za *m, f fam* big boss.

jefe, fa *m, f* [gen] boss; COM manager *(f* manageress); [líder] leader; [de tribu, ejército] chief; [de departamento etc] head; **en** ~ MIL in-chief; **ser el** ~ to be the boss ❑ ~ **de camareros** o **de mozos** head waiter; ~ **de cocina** chef; ~ **de escuadra** NÁUT rear admiral; ~ **de estación** stationmaster; ~ **de Estado** head of state; ~ **de estado mayor** MIL chief of staff; ~ **de estudios** deputy head; ~ **de fila** DEP top-ranking cyclist; ~ **de personal** personnel officer; ~ **de policía** police chief; ~ **de producción/ventas** production/sales manager; ~ **de redacción** editor-in-chief; ~ **de taller** foreman; ~ **de tren** ticket collector *Br*, conductor *Am*.

Jehová *m* BIBLIA Jehova.

jején *m Amér* - **1.** [insecto] gnat. - **2.** *fig* [gran cantidad] swarm.

jeme *m* - **1.** [distancia] *distance between the end of the thumb and the end of the forefinger with the hand extended.* - **2.** *fig* [cara] woman's face.

JEME *(abrev de* **Jefe del Estado Mayor del Ejército)** *m Spanish military chief of staff.*

jemeque *m* whine.

jemiquear, jeremiquear *vi Amér* to whimper, to snivel.

JEN *(abrev de* **Junta de Energía Nuclear)** *f Spanish nuclear energy board.*

jengibre *m* ginger.

jeniquén *m* henequen.

jenízaro, ra *adj* [híbrido] hybrid.

◆ **jenízaro** *m* [soldado] janissary.

jeque *m* sheikh.

jerarca *m* high-ranking person, leader.

jerarquía *f* - **1.** [organización] hierarchy. - **2.** [persona] high-ranking person, leader.

jerárquico, ca *adj* hierarchical.

jerarquizar [13] *vt* to structure in a hierarchical manner.

jerbo *m* [roedor] jerboa.

jeremiada *f* jeremiad.

jeremías *mf inv* whiner, complainer.

◆ **Jeremías** *m* BIBLIA Jeremiah.

jeremiquear *vi* = **jemiquear**.

jerez *m inv* sherry; ~ **fino** dry sherry.

jerga *f* - **1.** [lenguaje] jargon; [argot] slang; ~ **periodística** journalese *(U)*. - **2.** [galimatías] gibberish. - **3.** [tela] coarse woollen cloth. - **4.** [colchón] straw mattress. - **5.** *Amér* [manta de caballo] saddle blanket.

jergal *adj* slang *(antes de sust)*.

jergón *m* straw mattress.

jerguilla *f* - **1.** [tela] silk serge. - **2.** *Amér* [carne] meat from the neck of a cow.

jeribeque *m* - **1.** [mueca] grimace. - **2.** [guiño] wink, blink.

Jericó *s* BIBLIA: **las murallas de** ~ the walls of Jericho.

jerifalte *m* = **gerifalte**.

jerife *m* sherif, sharif.

jerigonza *f* - **1.** [galimatías] gibberish *(U)*; **andar en** ~**s** to talk gibberish. - **2.** [jerga] jargon; [argot] slang. - **3.** *fam* [tontería] foolish thing.

jeringa *f* - **1.** [para inyecciones] syringe. - **2.** *fam fig* [molestia] pain, nuisance.

jeringar [16] *vt* - **1.** [inyectar] to inject. - **2.** *fam* [fastidiar] to bug, to pester.

jeringazo *m* injection.

jeringuear *vt Amér* to pester.

jeringuilla *f* - **1.** [para inyecciones] syringe; ~ **hipodérmica** hypodermic syringe. - **2.** [arbusto] mock orange, syringa.

jeroglífico, ca, hieroglífico, ca *adj* hieroglyphic.
◆ **jeroglífico, hieroglífico** *m* - **1.** [inscripción] hieroglyphic. - **2.** [pasatiempo] rebus.

Jerónimo, Gerónimo *m* Geronimo.

jerséi (*pl* **jerséis**), **jersey** (*pl* **jerseys**) *m* jumper, pullover; ~ **con cuello de pico** V-neck (jumper); ~ **de cuello alto** turtleneck sweater.

Jersey *s* Jersey.

Jerusalén *s* Jerusalem.

Jesucristo *m* RELIG Jesus Christ.

jesuita *adj & m* Jesuit.

jesuítico, ca *adj* Jesuitic.

jesús *interj* - **1.** [sorpresa] gosh!, good heavens! - **2.** [tras estornudo] bless you!

Jesús *m* RELIG Jesus.

jet [ʒet] (*pl* **jets**) ◇ *m* jet. ◇ *f* → **jet-set**.

jeta *mfam* ◇ *f* - **1.** [cara] mug, face; **romperle la** ~ **a alguien** to smash sb's face in; **tener (mucha)** ~ to be a cheeky bugger ◻ **estirar la** ~ *Amér fam* to kick the bucket. - **2.** [hocico] snout. - **3.** [labios abultados] thick lips *(pl)*. ◇ *mf* cheeky bugger.

jet lag ['ʒet'lak] *m* jet lag.

jet-set ['ʒet'set] *f* jet set.

jetudo, da *adj* thick-lipped.

Jezabel *f* BIBLIA Jezabel.

ji *f* chi.

jíbaro, ra, jívaro, ra ◇ *adj* - **1.** [indio] Jivaro *(antes de sust)*. - **2.** *Amér* [rústico] rural, rustic. ◇ *m, f* - **1.** [indio] Jivaro. - **2.** *Amér* [campesino] peasant.
◆ **jíbaro** *m Amér* tall vigorous man.

jibia *f* - **1.** [molusco] cuttlefish. - **2.** [concha] cuttlebone.

Jibuti [ʒiˈβuti], **Yibuti** *s* Djibouti.

jícara *f* - **1.** [de chocolate] small cup. - **2.** *Amér* [güira] calabash, gourd. - **3.** *Amér* [vasija] calabash cup.

jicote *m Amér* - **1.** [insecto] wasp. - **2.** [nido] wasp's nest.

jiddisch *m* = **yiddish**.

jifa *f* offal.

jifero, ra *adj* - **1.** [del matadero] slaughterhouse *(antes de sust)*. - **2.** *fig* [sucio] dirty, filthy.
◆ **jifero** *m* - **1.** [cuchillo] cleaver, slaughtering knife. - **2.** [carnicero] slaughterer.

jifia *f* swordfish.

jigote *m* braised meat stew.

jijona *m* type of nougat made in Jijona.

jilguero *m* goldfinch.

jilipollada *f* = **gilipollada**.

jilipollas *adj inv & mf inv* = **gilipollas**.

jilipollez *f* = **gilipollez**.

jilote *m Amér* unripened ear of maize.

Jimena *f*: **Doña** ~ Doña Jimena.

jimio, mia *adj & m, f* simian.

jinda, jindama *f fam* fear, fright.

jineta *f* - **1.** ZOOL genet. - **2.** [lanza corta] short lance. - **3.** [hombrera] epaulette.

jinete *mf* - **1.** [persona a caballo] rider; [profesional] jockey. - **2.** MIL cavalryman. - **3.** *Amér* [sablista] scrounger, sponger.

jinetear ◇ *vi* to ride on horseback. ◇ *vt Amér* to misappropriate.

jinglar *vi* to swing, to rock.

jingoísmo *m* POLÍT jingoism.

jingoísta POLÍT ◇ *adj* jingoistic. ◇ *mf* jingoist.

jiña *f Amér* - **1.** [fruslería] trifle. - **2.** [excremento] (human) excrement.

jiote *m Amér* rash.

jipar *vi Amér* - **1.** [hipar] to hiccough. - **2.** [jadear] to pant, to gasp.

jipido *m* hiccup, hiccough.

jipijapa *m* straw hat, Panama hat.

jiquilete *m* [planta] indigo plant.

jira *f* - **1.** [tira] strip. - **2.** [jirón] shred. - **3.** [merienda campestre] picnic.

jirafa *f* - **1.** ZOOL giraffe. - **2.** CINE & TV boom.

jirón *m* - **1.** [andrajo] shred, rag; **hecho jirones** in tatters. - **2.** [de ropa] facing. - **3.** [estandarte] pennant. - **4.** *Amér* [calle] street.

jitomate *m Amér* variety of tomato.

jiu-jitsu *m* = **yiu-yitsu**.

jívaro, ra *adj & m, f* = **jíbaro**.

JJ OO (*abrev de* **juegos olímpicos**) *mpl* Olympic Games.

JME (*abrev de* **Juventudes Musicales Españolas**) *fpl* Spanish national organization of young musicians.

jo *interj fam* - **1.** [asombro, admiración] wow! - **2.** [enfado, molestia] hell!, Christ!

Job *m* BIBLIA Job.

jockey *m* = **yóquey**.

jocosamente *adv* in a jocular fashion.

jocoserio, ria *adj* tragicomic.

jocosidad *f* - **1.** [humor] funniness, humour. - **2.** [chiste] quip. - **3.** [divertimiento] jocularity.

jocoso, sa *adj* jocular.

jocoyote *m Amér* youngest child.

jocundidad *f culto* joviality, cheerfulness.

jocundo, da *adj culto* jovial, cheerful.

joder *vulg* ◇ *vi* - **1.** [copular] to fuck. - **2.** [fastidiar] to be a pain in the arse; **¡no jodas!** [incredulidad] bollocks! *Br*, pull the other one! ◇ *vt* - **1.** [fastidiar] to fuck about o around. - **2.** [disgustar] to fuck o piss off. - **3.** [estropear] to fuck (up). ◇ *interj* fuck it!, fucking hell!
◆ **joderse** *vpr vulg* - **1.** [aguantarse] to fucking well put up with it; **¡que se joda!** he can fuck off! - **2.** [estropearse] to get fucked (up). - **3.** [irse al diablo] to fuck up.

jodido, da *adj vulg* - **1.** [gen] fucked; [anímicamente] fucked up. - **2.** [difícil] fucking difficult. - **3.** [maldito] fucking.

jodienda *f vulg* fucking pain (in the arse).

jofaina *f* washbasin *Br*, washbowl *Am*.

jogging ['ʒoɣin] *m* jogging.

Johannesburgo *s* Johannesburg.

jojoba *f* jojoba.

jóker ['ʒoker] (*pl* **jokers**) *m* joker *(in cards)*.

jolgorio *m* merrymaking; **ir de** ~ to go out on the town.

jolín, jolines *interj fam* hell!, Christ!

Jonás *m* BIBLIA Jonah.

jondo *adj* → **cante**.

jónico, ca *adj* Ionic.

Jónico *m*: **el (mar)** ~ the Ionic Sea.

JONS (*abrev de* **Juntas de Ofensiva Nacional Sindicalista**) *fpl* Spanish right-wing youth movement founded in 1931.

jopeo *m* stroll, walk.

jopo ◇ *m* - **1.** [mechón] tuft, shock. - **2.** [rabo] bushy tail. ◇ *interj* scram!, beat it!

jora *f Amér type of maize used to make 'chicha'.*

jordán *m fig* [fuente de juventud] fountain of youth; [rejuvenecimiento] rejuvenation; **ir al** ~ [remozarse] to be rejuvenated; [convalecer] to convalesce.

Jordania *s* Jordan.

jordano, na *adj & m, f* Jordanian.

Jorge *m*: **san** ~ Saint George.

jornada *f* - **1.** [de trabajo] working day; ~ **intensiva** *working day from 8 to 3 with only a short lunch break;* ~ **partida** *typical Spanish working day from 9 to 1 and 4 to 7;* ~ **de reflexión** *day of reflection before elections when campaigning is forbidden;* **media** ~ half day. - **2.** [de viaje] day's journey. - **3.** DEP round of matches, programme. - **4.** MIL expedition. - **5.** *fig* [vida] lifetime. - **6.** *fig* [época] stage. - **7.** TEATRO act. - **8.** CINE & TV episode. - **9.** IMPRENTA day's print run. - **10.** *Amér* [sueldo] day's wage.

◆ **jornadas** *fpl* [conferencia] conference *(sg).*

jornal *m* - **1.** [sueldo] day's wage; ~ **mínimo** minimum wage. - **2.** [día de trabajo] day's work; **a** ~ by the day. - **3.** [medida] *land measurement that varies from region to region.*

jornalero, ra *m, f* day labourer.

joroba *f* - **1.** [giba] hump. - **2.** *mfam fig* [molestia] pain, nuisance.

jorobado, da ◇ *adj* - **1.** *mfam* [estropeado] knackered *Br,* kaput; **tengo el estómago** ~ I've got gut-rot. - **2.** [con joroba] hunchbacked. ◇ *m, f* [persona] hunchback.

jorobar *vt mfam* - **1.** [molestar] to bug off, to annoy. - **2.** [estropear] to knacker *Br,* to break; **me ha jorobado el estómago** it's given me gut-rot.

◆ **jorobarse** *vpr mfam*: **pues te jorobas** you can like it o lump it.

jorobeta *f fam* hunchback, humpback.

jorongo *m Amér* - **1.** [manta] blanket. - **2.** [poncho] poncho.

joropo *m Amér popular Venezuelan folk dance.*

jorrar *vt* [red] to haul.

jorro *m* dragnet.

José *m* BIBLIA: **san** ~ Saint Joseph.

Josefina *f* Josephine.

Josué *m* BIBLIA Joshua.

jota *f* - **1.** [baile] *Aragonese folk song and dance.* - **2.** [cosa mínima] iota, jot. - **3.** [sopa] vegetable soup. - **4.** [loc]: **no decir ni** ~ *fam* not to say a word; **no entender** o **saber ni** ~ *fam* not to understand o know a thing; **no ver ni** ~ *fam* [por defecto visual] to be as blind as a bat; [por oscuridad etc] not to be able to see a thing; **sin faltar una** ~ without missing a thing, in minute detail.

jotero, ra *m, f* 'jota' dancer.

joto *mf Amér fam despec* queer *Br,* faggot *Am.*

joule ['ʒul] *m* FÍS joule.

joven ◇ *adj* young; **de** ~ as a young man/woman; **es un marido fiel, aunque de** ~ **había sido un mujeriego** he's a faithful husband, although in his youth o as a young man he was a womanizer. ◇ *mf* young man (*f* young woman); **los jóvenes** young people; **los jóvenes tienen más facilidad para aprender idiomas** young people are better at learning languages.

jovenzuelo, la *m, f* youngster.

jovial *adj* - **1.** [alegre] jovial, cheerful. - **2.** [de Júpiter] Jovian.

jovialidad *f* joviality, cheerfulness.

jovialmente *adv* jovially, cheerfully.

joya *f* - **1.** [alhaja] jewel; *fig* [cosa, persona] gem; **el nuevo empleado es una** ~ the new worker is a real gem ❑ ~ **de familia** family heirloom; ~**s de la corona** crown jewels; ~**s de fantasía** costume jewellery *(U).* - **2.** [adorno] piece of jewellery. - **3.** [broche] jewelled brooch. - **4.** [regalo] gift, present. - **5.** ARQUIT astragal, beaded moulding.

◆ **joyas** *fpl* [de la novia] trousseau *(sg).*

joyel *m* small jewel.

joyera *f* → **joyero**.

joyería *f* - **1.** [tienda] jeweller's (shop). - **2.** [arte, comercio] jewellery.

joyero, ra *m, f* [persona] jeweller.

◆ **joyero** *m* - **1.** [estuche] jewellery box. - **2.** *Amér* [orfebre] goldsmith.

◆ **joyera** *f* jewellery box.

joystick *m* ['ʒoistik] joystick.

JPI *(abrev de* **juzgado de primera instancia***) m court of first instance.*

JPT *(abrev de* **Jefatura Provincial de Tráfico***) f Spanish provincial headquarters for traffic police.*

Jr. *(abrev escrita de* **junior***)* Jr.

JSP *(abrev de* **Junta Superior de Precios***) f Spanish government watchdog on prices.*

Juan *m* - **1.** MITOL: **Don** ~ Don Juan. - **2.** HIST: ~ **de Austria** Don John of Austria. - **3.** RELIG: **san** ~ **Bautista** Saint John the Baptist; **san** ~ **Evangelista** Saint John the Evangelist.

Juana *f* HIST: ~ **la Loca** Joan the Mad; ~ **de Arco** Joan of Arc.

juanete *m* - **1.** [en pie] bunion. - **2.** [pómulo] prominent cheekbone. - **3.** NÁUT topgallant. - **4.** [cadera] hip.

Juan Pablo *m*: ~ **II** John Paul II.

jubilación *f* - **1.** [retiro] retirement; ~ **anticipada** early retirement. - **2.** [dinero] pension. - **3.** [alegría] jubilation, joy.

jubilado, da ◇ *adj* - **1.** [pensionado] retired. - **2.** *Amér fam* [sagaz] wise. - **3.** *Amér* [loco] mad, crazy. ◇ *m, f* pensioner *Br,* senior citizen.

jubilar ◇ *adj* - **1.** [de aniversario] jubilee *(antes de sust).* - **2.** [de jubilación] retirement *(antes de sust).* ◇ *vt* - **1.** [pensionar]: ~ **a alguien (de)** to pension sb off o retire sb (from). - **2.** *fam fig* [desechar] to chuck out, to ditch. ◇ *vi* to be jubilant, to rejoice.

◆ **jubilarse** *vpr* - **1.** [pensionarse] to retire. - **2.** [alegrarse] to rejoice. - **3.** *Amér* [ganar experiencia] to gain experience.

jubileo *m* - **1.** RELIG jubilee. - **2.** *fig* [idas y venidas] comings and goings *(pl).*

júbilo *m* jubilation, joy.

jubilosamente *adv* joyfully.

jubiloso, sa *adj* jubilant, joyous.

jubón *m* [vestidura] jerkin, doublet; [de mujer] bodice.

judaico, ca *adj* Judaic, Jewish.

judaísmo *m* Judaism.

judas *m inv* - **1.** [traidor] Judas, traitor. - **2.** [muñeco de paja] *effigy of Judas burnt during Holy Week.*

◆ **Judas** *m* BIBLIA: **Judas Iscariote** Judas Iscariot.

judeocristiano, na *adj* Judaeo-Christian.

judeoespañol, la ◇ *adj* Sephardic. ◇ *m, f* [persona] Sephardic Jew.

◆ **judeoespañol** *m* [lengua] Sephardi.

judería *f* - **1.** [barrio] Jewish ghetto o quarter. - **2.** [judíos] Jewry.

judía ◇ *adj f* → **judío**. ◇ *f* - **1.** [planta, semilla] bean; ~ **blanca/escarlata/pinta/verde** haricot/runner/kidney/green bean. - **2.** [en naipes] face card.

judiada *f fam* dirty trick.

judicatura *f* - **1.** [cargo] office of judge. - **2.** [institución] judiciary. - **3.** [mandato] judge's term of office, judgeship.

judicial *adj* judicial.

judicialmente *adv* judicially.

judiciario, ria *adj* judicial.

judío, a ◇ *adj* Jewish. ◇ *m, f* Jew (*f* Jewess).

judo *m* = **yudo**.

judoka *mf* = **yudoka**.

juega *v* → **jugar**.

juego *m* - **1.** [gen & DEP] game; [acción] play, playing; [con

dinero] gambling; **abrir/cerrar el** ~ to begin/finish the game; **estar/poner en** ~ to be/put at stake; **¡hagan** ~! place your bets! ❑ **doble** ~, ~ **doble** *fig* double game, double dealing *(U)*; ~ **de azar** game of chance; ~ **de cartas** o **de naipes** card game; ~ **de ingenio** guessing game; ~ **de manos** conjuring trick; ~ **de mesa** board game; ~ **de palabras** play on words, pun; ~ **de piernas** DEP footwork *(U)*; ~ **de prendas** game of forfeit; ~ **de salón** parlour game; ~ **de tablero** board game; ~ **de las sillas** musical chairs *(U)*; ~**s malabares** juggling *(U)*; *fig* [piruetas] balancing act *(sg)*; ~ **sucio/limpio** foul/clean play; **dejar fuera de** ~ DEP to disqualify; *fig* to faze; **descubrirle** o **verle el** ~ **a alguien** to see through sb; **estar (en) fuera de** ~ DEP to be offside; *fig* not to know what's going on; **hacerle el** ~ **a alguien** [ceder ventaja] to play into sb's hands; [cooperar] to play along with sb; **ser un** ~ **de niños** to be child's play. **- 2.** [de cartas] hand; **me salió un buen** ~ I was dealt a good hand. **- 3.** [conjunto de objetos] set; [de muebles] suite; **zapatos a** ~ **con el bolso** shoes with matching handbag; **hacer** ~ **(con)** to match; **las cortinas hacen** ~ **con la tapicería del sofá** the curtains match the sofa ❑ ~ **de bolas** MEC ball bearing; ~ **de herramientas** tool kit; ~ **de llaves/sábanas** set of keys/sheets; ~ **de té/café** tea/coffee service. **- 4.** MEC play.
◆ **juegos florales** *mpl* poetry competition *(sg)*.
Juegos Olímpicos *mpl* Olympic Games.
juegue *v* → **jugar**.
juerga *f fam* rave-up, binge; **irse/estar de** ~ to go/be out on the town; **tomar algo a** ~ to take sthg as a joke.
juerguearse *vpr* **- 1.** *fam* [irse de juerga] to live it up. **- 2.** [burlarse]: ~ **de** to make fun of.
juerguista *fam* ◇ *adj* fond of partying. ◇ *mf* party-goer, reveller.
jueves *m inv* Thursday; ~ **lardero** Thursday before Shrovetide; ~ **Santo** Maundy Thursday; **no ser nada del otro** ~ *fig* to be nothing out of this world; *ver también* **sábado**.
juez (*pl* **jueces**) *mf* **- 1.** DER judge; ~ **de alzado** o **de apelaciones** appeal court judge; ~ **de instrucción**, ~ **de primera instancia** examining magistrate; ~ **municipal** municipal court judge; ~ **de paz** Justice of the Peace. **- 2.** [DEP - gen] judge; [- en atletismo] official; ~ **de línea** [en fútbol] linesman; [en rugby] touch judge; ~ **de raya** *Amér* [en caballos] starter; ~ **de salida** starter; ~ **de silla** umpire.
jugada *f* **- 1.** DEP period of play; [en tenis, ping-pong] rally; [en fútbol, rugby etc] move; [en ajedrez etc] move; [en billar] shot. **- 2.** [treta] dirty trick; **hacer una mala** ~ **a alguien** to play a dirty trick on sb.
jugador, ra ◇ *adj* [gen] playing; [de juego de azar] gambling; **cada vez hay más mujeres jugadoras de fútbol** there are more and more women who play football. ◇ *m, f* [gen] player; [de juego de azar] gambler; **el bridge es un juego para cuatro** ~**es** bridge is a game for four players.
◆ **jugador de manos** *m* conjurer, magician.
jugar [40] ◇ *vi* **- 1.** [gen] to play; **los niños juegan en el patio del colegio** the children are playing in the playground; ~ **a** to play; ~ **al ajedrez** to play chess; ~ **en un equipo** to play for a team; **te toca** ~ it's your turn o go ❑ ~ **limpio/sucio** to play clean/dirty. **- 2.** [con dinero]: ~ **(a)** to gamble (on); **jugó al bingo y perdió mucho dinero** she played bingo and lost a lot of money; **le gusta** ~ **en los casinos** she likes gambling in casinos; ~ **(a la Bolsa)** to speculate (on the Stock Exchange). **- 3.** [ser desconsiderado]: ~ **con** to play (around) with; **juega con los sentimientos de los demás** she plays o toys with other people's feelings. ◇ *vt* **- 1.** [gen] to play; [ficha, pieza] to move; **nuestro equipo jugó un buen partido** our team played a good game. **- 2.** [dinero]: ~ **algo (a algo)** to gamble sthg (on sthg); **jugué 5.000 pesetas a mi número de la suerte** I gambled 5,000 pesetas on my lucky number.
◆ **jugarse** *vpr* **- 1.** [apostarse] to bet. **- 2.** [arriesgar] to risk. **- 3.** *loc:* **jugársela a alguien** to play a dirty trick on sb; **¿qué te juegas a que...?** I bet...?

jugarreta *f* **- 1.** *fam* [trastada] dirty trick. **- 2.** [mala jugada] bad move.
juglar ◇ *adj* [de trovadores] minstrel *(antes de sust)*. ◇ *m* **- 1.** [trovador] minstrel. **- 2.** [bufón] jester, buffoon.
juglaresco, ca *adj* **- 1.** [de trovadores] minstrel *(antes de sust)*. **- 2.** [de bufones] jester *(antes de sust)*.
juglaría *f* **- 1.** [de trovadores] minstrelsy. **- 2.** [de bufones] buffoonery.
jugo *m* **- 1.** [de fruta, de carne & ANAT] juice; BOT sap. **- 2.** *fig* [interés] meat, substance; **sacar** ~ **a algo/alguien** to get the most out of sthg/sb. **- 3.** [de carne] gravy.
jugosidad *f* juiciness.
jugoso, sa *adj* **- 1.** [con jugo] juicy. **- 2.** *fig* [picante] juicy; [sustancioso] meaty, substantial.
jugué *etc v* → **jugar**.
juguete *m* **- 1.** *lit & fig* toy; **de** ~ toy *(antes de sust)* ❑ ~**s bélicos** war toys. **- 2.** [chanza] joke, jest. **- 3.** TEATRO sketch.
juguetear *vi* to play (around); ~ **con algo** to toy with sthg.
jugueteo *m* play, playing *(U)*.
juguetería *f* **- 1.** [tienda] toy shop. **- 2.** [empresa] toy business o trade.
juguetón, ona *adj* playful.
juicio *m* **- 1.** DER trial; **llevar a alguien a** ~ to take sb to court; **reclamar en** ~ to appeal ❑ ~ **nulo** mistrial; ~ **que hace jurisprudencia** test case. **- 2.** [sensatez] (sound) judgement; [cordura] sanity, reason; **estar/no estar en su (sano)** ~ to be/not to be in one's right mind; **quitarle el** ~ **a alguien** to drive sb crazy; **perder el** ~ to lose one's reason, to go mad; **volvió a su** ~ she came to her senses. **- 3.** [opinión] opinion; **a mi** ~ in my opinion; **en el** ~ **de** in the opinion of ❑ ~ **de valor** value judgement. **- 4.** [discernimiento] judgement, discernment. **- 5.** [sentencia] sentence, verdict. **- 6.** ASTROL forecast.
Juicio Final *m:* **el** ~ the Last Judgement.
juiciosamente *adv* sensibly, wisely.
juicioso, sa *adj* sensible, wise.
Jujem (*abrev de* **Junta de Jefes de Estado Mayor**) *f Spanish military joint chiefs of staff.*
jul. (*abrev escrita de* **julio**) Jul.
julepe *m* **- 1.** [poción] julep. **- 2.** [juego de naipes] type of card game. **- 3.** *fig* [reprimenda] scolding. **- 4.** *Amér fam fig* [susto] scare, fright; **dar un** ~ to give a scare. **- 5.** *Amér* [trabajo] toil, hard work.
julepear *vt Amér* **- 1.** [asustar] to scare, to frighten. **- 2.** [fatigar] to tire, to exhaust. **- 3.** [urgir] to hurry along.
juliana *f* CULIN *soup made with chopped vegetables and herbs;* **en** ~ julienne.
Julieta *f* Juliet.
julio *m* **- 1.** [mes] July; *ver también* **septiembre**. **- 2.** FÍS joule.
juma *f* = **jumera**.
jumado, da *adj fam* sloshed, plastered.
jumarse *vpr fam* to get sloshed o plastered.
jumbo *m* jumbo (jet).
jumento, ta *m, f* **- 1.** [asno] ass, donkey. **- 2.** *fig* [tonto] ass, idiot.
jumera, juma *f Amér fam* drunkenness; **agarrar una** ~ to get sloshed o plastered.
jun. (*abrev escrita de* **junio**) Jun.
juncal ◇ *adj* **- 1.** [delgado] willowy. **- 2.** [guapo] good-looking. ◇ *f* bed of rushes.
juncia *f* sedge.
junco *m* **- 1.** [planta] rush, reed; ~ **florido** flowering rush; ~ **de Indias** rattan; ~ **oloroso** camel grass. **- 2.** [bastón] cane. **- 3.** [embarcación] junk.
jungla *f* jungle.
junio *m* June; *ver también* **septiembre**.
júnior (*pl* **juniors**) ◇ *adj* **- 1.** DEP under-21. **- 2.** [hijo] junior. ◇ *m* RELIG novice priest. ◇ *mf* DEP under-21.

junípero m - **1.** [planta] juniper. - **2.** Amér fam fig [tonto] nit-wit, clot.

junquera f rush, bulrush.

junquillo m - **1.** [flor] jonquil. - **2.** [junco de Indias] rattan. - **3.** ARQUIT rounded moulding.

junta f - **1.** [gen] committee; [de empresa, examinadores] board; ~ **administrativa** administrative board; ~ **directiva** board of directors; ~ **de educación** education board; ~ **de gobierno** government and administrative body in certain autonomous regions; ~ **militar** military junta; ~ **de sanidad** board of health. - **2.** [reunión] meeting; ~ **(general) de accionistas** shareholders' meeting. - **3.** [juntura] joint; ~ **cardánica** o **universal** universal joint; ~ **de culata** gasket; ~ **esférica** ball joint.

juntamente adv: ~ **con** together with.

juntar vt - **1.** [gen] to put together; [fondos] to raise; [personas] to bring together; **como no cabíamos todos, decidimos** ~ **las mesas** as we didn't all fit, we decided to pull the tables together; **poco a poco ha juntado una valiosa colección de cuadros** she has gradually put together a valuable collection of paintings. - **2.** [ventana, puerta] to half-close.

◆ **juntarse** vpr - **1.** [reunirse - personas] to get together; [- ríos, caminos] to meet. - **2.** [arrimarse] to draw o move closer. - **3.** [convivir] to live together.

juntera f jointing plane.

junto, ta adj - **1.** [gen] together; **viven ~s, pero todavía no se han casado** they live together, they're not married yet; **para medir al niño le hizo poner los pies ~s** to measure the child, she made him put his feet together. - **2.** [próximo] close together.

◆ **junto** adv: **todo** ~ [ocurrir etc] all at the same time; [escribirse] as one word.

◆ **juntos, tas** adj Amér fam both.

◆ **junto a** loc prep - **1.** [al lado de] next to; **la farmacia está** ~ **al colmado** the chemist's is next to the grocer's. - **2.** [cerca de] right by, near; **tiene una casa** ~ **al mar** she has a house by the sea.

◆ **junto con** loc prep together with.

juntura f joint.

Júpiter s Jupiter.

jura f [gen] oath; [de un cargo] swearing in; ~ **de bandera** oath of allegiance to the flag.

jurado, da adj - **1.** [declaración etc] sworn. - **2.** → **guarda**. - **3.** → **traductor**.

◆ **jurado** m - **1.** [tribunal] jury. - **2.** [miembro] juror, member of the jury. - **3.** [de competición] panel of judges.

juramentado, da adj sworn, under oath.

juramentar vt to swear in.

◆ **juramentarse** vpr to be sworn in, to take an oath.

juramento m - **1.** [promesa] oath; **bajo** ~ on o under oath; **prestar** ~ to take the oath; **tomar** ~ **a alguien** to swear sb in □ ~ **falso** perjury; ~ **hipocrático** Hippocratic oath. - **2.** [blasfemia] oath, curse; **soltar ~s** to curse, to swear.

jurar ◇ vt [gen] to swear; [constitución etc] to pledge allegiance to; **te lo juro** I promise, I swear it; ~ **por... que** to swear by... that; **juro por mi honor que estos cuadros no son falsos** I swear by my honour that these paintings aren't fakes; ~ **que** to swear that; **juró que no volvería a engañarme** he swore he wouldn't deceive me again; ~ **en falso** to commit perjury. ◇ vi [blasfemar] to swear.

◆ **jurarse** vpr: **jurársela** o **jurárselas a alguien** fam to have it in for sb.

jurásico, ca adj GEOL Jurassic.

◆ **jurásico** m GEOL Jurassic period.

jure ◆ **de jure** loc adv legally, by right.

jurel m - **1.** [pez] scad, horse mackerel. - **2.** Amér [miedo]: **tener** o **coger** ~ to be afraid. - **3.** Amér [borrachera]: **tomar** o **coger un** ~ to get drunk.

jurídicamente adv legally.

juridicidad f lawfulness.

jurídico, ca adj legal.

jurisconsulto, ta m, f jurist.

jurisdicción f jurisdiction.

jurisdiccional adj jurisdictional; [aguas] territorial.

jurispericia f = **jurisprudencia**.

jurisperito, ta m, f legal expert, jurist.

jurisprudencia, jurispericia f [ciencia] jurisprudence; [casos previos] case law; **sentar** ~ to set a legal precedent.

jurista mf - **1.** DER jurist. - **2.** [a propiedad] person with the right of ownership; [a pensión] pensioner.

juro m - **1.** [derecho] right of ownership. - **2.** [renta] pension.

◆ **de juro** loc adv certainly.

justa ◇ adj f → **justo**. ◇ f - **1.** HIST joust. - **2.** fig [literaria etc] competition, contest.

justamente adv - **1.** [con justicia] justly. - **2.** [exactamente] exactly; ~, **eso es lo que estaba pensando** exactly, that's just what I was thinking.

justedad f fairness.

justicia f - **1.** [gen] justice; [equidad] fairness, justice; **administrar** ~ to administer justice; **en** ~ **in** (all) fairness; **en** ~, **tengo que confesar que la idea no era mía** to be fair, I have to admit it wasn't my idea; **hacer** ~ to do justice □ ~ **social** social justice; **ser de** ~ to be only fair; **ir por** ~, **pedir en** ~ to bring a suit, to sue; **tener la** ~ **por mi/tu** etc **parte** to have justice on my/your etc side; **tomarse la** ~ **por su mano** to take the law into one's own hands. - **2.** [organización]: **la** ~ the law.

justiciar [8] vt to condemn.

justiciero, ra ◇ adj righteous. ◇ m, f angel of justice.

justificable adj justifiable.

justificación f - **1.** [motivo & IMPRENTA] justification; ~ **automática** automatic justification. - **2.** [prueba] proof, evidence.

justificadamente adv justifiably.

justificado, da adj justified.

justificador, ra adj justifiying.

◆ **justificador** m IMPRENTA justification bar.

justificante m written proof (U), documentary evidence (U).

justificar [10] vt - **1.** [gen & IMPRENTA] to justify. - **2.** [excusar]: ~ **a alguien** to make excuses for sb.

◆ **justificarse** vpr - **1.** [actitud etc] to be justified. - **2.** [persona] to justify o excuse o.s.; ~**se de algo** to excuse o.s. for sthg; ~**se con alguien** to make one's excuses to sb.

justificativo, va adj providing evidence, supporting (antes de sust).

justipreciar [8] vt to value.

justiprecio m valuation.

justo, ta adj - **1.** [equitativo] fair. - **2.** [merecido - recompensa, victoria] deserved; [- castigo] just. - **3.** [medida, hora] exact. - **4.** [idóneo] right. - **5.** [apretado] tight; **estar** o **venir** ~ to be a tight fit. - **6.** RELIG righteous.

◆ **justo** ◇ m RELIG: **los ~s** the righteous. ◇ adv just; ~ **ahora iba a llamarte** I was just about to ring you; ~ **en medio** right in the middle.

juvenil ◇ adj youthful; DEP youth (antes de sust). ◇ mf (gen pl) DEP youth team player.

juventud f - **1.** [edad] youth. - **2.** [conjunto] young people (pl); **la** ~ **ha perdido el respeto por los ancianos** young people no longer respect the elderly. - **3.** [energía, vigor] youthfulness.

juzgado m - **1.** [tribunal] court; ~ **de guardia** court open during the night or at other times when ordinary courts are shut; ~ **municipal** magistrates' court; ~ **de primera instancia** magistrates' court; **ser de** ~ **de guardia** fam to be criminal o a crime. - **2.** [jurisdicción] jurisdiction.

juzgador, ra ◇ adj judging. ◇ m, f judge.

juzgar [16] vt - **1.** [enjuiciar] to judge; DER to try; ~ **mal a alguien** to misjudge sb; **a** ~ **por (como)** judging by (how). - **2.** [estimar] to consider, to judge.

K

k, K *f* [letra] k, K.
Kabul *s* Kabul.
kafkiano, na *adj fig* kafkaesque.
káiser (*pl* **káisers**) *m* kaiser.
◆ **Káiser** *m*: **el Káiser** the Kaiser.
kaki *adj inv & m* = **caqui**.
Kalahari *m*: **el (desierto de)** ~ the Kalahari Desert.
kamikaze *m* - **1.** MIL kamikaze. - **2.** *fig* [arriesgado] daredevil.
Kampala *s* Kampala.
kan (*pl* **kans**), **khan** (*pl* **khans**) *m* - **1.** [de los tártaros] khan. - **2.** [de caravanas] khan, caravanserai.
kanato *m* khanate.
kanguro *m* = **canguro**.
kantiano, na *adj & m, f* Kantian.
kappa ['kapa] *f* kappa.
karaoke *m* MÚS karaoke.
kárate, cárate *m* karate.
karateka *mf* karateist.
karma *m* RELIG karma.
kart (*pl* **karts**) *m* go-kart.
karting *m* go-cart racing.
KAS (*abrev de* **Koordinadora Abertzale Sozialista**) *f* Basque left-wing nationalist political group which includes the terrorist organization ETA.
katiusca, katiuska *f* ankle-length rubber boot.
Katmandú *s* Katmandu.
kayac (*pl* **kayacs**) *m* kayak.
kelvin (*pl* **kelvins**) *m* kelvin.
Kenia *s* Kenya.
keniata *adj & mf* Kenyan.
Keops *s*: **la pirámide de** ~ the Great Pyramid of Cheops.
kepis *m* = **quepis**.
kermesse [ker'mes] *f* kermis.
keroseno *m* = **queroseno**.
ketchup ['ketʃup] *m* ketchup.
keynesianismo *m* Keynesianism.
keynesiano, na *adj* Keynesian.
kg (*abrev escrita de* **kilogramo**) kg.
KGB *m* KGB.
khan [kan] *m* = **kan**.
kibutz [ki'ßuθim] (*pl* **kibutzim** [ki'ßuθim]) *m* kibbutz.
Kiev *s* Kiev.
kif *m* = **quif**.
Kilimanjaro *m*: **el** ~ (Mount) Kilimanjaro.
kilo, quilo *m* - **1.** [peso] kilo. - **2.** *fam* [millón] million.
kilobyte, quilobyte *m* kilobyte.
kilocaloría, quilocaloría *f* kilocalorie.

kilociclo, quilociclo *m* ELECTR kilocycle.
kilogramo, quilogramo *m* kilogram.
kilohercio, quilohercio *m* kilohertz.
kilojulio, quilojulio *m* kilojoule.
kilolitro, quilolitro *m* kilolitre.
kilometraje, quilometraje *m* ≃ mileage, distance in kilometres.
kilometrar, quilometrar *vt* to measure in kilometres.
kilométrico, ca, quilométrico, ca *adj* - **1.** [distancia] kilometric. - **2.** *fig* [largo] very long.
kilómetro, quilómetro *m* kilometre; ~ **cuadrado** square kilometre □ ~**s por hora** kilometres per hour.
kilotón, quilotón *m* kiloton.
kilovatio, quilovatio *m* kilowatt.
kilovoltio, quilovoltio *m* kilovolt.
kimono *m* = **quimono**.
kinesiterapia *f* = **quinesiterapia**.
Kingston *s* Kingston.
Kinshasa *s* Kinshasa.
KIO (*abrev de* **Kuwait Investment Office**) *f* KIO.
kiosco *m* = **quiosco**.
kirial *m* RELIG plainsong book.
kirieleison *m* RELIG kyrie, kyrie eleison; **cantar el** ~ *fig* to plead for mercy.
kirsch [kirʃ] *m* kirsch.
Kishinev *s* Kishinyov.
kitsch *adj* kitsch.
kiwi (*pl* **kiwis**) *m* [fruto] kiwi (fruit).
KKK (*abrev de* **Ku-Klux-Klan**) *m* KKK.
kleenex® *m inv* Kleenex®, tissue.
km (*abrev escrita de* **kilómetro**) km.
km/h (*abrev escrita de* **kilómetros por hora**) km/h.
knockout [no'kaut] *m* knockout.
KO (*abrev de* **knockout**) *m* KO.
koala *m* koala.
koljoz [kol'xos] (*pl* **koljozes** [kol'xoses]) *m* kolkhoz.
kopeck (*pl* **kopecks**) *m* kopeck.
kriptón *m* krypton.
Kuala Lumpur *s* Kuala Lumpur.
kuchen *m* *Amér* cake.
kumis *m inv* kumiss.
kummel ['kumel] *m* [licor] kümmel.
kung-fu *m* kung fu.
Kurdistán *m* Kurdistan.
kurdo, da, curdo, da ◇ *adj* Kurdish. ◇ *m, f* Kurd.
◆ **kurdo** *m* [lengua] Kurdish.
Kuwait [ku'ßait] *s* Kuwait.
kuwaití (*pl* **kuwaitíes**) *adj & mf* Kuwaiti.

L

l¹, L f [letra] l, L.

l² (abrev escrita de **litro**) l.

L/ abrev escrita de **letra**.

la¹ m MÚS A; [en solfeo] lah.

la² ◇ art f → **el**. ◇ pron f → **lo**.

laberíntico, ca adj lit & fig labyrinthine.

laberinto m - **1.** [lugar & ANAT] labyrinth. - **2.** LITER palindrome.

labia f fam smooth talk; **tener mucha** ~ to have the gift of the gab.

labial adj & f labial.

labializar [13] vt LING to labialize.

labio m - **1.** ANAT lip; **leer en los** ~**s** to lip-read ❑ ~ **leporino** harelip; **estar pendiente de los** ~**s de alguien** to hang on sb's every word; **no despegar los** ~**s** not to utter a word. - **2.** [borde] edge.

labiodental adj & f labiodental.

labioso, sa adj Amér glib.

labor f - **1.** [trabajo] work; [tarea] task; ~ **de equipo** teamwork (U); ~**es domésticas** household chores; **ser de profesión sus** ~**es** to be a housewife; **no estar por la** ~ [distraerse] not to have one's mind on the job; [ser reacio] not to be keen on the idea. - **2.** [de costura] needlework; ~ **de encaje** lacemaking; ~ **de punto** knitting. - **3.** [de tabaco] tobacco products (pl). - **4.** [labranza] farm work. - **5.** [de arado] ploughing. - **6.** desus [escuela] sewing school. - **7.** MIN excavation. - **8.** ZOOL silkworm egg.

laborable adj - **1.** [tierra] arable. - **2.** → **día**.

laboral adj - **1.** [del trabajo] labour; [semana, condiciones] working (antes de sust). - **2.** [enseñanza, escuela, universidad etc] technical.

laboralista ◇ adj labour (antes de sust). ◇ mf labour lawyer.

laborar ◇ vt - **1.** [cultivar] to cultivate. - **2.** [arar] to plough. ◇ vi to scheme.

laboratorio m laboratory; ~ **fotográfico** photographic laboratory; ~ **de idiomas** o **de lenguas** language laboratory.

laborear ◇ vt - **1.** [trabajar] to work; ~ **la tierra** to work the land. - **2.** [mina] to work. ◇ vi to reeve.

laboreo m - **1.** AGR cultivation. - **2.** MIN mining, excavation.

laboriosamente adv laboriously, elaborately.

laboriosidad f laboriousness, industry.

laborioso, sa adj - **1.** [difícil] laborious, arduous. - **2.** [trabajador] hardworking.

laborismo m: **el** ~ the Labour Party.

laborista ◇ adj Labour. ◇ mf Labour Party supporter o member; **los** ~**s** Labour.

labra f working.

labrada f fallow land (U).

labradero, ra adj arable.

labradío, a adj = **labrantío**.

labrado, da adj [tela, género] embroidered; [metales] wrought; [madera, piedra] carved; [pieles] tooled; [tierra] cultivated, tilled.

◆ **labrado** m - **1.** [campo - cultivado] cultivated land (U); [- arado] tilled land. - **2.** [cultivo] cultivation. - **3.** [arado] tilling. - **4.** [labra - de tela, género] embroidery; [- de metales] working; [- de madera, piedra] carving; [- de pieles] tooling.

labrador, ra ◇ m, f [agricultor] farmer; [trabajador] farm worker; [arador] ploughman. ◇ adj farm (antes de sust), farming.

labradorita f moonstone.

labrantío, a, **labradío, a** adj - **1.** [cultivable] cultivable. - **2.** [arable] tillable.

labranza f - **1.** [cultivo] farming. - **2.** [hacienda] farm. - **3.** [tierra] farmland.

labrar ◇ vt - **1.** [campo - cultivar] to cultivate; [- arar] to plough. - **2.** [piedra, metal etc] to work. - **3.** fig [desgracia etc] to bring about; [porvenir, fortuna] to carve out. - **4.** desus [bordar] to embroider. ◇ vi to make a lasting impression.

◆ **labrarse** vpr [porvenir etc] to carve out for o.s.

labriego, ga m, f farmworker.

laca f - **1.** [gen] lacquer; [para cuadros] lake. - **2.** [para el pelo] hairspray. - **3.** [de uñas] nail varnish. - **4.** [resina] lac.

lacado m lacquering.

lacar [10] vt to lacquer.

lacayo m - **1.** [criado] footman; fig [adulador] lackey. - **2.** desus [de cintas] knot of ribbons. - **3.** desus [de caballero] groom.

lace etc v → **lazar**.

laceador m Amér lassoer, roper.

lacear vt - **1.** [adornar] to trim with bows. - **2.** [atar] to tie with bow knots. - **3.** Amér [azotar] to whip with a lasso.

laceración f laceration.

lacerante adj [dolor] excruciating, stabbing; [palabras etc] hurtful, cutting; [grito etc] piercing.

lacerar vt to lacerate; fig to wound.

laceria f - **1.** [miseria] poverty, want. - **2.** [trabajo penoso] drudgery, toil.

lacería f - **1.** [de lazos] bows (pl). - **2.** ARQUIT ornamental bows (pl).

lacero m [de animales] lassoer, roper; [de perros] dog-catcher.

lacha f - **1.** [pez] anchovy. - **2.** fam [vergüenza] shame; **tener poca** ~ to be shameless.

lacho, cha m, f Amér fam lover.

◆ **lacho** m Amér fam dandy.

lacio, cia adj - **1.** [cabello - liso] straight; [- sin fuerza] lank. - **2.** [planta] wilted. - **3.** fig [persona] limp.

lacón m shoulder of pork.

lacónicamente adv laconically.

lacónico, ca adj laconic.

laconismo m terseness.

lacra f - **1.** [de enfermedad] scourge. - **2.** fig [defecto] stain, blemish. - **3.** Amér [llaga] sore. - **4.** Amér [costra] scab.

lacrar vt - **1.** [sellar] to seal with sealing wax. - **2.** [enfermedad] to strike. - **3.** fig [dañar] to harm, to injure.

◆ **lacrarse** vpr: ~**se con algo** to be afflicted with sthg.

lacre m - **1.** [pasta] sealing wax. - **2.** Amér [de abeja] propolis.

lacrimal *adj* lacrimal, tear *(antes de sust)*.
lacrimógeno, na *adj* - **1.** [novela etc] weepy, tear-jerking. - **2.** → **gas**.
lacrimosidad *f* tearfulness.
lacrimoso, sa *adj* - **1.** [ojos etc] tearful. - **2.** [historia etc] weepy, tear-jerking. - **3.** [triste] sorrowful, mournful.
lacrosse *m* lacrosse.
LACSA *(abrev de* **Líneas Aéreas Costarricenses, SA***) f* Costa Rican state airline.
lactación *f* nursing, suckling.
lactancia *f* lactation; ~ **materna** breastfeeding.
lactante ◇ *adj* nursing, suckling. ◇ *mf* breast-fed baby.
lactar *vt & vi* to breastfeed.
lacteado, da *adj* milky.
lácteo, a *adj* - **1.** [gen] milk *(antes de sust)*; [industria, productos] dairy. - **2.** *fig* [blanco] milky.
láctico, ca *adj* lactic.
lactosa *f* lactose.
lacustre *adj* lacustrine, lake *(antes de sust)*.
ladeada *f Amér fam* leaning.
ladeado, da *adj* tilted, at an angle.
ladear ◇ *vt* to tilt. ◇ *vi* to detour.
◆ **ladearse** *vpr* - **1.** [gen]: ~**se (por)** [inclinarse] to lean o tilt (towards); [igualarse] to be even o level (with). - **2.** *Amér fam* [enamorarse] to fall in love. - **3.** *Amér* [pervertirse] to deviate.
ladera *f* - **1.** [de monte] slope, mountainside. - **2.** *Amér* [de río] bank.
ladilla *f* - **1.** ZOOL crab (louse); **pegarse a alguien como una** ~ *fam* to stick to sb like a leech. - **2.** BOT common barley.
ladino, na *adj* - **1.** [astuto] crafty. - **2.** [en lenguas] multilingual. - **3.** *Amér* [indio] Spanish-speaking. - **4.** *Amér* [mestizo] mestizo.
◆ **ladino** *m* [dialecto] Ladino; [conjunto de dialectos] Rhaeto-Romanic.
lado *m* - **1.** [gen, GEOM & POLÍT] side; **a ambos** ~**s** on both sides; **al otro** ~ **de** on the other side of; **de** ~ **a** ~ from side to side; **de** ~ [torcido] crooked; **camina con la cabeza de** ~ she walks with her head to one side; **dormir de** ~ to sleep on one's side; **echar a un** ~ to push aside; **echarse** o **hacerse a un** ~ to move aside; **en el** ~ **de arriba/abajo** on the top/bottom; **ponerse al** o **del** ~ **de alguien** to side with sb; **estoy de su** ~ I'm on her side; **por un** ~ on the one hand; **por otro** ~ on the other hand. - **2.** [lugar] place; **debe estar en otro** ~ it must be somewhere else; **de un** ~ **a otro** from side to side; **de un** ~ **para** o **a otro** to and fro; **hacerle (un)** ~ **a alguien** to make room for sb; **por todos** ~**s** on all sides, all around; **por todos** ~**s se ven anuncios de este nuevo refresco** there are adverts for this new drink everywhere. - **3.** [línea de parentesco] side; **por el** ~ **paterno** on my/his/her *etc* father's side. - **4.** DEP end. - **5.** MIL flank. - **6.** *loc*: **dar de** ~ **a alguien** to cold-shoulder sb; **dejar algo de** ~ o **a un** ~ [prescindir] to leave sthg to one side; **mirar de** ~ **a alguien** [despreciar] to look askance at sb.
◆ **al lado** *loc adv* [cerca] nearby.
◆ **al lado de** *loc prep* - **1.** [junto a] beside; **la zapatería está al** ~ **de la joyería** the shoe shop is next to the jeweller's. - **2.** [comparado con] compared to; **Juan, al** ~ **de su hermano, es muy alto** Juan is very tall compared to his brother.
◆ **de al lado** *loc adj* next-door; **la casa de al** ~ the house next door.
ladrador, ra *adj* barking.
ladrar *vi* - **1.** [perro] to bark. - **2.** *fig* [persona] to growl, to snarl; **está que ladra** she's in a foul mood. - **3.** *fam* [colores] to clash.
ladrería *f* - **1.** MED leprosy. - **2.** VETER cysticercosis.
ladrido *m* - **1.** [de perro] bark, barking (U). - **2.** *fam fig* [de persona] backbiting (U).

ladrillado *m* brick floor.
ladrillal, ladrillar *m* brick factory o works *(sg)*.
ladrillar *vt* to brick, to pave with bricks.
ladrillero, ra *m, f* brick maker.
◆ **ladrillera** *f* brick mould.
ladrillo *m* - **1.** CONSTR brick; ~ **azulejo** tile; ~ **crudo** adobe. - **2.** *fam fig* [pesadez] drag, bore. - **3.** *fig* [tableta] bar; ~ **de chocolate** chocolate bar.
ladrón, ona ◇ *adj* thieving. ◇ *m, f* [persona] thief, robber; [que tira del bolso] purse snatcher; ~ **de corazones** *fam fig* lady-killer.
◆ **ladrón** *m* - **1.** [para varios enchufes] adapter; [toma de electricidad] multiple socket. - **2.** [de agua] sluice gate. - **3.** [de vela] piece of burnt candle wick.
ladronear *vi* to go about stealing.
ladronera *f* - **1.** [de ladrones] den of thieves. - **2.** [de agua] sluice gate. - **3.** [robo] theft, robbery. - **4.** [hucha] money-box. - **5.** [en fortificación] machicolation.
ladronería *f* larceny, theft.
ladronesca *Esp f*, **ladronerío** *Amér m fam* gang of thieves.
ladronzuelo, la *m, f* petty thief.
lady [ˈleiði] (*pl* **ladies**) *f* Lady.
La Española *s* Hispaniola.
lagañas *fpl* = **legañas**.
lagar *m* [de vino] winepress; [de aceite] oil press.
lagarejo *m* small winepress.
lagarero *m* wine or oil presser.
lagarta *f* → **lagarto**.
lagartear ◇ *vt Amér* to pinion, to hold by the arms. ◇ *vi* to behave shrewdly.
lagartera *f* lizard hole.
lagartijo, ja *m, f* small lizard.
◆ **lagartijo** *m Amér fam fig* sharp dresser.
◆ **lagartija** *f* (small) lizard.
lagarto, ta *m, f* ZOOL lizard.
◆ **lagarto** ◇ *m* - **1.** *fig* [persona] sly fox. - **2.** *fam fig* [insignia] red sword denoting the Order of Santiago. - **3.** ANAT biceps. - **4.** *Amér* [caimán] alligator. ◇ *interj* touch wood!
◆ **lagarta** *f fam* - **1.** [insecto] gypsy o tussock moth. - **2.** *fig* [mujer] scheming woman.
lagartona *f fam* crafty woman.
lago *m* lake; **el** ~ **Baikal** Lake Baikal; **el** ~ **Balatón** Lake Balaton; **el** ~ **Erie** Lake Erie; **el** ~ **Hurón** Lake Huron; **el** ~ **Maracaibo** Lake Maracaibo; **el** ~ **Michigan** Lake Michigan; **el** ~ **Ontario** Lake Ontario; **el** ~ **Tanganica** Lake Tanganyka; **el** ~ **Titicaca** Lake Titicaca; **el** ~ **Victoria** Lake Victoria.
La Gomera *s* La Gomera.
Lagos *s* Lagos.
Lago Superior *m* Lake Superior.
lagotear *vt fam* to soft-soap.
lagotería *f fam* soft soap (U); **hacer** ~**s a alguien** *fam* to soft-soap sb.
lagotero, ra *fam* ◇ *adj* soft-soaping. ◇ *m, f* softsoaper.
lágrima *f* - **1.** [de los ojos] tear; **arrasarse en** o **de** ~**s** to fill with tears; **beberse las** ~**s** to hold back one's tears; **deshacerse en** ~**s** to burst into tears; **enjugarse** o **secarse las** ~**s** to wipe away o dry one's tears; **hacer saltar las** ~**s** to bring tears to the eyes; **llorar a** ~ **viva** to cry buckets; **sorberse las** ~**s** to sniffle, to snuffle ❑ ~**s de cocodrilo** crocodile tears. - **2.** *fig* [gota] drop. - **3.** BOT sap; ~**s de Job** Job's tears.
lagrimal ◇ *adj* lacrimal, tear *(antes de sust)*. ◇ *m* corner of the eye.
lagrimar *vi* to cry, to weep.
lagrimear *vi* [suj: persona] to weep; [suj: ojos] to water.
lagrimeo *m* - **1.** [acción] weeping. - **2.** [en ojo] watering.
lagrimilla *f Amér* unfermented grape juice.
lagrimoso, sa *adj* - **1.** [ojo] watery. - **2.** [persona] tearful.

laguna *f* - **1.** [lago] lagoon. - **2.** *fig* [en colección, memoria] gap; [en leyes, reglamento] loophole; [en texto] hiatus.

lagunajo *m* puddle.

lagunoso, sa *adj* full of lagoons.

La Habana *s* Havana.

La Haya *s* The Hague.

laicado *m* laity.

laical *adj* lay, laical.

laicalizar [13] *vt Amér* to laicize.

laicismo *m*, **laicidad** *f* laicism.

laico, ca ◇ *adj* lay, secular. ◇ *m, f* layman (*f* laywoman).

laísmo *m the use of 'la' and 'las' instead of 'le' as indirect objects.*

laísta *adj prone to 'laísmo'.*

laja *f* - **1.** [piedra] stone slab. - **2.** NÁUT reef. - **3.** *Amér* [arena] fine sand. - **4.** *Amér* [terreno] bank, slope.

lama ◇ *m* [sacerdote] lama. ◇ *f* - **1.** [barro] mud. - **2.** [tela] silver or gold lamé. - **3.** BOT algae (*pl*), seaweed.

lamaísmo *m* Lamaism.

La Mancha *s* - **1.** [en España] La Mancha. - **2.** → **canal**.

lambada *f* lambada.

lamber *vt Amér* - **1.** *fam* [lamer] to lick. - **2.** [adular] to suck up to.

lambiscón, ona *Amér fam* ◇ *adj* crawling, creeping. ◇ *m, f* crawler, creep.

lambisconear *vt Amér fam* to suck up to.

lambisconería *f Amér fam* crawling, creeping.

lambisquear *vt Amér fam* - **1.** [suj: niños] to scrounge for. - **2.** [adular] to suck up to.

lamda *f* lambda.

lamé *m* lamé.

La Meca *s* Mecca.

lameculos *mf inv vulg* arse-licker.

lamedor, ra ◇ *adj* licking. ◇ *m, f* licker.

◆ **lamedor** *m* - **1.** [halago] wheedling, cajolery. - **2.** *loc:* **dar ~** to bluff.

lamedura *f* lick, licking (*U*).

lamentable *adj* - **1.** [triste] terribly sad. - **2.** [malo] lamentable, deplorable.

lamentablemente *adv* lamentably, deplorably.

lamentación *f* moaning (*U*).

lamentador, ra ◇ *adj* lamenting, wailing. ◇ *m, f* lamenter, wailer.

lamentar *vt* [sentir] to regret, to be sorry about; **lo lamento** I'm very sorry; **lamentamos comunicarle...** we regret to inform you...

◆ **lamentarse** *vpr:* **~se (de o por)** to complain (about).

lamento *m* moan, cry of pain.

lameplatos *m inv fam* - **1.** [goloso] greedy pig. - **2.** [de sobras] scavenger, scrounger.

lamer *vt* - **1.** [con la lengua] to lick. - **2.** [tocar suavemente] to lap (against); **las olas lamen la orilla** the waves lap the shore.

◆ **lamerse** *vpr* to lick o.s.

lametazo *m*, **lametada** *f* lick, licking (*U*).

lametón *m* (big) lick.

lamido, da *adj* - **1.** [flaco] skinny. - **2.** *fig* [estilo] affected, contrived.

◆ **lamido** *m* lick.

lámina ◇ *f* - **1.** [plancha] sheet; [placa] plate. - **2.** [rodaja] slice. - **3.** [plancha grabada] engraving. - **4.** [dibujo] plate. - **5.** *fig* [de persona] expression. ◇ *adj Amér fam* sly.

laminado, da *adj* - **1.** [cubierto por láminas] laminated. - **2.** [reducido a láminas] rolled.

◆ **laminado** *m* [acción] lamination.

laminador *m*, **laminadora** *f* rolling mill.

laminar ◇ *adj* laminar. ◇ *vt* - **1.** [hacer láminas] to roll. - **2.** [cubrir con láminas] to laminate.

laminoso, sa *adj* laminate.

lamiscar [10] *vt fam* to lick greedily.

lampalagua *Amér* ◇ *adj* [glotón] gluttonous. ◇ *f* ZOOL boa constrictor.

lampante *adj* lamp (*antes de sust*).

lámpara *f* - **1.** [aparato] lamp; **~ de alcohol/de arco** spirit/arc lamp; **~ de araña** chandelier; **~ de incandescencia** o **incandescente** incandescent lamp; **~ de mesa/de seguridad/de techo** table/safety/ceiling lamp; **~ (de) neón** neon light; **~ de pie/fluorescente** standard/fluorescent lamp; **~ relámpago** FOT flash; **~ solar** o **de rayos ultravioletas** sun lamp; **~ de soldar** blowtorch. - **2.** [bombilla] bulb. - **3.** TECN valve. - **4.** *fam* [mancha] grease stain.

lamparería *f* - **1.** [fábrica] lamp factory. - **2.** [tienda] lamp shop.

lamparilla *f* - **1.** [lámpara] small lamp; [de noche] nightlight. - **2.** [árbol] aspen. - **3.** *fam* [bebida] shot of brandy.

lamparón *m* - **1.** [mancha] grease stain. - **2.** MED scrofula. - **3.** VETER glanders (*sg*).

lampazo *m* - **1.** BOT burdock. - **2.** NÁUT swab. - **3.** *Amér* [para limpiar] cloth. - **4.** *Amér fam* [latigazo] lash, lashing (*U*).

lampear *vt Amér* to shovel.

lampiño, ña *adj* - **1.** [sin barba] beardless, smooth-cheeked; [sin vello] hairless. - **2.** [en planta] glabrous.

lampión *m* large lantern.

lamprea *f* lamprey.

lampreazo *m fam* lash, lashing (*U*).

lana *f* wool; **de ~** woollen □ **~ de acero/de vidrio** steel/glass wool; **ir a por ~ y volver trasquilado** *proverb* to be hoist by one's own petard; **cardarle a alguien la ~** *fam fig* to tell sb off.

◆ **lanas** *fpl Amér* - **1.** [dinero] dosh (*sg*), dough (*sg*). - **2.** [mentiras] lies.

lanar *adj* - **1.** [de lana] wool-bearing. - **2.** → **ganado**.

lance[1] *etc v* → **lanzar**.

lance[2] ◇ *m* - **1.** [en juegos, deportes] incident; [acontecimiento] event; **~ de fortuna** stroke of luck. - **2.** [riña] dispute; **~ de honor** duel. - **3.** [de redes, piedras] cast, throw. - **4.** [en pesca] catch. - **5.** [situación crítica] predicament, difficult situation; **me hallé en un ~** I found myself in a predicament. - **6.** TAUROM pass with the cape. - **7.** *Amér* [regate] duck, dodge. - **8.** *loc:* **de ~** cheap.

De palabra

Sadly, we didn't get there on time.

Regrettably o I regret to say we were unable to reach a decision.

I'm really sorry I didn't warn her about it.

I only wish I had told him earlier.

What a pity you didn't mention it before!

It's a real shame o a great pity I won't get to meet her.

Por escrito

I must regretfully inform you that you have not been accepted on the course.

Mr Smith sends his apologies and regrets he is unable to attend the meeting.

'British Airways regrets any inconvenience to passengers.'

I am sorry to have to tell you that your application has been unsuccessful. [*menos formal*]

lanceado, da *adj* lanceolate.
◆ **lanceada** *f Amér* spearing.
lancear *vt* to spear.
lancero *m* lancer.
lanceta *f Amér* sting.
lancha *f* - **1.** [embarcación - grande] launch; [- pequeña] boat; ~ **motora** motorboat, launch; ~ **neumática** rubber dinghy; ~ **patrullera** patrol boat; ~ **salvavidas** o **de salvamento** lifeboat; ~ **torpedera** torpedo boat. - **2.** [piedra] slab. - **3.** [para cazar] partridge trap o snare. - **4.** *Amér* [niebla] fog. - **5.** *Amér* [escarcha] frost.
lanchar *m* [cantera] flagstone quarry.
lanchero *m* boatman.
lanchón *m* lighter, barge.
lancinante *adj* piercing, stabbing.
lancinar *vt* to stab, to pierce.
landa *f* moor.
landó (*pl* **landós**) *m* landau.
lanería *f* wool shop.
lanero, ra *adj* wool *(antes de sust)*.
◆ **lanero** *m* - **1.** [persona] wool dealer. - **2.** [almacén] wool warehouse.
langosta *f* - **1.** [crustáceo] lobster. - **2.** [insecto] locust.
langostino *m* king prawn.
lánguidamente *adv* languidly.
languidecer [30] *vi* [debilitarse] to languish; [conversación, entusiasmo] to flag.
languideciente *adj* languid, sluggish.
languidez (*pl* **languideces**) *f* [debilidad] listlessness; [falta de ánimo] disinterest.
lánguido, da *adj* [débil] listless; [falto de ánimo] disinterested.
lanilla *f* - **1.** [pelillo] nap. - **2.** [tejido] flannel.
lanolina *f* lanolin.
lanoso, sa *adj* woolly, fleecy.
lanudo, da *adj* - **1.** [con lana, vello] woolly. - **2.** *Amér fig* [grosero] coarse, uncouth.
lanza ◇ *f* - **1.** [arma - arrojadiza] spear; [- en justas, torneos] lance; **correr** ~**s** HIST to joust. - **2.** [de carruaje] shaft. - **3.** [de manguera] nozzle. - **4.** *loc:* **estar con la** ~ **en ristre** to be ready for action; **romper una** ~ **por** to fight for; **ser una (buena)** ~ *Amér fam* to be sharp, to be on the ball. ◇ *adj Amér* crafty, deceitful.
lanzabombas *m inv* [de trinchera] trench mortar; [de avión] bomb release.
lanzacohetes *m inv* rocket launcher.
lanzada ◇ *adj f →* **lanzado**. ◇ *f* [golpe] spear thrust; [herida] spear wound.
lanzadera *f* [de telar] shuttle.
◆ **lanzadera espacial** *f* space shuttle.
lanzado, da *adj* - **1.** [atrevido] forward; [valeroso] fearless. - **2.** [rápido]: **ir** ~ to hurtle along.
lanzador, ra ◇ *adj* throwing. ◇ *m, f* thrower.
lanzagranadas *m inv* grenade launcher.
lanzallamas *m inv* flamethrower.
lanzamiento *m* - **1.** [de objeto] throwing; [de barco, cohete] launch, launching *(U)*. - **2.** [DEP - con la mano] throw; [- con el pie] kick; [- en béisbol] pitch; ~ **de disco** discus; ~ **de jabalina** javelin; ~ **de martillo** hammer; ~ **de peso** shot put. - **3.** [de producto, artista] launch; [de disco] release.
lanzamisiles *m inv* rocket launcher.
lanzaplatos *m inv* DEP (clay pigeon) trap.
lanzar [13] *vt* - **1.** [arrojar] to throw; [con fuerza] to hurl, to fling; [de una patada] to kick. - **2.** [bomba] to drop; [flecha, misil] to fire; [cohete] to launch; **lancé un dardo y acerté en la diana** I threw a dart and hit the bull's-eye. - **3.** [proferir] to let out; [acusación, insulto] to hurl; [suspiro] to heave. - **4.** [COM - producto, artista, periódico] to launch; [-

disco] to release. - **5.** *fam* [vomitar] to throw up. - **6.** [flores, hojas] to shoot. - **7.** [aves] to release. - **8.** [DER - despojar] to dispossess; [- desalojar] to evict.
◆ **lanzarse** *vpr* - **1.** [tirarse] to throw o.s.; [en paracaídas] to jump. - **2.** [abalanzarse]: ~**se (sobre)** to throw o.s. (upon). - **3.** [empezar]: ~**se (a hacer algo)** to get started (doing sthg); **cuando fue a Italia se lanzó enseguida a hablar en italiano** when she went to Italy she wasted no time at all in starting to speak Italian.
Lanzarote *s* Lanzarote.
lanzatorpedos *m inv* torpedo tube.
laña *f* clamp.
lañar *vt* - **1.** [con lañas] to clamp, to fasten with a clamp. - **2.** [pescado] to clean.
LAP (*abrev de* **Líneas Aéreas Paraguayas**) *f* Paraguayan state airline.
lapa *f* - **1.** ZOOL limpet. - **2.** *fam fig* [persona] hanger-on, pest; **pegarse como una** ~ to cling like a leech. - **3.** [en líquidos] scum. - **4.** *Amér* [sombrero] hat with a flattened crown.
La Palma *s* La Palma.
laparoscopia *f* laparoscopy.
La Paz *s* La Paz.
lapicera *f Amér* - **1.** [bolígrafo] Biro®, pen. - **2.** [portalápiz] pencil holder.
lapicero *m* - **1.** [lápiz] pencil. - **2.** *Amér* [portaplumas] penholder.
lápida *f* memorial stone; ~ **mortuoria** tombstone.
lapidación *f* - **1.** [con piedras] stoning. - **2.** *Amér* [de gemas] cutting.
lapidar *vt* - **1.** [matar] to stone. - **2.** *Amér* [gemas] to cut.
lapidario, ria *adj* - **1.** [estilo] solemn. - **2.** [sobre piedras preciosas] lapidary.
◆ **lapidario** *m* [persona] lapidary.
lapislázuli *m* lapis lazuli.
lápiz (*pl* **lápices**) *m* - **1.** [para escribir, dibujar etc] pencil; ~ **de cejas/de color** eyebrow/coloured pencil; ~ **de cera** crayon; ~ **de labios** lipstick; ~ **de ojos** eyeliner; ~ **óptico** INFORM light pen. - **2.** MIN graphite.
lapo *m* - **1.** *fam* [de saliva] gob, spit. - **2.** [bofetada] blow, swipe. - **3.** *fig* [trago] swig, shot. - **4.** *Amér fam* [persona] sucker, dupe.
lapón, ona *adj & m, f* Lapp.
◆ **lapón** *m* [lengua] Lapp.
Laponia *s* Lapland.
lapso *m* space, interval.
lapsus *m inv* lapse, slip; ~ **linguae** slip of the tongue.
laque *etc v →* **lacar**.
laquear *vt* to lacquer.
lar *m* - **1.** [lumbre] hearth. - **2.** MITOL household god.
◆ **lares** *mpl* [hogar] hearth and home *(sg)*.
lardar, lardear *vt* to baste, to lard.
lardero *adj →* **jueves**.
lardo *m* lard, animal fat.
larga *f →* **largo**.
largamente *adv* - **1.** [con extensión] for a long time, at length. - **2.** *fig* [cómodamente] easily, comfortably. - **3.** *fig* [con generosidad] generously, liberally.
largar [16] *vt* - **1.** [aflojar] to pay out. - **2.** *fam* [dar, decir] to give; **le largué un bofetón** I gave him a smack. - **3.** [soltar] to release, to let go; **largaron a los prisioneros** they released the prisoners. - **4.** [despedir] to fire, to sack; ~ **a un criado** to fire a servant. - **5.** [tirar] to throw. - **6.** [expulsar] to throw out, to expel. - **7.** NÁUT to unfurl.
◆ **largarse** *vpr* - **1.** *fam* [de un lugar] to clear off. - **2.** [barco] to set sail, to put to sea. - **3.** *Amér* [empezar]: ~ **(a)** to begin (to); **se largó a llorar** she began to cry.
largavistas *m inv Amér* binoculars *(pl)*.
largo, ga *adj* - **1.** [en espacio, tiempo] long; **estarle** ~ **a alguien** [ropa] to be too long for sb. - **2.** [alto] tall. - **3.** [so-

brado]: **media hora larga** a good half hour. **- 4.** *fam* [astuto] sly, crafty. **- 5.** *fam* [generoso]: ~ **en hacer algo** generous in doing sthg. **- 6.** *fig* [abundante] abundant. **- 7.** NÁUT [cabo] loose, slack.

◆ **largo** ◇ *m* **- 1.** [longitud, dimensión] length; **tiene dos metros de** ~ it's two metres long; **pasar de** ~ to pass by; **el tren no se paró en la estación, pasó de** ~ the train didn't stop at the station, it passed straight through; **vestirse de** ~ to dress up, to dress formally ❑ **a lo** ~ lengthways; **a lo** ~ **de** [en el espacio] along; **plantaron árboles a lo** ~ **del camino** they planted trees along the road; [en el tiempo] throughout; **las fiestas del pueblo se celebran a lo** ~ **de la semana** the village festivities lasted throughout the week; **a lo** ~ **y a lo ancho de** right across, throughout. **- 2.** MÚS largo. ◇ *adv* at length; ~ **y tendido** at great length. ◇ *interj*: ¡~ **(de aquí)!** go away!, get out of here!

◆ **larga** *f*: **a la larga** in the long run; **a la larga, los excesos se pagan** in the long run, you pay for your excesses; **dar largas a algo** to put sthg off.

largometraje *m* feature film.

largue *etc v* → **largar**.

larguero ◇ *m* **- 1.** CONSTR main beam. **- 2.** DEP crossbar. **- 3.** [almohada] bolster. ◇ *adj Amér* talkative, verbose.

largueza *f* largesse.

larguirucho, cha, largurucho, cha *adj fam* lanky.

largura *f* length.

largurucho, cha *adj* = **larguirucho**.

laringe *f* larynx.

laringitis *f inv* laryngitis.

laringología *f* laryngology.

laringólogo, ga *m, f* laryngologist.

La Rioja *s* La Rioja.

larva *f* larva.

larvado, da *adj* latent.

larval *adj* larval.

las ◇ *art pl* → **el**. ◇ *pron pl* → **lo**.

lasaña *f* lasagne, lasagna.

lasca *f* chip of stone.

lascar [10] *vt* **- 1.** NÁUT to slacken. **- 2.** *Amér* [piel] to scrape, to graze.

lascivia *f* lasciviousness, lechery.

lascivo, va ◇ *adj* **- 1.** [lujurioso] lascivious, lewd. **- 2.** [juguetón] frisky, playful. ◇ *m, f* lascivious o lewd person.

láser ◇ *adj inv* → **rayo**. ◇ *m inv* laser.

laserterapia *f* laser therapy.

lasitud *f* lassitude.

laso, sa *adj* **- 1.** [cansado] weary. **- 2.** [liso] straight. **- 3.** [débil] weak. **- 4.** [hilo de seda] floss *(antes de sust)*.

Las Palmas (de Gran Canaria) *s* Las Palmas.

lasque *etc v* → **lascar**.

lástex *m inv* Lastex®.

lástima *f* **- 1.** [compasión] pity; **tener** o **sentir** ~ **de** to feel sorry for. **- 2.** [pena] shame, pity; **dar** ~ to be a crying shame; **da** ~ **ver gente así** it's sad to see people in that state; **es (una)** ~ **que** it's a shame that; ¡**qué** ~! what a

shame; **da** ~ **ver gente así** it's sad to see people in that state; **es (una)** ~ **que** it's a shame that; ¡**qué** ~! what a shame o pity! ❑ **llorar** ~**s** to feel sorry for o.s.; **quedarse hecho una** ~ to be a sorry o pitiful sight. **- 3.** [quejido] tale of woe, lament.

lastimar *vt* **- 1.** [dañar] to hurt. **- 2.** [compadecer] to feel sorry for, to pity.

◆ **lastimarse** *vpr* **- 1.** [hacerse daño] to hurt o.s. **- 2.** [quejarse] to complain. **- 3.** [compadecerse] to feel sorry.

lastimeramente *adv* piteously.

lastimosamente *adv* pathetically.

lastimoso, sa *adj* pitiful, woeful.

lastrar *vt* **- 1.** [embarcación] to ballast. **- 2.** *fig* [afirmar] to weigh down.

lastre *m* **- 1.** [peso] ballast; **soltar** ~ to discharge ballast. **- 2.** *fig* [estorbo] burden. **- 3.** *fig* [madurez] judgment, good sense. **- 4.** [piedra] gravel.

lata ◇ *adj f* → **lato**. ◇ *f* **- 1.** [envase] can, tin *Br*; [de bebidas] can; **en** ~ canned, tinned *Br*. **- 2.** *fam* [fastidio] pain; **levantarse tan temprano es una** ~ getting up so early is a real pain; **dar la** ~ **a alguien** to pester sb; ¡**qué** ~! what a pain! **- 3.** *fam fig* [persona] pain. **- 4.** [para tejas] lath. **- 5.** [madero] small log. **- 6.** *loc*: **estar en la** ~ *Amér fam fig* to be broke.

latazo *m fam* pain, bore.

latear *vt Amér* to bore.

latente *adj* latent.

lateral ◇ *adj* **- 1.** [del lado - gen] lateral; [- puerta, pared] side. **- 2.** [indirecto] indirect. ◇ *m* [lado] side. ◇ *mf* DEP: ~ **derecho/izquierdo** right/left back.

lateralmente *adv* laterally, sideways.

látex *m inv* latex.

latido *m* **- 1.** [del corazón] beat; [en dedo etc] throb, throbbing *(U)*. **- 2.** [de perro] yelp, yelping *(U)*.

latiente *adj* **- 1.** [corazón] beating. **- 2.** [herida] throbbing. **- 3.** [perro] yelping.

latifundio *m* large rural estate.

latifundismo *m* system of land tenure characterized by the 'latifundio'.

latifundista *mf* large landowner.

latigazo *m* **- 1.** [golpe] lash; **dar** ~**s** to whip. **- 2.** [chasquido] crack (of the whip). **- 3.** *fam* [trago] swig; **darse un** ~ to have a swig. **- 4.** [daño] unexpected blow. **- 5.** *fig* [reprimenda] tongue-lashing.

látigo *m* **- 1.** [para azotar] whip; ~ **de montar** riding crop. **- 2.** *Amér* [latigazo] whiplash. **- 3.** *Amér* [meta] finishing post. **- 4.** *Amér* [jinete] rider.

latigueada *f Amér* flogging, whipping.

latiguear ◇ *vi* [chasquear] to give a crack of the whip. ◇ *vt Amér* [azotar] to flog, to whip.

latiguillo *m* [de actor, orador] overacting *(U)*.

latín *m* Latin; ~ **clásico/vulgar** Classical/Vulgar Latin; ~ **de cocina** o **macarrónico** dog Latin; **saber (mucho)** ~ *fig* to be sharp, to be on the ball.

latinajo *m fam despec* Latin word used in an attempt to sound

---

| USO ▶ | **Expresar lástima o condolencia** |

I'm so o terribly sorry (to hear that...).
How awful for you.
If there's anything I can do...
What a pity.
Oh, what bad luck.
That's a shame.

▶ *para tranquilizar:*

Never mind. [*Br*]
You poor thing. [*familiar*]
There there. [*a un niño*]

A alguien que ha perdido a un ser querido

I was so sorry to hear about your father.
I was terribly sorry to hear of your recent loss.

▶ *por escrito:*

Our thoughts are with you.
It was with deep regret that we learned of the death of your father. [*formal*]
Please accept my condolences/my deepest sympathy.
'With deepest sympathy'. [*en una tarjeta*]

academic; **echar** ~**s** to throw Latinwords o phrases into one's speech.

latinismo *m* Latinism.

latinista *mf* Latinist.

latinización *f* Latinization.

latinizar [13] ◇ *vt* to Latinize. ◇ *vi fam* to throw Latinwords o phrases into one's speech.

latino, na *adj & m, f* Latin.

latinoamericano, na *adj & m, f* Latin American.

latir ◇ *vi* - **1.** [suj: corazón] to beat. - **2.** [estar latente] to be concealed, to lie. - **3.** [suj: herida] to throb. - **4.** [suj: perro] to yelp. ◇ *vt Amér* [molestar] to annoy, to bother.

latitud *f* - **1.** GEOGR latitude. - **2.** [extensión] extent, scope. - **3.** [anchura] width, breadth.

◆ **latitudes** *fpl* [parajes] region *(sg)*, area *(sg)*.

lato, ta *adj* - **1.** [discurso etc] extensive, lengthy. - **2.** [sentido etc] broad.

latón *m* brass; ~ **de aluminio** aluminium brass; ~ **en hojas** o **planchas** sheet brass.

latoso, sa *fam* ◇ *adj* tiresome. ◇ *m, f* pain (in the neck).

latrocinio *m* larceny.

LAU (*abrev de* **Ley de Autonomía Universitaria**) *f* act governing the autonomous status of Spanish universities.

laúd *m* - **1.** [instrumento] lute. - **2.** NÁUT catboat. - **3.** ZOOL leatherback.

laudable *adj* praiseworthy.

láudano *m* laudanum.

laudatorio, ria *adj* laudatory.

laude *f* tombstone.

laudo *m* ruling, verdict.

laureado, da *adj* prize-winning.

laurear *vt* - **1.** [honrar]: ~ **a alguien (con)** to honour sb (with). - **2.** [coronar] to crown with laurel.

laurel *m* BOT laurel; CULIN bay leaf.

◆ **laureles** *mpl* [honores] laurels; **cosechar** ~**es** *fig* to reap the rewards; **dormirse en los** ~**es** *fig* to rest on one's laurels.

láureo, a *adj culto* laurel.

lauréola *f* - **1.** [de laurel] laurel wreath; ~ **hembra** BOT mezereon; ~ **macho** BOT spurge laurel. - **2.** [aureola] halo, aureola.

LAV (*abrev de* **Línea Aeropostal Venezolana**) *f* Venezuelan state airline.

lava *f* lava.

lavable *adj* washable.

lavabo *m* - **1.** [objeto] washbasin *Br*, washbowl *Am*. - **2.** [habitación] lavatory *Br*, washroom *Am*; **ir al** ~ to go to the toilet; **los** ~**s** the toilets; **los** ~**s están al fondo a la derecha** the toilets are at the end of the corridor on the right. - **3.** RELIG lavabo.

lavacaras *mf inv fam fig* creep, bootlicker.

lavacoches *mf inv* car washer.

lavada *f* washing, laundering.

lavadero *m* - **1.** [en casa] laundry room; [público] washing place. - **2.** *Amér* MIN placer.

lavado *m* - **1.** [acción] washing *(U)*, wash; ~ **de cerebro** brainwashing; ~ **de coches** car wash; ~ **de estómago** stomach pumping; ~ **en seco** dry cleaning. - **2.** MED lavage. - **3.** *fam* [reprimenda] ticking off. - **4.** ARTE wash.

lavador, ra ◇ *adj* washing. ◇ *m, f* washer.

◆ **lavador** *m* - **1.** FOT washer. - **2.** [de arma] ramrod. - **3.** *Amér* [lavabo] washbasin *Br*, washbowl *Am*.

◆ **lavadora** *f* washing machine; ~ **secadora** washer-dryer.

lavadura *f* - **1.** [acción] wash, washing *(U)*. - **2.** [agua sucia] dishwater, dirty water.

lavafrutas *m inv* finger bowl.

lavaje *m* - **1.** MED lavage. - **2.** [de lanas] washing.

lavajo *m* watering hole.

La Valeta *s* Valetta.

lavamanos *m inv* washbasin *Br*, washbowl *Am*.

lavanda *f* lavender.

lavandería *f* [establecimiento] laundry; [automática] launderette.

lavandero, ra *m* laundryman (*f* laundress).

lavaojos *m inv* eyecup.

lavaplatos ◇ *mf inv* [persona] dishwasher, washer-up. ◇ *m inv* - **1.** [aparato] dishwasher. - **2.** *Amér* [fregadero] (kitchen) sink.

lavar *vt* - **1.** [limpiar] to wash; **de lava y pon** *fam* drip-dry, wash-and-wear; ~ **y marcar** shampoo and set. - **2.** *fig* [honor] to clear; [ofensa] to make up for. - **3.** ARTE to paint in watercolour. - **4.** CONSTR to whitewash. - **5.** MIN to wash, to pan.

◆ **lavarse** *vpr* [gen] to wash o.s.; [cara, manos, pelo] to wash; [dientes] to clean.

lavaseco *m Amér* dry cleaner's.

lavativa *f* - **1.** [utensilio, líquido] enema. - **2.** *fam fig* [molestia] pain, nuisance.

lavatorio *m* - **1.** [en misa] lavabo. - **2.** [de Jueves Santo] *Catholic ceremony on Maundy Thursday in which the feet of the poor are washed.* - **3.** [acción] washing. - **4.** *Amér* [lavabo] washbasin *Br*, washbowl *Am*.

lavavajillas *m inv* dishwasher.

lavazas *fpl* dirty water *(sg)*, slops.

lavoteo *m* sponge bath.

Lawrence *m*: ~ **de Arabia** Lawrence of Arabia.

laxante ◇ *adj* - **1.** MED laxative. - **2.** [relajante] relaxing. ◇ *m* MED laxative.

laxar *vt* [vientre] to loosen.

laxativo, va *adj* laxative.

◆ **laxativo** *m* laxative.

laxitud, laxidad *f* - **1.** [de músculo, cable] slackness. - **2.** *fig* [de moral] laxity.

laxo, xa *adj* - **1.** [músculo, cable] slack. - **2.** *fig* [moral] lax.

laya *f* - **1.** [especie, calaña] sort, kind; **eso es de otra** ~ that's a horse of a different colour. - **2.** [pala] spade.

layador, ra *m, f* person who digs with a spade.

layar *vt* to dig with a spade.

lazada *f* bow.

lazar [13] *vt* to lasso.

lazareto *m* HIST lazaretto.

lazarillo *m* - **1.** [persona] blind person's guide. - **2.** → **perro**.

lazarino, na, lazaroso, sa ◇ *adj* leprous. ◇ *m, f* leper.

lázaro *m* [pobre] ragged beggar.

◆ **Lázaro** *m* BIBLIA Lazarus.

lazaroso, sa *adj* = lazarino.

lazo *m* - **1.** [atadura] bow; **hacer un** ~ to tie a bow ❑ ~ **corredizo** slipknot; ~ **de zapato** shoelace. - **2.** [trampa] snare; [de vaquero] lasso. - **3.** *(gen pl) fig* [vínculo] tie, bond. - **4.** [de camino] bend, turn. - **5.** [danzando] figure. - **6.** *fig* [estratagema, trampa] trap. - **7.** ARQUIT knot, interlaced design.

l.c. = **loc. cit.**

LCD (*abrev de* **liquid crystal display**) *f* LCD.

Lda. *abrev escrita de* **licenciada.**

Ldo. *abrev escrita de* **licenciado.**

le *pron pers* - **1.** (*complemento indirecto*) [hombre] (to) him; [mujer] (to) her; [cosa] to it; [usted] to you; ~ **expliqué el motivo** I explained the reason to him/her; ~ **tengo miedo** I'm afraid of him/her; **ya** ~ **dije lo que pasaría** [a usted] I told you what would happen. - **2.** (*complemento directo*) him; [usted] you. - **3.** → **se**.

leal ◇ *adj*: ~ **(a)** loyal (to). ◇ *mf*: ~ **(a)** loyal supporter (of).

lealmente *adv* loyally.

lealtad *f*: ~ **(a)** loyalty (to); **faltar a su** ~ to be unfaithful.

leandra *f mfam desus peseta coin.*

leasing ['lisin] (*pl* **leasings**) *m* system of leasing whereby the lessee has the option of purchasing the property after a certain time.

lebrel, la *m, f* whippet.

lección *f* lesson; **dar a alguien una** ~ [como advertencia] to teach sb a lesson; [como ejemplo] to give sb a lesson; **servir de** ~ to serve as a lesson.

LECE (*abrev de* **Liga Europea de Cooperación Económica**) *f* ELEC.

lechada *f* - **1.** [de paredes] whitewash; [de argamasa] mortar, grout; ~ **de cal** milk of lime. - **2.** [para papel] pulp. - **3.** [emulsión] emulsion.

lechal ◇ *adj* - **1.** [animal] sucking, baby. - **2.** [planta] lactiferous. ◇ *m* - **1.** [animal] sucking o baby lamb. - **2.** [de planta] milky sap.

lechar ◇ *adj* - **1.** [animal] sucking. - **2.** [que da leche] milk-producing. ◇ *vt Amér* - **1.** [vaca, cabra etc] to milk. - **2.** [paredes, techos] to whitewash.

lechazo *m* young lamb.

leche *f* - **1.** [gen] milk; ~ **de almendras** almond milk; ~ **condensada/en polvo** condensed/powdered milk; ~ **descremada** o **desnatada** skimmed milk; ~ **entera** whole milk, full-cream milk *Br*; ~ **esterilizada/homogeneizada** sterilized/homogenized milk; ~ **evaporada** evaporated milk; ~ **limpiadora** cleansing lotion; ~ **de magnesia** milk of magnesia; ~ **merengada** *drink made from milk, egg whites, sugar and cinnamon*; ~ **pasterizada** o **pasteurizada** pasteurized milk; ~ **semidesnatada** semi-skimmed milk. - **2.** [de plantas] (milky) sap. - **3.** *mfam* [bofetada]: **pegar una** ~ **a alguien** to belt o clobber sb. - **4.** *mfam* [accidente] smash-up. - **5.** *mfam* [malhumor] bloody awful mood; **estar de mala** ~ to be in a bloody awful mood; **tener mala** ~ to be a miserable sod. - **6.** *mfam* [suerte]: **tener** ~ to be damn lucky; **tener mala** ~ to have bloody awful luck. - **7.** *vulg* [semen] spunk. - **8.** *loc*: **ser la** ~ *mfam* [ser raro] to be a nutcase; [ser molesto] to be a pain (in the neck); **tener la** ~ **en los labios** to be wet behind the ears; **¡una** ~**!** *mfam* no way!

lechecillas *fpl* [mollejas] sweetbreads.

lechera *f* → **lechero**.

lechería *f* dairy.

lechero, ra ◇ *adj* - **1.** [industria, animal] milk (*antes de sust*), dairy. - **2.** [lechoso] milky. - **3.** *Amér* [afortunado] lucky. ◇ *m, f* [persona] milkman (*f* milkwoman).

◆ **lechera** *f* - **1.** [para transportar] milk churn; [para beber] milk jug. - **2.** BOT spurge; ~ **amarga** milkwort. - **3.** *Amér* [vaca] dairy cow.

lecho *m* - **1.** [gen] bed; **abandonar el** ~ [levantarse] to get up, to get out of bed ❑ ~ **de muerte** deathbed; ~ **de roca** GEOL bedrock; **ser un** ~ **de rosas** to be a bed of roses. - **2.** [capa] layer. - **3.** ARQUIT base.

lechón *m* - **1.** [animal] sucking pig. - **2.** *fig* [persona] pig, slob.

lechoso, sa *adj* - **1.** [de aspecto, color] milky. - **2.** [planta, fruto] lactiferous.

◆ **lechoso** *m Amér* papaya tree.

lechucero *m Amér* - **1.** [persona] night owl; [taxista] night taxi driver. - **2.** [taxi] night taxi.

lechuga *f* - **1.** [planta] lettuce; ~ **iceberg/romana** iceberg/cos lettuce; **ser fresco como una** ~ to be a cheeky devil. - **2.** *fam* [billete] thousand peseta note. - **3.** [en tela] flounce. - **4.** [en cuello de camisa] ruff.

lechuguino *m* - **1.** *fam* [muchacho] callow youth. - **2.** *fam* [petimetre] fancy dresser. - **3.** [de lechuga] small head of lettuce.

lechuza *f* - **1.** [ave] (barn) owl. - **2.** *fam fig* [persona] hag.

lechuzo *m fam* [feo] fright.

lecitina *f* lecithin.

lectivo, va *adj* school (*antes de sust*).

lector, ra ◇ *adj* reading. ◇ *m, f* - **1.** [gen] reader. - **2.** EDUC language assistant.

◆ **lector** *m* - [de microfilms etc] reader, scanner; ~ **óptico** optical scanner; ~ **óptico de caracteres** optical character reader.

lectorado *m* post of language assistant.

lectura *f* - **1.** [gen] reading; **dar** ~ **a algo** to read sthg out loud. - **2.** [de tesis] viva voce. - **3.** [escrito] reading (matter) (*U*). - **4.** [de datos] scanning; ~ **óptica** optical scanning. - **5.** [cultura personal] culture; **ser una persona de mucha** ~ to be well-read. - **6.** IMPRENTA pica.

leer [50] ◇ *vt* [gen & INFORM] to read. ◇ *vi* to read; ~ **de corrido** to read fluently.

legación *f* legation.

legado *m* - **1.** [herencia] legacy. - **2.** [representante - cargo] legation; [- persona] legate; ~ **a látere** RELIG papal legate.

legajar *vt Amér* to file.

legajo *m* file.

legal *adj* - **1.** [gen] legal; [hora] standard. - **2.** [forense] forensic. - **3.** *fam* [persona] honest, decent.

legalidad *f* legality.

legalismo *m* fine legal point, legalism.

legalista ◇ *adj* legalistic. ◇ *mf* legalist.

legalizable *adj* which can be legalized.

legalización *f* - **1.** [gen] legalization. - **2.** [certificado] (certificate of) authentication.

legalizar [13] *vt* - **1.** [gen] to legalize. - **2.** [certificar] to authenticate.

legalmente *adv* - **1.** [según ley] legally, lawfully. - **2.** [lealmente] faithfully, truly.

légamo *m* - **1.** [lodo] ooze, slime. - **2.** [arcilla] loam.

legañas, lagañas *fpl* sleep (*U*) (*in the eyes*).

legañoso, sa *adj* full of sleep.

legar [16] *vt* - **1.** [gen] to bequeath. - **2.** [delegar] to delegate.

legatario, ria *m, f* legatee; ~ **universal** general legatee.

legendario, ria *adj* legendary.

◆ **legendario** *m* RELIG book of legends.

leggins *mpl* leggings.

legible *adj* legible.

legión *f lit & fig* legion; **la** ~ **extranjera** the Foreign Legion.

legionario, ria *adj* legionary.

◆ **legionario** *m* HIST legionary; MIL legionnaire.

Legión de Honor *f* [condecoración] Legion of Honour.

legionella *f* legionnaire's disease.

legislable *adj* subject to legislation.

legislación *f* - **1.** [leyes] legislation. - **2.** [ciencia] law.

legislador, ra ◇ *adj* legislative. ◇ *m, f* legislator.

legislar *vi* to legislate.

legislativo, va *adj* legislative.

legislatura *f* - **1.** [periodo] period of office. - **2.** [órganos] parliament, legislature. - **3.** *Amér* [congreso] legislative body.

legista *mf* - **1.** [jurista] legist, specialist in law. - **2.** → **médico**.

legitimación *f* - **1.** [legalización] legitimation. - **2.** [certificación] authentication.

legítimamente *adv* legitimately, rightfully.

legitimar *vt* - **1.** [legalizar] to legitimize. - **2.** [certificar] to authenticate. - **3.** [para cargo, función] to prepare for a post.

legitimidad *f* - **1.** [de rey, gobierno] legitimacy. - **2.** [autenticidad] authenticity.

legítimo, ma *adj* - **1.** [gen] legitimate; [auténtico] real, genuine; [oro] pure. - **2.** [justo] just, reasonable.

lego, ga ◇ *adj* - **1.** [gen] lay. - **2.** [ignorante] ignorant; **ser** ~ **en** to know nothing about. ◇ *m, f* - **1.** [gen] layman (*f* laywoman). - **2.** [ignorante] ignorant person.

◆ **lego** *m* RELIG lay brother.

legua *f* league; ~ **marina** marine league; **a la** ~ *fig* far away, miles away; **verse a la** ~ *fig* to stand out a mile.

leguaje *m Amér* - **1.** [distancia recorrida] distance in leagues. - **2.** [subvención] travel allowance.

legue *etc v* → **legar**.

leguleyo, ya *m, f despec* bad lawyer.

legumbre *f (gen pl)* pulse, pod vegetable; ~**s secas** dried pulses; ~**s verdes** green vegetables.

leguminosas *fpl* pulses, leguminous vegetables.

lehendakari, lendakari [lenda'kari] *m* president of the autonomous Basque government.

leído, da *adj* - **1.** [obra]: **muy/poco** ~ much/little read. - **2.** [persona] well-read; **(muy)** ~ **y escribido** *fam* pretentious.
◆ **leída** *f* reading.

leísmo *m* GRAM use of 'le' as direct object instead of 'lo'.

leitmotiv [leitmo'tif] *(pl* **leitmotivs**) *m* leitmotiv.

lejanía *f* - **1.** [distancia] distance. - **2.** [lugar remoto] remote place.

lejano, na *adj* distant; **no está** ~ it's not far (away).

lejía *f* - **1.** [detergente] bleach. - **2.** [agua alcalina] lye. - **3.** *fam fig* [crítica, reprimenda] telling-off.

lejos ◇ *adv* - **1.** [en el espacio] far (away); **¿está** ~? is it far?; **a lo** ~ in the distance; **a lo** ~ **se vislumbraba el campanario de la iglesia** in the distance you could see the church's belltower; **de** o **desde** ~ from a distance; **de** o **desde** ~ **no parece tan mayor** from a distance, she doesn't seem so old. - **2.** [en el pasado] long ago; [en el futuro] far in the future; **eso queda ya** ~ that happened a long time ago. ◇ *m* - **1.** [aspecto en la distancia] appearance from a distance; **tener buen** ~ to look good from a distance. - **2.** ARTE background.
◆ **lejos de** ◇ *loc conj* far from; **vivo** ~ **del centro de la ciudad** I live a long way from the city centre; ~ **de mejorar...** far from getting better... ◇ *loc prep* far (away) from.

lelo, la ◇ *adj* - **1.** [tonto] stupid, slow; **quedarse** ~ to be stunned. - **2.** [enamorado]: **estar** ~ **por** to be head over heels in love with. ◇ *m, f* idiot.

lema *m* - **1.** [norma] motto; [político, publicitario] slogan; [de obra literaria] theme. - **2.** LING & MAT lemma.

lempira *m* lempira.

lémures *mpl* - **1.** MITOL lemures. - **2.** *fig* [duendes] ghosts, phantoms.

len *adj* [hilo] flossy.

lencería *f* - **1.** [ropa] linen; [en hospital] linen room; ~ **fina** lingerie. - **2.** [tienda] draper's.

lendakari *m* = **lehendakari**.

lengua *f* - **1.** [gen] tongue; **sacarle la** ~ **a alguien** to stick one's tongue out at sb ❑ ~ **de fuego/de tierra** tongue of flame/of land; ~ **de gato** CULIN *long, thin chocolate in the shape of a tongue*; ~ **de víbora** o **viperina** malicious tongue; **andar en** ~**s** to be the subject of gossip; **buscarle la** ~ **a alguien** to pick a fight with sb; **con la** ~ **fuera** out of breath; **darle a la** ~ *fam* to chatter; **hacerse** ~ **s de** to rave about, to sing the praises of; **irse de la** ~ to let the cat out of the bag; **las malas** ~**s dicen que...** according to the gossip...; **morderse la** ~ to bite one's tongue; **se le trabó la** ~ she stumbled over her words; **ser largo de** ~ to be a gossip; **ser ligero** o **suelto de** ~ to be indiscreet o loose-tongued; **¿te ha comido la** ~ **el gato?** have you lost your tongue?; **tener** ~ **de trapo** to stammer; **tirar a alguien de la** ~ to draw sb out. - **2.** [idioma, lenguaje] language; ~ **franca** lingua franca o ~ **madre** LING parent language; ~ **materna** mother tongue; ~ **muerta/viva** dead/living language; ~**s modernas** modern languages.

lenguado *m* sole.

lenguaje *m* [gen & INFORM] language; ~ **algorítmico/máquina** algorithmic/machine language; ~ **de alto nivel/de bajo nivel** high-level/low-level language; ~ **coloquial/comercial** colloquial/business language; ~ **cifrado** code; ~ **corporal** body language; ~ **gestual** gestures *(pl)*; ~ **de programación** programming language; ~ **de los sordomudos** sign language.

lenguarada *f* lick, licking *(U)*.

lenguaraz *(pl* **lenguaraces**) ◇ *adj* - **1.** [malhablado] foul-mouthed. - **2.** [charlatán] talkative. - **3.** [en idiomas] multilingual, polyglot. ◇ *mf* - **1.** [malhablado] foul-mouthed person. - **2.** [charlatán] chatterbox. - **3.** [en idiomas] polyglot.

lenguaz *(pl* **lenguaces**) *adj* garrulous, loquacious.

lengüeta *f* - **1.** [del calzado] tongue. - **2.** MÚS reed. - **3.** ANAT epiglottis. - **4.** [de balanza] pointer, needle. - **5.** [barrena] bit. - **6.** [de chimenea] buttress. - **7.** *Amér* [cuchillo] paper knife. - **8.** *Amér* [de enaguas] flounce. - **9.** *Amér* [charlatán] chatterbox.

lengüetazo *m*, **lengüetada** *f* [lametón] lick.

lengüetear *vi* - **1.** [lamer] to lick. - **2.** *Amér* [hablar] to chatter.

lengüetería *f* reed stops *(pl)*.

lengüicorto, ta *adj fam* bashful, timid.

lengüilargo, ga *fam* ◇ *adj* foul-mouthed. ◇ *m, f* foul-mouthed person.

lengüón, ona *Amér* ◇ *adj* garrulous. ◇ *m, f* chatterbox.

lenidad *f* leniency.

leninismo *m* Leninism.

leninista *adj & mf* Leninist.

lenitivo, va *adj* soothing, lenitive.
◆ **lenitivo** *m* - **1.** [físico] lenitive. - **2.** [moral] balm.

lenocinio *m culto* procuring, pimping.

lentamente *adv* slowly.

lente *f* lens; ~ **de aumento** magnifying glass; ~ **electrónica/telegráfica** electron/telephoto lens; ~**s de contacto** contact lenses.
◆ **lentes** *mpl* [gafas] glasses.

lenteja *f* - **1.** [planta, fruto] lentil; ~ **de agua** lesser duckweed. - **2.** [de reloj] pendulum disc.

lentejar *m* lentil field.

lentejuela *f* sequin.

lenticular *adj* lenticular.

lentificar *vt* to slow down.

lentilla *f (gen pl)* contact lens.

lentitud *f* slowness; **con** ~ slowly.

lento, ta *adj* [gen] slow; [veneno] slow-working; [agonía, enfermedad] lingering, long-drawn-out.
◆ **lento** *m* MÚS lento.

leña *f* - **1.** [madera] firewood; **echar** ~ **al fuego** to add fuel to the flames o fire; **llevar** ~ **al monte** to carry coals to Newcastle. - **2.** *fam* [golpes] beating; **dar** ~ **a alguien** to beat sb up.

leñador, ra *m, f* woodcutter.

leñazo *m* - **1.** *fam* [garrotazo] blow with a stick; [golpe] bang, bash. - **2.** [choque] smash-up, crash.

leñe *interj fam* for heaven's sake!

leñera *f* woodshed.

leño *m* - **1.** [de madera] log; **dormir como un** ~ to sleep like a log. - **2.** *fam fig* [persona] blockhead. - **3.** LITER vessel, ship.

leñoso, sa *adj* woody.

Leo, León ◇ *m inv* - **1.** [zodiaco] Leo; **ser** ~ to be (a) Leo. - **2.** [constelación] Leo. ◇ *mf inv* [persona] Leo.

león, ona *m, f* - **1.** [animal] lion *(f* lioness); [persona] *fig* fierce person; **no es tan fiero el** ~ **como lo pintan** *proverb* he/it *etc* is not as bad as he/it *etc* is made out to be; **ponerse como un** ~ to get furious. - **2.** [hormiga] ant lion. - **3.** *Amér* [puma] puma.
◆ **león marino** *m* sea lion.

leonado, da *adj* tawny.

Leonardo *m*: ~ **da Vinci** Leonardo da Vinci.

leonero, ra ◇ *adj* rowdy. ◇ *m, f* lionkeeper.
◆ **leonero** *m Amér* place where brawls occur.
◆ **leonera** *f* - **1.** [jaula] lion's cage. - **2.** *fam* [cuarto sucio] pigsty. - **3.** *fam fig* [casa de juego] gambling den. - **4.** *Amér fam* [reunión de sospechosos] lowlife gathering. - **5.** *Amér fam*

[reunión ruidosa] rowdy gathering. - **6.** *Amér fam* [celda] communal detention cell.

leonés, esa ◇ *adj* of/relating to Leon. ◇ *m, f* native/inhabitant of Leon.

leonino, na *adj* - **1.** [rostro, aspecto] leonine. - **2.** [contrato, condiciones] one-sided, unfair.

leontina *f* watch chain.

leopardo *m* [macho] leopard; [hembra] leopardess.

leotardo *m* - **1.** *(gen pl)* [medias] stockings *(pl)*, thick tights *(pl)*. - **2.** [de gimnasta etc] leotard.

Lepanto *s*: **la batalla de** ~ the Battle of Lepanto.

lepe *m Amér* - **1.** [golpe] box. - **2.** [trago] shot of liquor.

Lepe *s*: **saber más que** ~ to be very clever o astute.

leperada *f Amér* coarse o vulgar remark.

lépero, ra *Amér* ◇ *adj* - **1.** [soez] coarse, vulgar. - **2.** [astuto] sly, cunning. - **3.** [arruinado] bankrupt. ◇ *m, f* low-class person.

leporino *adj* leporine.

lepra *f* leprosy.

leprosería *f* leper colony.

leproso, sa ◇ *adj* leprous. ◇ *m, f* leper.

lerdamente *adv* sluggishly.

lerdear *vi Amér* to lumber.

lerdo, da ◇ *adj* [idiota] dim, slow-witted; [torpe] useless, hopeless. ◇ *m, f* [idiota] fool, idiot; [torpe] useless idiot.

lerdón *m* tumour on horse's leg.

Lérida *s* Lerida.

leridano, na ◇ *adj* of/relating to Lerida. ◇ *m, f* native/inhabitant of Lerida.

les *pron pers pl* - **1.** *(complemento indirecto)* (to) them; [ustedes] (to) you; ~ **expliqué el motivo** I explained the reason to them; ~ **tengo miedo** I'm afraid of them; **ya** ~ **dije lo que pasaría** [a ustedes] I told you what would happen. - **2.** *(complemento directo)* them; [ustedes] you. - **3.** → **se**.

lesbiana *f* → **lesbiano**.

lesbianismo *m* lesbianism.

lesbiano, na, lesbio, a ◇ *adj* - **1.** [homosexual] lesbian. - **2.** [de Lesbos] Lesbian. ◇ *m, f* native of Lesbos.

◆ **lesbiana** *f* lesbian.

leseras *fpl Amér* rubbish *(U)*, nonsense *(U)*.

lesión *f* - **1.** [herida] injury. - **2.** *fig* [perjuicio] damage, harm; ~ **grave** DER grievous bodily harm.

lesionado, da ◇ *adj* injured. ◇ *m, f* injured person.

lesionador, ra *adj* injuring.

lesionar *vt* [herir] to injure; *fig* [perjudicar] to damage, to harm.

◆ **lesionarse** *vpr* to injure o.s.

lesivo, va *adj* damaging, harmful.

lesna *f* = **lezna**.

leso, sa *adj* - **1.** *(antes de sustantivo)* [agraviado] injured, wronged; **crimen de lesa humanidad** crime against humanity; **crimen de lesa patria** high treason *(U)*. - **2.** *Amér* [tonto] silly, stupid.

leste *m* - **1.** [punto cardinal] east. - **2.** [viento] east wind.

letal *adj* lethal.

letanía *f (gen pl)* - **1.** [plegaria] litany. - **2.** *fig* [lista, retahíla] litany. - **3.** [procesión] liturgical procession.

letárgico, ca *adj* - **1.** MED lethargic. - **2.** ZOOL hibernating.

letargo *m* - **1.** MED lethargy. - **2.** ZOOL hibernation.

letargoso, sa *adj* inducing lethargy.

letífico, ca *adj* gladdening.

letón, ona *adj & m, f* → **letonio**.

Letonia *s* Latvia.

letonio, nia, letón, ona *adj & m, f* Latvian.

◆ **letonio, letón** *m* [lengua] Latvian.

letra *f* - **1.** [signo] letter. - **2.** [caligrafía] handwriting. - **3.** [estilo] script; IMPRENTA type, typeface; ~ **bastardilla** o **cursiva** o **itálica** italic type, italics *(pl)*; ~ **de imprenta** o

molde IMPRENTA print; [en formularios etc] block capitals *(pl)*; ~ **mayúscula/minúscula** capital/small letter; ~ **negrita** o **negrilla** bold (face); ~ **versalita** small capital; **leer la** ~ **pequeña** o **menuda** to read the small print; **mandar cuatro** ~**s a alguien** to drop sb a line; **ser** ~ **muerta** to be a dead letter. - **4.** [de una canción] lyrics *(pl)*. - **5.** COM bill of exchange; **girar una** ~ to draw a bill of exchange; **protestar una** ~ to protest a bill □ ~ **abierta** letter of credit; ~ **avalada** guaranteed bill of exchange; ~ **(de cambio)** bill of exchange; ~ **de cambio a la vista** sight bill. - **6.** [sentido] literal meaning; **a la** ~ to the letter.

◆ **letras** *fpl* EDUC arts; **ser de** ~**s** to study an arts subject □ **las primeras** ~**s** primary schooling *(U)*.

◆ **letras patentes** *fpl* [edicto] letters patent.

letrado, da ◇ *adj* - **1.** [instruido] learned. - **2.** *fam* [pedante] pedantic. ◇ *m, f* lawyer.

letraset® *m* Letraset®.

letrero *m* - **1.** [cartel] sign; ~ **de neón** neon sign. - **2.** [etiqueta] label.

letrina *f* - **1.** [retrete] latrine. - **2.** *fig* [cosa sucia] filthy o foul thing.

letrista *mf* lyricist.

leucemia *f* leukaemia.

leucémico, ca ◇ *adj* leukaemia *(antes de sust)*. ◇ *m, f* person suffering from leukaemia.

leucocito *m (gen pl)* leucocyte.

leudar *vt* to leaven.

◆ **leudarse** *vpr* to rise.

leva *f* - **1.** MIL levy. - **2.** NÁUT weighing anchor. - **3.** MEC cam; ~ **de escape** exhaust cam. - **4.** *Amér* [engaño] trick, ruse. - **5.** *Amér vulg despec* [prenda de vestir] frock coat.

◆ **levas** *fpl Amér* [amenazas] threats; **echar** ~**s** to threaten.

levadizo, za *adj* - **1.** [que puede levantarse] which can be raised. - **2.** → **puente**.

levadura *f* - **1.** [fermento] yeast, leaven; ~ **de cerveza** brewer's yeast; ~ **en polvo** baking powder. - **2.** *fig* [de pasión, pensamiento] seed, germ. - **3.** [en carpintería] sawn-off plank *Br*, sawed-off plank *Am*.

levantado, da *adj fig* lofty, elevated.

◆ **levantada** *f* rising, getting up.

levantador, ra ◇ *adj* lifting. ◇ *m, f* - **1.** [que levanta]: ~ **de pesas** DEP weightlifter. - **2.** [de motín] agitator.

levantamiento *m* - **1.** [sublevación] uprising. - **2.** [elevación] raising; ~ **de pesas** DEP weightlifting. - **3.** [supresión] lifting, removal.

levantar *vt* - **1.** [alzar] to raise; [peso, capó, trampilla] to lift; [la caza] to flush out; [el ancla] to weigh; **los que hayan terminado el ejercicio que levanten el brazo** whoever has finished the exercise, please put your hand up; **en el solar levantaron un rascacielos** they built a skyscraper that land; ~ **el ánimo** to cheer up; ~ **la vista** o **mirada** to look up. - **2.** [pintura, venda, tapa] to remove. - **3.** [enderezar] to straighten up. - **4.** [recoger - campamento] to strike; [- tienda de campaña, puesto] to take down; [- mesa] to clear; [- mantel] to take off. - **5.** [protestas, polémica] to stir up; ~ **a alguien contra** to stir sb up against; **los revolucionarios levantaron al pueblo contra el gobierno** the revolutionaries stirred up the people against the government. - **6.** [suspender - embargo, prohibición] to lift; [- pena, castigo] to suspend; [- sesión] to adjourn; [- asedio] to raise. - **7.** [acta, atestado] to draw up. - **8.** *mfam* [robar]: ~**le algo a alguien** to swipe sthg off sb.

◆ **levantarse** *vpr* - **1.** [ponerse de pie] to stand up. - **2.** [de la cama] to get up; ~**se tarde** to sleep in. - **3.** [elevarse - avión etc] to lift off, to take off; [- niebla] to lift. - **4.** [sobresalir] to stand out. - **5.** [sublevarse] to rise up. - **6.** [empezar - viento, oleaje] to get up, to rise; [- tormenta] to gather.

levante *m* - **1.** [este] east; [región] east coast. - **2.** [viento] east wind. - **3.** *Amér* [calumnia] slander. - **4.** *Amér* [tasa] fee paid by woodcutter.

◆ **Levante** *m*: **(el) Levante** GEOGR the east coast of Spain between Castellón and Cartagena.

levantino, na ◇ *adj* of/relating to 'Levante'. ◇ *m, f* native/inhabitant of 'Levante'.

levantisco, ca *adj* restless, turbulent.

levar *vt* to weigh.

leve *adj* - **1.** [gen] light; [olor, sabor, temblor] slight. - **2.** [pecado, falta, herida] minor. - **3.** [enfermedad] mild, slight.

levedad *f* - **1.** [gen] lightness; [de temblor etc] slightness. - **2.** [de pecado, falta, herida] minor nature. - **3.** [de enfermedad] mildness.

levemente *adv* - **1.** [gen] lightly. - **2.** [oler, saber, temblar] slightly.

leviatán *m* leviathan.

levita *f* frock coat.

levitación *f* levitation.

levitar *vi* to levitate.

levítico, ca *adj* - **1.** BIBLIA Levitical. - **2.** *fig* [sacerdotal] priestly.

◆ **levítico** *m* - **1.** BIBLIA Leviticus. - **2.** *fam fig* [ceremonial] ceremony, ritual.

lexema *m* lexeme.

léxico, ca *adj* lexical.

◆ **léxico** *m* - **1.** [vocabulario] vocabulary. - **2.** [diccionario] lexicon, dictionary.

lexicografía *f* lexicography.

lexicográfico, ca *adj* lexicographical.

lexicógrafo, fa *m, f* lexicographer.

lexicología *f* lexicology.

lexicológico, ca *adj* lexicological.

lexicólogo, ga *m, f* lexicologist.

lexicón *m* lexicon.

ley (*pl* **leyes**) *f* - **1.** [gen] law; [parlamentaria] act; **al margen de la ~, fuera de la ~** outside the law ❏ **~ de extranjería** Aliens Act; **~ de incompatibilidades** *act regulating which other positions may be held by people holding public office*; **~ marcial/no escrita/sálica/seca** martial/unwritten/Salic/prohibition law; **hecha la ~, hecha la trampa** laws are made to be broken; **con todas las de la ~** in due form, properly. - **2.** [regla] rule; **~ del embudo** one law for oneself and another for everyone else; **~ de la oferta y de la demanda** law of supply and demand; **~ de la ventaja** DEP advantage (law). - **3.** [de un metal]: **de ~** [oro] pure; [plata] sterling; **bajo de ~** base ❏ **de buena ~** reliable, sterling; **de mala ~** crooked, disreputable.

◆ **leyes** *fpl* [derecho] law *(sg)*.

leyenda *f* - **1.** [narración] legend; [de santo] life. - **2.** [inscripción] inscription, legend.

leyera *etc v* → **leer**.

lezna, lesna *f* awl.

lía *f* esparto rope.

liado, da *adj* - **1.** [confundido] befuddled. - **2.** [involucrado] involved. - **3.** [complicado] mixed up.

liar [9] *vt* - **1.** [atar] to tie up. - **2.** [cigarrillo] to roll; **~ algo en** [papel] to wrap sthg up in; [toalla etc] to roll sthg up in. - **3.** [involucrar]: **~ a alguien (en)** to get sb mixed up (in). - **4.** [complicar] to confuse; **¡ya me has liado!** now you've really got me confused! - **5.** *loc:* **~las** *mfam* [huir] to beat it, to scram; [morir] to kick the bucket, to bite the dust.

◆ **liarse** *vpr* - **1.** [enredarse] to get muddled up. - **2.** [empezar] to begin, to start; **~se a hacer algo** to start o begin doing sthg. - **3.** *fam* [sexualmente]: **~se (con)** to get involved (with), to have an affair (with): - **4.** *loc:* **liárselas** *mfam* [huir] to beat it, to scram; [morir] to kick the bucket, to bite the dust.

libación *f* libation.

libanés, esa (*pl* **libaneses**) *adj & m, f* Lebanese.

Líbano *m:* **el ~** the Lebanon.

libar *vt* - **1.** [chupar] to suck. - **2.** [licor] to sip.

libelista *mf* lampoonist.

libelo *m* - **1.** [escrito] lampoon. - **2.** DER petition.

libélula *f* dragonfly.

liberable *adj* which can be liberated.

liberación *f* - **1.** [gen] liberation; [de preso] release; **~ de la mujer** women's liberation; **~ sexual** sexual liberation. - **2.** [de una hipoteca] redemption.

liberado, da *adj* [gen] liberated; [preso] freed.

liberador, ra ◇ *adj* liberating. ◇ *m, f* liberator.

liberal *adj & mf* liberal.

liberalidad *f* liberality.

liberalismo *m* liberalism.

liberalización *f* liberalization; COM deregulation.

liberalizar [13] *vt* to liberalize; COM to deregulate.

liberalmente *adv* liberally.

liberar *vt* - **1.** [gen] to liberate; [preso] to free; **~ de algo a alguien** to free sb from sthg. - **2.** [de deuda] to release.

◆ **liberarse** *vpr* to liberate o.s.; **~se de algo** to free o liberate o.s. from sthg.

liberatorio, ria *adj* releasing.

líbero *m* DEP sweeper.

libérrimo, ma *adj (superl)* absolutely free; **por su libérrima voluntad** of his own free will.

libertad *f* - **1.** [gen] freedom, liberty *(U)*; **no tiene ~ para hacer lo que quiera** she doesn't have the freedom to do what she wants; **dejar o poner a alguien en ~** to set sb free, to release sb; **estar en ~** to be free; **tener ~ para hacer algo** to be free to do sthg; **tomarse la ~ de hacer algo** to take the liberty of doing sthg; **tomarse ~es** to take liberties ❏ **~ de circulación de capitales/trabajadores** ECON free movement of capital/workers; **~ civil, ~es civiles** DER civil liberty *(U)*; **~ de comercio** free trade; **~ de conciencia** freedom of conscience; **~ condicional** probation; **~ de expresión o de palabra** freedom of speech; **~ de imprenta o de prensa** freedom of the press; **~ provisional (bajo fianza)** bail; **~ provisional (bajo palabra)** parole. - **2.** [talento] facility, talent. - **3.** [derecho] right, freedom. - **4.** [de acción, movimiento] leeway.

◆ **libertades** *fpl* [en el trato] liberties.

libertador, ra ◇ *adj* liberating. ◇ *m, f* liberator.

libertar *vt* - **1.** [gen] to liberate; [preso] to deliver, to set free. - **2.** [preservar] to save, to deliver. - **3.** [de deuda, obligación] to exempt, to release.

libertario, ria *adj & m, f* libertarian.

libertinaje *m* licentiousness.

libertino, na ◇ *adj* licentious. ◇ *m, f* - **1.** [en conducta] libertine. - **2.** [ateo] atheist. - **3.** HIST child of an emancipated slave.

liberto, ta *m, f* freedman (*f* freedwoman).

Libia *s* Libya.

libidinosamente *adv* libidinously.

libidinosidad *f* lewdness.

libidinoso, sa *adj* libidinous, lewd.

libido *f* libido.

libio, bia *adj & m, f* Libyan.

libra *f* [peso, moneda] pound; **~ esterlina** pound sterling.

Libra ◇ *m* - **1.** [zodiaco] Libra; **ser ~** to be (a) Libra. - **2.** [constelación] Libra. ◇ *mf* [persona] Libran.

libraco *m despec* worthless book.

librado, da *m, f* COM drawee. ◇ *adj:* **salir bien ~** to get off lightly; **salir mal ~** to come off badly.

librador, ra ◇ *adj* rescuing. ◇ *m, f* drawer.

◆ **librador** *m* grocer's scoop.

libramiento *m,* **libranza** *f* - **1.** [acción] rescue, deliverance. - **2.** COM order of payment.

librancista *mf* bearer.

libranza *f* = **libramiento**.

librar ◇ *vt* - **1.** [eximir]: **~ a alguien (de algo/de hacer algo)** [gen] to free sb (from sthg/from doing sthg); [pagos, impuestos] to exempt sb (from sthg/from doing sthg). - **2.** [entablar - pelea, lucha] to engage in; [- batalla, combate] to join. - **3.** COM to draw. - **4.** [sentencia] to pass; [decreto] to

issue. - **5.** [confianza] to place; **libro la confianza en mis padres** I place my confidence in my parents. ◇ *vi* - **1.** [no trabajar] to be off work. - **2.** [parir] to give birth; [expulsar placenta] to expel one's placenta o afterbirth.
◆ **librarse** *vpr* - **1.** [salvarse]: ~**se (de hacer algo)** to escape (from doing sthg); **de buena te libraste** you had a narrow escape. - **2.** [deshacerse]: ~**se de algo/alguien** to get rid of sthg/sb.

libre *adj* - **1.** [gen] free; [rato, tiempo] spare; [camino, vía] clear; [espacio, piso, lavabo] empty, vacant; **cuando salió de la cárcel se sintió un hombre** ~ when he got out of jail, he felt like a free man; **200 metros** ~**s** 200 metres freestyle; ~ **de** [gen] free from; [exento] exempt from; **ser** ~ **de** o **para hacer algo** to be free to do sthg ❑ ~ **de derechos** duty-free; ~ **de franqueo** post-free; ~ **de impuestos** tax-free; **ir por** ~ to go it alone; **cuando viajo me gusta ir por** ~ **más que ir en grupo** I prefer travelling alone to travelling in a group. - **2.** [alumno] external; **estudiar por** ~ to be an external student. - **3.** [soltero] single, unmarried. - **4.** [licencioso] loose, licentious.

librea *f* - **1.** [traje] livery. - **2.** [clase] servants *(pl)*.

librecambio *m* free trade.

librecambismo *m* (doctrine of) free trade.

librecambista *mf* free-trade advocate.

libremente *adv* freely.

librepensador, ra ◇ *adj* freethinking. ◇ *m, f* freethinker.

librepensamiento *m* freethinking.

librería *f* - **1.** [tienda] bookshop; ~ **de lance** o **ocasión** second-hand bookshop. - **2.** [oficio] bookselling. - **3.** [mueble] bookcase. - **4.** [negocio] book trade. - **5.** *desus* [biblioteca] library.

librero, ra ◇ *adj* book *(antes de sust)*. ◇ *m, f* [persona] bookseller.
◆ **librero** *m Amér* [mueble] bookshelf.

libreta *f* - **1.** [para escribir] notebook; ~ **de direcciones** address book. - **2.** [del banco]: ~ **(de ahorros)** savings book; ~ **de cheques** cheque book *Br*, checkbook *Am*.

libretista *mf* MÚS librettist.

libreto *m* - **1.** MÚS libretto. - **2.** *Amér* CINE script.

Libreville [libre'ßil] *s* Libreville.

librillo *m* - **1.** [de papel de fumar] packet of cigarette papers. - **2.** ZOOL omasum, psalterium.

libro *m* [gen & COM] book; **llevar los** ~**s** COM to keep the books ❑ ~ **azul** POLÍT blue book; ~ **blanco** POLÍT white paper; ~ **de bolsillo** paperback; ~ **de caballerías** romance of chivalry; ~ **de cabecera/de cocina** bedside/cookery book; ~ **de caja** cashbook; ~ **de comercio** ledger; ~ **de consulta/cuentos** reference/story book; ~ **de cuentas** o **contabilidad** accounts book; ~ **de ejercicios** workbook; ~ **de escolaridad** school report; ~ **de familia** *document containing personal details of the members of a family*; ~ **de horas** RELIG; ~ **mayor** COM ledger, Book of Hours; ~ **de pedidos** COM order book; ~ **de reclamaciones** complaints book; ~ **de registro (de entradas)** register; ~ **sagrado** Book *(in Bible)*; ~ **de texto** textbook; ~ **de visitas** visitors' book; **colgar los** ~**s** *fam fig* to give up one's studies; **hablar como un** ~ *fig* to express o.s. very clearly.

Lic. *abrev escrita de* **licenciado**.

licantropía *f* lycanthropy.

licántropo, pa ◇ *adj* werewolf *(antes de sust)*. ◇ *m, f* werewolf.

licencia *f* - **1.** [documento] licence, permit; [autorización] permission; **dar** ~ to give permission ❑ ~ **de armas/caza** gun/hunting licence; ~ **por enfermedad** sick leave; ~ **de exportación/importación** export/import licence; ~ **fiscal** *official authorization to practise a profession*; ~ **de obras** planning permission *(U)*; ~ **poética** poetic licence. - **2.** MIL discharge; [confianza] licence, freedom; **tomarse** ~**s con alguien** to take liberties with sb. - **4.** *desus* [licenciatura] degree.

licenciado, da ◇ *adj* - **1.** EDUC graduate *(antes de sust)*; **ser**

~ **en derecho** to be a law graduate. - **2.** MIL discharged. ◇ *m, f* - **1.** EDUC graduate; ~ **en económicas** economics graduate. - **2.** MIL discharged soldier. - **3.** *Amér* [abogado] lawyer.

licenciamiento *m* - **1.** MIL discharge; ~ **honroso** honourable discharge. - **2.** EDUC graduation.

licenciar [8] *vt* - **1.** [dar permiso] to license. - **2.** [despedir] to dismiss. - **3.** EDUC to confer a degree on.
◆ **licenciarse** *vpr* - **1.** EDUC: ~**se (en)** to graduate (in). - **2.** MIL to be discharged.

licenciatura *f* - **1.** [título] degree. - **2.** [estudios] degree course. - **3.** [acto] graduation.

licenciosamente *adv* licentiously.

licencioso, sa *adj* licentious.

liceo *m* - **1.** EDUC lycée. - **2.** [de recreo] ≃ social club.

lichi *m* lychee.

licitación *f* bid, bidding *(U)*.

licitador, ra *mf* bidder.

lícitamente *adv* lawfully.

licitante ◇ *adj* bidding. ◇ *mf* bidder.

licitar *vt* to bid for.

licitatorio, ria *adj* bidding.

lícito, ta *adj* - **1.** [legal] lawful. - **2.** [correcto] right. - **3.** [justo] fair.

licitud *f* lawfulness, legality.

licor *m* - **1.** [bebida] liquor. - **2.** [líquido] liquid.

licorera *f* - **1.** [botella] decanter. - **2.** [mueble] cocktail cabinet.

licorería *f* - **1.** [fábrica] distillery. - **2.** [tienda] ≃ offlicence *Br*, ≃ liquor store *Am*.

licorista *mf* liquor dealer.

licuable *adj* liquefiable.

licuadora *f* liquidizer, blender.

licuar [6] *vt* - **1.** CULIN to liquidize. - **2.** TECN to liquefy.

licuefacción *f* liquefaction.

lid *f* [combate] fight; **en buena** ~ *fig* in a fair fight; **experto en estas** ~**es** *fig* an old hand in these matters; **reñir en buena** ~ *fig* to have a fair fight.

líder ◇ *adj* leading. ◇ *mf* leader. ◇ *m* editorial, leader.

liderar *vt* to lead.

liderato, liderazgo *m* - **1.** [primer puesto] lead; [en liga] first place. - **2.** [dirección] leadership.

lidia *f* - **1.** [arte] bullfighting. - **2.** [corrida] bullfight.

lidiador, ra *m, f* - **1.** [torero] bullfighter. - **2.** [luchador] fighter, combatant.

lidiante *adj* fighting.

lidiar [8] ◇ *vi*: ~ **(con)** [luchar] to struggle (with); [hacer frente a] to oppose, to face; [soportar] to put up with; **tengo que** ~ **con ese necio** I have to put up with that fool. ◇ *vt* TAUROM to fight.

liebre *f* - **1.** ZOOL hare; **correr como una** ~ *fig* to run like a hare; **levantar la** ~ *fam* to let the cat out of the bag. - **2.** *fig* [persona] coward. - **3.** *Amér* [microbús] minibus.
◆ **liebre corrida** *f Amér* whore.

Liechtenstein ['litʃenstein] *s* Liechtenstein.

liencillo *m Amér* rough cotton cloth.

liendre *f* nit.

lienzo *m* - **1.** [tela] (coarse) cloth; [paño] piece of cloth. - **2.** [para pintar] canvas. - **3.** [cuadro] painting. - **4.** [pared] stretch (of wall); [muralla] curtain wall.

lifting ['liftin] *(pl* **liftings**) *m* facelift.

liga *f* - **1.** [alianza & DEP] league. - **2.** [de medias] suspender. - **3.** [venda] band. - **4.** [mezcla] compound, mixture. - **5.** [muérdago] mistletoe. - **6.** [aleación] alloy. - **7.** *loc*: **hacer buena/mala** ~ **con** to get along well/badly with.

ligación *f* - **1.** [enlace] bond, union. - **2.** [mezcla] compound, mixture. - **3.** [acción de ligar] tying, binding.

ligado *m* - **1.** ARTE ligature. - **2.** [MÚS - de notas] legato; [modo de tocar] slur.

ligadura *f -* **1.** MED & MÚS ligature; ~ **de trompas** MED tubal ligation. **- 2.** [atadura] bond, tie. **- 3.** [en cirujía] tourniquet. **- 4.** NÁUT lashing.

ligamen *m undissolved marriage which precludes a second marriage.*

ligamento *m -* **1.** ANAT ligament. **- 2.** [atadura] tying, binding.

ligamentoso, sa *adj* ligamentous.

ligamiento *m -* **1.** [acción de ligar] tie, tying *(U)*. **- 2.** [acuerdo] concord, unity.

ligar [16] ◇ *vt -* **1.** [gen & CULIN] to bind; [atar] to tie (up). **- 2.** MED to put a ligature on. **- 3.** MÚS to slur. **- 4.** *fig* [unir] to join, to link. **- 5.** [metales] to alloy. **- 6.** *Amér fam* [hurtar] to nick, to swipe. **- 7.** *Amér* [cosecha] to contract in advance for. ◇ *vi -* **1.** [coincidir]: ~ **(con)** to tally (with). **- 2.** *fam* [conquistar]: ~ **(con)** to get off (with). **- 3.** [en naipes] to combine cards of the same suit. **- 4.** *Amér* [corresponder, tocar]: ~ **a** to fall to. **- 5.** *Amér* [tener suerte] to be lucky. **- 6.** *Amér* [mirar] to stare, to look. **- 7.** *Amér* [deseo] to be fulfilled.
◆ **ligarse** *vpr* to unite.

ligazón *f* link, connection.

ligeramente *adv* [gen] lightly; [aumentar, bajar, doler] slightly.

ligereza *f -* **1.** [levedad - gen] lightness; [- de dolor] slightness. **- 2.** [agilidad] agility. **- 3.** [rapidez] speed. **- 4.** [irreflexión - cualidad] rashness; [- acto] rash act. **- 5.** *fig* [inconstancia] inconstancy, fickleness.

ligero, ra *adj -* **1.** [que pesa poco, poco consistente] light; **por las noches conviene tomar comidas ligeras** it's a good idea only to have a light meal in the evening. **- 2.** [traje, tela] thin. **- 3.** [dolor, rumor, descenso] slight. **- 4.** [ágil] agile, nimble. **- 5.** [rápido] quick, swift. **- 6.** [insignificante] unimportant, insignificant. **- 7.** [irreflexivo] flippant; **a la ligera** lightly; **juzgar a alguien a la ligera** to be quick to judge sb. **- 8.** *loc:* **caer** ~ *Amér* to please.
◆ **ligero** *adv* [rápidamente] quickly, swiftly; **de** ~ without thinking.

light [lait] *adj inv* [comida] low-calorie; [refresco] diet *(antes de sust)*; [cigarrillos] light.

lignificarse [10] *vpr* to lignify, to turn into wood.

lignito *m* lignite, brown coal.

lignoso, sa *adj* woody.

ligón, ona *fam* ◇ *adj:* **es muy** ~ he's always getting off with somebody or other. ◇ *m, f* goer, raver.

ligue[1] *etc v* → **ligar**.

ligue[2] *m mfam -* **1.** [acción]: **ir de** ~ to go cruising. **- 2.** [persona] pick-up.

liguero, ra *adj* DEP league *(antes de sust)*.
◆ **liguero** *m* suspender belt *Br*, garter belt *Am*.

liguilla *f* DEP mini-league, round-robin tournament.

lija ◇ *f -* **1.** [papel] sandpaper. **- 2.** [pez] dog-fish. **- 3.** *Amér* [presunción] conceit; **darse** ~ *fam fig* to put on o give o.s. airs. ◇ *adj Amér* shrewd, sharp.

lijadora *f* sander.

lijar *vt* to sand down.

lila ◇ *mf* lilac. ◇ *adj -* **1.** [color] lilac. **- 2.** *fam* [tonto] foolish, silly.

liliputiense *fam* ◇ *adj* dwarfish. ◇ *mf* midget.

lima *f -* **1.** [utensilio] file; ~ **sorda** smooth file; ~ **de uñas** nail file; **comer como una** ~ *fam* to eat like a horse. **- 2.** BOT lime.

Lima *s* Lima.

limaco *m -* **1.** [molusco] slug. **- 2.** *Amér* [herramienta] large file.

limado *m -* **1.** [pulimento] filing. **- 2.** [perfeccionamiento] polishing.

limadora *f* polisher.

limadura *f* filing.

limar *vt -* **1.** [pulir] to file down. **- 2.** [perfeccionar] to pol-

ish, to add the finishing touches to. **- 3.** *fig* [cercenar] to pare, to trim.

limatón *m Amér* roof beam.

limbo *m -* **1.** RELIG limbo; **estar en el** ~ *fig* to be miles away. **- 2.** ASTRON & BOT limb.

limeño, ña ◇ *adj* of/relating to Lima. ◇ *m, f* native/inhabitant of Lima.

limero, ra *m, f* lime seller.
◆ **limero** *m* lime tree.

limitación *f -* **1.** [restricción] limitation, limit; ~ **de velocidad** speed limit. **- 2.** [distrito] boundaries *(pl)*.

limitado, da *adj -* **1.** [gen] limited. **- 2.** *fig* [poco inteligente] dim-witted.

limitador *m* ELEC limiter, clipper; ~ **telefónico** slicer.

limitar ◇ *vt -* **1.** [gen] to limit. **- 2.** [terreno] to mark out. **- 3.** [atribuciones, derechos etc] to set out, to define. ◇ *vi:* ~ **(con)** to border (on).
◆ **limitarse a** *vpr* to limit o.s. to.

límite ◇ *adj inv -* **1.** [precio, velocidad, edad] maximum. **- 2.** [situación] extreme; [caso] borderline. ◇ *m -* **1.** [tope] limit; **dentro de un** ~ within limits; **su pasión no tiene** ~ her passion knows no bounds ❑ ~ **de elasticidad/de velocidad** elastic/speed limit. **- 2.** [confín] boundary.

limítrofe *adj* [país, territorio] bordering; [terreno, finca] neighbouring.

limo *m -* **1.** [cieno] mud, slime. **- 2.** *Amér* [árbol] lime tree.

limón *m -* **1.** [fruta] lemon; ~ **natural, refresco de** ~ lemonade. **- 2.** [árbol] lemon (tree). **- 3.** [de escalera] string. **- 4.** [de carro] shaft.

limonada *f* lemonade; ~ **purgante** citrate of magnesia; ~ **de vino** sangria.

limonar *m -* **1.** [terreno] lemon grove. **- 2.** *Amér* [árbol] lemon tree.

limonera *f* shaft.

limonero, ra ◇ *adj -* **1.** [del limón] lemon *(antes de sust)*. **- 2.** [caballo] shaft *(antes de sust)*. ◇ *m, f -* **1.** [persona] lemon seller. **- 2.** [caballo] shaft horse.
◆ **limonero** *m* lemon tree.

limosidad *f -* **1.** [cieno] muddiness. **- 2.** [sarro] tartar.

limosna *f* alms *(pl)*; **pedir** ~ to beg.

limosnear *vi* to beg.

limosnero, ra ◇ *adj* charitable. ◇ *m, f Amér* beggar.
◆ **limosnera** *f* alms bag.

limoso, sa *adj* muddy, slimy.

limousine *f* = **limusina**.

limpia ◇ *adj f* → **limpio**. ◇ *f Amér -* **1.** [limpieza] cleaning. **- 2.** *mfam* [trago] swig.

limpiabarros *m inv* shoe o boot scraper.

limpiabotas *mf inv* shoeshine, bootblack *Br*.

limpiachimeneas *m inv* chimney sweep.

limpiacristales *m inv* window-cleaning fluid.

limpiador, ra ◇ *adj* cleaning. ◇ *m, f* cleaner.
◆ **limpiadora** *f* cleaning woman o lady.

limpiadura *f* cleaning.
◆ **limpiaduras** *fpl* dirt *(U)*.

limpiamanos *m inv* hand towel.

limpiamente *adv -* **1.** [con destreza] cleanly. **- 2.** [honradamente] honestly.

limpiaparabrisas *m inv* windscreen wiper *Br*, windshield wiper *Am*.

limpiar [8] *vt -* **1.** [quitar suciedad de] to clean; [con trapo] to wipe; [mancha] to wipe away; [zapatos] to polish. **- 2.** *fig* [desembarazar]: ~ **algo de algo** to clear sthg of sthg; **la policía limpió la ciudad de delincuentes** the police cleared the city of criminals. **- 3.** *fam* [en el juego] to clean out. **- 4.** *fam* [robar] to swipe, to pinch. **- 5.** [árbol] to prune. **- 6.** *Amér* [castigar] to beat. **- 7.** *Amér* [matar] to kill.

limpidez *(pl* **limpideces***) f* limpidity.

límpido, da *adj culto* limpid.

limpieza f - **1.** [cualidad] cleanliness. - **2.** [acción] cleaning; **hacer la** ~ to do the cleaning; **hacer** ~ **general** to spring-clean ❏ - **de cutis** facial; ~ **étnica** fig ethnic cleansing; ~ **en seco** dry cleaning. - **3.** fig [destreza] skill, cleanness. - **4.** fig [honradez] honesty; [pureza] purity, chastity; ~ **de corazón** honesty, rectitude; ~ **de manos** honesty, integrity. - **5.** [precisión] neatness.

limpio, pia adj - **1.** [libre de suciedad] clean; [pulcro] neat; [cielo, imagen] clear; **tiene la casa muy limpia y ordenada** her house is very neat and tidy. - **2.** [sueldo, cantidad] net. - **3.** [honrado] honest; [intenciones] honourable; [juego] clean. - **4.** [sin culpa]: **estar** ~ to be in the clear; ~ **de** [sospecha etc] free of. - **5.** fam [sin dinero] broke, skint. - **6.** fig [puro]: **a puñetazo** ~ with bare fists; **a pedrada limpia** with nothing more than stones.
◆ **limpio** adv cleanly, fair; **pasar a** o **poner en** ~ to make a fair copy of, to write out neatly; **quedar en** ~ to be in the clear; **sacar algo en** ~ **de** to make sthg out from.

limpión m - **1.** [limpieza] quick clean; **darse un** ~ fam to fail in one's aims. - **2.** Amér [paño] cleaning rag. - **3.** Amér [regañina] ticking-off.

limusina, limousine [limu'sin] f limousine.

linaje m - **1.** [de familia] lineage; **el** ~ **humano** humanity, mankind. - **2.** fig [categoría] kind, class.

linajudo, da ◇ adj highborn. ◇ m, f person of noble ancestry.

linar m flax field.

linaza f linseed.

lince m lynx; **ser un** ~ **para algo** fig to be very sharp at sthg.

lincear vt to spot, to make out.

linchamiento m lynching.

linchar vt to lynch.

lindamente adv prettily.

lindante adj: ~ **(con)** [espacios] bordering; [conceptos] bordering (on).

lindar ◆ **lindar con** vi - **1.** [terreno] to adjoin, to be next to. - **2.** [conceptos, ideas] to border on.

linde m o f boundary.

lindera f boundary, edge.

lindero, ra adj - **1.** [terreno] adjoining, bordering. - **2.** [concepto] bordering.
◆ **lindero** m boundary.

lindeza f - **1.** [belleza] prettiness. - **2.** [gracia] witty remark.
◆ **lindezas** fpl irón [insultos] insults.

lindo, da adj - **1.** [bonito] pretty, lovely; **de lo** ~ a great deal. - **2.** fig [perfecto] perfect, exquisite.
◆ **lindo** ◇ m show-off. ◇ adv Amér prettily, nicely.

lindura f pretty thing.

línea f - **1.** [gen, DEP & TELECOM] line; **cortar la** ~ **(telefónica)** to cut off the phone ❏ ~ **aérea** airline; ~ **de banda** DEP sideline, touchline; ~ **continua** AUTOM solid white line; ~ **de circunvalación** loop, circular route; ~ **de conducta** course of action; ~ **de crédito/de descubierto** BANCA credit/overdraft limit; ~ **divisoria** dividing line; ~ **de flotación** waterline; ~ **de fuego** MIL firing line; ~ **de meta** [en fútbol] goal line; [en carrera] finishing line; ~ **de mira** o **tiro** line of fire; ~ **del partido** POLÍT party line; ~ **de puntos** dotted line; ~ **de saque** base line, service line; ~ **recta** straight line. - **2.** [de un coche etc] lines (pl), shape. - **3.** [silueta] figure; **estar en la** ~ Amér to be trim o in shape; **guardar la** ~ to watch one's figure. - **4.** [estilo] style; **de** ~ **clásica** classical. - **5.** [categoría] class, category; **de primera** ~ first-rate. - **6.** INFORM: **en** ~ on-line; **fuera de** ~ off-line. - **7.** loc: **en** ~**s generales** in broad terms; **en toda la** ~ [completamente] all along the line; **leer entre** ~**s** to read between the lines.
◆ **línea blanca** f white goods (pl).

lineal adj - **1.** [gen] linear; [dibujo] line. - **2.** [aumento] across-the-board.

lineamento, lineamiento m lineament, contour.

linear ◇ adj linear. ◇ vt - **1.** [línea] to draw lines on. - **2.** [bosquejo] to outline, to sketch.

linfa f lymph.

linfático, ca ◇ adj lymphatic. ◇ m, f person suffering from lymphatism.

linfocito m lymphocite.

lingotazo m fam swig.

lingote m ingot; ~**s de oro** gold bullion (U).

lingotera f ingot.

lingüiforme adj linguiform.

lingüista mf linguist.

lingüístico, ca adj linguistic.
◆ **lingüística** f linguistics (U).

linier [li'njer] (pl **liniers**) m linesman.

linimento m liniment.

lino m - **1.** [planta] flax. - **2.** [tejido] linen. - **3.** culto [vela] canvas. - **4.** Amér [linaza] linseed.

linóleo, linóleum (pl **linóleums**) m linoleum (U).

linotipia f Linotype®.

linotipista mf linotypist.

linotipo m Linotype®.

lintel m lintel.

linterna f - **1.** [farol] lantern, lamp; ~ **delantera** AUTOM headlight; ~ **sorda** dark lantern; ~ **trasera** AUTOM rear light Br, taillight Am. - **2.** [de pilas] torch Br, flashlight Am. - **3.** [de engranaje] lantern wheel o pinion.
◆ **linterna mágica** f magic lantern.

linyera m Amér - **1.** [holgazán] tramp Br, bum Am. - **2.** [mochila] knapsack.

liñudo, da adj Amér woolly, fleecy.

lío m - **1.** [paquete] bundle. - **2.** fam [enredo] mess; **hacerse un** ~ to get muddled up; **meterse en** ~**s** to get into trouble. - **3.** fam [jaleo] racket, row; **armar un** ~ to kick up a fuss. - **4.** fam [amorío] affair.

liofilización f freeze-drying.

liofilizado, da adj freeze-dried.

liofilizar [13] vt to freeze-dry.

liorna f racket, hullabaloo.

lioso, sa adj fam - **1.** [enredado - asunto] messy; [- explicación] muddled. - **2.** [embrollador] troublemaking. - **3.** fig [embustero] lying.

lipegüe m Amér bonus, premium.

lípido m lipid.

lipiria f fever and chills.

liposoluble adj fat-soluble.

liposoma m liposome.

liposucción f liposuction.

lipotimia f fainting fit.

liquefacción f liquefaction.

liquen m lichen.

liquidable adj liquefiable.

liquidación f - **1.** [pago] settlement, payment; ~ **de bienes** COM liquidation of assets. - **2.** [rebaja] clearance sale. - **3.** FIN liquidation.

liquidador, ra ◇ adj liquidating. ◇ m, f liquidator.

liquidámbar m witch hazel.

liquidar vt - **1.** [pagar - deuda] to pay; [- cuenta] to settle. - **2.** [rebajar] to sell off. - **3.** [malgastar] to throw away. - **4.** [acabar - asunto] to settle; [- negocio, sociedad] to wind up. - **5.** fam [matar] to liquidate. - **6.** [hacer líquido] to liquefy.

liquidez (pl **liquideces**) f ECON & FÍS liquidity.

líquido, da adj - **1.** [gen] liquid. - **2.** ECON [neto] net.
◆ **líquido** m - **1.** [gen] liquid; ~ **refrigerante** coolant; ~ **de revelado** developer. - **2.** ECON liquid assets (pl); ~ **imponible** taxable income. - **3.** MED fluid.

lira f - **1.** MÚS lyre. - **2.** [moneda] lira. - **3.** [musa] muse.

Lira f ASTRON Lyra.

lírico, ca adj - **1.** LITER lyric, lyrical. - **2.** [musical] musical. - **3.** fig [entusiasmado] effusive. - **4.** Amér [utópico] utopian.

◆ **lírico** m lyric.
◆ **lírica** f lyric poetry.
lirio m iris; ~ **de agua** calla lily; ~ **blanco** white o
Madonna lily; ~ **del valle** lily of the valley.
lirismo m - **1.** [en poesía] lyricism. - **2.** fig [entusiasmo] effusiveness. - **3.** Amér [fantasía] fantasy, daydreaming.
lirón m - **1.** ZOOL dormouse. - **2.** fig [persona] sleepyhead;
dormir como un ~ to sleep like a log.
lis (pl **lises**) f iris.
lisa ◇ adj f→ **liso**. ◇ f striped mullet.
Lisboa s Lisbon.
lisboeta ◇ adj of/relating to Lisbon. ◇ mf native/inhab-
itant of Lisbon.
lisérgico, ca adj lysergic.
lisiado, da ◇ adj crippled. ◇ m, f cripple.
lisiar [8] vt to maim, to cripple.
◆ **lisiarse** vpr to be maimed o crippled.
liso, sa ◇ adj - **1.** [llano] flat; [sin asperezas] smooth; [pelo]
straight; **los 400 metros** ~**s** the 400 metres; **lisa y llana-**
mente quite simply; **hablando lisa y llanamente** to put
it plainly. - **2.** [no estampado] plain. ◇ m, f Amér coarse o
rude person.
◆ **liso** m [de piedra] smooth face.
lisonja f flattering remark.
lisonjeador, ra ◇ adj flattering. ◇ m, f flatterer.
lisonjear vt to flatter.
lisonjero, ra ◇ adj - **1.** [adulador] flattering. - **2.** [perspec-
tiva] promising. - **3.** [agradable] pleasing, gratifying. ◇ m, f
flatterer.
lista ◇ adj f→ **listo**. ◇ f - **1.** [enumeración] list; **pasar** ~ to
call the register ❑ ~ **de boda/de espera/de precios** wed-
ding/waiting/price list; ~ **de la compra/de vinos** shop-
ping/wine list; ~ **de comidas** menu; ~ **electoral** electoral
roll; ~ **de éxitos** [música] hit parade; ~ **de honor** honour
roll; ~ **negra** black list. - **2.** [de tela, madera] strip; [de pa-
pel] slip; [de color] stripe. - **3.** [recuento] roll call.
◆ **lista de correos** f poste restante.
listado, da adj striped.
◆ **listado** m - **1.** INFORM listing. - **2.** [tejido] striped cloth.
listar vt INFORM to list.
listeza f cleverness, smartness.
listín ◆ **listín (de teléfonos)** m (telephone) directory.
listo, ta adj - **1.** [inteligente, hábil] clever, smart; **dárselas**
de ~ to make o.s. out to be clever; **pasarse de** ~ to be too
clever by half; **ser más** ~ **que el hambre** to be nobody's
fool. - **2.** [preparado] ready; **¿estáis** ~**s**? are you ready?
❑ **estás** o **vas** ~ **(si crees que...)** you've got another
think coming (if you think that...).
listón ◇ m - **1.** [tablón] lath; DEP bar; **poner el** ~ **muy alto**
fig to set very high standards. - **2.** [cinta] ribbon. ◇ adj
[toro] having a white stripe down its back.
lisura f - **1.** [llanura] flatness. - **2.** [falta de asperezas]
smoothness. - **3.** Amér [dicho vulgar] rude remark, bad language (U).
litera f - **1.** [cama] bunk (bed); [de barco] berth; [de tren]
couchette. - **2.** [vehículo] litter.
literal adj literal.
literalidad f literalness.
literalmente adv literally.
literariamente adv literarily.
literario, ria adj literary.
literato, ta ◇ adj well-read, erudite. ◇ m, f writer.
literatura f literature.
litigación f litigation.
litigante adj & mf litigant.
litigar [16] vi to go to law.
litigio m DER litigation (U); fig [discusión] dispute; **en** ~ in
dispute.
litigioso, sa adj litigious.

litigue etc v → **litigar**.
litio m lithium.
litografía f - **1.** [arte] lithography. - **2.** [grabado] lithograph. - **3.** [taller] lithographer's (workshop).
litografiar [9] vt to lithograph.
litográfico, ca adj lithographic.
litógrafo, fa m, f lithographer.
litología f lithology.
litológico, ca adj lithological.
litólogo, ga m, f lithologist.
litoral ◇ adj coastal. ◇ m coast.
litosfera f lithosphere.
litro m litre.
litrona f mfam litre bottle of beer.
Lituania s Lithuania.
lituano, na adj & m, f Lithuanian.
◆ **lituano** m [language] Lithuanian.
liturgia f liturgy.
litúrgico, ca adj liturgical.
liudez (pl **liudeces**) f Amér laxity.
liudo, da adj Amér lax, slack.
liviana ◇ adj f→ **liviano**. ◇ f popular Andalusian song.
liviandad f lewd o lascivious act.
liviano, na adj - **1.** [ligero - blusa] thin; [- carga] light. - **2.**
[sin importancia] slight. - **3.** [superficial] frivolous. - **4.** fig [in-
constante] fickle. - **5.** [lascivo] lewd, lascivious.
◆ **livianos** mpl lights (of animal).
lividez (pl **livideces**) f [palidez] pallor.
lívido, da adj - **1.** [pálido] very pale, white as a sheet. - **2.**
[amoratado] livid.
living ['lišin] (pl **livings**) m living room.
lixiviación f QUÍM lixiviation.
lixiviar [8] vt QUÍM to lixiviate.
liza f [lucha] battle; **en** ~ in opposition.
ll, Ll f [letra] formerly, 13th letter of the Spanish alphabet.
llaga f lit & fig wound.
llagar [16] vt to wound.
◆ **llagarse** vpr to become covered in sores.
llama f - **1.** [de fuego, pasión] flame; **en** ~**s** ablaze ❑ ~**s**
eternas eternal flames, Hell (U). - **2.** [jabón] bar of soap;
Amér [para afeitar] shaving soap (U). - **3.** [árbol, fruto] soapberry. - **4.** ZOOL llama.
llamada f - **1.** [gen] call; [a la puerta] knock; [con timbre]
ring; ~ **al orden** call to order; ~ **de socorro** distress signal. - **2.** TELECOM telephone call; **hacer una** ~ to make a
phone call; **hacer una** ~ **a cobro revertido** to reverse
charges Br, to call collect Am ❑ ~ **automática** direct dialing (U); ~ **urbana/interurbana** local/long-distance call.
- **3.** [en un libro] reference mark. - **4.** [ademán] gesture, signal.
- **5.** MIL call to arms. - **6.** Amér [cobardía] cowardice.
llamado, da adj so-called.
◆ **llamado** m Amér - **1.** [de teléfono] call. - **2.** [gallo] gamecock, fighting cock.
llamador, ra m, f messenger.
◆ **llamador** m [aldaba] door knocker; [timbre] doorbell.
llamamiento m - **1.** [apelación] appeal, call; **hacer un** ~ **a**
alguien para que haga algo to call upon sb to do sthg.
- **2.** MIL call-up. - **3.** RELIG calling, vocation. - **4.** DER nomination.
llamar ◇ vt - **1.** [gen] to call; [con gestos] to beckon (to).
- **2.** [por teléfono] to phone, to call; [con el busca] to bleep;
¿quién le llama, por favor? who is calling, please? - **3.**
[convocar] to summon, to call; **me llamó a la sala de es-**
pera he called me to the waiting room; ~ **(a filas)** MIL to
call up. - **4.** [atraer] to attract, to call. ◇ vi - **1.** [a la puerta
etc - con golpes] to knock; [- con timbre] to ring; **están lla-**
mando there's somebody at the door; **¿quién llama?** who
is it? - **2.** [por teléfono] to phone.
◆ **llamarse** vpr [tener por nombre] to be called; **¿cómo te**

llamas? what's your name?; **me llamo Pepe** my name's Pepe; **eso es lo que se llama buena suerte** that's what you call good luck.

llamarada f - **1.** [de fuego, ira etc] blaze. - **2.** [de rubor] flush.

llamativo, va adj [color] bright, gaudy; [ropa] showy.

llameante adj flaming, blazing.

llamear vi to burn, to blaze.

llana f→ **llano**.

llanamente adv fig simply.

llanca f Amér - **1.** [mineral] green-blue copper. - **2.** [adorno] green-blue copper adornment.

llanear vi to roam the plains.

llanero, ra ◇ adj of the plainspeople. ◇ m, f plainsman (f plainswoman).

llaneza f naturalness, straightforwardness.

llano, na adj - **1.** [campo, superficie] flat. - **2.** [trato, persona] natural, straightforward. - **3.** [pueblo, clase] ordinary. - **4.** [lenguaje, expresión] simple, plain. - **5.** GRAM paroxytonic.
◆ **llana** f - **1.** CONSTR trowel. - **2.** [página] side. - **3.** [planicie] plain.
◆ **llano** m [llanura] plain.
◆ **a la llana** loc adv simply.
◆ **de llano** loc adv plainly, clearly.

llanta f rim.

llantén m plantain.

llantera, llantina f fam blubbing (U).

llantería f, **llanterío** m Amér wailing, weeping.

llanto m tears (pl), crying; **anegarse en** ~ to dissolve in tears.

llanura f - **1.** [planicie] plain. - **2.** [lisura] flatness.

llave f - **1.** [gen] key; **bajo** ~ under lock and key; **guardo los documentos importantes bajo** ~ I keep my important documents under lock and key; **echar la** ~ to lock up; **cuando salgas de casa, echa siempre la** ~ whenever you leave the house, make sure you lock up ☐ ~ **de contacto** ignition key; ~ **maestra** master key; ~ **en mano** [vivienda] ready for immediate occupation; ~**s de la Iglesia** RELIG & fig power of the key (U). - **2.** [del agua, gas] tap Br, faucet Am; [de la electricidad] switch; **cerrar la** ~ **de paso** to turn the water/gas off at the mains. - **3.** [herramienta] spanner; ~ **inglesa** monkey wrench. - **4.** [de judo etc] hold, lock. - **5.** [signo ortográfico] curly bracket. - **6.** [de arma] lock; ~ **de pistón** percussion lock. - **7.** [de instrumento musical] clef.

llavero, ra m, f keeper of the keys; ~ **de cárcel** jailer.
◆ **llavero** m keyring.

llavín m latchkey.

llegada f - **1.** [gen] arrival. - **2.** DEP finish.

llegar [16] ◇ vi - **1.** [a un sitio]: ~ **(de)** to arrive (from); **estar al** ~ [persona] to be on one's way (over); [acontecimiento] to be coming up; ~ **a un hotel/una ciudad** to arrive at a hotel/in a city; **llegaré pronto** I'll be there early. - **2.** [un tiempo, la noche, el momento etc] to come. - **3.** [durar]: ~ **a** o **hasta** to last until; **este año las rebajas llegarán a** o **hasta marzo** this year the sales will last until March. - **4.** [alcanzar]: ~ **a** [gen] to reach; [suj: cantidad, factura] to amount o come to; **no llego al techo** I can't reach the ceiling; ~ **hasta** to reach up to. - **5.** [ser suficiente]: ~ **(para)** to be enough (for); **el dinero no me llega para comprarme un coche** the money isn't enough for me to buy a car. - **6.** [lograr]: ~ **a (ser) algo** to get to be sthg, to become sthg; **empezó como dependiente y llegó a ser propietario de varias tiendas** he started off as a shop assistant and became the owner of several shops; ~ **a hacer algo** to manage to do sthg; **si llego a saberlo** if I get to know of it. - **7.** [atreverse]: **llegó a decirme...** he went as far as to say to me... ◇ vt [acercar] to bring nearer o closer.
◆ **llegarse a** vpr to go round to; **llégate al supermercado y tráeme una botella de leche** go round to the supermarket and get me a bottle of milk.

Lleida s = **Lérida**.

llena ◇ adj f→ **lleno**. ◇ f overflow, flood.

llenar ◇ vt - **1.** [ocupar]: ~ **algo (de)** [vaso, hoyo, habitación] to fill sthg (with); [pared, suelo] to cover sthg (with). - **2.** [satisfacer] to satisfy. - **3.** [impreso] to fill in o out. - **4.** [colmar]: ~ **a alguien de** to fill sb with. ◇ vi [comida] to be filling.
◆ **llenarse** vpr - **1.** [ocuparse] to fill up. - **2.** [saciarse] to be full. - **3.** [cubrirse]: ~**se de** to become covered in.

llenazo m full house.

lleno, na adj - **1.** [gen] full; [cubierto] covered; ~ **de** [gen] full of; [manchas, pósters] covered in. - **2.** fam [regordete] chubby.
◆ **lleno** m - **1.** [concurrencia] full house. - **2.** [plenilunio] full moon. - **3.** [abundancia] plenty, abundance. - **4.** fig [perfección] perfection.
◆ **llenos** mpl NÁUT rounded hull (sg).
◆ **de lleno** loc adv full in the face; **acertó de** ~ he was bang on target.

llevadero, ra adj bearable.

llevador, ra ◇ adj carrying. ◇ m, f carrier.

llevar ◇ vt - **1.** [gen] to carry. - **2.** [acompañar, coger, depositar] to take; ~ **algo/a alguien a** to take sthg/sb to; **me llevó en coche** he drove me there. - **3.** [prenda, objeto personal] to wear; **llevo gafas** I wear glasses; **no llevo dinero** I haven't got any money on me; ~ **puesto** to have on. - **4.** [caballo, coche etc] to handle. - **5.** [conducir]: ~ **a alguien a algo** to lead sb to sthg; ~ **a alguien a hacer algo** to lead o cause sb to do sthg. - **6.** [ocuparse de, dirigir] to be in charge of; [casa, negocio] to look after, to run; **lleva la contabilidad** she keeps the books. - **7.** [hacer, realizar]: **lleva muy bien sus estudios** he's doing very well in his studies. - **8.** [tener] to have; ~ **el pelo largo** to have long hair; **llevas las manos sucias** your hands are dirty. - **9.** [soportar] to deal o cope with. - **10.** [mantener] to keep; ~ **el paso** to keep in step. - **11.** [pasar]: **lleva tres semanas sin venir** she hasn't come for three weeks now, it's three weeks since she came last. - **12.** [ocupar] to take; **me llevó un día hacer este guiso** it took me a day to make this dish. - **13.** [sobrepasar en]: **te llevo seis puntos** I'm six points ahead of you; **me lleva dos centímetros** he's two centimetres taller than me. - **14.** loc: ~ **consigo** [implicar] to lead to, to bring about; ~ **las de perder** to be heading for defeat. ◇ vi - **1.** [conducir]: ~ **a** to lead to; **esta carretera lleva al norte** this road leads north. - **2.** (antes de participio) [haber]: **llevo leída media novela** I'm halfway through the novel; **llevo dicho esto mismo docenas de veces** I've said the same thing time and again. - **3.** (antes de gerundio) [estar]: ~ **mucho tiempo haciendo algo** to have been doing sthg for a long time.
◆ **llevarse** vpr - **1.** [coger] to take, to steal; **alguien se ha llevado mi sombrero** someone has taken my hat. - **2.** [conseguir] to get; **se ha llevado el premio** she has carried off the prize; **yo me llevo siempre las culpas** I always get the blame. - **3.** [susto, sorpresa etc] to get, to receive; **me llevé un disgusto** I was upset. - **4.** [entenderse]: ~**se bien/mal (con alguien)** to get on well/badly (with sb). - **5.** [estar de moda] to be in (fashion); **este año se lleva el verde** green is in this year. - **6.** MAT: **me llevo una** carry (the) one.

lloradera f despec fit of crying.

llorado, da adj late.

llorador, ra ◇ adj crying, weeping. ◇ m, f cryer, weeper.

lloraduelos mf inv fig whinger.

llorar ◇ vi - **1.** [con lágrimas] to cry; ~ **por alguien** to mourn sb. - **2.** fam [quejarse] to whinge. - **3.** [ojos] to water, to run. - **4.** fig [destilar] to drip. ◇ vt: ~ **la muerte de alguien** to mourn sb's death.

llorera f fam crying fit.

llorica despec ◇ adj: **ser** ~ to be a crybaby. ◇ mf crybaby.

lloricón, ona ◇ adj whining, snivelling. ◇ m, f whiner, sniveller.

lloriquear *vi* to whine, to snivel.

lloriqueo *m* whining *(U)*, snivelling *(U)*.

lloro *m* crying *(U)*, tears *(pl)*.

llorón, ona ◇ *adj* who cries a lot. ◇ *m, f* crybaby.

◆ **llorón** *m* plume.

◆ **llorona** *f* - **1.** [plañidera] hired mourner. - **2.** *Amér* [espuela] spur.

lloroso, sa *adj* - **1.** [con lágrimas] tearful. - **2.** [triste] sad, sorrowful.

llovedizo, za *adj* leaky, leaking.

llover [24] ◇ *v impers* to rain; **está lloviendo** it's raining ❏ **llueve sobre mojado** *fig* it's one thing after another. ◇ *vi fig:* **le llueven las ofertas** offers are raining down on him.

◆ **lloverse** *vpr* to leak.

llovizna *f* drizzle.

lloviznar *v impers* to drizzle.

llueca ◇ *adj* broody. ◇ *f* broody hen.

llueva *etc v* → **llover**.

Llull *m* HIST: **Ramón** ~ Raymond Lully.

lluvia *f* - **1.** METEOR rain; **bajo la** ~ in the rain ❏ ~ **ácida/torrencial** acid/torrential rain; ~ **atómica** nuclear fallout; ~ **radiactiva** (nuclear) fallout. - **2.** *fig* [de panfletos, regalos etc] shower; [de preguntas] barrage; ~ **de oro** great wealth *(U)*. - **3.** *Amér* [ducha] shower.

lluvioso, sa *adj* rainy.

lo, la *(mpl* **los** *fpl* **las)** *pron pers (complemento directo)* [cosa] it; *(pl)* them; [persona] him *(f* her); *(pl)* them; [usted] you.

◆ **lo** ◇ *pron pers (neutro & predicado)* it; **su hermana es muy guapa pero él no** ~ **es** his sister is very good-looking, but he isn't; **es muy bueno aunque no** ~ **parezca** it's very good, even if it doesn't look it. ◇ *art det (neutro):* ~ **antiguo me gusta más que** ~ **moderno** I like old things better than modern things; ~ **mejor/peor** the best/worst part; **no te imaginas** ~ **grande que era** you can't imagine how big it was.

◆ **lo de** *loc prep:* ¿**y** ~ **de la fiesta?** what about the party, then?; **siento** ~ **de ayer** I'm sorry about yesterday.

◆ **lo que** *loc conj* what; **acepté** ~ **que me ofrecieron** I accepted what they offered me.

loa *f* - **1.** [gen] praise; **cantar** ~ **a, hacer** ~ **de** to sing the praises of. - **2.** LITER eulogy.

loable *adj* praiseworthy.

LOAPA *(abrev de* **Ley Orgánica para la Armonización del Proceso Autonómico)** *f Spanish act governing the development of the autonomous communities.*

loar *vt* to praise.

loba *f* - **1.** [vestidura] robe, gown. - **2.** [surco] ridge of earth. - **3.** → **lobo**.

lobado *m* carbuncular tumour.

lobanillo *m* - **1.** [tumor] cyst, wen. - **2.** [en árbol] gall.

lobato *m* = **lobezno.**

lobby ['loβi] *(pl* **lobbies)** *m* lobby, pressure group.

lobear *vi* to lie in wait.

lobelia *f* lobelia.

lobero, ra *adj* wolf *(antes de sust).*

◆ **lobero** *m* - **1.** [cazador] wolf trapper. - **2.** *fam* [embaucador] swindler, confidence trickster.

◆ **lobera** *f* wolf range.

lobezno, lobato *m* wolf cub.

lobo, ba *m, f* wolf.

◆ **lobo** *m* - **1.** [pez] loach. - **2.** *fig* [borrachera] drunkenness; **coger un** ~ *fam* to get sloshed. - **3.** *Amér* [coyote] coyote. - **4.** *loc:* **ser** ~**s de la misma camada** to be birds of a feather.

◆ **lobo cerval** *m* lynx.

◆ **lobo de mar** *m* [marinero] sea dog.

◆ **lobo de río** *m* coypu.

◆ **lobo marino** *m* seal.

lobotomía *f* lobotomy.

lóbrego, ga *adj* gloomy, murky.

lobreguecer [30] ◇ *vt* to darken. ◇ *vi* to grow dark.

lobulado, da *adj* lobulate.

lóbulo *m* lobe.

lobuno, na *adj* wolf-like.

locación *f culto* leasing.

local ◇ *adj* local. ◇ *m* - **1.** [edificio] premises *(pl)*. - **2.** [sede] headquarters *(pl)*.

localidad *f* - **1.** [población] place, town. - **2.** [asiento] seat. - **3.** [entrada] ticket; **'no hay** ~**es'** 'sold out'.

localismo *m* - **1.** [sentimiento] parochialism. - **2.** LING localism.

localista *adj* parochial.

localizable *adj* reachable.

localización *f* localization, tracking down.

localizado, da *adj* localized.

localizar [13] *vt* - **1.** [encontrar] to locate, to track down. - **2.** [circunscribir] to localize.

◆ **localizarse en** *vpr* to become localized in.

localmente *adv* locally.

locamente *adv* madly.

locatis *fam* ◇ *adj inv* nutty. ◇ *mf inv* nutcase.

locativo *m* locative.

loc. cit., l.c. *(abrev escrita de* **loco citato)** loc. cit.

locería *f* china shop.

locero, ra *m, f* seller of china.

loción *f* - **1.** [producto] lotion; ~ **capilar** hair lotion; ~ **para después del afeitado** aftershave (lotion). - **2.** [lavado] wash, washing *(U)*.

loco, ca ◇ *adj* - **1.** [gen] mad; **el crimen había sido obra de un** ~ the crime was the work of a madman; **conduce como un** ~ **y un día tendrá un accidente** he drives like a madman, he's bound to have an accident one day; **como** ~ like mad; **está como** ~ **por que lleguen los invitados** he's desperate for the guests to arrive; **estar** ~ **de/por** to be mad with/about; **estar** ~ **de contento** to be wild with joy; **volver** ~ **a alguien** to drive sb mad; **volverse** ~ **por** to be mad about ❏ ~ **de atar** o **de remate** stark raving mad; **a lo** ~ [sin pensar] hastily; [temerariamente] wildly. - **2.** [extraordinario - interés, ilusión] tremendous; [- suerte, precio] extraordinary; [- amor, alegría] wild. ◇ *m, f lit & fig* madman *(f* madwoman*)*, lunatic; ~ **rematado** raving lunatic; **cada** ~ **con su tema** *fig* everyone has his own axe to grind; **hacerse el** ~ *fig* to play dumb, to pretend not to understand.

locomoción *f* [transporte] transport; [de tren] locomotion.

locomotor, ra o **triz** *adj* locomotive.

◆ **locomotora** *f* engine, locomotive; **locomotora de tracción** traction engine; **locomotora diesel** diesel engine.

locuacidad *f* loquacity, talkativeness.

locuaz *(pl* **locuaces)** *adj* loquacious, talkative.

locución *f* phrase.

locuela *f* manner of speaking.

locuelo, la ◇ *adj* harebrained, giddy. ◇ *m, f* harebrained o giddy young person.

locura *f* - **1.** [demencia] madness. - **2.** [imprudencia] folly; **hacer** ~**s** to commit follies. - **3.** [exageración]: **con** ~ madly; **gastar una** ~ to spend a fortune.

locutor, ra *m, f* [de radio] announcer; [de televisión] presenter.

locutorio *m* - **1.** [para visitas] visiting room. - **2.** TELECOM phone box o booth. - **3.** RADIO studio.

lodazal *m* quagmire.

LODE *(abrev de* **Ley Orgánica del Derecho a la Educación)** *f Spanish Education Act.*

loden *m* loden coat.

lodo *m lit & fig* mud; **arrastrar por el** ~ *fig* to drag through the mud; **poner a alguien de** ~ *fig* to sling mud at sb.

lodoñero *m* lignum vitae, guaiacum.

logarítmico, ca *adj* logarithmic.

logaritmo *m* logarithm.

logia *f* - **1.** [masónica] lodge. - **2.** ARQUIT loggia.

lógica *f* → **lógico**.

lógicamente *adv* logically.

lógico, ca ◇ *adj* logical; **es** ~ **que se enfade** it stands to reason that he should get angry. ◇ *m, f* [persona] logician.
◆ **lógica** *f* [ciencia] logic.

logístico, ca *adj* logistic.
◆ **logística** *f* logistics (*pl*).

logopeda *mf* speech therapist.

logopedia *f* speech therapy.

logos *m inv* - **1.** FILOS logos. - **2.** RELIG Logos, Word of God.

logotipo *m* logo.

logrado, da *adj* [bien hecho] accomplished.

lograr *vt* [gen] to achieve; [puesto, beca, divorcio] to get, to obtain; [resultado] to obtain, to achieve; [perfección] to attain; [victoria, premio] to win; [deseo, aspiración] to fulfil; **dar algo por logrado** to take sthg for granted; ~ **hacer algo** to manage to do sthg; **a pesar de las dificultades, logró acabar la carrera** despite the difficulties, she managed to finish her degree; ~ **que alguien haga algo** to manage to get sb to do sthg.
◆ **lograrse** *vpr* to succeed, to be successful.

logrería *f* moneylending.

logrero, ra *m, f* moneylender.
◆ **logrero** *m Amér* profiteer.

logro *m* - **1.** [éxito] achievement. - **2.** [lucro] profit, gain. - **3.** [usura] usury. - **4.** *loc:* **prestar a** ~ to lend at interest.

logroñés, esa ◇ *adj* of/relating to Logroño. ◇ *m, f* native/inhabitant of Logroño.

LOGSE (*abrev de* **Ley Orgánica de Ordenación General del Sistema Educativo**) *f* Spanish Education Act.

loísmo *m* use of 'lo' as indirect object instead of 'le'.

loma *f* hillock.

lombardo, da *adj & m, f* [de Lombardía] Lombard.
◆ **lombarda** *f* [verdura] red cabbage.

lombricida *m* vermicide.

lombriguera *f* - **1.** [agujero] worm hole. - **2.** [planta] southernwood.

lombriz (*pl* **lombrices**) *f* earthworm, worm; **tener lombrices** MED to have worms ❑ ~ **intestinal** tapeworm; ~ **de tierra** earthworm.

lomear *vi* to buck.

lomera *f* - **1.** [de caballo] backstrap. - **2.** [de libro] backband. - **3.** [de tejado] ridgepole.

lomienhiesto, ta *adj* - **1.** [caballo] having high haunches. - **2.** *fig* [persona] vain, conceited.

lomillo *m* - **1.** [labor] cross-stitch. - **2.** *Amér* [de montar] saddle pad.

lomo *m* - **1.** [espalda] back; **a** ~**s de** on the back of. - **2.** [carne] loin. - **3.** [de libro] spine. - **4.** [de cuchillo] blunt edge. - **5.** [surco] ridge.
◆ **lomos** *mpl* ribs.

lona *f* canvas.

loncha *f* [gen] slice; [de beicon] rasher.

lonche *m Amér* lunch.

londinense ◇ *adj* London (*antes de sust*). ◇ *mf* Londoner.

Londres *s* London.

longanimidad *f culto* longanimity, magnanimity.

longánimo, ma *adj culto* magnanimous.

longaniza *f* type of spicy, cold pork sausage.

longevidad *f* longevity.

longevo, va *adj* long-lived.

longitud *f* - **1.** [dimensión] length; **tiene medio metro de** ~ it's half a metre long ❑ ~ **de onda** wavelength. - **2.** ASTRON & GEOGR longitude.

longitudinal *adj* longitudinal.

longitudinalmente *adv* lengthwise.

long play ['lomplai] (*pl* **long plays**) *m* LP, album.

longuera *f* long and narrow strip of land.

longui *m*, **longuis** *m inv fam:* **hacerse el** ~ to act dumb, to pretend not to understand.

lonja *f* - **1.** [loncha] slice. - **2.** [edificio] exchange; ~ **de pescado** fish market. - **3.** [pórtico] porch. - **4.** *Amér* [tira de cuero] leather thong o strap.

lontananza *f* background; **en** ~ in the distance.

loor *m* praise.

loquear *vi* - **1.** [hacer locuras] to behave crazily. - **2.** *fig* [alborotar] to frolic, to romp.

loqueo *m* frolicking, romping.

loquera *f* - **1.** [jaula] padded cell. - **2.** *Amér fam* [locura] madness. - **3.** → **loquero**.

loquería *f Amér fam* mental home.

loquero, ra *m, f fam* [persona] psychiatric nurse.
◆ **loquero** *m Amér* [escándalo] row, uproar.

loquesco, ca *adj* - **1.** [alocado] crazy, mad. - **2.** *fig* [bromista] joking.

loquincho, cha *adj Amér fam* half-crazy.

lora *f Amér* [papagayo] parrot.

lord (*pl* **lores**) *m* lord.

loro *m* - **1.** [animal] parrot. - **2.** *fig* [charlatán] chatterbox; **hablar como un** ~ to chatter. - **3.** *fam fig* [mujer fea] fright, ugly old hag. - **4.** *Amér fam* [espía] spy. - **5.** *Amér fam* [orinal] bedpan. - **6.** *loc:* **estar al** ~ *mfam* to have one's finger on the pulse.

los ◇ *art pl* → **el**. ◇ *pron pl* → **lo**.

losa *f* - **1.** [piedra] paving stone, flagstone; [de tumba] tombstone. - **2.** [trampa] trap, snare.

Los Angeles *s* Los Angeles.

losar *vt* to tile.

loseta *f* - **1.** [baldosa] floor tile. - **2.** [trampa] trap.

lote *m* - **1.** [parte] share. - **2.** [conjunto] batch, lot. - **3.** [premio] lottery prize. - **4.** *mfam* [caricias y besos]: **darse** o **pegarse el** ~ to kiss and canoodle. - **5.** *Amér* [imbécil] idiot.

lotear *vt* to divide into lots o shares.

lotería *f* - **1.** [gen] lottery; **jugar a la** ~ to play the lottery; **le tocó la** ~ she won the lottery ❑ ~ **primitiva** twice-weekly state-run lottery which consists in guessing six numbers between one and forty-nine. - **2.** [tienda] lottery booth. - **3.** [juego de mesa] lotto. - **4.** *fig* [cosa incierta] gamble.

lotero, ra *m, f* lottery ticket seller.

loto *f fam* weekly state-run lottery.

loza *f* - **1.** [material] earthenware; [porcelana] china. - **2.** [objetos] crockery.

lozanear *vi* to be vigorous.

lozanía *f* - **1.** [de plantas] luxuriance. - **2.** [de persona] youthful vigour. - **3.** [altivez] pride, haughtiness.

lozano, na *adj* - **1.** [planta] lush, luxuriant. - **2.** [persona] youthfully vigorous.

LRU (*abrev de* **Ley de Reforma Universitaria**) *f* act governing changes to the Spanish university system.

LSD (*abrev de* **lysergic diethylamide**) *m* LSD.

Ltd., ltda. (*abrev escrita de* **limitada**) Ltd.

lúa *f* esparto glove.

Luanda *s* Luanda.

lubina *f* sea bass.

lubricación *f* lubrication.

lubricador, ra *adj* lubricating.

lubricante, lubrificante ◇ *adj* lubricating. ◇ *m* lubricant.

lubricar, lubrificar [10] *vt* to lubricate.

lubricidad *f* lubricity.

lúbrico, ca *adj* - **1.** [resbaladizo] slippery. - **2.** *fig* [lujurioso] lubricious, lascivious.

lubrificante *adj* = **lubricante**.
lubrificar *vt* = **lubricar**.
lucecita *f* [de noche] nightlight.
lucera, lucerna *f* skylight.
lucero *m* - **1.** [astro] bright star; ~ **del alba/de la tarde** morning/evening star; **como un** ~ as bright as a new pin. - **2.** [de animal] white star. - **3.** *fig* [lustre] splendour, brilliance.
◆ **luceros** *mpl* eyes.
lucha *f* fight; *fig* struggle; ~ **de clases** class struggle *o* war; ~ **libre** all-in wrestling.
luchador, ra ◇ *adj* fighting. ◇ *m, f* DEP wrestler; *fig* fighter.
luchana *f* Vandyke beard.
luchar *vi* to fight; *fig* to struggle; ~ **contra/por** to fight against/for.
lucidamente *adv* splendidly.
lúcidamente *adv* lucidly.
lucidez (*pl* **lucideces**) *f* lucidity, clarity.
lucido, da *adj* [brillante] splendid.
lúcido, da *adj* - **1.** [gen] lucid. - **2.** [liberal] lavish, generous.
lucidor, ra *adj* shining, brilliant.
luciente *adj* shining, brilliant.
luciérnaga *f* glow-worm.
Lucifer *m* Lucifer.
luciferino, na *adj* satanic.
lucífero, ra *adj* resplendent.
◆ **lucífero** *m* - **1.** [astro] morning star, Venus. - **2.** *Amér* [cerilla] lucifer, friction match.
lucilo, lucillo *m* tomb, sarcophagus.
lucimiento *m* - **1.** [de ceremonia etc] sparkle; [de actriz etc] brilliant performance. - **2.** *fig* [éxito] success, triumph; **salir** *o* **quedar con** ~ to come through with flying colours.
lucio *m* pike.
lucir [32] ◇ *vi* - **1.** [brillar] to shine. - **2.** [compensar]: **no me lucían tantas horas de trabajo** working so many hours didn't do me much good. - **3.** *fig* [distinguirse] to shine, to excel. - **4.** *Amér* [parecer] to seem. ◇ *vt* - **1.** [llevar puesto] to wear. - **2.** [mostrar] to show off. - **3.** [pared] to plaster. - **4.** *Amér* [tener] to have.
◆ **lucirse** *vpr* - **1.** [destacar]: ~**se (en)** to shine (at). - **2.** [vestir bien] to dress up. - **3.** [salir bien] to come out with flying colours. - **4.** *fam irón* [quedar mal] to really go and do it, to mess things up.
lucrar *vt* to win, to obtain.
◆ **lucrarse** *vpr*: ~**se (de)** to profit (from).
lucrativo, va *adj* lucrative; **no** ~ non-profit-making.
lucro *m* profit, gain.
luctuoso, sa *adj* woeful, sad.
lucubración *f* mental meandering *(U)*.
lucubrar *vt* to rack one's brains over.
lúdico, ca *adj* [del juego] game *(antes de sust)*; [ocioso] of enjoyment, of pleasure.
ludir *vt* to rub.
ludópata *mf* pathological gambling addict.
ludopatía *f* pathological addiction to gambling.
ludoteca *f* toy library.
luego ◇ *adv* - **1.** [justo después] then, next; **primero aquí y** ~ **allí** first here and then there ❏ ~ **de** immediately after; ~ **que**, ~ **como** as soon as. - **2.** [más tarde] later; **hazlo** ~ do it later. - **3.** *Amér* [pronto] soon. - **4.** *Amér* [algunas veces] from time to time, sometimes. - **5.** *Amér* [cerca] near. ◇ *conj* [así que] so, therefore; **me ha engañado muchas veces,** ~ **yo no puedo confiar en él** he has deceived me on several occasions, so I can no longer trust him.
◆ **luego luego** *loc adv Amér* right away.
luengo, ga *adj desus* long.
lugar *m* - **1.** [gen] place; [localidad] place, town; [del crimen, accidente etc] scene; [para acampar, merendar etc]

spot; **compraron la casa en un** ~ **pintoresco** they bought a house in a very picturesque place; **en primer** ~ in the first place, firstly; **en último** ~ lastly, last; **fuera de** ~ out of place; **no hay** ~ **a duda** there's no room for doubt; **sin** ~ **a dudas** without doubt, undoubtedly; **tener** ~ to take place; **la recepción tendrá** ~ **en los jardines del palacio** the reception will be held in the palace gardens; **yo en tu** ~ if I were you ❏ ~ **de nacimiento** birthplace; ~ **de reunión** meeting place; ~ **sagrado** sanctum; ~ **de trabajo** workplace; **dejar a alguien en buen/mal** ~ to make sb look good/bad; **poner las cosas en su** ~ to set things straight. - **2.** [motivo] cause, reason; **dar** ~ **a** to bring about, to cause; **no ha** ~ DER objection overruled. - **3.** [puesto] position. - **4.** [espacio libre] room, space; **no hay** ~ **en la cocina** there is no room in the kitchen.
◆ **en lugar de** *loc prep* instead of; **en** ~ **de la sopa, tomaré pasta** I'll have the pasta instead of the soup.
◆ **lugar común** *m* platitude, commonplace.
lugareño, ña ◇ *adj* village *(antes de sust)*. ◇ *m, f* villager.
lugartenencia *f* lieutenancy.
lugarteniente *m* deputy.
lúgubre *adj* gloomy, mournful.
lúgubremente *adv* grimly.
Luis *m*: **Fray** ~ **de León** Luis de León; ~ **XVI** Louis XVI.
lujo *m* luxury; *fig* profusion; **con todo** ~ **de detalles** in great detail; **de** ~ luxury *(antes de sust)*; **los congresistas se hospedaban en un hotel de** ~ the delegates at the congress stayed in a luxury hotel; **permitirse el** ~ **de algo/de hacer algo** to be able to afford sthg/to do sthg ❏ **vivir en el** ~ **asiático** *fig* to live like a king.
lujoso, sa *adj* luxurious.
lujuria *f* - **1.** [lascivia] lust. - **2.** [exceso] excess.
lujuriar [8] *vi* - **1.** [persona] to lust. - **2.** [animal] to mate.
lujurioso, sa ◇ *adj* lecherous. ◇ *m, f* lecher.
lulú *mf* → **perro**.
lumbago *m* lumbago.
lumbar *adj* lumbar.
lumbrada, lumbrarada *f* bonfire.
lumbre *f* - **1.** [fuego] fire; **dar** ~ **a alguien** to give sb a light. - **2.** *fig* [resplandor] brightness. - **3.** [luz] light. - **4.** [de herradura] toe. - **5.** [de arma] hammer. - **6.** [claraboya] skylight; ~ **del agua** water surface. - **7.** *Amér* [umbral] threshold. - **8.** *loc*: **a** ~ **de pajas** very quickly.
◆ **lumbres** *fpl* tinderbox *(sg)*.
lumbrera *f* - **1.** *fam* [persona inteligente] leading light. - **2.** [cuerpo luminoso] light, luminary. - **3.** [en techo] skylight. - **4.** [en máquina] port, vent; ~ **de admisión/de escape** intake/exhaust port. - **5.** NÁUT porthole. - **6.** *Amér* [palco] box.
lumen *m* lumen.
lumia *f* prostitute.
luminaria *f* light, lighting *(U)*.
luminescencia *f* = **luminiscencia**.
luminescente *adj* = **luminiscente**.
luminiscencia, luminescencia *f* luminescence.
luminiscente, luminescente *adj* luminescent.
luminosamente *adv* luminously.
luminosidad *f* brightness; [fig] brilliance.
luminoso, sa *adj* - **1.** [gen] bright; [fuente, energía] light *(antes de sust)*. - **2.** *fig* [idea etc] brilliant.
luminotecnia *f* lighting.
luna *f* - **1.** [astro] moon; ~ **creciente** crescent moon *(when waxing)*; ~ **llena/nueva** full/new moon; ~ **menguante** crescent moon *(when waning)*; **media** ~ half moon; **estar de buena/mala** ~ *fig* to be in a good/bad mood; **estar en la** ~ *fig* to be miles away; **pedir la** ~ *fig* to ask the impossible; **se le ha metido la** ~ *fig* he's gone crazy. - **2.** [cristal] window (pane). - **3.** [espejo] mirror. - **4.** [lente] lens. - **5.** *fig* [capricho] notion, wild idea.
◆ **luna de miel** *f* honeymoon; **pasar la** ~ **de miel** to honeymoon.

lunado, da *adj* crescent-shaped.

lunar ◇ *adj* lunar. ◇ *m* - **1.** [en la piel] mole, beauty spot. - **2.** [en telas] spot; **a** o **de** ~**es** spotted. - **3.** *fig* [del honor] stain, blot. - **4.** *fig* [defecto] flaw, blemish.

lunarejo, ja *adj Amér* spotted.

lunático, ca ◇ *adj* crazy. ◇ *m, f* lunatic.

lunch [lantʃ] (*pl* **lunches**) *m* buffet lunch.

lunes *m inv* Monday; ~ **de Pentecostés** Whit Monday; *ver también* **sábado.**

luneta *f* [de coche] windscreen *Br*, windshield *Am* ~ **trasera** rear windscreen; ❏ ~ **térmica** demister; ~ **tintada** tinted window.

lunfardismo *m Buenos Aires criminal slang term.*

lunfardo, da *adj Amér* of or relating to Buenos Aires criminal slang.

◆ **lunfardo** *m Amér* - **1.** [jerga] *Buenos Aires criminal slang.* - **2.** [ratero] thief, crook.

lúnula *f* - **1.** [de uñas] half-moon. - **2.** GEOM arc.

lupa *f* magnifying glass.

lupanar *m culto* brothel.

lupia *f* - **1.** [tumor] wen, cyst. - **2.** *Amér* [curandero] witch doctor.

lupino, na *adj* wolf-like, lupine.

◆ **lupino** *m* [altramuz] lupin.

lúpulo *m* hops (*pl*).

Lusaka *s* Lusaka.

lusitanismo *m Portuguese word or expression.*

lusitano, na, luso, sa *adj & m, f* - **1.** [de Lusitania] Lusitanian. - **2.** [de Portugal] Portuguese.

lustrabotas *m inv*, **lustrador** *m Amér* bootblack.

lustración *f* - **1.** [del calzado] polishing. - **2.** [del alma] purification.

lustrador *m* = **lustrabotas.**

lustral *adj* lustral, purgative.

lustrar *vt* - **1.** [calzado] to polish. - **2.** [alma] to lustrate, to purify. - **3.** [país, lugar] to wander, to roam.

lustre *m* - **1.** [brillo] shine. - **2.** *fig* [gloria] glory. - **3.** [betún] shoe polish.

lustrín *m Amér* - **1.** [caja] shoeshine box. - **2.** [betún] shoe polish.

lustrina *f Amér* [betún] shoe polish.

lustro *m* five-year period.

lustroso, sa *adj* shiny.

lutecio *m* QUÍM lutetium.

luteranismo *m* Lutheranism.

luterano, na *adj & m, f* Lutheran.

Lutero *m*: **Martín** ~ Martin Luther.

luto *m* mourning; **de** ~ in mourning.

luxación *f* dislocation.

luxar *vt* to dislocate.

Luxemburgo *s* Luxembourg.

luxemburgués, esa ◇ *adj* Luxembourg (*antes de sust*). ◇ *m, f* Luxembourger.

Luxor *s* Luxor.

luz (*pl* **luces**) *f* - **1.** [gen] light; [del día] light, daylight; [destello] flash (of light); **este piso tiene mucha** ~ you get a lot of sunlight in this flat; **apagar la** ~ to switch off the light; **dar** o **encender la** ~ to switch on the light; **la habitación estaba a media** ~ it was almost dark in the room; **a plena** ~ **del día** in broad daylight; **a primera** ~ at first light ❏ ~ **de Bengala** MIL flare; [para fiestas etc] sparkler; ~ **cenital** skylight; ~ **del día** daylight; ~ **de discoteca** strobe light; ~ **eléctrica** electric light; ~ **de luna** moonlight; ~ **solar** sunlight; **a la** ~ **de** [una vela, la luna etc] by the light of; **a la** ~ **de las velas** by candlelight; *fig* [los acontecimientos etc] in the light of; **arrojar** ~ **sobre** to shed light on; **las investigaciones arrojan nueva** ~ **sobre el secuestro** the investigations have shed new light on the kidnapping; **a todas luces** whichever way you look at it; **dar a** ~ **(un niño)** to give birth (to a child); **dar** ~ **verde (a)** to give the green light o the go-ahead (to); **entre dos luces** [entre día y noche] at twilight; *fam fig* [achispado] tipsy; **sacar algo a la** ~ [revelar algo secreto] to bring sthg to light; **el periódico ha sacado a la** ~ **sus conversaciones secretas** the newspaper has brought to light his secret conversations; [publicar] to bring sthg out, to publish sthg; **salir a la** ~ [descubrirse] to come to light; [publicarse] to come out; **esta información es secreta y no quiero que salga a la** ~ this is secret information and I don't want it to come out; **ver la** ~ to see the light. - **2.** [electricidad] electricity; **cortar la** ~ to cut off the electricity supply; **pagar (el recibo de) la** ~ to pay the electricity (bill); **se ha ido la** ~ the lights have gone out. - **3.** ARQUIT window.

◆ **luces** *fpl* - **1.** [cultura] enlightenment (*U*). - **2.** [inteligencia] intelligence (*U*); **de pocas luces** dim-witted. - **3.** AUTOM lights; **darle las luces a alguien** to flash (one's lights) at sb; **poner las luces de carretera** o **largas** to put (one's headlights) on full beam ❏ **luces de cruce** o **cortas** dipped headlights; **luces de freno** brake lights; **luces de gálibo** clearance lights; **luces de posición** o **de situación** sidelights; **luces de tráfico** o **de señalización** traffic lights; **luces traseras** taillights.

luzca *etc v* → **lucir.**

lycra® *f* Lycra®.

M

m¹, M *f* [letra] m, M.

m² (*abrev de* **metro**) m.

maca *f* - **1.** [en fruta] bruise. - **2.** [en objetos] flaw. - **3.** *fig* [engaño] trick.

Mach *m* → **número**.

macabí (*pl* **macabíes**) *m Amér* banana fish.

macabro, bra *adj* macabre.

macaco, ca ◇ *m, f* [animal] macaque. ◇ *adj Amér* - **1.** [feo] ugly, misshapen. - **2.** [necio] foolish, silly.
◆ **macaco** *m Amér* - **1.** [coco, fantasma] bogeyman. - **2.** [moneda] *former coin worth one Honduran peso*.
◆ **macaca** *f Amér* - **1.** [insecto] *type of large coleopteran*. - **2.** *fam* [borrachera] drinking spree o binge.

macadam (*pl* **macadams**), **macadán** (*pl* **macadanes**) *m* macadam.

macagua *f Amér* - **1.** [ave] laughing falcon. - **2.** [serpiente] *type of large poisonous snake*. - **3.** [árbol] breadfruit tree.

macana *f* - **1.** [arma] macana, *wooden swordlike weapon*. - **2.** [palo] club. - **3.** *fig* [mercancía invendible] dud. - **4.** *Amér fam fig* [chapuza] botched job. - **5.** *Amér fam fig* [disparate] stupid thing. - **6.** *Amér fam fig* [mentira] fib. - **7.** *Amér fam fig* [broma] joke.

macanazo *m Amér fam* - **1.** [disparate] stupid thing. - **2.** [fastidio] bother, nuisance.

macaneador, ra *adj Amér fam fig* fond of joking.

macanear *vt Amér fam* - **1.** [disparates] to spout. - **2.** [hacer mal] to botch, to do badly. - **3.** [manejar] to handle.

macaneo *m Amér fam* - **1.** [disparate] stupid thing. - **2.** [broma] joke.

macanudo, da *adj Amér fam* great, terrific.

macarela *f Amér* mackerel.

macarra *m fam* - **1.** [de prostitutas] pimp. - **2.** [rufián, matón] thug.

macarrón *m* [tubo] sheath (*of cable*).
◆ **macarrones** *mpl* - **1.** [pasta] macaroni (*U*). - **2.** NÁUT stanchions.

macarronada *f Amér* macaroni dish.

macarrónico, ca *adj fam* macaronic.

macarronismo *m fam* macaronic style.

macarse [10] *vpr* to spoil, to start to rot.

macartismo *m* McCarthyism.

mace *etc v* → **mazar**.

macear ◇ *vt* [con maza] to hammer, to pound. ◇ *vi fig* [insistir] to insist, to go on.

macedonia ◇ *adj f* → **macedonio**. ◇ *f* salad; ~ **de frutas** fruit salad.

Macedonia *s* Macedonia.

macedonio, nia *adj & m, f* Macedonian.
◆ **macedonio** *m* [lengua] Macedonian.

maceración *f*, **maceramiento** *m* CULIN soaking, maceration.

macerar *vt* - **1.** CULIN to soak, to macerate. - **2.** [mortificar] to mortify.
◆ **macerarse** *vpr* [mortificarse] to mortify o.s.

maceta *f* - **1.** [tiesto] flowerpot. - **2.** [herramienta] mallet. - **3.** [mango] handle. - **4.** [corimbo] corymb. - **5.** *Amér* [ramo] bouquet. - **6.** *Amér mfam fig* [cabeza] nut.

macetear *vt Amér* to hit with a mace.

macetero *m* flowerpot holder.

macetudo, da *adj Amér* stocky.

Mach *m* → **número**.

macha *f Amér* - **1.** [marimacho] mannish woman. - **2.** [broma] joke. - **3.** *fam* [borrachera] drunken binge.

machaca ◇ *mf fam* - **1.** [currante] dogsbody. - **2.** [pesado] pain. ◇ *f* [instrumento] crusher, pounder.

machacador, ora ◇ *adj* crushing. ◇ *m, f* [persona] crusher, pounder.
◆ **machacadora** *f* [máquina] crusher.

machacante *m fam* [moneda] *five peseta coin*.

machacar [10] ◇ *vt* - **1.** [triturar] to crush. - **2.** *fig* [insistir en] to keep going on about. - **3.** *fig* [empollar] to swot up on. ◇ *vi* - **1.** *fig* [insistir]: ~ (**sobre**) to go on (about). - **2.** *fig* [importunar] to be a pain.

machacón, ona ◇ *adj* tiresome. ◇ *m, f* pain.

machaconería *f* annoying insistence.

machada *f* - **1.** [bravuconada] act of bravado. - **2.** [hato] flock of billy goats. - **3.** *fig* [necedad] stupid thing.

machamartillo ◆ **a machamartillo** *loc adv* very firmly; **creer algo a** ~ to be firm in one's belief of sthg.

machaqueo *m* - **1.** [trituración] crushing, pounding. - **2.** *fig* [insistencia] insistence.

machetazo *m* blow with a machete.

machete *m* machete.

machetear ◇ *vt* - **1.** [herir] to wound with a machete. - **2.** [talar] to cut down with a machete. - **3.** *Amér* [vender] to sell cheaply. ◇ *vi* - **1.** NÁUT to pitch. - **2.** *Amér* [insistir] to insist, to persist. - **3.** *Amér* [trabajar] to work. - **4.** *Amér* [empollar] to study hard.

machetero, ra *m, f* - **1.** [cortador de caña] cane-cutter. - **2.** *Amér* [trabajador] labourer. - **3.** *Amér* [empollón] hardworking student.

máchica *f Amér* roasted cornmeal.

machihembrado *m* tongue and groove.

machismo *m* machismo.

machista *adj & mf* male chauvinist.

macho ◇ *adj* - **1.** BIOL male. - **2.** *fig* [hombre] macho. - **3.** *fig* [fuerte] strong, tough. - **4.** *fig* [necio] foolish, stupid. ◇ *m* - **1.** BIOL male. - **2.** *fig* [hombre] macho man, he-man. - **3.** TECN male part; [de enchufe] pin. - **4.** [cabra]: ~ **cabrío** billy goat. - **5.** [mulo] mule. - **6.** *fig* [necio] fool, idiot. - **7.** [mazo] sledgehammer. - **8.** [yunque] square anvil. ◇ *interj*: ¡**oye**, ~! *fam* oy, mate! *Br*, hey! *Am*.

machón, ona *adj Amér* mannish.
◆ **machón** *m* buttress, pilaster.

machonga *f Amér* - **1.** [de cobre] copper pyrite. - **2.** [de hierro] iron pyrite.

machote, ta *fam* ◇ *adj* brave; **dárselas de** ~ to act like a he-man. ◇ *m, f* [niño] big boy (*f* big girl).
◆ **machote** *m* - **1.** [mazo] mallet, hammer. - **2.** *Amér* [modelo] rough draft.

machucadura *Esp f*, **machucón** *Amér m* - **1.** [golpe] bash, bashing (*U*). - **2.** [magulladura] bruise, bruising (*U*).

machucar [10] *vt* - **1.** [golpear] to pound, to beat. - **2.** [magullar] to bruise.

machucho, cha *adj* - **1.** [juicioso] judicious. - **2.** [viejo] elderly, old.

machucón *m* = **machucadura**.

macice *etc v* → **macizar**.

macilento, ta *adj culto* wan.

macis *f inv* mace.

macizar [13] *vt* to fill o stop up.

macizo, za *adj* - **1.** [sólido, fuerte] solid. - **2.** *fam* [atractivo]: **estar ~** [hombre] to be hunky; [mujer] to be gorgeous.
◆ **macizo** *m* - **1.** GEOGR massif. - **2.** BOT: ~ **de flores** flowerbed. - **3.** ARQUIT section. - **4.** [de edificios] block.

macocoa *f Amér* melancholy.

macolla *Esp f*, **macollo** *Amér m* bunch, cluster.

Macom (*abrev de* **Mando Aéreo de Combate**) *m Spanish air combat command.*

macón, ona, **macote** *adj Amér* huge, very big.

macona *f* large basket.

macote *adj* = **macón**.

macramé *m* macramé.

macro *f* INFORM macro.

macrobiótico, ca *adj* macrobiotic.
◆ **macrobiótica** *f* macrobiotics *(U)*.

macrocefalia *f* macrocephaly.

macrocosmo *m*, **macrocosmos** *m inv* macrocosm.

macroeconomía *f* macroeconomics *(U)*.

macromolécula *f* macromolecule.

macuco, ca, **macucón, ona** *adj Amér* - **1.** [grande] big. - **2.** [astuto] sly, crafty.

mácula *f* - **1.** [mancha] spot. - **2.** *fig* [deshonra] blemish. - **3.** *fig* [engaño] deception, trick. - **4.** ASTRON sunspot.

macuto *m* - **1.** [mochila] backpack, knapsack. - **2.** *Amér* [cesto] alms basket.

Madagascar *s* Madagascar.

Madeira *s* Madeira.

madeja *f* - **1.** [de hilo, lana] hank, skein; ~ **sin cuerda** *fam fig* hopeless mess; **se enredó la ~** *fig* it got complicated; **estar hecho una ~ de nervios** to be a bundle of nerves. - **2.** [de pelo] tangle o mop of hair.

madera *f* - **1.** [gen] wood; CONSTR timber; [tabla] piece of wood; **de ~** wooden; **sangrar la ~** to tap a tree □ ~ **alburente** sapwood; ~ **aserradiza** cut timber *Br*, cut lumber *Am*; ~ **blanda** softwood; ~ **contrachapada** plywood; ~ **flotante** driftwood; ~ **de pino** pinewood; ~ **de raja** split timber *Br*, split lumber *Am*; **tocar ~** *fig* to touch wood *Br*, to knock on wood *Am*. - **2.** *fig* [disposición]: **tener ~ de algo** to have the makings of sthg; **José tiene ~ de futbolista** José has the makings of a good footballer; **tener ~ para** to have what it takes for.
◆ **madera fósil** *f* lignite.

maderable *adj* timber-yielding *Br*, lumber-yielding *Am*.

maderaje, **maderamen** *m* timbers *(pl)*.

maderería *f* lumberyard.

maderero, ra *adj* timber *(antes de sust) Br*, lumber *(antes de sust) Am*.
◆ **maderero** *m* - **1.** [comerciante] timber dealer *Br*, lumber dealer *Am*. - **2.** [carpintero] carpenter.

madero *m* - **1.** [tabla] log. - **2.** *fig* [necio] halfwit. - **3.** *mfam* [policía] cop, pig. - **4.** *fig & culto* [nave] vessel, ship.

madrás *m* madras.

madrastra *f* - **1.** [mujer] stepmother. - **2.** *fig* [molestia] nuisance, bother.

madraza *f fam* doting mother.

madrazo *m Amér* hard blow.

madre *f* - **1.** [gen] mother; **es ~ de tres niños** she's a mother of three □ **futura ~** mother-to-be; ~ **adoptiva/de alquiler** foster/surrogate mother; ~ **de leche** wet nurse; **la ~ patria** the motherland; ~ **política** mother-in-law; ~ **soltera** single mother; ~ **superiora** mother superior; **éramos ciento y la ~** *fam* there were hundreds of us there; **me vale ~** *Amér fig* I couldn't care less. - **2.** [en asilo, hospital] matron. - **3.** [poso] dregs *(pl)*. - **4.** [origen] root, cause; **su carácter es la ~ de todos sus problemas** her character is at the root of all her problems □ **ser la ~ del cordero** to be at the very root of the problem. - **5.** [cauce] bed; **sacar de ~ a alguien** to provoke o upset sb; **salirse de ~** [río] to burst its banks; *fig* [persona] to go too far. - **6.** [acequia] main irrigation ditch; [cloaca] main sewer. - **7.** TECN axle, shaft. - **8.** *Amér* [costra] scab.
◆ **madre mía** *interj* Jesus!, Christ!

madreperla *f* - **1.** [ostra] pearl oyster. - **2.** [nácar] mother-of-pearl.

madreselva *f* honeysuckle.

Madrid *s* Madrid.

madrigado, da *adj* - **1.** *fig* [experimentado] experienced. - **2.** [mujer] twice-married.

madrigal *m* madrigal.

madriguera *f* - **1.** [guarida] den; [de conejo] burrow. - **2.** *fig* [escondrijo] hideout, lair.

madrileño, ña ◇ *adj* of/relating to Madrid. ◇ *m, f* native/inhabitant of Madrid.

madrina *f* - **1.** [gen] patroness; [de boda] bridesmaid; [de bautizo] godmother. - **2.** NÁUT stanchion. - **3.** *Amér* [manada] lead steer.

madrinazgo *m* - **1.** [acto] sponsorship. - **2.** [título] role of godmother.

madrino *m Amér* - **1.** [animal] lead animal. - **2.** [árbol] tree used to fell others.

madrona *f* - **1.** [alcantarilla] main sewer. - **2.** [madraza] doting mother.

madroño *m* - **1.** [árbol] strawberry tree. - **2.** [fruto] strawberry-tree berry.

madrugada *f* - **1.** [amanecer] dawn; **de ~** at daybreak. - **2.** [noche] early morning; **las tres de la ~** three in the morning. - **3.** [madrugón] early rise.

madrugador, ra ◇ *adj* early-rising. ◇ *m, f* early riser.

madrugar [16] *vi* - **1.** [levantarse temprano] to get up early; **a quien madruga, Dios le ayuda** *proverb* the early bird catches the worm *proverb*; **no por mucho ~ amanece más temprano** *proverb* time must take its course. - **2.** *fig* [actuar con rapidez] to be quick off the mark.

madrugón *m* early rise; **darse un ~** to get up very early.

maduración *f* [de fruta] ripening.

madurador, ra *adj* ripening.

madurar ◇ *vt* - **1.** [gen] to mature; [fruta, mies] to ripen. - **2.** [idea, proyecto etc] to think through. - **3.** [herida, tumor] to induce suppuration in. ◇ *vi* [gen] to mature; [fruta] to ripen.

madurez (*pl* **madureces**) *f* - **1.** [cualidad - gen] maturity; [- de fruta, mies] ripeness. - **2.** [edad adulta] adulthood.

maduro, ra *adj* - **1.** [gen] mature; [fruta, mies] ripe; **de edad madura** middle-aged. - **2.** *fig* [persona] wise. - **3.** [herida, tumor] ripe.

maestra *f* → **maestro**.

maestrante *m* member of a riding club of Spanish noblemen.

maestranza *f* - **1.** MIL arsenal. - **2.** [grupo de nobles] riding club of Spanish noblemen.

maestrazgo *m* office and territory of the master of a military order.

maestre *m* MIL master.

maestrear ◇ *vt* - **1.** [dirigir] to direct, to manage. - **2.** [podar] to prune, to trim. ◇ *vi* to be bossy.

maestría *f* - **1.** [habilidad] mastery, skill. - **2.** [título] Master's degree.

maestro, tra ◇ *adj* - **1.** [perfecto] masterly. - **2.** [principal] main; [llave] master *(antes de sust)*. ◇ *m, f* - **1.** [profesor] teacher; ~ **de escuela** schoolmaster (*f* schoolmistress). - **2.** [sabio] master. - **3.** MÚS maestro. - **4.** [director]: ~ **de capilla** choirmaster; ~ **de ceremonias** master of ceremonies; ~ **de cocina** chef; ~ **de obras** foreman; ~ **de orquesta** conductor.

◆ **maestro** *m* TAUROM matador.
◆ **maestra** *f* - **1.** [listón] guide line. - **2.** *fig* [cosa que enseña] guide.
mafia *f* mafia.
mafioso, sa ◇ *adj* mafia *(antes de sust)*. ◇ *m, f* mafioso.
magancear *vi Amér* to loaf about.
magancería *Esp*, **magancia** *Amér f* deception, trickery.
magancés, esa *adj* treacherous, evil.
magancia *f* = **magancería**.
maganzón, ona *Amér fam* ◇ *adj* lazy, idle. ◇ *m, f* lazybones, loafer.
magaña *f* trick, ruse.
magazine [maɣa'sin] *m* magazine.
magdalena *f* fairy cake.
Magdalena *f* BIBLIA: **María** ~ Mary Magdalene.
magenta *adj inv & m* magenta.
magia *f lit & fig* magic; ~ **blanca/negra** white/black magic.
magiar ◇ *adj & mf* Magyar. ◇ *m* [lengua] Magyar.
mágica ◇ *adj f* → **mágico**. ◇ *f* - **1.** [magia] magic. - **2.** [bruja] witch, sorceress.
mágico, ca *adj* - **1.** [con magia] magic. - **2.** [atractivo] magical.
magín *m fam* imagination.
magisterial *adj* magisterial.
magisterio *m* - **1.** [título] teaching certificate. - **2.** [enseñanza] teaching. - **3.** [profesión] teaching profession.
magistrado, da *m, f* [juez] judge.
◆ **magistrado** *m Amér* [primer ministro] Prime Minister.
magistral *adj* - **1.** [de maestro] magisterial. - **2.** [genial] masterly. - **3.** FARM magistral.
magistralmente *adv* masterfully.
magistratura *f* - **1.** [oficio] judgeship. - **2.** [jueces] magistrature. - **3.** [tribunal] tribunal; ~ **de trabajo** industrial tribunal.
magma *m* magma.
magnánimamente *adv* magnanimously.
magnanimidad *f* magnanimity.
magnánimo, ma *adj* magnanimous.
magnate *m* magnate; ~ **del petróleo/de la prensa** oil/press baron.
magnesia *f* magnesia.
magnesio *m* magnesium.
magnético, ca *adj lit & fig* magnetic.
magnetismo *m lit & fig* magnetism.
magnetizable *adj* magnetizable.
magnetización *f* magnetization.
magnetizar [13] *vt* - **1.** FÍS to magnetize. - **2.** *fig* [atraer] to mesmerize.
magnetofón *m* = **magnetófono**.
magnetofónico, ca *adj* [cinta] magnetic.
magnetófono, magnetofón *m* tape recorder.
magnetoscopio *m* video recorder.
magnicida *mf* assassin [of person important].
magnicidio *m* assassination [of person important].
magnificación *f* great praise.
magnificador, ra *adj* magnifying.
magníficamente *adv* magnificently.
magnificar [10] *vt* to praise highly.
magnificencia *f* magnificence.
magnificente *adj* magnificent, splendorous.
magnífico, ca *adj* - **1.** [maravilloso] wonderful, magnificent. - **2.** [generoso] generous.
magnitud *f* - **1.** [tamaño] magnitude. - **2.** MAT quantity. - **3.** ASTRON magnitude.
magno, na *adj* great.
magnolia *f* magnolia.

magnolio *m* magnolia (tree).
mago, ga ◇ *m, f* - **1.** [prestidigitador] magician. - **2.** [en cuentos etc] wizard. - **3.** [sacerdote] Magus. ◇ *adj* [mágico] magic, magical.
magra ◇ *adj f* → **magro**. ◇ *f* slice of ham.
magrear *vt vulg* to touch up.
Magreb *s*: **el** ~ the Maghrib.
magrebí (*pl* **magrebíes**) *adj & mf* Maghribi.
magreo *m vulg* touching up.
magro, gra *adj* - **1.** [sin grasa] lean. - **2.** [pobre] poor.
◆ **magro** *m* lean meat.
maguey *m* maguey.
magullado, da *adj* bruised.
magulladura *f*, **magullamiento** *m* bruise.
magullar *vt* to bruise.
magullón *m Amér* bruise.
maharajá [mara'xa] (*pl* **maharajás**) *m* maharajah.
maharaní [mara'ni] (*pl* **maharanís**) *f* maharani.
mahatma [ma'xaθma] *m* mahatma.
Mahoma *m* RELIG Mohammed.
mahometano, na *adj & m, f* Muslim.
mahometismo *m* Mohammedanism, Islam.
mahometista *adj & mf* = **mahometano**.
mahometizar [13] *vi* to profess Mohammedanism.
mahón *m* nankeen.
mahonesa *f* = **mayonesa**.
maicena *f* cornflour *Br*, cornstarch *Am*.
maicería *f Amér* maize shop *Br*, corn shop *Am*.
maicero *m Amér* - **1.** [ave] ani. - **2.** [persona] maize seller *Br*, corn seller *Am*.
maicillo *m Amér* - **1.** [planta] *type of sorghum*. - **2.** [arena] gravel.
maillot [ma'jot] (*pl* **maillots**) *m* - **1.** [prenda femenina] maillot. - **2.** [para ciclistas] jersey; ~ **amarillo** DEP yellow jersey.
maitines *mpl* matins *(U)*; **llamar** o **tocar a** ~ to call o ring to matins.
maître ['metre] *m* maître.
maíz (*pl* **maíces**) *m* maize *Br*, corn *Am*; ~ **dulce** sweetcorn.
maizal *m* maize field *Br*, cornfield *Am*.
maja *f* → **majo**.
majá (*pl* **majáes**) *m Amér* boa.
majada *f* - **1.** [redil] sheepfold. - **2.** [estiércol] manure, dung. - **3.** *Amér* [manada] flock of sheep.
majaderear *Amér* ◇ *vt* to annoy, to pester. ◇ *vi* to be a nuisance o a pest.
majadería *f* idiocy.
majadero, ra ◇ *adj* silly, foolish. ◇ *m, f* [person] idiot.
◆ **majadero** *m* [instrumento] pestle.
majado *m* - **1.** [cosa triturada] mash, pulp. - **2.** *Amér* [guiso] *dish of ground wheat soaked in hot water*.
majadura *f* crushing.
majagranzas *m inv fam* idiot, fool.
majagua *f Amér* - **1.** [árbol] magagua. - **2.** [chaqueta] sports jacket.
majal *m* shoal, school.
majar *vt* - **1.** [machacar] to crush; [moler] to grind. - **2.** *fig* [molestar] to annoy, to bother. - **3.** *fig* [azotar] to beat, to flog.
majara *mfam* ◇ *adj* round the bend, crackers *Br*. ◇ *mf* nutcase, loony.
majareta *fam* ◇ *adj* nutty. ◇ *mf* nutcase.
majestad *f* majesty; **lesa** ~ lese majesty.
◆ **Su Majestad** *f* His/Her Majesty.
majestoso, sa *adj* = **majestuoso**.
majestuosamente *adv* majestically.

majestuosidad *f* majesty.

majestuoso, sa, majestoso, sa *adj* majestic.

majo, ja ◇ *adj* - **1.** [simpático] nice. - **2.** [bonito] pretty. - **3.** [vistoso] flashy, showy. ◇ *m, f* ARTE & HIST Majo (*f* Maja).

◆ **maja** *f* [joven] showy young woman.

majorette [maʒo'ret] *f* majorette.

majuelo *m* hawthorn.

mal ◇ *adj* → **malo**. ◇ *m* - **1.** [perversión]: **el** ~ evil. - **2.** [daño] harm, damage. - **3.** [enfermedad] illness; ~ **de montaña** altitude o mountain sickness; ~ **de ojo** evil eye. - **4.** [inconveniente] bad thing. - **5.** *loc*: **a grandes ~es, grandes remedios** drastic situations demand drastic action; **del** ~, **el menos** it's the lesser of two evils; ~ **de muchos, consuelo de todos** *proverb* at least I'm not the only one; **no hay** ~ **que por bien no venga** *proverb* every cloud has a silver lining *proverb*; **un** ~ **necesario** a necessary evil. ◇ *adv* - **1.** [incorrectamente] wrong; **esto está** ~ **hecho** this has been done wrong; **has escrito** ~ **esta palabra** you've spelt that word wrong. - **2.** [inadecuadamente] badly; **la fiesta salió** ~ the party went off badly; **oigo/veo** ~ I can't hear/see very well; **encontrarse** ~ [enfermo] to feel ill; [incómodo] to feel uncomfortable; **oler** ~ [tener mal olor] to smell bad; *fam* [tener mal cariz] to smell fishy; **saber** ~ [tener mal sabor] to taste bad; **me supo** ~ **que no vinieses a mi fiesta** I was none too pleased that you didn't come to my party; **sentar** ~ **a alguien** [ropa] not to suit sb; [comida] to disagree with sb; [comentario, actitud] to upset sb; **tomar algo a** ~ to take sthg the wrong way. - **3.** [difícilmente] hardly; ~ **puede saberlo si no se lo cuentas** he's hardly going to know it if you don't tell him. - **4.** *loc*: **estar a** ~ **con alguien** to have fallen out with sb; **ir de** ~ **en peor** to go from bad to worse; **no estaría** ~ **que...** it would be nice if...

◆ **mal que** *loc conj* although, even though; ~ **que te pese, las cosas están así** whether you like it or not, that's the way things are.

◆ **mal que bien** *loc adv* somehow or other.

malabar *adj*: **juego** ~ juggling (*U*).

malabarismo *m lit & fig* juggling (*U*); **hacer ~s** to juggle.

malabarista *mf* - **1.** [de circo] juggler. - **2.** *Amér* [ladrón] clever thief.

Malabo *s* Malabo.

malacate *m* - **1.** [cabrestante] winch, whim. - **2.** *Amér* [huso] spindle.

malaconsejado, da ◇ *adj* ill-advised. ◇ *m, f* illadvised person.

malacostumbrado, da *adj* - **1.** [mimado] spoiled. - **2.** [con vicios] having bad habits.

malacostumbrar *vt* to spoil.

◆ **malacostumbrarse** *vpr* to get into bad habits.

malacrianza *f Amér* bad manners (*pl*), lack of breeding.

málaga *m* Malaga (wine); ~ **añejo** vintage Malaga.

malagradecido, da *adj Amér* ungrateful, unappreciative.

malagueño, ña ◇ *adj* of/relating to Malaga. ◇ *m, f* native/inhabitant of Malaga.

Malaisia *s* Malaysia.

malaleche *mf vulg* miserable sod.

malandanza *f* misfortune, calamity.

malandrín, ina ◇ *adj* wicked, evil. ◇ *m, f* scoundrel.

malanga *Amér* ◇ *adj* - **1.** [tímido] timid. - **2.** [torpe] ineffectual, useless. ◇ *f* [planta] malanga.

malapata *fam* ◇ *mf* clumsy oaf. ◇ *f* tough luck.

malaquita *f* malachite.

malar ◇ *adj* malar, cheek *(antes de sust)*. ◇ *m* malar.

malaria *f* malaria.

malasangre ◇ *mf* [persona] evil-minded person. ◇ *f* [mala intención] evil spirit; **hacerse** ~ *fam* to get cheesed off *Br* o annoyed.

Malasia *s* Malaysia.

malasio, sia *adj* Malaysian.

malasombra *fam* ◇ *mf* [persona] pest. ◇ *f* - **1.** [falta de gracia] lack of charm. - **2.** [mala suerte] bad luck.

malavenido, da *adj* incompatible.

malaventura *f* misfortune, adversity.

malaventurado, da ◇ *adj* ill-fated, unfortunate. ◇ *m, f* unfortunate person.

malaventuranza *f* misfortune, ill fortune.

malayo, ya *adj & m, f* Malay, Malayan.

◆ **malayo** *m* [lengua] Malay, Malayan.

malbaratador, ra *adj* - **1.** [que malvende] underselling. - **2.** [que malgasta] squandering.

malbaratar *vt* - **1.** [malvender] to undersell. - **2.** [malgastar] to squander.

malcarado, da *adj* grim-faced.

malcasado, da *adj* unfaithful, adulterous.

malcasar *vt* to mismatch.

◆ **malcasarse** *vpr* to be mismarried o mismatched.

malcomer *vi* to eat poorly.

malcomido, da *adj* malnourished.

malcontento, ta ◇ *adj* - **1.** [descontento] discontented, unhappy. - **2.** [rebelde] malcontent, rebellious. ◇ *m, f* [persona] malcontent.

◆ **malcontento** *m* [juego de naipes] *card game in which players exchange the cards they don't want.*

malcorazón *adj Amér* cruel.

malcriadez (*pl* **malcriadeces**), **malcriadeza** *f Amér* bad manners (*pl*), lack of breeding.

malcriado, da ◇ *adj* spoilt. ◇ *m, f* spoilt brat.

malcriar [9] *vt* to spoil.

maldad *f* - **1.** [cualidad] evil. - **2.** [acción] evil thing; **cometer ~es** to do evil o wrong.

maldecido, da ◇ *adj* evil, wicked. ◇ *m, f* evil person.

maldecidor, ra ◇ *adj* slandering, defaming. ◇ *m, f* slanderer.

maldecir [66] ◇ *vt* to curse. ◇ *vi* to curse; ~ **de** to speak ill of.

maldiciente ◇ *adj* slandering, defaming. ◇ *mf* slanderer.

maldición ◇ *f* curse. ◇ *interj* damn!, damnation!

maldiga, maldijera *etc v* → **maldecir**.

maldispuesto, ta *adj* - **1.** [de mala gana] ill-disposed, reluctant. - **2.** [enfermo] indisposed, unwell.

maldita *f* - **1.** *fam* [lengua] tongue; **soltar la** ~ to speak one's mind. - **2.** *Amér* [llaga] boil. - **3.** *Amér* [picadura] infected insect bite.

maldito, ta *adj* - **1.** [embrujado] cursed, damned. - **2.** *fam* [para enfatizar] damned; **¡maldita sea!** damn it! - **3.** *fig* [artista, escritor etc] ostracized. - **4.** [de mal carácter] bad, wicked.

◆ **maldito** *m*: **el** ~ the Devil, Satan.

Maldivas *s*: **las (islas)** ~ the Maldives, the Maldive Islands.

maldivo, va *adj & m, f* Maldivian.

maleabilidad *f* malleability.

maleable *adj lit & fig* malleable.

maleado, da *adj* corrupt.

maleante ◇ *mf* crook. ◇ *adj* - **1.** [perverso, maligno] wicked. - **2.** [que pervierte] corrupting.

malear *vt* - **1.** [pervertir] to corrupt. - **2.** [estropear] to spoil, to ruin.

◆ **malearse** *vpr* - **1.** [pervertirse] to be corrupted o perverted. - **2.** [estropearse] to be ruined.

malecón *m* [atracadero] jetty.

maledicencia *f* - **1.** [maldiciones] cursing. - **2.** [difamación] slander.

maledicente ◇ *adj* slandering. ◇ *mf* slanderer.

maleducado, da ◇ *adj* rude. ◇ *m, f* rude person.

maleficencia *f* maleficence, evil.

maleficente *adj* maleficent.

maleficiar [7] *vt* - **1.** [hechizar] to bewitch, to cast a spell on. - **2.** [dañar] to injure, to harm.

maleficio *m* curse.

maléfico, ca *adj* evil.

malentendido *m* misunderstanding.

malestar *m* - **1.** [dolor] upset, discomfort; **siento un ~ en el estómago** I've got an upset stomach; **sentir ~ general** to feel unwell. - **2.** *fig* [inquietud] uneasiness, unrest.

maleta *f* - **1.** [de viaje] suitcase; **hacer** o **preparar la ~** to pack (one's bags) ❑ **largar** o **soltar la ~** *Amér* to kick the bucket. - **2.** *Amér* [fardo] bundle. - **3.** *Amér* [alforja] saddlebag. - **4.** *Amér fam fig* [malvado] wicked o corrupt person. - **5.** *Amér* [molestia] nuisance, annoyance.

maletera *f Amér* boot *Br*, trunk *Am*.

maletero *m* boot *Br*, trunk *Am*.

maletilla *mf* apprentice bullfighter.

maletín *m* briefcase.

maletón *m Amér fam fig* [jorobado] hunchback, humpback.

maletudo, da *adj Amér* hunchbacked, humpbacked.

malevolencia *f* malevolence, wickedness.

malévolo, la, malevolente *adj* malevolent, wicked.

maleza *f* - **1.** [arbustos] undergrowth. - **2.** [malas hierbas] weeds (*pl*). - **3.** *Amér* [pus] pus.

malformación *f* malformation; **~ congénita** deformity.

malformado, da *adj* malformed.

malgache ◇ *adj & mf* Malagasy, Madagascan. ◇ *m* [lengua] Malagasy.

malgastador, ra *adj & m, f* spendthrift.

malgastar *vt* [dinero, tiempo] to waste; [salud] to ruin.

malgeniado, da *adj Amér* ill-tempered, irritable.

malgenioso, sa *adj Amér* ill-tempered, irritable.

malhablado, da ◇ *adj* foul-mouthed. ◇ *m, f* foul-mouthed person.

malhadado, da *adj culto* wretched, unfortunate.

malhechor, ra *adj & m, f* criminal.

malherir [27] *vt* to injure seriously.

malhumor *m* bad mood; **de ~** in a bad mood.

malhumorado, da *adj* [de mal genio] bad-tempered; [enfadado] in a bad mood.

malhumorar *vt* to annoy, to irritate.

malicia *f* - **1.** [maldad] wickedness, evil; [mala intención] malice. - **2.** [agudeza] sharpness, alertness. - **3.** [travesura] mischievousness, naughtiness. - **4.** [sospecha] suspicion.

maliciarse *vpr* - **1.** [sospechar] to suspect. - **2.** [malear] to go bad, to become spoiled.

maliciosamente *adv* - **1.** [con maldad] maliciously. - **2.** [con astucia] slyly, cunningly.

malicioso, sa ◇ *adj* - **1.** [malo] wicked, evil; [malintencionado] malicious. - **2.** [astuto] sly, cunning. - **3.** [avispado] sharp, alert. ◇ *m, f* malicious person.

malignamente *adv* malignantly.

malignar *vt* to pervert, to corrupt.

◆ **malignarse** *vpr* to become perverted o corrupted.

malignidad *f* malignance.

maligno, na *adj* malignant.

malintencionado, da ◇ *adj* ill-intentioned. ◇ *m, f* ill-intentioned person.

malinterpretar *vt* to misinterpret.

malla *f* - **1.** [tejido] mesh; [para prendas deportivas] stretch fabric; **~ de alambre** wire mesh. - **2.** [red] net. - **3.** *Amér* [traje de baño] swimsuit.

◆ **mallas** *fpl* - **1.** [de gimnasia] leotard (*sg*). - **2.** [de ballet] tights. - **3.** [de portería] net (*sg*).

mallar *vi* to make netting o mesh.

mallo *m* - **1.** [mazo] mallet. - **2.** DEP pall-mall.

Mallorca *s* Majorca.

mallorquín, ina *adj & m, f* Majorcan.

malmandado, da ◇ *adj* disobedient. ◇ *m, f* disobedient person.

malmirado, da *adj* discourteous, inconsiderate.

malnacido, da ◇ *adj* undesirable, nasty. ◇ *m, f* nasty type.

malnutrición *f* malnutrition.

malnutrido, da *adj* undernourished.

malo, la, mal (*compar* **peor**, *superl* **el peor, la peor**) *adj* (*antes de sust masc sg:* **mal**) - **1.** [gen] bad; [calidad] poor, bad; **lo ~ fue que...** the problem was (that)... - **2.** [malicioso] wicked. - **3.** [enfermo] ill, sick; **estar/ponerse ~** to be/fall ill. - **4.** [molesto, desagradable] unpleasant. - **5.** [travieso] naughty. - **6.** [difícil]: **el asunto es ~ de entender** the matter is hard o difficult to understand. ◇ *m, f* [de película etc] villain, baddie.

◆ **mala** *f*: **a la mala** *Amér* by force.

◆ **malas** *fpl*: **estar de malas** to be in a bad mood; **ponerse a (las) malas con alguien** to fall out with sb; **por las malas** by force.

maloca *f Amér* - **1.** [invasión] surprise attack, raid. - **2.** [pueblo] maloca, *Indian mountain village*.

malogrado, da *adj* - **1.** [desaprovechado] wasted. - **2.** [difunto]: **un ~ poeta** a poet who died before his time.

malogramiento *m* = **malogro**.

malograr *vt* - **1.** [desaprovechar] to waste. - **2.** [estropear] to spoil, to ruin.

◆ **malograrse** *vpr* - **1.** [fracasar] to fail. - **2.** [morir] to die before one's time.

malogro, malogramiento *m* failure.

maloja *f*, **malojo** *m Amér* maize stalks and leaves *Br* (*pl*), corn stalks and leaves *Am* (*pl*).

maloliente *adj* smelly.

malón *m Amér* - **1.** [ataque] surprise Indian attack o raid. - **2.** [felonía] dirty trick.

maloquear *vi Amér* - **1.** [atacar] to carry out a raid. - **2.** [sorprender] to spring a surprise. - **3.** [comerciar] to deal in contraband.

malparado, da *adj*: **salir ~ de algo** to come out of sthg badly.

malparar *vt* to damage.

malparida *f* woman who has miscarried.

malparir *vi* to miscarry, to have a miscarriage.

malparto *m* miscarriage.

malpensado, da ◇ *adj* malicious, evil-minded. ◇ *m, f* evil-minded person.

malquerencia *f* dislike.

malquerer [67] *vt* to dislike.

malquistar *vt* to alienate, to estrange.

malquisto, ta *adj* alienated, estranged.

malsano, na *adj* unhealthy.

malsonante *adj* - **1.** [ofensivo, indecoroso] rude. - **2.** [que suena mal] harsh.

malsufrido, da *adj* impatient.

malta *m* - **1.** [para cerveza] malt. - **2.** [para café] toasted grain. - **3.** *Amér* [cerveza] premium-quality beer.

Malta *s* Malta.

malteado, da *adj* malted.

◆ **malteado** *m* malting.

maltear *vt* to malt.

maltés, esa (*pl* **malteses**) *adj & m, f* Maltese.

maltón, ona *adj Amér* young, baby.

maltraer [73] *vt* [maltratar] to ill-treat; **llevar** o **traer a alguien a ~** to cause sb headaches.

maltraído, da *adj Amér* dishevelled.

maltratado, da *adj* - **1.** [persona] battered. - **2.** [objeto] damaged.

maltratar *vt* - **1.** [pegar, insultar] to ill-treat. - **2.** [estropear] to damage.

maltrato *m* ill-treatment.

maltrecho, cha *adj* battered.

maltusianismo *m* malthusianism.

maltusiano, na *adj & m, f* Malthusian.

malucho, cha *adj fam* out of sorts, under the weather.

malura *f Amér* malaise, indisposition.

malva ◇ *f* - **1.** BOT mallow; ~ **arbórea** o **loca** o **rósea** rose mallow, hollyhock; **criar** ~**s** *fam fig* to push up daisies; **ser como una** ~ *fig* to be as meek as a lamb. - **2.** *Amér* [marihuana] marijuana. ◇ *adj inv* mauve. ◇ *m* [color] mauve.

malvado, da ◇ *adj* evil, wicked. ◇ *m, f* villain, evil person.

malvavisco *m* marshmallow.

malvender *vt* to sell at a loss.

malversación *f*: ~ **(de fondos)** embezzlement (of funds).

malversador, ra *m, f* embezzler.

malversar *vt* to embezzle.

Malvinas *fpl*: **las (islas)** ~ the Falkland Islands, the Falklands.

malvivir *vi* to live badly, to scrape together an existence.

mama *f* - **1.** [órgano - de mujer] breast. [-ZOOL] udder. - **2.** *fam* [madre] mum, mummy.

mamá (*pl* **mamás**) *f fam* mum, mummy; ~ **abuela** *fam* grandma, granny; ~ **grande** o **señora** *Amér fam* grandma, granny.

mamacallos *m inv* fool, sucker.

mamada *f →* **mamado**.

mamadera *f Amér* - **1.** [biberón] (baby's) bottle. - **2.** [tetina] rubber nipple.

mamado, da *adj* - **1.** *fam* [ebrio] sloshed. - **2.** *Amér* [tonto] dense, stupid.

◆ **mamado** *m Amér* [instrumento] child's noisemaker.

◆ **mamada** *f* - **1.** [de bebé] (breast) feed, (breast) feeding (U). - **2.** [cantidad de leche] *amount of milk that a child takes when nursing.* - **3.** *vulg* [felación] blow job. - **4.** *Amér* [ganga] cinch, piece of cake. - **5.** *Amér* [borrachera] drinking spree, binge; **coger una** ~ to get drunk.

mamador, ra ◇ *adj* sucking, nursing. ◇ *m, f Amér* bottle-fed baby.

mamandurria *f Amér* sinecure.

mamar ◇ *vt* - **1.** [suj: bebé] to suckle. - **2.** *fam fig* [aprender]: **lo mamó desde pequeño** he was immersed in it as a child. - **3.** *mfam fig* [beber] to knock back. - **4.** *fam fig* [conseguir] to wangle; **ella mamó un puesto aunque no tenía entrenamiento** she wangled a position even though she didn't have the training. ◇ *vi* to suckle; **dar de** ~ to breastfeed.

◆ **mamarse** *vpr mfam* - **1.** [emborracharse] to get plastered. - **2.** *loc*: ~**se a alguien** *Amér* [matar] to bump sb off, to do sb in; *Amér* [engañar] to take sb in.

mamario, ria *adj* mammary.

mamarrachada *f fam* - **1.** [acción] stupid o idiotic thing. - **2.** [cuadro etc] rubbish (U).

mamarracho *m fam* - **1.** [fantoche] sight, mess. - **2.** [imbécil] idiot. - **3.** [bodrio] rubbish (U). - **4.** [sandez] stupidity, idiocy.

mambla *f* - **1.** [montículo] mound, hillock. - **2.** *Amér* [túmulo] burial mound.

mambo *m* mambo.

mamela *f* bribe.

mamelón *m* - **1.** [colina] hillock, knoll. - **2.** [en pezón] nipple.

mameluco *m* - **1.** HIST mameluke. - **2.** *fam* [torpe, necio] idiot. - **3.** *Amér* [calzón] overalls (*pl*). - **4.** *Amér* [pijama] romper suit.

mamengue, mamerto, ta *adj Amér* bashful, awkward.

mamey *m* mamey, mammee.

mamífero, ra *adj* mammal.

◆ **mamífero** *m* mammal.

mamila *f* - **1.** [de mujer] woman's breast around the nipple; [de hombre] nipple. - **2.** *Amér* [biberón] baby's bottle.

mamografía *f* MED - **1.** [técnica] breast scanning, mammography. - **2.** [resultado] breast scan.

mamola *f* - **1.** [caricia] chuck, pat under the chin. - **2.** *fam fig* [engaño] deceit.

mamón, ona ◇ *adj* - **1.** [que mama] unweaned. - **2.** *vulg* [cabrón]: **¡qué** ~ **eres!** you bastard! - **3.** *vulg* [necio]: **ser un** ~ to be a prat *Br*, to be a jerk *Am*. ◇ *m, f* - **1.** [que mama] unweaned baby. - **2.** *vulg* [cabrón] bastard (*f* bitch). - **3.** *vulg* [necio] prat *Br*, jerk *Am*.

◆ **mamón** *m* - **1.** [vástago] shoot. - **2.** *Amér* [árbol] genip. - **3.** *Amér* [papaya] papaya, papaw. - **4.** *Amér* [garrote] stick, club. - **5.** *Amér* [borracho] drunkard, drunk.

◆ **mamona** *f* - **1.** [caricia] chuck o pat under the chin. - **2.** [engaño] deceit, trick. - **3.** *Amér* [borrachera] drinking spree, binge.

mamotreto *m* - **1.** *despec* [libro] hefty tome. - **2.** [objeto grande] monstrosity. - **3.** [cuaderno de apuntes] notebook, memo book.

mampara *f* - **1.** [biombo] screen. - **2.** *Amér* [puerta] glass door.

mamparo *m* NÁUT bulkhead, partition; ~ **estanco** watertight bulkhead.

mamporro *m fam* [golpe] punch, clout; [al caer] bump.

mampostería *f* masonry.

mampostero *m* mason who does rubblework.

mampuesto *m* - **1.** [piedra] rubble, rough stone. - **2.** [parapeto] parapet, ledge. - **3.** *Amér* [de arma] support, rest.

mamujar *vt* to nurse intermittently.

mamullar *vt* - **1.** [masticar] to chew. - **2.** *fam fig* [mascullar] to mumble, to mutter.

mamut (*pl* **mamuts**) *m* mammoth.

Man *s →* **isla**.

maná *m inv* - **1.** RELIG manna. - **2.** *fig* [alimento abundante] cheap and plentiful food. - **3.** [de vegetales] manna. - **4.** *Amér* [dulce] nut sweet *Br*, nut candy *Am*.

manada *f* - **1.** [ZOOL - gen] herd; [- de lobos] pack; [- de ovejas] flock; [- de leones] pride. - **2.** *fam* [de gente] crowd, mob; **a** ~**s** in droves o crowds.

manadero, ra *adj* flowing, running.

◆ **manadero** *m* - **1.** [manantial] spring, source. - **2.** [pastor] shepherd, herdsman.

manager (*pl* **managers**) *m* manager.

Managua *s* Managua.

managüense ◇ *adj* Managuan. ◇ *mf* native/inhabitant of Managua.

manante *adj* flowing, running.

manantial ◇ *m* - **1.** [de agua] spring. - **2.** *fig* [causa] source. ◇ *adj* spring (*antes de sust*).

manar *vi* - **1.** [brotar, surgir, fluir]: ~ **(de)** to flow (from). - **2.** *fig* [abundar]: ~ **en** to abound in.

manatí (*pl* **manatíes**), **manato** *m* - **1.** [animal] manatee, sea cow. - **2.** *Amér* [látigo] whip.

manazas ◇ *adj inv* clumsy. ◇ *mf inv* clumsy person; **ser un** ~ to be clumsy, to have two left hands.

mancamiento *m* maiming.

mancar [10] *vt* to maim.

mancarrón, ona *Amér* ◇ *adj* - **1.** [persona] disabled. - **2.** [caballo] worn-out. ◇ *m, f* - **1.** [caballo] nag, worn-out horse. - **2.** *fam* [persona pesada] stubborn person.

mancebía *f* - **1.** [burdel] brothel, whorehouse. - **2.** [mocedad] youthful prank.

mancebo, ba *m, f* [joven] young person.

◆ **manceba** *f* [concubina] concubine.

mancera *f* plough handle.

mancha *f* - **1.** [gen] stain, spot; [de tinta] blot; [de color] spot, mark; **cundir** o **extenderse como (una)** ~ **de aceite** to spread like wildfire. - **2.** ASTRON spot; ~ **solar** sunspot. - **3.** *fig* [deshonra] blemish; **sin** ~ unblemished. - **4.** [boceto] sketch. - **5.** *Amér* [enfermedad] anthrax. - **6.** *Amér* [enjambre] swarm.

manchado, da *adj* [sucio] dirty; [con manchas] stained; [emborronado] smudged.

manchar *vt* - **1.** [ensuciar]: ~ **algo (de** o **con)** [gen] to make sthg dirty (with); [con manchas] to stain sthg (with); [emborronar] to smudge sthg (with). - **2.** *fig* [deshonrar] to tarnish. - **3.** [bocetar] to daub.

◆ **mancharse** *vpr* [ensuciarse] to get dirty.

manchego, ga ◇ *adj* of/relating to La Mancha. ◇ *m, f* native/inhabitant of La Mancha.

◆ **manchego** *m* → **queso**.

manchón *m* - **1.** [de plantas] patch of thick vegetation. - **2.** *Amér* [de manos] muff.

mancilla *f* stain, blemish.

mancillar *vt* to tarnish, to sully.

mancipar *vt* to enslave.

manco, ca *adj* - **1.** [sin una mano] one-handed; [sin manos] handless; [sin un brazo] one-armed; [sin brazos] armless; **no ser** ~ **para** o **en** *fig* to be a dab hand at. - **2.** *fig* [incompleto] imperfect, defective. - **3.** *fig* [verso] halting.

mancomún ◆ **de mancomún** *loc adv* jointly, in agreement.

mancomunar *vt* - **1.** [unir] to pool (together). - **2.** DER to make jointly liable.

◆ **mancomunarse** *vpr* [unirse] to join together, to unite.

mancomunidad *f* - **1.** [asociación] association. - **2.** [comunidad] community, commonwealth.

mancorna *f Amér* cufflink.

mancornar [23] *vt* - **1.** [atar manos y cuernos de] to tie together the front hoof and horns of; [atar por los cuernos] to tie together by the horns. - **2.** *fig* [unir] to tie together, to join.

mancuerna[1] *etc v* → **mancornar**.

mancuerna[2] *f* - **1.** [de animales] pair tied together by the horns. - **2.** [de presos] pair of prisoners tied together. - **3.** [correa] strap, thong.

manda *f* - **1.** [oferta] offer, proposal. - **2.** [legado] legacy, bequest.

mandadero, ra *m, f* messenger, errand boy (*f* errand girl).

mandado, da *m, f* [subordinado] underling.

◆ **mandado** *m* - **1.** [recado] errand. - **2.** [orden] order; **a su** ~ *Amér* at your orders. - **3.** [encargo] task, assignment. - **4.** *fam* [puñetazo] punch, blow.

mandamás (*pl* **mandamases**) *mf fam* bigwig, boss.

mandamiento *m* - **1.** [orden - militar] order, command; [-judicial] writ; ~ **de arresto** o **de detención** arrest warrant; ~ **de embargo** writ of attachment. - **2.** RELIG commandment; **los diez** ~**s, los** ~**s de la ley de Dios** the Ten Commandments.

mandanga *f* - **1.** *fam* (*gen pl*) [cuento, tontería] story. - **2.** *fam* [calma] sluggishness, lethargy. - **3.** *mfam* [cocaína] coke.

mandar ◇ *vt* - **1.** [ordenar] to order; **la profesora nos ha mandado una redacción** the teacher told us to do an essay; ~ **a alguien hacer algo,** ~ **a alguien que haga algo** to order sb to do sthg; **el médico me mandó nadar** the doctor told me I had to go swimming; **le mandaron que se fuera** they ordered him to leave; ~ **hacer algo** to have sthg done. - **2.** [enviar] to send; **me mandó un paquete** he sent me a parcel; **lo mandamos de emisario** we sent him as an emissary. - **3.** [dirigir, gobernar] to lead, to be in charge of; [país] to rule; **mi esposo manda a un grupo de voluntarios** my husband is in charge of a group of voluntary workers. - **4.** [legar] to leave, to bequeath. - **5.** *Amér* [golpe] to give, to land. - **6.** *Amér* [arrojar] to hurl. - **7.** *loc*: ~ **a alguien a volar** *Amér* to get rid of sb. ◇ *vi* - **1.** [gen] to be in charge; [jefe de estado] to rule; **aquí mando yo** I'm in charge here. - **2.** *despec* [dar órdenes] to order people around. - **3.** *loc*: **¿mande?** *fam* eh?, you what?

◆ **mandarse** *vpr* - **1.** [enfermo] to get around on one's own. - **2.** [habitaciones] to connect, to be connected. - **3.** *Amér* [irse] to leave, to go away. - **4.** *loc*: ~**se mudar** *Amér* to leave, to go away.

mandarín (*pl* **mandarines**) *m* - **1.** [título] mandarin. - **2.** [dialecto] Mandarin.

mandarina *f* mandarin.

mandarinero, mandarino *m* mandarin tree.

mandatario, ria *m, f* - **1.** [enviado] representative, agent. - **2.** [gobernante] leader; **primer** ~ [jefe de estado] head of state.

mandato *m* - **1.** [orden] order, command. - **2.** [poderes de representación, disposición] mandate; ~ **judicial** warrant; ~ **jurídico** court order, injunction. - **3.** POLÍT term of office; [reinado] period of rule. - **4.** [encargo] charge, trust.

mandíbula *f* jaw; **reír a** ~ **batiente** *fig* to laugh one's head off.

mandil *m* - **1.** [delantal] apron. - **2.** [para caballo] cloth for grooming horses. - **3.** [para pescar] fine-meshed fishing net.

mandilón *m fam* chicken, coward.

mandinga ◇ *adj* Mandingo. ◇ *m* - **1.** [persona] Mandingo. - **2.** *Amér* [diablo] devil. - **3.** *Amér fam* [revoltoso] mischievous rogue. - **4.** *Amér fam* [marica] effeminate man. - **5.** *Amér* [brujería] magic, sorcery.

mandioca *f* - **1.** [planta] cassava. - **2.** [fécula] tapioca.

mando *m* - **1.** [poder] command, authority; **al** ~ **de** in charge of; **entregar el** ~ to hand over command; **tomar el** ~ to take command o control. - **2.** [periodo en poder] term of office. - **3.** (*gen pl*) [autoridades] leadership (U); MIL command (U); **alto** ~ MIL high command; ~**s intermedios** middle management (*sg*). - **4.** [dispositivo] control; ~ **automático/a distancia/doble** automatic/remote/dual control.

◆ **mandos** *mpl* [controles] controls.

mandolina *f,* **mandolín** *m* mandolin.

mandón, ona ◇ *adj* bossy. ◇ *m, f* bossy-boots.

◆ **mandón** *m Amér* - **1.** [de mina] foreman. - **2.** [de carrera de caballos] starter.

mandrachero *m* owner of a gambling house.

mandracho *m* gambling house.

mandrágora *f* mandrake.

mandria ◇ *adj* - **1.** [cobarde] cowardly. - **2.** [inútil] useless, worthless. ◇ *mf* - **1.** [cobarde] coward. - **2.** [inútil] useless person.

mandril *m* - **1.** [animal] mandrill. - **2.** [pieza] mandrel.

manduca *f fam* grub, chow.

manducar [10] *vt fam* to eat, to chow down.

manducatoria *f fam* grub, chow.

manea *f* hobble, shackle.

maneador *m Amér* long strap used for hobbling animals.

manearse *vpr Amér* to trip over one's own feet.

manecilla *f* - **1.** [del reloj] hand. - **2.** [cierre] clasp. - **3.** [de planta] tendril. - **4.** [de mecanismo] small handle.

manejable *adj* [gen] manageable; [herramienta] easy to use.

manejador *m*: ~ **de dispositivos** device (driver).

manejar *vt* - **1.** [conocimientos, datos] to use, to marshal. - **2.** [máquina, mandos] to operate; [caballo, bicicleta] to handle; [arma] to wield. - **3.** [negocio etc] to manage, to run; [gente] to handle. - **4.** *fig* [dominar] to boss about. - **5.** *Amér* [conducir] to drive.

◆ **manejarse** *vpr* - **1.** [moverse] to move o get about. - **2.** [desenvolverse] to manage, to get by.

manejo *m* - **1.** [de máquina, mandos] operation; [de armas, herramientas] use; **de fácil** ~ user-friendly. - **2.** [de conocimientos, datos] marshalling; [de idiomas] command. - **3.** [de caballo, bicicleta] handling. - **4.** [de negocio etc] management, running. - **5.** (*gen pl*) *fig* [intriga] intrigue; [maquinación] machination. - **6.** *Amér* [de automóvil] driving.

manera *f* way, manner; **esta vez lo haremos a mi** ~ this time we'll do it my way; **¡qué** ~ **de...!** what a way to...!; **a mi** ~ **de ver** the way I see it; **de alguna** ~ somehow; **de cualquier** ~ [sin cuidado] any old how; **hace los deberes de cualquier** ~ she does her homework any old how; [de todos modos] anyway, in any case; **no te preocupes, de cualquier** ~ **no pensaba ir** don't worry, I wasn't going to

go anyway; **de esta** ~ (in) this way; **de la misma** ~ similarly, in the same way; **de mala** ~ badly; **de ninguna** ~, **en** ~ **alguna** [reforzando negación] by no means, under no circumstances; [como respuesta exclamativa] no way!, certainly not!; **de todas** ~s anyway; **yo iré de todas** ~ I'm going to go anyway; **de una** ~ **o de otra** one way or another; **en cierta** ~ in a way ❑ ~ **de ser** way of being, nature; **a la** ~ **de** in the style of, after the fashion of; **a** ~ **de** [como] as, by way of; **de** ~ **que** [para] so (that); **de otra** ~... [si no] otherwise...; **sobre** ~ exceedingly; **no hay** ~ there is no way, it's impossible; **no hay** ~ **de que haga los deberes** it's impossible to get him to do his homework.
◆ **maneras** *fpl* [modales] manners; **malas** ~s bad manners; **atiende al público de malas** ~s he's bad-mannered with the public.

manflora, **manflorita** *adj Amér* effeminate.

manga *f* - **1.** [de prenda] sleeve; **en** ~s **de camisa** in shirt sleeves; **recogerse** o **subirse las** ~s to roll up one's sleeves; **sin** ~s sleeveless ❑ ~ **corta/larga** short/long sleeve; ~ **raglán** o **ranglán** raglan sleeve; **andar** ~ **por hombro** to be a mess; **estar de** ~ *fam* [conchabados] to be in league o cahoots; **hacer** ~s **y capirotes** to act impulsively; **sacarse algo de la** ~ [improvisar] to make sthg up on the spur of the moment; [idear] to come up with sthg; **ser de** ~ **ancha, tener** ~ **ancha** to be over-indulgent. - **2.** [manguera] hosepipe; ~ **de ventilación** NÁUT ventilation shaft. - **3.** [filtro] muslin strainer. - **4.** [medidor de viento] wind sock. - **5.** [de pastelería] forcing o piping bag. - **6.** DEP stage, round. - **7.** [red de pesca] *tubular fishing net*. - **8.** [ancho de barco] beam, breadth. - **9.** METEOR waterspout; ~ **de agua** cloudburst, squall; ~ **de viento** whirlwind. - **10.** [maletín] portmanteau. - **11.** *Amér* [muchedumbre] crowd, mob. - **12.** *Amér* [pasillo para corral] narrowing chute. - **13.** *Amér* [prenda de vestir] poncho.

mangajo *m* awkward person.

mangana *f* lasso.

manganear *vt* - **1.** [echar lazo a] to lasso. - **2.** *Amér* [fastidiar] to annoy, to bother.

manganeso *m* manganese.

manganilla *f* trick, ruse.

mangante *fam* ◇ *adj* - **1.** [que roba] thieving. - **2.** [pedigüeño] spongeing. ◇ *mf* - **1.** [ladrón] thief. - **2.** [pedigüeño] sponger.

manganzón, ona *adj Amér* lazy, idle.

mangar [16] *vt fam* - **1.** [robar] to pinch, to swipe. - **2.** [pedir] to sponge.

manglar *m* mangrove swamp.

mangle *m* mangrove tree.

mango *m* - **1.** [asa] handle. - **2.** [árbol] mango tree. - **3.** [fruta] mango.

mangón *m* - **1.** [revendedor] second-hand dealer. - **2.** *Amér* [dehesa] pastureland. - **3.** *Amér* [corral] corral.

mangonada *f* shove with the arm.

mangonear *vi* - **1.** *fam* [entrometerse] to meddle. - **2.** *fam* [mandar] to push people around, to be bossy. - **3.** *fam* [manipular] to fiddle about. - **4.** *Amér* [lucrarse ilícitamente] to profit by illicit means.

mangoneo *m* - **1.** *fam* [intromisión] bossing o pushing around. - **2.** *fam* [manipulación] fiddling. - **3.** *Amér* [chanchullo] graft, corruption.

mangonero, ra *adj fam* meddlesome.

mangorrero, ra *adj* - **1.** [mal forjado] crude, rough. - **2.** *fam* [que anda entre manos] passing from hand to hand. - **3.** *fig* [inútil] useless, worthless.
◆ **mangorrera** *f Amér* [cuchillo] medium-sized knife.

mangosta *f* mongoose.

mangote *m* - **1.** [manga ancha] wide sleeve. - **2.** [manga postiza] oversleeve.

mangue *etc v* → **mangar**.

manguear *Amér* ◇ *vt* - **1.** *fam fig* [halagar] to cajole. - **2.** [ga-

nado] to drive into a gangway. ◇ *vi* [simular trabajo] to pretend to be working.

manguera *f* - **1.** [de riego etc] hosepipe; [de bombero] fire hose. - **2.** [NÁUT - manga de lona] pump hose; [- tubo de ventilación] ventilation duct o shaft. - **3.** [tromba] waterspout. - **4.** *Amér* [corral] corral.

manguero *m* - **1.** [bombero] fireman. - **2.** *Amér* [árbol] mango.

mangueta *f* - **1.** [enema] enema. - **2.** ARQUIT beam, tie. - **3.** [palanca] lever. - **4.** [de retrete] U-tube.

mangui *mfam* ◇ *adj* [poco fiable] sneaky. ◇ *mf* - **1.** [ladrón] crook, thief. - **2.** [persona poco fiable] crook.

manguita *f* case, cover.

manguitería *f* furrier's shop.

manguitero *m* furrier.

manguito *m* - **1.** [para el frío] muff. - **2.** [media manga] protective sleeve, oversleeve. - **3.** [manga de punta] lace half-sleeve. - **4.** [bizcocho] *large ring-shaped cake*. - **5.** [manopla] glove. - **6.** TECN sleeve, bushing.

maní (*pl* **manises**) *m Amér* peanut.

manía *f* - **1.** [idea fija] obsession; ~ **persecutoria** persecution complex. - **2.** [peculiaridad] idiosyncracy. - **3.** [mala costumbre] bad habit. - **4.** [afición exagerada] mania, craze. - **5.** *fam* [ojeriza] dislike; **coger** ~ **a alguien** to take a dislike to sb; **tener** ~ **a alguien** not to be able to stand sb. - **6.** PSICOL mania.

maniabierto, ta ◇ *adj* generous, liberal. ◇ *m, f* generous person.

maniaco, ca, **maníaco, ca** ◇ *adj* manic. ◇ *m, f* maniac; ~ **sexual** sex maniac.

maniacodepresivo, va *adj & m, f* manic-depressive.

maniatar *vt* to tie the hands of.

maniático, ca ◇ *adj* fussy. ◇ *m, f* - **1.** [quisquilloso] fussy person. - **2.** [gran aficionado]: **es un** ~ **del fútbol** he's football-crazy.

manicomio *m* mental o psychiatric hospital *Br*, insane asylum *Am*.

manicorto, ta *fam fig* ◇ *adj* stingy, tightfisted. ◇ *m, f* skinflint, miser.

manicuro, ra *m, f* [persona] manicurist.
◆ **manicura** *f* [técnica] manicure.

manido, da *adj* - **1.** *fig* [trillado] hackneyed; **ideas manidas** hackneyed ideas. - **2.** *fig* [gastado] worn. - **3.** [podrido] rotten.

manierismo *m* ARTE mannerism.

manifestación *f* - **1.** [expresión - de alegría, dolor etc] show, display; [- de opinión] declaration, expression. - **2.** [indicio] sign. - **3.** [protesta en la calle] demonstration; **hacer una** ~ to demonstrate, to march.

manifestador, ra ◇ *adj* demonstrating. ◇ *m, f* demonstrator.

manifestante *mf* demonstrator.

manifestar [19] ◇ *vt* - **1.** [alegría, dolor etc] to show. - **2.** [opinión etc] to express. - **3.** RELIG to expose. ◇ *vi* to demonstrate.
◆ **manifestarse** *vpr* - **1.** [por la calle] to demonstrate. - **2.** [hacerse evidente] to become clear o apparent. - **3.** [revelarse] to reveal o.s.

manifiestamente *adv* clearly, evidently.

manifiesto, ta *adj* clear, evident; **poner de** ~ **algo** [revelar] to reveal sthg; [hacer patente] to make sthg clear.
◆ **manifiesto** *m* - **1.** [escrito] manifesto. - **2.** NÁUT manifest. - **3.** RELIG exhibition of the Holy Eucharist.

manigua *f*, **manigual** *m Amér* undergrowth (U), thicket.

manigueta *f* handle, haft.

manija *f* - **1.** [mango] handle. - **2.** [traba] hobble, shackle. - **3.** [abrazadera] clamp, collar.

Manila *s* Manila.

manilargo, ga *adj* - **1.** [ladrón] light-fingered. - **2.** [de manos largas] long-handed. - **3.** [generoso] generous.

manileño, ña ◇ *adj* of/relating to Manila. ◇ *m, f* native/inhabitant of Manila.

manilla *f (gen pl)* **- 1.** [del reloj] hand. **- 2.** [grillete] manacle. **- 3.** [pulsera] bracelet. **- 4.** [mango] handle.

manillar *m* handlebars *(pl)*.

maniobra *f* **- 1.** [gen] manoeuvre; **estar de ~s** to be on manoeuvres; **hacer ~s** to manoeuvre. **- 2.** [acto] handling, operation. **- 3.** *fig* [treta] trick. **- 4.** [NÁUT - arte] seamanship; [- aparejos] rigging, gear.

maniobrable *adj* manoeuvrable.

maniobrar *vi* to manoeuvre.

maniota *f* hobble.

manipulación *f* **- 1.** [gen] handling. **- 2.** [engaño] manipulation.

manipulador, ra ◇ *adj* handling. ◇ *m, f* **- 1.** [que maneja] handler. **- 2.** [que mangonea] manipulator.

◆ **manipulador** *m* TELECOM telegraph key.

manipular *vt* **- 1.** [manejar] to handle. **- 2.** [mangonear - información, resultados] to manipulate; [- negocios, asuntos] to interfere in.

maniqueísmo *m* **- 1.** [doctrina] Manicheism. **- 2.** [actitud] seeing things in black and white.

maniqueo, a ◇ *adj* Manichean. ◇ *m, f* Manichee.

maniquí *(pl* **maniquíes)** ◇ *m* [figura] dummy. ◇ *mf* **- 1.** [modelo] model. **- 2.** [persona manipulada] puppet.

manir *vt* **- 1.** [ablandar] to age. **- 2.** [sobar] to knead.

◆ **manirse** *vpr* [carne] to become gamy.

manirroto, ta ◇ *adj* extravagant. ◇ *m, f* spendthrift.

manisero, ra *m, f* peanut vendor.

manitas ◇ *adj inv* handy, good with one's hands. ◇ *mf inv* handy person; **ser un ~ (de plata)** to be (very) good with one's hands. ◇ *fpl:* **hacer ~** to fondle, to touch each other up.

manito, mano *m Amér fam* pal, chum.

Manitú *m* manitou.

manivacío, a *adj* empty-handed.

manivela *f* crank.

manjar *m* **- 1.** [alimento] delicious food *(U)*. **- 2.** [plato] dish.

◆ **manjar blanco** *m* CULIN blancmange.

mano ◇ *m* = **manito.** ◇ *f* **- 1.** [gen] hand; **a ~** [cerca] to hand, handy; **¿tienes el encendedor a ~?** have you got your lighter handy o to hand?; [sin máquina] by hand; **hecho a ~** handmade; **a ~ airada** violently; **votación a ~ alzada** show of hands; **a ~ armada** armed; **a ~s de** at the hands of; **dar o estrechar o apretar la ~ a alguien** to shake hands with sb; **darse o estrecharse la ~** to shake hands; **de ~** hand *(antes de sust)*; **el bolso de ~ lo subiré al avión** I'll take my hand luggage onto the plane; **echar/tender una ~ (a alguien)** to give/offer (sb) a hand; **me tendió una ~ en momentos difíciles** she offered me a hand when times were hard; **ir de la ~** *lit & fig* to go hand in hand; **¡~s arriba!, ¡arriba las ~s!** hands up! ❏ **~ de obra** [capacidad de trabajo] labour; [trabajadores] workforce; **~ de obra especializada** skilled labour. **- 2.** [ZOOL - gen] forefoot; [- de perro, gato] (front) paw; [- de cerdo] (front) trotter. **- 3.** [lado]: **a ~ derecha/izquierda** on the right/left. **- 4.** [de pintura, barniz etc] coat. **- 5.** [influencia] influence; **tener ~ con alguien** to have influence with sb. **- 6.** [de mortero] pestle. **- 7.** [partida de naipes] game. **- 8.** [el primero en jugar]: **ser ~** to (be the) lead. **- 9.** *fig* [serie, tanda] series. **- 10.** [pliegos de papel] quire. **- 11.** DEP [falta, sanción] handball. **- 12.** *Amér* [objetos] group of four o five objects. **- 13.** *Amér* [de plátanos] bunch. **- 14.** *Amér* [accidente] mishap, accident. **- 15.** *loc:* **abrir la ~** to be more lenient; **alzar la ~ contra alguien** to raise one's hand to sb; **a ~s llenas** generously; **asentar la ~ a alguien** to reprimand sb; **bajo ~** secretly; **le pagó bajo ~ para conseguir lo que quería** he payed her secretly, to get what he wanted; **caer en ~s de alguien** to fall into sb's hands; **cargar la ~** to go over the top; **coger a alguien con las ~s en la masa** to catch

sb red-handed o in the act; **con las ~s cruzadas, ~ sobre ~** sitting around doing nothing; **con las ~s vacías** empty-handed; **dar la última ~ a algo** to put the finishing touches to sthg; **dejar de la ~ a alguien** to abandon sb; **dejar algo en ~s de alguien** to leave sthg in sb's hands; **de ~ en ~** from hand to hand; **de ~ a boca** suddenly, unexpectedly; **de primera ~** [coche etc] brand new; [noticias etc] firsthand; **de segunda ~** second-hand; **echar ~ de algo** to make use of sthg, to resort to sthg; **ensuciarse las ~s** to get one's hands dirty; **escapársele de las ~s a alguien** [oportunidad etc] to slip through sb's hands; [control, proyecto] to get out of hand for sb; **estar dejado de la ~ de Dios** [gen] to be godforsaken; [persona] to be a total failure; **ganar por la ~ a alguien** to beat sb to it; **haré lo que esté en mi ~** I'll do everything within my power; **írsele a uno la ~** [exagerar] to go too far; [perder el control] to lose control; **se le ha ido la ~ con el licor en este cóctel** she was rather liberal with the alcohol in this cocktail; **lavarse las ~s (de algo)** to wash one's hands (of sthg); **llevarse las ~s a la cabeza** [gesticular] to throw one's hands in the air (in horror); *fig* [horrorizarse] to be horrified; **hace falta ~ dura** a firm hand is needed; **~ oculta** hidden hand; **¡~s a la obra!** let's get down to it!; **tener ~s libres** [libertad de acción] to have a free rein; **~ limpias** [honradez] integrity *(U)*, honesty *(U)*; **~s muertas** DER mortmain *(U)*; **meter ~ a alguien** [investigar] to get onto sb, to start to investigate sb; [magrear sin consentimiento] to grope sb; [magrear con consentimiento] to touch sb up; **meter ~ a algo** [gen] to fiddle about o meddle with sthg; [problema, asunto] to tackle sthg; **pasar la ~ por el lomo a alguien** to pat sb on the back; **pasar la ~ por la cara a alguien** to show sb up; **pedir la ~ de una mujer** to ask for a woman's hand (in marriage); **ponerse en ~s de alguien** to put o.s. in sb's hands; **ser la ~ derecha de alguien** to be sb's right-hand man; **ser ~ de santo** to be a surefire cure; **tener buena ~ para algo** to have a knack for sthg; **tener las ~s largas** to be fond of a fight; **tener ~ izquierda con la gente** to know how to deal with people; **traerse entre ~s algo** to be up to sthg; **untarle la ~ a alguien** to grease sb's palm; **venir a ~** to be convenient; **venir o llegar a las ~s** to come to blows; **se pelean con frecuencia, pero nunca han llegado a las ~s** they often quarrel, but they've never come to blows; **vivir (uno) de o por sus ~s** to fend for o.s.

◆ **mano a mano** *m* **- 1.** [enfrentamiento] tête-à-tête. **- 2.** *fam* [entre dos]: **se bebieron la botella ~ a ~** they drank the bottle between the two of them.

manojo *m* **- 1.** [haz, racimo] bunch; **estar hecho un ~ de nervios** *fig* to be a bundle of nerves; **ser un ~ de nervios** *fig* to be hyperactive. **- 2.** [puñado] handful; **a ~s** abundantly.

manoletina *f* **- 1.** TAUROM *pass with the cape in bullfighting invented by the Spanish bullfighter, Manolete.* **- 2.** [zapato] *type of open, low-heeled shoe, often with a bow.*

manómetro *m* pressure gauge.

manopla *f* **- 1.** [guante] mitten. **- 2.** [para lavarse] wash mitten. **- 3.** [de armadura] gauntlet. **- 4.** [látigo] coachman's whip.

manoseado, da *adj* shabby, worn.

manoseador, ra ◇ *adj* fondling. ◇ *m, f* fondler.

manosear *vt* **- 1.** [gen] to handle roughly; [papel, tela] to rumple. **- 2.** [persona] to fondle.

manoseo *m* fingering, touching.

manotazo *m,* **manotada** *f* slap.

manoteado *m* **- 1.** [golpe] slap, slapping *(U)*. **- 2.** [ademán] gesticulation.

manotear ◇ *vt* **- 1.** [golpear] to slap, to cuff. **- 2.** *Amér* [robar] to steal. ◇ *vi* to gesticulate.

manoteo *m* gesticulation.

manque *etc v* → **mancar.**

manquear *vi* **- 1.** [mostrar manquedad] to be disabled. **- 2.** [fingir manquedad] to pretend to be disabled.

manquedad, manquera f - **1.** [falta de mano] loss of a hand. - **2.** [falta de brazo] loss of an arm. - **3.** fig [defecto] defect, imperfection.

mansalva ◆ **a mansalva** loc adv - **1.** [en abundancia] in abundance. - **2.** [sin peligro] without any risk.

mansamente adv - **1.** [con mansedumbre] calmly, gently. - **2.** fig [lentamente] slowly, gently. - **3.** fig [suavemente] silently, noiselessly.

mansarda f attic.

mansedumbre f - **1.** [gen] calmness, gentleness. - **2.** [de animal] tameness.

mansión f - **1.** [casa] mansion. - **2.** [estancia] stay, sojourn. - **3.** loc: **hacer** ~ to stop over.

manso, sa adj - **1.** [apacible] calm, gentle. - **2.** [domesticado] tame. - **3.** Amér [extraordinario] great.
◆ **manso** m - **1.** [de rebaño] bellwether. - **2.** [hacienda] farmhouse.

manta ◇ f - **1.** [para abrigarse, dormir etc] blanket; [para caballo] horse blanket; ~ **eléctrica** electric blanket; **liarse la** ~ **a la cabeza** fig to take the plunge; **tirar de la** ~ fig to let the cat out of the bag. - **2.** [mantón] shawl. - **3.** fam [paliza] beating, drubbing. - **4.** Amér [poncho] poncho. - **5.** Amér [algodón] coarse cotton cloth. - **6.** Amér [pez] manta ray. - **7.** Amér [de tierra] bed. ◇ mf fam [persona] useless person, layabout; **mi hermano es un** ~ my brother's useless.

mantear ◇ vt - **1.** [lanzar al aire] to toss up and down in a blanket. - **2.** Amér [maltratar] to rough up. ◇ vi to gad about.

manteca f [grasa] fat; [mantequilla] butter; ~ **de cacahuete** peanut butter; ~ **de cacao** cocoa butter; ~ **de cerdo** lard; **como** ~ soft, smooth; **el que asó la** ~ fam fig an idiot.
◆ **mantecas** fpl fam [carnes] fat (U), blubber (U); **tener buenas** ~**s** fig to be a tub of lard.

mantecada f - **1.** [pan] buttered toast with sugar. - **2.** [bollito] sweet roll.

mantecado m - **1.** [pastel] shortcake; [bollo] roll made with lard. - **2.** [helado] ice cream made of milk, eggs and sugar.

mantecón m fam fig milksop, mollycoddle.

mantecoso, sa adj fatty, greasy.

mantel m [de mesa] tablecloth; [de altar] altar cloth.

mantelería f table linen.

manteleta f shawl.

mantenencia f - **1.** [acto] maintenance. - **2.** [sostenimiento] support. - **3.** [sustento] sustenance.

mantener [72] vt - **1.** [sustentar, aguantar] to support; **con su sueldo mantiene a toda la familia** he has to keep his whole family with his wages. - **2.** [alimentar] to feed. - **3.** [conservar] to keep; [en buen estado] to maintain, to service. - **4.** [relaciones, conversación] to have. - **5.** [defender - opinión] to stick to, to maintain; [- candidatura] to refuse to withdraw.
◆ **mantenerse** vpr - **1.** [sustentarse] to subsist, to support o.s. - **2.** [permanecer, continuar] to remain; [edificio] to remain standing; ~**se aparte** [en discusión] to stay out of it. - **3.** [alimentarse] to feed o.s. - **4.** [perseverar] to remain o stand firm; **se mantiene en sus creencias** he remains firm in his beliefs.

mantenido, da ◇ adj sustained. ◇ m, f [hombre] gigolo; [mujer] kept woman.

mantenimiento m - **1.** [sustento] sustenance. - **2.** [conservación] upkeep, maintenance. - **3.** [sostenimiento] support.

mantequera f - **1.** [recipiente] butter dish. - **2.** [máquina] butter churn.

mantequería f - **1.** [fábrica] dairy, butter factory. - **2.** [tienda] grocer's (shop).

mantequero, ra ◇ adj butter (antes de sust). ◇ m, f dairyman (f dairymaid).

mantequilla f butter; ~ **requemada** browned butter; ~ **salada** salted butter.

mantequillera f Amér butter dish.

mantés, esa fam ◇ adj rascally, roguish. ◇ m, f rascal, scoundrel.

mantiene etc v → **mantener**.

mantilla ◇ f - **1.** [de mujer] mantilla. - **2.** [de bebé] shawl. - **3.** [de caballo] saddlecloth. - **4.** IMPRENTA blanket. - **5.** loc: **estar en** ~**s** [persona] to be wet behind the ears; [plan] to be in its infancy. ◇ m Amér [cobarde] coward.

mantillón, ona adj Amér shameless person.
◆ **mantillón** m Amér - **1.** [caparazón] caparison. - **2.** [canalla] scoundrel.

manto m - **1.** [capa] cloak. - **2.** [mantilla] long mantilla. - **3.** [túnica] robe. - **4.** GEOL & ZOOL mantle. - **5.** MIN layer, stratum. - **6.** [de chimenea] mantel. - **7.** fig [amparo] cloak, cover; **lo hicieron bajo el** ~ **de la oscuridad** they did it under cover of darkness. - **8.** Amér [flor] bellflower.

mantón m - **1.** [chal, pañuelo] shawl; ~ **de Manila** embroidered silk shawl. - **2.** Amér [manta] mantle, cloak.

mantuviera etc v → **mantener**.

manuable adj manageable, easy to handle.

manual ◇ adj - **1.** [con las manos] manual; **tiene gran habilidad** ~ she's very good with her hands. - **2.** [manejable] easy-to-use. ◇ m [libro] manual.

manualidades fpl [asignatura] crafts.

manualmente adv manually, by hand.

manubrio m crank.

manufactura f - **1.** [artículo] manufactured article. - **2.** [fabricación] manufacture. - **3.** [fábrica] factory.

manufacturado, da adj manufactured.

manufacturar vt to manufacture.

manufacturero, ra adj manufacturing.

manumisión f liberation.

manumiso, sa adj freed, emancipated.

manumitir vt DER to emancipate.

manuscrito, ta adj handwritten.
◆ **manuscrito** m manuscript.

manutención f - **1.** [sustento] support, maintenance. - **2.** [alimento] food. - **3.** [conservación] conservation.

manzana f - **1.** [fruta] apple; ~ **asada** o **al horno** baked apple; ~ **de la discordia** fig bone of contention; ~ **podrida** fig rotten apple; **sano como una** ~ fam fig fit as a fiddle. - **2.** [de bloques, casas] block (of houses); **no hay ninguna tienda abierta en toda la** ~ there isn't a single shop open on the whole block. - **3.** [pomo de espada] pommel. - **4.** Amér ANAT Adam's apple.

manzanal m - **1.** [huerto] apple orchard. - **2.** [árbol] apple tree.

manzanar m apple orchard.

manzanera f crab apple tree.

manzanilla f - **1.** [planta] camomile. - **2.** [infusión] camomile tea. - **3.** [vino] manzanilla (sherry). - **4.** [aceituna] manzanilla, type of small olive. - **5.** [adorno] knob. - **6.** [barbilla] tip of the chin.

manzano m apple tree.

maña f - **1.** [destreza] skill; **tener** ~ **para** to have a knack for ❑ **más vale** ~ **que fuerza** proverb brain is better than brawn. - **2.** [astucia] wits (pl), guile (U); **darse** ~ **para hacer algo** to contrive to do sthg. - **3.** [engaño] ruse, trick. - **4.** [vicio] bad habit, vice. - **5.** [manojo] bunch, bundle.

mañana ◇ f morning; **a la** ~ **siguiente** the next morning; **por la** ~ in the morning; **estudio mejor por la** ~ I study better in the morning; **a las dos de la** ~ at two in the morning; **(muy) de** ~ (very) early in the morning ❑ **tomar la** ~ Amér to have a nip o drink in the morning. ◇ m: **el** ~ tomorrow, the future; **está ahorrando para asegurarse el** ~ she's saving to safeguard her future. ◇ adv tomorrow; **a partir de** ~ starting tomorrow, as of tomorrow; ¡**hasta** ~! see you tomorrow!; ~ **por la** ~ tomorrow morning; **pasado** ~ the day after tomorrow.

mañanear vi to get up o rise early.

mañanero, ra adj - **1.** [madrugador] early-rising. - **2.** [matutino] morning (antes de sust).

mañanitas fpl Amér birthday song (sg).

mañear ◇ *vt* to manage o handle cleverly. ◇ *vi* to be crafty.

mañero, ra *adj* - **1.** [astuto] clever, shrewd. - **2.** [manejable] easily manageable. - **3.** *Amér* [mañoso] artful, crafty. - **4.** *Amér* [espantadizo] skittish.

maño, ña *adj & m, f fam* Aragonese.

mañoco *m* - **1.** [tapioca] tapioca. - **2.** *Amér* CULIN Indian corn meal.

mañosear *vi Amér* to act with skill and cunning.

mañoso, sa *adj* - **1.** [hábil] skilful. - **2.** [astuto] crafty, cunning. - **3.** [que tiene vicios] having bad habits.

maoísmo *m* Maoism.

maoísta *adj & mf* Maoist.

mapa ◇ *m* map; ~ **físico/mudo/político** geographic/blank/political map; ~ **de bits** INFORM bit map; ~ **del tiempo** weather map; **desaparecer del** ~ *fam fig* to vanish into thin air; **eso no está en el** ~ *fam* I've never seen anything like it. ◇ *f:* **la** ~ *fam* [lo mejor] the cream ❑ **llevarse la** ~ *fig* to be the best.

mapache, mapachín *m* raccoon.

mapamundi *m* - **1.** [mapa] world map. - **2.** *fam* [nalgas] bottom, behind.

Maputo *s* Maputo.

maque *m* - **1.** [laca] lacquer. - **2.** *Amér* [barniz] varnish.

maquear *vt* - **1.** [poner laca] to lacquer. - **2.** *Amér* [barnizar] to varnish.

◆ **maquearse** *vpr fam* [arreglarse] to dress up.

maqueta *f* - **1.** [reproducción a escala] (scale) model. - **2.** [de libro] dummy.

maqui *mf* = **maquis**.

maquí *m Amér* [árbol] maqui.

maquiavélico, ca *adj* Machiavellian.

maquiavelismo *m* Machiavellianism.

Maquiavelo *m* Machiavelli.

maquillador, ra ◇ *m, f* make-up artist. ◇ *adj* make-up *(antes de sust)*.

maquillaje *m* - **1.** [producto] make-up. - **2.** [acción] making-up.

maquillar *vt* - **1.** [pintar] to make up. - **2.** *fig* [disimular] to cover up, to disguise.

◆ **maquillarse** *vpr* [pintarse] to make o.s. up.

máquina *f* - **1.** [gen] machine; **a toda** ~ at full pelt; **la nueva empresa ya funciona a toda** ~ the new firm is going strong now; **coser a** ~ to machine-sew; **escribir a** ~ to type; **escrito a** ~ typewritten; **hecho a** ~ machinemade ❑ ~ **de afeitar** electric razor; ~ **canceladora** automatic ticket punch; ~ **de coser** sewing machine; ~ **de discos** [en bar etc] jukebox; ~ **de escribir** typewriter; ~ **(de escribir) eléctrica** electric typewriter; ~ **fotográfica** camera; ~ **herramienta** machine tool; ~ **neumática** vacuum pump; ~ **registradora** cash register; ~ **tragaperras** *Esp*, ~ **traganíqueles** *Amér* slot machine, fruit machine. - **2.** [locomotora] engine; ~ **de vapor** steam engine. - **3.** [mecanismo] mechanism. - **4.** *fig* [de estado, partido etc] machinery *(U)*. - **5.** *Amér* [coche] car.

maquinación *f* machination.

maquinador, ra ◇ *adj* plotting, scheming. ◇ *m, f* plotter, schemer.

maquinal *adj* mechanical.

maquinalmente *adv* mechanically.

maquinar *vt* to machinate, to plot; ~ **algo contra alguien** to plot sthg against sb.

maquinaria *f* - **1.** [gen] machinery. - **2.** [de reloj etc] mechanism. - **3.** [fabricación] mechanics *(U)*. - **4.** [mecánica] (applied) mechanics *(U)*.

maquinilla *f:* ~ **de afeitar** razor; ~ **para cortar el pelo** hair clippers *(pl)*; ~ **eléctrica** electric razor; ~ **de seguridad** safety razor.

maquinismo *m* mechanization.

maquinista *mf* - **1.** [de tren] engine driver *Br*, engineer *Am*;

[de barco] engineer. - **2.** TEATRO stagehand. - **3.** IND machinist.

maquinizar [13] *vt* to mechanize.

maquis, maqui *(pl* **maquis**) *mf inv* guerrilla.

mar *m o f* - **1.** [gen] sea; **hacerse a la** ~ to set sail, to put (out) to sea; ~ **adentro** out to sea ❑ **alta** ~, ~ **ancha** high seas *(pl)*; ~ **agitado** o **picado** choppy sea; ~ **bonanza** calm seas; ~ **bravo** rough seas; ~ **de fondo** *lit & fig* groundswell; **este atentado terrorista ha creado mucha** ~ **de fondo en la opinión pública** this terrorist killing has created a groundswell of public opinion; ~ **interior** inland sea; **el** ~ **Amarillo** the Yellow Sea; **el** ~ **de Aral** the Aral Sea; **el** ~ **de Bering** the Bering Sea; **el** ~ **de China** the China Sea; **el** ~ **de Coral** the Coral Sea; **el** ~ **de Creta** the Sea of Crete; **el** ~ **de Irlanda** the Irish Sea; **el** ~ **de Japón** the Sea of Japan; **el** ~ **Muerto** the Dead Sea; **el** ~ **Negro** the Black Sea; **el** ~ **del Norte** the North Sea; **el** ~ **Rojo** the Red Sea; **a** ~**es** a lot; **llover a** ~**es** to rain buckets; **la** ~ **de** [un montón de] loads of, lots of; [muy] really, very; **es la** ~ **de inteligente** she's really intelligent; **arar en el** ~ *fig* to labour in vain. - **2.** [marejada] swell. - **3.** *fig* [gran cantidad] ocean, flood; **un** ~ **de** an ocean of; **estoy inmersa en un** ~ **de dudas** I'm plagued with doubts.

mar. *(abrev escrita de* **marzo**) Mar.

marabunta *f* - **1.** [de hormigas] plague of ants. - **2.** *fig* [muchedumbre] crowd.

maraca *f* - **1.** MÚS maraca. - **2.** *Amér* [sonajero] rattle. - **3.** *Amér fig* [prostituta] prostitute.

Maracaibo *s* → **lago**.

maraña *f* - **1.** [maleza] thicket. - **2.** *fig* [enredo] tangle. - **3.** *fig* [embuste] deception, fraud. - **4.** BOT kermes oak.

marasmo *m* - **1.** *fig* [de ánimo] apathy; [de negocio] stagnation. - **2.** MED marasmus, wasting.

maratón *m o f lit & fig* marathon.

maratoniano, na *adj* marathon *(antes de sust)*.

maravilla *f* - **1.** [gen] marvel, wonder; **es una** ~ it's wonderful; **hacer** ~**s** to do o work wonders; **he tenido que hacer** ~**s para cuadrar este presupuesto** I've had to work wonders to balance this budget ❑ **las siete** ~**s del mundo** the Seven Wonders of the World; **a las mil** ~**s, de** ~ wonderfully; **venir de** ~ to be just the thing o ticket. - **2.** [expresa asombro] wonder, astonishment; **¡qué** ~ **de lugar!** what a wonderful place! - **3.** BOT marigold.

maravillar *vt* to amaze.

◆ **maravillarse** *vpr:* ~**se (con)** to be amazed (by).

maravillosamente *adv* marvellously, wonderfully.

maravilloso, sa *adj* marvellous, wonderful.

marbete *m* - **1.** [etiqueta] label, tag. - **2.** [orilla] border, edge.

marca *f* - **1.** [señal] mark; [de rueda, animal] track; [en ganado] brand; [en papel] watermark. - **2.** [COM - de tabaco, café etc] brand; [- de coche, ordenador etc] make; **cuando compro ropa nunca me fijo en la** ~ when I buy clothes, I never look to see what make they are; **de** ~ designer *(antes de sust)* ❑ ~ **de fábrica** trademark; ~ **registrada** registered trademark. - **3.** [etiqueta] label. - **4.** [DEP - gen] performance; [- en carreras] time; [- plusmarca] record. - **5.** [cicatriz] mark, scar; **se quemó y le ha quedado una** ~ she burned herself and has been left with a scar. - **6.** GEOGR march, frontier. - **7.** NÁUT seamark. - **8.** [medida] standard. - **9.** [medidor] measuring stick, rule. - **10.** [estampa] stamp. - **11.** *loc:* **de** ~ **mayor** [muy grande] enormous; [excelente] outstanding.

marcación *f* - **1.** [NÁUT - acción de marcar] taking of a ship's bearings; [- orientación] bearing. - **2.** *Amér* [hierro] brand. - **3.** *Amér* [de ganado] branding.

marcadamente *adv* markedly, noticeably.

marcado, da *adj* - **1.** [gen] marked. - **2.** [pelo] set.

◆ **marcado** *m* - **1.** [señalado] marking. - **2.** [peinado] set.

marcador, ra ◇ *adj* - **1.** [que marca] marking. - **2.** *Amér* [de ganado] branding. ◇ *m, f* - **1.** [que marca] marker. - **2.** *Amér* [de ganado] brander.

◆ **marcador** *m* - **1.** [tablero] scoreboard; ~ **electrónico** electronic scoreboard. - **2.** [DEP - defensor] marker; [- goleador] scorer. - **3.** [para libros] bookmark. - **4.** [lápiz] marker pen. - **5.** [de bordado] (embroidery) sampler. - **6.** [de herrero] blacksmith's hammer. - **7.** [almotacén] inspector of weights and measures. - **8.** IMPRENTA feeder operator.

marcaje *m* DEP marking.

marcapasos *m inv* pacemaker.

marcar [10] ◇ *vt* - **1.** [gen] to mark; [ganado] to brand; [ropa] to label. - **2.** [poner precio a] to price. - **3.** [indicar] to indicate. - **4.** [anotar] to note down. - **5.** [resaltar] to emphasize. - **6.** [número de teléfono] to dial. - **7.** [suj: termómetro, contador etc] to read; [suj: reloj] to say; **la balanza marca tres kilos** the scales read three kilos. - **8.** [DEP - tanto] to score; [- a un jugador] to mark. - **9.** [cabello] to set. ◇ *vi* - **1.** [dejar secuelas] to leave a mark. - **2.** [al teléfono] to dial. - **3.** DEP to score.

◆ **marcarse** *vpr fam*: **~se un detalle** to do sthg nice o kind; **~se un tanto** to earn a Brownie point.

marcha *f* - **1.** [partida] departure. - **2.** [ritmo] speed; **a ~s forzadas** [contra reloj] against the clock; **a toda ~** at top speed; **en ~** [motor] running; [plan] underway; **hacer algo sobre la ~** to do sthg as one goes along; **poner algo en ~** [gen] to start sthg; [dispositivo, alarma] to activate sthg; **ponerse en ~** [persona] to start off. - **3.** AUTOM gear; **cambiar de ~** to change gear ❐ **~ atrás** reverse; **dar ~ atrás** AUTOM to reverse; *fig* to back out. - **4.** MIL & POLÍT march; **abrir la ~** to head the procession; **cerrar la ~** to bring up the rear ❐ **~ forzada** MIL forced march. - **5.** MÚS march; **fúnebre/nupcial** funeral/wedding march; **Marcha Real** Spanish national anthem. - **6.** [transcurso] course; [progreso] progress. - **7.** DEP walk; **~ atlética** walk, walking race. - **8.** *fam* [animación] liveliness, life; **hay mucha ~** there's a great atmosphere; **ir de ~** to go out on the town; **tener (mucha) ~** [persona] to be a (real) raver.

marchador, ra *adj Amér* - **1.** [andarín] fond of walking. - **2.** [amblador] ambling. - **3.** [de marcha atlética] walker.

marchamar *vt* to stamp, to mark.

marchamo *m* - **1.** [de aduana] customs seal o stamp. - **2.** *Amér* [impuesto] *tax charged on each head of slaughtered cattle*. - **3.** [marca distintiva] kite mark.

marchante *mf* - **1.** [vendedor] dealer. - **2.** *Amér* [cliente] customer, patron.

marchantería, marchantía *f Amér* clientele, customers *(pl)*.

marchar *vi* - **1.** [andar] to walk. - **2.** [partir] to leave, to go. - **3.** [funcionar] to work. - **4.** [desarrollarse] to progress; **el negocio marcha** business is going well. - **5.** MIL to march. - **6.** *Amér fig* [aligerar] to go quickly.

◆ **marcharse** *vpr* [partir] to leave, to go; **se marchó de aquí cuando era muy pequeño** he left here when he was very young.

marchitable *adj* that withers.

marchitamiento *m* withering, wilting.

marchitar *vt lit & fig* to wither.

◆ **marchitarse** *vpr* - **1.** [planta] to fade, to wither. - **2.** *fig* [persona] to languish, to fade away.

marchito, ta *adj* - **1.** [planta] faded. - **2.** *fig* [persona] worn.

marchoso, sa *fam* ◇ *adj* lively. ◇ *m, f* livewire.

marcial *adj* - **1.** [de la guerra] martial. - **2.** [militar] military. - **3.** FARM containing iron.

marcialidad *f* martial nature.

marcianitos *mpl* [juego] Space Invaders® (U).

marciano, na *adj & m, f* Martian.

marco ◇ *m* - **1.** [cerco] frame. - **2.** *fig* [ambiente, paisaje] setting. - **3.** [ámbito] framework. - **4.** [moneda] mark. - **5.** [portería] goalmouth. - **6.** [peso] mark. - **7.** [patrón] standard. - **8.** [cartabón] measuring stick. ◇ *adv inv* [acuerdo, documento etc] framework *(antes de sust)*.

Marco Antonio *m* Mark Anthony.

marea *f* - **1.** [del mar] tide; **~ alta/baja** high/low tide; **~**

creciente o **entrante** rising tide; **~ menguante** o **descendente** ebb tide; **~ negra** oil slick. - **2.** *fig* [multitud] flood. - **3.** [viento] sea breeze. - **4.** [rocío] dew. - **5.** [llovizna] drizzle. - **6.** [basura] litter washed off the streets. - **7.** [orilla] seashore, beach.

mareado, da *adj* - **1.** [con náuseas] sick, queasy; [en coche, avión etc] travelsick; [en barco] seasick. - **2.** [aturdido] dizzy. - **3.** [bebido] drunk. - **4.** *fam fig* [fastidiado] fed up to the back teeth.

marear *vt* - **1.** [provocar náuseas] to make sick; [en coche, avión etc] to make travelsick; [en barco] to make seasick. - **2.** [aturdir] to make dizzy. - **3.** *fam fig* [fastidiar] to annoy. - **4.** NÁUT to navigate, to sail.

◆ **marearse** *vpr* - **1.** [tener náuseas] to feel sick; [en coche, avión etc] to feel travelsick; [en barco] to feel seasick; **siempre que viaja se marea** she always gets travelsick when she travels. - **2.** [estar aturdido] to get dizzy. - **3.** [emborracharse] to get drunk. - **4.** [averiarse] to become damaged at sea. - **5.** *Amér* [descolorirse] to fade.

marejada *f* - **1.** [mar rizada] heavy sea. - **2.** *fig* [agitación] wave of discontent.

marejadilla *f* slight swell.

mare mágnum *m inv* - **1.** [confusión] jumble. - **2.** [abundancia] abundance, profusion. - **3.** [gentío] crowd, multitude.

maremoto *m* tidal wave.

marengo *adj* → **gris**.

mareo *m* - **1.** [náuseas] sickness; [en coches, aviones etc] travelsickness; [en barco] seasickness. - **2.** [aturdimiento] dizziness, giddiness. - **3.** *fam fig* [fastidio] drag, pain.

marfil *m* ivory; **~ vegetal** ivory nut.

marfileño, ña, marfilado, da *adj* ivory *(antes de sust)*.

marga *f* marl.

margarina *f* margarine.

margarita *f* - **1.** BOT daisy; **deshojar la ~** *fig* to hum and haw, to shillyshally; **echar ~s a los cerdos** *fig* to throw pearls before swine. - **2.** IMPRENTA daisy wheel. - **3.** [perla] margarite pearl. - **4.** ZOOL periwinkle. - **5.** *Amér* [jacinto] hyacinth.

margen *m o f* - **1.** *(gen f)* [de río] bank; [de camino] side. - **2.** *(gen m)* [de página] margin; **al ~** in the margin. - **3.** *(gen m)* COM margin; **~ de beneficio** profit margin. - **4.** *(gen m)* [límites] leeway; **al ~ de eso, hay otros factores** over and above this, there are other factors; **al ~ de la ley** outside the law; **dejar al ~** to exclude; **estar al ~ de** to have nothing to do with; **mantenerse al ~ de** to keep out of ❐ **~ de error** margin of error; **~ de seguridad** degree of certainty. - **5.** *(gen m)* [ocasión]: **dar ~ a alguien para hacer algo** to give sb the chance to do sthg.

marginación *f* exclusion; **~ social** exclusion from society.

marginado, da ◇ *adj* excluded. ◇ *m, f* outcast.

marginador *m* IMPRENTA margin stop.

marginal *adj* - **1.** [nota] marginal; [tema] minor. - **2.** ARTE & POLÍT fringe.

marginalidad *f* exclusion.

marginalismo *m* ECON marginalism.

marginalista *adj & mf* ECON marginalist.

marginar *vt* - **1.** [excluir] to exclude, to make an outcast; [dar de lado] to give the cold shoulder. - **2.** [omitir] to omit. - **3.** [dejar margen en] to marginate, to leave a margin on. - **4.** [poner notas en] to make marginal notes on.

marguera *f* marlpit.

maría *f* - **1.** *fam* [asignatura] *school subject considered to be of minor importance*. - **2.** *mfam* [marihuana] hash. - **3.** *Amér fam* [emigrante] *migrant from country to urban areas*.

◆ **marías** *fpl*: **las tres ~** ASTRON Orion's belt *(sg)*.

María *f*: **la Virgen ~** RELIG the Virgin Mary; **~ Antonieta** HIST Marie Antoinette.

mariachi *m* - **1.** [música] mariachi (music). - **2.** [orquesta] mariachi band.

marianismo *m* Marianism.

mariano, na *adj* Marian.

marica ◇ *m mfam despec* [homosexual] queer, poof *Br*, fag *Am*. ◇ *f* [pájaro] magpie.

Maricastaña *f* → **tiempo.**

maricón *m mfam despec* - **1.** [homosexual] queer, poof *Br*, fag *Am*. - **2.** [en insultos] bastard.

mariconada *f mfam despec* - **1.** [mala jugada] dirty trick. - **2.** [acción de maricón] *action typical of gay men.*

mariconear *vi mfam despec* to camp it up.

mariconeo *m mfam despec* action typical of gay men.

mariconera *f fam* (man's) clutch bag.

mariconería *f mfam despec* - **1.** [acción de maricón] *action typical of gay men.* - **2.** [grupo] group of queers. - **3.** [mala pasada] dirty trick.

maridaje *m* - **1.** [vida del casado] married life, wedlock. - **2.** *fig* [unión] union.

maridar ◇ *vi* - **1.** [casar] to marry, to wed. - **2.** [vivir juntos] to live together, to cohabit. ◇ *vt fig* [unir] to join, to unite.

marido *m* husband.

marihuana *f* marijuana.

marimacho *m fam* mannish woman; *mfam despec* butch woman.

marimandón, ona *m, f fam* domineering man (*f* domineering woman).

marimba *f* - **1.** [tambor] drum. - **2.** [xilófon] marimba. - **3.** *Amér* [tímpano] kettledrum. - **4.** *Amér* [paliza] beating, thrashing.

marimorena *f fam* row; **armar la** ~ to kick up a row.

marina *f* → **marino.**

marinar *vt* - **1.** CULIN to marinate. - **2.** [barco] to man.

marine *m* MIL. marine.

marinera ◇ *adj f* → **marinero.** ◇ *f* - **1.** [blusa] middy blouse, sailor top. - **2.** *Amér* [baile] marinera, *popular Latin American dance.*

marinería *f* - **1.** [profesión] sailoring. - **2.** [marineros] crew, seamen *(pl)*.

marinero, ra *adj* [gen] sea *(antes de sust)*; [buque] seaworthy; [pueblo] seafaring.

◆ **marinero** *m* - **1.** [persona] sailor. - **2.** [molusco] argonaut, paper nautilus.

marino, na *adj* sea *(antes de sust)*, marine.

◆ **marino** *m* sailor.

◆ **marina** *f* - **1.** [náutica] seamanship. - **2.** MIL. **marina (de guerra)** navy; **marina mercante** merchant navy. - **3.** ARTE seascape. - **4.** [costa] coast.

marioneta *f* [muñeco] marionette, puppet.

◆ **marionetas** *fpl* [teatro] puppet show *(sg)*.

mariposa ◇ *f* - **1.** [insecto] butterfly; **a otra cosa** ~ *fig* let's move on. - **2.** [tuerca] wing nut. - **3.** [candela, luz] oil lamp. - **4.** [en natación] butterfly. - **5.** [llave] butterfly valve. - **6.** *Amér* [pájaro] finch. - **7.** *Amér* [orquídea] orchid. - **8.** *Amér* [planta] butterfly jasmine. - **9.** *Amér* [tronera] windmill *Br*, pinwheel *Am*. ◇ *mf fam despec* [homosexual] fairy, queer.

◆ **mariposa cervical** *f* Butterfly Pillow®.

mariposear *vi* - **1.** [ser inconstante] to flit about. - **2.** [galantear] to flirt.

mariposeo *m* flitting about.

mariposón *m fam* - **1.** [galanteador] flirt, wolf. - **2.** *despec* [homosexual] fairy, queer.

mariquita ◇ *f* - **1.** [coleóptero] ladybird *Br*, ladybug *Am*. - **2.** [hemíptero] firebug. - **3.** [ave] parakeet. - **4.** *Amér* [danza] Argentinian folk dance. ◇ *m mfam despec* [homosexual] queer, poof *Br*, fag *Am*.

marisabidilla *f* know-all.

mariscada *f* seafood dish.

mariscal *m* marshal; ~ **de campo** field marshal.

mariscar [10] *vi* to gather shellfish.

marisco *m* seafood *(U)*, shellfish *(U)*.

marisma *f* salt marsh.

marismeño, ña *adj* marshy.

marisquería *f* seafood restaurant.

marisquero, ra *m, f* shellfish gatherer.

marista *adj & m* Marist.

marital *adj* marital.

maritata *f Amér* - **1.** [canal] trough for collecting metal dust. - **2.** [cedazo] sieve.

◆ **maritatas** *fpl* [chucherías] *Amér* knick-knacks, trinkets.

marítimo, ma *adj* - **1.** [del mar] maritime. - **2.** [cercano al mar] seaside *(antes de sust)*.

marketing ['marketin] *m* marketing.

marmita *f* pot.

marmitón *m* kitchen helper.

mármol *m* marble; **de** ~ *fig* cold, insensitive.

marmolería *f* - **1.** [mármoles] marbles *(pl)*, marblework. - **2.** [obra] marble. - **3.** [taller] workshop, studio.

marmolista *mf* marble cutter.

marmóreo, a *adj* marble.

marmota *f* - **1.** [animal] marmot; **dormir como una** ~ to sleep like a log. - **2.** *fig* [dormilón] sleepyhead. - **3.** *fig* [criada] maid. - **4.** [gorra] worsted cap.

maroma *f* rope.

maromear *vi Amér* - **1.** [hacer volatines] to perform on a tightrope. - **2.** [vacilar] to change sides easily. - **3.** [mecerse] to swing in a hammock.

maromero *m Amér* - **1.** [acróbata] tightrope walker. - **2.** [político] political opportunist.

maromo *m fam* guy, bloke *Br*.

maronita *adj & mf* Maronite.

marque *etc v* → **marcar.**

marqués, esa *(pl* **marqueses)** *m, f* marquis *(f* marchioness).

marquesa *f* [sillón] armchair, easy chair.

marquesado *m* marquisate.

marquesina *f* - **1.** [tejado saledizo] glass canopy. - **2.** [parada de autobús] bus-shelter. - **3.** [sillón] armchair, easy chair.

marquetería *f* - **1.** [técnica] marquetry. - **2.** [ebanistería] cabinetwork.

marrajo, ja *adj* - **1.** [toro] vicious. - **2.** *fig* [hipócrita] sly, cunning. - **3.** *Amér* [tacaño] stingy, miserly.

◆ **marrajo** *m* [tiburón] shark.

marranada *f fam* - **1.** [porquería - estado] filthy mess; [- dicho] filthy thing, filth *(U)*. - **2.** [mala jugada] dirty trick.

marrano, na *m, f* - **1.** [animal] pig. - **2.** *fam fig* [sucio] (filthy) pig. - **3.** *fam fig* [canalla] swine.

◆ **marrano** *m* TECN pressure equalizer.

marranuncia *f Amér fam* flattery *(U)*, cajolery *(U)*.

marrar ◇ *vt* [disparo] to miss. ◇ *vi* - **1.** [fallar] to fail; [disparo] to miss. - **2.** *fig* [desviarse] to go astray o wrong.

marras ◆ **de marras** *loc adj* aforementioned, said.

marrazo *m* - **1.** [hacha] double-bladed axe. - **2.** *Amér* [bayoneta] bayonet.

marrón ◇ *adj* [color] brown. ◇ *m* - **1.** [color] brown. - **2.** *fam fig* [lío] mess, muddle. - **3.** *mfam* [molestia, cosa desagradable] pain, drag. - **4.** *mfam* [situación comprometida] mess.

marron glacé [ma'rron gla'se] *(pl* **marrons glacés)** *m* marron glacé.

marroquí *(pl* **marroquíes)** *adj & mf* Moroccan.

marroquinería *f* - **1.** [arte] leatherwork. - **2.** [artículos] leather goods *(pl)*.

Marruecos *s* Morocco.

marrullería, marrulla *f* coaxing *(U)*, cajolery *(U)*.

marrullero, ra ◇ *adj* coaxing, cajoling. ◇ *m, f* coaxer, cajoler.

Marsellesa *f* Marseillaise.

marsopa, marsopla *f* porpoise.

marsupial *adj & m* ZOOL marsupial.

marta *f* pine marten; ~ **cebellina** sable.

martagón, ona *fam* ◇ *adj* shrewd, astute. ◇ *m, f* shrewd o astute person.

martajar *vt Amér* [maíz] to crush.

Marte *m* Mars.

martes *m inv* Tuesday; ~ **de Carnaval** Shrove Tuesday; ~ **y trece** ≃ Friday 13th; *ver también* **sábado**.

martillada *f* hammer blow.

martillador, ra, martilleador, ra ◇ *adj* hammering. ◇ *m, f* hammerer.

martillar *vt* = **martillear**.

martillazo *m* hard hammer blow.

martilleador, ra *adj* = **martillador**.

martillear, martillar *vt* - **1.** [golpear] to hammer. - **2.** *fig* [oprimir] to torment.

martilleo *m* hammering.

martillero *m Amér* auctioneer.

martillo *m* - **1.** [gen] hammer; **a** ~ by hammering, with a hammer □ ~ **neumático** pneumatic drill *Br*, jackhammer *Am*; ~ **perforador** pneumatic drill; ~ **pilón** o **de fragua** drop hammer. - **2.** [maza] gavel. - **3.** [pez] hammerhead. - **4.** ANAT malleus, hammer. - **5.** MÚS tuning hammer. - **6.** *Amér fig* [de edificio] wing.

martinete *m* - **1.** [ave] heron; [plumas] heron plumes *(pl)*. - **2.** [de piano] hammer. - **3.** [mazo] drop hammer. - **4.** [máquina] pile driver. - **5.** [cante] *type of flamenco song*.

martingala *f* - **1.** *fig* [artimaña] trick, ploy. - **2.** [en naipes] martingale.

♦ **martingalas** *fpl* [trabillas] *breeches worn under armour*.

martín pescador (*pl* **martín pescadores**) *m* kingfisher.

mártir *mf lit & fig* martyr.

martirio *m* - **1.** RELIG martyrdom. - **2.** *fig* [sufrimiento] trial, torment.

martirizar [13] *vt* - **1.** [torturar] to martyr. - **2.** *fig* [hacer sufrir] to torment, to torture.

maruja *f mfam* *stereotyped housewife*.

marxismo *m* Marxism.

marxismo-leninismo *m* POLÍT Marxism-Leninism.

marxista *adj & mf* Marxist.

marzo *m* March; *ver también* **septiembre**.

mas *conj* but.

más ◇ *adv* - **1.** (comparativo): more; **Pepe es** ~ **alto/ambicioso** Pepe is taller/more ambitious; **tener** ~ **hambre** to be hungrier o more hungry; ~ **de/que** more than; ~... **que...** more... than...; **Juan es** ~ **alto que tú** Juan is taller than you; **de** ~ [de sobra] left over; **hay 100 pesetas de** ~ there are 100 pesetas left over; **eso está de** ~ that's not necessary. - **2.** (superlativo): **el/la/lo** ~ the most; **el** ~ **listo/ambicioso** the cleverest/most ambitious. - **3.** (en frases negativas) any more; **no necesito** ~ (**trabajo**) I don't need any more (work). - **4.** (con pron interrogativos e indefinidos): else; **¿qué/quién** ~? what/who else?; **nadie** ~ **vino** nobody else came. - **5.** [indica suma] plus; **dos** ~ **dos igual a cuatro** two plus two is four. - **6.** [indica intensidad]: **no le aguanto, ¡es** ~ **tonto!** I can't stand him, he's so stupid!; **¡qué día** ~ **bonito!** what a lovely day! - **7.** [indica preferencia]: ~ **vale que nos vayamos a casa** it would be better for us to go home. - **8.** *loc*: **el que** ~ **y el que menos** everyone; **es** ~ indeed, what is more; ~ **bien** rather; ~ **o menos** more or less; ~ **y** ~ increasingly; **cada vez es** ~ **y** ~ **difícil** it gets harder and harder; **¿qué** ~ **da?** what difference does it make?; **sin** ~ (**ni** ~) just like that. ◇ *m inv* MAT plus (sign); **tiene sus** ~ **y sus menos** it has its good points and its bad points.

♦ **a más de** *loc adv* in addition to, as well as.

♦ **por más que** *loc conj* however much; **por** ~ **que lo intente no lo conseguirá** however much o hard she tries, she'll never manage it.

masa *f* - **1.** [gen] mass; ~ **de aire** air mass; ~ **atómica** atomic mass; ~ **crítica** FÍS critical mass; ~ **molecular** mo-

lecular mass; ~ **salarial** total wages bill. - **2.** [multitud] throng; **en** ~ [todos juntos] en masse; **fuimos en** ~ **a escuchar la conferencia** a large group of us went to listen to the lecture; [a gran escala] mass *(antes de sust)*. - **3.** CULIN dough; **la** ~ **para el pastel debes hacerla con harina, agua y huevos** you make the mixture for the cake with flour, water and eggs. - **4.** ELECTR earth *Br*, ground *Am*. - **5.** [pegote] lump. - **6.** [el pueblo] people, masses *(pl)*; **la** ~ **popular** the masses; **las** ~**s** the masses. - **7.** [volumen] volume, bulk. - **8.** [carácter] nature, disposition. - **9.** CONSTR mortar. - **10.** MIL uniform money. - **11.** *Amér* [hojaldre] puff pastry. - **12.** *Amér* [pastelillo] *small cake*.

masacrar *vt* to massacre.

masacre *f* massacre.

masaje *m* massage; **dar** ~**s a alguien** to massage sb.

masajista *mf* masseur (*f* masseuse).

masato *m Amér* - **1.** [bebida] *fermented drink made of maize, banana or cassava*. - **2.** [golosina] *dessert made of coconut, maize and sugar*. - **3.** [harina de maíz] ground maize *Br*, ground corn *Am*.

mascada *f Amér* - **1.** [de tabaco] plug. - **2.** [bocado] mouthful. - **3.** [utilidad] profit, gain. - **4.** [puñetazo] blow. - **5.** [pañuelo] silk neckerchief.

mascador, ra ◇ *adj* chewing. ◇ *m, f* chewer.

mascadura *f* - **1.** [acción de mascar] chew, chewing *(U)*. - **2.** *Amér* [pan, bollo] roll, bun.

mascar [10] *vt & vi* - **1.** [masticar] to chew. - **2.** *fig* [mascullar] to mumble.

máscara ◇ *f* - **1.** [gen] mask; ~ **antigás** gas mask; ~ **de oxígeno** oxygen mask. - **2.** *fig* [pretexto] front, pretence; **quitar la** ~ **a alguien** to unmask sb; **quitarse la** ~ to reveal o.s. - **3.** [traje] disguise, costume. ◇ *mf fig* [persona] masquerader.

mascarada *f* - **1.** [fiesta] masquerade. - **2.** [desfile] masked parade. - **3.** *fig* [farsa] farce.

mascarilla *f* - **1.** MED mask. - **2.** [cosmética] face pack.

mascarón *m* - **1.** [máscara] large mask. - **2.** ARQUIT grotesque head; ~ **de proa** figurehead.

mascota *f* - **1.** [emblema] mascot. - **2.** [animal doméstico] pet.

mascujar *vt* - **1.** [mascar mal] to chew hastily, to gulp down. - **2.** *fig* [mascullar] to mumble, to mutter.

masculinidad *f* masculinity.

masculinizar [13] *vt* to make mannish.

masculino, na *adj* - **1.** [varonil] manly. - **2.** GRAM masculine. - **3.** BIOL male.

mascullar *vt* to mutter.

masera *f* - **1.** [artesa] trough for kneading dough. - **2.** [crustáceo] *type of large crab*.

masía *f* traditional Catalan or Aragonese farmhouse.

masificación *f* overcrowding.

masificar [10] *vt* to cause overcrowding in.

♦ **masificarse** *vpr* to become overcrowded.

masilla *f* putty.

masita *f* - **1.** MIL uniform money. - **2.** *Amér* [pastelillo] pastry.

masivo, va *adj* mass *(antes de sust)*.

masoca *mf fam* masochist.

masón, ona ◇ *adj* masonic. ◇ *m, f* mason, freemason.

masonería *f* masonry, Freemasonry.

masónico, ca *adj* Masonic.

masoquismo *m* masochism.

masoquista ◇ *adj* masochistic. ◇ *mf* masochist.

masque *etc v* → **mascar**.

mass media, mass-media *mpl* mass media.

mastectomía *f* mastectomy.

máster (*pl* **masters**) *m* Master's (degree).

masticable ◇ *adj* chewable. ◇ *m* chewy caramel.

masticación *f* chewing.

masticar [10] *vt* - **1.** [mascar] to chew; **come despacio y mastica bien la comida** eat slowly and chew your food properly. - **2.** *fig* [pensar] to chew over, to ponder.

mástil *m* - **1.** NÁUT mast. - **2.** [palo] pole. - **3.** MÚS neck. - **4.** [de pluma] quill. - **5.** [de planta] stem. - **6.** [faja] loincloth.

mastín *m* mastiff.

mastitis *f inv* mastitis.

mastodonte ◇ *m* [animal] mastodon. ◇ *mf fam* [persona] giant.

mastoides *adj inv & m* ANAT mastoid.

mastuerzo *m* - **1.** *fam* [tonto] idiot. - **2.** [planta] cress. - **3.** *Amér* [flor] nasturtium.

masturbación *f* masturbation.

masturbar *vt* to masturbate.

◆ **masturbarse** *vpr* to masturbate.

MAT (*abrev de* **Ministerio de Administración Territorial**) *m Spanish ministry for relations with the autonomous regions.*

mata *f* - **1.** [arbusto] bush, shrub; [matojo] tuft; ~**s** scrub (U). - **2.** [campo de árboles] grove. - **3.** BOT mastic tree. - **4.** *Amér* [grupo de árboles] copse, thicket.

◆ **mata de pelo** *f* mop of hair.

◆ **mata de la seda** *f* milkweed.

Matac (*abrev de* **Mando Aéreo Táctico**) *m Spanish tactical air command.*

matacán *m* - **1.** MIL machicolation. - **2.** [veneno] dog poison. - **3.** BOT nux vomica. - **4.** CONSTR large piece of rubble. - **5.** [dos de bastos] ≃ two of clubs. - **6.** *Amér* [cervato] fawn. - **7.** *Amér* [ternero] fat calf.

matacandelas *m inv* candle snuffer.

matachín *m* - **1.** [matarife] butcher, slaughterer. - **2.** *fig* [matón] bully.

matadero *m* - **1.** [de ganado] abattoir, slaughterhouse. - **2.** *fig* [trabajo] chore, drudgery (U).

matador, ra ◇ *adj fam* - **1.** [cansado] killing, exhausting. - **2.** [feo] awful, horrendous. ◇ *m, f* [asesino] killer, murderer.

◆ **matador** *m* - **1.** [torero] matador. - **2.** [en naipes] trump card.

matadura *f* VETER sore, gall.

matafuego *m* - **1.** [aparato] fire extinguisher. - **2.** [bombero] fireman.

mátalas callando *mf inv fam* wolf in sheep's clothing.

matambre *m Amér* cold cooked meat.

matamoros ◇ *adj inv* bragging, blustering. ◇ *mf inv* braggart.

matamoscas *m inv* - **1.** [pala] flyswat. - **2.** [espray] flyspray.

matanza *f* - **1.** [masacre] slaughter; [de animales] slaughtering. - **2.** [época] slaughtering season. - **3.** [del cerdo] pigkilling. - **4.** [carne de cerdo] pork products (pl). - **5.** *fam fig* [empeño] determination, persistence.

mataperrada *f fam* mischievous prank.

mataperros *m inv fam* street urchin.

matar *vt* - **1.** [gen] to kill; [reses en matadero] to slaughter; **el alcohol le está matando** alcohol is killing him; **mato las horas viendo la televisión** I kill time watching television; **el calor me mata** the heat's killing me ❑ **estar** o **llevarse a** ~ **con alguien** to be at daggers drawn with sb; ~**las callando** to be up to sthg on the quiet. - **2.** [molestar] to drive mad. - **3.** [apagar - color] to tone down; [- cal] to slake; [- fuego] to put out. - **4.** [sed] to slake, to quench; [hambre] to stay; **tomaré unas galletas para** ~ **el hambre** I'll have some biscuits to keep me going. - **5.** [redondear, limar] to round (off). - **6.** [en juegos - carta] to beat, to top; [- ficha, pieza de ajedrez] to take, to capture. - **7.** *fam fig* [estropear] to ruin.

◆ **matarse** *vpr* - **1.** [morir] to die; **su hijo se mató en un accidente** his son died o was killed in an accident. - **2.** [suicidarse, esforzarse] to kill o.s.; ~**se a trabajar** to work o.s. to death; **no te mates a estudiar, no te mates estudian-**do don't wear yourself out studying; ~**se por hacer algo** to kill o.s. in order to do sthg.

matarife *m* butcher, (cattle) slaughterer.

matarratas *m inv* - **1.** [veneno] rat poison. - **2.** *fig* [bebida] rotgut.

matasanos *mf inv despec* quack.

matasellar *vt* to cancel, to postmark.

matasellos *m inv* - **1.** [marca] postmark. - **2.** [instrumento] canceller.

matasiete *m irón* braggart.

matasuegras *m inv* (party) cracker.

matatías *m inv irón* moneylender.

matazón *f Amér* massacre.

match [matʃ] (*pl* **matches**) *m* match.

◆ **match ball** ['madʒßol] (*pl* **match balls**) *m* match ball.

mate ◇ *adj* - **1.** [sin brillo] matt. - **2.** [sonido] dull. ◇ *m* - **1.** [en ajedrez] mate, checkmate. - **2.** [en baloncesto] dunk; [en tenis] smash. - **3.** [planta, bebida] maté. - **4.** *Amér* [arbusto] maté tree. - **5.** *Amér* [calabaza] maté gourd. - **6.** *Amér* [vasija] maté pot. - **7.** *Amér fam* [cabeza] nut.

matear *vi* to drink maté.

matemático, ca ◇ *adj* mathematical. ◇ *m, f* [científico] mathematician.

◆ **matemática** *f*, **matemáticas** *fpl* [ciencia] mathematics (U).

Mateo *m* BIBLIA: **San** ~ Saint Matthew.

materia *f* - **1.** [sustancia] matter; ~ **colorante** dyestuff; ~ **gris** grey matter; ~ **orgánica** organic matter. - **2.** [asunto] matter. - **3.** [material] material; ~ **prima, primera** ~ raw material. - **4.** [asignatura] subject; **en** ~ **de** on the subject of, concerning; **entrar en** ~ to get down to business ❑ ~ **de estado** affair of state. - **5.** MED matter.

material ◇ *adj* - **1.** [gen] physical; [daños, consecuencias] material. - **2.** [real] real, actual. - **3.** [materialista] materialistic. ◇ *m* - **1.** [gen] material; ~ **de desecho** waste material; ~ **de oficina** office stationery; ~ **escolar** school materials (pl); ~ **refractario** heatresistant material. - **2.** [instrumentos] equipment; ~ **bélico** o **de guerra** war material. - **3.** [ingrediente] ingredient.

materialidad *f* - **1.** [calidad de material] materiality. - **2.** [apariencia] outward appearance.

materialismo *m* materialism; ~ **dialéctico/histórico** dialectical/historical materialism.

materialista ◇ *adj* materialistic. ◇ *mf* materialist.

materialización *f* materialization.

materializar [13] *vt* - **1.** [idea, proyecto] to realize. - **2.** [hacer tangible] to produce.

◆ **materializarse** *vpr* to materialize.

materialmente *adv* physically.

maternal *adj* motherly, maternal.

maternalmente *adv* maternally.

maternidad *f* - **1.** [cualidad] motherhood. - **2.** [hospital] maternity hospital.

materno, na *adj* [gen] maternal; [lengua] mother (antes de sust).

matero, ra ◇ *adj* fond of maté. ◇ *m, f* maté drinker.

mates *fpl fam* maths (U) *Br* , math (U) *Am* .

matice *etc v* → **matizar**.

matinal *adj* morning (antes de sust).

matinée [mati'ne] *f* matinée.

matiz (*pl* **matices**) *m* - **1.** [variedad - de color, opinión] shade; [- de sentido] nuance, shade of meaning. - **2.** [atisbo] trace, hint.

matización *f* [de colores] blending.

matizar [13] *vt* - **1.** *fig* [distinguir - rasgos, aspectos] to distinguish; [- tema] to explain in detail. - **2.** *fig* [dar tono especial] to tinge, to colour. - **3.** [teñir]: ~ **(de)** to tinge (with). - **3.** ARTE to blend. - **4.** [colores] to match.

mato *m* - **1.** [matorral] undergrowth, scrub. - **2.** *Amér* ZOOL lizard.

matojo *m* - **1.** [mata] tuft. - **2.** [arbusto] bush, shrub. - **3.** [planta] saltwort.

matón, ona *m, f fam* bully.

matonear ◇ *vi* to bully. ◇ *vt Amér* to murder.

matonismo *m* bullying.

matorral *m* - **1.** [arbustos] thicket. - **2.** [maleza] brushwood, scrub.

Matra (*abrev de* **Mando Aéreo de Transporte**) *m Spanish air transport command.*

matraca *f* [instrumento] rattle; **dar la** ~ *fam fig* to go on, to be a nuisance; **ser una** ~ *fam fig* to be a pain.

matracalada *f* crowd, mob.

matraquear *vi fam* - **1.** [hacer ruido] to rattle. - **2.** [molestar] to be a nuisance.

matraqueo *m fam* - **1.** [ruido] rattling. - **2.** [molestias] pestering.

matraz (*pl* **matraces**) *m* flask.

matrería *f* cunning, shrewdness.

matrero, ra *adj* [astuto] cunning, shrewd.

◆ **matrero** *m Amér* bandit.

matriarca *f* matriarch.

matriarcado *m* matriarchy.

matriarcal *adj* matriarchal.

matricida *mf* matricide.

matricidio *m* matricide.

matrícula *f* - **1.** [inscripción] registration. - **2.** [documento] registration document. - **3.** AUTOM numberplate. - **4.** [lista] register, list. - **5.** [gente matriculada] roll.

◆ **matrícula de honor** *f* top marks (*pl*).

matriculación *f* [inscripción] registration.

matriculado, da *adj* - **1.** [en escuela, universidad] enrolled, registered. - **2.** [con matrícula] registered.

matricular *vt* to register.

◆ **matricularse** *vpr* to register.

matrimonial *adj* [gen] marital; [vida] married.

matrimoniar *vi* to marry, to get married.

matrimonio *m* - **1.** [gen] marriage; **consumar el** ~ to consummate one's marriage; **contraer** ~ to get married; **fuera del** ~ out of wedlock ❏ ~ **abierto/concertado/mixto/rato** open/arranged/mixed/unconsummated marriage; ~ **civil** civil marriage; ~ **de conveniencia** marriage of convenience; ~ **por poderes** marriage by proxy. - **2.** [pareja] married couple. - **3.** RELIG matrimony.

matriz (*pl* **matrices**) ◇ *f* - **1.** ANAT womb. - **2.** [de talonario] (cheque) stub. - **3.** [molde] mould. - **4.** MAT matrix. - **5.** [tuerca] nut. ◇ *adj* - **1.** [empresa] parent (*antes de sust*); [casa] head (*antes de sust*); [iglesia] mother (*antes de sust*). - **2.** [original] original.

matrona *f* - **1.** [madre, encargada] matron. - **2.** [comadrona] midwife. - **3.** [en aduanas] *female customs officer responsible for frisking woman travellers.* - **4.** [en cárceles] female prison warden.

matronal *adj* matronly.

matungo, ga *adj Amér* - **1.** [persona] worn-out. - **2.** [caballo] old, worn-out.

maturranga *f* [treta] trickery, cajolery.

maturranguero, ra *adj Amér* tricky, cajoling.

matusalén *m* very old person; **ser más viejo que** ~ to be as old as Methuselah.

matute *m* - **1.** [acción] smuggling. - **2.** [contrabando] contraband, smuggled goods (*pl*). - **3.** [garito] gambling den.

matutear *vi* to smuggle.

matutero, ra *m, f* smuggler.

matutino, na *adj* morning (*antes de sust*).

◆ **matutino** *m* morning newspaper.

maula ◇ *f* - **1.** [cosa inútil] piece of junk, useless thing. - **2.** [retal] remnant. - **3.** [engaño] trick. ◇ *mf* - **1.** [inútil] good-for-nothing. - **2.** [estafador] swindler. - **3.** [mal pagador] poor payer.

maulear *vi Amér* to cheat.

maulería *f* - **1.** [tienda] remnant shop. - **2.** [engaño] cunning, trickery.

maulero, ra *m, f* - **1.** [vendedor] remnant seller. - **2.** [estafador] swindler.

maullar *vi* to miaow.

maullido *m* miaow, miaowing (*U*).

Mauricio *s* → **isla**.

Mauritania *s* Mauritania.

mauritano, na *adj & m, f* Mauritanian.

máuser® (*pl* **máuseres** o **máusers**) *m* Mauser®.

mausoleo *m* mausoleum.

maxilar ◇ *adj* maxillary, jaw (*antes de sust*). ◇ *m* jaw.

máxima *f* → **máximo**.

maximalismo *m* maximalism.

maximalista *adj & mf* maximalist.

máximamente *adv* principally, chiefly.

máxime *adv* especially.

maximizar *vt* to maximize.

máximo, ma ◇ *superl* → **grande**. ◇ *adj* [gen] maximum; [galardón, puntuación] highest.

◆ **máximo** *m* maximum; **al** ~ to the utmost; **hacer el** ~ to do one's utmost; **llegar al** ~ to reach the limit ❏ **como** ~ [a más tardar] at the latest; [como mucho] at the most; **como** ~ **comeré un trozo de pastel** I'll have one slice of cake at the most.

◆ **máxima** *f* - **1.** [sentencia, principio] maxim. - **2.** [temperatura] high, highest temperature.

máximum *m inv* maximum.

maxisingle [maxi'singel] (*pl* **maxisingles**) *m* twelve inch (single).

maya ◇ *adj* Mayan. ◇ *mf* [persona] Maya, Mayan. ◇ *m* [lengua] Maya.

mayal *m* - **1.** [palo de molino] mill shaft. - **2.** [desgranador] threshing flail.

mayestático, ca *adj* majestic.

mayo *m* - **1.** [mes] May; *ver también* **septiembre**. - **2.** [palo] maypole. - **3.** [corona] *wreath laid at the door of one's lover.*

◆ **mayos** *mpl* [fiestas] May Day festivities.

mayólica *f* majolica ware.

mayonesa, mahonesa *f* mayonnaise.

mayor ◇ *adj* - **1.** (*comparativo*): ~ **(que)** [de tamaño] bigger (than); [de edad] older (than); **mi hermano es ocho años** ~ **que yo** my brother is eight years older than me; [en importancia etc] greater (than); **no creo que tenga** ~ **interés** I don't think it's particularly interesting; [en número] higher (than); ~ **que** MAT greater than. - **2.** (*superlativo*): **el/la** ~... [de tamaño] the biggest...; **ésta es la** ~ **ciudad que he visto** this is the biggest city I've ever visited; [de edad] the oldest...; [en importancia etc] the greatest...; [en número] the highest... - **3.** [adulto] grown-up; **hacerse** ~ to grow up; **ser** ~ **de edad** to be an adult. - **4.** [anciano] elderly; **hay que escuchar a las personas** ~**es** you should listen to the advice of older people. - **5.** [principal] major, main; [calle, misa] high. - **6.** MÚS major; **en do** ~ in C major. ◇ *mf*: **el/la** ~ [hijo, hermano] the eldest. ◇ *m* MIL major. ◇ *f* [en lógica] major (premise).

◆ **mayores** *mpl* - **1.** [adultos] grown-ups. - **2.** [antepasados] ancestors, forefathers. - **3.** *loc:* **alzarse a** ~**es** to become arrogant; **llegar** o **pasar a** ~**es** to get out of hand.

◆ **al por mayor** *loc adv* COM wholesale.

mayoral *m* - **1.** [capataz] foreman, overseer. - **2.** [pastor] chief herdsman. - **3.** [cochero] stagecoach driver. - **4.** [recaudador] tithe collector. - **5.** *Amér* [cobrador] tram conductor *Br*, streetcar conductor *Am*.

mayoralía *f* - **1.** [rebaño] flock. - **2.** [sueldo] shepherd's salary.

mayorazga *f* - **1.** [dueña] *female owner of an entailed estate.* - **2.** [esposa] *wife of the owner of an entailed estate.*

mayorazgo *m* - **1.** [institución] primogeniture. - **2.** [bienes]

entailed estate. - 3. [persona] *heir to an entailed estate.* **- 4.** [primogénito] eldest son. **- 5.** [derecho] right of primogeniture. **- 6.** [primogenitura] seniority.

mayordomía *f* **- 1.** [cargo] stewardship. **- 2.** [oficina] butler's office.

mayordomo *m* **- 1.** [criado] butler. **- 2.** RELIG churchwarden.

mayoreo *m Amér* wholesale.

mayoría *f* majority; **la** ~ **de** most of; **la** ~ **de los españoles** most Spaniards; **la** ~ **de las veces** usually, most often; **en su** ~ in the main □ ~ **absoluta/relativa** absolute/relative majority; ~ **silenciosa** silent majority.
◆ **mayoría de edad** *f*: **llegar a la** ~ **de edad** to come of age.

mayoridad *f* majority, adult age.

mayorista ◇ *adj* wholesale. ◇ *mf* wholesaler.

mayoritariamente *adv* **- 1.** [en su mayoría] in the main. **- 2.** [principalmente] mainly.

mayoritario, ria *adj* majority *(antes de sust)*.

mayúscula *f* capital letter.

mayúsculo, la *adj* **- 1.** [grande] tremendous, enormous. **- 2.** [importante] important, prominent.

maza *f* **- 1.** [martillo] mace. **- 2.** [del bombo] drumstick. **- 3.** [para machacar] mallet. **- 4.** [martinete] drop hammer, pile driver. **- 5.** *fig* [persona pesada] bore, pain. **- 6.** *Amér* [cubo de rueda] hub.

mazacote *m* **- 1.** [de comida] dry, sticky food. **- 2.** [persona pesada] bore, pain. **- 3.** [obra fea] monstrosity. **- 4.** [barrilla] soda ash. **- 5.** [hormigón] concrete. **- 6.** *Amér* [mezcla] mishmash, mess.

mazacotudo, da *adj Amér* **- 1.** [comida] dry and sticky. **- 2.** [obra de arte] ugly.

mazamorra *f* **- 1.** [gachas] maize porridge *Br*, cornmeal mush *Am*. **- 2.** [migajas] biscuit crumbs *(pl)*. **- 3.** [trozos] crumbs *(pl)*. **- 4.** VETER blister, sore.

mazamorrero, ra *m, f* **- 1.** [vendedor] seller of maize porridge *Br*, seller of cornmeal mush *Am*. **- 2.** *Amér* [embrollón] mischievous person.

mazapán *m* marzipan.

mazar [13] *vt* to churn.

mazazo *m lit & fig* heavy blow.

mazmorra *f* dungeon.

maznar *vt* **- 1.** [amasar] to knead, to squeeze. **- 2.** [machacar] to beat.

mazo *m* **- 1.** [martillo] mallet. **- 2.** [de mortero] pestle. **- 3.** [conjunto - de cartas, papeles] bundle; [- de billetes] wad; [- de naipes] balance (of the deck). **- 4.** MÚS drumstick. **- 5.** *fig* [persona pesada] bore, pain.

mazorca *f* **- 1.** [de maíz] cob. **- 2.** [de cacao] pod. **- 3.** *Amér fig* [junta despótica] authoritarian government, junta.

mazorquero, ra *m, f Amér* terrorist, extremist.

mazurca *f* mazurka.

MC *(abrev de* **Movimiento Comunista**) *m Spanish communist party.*

MCE *m* **- 1.** *(abrev de* **Mercado Común Europeo**) ECM. **- 2.** *(abrev de* **Movimiento Comunista de España**) *Spanish communist party.*

me *pron pers* **- 1.** *(complemento directo)* me; **le gustaría verme** she'd like to see me. **- 2.** *(complemento indirecto)* (to) me; ~ **lo dio** he gave it to me; ~ **tiene miedo** he's afraid of me. **- 3.** *(reflexivo)* myself.

meada *f vulg* **- 1.** [acción] piss; **echar una** ~ to have a piss. **- 2.** [mancha] urine stain.

meadero *m vulg* bog *Br*, john *Am*.

meados *mpl vulg* piss *(U)*.

meaja *f* **- 1.** [migaja] crumb. **- 2.** [moneda] old Spanish coin.

meandro *m* **- 1.** [de río, camino] meander. **- 2.** ARQUIT meander.

mear *vi vulg* to piss.
◆ **mearse** *vpr vulg* **- 1.** [orinarse] to piss o.s.; ~**se en la**

cama to wet one's bed □ ~**se (de risa)** to piss o.s. laughing. **- 2.** [de miedo] to piss in one's pants.

MEC *(abrev de* **Ministerio de Educación y Ciencia**) *m Spanish ministry of education and science.*

meca *f* mecca.

mecachis *interj fam eufemismo* sugar! *Br*, shoot! *Am*.

mecánica *f* → **mecánico**.

mecánicamente *adv* mechanically.

mecanicismo *m* mechanism.

mecánico, ca ◇ *adj* **- 1.** [gen] mechanical; **lo hace de forma mecánica** he does it mechanically; **trabaja en un taller** ~ he's a mechanic. **- 2.** *fig* [bajo, indecoroso] mean, servile. ◇ *m, f* **- 1.** [persona] mechanic; ~ **dentista** dental technician. **- 2.** [chófer] driver.
◆ **mecánica** *f* **- 1.** [ciencia] mechanics *(U)*. **- 2.** [funcionamiento] mechanics *(pl)*; **no entiendo la mecánica de este ejercicio** I don't understand how this exercise works. **- 3.** [acción ruin] despicable act.
◆ **mecánica celeste** *f* astronomy.

mecanismo *m* **- 1.** [estructura] mechanism. **- 2.** [funcionamiento] way of working, modus operandi.

mecanización *f* mechanization.

mecanizado, da *adj* mechanized.

mecanizar [13] *vt* to mechanize.

mecano® *m* Meccano®.

mecanografía *f* typing; ~ **al tacto** touch typing.

mecanografiar [9] *vt* to type.

mecanógrafo, fa *m, f* typist.

mecapal *m Amér* porter's leather harness.

mecapalero *m Amér* porter.

mecatazo *m Amér* **- 1.** [latigazo] whiplash. **- 2.** [trago] drink, slug.

mecate *m Amér* hemp cord.

mecedero *m* stirrer, swizzle stick.

mecedor, ra *adj* rocking.
◆ **mecedor** *m* **- 1.** [columpio] swing. **- 2.** [paleta] stirrer.

mecedora *f* rocking chair.

mecenas *mf inv* patron.
◆ **Mecenas** *m* Maecenas.

mecenazgo *m* patronage.

mecer [11] *vt* **- 1.** [acunar] to rock. **- 2.** [columpiar] to swing. **- 3.** [agitar] to shake.
◆ **mecerse** *vpr* [gen] to rock back and forth; [en columpio] to swing.

mecha *f* **- 1.** [de vela] wick. **- 2.** [de explosivos] fuse; ~ **de seguridad** safety fuse; **a toda** ~ *fam* flat out; **aguantar** ~ *fam* to grin and bear it. **- 3.** [de pelo] streak. **- 4.** CULIN strip of bacon. **- 5.** [para encender] match. **- 6.** MED tent. **- 7.** NÁUT masthead. **- 8.** [del taladro] drill bit. **- 9.** *Amér fam fig* [broma] joke, joking *(U)*. **- 10.** *Amér* [miedo] fear.

mechar *vt* CULIN [carne] to lard.

mechera ◇ *adj* [aguja] larding. ◇ *f fam* [ladrona] shoplifter.

mechero *m* **- 1.** [encendedor] (cigarette) lighter. **- 2.** [boquilla, dispositivo] burner, jet; ~ **Bunsen** Bunsen burner; ~ **de gas** gas burner. **- 3.** [de candelero] candle socket. **- 4.** *fam* [ladrón] shoplifter. **- 5.** *Amér fam* [bromista] joker.

mechón *m* [de pelo] lock; [de lana] tuft.

mechoso, sa, mechudo, da *adj* tousled, uncombed.

mecida *f*, **mecimiento** *m* [de cuna] rocking; [de columpio] swinging.

medalla *f* **- 1.** [de distinción] medal; ~ **de bronce** bronze (medal); ~ **de oro** gold (medal); ~ **de plata** silver (medal); **ponerse** ~**s** *fig* to show off. **- 2.** [joya] medallion. **- 3.** RELIG medal.

medallero *m* medals table.

medallista *mf* **- 1.** DEP medallist. **- 2.** [oficio] maker of medals.

medallón *m* **- 1.** [joya] medallion. **- 2.** [rodaja] médaillon; ~ **de pescado** [empanado] fishcake.

medanal *m Amér* marshy land *(U)*.

médano *m* - **1.** [duna] (sand) dune. - **2.** [banco de arena] sandbank.

media *f* → **medio**.

mediación *f* mediation; **por** ~ **de** through.

mediado, da *adj* - **1.** [medio lleno] half-full. - **2.** [hacia la mitad]: **mediada la película** halfway through the film.
◆ **a mediados de** *loc prep* in the middle of, halfway through.

mediador, ra ◇ *adj* mediating. ◇ *m, f* mediator.

mediagua *f Amér* shack, hut.

medialuna *f* - **1.** [bollo] croissant. - **2.** [símbolo musulmán] crescent. - **3.** [instrumento] hamstringing o hacking knife. - **4.** MIL demilune.

mediana *f* → **mediano**.

medianamente *adv* moderately, fairly.

medianería *f* - **1.** [pared] diving o partition wall. - **2.** *Amér* [aparcería] partnership.

medianero, ra ◇ *adj* - **1.** [que está en medio] dividing. - **2.** [mediador] mediating. ◇ *m, f* - **1.** [intercesor] mediator. - **2.** [vecino] *owner of a house adjacent to another*. - **3.** [aparcero] sharecropper.

medianía *f* - **1.** [mediocridad] mediocrity. - **2.** [persona mediocre] average o mediocre person. - **3.** [término medio] halfway mark. - **4.** *Amér* [pared] dividing o partition wall.

mediano, na *adj* - **1.** [intermedio - de tamaño] medium; [- de calidad] average. - **2.** [mediocre] average, ordinary.
◆ **mediana** *f* - **1.** GEOM median. - **2.** [de carretera] central reservation *Br*, median *Am*.

medianoche (*pl* **mediasnoches**) *f* - **1.** [hora] midnight; **a** ~ at midnight. - **2.** [bollo] *sandwich made with a small bun*.

mediante ◇ *prep* by means of. ◇ *adj* interceding.

mediar [8] *vi* - **1.** [llegar a la mitad] to be halfway through; **mediaba julio** it was mid-July. - **2.** [estar en medio]: ~ **entre** to be between; **media un jardín/un kilómetro entre las dos casas** there is a garden/one kilometre between the two houses. - **3.** [transcurrir] to elapse, to go by; **medió una semana** a week passed by. - **4.** [intervenir]: ~ **(en/entre)** to mediate (in/between). - **5.** [interceder]: ~ **(en favor de** o **por)** to intercede (on behalf of o for). - **6.** [ocurrir] to intervene, to happen; **media la circunstancia de que...** it so happens that...

mediatinta, media tinta *f* [tono] halftone.

mediatizar [13] *vt* - **1.** [influir] to determine. - **2.** [anexar] to mediatize.

mediato, ta *adj* mediate.

medicación *f* medication *(U)*.

medicamento *m* medicine.

medicar [10] *vt* to give medicine to.
◆ **medicarse** *vpr* to take medicine.

medicastro *m despec* quack.

medicina *f* - **1.** [ciencia] medicine; ~ **alternativa** alternative medicine; ~ **interna** general medicine o practice; ~ **preventiva/social** preventive/community medicine. - **2.** [medicamento] medicine, medication.

medicinal *adj* medicinal.

medicinar *vt* to give medicine to.
◆ **medicinarse** *vpr* to take medicine.

medición *f* measurement.

médico, ca ◇ *adj* medical; **han abierto un consultorio** ~ **al lado de casa** they've opened a medical consultancy next to my house. ◇ *m, f* doctor; **ir al** ~ to go to the doctor; ~ **de apelación** o **de consulta** (medical) consultant □ ~ **de cabecera** o **de familia** family doctor, general practitioner; ~ **especialista** consultant; ~ **forense** specialist in forensic medicine; ~ **de guardia** duty doctor; ~ **interno** houseman *Br*, intern *Am*; ~ **legista** *Amér* medical forensic expert.

medicucho *m fam despec* quack.

medida *f* - **1.** [gen] measure; [medición] measurement; **a**

(la) ~ [gen] custom-built; [ropa] made-to-measure; **a (la)** ~ **de mi deseo** just as I would have wanted it □ ~ **de capacidad** measure *(liquid or dry)*; **eso colma la** ~ that's the last straw. - **2.** [disposición] measure, step; **tomar** ~**s** to take measures o steps □ ~**s represivas** clampdown *(sg)*. - **3.** [moderación] moderation; **sin** ~ without moderation. - **4.** [grado] extent, degree; **me pagan a** ~ **de mi trabajo** they pay me in proportion to the work I do; **en cierta/gran** ~ to some/a large extent; **en mayor/menor** ~ to a greater/lesser extent; **en la** ~ **de lo posible** as far as possible □ **a** ~ **que entraban** as they were coming in; **en la** ~ **en que** insofar as. - **5.** LITER measure, meter.
◆ **medidas** *fpl* [del cuerpo] measurements; **tomar las** ~**s a alguien** to take sb's measurements.

medidor, ra ◇ *adj* measuring. ◇ *m, f* measurer.
◆ **medidor** *m* - **1.** [instrumento] measure. - **2.** *Amér* [contador] meter.

medieval *adj* medieval.

medievalidad *f* medievalism.

medievalismo *m* medievalism.

medievalista *mf* medievalist.

medievo, medioevo *m*: **el** ~ the Middle Ages *(pl)*.

medina *f* medina.

medio, dia *adj* - **1.** [gen] half; [en viaje] halfway there; [en trabajo, proyecto etc] halfway through; **son (las dos) y media** it's half past (two); **sólo ha comido** ~ **bocadillo** she has only eaten half a sandwich; **media docena/hora** half a dozen/an hour; ~ **pueblo estaba allí** half the town was there; **a media luz** in the half-light; **un kilo y** ~ and a half kilos. - **2.** [intermedio - estatura, tamaño] medium; [- posición, punto] middle. - **3.** [de promedio] average. - **4.** [corriente] ordinary, average; **el español** ~ the average Spaniard.
◆ **medio** ◇ *adv* half; ~ **borracho** half drunk; **a** ~ **hacer** half done; **han dejado la obra a** ~ **hacer porque no tienen dinero** they've left the building halffinished, because they ran out of money. ◇ *m* - **1.** [mitad] half. - **2.** [centro] middle, centre; **en** ~ **(de)** in the middle (of); **si te pones en** ~ **no puedo ver el partido** if you sit in the middle there, I can't see the match; **estar por (en)** ~ to be in the way □ **equivocarse de** ~ **a** ~ to be completely wrong; **meterse** o **ponerse de por** ~ [en el camino] to get in the way; *fig* [entrometerse] to interfere; **quitar de en** ~ **a alguien** to get rid of sb, to get sb out of the way; **quitarse de en** ~ [apartarse] to get out of the way; [suicidarse] to kill o.s. - **3.** [sistema, manera] means, method; ~ **de vida** livelihood; **por** ~ **de** by means of, through; **ha encontrado un trabajo por** ~ **de un conocido** she got a job through an acquaintance. - **4.** [elemento físico] environment. - **5.** [ambiente social] circle; **en** ~**s bien informados** in well-informed circles. - **6.** DEP midfielder.
◆ **medios** *mpl* [recursos] means, resources; **intentaré conseguir ese trabajo por todos los** ~**s** I'll do everything possible to get that job □ **los** ~**s de comunicación** o **información** the media; ~**s de producción/transporte** means of production/transport; ~**s visuales** EDUC visual aids.
◆ **media** *f* - **1.** [promedio] average; **media aritmética/proporcional** MAT arithmetic/proportional mean; **media horaria** hourly average. - **2.** [hora]: **al dar la media** on the half-hour. - **3.** *(gen pl)* [prenda] tights *(pl)*, stockings *(pl)*; **media media** o **corta** *Amér* ankle-length sock. - **4.** DEP midfielders *(pl)*.
◆ **a medias** *loc adv*: **hacer algo a medias** to half-do sthg; **pagar a medias** to go halves, to share the cost; **mi hermano y yo pagaremos a medias el regalo de nuestra madre** my brother and I are going to go halves on our mother's present.
◆ **medio ambiente** *m* environment.

medioambiental *adj* environmental.

mediocampista *mf* midfielder.

mediocre *adj* mediocre, average.

mediocridad *f* mediocrity.

mediodía (*pl* **mediodías**) *m* - **1.** [hora] midday, noon; **llámame a ~, no por la noche** call me at noon, not in the evening; **al ~** at noon o midday; [hora del almuerzo] lunchtime; **al ~ salimos a comer** we went out to eat at lunchtime. - **2.** [sur] south.

medioevo *m* = **medievo**.

mediofondista *mf* middle-distance runner.

mediofondo *m* middle-distance running.

mediopensionista *mf* [alumno] *child who has lunch at school.*

medique *etc v* → **medicar**.

medir [26] *vt* - **1.** [gen] to measure; **¿cuánto mides?** how tall are you?; **mido 1,80** I'm 1.80 metres; **mide diez metros** it's ten metres long. - **2.** [pros, contras etc] to weigh up. - **3.** [palabras] to weigh carefully; **tienes que ~ lo que dices, si no todos se enfadarán** you have to weigh your words carefully, otherwise everyone will get angry. - **4.** [fuerzas] to test out against each other.
◆ **medirse** *vpr* - **1.** [tomarse medidas] to measure o.s. - **2.** [moderarse] to show restraint. - **3.** [enfrentarse]: **~se con** to meet, to compete against.

meditabundo, da *adj* thoughtful, pensive.

meditación *f* meditation; **~ trascendental** transcendental meditation.

meditador, ra *adj* meditating, meditative.

meditar ◇ *vi*: **~ (sobre)** to meditate (on). ◇ *vt* - **1.** [gen] to meditate, to ponder. - **2.** [planear] to plan, to think through.

meditativo, va *adj* pensive.

mediterráneo, a *adj* Mediterranean.

Mediterráneo *m*: **el (mar) ~** the Mediterranean (Sea).

médium *mf inv* medium.

medra *f*, **medro** *m* - **1.** [aumento] increase, growth. - **2.** [mejora] improvement, progress. - **3.** [enriquecimiento] prosperity.

medrar *vi* - **1.** [prosperar] to prosper. - **2.** [enriquecerse] to get rich. - **3.** [crecer] to grow. - **4.** [mejorar] to improve.

medro *m* = **medra**.

medrosamente *adv* fearfully.

medroso, sa ◇ *adj* - **1.** [miedoso] fearful. - **2.** [que causa miedo] frightening. ◇ *m, f* fearful person.

médula *f* - **1.** ANAT (bone) marrow; **~ espinal** spinal cord; **~ oblonga** medulla oblongata; **~ ósea** bone marrow. - **2.** [esencia] core; **hasta la ~** *fig* to the core. - **3.** BOT medulla, pith.

medular *adj* medullary, medullar.

medusa *f* jellyfish.

Mefistófeles *m* Mephistopheles.

mefistotélico, ca *adj* diabolical.

mefitismo *m* mephitis.

megabyte [mega'ßait] (*pl* **megabytes**) *m* INFORM megabyte.

megafonía *f* public-address system; **llamar por ~ a alguien** to page sb.

megáfono *m* megaphone.

megahercio *m* megahertz.

megalito *m* megalith.

megalocéfalo, la *adj* megalocephalous.

megalomanía *f* megalomania.

megalómano, na *adj & m, f* megalomaniac.

megatón *m* megaton.

megavatio *m* megawatt.

mejicanismo *m* = **mexicanismo**.

mejicano, na *adj & m, f* = **mexicano**.

Méjico *s* = **México**.

mejilla *f* cheek.

mejillón *m* mussel; **mejillones a la marinera** *mussels cooked in a tomato, onion and garlic sauce.*

mejor ◇ *adj* - **1.** (*comparativo*): **~ (que)** better (than). - **2.** (*superlativo*): **el/la ~...** the best... ◇ *mf*: **el/la ~ (de)** the best (in); **el ~ de todos** the best of all; **lo ~ fue que...** the best thing was that... ❑ **en el ~ de los casos** at best. ◇ *adv* - **1.** (*comparativo*): **~ (que)** better (than); **esta película es ~ que la que vimos ayer** this film is better than the one we saw yesterday; **ahora veo ~** I can see better now; **es ~ que no vengas** it would be better if you didn't come; **estar ~** [no tan malo] to feel better; [recuperado] to be better; **~ que ~, tanto ~** so much the better. - **2.** (*superlativo*) best; **el que la conoce ~** the one who knows her best.
◆ **a lo mejor** *loc adv* maybe, perhaps.
◆ **mejor dicho** *loc adv* (or) rather.

mejora *f* - **1.** [progreso] improvement. - **2.** [aumento] increase. - **3.** [puja] higher bid. - **4.** DER special bequest.

mejorable *adj* improvable.

mejorado, da *adj* - **1.** [gen] improved; [enfermo] better. - **2.** [aumentado] increased.

mejoramiento *m* improvement.

mejorana *f* sweet marjoram.

mejorar ◇ *vt* - **1.** [gen] to improve; [enfermo] to make better; **vamos a hacer unas reformas para ~ la escuela** we're going to carry out some alterations to improve the school. - **2.** [aumentar] to increase. - **3.** DER to leave an additional bequest to. ◇ *vi* - **1.** [ponerse mejor] to improve, to get better. - **2.** [tiempo] to clear up; **espero que el tiempo haya mejorado** I hope the weather has improved.
◆ **mejorarse** *vpr* to improve, to get better; **¡que te mejores!** get well soon!

mejoría *f* - **1.** [gen] improvement. - **2.** [ventaja] advantage.

mejunje *m lit & fig* concoction.

melado *m Amér* thick cane syrup.

melancolía *f* - **1.** [tristeza] melancholy. - **2.** MED melancholia.

melancólico, ca ◇ *adj* [triste] melancholic. ◇ *m, f* - **1.** [persona triste] melancholic person. - **2.** MED melancholiac.

melancolizar *vt* to make sad.

melanina *f* melanin.

melar [19] ◇ *vt* to boil. ◇ *vi* to fill the combs with honey. ◇ *adj* honey-sweet.

melaza *f* molasses (*pl*).

Melchor *m* BIBLIA Melchior.

melcocha *f* toffee.

melcochudo, da *adj Amér* soft, flexible.

melé *f* DEP scrum, scrummage; **~ espontánea** ruck.

melena *f* - **1.** [de persona] long hair (*U*). - **2.** [de león] mane.
◆ **melenas** *fpl despec* mop (*sg*) of hair.

melenudo, da *despec* ◇ *adj* with a mop of hair. ◇ *m, f* person with a mop of hair.

melero, ra *m, f* [vendedor] honey vendor.
◆ **melero** *m* [tarro] honey jar.

melificar [10] *vi* to make honey.

melifluo, flua *adj* honeyed, mellifluous.

melillense ◇ *adj* of/relating to Melilla. ◇ *mf* native/inhabitant of Melilla.

melindre *m* CULIN *fried cake made from honey and sugar.*
◆ **melindres** *mpl* [escrúpulos] affected scrupulousness (*U*).

melindrear *vi* to act with affectation.

melindrería *f* affectation.

melindroso, sa ◇ *adj* affectedly scrupulous. ◇ *m, f* affectedly scrupulous person.

melisa *f* lemon balm.

mella *f* - **1.** [gen] nick; **hacer ~ en algo** [dañar] to dent sthg ❑ **hacer ~ en alguien** *fig* to make an impression on sb. - **2.** [en dentadura] gap. - **3.** *fig* [menoscabo] harm, damage.

mellado, da *adj* - **1.** [con hendiduras] nicked. - **2.** [sin dientes] gap-toothed.

mellar ◇ *vt* - **1.** [hacer mellas en] to nick, to chip. - **2.** [menoscabar] to damage. ◇ *vi* - **1.** [superficie] to become nicked. - **2.** *fig* [dañarse] to be harmed o damaged.

mellizo, za *adj & m, f* twin.

melocotón *m* - **1.** [fruto] peach. - **2.** [árbol] peach tree.

melocotonar *m* peach orchard.

melocotonero *m* peach tree.

melodía *f* melody, tune.

melódico, ca *adj* melodic.

melodiosamente *adv* melodiously.

melodioso, sa *adj* melodious.

melodrama *m* melodrama.

melodramático, ca *adj* melodramatic.

melomanía *f* love of music.

melómano, na *m, f* music lover.

melón *m* - **1.** [fruta] melon; ~ **de agua** watermelon; **catar el** ~ *fig* to get the lay of the land. - **2.** *fam fig* [persona] lemon, idiot.

melonada *f* silly thing; **hacer una** ~ to do something foolish.

melonar *m* melon field o patch.

melopea *f* - **1.** *fam* [borrachera] drunkenness; **agarrar una** ~ to get legless. - **2.** MÚS melopoeia, melodymaking.

melosidad *f* - **1.** [dulzura] sweetness. - **2.** [empalago] sickliness. - **3.** [suavidad] smoothness.

meloso, sa *adj* - **1.** [como la miel] honey *(antes de sust)*. - **2.** [dulce] sweet. - **3.** [empalagoso] sickly. - **4.** [suave] smooth.

melote *m* - **1.** [melaza] molasses *(U)*. - **2.** CULIN honey preserves *(pl)*.

membrana *f* membrane; ~ **mucosa** mucous membrane.

membranoso, sa *adj* membranous.

membrete *m* - **1.** [del remitente] letterhead; [del destinatario] addressee's name and address. - **2.** [anotación] note, memo.

membreteado, da *adj* having a letterhead.

membrillar *m* quince tree orchard.

membrillero *m* quince tree.

membrillo *m* - **1.** [fruto] quince. - **2.** [dulce] quince jelly. - **3.** [árbol] quince tree.

membrudo, da *adj* robust, muscular.

memento *m* - **1.** RELIG memento. - **2.** [libreta] memo book, notebook.

memez *(pl* **memeces)** *f* - **1.** [cualidad] stupidity. - **2.** [acción, dicho] silly o stupid thing.

memo, ma ◇ *adj* stupid. ◇ *m, f* idiot, fool. ◇ *m* [circular interna] memo.

memorable *adj* memorable.

memorándum *(pl* **memorándums** o **memorandos)** *m* - **1.** [cuaderno] notebook. - **2.** [nota diplomática] memorandum.

memorar *vt* to remember, to recall.

memoria *f* - **1.** [gen & INFORM] memory; **borrar algo de la** ~ **(de uno)** to erase sthg from one's memory; **de** ~ by heart; **no recuerdo su número de** ~ I don't know his phone number by heart; **falta de** ~ forgetfulness; **hacer** ~ to try to remember; **se me fue de la** ~ it slipped my mind; **traer a la** ~ to call to mind; **algunos olores me traen a la** ~ **recuerdos de mi infancia** certain smells remind me of my childhood; **venir a la** ~ to come to mind ❑ ~ **de acceso aleatorio/de sólo lectura** INFORM random-access/read only memory; ~ **expandida/extendida/programable** INFORM expanded/extended/programmable memory; ~ **fotográfica** *fig* photographic memory; ~ **intermedia** INFORM buffer; ~ **RAM/ROM** INFORM RAM/ROM (memory); **ser flaco de** ~ to be forgetful. - **2.** [recuerdo] remembrance, remembering; **conservar la** ~ **de algo/alguien** to remember sthg/sb; **ser de feliz/ingrata** ~ to be a happy/an unhappy memory; **digno de** ~ memorable; **en** ~ **de** in memory of. - **3.** [disertación] (academic) paper. - **4.** [informe] report; **has de presentar una** ~ **a finales de**

año you have to present a report at the end of the year ❑ ~ **anual** annual report. - **5.** [lista] list, record.

◆ **memorias** *fpl* [biografía] memoirs.

memorial *m* - **1.** [petición] petition, request. - **2.** [publicación] bulletin. - **3.** [libreta] memo book, notebook.

memorioso, sa ◇ *adj* having a good memory. ◇ *m, f* person with a good memory.

memorístico, ca *adj* memory *(antes de sust)*.

memorización *f* memorizing.

memorizar [13] *vt* to memorize.

mena *f* MIN ore.

ménade *f* - **1.** MITOL maenad, bacchante. - **2.** [de escuela] school supplies and equipment *(pl)*.

menaje *m* [de hogar] household goods and furnishings *(pl)*; ~ **de cocina** kitchenware.

menchevique *adj & mf* POLÍT Menshevik.

mención *f* mention; **hacer** ~ **de** to mention ❑ ~ **honorífica** honourable mention.

mencionar *vt* to mention.

menda *fam* ◇ *pron* [el que habla] yours truly. ◇ *mf* [uno cualquiera]: **vino un** ~ **y...** this guy came along and...

mendacidad *f* - **1.** [hábito] mendacity. - **2.** [mentira] lie.

mendaz *(pl* **mendaces)** ◇ *adj* mendacious, lying. ◇ *mf* liar.

mendelevio *m* QUÍM mendelevium.

mendicante ◇ *adj* - **1.** [que pide limosna] begging. - **2.** → **orden**. ◇ *mf* beggar.

mendicidad *f* begging.

mendigar [16] ◇ *vt* to beg for. ◇ *vi* to beg.

mendigo, ga *m, f* beggar.

mendiguez *(pl* **mendigueces)** *f* begging.

mendrugo *m* - **1.** [de pan] crust (of bread). - **2.** *fam* [persona] idiot, fool.

meneador, ra ◇ *adj* [gen] moving; [cabeza] shaking; [cola] wagging. ◇ *m, f* [gen] mover; [de cabeza] shaker.

menear *vt* - **1.** [mover - gen] to move; [- la cabeza] to shake; [- la cola] to wag; [- las caderas] to wiggle. - **2.** [líquido] to stir. - **3.** *fig* [activar] to get moving; **es mejor no** ~**lo, peor es** ~**lo** *fam fig* let sleeping dogs lie. - **4.** *fig* [negocio] to handle, to run.

◆ **menearse** *vpr* - **1.** [moverse] to move (about); [agitarse] to shake; [oscilar] to sway. - **2.** [darse prisa, espabilarse] to get a move on. - **3.** *loc*: **un susto de no te menees** *fam* a hell of a scare.

meneo *m* - **1.** [gen] movement; [de cabeza] shake; [de cola] wag, wagging *(U)*; [de caderas] wiggling *(U)*; **dar un** ~ **a algo** *fam fig* to knock sthg; **dar un** ~ **a alguien** *fam fig* to give sb a hiding. - **2.** [de líquido] stirring. - **3.** *fig* [de negocio] handling, running.

menester *m* - **1.** [necesidad] necessity; **haber** ~ **de algo** to be in need of sthg; **ser** ~ **que alguien haga algo** to be necessary for sb to do sthg. - **2.** [ocupación, trabajo] occupation, employment; **ir a sus** ~**es** to go to one's place of work.

◆ **menesteres** *mpl* - **1.** [asuntos] business *(U)*, matters *(pl)*. - **2.** *fam* [enseres] equipment *(U)*. - **3.** [necesidades corporales] bodily needs.

menesteroso, sa ◇ *adj* needy, poor. ◇ *m, f* needy o poor person.

menestra *f* vegetable stew.

menestral, la *m, f* artisan, craftsman *(f* craftswoman).

mengano, na *m, f* so-and-so, what's-his-name *(f* what's-her-name).

mengua *f* - **1.** [reducción] reduction; [falta] lack; [descrédito] discredit; **en** ~ **de** to the detriment of; **sin** ~ **de** without detriment to. - **2.** [pobreza] poverty. - **3.** [de luna] waning. - **4.** [de persona] decline.

menguado, da *adj* - **1.** [disminuido] reduced, diminished. - **2.** [cobarde] cowardly. - **3.** [tonto] foolish, silly. - **4.** [tacaño] stingy, miserly.

◆ **menguado** *m* [en costura] drop stich.

menguante ◇ *adj* - **1.** [luna] waning. - **2.** [que disminuye] diminishing, decreasing. ◇ *f* - **1.** [de luna] waning. - **2.** [marea] ebb. - **3.** *fig* [decadencia] decline, decadence.

menguar [45] ◇ *vi* - **1.** [disminuir] to decrease, to diminish. - **2.** [luna] to wane. - **3.** [marea] to ebb. - **4.** *fig* [declinar] to decline, to go downhill. - **5.** [en labor de punto] to decrease. ◇ *vt* - **1.** [disminuir] to lessen, to diminish. - **2.** [en labor de punto] to decrease. - **3.** *desus* [deshonrar] to detract from; **esto no mengua en nada su fama** this in no way detracts from his reputation.

mengue *m fam* devil.

menhir *m* menhir.

meninge *f* meninx.

meningitis *f inv* meningitis.

menisco *m* meniscus.

mennonita, menonita *adj & mf* RELIG Mennonite.

menopausia *f* menopause.

menor ◇ *adj* - **1.** *(comparativo)*: ~ **(que)** [de tamaño] smaller (than); **este piso es** ~ **que el otro** this flat is smaller than the other one; [de edad] younger (than); [en importancia etc] less o lesser (than); [en número] lower (than). - **2.** *(superlativo)*: **el/la** ~... [de tamaño] the smallest...; [de edad] the youngest...; [en importancia] the slightest...; [en número] the lowest... - **3.** [de poca importancia] minor; **un problema** ~ a minor problem. - **4.** [joven]: **ser** ~ **de edad** [para votar, conducir etc] to be under age; DER to be a minor. - **5.** MÚS: **en do** ~ in C minor. - **6.** *loc*: **al por** ~ COM retail; **por** ~ [con detalle] in detail, minutely. ◇ *mf* - **1.** *(superlativo)*: **el/la** ~ [hijo, hermano] the youngest; **el** ~ **de mis hijos estudia música** the youngest of my children is studying music. - **2.** DER [niño] minor. ◇ *m* [monje] Minorite.

Menorca *s* Minorca.

menoría *f* - **1.** [subordinación] subordination. - **2.** [de edad] minority.

menorista *mf Amér* retailer.

menorquín, ina *adj & m, f* Minorcan.

menos ◇ *adj inv* - **1.** *(comparativo)* [cantidad] less; [número] fewer; ~ **aire** less air; ~ **manzanas** fewer apples; ~... **que...** less/fewer... than...; **tiene** ~ **experiencia que tú** she has less experience than you; **hace** ~ **calor que ayer** it's not as hot as it was yesterday. - **2.** *(superlativo)* [cantidad] the least; [número] the fewest; **el que compró** ~ **acciones** the one who bought the fewest shares; **lo que** ~ **tiempo llevó** the thing that took the least time. - **3.** *fam* [peor]: **éste es** ~ **coche que el mío** that car isn't as good as mine. ◇ *adv* - **1.** *(comparativo)* less; **estás** ~ **gordo** you're not as fat; ~ **de/que** less than. - **2.** *(superlativo)*: **el/la/lo** ~ the least; **él es el** ~ **indicado para criticar** he's the last person who should be criticizing; **ella es la** ~ **adecuada para el cargo** she's the least suitable person for the job; **es lo** ~ **que puedo hacer** it's the least I can do. - **3.** [expresa resta] minus; **tres** ~ **dos igual a uno** three minus two is one. - **4.** [con las horas]: **son (las dos)** ~ **diez** it's ten to (two). - **5.** *loc*: **es lo de** ~ that's the least of it, that's of no importance; **hacer de** ~ **a alguien** to snub sb; **¡**~ **mal!** just as well!, thank God!; **no es para** ~ not without (good) reason; **venir a** ~ to go down in the world. ◇ *m inv* MAT minus (sign). ◇ *prep* [excepto] except (for); **todo** ~ **eso** anything but that.
◆ **al menos, por lo menos** *loc adv* at least.
◆ **a menos que** *loc conj* unless; **no iré a** ~ **que me acompañes** I won't go unless you come with me.
◆ **de menos** *loc adj* [que falta] missing; **hay 100 pesetas de** ~ there's 100 pesetas missing.

menoscabador, ra *adj* - **1.** [de fama, honra etc] damaging. - **2.** [de derechos, intereses, salud] harming. - **3.** [de belleza, perfección] diminishing, lessening.

menoscabar *vt* - **1.** [fama, honra etc] to damage. - **2.** [derechos, intereses, salud] to harm. - **3.** [belleza, perfección] to diminish.

menoscabo *m* [de fama, honra etc] damage; [de derechos, intereses, salud] harm; [de belleza, perfección] diminishing; **(ir) en** ~ **de** (to be) to the detriment of.

menospreciable *adj* despicable, contemptible.

menospreciador, ra ◇ *adj* disdainful, contemptuous. ◇ *m, f* disdainer, scorner.

menospreciar [8] *vt* - **1.** [despreciar] to scorn, to despise. - **2.** [infravalorar] to undervalue.

menospreciativo, va *adj* disdainful, contemptuous.

menosprecio *m* - **1.** [desdén] scorn, contempt. - **2.** [subestimación] underestimation, underrating. - **3.** [falta de respeto] disrespect.

mensáfono *m* pager.

mensaje *m* [gen & INFORM] message; ~ **en clave** coded message.

mensajería *f* - **1.** [servicio] courier service; ~ **marítima** shipping line. - **2.** [empresa] courier (agency o company).

mensajero, ra ◇ *adj* - **1.** [que lleva un mensaje] message-carrying. - **2.** *fig* [anunciador] announcing, presaging. ◇ *m, f* - **1.** [gen] messenger. - **2.** [de mensajería] courier.

menso, sa *adj Amér fam* foolish, stupid.

menstruación *f* menstruation; **tener la** ~ to menstruate.

menstrual *adj* menstrual.

menstruar [6] *vi* to menstruate, to have a period.

menstruo *m* menstruation.

mensual *adj* monthly; **5.000 pesetas** ~**es** 5,000 pesetas a month.

mensualidad *f* - **1.** [sueldo] monthly salary. - **2.** [pago] monthly payment o instalment.

mensualizar [13] *vt* to make on a monthly basis.

mensualmente *adv* monthly.

mensura *f* measurement.

mensurable *adj* measurable.

mensurador, ra ◇ *adj* measuring. ◇ *m, f* measurer.

mensurar *vt* to measure.

menta *f* mint.

mentado, da *adj* - **1.** [mencionado] above-mentioned, aforementioned. - **2.** [famoso] famous.

mental *adj* - **1.** [de la mente] mental. - **2.** [del intelecto] intellectual.

mentalidad *f* mentality; ~ **abierta/cerrada** open/closed mind.

mentalización *f* mental preparation.

mentalizar [13] *vt* to put into a frame of mind.
◆ **mentalizarse** *vpr* to get into a frame of mind.

mentalmente *adv* - **1.** [con la mente] mentally. - **2.** [intelectualmente] intellectually.

mentar [19] *vt* to mention.

mente *f* - **1.** [gen] mind; **tener en** ~ **algo** to have sthg in mind; **tener en** ~ **hacer algo** to intend to do sthg; **traer algo a la** ~ to bring sthg to mind; **transtornarle la** ~ **a alguien** to drive sb mad. - **2.** [mentalidad] mentality; **tiene una** ~ **muy abierta, es capaz de entender a los jóvenes** she's very open-minded, she understands young people.

mentecatería *f* foolishness.

mentecato, ta *m, f* idiot.

mentir [27] *vi* - **1.** [engañar] to lie. - **2.** [inducir a error] to be deceiving, to be misleading; **las apariencias mienten** appearances can be deceiving. - **3.** [contradecirse] to contradict o.s.

mentira ◇ *f* - **1.** [engaño, falsedad] lie; [acción de mentir] lying; **aunque parezca** ~ strange as it may seem; **de** ~ pretend, false; **enhebrar una** ~ **tras otra** to tell a string o pack of lies; **parece** ~ **(que...)** it hardly seems possible (that...), it's scarcely credible (that...); **parece** ~ **que te creas una cosa así** how can you possibly believe a thing like that? ▢ ~ **inocente** o **piadosa** white lie; **una** ~ **como una casa** a whopping great lie. - **2.** [en uña] white spot. - **3.** [errata] error. ◇ *interj* that's a lie!

mentirijillas ◆ **de mentirijillas** *fam* ◆ *loc adv* [en broma] as a joke, in fun. ◇ *loc adj* [falso] pretend, makebelieve.

mentirón *m* whopping lie.

mentiroso, sa ◇ *adj* **- 1.** [que miente] lying; [engañoso] deceptive. **- 2.** [libro] full of errors o misprints. ◇ *m, f* liar.

mentís *m inv* denial; **dar un** ~ **(a)** to issue a denial (of).

mentol *m* menthol.

mentolado, da *adj* mentholated.

mentón *m* chin.

mentor *m* mentor.

menú (*pl* **menús**) *m* **- 1.** [lista] menu; [comida] food; ~ **del día** set meal. **- 2.** INFORM menu; ~ **desplegable** pull-down menu.

menudamente *adv* **- 1.** [de modo menudo] minutely. **- 2.** [en detalle] in detail; **lo describió** ~ he described it in detail.

menudear ◇ *vi* **- 1.** [ser frecuente] to happen frequently. **- 2.** [al contar algo] to go into detail. **- 3.** *Amér* [vender al por menor] to sell by retail. **- 4.** *Amér* [proliferar] to increase. ◇ *vt* to repeat, to do repeatedly.

menudencia *f* **- 1.** [cosa poco importante] trifle, insignificant thing. **- 2.** [esmero] meticulousness, exactness.

◆ **menudencias** *fpl* **- 1.** [de cerdo] pork products. **- 2.** [de res] offal (*U*). **- 3.** *Amér* [de ave] giblets.

menudeo *m Amér* retailing; **vender al** ~ to sell retail.

menudillo *m* fetlock joint.

◆ **menudillos** *mpl* giblets.

menudo, da *adj* **- 1.** [pequeño, dinero suelto] small. **- 2.** [insignificante] trifling, insignificant. **- 3.** *(antes de sust)* [para enfatizar] what!; **¡~ lío/gol!** what a mess/goal! **- 4.** [lluvia] fine. **- 5.** [vulgar] common, vulgar. **- 6.** [minucioso] exact, meticulous.

◆ **menudos** *mpl* **- 1.** [de ave] giblets. **- 2.** [de res] offal (*U*).

◆ **a menudo** *loc adv* often.

◆ **por menudo** *loc adv* in detail, minutely.

meñique ◇ *adj* tiny. ◇ *m* → **dedo**.

meollo *m* **- 1.** [fondo, sustancia] core, heart; **entrar en el ~ del asunto** to come to the heart of the matter. **- 2.** [médula] marrow. **- 3.** *fig* [de persona] brains (*pl*). **- 4.** [seso] brain, grey matter (*U*).

meón, ona *fam* ◇ *adj* that wets itself frequently. ◇ *m, f* **- 1.** [que mea mucho] person who wets himself/herself. **- 2.** *fig* [recién nacido] newborn baby.

mequetrefe *mf fam* good-for-nothing.

meramente *adv* merely.

merar *vt* [dos líquidos] to mix.

merca *f* purchase.

mercachifle *mf despec* **- 1.** [comerciante] pedlar. **- 2.** [usurero] money-grabber, shark.

mercadear *vi* to trade, to do business.

mercadeo *m* marketing.

mercader *mf* trader.

mercadería *f* merchandise, goods (*pl*).

mercadillo *m* flea market.

mercado *m* market; **acaparar el** ~ **de** to corner the market in □ ~ **de abastos** COM wholesale food market; ~ **al aire libre** street market; ~ **alcista/bajista** bull/bear market; ~ **bursátil** o **de valores** stock market; ~ **de cambios** foreign exchange market; ~ **de capitales/divisas/valores** capital/currency/securities market; ~ **común** Common Market; ~ **exterior** foreign o overseas market; ~ **de futuros** futures market; ~ **interbancario** interbank market; ~ **interior** o **nacional** domestic market; ~ **libre/negro** free/black market; ~ **de trabajo** labour o job market.

mercadología *f* marketing.

mercadotecnia *f* marketing.

mercal *m Amér* tequila.

mercancía *f* [género de venta] merchandise (*U*), goods (*pl*); [artículo de venta] piece of merchandise.

◆ **mercancías** *m inv* FERROC goods train *Br*, freight train *Am*.

mercante ◇ *adj* merchant. ◇ *m* merchant, dealer.

mercantil *adj* mercantile, commercial.

mercantilismo *m* ECON mercantilism; *fig* commercialism.

mercantilista *adj & mf* **- 1.** [abogado] expert in commercial law. **- 2.** [partidario] mercantilist.

mercantilizar [13] *vt* to commercialize.

mercar [10] *vt fam* to buy.

merced *f culto* **- 1.** [favor] favour; ~ **a** thanks to. **- 2.** [fórmula de tratamiento] grace, worship; **vuestra** ~ Your Grace. **- 3.** *loc*: **a la** ~ **de algo/alguien** at the mercy of sthg/sb; **tenga la** ~ **de...** please be so kind as to...

mercenario, ria *adj & m, f* mercenary.

◆ **mercenario** *m* **- 1.** [del campo] hired labourer. **- 2.** RELIG Mercedarian.

mercería *f* **- 1.** [género] haberdashery *Br*, notions *Am*. **- 2.** [tienda] haberdasher's (shop) *Br*, notions store *Am*.

mercero, ra *m, f* haberdasher *Br*, notions seller *Am*.

mercurial ◇ *adj* **- 1.** [del metal] mercurial. **- 2.** [del dios, del planeta] Mercurial. ◇ *f* herb mercury.

mercúrico, ca *adj* mercuric.

mercurio *m* mercury; ~ **dulce** calomel.

Mercurio *m* MITOL Mercury.

mercurocromo *m* mercurochrome.

merecedor, ra *adj*: ~ **de** worthy of.

merecer [30] ◇ *vt* to deserve, to be worthy of; **la isla merece una visita** the island is worth a visit; **no merece la pena** it's not worth it. ◇ *vi* to be worthy.

merecidamente *adv* deservedly.

merecido *m*: **recibir su** ~ to get one's just deserts.

merecimiento *m* merit, worth.

merendar [19] ◇ *vi* to have tea *(as a light afternoon meal)*. ◇ *vt* to have for tea.

◆ **merendarse** *vpr* **- 1.** *fam fig* [batir]: **~se a alguien** to thrash sb. **- 2.** *fig* [lograr]: **~se algo** to land sthg, to get hold of sthg.

merendero *m* open-air cafe or bar *(in the country or on the beach)*.

merendola *f fam* slap-up tea.

merengar [16] *vt* [leche] to whip.

merengue ◇ *m* **- 1.** CULIN meringue. **- 2.** [baile] merengue. **- 3.** [persona] weakling. ◇ *adj fam* DEP of/relating to Real Madrid Football Club.

meretriz (*pl* **meretrices**) *f desus* prostitute.

merezca *etc v* → **merecer**.

meridiana *f* **- 1.** [siesta] afternoon nap. **- 2.** [sofá] chaise longue.

meridiano, na *adj* **- 1.** [hora etc] midday. **- 2.** *fig* [claro] crystal-clear. **- 3.** GEOGR & ASTRON meridian; **altura meridiana** meridian altitude.

◆ **meridiano** *m* meridian; **primer** ~ prime meridian.

meridional ◇ *adj* southern. ◇ *mf* southerner.

merienda[1] *etc v* → **merendar**.

merienda[2] *f* **- 1.** [comida] tea *(as a light afternoon meal)*; ~ **cena** (high) tea; ~ **de negros** *fig* free-for-all; **juntar ~s** *fig* to join forces. **- 2.** [en el campo] picnic.

mérito *m* **- 1.** [en busca de recompensa] merit; **hacer ~s para** do everything possible to. **- 2.** [valor] value, worth; **tiene mucho** ~ it's no mean achievement; **de** ~ worthy, deserving. **- 3.** [mención]: **hacer** ~ **de algo** to mention sthg.

meritorio, ria ◇ *adj* worthy, deserving. ◇ *m, f* unpaid trainee o apprentice.

Merlín *m* Merlin.

merluza *f* **- 1.** [pez, pescado] hake. **- 2.** *fam* [borrachera]: **agarrar una** ~ to get sloshed.

merma *f* **- 1.** [disminución] decrease, reduction. **- 2.** [pérdida] loss.

mermar ◇ *vi* **- 1.** [disminuir] to diminish, to lessen. **- 2.** [suj: líquido] to go down. ◇ *vt* to reduce, to diminish.

mermelada *f* jam; ~ **de naranja** marmalade.

mero, ra *adj* **- 1.** *(antes de sust)* [puro, simple] mere. **- 2.** *Amér* [sólo] only; **uno** ~ **de los niños** only one of the children.

◆ **mero** ◇ *m* [pez] grouper. ◇ *adv Amér* - **1.** [verdaderamente] really. - **2.** [exactamente] sharp.

merodeador, ra ◇ *m, f* prowler, snooper. ◇ *adj* prowling, snooping.

merodear *vi*: ~ **(por)** to snoop o prowl (about).

merodeo *m* prowling, snooping.

merque *etc v* → **mercar**.

mes (*pl* **meses**) *m* - **1.** [del año] month; **al** o **por** ~ a month; **viajo a Madrid tres veces al** o **por** ~ I go to Madrid three times a month; **al promediar el** ~ halfway through the month. - **2.** [salario] monthly salary. - **3.** [menstruación] period.

mesa *f* - **1.** [gen] table; [de oficina, despacho] desk; **¡a la** ~**!** **la comida está lista** come to the table everyone, dinner's ready!; **bendecir la** ~ to say grace; **poner la** ~ to set the table; **quitar** o **levantar** o **alzar la** ~ to clear the table ❏ ~ **camilla** *small round table under which a heater is placed*; ~ **de altar** altar; ~ **de batalla** sorting table (*in a post office*); ~ **de billar/de caballete/de operaciones** billiard/trestle/operating table; ~ **de mezclas** mixing desk; ~ **(de) nido** nest of tables; ~ **de noche/de comedor** bedside/dining table; ~ **de trabajo** worktable; ~ **plegable** o **de tijera** o **de plegar** folding table. - **2.** [comité] board, committee; [en un debate etc] panel; ~ **directiva** executive board o committee. - **3.** *fig* [comida] food; **le gusta la buena** ~ she likes good food. - **4.** [de escalera] landing. - **5.** GEOGR plateau. - **6.** [de piedra preciosa] facet, face.

◆ **mesa electoral** *f* polling station.

◆ **mesa redonda** *f* - **1.** [coloquio] round table. - **2.** [en fonda] set meals (*pl*).

mesada *f* monthly pay.

mesadura *f* tearing of one's hair.

mesana *f* - **1.** [mástil] mizenmast. - **2.** [vela] mizensail.

mesar *vt* to tear.

mescal *m* = **mezcal**.

mescalina, mezcalina *f* mescalin.

mescolanza *f* = **mezcolanza**.

mesenterio *m* mesentery.

mesero, ra *m, f* - **1.** *Amér* [camarero] waiter (*f* waitress). - **2.** *desus* [trabajador] worker paid monthly.

meseta *f* - **1.** GEOGR plateau, tableland. - **2.** [de escalera] landing.

mesiánico, ca *adj* messianic.

mesianismo *m* - **1.** RELIG messianism. - **2.** *fig* [confianza en alguien] blind faith in one person.

mesías *m inv fig* Messiah.

◆ **Mesías** *m*: **el Mesías** the Messiah.

mesilla *f* - **1.** [mesa pequeña] small table; ~ **de chimenea** mantelpiece; ~ **de noche** bedside table. - **2.** [de escalera] landing. - **3.** [de ventana] ledge, sill.

mesmerismo *m* mesmerism.

mesnada *f* armed retinue.

mesocracia *f* government by the middle classes.

mesolítico, ca *adj* Mesolithic.

◆ **mesolítico** *m* Mesolithic.

mesón *m* - **1.** HIST inn. - **2.** [bar, restaurante] old, country-style restaurant and bar. - **3.** FÍS meson.

mesonero, ra ◇ *m, f* innkeeper. ◇ *adj* inn (*antes de sust*).

Mesopotamia *s* Mesopotamia.

mesosfera *f* mesosphere.

mesozoico, ca *adj* Mesozoic.

◆ **mesozoico** *m* Mesozoic.

mester *m desus* trade, craft.

mestizaje *m* cross-breeding; *fig* mixing.

mestizar [13] *vt* to crossbreed.

mestizo, za ◇ *adj* - **1.** [persona] half-caste. - **2.** [animal, planta] cross-bred. ◇ *m, f* half-caste.

mesura *f* - **1.** [moderación] moderation, restraint; **con** ~ [moderadamente] in moderation. - **2.** [cortesía] courtesy, politeness. - **3.** [gravedad] dignity, seriousness.

mesuradamente *adv* with restraint.

mesurado, da *adj* moderate, restrained.

mesurarse *vpr* to restrain o.s.

meta *f* - **1.** [DEP - llegada] finishing line; [- portería] goal; ~ **volante** [en ciclismo] hot spot sprint. - **2.** *fig* [objetivo] aim, goal; **fijarse una** ~ to set o.s. a target o goal.

metabólico, ca *adj* metabolic.

metabolismo *m* metabolism.

metacarpo *m* metacarpus.

metadona *f* methadone.

metafísico, ca ◇ *adj* metaphysical. ◇ *m, f* [filósofo] metaphysicist.

◆ **metafísica** *f* [disciplina] metaphysics (*U*).

metáfora *f* metaphor.

metafóricamente *adv* metaphorically.

metafórico, ca *adj* metaphorical.

metaforizar [13] *vi* to talk in metaphors.

metal *m* - **1.** [material] metal; ~ **blanco/campanil** white/bell metal; ~ **de imprenta/en láminas** type/sheet metal; ~**es preciosos** precious metals. - **2.** MÚS brass. - **3.** *fig* [timbre de voz] tone, ring. - **4.** *fig* [calidad, condición] nature, quality.

metalada *f Amér* metal contained in a vein.

metalenguaje *m* INFORM & LING metalanguage.

metálico, ca ◇ *adj* - **1.** [sonido, color] metallic. - **2.** [objeto] metal. ◇ *m*: **pagar en** ~ to pay (in) cash.

metalífero, ra *adj* metal-bearing, metalliferous.

metalista *mf* metalworker.

metalistería *f* metalwork.

metalizado, da *adj* [pintura] metallic.

metalizar [13] *vt* to metalize.

◆ **metalizarse** *vpr* - **1.** *fig* [persona] to be obsessed with money. - **2.** [cosa] to become metalized.

metaloide *m* metalloid.

metalurgia *f* metallurgy.

metalúrgico, ca ◇ *adj* metallurgical. ◇ *m, f* metallurgist.

metalurgista *mf* metallurgist, metalworker.

metamórfico, ca *adj* metamorphic.

metamorfismo *m* metamorphism.

metamorfosear *vt* to metamorphose.

metamorfosis *f inv* BIOL metamorphosis.

metano *m* methane.

metanol *m* methanol.

metástasis *f inv* MED metastasis.

metatarso *m* metatarsus.

metate *m* grinding stone.

metedor, ra *m, f* smuggler.

◆ **metedor** *m* [paño] nappy *Br*, diaper *Am*.

metedura *f fam* [acción] putting, placing.

◆ **metedura de pata** *f* faux pas.

meteduría *f* smuggling.

metempsícosis, metempsicosis *f inv* FILOS metempsychosis, transmigration of souls.

meteórico, ca *adj lit & fig* meteoric.

meteorito *m* meteorite.

meteoro *m* meteor.

meteorología *f* meteorology.

meteorológico, ca *adj* meteorological.

meteorólogo, ga *m, f*, **meteorologista** *mf* meteorologist; RADIO & TV weatherman (*f* weatherwoman).

metepatas *mf inv fam* blunderer.

meter *vt* - **1.** [gen] to put in; ~ **algo/a alguien en algo** to put sthg/sb in sthg; **no puedo** ~ **la llave en la cerradura** I can't get the key into the lock; **le metieron en la cárcel** they put him in prison; ~ **dinero en el banco** to put money in the bank; **he metido mis ahorros en esa empresa** I've put all my savings into this venture. - **2.** [hacer participar]: ~ **a alguien en algo** to get sb into sthg. - **3.** [obligar a]:

~ **a alguien a hacer algo** to make sb start doing sthg. - **4.** [causar]: ~ **prisa/miedo a alguien** to rush/scare sb; ~ **ruido** to make a noise. - **5.** *fam* [asestar] to give; **le metió un puñetazo** he gave him a punch. - **6.** *fam* [echar] to give; ~ **una bronca a alguien** to tell sb off. - **7.** [prenda] to take in; ~ **el bajo de una falda** to take up a skirt. - **8.** *loc*: **a todo** ~ as quickly as possible.

◆ **meterse** *vpr* - **1.** [entrar] to get in; ~**se en** to get into. - **2.** *(en frase interrogativa)* [estar] to get to; **¿dónde se ha metido ese chico?** where has that boy got to? - **3.** [dedicarse]: ~**se a** to become; ~**se a torero** to become a bullfighter. - **4.** [involucrarse]: ~**se (en)** to get involved (in). - **5.** [entrometerse] to meddle, to interfere; **se mete en todo** he never minds his own business ❏ ~**se por medio** to interfere. - **6.** [empezar]: ~**se a hacer algo** to get started on doing sthg.

◆ **meterse con** *vpr* - **1.** [incordiar] to hassle. - **2.** [atacar] to go for.

meterete, metete *Amér fam* ◇ *adj* meddling, meddlesome. ◇ *m* busybody.

meticulosamente *adv* meticulously.

meticulosidad *f* meticulousness.

meticuloso, sa ◇ *adj* - **1.** [escrupuloso] meticulous. - **2.** [miedoso] timid, fearful. ◇ *m, f* meticulous person.

metido, da *adj* - **1.** [involucrado]: **andar** o **estar** ~ **en** to be involved in ❏ ~ **en sí** *fig* withdrawn. - **2.** [abundante]: ~ **en años** elderly; ~ **en carnes** plump. - **3.** *Amér* [entrometido] meddlesome.

◆ **metido** *m* - **1.** [puñetazo] punch, blow; [empujón] shove. - **2.** *fam fig* [reprimenda] ticking-off, scolding. - **3.** [en costura] material in the seam. - **4.** [paño] nappy *Br*, diaper *Am*.

metilo *m* methyl.

metimiento *m* - **1.** [inserción] insertion, putting in. - **2.** *fam fig* [influencia] pull.

metlapil *m Amér* roller for grinding corn.

metódicamente *adv* methodically.

metódico, ca *adj* methodical.

metodismo *m* Methodism.

metodista *adj* & *mf* Methodist.

metodizar [13] *vt* to methodize, to systematize.

método *m* - **1.** [organización, sistema] method; **proceder con** ~ to proceed methodically. - **2.** EDUC course.

metodología *f* methodology.

metodológico, ca *adj* methodological.

metomentodo *fam* ◇ *adj inv* meddlesome. ◇ *mf inv* busybody.

metonimia *f* metonymy.

metraje *m* length, running time; **corto** ~ short, short film; **largo** ~ full-length o feature film.

metralla *f* - **1.** [de proyectil] shrapnel. - **2.** [de carga] grapeshot, canister shot.

metrallazo *m* discharge of grapeshot.

metralleta *f* submachine gun.

métrico, ca *adj* - **1.** [del metro] metric. - **2.** LITER metrical.

◆ **métrica** *f* LITER metrics *(U)*.

metrificación *f* versification.

metro *m* - **1.** [gen] metre; ~ **cuadrado/cúbico** square/cubic metre; ~**s por segundo** metres per second. - **2.** [transporte] underground *Br*, tube *Br*, subway *Am*; ~ **aéreo** elevated railway. - **3.** [cinta métrica] tape measure; [regla] ruler.

metrónomo *m* metronome.

metrópoli *f*, **metrópolis** *f inv* - **1.** [ciudad] metropolis. - **2.** [nación] home country. - **3.** [iglesia] metropolis.

metropolitano, na *adj* metropolitan.

◆ **metropolitano** *m desus* tube *Br*, underground *Br*, subway *Am*.

mexicanismo, mejicanismo *m* Mexicanism.

mexicano, na, mejicano, na *adj* & *m, f* Mexican.

México, Méjico *s* - **1.** GEOGR Mexico; ~ **Distrito Federal** the Federal District of México. - **2.** → **golfo**.

meza *etc v* → **mecer**.

mezcal, mescal *m* mescal.

mezcalina *f* = **mescalina**.

mezcla *f* - **1.** [gen] mixture; [tejido] blend; [de una grabación] mix; **le sentó mal la** ~ **de bebidas** he didn't feel too good after mixing his drinks. - **2.** [acción] mixing. - **3.** CONSTR mortar.

mezclable *adj* mixable.

mezclado, da *adj* mixed.

◆ **mezclado** *m* tweed.

mezclador, ra ◇ *adj* mixing. ◇ *m, f* [de sonido] sound mixer.

◆ **mezclador** *m* [aparato] mixer; ~ **de imagen/sonido** vision/sound mixer.

mezcladora *f* [máquina] mixing machine; CONSTR cement mixer.

mezcladura *f*, **mezclamiento** *m* mixture.

mezclar *vt* - **1.** [gen] to mix; [cartas] to shuffle; **mezcla bien todos los ingredientes para la salsa** mix all the ingredients of the sauce well. - **2.** [combinar, armonizar] to blend. - **3.** [confundir, desordenar] to mix up; **no mezcles los folios, están sin numerar** don't mix the pages up, they haven't got numbers on them. - **4.** *fig* [implicar]: ~ **a alguien en** to get sb mixed up in; **no me mezcles en tus asuntos** don't involve me in your affairs.

◆ **mezclarse** *vpr* - **1.** [gen]: ~**se (con)** to mix (with); **últimamente se mezcla con gente muy extraña** recently, she has been mixing with some very strange people. - **2.** [confundirse]: ~**se entre** to disappear o blend into; **se mezcló entre la gente para no ser visto** he blended into the crowd so as not to be seen. - **3.** *fig* [implicarse]: ~**se en** to get mixed up in; **se ha mezclado en asuntos poco legales** she has got mixed up in illegal activities.

mezcolanza, mescolanza *f fam* hotchpotch, mishmash.

mezquinamente *adv* meanly.

mezquindad *f* - **1.** [cualidad] meanness. - **2.** [acción] mean action.

mezquino, na *adj* - **1.** [avaro] mean. - **2.** [miserable] petty, small. - **3.** [pobre, vil] poor, wretched. - **4.** [diminuto] paltry, tiny.

◆ **mezquino** *m Amér* wart.

mezquita *f* mosque.

mg *(abrev escrita de* **miligramo***)* mg.

mi¹ *m* MÚS E; [en solfeo] mi.

mi² *(pl* **mis***) adj poses* my; ~ **casa** my house; ~**s libros** my books.

mí *pron pers (después de prep)* - **1.** [gen] me; **este trabajo no es para** ~ this job isn't for me; **no se fía de** ~ he doesn't trust me. - **2.** *(reflexivo)* myself. - **3.** *loc*: **¡a** ~ **qué!** so what?, why should I care?; **para** ~ [yo creo] as far as I'm concerned, in my opinion; **por** ~ as far as I'm concerned; **por** ~, **no hay inconveniente** it's fine by me.

mía *adj poses f* → **mío**.

miaja *f* crumb; *fig* tiny bit.

mialgia *f* MED myalgia.

miasma *m (gen pl)* miasma.

miau *m* miaow.

mica *f* mica.

micción *f* - **1.** [acción] urination. - **2.** [orina] urine.

Micenas *s* Mycenae.

micénico, ca *adj* Mycenaean.

michelines *mpl fam* spare tyre *(sg)*.

Michigan *m* → **lago**.

micho, cha *m, f fam* kitty, pussy.

micifuz *(pl* **micifuces***) m fam* kitty, pussy.

mico *m* - **1.** [animal] (long-tailed) monkey. - **2.** *fam* [persona fea] ugly devil. - **3.** [persona pequeña] runt. - **4.** [lujurioso] lecher. - **5.** *loc*: **dar** o **hacer** ~ **a alguien** to stand sb up; **de-**

jar a alguien hecho un ~ to make a monkey out of sb;
ser el último ~ *fig* to be the lowest of the low.
micología *f* mycology.
micosis *f inv* mycosis.
micra *f* micron.
micrero, ra *m, f Amér* minibus driver.
micro *m* - **1.** *fam* (*abrev de* **micrófono**) mike. - **2.** *Amér* [microbús] minibus.
microbio *m* germ, microbe.
microbiología *f* microbiology.
microbús (*pl* **microbuses**), **micrómnibus** (*pl* **micromnibuses**) *m* minibus.
microcefalia *f* microcephaly.
microcéfalo, la *adj* microcephalic.
microchip *m* microchip.
microcircuito *m* microcircuit.
microcirugía *f* microsurgery.
microclima *m* microclimate.
microcósmico, ca *adj* microcosmic.
microcosmo *m*, **microcosmos** *m inv* microcosm.
microeconomía *f* microeconomics (*U*).
microelectrónica *f* microelectronics (*U*).
microficha *f* microfiche.
microfilm (*pl* **microfilms**), **microfilme** *m* microfilm.
micrófono *m* microphone; ~ **oculto** bug.
microfotografía *f* microphotography.
microinformática *f* INFORM microcomputing.
micrometría *f* micrometry.
micrómetro *m* micrometer.
micrómnibus *m* = **microbús**.
micrón *m* micron.
Micronesia *s* Micronesia.
microonda *f* microwave.
◆ **microondas** *m inv* microwave (oven).
microordenador *m* INFORM microcomputer.
microorganismo *m* microorganism.
microplaqueta *f* INFORM microchip.
microprocesador *m* INFORM microprocessor.
microscópico, ca *adj* microscopic.
microscopio *m* microscope; ~ **electrónico** electron microscope.
microsegundo *m* microsecond.
microsurco *m* microgroove.
mida *etc v* → **medir**.
Midas *m*: **rey** ~ King Midas.
midiera *etc v* → **medir**.
MIE (*abrev de* **Ministerio de Industria y Energía**) *m* Spanish ministry of industry and energy.
miedica *fam* ◇ *adj* chicken, cowardly. ◇ *mf* chicken, coward.
mieditis *f inv fam* the jitters (*pl*).
miedo *m* fear; **dar** ~ to be frightening; **me da** ~ **conducir** I'm afraid o frightened of driving; **meter** ~ **a** to frighten; **por** ~ **a** for fear of; **no le dije la verdad por** ~ **a ofenderla** I didn't tell her the truth for fear of offending her; **temblar de** ~ to tremble with fear; **tener** ~ **a** o **de (hacer algo)** to be afraid of (doing sthg) ❑ ~ **cerval** terrible fear, terror; **de** ~ *fam fig* [estupendo] smashing; **en el carnaval lo pasamos de** ~ we had a smashing time at the carnival; **estar cagado de** ~ *vulg* to be shit-scared; **morirse de** ~ to die of fright, to be terrified.
miedoso, sa ◇ *adj* fearful. ◇ *m, f* fearful person.
miel *f* - **1.** [de abeja] honey. - **2.** [jarabe] molasses (*U*); ~ **de caña** o **prima** molasses. - **3.** *fig* [dulzura] honey, sweetness; **sus palabras estaban llenas de** ~ his words were very sweet. - **4.** *loc:* **dejar a alguien con la** ~ **en los labios** to cut short sb's enjoyment; **hacerse de** ~ to be too kind o sweet; ~ **sobre hojuelas** all the better; **no hay** ~ **sin hiel** every rose has a thorn.
mielga *f* - **1.** BOT alfalfa. - **2.** AGR winnowing fork.
miembro *m* - **1.** [gen] member; ~ **vitalicio** life member. - **2.** [extremidad] limb, member; ~s **superiores/inferiores** upper/lower limbs ❑ ~ **(viril)** penis.
mienta *etc v* → **mentar**. - **2.** → **mentir**.
mientes *fpl* mind (*sg*); **parar** ~ **(en algo)** to consider (sthg); **traer a las** ~ to bring to mind ❑ **caer en (las)** ~ *fig* to come to mind; **ni por** ~ *fig* never.
mientras ◇ *conj* - **1.** [al tiempo que] while; **leía** ~ **comía** she was reading and eating at the same time; ~ **más ando más sudo** the more I walk, the more I sweat. - **2.** [hasta que]: ~ **no se pruebe lo contrario** until proved otherwise. - **3.** [por el contrario]: ~ **(que)** whereas, whilst. ◇ *adv:* ~ **(tanto)** meanwhile, in the meantime.
miércoles ◇ *m inv* Wednesday; ~ **de ceniza** Ash Wednesday; *ver también* **sábado**. ◇ *interj fam* damn it!
mierda *vulg* ◇ *f* - **1.** [excremento] shit. - **2.** [suciedad] filth, shit. - **3.** [cosa sin valor]: **es una** ~ it's (a load of) crap; **de** ~ shitty, crappy. - **4.** *loc:* **irse a la** ~ [proyecto etc] to go down the tubes; **mandar a alguien a la** ~ to tell sb to piss off; **¡vete a la** ~! go to hell!, piss off! ◇ *mf* shithead.
mies (*pl* **mieses**) *f* - **1.** [cereal] ripe corn. - **2.** [temporada] harvest time.
◆ **mieses** *fpl* [campo] cornfields.
miga *f* - **1.** [trocito de pan] crumb; [parte blanda del pan] soft, white part of bread roll etc, as opposed to the crust. - **2.** [pedacito] bit, scrap. - **3.** *fig* [sustancia, esencia] substance, pith; **tener** ~ *fam* [ser sustancioso] to have a lot to it; [ser complicado] to have more to it than meets the eye.
◆ **migas** *fpl* - **1.** CULIN fried breadcrumbs. - **2.** *loc:* **hacer buenas/malas** ~s *fam* to get on well/badly; **hacerse** ~s *fam* [cosa] to be smashed to bits; **hacer** ~s **a alguien** *fam* [desmoralizar] to shatter sb.
migaja *f* - **1.** [trozo] bit; [de pan] crumb. - **2.** *fig* [pizca] scrap.
◆ **migajas** *fpl* [restos] leftovers.
migar [16] *vt* - **1.** [pan] to crumble. - **2.** [líquido] to add crumbs to.
migración *f* migration.
migraña *f* migraine.

Expresar miedo

I'm frightened o scared o terrified (of spiders).
She has no fear of heights.
I was scared out of my wits o absolutely petrified!

Expresar preocupación por alguien

I'm worried about him.
I'm concerned for her health.
Do you think she's all right?
I don't like to o I hate to think of him alone in the house.

Doctors say his condition is giving some cause for concern. [*formal*]

Expresar preocupación por lo que podría pasar

I'm worried o afraid that he might get hurt.
I'm worried o afraid in case he gets hurt.
I'm afraid he'll get hurt.
My one fear is that he'll get hurt.
I'm dreading (the thought of) telling her.
I'm not looking forward to the operation. [*menos fuerte*]

migrar *vi* to migrate.

migratorio, ria *adj* migratory.

migue *etc v* → **migar**.

Miguel *m*: ~ **Angel** ARTE Michelangelo; **San** ~ BIBLIA Saint Michael.

mijo *m* millet.

mil ◇ *núm* thousand; **dos** ~ two thousand; ~ **pesetas** a thousand pesetas ❏ **a las** ~ **y quinientas** *fig* at the last minute; ~ **y una/uno** *fig* a thousand and one; *ver también* **seis**. ◇ *interj fam* damn it!
◆ **miles** *mpl* [gran cantidad]: ~**es (de)** thousands (of).

milagrero, ra *despec* ◇ *adj* who believes in miracles. ◇ *m, f* person who believes in miracles.

milagro *m* RELIG miracle; **de** ~ miraculously, by a miracle; **hacer** ~**s** *fig* to work wonders.

milagrosamente *adv* miraculously.

milagroso, sa *adj* miraculous; *fig* amazing.

milamores *f inv* valerian.

milano *m* [pájaro] kite.

milenario, ria *adj* ancient.
◆ **milenario** *m* millennium.

milenio *m* millennium.

milésima *f* mill *(monetary unit)*.

milésimo, ma *núm* thousandth; *ver también* **sexto**; **milésima de segundo** millisecond.

milhojas *m inv* CULIN mille feuille.

mili *f fam* military service; **hacer la** ~ to do one's military service.

milibar *m* millibar.

milicia *f* - **1.** [profesión] military (profession). - **2.** [grupo armado] militia; [de soldados] military; ~**s universitarias** *formerly in Spain, military service for students*. - **3.** [arte] art of war.

miliciano, na ◇ *adj* militia *(antes de sust)*. ◇ *m, f* militiaman (*f* female soldier).

milico *m Amér fam despec* soldier.

miligramo *m* milligram.

mililitro *m* millilitre.

milimetrado *adj* → **papel**.

milimétrico, ca *adj* millimetric.

milímetro *m* millimetre.

militancia *f* militancy.

militante *adj & mf* militant.

militantismo *m* militancy.

militar ◇ *adj* military. ◇ *mf* soldier; **los** ~**es** the military. ◇ *vi* - **1.** [en partido]: ~ **(en)** to be active (in). - **2.** [apoyar]: ~ **a** o **en favor de** to lend support to. - **3.** [como soldado] to serve.

militarada *f* military uprising.

militarismo *m* militarism.

militarista *adj & mf* militarist.

militarización *f* militarization.

militarizar [13] *vt* to militarize.

militarmente *adv* militarily.

milla *f* mile; ~ **(marina** o **náutica)** nautical mile.

millar *m* thousand; **un** ~ **de personas** a thousand people.
◆ **millares** *mpl* thousands; **a** ~**es** by the thousand.

millón *núm* million; **dos millones** two million; **un** ~ **de personas** a million people ❏ **mil millones** a thousand million *Br*, a billion *Am*; **un** ~ **de cosas que hacer** *fig* a million things to do; **un** ~ **de gracias** *fig* thanks a million; *ver también* **seis**.
◆ **millones** *mpl* [dineral] millions, a fortune *(sg)*; **tener millones** *fam* to be a millionaire.

millonada *f fam* fortune, millions *(pl)*.

millonario, ria ◇ *adj*: **es** ~ he's a millionaire. ◇ *m, f* millionaire (*f* millionairess).

millonésimo, ma *núm* millionth; *ver también* **sexto**.

milonga *f Amér* - **1.** [baile, canción] *popular song and dance*. - **2.** [fiesta] family party. - **3.** [enredo] gossip.

milpa *f Amér* cornfield.

milpear *vi Amér* - **1.** [labrar] to till the soil. - **2.** [brotar] to sprout.

milpero *m Amér* cornfield hand.

milpiés *m inv* millipede.

milrayas *m inv* striped cloth.

mimado, da *adj* spoilt.

mimador, ra *adj* pampering, indulgent.

mimar *vt* - **1.** [a niño etc] to spoil, to pamper. - **2.** [tratar con cariño] to caress, to fondle.

mimbre *m* - **1.** [rama] wicker; **de** ~ wickerwork. - **2.** [arbusto] osier.

mimbrear *vi* to sway.
◆ **mimbrearse** *vpr* to sway.

mimbrera *f* - **1.** [arbusto] osier. - **2.** [plantación] osier bed.

mimeografía *f* - **1.** [copia] mimeograph. - **2.** [acción] mimeographing.

mimeografiar [9] *vt* to mimeograph.

mimeógrafo *m* mimeograph.

mimesis *f inv* mimesis.

mimético, ca *adj* - **1.** [animal, planta] mimetic. - **2.** [persona]: **ser** ~ to be a copycat.

mimetismo *m* - **1.** [de animal, planta] mimetism. - **2.** [de persona] mimicry.

mimetizar [13] *vt* to copy, to imitate.

mímico, ca *adj* mime *(antes de sust)*.
◆ **mímica** *f* - **1.** [mimo] mime; **hacer mímica** to mime. - **2.** [lenguaje] sign language.

mimo *m* - **1.** [zalamería] mollycoddling *(U)*; **hacerle** ~**s a alguien** to pamper o indulge sb. - **2.** [cariño] show of affection. - **3.** TEATRO mime; **hacer** ~ to perform mime.

mimosa *f* BOT mimosa; ~ **púdica** o **vergonzosa** mimosa, sensitive plant.

mimoso, sa *adj* affectionate.

min *(abrev escrita de* **minuto***)* min.

mina *f* - **1.** GEOL & MIL mine; ~ **de carbón** coalmine; ~ **de oro** goldmine. - **2.** *fig* [chollo] goldmine. - **3.** [de lápiz] lead. - **4.** *fig* [fuente] mine; **la enciclopedia es una** ~ **de información** the encyclopaedia is a mine of information. - **5.** *Amér fig* [mujer] concubine, mistress.

minador, ra *adj* mining.
◆ **minador** *m* - **1.** MIL sapper. - **2.** MIN mining engineer. - **3.** [buque] mine layer.

minar *vt* - **1.** MIL & MIN to mine. - **2.** *fig* [aminorar] to undermine.

minarete *m* minaret.

mineral ◇ *adj* mineral. ◇ *m* - **1.** GEOL mineral. - **2.** MIN ore; ~ **de hierro** iron ore. - **3.** *Amér* [mina] mine.

mineralizar [13] *vt* to mineralize.
◆ **mineralizarse** *vpr* to become mineralized.

mineralogía *f* mineralogy.

mineralógico, ca *adj* mineralogical.

mineralogista *mf* mineralogist.

minería *f* - **1.** [técnica] mining. - **2.** [sector] mining industry. - **3.** [conjunto de minas] mines *(pl)*.

minero, ra ◇ *adj* mining *(antes de sust)*; [producción, riqueza] mineral. ◇ *m, f* - **1.** [trabajador] miner. - **2.** [explotador] mine owner.
◆ **minero** *m* - **1.** [mina] mine. - **2.** *fig* [origen] origin, source. - **3.** *Amér* [ratón] mouse.

minerva *f* - **1.** [inteligencia]: **de propia** ~ out of one's own head. - **2.** RELIG procession. - **3.** IMPRENTA platen press.

minestrone *f* minestrone.

minga *f*, **mingaco** *m Amér farm labour done on holidays in exchange for a meal.*

mingo *m* object ball; **coger de** ~ *fig* to make a scapegoat out of; **poner el** ~ *fam fig* to excel.

miniatura *f* miniature; **el piso es una** ~ the flat is tiny; **en** ~ in miniature.

miniaturista *mf* miniaturist.

miniaturizar [13] *vt* to miniaturize.

minicadena *f* midi system.

mini disk, **mini disc** *m inv* mini disc.

minifalda *f* mini skirt.

minifundio *m* small holding.

minifundista *mf* smallholder.

minigolf (*pl* **minigolfs**) *m* - **1.** [lugar] crazy golf course. - **2.** [juego] crazy golf.

mínima *f* → **mínimo**.

minimalismo *m* MÚS minimalism.

minimalista *adj* MÚS minimalist.

minimizar [13] *vt* to play down.

mínimo, ma ◇ *superl* → **pequeño**. ◇ *adj* - **1.** [lo más bajo posible o necesario] minimum. - **2.** [lo más bajo temporalmente] lowest. - **3.** [muy pequeño - efecto, importancia etc] minimal, very small; [- protesta, ruido etc] slightest; **no tengo la más mínima idea** I haven't the slightest idea. - **4.** [minucioso] minute, minimal.
◆ **mínimo** *m* - **1.** [límite] minimum; **al** ~ to a minimum; **rinde al** ~ **de sus posibilidades** she performs to the minimum of her ability; **como** ~ at the very least; **si te vas, como** ~ **podrías avisar** if you're going to go, you could at least let me know; **en lo más** ~ in the slightest; **no estoy de acuerdo en lo más** ~ **contigo** I don't agree with you in the slightest ❏ ~ **común múltiplo** lowest common multiple. - **2.** METEOR area of low pressure. - **3.** RELIG Minim.
◆ **mínima** *f* - **1.** METEOR low, lowest temperature. - **2.** MÚS minim *Br*, half note *Am*.

mínimum (*pl* **mínimo** o **mínimos**) *m* minimum.

minino, na *m, f fam* pussy (cat).

miniordenador *m* minicomputer.

miniserie *f* miniseries.

ministerial *adj* ministerial.

ministerio *m* - **1.** [POLÍT - cargo, oficina] ministry *Br*, department *Am*; [- gabinete de ministros] cabinet. - **2.** RELIG ministry.
◆ **ministerio público**, **ministerio fiscal** *m* ≃ Department of Public Prosecution *Br*, ≃ district attorney's office *Am*.
◆ **Ministerio de Agricultura** *m* ≃ Ministry of Agriculture, Fisheries and Food *Br*, ≃ Department of Agriculture *Am*.
◆ **Ministerio de Asuntos Exteriores** *m* ≃ Foreign Office *Br*, ≃ State Department *Am*.
◆ **Ministerio de Comercio** *m* ≃ Department of Trade and Industry *Br*, ≃ Department of Commerce *Am*.
◆ **Ministerio de Defensa** *m* ≃ Ministry of Defence *Br*, ≃ Defense Department *Am*.
◆ **Ministerio de Economía y Hacienda** *m* ≃ Treasury *Br*, ≃ Treasury Department *Am*.
◆ **Ministerio del Interior** *m* ≃ Home Office *Br*, ≃ Department of the Interior *Am*.
◆ **Ministerio de Trabajo** *m* ≃ Department of Employment *Br*, ≃ Department of Labor *Am*.

ministro, tra *m, f* - **1.** POLÍT minister *Br*, secretary *Am*; ~ **sin cartera** minister without portfolio; **primer** ~ prime minister. - **2.** RELIG minister; ~ **de Dios** minister of God.

minoico, ca *adj* Minoan.

minoración *f* diminution, reduction.

minorar *vt* to diminish, to reduce.

minoría *f* minority; ~**s étnicas** ethnic minorities.

minorista ◇ *adj* retail. ◇ *mf* retailer. ◇ *m* [clérigo] minor clergyman.

minoritario, ria *adj* minority (*antes de sust*).

Minotauro *m* Minotaur.

Minsk *s* Minsk.

mintiera *etc v* → **mentir**.

minucia *f* trifle, insignificant thing.

minuciosamente *adv* meticulously.

minuciosidad *f* meticulousness, attention to detail.

minucioso, sa *adj* - **1.** [meticuloso] meticulous. - **2.** [detallado] highly detailed.

minué *m* minuet.

minuendo *m* minuend.

minúsculo, la *adj* - **1.** [tamaño] tiny, minute. - **2.** [letra] small; IMPRENTA lower-case.
◆ **minúscula** *f* small letter; IMPRENTA lower-case letter.

minusvalía *f* - **1.** ECON depreciation. - **2.** [física] handicap, disability.

minusválido, da ◇ *adj* disabled, handicapped. ◇ *m, f* disabled o handicapped person.

minusvalorar *vt* to underestimate.

minuta *f* - **1.** [factura] fee. - **2.** [menú] menu. - **3.** [nota] note, memorandum. - **4.** [borrador] rough draft.

minutero *m* minute hand.

minuto *m* minute; **al** ~ a moment later.

miñango *m* (*gen pl*) *Amér* small piece.

mío, mía ◇ *adj poses* mine; **este libro es** ~ this book is mine; **un amigo** ~ a friend of mine; **no es asunto** ~ it's none of my business. ◇ *pron poses*: **el** ~ mine; **el** ~ **es rojo** mine is red ❏ **esta es la mía** this is the chance I've been waiting for; **lo** ~ **es el teatro** [lo que me va] theatre is what I should be doing; **los** ~**s** *fam* [mi familia] my folks; [mi bando] my lot, my side.

miocardio *m* myocardium.

miope ◇ *adj* short-sighted, myopic. ◇ *mf* shortsighted o myopic person.

miopía *f* short-sightedness, myopia.

MIR (*abrev de* **médico interno y residente**) *m* ≃ houseman *Br*, ≃ intern *Am*.

mira ◇ *f* - **1.** [para mirar] sight. - **2.** *fig* [intención] intention; **con** ~**s a** with a view to, with the intention of; **estar a la** ~ **de** *fam fig* to be on the lookout for; **ser amplio de** ~**s** to be enlightened; **ser corto de** ~**s** to be short-sighted. - **3.** TECN levelling rod. - **4.** [en fortificación] watchtower, lookout. ◇ *interj* look!
◆ **miras** *fpl* prow guns.

mirada *f* → **mirado**.

miradero *m* - **1.** [persona] centre of attention. - **2.** = **mirador** *m*.

mirado, da *adj* [prudente] careful; **es muy** ~ **cuando se trata de pedir algo** he's very careful about asking for things ❏ **mal** ~ [mal visto] poorly-regarded; **bien** ~ [bien pensado] if you look at it closely; [bien visto] well-regarded.
◆ **mirada** *f* [gen] look; [rápida] glance; [de cariño, placer, admiración] gaze; **apartar la mirada** to look away; **dirigir** o **lanzar la mirada a** to glance at; **echar una mirada (a algo)** to glance o to have a quick look (at sthg); **fulminar** o **apuñalar con la mirada a alguien** to look daggers at sb; **levantar la mirada** to look up ❏ **mirada asesina** glare; **mirada fija** stare; **mirada furtiva** peek; **mirada lasciva** leer; **mirada perdida** distant look.

mirador, ra ◇ *adj* locking, watching. ◇ *m, f* observer.
◆ **mirador** *m* - **1.** [balcón] enclosed balcony. - **2.** [para ver un paisaje] viewpoint.

miramiento *m* consideration *(U)*, circumspection *(U)*; **andarse con** ~**s** to stand on ceremony; **sin** ~**s** just like that, without the least consideration.

mirar ◇ *vt* - **1.** [gen] to look at; [observar] to watch; [fijamente] to stare at; **he mirado todo el periódico** I've looked through the whole newspaper; **miraremos tu expediente con mucha atención** we'll look at your file very carefully; ~ **algo de cerca/lejos** to look at sthg closely/from a distance; ~ **algo por encima** to glance over sthg, to have a quick look at sthg ❏ ~ **a alguien bien/mal** to think highly/poorly of sb; ~ **a alguien de arriba abajo** to look sb up and down; **de mírame y no me toques** very fragile. - **2.** [vigilar] to keep an eye on, to watch. - **3.** [examinar, ave-

riguar] to check, to look through; **le miraron todas las maletas** they searched all her luggage; **mira si ha llegado la carta** go and see if the letter has arrived. **- 4.** [considerar] to consider, to take a look at. ◇ *vi* **- 1.** [gen] to look; [observar] to watch; [fijamente] to stare; **miraban por la ventana** they were looking out of the window; **mira, yo creo que...** look, I think that... **- 2.** [buscar] to check, to look; **he mirado en todas partes** I've looked everywhere. **- 3.** [orientarse]: **~ a** to face. **- 4.** [cuidar]: **~ por alguien/algo** to look after sb/sthg.
◆ **mirarse** *vpr* **- 1.** [uno mismo] to look at o.s. **- 2.** [el uno al otro] to look at one another. **- 3.** *fig* [tener cuidado]: **~se bien antes de hacer algo** to think carefully before doing sthg. **- 4.** *loc:* **si bien se mira** *fig* if you really think about it.

mirasol *m* sunflower.

miríada *f* myriad.

miriápodo *m* ZOOL millipede.

mirilla *f* spyhole.

miriñaque *m* **- 1.** [de falda] hoopskirt, crinoline. **- 2.** [alhaja] trinket, bauble. **- 3.** *Amér* [en locomotora] cowcatcher.

mirlo *m* **- 1.** [ave] blackbird; **ser un ~ blanco** *fig* to be one in a million. **- 2.** *fam fig* [actitud] affected gravity, portentousness.

mirón, ona *fam* ◇ *adj* nosy; [con lascivia] peeping. ◇ *m, f* **- 1.** [espectador] onlooker. **- 2.** [curioso] nosy parker. **- 3.** [voyeur] peeping Tom.

mirra *f* **- 1.** BOT myrrh. **- 2.** *Amér* [migaja] scrap, crumb.

mirto *m* myrtle.

misa *f* mass; **cantar/decir/oír ~** to sing/say/attend mass; **ir a ~** [ir a la iglesia] to go to mass o church; *fam fig* [ser verdad] to be gospel; **lo que yo digo va a ~ y no quiero que nadie rechiste** what I say goes, I don't want to hear a word of protest from anyone ❑ **~ cantada/de campaña** sung/open-air mass; **~ de difuntos** requiem, mass for the dead; **~ del gallo** midnight mass (on Christmas Eve); **~ mayor/rezada** High/Low Mass; **~ negra** black mass; **como en ~** *fig* in total silence; **no saber de la ~ la mitad** *fam fig* not to know half the story.

misal *adj & m* missal.

misantropía *f* misanthropy.

misantrópico, ca *adj* misanthropic.

misántropo, pa *m, f* misanthrope, misanthropist.

misceláneo, a *adj* miscellaneous.
◆ **miscelánea** *f* miscellany.

miscible *adj* mixable.

miserable ◇ *adj* **- 1.** [pobre] poor; [vivienda] wretched, squalid. **- 2.** [penoso, insuficiente] miserable. **- 3.** [vil] contemptible, base. **- 4.** [tacaño] mean. ◇ *mf* **- 1.** [ruin] wretch, vile person. **- 2.** [tacaño] mean person, miser. **- 3.** [pobre] wretch.

miserablemente, míseramente *adv* [insuficientemente] miserably.

miseria *f* **- 1.** [pobreza] poverty; **estar en la ~** to be living in poverty. **- 2.** [desgracia] misfortune. **- 3.** [tacañería] meanness. **- 4.** [vileza] baseness, wretchedness. **- 5.** [poco dinero] pittance.

misericordia *f* compassion; **pedir ~** to beg for mercy.

misericordioso, sa ◇ *adj* compassionate, merciful. ◇ *m, f:* **los ~s** the merciful.

mísero, ra *adj* [pobre] wretched; **ni un ~...** not even a measly o miserable...

misil (*pl* **misiles**) *m* missile; **~ antibalístico/balístico** antiballistic/ballistic missile; **~ de crucero** cruise missile; **~ teledirigido** guided missile.

misión *f* **- 1.** [gen] mission; [cometido] task. **- 2.** [expedición científica] expedition.
◆ **misiones** *fpl* RELIG (overseas) missions.

misional *adj* missionary.

misionar *vi* to preach a mission.

misionero, ra *adj & m, f* missionary.

misiva *f culto* missive.

mismamente *adv mfam* exactly, precisely.

mismísimo, ma *adj (superl) fam* very, selfsame; **en ese ~ día** on that very day.

mismo, ma ◇ *adj* **- 1.** [igual] same; **el ~ piso** the same flat; **del ~ color que** the same colour as. **- 2.** [para enfatizar]: **yo ~** I myself; **en este ~ cuarto** in this very room; **en su misma calle** right in the street where he lives; **por mí/ti ~** by myself/yourself; **¡tú ~!** it's up to you. ◇ *pron:* **el ~** the same; **el ~ que vi ayer** the same one I saw yesterday; **lo ~** the same (thing); **estoy aburrida, todos los días hago lo ~** I'm bored, I do the same thing every day; **lo ~ que** the same as; **por lo ~** for that (very) reason ❑ **da o es lo ~** it doesn't matter, it doesn't make any difference; **me da lo ~** I don't care; **estar en las mismas** *fig* to be no further forward.
◆ **mismo** *adv (después de sust)* **- 1.** [para enfatizar]: **lo vi desde mi casa ~** I saw it from my own house; **ahora/aquí ~** right now/here; **ayer ~** only yesterday; **por eso ~** precisely for that reason ❑ **así ~** [también] also, as well; *(a principio de frase)* likewise. **- 2.** [por ejemplo]: **escoge uno cualquiera -este ~** choose any - this one, for instance.

misoginia *f* misogyny.

misógino, na ◇ *adj* misogynistic. ◇ *m, f* misogynist.

miss (*pl* **misses**) *f* beauty queen.

Mississippi [misi'sipi] *m:* **el ~ the Mississippi.**

Missouri [mi'suri] *m:* **el ~ the Missouri.**

mistar ◇ *vt* to mutter, to mumble. ◇ *vi:* **no ~** *fam* to keep mum.

míster (*pl* **místers**) *m* DEP ≃ manager.

misterio *m* mystery.

misteriosamente *adv* mysteriously.

misterioso, sa *adj* mysterious.

mística *f→* **místico.**

misticismo *m* mysticism.

místico, ca ◇ *adj* mystical. ◇ *m, f* [persona] mystic.
◆ **mística** *f* [práctica] mysticism.

misticón, ona *fam* ◇ *adj* sanctimonious. ◇ *m, f* sanctimonious person.

mistificación *f* mystification.

mistificar, mixtificar [10] *vt* to mystify.

mistura *f* = **mixtura.**

misturera *f* = **mixturera.**

MIT *(abrev de* **Massachusetts Institute of Technology)** *m* MIT.

mita *f Amér* **- 1.** *desus* [reclutamiento] *forced labour done by Indians.* **- 2.** *desus* [tributo] *tax paid by Indians.* **- 3.** [de ganado] *cattle transported by train.* **- 4.** [cosecha] coca harvest. **- 5.** *fam* [turno] turn.

mitad *f* **- 1.** [gen] half; **la ~ del tiempo no está** half the time she's not in; **a ~ de camino** halfway there; **a ~ de película** halfway through the film; **a ~ de precio** at half price ❑ **~ y ~** half and half. **- 2.** [centro] middle; **(cortar algo) por la ~** (to cut sthg) in half ❑ **en ~ de** in the middle of; **en ~ de la fiesta se desmayó** she fainted in the middle of the party.

mitayo, ya *adj Amér desus* of or relating to 'mitayos'.
◆ **mitayo** *m Amér* *Indian who did forced labour.*

mítico, ca *adj* mythical.

mitificar [10] *vt* to mythologize.

mitigador, ra *adj* calming.

mitigar [16] *vt* **- 1.** [gen] to alleviate, to reduce; [ánimos] to calm; [sed] to slake; [hambre] to take the edge off; [choque, golpe] to soften; [dudas, sospechas] to allay. **- 2.** [justificar] to mitigate.

mitimaes *mpl Amér* HIST **- 1.** [colonos] *Indians sent by the Incas to colonize new territories.* **- 2.** [tropas] *Indians who served with Spanish troops.*

mitin (*pl* **mítines**) *m* rally, meeting.

mito *m* **- 1.** [gen] myth. **- 2.** [personaje] mythical figure.

mitología *f* mythology.

mitológico, ca *adj* mythological.

mitologista *mf*, **mitólogo, ga** *m*, *f* mythologist.

mitomanía *f* mythomania.

mitómano, na *adj & m*, *f* mythomaniac.

mitón *m* (fingerless) mitten.

mitosis *f inv* mitosis.

mitote *m Amér* - **1.** *fam* [alboroto] racket. - **2.** [fiesta] house party. - **3.** *fig* [remilgo] fussiness, fastidiousness. - **4.** [baile] *type of Aztec dance.*

mitotear *vi Amér* [hacer remilgos] to fuss.

mitotero, ra *Amér* ◇ *adj* - **1.** [que alborota] rowdy, boisterous. - **2.** [remilgado] fussy, finicky. ◇ *m*, *f* - **1.** [alborotador] rowdy o boisterous person. - **2.** [remilgado] finicky person.

mitra *f* - **1.** [tocado] mitre. - **2.** [cargo] office of archbishop/bishop. - **3.** [jurisdicción] archbishopric. - **4.** [rentas] total revenue of an archbishopric.

mitrado, da *adj* mitred.

◆ **mitrado** *m* - **1.** [obispo] bishop. - **2.** [arzobispo] archbishop.

mitrar *vi fam* to obtain a bishopric.

mixomatosis *f inv* myxomatosis.

mixtificar *vt* = **mistificar**.

mixto, ta *adj* - **1.** [mezclado] mixed; [comisión] joint. - **2.** [mestizo] of mixed race.

◆ **mixto** *m* - **1.** [tren] mixed freight and passenger train. - **2.** [substancia] explosive compound. - **3.** [cerilla] match.

mixtura, mistura *f* - **1.** [mezcla] mixture. - **2.** FARM compound, mixture. - **3.** [pan] mixed-grain bread. - **4.** *Amér* [de flores] gift of flowers.

mixturar *vt* to mix.

mixturera, misturera *f Amér* flower seller.

mízcalo *m* milk fungus.

ml (*abrev escrita de* **mililitro**) ml.

mm (*abrev escrita de* **milímetro**) mm.

m/n (*abrev escrita de* **moneda nacional**) national currency.

mnemónico, ca, nemónico, ca *adj* mnemonic.

mnemotecnia, nemotecnia *f* mnemonics *(U)*.

moaré *m* = **muaré**.

mobiliario ◇ *adj* movable. ◇ *m* furniture; ~ **urbano** street furniture.

moblaje, mueblaje *m* furniture, furnishings *(pl)*.

moblar *vt* = **amueblar**.

moca, moka *f* mocha.

mocasín *m* moccasin.

mocear *vi* - **1.** *fam* [correr aventuras] to sow one's wild oats. - **2.** [como mozo] to act like a kid.

mocedad *f* - **1.** [juventud] youth. - **2.** [aventura] youthful prank.

mocetón, ona *m*, *f fam* strapping lad (*f* strapping lass).

mocha ◇ *adj f* → **mocho**. ◇ *f* - **1.** *desus* [reverencia] reverent bow. - **2.** *Amér fam* [cabeza] nut. - **3.** *Amér* [arma] *type of machete.*

mochar *vt* - **1.** [con cabeza] to butt, to knock one's head against. - **2.** *Amér fam* [hurtar] to swipe, to pinch. - **3.** *Amér* [amputar] to amputate. - **4.** *Amér* [cortar] to hack o lop off.

moche *m* → **troche**.

mochila *f* - **1.** [de excursionista] backpack. - **2.** [de cazador] game bag. - **3.** [de soldado] provisions *(pl)*, ration. - **4.** *Amér* [maleta] small case o trunk. - **5.** *Amér* [cartera] satchel.

mochilero *m* MIL pack-carrier.

mocho, cha *adj* - **1.** [sin punta] blunt; [sin cuernos] hornless, polled. - **2.** [árbol] lopped. - **3.** *fig* [persona] shorn, cropped. - **4.** *Amér* [mutilado] mutilated. - **5.** *Amér* POLÍT conservative. - **6.** *Amér* [RELIG - laico] lay; [- católico] Catholic.

◆ **mocho** *m* - **1.** [fregona] mop. - **2.** [culata] butt. - **3.** *Amér* [persona] ancestor.

mochuelo *m* little owl; **cargar con el** ~ *fam fig* to be landed with it.

moción *f* - **1.** [proposición] motion; **presentar una** ~ to present o bring a motion ❑ ~ **de censura** censure motion. - **2.** *fig* [del ánimo] inclination, tendency. - **3.** [inspiración] divine inspiration.

mocionar *vt Amér* to present, to propose.

mocito, ta ◇ *adj* very young. ◇ *m*, *f* - **1.** [joven] youngster (*f* young girl). - **2.** [soltero] single o unmarried person.

moco *m fam* - **1.** [de nariz] snot *(U)*; **limpiarse los** ~**s** to wipe one's nose; **sorberse los** ~**s** to sniffle, to snuffle; **tener** ~**s** to have a runny nose ❑ **llorar a** ~ **tendido** o **y baba** *fam fig* to cry one's eyes out. - **2.** MED mucus *(U)*. - **3.** *fig* [substancia pegajosa] sticky substance. - **4.** [de vela] candle drippings *(pl)*; **a** ~ **de candil** by candlelight.

◆ **moco de pavo** *m* - **1.** ZOOL turkey crest; **no ser** ~ **de pavo** *fam fig* to be sthg not to be sneezed at, to be no mean feat. - **2.** BOT love-lies-bleeding.

mocoso, sa ◇ *adj* - **1.** [con mocos] runny-nosed. - **2.** [insignificante] insignificant, unimportant. ◇ *m*, *f fam despec* brat.

Moctezuma *m* Moctezuma.

mod (*abrev escrita de* **modelo**) mod.

moda *f* [gen] fashion; [furor pasajero] craze; **a la** ~ **de** in the fashion o style of; **estar de** ~ to be fashionable o in fashion; **las faldas largas están de** ~ long skirts are in fashion; **estar pasado de** ~ to be unfashionable o out of fashion; **este jersey está pasado de** ~ this sweater is out of fashion; **fuera de** ~ out of fashion; **ir a la última** ~ to wear the latest fashion; **ponerse de** ~ to come into fashion ❑ ~ **pasajera** fad.

modal *adj* modal.

◆ **modales** *mpl* manners; **tener buenos/malos** ~**es** to have good/bad manners.

modalidad *f* form, type; DEP discipline; ~ **de pago** method of payment.

modelado *m* modelling.

modelador, ra ARTE ◇ *adj* modelling. ◇ *m*, *f* modeller.

modelar *vt* - **1.** [figura, estatua etc] to model. - **2.** *fig* [persona, carácter etc] to form, to shape.

◆ **modelarse** *vpr* to model o.s.

modelismo *m* modelling.

modelista *mf* - **1.** [creador] modeller, model maker. - **2.** [operario] mould operator.

modelo ◇ *adj* model; **es un padre** ~ **y sus hijos le adoran** he's a model father and his children adore him. ◇ *mf* [de modas, de pintor] model; ~ **de portada** cover girl. ◇ *m* - **1.** [patrón] model; ~ **económico** ECON economic model. - **2.** [prenda de vestir] number. - **3.** [de escala reducida] scale model; ~ **a escala** o **reducido** scale model. - **4.** [tipo de producto] patented prototype.

modem (*pl* **modems**), **módem** (*pl* **módems**) ['moðem] *m* INFORM modem.

moderación *f* moderation.

moderadamente *adv* moderately, in moderation.

moderado, da *adj & m*, *f* moderate.

moderador, ra ◇ *adj* moderating. ◇ *m*, *f* [en debate etc] chair, chairperson.

◆ **moderador** *m* FÍS moderator.

moderar *vt* - **1.** [gen] to moderate; [velocidad] to reduce. - **2.** [debate] to chair. - **3.** *fig* [contener] to contain, to restrain; ~ **las pasiones** to contain one's passions.

◆ **moderarse** *vpr* to restrain o.s.; ~**se en la bebida** to cut down on alcohol.

modernamente *adv* - **1.** [recientemente] recently, lately. - **2.** [actualmente] nowadays.

modernidad *f* modernity.

modernismo *m* - **1.** [gen & LITER] modernism. - **2.** ARQUIT Modernismo, ≈ Art Nouveau.

modernista *adj & mf* - **1.** [gen & LITER] modernist. - **2.** ARQUIT Modernista.

modernización *f* modernization.

modernizar [13] *vt* to modernize.
◆ **modernizarse** *vpr* to modernize.
moderno, na ◇ *adj* - **1.** [de ahora, de moda] modern; **a la moderna, a lo** ~ in the modern manner o fashion. - **2.** *Amér fig* [torpe] clumsy. ◇ *m, f fam* trendy (person).
modestamente *adv* modestly.
modestia *f* modesty; **falsa** ~ false modesty.
modesto, ta ◇ *adj* modest. ◇ *m, f* modest person.
módicamente *adv* modestly.
módico, ca *adj* modest.
modificable *adj* modifiable.
modificación *f* alteration.
modificador, ra ◇ *adj* modifying. ◇ *m, f* modifier.
modificar [10] *vt* - **1.** [variar] to alter. - **2.** GRAM to modify.
◆ **modificarse** *vpr* to change, to be modified.
modificativo, va *adj* modifying.
modismo *m* idiom.
modista *mf* - **1.** [diseñador] fashion designer. - **2.** [que cose] tailor (*f* dressmaker).
modistería *f* dress shop.
modisto *m* - **1.** [diseñador] fashion designer. - **2.** [sastre] tailor.
modo *m* - **1.** [manera, forma] way; **a mi/tu** *etc* ~ (in) my/ your *etc* own way; **me gusta hacer las cosas a mi** ~ I like to do things my way; **a** ~ **de** as, by way of; **al** ~ **de** in the style of; **de ese** ~ in that way; **de ningún** ~ in no way; **de todos** ~**s** in any case, anyway; **de todos** ~**s, seguiremos en contacto** in any case, we'll keep in touch; **de un** ~ **u otro** one way or another; **del mismo** ~ in the same way; **dicho de otro** ~ in other words; **en cierto** ~ in some ways ❑ ~ **de pensar/de ser** way of thinking/of being; **no me gusta su** ~ **de ser** I don't like the way he is; ~ **de empleo** instructions (*pl*) for use; ~ **de vida** way of life; **de** ~ **que** [de manera que] in such a way that; [así que] so; ¿**de** ~ **que os vais de este barrio?** so, you're leaving this area, are you? - **2.** GRAM mood; ~ **adverbial** adverbial phrase. - **3.** MÚS mode.
◆ **modos** *mpl* [modales] manners; **buenos/malos** ~**s** good/bad manners; **me contestó de buenos/malos** ~**s** she answered politely/rudely.
modorra *f* - **1.** *fam* [sueño] drowsiness. - **2.** VETER gid.
modorrar *vt* to make drowsy o sleepy.
◆ **modorrarse** *vpr* [suj: fruta] to go soft, to become over-ripe.
modosidad *f* good behaviour.
modoso, sa *adj* [recatado] modest; [formal] wellbehaved.
modulación *f* modulation; ~ **de amplitud/de fase/de frecuencia** amplitude/phase/frequency modulation.
modulado, da *adj* modulated.
modulador, ra *adj* modulating.
◆ **modulador** *m* modulator.
modular ◇ *adj* modular. ◇ *vt* to modulate.
módulo *m* - **1.** [gen] module; ~ **de aterrizaje** ASTRONÁUT landing module; ~ **espacial** ASTRONÁUT: ~ **de mando** command module, pod; ~ **lunar** ASTRONÁUT lunar module. - **2.** [de muebles] unit; ~ **de cocina** kitchen unit. - **3.** FÍS & MAT modulus; ~ **de elasticidad** modulus of elasticity. - **4.** MÚS modulation.
modus operandi *m* modus operandi.
modus vivendi *m* way of life.
mofa *f* mockery; **hacer** ~ **de** to mock.
mofar *vi* to mock.
◆ **mofarse** *vpr* to scoff; ~**se de** to mock.
mofeta *f* - **1.** ZOOL skunk. - **2.** [gas] blackdamp, choke-damp.
moflete *m* chubby cheek.
mofletudo, da *adj fam* chubby-cheeked.
Mogadiscio [moga'ðisθio] *s* Mogadishu.
mogol, la, mongol, la ◇ *adj* Mongolian. ◇ *m, f* [persona] Mongol, Mongolian.

◆ **mogol** *m* [lengua] Mongol, Mongolian.
mogollo *Amér* ◇ *adj* easy, simple. ◇ *m* - **1.** [harina] very fine bran flour; [pan] bran bread. - **2.** [en billar] fluke. - **3.** [en hoja de tabaco] tobacco leaf cutting.
mogollón *m mfam* - **1.** [muchos]: ~ **de** tons (*pl*) of, loads (*pl*) of. - **2.** [lío] row, commotion. - **3.** [intromisión] meddling. - **4.** *loc:* **comer de** ~ to sponge a meal; **de** ~ free, for nothing; **entraron/salieron a** ~ everyone rushed in/out at once.
mohair [mo'er] *m* mohair.
mohecer *vt* = **enmohecer**.
mohín *m* grimace, face; **hacer** ~**es** to grimace, to pull faces.
mohíno, na ◇ *adj* - **1.** [triste] sad, melancholy. - **2.** [enfadado] sulky. - **3.** [ZOOL - híbrido] hinny; [- de pelo negro] black, black-coated. ◇ *m, f* black o black-coated animal.
◆ **mohíno** *m* [ave] blue magpie.
◆ **mohína** *f* - **1.** [enojo] anger, displeasure. - **2.** [melancolía] sadness, melancholy.
moho *m* - **1.** [hongo] mould; **criar** ~ to get mouldy ❑ **no criar** ~ to keep on the move. - **2.** [herrumbre] rust; **criar** ~ to get rusty. - **3.** *fig* [desidia] laziness, indolence.
mohoso, sa *adj* - **1.** [con hongo] mouldy. - **2.** [oxidado] rusty.
moisés *m inv* Moses basket.
Moisés *m* BIBLIA Moses.
mojabobos *m inv* = **calabobos**.
mojada *f* - **1.** [acción] wetting. - **2.** *fam* [herida] stab wound. - **3.** AGR *old Catalonian land measure*.
mojado, da *adj* - **1.** [gen] wet; [húmedo] damp; **la ropa tendida todavía está mojada** the washing is still damp ❑ **llover sobre** ~ *fig* to be just too much. - **2.** LING *of or relating to a sound formed with the back of the tongue and the palate*.
mojador, ra ◇ *adj* wetting. ◇ *m, f* wetter.
◆ **mojador** *m* - **1.** [esponja] moistener, sponge. - **2.** IMPRENTA moistening tank.
mojadura *f* wetting.
mojama *f dried salted tuna*.
mojar ◇ *vt* - **1.** [gen] to wet; [humedecer] to dampen. - **2.** [comida] to dunk; **moja el pan en la salsa** dip your bread in the sauce. - **3.** [empapar] to drench, to soak. - **4.** *fam fig* [apuñalar] to stick, to stab. - **5.** *Amér fam* [sobornar] to pay off. ◇ *vi fam fig* to get mixed up.
◆ **mojarse** *vpr* - **1.** [con agua] to get wet. - **2.** *fam* [comprometerse] to commit o.s.; **no te mojes en ese lío** don't get mixed up in that mess.
mojasellos *m inv* moistener, sponge.
moje *m* gravy, juice.
mojicón *m* - **1.** [bizcocho] *small cake with marzipan icing*. - **2.** [bollo] *small bun for dunking in chocolate*. - **3.** *fam* [puñetazo] punch in the face.
mojiganga *f* - **1.** [fiesta] masquerade, costume party. - **2.** [obra teatral] farce, comedy. - **3.** *fig* [burla] mockery.
mojigatería *f* - **1.** [beatería] prudery. - **2.** [falsa humildad] sanctimoniousness.
mojigato, ta ◇ *adj* - **1.** [beato] prudish. - **2.** [con falsa humildad] sanctimonious. ◇ *m, f* - **1.** [beato] prude. - **2.** [con falsa humildad] sanctimonious person.
mojo *m* - **1.** [salsa] *spicy Canarian sauce*. - **2.** *Amér* [guiso] meat and vegetable stew. - **3.** *Amér* [bebida] rum cocktail.
mojón *m* - **1.** [piedra] milestone; [poste] milepost. - **2.** [montón] heap, pile. - **3.** *vulg* [excremento] turd.
mojonar *vt* to set up boundary markers around.
mojonera *f* - **1.** [lugar] area where boundary markers are placed. - **2.** [serie de mojones] row of boundary markers.
mojonero *m* appraiser, assessor.
moka *f* = **moca**.
mol *m* mole, mol.
mola *f* - **1.** [harina] *flour with salt used in sacrificial rites*. - **2.** MED: ~ **(matriz)** mole. - **3.** *Amér* [camisa] decorative shirt.

molar[1] *adj* → **diente**.

molar[2] *mfam* ◇ *vt*: ¡**cómo me mola esa moto/ese chico!** I think that motorbike/that guy is bloody gorgeous. ◇ *vi* - **1.** [ser magnífico] to be bloody gorgeous. - **2.** [presumir] to brag, to boast. - **3.** [lucir] to shine, to excel.

molcajete *m Amér* mortar.

Moldavia *s* Moldavia.

moldavo, va *adj & m, f* Moldavian.

molde *m* - **1.** [objeto hueco] mould; ~ **de pastel** cake tin; ~ **de tarta** pie tin. - **2.** [para dar forma] pattern, model. - **3.** *fig* [persona] role model. - **4.** IMPRENTA form ready for printing. - **5.** *loc*: **de** ~ fitting, opportune; **venir de** o **como de** ~ to be just the thing, to be just right.

moldeable *adj* mouldable.

moldeado *m* - **1.** [del pelo] soft perm, bodywave. - **2.** [de figura, cerámica] moulding.

moldeador, ra ◇ *adj* moulding. ◇ *m, f* moulder.

moldear *vt* - **1.** [gen] to mould. - **2.** [modelar] to cast. - **3.** [cabello] to give a soft perm to. - **4.** CONSTR to apply moulding to.

moldura *f* - **1.** [adorno] moulding. - **2.** *Amér* [de cuadro] picture frame.

mole ◇ *adj* soft. ◇ *f* [bulto] hulk. ◇ *m Amér* thick chilli sauce; ~ **verde** CULIN *stew of meat, chilli and green tomatoes*.

molécula *f* molecule; ~ **gramo** QUÍM gram molecule.

molecular *adj* molecular.

moledero, ra *adj* [gen] grindable; [trigo] millable; [aceitunas] pressable.

◆ **moledera** *f* - **1.** [piedra] grinding stone. - **2.** *fam* [molestia] pain, drag.

moledor, ra ◇ *adj* - **1.** [que muele] grinding. - **2.** *fam fig* [pesado, molesto] bothersome, annoying. ◇ *m, f* - **1.** [persona que muele] grinder. - **2.** *fam fig* [persona pesada] pain, bore.

◆ **moledor** *m* grinder, crusher.

moledura *f* - **1.** [acción - gen] grinding; [- de trigo] milling. - **2.** *fam fig* [molestia] pain, drag.

molejón *m Amér* [roca] rock near the water's surface.

molendero, ra *m, f* - **1.** = **moledor** *m, f sentido 1*. - **2.** [de chocolate] chocolate grinder.

◆ **molendero** *m Amér* grinding table.

moleño, ña *adj* suitable for making millstones.

◆ **moleña** *f* [pedernal] flint.

moler [24] *vt* - **1.** [gen] to grind; [aceitunas] to press; [trigo] to mill. - **2.** *fam fig* [cansar] to wear out. - **3.** [fastidiar] to annoy, to bother. - **4.** *fig* [maltratar] to beat up.

molestar *vt* - **1.** [perturbar] to annoy; ¿**le molesta que fume?** do you mind if I smoke?; **perdone que le moleste...** I'm sorry to bother you...; '**no** ~' 'do not disturb'. - **2.** [doler] to hurt; **me molesta un poco la herida** my wound is quite painful. - **3.** [ofender] to offend; **me molestó que no me saludaras** I was offended that you didn't say hello to me.

◆ **molestarse** *vpr* - **1.** [incomodarse] to bother; **no te molestes, yo lo haré** don't bother, I'll do it; ~**se en hacer algo** to bother to do sthg; ~**se por alguien/algo** to put o.s. out for sb/sthg. - **2.** [ofenderse]: ~**se (por algo)** to take offence (at sthg); **espero que no se molestara por lo que le dije** I hope you didn't take offence at what I said.

molestia *f* - **1.** [incomodidad] nuisance; [fastidio] bother, annoyance; **si no es demasiada** ~ if it's not too much trouble; **tomarse la** ~ **de hacer algo** to take the trouble to do sthg. - **2.** [malestar] discomfort; **siento una** ~ **en el estómago** my stomach doesn't feel too good.

molesto, ta *adj* - **1.** [fastidioso] annoying; [visita] inconvenient; [situación] awkward. - **2.** [ofendido]: ~ **(con)** annoyed (with). - **3.** [con malestar] in discomfort.

molibdeno *m* molybdenum.

molido, da *adj* - **1.** [gen] ground; [trigo] milled. - **2.** *fam fig* [cansado] worn-out; **estar** ~ **de** to be worn-out from.

molienda *f* - **1.** [acción] grinding; [de trigo] milling. - **2.**

[cantidad a moler] quantity ground. - **3.** [temporada] milling season. - **4.** [molino] mill. - **5.** *fam fig* [fastidio] pain, drag. - **6.** [cansancio] exhaustion.

molinero, ra ◇ *adj* milling. ◇ *m, f* miller.

molinete *m* - **1.** [ventilador] extractor fan. - **2.** [juguete] toy windmill, pinwheel *Am.* - **3.** *Amér* [en minas] shift. - **4.** *Amér* [de cohetes] catherine wheel.

molinillo *m* - **1.** [para moler] grinder; ~ **de café/de pimienta** coffee/pepper mill. - **2.** [para batir] whisk, beater.

molino *m* - **1.** [cosa] mill; ~ **de viento** windmill. - **2.** *fig* [persona] restless person.

molla *f* - **1.** [parte blanda] flesh. - **2.** [de pan] bread-crumb. - **3.** [de carne] lean meat. - **4.** [gordura] flab.

mollar *adj* - **1.** [blando] soft, tender. - **2.** [carne] lean and boneless.

mollear *vi* - **1.** [ceder] to give, to yield. - **2.** [doblarse] to bend.

molledo *m* fleshy part.

molleja *f* gizzard.

mollera *f* - **1.** *fam* [juicio] brains *(pl)*; **ser cerrado de** ~ to be thick in the head; **ser duro de** ~ [estúpido] to be thick in the head; [testarudo] to be pig-headed. - **2.** ANAT crown.

molleta *f* brown bread.

mollete *m* - **1.** CULIN small roll. - **2.** [del brazo] fleshy part. - **3.** [moflete] chubby cheek.

molletudo, da *adj* chubby-cheeked.

molliznar, molliznear *v impers* to drizzle.

molón, ona *adj* - **1.** *fam* [que gusta] brilliant, ace. - **2.** *fam* [elegante] elegant, well-dressed. - **3.** *Amér* [fastidioso] bothersome.

molonquear *vt Amér* to beat to a pulp.

molote *m Amér* - **1.** [moño] bun, chignon. - **2.** [de lana] ball. - **3.** [tortilla] filled tortilla. - **4.** [alboroto] uproar, riot. - **5.** [chanchullo] swindle, racket.

molotera *f Amér* uproar, riot.

Molotov *s* → **cóctel**.

molturador, ra *m, f* [gen] grinder; [de trigo] miller.

molturar *vt* [gen] to grind; [trigo] to mill.

Molucas *s*: **las (islas)** ~ the Moluccas.

molusco *m* mollusc.

momentáneamente *adv* - **1.** [en un momento] immediately, right now. - **2.** [de forma pasajera] momentarily.

momentáneo, a *adj* - **1.** [de un momento] momentary. - **2.** [pasajero] temporary.

momento *m* - **1.** [gen] moment; [periodo] time; ¿**puedo hablar un** ~ **contigo?** could I speak to you for a moment?; **llegó un** ~ **en que...** there came a time when...; **a partir de este** ~ from this moment (on); **a cada** ~ all the time; **al** ~ straightaway; **quiere todo lo que pide al** ~ she expects to get whatever she asks for straightaway; **de** ~, **por el** ~ for the time being o the moment; **del** ~ [actual] of the day; **dentro de un** ~ in a moment; **de un** ~ **a otro** any minute now; **desde el** ~ **(en) que...** [tiempo] from the moment that...; [causa] seeing as...; **en algún** ~ sometime; ~**s después** moments later; **por** ~**s** by the minute; **me estoy poniendo nerviosa por** ~**s** I'm getting more and more nervous by the minute; ¡**un** ~! just a minute! ❑ ~ **decisivo** turning point. - **2.** FÍS moment; ~ **de fuerza** moment; ~ **de inercia** moment of inertia; ~ **de torsión** torque. - **3.** *fig* [importancia] importance, consequence; **de poco** ~ of little consequence.

momia ◇ *adj f* → **momio**. ◇ *f* - **1.** [cadáver] mummy. - **2.** *fig* [persona delgada] skinny person; **estar hecho una** ~ to be all skin and bones.

momificación *f* mummification.

momificar [10] *vt* to mummify.

◆ **momificarse** *vpr* to mummify.

momio, mia *adj Amér fam* - **1.** [carcamal] square, untrendy. - **2.** [delgado] lean, thin.

◆ **momio** *m* - **1.** [ganga] bargain. - **2.** *fig* [suplemento] extra.

◆ **de momio** *loc adv fam* free, for nothing.
momo *m* funny face.
momoscle *m Amér* funeral mound.
mona *f →* **mono**.
monacal *adj* monastic.
monacato *m* monasticism, monkhood.
Mónaco *s*: **(el principado de)** ~ Monaco.
monada *f* - **1.** [persona] little beauty. - **2.** [cosa] lovely thing. - **3.** [gracia] antic. - **4.** [poda] pruning, trimming. - **5.** [limpieza] cleaning. - **6.** *Amér* [zurra] beating, thrashing.
mónada *f* monad.
monaguillo *m* altar boy.
Mona Lisa *f*: **la** ~ the Mona Lisa.
monarca *m* monarch.
monarquía *f* monarchy; ~ **absoluta/constitucional/parlamentaria** absolute/constitutional/parliamentary monarchy.
monárquico, ca ◇ *adj* monarchic. ◇ *m, f* monarchist.
monasterio *m* [de monjes] monastery; [de monjas] convent.
monástico, ca *adj* monastic.
Moncloa *f*: **la** ~ *residence of the Spanish premier and by extension the Spanish government.*
monda ◇ *adj f →* **mondo**. ◇ *f* - **1.** [de cáscara, vaina] peeling; [piel] peel; **ser la** ~ *mfam* [extraordinario] to be amazing; [gracioso] to be a scream. - **2.** [poda] pruning, trimming. - **3.** [limpieza] cleaning. - **4.** *Amér* [zurra] beating, thrashing.
mondadientes *m inv* toothpick.
mondador, ra ◇ *adj* - **1.** [que pela] peeling. - **2.** [podador] pruning, trimming. ◇ *m, f* - **1.** [pelador] peeler. - **2.** [podador] pruner, trimmer.
mondadura *f* - **1.** [acción de pelar] peeling. - **2.** [piel] peel. - **3.** [acción de podar] pruning, trimming. - **4.** [parte podada] pruned branches *(pl)*, trimmings *(pl)*.
mondar *vt* - **1.** [pelar] to peel. - **2.** [nueces] to shell. - **3.** [podar] to prune, to trim. - **4.** [limpiar - lo inútil] to clean, to cleanse; [- río, canal] to dredge; [- garganta] to clear. - **5.** *fig* [de dinero] to clean out, to fleece.
◆ **mondarse** *vpr*: ~**se (de risa)** *fam* to laugh one's head off.
mondo, da *adj* clean, neat; ~ **y lirondo** *fam fig* unadulterated, pure and simple.
mondongo *m* - **1.** [entrañas] innards *(pl)*. - **2.** CULIN tripe.
monear *vi* - **1.** *fam* [hacer monadas] to clown (around). - **2.** *Amér* [presumir] to boast. - **3.** *Amér* [trepar] to climb.
moneda *f* - **1.** [pieza] coin; **acuñar** ~ to mint money ▫ ~ **falsa** counterfeit coin; ~ **fiduciaria** fiat money; ~ **suelta** small change *(U)*. - **2.** [divisa, dinero] currency; ~ **débil/fuerte** weak/strong currency; ~ **corriente** legal tender *(U)*; ~ **divisionaria** o **fraccionaria** minor unit of currency; ~ **imaginaria** money of account. - **3.** [loc]: **pagar a alguien con** o **en la misma** ~ to pay sb back in kind; **ser** ~ **corriente** to be commonplace.
monedero *m* - **1.** [portamonedas] purse. - **2.** [fabricante] minter, coiner; ~ **falso** counterfeiter.
monería *f* - **1.** [de una persona - gracia] antic; [- bobada] foolish act; [- gesto] funny o monkey face. - **2.** [de un mono] monkey's trick.
monetario, ria *adj* monetary.
monetarismo *m* monetarism.
monetarista *adj* monetarist.
monetizar [13] *vt* - **1.** [cursar] to make legal tender. - **2.** [convertir en moneda] to mint, to coin.
mongol, la *adj & m, f =* **mogol**.
Mongolia *s* Mongolia.
mongólico, ca MED ◇ *adj* Down's syndrome *(antes de sust)*. ◇ *m, f* Down's syndrome person.
mongolismo *m* Down's syndrome.

moniato *m =* **boniato**.
monigote *m* - **1.** [muñeco] rag o paper doll. - **2.** [dibujo] doodle. - **3.** *fig* [persona] puppet.
monín, ina, monino, na *adj fam* pretty.
monismo *m* monism.
monitor, ra *m, f* [persona] instructor; ~ **de esquí** ski instructor.
◆ **monitor** *m* INFORM & TECN monitor; ~ **en color** colour monitor.
monitorio, ria *adj culto* admonitory.
monja *f* nun.
monje *m* monk.
monjil *adj* - **1.** [de monje] monk's; [de monja] nun's. - **2.** [de monja] nun's habit. - **3.** [traje de luto] mourning dress.
monjita *f Amér* - **1.** [ave] *small bird of the Pampas.* - **2.** [planta] *white and yellow flowered plant.*
mono, na ◇ *adj* - **1.** [bonito] lovely; **se ha comprado un coche muy** ~ he's bought a lovely car. - **2.** *Amér* [pelo] reddish. ◇ *m, f* - **1.** [animal] monkey; ~ **aullador** howler monkey; **aunque la mona se vista de seda, mona se queda** you can't make a silk purse out of a sow's ear; **mandar a alguien a freír monas** to tell sb to get lost; **meterle a alguien los** ~**s** *Amér* to frighten sb; **ser el último** ~ to be bottom of the heap. - **2.** *fig* [imitador] mimic, ape. - **3.** *fam fig* [tonto] idiot, fool.
◆ **mono** *m* - **1.** [prenda - con peto] dungarees *(pl)*; [- con mangas] overalls *(pl)*. - **2.** *fam* [abstinencia] cold turkey; **estará en observación médica hasta que se le pase el** ~ she'll be under medical observation until she's come through cold turkey. - **3.** [comodín] joker. - **4.** *Amér* [bacín] chamber pot. - **5.** *Amér* [en el mercado] pile of produce. - **6.** *loc*: **estar de** ~**s** to be at daggers drawn.
◆ **mona** *f* - **1.** *fam* [borrachera]: **coger una mona** to get legless; **Jaime bebió mucho y cogió una mona increíble** Jaime had a lot to drink and got totally legless; **dormir la mona** to sleep it off. - **2.** *Amér* [maniquí] mannequin. - **3.** *Amér* [cobarde] coward.
monoatómico, ca *adj* monoatomic.
monocarril *adj & m* monorail.
monocolor *adj* monochrome.
monocorde *adj* - **1.** *fig* [monótono] monotonous. - **2.** MÚS single-stringed.
monocromo, ma *adj* monochrome.
monóculo, la *adj* one-eyed.
◆ **monóculo** *m* - **1.** [lente] monocle. - **2.** [vendaje] eye patch.
monocultivo *m* AGR monoculture.
monoesquí *(pl* **monoesquís***) m* monoski.
monofásico, ca *adj* single-phase.
monogamia *f* monogamy.
monógamo, ma ◇ *adj* monogamous. ◇ *m, f* monogamous person.
monografía *f* monograph.
monográfico, ca *adj* monographic.
monograma *m* monogram, initials *(pl)*.
monokini *m* monokini.
monolingüe *adj* monolingual.
monolítico, ca *adj* monolithic.
monolito *m* monolith.
monologar [16] *vi* to give a monologue.
monólogo *m* monologue; TEATRO soliloquy.
monomanía *f* obsession.
monomaniaco, ca, monomaníaco, ca *adj & m, f* obsessive.
mononucleosis *f inv* mononucleosis; ~ **infecciosa** infectious mononucleosis, glandular fever.
monopatín *m* skateboard.
monoplano *adj & m* monoplane.
monoplaza ◇ *adj* single-seat *(antes de sust)*. ◇ *m* single-seater.

monopolio *m* monopoly.

monopolista *mf* monopolist.

monopolístico, ca *adj* monopolistic.

monopolización *f* monopolization.

monopolizador, ra ◇ *adj* monopolistic. ◇ *m, f* monopolist.

monopolizar [13] *vt lit & fig* to monopolize.

monorraíl *adj & m* monorail.

monosilábico, ca *adj* monosyllabic.

monosílabo, ba *adj* monosyllabic.

◆ **monosílabo** *m* monosyllable.

monote *m fam* dumbfounded person.

monoteísmo *m* monotheism.

monoteísta ◇ *adj* monotheistic. ◇ *mf* monotheist.

monotipia *f* monotype.

monotipo *m* IMPRENTA Monotype®.

monótonamente *adv* monotonously.

monotonía *f* - **1.** [uniformidad] monotony. - **2.** [entonación] monotone.

monótono, na *adj* monotonous.

monovalente *adj* QUÍM monovalent, univalent.

monóxido *m* monoxide; ~ **de carbono** carbon monoxide.

Monrovia *s* Monrovia.

Mons. *abrev escrita de* **Monseñor**.

monseñor *m* Monsignor.

monserga *f fam* - **1.** [tontería, cuento] drivel (U). - **2.** [lata] pain, nuisance; **dar la** ~ **a alguien** *fam* to annoy o pester sb.

monstruo ◇ *adj inv* - **1.** [grande] enormous, monster (antes de sust). - **2.** [prodigioso] fantastic. ◇ *m* - **1.** [gen] monster. - **2.** [prodigio] giant, marvel; **este actor es un** ~ **del cine** this actor is one of the giants of the cinema.

monstruosidad *f* - **1.** [crueldad] monstrosity, atrocity. - **2.** [fealdad] hideousness. - **3.** [anomalía] freak. - **4.** [enormidad] hugeness.

monstruoso, sa *adj* - **1.** [cruel] monstrous. - **2.** [feo] hideous. - **3.** [enorme] huge, enormous. - **4.** [deforme] terribly deformed.

monta ◇ *f* - **1.** [suma] total. - **2.** [importancia] importance; **de poca/mucha** ~ of little/great importance. - **3.** [en un caballo] ride, riding (U). - **4.** [granja] stud farm. ◇ *m* - **1.** MIL. call to mount. - **2.** *Amér* [jinete] jockey.

montacargas *m inv* goods lift *Br*, freight elevator *Am*.

montado, da *adj* - **1.** [a caballo] mounted. - **2.** [máquina] assembled.

◆ **montado** *m* mounted policeman *Br*, mounted trooper *Am*.

◆ **montada** *f Amér* - **1.** [silla] saddle. - **2.** [policía] mounted police.

montador, ra *m, f* - **1.** [obrero] fitter; ~ **de tuberías** pipefitter. - **2.** CINE editor.

montadura *f* - **1.** [de caballo] harness. - **2.** [de tela, vestido] setting.

montaje *m* - **1.** [de una máquina] assembly. - **2.** TEATRO staging. - **3.** FOT montage. - **4.** CINE editing. - **5.** [farsa] put-up job. - **6.** MIL mounting; ~ **de cañón** gun mount.

montante ◇ *m* - **1.** [ARQUIT - de armazón] upright; [- de ventana] mullion; [- de puerta] jamb. - **2.** [de escudo] broadsword. - **3.** [ventanuco] fanlight. - **4.** [importe] total; ~**s compensatorios** COM compensating duties. - **5.** *loc:* **coger el** ~ to leave, to go away; **meter el** ~ to break up the fight. ◇ *f* flood tide.

montaña *f* - **1.** [monte] mountain; **ir de excursión a la** ~ to go camping in the mountains □ ~ **rusa** roller coaster, big dipper; **hacer una** ~ **de algo** to make a big thing of sthg; **hacer una** ~ **de un grano de arena** to make a mountain out of a molehill. - **2.** *fig* [amontonamiento] pile, heap; **tengo una** ~ **de papeles sobre mi mesa** I've got a mountain of papers on my desk.

◆ **montañas** *fpl* highlands.

Montañas Rocosas *fpl:* **las** ~ the Rocky Mountains.

montañero, ra ◇ *adj* mountaineering. ◇ *m, f* mountaineer.

montañés, esa (*pl* **montañeses**) ◇ *adj* - **1.** [santanderino] of/relating to Santander. - **2.** [de la montaña] highland (antes de sust), mountain (antes de sust). ◇ *m, f* - **1.** [santanderino] native/person from Santander. - **2.** [de la montaña] highlander.

montañismo *m* mountaineering.

montañoso, sa *adj* mountainous.

montaplatos *m inv* dumb-waiter.

montar ◇ *vt* - **1.** [ensamblar - máquina, estantería] to assemble; [- tienda de campaña, tenderete] to put up. - **2.** [encajar]: ~ **algo en algo** to fit sthg into sthg. - **3.** [organizar - negocio, piso] to set up; [- ataque, ofensiva] to mount; **mi amiga y yo montamos una tienda de ropa** my friend and I set up a clothes shop. - **4.** [cabalgar] to ride. - **5.** [poner encima]: ~ **a alguien en** to lift sb onto; **monté a mi sobrino en el tiovivo** I lifted my nephew onto the merry-go-round. - **6.** [CULIN - nata] to whip; [- claras, yemas] to beat. - **7.** TEATRO to stage. - **8.** CINE to cut, to edit. - **9.** [joya] to set. - **10.** [arma] to cock. - **11.** [suj: animal] to mount. ◇ *vi* - **1.** [subir] to get on; [en un coche] to get in; ~ **en** [gen] to get onto; [coche] to get into; [animal] to mount. - **2.** [ir montado] to ride; ~ **en bicicleta/a caballo** to ride a bicycle/a horse. - **3.** [sumar]: ~ **a** to come to, to total □ **tanto monta** it's all the same.

◆ **montarse** *vpr* - **1.** [gen] to get on; [en un coche] to get in; [en un animal] to mount; ~**se en** [gen] to get onto; [coche] to get into; [animal] to mount; **nos montamos en todas las atracciones** we had a go on all the rides. - **2.** *loc:* **montárselo** *fam* to work it, to organize things.

montaraz (*pl* **montaraces**) ◇ *adj* - **1.** [montañero] mountain (antes de sust). - **2.** *fig* [fiero] savage, wild. ◇ *m* forest warden.

monte *m* - **1.** [elevación] mountain; [terreno] woodland; ~ **alto** forest, woodland; ~ **bajo** scrub; **echarse** o **tirarse al** ~ to take to the hills; *fig* to go to extremes; **no todo el** ~ **es orégano** *proverb* life's not a bowl of cherries. - **2.** *fig* [estorbo] difficulty, problem. - **3.** [en naipes - juego] monte; [- cartas] talon; [- banca] bank. - **4.** *Amér* [pasto] pasture.

◆ **monte de piedad** *m* state pawnbroker's.

◆ **monte de Venus** *m* mons veneris.

montear *vt* to give chase to.

montenegrino, na *adj & m, f* Montenegrin.

Montenegro *s* Montenegro.

montepío *m* - **1.** [establecimiento] mutual aid society. - **2.** [depósito] fund.

montera *f* - **1.** TAUROM bullfighter's hat. - **2.** [de cristal] skylight. - **3.** *Amér* [sombrero] *conical Indian hat*.

montería *f* - **1.** [caza] big game. - **2.** [arte] hunting. - **3.** *Amér* [fiambre] *leftover meat cooked in gravy*. - **4.** *Amér* [embarcación] raft.

montés (*pl* **monteses**) *adj* wild.

montevideano, na ◇ *adj* of/relating to Montevideo. ◇ *m, f* native/inhabitant of Montevideo.

Montevideo *s* Montevideo.

montículo *m* hillock.

montilla *m* Montilla, *dry sherry from Montilla near Córdoba*.

monto *m* total.

montón *m* - **1.** [pila] heap, pile; **deja esa basura en un** ~ leave the rubbish in a pile; **a** o **en** ~ everything together o at once □ **del** ~ *fig* ordinary, run-of-the-mill; **no es un chico muy guapo, es más bien del** ~ he's not particularly good-looking, he's pretty ordinary, really. - **2.** *fig* [muchos]: **un** ~ **de** loads of; **a montones** by the bucketload.

montonera *f Amér* - **1.** [guerrilla] band of guerillas. - **2.** [pila] stack, pile.

montonero *m Amér* guerrilla.

montubio, bia *Amér* ◇ *adj* rustic. ◇ *m, f peasant living in a coastal area*.

montuno, na *adj* - **1.** [del monte] mountain *(antes de sust)*. - **2.** *Amér* [rudo] rustic. - **3.** *Amér* [brutal] wild, savage.

montura *f* - **1.** [cabalgadura] mount. - **2.** [arreos] harness; [silla] saddle. - **3.** [soporte - de gafas] frame; [- de joyas] mounting. - **4.** [instalación] assembly, installation.

monumental *adj* - **1.** [ciudad, lugar] famous for its monuments. - **2.** *fig* [fracaso etc] monumental.

monumento *m* monument; ~ **a los caídos** war memorial; ~ **conmemorativo** memorial.

monzón *m* monsoon.

moña ◇ *f* - **1.** *fam* [borrachera]: **coger una** ~ to get smashed. - **2.** [adorno] ribbon. ~ - **3.** [TAUROM - del toro] *coloured ribbons used to identify bull*; [- del torero] *black ribbon worn by bullfighter*. - **4.** *Amér fig* [orgullo] pride, arrogance. ◇ *m mfam* poof *Br*, fag *Am*.

moño *m* - **1.** [de pelo] bun; **hacerse el** ~ to comb one's hair ❏ ~ **alto** bun; **agarrarse del** ~ [pegarse] to pull each other's hair out; **estar hasta el** ~ **(de)** to be sick to death (of); **ponerse** ~**s** *fam* to give o.s. airs. - **2.** [de ave] crest. - **3.** [lazo] bow, knot. - **4.** *Amér* [capricho] whim. - **5.** *Amér* [de caballo] forelock.

moñón, ona *adj* - **1.** [ave] crested, tufted. - **2.** *Amér fam* [caprichoso] capricious.

moñudo, da *adj* crested, tufted.

MOPU (*abrev de* **Ministerio de Obras Públicas y Urbanismo**) *m Spanish ministry of public works and town planning.*

moquear *vi* to have a runny nose.

moqueo *m* runny nose; **tener** ~ to have a runny nose.

moquero *m* handkerchief.

moqueta *f* fitted carpet.

moquete *m* punch in the face.

moquetear *vi* to have a runny nose.

moquillo *m* VETER distemper.

moquita *f* mucus.

moquitear *vi fam* to whine, to whimper.

moquiteo *m fam* whining, whimpering.

mora *f* - **1.** [de la zarzamora] blackberry. - **2.** [del moral] mulberry. - **3.** DER delay. - **4.** *loc*: **caer en** ~ to become a delinquent.

morada *f culto* - **1.** [casa] dwelling. - **2.** [estancia] sojourn.

morado, da *adj* - **1.** [color] purple; **pasarlas moradas** *fam fig* to have a bad time of it; **ponerse** ~ *fam* to stuff o.s. - **2.** *Amér* [cobarde] cowardly.
◆ **morado** *m* - **1.** [color] purple. - **2.** [golpe] bruise.

morador, ra *m, f culto* inhabitant.

moral ◇ *adj* moral. ◇ *f* - **1.** [ética] morality. - **2.** [ánimo] morale; **estar bajo de** ~ to be in poor spirits; **está baja de** ~ **y lo ve todo negro** she's in poor spirits, everything seems black to her. ◇ *m* [árbol] mulberry tree.

moraleja *f* moral.

moralidad *f* - **1.** [ética] morality. - **2.** [moraleja] moral.
◆ **moralidades** *fpl* morality play *(sg)*.

moralismo *m* moralism.

moralista *mf* moralist.

moralización *f* moralization.

moralizador, ra ◇ *adj* moralizing. ◇ *m, f* moralist.

moralizar [13] *vi* to moralize.

moralmente *adv* morally.

morapio *m fam* cheap red wine, plonk.

morar *vi culto*: ~ **(en)** to dwell (in).

moratoria *f* moratorium.

morbidez (*pl* **morbideces**) *f* delicacy.

morbididad *f* = **morbilidad**.

mórbido, da *adj* - **1.** [gen & MED] morbid. - **2.** [delicado] delicate.

morbilidad, morbididad *f* MED morbidity.

morbo *m* - **1.** *fam* [placer malsano] morbid pleasure. - **2.** MED disease; ~ **comicial** epilepsy; ~ **regio** jaundice.

morbosidad *f* morbidity.

morboso, sa *adj* - **1.** [en el placer] morbid. - **2.** MED sick, diseased.

morcilla *f* - **1.** CULIN ≃ black pudding *Br*, ≃ blood sausage *Am*; **¡que te/os den** ~! *mfam* you can stuff it, then! - **2.** *fig* TEATRO ad lib.

morcillera *f Amér* annoyance, frustration.

morcillero, ra *m, f* - **1.** [fabricante] sausage maker. - **2.** *fig* TEATRO ad libber.

morcillo *m* foreknuckle.

morcón *m* - **1.** [morcilla] ≃ large black pudding *Br*, ≃ large blood sausage *Am*. - **2.** *fig* [persona gruesa] stocky person. - **3.** [persona sucia] dirty person.

mordacidad *f* sharpness, mordacity.

mordaga *f fam* drinking bout, binge.

mordaz (*pl* **mordaces**) *adj* - **1.** [corrosivo] caustic, biting. - **2.** [picante] pungent.

mordaza *f* - **1.** [para silenciar] gag. - **2.** NÁUT hawsehole clamp. - **3.** [para artillería] clamp.

mordedor, ra *adj lit & fig* biting.

mordedura *f* bite.

mordelón, ona *adj Amér* - **1.** [que muerde] that bites, biting. - **2.** [corrupto] open to bribery.

morder [24] ◇ *vt* - **1.** [con los dientes] to bite. - **2.** [gastar] to eat into. - **3.** [asir] to grip. - **4.** *fig* [murmurar] to disparage. - **5.** IMPRENTA to etch. - **6.** *Amér* [estafar] to cheat. ◇ *vi* to bite; **está que muerde** *fig* he's be hopping mad.
◆ **morderse** *vpr*: ~**se las uñas** to bite one's nails ❏ ~**se la lengua** *fig* to bit one's tongue; **me mordí la lengua y no dije lo que pensaba** I bit my tongue and didn't say what I was thinking.

mordicante *adj* - **1.** [corrosivo] corrosive. - **2.** *fig* [murmurante] caustic, biting.

mordicar [10] *vt* to sting.

mordida *f Amér fam* [soborno] bribe.

mordido, da *adj fig* diminished, eroded.

mordiente ◇ *adj* biting. ◇ *m* caustic acid.

mordimiento *m* bite, biting *(U)*.

mordisco *m* bite; **a** ~**s** by biting; **dar** o **pegar un** ~ to take a bite of.

mordiscón *m Amér* big bite.

mordisquear *vt* to nibble (at).

morena *f* - **1.** [pez] moray eel. - **2.** AGR sheaf.

moreno, na ◇ *adj* - **1.** [pelo, piel] dark; [por el sol] tanned; **ponerse** ~ to get a tan. - **2.** [pan, azúcar] brown. - **3.** [pardo] brown. - **4.** [mulato] mulatto. ◇ *mf* - **1.** [pelo] dark-haired person; [piel] dark-skinned person. - **2.** [mulato] mulatto.

morera *f* white mulberry.

morería *f* Moorish quarter.

moretear *vi Amér* to bruise.

moretón *m* bruise.

morfema *m* morpheme.

Morfeo *m* MITOL Morpheus; **estar en brazos de** ~ *fig* to be in the arms of Morpheus.

morfina *f* morphine.

morfinomanía *f* morphine addiction.

morfinómano, na ◇ *adj* addicted to morphine. ◇ *m, f* morphine addict.

morfología *f* morphology.

morfológico, ca *adj* morphological.

morganático, ca *adj* morganatic.

morgue *f* morgue.

moribundo, da ◇ *adj* dying. ◇ *m, f* dying person.

morir [25] *vi* - **1.** [gen] to die; **nuestra relación murió hace mucho tiempo** our relationship died a long time ago; **murió de infarto** he died from a heart attack. - **2.** [río, calle] to come out. - **3.** [fuego] to die down; [luz] to go out; [día] to come to a close.

◆ **morirse** *vpr* - **1.** [fallecer]: ~**se (de)** to die (of). - **2.** *fig* [sentir con fuerza]: **me muero de ganas de ir a bailar** I'm dying to go dancing; **me muero de hambre/frío** I'm starving/freezing; ~**se de envidia/ira** to be burning with envy/rage; ~**se por algo** to be dying for sthg; ~**se por alguien** to be crazy about sb. - **3.** [extinguirse] to die.

morisco, ca ◇ *adj* - **1.** HIST *referring to Moors in Spain baptized after the Reconquest*. - **2.** *Amér fam* [enjuto] skinny. ◇ *m, f* baptized Moor.

morisqueta *f* - **1.** [ardid] ruse, trick. - **2.** *Amér* [mueca] grimace.

morlaco, ca ◇ *adj* sly, cunning. ◇ *m, f* sly fox.

◆ **morlaco** *m* - **1.** [toro] fighting bull. - **2.** *Amér* [caballo] nag.

mormón, ona *adj & m, f* Mormon.

moro, ra ◇ *adj* - **1.** HIST Moorish. - **2.** *fam* [machista] sexist. - **3.** [mahometano] Moslem *(antes de sust)*. - **4.** [sin bautizar] unbaptized. - **5.** [caballo] piebald. ◇ *m, f* - **1.** HIST Moor; ~**s y cristianos** *traditional Spanish festival involving mock battle between Moors and Christians*. - **2.** [árabe] Arab *(N.B. the term 'moro' is considered to be racist)*; **no hay** ~**s en la costa** the coast is clear. - **3.** [mahometano] Moslem.

◆ **moro** *m fam fig* [machista] sexist (man).

morocho, cha *adj Amér fam* - **1.** [de pelo] dark-haired; [de piel] swarthy, dark. - **2.** [robusto] strong, robust. - **3.** [con pelo rapado] shorn, shaven. - **4.** [gemelo] twin *(antes de sust)*.

◆ **morochos** *mpl Amér* [gemelos] twins.

morón *m* hillock, mound.

moroncho, cha, morondo, da *adj* - **1.** [calvo] bald, hairless. - **2.** [con pelo corto] shorn, shaven.

morondanga *f fam* collection of junk.

morondo, da *adj* = **moroncho**.

morosamente *adv* slowly, sluggishly.

morosidad *f* - **1.** COM defaulting, failure to pay on time. - **2.** [lentitud] slowness.

moroso, sa ◇ *adj* - **1.** COM defaulting. - **2.** [lento] slow, sluggish. - **3.** [tardío] late. ◇ *m, f* COM defaulter, bad debtor.

morra *f* - **1.** [de la cabeza] crown. - **2.** [juego] *game played by two people calling out numbers and each trying to match the total with their fingers*. - **3.** *loc*: **andar a la** ~ to trade blows.

morrada *f* - **1.** [golpe] butt, blow with the head. - **2.** [bofetada] slap.

morral *m* - **1.** MIL haversack; [de cazador] gamebag. - **2.** *fig* [zafio] boor.

morralla *f* - **1.** *despec* [personas] scum; [cosas] junk. - **2.** [pescado] small fry. - **3.** *Amér* [suelto] loose change.

morrear *vt & vi mfam* to snog *Br*, to suck face *Am*.

◆ **morrearse** *vpr mfam* to snog *Br*, to suck face *Am*.

morrena *f* moraine.

morriña *f* [por el país de uno] homesickness; [por el pasado] nostalgia.

morriñoso, sa *adj* homesick.

morrión *m* shako.

morrisqueta *f Amér* grimace.

morro *m* - **1.** [hocico] snout. - **2.** *(gen pl) fam* [labios] (thick) lips *(pl)*; **beber a** ~ to drink straight from the bottle ❑ **estar de** ~**s** to be angry; **poner** ~**s** to look cross; **por el** ~ *fam* through sheer cheek, through sheer nerve; **¡qué** ~ **tiene!** *fam* he's got a cheek!; **romperle los** ~**s a alguien** *fam* to smash sb's face in. - **3.** *fam* [de coche, avión] nose. - **4.** [monte] hillock. - **5.** [guijarro] pebble.

morrocotudo, da *adj* - **1.** *fam* [grande] tremendous. - **2.** [importante] important. - **3.** [difícil] difficult. - **4.** *Amér* [rico] rich, well-off.

morrongo, ga *m, f* - **1.** *fam* [gato] pussy. - **2.** *Amér fig* [criado] servant.

morroñoso, sa *adj Amér* - **1.** [áspero] rough. - **2.** [egoísta] selfish. - **3.** [débil] weak, sickly.

morrudo, da *adj* - **1.** [con hocico] snouted. - **2.** [con labios gruesos] thick-lipped. - **3.** *Amér* [musculoso] brawny.

morsa *f* walrus.

morse *m*, **Morse** *s (en aposición inv)* → **alfabeto**.

mortadela *f* Mortadella.

mortaja *f* - **1.** [sudario] shroud. - **2.** *Amér fig* [papel de tabaco] cigarette paper.

mortal ◇ *adj* mortal; [caída, enfermedad] fatal; [aburrimiento, susto, enemigo] deadly. ◇ *mf* mortal.

mortalidad *f* mortality; ~ **infantil** infant mortality.

mortalmente *adv* [gen] mortally; [enfermo] fatally.

mortandad *f* mortality.

mortecino, na *adj* [luz, brillo] faint; [color, mirada] dull.

morterada *f* - **1.** [para cocinar] food ground in a mortar. - **2.** [de artillería] shot.

mortero *m* mortar.

mortífero, ra *adj* deadly.

mortificación *f* mortification.

mortificador, ra *adj* mortifying.

mortificante *adj* mortifying.

mortificar [10] *vt* - **1.** [cuerpo] to mortify. - **2.** MED to deaden. - **3.** *fig* [molestar] to annoy, to upset.

mortuorio, ria *adj* death *(antes de sust)*.

◆ **mortuorio** *m* funeral.

morucho, cha *adj mfam* [moreno] swarthy.

◆ **morucho** *m* young bull with tipped horns.

morueco *m* ram.

moruno, na *adj* Moorish.

◆ **moruno** *m Amér* peasant shoe.

mosaico, ca *adj* Mosaic.

◆ **mosaico** *m* mosaic.

mosca ◇ *f* - **1.** [insecto, cebo] fly; ~ **de burro** o **de mula** horsefly; ~ **de España** Spanish fly; ~ **tse-tsé** tsetse fly; **aflojar** o **soltar la** ~ to cough up, to fork out; **cazar** ~**s** to twiddle one's thumbs; **estar con** o **tener la** ~ **detrás de la oreja** *fam* to be suspicious o distrustful; **estar** ~ *fam* [enfadado] to be in a mood; [con sospechas] to smell a rat; **no se oía ni una** ~ you could have heard a pin drop; **papar** ~**s** [boquiabierto] to gape; [absorto] to daydream; **por si las** ~**s** just in case; **¿qué** ~ **te ha picado?** what's up with you?; **sería incapaz de matar una** ~ he/she wouldn't hurt a fly. - **2.** [barba] Vandyke beard. - **3.** *fam* [pelmazo] pest, pain in the neck. ◇ *m Amér* [polizón] stowaway.

◆ **moscas** *fpl* [chispas] sparks.

◆ **mosca muerta** *mf fam* slyboots, hypocrite.

moscada *adj* → **nuez**.

moscarda *f* bluebottle, blowfly.

moscardear *vi* - **1.** [abeja] to lay eggs. - **2.** [persona] to be a busybody, to nose around.

moscardón *m* - **1.** ZOOL blowfly. - **2.** *fam fig* [persona] pest, creep.

moscarrón *m fam* botfly.

moscatel *m* Muscatel, *dessert wine made from muscat grapes*.

mosco *m* mosquito.

moscón *m* - **1.** ZOOL meatfly, bluebottle. - **2.** *fam fig* [persona] pest, creep.

moscona *f fam* hussy.

mosconear ◇ *vt* to pester. ◇ *vi* - **1.** [zumbar] to buzz. - **2.** [molestar] to be a nuisance.

mosconeo *m* - **1.** [zumbido] buzz, buzzing *(U)*. - **2.** [molestia] pestering.

moscovita ◇ *adj & mf* Muscovite. ◇ *f* MIN muscovite.

Moscú *s* Moscow.

mosén (*pl* **mosenes**) *m* RELIG father, reverend.

mosqueado, da *adj fam* [enfadado] cross, in a mood.

mosqueador *m* - **1.** [abanico] fly swatter. - **2.** *fig* [cola de animal] switch.

mosquear ◇ *vt* - **1.** [ahuyentar] to bat away. - **2.** *fig* [replicar] to answer back. - **3.** *fig* [azotar] to whip. ◇ *vi Amér* - **1.** [viajar de polizón] to stow away. - **2.** [llenarse de moscas] to

fill up with flies. - **3.** [complicarse] to become complicated. - **4.** [moverse como moscas] to move like flies.
◆ **mosquearse** vpr fam - **1.** [enfadarse] to get cross. - **2.** [sospechar] to smell a rat. - **3.** fig [librarse de estorbo] to brush aside one's problems.

mosqueo m - **1.** fam [enfado] annoyance, anger. - **2.** [sospecha] suspicion.

mosquero m - **1.** [trampa] flytrap. - **2.** Amér [hervidero] swarm of flies.

mosquete m musket.

mosquetero m musketeer.

mosquetón m short carbine.

mosquitero m, **mosquitera** f mosquito net.

mosquito m - **1.** [insecto] mosquito. - **2.** [cebo de pesca] fly. - **3.** fam fig [borrachín] boozer.

mosso d'Esquadra mf member of the Catalan police force.

mostacho m - **1.** [bigote] moustache. - **2.** NÁUT bowsprit shroud.

mostachón m macaroon.

mostacilla f mustard-seed, bird shot.

mostaza f - **1.** [salsa] mustard. - **2.** [perdigón] mustard-seed, bird shot.

mostela f sheaf.

mosto m - **1.** [residuo] must. - **2.** [zumo de uva] grape juice. - **3.** fig [vino] wine.

mostrado, da adj accustomed.

mostrador, ra ◇ adj showing. ◇ m, f demonstrator.
◆ **mostrador** m - **1.** [en tienda] counter; [en bar] bar. - **2.** [de reloj] dial, face.

mostrar [23] vt [enseñar] to show; **me mostró los cuadros que había pintado** she showed me the pictures she had painted.
◆ **mostrarse** vpr to appear, to show o.s.; **se mostró muy interesado** he expressed great interest.

mostrenco, ca ◇ adj - **1.** [sin dueño] without an owner, unclaimed. - **2.** [sin hogar] homeless. - **3.** fig [torpe, tonto] dim-witted. - **4.** [grueso] fat. ◇ m, f - **1.** fam [torpe] thick o stupid person. - **2.** [grueso] fat person.

mota f - **1.** [de polvo] speck. - **2.** [en una tela] dot. - **3.** fig [pequeño defecto] slight flaw. - **4.** Amér [marihuana] marijuana.

mote m - **1.** [apodo] nickname; **poner ~ a alguien** to nickname sb. - **2.** [sentencia] riddle. - **3.** [divisa] device, motto. - **4.** Amér [epígrafe] epigraph. - **5.** Amér [maíz] stewed maize Br, stewed corn Am.

moteado, da adj - **1.** [de polvo] speckled. - **2.** [vestido] dotted.

motear ◇ vt [poner mote] to nickname. ◇ vi Amér [comer maíz] to eat stewed maize Br, to eat stewed corn Am.

motejador, ra ◇ adj branding. ◇ m, f brander.

motejar vt: ~ **a alguien de algo** to brand sb sthg.

motel m motel.

motete m - **1.** MÚS motet. - **2.** Amér [cesto] pannier, basket. - **3.** Amér [lío] bundle.

motilón, ona ◇ adj hairless. ◇ m, f - **1.** [pelón] hairless person. - **2.** [indio] Indian from Colombia or Venezuela.
◆ **motilón** m lay brother.

motín m [del pueblo] uprising, riot; [de las tropas] mutiny.

motivación f motive, motivation (U).

motivado, da adj [persona] motivated.

motivador, ra ◇ adj motivating. ◇ m, f motivator.

motivar vt - **1.** [causar] to cause; [impulsar] to motivate. - **2.** [razonar] to explain, to justify.

motivo m - **1.** [causa] reason, cause; [de crimen] motive; **¿cuál es el ~ de tu preocupación?** what's the reason for your concern?; **bajo ningún ~** under no circumstances; **con mayor ~** even more so; **con ~ de** [por causa de] because of; [para celebrar] on the occasion of; [con el fin de] in order to; **dar ~ a** to give reason to; **no ser ~ para** to be no reason to o for; **sin ~** for no reason; **creo que está enfa-**

dada sin ~ I think she has no reason to be angry; **tener ~s para** to have reason to; **tengo ~s para no confiar en él** I have reason not to trust him □ **por ~ de** because of. - **2.** ARTE, LITER & MÚS motif.
◆ **motivos** mpl Amér finickiness (U).

moto f motorbike, motorcycle; ~ **acuática** aquascooter; **ir como una ~** fam fig to go full tilt.

motocicleta f motorbike, motorcycle.

motociclismo m motorcycling.

motociclista mf motorcyclist.

motociclo m motorcycle.

motocross m inv motocross.

motocultivo m mechanized farming.

motonáutico, ca adj speedboat (antes de sust).
◆ **motonáutica** f speedboat racing.

motonave f motorboat, motor vessel.

motoneta f Amér scooter, moped.

motor (f **motora** o **motriz**) adj motor.
◆ **motor** m - **1.** [aparato] motor, engine; ~ **de arrastre** power winder; ~ **de arranque** starter, starting motor; ~ **auxiliar** booster (engine); ~ **de cohete/de vapor/ de explosión** rocket/steam/spark-ignition engine; ~ **de combustión interna** internal combustion engine; ~ **diesel/de gasolina/de inyección/de reacción** diesel/fuel/fuel-injection/jet engine; ~ **de dos tiempos** two-stroke (engine); ~ **eléctrico/fuera borda** electric/outboard motor. - **2.** [fuerza] dynamic force; **su entusiasmo es el ~ de su vida** his enthusiasm is what drives him. - **3.** fig [causa] instigator, cause; **primer ~** FILOS prime mover.

motora f motorboat.

motorismo m motorcycling.

motorista mf motorcyclist.

motorizado, da adj motorized.

motorizar [13] vt to motorize.
◆ **motorizarse** vpr fam to get o.s. some wheels.

motorreactor m jet engine.

motosierra f power saw.

motoso, sa adj Amér - **1.** [afilado] dull-edged. - **2.** [campesino] peasant (antes de sust).

motricidad f motivity.

motriz adj f → **motor**.

motu propio adv: **(de) ~** of one's own accord.

mountain bike ['maunten 'bike] f DEP mountain biking.

moussaka f moussaka.

mousse [mus] m o f inv CULIN mousse.

movedizo, za adj - **1.** [movible] movable, easily moved. - **2.** [inestable] unsteady, unstable. - **3.** fig [inconstante] fickle.

mover [24] ◇ vt - **1.** [gen & INFORM] to move; [mecánicamente] to drive. - **2.** [cabeza - afirmativamente] to nod; [- negativamente] to shake. - **3.** [suscitar] to arouse, to provoke. - **4.** fig [empujar]: ~ **a alguien a algo/a hacer algo** to drive sb to sthg/to do sthg. - **5.** [agitar] to move about; [remover] to shake. ◇ vi - **1.** [abortar] to miscarry, to have a miscarriage. - **2.** [brotar] to sprout, to bud.
◆ **mover a** vi - **1.** [incitar] to incite to; **el deseo de ayudarla me movió a hacerlo** the desire to help her is what moved me to do it. - **2.** [causar] to provoke, to cause.
◆ **moverse** vpr - **1.** [gen] to move; [en la cama] to toss and turn; **no te muevas mientras hago la foto** don't move while I take the photo. - **2.** [darse prisa] to get a move on; **muévete, que es tarde** get a move on, it's late. - **3.** [hacer gestiones]: **me moví mucho para conseguir la subvención** I moved heaven and earth to get the grant; **si no te mueves no conseguirás nada** if you don't get moving you'll never get anything. - **4.** [relacionarse]: ~**se en/entre** to move in/among.

movible adj - **1.** [que puede moverse] movable. - **2.** fig [inestable, variable] fickle.

movido, da adj - **1.** [debate, torneo] lively. - **2.** [persona] active, restless. - **3.** [jornada, viaje] hectic. - **4.** FOT blurred, fuzzy. **- 5.** *Amér fam* [enclenque] feeble. **- 6.** *Amér* [huevo] soft-shelled.

◆ **movida** *f fam* [ambiente] scene; **la movida madrileña** *the Madrid scene of the late 1970s.*

móvil ◇ *adj* **- 1.** [movible] mobile, movable. **- 2.** *fig* [inestable] unstable, variable. ◇ *m* **- 1.** [motivo] motive. **- 2.** [juguete] mobile. **- 3.** [cuerpo] moving body.

movilidad *f* mobility.

movilización *f* mobilization.

movilizar [13] *vt* to mobilize.

movimiento *m* **- 1.** [gen & POLIT] movement; ~ **clandestino** underground; ~ **de pinza** MIL pincer movement; ~ **obrero** working-class movement. **- 2.** FÍS & TECN motion; **poner en** ~ to put in motion ❑ ~ **continuo/de rotación** perpetual/rotational motion; ~ **sísmico** earth tremor. **- 3.** [circulación - gen] activity; [- de personal, mercancías] turnover; [- de vehículos] traffic; ~ **de capital** cash flow. **- 4.** [MÚS - parte de la obra] movement; [- velocidad del compás] tempo. **- 5.** [alzamiento] uprising. **- 6.** *fig* [sentimiento] feeling. **- 7.** COM fluctuation.

moviola *f* editing projector.

moza *f* → **mozo**.

mozalbete *m* young lad.

Mozambique *s* Mozambique.

mozambiqueño, ña ◇ *adj* of/relating to Mozambique. ◇ *m, f* native/inhabitant of Mozambique.

mozárabe ◇ *adj* Mozarabic, *Christian in the time of Moorish Spain*. ◇ *mf* [habitante] Mozarab, *Christian of Moorish Spain*. ◇ *m* [lengua] Mozarabic.

mozo, za ◇ *adj* **- 1.** [joven] young. **- 2.** [soltero] single, unmarried. ◇ *m, f* young boy (*f* young girl), young lad (*f* young lass); **buen** ~ good-looking lad.

◆ **mozo** *m* **- 1.** [trabajador] assistant (worker); ~ **de caballos** stable boy, groom; ~ **de cordel** o **de cuerda** porter; ~ **de cuadra** stable boy, stable hand; ~ **de equipajes** porter; ~ **de espuelas** footman; ~ **de estación** (station) porter; ~ **de hotel** bellboy. **- 2.** [recluta] conscript. **- 3.** *Amér* [camarero] waiter.

◆ **moza** *f* **- 1.** [sirvienta] girl, maid; **moza de cámara** chambermaid. **- 2.** *Amér* [camarera] waitress. **- 3.** *loc:* **ser una real moza** *fam* to be a doll.

mozuelo, la *m, f* lad (*f* girl).

MPAIAC (*abrev de* Movimiento para la Autodeterminación y la Independencia del Archipiélago Canario) *m Canarian independence movement.*

MPLA (*abrev de* Movimiento Popular de Liberación de Angola) *m* MPLA.

m.s. (*abrev escrita de* manuscrito) ms., MS.

Mtro. *abrev escrita de* maestro.

mu *m* [mugido] moo; **no decir ni** ~ *fig* not to say a word.

muaré, moaré *m* moiré.

mucamo, ma *m, f Amér* servant.

muchachada *f Amér* group of youngsters.

muchachear *vi* to act childishly.

muchacho, cha *m, f* [chico] boy (*f* girl); [adolescente] youth (*f* young girl).

◆ **muchacho** *m* [criado] houseboy, servant.

◆ **muchacha** *f* [sirvienta] maid.

muchedumbre *f* [de gente] crowd, throng; [de cosas] great number, masses (*pl*).

mucho, cha ◇ *adj* **- 1.** [gran cantidad] (*en sg*) a lot of; (*en pl*) many, a lot of; (*en interrogativas y negativas*) much, a lot of; **tengo** ~ **sueño** I'm very sleepy; ~**s días** several days; **no tengo** ~ **tiempo** I haven't got much time. **- 2.** (*en sg*) [demasiado]: **hay** ~ **niño aquí** there are too many kids here; **es** ~ **coche para un conductor inexperto como él** it's far too powerful a car for an inexperienced driver like him; **es** ~ **hombre** he's a real man. ◇ *pron* (*en sg*) a lot; (*en pl*) many, a lot; ~**s piensan igual** a lot o many people think the same; **¿queda dinero? - no** ~ is there any money left? - not much o not a lot; **tengo** ~ **que contarte** I have a lot to tell you.

◆ **mucho** *adv* **- 1.** [gen] a lot; **habla** ~ he talks a lot; **me canso** ~ I get really o very tired; **me gusta** ~ I like it a lot o very much; **no me gusta** ~ I don't like it much; **(no)** ~ **más tarde** (not) much later. **- 2.** [largo tiempo]: **¿dura** ~ **la obra?** is the play long?; **hace** ~ **que no vienes** I haven't seen you for a long time; ~ **antes/después** long before/after. **- 3.** [frecuentemente]: **¿vienes** ~ **por aquí?** do you come here often? **- 4.** *loc:* **como** ~ at the most; **con** ~ by far, easily ❑ **ni con** ~ not by a long chalk; **no es tan bueno ni con** ~ it's nowhere near as good; **ni** ~ **menos** far from it, by no means; **no está ni** ~ **menos decidido** it is by no means decided; **tener en** ~ **a alguien** to hold sb in high regard, to think highly of sb.

◆ **por mucho que** *loc conj* no matter how much, however much; **por** ~ **que insistas** no matter how much o however much you insist.

mucílago, mucilago *m* mucilage.

mucosidad *f* mucus.

mucoso, sa *adj* mucous.

◆ **mucosas** *fpl* mucous membranes.

múcura, mucura *f Amér* **- 1.** [vasija] earthenware pitcher. **- 2.** *fig* [tonto] blockhead, dunce.

mucus *m inv* mucus.

muda *f* **- 1.** [de la voz] breaking; **está de** ~ his voice is breaking; [de piel, plumas] moulting. **- 2.** [ropa interior] change of underwear. **- 3.** [cambio] change, alteration. **- 4.** [época] moulting season.

mudable *adj* [persona] changeable; [carácter] fickle.

mudada *f Amér* **- 1.** [de ropa] change of clothing. **- 2.** [de domicilio] move, change of address.

mudanza *f* **- 1.** [cambio] change; [de carácter] changeability, fickleness. **- 2.** [de plumas, piel] moulting. **- 3.** [de casa] move; **estar de** ~ to be moving. **- 4.** [en baile] figure, movement.

mudar ◇ *vt* **- 1.** [gen] to change. **- 2.** [voz] to break. **- 3.** [casa] to move. **- 4.** [piel, plumas] to moult. **- 5.** [vehículo, máquina] to move. ◇ *vi* **- 1.** [opinión, color]: ~ **de** to change. **- 2.** [domicilio]: ~ **de** to move.

◆ **mudarse** *vpr:* ~**se (de casa)** to move (house); ~**se (de ropa)** to change.

mudéjar *adj & mf* Mudejar.

mudez (*pl* **mudeces**) *f* **- 1.** [incapacidad] dumbness, muteness. **- 2.** *fig* [silencio] silence.

mudo, da ◇ *adj* **- 1.** [sin habla] dumb. **- 2.** [callado] silent, mute; **se quedó** ~ he was left speechless. **- 3.** [sin sonido] silent. ◇ *m, f* dumb person, mute.

mueblaje, moblaje *m* furniture.

mueble ◇ *m* piece of furniture; **los** ~**s** the furniture (*U*) ❑ ~ **bar** cocktail cabinet. ◇ *adj* → **bien**.

mueblería *f* furniture shop.

mueca *f* [gen] face, expression; **hacer** ~**s** to make faces ❑ ~ **de dolor** wince, grimace.

muecín *m* muezzin.

muela[1] *etc v* → **moler**.

muela[2] *f* **- 1.** [diente - gen] tooth; [- molar] molar; ~ **del juicio** wisdom tooth. **- 2.** [de molino] millstone; [para afilar] grindstone. **- 3.** [cerro] hillock.

muelle ◇ *adj* **- 1.** [blando] soft, tender. **- 2.** [elástico] elastic, springy. **- 3.** *fig* [voluptuoso] luxurious. ◇ *m* **- 1.** [de colchón, reloj] spring; ~ **antagonista** o **de retorno** recoil spring; ~ **real** mainspring. **- 2.** [en el puerto] dock, quay; [en el río] wharf; [en estación] loading platform.

muera *v* → **morir**.

muerda *etc v* → **morder**.

muérdago *m* mistletoe.

muere *v* → **morir**.

muérgano *m* **- 1.** *desus* [instrumento] organ. **- 2.** *Amér* [objeto inútil] useless o worthless object. **- 3.** *Amér* [patán] sloppy o unkempt person.

muermo *m* **- 1.** *fam* [aburrimiento] bore, drag; **tener** ~ to be bored. **- 2.** VETER glanders (*sg*).

muerte *f* - 1. [gen] death; **a** ~ to the death, to the bitter end; **de** ~ fatally; **la odio a** ~ I hate her guts; **hasta la** ~ until death; **un susto de** ~ a terrible shock ⬚ ~ **natural/ violenta** natural/violent death; ~ **aparente** suspended animation; ~ **cerebral** brain death; ~ **civil** DER loss of civil rights; ~ **súbita** [de bebé] cot death; DEP sudden death; [en tenis] tiebreak, tiebreaker; **de mala** ~ third-rate, lousy. - 2. [homicidio] murder; **dar** ~ to kill.

muerto, ta ◇ *pp* → **morir**. ◇ *adj* - 1. [gen] dead; **caer** ~ to drop dead; **estar** ~ **(de cansancio)** to be dead tired; **estar** ~ **de hambre** to be starving; **estar** ~ **de miedo/frío** to be scared/freezing to death. - 2. [color] dull. - 3. *loc:* **más** ~ **que vivo** [asustado] frightened half to death; **medio** ~ [cansado] dead beat; **no tener donde caerse** ~ not to have a penny to one's name. ◇ *m, f* - 1. [fallecido] dead person; [cadáver] corpse; **hubo dos** ~**s** two people died; **hacerse el** ~ to pretend to be dead, to play dead. - 2. *loc:* **cargar con el** ~ [culpa] to get the blame; [trabajo, tarea] to be left holding the baby; **cargó con el** ~ **para que no acusaran a su hijo** he took the blame so they didn't accuse his son; **echar el** ~ **a alguien** [trabajo, tarea] to leave the dirty work to sb; [culpa] to put the blame on sb; **el** ~ **al hoyo y el vivo al bollo** *proverb* life goes on (in spite of everything) *proverb*; **hacer el** ~ [en el agua] to float on one's back; **tocar a** ~ [campanas] to toll the death knell.
◆ **muerto** *m* [en naipes] dummy hand.
◆ **muertos** *mpl:* **los** ~**s** the dead ⬚ **desenterrar a los** ~**s** *fig* to speak ill of the dead.

muesca *f* - 1. [concavidad] notch, groove. - 2. [corte] nick.

muesli *m* muesli.

muestra[1] *etc v* → **mostrar**.

muestra[2] *f* - 1. [pequeña cantidad] sample; ~ **gratuita** free sample; ~ **representativa** cross-section; **para** ~ **(basta) un botón** one example is enough. - 2. [señal] sign, show; [prueba] proof; [de cariño, aprecio] token; **dar** ~**s de** to show signs of. - 3. [modelo] model, pattern. - 4. [exposición] show, exhibition. - 5. [letrero] sign. - 6. [de reloj] dial, face. - 7. [en naipes] turn-up. - 8. MIL review, inspection; **pasar** ~ to review, to inspect.

muestrario *m* collection of samples.

muestreo *m* sample; [acción] sampling.

mueva *etc v* → **mover**.

Muface (*abrev de* **Mutualidad General de Funcionarios Civiles del Estado**) *f* mutual benefit society for Spanish civil servants.

muga *f* - 1. [desove] spawning. - 2. [fecundación] fertilization.

mugido *m* [de vaca] moo, mooing *(U)*; [de toro] bellow, bellowing *(U)*.

mugidor, ra, mugiente *adj* - 1. [vaca] mooing. - 2. [toro] bellowing.

mugir [15] *vi* - 1. [vaca] to moo; [toro] to bellow. - 2. *fig* [persona] to roar, to bellow.

mugre *f* filth, muck.

mugriento, ta *adj* filthy.

mugrón *m* - 1. [de vid] layer. - 2. [vástago] shoot.

muguete *m* lily of the valley.

muja *v* → **mugir**.

mujer *f* [persona] woman; [cónyuge] wife; **vendré a la fiesta con mi mujer** I'll come to the party with my wife; **tomar** ~ to take a wife; **tomar por** ~ to take for one's wife. ⬚ ~ **de carrera** career woman; ~ **de gobierno** housekeeper; ~ **de la limpieza** cleaning lady; ~ **de la vida** o **de mal vivir** prostitute; ~ **de negocios** businesswoman; ~ **de su casa** good housewife; ~ **fatal** femme fatale; ~ **pública** prostitute.

mujeriego, ga *adj* - 1. [conquistador] fond of the ladies. - 2. [femenino] feminine, womanly.
◆ **mujeriego** *m* womanizer, ladies' man.
◆ **a la mujeriega** *loc adv* sidesaddle.

mujeril *adj* feminine, womanly.

mujerzuela *f despec* loose woman.

mula *f* - 1. → **mulo**. - 2. [calzado] mule, slipper. - 3. *Amér* [cojín] shoulder pad. - 4. *Amér* [mercancía] junk, unsaleable goods *(pl)*. - 5. *Amér* [vergüenza] shame.

mulada *f* - 1. [recua] drove of mules. - 2. *fam fig* [tontería] stupid thing.

muladar *m* - 1. [de estiércol] dungheap. - 2. *fig* [de suciedad] pigsty.

muladí (*pl* **muladíes**) *adj* & *mf* renegade.

mulato, ta ◇ *adj* - 1. [de raza] mulatto. - 2. [de color] dark, dark-skinned. ◇ *m, f* mulatto.
◆ **mulato** *m Amér* MIN dark silver ore.

mulero *m* muleteer.

muleta *f* - 1. [para andar] crutch; *fig* prop, support. - 2. TAUROM muleta, *red cape hanging from a stick used to tease the bull.*

muletero *m* TAUROM matador.

muletilla *f* - 1. [frase] pet phrase; [palabra] pet word. - 2. [bastón] cross-handle cane.

muletón *m* flannelette.

Mulhacén *m:* **el** ~ Mulhacén.

mulillas *fpl* TAUROM mules that drag the dead bull from the ring.

mullida *f* - 1. [para animal] litter, bedding. - 2. [para personas] straw mattress.

mullido, da *adj* soft, springy.
◆ **mullido** *m* stuffing.

mullidor, ra ◇ *adj* softening. ◇ *m, f* softener.

mullir *vt* - 1. [ablandar] to soften; [lana, almohada] to fluff up. - 2. *fig* [disponer] to prepare, to get ready.

mulo, la *m, f* - 1. ZOOL mule. - 2. *fam fig* [persona] brute, beast.

multa *f* fine; **poner una** ~ **a alguien** to fine sb.

multar *vt* to fine.

multicelular *adj* multicellular.

multicolor *adj* multicoloured.

multicopista *f* duplicator, duplicating machine.

multicultural *adj* multicultural.

multidisciplinar, multidisciplinario, ria *adj* multidisciplinary.

multiforme *adj* multiform, differently shaped.

multigrado *adj* multigrade.

multilateral *adj* multilateral.

multimedia *adj inv* INFORM multimedia.

multimillonario, ria ◇ *adj:* **un negocio** ~ a multimillion pound/dollar business. ◇ *m, f* multimillionaire.

multinacional *adj* & *f* multinational.

múltiple *adj* [variado] multiple.
◆ **múltiples** *adj pl* [numerosos] many, numerous.

múltiplex *adj inv* TELECOM multiplex.

multiplicable *adj* multipliable.

multiplicación *f* multiplication.

multiplicador, ra *adj* multiplying.
◆ **multiplicador** *m* MAT multiplier.

multiplicando *m* multiplicand.

multiplicar [10] *vt* & *vi* to multiply.
◆ **multiplicarse** *vpr* - 1. [esforzarse] to do lots of things at the same time. - 2. BIOL to multiply.

multiplicidad *f* multiplicity.

múltiplo, pla *adj* multiple.
◆ **múltiplo** *m* multiple; **mínimo común** ~ lowest common multiple.

multipolar *adj* multipolar.

multiprocesador *adj* & *m* INFORM multiprocessor.

multiprogramación *f* INFORM multiprogramming.

multipuesto *adj inv* INFORM multi-terminal *(antes de sust)*.

multirracial *adj* multiracial.

multisalas *m inv* CINE multiplex cinema.

multitarea *adj inv* INFORM multitasking.

multitud *f* [de personas] crowd; **una ~ de cosas** hundreds of o countless things.

multitudinario, ria *adj* extremely crowded; [manifestación] mass *(antes de sust)*.

multiuso *adj inv* multipurpose.

mundanal *adj* worldly.

mundanear *vi* to indulge in worldly things.

mundano, na *adj* **- 1.** [del mundo] worldly, of the world. **- 2.** [de la vida social] (high) society.

mundear *vi* *Amér* to see the world.

mundial ◇ *adj* [política, economía, guerra] world *(antes de sust)*; [tratado, organización, fama] worldwide. ◇ *m*: **el ~, los ~es** the World Championships *(pl)*; [en fútbol] the World Cup.

mundialmente *adv* globally; **es ~ conocido** she's known throughout the world; **es ~ famoso** he's world-famous.

mundillo *m* world, circles *(pl)*; **el ~ literario** the literary world, literary circles.

mundo *m* **- 1.** [gen] world; **está muy interesado en el ~ de los negocios** he's very interested in the business world; **Fernando vive en su ~ y no se entera de nada** Fernando lives in his own little world and never knows what's going on ❑ **el ~ antiguo** the Old World; **el ~ de las artes** the art world; **el ~ del espectáculo** show business; **el nuevo ~** the New World; **el otro ~** the next world, the hereafter; **el tercer ~** the Third World; **dar un ~ por algo** to give the world for sthg; **desde que el ~ es ~** since the dawn of time; **echarse al ~** [prostituirse] to take up prostitution; **el ~ anda al revés** the world has been turned on its head; **el ~ es un pañuelo** it's a small world; **hacer un ~ de algo sin importancia** to make a mountain out of a molehill; **irse al otro ~** to pass away; **medio ~** half the world, a lot of people; **no es cosa** o **nada del otro ~** it's nothing special; **ponerse el ~ por montera** not to give a damn what people think; **por nada del ~** not for (all) the world; **se le cayó el ~ encima** his world fell apart; **todo el ~** everyone, everybody; **traer** o **echar al ~** to bring into the world; **venir al ~** to come into the world, to be born. **- 2.** *fig* [diferencia]: **hay un ~ entre ellos** they are worlds apart. **- 3.** [experiencia]: **hombre/ mujer de ~** man/woman of the world; **tener ~** to be worldly-wise, to know the ways of the world; **ver** o **correr ~** to see life.

mundología *f* worldly wisdom, experience of life.

munición *f* **- 1.** [de armas] ammunition; **~ de fuego** blanks *(pl)*; **municiones de boca** provisions, rations. **- 2.** [bala] shot. **- 3.** [carga] charge, load.

municionar *vt* to munition, to supply with munitions.

municionera *f* *Amér* cartridge pouch.

municipal ◇ *adj* town *(antes de sust)*, municipal; [elecciones] local; [instalaciones] public. ◇ *mf* → **guardia**.

municipalidad *f* municipality.

municipalización *f* municipalization.

municipalizar [13] *vt* to municipalize, to bring under municipal authority.

municipio *m* **- 1.** [corporación] town council. **- 2.** [edificio] town hall. **- 3.** [territorio] town, municipality. **- 4.** [habitantes] inhabitants *(pl)* of a town o municipality.

munificencia *f* munificence.

munificente, munífico, ca *adj* munificent.

munir *vt* *Amér* to provision, to supply.

muñeco, ca *m, f* [juguete] doll; [marioneta] puppet; **~ de peluche** cuddly o soft toy; **~ de trapo** rag doll.
◆ **muñeco** *m* *fig* puppet.
◆ **muñeca** *f* **- 1.** ANAT wrist; **menear las muñecas** *fig* to work hard. **- 2.** *fig* [mujer guapa] doll. **- 3.** *Amér fam* [enchufe]: **tener muñeca** to have friends in high places. **- 4.** [maniquí] mannequin, dummy. **- 5.** *fam fig* [mujer presumida] conceited girl.

◆ **muñeco de nieve** *m* snowman.

muñeira *f* *popular Galician dance and music.*

muñequera *f* wristband.

muñequilla *f* *Amér* young ear of maize *Br*, young ear of corn *Am*.

muñón *m* **- 1.** [de miembro del cuerpo] stump. **- 2.** [de cañón] trunnion.

muñonera *f* trunnion plate.

mural ◇ *adj* [pintura] mural; [mapa] wall. ◇ *m* mural.

muralista ARTE ◇ *adj* mural *(antes de sust)*. ◇ *mf* muralist.

muralla *f* **- 1.** [de fortificación] wall. **- 2.** *Amér* [de casa] wall.

Murcia *s* Murcia.

murciano, na *adj & m, f* Murcian.

murciélago *m* bat.

murga *f* **- 1.** [charanga] band of street musicians. **- 2.** *fam* [pesadez] drag, pain; **dar la ~** to be a pain.

muriera *etc v* → **morir.**

murmujear *vi* to murmur, to mumble.

murmullo *m* **- 1.** [gen] murmur, murmuring *(U)*; [de hojas] rustle, rustling *(U)*; [de insectos] buzz, buzzing *(U)*; [del agua] gurgle, babbling *(U)*; [del viento] sigh, sighing *(U)*. **- 2.** [queja] grumble, complaint.

murmuración *f* backbiting *(U)*, gossip *(U)*.

murmurador, ra ◇ *adj* backbiting, gossiping. ◇ *m, f* backbiter, gossip.

murmurar ◇ *vt* to murmur. ◇ *vi* **- 1.** [susurrar - persona] to murmur, to whisper; [- agua] to murmur, to gurgle; [- hojas] to rustle; [- viento] to sigh. **- 2.** [criticar]: **~ (de)** to gossip o backbite (about). **- 3.** [rezongar, quejarse] to grumble.

muro *m* **- 1.** [pared] wall; **~ de contención** retaining wall; **~ de las lamentaciones** Wailing Wall. **- 2.** [de fortificación] rampart. **- 3.** *fig* [dificultad] wall.
◆ **muro del sonido** *m* sound barrier.

murrio, rria *fam adj* blue, down.
◆ **murria** *f* the blues *(pl)*.

mus *m inv card game played in pairs with bidding and in which players communicate by signs.*

musa *f* **- 1.** [inspiración] muse. **- 2.** MITOL Muse.
◆ **musas** *fpl* [artes] arts.
◆ **Musa** *f*: **las nueve Musas** the nine Muses.

musaraña *f* **- 1.** ZOOL shrew; **mirar a las ~s** to stare into space o thin air; **pensar en las ~s** to have one's head in the clouds. **- 2.** *fig* [caricatura] effigy, caricature. **- 3.** [del ojo] speck.

musco, ca *adj* dark brown.

musculación *f* bodybuilding.

muscular *adj* muscular.

musculatura *f* muscles *(pl)*.

músculo *m* muscle; **~ cardíaco** myocardium, cardiac muscle; **~ estriado** striated muscle; **~ glúteo** gluteus, gluteal muscle.

musculoso, sa *adj* muscular.

muselina *f* muslin.

museo *m* museum; **~ de arte** art gallery; **~ de cera** waxworks *(sg)*.

museología *f* museology.

muserola *f* noseband.

musgo *m* moss.
◆ **musgo marino** *m* coralline.

musgoso, sa *adj* mossy, moss-covered.

música *f* → **músico.**

musical *adj & m* musical.

musicalidad *f* musicality.

musicalizar [13] *vt* to set to music.

musicalmente *adv* musically.

musicastro *m despec* bad musician.

music-hall ['musik'xol] *(pl* **music-halls***)* *m* music hall.

músico, ca ◇ *adj* musical. ◇ *m, f* [persona] musician; ~ **ambulante** busker *Br*, street musician.
◆ **músico** *m Amér* - **1.** [hipócrita] hypocrite. - **2.** [borracho] drunkard, drunk.
◆ **música** *f* - **1.** [gen] music; **poner música a algo** to set sthg to music; **música y letra (de)** words and music (by) ❏ **música ambiental** o **de fondo** background music; **música celestial** *fig* hot air, empty words *(pl)*; **música clásica/de cámara** classical/chamber music; **música étnica** world music; **música folklórica** o **popular** folk (music); **música de fondo** incidental music; **música heavy** heavy metal; **música instrumental/rock/vocal** instrumental/rock/choral music; **música ligera/pop** light/pop music; **música ratonera** *fig* caterwauling; **irse con la música a otra parte** *fig* to clear off; **mandar a alguien con la música a otra parte** *fig* to send sb packing. - **2.** [banda] band.
◆ **músicas** *fpl* [monsergas] drivel *(U)*.
musicología *f* musicology.
musicólogo, ga *m, f* musicologist.
musiquilla *f fam* ditty.
musitar *vt* to mutter, to mumble.
muslo *m* thigh; [de pollo] drumstick.
mustang, mustango *m* mustang.
mustela *f* - **1.** [comadreja] weasel. - **2.** [pez] dogfish.
mustiar [8] *vt* to wither, to wilt.
◆ **mustiarse** *vpr* to wither, to wilt.
mustio, tia *adj* - **1.** [flor, planta] withered, wilted. - **2.** [persona] down, gloomy. - **3.** *Amér* [hipócrita] hypocritical.
musulmán, ana *adj & m, f* Muslim, Moslem.
mutabilidad *f* changeability, mutability.
mutable *adj* changeable, mutable.
mutación *f* [cambio] sudden change; BIOL mutation.
mutante *adj & mf* mutant.

mutar *vt* to mutate.
mutilación *f* mutilation *(U)*.
mutilado, da ◇ *adj* mutilated. ◇ *m, f* cripple; ~ **de guerra** disabled veteran.
mutilar *vt* [gen] to mutilate; [estatua] to deface, to spoil.
mútilo, la *adj culto* - **1.** [inválido] disabled. - **2.** [destruido] mutilated.
mutis *m inv* TEATRO exit; **hacer** ~ *fig* [marcharse] to leave, to go away; [callar] to keep quiet, to say nothing; TEATRO to exit.
mutismo *m* - **1.** [mudez] muteness, dumbness. - **2.** [silencio] silence.
mutua *f* → **mutuo**.
mutual ◇ *adj* mutual. ◇ *f* mutual benefit society.
mutualidad *f* - **1.** [asociación] mutual benefit society. - **2.** [reciprocidad] mutuality.
mutualismo *m* - **1.** [corporación] mutual benefit society. - **2.** BIOL mutualism.
mutualista ◇ *adj* mutual benefit society *(antes de sust)*. ◇ *mf* member of a mutual benefit society.
mutuamente *adv* mutually.
mutuo, tua *adj* mutual.
◆ **mutuo** *m* DER mutuum.
◆ **mutua** *f* mutual benefit society.
muy *adv* - **1.** [mucho] very; ~ **bueno/cerca** very good/near; ~ **de mañana** very early in the morning; **estoy** ~ **satisfecho** I'm very o most satisfied; **él es** ~ **hombre** he's a real man; **¡~ bien!** [vale] OK!, all right!; [qué bien] very good!, well done!; **eso es** ~ **de ella** that's just like her; **eso es** ~ **de los americanos** that's typically American; **¡el** ~ **idiota!** what an idiot!; **el** ~ **idiota no se dio cuenta** the stupid idiot didn't even realize it. - **2.** [demasiado] too; **es** ~ **joven para ocupar ese puesto** she's too young to occupy that post.

n¹, N *f* [letra] n, N.
◆ **N** - **1.** (*abrev escrita de* **Norte**) N. - **2.** (*abrev escrita de* **Nacional**) [carretera] A-road.
◆ **N** *m*: **el 20 N** *20th November*, the date of Franco's death.
n² *f* MAT: **n pesetas** n (number of) pesetas.
n.º (*abrev de* **número**) no.
n/ *abrev escrita de* **nuestro**.
nabo *m* - **1.** [planta] turnip; ~ **gallego** swede *Br*, rutabaga *Am*. - **2.** [raíz] thick root. - **3.** ARQUIT newel, newel post. - **4.** NÁUT mast.
naborí (*pl* **naboríes**) *mf Amér* free Indian servant.
nácar *m* mother-of-pearl.
nacarado, da *adj* mother-of-pearl *(antes de sust)*.
nacer [29] *vi* - **1.** [venir al mundo - niño, animal] to be born; [- planta] to sprout, to begin to grow; [- pájaro] to hatch (out); **al** ~ at birth; ~ **de/en** to be born of/in; ~ **de familia humilde** to be born into a poor family; ~ **para algo** to be born to be sthg; **ha nacido para cantante** she's a born singer ❏ **volver a** ~ to have a lucky escape; **salir ilesos**

de aquel accidente fue como volver a ~ we had a lucky escape when we survived the accident unscathed. - **2.** [surgir - pelo] to grow; [- río] to rise, to have its source; [- costumbre, actitud, duda] to have its roots; [- astro] to rise.
◆ **nacerse** *vpr* - **1.** [raíz, semilla] to sprout, to begin to grow. - **2.** [tela, costura] to split.
nacido, da ◇ *adj* - **1.** [venido al mundo] born; **bien** ~ well-bred; **mal** ~ ill-bred. - **2.** [natural] inborn, natural. ◇ *m, f* [ser humano] human being; **los** ~**s hoy** those born today; **todos los** ~**s** everybody ❏ **recién** ~ newborn baby; **ser un mal** ~ to be a wicked o vile person.
naciente ◇ *adj* - **1.** [día] dawning; [sol] rising. - **2.** [gobierno, estado] new, fledgling; [interés] growing. ◇ *m culto* Orient, East.
nacimiento *m* - **1.** [gen] birth; [de planta] sprouting; [de ave] hatching; **de** ~ from birth; **por** ~ by birth. - **2.** [de río] source. - **3.** [origen] origin, beginning; **dar** ~ **a** to give rise to. - **4.** [belén] Nativity scene.
nación *f* [gen] nation; [territorio] country.
nacional ◇ *adj* national; [mercado, vuelo] domestic;

[asuntos] home *(antes de sust)*. ◇ *mf* HIST Francoist. ◇ *m* militiaman.

nacionalidad *f* nationality; **doble** ~ dual nationality.

nacionalismo *m* nationalism.

nacionalista *adj & mf* nationalist.

nacionalización *f* [de educación, bienes] nationalization; [de persona] naturalization.

nacionalizado, da *adj* nationalized.

nacionalizar [13] *vt* - **1.** [banca] to nationalize. - **2.** [persona] to naturalize.

◆ **nacionalizarse** *vpr* to become naturalized.

nacionalsocialismo *m* National Socialism.

nacionalsocialista *adj & mf* National Socialist.

Naciones Unidas *fpl* United Nations.

naco *m Amér* - **1.** [de tabaco] chew, plug. - **2.** [susto] fright. - **3.** [cobarde] coward.

nada ◇ *pron* nothing; *(en negativas)* anything; **no he leído** ~ **de este autor** I haven't read anything by this author; **no hay** ~ **como un buen libro** there is nothing like a good book; **a cada** ~ *Amér* continually, every five minutes; **antes de** ~ first, before anything else; **de** ~ [respuesta a 'gracias'] not at all, you're welcome; ~ **de no**; ~ **de quejas** no complaints; ~ **de eso** none of that, not at all; **no dijo** ~ **de** ~ he didn't say anything at all; ~ **más** nothing else, nothing more; **no quiero** ~ **más** I don't want anything else; **te he traído un regalito de** ~ I've brought you a little something ❑ **como si** ~ as if nothing had happened; **esto no es** ~ that's nothing; **ni** ~ [ni ninguna otra cosa] or anything; **no pienso ir, ni llamar, ni** ~ I won't go, or call, or anything; **¡no era alta ni** ~ **la chica!** *fam irón* she's tall all right. ◇ *adv* - **1.** [en absoluto] at all; **la película no me ha gustado** ~ I didn't like the film at all; **no es** ~ **extraño** it's not at all strange. - **2.** [poco] a little, a bit; **no hace** ~ **que salió** he left just a minute ago; ~ **menos que** [cosa] no less than; [persona] none other than. ◇ *f*: **la** ~ nothingness, the void ❑ **salir** O **surgir de la** ~ *fig* to appear out of O from nowhere.

◆ **nada más** *loc conj*: ~ **más salir de casa se puso a llover** no sooner had I left the house than it started to rain, as soon as I left the house, it started to rain.

nadador, ra ◇ *adj* swimming. ◇ *m, f* swimmer.

nadar *vi* - **1.** [gen] to swim; [flotar] to float; **esta ensalada nada en aceite** this salad is swimming in oil. - **2.** [abundar]: ~ **en** [dinero] to be rolling in; [deudas] to be up to one's neck in.

nadería *f* trifle, little thing.

nadie ◇ *pron* nobody, no one; ~ **lo sabe** nobody knows; **no se lo dije a** ~ I didn't tell anybody; **no ha llamado** ~ nobody phoned. ◇ *m*: **no ser** ~ to be a nobody; **un don** ~ a nobody.

nadir *m* ASTRON nadir.

nado ◆ **a nado** *loc adv* swimming.

nafta *f* - **1.** QUÍM naphtha. - **2.** *Amér* [gasolina] petrol *Br*, gas *Am*.

naftalina *f* - **1.** QUÍM naphthalene, naphthaline. - **2.** [para polilla] mothballs *(pl)*.

naftol *m* QUÍM naphthol.

nagual *Amér* ◇ *m* - **1.** [hechicero] sorcerer, wizard. - **2.** [animal] pet. ◇ *f* lie.

naïf [na'if] *adj inv* naïve, primitivistic.

nailon, nilón, nylon® ['nailon] *m* nylon.

naipe *m* (playing) card; **florear el** ~ to stack O mark the deck; **tener buen** ~ to be lucky at cards ❑ ~ **de figura** face card.

◆ **naipes** *mpl* cards; **barajar los** ~**s** to shuffle the cards; **peinar los** ~**s** to shuffle the cards thoroughly.

Nairobi *s* Nairobi.

nalga *f* buttock.

nalgar *adj* buttock *(antes de sust)*.

nalgudo, da, nalgón, ona *adj Amér* large-bottomed.

nalguear *vi* to wiggle one's bottom while walking.

nana *f* - **1.** [canción] lullaby. - **2.** *fam* [abuela] grandma, nana. - **3.** *Amér* [niñera] nanny. - **4.** *Amér* [nodriza] wet nurse.

nanay *interj fam* no way!, not likely!

nanquín *m desus* nankeen.

nao *f* vessel.

napa *f* nappa (leather).

napalm [na'palm] *m* napalm.

napia *f (gen pl) fam* snout, conk.

napoleón *m Amér* pliers *(pl)*.

Napoleón *m* Napoleon.

napoleónico, ca *adj* Napoleonic.

naranja ◇ *adj inv* orange. ◇ *m* [color] orange. ◇ *f* [fruto] orange; ~ **agria** Seville orange; ~ **sanguina** O **de sangre** blood orange; ~ **tangerina** O **mandarina** tangerine, mandarin; **¡**~**s de la china!** no way!

◆ **media naranja** *f fam fig* other O better half; **por fin encontró su media** ~ **y vive feliz con él** she has finally found the man of her dreams and is very happy with him.

naranjada *f* orangeade.

naranjal *m* orange grove.

naranjero, ra ◇ *adj* orange. ◇ *m, f* - **1.** [vendedor] orange seller. - **2.** [cultivador] orange grower.

naranjo *m* - **1.** [árbol] orange tree. - **2.** [madera] orange (wood).

narcisismo *m* narcissism.

narcisista *mf* narcissist.

narciso *m* - **1.** BOT narcissus. - **2.** *fig* [hombre] narcissist.

Narciso *m* Narcissus.

narcolepsia *f* narcolepsy.

narcomanía *f* narcotism.

narcosis *f inv* narcosis.

narcótico, ca *adj* narcotic.

◆ **narcótico** *m* narcotic; [droga] drug.

narcotismo *m* narcotism.

narcotizante *adj & m* narcotic.

narcotizar [13] *vt* to drug.

narcotraficante *mf* drug trafficker.

narcotráfico *m* drug trafficking.

nardo *m* nard, spikenard.

narigón, ona ◇ *adj fam* big-nosed. ◇ *m Amér* - **1.** [agujero] hole. - **2.** [anillo] nose ring.

narigudo, da ◇ *adj* big-nosed. ◇ *m, f* big-nosed person.

nariz *(pl* **narices)** *f* - **1.** [órgano] nose; **sonarse la** ~ to blow one's nose ❑ ~ **aguileña/chata/respingona** Roman/snub/turned-up nose. - **2.** [orificio] nostril. - **3.** *fig* [olfato] sense of smell; **los perros de caza tienen buena** ~ hunting dogs have a good sense of smell; **los expertos en vino deben tener buena** ~ experts on wine need a good sense of smell. - **4.** *loc*: **me da en la** ~ **que...** I've got a feeling that...; **dar a alguien en las narices con algo** to rub sb's nose in sthg; **darse de narices contra algo** to bump into sthg; **delante de las narices de uno/de alguien** under one's/sb's nose; **robaron el bolso delante de las narices del guardia** they stole the handbag from right under the policeman's nose; **de narices** [estupendo] great, brilliant; **estar hasta las narices (de algo)** to be fed up to the back teeth (with sthg); **hacer algo por narices** [inexcusablemente] to have no alternative but to do sthg; **me estás hinchando las narices** you're beginning to get up my nose; **meter las narices en algo** to poke O stick one's nose into sthg; **no ver (uno) más allá de sus narices** not to see past one's nose; **romper las narices a alguien** to smash sb's face in; **romperse las narices** to fall flat on one's face; **tener narices** *fam* [ser valiente] to have guts; [ser indignante] to be sickening; **¡tiene narices! se larga con otra pero no da el divorcio a su mujer** it's a scandal! he's run off with another woman, but he won't let his wife have a divorce.

◆ **narices** *interj* no way!

narizón, ona *adj fam* big-nosed.

narizotas *mf inv fam* big-nose.

narración *f* - **1.** [cuento, relato] narrative, story. - **2.** [acción] narration; ~ **retrospectiva** flashback.

narrador, ra ◇ *adj* narrative. ◇ *m, f* narrator.

narrar *vt* [contar] to recount, to tell.

narrativo, va *adj* narrative.

◆ **narrativa** *f* - **1.** [acción] narrative. - **2.** [habilidad] narrative skill.

narria *f* trolley.

narval *m* narwhal.

Na S (*abrev escrita de* **Nuestra Señora**) *Our Lady*.

NASA (*abrev de* **National Aeronautics and Space Administration**) *f* NASA.

nasal *adj* nasal.

nasalidad *f* nasality.

nasalización *f* LING nasalization.

nasalizar [13] *vt* to nasalize.

nasalmente *adv* nasally.

Nassau *s* Nassau.

nata ◇ *adj f* → **nato.** ◇ *f* - **1.** [gen & fig] cream; ~ **agria** sour cream; ~ **batida** o **montada** whipped cream; ~ **enriquecida** double cream; ~ **líquida** single cream; ~ **para montar** heavy cream. - **2.** [de leche hervida] skin. - **3.** *Amér* [de metal] scum.

◆ **natas** *fpl* - **1.** [crema] whipped cream (*U*). - **2.** [natillas] custard (*sg*).

natación *f* swimming.

natal ◇ *adj* [país] native; [ciudad, pueblo] home (*antes de sust*). ◇ *m* - **1.** [nacimiento] birth. - **2.** [cumpleaños] birthday.

natalicio *m* [cumpleaños] birthday.

natalidad *f* birthrate.

natatorio, ria ◇ *adj* swimming. ◇ *m* swimming pool.

natillas *fpl* custard (*U*).

natividad *f* nativity.

◆ **Natividad** *f*: **la Natividad** Christmas.

nativismo *m* nativism.

nativo, va ◇ *adj* [indígena] native; [natural] innate, inborn. ◇ *m, f* native.

nato, ta *adj* [gen] born; [cargo, título] ex officio.

natura *f* - **1.** [naturaleza] nature; **contra** ~ against nature, unnatural ❏ **a** o **de** ~ naturally. - **2.** [genitales] genitals (*pl*).

natural ◇ *adj* - **1.** [gen] natural; [flores, fruta, leche] fresh; **es un producto** ~, **sin aditivos** it's a natural product and doesn't contain any additives; **es** ~ **que quiera ir de vacaciones con sus hijos** it's quite natural that she should want to go on holiday with her children; **al** ~ [persona] in the flesh; [fruta] in its own juice; **es más guapa al** ~ **que en la fotografía** she's prettier in real life than in the photograph; **ser** ~ **en alguien** to be natural o normal for sb. - **2.** [nativo] native; **ser** ~ **de** to come from. - **3.** [ilegítimo] illegitimate. - **4.** [espontáneo] natural, spontaneous. - **5.** [innato] innate. ◇ *mf* [nativo] native. ◇ *m* [talante] nature, disposition.

naturaleza *f* - **1.** [gen] nature; **contra la** ~ against nature, unnatural; **por** ~ by nature ❏ **la madre** ~ Mother Nature; ~ **muerta** ARTE still life; **la** ~ **humana** human nature. - **2.** [complexión] constitution; **es de** ~ **fuerte y nunca cae enfermo** he has a strong constitution and never gets ill. - **3.** [nacionalidad, origen] nationality. - **4.** [genitales] genitals (*pl*).

naturalidad *f* - **1.** [calidad de natural] naturalness; **con** ~ naturally. - **2.** [sencillez] ingenuousness.

naturalismo *m* naturalism.

naturalista ◇ *adj* naturalistic. ◇ *mf* naturalist.

naturalización *f* naturalization.

naturalizado, da *adj* naturalized.

naturalizar [13] *vt* - **1.** [nacionalizar] to naturalize. - **2.** [aclimatar] to acclimatize.

◆ **naturalizarse** *vpr* to become naturalized.

naturalmente *adv* naturally.

naturismo *m* - **1.** [doctrina] *way of life promoting return to nature*. - **2.** [nudismo] naturism, nudism.

naturista ◇ *adj* naturistic. ◇ *mf* - **1.** [partidario de doctrina] *person favouring return to nature*. - **2.** [nudista] naturist, nudist.

naturópata *mf* naturopath.

naufragar [16] *vi* - **1.** [barco] to sink, to be wrecked; [persona] to be shipwrecked. - **2.** *fig* [fracasar] to fail, to collapse.

naufragio *m* - **1.** [de barco] shipwreck. - **2.** *fig* [fracaso] failure, collapse.

náufrago, ga ◇ *adj* shipwrecked. ◇ *m, f* shipwrecked person, castaway.

◆ **náufrago** *m* shark.

náusea *f* (*gen pl*) nausea (*U*), sickness (*U*); **me da** ~**s** it makes me sick; **sentir** ~**s** to feel sick.

nauseabundo, da *adj* nauseating, sickening.

nausear *vi* to feel sick.

náutico, ca *adj* [gen] nautical; DEP water (*antes de sust*).

◆ **náutica** *f* navigation, seamanship.

nautilo *m* nautilus.

nava *f* valley.

navaja *f* - **1.** [cuchillo - pequeño] penknife; [- más grande] jackknife; ~ **de afeitar** razor; ~ **automática** flick knife, switchblade; ~ **de bolsillo** pocketknife; ~ **de muelle** o **de resorte** flick knife *Br*, switchblade *Am*. - **2.** [molusco] razor-shell, razor clam. - **3.** *fig* [crítico] sharp tongue.

navajazo *m* stab, slash.

navajero, ra *m, f* thug who carries a knife.

◆ **navajero** *m* - **1.** [estuche] razor case. - **2.** [paño] razorcloth.

naval *adj* naval.

Navarra Navarre.

navarro, rra *adj & m, f* Navarrese.

nave *f* - **1.** [barco] ship; **quemar las** ~**s** to burn one's boats o bridges. - **2.** [vehículo] craft; ~ **aérea** airship; ~ **espacial** spaceship, spacecraft; ~ **extraterrestre** (extraterrestrial) spaceship. - **3.** [de fábrica] plant; [almacén] warehouse. - **4.** [de iglesia] nave.

◆ **Nave de San Pedro** *f fig* Roman Catholic Church.

navecilla *f* - **1.** NÁUT small ship. - **2.** RELIG censer.

navegable *adj* navigable.

navegación *f* navigation; ~ **aérea/fluvial/marítima** air/river/sea navigation; ~ **de altura** ocean navigation; ~ **costera** coastal navigation.

navegante ◇ *adj* sailing; [pueblo] seafaring. ◇ *mf* navigator.

navegar [16] ◇ *vi* - **1.** [barco] to sail; [avión] to fly; ~ **por** to navigate. - **2.** *Amér* [tolerar] to suffer. ◇ *vt* - **1.** [barco] to sail. - **2.** [avión] to fly.

naveta *f* - **1.** [monumento] *prehistoric burial monument on Minorca*. - **2.** [gaveta] drawer. - **3.** RELIG censer.

Navidad *f* - **1.** [día] Christmas (Day). - **2.** (*gen pl*) [periodo] Christmas (time); **felices** ~**es** Merry Christmas.

navideño, ña *adj* Christmas (*antes de sust*).

naviero, ra *adj* shipping.

◆ **naviero** *m* [armador] shipowner.

◆ **naviera** *f* [compañía] shipping company.

navío *m* large ship.

náyade *f* MITOL naiad.

nazareno, na *adj & m, f* Nazarene.

◆ **nazareno** *m* penitent in Holy Week processions.

◆ **Nazareno** *m*: **el Nazareno** Jesus of Nazareth.

Nazaret Nazareth.

nazca *etc v* → **nacer.**

nazi *adj & mf* Nazi.

nazismo *m* Nazism.

NB (*abrev escrita de* **nota bene**) NB.

NBA (*abrev de* **National Basketball Association**) *f* NBA.

neblina *f* mist.

neblinoso, sa *adj* misty.

nebulón *m* slippery o sly character.

nebulosa *f →* **nebuloso.**

nebulosidad *f* - **1.** [de nubes] cloudiness; [de niebla] fogginess. - **2.** *fig* [de ánimo, de mente] vagueness.

nebuloso, sa *adj* - **1.** [con nubes] cloudy; [de niebla] foggy. - **2.** *fig* [idea, mirada] vague.

♦ **nebulosa** *f* ASTRON nebula.

necear *vi* - **1.** [decir tonterías] to talk nonsense, to babble. - **2.** [hacer tontadas] to act foolishly.

necedad *f* - **1.** [estupidez] stupidity, foolishness. - **2.** [dicho, hecho] stupid o foolish thing; **decir** ~**es** to talk nonsense.

necesariamente *adv* necessarily.

necesario, ria *adj* [inevitable] necessary; **es** ~ **hacerlo** it needs to be done; **no es** ~ **que lo hagas** you don't need to do it; **si fuera** ~ if need be; **si fuera** ~ **haríamos el camino a pie** if need be, we can walk.

neceser *m* toilet bag; ~ **de afeitar** shaving kit.

necesidad *f* - **1.** [gen] need; **de (primera)** ~ essential; **obedecer a la** ~ **(de)** to arise from the need (to) □ ~ **extrema** extreme need, dire straits. - **2.** [obligación] necessity; **por** ~ out of necessity. - **3.** [hambre] hunger.

♦ **necesidades** *fpl*: **hacer (uno) sus** ~**es** *eufemismo* to answer the call of nature.

necesitado, da ◇ *adj* needy; ~ **de** in need of. ◇ *m, f* needy o poor person; **los** ~**s** the poor.

necesitar *vt* [hacer falta] to need; **necesito que me lo digas** I need you to tell me; **'se necesita piso'** 'flat wanted'; **se necesita ser estúpido para no darse cuenta de que lo engañan** you'd have to be stupid not to realize that they're tricking him.

♦ **necesitar de** *vi* to have need of.

neciamente *adv* stupidly, foolishly.

necio, cia ◇ *adj* - **1.** [tonto] stupid, foolish; **a necias** foolishly. - **2.** [terco] stubborn, obstinate. - **3.** *Amér* [susceptible] touchy. ◇ *m, f* idiot, fool.

nécora *f* fiddler crab.

necrófago, ga ◇ *adj* necrophagous. ◇ *m, f* [animal] carrion-feeder.

necrofilia *f* necrophilia.

necrología *f* obituary; [lista de esquelas] obituaries (*pl*), obituary column.

necrológico, ca *adj* obituary (*antes de sust*).

necrólogo, ga *m, f* necrologist.

necromancia *f* necromancy.

necrópolis *f inv* necropolis.

necrosis *f inv* necrosis.

néctar *m* nectar.

nectáreo, a *adj* nectarean, nectareous.

nectarina *f* nectarine.

neerlandés, esa (*pl* **neerlandeses**) ◇ *adj* Dutch. ◇ *m, f* Dutchman (*f* Dutchwoman).

nefando, da *adj* abominable, odious.

nefario, ria *adj* nefarious.

nefasto, ta *adj* [funesto] ill-fated; [dañino] bad, harmful; [pésimo] terrible, awful.

nefrítico, ca *adj* nephritic.

nefritis *f inv* nephritis.

nefrología *f* nephrology.

negable *adj* deniable.

negación *f* - **1.** [desmentido] denial. - **2.** [negativa] refusal. - **3.** [lo contrario] antithesis, negation. - **4.** GRAM negative. - **5.** [carencia] total lack.

negado, da ◇ *adj* - **1.** [incapaz] useless, inept. - **2.** RELIG apostate. ◇ *m, f* - **1.** [persona incapaz] useless person, dead loss. - **2.** RELIG apostate.

negar [35] *vt* - **1.** [rechazar] to deny. - **2.** [denegar] to refuse, to deny; ~**le algo a alguien** to refuse o deny sb sthg. - **3.** [prohibir] to prohibit, to forbid.

♦ **negarse** *vpr*: ~**se (a)** to refuse (to).

negativa *f →* **negativo.**

negatividad *f* negativity.

negativo, va *adj* - **1.** [gen] negative. - **2.** MAT minus (*antes de sust*), negative.

♦ **negativo** *m* FOT negative.

♦ **negativa** *f* - **1.** [rechazo] refusal. - **2.** [mentís] denial.

negligé [negli'ʒe] *m* negligee.

negligencia *f* negligence.

negligente ◇ *adj* negligent. ◇ *mf* careless person.

negociabilidad *f* negotiability.

negociable *adj* negotiable.

negociación *f* negotiation; ~ **colectiva** collective bargaining.

negociado *m* - **1.** [departamento] department, section. - **2.** [negocio] business deal, transaction. - **3.** *Amér* [tienda] establishment. - **4.** *Amér* [chanchullo] shady deal.

negociador, ra ◇ *adj* negotiating. ◇ *m, f* negotiator.

negociante *mf* [comerciante] businessman (*f* businesswoman); ~ **en coches** car dealer; ~ **en vinos** wine merchant.

negociar [8] ◇ *vi* - **1.** [comerciar] to do business; ~ **en** to deal o trade in; ~ **con** to deal o trade with. - **2.** [discutir] to negotiate. ◇ *vt* to negotiate.

negocio *m* - **1.** [gen] business; **el mundo de los** ~**s** the business world; **¡mal** ~**!** that's a nasty business! □ ~ **familiar** family business. - **2.** [transacción] deal, (business) transaction; ~ **sucio** shady deal, dirty business (*U*). - **3.** [operación ventajosa] good deal, bargain; **hacer** ~ to do well □ ~ **redondo** great bargain, excellent deal; **en aquel viaje hice un** ~ **redondo, evité la ruina de la empresa y conocí a mi mujer** on that trip I clinched a major deal which helped me to save the company and I also met my wife. - **4.** [comercio] trade. - **5.** *Amér* [tienda] shop.

---

negocioso, sa *adj* diligent, industrious.

negra *f* → **negro**.

negrear *vi* to appear black.

negrecer [30] *vi* to turn black, to blacken.

negrería *f Amér* Negroes *(pl)*, Blacks *(pl)*.

negrero, ra ◇ *adj fig* [explotador] tyrannical. ◇ *m, f* **- 1.** HIST slave trader. **- 2.** *fig* [explotador] slave driver.

negrita, negrilla *adj & f* → **letra**.

negritud *f* negritude.

negro, gra ◇ *adj* **- 1.** [gen] black. **- 2.** [moreno] tanned. **- 3.** [suerte] awful, rotten; [porvenir] black, gloomy; **pasarlas o vérselas negras** to have a hard time; **ver(lo) todo** ~ to be pessimistic. **- 4.** [furioso] furious, fuming; **poner** ~ **a alguien** to anger sb; **ponerse** ~ to get mad o angry. **- 5.** CINE: **cine** ~ film noir. ◇ *m, f* **- 1.** [persona de color] black man (*f* black woman); **trabajar como un** ~ *fig* to work like a slave. **- 2.** *Amér* [querido] dear, darling.

◆ **negro** *m* **- 1.** [color] black. **- 2.** *fig* [colaborador anónimo] ghostwriter.

◆ **negra** *f* **- 1.** MÚS crotchet *Br*, quarter note *Am*. **- 2.** *loc*: **tener la negra** *fam* to have bad luck; **tiene la negra y todo le va mal** his luck's out and nothing is going right for him.

negroide *adj* negroid.

negrura *f* blackness.

negruzco, ca *adj* blackish.

negué *etc v* → **negar**.

nema ◇ *f* [de carta] seal, sealing *(U)*. ◇ *m Amér* watchword.

némesis *f inv* nemesis.

Némesis *f* Nemesis.

nemónico, ca *adj* = **mnemónico**.

nemotecnia *f* = **mnemotecnia**.

nene, na *m, f* **- 1.** *fam* [niño] baby. **- 2.** [apelativo cariñoso] dear, darling.

nenúfar *m* water lily.

neocapitalismo *m* neocapitalism.

neocelandés, esa *(pl* **neocelandeses)**, **neozelandés, esa** *(pl* **neozelandeses)** ◇ *adj* New Zealand *(antes de sust)*, of/relating to New Zealand. ◇ *m, f* New Zealander.

neoclasicismo *m* neoclassicism.

neoclásico, ca ◇ *adj* neoclassical. ◇ *m, f* neoclassicist.

neocolonialismo *m* neocolonialism.

neodimio *m* QUÍM neodymium.

neofascismo *m* neofascism.

neofascista *adj & mf* neofascist.

neófito, ta *m, f* **- 1.** RELIG neophyte. **- 2.** [aprendiz] novice.

neofobia *f* fear of change.

neogótico, ca *adj* Neo-Gothic.

◆ **neogótico** *m* Neo-Gothic movement.

neoimpresionismo *m* neo-impressionism.

neolatino, na *adj* [gen] Neo-Latin; [lengua] Romance.

neoliberalismo *m* neoliberalism.

neolítico, ca *adj* Neolithic.

◆ **neolítico** *m* Neolithic (period).

neología *f* neology.

neológico, ca *adj* neologistic.

neologismo *m* neologism.

neologista *mf*, **neólogo, ga** *m, f* neologist.

neón *m* **- 1.** QUÍM neon. **- 2.** [luz] neon light.

neonato, ta *adj culto* newborn.

neonatología *f* neonatology.

neonazi *adj & mf* neo-Nazi.

neoplasma *m* neoplasm, tumour.

neoplatónico, ca *adj* neo-Platonic.

neoplatonismo *m* neo-Platonism.

neopreno *m* neoprene.

neorrealismo *m* neorealism.

neoyorquino, na ◇ *adj* New York *(antes de sust)*, of/relating to New York. ◇ *m, f* New Yorker.

neozelandés, esa *adj & m, f* = **neocelandés**.

Nepal *m*: **el** ~ Nepal.

nepalés, esa *(pl* **nepaleses)** *adj & m, f* Nepalese.

◆ **nepalés** *m* [lengua] Nepalese.

nepalí *(pl* **nepalíes)** *adj & mf* = **nepalés**.

nepote *m* privileged relative of the Pope.

nepotismo *m* nepotism.

Neptuno *m* [planeta & MITOL] Neptune.

neptuniano, na, neptúnico, ca *adj* **- 1.** ASTRON Neptunian. **- 2.** GEOL neptunian.

neptunio *m* QUÍM neptunium.

nereida *f* Nereid.

Nerón *m* Nero.

nervadura *f* **- 1.** [de construcción] rib. **- 2.** [de insecto] nervure. **- 3.** [de hoja] vein.

nervio *m* **- 1.** ANAT nerve; ~ **ciático** sciatic nerve. **- 2.** [de carne] sinew. **- 3.** BOT vein, rib. **- 4.** [vigor] energy, vigour; **es buen jugador pero le falta** ~ he's a good player, but he lacks steel. **- 5.** ARQUIT rib. **- 6.** MÚS string. **- 7.** *fig* [esencia] core, crux.

◆ **nervios** *mpl* [estado mental] nerves; **está mal de los** ~**s** he's suffering from a nervous condition; **tener** ~**s** to be nervous □ **poner los** ~**s de punta a alguien, crisparle los** ~**s a alguien** to get on sb's nerves; **tener los** ~**s de punta** to be on edge; **tener** ~**s de acero** to have nerves of steel.

nerviosamente *adv* nervously.

nerviosidad *f* nervousness, agitation.

nerviosismo *m* nervousness, nerves *(pl)*.

nervioso, sa *adj* **- 1.** ANAT [- sistema, enfermedad] nervous; [- tejido, célula, centro] nerve *(antes de sust)*. **- 2.** [inquieto] nervous; **ponerse** ~ to get nervous; **antes de hacer un examen me pongo muy** ~ I always get nervous before exams. **- 3.** [muy activo] highly-strung. **- 4.** [irritado] workedup, uptight; **poner** ~ **a alguien** to get on sb's nerves; **ponerse** ~ to get uptight o worked up.

nervosidad *f* **- 1.** [de ánimo] nervousness. **- 2.** *fig* [de argumento] cogency. **- 3.** [de metal] flexibility.

nervudo, da *adj* sinewy.

netamente *adv* clearly, distinctly.

neto, ta *adj* **- 1.** [claro] clear, clean; [verdad] simple, plain. **- 2.** [peso, sueldo] net.

neumático, ca *adj* pneumatic.

◆ **neumático** *m* tyre; ~ **de repuesto** o **de recambio** spare tyre.

◆ **neumática** *f* pneumatics *(U)*.

neumonía *f* pneumonia.

neuralgia *f* neuralgia.

neurálgico, ca *adj* **- 1.** MED neuralgic. **- 2.** *fig* [importante] critical.

neurastenia *f* nervous exhaustion.

neurasténico, ca MED ◇ *adj* neurasthenic. ◇ *m, f* neurasthenic person.

neuritis *f inv* neuritis.

neurobiología *f* neurobiology.

neurocirugía *f* neurosurgery.

neurocirujano, na *m, f* neurosurgeon.

neurofisiología *f* neurophysiology.

neurología *f* neurology.

neurológico, ca *adj* neurological.

neurólogo, ga *m, f* neurologist.

neurona *f* neuron, nerve cell.

neurópata ◇ *adj* neuropathic. ◇ *mf* neuropath.

neuropatía *f* neuropathy.

neuropatología *f* neuropathology.

neuropsicología *f* neuropsychology.

neuropsiquiatra *mf* neuropsychiatrist.

neuropsiquiatría *f* neuropsychiatry.

neurosis *f inv* neurosis; ~ **de guerra** shell shock.

neurótico, ca *adj & m, f* neurotic.

neurotransmisor *m* neurotransmitter.

neutonio *m* newton.

neutral *adj & mf* neutral.

neutralidad *f* neutrality.

neutralismo *m* neutralism.

neutralista ◇ *adj* neutralistic. ◇ *mf* neutralist.

neutralizable *adj* [efecto, consecuencia] remediable.

neutralización *f* neutralization.

neutralizador, ra *adj* neutralizing.

neutralizante ◇ *adj* neutralizing. ◇ *mf* neutralizer.

neutralizar [13] *vt* to neutralize.

◆ **neutralizarse** *vpr* to neutralize each other.

neutro, tra *adj* - **1.** [gen] neutral. - **2.** BIOL & GRAM neuter.

◆ **neutro** *m* GRAM neuter.

neutrón *m* neutron.

nevado, da *adj* snowy.

◆ **nevada** *f* snowfall.

nevar [19] *v impers* - **1.** [caer nieve] to snow. - **2.** *fig* [poner blanco] to whiten. - **3.** *Amér* [bordar] to embroider.

nevasca *f* - **1.** [nevada] snowfall. - **2.** [ventisca] snowstorm, blizzard.

nevazo *m* heavy snowfall.

nevera *f* fridge *Br*, icebox *Am*; ~ **portátil** cool box.

nevería *f* - **1.** *desus* [de hielo] ice shop. - **2.** *Amér* [de helado] ice cream parlour.

nevisca *f* snow flurry.

neviscar [10] *v impers* to snow lightly.

nevoso, sa *adj* snowy.

newton ['niuton] *m* newton.

newtoniano, na [niuto'njano] *adj* Newtonian.

nexo *m* link, connection; [relación] relation, connection; **sin** ~ unrelated.

ni ◇ *conj:* ~... ~... neither... nor...; ~ **mañana** ~ **pasado** neither tomorrow nor the day after; **no...** ~**...** neither... nor..., not... or... (either); **no es alto** ~ **bajo** he's neither tall nor short, he's not tall or short (either); **no es rojo** ~ **verde** ~ **azul** it's neither red nor green nor blue; ~ **un/una...** not a single...; **no me quedaré** ~ **un minuto más** I'm not staying a minute longer; ~ **uno/una** not a single one; **no he aprobado** ~ **una** I haven't passed a single one ❏ ~ **que** as if; ¡~ **que yo fuera tonto!** as if I were that stupid! ◇ *adv* not even; **anda tan atareado que** ~ **tiene tiempo para comer** he's so busy he doesn't even have time to eat.

Niágara *m* → **cataratas**.

Niamey *m* Niamey.

nibelungos *mpl* MITOL Nibelungs.

Nicaragua *s* Nicaragua.

nicaragüense *adj & mf* Nicaraguan.

nicho *m* niche.

Nicolás *m*: **san** ~ Saint Nicholas.

Nicosia *s* Nicosia.

nicotina *f* nicotine.

nictálope MED ◇ *adj* nyctalopic. ◇ *mf* nyctalope.

nictalopía *f* MED nyctalopia, night blindness.

nidada *f* [de críos] brood; [de huevos] clutch.

nidal *m* - **1.** [nido] nest. - **2.** *fig* [lugar frecuentado] haunt. - **3.** [huevo] nest egg.

nidificar [10] *vi* to (build a) nest.

nido *m* - **1.** [gen] nest; ~ **de abeja** [punto] smocking; ~ **de víboras** *fig* nest of vipers. - **2.** *fig* [escondrijo] hiding place. - **3.** *fig* [centro] centre. - **4.** *loc:* **caerse de un** ~ to be extremely gullible; **se lo cree todo, parece que caiga de un** ~ he'll believe anything, it's as if he was born yester-

day; **patearle el** ~ **a alguien** *Amér* to pull the rug out from under sb.

nidoroso, sa *adj* smelling of rotten eggs.

niebla *f* - **1.** [densa] fog; [neblina] mist; **hay** ~ it's foggy ❏ ~ **baja** smog. - **2.** *fig* [confusión] fogginess, cloudiness.

niega *etc v* → **negar**.

niel, nielado *m* niello.

nieto, ta *m, f* grandson (*f* granddaughter).

nieva *etc v* → **nevar**.

nieve *f* - **1.** METEOR snow. - **2.** *fam* [cocaína] snow. - **3.** *fig* [blancura] whiteness. - **4.** *Amér* [helado] ice-cream.

◆ **nieves** *fpl* [nevada] snows, snowfall *(sg)*.

◆ **nieve carbónica** *f* carbon dioxide snow.

NIF (*abrev de* **número de identificación fiscal**) *m* ≃ National Insurance number *Br*, *identification number for tax purposes*.

Níger *s* Niger.

Nigeria *s* Nigeria.

nigeriano, na *adj & m, f* Nigerian.

nigerino, na ◇ *adj* of/relating to Niger. ◇ *m, f* native/inhabitant of Niger.

night-club ['naitʼklub] (*pl* **night-clubs**) *m* nightclub.

nigromancia *f* necromancy.

nigromante *mf* necromancer.

nigromántico, ca *adj* necromantic.

◆ **nigromántico** *m* necromancer.

nigua *f* - **1.** [insecto] chigger, jigger. - **2.** *Amér* [cobarde] coward. - **3.** *loc:* **pegarse como** ~ *Amér* to stick like glue.

nihilismo *m* nihilism.

nihilista ◇ *adj* nihilistic. ◇ *mf* nihilist.

Nilo *m*: **el** ~ the (river) Nile.

nilón *m* = **nailon**.

nimbar *vt* to surround with a halo.

nimbo *m* - **1.** METEOR nimbus. - **2.** [de astro, santo] halo, nimbus.

nimiedad *f* - **1.** [cualidad] insignificance, triviality. - **2.** [dicho, hecho] trifle. - **3.** [timidez] timidity.

nimio, mia *adj* - **1.** [insignificante] insignificant, trivial. - **2.** [mezquino] stingy.

ninfa *f* - **1.** MITOL & ZOOL nymph. - **2.** ANAT nympha.

ninfea *f* water lily.

ninfo *m* *fig* fop, dandy.

ninfómana *adj f & f* nymphomaniac.

ninfomanía *f* nymphomania.

ninguno, na ◇ *adj* (*antes de sust masculino:* **ningún**) no; **ninguna respuesta se dio** no answer was given; **no tengo ningún interés en hacerlo** I've no interest in doing it, I'm not at all interested in doing it; **no tengo ningún hijo/ninguna buena idea** I don't have any children/good ideas; **no tiene ninguna gracia** it's not funny. ◇ *pron* [cosa] none, not any; [persona] nobody, no one; ~ **funciona** none of them works; **no hay** ~ there aren't any, there are none; **no lo sabrá** ~ no one o nobody will know; ~ **de** none of; ~ **de ellos** none of them; ~ **de los dos** neither of them.

niña *f* → **niño**.

niñada *f* childish thing.

niñato, ta *m, f* kid, baby.

niñear *vi* to act like a child.

niñera *f* → **niñero**.

niñería *f* - **1.** [cualidad] childishness. - **2.** *fig* [tontería] silly o childish thing.

niñero, ra *adj* fond of children.

◆ **niñera** *f* nanny.

niñez (*pl* **niñeces**) *f* - **1.** [infancia] childhood. - **2.** *fig* [tontería] silly o childish thing.

niño, ña ◇ *adj* - **1.** [pequeño, joven] young. - **2.** *despec* [infantil, inmaduro] childish; **es muy** ~ **y se enfada por cualquier cosa** he's very childish and is always getting upset

about nothing. ◇ *m, f* - **1.** [crío] child, boy (*f* girl); [bebé] baby; **de** ~ as a child; **desde** ~ from childhood; **los** ~**s** the children ❑ ~ **bien** *despec* spoilt brat; ~ **explorador** Boy Scout; ~ **faldero** mother's boy; ~ **gótico** *fam* showoff; ~ **Jesús** Baby Jesus; ~ **mimado** spoiled child; ~ **probeta** test-tube baby; ~ **prodigio** child prodigy; ~ **de teta** o **pecho** tiny baby; **estar como un** ~ **con zapatos nuevos** to be as pleased as punch; **es culpa de la crisis - ¡qué crisis ni qué** ~ **muerto!** it's the fault of the recession - don't talk to me about recessions!; **ser el** ~ **bonito de alguien** to be sb's pet o blue-eyed boy. - **2.** [joven] young boy (*f* young girl). - **3.** *Amér* [amo] master. - **4.** *Amér* [canalla] scoundrel.
◆ **niña** *f* [del ojo] pupil; **la niña de los ojos** *fig* the apple of one's eye.

niobio *m* QUÍM niobium.

nipón, ona *adj & m, f* Japanese.

níquel *m* - **1.** QUÍM nickel. - **2.** *Amér* [moneda] coin.
◆ **níqueles** *mpl Amér* [dinero] money (*U*).

niquelado *m* nickel-plating.

niquelar *vt* to nickel-plate.

niqui *m* T-shirt.

nirvana *m* nirvana.

níspero *m* medlar.

nitidez (*pl* nitideces) *f* clarity; [de imágenes, colores] sharpness.

nítido, da *adj* clear; [imágenes, colores] sharp.

nitrar *vt* to nitrate.

nitratación *f* nitration.

nitrato *m* nitrate; ~ **de Chile** Chile saltpetre, nitre; ~ **de potasio** potassium nitrate; ~ **de sodio** sodium nitrate.

nítrico, ca *adj* nitric.

nitrificación *f* nitrification.

nitrificar [10] *vt* to nitrify.

nitrito *m* nitrite.

nitro *m* nitre, potassium nitrate.

nitrocelulosa *f* nitrocellulose.

nitrogenado, da *adj* nitrogenous.

nitrógeno *m* nitrogen.

nitroglicerina *f* nitroglycerine.

nitroso, sa *adj* nitrous.

nivel *m* - **1.** [gen] level; [altura] height; **al** ~ **de** level with; **al** ~ **del mar** at sea level; **de alto** ~ high-level ❑ ~ **de agua** water level; ~ **de aire** spirit level; **a** ~ level. - **2.** [grado] level, standard; **tiene un buen** ~ **de inglés** she speaks good English; **al mismo** ~ **(que)** on a level o par (with); **a** ~ **europeo** at a European level ❑ ~ **mental** level of intelligence; ~ **de vida** standard of living. - **3.** [herramienta] spirit level.

nivelación *f* - **1.** [allanamiento] levelling. - **2.** [equilibrio] levelling out, evening out.

nivelador, ra ◇ *adj* levelling. ◇ *m, f* leveller.
◆ **niveladora** *f* bulldozer.

nivelar *vt* - **1.** [allanar] to level. - **2.** [equilibrar] to even out; FIN to balance.
◆ **nivelarse** *vpr* to be levelled.

níveo, a *adj culto* snow-white.

nivoso, sa *adj culto* snowy.

no ◇ *adv* - **1.** [expresa negación - gen] not; [- en respuestas] no; [- con sustantivos] non-; ~ **sé** I don't know; ~ **veo nada** I can't see anything; ~ **es fácil** it's not easy, it isn't easy; ~ **tiene dinero** he has no money, he hasn't got any money; **todavía** ~ not yet; ¿~ **vienes?** - ~, ~ **creo** aren't you coming? - no, I don't think so; ~ **fumadores** nonsmokers; ~ **intervención** non-intervention; ~ **bien** as soon as; ~ **ya... sino que...** not only... but (also)...; **¡a que** ~ **lo haces!** I bet you don't do it!; ¿**cómo** ~? of course; **pues** ~, **eso sí que** ~ certainly not; **¡que** ~! I said no! - **2.** [expresa duda, extrañeza]: ¿~ **irás a venir?** you're not coming, are you?; **estamos de acuerdo,** ¿~? we're agreed then, are we?; **es español,** ¿~? he's Spanish, isn't he? ◇ *m* no; **el** ~ **que pronunció nos dejó a todos en silencio** when he said no, everyone went quiet.
◆ **no más** *Amér* ◇ *loc adv* - **1.** [solamente] only; ~ **más lo hizo por molestar** she only did it to be difficult. - **2.** [para reforzar]: **así** ~ **más** just like that; **déjelo ahí** ~ **más** just leave it there; **¡pase** ~ **más!** come right in! ◇ *loc conj* [en cuanto] no sooner; ~ **más llegar se desmayó** no sooner had he arrived than he fainted.

Nobel *m*: **premio** ~ Nobel prize.

nobelio *m* nobelium.

nobiliario, ria *adj* noble, nobiliary.
◆ **nobiliario** *m* [libro] ≃ Debretts' Peerage.

noble *adj & mf* noble; **los** ~**s** the nobility.

noblemente *adv* nobly.

nobleza *f* nobility; [honradez] nobleness.

noblote, ta *adj fam* unaffectedly generous.

noche *f* - **1.** [periodo] night; [atardecer] evening; **a primera** ~ at nightfall, just after dark; **ayer por la** ~ last night; **buenas** ~**s** [despedida] good night; [saludo] good evening; **¡buenas** ~**s señoras y señores!** good evening, ladies and gentlemen!; **cerrar la** ~ to become completely dark; **esta** ~ tonight; **hacer** ~ **en** to stay the night in; **hacerse de** ~ to get dark; **pasar la** ~ **en claro** o **vela** to have a sleepless night; **cuidando a mi hija pasé la** ~ **en claro** o **en vela** I was up all night looking after my daughter; **no podía dormir y pasé la** ~ **en claro** o **en vela** I couldn't get to sleep and I was awake all night; **por la** ~, **de** ~ at night ❑ ~ **cerrada** dark night; ~ **toledana** sleepless night; ~ **del estreno** first o opening/night; **de la** ~ **a la mañana** overnight; **quedarse a buenas** ~**s** *fam* to be in the dark; **ser la** ~ **y el día** to be as different as night and day. - **2.** [oscuridad] darkness. - **3.** *fig* [ignorancia] ignorance.

Nochebuena *f* Christmas Eve.

nochero *m Amér* - **1.** [vigilante] night watchman. - **2.** [mesita] bedside table.

Nochevieja *f* New Year's Eve.

noción *f* [concepto] notion; **tener** ~ **(de)** to have an idea (of).
◆ **nociones** *fpl* [conocimiento básico]: **tener nociones de** to have a smattering of.

nocividad *f* [gen] harmfulness; [de gas] noxiousness.

nocivo, va *adj* [gen] harmful; [gas] noxious.

noctambular *vi* to be out and about at night.

noctambulismo *m* being out and about at night.

noctámbulo, la ◇ *adj* active at night; [vida] night (*antes de sust*). ◇ *m, f* night owl.

nocturnal *adj* nocturnal.

nocturnidad *f* DER: **con** ~ under cover of darkness.

nocturno, na *adj* - **1.** [club, tren, vuelo] night (*antes de sust*); [clase] evening (*antes de sust*). - **2.** [animales, plantas] nocturnal. - **3.** *fig* [triste] sad, melancholy.
◆ **nocturno** *m* - **1.** MÚS nocturne. - **2.** RELIG nocturn.

nodo *m* node.

nodriza *f* wet nurse.

nodular *adj* nodular.

nódulo *m* nodule.

Noé *m* Noah; **el arca de** ~ Noah's ark.

nogal *m*, **noguera** *f* walnut.

nogalina *f* walnut stain.

noguera *f* = nogal.

nogueral *m* walnut grove.

nómada ◇ *adj* nomadic. ◇ *mf* nomad.

nomadismo *m* nomadism.

nomás *adv Amér* just, only.

nombradía *f* renown, fame.

nombrado, da *adj* - **1.** [citado] mentioned. - **2.** [famoso] famous, well-known.

nombramiento *m* - **1.** [nominación] appointment. - **2.** [acción] naming. - **3.** MIL commission.

nombrar *vt* - **1.** [citar] to mention. - **2.** [designar] to appoint. - **3.** MIL to commission.

nombre *m* - **1.** [gen] name; **a** ~ **de** [carta] addressed to; [cheque] made out to; **de** ~ **Juan** called Juan, Juan by name; **es el presidente de** ~ he is the president in name only; **poner** ~ **a** to name; **sin** ~ nameless; **santificado sea tu** ~ RELIG hallowed be thy name ❑ ~ **artístico/comercial** stage/trade name; ~ **y apellidos** full name *(sg)*; ~ **compuesto** compound name; ~ **de pila** first o Christian name; ~ **de soltera** maiden name; **en** ~ **de** on behalf of; **en (el)** ~ **de Dios/de la democracia** in the name of God/democracy; **llamar a las cosas por su** ~ to call a spade a spade; **no tener** ~ *fig* to be unspeakable; **es millonario pero no paga a sus empleados, esto no tiene** ~ he's a millionaire but he doesn't pay his employees, it's absolutely unspeakable. - **2.** [fama] reputation; **hacerse un** ~ to make a name for o.s.; **tener mucho** ~ to be renowned o famous. - **3.** GRAM noun; ~ **abstracto/colectivo** abstract/collective noun; ~ **común/propio** common/proper noun.

nomenclátor *m* catalogue of names.

nomenclatura *f* nomenclature.

nomeolvides *m inv* - **1.** BOT forget-me-not. - **2.** [pulsera] identity bracelet.

nómina *f* - **1.** [lista de empleados] payroll; **estar en** ~ to be on the staff. - **2.** [pago] wage packet, wages *(pl)*. - **3.** [hoja de salario] payslip.

nominación *f* nomination.

nominado, da *adj* nominated.

nominador, ra ◇ *adj* nominating. ◇ *m, f* nominator.

nominal *adj* - **1.** [del nombre] nominal. - **2.** COM face *(antes de sust)*.

nominar *vt* to nominate.

nominativo, va *adj* COM bearing a person's name, nominal.

◆ **nominativo** *m* GRAM nominative.

nómino *m* nominee.

nomo, gnomo *m* gnome.

non ◇ *adj* odd, uneven. ◇ *m* - **1.** [número] odd number. - **2.** *loc*: **de** ~**es** at odds?; **estar o quedar de** ~ to be the odd one out.

◆ **nones** *adv* [no] no way, absolutely not.

nona ◇ *adj f* → **nono**. ◇ *f* HIST & RELIG nones.

nonada *f* trifle.

nonagenario, ria ◇ *adj* ninety-year old. ◇ *m, f* person in his/her nineties.

nonagésimo, ma *núm* ninetieth; *ver también* **sexto**.

nonato, ta *adj* - **1.** [bebé] born by Caesarian section. - **2.** *fig* [no existente] nonexistent.

nono, na ◇ *núm culto* ninth. ◇ *m, f Amér fam* grandpa (*f* grandma).

nopal *m* prickly pear.

noquear *vt* DEP to knock out.

norabuena *f* congratulations *(pl)*.

noramala, noratal *adv* unfortunately.

norcoreano, na *adj & m, f* North Korean.

nordeste *adj & m* = **noreste**.

nórdico, ca ◇ *adj* - **1.** [del norte] northern, northerly. - **2.** [escandinavo] Nordic. ◇ *m, f* Nordic person.

noreste, nordeste ◇ *adj* [posición, parte] northeast, northeastern; [dirección, viento] northeasterly. ◇ *m* northeast.

noria *f* - **1.** [para agua] water wheel. - **2.** [de feria] big wheel *Br*, Ferris wheel.

norma *f* - **1.** [principio] standard; [regla] rule; **es la** ~ **hacerlo así** it's usual to do it this way; **por** ~ as a rule ❑ ~ **de conducta** [principios] standards (of behaviour) *(pl)*; [pauta] pattern of behaviour. - **2.** [en carpintería] square.

normal ◇ *adj* - **1.** [natural, regular] normal; ~ **y corriente** run-of-the-mill; **es una persona** ~ **y corriente** he's a per-

fectly ordinary person. - **2.** GEOM perpendicular. ◇ *f* GEOM perpendicular.

normalidad *f* normality.

normalización *f* - **1.** [vuelta a la normalidad] normalization. - **2.** [regularización] standardization.

normalizar [13] *vt* - **1.** [volver normal] to return to normal. - **2.** [estandarizar] to standardize.

◆ **normalizarse** *vpr* to return to normal.

normalmente *adv* usually, normally.

normando, da ◇ *adj* - **1.** [de Normandía] Norman. - **2.** HIST [nórdico] Norse. ◇ *m, f* - **1.** [habitante de Normandía] Norman. - **2.** HIST [nórdico] Norseman (*f* Norsewoman).

normar ◇ *vt* to mould, to fit. ◇ *vi Amér* to set standards.

normativo, va *adj* normative.

◆ **normativa** *f* regulations *(pl)*.

nornordeste *m* north-northeast.

nornoroeste, nornorueste *m* north-northwest.

noroeste ◇ *adj* [posición, parte] northwest, northwestern; [dirección, viento] northwesterly. ◇ *m* northwest.

norte ◇ *adj* [posición, parte] north, northern; [dirección, viento] northerly. ◇ *m* - **1.** GEOGR north. - **2.** [objetivo] goal, objective; **perder el** ~ to lose one's bearings o way; **ha perdido el** ~ **y no sabe qué hacer con su vida** he has lost his sense of direction and no longer knows what to do with his life. - **3.** *Amér* [lluvia] drizzle.

Norteamérica *s* North America.

norteamericano, na *adj & m, f* North American, American.

norteño, ña ◇ *adj* northern. ◇ *m, f* northerner.

nórtico, ca *adj* northern, northerly.

Noruega *s* Norway.

noruego, ga *adj & m, f* Norwegian.

◆ **noruego** *m* [lengua] Norwegian.

norvietnamita *adj & mf* North Vietnamese.

nos *pron pers* - **1.** *(complemento directo)* us; **le gustaría vernos** she'd like to see us. - **2.** *(complemento indirecto)* (to) us; ~ **lo dio** he gave it to us; ~ **tiene miedo** he's afraid of us. - **3.** *(reflexivo)* ourselves. - **4.** *(recíproco)* each other; ~ **enamoramos** we fell in love (with each other).

nosocomio *m Amér* hospital.

nosotros, tras *pron pers* - **1.** *(sujeto)* we. - **2.** *(predicado)*: **somos** ~ it's us. - **3.** *(después de prep o complemento)* us; **vente a comer con** ~ come and eat with us. - **4.** *loc*: **entre** ~ between you and me, just between the two of us.

nostalgia *f* [del pasado] nostalgia; [de país, amigos] homesickness.

nostálgico, ca ◇ *adj* [del pasado] nostalgic; [de país, amigos] homesick. ◇ *m, f* nostalgic person.

nota ◇ *f* - **1.** [gen & MÚS] note; **tomar** ~ **de algo** [apuntar] to note sth down; [fijarse] to take note of sth; **tomar** ~**s** to take notes ❑ ~ **aclaratoria** covering letter; ~ **al margen** marginal note; ~ **a pie de página** footnote; ~ **dominante** prevailing mood; ~ **falsa** MÚS wrong note; ~ **necrológica** obituary; ~**s de sociedad** society column *(sg)*. - **2.** EDUC mark; **ir para** ~ to go for top marks; **sacar** o **tener buenas** ~**s** to get good marks ❑ ~ **de corte** *minimum marks for entry into university*. - **3.** [cuenta] bill; ~ **de gastos** expenses claim. - **4.** *Amér* [pagaré] IOU, promissory note. - **5.** *loc*: **dar la** ~ to make o.s. conspicuous; **le gusta llamar la atención y siempre da la** ~ **con comentarios innecesarios** she likes to be noticed and she's forever making unnecesary remarks in order to get some attention; **de mala** ~ of ill repute; **de** ~ of note, famous; **forzar la** ~ to go too far. ◇ *m mfam* [individuo] guy.

◆ **nota bene** *f* [correspondencia] nota bene, N.B.

notabilidad *f* notability.

notable ◇ *adj* remarkable, outstanding. ◇ *m* - **1.** EDUC merit, second class. - **2.** *(gen pl)* [persona] notable, distinguished person.

notablemente *adv* remarkably.

notar vt - **1.** [advertir] to notice; **te noto cansado** you look tired to me; **hacer** ~ **algo** to point sthg out. - **2.** [sentir] to feel; **noto un dolor raro** I can feel a strange pain. - **3.** [indicar] to note, to point out. - **4.** [apuntar] to note (down); [anotar] to annotate. - **5.** [censurar] to criticize, to censure.
◆ **notarse** vpr to be apparent; **se nota que le gusta** you can tell she likes it; **¡pues no se nota!** you could have fooled me!

notaría f - **1.** [profesión] profession of notary. - **2.** [oficina] notary's office.

notariado m [profesión] profession of notary.

notarial adj notarial.

notario, ria m, f notary (public).

noticia f news (U); **una** ~ a piece of news; **tener** ~**s** to have news; **¿tienes** ~**s suyas?** have you heard from him?
◆ **noticias** fpl: **las** ~**s** RADIO & TV the news (U); **por las** ~**s han dicho lo del atentado terrorista** they reported the terrorist attack on the news ❑ ~**s de última hora** the latest news.

noticiar vt to inform, to notify.

noticiario m CINE newsreel; RADIO & TV news bulletin.

noticiero, ra ◇ adj news (antes de sust). ◇ m, f PRENSA reporter, journalist; RADIO & TV newscaster.
◆ **noticiero** m CINE newsreel; RADIO & TV news (U).

notición m fam bombshell.

noticioso, sa adj well-informed.
◆ **noticioso** m Amér news report.

notificación f notification.

notificar [10] vt to notify, to inform.

notoriamente adj notoriously.

notoriedad f - **1.** [fama] fame. - **2.** [evidencia] obviousness. - **3.** [reputación] notoriety.

notorio, ria adj - **1.** [evidente] obvious. - **2.** [conocido] widely-known.

nov., novbre. (abrev de **noviembre**) Nov.

nova f ASTRON nova.

novación f novation.

novatada f - **1.** [broma] ragging (U). - **2.** [error] beginner's mistake; **pagar la** ~ to learn the hard way.

novato, ta ◇ adj inexperienced. ◇ m, f novice, beginner.

novbre. = **nov.**

novecientos, tas núm nine hundred; ver también **seis**.

novedad f - **1.** [cualidad - de nuevo] newness; [- de novedoso] novelty. - **2.** [cambio] change; **el viaje continúa sin** ~ the journey is progressing without incident; **no hay** ~ nothing to report. - **3.** [noticia] news (U); **sin** ~ without incident; MIL all quiet. - **4.** [cosa nueva] new thing; [innovación] innovation; **es una** ~ **en el mercado** it's the first of its kind on the market.
◆ **novedades** fpl [libros, discos] new releases; [moda] latest fashion (sg).

novedoso, sa adj novel, new.

novel adj new, first-time.

novela f - **1.** [obra literaria] novel; ~ **de caballerías** tales of chivalry (pl); ~ **por entregas** serial; ~ **de intriga** mystery story; ~ **policíaca** detective story; ~**rosa** o **romántica** romance, romantic novel; ~ **de suspense** thriller. - **2.** fig [mentira] lie, story.

novelador, ra m, f novelist.

novelar ◇ vt to fictionalize, to make into a novel. ◇ vi - **1.** [escribir] to write novels. - **2.** fig [mentir] to lie, to tell stories.

novelería f - **1.** [para novelas] passion for novels. - **2.** [para novedades] passion for new things.

novelero, ra ◇ adj - **1.** [fantasioso] very imaginative. - **2.** [aficionado a las novelas] fond of novels. - **3.** [amigo de novedades] fond of new things. - **4.** fig [inconstante] fickle. ◇ m, f - **1.** [fantasioso] very imaginative person. - **2.** [aficionado a las novelas] person fond of novels.

novelesco, ca adj - **1.** [de la novela] fictional. - **2.** [fantástico] fantastic, extraordinary.

novelista mf novelist.

novelístico, ca adj novelistic.
◆ **novelística** f - **1.** [estudio] study of the novel. - **2.** [literatura] novels (pl), fiction.

novelón m fam hefty and badly written novel.

noveno, na núm ninth; ver también **sexto**.
◆ **novena** f RELIG novena.

noventa núm ninety; **los (años)** ~ the nineties; ver también **seis**.

noventavo, va núm ninetieth; ver también **sexto**.

noventón, ona m, f nonagenarian.

noviar [8] vi Amér to go out.

noviazgo m - **1.** [compromiso] engagement. - **2.** [relaciones amorosas] courtship.

noviciado m RELIG novitiate; fig [aprendizaje] apprenticeship.

novicio, cia RELIG & fig ◇ adj novice (antes de sust). ◇ m, f novice.

noviembre m November; ver también **septiembre**.

noviero, ra adj Amér easily infatuated.

novillada f - **1.** TAUROM bullfight with young bulls. - **2.** [rebaño] herd of young bulls.

novillero, ra m, f TAUROM apprentice bullfighter.

novillo, lla m, f - **1.** [animal] young bull or cow. - **2.** [cornudo] cuckold. - **3.** loc: **hacer** ~**s** to play truant.

novio, via m, f - **1.** [compañero] boyfriend (f girlfriend). - **2.** [prometido] fiancé (f fiancée). - **3.** [recién casado] bridegroom (f bride); **los** ~**s** the newly-weds.

novísimo, ma adj latest, most recent.
◆ **novísimos** mpl RELIG last stages of man.

novocaína® f FARM Novocaine.

NP (abrev de **no presentado**) absent.

NS (abrev escrita de **Nuestro Señor**) Our Lord.

NS/NC (abrev escrita de **no sabe, no contesta**) [en encuesta] don't know, no reply given.

NSJC (abrev escrita de **Nuestro Señor Jesucristo**) Our Lord Jesus Christ.

ntro. abrev escrita de **nuestro**.

nubada, nubarrada f - **1.** METEOR downpour. - **2.** fig [abundancia] plenty, abundance.

nubarrón m storm cloud.

nube f - **1.** [gen & fig] cloud; ~ **atómica** mushroom cloud; ~ **de lluvia** rain cloud; ~ **de tormenta** thundercloud; ~ **de verano** fig short fit of anger; **caído de las** ~**s** out of the blue; **estar en las** ~**s** fig to have one's head in the clouds; **poner algo/a alguien por las** ~**s** fig to praise sthg/sb to the skies; **por las** ~**s** [caro] sky-high, terribly expensive. - **2.** [de personas, moscas] swarm. - **3.** [MED - en los ojos] cloud, film; [- en la córnea] film. - **4.** [en joyería] flaw.

núbil adj culto nubile.

nubilidad f nubility.

nublado, da adj - **1.** [encapotado] cloudy, overcast. - **2.** fig [turbado] clouded, darkened.
◆ **nublado** m - **1.** METEOR storm cloud; **descargar el** ~ [llover] to rain hard, to pour; [desahogar] to vent one's anger. - **2.** [multitud] swarm. - **3.** [ira] anger. - **4.** fig [desafío] threat, menace.

nublar vt lit & fig to cloud.
◆ **nublarse** vpr - **1.** [suj: cielo] to cloud over. - **2.** fig [turbarse, oscurecerse] to become clouded.

nubloso, sa adj cloudy.

nubosidad f cloudiness, clouds (pl).

nuboso, sa adj cloudy.

nuca f nape, back of the neck.

nuclear adj nuclear.

nuclearización f - **1.** IND introduction of nuclear power. - **2.** MIL acquisition of nuclear weapons.

nuclearizar [13] *vt* - **1.** IND to introduce nuclear power into. - **2.** MIL to acquire nuclear weapons for.

nucleico, ca *adj* nucleic.

núcleo *m* - **1.** [centro] nucleus; *fig* centre; ~ **de ferrita** INFORM ferrite core. - **2.** [grupo] core.

nucléolo *m* nucleolus.

nucleón *m* nucleon.

nudillo *m* knuckle.

nudismo *m* nudism.

nudista *adj & mf* nudist.

nudo *m* - **1.** [gen] knot; ~ **corredizo** slipknot; ~ **gordiano** Gordian knot; **se le hizo un** ~ **en la garganta** she got a lump in her throat. - **2.** [cruce] junction; ~ **de comunicaciones** communications centre. - **3.** *fig* [vínculo] tie, bond. - **4.** *fig* [punto principal] crux, nub. - **5.** [de una planta] node. - **6.** ANAT node, lump. - **7.** NÁUT knot.

nudopropiedad *f* DER bare legal title.

nudopropietario, ria *m, f* DER remainder man (*f* remainder woman).

nudosidad *f* MED nodosity.

nudoso, sa *adj* knotty, gnarled.

nuera *f* daughter-in-law.

nuestro, tra ◇ *adj poses* our; ~ **coche** our car; **este libro es** ~ this book is ours, this is our book; **un amigo** ~ a friend of ours; **no es asunto** ~ it's none of our business. ◇ *pron poses:* **el** ~ ours; **el** ~ **es rojo** ours is red □ **ésta es la nuestra** *fam* this is the chance we have been waiting for; **lo** ~ **es el teatro** [lo que nos va] theatre is what we should be doing; **los** ~**s** *fam* [nuestra familia] our folks; [nuestro bando] our lot, our side *(sg)*.

nueva *f* → **nuevo**.

Nueva Delhi *s* New Delhi.

nuevamente *adv* - **1.** [de nuevo] again, once more. - **2.** [recientemente] recently.

Nueva York *s* New York.

Nueva Zelanda *s* New Zealand.

nueve *núm* nine; *ver también* **seis**.

nuevo, va ◇ *adj* - **1.** [gen] new; [patatas, legumbres] new, fresh; [vino] young; **esto es** ~ **para mí, no lo sabía** that's news to me, I didn't know it; **ser** ~ **en** to be new to; **¿qué hay de** ~**?** what's new? □ **estar/quedar como** ~ to be as good as new. - **2.** [otro] new, another; **compró un** ~ **libro** she bought a new book. ◇ *m, f* [recién llegado] newcomer.

◆ **nueva** *f* [noticia] piece of news.

◆ **nuevas** *fpl* [noticias] news *(U)*; **me coge de nuevas** that's news to me.

◆ **de nuevo** *loc adv* again.

◆ **buena nueva** *f* good news *(U)*.

nuez (*pl* **nueces**) *f* - **1.** BOT [gen] nut; [de nogal] walnut. - **2.** ANAT Adam's apple. - **3.** [del violín] nut. - **4.** [en ballestería] notch.

◆ **nuez moscada** *f* nutmeg.

◆ **nuez vómica** *f* nux vomica.

nulidad *f* - **1.** [no validez] nullity. - **2.** [ineptitud] incompetence. - **3.** *fam* [persona] nonentity; **ser una** ~ to be useless. - **4.** *fig* [inutilidad] worthlessness.

nulo, la *adj* - **1.** [sin validez] null and void, invalid; ~ **y sin valor** null and void. - **2.** *fam* [incapacitado]: ~ **(para)** useless (at). - **3.** [ninguno] nil, nonexistent.

núm. (*abrev escrita de* **número**) No.

numen *m culto* - **1.** [inspiración] inspiration, muse. - **2.** [divinidad] numen.

numeración *f* - **1.** [acción] numbering. - **2.** [sistema] numerals *(pl)*, numbers *(pl)*; ~ **arábiga** o **decimal** Arabic numerals; ~ **binaria** binary numbers; ~ **romana** Roman numerals.

numerador *m* MAT numerator.

numeral *adj* numeral.

numerar *vt* - **1.** [marcar con número] to number. - **2.** [contar] to count, to enumerate.

◆ **numerarse** *vpr* [suj: personas] to number off.

numerario, ria *adj* [profesor, catedrático] tenured, permanent; [miembro] full.

◆ **numerario** *m* cash *(U)*.

numerativo, va *adj* used for numbering.

numéricamente *adv* numerically.

numérico, ca *adj* numerical.

número *m* - **1.** [gen & GRAM] number; **el** ~ **cuatro me da suerte** four is my lucky number; **los nombres en español tienen género y** ~ Spanish nouns have a gender and number; **sin** ~ [muchos] countless, innumerable □ ~ **abstracto** abstract number; ~ **cardinal/ordinal** cardinal/ordinal number; ~ **complejo/racional/irracional** complex/rational/irrational number; ~ **complementario** complementary number; ~ **decimal** decimal number; ~ **dígito** digit; ~ **entero** whole number, integer; ~ **fraccionario** o **quebrado** fraction; ~ **de Mach** FÍS Mach (number); ~ **de matrícula** AUTOM registration number; ~ **par/impar** even/odd number; ~ **primo** prime number; ~ **redondo** round number; ~ **romano/arábigo** Roman/Arabic numeral; ~ **de serie** serial number; ~ **de teléfono** telephone number; ~ **de víctimas** death toll; **en** ~**s rojos** in the red; **hacer** ~**s** to reckon up; **ser el** ~ **uno** [gen] to be number one; [en lista de éxitos] chart-topping; **fue el** ~ **uno de su promoción** he was the best in his year. - **2.** [tamaño, talla] size; **¿qué** ~ **gastas de zapatos?** what size shoe do you take? - **3.** [de publicación] issue, number; ~ **atrasado** back number; ~ **extra** o **extraordinario** special edition o issue. - **4.** [de lotería] ticket. - **5.** [soldado, policía, etc] member; **de** ~ [miembro] full. - **6.** [de un espectáculo] turn, number; **montar el** ~ *fam* to make o cause a scene.

Cómo decir los números en casos particulares

0	nought *Br*, zero *Am*. [en inglés británico se pronuncia igual que 'oh' cuando aparece en una serie de cifras]
	- nil *Br*, zero *Am*. [en resultados deportivos]
	- love. [en tenis, squash etc]
100	- a hundred.
	- one hundred. [para insistir]
120	- a hundred and twenty *Br*, a hundred twenty *Am*.
5,117	- five thousand one hundred and seventeen *Br*, five thousand one hundred seventeen *Am*. [en inglés, los millares van separados de las centenas por una coma]
5.117	- five point one one seven. [en inglés, las unidades van separadas de los decimales por un punto]

$^3/_4$	- three quarters.
$1^1/_2$	- one and a half.
£1.42	- one pound forty-two.
490771	- four nine oh *Br* o zero *Am* double seven one.
9.30	- [hora]: nine thirty, half past nine *Br*, half after nine *Am*.

Cómo decir las fechas

1906	- nineteen oh six.
1900	- nineteen hundred.
1933	- nineteen thirty-three.
1960s	- nineteen sixties.

◆ **número atómico** *m* QUÍM atomic number.
◆ **número E** *m* MAT E number.
numeroso, sa *adj* numerous; **un grupo** ~ a large group.
numerus clausus ['numerus 'klausus] *m inv* restricted number of places on university course.
numismático, ca ◇ *adj* numismatic. ◇ *m, f* [persona] numismatist.
◆ **numismática** *f* [estudio] numismatics (U).
nunca *adv (en frases afirmativas)* never; *(en frases negativas)* ever; **casi** ~ **viene** he almost never comes, he hardly ever comes; ¿~ **la has visto?** have you never seen her?, haven't you ever seen her?; **más que** ~ more than ever; ~ **jamás** o **más** never more o again.
nunciatura *f* - **1.** [cargo] nunciature. - **2.** [edificio] nuncio's residence. - **3.** [tribunal de Rota] *ecclesiastical court in Spain.*
nuncio *m* - **1.** [mensajero] messenger. - **2.** [señal] harbinger, herald. - **3.** RELIG nuncio.
nupcial *adj* wedding *(antes de sust).*

nupcias *fpl* wedding *(sg)*, nuptials.
nurse ['nurse] *f* nurse, nanny.
nutria *f* otter.
nutricio, cia *adj* nutritious.
nutrición *f* nutrition.
nutrido, da *adj* - **1.** [alimentado] nourished, fed; **mal** ~ undernourished. - **2.** [numeroso] large.
nutrimento, nutrimiento *m* nutriment, nourishment.
nutrir *vt* - **1.** [alimentar]: ~ **(con** o **de)** to nourish o feed (with). - **2.** *fig* [fomentar] to feed, to nurture. - **3.** *fig* [suministrar]: ~ **(de)** to supply (with).
◆ **nutrirse** *vpr* - **1.** [alimentarse, fomentarse]: ~**se de** o **con** to feed on. - **2.** *fig* [proveerse]: ~**se de** o **con** to supply o provide o.s. with.
nutritivo, va *adj* nutritious.
ny *f* nu.
NY *(abrev de* **Nueva York**) NY.
nylon *m* = **nailon**.

Ñ

ñ, Ñ *f* [letra] ñ, Ñ, *15th letter of the Spanish alphabet.*
ña *f* = **doña**.
ñame *m* BOT yam.
ñandú *(pl* **ñandúes)** *m* American ostrich.
ñaño, ña *adj Amér* - **1.** [consentido] spoiled, pampered. - **2.** [muy amigo] close, intimate.
◆ **ñaño** *m Amér* - **1.** [hermano] older brother. - **2.** [tonto] fool, idiot. - **3.** [niño] child.
ñapa *f Amér* bonus, extra.
ñaque *m* odds and ends *(pl).*
ñato, ta *adj Amér* snub.
ñeque *Amér* ◇ *adj* strong, vigorous. ◇ *m* - **1.** [fuerza] strength, vigour. - **2.** [golpe, bofetada] punch, blow.

ñequear *vi Amér* to show strength.
ñiquiñaque *m fam* - **1.** [persona] good-for-nothing. - **2.** [cosa] piece of rubbish.
ñisca *f Amér* - **1.** [excremento] excrement. - **2.** [pizca] bit, small amount.
ñoñería, ñoñez *(pl* **ñoñeces)** *f* inanity, insipidness *(U).*
ñoño, ña ◇ *adj* - **1.** [remilgado] squeamish; [quejica] whining. - **2.** [soso] dull, insipid. ◇ *m, f* - **1.** [remilgado] squeamish person; [quejica] whiner. - **2.** [soso] dull person.
ñoqui *m (gen pl)* CULIN gnocchi *(pl).*
ñor, ra *m, f* = **señor**.
ñorbo *m Amér* passionflower.
ñu *m* gnu.
ñudo ◆ **al ñudo** *loc adv Amér* in vain.

o¹, O *f* [letra] o, O.

o² *conj* ('*u*' *en vez de* '*o*' *antes de palabras que empiezan por* '*o*' *u* '*ho*') or; **o... o** either... or; ~ **sea (que)** in other words.

o/ *abrev escrita de* **orden**.

OACI (*abrev de* **Organización de la Aviación Civil Internacional**) *f* ICAO.

oasis *m inv lit & fig* oasis.

obcecación *f* blindness, stubbornness.

obcecadamente *adv* blindly.

obcecado, da *adj* - **1.** [tozudo] stubborn. - **2.** [obsesionado]: ~ **por** o **con** blinded by.

obcecar [10] *vt* to blind.

◆ **obcecarse** *vpr* to become stubborn; ~**se en hacer algo** to insist on doing sthg.

obedecedor, ra ◇ *adj* obedient. ◇ *m, f* obeyer.

obedecer [30] ◇ *vt*: ~ **(a alguien)** to obey (sb). ◇ *vi* - **1.** [acatar] to obey, to do as one is told; **hacerse** ~ to command obedience. - **2.** [someterse]: ~ **a** to respond to. - **3.** [estar motivado]: ~ **a** to be due to; **su decisión obedece a razones políticas** his decision is due to political reasons.

obedecimiento *m* obedience.

obediencia *f* obedience; ~ **ciega** *fig* blind obedience.

obediente *adj* obedient.

obedientemente *adv* obediently.

obelisco *m* - **1.** [monumento] obelisk. - **2.** IMPRENTA dagger.

obenque *m* NÁUT shroud.

obertura *f* overture.

obesidad *f* obesity.

obeso, sa ◇ *adj* obese. ◇ *m, f* obese person.

Obi *m*: **el** ~ **the** Ob.

óbice *m*: **no ser** ~ **para** not to be an obstacle to.

obispado *m* bishopric.

obispal *adj* episcopal.

obispo *m* - **1.** [prelado] bishop. - **2.** [pez] ray. - **3.** CULIN black pudding *Br*, blood pudding *Am*. - **4.** *loc*: **trabajar para el** ~ *fam* to work for nothing.

óbito *m culto* decease, demise.

obituario *m* obituary.

objeción *f* objection; **poner objeciones a** to raise objections to; **tener objeciones** to have objections ❏ ~ **de conciencia** conscientious objection; ~ **denegada** DER objection overruled.

objetable *adj* objectionable.

objetante ◇ *adj* objecting. ◇ *mf* objector.

objetar ◇ *vt* to object to; **no tengo nada que** ~ I have no objection. ◇ *vi* MIL to be a conscientious objector.

objetivación *f* objectivization.

objetivamente *adv* objectively.

objetivar *vt* to treat objectively.

objetividad *f* objectivity.

objetivismo *m* - **1.** [objetividad] objectivity. - **2.** FILOS objectivism.

objetivo, va *adj* objective.

◆ **objetivo** *m* - **1.** [finalidad] objective, aim. - **2.** MIL target. - **3.** FOT lens.

objeto *m* - **1.** [gen] object; **fue** ~ **de las burlas de sus compañeros** he was the butt of his classmates' jokes; **carecer de** ~ to be pointless; **¿con qué** ~? to what end?; **ser** ~ **de** to be the object of; **tener por** ~ [suj: persona] to have as one's aim; [suj: plan] to be aimed at ❏ ~**s de escritorio** stationery (*U*); ~**s perdidos** lost property (*U*); ~**s de valor** valuables. - **2.** [propósito] purpose, object; **al** o **con** ~ **de** [para] in order to, with the aim of; **sin** ~ [inútilmente] to no purpose, pointlessly. - **3.** [tema] subject, theme; **el** ~ **de un discurso** the subject of a speech. - **4.** GRAM object.

objetor, ra ◇ *m, f* objector; ~ **de conciencia** conscientious objector. ◇ *adj* objecting.

oblación *f* oblation.

oblato, ta ◇ *adj* oblate (*antes de sust*). ◇ *m, f* oblate.

◆ **oblata** *f* oblation, offering.

oblea *f* - **1.** [hoja de pegar] wafer. - **2.** FARM capsule. - **3.** *fam fig* [persona escuálida] bag of bones, skeleton.

oblicuidad *f* oblique angle, obliqueness.

oblicuo, cua *adj* - **1.** [inclinado] oblique, slanting; [mirada] sidelong. - **2.** GEOM oblique.

obligación *f* - **1.** [gen] obligation, duty; **por** ~ out of a sense of duty; ~ **colectiva** joint obligation; ~ **ética/implícita/mancomunada/natural** moral/implied/concurrent/natural obligation; ~ **de probar** DER burden of proof; **obligaciones matrimoniales** marital duties. - **2.** FIN (*gen pl*) bond, security; **faltó a sus obligaciones** she failed in her duty; **responder a una** ~ to honour an obligation ❏ ~ **civil** civil duty; ~ **convertible** convertible bond; ~ **del Estado** Treasury bond; *ver* USO *en página siguiente*.

◆ **obligaciones** *fpl* [familia] dependents.

obligacionista *mf* COM bondholder.

obligado, da *adj* - **1.** [obligatorio] obligatory, compulsory. - **2.** [comprometido] obliged.

◆ **obligado** *m* - **1.** [abastecedor] town supplier o purveyor. - **2.** MÚS obligato.

obligar [16] *vt* - **1.** [imponer, compeler]: ~ **a alguien (a hacer algo)** to oblige o force sb (to do sthg); **debes** ~**lo a venir aunque no quiera** you should force him to come even if he doesn't want to. - **2.** [favorecer] to favour; **nos obligó con su presencia** he favoured us with his presence. - **3.** [forzar] to force; **sólo puedes ponerte los zapatos obligándolos** you can only put on the shoes by forcing them. - **4.** DER to pledge as security o collateral.

◆ **obligarse** *vpr*: ~**se a hacer algo** to undertake to do sthg.

obligatoriedad *f* obligatory o compulsory nature.

obligatorio, ria *adj* obligatory, compulsory.

obligue *etc v → obligar*.

obliteración *f* MED obliteration.

obliterar *vt* MED to obliterate.

oblongo, ga *adj* oblong.

obnubilación *f* - **1.** [ofuscamiento] bewilderment. - **2.** MED cloudy vision.

obnubilar *vt* to bewilder, to daze.

oboe ◇ *m* [instrumento] oboe. ◇ *mf* [persona] oboist, oboe player.

oboísta *mf* oboist, oboe player.

óbolo *m* - **1.** [cantidad pequeña] small contribution. - **2.** FARM half scruple, twelve grains *(pl)*. - **3.** [peso, moneda] obolus.

obra *f* - **1.** [gen] work *(U)*; **es** ~ **suya** it's his doing; **de** ~ in deed; **poner en** ~ to put into effect; **tus ideas son excelentes, sólo hace falta que las pongas en** ~ your ideas are excellent, all you need to do is put them into practice □ ~ **de caridad** [institución] charity; ~ **de romanos** *fig* Herculean task; ~**s sociales** community work *(U)*; **por** ~ **(y gracia) de** thanks to. - **2.** ARTE work (of art); TEATRO play; LITER book; MÚS opus; ~ **maestra** masterpiece; ~**s completas** complete works. - **3.** [CONSTR - lugar] building site; [- reforma] alteration; **'cerrado por** ~**s'** 'closed for alterations'; **'**~**s'** [en carretera] 'roadworks' □ ~**s públicas** public works. - **4.** [acción] action. - **5.** [acto] act. - **6.** [labor] workmanship, craftsmanship. - **7.** TECN hearth.
◆ **obra muerta** *f* NÁUT freeboard.
◆ **obra pía** *f* charitable institution.

obrador, ra ◇ *adj* working. ◇ *m, f* worker, labourer.
◆ **obrador** *m* workshop.

obraje *m* - **1.** [manufactura] manufacture. - **2.** [fabricación por mano] handiwork. - **3.** [taller] workshop.

obrar ◇ *vi* - **1.** [actuar] to act. - **2.** [causar efecto] to work, to take effect. - **3.** [estar en poder]: ~ **en manos de** to be in the possession of. ◇ *vt* - **1.** [ejecutar] to work. - **2.** [causar efecto en] to work on, to have an effect on. - **3.** [edificar] to construct, to build.

obrería *f* - **1.** [cargo] task of a workman. - **2.** [renta] funds for church repairs *(pl)*. - **3.** [cuidado] church upkeep. - **4.** [despacho] churchwarden's office.

obrerismo *m* - **1.** [movimiento] labour movement. - **2.** [obreros] labour, workers *(pl)*.

obrerista *adj* labour *(antes de sust)*, worker *(antes de sust)*.

obrero, ra ◇ *adj* [clase] working; [movimiento] labour *(antes de sust)*. ◇ *m, f* [en fábrica] worker; [en obra] workman, labourer; ~ **cualificado/estacional** skilled/seasonal worker; ~ **portuario** docker, dockworker.

obscenidad *f* obscenity.

obsceno, na *adj* obscene.

obscu- = **oscu-**.

obsecración *f* imploring.

obsecrar *vt* to implore, to beseech.

obsecuencia *f* obsequiousness.

obsecuente *adj* obsequious.

obsequiador, ra ◇ *adj* generous. ◇ *m, f* giver.

obsequiar [8] *vt* - **1.** [regalar]: ~ **a alguien con algo** to present sb with sthg. - **2.** [agasajar] to entertain, to regale. - **3.** [galantear] to court, to woo.

obsequio *m* - **1.** [regalo] gift, present; ~ **de empresa** complimentary gift. - **2.** [agasajo] attention, kindness; **deshacerse en** ~**s (con alguien)** to lavish attention (on sb); **en** ~ **de** in honour of. - **3.** [galanteo] courting, wooing. - **4.** [deferencia] obsequiousness, deference.

obsequiosidad *f* - **1.** [cortesía] attentiveness, helpfulness. - **2.** [deferencia] obsequiousness, deference.

obsequioso, sa *adj* - **1.** [cortés] obliging, attentive. - **2.** [servil] obsequious, deferential. - **3.** [que hace regalos] fond of giving gifts, generous with gifts.

observable *adj* observable, noticeable.

observación *f* - **1.** [gen] observation; **en** o **bajo** ~ under observation; **hacer una** ~ to make a remark □ ~ **astronómica/meteorológica** astronomical/meteorological observation. - **2.** [nota] note. - **3.** [cumplimiento] observance. - **4.** [objeción] objection.

observador, ra ◇ *adj* observant. ◇ *m, f* observer; ~ **meteorológico** meteorologist; ~ **de pájaros** birdwatcher.

observancia *f* - **1.** [cumplimiento] observance; **poner en** ~ to put into effect, to enforce. - **2.** [acatamiento] respect, esteem.

observante *adj* observant.

observar *vt* - **1.** [contemplar] to observe, to watch. - **2.** [advertir] to notice, to observe. - **3.** [acatar - ley, normas] to observe, to respect; [- conducta, costumbre] to follow. - **4.** [comentar] to observe, to remark.
◆ **observarse** *vpr* to be noticed.

observatorio *m* observatory; ~ **astronómico** (astronomical) observatory; ~ **meteorológico** meteorological observatory.

obsesión *f* obsession.

obsesionante *adj* obsessive.

obsesionar *vt* to obsess.
◆ **obsesionarse** *vpr* to be obsessed.

obsesivo, va *adj* obsessive.

obseso, sa ◇ *adj* obsessed. ◇ *m, f* obsessed o obsessive person.

obsidiana *f* obsidian.

obsolescencia *f* obsolescence.

obsolescente *adj* obsolescent.

obsoleto, ta *adj culto* obsolete.

obstaculizar [13] *vt* to hinder, to hamper.

obstáculo *m* obstacle; **poner** ~**s a algo/alguien** [dificultar] to hinder sthg/sb; *Amér* [objetar] to object to sthg/sb; **un** ~ **para** an obstacle to; **su maternidad fue un** ~ **para su carrera profesional** the fact that she became a mother was an obstacle to her career.

obstante ◆ **no obstante** *loc adv* nevertheless, however.

obstar *vi*: **eso no obsta para que vengas si quieres** that isn't to say that you can't come if you want to.

obstetra *mf* obstetrician.

obstetricia *f* obstetrics *(U)*.

obstétrico, ca *adj* MED obstetric, obstetrical.

obstinación *f* [persistencia] perseverance; [terquedad] obstinacy, stubbornness.

obstinadamente *adv* obstinately, stubbornly.

obstinado, da *adj* [persistente] persistent; [terco] obstinate, stubborn.

obstinarse *vpr* to refuse to give way; ~ **en** to persist in.

obstrucción *f lit & fig* obstruction.

obstruccionar *vt* = **obstruir**.

Preguntar si uno tiene que hacer algo

Do I have to make an appointment?
Do I need to book first?
Should I wear a tie?
Ought I to bring a gift?
Am I expected to be there early?

Decir a alguien que tiene que hacer algo

You have to be there at 8 o'clock.
You must call her as soon as you get there.

You will report to me every three days.
Attendance is compulsory o obligatory. [*formal*]
All employees are required to attend the meeting. [*formal*]

Decir a alguien que no tiene por qué hacer algo

You don't have to do the dishes.
There's no need to ask first.
Please don't feel you have to leave.
You are not obliged o You are under no obligation to buy anything.

obstruccionismo *m* obstructionism, stonewalling.

obstruccionista *adj & mf* obstructionist.

obstructivo, va *adj* obstructive.

obstructor, ra *m, f* obstructor.

obstruido, da *adj* - **1.** [bloqueado] blocked. - **2.** [obstaculizado] obstructed.

obstruir [51], **obstruccionar** *vt* - **1.** [bloquear] to block, to obstruct. - **2.** [obstaculizar] to obstruct, to impede.
◆ **obstruirse** *vpr* to get blocked (up).

obtención *f* obtaining.

obtener [72] *vt* [beca, cargo, puntos] to get; [premio, victoria] to win; [ganancias] to make; [satisfacción] to gain.

obturación *f* blockage, obstruction.

obturador, triz *adj* stopping, plugging.
◆ **obturador** *m* - **1.** FOT shutter; ~ **de cortina/de guillotina/de plano** roller-blind/drop/focal plane shutter. - **2.** [tapón] plug, stopper.

obturar *vt* to block.

obturatriz *adj f →* **obturador**.

obtuso, sa ◇ *adj* - **1.** [sin punta] blunt. - **2.** GEOM obtuse. - **3.** *fig* [tonto] obtuse, stupid. ◇ *m, f* [tonto] dimwit.

obtuviera *etc v →* **obtener**.

obús (*pl* **obuses**) *m* - **1.** [cañón] howitzer. - **2.** [proyectil] shell. - **3.** [de neumático] cap.

obviamente *adv* obviously.

obviar [8] ◇ *vt* to avoid, to get round. ◇ *vi* to stand in the way.

obvio, via *adj* obvious.

oca *f* - **1.** [animal] goose. - **2.** [juego] ≃ snakes and ladders (*U*). - **3.** [planta] oca.

ocasión *f* - **1.** [oportunidad] opportunity, chance; **aprovechar una** ~ to take advantage of an opportunity; **en la primera** ~ at the first opportunity; **tener** ~ **de hacer algo** to have the chance to do sthg; **no he tenido** ~ **de saludarlo cuando ha llegado** I didn't get the chance to say hello to him when he arrived ❑ ~ **de oro** golden opportunity; **coger** o **tomar la** ~ **por los cabellos** *fig* to seize the opportunity; **la** ~ **la pintan calva** *fam* this is my/your *etc* big chance. - **2.** [momento] moment, time; [vez] ocasión; **en dos ocasiones** on two occasions; **en alguna** ~ sometimes; **en cierta** ~ once; **en ocasiones** sometimes, at times; **en otra** ~ some other time. - **3.** [motivo]: **con** ~ **de** on the occasion of; **dar** ~ **para algo/hacer algo** to give cause for sthg/to do sthg. - **4.** [ganga] bargain; **de** ~ [precio, artículo etc] bargain *(antes de sust)*. - **5.** [circunstancia] circumstance. - **6.** [peligro] danger, risk.

ocasionado, da *adj* - **1.** [molesto] annoying, irritating. - **2.** [peligroso] hazardous, dangerous.

ocasionador, ra ◇ *adj* occasioning, causing. ◇ *m, f* causer, person responsible.

ocasional *adj* - **1.** [accidental] accidental. - **2.** [irregular] occasional. - **3.** [causante] occasioning, causing.

ocasionalmente *adv* - **1.** [casualmente] by chance, accidentally. - **2.** [de vez en cuando] occasionally.

ocasionar *vt* - **1.** [causar] to cause. - **2.** [provocar] to stir up, to provoke. - **3.** [poner en peligro] to endanger, to jeopardize.

ocaso *m* - **1.** [puesta del sol] sunset; [puesta de un astro] setting. - **2.** *fig* [decadencia] decline. - **3.** [occidente] west.

occidental ◇ *adj* western. ◇ *mf* westerner.

occidentalismo *m* western nature.

occidentalizar [13] *vt* to westernize.
◆ **occidentalizarse** *vpr* to become westernized.

occidente *m* west.
◆ **Occidente** *m* [bloque de países] the West.

occipital *adj & m* occipital.

occipucio *m* ANAT occiput.

occiso, sa *adj culto* murdered, killed.

OCDE (*abrev de* **Organización para la Cooperación y el Desarrollo Económico**) *f* OECD.

Oceanía *s* Oceania.

oceánico, ca *adj* - **1.** [de un océano] oceanic. - **2.** [de Oceanía] Oceanian.

océano *m* - **1.** GEOGR ocean. - **2.** *fig* [inmensidad] sea, host.

oceanografía *f* oceanography.

oceanográfico, ca *adj* oceanographical.

ocelote *m* ZOOL ocelot.

ochava *f* - **1.** [octava parte] eighth. - **2.** RELIG octave.

ochavado, da *adj* octagonal, eight-sided.

ochavón, ona *adj Amér* octoroon.

ochenta *núm* eighty; **los (años)** ~ the eighties; *ver también* **seis**.

ochentavo, va *núm* eightieth; *ver también* **sexto**.

ochentón, ona *adj & m, f fam* octogenarian.

ocho *núm* eight; **de aquí en** ~ **días** [en una semana] a week today; *ver también* **seis**.

ochocientos, tas *núm* eight hundred; *ver también* **seis**.

ociar [7] *vi* to idle, to loaf.

ocio *m* - **1.** [tiempo libre] leisure; **hace bricolage en sus ratos de** ~ he does DIY in his spare time. - **2.** [inactividad] idleness. - **3.** [diversión] pastime.
◆ **ocios** *mpl* fruits of one's pastimes.

ociosamente *adv* - **1.** [inútilmente] pointlessly. - **2.** [sin ocupación] idly. - **3.** [sin necesidad] needlessly.

ociosidad *f* idleness; **la** ~ **es la madre de todos los vicios** *proverb* the devil finds work for idle hands *proverb*.

ocioso, sa ◇ *adj* - **1.** [inactivo] idle. - **2.** [innecesario] unnecessary; [inútil] pointless. ◇ *m, f* idler, loafer.

oclocracia *f* POLÍT mob rule (*U*).

ocluir [51] *vt* to occlude.
◆ **ocluirse** *vpr* to become occluded.

oclusión *f* blockage.

oclusivo, va *adj* occlusive.
◆ **oclusiva** *f* occlusive.

ocluya *etc v →* **ocluir**.

ocluyera *etc v →* **ocluir**.

ocozol *m* witch-hazel.

ocre ◇ *m* ochre; ~ **amarillo/rojo** yellow/red ochre; ~ **calcinado** o **quemado** burnt ochre. ◇ *adj inv* ochre.

octaedro *m* octahedron.

octagonal *adj* octagonal.

octágono, na *adj* octagonal.
◆ **octágono** *m* octagon.

octanaje *m* octane number; **bajo** ~ low octane.

octano *m* octane.

octava *f →* **octavo**.

octavilla *f* - **1.** [de propaganda política] pamphlet, leaflet. - **2.** [tamaño] octavo.

octavo, va *núm* eighth; *ver también* **sexto**.
◆ **octavo** *m* - **1.** [parte] eighth. - **2.** DEP: ~**s de final** round before the quarter final.
◆ **octava** *f* MÚS & RELIG octave.

octeto *m* INFORM byte.

octogenario, ria *adj & m, f* octogenarian.

octogésimo, ma *núm* eightieth; *ver también* **sexto**.

octogonal *adj* octagonal.

octógono, na *adj* octagonal.
◆ **octógono** *m* octagon.

octubre *m* October; *ver también* **septiembre**.

óctuplo, pla *adj* octuple, eightfold.

OCU (*abrev de* **Organización de Consumidores y Usuarios**) *f Spanish consumer organization*, ≃ CAB *Br*.

ocular ◇ *adj* eye *(antes de sust)*. ◇ *m* eyepiece.

ocularmente *adv* visually.

oculista *mf* ophthalmologist.

ocultador, ra ◇ *adj* hiding, concealing. ◇ *m, f* hider, concealer.
◆ **ocultador** *m* FOT mask.

ocultamente *adv* stealthily.

ocultar *vt* - **1.** [gen] to hide; **los ladrones ocultaron el coche robado** the thieves hid the stolen car; **le ocultó la verdad** she hid the truth from him; ~ **algo a alguien** to hide sthg from sb. - **2.** [secreto] to keep quiet. - **3.** *fig* [delito] to cover up.

◆ **ocultarse** *vpr* to hide; **es muy tímido, siempre se oculta de la gente** he's very shy and always hides away from people.

ocultismo *m* occultism.

ocultista *mf* occultist.

oculto, ta *adj* - **1.** [escondido] hidden. - **2.** [sobrenatural] occult.

ocupación *f* - **1.** [gen] occupation; ~ **ilegal de viviendas** squatting. - **2.** [empleo] job. - **3.** [trabajo diario] daily routine. - **4.** DER occupancy.

ocupacional *adj* occupational.

ocupado, da *adj* - **1.** [persona] busy; **tengo las manos ocupadas** I've got my hands full. - **2.** [teléfono, lavabo etc] engaged. - **3.** [por ejército] occupied; [plaza] taken.

ocupador, ra ◇ *adj* occupying. ◇ *m, f* occupant, occupier.

ocupante ◇ *adj* occupying. ◇ *mf* occupant; ~ **ilegal de viviendas** squatter.

ocupar *vt* - **1.** [apoderarse de, llenar] to occupy. - **2.** [superficie, espacio] to take up; [habitación, piso] to live in; [mesa] to sit at; [sillón] to sit in. - **3.** [suj: actividad] to take up. - **4.** [cargo] to hold. - **5.** [dar trabajo a] to find o provide work for. - **6.** [estorbar] to bother, to annoy.

◆ **ocuparse** *vpr* - **1.** [encargarse]: **ocúpate tú, yo no puedo** you do it, I can't; ~**se de** [gen] to deal with; [niños, enfermos, finanzas] to look after; **¡tú ocúpate de lo tuyo!** mind your own business! - **2.** [emplearse] to occupy o.s. - **3.** [interesarse] to concern o.s.

ocurrencia *f* - **1.** [idea] bright idea; **¡qué** ~**!** what a thought! - **2.** [dicho gracioso] witty remark; **tener** ~**s** to be witty. - **3.** [ocasión] occurrence, event.

ocurrente *adj* - **1.** [chistoso] witty. - **2.** [que ocurre] occurring.

ocurrido, da *adj Amér* witty.

ocurrir *vi* - **1.** [acontecer] to happen. - **2.** [pasar, preocupar]: **¿qué le ocurre a Juan?** what's up with Juan?; **¿qué ocurre?** what's the matter?; **¿te ocurre algo?** is anything the matter? - **3.** [acudir] to go along, to turn up.

◆ **ocurrirse** *vpr* [venir a la cabeza]: **no se me ocurre ninguna solución** I can't think of a solution; **¡ni se te ocurra!** don't even think about it!; **se me ocurre que...** it occurs to me that...

oda *f* ode.

odalisca *f* odalisque.

ODECA (*abrev de* **Organización de Estados Centroamericanos**) *f* OCA.

odeón *m* odeon.

odiar [8] *vt & vi* to hate.

odio *m* hatred; **tener** ~ **a algo/a alguien** to hate sthg/sb.

odiosamente *adv* hatefully, horribly.

odiosidad *f* - **1.** [calidad de odioso] hatefulness, horridness. - **2.** [odio] hatred, loathing.

odioso, sa *adj* hateful, horrible.

odisea *f* odyssey.

◆ **Odisea** *f* MITOL Odyssey.

odontología *f* dentistry.

odontológico, ca *adj* dental.

odontólogo, ga *m, f* dentist, dental surgeon.

odorífero, ra *adj* odoriferous.

odre *m* - **1.** [de vino] wineskin. - **2.** *fig* [borracho] boozer.

OEA (*abrev de* **Organización de Estados Americanos**) *f* OAS.

OEI (*abrev de* **Oficina de Educación Iberoamericana**) *f* OEI.

oeste ◇ *adj* [posición, parte] west, western; [dirección, viento] westerly. ◇ *m* west; **el lejano** ~ the wild west.

ofendedor, ra ◇ *adj* offending. ◇ *m, f* offender.

ofender ◇ *vt* - **1.** [injuriar] to insult; [suj: palabras] to offend, to hurt. - **2.** [a la vista, al oído etc] to offend. ◇ *vi* to cause offence.

◆ **ofenderse** *vpr*: ~**se (por)** to take offence (at).

ofendido, da ◇ *adj* offended. ◇ *m, f* offended party.

ofensa *f* - **1.** [acción]: ~ **(a)** offence (against). - **2.** [injuria] slight, insult.

ofensivo, va *adj* offensive.

◆ **ofensiva** *f* offensive; **montar una ofensiva** to mount an offensive; **pasar a la ofensiva** to go on the offensive; **tomar la ofensiva** to take the offensive.

ofensor, ra *m, f* offender.

oferente ◇ *adj* offering. ◇ *mf* offerer.

oferta *f* - **1.** [gen] offer; '~**s de trabajo**' 'situations vacant' ❑ ~ **especial** COM special offer; ~ **en firme** firm offer. - **2.** ECON [suministro] supply; **la** ~ **y la demanda** supply and demand ❑ ~ **monetaria** money supply. - **3.** [rebaja] bargain, special offer; **de** ~ bargain (*antes de sust*), on offer; **marca de leche de** ~ **en el supermercado** the milk which is on special offer in the supermarket. - **4.** FIN [proposición] bid, tender; ~ **pública de adquisición** COM takeover bid. - **5.** [regalo] gift, offering.

ofertar *vt* - **1.** [ofrecer] to offer. - **2.** COM to tender.

ofertorio *m* - **1.** RELIG offertory. - **2.** ANAT humerus.

office ['ofis] *m inv* scullery.

offset ['ofset] *adj & mf* IMPRENTA offset.

oficial, la *m, f* - **1.** [obrero] journeyman; [aprendiz] trainee. - **2.** [funcionario] official, officer; ~ **de sala** DER actuary; **primer** ~ [en oficio público] head of department; NÁUT first mate. - **3.** [empleado] clerk, office worker; ~ **mayor** chief clerk. - **4.** [verdugo] executioner.

◆ **oficial** ◇ *adj* official. ◇ *m* MIL officer; ~ **del día** officer of the day; ~ **de guardia** officer of the watch; ~ **de intendencia** quartermaster; ~ **de marina** naval officer; ~ **de navegación** navigator.

oficialía *f* - **1.** [empleo] clerkship. - **2.** [artesanía] craftsman status.

oficialidad *f* - **1.** [carácter oficial] official nature. - **2.** MIL officer corps, officers (*pl*).

oficialismo *m Amér* [gobierno]: **el** ~ the Government.

oficializar [13] *vt* to make official.

oficialmente *adv* officially.

oficiante *mf* RELIG officiant.

oficiar [8] ◇ *vt* - **1.** [suj: sacerdote] to officiate at. - **2.** [comunicar] to communicate officially. ◇ *vi* - **1.** [sacerdote] to officiate. - **2.** [actuar de]: ~ **de** to act as.

oficina *f* - **1.** [despacho] office; ~ **de colocación** employment agency; ~ **de correos/de información/de turismo** post/information/tourist information office; ~ **de empleo** job centre; ~ **inteligente** INFORM intelligent office; ~ **de objetos perdidos** lost property *Br* o lost-and-found *Am* office. - **2.** [laboratorio] laboratory.

oficinesco, ca *adj fam* bureaucratic.

oficinista *mf* office worker.

oficio *m* - **1.** [profesión manual] trade; **de** ~ by trade. - **2.** [trabajo] job; [ocupación] work; ~ **servil** manual labour; **no tener** ~ **ni beneficio** to have no trade. - **3.** [experiencia]: **tener mucho** ~ to be very experienced. - **4.** RELIG service. - **5.** [función] function, role. - **6.** [comunicación] communiqué, official notice.

oficiosamente *adv* - **1.** [con diligencia] diligently. - **2.** [solícitamente] obligingly. - **3.** [con entremetimiento] officiously.

oficiosidad *f* - **1.** [diligencia] diligence, industriousness. - **2.** [solicitud] solicitousness, obligingness. - **3.** [entremetimiento] officiousness.

oficioso, sa *adj* - **1.** [no oficial] unofficial. - **2.** [diligente] hardworking, diligent. - **3.** [solícito] solicitous, obliging. - **4.** [entremetido] officious.

ofidios *mpl* ZOOL Ophidians.

ofimática *f* office automation.

ofrecedor, ra ◇ *adj* offering. ◇ *m, f* offerer.

ofrecer [30] *vt* - **1.** [gen] to offer; [una fiesta] to give, to throw; **~le algo a alguien** to offer sb sthg; **le ofrecí mi ayuda** I offered him my help; **le ofrecí unos bombones** I offered her some sweets. - **2.** [presentar] to present. - **3.** [dinero] to offer, to bid. - **4.** RELIG to offer up.
◆ **ofrecerse** *vpr* - **1.** [presentarse] to offer, to volunteer; **~se a o para hacer algo** to offer to do sthg. - **2.** *loc:* **¿qué se le ofrece?** what can I do for you?

ofrecimiento *m* offer.

ofrenda *f* - **1.** RELIG offering. - **2.** *fig* [por gratitud, amor] gift.

ofrendar *vt* to offer up.

ofrezca *etc v* → **ofrecer**.

oftalmía *f* ophthalmia.

oftalmología *f* ophthalmology.

oftalmólogo, ga *m, f* ophthalmologist.

ofuscación *f* - **1.** [confusión] blindness, confusion. - **2.** [acción de ofuscar] blinding, dazzling.

ofuscar [10] *vt* - **1.** [deslumbrar] to dazzle. - **2.** [turbar] to blind.
◆ **ofuscarse** *vpr:* **~se (con)** to be blinded (by).

ogro *m* ogre.

oh *interj* oh!

ohmio *m* ohm.

oíble *adj* audible.

oída *f* hearing.
◆ **de oídas** *loc adv* by hearsay.

oído *m* - **1.** [órgano] ear; **decir algo a alguien al ~** to whisper sthg into sb's ear □ **~ interno** inner ear; **abrir los ~s** to pay close attention; **aguzar el ~** to prick up one's ears; **cerrarle a alguien los ~s** to pull the wool over sb's eyes; **dar ~s a** [escuchar] to listen to; [dar crédito a] to believe, to credit; **no des ~s a lo que se dice, todo es mentira** don't take any notice of what's being said, it's all lies; **de ~** by ear; **toca el piano de ~** she plays the piano by ear; **entrar por un ~ y salir por el otro** to go in one ear and out the other; **hacer ~s sordos (a), cerrar los ~s (a)** to turn a deaf ear (to); **lastimar los ~s** to offend one's ears; **esa música es tan mala que lastima los ~s** that music is so loud it could damage your hearing; **me zumban los ~s** my ears are burning; **prestar ~s a** to listen carefully to; **regalarle el ~ a alguien** to flatter sb; **si llega a ~s de ella...** if she gets to hear about this...; **ser todo ~s** to be all ears. - **2.** [sentido] (sense of) hearing; **ser duro de ~** to be hard of hearing; **tener ~, tener buen ~** to have a good ear. - **3.** [de arma] priming hole, vent.

oidor, ra ◇ *adj* hearing. ◇ *m, f* hearer.
◆ **oidor** *m* HIST judge.

OIEA (*abrev de* **Organismo Internacional para la Energía Atómica**) *m* IAEA.

oír [62] ◇ *vt* - **1.** [sonidos, palabras & DER] to hear; **ahora lo oigo** *fam* that's the first I've heard of it; **~ hablar de** to hear about; **he oído hablar de él pero no lo conozco personalmente** I've heard of him, but I don't know him personally □ **como quien oye llover** without paying the least attention. - **2.** [atender] to listen to; **¡oye bien lo que te digo!** listen to what I'm going to tell you! - **3.** [entender] to understand. - **4.** [asistir a] to attend; **ha ido a ~ misa** she's gone to mass. ◇ *vi* to hear; **~ bien** to listen well; **¡oiga, por favor!** excuse me!; **¡oye!** *fam* hey! □ **~, ver y callar** *fig* hear no evil, see no evil, speak no evil.

OIRT (*abrev de* **Organisation Internationale de Radiodiffusion et Télévision**) *f* OIRT.

OIT (*abrev de* **Organización Internacional del Trabajo**) *f* ILO.

ojal *m* - **1.** [para botón] buttonhole. - **2.** [agujero] hole.

ojalá *interj* if only (that were so)!; **¡~ fuera ya domingo!** I wish it were Sunday!; **¡~ lo haga!** I hope she does it!

OJE (*abrev de* **Organización Juvenil Española**) *f* Spanish youth organization created by Franco.

ojeada *f* glance, look; **echar una ~ a algo/alguien** to take a quick glance at sthg/sb, to take a quick look at sthg/sb.

ojear *vt* - **1.** [mirar] to have a look at. - **2.** [aojar] to put the evil eye on.

ojera *f* (*gen pl*) bags (*pl*) under the eyes.

ojeriza *f fam* dislike; **tener ~ a alguien** to have it in for sb.

ojeroso, sa *adj* with bags under one's eyes, haggard.

ojete *m* - **1.** [bordado] eyelet. - **2.** *vulg* [ano] arsehole *Br*, asshole *Am*.

ojialegre *adj fam* bright-eyed.

ojimoreno, na *adj fam* brown-eyed.

ojinegro, gra *adj fam* black-eyed, dark-eyed.

ojituerto, ta *adj* cross-eyed.

ojiva *f* - **1.** ARQUIT ogive. - **2.** MIL warhead.

ojizaino, na *adj fam* cross-eyed.

ojizarco, ca *adj fam* blue-eyed.

ojo ◇ *m* - **1.** ANAT eye; **clavar los ~s en** to fix one's gaze on, to stare at; **el niño clavó los ~s en los pasteles** the child stared at the cakes; **poner los ~s en blanco** *lit & fig* to roll one's eyes □ **~ de cristal** o **de vidrio** glass eye; **~ a**

USO ▶ Ofrecimientos

Para hacer un ofrecimiento	Para aceptarlo	Para rechazarlo
May I take that for you?	Thank you.	No, it's all right, I can manage.
Can I help you?	Would you?	No thanks, I'm fine.
Would you like me to call him?	If you don't/wouldn't mind/If it's no trouble.	Thanks, but I'll do it myself.
Is there anything I can do to help while you're away?	Yes, if you wouldn't mind, could you...	Thanks, but I think everything's under control now.
Why don't you let us look after him?	Are you sure?	No, really, I'll be fine.
We were wondering whether or not you might like to join us for a drink?	That's very kind of you/Thanks I'd be delighted to.	I'm sorry, I can't/It's kind of you to invite me, but I'm busy.
What if I tell him?	Would you mind?	No, I'd better do it myself, thanks.
Shall I bring the wine?	That would be lovely.	Thanks, but we've already got some.
I'll get/do that.	Thanks.	No, it's OK, I've got it/done it.
Please let me give you something for it.	That's very kind of you.	Absolutely not. [más rotundo]
Perhaps I could go instead?	That would save me a lot of bother.	Thanks, but I'd rather do it myself.
You can stay at my flat for a few days, if you like.	Thanks, it's very kind of you to offer.	Thanks, but we've already got somewhere to stay.

la funerala o **a la virulé** black eye; **~s rasgados** almond eyes; **~s saltones** popping eyes. **- 2.** [agujero - de aguja] eye; [- de puente] span; **~ de la cerradura** keyhole; **~ de la escalera** stairwell; **~ de la tempestad/del huracán** eye of the storm/hurricane. **- 3.** loc: **a ~ (de buen cubero)** roughly, approximately; **a ~s vistas** visibly; **abrir los ~s** [estar atento] to keep one's eyes open, to be on the alert; **abrir los ~s a alguien** [mostrarle la verdad] to open sb's eyes; **andar con (mucho) ~** to be (very) careful; **cerrar los ~s** [morir] to pass away; [lanzarse] to go ahead anyway (irrespective of the problems, danger etc); **cerrar los ~s ante algo** [ignorar] to close one's eyes to sthg; **comerse con los ~s a alguien** fam to drool over sb; **con los ~s cerrados** [sin pensarlo dos veces] blindly, with one's eyes closed; **costar un ~ de la cara** to cost an arm and a leg; **dar en los ~s** to be self-evident; **¡dichosos los ~s que te ven!** fam how lovely to see you again!; **echar el ~ a algo** to have one's eye on sthg; **echar un ~ a algo** to keep an eye on sthg; **en un abrir y cerrar de ~s** in the twinkling of an eye; **estar ~ alerta** o **avizor** to be on the lookout; **los ~s** [ocupadísimo] up to one's eyes; **los ~s se le iban detrás del muchacho/de la tarta** she couldn't keep her eyes off the boy/the cake; **mirar algo con buenos/malos ~s** to look favourably/unfavourably on sthg; **no pegar ~** not to get a wink of sleep; **no quitar los ~s de encima a alguien** not to take one's eyes off sb; **~ por ~, diente por diente** proverb an eye for an eye, a tooth for a tooth proverb; **~s que no ven, corazón que no siente** proverb what the eye doesn't see, the heart doesn't grieve over proverb; **pelar el ~** Amér to keep one's eyes peeled; **poner los ~s en alguien** to set one's sights on sb; **ser todo ~s** to be all eyes; **tener (buen) ~** to have a good eye; **tener entre ~s a alguien** to detest sb; **tener ~ clínico para algo** to be a good judge of sthg; **tener ~s de lince** to have eyes like a hawk. ◇ interj be careful!, watch out!
◆ **cuatro ojos** mf inv fam despec four-eyes (sg).
◆ **ojo de agua** m Amér spring.
◆ **ojo de buey** m [ventana] porthole.
◆ **ojo de gallo** m MED corn.
◆ **ojo de pez** m FOT fish-eye lens.
ojón, ona adj Amér big-eyed.
ojoso, sa adj [queso, pan] holey.
ojota f Amér sandal.
ojuelos mpl **- 1.** [ojos] sparkling o laughing eyes. **- 2.** [anteojos] glasses, spectacles.
OK [o'kei], **okey** (abrev de **all correct**) OK.
okupa mf mfam squatter.
ola f wave; **~ de calor** heatwave; **~ de frío** cold spell.
◆ **nueva ola** f: **la nueva ~** the New Wave.
ole, olé interj bravo!
oleada f **- 1.** [olas] swell; [embate] breaking. **- 2.** fig [abundancia] wave.
oleaginoso, sa adj oleaginous.
oleaje m **- 1.** [marejada] swell. **- 2.** [olas] surf.
oleandro m BOT oleander.
oleico, ca adj QUÍM oleic.
oleicultura, olivicultura f **- 1.** [cultivo] olivegrowing. **- 2.** [industria] olive oil industry.
oleína f QUÍM olein.
óleo m **- 1.** ARTE oil (painting); **al ~** in oils. **- 2.** RELIG chrism. **- 3.** : **los santos ~s** the holy oils.
oleoducto m oil pipeline.
oleomargarina f oleomargarine.
oleosidad f oiliness.
oleoso, sa adj oily.
oler [49] ◇ vt **- 1.** [por la nariz] to smell. **- 2.** fig [presentir] to smell out, to uncover; **huelo el peligro** I can sense the danger. **- 3.** fig [curiosear] to nose o pry into; **le gusta ~lo todo** she loves to poke her nose into everything. ◇ vi **- 1.** [despedir olor]: **~ (a)** to smell (of); **el perfume huele a rosas** the perfume smells of roses. **- 2.** fig [indicando sospe-

cha]: **~ a** to smack of; **su cambio de actitud huele a soborno** his change of attitude smacks of bribery. **- 3.** loc: **no ~ bien** fig to smell fishy.
◆ **olerse** vpr: **~se algo** fig to sense sthg; **me huelo que está enfadado conmigo** I sense he's angry with me.
oletear vt Amér to pry into.
olfatear vt **- 1.** [olisquear] to sniff. **- 2.** fig [barruntar] to smell, to sense. **- 3.** fam [curiosear] to pry into.
◆ **olfatear en** vi [indagar] to pry into.
olfateo m **- 1.** [acción de olfatear] sniff, sniffing (U). **- 2.** fam [curioseo] snooping.
olfativo, va adj olfactory.
olfato m **- 1.** [sentido] sense of smell. **- 2.** fig [sagacidad] nose, instinct; **tener ~ para algo** to be a good judge of sthg.
olfatorio, ria adj olfactory.
oliente adj odorous; **mal ~** smelly.
oligarca mf oligarch.
oligarquía f oligarchy.
oligárquico, ca adj oligarchic.
oligofrenia f mental handicap.
oligofrénico, ca ◇ adj mentally-handicapped. ◇ m, f mentally-handicapped person.
oligopolio m ECON oligopoly.
Olimpia s Olympia.
olimpiada, olimpíada f Olympiad, Olympic Games (pl); **las ~s** the Olympics.
olímpicamente adv fam blithely.
olímpico, ca adj **- 1.** DEP Olympic. **- 2.** fig [altanero] Olympian, haughty.
olimpismo m Olympic movement.
Olimpo m: **el ~** Mount Olympus.
oliscar [10] ◇ vt **- 1.** [olfatear] to sniff, to smell. **- 2.** fig [curiosear] to pry into. ◇ vi [apestar] to smell bad.
olisque etc v → **oliscar**.
olisquear vt to sniff (at).
olisqueo m sniff, sniffing (U).
oliva ◇ adj [color] olive. ◇ f olive.
oliváceo, a adj olive.
olivar m olive grove.
olivarero, ra ◇ adj olive (antes de sust). ◇ m, f olivegrower.
olivera f olive tree.
olivicultura f = oleicultura.
olivo m **- 1.** [árbol] olive tree. **- 2.** [color] olive. **- 3.** loc: **~ y aceituno todo es uno** it's all one and the same.
olla f **- 1.** [vasija] pot; **~ exprés** o **a presión** pressure cooker; **~ de grillos** fam fig bedlam (U), madhouse. **- 2.** [cocido] stew; **~ podrida** CULIN stew. **- 3.** [remolino] eddy, whirlpool. **- 4.** fig [mezcla] hotchpotch. **- 5.** fam fig [cabeza] noddle, loaf Br.
ollar m nostril.
ollero, ra m, f **- 1.** [alfarero] potter. **- 2.** [negociante] pottery dealer.
olmeda f, **olmedo** m elm grove.
olmo m elm (tree).
ológrafo, fa, hológrafo, fa adj holographic.
◆ **ológrafo** m holograph.
olor m **- 1.** [sensación] smell; **~ a** smell of; **tener ~ a** to smell of; **este jabón tiene ~ a jazmín** this soap smells of jasmine □ **~ corporal** body odour; **en ~ de multitud** (considerado incorrecto) enjoying popular acclaim. **- 2.** [perfume] scent, perfume. **- 3.** [sospecha] suspicion. **- 4.** Amér [especia] spice. **- 5.** loc: **estar al ~** fam to be on the lookout.
olorizar [13] vt to perfume, to scent.
oloroso, sa adj fragrant.
◆ **oloroso** m oloroso (sherry).
OLP (abrev de **Organización para la Liberación de Palestina**) f PLO.

olvidadizo, za *adj* - **1.** [desmemoriado] forgetful; **hacerse el** ~ to pretend to forget. - **2.** *fig* [ingrato] ungrateful.

olvidado, da *adj* - **1.** [desconocido] forgotten. - **2.** [olvidadizo] forgetful, absent-minded. - **3.** [ingrato] ungrateful.

olvidar *vt* - **1.** [gen] to forget; **es mejor que olvides el pasado** it would be best if you forgot the past. - **2.** [dejarse] to leave; **olvidé las llaves en la oficina** I left my keys at the office. - **3.** [omitir] to leave out, to omit. - **4.** [descuidar] to forget, to neglect.

◆ **olvidarse** *vpr* - **1.** [gen] to forget; ~**se de algo/hacer algo** to forget sthg/to do sthg; **me olvidé de su cumpleaños** I forgot her birthday; **me olvidé de hacer la compra** I forgot to go shopping. - **2.** [dejarse] to leave.

olvido *m* - **1.** [de un nombre, hecho etc] forgetting; **caer en el** ~ to fall into oblivion; **dar al** o **en** ~ to forget; **echar al** o **en** ~ to forget; **enterrar en el** ~ to cast into oblivion; **poner en el** ~ to forget; **sacar del** ~ to rescue from oblivion. - **2.** [descuido] oversight.

Omán *s* - **1.** GEOGR Oman. - **2.** → **golfo**.

ombligo *m* - **1.** ANAT navel. - **2.** *fig* [centro] centre. - **3.** *loc*: **mirarse el** ~ *fam* to be wrapped up in o.s; **se le encogió el** ~ *fam fig* she got cold feet.

ombliguero *m* bellyband.

ombudsman ['ombuðs'man] (*pl* **ombudsmans** o **ombudsmen**) *m* ombudsman.

omega *f* omega.

OMI (*abrev de* **Organización Marítima Internacional**) *f* IMO.

ómicron *f* omicron.

ominoso, sa *adj* - **1.** [abominable] abominable. - **2.** [de mal agüero] ominous.

omisión *f* omission.

omiso, sa *adj* - **1.** [descuidado] neglectful, careless. - **2.** → **caso**.

omitir *vt* to omit.

OMM (*abrev de* **Organización Meteorológica Mundial**) *f* WMO.

ómnibus *m inv* omnibus; FERROC local train.

omnipotencia *f* omnipotence.

omnipotente *adj* omnipotent.

omnipresencia *f* omnipresence.

omnipresente *adj* omnipresent.

omnisapiente *adj* omniscient.

omnisciencia *f* omniscience.

omnisciente, omniscio, cia *adj* omniscient.

omnívoro, ra ◇ *adj* omnivorous. ◇ *m, f* omnivore.

omoplato, omóplato *m* shoulder blade.

OMPI (*abrev de* **Organización Mundial de la Propiedad Intelectual**) *f* WIPO.

OMS (*abrev de* **Organización Mundial de la Salud**) *f* WHO.

OMT (*abrev de* **Organización Mundial de Turismo**) *f* WTO.

onanismo *m* onanism.

once *núm* eleven; **hacer** o **tomar las** ~ *Amér fig* [por la mañana] ≃ to have elevenses; [por la tarde] ≃ to have afternoon tea; *ver también* **seis**.

ONCE (*abrev de* **Organización Nacional de Ciegos Españoles**) *f Spanish association for the blind, famous for its national lottery.*

onceavo, va, onzavo, va *núm* eleventh; **la onceava parte** an eleventh; *ver también* **sexto**.

oncogénico, ca *adj* oncogenic.

oncología *f* oncology.

oncólogo, ga *m, f* oncologist.

onda *f* - **1.** [gen] wave; ~ **de choque** FÍS shock wave; ~ **corta/larga/media** short/long/medium wave; ~ **eléctrica** o **hertziana** Hertzian wave; ~ **expansiva** shock wave; ~ **luminosa/sonora** light/sound wave; **estar en la** ~ *fam*

to be on the ball. - **2.** [de llama] flicker. - **3.** [guarnición] scallop.

ondeado, da *adj* wavy.

ondeante *adj* rippling.

ondear *vi* [agua] to ripple.

◆ **ondearse** *vpr* to swing, to sway.

ondeo *m* rippling.

ondina *f* MITOL undine, water nymph.

ondoso, sa *adj* wavy.

ondulación *f* - **1.** [acción] rippling. - **2.** [onda] ripple. - **3.** [del pelo] wave; ~ **permanente** permanent wave. - **4.** [movimiento] undulation. - **5.** [sinuosidad] winding.

ondulado, da *adj* wavy.

ondulante *adj* undulating.

ondular ◇ *vi* [agua] to ripple; [terreno] to undulate. ◇ *vt* to wave.

ondulatorio, ria *adj* wavelike.

oneroso, sa *adj* - **1.** [molesto] burdensome. - **2.** DER onerous.

ónice *m*, **ónix** *f inv* onyx.

onírico, ca *adj* dream (*antes de sust*).

oniromancia, oniromancía *f* divination of dreams.

ónix *f inv* = **ónice**.

onomástico, ca *adj culto* onomastic.

◆ **onomástica** *f culto* name day.

onomatopeya *f* onomatopoeia.

onomatopéyico, ca *adj* onomatopoeic.

Ontario *m* → **lago**.

ontogenia *f* ontogeny.

ontología *f* ontology.

ontológico, ca *adj* ontological.

ONU (*abrev de* **Organización de las Naciones Unidas**) *f* UN.

ONUDI (*abrev de* **Organización de las Naciones Unidas para el Desarrollo Industrial**) *f* UNIDO.

onza *f* - **1.** [unidad de peso] ounce. - **2.** [de chocolate] square. - **3.** [animal] snow leopard.

onzavo, va *núm* = **onceavo**.

op. *abrev escrita de* **opus**.

opa *Amér* ◇ *adj* stupid, foolish. ◇ *mf* fool, idiot.

OPA (*abrev de* **oferta pública de adquisición**) *f* takeover bid.

opacidad *f* opacity.

opaco, ca *adj* - **1.** [no transparente] opaque. - **2.** *fig* [triste] gloomy.

OPAEP (*abrev de* **Organización de los Países Árabes Exportadores de Petróleo**) *f* OAPEC.

opalescencia *f* opalescence.

opalescente *adj* opalescent.

opalino, na *adj* opaline.

◆ **opalina** *f* opaline.

ópalo *m* opal.

opción *f* - **1.** [elección] option; **no hay** ~ there is no alternative. - **2.** [derecho] right; **dar** ~ **a** to give the right to; **tener** ~ **a** [empleo, cargo] to be eligible for.

opcional *adj* optional.

OPEP (*abrev de* **Organización de Países Exportadores de Petróleo**) *f* OPEC.

ópera *f* opera; ~ **bufa** comic opera, opera buffa; ~ **rock** rock opera.

operable *adj* operable.

operación *f* - **1.** [gen] operation; **para resolver este problema hay que hacer muchas operaciones** a number of operations must be carried out to solve this problem; **la** ~ **militar resultó un éxito** the military operation was a success; **el paciente debe someterse a una** ~ the patient is going to have an operation ❑ ~ **cesárea** Caesarean section; ~ **de corazón expuesto** open-heart surgery (*U*); ~

quirúrgica (surgical) operation; ~ **de rescate** o **de salvamento** rescue operation; ~ **retorno** *police operation to assist return of holidaymakers to their city homes, minimizing traffic congestion and maximizing road safety.* - **2.** COM transaction.

operacional *adj* operational.

operado, da ◇ *adj* postoperative. ◇ *m, f* postoperative patient.

operador, ra ◇ *adj* operating. ◇ *m, f* - **1.** INFORM & TELECOM operator. - **2.** [de cámara] cameraman (*f* camerawoman); [de proyector] projectionist. - **3.** MED surgeon.
◆ **operador** *m* MAT operator.
◆ **operador turístico** *m* tour operator.

operante *adj* operating, working.

operar ◇ *vt* - **1.** [enfermo]: ~ **a alguien (de algo)** [enfermedad] to operate on sb (for sthg); **le operaron del hígado** they've operated on his liver. - **2.** [cambio etc] to bring about, to produce. ◇ *vi* - **1.** [gen] to operate. - **2.** [actuar] to act. - **3.** COM & FIN to deal.
◆ **operarse** *vpr* - **1.** [enfermo] to be operated on, to have an operation; ~ **se de algo** to be operated on for sthg; **me voy a** ~ **del hígado** I'm going to have an operation on my liver. - **2.** [cambio etc] to occur, to come about.

operario, ria *m, f* worker.

operatividad *f* feasibility.

operativo, va *adj* operative.

operatorio, ria *adj* operative.

opérculo *m* operculum.

opereta *f* operetta.

operístico, ca *adj* operatic.

opiáceo, a *adj* opiate.
◆ **opiáceo** *m* opiate.

opiado, da *adj* opiate.

opiata *f* opiate.

opilación *f* - **1.** [obstrucción] oppilation, obstruction. - **2.** [amenorrea] amenorrhea. - **3.** [hidropesía] dropsy.

opinable *adj* debatable, arguable.

opinar ◇ *vt* to believe, to think. ◇ *vi* to give one's opinion; ~ **de algo/alguien** to think about sthg/sb; **opino de ella que es una excelente profesional** I think she's an excellent professional; ~ **uno sobre algo** to give one's opinion about sthg; ~ **bien de alguien** to think highly of sb.

opinión *f* [parecer] opinion; **expresar** o **dar una** ~ to give an opinion; **reservarse la** ~ to reserve judgment ❑ **la** ~ **pública** public opinion; **casarse con su** ~ *fam fig* to stick to one's guns.

opino, na *adj* rich, abundant.

opio *m* opium.

opiomanía *f* opium addiction.

opiómano, na *m, f* opium addict.

opíparo, ra *adj* sumptuous.

opondrá *etc v* → **oponer**.

oponente *mf* opponent.

oponer [65] *vt* - **1.** [resistencia] to put up. - **2.** [argumento, razón] to put forward, to give. - **3.** [estorbar] to hinder.
◆ **oponerse** *vpr* - **1.** [no estar de acuerdo] to be opposed; ~ **se a algo** [desaprobar] to be opposed to sthg, to oppose sthg; [contradecir] to contradict sthg; **me opongo a creerlo** I refuse to believe it. - **2.** [obstaculizar]: ~ **se a** to stand in the way of, to impede. - **3.** [estar enfrente] ~ **se a algo** to face sthg.

oponible *adj* opposable.

oporto *m* port (wine).

Oporto *s* Porto.

oportunamente *adv* opportunely, conveniently.

oportunidad *f* - **1.** [ocasión] opportunity, chance; **aprovechar la** ~ to seize the opportunity. - **2.** [conveniencia] timeliness; **la** ~ **de tu gestión ha sido muy valorada** the timeliness of your intervention was much appreciated.

oportunismo *m* opportunism.

oportunista ◇ *adj* opportunistic. ◇ *mf* opportunist.

oportuno, na ◇ *adj* - **1.** [pertinente] appropriate. - **2.** [propicio] timely; **el momento** ~ the right time. - **3.** [ocurrente] witty. ◇ *m, f* witty person.

oposición *f* - **1.** [gen] opposition; **la** ~ **de mis padres a que haga este viaje es total** my parents are totally opposed to me going on this trip; **en** ~ **a** versus; **en** ~ **a tu agresividad, él mantuvo una actitud tranquila** in contrast to your aggressive attitude, he stayed calm; **la** ~ POLÍT the opposition. - **2.** [resistencia] resistance. - **3.** *(gen pl)* [examen] public entrance examination; ~ **a profesor** public examination to be a teacher; **preparar oposiciones** to be studying for a public entrance examination.

opositar *vi* - **1.** [en examen]: ~ **(a)** to sit a public entrance examination (for). - **2.** [oponerse] to be opposed.

opositor, ra *m, f* - **1.** [a un cargo] *candidate in a public entrance examination.* - **2.** [oponente] opponent.

opresión *f* - **1.** [de un botón] press. - **2.** *fig* [represión] oppression. - **3.** *fig* [ahogo] difficulty in breathing; ~ **del pecho** tightness in the chest. - **4.** [angustia] anguish, distress.

USO ▶ Opiniones

Para expresar una opinión

▶ *lenguaje oral o escrito:*

In my opinion, ...
To my mind, ...
As I see it, ...
As far as I'm concerned, ...
From my point of view, ...
It's my belief that...
I think/feel/believe that...
Personally, I think that...
It seems to me that...

▶ *lenguaje oral:*

If you ask me, it's all his fault.
If you want to know what I think o my opinion, ...
Quite frankly, I'm not impressed.
To be perfectly honest, I was disappointed by it.
It strikes me that they might have asked you sooner.
I don't know about you, but I quite like it.
I think she's quite good, actually.
Say what you like, he's not a bad player.

Para pedir una opinión

What do you think about...?
How do you feel about...?
What are your thoughts on the matter?
Where do you stand on this issue? [*formal*]
Would you like to give us your opinions on this?
Any comments, Prime Minister?

▶ *en una reunión:*

Who'd like to start the ball rolling? [*para empezar*]
Does anybody have strong feelings about this?
Jane, do you have anything to add?
Any further comments?

Para evitar tomar una postura

It o That depends.
It all depends (on) what you mean by 'expensive'.
I'm not really in a position to say.
It's difficult to say.
I wouldn't like to say. [= *es difícil de decir*]
I haven't really thought about it.
That's a good question.

opresivo, va *adj* oppressive.

opreso, sa *adj* oppressed.

opresor, ra ◇ *adj* oppressive. ◇ *m, f* oppressor.

oprimente *adj* oppressive.

oprimido, da *adj* oppressed.

oprimir *vt* - **1.** [apretar - botón etc] to press; [- garganta, brazo etc] to squeeze. - **2.** [suj: zapatos, cinturón] to pinch, to be too tight for. - **3.** *fig* [reprimir] to oppress. - **4.** *fig* [angustiar] to weigh down on, to burden.

oprobiar [7] *vt* to vilify, to defame.

oprobio *m* shame, disgrace.

oprobioso, sa *adj* shameful, disgraceful.

optación *f* assumption.

optante *adj* choosing, selecting.

optar *vi* - **1.** [escoger] : ~ **(por algo)** to choose (sthg); ~ **por hacer algo** to choose to do sthg; ~ **entre** to choose between. - **2.** : ~ **a** [aspirar] to aim for, to go for; [presentarse a] to apply for.

optativo, va *adj* - **1.** [a elegir] optional. - **2.** GRAM optative.
◆ **optativo** *m* GRAM optative.
◆ **optativa** *f* EDUC option, optional subject.

óptico, ca ◇ *adj* optic. ◇ *m, f* [persona] optician.
◆ **óptica** *f* - **1.** FÍS optics (U). - **2.** [tienda] optician's (shop). - **3.** [aparato] stereoscope. - **4.** *fig* [punto de vista] point of view.

óptimamente *adv* ideally, in the best way.

optimar *vt* to optimize.

optimismo *m* optimism.

optimista ◇ *adj* optimistic. ◇ *mf* optimist.

optimización *f* optimization.

optimizar *vt* to optimize.

óptimo, ma ◇ *superl* → **bueno.** ◇ *adj* optimum.

optómetra *mf* optometrist.

optometría *f* optometry.

opuesto, ta ◇ *pp* → **oponer.** ◇ *adj* - **1.** [contrario] conflicting; ~ **a** opposed o contrary to; **lo que tú defiendes es** ~ **a lo que defiendo yo** what you believe in is the opposite of what I believe in. - **2.** [de enfrente] opposite.

opugnar *vt* - **1.** [atacar] to attack, to assault. - **2.** *fig* [contradecir] to contradict, to refute.

opulencia *f* [riqueza] opulence; [abundancia] abundance; **vivir en la** ~ to live in luxury ❑ **nadar en la** ~ *fig* to be filthy rich.

opulento, ta *adj* - **1.** [rico] opulent. - **2.** [abundante] abundant.

opus *m inv* MÚS opus.

opúsculo *m* pamphlet, tract.

Opus Dei *m*: **el** ~ the Opus Dei, *influential traditionalist religious organization, the members of which are usually professional people or public figures.*

opusiera *etc v* → **oponer.**

oquedal *m* forest of tall trees without undergrowth.

ora *conj desus*: ~... ~... now... now...

oración *f* - **1.** [rezo] prayer; ~ **dominical** Lord's Prayer; ~ **fúnebre** memorial speech. - **2.** GRAM sentence; ~ **adjetiva** o **de relativo** adjectival clause; ~ **adverbial/sustantiva** adverbial/noun clause; ~ **compuesta** o **coordinada** compound o complex sentence; ~ **enunciativa** statement; ~ **principal/subordinada** main/subordinate clause; ~ **simple** simple sentence. - **3.** [discurso] speech. - **4.** [hora] dusk. - **5.** [cláusula] clause.
◆ **oraciones** *fpl* - **1.** RELIG Angelus *(sg)*. - **2.** [doctrina] *first part of the catechism.*

oracional ◇ *adj* GRAM sentence *(antes de sust)*. ◇ *m* RELIG prayer book.

oráculo *m* - **1.** [gen] oracle. - **2.** *fig* [persona] fount of wisdom.

orador, ra *m, f* speaker.

oral ◇ *adj* oral. ◇ *m* → **examen.**

órale *interj Amér fam* come on!

oralmente *adv* orally.

orangután *m* orangutang.

orar *vi* - **1.** [rezar] to pray. - **2.** [hablar] to make a speech.

orate *mf* lunatic.

oratorio, ria *adj* oratorical.
◆ **oratorio** *m* - **1.** [lugar] oratory. - **2.** MÚS oratorio.
◆ **oratoria** *f* oratory.
◆ **Oratorio** *m* RELIG Oratory.

orbe *m* - **1.** [mundo] world, globe. - **2.** [esfera] orb, sphere. - **3.** [pez] globefish.

orbicular ◇ *adj* [circular] round, circular. ◇ *m* ANAT sphincter.

órbita *f* - **1.** ASTRON orbit; **entrar/poner en** ~ to go/put into orbit. - **2.** [de ojo] eye socket. - **3.** *fig* [ámbito] sphere, realm.

orbital *adj* orbital.

orca *f* killer whale.

orce *etc v* → **orzar.**

órdago *m* all-or-nothing stake in the game of 'mus'; **de** ~ *fig* magnificent.

ordalías *fpl* HIST ordeal *(sg)*, trial by ordeal *(sg)*.

orden ◇ *m* - **1.** [gen, ARQUIT & BIOL] order; **le gusta el** ~ **y la limpieza** she likes order and cleanliness; **hay que acatar el** ~ **establecido** you have to respect the established order; **en** ~ [bien colocado] tidy, in its place; [como debe ser] in order; **en** ~ **cronológico** in chronological order; **en** o **por** ~ **de antigüedad** in order of seniority; **llamar al** ~ **a alguien** to call sb to order; **poner en** ~ **algo** to tidy sthg up; **por** ~ in order; **sin** ~ **ni concierto** in a haphazard way ❑ ~ **alfabético** alphabetical order; **las fuerzas del** ~ the forces of law and order; ~ **público** law and order. - **2.** [tipo] type, order; **asuntos de** ~ **filosófico** matters of a philosophical nature; **problemas de** ~ **económico** economic problems; **de primer** ~ first-rate ❑ **en otro** ~ **de cosas** on the other hand. ◇ *f* [mandato] order; **dar órdenes** to give orders; **por** ~ **de** by order of; **por** ~ **de la autoridad este local queda clausurado** this bar has been closed on the orders of the competent authorities ❑ ~ **de arresto** o **de detención** arrest warrant; ~ **de busca y captura** warrant for search and arrest; ~ **de caballería** order of knighthood; ~ **de comparecencia** summons *(sg)*; ~ **de compra** COM purchase order; ~ **judicial** court order; ~ **mendicante** RELIG mendicant order; ~ **militar** military order; ~ **de pago** COM payment order; ~ **de registro** search warrant; **¡a la** ~! MIL (yes) sir!; *ver* USO *en página siguiente.*
◆ **del orden de** *loc prep* around, approximately.
◆ **en orden a** *loc prep* - **1.** [para] for (the sake of); **en** ~ **a hacer algo** in order to do sthg. - **2.** [en relación con] with regard to.
◆ **orden del día** ◇ *m* [asuntos a tratar] agenda. ◇ *f* MIL order of the day; **estar a la** ~ **del día** *fig* to be the order of the day.

ordenación *f* - **1.** [organización] ordering, arranging; [disposición] order, arrangement; [de recursos, edificios] planning. - **2.** RELIG ordination.

ordenada *f* → **ordenado.**

ordenadamente *adv* - **1.** [colocar] tidily, neatly. - **2.** [desfilar] in an orderly fashion.

ordenado, da ◇ *adj* [lugar, persona] tidy. ◇ *m, f* RELIG ordained person.
◆ **ordenada** *f* MAT ordinate.

ordenador, ra ◇ *adj* ordering, arranging. ◇ *m, f* - **1.** [el que ordena] arranger. - **2.** [el que paga] paymaster.
◆ **ordenador** *m* INFORM computer; ~ **central/personal/portátil** mainframe/personal/laptop computer.

ordenamiento *m* - **1.** [ley] legislation, regulations *(pl)*. - **2.** [acción de ordenar] ordering, arranging.

ordenanza ◇ *m* - **1.** [de oficina] messenger. - **2.** MIL orderly. ◇ *f* - **1.** *(gen pl)* [reglamento] ordinance, law; ~**s municipales** by-laws. - **2.** [mandato] order, command. - **3.** [método] method. - **4.** [arreglo] arrangement.

ordenar vt - **1.** [poner en orden - gen] to arrange, to put in order; [- habitación, armario etc] to tidy (up); ~ **alfabéticamente** to alphabetize. - **2.** [mandar] to order; **te ordeno que te vayas** I order you to go. - **3.** RELIG to ordain. - **4.** [dirigir] to direct. - **5.** MAT to arrange.
◆ **ordenarse** vpr RELIG to be ordained.

ordeñador, ra ◇ adj milking. ◇ m, f milker.
◆ **ordeñadora** f milking machine.

ordeñar vt to milk.

ordeño m milking.

ordinal ◇ adj ordinal. ◇ m → **número**.

ordinariamente adv ordinarily.

ordinariez (pl **ordinarieces**) f commonness, coarseness; **decir/hacer una** ~ to say/do sthg rude; **ser de una** ~ to be common.

ordinario, ria ◇ adj - **1.** [común] ordinary, usual; **de** ~ usually. - **2.** [vulgar] common, coarse. - **3.** [no selecto] unexceptional. - **4.** [no especial - presupuesto, correo] daily; [- tribunal] of first instance. ◇ m, f common o coarse person.
◆ **ordinario** m - **1.** RELIG Ordinary; ~ **de la misa** Ordinary of the Mass. - **2.** [correo] post, mail. - **3.** [gastos] daily household expenses (pl). - **4.** [juez] ordinary.

ordinativo, va adj ordering, arranging.

orear vt to air.
◆ **orearse** vpr to air.

orégano m oregano.

oreja f - **1.** ANAT ear; **aguzar las** ~**s** to prick up one's ears; **agachar** o **bajar las** ~**s** [en discusión] to back down; **apearse por las** ~**s** [de caballo] to fall; [al hablar] to talk nonsense; **calentarle a alguien las** ~**s** to box sb's ears; **con las** ~**s gachas** with one's tail between one's legs; **descubrir** o **enseñar la** ~ to show one's true colours; **hacer** ~**s de mercader** to turn a deaf ear; **tirar a alguien de las** ~**s** to give sb a good telling-off; **verle las** ~**s al lobo** to see what's coming. - **2.** [de sillón] wing. - **3.** [de vasija] handle. - **4.** MEC [saliente] lug, flange.

orejano, na ◇ adj unbranded. ◇ m, f unbranded cattle (U).

orejear vi - **1.** [animal] to wiggle its ears. - **2.** fig [persona] to drag one's feet.

orejera f - **1.** [para el frío] earflap. - **2.** [de arado] mouldboard. - **3.** [pendiente] earring worn by Peruvian Indians.

orejón, ona adj - **1.** [orejudo] big-eared. - **2.** Amér fig [rudo] coarse, uncouth. - **3.** Amér [tonto] foolish, simple-minded.
◆ **orejón** m - **1.** [fruta] dried peach or apricot half. - **2.** [tirón de orejas] tug of the ear. - **3.** [cornudo] cuckold. - **4.** HIST Inca nobleman.

orejudo, da adj big-eared.

orejuela f handle.

oreo m - **1.** [aire] breeze, breath of air. - **2.** [ventilación] airing.

orfanato, orfelinato m orphanage.

orfandad f - **1.** [de persona] orphanhood. - **2.** fig [de cosa] abandonment, neglect.

orfebre mf - **1.** [artesano - de plata] silversmith; [- de oro] goldsmith. - **2.** [vendedor] jeweller.

orfebrería f - **1.** [obra - de plata] silver work; [- de oro] gold work. - **2.** [taller] gold or silver workshop.

orfelinato m = **orfanato**.

Orfeo m Orpheus.

orfeón m choral group o society.

órfico, ca adj Orphic.
◆ **órficas** fpl Orphic festivities.

organdí (pl **organdíes**) m organdie.

orgánicamente adv organically.

orgánico, ca adj organic.

organigrama m [gen & INFORM] flowchart.

organillero, ra m, f organ-grinder.

organillo m barrel organ.

organismo m - **1.** BIOL organism. - **2.** ANAT body. - **3.** fig [entidad] organization, body.

organista mf organist.

organización f organization.

organizado, da adj organized.

organizador, ra ◇ adj organizing. ◇ m, f organizer.

organizar [13] vt to organize.
◆ **organizarse** vpr - **1.** [persona] to organize o.s. - **2.** [pelea etc] to break out, to happen suddenly.

organizativo, va adj organizing.

órgano m - **1.** [institución, ANAT & MÚS] organ; ~ **de lengüetas/de manubrio** reed/barrel organ; ~ **ejecutivo** executive. - **2.** MEC part, member. - **3.** fig [medio] medium.

orgasmo m orgasm.

orgía f orgy.

orgiaco, ca, orgiástico, ca adj orgiastic.

orgullo m [propia estimación] pride; **no caber en sí de** ~, **reventar de** ~ fig to be bursting with pride.

orgullosamente adv proudly.

orgulloso, sa ◇ adj proud. ◇ m, f proud person.

orientación f - **1.** [dirección - acción] guiding; [- rumbo] direction. - **2.** [posicionamiento - acción] positioning; [- lugar] position. - **3.** fig [información] guidance; ~ **profesional** careers advice o guidance. - **4.** fig [tendencia] tendency, leaning. - **5.** NÁUT trimming.

orientador, ra ◇ adj guiding, directing. ◇ m, f guide.

oriental ◇ adj [gen] eastern; [del Lejano Oriente] oriental. ◇ mf oriental.

orientalismo m orientalism.

orientalista mf orientalist.

orientar vt - **1.** [dirigir] to direct; [casa] to build facing. - **2.** fig [medidas etc]: ~ **hacia** to direct towards o at. - **3.** fig [aconsejar] to give advice o guidance to. - **4.** NÁUT to trim. - **5.** [determinar posición de] to orientate.
◆ **orientarse** vpr - **1.** [dirigirse]: ~**se a** to point towards o at. - **2.** [encontrar el camino] to get one's bearings, to find

---

Educadamente

Put the cases down here, please.
Could you take the bags out to the car, please?
Move back, please.
Please don't call me at work.

Más directamente

Give me a call when he arrives, will you?
Turn left at the traffic lights.
Don't go into the kitchen — the floor's wet.
First, (you) take off the lid; then, (you) press the switch.

Take one of these three times a day.
'Warning: do not exceed the stated dose.
Applicants must submit 3 photographs. [formal]

Con sequedad

Put that down immediately!
Get out (of my house)!
Don't you ever speak to me that way again!
You're never to see her again, understood?
Just leave it alone, will you!

one's way around. - **3.** *fig* [encaminarse]: **~se hacia** to be aiming at. - **4.** [instruirse] to get one's bearings. - **5.** [informar] to inform.

oriente *m* - **1.** [este] east. - **2.** [viento] east wind. - **3.** [de perla] orient.
◆ **Oriente** *m*: **el ~** the East, the Orient ❑ **Oriente Medio/Próximo** Middle/Near East; **Lejano** o **Extremo Oriente**. Far East.

orificación *f* - **1.** [de diente] filling with gold. - **2.** [oro] gold filling.

orificar [10] *vt* [diente] to fill with gold.

orífice *m* goldsmith.

orificio *m* [agujero] hole; TECN opening.

origen *m* - **1.** [gen] origin; [ascendencia] origins *(pl)*, birth; **de ~ español** of Spanish origin ❑ **en su ~** orinally; **este restaurante era en su ~ una tienda** this restaurant was originally a shop. - **2.** [causa] cause; **dar ~ a** to give rise to.

original ◇ *adj* - **1.** [gen] original. - **2.** [raro] eccentric, different. ◇ *m* - **1.** [modelo] original. - **2.** [manuscrito] manuscript.

originalidad *f* - **1.** [gen] originality. - **2.** [extravagancia] eccentricity.

originalmente *adv* originally.

originar *vt* to cause.
◆ **originarse** *vpr* to be caused.

originariamente *adv* originally.

originario, ria *adj* - **1.** [inicial, primitivo] original. - **2.** [procedente]: **ser ~ de** [costumbres etc] to come from (originally); [persona] to be a native of.

orilla *f* - **1.** [ribera - de río] bank; [- de mar] shore; [- de lago] lakeside; **a ~s de** [río] on the banks of; **a ~s del mar** by the sea. - **2.** [borde] edge. - **3.** [acera] pavement. - **4.** *loc*: **salir a la ~** *fig* to come through.
◆ **orillas** *fpl Amér* outskirts.

orillar ◇ *vt* - **1.** [dificultad, obstáculo] to skirt around. - **2.** [tela] to edge. ◇ *vi* [en río] to reach the bank; [en mar] to reach the shore.

orillo *m* TEXTIL selvage.

orín *m* - **1.** [herrumbre] rust. - **2.** [orina] urine.
◆ **orines** *mpl* [orina] urine *(U)*.

orina *f* urine.

orinal *m* chamberpot.

orinar *vi & vt* to urinate.
◆ **orinarse** *vpr* to wet o.s.

Orinoco *m*: **el ~** the Orinoco.

oriol *m* oriole.

oriundez *(pl* **oriundeces)** *f* origin.

oriundo, da ◇ *adj*: **~ de** native of. ◇ *m, f* DEP non-Spanish footballer whose mother or father is Spanish.

orla *f* - **1.** [adorno] (decorative) trimming. - **2.** [fotografía] graduation photograph.

orlar *vt* to decorate with trimmings.

orlón *m* Orlon®.

ormesí *(pl* **ormesíes)** *m* shot silk.

Ormuz *s →* **estrecho**.

ornamentación *f* ornamentation.

ornamental *adj* ornamental.

ornamentar *vt* to decorate, to adorn.

ornamento *m* - **1.** [objeto] ornament. - **2.** *fig* [cualidades morales] moral qualities *(pl)*. - **3.** ARQUIT ornamentation, moulding.
◆ **ornamentos** *mpl* RELIG vestments.

ornar *vt* to decorate, to adorn.

ornato *m* decoration.

ornitología *f* ornithology.

ornitólogo, ga *m, f* ornithologist.

ornitorrinco *m* platypus.

oro *m* [metal] gold; *fig* [riqueza] money, riches *(pl)*; **de ~** gold ❑ **~ en barras** bullion; **~ batido** gold leaf; **~ en pol-** vo gold dust; **apalear ~** *fig* to be rolling in it; **guardar algo como ~ en paño** *fig* to treasure sthg; **hacerse de ~** *fig* to make one's fortune; **no es ~ todo lo que reluce** *fig* all that glitters is not gold; **pedir el ~ y el moro** *fig* to ask the earth; **valer su peso** o **lo que pesa en ~** *fig* to be worth its/his *etc* weight in gold.
◆ **oros** *mpl* [naipes] *suit of Spanish cards bearing gold coins.*
◆ **oro negro** *m* oil.

orogénesis *f inv* orogenesis.

orografía *f* - **1.** GEOGR orography. - **2.** [relieve] terrain.

orondo, da *adj* - **1.** *fam* [gordo] plump. - **2.** *fam* [satisfecho] self-satisfied, smug. - **3.** [vasija] pot-bellied.

oropel *m* tinsel.

oropéndola *f* golden oriole.

oroya *f Amér* rope basket for crossing rivers.

orquesta *f* - **1.** [músicos] orchestra; **~ de cámara/sinfónica** chamber/symphony orchestra. - **2.** [lugar] orchestra pit.

orquestación *f* orchestration.

orquestal *adj* orchestral.

orquestar *vt* to orchestrate.

orquestina *f* dance band.

orquídea *f* orchid.
◆ **orquídeas** *fpl* Orchidaceae.

ortiga *f* (stinging) nettle.

ortigal *f* bed of nettles.

orto *m* ASTRON rising *(U)*.

ortodoncia *f* orthodontics *(U)*.

ortodontista MED ◇ *adj* orthodontic. ◇ *mf* orthodontist.

ortodoxia *f* orthodoxy.

ortodoxo, xa ◇ *adj* orthodox. ◇ *m, f* RELIG member of the Orthodox Church.

ortogonal *adj* orthogonal.

ortografía *f* spelling.
◆ **ortografía degradada** *f* GEOM linear perspective.
◆ **ortografía geométrica** *f* GEOM orthographic projection.

ortográfico, ca *adj* spelling *(antes de sust)*.

ortopedia *f* orthopaedics *(U)*.

ortopédico, ca ◇ *adj* orthopaedic. ◇ *m, f* orthopaedist.

ortopedista *mf* orthopaedist.

oruga *f* - **1.** [animal] caterpillar. - **2.** AUTOM caterpillar track.

orujo *m* strong spirit made from grape pressings.

orvallar *vi* to drizzle.

orvallo *m* drizzle.

orza *f* NÁUT - **1.** [acción de orzar] luffing; **a ~** into the wind. - **2.** [quilla] centreboard.

orzar [13] *vt* NÁUT to luff.

orzuelo *m* - **1.** MED stye. - **2.** [en caza] trap, snare.

os *pron pers* - **1.** *(complemento directo)* you; **me gustaría veros** I'd like to see you. - **2.** *(complemento indirecto)* (to) you; **~ lo dio** he gave it to you; **~ tengo miedo** I'm afraid of you. - **3.** *(reflexivo)* yourselves. - **4.** *(recíproco)* each other; **~ enamorasteis** you fell in love (with each other).

osa *f →* **oso**.

osadamente *adv* daringly, boldly.

osadía *f* - **1.** [valor] boldness, daring. - **2.** [descaro] audacity, cheek.

osado, da *adj* - **1.** [valeroso] daring, bold. - **2.** [descarado] impudent, cheeky.

Osa Mayor *f* Great Bear.

Osa Menor *f* Little Bear.

osamenta *f* - **1.** [esqueleto] skeleton. - **2.** [conjunto de huesos] bones *(pl)*.

osar *vi* to dare.

osario *m* ossuary.

Óscar *m* CINE Oscar.

oscilación *f* - **1.** [movimiento] swinging; FÍS oscillation. - **2.** [espacio recorrido] swing. - **3.** *fig* [variación] fluctuation.

oscilador *m* oscillator.

oscilante *adj* oscillating.

oscilar *vi* - **1.** [moverse] to swing; FÍS to oscillate. - **2.** *fig* [variar] to fluctuate. - **3.** [vacilar] to vacillate, to waver.

oscilatorio, ria *adj* swinging; FÍS oscillating.

osciloscopio *m* oscilloscope.

ósculo *m culto* kiss.

oscuramente *adv* obscurely.

oscurantismo *m* obscurantism.

oscurecer [30] ◇ *vt* - **1.** [privar de luz] to darken. - **2.** *fig* [mente] to confuse, to cloud. - **3.** *fig* [deslucir] to overshadow. - **4.** *fig* [hacer ininteligible] to obscure. - **5.** ARTE to shade. ◇ *v impers* [anochecer] to get dark.

◆ **oscurecerse** *vpr* - **1.** [ponerse oscuro] to grow dark. - **2.** [nublarse] to become cloudy o overcast. - **3.** *fig* [desaparecer] to disappear, to vanish.

oscurecimiento *m* - **1.** [acción] darkening. - **2.** *fig* [encubrimiento] obscuring. - **3.** METEOR clouding over.

oscuridad *f* - **1.** [falta de luz] darkness. - **2.** [zona oscura]: **en la** ~ in the dark. - **3.** [falta de claridad] obscurity. - **4.** [incertidumbre] uncertainty. - **5.** [humildad] obscurity.

oscuro, ra *adj* - **1.** [gen] dark; **a oscuras** in the dark; **hacer** ~ to become dark. - **2.** [nublado] overcast. - **3.** *fig* [inusual] obscure. - **4.** *fig* [incierto] uncertain, unclear; **tiene un origen** ~ she's of uncertain origin. - **5.** *fig* [intenciones, asunto] shady. - **6.** [sombrío] gloomy. - **7.** *fig* [confuso] obscure, unclear.

óseo, a *adj* bone *(antes de sust)*.

osezno *m* bear cub.

osificación *f* ossification.

osificarse [10] *vpr* to ossify.

Oslo *s* Oslo.

osmio *m* QUÍM osmium.

ósmosis *f inv* FÍS & *fig* osmosis.

osmótico, ca *adj* osmotic.

oso, osa *m, f* bear (*f* she-bear); ~ **de felpa** o **peluche** teddy bear; ~ **gris/marsupial** grizzly/koala bear; ~ **hormiguero** anteater; ~ **panda** panda; ~ **polar** o **blanco** polar bear; **hacer el** ~ *fig* to act the fool.

ossobuco [oso'buko] *m* CULIN osso bucco.

osteítis *f inv* MED osteitis.

ostensible *adj* evident, clear.

ostensivo, va *adj* evident.

ostensorio *m* RELIG ostensory, monstrance.

ostentación *f* ostentation, show; **hacer** ~ **de algo** to show sthg off, to parade sthg.

ostentador, ra *m, f* show-off, ostentatious person.

ostentar *vt* - **1.** [poseer] to hold, to have. - **2.** [exhibir] to show off, to parade.

ostentativo, va *adj* ostentatious.

ostentosamente *adv* ostentatiously.

ostentoso, sa *adj* ostentatious.

osteoartritis *f inv* osteoarthritis.

osteología *f* osteology.

osteólogo, ga *m, f* osteologist.

osteópata *mf* osteopath.

osteopatía *f* osteopathy.

osteoplastia *f* osteoplasty.

osteoporosis *f inv* osteoporosis.

ostra *f* oyster; ~ **perlera** pearl oyster; **aburrirse como una** ~ *fam fig* to be bored to death.

◆ **ostras** *interj fam* gosh!, blimey! *Br.*

ostracismo *m* ostracism; ~ **político** political wilderness.

ostral *m* oyster bed.

ostrero, ra ◇ *adj* oyster *(antes de sust)*. ◇ *m, f* oyster seller.

◆ **ostrero** *m* - **1.** [ostral] oyster bed. - **2.** [ave] oystercatcher.

ostricultura *f* oyster farming.

ostrogodo, da ◇ *adj* Ostrogothic. ◇ *m, f* Ostrogoth.

ostugo *m* - **1.** [rincón] nook, corner. - **2.** [pizca] bit, pinch.

osudo, da *adj* bony.

osuno, na *adj* bear-like.

OTAN (*abrev de* **Organización del Tratado del Atlántico Norte**) *f* NATO.

otear *vt* - **1.** [desde lugar alto] to survey, to scan. - **2.** *fig* [escudriñar] to study.

otero *m* hillock.

OTI (*abrev de* **Organización de Televisiones Iberoamericanas**) *f association of all Spanish-speaking television networks*.

otitis *f inv* inflammation of the ear.

otomano, na *adj & m, f* Ottoman.

◆ **otomana** *f* [sofá] ottoman.

otoñada *f* - **1.** [estación] autumn *Br*, fall *Am*. - **2.** [pastos] pasturage.

otoñal *adj* autumn *Br (antes de sust)*, autumnal *Br*, fall *Am (antes de sust)*.

otoñar *vi* - **1.** [pasar el otoño] to spend the autumn *Br* o fall *Am*. - **2.** [brotar] to grow in autumn *Br* o fall *Am*.

otoño *m lit & fig* autumn *Br*, fall *Am*.

otorgador, ra ◇ *adj* granting. ◇ *m, f* grantor.

otorgamiento *m* - **1.** [gen] granting, conferring; [de un premio] award, presentation. - **2.** DER execution.

otorgar [16] *vt* - **1.** [gen] to grant; [premio] to award, to present. - **2.** DER to execute.

otorrino, na *m, f fam* ear, nose and throat specialist.

otorrinolaringología *f* ear, nose and throat medicine.

otorrinolaringólogo, ga *m, f* ear, nose and throat specialist.

otro, tra ◇ *adj* - **1.** [distinto] *(sg)* another, *(pl)* other; ~ **chico** another boy; **el** ~ **chico** the other boy; **(los)** ~**s chicos** (the) other boys; **no hacer otra cosa que llorar** to do nothing but cry; **otra cosa** something else; **el** ~ **día** [pasado] the other day. - **2.** [nuevo] another; **estamos ante** ~ **Dalí** this is another Dali; ~**s tres goles** another three goals. ◇ *pron (sg)* another (one), *(pl)* others; **dame** ~ give me another (one); **el** ~ the other one; **(los)** ~**s** (the) others; **yo no lo hice, fue** ~ it wasn't me, it was somebody else; ~ **habría abandonado, pero no él** anyone else would have given up, but not him; ¡**otra!** [en conciertos] encore!, more!

otrora *adv culto* formerly.

otrosí *adv* - **1.** *culto* [además] besides, moreover. - **2.** DER *each petition made after the principal one*.

Ottawa [o'taßa] *s* Ottawa.

OUA (*abrev de* **Organización para la Unidad Africana**) *f* OAU.

output ['autput] (*pl* **outputs**) *m* INFORM output *(U)*.

ova *f* BOT green algae *(pl)*.

◆ **ovas** *fpl* ZOOL roe *(U)*.

ovación *f* ovation.

ovacionar *vt* to give an ovation to, to applaud.

ovado, da *adj* - **1.** [ovalado] oval, egg-shaped. - **2.** [ave] impregnated.

oval *adj* oval.

ovalado, da *adj* oval.

ovalar *vt* to make oval.

óvalo *m* oval.

ovar *vi* to lay eggs.

ovárico, ca *adj* ovarian.

ovario *m* - **1.** ANAT & BOT ovary. - **2.** ARQUIT *moulding with egg-shaped ornaments*.

oveja *f* sheep, ewe.

◆ **oveja descarriada** *f fig* lost sheep.

◆ **oveja negra** *f fig* black sheep.

ovejero, ra *m, f* shepherd (*f* shepherdess).

ovejuno, na *adj* sheep *(antes de sust)*.

overbooking [oßer'ßukin] *m* overbooking.

ovetense ◇ *adj* of/relating to Oviedo. ◇ *mf* native/inhabitant of Oviedo.

OVI (*abrev de* **objeto volador identificado**) *m* identified flying object.

Ovidio *m* Ovid.

oviducto *m* ANAT oviduct.

oviforme *adj* oviform, egg-shaped.

ovillar *vt* to roll o wind into a ball.

◆ **ovillarse** *vpr* to curl up into a ball.

ovillo *m* [bola] ball (*of wool etc*); **hacerse un** ~ *fig* [acurrucarse] to curl up into a ball; [embrollarse] to get tangled up.

ovino, na ◇ *adj* ovine, sheep (*antes de sust*). ◇ *m, f* sheep.

ovíparo, ra ◇ *adj* oviparous. ◇ *m, f* oviparous animal.

ovni ['ofni] (*abrev de* **objeto volador no identificado**) *m* UFO.

ovo *m* ARQUIT egg-shaped ornament.

ovogénesis *f inv* BIOL ovogenesis.

ovoide *adj* ovoid.

ovulación *f* ovulation.

ovular ◇ *adj* ovular. ◇ *vi* to ovulate.

óvulo *m* ovum.

oxear *vt* [ave] to shoo.

oxiacetilénico, ca *adj* oxyacetylene.

oxiacetileno *m* oxyacetylene.

oxidable *adj* oxidizable.

oxidación *f* rusting.

oxidado, da *adj* rusty.

oxidante ◇ *adj* oxidizing. ◇ *m* oxidizing agent.

oxidar *vt* [herrumbrar] to rust; QUÍM to oxidize.

◆ **oxidarse** *vpr* to get rusty.

óxido *m* - **1.** QUÍM oxide. - **2.** [herrumbre] rust.

oxigenación *f* oxygenation.

oxigenado, da *adj* - **1.** QUÍM oxygenated. - **2.** [cabello] peroxide (*antes de sust*), bleached.

oxigenar *vt* QUÍM to oxygenate.

◆ **oxigenarse** *vpr* - **1.** *fig* [airearse] to get a breath of fresh air. - **2.** [cabello] to bleach.

oxígeno *m* oxygen.

oye *v* → **oír**.

oyente ◇ *adj* listening. ◇ *mf* - **1.** RADIO listener. - **2.** [alumno] unregistered student. - **3.** [persona que oye] listener.

oyera *etc v* → **oír**.

ozonar, ozonizar [13] *vt* to ozonize.

ozono *m* ozone.

ozonosfera *f* ozonosphere.

P

p, P *f* [letra] p, P.

p. - **1.** = **pág.** - **2.** *abrev escrita de* **paseo**.

p.a. - **1.** *abrev escrita de* **por ausencia**. - **2.** (*abrev escrita de* **por autorización**) pp.

PAAU (*abrev de* **pruebas de aptitud para el acceso a la universidad**) *fpl* university entrance examinations.

pabellón *m* - **1.** [edificio] pavilion; ~ **de caza** shooting box; ~ **de conciertos** o **de música** bandstand. - **2.** *fig* [cosa enredada] tangle, snarl. - **3.** [parte de un edificio] block, section. - **4.** [en parques, jardines] summerhouse. - **5.** [tienda de campaña] bell tent. - **6.** [dosel] canopy. - **7.** [bandera] flag; **arriar** ~ to lower the flag. - **8.** [embrollarse] to get tangled up. - **9.** *fam* [oreja] ear. - **10.** [de altar, trono] hangings (*pl*). - **11.** MUS bell. - **12.** [de barco] registration, flag. - **13.** [de piedra preciosa] pavilion. - **14.** MIL stack of rifles. - **15.** *fig* [protección] protection.

pábilo *m* - **1.** [mecha] wick. - **2.** [parte carbonizada] snuff.

Pablo *m* BIBLIA: **san** ~ Saint Paul.

pábulo *m* [alimento] food, fuel; *fig* [sustento] support, encouragement; **dar** ~ **a** *fig* to feed, to encourage.

PAC (*abrev de* **política agrícola común**) *f* CAP.

paca ◇ *adj f* → **paco**. ◇ *f* bale.

pacanero, pacano *m Amér* - **1.** [árbol] pecan tree. - **2.** [fruto] pecan nut.

pacato, ta ◇ *adj* - **1.** [mojigato] prudish. - **2.** [tímido] shy. ◇ *m, f* [mojigato] prude.

pacay (*pl* **pacayes** o **pacaes**) *m Amér* - **1.** [árbol] pacay tree. - **2.** [fruto] pacay fruit.

paceño, ña ◇ *adj* of/relating to La Paz. ◇ *m, f* native/inhabitant of La Paz.

pacer [29] ◇ *vi* to graze. ◇ *vt* - **1.** [apacentar] to graze, to pasture. - **2.** [comer] to eat away. - **3.** [roer] to nibble.

pachá (*pl* **pachaes**) *m* pasha; **vivir como un** ~ *fam fig* to live like a lord.

pachamama *f Amér* Mother Earth.

pachamanca *f Amér* barbecue.

pachanga *f* - **1.** *fam* [fiesta] rowdy celebration. - **2.** [baile] type of Mexican dance.

pachanguero, ra *adj fam* [música] catchy but mindless.

pacharán *m* liqueur made from brandy and sloes.

pachón *m* phlegmatic man.

pachorra *f fam* calmness.

pachorrada *f Amér* blunder, gaffe.

pachorrear *vi Amér* to be slow o sluggish.

pachorrudo, da *adj fam* sluggish, slow.

pachotada *f Amér* blunder, gaffe.

pachucho, cha *adj fam* - **1.** [persona, animal] offcolour. - **2.** [fruta] overripe.

pachulí (*pl* **pachulíes**) *m* patchouli.

paciencia *f* patience; **armarse de** ~ to summon up one's patience; **llevar** o **tomar algo con** ~ to take sthg calmly; **perder la** ~ to lose one's patience; **se le acabó** o **se le agotó la** ~ he lost his patience; **prestar** ~ to show patience; **tener** ~ to be patient ❑ **tener más** ~ **que un santo** *fig* to have the patience of a saint.

paciencioso, sa *adj Amér* very patient.

paciente ◇ *adj* patient. ◇ *mf* patient; ~ **externo** outpatient; ~ **interno** in-patient. ◇ *m* FILOS patient, recipient of an action.

pacientemente *adv* patiently.
pacienzudo, da *adj* very patient.
pacificación *f* pacification.
pacificador, ra ◇ *adj* pacifying. ◇ *m, f* pacifier, peace-maker.
pacíficamente *adv* peacefully.
pacificar [10] *vt* - **1.** [país] to pacify. - **2.** [ánimos] to calm. - **3.** [personas] to reconcile.
◆ **pacificarse** *vpr* [persona] to calm down.
pacífico, ca *adj* [gen] peaceful; [persona] peaceable.
Pacífico *m*: **el (océano)** ~ the Pacific (Ocean).
pacifismo *m* pacifism.
pacifista *adj & mf* pacifist.
paco, ca *m, f Amér fam* cop.
◆ **paco** *m* - **1.** ZOOL alpaca. - **2.** [francotirador] sniper. - **3.** [tiro] sniper shot. - **4.** *Amér* MIN paco.
pacotilla *f*: **de** ~ trashy, third-rate.
pactar ◇ *vt* - **1.** [convenir] to agree to. - **2.** [estipular] to stipulate. ◇ *vi*: ~ **(con)** to strike a deal (with).
pacto *m* [gen] agreement, pact; [entre países] treaty; **hacer/romper un** ~ to make/break an agreement □ ~ **social** social contract.
◆ **Pacto de Ajuria Enea** *m* 1988 *pact in favour of peace and stability in the Basque Country, signed by the Basque political parties.*
padecer [30] ◇ *vt* [sufrir] to suffer, to endure; [enfermedad] to suffer from. ◇ *vi* [sufrir] to suffer; ~ **de** [enfermedad] to suffer from.
padecimiento *m* - **1.** [sufrimiento] suffering. - **2.** [enfermedad] ailment, illness.
padezca *etc v* → **padecer.**
padrastro *m* - **1.** [pariente] stepfather. - **2.** [pellejo] hangnail. - **3.** [mal padre] harsh father. - **4.** *fig* [obstáculo] obstacle, impediment.
padrazo *m fam* adoring father.
padre ◇ *m* [gen & RELIG] father; **Cervantes es el** ~ **de la novela moderna** Cervantes is the father of the modern novel □ ~ **espiritual** confessor; ~ **de familia** head of the family; ~ **de pila** godfather; ~ **político** father-in-law; **de** ~ **y muy señor mío** *fig* incredible, tremendous. ◇ *adj inv Amér* incredible, tremendous.
◆ **padres** *mpl* - **1.** [padre y madre] parents. - **2.** [antepasados] ancestors, forefathers.
◆ **Padre Eterno** *m* RELIG Heavenly o Eternal Father, God Almighty.
◆ **Padres de la Iglesia** *mpl* RELIG Fathers of the Christian Church.
padrear *vi* - **1.** [animal] to breed. - **2.** [persona] to resemble one's father.
padrenuestro (*pl* **padrenuestros**) *m* Lord's Prayer.
◆ **en un padrenuestro** *loc adv fam* in the twinkling of an eye.
padrillo *m Amér* stallion.
padrinazgo *m* - **1.** [cargo de padrino] godfathership. - **2.** *fig* [protección] sponsorship, patronage.
padrino *m* - **1.** [de bautismo] godfather; [de boda] best man. - **2.** [en duelos, torneos etc] second. - **3.** *fig* [protector] patron.
◆ **padrinos** *mpl* [padrino y madrina] godparents.
padrísimo *adj Amér fam* fantastic, great.
padrón *m* - **1.** [censo] census; [para votar] electoral roll o register. - **2.** [dechado] model, pattern. - **3.** [columna] memorial column o pillar. - **4.** *fam* [padrazo] overindulgent father. - **5.** [deshonor] blemish, blot. - **6.** *Amér* [caballo] stallion. - **7.** *Amér* [toro] breeding bull.
padrote *m Amér* - **1.** *fam* [padrazo] overindulgent father. - **2.** *Amér* [alcahuete] pimp.
paella *f* paella.
paellera *f large frying pan or earthenware dish for cooking paella.*

paf *interj* bang!, crash!
pág., p. (*abrev escrita de* **página**) p.
paga *f* - **1.** [pago] payment; [salario] salary, wages (*pl*); [de niño] pocket money; ~ **doble** double time; ~ **extra** o **extraordinaria** *bonus equivalent to one month's wages paid twice a year to Spanish workers.* - **2.** [multa] fine. - **3.** [expiación] satisfaction, amends (*pl*).
pagable *adj* payable.
pagadero, ra *adj* payable; ~ **a 90 días/a la entrega** payable within 90 days/on delivery.
◆ **pagadero** *m* time of payment.
pagado, da *adj* paid.
pagador, ra ◇ *adj* paying; **ser buen/mal** ~ to be a reliable/unreliable payer. ◇ *m, f* - **1.** [el que paga] payer. - **2.** [de obreros etc] paymaster. - **3.** [empleado de banco] cashier *Br*, teller *Am*.
pagamento, pagamiento *m* payment.
paganini *m fam* sucker (*who ends up paying*).
paganismo *m* paganism.
pagano, na *adj & m, f* pagan, heathen.
pagar [16] ◇ *vt* [gen] to pay; [deuda] to pay off, to settle; [ronda, gastos, delito, consecuencias] to pay for; [ayuda, favor] to repay; ~ **mal a alguien** to underpay sb; **me las pagarás** *fam fig* you'll pay for this; **el que la hace la paga** *fig* he/she *etc* will pay for it in the end. ◇ *vi* to pay; ~ **mal** to pay poorly.
◆ **pagarse** *vpr* [ufanarse]: ~**se (de)** to boast (about); **se paga de ir a los mejores hoteles** he boasts about going to the best hotels.
pagaré (*pl* **pagarés**) *m* COM promissory note, IOU; ~ **del Tesoro** Treasury note.
pagel *m* sea bream.
página *f* - **1.** [hoja] page; **las** ~**s amarillas** the Yellow Pages □ ~ **central** centre-fold. - **2.** *fig* [suceso] page, event.
paginación *f* pagination.
paginar *vt* INFORM to paginate.
pago *m* - **1.** [de dinero] payment; *fig* [recompensa] reward, payment; **de** ~ *fam* pay (*antes de sust*); **en** ~ **de** [en recompensa por] as a reward for; [a cambio de] in return for; **faltar en los** ~**s** to default on one's payment □ ~ **anticipado/inicial** advance/down payment; ~ **en efectivo** o **al contado** cash payment. - **2.** [finca] estate, property. - **3.** [pueblo] village.
◆ **pagos** *mpl* [lugar]: **por estos** ~**s** around here.
pagoda *f* pagoda.
pague *etc v* → **pagar.**
paila *f Amér* - **1.** [sartén] frying pan. - **2.** [vasija] large shallow pan.
paipai (*pl* **paipais**), **paipay** (*pl* **paipays**) *m fan made from a palm leaf.*
pair → **au pair.**
país (*pl* **países**) *m* country; **los** ~**es bálticos** the Baltic States; ~ **natal** native country, homeland; ~ **neutral** neutral; ~ **satélite** satellite state; ~**es desarrollados/en vías de desarrollo/subdesarrollados** developed/developing/underdeveloped countries.
paisaje *m* [gen] landscape; [vista panorámica] scenery (*U*), view; ~ **lunar** moonscape.
paisajista ◇ *adj* landscape (*antes de sust*). ◇ *mf* landscape painter.
paisajístico, ca *adj* landscape (*antes de sust*).
paisana ◇ *adj f* → **paisano.** ◇ *f* [baile] country dance.
paisanaje *m* - **1.** [población civil] civilians (*pl*). - **2.** [relación] fellow citizenship.
paisano, na ◇ *adj* [del mismo país] from the same country. ◇ *m, f* - **1.** [del mismo país] compatriot, fellow countryman (*f* fellow countrywoman). - **2.** [campesino] peasant.
◆ **paisano** *m* [civil] civilian; **de** ~ MIL in civilian clothes; [policía] in plain clothes.
Países Bajos *mpl*: **los** ~ the Netherlands.

País Valenciano *m*: **el** ~ the autonomous region of Valencia.

País Vasco *m*: **el** ~ the Basque Country.

paja *f* - **1.** [tallo seco] straw. - **2.** *fig* [relleno] waffle. - **3.** *vulg* [masturbación] wank; **hacerse una** ~ to have a wank. - **4.** [cosa sin substancia] rubbish *(U)*; **no importar o montar una** ~ to be unimportant. - **5.** *loc*: **buscar la** ~ **en el oído** to look for trouble; **echar (a)** ~**s** to draw straws; **en un quítame allá esas** ~**s** [en un momento] in the twinkling of an eye, in a jiffy; **por un quítame allá esas** ~**s** [sin razón] for no reason, over nothing.

pajar *m* [cubierto] hay loft; [al descubierto] haystack.

pájara *f* - **1.** [mujer] *fig* crafty o sly woman. - **2.** [ave] hen (bird). - **3.** [de papel] paper bird. - **4.** [de cometa] kite (framework).

pajarear ◇ *vt Amér* to shoo, to scare off. ◇ *vi* - **1.** [cazar] to hunt birds. - **2.** *fig* [holgazanear] to loaf about. - **3.** *Amér* [suj: caballo] to shy. - **4.** *Amér* [estar distraído] to be absent-minded.

pajarería *f* - **1.** [tienda] pet shop. - **2.** [bandada] flock of birds.

pajarero, ra ◇ *adj* - **1.** [de los pájaros] bird *(antes de sust)*. - **2.** *fam* [alegre - persona] cheerful, merry; [- colores] gaudy, loud. - **3.** *Amér* [caballo] shy, skittish. - **4.** *Amér* [entrometido] meddlesome. ◇ *m, f* - **1.** [vendedor] bird seller. - **2.** [cazador] wildfowler, bird hunter. - **3.** [criador] bird fancier.

◆ **pajarera** *f* aviary.

pajarita *f* - **1.** [corbata] bow tie. - **2.** [de papel] paper bird.

pájaro *m* - **1.** ZOOL bird; ~ **bobo** penguin; ~ **carpintero** woodpecker; ~ **del diablo** European coot; ~ **mosca** hummingbird; ~ **de mal agüero** bird of ill omen; ~ **del sol** bird of paradise; **más vale** ~ **en mano que ciento volando** *proverb* a bird in the hand is worth two in the bush *proverb*; **matar dos** ~**s de un tiro** to kill two birds with one stone; **tener** ~**s en la cabeza** to be scatterbrained o empty-headed. - **2.** *fig* [persona] crafty devil, sly old fox; ~ **de cuenta** o **cuentas** *fam fig* person to be reckoned with; ~ **gordo** *fam fig* big shot.

pajarota, pajarotada *f* hoax, canard.

pajarote *m* large bird.

pajarraco *m despec* - **1.** [pájaro] big, ugly bird. - **2.** [persona] nasty piece of work.

pajaza *f* leftover straw.

paje *m* - **1.** [criado] page. - **2.** NÁUT cabin boy. - **3.** *fig* [mueble] dressing table. - **4.** [de obispo] familiar.

pajear *vi* - **1.** [persona] to behave, to conduct o.s. - **2.** [caballo] to feed well, to eat a lot of straw.

pajero *m* straw dealer.

pajilla, pajita *f* - **1.** [para sorber] (drinking) straw. - **2.** [cigarrillo] *cigarette rolled in a maize leaf.*

pajizo, za *adj* [de paja] straw *(antes de sust)*; [color] straw-coloured; [techo] thatched.

pajolero, ra *adj fam* damn, blessed; **no tengo ni pajolera idea** I haven't got the foggiest.

pajón *m* - **1.** [paja] coarse straw. - **2.** *Amér* [hierba] scrub, coarse grass.

pajonal *m Amér* field of scrub.

pajoso, sa *adj* - **1.** [lleno de paja] full of straw. - **2.** [como paja] straw-like. - **3.** [de paja] straw *(antes de sust)*.

pajote *m straw used for protecting plants.*

pajuela *f* - **1.** [varilla] straw taper. - **2.** *Amér* [fósforo] match. - **3.** *Amér* [mondadientes] toothpick.

Pakistán, Paquistán *s* Pakistan.

pakistaní (*pl* **pakistaníes**), **paquistaní** (*pl* **paquistaníes**) *adj & mf* Pakistani.

pala *f* - **1.** [herramienta] spade; [para recoger] shovel; CULIN slice; ~ **mecánica** o **excavadora** excavator, digger. - **2.** [de frontón, ping - pong, criquet] bat; [de tenis, badminton] racket. - **3.** [de remo, hélice, hacha, azada] blade; [de bisagra] leaf. - **4.** [de calzado] instep. - **5.** [de curtidor] fleshing knife.

- **6.** [de diente] flat surface. - **7.** [contenido] shovelful. - **8.** *fig* [maña] cunning, craft.

palabra ◇ *f* - **1.** [gen] word; **bajo** ~ on one's word; **el trato se hizo bajo** ~, **sin firmar ningún documento** it was a gentleman's agreement, nothing was signed; **cruzar** ~ to talk, to converse; **no cruzaron** ~ **durante todo el camino** they didn't exchange a single word throughout the journey; **dirigir la** ~ **a** to speak to; **no le dirige la** ~ **a su madre desde hace una semana** he hasn't spoken to his mother for a week; **ella me dio su** ~ she gave me her word; **de** ~ by word of mouth, verbally; **empeñar la** ~ to give one's word; **mantener uno su** ~ to keep one's word; **no tener** ~, **faltar (uno) a su** ~ to go back on one's word; ~ **por** ~ word for word; **me repitió la lección** ~ **por** ~ she repeated the lesson to me word for word; **sin mediar** ~ without a single word; **tomar** o **coger la** ~ **a alguien** to hold sb to their word ❑ ~ **clave** INFORM key word; ~ **divina** o **de Dios** word of God; ~ **de honor** word of honour; ~ **de matrimonio** promise of marriage. - **2.** [habla] speech; **con el susto perdió la** ~ the shock left him speechless. - **3.** [derecho de hablar] right to speak; **dar la** ~ **a alguien** to give the floor to sb; **pedir/tomar la** ~ to ask for/to take the floor. - **4.** *loc*: **dejar a alguien con la** ~ **en la boca** to cut sb off in mid-sentence; **en cuatro** o **dos** ~**s** in a few words; **en otras** ~**s** in other words; **en una** ~ in a word; **medias** ~**s** hints; **medir las** ~**s** to weigh one's words (carefully); **no decir** ~ not to say a word; **quedarse sin** ~**s** to be left speechless; **quitarle a alguien la** ~ **de la boca** to take the words right out of sb's mouth; **ser** ~**s mayores** to be an important matter; **tener la última** ~ to have the last word. ◇ *interj* honestly; **te digo la verdad, ¡**~**!** I'm telling you the truth, I promise!

◆ **palabras** *fpl* [discurso] words.

palabrear ◇ *vt Amér* to agree verbally to. ◇ *vi fam* to chat.

palabreo *m* chatter.

palabrería *f fam* hot air.

palabrero, ra ◇ *adj* - **1.** [muy hablador] talkative. - **2.** [de poco fiar] unreliable. ◇ *m, f* - **1.** [persona muy habladora] chatterbox. - **2.** [persona de poco fiar] unreliable person.

palabrita *f* pointed word.

palabrota *f* swearword, rude word; **decir** ~**s** to swear.

palacete *m* mansion, small palace.

palaciego, ga *adj* palace *(antes de sust)*, court *(antes de sust)*.

palacio *m* [gen] palace; ~ **de congresos** conference centre; ~ **de Justicia** Law Courts *(pl)*; ~ **real** royal palace.

palada *f* - **1.** [al cavar] spadeful, shovelful. - **2.** [de remo] stroke. - **3.** [de hélice] rotation.

paladar *m* - **1.** ANAT palate. - **2.** [sabor] taste. - **3.** *fig* [gusto] taste; **su arte no se ajusta al** ~ **europeo** his art doesn't appeal to European taste.

paladear ◇ *vt* - **1.** [saborear] to savour. - **2.** *fig* [disfrutar]: ~ **algo** to get a taste for sthg. ◇ *vi* [suj: recién nacido] to make suckling motions.

paladeo *m* savouring, relishing.

paladín *m* - **1.** HIST paladin, heroic knight. - **2.** *fig* [adalid] champion, defender.

paladino, na *adj* - **1.** [público] public, open. - **2.** [claro] clear, obvious.

paladio *m* palladium.

palafrén *m* palfrey.

palafrenero *m* groom.

palanca *f* - **1.** [barra, mando] lever; ~ **de cambio** gear lever o stick *Br*, gearshift *Am*; ~ **de mando** joystick; ~ **del timón** AERON rudder bar. - **2.** [trampolín] diving board. - **3.** *fam fig* [influencia] pull, influence; **aquel hombre tiene mucha** ~ **en el vecindario** that man has a lot of pull in the neighbourhood. - **4.** NÁUT tackle.

palangana ◇ *f* - **1.** [para fregar] washing-up bowl; [para lavarse] washbasin *Br*, washbowl *Am*. - **2.** *Amér* [fuente, plato] wooden platter. ◇ *m Amér fam* - **1.** [fanfarrón] braggart, show-off. - **2.** [descarado] impudent fellow.

palanganada *f Amér fam* brag, bragging *(U)*.

palanganear *vi Amér fam* to brag, to boast.

palanganero *m* washstand.

palangre *m* fishing line with hooks.

palanquear *vt Amér* to lever, to pry.

palanquera *f* stockade.

palanquero *m* - **1.** *desus* [obrero] bellows blower. - **2.** *Amér* FERROC brakeman.

palanqueta *f* - **1.** [para forzar puertas] jemmy, crowbar. - **2.** *desus* NÁUT bar shot.

palanquín *m* NÁUT clew garnet.

palatal *adj* palatal.

palatalizar [13] *vt* to palatalize.

palatinado *m* HIST palatinate.

palatino, na *adj* - **1.** [de paladar] palatine. - **2.** [de palacio] palace *(antes de sust)*, court *(antes de sust)*. - **3.** HIST [del Palatinado] Palatine.

◆ **palatino** *m* palatine.

palco *m* box *(at theatre)*; ~ **de platea** ground-floor o parterre box; ~ **principal** first-tier box; ~ **de proscenio** stage o proscenium box.

palear *vt* - **1.** [tierra, carbón] to shovel. - **2.** [grano] to winnow.

palenque *m* - **1.** [estacada] fence, palisade. - **2.** [recinto] arena; **salir al** ~ to enter the fray. - **3.** *Amér* [para animales] hitching post. - **4.** *Amér fig* [lugar ruidoso] noisy place.

paleocristiano, na *adj* early Christian.

paleografía *f* paleography.

paleográfico, ca *adj* paleographic.

paleógrafo, fa *m, f* paleographer.

paleolítico, ca *adj* paleolithic.

◆ **paleolítico** *m* Paleolithic period.

paleólogo, ga ◇ *adj* paleological. ◇ *m, f* paleologist.

paleontología *f* paleontology.

paleontológico, ca *adj* paleontological.

paleontólogo, ga *m, f* paleontologist.

paleozoico, ca *adj*

◆ **paleozoico** *m* Paleozoic.

Palestina *s* Palestine.

palestino, na *adj & m, f* Palestinian.

palestra *f* - **1.** [lugar de reunión] arena; **salir** o **saltar a la** ~ to enter the fray. - **2.** [lugar de lucha] arena. - **3.** *fig* [lucha] wrestling.

paleta *f* - **1.** [pala pequeña] small shovel, small spade; [llana] trowel. - **2.** CULIN slice. - **3.** ARTE palette. - **4.** [para remover lumbre] fire shovel. - **5.** [MEC - de mano] paddle; [- de hélice] blade. - **6.** [ANAT - omóplato] shoulder blade; [- de diente] front tooth. - **7.** *Amér* [de llave] bit. - **8.** *Amér* [pirulí] lollipop.

paletada *f* - **1.** [porción] shovelful, spadeful; [de yeso] trowelful; [de pintura] palette; **había libros a** ~**s** *fam* there were loads of books ❑ **en dos** ~**s** in a jiffy, in the twinkling of an eye. - **2.** [golpe] blow with a shovel.

paletear *vi* - **1.** NÁUT to thrash about with the oars. - **2.** *Amér fam* [quedarse frustrado] to be frustrated, to be disappointed.

paleteo *m* thrashing with oars.

paletilla *f* - **1.** [omóplato] shoulder blade. - **2.** CULIN shoulder. - **3.** [de vela] candlestick.

paleto, ta ◇ *adj* coarse, uncouth. ◇ *m, f* country bumpkin, yokel, hick *Am*.

paletón *m* bit.

palia *f* altar cloth.

paliar [8] *vt* - **1.** [atenuar] to ease, to relieve. - **2.** [disculpar] to excuse, to justify. - **3.** [disimular] to cover up.

paliativo, va *adj* palliative.

◆ **paliativo** *m* - **1.** [excusa] excuse, mitigation *(U)*. - **2.** MED palliative.

paliatorio, ria *adj* palliative.

palidecer [30] *vi* - **1.** [ponerse pálido] to go o turn pale. - **2.** [perder importancia] to pale, to fade. - **3.** [color] to fade. - **4.** [día] to wane.

palidez *(pl* **palideces)** *f* paleness.

pálido, da *adj* pale; *fig* dull.

paliducho, cha *adj fam* [persona] pale, pallid.

palier [pa'ljer] *m* AUTOM bearing.

palillero *m* - **1.** [para palillos] toothpick holder. - **2.** [portaplumas] penholder.

palillo *m* - **1.** [mondadientes] toothpick. - **2.** [baqueta] drumstick. - **3.** [para comida china] chopstick. - **4.** *fig* [persona delgada] matchstick. - **5.** [para aguja] knitting-needle holder. - **6.** [bolillo] bobbin. - **7.** *fig* [palique] chitchat, small talk. - **8.** *loc:* **tocar** o **mover todos los** ~**s** to explore all avenues.

◆ **palillos** *mpl* - **1.** [castañuelas] castanets. - **2.** [en billar] (billiard) balls. - **3.** TAUROM *fam* banderillas.

palíndromo, ma *adj* palindromic.

◆ **palíndromo** *m* palindrome.

palio *m* - **1.** [dosel] canopy; **recibir con** o **bajo** ~ to receive with great pomp. - **2.** RELIG pallium.

palique *m fam* chat, natter; **estar de** ~ to have a chat o a natter.

paliquear *vi fam* to chat, to have a chat.

palisandro *m* rosewood.

palito *m* [palo] small stick; ~ **(de pescado)** CULIN fish finger; **pisar el** ~ *Amér fam fig* to fall into the trap.

palitoque, palitroque *m* - **1.** [escritura] pothook. - **2.** [palito] small stick. - **3.** TAUROM banderilla.

paliza *f* - **1.** [golpes, derrota] beating. - **2.** [esfuerzo] hard grind. - **3.** *fam* [rollo] drag.

palizada *f* - **1.** [valla] fence. - **2.** [recinto cercado] fenced enclosure. - **3.** MIL stockade, palisade.

palla, palladura *f Amér* - **1.** [canción] improvised song. - **2.** MIN extraction of the metal. - **3.** BOT palm tree.

pallar[1] *m Amér* lima bean.

pallar[2] ◇ *vt* to sort. ◇ *vi* - **1.** [cantar] to sing improvised songs. - **2.** [cuentos] to tell stories.

palma *f* - **1.** [de mano] palm; **conocer algo como la** ~ **de la mano** to know sthg like the back of one's hand. - **2.** [palmera] palm (tree); [hoja de palmera] palm leaf. - **3.** [datilera] date palm. - **4.** *fig* [victoria] victory, triumph; **llevarse la** ~ to be the best; *irón* to take the biscuit. - **5.** [de caballería] sole.

◆ **palmas** *fpl* [aplausos] clapping *(U)*, applause *(U)*; **batir** ~**s** to clap (one's hands) ❑ **andar en** ~**s** *fig* to be applauded; **traer en** ~**s a alguien** *fig* to pamper sb.

palmada *f* - **1.** [golpe] pat; [más fuerte] slap. - **2.** [aplauso] clap; **dar** ~**s** to clap (one's hands).

◆ **palmadas** *fpl* clapping *(U)*.

Palma de Mallorca *s* Palma de Mallorca.

palmadita *f* pat; **dar** ~**s a alguien** to pat sb.

palmado, da *adj* = **palmeado**.

palmar[1] ◇ *adj* - **1.** [de la palma de la mano] palm *(antes de sust)*. - **2.** [músculo] palmar. - **3.** [de palmo] one span long. - **4.** *fig* [claro] clear, evident. ◇ *m* - **1.** [palmeral] palm grove. - **2.** [instrumento] card, teasel. - **3.** *loc:* **más viejo que un** ~ *fam* as old as the hills, as old as Methuselah.

palmar[2] *fam* ◇ *vi* to kick the bucket, to snuff it *Br*. ◇ *vt:* ~**la** to kick the bucket, to snuff it *Br*.

palmarés *m inv* - **1.** [historial] record. - **2.** [lista] list, roll.

palmario, ria *adj* obvious, clear.

palmatoria *f* candlestick.

palmeado, da, palmado, da *adj* - **1.** [en forma de palma] palm-shaped. - **2.** ZOOL webbed.

palmear ◇ *vt* - **1.** [aplaudir] to applaud. - **2.** [espalda] to slap, to pat. - **3.** IMPRENTA to level off. - **4.** *Amér* [a persona] to pat, to slap. ◇ *vi* [aplaudir] to clap, to applaud.

palmeño, ña ◇ *adj* of/relating to Las Palmas. ◇ *m, f* native/inhabitant of Las Palmas.

palmeo *m* measuring by spans.

palmera *f* - **1.** [árbol] palm (tree); [datilera] date palm. - **2.** [hoja] palm leaf. - **3.** [pastel] *flat, butterfly-shaped pastry*.

palmeral *m* palm grove.

palmero *m* - **1.** [peregrino] pilgrim. - **2.** *Amér* [árbol] palm tree. .

palmesano, na ◊ *adj* of/relating to Palma (de Mallorca). ◊ *m, f* native/inhabitant of Palma (de Mallorca).

palmeta *f* - **1.** [palo] (schoolmaster's) cane. - **2.** [golpe] blow with the cane, caning *(U)*.

palmetazo *m* - **1.** [golpe] blow with the cane, caning *(U)*. - **2.** [palmada] slap.

palmípedo, da *adj* ZOOL web-footed.
◆ **palmípedo** *m* web-footed bird.

palmita *f* palm marrow; **llevar** o **traer a alguien en** ~s *fam fig* to wait on sb hand and foot.

palmito *m* - **1.** [árbol] palmetto, fan palm. - **2.** CULIN palm heart. - **3.** *fam fig* [buena planta] good looks *(pl)*; **lucir el** ~ to show off one's good looks.

palmo *m* [distancia] handspan; *fig* [cantidad] small amount; ~ **a** ~ *fig* bit by bit; **crecer a** ~s *fig* to shoot up; **dejar a alguien con un** ~ **de narices** *fig* to let sb down.

palmotear *vi* to clap.

palmoteo *m* clapping.

palo *m* - **1.** [bastón] stick; [de golf] club; [de portería] post; [de la escoba] handle. - **2.** [mástil] mast; ~ **mayor** mainmast; ~ **de mesana** mizzen mast; ~ **de trinquete** foremast. - **3.** [golpe] blow *(with a stick)*; **dar de** ~**s** to beat, to hit; **liarse a** ~**s** to come to blows ❏ **moler** o **mondar a alguien a** ~**s** to thrash sb. - **4.** *fig* [mala crítica] bad review. - **5.** [de baraja] suit. - **6.** [madera]: **de** ~ wooden. - **7.** BOT tree; ~ **campeche** logwood; ~ **dulce** liquorice root; ~ **de jabón** soapbark; ~ **de rosa** rosewood; ~ **santo** lignum vitae. - **8.** *fig* [pesadez] bind, drag; **dar** ~ *fam* to be a bind o a drag; **me da** ~ **ponerme a estudiar ahora** it's a drag having to start studying now. - **9.** [pena capital] capital punishment. - **10.** IMPRENTA stroke. - **11.** HERÁLDICA pale. - **12.** *Amér* [trago] swig. - **13.** *loc:* **a** ~ **seco** [gen] without anything else; [bebida] neat; **cada** ~ **que aguante su vela** every man to his trade; **dar** ~**s de ciego** [criticar] to lash out (en/en); [no saber qué hacer] to grope around in the dark; **de tal** ~ **tal astilla** *proverb* like father, like son *proverb*; **es un** ~ **de hombre** he is a remarkable man.

paloma *f* → **palomo**.

palomar *m* dovecote; [grande] pigeon shed.

palomear ◊ *vi* - **1.** [cazar] to go pigeon-shooting. - **2.** [cuidar] to be a pigeonfancier. ◊ *vt Amér* - **1.** [matar] to shoot dead o down. - **2.** [cazar] to hunt down one by one.

palomeo *m Amér* hunting down one's enemies one by one.

palomero, ra *m, f* - **1.** [vendedor] pigeon seller. - **2.** [aficionado a la cría] pigeon fancier.

palometa *f* - **1.** [tornillo] wing o butterfly nut. - **2.** [pez] saurel, yellow jack.

palomilla *f* - **1.** [ZOOL - mariposa nocturna] grain moth; [- mariposa pequeña] small butterfly. - **2.** [ninfa] nymph. - **3.** [de caballo] *front part of the haunch*. - **4.** [tornillo] butterfly nut, wing nut. - **5.** [soporte] bracket. - **6.** [cojinete] bearing. - **7.** [BOT - fumaria] fumitory; [- onoquiles] alkanet. - **8.** *Amér fam* [chusma] rabble, riffraff.
◆ **palomillas** *fpl* whitecaps, white horses.

palomino *m* - **1.** [cría] young dove o pigeon. - **2.** [joven] callow youth. - **3.** [mancha] *excrement stain on a shirt tail*. - **4.** [uva] palomino grape.

palomita *fpl* popcorn *(U)*.

palomo, ma *m, f* dove, pigeon.
◆ **palomo** ◊ *adj Amér* palomino. ◊ *m* - **1.** [macho] cock pigeon. - **2.** [paloma torcaz] ring-necked dove.
◆ **paloma** *f* - **1.** [ave] dove, pigeon; **paloma brava** o **silvestre** stock dove; **paloma buchona** pouter pigeon; **paloma casera** o **doméstica** domestic pigeon; **paloma mensajera** carrier o homing pigeon; **paloma de moño** o

moñuda crested pigeon; **paloma torcaz** ringdove, wood pigeon; **paloma zurita** rock dove. - **2.** *fig* [persona] lamb, dear; **el niño era una paloma** the child was a lamb. - **3.** [bebida] anisette with water. - **4.** *Amér* [cometa] square kite.
◆ **palomas** *fpl fam* high collar *(sg)*.

palotada *f* blow with a drumstick; **no dar** ~ *fam* [no acertar] to get nothing right; [no hacer nada] not to do a stroke of work.

palote *m* [trazo] downstroke.

palpable *adj* - **1.** [que se puede tocar] touchable, palpable. - **2.** *fig* [evidente] obvious, clear.

palpación *f* MED palpation.

palpamiento *m*, **palpadura** *f* feeling, touching.

palpar ◊ *vt* - **1.** [tocar] to feel, to touch; MED to palpate. - **2.** *fig* [percibir] to feel. ◊ *vi* to feel around.
◆ **palparse** *vpr* to be perceptible; **se palpaba el descontento** the restlessness could be felt.

palpitación *f* beat, beating *(U)*; [con fuerza] throb, throbbing *(U)*.
◆ **palpitaciones** *fpl* MED palpitations.

palpitante *adj* - **1.** [que palpita] beating; [con fuerza] throbbing. - **2.** *fig* [interesante - discusión, competición] lively; [- interés, deseo, cuestión] burning.

palpitar *vi* - **1.** [latir] to beat; [con fuerza] to throb. - **2.** *fig* [suj: sentimiento] to be evident.

pálpito *m* feeling, hunch.

palta *f Amér* avocado.

palúdico, ca *adj* - **1.** MED malarial. - **2.** [pantanoso] marshy, swampy.

paludismo *m* malaria.

palurdo, da *fam* ◊ *adj* coarse, uncouth. ◊ *m, f* country bumpkin, yokel, hick *Am*.

palustre *m* trowel.

pamela *f* sun hat.

pamema *f fam* - **1.** [tontería] trifle. - **2.** [halago] flattery *(U)*. - **3.** [por asco, escándalo] fuss.

pampa ◊ *f* [llanura]: **la** ~ the pampas *(pl)* ❏ **a la** ~ *fig Amér* in the open air; **estar en sus** ~s *fig Amér* to be at ease; **quedar en** ~ *fig Amér* to be disappointed. ◊ *mf Amér* pampean Indian. ◊ *adj Amér* - **1.** [persona] pampean Indian. - **2.** [negocio] shady. - **3.** [endeble] weak, feeble. - **4.** [caballo] *having a white head and dark-coloured body*.

pámpana *f* vine leaf.

pámpano *m* - **1.** [sarmiento, pimpollo] vine tendril, vine shoot. - **2.** [hoja] vine leaf. - **3.** [pez] salp.

pampero, ra *Esp*, **pampeano, na** *Amér*, **pampino, na** *Amér* ◊ *adj* of/relating to the pampas. ◊ *m, f* inhabitant/ native of the pampas.
◆ **pampero** *m Amér* [viento] pampero, *strong wind that blows across the pampas*.

pamplina *f* - **1.** *(gen pl) fam* [tontería] trifle, unimportant thing. - **2.** BOT chickweed; ~ **de agua** brookweed.

pamplinada *f* = **pamplina** *f sentido 1*.

pamplinería *f* = **pamplina** *f sentido 1*.

pamplonada *f* = **pamplina** *f sentido 1*.

pamplonés, esa *(pl* **pamploneses)**, **pamplonica** ◊ *adj* of/relating to Pamplona. ◊ *m, f* native/inhabitant of Pamplona.

pan *m* - **1.** [alimento] bread; **ganarse el** ~ to earn a living ❏ ~ **de ajo** garlic bread; ~ **de barra** o **francés** French bread; ~ **bendito** RELIG communion bread; ~ **de centeno** rye (bread); ~ **de gambas** prawn cracker; ~ **inglés** o **de molde** sliced bread; ~ **integral** wholemeal bread; ~ **moreno** o **negro** [integral] brown bread; [con centeno] black o rye bread; ~ **rallado** breadcrumbs *(pl)*; ~ **tostado** toast. - **2.** [hogaza] loaf. - **3.** *loc:* **a falta de** ~ **buenas son tortas** you have to make the most of what you've got; **a** ~ **y agua** on bread and water; *fig* on the breadline; **con su** ~ **se lo coma** that's his/her problem; **contigo** ~ **y cebolla** I'll go through thick and thin with you; **echar** ~**es** *Amér* to boast, to brag; **es ~ para hoy y hambre para mañana** *proverb* a stitch in time saves nines *proverb;* **llamar al ~ ~ y al vino vino** to call a spade a spade; **ser ~ comido** to be a piece of cake, to be as easy as pie; **ser el ~ nuestro de cada día** to be a regular occurrence, to be commonplace; **ser más bueno que el ~** to be kindness itself; **venderse como ~ caliente** o **bendito** to sell like hot cakes.

◆ **pan de oro** *m* gold leaf.

pana *f* corduroy; **~ lisa** velvet.

panacea *f lit & fig* panacea.

panadería *f* - **1.** [establecimiento] bakery, baker's. - **2.** [oficio] bread-baking.

panadero, ra *m, f* baker.

panal *m:* **~ (de miel)** honeycomb.

panamá (*pl* **panamaes**) *m* panama (hat).

Panamá *s* Panama.

panameño, ña *adj & m, f* Panamanian.

panamericanismo *m* Pan-Americanism.

panamericano, na *adj* Pan-American.

panatela *f* long thin sponge cake.

pancarta *f* placard, banner.

panceta *f* bacon.

pancho, cha *adj fam* calm, unruffled; **estar/quedarse tan ~** *fig* to be/remain perfectly calm.

◆ **pancho** *m* belly, paunch.

pancista ◇ *adj* opportunistic. ◇ *mf* opportunist.

páncreas *m inv* pancreas.

pancreático, ca *adj* pancreatic.

pancromático, ca *adj* panchromatic.

panda ◇ *m →* **oso.** ◇ *f* gang.

pandear *vi* - **1.** [madera] to warp. - **2.** [pared] to bulge, to sag.

◆ **pandearse** *vpr* - **1.** [madera] to warp. - **2.** [pared] to bulge, to sag.

pandemónium (*pl* **pandemóniums**) *m* pandemonium.

pandeo *m* - **1.** [de madera] warping. - **2.** [de pared] bulging, sagging.

pandereta *f* tambourine; **zumbar la ~ a alguien** *fam fig* to beat o thrash sb.

panderete *m* small tambourine.

panderetear *vi* to play the tambourine.

panderetero, ra *m, f* - **1.** [músico] tambourine player. - **2.** [fabricante] tambourine maker. - **3.** [vendedor] tambourine seller.

pandero *m* - **1.** MÚS tambourine. - **2.** *fam* [culo] bum. - **3.** *fig* [persona] prattler. - **4.** [cometa] kite.

pandilla *f* [banda] gang.

pandillero, ra *m, f* - **1.** [miembro] member of a gang. - **2.** [jefe] gang leader.

pando, da *adj* - **1.** [madera] warped. - **2.** [pared] bulging, sagging. - **3.** [río, etc] slow-moving, slow. - **4.** *fig* [persona] slow, ponderous.

◆ **pando** *m* plain between two mountains.

Pandora *f:* **la caja de ~** Pandora's box.

pandorga *f* - **1.** *fam fig* [mujer] fat and lazy woman. - **2.** [cometa] kite.

panecillo *m* bread roll; **venderse como ~s** *fig* to sell like hot cakes.

panegírico, ca *adj* panegyrical, eulogistic.

◆ **panegírico** *m* panegyric, eulogy.

panel *m* - **1.** [gen] panel; **~ solar** solar panel. - **2.** [pared, biombo] screen. - **3.** [tablero] board. - **4.** (*gen pl*) ARQUIT panelling (*U*). - **5.** NÁUT floorboard.

panela *f* - **1.** [bizcocho] diamond-shaped sponge cake. - **2.** *Amér* [azúcar] brown-sugar loaf. - **3.** *Amér fig* [persona] flatterer.

panera *f* - **1.** [para servir pan] bread basket. - **2.** [para guardar cereales, harina, pan] granary, barn.

panero *m* - **1.** [canasta] bread tray. - **2.** [esterilla] small rush mat.

paneuropeísmo *m* Europeanism.

pánfilo, la ◇ *adj* simple, foolish. ◇ *m, f* fool, simpleton.

panfletario, ria *adj* propagandist.

panfletista *mf* pamphleteer.

panfleto *m* - **1.** [folleto] pamphlet; **repartir ~s** to pamphlet. - **2.** *Amér* [sátira] satire, lampoon.

paniaguado *m* - **1.** [criado] servant. - **2.** *fig* [enchufado] protégé.

pánico, ca *adj* panic (*antes de sust*).

◆ **pánico** *m* panic; **ser presa del ~** to be panic-stricken ❑ **de ~** *fam fig* wonderful, marvellous.

paniego, ga *adj* [persona] bread-loving.

panificable *adj* capable of being made into bread.

panificación *f* bread-making.

panificadora *f* (large) bakery.

panificar [10] *vt* - **1.** *desus* [harina] to make into bread. - **2.** [cultivar] to convert into wheat fields.

panocha *f* - **1.** [mazorca] ear, cob. - **2.** *Amér* [torta] cornmeal pancake. - **3.** *Amér* [azúcar] brown sugar.

panoli *fam* ◇ *adj* foolish, silly. ◇ *mf* fool, idiot.

panoplia *f* - **1.** [armadura] panoply. - **2.** [armas] collection of arms o weapons.

panorama *m* - **1.** [vista] panorama. - **2.** *fig* [situación] overall state; [perspectiva] outlook.

panorámico, ca *adj* panoramic.

◆ **panorámica** *f* panorama.

panoso, sa *adj* mealy.

panqueque, panque *m Amér* pancake.

pantagruélico, ca *adj* gargantuan, enormous.

pantaletas *fpl Amér* knickers.

pantalla *f* - **1.** [gen & INFORM] screen; **mostrar en ~** to show on the screen ❑ **~ acústica** baffle; **~ de cristal líquido** liquid crystal display; **la pequeña ~** the small screen, television; **~ partida** split screen; **~ de radar** radar screen; **~ táctil** touch screen. - **2.** *fig* [gancho, cebo] decoy; **servir de ~** to act as a decoy. - **3.** *Amér* [abanico] fan. - **4.** [de lámpara] lampshade. - **5.** [de chimenea] fireguard. - **6.** *fig* [encubridor] front.

pantalón *m* (*gen pl*) - **1.** [prenda de vestir] trousers (*pl*), pants (*pl*) *Am;* **~ corto** shorts (*pl*); **pantalones de campana** bell-bottoms, flares; **pantalones de esquí** ski pants; **pantalones de montar** jodhpurs; **pantalones de pana** cords; **pantalones de peto** dungarees; **~ tejano** o **vaquero** jeans (*pl*); **~ pitillo** drainpipe trousers (*pl*); **bajarse los pantalones** to give in; **llevar los pantalones** to wear the trousers. - **2.** [calzoncillos] panties (*pl*), knickers (*pl*).

pantalonera *f* - **1.** [costurera] trouser maker. - **2.** *Amér* [pantalón] Mexican trousers (*pl*).

pantanal *m* marsh, bog.

pantano *m* - **1.** [ciénaga] marsh; [laguna] swamp. - **2.** [embalse] reservoir. - **3.** *fig* [dificultad] difficulty.

pantanoso, sa *adj* - **1.** [cenagoso] marshy, boggy. - **2.** *fig* [difícil] tricky.

panteísmo *m* pantheism.

panteísta ◇ *adj* pantheistic. ◇ *mf* pantheist.

panteón *m* - **1.** [templo] pantheon. - **2.** [mausoleo] mausoleum, vault; **~ familiar** family vault. - **3.** [cementerio] cemetery, graveyard.

pantera *f* panther; **~ negra** black panther.

pantimedias *fpl Amér* tights.

pantocrátor *m* Christ Pantocrator.

pantógrafo *m* pantograph.

pantomima *f* mime; *fig* pantomime (*U*), acting (*U*).

pantomimo *m* mime artist.

pantorra *f fam* fat calf (of leg).

pantorrilla *f* calf.

pantorrillera *f* padded stocking.

pantufla *f* (gen pl) slipper.

panty (*pl* **pantys**) *m* tights (*pl*).

panza f - **1.** [barriga] belly. - **2.** [de rumiantes] rumen. - **3.** [parte abultada] belly.

panzada f, **panzazo** m - **1.** [en el agua] belly flop. - **2.** fam [hartura] bellyful; **darse una** ~ [atracarse] fam to stuff o.s.; [hartarse] to be fed up, to have had a bellyful ❏ **una** ~ **de** fam a bellyful of.

panzudo, da, panzón, ona adj paunchy, potbellied.

pañal m nappy Br, diaper Am; **estar en** ~**es** fig [en sus inicios] to be in its infancy; fig [sin conocimientos] not to have a clue; fig [ser novato] to be wet behind the ears; **dejar a alguien en** ~**es** fig to leave sb standing o behind.
◆ **pañales** mpl fig & desus early stages, infancy (U).

pañería f - **1.** [producto] drapery. - **2.** [tienda] draper's (shop), dry-goods store Am. - **3.** [conjunto de paños] textiles (pl), dry goods (pl) Am.

paño m - **1.** [tela] cloth, material; ~ **de altar** altar cloth; ~ **higiénico** sanitary towel; ~ **de manos** hand towel; ~ **de mesa** tablecloth. - **2.** [trapo] cloth; [para polvo] duster; [de cocina] tea towel. - **3.** [lienzo] panel, length. - **4.** [tapiz] hanging, tapestry. - **5.** [en la cara] liver spot. - **6.** NÁUT sails (pl). - **7.** Amér [tierra] plot of land. - **8.** loc: **al** o **de** ~ TEATRO offstage; **conocer el** ~ to know the score; **ser el** ~ **de lágrimas de alguien** to be a shoulder to cry on for sb.
◆ **paños** mpl - **1.** [vestiduras] drapes; ~**s menores** [ropa interior] underwear (U); fig [medias tintas] half-measures. - **2.** MED swabs.

pañol m NÁUT storeroom; ~ **de agua** water store; ~ **de carbón** coal bunker; ~ **de municiones** ammunition room.

pañoleta f - **1.** [de mujer] shawl, wrap. - **2.** TAUROM tie, necktie Am.

pañolón m shawl.

pañuelo m [de nariz] handkerchief; [para el cuello] scarf; [para la cabeza] headscarf; ~ **de bolsillo** o **mano** pocket handkerchief; ~ **de cuello** neckerchief; ~ **de papel** paper handkerchief, tissue.

papa f [patata] potato; ~ **de caña** o **real** Jerusalem artichoke; ~ **dulce** sweet potato; **no saber ni** ~ fam fig not to have a clue.
◆ **papas** fpl - **1.** fig [comida] grub (U). - **2.** [papilla] mush (U).
Papa m Pope.

papá (pl **papás**) m fam dad, daddy, pop Am; ~ **grande** Amér grandpa.

papachador, ra adj Amér comforting.

papachar vt Amér to spoil.

papada f [de persona] double chin; [de animal] dewlap.

papado m papacy.

papagayo m - **1.** [ave] parrot; **hablar más que un** ~ fig to be a chatterbox; **como un** ~ parrot-fashion. - **2.** [pez] rock bass. - **3.** Amér [serpiente] poisonous green snake. - **4.** [BOT - aracea] Joseph's coat; [- amarantácea] caladium.

papal ◇ adj papal. ◇ m Amér potato field.

papalina f - **1.** [gorra] cap that covers the ears. - **2.** [cofia] bonnet. - **3.** fam [borrachera]: **coger una** ~ fam to get sloshed.

papalote m Amér [cometa] kite.

papamoscas m inv - **1.** [ave] flycatcher. - **2.** fig [persona] simpleton, fool.

papanatas mf inv fam sucker.

Papá Noel m Father Christmas.

papar vt - **1.** [cosas blandas] to eat without chewing. - **2.** fam [engullir] to scoff.

paparazzi m inv paparazzo.

paparrucha, paparruchada f fam - **1.** [mentira] hoax, canard. - **2.** [chapuza] botched job.

papaya f [fruta] papaya, pawpaw.

papayo m papaya tree.

papear vi fam to scoff, to pig out.

papel m - **1.** [gen] paper; [hoja] sheet of paper; ~ **de arroz/de calcar/de China/de estraza** rice/tracing/India/brown paper; ~ **de barba** bloom; ~ **biblia** Bible paper, India paper; ~ **carbón/cuché/secante/ vegetal** carbon/coated/blotting/tracing paper; ~ **de cartas** notepaper; ~ **cebolla** onionskin; ~ **celofán** Cellophane; ~ **de cera** [para envolver] greaseproof paper Br, wax paper Am; ~ **continuo** INFORM continuous paper; ~ **cuadriculado** o **milimetrado** graph paper; ~ **de embalar** o **de embalaje** wrapping paper; ~ **encerado/vitela** wax/vellum paper; ~ **de estaño** o **de aluminio** o **de plata** tin o aluminium foil; ~ **de filtro/de fumar/de tornasol** filter/cigarette/litmus paper; ~ **higiénico** toilet paper; ~ **de lija** sandpaper; ~ **madera** Amér cardboard; ~ **matamoscas** flypaper; ~ **pautado** o **de música** music paper; ~ **de periódico** newspaper, newsprint; ~ **pintado** wallpaper; ~ **de seda** tissue (paper); ~ **sellado** o **timbrado** stamp, stamped paper; **ser** ~ **mojado** to be worthless; **sobre el** ~ [teóricamente] on paper. - **2.** CINE, TEATRO & fig role, part; **desempeñar** o **hacer el** ~ **de** to play the role o part of ❏ ~ **principal/secundario** main/minor part; **hacer buen/mal** ~ to do well/badly. - **3.** FIN stocks and shares (pl); ~ **del Estado** government bonds (pl); ~ **moneda** paper money, banknotes (pl); ~ **de pagos** special stamps for making certain payments to the State.
◆ **papeles** mpl [documentos] papers.

papela f fam [documentación] I.D. card.

papelada f Amér farce, charade.

papelear vi - **1.** [revolver papeles] to rummage through the papers. - **2.** fig [llamar atención] to call o draw attention to o.s.

papeleo m paperwork, red tape.

papelera f → **papelero**.

papelería f - **1.** [tienda] stationer's (shop). - **2.** [montón] pile o mass of papers.

papelero, ra ◇ adj - **1.** [del papel] paper (antes de sust). - **2.** fam fig [persona] pretentious. ◇ m, f - **1.** [fabricante] paper manufacturer. - **2.** [vendedor] stationer.
◆ **papelero** m Amér newspaper seller.
◆ **papelera** f - **1.** [cesto - en oficina etc] wastepaper basket o bin; [- en la calle] litter bin. - **2.** [fábrica] paper mill. - **3.** [mueble] writing desk. - **4.** [montón] pile o mass of papers.

papeleta f - **1.** [boleto] ticket, slip (of paper); [de votación] ballot paper; ~ **de empeño** pawn ticket. - **2.** [EDUC - calificación] slip of paper with university exam results; [- cuestionario] question paper. - **3.** fig [problema]: **¡menuda** ~! that's a nasty one! - **4.** [ficha] index card, file card. - **5.** [cucurucho] paper cone. - **6.** Amér [tarjeta de visita] calling card, visiting card.

papelina f fam sachet of paper containing drugs.

papelón, ona ◇ adj pretentious, showy. ◇ m, f show-off.
◆ **papelón** m - **1.** fam [comportamiento] spectacle; **hacer un** ~ to make a fool of o.s. - **2.** [escrito inútil] worthless note. - **3.** [cartón] pasteboard, poster board. - **4.** [cucurucho] paper cone. - **5.** Amér [azúcar] sugar loaf.

papelote, papelucho m worthless scrap of paper.

papeo m fam grub, nosh Br.

papera f goitre.
◆ **paperas** fpl mumps (U).

papi m fam daddy, dad.

papila f papilla; ~ **gustativa** taste bud.

papilar adj papillary.

papilla f - **1.** [para niños] baby food. - **2.** MED barium meal. - **3.** fig [astucia al engañar] guile, deceit; **dar** ~ **a alguien** to deceive sb. - **4.** loc: **echar** o **arrojar la primera** ~ to be as sick as a dog; **hacer** ~ **a alguien** to make mincemeat of sb; **hecho** ~ [cansado] shattered, exhausted [roto] smashed to bits, ruined.

papillote m curl paper.

papiloma m papilloma.

papión m baboon.

papiro m - **1.** [planta, papel] papyrus. - **2.** fam irón [billete] banknote.

papiroflexia f origami.

papismo *m* papistry, popery.

papista *mf* papist; **ser más ~ que el Papa** *fig* to be more Catholic than the Pope.

papo *m* - **1.** ZOOL dewlap. - **2.** ANAT double chin. - **3.** MED goitre.

paprika *f* paprika.

papú (*pl* **papúes**) *adj & mf* Papuan.

Papúa-Nueva Guinea *s* Papua New Guinea.

paquebote *m* packet boat.

paquete ◇ *m* - **1.** [de libros, regalos etc] parcel; **~ bomba** parcel bomb; **~ postal** parcel. - **2.** [de cigarrillos, klínex, folios etc] pack, packet; [de azúcar, arroz] bag. - **3.** [maleta, bulto etc] bag. - **4.** [conjunto de medidas] package; **~ de acciones** share holding; **~ turístico** package tour. - **5.** *fam* [cosa fastidiosa]: **me ha tocado el ~ de hacer...** I've been lumbered with doing... - **6.** INFORM package. - **7.** *fam* [pañales] nappies (*pl*) *Br*, diapers (*pl*) *Am*. - **8.** [en una moto]: **ir de ~** to ride pillion. - **9.** *fam* [estúpido] sucker. - **10.** *fig* [persona a la moda] trendy person. - **11.** *loc*: **meter un ~ a alguien** *fam* [castigar] to come down on sb like a ton of bricks. ◇ *adj Amér* smart, elegant.

paquetería *f* - **1.** [mercancía] small goods (*pl*). - **2.** [negocio] small goods shop. - **3.** *Amér* [en forma de vestir] affectation, overdressing.

paquetero, ra ◇ *adj* wrapping, packaging. ◇ *m, f* - **1.** [que hace paquetes] wrapper, packager. - **2.** [repartidor] *distributor of bundles of newspapers to street vendors.*
◆ **paquetero** *m* smuggler.

paquidermo *m* pachyderm.

Paquistán *s* = **Pakistán.**

paquistaní *adj & mf* = **pakistaní.**

par ◇ *adj* - **1.** MAT even; **jugar a ~es o nones** *to play a game involving guessing the number of fingers that another person is holding out behind his/her back.* - **2.** [igual] equal. ◇ *m* - **1.** [de zapatos, calcetines etc] pair; **a o en ~es** in pairs, two by two. - **2.** [veces, ocasiones etc] couple. - **3.** [número indeterminado] few, couple; **un ~ de copas** a couple of o a few drinks. - **4.** [en golf] par. - **5.** [noble] peer. - **6.** MAT even number. - **7.** FÍS & MEC couple; **~ de fuerzas** couple; **~ galvánico o voltaico** galvanic o voltaic couple. - **8.** [yunta] pair, team. - **9.** ARQUIT rafter.
◆ **pares** *fpl* MED placenta (*sg*).
◆ **a la par, al par** *loc adv* - **1.** [simultáneamente] at the same time; **a la ~ que bailaba cantaba una canción** she was dancing and singing a song at the same time. - **2.** [a igual nivel] at the same level. - **3.** FIN at par.
◆ **de par en par** *loc adj*: **abierto de ~ en ~** wide open.
◆ **sin par** *loc adj* without equal, matchless; **es un escritor sin ~** he's a writer without equal.
◆ **par de torsión** *m* torque.

PAR (*abrev de* **Partido Aragonés Regionalista**) *m* Aragonese *regionalist party.*

para *prep* - **1.** [finalidad] for; **es ~ ti** it's for you; **una mesa ~ el salón** a table for the living room; **este agua no es buena ~ beber** this water isn't fit for drinking o to drink; **te lo repetiré ~ que te enteres** I'll repeat it so you understand; **¿~ qué?** what for? - **2.** [motivación] in (order) to; **~ conseguir sus propósitos** in order to achieve his aims; **lo he hecho ~ agradarte** I did it to please you. - **3.** [dirección] towards; **ir ~ casa** to head (for) home; **salir ~ el aeropuerto** to leave for the airport. - **4.** [tiempo] for; **tiene que estar acabado ~ mañana** it has to be finished by o for tomorrow. - **5.** [comparación]: **está muy delgado ~ lo que come** he's very thin considering how much he eats; **~ ser verano hace mucho frío** considering it's summer, it's very cold. - **6.** (*después de adj y antes de infinitivo*) [inminencia, propósito] to; **la comida está lista ~ servir** the meal is ready to be served; **el atleta está preparado ~ ganar** the athlete is ready to win.
◆ **para con** *loc prep* towards; **es buena ~ con los demás** she is kind towards other people.

parabién *m* congratulations (*pl*); **dar el ~ a alguien** to congratulate sb.

parábola *f* - **1.** [alegoría] parable. - **2.** GEOM parabola.

parabólico, ca *adj* - **1.** GEOM parabolic. - **2.** [alegórico] allegorical.

parabrisas *m inv* windscreen *Br*, windshield *Am*.

paraca *mf fam* MIL paratrooper, para.

paracaídas *m inv* parachute; **saltar en ~** to parachute; **tirarse en ~** to bail, to bale.

paracaidismo *m* parachuting, parachute jumping.

paracaidista *mf* parachutist; MIL paratrooper.

paracetamol *m* paracetamol.

parachispas *m inv* fireguard.

parachoques *m inv* AUTOM bumper, fender *Am*; FERROC buffer.

parada *adj f* → **parado.**

paradero *m* - **1.** [de persona, de cosa] whereabouts (*pl*); **averiguar el ~ de** to ascertain the whereabouts of, to locate; **ignorar o no saber el ~ de alguien** not to know where sb is. - **2.** *Amér* [parada de autobús] bus stop; [parada de tren] halt *Br*, whistle-stop *Am*. - **3.** [destino] destination. - **4.** *fig* [término] end; **seguramente tendrá mal ~** he's bound to come to a bad end.

paradigma *m* paradigm, example.

paradigmático, ca *adj* paradigmatic.

paradisiaco, ca, paradisíaco, ca *adj* heavenly.

parado, da ◇ *adj* - **1.** [inmóvil - coche] stationary, standing; [- persona] still, motionless; [- fábrica, proyecto] at a standstill. - **2.** [pasivo] lacking in initiative. - **3.** *fam* [sin empleo] unemployed, out of work. - **4.** *Amér* [derecho, en pie] standing; **caer ~** *Amér* to land on one's feet. - **5.** *Amér* [orgulloso] vain, conceited. - **6.** *loc*: **salir bien/mal ~ de algo** to come off well/badly out of sthg. ◇ *m, f fam* [desempleado] unemployed person; **los ~s** the unemployed.
◆ **parada** *f* - **1.** [detención] stop, stopping (*U*); [suspensión] stop, halt; **había una parada total de trabajo** work came to a complete halt ☐ **parada en firme** o **seco** dead stop. - **2.** DEP save. - **3.** [de autobús] (bus) stop; [de taxis] taxi rank; [de metro] (underground) station; **parada discrecional** request stop. - **4.** MIL parade. - **5.** [de caballos] relay team. - **6.** [caballeriza] stud farm; [establo] pen. - **7.** [presa] dam. - **8.** MÚS pause, break. - **9.** [apuesta] bet. - **10.** [en esgrima] parry. - **11.** *Amér* [fanfarronada] brag, boast.

paradoja *f* paradox.

paradójicamente *adv* paradoxically.

paradójico, ca *adj* paradoxical, ironical.

parador *m* - **1.** [mesón] roadside inn. - **2.** [hotel]: **~ (nacional)** *state-owned luxury hotel, usually a building of historic or artistic importance.*

parafernalia *f* paraphernalia.

parafina *f* paraffin.

parafinar *vt* to paraffin.

parafiscal *adj* favouring the private sector.

parafrasear *vt* to paraphrase.

paráfrasis *f inv* paraphrase.

paraguas *m inv* umbrella.

Paraguay *s*: **(el) ~** Paraguay.

paraguayo, ya *adj & m, f* Paraguayan.

paragüería *f* umbrella shop.

paragüero, ra *m, f* - **1.** [fabricante] umbrella maker. - **2.** [objeto] umbrella stand.

paraíso *m* - **1.** RELIG Paradise; *fig* paradise; **~ fiscal** tax haven; **~ terrenal** earthly Paradise. - **2.** TEATRO gods (*pl*), upper gallery.

paraje *m* - **1.** [lugar remoto, aislado] spot, place. - **2.** [región] area, region. - **3.** [estado] state, condition; **encontrarse en mal ~** to be in a bad state.

paralela *adj f* → **paralelo.**

paralelamente *adv* in parallel.

paralelismo *m* - **1.** GEOM parallelism. - **2.** [semejanza] similarity, parallels (*pl*).

paralelo, la *adj*: ~ **(a)** parallel (to); **correr** ~ **a** to run parallel to.
◆ **paralelo** *m* - **1.** GEOGR parallel. - **2.** [comparación] comparison; **establecer un** ~ to draw a parallel. - **3.** ELECTR: **estar en** ~ to be in parallel.
◆ **paralela** *f* GEOM parallel (line).
◆ **paralelas** *fpl* DEP parallel bars.
paralelogramo *m* parallelogram.
parálisis *f inv* paralysis; ~ **cerebral** cerebral palsy; ~ **infantil** polio.
paralítico, ca *adj & m, f* paralytic.
paralización *f* - **1.** [parálisis] paralysis. - **2.** *fig* [detención] halting. - **3.** COM stagnation.
paralizado, da *adj* - **1.** [persona] paralysed. - **2.** [negocios] deadlocked.
paralizador, paralizante *adj* paralysing.
paralizar [13] *vt* - **1.** [causar parálisis] to paralyse. - **2.** *fig* [detener, estorbar] to stop, to impede.
◆ **paralizarse** *vpr* [pararse] to become paralysed; [producción etc] to come to a standstill.
paramento *m* - **1.** [adorno] adornment; ~**s sacerdotales** [de sacerdote] clerical vestments o robes; [de altar] altar hangings *(pl)*. - **2.** CONSTR facing *(of a wall)*. - **3.** [de caballo] caparison.
paramera *f* barren region, wasteland.
parámetro *m* parameter.
paramilitar *adj* paramilitary.
páramo *m* - **1.** [terreno yermo] moor, moorland *(U)*. - **2.** *fig* [lugar solitario] wilderness. - **3.** *Amér* [llovizna] drizzle.
Paraná *m*: **el** ~ the Paraná.
parangón *m* paragon; **sin** ~ unparalleled; **tener** ~ **con** to be comparable with.
parangonar *vt* - **1.** [comparar] to compare, to establish a parallel between. - **2.** IMPRENTA to justify.
paraninfo *m* assembly hall, auditorium.
paranoia *f* paranoia.
paranoico, ca *adj & m, f* paranoic.
paranoide *adj* paranoid.
paranormal *adj* paranormal.
parapente *m* parapente, paraskiing.
parapetarse *vpr lit & fig*: ~ **(tras)** to take refuge (behind).
parapeto *m* [antepecho] parapet; [barandilla] bannister; [barricada] barricade.
paraplejía *f* paraplegia.
parapléjico, ca *adj & m, f* paraplegic.
parapsicología *f* parapsychology.
parapsicológico, ca *adj* parapsychological.
parapsicólogo, ga *m, f* parapsychologist.
parar ◇ *vi* - **1.** [cesar, detenerse] to stop; ~ **de hacer algo** to stop doing sthg; **no para de molestarme** she keeps annoying me; **no** ~ *fam* to be always on the go; **esta mujer no para, siempre tiene algo que hacer** that woman's always on the go, she's always doing something; **ser un no** ~ [trabajo, vida etc] to be hectic; **sin** ~ nonstop. - **2.** [alojarse] to stay. - **3.** [recaer]: ~ **en manos de alguien** to come into the possession of sb. - **4.** [acabar] to end up; ~ **en** to end up as, to result in; **¿en qué parará este lío?** where will it all end?; **ir a** ~ **a** to end up in; **ese camino va a** ~ **a la carretera** this path leads to the road. - **5.** *loc*: **¡dónde va a** ~**!** [¡no compares!] there's no comparison!. ◇ *vt* - **1.** [gen] to stop; [golpe] to parry. - **2.** [preparar] to prepare, to lay. - **3.** [suj: perro de caza] to point. - **4.** *Amér* [levantar] to raise.
◆ **pararse** *vpr* - **1.** [detenerse] to stop; ~**se a hacer algo** to stop to do sthg; **me paré a echar gasolina** I stopped to fill up with petrol. - **2.** *Amér* [ponerse de pie] to stand up; [levantarse de la cama] to get up. - **3.** [enriquecerse] to prosper, to get rich.
pararrayos *m inv* lightning conductor.
parasitario, ria, parasítico, ca *adj* parasitic.
parasitismo *m* parasitism.

parásito, ta *adj* BIOL parasitic.
◆ **parásito** *m* BIOL & *fig* parasite.
◆ **parásitos** *mpl* [interferencias] statics.
parasitología *f* parasitology.
parasol *m* parasol.
paratifoidea *f* paratyphoid.
paratiroides *adj inv* parathyroid.
Parca *f*: **la** ~ the Parcae.
parcela *f* plot (of land).
parcelable *adj* divisible into plots.
parcelación *f* parcelling out, division into plots.
parcelar *vt* to parcel out, to divide into plots.
parcelario, ria *adj of or relating to plots of land.*
parchar *vt Amér* to patch.
parche *m* - **1.** [gen] patch; ~ **(en el ojo)** eyepatch. - **2.** [emplasto] poultice. - **3.** [chapuza - mal hecha] botch job; [- para salir del paso] makeshift solution. - **4.** [en pintura] daub, splotch. - **5.** [piel de tambor] drumhead. - **6.** [tambor] drum. - **7.** *loc*: **pegar un** ~ **a alguien** to put one over sb.
parchear *vt fig* to patch up.
parchís *m inv* ludo.
parcial ◇ *adj* - **1.** [no total] partial. - **2.** [no ecuánime] biased. - **3.** [partidista] partisan. ◇ *m* [examen] end-of-term exam.
parcialidad *f* - **1.** [tendenciosidad] bias, partiality. - **2.** [bando] faction. - **3.** [en trato] partiality.
parcialmente *adv* - **1.** [en parte] partially, partly. - **2.** [de forma no ecuánime] partially, in a biased way.
parco, ca *adj* - **1.** [moderado]: ~ **(en)** sparing (in). - **2.** [escaso] meagre; [cena] frugal; [explicación] brief, concise.
pardear *vi* to be greyish brown.
pardejón, ona *adj Amér* brownish.
pardiez *interj desus* good gracious!
pardillo, lla ◇ *adj* - **1.** [ingenuo] naive. - **2.** [palurdo] countrified. ◇ *m, f* - **1.** [ingenuo] naive person. - **2.** [palurdo] bumpkin.
◆ **pardillo** *m* ZOOL linnet.
pardo, da ◇ *adj* - **1.** [color] greyish-brown, dull brown. - **2.** [tiempo] grey. - **3.** [voz] flat, toneless. ◇ *m, f Amér* [mulato] mulatto.
◆ **pardo** *m* greyish-brown, dull brown.
pardusco, ca *adj* brownish.
pareado *m* couplet.
parear *vt* - **1.** [objetos] to pair; [animales] to mate, to pair. - **2.** [igualar] to match, to pair. - **3.** TAUROM to stick the banderillas in.
parecer [30] ◇ *m* - **1.** [opinión] opinion. - **2.** [apariencia]: **de buen** ~ good-looking. ◇ *vi (antes de sust)* to look like; **parece un palacio** it looks like a palace. ◇ *v copulativo* to look, to seem; **pareces cansado** you look o seem tired. ◇ *v impers* - **1.** [opinar]: **me parece que...** I think o it seems to me that...; **me parece que sí/no** I think/don't think so; **¿qué te parece?** what do you think (of it)? - **2.** [tener aspecto de]: **parece que va a llover** it looks like it's going to rain; **parece que le gusta** it looks as if o it seems that she likes it; **eso parece** so it seems ❏ **al** ~ apparently; **al** ~ **tiene novia** apparently, he has a girlfriend.
◆ **parecerse** *vpr*: ~**se (en)** to be alike (in); **los dos hermanos se parecen en sus gustos** the two brothers have similar tastes; ~**se a alguien** [físicamente] to look like sb; [en carácter] to be like sb.
parecido, da *adj* similar; ~ **a** similar to, like; **bien** ~ [atractivo] good-looking; **mal** ~ [feo] ugly; **ser** ~ **a** to resemble, to be like; **es** ~ **a su padre** he resembles his father.
◆ **parecido** *m*: ~ **(con/entre)** resemblance (to/between).
pared *f* - **1.** [gen] wall; ~ **cortina** partition; ~ **maestra/mediana** main/party wall; ~ **por medio** next door; **darse uno contra la** ~ to tear one's hair out; **entre cuatro** ~**es** cooped-up at home; **las** ~**es oyen** walls have ears; **si las** ~**es hablasen...** if the walls could talk...; **subirse por las**

~**es** to hit the roof, to go up the wall. - **2.** [de montaña] side. - **3.** DEP one-two.

paredón *m* - **1.** [pared] (thick) wall. - **2.** [de fusilamiento] (execution) wall; ¡**al** ~! to the firing squad!

parejo, ja *adj* - **1.** [igual] alike, equal; **ir** ~**s** to be equal, to be neck and neck; ~ **(a)** similar (to) ❏ **por (un)** ~ on equal terms. - **2.** [regular] even, smooth; **una costura pareja** an even seam. - **3.** [llano] flat, level.
◆ **parejo** *Amér* ◇ *m* dancing partner. ◇ *adv* [con frecuencia] often.
◆ **pareja** *f* - **1.** [gen] pair; [de novios] couple; **por parejas** in pairs; **para jugar a esto hay que colocarse por parejas** to play this game you have to split up into pairs ❏ **doble pareja** [en póquer] two pairs; **pareja abierta** open marriage; **correr (a las) parejas** to be on a par. - **2.** [miembro del par - persona, naipe] partner; [- guante etc] other one; [- en baile] (dancing) partner; **la pareja de este calcetín** the other sock of this pair. - **3.** [de policías] *pair of 'guardia civiles'.*
◆ **parejas** *fpl* [en naipes, dados] two pairs.

parejura *f* - **1.** [semejanza] similarity. - **2.** [igualdad] evenness.

parentela *f* relations *(pl)*, family.

parentesco *m* - **1.** [entre personas] relationship; ~ **espiritual** spiritual bond; ~ **político** relationship by marriage. - **2.** *fig* [entre cosas] tie, bond.

paréntesis *m inv* - **1.** [signo] bracket; **abrir/cerrar el** ~ to open/close brackets; **entre** ~ in brackets, in parentheses; **poner entre** ~ to bracket. - **2.** [intercalación] digression; **sea dicho entre** ~ incidentally. - **3.** [interrupción] break; **hacer un** ~ to have a break.

parentético, ca *adj* parenthetic.

pareo *m* - **1.** [prenda] wraparound skirt. - **2.** [unión] pairing off, matching. - **3.** ZOOL mating.

parezca *etc v* → **parecer**.

pargo *m* porgy.

paria *mf* pariah.

parición *f* period when cattle give birth.

parida *f fam* tripe *(U)*, nonsense *(U)*.

paridad *f* - **1.** [semejanza] similarity; [igualdad] evenness. - **2.** ECON parity; ~ **de cambio** parity of exchange. - **3.** INFORM parity check. - **4.** [comparación] comparison.

paridera ◇ *adj* fertile. ◇ *f* - **1.** [lugar] *place where cattle give birth.* - **2.** [acción] giving birth.

pariente, ta *m, f* - **1.** [familiar] relation, relative; ~ **consanguíneo** blood relation; ~ **político** relative by marriage. - **2.** *fam* [cónyuge] old man (*f* missus).

parietal *adj & m* parietal.

parigual *adj* very similar.

parihuela *f* stretcher.

paripé *m fam*: **hacer el** ~ to put on an act, to pretend.

parir ◇ *vi* - **1.** [dar a luz] to give birth. - **2.** *fig* [salir a la luz] to come to light. ◇ *vt* - **1.** [dar a luz] to give birth to. - **2.** *fig* [causar, producir] to produce, to cause.

París *s* Paris.

parisino, na *adj & m, f* Parisian.

paritario, ria *adj* joint.

paritorio *m* delivery room.

parka *f* parka.

parking ['parkin] (*pl* **parkings**) *m* car park *Br*, parking lot *Am*.

Parkinson *m* MED Parkinson's disease.

parlador, ra ◇ *adj* talkative. ◇ *m, f* chatterbox.

parlamentar *vi* - **1.** [negociar] to negotiate. - **2.** [conversar] to converse, to chat.

parlamentario, ria ◇ *adj* parliamentary. ◇ *m, f* - **1.** [de parlamento] member of parliament. - **2.** [de negociación] negotiator.

parlamentarismo *m* parliamentary system.

parlamento *m* - **1.** POLÍT parliament. - **2.** TEATRO speech.

- **3.** [negociación] parley, negotiation. - **4.** [charla] chatter. - **5.** *desus* [discurso] speech, address.

parlanchín, ina ◇ *adj* talkative. ◇ *m, f* chatterbox.

parlante *adj* talking.

parlar *vi* - **1.** [hablar] to talk, to speak. - **2.** [parlotear] to chatter, to prattle.

parlero, ra *adj* - **1.** [hablador] talkative, garrulous. - **2.** [chismoso] gossipy. - **3.** [pájaro] song *(antes de sust)*, singing. - **4.** *fig* [ojos, etc] expressive. - **5.** *fig* [arroyo] babbling.

parlotear *vi fam* to chatter.

parloteo *m fam* chatter.

parmesano, na *adj & m, f* Parmesan.
◆ **parmesano** *m* → **queso**.

parnasiano, na *adj & m, f* Parnassian.

parnaso *m culto* parnassus.
◆ **Parnaso** *m*: **el** ~ Mount Parnassus.

paro *m* - **1.** [desempleo] unemployment; **estar en** ~ to be unemployed ❏ ~ **cíclico/encubierto/estacional/estructural** cyclical/hidden/structural/seasonal unemployment; ~ **forzoso** compulsory redundancy. - **2.** [cesación - acción] shutdown; [- estado] stoppage; ~ **cardiaco** cardiac arrest; ~ **de imagen** [de vídeo] freeze-frame function; ~ **laboral** industrial action *(U)*. - **3.** ZOOL titmouse.

parodia *f* parody.

parodiar [8] *vt* to parody.

paródico, ca *adj* parodical.

parodista *mf* parodist.

parola ◇ *f fam* - **1.** [labia] gift of the gab. - **2.** [charla] long chat. ◇ *m Amér fam* braggart, boaster.

parón *m* sudden stoppage.

parónimo, ma ◇ *adj* paronymous. ◇ *m, f* paronym.

paronomasia *f* - **1.** [semejanza] paronymy. - **2.** [juego de palabras] paronomasia, play on words.

paroxismo *m* MED & *fig* paroxysm.

paroxítono, na *adj* paroxytone, *word where the penultimate syllable is stressed.*

parpadeante *adj* [luz] flickering.

parpadear *vi* - **1.** [pestañear] to blink. - **2.** [luz] to flicker; [estrella] to twinkle.

parpadeo *m* - **1.** [pestañeo] blinking. - **2.** *fig* [de luz] flicker, flickering *(U)*; [de estrella] twinkle, twinkling *(U)*.

párpado *m* eyelid.

parque *m* - **1.** [gen] park; ~ **acuático** waterpark; ~ **de atracciones** amusement park; ~ **infantil** playground; ~ **nacional** national park; ~ **tecnológico** science park; ~ **zoológico** zoo. - **2.** [vehículos] fleet; ~ **de bomberos** fire station; ~ **móvil** car pool. - **3.** [para niños] playpen. - **4.** [para estacionar vehículos] car park *Br*, parking lot *Am*. - **5.** MIL storage depot.

parqué (*pl* **parqués**), **parquet** [par'ke] (*pl* **parquets**) *m* parquet (floor).

parqueadero *m Amér* car park.

parquear *vt Amér* to park.

parquedad *f* - **1.** [moderación] moderation. - **2.** [prudencia] frugality; **con** ~ sparingly. - **3.** [escasez] scantiness, meagreness.

parqueo *m Amér* - **1.** [acción] parking. - **2.** [lugar] car park *Br*, parking lot *Am*.

parquet *m* = **parqué**.

parquímetro *m* parking meter.

parra *f* grapevine; **subirse a la** ~ *fam fig* to hit the roof.

parrafada *f* - **1.** [perorata] lecture; **soltar una** ~ to go on (and on). - **2.** *fam* [charla] chat.

parrafear *vi fam* to chat.

parrafeo *m fam* private chat, intimate talk.

párrafo *m* paragraph; **hacer** ~ **aparte** to start a new paragraph ❏ **echar un** ~ *fam fig* to have a chat; ~ **aparte** *fig* to change the subject.

parral *m* - **1.** [emparrado] vine arbour. - **2.** [terreno] vineyard.

parrampán *m Amér fam* [tonto] daft.

parranda *f* - **1.** *fam* [juerga] binge, spree; **andar** o **estar de** ~ to be out partying; **irse de** ~ to go out on the town. - **2.** [banda] *group of musicians who go out on the town.*

parrandear *vi fam* to go out on the town.

parrandeo *m fam* binge, spree.

parrandista *mf fam* reveller.

parrar *vi* to spread out, to branch.

parricida *mf* parricide.

parricidio *m* parricide.

parrilla *f* - **1.** [utensilio] grill; **a la** ~ grilled. - **2.** [sala de restaurante] grillroom. - **3.** DEP: ~ **(de salida)** (starting) grid. - **4.** [rejilla] grate, grating. - **5.** [botija] earthenware jug. - **6.** *Amér* [baca] roof rack.

parrillada *f* [de pescado, marisco, carne] mixed grill.

párroco ◇ *m* parish priest. ◇ *adj* parish *(antes de sust)*.

parroquia *f* - **1.** [iglesia] parish church. - **2.** [jurisdicción] parish. - **3.** [fieles] parishioners *(pl)*, parish. - **4.** [clientela] clientele.

parroquial *adj* parish *(antes de sust)*.

parroquiano, na ◇ *m, f* - **1.** [feligrés] parishioner. - **2.** [cliente] customer. ◇ *adj* parochial, parish *(antes de sust)*.

parsimonia *f* - **1.** [calma] deliberation, calmness; **con** ~ unhurriedly. - **2.** [prudencia en gastos] frugality. - **3.** [templanza] temperance, moderation.

parsimonioso, sa *adj* - **1.** [tranquilo] unhurried, deliberate. - **2.** [sobrio] frugal.

parte ◇ *m* [informe, comunicación] report; **dar** ~ **(a alguien de algo)** to report (sthg to sb); **daré** ~ **del accidente a la policía** I'll report the accident to the police ❑ ~ **facultativo** o **médico** medical report; ~ **meteorológico** weather forecast. ◇ *f* - **1.** [gen] part; [bando] side; DER party; **hizo su** ~ **del trabajo** he did his share of the work; **la mayor** ~ **de la gente** most people; **la tercera** ~ **de** a third of; **a** ~**s iguales** in equal shares; **de** ~ **a** ~ right through; **de un tiempo a esta** ~ for some time now; **de un mes a esta** ~ for the last month; **en alguna** ~ somewhere; **en cualquier** ~ anywhere; **en** o **por todas** ~**s** everywhere; **en** ~ to a certain extent, partly; **en gran** ~ [mayoritariamente] for the most part; [principalmente] to a large extent; **en otra** ~ elsewhere; **estar/ponerse de** ~ **de alguien** to be on/to take sb's side; **formar** ~ **de** to be part of; **no lo veo por ninguna** ~ I can't find it anywhere; **por mi** ~ for my part; **por** ~ **de padre/madre** on one's father's/mother's side; **por** ~**s** bit by bit; **por una** ~... **de la otra**... on the one hand... on the other (hand)...; **tener a alguien de** ~ **de uno** to have sb on one's side; **tomar** ~ **en algo** to take part in sthg; **¡vamos por** ~**s!** let's take it one thing at a time! ❑ ~ **actora** DER plaintiff; ~ **alícuota** MAT aliquot part; ~ **delantera** o **de delante** front; ~ **inferior** o **de abajo** bottom; ~ **de la oración** GRAM part of speech; ~**s contratantes** DER contracting parts; ~ **superior** o **de arriba** top; ~ **trasera** o **de atrás** back, rear. - **2.** *loc*: **en todas** ~**s cuecen habas** it's the same the whole world over; **la** ~ **del león** the lion's share; **le dio un puntapié en salva sea la** ~ *eufemismo* she gave him a kick up the rear; **llevarse la mejor/peor** ~ to come off best/worst; **no nos lleva a ninguna** ~ it isn't getting us anywhere; **poner (uno) de su** ~ to do what one can.

◆ **partes** *fpl* [genitales]: ~**s (pudendas)** private parts.

◆ **de parte de** *loc prep* on behalf of, for; **dale recuerdos de mi** ~ give her my regards; **¿de** ~ **de (quién)?** TELECOM who's calling, please?

◆ **por otra parte** *loc adv* [además] what is more, besides.

partenaire [parte'ner] *mf* partner.

partenogénesis *f inv* parthenogenesis.

Partenón *m*: **el** ~ the Parthenon.

partera *f* midwife.

partero *m* male midwife.

parterre *m* flowerbed.

partición *f* - **1.** [reparto] sharing out; [de territorio] partitioning. - **2.** MAT division.

participación *f* - **1.** [colaboración] participation. - **2.** [de lotería] share of a lottery ticket. - **3.** [comunicación, aviso] notice; ~ **de boda** wedding invitation. - **4.** [ECON - acción] share, interest; [- inversión] investment; ~ **en los beneficios** profit-sharing.

participante ◇ *adj* participating. ◇ *mf* - **1.** [que toma parte] participant; DEP entrant, competitor. - **2.** [que comunica] informant, notifier.

participar ◇ *vi* - **1.** [colaborar]: ~ **(en)** to take part o participate (in); FIN to have a share (in). - **2.** [recibir]: ~ **(de o en)** to receive a share (of). - **3.** [compartir]: ~ **de** to share. ◇ *vt*: ~ **algo a alguien** [notificar] to notify sb of sthg; [proclamar] to announce sthg to sb; ~ **la buena noticia** to announce the good news.

partícipe ◇ *adj*: ~ **(de)** involved (in); **hacer** ~ **de algo a alguien** [notificar] to notify sb of sthg; [compartir] to share sthg with sb. ◇ *mf* - **1.** [colaborador] participant. - **2.** [interesado] interested party.

participio *m* participle; ~ **pasado/presente** past/present participle.

partícula *f* particle; ~ **alfa/beta/subatómica** alpha/beta/subatomic particle.

particular ◇ *adj* - **1.** [característico] particular; **tiene su sabor** ~ it has its own particular taste; **en casos** ~**es puede hacerse una excepción** we can make an exception in special cases; **en** ~ [concretamente] in particular; **me gusta mucho el pescado, en** ~ **el bacalao** I really like fish, especially cod; **nada en** ~ nothing special. - **2.** [domicilio, clases etc] private. - **3.** [habilidad etc] uncommon. ◇ *mf* [persona] member of the public. ◇ *m* [asunto] matter; **sin otro** ~ without further ado.

particularidad *f* - **1.** [cualidad] peculiarity; [rasgo] special o distinctive feature. - **2.** [en el trato] intimacy.

particularizar [13] ◇ *vt* - **1.** [caracterizar] to characterize. - **2.** [especificar] to specify. - **3.** [con amistad] to show special favour o attention to. ◇ *vi* - **1.** [detallar] to go into details. - **2.** [personalizar]: ~ **en alguien** to single sb out.

◆ **particularizarse** *vpr*: ~**se por** [caracterizarse] to be characterized by; [destacarse] to be notable for; **se particulariza por su hechura** it is notable for its workmanship.

particularmente *adv* [especialmente, concretamente] particularly, in particular.

partida *f* - **1.** [marcha] departure. - **2.** [en juego] game; **echar una** ~ to have a game. - **3.** [documento] certificate; ~ **de defunción/de matrimonio/de nacimiento** death/marriage/birth certificate. - **4.** [COM - mercancía] consignment; [- entrada] item, entry; ~ **doble/simple** double/single entry. - **5.** [expedición] party; MIL squad; ~ **de campo** picnic; ~ **de caza** hunting party. - **6.** [bando, pandilla] band, gang. - **7.** *fig* [muerte] death. - **8.** *loc*: **hacer algo por** ~ **doble** to do sthg twice; **jugar una mala** ~ **a alguien** to play a dirty trick on sb.

partidario, ria ◇ *adj*: ~ **de** in favour of, for. ◇ *m, f* [seguidor] supporter.

◆ **partidario** *m* - **1.** [guerrillero] guerrilla fighter. - **2.** *Amér* [aparcero] sharecropper.

partidismo *m* partisanship, bias.

partidista *adj* partisan, biased.

partido *m* - **1.** POLÍT party. - **2.** DEP [competición] match; [equipo] team; ~ **amistoso** friendly (match); ~ **de desempate** play-off; ~ **de ida** first leg; ~ **de vuelta** return match, second leg. - **3.** [futuro cónyuge] match; **buen/mal** ~ good/bad match. - **4.** [distrito] district. - **5.** [apoyo] backing, support. - **6.** *Amér* [finca] crop share. - **7.** *Amér* [raya en el pelo] parting *Br*, part *Am*. - **8.** *loc*: **sacar** ~ **de** to make the most of; **tomar** ~ **por** [ponerse de parte de] to side with; [decidir] to decide on; **tomar** ~ **por hacer algo** to decide to do sthg.

partidor *m* - **1.** [instrumento] cleaver; ~ **de nueces** nutcracker. - **2.** [peine] comb. - **3.** *desus* MAT divisor.

◆ **partidor de tensión** *m* voltage divider.

partidura *f* [del pelo] parting.

partir ◇ *vt* - **1.** [dividir] to divide, to split. - **2.** [repartir] to share out; **hay que ~ el pastel entre tres** we have to cut o divide the cake into three. - **3.** [romper] to break open; [cascar] to crack; [tronco, loncha etc] to cut; **al caer del árbol se partió la cabeza** she cracked her skull when she fell from the tree. - **4.** [en batalla] to attack. - **5.** MAT to divide. ◇ *vi* - **1.** [marchar] to leave, to set off; **partieron del puerto de Vigo el 10 de enero** they set sail from the port of Vigo on 10th January; **~ para** to leave for; **partió para Cuba hace una semana** she left for Cuba a week ago. - **2.** [basarse]: **~ de** to start from; **se parte de la base de que todos ya saben leer** we're starting with the assumption that everyone can read.

◆ **partirse** *vpr* - **1.** [romperse] to split; **el vaso se partió al caer al suelo** the glass smashed when it hit the floor. - **2.** [rajarse] to crack. - **3.** *desus* [marcharse] to depart, to set out.

◆ **a partir de** *loc prep* starting from; **a ~ de ahora** hereafter; **a ~ de aquí** from here on; **a ~ de entonces** thereafter.

partisano, na *adj & m, f* partisan.

partitivo, va *adj* partitive.

◆ **partitivo** *m* partitive.

partitura *f* score.

parto *m* - **1.** [de hembra] birth; **estar de ~** to be in labour □ **~ natural/prematuro** natural/premature birth. - **2.** *fig* [creación] creation.

parturienta *f* woman in labour.

parva *f* - **1.** AGR unthreshed grain. - **2.** *fig* [montón] heap, pile.

parvada *f* - **1.** AGR heap of unthreshed grain. - **2.** [multitud] large amount, heaps *(pl)*. - **3.** *Amér* [bandada] flock.

parvedad *f* - **1.** [pequeñez, escasez] smallness, minuteness. - **2.** [en día de ayuno] light breakfast.

parvulario *m* nursery school, kindergarten.

párvulo, la ◇ *m, f* infant. ◇ *adj* - **1.** [pequeño] small, little. - **2.** [inocente] innocent, simple.

pasa *f* - **1.** [fruta] raisin; **~ de Corinto** currant; **~ de Esmirna** sultana; **estar** o **quedarse hecho una ~** [persona] to become all shrivelled up. - **2.** NÁUT channel between shallows.

pasable *adj* passable.

pasabocas *m inv Amér* snack.

pasacalle *m* MÚS passacaglia.

pasada *adj f & f → pasado*.

pasadera *f* - **1.** [piedra] stepping stone. - **2.** NÁUT furling line.

pasadero, ra *adj* - **1.** [admisible] bearable, tolerable - **2.** [mediano, regular] passable, fair; [de salud] fair, reasonably good.

◆ **pasadero** *m = pasadera f sentido 1.*

pasadizo *m* passage.

pasado, da ◇ *adj* - **1.** [gen] past; **~ un año** a year later; **pasadas la una/las dos** *etc* after one/two *etc* o'clock **lo ~, ~ está** let bygones be bygones. - **2.** [último] last; **el año ~** last year. - **3.** [podrido] off, bad; [poco fresco] stale. - **4.** [huevo] boiled. - **5.** [anticuado] old-fashioned, out-of-date. - **6.** GRAM past, preterite. - **7.** [filete, carne] well done.

◆ **pasado** *m* - **1.** [gen] past. - **2.** GRAM past (tense). - **3.** MIL turncoat, renegade.

◆ **pasada** *f* - **1.** [con el trapo] wipe; [con la brocha] coat. - **2.** *fam* [barbaridad]: **es una pasada** it's way over the top. - **3.** [acción] passage, passing. - **4.** [en costura] stitch. - **5.** *Amér* [reprimenda] reprimand. - **6.** *Amér* [vergüenza] shame. - **7.** *Amér* [escarmiento] lesson.

◆ **de pasada** *loc adv* - **1.** [de paso] on the way. - **2.** [sin detalles] in passing; **comentó el asunto de pasada, sin detenerse mucho en él** she mentioned the matter in passing, without spending too much time on it.

◆ **mala pasada** *f* dirty trick.

pasador, ra ◇ *adj* passing. ◇ *m, f* smuggler.

◆ **pasador** *m* - **1.** [cerrojo] bolt. - **2.** [para el pelo] slide. - **3.** [para corbata] tie pin o clip. - **4.** [imperdible] safety pin. - **5.** [colador] colander, strainer. - **6.** NÁUT marlinspike. - **7.** *Amér* [cordón] shoelace.

◆ **pasadores** *mpl* cuff links.

pasaje *m* - **1.** [gen] passage. - **2.** [billete] ticket, fare; **medio ~** half fare. - **3.** [pasajeros] passengers *(pl)*. - **4.** [vía] way, route; **el ~ a la China es bien difícil** the route to China is very difficult. - **5.** MÚS modulation. - **6.** [entre dos islas] strait, narrows *(pl)*.

pasajero, ra ◇ *adj* - **1.** [de poca duración] passing. - **2.** [lugar] busy; **una calle pasajera** a busy street. ◇ *m, f* passenger.

pasamano *m* [adorno] braid.

pasamanos *m inv* [de escalera interior] bannister; [de escalera exterior] handrail.

pasamontañas *m inv* balaclava (helmet).

pasante ◇ *adj* - **1.** [que pasa] passing. - **2.** HERÁLDICA passant. ◇ *mf* - **1.** DER articled clerk. - **2.** [ayudante] assistant. - **3.** *desus* [maestro] tutor, coach.

pasantía *f* - **1.** [función] assistantship. - **2.** [tiempo] probationary period, apprenticeship.

pasapalos *m inv Amér* snack.

pasapasa *m inv* sleight of hand.

pasaportar *vt* - **1.** [expedir] to issue a passport to. - **2.** *fam* [despedir] to send packing. - **3.** *fam fig* [acabar] to deal with, to dispatch.

pasaporte *m* - **1.** [documento] passport. - **2.** *fig* [permiso] carte blanche, free hand. - **3.** *loc*: **dar (el) ~ a alguien** to send sb packing.

pasaportear *vt Amér* to issue a passport to.

pasapuré *m*, **pasapurés** *m inv* food mill.

pasar ◇ *vt* - **1.** [gen] to pass; [noticia, aviso] to pass on; **¿me pasas la sal?** would you pass me the salt?; **~ algo por** [filtrar] to pass sth through. - **2.** [cruzar] to cross; **~ la calle** to cross the road; **pasé el río a nado** I swam across the river. - **3.** [traspasar] to pass through. - **4.** [trasladar]: **~ algo a** to move sth to. - **5.** [llevar adentro] to show in; **el criado nos pasó al salón** the butler showed us into the living room. - **6.** [contagiar]: **~ algo a alguien** to give sth to sb, to infect sb with sth; **me has pasado la tos** you've given me your cough. - **7.** [instancia etc] to accept. - **8.** [consentir]: **~ algo a alguien** to let sb get away with sth. - **9.** [rebasar - en el espacio] to go through; [- en el tiempo] to have been through; **~ un semáforo en rojo** to go through a red light. - **10.** [tiempo] to spend; **pasó dos años en Roma** he spent two years in Rome. - **11.** [padecer] to go through, to suffer; **pasarlo mal** to have a hard time of it. - **12.** [sobrepasar]: **ya ha pasado los veinticinco** he's over twenty-five now; **mi hijo me pasa ya dos centímetros** my son is already two centimetres taller than me. - **13.** [coche, contrincante etc] to overtake. - **14.** CINE to show. ◇ *vi* - **1.** [gen] to pass, to go; **pasó por mi lado** he passed by my side; **el autobús pasa por mi casa** the bus goes past o passes in front of my house; **el Manzanares pasa por Madrid** the Manzanares goes o passes through Madrid; **he pasado por tu calle** I went down your street; **~ de... a...** to go o pass from... to...; **~ de largo** to go by. - **2.** [entrar] to go/come in; **¡pase!** come in! - **3.** [poder entrar]: **~ (por)** to go (through); **por ahí no pasa** it won't go through there. - **4.** [ir un momento] to pop in; **pasaré por mi oficina/por tu casa** I'll pop into my office/round to your place. - **5.** [suceder] to happen; **¿qué pasa aquí?** what's going on here?; **¿qué pasa?** what's the matter?; **pase lo que pase** whatever happens, come what may. - **6.** [terminarse] to be over; **pasó la Navidad** Christmas is over. - **7.** [transcurrir] to go by. - **8.** [acción]: **~ a** to move on to; **pasemos a otra cosa** let's move on to something else. - **9.** [conformarse]: **~ (con/sin algo)** to make do (with/without sth); **tendrá que ~ sin coche** she'll have to make do without a car. - **10.** [servir] to be all right, to be usable; **puede ~** it'll do. - **11.** *fam* [prescindir]: **~ de algo/alguien** to want nothing to

do with sthg/sb; **paso de política** I'm not into politics.
- **12.** [tolerar] **~ por algo** to put up with sthg.
◆ **pasarse** *vpr* - **1.** [acabarse] to pass; **siéntate hasta que
se te pase** sit down until you feel better. - **2.** [tiempo] to
spend, to pass; **se pasaron el día hablando** they spent all
day talking. - **3.** [desaprovecharse] to slip by; **se me pasó
la oportunidad** I missed my chance. - **4.** [estropearse - co-
mida] to go off; [- flores] to fade. - **5.** [cambiar de bando]:
~se a to go over to. - **6.** [omitir] to miss out; **te has pasado
una página** you've missed a page out. - **7.** [olvidarse]: **pasársele a alguien** to slip sb's mind; **se me pasó decírtelo**
I forgot to mention it to you. - **8.** [no fijarse]: **pasársele a
alguien** to escape sb's attention; **no se le pasa nada** he
never misses a thing. - **9.** [excederse]: **~se de generoso/
bueno** to be far too generous/kind. - **10.** *fam* [propasarse]
to go too far, to go over the top; **te has pasado diciéndole
eso** what you said went too far o was over the top. - **11.**
[divertirse]: **¿qué tal te lo estás pasando?** how are you
enjoying yourself?; **pasárselo bien/mal** to have a good/
bad time.
pasarela *f* - **1.** [puente] footbridge; [para desembarcar]
gangway. - **2.** [en un desfile] catwalk.
pasatiempo *m* [hobby] pastime, hobby.
◆ **pasatiempos** *mpl* PRENSA crossword and puzzles section *(sg)*.
pascana *f Amér* - **1.** [mesón] inn, tavern. - **2.** [durante viaje]
stop, rest.
Pascua ◇ *f* - **1.** [de los judíos] Passover. - **2.** [de los cristia-
nos] Easter. - **3.** [epifanía] Epiphany. - **4.**
[pentecostés] Pentecost. - **5.** *loc:* **de ~s a Ramos** once in a
blue moon; **estar como unas ~s** *fam* to be as pleased as
Punch; **hacer la ~ a alguien** *fam* [ser pesado] to pester sb;
[poner en apuros] to land sb in it; **(y) santas ~s** *fam* that's
it, that's all there is to it. ◇ *s →* **isla**.
◆ **Pascuas** *fpl* [Navidad] Christmas *(sg)*; **dar las ~s a alguien** to wish sb a Merry Christmas; **¡felices ~s!** Merry
Christmas!
pascual *adj* Easter *(antes de sust)*.
pase *m* - **1.** DEP & TAUROM pass. - **2.** [proyección] showing,
screening; **~ privado** sneak preview. - **3.** [desfile] parade;
~ de modelos fashion parade. - **4.** *loc:* **tener algo un ~** to
be justifiable.
paseador, ra ◇ *adj* fond of walking. ◇ *m, f* walker, stroller.
paseante ◇ *adj* walking, strolling. ◇ *mf* person out for a
stroll; **~ en corte** *fam* idler, loafer.
pasear ◇ *vi* [andando] to go for a walk; [a caballo] to go
for a ride; [en coche] to go for a ride o drive. ◇ *vt* - **1.** [sacar
a paseo] to take for a walk; [perro] to walk. - **2.** *fig* [hacer
ostentación de] to show off, to parade. - **3.** *Amér* [arruinar]
to spoil, to ruin.
◆ **pasearse** *vpr* [gandulear] to loaf about.
paseíllo *m* *parade of bullfighters when they come out into the
ring before the bullfight starts.*
paseo *m* - **1.** [acción - a pie] walk; [- en coche] drive; [- a ca-
ballo] ride; [- en barca] row; **dar un ~** [a pie] to go for a
walk; [a caballo] to go for a ride; [en coche] to go for a ride
o drive; **ir de ~** [andar] to walk; [viajar] to go on a trip. - **2.**
[lugar] avenue; **~ marítimo** promenade. - **3.** [excursión]
outing, trip. - **4.** [distancia] short walk; **sólo es un ~ hasta
el teatro** it's only a short walk to the theatre. - **5.** [figura de
baile] figura. - **6.** TAUROM *parade of bullfighters before the
fight.* - **7.** *Amér* [mascarada] costumed parade. - **8.** *loc:* **dar el
~ a alguien** *fam* to bump sb off; **mandar** o **enviar a alguien a ~** to send sb packing; **¡vete a ~!** *fam* get lost!
pasicorto, ta *adj* taking short steps.
pasillo *m* - **1.** [en casa, edificio] corridor; **~ deslizante**
travelator; **hacer el ~** to form a corridor *(for people to walk
down)*; **hacer ~s** to suck up to the boss. - **2.** [en costura]
basting stitch. - **3.** RELIG reading of the Passion story. - **4.**
Amér [estera] mat. - **5.** *Amér* [baile, música] light dance music *(U)*.

pasión *f* passion; **tener ~ por algo** o **alguien** to have a
passion for sthg o sb.
Pasión *f* RELIG Passion.
pasional *adj* passionate.
pasionaria *f* passion flower.
pasito *adv* softly, lightly.
pasividad *f* passivity.
pasivo, va *adj* - **1.** [gen & GRAM] passive. - **2.** [haber] (received) from a pension. - **3.** [población etc] inactive.
◆ **pasivo** *m* COM liabilities *(pl)*; **~ circulante/fijo** current/
capital liabilities; **~ corriente** o **exigible** current liabilities;
~ eventual o **contingente** contingent liabilities.
pasma *f fam* fuzz *(pl)*, cops *(pl)*.
pasmado, da ◇ *adj* - **1.** [asombrado] astonished, astounded. - **2.** [atontado] stunned. ◇ *m, f* halfwit.
pasmar *vt* - **1.** [asombrar] to astound. - **2.** [dejar atónito, he-
lado] to stun; **la escena del accidente le pasmó** the scene
at the accident stunned him. - **3.** [enfriar] to freeze.
◆ **pasmarse** *vpr* - **1.** [asombrarse] to be astounded. - **2.**
[atontarse] to be stunned. - **3.** [enfriarse] to freeze. - **4.** MED
to get tetanus. - **5.** [colores, barnices] to fade, to become
dull. - **6.** *Amér* [enfermarse] to become sickly.
pasmarota *f fam* exaggerated gesture of astonishment.
pasmarote *mf fam* twit.
pasmo *m* - **1.** [asombro] astonishment. - **2.** [maravilla]
wonder, marvel. - **3.** MED tetanus. - **4.** [enfriamiento] chill.
pasmosamente *adv* astonishingly, amazingly.
pasmoso, sa *adj* astonishing.
paso ◇ *m* - **1.** [al andar] step; [huella] footprint; **oigo ~s** I
can hear footsteps; **se ven ~s en la nieve** there are footprints in the snow ❑ **~ a dos** [en ballet] pas de deux; **~ de
vals** waltz step; **dar un ~ atrás** [al andar] to take a step
backwards; *fig* [en negociación etc] to take a backward
step. - **2.** [acción] passing; [cruce] crossing; [camino de ac-
ceso] way through, thoroughfare; **el ~ del tiempo** the
passage of time; **abrir ~ a alguien** *lit & fig* to make way for
sb; **su padre le ha abierto ~ en el mundo de las finanzas** his father has smoothed the way for him in to the
world of finance; **ceder el ~ a alguien** to let sb past;
AUTOM to give way (to sb); **'ceda el ~'** 'give way'; **cerrar** o
cortar el ~ to block the way; **'prohibido el ~'** 'no entry'
❑ **~ de cebra** zebra crossing; **~ elevado** flyover; **~ a nivel** level crossing *Br*, grade crossing *Am*; **~ libre** [a un sitio]
free access; **~ peatonal** o **de peatones** pedestrian crossing; **~ protegido** right of way; **~ subterráneo** subway,
underpass *Am*. - **3.** [forma de andar] walk; [del caballo] gait;
[ritmo] pace; **a buen ~** quickly; **aflojar el ~** to slow down;
apretar el ~ to go faster, to speed up; **a ~ lento** slowly; **a
~ ligero** MIL at the double; **dar un ~** to step; **dar un ~ en
falso** to trip, to stumble; **llevar el ~** to keep step; **marcar
el ~** to keep ❑ **~ de ambladura** [en equitación] amble; **~ de la oca** goosestep; **~ rápido** trot. - **4.** [GEOGR - en
montaña] pass; [- en el mar] strait. - **5.** *(gen pl)* [gestión] step;
[progreso] step forward, advance; **dar los primeros ~s
hacia la paz** to take the first steps towards peace; **dar los
~s necesarios** to take the necessary steps. - **6.** [mal mo-
mento]: **(mal) ~** difficult situation. - **7.** [en llamada telefóni-
ca] unit. - **8.** [en procesiones] *platform bearing a sculpture of
one of the scenes from the Passion, carried through the streets in
Holy Week.* - **9.** TEATRO sketch, skit. - **10.** [lance, aconteci-
miento] event, episode. - **11.** LITER [fragmento] passage. - **12.**
MEC pitch. - **13.** [en costura] basting stitch. - **14.** [en ornito-
logía] migration. - **15.** *loc:* **a cada ~** every other minute;
está a dos o cuatro ~s it's just down the road; **a este ~**
fig at this rate; **a grandes ~s, a ~s agigantados** by leaps
and bounds; **al ~ que...** [al mismo tiempo que] while...; [al
ritmo que] at the rate (that)...; **al ~ que vas, nunca vas a
terminar** at the rate (that) you're going, you'll never finish;
a ~ de carga [rápido] quickly; MIL at the double; **a ~ de
tortuga** at a snail's pace; **a ~ llano** smoothly, without difficulty; **abrirse ~ en la vida** to get on in life; **dar un ~ en
falso** to make a false move o a mistake; **estar de ~** to be

passing through; ~ **a** ~, ~ **por** ~ step by step; **por sus** ~**s contados** step by step, systematically; **salir al** ~ **de** [persona] to intercept; *fig* [críticas, acusaciones] to oppose, to contradict; **han salido al** ~ **de las críticas defendiendo la eficacia de su gestión** they have met the criticism by defending the effectiveness of their measures; **salir del** ~ to get out of trouble; **seguir los** ~**s a** o **de alguien** to tail sb; **volver (uno) sobre sus** ~**s** to retrace one's steps. ◇ *adv* softly, gently. ◇ *interj* make way!
◆ **pasos** *mpl* [en baloncesto] travelling *(U).*
◆ **de paso** *loc adv* - **1.** [en un lugar] passing through; **sólo estoy de** ~ I'm just passing through. - **2.** [al mismo tiempo] in passing; **te acompaño a tu casa y de** ~ **me lo explicas** I'll walk home with you and you can explain it to me on the way.

pasodoble *m* paso doble.

pasota *fam* ◇ *adj* apathetic. ◇ *mf* dropout.

pasotismo *m fam* couldn't-care-less attitude.

pasquín *m* - **1.** [sátira] lampoon. - **2.** [cartel] poster.

pasquinada *f* pasquinade, lampoon.

pasta *f* - **1.** [masa] paste; [de papel, madera] pulp; ~ **dentífrica** o **de dientes** toothpaste. - **2.** [CULIN - espaguetti etc] pasta; [- de pasteles] pastry; [- de pan] dough; ~ **de almendras** almond paste; ~ **brisa** choux pastry; ~ **quebrada** shortcrust pastry; ~**s alimenticias** pasta *(U).* - **3.** [pastelillo] pastry. - **4.** *fam* [dinero] dough. - **5.** [encuadernación]: **en** ~ **(dura)** hardback. - **6.** ARTE impasto. - **7.** *loc:* **ser de buena** ~ *fam* to be good-natured; **tener** ~ **de** to have the makings of; **tiene** ~ **de buen jugador** he has the makings of a good player.

pastaflora *f* fine puff pastry.

pastaje *m Amér* pasture.

pastar ◇ *vi* to graze. ◇ *vt* to take to pasture.

pastear *vt Amér* to spy on.

pastel *m* - **1.** [CULIN - dulce] cake; [- salado] pie; ~ **de bodas/de nata** wedding/cream cake; ~ **de carne** meat pie; ~ **de frutas** fruitcake. - **2.** ARTE pastel. - **3.** *fam* [chapucería] botch-up. - **4.** *fig* [chanchullo, lío] mess. - **5.** *Amér* [plato, guiso] dish. - **6.** *loc:* **descubrir el** ~ to let the cat out of the bag; **repartirse el** ~ to share things out.

pastelear *vi despec* to play for time, to stall.

pasteleo *m despec* playing for time, stalling.

pastelería *f* - **1.** [establecimiento] cake shop, patisserie. - **2.** [repostería] pastries *(pl).* - **3.** [oficio] pastrymaking.

pastelero, ra ◇ *adj* pastry *(antes de sust).* ◇ *m, f* - **1.** [cocinero] pastry cook. - **2.** [vendedor] owner of a patisserie.

pastelista *mf* pastellist.

pasteurización, pasterización *f* pasteurization.

pasteurizado, da [pasteuri'θaðo], **pasterizado, da** *adj* pasteurized.

pasteurizar [13] [pasteuri'θar], **pasterizar** [13] *vt* to pasteurize.

pastiche *m* pastiche.

pastilla *f* - **1.** MED pill, tablet; ~ **para dormir** sleeping pill o tablet; ~ **de menta** mint, peppermint. - **2.** [de jabón, chocolate] bar; ~ **de caldo** stock cube. - **3.** AUTOM shoe *(of brakes).* - **4.** ELECTRÓN microchip. - **5.** *loc:* **a toda** ~ at full pelt.

pastinaca *f* parsnip.

pastizal *m* pasture.

pasto *m* - **1.** [acción] grazing; [sitio] pasture; **echar al** ~ to put out to pasture. - **2.** [hierba] fodder. - **3.** [motivo] food. - **4.** *fig* [fomento, alimento] food; **dar** ~ **a** to be cause for. - **5.** *loc:* **a todo** ~ in abundance; **ser** ~ **de las llamas** to go up in flames.
◆ **de pasto** *loc adv* everyday, ordinary.

pastón *m fam:* **vale un** ~ it costs a bomb.

pastor, ra *m, f* [de ganado] shepherd *(f* shepherdess).
◆ **pastor** *m* - **1.** [sacerdote] minister; ~ **protestante** Protestant minister. - **2.** → **perro.**
◆ **Pastor** *m:* **El Buen Pastor** the Good Shepherd.

pastoral ◇ *adj* pastoral. ◇ *f* - **1.** MÚS pastorale. - **2.** RELIG pastoral.

pastorear *vt* - **1.** [pastar] to put out to pasture. - **2.** *fig* [cuidar] to minister to. - **3.** *Amér* [acechar] to spy on. - **4.** *Amér fam* [mimar] to spoil, to pamper. - **5.** *Amér fam* [cortejar] to court, to woo.

pastoreo *m* shepherding.

pastoril *adj* pastoral, shepherd *(antes de sust).*

pastosidad *f* - **1.** [blandura] pastiness. - **2.** [suavidad] mellowness.

pastoso, sa *adj* - **1.** [blando] pasty; [arroz] sticky. - **2.** [seco] dry. - **3.** [voz] mellow. - **4.** [pintura] impasto.

pasudo, da *adj Amér* curly.

pata *f* - **1.** [pierna] leg. - **2.** [pie - gen] foot; [- de perro, gato] paw; [- de vaca, caballo] hoof. - **3.** *fam* [de persona] leg; **a cuatro** ~**s** on all fours; **a** ~ on foot; **ir a la** ~ **coja** to hop ❏ ~ **de palo** wooden leg. - **4.** [de mueble] leg; [de gafas] arm. - **5.** [ave] duck. - **6.** [empate] tie, draw. - **7.** *Amér* [etapa] stage. - **8.** *loc:* **a la** ~ **la llana** plainly, simply; **enseñar la** ~ to show one's true colours; **estirar la** ~ to kick the bucket; **meter la** ~ to put one's foot in it; **poner/estar** ~**s arriba** to turn/be upside down; **tener mala** ~ to be unlucky.
◆ **patas** *fpl Amér fam* [poca vergüenza] cheek *(U).*
◆ **pata de gallo** *f* - **1.** [en la cara] crow's feet *(pl).* - **2.** [tejido] hound's-tooth check material.
◆ **pata negra** *m* CULIN *type of top-quality cured ham.*

patache *m Amér* - **1.** [comida, alimentos] food. - **2.** [sopa] soup.

patacón *m* - **1.** [moneda antigua] silver dollar. - **2.** *Amér* [cardenal] welt, bruise. - **3.** *Amér* [peso] peso.

patada *f* - **1.** [golpe] kick; [en el suelo] stamp; **dar una** ~ **a** to kick ❏ **dar cien** ~**s a alguien** to drive sb mad; **dar la** ~ **a alguien** to kick sb out; **echar a alguien a** ~**s** to kick sb out; **sentar como una** ~ **en el estómago** to be like a kick in the teeth; **tratar a alguien a** ~**s** to treat sb like dirt. - **2.** *fam* [paso] step. - **3.** *fig* [huella] track, footprint.
◆ **a patadas** *loc adv* in abundance.

patagón, ona *adj & m, f* Patagonian.

Patagonia *f:* **la** ~ Patagonia.

patagrás *adj* → **queso.**

patalear *vi* to kick about; [en el suelo] to stamp one's feet.

pataleo *m* - **1.** [golpe] kicking *(U);* [en el suelo] stamping *(U).* - **2.** [ruido] stamping.

pataleta *f* tantrum.

patán ◇ *adj m* uncivilized, uncouth. ◇ *m* bumpkin.

patanería *f fam* uncouthness, boorishness.

patasca *f Amér* - **1.** [guiso] pork and maize stew *Br,* pork and corn stew *Am.* - **2.** [alboroto] quarrel, row.

patata *f* potato; ~ **caliente** *fig* hot potato; ~**s fritas** [de sartén] chips; [de bolsa] crisps; ~ **temprana** new potato.

patatal, patatar *m* potato field.

patatero, ra ◇ *adj* potato *(antes de sust).* ◇ *m, f* - **1.** [cultivador] potato farmer. - **2.** [vendedor] potato seller. - **3.** *fig* [oficial] officer who has risen from the ranks.

patatín patatán ◆ **que** ~ and so on and so forth.

patatús *(pl* **cli patatuses)** *m fam* funny turn.

paté *m* paté.

pateadura *f,* **pateamiento** *m fam* - **1.** [gen] kicking; [en el suelo] stamping. - **2.** *fig* [represión] reprimand, scolding.

patear ◇ *vt* - **1.** [dar un puntapié] to kick; [pisotear] to stamp on. - **2.** *fig* [insultar] to be rude to. - **3.** [desaprobar] to stamp one's feet in disapproval of. ◇ *vi* - **1.** [patalear] to stamp one's feet. - **2.** *fam fig* [andar] to tramp. - **3.** *Amér* [cocear] to kick.
◆ **patearse** *vpr* [recorrer] to tramp.

patena *f* - **1.** RELIG paten; **limpio** o **blanco como una** ~ *fig* as clean as a new pin. - **2.** [medalla] *medallion worn by peasant women.*

patentado, da *adj* patent, patented.

patentar *vt* to patent.

patente ◇ *adj* [claro, evidente] obvious; [demostración, prueba] clear. ◇ *f* **- 1.** [de invento] patent; ~ **básica** o **original** o **primitiva** DER basic patent; ~ **pendiente** DER patent pending; ~ **registrada** DER registered patent. **- 2.** [autorización] licence; ~ **limpia** clean bill of health; ~ **de navegación** certificate of registration; ~ **de sanidad** bill of health. **- 3.** *Amér* [matrícula] number plate.

patentemente *adv* patently.

patentizar [13] *vt* to make evident o obvious.

pateo *m* stamping.

paternal *adj* **- 1.** [de padre] fatherly, paternal. **- 2.** *fig* [protector] paternal.

paternalismo *m* **- 1.** [actitud protectora] paternalism. **- 2.** [de padre] fatherliness.

paternalista *adj* paternalistic.

paternidad *f* **- 1.** [calidad de padre] fatherhood. **- 2.** DER paternity. **- 3.** *fig* [creación] authorship.

paterno, na *adj* paternal.

patero, ra *Amér adj* **- 1.** [adulador] fawning, flattering. **- 2.** [mentiroso] deceitful.

◆ **patero** *m* shed for barnyard fowl.

pateta *m fam* [diablo] Old Nick.

patéticamente *adv* pathetically.

patético, ca *adj* pathetic, moving.

patetismo *m* pathos (U).

patiabierto, ta *adj fam* bowlegged, bandy-legged.

patibulario, ria *adj* **- 1.** [del patíbulo] gallows (antes de sust). **- 2.** [horroroso] horrifying, harrowing.

patíbulo *m* scaffold, gallows (pl).

paticojo, ja ◇ *adj* lame. ◇ *m, f* lame person.

patidifuso, sa *adj fam* stunned, floored.

patilla *f* **- 1.** [de pelo] sideboard, sideburn. **- 2.** [de gafas] arm. **- 3.** [de arma] trigger. **- 4.** *Amér* [asiento] seat. **- 5.** *loc*: **levantar a alguien de** ~**s** to get sb's goat.

patillas *mpl* [diablo] Old Nick.

patilludo, da *adj* having long, thick sideburns.

patín *m* **- 1.** [calzado - de cuchilla] ice skate; [- de ruedas] roller skate. **- 2.** [patinete] scooter. **- 3.** [embarcación] pedal boat. **- 4.** [de avión] skid.

◆ **patín de freno** *m* brake shoe.

pátina *f* patina.

patinadero *m* skating rink.

patinador, ra *m, f* skater.

patinaje *m* skating; ~ **artístico/sobre hielo/sobre ruedas/de velocidad** figure/ice/roller/speed skating.

patinar ◇ *vi* **- 1.** [sobre hielo] to skate; [sobre ruedas] to roller-skate. **- 2.** [resbalar - coche] to skid; [- persona] to slip. **- 3.** *fam fig* [meter la pata] to put one's foot in it. ◇ *vt* to give a patina to.

patinazo *m* **- 1.** [de coche] skid; [de persona] slip. **- 2.** *fam fig* [planchazo] blunder.

patinejo, patinillo *m* small patio.

patinete *m* scooter.

patinillo *m* = patinejo.

patio *m* **- 1.** [gen] patio, courtyard; [de escuela] playground; [de cuartel] parade ground; ~ **(de butacas)** stalls (pl); ~ **de maniobras** switching yard; ¡**cómo está el** ~! *fam* this is a fine stage of affairs! **- 2.** *Amér* [corral] back yard.

patita *f*: **poner a alguien de** ~**s en la calle** *fam fig* to kick sb out.

patitieso, sa *adj* **- 1.** [de frío] frozen stiff. **- 2.** [de sorpresa] aghast, amazed; **dejar** ~ to astound, to dumbfound; **quedarse** ~ to be astounded o dumbfounded. **- 3.** *fig* [al andar] conceited, stiff.

patituerto, ta *adj* bow-legged, bandy-legged.

patizambo, ba ◇ *adj* knock-kneed. ◇ *m, f* knock-kneed person.

pato, ta *m, f* duck; **pagar el** ~ *fig* to carry the can.

patochada *f* blunder, gaffe.

patogénico, ca *adj* pathogenic.

patógeno, na *adj* infectious.

◆ **patógeno** *m* pathogen.

patojear *vi Amér* to waddle.

patojo, ja *Amér* ◇ *adj* having crooked legs. ◇ *m, f* **- 1.** [niño] kid, youngster. **- 2.** [pillo] street urchin, ragamuffin.

patología *f* pathology.

patológico, ca *adj* pathological.

patólogo, ga *m, f* pathologist.

patón, ona *adj fam* big-footed.

patoso, sa *adj fam* clumsy.

patota *f Amér* street gang.

patotero *m Amér* young thug.

patraña *f fam* fib, lie.

patrañero, ra *fam* ◇ *adj* false. ◇ *m, f* fibber.

patraquear *vi Amér fam* to swipe things.

patri → gloria.

patria *f* → patrio.

patriarca *m* patriarch.

patriarcado *m* patriarchy.

patriarcal ◇ *adj* patriarchal. ◇ *f* **- 1.** [iglesia] patriarchal church. **- 2.** [territorio] patriarchate.

patriciado *m* patriciate.

patricio, cia *adj & m, f* patrician.

patrimonial *adj* hereditary.

patrimonio *m* **- 1.** [bienes - heredados] inheritance; [- propios] wealth; ~ **forestal** national forests; ~ **nacional** [artístico] national heritage; [económico] national wealth; ~ **personal** personal estate. **- 2.** *fig* [de una colectividad] exclusive birthright.

patrio, tria *adj* native.

◆ **patria** *f* native country, fatherland; **patria chica** home town.

◆ **patria celestial** *f* heaven.

◆ **patria potestad** *f* DER parental authority.

patriota ◇ *adj* patriotic. ◇ *mf* patriot.

patriotería *f despec* jingoism.

patriotero, ra *despec* ◇ *adj* jingoistic. ◇ *m, f* jingoist.

patriótico, ca *adj* patriotic.

patriotismo *m* patriotism.

patrocinador, ra ◇ *adj* sponsoring. ◇ *m, f* sponsor.

patrocinar *vt* to sponsor.

patrocinio *m* sponsorship.

patrón, ona *m, f* **- 1.** [de obreros] boss; [de criados] master, (*f* mistress). **- 2.** [de pensión etc] landlord (*f* landlady). **- 3.** [santo] patron saint.

◆ **patrón** *m* **- 1.** [de barco] skipper. **- 2.** [medida] standard; ~ **oro** ECON gold standard. **- 3.** [en costura] pattern; **estar cortados por el mismo** ~ *fig* to be cast in the same mould.

patrona *f* → patrono.

patronal ◇ *adj* [empresarial] management (antes de sust). ◇ *f* [de empresa] management; [de país] employers' organisation.

patronato, patronazgo *m* [fundación] board; [con fines benéficos] trust; ~ **de apuestas mutuas** totalizator; ~ **de las artes** arts council.

patronímico, ca *adj* patronymic.

patronista *mf* pattern cutter.

patrono, na *m, f* **- 1.** [de empresa - encargado] boss; [- empresario] employer. **- 2.** [santo] patron saint.

◆ **patrono** *m* **- 1.** [de barco] captain, skipper. **- 2.** [modelo] model, pattern.

◆ **patrona** *f* proprietress.

patrulla ◇ *adj* → coche. ◇ *f* **- 1.** [de vigilancia] patrol; **estar de** ~ to be on patrol ❑ ~ **urbana** vigilante group. **- 2.** *fig* [grupo] band, gang.

patrullar *vi* to patrol; ~ **por** to patrol.

patrullero, ra *adj* patrol *(antes de sust)*.

◆ **patrullero** *m* [barco] patrol boat; [avión] patrol plane; [coche] patrol car.

patuco *m (gen pl)* bootee.

patudo, da *adj fam* big-footed.

paular *vi*: **sin ~ ni maular** without saying a word.

paulatino, na *adj* gradual.

paulina *f* **- 1.** RELIG letter of excommunication. **- 2.** *fig* [represión] scolding, reprimand. **- 3.** *fig* [carta anónima] poison-pen letter.

pauperismo *m* pauperism.

pauperización *f* impoverishment.

paupérrimo, ma *adj* very poor, impoverished.

pausa *f* **- 1.** [descanso] pause, break; **a ~s** at intervals; **con ~** unhurriedly; **hacer una ~** to pause. **- 2.** MÚS rest.

pausadamente *adv* deliberately, slowly.

pausado, da *adj* deliberate, slow.

◆ **pausado** *adv* deliberately, slowly.

pausar ◇ *vt* to interrupt. ◇ *vi* to pause, to hesitate.

pauta *f* **- 1.** [gen] standard, model; **dar** o **marcar la ~** to set the standard; **seguir una ~** to follow an example. **- 2.** [en un papel] guideline.

pautado, da *adj* lined, ruled.

pautar *vt* **- 1.** MÚS to draw a stave on. **- 2.** *fig* [dar pautas para] to give guidelines for.

pava *f* → **pavo**.

pavada *f* **- 1.** [manada] flock of turkeys. **- 2.** *fig* [necedad] stupid thing, stupidity *(U)*.

pavear *Amér* ◇ *vi* **- 1.** [burlarse] to play a joke. **- 2.** [enamorar] to court, to woo. **- 3.** [faltar a clase] to play truant. ◇ *vt* to kill treacherously.

pavería *f* silliness, stupidity.

pavero, ra ◇ *adj* boastful. ◇ *m, f* **- 1.** [presumido] braggart. **- 2.** *Amér* [cómico] practical joker.

◆ **pavero** *m* [sombrero] wide-brimmed hat.

pavesa *f* ember; **estar hecho una ~** *fig* to be a shadow of one's former self; **ser una ~** *fig* to be very docile o meek.

pávido, da *adj* frightened, fearful.

pavimentación *f* [de una carretera] road surfacing; [de la acera] paving; [de un suelo] flooring.

pavimentado, da *adj* **- 1.** [carretera] tarmacked®, asphalted. **- 2.** [acera, suelo] paved.

pavimentar *vt* [carretera] to surface; [acera] to pave; [suelo] to floor.

pavimento *m* [de carretera] road surface; [de acera] paving; [de suelo] flooring.

pavo, va ◇ *adj* **- 1.** *fam despec* [tonto] wet, drippy. **- 2.** *Amér* [caballo] thin, lean. ◇ *m, f* **- 1.** [ave] turkey; **~ de matorral** brush turkey; **~ real** peacock (*f* peahen); **~ silvestre** wood grouse. **- 2.** *fam despec* [persona] drip.

◆ **pavo** *m* **- 1.** *mfam* [moneda] five-peseta coin. **- 2.** *Amér* [polizón] stowaway. **- 3.** *Amér* [cometa] type of kite. **- 4.** *loc*: **comer ~** [no bailar] to be a wallflower; *Amér* [desilusionarse] to be disillusioned o disappointed; **de ~** *Amér* at someone else's expense; **ponerse hecho un ~** to blush, to turn as red as a beetroot; **se le subió el ~** she turned as red as a beetroot; **tener ~** to be shy o timid.

◆ **pava** *f* **- 1.** *mfam* [colilla] cigarette butt. **- 2.** *Amér* [flequillo] fringe *Br*, bangs *(pl)* Am. **- 3.** *Amér* [broma] coarse o tasteless joke; **hacer la pava a alguien** to play a joke on sb. **- 4.** *Amér* [orinal] urinal. **- 5.** *Amér* [tetera] teapot. **- 6.** *loc*: **pelar la pava** to court, to woo.

◆ **pavo marino** *m* peacock fish.

pavón *m* **- 1.** [ave] peacock. **- 2.** [mariposa] peacock butterfly. **- 3.** [óxido] bluing, bronzing.

pavonada *f* **- 1.** [paseo] stroll, short walk. **- 2.** *fig* [ostentación] ostentation, show.

pavonado, da *adj* dark blue.

◆ **pavonado** *m* dark blue.

pavonar *vt* to blue o bronze.

pavonear *vi* to show off.

◆ **pavonearse** *vpr*: ~ **(de)** to boast o brag (about).

pavoneo *m* showing off, boasting.

pavor *m* terror.

pavoroso, sa *adj* terrifying.

pavura *f culto* fright, terror.

paya, payadura *f Amér* improvised poem accompanied by guitar.

payada *f Amér* improvised song of a travelling minstrel; ~ **de contrapunto** competition among travelling minstrels.

payador *m Amér* 'paya' singer.

payadura *f* = **paya**.

payar *vi Amér* **- 1.** [cantar paya] to improvise 'payas'. **- 2.** *fam* [contar cuentos] to tell stories.

payasada *f* clowning *(U)*; **hacer ~s** to clown around.

payasear *vi Amér* to clown o fool around.

payaso, sa ◇ *adj* clownish. ◇ *m, f* clown.

payés, esa *(pl* **payeses)** *m, f* peasant farmer from Catalonia or the Balearic Islands.

payo, ya ◇ *m, f* **- 1.** [no gitano] non-gipsy. **- 2.** [rústico] rustic, peasant. **- 3.** *mfam* [tonto] fool, idiot. ◇ *adj* **- 1.** [aldeano] rustic. **- 2.** *mfam* [tonto] stupid, foolish. **- 3.** *Amér* [albino] albino.

paz *(pl* **paces)** *f* **- 1.** [gen] peace; [estado] peacefulness; **dejar a alguien en ~** to leave sb alone o in peace; **estar o quedar en ~** to be quits; **hacer las paces** to make (it) up; **mantener la ~** to keep the peace; **poner en ~**, **poner ~ entre** to reconcile, to make peace between ❑ **~ de la conciencia** peace of mind; **que en ~ descanse, que descanse en ~** may he/she rest in peace. **- 2.** [acuerdo, convenio] peace treaty; **firmar la ~** to sign a peace treaty. **- 3.** RELIG pax.

pazca *etc v* → **pacer**.

pazguatería *f fam despec* simpleness.

pazguato, ta *fam despec* ◇ *adj* simple. ◇ *m, f* simpleton.

pazo *m* Galician country mansion.

PC *m* **- 1.** *(abrev de* **personal computer)** PC. **- 2.** *(abrev de* **Partido Carlista)** Carlist Party.

PCC *m* **- 1.** *(abrev de* **Partido de los Comunistas de Cataluña)** Catalan Communist Party. **- 2.** *(abrev de* **Partido Comunista Cubano)** Cuban Communist Party.

PCE *(abrev de* **Partido Comunista de España)** *m* Spanish Communist Party.

PCG *(abrev de* **Partido Comunista Gallego)** *m* Galician Communist Party.

pche, pchs *interj* bah!

PCUS *(abrev de* **Partido Comunista de la Unión Soviética)** *m* Soviet Communist Party.

PD, PS *(abrev escrita de* **posdata)** PS.

PDE *(abrev de* **Punto de Equilibrio)** *m* BEP.

pdo. *(abrev escrita de* **pasado)**.

pe *f*: **de ~ a pa** *fam fig* from beginning to end.

pea *f mfam* binge, drinking spree.

peaje *m* toll.

peal *m* **- 1.** [media] leg-warmer. **- 2.** *fig* [torpe] dope idiot. **- 3.** *Amér* [cuerda] rope, cord. **- 4.** *Amér* [lazo] lasso.

pealar *vt Amér* to lasso.

peana *f* **- 1.** [tarima] pedestal. **- 2.** [del altar] altar step o platform.

peatón *m* pedestrian.

peatonal *adj* pedestrian *(antes de sust)*.

pebete ◇ *mf Amér* child. ◇ *m* **- 1.** *desus* [sustancia aromática] incense. **- 2.** *fig* [cosa maloliente] smelly thing. **- 3.** *Amér* [planta] fragrant flower. **- 4.** *Amér* [tabaco] high-grade tobacco.

pebetero *m* incense burner.

pebre *m o f* **- 1.** [salsa] sauce made with green pepper and garlic. **- 2.** [pimienta] black pepper.

peca f freckle.

pecado m RELIG sin; **estar en** ~ to be in sin; **morir en** ~ to die unrepentant ❏ ~ **contra natura** [sodomía] sodomy; [masturbación] masturbation; ~ **mortal** o **grave** mortal sin; ~ **nefando** sodomy; ~ **original** original sin; ~**s capitales** mortal sins; **de mis** ~**s** fig of mine; **pero niña de mis** ~**s ¿cuántas veces tengo que decirte que te des prisa?** for goodness' sake, girl, how many times do I have to tell you to hurry up?; **ser un** ~ fig to be a sin o crime; **sería un** ~ **no aprovechar este día de primavera** it would be a sin not to make the most of this lovely spring day.

pecador, ra ◇ adj sinful. ◇ m, f sinner; ¡~ **de mí!** sinner that I am!

pecaminoso, sa adj sinful.

pecar [10] vi - **1.** RELIG to sin. - **2.** [pasarse]: ~ **de confiado/ de generoso** to be overconfident/too generous.

pecarí (pl **pecaríes**), **pecari** m peccary.

pecblenda f pitchblende.

pecera f [gen] fish tank; [redonda] fish bowl.

pechada f Amér - **1.** [golpe] blow to the chest. - **2.** fam [sablazo] sponging (U).

pechador, ra m, f Amér fam sponger, cadger.

pechar ◇ vt - **1.** [pagar] to pay as tax. - **2.** [asumir] to bear, to shoulder. - **3.** Amér [pedir] to touch for a loan. - **4.** Amér [empujar] to push, to shove. ◇ vi: ~ **con** to bear, to shoulder.

peche adj Amér - **1.** [huérfano] orphaned. - **2.** [flaco] thin.

pechera f - **1.** [de camisa] shirt front; [de blusa, vestido] bust; [de abrigo] chest protector. - **2.** fam [de mujer] bosom. - **3.** Amér [mandil] apron.

pechero, ra adj - **1.** [pagador] tax-paying. - **2.** [plebeyo] common.

◆ **pechero** m bib.

pecherón, ona adj Amér fam very good.

pecho m - **1.** ANAT chest; [de mujer] bosom; **de** ~**s** leaning on one's chest. - **2.** [mama] breast; **dar el** ~ **a** to breastfeed; **de** ~ nursing. - **3.** fig [interior] heart. - **4.** [subida, cuesta] slope; ~ **arriba** uphill. - **5.** [coraje, ánimo] courage, spirit. - **6.** [voz] strength of voice. - **7.** [tributo] tax. - **8.** loc: **a lo hecho,** ~ it's no use crying over spilt milk; **a** ~ **descubierto** without protection o any form of defence; **abrir el** ~ to unburden o.s.; **echarse algo a** ~**s** to put one's heart into sthg; **entre** ~ **y espalda** fam in one's stomach; **nadar de** ~ to swim breaststroke; **poner el** ~ **a** to face, to confront; **quedarse con algo en el** ~ to hold sthg back; **tomarse algo a** ~ to take sthg to heart.

pechuga f - **1.** [de ave] breast (meat). - **2.** mfam [de mujer] tits (pl). - **3.** Amér fam fig [descaro] nerve, audacity.

pechugón, ona adj - **1.** mfam [con mucho pecho] big-chested (f buxom). - **2.** Amér [descarado] shameless, audacious.

◆ **pechugón** m - **1.** [golpe] blow to the chest. - **2.** fig [gran esfuerzo] great effort o push.

pechugonada f Amér shamelessness, audacity.

pecíolo, peciolo m stalk.

pécora f [res] head of sheep; **ser una mala** ~ fig to be a bitch o cow.

pecoso, sa adj freckly.

pectina f pectin.

pectoral ◇ adj - **1.** ANAT pectoral, chest (antes de sust). - **2.** FARM cough (antes de sust). ◇ m - **1.** DEP number (on front of shirt). - **2.** FARM cough mixture o medicine. - **3.** RELIG pectoral cross.

pecuario, ria adj livestock (antes de sust).

peculiar adj - **1.** [característico] typical, characteristic. - **2.** [curioso] peculiar.

peculiaridad f - **1.** [cualidad] uniqueness. - **2.** [detalle] particular feature o characteristic.

peculiarmente adv - **1.** [típicamente] typically. - **2.** [propiamente] uniquely, peculiarly.

peculio m - **1.** [dinero] personal money. - **2.** DER peculium.

pecunia f fam dosh, dough.

pecuniario, ria adj pecuniary.

pedagogía f education, pedagogy.

pedagógico, ca adj educational.

pedagogo, ga m, f - **1.** [educador] educator; [profesor] teacher. - **2.** fig [consejero] adviser, counsellor. - **3.** fam fig [pedante] pedant.

pedal m - **1.** [de bicicleta, de automóvil] pedal; **dar a los** ~**es** to pedal ❏ ~ **acelerador** accelerator; ~ **de embrague** clutch (pedal); ~ **de freno** brake pedal. - **2.** [MÚS - mecanismo] pedal; [- nota] sustained note; ~ **de sordina** soft pedal; ~ **fuerte** loud pedal.

pedalada f pedal, pedalling (U).

pedalear vi to pedal.

pedaleo m pedalling.

pedanía f Amér district.

pedante ◇ adj pompous. ◇ mf pompous person.

pedantería f pomposity (U).

pedantesco, ca adj pedantic.

pedazo m piece, bit; **a** ~**s** in pieces o bits; **caerse a** ~**s** [deshacerse] to fall to pieces; [estar cansado] to be dead tired, to be worn out; **ganarse un** ~ **de pan** to scrape a living; **hacer** ~**s** to break to bits; fig to destroy; **la hice** ~**s cuando le dije que la abandonaba** she was devastated when I told her I was leaving her; **saltar en (mil)** ~**s** to be smashed to pieces ❏ ~ **de alcornoque** o **de animal** o **de bruto** stupid oaf o brute; ~ **del alma** o **del corazón** fig apple of one's eye; **ser un** ~ **de pan** fig to be an angel.

pederasta m pederast.

pederastia f pederasty.

pedernal m - **1.** [mineral] flint; **duro como el** o **un** ~ as hard as a rock. - **2.** fig [dureza] hardness.

pedestal m - **1.** [podio] pedestal, stand; **poner/tener a alguien en un** ~ fig to put sb on a pedestal. - **2.** fig [fundamento] base, foundation.

pedestre adj - **1.** [a pie] on foot. - **2.** DEP foot (antes de sust). - **3.** fig [simple, llano] pedestrian.

pediatra mf pediatrician.

pediatría f pediatrics (U).

pediátrico, ca adj pediatric.

pedículo m peduncle.

pedicuro, ra m, f chiropodist Br, podiatrist Am.

◆ **pedicura** f pedicure.

pedido m - **1.** COM order; **hacer un** ~ to place an order; **surtir un** ~ to fill an order ❏ ~ **de ensayo/en firme/por correo** trial/firm/mail order. - **2.** [petición] request; **a** ~ **de** at the request of; **a** ~ **del público** by popular demand.

pedidor, ra ◇ adj - **1.** [que demanda] requesting. - **2.** [que exige] demanding. ◇ m, f - **1.** [que demanda] requester. - **2.** [que exige] demander.

pedigrí (pl inv), **pedigree** (pl **pedigrees**) [peði'ɣri] m pedigree.

pedigüeño, ña Esp, **pedilón, ona** Amér. ◇ adj demanding, clamouring. ◇ m, f demanding person.

pedir [26] ◇ vt - **1.** [gen] to ask for; [en comercios, restaurantes] to order; ~ **a alguien que haga algo** to ask sb to do sthg; ~ **a alguien (en matrimonio)** to ask for sb's hand (in marriage); ~ **prestado algo a alguien** to borrow sthg from sb. - **2.** [exigir] to demand; ¡**pido justicia!** I demand justice! - **3.** [requerir] to call for, to need; **los vestidos de noche piden zapatos de tacón** with evening dress are the rigueur high heels. - **4.** [poner precio]: ~ **(por)** to ask (for); **pide un millón por la moto** he's asking a million for the motorbike. ◇ vi [mendigar] to beg.

pedo vulg ◇ m - **1.** [ventosidad] fart; **tirarse un** ~ to fart. - **2.** [borrachera]: **cogerse un** ~ to get pissed. ◇ adj: **estar** ~ to be pissed.

◆ **pedo de lobo** m puffball.

pedofilia f paedophilia.

pedorrear vi vulg to fart a lot.

pedorrera f vulg fartiness.

◆ **pedorreras** fpl tight breeches.

pedorreta f mfam raspberry (sound).

pedorro, rra mfam ◇ adj farty. ◇ m, f farty person.

pedrada f - 1. [acción] throw of a stone. - 2. [golpe] blow o hit with a stone; **a ~s** by stoning; **matar a ~s** to stone; **pegar una ~ a alguien** to throw a stone at sb. - 3. [señal] bruise o mark left by a stone. - 4. fig [insulto] barb, insult. - 5. [lazo] cockade, rosette. - 6. loc: **como ~ en ojo de boticario** in the nick of time.

pedrea f - 1. [en lotería] group of smaller prizes in the Spanish national lottery. - 2. [apedreamiento] fight (with stones). - 3. METEOR hailstorm.

pedregal m stony ground.

pedregoso, sa adj rocky, stony.

pedregullo m Amér gravel.

pedrejón m boulder, rock.

pedrera f stone quarry.

pedrería f precious stones (pl).

pedrero m - 1. [cantero] stonecutter, quarryman. - 2. Amér [terreno] rocky o stony ground.

pedrisca, pedrisco m hail.

pedriza f - 1. [terreno] rocky o stony ground. - 2. [cercado] dry-stone wall.

Pedro m: ~ **el Cruel** HIST Peter the Cruel; **san** ~ BIBLIA Saint Peter.

pedrusco m rough stone.

pedúnculo m peduncle.

PEE (abrev de **Partido Ecologista Español**) m Spanish Ecologist Party.

peeling ['pilin] (pl **peelings**) m face mask o pack.

pega f - 1. [pegamento] glue. - 2. [obstáculo] difficulty, hitch; **poner ~s (a)** to find problems (with). - 3. [barniz] pitch. - 4. fam [chasco] practical joke. - 5. [zurra] beating, whipping. - 6. [pez] remora. - 7. Amér [contagio] contagious period. - 8. Amér [trabajo] job, task. - 9. loc: **estar en la ~** to be in one's prime.

◆ **pega regorda** f shrike.

◆ **de pega** loc adj false, fake.

pegadillo m - 1. [parche] small plaster. - 2. Amér [encaje] lace.

pegadizo, za adj - 1. [música] catchy. - 2. fig [contagioso] catching. - 3. [adhesivo] sticky. - 4. [no propio] false, imitation (antes de sust).

pegado, da adj: **estar ~ en algo** fam fig to have no idea about sthg.

◆ **pegado** m - 1. [parche] plaster. - 2. [comida] burnt bits (pl).

pegadura f - 1. [gen] sticking. - 2. [con pegamento] glueing. - 3. Amér [burla] trick.

pegajosidad f stickiness.

pegajoso, sa adj - 1. [adhesivo] sticky. - 2. despec [fastidioso] clinging. - 3. [contagioso] contagious. - 4. fig [atractivo] tempting, alluring. - 5. [meloso] cloying.

pegamento m glue.

pegamiento m - 1. [gen] sticking. - 2. [con pegamento] glueing.

pegapega f Amér - 1. [de caza] birdlime. - 2. [de semillas] burr. - 3. [adulador] flatterer.

pegar [16] ◇ vt - 1. [adherir] to stick; [con pegamento] to glue; [póster, cartel] to fix, to put up; [botón] to sew on. - 2. [arrimar]: ~ **algo a** to put o place sthg against; **pega la silla a la pared** put the chair against the wall. - 3. [golpear] to hit. - 4. [propinar - bofetada, paliza etc] to give; [- golpe] to deal. - 5. fam [contagiar]: ~ **algo a alguien** to give sb sthg, to pass sthg on to sb; **le pegó el sarampión a su hermano** she gave her brother measles. - 6. INFORM to paste. ◇ vi - 1. [adherirse] to stick. - 2. [golpear] to hit. - 3. [armonizar] to go together, to match; ~ **con** to go with.

- 4. [sol] to beat down. - 5. [prender] to catch (light). - 6. [estar al lado]: ~ **con** to be next to. - 7. [tener efecto] to make an impression. - 8. [arraigar] to take root.

◆ **pegarse** vpr - 1. [adherirse] to stick. - 2. [agredirse] to fight, to hit one another. - 3. [golpearse]: **~se (un golpe) con** o **contra algo** to bump into o against sthg; **se pegó un golpe con la puerta** she bumped into the door. - 4. fig [contagiarse - enfermedad] to be transmitted, to be passed on; [- canción] to be catchy; **se me pegó su acento** I picked up his accent. - 5. despec [engancharse]: **~se a alguien** to stick to sb; **se nos pegó y no pudimos librarnos de él** he attached himself to us and we couldn't get rid of him. - 6. loc: **pegársela a alguien** fam [engañar] to have sb on, to deceive sb; [cónyuge] to cheat on sb.

Pegaso m Pegasus.

pegata f fam trick, ruse.

pegatina f sticker.

pego m - 1. fam [engaño] trick, ruse; [en naipes] cheating by using a thick card. - 2. loc: **dar el ~** fam to look like the real thing.

pegote m fam - 1. [masa pegajosa] sticky mess. - 2. [chapucería] botch. - 3. fig [guiso] sticky mush.

pegotear vi fam to show up uninvited at mealtime.

pegotería f fam sponging of a meal.

pegual m Amér cinch, girth.

pegue etc v → **pegar.**

peguero m - 1. [fabricante] pitch manufacturer. - 2. [comerciante] pitch dealer.

pegujal m - 1. [peculio] private property. - 2. [parcela] caretaker's plot. - 3. Amér [terreno malo] poor-quality land.

pegujalero, ra m, f - 1. [labrador] owner of a small plot of land. - 2. [ganadero] owner of a small cattle farm.

peina f ornamental comb.

peinado, da adj - 1. [muy adornado] overgroomed. - 2. fig [estilo] highly polished o refined.

◆ **peinado** m [gen] hairdo; [estilo, tipo] hairstyle.

◆ **peinada** f fam combing; **darse una peinada** to comb one's hair.

peinador, ra ◇ adj combing. ◇ m, f hairdresser.

◆ **peinador** m - 1. [bata] hairdressing gown. - 2. [toalla] towel. - 3. Amér [tocador] dressing table.

◆ **peinadora** f wool-carding machine.

peinadura f hairdressing.

◆ **peinaduras** fpl combings.

peinar vt - 1. [cabello] to comb. - 2. [lana] to card. - 3. fig [piel, rostro] to brush, to touch.

◆ **peinarse** vpr to comb one's hair.

peine m - 1. [de cabello] comb; **pasarse el ~** to comb one's hair ❑ **enterarse de** o **saber lo que vale un ~** fam fig to find out what's what o a thing or two. - 2. [de lana] card. - 3. fig [persona] sly o crafty person. - 4. Amér [para cazar] snare.

peinero, ra m, f - 1. [fabricante] comb maker. - 2. [vendedor] comb seller.

peineta f comb worn in the back of the hair.

p.ej. (abrev escrita de **por ejemplo**) e.g.

peje m - 1. [pez] fish; ~ **araña** stingfish; ~ **diablo** scorpion fish. - 2. fig [desvergonzado] sly o crafty person. - 3. Amér [tonto] fool.

pejiguera f fam drag, pain.

Pekín s Peking, Beijing.

pekinés, esa adj & m, f = **pequinés.**

pela f - 1. fam [moneda] peseta; **no tengo ~s** I'm skint. - 2. Amér [zurra] beating, thrashing.

pelada f - 1. [piel] pelt. - 2. Amér [error] blunder. - 3. Amér fam [muerte] death.

peladera f - 1. [calvicie] baldness. - 2. Amér [susurro] gossip.

peladero m - 1. [de animales] place where pigs are scalded after being slaughtered. - 2. fig [garito] gambling den. - 3. Amér [terreno] wasteland.

peladilla *f* sugared almond.

pelado, da ◇ *adj* - **1.** [cabeza] shorn. - **2.** [piel, cara etc] peeling; [fruta] peeled. - **3.** [habitación, monte, árbol] bare. - **4.** [número] exact, round; **saqué un aprobado** ~ I passed, but only just. - **5.** *fam* [sin dinero] broke, skint. - **6.** [ave] plucked. - **7.** *fig* [discurso] direct, straightforward. - **8.** *Amér* [desvergonzado] impudent, insolent. ◇ *m, f Amér* - **1.** [pobre] pauper. - **2.** [grosero] rude o uncouth person. - **3.** [niño] child, kid.
◆ **pelado** *m* - **1.** [corte de pelo] haircut. - **2.** [esquileo] shearing. - **3.** [desplume] plucking.

pelador, ra *m, f* peeler.

peladura *f* peeling.

pelafustán, ana *m, f despec* good-for-nothing.

pelagallos *m inv fig* tramp.

pelagatos *mf inv fam despec* nobody.

pelágico, ca *adj* pelagic.

pelaje *m* - **1.** [de gato, oso, conejo] fur; [de perro, caballo] coat. - **2.** *fig* [apariencia] looks *(pl)*, appearance.

pelambre *m* - **1.** [cabellera] mane o mop of hair. - **2.** [líquido] lime solution. - **3.** [falta de pelo] baldness. - **4.** *Amér* [censura] censure, criticism.

pelambrera *f* long thick hair *(U)*.

pelambrón *m Amér* ragamuffin.

pelanas *mf inv fam* poor devil, wretch.

pelandusca *f fam despec* tart, slut.

pelapatatas *m inv* potato peeler.

pelar *vt* - **1.** [persona] to cut the hair of. - **2.** [fruta, patatas] to peel; [guisantes, marisco] to shell. - **3.** [aves] to pluck; [conejos etc] to skin. - **4.** *fam fig* [dejar sin dinero] to fleece.
◆ **pelarse** *vpr* - **1.** [cortarse el pelo] to have one's hair cut. - **2.** [piel, espalda etc] to peel. - **3.** *Amér* [confundirse] to become confused. - **4.** *loc*: **pelárselas** *fam* to run like mad; **pelárselas por** to be dying for.

peldaño *m* [gen] step; [de escalera de mano] rung.

pelea *f* - **1.** [a golpes] fight. - **2.** [riña] row, quarrel. - **3.** *fig* [esfuerzo] struggle, fight; **ha librado muchas** ~**s para sacar adelante a su familia** he has struggled hard to support his family.
◆ **pelea de gallos** *f* cockfight.

peleador, ra *adj* - **1.** [que pelea] fighting. - **2.** [propenso a pelear] quarrelsome.

pelear *vi* - **1.** [a golpes] to fight. - **2.** [a gritos] to have a row o quarrel. - **3.** [esforzarse] to struggle, to battle; ~ **por** to fight o struggle for; **ha peleado mucho por ese puesto** she has fought hard to get that job. - **4.** [con armas] to fight.
◆ **pelearse** *vpr* - **1.** [a golpes] to fight. - **2.** [a gritos] to have a row o quarrel.

pelechar *vi* - **1.** [echar plumas] to grow feathers. - **2.** *fig* [medrar] to be on the mend.

pelele *m* - **1.** *fam despec* [persona] puppet. - **2.** [muñeco] guy, straw doll. - **3.** [prenda de bebé] rompers *(pl)*.

peleón, ona *adj* - **1.** [persona] aggressive. - **2.** [vino] rough.
◆ **peleona** *f fam* quarrel, wrangle.

pelero *m Amér* saddle blanket.

peletería *f* - **1.** [tienda] fur shop, furrier's. - **2.** [oficio] furriery. - **3.** [pieles] furs *(pl)*.

peletero, ra *m, f* - **1.** [vendedor] furrier. - **2.** [fabricante] fur manufacturer.

peliagudo, da *adj* - **1.** [difícil] tricky. - **2.** [de pelo largo] long-haired. - **3.** [hábil, sutil] clever, crafty.

pelicano, pelícano *m* - **1.** [ave] pelican. - **2.** MED forceps *(pl)*.

pelicano, na *adj* grey-haired.

película *f* - **1.** [gen] film; **echar** o **poner una** ~ to show a film □ ~ **en colores** colour film; ~ **hablada** talking picture; ~ **muda/de terror** silent/horror film; ~ **del Oeste** western; ~ **virgen** FOT blank film; **de** ~ *fam* amazing. - **2.** *fam* [historia increíble] (tall) story. - **3.** [piel] skin.

peliculero, ra *m, f fam* teller of tall stories.

peligrar *vi* to be in danger.

peligro *m* danger; **correr** ~ **(de)** to be in danger (of); **estar/poner en** ~ to be/put at risk; **fuera de** ~ out of danger; **en** ~ **de extinción** [especie, animal] endangered; **¡**~ **de muerte!** danger!; **retirarse ante un** ~ to shrink from danger □ ~ **de incendio** fire hazard.

peligrosamente *adv* dangerously.

peligrosidad *f* danger.

peligroso, sa *adj* dangerous.

pelillo *m* - **1.** [pelo corto] short hair. - **2.** *fig* [tontería, nadería] trifle. - **3.** *loc*: **(echar)** ~**s a la mar** to bury the hatchet; **no tener** ~**s en la lengua** not to mince words; **pararse en** ~**s** to be easily offended; **pararse** o **reparar en** ~**s** to worry over nothing.

pelilloso, sa *adj fig* touchy.

pelín *m fam* mite, tiny bit.

pelirrojo, ja ◇ *adj* ginger, red-headed. ◇ *m, f* redhead.

pelirrubio, bia ◇ *adj* blond (*f* blonde), fair-haired. ◇ *m, f* blond (*f* blonde).

pella *f* - **1.** [masa] lump. - **2.** [manteca] raw lard. - **3.** [de planta] head. - **4.** *fig* [de dinero] sum, amount. - **5.** *loc*: **hacer** ~ to play truant.

pelleja *f* - **1.** [piel] hide, skin; **salvar la** ~ *fam fig* to save one's skin. - **2.** *fam* [prostituta] whore.

pellejería *f* - **1.** [lugar] tannery. - **2.** [pieles] skins *(pl)*, hides *(pl)*.
◆ **pellejerías** *fpl Amér* trouble *(sg)*, jam *(sg)*.

pellejero, ra *m, f* - **1.** [fabricante] tanner, dresser. - **2.** [vendedor] leather dealer.

pellejo *m* - **1.** [piel, vida] skin. - **2.** [del dedo] hangnail. - **3.** [odre] wineskin. - **4.** *fam fig* [borracho] boozer. - **5.** *loc*: **arriesgar** o **jugarse el** ~ to risk one's neck; **dar el** ~ to give one's life; **estar/ponerse en el** ~ **de otro** to be/put o.s. in someone else's shoes; **perder** o **soltar el** ~ to lose one's life; **no caber en el** ~ [estar gordo] to be very fat; [estar contento] to be bursting with joy; **no tener más que** ~ to be as thin as a rake, to be all skin and bone; **quitar a alguien el** ~ [matar] to bump sb off; [murmurar] to tear sb to shreds; [desvalijar, arruinar] to fleece sb, to clean sb out; **salvar el** ~ to save one's skin.

pellejudo, da *adj* flabby.

pellica *f* - **1.** [manta] *coverlet made of fine skins*. - **2.** [zamarra] sheepskin jacket.

pellico *m* sheepskin jacket.

pelliza *f* fur jacket.

pellizcador, ra *adj* pinching.

pellizcar [10] *vt* - **1.** [apretar] to pinch. - **2.** [comer] to pick at. - **3.** [coger] to take a pinch of.

pellizco *m* pinch; **dar un** ~ **a alguien** to give sb a pinch □ ~ **de monja** [con las uñas] hard pinch; [dulce] macaroon.

pellón *m* - **1.** [vellón] sheepskin. - **2.** *Amér* [cojín] saddle pad.

pelma *adj & mf* = **pelmazo**.

pelmazo, za *fam despec* ◇ *adj* annoying, tiresome. ◇ *m, f* bore, pain.

pelo *m* - **1.** [de la cabeza] hair; [de la barba] whisker. - **2.** [de oso, conejo, gato] fur; [de perro, caballo] coat. - **3.** [de melocotón] down. - **4.** [de un tejido] nap. - **5.** [de cepillo] bristle. - **6.** [hebra] strand. - **7.** [en un reloj] hairspring. - **8.** [en la madera] grain. - **9.** [en piedra preciosa] cloud, flaw. - **10.** *loc*: **agarrarse a** o **de un** ~ to clutch at straws; **caérsele el** ~ **a alguien** *fam* to be for the high jump; **con** ~**s y señales** with all the details; **de medio** ~ second-rate; **estar hasta los** ~**s** *fam* to be fed up; **le luce el** ~ he's as fit as a fiddle; **montar a caballo a** ~ to ride bareback; **no tener un** ~ **de tonto** *fam* to be nobody's fool; **no tener** ~**s en la lengua** *fam* not to mince one's words; **no verle el** ~ **a alguien** *fam* not to see hide nor hair of sb; **poner a alguien los** ~**s de punta** *fam* to make sb's hair stand on end; **por los** ~**s, por un** ~ by the skin of one's teeth, only just; **presentarse a**

un examen a ~ to enter an exam unprepared; **ser un hombre de** ~ **en pecho** to be a real man; **soltarse el** ~ to let one's hair down; **tomar el** ~ **a alguien** *fam* to pull sb's leg; **traído por los** ~**s** farfetched; **venir al** ~ **a alguien** *fam* to be just right for sb.
◆ **a contra pelo** *loc adv lit & fig* against the grain.
◆ **pelo de camello** *m* [tejido] camel hair.
pelón, ona *adj* **- 1.** [sin pelo] hairless. **- 2.** [rapado] short-haired. **- 3.** *fam fig* [pobre] broke.
◆ **pelón** *m Amér* **- 1.** [error] mistake, blunder. **- 2.** [melocotón] nectarine.
◆ **pelona** *f* **- 1.** [alopecia] baldness. **- 2.** *fam* [muerte] death.
Peloponeso *m*: **el** ~ the Peloponnese.
pelota ◇ *f* **- 1.** [gen & DEP] ball; **jugar a la** ~ to play ball ❑ ~ **base** baseball; ~ **de golf/de playa/de tenis** golf/beach/tennis ball; ~ **vasca** pelota. **- 2.** *fam* [cabeza] nut. **- 3.** [de arma] cannonball. **- 4.** *loc*: **devolver la** ~ **a alguien** to put the ball back into sb's court; **hacer la** ~ **(a alguien)** *fam* to suck up (to sb); **la** ~ **está en el tejado** *fig* it's in the air; **tener** ~ **por** *Amér* to have a crush on. ◇ *mf fam despec* [persona] crawler, creep.
◆ **pelotas** *fpl vulg* balls; **en** ~**s** *mfam fig* starkers, in the nude.
pelotari *mf* pelota player.
pelotazo *m* kick o throw of a ball.
pelotear ◇ *vi* **- 1.** [jugar, botar] to have a kickabout; [en tenis] to knock up. **- 2.** *fig* [lanzar] to juggle. **- 3.** *fig* [reñir] to quarrel, to argue. ◇ *vt* to audit.
peloteo *m* [en tenis] knock-up, rally.
pelotera *f* **- 1.** *fam* [discusión] scrap, fight. **- 2.** *Amér* [de béisbol] baseball player. **- 3.** *Amér* [de fútbol] footballer *Br*, soccer player *Am*.
pelotero *m* **- 1.** [fabricante] ball maker. **- 2.** *fam* [disputa] brawl, scuffle. **- 3.** *Amér* [de béisbol] baseball player. **- 4.** *Amér* [de fútbol] footballer *Br*, soccer player *Am*.
pelotilla *mf fam despec* creep, crawler.
pelotillero, ra *fam despec* ◇ *adj* creeping, crawling. ◇ *m, f* creep, crawler.
pelotón *m* **- 1.** [de soldados] squad; [de gente] crowd; DEP pack; ~ **de ejecución** firing squad. **- 2.** [de pelo] tuft.
pelotudo, da *adj Amér fam* stupid.
peltre *m* pewter.
peluca *f* **- 1.** [postizo] wig. **- 2.** *fig* [reprimenda] telling-off.
peluche *m* plush.
pelucón, ona *m, f Amér* **- 1.** [conservador] conservative. **- 2.** [de posición alta] big wig.
peludo, da *adj* hairy.
◆ **peludo** *m* **- 1.** [felpudo] thick mat. **- 2.** *Amér* [animal] armadillo. **- 3.** *Amér* [borrachera] drunken spree.
peluquería *f* **- 1.** [establecimiento] hairdresser's (shop); [para hombres] barber's (shop); [para mujeres] hairdresser's. **- 2.** [oficio] hairdressing.
peluquero, ra *m, f* [gen] hairdresser; [de hombres] barber.
peluquín *m* toupee; **ni hablar del** ~ *fig* it's out of the question.
pelusa *f* **- 1.** [de tela] fluff. **- 2.** [vello] down. **- 3.** *fam fig* [celos, envidia] jealousy; **tener** ~ to be jealous.
pélvico, ca, pelviano, na *adj* pelvic.
pelvis *f inv* pelvis.
Pemex (*abrev de* **Petróleos Mexicanos**) *m Mexican state oil company*.
PEN (*abrev de* **Plan Energético Nacional**) *m Spanish national energy plan*.
pena *f* **- 1.** [lástima] shame, pity; **¡qué** ~**!** what a shame o pity!; **dar** ~ to inspire pity; **el pobre me da** ~ I feel sorry for the poor chap; **me da** ~ **ver que su condición ha empeorado** I'm sorry to see that his condition has worsened. **- 2.** [tristeza] sadness, sorrow. **- 3.** (*gen pl*) [desgracia] problem, trouble; **bebe para ahogar las** ~**s** he drinks to drown his sorrows. **- 4.** (*gen pl*) [dificultad] struggle (U); **a duras** ~**s**

with great difficulty; **con la pensión que recibo mantengo a duras** ~**s a mi familia** the maintenance I receive is barely enough for me to support my family. **- 5.** [castigo] punishment; **so** o **bajo** ~ **de** under penalty of ❑ ~ **capital** o **de muerte** death penalty; ~ **máxima** DEP penalty; ~ **pecuniaria** fine. **- 6.** *Amér* [vergüenza] shame, embarrassment; **me da** ~ I'm ashamed of it. **- 7.** *Amér* [timidez] shyness. **- 8.** *loc*: **(no) valer** o **merecer la** ~ (not) to be worthwhile o worth it; **una película que merece la** ~ a film that is worth seeing; **pasar la** ~ **negra** to go through hell; **sin** ~ **ni gloria** without distinction.
◆ **penas** *fpl Amér* [almas en pena] ghosts.
penable *adj* punishable.
penacho *m* **- 1.** [de pájaro] crest. **- 2.** [adorno] plume. **- 3.** *fig* [de humo] plume. **- 4.** [soberbia] arrogance, haughtiness.
penado, da ◇ *adj* **- 1.** [difícil] difficult, arduous. **- 2.** [triste] sad, grieved. ◇ *m, f* [preso] convict.
penal ◇ *adj* criminal. ◇ *m* prison.
penalidad *f* (*gen pl*) **- 1.** [incomodidad, molestia] suffering (U), hardship. **- 2.** DER penalty, punishment.
penalista ◇ *adj* specializing in criminal law. ◇ *mf* [abogado] criminal lawyer.
penalización *f* **- 1.** [acción] penalization. **- 2.** [sanción] penalty.
penalizar [13] *vt* [gen & DEP] to penalize.
penalti, penalty *m* DEP penalty; **casarse de** ~ *fam fig* to have a shotgun wedding.
penar ◇ *vt* [castigar] to punish. ◇ *vi* [sufrir] to suffer; ~ **por** to crave o yearn for.
◆ **penarse** *vpr* to suffer.
penates *mpl* household gods; **volver a los** ~ *fig* to return home.
penca *f* **- 1.** [hoja] fleshy leaf. **- 2.** *fig* [látigo] whip. **- 3.** *Amér* [racimo de plátanos] bunch of bananas. **- 4.** *Amér* [chumbera] prickly pear. **- 5.** *Amér fam* [borrachera] drunken spree. **- 6.** *Amér* [hoja de maíz] maize leaf *Br*, corn leaf *Am*. **- 7.** *Amér* [chorro de sangre] gush of blood. **- 8.** *loc*: **a la pura** ~ *Amér* naked, nude; **hacerse de** ~**s** to play hard to get.
penco *m* **- 1.** *fam* [jamelgo] hack, nag. **- 2.** *Amér fam* [palurdo] yokel, country bumpkin. **- 3.** *Amér* [planta] agave.
pendanga *f* jack of diamonds.
pendejada *f fam* **- 1.** [tontería] foolish thing, foolishness (U). **- 2.** [cobardía] cowardly thing, cowardliness (U).
pendejo, ja *adj fam* **- 1.** [tonto] dumb, stupid. **- 2.** [cobarde] cowardly.
◆ **pendejo** *m* **- 1.** *fam* [cobarde] coward. **- 2.** *fam* [tonto] prat, idiot. **- 3.** [pelo] pubic hair.
pendencia *f* **- 1.** [riña] quarrel, fight. **- 2.** DER lis pendens, pending lawsuit.
pendenciar [7] *vi* to fight, to quarrel.
pendenciero, ra ◇ *adj* who always gets into a fight. ◇ *m, f* person who is always getting into fights.
pender *vi* **- 1.** [colgar]: ~ **(de)** to hang (from). **- 2.** *fig* [amenaza etc]: ~ **sobre** to hang over. **- 3.** *fig* [sentencia etc] to be pending. **- 4.** [depender] to depend.
pendiente ◇ *adj* **- 1.** [por resolver] pending; [deuda] outstanding. **- 2.**: **estar** ~ **de** [atento a] to keep an eye on; [a la espera de] to be waiting for. **- 3.** [asignatura] failed. **- 4.** [colgante] hanging. ◇ *m* **- 1.** [arete] earring. **- 2.** MIN top. ◇ *f* **- 1.** [cuesta] slope. **- 2.** [de tejado] pitch.
péndola *f* **- 1.** [péndulo] pendulum. **- 2.** [reloj] pendulum clock. **- 3.** ARQUIT queen post. **- 4.** [pluma] quill, pen.
pendón, ona *m, f fam* libertine.
◆ **pendón** *m* **- 1.** [bandera] pennant; [estandarte] standard. **- 2.** *fig* [persona] tall, unkempt person.
pendonear *vi fam* to hang out.
pendular *adj* **- 1.** [gen] swinging, swaying. **- 2.** [tren] high-speed (*antes de sust*).
péndulo, la *adj* hanging.
◆ **péndulo** *m* pendulum.

pene m penis.

peneca Amér fam ◇ mf primary school pupil. ◇ f primary school class.

penene mf untenured teacher or lecturer.

penetrabilidad f penetrability.

penetrable adj penetrable.

penetración f - 1. [gen] penetration; ~ **de mercado** ECON market penetration. - 2. [sagacidad] astuteness, sharpness.

penetrador, ra adj fig penetrating, acute.

penetrante adj - 1. [intenso - dolor] acute; [- olor] sharp; [-frío] biting; [- mirada] penetrating; [- voz, sonido etc] piercing. - 2. [sagaz] sharp, penetrating.

penetrar ◇ vi: ~ **en** [internarse en] to enter; [filtrarse por] to get into, to penetrate; [perforar] to pierce; [llegar a conocer] to get to the bottom of. ◇ vt - 1. [introducirse en - suj: arma, sonido etc] to pierce, to penetrate; [- suj: humedad, líquido] to permeate; [- suj: emoción, sentimiento] to pierce. - 2. [secreto etc] to get to the bottom of. - 3. [sexualmente] to penetrate.
◆ **penetrarse** vpr fig - 1. [comprender] to fathom, to understand fully. - 2. [empaparse] to steep o.s.

peneuvista ◇ adj of/relating to the Basque Nationalist Party PNV. ◇ mf member/supporter of the Basque Nationalist Party PNV.

penicilina f penicillin.

península f peninsula; **la** ~ **de Crimea** the Crimean Peninsula; **la** ~ **Ibérica** the Iberian Peninsula.

peninsular ◇ adj peninsular. ◇ mf peninsular Spaniard.

penique m penny; ~**s** pence.

penitencia f penance; **hacer** ~ to do penance.

penitenciado, da ◇ adj - 1. HIST condemned by the Inquisition. - 2. Amér [encarcelado] jailed, imprisoned. ◇ m, f - 1. HIST person condemned by the Inquisition. - 2. Amér [preso] prisoner, convict.

penitencial adj penitential.

penitenciar [7] vt to impose a penance on.

penitenciaría f - 1. [cárcel] penitentiary. - 2. [RELIG - tribunal] penitentiary; [- cargo] office of the Grand Penitentiary.

penitenciario, ria adj prison (antes de sust).
◆ **penitenciario** m RELIG confessor.

penitente mf penitent.

penoso, sa adj - 1. [trabajoso] laborious. - 2. [lamentable] distressing; [aspecto, espectáculo] sorry. - 3. fig [afligido] grieved, distressed.

pensado, da adj: **tener** ~ to have in mind, to intend; **en el día/momento menos** ~ when you least expect it; **mal** ~ twisted, evil-minded ❑ **un mal** ~ a twisted person.
◆ **de pensado** loc adj on purpose, purposely.
◆ **bien pensado** loc adv on reflection.

pensador, ra ◇ adj - 1. [pensante] thinking. - 2. [pensativo] pensive, thoughtful. ◇ m, f thinker; **libre** ~ free-thinker.

pensamiento m - 1. [gen] thought; [mente] mind; [idea] idea; **se debe potenciar la capacidad de** ~ **en los alumnos** pupils should be encouraged to think; **el** ~ **contemporáneo está marcado por el signo de la duda** contemporary thought is characterized by doubt; **le vino al** ~ **una idea curiosa** a strange idea entered her mind; **en un** ~ in a jiffy; **hundido** o **sumido en sus** ~**s** deep in thought; **leer el** ~ **a alguien** to read sb's mind o thoughts; **ni por** ~ I wouldn't dream of it; **no me pasó por el** ~ it never crossed my mind ❑ **como el** ~ in a flash. - 2. BOT pansy. - 3. fig [sospecha] suspicion. - 4. [sentencia] maxim, saying; **los** ~**s de Pascal tienen aún vigencia hoy en día** Pascal's maxims are still valid today.

pensante adj thinking.

pensar [19] ◇ vi to think; ~ **en algo/en alguien/en hacer algo** to think about sthg/about sb/about doing sthg; **piensa en un número/buen regalo** think of a number/good present; ~ **sobre algo** to think about sthg; **dar que** ~ **a alguien** to give sb food for thought; ~ **entre sí** o **para sí** to think to o.s.; ~ **mal** to be evil-minded; **¿qué piensas de...?** what do you think of o about...?; **sin** ~ without thinking. ◇ vt - 1. [reflexionar] to think about o over. - 2. [opinar, creer] to think; **piensa de él que es un memo** she thinks he's an idiot; ~ **algo de alguien/de algo** to think sthg of sb/of sthg; **pienso que no vendrá** I don't think she'll come. - 3. [idear] to think up. - 4. [tener la intención de]: ~ **hacer algo** to intend to do sthg; **pensándolo mejor** o **bien** on second thoughts.
◆ **pensarse** vpr: ~**se algo** to think about sthg, to think sthg over; **mejor que te lo pienses antes** you'd better think it over first.

pensativo, va adj pensive, thoughtful.

pensil ◇ adj hanging, dangling. ◇ m fig delightful garden.

pensión f - 1. [dinero] pension; [por estudios] grant; ~ **alimenticia** o **alimentaria** maintenance; ~ **anticipada** early pension; ~ **de jubilación/de viudedad** retirement/widow's pension. - 2. [de huéspedes] ≃ guest house; [en hotel] board and lodging Br, room and board Am; **media** ~ [en hotel] half board; **estar a media** ~ [en colegio] to have school dinners; ~ **completa** full board. - 3. fig [gravamen] encumbrance, lien.

pensionado, da ◇ adj pensioned. ◇ m, f pensioner.
◆ **pensionado** m boarding school.

pensionar vt - 1. [conceder pensión] to pension. - 2. Amér [molestar] to bother, to annoy.
◆ **pensionarse** vpr Amér to be bothered o annoyed.

pensionario m boarder, lodger.

pensionista mf - 1. [jubilado] pensioner. - 2. [en una pensión] guest, lodger. - 3. [en un colegio] boarder.

pentaedro m pentahedron.

pentagonal adj pentagonal.

pentágono, na adj pentagonal.
◆ **pentágono** m pentagon.
◆ **Pentágono** m: **el Pentágono** the Pentagon.

pentagrama m MÚS stave.

pentámetro m pentameter.

pentateuco m Pentateuch.

pentatlón m pentathlon.

Pentecostés m (no se usa pl) - 1. [católico] Whitsun, Whitsuntide. - 2. [judío] Pentecost.

pentotal® m Pentothal®.

penúltimo, ma adj & m, f penultimate, last but one.

penumbra f - 1. [sombra, semioscuridad] semidarkness, half-light; **en** ~ in semi-darkness. - 2. ASTRON penumbra. - 3. [en pintura] chiaroscuro.

penumbroso, sa adj [en la sombra] shadowy.

penuria f - 1. [pobreza] penury, poverty. - 2. [escasez] paucity, dearth.

peña f - 1. [roca] crag, rock; [monte] cliff. - 2. [grupo de amigos] circle, group; [club] club; [quinielística] pool. - 3. loc: **durar por** ~**s** to last for ages; **ser una** ~ to be hard as stone.

peñascal m rocky place, craggy place.

peñasco m large crag o rock.

peñón m rock; **el** ~ **de Gibraltar** the Rock of Gibraltar.

peo m fam fart.

peón m - 1. [obrero] unskilled labourer; ~ **caminero** navvy. - 2. [en ajedrez] pawn; [en damas] man, piece. - 3. [peonza] (spinning) top. - 4. [caminante] pedestrian. - 5. [soldado] foot soldier, infantryman. - 6. Amér [granjero] farmhand.
◆ **peón de brega** m TAUROM matador's assistant.

peonada f - 1. [día de trabajo] day's work. - 2. [sueldo] day's wages (pl). - 3. Amér [obreros] group of workers.

peonar vi Amér to labour.

peonería f day's labour.

peonía f peony.

peonza f (spinning) top; **ser una** ~ fig to be restless, to be a fidget.

peor ◇ *adj* - **1.** *(comparativo):* ~ **(que)** worse (than); **su coche es** ~ **que el mío** her car's worse than mine; **y lo que es** ~... and what's worse... - **2.** *(superlativo):* **el/la** ~... the worst...; **le ha tocado la** ~ **habitación** she's got the worst room. ◇ *pron:* **el/la** ~ **(de)** the worst (in); **el** ~ **de todos** the worst of all; **en el** ~ **de los casos** at worst, if the worst comes to the worst; **lo** ~ **fue que...** the worst thing was that... ◇ *adv* - **1.** *(comparativo):* ~ **(que)** worse (than); **ahora veo** ~ my eyesight has got worse; **canta** ~ **que tú** he's got a worse singing voice than you; **estar** ~ [enfermo] to get worse; ~ **que** ~, **tanto** ~ so much the worse. - **2.** *(superlativo)* worst; **el que lo hizo** ~ the one who did it (the) worst.

peoría *f* worsening, deterioration.

pepa *f Amér* - **1.** [mentira] lie. - **2.** [canica] marble.

pepenar *vt Amér* - **1.** [coger] to collect, to gather. - **2.** MIN to sift.

pepero, ra *m, f fam* active member of the PP (Partido Popular).

pepinar *m* cucumber patch.

pepinazo *m fam* explosion, blast.

pepinillo *m* gherkin.

pepino *m* - **1.** BOT cucumber; **me importa un** ~ *fam fig* I couldn't care less. - **2.** *fam* [obús] shell.

pepita *f* - **1.** [de fruta] pip. - **2.** [de oro] nugget. - **3.** VETER pip.

pepito *m* - **1.** [bocadillo] grilled meat sandwich. - **2.** *Amér fam* [persona] fop, dandy.

pepitoria *f* - **1.** [guisado] fricassee made with egg yolk. - **2.** *fig* [mezcla] jumble, hotchpotch.

pepona *f* large cardboard doll.

peppermint *m* = **pipermín.**

pepsina *f* pepsin, pepsine.

péptico, ca *adj* peptic.

peque[1] *etc v* → **pecar.**

peque[2] *m fam* little one.

pequeñez (*pl* **pequeñeces**) *f* - **1.** [gen] smallness. - **2.** *fig* [insignificancia] trifle. - **3.** [infancia] childhood. - **4.** *fig* [bajeza] pettiness, meanness.

pequeñín, na ◇ *adj* teeny, tiny. ◇ *m, f* tot.

pequeño, ña (*compar* **menor**, *superl* **el menor** o **la menor**) ◇ *adj* - **1.** [de tamaño] small, little; **los zapatos me quedan** ~**s** the shoes are too small for me ❑ **en** ~ [en miniatura] ; **su jardín es un Versalles en** ~ her garden is a miniature Versailles. - **2.** [hermano] little. - **3.** [posibilidad] slight. - **4.** [ingresos, cifras etc] low. - **5.** [humilde] humble, modest. ◇ *m, f* [niño] little one; **de** ~ as a child; **de** ~ **solía ir a robar fruta** as a child he used to go scrumping; **el** ~, **la pequeña** [benjamín] the youngest, the baby.

pequeñoburgués, esa (*pl* **pequeñoburgueses**) ◇ *adj* petit bourgeois. ◇ *m, f* petit bourgeois (*f* petite bourgeoise).

pequeñuelo, la ◇ *adj* tiny, teeny. ◇ *m, f* tot.

pequinés, esa (*pl* **pequineses**), **pekinés, esa** (*pl* **pekineses**) *adj & m, f* Pekinese.

◆ **pequinés** *m* [perro] Pekinese.

pera ◇ *f* - **1.** [fruta] pear. - **2.** [para ducha etc] (rubber) bulb. - **3.** [interruptor] pear-shaped switch. - **4.** [en barba] goatee. - **5.** *fig* [trabajo fácil] cushy job. - **6.** *loc:* **partir** ~**s** to fall out; **pedir** ~**s al olmo** to ask (for) the impossible; **ponerle a alguien las** ~**s al cuarto** to put the squeeze on sb; **ser la** ~ *fam* to be the limit. ◇ *adj inv fam* posh; **niño** ~ spoilt o posh brat.

peral *m* pear-tree.

peraleda *f* pear orchard.

perborato *m* perborate.

perca *f* perch.

percal *m* percale; **conocer el** ~ *fig* to know what one is doing.

percalina *f* percaline.

percance *m* mishap.

percatar *vi* to notice.

◆ **percatarse** *vpr:* ~ **(de algo)** to notice (sthg).

percebe *m* - **1.** [pez] barnacle. - **2.** *fam* [persona] twit.

percepción *f* - **1.** [de los sentidos] perception; ~ **extrasensorial** extrasensory perception. - **2.** [cobro] receipt, collection.

perceptibilidad *f* perceptibility.

perceptible *adj* - **1.** [por los sentidos] noticeable, perceptible. - **2.** [que se puede cobrar] receivable, payable.

perceptivo, va *adj* sensory.

perceptor, ra ◇ *adj* - **1.** [que siente] perceiving, sensing. - **2.** [que cobra] collecting. ◇ *m, f* - **1.** [persona que siente] perceiver. - **2.** [cobrador] collector, receiver.

percha *f* - **1.** [de armario] (coat) hanger; [de pared] coat rack; [de pie] coat stand. - **2.** [para pájaros] perch. - **3.** NÁUT headrail.

perchero *m* [de pared] coat rack; [de pie] coat stand.

percherón *m* shire horse.

percibir *vt* - **1.** [con los sentidos] to perceive, to notice; [por los oídos] to hear; [ver] to see. - **2.** [cobrar] to receive, to get.

percibo *m* collecting, receiving.

percolador *m* percolator.

percudir *vt* to tarnish, to dull.

◆ **percudirse** *vpr* to become stained.

percusión *f* percussion.

percusionista *mf* percussionist.

percusor *m* = **percutor.**

percutir *vi* - **1.** [golpear] to strike. - **2.** MED to percuss.

percutor, percusor *m* hammer, firing pin.

perdedor, ra ◇ *adj* losing. ◇ *m, f* loser.

perder [20] ◇ *vt* - **1.** [gen] to lose; **perdí un pendiente** I've lost an earring; **ha perdido su empleo** he's lost his job; **perdí cinco kilos en tres semanas** I lost five kilos in three weeks; **le he perdido el rastro** I've lost track of her. - **2.** [desperdiciar] to waste; **no pierdas el tiempo con tonterías** don't waste your time on nonsense like that. - **3.** [tren, oportunidad] to miss. - **4.** [perjudicar] to be the ruin of; **si vendes ahora tu parte en el negocio pierdes a tu socio** if you sell your part of the business now, you'll ruin your partner. ◇ *vi* - **1.** [salir derrotado] to lose. - **2.** [empeorar] to go downhill; **el negocio ha perdido mucho en los últimos tiempos** the business has really gone downhill recently. - **3.** [dejar escapar aire] to deflate, to go down; **una de las ruedas pierde** one of the tyres is going down. - **4.** [desteñirse] to fade. - **5.** [estropear] **echar algo a** ~ to spoil sthg; **no eches a** ~ **tu talento** don't waste your talent; **echarse a** ~ [alimento] to go off, to spoil.

◆ **perderse** *vpr* - **1.** [extraviarse] to get lost; **me perdí en el bosque** I got lost in the forest; **me he perdido, ¿podría repetir?** I'm lost, would you mind repeating what you just said? - **2.** [desaparecer] to disappear. - **3.** [desperdiciarse] to be wasted. - **4.** [desaprovechar]: ~**se algo** to miss out on sthg; **¡no te lo pierdas!** don't miss it! - **5.** [naufragar] to be lost at sea, to sink. - **6.** [dejar de ser útil] to go to waste. - **7.** [arruinarse] to be ruined. - **8.** *fig* [por los vicios] to be beyond salvation. - **9.** *fig* [anhelar]: ~**se por** to be mad about; **me pierdo por un abrigo de visón** I'd do anything for a mink coat.

perdible *adj* easily lost.

perdición *f* - **1.** *fig* [ruina] ruin, undoing. - **2.** [pasión] unbridled passion. - **3.** RELIG perdition, damnation.

pérdida *f* - **1.** [extraño] loss; **no tiene** ~ you can't miss it. - **2.** [de tiempo, dinero] waste. - **3.** [escape] leak. - **4.** [menoscabo] damage, harm.

◆ **pérdidas** *fpl* - **1.** FIN & MIL losses; ~**s y ganancias** profit and loss. - **2.** [daños] damage (U). - **3.** [de sangre] haemorrhage *(sg)*.

perdidamente *adv* hopelessly.

perdidizo, za *adj fam* - **1.** [cosa] lost on purpose; **hacer** ~ to hide. - **2.** [persona] who gets lost easily; **hacerse el** ~ make o.s. scarce; **hacerse** ~ **algo** to lose sthg on purpose.

perdido, da ◇ adj - **1.** [extraviado] lost; [animal, bala] stray. - **2.** [sucio] filthy. - **3.** [tiempo] wasted; [ocasión] missed. - **4.** fam [de remate] complete, utter. - **5.** [incorregible] incorrigible. - **6.** loc: **estar** ~ to be done for o lost; **estar** ~ **por** to be madly in love with. ◇ m, f reprobate.

perdigón m - **1.** [de plomo] pellet. - **2.** [ave] young partridge. - **3.** fam [en juego] loser. - **4.** [derrochador] spendthrift, wastrel.

perdigonada f - **1.** [tiro] shot. - **2.** [herida] gunshot wound.

perdiguero ◇ adj partridge-hunting. ◇ m English setter.

perdis m inv fam good-for-nothing, rake.

perdiz (pl **perdices**) f partridge; ~ **blanca** ptarmigan; **fueron felices y comieron perdices** they all lived happily ever after.

perdón ◇ m pardon, forgiveness; **con** ~ if you'll pardon the expression; **es un gilipollas, con** ~ he's a prat, if you'll pardon the expression; **no tener** ~ to be unforgivable; **pedir** ~ to apologize. ◇ interj sorry!

perdonable adj pardonable, forgivable.

perdonador, ra ◇ adj forgiving. ◇ m, f pardoner.

perdonar vt - **1.** [gen] to forgive; ~**le algo a alguien** to forgive sb for sthg; **perdone que le moleste** sorry to bother you. - **2.** [deuda, condena]: ~ **algo a alguien** to let sb off sthg; ~**le la vida a alguien** to spare sb their life. - **3.** [desperdiciar]: **no** ~ **algo** not to miss sthg. - **4.** [renunciar] to forego.

perdonavidas mf inv fam bully.

perdulario, ria ◇ adj - **1.** [descuidado] careless, slovenly. - **2.** [vicioso] rakish, dissolute. ◇ m, f - **1.** [descuidado] careless o slovenly person. - **2.** [vicioso] rake, dissolute person.

perdurabilidad f - **1.** [de lo duradero] durability. - **2.** [de lo eterno] eternal o everlasting nature.

perdurable adj - **1.** [que dura siempre] eternal. - **2.** [que dura mucho] long-lasting.

perdurar vi - **1.** [durar mucho] to endure, to last. - **2.** [persistir] to persist.

perecedero, ra adj - **1.** [productos] perishable. - **2.** [naturaleza] transitory.
♦ **perecedero** m fam poverty, want.

perecer [30] vi to perish, to die.
♦ **perecerse** vpr. ~**se por** to be dying for.

perecimiento m - **1.** [fin] end. - **2.** [muerte] death, demise.

peregrina f → peregrino.

peregrinación f, **peregrinaje** m - **1.** RELIG pilgrimage. - **2.** fig [a un lugar] trek. - **3.** fig [vida terrenal] earthly life.

peregrinamente adv - **1.** [extraordinariamente] strangely. - **2.** [primorosamente] beautifully, splendidly.

peregrinante ◇ adj travelling. ◇ mf traveller.

peregrinar vi - **1.** RELIG to make a pilgrimage. - **2.** fig [a un lugar] to trail, to trek.

peregrino, na ◇ adj - **1.** [ave] migratory. - **2.** fig [extraño] strange. - **3.** [viajero] travelling. - **4.** RELIG on a pilgrimage. ◇ m, f [persona] pilgrim.
♦ **peregrina** f [vieira] scallop.

perejil m - **1.** [planta] parsley. - **2.** fig [adorno] adornment, ornament.
♦ **perejiles** mpl titles.

perencejo m so-and-so, what's his/her name.

perendengue m - **1.** [arete] earring. - **2.** [adorno] cheap ornament.

perengano, na m, f so-and-so, what's his/her name.

perenne adj - **1.** BOT perennial. - **2.** [recuerdo] enduring. - **3.** [continuo] constant.

perennemente adv perennially.

perennidad f perpetuity.

perentoriamente adv peremptorily.

perentoriedad f peremptoriness.

perentorio, ria adj [urgente] urgent, pressing; [gesto, tono] peremptory; **plazo** ~ fixed time limit.

perestroika f perestroika.

pereza f - **1.** [tedio] idleness; **me da** ~ **ir a pie** I can't be bothered walking o to walk; **sacudirse la** ~ to wake o.s. up. - **2.** [lentitud] slowness, sluggishness. - **3.** Amér [animal] sloth.

perezca etc v → **perecer**.

perezosamente adv lazily.

perezoso, sa ◇ adj - **1.** [vago] lazy. - **2.** [lento] slow, sluggish. ◇ m, f [vago] lazy person, idler.
♦ **perezoso** m sloth.

perfección f perfection; **es de una gran** ~ it's exceptionally good; **a la** ~ perfectly, to perfection.

perfeccionado, da adj - **1.** [acabado, redondeado] perfected. - **2.** [mejorado] improved.

perfeccionamiento m - **1.** [acabado] perfecting. - **2.** [mejoramiento] improvement.

perfeccionar vt - **1.** [redondear] to perfect. - **2.** [mejorar] to improve.

perfeccionismo m perfectionism.

perfeccionista adj & mf perfectionist.

perfectamente ◇ adv - **1.** [sobradamente] perfectly. - **2.** [muy bien] fine; **¿cómo estás?** - **estoy** ~ how are you? - I'm fine. ◇ interj [de acuerdo] fine!, great!

perfectible adj perfectible.

perfectivo, va adj perfective.

perfecto, ta adj perfect.

pérfidamente adv perfidiously.

perfidia f perfidy, treachery.

pérfido, da ◇ adj perfidious, treacherous. ◇ m, f treacherous person.

perfil m - **1.** [contorno] outline, shape. - **2.** [de cara, cuerpo] profile; **de** ~ in profile ❑ **medio** ~ half-profile. - **3.** fig [característica] characteristic. - **4.** fig [retrato moral] profile. - **5.** GEOM cross section.
♦ **perfiles** mpl - **1.** [retoques] finishing touches; **tomar** ~**es** to trace. - **2.** [miramientos] social courtesies.

perfilado, da adj - **1.** [rostro] long and thin. - **2.** [nariz] perfect, regular. - **3.** [de perfil] in profile.

perfilar vt - **1.** [trazar] to outline. - **2.** fig [afinar] to polish, to put the finishing touches to.
♦ **perfilarse** vpr. - **1.** [destacarse] to be outlined. - **2.** [concretarse] to shape up. - **3.** [colocarse de perfil] to show one's profile. - **4.** fam [arreglarse] to get o.s. ready, to smarten o.s. up.

perforación f - **1.** [gen & MED] perforation. - **2.** [taladro] borehole. - **3.** MIN drilling, boring.

perforado m perforation.

perforador, ra adj drilling.
♦ **perforadora** f - **1.** [herramienta] drill. - **2.** INFORM card punch.

perforar vt [horadar] to perforate; [agujero] to drill; INFORM to punch.

perfumadero m cassolette, perfume pan.

perfumado, da adj perfumed.

perfumador m perfume atomizer.

perfumar vt to perfume.
♦ **perfumarse** vpr to put perfume on.

perfume m perfume.

perfumería f - **1.** [tienda, arte] perfumery. - **2.** [productos] perfumes (pl).

perfumero, ra m, f, **perfumista** mf perfumer.

perfusión f perfusion.

pergamino m - **1.** [papel] parchment. - **2.** [documento] document.
♦ **pergaminos** mpl titles of nobility.

pergeño m appearance, looks (pl).

pérgola f pergola.

pericardio m pericardium.

pericarpio m pericarp.

pericia *f* skill.

pericial *adj* expert.

perico *m* - **1.** *fam* [pájaro] parakeet. - **2.** *mfam* [cocaína] snow. - **3.** [orinal] large chamber pot. - **4.** NÁUT mizzen topgallant mast. - **5.** *Amér* [borracho] drunk. - **6.** *Amér* [requiebro] compliment. - **7.** *Amér* [charlatán] big talker. - **8.** *Amér* [café con leche] white coffee. - **9.** *loc:* ~ **entre ellas** ladies' man.

◆ **perico ligero** *m* sloth.

pericón, ona ◇ *adj* [caballo] fit for all uses. ◇ *m, f* [caballo] horse fit for all uses.

◆ **pericón** *m* - **1.** [en juego] queen of clubs. - **2.** [abanico] large fan. - **3.** *Amér* [baile] *popular dance of Argentina and Uruguay.*

pericote *m Amér* large rat.

periferia *f* periphery; [alrededores] outskirts *(pl)*.

periférico, ca *adj* peripheral; [barrio] outlying.

◆ **periférico** *m* INFORM peripheral.

perifollo *m* chervil.

◆ **perifollos** *mpl fam* frills (and fripperies).

perífrasis *f inv:* ~ **(verbal)** wordy explanation.

perifrástico, ca *adj* long-winded.

perigeo *m* ASTRON perigee.

perihelio *m* ASTRON perihelion.

perilla *f* - **1.** [barba] goatee; **venir de** ~**(s)** *fam fig* to be just the right thing. - **2.** [adorno] pear-shaped ornament.

perímetro *m* perimeter.

perinatal *adj* perinatal.

perinola *f* - **1.** [juguete] teetotum. - **2.** [adorno] pear-shaped ornament. - **3.** *fig* [mujer] petite and vivacious woman.

periódicamente *adv* periodically.

periodicidad *f* [frecuencia] frequency; TECN periodicity.

periódico, ca *adj* - **1.** [gen] periodic. - **2.** MAT recurrent.

◆ **periódico** *m* newspaper.

periodicucho *m despec* rag, bad newspaper.

periodismo *m* - **1.** [profesión] journalism. - **2.** [profesionales] journalists *(pl)*.

periodista *mf* journalist.

periodístico, ca *adj* journalistic.

periodo, período *m* - **1.** [gen] period; DEP half; ~ **de gestación** gestation period; ~ **de prueba** trial period. - **2.** GEOL age.

peripatético, ca ◇ *adj* - **1.** FILOS Peripatetic. - **2.** *fam* [ridículo] ludicrous. ◇ *m, f* Peripatetic.

peripecia *f* incident, sudden change.

periplo *m* journey, voyage.

peripuesto, ta *adj fam* dolled-up, tarted-up.

periquete *m:* **en un** ~ *fam* in a jiffy.

periquito ◇ *m* parakeet. ◇ *adj fam* of/relating to the Español Football Club.

periscopio *m* periscope.

perista *mf fam* fence, receiver of stolen goods.

peristilo *m* peristyle.

perístole *f* peristalsis.

peritaje *m* - **1.** [trabajo] expert work; [informe] expert's report. - **2.** [estudios] professional training.

peritar *vt* [casa] to value; [coche] to assess the value of, to assess the damage to.

perito ◇ *adj* expert. ◇ *mf* - **1.** [experto] expert; ~ **agrónomo** agronomist. - **2.** [ingeniero técnico] technician.

peritoneo *m* peritoneum.

peritonitis *f inv* peritonitis.

perjudicar [10] *vt* to damage, to harm.

perjudicial *adj:* ~ **(para)** harmful (to).

perjuicio *m* harm *(U)*, damage *(U)*; **ir en** ~ **de** to be detrimental to; **sin** ~ **de** despite.

perjurar *vi* - **1.** [jurar mucho] to swear blind. - **2.** [jurar en falso] to commit perjury.

◆ **perjurarse** *vpr* to perjure o.s.

perjurio *m* perjury.

perjuro, ra ◇ *adj* perjured. ◇ *m, f* perjuror.

perla *f* - **1.** [de molusco] pearl; ~ **de cultivo** cultured pearl; **de** ~**s** great, fine; **me viene de** ~**s** it's just the right thing. - **2.** *fig* [maravilla] gem, treasure. - **3.** IMPRENTA four-point type.

perlado, da *adj* - **1.** [con perlas] pearly; [collar] pearl *(antes de sust)*. - **2.** [con gotas] beaded.

perlé *m* beading.

perlería *f* large quantity of pearls.

perlero, ra *adj* pearl *(antes de sust)*.

perlesía *f* palsy.

permanecer [30] *vi* - **1.** [en un lugar] to stay. - **2.** [en un estado] to remain, to stay.

permaneciente *adj* permanent.

permanencia *f* - **1.** [en un lugar] staying, continued stay. - **2.** [en un estado] continuation.

permanente ◇ *adj* permanent; [comisión] standing. ◇ *f* perm; **hacerse la** ~ to have a perm.

permanentemente *adv* permanently.

permanganato *m* QUÍM permanganate.

permeabilidad *f* permeability.

permeable *adj* permeable.

permisible *adj* permissible, acceptable.

permisión *f* permission, leave.

permisividad *f* permissiveness.

permisivo, va *adj* permissive.

permiso *m* - **1.** [autorización] permission; **con** ~ if I may, if you'll excuse me; **con** ~, **¿puedo pasar?** may I come in?; **pedir** ~ **para hacer algo** to ask permission to do sthg. - **2.** [documento] licence, permit; ~ **de armas** gun licence; ~ **de conducir** driving licence *Br*, driver's license *Am*; ~ **de obras** planning permission; ~ **de residencia/de trabajo** residence/work permit. - **3.** [vacaciones] leave; **estar de** ~ to be on leave. - **4.** [en moneda] tolerance.

permitido, da *adj* permitted, allowed.

permitidor, ra ◇ *adj* permitting, allowing. ◇ *m, f* permitter, allower.

USO ▶ Dar/pedir permiso

Para pedir permiso	Para dar permiso	Para negarlo
Could I see you for a minute?	Certainly o By all means.	I'm afraid not.
Can I go through this with you?	Of course (you can).	(I'm sorry,) no.
Do you mind if I invite Sue?	Of course I don't mind.	Yes I do mind!
Is it OK to tell him?	Yes, go ahead.	Certainly not!
▶ *menos directamente:*	▶ *menos directamente:*	▶ *menos directamente:*
I wonder if I might have a word?	I'll be with you in a minute.	I'm afraid I'm rather busy.
May I be excused?	I suppose so.	Actually, I'd rather you stayed.
Would it be all right if I left now?	If you must.	I'd rather you didn't.
Is there any chance of me seeing him?	I don't see why not.	It's not up to me.

permitir vt to allow; ~ **a alguien hacer algo** o **que haga algo** to allow sb to do sthg; **permítele venir** o **que venga con nosotros** let her come with us; **¿me permite?** may I? ◆ **permitirse** vpr - **1.** [tener libertad] to allow o.s. (the luxury of); **no puedo permitírmelo** I can't afford it. - **2.** [consentirse] to be permitted o allowed.

permuta, permutación f exchange.

permutabilidad f exchangeability.

permutable adj exchangeable.

permutación f = **permuta**.

permutar vt to exchange, to swap.

pernada f kick.

pernear vi - **1.** [mover piernas] to kick. - **2.** fig [andar mucho] to hustle along.

pernera f trouser leg.

perniabierto, ta adj bow-legged.

pernicioso, sa adj damaging, harmful.

pernil m - **1.** [de cerdo] leg of ham. - **2.** [de pantalón] trouser leg.

perno m - **1.** [tornillo] bolt. - **2.** [de gozne] knuckle.

pernoctar vi to stay overnight.

pero ◇ conj but; **la casa es vieja** ~ **céntrica** the house may be old, but it's central; ~ **¿qué es tanto ruido?** what on earth is all this noise about? ◇ m - **1.** [dificultad] snag, fault; **poner** ~**s a todo** to find fault with everything; **no hay** ~ **que valga** there are no buts about it. - **2.** [fruto] variety of apple. - **3.** Amér [árbol] pear tree.

perogrullada f fam truism.

perogrullesco, ca adj trite, hackneyed.

perogrullo m → **verdad**.

perol m casserole (dish).

peroné m fibula.

peronismo m Peronism.

peronista adj & mf Peronist.

peroración f speech.

perorar vi to make a speech.

perorata f long-winded speech.

peróxido m peroxide.

perpendicular adj perpendicular; **ser** ~ **a algo** to be at right angles to sthg.

perpendicularmente adv perpendicularly.

perpetración f perpetration.

perpetrador, ra ◇ adj perpetrating. ◇ m, f perpetrator.

perpetrar vt to perpetrate, to commit.

perpetua ◇ adj f → **perpetuo**. ◇ f everlasting.

perpetuación f perpetuation.

perpetuamente adv perpetually.

perpetuar [6] vt to perpetuate.
◆ **perpetuarse** vpr to last, to endure.

perpetuidad f perpetuity; **a** ~ in perpetuity; **presidente a** ~ president for life; **condenado a** ~ condemned to life imprisonment.

perpetuo, tua adj - **1.** [gen] perpetual. - **2.** [para toda la vida] lifelong; DER life (antes de sust).

perplejidad f perplexity, bewilderment.

perplejo, ja adj [confuso] perplexed, bewildered.

perra f - **1.** [rabieta] tantrum; **coger una** ~ to throw a tantrum. - **2.** [dinero] penny; **estoy sin una** ~ I'm flat broke; **tener muchas** ~**s** fam to be rolling in it. - **3.** [obstinación] stubbornness, obstinacy. - **4.** fam fig [borrachera] booze-up. - **5.** → **perro**.

perrada f - **1.** [conjunto de perros] pack of dogs. - **2.** fam fig [acción mala] dirty trick.

perramente adv fam fig terribly, awfully.

perrera f → **perrero**.

perrería f - **1.** fam [mala acción]: **hacer** ~**s a alguien** to play dirty tricks on sb. - **2.** [jauría] pack of dogs. - **3.** fig [mala gente] gang of thugs. - **4.** [expresión de enojo] angry remark.

perrero, ra m, f [persona] dog-catcher.
◆ **perrero** m - **1.** [cuidador] master of hounds. - **2.** [amante de perros] dog lover. - **3.** [en iglesia] beadle.
◆ **perrera** f - **1.** [lugar] kennels (pl). - **2.** [vehículo] dog-catcher's van. - **3.** [empleo] drudgery (U). - **4.** [rabieta] tantrum, fit. - **5.** fam [mal pagador] bad debtor. - **6.** Amér [acción mala] dirty trick.

perrillo m - **1.** [gatillo] trigger. - **2.** [de freno] curb.

perro, rra ◇ m, f - **1.** [animal] dog (f bitch); ~ **afgano** Afghan hound; ~ **de aguas** o **de lanas** poodle; ~ **callejero** stray dog; ~ **de casta** o **de raza** pedigree dog; ~ **de caza** hunting dog; ~ **cobrador** retriever; ~ **esquimal** husky; ~ **guardián** guard dog, watchdog; ~ **faldero** lapdog; ~ **lazarillo** guide dog; ~ **lobo** alsatian; ~ **lulú** Pomeranian; ~ **marino** dogfish; ~ **ovejero** Amér sheepdog; ~ **pastor** sheepdog; ~ **pastor alemán** German shepherd; ~ **policía** police dog; ~ **raposero** o **zorrero** foxhound; ~ **rastreador** tracker dog; ~ **salchicha** dachshund; ~ **de Terranova** Labrador; **¡a otro** ~ **con ese hueso!** fam pull the other one! Br, tell it to the marines! Am; **allí no atan los** ~**s con longaniza** money doesn't grow on trees there; **andar como el** ~ **y el gato** to fight like cat and dog; **de** ~**s** [tiempo etc] wretched, lousy; **echar algo a los** ~**s** to waste sthg; ~ **ladrador poco mordedor** proverb his bark is worse than his bite; **ser** ~ **viejo** to be an old hand; **tratar a alguien como a un** ~ to treat sb like a dog. - **2.** despec [persona] swine, dog. ◇ adj wretched, lousy.
◆ **perro caliente** m hot dog.

perruno, na adj canine.

persa adj & mf Persian.

persecución f - **1.** [seguimiento] pursuit. - **2.** [acoso] persecution.

persecutorio, ria adj [manía] persecution (antes de sust).

Perséfone f Persephone.

perseguidor, ra ◇ adj - **1.** [que sigue] pursuing. - **2.** [que atormenta] persecuting. - **3.** DER prosecuting. ◇ m, f - **1.** [el que sigue] pursuer. - **2.** [el que atormenta] persecutor. - **3.** DER prosecutor.

perseguir [43] vt - **1.** [seguir, tratar de obtener] to pursue. - **2.** [acosar] to persecute. - **3.** [suj: mala suerte, problema etc] to dog. - **4.** [atormentar] to torment; **los fantasmas de la niñez la persiguen** she is tormented by the ghosts of her childhood. - **5.** [insistir] to pester, to harass; **los niños me persiguieron hasta que compré los helados** the children wouldn't leave me alone until I had bought them all ice creams. - **6.** DER to prosecute.

Perseo m Perseus.

perseverancia f perseverance.

perseverante adj persistent.

perseverar vi: ~ **(en)** to persevere (with), to persist (in).

Persia s Persia.

persiana f - **1.** [para ventana, puerta] blind; ~ **enrollable/veneciana** roller/venetian blind. - **2.** TEXTIL flowered silk fabric.

pérsico, ca adj Persian.

persiga v → **perseguir**.

persignar vt to cross, to make the sign of the cross over.
◆ **persignarse** vpr - **1.** [santiguarse] to cross o.s. - **2.** fam fig [comenzar a vender] to make the first sale of the day.

persigo etc v → **perseguir**.

persistencia f persistence.

persistente adj persistent.

persistentemente adv persistently.

persistir vi: ~ **(en)** to persist (in).

persona f - **1.** [individuo] person; **cien** ~**s** a hundred people; **en** ~ in person; **este niño es el demonio en** ~ this child is the very devil; **ha venido el obispo en** ~ the bishop came in person; **de** ~ **a** ~ person to person, one to one; **la** ~ **responsable** the person in charge; **por** ~ per head; **ser buena** ~ to be nice ❑ ~ **mayor** adult, grown-up; ~ **no** o **non grata** persona non grata. - **2.** DER party; ~ **física**

private individual; ~ **jurídica** legal entity o person. - **3.** GRAM person; ~ **agente** agent; **primera** ~ GRAM first person; **tercera** ~ GRAM third person; *fig* [mediador] third party. - **4.** [personaje] character. - **5.** [hombre distinguido] personage. - **6.** RELIG person.
◆ **personas** *fpl* people.

personaje *m* - **1.** [persona importante] important person, celebrity. - **2.** [de obra] character.

personal ◇ *adj* [gen] personal; [teléfono, dirección] private, home *(antes de sust)*. ◇ *m* - **1.** [trabajadores] staff, personnel; ~ **docente** teaching staff; ~ **de tierra** AERON ground crew; ~ **de ventas** sales force o team. - **2.** *fam* [gente] people *(pl)*. ◇ *f* [en baloncesto] personal foul.

personalidad *f* - **1.** [características] personality; **tener** ~ to have personality o character. - **2.** [identidad] identity. - **3.** [persona importante] important person, celebrity. - **4.** DER legal personality o status.

personalismo *m* - **1.** [parcialidad] favouritism. - **2.** [egocentrismo] self-centredness.

personalizado, da *adj* personalized.

personalizar [13] ◇ *vi* - **1.** [nombrar] to name names. - **2.** [aludir] to get personal. ◇ *vt* GRAM to make personal.

personalmente *adv* personally.

personarse *vpr* - **1.** [presentarse] to turn up. - **2.** [reunirse] to meet. - **3.** DER to appear.

personería *f* - **1.** [cargo del personero] representation, proxy. - **2.** *Amér* DER personality.

personero, ra *m, f Amér* government representative.

personificación *f* personification.

personificar *vt* to personify.

perspectivo, va *adj* perspective.
◆ **perspectiva** *f* - **1.** [gen] perspective; ~ **aérea/lineal** aerial/linear perspective. - **2.** [paisaje] view. - **3.** [futuro] prospect; **en** ~ in prospect. - **4.** [apariencia] appearance.

perspicacia *f* insight, perceptiveness.

perspicaz *(pl* **perspicaces)** *adj* sharp, perceptive.

perspicuo, cua *adj* clear.

persuadidor, ra *adj* persuasive.

persuadir *vt* to persuade; ~ **a alguien para que haga algo** to persuade sb to do sthg.
◆ **persuadirse** *vpr* to convince o.s.; ~**se de algo** to become convinced of sthg.

persuasible *adj* plausible, credible.

persuasión *f* persuasion.

persuasivo, va *adj* persuasive.
◆ **persuasiva** *f* persuasive power.

persuasor, ra ◇ *adj* persuasive. ◇ *m, f* persuasive person.

pertenecer [30] *vi* - **1.** [gen]: ~ **a** to belong to; **este libro pertenece a la biblioteca de mi tío** this book is part of my uncle's library; **el león pertenece a la categoría de los felinos** the lion belongs to the cat family. - **2.** [corresponder] to be up to, to be a matter for; **es a él a quien pertenece presentar disculpas** it's up to him to apologize. - **3.** [afectar] to pertain o to apply to; **esta ley pertenece a todo el mundo** this law pertains to everyone.

perteneciente *adj* - **1.** [de propiedad de]: **ser** ~ **a** to belong to. - **2.** [referente] pertaining.

pertenencia *f* - **1.** [propiedad] ownership. - **2.** [afiliación] membership. - **3.** MIN *surface measurement of a claim*.
◆ **pertenencias** *fpl* - **1.** [enseres] belongings. - **2.** DER appurtenances.

pértiga *f* - **1.** [vara] pole. - **2.** DEP pole-vault.

pértigo *m* shaft.

pertiguear *vt* to knock down with a pole.

pertinacia *f* - **1.** [terquedad] stubbornness. - **2.** *fig* [persistencia] persistence.

pertinaz *(pl* **pertinaces)** *adj* - **1.** [terco] stubborn. - **2.** [persistente] persistent.

pertinazmente *adv* stubbornly.

pertinencia *f* - **1.** [adecuación] appropriateness. - **2.** [relevancia] relevance.

pertinente *adj* - **1.** [adecuado] appropriate. - **2.** [relativo] relevant, pertinent.

pertrechar *vt* - **1.** MIL to supply with food and ammunition. - **2.** *fig* [disponer] to prepare, to arrange.
◆ **pertrecharse** *vpr*: ~**se de** to equip o.s. with.

pertrechos *mpl* - **1.** MIL supplies and ammunition. - **2.** *fig* [utensilios] gear *(U)*.

perturbación *f* - **1.** [desconcierto] disquiet, unease. - **2.** [disturbio] disturbance; ~ **del orden público** breach of the peace. - **3.** MED mental imbalance. - **4.** METEOR unsettled weather *(U)*.

perturbado, da ◇ *adj* - **1.** MED disturbed, mentally unbalanced. - **2.** [desconcertado] perturbed. ◇ *m, f* MED mentally unbalanced person.

perturbador, ra ◇ *adj* unsettling. ◇ *m, f* troublemaker.

perturbar *vt* - **1.** [trastornar] to disrupt. - **2.** [inquietar] to disturb, to unsettle. - **3.** [enloquecer] to perturb.

perú *m*: **valer un** ~ to be worth a fortune.

Perú *s*: **(el)** ~ Peru.

peruanismo *m* Peruvianism.

peruano, na *adj & m, f* Peruvian.

perulero, ra ◇ *adj* Peruvian. ◇ *m, f* - **1.** [peruano] Peruvian. - **2.** [el que vuelve del Perú] *person who returns to Spain from Peru with a fortune*.
◆ **perulero** *m* [vasija] earthenware jar.

perversidad *f* wickedness.

perversión *f* perversion.

perverso, sa ◇ *adj* [depravado] depraved. ◇ *m, f* - **1.** [depravado] depraved person. - **2.** [persona mala] evildoer.

pervertido, da ◇ *adj* perverted. ◇ *m, f* pervert.

pervertidor, ra ◇ *adj* pernicious, corrupting. ◇ *m, f* reprobate, corrupter.

pervertimiento *m* perversion.

pervertir [27] *vt* to corrupt.
◆ **pervertirse** *vpr* to become corrupt, to be corrupted.

pervivencia *f* survival.

pervivir *vi* to survive.

pesa *f* - **1.** [gen] weight. - **2.** *(gen pl)* DEP weights *(pl)*.

pesabebés *m inv* baby-weighing scales *(pl)*.

pesacartas *m inv* letter-weighing scales *(pl)*.

pesada *f* → **pesado**.

pesadamente *adv* - **1.** [con gran peso] heavily. - **2.** *fig* [molestamente] annoyingly, tiresomely.

pesadez *(pl* **pesadeces)** *f* - **1.** [peso] weight. - **2.** [sensación] heaviness. - **3.** [molestia, fastidio] drag, pain. - **4.** [aburrimiento] ponderousness. - **5.** [lentitud] ponderousness, sluggishness. - **6.** [obesidad] fatness, obesity. - **7.** FÍS gravity.

pesadilla *f* nightmare.

pesado, da ◇ *adj* - **1.** [que pesa] heavy. - **2.** [caluroso] sultry. - **3.** [lento] ponderous, sluggish. - **4.** [duro] difficult, tough. - **5.** [aburrido] boring; **es un libro muy** ~ it's a very boring book. - **6.** [molesto] annoying, tiresome; **caer** ~ *fam* to be a pain; **ponerse** ~ to be a pain; **¡qué** ~ **eres!** you're so annoying! - **7.** [torpe] clumsy, awkward. - **8.** [fatigante] wearisome, tedious; **este trabajo es muy** ~ this is a very tedious job. - **9.** [ofensivo] offensive. - **10.** [obeso] fat. ◇ *m, f* bore, pain.
◆ **pesada** *f* amount weighed.

pesador, ra ◇ *adj* weighing. ◇ *m, f* weigher.

pesadumbre *f* - **1.** [pesar] grief, sorrow. - **2.** [pesadez] heaviness, weight. - **3.** [desazón] unpleasantness.

pésame *m* sympathy, condolences *(pl)*; **dar el** ~ to offer one's condolences.

pesante *adj* - **1.** [que pesa] weighty. - **2.** [triste] sad.

pesantez *(pl* **pesanteces)** *f* FÍS gravity.

pesar ◇ *m* - **1.** [tristeza] grief. - **2.** [arrepentimiento] remorse. ◇ *vt* - **1.** [determinar el peso de] to weigh. - **2.** [examinar] to weigh up. - **3.** *Amér* [vender] to sell. ◇ *vi* - **1.** [tener peso] to weigh. - **2.** [ser pesado] to be heavy. - **3.**

[importar] to play an important part; **en su decisión pesaron muchas razones** there were a number of reasons behind her decision. **- 4.** [molestar]: **me pesa tener que hacerlo** it grieves me to have to do it; **pese a quien pese** in spite of everything. **- 5.** [entristecer]: **me pesa tener que decirte esto** I'm sorry to have to tell you this.
◆ **pesarse** *vpr* to weigh o.s.
◆ **a pesar de los pesares** *loc adv* in spite of everything.
◆ **a pesar (de)** *loc prep* despite; **a ~ de las críticas siguió adelante con su proyecto** despite all the criticism, he continued with his plans; **a ~ mío** against my will; **muy a ~ mío no puedo darte lo que me pides** I can't give you what you want, much as I'd like to.
◆ **a pesar de que** *loc conj* in spite of the fact that.
pesarosamente *adv* **- 1.** [con arrepentimiento] with remorse. **- 2.** [con tristeza] with sorrow. **- 3.** [pesadamente] slowly, heavily.
pesaroso, sa *adj* **- 1.** [arrepentido] remorseful. **- 2.** [afligido] sad.
pesca *f* **- 1.** [acción] fishing; **ir de ~** to go fishing ❏ **~ de arrastre** trawling; **~ de bajura/altura** coastal/deep-sea fishing; **~ con caña** angling; **~ costera** o **litoral** coastal fishing; **~ furtiva** poaching; **~ con mosca** fly-fishing; **~ submarina** underwater fishing. **- 2.** [lo pescado] catch.
pescada *f* hake.
pescadería *f* fishmonger's (shop).
pescadero, ra *m, f* fishmonger.
pescadilla *f* whiting; **ser algo la ~ que se muerde la cola** *fig* to be a catch-22 (situation).
pescado *m* fish; **~ azul/blanco** blue/white fish; **se le ahumó el ~** *fam fig* he got all steamed up.
pescador, ra ◇ *adj* fishing. ◇ *m, f* fisherman (*f* fisherwoman); **~ furtivo** poacher.
◆ **pescador** *m* anglerfish.
pescante *m* **- 1.** [de carruaje] driver's seat. **- 2.** NÁUT davit. **- 3.** CONSTR jib, boom. **- 4.** TEATRO hoist.
pescar [10] ◇ *vt* **- 1.** [peces] *fig* to catch; **la poli pescó a los ladrones** the cops caught the thieves. **- 2.** *fam fig* [conseguir] to get o.s., to land; **he logrado ~ una plaza en el vuelo de esta tarde** I've managed to get myself a seat on this afternoon's flight. **- 3.** *fam fig* [entender] to pick up, to understand; **¿has pescado el chiste?** did you get the joke? ◇ *vi* to fish, to go fishing.
pescocear *vt Amér* **- 1.** [dar golpe] to hit on the neck. **- 2.** [asir] to grab by the neck.
pescozada *f*, **pescozón** *m* blow on the neck.
pescuezo *m* **- 1.** [de animal] neck; **retorcer el ~ a alguien** *fam* to wring sb's neck. **- 2.** *fig* [vanidad] pride, haughtiness.
pese ◆ **pese a** *loc prep* despite.
pesebre *m* **- 1.** [para los animales] manger. **- 2.** [belén] crib, Nativity scene.
pesebrera *f* row of mangers.
pesero *m Amér* fixed-rate taxi service.
peseta *f* [unidad] peseta; **cambiar la ~** *fam fig* to throw up.
◆ **pesetas** *fpl fig* [dinero] money (U).
pesetero, ra ◇ *adj* money-grubbing. ◇ *m, f* money-grubber.
pésimamente *adv* terribly, awfully.
pesimismo *m* pessimism.
pesimista ◇ *adj* pessimistic. ◇ *mf* pessimist.
pésimo, ma *adj* terrible, awful.
peso *m* **- 1.** [gen] weight; **el ~ de la culpabilidad** the burden of guilt; **siento ~ en las piernas** my legs feel heavy; **su palabra tiene mucho ~** his word carries a lot of weight; **el niño está en su justo ~** the boy is the right weight for his size; **el ~ de sus argumentos está fuera de duda** there is no disputing the force of her arguments; **de ~** [razones] weighty, sound; [persona] influential; **ganar/perder ~** to gain/lose weight; **vender algo al ~** to sell sthg by weight ❏ **~ atómico/molecular** atomic/molecular weight; **~ bruto/neto** gross/net weight; **~ espe-**

cífico specific gravity; **~ gallo** bantamweight; **~ muerto** dead weight; **~ ligero** lightweight; **~ medio** middleweight; **~ mosca** flyweight; **~ pesado** heavyweight; **~ pluma** featherweight; **~ semipesado** light heavyweight; **~ welter** welterweight; **caer por su propio ~** to be self-evident; **pagar algo a ~ de oro** to pay a fortune for sthg; **quitarse un ~ de encima** to take a load o weight off one's mind. **- 2.** [moneda] peso. **- 3.** [de atletismo] shot. **- 4.** [balanza] scales (*pl*).
pespita *f Amér* flirt.
pespuntar, pespuntear *vt* to backstitch.
pespunte *m* backstitch.
pespuntear *vt* = **pespuntar**.
pesque *etc v* → **pescar**.
pesquería *f* **- 1.** [pesquera] fishery, fishing ground. **- 2.** [acción] fishing.
pesquero, ra *adj* fishing.
◆ **pesquero** *m* fishing boat.
pesquis *m inv mfam* nous, gumption.
pesquisa *f* **- 1.** [investigación] investigation, inquiry. **- 2.** *Amér* [policía] secret police.
pesquisar *vt* to investigate, to inquire into.
pestaña *f* **- 1.** [de párpado] eyelash; **no pegar ~** *fam* not to sleep a wink; **quemarse las ~s** *fam* to burn the midnight oil. **- 2.** [saliente - de vestido] hem; [- de libro] flap; [- de rueda] rim. **- 3.** TECN flange. **- 4.** [borde] edge, border. **- 5.** BOT hair.
◆ **pestaña vibrátil** *f* BIOL cilium.
pestañear *vi* to blink; **sin ~** *fig* [con serenidad] without batting an eyelid; [con atención] without losing concentration once.
pestañeo *m* blinking.
pestazo *m fam* stink.
peste *f* **- 1.** [enfermedad, plaga] plague; **~ bubónica** bubonic plague; **~ negra** Black Death. **- 2.** *fam* [mal olor] stink, stench. **- 3.** [molestia] pest. **- 4.** *fig* [mala influencia] pestilence. **- 5.** *fig* [persona perniciosa] menace, evil influence. **- 6.** [exceso] plague. **- 7.** *Amér* [viruela] smallpox. **- 8.** *Amér* [catarro] cold. **- 9.** *loc*: **decir ~s de alguien, echar ~s de alguien** to heap abuse on sb; **echar ~s** [maldecir] to curse, to complain bitterly; **huir de alguien como de la ~** to avoid sb like the plague.
◆ **pestes** *fpl* offensive words.
pesticida ◇ *adj* pesticidal. ◇ *m* pesticide.
pestífero, ra ◇ *adj* **- 1.** [que causa peste] pestiferous. **- 2.** [que huele mal] foul, smelling. **- 3.** MED plagueridden. ◇ *m, f* MED plague victim.
pestilencia *f* **- 1.** [mal olor] stench. **- 2.** [enfermedad, plaga] pestilence, plague.
pestilente *adj* **- 1.** [que huele mal] foul-smelling. **- 2.** [que causa peste] pestilent, pestiferous.
pestillo *m* [cerrojo] bolt; [mecanismo, en verjas] latch; **correr** o **echar el ~** to shoot the bolt.
pestiño *m* CULIN honey-dipped fritter.
pestoso, sa *adj* foul, smelling.
pesuña *f* = **pezuña**.
petaca ◇ *f* **- 1.** [para cigarrillos] cigarette case; [para tabaco] tobacco pouch. **- 2.** [para bebidas] flask. **- 3.** *Amér* [maleta] suitcase; *Amér* [baúl] leather trunk. **- 4.** *Amér* [holgazán] lazy person. **- 5.** *Amér* [joroba] hump. **- 6.** *Amér* [para lavar] washing trough. **- 7.** *loc*: **hacer la ~** to make an apple-pie bed. ◇ *adj Amér* lazy, idle.
◆ **petacas** *fpl Amér* buttocks.
pétalo *m* petal.
petanca *f* game similar to bowls played in parks, on beach etc.
petardear ◇ *vt fig* [estafar] to cheat, to swindle. ◇ *vi* AUTOM to backfire.
petardista *mf* cheat, swindler.
petardo ◇ *m* **- 1.** [cohete] banger, firecracker. **- 2.** *fam* [aburrimiento] bore. **- 3.** *mfam* [porro] joint. **- 4.** MIL petard.

- 5. *fig* [engaño] fraud, swindle; **pegar un** ~ **a alguien** *fam* to pull a fast one on sb. ◇ *mf fam* [persona fea] horror, ugly person.

petate *m* - **1.** [maleta] kit bag; **liar el** ~ *fam* [marcharse] to pack one's bags and go; [morir] to kick the bucket. **- 2.** [estera] sleeping mat. **- 3.** [de ropa de cama] bed roll. **- 4.** *fam* [equipaje] baggage, luggage. **- 5.** *fig* [embustero] crook, swindler. **- 6.** *fig* [hombre despreciable] good-for-nothing, scoundrel.

petenera *f* Andalusian popular song; **salir por** ~**s** *fam fig* to go off at a tangent.

petera *f fam* - **1.** [disputa] brawl, quarrel. **- 2.** [obstinación] stubbornness, obstinacy.

petición *f* - **1.** [acción] request; **a** ~ **de** at the request of; **a** ~ **de un oyente**... at the request of one of our listeners... **- 2.** DER [escrito] petition; ~ **de mano** proposal (of marriage).

peticionante *adj & mf Amér* = **peticionario**.

peticionar *vt Amér* to petition.

peticionario, ria *Esp* ◇ *adj* petitioning. ◇ *m, f* petitioner.

petimetre, tra *m, f* fop, dandy.

petirrojo *m* robin.

petiso, sa *adj Amér fam* short.

◆ **petiso** *m Amér* [caballo] small horse.

petitorio, ria *adj* petitionary.

◆ **petitorio** *m* - **1.** *fam* [petición] tiresome request. **- 2.** FARM medicine catalogue.

◆ **petitoria** *f fam* petition, request.

peto *m* - **1.** [de prenda] bib. **- 2.** [de armadura] breastplate. **- 3.** DEP breastguard. **- 4.** [adorno] ornamental front. **- 5.** ZOOL plastron.

Petrarca *m* Petrarch.

pétreo, a *adj* [de piedra] stone; [como piedra] stony.

petrificación *f* petrification.

petrificado, da *adj* petrified.

petrificar [10] *vt lit & fig* to petrify.

◆ **petrificarse** *vpr* to become petrified.

petrodólar *m* petrodollar.

petroglifo *m* petroglyph.

petróleo *m* oil, petroleum; ~ **bruto** o **crudo** crude oil; ~ **combustible** fuel oil.

◆ **petróleo lampante** *m* kerosene.

petrolero, ra ◇ *adj* - **1.** [del petróleo] oil (antes de sust). **- 2.** [incendiario] incendiary. ◇ *m, f* - **1.** [vendedor] petroleum dealer. **- 2.** [incendiario] arsonist.

◆ **petrolero** *m* oil tanker.

petrolífero, ra *adj* oil (antes de sust).

Petronio *m* Petronius.

petroquímico, ca *adj* petrochemical.

◆ **petroquímica** *f* petrochemistry.

petulancia *f* arrogance.

petulante ◇ *adj* opinionated, arrogant. ◇ *mf* opinionated person.

petunia *f* petunia.

peúco *m* (gen pl) bootee.

peyorativo, va *adj* pejorative.

peyote *m* BOT peyote.

pez ◇ *m* fish; ~ **de colores** goldfish; ~ **espada** swordfish; ~ **luna** sunfish; ~ **martillo** hammerhead shark; ~ **piloto** pilot fish; ~ **plano** flatfish; ~ **de río** freshwater fish; ~ **reverso** remora; ~ **de San Pedro** dory; ~ **sierra** sawfish; ~ **volante** o **volador** flying fish; **estar uno como** ~ **en el agua** to be in one's element; **estar** ~ **(en algo)** to have no idea (about sthg); **estoy** ~ **en matemáticas** I'm hopeless at maths. ◇ *f* pitch, tar.

◆ **pez gordo** *m fam fig* big shot.

◆ **pez griega** *f* colophony, rosin.

◆ **pez mujer** *m* ZOOL manatee.

pezón *m* - **1.** [de pecho] nipple. **- 2.** BOT stalk. **- 3.** [de eje] tip.

pezonera *f* - **1.** [de eje] linchpin. **- 2.** [de mujer] nipple shield.

pezuña, pesuña *f* hoof.

pf *interj* hah!

PFE *m* - **1.** (abrev de **Partido Feminista de España**) Spanish Feminist Party. **- 2.** (abrev de **Patrimonio Forestal del Estado**) ≃ The Forestry Commission Br.

PGC (abrev de **Parque Móvil de la Guardia Civil**) *m* Spanish Civil Guard Vehicle Fleet.

PGE *mpl* (abrev de **Presupuestos Generales del Estado**) Spanish National Budget, ≃ the Budget Br.

phi *f* phi.

PHN (abrev de **Plan Hidrológico Nacional**) *m* Spanish National Hydrological Plan.

Phnom Penh [nom'pen] *s* Phnom Penh.

pi *f* MAT [letra] pi.

piada *f* - **1.** [de pájaro] cheep, chirp. **- 2.** *fam fig* [expresión] borrowed expression.

piador, ra, piante *adj* cheeping, chirping.

piadosamente *adv* - **1.** [con lástima] kindheartedly. **- 2.** [con devoción] piously.

piadoso, sa *adj* - **1.** [compasivo] kind-hearted. **- 2.** [religioso] pious.

piafar *vi* to paw the ground.

pialar *vt Amér* to snare, to trap.

pianista *mf* - **1.** [músico] pianist. **- 2.** [fabricante] piano maker. **- 3.** [vendedor] piano dealer.

pianístico, ca *adj* piano (antes de sust).

USO ▶ Peticiones y preguntas

Hacer una petición

Could you give me a hand with this?
I don't suppose you'd have time to help me with this?
Would you mind getting me some stamps while you're out?
We would appreciate it if you didn't tell anybody.
I was wondering whether or not you might be able to lend me £10?
Do me a favour and answer the door, will you? [familiar]

▶ *más educadamente:*

Could you possibly come back later?
Could I o May I see your passport, please?
Please will you help me with these bags?
If you would sign here, please.
Tenants are kindly requested to... [por escrito]

Respuestas

I'd be glad to/I'm sorry, no.
I'm sorry, I won't be able to.
Not at all — how many do you want?

Of course, I quite understand.
I suppose so/I'd rather not. [en tono reticente]

Sure. [familiar]

▶ *más educadamente:*

Yes, of course.
Yes, here you are.
With pleasure.
Certainly.

piano ◇ *m* piano; ~ **bar** piano bar; ~ **de cola** grand piano; ~ **de media cola** baby grand; ~ **vertical** upright piano. ◇ *adv* MÚS piano.

pianoforte *m* MÚS pianoforte, piano.

pianola *f* pianola.

pian, piano *loc adv fam* very slowly, little by little.

piante *adj* = **piador**.

piar [9] *vi* - **1.** [ave] to cheep, to tweet. - **2.** *fam* [persona] to snivel, to whine.

piara *f* [de cerdos] herd; [de ovejas] flock.

piastra *f* piastre, piaster.

PIB (*abrev de* **producto interior bruto**) *m* GDP.

pibe, ba *m, f Amér fam* kid, boy (*f* girl).

piberío *m Amér* bunch of kids.

PIC (*abrev de* **punto de información cultural**) *m* tourist information point.

pica *f* - **1.** [naipe] spade. - **2.** [lanza] pike; **poner una** ~ **en Flandes** to do the impossible. - **3.** TAUROM goad, picador's spear. - **4.** MIL pikeman. - **5.** [escoda] stonemason's hammer. - **6.** MED pica. - **7.** *Amér* [resentimiento] pique, resentment.

◆ **picas** *fpl* [palo de baraja] spades.

picacera *f Amér* pique, resentment.

picacero, ra *adj* magpie-hunting.

picacho *m* summit, peak.

picada *f* → **picado**.

picadero *m* - **1.** [de caballos] riding school. - **2.** *fam* [de soltero] bachelor pad. - **3.** NÁUT boat block.

picadillo *m* [de carne] mince; [de verdura] chopped vegetables (*pl*); **hacer** ~ **a alguien** *fig* to make mincemeat of sb.

picado, da *adj* - **1.** [marcado - piel] pockmarked; [- fruta] bruised. - **2.** [agujereado] perforated; ~ **de polilla** moth-eaten. - **3.** [triturado - alimento] chopped; [- carne] minced; [- tabaco] cut. - **4.** [vino] sour. - **5.** [diente] decayed. - **6.** [mar] choppy. - **7.** *fig* [enfadado] annoyed. - **8.** [en costura] pricked, perforated. - **9.** *Amér* [achispado] tipsy.

◆ **picado** *m* - **1.** [acción de picar] pricking, perforating. - **2.** AERON nose dive; **descender en** ~ to dive ☐ **caer en** ~ *lit & fig* to plummet.

◆ **picada** *f* - **1.** [de mosquito, serpiente] bite; [de avispa, escorpión, ortiga] sting. - **2.** [picotazo] peck. - **3.** *Amér* [camino estrecho] narrow trail. - **4.** *Amér* VETER anthrax.

picador, ra *m, f* - **1.** TAUROM picador. - **2.** [domador] (horse) trainer. - **3.** [minero] face worker.

◆ **picador** *m* CULIN chopping block.

picadora *f* mincer.

picadura *f* - **1.** [acción de picar] pricking, perforation. - **2.** [de mosquito, serpiente] bite; [de avispa, ortiga, escorpión] sting. - **3.** [de viruela] pockmark. - **4.** [de diente] decay (U). - **5.** [en fruta] bruise, spot. - **6.** [tabaco] (cut) tobacco (U).

picaflor *m* - **1.** [colibrí] hummingbird. - **2.** *Amér fig* [galanteador] flirt.

picajoso, sa *adj fam* ratty.

picamaderos *m inv* woodpecker.

picana *f Amér* goad.

picanear *vt Amér* to goad.

picante ◇ *adj* - **1.** [comida etc] spicy, hot. - **2.** *fig* [obsceno] saucy. - **3.** *fig* [mordaz] sharp, biting. ◇ *m* - **1.** [comida] spicy food; [sabor] spiciness. - **2.** [mordacidad] pointedness. - **3.** *Amér* [salsa] hot sauce.

picantería *f Amér* cheap restaurant.

picapedrero *m* stonecutter.

picapica *adj* → **polvo**.

picapleitos *mf inv* - **1.** *despec* [abogado] bad lawyer. - **2.** [pleitista] quarrelsome person.

picaporte *m* [aldaba] doorknocker; [barrita] latch; [llave] latchkey.

picar [10] ✧ *vt* - **1.** [suj: mosquito, serpiente] to bite; [suj:

avispa, escorpión, ortiga] to sting. - **2.** [escocer] to itch; **me pican los ojos** my eyes are stinging; **la pimienta pica la lengua** pepper burns your tongue. - **3.** [triturar - verdura] to chop; [- carne] to mince. - **4.** [suj: ave] to peck. - **5.** [suj: pez]: ~ **el anzuelo** ○ **cebo** to take the bait. - **6.** [aperitivo] to pick at. - **7.** [tierra, piedra, hielo] to hack at. - **8.** *fig* [enojar] to irritate. - **9.** *fig* [estimular - persona, caballo] to spur on; [- curiosidad] to prick. - **10.** [perforar - billete, ficha, cuero] to punch; [- papel] to perforate; [- en costura] to pink. - **11.** IMPRENTA & INFORM [teclear] to type. - **12.** TAUROM to goad. - **13.** [DEP - balón, pelota] to chip; [- bola de billar] to screw. - **14.** MÚS [nota] to play staccato. - **15.** ARTE to stipple. - **16.** MIL to pursue, to harass. ◇ *vi* - **1.** [alimento] to be spicy ○ hot. - **2.** [pez] to bite. - **3.** [escocer] to itch. - **4.** [ave] to peck. - **5.** [tomar un aperitivo] to nibble. - **6.** [sol] to burn. - **7.** [dejarse engañar] to take the bait. - **8.** AERON to dive. - **9.** *loc*: ~ **(muy) alto** to have great ambitions.

◆ **picarse** *vpr* - **1.** [vino] to turn sour. - **2.** [ropa] to become moth-eaten. - **3.** [mar] to get choppy. - **4.** [diente] to get a cavity. - **5.** [fruta, cuero, goma] to rot. - **6.** [oxidarse] to go rusty. - **7.** *fig* [enfadarse] to get annoyed ○ cross. - **8.** *fam* [inyectarse droga] to shoot up. - **9.** [preciarse, jactarse]: ~**se de algo** to take pride in being sthg.

◆ **picar en** *vi* - **1.** [rayar en] to border on; **eso pica en la descortesía** that borders on rudeness. - **2.** [tener nociones de] to dabble in; **ha picado en muchos temas** she has dabbled in many different subjects.

pícaramente *adv* - **1.** [con astucia] slyly, cunningly. - **2.** [de manera traviesa] mischievously, roguishly. - **3.** [con vileza] meanly, despicably.

picardear *vi* - **1.** [decir picardías] to say rude things. - **2.** [hacer picardías] to make mischief.

◆ **picardearse** *vpr* to go to the bad, to become corrupted.

picardía *f* - **1.** [astucia] sharpness, craftiness. - **2.** [travesura] naughty trick, mischief (U). - **3.** [atrevimiento] brazenness. - **4.** [prenda femenina] negligee. - **5.** [acción baja] dirty trick. - **6.** [acción deshonesta] dishonest thing.

◆ **picardías** *fpl* insults.

picaresco, ca *adj* - **1.** [del pícaro] mischievous, roguish. - **2.** LITER picaresque.

◆ **picaresca** *f* - **1.** LITER picaresque literature. - **2.** [modo de vida] roguery. - **3.** [pandilla] gang of rogues.

pícaro, ra ◇ *m, f* - **1.** [astuto] sly person, rogue. - **2.** [travieso] rascal. - **3.** [atrevido] brazen person. - **4.** [bribón] scoundrel, crook. - **5.** *fig* [malicioso] villain. ◇ *adj* - **1.** [astuto] sly, crafty. - **2.** [bajo] base, vile. - **3.** *fig* [malicioso] wicked, malicious. - **4.** *fig* [travieso] rascally, impish.

◆ **pícaro** *m* LITER rogue.

picarón, ona *fam* ◇ *adj* roguish, mischievous. ◇ *m, f* rogue, rascal.

◆ **picarón** *m Amér* fritter.

picaruelo, la ◇ *adj* roguish. ◇ *m, f* rogue.

picatoste *m* crouton.

picaza *f* magpie.

◆ **picaza marina** *f* flamingo.

picazo, za *adj* piebald.

◆ **picazo** *m* [golpe] jab.

picazón *f* - **1.** [en el cuerpo] itch. - **2.** *fam fig* [inquietud] uneasiness. - **3.** *fam fig* [enojo] annoyance, peevishness.

picha *f vulg* dick, knob.

pichana, pichanga *f Amér* broom.

pichel *m* tankard.

pichi *m* pinafore (dress).

pichichi *m* DEP top scorer.

pichincha *f Amér fam* snip, bargain.

pichiruche *m Amér fam* nobody.

pichón *m* - **1.** ZOOL young pigeon. - **2.** *fam fig* [apelativo cariñoso] darling, sweetheart.

pichula *f Amér vulg* prick, cock.

picnic (*pl* **picnics**) *m* picnic.

pico *m* - **1.** [de ave] beak. - **2.** [punta, saliente] corner. - **3.**

[herramienta] pick, pickaxe. - **4.** [cumbre] peak. - **5.** [cantidad indeterminada]: **cincuenta y ~** fifty-odd, fifty-something; **llegó a las cinco y ~** he got there just after five. - **6.** *fam* [boca] gob, mouth; **cerrar el ~** [callar] *fam* to shut up; **darse el ~** *fam* to smooch; **irse del ~** *fam* to shoot one's mouth off; **ser** o **tener un ~ de oro** to be a smooth talker, to have the gift of the gab. - **7.** [de vasija] lip, spout. - **8.** [verbosidad] **gift of the gab; tener mucho ~** *fam* to have the gift of the gab. - **9.** *Amér* [beso] kiss. - **10.** *loc:* **andar/irse de ~s pardos** to be/go out on the town; **le costó un ~** it cost her a fortune.

◆ **pico carpintero** *m* woodpecker.
◆ **pico de cigüeña** *m* cranesbill.
◆ **pico de frasco** *m* toucan.

picón, ona *adj* - **1.** ZOOL with protruding upper teeth. - **2.** *fam* [susceptible] touchy.

◆ **picón** *m* - **1.** [pez] stickleback. - **2.** [burla] teasing. - **3.** [carbón] charcoal for braziers.

picor *m* [del calor] burning; [que irrita] itch.

picoreto, ta *adj Amér* chatterbox.

picoso, sa *adj Amér* spicy, hot.

picota *f* - **1.** [de ajusticiados] pillory; **poner a alguien en la ~** *fig* to pillory sb. - **2.** [cereza] cherry. - **3.** [juego] *boy's game with pointed sticks.* - **4.** [de torre] spire. - **5.** [de montaña] summit, peak. - **6.** NÁUT cheek.

picotazo *Esp,* **piquetazo** *Amér m* peck.

picoteado, da *adj* - **1.** [que tiene picos] peaked. - **2.** [rostro] pitted.

picotear ◇ *vt* - **1.** [suj: ave] to peck. - **2.** *fig* [comer] to pick at. ◇ *vi* - **1.** [caballo] to toss its head. - **2.** *fam fig* [persona] to chatter, to jabber.

◆ **picotearse** *vpr* to quarrel, to bicker.

picoteo *m* pecking.

picotero, ra *fam* ◇ *adj* chatty, talkative. ◇ *m, f* chatterbox.

pícrico *adj* QUÍM picric.

pictografía *f* pictography.

pictórico, ca *adj* pictorial.

picudo, da *adj* - **1.** [puntiagudo] pointed. - **2.** [hocicudo] long-snouted, long-nosed. - **3.** *fam fig* [hablador] chatty, talkative.

◆ **picudo** *m* - **1.** [hierro largo] skewer, spit. - **2.** *Amér* [insecto] weevil.

pida, pidiera *etc v* → **pedir.**

pídola *f* leapfrog.

pie *m* - **1.** [gen, ANAT & LITER] foot; **mide tres ~s de ancho** it's three feet o foot wide; **estos zapatos me lastiman los ~s** these shoes hurt my feet; **lo miden todo por ~s** they measure everything in feet; **firma al ~ del escrito** sign at the bottom of the document; **al ~ de** at the foot of; **al ~ de** o **a los ~s de la cama** at the foot of the bed; **al ~ de la página** at the foot o bottom of the page; **a ~** on foot; **de ~s a cabeza** from head to toe; **echar ~ a tierra** [jinete] to dismount; [pasajero] to alight; **estar de** o **en ~** to be on one's feet o standing; **ponerse de** o **en ~** to stand up; **se me fueron los ~s** [resbalé] I slipped o lost my footing; **seguir en ~** [vigente] to be still valid; **perder/no hacer ~** to be out of one's depth ❑; **~ de atleta** athlete's foot; **~ de foto** caption; **~ de imprenta** imprint; **~s de cerdo** (pig's) trotters; **~s planos** flat feet; **en ~ de igualdad** on an equal footing; **en ~ de guerra** at war. - **2.** [de micrófono, lámpara etc] stand; [de copa] stem. - **3.** TEATRO cue; **te daré el ~ para que entres en escena** I'll give you your cue for going on stage. - **4.** *Amér* [anticipo] down payment. - **5.** *loc:* **al ~ de la letra** to the letter, word for word; **al ~ del cañón** ready for action; **andar con ~s de plomo** to tread carefully; **a ~ firme** steadfastly; **a ~s juntillas** unquestioningly; **a sus ~s** at your service; **buscarle (los) tres ~s al gato** to split hairs; **caer de ~** [tener suerte] to land on one's feet; **cojear del mismo ~** to be two of a kind; **con buen ~,** **con ~ derecho** on the right footing; **dar ~ a algo** [causar] to give rise to sthg; [ser motivo de] to

give cause for sthg; **dar ~ a alguien para que haga algo** to give sb cause to do sthg; **un soldado de a ~** a foot-soldier; **el ciudadano de a ~** the man in the street; **estar con un ~ en el estribo** to be about to leave; **hacer algo con los ~s** [muy mal] to make a mess of sthg; **levantarse con el ~ izquierdo** to get out of bed on the wrong side; **nacer de ~** to be born lucky; **no dar ~ con bola** to get everything wrong; **no tener ni ~s ni cabeza** to make no sense at all; **no tenerse de** o **en ~** [por cansancio] not to be able to stand up a minute longer; *fig* [por ser absurdo] not to stand up; **pararle los ~s a alguien** to put sb in their place; **poner los ~s en la tierra** to get a grip on reality; **poner ~s en polvorosa** to make a run for it; **saber de qué ~ cojea alguien** to know sb's weaknesses; **ser ligero de ~s** to be fast on one's feet o quick; **tener** o **estar con un ~ en la tumba** to have one foot in the grave.

piedad *f* - **1.** [compasión] pity; **mover a alguien a ~** to move sb to pity; **tener ~ de** to take pity on. - **2.** [religiosidad] piety. - **3.** [respeto filial] respect.

◆ **Piedad** *f* ARTE Pietà.

piedra *f* - **1.** [gen] stone; **lavado a la ~** stonewashed ❑; **~ afiladera** o **de afilar** fine whetstone, hone; **~ amoladera** o **de amolar** whetstone; **~ angular** *lit & fig* cornerstone; **~ arenisca** sandstone; **~ azufre** brimstone; **~ berroqueña** granite; **~ caliza** o **de cal** limestone; **~ fundamental** CONSTR keystone; [base] foundation, basis; **~ huamanga** *Amér* alabaster; **~ imán** lodestone; **~ infernal** lunar caustic, silver nitrate; **~ de jabón** saponite; **~ de labrador** labradorite; **~ lipis** QUÍM copper sulphate; **~ de la luna** moonstone; **~ meteórica** meteorite; **~ pómez** pumice stone; **~ preciosa** precious stone; **~ de sapo** *Amér* mica; **~ de toque** touchstone; **más duro que una ~** *fig* as hard as nails; **no dejar ~ por mover** *fig* to leave no stone unturned; **no dejar ~ sobre ~** to leave no stone standing; **poner la primera ~** [inaugurar] to lay the foundation stone; *fig* to lay the foundations; **quedarse de ~** to be thunderstruck; **tirar la ~ y esconder la mano** to play the innocent. - **2.** [de mechero] flint; **~ de chispa** flint. - **3.** [granizo] hailstone. - **4.** [rueda de molino] millstone, grindstone; **~ de molino** millstone. - **5.** MED stone; **~ biliar** gallstone; **~ nefrítica** kidney stone. - **6.** [casa cuna] foundling home. - **7.** *Amér* [persona aburrida] bore.

◆ **piedra filosofal** *f* philosopher's stone.
◆ **piedra Rosetta** *f* Rossetta stone.

piel *f* - **1.** ANAT skin; **~ de cabra** goatskin; **~ de cerdo** pigskin; **~ de foca** sealskin; **~ de gallina** *fig* goose pimples; **~ de oso** bearskin; **~ roja** redskin; **dejar** o **jugarse la ~** to risk one's neck; **ser de la ~ del diablo** to be a little devil; **vender la ~ del oso antes de cazarlo** *fig* to count one's chickens before they are hatched. - **2.** [cuero] leather; **de ~** leather. - **3.** [pelo] fur; **de ~** fur; **le gustan los abrigos de ~ de zorro** she likes fox fur coats. - **4.** [cáscara] skin, peel; **nunca le monda la ~ a las manzanas** he never peels his apples.

piensa *etc v* → **pensar.**

pienso *m* fodder.

pierda *etc v* → **perder.**

pierna *f* - **1.** ANAT leg; **~ de cordero** CULIN gigot, leg of lamb; **dormir a ~ suelta** *fam* to sleep like a log; **estirar las ~s** to stretch one's legs; **vamos a dar un paseo para estirar las ~s** let's go for a walk to stretch our legs. - **2.** [de compás] leg, branch. - **3.** [de letra] downstroke. - **4.** [de nuez] lobe. - **5.** *Amér* [en juego de naipes] player.

◆ **piernas** *m inv fam* nobody *(sg)*.

pietismo *m* RELIG pietism.

pieza *f* - **1.** [gen & MÚS] piece; [de mecanismo, máquina] part; **todas las ~s del rompecabezas** all the pieces of the jigsaw; **puso tres ~s de oro sobre el mostrador** she put three gold pieces down on the counter; **aprender a mover las ~s en el ajedrez no es fácil** it isn't easy learning how to move the pieces in chess; **es el autor de varias ~s dramáticas** he has written several plays ❑; **~ de coleccionista** collector's item; **~ de recambio** o **repuesto** spare part, extra *Am;* ~ **instrumental** instrumental; **un dos** ~**s** a two-piece suit; **dejar/quedarse de una** ~ to leave/be thunderstruck; ~ **por** ~ *fig* bit by bit; **ser de una** ~ [sólido] to be made in one piece, to be solid; *fig* [honrado] to be honest o upright. - **2.** [presa] specimen. - **3.** *irón* [persona]: **ser una buena** ~ to be a fine one o a right one. - **4.** [parche] patch. - **5.** [obra dramática] play. - **6.** [habitación] room. - **7.** DER: **de convicción** piece of evidence *(used by the prosecution).* - **8.** [rollo de tela] roll.

pífano *m* - **1.** [instrumento] fife. - **2.** [persona] fife player.

pifia *f* - **1.** [error] blunder. - **2.** [en billar] miscue. - **3.** *Amér* [burla] joke.

pifiar [8] ◇ *vt* - **1.** [equivocarse]: ~**la** *fam* to put one's foot in it. - **2.** [en billar] to miscue. - **3.** *Amér* [burlar] to mock. ◇ *vi* to wheeze.

Pigmalión *m* Pygmalion.

pigmentación *f* pigmentation.

pigmentar *vt* to pigment.

pigmento *m* pigment.

pigmeo, a *m, f* pygmy.

pignoración *f* pledging.

pignorar *vt* to pledge, to pawn.

pigricia *f desus* [pereza] laziness, slothfulness.

pija ◇ *adj f* → **pijo.** ◇ *f vulg* prick, cock.

pijada *f fam* [dicho] trivial remark; [hecho] trifle.

pijama *m* pyjamas *(pl).*

pijería *f fam* [dicho] trivial remark; [hecho] trifle.

pijo, ja *fam* ◇ *adj* posh. ◇ *m, f* spoilt rich brat.
◆ **pijo** *m vulg* prick, cock.

pila *f* - **1.** [generador] battery; ~ **alcalina** alkaline battery; ~ **atómica** atomic pile; ~ **eléctrica/galvánica/húmeda** electric/galvanic/wet cell; ~ **de larga duración** long-life battery; ~ **seca/solar** dry/solar cell. - **2.** [montón] pile; **tiene una** ~ **de deudas** he's up to his neck in debt. - **3.** [fregadero] sink; ~ **bautismal** (baptismal) font. - **4.** ARQUIT pile. - **5.** [recipiente] basin. - **6.** [fuente] fountain. - **7.** [de agua bendita] stoup, holy water font. - **8.** [de puente] pier. - **9.** *Amér* [grifo] tap *Br,* faucet *Am.*

pilar ◇ *m* - **1.** [apoyo] pillar. - **2.** [de fuente] basin, trough. - **3.** [mojón] milestone. - **4.** [de puente] pier. ◇ *vt* to hull, to husk.

pilastra *f* pilaster.

Pilato *m* BIBLIA: **Poncio** ~ Pontius Pilate.

pilca *f Amér* dry stone wall.

pilcha *f Amér* piece of clothing.

pilche *m Amér* wooden cup o bowl.

píldora *f* pill; [anticonceptivo]: **la** ~ the pill ❑ ~ **abortiva** morning-after pill; **dorar la** ~ *fig* to sugar the pill.

pileta *f Amér* - **1.** [piscina] swimming pool. - **2.** [pila] small basin o sink.

pillaje *m* - **1.** [robo] pillage. - **2.** MIL looting.

pillapilla *m* tag.

pillar ◇ *vt* - **1.** [gen] to catch. - **2.** [chiste, explicación] to get. - **3.** [atropellar] to knock down. - **4.** [robar] to pillage, to plunder. ◇ *vi* [hallarse]: **me pilla lejos** it's out of the way for me; **me pilla de camino** it's on my way.
◆ **pillarse** *vpr* [dedos etc] to catch.

pillastre *mf fam* rogue, crafty person.

pillería *f fam* - **1.** [grupo] gang of rascals. - **2.** [acción] prank, trick.

pillete *m fam* little scamp, rascal.

pillín, ina *m, f fam* little scamp, rascal.

pillo, lla *fam* ◇ *adj* - **1.** [travieso] mischievous. - **2.** [astuto] crafty. ◇ *m, f* - **1.** [pícaro] rascal. - **2.** [astuto] crafty person.

pilluelo, la *fam* ◇ *adj* naughty, mischievous. ◇ *m, f* rascal, scamp.

pilón *m* - **1.** [pila - para lavar] basin; [- para animales] trough. - **2.** [torre eléctrica] pylon. - **3.** [pilar grande] post. - **4.** [mortero] pounding mortar. - **5.** [pan de azúcar] sugarloaf. - **6.** [pesa móvil] movable weight. - **7.** *Amér* [propina] tip.

pilongo, ga *adj* thin, lean.

pilotaje *m* - **1.** [ciencia] piloting. - **2.** [pilotes] pilings *(pl).*

pilotar *vt* [avión] to fly, to pilot; [coche] to drive; [barco] to steer.

pilote *m* pile, stake.

piloto ◇ *mf* - **1.** [gen] pilot; [de coche] driver; ~ **automático** automatic pilot; ~ **de carreras** racing driver; ~ **de pruebas** test pilot. - **2.** [navegante] helmsman; ~ **de puerto** harbour pilot; ~ **práctico** coastal pilot. - **3.** *fig* [guía] pilot, guide; **yo seré el** ~ **para el proyecto** I will direct the project. ◇ *m* - **1.** [luz - de coche] tail light; [- de aparato] pilot lamp. - **2.** [llama] pilot light. ◇ *adj inv* pilot *(antes de sust).*

piltra *f mfam* pit, bed.

piltrafa *f* - **1.** *(gen pl)* [residuo] scrap. - **2.** *fam* [persona débil] wreck. - **3.** [carne] gristly meat.

piltre *adj* - **1.** [alechuginado] foppish. - **2.** *Amér* [arrugado] wrinkled, shrivelled.

pimental *m* pepper field.

pimentero *m* - **1.** [planta] pepper plant. - **2.** [vasija] pepper shaker.

pimentón *m* paprika.

pimienta *f* pepper; ~ **blanca/negra** white/black pepper; ~ **de cayena** cayenne pepper.

pimiento *m* - **1.** [fruto] pepper, capsicum; [planta] pimiento, pepper plant; ~ **chile/morrón** chilli/sweet pepper. - **2.** [pimentón] paprika.

pimpante *adj* - **1.** [satisfecho] well-pleased. - **2.** [garboso] swish, smart.

pimpi *m fam* fool, idiot.

pimpinela *f* pimpernel.

pimplar *vi mfam* to booze.

pimpollo *m* - **1.** [de rama, planta] shoot; [de flor] bud. - **2.** *fam fig* [persona atractiva] gorgeous person; *fam fig* [joven] gorgeous young person. - **3.** [árbol nuevo] sapling. - **4.** *fam fig* [niño hermoso] angel, cherub.

pin *m* badge.

PIN *(abrev de* **producto interior neto**) *m* NDP.

pina ◇ *adj f* → **pino.** ◇ *f* - **1.** [mojón] conical mound. - **2.** [de rueda] rim.

pinacoteca *f* art gallery.

pináculo *m* - **1.** [gen] pinnacle. - **2.** [juego de naipes] pinochle. - **3.** *fig* [cima] pinnacle, peak.

pinada, do *adj* pinnate.

pinar *m* pine wood o grove.

pinaza *f* pine needles *(pl).*

pincel *m* - **1.** [para pintar] paintbrush; [para maquillar etc] brush. - **2.** *fig* [estilo] style. - **3.** *fig* [pintor] painter. - **4.** *fig* [obra] work, painting.

pincelada *f* brushstroke; **a grandes** ~**s** *fig* in broad terms; **dar la última** ~ *fig* to put the finishing touches to.

pincelar *vt* to paint.

pincelazo *m* brushstroke.

pinchadiscos *mf inv* disc jockey.

pinchadura *f* puncture.

pinchar ◇ *vt* - **1.** [punzar - gen] to prick; [- rueda] to puncture; [- globo, balón] to burst. - **2.** [penetrar] to pierce. - **3.** [fijar]: ~ **algo en la pared** to pin sthg to the wall. - **4.** *fam* [teléfono] to tap. - **5.** *fig* [irritar] to torment. - **6.** *fig* [incitar]: ~ **a alguien para que haga algo** to urge sb to do sthg. ◇ *vi* - **1.** [rueda] to get a puncture. - **2.** [barba] to be prickly. - **3.** *loc:* **ella ni pincha ni corta** she cuts no ice.
◆ **pincharse** *vpr* - **1.** [punzarse - persona] to prick o.s.; [- rueda] to get a puncture. - **2.** *fig* [irritarse] to get annoyed. - **3.** [inyectarse]: ~**se (algo)** [medicamento] to inject o.s. (with sthg); **tiene que** ~**se insulina** she has to inject herself with insulin; *fam* [droga] to shoot up (with sthg); **su hijo se pincha** her son's on drugs.

pinchaúvas *m inv fam* - **1.** [que roba uvas] grapestealer. - **2.** *fig* [hombre despreciable] good-for-nothing.

pinchazo *m* - **1.** [punzada] prick. - **2.** [marca] needle mark. - **3.** [de neumático, balón etc] puncture, flat *Am*. - **4.** [inyección] injection. - **5.** [dicho malicioso] cutting remark.
◆ **pinchazo telefónico** *m fam* phone tap.

pinche ◇ *mf* kitchen boy (*f* kitchen maid). ◇ *m Amér* [ave] house sparrow. ◇ *adj Amér fam* damned.

pinchito *m* CULIN - **1.** [tapa] aperitif on a stick. - **2.** [pincho moruno] shish kebab.

pincho *m* - **1.** [punta] (sharp) point. - **2.** [de planta] prickle, thorn. - **3.** [varilla] pointed stick. - **4.** CULIN aperitif on a stick. - ~ **moruno** shish kebab. - **5.** [de aduanero] sampling stick. - **6.** *Amér* [de sombrero] hatpin.

Píndero *m* Pindar.

pindonga *f fam* loose woman.

pindonguear *vi fam* to loaf about.

pinedo *m*, **pineda** *f* pine wood o grove.

pinga *f Amér vulg* prick, cock.

pingajo *m fam despec* rag.

pinganilla *f Amér fam* dandy, pop.
◆ **en pinganillas** *loc adv Amér* - **1.** [en cuclillas] squatting. - **2.** [en situación incierta] on tenterhooks.

pinganillo, lla *adj Amér* - **1.** *fam* [rechoncho] tubby, chubby. - **2.** [elegante] elegant, well-dressed.
◆ **pinganillo** *m* icicle.

pingar [16] *vi* - **1.** [gotear] to drip. - **2.** [brincar] to skip (about), to hop (about). - **3.** [pender] to hang.

pingo *m* - **1.** *fam despec* [pingajo] rag. - **2.** [mamarracho]: **ir hecho un** ~ to look a state, to be dressed in rags. - **3.** *fam* [persona despreciable] rotter. - **4.** *Amér* [caballo vivo] fast horse. - **5.** *Amér* [caballo malo] nag. - **6.** *Amér* [diablo] devil. - **7.** *loc*: **andar de** ~ *fam fig* to gad about.
◆ **pingos** *mpl fam* cheap women's clothes.

pingonear *vi fam* to loaf about.

ping-pong [piŋ'pon] *m* ping-pong, table-tennis.

pingue *etc v* → **pingar**.

pingüe *adj* - **1.** [abundante] plentiful; ~**s ganancias** fat profit (*sg*). - **2.** [graso] greasy, fatty.

pingüino *m* penguin.

pinitos *mpl*: **hacer** ~ *lit & fig* to take one's first steps.

pino, na *adj* steep; **en** ~ standing, upright.
◆ **pino** *m* pine; ~ **albar** o **royo** o **silvestre** Scotch pine; ~ **alerce** larch; ~ **carrasco** o **carrasqueño** Aleppo pine; ~ **marítimo** o **rodeno** pinaster, cluster pinaster; **en el quinto** ~ *fig* in the middle of nowhere; **hacer el** ~ *fig* to do a handstand.
◆ **pinos** *fpl* first steps.

Pinocho *m* Pinocchio.

pinol, pinole, pínole *m Amér* roasted maize flour *Br*, roasted corn flour *Am*.

pinta *f* → **pinto**.

pintado, da *adj* - **1.** [coloreado] coloured; **'recién** ~' 'wet paint'. - **2.** [maquillado] made-up. - **3.** [moteado] speckled. - **4.** *fig* [semejante] identical. - **5.** *loc*: **como** ~ just right; **el más** ~ the best person around; **no poder ver a alguien ni** ~ *fam* not to be able to stand sb; **venir que ni** ~ to be just the thing.
◆ **pintado** *m* painting.
◆ **pintada** *f* - **1.** [escrito] graffiti (*U*). - **2.** [ave] guinea fowl.

pintalabios *m inv* lipstick.

pintamonas *mf inv fam* dauber.

pintar ◇ *vt* - **1.** [dibujo, pared] to paint; ~ **algo de** to paint sthg; **píntalo de negro** paint it black. - **2.** [escribir] to write. - **3.** *fig* [describir] to paint, to describe; **me pintó la escena con pelos y señales** he painted the scene in graphic detail. - **4.** *fig* [exagerar] to exaggerate. - **5.** *loc*: ~**la** to put on airs. ◇ *vi* - **1.** [con pintura] to paint. - **2.** [significar, importar] to count; **aquí no pinto nada** there's no place for me here; **¿qué pinto yo en este asunto?** where do I come in? - **3.** [fruto] to ripen. - **4.** *fam* [demostrarse] to appear, to show.

◆ **pintarse** *vpr* - **1.** [maquillarse] to make o.s. up. - **2.** [manifestarse] to show, to be evident. - **3.** [fruto] to ripen. - **4.** *loc*: **pintárselas uno solo para algo** to be a past master at sthg.

pintarrajear *vt fam despec* to daub.
◆ **pintarrajearse** *vpr fam* to paint o.s.

pintiparado, da *adj* - **1.** [igual] identical, exactly the same. - **2.** [muy a propósito] just right, ideal.

pintiparar *vt* - **1.** *fam* [comparar] to compare. - **2.** [asemejar] to liken.

pinto, ta *adj* - **1.** [moteado] speckled, spotted. - **2.** *Amér* [pillo] roguish, mischievous. - **3.** *Amér* [borracho] drunk.
◆ **pinta** ◇ *f* - **1.** [lunar] spot. - **2.** *fig* [aspecto] appearance; **tener pinta de algo** to look o seem sthg; **tiene buena pinta** it looks good. - **3.** [unidad de medida] pint. - **4.** [adorno] dot, spot. - **5.** [gota] drop. - **6.** MED typhoid (fever). - **7.** *Amér* [pintada] graffiti (*U*). - **8.** *Amér* [de animal] colour. - **9.** *Amér* [casta] lineage. ◇ *mf fam* [caradura] cheeky so-and-so.

pintón, ona *adj* - **1.** [frutas] ripening. - **2.** [ladrillos] half-baked. - **3.** *Amér* [achispado] tipsy.
◆ **pintón** *m Amér* half-ripe banana.

pintor, ra *m, f* painter; ~ **de brocha gorda** ARTE painter and decorator; *despec* dauber; ~ **de paisajes** landscape painter; ~ **de retratos** portrait painter.

pintoresco, ca *adj* picturesque; *fig* [extravagante] colourful.

pintorrear *vt fam* to daub.

pintura *f* - **1.** ARTE painting; ~ **a la acuarela** watercolour; ~ **de aguazo** o **a la aguada** gouache; ~ **figulina** pottery painting; ~ **al fresco** fresco; ~ **de miniatura** miniature painting; ~ **al óleo** oil painting; ~ **al pastel** pastel; ~ **rupestre** cave painting; ~ **al temple** tempera; **no poder ver a alguien ni en** ~ *fig* not to be able to stand the sight of sb. - **2.** [materia] paint; **necesito** ~ **roja** I need some red paint ❏ ~ **en aerosol** spray paint; [color] pigment; ~ **acrílica** gloss (paint); ~ **plástica** emulsion (paint). - **3.** *fig* [descripción] description, portrayal; **la novela pretende hacer la** ~ **de aquella época** the novel attempts to paint a picture of that age.

pinturero, ra *fam* ◇ *adj* vain, conceited. ◇ *m, f* show-off.

pinza *f* (*gen pl*) - **1.** [herramienta] tweezers (*pl*); [de tender ropa] peg, clothespin *Am*; **coger algo con** ~**s** *fam* to handle sthg with great care. - **2.** [de animal] pincer, claw. - **3.** [pliegue] fold. - **4.** [en costura] dart.
◆ **pinzas** *fpl* - **1.** [tenazas] tongs. - **2.** MED forceps.

pinzón *m* chaffinch; ~ **real** bullfinch.

piña *f* - **1.** [del pino] pine cone. - **2.** [ananás] pineapple; ~ **colada** piña colada. - **3.** *fig* [conjunto de gente] close-knit group; **formar una** ~ to rally, round. - **4.** *fam* [golpe] knock, bash; **darse de** ~**s** *Amér* to come to blows. - **5.** FILATELIA & TEXTIL piña cloth.

piñal *m Amér* pineapple plantation.

piñata *f* - **1.** [vasija] *suspended pot full of sweets which blindfolded children try to break open with sticks at parties*. - **2.** *Amér* [pelea] scuffle.

piñón *m* - **1.** [fruto] pine nut; **estar a partir un** ~ **con alguien** to be hand in glove with sb. - **2.** [rueda dentada] pinion; **ser de** ~ **fijo** to be fixed o rigid. - **3.** [burro] *last mule in a drove*. - **4.** [arbusto] nut pine. - **5.** MIL spring nut, catch. - **6.** ZOOL pinion.

piñonero, ra *adj* nut (*antes de sust*).
◆ **piñonero** *m* bullfinch.

pío, a *adj* - **1.** [devoto] pious. - **2.** [compasivo] merciful, compassionate. - **3.** [de beneficencia] charitable. - **4.** [color] piebald.
◆ **pío** *m* - **1.** [de ave] cheep, cheeping (*U*); [de gallina] cluck, clucking (*U*); **no decir ni** ~ *fig* not to say a word. - **2.** [deseo vivo] yearning, longing.

piocha *f* - **1.** [joya] hair ornament. - **2.** [flor] feather flower. - **3.** *Amér* [barba] Vandyke beard.

piojo *m* - **1.** [insecto] louse; ~ **de mar** whale louse. - **2.** *Amér* [garito] gambling den.
◆ **piojo resucitado** *m fam* parvenu, upstart.

piojoso, sa ◇ *adj* - **1.** [con piojos] lousy, covered in lice. - **2.** *fig* [sucio] flea-bitten, filthy. - **3.** [miserable] mean, miserly. ◇ *m, f* - **1.** [con piojos] louse-ridden person. - **2.** *fig* [sucio] filthy person.

piola ◇ *adj Amér fam* - **1.** [astuto] shrewd. - **2.** [estupendo] fabulous. ◇ *f* - **1.** NÁUT houseline, housing. - **2.** [juego] leapfrog. - **3.** *Amér* [cordel] string, cord.

piolín *m Amér* cord.

pionero, ra *m, f* pioneer.

piorrea *f* pyorrhoea.

pipa *f* - **1.** [para fumar] pipe; **fumar en** ~ to smoke a pipe. - **2.** [pepita] seed, pip; ~**s (de girasol)** *sunflower seeds coated in salt.* - **3.** [tonel] barrel. - **4.** [lengüeta] reed. - **5.** [flauta] pipe. - **6.** [espoleta] fuse. - **7.** *Amér* [barriga] belly. - **8.** *loc:* **pasarlo** o **pasárselo** ~ to have a whale of a time.

pipería *f* - **1.** [toneles] casks *(pl)*, barrels *(pl)*. - **2.** NÁUT water tanks *(pl)*.

pipermín, peppermint [piper'min] *m* peppermint liqueur.

pipeta *f* pipette.

pipí (*pl* **pipíes** o **pipís**) *m* - **1.** *fam* [orina] wee-wee; **hacer** ~ to have a wee-wee. - **2.** [ave] honey creeper.

pipiar [9] *vi* to peep, to chirp.

pipiolo *m fam* - **1.** [muchacho] youngster. - **2.** [principiante] novice, beginner. - **3.** *Amér* [liberal] liberal (person).

pipiripao *m fam* feast, slap-up meal.

pipiritaña, pipitaña *f flute made from green barley stalks.*

pipón, ona *Amér* ◇ *adj* - **1.** [lleno] full. - **2.** [barrigón] potbellied. ◇ *m, f fam* [niño] nipper, kid.
◆ **pipona** *f* [pipa] large tobacco pipe.

piporro *m fam* bassoon.

pipote *m Amér* rubbish bin *Br*, garbage can *Am*.

pipudo, da *adj fam* terrific, wonderful.

pique¹ *etc v* → **picar**.

pique² *m* - **1.** [enfado, rencor] grudge; **tener un** ~ **con alguien** to have a grudge against sb. - **2.** [rivalidad] rivalry. - **3.** [empeño] eagerness, zeal. - **4.** NÁUT crotch, crutch. - **5.** *Amér* [insecto] chigger, jigger. - **6.** *Amér* [pimiento] pepper. - **7.** *Amér* [senda] path. - **8.** *loc:* **estar a** ~ **de** to be on the verge of; **irse a** ~ [barco] to sink; [negocio] to go under; [plan] to fail.

piqué *m* piqué.

piquera *f* - **1.** [de colmena] opening. - **2.** [de tonel] bunghole. - **3.** [de alto horno] taphole. - **4.** [mechero] burner. - **5.** *Amér* [antro] dive, seedy bar. - **6.** *Amér* [tinaja] *large earthen jar buried to collect water.* - **7.** *Amér* [parada] taxi rank.

piquero *m* - **1.** MIL pikeman. - **2.** *Amér* [ave] booby. - **3.** *Amér* [minero] miner.

piqueta *f* - **1.** [pico] pickaxe. - **2.** CONSTR mason's hammer o pick. - **3.** *Amér* [vino] weak wine.

piquetazo *m* = **picotazo**.

piquete *m* - **1.** [grupo]: **formar** ~**s en** to picket ❑ ~ **de ejecución** firing squad; ~ **(de huelga)** picket. - **2.** [herramienta] peg, stake. - **3.** [picadura] prick, jab. - **4.** [agujero] small hole. - **5.** *Amér* [picnic] picnic. - **6.** *Amér* [orquesta] small band.

pira *f* - **1.** [hoguera] pyre. - **2.** *loc:* **ir de** ~ *fam* to play truant.

pirado, da *adj fam* crazy.

piragua *f* - **1.** [canoa] canoe. - **2.** [embarcación grande] pirogue. - **3.** *Amér* BOT anthurium. - **4.** *Amér* [artesa] trough for washing clothes.

piragüero *m* canoeist.

piragüismo *m* canoeing.

piramidal *adj* pyramid-shaped, pyramidal.

pirámide *f* pyramid.

piraña *Esp*, **piraya** *Amér f* piranha.

pirarse *vpr fam* to clear off.

pirata ◇ *adj* - **1.** [ilegal] pirate *(antes de sust)*; [disco] bootleg *(antes de sust)*. - **2.** [bandera, barco] pirate *(antes de sust)*. ◇ *mf lit & fig* pirate; ~ **del aire** hijacker; ~ **informático** hacker.

piratear ◇ *vi* - **1.** [gen] to be involved in piracy. - **2.** INFORM to hack. - **3.** *fig* [robar] to steal. ◇ *vt* INFORM to hack into.

piratería *f lit & fig* piracy; ~ **aérea** hijacking; ~ **informática** hacking.

piraya *f* = **piraña**.

pirca *f Amér* dry-stone wall.

pirenaico, ca *adj* Pyrenean.

Pireo *m:* **el** ~ Piraeus.

pírex, pyrex® *m inv* Pyrex®.

pírico, ca *adj* fireworks *(antes de sust)*.

pirindolo *m fam fig* [chisme] thingamabob, thingamajig.

Pirineos *mpl:* **los** ~ the Pyrenees.

piripi *adj fam* tipsy.

pirita *f* pyrite; ~ **cobriza** o **de cobre** copper pyrites; ~ **marcial** o **de hierro** iron pyrites.

piro *m fam:* **darse el** ~ to scarper, to clear off.

pirograbado *m* pyrography.

pirólisis *f inv* QUÍM pyrolysis.

piromancia, piromancía *f* pyromancy.

piromanía *f* pyromania.

pirómano, na ◇ *adj* pyromaniacal. ◇ *m, f* pyromaniac.

pirón *m Amér cassava flour bread.*

piropear *vt fam* to make flirtatious comments to.

piropo *m* - **1.** *fam* [palabra, frase] flirtatious remark; **decir** o **echar** ~**s a alguien** to make flirtatious remarks to sb. - **2.** [granate] pyrope, garnet. - **3.** [carbúnculo] carbuncle.

pirotecnia *f* pyrotechnics *(U)*.

pirotécnico, ca ◇ *adj* firework *(antes de sust)*. ◇ *m, f* firework specialist.

piróxilo *m* QUÍM cellulose nitrate, nitrocellulose.

pirrarse *vpr fam:* ~ **por algo/alguien** to be dead keen on sthg/sb.

pírrica *f* [danza] pyrrhic.

pírrico, ca *adj* Pyrrhic.

pirueta *f* [salto] pirouette; [de caballo] caper; **hacer** ~**s** *fig* [esfuerzo] to perform miracles.

piruetear *vi* [saltar] to pirouette; [caballo] to caper.

piruleta *f* lollipop.

pirulí (*pl* **pirulís** o **pirulíes**) *m* lollipop.

pirulo *m* - **1.** [botijo] earthenware pitcher. - **2.** *Amér* [niño flaco] slim and lively child.

pis (*pl* **pises**) *m fam* pee; **hacer** ~ to have a pee.

pisa *f* - **1.** [acción] treading. - **2.** [de aceituna, uva] *batch of olives or grapes for pressing.* - **3.** *fam* [zurra] beating. - **4.** *Amér* [baile] *popular Colombian dance.*

pisada *f* [acción] footstep; [huella] footprint; **seguir las** ~**s de alguien** *fig* to follow in sb's footsteps.

pisador, ra *adj* prancing.
◆ **pisador** *m* - **1.** [de uva] grape treader. - **2.** *Amér* [ronzal] halter.

pisadura *f* footprint.

pisapapeles *m inv* paperweight.

pisar ◇ *vt* - **1.** [con el pie] to tread on; ~ **fuerte** *fig* to be firing on all cylinders. - **2.** [uvas] to tread. - **3.** [tierra] to tamp, to pack down. - **4.** [tela] to full. - **5.** *fig* [llegar a] to set foot in; **nunca he pisado su casa** I've never set foot in her house. - **6.** *fig* [despreciar] to trample on; **la conducta de este país pisa todas las leyes internacionales** this country's actions fly in the face of international law. - **7.** *fig* [anticiparse en]: ~ **un contrato a alguien** to beat sb to a contract; ~ **una idea a alguien** to think of something before sb else. - **8.** [cubrir] to cover. - **9.** [MÚS - puntear] to pluck; [- tocar] to strike. - **10.** ZOOL to tread. ◇ *vi* - **1.** [estar encima] to be one above the other. - **2.** *Amér* [equivocarse] to be mistaken o wrong.

pisaúvas *m inv* grape treader.

pisaverde *m fam* dandy.

piscatorio, ria *adj* piscatorial, piscatory.

piscícola *adj* piscicultural.
piscicultura *f* fish farming.
piscifactoría *f* fish farm.
piscina *f* - **1.** [para nadar] swimming pool; ~ **al aire libre** lido *Br*, open-air swimming pool *Am*; ~ **infantil** paddling pool; ~ **inflable** paddling pool. - **2.** [para peces] fishpond. - **3.** RELIG piscina.
◆ **piscina probática** *f* BIBLIA *tank in which sacrificial victims were washed.*
Piscis ◇ *m inv* - **1.** [signo] Pisces; **ser** ~ to be (a) Pisces. - **2.** [constelación] Pisces. ◇ *mf inv* [persona] Pisces.
pisco *m Amér* Peruvian liquor.
piscolabis *m inv fam* snack.
piso *m* - **1.** [vivienda] flat; ~ **franco** safe house; ~ **piloto** o **muestra** show house. - **2.** [planta] floor; ~ **bajo** ground floor *Br*, first floor *Am*; ~ **principal** first floor *Br*, second floor *Am*; **primer** ~ first floor *Br*, second floor *Am*. - **3.** [suelo - de carretera] surface; [- de edificio] floor. - **4.** [capa] layer; **la tarta tiene un** ~ **de bizcocho y otro de nata** the cake has one layer of sponge and one of cream. - **5.** [de zapato] sole. - **6.** [acción de pisar] stepping. - **7.** MIN level. - **8.** GEOL stage. - **9.** *Amér* [alfombra] long, narrow rug. - **10.** *Amér* [taburete] stool.
pisón *m* rammer, tamper.
pisonear *vt* to ram down, to tamp.
pisotear *vt* - **1.** [con el pie] to trample on. - **2.** *fig* [humillar] to scorn. - **3.** *fig* [oprimir] to trample on. - **4.** *fig* [desobedecer] to trample over.
pisoteo *m* trampling.
pisotón *m fam* stamp *(of the foot)*.
pista *f* - **1.** [gen] track; **en** ~ **cubierta** DEP indoor ❑ ~ **de aterrizaje** runway; ~ **de baile** dance floor; ~ **de esquí** ski slope; ~ **de hielo** ice rink; ~ **de tenis** tennis court. - **2.** [de carrera] racetrack. - **3.** [de circo] ring. - **4.** *fig* [indicio] clue; **estar sobre la** ~ to be on the right track; **seguir la** ~ **a alguien** to be on sb's trail ❑ **ponerse a la** ~ to get on the right track.
pistachero *m* pistachio tree.
pistacho *m* pistachio.
pistar *vt* to crush, to pound.
pistilo *m* pistil.
pisto *m* - **1.** CULIN ≃ ratatouille. - **2.** *loc*: **darse** ~ *fam* to put on airs.
pistola *f* - **1.** [arma - con cilindro] gun; [- sin cilindro] pistol; ~ **de agua** water pistol; ~ **de aire comprimido** airgun; ~ **ametralladora** submachine gun. - **2.** [pulverizador] spraygun; **pintar a** ~ to spray-paint. - **3.** [herramienta] gun; ~ **de engrase** grease gun.
pistolero, ra *m, f* [persona] gunman.
◆ **pistolera** *f* [funda] holster.
pistoletazo *m* pistol shot.
pistón *m* - **1.** MEC piston. - **2.** [MÚS - corneta] cornet; [- llave] key. - **3.** [de arma] percussion cap.
pistonudo, da *adj fam* terrific, great.
pita *f* - **1.** [planta] agave. - **2.** [fibra] pita fibre, pita thread. - **3.** [pitada] hissing, whistling. - **4.** [canica] marble. - **5.** *loc*: **pedir** ~ *Amér fam* to beg for mercy.
pitada *f* - **1.** [silbido] whistle; **dar una** ~ **a alguien** *fam* to boo sb. - **2.** [salida inoportuna] inopportune remark. - **3.** *Amér fam* [calada] drag, puff.
Pitágoras *m* → **teorema**.
pitagórico, ca *adj & m, f* Pythagorean.
pitanza *f* - **1.** [ración de comida] daily rations *(pl)*. - **2.** *fam* [alimento] grub. - **3.** [estipendio] stipend. - **4.** *Amér fam* [ganga] bargain.
pitar ◇ *vt* - **1.** [arbitrar - partido] to referee; [- falta] to blow for. - **2.** [abuchear]: ~ **a alguien** to whistle at sb disapproval (as a sign of). - **4.** *Amér* [engañar] to make fun of. ◇ *vi* - **1.** [tocar el pito] to blow a whistle; [del coche] to toot one's horn. - **2.** *fam* [fun-

cionar - cosa] to work; [- persona] to get on. - **3.** *fam* [ir según deseo] to go well. - **4.** *Amér* [fumar] to smoke. - **5.** *loc*: **salir/irse pitando** to rush out/off; **venir pitando** to come rushing.
pitarra *f* sleep *(in eyes)*.
pitarroso, sa *adj* with sleep in one's eyes, bleary-eyed.
pitear *vi Amér* to whistle, to blow a whistle.
pitecántropo *m* pithecanthropus.
pitejo *m fam* undertaker.
pitido *m* - **1.** [silbido] whistle. - **2.** [de claxon] hooting, honking.
pitillera *f* - **1.** [estuche] cigarette case. - **2.** [persona] cigarette maker.
pitillo *m* - **1.** [cigarrillo] cigarette. - **2.** *Amér* [pajita] drinking straw.
pito *m* - **1.** [silbato] whistle. - **2.** [claxon] horn. - **3.** *fam* [cigarrillo] fag. - **4.** *fam* [pene] willie. - **5.** [insecto] tick. - **6.** [ave] woodpecker. - **7.** *Amér* [pipa] pipe. - **8.** *Amér* [árbol] *tree used to shade coffee or cocoa plant.* - **9.** *loc*: **cuando** ~**s flautas, cuando flautas** ~**s** *fam* if it's not one thing it's another; **(no) me importa un** ~ I couldn't give a damn; **no tocar** ~ **en** to have nothing to do with; **no valer un** ~ to be worthless; **por** ~**s o por flautas** for one reason or another; **tomar a alguien por el** ~ **del sereno** not to take sb seriously.
◆ **pitos flautos** *mpl* tomfoolery *(U)*.
pitón ◇ *m* - **1.** [cuerno] horn. - **2.** [pitorro] spout. - **3.** [protuberancia] lump, bump. - **4.** [de árbol] shoot. - **5.** [en alpinismo] piton. - **6.** *Amér* [gotera] protruding gutter. - **7.** *Amér* [tubo] dibble, dibber. - **8.** *Amér* [de riego] nozzle. ◇ *f* → **serpiente**.
pitonazo *m* - **1.** [golpe] butt. - **2.** [herida] gore.
pitonisa *f* fortune-teller.
pitorrearse *vpr fam*: ~ **(de)** to take the mickey (out of).
pitorreo *m* - **1.** *fam* [bromas] making fun *(U)*, joking *(U)*. - **2.** [alboroto] fuss.
pitorro *m* spout.
pituitario, ria *adj* pituitary *(antes de sust)*.
pituso, sa ◇ *adj* sweet, cute. ◇ *m, f* cute child.
pívot *mf* = **pivote**.
pivotar *vi* DEP to pivot.
pivote *(pl* **pivotes)**, **pívot** *(pl* **pivots)** *mf* DEP pivot.
píxide *f* - **1.** RELIG pyx, ciborium. - **2.** BOT pyxidium, pyxis.
pizarra *f* - **1.** [roca, material] slate. - **2.** [encerado] blackboard.
pizarrero *m* slater, slate cutter.
pizarrín *m* slate pencil.
pizarrón *m Amér* - **1.** [encerado] blackboard. - **2.** DEP scoreboard.
pizarroso, sa *adj* - **1.** [con pizarra] full of slate. - **2.** [parecido a la pizarra] slate-like.
pizca *f* - **1.** [gen] tiny bit; [de sal] pinch; **ni** ~ not one bit. - **2.** *Amér* [cosecha] harvest, crop.
pizpireta *adj f fam* brassy, spirited.
pizza ['pitsa] *f* pizza.
pizzería [pitse'ria] *f* pizzeria.
placa *f* - **1.** [lámina] plate; [de madera] sheet; ~ **giratoria** FERROC turntable; ~ **solar** solar panel. - **2.** [inscripción] plaque; [de policía] badge; ~ **de identificación** [de soldado] dog tag; ~ **de la L** AUTOM L-plate. - **3.** [matrícula] number plate. - **4.** [de cocina] ring; ~ **(de) vitrocerámica** glass enamel hob. - **5.** GEOL plate. - **6.** ELECTRÓN board; ~ **madre** INFORM motherboard. - **7.** FOT plate. - **8.** [disco] record.
◆ **placa dental** *f* dental plaque.
placaje *m* tackle.
placar [10] *vt* to tackle.
placear *vt* - **1.** [vender] to market. - **2.** [publicar] to publish.
placebo *m* placebo.
pláceme *m* congratulations *(pl)*; **dar el** ~ **a alguien** to congratulate sb.

placenta *f* placenta.

placentero, ra *adj* pleasant.

placer [63] ◇ *m* - **1.** [gusto] pleasure; **ha sido un ~ (conocerle)** it has been a pleasure meeting you. - **2.** [voluntad] will, desire; **a ~** as much as one wants. - **3.** NÁUT sandbank. - **4.** MIN placer. - **5.** *Amér* [de perlas] pearl fishing ground. ◇ *vt culto* to please, to gratify; **me place hacerlo** I'm glad to do it.

placero, ra ◇ *adj* square *(antes de sust)*. ◇ *m, f* - **1.** [tendero] stallholder. - **2.** [persona ociosa] idle gossip.

plácidamente *adv* placidly.

placidez *(pl* **placideces)** *f* [de persona] placidness; [de día, vida, conversación] peacefulness.

plácido, da *adj* [persona] placid; [día, vida, conversación] peaceful.

plafón *m* ARQUIT soffit.

plaga *f* - **1.** [gen] plague; AGR blight; [animal] pest. - **2.** [epidemia] epidemic. - **3.** [abundancia] abundance, glut. - **4.** *fig* [de gente] swarm. - **5.** [clima] climatic zone.

plagado, da *adj*: **~ (de)** infested (with).

plagar [16] *vt*: **~ algo de** [propaganda etc] to swamp sthg with; [moscas etc] to infest sthg with.
◆ **plagarse** *vpr* to become infested.

plagiar [8] *vt* - **1.** [copiar] to plagiarize. - **2.** *Amér* [secuestrar] to kidnap.

plagiario, ria ◇ *adj* plagiaristic, plagiarizing. ◇ *m, f* - **1.** [persona que plagia] plagiarist. - **2.** *Amér* [secuestrador] kidnapper.

plagio *m* - **1.** [copia] plagiarism. - **2.** *Amér* [secuestro] kidnapping.

plague *etc v* → **plagar**.

plaguicida ◇ *adj* pesticidal. ◇ *m* pesticide.

plan *m* - **1.** [proyecto, programa] plan; **hacer ~es** to plan ❏ **~ de acción** plan of action; **~ de emergencia** contingency plan; **~ de estudios** syllabus; **~ de pensiones** pension plan. - **2.** *fam* [ligue] date. - **3.** *fam* [modo, forma]: **lo dijo en ~ serio** he was serious about it; **¡vaya ~ de vida!** what a life!; **si te pones en ese ~...** if you're going to be like that about it... ❏ **en ~ de** with the object of, with a view to; **vamos a Perú en ~ de turismo** we're going to Peru for a holiday; **no es ~** it's just not on. - **4.** [esquema] plan, scheme. - **5.** [intención] plan, intention. - **6.** MED: **~ (de adelgazamiento)** diet. - **7.** [altura] height, level. - **8.** NÁUT floor timber. - **9.** MIN level. - **10.** *Amér* [llanura] plain.

plana *f* → **plano**.

plancha *f* - **1.** [para la ropa] iron; [ropa planchada] ironing *(U)*. - **2.** [para cocinar] grill; **a la ~** grilled. - **3.** [placa] plate; [de madera] sheet; **~ de blindaje/litográfica** armour/lithographic plate. - **4.** *fam* [metedura de pata] boob, blunder. - **5.** [en fútbol] diving header. - **6.** IMPRENTA plate. - **7.** NÁUT gangplank, gangway. - **8.** [al nadar]: **hacer la ~** to float on one's back.

planchada *f* - **1.** NÁUT plank, gangplank. - **2.** *Amér* [tablazón] landing stage. - **3.** *Amér fam* [metedura de pata] boob, blunder.

planchado, da *adj Amér* - **1.** *fam* [sin dinero] broke, penniless. - **2.** [muy elegante] very elegant, very smart.
◆ **planchado** *m* - **1.** [acción] ironing. - **2.** [ropa] ironing *(U)*.

planchador, ra *m, f* ironer, presser.

planchar *vt* - **1.** [ropa] to iron. - **2.** *Amér* [adular] to flatter.

planchazo *m fam* boob, blunder.

plancton *m* plankton.

planeado, da *adj* planned.

planeador *m* glider.

planeadora *f* [de madera] plane.

planeamiento *m* - **1.** [planificación] planning. - **2.** AERON gliding.

planear ◇ *vt* to plan. ◇ *vi* - **1.** [hacer planes] to plan. - **2.** AERON to glide.

planeo *m* AERON gliding.

planeta *m* - **1.** ASTRON planet. - **2.** RELIG planeta.

planetario, ria *adj* - **1.** [de un planeta] planetary. - **2.** [mundial] world *(antes de sust)*.
◆ **planetario** *m* - **1.** ASTRON planetarium. - **2.** MEC planet gear O differential.

planetoide *m* planetoid.

planicie *f* plain.

planificación *f* planning; **~ familiar** family planning; **~ urbanística** town planning.

planificado, da *adj* planned.

planificador, ra ◇ *adj* planning. ◇ *m, f* planner.

planificar [10] *vt* to plan.

planilla *f Amér* - **1.** [formulario] form. - **2.** [lista] list, roll. - **3.** [cuadro] table. - **4.** [papeleta de voto] ballot paper.

planisferio *m* planisphere.

planning ['planin] *(pl* **plannings)** *m* scheduling.

plano, na *adj* flat.
◆ **plano** *m* - **1.** [diseño, mapa] plan; **levantar un ~** [en topografía] to make a survey ❏ **~ de la ciudad** street O town map. - **2.** [nivel, aspecto] level; **vistas desde este ~, las cosas no parecen tan graves** looked at like that, things don't seem so bad. - **3.** CINE shot; **primer ~** close-up; **en segundo ~** *fig* in the background. - **4.** GEOM plane; **~ de nivel** [en topografía] datum plane; **~ inclinado** MEC inclined plane; **~ de sustentación** AERON wing. - **5.** [en pintura]: **primer ~** foreground; **segundo ~** background. - **6.** [de espada] flat. - **7.** *loc*: **de ~** [golpear] right, directly; [negar] flatly; [caer] flat; **cantar de ~** to make a full confession.
◆ **plana** *f* - **1.** [página] page; **a toda plana** [anuncio, noticia] full-page *(antes de sust)*; **el anuncio saldrá a toda plana** it will be a full-page advert; **de primera plana** front-page *(antes de sust)*; **en primera plana** on the front page ❏ **cerrar la plana** *fig* to finish, to conclude; **corregir** O **enmendar la plana a alguien** [criticar] to find fault with sb, to criticize sb; [superar] to outdo sb. - **2.** [ejercicio escolar] writing exercise. - **3.** [llanura] plain. - **4.** MIL: **plana mayor** staff. - **5.** CONSTR trowel.

planta *f* - **1.** BOT & IND plant; **~ depuradora** purification plant; **~ envasadora** O **de envase** packaging plant; **~ de interior** pot plant; **~ perenne** perennial. - **2.** [piso] floor; **~ baja** ground floor, first floor *Am*; **primera ~** first floor *Br*, second floor *Am*. - **3.** [del pie] sole. - **4.** [diseño] ground O floor plan. - **5.** [proyecto] plan, project. - **6.** [posición] stance, position. - **7.** [plantío] field. - **8.** GEOM foot. - **9.** [lista] payroll. - **10.** *loc*: **de nueva ~** brand new; **echar ~s** to bully; **tener buena ~** to be good-looking.

plantación *f* - **1.** [terreno] plantation. - **2.** [acción] planting.

plantado, da *adj* standing, planted; **dejar ~ a alguien** *fam* [cortar relación] to walk out on sb; [no acudir] to stand sb up; **ser bien ~** to be good-looking.

plantador, ra ◇ *adj* planting. ◇ *m, f* [persona] planter.
◆ **plantador** *m* [herramienta] dibble, dibber.
◆ **plantadora** *f* [máquina] planter.

plantaína *f* BOT plantain.

plantar *vt* - **1.** [sembrar]: **~ algo (de)** to plant sthg (with). - **2.** [fijar - tienda de campaña] to pitch; [- poste] to put in. - **3.** [poner] to place, to put. - **4.** [establecer] to found, to set up. - **5.** *fam* [asestar] to deal, to land. - **6.** *fam* [decir con brusquedad]: **le plantó cuatro frescas** she gave him a piece of her mind. - **7.** *fam* [abandonar] to dump, to leave.
◆ **plantarse** *vpr* - **1.** [gen] to plant o.s. - **2.** [en un sitio con rapidez]: **~se en** to get to, to reach. - **3.** [en una actitud]: **~se en algo** to stick to sthg, to insist on sthg. - **4.** [en naipes] to stick. - **5.** *fam* [pararse] to balk; **el caballo se plantó frente al arroyo** the horse balked at the stream. - **6.** *Amér* [arreglarse] to dress up.

plante *m* - **1.** [para protestar] protest. - **2.** [plantón]: **dar** O **hacer un ~ a alguien** to stand sb up. - **3.** [motín] mutiny. - **4.** [huelga] strike.

planteamiento *m* - **1.** [exposición] raising, posing. - **2.**

[enfoque] approach. - **3.** [propuesta] proposal. - **4.** [establecimiento] establishment, institution.

plantear *vt* - **1.** [exponer - problema] to pose; [- posibilidad, dificultad, duda] to raise. - **2.** [enfocar] to approach. - **3.** [proponer] to propose, to put forward. - **4.** [planear] to plan, to outline. - **5.** [establecer] to estabish, to institute. - **6.** [tantear] to try. - **7.** [empezar] to start.
◆ **plantearse** *vpr*: ~**se algo** to consider sthg, to think about sthg.

plantel *m* - **1.** [criadero] nursery bed. - **2.** *fig* [conjunto] group. - **3.** *fig* [educativo] training centre.

plantificar [10] *vt* - **1.** [establecer] to establish, to institute. - **2.** *fam* [golpear] to land, to strike. - **3.** *fig* [colocar] to plant, to place.

plantilla *f* - **1.** [de empresa] staff; **estar en** ~ to be on the staff. - **2.** [suela interior] insole. - **3.** [patrón] pattern, template. - **4.** [plano] plan, diagram; **nos mostró una** ~ **del proyecto** she showed us a plan of the project. - **5.** [nómina] payroll. - **6.** [parche] patch. - **7.** [de llanta] rim. - **8.** ASTROL celestial configuration.

plantío, a *adj* - **1.** [cultivado] planted, cultivated. - **2.** [cultivable] cultivable, ready to be planted.
◆ **plantío** *m* - **1.** [lugar] plot (of land). - **2.** [plantas] plants *(pl)*. - **3.** [acción] planting.

plantón *m* - **1.** [pimpollo] seedling. - **2.** [estaca] cutting. - **3.** [centinela] sentry. - **4.** *loc*: **dar un** ~ **a alguien** *fam* to stand sb up; **estar de** o **tener** ~ *fam* to be kept waiting, to cool one's heels.

plañidera *f* hired mourner.

plañidero, ra *adj* plaintive, whining.

plañido *m* moan.

plañir ◇ *vt* to bewail. ◇ *vi* to moan, to wail.
◆ **plañirse** *vpr* to bemoan, to grieve over.

plaque *etc v* → **placar**.

plaqueado, da *adj* veneered.

plaqueta *f* BIOL platelet.

plasma *m* - **1.** ANAT plasma. - **2.** MIN plasma, dark green agate.

plasmar *vt* - **1.** *fig* [reflejar] to give shape to. - **2.** [modelar] to shape, to mould.
◆ **plasmarse** *vpr* to emerge, to take shape.

plasta ◇ *adj mfam*: **ser** ~ to be a pain. ◇ *mf mfam* [pesado] pain, drag. ◇ *f* - **1.** [cosa blanda] mess. - **2.** [pasta] paste. - **3.** *fam fig* [cosa mal hecha] botch-up. - **4.** [objeto aplastado] flattened object.

plástica ◇ *adj f* → **plástico**. ◇ *f* [arte] plastic art.

plasticidad *f* - **1.** [gen] plasticity. - **2.** [expresividad] expressiveness.

plástico, ca *adj* - **1.** [gen] plastic; **elige materiales** ~**s para sus esculturas** she uses plastic materials for her sculptures. - **2.** [expresivo] expressive.
◆ **plástico** *m* - **1.** [gen] plastic. - **2.** *fam* [tarjetas de crédito] plastic (money). - **3.** [explosivo] plastic explosive.

plastificación *f*, **plastificado** *m* plasticization.

plastificante ◇ *adj* plasticizing, plastifying. ◇ *m* plasticizing substance, plasticizer.

plastificar [10] *vt* to plasticize.

plastilina® *f* ≃ Plasticine®.

plata *f* - **1.** [metal] silver; ~ **labrada** silverware; ~ **de ley** sterling silver; **hablar en** ~ *fam* to speak bluntly. - **2.** [objetos de plata] silverware. - **3.** [moneda] silver (coin). - **4.** *Amér* [dinero] money; **estar podrido en** ~ to be rolling in it, to be stinking rich.

plataforma *f* - **1.** [gen] platform; ~ **de conexión rápida** moving walkway; ~ **de lanzamiento** AERON launch pad; ~ **móvil** TV dolly; ~ **petrolífera** oil rig. - **2.** *fig* [punto de partida] launching pad. - **3.** GEOL shelf; ~ **continental** continental shelf. - **4.** POLÍT platform, programme. - **5.** TEATRO stage. - **6.** [vagón] open wagon.

platal *m Amér fam*: **un** ~ a fortune, loads of money.

platanal, platanar *m* banana plantation.

platanazo *m Amér* - **1.** [caída] fall. - **2.** *fig* [caída del gobierno] downfall, collapse.

platanera *f* - **1.** [terreno] banana plantation o grove. - **2.** [vendedora] banana seller.

platanero *m* [árbol] banana tree.

plátano *m* - **1.** [fruta] banana. - **2.** [árbol frutal] banana tree; [árbol de sombra] plane (tree).
◆ **plátano falso** *m* sycamore (tree).

platea *f* - **1.** [planta baja] stalls *(pl)*. - **2.** [palco] parterre box. - **3.** *Amér* [butaca] seat in the stalls.

plateado, da *adj* - **1.** [con plata] silver-plated. - **2.** [de color] silvery. - **3.** *Amér* [rico] rich, wealthy.
◆ **plateado** *m* silver plating.

plateadura *f* silver plating.

platear *vt* to silver-plate.

plateresco *m* plateresque.

platería *f* - **1.** [arte, oficio] silversmithing. - **2.** [tienda] jeweller's (shop). - **3.** [taller] silversmith's workshop.

platero, ra *m, f* - **1.** [artista] silversmith. - **2.** [joyero] jeweller.

plática *f* - **1.** [charla] talk, chat. - **2.** RELIG sermon.

platicar [10] ◇ *vi* to talk, to chat. ◇ *vt* to talk over.

platija *f* plaice.

platillo *m* - **1.** [plato pequeño] small plate; [de taza] saucer. - **2.** [de balanza] pan. - **3.** *(gen pl)* MÚS cymbal. - **4.** CULIN ragout of meat and vegetables. - **5.** *fig* [objeto de chismorreo] subject of gossip.
◆ **platillo volante** *m* flying saucer.

platina *f* - **1.** [de tocadiscos] turntable; [de cassette] cassette deck. - **2.** [de microscopio] slide. - **3.** [IMPRENTA - mesa de hierro] imposing table, imposing stone; [- superficie de la prensa] platen, bedplate. - **4.** TECN plate.

platinado *m* TECN platinum plating.

platinar *vt* TECN to platinize.

platino *m* [metal] platinum.
◆ **platinos** *mpl* AUTOM & MEC contact points.

plato *m* - **1.** [recipiente] plate, dish; [contenido] plateful, dish; **¿quieres otro** ~ **de lentejas?** would you like another plate of lentils?; **lavar los** ~**s** to do the washing-up ❑ ~ **hondo** o **sopero** soup dish o plate; ~ **llano** plate; ~ **de postre** dessert plate; **comer en el mismo** ~ to be great friends; **no ser** ~ **del gusto de uno** not to be one's cup of tea; **pagar los** ~**s rotos** to carry the can; **parece que no ha roto un** ~ **en su vida** he looks as if butter wouldn't melt in his mouth; **ser** ~ **de segunda mesa** to play second fiddle. - **2.** [parte de una comida] course; **de primer** ~ for starters ❑ ~ **fuerte** [en una comida] main course; *fig* [lo importante] main part; **su actuación es el** ~ **fuerte de la noche** her performance is the night's main event; ~ **principal** main course; **primer** ~ first course, starter; **segundo** ~ second course, main course. - **3.** [comida] dish; **es un** ~ **típico argentino** it's a typical Argentinian dish ❑ ~ **combinado** single-course meal which usually consists of meat or fish accompanied by chips and vegetables; ~ **preparado** ready-prepared meal. - **4.** [de tocadiscos, microondas] turntable. - **5.** [de bicicleta] chain wheel. - **6.** [de balanza] pan, scale. - **7.** [juego]: ~ **volador** Frisbee®. - **8.** MEC plate.

plató *(pl* **platós***) m* set.

Platón *m* Plato.

platónico, ca ◇ *adj* - **1.** [de Platón] Platonic. - **2.** [ideal] platonic. ◇ *m, f* Platonist.

platudo, da *adj Amér fam* loaded, rolling in it.

plausibilidad *f* - **1.** [admisibilidad] acceptability. - **2.** [posibilidad] plausibility.

plausible *adj* - **1.** [admisible] acceptable. - **2.** [posible] plausible. - **3.** [laudable] commendable, laudable.

plausiblemente *adv* plausibly.

Plauto *m* Plautus.

playa *f* - **1.** [en el mar] beach; **ir a la** ~ **de vacaciones** to go on holiday to the seaside. - **2.** *Amér* [aparcamiento]: ~ **de estacionamiento** car park.

play-back ['pleißak] (*pl* **play-backs**) *m*: **hacer** ~ to mime (the lyrics).

play-boy [pleï'ßoi] (*pl* **play-boys**) *m* playboy.

playera *f* [camiseta] T-shirt.

◆ **playeras** *fpl* - **1**. [de deporte] tennis shoes. - **2**. [para la playa] canvas shoes.

playero, ra ◇ *adj* beach *(antes de sust)*. ◇ *m, f* [pescador] *person who sells fish on the beach.*

◆ **playero** *m* *Amér* [estibador] stevedore.

plaza *f* - **1**. [en una población] square. - **2**. [sitio] place; **tenemos ~s limitadas** there are a limited number of places available. - **3**. [asiento] seat; **de dos ~s** twoseater *(antes de sust)*. - **4**. [puesto de trabajo] position, job; ~ **vacante** vacancy. - **5**. [mercado] market, marketplace; **ir a la ~** to do the shopping, to go shopping. - **6**. TAUROM: ~ **(de toros)** bull-ring. - **7**. COM [zona] area. - **8**. [fortificación]: ~ **de armas** parade ground; ~ **fuerte** stronghold. - **9**. MIL entry of enlistment; **sentar** ~ to enlist. - **10**. TECN hearth.

plazca *etc v* → **placer**.

plazo *m* - **1**. [de tiempo] period (of time); **en un ~ de un mes** within a month; **mañana termina el ~ de inscripción** the deadline for registration is tomorrow; **a corto/largo ~** [gen] in the short/long term; ECON short-/long-term; **en breve ~** within a short time ☐ ~ **de entrega** COM delivery time; ~ **de respiro** period of grace; ~ **suplementario** extension. - **2**. [de dinero] instalment; **a ~s** in instalments, on hire purchase.

plazoleta *f* - **1**. [plaza pequeña] small square. - **2**. [espacio descubierto] *small open space in a garden*.

plazuela *f* small square.

pleamar *f* = **plenamar**.

plebe *f*: **la ~** *lit & fig* the plebs.

plebeyo, ya *adj* - **1**. HIST plebeian. - **2**. [vulgar] common.

plebiscitar *vt* to submit to a plebiscite.

plebiscito *m* plebiscite.

plectro *m* - **1**. MÚS plectrum. - **2**. *fig* [inspiración] inspiration.

plegable *adj* - **1**. [que se dobla] collapsible, foldaway *(antes de sust)*; [silla] folding *(antes de sust)*. - **2**. [flexible] pliable.

plegadera *f* - **1**. [cortapapeles] paperknife. - **2**. IMPRENTA folder.

plegadizo, za *adj* - **1**. [que se dobla] folding *(antes de sust)*. - **2**. [fácil de doblar] foldable, easy to fold. - **3**. [flexible] pliable.

plegador, ra ◇ *adj* folding *(antes de sust)*. ◇ *m, f* [doblador] folder.

◆ **plegador** *m* TEXTIL warp beam.

plegadura *f* - **1**. [acción] folding. - **2**. [pliegue] fold. - **3**. [en costura] pleat.

plegamiento *m* GEOL fold.

plegar [35] *vt* - **1**. [doblar] to fold; [mesita, hamaca] to fold away. - **2**. [hacer pliegues en] to pleat. - **3**. TEXTIL to wind on a warp beam.

◆ **plegarse** *vpr* - **1**. [someterse] : **~se a algo** to give in o yield to sthg. - **2**. [doblarse] to bend, to fold. - **3**. [adherirse] to join, to adhere.

plegaria *f* - **1**. [súplica] prayer; **hacer ~s** to implore, to beg. - **2**. [toque de campanas] bell call to noon prayers.

plegue *etc v* → **plegar**.

pleiteante *adj & mf* litigant.

pleitear *vi* - **1**. DER to litigate, to conduct a lawsuit. - **2**. [disputar] to dispute.

pleitesía *f* - **1**. [homenaje] homage; **rendir ~ a alguien** to pay homage to sb. - **2**. [pacto] pact, agreement.

pleitista ◇ *adj* - **1**. DER litigious. - **2**. [pendenciero] quarrelsome, argumentative. ◇ *mf* - **1**. DER litigious person. - **2**. [pendenciero] quarrelsome person.

pleito *m* - **1**. DER [litigio] legal action *(U)*, lawsuit; **andar a ~s** to be engaged in lawsuits; **contestar el ~** to defend the suit, to oppose the claim; **entablar ~** to bring an action;

ganar el ~ to obtain a favourable judgement; **poner un ~ (a alguien)** to take legal action (against sb); **salir con el ~** to win one's case; **ver un ~** to try a case ☐ ~ **de acreedores** bankruptcy proceedings. - **2**. [disputa] dispute; **estar a ~ con** to be at odds with.

plenamar, pleamar *f* high tide.

plenamente *adv* completely, fully.

plenario, ria *adj* plenary.

plenilunio *m* full moon.

plenipotencia *f* full power, unlimited powers *(pl)*.

plenipotenciario, ria ◇ *adj* plenipotentiary. ◇ *m, f* envoy.

plenitud *f* - **1**. [totalidad] completeness, fullness. - **2**. *fig* [apogeo]: **en la ~ de** at the height of. - **3**. [abundancia] abundance.

pleno, na *adj* [gen] full, complete; [derecho] perfect; **en ~...** right in the middle of...; **en ~ día** in broad daylight; **en plena guerra** in the middle of the war; **le dio en plena cara** she hit him right in the face; **en ~ uso de sus facultades** in full command of his faculties; **en plena forma** on top form; **la reunión en ~** the meeting as a whole, everyone at the meeting.

◆ **pleno** *m* - **1**. [reunión] plenary meeting. - **2**. [en quinielas] full claim, ≃ 24 points.

plepa *f fam* nuisance.

pletina *f* cassette deck.

plétora *f* plethora.

pletórico, ca *adj*: ~ **de** full of.

pleura *f* pleural membrane.

pleuresía *f* pleurisy.

plexiglás® *m inv* ≃ Perspex®.

plexo *m* ANAT plexus; ~ **solar** solar plexus.

pléyade *f* [conjunto] cluster.

pliega *etc v* → **plegar**.

pliego *m* - **1**. [hoja] sheet (of paper). - **2**. [carta, documento] sealed document or letter; ~ **de condiciones** specifications *(pl)*; ~ **de descargos** list of rebuttals. - **3**. IMPRENTA signature.

pliegue *m* - **1**. [gen & GEOL] fold. - **2**. [en un plisado] pleat.

Plinio *m* Pliny.

plinto *m* - **1**. ARQUIT plinth. - **2**. DEP horse.

plisado *m* - **1**. [acción] pleating. - **2**. [efecto] pleat.

plisar *vt* to pleat.

plomada *f* - **1**. [plomo colgado] plumb line. - **2**. NÁUT plumb o sounding line. - **3**. [lápiz] lead pencil.

plomar *vt* to seal with lead.

plomazo *m* [herida] shot wound.

plomería *f* - **1**. [techo] lead roofing. - **2**. *Amér* [fontanería] plumber's.

plomero *m* *Amér* plumber.

plomizo, za *adj* [color] leaden.

plomo *m* - **1**. [metal] lead; **sin ~** [gasolina] unleaded ☐ **caer a ~** to fall o drop like a stone. - **2**. [pieza de metal] lead weight. - **3**. [fusible] fuse. - **4**. *fam* [pelmazo] bore, drag. - **5**. [peso] lead weight. - **6**. [para pesca] sinker, weight. - **7**. *fig* [bala] bullet.

plotter (*pl* **plotters**) *m* INFORM plotter.

plugo *etc v* → **placer**.

pluma ◇ *f* - **1**. [de ave] feather; ~ **viva** down. - **2**. [para escribir] (fountain) pen; HIST quill; ~ **estilográfica** fountain pen. - **3**. [adorno] plume, feather; **tiene un sombrero con ~s** she has a feathered hat. - **4**. *fig* [estilo de escribir] style; **su ~ es irónica e incisiva** his style is ironical and incisive. - **5**. *fig* [habilidad] penmanship. - **6**. *fig* [escritor] pen, writer; **fue una de las ~s más brillantes de su tiempo** he was one of the best writers of his time. - **7**. *fig* [profesión] writing; **vivir de la ~** to live by the pen. - **8**. [amaneramiento]: **tener mucha ~** to be camp. - **9**. MEC derrick. - **10**. *Amér* [grifo] tap *Br*, faucet *Am*. - **11**. *Amér* [patraña] lie, tale. - **12**. *Amér* [prostituta] prostitute. - **13.** *loc*: **al correr de la** ~ without thinking; **dejar correr la** ~, **escribir a vuela** ~ to jot down. ◇ *adj inv* DEP featherweight.

plumada *f* pen stroke.

plumafuente *f Amér* fountain pen.

plumaje *m* - **1.** [de ave] plumage. - **2.** [adorno] plume.

plumazo *m* - **1.** [trazo] stroke of the pen; **de un** ~ [al tachar] with a stroke of one's pen; *fig* [al hacer algo] in one fell swoop, at a stroke. - **2.** [colchón] feather mattress. - **3.** [almohada] feather pillow.

plúmbeo, a *adj* - **1.** *fig* [pesado] tedious, heavy. - **2.** [de plomo] lead *(antes de sust)*.

plum-cake [pluŋ'keik] (*pl* **plum-cakes**) *m* fruit cake.

plumear *vt* ARTE to hatch.

plumería *f*, **plumerío** *m* feathers (*pl*).

plumero *m* - **1.** [para limpiar] feather duster; **vérsele a alguien el** ~ *fam* to see through sb. - **2.** [estuche] pen box. - **3.** [penacho] plume, crest. - **4.** *Amér* [portaplumas] penholder.

plumier (*pl* **plumiers**) *m* pencil box.

plumífero, ra *adj culto* plumed, feathered.

◆ **plumífero** *m* - **1.** [anorak] down-filled anorak. - **2.** *fam* [chupatintas] pen-pusher.

plumilla *f* - **1.** [de estilográfica] nib. - **2.** BOT plumule.

plumín *m* nib.

plumista *mf* clerk, scribe.

plumón *m* - **1.** [de ave] down. - **2.** [anorak] featherlined anorak. - **3.** [colchón] feather mattress.

plumoso, sa *adj* feathery.

PLUNA (*abrev de* **Primeras Líneas Uruguayas de Navegación Aérea**) *f Uruguayan state airline.*

plural *adj & m* plural.

pluralidad *f* - **1.** [diversidad] diversity. - **2.** [mayoría] majority. - **3.** [gran número] large number, multitude.

pluralismo *m* pluralism.

pluralista *adj* pluralist.

pluralizar [13] *vi* to generalize.

pluriempleado, da *adj*: **estar** ~ to have more than one job.

pluriempleo *m*: **hacer** ~ to have more than one job.

plurilateral *adj* multilateral.

pluripartidismo *m* multi-party system.

pluripartidista *adj* multiparty *(antes de sust)*.

plurivalente *adj* polyvalent.

plus (*pl* **pluses**) *m* bonus; ~ **familiar** family allowance; ~ **de peligrosidad** danger money *(U)*.

pluscuamperfecto *adj & m* pluperfect.

plusmarca *f* record.

plusmarquista *mf* record-holder.

plusvalía *f* ECON appreciation, added value.

Plutarco *m* Plutarch.

plutocracia *f* plutocracy.

plutócrata *mf* plutocrat.

plutocrático, ca *adj* plutocratic.

Plutón *s* Pluto.

plutonio *m* plutonium.

pluvial *adj* rain *(antes de sust)*.

pluviómetro *m* rain gauge.

pluviosidad *f* rainfall.

pluvioso, sa *adj culto* rainy.

p.m. (*abrev escrita de* **post meridiem**) p.m.

PM (*abrev de* **policía militar**) *f* MP.

p.n. (*abrev escrita de* **peso neto**) nt. wt.

PN (*abrev de* **policía naval**) *f* naval police.

PNA (*abrev de* **Patronato Nacional Antituberculoso**) *m Spanish anti-tuberculosis foundation.*

PNB (*abrev de* **producto nacional bruto**) *m* GNP.

PND (*abrev de* **personal no docente**) *m non-academic staff.*

PNN (*abrev de* **profesor no numerario**) *mf teacher who does not have tenure.*

PNUD (*abrev de* **Programa de las Naciones Unidas para el Desarrollo**) *m* UNDP.

PNV (*abrev de* **Partido Nacionalista Vasco**) *m Basque Nationalist Party.*

p.o., p/o *abrev escrita de* **por orden**.

poblacho *m despec* dump.

población *f* - **1.** [ciudad] town, city; [pueblo] village; [lugar] locality. - **2.** [habitantes] population; **la ciudad tiene una** ~ **de cinco millones de habitantes** the city has a population of five million ❏ ~ **activa** working population; ~ **flotante** floating population. - **3.** [acción de poblar] settlement, populating.

poblada *f Amér* - **1.** [tumulto] riot. - **2.** [gentío] crowd. - **3.** [sedición] rebellion, revolt.

poblado, da *adj* - **1.** [habitado] inhabited; **una zona muy poblada** a densely populated area. - **2.** *fig* [lleno] full; [barba, cejas] bushy.

◆ **poblado** *m* settlement.

poblador, ra ◇ *adj* - **1.** [fundador] settling, colonizing. - **2.** [residente] resident. ◇ *m, f* - **1.** [fundador] settler. - **2.** [habitante] resident, inhabitant.

poblano, na ◇ *adj* of/relating to Puebla. ◇ *m, f* - **1.** [de Puebla] native/inhabitant of Puebla. - **2.** *Amér* [lugareño] villager.

poblar [23] ◇ *vt* - **1.** [establecerse en] to settle, to colonize. - **2.** [habitar] to inhabit. - **3.** *fig* [llenar]: ~ **(de)** [plantas, árboles] to plant (with); [peces etc] to stock (with). ◇ *vi* to multiply.

◆ **poblarse** *vpr* - **1.** [llenarse]: ~**se (de)** to fill up (with). - **2.** [cubrirse de hojas] to come into leaf.

pobre ◇ *adj* - **1.** [necesitado] poor. - **2.** [desdichado] poor; **el** ~ **chico se quedó sin familia** the poor boy was left an orphan; ¡~ **de mí!** poor me!; ¡~ **hombre!** poor man! - **3.** [mediocre, defectuoso] poor. - **4.** [escaso]: ~ **en** lacking in; **esta región es** ~ **en recursos naturales** this region lacks natural resources. - **5.** *fig* [humilde] humble; **mi** ~ **opinión no vale nada** my humble opinion is worth nothing. - **6.** *fig* [sencillo] simple. - **7.** [estéril] barren; **vimos un paisaje** ~ we saw a barren landscape. ◇ *mf* - **1.** [gen] poor person; ¡**el** ~! poor thing!; **el** ~ **no puede superar la muerte de su hijo** the poor man just can't get over his son's death; **los** ~**s** the poor, poor people. - **2.** [mendigo] beggar. - **3.** [desdichado] poor devil o wretch.

pobremente *adv* poorly.

pobrete, ta *fam* ◇ *adj* poor. ◇ *m, f* poor devil.

pobretear *vi fam* to feign poverty.

pobretería *f* - **1.** [pobres] poor people (*pl*). - **2.** [pobreza] poverty.

pobretón, ona *fam* ◇ *adj* very poor, wretched. ◇ *m, f* very poor person, wretch.

pobreza *f* - **1.** [necesidad, escasez] poverty; ~ **de** lack o scarcity of; **la** ~ **de recursos impide mejorar la situación** the lack of resources prevents anything from being done to improve the situation ❏ ~ **de espíritu** weakness of character. - **2.** [esterilidad] barrenness, sterility; **la** ~ **del terreno impide que sea cultivado** the land means is too barren to be farmed. - **3.** RELIG vow of poverty.

pocero *m* well digger.

pochequería *f Amér* infantile anaemia.

pochismo *m Amér fam language mistake caused by English influence.*

pocho, cha ◇ *adj* - **1.** [persona] off-colour. - **2.** [fruta] over-ripe. - **3.** [descolorido] discoloured, faded. - **4.** *fig* [estropeado] bad, rotten. - **5.** *Amér fam* [americanizado] Americanized. - **6.** *Amér* [rechoncho] chubby. ◇ *m, f Amér despec* Americanized Mexican.

pocilga *f lit & fig* pigsty.

pocillo *m Amér* - **1.** [tinaja] small cup. - **2.** [para chocolate] cup for hot chocolate.

pócima, poción f - **1.** [poción] potion. - **2.** despec [brebaje] concoction.

poco, ca ◇ adj little, not much, (pl) few, not many; **poca agua** not much water; **de poca importancia** of little importance; **hay ~s árboles** there aren't many trees; **pocas personas lo saben** few o not many people know it; **tenemos ~ tiempo** we don't have much time; **hace ~ tiempo** not long ago; **dame unos ~s días** give me a few days. ◇ pron little, not much, (pl) few, not many; **queda ~** there's not much left; **tengo muy ~s** I don't have very many, I have very few; **~s hay que sepan tanto** not many people know so much; **otro ~** a little (bit) more; **un ~ a bit; ¿me dejas un ~?** can I have a bit?; **un ~ de** a bit of; **un ~ de sentido común** a bit of common sense; **unos ~s** a few.
◆ **poco** adv - **1.** [escasamente] not much; **este niño come ~** this boy doesn't eat much; **es ~ común** it's not very common; **es un ~ triste** it's rather sad; **~ después oí un tiro** shortly afterwards, I heard a shot; **~ más o menos** more or less ❑ **por ~** almost, nearly; **tener en ~ a alguien** not to think much of sb. - **2.** [brevemente]: **tardaré muy ~** I won't be long ❑ **al ~ de...** shortly after...; **dentro de ~** soon, in a short time; **hace ~** a little while ago, not long ago; **~ a ~** [progresivamente] little by little, bit by bit; **¡~ a ~!** [despacio] steady on!, slow down!

poda f - **1.** [acción] pruning. - **2.** [tiempo] pruning time.

podadera f pruning knife.

podador, ra ◇ adj pruning. ◇ m, f pruner.

podar vt to prune.

podenco m hound.

poder [64] ◇ m - **1.** [gen] power; **estar en/hacerse con el ~** to be in/to seize power ❑ **~ adquisitivo** purchasing power; **~ calorífico** calorific value; **~ de disuasión** MIL deterrent force; **~es fácticos** the church, military and press; **tener ~ de convocatoria** to be a crowd-puller. - **2.** [posesión]: **estar en ~ de alguien** to be in sb's hands. - **3.** (gen pl) [autorización] power, authorization; **dar ~es a alguien para que haga algo** to authorize sb to do sthg; **por ~es** by proxy. ◇ vi - **1.** [tener facultad] can, to be able to; **no puedo decírtelo** I can't tell you, I'm unable to tell you. - **2.** [tener permiso] can, may; **no puedo salir por la noche** I'm not allowed to o I can't go out at night; **¿se puede fumar aquí?** is it all right if I smoke in here? - **3.** [ser capaz moralmente] can; **no podemos portarnos así con él** we can't treat him like that. - **4.** [tener posibilidad, ser posible] may, can; **podías haber cogido el tren** you could have caught the train; **puede estallar la guerra** war could o may break out; **¡hubiera podido invitarnos!** [expresa enfado] she could o might have invited us! - **5.** loc: **a o hasta más no ~** as much as can be; **es avaro a más no ~** he's as mean as they come; **no ~ más** [estar cansado] to be too tired to carry on; [estar harto de comer] to be full (up); [estar enfadado] to have had enough; **¿se puede?** may I come in? ◇ v impers [ser posible] may; **puede que llueva** it may o might rain; **¿vendrás mañana? - puede** will you come tomorrow? - I may do ❑ **puede ser** perhaps, maybe. ◇ vt [ser más fuerte que] to be stronger than; **tú eres más alto, pero yo te puedo** you may be taller than me, but I could still beat you up.
◆ **poder con** vi - **1.** [enfermedad, rival] to be able to overcome. - **2.** [tarea, problema] to be able to cope with. - **3.** [soportar]: **no ~ con algo/alguien** not to be able to stand sthg/sb; **no puedo con la hipocresía** I can't stand hypocrisy.

poderhabiente mf - **1.** [representante] agent. - **2.** DER attorney, proxy.

poderío m - **1.** [poder] power. - **2.** [riqueza] riches (pl).

poderosamente adv powerfully.

poderoso, sa adj [fuerte] powerful.

podíatra, podiatra mf Amér podiatrist.

podiatría f podiatry.

podio, podium (pl **podiums**) m podium.

podología f chiropody.

podólogo, ga m, f chiropodist.

podómetro m pedometer.

podrá v → **poder**.

podredumbre f - **1.** [putrefacción] putrefaction. - **2.** fig [inmoralidad] corruption. - **3.** MED pus.

podría v → **poder**.

podrido, da ◇ pp → **pudrir**. ◇ adj rotten.

podrir vt = **pudrir**.

poema m poem; **~ en prosa** prose poem; **~ sinfónico** MÚS symphonic o tone poem; **ser todo un ~** fig to be pathetic.

poemario m book of poems.

poemático, ca adj poetical.

poesía f - **1.** [género literario] poetry. - **2.** [poema] poem.

poeta mf poet.

poetastro m fam despec poetaster.

poética f → **poético**.

poéticamente adv poetically.

poético, ca adj poetic.
◆ **poética** f poetics (U).

poetisa f female poet.

poetizar [13] ◇ vt to poeticize, to make poetic. ◇ vi to write poetry.

pogromo m pogrom.

póker m = **póquer**.

polaco, ca adj & m, f Polish.
◆ **polaco** m [lengua] Polish.

polaina f - **1.** (gen pl) [media calza] leggings (pl). - **2.** Amér fam [contrariedad] setback.

polar adj - **1.** GEOGR polar. - **2.** ELECTR pole (antes de sust).

polaridad f polarity.

polarización f polarization.

polarizador, ra adj polarizing.
◆ **polarizador** m FÍS & FOT polarizer.

polarizar [13] ◇ vt - **1.** fig [miradas, atención, esfuerzo] to concentrate. - **2.** FÍS to polarize. ◇ vi to polarize, to become polarized.
◆ **polarizarse** vpr [vida política, opinión pública] to become polarized.

polaroid® f inv Polaroid®.

polca f polka.

polea f pulley.

poleadas fpl porridge (sg).

polémico, ca adj controversial.
◆ **polémica** f - **1.** [controversia] controversy. - **2.** [arte] polemics (U).

polemista mf polemicist.

polemizar [13] vi to argue, to debate.

polen m pollen.

polenta f cornflour.

poleo m pennyroyal.

polera f Amér T-shirt.

poli fam ◇ mf [persona] cop. ◇ f [cuerpo] cops (pl).

poliamida f polyamide.

poliandria f polyandry.

polichinela m - **1.** [personaje] Punchinello. - **2.** [títere] puppet, marionette.

policía ◇ mf [persona] policeman (f policewoman). ◇ f: **la ~** the police ❑ **~ antidisturbios** riot police; **~ militar/secreta** military/secret police; **~ de tráfico** traffic police; **~ urbana** o **municipal** local police.

policiaco, ca, policíaco, ca adj - **1.** [de la policía] police (antes de sust). - **2.** [novela, película] detective (antes de sust).

policial ◇ adj - **1.** [de policía] police (antes de sust). - **2.** [de detective] detective (antes de sust). ◇ m Amér policeman.

policlínica f general hospital.

policromía f polychromy.

policromo, ma, polícromo, ma adj polychromatic.

polideportivo, va adj [gen] multi-sport; [gimnasio] multi-use.

◆ **polideportivo** m sports centre.

poliedro m polyhedron.

poliéster (pl **poliésters**) m inv polyester.

poliestireno m polystyrene; ~ **expandido** expanded polystyrene.

polietileno m polythene Br, polyethylene Am.

polifacético, ca adj multifaceted, versatile.

Polifemo m Polyphemus.

polifonía f polyphony.

polifónico, ca adj polyphonic.

poligamia f polygamy.

polígamo, ma ◇ adj polygamous. ◇ m, f polygamist.

polígloto, ta, poligloto, ta adj & m, f polyglot.

poligonal adj polygonal.

polígono, na adj polygonal.

◆ **polígono** m - **1.** GEOM polygon. - **2.** [terreno]: ~ **industrial/residencial** industrial/housing estate; ~ **de tiro** firing range.

polígrafo, fa m, f [autor] writer on a variety of subjects.

◆ **polígrafo** m [aparato] polygraph.

poliinsaturado, da adj polyunsaturated.

polilla f - **1.** [mariposa] moth. - **2.** fig [lo que destruye] destroyer.

polímero, ra adj - **1.** QUÍM polymeric. - **2.** BOT polymerous.

◆ **polímero** m QUÍM polymer.

polimorfo, fa adj polymorphous.

Polinesia f: **la** ~ Polynesia.

polinesio, sia adj & m, f Polynesian.

◆ **polinesio** m [lengua] Polynesian.

polinización f pollination.

polinizar [13] vt to pollinate.

polinomio m polynomial.

poliomielitis f inv, **polio** f polio.

polipiel f artificial skin.

pólipo m ZOOL & MED polyp.

Polisario (abrev de **Frente Popular para la Liberación de Sakiet el Hamra y Río de Oro**) m: **el (Frente)** ~ the Polisario Front.

polisemia f polysemy.

polisílabo, ba adj polysyllabic.

◆ **polisílabo** m polysyllable.

politburó (pl **politburós**) m politburo.

politécnico, ca adj polytechnic.

◆ **politécnica** f polytechnic.

politeísmo m polytheism.

politeísta adj polytheistic.

política f → **político**.

políticamente adv politically; ~ **correcto** politically correct.

politicastro m despec bad politician.

político, ca ◇ adj - **1.** [de gobierno] political. - **2.** fig [prudente] tactful; **ese comentario ha sido poco** ~ that wasn't a very tactful remark. - **3.** [pariente]: **familia política** in-laws (pl); **hermano** ~ brother-in-law. ◇ m, f politician.

◆ **política** f - **1.** [arte de gobernar] politics (U). - **2.** [modo de gobernar, táctica] policy; **política monetaria** monetary policy; **la política del avestruz** burying one's head in the sand. - **3.** [cortesía] tact.

politicón, ona despec ◇ adj - **1.** [ceremonioso] obsequious. - **2.** [interesado en política] devoted to politics. ◇ m, f obsequious person.

politiquear vi fam - **1.** [hablar de política] to talk politics. - **2.** despec [maniobrar interesadamente] to politick.

politiqueo m despec politicking.

politiquero, ra m, f despec politicker.

politización f politicization.

politizar [13] vt to politicize.

◆ **politizarse** vpr to become politicized.

politólogo, ga m, f politicist.

poliuretano m polyurethane.

polivalencia f polyvalency.

polivalente adj [vacuna, suero] polyvalent.

póliza f - **1.** [de seguro] (insurance) policy. - **2.** [sello] stamp on a document showing that a certain tax has been paid. - **3.** [contrato] contract. - **4.** [de mercancías] papers (pl).

polizón m - **1.** [en barco] stowaway. - **2.** [ocioso] tramp.

polizonte m fam despec cop.

polla f → **pollo**.

pollada f brood.

pollastre m [pollo] chick.

pollastro, tra m, f [pollo] large chicken.

◆ **pollastro** m fam [individuo] sly fellow.

pollazón f brood.

pollear vi to become interested in the opposite sex.

pollera f - **1.** → **pollero**. - **2.** [gallinero] henhouse. - **3.** [andador] baby walker. - **4.** desus [combinación] petticoat. - **5.** Amér [falda] skirt.

pollería f poultry shop.

pollero, ra m, f poulterer.

pollino, na m, f - **1.** [asno] young donkey. - **2.** fam fig [persona] ass, fool.

pollito m - **1.** [animal] chick. - **2.** fam fig [joven] kid, youngster; **estar hecho un** ~ to look young and handsome; **un** ~ **pera** a dandy.

pollo, lla m, f - **1.** ZOOL chick. - **2.** (gen m) fig [joven] young kid.

◆ **pollo** m CULIN chicken.

◆ **polla** f - **1.** vulg [pene] cock, prick. - **2.** [apuesta] bet, shake. - **3.** Amér [carrera] horse race.

◆ **polla de agua** f [ave] moorhen.

polluelo m chick.

polo m - **1.** [gen] pole; ~ **antártico** O **austral** South Pole; ~ **ártico** O **boreal** North Pole; ~ **de atracción** O **atención** fig centre of attention; ~ **magnético** magnetic pole; ~ **norte/sur** North/South Pole; **ser el** ~ **opuesto de** to be the complete opposite of; **ser** ~s **opuestos** to be poles apart. - **2.** ELECTR terminal; ~ **negativo/positivo** negative/positive terminal. - **3.** [helado] ice lolly. - **4.** [jersey] polo shirt. - **5.** DEP polo.

pololear vi Amér fam to go out (together).

pololeo m Amér fam small job.

pololo, la m, f Amér fam boyfriend (f girlfriend).

polonesa f MÚS polonaise.

Polonia s Poland.

polonio m polonium.

poltrón, ona adj lazy.

◆ **poltrona** f [butaca] easy chair.

poltronear vi fam to idle, to loaf around.

poltronería f fam laziness, idleness.

polución f - **1.** [contaminación] pollution. - **2.** [eyaculación]: ~ **nocturna** wet dream.

polucionar vt to pollute.

poluto, ta adj soiled, polluted.

polvareda f dust cloud; **levantar una gran** ~ fig to cause a commotion.

polvera f powder compact.

polvero m Amér - **1.** [polvareda] dust cloud. - **2.** [pañuelo] handkerchief.

polvo m - **1.** [en el aire] dust; **limpiar** O **quitar el** ~ to do the dusting. - **2.** [de un producto] powder; **en** ~ powdered ❑ ~s **picapica** itching powder; ~s **de talco** talcum powder. - **3.** vulg [coito] fuck, screw; **echar un** ~ to have a screw. - **4.** [pizca] pinch; **un ~ de rapé** a pinch of snuff. - **5.** loc: **estar hecho ~** fam [muy cansado] to be knackered; [muy deprimido] to be really depressed; **hacer ~ algo** to smash sthg; **hacer ~ a alguien** [destruir] to annihilate o pulverize sb; **limpio de ~ y paja** [sin gravamen] with no strings attached; [sin cargas, sin trabajo] neat, clear; **morder el ~** to bite the dust; **sacudir el ~ a alguien** [pegar] to beat sb up; [rebatir] to challenge sb.

◆ **polvos** mpl [maquillaje] powder (U); **ponerse ~s** to powder one's face ❑ **~s para la cara** face powder.

◆ **polvo cósmico** m cosmic dust.

pólvora f - **1.** [sustancia explosiva] gunpowder; **~ de algodón** guncotton; **~ detonante** o **fulminante** detonating powder; **~ sin humo** smokeless powder; **~ lenta** o **progresiva** slow-burning powder; **correr como la ~** to spread like wildfire; **gastar ~ en salvas** to waste time and energy; **no ha inventado la ~** fam he's not the most intelligent person in the world. - **2.** [fuegos artificiales] fireworks (pl). - **3.** fig [viveza] liveliness, vivacity; **ser una ~** to be a bright spark. - **4.** fig [mal genio] bad temper. - **5.** fig [persona]: **~ sorda** snake in the grass.

polvorear vt to powder, to sprinkle.

polvorera f dust cloud.

polvoriento, ta adj - **1.** [superficie] dusty. - **2.** [sustancia] powdery.

polvorín m - **1.** [almacén] munitions dump. - **2.** [cargador] powder magazine. - **3.** fam fig [persona] quick-tempered person. - **4.** Amér [garrapata] tick. - **5.** desus [frasco] powder flask o horn.

polvorón m crumbly sweet made from flour, butter and sugar.

poma f - **1.** [manzana] apple. - **2.** [perfumador] cassolette.

pomada f ointment.

pomar m [de árboles frutales] orchard; [de manzanos] apple orchard.

pomelo m - **1.** [fruto] grapefruit. - **2.** [árbol] grapefruit tree.

pómez f → **piedra**.

pomífero, ra adj pomiferous.

pomo m - **1.** [tirador] knob. - **2.** [de arma] pommel. - **3.** [fruto] pome. - **4.** [frasco - para licores] flagon; [- para perfumes] perfume bottle. - **5.** [bola aromática] pomander.

pompa f - **1.** [suntuosidad] pomp. - **2.** [ostentación] show, ostentation. - **3.** [burbuja]: **~ (de jabón)** (soap) bubble. - **4.** [procesión] procession, pageant. - **5.** [de pavo real] spread of the tail. - **6.** NÁUT pump.

◆ **pompas fúnebres** fpl - **1.** [servicio] undertaker's (sg). - **2.** [ceremonia] funeral (sg).

pompear vi fam to show off.

◆ **pompearse** vpr fam - **1.** [en el trato] to show off. - **2.** [pavonearse] to swagger, to strut about.

Pompeya s Pompei.

Pompeyo m Pompey.

pompis m inv fam bottom, backside.

pompón m pompom.

pomposamente adv - **1.** [con suntuosidad] splendidly, with great pomp. - **2.** [con ostentación] pompously.

pomposidad f - **1.** [suntuosidad] splendour. - **2.** [ostentación] showiness. - **3.** [en el lenguaje] pomposity.

pomposo, sa adj - **1.** [suntuoso] sumptuous. - **2.** [ostentoso] magnificent, showy. - **3.** [lenguaje] pompous.

pómulo m - **1.** [hueso] cheekbone. - **2.** [mejilla] cheek.

pon v → **poner**.

poncha ◇ adj f → **poncho**. ◇ f Amér blanket.

ponchada f Amér pile, heap.

ponchar vt Amér to puncture.

◆ **poncharse** vpr Amér to get a puncture.

ponche m punch.

ponchera f punch bowl.

poncho, cha adj - **1.** [perezoso] lazy. - **2.** Amér [rechoncho] chubby.

◆ **poncho** m - **1.** [capa] poncho. - **2.** [capote militar] mili-

tary cape. - **3.** loc: **estar a ~ en algo** Amér to be in the dark about sthg.

ponderable adj - **1.** [en peso] weighable. - **2.** [en ponderación] worthy of consideration.

ponderación f - **1.** [alabanza] praise. - **2.** [moderación] deliberation, considered nature. - **3.** [en estadística] weighting. - **4.** [contrapeso] balance, equilibrium.

ponderado, da adj - **1.** [moderado] considered. - **2.** [en estadística] weighted.

ponderar vt - **1.** [alabar] to praise. - **2.** [considerar] to consider, to weigh up. - **3.** [en estadística] to weight. - **4.** [equilibrar] to balance.

ponderativo, va adj - **1.** [halagador] praising. - **2.** [meditativo] thoughtful, meditative.

pondrá etc v → **poner**.

ponedero, ra adj egg-laying.

◆ **ponedero** m nesting box.

ponedor, ra adj - **1.** [de huevos] egg-laying. - **2.** [caballo] trained to rear up.

◆ **ponedor** m - **1.** [ponedero] nesting box. - **2.** desus [postor] better.

ponencia f - **1.** [conferencia] lecture, paper. - **2.** [informe] report. - **3.** [comisión] reporting committee. - **4.** [cargo] position of reporter.

ponente ◇ mf - **1.** [de informe] reporter, rapporteur. - **2.** [en congreso] speaker. ◇ adj reporting.

poner [65] ◇ vt - **1.** [gen] to put; [colocar] to place, to put. - **2.** [vestir]: **~ algo a alguien** to put sthg on sb. - **3.** [contribuir, invertir] to put in; **~ dinero en el negocio** to put money into the business; **~ algo de mi/tu** etc **parte** to do my/your etc bit. - **4.** [hacer estar de cierta manera]: **~ a alguien en un aprieto/de mal humor** to put sb in a difficult position/in a bad mood; **le has puesto colorado** you've made him blush. - **5.** [calificar]: **~ a alguien de algo** to call sb sthg. - **6.** [oponer]: **~ obstáculos a algo** to hinder sthg; **~ pegas a algo** to raise objections to sthg. - **7.** [asignar - precio, medida] to fix, to settle; [- multa, tarea] to give; **le pusieron Mario** they called him Mario. - **8.** [TELECOM - telegrama, fax] to send; [- conferencia] to make; **¿me pones con él?** can you put me through to him? - **9.** [conectar - televisión etc] to switch o put on; [- despertador] to set; [- instalación, gas] to put in. - **10.** CINE, TEATRO & TV to show; **¿qué ponen en la tele?** what's on the tele? - **11.** [empresa, negocio] to set up; **ha puesto una tienda** she's opened a shop. - **12.** [decorar] to do up; **han puesto su casa con mucho lujo** they've done up their house in real style. - **13.** [suponer] to suppose; **pongamos que sucedió así** (let's) suppose that's what happened; **pon que necesitemos cinco días** suppose we need five days; **poniendo que todo salga bien** assuming everything goes according to plan. - **14.** [decir] to say; **¿qué pone ahí?** what does it say? - **15.** [huevo] to lay. ◇ vi [ave] to lay (eggs).

◆ **ponerse** ◇ vpr - **1.** [colocarse] to put o.s.; **~se de pie** to stand up; **ponte en la ventana** stand by the window. - **2.** [ropa, gafas, maquillaje] to put on. - **3.** [estar de cierta manera] to go, to become; **se puso rojo de ira** he went red with anger; **se puso colorado** he blushed; **se puso muy guapa** she made herself pretty. - **4.** [iniciar]: **~se a hacer algo** to start doing sthg. - **5.** [de salud]: **~se malo** o **enfermo** to fall ill; **~se bien** to get better. - **6.** [llenarse]: **~se de algo** to get covered in sthg; **se puso de barro hasta las rodillas** he got covered in mud up to the knees. - **7.** [suj: astro] to set. - **8.** [llegar]: **~se en** to get to. ◇ v impers Amér fam [parecer]: **se me pone que...** it seems to me that...

poney m = **poni**.

pongo[1] v → **poner**.

pongo[2] m - **1.** ZOOL orangutan. - **2.** Amér [criado] Indian servant.

poni, poney ['poni] (pl **poneys**) m pony.

poniente m - **1.** [occidente] West. - **2.** [viento] west wind.

pontaje, pontazgo m bridge toll.

pontificado m papacy.

pontifical ◇ *adj* papal. ◇ *m* - **1.** [ornamentos] pontificals *(pl)*; **de** ~ *fam fig* dressed up. - **2.** [libro] pontifical.

pontificar [10] *vi* to pontificate.

pontífice *m* - **1.** RELIG Pope, Pontiff. - **2.** HIST pontifex.
◆ **Sumo Pontífice** *m* Sovereign Pontiff.

pontificio, cia *adj* papal.

pontón *m* - **1.** [embarcación chata] pontoon; [buque viejo] hulk. - **2.** [puente] pontoon; ~ **flotante** floating o pontoon bridge.

ponzoña *f* - **1.** [veneno] venom, poison. - **2.** *fig* [doctrina perjudicial] poison.

ponzoñoso, sa *adj* - **1.** [venenoso] venomous, poisonous. - **2.** *fig* [perjudicial] harmful.

pop ◇ *adj* pop. ◇ *m* → **música**.

popa *f* stern; **a** ~ astern □ **de** ~ **a proa** *fig* totally, through and through.

pope *m* - **1.** RELIG priest of the Orthodox church. - **2.** *fam fig* [pez gordo] big shot.

popelina *f*, **popelín** *m* poplin.

popote *m* *Amér* drinking straw.

populachería *f* cheap popularity.

populachero, ra *adj despec* - **1.** [fiesta etc] common, popular. - **2.** [discurso etc] populist.

populacho *m despec* mob, masses *(pl)*.

popular *adj* - **1.** [del pueblo] of the people; [arte, música] folk; [lenguaje] colloquial. - **2.** [famoso] popular; **hacerse** ~ to catch on.

popularidad *f* popularity.

popularización *f* popularization.

popularizar [13] *vt* to popularize.
◆ **popularizarse** *vpr* to become popular.

popularmente *adv* popularly.

populismo *m* populism.

populista *adj & mf* populist.

populoso, sa *adj* populous, crowded.

popurrí *(pl* **popurrís***) m* potpourri.

poquedad *f* - **1.** [escasez] scantiness, paucity. - **2.** [timidez] timidity. - **3.** [cosa sin valor] trifle.

póquer *(pl* **póquers***)*, **póker** *(pl* **pókers***) m* - **1.** [juego] poker. - **2.** [jugada] four of a kind.

poquito, ta *adj* very little.
◆ **poquito** *m*: **un** ~ a little bit □ **a** ~, ~ **a poco** little by little; **a** ~**s** bit by bit.

por *prep* - **1.** [causa] because of; **se enfadó** ~ **tu comportamiento** she got angry because of your behaviour. - **2.** [finalidad] *(antes de infin)* (in order) to; *(antes de sust, pron)* for; **lo hizo** ~ **complacerte** he did it to please you; **lo hice** ~ **ella** I did it for her. - **3.** [medio, modo, agente] by; ~ **mensajero/fax** by courier/fax; ~ **escrito** in writing; **lo cogieron** ~ **el brazo** they took him by the arm; **el récord fue batido** ~ **el atleta** the record was broken by the athlete. - **4.** [tiempo aproximado]: **creo que la boda será** ~ **abril** I think the wedding will be some time in April. - **5.** [tiempo concreto]: ~ **la mañana/tarde** in the morning/afternoon; ~ **la noche** at night; **ayer salimos** ~ **la noche** we went out last night; ~ **unos días** for a few days. - **6.** [aproximadamente en]: ¿~ **dónde vive?** whereabouts does he live?; **vive** ~ **las afueras** he lives somewhere on the outskirts; **había papeles** ~ **el suelo** there were papers all over the floor. - **7.** [a través de] through; **iba paseando** ~ **el bosque/la calle** she was walking through the forest/along the street; **pasar** ~ **la aduana** to go through customs. - **8.** [a cambio de, en lugar de] for; **lo ha comprado** ~ **poco dinero** she bought it very cheaply; **cambió el coche** ~ **la moto** he exchanged his car for a motorbike; **él lo hará** ~ **mí** he'll do it for me. - **9.** [distribución] per; **cien pesetas** ~ **unidad** a hundred pesetas each; **20 kms** ~ **hora** 20 km an o per hour. - **10.** MAT: **dos** ~ **dos es igual a cuatro** two times two is four. - **11.** [en busca de] for; **baja** ~ **tabaco** go down to the shops for some cigarettes, go down to get some cigarettes; **a** ~ for; **vino a** ~ **las entradas** she came for the tickets. - **12.** [concesión]: ~ **más** o **mucho que lo intentes no lo conseguirás** however hard you try o try as you might, you'll never manage it; **no me cae bien,** ~ **(muy) simpático que te parezca** you may think he's nice, but I don't like him.
◆ **por qué** *pron* why; ¿~ **qué lo dijo?** why did she say it?; ¿~ **qué no vienes?** why don't you come?

porcachón, ona, **porcallón, ona** *fam* ◇ *adj* filthy. ◇ *m, f* - **1.** [animal] large pig. - **2.** [persona] pig, filthy person.

porcelana ◇ *f* - **1.** [material] porcelain, china. - **2.** [objeto] piece of porcelain o china. - **3.** [esmalte] porcelain enamel. ◇ *m* [color] porcelain blue.

porcentaje *m* percentage.

porcentual *adj* percentage *(antes de sust)*.

porche *m* [soportal] arcade; [entrada] porch.

porcino, na *adj* pig *(antes de sust)*.
◆ **porcino** *m* - **1.** [animal] small pig. - **2.** [chichón] bump, swelling.

porción *f* - **1.** [parte] portion, piece. - **2.** [de comida] portion, helping; **sirven porciones abundantes en este restaurante** they serve big portions in this restaurant. - **3.** [cuota, participación] share; **su** ~ **del dinero fue muy pequeña** his share of the money was very small. - **4.** [gran cantidad] large number; **una** ~ **de problemas** a lot of problems. - **5.** RELIG stipend, prebend.

pordiosear *vi* to beg.

pordioseo *m*, **pordiosería** *f* begging.

pordiosero, ra ◇ *m, f* beggar. ◇ *adj* begging.

porfía *f* - **1.** [disputa] dispute. - **2.** [insistencia] persistence. - **3.** [tozudez] stubbornness.
◆ **a porfía** *loc adv* in competition.

porfiadamente *adv* - **1.** [con insistencia] persistently. - **2.** [con tozudez] stubbornly.

porfiado, da ◇ *adj* - **1.** [persistente] persistent. - **2.** [tozudo] stubborn. ◇ *m, f* stubborn person.

porfiar [9] *vi* - **1.** [disputar] to argue obstinately. - **2.** [empeñarse]: ~ **en** to be insistent on; ~ **en que** to insist that; ~ **por hacer algo** to struggle stubbornly to do sthg.

pórfido *m* porphyry.

pormenor *m (gen pl)* detail.

pormenorizar [13] ◇ *vt* to describe in detail. ◇ *vi* to go into detail.

porno *fam* ◇ *adj* porno. ◇ *m* porn.

pornografía *f* pornography.

pornográfico, ca *adj* pornographic.

pornógrafo, fa *m, f* pornographer.

poro *m* - **1.** [en piel] pore. - **2.** [entre moléculas, partículas] interstice.

porongo *m Amér* gourd.

porosidad *f* porousness, porosity.

poroso, sa *adj* porous.

poroto *m Amér* - **1.** [comida] *type of bean dish*. - **2.** BOT bean.

porque *conj* - **1.** [debido a que] because. - **2.** [para que] so that, in order that.

porqué *m* - **1.** [causa, motivo] reason; **el** ~ **de** the reason for. - **2.** *fam* [de dinero] amount; **tiene un buen** ~ **de dinero** she has a fair bit of money.

porquería *f* - **1.** [suciedad] filth; **estar hecho una** ~ to be filthy. - **2.** [cosa de mala calidad] rubbish *(U)*. - **3.** *despec* [golosina] junk food, rubbish *(U)*. - **4.** [basura] junk, rubbish. - **5.** [grosería] vulgarity. - **6.** [mala jugada] dirty trick.

porqueriza *f* pigsty.

porquero, ra, **porquerizo, za** *m, f* swineherd.

porra ◇ *adj f* → **porro**. ◇ *f* - **1.** [palo] club; [de policía] truncheon; [de herrero] sledgehammer. - **2.** *(gen pl)* CULIN deep-fried pastry sticks. - **3.** [en naipes] last player. - **4.** *fig* [vanidad] boasting. - **5.** [persona pesada] bore. - **6.** TEATRO claque. - **7.** *loc*: **mandar a alguien a la** ~ *fam* to tell sb to go to hell.

porras *interj fam* hell!, damn it!

porrada *f* - **1.** *fam* [gran cantidad]: **una ~ (de)** heaps *(pl)* o tons *(pl)* (of). - **2.** [golpe] blow. - **3.** [golpe con porra] blow with a club. - **4.** *fam fig* [tontería] stupid thing, nonsense *(U)*.

porrazo *m* - **1.** [golpe] bang, blow; [caída] bump; **dar un ~** to whack, to bash; **pegarse un ~ contra algo** to bump o bang into sthg. - **2.** [golpe con porra] blow with a club.

porreta ◇ *mf mfam* [fumador de porros] pothead. ◇ *f fam* [nariz] hooter.

porrillo ◆ **a porrillo** *loc adv fam* by the bucket.

porro, rra ◇ *adj* thick. ◇ *m, f* [tonto] fool, idiot.
◆ **porro** *m fam* - **1.** [de droga] joint. - **2.** *Amér* [tambor] cone-shaped drum.

porrón, ona *adj fam* slow, stupid.
◆ **porrón** *m* - **1.** [para beber] *glass wine jar with a long spout, used for drinking wine.* - **2.** [salsa] garlic sauce.

portaagujas *m inv* [de tocadiscos] cartridge.

portaaviones *m inv* = **portaviones**.

portabandera *f* flag holder.

portabombas *m inv* bomb carrier.

portabustos *m inv Amér* bra *(sg)*.

portacaja *f* drum strap.

portacartas *m inv* mailbag.

portada *f* - **1.** [de libro] title page; [de revista] (front) cover; [de periódico] front page. - **2.** [de disco] sleeve. - **3.** ARQUIT façade. - **4.** *fig* [fachada] façade.

portado, da *adj*: **bien ~** [vistiendo] well-dressed; [en comportamiento] well-behaved; **mal ~** [vistiendo] badly-dressed; [en comportamiento] badly-behaved.

portador, ra ◇ *adj* carrying, bearing. ◇ *m, f* carrier, bearer; **al ~** COM to the bearer.
◆ **portador** *m desus* [bandeja] tray.

portaequipajes *m inv* [maletero] boot *Br*, trunk *Am*; [de techo] luggage rack.

portaestandarte *m* standard-bearer.

portafolios *m inv*, **portafolio** *m* [carpeta] file; [maletín] attaché case.

portafusil *m* rifle sling.

portal *m* - **1.** [entrada] entrance hall; [puerta] main door. - **2.** [pórtico] porch; [en plaza etc] arcade. - **3.** [belén] crib, Nativity scene.

portalámparas *m inv* socket.

portalápiz (*pl* **portalápices**) *m* pencil holder.

portalibros *m inv* book straps *(pl)*.

portaligas *m inv* suspender belt.

portalón *m* - **1.** ARQUIT monumental gate. - **2.** NÁUT gangway.

portamaletas *m inv Amér* boot *Br*, trunk *Am*.

portamanteo *m* travelling bag.

portaminas *m inv* propelling pencil.

portamonedas *m inv* purse.

portante *m* [del caballo] amble, ambling gait; **tomar el ~** *fam fig* to make o.s. scarce.

portanuevas *mf inv* bearer of news.

portaobjeto *m*, **portaobjetos** *m inv* slide.

portaplumas *m inv* penholder.

portar ◇ *vt* [llevar] to carry. ◇ *vi* NÁUT to stand o hold up well.
◆ **portarse** *vpr* to behave; **se ha portado bien conmigo** she's been very good to me; **~se mal** to misbehave.

portarretratos *m inv* picture frame.

portátil *adj* portable.

portaviandas *m inv* lunch box.

portaviones, portaaviones *m inv* aircraft carrier.

portavoz ◇ *mf* [persona] spokesman (*f* spokeswoman). ◇ *m* - **1.** [periódico] voice. - **2.** [bocina] megaphone.

portazo *m* slam; **dar un ~** to slam the door.

porte *m* - **1.** *(gen pl)* [gasto de transporte] carriage, transport

costs *(pl)*; **~ debido/pagado** COM carriage due/paid. - **2.** [transporte] carriage, transport; [de correos] postage. - **3.** [aspecto] bearing, demeanour. - **4.** [conducta] behaviour, conduct. - **5.** NÁUT [dimensión] capacity.

porteador, ra ◇ *m, f* porter. ◇ *adj* bearing, carrying.

portear ◇ *vt* to carry, to transport. ◇ *vi Amér* to leave, to go away.

portento *m* wonder, marvel.

portentoso, sa *adj* wonderful, amazing.

porteo *m* carrying, transporting.

portería *f* - **1.** [de casa, colegio] caretaker's office o lodge; [de hotel, ministerio] porter's office o lodge. - **2.** DEP goal, goalmouth. - **3.** [empleo] job of caretaker. - **4.** [de convento] gatehouse.

portero, ra *m, f* - **1.** [de casa, colegio] caretaker; [de hotel, ministerio] porter; **~ automático** o **electrónico** o **eléctrico** entry-phone. - **2.** DEP goalkeeper.

portezuela *f* - **1.** [puerta pequeña] small door. - **2.** [de coche] door. - **3.** [en costura] pocket flap.

pórtico *m* - **1.** [fachada] portico. - **2.** [arcada] arcade.

portilla *f* - **1.** NÁUT porthole. - **2.** [paso] gate.

portillo *m* - **1.** [abertura] opening, gap. - **2.** [puerta pequeña] wicket gate. - **3.** *fig* [puerta] gate. - **4.** [entre montañas] pass. - **5.** [mella] chip. - **6.** *fig* [punto débil] weak spot. - **7.** *fig* [para solución] opening.

portón *m* [puerta grande] large door o entrance; [de zaguán] hall door.

portuario, ria *adj* [del puerto] port *(antes de sust)*; [de los muelles] dock *(antes de sust)*; **trabajador ~** docker.

Portugal *s* Portugal.

portugués, esa (*pl* **portugueses**) *adj & m, f* Portuguese; **los portugueses** the Portuguese.
◆ **portugués** *m* [lengua] Portuguese.

portuguesismo *m* Portuguese word or expression.

porvenir *m* future; **en el ~** in the future.

pos ◆ **en pos de** *loc prep* - **1.** [detrás de] behind. - **2.** [en busca de] after.

posada *f* - **1.** [fonda] inn, guest house. - **2.** [hospedaje] lodging, accommodation; **dar ~ a alguien** to give shelter to sb. - **3.** *desus* [hogar] dwelling. - **4.** *desus* [utensilios] portable set of cutlery. - **5.** *Amér* [ceremonia] *Mexican Christmas ceremony.*

posaderas *fpl fam* backside *(sg)*, bottom *(sg)*.

posadero, ra *m, f* innkeeper.

posar ◇ *vt* [gen] to put o lay down; [mano, mirada] to rest. ◇ *vi* - **1.** [suj: modelo] to pose. - **2.** [alojarse] to lodge. - **3.** [suj: pájaro] to perch, to alight. - **4.** [descansar] to rest.
◆ **posarse** *vpr* - **1.** [gen] to settle; **~se en** [mirada] to fall on. - **2.** [pájaro] to perch; [nave, helicóptero] to come down.

posavasos *m inv* [gen] coaster; [en pub] beer mat.

posdata, postdata *f* postscript.

posdiluviano, na, postdiluviano, na *adj* postdiluvian.

pose *f* - **1.** [postura] pose. - **2.** [afectación] affectation. - **3.** [en fotografía] exposure.

poseedor, ra ◇ *adj* [que posee] owning, possessing; [de cargo, acciones, récord] holding. ◇ *m, f* [propietario] owner; [de cargo, récord] holder; **~ de acciones** COM & FIN shareholder *Br*, stockholder *Am*; **~ de obligaciones** COM & FIN bondholder; **~ de patente** DER patent holder.

poseer [50] *vt* - **1.** [ser dueño de] to own; **posee una casa en las afueras** he has a house in the suburbs. - **2.** [estar en poder de] to have, to possess; [puesto, marca] to hold; **poseyó la marca mundial** he held the world record; **no poseo la llave del archivo** I don't have the key to the archive. - **3.** [sexualmente] to have; **la poseyó violentamente** he took her violently. - **4.** [tema, idioma] to speak perfectly.
◆ **poseerse** *vpr* [controlarse] to control o.s.

poseído, da ◇ *adj* [obsesionado]: **~ por** possessed by. ◇ *m, f* possessed person.

Poseidón *m* Poseidon.

posesión *f* [gen] possession; **en ~ de** in possession of; **tomar ~ de un cargo** to take up a position o post.
◆ **posesiones** *fpl* possessions, personal property *(U)*.

posesionar *vt* to give possession of, to hand over.
◆ **posesionarse** *vpr*: **~se de** to take possession of, to take over.

posesivamente *adv* possessively.

posesivo, va *adj* possessive.
◆ **posesivo** *m* GRAM possessive.

poseso, sa ◇ *adj* possessed. ◇ *m, f* possessed person.

posesorio, ria *adj* DER possessory.

poseyera *etc v* → **poseer**.

posfecha *f* postdate.

posgraduado, da, postgraduado, da *adj & m, f* postgraduate.

posguerra, postguerra *f* post-war period.

posibilidad *f* - **1.** [probabilidad, opción] possibility, chance; **cabe la ~ de que...** there's a chance that...; **cabe la ~ de que nos hayamos equivocado** there's a chance we could be wrong. - **2.** [aptitud] ability, capacity.
◆ **posibilidades económicas** *fpl* financial means o resources.

posibilitar *vt* - **1.** [hacer posible] to make possible. - **2.** [permitir] to allow, to permit.

posible *adj* possible; **es ~ que llueva** it could rain; **dentro de lo ~**, **en lo ~** as far as possible; **te ayudaremos dentro de lo ~** we'll help you as much as we can; **de ser ~** if possible; **de ser ~ preferiría que nos reuniésemos en mi casa** if possible, I'd rather we met at my place; **hacer ~** to make possible; **hacer (todo) lo ~** to do everything possible; **ha hecho todo lo ~ para salir adelante** she has done everything possible to get ahead; **lo antes ~** as soon as possible; **nos veremos lo antes ~** we'll see each other as soon as possible ❑ **¡será ~!** I can't believe this!
◆ **posibles** *mpl* (financial) means.

posiblemente *adv* maybe, perhaps.

posición *f* - **1.** [gen] position; **~ de loto** lotus position; **~ ventajosa** vantagepoint. - **2.** [categoría - social] status *(U)*; [- económica] situation.

posicionarse *vpr* to take a position o stance.

positivamente *adv* positively.

positivar *vt* FOT to develop.

positivismo *m* - **1.** [realismo] pragmatism. - **2.** FILOS positivism. - **3.** [materialismo] materialism.

positivista ◇ *adj* - **1.** [realista] realistic. - **2.** FILOS positivist, positivistic. ◇ *mf* - **1.** [persona realista] realist. - **2.** FILOS positivist.

positivo, va *adj* [gen & ELECTR] positive.
◆ **positivo** *m* - **1.** FOT print. - **2.** GRAM positive.

pósito *m* - **1.** [granero] public granary. - **2.** [asociación] cooperative, association.

positrón *m* positron.

posma *fam* ◇ *adj* dull, tiresome. ◇ *mf* dull o tiresome person. ◇ *f* dullness, tiresomeness.

posmeridiano, na, postmeridiano, na *adj* afternoon *(antes de sust)*.

posmodernidad *f* post-modernism.

posmoderno, na *adj & m, f* postmodernist.

posnatal, postnatal *adj* postnatal.

poso *m* - **1.** [sedimento] sediment; [de café] grounds *(pl)*; **formar ~** to settle. - **2.** *fig* [resto, huella] trace.

posología *f* dosage.

posparto, postparto ◇ *adj* postnatal. ◇ *m* postnatal period.

posponer [65] *vt* - **1.** [aplazar] to postpone. - **2.** [relegar] to put behind, to relegate.

posposición *f* - **1.** [aplazamiento] postponement. - **2.** [relegación] subordination.

pospuesto, ta *pp* → **posponer**.

pospusiera *etc v* → **posponer**.

posta *f* - **1.** [de caballos] relay, team; [lugar] staging post. - **2.** [bala] small bullet, pellet. - **3.** [tajada] slice. - **4.** ARQUIT volute.
◆ **a posta** *loc adv* on purpose.

postal ◇ *adj* postal. ◇ *f* postcard.

postdata *f* = **posdata**.

postdiluviano, na *adj* = **posdiluviano**.

poste *m* - **1.** [madero] post; DEP post; **~ de telégrafos** telegraph pole; **ser un ~** *fam* [ser lerdo] to be as thick as two short planks; [estar sordo] to be as deaf as a post. - **2.** [columna] pillar, pole.

póster (*pl* **pósters**) *m* poster.

postergación *f* - **1.** [aplazamiento] postponement. - **2.** [relegación] passing over for promotion.

postergar [16] *vt* - **1.** [retrasar] to postpone. - **2.** [relegar] to put behind, to relegate; [de cargo] to pass over for promotion.

posteridad *f* - **1.** [generación futura] posterity. - **2.** [futuro] future.

posterior *adj* - **1.** [en el espacio] rear, back; **~ a** behind; **está sentada en la fila ~ a la tuya** she's sitting in the row behind you. - **2.** [en el tiempo] subsequent, later; **~ a** subsequent to, after; **soy de una promoción ~ a la tuya** I graduated after you.

posteriori ◆ **a posteriori** *loc adv* later, afterwards.

posterioridad *f*: **con ~** later, subsequently; **con ~ a** later than, subsequent to.

posteriormente *adv* subsequently, later (on).

postgraduado, da *adj & m, f* = **posgraduado**.

postguerra *f* = **posguerra**.

postigo *m* - **1.** [contraventana] shutter. - **2.** [puerta pequeña] wicket gate. - **3.** [puerta falsa] secret o hidden door. - **4.** [de ciudad] postern, side gate.

postillón *m* postilion.

postín *m* showiness, boastfulness; **darse ~** to show off; **de ~** posh.

postindustrial *adj* post-industrial.

post-it® *m inv* Post-it®.

postizo, za *adj* - **1.** [falso] false. - **2.** [añadido] detachable. - **3.** [artificial] artificial.
◆ **postizo** *m* hairpiece.

postmeridiano, na *adj* = **posmeridiano**.

post meridiem *adj* post meridiem.

post-mortem *adj* postmortem.

postnatal *adj* = **posnatal**.

postoperatorio, ria *adj* post-operative.

postor, ra *m, f* bidder; **mejor ~** highest bidder.

postparto *adj & m* = **posparto**.

postración *f* prostration.

postrado, da *adj* prostrate; **~ por el dolor** *fig* overwhelmed by grief.

postrar *vt* - **1.** [debilitar] to weaken, to (make) prostrate. - **2.** [humillar] to humiliate, to humble.
◆ **postrarse** *vpr* - **1.** [arrodillarse] to prostrate o.s. - **2.** [debilitarse] to weaken, to become debilitated. - **3.** [moralmente] to be overcome.

postre ◇ *m* dessert, pudding; **de ~** for dessert; **de ~ hay helado** there's ice cream for dessert ❑ **a la ~** *fig* in the end; **llegar a los ~s** *fig* to come too late; **para ~** *fig* to cap it all. ◇ *adj* last, final.

postremo, ma *adj* last, final.

postrero, ra *culto* ◇ *adj* (*antes de sust masculino sg:* **postrer**) last. ◇ *m, f* last one.

postrimerías *fpl* - **1.** [final de periodo] final stages. - **2.** [RELIG - muerte] death *(sg)*; [- etapas del hombre] last four stages of man.

postulación *f* - **1.** [acción] postulation. - **2.** [colecta] collection.

postulado *m* postulate.

postulante, ta ◇ *adj* applying. ◇ *m, f* **- 1.** [para colectas] collector; RELIG postulant. **- 2.** [solicitante] applicant.

postular ◇ *vt* **- 1.** [exigir] to call for. **- 2.** RELIG to postulate. ◇ *vi* [para colectas] to collect; ~ **(a** o **para)** [solicitar] to apply (for); [ser candidato] to be a candidate (for).

póstumamente *adv* posthumously.

póstumo, ma *adj* posthumous.

postura *f* **- 1.** [posición] position, posture. **- 2.** [actitud] attitude, stance. **- 3.** [en subasta] bid. **- 4.** [apuesta] bet, wager. **- 5.** [acción de poner huevos] laying. **- 6.** [huevos] eggs *(pl).* **- 7.** [pacto] pact, agreement.

posventa, postventa *adj inv* after-sales *(antes de sust).*

potabilidad *f* fitness for drinking.

potable *adj* **- 1.** [bebible] drinkable; **agua** ~ drinking water; **no** ~ not for drinking. **- 2.** *fam* [aceptable] acceptable, passable.

potaje *m* **- 1.** [CULIN - guiso] vegetable stew; [- caldo] vegetable stock. **- 2.** [legumbres secas] dried vegetables *(pl).* **- 3.** *fig* [mezcla] jumble, muddle.

potasa *f* potash.

potasio *m* potassium.

pote *m* **- 1.** [vasija redonda] pot. **- 2.** [cazuela] pan. **- 3.** [cocido] stew. **- 4.** [maceta] flowerpot. **- 5.** *Amér* [lata] tin, can. **- 6.** *loc:* **a** ~ in abundance; **darse** ~ to put on airs.

potencia *f* **- 1.** [gen & POLÍT] MAT power; **la** ~ **de las aguas derribó el dique** the force of the water burst the dike; **es una** ~ **mundial** they're a world power; **elevar a la segunda** ~ MAT to raise to the second power, to square; **elevar a la tercera** ~ MAT to raise to the third power, to cube ◻ **las grandes** ~**s** the major (world) powers; **segunda** ~ MAT square; **tercera** ~ MAT cube. **- 2.** [posibilidad]: **en** ~ potentially; **una campeona en** ~ a potential champion. **- 3.** [fuerza] strength; **este automóvil tiene mucha** ~ this car is very powerful ◻ **de** ~ **a** ~ as equals. **- 4.** [autoridad] power; **es él quien tiene la** ~ **de decidir** he's the one who has the power to decide. **- 5.** [facultad & FILOS] faculty.

potencial ◇ *adj* [gen & FÍS] potential. ◇ *m* **- 1.** [fuerza] power; ~ **humano** manpower. **- 2.** [posibilidades] potential. **- 3.** GRAM conditional. **- 4.** ELECTR (electric) potential.

potencialidad *f* potenciality, potential.

potenciar [8] *vt* **- 1.** [fomentar] to encourage, to promote. **- 2.** [reforzar] to boost, to strengthen.

potenciómetro *m* dimmer.

potentado, da *m, f* **- 1.** [rico] potentate. **- 2.** [soberano] potentate, sovereign.

potente *adj* **- 1.** [gen] powerful. **- 2.** *fam fig* [grande] big, mighty.

potestad *f* [poder] authority, power; **patria** ~ parental authority, guardianship.
◆ **potestades** *fpl* RELIG sixth order of angels *(sg).*

potingue *m fam* concoction.

poto *m Amér* **- 1.** [trasero] bottom, backside. **- 2.** [vasija] gourd or earthenware vessel.

potra *f* → **potro**.

potrada *f* herd of foals.

potranco, ca *m, f* horse under three years of age.

potrear *vt* **- 1.** *vulg fig* [molestar] to bug. **- 2.** *Amér* [domar] to break, to tame. **- 3.** *Amér* [zurrar] to beat, to thrash.

potrero *m* **- 1.** [de ganado] cattle ranch. **- 2.** *Amér* AGR field, pasture.

potrillo *m* **- 1.** [animal] colt. **- 2.** *Amér* large glass.

potro, tra *m, f* ZOOL colt (*f* filly).
◆ **potro** *m* **- 1.** DEP vaulting horse. **- 2.** [de tortura] rack. **- 3.** [de herrador] stanchion. **- 4.** *fig* [molestia] bother, nuisance. **- 5.** *Amér* [hernia] hernia.
◆ **potra** *f* **- 1.** *mfam* [suerte] luck; **tener** ~ to be lucky o jammy. **- 2.** *fam* [hernia] rupture.

potroso, sa *fam* ◇ *adj* **- 1.** [afortunado] flukey. **- 2.** [herniado] ruptured. ◇ *m, f* person with an hernia.

POUM *(abrev de* **Partido Obrero de Unificación Marxista)** *m former semi-Trotskyist Spanish political party.*

poyo *m* **- 1.** [banco] stone bench. **- 2.** *desus* [a juez] court fee.

poza *f* **- 1.** [charca] large puddle, pool. **- 2.** [para cáñamo] retting tank.

pozal *m* **- 1.** [de pozo - brocal] rim; [- cubo] bucket. **- 2.** [vasija, cubo] catch basin.

pozo *m* **- 1.** [gen] well; [de mina] shaft; ~ **airón** [muy profundo] pit, deep hole; [sin fondo] *fig* bottomless pit; ~ **artesiano** artesian well; ~ **negro** cesspool; ~ **de petróleo** oil well; **ser un** ~ **de algo** to be a fountain of sthg. **- 2.** [en río] deep pool. **- 3.** [hoyo profundo] pit. **- 4.** [NÁUT - bodega] hold; [- distancia] bilge. **- 5.** *Amér* [charca] puddle. **- 6.** *Amér* [manantial] spring.

pozuelo *m* catch basin.

p.p. - 1. *(abrev escrita de* **por poder)** pp. **- 2.** *(abrev escrita de* **porte pagado)** c/p.

PP *(abrev de* **Partido Popular)** *m Spanish political party to the right of the political spectrum.*

PPA *(abrev de* **Partido Peronista Auténtico)** *m Argentinian political party which follows the Perón ideology.*

práctica *f* → **práctico**.

practicable *adj* **- 1.** [realizable] practicable. **- 2.** [transitable] passable.

prácticamente *adv* practically.

practicante ◇ *adj* practising. ◇ *mf* **- 1.** [de deporte] practitioner. **- 2.** [de religión] practising member of a Church. **- 3.** [de profesión] practitioner. **- 4.** *desus* [de botica] prescription clerk. **- 5.** MED medical assistant.

practicar [10] ◇ *vt* **- 1.** [gen] to practise; [deporte] to play; **es creyente pero no practica su religión** he's a believer, but he doesn't practise his religion; **estos viajes me vienen muy bien para** ~ **el idioma** these trips are good for practising my language; **practica la medicina** she practises medicine. **- 2.** [realizar] to carry out, to perform; [hueco] to make; **le practicaron una operación de corazón** she had heart surgery; **tuvieron que** ~ **un hueco en la pared para poder salir** they had to make a hole in the wall to get out. ◇ *vi* to practise; **es católico pero no practica** he's a Catholic, but not a practising one; **es médico pero no practica** he's a doctor, but he doesn't practise.

práctico, ca *adj* **- 1.** [no teórico] practical. **- 2.** [persona] expert.
◆ **práctico** *m* NÁUT pilot.
◆ **práctica** *f* **- 1.** [realización] practice; [de un deporte] playing; **llevar algo a la práctica, poner algo en práctica** to put sthg into practice; **en la práctica** in practice. **- 2.** [clase no teórica] practical. **- 3.** [habilidad] skill. **- 4.** [costumbre] practice; **ser práctica establecida** to be standard practice. **- 5.** [método] method, manner.
◆ **prácticas** *fpl* training *(U);* **en prácticas** trainee ◻ **prácticas de magisterio** teaching practice; **prácticas profesionales** professional training.

pradera *f* large meadow, prairie.

prado *m* [campo] meadow; ~ **de juego** [parque] playground; **a** ~ out to pasture, grazing.

Prado *m:* **el (Museo del)** ~ the Prado (Museum).

Praga *s* Prague.

pragmático, ca ◇ *adj* pragmatic. ◇ *m, f* [persona] pragmatist.
◆ **pragmática** *f* **- 1.** [edicto] royal edict. **- 2.** LING pragmatics *(U).*

pragmatismo *m* pragmatism.

pragmatista ◇ *adj* pragmatic. ◇ *mf* pragmatist.

pral. *abrev escrita de* **principal**.

praliné *m* praline.

praxis *f inv* practice; FILOS praxis.

preacuerdo *m* draft agreement.

preámbulo *m* **- 1.** [introducción - de libro] foreword, preface; [- de congreso, conferencia] introduction, preamble. **- 2.** [rodeo] digression; **gastar** ~**s** to beat around the bush.

preaviso *m* prior notice.

prebenda *f* - **1.** RELIG prebend. - **2.** [favor] special favour. - **3.** *fig* [trabajo] cushy job.

prebendado *m* RELIG prebendary.

preboste *m* provost.

precalentado, da *adj* preheated.

precalentamiento *m* DEP warm-up.

precalentar [19] *vt* - **1.** CULIN to pre-heat. - **2.** DEP to warm up.

precampaña *f* preliminary campaign.

precariamente *adv* precariously.

precariedad *f* precariousness.

precario, ria *adj* precarious.

precaución *f* - **1.** [prudencia] caution, care. - **2.** [medida] precaution; **por** ~ as a precaution; **tomar precauciones** to take precautions.

precaucionarse *vpr* to take precautions.

precaver *vt* [prevenir] to guard against.

◆ **precaverse** *vpr* to take precautions; ~**se de** o **contra** to guard (o.s.) against.

precavidamente *adv* cautiously.

precavido, da *adj* - **1.** [prevenido] prudent; **es muy** ~ he always comes prepared. - **2.** [cauteloso] wary.

precedencia *f* - **1.** [de tiempo, orden, lugar] precedence, priority. - **2.** *fig* [superioridad] precedence, superiority.

precedente ◇ *adj* previous, preceding. ◇ *m* precedent; **sentar** ~ to set a precedent; **sin** ~**s** unprecedented.

preceder *vt* - **1.** [ir delante] to go before, to precede. - **2.** *fig* [preferir]: ~ **(a** o **sobre)** to take precedence (over).

preceptivo, va *adj* obligatory, compulsory.

◆ **preceptiva** *f* rules *(pl)*; ~ **literaria** literary precepts *(pl)*.

precepto *m* - **1.** [mandato] precept; **fiestas de** ~ RELIG days of obligation. - **2.** [norma] precept, principle.

preceptor, ra *m, f* (private) tutor.

preces *fpl* prayers.

precesión *f* - **1.** LITER reticence. - **2.** ASTRON precession; ~ **de los equinoccios** precession of the equinoxes.

preciado, da *adj* [valioso] valuable, prized.

preciar [8] *vt* - **1.** [apreciar] to appreciate. - **2.** [tasar] to value, to appraise.

◆ **preciarse** *vpr* to have self-respect; **nadie que se precie aceptaría esto** no self-respecting person would ever accept this; ~**se de** to be proud of.

precinta *f* - **1.** [en paquete] leather strap o band. - **2.** [en aduana] official stamp o seal. - **3.** NÁUT parcelling.

precintado *m* sealing.

precintadora *f* sealing machine.

precintar *vt* - **1.** [sellar] to seal; [paquete] to bind. - **2.** NÁUT to parcel.

precinto *m* - **1.** [sello] seal; [de paquete] binding; ~ **de garantía** protective seal. - **2.** [acción de cerrar, sellar] sealing. - **3.** DER official seal.

precio *m* - **1.** [en dinero] price; [tarifa] fare; **a cualquier** ~ at any price; **alzar el** ~ to raise the price; **poner** ~ **a** to put a price on ❑ ~ **de abertura/de cierre** FIN opening/closing price; ~ **al contado/al por mayor/de factura/de lista** cash/trade/invoice/list price; ~ **de fábrica/de coste/de mercado/de salida** factory/cost/market/starting price; ~ **fijo/recomendado** fixed/recommended retail price; ~ **indicativo** ECON guide price; ~ **prohibitivo** prohibitively high price; ~ **tope** top o ceiling price; ~ **unitario** o **por unidad** unit price; ~ **de venta (al público)** retail price; **no tener** ~ to be priceless; **poner a** ~ to offer a reward for; **poner** ~ **a la cabeza de alguien** to put a price on sb's head. - **2.** *fig* [en sufrimiento] price; **al** ~ **de** *fig* at the cost of. - **3.** *fig* [en valor] value, worth; **tener en** ~ to esteem, to hold in esteem; **tengo en** ~ **su amistad** I value her friendship.

preciosamente *adv* richly, lavishly.

preciosidad *f* - **1.** [valor] value. - **2.** [cosa bonita]: **¡es una**

~! it's lovely o beautiful! - **3.** [persona] angel, darling; **su hija es una verdadera** ~ your daughter is a real angel.

preciosismo *m* preciousness.

precioso, sa *adj* - **1.** [valioso] precious. - **2.** [bonito] lovely, beautiful. - **3.** [chistoso] witty, clever.

preciosura *f Amér* darling, beauty.

precipicio *m* - **1.** [de montaña] precipice. - **2.** *fig* [abismo] abyss; **caer al** ~ to fall into the abyss. - **3.** *fig* [ruina moral] ruin, downfall.

precipitación *f* - **1.** [apresuramiento] haste; **con** ~ hastily, hurriedly. - **2.** *(gen pl)* [lluvia] rainfall *(U)*. - **3.** QUÍM precipitation; ~ **radioactiva** radioactive fallout.

precipitadamente *adv* hastily.

precipitado, da *adj* hasty.

◆ **precipitado** *m* QUÍM precipitate.

precipitar *vt* - **1.** [arrojar] to throw o hurl down. - **2.** [acelerar] to hasten, to speed up. - **3.** QUÍM to precipitate. - **4.** *fig* [incitar] to throw, to tip.

◆ **precipitarse** *vpr* - **1.** [caer] to plunge (down). - **2.** [acontecimientos etc] to speed up. - **3.** [apresurarse]: ~**se (hacia)** to rush (towards). - **4.** [obrar irreflexivamente] to act rashly.

precipitoso, sa *adj* - **1.** [terreno] precipitous, steep. - **2.** *fig* [persona] hasty, reckless.

precisamente ◇ *adv* - **1.** [con precisión] precisely. - **2.** [justamente]: ~ **tú lo sugeriste** in fact it was you who suggested it; ~ **por eso** for that very reason. ◇ *interj* exactly!, precisely!

precisar ◇ *vt* - **1.** [determinar] to fix, to set; [aclarar] to specify exactly. - **2.** [necesitar] to need, to require. - **3.** [obligar, forzar] to force, to compel. ◇ *vi* to be necessary o needed.

precisión *f* - **1.** [exactitud] accuracy, precision. - **2.** [claridad] precision, clarity. - **3.** [necesidad] necessity, need.

preciso, sa *adj* - **1.** [determinado] precise. - **2.** [necesario]: **es** ~ **que vengas** you must come; **cuando sea** ~ when necessary; **ser** ~ **para (algo/hacer algo)** to be necessary (for sthg/to do sthg). - **3.** [conciso] exact, precise. - **4.** [claro] distinct, clear.

precitado, da *adj* abovementioned, aforementioned.

preclaro, ra *adj culto* illustrious, eminent.

precocidad *f* precociousness.

precocinado, da *adj* pre-cooked.

precognición *f* foreknowledge.

precolombino, na *adj* pre-Columbian.

preconcebido, da *adj* [idea] preconceived; [plan] drawn up in advance.

preconcebir [26] *vt* draw up in advance.

preconizar [13] *vt* - **1.** [recomendar, aconsejar] to recommend, to advise. - **2.** [alabar] to praise, to commend.

preconocer [31] *vt* to know beforehand.

precoz *(pl* **precoces)** *adj* - **1.** [persona] precocious. - **2.** [temprano] early.

precursor, ra ◇ *adj* precursory. ◇ *m, f* precursor.

predador, ra *adj* predatory.

◆ **predador** *m* predator.

predatorio, ria *adj* [animal, instinto] predatory.

predecesor, ra *m, f* predecessor.

predecible *adj* predictable.

predecir [66] *vt* to predict.

predestinación *f* predestination.

predestinado, da ◇ *adj*: ~ **(a)** predestined (to). ◇ *m, f* predestinate.

◆ **predestinado** *m fam fig* cuckold.

predestinar *vt* to predestine.

predeterminación *f* predetermination.

predeterminado, da *adj* predetermined.

predeterminar *vt* to predetermine.

prédica *f* - **1.** RELIG sermon. - **2.** *fam* [discurso] sermon, harangue.

predicable *adj & m* [en lógica] predicable.

predicación *f* - **1.** [acción] preaching. - **2.** [sermón] sermon.

predicaderas *fpl fam* preaching ability *(sg)*; **tener buenas** ~ to have a talent for preaching.

predicado *m* GRAM predicate.

predicador, ra ◇ *m, f* preacher. ◇ *adj* preaching.
♦ **predicador** *m* ZOOL praying mantis.

predicamento *m* - **1.** [en lógica] predicament. - **2.** [estima] esteem, regard.

predicar [10] ◇ *vt* - **1.** [sermón, ideas, doctrina] to preach. - **2.** [hacer público] to proclaim, to announce. - **3.** [alabar] to praise, to extol. - **4.** *fig* [reprender] to reprove, to admonish. ◇ *vi* to preach.

predicción *f* prediction; [del tiempo] forecast.

predice *v* → **predecir**.

predicho, cha ◇ *pp* → **predecir**. ◇ *adj* aforesaid, aforementioned.

prediga, predijera *etc v* → **predecir**.

predilección *f*: ~ **(por)** preference (for).

predilecto, ta *adj* favourite.

predio *m* - **1.** [finca] estate, property; ~ **rústico** country property; ~ **urbano** city property. - **2.** *Amér* [edificio] building.

predisponer [65] *vt* - **1.** [con buen ánimo]: ~ **(a)** to predispose (to). - **2.** [con mal ánimo]: ~ **(contra)** to prejudice (against).

predisposición *f* - **1.** [aptitud]: ~ **para** aptitude for. - **2.** [tendencia]: ~ **a** predisposition to.

predispuesto, ta ◇ *pp* → **predisponer**. ◇ *adj*: ~ **(a)** predisposed (to).

predominancia *f* predominance.

predominante *adj* predominant; [viento, actitudes] prevailing.

predominar *vi*: ~ **(sobre)** [preponderar, prevalecer] to predominate o prevail (over); [en altura] to tower (over).

predominio *m* preponderance, predominance *(U)*.

preelectoral *adj* pre-election *(antes de sust)*.

preeminencia *f* - **1.** [superioridad] preeminence. - **2.** [privilegio] privilege.

preeminente *adj* preeminent.

preescolar ◇ *adj* nursery *(antes de sust)*, preschool *(antes de sust)*. ◇ *m* nursery school, kindergarten.

preestablecido, da *adj* pre-established.

preestreno *m* preview.

preexistencia *f* preexistence.

preexistente *adj* preexisting.

preexistir *vi* to preexist.

prefabricación *f* prefabrication.

prefabricado, da *adj* prefabricated.

prefabricar [10] *vt* to prefabricate.

prefacio *m* preface.

prefecto *m* prefect.

prefectura *f* prefecture; ~ **de tráfico** traffic division.

preferencia *f* preference; **con** o **de** ~ preferably; **tener** ~ AUTOM to have right of way; **tener** ~ **por** to have a preference for.

preferencial *adj* FIN preferential.

preferente *adj* - **1.** [preferido] preferential. - **2.** [preferible] preferable.

preferentemente *adv* preferably.

preferible *adj*: ~ **(a)** preferable (to).

preferiblemente *adv* ideally.

preferido, da *adj* favourite.

preferir [27] *vt*: ~ **algo (a algo)** to prefer sthg (to sthg); **prefiero el pescado a la carne** I prefer fish to meat.

prefiguración *f* prefiguration, foreshadowing.

prefigurar *vt* to prefigure.

prefijar *vt* - **1.** [fijar con anticipación] to fix in advance. - **2.** GRAM to add a prefix to.

prefijo, ja *adj* prefixed.
♦ **prefijo** *m* - **1.** GRAM prefix. - **2.** TELECOM (telephone) dialling code.

prefiriera *etc v* → **preferir**.

pregón *m* - **1.** [discurso] speech; [bando] proclamation, announcement. - **2.** [de vendedor] street vendor's call.

pregonar *vt* - **1.** [bando etc] to proclaim, to announce. - **2.** *fig* [secreto] to spread about. - **3.** [alabar] to praise. - **4.** [suj: vendedor] to hawk, to peddle.

pregonero, ra ◇ *adj* - **1.** [que anuncia] proclaiming, announcing. - **2.** [de secreto] revealing, divulging. ◇ *m, f* - **1.** [de pueblo] town crier. - **2.** *despec* [bocazas] blabbermouth. - **3.** [anunciador] proclaimer, announcer. - **4.** [vendedor] hawker, peddler.

pregrabado, da *adj* prerecorded.

pregunta *f* question; **hacer una** ~ to ask a question ❑ ~ **capciosa/retórica** trick/rhetorical question; **andar a la cuarta** o **última** ~ *fig* to be broke; **estrechar a** ~**s** *fig* to ply with questions; **freír a** ~**s** *fig* to bombard with questions.

preguntador, ra ◇ *adj* - **1.** [que pregunta] questioning. - **2.** [curioso] curious, inquisitive. ◇ *m, f* - **1.** [persona que pregunta] questioner. - **2.** [persona curiosa] curious o inquisitive person.

preguntar ◇ *vt* to ask; ~ **algo a alguien** [hacer una pregunta] to ask sb sthg; [interrogar] to question sb about sthg; **le preguntaron largamente al candidato sobre asuntos financieros** they questioned the candidate at length about financial matters. ◇ *vi*: ~ **por** [pedir noticias] to ask about o after; [persona] to ask for; **pregunta por las fechas de exámenes** ask about the exam dates; **preguntan por ti** they're asking for you.
♦ **preguntarse** *vpr.* ~**se (si)** to wonder (whether); **me pregunto si habré hecho bien** I wonder if I've done the right thing.

prehistoria *f* prehistory.

prehistórico, ca *adj* prehistoric.

preindustrial *adj* preindustrial.

prejuicio *m* prejudice; ~ **racial** racial prejudice.

prejuzgar [16] *vt & vi* to prejudge.

prelación *f* priority, precedence; **tener** ~ **sobre** to take precedence over.

prelado *m* prelate.

preliminar ◇ *adj* preliminary. ◇ *m (gen pl)* preliminary.
♦ **preliminares** *mpl* [de tratado de paz] results of preliminary negotiations.

preludiar [8] ◇ *vt* - **1.** MÚS to play as a prelude. - **2.** *fig* [iniciar] to initiate, to begin. ◇ *vi* MÚS to warm up.

USO ▶ Preferencias	
I prefer cricket to baseball. I like baseball better/more than cricket. Of the two, I prefer Anne. ▶ *más marcadas:* I'd far rather play cricket than baseball.	Cricket's much better than baseball. Cricket or baseball? Give me baseball any day! [*familiar*] I quite like Roger, but I much prefer Anne. Roger's OK, but it's Anne I really like. I'd far rather spend the day with Anne than (with) Roger.

preludio _m_ [principio] prelude.

prematrimonial _adj_ premarital.

prematuramente _adv_ prematurely.

prematuro, ra _adj_ - **1.** [niño, decisión, estado etc] premature. - **2.** [fruto etc] unripe, out of season.

premeditación _f_ premeditation; ~ **y alevosía** malice aforethought.

premeditadamente _adv_ deliberately, with premeditation.

premeditado, da _adj_ premeditated.

premeditar _vt_ - **1.** [reflexionar] to think out in advance. - **2.** DER to premeditate.

premiado, da ◇ _adj_ - **1.** [vencedor] winning, prize-winning. - **2.** [en recompensa] rewarded. ◇ _m, f_ winner, prizewinner.

premiar [8] _vt_ - **1.** [recompensar] to reward. - **2.** [dar un premio a] to give a prize to.

premier (_pl_ **premiers**) _m_ British prime minister.

premio _m_ - **1.** [en competición, juego] prize; [recompensa] reward; **le da un ~ al perro cada vez que obedece** she gives the dog a reward every time it obeys her ❏ ~ **de consolación/en efectivo** consolation/cash prize; ~ **gordo** first prize. - **2.** [ganador] prize-winner; **este año tampoco ha sido el ~ Nobel** he didn't win the Nobel Prize this year either. - **3.** COM & FIN premium; **a ~** at a premium. - **4.** [prima] bonus, premium.

premiosamente _adv_ - **1.** [con estrechez] tightly, narrowly. - **2.** [con dificultad] awkwardly, clumsily.

premiosidad _f_ - **1.** [estrechez] tightness. - **2.** [molestia] awkwardness. - **3.** [torpeza] clumsiness.

premioso, sa _adj_ [apretado] tight, constricting.

premisa _f_ premise.

premiso, sa _adj_ - **1.** [prevenido] foreseen, anticipated. - **2.** [enviado con anticipación] sent in advance. - **3.** DER precedent, prior; **premisa la autorización** with prior authorization.

premolar _adj & m_ premolar.

premonición _f_ premonition.

premonitorio, ria _adj_ warning.

premorir [25] _vi_ DER to predecease.

premuera _v_ → **premorir**.

premuere _v_ → **premorir**.

premuerto, ta _pp_ → **premorir**.

premura _f_ - **1.** [urgencia] urgency. - **2.** [escasez] lack, shortage.

premuriera _v_ → **premorir**.

prenatal _adj_ prenatal, antenatal.

prenda _f_ - **1.** [vestido] garment, article of clothing; ~ **interior** undergarment. - **2.** [garantía] pledge. - **3.** _fig_ [señal, prueba] sign, token; **el regalo era una ~ de su amistad** the gift was a token of his friendship; **dejar algo en ~** to leave sthg as a pledge ❏ **en ~, en ~s de** as a sign o token of. - **4.** [de un juego] forfeit. - **5.** [virtud] talent, gift. - **6.** [apelativo cariñoso] darling, treasure. - **7.** _loc_: **no soltar ~** not to say a word.

◆ **prendas** _fpl_ qualities, virtues.

prendar _vt_ - **1.** [a persona] to enchant. - **2.** [objeto] to pawn, to pledge.

◆ **prendarse de** _vpr_ to fall in love with.

prendedor _m_ - **1.** [broche de mujer] brooch. - **2.** [instrumento] clasp, hook. - **3.** [para cabello] hair ribbon.

prender ◇ _vt_ - **1.** [arrestar] to arrest, to apprehend. - **2.** [encarcelar] to imprison, to put in prison. - **3.** [sujetar] to fasten. - **4.** [encender] to light. - **5.** [agarrar] to grip. ◇ _vi_ - **1.** [arder] to catch (fire). - **2.** [planta] to take root. - **3.** _fig_ [propagarse] to spread, to take root. - **4.** [hacer efecto] to take (effect); **la vacuna prendió** the vaccine took (effect).

◆ **prenderse** _vpr_ - **1.** [arder] to catch fire. - **2.** [adornarse] to dress up. - **3.** _Amér_ [emborracharse] to get drunk.

prendería _f_ secondhand shop.

prendero, ra _m, f_ secondhand dealer.

prendido, da _adj_ caught; **quedar ~ de** _fig_ to be captivated by.

◆ **prendido** _m_ - **1.** [para cabello] hair clasp. - **2.** [para encajes] bobbin lace pattern.

prendimiento _m_ - **1.** [captura] apprehension, capture. - **2.** [encarcelamiento] imprisonment. - **3.** _Amér_ [irritación] irritation. - **4.** _Amér_ MED constipation.

prenombrado, da _adj_ _Amér_ aforementioned, aforesaid.

prenombre _m_ first o given name.

prenotar _vt_ to note beforehand.

prensa _f_ - **1.** [periódicos] press; **dar a la ~** to publish, to print ❏ ~ **amarilla** the gutter press, ≃ the tabloids; ~ **del corazón** gossip magazines (_pl_); **tener buena/mala ~** to have a good/bad press. - **2.** [imprenta] printing press; **entrar en ~** to go to press ❏ **meter en ~** [imprimir] to publish, to print; _fig_ [forzar] to put the squeeze on; **le metí en ~ para hacerlo** I put the squeeze on him to do it. - **3.** [máquina] press; ~ **hidráulica** hydraulic press; ~ **de planchar** o **ropa** clothes press; ~ **de uva** winepress.

prensado _m_ lustre, sheen.

prensador, ra ◇ _adj_ pressing. ◇ _m, f_ - **1.** [persona que prensa] presser, press operator. - **2.** [molesto] burdensome, onerous. - **3.** [urgente] pressing, urgent. - **4.** [persona - al hablar] slow; [- al moverse] heavy, awkward. - **5.** _fig_ [estricto] rigid, strict.

prensar _vt_ to press.

prensil _adj_ prehensile.

prenupcial _adj_ premarital.

preñado, da _adj_ - **1.** [mujer] pregnant. - **2.** _fig_ [lleno]: ~ **de** full of. - **3.** _fig_ [muro] bulging, sagging.

◆ **preñado** _m_ pregnancy.

◆ **preñada** _f_ pregnant woman.

preñar _vt_ - **1.** [mujer] to make pregnant. - **2.** _fig_ [llenar]: ~ **de** to fill with.

preñez (_pl_ **preñeces**) _f_ - **1.** [embarazo] pregnancy. - **2.** _fig_ [amenaza] impending threat.

preocupación _f_ - **1.** [inquietud] concern, worry. - **2.** [obsesión] preoccupation; **su ~ por el dinero ha llegado a alturas absurdas** his preoccupation with money has reached absurd heights. - **3.** [prejuicio] preconception, prejudice.

preocupado, da _adj_: ~ **(por)** [inquieto] worried o concerned (about).

preocupante _adj_ worrying.

preocupar _vt_ - **1.** [inquietar] to worry. - **2.** [importar] to bother; **no me preocupan sus problemas** his problems don't bother me. - **3.** _fig_ [influir] to prejudice, to predispose. - **4.** [ocupar con antelación] to preoccupy.

◆ **preocuparse** _vpr_ - **1.** [inquietarse]: ~**se (por)** to worry (about), to be worried (about); **se preocupa por el futuro de sus hijos** she's worried about her children's future. - **2.** [encargarse]: ~**se de algo** to take care of sthg; ~**se de hacer algo** to see to it that sthg is done; ~**se de que...** to make sure that...; **preocúpate de que todo esté a punto** make sure that everything's ready.

preolímpico, ca _adj_ in the run-up to the Olympics; **torneo ~** Olympic qualifying competition.

preparación _f_ - **1.** [gen] preparation; ~ **física** physical training. - **2.** [conocimientos] training. - **3.** [para el microscopio] specimen. - **4.** FARM preparation, compound.

preparado, da _adj_ - **1.** [dispuesto] ready; [de antemano] prepared; **¡~s, listos, ya!** ready, steady, go! - **2.** [capacitado]: ~ **(para)** competent o talented (in). - **3.** CULIN ready-cooked.

◆ **preparado** _m_ FARM preparation.

preparador, ra ◇ _adj_ preparing. ◇ _m, f_ DEP trainer.

preparar _vt_ - **1.** [gen] to prepare; [trampa] to set, to lay; [maletas] to pack; **voy a ~ la cena** I'm going to prepare dinner; **prepáralo para recibir la triste noticia** you'd better prepare him for the sad news; **he preparado la ha-**

bitación para el invitado I've prepared the room for the guest. - 2. [examen] to prepare for. - 3. DEP to train.
◆ prepararse *vpr*. ~se (para algo) to prepare o.s. o get ready (for sthg); se prepara para el examen she's preparing for the exam; ~se para hacer algo to prepare o get ready to do sthg; se está preparando para batir su récord en salto de altura he's training to beat his high jump record.
preparativo, va *adj* preparatory, preliminary.
◆ preparativos *mpl* preparations.
preparatorio, ria *adj* preparatory.
preponderancia *f* preponderance; tener ~ (sobre) to predominate (over).
preponderante *adj* prevailing.
preponderar *vi* to prevail.
preponer [65] *vt* to put before, to prefer.
preposición *f* preposition.
preposicional *adj* prepositional.
prepotencia *f* - 1. [arrogancia] arrogance. - 2. [poder] dominance, power.
prepotente *adj* - 1. [arrogante] domineering, overbearing. - 2. [poderoso] very powerful.
prepucio *m* foreskin.
prepuesto, ta *pp* → preponer.
prepusiera *v* → preponer.
prepuso *v* → preponer.
prerrogativa *f* prerogative.
presa ◇ *adj f* → preso. ◇ *f* - 1. [captura - de cazador] catch; [- de animal] prey; hacer ~ [capturar] to capture, to seize; [aprovechar] to take advantage; hacer ~ en alguien to seize o grip sb; ser ~ de to be prey to; ser ~ del pánico to be panic-stricken. - 2. [acción] capture, seizure. - 3. *fig* [víctima] victim; ~ de las circunstancias a victim of circumstances. - 4. [dique] dam. - 5. [canal de agua] ditch, channel. - 6. [de comida] piece, morsel. - 7. [ZOOL - colmillo] fang; [- de ave] talon, claw. - 8. NÁUT prize. - 9. MIL spoils *(pl)*, booty.
presagiar [8] *vt* [felicidad, futuro] to foretell; [tormenta, problemas] to warn of.
presagio *m* - 1. [premonición] premonition. - 2. [señal] omen.
presago, présago *adj* presaging, foretelling.
Presb. *abrev escrita de* Presbítero.
presbicia *f* longsightedness *Br*, farsightedness *Am*.
présbita, présbite *adj* longsighted *Br*, farsighted *Am*.
presbiterianismo *m* Presbyterianism.
presbiteriano, na *adj & m, f* Presbyterian.
presbiterio *m* presbytery.

presbítero *m* priest.
presciencia *f* presciencie, foreknowledge.
prescindencia *f Amér* omission; con ~ de without.
prescindente *adj* dispensable, nonessential.
prescindir ◆ prescindir de *vi* - 1. [renunciar a] to do without; no puedo ~ de su ayuda I can't do without her help. - 2. [omitir] to dispense with. - 3. [ignorar] to disregard; prescindiendo de regardless of.
prescribir ◇ *vt* [ordenar] to prescribe. ◇ *vi* - 1. [ordenar] to prescribe. - 2. DER to expire, to lapse.
prescripción *f* prescription; ~ facultativa medical prescription.
prescrito, ta ◇ *pp* → prescribir. ◇ *adj* prescribed.
preselección *f* short list, shortlisting *(U)*.
preseleccionar *vt* to shortlist; DEP to name in the squad.
presencia *f* [asistencia, aspecto] presence; buena/mala ~ good/bad looks *(pl)*; en ~ de in the presence of; mucha/ poca ~ great/little presence.
◆ presencia de ánimo *f* presence of mind.
presencial *adj* → testigo.
presenciar [8] *vt* [asistir] to be present at; [ser testigo de] to witness.
presentable *adj* presentable.
presentación *f* - 1. [aspecto] presentation. - 2. [entre personas] introduction; [ante público] exhibition, display; una ~ de unos cuadros de Picasso an exhibition of some of Picasso's paintings. - 3. *Amér* [demanda] petition, request.
presentador, ra ◇ *m, f* presenter. ◇ *adj* presenting.
presentante *adj* presenting, introducing.
presentar *vt* - 1. [gen] to present; [dimisión] to tender; [tesis, pruebas, propuesta] to hand in, to submit; [solicitud, recurso, denuncia] to lodge; [moción] to propose. - 2. [ofrecer - disculpas, excusas] to make; [- respetos] to pay. - 3. [persona, amigos etc] to introduce; me presentó a sus amigos she introduced me to her friends. - 4. [tener aspecto etc] to have, to show; presenta difícil solución it's going to be difficult to solve. - 5. [proponer]: ~ a alguien para to propose sb for, to put sb forward for; presentan a Juan para alcalde they're putting Juan forward for the office of mayor. - 6. [ante público] to exhibit, to display; presentaron la película en un cine de la capital they showed the film in a cinema in the capital. - 7. DER to bring; ~ una demanda contra to bring an action against.
◆ presentarse *vpr* - 1. [aparecer] to turn up, to appear; se presentaron en mi casa a las doce de la noche they turned up at my house at twelve o'clock at night. - 2. [en juzgado, comisaría]: ~se ante to appear before; tienen que ~se ante el juez mañana they have to appear before the judge tomorrow; ~se (en) to report (to); deben ~se en

---

Presentarse

May I introduce myself?
Let me introduce myself.
Hello o How do you do [*formal*], my name is Robert.
I don't think we've met o been introduced.
Hi, I'm Humphrey. [*familiar*]

Presentar a alguien

▶ *a un grupo:*

Do you know everybody?
Shall I do the introductions?
John, I'd like to introduce you to some friends of mine.

▶ *a otra persona:*

Have you two met o been introduced?
May I introduce Mr Webb?

John, I'd like you to meet Emma.
Jane, this is my friend Vicky.
David, I don't think you've met Ruth.
Paul, do you know Katie?
Sarah, you know Frances, don't you?
David, Ruth; Ruth, David. [*familiar*]

Una vez presentados

Pleased to meet you.
How do you do? [*formal*]
I've heard so much about you.
Please, call me Max.
May I call you Dan?
I've been looking forward to meeting you.
I'm sorry, I didn't (quite) catch your name.
We've already met.
Don't I know you from somewhere?

comisaría they have to report to the police station. - **3.** [a un examen] to sit. - **4.** [darse a conocer] to introduce o.s. - **5.** [para un cargo]: **~se (a)** to stand o run (for); **se presenta a alcalde** he's running for mayor. - **6.** [ofrecerse] to offer o.s. o one's services. - **7.** [futuro] to appear, to look. - **8.** [problema etc] to arise, to come up.

presente ◇ *adj* - **1.** [gen] present; **yo estuve ~ el día que hicieron la reunión** I was present on the day of the meeting; **las ~s fotos muestran la veracidad de lo que digo** these photos show that what I'm saying is true; **siempre está ~ en mí su recuerdo** her memory is always present in my mind; **aquí ~** here present; **hacer ~ algo a alguien** to notify sb of sthg; **tener ~** [recordar] to remember; [tener en cuenta] to bear in mind. - **2.** [en curso] current; **del ~ mes** of this month. ◇ *mf* - **1.** [en un lugar]: **los (aquí) ~s** all those present. - **2.** [escrito]: **por la ~ le informo...** I hereby inform you... ◇ *m* - **1.** [gen & GRAM] present; **al ~** now, at present; **hasta el ~** up to now; **lo ~** the present □ - **histórico** historical present; **por el o lo ~** at present. - **2.** [regalo] gift, present. - **3.** [corriente]: **el ~** [mes] the current month; [año] the current year. - **4.** *loc:* **mejorando lo ~** present company excepted. ◇ *interj* present!

presentemente *adv* at present, now.

presentimiento *m* presentiment, feeling.

presentir [27] *vt* to foresee; **~ que algo va a pasar** to have a feeling that sthg is going to happen; **~ lo peor** to fear the worst.

preservación *f* preservation.

preservador, ra ◇ *adj* - **1.** [que protege] protective. - **2.** [que conserva] preserving. ◇ *m, f* preserver.

preservar *vt* to protect.

◆ **preservarse de** *vpr* to protect o.s. o shelter from.

preservativo, va *adj* protective.

◆ **preservativo** *m* - **1.** [método anticonceptivo] condom; **~ femenino** female condom. - **2.** [remedio] preservative.

presidencia *f* - **1.** [de nación] presidency. - **2.** [de asamblea, empresa] chairmanship; **ocupar la ~** to take the chair □ **~ del gobierno** premiership. - **3.** [oficina] president's office; [palacio] presidential palace.

presidencial *adj* presidential.

presidencialismo *m* presidential system.

presidencialista ◇ *adj* presidential. ◇ *mf* supporter of the presidential system.

presidente, ta *m, f* - **1.** [de nación] president; **~ (del gobierno)** ≃ prime minister. - **2.** [de asamblea, empresa] chairman (*f* chairwoman). - **3.** [del parlamento] ≃ speaker. - **4.** [de tribunal] presiding judge; **~ del tribunal supremo** chief justice.

presidiario, ria *m, f* convict.

presidio *m* - **1.** [prisión] prison. - **2.** [pena por delito] hard labour. - **3.** [conjunto de presos] prisoners (*pl*), convicts (*pl*). - **4.** MIL garrison.

presidir *vt* - **1.** [ser presidente de] to preside over; [reunión] to chair. - **2.** [predominar] to dominate.

presienta *etc v* → **presentir**.

presilla *f* - **1.** [lazo] loop. - **2.** [en costura] buttonhole stitching. - **3.** [tela] *kind of linen*.

presintiera *etc v* → **presentir**.

presintonía *f* [de radio] preset station selector.

presión *f* pressure; **a ~** [mecanismo, cierre] pressurized; **bajo ~** [tenso] under pressure □ **~ del aire** o **neumática** air pressure; **~ arterial** o **sanguínea** blood pressure; **~ atmosférica** atmospheric pressure; **~ fiscal** ECON tax burden.

presionar *vt* - **1.** [apretar] to press. - **2.** *fig* [coaccionar] to pressurize, to put pressure on.

preso, sa ◇ *adj* - **1.** [encarcelado] imprisoned. - **2.** [arrestado] arrested, under arrest. ◇ *m, f* prisoner; **~ político** political prisoner; **~ reincidente** persistent reoffender.

prestación *f* - **1.** [de servicio - acción] provision; [- resultado] service; **~ social** social security benefit; **~ social sus-**

titutoria *social service carried out by conscientious objectors instead of military service.* - **2.** [de dinero] lending. - **3.** [cosa prestada] loan. - **4.** [aportación] contribution.

◆ **prestaciones** *fpl* [de coche etc] performance features.

◆ **prestación de juramento** *m* swearing-in.

prestadizo, za *adj* that can be loaned o lent.

prestado, da *adj* on loan; **dar ~ algo** to lend sthg; **de ~** [con cosas prestadas] with borrowed things; [de modo precario] on borrowed time; **pedir/tomar ~ algo** to borrow sthg.

prestador, ra ◇ *adj* lending. ◇ *m, f* lender.

prestamente *adv* promptly.

prestamista *mf* moneylender.

préstamo *m* - **1.** [acción - de prestar] lending; [- de pedir prestado] borrowing. - **2.** [cantidad] loan; **~ bancario** bank loan; **~ a plazo fijo** fixed-term loan; **~ a la vista** o **demanda** call o demand loan.

prestancia *f* excellence, distinction.

prestar ◇ *vt* - **1.** [dinero etc] to lend, to loan. - **2.** [ayuda etc] to give, to offer. - **3.** [servicio] to offer, to provide; [atención] to pay. - **4.** [declaración, juramento] to make. - **5.** [transmitir encanto etc] to lend. ◇ *vi* - **1.** [ser útil] to be useful; **su ayuda presta mucho en nuestra campaña** her help has been very useful in our campaign. - **2.** [extender] to stretch; **la cuerda es corta pero prestará** the string is a bit short, but it will do.

◆ **prestarse** *vpr* [ser apto]: **~se (para)** to be suitable (for), to lend itself (to); **el lugar se presta para descansar** this is a good place to rest.

◆ **prestarse a** *vpr* - **1.** [ofrecerse a] to offer to; **se prestó a ayudarme enseguida** she immediately offered to help me. - **2.** [acceder a] to consent to; **no sé cómo se ha prestado a participar en esa película** I don't know how he consented to take part in that film. - **3.** [dar motivo a] to be open to; **sus palabras se prestan a muchas interpretaciones** her words are open to various interpretations.

prestatario, ria ◇ *adj* borrowing. ◇ *m, f* borrower.

presteza *f* promptness, speed.

prestidigitación *f* conjuring.

prestidigitador, ra ◇ *m, f* conjuror.

prestigiar [8] *vt* to honour, to give prestige to.

prestigio *m* - **1.** [fama, buena reputación] prestige. - **2.** *desus* [fascinación] fascination. - **3.** *desus* [ilusión, engaño] illusion.

prestigioso, sa *adj* prestigious.

presto, ta ◇ *adj* - **1.** [dispuesto]: **~ (a)** ready (to). - **2.** *desus* [rápido] prompt. - **3.** MÚS presto. ◇ *adv* [desus] promptly.

presumible *adj* probable, likely.

presumido, da ◇ *adj* conceited, vain. ◇ *m, f* conceited o vain person.

presumir ◇ *vt* - **1.** [suponer] to presume, to assume. - **2.** *Amér* [cortejar] to court, to woo. ◇ *vi* - **1.** [jactarse] to show off; **presume de guapa** she thinks she's pretty. - **2.** [ser vanidoso] to be conceited o vain.

presunción *f* - **1.** [suposición] presumption. - **2.** [vanidad] conceit, vanity. - **3.** DER presumption.

presuntamente *adv* [gen] supposedly; [en delito] allegedly.

presuntivo, va *adj* presumptive.

presunto, ta *adj* [supuesto] presumed, supposed; [criminal, robo etc] alleged, suspected.

presuntuosamente *adv* conceitedly.

presuntuosidad *f* conceit.

presuntuoso, sa ◇ *adj* [vanidoso] conceited; [pretencioso] pretentious. ◇ *m, f* conceited person.

presuponer [65] *vt* - **1.** [suponer, requerir] to presuppose. - **2.** [calcular] to budget.

presuposición *f* - **1.** [suposición] assumption. - **2.** [motivo] motive.

presupuestal *adj Amér* budgetary.

presupuestar *vt* [gen] to estimate; FIN to budget for.

presupuestario, ria *adj* budgetary, budget *(antes de sust)*.

presupuesto, ta *pp* → **presuponer**.

◆ **presupuesto** *m* - **1.** [cálculo] budget; [de costo] estimate; **equilibrar** o **nivelar el** ~ to balance the books ☐ ~**s generales del Estado** ECON *Spanish national budget*. - **2.** [suposición] assumption. - **3.** [motivo] motive.

presurizar [13] *vt* to pressurize.

presuroso, sa *adj* in a hurry.

prêt-à-porter [pretapor'te] *m* off-the-peg clothing.

pretenciosidad *f* pretentiousness.

pretencioso, sa, **pretensioso, sa** ◇ *adj* [persona] pretentious; [cosa] showy. ◇ *m, f* pretentious person.

pretender *vt* - **1.** [intentar]: ~ **hacer algo** to try to do sthg. - **2.** [aspirar a]: ~ **hacer algo** to aspire o want to do sthg; **¿qué pretendes decir?** what do you mean?, what are you trying to say?; ~ **que alguien haga algo** to want sb to do sthg. - **3.** [a un trono] to claim, to pretend to. - **4.** [afirmar] to claim. - **5.** [solicitar] to apply for. - **6.** [cortejar] to court.

pretendido, da *adj* supposed.

pretendiente ◇ *adj* - **1.** [que reclama, aspira] aspiring. - **2.** [de mujer] courting, wooing. - **3.** [a un trono] claiming. ◇ *mf* - **1.** [aspirante]: ~ **(a)** candidate (for). - **2.** [a un trono]: ~ **(a)** pretender (to). ◇ *m* [a una mujer] suitor.

pretensión *f* - **1.** [intención] aim, intention; **tener la** ~ **de** to intend to. - **2.** [aspiración] aspiration. - **3.** *(gen pl)* [vanidad] pretentiousness, ostentation; **sin pretensiones** unpretentious. - **4.** [reivindicación]: ~ **(a** o **sobre)** claim (to); **tener pretensiones de** to lay claim to. - **5.** [afirmación] claim. - **6.** *(gen pl)* [exigencia] demand.

pretensioso, sa *adj* & *m, f* = **pretencioso**.

pretérito, ta *adj* past.

◆ **pretérito** *m* GRAM preterite, past; ~ **anterior** past anterior; ~ **imperfecto** imperfect; ~ **indefinido** simple past; ~ **perfecto** (present) perfect; ~ **pluscuamperfecto** pluperfect.

preternatural *adj* preternatural.

pretextar *vt* to use as a pretext, to claim.

pretexto *m* pretext, excuse.

pretil *m* - **1.** [en puente] parapet. - **2.** *Amér* [atrio] atrium.

pretor *m* HIST praetor.

pretoriano, na *adj* & *m* HIST Praetorian.

preuniversitario, ria *adj* pre-university.

◆ **preuniversitario** *m* *in Spain, former one-year course of study, successful completion of which allowed pupils to go to university*.

prevalecer [30] *vi*: ~ **(sobre)** [dominar, tener superioridad] to prevail (over); [prosperar] to thrive, to flourish; BOT to take root.

prevaleciente *adj* prevailing, prevalent.

prevaler [74] *vi*: ~ **(sobre)** to prevail (over).

◆ **prevalerse de** *vpr* to take advantage of.

prevaricación *f* breach of trust.

prevaricador, ra ◇ *adj* - **1.** [de deber, palabra, juramento] failing in one's duty. - **2.** [que incita] corrupting. ◇ *m, f* - **1.** [persona que falta a su deber] person who fails in their duty. - **2.** [incitador] corrupting influence.

prevaricar [10] *vi* to betray one's trust.

prevención *f* - **1.** [acción] prevention; [medida] precaution; **en** ~ **de** as a precaution against. - **2.** [prejuicio] prejudice; **tener** ~ **contra alguien** to be prejudiced against sb, to have a prejudice against sb. - **3.** [preparativo] preparation; [estado] preparedness. - **4.** [cualidad] foresight. - **5.** [aviso] warning. - **6.** [MIL - soldado] guard; [- cuartel] guardhouse.

prevenidamente *adv* beforehand, previously.

prevenido, da *adj* - **1.** [previsor]: **ser** ~ to be cautious. - **2.** [avisado, dispuesto]: **estar** ~ to be prepared. - **3.** [provisto] filled. - **4.** [advertido] forewarned.

prevenir [75] *vt* - **1.** [evitar] to prevent; **más vale** ~ **que curar** *proverb* prevention is better than cure *proverb*. - **2.** [avi-

sar] to warn. - **3.** [prever] to foresee, to anticipate. - **4.** [predisponer]: ~ **a alguien contra algo/alguien** to prejudice sb against sthg/sb. - **5.** [preparar] to prepare, to get ready. - **6.** DER to conduct a preliminary hearing for.

◆ **prevenirse** *vpr* - **1.** [disponerse] to prepare o.s., to get ready; ~**se a algo** to prepare o.s. for sthg; ~**se de** o **con algo** to prepare o provide o.s. with sthg. - **2.** [tomar precauciones] to take precautions.

preventivo, va *adj* [medicina, prisión] preventive; [medida] precautionary.

prever [76] *vt* - **1.** [conjeturar] to foresee, to anticipate. - **2.** [planear] to plan. - **3.** [predecir] to forecast.

previamente *adv* previously.

previene *v* → **prevenir**.

previera *etc v* → **prever**.

previniera *etc v* → **prevenir**.

previo, via *adj* - **1.** [preparado con anterioridad] prior; [anterior] previous, former; ~ **pago de multa** on payment of a fine. - **2.** [condicionado] subject to; ~ **acuerdo de las partes interesadas** subject to the agreement of the interested parties.

◆ **previo** *m* CINE prescoring, playback.

previó *v* → **prever**.

previsible *adj* foreseeable.

previsión *f* - **1.** [predicción] forecast; ~ **del tiempo** o **meteorológica** weather forecast. - **2.** [visión de futuro] foresight. - **3.** [precaución]: **en** ~ **de** as a precaution against ☐ ~ **social** social security. - **4.** COM provision.

previsor, ra, **previsivo, va** *adj* prudent, farsighted.

previsto, ta ◇ *pp* → **prever**. ◇ *adj* - **1.** [conjeturado] predicted. - **2.** [planeado] forecast, expected, planned. - **3.** [estipulado] provided; ~ **por la ley** provided for by law.

prez (*pl* **preces**) *m* o *f* honour, glory.

prieto, ta *adj* - **1.** [ceñido] tight. - **2.** *fig* [tacaño] miserly. - **3.** [obscuro, negro] dark. - **4.** *Amér fam* [moreno] dark-haired.

prima *f* → **primo**.

primacía *f* primacy.

primado *m* primate.

primar ◇ *vi*: ~ **(sobre)** to have priority (over). ◇ *vt* to give a bonus to.

primario, ria *adj* - **1.** [básico, elemental] primary. - **2.** *fig* [primitivo] primitive. - **3.** [era, enseñanza] primary.

primate *m* - **1.** ZOOL primate. - **2.** [persona] important person.

◆ **primates** *mpl* Primates.

primavera *f* - **1.** [estación] spring. - **2.** *fig* [juventud] springtime. - **3.** *fig* [año]: **tiene diez** ~**s** she is ten years old, she has seen ten summers. - **4.** [tejido] flowered silk. - **5.** [planta] cowslip.

primaveral *adj* spring *(antes de sust)*.

primer *adj* & *núm* → **primero**.

primera *f* → **primero**.

primeramente *adv* first, in the first place.

primerizo, za ◇ *adj* - **1.** [principiante] novice. - **2.** [embarazada] first-time. ◇ *m, f* [principiante] beginner.

◆ **primeriza** *f* [madre] first-time mother.

primero, ra ◇ *adj (antes de sust masculino sg:* **primer***)* - **1.** [en importancia] main, basic; **lo** ~ the most important o main thing ☐ **lo** ~ **es lo** ~ first things first. - **2.** [inicial] front, first; **la primera página** the front page. - **3.** [anterior] former. ◇ *m, f* [mencionado antes]: **vinieron Pedro y Juan, el** ~ **con...** Pedro and Juan arrived, the former with... ◇ *núm* first; *ver también* **sexto**; **a** ~**s de mes** at the beginning of the month.

◆ **primero** *adv* - **1.** [en primer lugar] first; **de** ~ at first. - **2.** [antes, todo menos]: ~**... que...** rather... than...; ~ **morir que traicionarle** I'd rather die than betray him.

◆ **primera** *f* - **1.** AUTOM first (gear). - **2.** AERON & FERROC first class. - **3.** DEP first division. - **4.** *desus* [juego de naipes] primero. - **5.** *loc*: **de primera** first-class, excellent.

primicia f - **1**. [novedad] scoop, exclusive. - **2**. [primer fruto] first fruits (pl). - **3**. [diezmo] first fruits (pl).
◆ **primicias** fpl fig first fruits, early results.
primigenio, nia adj original, primitive.
primitivismo m primitivism.
primitivo, va ◇ adj - **1**. [gen] primitive. - **2**. [original] original. ◇ m, f ARTE primitive.
primo, ma ◇ adj - **1**. [primero] first. - **2**. [excelente] prime, excellent. - **3**. MAT prime. ◇ m, f [pariente] cousin; ~ **hermano** o **carnal** first cousin; ~ **segundo** second cousin.
◆ **primo** m fam [tonto] sucker; **hacer el** ~ to be taken for a ride.
◆ **prima** f - **1**. [paga extra] bonus. - **2**. [de un seguro] premium; ~ **de riesgo** risk premium. - **3**. [subvención] subsidy. - **4**. MÚS first string. - **5**. RELIG prime.
◆ **prima dona** f prima donna.
primogénito, ta adj & m, f first-born.
primogenitura f primogeniture.
primor m - **1**. [objeto exquisito] fine thing. - **2**. [destreza]: **con** ~ with skill. - **3**. [exquisitez, belleza] exquisiteness. - **4**. [finura] fineness, delicacy.
primordial adj fundamental.
primorosamente adv - **1**. [con destreza] skilfully. - **2**. [con exquisitez] finely, exquisitely.
primoroso, sa adj - **1**. [delicado] exquisite, fine. - **2**. [hábil] skilful.
prímula f primrose.
princesa f princess.
principado m - **1**. [territorio] principality. - **2**. [dignidad] princedom.
◆ **principados** mpl RELIG principalities.
principal ◇ adj - **1**. [más importante] main, principal; **me han dado el papel** ~ **de la obra de teatro** I've been given the leading o lead role in the play; **lo** ~ the main thing; **lo** ~ **es que te cures** the main thing is for you to get better. - **2**. [puerta] front. - **3**. [ilustre] illustrious, notable. - **4**. [esencial] essential, fundamental. - **5**. COM head, chief. - **6**. [oración, frase] main. - **7**. IMPRENTA first. ◇ m - **1**. [piso] first floor. - **2**. [jefe] chief, boss. - **3**. FIN principal, capital. - **4**. DER principal, constituent. - **5**. MIL main guard. - **6**. TEATRO dress circle.
principalmente adv principally, mainly.
príncipe ◇ m - **1**. [hijo de rey, título] prince; ~ **de Asturias** ≃ Spanish crown prince; ~ **consorte** prince consort; ~ **heredero** crown prince; ~ **de las tinieblas** Prince of Darkness. - **2**. fig [el primero] master. ◇ adj [edición] first, original.
◆ **príncipe azul** m Prince Charming.
principesco, ca adj princely.
principiador, ra ◇ adj beginning. ◇ m, f beginner, novice.
principiante, ta ◇ adj novice, inexperienced. ◇ m, f novice, beginner.
principiar [8] vt to begin, to start.
principio m - **1**. [comienzo] beginning, start; **a** ~**s de** at the beginning of; **a** ~**s de mes** at the beginning of the month; **al** ~, **a los** ~**s** at first, in the beginning; **dar** ~ **a algo** to start sthg off; **del** ~ **al fin**, **desde el** ~ **hasta el fin** from beginning to end, from start to finish; **en un** ~ at first; **en un** ~ **el trabajo me pareció fácil** at first, the work seemed easy to me. - **2**. [fundamento, ley] principle; **en** ~ in principle; **en** ~ **quedamos en hacer una reunión el jueves** provisionally o unless you hear otherwise, we've arranged to meet on Thursday; **por** ~ on principle; **no veo la televisión por** ~ I never watch television on principle □ ~ **de Arquímedes** Archimedes' principle. - **3**. [origen] origin, source; **tener** o **tomar** ~ **de** to come from, to be based on. - **4**. [elemento] element.
◆ **principios** mpl - **1**. [reglas de conducta] principles; **sin** ~**s** unprincipled, unscrupulous. - **2**. [nociones] rudiments, first principles; **tiene algunos** ~**s de informática** she knows a bit about computing. - **3**. IMPRENTA front matter.

pringar [16] ◇ vt - **1**. [ensuciar] to make greasy. - **2**. [mojar] to dip. - **3**. fam fig [comprometer] to involve. - **4**. CULIN to baste. - **5**. fam [herir] to wound. ◇ vi - **1**. fam fig [pasar por el tubo] to get stuck in. - **2**. fam fig [tomar parte] to take part, to get involved. - **3**. fam [trabajar] to slog away, to graft. - **4**. loc: ~ **en todo** to have a lot of irons in the fire. ◇ v impers Amér to drizzle.
◆ **pringarse** vpr - **1**. [ensuciarse] to get covered in grease. - **2**. fam fig [en asunto sucio] to get one's hands dirty.
pringoso, sa adj [grasiento] greasy; [pegajoso] sticky.
pringue[1] etc v → **pringar**.
pringue[2] m [suciedad] muck, dirt; [grasa] grease.
prior, ra ◇ m, f prior (f prioress). ◇ adj prior, preceding.
priorato m - **1**. RELIG priorate. - **2**. [vino] wine from El Priorato in Tarragona.
priori ◆ **a priori** loc adv in advance, a priori.
prioridad f priority; AUTOM right of way; **dar** ~ **a algo** to give sthg priority.
prioritario, ria adj priority (antes de sust).
prisa f [prontitud] haste, hurry; [rapidez] speed; [urgencia] urgency; **a** o **de** ~ [rápidamente] quickly; [apresuradamente] in a hurry, hurriedly; **es un trabajo hecho a** o **de** ~ it was a rush job; **a toda** ~ very quickly; **correr** ~ to be urgent; **darse** ~ to hurry (up); **ir de** ~ to dash, to rush; **meter** ~ **a alguien** to hurry o rush sb; **métele** ~ **para que no pierda el autobús** tell her to hurry up or she'll miss the bus; **tener** o **andar de** ~ to be in a hurry □ **de** ~ **y corriendo** fig in a slapdash way.
prisco m clingstone peach.
prisión f - **1**. [cárcel] prison. - **2**. [encarcelamiento] imprisonment; **reducir a** ~ to imprison, to send to prison □ ~ **preventiva** DER preventive custody; ~ **de régimen abierto** open prison. - **3**. [acción de prender] capture, seizure. - **4**. fig [de afecto] bond, tie.
◆ **prisiones** fpl shackles, chains.
prisionero, ra m, f prisoner; ~ **de guerra** prisoner of war.
prisma m - **1**. FÍS & GEOM prism. - **2**. fig [perspectiva] viewpoint, perspective.
prismático, ca adj prismatic.
◆ **prismáticos** mpl binoculars.
prístino, na adj pristine, original.
privación f [gen] deprivation; [de libertad] loss; [carencia, falta] lack; **pasar privaciones** to suffer hardship.
privadamente adv privately, in private.
privado, da adj - **1**. [personal, no público] private; **en** ~ in private; **tendremos una reunión en** ~ we'll have a meeting in private. - **2**. [carente]: ~ **de** without, bereft of; **es alguien** ~ **de voluntad** he lacks all will-power.
◆ **privado** m protégé, favourite.
privar ◇ vt - **1**. [quitar]: ~ **a alguien/algo de** to deprive sb/sthg of. - **2**. [de sentido, juicio] to stun, to daze. - **3**. [prohibir]: ~ **a alguien de hacer algo** to forbid sb to do sthg. ◇ vi - **1**. fam [gustar]: **le privan los pasteles** he adores cakes. - **2**. fam [estar de moda] to be in (fashion). - **3**. fam [beber] to booze. - **4**. [con príncipe etc] to be in favour; ~ **con la reina** to be in the queen's favour.
◆ **privarse de** vpr to go without.
privativo, va adj - **1**. [exclusivo] exclusive. - **2**. [que causa privación] privative.
privatización f privatization.
privatizar [13] vt to privatize.
privilegiado, da ◇ adj - **1**. [favorecido] privileged. - **2**. [excepcional] exceptional. ◇ m, f - **1**. [afortunado] privileged person. - **2**. [muy dotado] very gifted person.
privilegiar [8] vt [persona] to favour; [intereses] to put first.
privilegio m privilege; ~ **de invención** patent.
pro ◇ prep for, supporting; **una asociación** ~ **derechos humanos** a human rights organization. ◇ m advantage; **¡buen** ~ **le haga!** desus much good may it do you!; **los** ~**s y los contras** the pros and cons.

◆ **de pro** *loc adj* noteworthy, of note.
◆ **en pro de** *loc prep* for, in support of.
proa *f* NÁUT prow, bows *(pl)*; AERON nose; **poner la ~ a alguien** *fig* to oppose sb.
probabilidad *f* - **1**. [posibilidad] probability. - **2**. [oportunidad] likelihood, chance; **~es de vida** life expectancy.
probable *adj* - **1**. [muy posible] probable, likely; **es ~ que lluexa** it'll probably rain; **es ~ que no diga nada** he probably won't say anything. - **2**. [demostrable] provable.
probablemente *adv* probably.
probado, da *adj* [gen & DER] proven.
probador, ra ◇ *adj* [que demuestra] proving. ◇ *m, f* tester.
◆ **probador** *m* fitting room.
probanza *f* DER proof.
probar [23] ◇ *vt* - **1**. [demostrar, indicar] to prove; **sus huellas prueban que ha estado aquí** his footprints prove he's been here. - **2**. [comprobar] to test, to check; **prueba tú mismo la potencia de mi coche** see for yourself how powerful my car is. - **3**. [experimentar] to try. - **4**. [ropa] to try on; **~ una camisa** to try on a shirt. - **5**. [degustar] to taste, to try; **¿has probado la sopa de pescado?** have you tried o tasted the fish soup? ◇ *vi* - **1**. [tratar de]: **~ a hacer algo** to try to do sthg; **prueba a nadar de espaldas** try swimming backstroke. - **2**. [sentar bien]: **~ bien a alguien** to agree with sb, to suit sb. - **3**. [sentar mal]: **~ mal a alguien** not to agree with sb, not to suit sb. - **4**. [degustar]: **~ de todo** to try a bit of everything.
◆ **probarse** *vpr* [ropa] to try on.
probatorio, ria *adj* probative, substantiating.
◆ **probatoria** *f* DER probatory period.
probeta *f* - **1**. [tubo] test tube. - **2**. [de mercurio] pressure gauge. - **3**. [para pólvora] powder test.
probidad *f culto* integrity.
problema *m* problem.
problemático, ca *adj* problematic.
◆ **problemática** *f* problems *(pl)*.
probo, ba *adj culto* honest.
procacidad *f* obscenity; [acto] indecent act.
procaz *(pl* **procaces)** *adj* indecent, obscene.
procedencia *f* - **1**. [origen] origin. - **2**. [punto de partida] point of departure; **con ~ de** (arriving) from. - **3**. [pertinencia] properness, appropriateness. - **4**. DER merits *(pl)*.
procedente *adj* - **1**. [originario]: **~ de** [gen] originating in; AERON & FERROC (arriving) from. - **2**. [oportuno] appropriate; DER fitting, right and proper. - **3**. [sensato] reasonable, sensible.
proceder ◇ *m* conduct, behaviour. ◇ *vi* - **1**. [originarse]: **~ de** to come from; **esta costumbre procede del siglo XIX** this custom dates back to the 19th century. - **2**. [actuar]: **~ (con)** to act (with); **hay que ~ con cuidado en este asunto** we should proceed with care in this matter. - **3**. [empezar]: **~ (a algo/a hacer algo)** to proceed (with sthg/to do sthg); **procedemos a leer el nombre de los ganadores** we will now read out the names of the winners. - **4**. [ser oportuno] to be appropriate; **procede cambiar de táctica** it would be a good idea to change tactics. - **5**. [continuar] to proceed, to continue; **proceda con su exposición** continue with your explanation. - **6**. DER to be admissible; **~ contra alguien** to proceed o bring proceedings against sb.
procedimiento *m* - **1**. [método] procedure, method. - **2**. DER proceedings *(pl)*. - **3**. [proceso] process; **~ al carbón** carbon process.
proceloso, sa *adj* stormy, tempestuous.
prócer ◇ *adj* eminent, illustrious. ◇ *m* great person.
procesable *adj* indictable.
procesado, da ◇ *adj* [del proceso] procedural. ◇ *m, f* accused, defendant.
procesador *m* INFORM processor; **~ central** mainframe computer; **~ de textos** word processor.

procesamiento *m* - **1**. DER prosecution. - **2**. INFORM processing; **~ de datos/de textos** word/data processing.
procesar *vt* - **1**. [DER - someter a proceso] to prosecute; [-juzgar] to try; [- demandar] to sue. - **2**. INFORM to process.
procesión *f* - **1**. RELIG & *fig* procession; **fuimos allí todos en ~** we all trooped over there ❑ **la ~ va por dentro** he/she is putting on a brave face; **no se puede repicar y andar en la ~** *proverb* one cannot do two things at once. - **2**. [transcurso] succession.
procesionaria *f* processionary moth.
proceso *m* - **1**. [gen] process. - **2**. [desarrollo, intervalo] course. - **3**. [DER - juicio] trial; [- causa] lawsuit; [- de autos] proceedings *(pl)*; **abrir un ~ contra** to bring an action against. - **4**. MED course. - **5**. ANAT & BOT process; **~ ciliar** ciliary process.
◆ **proceso de datos** *m* data processing.
◆ **proceso de textos** *m* word processing.
proclama *f* proclamation; **correr las ~s** *fig* to publish the banns.
proclamación *f* - **1**. [anuncio] notification. - **2**. [ceremonia] proclamation. - **3**. [alabanza] acclamation.
proclamar *vt* - **1**. [nombrar] to proclaim. - **2**. *fig* [aclamar] to acclaim. - **3**. [anunciar] to declare.
◆ **proclamarse** *vpr* - **1**. [nombrarse] to proclaim o.s. - **2**. [conseguir un título]: **~se campeón** to become champion.
proclive *adj*: **~ a** prone to.
procónsul *m* proconsul.
proconsulado *m* - **1**. [cargo] proconsulate. - **2**. [tiempo] proconsulship.
procreación *f* procreation.
procreador, ra ◇ *adj* procreant, procreative. ◇ *m, f* procreator.
procrear ◇ *vi* to procreate. ◇ *vt* to generate, to bear.
procura *f* - **1**. DER power of attorney, proxy. - **2**. *Amér* [busca] search, hunt.
procuración *f* - **1**. [en negocio] care, diligence. - **2**. [DER - poder] power of attorney, proxy; [- cargo] legal profession; [- oficina] lawyer's practice; **por ~** by proxy.
procurador, ra ◇ *m, f* - **1**. [abogado] attorney; **~ en Cortes** Member of Spanish Parliament; **~ general** public prosecutor. - **2**. [apoderado] proxy. - **3**. RELIG procurator. ◇ *adj* procuring.
procuraduría *f* - **1**. [oficio] legal profession. - **2**. [oficina] lawyer's practice.
procurar *vt* - **1**. [intentar]: **~ hacer algo** to try to do sthg; **~ que...** to make sure that... - **2**. [proporcionar] to get, to secure. - **3**. [dirigir por otro] to manage for sb else.
◆ **procurarse** *vpr* to get, to obtain (for o.s.).
prodigalidad *f* - **1**. [derroche] prodigality. - **2**. [abundancia] profusion.
prodigar [16] *vt* - **1**. [dispensar elogios, favores etc]: **~ algo a alguien** to lavish sthg on sb. - **2**. [disipar] to squander, to waste.
◆ **prodigarse** *vpr* - **1**. [exhibirse] to appear a lot in public. - **2**. [excederse]: **~se en** to be lavish with.
prodigio *m* [suceso] miracle; [persona] wonder, prodigy.
prodigiosamente *adv* marvellously.
prodigiosidad *f* prodigiousness.
prodigioso, sa *adj* - **1**. [sobrenatural] miraculous. - **2**. [extraordinario] wonderful, marvellous.
pródigo, ga ◇ *adj* - **1**. [derrochador] extravagant. - **2**. [generoso] generous, lavish. ◇ *m, f* spendthrift.
producción *f* - **1**. [gen & CINE] production; **~ automática** automation; **~ en serie** o **en masa** ECON mass production. - **2**. AGR crop. - **3**. [productos] products *(pl)*.
producible *adj* producible.
producir [33] *vt* - **1**. [gen & CINE] to produce. - **2**. [causar] to cause, to give rise to. - **3**. [interés, fruto] to yield, to bear.
◆ **producirse** *vpr* - **1**. [ocurrir] to take place, to come about. - **2**. [expresarse] to express o.s.

productividad *f* productivity.

productivo, va *adj* productive; [que da beneficio] profitable.

producto *m* - **1.** [gen & MAT] product; AGR produce *(U)*; ~ **acabado/manufacturado** finished/manufactured product; ~ **alimenticio** foodstuff; ~ **básico** o **de primera necesidad** staple; ~ **de desecho** waste product; ~ **derivado** o **secundario** by-product; ~ **final** end product; ~ **interior/nacional bruto** ECON gross domestic/national product; ~ **de limpieza** cleaner; ~ **neto** COM net produce; ~ **químico** chemical; ~**s agrícolas** farm produce; ~**s de consumo** consumer goods; ~**s farmacéuticos** pharmaceuticals; ~**s lácteos** dairy products; ~ **terminado** finished product. - **2.** [ganancia] profit. - **3.** *fig* [resultado] result; **no han sacado ningún** ~ **de las negociaciones** the negotiations haven't produced any result as yet.

productor, ra ◇ *adj* producing; **país** ~ **de petróleo** oil-producing country. ◇ *m, f* CINE [persona] producer.
◆ **productora** *f* CINE [firma] production company.

proeza *f* exploit, deed.

prof. *(abrev escrita de* **profesor***)* Prof.

profanación *f* desecration.

profanador, ra ◇ *adj* profanatory. ◇ *m, f* profaner.

profanamente *adv* profanely.

profanar *vt* - **1.** [cosas sagradas] to desecrate. - **2.** [deshonrar] to dishonour, to disgrace.

profano, na ◇ *adj* - **1.** [no sagrado] profane, secular. - **2.** [ignorante] ignorant, uninitiated. - **3.** [irreverente] profane, irreverent. - **4.** [indecente] indecent, immodest. ◇ *m, f* layman *(f* laywoman*)*, lay person.

profecía *f* [predicción] prophecy.
◆ **profecías** *fpl* [libros] Prophets.

proferir [22] *vt* to utter; [insultos] to hurl.

profesar ◇ *vt* - **1.** [una religión] to follow. - **2.** [una profesión] to practise. - **3.** [admiración etc] to profess. - **4.** [enseñar] to teach. - **5.** [declarar] to declare, to profess. ◇ *vi* RELIG to take one's vows.

profesión *f* - **1.** [empleo, ocupación] profession; [en formularios] occupation; **de** ~ by profession □ ~ **liberal** liberal profession. - **2.** [declaración] declaration, avowal; ~ **de fe** RELIG profession o declaration of faith.

profesional *adj & mf* professional.

profesionalidad *f,* **profesionalismo** *m* professionalism.

profesionalización *f* professionalization.

profesionalizar [13] *vt* to professionalize.

profesionalmente *adv* professionally.

profesionista *mf Amér* professional.

profeso, sa ◇ *adj* professed. ◇ *m, f* professed monk *(f* professed nun*)*.
◆ **ex profeso** *loc adv* intentionally, expressly.

profesor, ra *m, f* [gen] teacher; [de universidad] lecturer; [de autoescuela, esquí etc] instructor; ~ **agregado** lecturer; ~ **asociado/ayudante** associate/assistant lecturer; ~ **ayudante** assistant lecturer; ~ **particular** (private) tutor; ~ **suplente** supply teacher *Br,* substitute teacher *Am;* ~ **titular** (full) lecturer.

profesorado *m* - **1.** [plantilla] teaching staff, faculty *Am;* [profesión] teachers *(pl),* teaching profession. - **2.** [cargo] post of teacher; [en la universidad] lectureship.

profeta *m* prophet.

profético, ca *adj* prophetic.

profetisa *f* prophetess.

profetizar [13] *vt* - **1.** [predecir] to prophesy. - **2.** [conjeturar] to forecast, to predict.

profiera *etc v* → **proferir**.

profiláctica *f* hygiene.

profiláctico, ca *adj* prophylactic.
◆ **profiláctico** *m* prophylactic, condom.

profilaxis *f inv* prophylaxis.

proforma *adj* pro forma.

prófugo, ga *adj & m, f* fugitive.
◆ **prófugo** *m* MIL deserter.

profundamente *adv* deeply.

profundidad *f lit & fig* depth; **tiene dos metros de** ~ it's two metres deep; **en** ~ [conocer] intimately.

profundización *f* deepening.

profundizar [13] ◇ *vt* - **1.** [cavando] to deepen, to make deeper. - **2.** *fig* [estudiando] to study in depth. ◇ *vi* to go into detail; ~ **en** to study in depth.

profundo, da *adj* - **1.** [gen] deep. - **2.** *fig* [respeto, libro, pensamiento] profound, deep; [dolor] intense. - **3.** [disminución psíquica] deep. - **4.** [sincero] deep, heartfelt; **una salutación profunda** heartfelt greetings.
◆ **profundo** *m* - **1.** [profundidad] depth. - **2.** *culto* [mar] deep sea. - **3.** [infierno] hell.

profusamente *adv* profusely.

profusión *f* profusion.

profuso, sa *adj* profuse.

progenie *f* - **1.** [familia] lineage. - **2.** [descendencia] offspring.

progenitor, ra *m, f* father *(f* mother*)*.
◆ **progenitores** *mpl* parents.

progenitura *f* - **1.** [familia, descendencia] progeny, offspring. - **2.** [de progenitor] primogeniture.

progesterona *f* progesterone.

programa *m* - **1.** [gen] programme; **no me convence el** ~ **de ese partido político** I'm unconvinced by that party's manifesto; **hay pocos** ~**s buenos en la televisión** there are very few good programmes on television □ ~ **doble** CINE double feature; ~ **electoral** platform; ~ **de entrevistas** RADIO & TV chat show; ~ **espacial** space programme; ~ **especial** RADIO & TV special; ~ **de intercambio** exchange (programme); ~ **de lavado** wash cycle; ~ **a micrófono abierto** phone-in; ~ **de urgencia** *fam* crash course. - **2.** [de actividades] schedule, programme; [de estudios] syllabus. - **3.** INFORM program.

programable *adj* programmable.

programación *f* - **1.** INFORM programming. - **2.** TV scheduling; **la** ~ **del lunes** Monday's programmes □ ~ **matinal** breakfast television.

programador, ra ◇ *adj* - **1.** INFORM programming. - **2.** [gen] planning. ◇ *m, f* - **1.** INFORM programmer. - **2.** [planificador] planner.
◆ **programador** *m* [aparato] programmer.

programar *vt* - **1.** [vacaciones, reforma etc] to plan. - **2.** CINE & TV to put on, to show. - **3.** TECN to programme; INFORM to program.

progre *fam* ◇ *adj* liberal, permissive. ◇ *mf* progressive.

progresar *vi* to progress, to make progress; ~ **en** to make progress in.

progresión *f* [gen & MAT] progression; [mejora] progress, advance; ~ **aritmética/geométrica** arithmetic/geometric progression.

progresismo *m* progressivism.

progresista *adj & mf* progressive.

progresivamente *adv* progressively.

progresivo, va *adj* progressive.

progreso *m* progress; **hacer** ~**s** to make progress.

prohibición *f* ban, banning *(U)*.

prohibicionista *mf* prohibitionist.

prohibido, da *adj* prohibited, banned; **'dirección prohibida'** AUTOM 'no entry'; **'**~ **aparcar/fumar'** 'no parking/smoking', 'parking/smoking prohibited'; **'prohibida la entrada'** 'no entry'.

prohibir *vt* - **1.** [gen] to forbid; ~ **a alguien hacer algo** to forbid sb to do sthg; **'se prohíbe el paso'** 'no entry'. - **2.** [por ley - de antemano] to prohibit; [- a posteriori] to ban; **está prohibida la venta de alcohol a menores** it is illegal to sell alcoholic drinks to anyone under the age of 18; **a partir de ahora está prohibido fumar en los lugares públicos** smoking in public places has been now banned.

prohibitivo, **va** *adj* prohibitive.

prohijar *vt* to adopt.

prohombre *m* great man.

prójima *f fam* tart, slut.

prójimo *m* - **1**. [semejante] fellow human being, neighbour. - **2**. [humanidad]: **el** ~ humanity, mankind. - **3**. *fam despec* [sujeto] individual.

pról. *abrev escrita de* **prólogo**.

prole *f* offspring.

prolegómenos *mpl* [de una obra] preface *(sg)*.

proletariado *m* proletariat.

proletario, **ria** *adj & m, f* proletarian.

proliferación *f* proliferation; ~ **nuclear** proliferation (of nuclear arms).

proliferar *vi* to proliferate.

prolífico, **ca** *adj* prolific.

prolijidad *f* - **1**. [extensión] long-windedness. - **2**. [esmero] meticulousness.

prolijo, **ja** *adj* - **1**. [extenso] long-winded. - **2**. [esmerado] meticulous; [detallado] exhaustive.

prologar *vt* to preface.

prólogo *m* [de libro] preface, foreword; [de obra de teatro] prologue; *fig* prelude.

prolongación *f* - **1**. [extensión] extension. - **2**. [ampliación] prolongation, extension. - **3**. [alargamiento] extension, continuation.

prolongadamente *adv* at great length.

prolongado, **da** *adj* long; *fig* [dilatado] lengthy.

prolongar [16] *vt* - **1**. [gen] to extend. - **2**. [espera, visita, conversación] to prolong. - **3**. [cuerda, tubo] to lengthen.

◆ **prolongarse** *vpr* - **1**. [extenderse] to extend, to continue. - **2**. [alargarse] to go on, to continue; **la reunión se prolongó más de lo previsto** the meeting lasted longer than expected.

promediar [8] ◇ *vt* - **1**. [objeto] to divide in half. - **2**. MAT to average out. ◇ *vi* - **1**. [interceder] to mediate. - **2**. [mes] to be halfway through.

promedio *m* - **1**. MAT average; **en** o **por** ~ on average □ ~ **aritmético** arithmetical mean; ~ **geométrico** geometric mean. - **2**. [mitad] middle.

promesa *f* - **1**. [compromiso] promise; **cumplir (con) una** ~ to keep a promise; **faltar a una** ~ to break a promise. - **2**. *fig* [persona] promising talent. - **3**. *fig* [esperanza] promise, hope. - **4**. RELIG vow.

prometedor, **ra** *adj & m, f* promising.

Prometeo *m* Prometheus.

prometer ◇ *vt* to promise. ◇ *vi* [tener futuro] to show promise.

◆ **prometerse** *vpr* - **1**. [novios] to get engaged. - **2**. [esperar lograr] to expect.

prometido, **da** ◇ *m, f* fiancé (*f* fiancée). ◇ *adj* - **1**. [para casarse] engaged. - **2**. [asegurado]: **cumplir lo** ~ to keep one's promise; **lo** ~ what has been promised, promise.

prominencia *f* - **1**. [abultamiento] protuberance. - **2**. [elevación] rise. - **3**. [importancia] prominence.

prominente *adj* - **1**. [abultado] protruding. - **2**. [elevado, ilustre] prominent.

promiscuidad *f* promiscuity.

promiscuo, **cua** *adj* promiscuous.

promisión *f* promise.

promisorio, **ria** *adj* promissory.

promoción *f* - **1**. [gen & DEP] promotion; ~ **de ventas** sales promotion. - **2**. [curso] class, year.

promocional *adj* promotional.

promocionar *vt* to promote.

◆ **promocionarse** *vpr* to put o.s. forward, to promote o.s.

promontorio *m* - **1**. [de terreno] promontory. - **2**. *fig* [cosa de mucho bulto] bulky o unwieldy object.

promotor, **ra**, **promovedor**, **ra** ◇ *adj* [que promueve] promoting; [de rebelión] instigating. ◇ *m, f* [instigador] promoter; [de una rebelión] instigator; ~ **de la fe** RELIG devil's advocate; ~ **fiscal** public prosecutor; ~ **inmobiliario** COM property developer.

promover [24] *vt* - **1**. [iniciar - fundación etc] to set up; [- rebelión] to stir up. - **2**. [ocasionar] to cause. - **3**. [ascender]: ~ **a alguien a** to promote sb to. - **4**. [fomentar] to foster, to encourage.

promulgación *f* [de ley] passing.

promulgador, **ra** ◇ *adj* promulgating. ◇ *m, f* promulgator.

promulgar [16] *vt* - **1**. [ley] to pass. - **2**. *fig* [proclamar] to proclaim, to announce.

prono, **na** *adj* - **1**. [inclinado] prone, inclined. - **2**. [echado sobre el vientre] prone, prostrate.

pronombre *m* pronoun; ~ **demostrativo** demonstrative pronoun; ~ **indefinido** indefinite pronoun; ~ **interrogativo/personal** interrogative/personal pronoun; ~ **posesivo** possessive pronoun; ~ **relativo** relative pronoun.

pronominal ◇ *adj* pronominal. ◇ *m* pronominal verb.

pronosticador, **ra** ◇ *adj* predicting, forecasting. ◇ *m, f* predictor, forecaster.

pronosticar [10] *vt* to predict, to forecast.

pronóstico *m* - **1**. [predicción] forecast; ~ **del tiempo** weather forecast. - **2**. MED prognosis; **de** ~ **leve** suffering from a mild condition; **de** ~ **grave** serious, in a serious condition; **de** ~ **reservado** under observation. - **3**. [señal] omen. - **4**. [calendario] almanac.

prontamente *adv* - **1**. [velozmente] quickly. - **2**. [activamente] promptly.

prontitud *f* - **1**. [actividad] promptness. - **2**. [velocidad] speed, quickness. - **3**. [ingenio] quickness, sharpness.

pronto, **ta** *adj* [rápido] quick, fast; [respuesta] prompt, early; [curación, tramitación] speedy; ~ **a** quick to; **es** ~ **a enfadarse** he's quick to anger.

◆ **pronto** ◇ *adv* - **1**. [rápidamente] quickly; **lo más** ~ **posible** as soon as possible; **tan** ~ **como** as soon as; **ven tan** ~ **como puedas** come as soon as you can. - **2**. [temprano] early; **salimos** ~ we left early. - **3**. [dentro de poco] soon; **¡hasta** ~! see you soon! - **4**. *Amér* [repentinamente] suddenly. ◇ *m* - **1**. *fam* sudden impulse; **tener** ~**s de enojo** to be quick-tempered. - **2**. [movimiento] start, sudden movement.

◆ **al pronto** *loc adv* at first.

◆ **de pronto** *loc adv* - **1**. [repentinamente] suddenly. - **2**. [apresuradamente] quickly, hastily.

◆ **por lo pronto** *loc adv* - **1**. [por ahora] for the time being. - **2**. [para empezar] to start with. - **3**. [al menos] at least, anyway.

USO ▶ Prohibiciones

You mustn't take things without asking.

You're not allowed to drive.

You can't take out more than three books at a time.

You're not meant to be in here at the weekend.

Don't you dare tell anyone about this!

▶ *más formal:*

Under no circumstances should you speak to him.

On no account must you tell anyone about this meeting.

I expressly forbid you to leave.

'No Smoking'.

prontuario *m* - **1.** [resumen] summary. - **2.** *Amér* DER record, file.

pronunciación *f* - **1.** [de sonidos] pronunciation; ~ **figurada** phonetic transcription. - **2.** DER pronouncement, passing.

pronunciado, da *adj* - **1.** [facciones] pronounced; [nariz] prominent. - **2.** [curva] sharp; [pendiente, cuesta] steep.

pronunciamiento *m* - **1.** [sublevación] uprising. - **2.** DER pronouncement.

pronunciar [8] *vt* - **1.** [decir - palabra] to pronounce; [- discurso] to deliver, to make; ~ **mal** to mispronounce. - **2.** [realzar] to accentuate. - **3.** DER to pronounce , to pass.
◆ **pronunciarse** *vpr* - **1.** [definirse]: ~**se (sobre)** to give one's opinion (on). - **2.** [sublevarse] to rise up, to revolt.

propagación *f* - **1.** [gen] spreading *(U)*. - **2.** BIOL & FÍS propagation; ~ **ultrasónica** hypersonic propagation.

propagador, ra ◇ *adj* [gen] spreading; [de razas, especies] propagating. ◇ *m, f* [gen] spreader; [de razas, especies] propagator.

propaganda *f* - **1.** [publicidad] advertising *(U)*; **hacer** ~ to advertise. - **2.** [prospectos - gen] publicity leaflets *(U)*; [- por correo] junk mail. - **3.** [política, religiosa] propaganda.

propagandista ◇ *adj* propagandistic. ◇ *mf* propagandist.

propagandístico, ca *adj* advertising *(antes de sust)*; POLÍT propaganda *(antes de sust)*.

propagar [16] *vt* [gen] to spread; [razas, especies] to propagate.
◆ **propagarse** *vpr* - **1.** [gen] to spread. - **2.** BIOL & FÍS to propagate.

propagativo, va *adj* propagative.

propalar *vt* to divulge.

propano *m* propane.

propasar *vt* to go beyond, to overstep.
◆ **propasarse** *vpr*: ~**se (con algo)** to go too far (with sthg); ~**se con alguien** [sexualmente] to take liberties with sb.

propender *vi* to tend, to be inclined.

propensión *f* - **1.** [tendencia] propensity, tendency. - **2.** MED predisposition, susceptibility.

propenso, sa *adj*: ~ **a algo/a hacer algo** prone to sthg/doing sthg.

propiamente *adv* [adecuadamente] properly; [verdaderamente] really, strictly; ~ **dicho** strictly speaking; **el pueblo** ~ **dicho es sólo esto** strictly speaking, the town is just this area.

propiciar [8] *vt* - **1.** [favorecer] to be conducive to. - **2.** [aplacar] to placate, to propitiate. - **3.** *Amér* [patrocinar] to sponsor, to support.

propiciatorio, ria *adj* propitiatory.
◆ **propiciatorio** *m* RELIG prie-dieu.

propicio, cia *adj* - **1.** [favorable] propitious, favourable; **ser** ~ **a** to be inclined o prone to. - **2.** [adecuado] suitable, appropriate.

propiedad *f* - **1.** [derecho] ownership; [bienes] property; **de la** ~ **de** belonging to; **pertenecer en** ~ **a alguien** to rightfully belong to sb; **tener algo en** ~ to own sthg ❑ **nuda** ~ DER bare ownership; ~ **absoluta** freehold; ~ **colectiva** collective ownership; ~ **del Estado** public ownership; ~ **horizontal** joint-ownership *(in a block of flats)*; ~ **industrial** patent rights *(pl)*; ~ **inmobiliaria** real estate, property *Br*; ~ **intelectual** copyright; ~ **privada** private property; ~ **pública** public ownership. - **2.** [facultad] property. - **3.** [exactitud] accuracy; **hablar con** ~ to speak correctly o properly; **usar una palabra con** ~ to use a word properly.

propietario, ria ◇ *adj* proprietary. ◇ *m, f* [de bienes] owner; [de cargo] holder; **nudo** ~ DER bare owner, owner without usufruct.

propileno *m* QUÍM propylene.

propilo *m* QUÍM propyl.

propina *f* tip; **dar** ~ **a alguien** to tip sb ❑ **de** ~ *fig* in addition, into the bargain.

propinar *vt* - **1.** [paliza] to give; [golpe] to deal. - **2.** [invitar a bebida] to treat to a drink, to buy a drink for. - **3.** [medicamento] to prescribe.

propincuidad *f culto* propinquity, proximity.

propio, pia *adj* - **1.** [gen] own; **tiene coche** ~ she has a car of her own, she has her own car; **por tu** ~ **bien** for your own good. - **2.** [peculiar]: ~ **de** typical o characteristic of; **no es** ~ **de él** it's not like him. - **3.** [apropiado]: **al** ~ properly, precisely ❑ ~ **(para)** suitable o right (for). - **4.** [correcto] proper, true. - **5.** [en persona] himself (*f* herself); **el** ~ **compositor** the composer himself. - **6.** [semejante] true to life. - **7.** GRAM & MAT proper.
◆ **propio** *m* - **1.** [mensajero] messenger. - **2.** [finca] public land.

propóleo *m* propolis, bee glue.

proponedor, ra *m, f*, **proponente** *mf* proposer.

proponer [65] *vt* - **1.** [sugerir] to propose; [candidato] to put forward. - **2.** [plantear] to pose. - **3.** [opinar] to propose. - **4.** MAT to propound.
◆ **proponerse** *vpr*: ~**se hacer algo** to plan o intend to do sthg.

proporción *f* - **1.** [gen & MAT] proportion; **fuera de** ~ out of proportion; **guardar** ~ **(con)** to be in proportion (to) ❑ **en** ~ **a** in proportion to. - **2.** *(gen pl)* [importancia] extent, size. - **3.** [oportunidad] chance, opportunity.
◆ **proporciones** *fpl* [tamaño] size *(sg)*.
◆ **a proporción de** *loc prep* according to.

proporcionable *adj* proportionable.

proporcionado, da *adj*: ~ **(a)** [estatura, sueldo] commensurate (with); [medidas] proportionate (to); **bien** ~ well-proportioned.

proporcional *adj* proportional.

proporcionalidad *f* proportionality.

proporcionalmente *adv* proportionally.

proporcionar *vt* - **1.** [ajustar]: ~ **algo a algo** to adapt sthg to sthg. - **2.** [facilitar]: ~ **algo a alguien** to provide sb with sthg. - **3.** *fig* [conferir] to lend, to add. - **4.** [distribuir] to apportion, to divide.
◆ **proporcionarse** *vpr* to get hold of, to obtain.

proposición *f* - **1.** [propuesta] proposal. - **2.** GRAM clause. - **3.** MAT & LITER proposition.
◆ **proposiciones** *fpl* [sugerencias] propositions; **hacer proposiciones a alguien** to proposition sb ❑ **proposiciones deshonestas** improper suggestions.

propósito *m* - **1.** [intención] intention; **con el** ~ **de** in order to; **con este** ~ to this end; **fuera de** ~ irrelevant, beside the point ❑ **de** ~ intentionally, on purpose. - **2.** [objetivo] purpose. - **3.** [asunto] subject matter.
◆ **a propósito** ◇ *loc adj* - **1.** [adecuado] suitable. - **2.** [útil] handy, useful. ◇ *loc adv* - **1.** [adrede] on purpose. - **2.** [por cierto] by the way. - **3.** [oportunamente]: **no venir a** ~ **to** be irrelevant, to have nothing to do with the subject.
◆ **a propósito de** *loc prep* with regard to, concerning.

propuesta *f* - **1.** [proposición] proposal; [de empleo] offer. - **2.** COM tender, bid.

propuesto, ta *pp* → **proponer**.

propugnación *f* defence, advocacy.

propugnar *vt* to advocate, to support.

propulsar *vt* - **1.** [impeler] to propel. - **2.** *fig* [promover] to promote.

propulsión *f* propulsion; ~ **a chorro** jet propulsion; ~ **delantera** AUTOM front wheel drive.

propulsor, ra ◇ *adj* propulsive. ◇ *m, f* [persona] promoter.
◆ **propulsor** *m* - **1.** [dispositivo] engine. - **2.** [combustible] propellent.

propusiera *etc v* → **proponer**.

prorrata *f* quota, share; **a** ~ pro rata.

prorratear *vt* to divide proportionally.

prorrateo *m* sharing out (proportionally).

prórroga *f* - **1.** [gen] extension; [de estudios, servicio militar] deferment. - **2.** DEP extra time.

prorrogable *adj* which can be extended.

prorrogación *f* - **1.** [continuación] extension, prolongation. - **2.** MIL deferment.

prorrogar [16] *vt* - **1.** [alargar] to extend. - **2.** [aplazar] to defer, to postpone.

prorrogativo, va *adj* prolonging, extending.

prorrumpir *vi*: ~ **en** to burst into.

prosa *f* - **1.** LITER prose; **en** ~ in prose □ ~ **poética** prose poem. - **2.** *fig* [monotonía] monotony. - **3.** *fig* [aspecto vulgar] prosaicness, ordinariness. - **4.** [palabrería] longwindedness, tediousness; **gastar mucha** ~ to go on and on.

prosador, ra *m, f* - **1.** [escritor] prose writer. - **2.** *fig* [hablador] windbag.

prosaicamente *adv* prosaically.

prosaico, ca *adj* prosaic.

prosaísmo *m* - **1.** LITER prosaism. - **2.** *fig* [vulgaridad] prosaic nature.

prosapia *f* lineage, ancestry.

proscenio *m* TEATRO proscenium.

proscribir *vt* - **1.** [prohibir] to ban. - **2.** [desterrar] to banish.

proscripción *f* - **1.** [prohibición] banning. - **2.** [destierro] banishment, exile.

proscrito, ta ◇ *pp* → **proscribir**. ◇ *adj* - **1.** [prohibido] banned. - **2.** [desterrado] banished. ◇ *m, f* - **1.** [desterrado] exile. - **2.** [fuera de la ley] outlaw.

prosear *vi Amér* to chat.

prosecución *f* continuation.

proseguir [43] ◇ *vt* to continue. ◇ *vi* to go on, to continue; ~ **(con/en)** to continue (with), to go on (with).

proselitismo *m* proselytism.

proselitista ◇ *adj* proselytizing. ◇ *mf* proselytizer.

prosélito, ta *m, f* proselyte.

prosiga, prosiguiera *etc v* → **proseguir**.

prosista *mf* prose writer.

prosodia *f* - **1.** GRAM orthoepy. - **2.** LITER prosody.

prosódico, ca *adj* - **1.** GRAM orthoepic. - **2.** LITER prosodic.

prospección *f* - **1.** [gen] exploration; [petrolífera, minera] prospecting. - **2.** [de clientes]: ~ **(de)** canvassing (for).

prospectar *vt* - **1.** [explorar] to prospect. - **2.** COM to research.

prospectivo, va *adj* exploratory.

prospecto *m* [gen] leaflet; COM & EDUC prospectus.

prospector, ra *m, f* prospector.

prósperamente *adv* prosperously.

prosperar *vi* - **1.** [mejorar] to prosper, to thrive. - **2.** [triunfar] to be successful.

prosperidad *f* - **1.** [mejora, bienestar] prosperity. - **2.** [éxito] success.

próspero, ra *adj* prosperous, flourishing.

próstata *f* prostate.

prosternarse *vpr* to prostrate o.s.

prostíbulo *m* brothel.

próstilo *adj & m* ARQUIT prostyle.

prostitución *f* - **1.** [gen] prostitution. - **2.** *fig* [corrupción] corruption.

prostituir [51] *vt lit & fig* to prostitute.

◆ **prostituirse** *vpr* to become a prostitute.

prostituta *f* prostitute.

protactinio *m* QUÍM protactinium.

protagonismo *m* leading role.

protagonista *mf* - **1.** [personaje principal] main character, hero (*f* heroine); TEATRO lead, leading role. - **2.** *fig* [de crimen, hazaña] person responsible. - **3.** [líder] champion, leader.

protagonizar [13] *vt* - **1.** [obra, película] to play the lead in, to star in. - **2.** *fig* [crimen, hazaña] to be responsible for.

protección *f* protection; ~ **civil** civil defence.

proteccionismo *m* protectionism.

proteccionista *adj & mf* protectionist.

protector, ra ◇ *adj* - **1.** [defensor] protective. - **2.** [patrocinador] supporting, patronizing. ◇ *m, f* - **1.** [defensor] protector. - **2.** [patrocinador] supporter, patron.

◆ **protector** *m* - **1.** [pomada]: ~ **labial** lip salve. - **2.** [en boxeo] gumshield.

protectorado *m* protectorate.

proteger [14] *vt* - **1.** [gen] to protect; **esta chaqueta te protegerá del frío** this jacket will protect you from the cold; **están muy interesados en** ~ **las especies autóctonas** they're very concerned with protecting indigenous species; ~ **algo/alguien de** to protect sthg/sb from. - **2.** [apoyar] to support.

◆ **protegerse** *vpr* - **1.** [refugiarse] to take cover o refuge. - **2.** [tomar precauciones]: ~ **se de** o **contra** to protect oneself from o against; **se protegió del fuerte sol con un sombrero** she wore a hat to protect herself from the strong sun.

protege-slips *m inv* panty pad o liner.

protegido, da ◇ *adj* protected. ◇ *m, f* protégé (*f* protégée).

proteico, ca *adj* protean.

proteína *f* protein.

protésico, ca ◇ *adj* prosthetic. ◇ *m, f* prosthetist.

prótesis *f inv* - **1.** MED prosthesis; [miembro] artificial limb. - **2.** GRAM prothesis.

protesta *f* - **1.** [queja] protest; DER objection; **bajo** ~ under protest. - **2.** [declaración] protestation.

protestación *f* protestation.

protestante ◇ *adj* - **1.** RELIG Protestant. - **2.** [que se queja] protesting. ◇ *mf* - **1.** RELIG Protestant. - **2.** [que se queja] protester.

protestantismo *m* Protestantism.

protestar ◇ *vi* - **1.** [quejarse]: ~ **(por/contra)** to protest (about/against); **protestaron por el mal servicio** they complained about the poor service; ~ **de** to protest, to swear; **¡protesto!** DER objection! - **2.** [refunfuñar] to grumble; **haz lo que te digo sin** ~ do what I tell you and no grumbling. ◇ *vt* - **1.** [declarar] to affirm, to declare; [fe] to profess. - **2.** COM to protest.

protesto *m* - **1.** COM: ~ **de letra** noting bill of exchange. - **2.** [queja] protest.

protestón, ona *fam* ◇ *adj*: **ser** ~ to be a grumbler o a grouser. ◇ *m, f* complainer, grouser.

protocolario, ria, protocolar *adj* - **1.** [ceremonioso] formal. - **2.** [del protocolo] protocol *(antes de sust)*.

protocolo *m* - **1.** [gen & INFORM] protocol; ~ **de comunicación** communications protocol. - **2.** [ceremonial] etiquette. - **3.** DER *documents handled by a solicitor*. - **4.** [acta de congreso] minutes *(pl)*.

protohistoria *f* protohistory.

protón *m* proton.

protoplasma *m* protoplasm.

protoplasmático, ca, protoplásmico, ca *adj* protoplasmic.

prototipo *m* - **1.** [modelo] archetype. - **2.** [primer ejemplar] prototype.

protozoo *m* protozoan, protozoon.

protráctil *adj* protractile.

protuberancia *f* protuberance, bulge.

protuberante *adj* protuberant, bulging.

provecho *m* - **1.** [gen] benefit; **¡buen** ~! enjoy your meal!; **de ningún** ~ of no use; **de** ~ [de mérito] worthy; [útil] useful; **en** ~ **de** for the benefit of, to the advantage of; **en** ~ **propio** to one's own advantage; **hacer** ~ to do good; **sacar** ~ **de** [aprovecharse de] to make the most of, to take advantage of; [beneficiarse de] to benefit from, to profit from. - **2.** [rendimiento] good effect.

provechosamente *adv* - **1.** [ventajosamente] advantageously. - **2.** [lucrativamente] profitably.

provechoso, sa *adj* - **1.** [ventajoso] beneficial, advantageous. - **2.** [beneficioso] beneficial, good; ~ **para la salud** good for one's health. - **3.** [lucrativo] profitable.

proveedor, ra *m, f* supplier.

proveer [50] ◇ *vt* - **1.** [abastecer] to supply, to provide; ~ **a alguien de algo** to provide sb with sthg. - **2.** [puesto, cargo] to fill. - **3.** [resolver] to decide, to resolve. ◇ *vi* DER to rule, to make a ruling.
◆ **proveerse de** *vpr* - **1.** [ropa, víveres] to stock up on. - **2.** [medios, recursos] to arm o.s. with.

proveniente *adj*: ~ **de** (coming) from.

provenir [75] *vi*: ~ **de** to come from; **sus problemas económicos provienen de su afición al juego** his financial problems all have their roots in his fondness for gambling.

proverbial *adj* proverbial.

proverbio *m* [refrán] proverb.
◆ **Proverbios** *mpl* BIBLIA Proverbs *(sg)*.

pro-vida *adj* [asociación etc] pro-life.

providencia *f* - **1.** [medida] measure, step; **tomar** ~**s** to take measures o steps. - **2.** DER ruling.
◆ **Providencia** *f* [de Dios] Providence.

providencial *adj lit & fig* providential.

providente *adj* - **1.** [prevenido] provident. - **2.** [prudente] prudent, cautious.

proviene *etc v* → **provenir**.

provincia *f* [división administrativa] province.
◆ **provincias** *fpl* [no la capital] the provinces; **en** ~**s** outside the capital, in the provinces.

provincial *adj & m* provincial.

provincianismo *m despec* provincialism.

provinciano, na *adj & m, f despec* provincial.

proviniera *etc v* → **provenir**.

provisión *f* - **1.** *(gen pl)* [suministro] supply, provision; [de una plaza] filling *(U)*; ~ **de boca** food supply. - **2.** [disposición] measure. - **3.** FIN funds *(pl)*, cover; ~ **de fondos** financial reserves *(pl)*.

provisional *adj* provisional.

provisionalmente *adv* provisionally.

provisor *m* - **1.** [proveedor] supplier, purveyor. - **2.** RELIG vicar general. - **3.** *Amér* [garrafa] tin jug.

provisorio, ria *adj Amér* provisional, temporary.

provista *f Amér* provisions *(pl)*, food supplies *(pl)*.

provisto, ta ◇ *pp* → **proveer**. ◇ *adj* stocked, supplied.

provocación *f* - **1.** [hostigamiento, incitación] provocation. - **2.** [de incendio] starting; [de incidente] causing; [de revuelta] instigation.

provocador, ra ◇ *adj* provocative. ◇ *m, f* agitator.

provocadoramente *adv* provocatively.

provocante *adj* provocative.

provocar [10] *vt* - **1.** [incitar] to incite; ~ **a alguien a hacer algo** [gen] to cause sb to do sthg, to make sb do sthg; [matar, luchar etc] to provoke sb to do sthg. - **2.** [irritar] to provoke. - **3.** [ocasionar - gen] to cause; [- incendio, rebelión] to start. - **4.** [excitar sexualmente] to arouse. - **5.** *fam* [hacer vomitar] to make sick, to make vomit. - **6.** *Amér fig* [apetecer]: **¿te provoca beber algo?** do you fancy a drink?

provocativo, va *adj* provocative.

proxeneta *mf* pimp *(f* procuress*)*.

proxenetismo *m* pimping *(U)*, procuring *(U)*.

próximamente *adv* - **1.** [pronto] soon, shortly. - **2.** CINE coming soon. - **3.** [aproximadamente] approximately.

proximidad *f* [cercanía] closeness, proximity.
◆ **proximidades** *fpl* - **1.** [de ciudad] surrounding area *(sg)*. - **2.** [de lugar] vicinity *(sg)*.

próximo, ma *adj* - **1.** [cercano] near, close; [casa, ciudad] nearby, neighbouring; **en fecha próxima** shortly; ~ **a** [al lado de] near to, close to; [a punto de] about to, on the point of. - **2.** [parecido] similar, close. - **3.** [siguiente] next; **el** ~ **año** next year.

proyección *f* - **1.** [gen & GEOM] projection; ~ **cónica** conic projection; ~ **ortogonal** orthogonal o orthographic projection. - **2.** CINE screening, showing. - **3.** [lanzamiento] throwing out. - **4.** *fig* [trascendencia] importance.

proyeccionista *mf* projectionist.

proyectante *adj* projecting.

proyectar *vt* - **1.** [lámpara, focos etc] to shine, to direct. - **2.** [mostrar - película] to project, to screen; [- sombra] to cast; [- diapositivas] to show. - **3.** [planear - viaje, operación, edificio] to plan; [- puente, obra] to design. - **4.** [arrojar] to throw. - **5.** GEOM to project.

proyectil *m* projectile, missile; ~ **antiaéreo** antiaircraft missile; ~ **de avión a avión** air-to-air missile; ~ **de avión a tierra** air-to-surface missile; ~ **balístico intercontinental** intercontinental ballistic missile; ~ **dirigido** o **teledirigido** guided missile.

proyectista *mf* designer.

proyecto, ta *adj* GEOM projected, in perspective.
◆ **proyecto** *m* - **1.** [intención] project. - **2.** [plan] plan; **en** ~ being planned, in the planning stages; **tener en** ~ **hacer algo** to be planning to do sthg; **tener** ~**s** to have plans. - **3.** ARQUIT design; IND & TECN plan. - **4.** [borrador] draft; ~ **de ley** bill; ~ **experimental** pilot project; ~ **de recomendación** draft recommendation; ~ **de resolución** draft resolution. - **5.** EDUC: ~ **fin de carrera** design project forming part of doctoral thesis for architecture students etc; ~ **de investigación** [de un grupo] research project; [de una persona] dissertation.

proyector, ra *adj* projecting.
◆ **proyector** *m* - **1.** [de cine, diapositivas] projector; ~ **cinematográfico** film projector *Br*, movie projector *Am.* - **2.** [reflector] searchlight; [en el teatro] spotlight.

prudencia *f* - **1.** [cuidado] caution, care; **con** ~ carefully; **me gusta viajar con Belén porque conduce con** ~ I like travelling with Belén because she always drives carefully. - **2.** [previsión, sensatez] prudence. - **3.** [moderación] moderation; **con** ~ in moderation.

prudencial *adj* - **1.** [sensato] sensible. - **2.** [moderado] moderate.

prudenciarse [8] *vpr Amér* to be cautious.

prudente *adj* - **1.** [cuidadoso] careful, cautious. - **2.** [previsor, sensato] sensible; **es un hombre muy** ~ **que piensa las cosas antes de hacerlas** he's a very sensible man who always thinks before he acts. - **3.** [razonable] reasonable.

prudentemente *adv* - **1.** [cuidadosamente] carefully, cautiously. - **2.** [juiciosamente] prudently.

prueba[1] *etc v* → **probar**.

prueba[2] *f* - **1.** [demostración] proof; DER evidence, proof; MAT proof; **no tengo** ~**s** I have no proof □ ~ **de indicios** circumstantial evidence; ~ **instrumental** documentary evidence. - **2.** [manifestación, señal] sign, token; **en** o **como** ~ **de** in o as proof of; **le hicimos el regalo como** ~ **de agradecimiento** we gave her the present as a token of our gratitude. - **3.** [trance] ordeal, trial; **la distancia fue una dura** ~ **para su amor** being separated really put their love to the test. - **4.** EDUC & MED test; ~ **de acceso** entrance examination; ~ **de aptitud/de resistencia** aptitude/endurance test; ~ **del embarazo** pregnancy test. - **5.** [comprobación] test; **a** o **de** ~ [trabajador] on trial; [producto comprado] on approval; **a** ~ **de aire** airtight; **a** ~ **de bomba** bombproof; **es a** ~ **de agua/balas** it's waterproof/bulletproof; **paciencia a toda** ~ unwavering patience; **poner a** ~ to (put to the) test □ **la** ~ **de fuego** the acid test. - **6.** DEP event; ~ **eliminatoria** heat. - **7.** IMPRENTA proof; **leer** ~**s de imprenta** to proofread.
◆ **pruebas** *fpl* - **1.** [de acrobacia] acrobatics. - **2.** [de manos] sleight of hand *(U)*.
◆ **prueba negativa** *f* FOT negative.
◆ **prueba positiva** *f* FOT print.

prurito *m* - **1.** MED itch, itching *(U)*. - **2.** *fig* [afán, deseo] urge.

prusiano, na *adj & m, f* Prussian.

PS = **PD**.

PSA (*abrev de* **Partido Socialista de Andalucía**) *m* Andalusian Socialist Party.

PSC (*abrev de* **Partit dels Socialistes de Catalunya**) *m* Catalan Socialist Party.

PSDE (*abrev de* **Partido Socialista Democrático Española**) *m* Spanish Democratic Socialist Party.

pseudo *adj* pseudo.

pseudónimo *m* pseudonym.

psi *f* psi.

psicoanálisis *m inv* psychoanalysis.

psicoanalista *mf* psychoanalyst.

psicoanalítico, ca *adj* psychoanalytical.

psicoanalizar [13] *vt* to psychoanalyze.

psicodélico, ca *adj* psychedelic.

psicodrama *m* psychodrama.

psicología *f lit & fig* psychology.

psicológico, ca *adj* psychological.

psicólogo, ga ◇ *m, f* psychologist. ◇ *adj* psychological.

psicometría *f* psychometrics (*U*).

psicomotor, ra *adj* psychomotor.

psicomotricidad *f* psychomotricity.

psiconeurosis *f inv* psychoneurosis.

psicópata *mf* psychopath.

psicopatía *f* psychopathy, psychopathic personality.

psicopático, ca *adj* psychopathic.

psicosis *f inv* psychosis; ~ **maniacodepresiva** manic-depressive psychosis.

psicosomático, ca *adj* psychosomatic.

psicotécnico, ca ◇ *adj* psychotechnical. ◇ *m, f* [experto] psychotechnician.

◆ **psicotécnico** *m* [prueba] psychotechnical test.

psicoterapeuta ◇ *mf* psychotherapist. ◇ *adj* psychotherapeutic.

psicoterapia *f* psychotherapy.

psicótico, ca *adj & m, f* psychotic.

psique *f* psyche.

psiquiatra *mf* psychiatrist.

psiquiatría *f* psychiatry.

psiquiátrico, ca *adj* psychiatric.

◆ **psiquiátrico** *m* psychiatric o mental hospital.

psíquico, ca *adj* psychic.

psiquis *f inv* psyche.

PSM *m* - **1.** (*abrev de* **Partido Socialista de Mallorca**) Majorcan Socialist Party. - **2.** (*abrev de* **Partido Socialista de Menorca**) Menorcan Socialist Party.

PSOE [pe'soe, soe] (*abrev de* **Partido Socialista Obrero Español**) *m* major Spanish political party to the centre-left of the political spectrum.

psoriasis *f inv* = **soriasis**.

PSS (*abrev de* **Prestación Social Sustitutoria**) *f* alternative social service performed by Spanish conscientious objectors.

PSUC [pe'suk] (*abrev de* **Partit Socialista Unificat de Catalunya**) *m* Catalan political party now conflated into Iniciativa per Catalunya and to the left of the political spectrum.

pta. (*abrev escrita de* **peseta**) pta.

ptomaína *f* BIOL ptomaine.

púa *f* - **1.** [de planta] thorn; [de erizo] barb, quill. - **2.** [de peine] spine, tooth; [de tenedor] prong. - **3.** [de árbol] graft, cutting; [de tocadiscos] needle. - **4.** MÚS plectrum. - **5.** *fig* [pena] burden. - **6.** *fig* [persona astuta] crafty person. - **7.** *Amér* [espolón] spur.

pub [pap] (*pl* **pubs**) *m* upmarket pub, ≃ wine bar.

púber, ra *adj & m, f culto* adolescent.

pubertad *f* puberty.

pubescencia *f* pubescence, puberty.

pubescente *adj* pubescent.

púbico, ca *adj* pubic.

pubis *m inv* pubes (*pl*).

publicación *f* publication.

publicador, ra ◇ *adj* publishing. ◇ *m, f* publisher.

públicamente *adv* publicly.

publicano *m* publican (*Roman tax collector*).

publicar [10] *vt* - **1.** [editar] to publish; **ya ha publicado su primera novela** she's already published her first novel. - **2.** [difundir] to publicize; [ley] to make public, to pass; [aviso] to issue; [amonestaciones] to publish.

publicidad *f* - **1.** [difusión] publicity; **dar ~ a algo** to publicize sthg; **hacer ~ por algo** to advertise sthg. - **2.** COM advertising; TV adverts (*pl*), commercials (*pl*); **no me gusta recibir ~ por correo** I don't like being sent junk mail □ ~ **directa** direct mailing.

publicista *mf* advertising agent.

publicitar *vt* to advertise.

publicitario, ria ◇ *adj* advertising (*antes de sust*). ◇ *m, f* advertising agent.

público, ca *adj* public; **en ~** in public; **le pone nervioso hablar en ~** he gets nervous when he has to speak in public; **hacer algo ~** [anunciar] to make sthg public; [publicar] to publish sthg; **harán pública su boda la semana próxima** they'll announce their marriage publicly next week; **ser ~** [conocido] to be common knowledge.

◆ **público** *m* - **1.** CINE, TEATRO & TV audience; DEP crowd; **al ~ le encantó la obra de teatro** the audience loved the play; **para todos los ~s** suitable for all ages. - **2.** [comunidad] public; **el gran ~** the (general) public. - **3.** [lectores] readers (*pl*), readership; **dar al ~** to publish.

publirreportaje *m* [en televisión] promotional film; [en revista] advertising spread.

pucha *interj Amér* good heavens!

puchera *f fam* stew.

pucherazo *m fig* electoral fraud (*U*).

puchero *m* - **1.** [perola] cooking pot; **calentar o hacer cocer el ~** to keep the pot boiling. - **2.** [comida] stew; **ganarse el ~** *fig* to earn one's daily bread.

◆ **pucheros** *mpl* [gesto] pout (*sg*); **hacer ~s** to pout.

puches *mpl o fpl* porridge (*U*).

pucho *m Amér* - **1.** [colilla] cigarette butt. - **2.** NÁUT cable, rope. - **3.** [pizca] bit. - **4.** [hijo menor] youngest child. - **5.** [residuo] leftover.

pudding *m* = **pudin**.

pudendo, da *adj* shameful, indecent; **partes pudendas** private parts.

pudibundez (*pl* **pudibundeces**) *f* prudishness.

pudibundo, da *adj* prudish.

púdico, ca *adj* modest.

pudiente ◇ *adj* wealthy, well-off. ◇ *mf* wealthy person.

pudiera *etc v* → **poder**.

pudin (*pl* **púdines**), **pudding** ['puðin] (*pl* **puddings**) *m* (plum) pudding.

pudor *m* - **1.** [recato] (sense of) shame; **sin ~** shameless. - **2.** [timidez] bashfulness.

pudoroso, sa *adj* - **1.** [recatado] modest. - **2.** [tímido] bashful.

pudrición *f* rotting; ~ **roja** plant rot.

pudridero *m* - **1.** [de desperdicios] rubbish dump. - **2.** [de cadáveres] temporary vault.

pudrimiento *m* rotting.

pudrir *vt* - **1.** [descomponer] to rot. - **2.** *fig* [molestar] to annoy, to harass.

◆ **pudrirse** *vpr* - **1.** [descomponerse] to rot. - **2.** *fig* [molestarse] to be annoyed o harassed. - **3.** *loc*: ¡**ahí te pudras!** *fam* to hell with you!

puebla *etc v* → **poblar**.

pueblada *f Amér* rebellion, uprising.

pueblerino, na ◇ *adj* - **1.** [del pueblo] village (*antes de sust*).

- 2. *despec* [paleto] rustic, provincial. ◇ *m, f* **- 1.** [habitante] villager. **- 2.** *despec* [paleto] yokel.

pueblo *m* **- 1.** [población - pequeña] village; [- grande] town; **de** ~ from the country ❑ ~ **abandonado** o **fantasma** ghost town; ~ **de mala muerte** one-horse town. **- 2.** [nación] people; **la soberanía del** ~ the sovereignty of the people; **el** ~ **judío** the Jewish people. **- 3.** [proletariado] (common) people; ~ **bajo** common people.

pueda *etc v* → **poder**.

puente *m* **- 1.** [gen] bridge; ~ **de barcas** o **de pontones** pontoon (bridge); ~ **basculante** weighbridge; ~ **colgante/giratorio** suspension/swing bridge; ~ **levadizo** drawbridge; ~ **para peatones** footbridge. **- 2.** [días festivos] **hacer** ~ *to take an extra day off between two public holidays.* **- 3.** [NÁUT - cubierta] gun deck; [- zona de mando] bridge.
◆ **puente aéreo** *m* [civil] air shuttle; [militar] airlift.

puenting *m* bungee-jumping.

puerca ◇ *adj f* → **puerco.** ◇ *f* **- 1.** [insecto] woodlouse. **- 2.** [pieza] eye *(of a hinge).*

puercada *f Amér* disgusting thing.

puerco, ca ◇ *adj* **- 1.** [sucio] dirty, filthy. **- 2.** [desagradable] nasty, disgusting. ◇ *m, f* **- 1.** [animal] pig *(f* sow). **- 2.** *fam fig* [persona] pig, swine.
◆ **puerco de mar** *m* porpoise.
◆ **puerco marino** *m* dolphin.

puercoespín *m* porcupine.

puericultor, ra *m, f* pediatrician.

puericultura *f* pediatrics *(U).*

pueril *adj* childish.

puerilidad *f* **- 1.** [niñería] childishness. **- 2.** [trivialidad] trifle.

puerilmente *adv* childishly.

puerperio *m* puerperium.

puerro *m* leek.

puerta *f* **- 1.** [de casa, habitación etc] door; [de jardín, ciudad etc] gate; **de** ~ **en** ~ from door to door; **vender de** ~ **en** ~ to peddle; ~ **a** ~ [servicio etc] door-to-door ❑ ~ **accesoria** side door; ~ **blindada/vidriera** reinforced/glass door; ~ **corrediza/giratoria** sliding/revolving door; ~ **falsa** secret door; ~ **principal/trasera** front/back door. **- 2.** *fig* [posibilidad, camino] gateway, opening; **dejó una** ~ **abierta a otras sugerencias** she left the door open to other suggestions. **- 3.** DEP goal, goalmouth. **- 4.** *loc:* **abrir la** ~ **a** to open the door to; **a las ~s de** on the verge of; **a las ~s de la muerte** at death's door; **a** ~ **cerrada** [gen] behind closed doors; [juicio] in camera; **cerrar la** ~ **a alguien** to close the door on sb; **coger la** ~ **y marcharse** to up and go; **estaba tan enfadada que cogió la** ~ **y se marchó** she was so angry that she upped and went; **dar a alguien con la** ~ **en las narices** to slam the door in sb's face; **echar la** ~ **abajo** to knock the door down; **estar en** ~**s** to be knocking on the door, to be imminent; **se le cerraban todas las** ~**s** he found all avenues blocked; **tomar la** ~ to leave.

puertaventana *f* French window.

puerto *m* **- 1.** [de mar] port; **llegar a** ~ to come into port; *fig* to make it in the end; **tomar** ~ to reach port, to make port ❑ ~ **de arribada** o **de escala** port of call; ~ **deportivo** marina; ~ **de entrada** port of entry; ~ **fluvial** river port; ~ **franco** o **libre** free port; ~ **marítimo** seaport. **- 2.** [de montaña] pass. **- 3.** INFORM port; ~ **paralelo/serie** parallel/serial port. **- 4.** *fig* [refugio] haven.

Puerto España *s* Port of Spain.

Puerto Rico *s* Puerto Rico.

puertorriqueño, ña *adj œ m, f* Puerto Rican.

pues *conj* **- 1.** [dado que] since, as; **cómpralo,** ~ **a ti te gusta** buy it, since you like it; **no pude verlo,** ~ **olvidé las gafas** I couldn't really see it, because I'd forgotten my glasses. **- 2.** [por lo tanto] therefore, so; **creo,** ~**, que...** so, I think that...; **repito,** ~**, que hace bien** anyway, as I said before, I think he's doing the right thing. **- 3.** [así que] so;

querías verlo, ~ **ahí está** you wanted to see it, well there it is. **- 4.** [entonces, en ese caso] then; **¿qué quieres hacer,** ~? what do you want to do, then?; **¿no quieres escucharme?** ¡~ **te arrepentirás!** you won't listen to me, eh? well, you'll regret it!; ~ **¿quién te lo dio?** so, who gave it to you, then? **- 5.** [enfático]: ~, **como iba diciendo** anyway, as I was saying; ¡~ **ya está!** well, that's it!; ¡~ **vaya amigo que tienes!** some friend he is!; ¡~ **claro!** but of course!; ~ **sí** yes, of course.
◆ **pues bien** *loc conj* well, then.

puesto, ta ◇ *pp* → **poner.** ◇ *adj* [vestido]: **ir muy** ~ to be all dressed up; **iba sólo con lo** ~ all she had with her were the clothes on her back.
◆ **puesto** *m* **- 1.** [empleo] post, position; ~ **vacante** opening, vacancy; **escalar** ~**s** to work one's way up. **- 2.** [en fila, clasificación etc] place. **- 3.** [tenderete] stall, stand; ~ **de libros** bookstall; ~ **de periódicos** newsstand. **- 4.** MIL post; ~ **de mando/vigilancia** command/sentry post; ~ **de observación** lookout, observation post; ~ **de policía** police station; ~ **de socorro** first-aid post. **- 5.** [en caza] blind. **- 6.** *Amér* [de ganado] cattle station.
◆ **puesta** *f* **- 1.** [acción]: **puesta al día** updating; **puesta en escena** staging, production; **puesta de largo** debut (in society); **puesta en marcha** [de máquina] starting, start-up; [de acuerdo, proyecto] implementation; **puesta en órbita** putting into orbit; **puesta a punto** [de una técnica] perfecting; [de un motor] tuning. **- 2.** [de ave] laying. **- 3.** [apuesta] bet. **- 4.** *Amér* [empate] tie, draw.
◆ **puesto que** *loc conj* since, as.
◆ **puesta de sol** *f* sunset.

puf *(pl* **pufs***) m* pouf, pouffe.

púgil *m* **- 1.** [boxeador] boxer. **- 2.** [gladiador] pugilist.

pugilato *m* **- 1.** [combate] boxing. **- 2.** [pelea] fistfight, brawl.

pugilista *m* boxer, prizefighter.

pugilístico, ca *adj* boxing *(antes de sust).*

pugna *f* **- 1.** [pelea] fight, battle. **- 2.** [oposición] conflict; **estar en** ~ **con** to clash with.

pugnacidad *f* quarrelsomeness.

pugnar *vi* **- 1.** [luchar] to fight. **- 2.** *fig* [esforzarse]: ~ **por** to struggle o fight (for).

pugnaz *(pl* **pugnaces***) adj* pugnacious, aggressive.

puja *f* **- 1.** [en subasta - acción] bidding; [- cantidad] bid. **- 2.** [esfuerzo] effort, struggle. **- 3.** *loc:* **sacar de la** ~ **a alguien** to beat o outstrip sb.

pujador, ra *m, f* bidder.
◆ **pujador** *m Amér* type of bass drum.

pujante *adj* vigorous.

pujanza *f* vigour, strength.

pujar ◇ *vi* **- 1.** [en subasta] to bid higher. **- 2.** [luchar] to struggle. **- 3.** [balbucir] to grope for words, to stammer. **- 4.** [vacilar] to hesitate, to falter. **- 5.** *fam* [lloriquear] to be on the verge of tears. **- 6.** *loc:* ~ **para adentro** *Amér* to grin and bear it. ◇ *vt* to bid.

pujido *m Amér* cry.

pujo *m* **- 1.** MED tenesmus. **- 2.** *fig* [deseo] irrepressible o strong urge. **- 3.** [intento] effort, attempt.

pulcritud *f* **- 1.** [esmero] neatness, tidiness. **- 2.** [cuidado] care.

pulcro, cra *adj* **- 1.** [esmerado] neat, tidy. **- 2.** [aseado] clean, decent.

pulga *f* **- 1.** [insecto] flea. **- 2.** [juego] tiddlywinks. **- 3.** *loc:* **buscarle a alguien las** ~**s** to pick a fight with sb, to taunt sb; **estar con** o **tener la** ~ **detrás de la oreja** to be uneasy, to be restless; **hacer de una** ~ **un camello** o **un elefante** to make a mountain out of a molehill; **no aguantar** o **sufrir** ~**s** not to stand any nonsense; **sacudirse las** ~**s** to take no notice of irritations; **tener malas** ~**s** to be bad-tempered; **tener** ~**s** to be jumpy, to have ants in one's pants.
◆ **pulga de mar** *f* beach flea, sand flea.

pulgada *f* inch; **no ceder una** ~ *fig* not to give an inch.

pulgar *m* - **1.** [de viña] shoot. - **2.** → **dedo**.

pulgarada *f* - **1.** [golpe] flick. - **2.** [pizca] pinch. - **3.** [medida] inch.

Pulgarcito *m* ≃ Tom Thumb.

pulgón *m* plant louse, aphid.

pulguera *f* - **1.** [sitio] place full of fleas. - **2.** [planta] fleawort.

pulguillas *mf inv fam* touchy o irritable person.

pulidez (*pl* **pulideces**) *f* polish.

pulido, da *adj* - **1.** [limpio] polished, clean. - **2.** [refinado, lijado] polished.

◆ **pulido** *m* polish.

pulidor, ra *adj* polishing.

◆ **pulidor** *m* [para los dedos] finger protector.

◆ **pulidora** *f* [máquina, herramienta] polisher.

pulimentar *vt* to polish.

pulimento *m* polish, polishing *(U)*.

pulir *vt* - **1.** [lustrar] to polish. - **2.** [alisar] to smooth. - **3.** [perfeccionar, rematar] to finish off, to put the finishing touches to. - **4.** [adornar] to adorn, to embellish. - **5.** *fig* [civilizar] to refine, to give polish to. - **6.** *fam* [robar] to swipe, to pinch.

◆ **pulirse** *vpr* - **1.** [gastarse] to blow, to throw away. - **2.** [adornarse] to dress up, to deck o.s. out.

pulla *f* - **1.** [expresión picante] gibe. - **2.** *Amér* [machete] machete.

pulmón *m* lung; ~ **de acero** o **artificial** iron lung; **a pleno** ~ [gritar] at the top of one's voice; [respirar] deeply.

◆ **pulmones** *mpl fig* [vozarrón] powerful voice.

◆ **pulmón marino** *m* jellyfish.

pulmonar *adj* pulmonary, lung *(antes de sust)*.

pulmonía *f* pneumonia.

pulpa *f* [gen] pulp; [de fruta] flesh.

pulpejo *m* - **1.** [del cuerpo] fleshy part. - **2.** [del caballo] bulb.

pulpería *f Amér* grocery store.

pulpero *m* - **1.** *Amér* [tendero] grocer. - **2.** [pescador] octopus fisher.

púlpito *m* pulpit.

pulpo *m* - **1.** [animal] octopus. - **2.** *fam* [hombre]: **es un** ~ he can't keep his hands off women. - **3.** [correa elástica] spider strap.

pulposo, sa *adj* fleshy.

pulque *m Amér* fermented *maguey* juice.

pulquería *f Amér* 'pulque' bar.

pulsación *f* - **1.** [del corazón] beat, beating *(U)*. - **2.** [en máquina de escribir] keystroke, tap; [en piano] touch; **pulsaciones por minuto** keystrokes per minute.

pulsador ◇ *m* button, push button. ◇ *adj* pulsating, beating.

pulsar ◇ *vt* - **1.** [botón, timbre etc] to press; [teclas de ordenador] to hit, to strike; [teclas de piano] to play; [cuerdas de guitarra] to pluck. - **2.** *fig* [opinión pública etc] to sound out. - **3.** MED to take the pulse of. ◇ *vi* to beat, to throb.

púlsar *m* ASTRON pulsar.

pulsear *vi* to arm-wrestle.

pulsera *f* - **1.** [brazalete] bracelet; ~ **de pedida** engagement bracelet. - **2.** [de reloj] watchstrap.

pulso *m* - **1.** [latido] pulse; **tomar el** ~ **a alguien** to take sb's pulse ❑ ~ **arrítmico** o **irregular** irregular pulse; ~ **sentado** steady pulse; **tomar el** ~ **a algo/alguien** to sound sthg/sb out. - **2.** [firmeza] **tener** ~ to have a steady hand; **a** ~ unaided; **de** ~ sensible, prudent. - **3.** [fuerza] strength of one's wrist; **echar un** ~ **(con alguien)** to arm-wrestle (with sb); **sacar algo a** ~ to do sthg against all the odds. - **4.** *fig* [cuidado] tact. - **5.** *Amér* [pulsera] bracelet.

pululante *adj* teeming.

pulular *vi* to swarm.

pulverización *f* [de sólido] pulverization; [de líquido] spraying.

pulverizador, ra *adj* spray *(antes de sust)*.

◆ **pulverizador** *m* [para líquido] spray; [para pintar] spray gun; [para perfumar] spray.

pulverizar [13] *vt* - **1.** [líquido] to spray. - **2.** [sólido] to reduce to dust; TECN to pulverize. - **3.** *fig* [aniquilar] to pulverize.

◆ **pulverizarse** *vpr* to be pulverized.

pum *interj* bang!

puma *m* puma.

pumba *interj* wham!, bang!

puna *f Amér* - **1.** [tierra] puna, *high Andean plateau*. - **2.** [enfermedad] altitude sickness.

punce *etc v* → **punzar**.

punching ball *m* punch bag o ball *Br*, punching bag *Am*.

punción *f* puncture.

pundonor *m* pride.

pungir [15] *vt* - **1.** [picar] to prick. - **2.** *fig* [atormentar] to torment.

punible *adj* punishable.

punición *f* punishment.

púnico, ca *adj* Punic.

punitivo, va *adj* punitive.

punja *etc v* → **pungir**.

punk [paŋk] (*pl* **punks**), **punki** *adj & mf* punk.

punta *f* - **1.** [pico - gen] point; [- de pan, pelo] end; [- de dedo, cuerno] tip; **el niño se ha dado en la cabeza con la** ~ **de la mesa** the child has hit his head on the corner of the table; **estas tijeras tienen la** ~ **muy afilada** these scissors have very sharp points; **cogió el pañuelo con la** ~ **de los dedos** she picked up the handkerchief with the tips of her fingers; **a** ~ **de pistola** at gunpoint; **de** ~ **a cabo** from one end to the other; **sacar** ~ **a (un lápiz)** to sharpen (a pencil) ❑ ~ **de lanza** *fig* spearhead; **a** ~ **(de) pala** by the dozen o bucket; **estar de** ~ **con alguien** to be on edge with sb; **estar hasta la** ~ **de los pelos (de)** to be fed up to the back teeth (with); **hacer** ~ to lead, to go first; **ir de** ~ **en blanco** to be dressed up to the nines; **la** ~ **del iceberg** the tip of the iceberg; **sacar** ~ **a algo** [un comentario etc] to take sthg the wrong way; **los humoristas sacan** ~ **a los comentarios de los políticos** comedians always twist what politicians say; **tener algo en la** ~ **de la lengua** to have sthg on the tip of one's tongue. - **2.** [pizca] touch, bit; [de sal] pinch. - **3.** [clavo] small nail. - **4.** GEOGR point, headland. - **5.** *Amér* [de ganado] small herd. - **6.** *Amér* [multitud] lot, group. - **7.** *Amér* [pulla] snide remark, gibe. - **8.** *Amér* [de río] source.

◆ **puntas** *fpl* [en costura] point lace *(U)*.

puntada *f* - **1.** [agujero] hole o mark left by needle. - **2.** [pespunte] stitch. - **3.** [dolor] sharp o stabbing pain. - **4.** *loc*: **no dar** ~ to do absolutely nothing.

puntal *m* - **1.** [madero] prop. - **2.** *fig* [apoyo] mainstay. - **3.** *fig* [elemento principal] foundation, base. - **4.** NÁUT hold depth. - **5.** *Amér* [aperitivo] snack.

puntapié *m* kick; **echar a alguien a** ~**s** to kick sb out ❑ **tratar a alguien a** ~**s** to be nasty to sb.

punteado *m* MÚS plucking.

puntear ◇ *vt* - **1.** MÚS to pluck. - **2.** [trazar puntos en] to dot. - **3.** [cuenta] to check entry by entry. - **4.** [coser] to stitch, to sew. - **5.** *Amér* [encabezar] to lead, to march at the front of. ◇ *vi* NÁUT to tack.

punteo *m* - **1.** [de guitarra] guitar solo. - **2.** [de cuenta] checking.

puntera *f* → **puntero**.

puntería *f* - **1.** [destreza] marksmanship; **afinar la** ~ to aim carefully; **dirigir la** ~ **en** o **hacia** to aim at; **tener mala** ~ to be a bad shot; **tener** ~ to be a good shot. - **2.** [orientación] aim.

puntero, ra ◇ *adj* leading. ◇ *m, f* [líder] leader.

◆ **puntero** *m* - **1.** [para señalar] pointer. - **2.** [de reloj] hand. - **3.** [punzón] metal punch. - **4.** *Amér* [animal] leading animal.

◆ **puntera** *f* - **1.** [de zapato] toecap. - **2.** [de media] toe patch. - **3.** *fam* [puntapié] kick.

puntiagudo, da *adj* pointed.

puntilla *f* - **1.** [encaje] point lace. - **2.** [clavo] tack. - **3.** [puñal] dagger; **dar la** ~ *fig* to give the coup de grâce. - **4.** *Amér* [cortaplumas] penknife.

◆ **de puntillas** *loc adv* on tiptoe; **andar de** o **en** ~**s** to (walk on) tiptoe; **ir de** ~**s** to tiptoe.

puntillazo *m* - **1.** *fam* [puntapié] kick. - **2.** TAUROM coup de grâce.

puntillero *m* TAUROM *bullfighter who deals the coup de grâce.*

puntillismo *m* pointillism.

puntillo *m* - **1.** [pundonor] pride. - **2.** MÚS dot. - **3.** [nimiedad] punctilio, minor point. - **4.** *mfam* [borrachera]: **cogerse un buen** ~ to get plastered.

puntilloso, sa *adj* - **1.** [susceptible] touchy. - **2.** [meticuloso] punctilious.

punto *m* - **1.** [gen] point; **ganar por** ~**s** to win on points ❑ ~ **de apoyo** [cuña] fulcrum; *fig* [ayuda] backup, support; ~ **cardinal** cardinal point; ~ **de congelación/de inflamabilidad** freezing/flash point; ~ **culminante** high point; ~ **débil/fuerte** weak/strong point; ~ **de ebullición/de fusión** boiling/meltingpoint; ~ **de fuga** vanishing point; ~ **de observación** observation point; ~ **de saturación** saturation point; ~**s a tratar** matters to be discussed; ~ **por** ~ point by point; **poner** ~ **final a algo** to bring sthg to a close; **y** ~ *fam* and that's that. - **2.** [signo ortográfico] dot; **dos** ~**s** colon; ~ **y aparte** full stop, new paragraph; ~ **y coma** semi-colon; ~ **(y) final** full stop *Br*, period *Am*; ~ **y seguido** full stop; ~**s suspensivos** dots, suspension points; **poner los** ~**s sobre las íes** to dot the i's and cross the t's. - **3.** [marca] spot, dot. - **4.** [lugar] spot, place; ~ **de encuentro** o **de reunión** meeting point; ~ **negro** AUTOM black spot; ~ **de venta** COM point of sale. - **5.** [momento] point, moment; **el** ~ **crítico** the critical moment o point; **estar a** ~ to be ready; **estar a** ~ **de hacer algo** to be on the point of doing sthg; **llegar a** ~ **(para hacer algo)** to arrive just in time (to do sthg) ❑ **al** ~ at once, there and then. - **6.** [estado] state, condition; **estando las cosas en este** ~ things being as they are; **llegar a un** ~ **en que...** to reach the stage where... ❑ **estar a** ~ **de caramelo para** to be ripe for; **estar en su** ~ [gen] to be just right; [comida] to be done to a turn; **poner a** ~ [gen] to fine-tune; [motor] to tune. - **7.** [grado] degree; **hasta tal** ~ **que** to such an extent that ❑ **subir de** ~ [crecer] to increase, to grow; [acalorarse] to heat up. - **8.** [cláusula] clause. - **9.** [pespunte & MED] stitch; **coger** ~**s** to pick up stitches ❑ ~ **atrás** backstitch; ~ **de cadeneta** chain stitch; ~ **de cruz** cross-stitch; ~ **del revés** purl. - **10.** [estilo de tejer] knitting; **un jersey de** ~ a knitted jumper; **hacer** ~ to knit ❑ ~ **de ganchillo** crochet. - **11.** [pizca, toque] touch. - **12.** [objetivo] end, target. - **13.** ARQUIT: **de medio** ~ [arco] semicircular. - **14.** MÚS pitch. - **15.** [pundonor]: ~ **(de honra)** point of honour.

◆ **de todo punto** *loc adv* entirely, completely.

◆ **en punto** *loc adv* exactly, on the dot.

◆ **hasta cierto punto** *loc adv* to some extent, up to a point.

◆ **punto de mira** *m* - **1.** [en armas] sight. - **2.** *fig* [objetivo]: **está en mi** ~ **de mira** I have it in my sights.

◆ **punto muerto** *m* - **1.** AUTOM neutral; **ir en** ~ **muerto** to freewheel. - **2.** [en un proceso] deadlock; **estar en un** ~ **muerto** to be deadlocked.

◆ **punto de nieve** *m* CULIN: **a** ~ **de nieve** stiff.

◆ **punto de partida** *m* starting point.

◆ **punto de referencia** *m* point of reference.

◆ **punto de vista** *m* point of view, viewpoint.

puntuable *adj*: ~ **para** that counts towards.

puntuación *f* - **1.** [calificación] mark; [en concursos, competiciones] score. - **2.** [ortográfica] punctuation.

puntual *adj* - **1.** [en el tiempo] punctual. - **2.** [exacto, detallado] detailed. - **3.** [aislado] isolated, one-off. - **4.** [cierto, seguro] sure, certain.

puntualidad *f* - **1.** [en el tiempo] punctuality. - **2.** [exactitud] exactness.

puntualización *f* [especificación] point.

puntualizar [13] *vt* - **1.** [concretar, aclarar] to specify, to clarify. - **2.** [memorizar] to fix in one's mind. - **3.** [perfeccionar] to perfect, to put the finishing touches to.

puntualmente *adv* - **1.** [en el momento justo] punctually, promptly. - **2.** [con todo detalle] in detail.

puntuar [6] ◇ *vt* - **1.** [calificar] to mark; DEP to award marks to. - **2.** [escrito] to punctuate. ◇ *vi* - **1.** [calificar] to mark. - **2.** [entrar en el cómputo]: ~ **(para)** to count (towards).

punzada *f* - **1.** [pinchazo] prick. - **2.** [dolor intenso] stabbing pain *(U)*. - **3.** *fig* [de conciencia etc] pang, twinge.

punzante *adj* - **1.** [que pincha] sharp. - **2.** [intenso] sharp, stabbing. - **3.** [mordaz] caustic.

punzar [13] *vt* - **1.** [pinchar] to prick. - **2.** [atormentar] to torment. - **3.** [suj: dolor] to stab. - **4.** *fig* [suj: actitud] to wound.

punzón *m* - **1.** [instrumento] punch. - **2.** [marca] stamp. - **3.** [cuerno] deer horn.

puñada *f* punch, blow; **dar de** ~**s a alguien** to punch sb.

puñado *m* handful; **a** ~**s** *fig* hand over fist.

puñal *m* dagger; **poner a alguien el** ~ **en el pecho** *fig* to hold a gun to sb's head.

puñalada *f* - **1.** [golpe] stab; [herida] stab wound; ~ **trapera** stab in the back; **coser a alguien a** ~**s** to stab sb repeatedly. - **2.** *fig* [sentimiento] blow, shock.

puñeta ◇ *f* - **1.** *fam* [fastidio, lata] drag, pain; **hacer la** ~ [fastidiar] to be a pain; **mandar a alguien a hacer** ~**s** to tell sb to get lost; **ser la** ~ [persona] to be a drag o a bore. - **2.** [bocamanga] border. ◇ *interj fam* damn it!

puñetazo *m* punch; **a** ~**s** with one's fists; **dar a alguien de** ~**s** to punch sb; **dar** ~**s en** [mesa etc] to pound o hammer on.

puñete *m* - **1.** [golpe] punch, blow. - **2.** [pulsera] bracelet.

puñetería *f* *fam* - **1.** [molestia] bloodymindedness. - **2.** [menudencia] trifle, unimportant thing.

puñetero, ra *fam* ◇ *adj* - **1.** [molesto] damn. - **2.** [difícil] tricky, awkward. - **3.** [malintencionado] mean, nasty. ◇ *m, f* pain.

puño *m* - **1.** [mano cerrada] fist; **apretar los** ~**s** to clench one's fists ❑ ~ **americano** knuckle-duster *Br*, brass knuckles *Am*; **son verdades como** ~**s** it's as clear as day; **de su** ~ **y letra** in his/her own handwriting; **meter** o **tener a alguien en un** ~ to have sb under one's thumb. - **2.** [de manga] cuff; **se ha mojado los** ~**s de la camisa al lavarse las manos** he got his cuffs wet when he was washing his hands. - **3.** [empuñadura - de espada] hilt; [- de paraguas] handle. - **4.** [puñado] fistful.

◆ **puños** *mpl fig* [arrojo] courage *(U)*.

pupa *f* - **1.** [erupción] blister. - **2.** [daño] pain; **hacer** ~ **a alguien** to hurt sb; **hacerse** ~ to hurt o.s.

pupila *f* - **1.** [persona] pupil; **tener** ~ *fig* to be sharp. - **2.** → **pupilo**.

pupilaje *m* - **1.** [de vehículos] reserved o long-term parking. - **2.** [de huéspedes] boarding house. - **3.** [tutela] guardianship.

pupilo, la *m, f* - **1.** [discípulo] pupil. - **2.** [huérfano] ward. - **3.** [huésped] boarder; **medio** ~ person on half board.

pupitre *m* desk.

puramente *adv* - **1.** [únicamente] purely, simply. - **2.** [con pureza] purely, chastely.

purasangre *m inv* thoroughbred.

puré *m* [pasta] purée; [sopa] thick soup; ~ **de patatas** mashed potatoes *(pl)*; **estar hecho** ~ *fam* [cansado] to be knackered.

pureta *fam* ◇ *adj* fogeyish. ◇ *mf* old fogey.

pureza *f* - **1.** [limpieza] purity. - **2.** [castidad] chastity. - **3.** [inocencia] innocence.

purga *f* - **1.** MED purgative. - **2.** *fig* [depuración] purge.

purgación f - **1.** *(gen pl)* MED gonorrhoea *(U)*. - **2.** [acción] purging.

purgante *adj & m* purgative.

purgar [16] ◇ *vt* - **1.** [gen] to purge. - **2.** DER to clear o.s. of. ◇ *vi* - **1.** DER to pay for one's guilt by serving a prison sentence. - **2.** RELIG to suffer in Purgatory.

◆ **purgarse** *vpr* MED to take a purge.

purgatorio *m* purgatory.

purgue *etc v* → **purgar**.

purificación f purification.

purificador, ra ◇ *adj* purifying. ◇ *m, f* [persona] purifier.

◆ **purificador** *m* RELIG purificator.

purificar [10] ◇ *vt* [gen] to purify; [mineral, metal] to refine. ◇ *vi* to be purified.

purina f QUÍM purine.

purismo *m* purism.

purista ◇ *adj* purist *(antes de sust)*. ◇ *mf* purist.

puritanismo *m* puritanism.

puritano, na *adj & m, f* puritan.

puro, ra *adj* - **1.** [sin mezcla] pure; [oro] solid; **este jersey es de pura lana** this jumper is 100% wool; **~ y duro** *fam* sheer. - **2.** [cielo, atmósfera] clear; [aire] clear; **voy al campo para respirar aire ~** I go to the countryside to breathe some fresh air. - **3.** [conducta, persona] decent, honourable. - **4.** [mero] sheer; [verdad] plain; **por pura casualidad** by pure chance; **me dio un ~ libro** *Amér* he only gave me one book.

◆ **puro** *m* cigar.

◆ **a puro** *loc adj* by dint of, by means of.

◆ **de puro** *loc adv* out of sheer; **de ~ cansado** out of sheer tiredness.

púrpura ◇ *adj inv* purple. ◇ *m* [color] purple. ◇ *f* - **1.** [molusco] purple. - **2.** [tinte] purple dye. - **3.** [tela] purple cloth. - **4.** [rango] purple. - **5.** *culto* [sangre] blood. - **6.** MED purpura.

purpúreo, a *adj culto* purple.

purpurina f purpurin.

purulencia f *culto* purulence.

purulento, ta *adj culto* purulent.

pus *(pl puses) m* pus.

pusiera *etc v* → **poner**.

pusilánime *adj* cowardly.

pusilanimidad f pusillanimity, cowardice.

puso *v* → **poner**.

pústula f pimple, spot.

pustuloso, sa *adj* - **1.** [con pus] pustulous. - **2.** [con espinillas] pimply.

puta *vulg* ◇ *adj* f → **puto**. ◇ f whore.

putada f *vulg*: **hacerle una ~ a alguien** to be a mean bastard to sb; **¡qué ~!** what a bummer!

putativo, va *adj* putative.

puteado, da *adj vulg* pissed off.

putear *vulg* ◇ *vt* [fastidiar] to piss off. ◇ *vi* [salir con prostitutas] to go whoring.

puteo *m vulg* - **1.** [enfado] stroppy mood. - **2.** [con prostitutas]: **ir de ~** to go whoring.

putería f - **1.** [coquetería] coquetry. - **2.** [prostitución] prostitution.

putero, ra *adj vulg* whoremonger.

puto, ta *adj vulg* - **1.** [maldito] bloody. - **2.** [muy difícil] bloody difficult. - **3.** [astuto] astute, smart.

◆ **puto** *m vulg* male prostitute.

putón, ona *m, f vulg* cheap prostitute.

putrefacción f rotting, putrefaction.

putrefacto, ta *adj* rotting.

pútrido, da *adj* putrid.

puya f - **1.** [punta] goad. - **2.** *Amér* [machete] machete.

puyar *Amér* ◇ *vt* - **1.** [herir] to goad with a sharp point. - **2.** [molestar] to annoy o irritate. ◇ *vi* - **1.** [bregar] to work hard. - **2.** [vegetal] to sprout.

puyazo *m* jab with the goad.

puzzle ['puθle], **puzle** *m* jigsaw puzzle.

PVC *(abrev de* **polyvinyl-chloride***) m* PVC.

PVP *(abrev de* **precio de venta al público***) m* ≃ RRP.

PYME *(abrev de* **Pequeña y Mediana Empresa***) f* SME.

Pyongyang *s* Pyongyang.

pyrex® *m* = **pírex**.

pza. *(abrev escrita de* **plaza***)* Sq.

q, Q f [letra] q, Q.

Qatar *s* Qatar.

qatarí *(pl qataríes) adj & mf* Qatari.

q.e.g.e. *(abrev escrita de* **que en gloria esté***)* RIP.

q.e.p.d. *(abrev escrita de* **que en paz descanse***)* RIP.

q.e.s.m. *(abrev escrita de* **que estrecha su mano***) polite formula in letters.*

quántico, ca *adj* = **cuántico**.

quantum *(pl quanta) m* FÍS quantum; **~ de luz** light quantum.

quásar *m* quasar.

que ◇ *pron relat* - **1.** *(sujeto)* [persona] who, that; [cosa] that, which; **la mujer ~ me saluda** the woman who is waving to me; **el ~ me lo compró** the one who bought it from me; **la moto ~ me gusta** the motorbike (that) I like. - **2.** *(complemento directo)* [persona] whom, that; [cosa] that, which; **el hombre ~ conociste ayer** the man you met yesterday; **ese coche es el ~ me quiero comprar** that car is the one I want to buy. - **3.** *(complemento indirecto)*: **al/a la ~** (to) whom; **ese es el chico al ~ presté dinero** that's the boy to whom I lent some money, that's the boy I lent some money to. - **4.** *(complemento circunstancial)*: **la playa a la ~ fui** the beach where I went, that's the beach I went to; **la mujer con la ~ hablas** the woman to whom you are talking, the woman you're talking to; **la mesa sobre la ~ escribes** the table on which you are writing, the table you're writing on. - **5.** *(complemento de tiempo)*: **(en) ~** when; **el día (en)**

~ **me fui** the day (when) I left. ◇ *conj* - **1.** *(con oraciones de sujeto)* that; **es importante** ~ **me escuches** it's important that you listen to me. - **2.** *(con oraciones de complemento directo)* that; **me ha confesado** ~ **me quiere** he has told me that he loves me. - **3.** *(comparativo)* than; **es más rápido** ~ **tú** he's quicker than you; **antes morir** ~ **vivir la guerra** I'd rather die than live through a war. - **4.** [expresa causa]: **hemos de esperar,** ~ **todavía no es la hora** we'll have to wait, it isn't time yet. - **5.** [expresa consecuencia] that; **tanto me lo pidió** ~ **se lo di** he asked me for it so insistently that I gave it to him. - **6.** [expresa finalidad] so (that); **ven aquí** ~ **te vea** come over here so (that) I can see you. - **7.** (+ *subjuntivo*) [expresa deseo] that; **quiero** ~ **lo hagas** I want you to do it; **espero** ~ **te diviertas** I hope (that) you have fun. - **8.** *(en oraciones exclamativas):* ¡~ **te diviertas!** have fun!; ¡~ **te doy un bofetón!** do that again and I'll slap you! - **9.** *(en oraciones interrogativas):* ¿~ **quiere venir? pues que venga** if she wants to come, then let her. - **10.** [expresa disyunción] or; **quieras** ~ **no, harás lo que yo mando** you'll do what I tell you, whether you like it or not. - **11.** [expresa hipótesis] if; ~ **no quieres hacerlo, pues no pasa nada** if you don't want to do it, it doesn't matter. - **12.** [expresa reiteración] and; **estaban charla** ~ **charla** they were talking and talking.

qué ◇ *adj* [gen] what; [al elegir, al concretar] which; ¿~ **hora es?** what's the time?; ¿~ **coche prefieres?** which car do you prefer?; ¿**a** ~ **distancia?** how far away? ◇ *pron (interrogativo)* what; ¿~ **te dijo?** what did he tell you?; **no sé** ~ **hacer** I don't know what to do; ¿~? [¿cómo?] sorry?, pardon? ◇ *adv* - **1.** [exclamativo] how; ¡~ **horror!** how awful!; ¡~ **tonto eres!** how stupid you are!, you're so stupid!; ¡~ **casa más bonita!** what a lovely house! ❏ ¡**y** ~! so what? - **2.** [expresa gran cantidad]: ¡~ **de...!** what a lot of...!; ¡~ **de gente hay aquí!** what a lot of people there are here!, there are so many people here!

Quebec *m*: (**el**) ~ Quebec.

quebracho *m* quebracho.

quebrada *f* → **quebrado**.

quebradero *m* breaker.

◆ **quebradero de cabeza** *m* headache, problem.

quebradizo, za *adj* - **1.** [frágil] fragile, brittle. - **2.** [débil] frail. - **3.** [voz] weak. - **4.** [sensible] touchy, sensitive.

quebrado, da *adj* - **1.** [terreno] rough, uneven; [perfil] rugged. - **2.** [arruinado] bankrupt. - **3.** [debilitado] weak, weakened. - **4.** MED ruptured. - **5.** MAT fractional. - **6.** LITER broken. - **7.** *Amér* [hoja de tabaco] full of holes.

◆ **quebrado** *m* - **1.** MAT fraction; ~ **compuesto/decimal** compound/decimal fraction. - **2.** *Amér* NÁUT navigable passage between two reefs.

◆ **quebrada** *f* - **1.** [desfiladero] gorge. - **2.** [grieta, hendidura] crack, gap. - **3.** *Amér* [arroyo] stream.

quebrador, ra ◇ *adj* breaking. ◇ *m, f* breaker.

quebradura *f* - **1.** [grieta] crack, fissure. - **2.** [rotura] break. - **3.** MED rupture.

quebrajar *vt* to crack.

quebrantado, da *adj* frail.

quebrantador, ra ◇ *adj* breaking. ◇ *m, f* [persona] breaker.

◆ **quebrantador** *m* [aparato] crusher, crushing machine.

quebrantadura *f* = **quebrantamiento**.

quebrantahuesos *m inv* bearded vulture, lammergeier.

quebrantamiento *m*, **quebrantadura** *f* breaking.

quebrantar *vt* - **1.** [incumplir - promesa, ley] to break; [- obligación] to fail in. - **2.** [romper] to crack. - **3.** [debilitar] to weaken; [moral, resistencia] to break. - **4.** [machacar] to crush. - **5.** *fig* [forzar] to force, to break. - **6.** [profanar] to desecrate, to defile. - **7.** *fig* [suavizar] to tone down. - **8.** [molestar] to annoy, to bother. - **9.** *fig* [causar lástima] to move to pity. - **10.** DER to annul, to revoke. - **11.** *Amér* [domar] to break in.

◆ **quebrantarse** *vpr* - **1.** [romperse] to crack. - **2.** [debilitarse] to decline, to deteriorate. - **3.** [desanimarse] to be crushed.

quebranto *m* - **1.** [pérdida] loss; ~ **de fortuna** financial setback o loss. - **2.** [debilitamiento] weakening, debilitation. - **3.** [pena] grief. - **4.** [agotamiento] exhaustion. - **5.** [conmiseración] commiseration, sympathy.

quebrar [19] ◇ *vt* - **1.** [romper] to break. - **2.** [cuerpo, cintura] to bend, to twist. - **3.** [color] to make paler. - **4.** *fig* [dificultad, obstáculo] to overcome. - **5.** *fig* [interrumpir] to interrupt. - **6.** *Amér* [caballo] to break in. ◇ *vi* - **1.** FIN to go bankrupt. - **2.** [relación, amistad] to break up.

◆ **quebrarse** *vpr* - **1.** [romperse] to break. - **2.** [voz] to break, to falter. - **3.** [deslomarse] to rupture o.s. - **4.** *fig* [espíritu] to be broken. - **5.** [color] to pale. - **6.** *Amér* [al andar] to bend, to twist.

queche *m* ketch.

quechua ◇ *adj* Quechuan. ◇ *mf* [persona] Quechua. ◇ *m* [idioma] Quechua.

quechuismo *m* word or phrase of Quechuan origin.

queda ◇ *adj f* → **quedo**. ◇ *f* curfew.

quedamente *adv* quietly, softly.

quedar ◇ *vi* - **1.** [permanecer] to remain, to stay; **el viaje quedó en proyecto** the trip never got beyond the planning stage. - **2.** [haber aún, faltar] to be left, to remain; ¿**queda azúcar?** is there any sugar left?; **nos quedan 100 pesetas** we have 100 pesetas left; ¿**cuánto queda para León?** how much further is it to León?; ~ **por hacer** to remain to be done; **queda por fregar el suelo** the floor still has to be scrubbed. - **3.** [mostrarse]: ~ **como** to come across as; ~ **bien/mal (con alguien)** to make a good/bad impression (on sb). - **4.** [llegar a ser, resultar]: **el trabajo ha quedado perfecto** the job turned out perfectly; **el cuadro queda muy bien ahí** the picture looks great there. - **5.** [acabar]: ~ **en** to end in; ~ **en nada** to come to nothing. - **6.** [sentar] to look; **te queda un poco corto el traje** your suit is a bit too short; ~ **bien/mal a alguien** to look good/bad on sb; ~ **bien/mal con algo** to go well/badly with sthg. - **7.** [citarse]: ~ **(con alguien)** to arrange to meet (sb); **hemos quedado el lunes** we've arranged to meet on Monday. - **8.** [acordar]: ~ **en algo/en hacer algo** to agree on sthg/to do sthg; ~ **en que...** to agree that...; **(entonces,) ¿en qué quedamos?** what's it to be, then? - **9.** *fam* [estar situado] to be; **queda por las afueras** it's somewhere on the outskirts; ¿**por dónde queda?** whereabouts is it? ◇ *v impers*: **por mí que no quede** don't let me be the one to stop you; **que no quede por falta de dinero** we don't want it to fall through for lack of money.

◆ **quedarse** *vpr* - **1.** [en un lugar] to stay, to remain. - **2.** [en un estado]: ~**se ciego/sordo** to go blind/deaf; ~**se triste** to be o feel sad; ~**se sin dinero** to be left penniless; **la pared se ha quedado limpia** the wall is clean now. - **3.** [comprar] to take; **me quedo éste** I'll take this one.

◆ **quedarse con** *vpr* - **1.** [retener, guardarse] to keep. - **2.** [preferir] to go for, to prefer. - **3.** *mfam* [burlarse de]: ~**se con alguien** to wind sb up.

quedo, da *adj* quiet, soft.

◆ **quedo** *adv* quietly, softly.

quehacer *m* (*gen pl*) task; ~**es domésticos** housework (*U.*).

queimada *f* punch made from lemon juice, sugar and brandy.

queja *f* - **1.** [lamento] moan, groan. - **2.** [protesta] complaint. - **3.** [resentimiento] grudge.

quejarse *vpr* - **1.** [lamentarse] to groan, to cry out; ~ **de algo/de alguien** to bemoan sthg/sb. - **2.** [protestar] to complain; ~ **de** to complain about.

quejica *despec* ◇ *adj* whining, whingeing. ◇ *mf* whiner.

quejido *m* cry, moan; **dar** ~**s** to moan.

quejitas *mf inv Amér fam* whiner, complainer.

quejón, ona *adj fam* whining.

quejoso, sa *adj*: ~ **(de)** annoyed o upset (with).

quejumbroso, sa *adj* whining.

quema *f* - **1.** [combustión] burning. - **2.** [incendio] fire, conflagración. - **3.** [liquidación] clearance sale; **huir de la** ~ *fig* to run away before things get too hot.

quemadero *m* - **1.** [de animales, comestibles] incinerator. - **2.** [de condenados] stake.

quemado, da *adj* - **1.** [gen] burnt; [por agua hirviendo] scalded; [por electricidad] burned out; [fusible] blown. - **2.** [por el sol] sunburnt. - **3.** *loc*: **estar** ~ [agotado] to be burned-out; [harto] to be fed up.
◆ **quemado** *m* - **1.** [terreno] scorched brushwood. - **2.** *Amér* [ponche] spiked punch.

quemador, ra ◇ *adj* incendiary. ◇ *m, f* [persona] arsonist.
◆ **quemador** *m* [dispositivo, aparato] burner.

quemadura *f* [por fuego] burn; [por agua hirviendo] scald; [por el sol] sunburn; ~ **de segundo grado/de primer grado** second-degree/third-degree burn.

quemar ◇ *vt* - **1.** [gen] to burn; [incendiar] to set on fire, to set fire to; **quemaron el edificio** they set fire to the building; **hemos quemado todos los archivos antiguos** we've burnt all the old files. - **2.** [suj: agua hirviendo] to scald; [suj: electricidad] to blow; [suj: frío] to wither. - **3.** *fig* [malgastar] to go through, to fritter away. - **4.** *fig* [desgastar] to burn out. - **5.** *fig* [hartar] to make fed up. - **6.** *fig* [malbaratar] to sell cheaply. - **7.** *Amér* [delatar] to denounce, to inform on. - **8.** *Amér* [estafar] to swindle. - **9.** *Amér* [disparar] to shoot. ◇ *vi* - **1.** [estar muy caliente] to be (scalding) hot; **ten cuidado que la sopa quema** be careful, the soup's hot. - **2.** *fig* [desgastar]: **la política quema** politics burns you out.
◆ **quemarse** *vpr* - **1.** [por fuego] to burn down; [por calor] to burn; [por agua hirviendo] to get scalded; [por electricidad] to blow; **se quemó con la plancha** she burned herself on the iron. - **2.** [por el sol] to get burned; **ponte crema protectora para no** ~**te** put some suntan lotion on so you don't get burned. - **3.** *fig* [desgastarse] to burn out. - **4.** *fig* [hartarse]: ~**se (con algo)** to get fed up (with sthg). - **5.** *fam fig* [en juego de adivinanzas etc] to be warm o hot. - **6.** *Amér* [deprimirse] to get depressed. - **7.** *Amér* [emborracharse] to get drunk. - **8.** *Amér* [pisar caca] to step in a dog's mess.

quemarropa ◆ **a quemarropa** *loc adv* point-blank.

quemazón *f* - **1.** [calor] burning. - **2.** [picor] itch. - **3.** [molestia] pique, annoyance. - **4.** [dicho picante] cutting remark. - **5.** *Amér* [espejismo] mirage.

quena *f Amér* Peruvian reed flute.

quepa *v* → **caber**.

quepis, kepis *m inv* kepi.

quepo *v* → **caber**.

queque *m Amér* cake.

queratina *f* keratin.

querella *f* - **1.** DER [acusación] charge. - **2.** [discordia] dispute.

querellador, ra *adj & mf* DER plaintiff.

querellante *adj & mf* DER plaintiff.

querellarse *vpr* DER to bring an action.

querelloso, sa ◇ *adj* - **1.** [quejica] querulous. - **2.** DER plaintiff. ◇ *m, f* DER plaintiff.

querencia *f* - **1.** [instinto animal] homing instinct. - **2.** [cariño] affection, fondness. - **3.** [guarida] den, lair. - **4.** [nido] nest, roost. - **5.** *fam* [hogar] nest, home. - **6.** TAUROM bull's favourite spot in the ring.

querencioso, sa *adj* homing.

querendón, ona *Amér fam* ◇ *adj* loving, affectionate. ◇ *m, f* darling, sweetheart.

querer [67] ◇ *vt* - **1.** [gen] to want; **quiero una bicicleta** I want a bicycle; **¿quieren ustedes algo más?** would you like anything else?; **quisiera hacerlo, pero...** I'd like to do it, but...; ~ **que alguien haga algo** to want sb to do sthg; **quiero que lo hagas tú** I want you to do it; ~ **que pase algo** to want sthg to happen; **queremos que las cosas te vayan bien** we want things to go well for you. - **2.** [amar] to love. - **3.** [tener la bondad de]: **¿quiere decirle a su amigo que pase?** could you tell your friend to come in, please? - **4.** [poner un precio de]: ~ **algo (por)** to want sthg (for); **¿cuánto quieres por el coche?** how much do you want for the car? - **5.** *fig & irón* [dar motivos para]: **tú lo que quieres es que te pegue** you're asking for a smack. - **6.** *loc*: **como quien no quiere la cosa** as if it were nothing; **quien bien te quiere te hará llorar** *proverb* you have to be cruel to be kind *proverb*. ◇ *vi* to want; **ven cuando quieras** come whenever you like o want; **no me voy porque no quiero** I'm not going because I don't want to ❏ **queriendo** on purpose; **sin** ~ accidentally; ~ **decir** to mean; **¿qué quieres decir con eso?** what do you mean by that?; ~ **es poder** where there's a will there's a way. ◇ *v impers* [haber atisbos]: **parece que quiere llover** it looks like rain. ◇ *m* love.
◆ **quererse** *vpr* to love each other.

querido, da ◇ *adj* dear. ◇ *m, f* - **1.** [amante] lover. - **2.** [apelativo afectuoso] darling.

quermes *m inv* kermes.

quermés *f inv*, **quermese** (*pl* **quermeses**) *f* kermiss.

queroseno, keroseno *m* kerosene.

querrá *etc v* → **querer**.

querubín *m* cherub.

quesadilla *f* - **1.** [pastel] cheesecake. - **2.** *Amér* [crepe] cornmeal tortilla filled with cheese.

quesera *f* → **quesero**.

quesería *f* cheese shop.

quesero, ra ◇ *adj* cheese (*antes de sust*). ◇ *m, f* [persona] cheese maker.
◆ **quesera** *f* [recipiente] cheese dish.

queso *m* cheese; ~ **azul/fresco** blue/cottage cheese; ~ **de**

USO ▶ Quejas

Formular una queja

▶ *de palabra:*

I'd like to see the person in charge.
I'm not leaving until this has been sorted out.
If you continue to make so much noise, I'll have no alternative but to call the police.
This is just not good enough.
I'm not going to put up with this.
I know my rights!

▶ *por escrito:*

I am writing to complain about...
I wish to o would like to o make a complaint.
I am not at all happy with the service I have received.
I expect something to be done about this.
I would be grateful if you could deal with this problem as soon as possible.

I trust you will give this matter your immediate attention.
We shall of course be expecting a refund for the inconvenience caused.
Unless I receive satisfaction in this matter, I shall be contacting my solicitor. [*formal*]

Responder ante una queja

▶ *de palabra:*

Sorry for any inconvenience.
Leave it with me — I'll see what I can do.
I'm sorry, but I don't see what I can do about it.

▶ *por escrito:*

I'm (very/terribly) sorry (for the damage caused).
I'll certainly look into the problem/matter for you.
Please accept our apologies.
We will give the matter our prompt attention.

bola/de cerdo/de nata/en lonchas Dutch/head/cream/processed cheese; ~ **gruyère/parmesano/roquefort** Gruyère/Parmesan/Roquefort (cheese); ~ **manchego** *hard mild yellow cheese made in La Mancha*; ~ **patagrás** *Amér* soft cheese; ~ **rallado** grated cheese; **dársela con ~ a alguien** *fig* to put one over on sb, to take sb in.
◆ **medio queso** *m* [de sastre] tailor's ironing board.

quetzal [ket'sal] *m* - **1.** [ave] quetzal. - **2.** [moneda] quetzal.

quevedos *mpl* pince-nez.

quia *interj fam* huh!, ha!

quibutz [ki'ßuθ] (*pl* **quibutzs**), **kibutz** (*pl* **kibutzim**) *m* kibbutz.

quiche *f* quiche.

quiché *adj & m* Quiché.

quicial *m* - **1.** [madero] hinge pole. - **2.** [quicio] pivot hole.

quicio *m* jamb; **estar fuera de** ~ *fig* to be out of kilter; **sacar de** ~ **a alguien** *fig* to drive sb mad.

quid (*pl* **quids**) *m* crux; **el** ~ **de la cuestión** the crux of the matter.

quiebra[1] *etc v* → **quebrar**.

quiebra[2] *f* - **1.** [ruina] bankruptcy; [en bolsa] crash; **en** ~ bankrupt; **hacer** ~ to go bankrupt □ ~ **fraudulenta** DER fraudulent bankruptcy. - **2.** *fig* [pérdida] collapse. - **3.** [riesgo] risk, hazard.

quiebro *m* - **1.** [ademán] swerve. - **2.** TAUROM dodge. - **3.** MÚS trill.

quien *pron* - **1.** *(relativo)* [sujeto] who; [complemento] whom; **fue mi hermano** ~ **me lo explicó** it was my brother who explained it to me; **era Pepe a** ~ **vi/de** ~ **no me fiaba** it was Pepe (whom) I saw/didn't trust. - **2.** *(indefinido)*: ~**es quieran verlo que se acerquen** anyone who wants to see it will have to come closer; **hay** ~ **lo niega** there are those who deny it. - **3.** *loc*: ~ **más** ~ **menos** everyone.

quién *pron* - **1.** *(interrogativo)* [sujeto] who; [complemento] who, whom; ¿~ **es ese hombre?** who's that man?; **no sé** ~ **viene** I don't know who's coming; ¿**a** ~**es has invitado?** who o whom have you invited?; ¿**de** ~ **es?** whose is it?; ¿~ **es?** [en la puerta] who is it?; [al teléfono] who's calling? - **2.** *(exclamativo)*: ¡~ **pudiera verlo!** if only I could have seen it!

quienquiera (*pl* **quienesquiera**) *pron* whoever; ~ **que venga** whoever comes.

quiera *etc v* → **querer**.

quieto, ta *adj* - **1.** [parado] still; **¡estáte** ~! keep still!; **¡~ ahí!** don't move! - **2.** *fig* [tranquilo] quiet.

quietud *f* - **1.** [inmovilidad] stillness. - **2.** [tranquilidad] quietness.

quif, kif *m inv* hashish.

quijada *f* jaw.

quijotada *f* quixotic deed.

quijote *m* - **1.** *despec* [persona] do-gooder. - **2.** [de armadura] cuisse. - **3.** [del caballo] croup.
◆ **Quijote** *m*: **Don Quijote (de la Mancha)** Don Quixote.

quijotería *f* quixotism.

quijotesco, ca *adj* quixotic.

quijotismo *m* quixotism.

quilate *m* - **1.** [en joyería] carat. - **2.** *fig* [perfección] value; **de muchos** ~**s** of great value.

quilla *f* - **1.** NÁUT keel; **dar de** ~ to keel (over). - **2.** [de ave] breastbone.

quillay *m Amér* soapbark tree.

quillo, lla *m, f* *mfam despec* naff person.

quillotro *m* - **1.** [estímulo] stimulus, incitement. - **2.** [indicio] sign, symptom. - **3.** [enamoramiento] love affair. - **4.** [requiebro] compliment, sweet nothing. - **5.** [amigo] friend.

quilma *f* large sack.

quilo[1] *etc m* = **kilo**.

quilo[2] *m* FISIOLOGÍA chyle; **sudar el** ~ *fig* to sweat blood.

quilombo *m Amér* [burdel] brothel.
◆ **quilombos** *mpl Amér* [andurriales] remote place *(sg)*.

quimba *f Amér* - **1.** [contoneo] swaying. - **2.** [gallardía] elegance. - **3.** [calzado] peasant shoe. - **4.** [conflicto] problems *(pl)*.

quimbambas *fpl*: **irse a las** ~ to go to the ends of the earth.

quimbombó *m Amér* okra, gumbo.

quimera *f* - **1.** [ilusión] fantasy. - **2.** MITOL chimera. - **3.** [riña] quarrel, argument.

quimérico, ca *adj* fanciful, unrealistic.

química *f* → **químico**.

químicamente *adv* chemically.

químico, ca ◇ *adj* chemical. ◇ *m, f* [científico] chemist.
◆ **química** *f* [ciencia] chemistry; **química analítica/atómica/industrial** analytic/atomic/industrial chemistry; **química biológica** biochemistry; **química geológica** geochemistry; **química inorgánica/nuclear/orgánica** inorganic/nuclear/organic chemistry.

quimioterapia *f* chemotherapy.

quimono, kimono *m* kimono.

quina *f* - **1.** [planta] cinchona. - **2.** [bebida] quinine; **ser más malo que la** ~ to be truly horrible; **tragar** ~ to grin and bear it.
◆ **quinas** *fpl* - **1.** [armas] Portuguese coat of arms *(sg)*. - **2.** [en dados] double fives.

quincalla *f* trinket.

quincallería *f* [quincallas] trinkets *(pl)*.

quincallero, ra *m, f* ironmonger *Br*, hardware dealer *Am*.

quince *núm* fifteen; **ver también seis**; ~ **días** a fortnight; **dar** ~ **y raya a** *fig* to get the better of.

quinceañero, ra ◇ *m, f* teenager. ◇ *adj* teenage.

quinceavo, va *núm* fifteenth; **ver también sexto**.

quincena *f* - **1.** [período de tiempo] fortnight. - **2.** [paga] fortnightly pay. - **3.** MÚS fifteenth.

quincenal *adj* fortnightly.

quincenalmente *adv* fortnightly, every two weeks.

quincha *f Amér* - **1.** [entramado] wickerwork. - **2.** [cerco] wall of reeds and adobe.

quincuagenario, ria ◇ *adj* - **1.** [de edad] fifty-year-old. - **2.** [de unidades] having fifty parts. ◇ *m, f* fifty-year-old, quinquagenarian.

quincuagésimo, ma *núm* fiftieth; **ver también sexto**.
◆ **quincuagésima** *f* RELIG Quinquagesima, Shrove Sunday.

quindécimo, ma *núm* fifteenth; **ver también sexto**.

quinesiterapia, kinesiterapia *f* kinesitherapy, massage.

quingo *m Amér* zigzag.

quiniela *f* [boleto] pools coupon.
◆ **quinielas** *fpl* [apuestas] (football) pools.
◆ **quiniela hípica** *f* sweepstake.

quinielista *mf* punter who does the pools.

quinientos, tas *núm* five hundred; **ver también seis**.

quinina *f* quinine.

quino *m* BOT cinchona.

quinqué *m* oil lamp.

quinquenal *adj* five-year *(antes de sust)*.

quinquenio *m* - **1.** [periodo] five-year period. - **2.** [paga] five-yearly increment of salary.

quinqui *mf fam* delinquent.

quinquina *f* BOT cinchona.

quinta *f* → **quinto**.

quintacolumnista *mf* fifth columnist.

quintaesencia *f* quintessence.

quintal *m weight measure equivalent to 46 kilos*; ~ **métrico** *100 kilos*.

quintar ◇ *vt* - **1.** [sacar a suerte] to take one out of every five of. - **2.** MIL to draft, to conscript. - **3.** AGR to plough for the fifth time. ◇ *vi* to reach the fifth day of a cycle.

quintería *f* farmhouse.

quinteto *m* quintet.

quintilla *f* LITER five-line stanza.

quintillizo, za *adj & m, f* quintuplet.

quinto, ta *núm* fifth; *ver también* **sexto**.

◆ **quinto** *m* - **1.** MIL recruit, conscript. - **2.** *Amér* [moneda] five-cent coin.

◆ **quinta** *f* - **1.** [finca] country house. - **2.** MIL call-up year; **entrar en quintas** to be called up. - **3.** [en cartas] quint. - **4.** MÚS fifth.

quíntuple *adj & m* = **quíntuplo**.

quintuplicar [10] *vt* to increase fivefold.

◆ **quintuplicarse** *vpr* to increase fivefold.

quíntuplo, pla, quíntuple *adj* quintuple.

◆ **quíntuplo** *m* quintuple.

quinzavo, va *núm* fifteenth; *ver también* **sexto**.

quiñazo *m Amér* collision, crash.

quiñón *m* - **1.** [parte] share of the profit. - **2.** [tierra] plot of land.

quiosco, kiosco *m* [gen] kiosk; [de periódicos] newspaper stand; ~ **de música** bandstand; ~ **de refrescos** refreshment stand.

quiosquero, ra *m, f* owner of a newspaper stand.

quipe *m Amér* knapsack.

quipos *mpl Amér* quipus.

quiquiriquí (*pl* **quiquiriquíes**) *m* cock-a-doodle-do.

quirófano *m* operating theatre.

quiromancia *f* palmistry, chiromancy.

quiromántico, ca ◇ *adj* chiromantic. ◇ *m, f* palmist.

quiromasaje *m* (manual) massage.

quirquincho *m Amér* armadillo.

quirúrgico, ca *adj* surgical.

quisicosa *f fam* puzzle, riddle.

quisiera *etc v* → **querer**.

quisque *m*: **cada** o **todo** ~ every man Jack, everyone.

quisquilla *f* shrimp.

quisquilloso, sa ◇ *adj* - **1.** [detallista] pernickety. - **2.** [susceptible] touchy, oversensitive. ◇ *m, f* - **1.** [detallista] nitpicker. - **2.** [susceptible] touchy person.

quiste *m* cyst.

quita *f* DER acquittance, release.

quitación *f* - **1.** *desus* [salario] wage, salary. - **2.** DER acquittance, release.

quitaesmalte *m* nail-polish remover.

quitaipón ◆ **de quitaipón** *loc adj* [gen] removable; [capucha] detachable.

quitamanchas *m inv* stain remover.

quitamiedos *m inv* crash barrier.

quitamotas *mf inv fam* bootlicker, crawler.

quitanieves *m inv* snow plough.

quitapenas *m inv fam* comfort.

quitar *vt* - **1.** [gen] to remove; [ropa, zapatos etc] to take off; **quita los muebles de enmedio para tener más espacio** move the furniture out of the way so there's more room; **quité la mancha con jabón** I removed the stain with soap; **han quitado el programa de televisión que más me gustaba** they've taken off my favourite television programme; ~**le algo a alguien** to take sthg away from sb ❏ **sin** ~ **ni poner nada** accurately, verbatim. - **2.** [dolor, ansiedad] to take away, to relieve; [sed] to quench. - **3.** [tiempo] to take up; **mi trabajo me quita tiempo para el deporte** my job doesn't leave me much time for sport. - **4.** [robar] to take, to steal; **los ladrones le quitaron todo el dinero** the thieves stole o took all her money. - **5.** [impedir]: **esto no quita que sea un vago** that doesn't change the fact that he's a layabout. - **6.** [exceptuar]: **quitando el queso, me gusta todo** apart from cheese, I'll eat anything. - **7.** [desconectar] to switch off. - **8.** [prohibir] to forbid, to prohibit; **el médico me quitó el tabaco** the doctor told me to stop smoking. - **9.** [librar] to release, to free. - **10.** [privar] to deprive of; **durante la guerra le quitaron su casa** during the war, they took her house away from her. - **11.** ESGRIMA to parry. - **12.** *loc*: **¡quita!**, **¡quite!** nonsense!, don't talk rubbish!

◆ **quitarse** *vpr* - **1.** [apartarse] to get out of the way; ~**se de en medio** to get out of the way. - **2.** [ropa] to take off; **se quitó el abrigo** she took off her coat. - **3.** [suj: mancha] to come out. - **4.** [irse] to leave, to withdraw. - **5.** *loc*: ~**se a alguien de encima** o **de en medio** to get rid of sb.

◆ **de quita y pon** *loc adj* [gen] removable; [capucha] detachable.

quitasol *m* sunshade *Br*, parasol.

quitasueño *m fam* headache, worry.

quite *m* - **1.** DEP parry. - **2.** TAUROM *movement to distract the bull's attention from a bullfighter in danger*; **estar al** ~ to be on hand to help. - **3.** *Amér* [regate] dodge.

quiteño, ña ◇ *adj* of/relating to Quito. ◇ *m, f* native/inhabitant of Quito.

Quito *s* Quito.

quitrín *m Amér* two-wheeled open carriage.

quizá, quizás *adv* perhaps; ~ **llueva mañana** it might rain tomorrow; ~ **no lo creas** you may not believe it; ~ **sí** maybe; ~ **no** maybe not.

quórum *m inv* quorum.

R

r, R f [letra] r, R.

rabadilla f - **1.** [de persona] coccyx, tailbone. - **2.** [de ave] rump.

rabanal m radish bed o patch.

rabanera f fig [mujer grosera] coarse o vulgar woman.

rabanero, ra ◇ adj - **1.** [vestido] short. - **2.** [modo de hablar] coarse, vulgar. ◇ m, f [vendedor] radish seller.

rabanillo m - **1.** [planta] wild radish. - **2.** fig [de vino] sourness.

rábano m radish; **~ blanco** horseradish; **~ silvestre** wild radish; **me importa un ~** fam fig I couldn't care less, I don't give a damn; **tomar el ~ por las hojas** fig to be on the wrong track, to be completely mistaken.

Rabat s Rabat.

rabear vi to wag its tail.

rabel m rebec.

rabeo m wagging.

rabí (pl **rabís** o **rabíes**) m rabbi.

rabia f - **1.** [ira] rage; **llueve con ~** it's pouring; **me da ~** it makes me mad; **que da ~** maddening, infuriating □ **tenerle ~ a alguien** not to be able to stand sb; **mi sobrino dice que el profesor le tiene ~** my nephew says the teacher can't stand him. - **2.** [enfermedad] rabies. - **3.** [de planta] mildew.

rabiar [8] vi - **1.** [sufrir] to writhe in pain; **~ de** o **por** to writhe in. - **2.** [enfadarse] to be furious; **estar a ~ (con alguien)** to be furious (with sb); **hacer ~ a alguien** to make sb furious. - **3.** [desear]: **~ por algo/hacer algo** to be dying for sthg/to do sthg □ **me gusta a ~** I'm crazy about it. - **4.** VETER to have rabies.

rábico, ca adj VETER rabid.

rabicorto, ta adj - **1.** [animal] short-tailed. - **2.** fig [persona] wearing a short skirt.

rabieta f fam tantrum.

rabilargo, ga adj long-tailed.

◆ **rabilargo** m magpie.

rabillo m - **1.** [esquina] corner; **mirar algo con el ~ del ojo** to look at sthg out of the corner of one's eye. - **2.** [en fruta] stalk. - **3.** [en hojas] (leaf) stalk. - **4.** [para pantalón] tab.

rabínico, ca adj rabbinical, rabbinic.

rabino m rabbi.

rabiosamente adv - **1.** [mucho, muy] terribly. - **2.** [con enfado] furiously, in a rage.

rabioso, sa adj - **1.** [furioso] furious. - **2.** [excesivo] terrible. - **3.** [enfermo de rabia] rabid. - **4.** [chillón] loud, gaudy.

rabo m - **1.** [de animal] tail; **~ de buey** oxtail; **como ~ de lagartija** nervous, fidgety; **irse** o **salir con el ~ entre las piernas** to go off with one's tail between one's legs. - **2.** [de hoja, fruto] stem. - **3.** vulg [pene] prick, cock. - **4.** [esquina, ángulo] corner. - **5.** [colgajo] tail, train. - **6.** loc: **falta** o **está** o **queda el ~ por resollar** the worst is yet to come; **ir al ~ de alguien** to follow adoringly at sb's heels.

◆ **rabo de junco** m [ave] type of tropical bird.

◆ **rabos de gallo** mpl [nubes] cirrus clouds.

◆ **rabo de zorra** m [planta] foxtail.

rabón, ona adj - **1.** [con rabo corto] short-tailed. - **2.** [sin rabo] tailless. - **3.** Amér [cuchillo] without a handle.

rabona f Amér camp follower; **hacer ~** fam fig to play truant Br, to play hooky Am.

rabonear vi Amér fam to play truant Br, to play hooky Am.

rabosear vt to rumple, to muss.

raboso, sa adj ragged, frayed.

rabotada f fam insult, rude remark.

rabotear vt to dock the tail of.

rabudo, da adj long-tailed.

rábula m despec pettifogger, shyster.

racanear vi fam - **1.** [holgazanear] to idle, to laze about. - **2.** [ser tacaño] to be stingy.

rácano, na fam ◇ adj - **1.** [tacaño] mean, stingy. - **2.** [gandul] idle, lazy. ◇ m, f - **1.** [tacaño] mean devil. - **2.** [gandul] lazybones.

RACE (abrev de **Real Automóvil Club de España**) m Spanish Automobile Association, ≃ AA Br, ≃ AAA Am.

racha f - **1.** [ráfaga] gust (of wind). - **2.** [época] spell; [serie] string; **buena/mala ~** good/bad patch; **a ~s** in fits and starts.

racheado, da adj gusty, squally.

racial adj racial.

racimar vt to pick the remaining grapes from.

◆ **racimarse** vpr to form clusters o bunches.

racimo m - **1.** [de frutos] bunch. - **2.** [de flores] raceme. - **3.** fig [conjunto] bunch, cluster.

raciocinación f reasoning.

raciocinio m - **1.** [razón] (power of) reason. - **2.** [razonamiento] reasoning (U).

ración f - **1.** [porción] portion; **~ de hambre** starvation wages; **~ de reserva** MIL emergency rations. - **2.** [en bar, restaurante] large portion of a dish served as a snack. - **3.** RELIG prebend. - **4.** loc: **a ~** stingily, meanly; **poner a media ~** to put on short rations.

racionado, da adj rationed.

racional ◇ adj rational. ◇ m HIST & RELIG rational, breastplate.

racionalidad f rationality.

racionalismo m rationalism.

racionalista FILOS ◇ adj rationalistic. ◇ mf rationalist.

racionalización f rationalization.

racionalizar [13] vt to rationalize.

racionalmente adv rationally.

racionamiento m rationing.

racionar vt - **1.** [limitar cantidad] to ration. - **2.** MIL to supply with rations.

racismo m racism.

racista adj & mf racist.

rada f roadstead.

radar m radar; **~ acústico** sonar.

radiación f - **1.** FÍS radiation; **~ atmosférica** atmospheric radiation; **~ cósmica** cosmic (background) radiation; **~ solar** solar radiation. - **2.** RADIO broadcasting.

radiactividad, **radioactividad** *f* radioactivity.

radiactivo, va, **radioactivo, va** *adj* radioactive.

radiado, da *adj* - **1.** [por radio - mensaje] radioed; [- programa etc] radio *(antes de sust)*. - **2.** [radial] radiate. - **3.** BOT & ZOOL radiate.

◆ **radiados** *mpl* ZOOL radiates.

radiador *m* radiator.

radial *adj* - **1.** [gen] radial. - **2.** *Amér* RADIO radio *(antes de sust)*.

radián *m* radian.

radiante *adj* - **1.** [brillante, feliz] radiant. - **2.** FÍS radiant.

radiar [9] ◇ *vt* - **1.** [por radio] to broadcast. - **2.** [irradiar] to radiate. - **3.** FÍS to irradiate. - **4.** MED to give X-ray treatment to. - **5.** *Amér* [echar, despedir] to expel. ◇ *vi* to irradiate.

radicación *f* - **1.** [establecimiento] settling; [de costumbre, uso] establishment. - **2.** MAT evolution. - **3.** BOT rootage.

radical ◇ *adj & mf* radical. ◇ *m* - **1.** GRAM & MAT root. - **2.** QUÍM free radical.

radicalismo *m* - **1.** [intransigencia] severity. - **2.** POLÍT radicalism.

radicalización *f* radicalization.

radicalizar [13] *vt* to harden, to make more radical.

◆ **radicalizarse** *vpr* to become more radical o extreme.

radicalmente *adv* radically.

radicar [10] *vi* - **1.** [estar]: ~ **en** [suj: problema etc] to lie in; [suj: población] to be (situated) in. - **2.** [arraigar] to take root.

◆ **radicarse** *vpr* - **1.** [establecerse]: ~**se (en)** to settle (in). - **2.** [arraigarse] to take root.

radio ◇ *m* - **1.** GEOM radius; **en un** ~ **de** within a radius of ❏ ~ **de acción** TECN range; *fig* [ámbito] sphere of influence; ~ **de giro** AUTOM turning circle; ~ **vector** radius vector. - **2.** [de rueda] spoke. - **3.** QUÍM radium. - **4.** ANAT radius. - **5.** MIL & MEC range. - **6.** [persona] radio operator. - **7.** [mensaje] radio message. ◇ *f* [aparato, medio] radio; **oír algo por la** ~ to hear sthg on the radio ❏ ~ **pirata** pirate radio.

radioactividad *f* = **radiactividad**.

radioactivo, va *adj* = **radiactivo**.

radioaficionado, da *m, f* radio ham.

radioamplificador *m* radioamplifier.

radiobaliza *f* radio range beacon.

radiocarbono *m* radiocarbon.

radiocasete *m* radio cassette (player).

radiocompás (*pl* **radiocompases**) *m* radiocompass.

radiocontrol *m* remote control.

radiodespertador *m* clock radio.

radiodifundir *vt & vi* to broadcast.

radiodifusión *f* broadcasting.

radioelemento *m* radioelement.

radioemisor, ra *adj* radio broadcasting.

◆ **radioemisora** *f* radio station, radio transmitter.

radioenlace *m* radio link.

radioescucha *mf* listener.

radiofaro *m* radio beacon.

radiofonía *f* radio (technology).

radiofónico, ca *adj* radio (antes de sust).

radiofrecuencia *f* radio frequency.

radiografía *f* [fotografía] X-ray; [ciencia] radiography.

radiografiar [9] *vt* to X-ray.

radiógrafo, fa *m, f* radiographer.

radiograma *m* radiogram.

radiogramola *f* radiogram.

radiolocalización *f* radiolocation.

radiología *f* radiology.

radiólogo, ga *m, f* radiologist.

radiometría *f* radiometry.

radiómetro *m* radiometer.

radionavegación *f* radio navigation.

radionovela *f* radio soap opera.

radiooperador, ra *m, f* radio operator.

radiorreceptor *m* radio (receiver).

radiorreloj *m* clock radio.

radioscopia *f* radioscopy.

radiosonda *f* radiosonde.

radiotaxi *m* taxi (with radio link).

radiotelefonía *f* radiotelephony.

radiotelefónico, ca *adj* radiotelephonic.

radioteléfono *m* radiotelephone.

radiotelegrafía *f* radiotelegraphy.

radiotelegrafista *mf* wireless operator.

radiotelégrafo *m* radiotelegraph.

radiotelescopio *m* radio telescope.

radioterapeuta *mf* radiotherapist.

radioterapia *f* radiotherapy.

radiotransmisión *f* broadcasting.

radiotransmisor *m* radio transmitter.

radioyente *mf* listener.

radique *etc v* → **radicar**.

radón *m* radon.

RAE *abrev de* **Real Academia Española**.

raedura *f*, **raimiento** *m* - **1.** [parte raída] scrapings *(pl)*. - **2.** [acción] scraping.

raer [68] *vt* - **1.** [raspar] to scrape (off). - **2.** [rasar, igualar] to level. - **3.** *fig* [vicio, costumbre] to eradicate, to get rid of.

RAF (*abrev de* **Royal Air Force**) *f* RAF.

Rafael *m* Raphael.

ráfaga *f* - **1.** [de aire, viento] gust. - **2.** [de disparos] burst; [de luces] flash. - **3.** [nube pequeña] small cloud.

rafia *f* raffia.

rafting *m* DEP rafting.

raglán → **manga**.

ragout *m* = **ragú**.

ragtime [rak'taim] *m* ragtime.

ragú (*pl* **ragús**), **ragout** [ra'gu] (*pl* **ragouts**) *m* ragout.

ragua *f* top of sugar cane.

RAI (*abrev de* **Radio Audizione Italia**) *f* RAI.

raid (*pl* **raids**) *m* - **1.** MIL raid. - **2.** [vuelo] long-distance flight.

raído, da *adj* - **1.** [vestido, tela etc] threadbare; [por los bordes] frayed. - **2.** *fig* [persona] shameless, impudent.

raiga *v* → **raer**.

raigambre *f* - **1.** [tradición] tradition. - **2.** BOT root system. - **3.** *fig* [estabilidad] stability, deep-rootedness.

raigo *v* → **raer**.

raigón *m* - **1.** BOT thick root. - **2.** [de diente] root.

raíl, rail *m* rail.

raimiento *m* = **raedura**.

raíz (*pl* **raíces**) *f* [gen & MAT] root; ~ **cuadrada/cúbica** square/cube root; ~ **entera** integral root; ~ **irracional** o **sorda** irrational root; **a** ~ **de** as a result of, following; **de** ~ completely; **arrancar algo de** ~ to root sthg out completely; **cortar algo de** ~ to nip sthg in the bud; **echar raíces** [planta] to root, to take root; [persona] to put down roots.

raja *f* - **1.** [porción] slice. - **2.** [grieta] crack. - **3.** [de madero] splinter.

rajá (*pl* **rajaes**) *m* rajah.

rajadera *f* cleaver.

rajadizo, za *adj* easily cracked.

rajado, da ◇ *adj* - **1.** [objeto] cracked. - **2.** *fam* [persona] chicken. ◇ *m, f fam* chicken.

rajadura *f* crack.

rajar ◇ *vt* - **1.** [partir] to crack; [melón] to slice; [leña] to chop, to cut. - **2.** *mfam* [apuñalar] to slash, to cut up. - **3.** *Amér* [aplastar, apabullar] to crush, to defeat. - **4.** *Amér fam* [despedir] to fire, to sack. ◇ *vi* - **1.** [hablar mucho] to chatter, to jabber. - **2.** *fam fig* [jactarse, chulear] to brag, to boast.

◆ **rajarse** *vpr* - **1.** [partirse] to crack. - **2.** *fam* [echarse atrás] to chicken out; [de promesa] to go back on one's word, to back out. - **3.** *Amér* [gastar mucho] to spend lavishly. - **4.** *Amér* [escaparse] to rush o run off. - **5.** *Amér* [equivocarse] to be mistaken. - **6.** *Amér mfam* [emborracharse] to get sloshed.

rajatabla ◆ **a rajatabla** *loc adv* to the letter, strictly.

rajeta ◇ *mf fam* [persona] chicken. ◇ *f* [tela] coarse, multi-coloured cloth.

rajón *m* - **1.** [rasguño] rip, tear. - **2.** *Amér* [cobarde] chicken. - **3.** *Amér* [fanfarrón] braggart.

ralea *f* - **1.** *despec* [clase, raza] breed, ilk. - **2.** *despec* [linaje] breeding, stock. - **3.** [de pájaro] prey.

ralear *vi* - **1.** *despec* [persona] to reveal one's true nature. - **2.** [tela, pelo etc] to become thin. - **3.** AGR to yield thin bunches of grapes.

ralentí *m* neutral; **al** ~ AUTOM ticking over; CINE in slow motion.

ralentización *f* slowdown.

ralentizar [13] *vi* to slow down.

rallado, da *adj* grated.

◆ **rallado** *m* grating.

rallador *m* grater.

ralladura *f* (*gen pl*) grating; ~**s de limón** grated lemon rind; ~**s de pan** breadcrumbs; ~**s de queso** grated cheese.

rallar *vt* - **1.** [con rallador] to grate. - **2.** *fam fig* [molestar] to grate on, to annoy.

rallo *m* - **1.** [rallador] grater. - **2.** [lima] file, rasp. - **3.** [vasija] earthenware jug.

rally ['rali] (*pl* **rallys**) *m* rally.

ralo, la *adj* - **1.** [pelo, barba] sparse, thin; [dientes] with gaps between them. - **2.** [tela] fine, thin; [aire] thin.

RAM (*abrev de* **random access memory**) *f* RAM.

rama *f* - **1.** [gen] branch; **en** ~ [sin elaborar] raw; [sin encuadernar] in sheets, unbound □ **andarse por las** ~**s** *fam* to beat about the bush; **asirse a las** ~**s** *fam* to make excuses. - **2.** IMPRENTA chase.

ramada *f* - **1.** = **ramaje**. - **2.** [enramada] arbour. - **3.** *Amér* [puesto] stall.

ramadán *m* Ramadan.

ramaje *m* branches (*pl*).

ramal *m* - **1.** [de carretera, ferrocarril] branch. - **2.** [de cordillera] branch. - **3.** *fig* [ramificación] branch. - **4.** [de escalera] flight of stairs. - **5.** [de cuerda] strand. - **6.** [para atar bestia] halter. - **7.** MIN secondary shaft.

◆ **ramales** *mpl Amér* [de boleador] bolas.

◆ **ramal de trinchera** *m* MIL secondary o side trench.

ramalazo *m* - **1.** *fam* [hecho que delata] giveaway sign. - **2.** [ataque, pronto] fit. - **3.** [golpe] lash, blow. - **4.** [señal en cuerpo] welt. - **5.** [dolor agudo] sharp pain. - **6.** [pesar] sudden grief. - **7.** [de viento] gust.

rambla *f* - **1.** [avenida] avenue, boulevard. - **2.** [río] watercourse. - **3.** [para telas, paños] tenter. - **4.** *Amér* [muelle] dock.

ramera *f* whore, hooker *Am*.

ramificación *f* - **1.** [gen] ramification. - **2.** [de carretera, ferrocarril, ciencia] branch. - **3.** *fig* [subdivisión] branch. - **4.** *fig* [consecuencias] ramifications (*pl*).

ramificarse [10] *vpr* - **1.** [bifurcarse] to branch out. - **2.** [subdividirse]: ~ (**en**) to subdivide (into).

ramillete *m* - **1.** [de flores] bunch, bouquet. - **2.** [adorno] centrepiece. - **3.** [colección] collection. - **4.** BOT [inflorescencia] umbel, cluster; ~ **de Constantinopla** sweet william. - **5.** *fig* [de dulces] dessert platter.

ramilletero, ra *m, f* [vendedor] florist, flower seller.

◆ **ramilletero** *m* [jarrón] vase.

ramo *m* - **1.** [de flores] bunch, bouquet. - **2.** [rama, sector] branch; **el** ~ **de la construcción** the building industry. - **3.** [rama pequeña] small branch. - **4.** [rama cortada] cut branch. - **5.** *loc*: **tener un** ~ **de locura** *fam* to have a streak of madness.

ramojo *m* brushwood.

ramón *m* - **1.** [ramaje podado] pruned branches (*pl*). - **2.** [para ganado] foliage used as cattle fodder.

ramonear *vi* - **1.** [podar] to prune. - **2.** [suj: animales] to browse, to graze.

ramoneo *m* pruning.

ramoso, sa *adj* having many branches.

rampa *f* - **1.** [para subir y bajar] ramp; ~ **de lanzamiento** launch pad. - **2.** [cuesta] steep incline. - **3.** [calambre] cramp (*U*). - **4.** *Amér* [silla, litera] litter.

rampante *adj* ARQUIT rampant.

rampla *f Amér* trailer.

ramplón, ona *adj* - **1.** [vulgar] vulgar, coarse. - **2.** [aburrido] dull, dreary.

◆ **ramplón** *m* calk (*of a horseshoe*).

ramplonería *f* vulgarity, coarseness.

rampollo *m* cutting.

rana *f* frog; ~ **arbórea** o **de zarzal** tree frog; ~ **mugidora** o **toro** bullfrog; **no ser** ~ *fam fig* to be nobody's fool; **salir** ~ *fam fig* to turn out sadly, to be a disappointment.

ranchear *vi* to establish a settlement.

ranchera *f* → **ranchero**.

ranchería *f* settlement, camp.

ranchero, ra *m, f* - **1.** [dueño] rancher. - **2.** [jefe de campamento] leader of a settlement. - **3.** [cocinero] camp cook.

◆ **ranchera** *f* - **1.** MÚS popular Mexican song. - **2.** AUTOM estate car. - **3.** *Amér* [furgoneta] van.

rancho *m* - **1.** [granja] ranch. - **2.** [comida] mess. - **3.** *fam* [bazofia] swill, bad food. - **4.** [campamento] camp, settlement. - **5.** [cobertizo] shed, shelter. - **6.** [reunión] meeting, gathering. - **7.** [NÁUT - provisiones] provisions (*pl*); [- alojamiento] crew's quarters (*pl*); ~ **de Santa Bárbara** rudder trunk. - **8.** *Amér* [casa de campo] country house. - **9.** *Amér* [choza] thatched hut. - **10.** *Amér* [sombrero] straw hat. - **11.** *loc*: **alborotar el** ~ *fam* to cause trouble; **asentar el** ~ *fam* [parar] to stop for a meal; [organizarse] to settle in; **hacer** ~ *fam* to make room; **hacer** ~ **aparte** to go one's own way.

ranciar [8] *vt* to make rancid.

◆ **ranciarse** *vpr* to turn rancid.

ranciedad, rancidez (*pl* **rancideces**) *f* rancidity, rancidness.

rancio, cia *adj* - **1.** [pasado] rancid. - **2.** [antiguo] ancient. - **3.** [vino] mellow. - **4.** [anticuado] old-fashioned.

◆ **rancio** *m* - **1.** [tocino] rancid bacon. - **2.** [ranciedad] rancidity. - **3.** [de paños] greasiness.

rancioso, sa *adj* rancid.

randa ◇ *f* [encaje] lace trimming. ◇ *m fam* [ratero] pickpocket.

ranglán → **manga**.

rango *m* - **1.** [social] standing. - **2.** [jerárquico] rank. - **3.** [nivel social elevado] high social standing. - **4.** *Amér* [esplendor] pomp, splendour. - **5.** *Amér* [rocín] nag.

Rangún *s* Rangoon.

raní (*pl* **ranís**) *f* rani.

ranking ['raŋkin] (*pl* **rankings**) *m* ranking.

ranúnculo *m* buttercup.

ranura *f* - **1.** [surco, estría] groove. - **2.** [de máquina tragaperras, cabina telefónica] slot.

rap *m* rap.

rapacería *f* childish prank.

rapacidad *f* rapacity, greed.

rapado, da *adj* shaven.

rapador, ra *adj* shaving.

◆ **rapador** *m fam* barber.

rapadura *f* - **1.** [afeitado] shave. - **2.** [de cabello] short haircut. - **3.** *Amér* [dulce] sweet made of milk and cane syrup. - **4.** *Amér* [azúcar] brown sugar.

rapapiés *m inv* firecracker.

rapapolvo *m fam* ticking-off; **dar** o **echar un** ~ **a alguien** to tick sb off.

rapar *vt* - **1.** [barba, bigote] to shave off; [cabeza] to shave; [persona] to shave the hair of. - **2.** *fam fig* [hurtar] to swipe, to snatch.
◆ **raparse** *vpr* to shave one's head.

rapaz, za (*pl* **rapaces**) *m, f fam* lad (*f* lass).
◆ **rapaz** *adj* - **1.** [que roba] rapacious, greedy. - **2.** ZOOL → **ave.**
◆ **rapaces** *fpl* ZOOL birds of prey.

rape *m* - **1.** [pez] angler fish. - **2.** *fam* [afeitado] quick shave; **cortar el pelo al** ~ **a alguien** to crop sb's hair.

rapé *m* (*en aposición inv*) snuff.

rapero, ra *m, f* rapper.

rápidamente *adv* quickly.

rapidez (*pl* **rapideces**) *f* speed; **con** ~ quickly.

rápido, da *adj* [gen] quick, fast; [coche] fast; [beneficio, decisión] quick; **obtuvieron dinero** ~ **con la inversión** they got a quick return on their investment.
◆ **rápido** ◇ *adv* quickly; **come tan** ~ **que no le puede sentar bien** she eats so quickly, she's bound to get indigestion; **más** ~ faster; **¡ven,** ~**!** come, quick! ◇ *m* [tren] express train.
◆ **rápidos** *mpl* [de río] rapids.

rapiña *f* - **1.** [robo] robbery with violence. - **2.** → **ave.**

rapiñar *vt* to steal.

rapiñero, ra *adj* predatory.

raposa *f* vixen.

rappel ['rapel] (*pl* **rappels**) *m* DEP abseiling; **hacer** ~ to abseil.

rapsodia *f* rhapsody.

raptar *vt* to abduct, to kidnap.

rapto *m* - **1.** [secuestro] abduction, kidnapping. - **2.** [ataque] fit. - **3.** [del alma] rapture, ecstasy. - **4.** MED fainting fit.

raptor, ra ◇ *adj* abducting, kidnaping. ◇ *m, f* abductor, kidnapper.

raque ◇ *adj Amér* thin, slender. ◇ *m* beachcombing.

raquear *vi* to go beachcombing.

Raquel *f* BIBLIA Rachel.

raqueta *f* - **1.** [para jugar - al tenis] racquet; [- al ping pong] bat. - **2.** [para la nieve] snowshoe. - **3.** [de croupier] rake. - **4.** BOT hedge mustard, wall rocket.

raquídeo, a *adj* ANAT rachideal.

raquis *m inv* vertebral column.

raquítico, ca ◇ *adj* - **1.** MED rachitic. - **2.** [insuficiente] miserable. ◇ *m, f* MED rickets sufferer.

raquitismo *m* MED rickets (*U*).

raramente *adv* - **1.** [rara vez] rarely, seldom. - **2.** [con rareza] strangely, oddly.

rarefacción *f* rarefaction.

rareza *f* - **1.** [cosa poco común] rarity. - **2.** [infrecuencia] infrequency. - **3.** [extravagancia] idiosyncrasy, eccentricity.

raro, ra *adj* - **1.** [extraño] strange; **es muy** ~ **que no hayan llegado todavía** it's very strange that they haven't arrived yet; **había un ambiente** ~ **en la reunión** there was a strange atmosphere at the meeting; **¡qué** ~**!** how odd o strange! - **2.** [excepcional] unusual, rare; [visita] infrequent; **es** ~ **el día que viene a comer** she very rarely comes round for lunch. - **3.** [extravagante] odd, eccentric; **se viste con ropa muy rara** she wears very odd clothes. - **4.** [escaso] rare; **rara vez** rarely. - **5.** [gas] rare, rarefied.
◆ **rara avis** *mf* oddity.

ras *m*: **a** ~ **de** level with; **a** ~ **de tierra** at ground level; **volar a** ~ **de tierra** to fly low; **lleno a** o **al** ~ [recipiente] full to the brim; [cucharada] level □ ~ **con** ~ level.

rasa ◇ *adj f* → **raso.** ◇ *f* - **1.** [en tela] thin o threadbare patch. - **2.** [de monte] plateau.

rasante ◇ *adj* [vuelo] low-level; [tiro] grazing. ◇ *f* [de carretera] gradient.

rasar *vt* - **1.** [pasar rozando] to skim, to graze. - **2.** [igualar] to raze, to level. - **3.** AGR to strickle.
◆ **rasarse** *vpr* [cielo etc] to clear up.

rascacielos *m inv* skyscraper.

rascadera *f* - **1.** [rascador] scraper. - **2.** [para caballerías] currycomb.

rascador *m* - **1.** [herramienta] scraper. - **2.** [para las cerillas] striking surface. - **3.** *desus* [para el pelo] hairpin.

rascadura *f* - **1.** [rasguño] scratch. - **2.** [acción] scratching.

rascamoño *m* hairpin.

rascar [10] ◇ *vt* - **1.** [con uñas, clavo] to scratch. - **2.** [con espátula] to scrape (off); [con cepillo] to scrub; **rascó la pintura de la pared** he scraped the paint off the wall. - **3.** *despec* [instrumento musical] to scrape away at. ◇ *vi* [ser áspero] to be rough.
◆ **rascarse** *vpr* - **1.** [con uñas] to scratch o.s. - **2.** *Amér* [emborracharse] to get drunk.

rascazón *f* itch, itching (*U*).

rascón, ona *adj* sharp, tart.
◆ **rascón** *m* water rail.

RASD (*abrev de* **República Árabe Saharaui Democrática**) *f Democratic Arab Republic of the Western Sahara.*

rasera *f* fish slice.

rasero, ra *adj* grazing.
◆ **rasero** *m* strickle; **medir por el mismo** ~ *fig* to treat alike.

rasgado, da *adj* - **1.** [ojos] almond-shaped. - **2.** [boca] wide. - **3.** [tela] ripped, torn.
◆ **rasgado** *m* [en tela] rip, tear.

rasgadura *f* - **1.** [en tela] rip, tear. - **2.** [acción] ripping, tearing.

rasgar [16] *vt* [gen] to tear; [sobre] to tear open.
◆ **rasgarse** *vpr* to tear.

rasgo *m* - **1.** [característica] trait, characteristic. - **2.** [acto elogiable] act. - **3.** [trazo] flourish, stroke.
◆ **rasgos** *mpl* - **1.** [del rostro] features. - **2.** [letra] handwriting (*U*).
◆ **a grandes rasgos** *loc adv* in general terms; **explicar algo a grandes** ~**s** to outline sthg.

rasgón *m* tear.

rasgue *etc v* → **rasgar.**

rasguear ◇ *vt* to strum. ◇ *vi* to make flourishes.

rasgueo *m* strumming.

rasguñar *vt* - **1.** [gen] to scratch. - **2.** ARTE to sketch an outline of.
◆ **rasguñarse** *vpr* to scratch.

rasguño *m* - **1.** [arañazo] scratch; **sin un** ~ without a scratch. - **2.** ARTE sketch.

rasilla *f* - **1.** [tela] serge. - **2.** [ladrillo] tile.

raso, sa *adj* - **1.** [terreno] flat. - **2.** [cucharada etc] level. - **3.** [cielo] clear. - **4.** [a poca altura] low. - **5.** MIL: **soldado** ~ private. - **6.** [asiento] backless.
◆ **raso** *m* - **1.** [tela] satin. - **2.** *loc*: **al** ~ in the open air.

raspa *f* - **1.** [de pescado] backbone (of fish). - **2.** [BOT - cebada, trigo] beard; [- de uva] bunch. - **3.** *Amér fam* [reprimenda] dressing-down. - **4.** *Amér* [residuo] *burnt residue left in a pot.*

raspado *m* - **1.** MED scrape. - **2.** [de pieles etc] scraping.

raspador *m* scraper.

raspadura *f* - **1.** (*gen pl*) [acción] scraping. - **2.** [señal] scratch. - **3.** [trozos, pedacitos] scrapings (*pl*).

raspante *adj* [vino] sharp.

raspar ◇ *vt* - **1.** [rascar] to scrape (off). - **2.** [rasar] to graze, to shave. - **3.** [hurtar] to steal, to rob. - **4.** *Amér* [regañar] to tell off. ◇ *vi* - **1.** [toalla, manos etc] to be rough. - **2.** [vino] to be sharp. - **3.** *Amér* [largarse] to leave, to go away.

raspear ◇ *vt* to scold, to reprimand. ◇ *vi* [pluma] to scratch.

raspón *m* - **1.** [rasguño] scratch. - **2.** *Amér* [sombrero] farmer's straw hat. - **3.** *Amér* [reprimenda] scolding, telling-off.

◆ **de raspón** *loc adv* in passing.

rasposo, sa *adj* rough.

Rasputín *m* Rasputin.

rasque *etc* *v* → **rascar**.

rasquetear *vt Amér* **- 1.** [caballo] to brush down, to curry. **- 2.** [rascar] to scrape.

rasquiña *f Amér* itch (U), itching.

rasta *mf fam* Rasta.

rastafari *mf* Rastafarian.

rastra *f* **- 1.** [AGR - rastrillo] rake; [- azada] hoe; [- grada] harrow. **- 2.** [ristra] string of dried fruit. **- 3.** [de pesca] dredge; **pescar a la** ~ to trawl. **- 4.** [rastro, señal] trail, track. **- 5.** *Amér* [cinturón] *decorative buckle of a gaucho's belt.*
◆ **a rastras** *loc adv*: **llevar algo/a alguien a** ~ *lit & fig* to drag sthg/sb along.

rastreador, ra ◇ *adj* **- 1.** [perro etc] tracker *(antes de sust)*. **- 2.** NÁUT dredging. **- 3.** MIL mine-sweeping. ◇ *m, f* [persona] tracker.
◆ **rastreador** *m* NÁUT dredge, dredger; ~ **de minas** MIL minesweeper.

rastrear ◇ *vt* **- 1.** [seguir las huellas de] to track. **- 2.** *fig* [buscar pistas en - suj: persona] to search, to comb; [- suj: reflector, foco] to sweep. **- 3.** [pescar] to trawl. **- 4.** NÁUT to dredge. **- 5.** MIL to sweep. **- 6.** [vender] to sell at the market. ◇ *vi* **- 1.** *fig* [indagar] to make enquiries. **- 2.** [pescar] to trawl. **- 3.** [volando] to fly low. **- 4.** AGR to rake.

rastreo *m* **- 1.** [de una zona] searching, combing; ~ **de minas** MIL minesweeping. **- 2.** [seguimiento de huellas] tracking, trailing. **- 3.** [pesca] trawling. **- 4.** NÁUT dredging. **- 5.** AGR raking.

rastrero, ra *adj* **- 1.** [despreciable] despicable. **- 2.** [que se arrastra] dragging, trailing. **- 3.** [animal] creeping, crawling. **- 4.** [planta] creeping, trailing.
◆ **rastrero** *m desus* slaughterhouse worker.

rastrillada *f* **- 1.** [lo recogido con rastrillo] rakings *(pl)*. **- 2.** *Amér* [huella] track, trail.

rastrillado *m* **- 1.** AGR raking. **- 2.** TEXTIL combing.

rastrillador, ra ◇ *adj* **- 1.** AGR raking. **- 2.** TEXTIL combing. ◇ *m, f* **- 1.** AGR raker. **- 2.** TEXTIL comber.

rastrillaje *m* **- 1.** AGR raking. **- 2.** TEXTIL combing.

rastrillar *vt* **- 1.** AGR to rake (over). **- 2.** TEXTIL to comb. **- 3.** *Amér* [tiro] to fire. **- 4.** *Amér* [cerilla] to strike. **- 5.** *Amér* [descerrajar] to cock.

rastrillo *m* **- 1.** [en jardinería] rake. **- 2.** [mercado] flea market; [benéfico] jumble sale. **- 3.** TEXTIL comb. **- 4.** [de arma] hammer. **- 5.** [de cerradura] ward. **- 6.** MIL portcullis.

rastro *m* **- 1.** [pista] trail; **perder el** ~ **de alguien** to lose track of sb; **sin dejar** ~ without trace ❑ **no hay** o **no queda ni** ~ **de él** there's no sign of him. **- 2.** [vestigio] trace. **- 3.** [mercado] flea market. **- 4.** AGR rake. **- 5.** *desus* [matadero] slaughterhouse.

rastrojo *m* **- 1.** [paja] stubble. **- 2.** [campo] field full of stubble.

rasurar *vt* **- 1.** [afeitar] to shave. **- 2.** [raer] to scrape.
◆ **rasurarse** *vpr* to shave.

rata ◇ *f* rat; ~ **de sacristía** *fam* fanatical churchgoer; **más pobre que una** ~ o **que las** ~s *fam* as poor as a church mouse. ◇ *adj fam* stingy, mean. ◇ *mf fam* stingy person.

ratafia *f* ratafia.

rataplán *m* ratatat.

ratear ◇ *vi* **- 1.** [hurtar] to pilfer, to steal. **- 2.** [arrastrarse] to creep, to crawl. ◇ *vt* **- 1.** [hurtar] to pilfer, to steal. **- 2.** [repartir] to divide proportionally.

rateo *m* sharing out.

ratería *f* pilfering, stealing.

ratero, ra *m, f* petty thief.

raticida *m* rat poison.

ratificación *f* ratification.

ratificador, ra ◇ *adj* ratifying. ◇ *m, f* ratifier.

ratificar [10] *vt* to ratify.

◆ **ratificarse en** *vpr* to stand by, to stick to.

ratificatorio, ria *adj* ratifying.

rato *m* while; **estuvimos hablando mucho** ~ we were talking for quite a while; **al poco** ~ **(de)** shortly after; **¡hasta otro** ~! see you soon! ❑ ~**s libres** spare time (U); **a cada** ~ *fig* all the time; **a** ~**s** [algunas veces] at times; [en momentos libres] at odd moments; **a** ~**s perdidos** at odd moments; **de** ~ **en** ~ from time to time; **con esto hay para** ~ this should keep us going for a while; **pasar el** ~ to kill time, to pass the time; **nos pusimos a ver la televisión para pasar el** ~ we watched television to pass the time; **pasar un mal** ~ to have a hard time of it; **pasé un mal** ~ **en el dentista** I had a terrible time at the dentist's; **todo el** ~ all along, the whole time; **un buen** ~ [momento agradable] a good time; [mucho tiempo] a good while, quite some time; **un** ~ **(largo)** *fig* [mucho] really, terribly; **hay que saber un** ~ **(largo) de economía para ocupar ese puesto** you have to know an awful lot about economics in that job.

ratón *m* [gen & INFORM] mouse; ~ **almizclero** muskrat; ~ **de campo** field mouse.
◆ **ratón de biblioteca** *m* bookworm.

ratonar *vt* to nibble, to gnaw.

ratonera *f* **- 1.** [trampa para ratas] mousetrap. **- 2.** *fig* [trampa] trap; **caer en la** ~ to fall into the trap. **- 3.** [madriguera] mice nest. **- 4.** [agujero] mousehole. **- 5.** *Amér* [ratón hembra] female mouse. **- 6.** *Amér* [casucha] hovel.

ratonero, ra, ratonil *adj* mouselike.

RAU *(abrev de República Árabe Unida) f* UAR.

raudal *m* **- 1.** [de agua] torrent. **- 2.** *fig* [montón] abundance; [de lágrimas] flood; [de desgracias] string; **a** ~**es** in abundance, by the bucket.

raudo, da *adj* fleet, swift.

ravioli *m* (gen pl) ravioli (U).

raya[1] *v* → **raer**.

raya[2] *f* **- 1.** [línea] line, streak; [en tejido] stripe; **los niños dibujaron una** ~ **en el suelo para jugar** the children drew a line on the ground for their game; **una camisa a** o **de** ~**s** a striped shirt; **a** o **de** ~**s** striped. **- 2.** [del pelo] parting; **hacerse la** ~ to part one's hair. **- 3.** [de pantalón] crease. **- 4.** *fig* [límite] limit; **hacer** ~ to excel, to stand out; **pasarse de la** ~ to overstep the mark; **poner a** ~ to check, to hold back; **mantener** o **tener a** ~ **a alguien** to keep sb in line. **- 5.** DEP line. **- 6.** [en disco, pintura etc] scratch. **- 7.** [pez] ray. **- 8.** [guión] dash. **- 9.** [frontera] border, boundary. **- 10.** [de palma de la mano] line. **- 11.** [tanto, punto] point. **- 12.** [en arma] spiral groove. **- 13.** *Amér* [sueldo] pay, wages *(pl)*. **- 14.** *Amér* [juego] hopscotch.

rayado, da *adj* **- 1.** [a rayas - tela] striped; [- papel] ruled. **- 2.** [estropeado] scratched.
◆ **rayado** *m* **- 1.** [rayas] stripes *(pl)*. **- 2.** [trazado de rayas] ruling.

rayano, na *adj*: ~ **en** bordering on.

rayar ◇ *vt* **- 1.** [marcar] to scratch. **- 2.** [trazar rayas en] to rule lines on. **- 3.** [tachar] to cross out. **- 4.** [subrayar] to underline, to underscore. **- 5.** *fam* [pintarrajear] to scribble on. **- 6.** [arma] to rifle. **- 7.** [tela] to stripe. ◇ *vi* **- 1.** [aproximarse, bordear]: ~ **en algo** to border on sthg; **raya en los cuarenta** he's pushing forty. **- 2.** [alba] to break. **- 3.** [luz, sol, etc] to appear. **- 4.** [lindar]: ~ **con** to border on, to be next to. **- 5.** [arañar] to scratch. **- 6.** *fig* [sobresalir] to stand out. **- 7.** *Amér* [a caballo - espolear] to spur on one's horse; [- detenerse] to stop suddenly. **- 8.** *Amér* [pagar sueldo] to pay the workers. **- 9.** *Amér* [cobrar] to get paid.
◆ **rayarse** *vpr* **- 1.** [arañarse] to get scratched. **- 2.** *Amér* [colmar deseos] to get everything one wants. **- 3.** *Amér* [hacerse rico] to get rich.

rayera *etc* *v* → **raer**.

rayo[1] *etc* *v* → **raer**.

rayo[2] *m* **- 1.** [de luz] ray; ~ **de luna** moonbeam; ~ **solar** sunbeam. **- 2.** FÍS beam, ray; ~ **catódico/electrónico/gamma/láser** cathode/electron/gamma/laser beam; ~

reflejo o **refracto** refracted ray; ~**s cósmicos/infra-rrojos/ultravioleta/uva** cosmic/infrared/ultraviolet/UVA rays; ~**s X** X-rays; **caer como un** ~ to be a bombshell. **- 3.** METEOR bolt of lightning; ~**s** lightning *(U)* □ **pasar como un** ~ to flash by; **¡que te parta un** ~! *fam* go to hell! **- 4.** [persona rápida]: **ser un** ~ to be like greased lightning. **- 5.** [de rueda] spoke. **- 6.** [persona ingeniosa] live wire, sharp o witty person. **- 7.** *fig* [desgracia, infortunio] blow, sudden misfortune. **- 8.** [dolor] flash of pain.

rayón *m* rayon.

rayuela *f* **- 1.** [juego en que se tiran monedas] ≃ pitch and toss. **- 2.** *Amér* [juego en que se salta a la pata coja] hopscotch.

raza *f* **- 1.** [humana] race; ~ **humana** human race. **- 2.** [animal] breed; **de (pura)** ~ [caballo] thoroughbred; [perro] pedigree. **- 3.** *Amér fam* [gente] folk *(pl)*. **- 4.** *Amér fam* [cara] cheek, nerve; **tener mucha** ~ to have a lot of nerve, to be brave.

razón *f* **- 1.** [gen] reason; **no entiendo la** ~ **de tu marcha** I don't understand why you're going; **sus razones convencieron al jurado** her reasons convinced the jury; **le asistía la** ~ he was in the right, he had right on his side; **atender a razones** to listen to reason; **cargarse de** ~ to be absolutely sure (of one's case); **¡con** ~! [¡claro!] quite rightly so!; **¡con** ~ **te duele: tienes un hueso roto!** it's hardly surprising you're in pain, you've broken a bone!; **con mayor** ~ with all the more reason; **con** ~ **o sin ella** rightly or wrongly; **dar la** ~ **a alguien** to say that sb is right; **entrar en** ~ to come to o see reason; **hacer entrar o meter en** ~ **a alguien** to make sb see reason; **perder la** ~ to lose one's reason o mind; **quitar la** ~ **a alguien** [no estar de acuerdo] to disagree with sb; [demostrar su equivocación] to prove sb wrong; **tener** ~ **(en hacer algo)** to be right (to do sthg); **no tener** ~ to be wrong; **tener** ~ **o razones para hacer algo** to have cause to do sthg □ ~ **de ser** raison d'être; **en** ~ **de** o a in view of. **- 2.** [información]: **se vende piso:** ~ **aquí** flat for sale: enquire within; **dar** ~ **de** to give an account of; **desde que se fue nadie ha dado** ~ **de su paradero** since she left, nobody has told us of her whereabouts; **hay que dar** ~ **de los gastos al resto de los socios** we have to give an account of our expenditure to the other members. **- 3.** MAT ratio; ~ **directa/inversa** direct/inverse ratio. **- 4.** [recado] message.
♦ **a razón de** *loc adv* at a rate of.
♦ **razón de Estado** *f* reasons *(pl)* of state.
♦ **razón social** *f* COM trade name.

razonable *adj* reasonable.

razonablemente *adv* reasonably.

razonadamente *adv* rationally.

razonado, da *adj* reasoned.

razonador, ra ◇ *adj* reasoning. ◇ *m, f* reasoner.

razonamiento *m* reasoning *(U)*.

razonar ◇ *vt* **- 1.** [argumentar] to reason out. **- 2.** [explicar] to explain, to give reasons for. ◇ *vi* **- 1.** [pensar] to reason. **- 2.** [hablar] to speak.

RDA (*abrev de* **República Democrática Alemana**) *f* GDR.

re *m* MÚS D; [en solfeo] re.

reabierto, ta *pp* → **reabrir.**

reabrir *vt* to reopen.

reabsorber *vt* to reabsorb.

reabsorción *f* reabsorption.

reacción *f* reaction; ~ **en cadena** chain reaction; ~ **violenta** backlash.

reaccionar *vi* to react.

reaccionario, ria *adj & m, f* reactionary.

reacio, cia *adj* stubborn; ~ **a algo** resistant to sthg; **ser** ~ **a o en hacer algo** to be reluctant to do sthg.

reactivación *f* **- 1.** [acción] revival. **- 2.** [económica] recovery.

reactivar *vt* to revive.

reactivo, va *adj* reactive.
♦ **reactivo** *m* QUÍM reagent.

reactor *m* **- 1.** [propulsor] reactor; ~ **nuclear/térmico** nuclear/thermal reactor; ~ **nuclear rápido** fastbreeder reactor. **- 2.** [avión] jet (plane). **- 3.** [motor] jet engine.

readaptación *f* rehabilitation.

readaptar *vt* to rehabilitate.
♦ **readaptarse** *vpr* to readjust.

readmisión *f* readmission.

readmitir *vt* to accept o take back.

reafirmar *vt* to confirm; ~ **a alguien en algo** to confirm sb in sthg.
♦ **reafirmarse** *vpr* to assert o.s.; ~**se en algo** to become confirmed in sthg.

reagrupación *f* regrouping.

reagrupar *vt* to regroup, to reorganize.
♦ **reagruparse** *vpr* to regroup, to reassemble.

reajustar *vt* **- 1.** [corregir] to rearrange. **- 2.** [ECON - precios, impuestos] to make changes to, to raise; [- plantilla] to cut back; [- sector] to streamline; [- salarios] to cut.

reajuste *m* **- 1.** [cambio] readjustment; ~ **ministerial** cabinet reshuffle. **- 2.** [ECON - de precios, impuestos] increase; [- de sector] streamlining; [- de salarios] reduction; ~ **de plantilla** redundancies *(pl)*.

real ◇ *adj* **- 1.** [verdadero] real; **la crisis es un problema** ~ the recession is a real problem; **lo** ~ reality, the real world. **- 2.** [de monarquía] royal. **- 3.** *fig* [suntuoso] fine, excellent. **- 4.** [muy bueno] fine, lovely; **una** ~ **moza** a lovely girl. ◇ *m* **- 1.** *desus* [moneda] old Spanish coin worth one quarter of a peseta; **no tener un** ~ not to have a penny to one's name; **no valer un** ~ to be worthless; **pagar un** ~ **sobre otro** to pay in cash and in full. **- 2.** [MIL - tienda] king's tent; [- campamento] army camp; **alzar el** ~, **alzar los** ~**es** to break camp; **asentar los** ~**es** to encamp, to set up camp. **- 3.** *loc*: **sentar el** ~, **sentar los** ~**es** to settle down, to set up house.

realce[1] *etc v* → **realzar.**

realce[2] *m* **- 1.** [esplendor] glamour; **dar** ~ **a algo/alguien** to enhance sthg/sb; **poner de** ~ to highlight, to bring out. **- 2.** [en pintura] highlight. **- 3.** [en arquitectura, escultura] relief.

realengo, ga *adj* **- 1.** [terreno] royal, crown *(antes de sust)*. **- 2.** *Amér* [sin hipoteca] unencumbered. **- 3.** *Amér* [animal] ownerless.
♦ **realengo** *m Amér* encumbrance, lien.

realeza *f* **- 1.** [monarcas] royalty. **- 2.** [magnificencia] magnificence.

USO ▶ Dar la razón a alguien

Con reticencia	Con más convicción
You could be right.	I see what you mean.
You're probably right.	That makes sense.
I hadn't thought of that.	There's something in that.
I suppose so.	I take your point.
That's one way of looking at it, I suppose.	Point taken.
I'll take your word for it.	You've got a point there.
If you say so...	All right, you've convinced me!

realidad f - **1.** [mundo real] reality; ~ **virtual** INFORM virtual reality. - **2.** [verdad] truth; **atenerse a la** ~ to stick to facts; **en** ~ actually, in fact.

realimentación f feedback.

realismo m realism.

realista ◇ adj realistic. ◇ mf realist.

realizable adj attainable, feasible.

realización f - **1.** [ejecución] carrying-out; [de proyecto, medidas] implementation; [de sueños, deseos] fulfilment; ~ **de beneficios** profit-taking. - **2.** [obra] achievement. - **3.** CINE production. - **4.** COM clearance sale.

realizado, da adj - **1.** [hecho] carried out, performed. - **2.** [satisfecho] fulfilled.

realizador, ra ◇ m, f CINE & TV director. ◇ adj realizing, fulfilling.

realizar [13] vt - **1.** [ejecutar - esfuerzo, viaje, inversión] to make; [- operación, experimento, trabajo] to perform; [- encargo] to carry out; [- plan, reformas] to implement; [- desfile] to go on. - **2.** [hacer real] to fulfil, to realize; **realizó su sueño al convertirse en un gran escritor** he fulfilled his dream of becoming a major writer. - **3.** CINE to produce.

◆ **realizarse** vpr - **1.** [en un trabajo] to find fulfilment; **quiere buscar trabajo fuera de casa para** ~**se** she wants to get a more fulfilling job outside of the house. - **2.** [hacerse - sueño, predicción, deseo] to come true; [- esperanza, ambición] to be fulfilled. - **3.** [ejecutarse] to be carried out.

realmente adv - **1.** [en realidad] in fact, actually. - **2.** [muy] really, very.

realquilado, da ◇ adj sub-let. ◇ m, f sub-tenant.

realquilar vt to sublet.

realzar [13] vt - **1.** [resaltar] to enhance. - **2.** [en pintura] to highlight. - **3.** [en escultura] to set off by relief.

reanimación f - **1.** [física, moral] recovery. - **2.** MED resuscitation.

reanimar vt - **1.** [físicamente] to revive. - **2.** [moralmente] to cheer up. - **3.** MED to resuscitate.

◆ **reanimarse** vpr to revive.

reanudación f [gen] resumption; [de amistad] renewal.

reanudar vt [conversación, trabajo] to resume; [amistad] to renew.

◆ **reanudarse** vpr [conversación, trabajo] to resume; [amistad] to be renewed.

reaparecer [30] vi to reappear.

reaparición f reappearance.

reapertura f reopening.

rearmar vt to rearm.

◆ **rearmarse** vpr to rearm.

rearme m rearmament.

reasegurar vt to reinsure.

reaseguro m reinsurance.

reasentamiento m resettlement.

reasentarse vpr to resettle.

reasumir vt to resume, to take up again.

reata f - **1.** [de caballos, mulas] single file; **de** ~ (in) single file. - **2.** fig [persona] mindless follower, sheep. - **3.** Amér [cinta] cotton ribbon.

reatar vt - **1.** [volver a atar] to re-tie, to tie more strongly. - **2.** [animales] to tie in single file.

reavivar vt to revive.

rebaja f - **1.** [acción] reduction. - **2.** [descuento] discount.

◆ **rebajas** fpl COM sales; **estar de** ~**s** to have a sale on; **'grandes** ~**s'** 'massive reductions'.

rebajado, da adj - **1.** [precio] reduced. - **2.** [humillado] humiliated. - **3.** ARQUIT depressed.

◆ **rebajado** m [soldado] discharged soldier.

rebajamiento m reduction.

rebajar vt - **1.** [precio] to reduce; **te rebajo 100 pesetas** I'll knock 100 pesetas off for you. - **2.** [persona] to humiliate. - **3.** [intensidad] to tone down. - **4.** [altura] to lower.

◆ **rebajarse** vpr - **1.** [persona] to humble o.s.; ~**se a hacer algo** to lower o.s. o stoop to do sthg. - **2.** MIL to be discharged.

rebalsa f - **1.** [de agua] pool. - **2.** MED engorgement.

rebalsar ◇ vt to dam. ◇ vi to form a pool.

rebalse m - **1.** [piscina] pool. - **2.** [presa] dam.

rebanada f slice.

rebanar vt [pan] to slice; [dedo etc] to slice off.

rebañadera f grapnel, drag hook.

rebañaduras fpl [sobras] leftovers.

rebañar vt - **1.** [plato] to scrape clean; [comida] to finish off, to eat up. - **2.** fig [dinero etc] to scrape together.

rebaño m [gen] flock; [de vacas] herd.

rebasar ◇ vt - **1.** [sobrepasar] to exceed, to surpass. - **2.** [suj: agua] to overflow. - **3.** AUTOM to overtake. - **4.** NÁUT to sail beyond. ◇ vi to overflow.

rebatible adj refutable.

rebatiña f scramble, fight; **andar a la** ~ fig to fight.

rebatir vt - **1.** [argumento, teoría etc] to refute. - **2.** [violencia] to repulse, to ward off. - **3.** [tentación] to resist. - **4.** MAT & COM to reduce. - **5.** CULIN to beat hard, to beat again.

rebato m - **1.** [alarma] alarm; **tocar a** ~ to sound the alarm. - **2.** [ataque] surprise attack. - **3.** fig [de emoción] fit, sudden emotion.

◆ **de rebato** loc adv fam suddenly, out of the blue.

rebeca f cardigan.

rebelarse vpr - **1.** [sublevarse] to rebel. - **2.** fig & desus [amistad] to withdraw.

rebelde ◇ adj - **1.** [sublevado] rebel (antes de sust); **los marineros** ~**s llevaron a cabo el motín** the rebel sailors mutinied. - **2.** [desobediente] rebellious; **es un niño muy** ~ **que nunca hace lo que le mandan** he's a very rebellious child and never does what he's told. - **3.** [difícil de dominar - pelo] unmanageable; [- tos] persistent; [- pasiones] unruly. - **4.** DER defaulting. ◇ mf - **1.** [sublevado, desobediente] rebel; **el** ~ **volvió arrepentido** the rebel came back repentant. - **2.** DER defaulter.

rebeldía f - **1.** [cualidad] rebelliousness. - **2.** [acción] (act of) rebellion. - **3.** DER default; **declarar a alguien en** ~ to declare sb in default.

rebelión f rebellion.

rebencazo m lash.

rebenque m Amér - **1.** [látigo] whip. - **2.** NÁUT lashing, ratline.

rebién adv extremely well.

reblandecer [30] vt to soften.

◆ **reblandecerse** vpr to get soft.

reblandecimiento m softening.

rebobinado m rewinding.

rebobinar vt to rewind.

reboce etc v → **rebozar**.

rebolludo, da adj - **1.** [gordo] stocky, thickset. - **2.** [diamante] rough.

rebonito, ta adj very good-looking, gorgeous.

reborde m edge.

rebordear vt to make into a flange.

rebosadero m - **1.** [desagüe] overflow. - **2.** Amér MIN large mineral deposit.

rebosadura f, **rebosamiento** m overflowing.

rebosante adj: ~ (**de**) brimming o overflowing (with).

rebosar ◇ vt to overflow with, to brim with. ◇ vi to overflow; ~ **de** [recipiente etc] to be overflowing with; fig [persona] to brim with.

◆ **rebosarse** vpr - **1.** [derramarse] to run over, to spill. - **2.** fig [abundar] ~**se (en** o **de)** to be brimming (with), to abound (in).

rebotado, da adj [cura] who has given up the cloth o left the priesthood.

rebotadura f - **1.** [rebote] bounce, rebound. - **2.** fam fig [molestia] pain, drag.

rebotadura *f* - **1.** [rebote] bounce, rebound. - **2.** *fam fig* [molestia] pain, drag.

rebotar ◇ *vi*: ~ **(en)** [pelota etc] to bounce (off), to rebound (off); [bala] to ricochet (off). ◇ *vt* - **1.** *fam* [irritar] to cheese off. - **2.** [clavo] to bend back.

◆ **rebotarse** *vpr* - **1.** *fam* [irritarse] to get cheesed off. - **2.** [en color] to change colour. - **3.** [en calidad] to change quality.

rebote *m* - **1.** [bote] bounce, bouncing *(U)*. - **2.** DEP rebound; **de** ~ on the rebound.

rebozado, da *adj* CULIN coated in batter o breadcrumbs.

rebozar [13] *vt* - **1.** CULIN to coat in batter o breadcrumbs. - **2.** [cubrir] to muffle the face of.

◆ **rebozarse** *vpr* to wrap o.s. up with a shawl.

rebozo *m* - **1.** [prenda] wrap, muffler. - **2.** *fig* [excusa] pretext, excuse. - **3.** *loc*: **de** ~ secretly; **sin** ~ openly, frankly.

rebrotar *vi* - **1.** BOT to sprout. - **2.** [fenómeno] to reappear.

rebrote *m* sprout, shoot.

rebufar *vi* to snort repeatedly.

rebujar *vt* to bundle up.

rebujina, **rebujiña** *f fam* uproar, tumult.

rebullir *vi* to stir, to begin to move.

◆ **rebullirse** *vpr* to stir, to begin to move.

rebusca *f* - **1.** [búsqueda] search, hunt. - **2.** *fig* [desechos] useless part. - **3.** [fruto] gleanings *(pl)*.

rebuscado, da *adj* [persona] recherché, pretentious.

rebuscador, ra *m, f* - **1.** [de cosas] searcher. - **2.** [de frutos] gleaner.

rebuscamiento *m* pretentiousness.

rebuscar [10] *vt* - **1.** [buscar] to search (around in). - **2.** [frutos] to glean.

rebuznar *vi* to bray.

rebuzno *m* bray, braying *(U)*.

recabar *vt* - **1.** [pedir] to ask for. - **2.** [conseguir] to manage to get. - **3.** [reclamar] to claim, to demand.

recadero, ra *m, f* messenger.

recado *m* - **1.** [mensaje] message; **coger** o **tomar un** ~ to take a message; **dejar un** ~ to leave a message; **como no estaba le dejé un** ~ **en el contestador** since she wasn't in, I left a message for her on the answering machine; **mandar** ~ to send word. - **2.** [encargo] errand; **hacer** ~**s** to run errands; **de pequeña mi madre siempre me mandaba hacer** ~**s** when I was little, my mother always got me to run errands for her. - **3.** [de provisiones] daily shopping. - **4.** [de objetos] materials *(pl)*; ~ **de escribir** writing materials. - **5.** IMPRENTA standing matter. - **6.** *Amér* EQUITACIÓN riding gear. - **7.** *Amér* CULIN mincemeat filling.

◆ **recados** *mpl Amér* [saludos] regards, greetings.

recaer [55] *vi* - **1.** [enfermo] to have a relapse. - **2.** [ir a parar]: ~ **en** o **sobre** to fall on. - **3.** [reincidir]: ~ **en** to relapse into.

recaída *f* - **1.** [enfermo] relapse. - **2.** *fig* [reincidencia] relapse.

recaiga *etc v* → **recaer**.

recalar ◇ *vt* to soak through. ◇ *vi* - **1.** NÁUT to sight land. - **2.** [bucear] to swim underwater. - **3.** *Amér* [aparecer] to arrive, to turn up.

recalcadura *f* cramming, packing.

recalcar [10] ◇ *vt* - **1.** [insistir en] to stress, to emphasize. - **2.** [apretar] to press, to squeeze. - **3.** [llenar] to cram, to pack. ◇ *vi* NÁUT to list.

◆ **recalcarse** *vpr fam* - **1.** *fig* [en palabras] to repeat o.s. - **2.** [ponerse cómodo] to sprawl, to stretch out.

recalcitrante *adj* recalcitrant.

recalcitrar *vi* - **1.** [retroceder] to step back, to retreat. - **2.** *fig* [resistirse a obedecer] to balk, to resist.

recalentamiento *m* overheating.

recalentar [19] *vt* - **1.** [volver a calentar] to warm up. - **2.** [calentar demasiado] to overheat. - **3.** *fig* [pasión etc] to excite.

◆ **recalentarse** *vpr* - **1.** [calentarse demasiado] to overheat. - **2.** [frutos] to spoil, to go bad. - **3.** [madera] to rot. - **4.** *fig* [persona, animal] to get excited.

recamado *m* overlay.

recamar *vt* to overlay.

recámara *f* - **1.** [habitación] dressing room. - **2.** [de arma de fuego] chamber. - **3.** *Amér* [dormitorio] bedroom. - **4.** *fam fig* [prudencia] prudence, caution.

recamarera *f Amér* maid.

recambiar [8] *vt* - **1.** [pieza] to replace. - **2.** [cambiar por segunda vez] to change again. - **3.** COM to redraw.

recambio *m* - **1.** [gen] spare (part); [para pluma] refill; **de** ~ spare. - **2.** [acción] changing again.

recancanilla *f fam* - **1.** [al andar] feigned limp. - **2.** *fig* [al hablar] affected manner of speaking.

recapacitar *vi* to reflect, to think.

recapitalización *f* recapitalization.

recapitulación *f* recap, recapitulation.

recapitular *vt* to recapitulate, to summarize.

recargable *adj* [batería] rechargeable; [encendedor] refillable.

recargado, da *adj* - **1.** [estilo etc] overelaborate, affected. - **2.** [sobrecargado] overloaded; **esta semana está recargada de citas** this is a heavy week for appointments. - **3.** [cargado otra vez] reloaded.

recargar [16] *vt* - **1.** [volver a cargar - encendedor, recipiente] to refill; [- batería, pila] to recharge; [- fusil, camión] to reload. - **2.** [cargar demasiado] to overload. - **3.** [aumentar carga de] to increase. - **4.** [adornar en exceso] to make too elaborate. - **5.** [cobrar - dinero extra] to charge extra; [- de nuevo] to charge again, to recharge; [- demasiado] to overcharge; ~ **1.000 pesetas a alguien** to charge sb 1,000 pesetas extra. - **6.** [poner en exceso]: ~ **algo de algo** to put too much of sthg in sthg. - **7.** [impuesto] to increase, to raise. - **8.** [condena] to increase, to lengthen. - **9.** *fig* [abrumar] to overload, to overburden.

◆ **recargarse** *vpr* MED to run a higher fever.

recargo *m* - **1.** [cobro extra] extra charge, surcharge. - **2.** [nueva carga] extra load. - **3.** MED rise in temperature. - **4.** MIL extra service.

recatado, da *adj* - **1.** [pudoroso] modest, demure. - **2.** [cauteloso] cautious. - **3.** [tímido] shy, timid.

recatar *vt* to hide, to cover up.

◆ **recatarse** *vpr*: ~ **se de hacer algo** to shy away from doing sthg; **sin** ~**se** openly.

recato *m* - **1.** [pudor] modesty, demureness. - **2.** [reserva]: **sin** ~ openly, without reserve. - **3.** [cautela] prudence, caution.

recauchutar *vt* to retread.

recaudación *f* - **1.** [acción] collection, collecting; ~ **de impuestos** tax collection. - **2.** [cantidad] takings *(pl)*; DEP gate. - **3.** [oficina] tax office.

recaudador, ra *m, f*: ~ **(de impuestos)** tax collector.

recaudar *vt* - **1.** [dinero] to collect; [deuda] to recover. - **2.** [en lugar seguro] to safeguard, to put in a safe place.

recaudo *m* - **1.** [recaudación] collection, levy *(of taxes)*. - **2.** [cuidado] circumspection, caution. - **3.** [fianza] deposit, security.

◆ **a buen recaudo** *loc adv* in safekeeping; **poner a buen** ~ to put in a safe place.

recayera *etc v* → **recaer**.

recazo *m* - **1.** [de espada] guard; [de cuchillo] handle. - **2.** [de candileja] saucer.

rece *etc v* → **rezar**.

recelar ◇ *vt* - **1.** [sospechar] to suspect. - **2.** [temer] to fear. ◇ *vi* to be mistrustful; ~ **de** to be suspicious of.

recelo *m* mistrust, suspicion; **sentir** ~ to begin to be suspicious.

receloso, sa *adj* mistrustful, suspicious.

recensión *f* review, write-up.

recepción *f* - **1.** [gen] reception; **he dejado las maletas en la ~ del hotel** I've left the suitcases at reception; **el ayuntamiento ha ofrecido una ~ a los deportistas** the town council has laid on a reception for all the sportsmen and women; **pagar a la ~** COM to pay cash on delivery. - **2.** [de carta, paquete] receipt.

recepcionista *mf* receptionist.

receptáculo *m* - **1.** [cavidad] receptacle. - **2.** [asilo] refuge, shelter. - **3.** BOT receptacle.

receptador, ra *m, f* DER receiver.

receptividad *f* receptiveness.

receptivo, va *adj* receptive.

receptor, ra ◇ *adj* receiving. ◇ *m, f* [persona] recipient; **~ de órgano** organ recipient.

◆ **receptor** *m* - **1.** [aparato] receiver; **~ telefónico** telephone receiver. - **2.** DER receiver.

recesión *f* recession.

recesivo, va *adj* - **1.** ECON recessionary. - **2.** BIOL recessive.

receso *m* - **1.** [separación] withdrawal. - **2.** [descanso - en juicio] adjournment; [- parlamentario] recess; [- en teatro] interval; **entrar en ~** POLÍT to recess.

receta *f* - **1.** CULIN & *fig* recipe; **la ~ del éxito** the recipe for success. - **2.** MED prescription.

recetar *vt* to prescribe.

recetario *m* - **1.** MED prescription record. - **2.** CULIN recipe book. - **3.** FARM pharmacopeia, apothecary's file.

rechazador, ra ◇ *adj* rejecting. ◇ *m, f* rejector.

rechazamiento *m* - **1.** [gen] rejection; [de oferta] refusal. - **2.** [de persona, enemigo] repulse, repelling. - **3.** [negativa] denial.

rechazar [13] *vt* - **1.** [gen & MED] to reject. - **2.** [oferta] to turn down; **rechazó el trabajo que le propusieron** she turned down the job they offered her. - **3.** [tentación] to resist. - **4.** [repeler - persona] to push away; [- ejército enemigo, atacantes] to drive back, to repel; [- luz] to reflect. - **5.** DEP to save; **el portero rechazó la pelota y la mandó fuera** the goalkeeper tipped the ball out of play.

rechazo *m* - **1.** [gen & MED] rejection; [hacia una ley, un político] disapproval; **~ a hacer algo** refusal to do sthg. - **2.** [negación] denial. - **3.** [rebote] rebound; **de ~** indirectly. - **4.** [de arma] recoil.

rechifla *f* - **1.** [abucheo] hissing, booing. - **2.** [burla] derision, mockery.

rechiflar *vt* to hiss at, to boo.

◆ **rechiflarse** *vpr* to mock.

rechinador, ra *adj* [puerta] creaking.

rechinamiento *m* [de puerta] creaking.

rechinar *vi* - **1.** [puerta] to creak; [dientes] to grind; [frenos, ruedas] to screech; [metal] to clank. - **2.** [dando dentera] to grate. - **3.** *fig* [persona] to comply unwillingly.

◆ **rechinarse** *vpr Amér* [comida] to burn, to scorch.

rechistar *vi* to answer back; **sin ~** without a word of protest.

rechonchez (*pl* **rechoncheces**) *f fam* chubbiness.

rechoncho, cha *adj fam* tubby, chubby.

rechupete ◆ **de rechupete** *loc adv fam* [gen] brilliant, great; [comida] delicious, scrumptious.

reciamente *adv* robustly.

recibí (*pl* **recibís**) *m*: '**~**' [en documentos] 'received'.

recibidor, ra ◇ *adj* receiving. ◇ *m, f* [persona] recipient, receiver.

◆ **recibidor** *m* [vestíbulo] entrance hall.

◆ **recibidora** *f Amér* [en parto] midwife.

recibimiento *m* - **1.** [acogida] reception, welcome. - **2.** [acción] receiving, reception. - **3.** [fiesta] reception. - **4.** [antesala] reception room; [vestíbulo] vestibule, entrance hall; [sala principal] living room.

recibir ◇ *vt* - **1.** [gen] to receive; **no he recibido ninguna carta de Natalia** I haven't received any letters from Natalia; **recibí órdenes explícitas de que nadie la molestara**

I received explicit orders not to let anyone disturb her; **recibió una paliza** he took a beating. - **2.** [clase, instrucción] to have; **durante años recibió clases de canto** she had singing classes for several years. - **3.** [dar la bienvenida a] to welcome. - **4.** [ir a buscar] to meet. ◇ *vi* [atender visitas] to receive visitors; **el médico no recibe hoy** the doctor isn't seeing any patients today.

◆ **recibirse** *vpr*: **~se (de)** to graduate o qualify (as); **~se de ingeniero** to graduate as an engineer.

recibo *m* - **1.** [documento] receipt; **acusar ~ de** to acknowledge receipt of. - **2.** [recepción] receipt; **estar de ~** *fig* to be presentable, to be ready for visitors; **ser de ~** *fig* to be acceptable. - **3.** [sala] reception room.

reciclable *adj* recyclable.

reciclado, da *adj* recycled.

reciclaje *m* - **1.** [de residuos] recycling. - **2.** [de personas] retraining.

reciclar *vt* - **1.** [residuos] to recycle. - **2.** [personas] to retrain.

◆ **reciclarse** *vpr* [persona] to be retrained.

reciedumbre *f* strength.

recién *adv* recently, newly; **el ~ nacido** the newborn baby; **los ~ casados** the newly-weds; **los ~ llegados** the newcomers.

reciente *adj* - **1.** [acontecimiento etc] recent; **el agujero en la capa de ozono es un problema ~** the hole in the ozone layer is a recent problem; **está recuperándose de una operación ~** she's recovering from her recent operation. - **2.** [pintura, pan etc] fresh.

recientemente *adv* recently.

recinto *m* [zona cercada] enclosure; [área] place, area; [alrededor de edificios] grounds *(pl)*; **~ ferial** fairground *(of trade fair)*.

recio, cia *adj* - **1.** [persona] robust. - **2.** [voz] gravelly. - **3.** [objeto] solid; [material, tela] tough, strong. - **4.** [lluvia, viento etc] harsh. - **5.** [veloz] swift. - **6.** *loc*: **en lo más ~ de** [combate] in the thick of; [noche, invierno] in the dead of.

recipiente ◇ *m* [objeto] container, receptacle; **necesito un ~ para poner la fruta** I need something to put the fruit in. ◇ *mf* [persona] recipient. ◇ *adj* receiving, recipient.

reciprocidad *f* reciprocity; **en ~ a** in return for.

recíproco, ca *adj* mutual, reciprocal.

recitación *f* recitation, recital.

recitado *m* recitative.

recitador, ra ◇ *adj* reciting. ◇ *m, f* reciter.

recital *m* - **1.** [de música clásica] recital; [de rock] concert. - **2.** [de lectura] reading. - **3.** *fig* [exhibición] display, exhibition.

recitar *vt* to recite.

recitativo, va *adj* recitative.

reclamación *f* - **1.** [petición, exigencia] claim, demand. - **2.** [queja] complaint; **formular** o **hacer una ~** to lodge o make a complaint. - **3.** DER protest, remonstration.

reclamador, ra ◇ *adj* claiming. ◇ *m, f* claimant.

reclamante ◇ *adj* claiming. ◇ *mf* claimant.

reclamar ◇ *vt* - **1.** [pedir, exigir] to demand, to ask for; **le he reclamado todo el dinero que me debe** I've demanded that he return to me all the money he owes me; **los trabajadores reclaman sus derechos** the workers are demanding their rights. - **2.** [necesitar] to demand, to need; **el negocio reclama tu atención** the business requires your attention. - **3.** [clamar] to clamour for; **la multitud reclamaba que cantara otra canción** the crowd clamoured for her to sing another song. - **4.** [DER - buscar] to look for, to search for; [- emplazar] to summon. - **5.** [aves] to call. ◇ *vi* - **1.** [protestar] **~ (contra)** to protest (against), to complain (about); **si no estás contenta con el hotel, reclama en la agencia de viajes** if you're not satisfied with the hotel, complain to the travel agent's. - **2.** DER to appeal. - **3.** NÁUT: **a ~** hoisted taut.

◆ **reclamarse** *vpr* to call to each other.

reclamo *m* - **1.** [para atraer] inducement. - **2.** [para cazar] decoy, lure. - **3.** [de ave] call. - **4.** [instrumento] decoy whistle. - **5.** *fig* [aliciente] bait, lure. - **6.** COM advertising slogan. - **7.** DER claim, complaint. - **8.** IMPRENTA catchword.

reclinable *adj* reclining.

reclinación *f* reclining.

reclinar *vt*: ~ **algo (sobre)** to lean sthg (on).
◆ **reclinarse** *vpr* to lean back.

reclinatorio *m* - **1.** [para rezar] prie-dieu, prayer stool. - **2.** [silla] armchair.

recluir [51] *vt* - **1.** [encarcelar] to shut o lock away, to imprison. - **2.** [encerrar] to shut in, to confine.
◆ **recluirse** *vpr* to shut o.s. away.

reclusión *f* - **1.** [encarcelamiento] imprisonment. - **2.** [encierro] seclusion.

recluso, sa ◇ *pp* → **recluir**. ◇ *adj* - **1.** [preso] imprisoned. - **2.** [encerrado] confined. ◇ *m, f* - **1.** [preso] prisoner. - **2.** [anacoreta] recluse, hermit.

recluta ◇ *m* - **1.** [obligatorio] conscript; [voluntario] recruit. - **2.** *Amér* [de ganado] cattle roundup. ◇ *f* [reclutamiento] recruiting, recruitment.

reclutador, ra ◇ *adj* recruiting. ◇ *m, f* recruiting officer, recruiter.

reclutamiento *m* - **1.** [de soldados - obligatorio] conscription; [- voluntario] recruitment. - **2.** [conjunto de reclutas] year's recruits *(pl)*. - **3.** [de trabajadores] recruitment.

reclutar *vt* - **1.** [soldados - obligatoriamente] to conscript; [- voluntariamente] to recruit. - **2.** [trabajadores] to recruit. - **3.** *Amér* [ganado] to round up.

recobrar *vt* - **1.** [gen] to recover; [conocimiento] to regain; [tiempo perdido] to make up for. - **2.** MIL to recapture.
◆ **recobrarse** *vpr*: ~**se (de)** [de problema, enfermedad etc] to recover (from); [de lo perdido] to get one's money back.

recobro *m* recovery, recuperation.

recocer [41] *vt* - **1.** [volver a cocer] to recook. - **2.** [cocer demasiado] to overcook. - **3.** [metal] to anneal.
◆ **recocerse** *vpr* [persona] to work o.s. into a fury.

recochinearse *vpr fam* - **1.** [burlarse]: ~ **de alguien** to take the mickey out of sb. - **2.** [divertirse] to have fun, to enjoy o.s.

recochineo *m fam* - **1.** [burla] mickey-taking *(U)*. - **2.** [diversión] fun, enjoyment.

recodar *vi* - **1.** [suj: río, carretera] to wind, to twist. - **2.** [descansar sobre el codo] to rest o lean on one's elbows.
◆ **recodarse** *vpr* to rest o lean on one's elbows.

recodo *m* bend.

recogedero *m* - **1.** = **recogedor** *m sentido 1*. - **2.** [lugar] collection site.

recogedor, ra ◇ *adj* collecting. ◇ *m, f* [persona] collector.
◆ **recogedor** *m* - **1.** [utensilio] dustpan. - **2.** [de labranza] rake, gleaner.

recogemigas *m inv* crumb scoop.

recogepelotas *mf inv* ball boy (*f* ball girl).

recoger [14] *vt* - **1.** [coger] to pick up; **recoge el papel que has tirado** pick up the paper you threw on the floor. - **2.** [reunir - personas, cosas] to collect, to gather; [- dinero] to save, to put away. - **3.** *fig* [beneficios, provecho] to reap; **ahora empieza a ~ los frutos de su trabajo** now she's starting to reap the rewards of all her hard work. - **4.** [ordenar, limpiar - mesa] to clear; [- habitación, cosas] to tidy o clear up. - **5.** [ir a buscar] to pick up, to fetch; **¿puedes ir a ~ a los niños a la escuela, por favor?** could you pick up the children from school, please? - **6.** [albergar] to take in; **Carmen ha recogido un gato que ha encontrado en la calle** Carmen has taken in a cat she found in the street. - **7.** [cosechar] to gather, to harvest; [fruta] to pick. - **8.** [prenda - acortar] to take up, to shorten; [- estrechar] to take in. - **9.** [recluir] to put away, to lock up. - **10.** [suspender] to suspend, to discontinue. - **11.** NÁUT to take in.
◆ **recogerse** *vpr* - **1.** [a meditar] to retire; **se ha recogido**

en un monasterio she has retired to a monastery. - **2.** [cabello] to put up; **se ha recogido el pelo en una cola** she has tied her hair up in a ponytail. - **3.** [irse a casa] to go home. - **4.** [en gastos] to cut down. - **5.** *fig* [del mundo terrenal] to withdraw to within o.s.

recogido, da *adj* - **1.** [lugar] withdrawn, secluded. - **2.** [cabello] tied back. - **3.** [tranquilo] quiet, tranquil. - **4.** [persona] reserved, retiring. - **5.** [reducido] small. - **6.** [animal] short-trunked.
◆ **recogido** *m* [en costura] tuck, gather.
◆ **recogida** *f* - **1.** [gen] collection; **recogida de basuras** refuse collection; **recogida de datos** data capture; **recogida de equipajes** baggage reclaim. - **2.** [cosecha] harvest, gathering; [de fruta] picking. - **3.** [mujer] woman secluded in a house of retreat. - **4.** *Amér* [de ganado] roundup. - **5.** *Amér* [batida] raid, sweep.

recogimiento *m* - **1.** [concentración] concentration, absorption. - **2.** [retiro] withdrawal, seclusion. - **3.** RELIG retreat. - **4.** [cosecha] harvest, harvesting *(U)*. - **5.** [acción de juntar] collecting, gathering. - **6.** [residencia] house of retreat.

recoja *etc v* → **recoger**.

recolección *f* - **1.** [cosecha] harvest, gathering. - **2.** [recogida] collection; ~ **de fondos** fund-raising. - **3.** [compendio] summary, recapitulation. - **4.** RELIG spiritual absorption, withdrawal. - **5.** [casa] retreat.

recolectar *vt* - **1.** [cosechar] to harvest, to gather; [fruta] to pick. - **2.** [reunir] to collect.

recolector, ra ◇ *adj* harvesting. ◇ *m, f* - **1.** [gen] collector. - **2.** [de cosecha] harvester; [de fruta] picker.

recoleto, ta ◇ *adj* - **1.** [recogido] quiet, secluded. - **2.** RELIG in retreat. ◇ *m, f* recollect.

recomendable *adj* - **1.** [aconsejable] recommendable; **no ser** ~ not to be a good idea. - **2.** [admirable] commendable.

recomendación *f (gen pl)* - **1.** [gen] recommendation. - **2.** [referencia] reference. - **3.** [súplica] request.

recomendado, da *m, f* protégé (*f* protégée).

recomendar [19] *vt* to recommend; ~ **a alguien que haga algo** to recommend that sb do sthg; **Jimena me recomendó que visitara esta ciudad** Jimena recommended that I should visit this city.

recomendatorio, ria *adj* recommendatory, recommending.

recomenzar [34] *vt* to begin o start again, to recommence.

recompensa *f* reward; **en ~ por** in return for.

recompensable *adj* rewardable.

recompensar *vt* - **1.** [premiar] to reward. - **2.** [compensar]: ~ **a alguien algo** to compensate o reward sb for sthg. - **3.** [remunerar] to remunerate, to pay.

recomponer [65] *vt* - **1.** [reparar] to repair, to mend. - **2.** *fam* [persona] to doll up. - **3.** IMPRENTA to reset.

recomposición *f* repair.

recompuesto, ta *pp* → **recomponer**.

reconcentración *f* - **1.** [concentración] concentration. - **2.** [abstracción] withdrawal, self-absorption.

reconcentrar *vt* - **1.** [reunir] to bring together. - **2.** [concentrar]: ~ **algo en** to centre o concentrate sthg on. - **3.** [hacer denso] to thicken. - **4.** *fig* [sentimiento, afecto] to hide, to conceal.
◆ **reconcentrarse** *vpr*: ~**se (en)** to concentrate (on), to be absorbed (in).

reconciliable *adj* reconciliable.

reconciliación *f* reconciliation.

reconciliador, ra ◇ *adj* reconciliatory. ◇ *m, f* reconciler.

reconciliar [8] *vt* to reconcile.
◆ **reconciliarse** *vpr* to be reconciled.

reconcomerse *vpr*: ~ **(de)** to be consumed (with o by).

reconcomio *m* - **1.** [rencor] grudge, resentment *(U)*. - **2.** [deseo] desire, urge.

recóndito, ta *adj* hidden, secret; **en lo más ~ de mi corazón** in the depths of my heart.

reconducción *f* extension, renewal.

reconducir [33] *vt* to redirect.

reconfortante ◇ *adj* - **1.** [anímicamente] comforting. - **2.** [físicamente] revitalizing. ◇ *m Amér* tonic.

reconfortar *vt* - **1.** [anímicamente] to comfort. - **2.** [físicamente] to revitalize.

reconocer [31] *vt* - **1.** [gen] to recognize; **no he reconocido a tu hermano** I didn't recognize your brother; **reconozco que estaba equivocada** I accept that I was mistaken; **no quiere ~ al hijo que tuvo con su amante** he doesn't want to recognize the son he had with his lover. - **2.** MED to examine; **el médico la reconoció antes de diagnosticar su enfermedad** the doctor examined her before diagnosing her illness. - **3.** [terreno] to survey. - **4.** [agradecer] to be grateful for, to appreciate; **reconoció su esfuerzo con un regalo** he gave her a present in recognition of all her hard work. - **5.** MIL to reconnoitre.

◆ **reconocerse** *vpr* - **1.** [identificarse] to recognize each other. - **2.** [confesarse]: **~se culpable** to admit one's guilt. - **3.** [adivinarse, vislumbrarse] to be clear o apparent; **ya se reconoce que no vuelve** it's clear that he's not coming back. - **4.** [a uno mismo ante el resto] to know o.s.

reconocible *adj* recognizable.

reconocidamente *adv* - **1.** [por evidencia] clearly. - **2.** [por confesión] avowedly. - **3.** [con gratitud] gratefully.

reconocido, da *adj* - **1.** [admitido] recognized, acknowledged. - **2.** [agradecido] grateful. - **3.** [confesado] self-confessed, acknowledged. - **4.** [aceptado] recognized, accepted.

reconocimiento *m* - **1.** [gen] recognition; **~ del habla** INFORM & LING speech recognition. - **2.** [agradecimiento] gratitude; **en ~ de** in thanks for. - **3.** MED examination; **~ médico** medical examination o checkup. - **4.** MIL reconnaissance; **hacer un ~** to reconnoitre. - **5.** [registro] search, inspection.

reconquista *f* reconquest, recapture.

◆ **Reconquista** *f*: **la Reconquista** HIST the Reconquest of Spain, when the Christian Kings retook the country from the Muslims.

reconquistar *vt* - **1.** [territorio, posiciones etc] to recapture, to reconquer. - **2.** *fig* [cariño, amistad etc] to regain, to win back.

reconsiderar *vt* to reconsider.

reconstitución *f* reconstitution.

reconstituir [51] *vt* - **1.** [rehacer] to reconstitute. - **2.** [reproducir] to reconstruct.

◆ **reconstituirse** *vpr* [país] to rebuild.

reconstituyente FARM ◇ *adj* tonic *(antes de sust)*. ◇ *m* tonic.

reconstrucción *f* - **1.** [de edificios, país etc] rebuilding. - **2.** [de sucesos] reconstruction.

reconstruir [51] *vt* - **1.** [edificio, país etc] to rebuild. - **2.** [suceso] to reconstruct.

recontar [23] *vt* - **1.** [cantidad] to recount, to count again. - **2.** [narración] to retell, to tell again.

recontento, ta *adj* very happy, delighted.

◆ **recontento** *m* great happiness, delight.

reconvención *f* - **1.** [reprimenda] reprimand, reproach. - **2.** DER countercharge, counterclaim.

reconvenir [75] *vt* to reprimand, to reproach.

reconversión *f* restructuring; **~ industrial** rationalization of industry.

reconvertir [27] *vt* [gen] to restructure; [industria] to rationalize.

recopilación *f* - **1.** [acción] collecting, gathering. - **2.** [texto - de poemas, artículos] compilation, collection; [- de leyes] code. - **3.** [resumen] summary, review.

recopilador, ra *m, f* compiler.

recopilar *vt* - **1.** [recoger] to collect, to gather. - **2.** [escritos, leyes] to compile. - **3.** [resumir] to summarize.

récord (*pl* **récords**) ◇ *m* record; **batir un ~** to break a rec-

ord; **establecer un ~** to set a new record; **tener el ~** to hold the record. ◇ *adj inv* record.

recordable *adj* memorable.

recordación *f* - **1.** [acción] remembering. - **2.** [recuerdo] memory.

recordar [23] ◇ *vt* - **1.** [acordarse de] to remember; **no recuerdo dónde he dejado las llaves** I can't remember where I left the keys. - **2.** [traer a la memoria] to remind; **me recuerda a un amigo mío** he reminds me of a friend of mine. - **3.** [hacer acordar] to remind; **~ algo a alguien** to remind sb of sthg; **recuérdale que hemos quedado a las seis** remind him that we arranged to meet at six. - **4.** [conmemorar] to commemorate. - **5.** *Amér* [despertar] to awaken. ◇ *vi* - **1.** [acordarse] to remember; **si mal no recuerdo** as far as I can remember. - **2.** [volver en sí] to revive, to come to. - **3.** *Amér* [despertar] to wake up.

◆ **recordarse** *vpr* - **1.** [acordarse]: **~se que** to remind o.s. that. - **2.** *Amér* [despertarse] to wake up.

recordativo, va *adj* reminiscent.

◆ **recordativo** *m* reminder.

recordatorio *m* - **1.** [aviso] reminder. - **2.** [estampa] *card given to commemorate sb's first communion, a death etc*.

recordman [reˈkoɾðman] (*pl* **recordmen** o **recordmans**) *m* record holder.

recorrer *vt* - **1.** [atravesar - lugar, país] to travel through o across, to cross; [- ciudad] to go round. - **2.** [distancia] to cover. - **3.** *fig* [con la mirada] to look over. - **4.** [reparar] to overhaul, to repair. - **5.** IMPRENTA to overrun.

recorrida *f Amér* trip.

recorrido *m* - **1.** [trayecto] route, path; [de cartero, recadero] route, round. - **2.** [viaje] journey; **~ de prueba** trial run, dry run; **~ turístico** sightseeing. - **3.** *fig* [examen]: **~ (por)** summary o résumé (of). - **4.** [distancia] distance travelled. - **5.** MEC stroke; **~ de émbolo** piston stroke. - **6.** [reparación] repair, overhaul. - **7.** IMPRENTA overrun.

◆ **recorrido de aterrizaje** *m* landing strip.

recortable *m* cutout.

recortado, da *adj* - **1.** [cortado] cut. - **2.** [borde] jagged.

recortar *vt* - **1.** [cortar - lo que sobra] to cut off o away; [- figuras de un papel] to cut out. - **2.** [pelo, flequillo] to trim. - **3.** *fig* [reducir] to cut; **hay que ~ gastos si queremos ahorrar** we'll have to cut our expenditure if we want to save money. - **4.** ARTE to sketch, to outline.

◆ **recortarse** *vpr* [figura etc] to stand out, to be outlined.

recorte *m* - **1.** [pieza cortada] cut, trimming; [de periódico, revista] cutting, clipping. - **2.** [reducción] cut, cutback; **~ presupuestario** budget cut. - **3.** [cartulina] cutout. - **4.** DEP swerve, sidestep. - **5.** [acción] cutting, trimming. - **6.** TAUROM dodge.

◆ **recortes** *mpl* cuttings.

recoser *vt* - **1.** [volver a coser] to sew (up) again. - **2.** [zurcir] to mend, to darn.

recosido *m* - **1.** [zurcido] mend, darn. - **2.** [acción] mending, darning.

recostar [23] *vt* - **1.** [apoyar] to lean (back). - **2.** [inclinar] to lean, to bend.

◆ **recostarse** *vpr* - **1.** [persona, animal] to lie down; [hacia atrás] to lean back, to recline. - **2.** [objeto]: **~se (en o sobre)** to lean (on).

recova *f* - **1.** [comercio] poultry business. - **2.** [mercado] poultry market. - **3.** [de perros] pack of hunting dogs.

recoveco *m* - **1.** [rincón] nook, hidden corner. - **2.** [curva] bend. - **3.** *fig* [complicación] cunning, artifice; **sin ~s** [fácil] uncomplicated; [con franqueza] frankly. - **4.** *fig* [lo más oculto]: **los ~s del alma** the innermost recesses of the mind. - **5.** ARQUIT nook.

recozamos *etc v* → **recocer**.

recreación *f* - **1.** [de época, ambiente etc] recreation. - **2.** [diversión] entertainment. - **3.** [recreo] recess, break.

recrear *vt* - **1.** [volver a crear] to recreate. - **2.** [entretener] to amuse, to entertain.

◆ **recrearse** *vpr* - **1.** [entretenerse] to amuse o.s., to entertain o.s. - **2.** [regodearse] to take delight o pleasure.

recreativo, va *adj* recreational.

recrecer [30] ◇ *vt* to increase. ◇ *vi* - **1.** [aumentar] to increase, to grow; [río] to rise, to swell. - **2.** [volver a suceder] to recur.

◆ **recrecerse** *vpr* to recover one's spirits.

recreo *m* - **1.** [entretenimiento] recreation, amusement; **de** ~ pleasure *(antes de sust)*. - **2.** [EDUC - en primaria] playtime; [- en secundaria] break.

recría *f* - **1.** [de animales] breeding, raising. - **2.** RELIG redemption.

recriar [9] *vt* - **1.** [animales] to breed, to raise. - **2.** RELIG to redeem.

recriminación *f* recrimination, reproach.

recriminador, ra ◇ *adj* recriminating. ◇ *m, f* recriminator.

recriminar ◇ *vt* to reproach. ◇ *vi* to recriminate.

◆ **recriminarse** *vpr* to reproach each other.

recriminatorio, ria *adj* recriminatory, recriminative.

recrudecer [30] *vi* - **1.** [empeorar] to get worse. - **2.** [incrementar nuevamente] to break out again.

◆ **recrudecerse** *vpr* - **1.** [empeorar] to get worse. - **2.** [incrementarse nuevamente] to break out again.

recrudecimiento *m* [empeoramiento] worsening, accentuation; [de criminalidad etc] upsurge.

recta *f* → **recto**.

rectal *adj* rectal.

rectamente *adv* - **1.** [con rectitud] rightly, justly. - **2.** [en línea recta] in a straight line.

rectangular *adj* - **1.** [de forma] rectangular. - **2.** GEOM right-angled.

rectángulo ◇ *m* rectangle. ◇ *adj* - **1.** [de forma] rectangular. - **2.** GEOM right-angled.

rectificable *adj* rectifiable.

rectificación *f* - **1.** [acción] rectification. - **2.** [en periódico] correction. - **3.** QUÍM, MAT & ELECTR rectification.

rectificador, ra *adj* rectifying.

◆ **rectificador** *m* ELECTR rectifier.

◆ **rectificadora** *f* MEC grinder.

rectificar [10] ◇ *vt* - **1.** [error] to rectify, to correct. - **2.** [conducta, actitud etc] to improve. - **3.** [ajustar] to put right. - **4.** [voto] to change. - **5.** QUÍM, MAT & ELECTR to rectify. - **6.** MEC to resurface. ◇ *vi* to correct o.s.

rectilíneo, a *adj* rectilinear.

rectitud *f* - **1.** [de línea, postura] straightness. - **2.** *fig* [de conducta, actitud] rectitude, uprightness.

recto, ta *adj* - **1.** [sin curvas, vertical] straight. - **2.** *fig* [íntegro] upright, honourable; **es una persona recta que no se deja sobornar** she's an honourable person who would never accept a bribe. - **3.** *fig* [justo, verdadero] true, correct. - **4.** *fig* [literal] literal, true. - **5.** *fig* [juicio] sound. - **6.** ANAT rectal. - **7.** [ángulo, seno, cono, etc] right.

◆ **recto** ◇ *m* - **1.** [ANAT - del intestino] rectum; [- músculo] rectus. - **2.** IMPRENTA recto. ◇ *adv* straight on o ahead.

◆ **recta** *f* straight line; **la recta final** *lit & fig* the home straight; **aceleró el paso en la recta final** he accelerated o

speeded up down the home straight; **está en la recta final de sus exámenes** she's in the home straight now as far as her exams are concerned.

rector, ra ◇ *adj* governing, guiding. ◇ *m, f* - **1.** [de universidad] vice-chancellor *Br*, president *Am*; [de colegio] head *Br*, principal *Am*. - **2.** [dirigente] leader, head.

◆ **rector** *m* RELIG rector.

rectorado *m* - **1.** [cargo] vice-chancellorship *Br*, presidency *Am*. - **2.** [lugar] vice-chancellor's office, rector's office.

rectoría *f* - **1.** [cargo] rectorate, rectorship. - **2.** [casa] rectory.

recua *f* - **1.** [de animales] pack, drove. - **2.** *fig* [de personas] crowd.

recuadro *m* - **1.** [dibujado] box. - **2.** [división en muro, superficie] panel.

recubierto, ta *pp* → **recubrir**.

recubrimiento *m* covering, coating.

recubrir *vt* [gen] to cover; [con pintura, barniz] to coat.

recuece *etc v* → **recocer**.

recuelo *m* - **1.** [lejía] strong bleach. - **2.** [café] reheated coffee.

recuenta *etc v* → **recontar**.

recuente *etc v* → **recontar**.

recuento *m* - **1.** [de votos] recount. - **2.** [enumeración] count; ~ **globular** MED blood count. - **3.** [segunda enumeración] recount.

recuerda *etc v* → **recordar**.

recuerdo *m* - **1.** [rememoración] memory; **contar los** ~**s** to reminisce; **traer** ~**s a alguien de algo** to bring back memories of sthg to sb. - **2.** [objeto - de viaje] souvenir; [- de persona] keepsake; **he comprado unos** ~**s para mi familia** I've bought some souvenirs for my family.

◆ **recuerdos** *mpl* [saludos] regards; **dar** ~**s a alguien (de parte de alguien)** to give one's regards to sb (on sb's behalf); **da** ~**s a tus padres de mi parte** give my regards to your parents; **dale** ~**s de mi parte** give her my regards.

recuero *m* muleteer, pack driver.

recuesta *etc v* → **recostar**.

recueza *etc v* → **recocer**.

reculada *Esp f*, **reculón** *Amér m* - **1.** [retroceso] backward movement; [de vehículo] backing (up), reversing. - **2.** *fam fig* [acción de ceder] retreat, backing down. - **3.** [de arma] recoil.

recular *vi* - **1.** [retroceder] to go o move back. - **2.** *fig* [ceder] to back down. - **3.** [arma] to recoil. - **4.** MIL to retreat.

reculón *m* = **reculada**.

recuperable *adj* [gen] recoverable; [fiestas, horas de trabajo] that can be made up later.

recuperación *f* - **1.** [de lo perdido, la salud, la economía] recovery. - **2.** [fisioterapia] physiotherapy. - **3.** → **clase**.

recuperador, ra ◇ *adj* recovering. ◇ *m, f* recoverer.

recuperar *vt* - **1.** [recobrar] to recover; [horas de trabajo] to catch up; [conocimiento] to regain; **ha recuperado la salud en poco tiempo** she has recovered quickly; **el tren va muy rápido para** ~ **el tiempo perdido** the train is travelling extra fast to make up for lost time. - **2.** [reconquistar] to win back. - **3.** [residuos etc] to reclaim.

◆ **recuperarse** *vpr* - **1.** [enfermo] to recuperate, to recov-

---

USO ▶ Rectificar a alguien

Educadamente

Actually, that's not strictly true.
I'm afraid you haven't quite understood.
There seems to have been a slight misunderstanding here.
If I might just put you right on one point...
I think you'll find it's French, not Spanish.
With respect, I think you are forgetting something.

De forma más categórica

That can't be right, surely.
No, that's not what was meant at all.
You've got it all wrong.
You're on completely the wrong track.
You're completely missing the point.
That's nonsense o rubbish! *[familiar]*

er. **- 2.** [de una crisis] to recover; [negocio] to pick up; **~se de algo** to get over sthg; **se ha recuperado de sus problemas económicos** she has got over her financial problems.

recuperativo, va *adj* recuperative.

recurrente ◇ *adj* **- 1.** [repetido] recurrent. **- 2.** DER appellant. ◇ *mf* DER appellant.

recurrir *vi* **- 1.** [buscar ayuda]: **~ a alguien** to turn to sb; **~ a algo** to resort to sthg. **- 2.** DER to appeal. **- 3.** [volver a lugar original] to return.

recurso *m* **- 1.** [solución] resort; **como último ~** as a last resort; **sin ~** irremediably. **- 2.** DER appeal; **~ de alzada** appeal (against an official decision); **~ de amparo** appeal for protection; **~ de apelación** appeal; **~ de casación** High Court appeal. **- 3.** [medio] means *(sg)*. **- 4.** [retorno] return.
◆ **recursos** *mpl* **- 1.** [bienes] resources; [financieros] means; **~s naturales** natural resources; **~s propios** ECON equities. **- 2.** *fig* [expediente, pretextos] expedient.

recusable *adj* rejectable, refusable.

recusación *f* **- 1.** DER challenge. **- 2.** [rechazo] rejection.

recusar *vt* **- 1.** DER to challenge. **- 2.** [rechazar] to reject, to refuse.

red *f* **- 1.** [utensilio - de pesca, caza etc] net; [- para cabello] hairnet; **~ barredera** dragnet, trawl; **echar** o **tender las ~es** *fig* to cast one's net. **- 2.** [malla] netting, mesh; **~ de alambre** wire mesh. **- 3.** [sistema] network, system; [de electricidad, agua] mains *(sg)*; **~ de emisoras/de rastreo** RADIO radio/tracking network; **~ viaria** road network o system. **- 4.** [organización - de espionaje] ring; [- de tiendas] chain. **- 5.** INFORM network; **~ de área local** local area network; **~ local/neuronal** local (area)/neural network. **- 6.** *fig* [trampa] trick, trap; **caer en las ~es de alguien** to fall into sb's clutches.

redacción *f* **- 1.** [acción - gen] writing; [- de periódico etc] editing. **- 2.** [estilo] wording. **- 3.** [equipo de redactores] editorial team o staff. **- 4.** [oficina] editorial office. **- 5.** EDUC essay, composition.

redactar *vt* [gen] to write (up); [carta] to draft.

redactor, ra *m, f* [escritor] writer; [editor] editor; **~ jefe** editor-in-chief. ◇ *adj* writing.

redada *f* **- 1.** [de pescado] catch, haul. **- 2.** *fig* [de policía - en un solo lugar] raid; [- en varios lugares] round-up; **hacer una ~ en** to raid. **- 3.** [de red de pesca] casting.

redaño *m* ANAT omentum.
◆ **redaños** *mpl fam* [valor] guts.

redecilla *f* **- 1.** [de pelo] hairnet. **- 2.** [tejido] mesh, netting. **- 3.** ZOOL reticulum.

redecir [57] *vt* to repeat, to say again.

rededor *m* surroundings *(pl)*, environs *(pl)*; **al** o **en ~** around.

redención *f* redemption.

redentor, ra ◇ *adj* redeeming. ◇ *m, f* [persona] redeemer.
◆ **Redentor** *m*: **el Redentor** RELIG the Redeemer.

redice *v* → **redecir**.

redicho, cha ◇ *pp* → **redecir**. ◇ *adj fam* affected, pretentious.

rediez *interj* for Heaven's sake!

rediga *v* → **redecir**.

redijera *etc v* → **redecir**.

redil *m* fold, pen; **volver al ~** *fig* to return to the fold.

redimible *adj* redeemable.

redimir *vt* **- 1.** [gen] to redeem. **- 2.** [librar] to free, to exempt. **- 3.** [pagar el rescate de] to ransom. **- 4.** [hipoteca, gravamen] to redeem.
◆ **redimirse** *vpr* to redeem o.s.

redireccionar *vt* INFORM to redirect.

redirigir *vt* to redirect.

redistribución *f* redeployment.

redistribuir [51] *vt* to redistribute.

rédito *m* interest *(U)*, yield *(U)*.

redituable *adj* interest-yielding.

redituar [6] *vt* to yield, to produce.

redoblado, da *adj* **- 1.** [persona] stocky, thickset. **- 2.** [cosa] resistant. **- 3.** MEC reinforced.

redobladura *f*, **redoblamiento** *m* [acción] redoubling; [de clavo] clinching.

redoblar ◇ *vt* **- 1.** [intensificar] to redouble. **- 2.** [doblar] to fold, to bend back; [clavo] to clinch. **- 3.** [repetir] to repeat, to reiterate. ◇ *vi* to roll.

redoble *m* roll, drumroll.

redoma *f* [frasco] flask.

redomado, da *adj* out-and-out.

redonda *f* → **redondo**.

redondeado, da *adj* rounded.

redondear *vt* **- 1.** [hacer redondo] to round, to make round. **- 2.** [negocio, acuerdo] to round off. **- 3.** [cifra, precio] to round up/down.
◆ **redondearse** *vpr* **- 1.** [enriquecerse] to grow rich. **- 2.** *fig* [librarse de deudas] to rid o.s. of debts.

redondel *m* **- 1.** [gen] circle, ring. **- 2.** TAUROM bullring. **- 3.** [capa] round cape.

redondez *(pl* **redondeces)** *f* roundness; **en la ~ de la tierra** *fig* on the face of the Earth.

redondilla ◇ *f* octosyllabic quatrain. ◇ *adj* round.

redondo, da *adj* **- 1.** [circular, esférico] round; **caerse ~** to collapse in a heap; **en ~** [a la redonda] around; [rotundamente] categorically, flatly; **girar en ~** to turn around. **- 2.** [perfecto] excellent; **salir ~** to go well; **el negocio salió ~** the deal turned out perfectly for him. **- 3.** [rotundo] categorical; **se negó en ~ a escucharnos** she refused point-blank to listen to us. **- 4.** [cantidad] round; **mil pesetas redondas** a round thousand pesetas.
◆ **redondo** *m* **- 1.** CULIN topside. **- 2.** [cosa circular, esférica] circle, ring. **- 3.** *fig* [dinero] cash, ready money.
◆ **redonda** *f* **- 1.** [letra] roman type o print. **- 2.** MÚS semibreve *Br*, whole note *Am*. **- 3.** [comarca] region, district. **- 4.** [coto de pasto] pasture.
◆ **a la redonda** *loc adv* around.

redopelo *m* **- 1.** [acción] rubbing against the nap o grain; **a o al ~** against the grain. **- 2.** *fam fig* [riña] scuffle, tussle.

redorar *vt* to gild again.

reducción *f* **- 1.** [gen] reduction; **~ de condena** remission; **~ de gastos** retrenchment; **~ de precios** price-cutting; **~ tributaria** tax cut. **- 2.** [sometimiento] suppression. **- 3.** [de hueso] setting.

reducible *adj* reducible.

reducido, da *adj* **- 1.** [pequeño] small; **quedar ~ a** to be reduced to. **- 2.** [limitado] limited. **- 3.** [estrecho] narrow.

reducir [33] ◇ *vt* **- 1.** [gen, CULIN & QUÍM] to reduce; **me han reducido la asignación semanal** my weekly salary has been reduced; **~ algo a algo** to reduce sthg to sthg; **~ algo** o **en la mitad** to reduce sthg by half; **~ el grano a polvo** to reduce the grain to dust. **- 2.** [someter - país, ciudad] to suppress, to subdue; [- sublevados, atracadores] to bring under control; **la policía redujo a los atracadores** the police brought the robbers under control. **- 3.** MAT [unidades de medida]: **~ (a)** to convert (into). **- 4.** MED [hueso] to set. ◇ *vi* AUTOM to change down.
◆ **reducirse a** *vpr* **- 1.** [limitarse a] to be reduced to; **toda su ayuda se redujo a una carta de presentación** the sum total of her help amounted to a letter of introduction. **- 2.** [equivaler a] to boil o come down to.

reducto *m* **- 1.** [fortificación] redoubt. **- 2.** *fig* [refugio] stronghold, bastion.

reductor, ra *adj* reducing.
◆ **reductor** *m* reducer.

redujera *etc v* → **reducir**.

redundancia *f* redundancy, superfluousness.

redundante *adj* redundant, superfluous.

redundar *vi*: ~ **en algo** to have an effect on sthg; **redunda en beneficio nuestro** it is to our advantage.

reduplicación *f* - **1.** [intensificación] redoubling. - **2.** [repetición] reduplication.

reduplicar [10] *vt* - **1.** [esfuerzo etc] to redouble. - **2.** [repetir] to reduplicate, to repeat.

reduzca *etc v* → **reducir**.

reedición *f* - **1.** [nueva edición] new edition. - **2.** [reimpresión] reprint.

reedificación *f* rebulding, reconstruction.

reedificar [10] *vt* to rebuild, to reconstruct.

reeditar *vt* - **1.** [nueva edición] to bring out a new edition of. - **2.** [reimprimir] to reprint.

reeducar [10] *vt* to re-educate.

reelección *f* re-election.

reelecto, ta ◇ *pp* → **reelegir**. ◇ *adj* re-elected.

reelegir [42] *vt* to re-elect.

reembarcar [10] *vt* - **1.** [personas] to re-embark. - **2.** [mercancías] to reship.

reembarque *m* - **1.** [de personas] re-embarkment. - **2.** [de mercancías] reshipment.

reembolsable, rembolsable *adj* [gastos] reimbursable; [fianza, dinero] refundable; [deuda] repayable.

reembolsar, rembolsar *vt* [gastos] to reimburse; [fianza, dinero] to refund; [deuda] to repay.

◆ **reembolsarse** *vpr* to be reimbursed.

reembolso, rembolso *m* [de gastos] reimbursement; [de fianza, dinero] refund; [de deuda] repayment; **contra** ~ cash on delivery.

reemplazable, remplazable *adj* replaceable, expendable.

reemplazante, remplazante ◇ *adj* replacing. ◇ *mf* replacement.

reemplazar, remplazar [13] *vt* [gen & INFORM] to replace.

reemplazo, remplazo *m* - **1.** [gen & INFORM] replacement. - **2.** MIL call-up, draft.

reemprender *vt* to start again.

reencarnación *f* reincarnation.

reencarnar *vt* to reincarnate.

◆ **reencarnarse en** *vpr* to be reincarnated as.

reencontrar, rencontrar [23] *vt* to find again.

◆ **reencontrarse** *vpr* [varias personas] to meet again.

reencuentro, rencuentro *m* - **1.** [de personas] reunion. - **2.** [de cosas] collision. - **3.** DEP return match. - **4.** MIL clash, skirmish.

reenganchar *vt* MIL to re-enlist.

◆ **reengancharse** *vpr* MIL to re-enlist.

reenganche *m* MIL - **1.** [acción] re-enlistment. - **2.** [premio] re-enlistment bonus.

reensayar *vt* - **1.** [probar] to retest, to try again. - **2.** TEATRO to re-rehearse.

reenviar [9] *vt* - **1.** [devolver] to return, to send back. - **2.** [reexpedir] to forward, to send on.

reenvío *m* [devolución] return, sending back.

reestrenar *vt* CINE to rerun; TEATRO to revive.

reestreno *m* CINE rerun; TEATRO revival.

reestructuración *f* restructuring.

reestructurar *vt* to restructure.

reexaminar *vt* to re-examine.

reexpedición *f* forwarding, sending on.

reexpedir [26] *vt* to forward, to send on.

reexportación *f* re-exportation.

reexportar *vt* to re-export.

refacción *f* - **1.** [comida] snack, refreshment. - **2.** *Amér* [reparaciones] repairs *(pl)*. - **3.** *Amér* [recambios] spare parts *(pl)*.

refaccionar *vt Amér* - **1.** [reparar] to repair, to fix. - **2.** [financiar] to finance.

refaccionaria *f Amér* repair workshop.

refajo *m* underskirt, slip.

refección *f* [reparación] repair.

refectorio *m* refectory.

referencia *f* - **1.** [alusión, remisión] reference; **con** ~ **a** with reference to; **hacer** ~ **a** to make reference to, to refer to; **hacer una** ~ to cross-refer. - **2.** [informe] report, account; **por** ~ by hearsay, secondhand.

◆ **referencias** *fpl* [información] information *(U)*.

referéndum (*pl* **referéndums**) *m* referendum.

referente *adj*: ~ **a** concerning, relating to.

referir [27] *vt* - **1.** [narrar] to tell, to recount. - **2.** [remitir]: ~ **a alguien a** to refer sb to. - **3.** [relacionar]: ~ **algo a** to relate sthg to. - **4.** COM [convertir]: ~ **algo a** to convert sthg into.

◆ **referirse a** *vpr* to refer to; **¿a qué te refieres?** what do you mean?; **por lo que se refiere a...** as far as... is concerned.

refilón ◆ **de refilón** *loc adv* - **1.** [de lado] sideways; **mirar algo de** ~ to look at sthg out of the corner of one's eye. - **2.** *fig* [de pasada] briefly.

refinación *f* refining.

refinado, da *adj* - **1.** [gen] refined. - **2.** [persona - cortés] refined; [- astuto] clever, artful.

◆ **refinado** *m* refining.

refinador, ra ◇ *adj* refining. ◇ *m, f* refiner.

refinamiento *m* refinement.

refinanciación *f* refinancing.

refinanciar [8] *vt* to refinance.

refinar *vt* to refine.

◆ **refinarse** *vpr* to become refined.

refinería *f* refinery.

refino, na *adj* extra fine.

◆ **refino** *m* - **1.** [refinado] refining. - **2.** *desus* [mercado] grocery. - **3.** *Amér* [bebida] brandy.

refiriera *etc v* → **referir**.

refitolero, ra ◇ *adj fam* - **1.** [entrometido] meddling. - **2.** *Amér* [zalamero] flattering. ◇ *m, f* - **1.** [de comedor] cafeteria supervisor. - **2.** *fam fig* [persona entrometida] busybody. - **3.** *Amér* [zalamero] flatterer.

reflación *f* reflation.

reflacionario, ria *adj* reflationary.

reflectante *adj* reflective.

reflectar *vt* to reflect.

reflector, ra *adj* reflecting.

◆ **reflector** *m* - **1.** [foco] spotlight; MIL searchlight. - **2.** [telescopio] reflector.

reflejar *vt lit & fig* to reflect.

◆ **reflejarse** *vpr lit & fig*: ~**se (en)** to be reflected (in).

reflejo, ja *adj* - **1.** [onda, rayo] reflected. - **2.** [movimiento, dolor] reflex *(antes de sust)*. - **3.** GRAM reflexive.

◆ **reflejo** *m* - **1.** [gen] reflection. - **2.** [destello] glint, gleam. - **3.** ANAT reflex; ~ **condicional** o **condicionado** conditioned reflex o response.

◆ **reflejos** *mpl* [de peluquería] highlights; [en cabello] rinse; **hacerse** ~**s** to have highlights put in one's hair.

réflex ◇ *adj inv* reflex. ◇ *f inv* FOT [cámara] reflex camera.

reflexión *f* reflection; **sin previa** ~ without thinking; **con** ~ on reflection.

reflexionar ◇ *vi* to reflect, to think; ~ **en** o **sobre** to reflect on. ◇ *vt* to reflect on, to think over.

reflexivo, va *adj* - **1.** [que piensa] reflective, thoughtful. - **2.** GRAM reflexive. - **3.** [que refleja] reflecting, reflective.

reflexología *f* reflexology.

reflexólogo, ga *m, f* reflexologist.

reflexoterapia *f* reflexology.

reflorecer [30] *vi* - **1.** BOT to flower o bloom again. - **2.** *fig* [recobrar esplendor] to flourish again.

refluir [51] *vi* to flow back o out.

reflujo *m* ebb (tide).

refocilación f, **refocilo** m enjoyment, delight.

refocilar vt to delight.

◆ **refocilarse** vpr to enjoy o.s.

refocilo m = **refocilación**.

reforestación f reaforestation.

reforestar vt reafforest.

reforma f - **1**. [modificación] reform; ~ **agraria** agrarian reform. - **2**. [en local, casa etc] alterations (pl); **hacer** ~**s** to renovate, to do up; **he gastado los ahorros en hacer** ~**s en mi casa** I've spent all my savings on doing up the house.

◆ **Reforma** f: **la Reforma** HIST & RELIG the Reformation.

reformable adj reformable.

reformación f reform, reformation.

reformado, da ◇ adj - **1**. [modificado] altered. - **2**. [mejorado] improved. - **3**. [rehecho] reformed. ◇ m, f Protestant.

reformador, ra ◇ adj reforming. ◇ m, f reformer.

reformar vt - **1**. [gen & RELIG] to reform. - **2**. [local, casa etc] to renovate, to do up. - **3**. [modificar] to modify, to alter. - **4**. [mejorar] to improve.

◆ **reformarse** vpr to mend one's ways.

reformatorio, ria adj reformatory, reforming.

◆ **reformatorio** m ≃ youth custody centre Br, ≃ borstal Br, reformatory Am; [de menores de 15 años] ≃ remand home.

reformismo m reformism.

reformista adj & mf reformist.

reformular vt to reformulate, to put another way.

reforzado, da adj reinforced.

reforzador m - **1**. FOT intensifier, intensifying solution. - **2**. ELECTR booster.

reforzar [37] vt - **1**. [hacer más fuerte] to reinforce. - **2**. fig [animar] to encourage. - **3**. ELECTR to boost. - **4**. FOT to intensify.

refracción f refraction.

refractar vt to refract.

refractario, ria adj - **1**. [material] refractory, heat-resistant. - **2**. : ~ **a** [opuesto] averse to; [inmune] immune to.

refrán m proverb, saying.

refranero m collection of proverbs o sayings.

refregadura f - **1**. [refregamiento] scrubbing. - **2**. [señal] scrub mark, abrasion.

refregamiento m scrubbing.

refregar [35] vt - **1**. [frotar] to scrub. - **2**. fig [reprochar]: ~ **algo a alguien** to reproach sb for sthg.

refregón m fam - **1**. [refregamiento] scrubbing. - **2**. [señal] scrub mark, abrasion.

refreír [28] vt - **1**. [volver a freír] to re-fry. - **2**. [freír en exceso] to over-fry.

refrenable adj controllable.

refrenar vt - **1**. [contener] to curb, to restrain. - **2**. [caballo] to check, to rein in.

◆ **refrenarse** vpr to hold back, to restrain o.s.

refrendación f - **1**. [firma] countersignature. - **2**. [acción] countersigning. - **3**. [de pasaporte] visa, stamp.

refrendar vt - **1**. [aprobar] to approve. - **2**. [legalizar] to endorse, to countersign; [pasaporte] to stamp.

refrendario m countersigner.

refrendata f countersignature.

refrescante adj refreshing.

refrescar [10] ◇ vt - **1**. [enfriar] to refresh; [bebidas] to chill; **un pequeño descanso te refrescará** a short rest will refresh you. - **2**. fig [conocimientos] to brush up. - **3**. [repetir] to repeat. - **4**. [renovar] to revive; ~ **una vieja costumbre** to revive an old custom. ◇ vi - **1**. [tiempo] to cool down. - **2**. [bebida] to be refreshing. - **3**. [tomar fuerzas] to refresh o.s. - **4**. [tomar el fresco] to take o get some fresh air. - **5**. [beber] to have a drink, to take some refreshment. - **6**. [viento] to freshen. - **7**. Amér [merendar] to have afternoon tea.

◆ **refrescarse** vpr - **1**. [tomar aire fresco] to get a breath of fresh air. - **2**. [beber algo] to have a drink. - **3**. [mojarse con agua fría] to cool o.s. down. - **4**. [tiempo] to cool down. - **5**. [viento] to freshen.

refresco m - **1**. [bebida] soft drink; ~**s** refreshments. - **2**. MIL: **de** ~ new, fresh.

refría etc v → **refreír**.

refriega[1] etc v → **refregar**.

refriega[2] f scuffle; MIL fracas, skirmish.

refriera etc v → **refreír**.

refrigeración f - **1**. [aire acondicionado] air-conditioning. - **2**. [de alimentos] refrigeration; [de máquinas] cooling; ~ **por agua** water-cooling; ~ **por aire** air-cooling.

refrigerado, da adj - **1**. [gen] cooled. - **2**. [local] air-conditioned. - **3**. [alimentos] refrigerated.

refrigerador, ra adj cooling.

◆ **refrigerador** m - **1**. [de alimentos] refrigerator, fridge Br, icebox Am. - **2**. [de máquinas] cooling system.

refrigerante adj - **1**. [gen] cooling. - **2**. [para alimentos] refrigerating. - **3**. [de alambique] cooling bath. - **4**. QUÍM cooling chamber.

refrigerar vt - **1**. [alimentos] to refrigerate. - **2**. [local] to air-condition. - **3**. [máquina] to cool. - **4**. [helar] to freeze. - **5**. fig [refrescar] to refresh.

refrigerativo, va adj - **1**. [gen] cooling. - **2**. [de alimentos] refrigerating.

refrigerio m - **1**. [alimento] snack. - **2**. [alivio] relief, comfort.

refrito, ta ◇ pp → **refreír**. ◇ adj - **1**. [demasiado frito] over-fried. - **2**. [frito de nuevo] re-fried.

◆ **refrito** m - **1**. CULIN sauce made from fried tomato and onion. - **2**. fig [cosa rehecha] rehash; **hacer un** ~ **de** to rehash.

refucilo, refusilo m Amér flash of lightning.

refuerce etc v → **reforzar**.

refuerzo m - **1**. [gen] reinforcement, strengthening (U). - **2**. [sostén] brace, support. - **3**. FOT intensification.

◆ **refuerzos** mpl MIL reinforcements.

refugiado, da ◇ adj refugee (antes de sust). ◇ m, f refugee.

refugiar [8] vt to give refuge to.

◆ **refugiarse** vpr to take refuge; ~**se de algo** to shelter from sthg.

refugio m - **1**. [gen] shelter, refuge; **durante la guerra se utilizaba el metro como** ~ during the war, the underground was used as a shelter; **hay instituciones que ofrecen** ~ **a los pobres** some institutions offer shelter to the poor ❑ ~ **antiaéreo** air-raid shelter; ~ **atómico** nuclear bunker; ~ **de caza** (hunting) lodge; ~ **subterráneo** bunker, underground shelter. - **2**. fig [amparo, consuelo] refuge, comfort; **la gente busca** ~ **en la religión** people seek refuge in religion. - **3**. AUTOM traffic island.

refulgencia f brilliance.

refulgente adj brilliant.

refulgir [15] vi to shine brightly.

refundir vt - **1**. [material] to recast. - **2**. LITER to adapt. - **3**. fig [unir] to bring together.

refunfuñador, ra ◇ adj grumbling. ◇ m, f grumbler.

refunfuñadura f grumble.

refunfuñar vi to grumble.

refunfuñeo m grumbling.

refunfuño m grumble.

refunfuñón, ona ◇ adj grumpy. ◇ m, f grumbler.

refusilo m = **refucilo**.

refutable adj refutable.

refutación f refutation.

refutar vt to refute.

regable adj irrigable.

regadera f - **1**. [para regar] watering can; **estar como una** ~ fam fig to be as mad as a hatter. - **2**. [canal] irrigation ditch. - **3**. Amér [chubasco] shower.

regadero *m* irrigation ditch.

regadío, a *adj* irrigable.

◆ **regadío** *m* irrigated land; **de** ~ irrigated, irrigable.

regador, ra *adj* watering.

regadura *f* watering, sprinkling.

regalado, da *adj* - **1.** [muy barato] dirt cheap; **te lo doy** ~ you can have it for free ❑ **no lo quiero ni** ~ *fig* I wouldn't want it even if you were giving it away. - **2.** [agradable] comfortable, easy. - **3.** [delicado] dainty, delicate.

regalador, ra ◇ *adj* generous, giving. ◇ *m, f* giver.

◆ **regalador** *m* [de botero] wineskin scraper.

regalar ◇ *vt* - **1.** [dar] to give (away); **me regalaron un reloj para mi cumpleaños** I got a watch for my birthday; **si no lo quieres me lo regalas** if you don't want it, give it to me. - **2.** [vender barato] to sell at bargain prices. ◇ *vi* [agasajar]: ~ **a alguien con algo** to shower sb with sthg.

◆ **regalarse con** *vpr* to treat o.s. to.

regalía ◇ *f* - **1.** [derecho real] royal prerogative. - **2.** [privilegio] privilege. - **3.** *fig* [sueldo] bonus, perquisite. - **4.** [derechos de autor] royalties *(pl)*. - **5.** *Amér* [regalo] gift, present. ◇ *m* high-quality cigar.

regaliz *(pl* **regalices)** *m* liquorice.

regalo *m* - **1.** [obsequio] present, gift; **por Navidades tuve muchos** ~**s** I got loads of presents at Christmas; **dar de** ~ to give (as a gift); **de** ~ [gratuito] free. - **2.** *fig* [placer] joy, delight; **esa música es un** ~ **para los oídos** that music is a joy to listen to. - **3.** [comodidad] comfort, ease; **vivir con** ~ to live a comfortable life.

regalón, ona *adj Amér fam* spoilt.

regalonear *vt Amér fam* to spoil.

regañadientes ◆ **a regañadientes** *loc adv fam* unwillingly, reluctantly.

regañar ◇ *vt* - **1.** [reprender] to tell off. - **2.** [importunar] to nag. ◇ *vi* - **1.** [pelearse] to fall out, to argue; [novios] to break off. - **2.** [refunfuñar] to grumble. - **3.** *fig* [fruto] to split open.

regañina *f* - **1.** [reprimenda] ticking off. - **2.** [enfado] argument, row.

regaño *m* - **1.** [reprensión] telling off. - **2.** [gesto] gesture of annoyance.

regañón, ona ◇ *adj* grumpy. ◇ *m, f* - **1.** [refunfuñón] grumbler. - **2.** [importuno] nagger.

regar [35] *vt* - **1.** [con agua - planta] to water; [- calle] to hose down; [- terreno] to irrigate, to water. - **2.** [suj: río] to flow through. - **3.** *fig* [desparramar] to sprinkle, to scatter. - **4.** *fig* [con lágrimas, sangre] to bathe. - **5.** *fam* [comida] to wash down.

regata *f* - **1.** NÁUT regatta, boat race. - **2.** [reguera] irrigation channel.

regate *m* - **1.** DEP swerve, sidestep. - **2.** [evasiva, movimiento] dodge.

regateador, ra *Amér* ◇ *adj* haggling. ◇ *m, f* haggler.

regatear ◇ *vt* - **1.** [escatimar] to be sparing with; **no ha regateado esfuerzos** he has spared no effort. - **2.** DEP to beat, to dribble past. - **3.** [precio] to haggle over. - **4.** [vender] to sell retail. ◇ *vi* - **1.** [negociar el precio] to barter, to haggle. - **2.** NÁUT to race. - **3.** [hacer regates] to dodge. - **4.** [poner dificultades] to be difficult.

regateo *m* - **1.** [en el precio] bartering, haggling. - **2.** [movimiento] dodging.

regatería *f* retailing.

regatón, ona ◇ *adj* haggling. ◇ *m, f* haggler.

◆ **regatón** *m* tip, ferrule.

regazo *m* lap.

regencia *f* - **1.** [reinado] regency. - **2.** [administración] running, management.

regeneración *f* [gen] regeneration; [moral] reform.

regeneracionismo *m* political reform movement.

regenerador, ra ◇ *adj* regenerating. ◇ *m, f* regenerator.

regenerar *vt* [gen] to regenerate; [moralmente] to reform.

regenta *f* wife of the regent.

regentar *vt* - **1.** [país] to run, to govern; [negocio] to run, to manage. - **2.** [puesto] to hold; [cargo] to hold, to occupy.

regente ◇ *adj* regent. ◇ *mf* - **1.** [de un país] regent. - **2.** [administrador - de tienda] manager; [- de colegio] governor. - **3.** *Amér* [alcalde] mayor *(f* mayores). ◇ *m* RELIG director of studies.

regentear *vt* to boss about.

reggae ['riyi] *m* reggae.

regicida ◇ *adj* regicidal. ◇ *mf* regicide.

regicidio *m* regicide.

regidor, ra ◇ *m, f* - **1.** [de ayuntamiento] councillor. - **2.** TEATRO stage manager; CINE & TV assistant director. ◇ *adj* ruling, governing.

régimen *m* - **1.** [sistema político] regime; **el** ~ **franquista** the Franco regime ❑ **antiguo** ~ ancien régime; ~ **marioneta** puppet regime; ~ **parlamentario** parliamentary system. - **2.** [normativa] rules *(pl)*. - **3.** [dieta] diet; **estar/ponerse a** ~ to be/go on a diet. - **4.** [de vida, lluvias etc] pattern, usual routine. - **5.** GRAM government. - **6.** [sistema] system; **el** ~ **de la Seguridad Social no cubre la cirugía estética** the social security system doesn't cover plastic surgery. - **7.** ELECTR & MEC rate, ratio. - **8.** GEOGR regime, regimen.

◆ **régimen del aire** *m* AERON airflow, airstream.

regimentar [19] *vt* to regiment.

regimiento *m* - **1.** MIL & *fig* regiment. - **2.** [acción de regir] governing, government. - **3.** [cargo] councillorship. - **4.** [concejo] council.

regio, gia *adj* - **1.** [real, suntuoso] royal. - **2.** [fabuloso] great, splendid.

región *f* [de territorio] region; MIL district.

regional *adj* regional.

regionalismo *m* regionalism.

regionalización *f* regionalization.

regionalizar [13] *vt* to regionalize.

regir [42] ◇ *vt* - **1.** [reinar en] to rule, to govern. - **2.** [administrar] to run, to manage. - **3.** LING to govern. - **4.** *fig* [determinar] to govern, to determine. - **5.** MED to keep in good order. ◇ *vi* - **1.** [ley] to be in force, to apply. - **2.** *fig* [persona] to be of sound mind. - **3.** [funcionar bien] to work. - **4.** NÁUT to steer.

◆ **regirse por** *vpr* to trust in, to be guided by.

registrado, da *adj* - **1.** [grabado] recorded. - **2.** [patentado] registered.

registrador, ra ◇ *adj* - **1.** [que registra] registering. - **2.** [que inspecciona] examining, inspecting. ◇ *m, f* - **1.** [persona que registra] registrar. - **2.** [inspector] examiner, inspector.

◆ **registrador** *m* [funcionario] recorder, registrar; ~ **de títulos de propiedad** recorder of deeds.

◆ **registradora** *f* cash register.

registrar ◇ *vt* - **1.** [inspeccionar - zona, piso] to search; [persona] to frisk. - **2.** [nacimiento, temperatura etc] to register, to record. - **3.** [grabar] to record. - **4.** [examinar] to examine, to inspect. - **5.** [libro] to mark with a bookmark. - **6.** [anotar] to note, to write down. - **7.** IMPRENTA to register. - **8.** *Amér* [correo] to register. ◇ *vi* to search.

◆ **registrarse** *vpr* - **1.** [suceder] to occur, to happen. - **2.** [observarse] to be recorded. - **3.** [matricularse] to register, to enrol.

registro *m* - **1.** [oficina] registry (office); ~ **civil** registry (office); ~ **mercantil** o **de comercio** business registry office; ~ **de la propiedad/de patentes y marcas** land registry/patent office; ~ **de la propiedad industrial/intelectual** trademark/copyright registry office. - **2.** [libro] register. - **3.** [inspección] search, searching *(U)*. - **4.** [de libro] bookmark. - **5.** INFORM record. - **6.** LING & MÚS register. - **7.** [examen] examination, inspection. - **8.** [anotación] registration, recording; [asiento] entry. - **9.** [lista] list, roll; [padrón] census list; ~ **de erratas** list of errata; ~ **electoral** electoral roll. - **10**. [de reloj] regulator; [de órgano] (organ) stop; [de piano] pedal. - **11**. [grabación] recording. - **12**. IMPRENTA register. - **13**. [TECN - boca de acceso] manhole; [- de calefacción] register, damper; [- trampilla] inspection plate o hole. - **14**. *Amér* [almacén] wholesale textile store.

◆ **registro genealógico** *m* pedigree.

regla *f* - **1**. [para medir] ruler, rule; ~ **de cálculo** slide rule; ~ **lesbia** flexible rule; ~ **(en) T** T-square; ~**s paralelas** parallel rulers. - **2**. [norma] rule; **en** ~ in order; **hacerse una** ~ **de** to make a point of; **poner algo en** ~ to put sthg straight ❏ ~**s de la circulación** traffic code; **por** ~ **general** as a rule, generally; **salirse de la** ~ to overstep the mark o line. - **3**. MAT operation; ~ **de tres** o **de oro** o **de proporción** rule of three. - **4**. *fam* [menstruación] period; **tener la** ~ to have one's period. - **5**. [modelo] example, model. - **6**. [orden natural] natural order. - **7**. [moderación] moderation, restraint. - **8**. [instrucciones] instructions *(pl)*. - **9**. RELIG rule, order.

reglaje *m* - **1**. [reajuste] adjustment. - **2**. MIL. correction. - **3**. MEC overhaul.

reglamentación *f* [acción] regulation; [reglas] rules *(pl)*, regulations *(pl)*.

reglamentar *vt* to regulate.

reglamentario, ria *adj* lawful; [arma, balón] within the rules, regulation *(antes de sust)*; DER statutory.

reglamento *m* regulations *(pl)*, rules *(pl)*.

reglar *vt* - **1**. [regular] to regulate. - **2**. [rayar] to rule, to draw lines on.

◆ **reglarse** *vpr* - **1**. [templarse] to conform. - **2**. [guiarse]: ~**se por** to be guided by.

regocijar *vt* to delight, to gladden.

◆ **regocijarse** *vpr*: ~**se (de** o **con)** to rejoice (in).

regocijo *m* joy, delight.

◆ **regocijos** *mpl* festivities.

regodear *vt Amér* to stint on.

◆ **regodearse** *vpr* - **1**. [deleitarse]: ~**se (con)** to take pleasure o delight (in). - **2**. [bromear] to joke, to jest.

regodeo *m* [deleite] delight, pleasure; [malicioso] (cruel) delight o pleasure.

regojo *m* - **1**. [de pan] crust. - **2**. *fig* [muchacho] runt, small boy.

regoldar [46] *vi vulg* to burp.

regona *f* large irrigation ditch.

regordete *adj* chubby, tubby.

regostarse *vpr fam*: ~ **a** to acquire a taste for.

regosto *m* craving, taste.

regresar ◇ *vi* [yendo] to go back, to return; [viniendo] to come back, to return. ◇ *vt Amér* [devolver] to give back.

◆ **regresarse** *vpr Amér* [volver] to come back.

regresión *f* - **1**. [de epidemia] regression. - **2**. [de exportaciones] drop, decline.

regresivo, va *adj* regressive.

regreso *m* return; **estar de** ~ to be back.

reguardarse *vpr* to take care of o.s.

regué *etc v* → **regar**.

regüelda *etc v* → **regoldar**.

regüeldo *m vulg* burp.

reguera *f* irrigation ditch.

reguero *m* - **1**. [de sangre, agua] trickle; [de harina etc] dribble, trail; **correr como un** ~ **de pólvora** *fig* to spread like wildfire. - **2**. [señal] trail, track. - **3**. AGR irrigation ditch.

regulable *adj* adjustable.

regulación *f* [gen] regulation; [de nacimientos, tráfico] control; [de mecanismo] adjustment; ~ **de empleo** streamlining, redundancies *(pl)*; ~ **de la natalidad** o **de los nacimientos** birth control; ~ **del volumen** volume control.

regulado, da *adj* - **1**. [regular] regular. - **2**. [ajustado] adjusted. - **3**. [controlado] regulated, controlled. - **4**. [ordenado] arranged in order.

regulador, ra ◇ *adj* regulating, regulatory. ◇ *m, f* regulator.

◆ **regulador** *m* - **1**. QUÍM regulator, buffer. - **2**. ELECTR regulator; ~ **de intensidad** dimmer; ~ **de voltaje** voltage regulator. - **3**. MEC regulator, governor. - **4**. MÚS crescendo sign. - **5**. RADIO button, control knob.

regular ◇ *adj* - **1**. [gen] regular; **es muy** ~ **en sus horarios** she keeps very regular hours; **un verbo** ~ a regular verb. - **2**. [de tamaño] medium; **es** ~, **ni pequeño ni grande** it's average, neither too big nor too small; **de un modo** ~ regularly. - **3**. [mediocre] average, fair; **es una actriz** ~ **y por eso no es famosa** she's a pretty average actress, which is why she isn't famous. - **4**. [habitual] normal, usual. - **5**. [aceptable] fair. ◇ *adv* so-so; **lleva unos días** ~, **tiene un poco de fiebre** she's been so-so the last few days, she's got a bit of a temperature; **¿qué tal el concierto?** - ~ how was the concert? - nothing special. ◇ *m* MIL regular. ◇ *vt* - **1**. [gen] to control, to regulate; [mecanismo] to adjust; **la normativa regula estos casos** the regulations govern these cases. - **2**. [ordenar] to put in order.

◆ **por lo regular** *loc adv* as a rule, generally; **por lo** ~ **paso los fines de semana en la playa** as a rule, I spend weekends at the seaside.

regularidad *f* regularity; **con** ~ regularly.

regularización *f* regularization.

regularizador, ra *adj* regularizing.

regularizar [13] *vt* - **1**. [volver a la normalidad] to get back to normal. - **2**. [legalizar] to regularize.

◆ **regularizarse** *vpr* - **1**. [volver a la normalidad] to return to normal. - **2**. [legalizarse] to become legitimate.

regularmente *adv* - **1**. [uniformemente, comúnmente] regularly. - **2**. [medianamente] averagely, fairly well.

regulativo, va *adj* regulative.

regurgitación *f* regurgitation.

regurgitar *vt & vi* to regurgitate.

regusto *m* - **1**. [gusto] aftertaste. - **2**. [semejanza, aire] flavour, hint.

rehabilitación *f* - **1**. [de personas] rehabilitation; [en un puesto] reinstatement. - **2**. [de local] restoration.

rehabilitar *vt* - **1**. [personas] to rehabilitate; [en un puesto] to reinstate. - **2**. [local] to restore.

rehacer [60] *vt* - **1**. [volver a hacer] to redo, to do again. - **2**. [reconstruir] to rebuild. - **3**. [volver a elaborar] to remake. - **4**. [reparar] to repair, to mend. - **5**. [renovar] to renew.

◆ **rehacerse** *vpr* [recuperarse] to recuperate, to recover.

rehecho, cha *pp* → **rehacer**.

rehén *mf* hostage.

rehíce *v* → **rehacer**.

rehiciera *etc v* → **rehacer**.

rehilar ◇ *vt* to twist too hard. ◇ *vi* - **1**. [temblar] to quiver, to tremble. - **2**. [pasar zumbando] to whizz by.

rehilete *m* - **1**. [flechilla] dart. - **2**. TAUROM banderilla. - **3**. [volante] shuttlecock. - **4**. *fig* [dicho malicioso] dig, gibe.

rehiletero *m* TAUROM banderillero.

rehogar [16] *vt* to fry over a low heat.

rehollar [23] *vt* to trample underfoot.

rehoyar *vi* to redig holes.

rehoyo *m* deep hole, pit.

rehuella *etc v* → **rehollar**.

rehuida *f* flight.

rehuir [51] *vt* - **1**. [rehusar] to avoid. - **2**. [apartar] to flee o to shrink from.

◆ **rehuirse** *vpr*: ~**se ante** to flee o to shrink from.

rehumedecer [30] *vt* to soak, to wet through.

rehundir *vt* - **1**. [hundir] to sink, to submerge. - **2**. [ahondar] to deepen. - **3**. *fig* [gastar] to waste, to squander.

rehusar *vt & vi* to refuse.

rehuya *etc v* → **rehuir**.

rehuyera *etc v* → **rehuir**.

reidor, ra *adj* laughing.

Reikiavik *s* Reykjavik.

reimplantar *vt* - **1.** [reintroducir] to reintroduce. - **2.** MED to reimplant.

reimportación *f* reimporting.

reimpresión *f* - **1.** [tirada] reprint. - **2.** [acción] reprinting.

reimpreso, sa *adj* reprinted.

reimprimir *vt* to reprint.

reina *f* - **1.** [monarca, en ajedrez] queen. - **2.** → **abeja**.
◆ **reina de los bosques** *f* woodruff.
◆ **reina de los prados** *f* meadowsweet.

reinado *m* *lit & fig* reign.

reinante *adj* - **1.** [monarquía, persona] reigning, ruling. - **2.** [viento] prevailing; [frío, calor] current.

reinar *vi lit & fig* to reign.

reincidencia *f* [recaída] relapse; [en un delito] recidivism.

reincidente ◇ *adj* - **1.** DER recidivist. - **2.** [enfermo] relapsing. ◇ *mf* DER recidivist.

reincidir *vi*: ~ **en** [falta, error] to relapse into, to fall back into; [delito] to repeat.

reincorporación *f* reincorporation.

reincorporar *vt* to reincorporate.
◆ **reincorporarse** *vpr*: ~**se (a)** to rejoin, to go back to.

reingresar *vi*: ~ **en** to return to.

reinicializar [13] *vt* INFORM to reset.

reino *m* - **1.** CIENCIA & POLÍT kingdom. - **2.** *fig* realm; **el** ~ **de los cielos** the kingdom of Heaven.

Reino Unido *s*: **el** ~ the United Kingdom.

reinserción *f*: ~ **(social)** (social) rehabilitation o reintegration.

reinsertar *vt* to reintegrate, to rehabilitate.

reinstalación *f* - **1.** [en lugar] reinstallation. - **2.** [en puesto] reinstatement.

reinstalar *vt* - **1.** [en lugar] to reinstall. - **2.** [en puesto] to reinstate.

reinstaurar *vt* to reestablish.

reintegrable *adj* reimbursable, refundable.

reintegración *f* - **1.** [a puesto] reinstatement. - **2.** [de dinero] repayment, reimbursement.

reintegrar *vt* - **1.** [a un puesto] to reinstate. - **2.** [dinero] to repay, to reimburse. - **3.** [timbrar] to stick a fiscal stamp to.
◆ **reintegrarse** *vpr* - **1.** [volver] to return (to). - **2.** [recibir reembolso] to be paid back, to be reimbursed.

reintegro *m* - **1.** [de dinero] repayment, reimbursement; BANCA withdrawal. - **2.** [en lotería] return of one's stake *(in lottery)*. - **3.** [póliza] fiscal stamp. - **4.** [restablecimiento] restoration.

reinterpretar *vt* to reinterpret.

reintroducción *f* reintroduction.

reintroducir *vt* to reintroduce.

reinvertir [27] *vt* to reinvest.

reír [28] ◇ *vi* - **1.** [manifestar alegría] to laugh; ~ **de** [hacer burla] to laugh at, to make fun of □ **dar que** ~ to ask to be laughed at. - **2.** *fig* [brillar] to sparkle. - **3.** *fam fig* [tela] to come apart, to split. ◇ *vt* to laugh at.
◆ **reírse** *vpr* [carcajearse]: ~**se (de)** to laugh (at); **mis amigos se ríen de mis bromas** my friends laugh at my jokes; ~**se por lo bajo** to snicker, to snigger.

reiteración *f* reiteration, repetition.

reiterar *vt* to reiterate, to repeat.
◆ **reiterarse** *vpr*: ~**se en** to reaffirm.

reiterativo, va *adj* repetitive, repetitious.

reivindicación *f* - **1.** [reclamación] claim, demand; ~ **salarial** wage claim. - **2.** DER recovery. - **3.** [vindicación] vindication.

reivindicar [10] *vt* - **1.** [derechos, salario etc] to claim, to demand. - **2.** [atentado] to claim responsibility for. - **3.** [herencia] to claim (the right to). - **4.** DER to replevy, to recover. - **5.** [vindicar] to vindicate. - **6.** [restablecer] to restore.

reivindicativo, va *adj* protest *(antes de sust)*; **plataforma reivindicativa** (set of) demands; **jornada reivindicativa** day of protest.

reja *f* - **1.** [gen] bars *(pl)*; [en el suelo] grating; [celosía] grille; **estar entre** ~**s** [en la cárcel] to be behind bars. - **2.** [de arado] ploughshare. - **3.** *fig* [labor de arado] ploughing; **dar una** ~ to plough.

rejego, ga *adj Amér fam* [terco] stubborn.

rejero, ra *m, f* railing maker.

rejilla *f* - **1.** [enrejado] grid, grating; [de ventana] grille; [de cocina] grill *(on stove)*; [de horno] gridiron; ~ **del radiador** AUTOM radiator grille; ~ **de ventilación** vent. - **2.** [para sillas, muebles] wickerwork; **de** ~ wicker, wickerwork. - **3.** [para equipaje] luggage rack. - **4.** [brasero] foot stove, footwarmer. - **5.** [armazón de horno] fire grate. - **6.** ELECTR & RADIO grid; ~ **libre** floating grid; ~ **de pantalla** screen grid. - **7.** FERROC luggage rack.

rejo *m* - **1.** [punta] sharp point, spike. - **2.** [aguijón] sting. - **3.** [clavo] hobnail, iron pin. - **4.** [hierro del cerco] iron frame. - **5.** [vigor] vigour, strength. - **6.** BOT radicle. - **7.** *Amér* [rebaño] herd of dairy cows. - **8.** *Amér* [azote] whip. - **9.** *Amér* [cuero] strip of raw leather. - **10.** *Amér* [ordeño] milking.

rejón *m* - **1.** TAUROM type of 'banderilla' used by mounted bullfighter. - **2.** [varilla] spear. - **3.** [de trompo] point. - **4.** [garrocha] goad.

rejoneador, ra *m, f* TAUROM bullfighter on horseback who uses the 'rejón'.

rejonear TAUROM ◇ *vt* to wound with a 'rejón'. ◇ *vi* to fight the bulls on horseback.

rejoneo *m* TAUROM use of the 'rejón'.

rejuntar *vt* to collect, to gather.
◆ **rejuntarse** *vpr fam* to live together.

rejuvenecer [30] *vt & vi* to rejuvenate.
◆ **rejuvenecerse** *vpr* to be rejuvenated.

relación *f* - **1.** [nexo] relation, connection; **con** ~ **a, en** ~ **con** in relation to, with regard to; **hacer** ~ **a algo** to refer to sthg, to make reference to sthg; **guardar** ~ **con algo** to be related to sthg; **no guardar** ~ **con algo** to bear no relation to sthg □ ~ **precio-calidad** o **calidad-precio** value for money. - **2.** [comunicación, trato] relations *(pl)*, relationship; **estar en buenas relaciones con alguien** to be on good terms with sb; **estar en** ~ **con alguien** to be in contact with sb; **mantener relaciones con alguien** to keep in touch with sb; **ponerse en** ~ to get in touch □ **relaciones amorosas** (love) affair *(sg)*; **relaciones comerciales** [entre individuos] business relationship *(sg)*; [entre países, empresas] trade *(U)*; **relaciones diplomáticas/internacionales/públicas** diplomatic/international/public relations; **relaciones laborales** industrial relations; **relaciones de parentesco** kinship *(sg)*, blood relationship *(sg)*; **relaciones sexuales** sexual intercourse *(sg)*. - **3.** [lista] list; **la** ~ **de invitados** the guest list. - **4.** [descripción, narración] account. - **5.** [informe] report; DER summary; ~ **jurada** sworn statement. - **6.** *(gen pl)* [noviazgo] relationship; **llevan cinco años de relaciones** they've been going out together for five years □ **relaciones formales** engagement *(sg)*. - **7.** MAT ratio. - **8.** GRAM relation.
◆ **relaciones** *fpl* [contactos, personas influyentes] contacts, connections; [conocidos] acquaintances; **tener buenas relaciones** to be well-connected.

relacionado, da *adj* - **1.** [emparentado] related; ~ **con** related to, connected with; **estar bien** ~ to have good connections. - **2.** [concerniente] concerning, regarding.

relacional *adj* relational.

relacionar *vt* - **1.** [vincular] to relate, to connect; **no se puede** ~ **una cosa con otra, son completamente diferentes** you can't relate the two things, they're totally different. - **2.** [relatar] to tell, to relate; **relacionó lo sucedido con gran claridad** she described what had happened very clearly.
◆ **relacionarse** *vpr* - **1.** [alternar]: ~**se (con)** to mix (with); **se relaciona con gente muy importante** he mixes with very important people. - **2.** [tener relación] to be related o connected. - **3.** *fig* [hacer amistades] to get acquainted, to make friends. - **4.** [ponerse en contacto] to get in touch.

relajación *f,* **relajamiento** *m* - **1.** [de la tensión] relaxation. - **2.** [aflojamiento] relaxing. - **3.** [diversión] relaxation. - **4.** *fig* [moral] looseness, laxity. - **5.** DER mitigation, reduction. - **6.** MED hernia, rupture.

relajadamente *adv* relaxedly.

relajado, da *adj* - **1.** [aflojado] loose, slack. - **2.** *Amér* [depravado] depraved, debauched.

relajador, ra ◇ *adj* - **1.** [relajante] relaxing. - **2.** MED laxative. ◇ *m, f* relaxer.

relajamiento *m* = **relajación**.

relajante *adj* relaxing.

relajar *vt* - **1.** [distender - músculo, persona] to relax; [- cuerda] to loosen, to slacken. - **2.** [descansar, entretener] to relax. - **3.** *fig* [aflojar - disciplina, control, normas] to relax; [- tensión] to ease, to relieve; [- moral, costumbres] to weaken. - **4.** *Amér* [burlarse de] to make fun of, to mock.

◆ **relajarse** *vpr* - **1.** [distenderse - músculo, persona] to relax; [- cuerda] to loosen, to slacken. - **2.** [descansar, entretenerse] to relax. - **3.** *fig* [disciplina, control, moral etc] to weaken, to become lax. - **4.** *fig* [en la conducta] to let o.s. go. - **5.** MED to sprain; ~**se la muñeca** to sprain one's wrist.

relajo *m fam* - **1.** [depravación] depravity, debauchery. - **2.** *Amér* [alboroto] racket, din. - **3.** *Amér* [broma] joke, jest.

relamer *vt* to lick repeatedly.

◆ **relamerse** *vpr* - **1.** [persona] to lick one's lips. - **2.** [animal] to lick its chops. - **3.** *fig* [maquillarse demasiado] to paint one's face. - **4.** *fig* [jactarse] to gloat.

relamido, da *adj* prim and proper.

relámpago *m* - **1.** [descarga] flash of lightning, lightning *(U);* [destello] flash. - **2.** *fig* [exhalación]: **pasar como un** ~ to flash past o through.

relampagueante *adj* flashing.

relampaguear ◇ *v impers:* **relampagueó** lightning flashed. ◇ *vi fig* to flash.

relampagueo *m* METEOR lightning; [destello] flashing.

relance *m* - **1.** [segundo lance] second chance o try. - **2.** [suceso] accident, coincidence. - **3.** [en el juego] second round o hand.

◆ **de relance** *loc adv* by chance.

relanzamiento *m* relaunch.

relanzar [13] *vt* - **1.** [impulsar] to relaunch. - **2.** [rechazar] to repel, to repulse. - **3.** [en elección] to recast.

relapso, sa ◇ *adj* relapsed. ◇ *m, f* recidivist.

relatador, ra ◇ *adj* relating, narrating. ◇ *m, f* narrator.

relatar *vt* - **1.** [suceso] to relate, to recount; [historia] to tell. - **2.** DER to report.

relativamente *adv* relatively.

relatividad *f* relativity.

relativismo *m* relativism.

relativizar [13] *vt* to put into perspective.

relativo, va *adj* - **1.** [gen] relative; **en lo** ~ **a** regarding. - **2.** [escaso] limited.

◆ **relativo** *m* GRAM relative.

relato *m* - **1.** [exposición] account, report; [cuento] tale, story. - **2.** [acción de relatar] narrating, telling.

relator, ra ◇ *adj* narrating, telling. ◇ *m, f* [de cuento] narrator.

◆ **relator** *m* - **1.** [en tribunal] court reporter. - **2.** [ponente] reporter.

relax *m inv* - **1.** [relajación] relaxation. - **2.** [sección de periódico] personal column.

releer [50] *vt* to reread.

relegación *f* relegation.

relegar [16] *vt:* ~ **(a)** to relegate (to); ~ **algo al olvido** to banish sthg from one's mind.

relente *m* - **1.** [humedad] (night) dew. - **2.** [frío] (night) chill. - **3.** *fam fig* [descaro] nerve, cheek.

relevancia *f* relevance, importance.

relevante *adj* outstanding, important.

relevar ◇ *vt* - **1.** [sustituir] to relieve, to take over from; ~ **(de)** [destituir] to dismiss (from), to relieve (of); [eximir] to free (from). - **2.** [DEP - en partidos] to substitute; [- en relevos] to take over from. - **3.** [hacer sobresalir] to emboss. - **4.** [absolver] to absolve, to pardon. - **5.** *fig* [exaltar] to praise, to exalt. - **6.** MIL to relieve. - **7.** ARTE to paint in relief. ◇ *vi* ARTE to stand out in relief.

◆ **relevarse** *vpr* to take turns.

relevo *m* - **1.** MIL relief, changing. - **2.** DEP [acción] relay. - **3.** *loc:* **tomar el** ~ to take over.

◆ **relevos** *mpl* DEP relay (race) *(sg).*

releyera *etc v* → **releer**.

relicario *m* - **1.** RELIG reliquary. - **2.** [estuche] locket.

relieve *m* - **1.** [gen, ARTE & GEOGR] relief; **en** ~ in relief □ **alto** ~ high relief; **bajo** ~ bas-relief; **medio** ~ half relief. - **2.** [importancia] importance; **de** ~ important; **poner de** ~ to underline (the importance of), to highlight. - **3.** [estampado] embossing; **estampar en** ~ to emboss.

◆ **relieves** *mpl* leftovers, scraps.

religión *f* religion.

religiosamente *adv lit & fig* religiously.

religiosidad *f lit & fig* religiousness.

religioso, sa ◇ *adj lit & fig* religious. ◇ *m, f* [monje] monk *(f* nun).

relinchar *vi* to neigh, to whinny.

relincho *m* - **1.** [de caballo] neigh, neighing *(U).* - **2.** *fig* [grito] whoop, shout.

reliquia *f* - **1.** [residuo, vestigio] relic; [familiar] heirloom. - **2.** [dolor] lingering ailment.

rellanar *vt* to level again.

◆ **rellanarse** *vpr* to stretch out in one's chair.

rellano *m* - **1.** [de escalera] landing. - **2.** [de terreno] shelf.

rellenable *adj* refillable.

rellenar *vt* - **1.** [volver a llenar] to refill. - **2.** [documento, formulario] to fill in o out. - **3.** [pollo, cojín etc] to stuff; [tarta, pastel] to fill. - **4.** [llenar completamente] to fill up. - **5.** [henchir] to fill, to stuff. - **6.** *fam fig* [atiborrar] to stuff.

◆ **rellenarse** *vpr fam fig* [atiborrarse] to stuff o.s.

relleno, na *adj* [gen] stuffed; [tarta, pastel] filled.

◆ **relleno** *m* - **1.** [de pollo, cojín] stuffing; [de tarta, pastel] filling; **de** ~ *fig* as padding, as a filler. - **2.** [en costura] padding.

reloj *(pl* **relojes)** *m* [de pared] clock; [de pulsera] watch; TECN clock, meter; ~ **de agua** water clock, clepsydra; ~ **analógico/digital** analogue/digital watch; ~ **de arena** hourglass; ~ **automático** timer, timing mechanism; ~ **de bolsillo/de cuarzo** pocket/quartz watch; ~ **de caja** o **de pie** grandfather clock; ~ **de campana** o **de carillón** chiming clock; ~ **de cuco** cuckoo clock; ~ **despertador** alarm clock; ~ **interno** INFORM internal clock; ~ **de pulsera** watch, wristwatch; ~ **de sol** sun dial; **hacer algo contra** ~ *fig* to do sthg against the clock; **ser como un** ~ *fig* to be as regular as clockwork; **siempre llega puntual, es como un** ~ he always arrives on time, you could set your watch by him.

relojería *f* - **1.** [tienda] watchmaker's (shop). - **2.** [arte] watchmaking. - **3.** [taller] watch factory.

relojero, ra *m, f* watchmaker.

reluciente *adj* shining, gleaming.

relucir [32] *vi lit & fig* to shine; **sacar algo a** ~ to bring sthg up, to mention sthg; **salir a** ~ to come to light.

relumbrante *adj* dazzling, resplendent.

relumbrar *vi* to shine brightly.

relumbrón *m* - **1.** [golpe de luz] flash. - **2.** [oropel] tinsel.

◆ **de relumbrón** *loc adv fig* flashily, gaudily.

relumbroso, sa *adj* dazzling, resplendent.

reluzca *etc v* → **relucir**.

REM *(abrev de* **Roentgen Equivalent Man)** *m* REM.

remachado, da *adj Amér* quiet, reserved.

◆ **remachado** *m* - **1.** [con roblón] riveting. - **2.** [del clavo] clinching.

remachar *vt* - **1.** [machacar] to rivet. - **2.** *fig* [recalcar] to drive home, to stress.
◆ **remacharse** *vpr Amér* to keep still.
remache *m* - **1.** [acción] riveting. - **2.** [clavo] rivet. - **3.** *Amér* [tenacidad] stubbornness.
remador, ra *m, f* rower.
remake [ri'meik] (*pl* **remakes**) *m* remake.
remallar *vt* to mend.
remanente *m* - **1.** [de géneros] surplus stock; [de productos agrícolas] surplus. - **2.** [en cuenta bancaria] balance. - **3.** [de beneficios] net profit.
remangar *vt* = **arremangar**.
remansarse *vpr* to pool, to form a pool.
remanso *m* - **1.** [charca] still pool; ~ **de paz** *fig* oasis of peace. - **2.** *fig* [lentitud] sluggishness.
remar *vi* - **1.** [en embarcación] to row. - **2.** *fig* [luchar] to struggle, to toil.
remarcar [10] *vt* - **1.** [recalcar] to underline, to stress. - **2.** [volver a marcar] to mark again.
rematadamente *adv* absolutely, utterly.
rematado, da *adj* - **1.** [absoluto, completo] utter, complete. - **2.** DER convicted.
rematador, ra *m, f* - **1.** DEP goal scorer. - **2.** *Amér* [en subasta] auctioneer.
rematar ◇ *vt* - **1.** [acabar] to finish. - **2.** [matar - persona] to finish off; [- animal] to put out of its misery. - **3.** DEP to shoot. - **4.** [liquidar, vender] to sell off cheaply. - **5.** [adjudicar en subasta] to knock down; [subastar] to auction (off). - **6.** [agotar] to use up. - **7.** ARQUIT to top, to crown. - **8.** [en costura] to finish off. - **9.** *Amér* EQUITACIÓN to rein in suddenly. ◇ *vi* - **1.** [en fútbol] to shoot; [de cabeza] to head at goal. - **2.** [terminar] to end; ~ **en** to end in.
◆ **rematarse** *vpr* to be finished.
remate *m* - **1.** [fin, colofón] end; **para** ~ [colmo] to cap it all; **por** ~ finally, in the end. - **2.** ARQUIT top; [punta] finial. - **3.** [en fútbol] shot; [de cabeza] header at goal. - **4.** [toque final] finishing touch. - **5.** [COM - venta en subasta] sale; [- última puja] highest bid; [- liquidación] closing. - **6.** IMPRENTA vignette. - **7.** [en costura] last stitch. - **8.** *Amér* [subasta] auction. - **9.** *Amér* TEXTIL edge.
◆ **de remate** *loc adv* totally, completely.
rematista *mf Amér* auctioneer.
rembolsable *adj* = **reembolsable**.
rembolsar *vt* = **reembolsar**.
rembolso *m* = **reembolso**.
remecer [11] *vi Amér* to shake.
remedador, ra ◇ *adj* - **1.** [imitador] copying, imitating. - **2.** [por burla] aping, mimicking. ◇ *m, f* mimic, imitator.
remedar *vt* - **1.** [imitar] to imitate. - **2.** [por burla] to ape, to mimic.
remediable *adj* remediable; **fácilmente** ~ easily remedied.
remediador, ra ◇ *adj* - **1.** [que repara] remedying. - **2.** [que ayuda] helping. ◇ *m, f* - **1.** [ayudante] helper. - **2.** [consolador] comforter.
remediar [8] *vt* - **1.** [solucionar - daño] to remedy, to put right; [- problema] to solve; [- peligro] to avoid, to prevent. - **2.** [corregir] to correct. - **3.** [ayudar] to help, to assist. - **4.** [librar] to save, to protect.
remedio *m* - **1.** [solución] solution, remedy; **no encuentro** ~ **a mis problemas** I can't find a solution to my problems; **como último** ~ as a last resort; **no hay o queda más** ~ **que...** there's nothing for it but...; **no tener más** ~ **que...** to have no alternative o choice... but; **perdí las llaves y no tuve más** ~ **que llamar al cerrajero** I lost the keys and had no alternative but to call the locksmith; **no tener** ~ [ser inevitable] to be inevitable; [sin solución] to be hopeless; **no te preocupes por eso, ya no tiene** ~ don't worry about that, you can't do anything about it anyway; **poner** ~ **a algo** to do sthg about sthg ❑ ~ **heroico** drastic measure; **sin** ~ [sin cura, solución] hopeless; [ineludible-

mente] inevitably; [sin falta] without fail; [irremediable] unavoidable, inevitable. - **2.** [consuelo] comfort, consolation; **la lectura es un** ~ **a mi soledad** reading is a comfort in my loneliness. - **3.** [medicamento] remedy, cure; ~ **casero** home remedy. - **4.** [enmienda] correction. - **5.** [ayuda] relief, help. - **6.** DER recourse, remedy.
remedo *m* - **1.** [imitación] imitation. - **2.** [por burla] parody.
remellón, ona *adj fam* [labios] split, cracked.
remembranza *f* memory, remembrance.
remembrar *vt* to remember, to recall.
rememoración *f* recollection.
rememorar *vt* to remember, to recall.
rememorativo, va *adj* commemorative.
remendado, da *adj* - **1.** [con remiendos] patched. - **2.** [con manchas] spotted, patchy.
remendar [19] *vt* - **1.** [con remiendos] to mend, to darn. - **2.** [reparar] to mend, to repair. - **3.** *fig* [corregir] to correct.
remendón, ona ◇ *adj* - **1.** [que repara] mending. - **2.** → **zapatero.** ◇ *m, f* mender.
remera *f Amér* [prenda] T-shirt.
remero, ra *m, f* [persona] rower.
remesa *f* - **1.** [de mercancías] consignment. - **2.** [de dinero] shipment, remittance.
remesar *vt* - **1.** [dinero] to remit. - **2.** [mercancía] to ship, to send. - **3.** [pelo] to pull o to pluck out.
remeter *vt* - **1.** [meter más adentro] to tuck in. - **2.** [volver a meter] to put back.
remezón *m Amér* earth tremor.
remienda *etc v* → **remendar**.
remiendo *m* - **1.** [parche] mend, darn; **a** ~**s** in bits and pieces, piecemeal; **echar un** ~ to patch up. - **2.** *fam* [apaño] patching up, makeshift mending. - **3.** [acción de remendar] mending. - **4.** *fig* [enmienda] correction. - **5.** [en costura] darning. - **6.** ZOOL spot. - **7.** IMPRENTA jobwork.
remigio *m card game where players aim to collect ten particular cards.*
remilgado, da *adj* - **1.** [afectado] affected. - **2.** [escrupuloso] squeamish; [con comida] fussy, finicky.
remilgarse [16] *vpr* to behave affectedly.
remilgo *m* - **1.** [afectación] affectation. - **2.** [escrupulosidad] squeamishness; [con comida] fussiness.
reminiscencia *f* reminiscence; **tener** ~**s de** to be reminiscent of.
remirado, da *adj* - **1.** [meticuloso] meticulous. - **2.** [melindroso] fussy, finicky.
remirar *vt* - **1.** [volver a mirar] to look at again. - **2.** [examinar] to look closely at, to examine.
◆ **remirarse** *vpr* - **1.** [esmerarse] to take pains with. - **2.** [mirar con deleite] to look at with pleasure.
remisible *adj* remissible.
remisión *f* - **1.** [envío] sending. - **2.** [en texto] cross-reference, reference; **hacer una** ~ to cross-refer. - **3.** [perdón] remission, forgiveness. - **4.** [entrega] delivery. - **5.** [de enfermedad] remission.
◆ **sin remisión** *loc adv* without hope of a reprieve.
remisivo, va *adj* reference *(antes de sust)*.
remiso, sa *adj* - **1.** [reticente]: **ser** ~ **a hacer algo** to be reluctant to do sthg. - **2.** [negligente] careless, remiss. - **3.** [perezoso] slack, indolent.
remite *m* sender's name and address.
remitente ◇ *adj* - **1.** [que remite] remittent, remitting. - **2.** [enfermedad] remittent. ◇ *mf* sender.
remitido *m* [en periódico] advertisement, announcement.
remitir ◇ *vt* - **1.** [enviar] to send; [dinero] to remit. - **2.** [perdonar] to forgive, to remit. - **3.** [traspasar]: ~ **algo a** to refer sthg to. - **4.** [demorar] to put off, to postpone. - **5.** [hacer ceder intensidad] to cause to slacken, to diminish. - **6.** [delegar] to remit, to leave. - **7.** [referir] to refer. - **8.** COM to ship, to consign. - **9.** DER to transfer. ◇ *vi* - **1.** [en texto]: ~ **a** to refer to. - **2.** [disminuir] to subside.

◆ **remitirse a** *vpr* - **1.** [atenerse a] to comply with, to abide by. - **2.** [referirse a] to refer to.

remo *m* - **1.** [pala] oar; **al** ~ rowing; **ir a** ~ to row. - **2.** [deporte] rowing. - **3.** (*gen pl*) [extremidad] limb. - **4.** *fig* [trabajo pesado] toil; **a** ~ **y sin sueldo** *fam* working hard for nothing; **a** ~ **y vela** *fam* promptly. - **5.** [pata] leg; [ala] wing.
Remo *m* Remus.

remoción *f* [de personal] dismissal, sacking.

remodelación *f* [gen] redesigning; [de gobierno] reshuffle.

remodelar *vt* [gen] to redesign; [gobierno] to reshuffle.

remojar *vt* - **1.** [humedecer] to soak; [pan, galleta] to dip, to dunk. - **2.** *fam* [festejar] to drink to, to celebrate with a drink. - **3.** *Amér* [dar propina] to tip.

remojo *m* - **1.** [acción de remojar] soaking; **estar en** ~ to be soaking; **poner en** ~ to leave to soak. - **2.** *Amér* [propina] tip.

remojón *m fam* [en la piscina, el mar] dip; [bajo la lluvia] soaking, drenching.

remolacha *f* beetroot *Br*, beet *Am*; [azucarera] (sugar) beet.

remolachero, ra ◇ *adj* beetroot (*antes de sust*) *Br*, beet (*antes de sust*) *Am*. ◇ *m, f* beetroot grower *Br*, beet grower *Am*.

remolcador, ra *adj* [coche] tow (*antes de sust*); [barco] tug (*antes de sust*).
◆ **remolcador** *m* [camión] breakdown lorry; [barco] tug, tugboat.

remolcar [10] *vt* [coche] to tow; [barco] to tug.

remoler [24] ◇ *vt* - **1.** [moler mucho] to grind very fine. - **2.** *Amér* [fastidiar] to exasperate, to wear out. ◇ *vi Amér* [parrandear] to live it up, to have a ball.

remolido *m* MIN fine, unwashed ore.

remolienda *f Amér fam* binge, spree.

remolinar *vi* - **1.** [formar remolinos] to spin, to whirl. - **2.** [amontonarse] to mill, to throng.

remolinear *vt & vi* to spin, to whirl.

remolino *m* - **1.** [de agua] eddy, whirlpool; [de viento] whirlwind; [de humo] cloud, swirl; [de polvo] whirl, flurry. - **2.** [de gente] throng, mass. - **3.** [de ideas] confusion. - **4.** [de pelo] cowlick. - **5.** [movimiento] milling. - **6.** [disturbio] commotion, disturbance.

remolón, ona ◇ *adj* lazy. ◇ *m, f*: **hacerse el** ~ to shirk.
◆ **remolón** *m* [colmillo] upper tusk.
◆ **remolones** *mpl* sharp points (of horses' teeth).

remolonear *vi* to laze.

remolque *m* - **1.** [acción] towing; **dar** ~ **a** to tow ❑ **ir a** ~ *fig* [voluntariamente] to tag along; [obligado] to be dragged along. - **2.** [tipo de vehículo] trailer. - **3.** [cabo] towrope. - **4.** [vehículo remolcado] tow, towed vehicle.

remonta *f* - **1.** [MIL - conjunto de caballos] supply of remounts; [- establecimiento] remount establishment. - **2.** [de silla de montar] saddle padding. - **3.** [compostura del calzado] shoe repair. - **4.** [de pantalón] mending. - **5.** [parche] leather patch.

remontada *f fam* DEP comeback.

remontar *vt* - **1.** [pendiente, río] to go up; [obstáculo] to get over, to overcome; [puestos] to pull back, to catch up. - **2.** MIL to remount, to supply with new horses. - **3.** [silla de montar] to stuff, to pad. - **4.** [en caza] to frighten away. - **5.** *fig* [encumbrar] to honour. - **6.** [elevar] to elevate, to raise. - **7.** [parchear] to patch. - **8.** [zapato] to repair.
◆ **remontarse** *vpr* - **1.** [ave, avión] to soar, to climb high. - **2.** [gastos]: ~**se a** to amount o come to. - **3.** *fig* [datar]: ~**se a** to go o date back to. - **4.** *fig* [inspirarse] to soar.

remonte *m* - **1.** [de vuelo] soaring. - **2.** [elevación] rising. - **3.** [de zapato] repair, repairing. - **4.** MIL remounting, supplying with new horses.

remoquete *m* - **1.** [puñetazo] punch. - **2.** *fig* [dicho agudo] sharp remark. - **3.** *fam* [galanteo] courting. - **4.** *fam* [apodo] nickname.

rémora *f* - **1.** [pez] remora. - **2.** *fam fig* [obstáculo] drawback, hindrance.

remorder [24] *vt* - **1.** *fig* [inquietar] to trouble, to worry; ~**le a alguien** to fill sb with remorse. - **2.** [morder] to bite, to gnaw.
◆ **remorderse** *vpr* to show remorse.

remordimiento *m* (*gen pl*) remorse (*U*); **le mentí y luego sentí** ~**s** I lied to her and regretted it later.

remosquearse *vpr* - **1.** *fam* [escamarse] to become suspicious o wary. - **2.** IMPRENTA to mackle.

remoto, ta *adj* [lejano] remote; **no tengo ni la más remota idea** I haven't got the faintest idea.

remover [24] *vt* - **1.** [agitar - sopa, café] to stir; [- ensalada] to toss; [- bote, frasco] to shake; [- tierra] to turn over, to dig up. - **2.** [desplazar] to move, to shift. - **3.** [reavivar - caso policial] to reopen; [- recuerdos, pasado] to stir up, to rake up. - **4.** [despedir] to dismiss, to sack. - **5.** [quitar] to remove, to take away. - **6.** [alterar] to upset, to disturb.
◆ **removerse** *vpr* [moverse] to move about; [mar] to get rough.

remozar [13] *vt* - **1.** [edificio, fachada] to renovate. - **2.** [rejuvenecer] to rejuvenate, to renew.
◆ **remozarse** *vpr* to be rejuvenated.

remplazable *adj* = **reemplazable**.

remplazante *adj & mf* reemplazante.

remplazar *vt* = **reemplazar**.

remplazo *m* = **reemplazo**.

rempujo *m* - **1.** *fam* [empujón] pushing, shoving. - **2.** NÁUT sailmaker's palm.

remuela *etc v* → **remoler**.

remuerda *etc v* → **remorder**.

remueva *etc v* → **remover**.

remunerable *adj* remunerable.

remuneración *f* remuneration.

remunerado, da *adj*: **bien** ~ well-paid; **mal** ~ badly-paid.

remunerador, ra ◇ *adj* - **1.** [rentable] remunerative. - **2.** [que remunera] remunerating. ◇ *m, f* remunerator.

remunerar *vt* - **1.** [pagar] to remunerate. - **2.** [recompensar] to reward.

remunerativo, va *adj* remunerative.

remusgar [16] *vi* to suspect, to guess.

remusgo *m* - **1.** [sospecha] suspicion, guess. - **2.** [vientecillo] cold breeze.

renacentista ◇ *adj* Renaissance (*antes de sust*). ◇ *mf* expert on the Renaissance.

renacer [29] *vi* - **1.** [volver a nacer] to be reborn; [flores, hojas] to grow again. - **2.** [alegría, esperanza] to return, to revive. - **3.** [reaparecer] to reappear.

renacimiento *m* - **1.** [gen] rebirth; [de flores, hojas] budding. - **2.** [de alegría, esperanza] revival, return.
◆ **Renacimiento** *m*: **el Renacimiento** ~ the Renaissance.

renacuajo *m* - **1.** [animal] tadpole. - **2.** *fam fig* [niño] tiddler.

renal *adj* renal, kidney (*antes de sust*).

renazca *etc v* → **renacer**.

rencilla *f* quarrel.

renco, ca ◇ *adj* lame. ◇ *m, f* lame person.

rencontrar *vt* = **reencontrar**.

rencor *m* resentment, bitterness; **guardar** ~ **a** to bear a grudge.

rencoroso, sa ◇ *adj* resentful, bitter. ◇ *m, f* resentful o bitter person.

rencuentro *m* = **reencuentro**.

rendaje *m* set of reins.

rendición *f* - **1.** [entrega] surrender. - **2.** [sumisión] submissiveness. - **3.** [utilidad] yield, return.

rendido, da *adj* - **1.** [agotado] exhausted, worn-out. - **2.** [sumiso] submissive; [admirador] servile, devoted. - **3.** [obsequioso] obsequious.

rendija *f* crack, gap.

rendimiento *m* - **1.** [de inversión, negocio] yield, return; [de trabajador, fábrica] productivity; [de tierra, cosecha] yield. - **2.** [de motor] performance. - **3.** [cansancio] exhaustion. - **4.** [sumisión] submissiveness. - **5.** [obsequiosidad] obsequiousness.

rendir [26] ◇ *vt* - **1.** [cansar] to wear out, to tire out. - **2.** [rentar] to yield. - **3.** [vencer] to defeat, to subdue; [someter] to dominate. - **4.** [ofrecer] to give, to present; [pleitesía] to pay. - **5.** [restituir] to give back, to return. - **6.** [producir] to produce, to yield; [fruto] to bear. - **7.** [vomitar] to vomit, to throw up. - **8.** NÁUT to finish. - **9.** [MIL - guardia] to hand over; [- bandera] to dip; [- armas] to lay down. ◇ *vi* - **1.** [negocio] to be profitable; [fábrica, trabajador,tierra] to be productive. - **2.** [máquina] to perform well. - **3.** *Amér* [expandir] to swell, to expand. - **4.** *Amér* [cundir mucho] to last longer than usual.

◆ **rendirse** *vpr* - **1.** [entregarse] to give o.s. up, to surrender. - **2.** [ceder]: ~**se a** to submit to, to give in to; ~**se a la evidencia** to bow to the evidence. - **3.** [desanimarse] to give in o up. - **4.** [cansarse] to wear o.s. out, to exhaust o.s. - **5.** NÁUT to snap, to crack.

renegado, da ◇ *adj* - **1.** [apóstata] renegade. - **2.** *fam fig* [de mal carácter] gruff, bad-tempered. ◇ *m, f* - **1.** [apóstata] renegade. - **2.** *fam fig* [persona de mal carácter] gruff o bad-tempered person.

◆ **renegado** *m* [juego] ombre.

renegador, ra ◇ *adj* swearing, blasphemous. ◇ *m, f* swearer, blasphemer.

renegar [35] ◇ *vt* - **1.** [negar con vehemencia] to deny strongly. - **2.** [detestar] to detest, to abhor. ◇ *vi* - **1.** [repudiar]: ~ **de** RELIG to renounce; [familia] to disown. - **2.** *fam* [gruñir] to grumble. - **3.** [blasfemar] to swear, to blaspheme.

renegociar [8] *vt* to renegotiate.

renegón, ona *fam* ◇ *adj* swearing. ◇ *m, f* swearer.

renegrido, da *adj* blackish.

renegué *etc v* → **renegar**.

Renfe (*abrev de* **Red Nacional de los Ferrocarriles Españoles**) *f* Spanish state railway network.

renglón *m* [línea] line; COM item; **a ~ seguido** *fig* in the same breath, straight after; **leer entre renglones** *fig* to read between the lines.

◆ **renglones** *mpl* [escrito] lines, words.

rengo, ga ◇ *adj* lame. ◇ *m, f* lame person.

renguear *vi Amér* to limp, to hobble.

reniega *etc v* → **renegar**.

reniego *m* curse, oath.

renio *m* rhenium.

reno *m* reindeer.

renombrado, da *adj* renowned, famous.

renombrar *vt* INFORM to rename.

renombre *m* - **1.** [fama] renown, fame. - **2.** [apodo] nickname.

renovable *adj* renewable.

renovación *f* - **1.** [de carné, contrato] renewal. - **2.** [de mobiliario, local] renovation.

renovador, ra ◇ *adj* radical; POLÍT reformist. ◇ *m, f* radical; POLÍT reformer.

renovar [24] *vt* - **1.** [cambiar - mobiliario, local] to renovate; [- vestuario] to clear out; [- personal, plantilla] to make changes to, to shake out. - **2.** [carné, contrato, ataques] to renew. - **3.** [restaurar] to restore. - **4.** [innovar] to rethink, to revolutionize; POLÍT to reform. - **5.** [remplazar] to replace. - **6.** [redecorar] to redecorate.

◆ **renovarse** *vpr* to be renewed.

renqueante *adj* limping, hobbling.

renquear *vi* - **1.** [cojear] to limp, to hobble. - **2.** *fig* [tener dificultades] to struggle along.

renqueo *m*, **renquera** *f Amér* limp.

renta *f* - **1.** [ingresos] income ❏ **vivir de las ~s** to live off one's (private) income; ~ **bruta/fija/líquida** gross/fixed/net income; ~ **per cápita** o **por habitante** per capita income; ~ **gravable** o **imponible** taxable income; ~**s del trabajo** earned income; ~ **variable/vitalicia** variable/life annuity. - **2.** [alquiler] rent. - **3.** [beneficios] return. - **4.** [intereses] interest. - **5.** [deuda pública] national o public debt. - **6.** [pago anual] annuity.

rentabilidad *f* profitability.

rentabilizar [13] *vt* to make profitable.

rentable *adj* profitable.

rentar ◇ *vt* - **1.** [rendir] to produce, to yield. - **2.** *Amér* [alquilar] to rent. ◇ *vi* to be profitable.

rentista *mf* - **1.** [el que vive de sus rentas] person of independent means. - **2.** [accionista] bondholder, holder of Government bonds.

renuencia *f* reluctance, unwillingness.

renuente *adj*: ~ **a** reluctant to, unwilling to.

renueva *etc v* → **renovar**.

renuncia *f* - **1.** [abandono] giving up. - **2.** [dimisión] resignation. - **3.** DER waiver.

renunciamiento *m* renunciation.

renunciar [8] *vi* - **1.** [abandonar] to give up. - **2.** [dimitir] to resign. - **3.** [en naipes] to revoke. - **4.** DER to waive, to drop.

◆ **renunciar a** *vi* - **1.** [prescindir de] to give up; [plan, proyecto] to drop; ~ **al tabaco** to give up o stop smoking. - **2.** [rechazar]: ~ **(a hacer algo)** to refuse (to do sthg).

renuncio *m* - **1.** [en naipes] revoke. - **2.** *fig* [mentira] lie; **coger a alguien en (un)** ~ to catch sb lying.

reñidamente *adv* [con rivalidad] hard, fiercely.

reñidero *m* pit; ~ **de gallos** cockpit.

reñido, da *adj* - **1.** [enfadado]: ~ **(con)** on bad terms o at odds (with); **están** ~**s** they've fallen out. - **2.** [disputado] fierce, hard-fought; **una lucha reñida** a fierce struggle. - **3.** [incompatible]: **estar** ~ **con** to be at odds with, to be incompatible with.

reñidor, ra *adj* - **1.** [que regaña] scolding. - **2.** [pendenciero] quarrelsome.

reñidura *f fam* scolding.

reñir [26] ◇ *vt* - **1.** [regañar] to tell off; **mis padres me reñían poco** my parents never told me off much. - **2.** [disputar] to fight. ◇ *vi* - **1.** [enfadarse] to argue, to fall out; ~ **con** to fall out with; **Juan riñó con Carmen después de dos años de relaciones** Juan fell out with Carmen after going out with her for two years. - **2.** [disputar]: ~ **por** to fight for o over; **riñeron por conseguir el premio** they fought over who should get the prize.

reo, a ◇ *adj* [culpable] guilty. ◇ *m, f* - **1.** [culpado] offender, culprit. - **2.** [acusado] accused, defendant.

reoca *f fam*: **ser la** ~ [gracioso] to be a scream; [el colmo] to be the limit.

reojo *m*: **mirar algo de** ~ [con disimulo] to look at sthg out of the corner of one's eye; *fam fig* [con enfado] to look askance at sthg.

reordenación *f* restructuring, reorganization.

reorganización *f* [gen] reorganization; [del gobierno] reshuffle.

reorganizador, ra ◇ *adj* reorganizing. ◇ *m, f* reorganizer.

reorganizar [13] *vt* [gen] to reorganize; [gobierno] to reshuffle.

◆ **reorganizarse** *vpr* to reorganize.

reorientar *vt* to give a new direction to, to refocus.

reóstato *m* resistor.

repajolero, ra *adj fam* damned; **no tener ni repajolera idea** I haven't the foggiest idea.

repanchigarse [16] *vpr fam* to sprawl out.

repanocha *f fam*: **ser la** ~ [gracioso] to be a scream; [el colmo] to be the limit.

repantigarse [16] *vpr* to sprawl out.

reparable *adj* - **1.** [remendable] repairable. - **2.** [digno de atención] noteworthy.

reparación f - **1.** [arreglo] repair, repairing (U); **en** ~ under repair. - **2.** [compensación] reparation, redress. - **3.** [acción de reparar] repairing, mending.

reparador, ra ◇ adj - **1.** [descanso, sueño] refreshing. - **2.** [que arregla] repairing, repair. - **3.** [criticón] faultfinding, critical. ◇ m, f - **1.** [persona que arregla] repairer. - **2.** [criticón] faultfinder, critical person.

reparar ◇ vt - **1.** [coche etc] to repair, to fix; **después del accidente reparamos el coche** after the accident, we had the car repaired o fixed. - **2.** [error, daño etc] to make amends for. - **3.** [fuerzas] to make up for, to restore. - **4.** [notar] to notice, to observe. - **5.** [corregir] to correct. - **6.** [golpe] to parry. - **7.** Amér [imitar] to mimic, to imitate. ◇ vi - **1.** [tener algo en cuenta]: ~ **en algo** to notice sthg; **suerte que reparé en que no llevábamos el visado** it's lucky I noticed we didn't have the visa with us; **no** ~ **en gastos** to spare no expense. - **2.** [parar] to stop; **no** ~ **en nada** to stop at nothing. - **3.** [considerar]: ~ **en** to pay attention to, to consider; **repara bien en sus consejos** pay close attention to her advice. - **4.** Amér [caballo] to rear, to buck.

reparo m - **1.** [objeción] objection; **no andar con** ~**s** not to hesitate o doubt; **poner** ~**s a algo** to raise objections to sthg. - **2.** [apuro]: **con** ~**s** with hesitation o reservations; **me da** ~ I feel uncertain about it; **no tener** ~**s en** not to be afraid to; **sin** ~**s** without reservation, with no holds barred. - **3.** [duda] misgiving, doubt. - **4.** [defensa] defence, protection. - **5.** [mancha] spot. - **6.** DEP parry. - **7.** desus [remedio] repair. - **8.** desus [restauración] restoration. - **9.** Amér EQUITACIÓN rearing, bucking; **tirar un** ~ to rear, to buck.

reparón, ona adj fam faultfinding, carping.

repartible adj distributable.

repartición f [reparto] sharing out.

repartidor, ra ◇ adj distributing. ◇ m, f [gen] distributor; [de butano, carbón] deliveryman (f deliverywoman); [de leche] milkman (f milklady); [de periódicos] paperboy (f papergirl).

repartimiento m - **1.** [división] sharing, division. - **2.** [distribución] distribution. - **3.** [de impuesto] assessment.

repartir vt - **1.** [dividir - gen] to share out, to divide; [- territorio, nación] to partition; **repartimos el pastel entre los invitados** we shared out the cake amongst the guests. - **2.** [entregar - leche, periódicos, correo] to deliver; [- naipes] to deal (out). - **3.** [pintura, mantequilla] to spread. - **4.** [asignar - trabajo, órdenes] to give out, to allocate; [- papeles] to assign. - **5.** fig [administrar] to administer, to dish out.

reparto m - **1.** [división] division, distribution; ~ **de beneficios** ECON profit-sharing; ~ **de premios** prizegiving. - **2.** [entrega - leche, periódicos, correo] delivery; [- de naipes] dealing; **hacer (el)** ~ to deliver. - **3.** [asignación] giving out, allocation. - **4.** CINE & TEATRO cast.

repasador m Amér tea towel.

repasar ◇ vt - **1.** [revisar] to go over; [lección] to revise; **hay que** ~ **las cuentas para detectar el error** we'll have to go through all the accounts in order to find the mistake. - **2.** [zurcir] to darn, to mend. - **3.** [con trapo, con plumero etc] to run over again. - **4.** [lugar] to go down o along again; ~ **una calle** to go down a street again. - **5.** [para corregir] to check, to look over; [texto] to skim (through), to glance over. - **6.** [volver a explicar] to explain again, to go over. - **7.** [dar los últimos toques] to polish (up). - **8.** MEC to check, to overhaul. - **9.** MIN to amalgamate. ◇ vi: ~ **por** to go down o along again; ~ **por un camino** to go down a road again.

repasata f fam scolding.

repaso m - **1.** [revisión] revision; **dar un** ~ **a** to look over o through; **curso de** ~ refresher course ❑ ~ **general** [gen] revision; [máquinas, coche] overhaul. - **2.** [de ropa] darning, mending. - **3.** fam [reprimenda] telling off, ticking off; **dar un** ~ **a alguien** to give sb a dressing-down. - **4.** [examen] examination. - **5.** MEC check, overhaul.

repatear vt fam to bug; ~ **a alguien** to get on sb's wick.

repatriación f repatriation.

repatriado, da ◇ adj repatriated. ◇ m, f repatriate.

repatriar [9] vt to repatriate.

◆ **repatriarse** vpr to be repatriated.

repe adj fam expression used by young collectors of picture cards to indicate that they have a duplicate or a particular card.

repechar vi to go uphill.

repecho m steep slope; **a** ~ uphill.

repelar vt - **1.** [tirar del pelo] to pull the hair of. - **2.** [hierba] to clip, to crop. - **3.** fig [cercenar] to cut (down), to trim. - **4.** EQUITACIÓN to cause to break into a short gallop. - **5.** Amér [exasperar] to exasperate, to irritate.

repelencia f repulsion.

repelente adj - **1.** [desagradable, repugnante] repulsive. - **2.** [ahuyentador] repellent.

repeler vt - **1.** [rechazar] to repel. - **2.** [repugnar] to repulse, to disgust. - **3.** [contradecir] to reject.

repelo m - **1.** [lo que no va al pelo] part going against the grain o nap. - **2.** [de uña] hangnail. - **3.** [en madera] cross grain. - **4.** fam fig [riña] scrap, scuffle. - **5.** fig [repugnancia] aversion, repugnance.

repelón m - **1.** [tirón del pelo] pull of the hair. - **2.** [en medias] snag, pulled thread. - **3.** [porción] small portion. - **4.** EQUITACIÓN short gallop.

◆ **repelones** mpl MIN flames escaping from a furnace.

repelús m inv: **me da** ~ it gives me the shivers.

repeluzno m shiver.

repente m - **1.** [arrebato] fit. - **2.** [movimiento] start, sudden movement.

◆ **de repente** loc adv suddenly.

repentinamente adv suddenly.

repentino, na adj sudden.

repera f fam: **ser la** ~ to be the limit.

repercusión f - **1.** fig [consecuencia] repercussion. - **2.** [resonancia] echoes (pl).

repercutir ◇ vi - **1.** fig [afectar]: ~ **en** to have repercussions on. - **2.** [resonar] to resound, to echo. - **3.** [rebotar] to rebound. ◇ vt MED to repel.

◆ **repercutirse** vpr to reverberate.

repertorio m - **1.** [obras] repertoire. - **2.** fig [serie] selection.

repesca f - **1.** EDUC resit. - **2.** DEP repêchage.

repescar [10] vt - **1.** EDUC to allow a resit. - **2.** DEP to allow into the repêchage.

repetición f - **1.** [acción de repetir] repetition; [de una jugada] action replay. - **2.** [mecanismo] repeating mechanism. - **3.** MÚS & TEATRO encore.

repetidamente adv repeatedly, over and over.

repetido, da adj - **1.** [gen] repeated; **repetidas veces** time and time again. - **2.** [cromo etc] duplicated.

repetidor, ra EDUC ◇ adj repeating the year. ◇ m, f student repeating a year.

◆ **repetidor** m - **1.** ELECTR repeater. - **2.** desus [preceptor] tutor.

repetir [26] ◇ vt - **1.** [volver a hacer, a decir] to repeat; [lección] to recite; [ataque] to renew. - **2.** [en comida] to have seconds of. - **3.** DER to demand, to claim. ◇ vi - **1.** [alumno] to repeat a year. - **2.** [sabor, alimento]: ~ **(a alguien)** to repeat (on sb). - **3.** [de comida] to have seconds; **esta ensalada me encanta, voy a repetir** I love this salad, I'm going to have some more of it.

◆ **repetirse** vpr - **1.** [fenómeno] to recur. - **2.** [persona] to repeat o.s.; **se repite como un disco rayado** she's like that's got stuck.

repetitivo, va adj repetitive.

repicar [10] ◇ vt - **1.** [campanas] to ring; [tambor] to beat. - **2.** [en naipes] to repique. - **3.** [CULIN - carne] to mince; [- verdura] to chop finely. ◇ vi [campanas] to ring; [tambor] to sound.

repintar vt to repaint.

◆ **repintarse** vpr - **1.** [maquillarse] to put on heavy make-up. - **2.** IMPRENTA to mackle, to blur.

repipi *fam* ◊ *adj* precocious. ◊ *mf* precocious brat.

repique¹ *etc v* → **repicar**.

repique² *m* - **1**. [de campanas] peal, ringing *(U)*. - **2**. *fam* [riña] squabble, wrangle. - **3**. [en naipes] repique.

repiquete *m* - **1**. [de campanas] lively peal, lively pealing *(U)*. - **2**. [riña] squabble, quarrel. - **3**. *Amér* [resentimiento] pique, resentment.

repiquetear *vi* [campanas] to ring out; [tambor] to beat; [timbre] to ring; [lluvia, dedos] to drum.

repiqueteo *m* [de campanas] pealing; [de tambor] beating; [de timbre] ringing; [de lluvia, dedos] drumming.

repisa *f* - **1**. [estante] shelf; [sobre chimenea] mantelpiece. - **2**. ARQUIT bracket.

repita *etc v* → **repetir**.

repitiera *etc v* → **repetir**.

replantación *f* - **1**. [segunda plantación] replanting. - **2**. [transplante] transplanting.

replantar *vt* - **1**. [volver a plantar] to replant. - **2**. [transplantar] to transplant.

replanteamiento *m* restatement, reconsideration.

replantear *vt* - **1**. [reenfocar] to reconsider, to restate. - **2**. [volver a mencionar] to bring up again. - **3**. [trazar] to lay out a ground plan of.

replanteo *m* laying out of the ground plan.

replay [ri'plei] (*pl* **replays**) *m* replay.

repleción *f* fullness.

replegable *adj* retractable.

replegar [35] *vt* - **1**. [ocultar] to retract. - **2**. [plegar] to make folds in.
◆ **replegarse** *vpr* [retirarse] to withdraw, to retreat.

repleto, ta *adj*: ~ **(de)** packed (with).

réplica *f* - **1**. [respuesta] reply; **sin** ~ [cortado] speechless; [indiscutiblemente] unquestionably. - **2**. [copia] replica. - **3**. DER replication.

replicar [10] ◊ *vt* [responder] to answer; [objetar] to answer back, to retort. ◊ *vi* - **1**. [objetar] to answer back. - **2**. DER to answer.

replicón, ona *fam* ◊ *adj* argumentative. ◊ *m, f* argumentative person.

repliega *etc v* → **replegar**.

repliegue *m* - **1**. [retirada] withdrawal, retreat. - **2**. [pliegue] fold.

repoblación *f* [con gente] repopulation; [con peces] restocking; ~ **forestal** reafforestation.

repoblar [23] *vt* [con gente] to repopulate; [con peces] to restock; [con árboles] to replant, to reafforest.
◆ **repoblarse** *vpr*: ~**se** [gente] to be repopulated with; [peces] to be restocked with; [árboles] to be replanted o reafforested with.

repodrir *vt* = **repudrir**.

repollo *m* - **1**. [col] cabbage. - **2**. [de lechuga] head.

repolludo, da *adj* - **1**. [planta] cabbage-headed. - **2**. *fig* [rechoncho] chubby.

reponer [65] *vt* - **1**. [remplazar] to replace. - **2**. [restituir] to put back. - **3**. CINE & TEATRO to rerun; TV to repeat. - **4**. [replicar]: ~ **que** to reply that.
◆ **reponerse** *vpr* - **1**. [recuperarse]: ~**se (de)** to recover (from). - **2**. [serenarse] to calm down.

reportaje *m* RADIO & TV report; PRENSA article; ~ **gráfico** illustrated feature.

reportar *vt* - **1**. [provocar, traer] to bring; **no le ha reportado más que problemas** it has caused him nothing but problems. - **2**. *Amér* [informar] to report. - **3**. [reprimir] to check, to curb. - **4**. [conseguir] to get, to obtain. - **5**. IMPRENTA to transfer.
◆ **reportarse** *vpr* to restrain o control o.s.

reporte *m Amér* - **1**. [noticia] report. - **2**. [chisme] rumour. - **3**. IMPRENTA transfer.

repórter *mf* = **reportero**.

reportero, ra ◊ *m, f* reporter; ~ **gráfico** press photographer. ◊ *adj* reporting.

reposacabezas *m inv* headrest.

reposado, da *adj* relaxed, calm.

reposapiés *m inv* footrest.

reposar *vi* - **1**. [descansar] to (have a) rest. - **2**. [sedimentarse] to stand. - **3**. *fig* [yacer] to lie.
◆ **reposarse** *vpr* [líquido] to settle.

reposera *f Amér* easy chair.

reposición *f* - **1**. CINE rerun; TEATRO revival; TV repeat. - **2**. [de existencias, pieza etc] replacement. - **3**. MED recovery.

repositorio *m* repository.

reposo *m* [descanso] rest; **en** ~ [cuerpo, persona] at rest; [máquina] not in use; CULIN standing.

repostar ◊ *vi* [coche] to fill up; [avión] to refuel. ◊ *vt* - **1**. [coche] to fill up; [avión] to refuel. - **2**. [gasolina] to fill up with. - **3**. [provisiones] to stock up on.

repostería *f* - **1**. [establecimiento] confectioner's (shop). - **2**. [oficio, productos] confectionery. - **3**. [despensa] pantry.

repostero, ra *m, f* - **1**. [pastelero] confectioner. - **2**. [en palacio] king's butler.
◆ **repostero** *m* - **1**. *Amér* [armario] larder, pantry. - **2**. HERÁLDICA *cloth adorned with a coat of arms*.

reprender *vt* [a niños] to tell off; [a empleados] to reprimand.

reprensible *adj* reprehensible.

reprensión *f* [a niños] telling-off; [a empleados] reprimand.

represor, ra ◊ *adj* reproachful. ◊ *m, f* reprimander.

represa *f* - **1**. [de agua] dam. - **2**. [acción de represar] damming. - **3**. *fig* [contención] damming, stemming.

represalia *f (gen pl)* reprisal; **tomar** ~**s** to retaliate, to take reprisals.

represar *vt* - **1**. [agua] to dam. - **2**. *fig* [contener] to dam, to stem. - **3**. NÁUT to recapture.

representable *adj* - **1**. [gen] representable. - **2**. TEATRO [obra] performable.

representación *f* - **1**. [gen & COM] representation; **en** ~ **de** on behalf of; **tener la** ~ **de** COM to act as a representative for ❑ ~ **proporcional** proportional representation. - **2**. TEATRO performance; ~ **única** one-night stand. - **3**. [autoridad] authority. - **4**. [petición] petition.

representador, ra *adj* representing.

representante ◊ *adj* representative. ◊ *mf* - **1**. [gen & COM] representative. - **2**. [de artista] agent. - **3**. [actor] actor (*f* actress).

representar ◊ *vt* - **1**. [gen & COM] to represent; **este señor representa a la compañía de seguros** this man represents the insurance company. - **2**. [aparentar] to look. - **3**. [significar] to mean; **representa el 50% del consumo interno** it accounts for 50% of domestic consumption. - **4**. [TEATRO - función] to perform; [- papel] to play. - **5**. [volver a presentar] to present again. - **6**. [declarar] to state, to represent. ◊ *vi* to imagine, to picture.

representatividad *f* representativeness.

representativo, va *adj* - **1**. [simbolizador]: **ser** ~ **de** to represent. - **2**. [característico, relevante]: ~ **(de)** representative (of).

represión *f* repression.

represivo, va *adj* repressive.

represor, ra ◊ *adj* repressing. ◊ *m, f* represser, repressor.

reprimenda *f* reprimand.

reprimido, da ◊ *adj* repressed. ◊ *m, f* repressed person.

reprimir *vt* [gen] to suppress; [minorías, disidentes] to repress.
◆ **reprimirse** *vpr*: ~**se (de hacer algo)** to restrain o.s. (from doing sthg).

reprís, reprise (*pl* **reprises**) *m* acceleration.

reprobable *adj* reprehensible.

reprobación f reproof, censure.

reprobar [23] vt to censure, to condemn.

reprobatorio, ria adj condemning.

réprobo, ba ◇ adj damned. ◇ m, f lost soul.

reprochable adj reproachable.

reprochar vt: ~ **algo a alguien** to reproach sb for sthg.

◆ **reprocharse** vpr: ~**se algo (uno mismo)** to reproach o.s. for sthg.

reproche m reproach; **hacer un ~ a alguien** to reproach sb.

reproducción f reproduction; ~ **exacta** replica; ~ **pirata** piracy.

reproducible adj reproducible.

reproducir [33] vt [gen & ARTE] to reproduce; [gestos] to copy, to imitate.

◆ **reproducirse** vpr - **1.** [volver a suceder] to recur; **se le ha reproducido el cáncer** his cancer has recurred. - **2.** [procrear] to reproduce.

reproductor, ra ◇ adj - **1.** [gen] reproductive. - **2.** [que copia] reproducing. - **3.** ZOOL breeding. ◇ m, f - **1.** BIOL reproducer. - **2.** ZOOL breeder.

◆ **reproductor** m: ~ **de discos compactos** compact disc player, CD player.

reprogramar vt - **1.** INFORM to reprogram. - **2.** ECON to reschedule.

reprueba etc v → **reprobar**.

reptación f crawling.

reptante adj - **1.** [animal] crawling. - **2.** [planta] creeping.

reptar vi to crawl.

reptil ◇ adj reptilian. ◇ m reptile.

república f republic; ~ **bananera** banana republic.

República Centroafricana f Central African Republic.

República Checa f Czech Republic.

República de Sudáfrica f: **la** ~ the Republic of South Africa.

República Dominicana f Dominican Republic.

republicanismo m republicanism.

republicano, na adj & m, f republican.

República Popular de Corea f: **la** ~ the Democratic People's Republic of Korea.

República Popular del Congo f: **la** ~ the People's Republic of the Congo.

repudiable adj repudiable.

repudiación f repudiation.

repudiar [8] vt - **1.** [condenar] to repudiate. - **2.** [rechazar] to disown. - **3.** DER to renounce, to relinquish.

repudio m disowning.

repudrir, repodrir vt to (cause to) rot away.

◆ **repudrirse** vpr - **1.** [pudrirse] to rot away. - **2.** fam fig [consumirse] to pine away, to eat one's heart out.

repuebla etc v → **repoblar**.

repuesto, ta ◇ pp → **reponer**. ◇ adj - **1.** [restablecido]: ~ **(de)** recovered (from). - **2.** [restituido] replaced. - **3.** [apartado] withdrawn.

◆ **repuesto** m - **1.** [gen] reserve; AUTOM spare part; **de** ~ spare, in reserve; **la rueda de** ~ the spare wheel. - **2.** [reserva] stock, supply. - **3.** [mueble] sideboard.

repugnancia f disgust.

repugnante adj disgusting.

repugnar ◇ vi to be disgusting. ◇ vt - **1.** [dar asco]: **me repugna ese olor/su actitud** I find that smell/her attitude disgusting; **me repugna hacerlo** I loathe doing it. - **2.** [contradecir] to contradict; **repugnaba todo lo que yo decía** he contradicted everything I said. - **3.** [rehusar] to do reluctantly.

repujado, da adj embossed.

◆ **repujado** m embossed work.

repujar vt to emboss.

repulgado, da adj fam affected.

repulgar [16] vt [en costura] to hem, to overcast.

repulgo m - **1.** [en costura] hem. - **2.** CULIN border.

repulido, da adj neat, spruce.

repulir vt - **1.** [pulir] to polish. - **2.** [acicalar] to smarten up.

◆ **repulirse** vpr to smarten up.

repulsa f [censura] condemnation.

repulsar vt to repulse, to reject.

repulsión f - **1.** [aversión] repulsion. - **2.** [negativa] rejection.

repulsivo, va adj repulsive.

repunta f - **1.** [cabo] cape, point. - **2.** fig [indicio] sign, indication. - **3.** fam fig [riña] squabble, quarrel.

repuntar ◇ vt Amér [animales] to round up. ◇ vi - **1.** [marea] to turn. - **2.** Amér [enfermedad, cambio de tiempo] to begin to appear.

◆ **repuntarse** vpr - **1.** [vino] to turn sour. - **2.** fam fig [persona] to quarrel, to fall out.

repunte m - **1.** [de marea] turning. - **2.** Amér [de animales] rounding up. - **3.** Amér [de precios] price rise.

repusiera etc v → **reponer**.

reputación f reputation; **tener mucha** ~ to be very famous.

reputado, da adj highly reputed.

reputar vt - **1.** [considerar] to consider. - **2.** [apreciar] to esteem, to appreciate.

requebrar [19] vt - **1.** [volver a quebrar] to break again. - **2.** [cortejar] to court. - **3.** [lisonjear] to flatter.

requemado, da adj - **1.** [muy quemado] burnt. - **2.** [bronceado] tanned.

requemar vt - **1.** [quemar] to burn; [planta, tierra] to scorch. - **2.** CULIN to overcook. - **3.** [pasión] to inflame.

◆ **requemarse** vpr - **1.** [quemarse] to get burnt, to burn; [planta] to shrivel, to become parched. - **2.** fig [resentirse] to harbour resentment.

requeridor, ra ◇ adj requiring. ◇ m, f requirer.

◆ **requeridor** m DER summons server.

requerimiento m - **1.** [demanda] entreaty. - **2.** [DER - intimación] writ, injunction; [- aviso] summons (sg).

requerir [27] vt - **1.** [necesitar] to require. - **2.** [ordenar] to demand. - **3.** [pedir]: ~ **a alguien (para) que haga algo** to ask sb to do sthg. - **4.** DER to order. - **5.** COM redraft.

◆ **requerirse** vpr [ser necesario] to be required o necessary.

requesón m - **1.** [queso] cottage cheese. - **2.** [cuajada] curd.

requetebién adv fam wonderfully, marvellously.

requiebra etc v → **requebrar**.

requiebro m - **1.** [lisonja] flirtatious remark. - **2.** MIN crushed ore.

réquiem (pl **réquiems**) m requiem.

requiera etc v → **requerir**.

requilorio m useless formality.

requintar vt - **1.** [arrendamiento] to outbid by one-fifth. - **2.** [exceder] to surpass. - **3.** [MÚS - subir] to raise a fifth; [- bajar] to lower a fifth. - **4.** Amér [apretar] to tighten, to squeeze.

requinto m - **1.** [de cantidad] second fifth. - **2.** [puja] raise by a fifth. - **3.** [clarinete] fife. - **4.** [guitarrillo] small guitar.

requiriera etc v → **requerir**.

requisa f - **1.** [requisición] requisition; [en aduana] seizure. - **2.** [inspección] inspection.

requisar vt MIL to requisition; [en aduana] to seize.

requisición f MIL requisition, requisitioning.

requisito m requirement; **cumplir los** ~**s** to fulfil all the requirements ❑ ~ **previo** prerequisite.

res (pl **reses**) f beast, animal; ~ **vacuna** head of cattle.

resaber [70] vt to know very well.

resabiado, da adj fam know-all (antes de sust).

resabiar [7] vt to instil bad habits in.

◆ **resabiarse** *vpr* - **1.** [adquirir vicios] to acquire bad habits. - **2.** [enfadarse] to become annoyed.

resabido, **da** *adj* - **1.** [bien conocido] well-known. - **2.** [pedante] pedantic.

resabio *m* - **1.** [sabor] nasty aftertaste. - **2.** [vicio] persistent bad habit.

resaca *f* - **1.** *fam* [de borrachera] hangover. - **2.** [de las olas] undertow. - **3.** COM redraft.

resalado, **da** *adj fam* charming.

resalar *vt* to salt again.

resalir [71] *vi* ARQUIT to jut out, to project.

resaltar ◇ *vi* - **1.** [destacar] to stand out. - **2.** [en edificios - balcón] to stick out; [- decoración] to stand out. - **3.** [rebotar] to bounce, to rebound. ◇ *vt* [destacar] to highlight; **hacer** ~ to emphasize, to stress.

resalto *m* - **1.** [rebote] bounce, rebound. - **2.** [saliente] projection.

resalvo *m* tiller, sapling.

resanar *vt* - **1.** [dorar] to regild, to retouch. - **2.** [restaurar] to repair, to restore.

resarcible *adj* indemnifiable.

resarcimiento *m* compensation.

resarcir [12] *vt*: ~ **a alguien (de)** to compensate sb (for).
◆ **resarcirse** *vpr* to be compensated; ~**se de** [daño, pérdida] to be compensated for; [desengaño, derrota] to make up for.

resbalada *f Amér fam* slip.

resbaladero, **ra** *adj* slippery.
◆ **resbaladero** *m* slippery spot.
◆ **resbaladera** *f* chute, slide.

resbaladizo, **za** *adj lit & fig* slippery.

resbalador, **ra** *adj* - **1.** [que cae] slipping. - **2.** [que se desliza] sliding.

resbaladura *f* skid mark.

resbalar *vi* - **1.** [caer]: ~ **(con** o **sobre)** to slip (on). - **2.** [deslizarse] to slide; **una lágrima resbaló por su mejilla** a tear slid down her cheek. - **3.** [estar resbaladizo] to be slippery. - **4.** *fig* [cometer desliz] to make a slip; **resbaló al comentar la noticia a la prensa** he made a slip o faux pas when he mentioned the matter to the press. - **5.** [automóvil] to skid. - **6.** *loc*: ~**le algo a alguien** *fam fig* to leave sb cold; **le resbala todo lo que le digo** everything I say to him goes in one ear and out the other.
◆ **resbalarse** *vpr* to slip (over).

resbalón *m* - **1.** [traspié] slip; **dar** o **pegar un** ~ to slip. - **2.** *fig* [desliz] slip, error. - **3.** [de automóvil] skid.

resbalosa *f Amér heel-tapping dance of Argentina and Peru.*

resbaloso, **sa** *adj* slippery.

rescatador, **ra** ◇ *adj* rescuing. ◇ *m, f* rescuer.

rescatar *vt* - **1.** [liberar, salvar] to rescue; [pagando rescate] to ransom. - **2.** [herencia etc] to recover. - **3.** *fig* [redimir] to free, to release.

rescate *m* - **1.** [liberación, salvación] rescue. - **2.** [dinero] ransom. - **3.** [recuperación] recovery. - **4.** FIN redemption.

rescindible *adj* rescindable.

rescindir *vt* to rescind.

rescisión *f* cancellation.

rescoldo *m* - **1.** [brasa] ember. - **2.** *fig* [resto] lingering feeling, flicker.

resé *v* → **resaber.**

resecar [10] *vt* - **1.** [piel] to dry out. - **2.** [tierra] to parch.
◆ **resecarse** *vpr* - **1.** [piel] to dry out. - **2.** [tierra] to become parched.

resección *f* MED resection.

reseco, **ca** *adj* - **1.** [piel, garganta, pan] very dry. - **2.** [tierra] parched. - **3.** [flaco] emaciated.

resellar *vt* - **1.** [volver a timbrar] to restamp. - **2.** [volver a sellar] to reseal. - **3.** [volver a acuñar] to recoin.

resello *m* - **1.** [de papel] restamping, resealing. - **2.** [de moneda] recoining.

resembrar [19] *vt* to resow.

resentido, **da** ◇ *adj* bitter, resentful; **estar** ~ **con alguien** to be really upset with sb. ◇ *m, f* bitter o resentful person.

resentimiento *m* resentment, bitterness.

resentirse [27] *vpr* - **1.** [debilitarse] to be weakened; [salud] to deteriorate. - **2.** [sentir molestias]: ~ **de** to be suffering from. - **3.** [ofenderse] to be offended; ~ **de** o **por** to take offence at. - **4.** [sufrir consecuencias] to feel the effects.

reseña *f* - **1.** [de libro, concierto] review; [de partido, conferencia] report. - **2.** MIL inspection, review. - **3.** [descripción] description, outline.

reseñar *vt* - **1.** [criticar - libro, concierto] to review; [- partido, conferencia] to report on. - **2.** [describir] to describe. - **3.** MIL to inspect, to review.

resepa *v* → **resaber.**

reseque *etc v* → **resecar.**

resero *m Amér* - **1.** [pastor] herdsman. - **2.** [ganadero] livestock dealer.

reserva ◇ *f* - **1.** [de hotel, avión etc] reservation; **hacer una** ~ to book *Br*, to make a reservation *Am.* - **2.** [provisión] reserves *(pl)*; **tener algo de** ~ to keep sthg in reserve ❑ ~ **de agua** water supply; ~**s de divisas/monetarias** ECON foreign currency/monetary reserves. - **3.** [objeción] reservation; **sin** ~**s** without reservation. - **4.** [cautela] reserve. - **5.** [discreción] discretion; **con la mayor** ~ in the strictest confidence. - **6.** [de indígenas] reservation. - **7.** [de animales] reserve; ~ **natural** nature reserve. - **8.** MIL reserve; **pasar a la** ~ to become a reservist. - **9.** COM reserve, reserves *(pl)*; ~**s del excedente** surplus reserves; ~ **en metálico** cash reserves. - **10.** RELIG reservation. ◇ *mf* DEP reserve, substitute. ◇ *m* [vino] vintage.
◆ **reservas** *fpl* - **1.** [energía acumulada] energy reserves. - **2.** [recursos] resources.
◆ **a reserva de** *loc adv* except for.
◆ **a reserva de que** *loc conj* unless.

reservación *f* reservation.

reservado, **da** *adj* - **1.** [gen] reserved. - **2.** [confidencial] confidential. - **3.** [discreto] discreet, circumspect. - **4.** [cauteloso] reserved.
◆ **reservado** *m* - **1.** [en restaurante] private room. - **2.** FERROC reserved compartment. - **3.** RELIG reservation.

reservar *vt* - **1.** [habitación, asiento etc] to book, to reserve; **reservé habitación en el mejor hotel de la ciudad** I booked a room in the best hotel in town. - **2.** [dinero, pasteles etc] to set aside. - **3.** [sorpresa] to keep. - **4.** [opinión, comentarios & RELIG] to reserve. - **5.** [encubrir] to conceal, to hide. - **6.** [aplazar] to put off, to postpone. - **7.** [eximir] to exempt, to exonerate.
◆ **reservarse** *vpr* - **1.** [esperar]: ~**se para** to save o.s. for. - **2.** [guardar para sí] to keep to o.s.; **me reservo mi opinión sobre este asunto** I'm going to reserve judgment on this matter. - **3.** [dinero, derecho] to retain (for o.s.). - **4.** [ser precavido] to be wary o cautious.

reservista MIL ◇ *adj* reserve. ◇ *mf* reservist.

resfriado, **da** *adj*: **estar** ~ to have a cold.
◆ **resfriado** *m* - **1.** [catarro] cold. - **2.** [destemple] chill.

resfriadura *f* VETER [catarro] cold.

resfriante ◇ *adj* cooling. ◇ *m* cooler.

resfriar [9] ◇ *vt* - **1.** [enfriar] to make cold. - **2.** *fig* [moderar] to temper, to moderate. ◇ *vi* to cool.
◆ **resfriarse** *vpr* - **1.** [constiparse] to catch a cold. - **2.** *fig* [perder cariño] to cool, to grow cold.

resfrío *m Amér* cold.

resguardar *vt & vi*: ~ **de** to protect against.
◆ **resguardarse** *vpr* - **1.** [protegerse]: ~**se de** [en un portal] to shelter from; [con abrigo, paraguas] to protect o.s. against. - **2.** *fig* [cuidarse] to be careful, to take care.

resguardo *m* - **1.** [documento] receipt. - **2.** [protección] protection; **al** ~ **de** safe from. - **3.** [de frontera] border guard.

residencia *f* - **1.** [estancia] stay. - **2.** [localidad, domicilio] residence; **fijaron su** ~ **en la costa** they took up residence on the coast. - **3.** [establecimiento - de estudiantes] hall of residence; [- de ancianos] old people's home; [- de oficiales] residence. - **4.** [hotel] boarding house. - **5.** [hospital] hospital. - **6.** [permiso para extranjeros] residence permit. - **7.** [periodo de formación] residency.

residencial *adj* residential.

residente *adj & mf* resident.

residir *vi* - **1.** [vivir] to reside. - **2.** [radicar]: ~ **en** to lie in, to reside in.

residual *adj* residual; **aguas** ~**es** sewage *(U)*.

residuo *m* - **1.** *(gen pl)* [material inservible] waste; QUÍM residue; ~**s nucleares** nuclear waste *(U)*; ~**s radiactivos** radioactive waste *(U)*. - **2.** [restos] leftovers *(pl)*. - **3.** MAT remainder.

resiembra¹ *etc v* → **resembrar**.

resiembra² *f* resowing.

resienta *etc v* → **resentirse**.

resignación *f* resignation.

resignar *vt* to resign.

◆ **resignarse** *vpr*: ~ **(a hacer algo)** to resign o.s. (to doing sthg).

resina *f* resin.

resinación *f* extraction of resin.

resinoso, sa *adj* resinous.

resintiera *etc v* → **resentirse**.

resistencia *f* - **1.** [gen, ELECTR & POLÍT] resistance; **ofrecer** ~ to put up resistance; **oponer** ~ to put up o offer resistance □ ~ **de tensión** tensile strength; ~ **pasiva** passive resistance. - **2.** [de puente, cimientos] strength; ~ **a la torsión** torsional strength. - **3.** [para correr etc] stamina.

◆ **Resistencia** *f* HIST: **la Resistencia** the Resistance.

resistente ◇ *adj* - **1.** [gen] tough, strong; **hacerse** ~ **(a)** to build up a resistance (to) □ ~ **al calor** heatresistant; ~ **al fuego** flame-retardant. - **2.** [que se opone] resisting, opposing. - **3.** [planta] hardy. ◇ *mf* HIST Resistance fighter.

resistible *adj* resistible.

resistidor, ra *adj* resistant.

resistir ◇ *vt* - **1.** [dolor, peso, críticas] to withstand. - **2.** [tentación, impulso, deseo] to resist. - **3.** [tolerar] to tolerate, to stand; **no lo resisto más, me voy** I can't stand it any longer, I'm off. ◇ *vi* - **1.** [ejército, ciudad etc]: ~ **(a algo/a alguien)** to resist (sthg/sb). - **2.** [corredor etc] to keep going; **el tocadiscos aún resiste** the record player still works; ~ **a algo** [aguantar] to stand up to sthg, to withstand sthg. - **3.** [mesa, dique etc] to take the strain; ~ **a algo** to withstand sthg. - **4.** [ante tentaciones etc] to resist.

◆ **resistirse** *vpr*: ~**se (a algo)** to resist (sthg); ~**se a hacer algo** to refuse to do sthg; **me resisto a creerlo** I refuse to believe it; **no hay hombre que se le resista** no man can resist her; **se le resisten las matemáticas** she just can't get the hang of maths.

resma *f* ream.

resobado, da *adj* trite, hackneyed.

resol *m* (sun's) glare.

resolana *f*, **resolano** *m* - **1.** [sitio] sunny place. - **2.** [resol] sun's glare.

resolladero *m Amér* vent, airhole.

resollar [23] *vi* - **1.** [respirar] to gasp (for breath); [jadear] to pant. - **2.** *fam fig* [dar señales de vida] to show signs of life, to break one's silence.

resoluble *adj* solvable, resolvable.

resolución *f* - **1.** [gen] resolution; [de un crimen] solution; **de alta** ~ TECN high-resolution; **en** ~ [en resumen] in short. - **2.** [firmeza] determination. - **3.** [decisión] decision; DER ruling; **tomar una** ~ to take a decision. - **4.** [valor] resolve.

resoluto, ta *adj* resolute.

resolutorio, ria *adj* resolute, determined.

resolver [24] *vt* - **1.** [solucionar - duda, crisis] to resolve; [- problema, caso] to solve; **como abogado resolvió casos muy difíciles** as a lawyer, he solved some very difficult cases. - **2.** [decidir]: ~ **hacer algo** to decide to do sthg; **resolvió arriesgarse y consiguió ganar** she decided to take a risk and she won. - **3.** [partido, disputa, conflicto] to settle. - **4.** [analizar] to analyze, to resolve. - **5.** [resumir] to summarize, to sum up. - **6.** [compuesto] to dissolve.

◆ **resolverse** *vpr* - **1.** [solucionarse - duda, crisis] to be resolved; [- problema, caso] to be solved; **el conflicto se resolvió sin problemas** the conflict was resolved easily. - **2.** [decidirse]: ~**se a hacer algo** to decide to do sthg; ~**se por** to decide on; **se resolvió por quedarse en la ciudad** she decided to stay in the city. - **3.** [en disputa, conflicto]: ~**se en** to come to nothing more than.

resonación *f* resounding, resonance.

resonador, ra *adj* resounding, resonating.

◆ **resonador** *m* resonator.

resonancia *f* - **1.** [gen & FÍS] resonance *(U)*; ~ **magnética** MED magnetic resonance. - **2.** *fig* [importancia] repercussions *(pl)*; **tener** ~ to cause a stir.

resonante *adj* resounding; FÍS resonant; *fig* important.

resonar [23] *vi* - **1.** [sonido] to resound, to echo. - **2.** *fig* [tener repercusiones] to have repercussions.

resoplar *vi* [de cansancio] to pant; [de enfado] to snort.

resoplido *m* [por cansancio] pant; [por enfado] snort.

resorber *vt* to reabsorb.

resorte *m* - **1.** [muelle] spring. - **2.** *fig* [medio] means *(pl)*; **tocar todos los** ~**s** to pull out all the stops. - **3.** [elasticidad] springiness, elasticity.

◆ **resortes** *mpl fig* connections.

respaldar ◇ *m* back (of a chair). ◇ *vt* - **1.** [garantizar] to back, to support. - **2.** [escrito] to sign, to endorse.

◆ **respaldarse** *vpr* - **1.** [en asiento] to lean back. - **2.** *fig* [apoyarse]: ~**se en** to fall back on. - **3.** [caballo] to dislocate its backbone.

respaldo *m* - **1.** [de asiento] back. - **2.** [de papel] back; [de escrito] endorsement. - **3.** *fig* [apoyo] backing, support.

respectar *v impers*: **por lo que respecta a alguien/a algo, en lo que respecta a alguien/a algo** as far as sb/sthg is concerned.

respectivamente *adv* respectively.

respectivo, va *adj* respective; **en lo** ~ **a** with regard to.

respecto *m* - **1.** [relación]: **al** ~, **a este** ~ in this respect; **no sé nada al** ~ I don't know anything about it; **(con)** ~ **a,** ~ **de** regarding. - **2.** [proporción] proportion.

résped *(pl* **réspedes),** **réspede** *m* - **1.** [de serpiente] forked tongue. - **2.** [de abeja] sting.

respetabilidad *f* respectability.

respetable ◇ *adj* [venerable] respectable. ◇ *m fam* [público] audience, public.

respetar *vt* - **1.** [gen] to respect; [la palabra] to honour; **hay que** ~ **a la gente mayor** you should show respect for elderly people; **no respeta las señales de tráfico** he takes no notice of traffic signs; **hacerse** ~ to make o.s. respected. - **2.** [ley, norma] to obey. - **3.** [no destruir] to spare; **'respetad las plantas'** 'keep off the flowerbeds'.

respeto *m*: ~ **(a o por)** respect (for); **es una falta de** ~ it shows a lack of respect; **faltar al** ~ **a alguien** to be disrespectful to sb; **por** ~ **a** out of consideration for; **presentar uno sus** ~**s a alguien** to pay one's respects to sb □ ~ **de sí mismo** self-respect; **de** ~ [respetable] respectable; [de repuesto] extra, spare; **campar por los** ~**s** *fig* to do as one pleases.

respetuosamente *adv* respectfully.

respetuoso, sa *adj* - **1.** [considerado]: ~ **(con)** respectful (of). - **2.** [respetable] respectable.

réspice *m* - **1.** [respuesta seca] curt reply. - **2.** [reprensión] scolding.

respingar [16] *vi* - **1.** [protestar] to make a fuss, to complain. - **2.** [animal] to start, to balk. - **3.** *fam* [prenda] to curl (up).

respingo *m* - **1.** [movimiento] start, jump; **dar un** ~ to start. - **2.** [contestación] shrug (of annoyance). - **3.** *Amér* [de falda] gathering.

respingón, ona *adj* - **1.** [nariz] snub. - **2.** [animal] jumpy.

respirable *adj* breathable.

respiración *f* - **1.** FISIOLOGÍA breathing; MED respiration; ~ **artificial** o **asistida** artificial respiration; **quedarse sin** ~ [asombrado] to be stunned. - **2.** [aliento] breath.

respiradero *m* - **1.** [hueco] vent; [conducto] ventilation shaft. - **2.** *fig* [descanso] breather, rest. - **3.** *fam* [nariz] conk.

respirador, ra *adj* - **1.** [que respira] breathing. - **2.** [músculo] respiratory.
◆ **respirador** *m* - **1.** [máquina] respirator. - **2.** [músculo] respiratory muscle.

respirar ◇ *vt* - **1.** [aire] to breathe; [aroma, olor] to smell; **aquí se respira aire puro** here, the air you breathe is clean. - **2.** *fig* [bondad etc] to exude. ◇ *vi* - **1.** [gen] to breathe. - **2.** *fig* [sentir alivio] to breathe again. - **3.** *loc*: **no dejar** ~ **a alguien** *fig* not to allow sb a moment's peace; **siempre me está acosando, no me deja** ~ he's always on my back, he never allows me a moment's peace; **no poder** ~ to be up to one's eye's; **estoy tan atareado que no puedo ni** ~ I'm so busy, I hardly have time to catch my breath; **no** ~ [no hablar] not to breathe a word, to say absolutely nothing; **sin** ~ [sin descanso] without a break; [atentamente] with great attention.

respiratorio, ria *adj* respiratory.

respiro *m* - **1.** [descanso] rest. - **2.** [alivio] relief, respite. - **3.** [respiración] respiration.

resplandecer [30] *vi* - **1.** [brillar] to shine. - **2.** *fig* [destacar] to shine, to stand out; ~ **de algo** to shine with sthg.

resplandeciente *adj* - **1.** [brillante] shining. - **2.** [sonrisa] beaming. - **3.** [época] glittering. - **4.** [vestimenta, color] resplendent.

resplandor *m* - **1.** [luz] brightness; [de fuego] glow. - **2.** [brillo] gleam. - **3.** [lujo] splendour.

respondedor, ra ◇ *adj* answering. ◇ *m, f* respondent.

responder ◇ *vt* to answer. ◇ *vi* - **1.** [contestar] ~ **(a algo)** to answer (sthg); ~ **a una pregunta** to answer a question. - **2.** [reaccionar] ~ **(a)** to respond (to); **el paciente no responde al medicamento** the patient isn't responding to the medication; **la nueva máquina responde bien** the new machine is performing well. - **3.** [responsabilizarse]: ~ **de algo/por alguien** to answer for sthg/for sb. - **4.** [replicar] to answer back. - **5.** [corresponder]: ~ **a** to correspond to; **las medidas responden a la crisis** the measures are in keeping with the nature of the crisis.

respondón, ona ◇ *adj* insolent. ◇ *m, f* insolent person.

responsabilidad *f* responsibility; DER liability; **de** ~ responsible; **tener la** ~ **de algo** to be responsible for sthg ❏ ~ **atenuada** diminished responsibility; ~ **civil/penal** DER civil/criminal liability; ~ **limitada** limited liability.

responsabilizar [13] *vt*: ~ **a alguien (de algo)** to hold sb responsible (for sthg).
◆ **responsabilizarse** *vpr*: ~**se (de)** to accept responsibility (for).

responsable ◇ *adj* responsible; ~ **de** responsible for; **soy** ~ **de mis actos** I'm responsible for my actions; **hacerse** ~ **de** [gen] to take responsibility for; [atentado, secuestro] to claim responsibility for; **la banda se hizo** ~ **del atentado** the group claimed responsibility for the attack. ◇ *mf* - **1.** [culpable] person responsible; **la policía capturó a los** ~**s del robo** the police caught the people responsible for the robbery. - **2.** [encargado] person in charge; **soy el** ~ **de la sección de ventas** I'm in charge of the sales department.

responsar *vi* to say prayers for the dead.

responso *m* - **1.** [oración] prayer for the dead. - **2.** *fam* [regañina] scolding.

respuesta *f* - **1.** [gen] answer, reply; [en exámenes] answer; **la** ~ **de la primera pregunta no era correcta** the answer to the first question was wrong; **en** ~ **a** in reply to ❏ ~ **afirmativa** affirmative. - **2.** *fig* [reacción] response.

resquebrajadizo, za *adj* brittle.

resquebrajamiento *m*, **resquebrajadura** *f* crack.

resquebrajar *vt* to crack.
◆ **resquebrajarse** *vpr* to crack.

resquebrar [19] *vi* to crack, to split.

resquemor *m* - **1.** [resentimiento] resentment, bitterness. - **2.** [escozor] burning, stinging; **sentir** ~ to smart.

resquicio *m* - **1.** [abertura] chink; [grieta] crack. - **2.** *fig* [pizca] glimmer. - **3.** *fig* [ocasión] chance, opportunity.

resta *f* MAT [operación] subtraction; [resultado] remainder.

restablecer [30] *vt* to re-establish, to restore.
◆ **restablecerse** *vpr* - **1.** [curarse]: ~**se (de)** to recover (from). - **2.** [reimplantarse] to be re-established.

restablecimiento *m* - **1.** [reimplantación] restoration, re-establishment. - **2.** [cura] recovery.

restallar *vt & vi* [látigo] to crack; [lengua] to click.

restante ◇ *adj* remaining; **lo** ~ the rest. ◇ *m* remainder.

restañar *vt* [sangre] to stanch.

restaño *m* - **1.** [de sangre] stanching. - **2.** [de agua] stagnation.

restar ◇ *vt* - **1.** MAT to subtract; ~ **una cantidad de otra** to subtract one figure from another. - **2.** [disminuir] ~ **importancia a algo/méritos a alguien** to play down the importance of sthg's/sb's qualities. - **3.** DEP to return (serve). ◇ *vi* [faltar] to be left.

restauración *f* - **1.** [gen] restoration. - **2.** [de restaurante] restaurant catering.

restaurador, ra ◇ *adj* restoring. ◇ *m, f* - **1.** [gen] restorer. - **2.** [en restaurante] restaurateur.

restaurante ◇ *m* restaurant; ~ **de carretera** truck stop. ◇ *adj* restoring. ◇ *mf* restorer.

restaurar *vt* to restore.

restitución *f* return.

restituible *adj* returnable.

restituidor, ra ◇ *adj* returning. ◇ *m, f* returner.

restituir [51] *vt* - **1.** [devolver - objeto] to return; [- salud] to restore. - **2.** [restaurar] to restore.
◆ **restituirse a** *vpr* [regresar] to return to.

restitutorio, ria *adj* DER restitutive.

resto *m* - **1.** [sobrante] rest, remainder; **el** ~ [gen] the rest; MAT the remainder ❏ ~**s de edición** remainders; **echar el** ~ *fig* to do one's utmost. - **2.** [en naipes] stakes *(pl)*; ~ **abierto** with no limit. - **3.** [DEP - jugador] receiver; [- devolución] return.
◆ **restos** *mpl* - **1.** [sobras] leftovers. - **2.** [cadáver] remains; ~**s mortales** mortal remains. - **3.** [ruinas] ruins.

restregadura *f*, **restregamiento** *m* - **1.** [gen] hard rubbing. - **2.** [para limpiar] scrubbing.

restregar [35] *vt* [frotar] to rub hard; [para limpiar] to scrub.
◆ **restregarse** *vpr* [frotarse] to rub.

restregón *m* - **1.** [gen] hard rub. - **2.** [para limpiar] scrub.

restricción *f* restriction.

restrictivo, va *adj* restrictive.

restringente *adj* restricting.

restringido, da *adj* limited, restricted.

restringir [15] *vt* - **1.** [reducir] to limit, to restrict. - **2.** MED to contract.
◆ **restringirse** *vpr* [gastos] to cut down.

restriñir *vt* to constrict.

resucitador, ra ◇ *adj* resuscitating. ◇ *m, f* resuscitator.

resucitar ◇ *vt* [person] to bring back to life; [costumbre] to resurrect, to revive. ◇ *vi* [persona] to rise from the dead.

resuella *etc v* → **resollar**.

resuello *m* [respiración] gasp, gasping *(U)*; [jadeo] pant, panting *(U)*; **perder el** ~ to be out of breath.

resueltamente *adv* resolutely, determinedly.

resuelto, ta ◇ *pp* → **resolver**. ◇ *adj* - **1.** [solucionado] solved. - **2.** [decidido] determined; **estar** ~ **a hacer algo** to be determined to do sthg. - **3.** [diligente] prompt.

resuelva *etc v →* **resolver**.

resuena *etc v →* **resonar**.

resulta *f* result, consequence; **de ~s de** as a result of.

resultado *m* result; **como ~** as a result; **dar ~** to work (out), to have the desired effect; **la campaña de publicidad dio ~** the advertising campaign worked; **dar buen/mal ~** to be a success/failure; **tener por ~** to have the effect of, to lead to ❑ **~ final** end result.

resultante *adj & f* resultant.

resultar ◇ *vi* - **1.** [acabar siendo]: **~ (ser)** to turn out (to be); **si resulta posible, te acompañaremos** if possible, we'll go with you; **la investigación no resultó como pronosticaban** the investigation didn't turn out as they had predicted; **resultó ileso** he was uninjured; **nuestro equipo resultó vencedor** our team came out on top; **~ en** [dar como resultado] to result in. - **2.** [salir bien] to work (out), to be a success; **su idea no resultó** his idea didn't work. - **3.** [originarse]: **~ de** to come of, to result from; **la guerra resultó de la opresión del campesinado** the war resulted from the oppression of the peasants. - **4.** [ser] to be; **resulta sorprendente** it's surprising; **me resultó imposible terminar antes** I was unable to finish earlier; **me resulta muy simpática** I find her very nice; **este tema me está resultando ya aburrido** this topic is beginning to bore me. - **5.** [venir a costar]: **~ a** to come to, to cost; **los tres tomos resultan a 50.000 ptas** the three volumes come to 50,000 pesetas. - **6.** [deducirse claramente]: **~ de** to be evident from, to follow from; **resulta de ese comentario que no va a volver** it's evident from that remark that he's not coming back. - **7.** [combinar, hacer juego] to go (well); **esos zapatos no resultan con ese pantalón** those shoes don't go with those trousers. ◇ *v impers* - **1.** [suceder]: **~ que** to turn out that. - **2.** [ser aconsejable]: **no resulta hacer eso** it's not a good idea to do that; **ahora resulta que no quiere alquilarlo** now it seems she doesn't want to rent it.

resultón, ona *adj fam* who knows how to make the most of his/her assets.

resumen *m* - **1.** [compendio] summary; **en ~** in short. - **2.** [acción] summarizing.

resumidamente *adv* briefly, in a few words.

resumidero *m Amér* drain, sewer.

resumir *vt* [gen] to summarize; [discurso] to sum up.

◆ **resumirse en** *vpr* - **1.** [sintetizarse en] to be able to be summed up in. - **2.** [reducirse a] to boil down to.

resupiera *etc v →* **resaber**.

resupo *v →* **resaber**.

resurgimiento *m* resurgence.

resurgir [15] *vi* to undergo a resurgence, to be revived.

resurrección *f* resurrection.

resurtir *vi* to rebound, to bounce back.

retablo *m* altarpiece.

retaco *m* - **1.** *despec* [persona] shorty, midget. - **2.** [arma] light shotgun. - **3.** [en billar] short cue.

retador, ra ◇ *adj* challenging. ◇ *m, f* challenger.

retaguardia *f* [tropa] rearguard; [territorio] rear.

retahíla *f* string, series; **~ de insultos** stream, volley.

retajar *vt* - **1.** [en redondo] to cut into rounds. - **2.** [pluma] to cut into a nib.

retal *m* remnant.

retama *f* broom.

retamal, retamar *m* broom field.

retar *vt* - **1.** [desafiar]: **~ a alguien a algo** to challenge sb to sthg. - **2.** *fam* [reñir] to scold, to tick off. - **3.** *Amér* [insultar] to insult, to abuse.

retardado, da *adj* delayed.

retardar *vt* [retrasar] to delay; [frenar] to hold up, to slow down.

retardo *m* delay.

retasar *vt* to reappraise.

retazo *m* - **1.** [de tela] remnant. - **2.** *fig* [de discurso, escrito] fragment.

RETD (*abrev de* **Red Especial de Transmisión de Datos**) *f special data transmission network.*

rete *adv Amér fam* very.

retejer *vt* to weave closely.

retén *m* reserve.

retención *f* - **1.** [en comisaría] detention. - **2.** [en el sueldo] deduction. - **3.** (*gen pl*) [de tráfico] hold-up. - **4.** MED retention.

retener [72] *vt* - **1.** [detener] to hold back; [en comisaría] to detain. - **2.** [contener - impulso, ira] to hold back, to restrain; [- aliento] to hold. - **3.** [conservar] to retain. - **4.** [quedarse con] to hold on to, to keep. - **5.** [memorizar] to remember. - **6.** [deducir del sueldo] to deduct.

◆ **retenerse** *vpr* to control o.s., to hold o.s. back.

retenimiento *m* retention.

retentivo, va *adj* retentive.

◆ **retentiva** *f* memory.

Retevisión (*abrev de* **Ente Público de la Red Técnica Española de Televisión**) *m Spanish national broadcasting network.*

reticencia *f* - **1.** [resistencia] unwillingness; [a hablar] reticence. - **2.** [insinuación] insinuation, innuendo *(U)*.

reticente *adj* - **1.** [reacio] unwilling, reluctant. - **2.** [con insinuaciones] full of insinuation.

retícula *f* [de instrumento óptico] reticle.

reticulado, da *adj* reticulate.

reticular *adj* ANAT reticular.

retículo *m* - **1.** [de instrumento óptico] reticle. - **2.** [de rumiante] reticulum.

retiene *v →* **retener**.

retina *f* retina.

retinitis *f inv* retinitis.

retintín *m* - **1.** [ironía] sarcastic tone; **con ~** sarcastically. - **2.** [tintineo] ringing.

retinto, ta *adj* dark brown.

retirado, da ◇ *adj* - **1.** [jubilado] retired. - **2.** [solitario, alejado] isolated, secluded. - **3.** [soldado] inactive, retired. ◇ *m, f* [jubilado] retired person.

◆ **retirada** *f* - **1.** MIL retreat; **batirse en retirada** to beat a retreat; **tocar la retirada** to sound the retreat; **cubrir la retirada** MIL to cover the retreat; *fig* [tomar precauciones]

Después de contar algo

All in all, it was a very enjoyable day.

When all is said and done, finding a replacement is the least of our worries.

All things considered, it wasn't a bad start.

To cut a long story short, she's decided to come next week instead.

What it all boils down to is a lack of commitment on their part.

Al término de una reunión

So we're all agreed, then, that this matter requires immediate action.

Al término de un debate, de una discusión

To sum up: the plight of these refugees can no longer be ignored.

In short, what we need is your cooperation and support.

not to burn one's bridges, to cover o.s. - **2.** [de dinero, carné, competición etc] withdrawal. - **3.** [refugio] retreat, refuge. - **4.** [jubilación] retirement. - **5.** [de la marea] ebbing. - **6.** [terreno seco] dry river bed.

retirar *vt* - **1.** [quitar - gen] to remove; [- dinero, moneda, carné] to withdraw; [- nieve] to clear; [- mano] to withdraw; **retiraron dinero de la cuenta** they withdrew money from the account. - **2.** [jubilar - a deportista] to force to retire; [- a empleado] to retire. - **3.** [retractarse de] to take back; **retiro lo que dije** I take back what I said. - **4.** [apartar, separar] to move away. - **5.** [embajador] to withdraw, to recall. - **6.** IMPRENTA to print on the back. - **7.** DEP to withdraw, to scratch.

◆ **retirarse** *vpr* - **1.** [irse] to retire; ~**se a dormir** to retire to one's bedroom. - **2.** [de competición, elecciones] to withdraw; [de reunión] to leave. - **3.** [de campo de batalla] to retreat. - **4.** [apartarse] to move away; [hacia atrás] to move o draw back. - **5.** [del mundo] to withdraw, to go into seclusion; **retírate el pelo de la cara** brush the hair out of your eyes. - **6.** [marea] to ebb.

retiro *m* - **1.** [jubilación] retirement; [pensión] pension; **cobrar el** ~ to receive o collect one's pension; **pasar al** ~ to retire, to go into retirement. - **2.** [refugio, ejercicio] retreat. - **3.** [aislamiento] withdrawal; **vivir en el** ~ to live in seclusion. - **4.** [de actividad] withdrawal.

reto *m* - **1.** [desafío] challenge. - **2.** [amenaza] threat.

retobado, da *adj Amér* - **1.** [obstinado] stubborn, obstinate. - **2.** [indómito] wild, unruly.

retobar *vt Amér* [forrar] to line with leather.

◆ **retobarse** *vpr Amér* [enfadarse] to become angry o irritated.

retobo *m Amér* - **1.** [desecho] refuse. - **2.** [arpillera] sackcloth.

retocar [10] *vt* - **1.** [modificar] to touch up; [prenda de vestir] to alter; [fotografía] to retouch, to touch up. - **2.** [rematar] to put the finishing touches to.

retoce *etc v* → **retozar**.

retomar *vt* to take up again.

retoñar *vi* - **1.** [planta] to sprout, to shoot. - **2.** *fig* [situación, problema] to reappear.

retoño *m* - **1.** BOT sprout, shoot. - **2.** *fig* [hijo] offspring (U).

retoque[1] *etc v* → **retocar**.

retoque[2] *m* - **1.** [modificación] touching-up (U); [de prenda de vestir] alteration; [de fotografía] retouching, touching-up; **dar los últimos** ~**s a** to put the finishing touches to. - **2.** MED mild attack, touch.

retorcer [41] *vt* - **1.** [torcer - brazo, alambre] to twist; [- ropa, cuello] to wring; [- bigote] to twirl. - **2.** *fig* [tergiversar] to twist.

◆ **retorcerse** *vpr* - **1.** [contraerse]: ~**se (de)** [risa] to double up (with); [dolor] to writhe about (in). - **2.** [torcerse] to writhe.

retorcido, da *adj* - **1.** [torcido - brazo, alambre] twisted; [- ropa] wrung out. - **2.** *fig* [rebuscado] complicated, involved. - **3.** *fig* [malintencionado] twisted, warped.

retorcimiento *m* - **1.** [torsión] twisting. - **2.** [contorsión] writhing.

retórico, ca ◇ *adj* rhetorical. ◇ *m, f* [persona] rhetorician.

◆ **retórica** *f lit & fig* [discurso] rhetoric.

◆ **retóricas** *fpl* sophistries.

retornable *adj* returnable; **no** ~ non-returnable.

retornar *vi* - **1.** [devolver] to return. - **2.** [hacer retroceder] to push back.

retorno *m* - **1.** [gen & INFORM] return; ~ **de carro** carriage return. - **2.** [trueque] exchange, barter. - **3.** [paga] repayment.

retortero *m* rotation; **andar al** ~ *fig* to be extremely busy; **traer a alguien al** ~ *fig* to keep sb busy.

retortijón *m (gen pl)* stomach cramp; ~ **de tripas** stomach cramps.

retostado, da *adj* dark brown.

retostar [23] *vt* to toast brown.

retozar [13] *vi* - **1.** [brincar] to gambol, to frolic. - **2.** [amantes] to romp about. - **3.** *fig* [apasionarse] to be stirred o aroused.

retozo *m* [brinco] romp, frolic.

retozón, ona *adj* playful.

retracción *f* retraction.

retractable *adj* retractable.

retractación *f* retraction.

retractar *vt* - **1.** [retirar] to retract, to take back; [declaración] to recant. - **2.** DER to redeem.

◆ **retractarse** *vpr* [de una promesa] to go back on one's word; [de una opinión] to take back what one has said; ~**se de** [lo dicho] to retract, to take back.

retráctil *adj* [pieza] retractable; [uña] retractile.

retraer [73] *vt* - **1.** [encoger] to retract. - **2.** [disuadir]: ~ **a alguien de hacer algo** to persuade sb not to do sthg. - **3.** DER to redeem.

◆ **retraerse** *vpr* - **1.** [encogerse] to retract. - **2.** [retirarse]: ~**se de** to withdraw from. - **3.** [retroceder] to withdraw, to retreat. - **4.** [refugiarse] to take refuge. - **5.** [recluirse] to live in seclusion.

retraído, da *adj* - **1.** [introvertido] withdrawn, retiring. - **2.** [aislado] in sanctuary.

retraimiento *m* - **1.** [timidez] shyness, reserve. - **2.** [acción] retreat, withdrawal. - **3.** [lugar de retiro] retreat, refuge. - **4.** [vida retirada] seclusion, isolation.

retranca *f* - **1.** [del arnés] breeching. - **2.** *Amér* [de carruaje] brake. - **3.** *loc:* **tener mucha** ~ to be prudent.

retransmisión *f* broadcast; ~ **en directo/diferido** live/recorded broadcast.

retransmitir *vt* [difundir] to broadcast; [mensaje] to pass on.

retrasado, da ◇ *adj* - **1.** [país, industria] backward; [reloj] slow; [tren] late, delayed. - **2.** [en el pago, los estudios] behind. - **3.** MED retarded, backward. ◇ *m, f:* ~ **(mental)** mentally retarded person.

retrasar ◇ *vt* - **1.** [aplazar] to postpone; **lo siento, pero no puedo** ~ **el viaje** I'm sorry, I can't postpone the journey. - **2.** [demorar] to delay, to hold up. - **3.** [hacer más lento] to slow down, to hold up. - **4.** [en el pago, los estudios] to set back. - **5.** [reloj] to put back. ◇ *vi* - **1.** [reloj] to be slow; **hay que** ~ **el reloj una hora** you have to put the clocks back one hour. - **2.** [disminuir] to lag, to fall behind.

◆ **retrasarse** *vpr* - **1.** [llegar tarde] to be late; **como siempre, el tren se retrasa** as usual, the train's late. - **2.** [quedarse atrás] to fall behind. - **3.** [aplazarse] to be put off. - **4.** [reloj] to lose time.

retraso *m* - **1.** [por llegar tarde] delay; **llegar con (15 minutos de)** ~ to be (15 minutes) late. - **2.** [por sobrepasar una fecha] time behind schedule; **llevo en mi trabajo un** ~ **de 20 páginas** I'm 20 pages behind with my work. - **3.** [subdesarrollo] backwardness; **llevar (siglos de)** ~ to be (centuries) behind. - **4.** MED mental deficiency.

retratar *vt* - **1.** [fotografiar] to photograph. - **2.** [dibujar] to do a portrait of. - **3.** *fig* [describir] to portray.

◆ **retratarse** *vpr* - **1.** [en cuadro] to have one's portrait painted; [en fotografía] to have one's photograph taken. - **2.** *fig* [describirse] to describe o.s.

retratista *mf* ARTE portrait artist; FOT (portrait) photographer.

retrato *m* - **1.** [dibujo] portrait; [fotografía] photograph; ~ **robot** photofit picture. - **2.** *fig* [reflejo] portrayal; **ser el vivo** ~ **de alguien** to be the spitting image of sb.

retrechero, ra *adj* - **1.** *fam* [astuto] cunning, crafty. - **2.** [atractivo] attractive, charming. - **3.** *Amér* [tacaño] stingy.

retreta *f* - **1.** MIL retreat. - **2.** [fiesta] tattoo. - **3.** *Amér fam* [retahíla] series, string. - **4.** *Amér* [concierto] open-air band concert.

retrete *m* toilet.

retribución *f* [pago] payment; [recompensa] reward.

retribuido, da *adj* [trabajo] paid; **no** ~ unpaid.

retribuir [51] *vt* - **1.** [pagar] to pay; [recompensar] to reward. - **2.** *Amér* [favor, obsequio] to return, to repay.

retribuyente *adj* repaying.

retro *adj* reactionary.

retroactividad *f* [de ley] retroactivity; [del pago] backdating.

retroactivo, va *adj* [ley] retrospective, retroactive; [pago] backdated.

retroceder *vi* - **1.** [ir hacia atrás] to go back. - **2.** *fig* [echarse atrás] to back down; **no retrocederé ante nada** there's no stopping me now. - **3.** MIL to withdraw, to fall back.

retroceso *m* - **1.** [regresión - gen] backward movement; [- en negociaciones] setback; [- en la economía] recession. - **2.** [en enfermedad] deterioration. - **3.** [de arma] recoil; [de ejército] withdrawal; [de máquina] return.

retrogradar *vi* - **1.** *desus* [ir hacia atrás] to go backwards. - **2.** [planeta] to retrograde.

retrógrado, da ◇ *adj* - **1.** [persona] reactionary. - **2.** [planeta] retrograde. ◇ *m, f* [persona] reactionary.

retrogresión *f* retrogression.

retropropulsión *f* jet propulsion.

retroproyector *m* overhead projector.

retrospección *f* retrospection.

retrospectiva *f* → **retrospectivo**.

retrospectivamente *adv* retrospectively.

retrospectivo, va *adj* retrospective; **echar una mirada retrospectiva a** to look back over.
◆ **retrospectiva** *f* retrospective.

retrotraer [73] *vt* [relato] to set in the past.

retrovisor *m* rear-view mirror.

retrucar [10] *vi* - **1.** [en billar] to kiss. - **2.** *Amér* [replicar] to respond, to retort.

retruco *m* [en billar] kiss.

retruécano *m* pun, play on words.

retuerce *etc v* → **retorcer**.

retuesta *etc v* → **retostar**.

retumbante *adj* - **1.** [sonoro] resounding. - **2.** *fig* [pomposo] pompous, bombastic.

retumbar *vi* - **1.** [resonar] to resound. - **2.** [hacer ruido] to thunder, to boom.

retumbo *m* - **1.** [resonancia] resonance, reverberation. - **2.** [ruido] boom.

retuviera *etc v* → **retener**.

reuma, reúma *m o f* rheumatism; ~ **articular** rheumatoid arthritis.

reumático, ca *adj & m, f* rheumatic.

reumatismo *m* rheumatism.

reumatología *f* rheumatology.

reumatólogo, ga *m, f* rheumatologist.

reunificación *f* reunification.

reunificar [10] *vt* to reunify.
◆ **reunificarse** *vpr* to reunify.

reunión *f* meeting; **hacer una** ~ to have a meeting ❑ ~ **informativa** briefing.

reunir *vt* - **1.** [público, accionistas etc] to bring together; **esperamos** ~ **mucha gente en el concierto** we hope lots of people will come to the concert; **deberías** ~ **a todos los accionistas** you ought to bring all the shareholders together. - **2.** [objetos, textos etc] to collect, to bring together; [fondos] to raise; **han reunido una buena cantidad de libros antiguos** they've collected a large numbers of old books. - **3.** [requisitos] to meet; [cualidades] to possess, to combine; **no reúne los requisitos necesarios** she doesn't meet the requirements. - **4.** [volver a unir] to put back together. - **5.** MIL to assemble.
◆ **reunirse** *vpr* [congregarse] to meet.

reutilizable *adj* reusable.

reutilización *f* reuse.

reutilizar [13] *vt* to reuse.

reválida *f* - **1.** [examen] final exam. - **2.** [certificado] certificate; ~ **de bachillerato** former school leaving certificate in Spain. - **3.** [confirmación] revalidation.

revalidación *f* - **1.** [confirmación] revalidation. - **2.** [renovación] renewal.

revalidar *vt* - **1.** [confirmar] to confirm. - **2.** [renovar] to renew.
◆ **revalidarse** *vpr* to take one's final examination.

revalorar *vt* = **revalorizar**.

revalorización *f* - **1.** [aumento del valor] appreciation; [de moneda] revaluation. - **2.** [restitución del valor] favourable reassessment.

revalorizar [13], **revalorar** *vt* - **1.** [aumentar el valor] to increase the value of; [moneda] to revalue. - **2.** [restituir el valor] to reassess in a favourable light.
◆ **revalorizarse** *vpr* - **1.** [aumentar de valor] to appreciate; [moneda] to be revalued. - **2.** [recuperar valor] to be reassessed favourably.

revaluación *f* reappraisal, reassessment.

revaluar *vt* to reapprise, to reassess.

revancha *f* - **1.** [venganza] revenge; **tomarse la** ~ to take revenge. - **2.** DEP return match.

revanchismo *m* vengefulness.

revelación *f* revelation.

revelado, da *adj* revealed.
◆ **revelado** *m* FOT developing.

revelador, ra *adj* [aclarador] revealing.
◆ **revelador** *m* FOT developer.

revelar *vt* - **1.** [declarar] to reveal. - **2.** [evidenciar] to show. - **3.** FOT to develop.
◆ **revelarse** *vpr*: ~ **se como** to show o.s. to be.

revendedor, ra ◇ *adj* reselling. ◇ *m, f* ticket tout; ~ **de entradas** ticket tout *Br*, ticket scalper *Am*.

revender *vt* [gen] to resell; [entradas] to tout.

revenir [75] *vi* to return.
◆ **revenirse** *vpr* - **1.** [encogerse, consumirse] to shrink. - **2.** [avinagrarse] to turn sour. - **3.** [soltar humedad] to give off moisture, to sweat. - **4.** [ponerse correoso] to become soft. - **5.** *fig* [ceder] to give in.

reventa *f* [gen] resale; [de entradas] touting.

reventadero *m* - **1.** [terreno] rugged o rough ground. - **2.** *fig* [trabajo penoso] drudgery (*U*), grind. - **3.** *Amér* [rompeolas] reef where waves break. - **4.** *Amér* [manantial] bubbling spring.

reventado, da *adj fam* shattered, whacked.

reventar [19] ◇ *vt* - **1.** [explotar] to burst. - **2.** [echar abajo] to break down; [con explosivos] to blow up. - **3.** [hacer fracasar] to ruin, to spoil. - **4.** *fam* [fastidiar] to annoy. - **5.** [aplastar] to smash, to crush. - **6.** [caballo] to ride to death. - **7.** *fig* [cansar, fatigar] to overwork, to work to death. ◇ *vi* - **1.** [explotar] to burst; [neumático] to burst. - **2.** [estar lleno]: ~ **de** to be bursting with. - **3.** [ola] to break. - **4.** [agua, fuente] to burst, to gush. - **5.** [desear mucho]: ~ **por hacer algo** to be bursting to do sthg. - **6.** *fam fig* [perder los nervios]: ~ **(de)** to explode (with). - **7.** *fam* [morir] to kick the bucket.
◆ **reventarse** *vpr* - **1.** [explotar] to explode; [rueda] to burst. - **2.** *fam* [cansarse] to get whacked, to work o.s. to death. - **3.** [caballo] to die of exhaustion.

reventón *m* - **1.** [pinchazo] blowout, flat *Am*, puncture *Br*. - **2.** [estallido] burst; **dar un** ~ to burst. - **3.** [esfuerzo] all-out effort; **darse** o **pegarse un** ~ to make an all-out effort. - **4.** *fig* [cuesta] steep slope. - **5.** [aprieto] mess, jam. - **6.** *Amér* MIN outcrop. - **7.** *Amér* [empujón] shove. - **8.** *Amér* [ataque] fit, outburst.

rever [76] *vt* - **1.** [examinar] to review, to look over. - **2.** DER to retry.

reverberación *f* [de sonido] reverberation; [de luz] reflection.

reverberante *adj* [sonido] reverberating; [luz] reflecting.

reverberar *vi* [sonido] to reverberate; [luz] to reflect.

reverbero *m* - **1.** [destello] reflection, reverberation. - **2.**

[espejo] reflector. - **3.** [farol] reflecting lamp. - **4.** *Amér* [cocinilla] cooking stove.

reverdecer [30] *vi* - **1.** [campos etc] to become green again. - **2.** *fig* [amor] to revive.

reverencia *f* - **1.** [respeto] reverence. - **2.** [saludo inclinación] bow; [- flexión de piernas] curtsy; **hacer una** ~ [con la cabeza] to bow; [inclinarse] to curtsy.
◆ **Reverencia** *f*: **(Su) Reverencia** (Your) Reverence.

reverencial *adj* reverential.

reverenciar [8] *vt* to revere.

reverendísimo, ma *adj* Right Reverend.

reverendo, da *adj* - **1.** RELIG reverend. - **2.** *fam* [enorme] huge, enormous.
◆ **reverendo** *m* reverend.

reverente *adj* reverent.

reversibilidad *f* reversibility.

reversible *adj* reversible.

reverso *m* back, other side; **ser el** ~ **de la medalla** *fig* to be the other side of the coin.

reverter [20] *vi* to overflow.

revertir [27] *vi* - **1.** [volver, devolver] to revert. - **2.** [resultar]: ~ **en** to result in; ~ **en beneficio/perjuicio de** to be to the advantage/detriment of.

revés (*pl* **reveses**) *m* - **1.** [parte opuesta - de papel, mano] back; [- de tela] other o wrong side; **volver algo del** ~ to turn sthg around; **virar al** ~ to turn inside out ❑ **al** ~ **de** contrary to; **al** ~ [lo de dentro, fuera] inside out; **te has puesto el jersey al** ~ you've got your jumper on inside out; [lo de delante, detrás] back to front; **te has puesto la camiseta al** ~, **el dibujo va delante** you've got your T-shirt on back to front, the design goes on the front; [en el sentido opuesto] the other way round; **yo quería primero la fruta y después el helado y lo sirvieron al** ~ I wanted the fruit first and then the ice-cream but they served it the other way round; [en el sentido equivocado] the wrong way round; **puso el casete al** ~ he put the tape in the wrong way round; **has entendido lo que he explicado al** ~ you've misunderstood what I said; [al contrario] on the contrary; **no estoy triste, al** ~ **estoy contentísima** I'm not sad, on the contrary, I'm very happy; **del** ~ [lo de detrás, delante] the wrong way round, back to front; [lo de dentro, fuera] inside out; [lo de arriba, abajo] upside down. - **2.** [bofetada] slap; **le dio un** ~ **para que dejara de gritar** she gave him a slap to stop him screaming. - **3.** DEP backhand. - **4.** [contratiempo] setback, blow; **la vida le ha dado muchos reveses** she's had a lot of setbacks in her life. - **5.** [cambio de actitud] change. - **6.** [golpe de espada] reverse stroke. - **7.** *Amér* [gusano] tobacco weevil.

revesado, da *adj* - **1.** [complicado] complex, intricate. - **2.** *fig* [travieso] mischievous.

revestimiento *m* covering.

revestir [26] *vt* - **1.** [recubrir]: ~ **(de)** [gen] to cover (with); [pintura] to coat (with); [forro] to line (with). - **2.** [solemnidad, gravedad etc] to take on, to have. - **3.** *fig* [aparentar] to disguise, to cover up.
◆ **revestirse** *vpr* - **1.** [gen]: ~**se de** [valor, paciencia] to arm o.s. with; [ropa] to put on. - **2.** [engreírse] to affect.

reviejo, ja *adj* very old.

reviene *v* → **revenir**.

revienta *etc v* → **reventar**.

reviera *v* → **rever**.

revierta *etc v* → **reverter**.

revierta, revirtiera *etc v* → **revertir**.

reviese *v* → **rever**.

reviniera *etc v* → **revenir**.

revino *v* → **revenir**.

revió *v* → **rever**.

revisar *vt* - **1.** [repasar] to go over again. - **2.** [inspeccionar] to inspect; [cuentas] to audit. - **3.** [modificar] to revise.

revisión *f* - **1.** [repaso] revision. - **2.** [inspección] inspect-

ion; ~ **de cuentas** audit; ~ **médica** check-up. - **3.** [modificación] amendment. - **4.** [AUTOM - puesta a punto] service; [- anual] ≃ MOT (test).

revisionismo *m* revisionism.

revisionista *adj* & *mf* revisionist.

revisor, ra ◇ *adj* revising. ◇ *m, f* [en tren] ticket inspector; [en autobús] (bus) conductor.
◆ **revisor de cuentas** *m* auditor.

revista[1] *etc v* → **revestir**.

revista[2] *f* - **1.** [publicación] magazine; ~ **comercial/juvenil/literaria** trade/teen/literary magazine; ~ **cómica** comic; ~ **del corazón** gossip magazine. - **2.** [sección de periódico] section, review. - **3.** [espectáculo teatral] revue. - **4.** [inspección] inspection; **pasar** ~ **a** MIL to inspect, to review; [examinar] to examine. - **5.** DER retrial.

reviste *etc v* → **rever**.

revistero, ra *m, f* [persona] reviewer.
◆ **revistero** *m* [mueble] magazine rack.

revistiera *etc v* → **revestir**.

revisto, ta *pp* → **rever**.

revitalizar [13] *vt* to revitalize.

revival *m inv* revival.

revivificar [10] *vt* to revive.

revivir ◇ *vi* - **1.** [resucitar] to revive. - **2.** *fig* [reproducirse] to be renewed. ◇ *vt* [recordar] to revive memories of.

revocable *adj* revocable.

revocación *f* revocation.

revocador, ra ◇ *adj* revoking. ◇ *m, f* revoker.
◆ **revocador** *m* [de paredes] plasterer.

revocar [10] *vt* - **1.** [anular] to revoke. - **2.** CONSTR to plaster. - **3.** [destituir] to dismiss.

revocatorio, ria *adj* revocatory.
◆ **revocatoria** *f Amér* revocation.

revolcadero *m* wallow, mudbath.

revolcar [36] *vt* - **1.** [derribar] to throw to the ground, to upend. - **2.** *fig* [vencer] to floor, to defeat. - **3.** *fig* [suspender] to fail.
◆ **revolcarse** *vpr* to roll about.

revolcón *m* - **1.** [caída] tumble, fall; [en suelo] roll, rolling around (U); [en barro] wallow, wallowing (U). - **2.** *fig* [suspenso] failure.

revolear *vi* - **1.** [ave] to fly around. - **2.** *Amér* [lazo] to swing a lasso.

revolotear *vi* to flutter (about).

revoloteo *m* fluttering (about).

revoltijo, revoltillo *m* - **1.** [mezcla] jumble; ~ **de huevos** scrambled eggs. - **2.** *fig* [confusión] mix-up.

revoltoso, sa ◇ *adj* rebellious. ◇ *m, f* troublemaker.

revoltura *f Amér* mixture.

revolución *f* revolution; ~ **industrial** industrial revolution.

revolucionar *vt* - **1.** [crear conflicto] to cause a stir in. - **2.** [transformar] to revolutionize.

revolucionario, ria *adj* & *m, f* revolutionary.

revolvedor, ra ◇ *adj* agitating. ◇ *m, f* agitator, troublemaker.
◆ **revolvedor** *m Amér* vat, cauldron.

revolver [24] *vt* - **1.** [dar la vuelta a] to turn over; [dar vueltas a] to turn around; [líquido] to stir. - **2.** [mezclar] to mix; [agitar] to shake; [ensalada] to toss. - **3.** [desorganizar] to turn upside down, to mess up; [cajones] to turn out; [papeles] to rummage o look through. - **4.** [irritar, producir náuseas a] to upset; **me revuelve el estómago** o **las tripas** it makes my stomach turn. - **5.** [revolucionar] to stir up, to rouse; **el atraco revolvió a todo el vecindario** the robbery stirred up the whole neighbourhood; ~ **a alguien con otra persona** to set sb against sb else. - **6.** [reflexionar sobre] to think over, to turn over. - **7.** [caballo] to swing around quickly. - **8.** [envolver] to wrap (up). - **9.** *Amér* [tierra] to weed.

◆ **revolver en** *vi* [cajones etc] to rummage around in.
◆ **revolverse** *vpr* - **1.** [moverse] to move around; [en la cama] to toss and turn; [de dolor] to writhe, to squirm; **con tantas cajas por el suelo, apenas puede uno** ~**se** with so many boxes on the floor, you can hardly move. - **2.** [volverse] to turn around; ~**se contra** to turn against. - **3.** [mar] to become rough; [tiempo] to turn stormy. - **4.** [revolcarse] to roll; ~**se en el fango** to roll around in the mud. - **5.** ASTRON to revolve.
revólver *m* revolver.
revolvimiento *m* - **1.** [revolución] revolution. - **2.** [conmoción] disturbance, commotion.
revoque[1] *etc v* → **revocar**.
revoque[2] *m* - **1.** [enlucimiento] plastering. - **2.** [material] plaster.
revuelca *v* → **revolcar**.
revuelco *m* [caída] fall, tumble; [en suelo] roll, rolling around *(U)*; [en barro] wallow, wallowing *(U)*.
revuelo *m* - **1.** [agitación] commotion; **armar un gran** ~ to cause a great stir. - **2.** [revoloteo] flutter, fluttering *(U)*. - **3.** *Amér* [de gallo] thrust with the spur.
◆ **de revuelo** *loc adv* incidentally, in passing.
revuelque *v* → **revolcar**.
revuelto, ta ◇ *pp* → **revolver**. ◇ *adj* - **1.** [desordenado] upside down, in a mess. - **2.** [época etc] troubled, turbulent. - **3.** [clima] unsettled. - **4.** [aguas] choppy, rough. - **5.** [enrevesado] intricate, complicated.
◆ **revuelto** *m* CULIN scrambled eggs *(pl)*.
◆ **revuelta** *f* - **1.** [disturbio] riot, revolt. - **2.** [curva] bend. - **3.** [inquietud] unease. - **4.** [riña] quarrel, dispute.
revuelva *etc v* → **revolver**.
revulsión *f* revulsion.
revulsivo, va *adj fig* stimulating, revitalizing.
◆ **revulsivo** *m fig* kick-start, stimulus.
rey (*pl* **reyes**) *m* king; **servir al** ~ to serve one's country, to be a soldier ❏ ~ **de Romanos** Holy Roman Emperor; **cada uno es** ~ **en su casa** *fig* a man's home is his castle; **lo mismo me da** ~ **que roque** *fig* it's all the same to me; **ni pongo ni quito** ~ *fig* it's none of my business; **no temer ni** ~ **ni roque** *fig* to be afraid of nothing and nobody.
◆ **Reyes** *mpl*: **los Reyes** the King and Queen ❏ **(Día de) Reyes** Twelfth Night.
◆ **Reyes Católicos** *mpl*: **los Reyes Católicos** *the Spanish Catholic monarchs Ferdinand V and Isabella.*
◆ **Reyes Magos** *mpl*: **los Reyes Magos** the Three Kings, the Three Wise Men.
reyerta *f* fight, brawl.
rezagado, da ◇ *adj*: **ir** ~ to lag behind. ◇ *m, f* straggler.
rezagar [16] *vt* - **1.** [dejar atrás] to outstrip, to leave behind. - **2.** [aplazar] to put off, to postpone.
◆ **rezagarse** *vpr* to lag o fall behind.
rezar [13] ◇ *vt* - **1.** [oración] to say. - **2.** *fam* [decir] to say. ◇ *vi* - **1.** [orar]: ~ **(a)** to pray (to). - **2.** [decir] to read, to say. - **3.** [corresponderse]: ~ **con** to have to do with.
rezo *m* - **1.** [acción] praying. - **2.** [oración] prayer. - **3.** [oficio] office.
rezón *m* grappling iron.
rezongador, ra ◇ *adj* grumbling, moaning. ◇ *m, f* grumbler, moaner.
rezongar [16] *vi* to grumble, to moan.
rezonglón, ona *adj* grumbling, moaning.
rezonguero, ra ◇ *adj* grumbling, moaning. ◇ *m, f* grumbler, moaner.
rezumar ◇ *vt* - **1.** [transpirar] to ooze. - **2.** *fig* [manifestar] to be overflowing with. ◇ *vi* to ooze o seep out.
◆ **rezumarse** *vpr* - **1.** [transpirar] to ooze, to seep. - **2.** *fam* [divulgarse] to leak out.
RF (*abrev de* **radiofrecuencia**) *f* rf.
RFA (*abrev de* **República Federal de Alemania**) *f* FRG.
RFEF (*abrev de* **Real Federación Española de Fútbol**) *f*

Spanish football federation.
RFME (*abrev de* **Real Federación Española de Motociclismo**) *f* *Royal Spanish motorcycling federation.*
RH (*abrev de* **recursos humanos**) *mpl* personnel.
ría[1] *v* → **reír**.
ría[2] *f* estuary.
riachuelo *m* brook, stream.
riada *f* [lit *& fig* flood.
ribeiro *m* *wine from the province of Orense, Spain.*
ribera *f* [del río] bank; [del mar] shore.
ribereño, ña *adj* [de río] riverside, on the bank; [de mar] coastal, on the shore.
ribero *m* dike, levee.
ribete *m* - **1.** [de prenda, zapato] edging *(U)*, trimming *(U)*. - **2.** *fig* [indicio] touch, nuance; **tener** ~**s de pintor** to be something of a painter.
ribeteado, da *adj* edged, trimmed.
◆ **ribeteado** *m* border, trimming.
ribeteador, ra ◇ *adj* edging, trimming. ◇ *m, f* edger, trimmer.
ribetear *vt* to edge, to trim.
ribonucleico → **ácido.**.
ricacho, cha, ricachón, ona *m, f fam* money-bags.
ricamente *adv* - **1.** [felizmente]: **tan** ~ quite happily. - **2.** [en abundancia] richly. - **3.** [muy bien] excellently, splendidly.
Ricardo *m*: ~ **Corazón de León** Richard the Lionheart.
rice *etc v* → **rizar**.
Richter *s* → **escala**.
ricino *m* [planta] castor oil plant.
rico, ca ◇ *adj* - **1.** [gen] rich; **hacerse** ~ to get rich. - **2.** [valioso] valuable, precious. - **3.** [abundante]: ~ **(en)** rich (in); **la leche es rica en calcio** milk is rich in calcium. - **4.** [sabroso] delicious; **este pollo está muy** ~ this chicken's delicious. - **5.** [simpático] cute; **es un niño muy** ~ he's a very cute little boy. - **6.** *fam* [apelativo]: **¡oye** ~! hey, sunshine! ◇ *m, f* rich person; **los** ~**s** the rich ❏ **los nuevos** ~**s** the nouveaux riches.
rictus *m inv* [de ironía] smirk; [de desprecio] sneer; [de dolor] wince.
ricura *f* - **1.** [persona] delight, lovely person. - **2.** [alimento] deliciousness, tastiness.
ridiculez (*pl* **ridiculeces**) *f* - **1.** [payasada] silly thing, nonsense *(U)*. - **2.** [nimiedad] trifle; **cuesta una** ~ it costs next to nothing.
ridiculizar [13] *vt* to ridicule.
ridículo, la *adj* [gen] ridiculous; [precio, suma] laughable, derisory; **pagamos una cantidad ridícula** we paid a derisory amount.
◆ **ridículo** *m* - **1.** [gen] ridicule; **hacer el** ~ to make a fool of o.s.; **poner** o **dejar en** ~ **a alguien** to make sb look stupid; **quedar en** ~ to look like a fool. - **2.** *desus* [bolso] reticule.
ríe *v* → **reír**.
riega *v* → **regar**.
riego *m* [de campo] irrigation; [de jardín] watering; ~ **sanguíneo** (blood) circulation.
riegue *v* → **regar**.
riel *m* - **1.** [de vía] rail; ~ **conductor** third rail; **andar sobre** ~**es** *fig* to go like clockwork. - **2.** [de cortina] (curtain) rail.
rielar *vi* to shimmer.
rienda *f* - **1.** [de caballería] rein; **falsa** ~ bearing rein; **a** ~ **suelta** [con velocidad] at full o top speed; [sin moderación] freely, without restraint; **dar** ~ **suelta a** to give free rein to. - **2.** [moderación] restraint.
◆ **riendas** *fpl fig* [dirección] reins; **aflojar las** ~**s** to ease up; **empuñar las** ~**s** to take charge; **llevar** o **tener las** ~**s** to hold the reins, to be in control.

riente *adj* - **1.** [que ríe] laughing. - **2.** *fig* [alegre] bright, cheerful.

riera *etc* v → **reír**.

riesgo *m* risk; **a todo** ~ [seguro, póliza] comprehensive; **correr (el)** ~ **de** to run the risk of; **de alto** ~ high-risk; **no exento de** ~ not without danger.

rifa *f* - **1.** [tómbola] raffle. - **2.** *desus* [riña] quarrel, wrangle.

rifar ◇ *vt* [sortear] to raffle. ◇ *vi desus* [reñir] to quarrel, to wrangle.

◆ **rifarse** *vpr fig* to fight over, to contest.

rifirrafe *m fam* row, squabble.

rifle *m* rifle.

Riga *s* Riga.

rige v → **regir**.

rígidamente *adv* rigidly.

rigidez (*pl* **rigideces**) *f* - **1.** [de un cuerpo, objeto etc] rigidity; ~ **cadavérica** rigor mortis. - **2.** [del rostro] stoniness. - **3.** *fig* [severidad] strictness, harshness.

rígido, da *adj* - **1.** [cuerpo, objeto etc] rigid. - **2.** [rostro] stony. - **3.** [severo - normas etc] harsh; [- carácter] inflexible.

rigiera *etc* v → **regir**.

rigor *m* - **1.** [severidad] strictness. - **2.** [exactitud] accuracy, rigour; **en** ~ strictly (speaking). - **3.** [inclemencia] harshness. - **4.** MED rigor. - **5.** *loc*: **ser el** ~ **de las desdichas** to be born under an unlucky star.

◆ **de rigor** *loc adj* essential.

rigor mortis *m inv* rigor mortis.

rigurosamente *adv* - **1.** [severamente] severely. - **2.** [exactamente] rigorously.

rigurosidad *f* - **1.** [severidad] strictness. - **2.** [exactitud] accuracy, rigour. - **3.** [inclemencia] harshness.

riguroso, sa *adj* - **1.** [severo] strict. - **2.** [exacto] rigorous, disciplined. - **3.** [inclemente] harsh.

rija *etc* v → **regir**.

rijoso, sa *adj* - **1.** [pendenciero] always getting into fights. - **2.** [lujurioso] lustful. - **3.** [inquieto] in rut.

rima *f* rhyme.

◆ **rimas** *fpl* poems, poetry (*U*).

rimador, ra ◇ *adj* rhyming. ◇ *m, f despec* rhymester.

rimar *vt & vi* to rhyme.

rimbombancia *f* - **1.** [de fiesta, desfile] showiness. - **2.** [de estilo, frases] grandiloquence, bombast.

rimbombante *adj* - **1.** [estilo, frases] pompous. - **2.** [desfile, fiesta etc] ostentatious.

rimbombar *vi* to resound, to echo.

rímel, rimmel *m* mascara.

rimero *m* heap, pile.

Rimini *s* Rimini.

rin *m Amér* - **1.** [ficha telefónica] telephone token. - **2.** [llanta] wheel rim.

rincón *m* - **1.** [esquina] corner (*inside*); **colocaremos la mesa en ese** ~ let's put the table in this corner. - **2.** [lugar oculto] corner, nook; **estará en algún** ~ **pero no sé dónde** it'll be hidden away in a corner somewhere, but I'm not sure where. - **3.** *fig* [refugio] haven, retreat.

rinconada *f* corner.

rinconera *f* - **1.** [mueble] corner piece. - **2.** [pared] *wall between a corner and a window*.

rinda, rindiera *etc* v → **rendir**.

ring (*pl* **rings**) *m* (boxing) ring.

ringla *f*, **ringle** *m*, **ringlera** *f* line, row.

ringlero *m* ruled line.

ringorrango *m* - **1.** *fam* [de estilo] flourish. - **2.** *fig* [adorno] frill, frippery (*U*).

rinitis *f inv* rhinitis.

rinoceronte *m* rhinoceros.

riña¹ *etc* v → **reñir**.

riña² *f* [disputa] quarrel; [pelea] fight; ~ **callejera** street brawl.

riñera *etc* v → **reñir**.

riñón *m* - **1.** ANAT kidney; ~ **artificial** kidney machine; **costar un** ~ *fig* to cost a packet; **pegarse al** ~ *fig* to be very nutritious; **tener el** ~ **bien cubierto** *fig* to be well-heeled; **tener riñones** *fig* to have guts. - **2.** *fig* [de lugar, asunto] heart. - **3.** MIN nodule.

◆ **riñones** *mpl* [región lumbar] lower back (*sg*).

riñonada *f* - **1.** [región lumbar] lower back. - **2.** CULIN kidney stew. - **3.** *loc*: **costar una** ~ *fam* to cost an arm and a leg.

riñonera *f* [pequeño bolso] bum bag *Br*, fanny pack *Am*.

río¹ v → **reír**.

río² *m lit & fig* river; **ir** ~ **arriba/abajo** to go upstream/downstream ❑ **a** ~ **revuelto, ganancia de pescadores** *proverb* it's an ill wind that blows nobody any good *proverb*; **cuando el** ~ **suena, agua lleva** *proverb* there's no smoke without fire *proverb*; **pescar en o a** ~ **revuelto** *fig* to fish in troubled waters.

Río de Janeiro *s* Rio de Janeiro.

Río de la Plata *s* River Plate.

Río Grande *m*: **el** ~ the Rio Grande.

rioja *m* Rioja (wine).

riojano, na *adj & m, f* Riojan.

rioplatense *adj* of/relating to the River Plate region.

RIP (*abrev escrita de* **requiescat in pace**) RIP.

ripia *f* - **1.** [tabla] lath. - **2.** [lado de madero] rough side.

ripiar [7] *vt* - **1.** [llenar] to fill with rubble. - **2.** *Amér* [desmenuzar] to tear to pieces.

ripio *m* - **1.** LITER *word or phrase included to complete a rhyme*. - **2.** [relleno] padding (*U*). - **3.** [cascote] rubble (*U*). - **4.** [residuo] refuse, waste. - **5.** [palabrería] padding, verbiage. - **6.** *loc*: **no perder** ~ not to miss a trick.

riqueza *f* - **1.** [fortuna] wealth. - **2.** [abundancia] richness; ~**s naturales** natural resources.

risa *f* laugh, laughter (*U*); **me da** ~ I find it funny; **¡qué** ~**!** how funny!; **causar** ~ **a alguien, mover a** ~ **a alguien** to make sb laugh; **contener la** ~ to keep a straight face; **dar** ~ **a alguien** to make sb laugh; **de** ~ funny; **se me escapó la** ~ I burst out laughing; **soltar la** ~ to burst out laughing; **tomar algo a** ~ to take sthg as a joke; **se toma a** ~ **todo lo que le digo** he doesn't take anything I say seriously ❑ **burlona o socarrona** mocking laugh; ~ **de conejo** *fam* forced laugh; ~ **tonta** giggle; **me dio la** ~ **tonta y no podía parar de reír** I got the giggles and couldn't stop; **caerse o descoserse o despatarrarse o desternillarse de** ~ to burst with laughter, to split one's sides laughing; **mondarse o morirse o partirse de** ~ to die of laughter; **no ser cosa de** ~ not to be a laughing matter.

risco *m* cliff, crag.

risible *adj* laughable.

risiblemente *adv* laughably.

risita *f* giggle.

risotada *f* guffaw.

ristra *f lit & fig* string.

ristre ◆ **en ristre** *loc adv* at the ready.

risueño, ña *adj* - **1.** [alegre] smiling. - **2.** [próspero] sunny, promising. - **3.** *fig* [agradable] pleasant.

rítmico, ca *adj* rhythmic.

ritmo *m* - **1.** [gen] rhythm; [cardíaco] beat. - **2.** [velocidad] pace.

rito *m* - **1.** RELIG rite. - **2.** [costumbre] ritual. - **3.** *Amér* [manta] heavy poncho.

ritual *adj & m* ritual.

rival *adj & mf* rival.

rivalidad *f* rivalry.

rivalizar [13] *vi*: ~ **(con)** to compete (with).

rivera *f* brook, stream.

Riyad s Riyadh.

rizado, da adj - **1.** [pelo] curly. - **2.** [mar] choppy.

◆ **rizado** m [en peluquería]: **hacerse un** ~ to have one's hair curled.

rizar [13] vt - **1.** [pelo] to curl. - **2.** [mar] to ripple. - **3.** [papel] to crumple.

◆ **rizarse** vpr - **1.** [pelo] to curl. - **2.** [mar] to become choppy.

rizo, za adj - **1.** [pelo] curly. - **2.** [mar] choppy. - **3.** [tejido] ribbed.

◆ **rizo** m - **1.** [de pelo] curl. - **2.** [del agua] ripple. - **3.** [de avión] loop. - **4.** [tela] towelling, terry. - **5.** loc: **rizar el** ~ to split hairs.

rizoma m BOT rhizome.

rizoso, sa adj [pelo] (naturally) curly.

Rmo. (abrev escrita de **Reverendísimo**) Rt Revd.

RNE (abrev de **Radio Nacional de España**) f Spanish national radio station.

ro interj rock-a-bye.

RO (abrev de **Real Orden**) f royal decree.

roano, na adj [caballo] roan.

roast-beef [rosˈβif] (pl **roast-beefs**), **rosbif** (pl **rosbifs**) m roast beef.

robador, ra ◇ adj robbing, thieving. ◇ m, f robber, thief.

róbalo, robalo m sea bass.

robar vt - **1.** [gen] to steal; [casa] to burgle; ~ **a alguien** to rob sb. - **2.** [en naipes] to draw. - **3.** [cobrar caro] to rob. - **4.** [raptar] to abduct, to kidnap. - **5.** fig [voluntad, alma] to captivate. - **6.** [punta, esquina] to round off, to smooth. - **7.** [suj: río, mar] to wash away.

roble m - **1.** BOT oak. - **2.** fig [persona] strong person.

robledal, robledo m oak wood o grove.

roblón m - **1.** [clavo] rivet. - **2.** [en tejado] ridge of tiles.

robo m - **1.** [delito] robbery, theft; [en casa] burglary; ~ **a mano armada** armed robbery; **ser un** ~ [precios etc] to be daylight robbery. - **2.** [cosa robada] stolen goods (pl). - **3.** [en naipes] draw.

robot (pl **robots**) m [gen & INFORM] robot.

◆ **robot de cocina** m food processor.

robótica f robotics (U).

robotización f automation.

robotizar [13] vt to automate.

robustamente adv robustly.

robustecer [30] vt to strengthen.

◆ **robustecerse** vpr to get stronger.

robustecimiento m strengthening.

robustez (pl **robusteces**) f robustness.

robusto, ta adj robust.

roca f rock.

rocalla f - **1.** [fragmentos] rubble. - **2.** [abalorio] large glass bead.

rocambolesco, ca adj ludicrous.

roce[1] etc v → **rozar**.

roce[2] m - **1.** [rozamiento - gen] rub, rubbing (U); [- suave] brush, brushing (U); FÍS friction. - **2.** [desgaste] wear. - **3.** [rasguño - en piel] graze; [- en zapato, puerta] scuffmark; [- en metal] scratch. - **4.** [trato] close contact. - **5.** [desavenencia] brush.

rociada f - **1.** [rocío] dew. - **2.** [aspersión] sprinkling. - **3.** [de insultos, perdigones etc] shower. - **4.** [hierba] dew-drenched grass used as medicine for animals. - **5.** fig [reprensión] severe reprimand.

rociador m sprinkler, sprayer.

rociadura f, **rociamiento** m sprinkling, spraying.

rociar [9] ◇ vt - **1.** [arrojar gotas] to sprinkle; [con espray] to spray. - **2.** [arrojar cosas]: ~ **algo (de)** to shower sthg (with). ◇ v impers [caer rocío]: **roció anoche** a dew fell last night.

rocín m - **1.** [caballo] nag. - **2.** fig [persona] idiot, fool. - **3.** Amér [buey] ox.

rocinante m nag.

rocío m - **1.** [de la mañana] dew. - **2.** [llovizna] light drizzle.

rock, rock and roll m inv - **1.** [baile] rock and roll. - **2.** [estilo] rock; [de los 50] rock and roll.

rockero, ra, roquero, ra ◇ adj rock (antes de sust). ◇ m, f - **1.** [músico] rock musician. - **2.** [fan] rock fan.

rococó adj inv & m inv rococo.

rocoso, sa adj rocky.

rocote, rocoto m Amér large green chilli pepper.

roda f NÁUT stem.

rodaballo m - **1.** [pez] turbot. - **2.** fig [persona] shrewd person.

rodado, da adj - **1.** [piedra] rounded. - **2.** [tráfico] road (antes de sust). - **3.** [caballo] dappled. - **4.** [frase] smooth, flowing. - **5.** MIN scattered. - **6.** loc: **estar muy** ~ [persona] to be very experienced; **venir** ~ **para** to be the perfect opportunity to.

◆ **rodado** m Amér vehicle, carriage.

◆ **rodada** f tyre track.

rodador, ra adj rolling.

◆ **rodador** m - **1.** [pez] sunfish. - **2.** Amér [insecto] gnat.

rodadura f rolling.

rodaja f - **1.** [tajada] slice; [de metal] disc; **en** ~**s** sliced. - **2.** [de esquela] rowel.

rodaje m - **1.** [filmación] shooting. - **2.** [de motor] running-in. - **3.** [experiencia] experience. - **4.** desus [impuesto] vehicle tax.

rodamiento m bearing.

rodante adj - **1.** [que rueda] rolling. - **2.** Amér [que deambula] ambling, meandering.

rodapié m skirting board.

rodar [23] ◇ vi - **1.** [deslizar] to roll. - **2.** [circular] to travel, to go. - **3.** [girar] to turn. - **4.** [caer]: ~ **(por)** to tumble (down). - **5.** [ir de un lado a otro] to go around. - **6.** CINE to shoot. - **7.** [funcionar] to run. - **8.** [suceder] to happen in succession. - **9.** Amér [caballo] to stumble. ◇ vt - **1.** CINE to shoot; **están rodando la película en exteriores** they're shooting the film on location. - **2.** [automóvil] to run in. - **3.** Amér [hacer caer] to knock down. - **4.** Amér [aprisionar] to seize.

Rodas s Rhodes.

rodear ◇ vt - **1.** [gen] to surround; **le rodeó el cuello con los brazos** she put her arms around his neck. - **2.** [dar la vuelta a] to go around. - **3.** [eludir] to skirt around. - **4.** Amér [ganado] to round up. ◇ vi - **1.** [dar la vuelta] to go round. - **2.** [dar rodeos] to go by a roundabout route. - **3.** fig [hablar con rodeos] to beat about the bush.

◆ **rodearse** vpr - **1.** [gen]: ~**se de** to surround o.s. with. - **2.** [revolverse] to toss and turn. - **3.** [volverse] to turn around.

rodela f buckler, round shield.

rodeo m - **1.** [camino largo] detour; **dar un** ~ to make a detour. - **2.** (gen pl) [evasiva] evasiveness (U); **andar** o **ir con** ~**s** to beat about the bush; **dejarse de** ~**s** to stop beating about the bush, to come to the point; **hablar sin** ~**s** to come straight to the point. - **3.** [reunión de ganado] rounding up. - **4.** [espectáculo] rodeo. - **5.** [regate] dodge. - **6.** [corral] corral.

rodete m - **1.** [rosca] round pad; [de pelo] bun. - **2.** [en cerradura] ward. - **3.** [en vehículo] belt wheel.

rodezno m [rueda] water wheel; [de molino] cogwheel.

rodilla f knee; **de** ~**s** on one's knees; **doblar** o **hincar la** ~ [arrodillarse] to go down on one knee; fig [humillarse] to bow (down), to humble o.s.; **hincarse de** ~**s** to kneel (down); **ponerse de** ~**s** to get down on one's knees.

rodillazo m, **rodillada** f blow with the knee.

rodillera f - **1.** [protección] knee pad. - **2.** [remiendo] knee patch. - **3.** [bolsa] bagging at the knees.

rodillo m - **1.** [gen] roller. - **2.** [para repostería] rolling pin. - **3.** [de máquina] roller, platen. - **4.** [de lavadora] mangle.

rodio *m* rhodium.

rododendro *m* rhododendron.

rodrigón *m* - **1.** [para planta] stake, prop. - **2.** *fig* [criado] chaperon.

rodríguez *m inv* grass widower, *man who stays working in town whilst his wife and children spend the summer holidays elsewhere*; **estar** o **quedarse de** ~ to be a grass widower.

roedor, ra *adj* ZOOL rodent *(antes de sust).*

◆ **roedor** *m* rodent.

roedura *f* - **1.** [acción] gnawing. - **2.** [señal] gnaw mark.

roentgen ['rontʃen], **roentgenio** [ron'tʃenio] *m* roentgen.

roer [69] *vt* - **1.** [con dientes] to gnaw (at); [hueso] to pick. - **2.** *fig* [gastar] to eat away (at). - **3.** *fig* [atormentar] to nag o gnaw (at). - **4.** *loc*: **ser duro de** ~ to be a tough nut to crack.

rogar [39] ◇ *vt* - **1.** [implorar] to beg; [pedir] to ask; ~ **a alguien que haga algo** to ask o beg sb to do sthg; **le ruego que me perdone** please forgive me; **hacerse (de)** ~ to play hard to get; **'se ruega silencio'** 'silence, please'. - **2.** [rezar] to pray. ◇ *vi* to pray, to plead.

rogativa *f (gen pl)* rogation.

rogué *etc v* → **rogar**.

roído, da *adj fig* tightfisted.

roiga *etc v* → **roer**.

rojete *m* rouge.

rojez *(pl* **rojeces)** *f* - **1.** [cualidad] redness. - **2.** [roncha] (red) blotch.

rojizo, za *adj* reddish.

rojo, ja ◇ *adj* - **1.** [color] red; **poner** ~ **a alguien** to make sb blush; **ponerse** ~ [gen] to turn red; [ruborizarse] to blush ❑ **ponerse** ~ **como la grana** *fig* to go as red as a beetroot. - **2.** [cabello] sandy. ◇ *m, f* POLÍT red.

◆ **rojo** *m* [color] red; **al** ~ **blanco** white-hot; **al** ~ **vivo** [en incandescencia] red-hot; *fig* [acalorado, exaltado] heated; **calentar** o **poner al** ~ **vivo** to make red-hot ❑ ~ **cereza** cherry red; ~ **escarlata** scarlet; ~ **de labios** lipstick; ~ **de metilo** methyl red; **estar al** ~ **vivo** *fig* to be heated o very tense.

rol *m* - **1.** [papel] role. - **2.** NÁUT muster.

rolar *vi* - **1.** NÁUT to veer round. - **2.** *Amér* [relacionarse] to mix, to socialize.

roldana *f* NÁUT pulley wheel.

rollete *m Amér* - **1.** [hocico] snout, muzzle. - **2.** [almohadilla] pad.

rollizo, za *adj* - **1.** [grueso] chubby, plump. - **2.** [redondo] round.

◆ **rollizo** *m* [madera] round log.

rollo *m* - **1.** [cilindro] roll; **en** ~ rolled (up) ❑ ~ **de cocina** kitchen roll; ~ **de papel higiénico** toilet paper; ~ **de pergamino** scroll; ~ **de primavera** CULIN spring roll. - **2.** CINE roll. - **3.** *fam* [discurso]: **el** ~ **de costumbre** the same old story; **soltar el** ~ to go on and on; **tener mucho** ~ to witter on. - **4.** *fam* [embuste] tall story. - **5.** *fam* [pelmazo, pesadez] bore, drag. - **6.** *fam* [tema] stuff; ¿**de qué va el** ~? what's it all about? - **7.** *fam* [relación] relationship; **tener buen/mal** ~ **(con alguien)** to get on/not to get on with sb. - **8.** *fam* [ambiente, tipo de vida] scene; **traerse un mal** ~ to be into a bad scene. - **9.** *loc*: **largar el** ~ *Amér fam* to throw up.

ROM *(abrev de* **read-only memory**) *m* ROM.

Roma *s* Rome.

romance ◇ *adj* Romance. ◇ *m* - **1.** LING Romance language; **en buen** ~ in plain language ❑ **hablar en** ~ to speak plainly. - **2.** LITER romance; ~ **de gesta** chanson de geste. - **3.** [idilio] romance.

romancear *vt Amér* to court, to woo.

romancero, ra *m, f* writer of romances.

◆ **romancero** *m* LITER collection of romances.

romancesco, ca *adj* novelesque.

romancista ◇ *adj* writing in Spanish. ◇ *mf* writer in Spanish.

románico, ca *adj* - **1.** ARQUIT & ARTE Romanesque. - **2.** LING Romance.

◆ **románico** *m*: **el (estilo)** ~ the Romanesque (style).

romanización *f* Romanization.

romanizar [13] *vt* to Romanize.

romano, na ◇ *adj* Roman; RELIG Roman Catholic. ◇ *m, f* Roman.

romanticismo *m* - **1.** ARTE & LITER Romanticism. - **2.** [sentimentalismo] romanticism.

romántico, ca ◇ *adj* - **1.** ARTE & LITER Romantic; **soy una gran aficionada a la música romántica** I'm a big fan of Romantic music. - **2.** [sentimental] romantic; **soy una romántica, me gustan las películas con un final feliz** I'm a romantic, I like films with a happy ending. ◇ *m, f* - **1.** ARTE & LITER Romantic. - **2.** [sentimental] romantic.

romanza *f* MÚS ballad.

rombo *m* - **1.** GEOM rhombus. - **2.** IMPRENTA lozenge. - **3.** [pez] brill.

romeo, a *adj & m, f* Byzantine.

◆ **romeo** *m fig* person very much in love.

Romeo *m* Romeo.

romeral *m* rosemary patch.

romería *f* - **1.** [peregrinación] pilgrimage. - **2.** [fiesta] open-air festivities to celebrate a religious event. - **3.** *fig* [mucha gente] long line.

romero, ra ◇ *m, f* [peregrino] pilgrim. ◇ *adj* pilgrim *(antes de sust).*

◆ **romero** *m* - **1.** BOT rosemary. - **2.** [pez] pilot fish.

romo, ma *adj* - **1.** [sin filo] blunt. - **2.** [de nariz] snub-nosed. - **3.** *fig* [torpe] dull.

rompecabezas *m inv* - **1.** [juego] jigsaw. - **2.** *fam* [problema] puzzle.

rompedera *f* blacksmith's iron punch.

rompedero, ra *adj* breakable, fragile.

◆ **rompedero de cabeza** *m Amér* puzzle.

rompedor, ra ◇ *adj* breaking. ◇ *m, f* breaker.

rompehielos *m inv* ice-breaker.

rompenueces *m inv* nutcracker.

rompeolas *m inv* breakwater.

romper ◇ *vt* - **1.** [gen] to break; [hacer añicos] to smash; [rasgar] to tear. - **2.** [desgastar] to wear out. - **3.** [interrumpir - monotonía, silencio, hábito] to break; [- hilo del discurso] to break off; [- tradición] to put an end to, to stop. - **4.** [relaciones etc] to break off. ◇ *vi* - **1.** [terminar una relación]: ~ **(con alguien)** to break o split up (with sb). - **2.** [olas, el día] to break; [hostilidades] to break out; **al** ~ **el alba** o **día** at daybreak. - **3.** [empezar]: ~ **a hacer algo** to suddenly start doing sthg; ~ **a llorar** to burst into tears; ~ **a reír** to burst out laughing. - **4.** *loc*: **de rompe y rasga** [persona] determined.

◆ **romperse** *vpr* - **1.** [partirse] to break; [rasgarse] to tear; **se ha roto una pierna** he has broken a leg. - **2.** [desgastarse] to wear out.

rompible *adj* breakable.

rompiente *m* reef, shoal.

rompimiento *m* - **1.** [ruptura] breaking; [de relaciones] breaking-off; [de noviazgo] break-up; ~ **de hostilidades** outbreak of hostilities. - **2.** *fig* [riña] quarrel. - **3.** TEATRO short fore curtain.

rompopo *m Amér* eggnog.

Rómulo *m* Romulus.

ron *m* rum.

ronca *f* - **1.** [bramido] *call of a stag in rutting season.* - **2.** *fam* [amenaza] bullying; **echar** ~**s** *fam* to bully.

roncador, ra ◇ *adj* snoring. ◇ *m, f* snorer.

◆ **roncador** *m* [pez] croaker.

roncar [10] *vi* - **1.** [al dormir] to snore. - **2.** [gritar] to bellow, to roar. - **3.** *fig* [mar, viento] to roar.

ronce *m fam* flattery.

roncear ◇ *vi* - **1.** [demorar] to drag one's feet. - **2.** *fam* [halagar] to crawl, to creep. - **3.** NÁUT to move slowly. ◇ *vt Amér* to lever.

roncería *f* - **1.** [demora] dawdling. - **2.** *fam* [halago] creeping, crawling. - **3.** NÁUT slow pace.

roncero, ra *adj* - **1.** [demorado] dawdling. - **2.** [desagradable] grumbling. - **3.** *fam* [halagador] creeping, crawling. - **4.** NÁUT slow-moving.

roncha *f* red blotch.

ronco, ca *adj* - **1.** [afónico] hoarse. - **2.** [bronco] harsh.

◆ **roncón** *m* [pez] grunt.

roncón ◇ *adj Amér* [fanfarrón] bragging. ◇ *m* [de gaita] bagpipe drone.

ronda *f* - **1.** [de vigilancia, visitas] rounds *(pl)*; **hacer la** ~ to do one's rounds. - **2.** [carretera] ring road. - **3.** [avenida] avenue. - **4.** *fam* [de bebidas, en el juego etc] round. - **5.** DEP round. - **6.** [para cantar] street serenaders *(pl)*. - **7.** *Amér* [corro] circle, ring.

rondador *m* - **1.** [vigilante] night watchman. - **2.** [cantante] street serenader. - **3.** *Amér* [instrumento] reed flute.

rondalla *f* - **1.** [grupo de músicos] group of minstrels. - **2.** [patraña] malicious gossip.

rondana *f* - **1.** [pieza] washer. - **2.** *Amér* [polea] pulley wheel.

rondar ◇ *vt* - **1.** [vigilar] to patrol. - **2.** [estar próximo]: **me ronda un resfriado** I've got a cold coming on. - **3.** [edad] to be around. - **4.** [cortejar] to court. - **5.** [dar vueltas] to hang around. - **6.** [asediar] to pursue. ◇ *vi* - **1.** [merodear]: ~ **(por)** to wander o hang around. - **2.** [dar serenata] to serenade from the street.

rondín *m Amér* - **1.** [vigilante] watchman, guard. - **2.** [armónica] mouth organ.

ronque *etc v* → **roncar**.

ronquear *vi* to be hoarse.

ronquera *f* hoarseness.

ronquido *m* - **1.** [al dormir] snore, snoring *(U)*. - **2.** *fig* [del mar, viento] roar, roaring *(U)*.

ronroneante *adj* purring.

ronronear *vi* to purr.

ronroneo *m* purr, purring *(U)*.

ronzal *m* halter.

ronzar [13] *vt* to crunch.

roña ◇ *adj fam* [tacaño] stingy, tight. ◇ *mf fam* [tacaño] stingy person. ◇ *f* - **1.** [suciedad] filth, dirt. - **2.** [moho] rust. - **3.** [corteza de pino] pine bark. - **4.** *fam* [tacañería] stinginess. - **5.** VETER mange. - **6.** *Amér* [rugosidad] roughness. - **7.** *Amér* [hostilidad] grudge.

roñería *f fam* stinginess.

roñica *fam* ◇ *adj* stingy, tight. ◇ *mf* stingy person.

roñoso, sa ◇ *adj* - **1.** [sucio] dirty. - **2.** [tacaño] mean. - **3.** *Amér* [ofendido] resentful. ◇ *m, f* miser, mean person.

ropa *f* clothes *(pl)*; **aligerarse de** ~ [semidesnudo] to strip half-naked; **ligero de** ~ scantily clad □ ~ **blanca** linen; ~ **de abrigo** warm clothes *(pl)*; ~ **de caballeros** menswear; ~ **de cama** bed linen; ~ **deportiva** sportswear; ~ **de domingo** Sunday best; ~ **de dormir** nightwear, nightclothes *(pl)*; ~ **hecha** ready-to-wear clothes *(pl)*; ~ **interior** underwear; ~ **interior femenina** lingerie; ~ **interior térmica** thermal underwear; ~ **planchada** o **para planchar** ironing; ~ **de playa** beachwear; ~ **sucia** [para lavar] laundry, washing; ~ **usada** castoffs *(pl)*; ~ **vieja** CULIN shredded beef stew; **hay** ~ **tendida** *fig* walls have ears, be careful what you say; **lavar la** ~ **sucia en público** *fig* to wash one's dirty linen in public; **nadar y guardar la** ~ *fig* to cover one's back.

ropaje *m* robes *(pl)*.

ropavejero *mf* secondhand clothes dealer.

ropería *f* - **1.** [oficio] clothing trade. - **2.** [tienda] clothes shop. - **3.** [guardarropa] cloakroom.

ropero, ra *m, f* - **1.** [vendedor] clothes dealer. - **2.** [vigilante] cloakroom attendant.

◆ **ropero** *m* - **1.** [armario] wardrobe. - **2.** [habitación] walk-in wardrobe; TEATRO cloakroom. - **3.** [asociación] *charity distributing clothing to the poor*.

ropón *m* - **1.** [ropa] robe, gown. - **2.** *Amér* [de amazona] riding skirt.

roque *m* - **1.** [en ajedrez] castle; **estar/quedarse** ~ *fig* to be/fall fast asleep. - **2.** HERÁLDICA emblazoned tower emblem.

roquedal *m*, **roqueda** *f* rocky place.

roquefort [roke'for] *m* Roquefort (cheese).

roquero, ra *adj & m, f* = **rockero**.

rorro *m* - **1.** [bebé] baby. - **2.** *Amér* [muñeco] doll.

rosa ◇ *f* - **1.** [flor] rose; ~ **alabardera** o **de rejalgar** o **montés** peony; ~ **de Jericó** rose of Jericho; ~ **de té** tea rose; **como las propias** ~s *fam* fine, splendid; **estar (fresco) como una** ~ to be as fresh as a daisy. - **2.** [adorno] rose-shaped decoration. - **3.** [en la piel] red spot. - **4.** ARQUIT rose window. - **5.** [en joyería] rose-cut diamond. ◇ *m* [color] pink; ~ **salmón** salmon pink. ◇ *adj inv* [color] pink; **verlo todo de color (de)** ~ *fig* to see everything through rose-tinted spectacles.

◆ **rosas** *fpl* popcorn *(sg)*.

◆ **rosa de los vientos** *f* NÁUT compass.

rosáceo, a *adj* pinkish.

rosado, da *adj* - **1.** [color] pink. - **2.** [sabor] roseflavoured.

◆ **rosado** *m* → **vino**.

rosal *m* - **1.** [arbusto] rose bush. - **2.** *Amér* [jardín] rose garden.

rosaleda *f* rose garden.

rosario *m* - **1.** RELIG rosary; **rezar el** ~ to say one's rosary. - **2.** [sarta] string. - **3.** [máquina] waterwheel. - **4.** *loc*: **acabar como el** ~ **de la aurora** to finish up badly.

rosbif *m* = **roast-beef**.

rosca *f* - **1.** [de tornillo] thread. - **2.** [forma - de anillo] ring; [- espiral] coil. - **3.** CULIN ring doughnut. - **4.** *Amér* [almohadilla] pad. - **5.** *Amér* [discusión] argument. - **6.** *Amér* [corro] circle. - **7.** *loc*: **hacer la** ~ **(del galgo)** to go to sleep anywhere; **hacerle la** ~ **a alguien** to suck up to sb; **pasarse de** ~ [persona] to go over the top.

◆ **rosca de Arquímedes** *f* Archimedean screw.

roscado, da *adj* screw-shaped.

◆ **roscado** *m* threading.

roscar [10] *vt* to thread.

rosco *m* ring-shaped bread roll; **no comerse un** ~ *mf fam fig* never to get off with anyone.

roscón *m* ring-shaped bread roll; ~ **de reyes** *sweet roll, containing a lucky charm, eaten on Twelfth Night*.

roseta *f* - **1.** [rubor] flush. - **2.** ARQUIT rosette. - **3.** [de regadera] nozzle. - **4.** *Amér* [de espuela] rowel.

◆ **rosetas** *fpl* [palomitas] popcorn *(U)*.

rosetón *m* - **1.** [ventana] rose window. - **2.** [adorno] ceiling rose.

Rosetta *s* → **piedra**.

rosque *etc v* → **roscar**.

rosquete *adj Amér fam* - **1.** *despec* queer. - **2.** [dulce] large doughnut.

rosquilla *f* ring doughnut; **venderse como** ~s *fam fig* to sell like hot cakes.

rostro *m* - **1.** [cara] face; **hacer** ~ to face, to face up to; **torcer el** ~ to grimace; **volver el** ~ to turn one's head away. - **2.** [descaro]: **tener (mucho)** ~ *fam fig* to have a lot of nerve. - **3.** NÁUT rostrum, beak. - **4.** [de ave] bill, beak.

◆ **a rostro firme** *loc adv* resolutely.

rota ◇ *adj f* → **roto**. ◇ *f* rout.

rotación *f* - **1.** [giro] rotation; ~ **de cultivos** crop rotation. - **2.** [alternancia] rota; **por** ~ in turn.

rotativo, va *adj* rotary, revolving.

◆ **rotativo** *m* newspaper.

◆ **rotativa** *f* rotary press.

rotatorio, ria *adj* rotary, revolving.

rotería *f Amér* rabble, plebs *(pl).*

roto, ta ◇ *pp* → **romper.** ◇ *adj* - **1.** [objeto] broken; [tela, papel] torn. - **2.** *fig* [deshecho - vida etc] destroyed; [- corazón] broken. - **3.** *fig* [exhausto] shattered. - **4.** [andrajoso] ragged. - **5.** *fig* [licencioso] dissipated, licentious. ◇ *m, f Amér* [trabajador] worker.

◆ **roto** *m* - **1.** [en tela] tear, rip; **llevas un ~ en la falda** you've got a tear in your skirt. - **2.** *Amér* [persona inferior] member of the lowest class. - **3.** *Amér* [mestizo] Spanish-indian half-breed. - **4.** *Amér* [petimetre] village dandy.

rotonda *f* - **1.** [plaza] circus. - **2.** [edificio] rotunda.

rotor *m* rotor.

rotoso, sa *adj Amér* ragged, in tatters.

rótula *f* - **1.** ANAT kneecap. - **2.** [pieza] rounded joint.

rotulación *f* lettering.

rotulado *m* sign, label.

rotulador, ra ◇ *adj* lettering. ◇ *m, f* lettering device.

◆ **rotulador** *m* felt-tip pen; [fluorescente] marker pen.

rotular[1] *adj* kneecap *(antes de sust).*

rotular[2] *vt* - **1.** [con rotulador] to highlight. - **2.** [calle] to put up a sign on. - **3.** [carta, artículo] to head with fancy lettering. - **4.** [letrero] to letter.

rótulo *m* - **1.** [letrero] sign. - **2.** [encabezamiento] headline, title.

◆ **rótulos** *mpl* CINE titles.

rotundamente *adv* - **1.** [categóricamente] categorically. - **2.** [completamente] thoroughly, completely.

rotundidad *f* firmness, categorical nature.

rotundo, da *adj* - **1.** [categórico - negativa, persona] categorical; [- lenguaje, estilo] emphatic, forceful. - **2.** [completo] total. - **3.** [redondo] round.

rotura *f* [gen] break, breaking *(U);* [de hueso] fracture; [en tela] rip, hole.

roturación *f* ploughing.

roturador, ra ◇ *adj* ploughing. ◇ *m, f* ploughman.

◆ **roturadora** *f* harrow, plough.

roturar *vt* to plough.

roulotte [ru'lot] *(pl* **rulottes**), **rulot** *(pl* **rulots)** *f* caravan *Br,* trailer *Am.*

round [raund] *(pl* **rounds)** *m* DEP round.

roya *v* → **roer.**

royalty [ro'jalti] *(pl* **royalties)** *m* royalty.

royera, royo *etc v* → **roer.**

roza *f* cleared ground.

rozadero *m* land being cleared.

rozador, ra *m, f* clearer.

◆ **rozador** *m Amér* machete.

rozadura *f* - **1.** [señal] scratch, scrape. - **2.** [herida] graze. - **3.** [frotación] rubbing. - **4.** BOT punk knot.

rozagante *adj* - **1.** [ropa] showy. - **2.** [caballo] lively, high-spirited.

rozamiento *m* - **1.** [fricción] rub, rubbing *(U);* FÍS friction *(U).* - **2.** *fig* [enfado] disagreement, friction *(U).*

rozar [13] *vt* - **1.** [gen] to rub; [suavemente] to brush; [suj: zapato] to pinch. - **2.** [pasar cerca de] to skim, to shave. - **3.** *fig* [estar cerca de] to border on; **roza los cuarenta** he's almost forty. - **4.** [terreno] to clear. - **5.** [pared, suelo] to scrape. - **6.** [suj: animal] to graze. - **7.** [ensuciar] to dirty.

◆ **rozar con** *vi* - **1.** [tocar] to brush against. - **2.** *fig* [relacionarse con] to touch on.

◆ **rozarse** *vpr* - **1.** [tocarse] to touch. - **2.** [pasar cerca] to brush past each other. - **3.** [herirse] to graze. - **4.** *fig* [tener trato]: **~ se con** to rub shoulders with. - **5.** [trabarse la lengua] to stammer.

roznar ◇ *vt* to chew, to munch. ◇ *vi* to bray.

roznido *m* - **1.** [ruido] chewing, munching. - **2.** [rebuzno] braying.

rozo *m* ground-clearing.

Rte. *abrev escrita de* **remitente.**

RTVE *(abrev de* **Radiotelevisión Española)** *f* Spanish state broadcasting company.

rúa *f* street.

ruana *f Amér* poncho.

Ruanda *s* Rwanda.

ruandés, esa *adj & m, f* Rwandan.

ruano, na *adj* roan.

rubeola, rubéola *f* German measles *(U).*

rubí *(pl* **rubís** o **rubíes)** *m* ruby.

rubia *f* → **rubio.**

rubicán, ana *adj* roan.

Rubicón *m:* **pasar el ~** *fig* to cross the Rubicon.

rubicundo, da *adj* ruddy.

rubidio *m* rubidium.

rubio, bia ◇ *adj* - **1.** [pelo, persona] blond *(f* blonde), fair. - **2.** [tabaco] Virginia *(antes de sust).* - **3.** [cerveza] lager *(antes de sust).* ◇ *m, f* [persona] blond *(f* blonde), fair-haired person; **rubia platino** platinum blonde.

◆ **rubia** *f* - **1.** *fam* [moneda] peseta. - **2.** [planta] madder. - **3.** [camioneta] estate car *Br,* station wagon *Am.*

rublo *m* rouble.

rubor *m* - **1.** [vergüenza] embarrassment; **sentir ~** to be embarrassed. - **2.** [sonrojo] blush.

ruborizar [13] *vt* [avergonzar] to embarrass.

◆ **ruborizarse** *vpr* to blush.

ruboroso, sa *adj* blushing.

rúbrica *f* - **1.** [de firma] flourish. - **2.** [título] title. - **3.** [conclusión] final flourish; **poner ~ a algo** to complete sthg. - **4.** RELIG rubric. - **5.** *loc:* **ser de ~** *fam* to be customary.

rubricar [10] *vt* - **1.** [firmar] to sign with a flourish. - **2.** *fig* [confirmar] to confirm. - **3.** *fig* [concluir] to complete. - **4.** [dar testimonio] to initial.

rubro, bra *adj* red.

◆ **rubro** *m* - **1.** [título] heading, title. - **2.** *Amér* COM item.

rucho *m* donkey, jackass.

rucio, cia *adj* - **1.** [gris] grey. - **2.** *fam* [canoso] grey-haired. - **3.** *Amér fam* blond *(f* blonde).

◆ **rucio** *m* ass, donkey.

ruco, ca *adj Amér* worn-out.

ruda ◇ *adj f* → **rudo.** ◇ *f* [planta] rue; **ser más conocido que la ~** *fig* to be a household name.

rudeza *f* - **1.** [tosquedad] roughness. - **2.** [brusquedad] brusqueness. - **3.** [grosería] coarseness.

rudimentariamente *adv* - **1.** [toscamente] crudely, coarsely. - **2.** [bruscamente] brusquely. - **3.** [groseramente] rudely.

rudimentario, ria *adj* rudimentary.

rudimento *m* preliminary sketch.

◆ **rudimentos** *mpl* rudiments.

rudo, da *adj* - **1.** [tosco] rough. - **2.** [brusco] sharp, brusque. - **3.** [grosero] rude, coarse. - **4.** [riguroso] severe, harsh.

rueca *f* - **1.** [instrumento] distaff. - **2.** *fig* [torcedura] twist.

rueda[1] *etc v* → **rodar.**

rueda[2] *f* - **1.** [pieza] wheel; **con** o **de dos ~ s** two-wheeled □ **~ de alfarero** potter's wheel; **~ de andar** treadmill; **~ catalina** o **de Santa Catalina** catherine wheel; **~ delantera/trasera** front/rear wheel; **~ dentada** cog, cogwheel; **~ hidráulica** o **de agua** waterwheel; **~ libre** freewheel; **~ de molino** millstone; **~ de paletas** o **de álabes** paddle wheel; **~ de repuesto** o **de recambio** spare wheel; **comulgar con ~ s de molino** *fig* to be very gullible; **hacer la ~ a alguien** *fam* to flatter sb; **ir sobre ~ s** *fig* to go smoothly; **la ~ de la fortuna** o **del destino** *fig* the wheel of fortune. - **2.** [corro] circle; **hacer ~** to make a circle. - **3.** [rodaja] slice. - **4.** [turno] turn. - **5.** [partida de billar] threesome. - **6.** [pez] sunfish. - **7.** [de pavo real] spread.

◆ **rueda de prensa** *f* press conference.

◆ **rueda de reconocimiento** *f* identification parade.

ruedo *m* - **1.** TAUROM bullring. - **2.** *fig* [mundo] sphere, world; **echarse al ~** to enter the fray. - **3.** [borde] edge, border. - **4.** [circunferencia] circumference. - **5.** [dobladillo] hem. - **6.** [esterilla] round mat.

ruega etc v → **rogar**.

ruego m request; **~s y preguntas** any other business.

rufián m - **1.** [granuja] villain. - **2.** [chulo] pimp.

rufianesco, ca adj villainous.

◆ **rufianesca** f: **la rufianesca** the underworld.

rufo, fa adj - **1.** [rubio] blond (f blonde). - **2.** [bermejo] red. - **3.** [rizado] curly-haired. - **4.** [vistoso] showy.

rugby m rugby.

rugido m [gen] roar; [de persona] bellow.

rugiente, rugidor, ra adj - **1.** [gen] roaring. - **2.** [persona] bellowing.

rugir [15] vi [gen] to roar; [persona] to bellow.

rugosidad f - **1.** [cualidad] roughness. - **2.** [arruga - de persona] wrinkle; [- de tejido] crinkle.

rugoso, sa adj - **1.** [material, terreno] rough. - **2.** [con arrugas - rostro etc] wrinkled; [- tejido] crinkled.

ruibarbo m rhubarb.

ruido m - **1.** [gen] noise; [sonido] sound; **hacer ~** to be noisy; **sin ~** silently, without a sound □ **~ de fondo** background noise; **~ galáctico** galactic noise; **mucho ~ y pocas nueces** much ado about nothing. - **2.** fig [escándalo] row; **hacer** o **meter ~** to cause a stir; **esta máquina hace mucho ~** this machine makes a lot of noise. - **3.** fig [discusión, alboroto] din, clamour; **querer ~** to pick a fight; **quitarse de ~s** to withdraw from a fight.

ruidosamente adv noisily.

ruidoso, sa adj - **1.** [que hace ruido] noisy. - **2.** fig [escandaloso] controversial, sensational.

ruin adj - **1.** [vil] low, contemptible. - **2.** [avaro] mean. - **3.** [pequeño] puny. - **4.** Amér [en celo] on heat Br, in heat Am.

ruina f - **1.** [gen] ruin; **amenazar ~** [edificio] to be about to collapse; **dejar en** o **llevar a la ~ a alguien** to ruin sb; **en ~s** in ruin, in ruins; **este edificio está en ~s** this building is in ruins; **estar en la ~** to be ruined. - **2.** [destrucción] destruction. - **3.** [fracaso - persona] wreck; [- de negocio, empresa] collapse; **estar hecho una ~** to be a wreck; **va a ser su ~** it will be his downfall; **vamos a la ~** we are going to wrack and ruin.

◆ **ruinas** fpl [históricas] ruins; **~s romanas** Roman ruins.

ruindad f - **1.** [cualidad] meanness, baseness. - **2.** [acto] vile deed.

ruinoso, sa adj - **1.** [poco rentable] ruinous. - **2.** [edificio] ramshackle.

ruiseñor m nightingale.

ruja etc v → **rugir**.

ruleta f roulette.

◆ **ruleta rusa** f Russian roulette.

ruletear vi Amér to drive a taxi.

ruletero m Amér taxi driver.

rulo m - **1.** [para el pelo] roller. - **2.** [rizo] curl. - **3.** Amér [secano] unirrigated land.

rulot f = **roulotte**.

ruma f Amér heap, pile.

Rumanía s Romania.

rumano, na adj & m, f Romanian.

◆ **rumano** m [lengua] Romanian.

rumba f - **1.** [baile] rumba. - **2.** Amér [parranda] party. - **3.** Amér [montón] heap, pile.

rumbear vi - **1.** [bailar] to dance the rumba. - **2.** Amér [orientarse] to get one's bearings.

rumbo m - **1.** [dirección] direction, course; **abatir el ~**

NÁUT to fall to leeward; **con ~ a** in the direction of, bound for; **corregir el ~** NÁUT to correct one's course; **ir con ~ a** to be heading for; **poner ~ a** to set course for; **sin ~ fijo** aimlessly □ **~ aguja** o **brújula** NÁUT compass course; **~ magnético** AERON & NÁUT magnetic bearing; **perder el ~** [barco] to go off course; fig [persona] to lose one's way; **tomar buen ~** fig to take a turn for the better; **tomar otro ~** fig to take a different tack. - **2.** fig [camino] path, direction. - **3.** [abertura] opening in a ship's hull. - **4.** fig [pompa] ostentation, show. - **5.** fam fig [desinterés] generosity, lavishness. - **6.** Amér [juerga] binge. - **7.** Amér [herida, brecha] cut on the head.

rumboso, sa adj fam generous.

rumí (pl **rumíes**) m Moslem name for Christians.

rumiante adj & m ruminant.

◆ **rumiantes** mpl ruminants.

rumiar [8] ◇ vt - **1.** [suj: rumiante] to chew. - **2.** fig [meditar] to ruminate, to chew over. ◇ vi [masticar] to ruminate, to chew the cud.

rumor m - **1.** [ruido sordo] murmur; [de árboles] rustle, whisper; **se oye el ~ lejano del agua** you can hear the distant murmur of water. - **2.** [chisme] rumour; **todo lo que he oído son ~es, no sé si son ciertos** I've only heard rumours, I don't know if they're true.

rumorearse v impers: **se rumorea que...** it is rumoured that...

runa f rune.

rúnico, ca adj runic.

runrún m - **1.** [ruido confuso] hum, humming (U); [del gato] purr (U), purring. - **2.** [chisme] rumour. - **3.** Amér [rugido] roar.

runrunearse v impers to be rumoured.

runruneo m [ruido] hum, humming (U).

rupestre adj - **1.** [pintura] cave (antes de sust). - **2.** [de roca] rock (antes de sust).

rupia f rupee.

ruptura f - **1.** [gen] break. - **2.** [de relaciones, conversaciones] breaking-off. - **3.** [de contrato] breach. - **4.** [de huesos] fracture.

rural ◇ adj rural. ◇ mf Amér peasant.

Rusia s Russia.

ruso, sa adj & m, f Russian.

◆ **ruso** m [lengua] Russian.

rusticidad f coarseness.

rústico, ca ◇ adj - **1.** [del campo] country (antes de sust). - **2.** [tosco] rough, coarse. ◇ m, f peasant.

◆ **en rústica** loc adj paperback.

Rut f BIBLIA Ruth.

ruta f [camino] route; fig way, course; **~ aérea** air route; **~ comercial** trade route; **~ del bakalao** the Madrid-Valencia road where there are numerous discotheques that play acid-house or techno music; **~ marítima** sea o shipping lane; **~ turística** scenic route.

rutenio m ruthenium.

rutilante adj culto shining.

rutilar vi culto to shine brightly.

rutina f [gen & INFORM] routine; **de ~** routine; **por ~** as a matter of course.

rutinariamente adv routinely.

rutinario, ria ◇ adj routine. ◇ m, f fig unimaginative person.

Rvda. (abrev escrita de **Reverenda**) Rev. (Mother etc).

Rvdo. (abrev escrita de **Reverendo**) Rev. (Father etc).

S

s¹, S *f* [letra] s, S.
◆ **S** (*abrev escrita de* **san**) St.
s² (*abrev escrita de* **segundo**) s.
s., sig. (*abrev escrita de* **siguiente**) foll.
s.a. (*abrev escrita de* **sinne anno**) s.a.
SA (*abrev de* **sociedad anónima**) *f* ≃ Ltd, ≃ PLC.
Saba *s* BIBLIA: **la reina de** ~ the Queen of Sheba.
sábado *m* Saturday; **¿qué día es hoy? - (es)** ~ what day is it (today)? - (it's) Saturday; **te llamo el** ~ I'll call you on Saturday; **¿trabajas los ~s?** do you work (on) Saturdays?; **un** ~ **cualquiera** on any Saturday; **cada** ~, **todos los ~s** every Saturday; **cada dos ~s**, **un** ~ **sí y otro no** every other Saturday; **caer en** ~ to be on a Saturday; **el próximo** ~, **el** ~ **que viene** next Saturday; **el** ~ **pasado** last Saturday; **el** ~ **por la mañana/tarde/noche** Saturday morning/afternoon/night; **en** ~ on Saturdays; **nací en** ~ I was born on a Saturday; **este** ~ [pasado] last Saturday; [próximo] this (coming) Saturday; **trabajar un** ~ to work on a Saturday ❏ ~ **Santo** o **de Gloria** Easter Saturday; **hacer** ~ to have a good clean.
sábalo *m* [pez] shad.
sabana *f* [zona sin vegetación] savannah.
sábana *f* **- 1.** [de cama] sheet; ~ **bajera/encimera** bottom/top sheet; **se le pegan las ~s** she's not good at getting up. **- 2.** *Amér* [pastizal] pasture, grazing land. **- 3.** *loc:* **estar en la** ~ *Amér fam* to be in clover; **ponerse en la** ~ *Amér fam* to become rich overnight.
sabandija *f* **- 1.** [animal] creepy-crawly, bug. **- 2.** *fig* [persona] worm.
sabanear *vi Amér* to round up cattle.
sabanero, ra ◇ *adj* savannah (*antes de sust*). ◇ *m, f* savannah dweller.
◆ **sabanero** *m Amér* **- 1.** [ganadero] cowboy, cattle drover. **- 2.** [matón] bully.
◆ **sabanera** *f* savannah snake.
sabañón *m* chilblain; **comer como un** ~ *fig* to eat like a horse.
sabático, ca *adj* **- 1.** [del sábado] Saturday (*antes de sust*). **- 2.** → **año**.
sabatino, na *adj* **- 1.** [del sábado] Saturday (*antes de sust*). **- 2.** RELIG sabbatine.
◆ **sabatina** *f* RELIG Saturday service o mass.
Sabbat ['saßat] *m* Sabbath.
sabedor, ra *adj:* **ser** ~ **de** to be aware of.
sabelotodo *mf inv fam* know-all.
saber [70] ◇ *m* knowledge; **según mi leal** ~ **y entender** to the best of my knowledge. ◇ *vt* **- 1.** [conocer] to know; **ella sabe lo que ocurrió** she knows what happened; **ya lo sé** I know; **dejar** ~ *Amér* to let know; **hacer** ~ **algo a alguien** to inform sb of sthg, to tell sb sthg; **sin yo ~lo, sin** ~**lo yo** without my knowledge. **- 2.** [conocer de]: ~ **hacer algo** to know how to do sthg, to be able to do sthg; **¿sabes cocinar?** do you know how to cook?; **sabe hablar inglés/montar en bici** she can speak English/ride a bike. **- 3.** [enterarse de] to learn, to find out; **supe la noticia demasiado tarde** I only heard the news when it was too late; **lo supe ayer** I only found out yesterday. **- 4.** [enten-der de] to know about; **sabe mucha física** he knows a lot about physics. **- 5.** *loc:* **no** ~ **dónde meterse** not to know where to put o.s.; **¡qué sé yo!, ¡y yo qué sé!** how should I know?; **un no sé qué** a certain something; **y no sé qué y no sé cuántos** *fam* and so on and so forth. ◇ *vi* **- 1.** [tener sabor]: ~ **(a)** to taste (of); **este jarabe sabe a fresa** this syrup tastes of strawberries; ~ **bien/mal** to taste good/bad ❏ ~ **mal a alguien** *fig* to upset o annoy sb. **- 2.** [entender, conocer]: ~ **(de algo)** to know (about sthg) ❏ **ése sí que sabe** he's a canny one. **- 3.** [tener noticia]: ~ **de alguien** to hear from sb; ~ **de algo** to learn of sthg. **- 4.** [parecer]: **eso me sabe a disculpa** that sounds like an excuse to me; **eso sabe a rebelión** that smacks of rebellion. **- 5.** *Amér fam* [soler]: ~ **hacer algo** to be wont to do sthg. **- 6.** *loc:* **no** ~ **(uno) por dónde se anda** not to have a clue; **que yo sepa** as far as I know; **¡quién sabe!, ¡vete a** ~**!** who knows!
◆ **saberse** *vpr:* ~**se algo** to know sthg; **el niño ya sabe todas las capitales de Europa** the child already knows the names of all the capitals in Europe ❏ **sabérselas todas** *fig* to know all the tricks.
◆ **a saber** *loc adv* [es decir] namely; **las potencias del Eje eran tres, a** ~**: Alemania, Italia y Japón** there were three powers in the Axis, namely Germany, Italy and Japan.
sabiamente *adv* wisely.
sabido, da *adj* **- 1.** [conocido] known; **como es (bien)** ~ as everyone knows. **- 2.** *fam irón* [docto] learned, knowledgeable. **- 3.** *Amér* [vivaracho] lively.
sabiduría *f* **- 1.** [conocimientos] knowledge, learning; ~ **popular** folklore, popular wisdom. **- 2.** [prudencia] wisdom.
sabiendas ◆ **a sabiendas** *loc adv* knowingly; **a** ~ **de que...** knowing that..., quite aware of the fact that...
sabihondez (*pl* **sabihondeces**) *f* know-all attitude.
sabihondo, da, sabiondo, da *adj & m, f* know-all, know-it-all.
sabina *f* [planta] savin.
sabio, bia ◇ *adj* **- 1.** [sensato, inteligente] wise. **- 2.** [docto] learned. **- 3.** [amaestrado] trained. ◇ *m, f* [listo] wise person; [docto] learned person.
sabiondo, da *adj* = **sabihondo**.
sablazo *m* **- 1.** [golpe] blow with a sabre. **- 2.** [herida] sabre wound. **- 3.** *fam fig* [de dinero] scrounging (U); **dar un** ~ **a alguien** to scrounge money off sb; **vivir de ~s** to live by scrounging.
sable *m* **- 1.** [arma] sabre. **- 2.** *fig* [habilidad] sponging. **- 3.** HERÁLDICA sable, black. **- 4.** *Amér* [pez] cutlass fish. **- 5.** *loc:* **tirar el** ~ to fence.
sablear *vi fam* to scrounge money.
sablista *mf fam* scrounger.
sablón *m* coarse sand.
sabor *m* **- 1.** [gusto] taste, flavour; **con** ~ **a limón** lemon-flavoured; **sin** ~ tasteless; **tener** ~ **a algo** to taste of sthg ❏ **dejar mal** ~ **(de boca)** *fig* to leave a nasty o bad taste in one's mouth. **- 2.** *fig* [estilo] flavour.
◆ **sabores** *mpl* beads on horse's bit.
saboreamiento *m* **- 1.** [degustación] tasting. **- 2.** *fig* [aprecio] savouring, relishing.

saborear *vt lit & fig* to savour.

◆ **saborearse** *vpr* to savour, to relish.

saboreo *m* savouring, relishing.

sabotaje *m* sabotage.

saboteador, ra ◇ *adj* sabotaging. ◇ *m, f* saboteur.

sabotear *vt* to sabotage.

saboteo *m* sabotage.

sabrá *etc v* → **saber**.

sabrosamente *adv* deliciously, tastily.

sabrosearse *vpr Amér* to smack one's lips.

sabrosera, sabrosura *f fam Amér* delicious o tasty thing.

sabroso, sa *adj* - **1.** [gustoso] tasty. - **2.** *fig* [sustancioso] tidy, considerable. - **3.** *fig* [malicioso] malicious. - **4.** *fig* [agradable] lovely, pleasant. - **5.** *fam* [salado] salty. - **6.** *Amér* [con sabor] tasty.

sabrosón, ona *adj* - **1.** *fam* [con sabor] delicious, tasty. - **2.** *Amér* [hablador] talkative.

sabrosura *f* = **sabrosera**.

sabueso *m* - **1.** [perro] bloodhound. - **2.** *fig* [policía] sleuth, detective.

saca *f* - **1.** [costal] sack; ~ **de correo** postbag *Br*, mailbag *Am.* - **2.** [exportación] export. - **3.** [copia] certified copy. - **4.** *Amér* [de ganado] herd.

sacabocados *m inv* - **1.** [instrumento] punch. - **2.** *fig* [remedio] sure way o means.

sacabotas *m inv* bootjack.

sacabuche *m* - **1.** [MÚS - instrumento] sackbut; [- persona] sackbut player. - **2.** NÁUT hand pump.

sacaclavos *m inv* nail puller, pincers *(pl)*.

sacacorchos *m inv* corkscrew.

sacada *f* - **1.** [territorio] separate territory. - **2.** *Amér* [acción de sacar] removal.

sacadinero ◇ *m fam* worthless sideshow. ◇ *mf* swindler.

sacadineros *m inv & mf inv* = **sacadinero**.

sacador, ra ◇ *adj* removing. ◇ *m, f* remover.

◆ **sacador** *m* [tablero] delivery board.

sacadura *f* - **1.** [en costura] slash. - **2.** *Amér* [acción de sacar] removal.

sacalagua *mf Amér* ≃ light-skinned mestizo.

sacaliña *f* - **1.** [vara] goad. - **2.** *fig* [astucia] cunning.

sacamanchas *m inv* stain remover.

sacamuelas *mf inv* - **1.** *fam* [dentista] dentist. - **2.** *fig* [charlatán] swindler.

sacapuntas *m inv* pencil sharpener.

sacar [10] ◇ *vt* - **1.** [poner fuera, hacer salir] to take out; [lengua] to stick out; [arma, espada] to draw; ~ **algo de** to take sthg out of; **nos sacaron algo de comer** they gave us something to eat; **sacó el billetero del bolso** he took his wallet out of the bag. - **2.** [quitar] ~ **algo (de)** to remove sthg (from); **el dentista me sacó la muela** the dentist pulled out my tooth. - **3.** [librar, salvar] ~ **a alguien de** to get sb out of; ~ **a alguien de un apuro** to get out of trouble. - **4.** [obtener - carné, buenas notas] to get, to obtain; [- premio] to win; [- foto] to take; [- fotocopia] to make; [- dinero del banco] to withdraw. - **5.** [sonsacar] ~ **algo a alguien** to get sthg out of sb; **interrogaron al detenido para ~le el nombre de su cómplice** they interrogated the prisoner to try and get his accomplice's name out of him. - **6.** [extraer] ~ **algo de** to extract sthg from. - **7.** [fabricar] to produce. - **8.** [presentar, modelo, disco etc] to bring out. - **9.** [exteriorizar] to show. - **10.** [resolver, crucigrama etc] to do, to finish. - **11.** [deducir - gen] to gather, to understand; [- conclusión] to come to; **de tu expresión saco que estás preocupado** from your expression, I take it that you are worried. - **12.** [mostrar] to show; **le sacaron en televisión** he was on television. - **13.** [entradas etc] to get, to buy. - **14.** [prenda - de ancho] to let out; [- de largo] to let down. - **15.** [aventajar por]: **sacó tres minutos a su rival** he was three minutes ahead of his rival. - **16.** [DEP - con la mano] to throw in; [- con la raqueta] to serve. - **17.**

[nombre, apodo] to give. - **18.** [restar] to take away, to subtract. - **19.** [citar] to quote. - **20.** [elegir] to elect. - **21.** *Amér* [adular] to flatter. - **22.** *Amér* [echar en cara]: ~ **algo a alguien** to reproach sb for sthg. ◇ *vi* DEP to put the ball into play; [con la raqueta] to serve.

◆ **sacarse** *vpr* - **1.** [poner fuera]: ~**se algo (de)** to take sthg out (of); **Juan se sacó las manos de los bolsillos** Juan took his hands out of his pockets. - **2.** [carné etc] to get.

◆ **sacar adelante** *vt* - **1.** [hijos] to bring up. - **2.** [negocio] to make a go of.

sacárido *m* saccharide.

sacarina *f* saccharine.

sacarosa *f* sucrose.

sacatapón *m* corkscrew.

sacerdocio *m* priesthood; *fig* vocation.

sacerdotal *adj* priestly.

sacerdote, tisa *m, f* [pagano] priest (*f* priestess).

◆ **sacerdote** *m* [cristiano] priest; ~ **obrero** worker priest; **sumo** ~ high priest.

sachar *vt* to weed.

saciable *adj* satiable.

saciar [8] *vt* - **1.** [satisfacer - sed] to quench; [- hambre] to satisfy, to sate. - **2.** *fig* [colmar] to fulfil.

◆ **saciarse** *vpr* to have had one's fill; *fig* to be satisfied.

saciedad *f* satiety; **hasta la** ~ *fig* over and over again.

saco *m* - **1.** [bolsa] sack, bag; ~ **aéreo** ZOOL air sac o cell; ~ **de dormir** sleeping bag; ~ **de noche** overnight bag; ~ **terrero** o **de arena** MIL sandbag; **ser más pesado que un ~ de plomo** *fam* to be as dull as dishwater. - **2.** *Amér* [chaqueta] jacket. - **3.** *Amér* [bolso de mujer] handbag. - **4.** ANAT sac. - **5.** *desus* [vestidura] loose-fitting jacket. - **6.** [saque] serve, service. - **7.** NÁUT creek, inlet. - **8.** *loc*: **a ~s** by the ton; **entrar a ~ en** to sack, to pillage; **no echar algo en ~ roto** to take good note of sthg; **ser un ~ de huesos** *fam* to be all skin and bones; **ser un ~ de malicias** *fam* to be full of tricks; **ser un ~ de mentiras** to be a compulsive liar.

sacralizar [13] *vt* to consecrate.

sacramentado, da *adj* having received the last sacraments o rites.

sacramental ◇ *adj* - **1.** RELIG sacramental. - **2.** *fig* [ritual] ritual, ritualistic. ◇ *m* member of a Sacramental brotherhood. ◇ *f* Sacramental brotherhood.

sacramentar *vt* RELIG [administrar sacramentos] to administer the last rites to; [en la Eucaristía] to transubstantiate.

◆ **sacramentarse** *vpr* to be transubstantiated.

sacramento *m* sacrament; **recibir los** ~**s** to receive the last sacraments o rites ❑ ~ **del altar** Sacrament, Eucharist; **últimos** ~**s** last rites.

sacrificadero *m* - **1.** [sitio] place of sacrifice. - **2.** [altar] altar. - **3.** [matadero] slaughterhouse.

sacrificador, ra ◇ *adj* sacrificing. ◇ *m, f* sacrificer.

sacrificar [10] *vt* - **1.** [gen] to sacrifice; ~ **algo a** *lit & fig* to sacrifice sthg to. - **2.** [animal para consumo] to slaughter.

◆ **sacrificarse** *vpr*: ~**se (para hacer algo)** to make sacrifices (in order to do sthg); ~**se por** to make sacrifices for.

sacrificio *m lit & fig* sacrifice; ~ **del altar**, ~ **de la misa** RELIG sacrifice of the mass.

sacrilegio *m lit & fig* sacrilege.

sacrílego, ga ◇ *adj* sacrilegious. ◇ *m, f* sacrilegious person.

sacristán, ana *m, f* - **1.** RELIG sacristan, sexton. - **2.** *Amér fam* [entrometido] busybody.

sacristía *f* - **1.** [lugar] sacristy. - **2.** [cargo] office of sacristan o sexton.

sacro, cra *adj* - **1.** [sagrado] holy, sacred. - **2.** ANAT sacral.

◆ **sacro** *m* ANAT sacrum.

sacrosanto, ta *adj* sacrosanct.

sacudida *f*, **sacudidura** *f*, **sacudimiento** *m* - **1.** [gen] shake; [de la cabeza] toss; [de tren, coche] jolt; **dar ~s** to jerk, to shudder ❑ ~ **eléctrica** electric shock. - **2.** [terremoto] tremor. - **3.** *fig* [conmoción] shock. - **4.** [tirón] jerk, tug. - **5.** [de explosión] blast. - **6.** *fig* [cambio] sudden o violent change.

sacudido, da *adj fig* - **1.** [áspero, difícil] unpleasant, surly. - **2.** [desenfadado] determined, resolute.

sacudidor, ra ◇ *adj* shaking. ◇ *m, f* shaker.

◆ **sacudidor** *m* carpet beater.

sacudidura *f* = **sacudida**.

sacudimiento *m* = **sacudida**.

sacudir *vt* - **1.** [agitar] to shake. - **2.** [alfombra etc] to beat. - **3.** *fig* [conmover] to shake, to shock. - **4.** *fam fig* [pegar] to smack, to give a hiding. - **5.** [tirar bruscamente] to jerk, to tug. - **6.** [ala] to flap.

◆ **sacudirse** *vpr* - **1.** [persona] to get rid of; [responsabilidad, tarea] to get out of; **la mujer no sabía como ~se a aquel pretendiente** the woman didn't know how to get rid of that suitor. - **2.** *fam* [soltar dinero] to cough up, to fork out.

Sade *m*: **el marqués de ~** the Marquis de Sade.

sádico, ca ◇ *adj* sadistic. ◇ *m, f* sadist.

sadismo *m* sadism.

sadomasoquismo *m* sadomasochism.

sadomasoquista ◇ *adj* sadomasochistic. ◇ *mf* sadomasochist.

saduceo, a RELIG & HIST ◇ *adj* Sadducean. ◇ *m, f* Sadducee.

saeta *f* - **1.** [flecha] arrow. - **2.** [de reloj] hand. - **3.** [de brújula] magnetic needle. - **4.** MÚS *flamenco-style song sung on religious occasions*.

saetada *f*, **saetazo** *m* arrow wound.

saetear *vt* to shoot with arrows o darts.

saetín *m* - **1.** [de molino] millrace. - **2.** [clavito] brad, tack.

safari *m* - **1.** [expedición] safari. - **2.** [zoológico] safari park.

saga *f* saga.

sagacidad *f* astuteness.

sagaz (*pl* **sagaces**) *adj* - **1.** [persona] astute, shrewd. - **2.** [perro] keen-scented.

sagazmente *adv* astutely, shrewdly.

Sagitario ◇ *m inv* - **1.** [zodiaco] Sagittarius; **ser ~** to be (a) Sagittarius. - **2.** [constelación] Sagittarius. ◇ *mf inv* [persona] Sagittarian.

Sagrada Escritura *f* (*gen pl*) Holy Scripture.

Sagrada Familia *f*: **la ~** the Holy Family.

sagrado, da *adj* holy, sacred; *fig* sacred.

◆ **sagrado** *m* sanctuary, asylum; **acogerse a ~** to take sanctuary.

sagrario *m* - **1.** [urna] shrine. - **2.** [de las hostias] tabernacle. - **3.** [capilla] chapel.

sagú (*pl* **sagúes**) *m* - **1.** [palmera] sago palm. - **2.** [fécula] sago.

Sahara *m*: **el (desierto del) ~** the Sahara (Desert).

sahariana [saxa'rjana] *f* [prenda] safari jacket.

sahariano, na *adj & m, f* Saharan.

sahino *m* = **saíno**.

sahumado, da *adj* - **1.** *fig* [mejorado] even better. - **2.** *Amér fam* [achispado] tight, tipsy.

sahumador *m* - **1.** [para perfumes] incense burner. - **2.** [para ropa] clothes dryer o rack.

sahumar *vt* to perfume with incense.

◆ **sahumarse** *vpr* to become perfumed with incense.

sahumerio *m* - **1.** [acción] perfuming with incense. - **2.** [humo] aromatic smoke. - **3.** [substancia] aromatic substance.

SAI *m* - **1.** INFORM (*abrev de* **sistema de alimentación ininterrumpida**) continuous feed. - **2.** (*abrev escrita de* **Su Alteza Imperial**) HIH.

saín *m* - **1.** [de animal] animal fat. - **2.** [de pescado] fish oil. - **3.** [mugre] grease, grime.

sainar *vt* [animal] to fatten.

sainete *m* TEATRO *short, popular comic play*.

saíno, sahino *m Amér* peccary.

sajadura *f* incision.

sajar *vt* to cut open.

sakí (*pl* **sakíes**) *m* saki.

sal *f* - **1.** CULIN & QUÍM salt; **echar ~ a** [guiso] to add salt to; [comida] to pour salt on ❏ **~ amoníaca** salt ammoniac, ammonium chloride; **~ común** o **de cocina** cooking salt; **~ de higuera** o **Epsom** Epsom salts (*pl*); **~ marina/de mesa/gema** sea/table/rock salt; **~ de nitro** saltpetre; **~ de Saturno** o **de plomo** lead acetate; **la ~ de la vida** the spice of life. - **2.** *fig* [gracia] wit; **tener mucha ~** to be witty ❏ **con (su) ~ y pimienta** *fam* wittily. - **3.** *fig* [garbo] charm. - **4.** *Amér* [desgracia] misfortune, bad luck.

◆ **sales** *fpl* - **1.** [para reanimar] smelling salts. - **2.** [para baño] bath salts.

sala *f* - **1.** [habitación - gen] room; [- de una casa] lounge, living room; [- de hospital] ward; **~ capitular** RELIG chapter house; **~ de batalla** sorting room; **~ de clase** classroom; **~ de conferencias** lecture o conference hall; **~ de embarque** [en aeropuerto] departure lounge; **~ de espera/de profesores/de máquinas** waiting/staff/machine room; **~ de estar** lounge, living room; **~ de juntas** boardroom; **~ de lectura/de mando/de pruebas** reading/control/fitting room; **~ de operaciones** operating theatre; **~ de partos** delivery room. - **2.** [mobiliario] lounge suite. - **3.** [local - de conferencias, conciertos] hall; [- de cine, teatro] auditorium; **~ de espectáculos** theatre; **~ de fiestas** discotheque. - **4.** [DER - lugar] court (room); [- magistrados] bench; **~ de apelaciones/de justicia** court of appeal/of justice; **~ de lo criminal** criminal court.

salacidad *f* salaciousness.

salacot *m* pith helmet.

saladamente *adv* wittily.

saladero *m* - **1.** [lugar] salting room. - **2.** *Amér* [matadero] large slaughterhouse.

saladillo, lla *adj* salted.

salado, da *adj* - **1.** [con sal] salted; [agua] salt (*antes de sust*); [con demasiada sal] salty; **estar ~** to be (too) salty. - **2.** *fig* [gracioso] witty. - **3.** [garboso] charming. - **4.** *Amér* unfortunate. - **5.** *Amér* [caro] expensive.

◆ **salado** *m* saltwort.

salador, ra ◇ *adj* salting. ◇ *m, f* salter.

◆ **salador** *m* salting room.

saladura *f* salting.

salamandra *f* - **1.** [animal] salamander; **~ acuática** newt. - **2.** [estufa] salamander.

salami, salame *m* salami.

salar *vt* - **1.** [para conservar] to salt. - **2.** [para cocinar] to add salt to. - **3.** *Amér* [ganado] to feed salt to. - **4.** *Amér* [echar a perder] to spoil, to ruin. - **5.** *Amér* [causar mala suerte] to bring bad luck to.

salarial *adj* wage (*antes de sust*).

salariar [8] *vt* to pay wages o a salary to.

salario *m* salary, wages (*pl*); [semanal] wage; **~ base** o **básico** basic wage; **~ bruto/neto** gross/net wage; **~ a destajo** piece rate; **~ por hora/vital** hourly/living wage; **~ mínimo (interprofesional)** minimum wage.

salaz (*pl* **salaces**) *adj* salacious.

salazón *f* - **1.** [acción] salting. - **2.** [industria] salting industry. - **3.** *Amér fam* [mala suerte] bad luck.

◆ **salazones** *fpl* [carne] salted meat (U); [pescado] salted fish (U).

salcedo *m*, **salceda** *f* willow grove.

salchicha *f* sausage; **~ de Francfort** frankfurter, hot dog.

salchichería *f* sausage shop.

salchichero, ra *m, f* - **1.** [fabricante] sausage maker. - **2.** [vendedor] sausage seller.

salchichón *m* ≃ salami.

saldar *vt* - **1.** [pagar - cuenta] to close; [- deuda] to settle. - **2.** *fig* [poner fin a] to settle. - **3.** COM to sell off.

◆ **saldarse** *vpr* [acabar]: ~**se con** to produce; **la pelea se saldó con 11 heridos** 11 people were injured in the brawl.

saldo *m* - **1.** [de cuenta] balance; ~ **acreedor/deudor** credit/debit balance; ~ **disponible** available balance; ~ **negativo** overdraft. - **2.** [de deudas] settlement. - **3.** (*gen pl*) [restos de mercancías] remnant; [rebajas] sale; **de** ~ bargain. - **4.** *fig* [resultado] balance.

saldrá *etc* *v* → **salir**.

saledizo, za *adj* projecting.

◆ **saledizo** *m* overhang.

salegar *m* salt lick.

salero *m* - **1.** [recipiente] salt cellar. - **2.** [almacén] salthouse. - **3.** [para ganado] salt lick. - **4.** *fig* [gracia] wit; [donaire] charm. - **5.** *Amér* [mina] salt mine o pit.

saleroso, sa *adj* [gracioso] witty; [garboso] charming.

salga *etc* *v* → **salir**.

sálico, ca *adj* → **ley**.

salida *f* - **1.** [acción de partir - gen] leaving; [- de tren, avión] departure; **tenían prevista la** ~ **para el amanecer** they intended to leave at dawn ❏ **dar** ~ **a** [sentimientos etc] to vent, to let out. - **2.** DEP start; ~ **nula** false start. - **3.** [lugar] exit, way out; ELECTR & MEC outlet; **el río tiene** ~ **al mar** the river flows down to the sea ❏ ~ **de emergencia/incendios** emergency/fire exit. - **4.** [momento]: **quedamos a la** ~ **del trabajo** we agreed to meet after work. - **5.** [viaje] trip. - **6.** [aparición - de sol, luna] rise; [- de revista, nuevo modelo] appearance; [- en escena] entrance. - **7.** [COM - posibilidades] market; [- producción] output; [- venta] sale; **dar** ~ **a** [producto] to sell; **tener** ~ to sell well. - **8.** INFORM output; ~ **de impresora** printout. - **9.** *fig* [solución, escapatoria] way out; **si no hay otra** ~ if there's no alternative. - **10.** [pretexto] excuse. - **11.** [ocurrencia]: **tener** ~**s** to be witty; **tiene** ~**s que nadie se espera** she keeps coming out with some clever unexpected remark ❏ ~ **de tono** out-of-place remark. - **12.** *fig* [profesional] opening, opportunity; **no hay muchas** ~**s profesionales para las carreras de letras** there aren't many job opportunities for people with arts degrees. - **13.** [en naipes] lead. - **14.** MIL attack, sortie. - **15.** [saliente] projection, protuberance.

salido, da ◇ *adj* - **1.** [gen] projecting, sticking out; [ojos] bulging. - **2.** [animal] on heat. - **3.** *mfam* [persona] horny, randy *Br*. ◇ *m, f mfam* [persona] sex maniac.

salidor, ra *adj Amér* - **1.** [que le gusta salir] restless, roving. - **2.** [animado] lively, animated.

saliente ◇ *adj* - **1.** [destacable] salient, important. - **2.** POLÍT outgoing. - **3.** ARQUIT projecting, overhanging. - **4.** [sol] rising. - **5.** [que se va] retiring, outgoing. ◇ *m* - **1.** ARQUIT projection. - **2.** *culto* [oriente] east. - **3.** MIL salient.

salífero, ra *adj* saliferous.

salín *m* salthouse.

salina *f* → **salino**.

salinera *f* salt mine o pit.

salinidad *f* salinity.

salino, na *adj* saline.

◆ **salina** *f* - **1.** MIN salt mine. - **2.** (*gen pl*) [en el mar] saltworks (*sg*).

salir [71] *vi* - **1.** [ir fuera] to go out; [venir fuera] to come out; **¿salimos al jardín?** shall we go out into the garden?; **¡sal aquí fuera!** come out here!; ~ **de** to go/come out of. - **2.** [ser novios]: ~ **(con alguien)** to go out (with sb). - **3.** [marcharse]: ~ **(de/para)** to leave (from/for). - **4.** [desembocar]: ~ **a** to open out onto. - **5.** [tapón, anillo etc]: ~ **(de)** to come off. - **6.** [resultar] to turn out; **ha salido muy estudioso** he has turned out to be very studious; **¿qué salió en la votación?** what was the result of the vote?; ~ **elegida actriz del año** to be voted actress of the year; ~ **bien/mal** to turn out well/badly; ~ **ganando/perdiendo** to come off well/badly. - **7.** [proceder]: ~ **de** to come from; **el vino sale de la uva** wine comes from grapes. - **8.** [surgir - luna, estrellas, planta] to come out; [- sol] to rise; [- dientes] to come through; **le ha salido un sarpullido en la espalda**

she's come out in a rash on her back. - **9.** [aparecer - publicación, producto, traumas] to come out; [- moda, ley] to come in; [- en imagen, prensa, televisión] to appear; **¡qué bien sales en la foto!** you look great in the photo!; **ha salido en los periódicos** it's in the papers; ~ **de** CINE & TEATRO to appear as. - **10.** [en sorteo] to come up. - **11.** [presentarse - ocasión, oportunidad] to turn up, to come along; [- problema, contratiempo] to arise; **a lo que salga**, **salga lo que salga** *fig* whatever happens. - **12.** [costar]: ~ **(a o por)** to work out (at) ❏ ~ **caro** [de dinero] to be expensive; [por las consecuencias] to be costly. - **13.** [decir u obrar inesperadamente]: **nunca se sabe por dónde va a** ~ you never know what she's going to do/come out with next. - **14.** [parecerse]: ~ **a alguien** to turn out like sb, to take after sb. - **15.** [en juegos] to lead; **te toca** ~ **a ti** it's your lead. - **16.** [manchas] to come out. - **17.** [librarse]: ~ **de** [gen] to get out of; [problema] to get round. - **18.** INFORM: ~ **(de)** to quit, to exit.

◆ **salirse** *vpr* - **1.** [marcharse]: ~**se (de)** to leave. - **2.** [filtrarse]: ~**se (por)** [líquido, gas] to leak o escape (through); [humo, aroma] to come out (through). - **3.** [rebosar] to overflow; [leche] to boil over; **el río se salió del cauce** the river broke its banks. - **4.** [desviarse]: ~**se (de)** to come off; **el coche se salió de la carretera** the car came off o left the road. - **5.** *fig* [escaparse]: ~**se de** [gen] to deviate from; [límites] to go beyond; ~**se del tema** to digress. - **6.** *loc*: ~**se con la suya** to get one's own way.

◆ **salir adelante** *vi* - **1.** [persona, empresa] to get by. - **2.** [proyecto, propuesta, ley] to be successful.

salitrado, da *adj* saltpetrous.

salitral ◇ *adj* saltpetrous. ◇ *m* - **1.** [yacimiento] saltpetre bed o deposit. - **2.** [fábrica] saltpetre works (*sg*).

salitre *m* saltpetre.

salitrero, ra ◇ *adj* saltpetrous. ◇ *m, f* saltpetre worker.

◆ **salitrera** *f* saltpetre bed o deposit.

salitroso, sa *adj* containing saltpetre.

saliva *f* saliva; **gastar** ~ **en balde** *fig* to waste one's breath; **tragar** ~ *fig* to bite one's tongue.

salivación *f* salivation.

salivadera *f Amér* spitoon.

salivajo *m* = **salivazo**.

salival, salivar *adj* salivary.

salivar *vi* to salivate.

salivazo, salivajo *m fam* spit, spittle (*U*); **arrojar** o **echar** ~**s** to spit.

salivera *f* (*gen pl*) knob on a horse's bit.

salivoso, sa *adj* salivating excessively.

salmantino, na ◇ *adj* of/relating to Salamanca. ◇ *m, f* native/inhabitant of Salamanca.

salmista *mf* psalmist.

salmo *m* psalm.

salmodia *f* singing of psalms; *fig* drone.

salmodiar [8] *vt* - **1.** [cantar] to sing in a monotone. - **2.** [recitar] to chant.

salmón ◇ *m* - **1.** [pez] salmon; ~ **ahumado** smoked salmon. - **2.** [color] salmon (pink) colour. ◇ *adj inv* [color] salmon (pink).

salmonado, da *adj* - **1.** [parecido al salmón] salmon-like. - **2.** [color] salmon pink.

salmonelosis *f inv* MED salmonella.

salmonete *m* red mullet.

salmuera *f* brine.

salobre *adj* salty.

salobreño, ña *adj* saline.

salobridad *f* saltiness.

salomón *m fig* sage, wise person.

◆ **Salomón** *m* BIBLIA Solomon.

salomónico, ca *adj* equitable, even-handed.

salón *m* - **1.** [habitación - en casa] lounge, sitting room; [- en residencia, edificio público] reception hall; [para visitas]

drawing room, parlour; ~ **de demostraciones** showroom; ~ **de fumar** smoking room. - **2.** [mobiliario] lounge suite. - **3.** [local] hall; ~ **de actos** o **reuniones** o **sesiones** assembly hall; ~ **de baile** ballroom, dance hall; ~ **de juego** amusement arcade. - **4.** [feria] show, exhibition. - **5.** [establecimiento] shop; ~ **de belleza/masaje** beauty/massage parlour; ~ **de té** tea-room; ~ **de ventas** salesroom. - **6.** [galería de arte] gallery. - **7.** [exposición] exhibition, show. - **8.** [tertulia] salon.
◆ **de salón** *loc adj fig* pretentious.

salpicadera *f Amér* mudguard *Br*, fender *Am.*

salpicadero *m* dashboard.

salpicadura *f* [acción] splashing, spattering; [mancha] spot, spatter.

salpicar [10] *vt* - **1.** [rociar] to splash, to spatter. - **2.** *fig* [diseminar]: ~ **(de)** to pepper (with).

salpicón *m* - **1.** [CULIN - de pescado] *cold dish of chopped fish, seasoned with pepper, salt, vinegar and onion;* [- de carne picada] salmagundi; ~ **de marisco** *cold dish of chopped seafood, seasoned with pepper, salt, vinegar and onion.* - **2.** *fam fig* [cosa picada] shredded o minced thing. - **3.** [salpicadura] splatter. - **4.** *Amér* [bebida] fruit juice.

salpimentar [19] *vt* - **1.** CULIN to season. - **2.** *fig* [amenizar] to spice up.

salpimienta *f mixture of salt and pepper.*

salpullido *m* = **sarpullido.**

salsa *f* - **1.** [CULIN - gen] sauce; [- de carne] gravy; ~ **bearnesa/tártara** Béarnaise/tartar(e) sauce; ~ **bechamel** o **besamel** béchamel o white sauce; ~ **blanca/inglesa/de soja** white/Worcestershire/soy sauce; ~ **mahonesa** o **mayonesa** mayonnaise; ~ **muselina** *sauce made from egg yolk, butter and whipped cream;* ~ **Perrins** ≃ Worcester sauce; ~ **rosa** thousand island dressing; ~ **de tomate** tomato sauce, ketchup; **en su propia** ~ *fig* in one's element. - **2.** *fig* [interés] spice. - **3.** MÚS salsa. - **4.** *fam fig* [garbo] charm. - **5.** *fig* [aderezo] seasoning; **no hay mejor** ~ **que el hambre** hunger is the best sauce.
◆ **salsa de San Bernardo** *f fam* [hambre] hunger.

salsera *f* - **1.** CULIN gravy boat. - **2.** [de pintor] small saucer.

salsero *m Amér* salt seller.

salsifí (*pl* **salsifíes**) *m* salsify; ~ **de España** o **negro** black salsify, viper's grass.

SALT (*abrev de* **Strategic Arms Limitation Talks**) *fpl* SALT.

saltabanco *mf,* **saltabancos** *mf inv* - **1.** [charlatán] charlatan. - **2.** [mago] magician. - **3.** [acróbata] acrobat.

saltabarrancos *mf fam fig* madcap.

saltadero *m* - **1.** [lugar] jumping place. - **2.** [de agua] jet.

saltadizo, za *adj* fragile, brittle.

saltador, ra ◇ *adj* jumping. ◇ *m, f* DEP jumper; ~ **de pértiga** pole vaulter.
◆ **saltador** *m* skipping rope *Br*, jump rope *Am.*

saltamontes *m inv* grasshopper.

saltante *adj Amér* outstanding, noteworthy.

saltar ◇ *vt* - **1.** [obstáculo] to jump (over). - **2.** [omitir] to skip, to miss out. - **3.** [hacer estallar] to blow up. ◇ *vi* - **1.** [gen] to jump; [a la comba] to skip; [al agua] to dive; **a los niños les gusta correr y** ~ children like running and jumping; ~ **sobre alguien** [abalanzarse] to jump on sb; ~ **de un tema a otro** to jump (around) from one subject to another. - **2.** [levantarse] to jump up; ~ **de la silla** to jump out of one's seat. - **3.** [salir para arriba - objeto] to jump (up); [- champán, aceite] to spurt (out); [- corcho, válvula] to pop out. - **4.** [explotar] to explode, to blow up. - **5.** [romperse] to break. - **6.** [sorprender]: ~ **con** to suddenly come out with; **cuando le presentaron la factura, saltó con que no tenía dinero** when they gave her the bill, she suddenly said she didn't have any money. - **7.** [reaccionar violentamente] to explode. - **8.** [suj: agua, cascada]: ~ **por** to gush down, to pour down. - **9.** *loc:* **estar a la que salta** to be always on the lookout.

◆ **saltarse** *vpr* - **1.** [omitir] to skip, to miss out. - **2.** [salir despedido] to pop off. - **3.** [no respetar - cola, semáforo] to jump; [- ley, normas] to break.

saltarén *m* - **1.** MÚS *dance tune played on the guitar.* - **2.** [saltamontes] grasshopper.

saltarín, ina *adj* - **1.** [que salta] jumping. - **2.** [que baila] dancing. - **3.** *fig* [conducta] reckless.

saltarregla *f* bevel square.

salteado, da *adj* - **1.** CULIN sautéed. - **2.** [espaciado] unevenly spaced.

salteador, ra *m, f:* ~ **de caminos** highwayman.

salteamiento *m* - **1.** [robo] robbery, holdup. - **2.** [asalto] attack, assault.

saltear *vt* - **1.** CULIN to sauté. - **2.** [asaltar] to assault. - **3.** [robar] to hold up, to rob. - **4.** [hacer con interrupciones] to do in fits and starts. - **5.** [sorprender] to surprise, to take by surprise.

salterio *m* - **1.** [RELIG - de salmos] Psalter, Book of Psalms; [- rosario] rosary of 150 beads. - **2.** MÚS psaltery.

saltimbanqui *mf* - **1.** [acróbata] acrobat. - **2.** [titiritero] puppeteer. - **3.** *fam* [charlatán] mountebank.

salto *m* - **1.** [gen & DEP] jump; [grande] leap; [al agua] dive; **dar** o **pegar un** ~ to jump; [grande] to leap ❏; ~ **de altura/longitud** high/long jump; ~ **del ángel/de la carpa** swan/jackknife dive; ~ **mortal** somersault; ~ **con pértiga** pole vault; ~**s de esquí** ski jumping *(U);* **triple** ~ triple jump. - **2.** *fig* [diferencia, omisión] gap. - **3.** *fig* [progreso] leap forward. - **4.** [despeñadero] precipice. - **5.** INFORM: ~ **de línea** line feed; ~ **de línea automático** wordwrap; ~ **de página** form feed. - **6.** *loc:* **a** ~**s** [discontinuamente] by fits and starts; **al** ~ *Amér* in cash; **dar** ~**s de alegría** o **contento** to jump for joy; **en un** ~ in a jiffy; **vivir a** ~ **de mata** to live from one day to the next.
◆ **salto de agua** *m* waterfall.
◆ **salto de cama** *m* negligee.

saltón, ona *adj* - **1.** [ojos] bulging; [dientes] protruding. - **2.** [al andar] jumping. - **3.** *Amér* [medio crudo] half-cooked.
◆ **saltón** *m* grasshopper.

salubre *adj* healthy.

salubridad *f* - **1.** [cualidad] healthiness. - **2.** *culto* [salud pública] public health.

salud ◇ *f lit & fig* health; **estar bien/mal de** ~ to be well/unwell ❏ **beber** o **brindar a la** ~ **de alguien** to drink to sb's health; **curarse en** ~ to cover one's back; **gastar** ~ to enjoy good health, to be in good health; **quebrantar de** ~ **a alguien** to ruin sb's health; **rebosar de** ~ to glow with health; **vender** o **verter** ~ to be brimming o glowing with health. ◇ *interj* - **1.** [para brindar] cheers! - **2.** [después de estornudar] bless you!

saludable *adj* - **1.** [sano] healthy. - **2.** *fig* [provechoso] beneficial.

saludador, ra ◇ *adj* greeting. ◇ *m, f* greeter.
◆ **saludador** *m* [curandero] quack.

saludar ◇ *vt* - **1.** [gen] to greet; **siempre nos saluda** he always says hello to us; **saluda a Ana de mi parte** give my regards to Ana; **le saluda atentamente** yours faithfully. - **2.** [MIL - honrar] to salute; [- con salvas, etc] to fire a salute for. - **3.** NÁUT to dip the flag to. - **4.** *fig & desus* [curar] to cure by magic. ◇ *vi* MIL to salute.
◆ **saludarse** *vpr* to greet one another.

saludo *m* greeting; MIL salute; **Ana te manda** ~**s** [en cartas] Ana sends you her regards; [al teléfono] Ana says hello; **atentos** ~**s,** ~**s cordiales** [en cartas] best wishes o regards; **un** ~ **afectuoso** [en cartas] yours sincerely.

salutación *f* greeting; ~ **angélica** RELIG Hail Mary.

salva ◇ *adj f→* **salvo.** ◇ *f* - **1.** MIL salvo. - **2.** [saludo] greeting. - **3.** [promesa] oath, solemn promise. - **4.** [de comida] *testing of food to detect poisons.* - **5.** [bandeja] salver, serving tray. - **6.** *loc:* **hacer la** ~ to request the floor; **una** ~ **de aplausos** a round of applause.

salvación *f* - **1.** [remedio]: **no tener** ~ to be beyond hope. - **2.** [rescate] rescue. - **3.** RELIG salvation.

salvada f Amér fam good fortune o luck.

salvado m bran.

salvador, ra ◇ adj saving. ◇ m, f [persona] saviour.

◆ **Salvador** m RELIG: **el Salvador** the Saviour.

salvadoreño, ña adj & m, f Salvadoran.

salvaguarda f - **1.** INFORM backup. - **2.** [defensa] protection, safeguard.

salvaguardar vt to safeguard.

salvaguardia ◇ f - **1.** [defensa] safeguard. - **2.** [salvoconducto] safe-conduct, pass. ◇ m guard, guardian.

salvajada f atrocity.

salvaje ◇ adj - **1.** [indómito, brutal] wild. - **2.** [pueblo, tribu] savage. - **3.** [planta] uncultivated. - **4.** fig [rudo] rude, uncouth. - **5.** [huelga] wildcat. - **6.** [necio] ignorant, stupid. ◇ mf - **1.** [primitivo] savage. - **2.** [bruto] maniac. - **3.** [necio] idiot.

salvajemente adv wildly.

salvajismo m savagery.

salvamanteles m inv [llano] table mat; [con pies] trivet.

salvamento m - **1.** [acto] rescue, saving; **equipo de** ~ rescue team. - **2.** [de peligro] lifesaving. - **3.** NÁUT salvage, salvaging (U). - **4.** fig [refugio] refuge. - **5.** RELIG. salvation, redemption.

salvapantallas m inv INFORM screensaver.

salvar vt - **1.** [gen & INFORM] to save; **los médicos salvaron al enfermo** the doctors saved the patient; **antes de salir de este documento, sálvalo** before exiting this document, save it. - **2.** [rescatar] to rescue. - **3.** [superar - moralmente] to overcome; [- físicamente] to go over o around. - **4.** [recorrer] to cover. - **5.** [exceptuar]: **salvando algunos detalles** except for a few details. - **6.** DER to prove the innocence of.

◆ **salvarse** vpr - **1.** [librarse] to escape; **sálvese quien pueda** every man for himself. - **2.** RELIG to be saved.

salvavidas ◇ adj inv life (antes de sust). ◇ m inv - **1.** [chaleco] lifejacket. - **2.** [flotador] lifebelt. - **3.** [bote] lifeboat. - **4.** [boya] life buoy. - **5.** AUTOM & FERROC wing Br, fender guard Am. ◇ mf inv lifeguard.

salve ◇ f prayer dedicated to the Virgin Mary. ◇ interj hail!

salvedad f - **1.** [excepción] exception; **con la** ~ **de** with the exception of. - **2.** [condición] condition, proviso. - **3.** [reserva] reservation, qualification.

salvia f sage.

salvo, va adj - **1.** [fuera, libre de peligro] safe; **estar a** ~ **(de)** to be safe (from); [sin peligro] in safety, out of danger; **poner algo a** ~ to put sthg in a safe place; **ponerse a** ~ to reach safety ☐ **en** ~ [libre] in liberty, free. - **2.** [rescatado] saved, rescued. - **3.** [exceptuado, omitido] excepted, omitted; **dejar a** ~ to set aside, to make an exception of.

◆ **salvo** adv except; ~ **que** unless.

salvoconducto m - **1.** [documento] safe-conduct, pass. - **2.** fig [seguridad] impunity.

Sam m: **el tío** ~ Uncle Sam.

SAM (abrev de **surface-to-air missile**) m SAM.

samario m samarium.

samaritano, na adj & m, f Samaritan.

samba f samba.

sambenito m fig [descrédito] disgrace; **poner** o **colgar a alguien el** ~ **de borracho** to brand sb a drunk.

sambumbia f Amér - **1.** [de miel de caña] drink made from water, cane syrup and peppers; [de piña] cordial made from pineapple and sugar. - **2.** [chapuza] hotchpotch, mess.

Samoa s Samoa.

samoano, na adj & m, f Samoan.

◆ **samoano** m [lengua] Samoan.

samovar m samovar.

sampán m sampan.

samurái m samurai.

san adj Saint.

Sana s Sana.

sanable adj curable.

sanalotodo m inv - **1.** [emplasto] black plaster. - **2.** fig [remedio universal] cure-all, panacea.

sanamente adv - **1.** [con sanidad] healthily. - **2.** fig [con sinceridad] sincerely, earnestly.

sanar ◇ vt [persona] to cure; [herida] to heal. ◇ vi [persona] to get better; [herida] to heal.

sanativo, va adj healing, curative.

sanatorio m sanatorium, nursing home.

Sancho m: ~ **Panza** Sancho Panza.

sanción f - **1.** [castigo] punishment; ECON sanction. - **2.** [aprobación] approval; [de ley] sanctioning, ratification. - **3.** [estatuto] law, decree.

sancionable adj sanctionable.

sancionador, ra ◇ adj sanctioning. ◇ m, f sanctioner.

sancionar vt - **1.** [castigar] to punish. - **2.** [aprobar] to approve, to sanction. - **3.** [ratificar] to ratify.

sancochado m [acción] parboiling.

sancochar vt to parboil.

sancocho m Amér - **1.** [cocido] stew containing meat, yucca and bananas. - **2.** fig [embrollo] mess.

sanctasanctórum m inv - **1.** RELIG sanctum. - **2.** fig [santuario] sanctum. - **3.** fig [misterio] mystery, secret.

sandalia f sandal.

sándalo m - **1.** [árbol] sandalwood. - **2.** [planta] bergamot mint.

sandez (pl **sandeces**) f [cualidad] silly thing, nonsense (U).

sandía f watermelon.

sandial, sandiar m watermelon field o patch.

sandinismo m Sandinista movement.

sandinista adj & mf Sandinista.

sandio, dia ◇ adj silly, foolish. ◇ m, f fool, idiot.

sandunga f - **1.** fam [gracia] wit. - **2.** Amér [baile] type of Mexican dance.

sandunguero, ra adj fam witty, charming.

sándwich ['sanwitʃ] (pl **sándwiches**) m toasted sandwich; ~ **frío** sandwich.

sandwichera f sandwich maker.

saneado, da adj - **1.** [bienes] written off, written down; [economía] back on a sound footing; [cuenta] regularized. - **2.** [libre de impuestos etc] unencumbered.

saneamiento m - **1.** [higienización - de tierras] drainage; [- de edificio] disinfection. - **2.** [de bienes] write-off, write-down; [de moneda etc] stabilization; [de economía] putting back on a sound footing. - **3.** [garantía] guarantee, warranty. - **4.** [indemnización] indemnification.

sanear vt - **1.** [higienizar - tierras] to drain; [- un edificio] to disinfect. - **2.** [bienes] to write off o down; [moneda] to stabilize; [economía] to put back on a sound footing. - **3.** [garantizar] to guarantee, to warranty. - **4.** [indemnizar] to indemnify.

sanedrín m HIST & RELIG Sanhedrin.

sanfasón m Amér fam cheek, nerve; **a la** ~ fig nonchalantly.

sanfermines mpl festival held in Pamplona when bulls are run through the streets of the town.

sangradera f - **1.** [lanceta] lancet. - **2.** [vasija] basin. - **3.** [acequia] irrigation channel.

sangradura f - **1.** ANAT crook of the elbow. - **2.** MED incision in a vein. - **3.** fig [salida] outlet.

sangrante adj bleeding.

sangrar ◇ vi to bleed. ◇ vt - **1.** [sacar sangre] to bleed. - **2.** [vaciar - conducto] to drain off; [- árbol] to tap. - **3.** [robar] to bleed dry. - **4.** IMPRENTA to indent.

◆ **sangrarse** vpr to be bled.

sangre f lit & fig blood; **ávido de** ~ bloodthirsty; **dar** o **donar** ~ to give blood; **de** ~ **caliente** ZOOL warmblooded; **de** ~ **fría** ZOOL cold-blooded; **echar** ~ to bleed; **echaba** ~ **por la boca** her mouth was bleeding badly; **ha-**

cer ~ to draw blood □ **pura** ~ purebred; ~ **azul** blue blood; ~ **ligera/pesada** *Amér* pleasant/unpleasant disposition; **a** ~ **caliente** in the heat of the moment; **a** ~ **y fuego** by fire and sword, mercilessly; **chuparle a alguien la** ~ to bleed sb dry; **echar** ~ **por los ojos** to be furious; **encender** o **quemar la** ~ **a alguien** to make sb's blood boil; **llevar algo en la** ~ to have sthg in one's blood; **no llegó la** ~ **al río** it didn't get too nasty; **no te hagas mala** ~ **por ello** don't let it fester; **no tiene** ~ **en las venas** he's got no life in him; **se le heló la** ~ **en las venas** his/her blood ran cold; **se le subió la** ~ **a la cabeza** he saw red; **sudar** ~ to sweat blood; **tener mala** ~ to be malicious; **tener** ~ **de horchata** to be as cool as a cucumber.
◆ **pura sangre** *m inv* thoroughbred.
◆ **sangre fría** *f* sangfroid; **a** ~ **fría** in cold blood.

sangregorda *fam* ◇ *adj* sluggish. ◇ *mf* sluggard.

sangría *f* - **1.** [bebida] sangria. - **2.** MED bloodletting. - **3.** *fig* [ruina] drain. - **4.** [extracción de líquido] drainage, draining. - **5.** AGR drainage ditch o channel. - **6.** METAL tap, tapping *(U)*. - **7.** IMPRENTA indentation. - **8.** [hurto] bleeding dry. - **9.** ANAT inner part of the elbow. - **10.** BOT tap.

sangrientamente *adv* bloodily.

sangriento, ta *adj* - **1.** [ensangrentado, cruento] bloody. - **2.** [despiadado, cruel, hiriente] cruel. - **3.** [color & LITER] blood-red.

sangriliviano, na *adj fam* nice, pleasant.

sangripesado, da, **sangrón, ona** *adj Amér fam* [persona] disagreeable, unpleasant.

sanguaza *f* - **1.** [sangre] contaminated blood. - **2.** *fig* [de legumbres y frutas] red juice.

sanguijuela *f lit & fig* leech.

sanguina *f* - **1.** [para dibujar] red chalk. - **2.** [naranja] blood orange.

sanguinario, ria *adj* bloodthirsty.
◆ **sanguinaria** *f* bloodstone.

sanguíneo, a, **sanguino, na** *adj* - **1.** [de la sangre] blood *(antes de sust)*. - **2.** [de color sangre] blood-red.

sanguinolencia *f* bloodiness.

sanguinolento, ta *adj* [que echa sangre] bleeding; [bañado en sangre] bloody; [manchado de sangre] bloodstained; [ojos] bloodshot.

sanguinoso, sa *adj* - **1.** [sanguíneo] blood *(antes de sust)*. - **2.** *fig* [sanguinario] bloody.

sanidad *f* - **1.** [salubridad] health, healthiness. - **2.** [servicio] public health; [ministerio] health department; ~ **pública** public health.

sanitario, ria ◇ *adj* health *(antes de sust)*. ◇ *m, f* [persona] health officer.
◆ **sanitarios** *mpl* [instalación] bathroom fittings *(pl)*.

San José *s* San José.

San Lorenzo *s* → **isla**.

sano, na *adj* - **1.** [con buena salud] healthy; ~ **y salvo** safe and sound. - **2.** [positivo - principios, persona etc] sound; [- ambiente, educación] wholesome. - **3.** [entero] intact, undamaged. - **4.** [saludable] beneficial. - **5.** [sincero] earnest, sincere. - **6.** *loc*: **cortar por lo** ~ to make a clean break.

San Petersburgo *s* Saint-Petersburg.

San Salvador *s* San Salvador.

sánscrito, ta *adj* Sanskrit.
◆ **sánscrito** *m* Sanskrit.

sanseacabó *interj fam* that's an end to it!

San Sebastián *s* San Sebastian.

sansón *m* very strong man.
◆ **Sansón** *m* BIBLIA Samson.

Santa Hermandad *f*: **la** ~ the Holy Brotherhood, *medieval Spanish militia formed to maintain public order.*

Santa Lucía *s* Saint Lucia.

santanderino, na ◇ *adj* of/relating to Santander. ◇ *m, f* native/inhabitant of Santander.

Santa Sede *f*: **la** ~ the Holy See.

santero, ra ◇ *adj* - **1.** [beato] pious. - **2.** [adorador de imágenes] image-worshipping. ◇ *m, f* - **1.** [cuidador] keeper of a sanctuary. - **2.** [mendigo] alms collector.

Santiago *m* James; ~ **Apóstol** Saint James the Apostle.

Santiago de Chile *s* Santiago.

santiaguino, na ◇ *adj* of/relating to Santiago. ◇ *m, f* native/inhabitant of Santiago.

santiamén ◆ **en un santiamén** *loc adv fam* in a flash.

santidad *f* saintliness, holiness.
◆ **Santidad** *f*: **Su** o **Vuestra Santidad** His Holiness.

santificable *adj* sanctifiable.

santificación *f* - **1.** [consagración] sanctification; [de lugar] consecration; [de festividad] observance. - **2.** [veneración] veneration, reverence. - **3.** *fam fig* [perdón] pardon, forgiveness.

santificado, da *adj* [consagrado] sanctified; [tradición, lugar] hallowed *(antes de sust)*.

santificar [10] *vt* - **1.** [consagrar] to sanctify; [lugar] to consecrate. - **2.** [venerar] to revere, to venerate. - **3.** [guardar] to keep, to respect. - **4.** *fam fig* [perdonar] to forgive, to pardon.

santiguada *f* - **1.** [señal de la cruz] sign of the cross. - **2.** [acción] making of the sign of the cross.

santiguamiento *m* making of the sign of the cross.

santiguar [45] *vt* - **1.** [hacer la señal de la cruz] to make the sign of the cross over. - **2.** *fig* [maltratar] to slap, to smack.
◆ **santiguarse** *vpr* - **1.** [persignarse] to cross o.s. - **2.** *fam fig* [de asombro] to be shocked o horrified.

Santísimo *m*: **El** ~ the Holy Sacrament.

santo, ta ◇ *adj* - **1.** [sagrado] holy. - **2.** [virtuoso] saintly. - **3.** *fam fig* [beneficioso] miraculous. - **4.** *fam fig* [dichoso] damn; **todo el** ~ **día** all day long. - **5.** *(con nombre propio)* [beatificado]: **santa Teresa** Saint Theresa. - **6.** *loc*: ~ **y bueno** well and good. ◇ *m, f* RELIG saint; ~ **patrón** patron saint.
◆ **santo** *m* - **1.** [onomástica] saint's day. - **2.** [ilustración] illustration. - **3.** [estatua] statue (of a) saint. - **4.** *Amér* [parche] patch. - **5.** *loc*: **¿a** ~ **de qué?** why on earth?; **alzarse con el** ~ **y la limosna** to make off with everything; **desnudar a un** ~ **para vestir a otro** to rob Peter to pay Paul; **llegar y besar el** ~ to get sthg at the first attempt; **no ser** ~ **de su devoción** not to be his/her *etc* cup of tea; **quedarse para vestir** ~**s** to be left on the shelf; **se le fue el** ~ **al cielo** *fam* he/she completely forgot; **tener el** ~ **de espaldas** to be unlucky.
◆ **santo y seña** *m* MIL password.

Santo Domingo *s* Santo Domingo.

santón *m* - **1.** RELIG Muslim holy man. - **2.** *fig* [persona influyente] guru.

Santo Oficio *m*: **el** ~ the Holy Office, the Inquisition.

santoral *m* - **1.** [libro de vidas de santos] book containing lives of saints; [libro de coro] choir book. - **2.** [onomásticas] list of saints' days.

Santo Tomé y Príncipe *s* São Tomé e Príncipe.

santuario *m* - **1.** [templo] shrine; *fig* [refugio] sanctuary. - **2.** *fig* [intimidad] intimacy, privacy. - **3.** *Amér* [tesoro] buried treasure.

santurrón, ona ◇ *adj* excessively pious. ◇ *m, f* excessively pious person.

santurronería *f* sanctimoniousness.

San Vicente *s* → **cabo**.

saña *f* viciousness, malice.

sañudo, da, **sañoso, sa** *adj* vicious, malicious.

sao *m* - **1.** BOT laburnum. - **2.** *Amér* [sabana] *small savannah with clusters of trees or bushes.*

sapiencia *f culto* knowledge.

sapiente *culto* ◇ *adj* sagacious. ◇ *mf* sagacious person.

sapo *m* - **1.** [anfibio] toad; **echar** ~**s y culebras** *fig* to rant and rave. - **2.** *fam* [bicho] small creature. - **3.** [pez]: ~ **(marino)** toadfish. - **4.** [persona torpe] clumsy person. - **5.** *Amér* [suerte] fluke, stroke of luck. - **6.** *Amér fam* [canalla] scoundrel, rascal.

saponáceo, a *adj desus* saponaceous.

saponificación *f desus* saponification.

saponificar [10] *vt desus* to saponify.

◆ **saponificarse** *vpr desus* to be saponified.

sapote *m* BOT sapodilla.

saque[1] *etc v* → **sacar**.

saque[2] *m* - **1.** [en fútbol]: ~ **de banda** throw-in; ~ **de esquina/de meta** corner/goal kick; ~ **inicial** o **de centro** kick-off. - **2.** [en tenis etc] serve; **tener buen** ~ DEP to have a good serve; *fig* [hambre] to have a hearty appetite. - **3.** [raya] base line. - **4.** [jugador - en fútbol] kicker; [- en tenis, etc] server. - **5.** *Amér* [destilería] distillery.

saqueador, ra ◇ *adj* looting, plundering. ◇ *m, f* looter.

saqueamiento *m* = **saqueo**.

saquear *vt* - **1.** [rapiñar - ciudad] to sack; [- tienda etc] to loot. - **2.** *fam* [vaciar] to ransack.

saqueo, saqueamiento *m* - **1.** [de ciudad] sacking; [de tienda etc] looting. - **2.** [botín] plunder, booty.

saquería *f* - **1.** [fabricación] manufacture of sacks. - **2.** [conjunto] sacks (*pl*).

saquero, ra *m, f* sack dealer.

saquete *m* - **1.** [saco pequeño] small bag o sack. - **2.** [de carga de cañón] cartridge bag.

SAR (*abrev escrita de* **Su Alteza Real**) HRH.

Sara *f* BIBLIA Sarah.

Sarajevo *s* Sarajevo.

sarampión *m* measles (*U*).

sarao *m* - **1.** [fiesta] party. - **2.** *fam* [jaleo] row, rumpus.

sarape *m* *Amér* serape.

sarasa *m fam despec* poof, queer.

sarcasmo *m* sarcasm.

sarcásticamente *adv* sarcastically.

sarcástico, ca ◇ *adj* sarcastic. ◇ *m, f* sarcastic person.

sarcófago *m* sarcophagus.

sarcoma *m* sarcoma.

sardana *f traditional Catalan dance and music.*

sardesco, ca *adj* - **1.** [caballo, asno] small. - **2.** *fig* [persona] surly, gruff.

◆ **sardesco** *m* small horse.

sardina *f* sardine; **como** ~s **en canasta** o **en lata** *fig* like sardines.

sardinal *m* sardine net.

sardinero, ra *adj* sardine (*antes de sust*).

sardónico, ca *adj* sardonic.

sarga *f* - **1.** [tela] serge; [para decorar] wall hanging. - **2.** BOT *type of willow.*

sargazo *m* sargasso, gulfweed.

sargentear ◇ *vt* - **1.** MIL to command as a sergeant. - **2.** *fig* [capitanear] to command, to lead. - **3.** *fam* [mandar] to boss around. ◇ *vi fam* to be bossy.

sargento ◇ *mf* - **1.** MIL ≃ sergeant; ~ **mayor** ≃ sergeant major. - **2.** *despec* [mandón] dictator, little Hitler. ◇ *m* [herramienta] handscrew.

sargentona *f fam despec* battle-axe.

sari *m* sari.

sarilla *f* marjoram.

sarmentar [19] *vi* to gather pruned vine shoots.

sarmentera *f* place where vine shoots are kept.

sarmentoso, sa *adj* long and thin.

sarmienta *etc v* → **sarmentar**.

sarmiento *m* vine shoot.

sarna *f* MED scabies (*U*); VETER mange; **más viejo que la** ~ *fam fig* as old as the hills; ~ **con gusto no pica** *proverb* some things are a necessary evil.

sarnoso, sa ◇ *adj* VETER mangy; MED scabby. ◇ *m, f* [enfermo] scabies sufferer.

sarpullido, salpullido *m* - **1.** [erupción] rash. - **2.** [picadura] flea bite.

sarraceno, na *adj & m, f* Saracen.

sarrillo *m* death rattle.

sarro *m* - **1.** [de dientes] tartar. - **2.** [poso] sediment. - **3.** [en lengua] fur. - **4.** BOT rust, mildew.

sarroso, sa *adj* - **1.** [diente] covered with tartar. - **2.** [vasija] encrusted. - **3.** [lengua] furry. - **4.** BOT mildewed.

sarta *f*, **sartal** *m lit & fig* string.

sartén *f* - **1.** [utensilio] frying pan; **saltar de la** ~ **y caer** o **dar en las brasas** *fig* to jump from the frying pan into the fire; **tener la** ~ **por el mango** *fig* to be in control. - **2.** [contenido, cantidad] panful.

sartenada *f* panful.

sartenazo *f* - **1.** [con sartén] blow with a frying pan. - **2.** *fam* [porrazo] wallop.

SAS (*abrev escrita de* **Su Alteza Serenísima**) HSH.

sasafrás *m inv* sassafras.

sastre, tra *m, f* - **1.** [modisto] tailor; ~ **de señoras** dressmaker. - **2.** [de teatro] costumier, costumer. - **3.** *loc:* **ser un buen** ~ *fam* to be in the know; **ser un corto** ~ *fam* to be an ill-informed person.

sastrería *f* [oficio] tailoring; [taller] tailor's (shop).

Satanás *m* BIBLIA Satan.

satánico, ca *adj* - **1.** [demoníaco] satanic. - **2.** *fig* [malvado] fiendish.

satanismo *m* Satanism.

satélite ◇ *m* - **1.** [cuerpo celeste] satellite; ~ **artificial** satellite; ~ **de comunicaciones** communications satellite; ~ **espía** spy satellite. - **2.** [rueda dentada] loose pinion, planet wheel. - **3.** *fig* [país, nación] satellite. - **4.** *fig* [persona] henchman, acolyte. ◇ *adj fig* satellite (*antes de sust*).

satelización *f* putting into orbit.

satelizar [13] *vt* - **1.** [satélite, aparato] to place in orbit. - **2.** [país, nación] to make a satellite of.

satén, satín *m* satin; [de algodón] sateen.

satinado, da *adj* glossy.

◆ **satinado** *m* - **1.** [acción] glazing, calendering. - **2.** [brillo] gloss.

satinar *vt* [tela, papel etc] to make glossy; FOT to burnish.

sátira *f* satire.

satiriasis *f inv* satyriasis.

satíricamente *adv* satirically.

satírico, ca ◇ *adj* satirical. ◇ *m, f* satirist.

satirizante *adj* satirizing.

satirizar [13] *vt & vi* to satirize.

sátiro *m* - **1.** MITOL satyr. - **2.** *fig* [hombre lujurioso] lecher.

satisfacción *f* - **1.** [gen] satisfaction; **a** ~ satisfactorily; **a** ~ **de** to the satisfaction of; **dar** ~ [satisfacer] to satisfy; **pedir** ~ to demand satisfaction. - **2.** [disculparse] to apologize. - **3.** [vanidad] vanity, conceit.

satisfacer [60] *vt* - **1.** [gen] to satisfy. - **2.** [sed] to quench. - **3.** [deuda, pago] to pay, to settle. - **4.** [ofensa, daño] to redress. - **5.** [duda, pregunta] to answer. - **6.** [requisitos, exigencias] to meet. - **7.** [complacer] to satisfy. - **8.** [premiar] to compensate, to reward.

◆ **satisfacerse** *vpr* - **1.** [conformarse] to be satisfied. - **2.** *desus* [vengarse] to get satisfaction o revenge.

satisfactoriamente *adv* adequately.

satisfactorio, ria *adj* satisfactory.

satisfecho, cha ◇ *pp* → **satisfacer**. ◇ *adj* satisfied; ~ **de sí mismo** self-satisfied; **darse por** ~ to be satisfied; **estar** o **quedarse** ~ [de comida] to be full.

sativo, va *adj* cultivated.

sátrapa *m* - **1.** *fig* [hombre astuto] sly fox. - **2.** *fig* [hombre poderoso] boss. - **3.** HIST satrap.

saturable *adj* - **1.** *fig* [que puede llenarse] satiable. - **2.** [que puede saturarse] saturable.

saturación *f* - **1.** [gen] saturation. - **2.** *fig* [hartura] boredom.

saturado, da *adj*: ~ **(de)** [gen] saturated (with); *fig* [harto] fed up (with).

saturar *vt* - **1.** [gen] to saturate. - **2.** *fig* [hartar] to make fed up. - **3.** [empapar] to saturate.

◆ **saturarse** *vpr*: ~**se (de)** to become saturated (with).

saturnal *adj* Saturnian.

saturnino, na *adj* - **1.** QUÍM & MED lead *(antes de sust)*, saturnine. - **2.** *fig* [triste] saturnine, morose.

saturnismo *m* lead poisoning.

Saturno *m* MITOL Saturn.

sauce *m* willow; ~ **blanco** pussy willow; ~ **cabruno** goat willow; ~ **llorón** weeping willow.

sauceda *f*, **saucedal** *m* willow grove.

saúco *m* elder.

saudade *f* nostalgia.

saudí *(pl* **saudíes)**, **saudita** *adj & mf* Saudi.

sauna *f* sauna.

savia *f* BOT sap; *fig* [energía] vitality; ~ **nueva** new blood.

savoir-faire [sa'ßwar'fer] *m* savoir-faire.

saxo ◇ *m* [instrumento] sax. ◇ *mf* [persona] sax player.

saxofón, saxófono ◇ *m* [instrumento] saxophone. ◇ *mf* [persona] saxophonist.

saxofonista *mf* saxophonist.

saxófono *m & mf* = **saxofón**.

saya *f desus* [enaguas] petticoat; [falda] skirt.

sayal *m desus* sackcloth.

sayo *m desus* - **1.** [vestido] smock; [casaca] cassock. - **2.** *loc*: **cortarle a alguien un** ~ *fam* to run sb down.

sayón *m* - **1.** [verdugo] executioner. - **2.** *fam fig* [hombre feroz] fierce-looking man. - **3.** HIST minister of justice.

sazón ◇ *f* - **1.** [madurez] ripeness; **en** ~ [maduro] ripe; [oportunamente] opportunely, at the right moment ❏ **fuera de** ~ [inoportuno] inopportunely, at the wrong moment. - **2.** [sabor] seasoning, flavouring. ◇ *m Amér* good cooking.

◆ **a la sazón** *loc adv desus* then, at that time.

sazonado, da *adj* - **1.** [aderezado] seasoned. - **2.** [maduro] ripe. - **3.** *fig* [persona] witty.

sazonar *vt & vi* - **1.** [aderezar] to season. - **2.** [madurar] to ripen.

scanner [es'kaner] *m* = **escáner**.

schilling *m* = **chelín**.

scooter *m* = **escúter**.

scotch [es'kot∫] *(pl* **scotchs)** *m* scotch (whisky).

scout [es'kaut] *(pl* **scouts)** *m* scout.

script [es'kript] *(pl* **scripts)** *m* script.

SDN *(abrev escrita de* **Sociedad de Naciones)** *f Society of Nations.*

se *pron pers* - **1.** *(reflexivo)* [de personas] himself *(f* herself), *(pl)* themselves; [usted mismo] yourself, *(pl)* yourselves; [de cosas, animales] itself, *(pl)* themselves; ~ **está lavando, está lavándo**~ she's having a wash; ~ **lavó los dientes** she cleaned her teeth; **espero que** ~ **diviertan** I hope you enjoy yourselves; **el perro** ~ **lame** the dog is licking itself; ~ **lame la herida** it's licking its wound; ~ **levantaron y** ~ **fueron** they got up and left. - **2.** *(reflexivo impersonal)* oneself; **hay que afeitar**~ **todos los días** you have to shave every day. - **3.** *(recíproco)* each other, one another; ~ **aman** they love each other; ~ **escriben cartas** they write to each other. - **4.** [en construcción pasiva]: ~ **ha suspendido la reunión** the meeting has been cancelled; '~ **prohíbe fumar**' 'no smoking'; '~ **habla inglés**' 'English spoken'. - **5.** *(impersonal)*: **en esta sociedad ya no** ~ **respeta a los ancianos** in our society old people are no longer respected; ~ **dice que...** it is said that..., people say that... - **6.** *(en vez de 'le' o 'les' antes de 'lo', 'la', 'los' o 'las' & complemento indirecto)* [gen] to him *(f* to her), *(pl)* to them; [de cosa, animal] to it, *(pl)* to them; [usted, ustedes] to you; ~ **lo dio** he gave it to him/her *etc*; ~ **lo dije, pero no me hizo caso** I told her, but she didn't listen; **si usted quiere, yo** ~ **lo arreglo** if you like, I'll sort it out for you.

SE *(abrev escrita de* **Su Excelencia)** HE.

sé *v* - **1.** → **saber**. - **2.** → **ser**.

sebáceo, a *adj* sebaceous.

sebo *m* - **1.** [grasa, gordura] fat; [para jabón, velas] tallow. - **2.** [suciedad] filth, grime. - **3.** *fam* [borrachera] drunkenness. - **4.** *Amér* [regalo] *christening present from godparents.*

seborrea *f* seborrhoea.

seboso, sa *adj* - **1.** [grasiento] fatty. - **2.** [jabón, vela] tallow *(antes de sust).* - **3.** [sucio] filthy, grimy.

seca ◇ *adj f* → **seco**. ◇ *f* - **1.** [sequía] drought. - **2.** [estación] dry season. - **3.** MED infarction. - **4.** [banco de arena] sandbar, sandbank.

secadal *m* dry and barren land.

secadero *m* drying room.

secado *m* drying.

secador *m* dryer; ~ **de pelo** hairdryer.

secadora *f* clothes o tumble-dryer.

secamente *adv* dryly.

secamiento *m* drying.

secano *m* - **1.** [tierra] unirrigated o dry land. - **2.** [banco de arena] sandbar. - **3.** *fig* [cosa seca] very dry thing.

secante ◇ *adj* - **1.** [secador] drying. - **2.** GEOM secant *(antes de sust).* - **3.** [fastidioso] annoying, irritating. - **4.** → **papel**. ◇ *m* - **1.** [papel] blotting paper *(U).* - **2.** [substancia] siccative. ◇ *f* GEOM secant.

secar [10] *vt* - **1.** [desecar] to dry. - **2.** [enjugar] to wipe away; [con fregona] to mop up. - **3.** [fastidiar] to annoy, to bother.

◆ **secarse** *vpr* - **1.** [gen] to dry up; [ropa, vajilla, suelo] to dry; [persona] to dry o.s.; **la pintura de las paredes ya se ha secado** the paint on the walls has dried already. - **2.** [río, fuente] to run dry, to dry up. - **3.** [planta] to wither, to wilt. - **4.** [consumirse] to waste away. - **5.** *fig* [corazón, ánimo] to become insensitive.

sección *f* - **1.** [gen & GEOM] section; ~ **transversal** cross-section. - **2.** [departamento] department.

seccionar *vt* - **1.** [cortar] to cut; TECN to section. - **2.** [dividir] to divide (up).

sececionismo *m* secessionism.

secesión *f* secession.

secesionista *adj & mf* secessionist.

seco, ca *adj* - **1.** [gen] dry; [plantas, flores] withered; [higos, pasas] dried; **lavar en** ~ to dry-clean. - **2.** [tajante] brusque. - **3.** [flaco] thin, lean. - **4.** [ruido] [tos] dry; [voz] sharp. - **5.** *fig* [carácter - poco cariñoso] cold; [- estricto] strict. - **6.** [sin adornos] plain, unadorned. - **7.** *loc*: **dejar a alguien** ~ [matar] to kill sb stone dead; [pasmar] to stun sb; **en** ~ [sin causa] without cause o reason; [sin medios] without resources; NÁUT high and dry; **parar en** ~ to stop dead.

◆ **a secas** *loc adv* simply, just; **llámame Juan a secas** just call me Juan.

secoya *f* = **secuoya**.

secreción *f* secretion.

secreta ◇ *adj f* → **secreto**. ◇ *f* - **1.** *fam* [policía] secret police. - **2.** *desus* [wáter] privy, water closet.

secretamente *adv* secretly.

secretar *vt* to secrete.

secretaría *f* - **1.** [cargo] post of secretary. - **2.** [oficina, lugar] secretary's office. - **3.** [organismo] secretariat.

secretariado *m* - **1.** EDUC secretarial skills *(pl).* - **2.** [cargo] post of secretary. - **3.** [oficina, lugar] secretary's office. - **4.** [organismo] secretariat.

secretario, ria *m, f* secretary; ~ **de Estado** Secretary of State; ~ **general** General Secretary; ~ **municipal** town clerk; ~ **particular** private secretary.

secretear *vi* to talk in secret.

secreteo *m fam* whispering.

secreter *(pl* **secreters)** *m* bureau, writing desk.

secreto, ta *adj* - **1.** [gen] secret; [tono] confidential; **se desveló la alianza secreta que existía entre los dos**

países the secret alliance between the two countries was revealed; **escondió los documentos en un cajón** ~ she hid the documents in a secret compartment ❏ **en** ~ in secret. - **2.** [reservado] secretive; **las personas secretas usualmente no muestran los sentimientos** secretive people tend not to show their feelings.
◆ **secreto** *m* - **1.** [gen] secret; **entre nosotros no existen** ~**s** there are no secrets between us; **el** ~ **para mantenerse en forma está en andar a diario** the secret to keeping fit is to go for a walk every day; **guardar un** ~ to keep a secret ❏ ~ **a voces** open secret; ~ **de confesión** confesional secret; ~ **de estado** State secret; ~ **profesional** professional secret; ~ **sumarial** o **del sumario** sub judice. - **2.** [sigilo] secrecy. - **3.** [en muebles] hidden drawer. - **4.** [de piano, órgano] sounding board, soundboard.

secretor, ra, **secretorio, ria** *adj* secreting, secretory.

secta *f* sect.

sectario, ria ◇ *adj* sectarian. ◇ *m, f* - **1.** [miembro de secta] sect member. - **2.** [fanático] fanatic.

sectarismo *m* sectarianism.

sector *m* - **1.** [gen] sector; [grupo] group; ~ **primario/secundario** primary/secondary sector; ~ **privado/público** private/public sector; ~ **terciario** service industries (*pl*). - **2.** [zona] area.

sectorial *adj* sectorial.

sectorización *f* sectorization.

secuaz (*pl* **secuaces**) *despec* ◇ *mf* [partidario, seguidor] minion. ◇ *adj* minion-like.

secuela *f* consequence.

secuencia *f* sequence.

secuestrador, ra ◇ *m, f* - **1.** [de persona] kidnapper; [de aviones etc] hijacker. - **2.** [de bienes] sequestrator. ◇ *adj* - **1.** [de persona] kidnapping; [de aviones etc] hijacking. - **2.** [de bienes] sequestering, sequestrating.

secuestrar *vt* - **1.** [persona] to kidnap; [avión etc] to hijack. - **2.** [bienes] to seize.

secuestro *m* - **1.** [de persona] kidnapping; [de avión etc] hijack. - **2.** [de bienes etc] seizure, confiscation.

secula ◆ **secula seculorum** ['sekulaseku'lorum] *loc adv* for ever and ever.

secular ◇ *adj* - **1.** [seglar] secular, lay. - **2.** [centenario, de hace siglos] age-old; [que sucede cada siglo] secular. ◇ *mf* lay person.

secularismo *m* secularism.

secularización *f* secularization.

secularizar [13] *vt* to secularize.

secundar *vt* [apoyar] to support, to back (up); [propuesta] to second.

secundariamente *adv* secondarily.

secundario, ria *adj* secondary.
◆ **secundario** *m* ELECTR & GEOL secondary.

secuoya, secoya *f* sequoia.

sed[1] *v* → **ser**.

sed[2] *f* *lit & fig* thirst; **s● iar la** ~ to quench one's thirst; **tener** ~ to be thirsty ❏ **rabiar de** ~ *fig* to be dying of thirst; ~ **de** *fig* thirst for; **los familiares de la víctima tienen** ~ **de venganza** the victim's family was thirsty for revenge.

seda *f* - **1.** [gen] silk; ~ **artificial** artificial silk; ~ **azache/conchal** low-quality/choice silk; ~ **cruda/natural** raw/pure silk; **ir como una** ~ to go smoothly. - **2.** ZOOL bristle.

sedación *f* - **1.** MED sedation. - **2.** [con música etc] soothing, calming.

sedal *m* - **1.** [para pescar] fishing line. - **2.** MED seton.

sedán *m* saloon.

sedante ◇ *adj* MED sedative; [música, sonido] soothing. ◇ *m* sedative.

sedar *vt* MED to sedate; [suj: música, sonido] to soothe, to calm.

sedativo, va *adj* MED sedative; [música, sonido] soothing.

sede *f* - **1.** [emplazamiento] headquarters (*pl*); [de gobierno] seat; ~ **social** head office. - **2.** RELIG see.

sedentario, ria *adj* sedentary.

sedente *adj* seated.

sedería *f* - **1.** [negocio] silk trade. - **2.** [tejidos] silks (*pl*), silk goods (*pl*). - **3.** [tienda] silk shop.

sedero, ra ◇ *adj* silk (*antes de sust*). ◇ *m, f* - **1.** [tejedor] silk weaver. - **2.** [comerciante] silk trader.

sedición *f* sedition.

sedicioso, sa ◇ *adj* seditious. ◇ *m, f* rebel.

sediento, ta *adj* - **1.** [de agua] thirsty. - **2.** *fig* [deseoso]: ~ **de** hungry for. - **3.** *fig* [tierra] dry, parched.

sedimentación *f* sedimentation.

sedimentar *vt* to deposit.
◆ **sedimentarse** *vpr* [líquido] to settle.

sedimentario, ria *adj* sedimentary.

sedimento *m* - **1.** [poso] sediment. - **2.** GEOL deposit. - **3.** *fig* [huella] residue.

sedoso, sa *adj* silky.

seducción *f* - **1.** [cualidad] seductiveness. - **2.** [air - gen] attraction, charm; [- sexual] seduction.

seducir [33] *vt* - **1.** [atraer] to attract, to charm; [sexualmente] to seduce. - **2.** [persuadir]: ~ **a alguien para que haga algo** to tempt sb to do sthg.

seductor, ra ◇ *adj* - **1.** [gen] attractive, charming; [sexual] seductive. - **2.** [persuasivo] tempting. - **3.** [fascinante] fascinating, captivating. ◇ *m, f* - **1.** [persona que seduce] seducer. - **2.** [persona encantadora] charmer.

sedujera, seduzca *etc v* → **seducir**.

sefardí (*pl* **sefardíes**), **sefardita** ◇ *adj* Sephardic. ◇ *mf* [persona] Sephardi. ◇ *m* [lengua] Sephardi.

segadero, ra *adj* ready for harvesting o reaping.
◆ **segadera** *f* [hoz] sickle.

segador, ra ◇ *adj* reaping. ◇ *m, f* [agricultor] reaper.
◆ **segador** *m* ZOOL harvestman.
◆ **segadora** *f* [máquina] reaping machine.

segar [35] *vt* - **1.** AGR to reap. - **2.** [cortar] to cut off. - **3.** *fig* [truncar] to put an end to.

seglar ◇ *adj* secular, lay. ◇ *mf* lay person.

segmentación *f* division.

segmentar *vt* to cut o divide into pieces.

segmento *m* - **1.** GEOM & ZOOL segment. - **2.** [trozo] piece; ~ **de émbolo** MEC piston ring.

segoviano, na ◇ *adj* of/relating to Segovia. ◇ *m, f* native/inhabitant of Segovia.

segregación *f* - **1.** [separación, discriminación] segregation; ~ **racial** racial segregation. - **2.** [secreción] secretion.

segregacionismo *m* racial segregation.

segregacionista *adj & mf* segregationist.

segregar [16] *vt* - **1.** [separar, discriminar] to segregate. - **2.** [secretar] to secrete.

segregativo, va *adj* segregative.

segué *etc v* → **segar**.

segueta *f* fretsaw.

seguida ◇ *adj f* → **seguido**. ◇ *f* series, succession.

seguidamente *adv* - **1.** [sin interrupción] continuously, without interruption. - **2.** [después] next; ~ **presentaremos el primer premio** next, we will present the first prize.

seguidilla *f* - **1.** LITER *poem containing four or seven verses used in popular songs.* - **2.** (*gen pl*) [baile] *traditional Spanish dance.* - **3.** [cante] *mournful flamenco song.*

seguido, da *adj* - **1.** [consecutivo] consecutive; **diez años** ~**s** ten years in a row. - **2.** [sin interrupción - gen] one after the other; [- línea, pitido etc] continuous. - **3.** [directo] direct, straight.
◆ **seguido** *adv* - **1.** [inmediatamente después] straight after. - **2.** [en línea recta] straight on. - **3.** *Amér* [a menudo] often.

◆ **de seguido** *loc adv* straight away.

◆ **de seguida** *loc adv desus* **- 1.** [sin interrupción] continuously, without interruption. **- 2.** [inmediatamente] immediately, at once.

◆ **en seguida** *loc adv* straight away, at once; **en seguida nos vamos** we're going in a minute.

seguidor, ra ◇ *m, f* follower. ◇ *adj* following.

◆ **seguidor** *m* [pauta] guidelines *(pl)*.

seguimiento *m* **- 1.** [de noticia] following; [de clientes] follow-up; **hacer un ~ de** to monitor. **- 2.** [continuación] continuation. **- 3.** [persecución] chase, pursuit.

seguir [43] ◇ *vt* **- 1.** [gen] to follow; **el perro sigue a su amo** the dog is following its master; **siempre sigue los dictámenes de la moda** she always follows the latest fashion; **los espectadores siguen con la vista la trayectoria de la pelota** the spectators follow the ball with their eyes. **- 2.** [perseguir] to chase; **~ a alguien de cerca** to tail sb. **- 3.** [reanudar] to continue, to resume. **- 4.** [cursar]: **sigue un curso de italiano** he's doing an Italian course. ◇ *vi* **- 1.** [continuar] to continue, to go on; **¡sigue! ¡no te pares!** go o carry on, don't stop!; **sigo trabajando en la fábrica** I'm still working at the factory; **debes ~ haciéndolo** you should keep on o carry on doing it; **sigo pensando que está mal** I still think it's wrong; **sigue enferma/en el hospital** she's still ill/in hospital. **- 2.** [sucederse]: **~ a algo** to follow sthg; **a la tormenta siguió la lluvia** the storm was followed by rain.

◆ **seguirse** *vpr* to follow; **~se de algo** to follow o be deduced from sthg; **de esto se sigue que estás equivocado** it therefore follows that you are wrong.

según ◇ *prep* **- 1.** [de acuerdo con] according to; **~ su opinión, ha sido un éxito** in his opinion o according to him, it was a success; **~ yo/tú** *etc* in my/your *etc* opinion. **- 2.** [dependiendo de] depending on; **~ la hora que sea** depending on the time. ◇ *adv* **- 1.** [como] (just) as; **todo permanecía ~ lo recordaba** everything was just as she remembered it; **actuó ~ se le recomendó** he did as he had been advised. **- 2.** [a medida que] as; **entrarás en forma ~ vayas entrenando** you'll get fitter as you train. **- 3.** [dependiendo]: **¿te gusta la música? - ~** do you like music? - it depends; **lo intentaré ~ esté de tiempo** I'll try to do it, depending on how much time I have.

◆ **según que** *loc adv* depending on whether.

◆ **según qué** *loc adj* certain; **~ qué días la clase es muy aburrida** some days the class is really boring.

◆ **según y conforme** *loc adv* **- 1.** [de igual manera] just as, exactly as; **lo prepararé ~ y conforme a lo que tú me indicas** I shall prepare it exactly as you tell me. **- 2.** [dependiendo] depending on the circumstances, maybe.

segunda *f* → **segundo**.

segundero ◇ *adj* second crop *(antes de sust)*. ◇ *m* second hand.

segundilla *f* [en convento] call bell.

segundo, da ◇ *adj fig* [otro] another; **es un ~ Mozart** he is another Mozart **□ sin ~** unequalled, peerless. ◇ *m, f* **- 1.** [mencionado antes]: **vinieron Pedro y Juan, el ~ con... Pedro and Juan arrived, the latter with... - 2.** [ayudante] number two; **~ de abordo** NÁUT first mate. ◇ *núm* second; *ver también* **sexto**.

◆ **segundo** *m* **- 1.** [subjefe] second-in-command. **- 2.** [asistente] assistant. **- 3.** ASTRON & GEOM second.

◆ **segunda** *f* **- 1.** AUTOM second (gear). **- 2.** AERON & FERROC second class. **- 3.** DEP second division. **- 4.** [de cerradura] double turn.

◆ **con segundas** *loc adv* with an ulterior motive.

segundogénito, ta *adj & m, f* second-born.

segundón *m* second son; *fig & despec* failure, second best.

segur *f* **- 1.** [hacha] axe. **- 2.** [hoz] sickle.

seguramente *adv* **- 1.** [probablemente] probably; **~ iré, pero aún no lo sé** the chances are I'll go, but I'm not sure yet. **- 2.** [con certeza] surely, certainly.

seguridad *f* **- 1.** [fiabilidad, ausencia de peligro] safety; [protección, estabilidad] security; **de ~** [cinturón, cierre]

safety *(antes de sust)*; [puerta, guardia] security *(antes de sust)* **□ ~ vial** o **en carretera** road safety. **- 2.** [certidumbre] certainty; **tener la ~ de que** to be certain that; **con ~** for sure, definitely. **- 3.** [confianza] confidence; **~ en sí mismo** self-confidence. **- 4.** [fianza] surety, security.

Seguridad Social *f* Social Security.

seguro, ra *adj* **- 1.** [sin peligro] safe; [protegido, estable] secure; **en ~** in safety, in a safe place; **sobre ~** safely, without risk; **es muy previsor y siempre actúa sobre ~** he's very cautious and always plays it safe. **- 2.** [infalible] reliable. **- 3.** [confiado] sure; **estar ~ de algo** to be sure about sthg; **~ de sí mismo** self-assured, self-confident. **- 4.** [nombramiento, fecha etc] definite, certain; **tener por ~ que** to be sure that. **- 5.** [nombramiento, fecha]: **a buen ~, de ~** certainly, assuredly.

◆ **seguro** ◇ *m* **- 1.** [contrato] insurance *(U)*; **~ de cambio** exchange rate hedge; **~ del coche** car insurance; **~ de incendios/de vida/mutuo** fire/life/joint insurance; **~ de invalidez** o **incapacidad** disability insurance; **~ médico** o **de asistencia sanitaria** medical insurance; **~ de paro** o **de desempleo** unemployment benefit; **~ a todo riesgo/a terceros** comprehensive/third party insurance. **- 2.** [seguridad social] *health service office*. **- 3.** [dispositivo] safety device; [de armas] safety catch. **- 4.** *Amér* [imperdible] safety pin. ◇ *adv* for sure, definitely; **vendrá ~** she's bound to come.

seis ◇ *núm adj inv* **- 1.** [para contar] six; **tiene ~ años** she's six (years old). **- 2.** [para ordenar] (number) six; **la página ~** page six; **siglo ~** Sixth Century. ◇ *núm m* **- 1.** [número] six; **el ~** number six; **doscientos ~** two hundred and six; **treinta y ~** thirty-six. **- 2.** [en fechas] sixth; **el ~ de agosto** the sixth of August. **- 3.** [en direcciones]: **calle Mayor (número) ~** number six calle Mayor. **- 4.** [en naipes] six; **el ~ de diamantes** the six of diamonds; **echar** o **tirar un ~** to play a six. ◇ *núm mpl* **- 1.** [referido a grupos]: **invité a diez y sólo vinieron ~** I invited ten and only six came along; **somos ~** there are six of us; **de ~ en ~** in sixes; **los ~** the six of them. **- 2.** [en temperaturas]: **estamos a ~ bajo cero** the temperature is six below zero. **- 3.** [en puntuaciones]: **empatar a ~** to draw six all; **~ a cero** six-nil. ◇ *núm fpl* [hora]: **las ~** six o'clock; **son las ~** it's six o'clock.

seiscientos, tas *núm* six hundred; *ver también* **seis**.

seísmo *m* earthquake.

selección *f* **- 1.** [gen] selection; **~ biológica** o **natural** natural selection. **- 2.** [de personal] recruitment. **- 3.** [equipo] team; **~ nacional** national team.

seleccionado, da ◇ *adj* DEP selected. ◇ *m, f* DEP player (in the team).

◆ **seleccionado** *m Amér* selection, choice.

seleccionador, ra ◇ *adj* **- 1.** DEP selecting. **- 2.** [de personal] recruiting. ◇ *m, f* **- 1.** DEP selector, ≃ manager. **- 2.** [de personal] recruiter.

seleccionar *vt* to pick, to select.

selectividad *f* **- 1.** [selección] selectivity. **- 2.** [examen] university entrance examination.

selectivo, va *adj* selective.

selecto, ta *adj* **- 1.** [excelente] fine, excellent. **- 2.** [escogido] exclusive, select.

◆ **selectas** *fpl* selections.

selector, ra *adj* selecting.

◆ **selector** *m* selector (button).

selenio *m* selenium.

selenita ◇ *f* selenite. ◇ *mf* [habitante] moon dweller.

self-service *m inv* self-service restaurant.

sellado, da *adj* [documento] sealed; [pasaporte, carta] stamped.

◆ **sellado** *m* [de documento] sealing; [de pasaporte, carta] stamping.

sellador, ra ◇ *adj* **- 1.** [que sella] sealing. **- 2.** [que pone sellos] stamping. ◇ *m, f* **- 1.** [persona] stamper. **- 2.** [instrumento] seal.

sellar *vt* **- 1.** [documento] to seal. **- 2.** [pasaporte, carta] to stamp. **- 3.** *fig* [pacto, labios] to seal.

sello *m* - **1.** [gen] stamp; [de medicamento] cachet; **echar** o **poner el ~ a algo** □ **~ aéreo/fiscal** airmail/revenue stamp; **~ postal** o **de correo** postage stamp. - **2.** [tampón] rubber stamp; **~ de fecha** date stamp. - **3.** [lacre] seal. - **4.** [sortija] signet ring. - **5.** *fig* [carácter] hallmark.
◆ **sello discográfico** *m* record label.

selva *f* [gen] jungle; [bosque] forest; **la ~ de Bohemia** the Bohemian Forest □ **~ virgen** virgin forest.

selvático, ca, silvático, ca *adj* woodland *(antes de sust)*.

selvoso, sa *adj* forested.

sema *m* GRAM seme.

semáforo *m* traffic lights *(pl)*.

semana *f* - **1.** [período] week; **entre ~** during the week; **entre ~ come en el trabajo** during the week she eats at work □ **~ inglesa** five-day week; **~ laboral** working week. - **2.** *fig* [salario] weekly pay, week's wages *(pl)*.
◆ **Semana Santa** *f* Easter; RELIG Holy Week.

semanal *adj* weekly.

semanalmente *adv* weekly, every week.

semanario, ria *adj* weekly.
◆ **semanario** *m* [publicación semanal] weekly.

semanero, ra ◇ *adj* employed by the week. ◇ *m, f* worker employed by the week.

semántico, ca *adj* semantic.
◆ **semántica** *f* semantics *(U)*.

semblante *m* - **1.** [rostro] countenance, face. - **2.** *fig* [apariencia] appearance, look; **estar de mal ~** to look ill.

semblantear *vt Amér* - **1.** [mirar] to look straight in the face. - **2.** [examinar] to examine.

semblanza *f* portrait, profile.

sembradera *f* sower, seeder.

sembradero *m Amér* sown field.

sembradío, a *adj* arable, cultivable.

sembrado, da *adj* - **1.** [plantado] sown. - **2.** *fig* [lleno]: **~ de** scattered o plagued with.
◆ **sembrado** *m* sown field.

sembrador, ra ◇ *adj* sowing *(antes de sust)*. ◇ *m, f* [persona] sower.
◆ **sembradora** *f* [máquina] seed drill.

sembradura *f* sowing, seeding.

sembrar [19] *vt* - **1.** [plantar] to sow. - **2.** [divulgar] to spread, to disseminate. - **3.** *fig* [llenar] to scatter, to strew. - **4.** *fig* [confusión, pánico etc] to sow.

sembrío *m Amér* sown field.

semejante ◇ *adj* - **1.** [parecido]: **~ (a)** similar (to). - **2.** [tal] such; **jamás aceptaría ~ invitación** I would never accept such an invitation. ◇ *m (gen pl)* fellow (human) being.

semejanza *f* similarity; **a ~ de** like, as.

semejar *vi* to resemble.
◆ **semejarse** *vpr* to be alike, to resemble each other; **~se a alguien** to resemble sb.

semen *m* - **1.** ANAT semen. - **2.** BOT seed.

semental ◇ *adj* - **1.** ZOOL stud *(antes de sust)*. - **2.** BOT & AGR sowing, seeding. ◇ *m* stud; [caballo] stallion.

sementar [19] *vt* to seed, to sow.

sementera *f* - **1.** [tierra] sown land. - **2.** [acción] sowing, seeding. - **3.** [temporada] sowing o seeding time.

sementero *m* [saco] seed bag.

semestral *adj* half-yearly, six-monthly.

semestralmente *adv* half-yearly.

semestre *m* - **1.** [período] period of six months, semester *Am*; **cada ~** every six months. - **2.** [pago semestral] half-yearly payment.

semiacabado, da *adj* half-finished.

semiárido, da *adj* semiarid.

semiautomático, ca *adj* semiautomatic.

semibreve *f* semibreve *Br*, whole note *Am*.

semicircular *adj* half-conscious, semi-conscious.

semicírculo *m* semicircle.

semiconductor *m* semiconductor.

semiconsonante ◇ *adj* semiconsonantal. ◇ *f* semiconsonant.

semicorchea *f* semiquaver.

semidesnatado, da *adj* semiskimmed.

semidesnudo, da *adj* half-naked.

semidiós *m* demigod.

semidirecto ◇ *adj* express. ◇ *m* → **tren**.

semienta *etc v* → **sementar**.

semifinal *f* semifinal.

semifinalista ◇ *adj* semifinalist *(antes de sust)*. ◇ *mf* semifinalist.

semilla *f* seed.

semillero *m* - **1.** [para plantar] seedbed. - **2.** [para guardar] seed box. - **3.** *fig* [origen] breeding ground, hotbed.

seminal *adj* seminal.

seminario *m* - **1.** [escuela para sacerdotes] seminary; **~ conciliar** theological seminary. - **2.** [curso, conferencia] seminar. - **3.** [departamento] department, school. - **4.** [de semillas] seed bed.

seminarista *m* seminarist.

semioculto, ta *adj* partially hidden.

semiología *f* LING & MED semiology.

semiólogo, ga *m, f* LING & MED semiologist.

semiótica *f* LING & MED semiotics *(U)*.

semipesado DEP ◇ *adj* light heavyweight *(antes de sust)*. ◇ *m* light heavyweight.

semiprecioso, sa *adj* semiprecious.

semiseco, ca *adj* medium-dry.

semita ◇ *adj* Semitic. ◇ *mf* Semite.

semítico, ca *adj* Semitic.

semitismo *m* Semitism.

semitono *m* semitone.

semitransparente *adj* translucent.

semivocal ◇ *adj* semivocalic. ◇ *f* semivowel.

sémola *f* semolina.

sempiterno, na *adj culto* eternal.

sena *f* [en dado] six.
◆ **senas** *fpl* double sixes.

senado *m* - **1.** [gen] senate. - **2.** *fig* [reunión] assembly, gathering.

senador, ra *m, f* senator.

senatorial *adj* - **1.** [del senado] senate *(antes de sust)*. - **2.** [de senador] senatorial.

sencillamente *adv* simply.

sencillez *(pl* **sencilleces)** *f* - **1.** [facilidad] simplicity. - **2.** [modestia] unaffectedness, naturalness. - **3.** [discreción] plainness. - **4.** *fig* [ingenuidad] simpleness, naïveté. - **5.** *Amér* [bobada] stupid thing.

sencillo, lla *adj* - **1.** [gen] simple; **vive en un apartamento ~, sin lujos** he lives in a simple flat, with nothing luxurious about it; **el problema era muy ~** the problem was very simple; **usa un lenguaje ~** she uses simple language. - **2.** [carácter] natural, unaffected. - **3.** [billete, unidad etc] single. - **4.** *fig* [sin malicia] gullible. - **5.** *fig* [ingenuo] simple, naïve.
◆ **sencillo** *m* - **1.** [disco] single. - **2.** *Amér fam* [cambio] loose change.

senda *f*, **sendero** *m* - **1.** [camino] path. - **2.** *fig* [trayectoria] way; **tomar la mala ~** to take the wrong road.

senderista *mf* follower of the Peruvian guerrilla movement, the Shining Path.

sendos, das *adj pl* each, respective; **llegaron los dos con ~ paquetes** they arrived each carrying a parcel, they both arrived with their respective parcels.

senectud *f culto* old age.

Senegal *s*: **(el) ~** Senegal.

senegalés, esa *(pl* **senegaleses)** *adj & m, f* Senegalese.

senescente *adj culto* senescent.

senil *adj* senile.

senilidad *f* senility.

senior (*pl* **seniors**) *adj & m* senior.

seno *m* - **1.** [pecho] breast. - **2.** [pechera] bosom; **en el ~ de** *fig* within. - **3.** [útero]: ~ **(materno)** womb. - **4.** *fig* [amparo, cobijo] refuge, shelter. - **5.** [concavidad] hollow. - **6.** MAT sine; ~ **verso** versed sine. - **7.** [de la nariz] sinus. - **8.** ARQUIT spandrel. - **9.** [bahía] inlet, cove. - **10.** [de vela] belly.

SENPA (*abrev de* **Servicio Nacional de Productos Agrarios**) *m* Spanish agricultural products service.

sensación *f* - **1.** [percepción] feeling, sensation. - **2.** [efecto] sensation; **causar** ~ to cause a sensation; **causar una gran** ~ **a alguien** to make a great impression on sb. - **3.** [premonición] feeling; **tener la** ~ **de que** to have a feeling that.

sensacional *adj* sensational.

sensacionalismo *m* sensationalism.

sensacionalista *adj* sensationalist.

sensatamente *adv* sensibly.

sensatez (*pl* **sensateces**) *f* wisdom, common sense.

sensato, ta *adj* sensible.

sensibilidad *f* - **1.** [perceptibilidad] feeling. - **2.** [sentimentalismo] sensitivity. - **3.** [don especial] feel; **tiene gran** ~ **hacia la música** he has a great talent for music. - **4.** [de emulsión fotográfica, balanza etc] sensitivity.

sensibilización *f* - **1.** [concienciación] increased awareness. - **2.** FOT sensitization.

sensibilizar [13] *vt* - **1.** [concienciar] to raise the awareness of. - **2.** FOT to sensitize.

sensible *adj* - **1.** [gen] sensitive; ~ **a algo** sensitive to sthg; **yo soy más** ~ **al frío que mi hermano** I feel the cold more than my brother. - **2.** [evidente] perceptible; [pérdida] significant. - **3.** [impresionable] impressionable. - **4.** [que causa dolor] grievous. - **5.** [tangible] tangible, palpable. - **6.** [que siente, percibe] sentient.

sensiblemente *adv* [visiblemente] measurably, noticeably.

sensiblería *f despec* mushiness.

sensiblero, ra *adj despec* mushy, sloppy.

sensitivo, va *adj* - **1.** [de los sentidos] sensory. - **2.** [receptible] sensitive. - **3.** [sensorial] sense *(antes de sust)*; **un órgano** ~ a sense organ.

sensor *m* sensor.

sensorial *adj* sensory.

sensual *adj* - **1.** [persona] sensual. - **2.** [de los sentidos] sensuous.

sensualidad *f* sensuality.

sentado, da *adj* - **1.** [en asiento] seated; **estar** ~ to be sitting down ❑ **esperar** ~ *fam* to have a long wait; **puedes esperar** ~ **si piensas que te subirán el sueldo** you're in for a long wait if you're hoping for a pay rise. - **2.** [establecido]: **dar algo por** ~ to take sthg for granted; **dejar** ~ **que...** to make it clear that... - **3.** [sensato] sensible. - **4.** BOT sessile.

◆ **sentada** *f* - **1.** [protesta] sit-in. - **2.** [en asiento] sitting. - **3.** *Amér* EQUITACIÓN jerk on the reins.

sentar [19] ◇ *vt* - **1.** [en asiento] to seat, to sit. - **2.** [establecer] to establish. - **3.** *Amér* EQUITACIÓN to rein in. - **4.** *Amér* [apabullar] to crush, to squash. ◇ *vi* - **1.** [ropa, color] to suit. - **2.** [comida]: ~ **bien/mal a alguien** to agree/disagree with sb; **algunos consideran que una copita de vino sienta bien** some people think a glass of wine is good for you; **me sientan mal las comidas picantes** hot food disagrees with me. - **3.** [vacaciones, medicamento]: ~ **bien a alguien** to do sb good. - **4.** [comentario, consejo]: **le sentó mal** it upset her; **le sentó bien** she appreciated it.

◆ **sentarse** *vpr* to sit down; ~**se a hacer algo** to sit down and do sthg; **después de cenar, me sentaré un rato a trabajar** after dinner I'll sit down and do a bit of work.

sentencia *f* - **1.** DER sentence; **pronunciar** ~ to pronounce o pass sentence; **cumplir la** ~ to serve one's sentence; **visto para** ~ ready for judgment ❑ ~ **absolutoria** acquittal; ~ **condenatoria** guilty verdict; ~ **definitiva/provisional de divorcio** decree absolute/nisi; ~ **de muerte** death sentence. - **2.** *fig* [decisión] ruling, decision. - **3.** [proverbio, máxima] maxim.

sentenciador, ra *adj* sentencing.

sentenciar [8] *vt* - **1.** DER: ~ **(a alguien a algo)** to sentence (sb to sthg). - **2.** *fig* [condenar, juzgar] to condemn.

sentencioso, sa *adj* [persona] sententious; [dicho, escrito] pithy.

sentido, da *adj* - **1.** [profundo] heartfelt. - **2.** [sensible]: **ser muy** ~ to be very sensitive. - **3.** *Amér* [quebrado] cracked, split.

◆ **sentido** *m* - **1.** [gen] sense; **el** ~ **del olfato** one's sense of smell; **tener** ~ to make sense ❑ ~ **común** common sense; ~ **del humor** sense of humour; **sexto** ~ sixth sense; **aguzar el** ~ to prick up one's ears; **con (todos) los cinco** ~**s** [completamente] heart and soul; **costar un** ~ to cost an arm and a leg; **poner los cinco** ~**s en algo** to give one's all to sthg. - **2.** [conocimiento] consciousness; **perder/recobrar el** ~ to lose/regain consciousness; **sin** ~ unconscious. - **3.** [significado] meaning, sense; **en el** ~ **figurado** in the figurative sense; **esta frase tiene varios** ~**s** this sentence has several possible interpretations; **sin** ~ [ilógico] meaningless; [inútil, irrelevante] pointless ❑ **doble** ~ double meaning; **en el** ~ **de que...** to the effect that... - **4.** [dirección] direction; **en** ~ **contrario** in the opposite direction; **de** ~ **único** one-way; **en el** ~ **de las agujas del reloj** clockwise; **en el** ~ **contrario de las agujas del reloj** anticlockwise *Br*, counterclockwise *Am*. - **5.** [sentimiento al leer, escribir] feeling. - **6.** *Amér* [sien] temple.

◆ **sin sentido** *m* nonsense *(U)*.

sentimental *adj* sentimental.

sentimentalismo *m* sentimentality.

sentimentaloide *adj despec* mushy, sloppy.

sentimiento *m* - **1.** [gen] feeling; [de responsabilidad, deber etc] sense; **dejarse llevar por los** ~**s** to get carried away; **no tener** ~**s** to have no feelings ❑ ~ **oculto** undercurrent. - **2.** [pena, aflicción]: **le acompaño en el** ~ my deepest sympathy.

sentina *f* - **1.** *fig* [cloaca] sewer. - **2.** *fig* [antro] den of iniquity. - **3.** NÁUT bilge.

sentir [27] ◇ *vt* - **1.** [gen] to feel; **siento el calor del sol en la cara** I can feel the heat of the sun on my face; ~ **alegría** to feel joy; **siempre dice lo que siente** he always says what he thinks. - **2.** [lamentar] to regret, to be sorry about; **sentimos mucho la muerte de su amigo** we deeply regret the death of your friend; **siento que no puedas venir** I'm sorry you can't come; **lo siento (mucho)** I'm (really) sorry. - **3.** [oír] to hear; **sentí pasos** I heard footsteps. - **4.** [presentir] to sense, to perceive; **los animales sienten los cambios del tiempo** animals sense changes in weather. ◇ *vi* to feel; **sin** ~ without noticing. ◇ *m* feelings *(pl)*, sentiments *(pl)*.

◆ **sentirse** *vpr* - **1.** [encontrarse, considerarse] to feel; **me siento mareada** I feel sick; **Pedro se siente obligado a ayudarlo** Pedro feels obliged to help him; **se siente superior** she considers herself superior; ~**se bien/mal** to feel well/ill; ~**se mejor/peor** to feel better/worse. - **2.** [tener dolor]: ~**se (de)** to have a pain (in); **se siente de la espalda** he has a pain in his back. - **3.** *Amér* [ofenderse] to take offence.

seña *f* - **1.** [gesto, indicio, contraseña] sign, signal; ~**s mortales** conclusive o definite signs. - **2.** [marca] mark. - **3.** MIL password.

◆ **señas** *fpl* - **1.** [dirección] address *(sg)*; ~**s personales** (personal) description *(sg)*. - **2.** [gesto, indicio] signs; **dar** ~**s de algo** to show signs of sthg; **(hablar) por** ~**s** (to talk) in sign language; **hacer** ~**s (a alguien)** to signal (to sb). - **3.** [detalle] details; **para** o **por más** ~**s** to be precise.

señal *f* - **1.** [gen & TELECOM] signal; [de teléfono] tone; ~ **de**

alarma/de peligro/de salida alarm/danger/starting signal; ~ **de cambio** FERROC switch signal; ~ **horaria** time signal; ~ **de línea** o **para marcar** [de teléfono] dialling tone *Br*, dial tone *Am*; ~ **de ocupado** [de teléfono] engaged tone *Br*, busy signal *Am*. - **2.** [indicio, símbolo] sign; **dar ~es de vida** to show signs of life ❑ ~ **de la Cruz** sign of the Cross; ~ **de tráfico** road sign; **en** ~ **de** as a mark o sign of; **izaron las banderas a media asta en** ~ **de duelo** the flags were at half-mast as a sign of mourning. - **3.** [marca, huella] mark; **no dejó ni** ~ she didn't leave a trace; **no quedó ni** ~ **de él** there was no sign of him left. - **4.** [cicatriz] scar, mark. - **5.** [fianza] deposit. - **6.** [en libros] bookmark. - **7.** [mojón] landmark.

señaladamente *adv* - **1.** [especialmente] especially. - **2.** [claramente] clearly, distinctly.

señalado, da *adj* - **1.** [importante - fecha] special; [- personaje] distinguished. - **2.** [con cicatrices] scarred, marked.

señalamiento *m* - **1.** [de cita] fixing. - **2.** [de persona] appointment. - **3.** DER designation.

señalar *vt* - **1.** [marcar, denotar] to mark; **el contrincante le señaló con la espada** the opponent marked him with the sword. - **2.** [hora, temperatura etc] to indicate, to say. - **3.** [con el dedo, con un comentario] to point out. - **4.** [fijar] to set, to fix; **señaló su valor en 1.000 dólares** he set o fixed its value at $1,000. - **5.** [nombrar] to appoint, to designate; **el partido me señaló como presidente** the party appointed me president. - **6.** [hacer amago de] to feign. - **7.** [en naipes] to add up, to total. - **8.** *Amér* [ganado] to brand.

◆ **señalarse** *vpr* [perfilarse] to stand out.

señalización *f* - **1.** [conjunto de señales] signs (*pl*). - **2.** [colocación de señales] signposting.

señalizar [13] *vt* to signpost.

señera *f Catalan flag.*

señero, ra *adj desus* - **1.** [solitario] solitary. - **2.** [único] unique, extraordinary.

señor, ra *adj* - **1.** [refinado] noble, refined. - **2.** *(antes de sust) fam* [gran] real; **se ha comprado un** ~ **coche que le habrá costado una fortuna** he's bought an amazing car that must have cost him a fortune.

◆ **señor** *m* - **1.** [tratamiento - antes de nombre, cargo] Mr; [- al dirigir la palabra] Sir; **el** ~ **López** Mr López; **¿qué desea el** ~? what would you like, Sir?; **¡** ~ **presidente!** Mr President!; **Muy** ~ **mío** [en cartas] Dear Sir. - **2.** [hombre] man; ~ **mayor** elderly gentleman. - **3.** [caballero] gentleman. - **4.** [dueño] owner. - **5.** [de criado] master. - **6.** [título] lord. - **7.** [esposo] husband.

◆ **señora** *f* - **1.** [tratamiento - antes de nombre, cargo] Mrs; [- al dirigir la palabra] Madam; **¿es usted señora o señorita?** are you a Mrs or a Miss?; **la señora López** Mrs López; **¿qué desea la señora?** what would you like, Madam?; **¡señora presidenta!** Madam President!; **Estimada señora, Muy señora mía** [en cartas] Dear Madam; **¡señoras y** ~**es!** Ladies and Gentlemen! - **2.** [mujer] lady; **señora de compañía** female companion; **señora mayor** elderly lady. - **3.** [dama] lady. - **4.** [dueña] owner. - **5.** [de criado] mistress. - **6.** [esposa] wife.

◆ **señores** *mpl* [matrimonio]: **los** ~**es Ruiz** Mr & Mrs Ruiz.

Señor ◇ *m*: **el** ~ RELIG the Lord; **Nuestro** ~ Our Lord. ◇ *interj* Good Lord!

Señora *f* RELIG: **Nuestra** ~ Our Lady.

señorear *vt* - **1.** [dominar] to control, to rule. - **2.** *fig* [estar por encima de] to tower over.

◆ **señorearse** *vpr* to take over, to seize.

señoría *f* - **1.** [tratamiento] lordship (*f* ladyship); **su** ~ [gen] his lordship; [a un noble] your lordship; [a un parlamentario] the right honourable gentleman/lady; [a un juez] your Honour. - **2.** HIST seigniory, signory; **la** ~ **de Venecia** the Seigniory of Venice. - **3.** [dominio] dominion, control.

señorial *adj* - **1.** [majestuoso] stately. - **2.** [del señorío] lordly.

señoril *adj* lordly.

señorío *m* - **1.** [dominio] dominion, rule. - **2.** [distinción] nobility. - **3.** [territorio] domain. - **4.** [título] lordship. - **5.** [propiedad] estate, manor. - **6.** [gente distinguida] gentry, nobility. - **7.** *fig* [dignidad] dignity, solemnity. - **8.** [dominio de la pasión] self-control, self-restraint.

señoritingo, ga *m, f despec* spoilt brat.

señorito, ta *adj fam despec* [refinado] lordly.

◆ **señorito** *m* - **1.** [joven] young man. - **2.** *desus* [hijo del amo] master. - **3.** *fam despec* [niñato] rich kid.

◆ **señorita** *f* - **1.** [soltera, tratamiento] Miss. - **2.** [joven] young lady. - **3.** [maestra]: **la** ~ miss, the teacher. - **4.** *desus* [hija del amo] mistress.

señorón, ona *despec* ◇ *adj* high and mighty. ◇ *m, f* big shot, big cheese.

señuelo *m* - **1.** [reclamo] decoy. - **2.** *fig* [cebo] bait, lure; [trampa] trap. - **3.** *Amér* [buey] lead steer. - **4.** *Amér* [novillos] group of young lead bulls.

sep., sept. (*abrev escrita de* **septiembre**) Sept.

sepa *v* → **saber.**

sépalo *m* sepal.

separable *adj* separable, detachable.

separación *f* - **1.** [gen] separation; **la** ~ **de ambientes se consiguió colocando un biombo** a screen was used to divide the room; **es conveniente la** ~ **entre el poder judicial y el ejecutivo** it's best for the judiciary to be independent from the government; **tras varios años de** ~, **se divorciaron** after several years of separation, they divorced. - **2.** [espacio] space, distance. - **3.** [división] division.

◆ **separación de bienes** *f* DER separate estates (*pl*) [in matrimony].

separadamente *adv* separately.

separado, da ◇ *adj* - **1.** [gen] separate; **está muy** ~ **de la pared** it's too far away from the wall; **por** ~ separately. - **2.** [del cónyuge] separated. ◇ *m, f* separated person.

separador, ra ◇ *adj* separating. ◇ *m, f* separator.

◆ **separador** *m* - **1.** MEC & TECN separator. - **2.** MED retractor.

separar *vt* - **1.** [gen] to separate; ~ **algo de** to separate sthg from; **es aconsejable** ~ **la vida privada de la pública** it's best to keep one's private life separate from one's public life. - **2.** [desunir] to take off, to remove. - **3.** [apartar] to move away. - **4.** [reservar] to put aside. - **5.** *desus* [destituir]: ~ **de** to remove o dismiss from; **separaron al político de su cargo** the politician was removed from his post. - **6.** [partir] to divide, to split; ~ **una palabra en sílabas** to divide a word into syllables.

◆ **separarse** *vpr* - **1.** [apartarse] to move apart; ~**se de** to move away from; **sepárate de la pared si no quieres mancharte de pintura** move away from the wall or you'll get paint on you. - **2.** [ir por distinto lugar] to separate, to part company. - **3.** [matrimonio]: ~**se (de alguien)** to separate (from sb). - **4.** [desprenderse] to come away o off. - **5.** [jubilarse] to retire. - **6.** DER to withdraw.

separatismo *m* separatism.

separatista *adj & mf* separatist.

separo *m Amér* cell.

sepelio *m* burial.

sepia *f* [molusco] cuttlefish.

sept. = sep.

septentrión *m* - **1.** ASTRON Ursa Major, Great Bear. - **2.** GEOGR north.

septentrional ◇ *adj* northern. ◇ *mf* northerner.

septeto *m* septet.

septicemia *f* septicaemia.

séptico, ca *adj* septic.

septiembre, setiembre *m* September; **el 1 de** ~ the 1st of September; **uno de los** ~**s más lluviosos de la última década** one of the rainiest Septembers in the last decade; **a principios/mediados/finales de** ~ at the beginning/in the middle/at the end of September; **el pasado/próximo (mes de)** ~ last/next September; **en** ~ in September; **en**

pleno ~ in mid-September; **este (mes de)** ~ [pasado] (this) last September; [próximo] next September, this coming September; **para** ~ by September.

séptimo, ma, sétimo, ma *núm* seventh; *ver también* **sexto**.

septingentésimo, ma *núm* seven-hundredth; *ver también* **sexto**.

septuagenario, ria *adj & m, f* septuagenarian.

septuagésimo, ma *núm* seventieth; *ver también* **sexto**.

septuplicar [10] *vt* to multiply by seven.
◆ **septuplicarse** *vpr* to increase sevenfold.

sepulcral *adj* - **1.** [del sepulcro] tomb *(antes de sust)*. - **2.** *fig* [voz, silencio] lugubrious, gloomy. - **3.** [frío] deathly. - **4.** *fig* [lúgubre] gloomy, dismal.

sepulcro *m* - **1.** [tumba] tomb; **ser un** ~ *fam* to be as silent as the grave. - **2.** ARQUIT sepulchre.
◆ **Santo Sepulcro** *m*: **el Santo Sepulcro** the Holy Sepulchre.

sepultador, ra ◇ *adj* burying. ◇ *m, f* gravedigger.

sepultar *vt* - **1.** [enterrar] to bury. - **2.** *fig* [ocultar] to conceal, to bury.
◆ **sepultarse** *vpr fig* [abismarse] to be wrapped up, to be buried; ~**se en los pensamientos** to be buried in thought.

sepulto, ta *adj* buried.

sepultura *f* - **1.** [enterramiento] burial; **dar** ~ **a** to bury. - **2.** [fosa] grave.

sepulturero, ra *m, f* gravedigger.

seque *etc v* → **secar**.

sequedad *f* - **1.** [falta de humedad] dryness. - **2.** *fig* [antipatía] abruptness, brusqueness.

sequedal, sequeral *m* dry and barren land *(U)*.

sequía *f* - **1.** [temporada seca] drought. - **2.** *Amér* [sed] thirst.

sequío *m* arid land *(U)*.

séquito *m* [comitiva] retinue, entourage.

ser [5] ◇ *v aux (antes de participio forma la voz pasiva)* to be; **fue visto por un testigo** he was seen by a witness. ◇ *v copulativo* - **1.** [gen] to be; **es alto/gracioso** he's tall/funny; **es azul/difícil** it's blue/difficult; **es un amigo/el dueño** he's a friend/the owner. - **2.** [empleo, dedicación] to be; **soy abogado/actriz** I'm a lawyer/an actress; **son estudiantes** they're students. ◇ *vi* - **1.** [gen] to be; **fue aquí** it was here; **lo importante es decidirse** the important thing is to reach a decision; ~ **de** [estar hecho de] to be made of; [provenir de] to be from; [ser propiedad de] to belong to; [formar parte de] to be a member of; **¿de dónde eres?** where are you from?; **los juguetes son de mi hijo** the toys are my son's. - **2.** [con precios, horas, números] to be; **¿cuánto es?** how much is it?; **son 300 pesetas** that'll be 300 pesetas; **mañana será 15 de julio** tomorrow (it) will be the 15th of July; **¿qué (día) es hoy?** what day is it today?; **¿qué hora es?** what time is it?, what's the time?; **son las tres (de la tarde)** it's three o'clock (in the afternoon), it's three (pm). - **3.** [servir, ser adecuado]: ~ **para** to be for; **este libro es para niños** this book is (meant) for children; **este trapo es para (limpiar) las ventanas** this cloth is for (cleaning) the windows. - **4.** *(uso partitivo)*: ~ **de los que...** to be one of those (people) who...; **ése es de los que están en huelga** he is one of those on strike. ◇ *v impers* - **1.** [expresa tiempo] to be; **era de noche/de día** it was night/day; **es muy tarde** it's rather late. - **2.** [expresa necesidad, posibilidad]: **es de desear que...** it is to be hoped that...; **es de suponer que aparecerá** presumably, he'll turn up. - **3.** [expresa motivo]: **es que no vine porque estaba enfermo** the reason I didn't come is that I was ill. - **4.** *loc*: **a no** ~ **que** unless; **como sea** one way or another, somehow or other; **de no** ~ **por** had it not been for; **érase una vez, érase que se era** once upon a time; **no es para menos** not without reason; **no sea que...** in case, lest; **o sea** that is (to say), I mean; **por si fuera poco** as if that wasn't enough. ◇ *m* [ente] being; ~ **humano/vivo** human/living being.

SER *(abrev de* **Sociedad Española de Radiodifusión***) f* Spanish independent radio company.

seráfico, ca *adj* - **1.** [angélico] seraphic, angelic. - **2.** RELIG Franciscan. - **3.** *fig* [humilde] humble.

serafín *m* - **1.** [ángel] seraph. - **2.** *fig* [persona hermosa] angel.

Serbia *s* Serbia.

serbio, bia ◇ *adj* Serbian. ◇ *m, f* Serb.

serbo-croata *adj & m* Serbo-Croat.

SEREM *(abrev de* **Servicio Especial de Rehabilitación de Enfermos y Minusválidos***) m* Spanish special rehabilitation service for the sick and disabled.

serena ◇ *adj f* → **sereno**. ◇ *f* - **1.** MÚS serenade. - **2.** [humedad] night dew.
◆ **a la serena** *loc adv fam* in the cool night air.

serenamente *adv* serenely.

serenar *vt* - **1.** [calmar] to calm. - **2.** [licor] to allow to settle.
◆ **serenarse** *vpr* - **1.** [calmarse] to calm down. - **2.** [estabilizarse - tiempo] to clear up; [- viento] to die down; [- aguas] to grow calm.

serenata *f* - **1.** MÚS serenade. - **2.** *fam* [molestia] pestering; **dar la** ~ to pester.

serenidad *f* - **1.** [tranquilidad] calm. - **2.** [quietud] tranquility.
◆ **Serenidad** *f* [título] Serenity.

sereno, na *adj* [tranquilo] calm; [cielo] clear, cloudless.
◆ **sereno** *m* - **1.** [vigilante] night watchman. - **2.** [humedad] night dew.
◆ **al sereno** *loc adv* in the open air.

serial *m* serial; ~ **radiofónico** radio serial.

seriamente *adv* seriously.

seriar [8] *vt* to place in a series, to put in order.

serie *f* - **1.** [gen & TV] series *(sg)*; [de hechos, sucesos] chain; [de mentiras] string. - **2.** [de sellos, monedas] set. - **3.** *loc*: **ser un fuera de** ~ to be unique.
◆ **de serie** *loc adj* [equipamiento] (fitted) as standard.
◆ **en serie** *loc adv* - **1.** [fabricación]: **fabricar en** ~ to mass-produce. - **2.** ELECTR in series.

seriedad *f* - **1.** [gravedad] seriousness. - **2.** [responsabilidad] sense of responsibility. - **3.** [formalidad] reliability.

serigrafía *f* silkscreen printing.

serio, ria *adj* - **1.** [gen] serious; **este asunto es muy** ~ this is a very serious matter; **es muy** ~, **no se ríe nunca** he's very serious, he never laughs; **estar** ~ to look serious. - **2.** [responsable, formal] responsible. - **3.** [sobrio] sober. - **4.** [severo] stern, severe.
◆ **en serio** *loc adv* seriously; **lo digo en** ~ I'm serious; **tomar(se) algo/a alguien en** ~ to take sthg/sb seriously.

sermón *m lit & fig* sermon.

sermoneador, ra *adj* sermonizing.

sermonear ◇ *vt* to give a lecture o ticking-off to. ◇ *vi* to preach.

seropositivo, va MED ◇ *adj* HIV-positive. ◇ *m, f* HIV-positive person.

seroso, sa *adj* serous.
◆ **serosa** *f* serous membrane.

serpenteado, da *adj* twisting, winding.

serpentear *vi* - **1.** [río, camino] to wind, to snake. - **2.** [culebra] to wriggle.

serpenteo *m* - **1.** [de río, camino] wriggling, winding, meandering. - **2.** [de culebra] wriggling.

serpentín *m* - **1.** [tubo] worm; ~ **calentador/refrigerante** heating/cooling coil. - **2.** *desus* [MIL - gatillo] match holder; [- llave] cock, hammer. - **3.** MIN serpentine.

serpentina *f* - **1.** [cinta de papel] streamer. - **2.** MIN serpentine.

serpentino, na *adj* - **1.** [de serpiente] serpentine, snake-like. - **2.** *fig* [ondulado] winding, sinuous.

serpiente *f* - **1.** [culebra] snake; LITER serpent; ~ **de anteo-**

jo cobra; ~ **de cascabel** rattlesnake; ~ **pitón** python. - **2.** *fig* [diablo] serpent.

◆ **serpiente de verano** *f* PRENSA silly season story.

◆ **serpiente monetaria** *f* FIN Snake.

serpollar *vi* to sprout, to put forth shoots.

serpollo *m* sprout, shoot.

serrado, da *adj* - **1.** [cortado] sawn. - **2.** [con dientes] serrated.

serrador, ra ◇ *adj* sawing. ◇ *m, f* sawyer.

serraduras *fpl* sawdust (U).

serrallo *m* - **1.** [harén] seraglio. - **2.** *fig* [burdel] brothel.

serranía *f* mountainous region.

serraniego, ga *adj* mountain *(antes de sust)*, highland *(antes de sust)*.

serrano, na ◇ *adj* - **1.** [de la sierra] mountain *(antes de sust)*, highland *(antes de sust)*. - **2.** [jamón] cured. - **3.** [habitante] mountain-dwelling. ◇ *m, f desus* highlander.

serrar [19] *vt* to saw (up).

serrería *f* sawmill.

serrijón *m* short mountain chain.

serrín *m* sawdust.

serrucho *m* - **1.** [sierra] handsaw. - **2.** *Amér* [pez] sawfish.

◆ **al serrucho** *loc adv Amér fam* fifty-fifty.

servible *adj* serviceable, usable.

servicial *adj* attentive, helpful.

servicialmente *adv* helpfully.

servicio *m* - **1.** [gen & RELIG] service; **al** ~ **de** in the service of; **lleva muchos años al** ~ **de la empresa** she has spent many years in the service of the company; **a su** ~ at your service; **estar/entrar en** ~ to be in/come into service; **estar fuera de** ~ [máquina] to be out of order; ; **prestar** ~ **(de)** [persona] to serve as; **prestar un** ~ **a alguien** [objeto] to serve sb well □ ~ **de atención al cliente** customer services *(pl)*; ~ **discrecional/público** private/public service; ~ **a domicilio** home delivery service; ~ **de inteligencia** o **secreto** intelligence o secret service; ~ **de mesa/de habitación** dinner/room service; ~ **militar** military service; ~ **de paquetería** parcel service; ~ **posventa** after-sales service; ~ **de prensa/de urgencias/de venta** press/casualty/sales department; ~**s mínimos** minimum services; ~**s sociales** social services; ~ **de té** tea set; **hacer un flaco** ~ **a alguien** to do sb a disservice. - **2.** [servidumbre] servants *(pl)*; ~ **doméstico** domestic help. - **3.** [turno] duty; **estar de** ~ to be on duty □ ~ **activo** MIL active service o duty. - **4.** *(gen pl)* [WC] toilet, lavatory. - **5.** DEP serve, service. - **6.** [cubierto] place setting. - **7.** [propina] service charge.

servidor, ra ◇ *adj* serving, attending. ◇ *m, f* - **1.** [criado] servant. - **2.** [en cartas]: **su seguro** ~ yours faithfully. - **3.** [yo] yours truly, me; **¿quién es el último?** - ~ who's last? - I am; ~ **de usted** at your service. - **4.** [empleado] employee, worker. - **5.** [camarero] waiter.

◆ **servidor** *m* - **1.** [pretendiente] suitor. - **2.** [orinal] chamber pot. - **3.** [utilidad] usefulness. - **4.** INFORM server.

servidumbre *f* - **1.** [criados] servants *(pl)*. - **2.** [dependencia] servitude. - **3.** [esclavitud] servitude. - **4.** [obligación] obligation. - **5.** DER easement, servitude; ~ **de aguas** water rights; ~ **continua** continuous easement; ~ **de paso** o **de tránsito** right-of-way. - **6.** *fig* [represión] restraint, repression.

servil *adj* - **1.** [de siervo] servile. - **2.** [criado] menial.

servilismo *m* subservience.

servilleta *f* serviette, napkin; **doblar la** ~ *fam fig* to kick the bucket; **estar de** ~ **en el ojal** *fam fig* to be invited out to dinner.

servilletero *m* serviette o napkin ring.

servilmente *adv* servilely.

servir [26] ◇ *vt* to serve; **sírvanos dos cervezas** bring us two beers; **¿te sirvo más patatas?** would you like some more potatoes?; **¿en qué puedo** ~**le?** what can I do for you? ◇ *vi* - **1.** [gen, DEP & MIL] to serve; ~ **en el gobierno**

to be a government minister. - **2.** [valer, ser útil] to serve, to be useful; ~ **para** to be for; **esto sirve para limpiar** this is for cleaning; **no sirve para estudiar** he's no good at studying; **no** ~ **para nada** to be useless; **de nada sirve que se lo digas** it's no use telling him; ~ **de algo** to serve as sthg; **sus ideas sirvieron de base** his ideas served as a foundation; ~ **de guía** to act as a guide. - **3.** [como criado] to be in service. - **4.** [en naipes] to follow suit.

◆ **servirse** *vpr* - **1.** [aprovecharse]: ~**se de algo** to make use of sthg; **se sirvió de su cargo político para llevar a cabo actividades fraudulentas** he made use of his job in politics to carry out fraudulent activities. - **2.** [tener a bien]: ~**se hacer algo** to be good enough to do sthg; **se ha servido ayudarnos** she has been good enough to help us; **sírvase llamar cuando quiera** please call whenever you want. - **3.** [comida, bebida] to help o.s.

servoasistido, da *adj* AUTOM servo *(antes de sust)*.

servodirección *f* power steering.

servofreno *m* servo brake.

servomecanismo *m* servomechanism.

servomotor *m* servomotor.

sesada *f* - **1.** [de animal] brains *(pl)*. - **2.** CULIN fried brains *(pl)*.

sésamo *m* sesame.

Sésamo *m*: **¡ábrete, ~!** *fig* Open Sesame!

sesear *vi* GRAM to pronounce 'c' and 'z' as 's', as in Andalusian and Latin American dialects.

sesenta *núm* sixty; **los (años)** ~ the sixties; *ver también* **seis**.

sesentavo, va *núm* sixtieth; *ver también* **sexto**.

sesentón, ona *m, f fam* person in his/her sixties.

seseo *m* pronunciation of 'c' and 'z' as an 's'.

sesera *f* - **1.** *fam* [cabeza] skull, nut. - **2.** *fam* [inteligencia] brains *(pl)*. - **3.** ZOOL brainpan.

sesgadamente *adv* - **1.** [oblicuamente] obliquely. - **2.** [al sesgo] on the bias.

sesgadura *f* - **1.** [oblicuidad] obliqueness. - **2.** [acción] cutting on the bias. - **3.** [corte] cut on the bias. - **4.** [tela] gusset, gore.

sesgar [16] *vt* - **1.** [cortar] to cut on the bias. - **2.** [inclinar] to slant, to put askew.

sesgo, ga *adj* - **1.** [oblicuo] oblique, slanted. - **2.** [en costura] cut on the bias. - **3.** *fig* [grave] stern-faced, solemn. - **4.** *fig* [torcido] twisted.

◆ **sesgo** *m* - **1.** [oblicuidad] slant; **al** ~ [gen] on a slant; [costura] on the bias. - **2.** *fig* [rumbo] course, path; **tomar un mal** ~ *fam* to take a turn for the worse. - **3.** [corte] bias. - **4.** *fig* [acomodo] middle road, compromise.

sesgue *etc v* → **sesgar**.

sesión *f* - **1.** [reunión] meeting, session; DER sitting, session; **abrir/levantar la** ~ to open/to adjourn the meeting; **estar en** ~ to be in session □ ~ **espiritista** seance; ~ **informativa** [gen] briefing; [después de una misión] debriefing; ~ **plenaria** plenary session. - **2.** [proyección, representación] show, performance; ~ **continua** continuous showing; ~ **golfa** late show; ~ **matinal** matinée; ~ **de noche** evening showing; ~ **de tarde** afternoon matinée. - **3.** [periodo] session.

sesionar *vi* to be in session.

seso *m* *(gen pl)* - **1.** [cerebro] brain. - **2.** [sensatez] brains *(pl)*, sense; **calentarse** o **devanarse los** ~**s** to rack one's brains; **perder el** ~ to go out of one's mind, to lose one's head; **sorber el** ~ o **los** ~**s a alguien** to brainwash sb.

sesteadero *m* [de ganado] shady resting place.

sestear *vi* - **1.** [persona] to have a nap. - **2.** [ganado] to rest in the shade.

sesteo *m* - **1.** [de persona] nap. - **2.** [de ganado] resting in the shade.

sesudo, da ◇ *adj* - **1.** [inteligente] brainy. - **2.** [sensato] wise, sensible. ◇ *m, f* - **1.** [persona inteligente] brainy person. - **2.** [persona sensata] sensible o wise person.

set *(pl* **sets***)* *m* DEP set.

seta *f* mushroom; ~ **venenosa** toadstool.

setecientos, tas *núm* seven hundred; *ver también* **seis**.

setenta *núm* seventy; **los (años)** ~ the seventies; *ver también* **seis**.

setentavo, va *núm* seventieth; *ver también* **sexto**.

setentón, ona *m, f fam* person in his/her seventies.

setiembre *m* = septiembre.

sétimo, ma *núm* = séptimo.

seto *m* fence; ~ **vivo** hedge.

setter ['seter] (*pl* **setters**) *mf* setter.

SEU (*abrev de* **Sindicato Español Universitario**) *m* Francoist students' union in Spain.

seudo *adj* = pseudo.

seudónimo *m* = pseudónimo.

Seúl *s* Seoul.

s.e.u.o. (*abrev de* **salvo error u omisión**) E. & O.E.

severamente *adv* - **1.** [con rigor] strictly. - **2.** [inexorablemente] relentlessly, unsparingly. - **3.** [rígidamente] strictly. - **4.** [gravemente] gravely. - **5.** [duramente] severely, harshly. - **6.** [austeramente] severely.

severidad *f* - **1.** [rigor] severity. - **2.** [inexorabilidad] inexorableness, relentlessness. - **3.** [intransigencia] strictness. - **4.** [gravedad] gravity. - **5.** [dureza] severity, harshness. - **6.** [austeridad] severity.

severo, ra *adj* - **1.** [duro] severe, harsh. - **2.** [inexorable] unyielding. - **3.** [intransigente] strict. - **4.** [grave] grave. - **5.** [austero] severe.

Sevilla *s* Seville.

sevillano, na *adj & m, f* Sevillian.
◆ **sevillanas** *fpl* Andalusian dance and song.

sexagenario, ria *adj & m, f* sexagenarian.

sexagésimo, ma *núm* sixtieth; *ver también* **sexto**.

sex-appeal [seksa'pil] *m inv* sex appeal.

sexcentésimo, ma *núm* six hundredth; *ver también* **sexto**.

sexi, sexy (*pl* **sexys**) *adj* sexy.

sexismo *m* sexism.

sexista *adj & mf* sexist.

sexo *m* - **1.** [gen] sex; **bello** ~, ~ **débil** fair sex; **el** ~ **fuerte** the stronger sex; **hablar del** ~ **de los ángeles** *fig* to waffle. - **2.** [genitales] genitals (*pl*).

sexología *f* sexology.

sexólogo, ga *m, f* sexologist.

sex-shop [ses'fop] (*pl* **sex-shops**) *m o f* sex shop.

sexta *f* → sexto.

sextante *m* sextant.

sexteto *m* - **1.** MÚS sextet. - **2.** LITER sestina.

sextillizo, za *adj & m, f* sextuplet.

sexto, ta ◇ *adj* [para ordenar] sixth; **capítulo** ~ chapter six; **el** ~ **día** the sixth day; **en** ~ **lugar, en sexta posición** sixth, in sixth place; **la sexta parte** a sixth. ◇ *m, f*: **el** ~, la sexta the sixth; **quedar el** ~ [en carrera] to finish sixth; [en examen] to be sixth.
◆ **sexto** *m* - **1.** EDUC: ~ **(de EGB)** sixth year of Spanish primary education, for children aged 12. - **2.** RELIG book of canonical decrees. - **3.** *fam* [mandamiento]: **el** ~ Sixth Commandment.
◆ **sexta** *f* MÚS sixth.

sextuplicar [10] *vt* to multiply by six.
◆ **sextuplicarse** *vpr* to increase sixfold.

séxtuplo, pla *adj* sixfold.
◆ **séxtuplo** *m* sextuple.

sexuado, da *adj* sexed.

sexual *adj* [gen] sexual; [educación, vida] sex (*antes de sust*).

sexualidad *f* sexuality.

sexy *adj* = sexi.

Seychelles [sei'fels] *fpl*: **las (islas)** ~ the Seychelles.

SGAE *f* - **1.** (*abrev de* **Sociedad General Azucarera de España**) *Spanish Sugar Company*. - **2.** (*abrev de* **Sociedad General de Autores de España**) *society that safeguards the interests of Spanish authors, musicians etc.*

SGBD *m abrev de* **sistema de gestión de bases de datos**.

sha [sa, ʃa] *m* shah.

shakesperiano, na [ʃespi'rjano] *adj* Shakespearian.

Shanghai [ʃan'gai] *s* Shanghai.

SHAPE (*abrev de* **Supreme Headquarters Allied Powers in Europe**) *m* SHAPE.

sheriff ['ʃerif] (*pl* **sheriffs**) *m* sheriff.

sherry ['ʃeri] (*pl* **sherries**) *m* sherry.

shock *m* = choc.

shorts [ʃorts] *mpl* shorts.

show [ʃou] (*pl* **shows**) *m* show; **montar un** ~ *fig* to cause a scene.

showman ['ʃou.man] (*pl* **showmans** o **showmen**) *m* showman.

si¹ (*pl* **sis**) *m* MÚS B; [en solfeo] ti.

si² *conj* - **1.** (*condicional*) if; ~ **viene él yo me voy** if he comes, then I'm going; ~ **hubieses venido te habrías divertido** if you had come, you would have enjoyed yourself. - **2.** (*en oraciones interrogativas indirectas*) if, whether; **ignoro** ~ **lo sabe** I don't know if o whether she knows. - **3.** [expresa protesta] but; **¡** ~ **te dije que no lo hicieras!** but I told you not to do it!

sí (*pl* **síes**) ◇ *adv* - **1.** [afirmación] yes; **¿vendrás?** - ~, **iré** will you come? - yes, I will; **claro que** ~ of course; **creo que** ~ I think so; **¿están de acuerdo?** - **algunos** ~ do they agree? - some do. - **2.** [uso enfático]: ~ **que** really, certainly; ~ **que me gusta** I really o certainly like it. - **3.** *loc*: **no creo que puedas hacerlo** - **¡a que** ~! I don't think you can do it - I bet I can!; **porque** ~ [sin razón] because I /you *etc* felt like it; **van a subir la gasolina** - **¡pues** ~ **que...** petrol prices are going up - what a pain!; **¿** ~**?** [incredulidad] really? ◇ *pron pers* - **1.** (*reflexivo*) [de personas] himself (*f* herself), (*pl*) themselves; [usted] yourself, (*pl*) yourselves; [de cosas, animales] itself, (*pl*) themselves; **lo quiere todo para** ~ **(misma)** she wants everything for herself; **se acercó la silla hacia** ~ he drew the chair nearer (himself); **de (por)** ~ [cosa] in itself. - **2.** (*reflexivo impersonal*) oneself; **cuando uno piensa en** ~ **mismo** when one thinks about oneself, when you think about yourself. ◇ *m* consent; **dar el** ~ to give one's consent.

Siam *s* Siam.

siamés, esa ◇ *adj* Siamese. ◇ *m, f* - **1.** [de Siam] Siamese person, Thai. - **2.** [gemelo] Siamese twin.
◆ **siamés** *m* [gato] Siamese.

sibarita ◇ *adj* sybaritic. ◇ *mf* sybarite, epicure.

sibarítico, ca *adj* sybaritic.

sibaritismo *m* sybaritism, epicureanism.

Siberia *s*: **(la)** ~ Siberia.

siberiano, na *adj & m, f* Siberian.

sibila *f* MITOL sibyl.

sibilante *adj* sibilant.

sibilino, na *adj* [incomprensible] mysterious, cryptic.

SICAB (*abrev de* **sistema de información para catálogos informatizados de bibliotecas**) *m* information system for computerized library catalogues.

sicalipsis *f inv* pornography.

sicalíptico, ca *adj* pornographic.

sicario *m* hired assassin.

sicigia *f* ASTRON syzygy.

Sicilia *s* Sicily.

siciliano, na *adj & m, f* Sicilian.

sico- = psico-.

sicofanta *f*, **sicofante** *m* slanderer.

sicomoro *m* [planta] sycamore; [árbol] Egyptian sycamore.

SICS (*abrev de* **Sociedad Internacional de las Ciencias del Suelo**) *f* ISSS.

sida (*abrev de* **síndrome de inmunodeficiencia adquirida**) *m* AIDS.

sidecar (*pl* **sidecares**) *m* sidecar.

sideral *adj* sidereal.

siderurgia *f* iron and steel industry.

siderúrgico, ca *adj* IND iron and steel (*antes de sust*).

sidoso, sa *despec* ◇ *adj* suffering from AIDS. ◇ *m, f* AIDS sufferer.

sidra *f* cider.

sidral *m* sherbet.

sidrería *f* cider shop.

siega[1] *etc v* → **segar**.

siega[2] *f* - **1.** [acción] reaping, harvesting. - **2.** [época] harvest (time).

siembra[1] *etc v* → **sembrar**.

siembra[2] *f* - **1.** [acción] sowing. - **2.** [época] sowing time. - **3.** [sembrado] sowed o sown land.

siempre *adv* - **1.** [todo el tiempo, en todo caso] always; ~ **cenamos a las diez** we always have supper at ten; ~ **te estás quejando** you're always complaining; **como** ~ as usual; **de** ~ usual; **hemos quedado en el bar de** ~ we've arranged to meet at the usual bar; **lo de** ~ the usual; **somos amigos de** ~ we've always been friends; **es así desde** ~ it has always been that way; **para** ~, **para** ~ **jamás** for ever and ever. - **2.** *Amér* [sin duda] really.

◆ **siempre que** *loc conj* - **1.** [cada vez que] whenever; **ven a verme** ~ **que necesites ayuda** come and see me if you ever need any help. - **2.** [con tal de que] provided that, as long as; **llámame,** ~ **que no sea muy tarde** call me, as long as it's not too late.

◆ **siempre y cuando** *loc conj* provided that, as long as.

siempreviva *f* everlasting flower.

sien *f* temple.

sienta *etc v* - **1.** → **sentar**. - **2.** → **sentir**.

sierpe *f* - **1.** *desus* [serpiente] serpent. - **2.** *fig* [persona fea] ugly-looking person. - **3.** *fig* [persona feroz] fierce person. - **4.** [que serpentea] winding thing. - **5.** BOT shoot, sprout.

sierra[1] *etc v* → **serrar**.

sierra[2] *f* - **1.** [herramienta] saw; ~ **circular/eléctrica/de cadena** circular/power/chain saw; ~ **continua** o **de cinta** band saw; ~ **de cortar metales** hacksaw; ~ **de mano** handsaw. - **2.** [cordillera] mountain range. - **3.** [región montañosa] mountains (*pl*). - **4.** [pez] sawfish. - **5.** *Amér* [cresta] crest, tuft.

Sierra Leona *s* Sierra Leone.

sierraleonés, esa (*pl* **sierraleoneses**) ◇ *adj* of/relating to Sierra Leone. ◇ *m, f* native/inhabitant of Sierra Leone.

Sierra Nevada *s* Sierra Nevada.

siervo, va ◇ *m, f* - **1.** [esclavo] serf; ~ **de la gleba** HIST serf. - **2.** RELIG servant; ~ **de Dios** servant of the Lord. ◇ *adj* servile.

siesta *f* - **1.** [sueño] siesta, nap; **dormir** o **echarse la** ~ to have an afternoon nap □ ~ **del carnero** *fam* nap before lunch. - **2.** [mediodía] hottest part of the day.

siete ◇ *núm* seven; *ver también* **seis.** ◇ *m* [en carpintería] clamp. ◇ *f Amér fig:* **de la gran** ~ amazing, incredible; **¡la gran** ~**!** good heavens!

◆ **siete y media** *fpl* card game in which players aim to get 7½ points, court cards counting for ½ point.

sietemesino, na ◇ *adj* premature. ◇ *m, f* premature baby.

sífilis *f inv* syphilis.

sifilítico, ca MED *adj & m, f* syphilitic.

sifón *m* - **1.** [agua carbónica] soda (water). - **2.** [de WC] trap, U-bend. - **3.** [tubo] siphon.

sifué *m* surcingle.

sig. = s.

siga *v* → **seguir**.

sigilar *vt* - **1.** [sellar] to seal. - **2.** *fig* [ocultar] to conceal, to keep secret.

sigilo *m* - **1.** [secreto] secrecy; [al robar, escapar] stealth. - **2.** [sello] seal. - **3.** *fig* [discreción] discretion, prudence.

sigilosamente *adv* - **1.** [secretamente] secretly; [robar, escapar] stealthily. - **2.** [discretamente] prudently, discreetly.

sigiloso, sa *adj* - **1.** [secreto] secretive; [al robar, escapar] stealthy. - **2.** [discreto] discreet, prudent.

sigla *f* acronym.

siglo *m* - **1.** [cien años] century; **el** ~ **de las Luces** the Age of Enlightenment; **el** ~ **de Oro** the Golden Age; **el** ~ **XX** the 20th century. - **2.** *fig* [mucho tiempo]: **hace** ~**s que no la veo** I haven't seen her for ages; **por los** ~**s de los** ~**s** for ever and ever. - **3.** [época] age, era; **el** ~ **del átomo** the atomic age. - **4.** [mundo secular] secular life.

sigma *f* sigma.

SIGMA (*abrev de* **Science in General Management**) *f* SIGMA.

signar *vt* - **1.** [firmar] to sign. - **2.** RELIG to make the sign of cross over.

◆ **signarse** *vpr* RELIG to cross o.s.

signatario, ria *adj & m, f* signatory.

signatura *f* - **1.** [en biblioteca] catalogue number. - **2.** [firma] signature. - **3.** [señal] mark, sign. - **4.** IMPRENTA signature, pressmark.

significación *f* - **1.** [importancia] significance. - **2.** [significado] meaning.

significado, da *adj* important.

◆ **significado** *m* - **1.** [sentido] meaning. - **2.** LING signified.

significador, ra ◇ *adj* signifying. ◇ *m, f* signifier.

significante *m* LING signifier.

significar [10] ◇ *vt* - **1.** [gen] to mean. - **2.** [expresar] to express. - **3.** [hacer saber] to indicate, to make known. - **4.** [representar] to signify, to be a sign of. ◇ *vi* [tener importancia]: **no significa nada para mí** it means nothing to me.

◆ **significarse por** *vpr* to become known for.

significativo, va *adj* significant.

signo *m* - **1.** [gen] sign; **me hizo un** ~ **para que me calla-se** she signalled to me to shut up □ ~ **de igual/de más/de menos** equals/plus/minus sign; ~ **de multiplicar/dividir** multiplication/division sign; ~ **del zodiaco** o **del horóscopo** sign of the zodiac. - **2.** [en la escritura] mark; ~ **de admiración/interrogación** exclamation/question mark; ~ **diacrítico** diacritical mark. - **3.** [símbolo] symbol. - **4.** [rúbrica] flourish. - **5.** *fig* [destino] fate, destiny. - **6.** RELIG sign of the cross.

sigo *etc v* → **seguir**.

siguiente ◇ *adj* - **1.** [en el tiempo, espacio] next; **el cadáver apareció al día** ~ **del asesinato** the body turned up the day after the murder; **la ilustración está en la página** ~ the illustration is on the next page. - **2.** [a continuación] following (*antes de sus*); **Juan me contó la** ~ **historia** Juan told me the following story. ◇ *mf* [el que sigue]: **el** ~ the next one; **¡el** ~**!** next, please! ◇ *m* [lo que sigue]: **lo** ~ the following; **el testigo relató a la policía lo** ~ the witness told the police the following.

siguiera *etc v* → **seguir**.

sij (*pl* **sijs**) *adj & mf* Sikh.

sílaba *f* syllable; ~ **abierta** open syllable; ~ **aguda** o **tónica** accented o stressed syllable; ~ **átona** unaccented o unstressed syllable; ~ **cerrada** o **trabada** closed syllable.

silabario *m* spelling book.

silabear ◇ *vt* to spell out syllable by syllable. ◇ *vi* to read syllable by syllable.

silabeo *m* syllabication, syllabification.

silábico, ca *adj* syllabic.

silba *f* hissing *(U)*.

silbador, ra ◇ *adj* - **1.** [que silba] whistling. - **2.** [que sisea] hissing. ◇ *m, f* - **1.** [persona que silba] whistler. - **2.** [persona que sisea] hisser.

silbante *adj* - **1.** [que silba] whistling. - **2.** [que sisea] hissing.

silbar ◇ *vt* - **1.** [gen] to whistle. - **2.** [abuchear] to hiss, to catcall. ◇ *vi* - **1.** [gen] to whistle. - **2.** [abuchear] to hiss, to catcall. - **3.** *fig* [oídos] to ring. - **4.** [bala] to whine, to whistle. - **5.** [sisear] to hiss.

silbatina *f Amér* hissing *(U)*.

silbato *m* whistle.

silbido *m* - **1.** [gen] whistle; **dar un** ~ to whistle ❑ ~ **de oídos** ringing in the ears. - **2.** [para abuchear, de serpiente] hiss, hissing *(U)*. - **3.** [de bala] whining, whizzing. - **4.** MED wheeze.

silbo *m* - **1.** [gen] whistle. - **2.** [para abuchear, de serpiente] hiss, hissing *(U)*.

silboso, sa *adj* hissing.

silenciador *m* silencer.

silenciar [8] *vt* - **1.** [ocultar] to hush up, to keep quiet. - **2.** [ahogar] to muffle, to silence.

silenciario, ria *adj* observing silence.
◆ **silenciario** *m* officer in charge of enforcing silence.

silencio *m* - **1.** [gen] silence; **reinaba un** ~ **absoluto** there was total silence; **se quejaban del** ~ **del gobierno sobre aquel asunto** they complained about the government's silence on the matter; **en** ~ in silence; **guardar** ~ **(sobre algo)** to keep silent (about sthg); **guardaron un minuto de** ~ they held a minute's silence; **imponer** ~ **a alguien** to make sb be silent; **pasar algo en** ~ to keep silent about sthg; **prestar** ~ to keep silent; **reducir al** ~ to silence; **romper el** ~ to break the silence. - **2.** MÚS rest.

silenciosamente *adv* silently, quietly.

silencioso, sa *adj* silent, quiet.

silente *adj culto* silent, quiet.

sílex *m inv* flint.

sílfide *f* sylph.

silfo *m* sylph.

silicato *m* silicate.

sílice *f* silica.

silicio *m* silicon.

silicona *f* silicone.

silicosis *f inv* silicosis.

silicua *f* BOT silique, siliqua.

silla *f* - **1.** [gen] chair; ~ **curul** curule chair; ~ **eléctrica** electric chair; ~ **giratoria/mecedora** swivel/rocking chair; ~ **de manos/de posta/de tijera** sedan/post/folding chair; ~ **de paseo** pushchair *Br*, stroller *Am*; ~ **poltrona** easy chair, armchair; ~ **de la reina** *seat made by two people joining hands*; ~ **de ruedas** wheelchair; **calentar la** ~ *fam* to overstay one's welcome. - **2.** [de caballo]: ~ **(de montar)** saddle. - **3.** [sede] see.
◆ **silla turca** *f* ANAT Turkish saddle.

sillar *m* - **1.** ARQUIT ashlar. - **2.** [lomo] horse's back, saddle.

sillería *f* - **1.** [conjunto de sillas] set of chairs; [de coro] choir stalls *(pl)*. - **2.** [taller] chair maker's workshop. - **3.** [tienda] selling chairs shop. - **4.** [oficio] chairmaking. - **5.** ARQUIT ashlar. - **6.** [fábrica] factory made of ashlars. - **7.** [conjunto de sillares] ashlars *(pl)*, building stones *(pl)*.

sillero, ra *m, f* - **1.** [de asientos] chairmaker. - **2.** [de sillas de montar] saddler. - **3.** *Amér* [guadarnés] harness keeper. - **4.** *Amér* [de caballo] saddle horse.

silleta *f* - **1.** [orinal] bedpan. - **2.** *Amér* [silla] chair, seat.

sillín *m* [de vehículo] saddle, seat; [jamuga] sidesaddle; [de montar] light riding saddle; [de arreos] harness saddle.

sillita *f* [cochecito] pushchair.

sillón ◇ *m* - **1.** [asiento] armchair; ~ **giratorio** swivel chair; ~ **de lona/de orejas** deck/wing chair; ~ **de ruedas** wheelchair. - **2.** EQUITACIÓN sidesaddle. - **3.** *Amér* [mecedora] rocking chair. ◇ *adj Amér* [caballo] saddle-backed.

sillonero, ra *adj Amér* easily saddled.

silo *m* silo.

silogismo *m* syllogism.

silogístico, ca *adj* syllogistic, syllogistical.

silogizar [13] *vt* to syllogize.

silueta *f* - **1.** [cuerpo] figure. - **2.** [contorno] outline. - **3.** [dibujo] silhouette.

silvanos *mpl* sylvans.

silvático, ca *adj* = **selvático**.

silvestre *adj* wild.

silvicultor, ra *m, f* forestry expert.

silvicultura *f* forestry.

silvoso, sa *adj* forested.

sima *f* chasm.

simbiosis *f inv* symbiosis.

simbiótico, ca *adj* symbiotic.

simbólicamente *adv* symbolically.

simbólico, ca *adj* symbolic.

simbolismo *m* symbolism.

simbolista *adj & mf* symbolist.

simbolización *f* symbolization.

simbolizar [13] *vt* - **1.** [ser simbólico de] to symbolize. - **2.** [ser típico de] to typify.

símbolo *m* symbol; ~ **de la fe** o **de los apóstoles** RELIG Creed; ~ **de prestigio** status symbol; ~ **químico** chemical symbol.

simbología *f* system of symbols.

simetría *f* symmetry.

simétricamente *adv* symmetrically.

simétrico, ca *adj* symmetrical.

simiente *f culto* [semilla] seed; [germen] germ.
◆ **simiente de papagayos** *f* bastard safflower.

simiesco, ca *adj* simian, apelike.

símil ◇ *m* - **1.** [paralelismo] similarity, resemblance; [comparación] comparison. - **2.** LITER simile. ◇ *adj* similar.

similar *adj*: ~ **(a)** similar (to).

similitud *f* similarity.

simio, mia *m, f* simian, ape.

simpatía *f* - **1.** [cordialidad] friendliness. - **2.** [cariño] affection; **coger** ~ **a alguien** to take a liking to sb; **ganarse la** ~ **de** to win the affection of; **inspirar** ~ to inspire affection; **tener** ~, **sentir** ~ **por** to like. - **3.** [afinidad] sympathy, affinity. - **4.** MED sympathy.

simpático, ca *adj* - **1.** [gen] nice, likeable; [abierto, cordial] friendly; **su actitud me resulta simpática** I like her attitude. - **2.** [anécdota, comedia etc] amusing, entertaining. - **3.** [reunión, velada etc] pleasant, agreeable. - **4.** ANAT sympathetic.
◆ **gran simpático** *m* sympathetic nervous system.

simpatizante ◇ *adj* sympathizing. ◇ *mf* sympathizer.

simpatizar [13] *vi*: ~ **(con)** [persona] to hit it off (with), to get on (with); [cosa] to sympathize (with).

simple ◇ *adj* - **1.** [gen] simple; **el presente es un tiempo** ~ the present is a simple tense; **es una mujer muy** ~, **sin apenas estudios** she's a very simple woman, with very little formal education. - **2.** [fácil] easy, simple. - **3.** [único, sin componentes] single; **dame una** ~ **razón** give me one single reason. - **4.** [mero] mere; **por** ~ **estupidez** through sheer stupidity. - **5.** MAT prime. - **6.** [que no es doble] simple, single. - **7.** [desabrido] tasteless. ◇ *mf* [persona] simpleton. ◇ *m* - **1.** DEP singles match. - **2.** MED simple.

simplemente *adv* simply.

simpleza *f* - **1.** [de persona] simple-mindedness. - **2.** [tontería] trifle.
◆ **simplezas** *fpl* foolish remarks, nonsense *(U)*.

simplicidad *f* - **1.** [sencillez] simplicity. - **2.** [ingenuidad] simple-mindedness.

simplificable *adj* simplifiable.

simplificación *f* simplification.

simplificador, ra ◇ *adj* simplifying. ◇ *m, f* simplifier.

simplificar [10] *vt* to simplify.
◆ **simplificarse** *vpr* to be simplified.

simplismo *m* simplism, oversimplification.

simplista ◇ *adj* simplistic. ◇ *mf* naïve person.

simplón, ona ◇ *adj* simple, simple-minded. ◇ *m, f* simple-minded person.

simposio, simposium (*pl* **simposiums**) *m* symposium.

simulación *f* pretence, simulation.

simulacro *m* - **1.** [simulación] simulation; ~ **de combate** mock battle; ~ **de incendio** fire drill. - **2.** [imagen] simulacrum. - **3.** [fingimiento] pretence, sham. - **4.** MIL war games (*pl*).

simulado, da *adj* - **1.** [sentimiento, desmayo etc] feigned. - **2.** [combate, salvamento] simulated.

simulador, ra ◇ *adj* simulating. ◇ *m, f* simulator; ~ **de vuelo** flight simulator.

simular *vt* - **1.** [sentimiento, desmayo etc] to feign; **simuló que no me había visto** he pretended not to have seen me. - **2.** [combate, salvamento] to simulate.

simultáneamente *adv* simultaneously.

simultanear *vt* to do at the same time.

simultaneidad *f* simultaneousness.

simultáneo, nea *adj* simultaneous.

simún *m* simoom, simoon.

sin *prep* without; ~ **alcohol** alcohol-free; **estoy ~ una peseta** I'm penniless; **ha escrito cinco libros ~ (contar) las novelas** he has written five books, not counting his novels; **está ~ hacer** it hasn't been done yet; **estamos ~ vino** we're out of wine; ~ **que** (*+ subjuntivo*) without (*+ gerund*); ~ **que nadie se enterara** without anyone noticing.
◆ **sin embargo** *conj* however, nevertheless.

sinagoga *f* synagogue.

Sinaí *m* BIBLIA: **el ~** Mount Sinai.

sinceramente *adv* sincerely.

sincerar *vt* to exonerate.
◆ **sincerarse** *vpr*: ~**se (con alguien)** to open one's heart (to sb).

sinceridad *f* sincerity; [llaneza, franqueza] frankness; **con toda ~** in all honesty.

sincero, ra *adj* sincere; [abierto, directo] frank; **para ser ~** to be honest.

sinclinal *m* GEOL syncline.

síncopa *f* - **1.** [en palabra] syncope. - **2.** MÚS syncopation.

sincopado, da *adj* syncopated.

sincopar *vt* - **1.** GRAM & MÚS to syncopate. - **2.** *fig* [abreviar] to abridge.

síncope *m* - **1.** MED blackout; ~ **cardíaco** heart attack. - **2.** GRAM syncope.

sincrético, ca *adj* syncretic.

sincretismo *m* synchretism.

sincretista ◇ *adj* syncretistic, syncretic. ◇ *mf* syncretist.

sincronía *f* synchrony.

sincrónico, ca *adj* - **1.** [simultáneo] simultaneous. - **2.** [coordinado] synchronous. - **3.** LING synchronic.

sincronismo *m* - **1.** [simultaneidad] simultaneity. - **2.** FÍS tuning.

sincronización *f* synchronization.

sincronizar [13] ◇ *vt* - **1.** [regular] to synchronize. - **2.** FÍS to tune. ◇ *vi* RADIO to tune in.

sindicación *f* - **1.** [formación de sindicato] trade union membership. - **2.** [acusación] accusation.

sindicado, da *adj* belonging to a trade union.

sindicador, ra ◇ *adj* - **1.** [de sindicato] unionizing. - **2.** [acusador] accusing. ◇ *m, f* - **1.** [de sindicato] trade unionist. - **2.** [acusador] accuser.

sindical *adj* (trade) union (*antes de sust*).

sindicalismo *m* trade unionism.

sindicalista ◇ *adj* (trade) union (*antes de sust*). ◇ *mf* trade unionist.

sindicalización *f* unionization.

sindicalizar [13] *vt* to unionize.
◆ **sindicalizarse** *vpr* - **1.** [formar sindicato] to form a trade

union *Br*, to form a labor union *Am*. - **2.** [unirse a un sindicato] to join a trade union *Br*, to join a labor union *Am*.

sindicar [10] *vt* - **1.** [unir a sindicato] to unionize. - **2.** COM to syndicate. - **3.** [acusar] to accuse. - **4.** [dinero] to put into trust.
◆ **sindicarse** *vpr* - **1.** [unirse a sindicato] to join a union. - **2.** [formar sindicato] to form a trade union *Br*, to form a labor union *Am*.

sindicato *m* - **1.** [de obreros] trade union, labor union *Am*; ~ **amarillo** yellow union, *conservative trade union that leans towards the employers' interests*; ~ **obrero** trade union *Br*, labor union *Am*; ~ **vertical** *workers' and employers' union during the Franco period*. - **2.** COM syndicate.

sindicatura *f* - **1.** COM post of syndic o representative. - **2.** DER trusteeship. - **3.** [de una quiebra] receivership.

síndico *m* - **1.** [representante] community representative. - **2.** [administrador] (official) receiver. - **3.** DER & ECON trustee.

síndrome *m* syndrome; ~ **de abstinencia** withdrawal symptoms (*pl*); ~ **de Down** Down's syndrome; ~ **de Estocolmo** Stockholm syndrome; ~ **premenstrual** premenstrual syndrome o tension; ~ **tóxico** *toxic syndrome caused by ingestion of adulterated rapeseed oil*.

sine ◆ **sine die** *loc adv* indefinitely.

sinecura *f* sinecure.

sinergia *f* synergy.

sinestesia *f* synaesthesia.

sinfín *m* vast number; **un ~ de problemas** no end of problems.

sinfonía *f* symphony.

sinfónico, ca *adj* symphonic.

Singapur *s* Singapore.

singladura *f* - **1.** NÁUT [distancia] day's run. - **2.** *fig* [dirección] course.

single ['singel] *m* single.

singular ◇ *adj* - **1.** [raro] peculiar, odd. - **2.** [único] unique. - **3.** GRAM singular. ◇ *m* GRAM singular; **en ~** in the singular.

singularidad *f* - **1.** [rareza, peculiaridad] peculiarity. - **2.** [exclusividad] uniqueness. - **3.** [unicidad] singularity.

singularizar [13] *vt* - **1.** [distinguir] to distinguish, to single out. - **2.** GRAM to use in the singular.
◆ **singularizarse** *vpr* to stand out, to be conspicuous.

singularmente *adv* singularly.

sinhueso *f fam* tongue; **soltar la ~** *fig* to shoot one's mouth off.

siniestra *f* → **siniestro**.

siniestrado, da ◇ *adj* - **1.** [coche, avión etc] crashed, smashed up; [edificio] ruined, destroyed. - **2.** [en heráldica] sinister. ◇ *m, f* victim.

siniestralidad *f* accident rate.

siniestramente *adv* ominously.

siniestro, tra *adj* - **1.** [perverso] sinister. - **2.** [desgraciado] disastrous. - **3.** *desus* [izquierdo] left (*antes de sust*); **lado ~** left-hand side.
◆ **siniestro** *m* - **1.** [desastre] disaster; [accidente de coche] accident, crash; [incendio] fire; ~ **total** write-off, total loss. - **2.** [perversidad] vice, bad habit.
◆ **siniestra** *f desus* left hand.

sinnúmero *m*: **un ~ de** countless.

sino[1] *m* fate, destiny.

sino[2] *conj* - **1.** [para contraponer] but; **no lo hizo él, ~ ella** he didn't do it, she did; **no sólo es listo, ~ también trabajador** he's not only clever but also hard-working. - **2.** [para exceptuar] except, but; **¿quién ~ tú lo haría?** who else but you would do it?; **no quiero ~ que se haga justicia** I only want justice to be done.

sinódico, ca *adj* - **1.** RELIG synodal, synodical. - **2.** ASTRON synodic.

sínodo *m* synod.
◆ **Santo Sínodo** *m* Holy Synod.

sinología f Sinology.

sinólogo, ga ◇ adj Sinological. ◇ m, f Sinologist.

sinonimia f synonymy.

sinónimo, ma adj synonymous.

◆ **sinónimo** m synonym.

sinopsis f inv synopsis.

sinóptico, ca adj synoptic.

sinovial adj synovial.

sinrazón f (gen pl) - **1.** [injusticia] injustice. - **2.** [disparate] stupid thing.

sinsabor m (gen pl) - **1.** [pena] trouble. - **2.** fig [disgusto] displeasure.

sintáctico, ca adj syntactic.

sintagma m syntagma.

sintaxis f inv syntax.

síntesis f inv synthesis; **en** ~ in short □ ~ **del habla** INFORM & LING speech synthesis.

sintéticamente adv synthetically.

sintético, ca adj - **1.** [artificial] synthetic. - **2.** [resumido] summarized.

sintetizador, ra adj synthesizing.

◆ **sintetizador** m synthesizer.

sintetizar [13] vt - **1.** [resumir] to summarize. - **2.** [fabricar artificialmente] to synthesize.

sintiera etc v → **sentir**.

sintoísmo m Shintoism.

sintoísta adj & mf Shintoist.

síntoma m symptom.

sintomático, ca adj symptomatic.

sintomatología f symptoms (pl).

sintonía f - **1.** [música] signature tune. - **2.** [conexión] tuning. - **3.** fig [compenetración] harmony.

sintonización f - **1.** [conexión] tuning. - **2.** fig [compenetración] harmonization.

sintonizador m tuner, tuning dial.

sintonizar [13] ◇ vt [conectar] to tune in to. ◇ vi - **1.** [conectar]: ~ **(con)** to tune in (to). - **2.** fig [compenetrarse]: ~ **en algo (con alguien)** to be on the same wavelength (as sb) about sthg.

sinuosidad f - **1.** [curva] bend, wind. - **2.** [calidad de sinuoso] sinuosity. - **3.** [hueco] hollow.

sinuoso, sa adj - **1.** [camino] winding. - **2.** [movimiento] sinuous. - **3.** fig [disimulado] devious.

sinusitis f inv sinusitis.

sinusoide f sinusoid.

sinvergonzón, ona fam ◇ adj shameless, brazen. ◇ m, f shameless o brazen person.

sinvergüencería f fam shamelessness, brazenness.

sinvergüenza ◇ adj - **1.** [canalla] shameless. - **2.** [fresco, descarado] cheeky. ◇ mf - **1.** [canalla] rogue. - **2.** [fresco, descarado] cheeky person.

sinvergüenzada f Amér fam dirty trick.

sionismo m Zionism.

sionista adj & mf Zionist.

sioux ['siuks], **siux** adj inv & mf inv Sioux.

siquiera ◇ conj - **1.** [aunque] even if; **ven** ~ **por pocos días** do come, even if it's only for a few days. - **2.** Amér [con tal que] provided that. ◇ adv [por lo menos] at least; **dime** ~ **tu nombre** (you could) at least tell me your name □ **tan** ~ at least.

◆ **ni (tan) siquiera** loc conj not even; **ni (tan)** ~ **me hablaron** they didn't even speak to me.

siquis f inv = **psiquis**.

sirena f - **1.** MITOL mermaid, siren. - **2.** [señal] siren. - **3.** fig [mujer seductora] siren.

Siria s Syria.

sirimiri m drizzle.

siringa f - **1.** MÚS syrinx, panpipe. - **2.** Amér BOT rubber tree.

sirio, ria adj & m, f Syrian.

siroco m sirocco.

sirva etc v → **servir**.

sirviente, ta m, f servant.

◆ **sirviente** adj serving.

sirviera etc v → **servir**.

sisa f - **1.** [de dinero] pilfering. - **2.** [en costura] dart; [de manga] armhole.

sisador, ra ◇ adj pilfering. ◇ m, f pilferer.

sisar ◇ vt - **1.** [dinero] to pilfer. - **2.** [costura] to take in. ◇ vi to pilfer.

sisear vt & vi to hiss.

siseo m hiss, hissing (U).

sísmico, ca adj seismic.

sismo m earthquake.

sismógrafo m seismograph.

sismología f seismology.

sisón, ona ◇ adj pilfering. ◇ m, f [ladrón] pilferer, petty thief.

◆ **sisón** m [ave] little bustard.

sistema m - **1.** [gen] system; ~ **ABS** AUTOM ABS (brake) system; ~ **dual** TV system enabling dubbed TV programmes to be heard in the original language; ~ **experto/operativo** INFORM expert/operating system; ~ **fiscal** o **impositivo** tax system; ~ **de gestión de bases de datos** INFORM database management system; ~ **inmunológico** immune system; ~ **internacional de unidades** SI units (pl); ~ **de megafonía** publicaddress system; ~ **métrico (decimal)** metric (decimal)system; ~ **monetario/nervioso/solar** monetary/ nervous/solar system; ~ **monetario europeo** European Monetary System; ~ **montañoso** mountain chain o range; ~ **periódico de los elementos** periodic table of elements; ~ **tributario** taxation. - **2.** [método, orden] method; **trabajar con** ~ to work methodically.

◆ **por sistema** loc adv systematically.

Sistema Central m: **el** ~ Spanish central mountain range.

Sistema Ibérico m: **el** ~ the Iberian mountain chain.

sistemática f → **sistemático**.

sistemáticamente adv systematically.

sistemático, ca adj systematic.

◆ **sistemática** f systematics (U).

sistematización f systematization.

sistematizar [13] vt to systematize.

sístole f systole.

sitiado, da ◇ adj besieged. ◇ m, f besieged person.

sitiador, ra ◇ adj besieging. ◇ m, f besieger.

sitial m culto seat of honour.

sitiar [8] vt - **1.** [cercar] to besiege. - **2.** fig [acorralar] to surround.

sitio m - **1.** [lugar] place; **cambiar de** ~ **(con alguien)** to change places (with sb); **en ningún** ~ nowhere; **en otro** ~ elsewhere; **poner en su** ~ to tidy, to put away. - **2.** [espacio] room, space; **hacer** ~ **a alguien** to make room for sb. - **3.** [cerco] siege. - **4.** [localidad] site, location. - **5.** [hacienda] country estate. - **6.** Amér [granja] small farm. - **7.** Amér [terreno edificable] building site.

sito, ta adj located.

situ ◆ **in situ** loc adv on the spot.

situación f - **1.** [circunstancias] situation; [legal, social] status; **estar en** ~ **de hacer algo** [gen] to be in a position to do sthg; [suj: enfermo, borracho] to be in a fit state to do sthg □ ~ **límite** extreme situation. - **2.** [condición, estado] state, condition. - **3.** [ubicación] location. - **4.** [posición] position; **estar en brillante** ~ to be in an excellent position. - **5.** [postura] posture.

situado, da adj - **1.** [acomodado] comfortably off. - **2.** [ubicado] located.

◆ **situado** m fixed income.

situar [6] vt - **1.** [colocar] to place, to put. - **2.** [edificio, ciudad] to site, to locate. - **3.** [dinero] to assign, to set aside.

- 4. [en clasificación] to place, to rank. **- 5.** [localizar] to locate, to find.

◆ **situarse** *vpr* **- 1.** [colocarse] to take up position. **- 2.** [ubicarse] to be located. **- 3.** [acomodarse, establecerse] to get o.s. established. **- 4.** [en clasificación] to be placed; **se sitúa entre los mejores** he's (ranked) amongst the best.

siútico, ca *adj Amér fam* naff, tacky.

SJ (*abrev de* **Societatis Jesus**) *f* SJ.

skai *m* = **escay**.

skateboard [es'keiðßor] (*pl* **skateboards**) *m* **- 1.** [tabla] skateboard. **- 2.** [deporte] skateboarding.

sketch [es'ketʃ] (*pl* **sketches**) *m* CINE & TEATRO sketch.

ski *m* = **esquí**.

skin head [es'kinxeð] (*pl* **skin heads**) *mf* skinhead.

s.l. *abrev escrita de* **sus labores**.

SL (*abrev de* **sociedad limitada**) *f* ≈ Ltd.

slalom [es'lalom] *m* = **eslálom**.

slam *m* = **eslam**.

slip *m* = **eslip**.

SLMM (*abrev de* **Sindicato Libre de la Marina Mercante**) *m Spanish merchant navy union*.

slogan *m* = **eslogan**.

SM (*abrev escrita de* **Su Majestad**) HM.

smash [es'maʃ] (*pl* **smashes**) *m* DEP smash.

SME (*abrev de* **sistema monetario europeo**) *m* EMS.

SMI (*abrev de* **sistema monetario internacional**) *m* IMS.

smoking *m* = **esmoquin**.

s/n *abrev escrita de* **sin número**.

snob *adj & mf* = **esnob**.

snobismo *m* = **esnobismo**.

so ◇ *prep* under; ~ **pretexto de** under the pretext of. ◇ *adv:* **¡~ tonto!** you idiot! ◇ *interj* whoa!

soasar *vt* to roast lightly.

soba *f* **- 1.** [acción] softening. **- 2.** *fam* [paliza] thrashing, beating.

sobaco *m* armpit.

sobadero, ra *adj* kneadable.

◆ **sobadero** *m* softening plant.

sobado, da *adj* **- 1.** [cuello, puños etc] worn, shabby; [libro] dog-eared. **- 2.** *fig* [argumento, excusa] well-worn, hackneyed. **- 3.** CULIN short (*antes de sust*).

◆ **sobado** *m* CULIN shortcrust pastry.

sobador *m* softening machine.

sobadura *f* **- 1.** [amasadura] kneading. **- 2.** [de pieles] softening.

sobajar, sobajear *vt* **- 1.** [manosear] to finger. **- 2.** *Amér fig* [humillar] to humiliate.

sobajeo *m* fingering.

sobaquera *f* **- 1.** [abertura] armhole. **- 2.** [refuerzo] armhole reinforcement. **- 3.** [resguardo] dress shield. **- 4.** *Amér* [sudor] underarm odour.

sobaquina *f fam* body odour.

sobar ◇ *vt* **- 1.** [tocar] to finger, to paw. **- 2.** *despec* [acariciar, besar] to touch up, to fondle. **- 3.** [ablandar] to soften. **- 4.** *fig* [zurrar] to thrash, to beat. **- 5.** *fig* [molestar] to pester, to bother. **- 6.** *Amér* [hueso] to set. **- 7.** *Amér* [vencer] to defeat. **- 8.** *Amér* [frotar] to scrub, to scour. ◇ *vi mfam* to kip.

sobarba *f* **- 1.** [papada] double chin. **- 2.** [de la brida] noseband.

sobarbada *f* **- 1.** [de caballo] sudden checking. **- 2.** *fig* [reprensión] ticking off.

sobarbo *m* **- 1.** [de rueda] bucket, vane. **- 2.** TEXTIL cam.

sobeo *m* **- 1.** *fam* [soba] fondling, touching up. **- 2.** [correa] strap.

soberanamente *adv* **- 1.** [extremadamente] extremely, highly. **- 2.** [con soberanía] with authority.

soberanear *vt* to dominate, to rule over.

soberanía *f* sovereignty.

soberano, na ◇ *adj* **- 1.** [independiente] sovereign. **- 2.** *fig* [grande] massive; [paliza] thorough; [belleza, calidad] supreme, unrivalled. ◇ *m, f* sovereign.

◆ **soberano** *m* NUMISMÁTICA sovereign.

soberbia *f* → **soberbio**.

soberbiamente *adv* **- 1.** [orgullosamente] arrogantly, proudly. **- 2.** [magníficamente] superbly.

soberbio, bia ◇ *adj* **- 1.** [arrogante] proud, arrogant. **- 2.** [magnífico] superb. **- 3.** [grande] huge. **- 4.** [caballo] fiery, spirited. ◇ *m, f* [persona] arrogant o proud person.

◆ **soberbia** *f* **- 1.** [arrogancia] pride, arrogance. **- 2.** [magnificencia] grandeur, splendour. **- 3.** [ira] anger, fury.

sobón, ona *adj & m, f fam* groper.

sobornable *adj* bribable, venal.

sobornador, ra ◇ *adj* bribing. ◇ *m, f* briber.

sobornal *m* overload.

sobornar *vt* to bribe.

soborno *m* **- 1.** [acción] bribery. **- 2.** [dinero, regalo] bribe. **- 3.** *Amér* [sobrecarga] extra load, overload.

◆ **de soborno** *loc adj Amér* additional.

sobra *f* excess, surplus; **de** ~ [en exceso] more than enough; [de más] superfluous; **aquí estoy de** ~, **me voy** I'm off, it's obvious I'm not wanted here; **lo sabemos de** ~ we know it only too well.

◆ **sobras** *fpl* **- 1.** [de comida] leftovers. **- 2.** [de tela] remnants.

sobradamente *adv* **- 1.** [saber] only too well. **- 2.** [satisfecho, contento] more than.

sobrado, da ◇ *adj* **- 1.** [de sobra] more than enough, plenty of. **- 2.** [de dinero] well off. **- 3.** [audaz] bold, brazen. **- 4.** *Amér* [enorme] enormous, huge. ◇ *adv* too, excessively.

◆ **sobrado** *m* **- 1.** ARQUIT attic, garret. **- 2.** *Amér* [estante] kitchen shelf.

◆ **sobrados** *mpl Amér* leftovers.

sobrante ◇ *adj* **- 1.** [que sobra] remaining. **- 2.** [excesivo] excess, surplus. ◇ *m* surplus.

sobrar ◇ *vi* **- 1.** [quedar, restar] to be left over, to be spare; **nos sobró comida** we had some food left over. **- 2.** [haber de más] to be more than enough; **parece que van a** ~ **bocadillos** it looks like there are going to be too many sandwiches. **- 3.** [estar de más] to be superfluous; **lo que dices sobra** that goes without saying. ◇ *vt* to exceed, to surpass.

sobrasada *f Mallorcan spiced sausage*.

sobre[1] *m* **- 1.** [para cartas] envelope; ~ **acolchado** Jiffy bag. **- 2.** [para alimentos] sachet, packet. **- 3.** [sobrescrito] address. **- 4.** *mfam* [cama] sack; **irse al** ~ to hit the sack.

sobre[2] *prep* **- 1.** [encima de] on (top of); **el libro está** ~ **la mesa** the book is on (top of) the table. **- 2.** [por encima de] over, above; **el pato vuela** ~ **el lago** the duck is flying over the lake. **- 3.** [superioridad] above; **su opinión está** ~ **las de los demás** his opinion is more important than that of the others. **- 4.** [acerca de] about, on; **un libro** ~ **el amor** a book about o on love; **una conferencia** ~ **el desarme** a conference on disarmament. **- 5.** [alrededor de] about; **llegarán** ~ **las diez** they'll arrive at about ten o'clock. **- 6.** [acumulación] upon; **nos contó mentira** ~ **mentira** he told us lie upon lie o one lie after another. **- 7.** [cerca de] upon; **la desgracia estaba ya** ~ **nosotros** the disaster was already upon us.

sobreabundancia, superabundancia *f* superabundance.

sobreabundante, superabundante *adj* superabundant.

sobreabundar, superabundar ◇ *vi* to abound. ◇ *vi* [insistir]: ~ **en** to have a superabundance of.

sobrealimentación *f* overfeeding.

sobrealimentar *vt* to overfeed.

sobreañadir *vt* to add on top of.

sobrecalentar [19] *vt* to overheat.

sobrecama *f* bedspread.

sobrecaña *f* VETER bony tumour.

sobrecarga *f* - **1.** [exceso de carga] excess weight. - **2.** [saturación] overload. - **3.** [soga] packing strap. - **4.** *fig* [preocupación] extra burden.

sobrecargado, da *adj* overladen.

sobrecargar [16] *vt* - **1.** [gen] to overload; [decoración etc] to overdo. - **2.** [en costura] to fell.

sobrecargo *m* - **1.** NÁUT supercargo. - **2.** COM surcharge.

sobrecejo, sobreceño *m* frown, scowl.

sobrecielo *m* awning, canopy.

sobrecincha *f* surcingle.

sobrecogedor, ra *adj* frightening, startling.

sobrecoger [14] *vt* to frighten, to startle.

◆ **sobrecogerse** *vpr* to be frightened, to be startled.

sobrecogido, da *adj* awestruck.

sobrecogimiento *m* surprise, astonishment.

sobrecongelar *vt* to deep-freeze.

sobrecosido *m*, **sobrecostura** *f* whipstitch.

sobrecosto *m* extra costs (*pl*).

sobrecostura *f* = **sobrecosido**.

sobrecubierta *f* - **1.** [de libro] (dust) jacket. - **2.** [de barco] upper deck. - **3.** [de objeto] cover.

sobrecuello *m* overcollar.

sobredicho, cha *adj* aforementioned, abovementioned.

sobrediente *m* snaggletooth.

sobredorar *vt* - **1.** [metal] to gild. - **2.** *fig* [disimular] to gloss over.

sobredosis *f inv* overdose.

sobreentender *vt* = **sobrentender**.

sobreentendido *adj* = **sobrentendido**.

sobreesdrújulo, la *adj* = **sobresdrújulo**.

sobreexcitación *f* = **sobrexcitación**.

sobreexcitado *adj* = **sobrexcitado**.

sobreexcitar *vt* = **sobrexcitar**.

sobreexponer *vt* = **sobrexponer**.

sobreexposición *f* = **sobrexposición**.

sobrefalda *f* overskirt.

sobrefusión *f* supercooling.

sobregiro *m* COM overdraft.

sobrehaz (*pl* **sobrehaces**) *f* - **1.** [superficie] surface. - **2.** [cubierta] cover.

sobrehilado *m* [en costura] overcast stitch.

sobrehilar *vt* to whipstitch.

sobrehueso *m* - **1.** VETER bony tumour. - **2.** *fig* [molestia] trouble, nuisance.

sobrehumano, na *adj* superhuman.

sobreimpresión *f* superimposing (*U*).

sobreimprimir *vt* to superimpose.

sobreintendente *m* = **superintendente**.

sobrejalma *f* packsaddle blanket.

sobrellave *f* double lock.

sobrellenar *vt* to overfill.

sobrellevar *vt* - **1.** [resignarse] to bear, to endure. - **2.** [ayudar a transportar] to help carry. - **3.** *fig* [ayudar] to comfort, to ease. - **4.** [disimular] to overlook.

sobremanera *adv* exceedingly.

sobremesa *f* - **1.** [conversación] after-dinner period; **de** ~ [programación etc] mid-afternoon (*antes de sust*). - **2.** [tapete] table cover o covering. - **3.** [postre] dessert.

sobrenadar *vi* to float.

sobrenatural *adj* [extraordinario] supernatural.

sobrenombre *m* nickname.

sobrentender, sobreentender [20] *vt* to understand, to deduce.

◆ **sobrentenderse** *vpr* to be inferred o implied.

sobrentendido, da, sobreentendido, da *adj* implied, implicit.

sobrepaga *f* - **1.** [aumento] pay rise *Br*, pay raise *Am*. - **2.** [gratificación] bonus.

sobrepasar *vt* - **1.** [exceder] to exceed. - **2.** [aventajar]: ~ **a alguien** to overtake sb.

sobrepelliz (*pl* **sobrepellices**) *f* RELIG surplice.

sobrepeso *m* - **1.** [peso excesivo] excess weight; [obesidad] obesity. - **2.** [sobrecarga] overload, extra load.

sobreponer *vt* = **superponer**.

◆ **sobreponerse** *vpr* [recuperarse]: ~**se a algo** to overcome sthg.

sobreposición *f* superimposing.

sobreprecio *m* extra charge, surcharge.

sobreproducción *f* = **superproducción** *sentido 1*.

sobreproteger [14] *vt* to overprotect.

sobrepuerta *f* - **1.** ARQUIT lintel. - **2.** [para cortinas] pelmet.

sobrepuesto, ta ◇ *pp* → **sobreponer**. ◇ *adj* - **1.** [puesto encima] superimposed. - **2.** [en costura] appliqué (*antes de sust*).

◆ **sobrepuesto** *m* - **1.** [en costura] appliqué. - **2.** *Amér* [panal] honeycomb formed after the hive is full.

sobrepujar *vt* to outdo, to surpass.

sobresaliente ◇ *adj* - **1.** [destacado] outstanding. - **2.** [saliente] projecting, overhanging. ◇ *mf* - **1.** [sustituto] substitute. - **2.** TEATRO understudy. ◇ *m* [en escuela] excellent, ≃ A; [en universidad] ≃ first class.

sobresalir [71] *vi* - **1.** [en tamaño] to jut out. - **2.** [en importancia] to stand out.

sobresaltar ◇ *vt* to startle. ◇ *vi* to stand out.

◆ **sobresaltarse** *vpr* to be startled, to start; ~**se con** o **por** to be startled by, to start at.

sobresalto *m* start, fright; **dar un** ~ **a alguien** to make sb start, to give sb a fright.

◆ **de sobresalto** *loc adv* suddenly.

sobresanar *vt* - **1.** [herida] to heal superficially. - **2.** *fig* [defecto] to cover up.

sobresaturación *f* supersaturation.

sobresaturar *vt* to supersaturate.

sobrescribir *vt* to overwrite.

sobrescrito, ta *pp* → **sobrescribir**.

◆ **sobrescrito** *m* address.

sobresdrújulo, la, sobreesdrújulo, la *adj* accented on the syllable preceding the antepenultimate syllable.

◆ **sobresdrújula** *f* word accented on the syllable preceding the antepenultimate syllable.

sobreseer [50] *vt* DER to discontinue, to stay.

sobreseimiento *m* DER stay; ~ **definitivo** dismissal; ~ **libre** nonsuit; ~ **provisional** o **temporal** temporary stay.

sobrestante *m* supervisor.

sobrestimado, da, superestimado, da *adj* overrated.

sobrestimar, superestimar *vt* to overestimate.

sobresueldo *m* extra money on the side (*U*).

sobretasa *f* surcharge.

sobretodo *m* overcoat.

sobrevenida *f* sudden o unexpected occurrence.

sobrevenir [75] *vi* to happen, to ensue; **sobrevino la guerra** the war intervened.

sobreviviente *adj & mf* = **superviviente**.

sobrevivir, supervivir *vi* to survive; ~ **a alguien** to outlive sb.

sobrevolar [23] *vt* to fly over.

sobrexcitación, sobreexcitación *f* overexcitement.

sobrexcitado, da, sobreexcitado, da *adj* overexcited.

sobrexcitar, sobreexcitar *vt* to overexcite.

◆ **sobrexcitarse** *vpr* to get overexcited.

sobrexponer, sobreexponer [65] *vt* to overexpose.

sobrexposición, sobreexposición *f* overexposure.

sobriamente *adv* soberly.

sobriedad *f* - **1.** [moderación] restraint, moderation. - **2.** [no embriaguez] sobriety.

sobrino, na *m, f* nephew (*f* niece).

sobrio, bria *adj* - **1.** [moderado] restrained; ~ **en** moderate in. - **2.** [no excesivo] simple. - **3.** [austero, no borracho] sober.

SOC (*abrev de* **Sindicato de Obreros del Campo**) *m* Spanish farm-workers' union.

socaire *m* NÁUT lee; **al** ~ **de** *fig* under the protection of.

socaliña *f* cunning.

socaliñar *vt* to get by cunning.

socaliñero, ra ◇ *adj* cunning, crafty. ◇ *m, f* cunning o crafty person.

socapa *f fam* pretext, pretence; **a** ~ surreptitiously.

socarra *f* - **1.** [acción de socarrar] scorch, singe. - **2.** [astucia] cunning, slyness.

socarrar *vt* to scorch, to singe.

socarrena *f* - **1.** [hueco] hollow. - **2.** ARQUIT space between rafters.

socarriña *f fam* singeing, scorching.

socarrón, ona ◇ *adj* - **1.** [sarcástico] sarcastic. - **2.** [taimado] sly, cunning. ◇ *m, f* - **1.** [persona sarcástica] sarcastic person. - **2.** [persona taimada] sly o cunning person.

socarronería *f* - **1.** [sarcasmo] sarcasm. - **2.** [astucia] slyness, cunning.

socava *f* - **1.** [acción de socavar] excavation, digging under. - **2.** AGR *trench dug around trees to hold irrigation water.*

socavación *f* excavation, digging under.

socavar *vt* - **1.** [excavar por debajo] to dig under. - **2.** *fig* [debilitar] to undermine.

socavón *m* - **1.** [hoyo] hollow; [en la carretera] pothole. - **2.** MIN gallery.

sociabilidad *f* sociability.

sociable *adj* sociable.

social *adj* - **1.** [gen] social. - **2.** COM company (*antes de sust*).

socialdemocracia *f* social democracy.

socialdemócrata ◇ *adj* social democratic. ◇ *mf* social democrat.

socialismo *m* socialism.

socialista *adj & mf* socialist.

socialización *f* ECON nationalization.

socializar [13] *vt* ECON to nationalize.

socialmente *adv* socially.

sociata *adj fam despec* active member of the PSOE (*Spanish Socialist Party*).

sociedad *f* - **1.** [gen] society; **estudiaba las ~s primitivas** he was studying primitive societies; **las hormigas viven en** ~ ants are social creatures; **la** ~ **en que vivimos es muy competitiva** we live in a very competitive society; **entrar** o **presentarse en** ~ to come out, to make one's debut ❑ **alta** ~ high society; ~ **de consumo** consumer society; ~ **conyugal** DER marriage partnership; ~ **deportiva** sports club; ~ **literaria/secreta** literary/secret society. - **2.** COM [empresa] company; **formar** ~ to associate ❑ ~ **anónima** public (limited) company *Br*, incorporated company *Am*; ~ **civil** non-profit-making company; ~ **de cartera** portfolio company; ~ **colectiva** general partnership; ~ **comanditaria** o **en comandita** general and limited partnership; ~ **de control/mercantil** holding/trading company; ~ **cooperativa** cooperative; ~ **de crédito/gremial** credit/trade union; ~ **industrial** industrial society; ~ **regular colectiva** general partnership, copartnership; ~ (**de responsabilidad) limitada** private limited company. - **3.** [asociación] society, association.
◆ **Sociedad de las Naciones** *f* League of Nations.

socio, cia *m, f* - **1.** COM partner; **hacerse** ~ (**de**) to join ❑ ~ **capitalista** o **comanditario** sleeping partner *Br*, silent partner *Am*; ~ **fundador** founding partner. - **2.** [miembro] member; ~ **honorario** o **de honor** honorary member; ~ **de número** full member. - **3.** *fam* [amigo] mate.

sociocultural *adj* sociocultural.

socioeconomía *f* socioeconomics (*U*).

socioeconómico, ca *adj* socioeconomic.

sociolingüístico, ca *adj* sociolinguistic.
◆ **sociolingüística** *f* sociolinguistics (*U*).

sociología *f* sociology.

sociológico, ca *adj* sociological.

sociólogo, ga *m, f* sociologist.

sociopolítico, ca *adj* sociopolitical.

soco, ca *adj Amér* - **1.** [manco] one-armed. - **2.** [borracho] drunk.
◆ **soco** *m Amér* stump.

socolor *m desus* pretext, pretence; ~ **de** under the pretext of.

socorrer *vt* to help.

socorrido, da *adj* - **1.** [útil] useful, handy. - **2.** [abastecido] well-stocked, well-supplied. - **3.** [común] hackneyed, trite.

socorrismo *m* first aid; [en la playa] lifesaving.

socorrista *mf* first aid worker; [en la playa] lifeguard.

socorro ◇ *m* - **1.** [ayuda] help, aid. - **2.** [MIL - tropas] reinforcements (*pl*), relief; [- provisiones] supplies (*pl*), provisions (*pl*). ◇ *interj* help!

Sócrates *m* HIST Socrates.

socrático, ca *adj & m, f* Socratic.

soda *f* [bebida] soda water.

sódico, ca *adj* sodium (*antes de sust*).

sodio *m* sodium.

Sodoma *s* BIBLIA: ~ **y Gomorra** Sodom and Gomorrah.

sodomía *f* sodomy.

sodomita *adj & mf* sodomite.

sodomizar [13] *vt* to sodomize.

SOE (*abrev de* **seguro obligatorio de enfermedad**) *m* compulsory sickness insurance in Spain.

soez (*pl* **soeces**) *adj* vulgar, dirty.

sofá (*pl* **sofás**) *m* sofa; ~ **cama** o **nido** sofa bed.

sofaldar *vt* - **1.** [falda] to truss o tuck up. - **2.** *fig* [descubrir] to uncover.

sofí (*pl* **sofíes**) *m* HIST Persian ruler.

Sofía *s* Sofia.

sofión *m* - **1.** [bufido] snort. - **2.** [trabuco] blunderbuss.

sofisma *m* sophism.

sofista ◇ *adj* sophistic. ◇ *mf* sophist.

sofistería *f* sophistry.

sofística ◇ *adj f* → **sofístico**. ◇ *f* sophistry.

sofisticación *f* sophistication.

sofisticado, da *adj* sophisticated.

sofisticar [10] *vt* - **1.** [quitar naturalidad] to sophisticate. - **2.** *fig* [falsificar] to adulterate, to doctor.

sofístico, ca *adj* specious, fallacious.

soflama *f* - **1.** [llama] glow, flicker. - **2.** [bochorno] blush, flush. - **3.** *fig* [engaño] trick, ruse. - **4.** [halago] flattery, cajolery. - **5.** *despec* [discurso] harangue.

soflamar *vt* - **1.** [engañar] to hoodwink, to bamboozle. - **2.** [avergonzar] to make blush.
◆ **soflamarse** *vpr* to get scorched.

soflamería *f fam* ruse, scam.

sofocación *f* - **1.** [asfixia] suffocation, smothering. - **2.** [ahogo] choking sensation. - **3.** *fig* [disgusto] embarrassment.

sofocado, da *adj* - **1.** [por cansancio] gasping for breath; [por calor] suffocating. - **2.** [por vergüenza] mortified. - **3.** [por irritación] hot under the collar.

sofocante *adj* suffocating, stifling.

sofocar [10] *vt* - **1.** [ahogar] to suffocate, to stifle. - **2.** [incendio] to put out, to smother. - **3.** *fig* [rebelión] to suppress, to quell. - **4.** *fig* [avergonzar] to mortify. - **5.** [irritar] to annoy. - **6.** [acosar] to pester, to badger.
◆ **sofocarse** *vpr* - **1.** [ahogarse] to suffocate. - **2.** *fig* [avergonzarse] to go as red as a beetroot. - **3.** *fig* [irritarse]: ~**se** (**por**) to get hot under the collar (about).

Sófocles *m* Sophocles.

sofoco *m* - **1.** [ahogo] breathlessness *(U)*; [sonrojo, bochorno] hot flush. - **2.** *fig* [vergüenza] mortification; **pasar un ~** to suffer an embarrassment. - **3.** *fig* [disgusto]: **llevarse un ~** to have a fit. - **4.** [asfixia] suffocation. - **5.** *fig* [enojo] annoyance, vexation.

sofocón *m fam* - **1.** [disgusto] shock; **darle un ~ a alguien** *fam* to give sb a bad turn; **llevarse un ~** to get hot under the collar. - **2.** [enojo] annoyance, vexation.

sofoque *etc v* → **sofocar**.

sofreír [28] *vt* to fry lightly over a low heat.

sofrenada *f* - **1.** EQUITACIÓN saccade, sudden check. - **2.** *fig* [reprimenda] telling-off, scolding.

sofrenar *vt* - **1.** EQUITACIÓN to rein in suddenly, to check. - **2.** *fig* [reprender] to tell off, to scold. - **3.** *fig* [moderar] to restrain, to control.

sofría *etc v* → **sofreír**.

sofriera *etc v* → **sofreír**.

sofrito, ta *pp* → **sofreír**.

◆ **sofrito** *m fried tomato and onion sauce.*

sofrología *f* relaxation therapy.

software ['sofwer] *m* INFORM software; **~ integrado** integrated software.

soga *f* - **1.** [cuerda] rope; [para ahorcar] noose; **estar con la ~ al cuello** *fig* to be in dire straits; **no hay que mentar la ~ en casa del ahorcado** *proverb* use a little tact. - **2.** ARQUIT face.

soguear *vt Amér* - **1.** [atar] to tie with a long rope. - **2.** [burlarse de] to make fun of. - **3.** [amansar] to break, to tame.

soguero, ra *m, f* ropemaker.

sois *v* → **ser**.

soja *f* soya.

sojuzgador, ra ◇ *adj* subjugating. ◇ *m, f* subjugator.

sojuzgar [16] *vt* to subjugate.

sol *m* - **1.** [astro] sun; **al ponerse el ~** at sunset; **al salir el ~** at sunrise; **hace ~** it's sunny ❏ **~ naciente/poniente** rising/setting sun; **adorar el ~ que nace** to jump on the bandwagon; **arrimarse al ~ que más calienta** to know which side one's bread is buttered on; **de ~ a ~** from dawn to dusk; **trabaja de ~ a ~** he works from dawn to dusk; **no dejar a alguien ni a ~ ni a sombra** not to give sb a moment's peace. - **2.** [rayos, luz] sunshine, sun; **quemado por el ~** sunburnt; **tomar el ~** to sunbathe; **en verano nos gusta ir a la playa a tomar el ~** we like sunbathing on the beach in summer. - **3.** TAUROM *seats in the sun, the cheapest in the bullring*. - **4.** *fig* [angel, ricura] darling, angel; **ser un ~** *fam* to be a darling; **este niño es un ~, se porta muy bien** this boy's an angel, he's very well-behaved. - **5.** MÚS G; [en solfeo] so. - **6.** [moneda] sol.

◆ **sol de las Indias** *m* [girasol] sunflower.

◆ **sol y sombra** *m* [bebida] *mixture of brandy and anisette.*

solace *etc v* → **solazar**.

solado *m*, **soladura** *f* flooring.

solador *m* floorer.

soladura *f* = **solado**.

solamente *adv* only, just; **vino ~ él** only he came ❏ **~ que** provided that.

solana *f* - **1.** [lugar] sunny spot. - **2.** [galería] sun lounge.

solano *m* - **1.** [viento] east wind. - **2.** BOT nightshade.

solapa *f* - **1.** [de prenda] lapel. - **2.** [de libro, sobre] flap. - **3.** *fig* [pretexto] pretext.

◆ **de solapa** *loc adv* stealthily, secretly.

solapadamente *adv* underhandedly, slyly.

solapado, da *adj* underhand, devious.

solapar ◇ *vt* - **1.** [ocultar] to cover up. - **2.** [en costura] to put lapels on. - **3.** *fig* [traslapar] to overlap. ◇ *vi* to overlap.

solar [23] ◇ *adj* solar. ◇ *m* - **1.** [terreno] undeveloped plot (of land). - **2.** [parcela en construcción] building site. - **3.** [casa familiar] ancestral home, family seat. - **4.** *fig* [linaje] line, lineage. - **5.** *Amér* [lugar cercado] backyard. - **6.** *Amér* [casa de vecindad] tenement. ◇ *vt* - **1.** [suelo] to pave. - **2.** [calzado] to sole.

solariego, ga *adj* - **1.** [del patrimonio] ancestral. - **2.** [noble] noble.

solario, solárium (*pl* **soláriums**) *m* solarium.

solaz (*pl* **solaces**) *m* - **1.** [entretenimiento] amusement, entertainment. - **2.** [descanso] rest. - **3.** [consuelo] solace, consolation.

◆ **a solaz** *loc adv* with pleasure, happily.

solazar [13] *vt* - **1.** [entretener] to amuse, to entertain. - **2.** [consolar] to console.

◆ **solazarse** *vpr* to enjoy o.s.

solazo *m fam* scorching o blazing sunshine.

soldada *f* pay.

soldadesco, ca *adj* soldierly.

◆ **soldadesca** *f* rowdy o unruly gang of soldiers.

soldado *m* - **1.** MIL soldier; **~ de caballería** cavalryman; **~ de infantería** infantryman; **~ de marina** marine; **~ de plomo** tin soldier; **~ de primera** ≃ lance corporal; **~ primero** ≃ private first-class; **~ raso** private; **~ de sanidad** ≃ medical corpsman. - **2.** ZOOL soldier.

◆ **soldado de Pavia** *m* CULIN fried breaded cod.

soldador, ra *m, f* [persona] welder.

◆ **soldador** *m* - **1.** [aparato] soldering iron. - **2.** [hierro] soldering iron. - **3.** [soplete] blow torch.

soldadura *f* - **1.** [acción] soldering, welding; **~ por arco** arc welding; **~ autógena** welding; **~ por puntos** spot-welding. - **2.** [juntura] weld, soldered joint. - **3.** [material] solder. - **4.** *fig* [compostura] repair, mending.

soldar [23] *vt* - **1.** [pegar] to solder, to weld. - **2.** *fig* [unir] to join, to unite. - **3.** [componer] to repair, to mend.

◆ **soldarse** *vpr* - **1.** [pegarse] to join together. - **2.** [hueso] to knit.

soleado, da *adj* sunny.

solear *vt* to put in the sun.

◆ **solearse** *vpr* to sunbathe, to sun o.s.

solecismo *m* solecism.

soledad *f* - **1.** [ausencia de compañía] loneliness; *culto* solitude. - **2.** [lugar] solitary o lonely place. - **3.** [pesar] grieving, mourning.

solemne *adj* - **1.** [con pompa] formal. - **2.** [grave] solemn. - **3.** *fig* [enorme] utter, complete.

solemnemente *adv* solemnly.

solemnidad *f* - **1.** [suntuosidad] pomp, solemnity. - **2.** [acto] ceremony.

solemnizar [13] *vt* to celebrate, to commemorate.

solenoide *m* ELECTR solenoid.

soler [81] *vi*: **~ hacer algo** to do sthg usually; **aquí suele llover mucho** it usually rains a lot here; **solíamos ir a la playa cada día** we used to go to the beach every day.

solera *f* - **1.** [tradición] tradition. - **2.** [del vino] sediment; **de ~** vintage. - **3.** [soporte] crossbeam, stringpiece. - **4.** [piedra] plinth. - **5.** [de molino] lower millstone. - **6.** [de horno] floor. - **7.** *Amér* [de acera] kerb.

soleta *f* - **1.** [remiendo] patch. - **2.** *Amér* CULIN wafer. - **3.** *loc*: **picar** o **tomar ~** *fam* to beat it, to scarper.

solevantado, da *adj* agitated, perturbed.

solevantamiento *m* - **1.** [levantamiento] raising, lifting. - **2.** [agitación] agitation, unrest.

solevantar *vt* - **1.** [levantar] to raise, to lift. - **2.** *fig* [agitar] to agitate, to stir up.

solfa *f* - **1.** MÚS tonic sol-fa. - **2.** *fam* [paliza] thrashing; **dar una ~** to give a hiding to. - **3.** *loc*: **poner en ~** *fam* to ridicule, to parody.

solfear *vt* - **1.** MÚS to sol-fa. - **2.** *fam fig* [zurrar] to beat, to thrash. - **3.** *fam fig* [reprender] to tick off, to tell off. - **4.** *loc*: **quedar solfeando** *Amér* to be ruined.

solfeo *m* - **1.** MÚS solfeggio, singing of scales. - **2.** *fam fig* [zurra] beating, thrashing.

solicitación *f* - **1.** [pedida] request. - **2.** [acción de solicitar] requesting.

solicitador, ra ◇ *adj* requesting. ◇ *m, f* petitioner.

solicitante ◇ *adj* applying. ◇ *mf* applicant.

solicitar *vt* - **1.** [pedir] to request; [empleo] to apply for; ~ **algo a** o **de alguien** to request sthg of sb. - **2.** [perseguir] to pursue; **estar muy solicitado** to be very popular, to be much sought after. - **3.** [atraer] to attract. - **4.** [cortejar] to court, to woo. - **5.** [votos] to canvass for.

solícito, ta *adj* solicitous, obliging.

solicitud *f* - **1.** [petición] request; **a** ~ on request; **a** ~ **de** at the request of. - **2.** [documento] application; **presentar una** ~ to submit an application. - **3.** [atención] care. - **4.** [instancia] petition.

sólidamente *adv* solidly.

solidar *vt* - **1.** [consolidar] to consolidate. - **2.** [solidificar] to make solid o firm. - **3.** [probar] to prove, to back up.

solidariamente *adv* - **1.** [con solidaridad] with solidarity. - **2.** DER in solidum.

solidaridad *f* solidarity; **en** ~ **con** in solidarity with.

solidario, ria *adj* - **1.** [adherido]: ~ **(con)** sympathetic (to), supporting (of). - **2.** [obligación, compromiso] mutually binding. - **3.** [común] common, joint. - **4.** [responsable] jointly responsible o liable. - **5.** TECN integral.

solidarizar [13] *vt* to make jointly responsible o liable.

◆ **solidarizarse** *vpr* - **1.** [unirse] to make common cause, to show one's solidarity. - **2.** [hacerse solidario] to become jointly responsible o liable.

solideo *m* RELIG skullcap.

solidez (*pl* **solideces**) *f* - **1.** [física] solidity. - **2.** [moral] firmness. - **3.** GEOM volume. - **4.** TEXTIL fastness.

solidificación *f* solidification.

solidificar [10] *vt* to solidify.

◆ **solidificarse** *vpr* to solidify.

sólido, da *adj* - **1.** [macizo] solid; [cimientos, fundamento] firm. - **2.** [argumento, conocimiento, idea] sound. - **3.** [color] fast.

◆ **sólido** *m* solid.

soliloquiar [8] *vi* to soliloquize.

soliloquio *m* soliloquy.

solio *m* canopied throne.

solipsismo *m* FILOS solipsism.

solista ◇ *adj* solo. ◇ *mf* soloist.

solitario, ria ◇ *adj* - **1.** [sin compañía] solitary; **en** ~ one-man (*antes de sust*). - **2.** [lugar] lonely, deserted. ◇ *m, f* [persona] loner.

◆ **solitario** *m* - **1.** [diamante] solitaire. - **2.** [juego] patience. - **3.** ZOOL hermit crab.

◆ **solitaria** *f* [tenia] tapeworm.

sólito, ta *adj* usual, customary.

soliviantar *vt* - **1.** [excitar] to stir up. - **2.** [indignar] to exasperate. - **3.** [preocupar] to worry.

◆ **soliviantarse** *vpr* to be infuriated.

soliviar [8] *vt* - **1.** [levantar] to raise, to lift. - **2.** *Amér mfam* [robar] to lift, to swipe.

◆ **soliviarse** *vpr* to half rise.

solla *f* plaice.

sollastre *m* - **1.** [pinche] kitchen boy. - **2.** *fig* [pícaro] rascal, rogue.

sollozar [13] *vi* to sob.

sollozo *m* sob; **estallar** o **prorrumpir en** ~**s** to burst into sobs.

solo, la *adj* - **1.** [sin nadie] alone; **se quedó** ~ **a temprana edad** he was on his own from an early age ❑ **a solas** alone, by oneself; **quería estar a solas** she wanted to be by herself. - **2.** [sin nada] on its own; [café] black; [whisky] neat. - **3.** [único] single, sole; **ni una sola gota** not a (single) drop; **dame una sola cosa** give me just one thing. - **4.** [solitario] lonely.

◆ **solo** *m* - **1.** MÚS solo. - **2.** *fam* [café] black coffee. - **3.** [juego] solitaire.

sólo *adv* only, just; **con** ~, **con** ~ just by; ~ **con tocar un melocotón, le viene alergia** he only has to touch a peach

to get an allergic reaction; **no** ~... **sino (también)**... not only... but (also)...; ~ **que**... only...; **quería dejar de trabajar,** ~ **que necesitaba el dinero** she wanted to stop working, only she needed the money.

solomillo *m* sirloin.

solomo *m* - **1.** [solomillo] sirloin. - **2.** [lomo de cerdo] pork loin.

solsticio *m* solstice; ~ **de invierno** o **hiemal** winter solstice; ~ **de verano** o **vernal** o **de estío** summer solstice.

soltar [23] *vt* - **1.** [desasir] to let go of; **no suelta ni un duro** you can't get a penny out of her. - **2.** [desatar - gen] to unfasten; [- nudo] to untie; [- hebilla, cordones] to undo. - **3.** [dejar libre] to release. - **4.** [desenrollar] to let o pay out. - **5.** [patada, grito, suspiro etc] to give. - **6.** [decir bruscamente] to come out with.

◆ **soltarse** *vpr* - **1.** [desasirse] to break free. - **2.** [desatarse] to come undone. - **3.** [desprenderse] to come off. - **4.** *fam* [adquirir habilidad]: ~ **se en algo** to get the hang of sthg. - **5.** [perder timidez] to let go.

soltería *f* [de hombre] bachelorhood; [de mujer] spinsterhood.

soltero, ra ◇ *adj* single, unmarried. ◇ *m, f* bachelor (*f* single woman).

solterón, ona *despec* ◇ *adj* unmarried. ◇ *m, f* old bachelor (*f* spinster, old maid).

soltura *f* - **1.** [facilidad, fluidez] fluency. - **2.** [seguridad de sí mismo] assurance; **con** ~ confidently, with assurance. - **3.** [aflojamiento] looseness, slackness. - **4.** [agilidad] agility, nimbleness. - **5.** *fig* [descaro] brazenness. - **6.** DER release. - **7.** MED diarrhoea.

solubilidad *f* solubility.

solubilizar [13] *vt* to make soluble.

soluble *adj* - **1.** [que se disuelve] soluble; ~ **en agua** water-soluble. - **2.** [que se soluciona] solvable.

solución *f* - **1.** [explicación] solution. - **2.** [acción de disolver] dissolution. - **3.** [desenlace] denouement.

◆ **solución de continuidad** *f* interruption; **sin** ~ **de continuidad** uninterrupted.

solucionar *vt* [resolver] to solve; [disputa] to resolve.

solvencia *f* - **1.** [económica] solvency. - **2.** [fiabilidad] reliability.

solventar *vt* - **1.** [pagar] to settle. - **2.** [resolver] to resolve.

solvente ◇ *adj* - **1.** [económicamente] solvent. - **2.** *fig* [fiable] reliable. ◇ *m* QUÍM solvent.

soma *f* coarse flour.

somalí (*pl* **somalíes**) *adj* & *mf* Somali.

Somalia *s* Somalia.

somanta *f fam* beating, thrashing.

somático, ca *adj* somatic.

somatización *f* somatization.

somatizar [13] *vt* MED to convert into physical symptoms.

sombra *f* - **1.** [proyección - fenómeno] shadow; [- zona] shade; **a la** ~ [resguardado del sol] in the shade; *fam* [en la cárcel] in the slammer; **a la** ~ **de** [árbol etc] in the shade of; *fig* [valedor, protector etc] under the protection of; **dar** ~ **a** to cast a shadow over ❑ ~ **de ojos** eyeshadow; ~**s chinescas** shadow play *(sg)*; **hacer** ~ **a alguien** to overshadow sb; **ser la** ~ **de alguien** to be sb's shadow. - **2.** [en pintura] shade. - **3.** *fig* [anonimato] background; **permanecer en la** ~ to stay out of the limelight. - **4.** *fig* [imperfección] stain, blemish. - **5.** *fig* [atisbo] trace, touch; **no tener ni** ~ **de** not to have the slightest bit of. - **6.** [mancha] spot. - **7.** [suerte]: **buena/mala** ~ good/bad luck. - **8.** [gracia, donaire]: **tener buena/mala** ~ [por simpatía] to be pleasant/unpleasant; [por el ingenio] to be/not to be witty. - **9.** TAUROM most expensive seats in bullring, located in the shade. - **10.** [espectro] ghost. - **11.** *Amér* [sombrilla] parasol. - **12.** *Amér* [toldo] awning.

◆ **sombras** *fpl* - **1.** [oscuridad, inquietud] darkness *(U)*. - **2.** [ignorancia] gaps in one's knowledge.

sombraje *m* sunshade.

sombrajo *m* - **1.** [resguardo] sunshade. - **2.** *fam* [sombra] shadow.

sombrar *vt* to shade.

sombreado *m* shading.

sombreador, ra *adj* shading.

◆ **sombreador** *m* eye shadow.

sombrear *vt* to cast a shadow on.

sombreada *f* hatful.

sombrerazo *m fam* [saludo] tip of the hat.

sombrerera *f* = **sombrerero**.

sombrerería *f* - **1.** [fábrica] hat factory. - **2.** [tienda] hat shop; [para señoras] milliner's (shop); [para hombres] hatter's (shop).

sombrerero, ra *m, f* [para señoras] milliner; [para hombres] hatter, hat maker.

◆ **sombrerero** *m Amér* [mueble] hatstand.

◆ **sombrerera** *f* - **1.** [caja] hatbox. - **2.** *Amér* [mueble] hatstand.

sombrerete *m* - **1.** [de chimenea] cowl, hood. - **2.** [de seta] cap. - **3.** TECN cap, bonnet.

sombrero *m* - **1.** [prenda] hat; ~ **apuntado/castoreño/gacho** cocked/beaver/slouch hat; ~ **de canal** o **de teja** RELIG shovel hat; ~ **de copa/de jipijapa/de muelle/de paja** top/Panama/opera/straw hat; ~ **flexible** trilby *Br*, soft hat *Am*; ~ **hongo** bowler hat, derby *Am*; ~ **de pelo/jíbaro** *Amér* top/straw hat; ~ **de tres picos** o **de tres candiles** three-cornered hat, tricorn; **quitarse el** ~ *fig* to take one's hat off. - **2.** [de setas] cap. - **3.** [tejado] canopy. - **4.** MEC cap. - **5.** NÁUT drumhead.

sombrilla *f* sunshade, parasol; **me vale** ~ *Amér fig* I couldn't care less.

sombrío, bría *adj* - **1.** [oscuro] gloomy, dark. - **2.** *fig* [triste] sombre, gloomy. - **3.** [sombreado] shaded, shady.

someramente *adv* - **1.** [superficialmente] superficially. - **2.** [brevemente] briefly.

somero, ra *adj* - **1.** [superficial] superficial. - **2.** [poco profundo] shallow. - **3.** [breve] brief, quick.

someter *vt* - **1.** [a rebeldes] to subdue. - **2.** [presentar]: ~ **algo a la aprobación de alguien** to submit sthg for sb's approval; ~ **algo a votación** to put sthg to the vote. - **3.** [subordinar] to subordinate. - **4.** [a operación, interrogatorio etc]: ~ **a alguien a algo** to subject sb to sthg.

◆ **someterse** *vpr* [rendirse] to surrender; ~ **se a algo** [conformarse] to yield o bow to sthg; [a operación, interrogatorio etc] to undergo sthg.

sometimiento *m* - **1.** [gen] submission. - **2.** [dominio] subjugation. - **3.** [entrega] submission, presentation.

somier *m* [de muelles] bed springs (*pl*); [de tablas] slats (*of bed*).

sommelier *m* = **sumiller**.

somnambulismo *m* = **sonambulismo**.

sonámbulo *adj* = **sonámbulo**.

◆ **somnífero** *m* sleeping pill.

somnolencia *f* sleepiness, drowsiness.

somnoliento, ta *adj* drowsy, sleepy.

somorgujar ◇ *vt* to submerge, to plunge. ◇ *vi* to dive, to plunge.

◆ **somorgujarse** *vpr* to dive, to plunge.

somorgujo, somorgujón *m* grebe.

somormujar *vt* to submerge, to plunge.

somos *v* → **ser**.

son¹ *v* → **ser**.

son² *m* - **1.** [sonido] sound; **a** ~ **de** to the sound of ❏ **bailar al** ~ **que le tocan** *fig* to toe the line. - **2.** [estilo] way; **en** ~ **de** in the manner of; **en** ~ **de paz** in peace. - **3.** *fig* [noticias] word (*U*), rumour (*U*). - **4.** [motivo] reason, motive; ¿**a** ~ **de qué?**, ¿**a qué** ~? why?, for what reason? ❏ **sin** ~ without any reason. - **5.** *fam* [aire] tune, song.

sonadera *f* blowing of the nose.

sonado, da *adj* - **1.** [renombrado] famous. - **2.** [loco] crazy. - **3.** [boxeador] punch drunk. - **4.** [muy divulgado] talked-about.

sonador, ra ◇ *adj* noise-making. ◇ *m, f* noisemaker.

◆ **sonador** *m* handkerchief.

sonaja *f* - **1.** [chapa] metal disc. - **2.** [sonajero] rattle. - **3.** *Amér* MÚS timbrel.

◆ **sonajas** *fpl* MÚS tambourine (*sg*).

sonajero *m* rattle.

sonambulismo, somnambulismo *m* sleepwalking.

sonámbulo, la, somnámbulo, la ◇ *adj* sleepwalking (*antes de sust*). ◇ *m, f* sleepwalker.

sonante ◇ *adj* - **1.** [que suena] sounding. - **2.** [que resuena] resounding. - **3.** [sonoro] sonorous. - **4.** LING sonant. - **5.** → **dinero**. ◇ *m* LING sonant.

sonar¹ *m* sonar.

sonar² [23] ◇ *vi* - **1.** [producir sonido, parecer] to sound; **suena a falso/chiste** it sounds false/like a joke ❏ **(así** o **tal) como suena** literally, in so many words. - **2.** [timbre] to ring. - **3.** [hora]: **sonaron las doce** the clock struck twelve. - **4.** [ser conocido, familiar] to be familiar; **me suena** it rings a bell; **no me suena su nombre** I don't remember hearing her name before. - **5.** [letra] to be pronounced. - **6.** [rumorearse] to be rumoured. ◇ *vt* - **1.** [instrumento] to play; [timbre] to ring. - **2.** [nariz] to blow.

◆ **sonarse** *vpr* [limpiarse la nariz] to blow one's nose.

sonata *f* sonata.

sonda *f* - **1.** MED & TECN probe; ~ **espacial** space probe. - **2.** NÁUT sounding line; ~ **acústica** echo sounder. - **3.** MIN drill, bore.

sondable *adj* fathomable.

sondar *vt* - **1.** MED to sound, to probe. - **2.** NÁUT to sound. - **3.** [MIN - terreno] to test; [- roca] to drill.

sondear *vt* - **1.** [indagar] to sound out. - **2.** MED to probe, to sound. - **3.** NÁUT to sound, to fathom. - **4.** [MIN - terreno] to test; [- roca] to drill.

sondeo *m* - **1.** [encuesta] (opinion) poll. - **2.** MIN drilling (*U*), boring (*U*). - **3.** NÁUT sounding. - **4.** MED probing, sounding. - **5.** METEOR wind observation.

soneto *m* sonnet.

sónico, ca *adj* sonic, sound (*antes de sust*).

sonido *m* - **1.** [lo que se oye] sound; ~ **absoluto** MÚS absolute pitch. - **2.** LING sound. - **3.** *fig* [noticia] news (*U*).

SONIMAG (*abrev de* **Sonido e Imagen**) *m* SONIMAG, *sound and vision technology trade fair held in Spain*.

soniquete *m* monotonous noise.

sonora *f* → **sonoro**.

sonoramente *adv* sonorously.

sonoridad *f* - **1.** [gen] sonority. - **2.** [acústica] acoustics (*pl*). - **3.** [resonancia] resonance.

sonorización *f* soundtrack recording.

sonorizar [13] *vt* - **1.** [con amplificadores] to fit with a public address system. - **2.** CINE to record the soundtrack for. - **3.** GRAM to voice.

sonoro, ra *adj* - **1.** [gen] sound (*antes de sust*); [película] talking. - **2.** [ruidoso, resonante, vibrante] resonant. - **3.** LING voiced.

◆ **sonora** *f* LING voiced consonant.

sonreír [28] *vi* - **1.** [reír levemente] to smile. - **2.** *fig* [ser favorable] to smile on; **le sonrió la fortuna** fortune smiled on him.

◆ **sonreírse** *vpr* to smile.

sonriente *adj* smiling.

sonriera *etc v* → **sonreír**.

sonrisa *f* smile.

sonrojar *vt* to cause to blush.

◆ **sonrojarse** *vpr* to blush.

sonrojo *m* - **1.** [rubor] blush, blushing (*U*). - **2.** [improperio] insult.

sonrosado, da *adj* rosy.

sonrosar *vt* to colour pink.

sonrosear *vt* to make pink.

◆ **sonrosearse** *vpr* to turn pink, to blush.

sonroseo *m* blush, blushing *(U)*.

sonsaca *f* wheedling.

sonsacador, ra ◇ *adj* wheedling. ◇ *m, f* wheedler.

sonsacar [10] *vt*: ~ **algo a alguien** [conseguir] to wheedle sthg out of sb; [hacer decir] to extract sthg from sb; ~ **a alguien** to pump sb for information.

sonsear *vi Amér* to fool around, to act foolishly.

sonso, sa *adj Amér fam* silly.

sonsonete *m* - **1.** [ruido] tapping *(U)*. - **2.** *fig* [entonación] monotonous intonation. - **3.** *fig* [cantinela] old tune. - **4.** *fig* [sarcasmo] hint of sarcasm.

soñado, da *adj* dream *(antes de sust)*.

soñador, ra ◇ *adj* dreamy. ◇ *m, f* dreamer.

soñar [23] ◇ *vt lit & fig* to dream; **¡ni ~lo!** not on your life! ◇ *vi lit & fig*: ~ **(con)** to dream (of o about); ~ **despierto** to daydream ❏ - **con los angelitos** to have sweet dreams.

soñolencia *f* sleepiness, drowziness.

soñolientamente *adv* drowsily.

soñoliento, ta *adj* - **1.** [con sueño] sleepy, drowsy. - **2.** [perezoso] lazy.

sopa *f* - **1.** [guiso] soup; ~ **de ajo** garlic soup; ~ **juliana** o **de verduras** vegetable soup. - **2.** [de pan] sop, *piece of soaked bread*. - **3.** *loc*: **andar a la ~ boba** to scrounge; **dar ~ con hondas a alguien** to knock the spots off sb; **encontrarse a alguien hasta en la** ~ not to be able to get away from sb; **estar como una** ~ to be sopping wet.

sopapear *vt fam* - **1.** [dar bofetadas] to slap. - **2.** *fig* [maltratar] to maltreat.

sopapina *f fam* slapping.

sopapo *m* - **1.** *fam* [bofetada] slap. - **2.** [válvula] valve.

sopar, sopear *vt* [pan] to dip, to dunk.

◆ **soparse** *vpr Amér* to butt in.

sopero, ra *adj* - **1.** [plato, cuchara] soup *(antes de sust)*. - **2.** *Amér* [curioso] meddling.

◆ **sopero** *m* [plato] soup plate.

◆ **sopera** *f* [recipiente] soup tureen.

sopesar *vt* - **1.** [pesar] to try the weight of. - **2.** *fig* [examinar] to weigh up.

sopeteo *m* soaking, dunking.

sopetón *m* - **1.** [golpe] slap. - **2.** [tostada] *toast soaked in olive oil*.

◆ **de sopetón** *loc adv* suddenly, abruptly.

sopicaldo *m* thin soup.

soplado, da *adj fam* - **1.** [pericompuesto] overly neat. - **2.** [engreído] stuck-up. - **3.** [borracho] tight, plastered.

◆ **soplado** *m* - **1.** [del vidrio] glass-blowing. - **2.** MIN deep fissure.

soplador, ra *adj* - **1.** [que sopla] blowing. - **2.** [que excita] stirring up.

◆ **soplador** *m* - **1.** [de vidrio] glass-blower. - **2.** [respiradero] vent, air hole. - **3.** *Amér* TEATRO prompter.

soplagaitas *fam* ◇ *adj inv* fussy. ◇ *mf inv* fusspot.

soplamocos *m inv fam* - **1.** [bofetada] punch on the nose. - **2.** *Amér* [crítica] put-down.

soplar ◇ *vt* - **1.** [vela, fuego] to blow out. - **2.** [ceniza, polvo] to blow off. - **3.** [globo etc] to blow up. - **4.** [vidrio] to blow. - **5.** [golpes] to land, to deal. - **6.** *fig* [pregunta, examen] to prompt. - **7.** *fig* [denunciar] to squeal. - **8.** *fig* [hurtar] to pinch, to nick. ◇ *vi* - **1.** [viento] to blow. - **2.** *fam* [beber] to booze.

◆ **soplarse** *vpr fam* [comer] to gobble up; [beber] to knock back.

soplete *m* - **1.** [instrumento] blowlamp; ~ **de arena** sandblast; ~ **oxiacetilénico** oxyacetylene torch; ~ **oxídrico** oxyhydrogen blowpipe; ~ **soldador** welding torch. - **2.** [de gaita] air tube.

soplido *m* blow, puff.

soplillo *m* - **1.** [para fuego] fan, blower. - **2.** [tejido] gauze.

soplo *m* - **1.** [soplido] blow, puff. - **2.** MED murmur. - **3.** *fig* [instante] breath, moment. - **4.** *fam* [chivatazo] tip-off; **dar el** ~ to squeal, to grass. - **5.** [acusación] accusation.

soplón, ona ◇ *m, f* - **1.** *fam* [chivato] grass. - **2.** *Amér despec* [policía] policeman; [secreta] member of the secret police. - **3.** *Amér* TEATRO prompter. ◇ *adj fam* grassing, squealing.

soponcio *m fam* fainting fit; **le dio un** ~ she passed out.

sopor *m* drowsiness.

soporífero, ra *adj lit & fig* soporific.

◆ **soporífero** *m* sleeping pill.

soportable *adj* bearable, tolerable.

soportador, ra ◇ *adj* supporting. ◇ *m, f* supporter.

soportal *m* [pórtico] porch.

◆ **soportales** *mpl* [arcadas] arcade *(sg)*.

soportar *vt* - **1.** [sostener] to support. - **2.** [resistir, tolerar] to stand; **¡no la soporto!** I can't stand her! - **3.** [sobrellevar] to endure, to bear; **el niño soportó el castigo sin inmutarse** the child took his punishment bravely.

◆ **soportarse** *vpr* to stand one another.

soporte *m* - **1.** [apoyo] support; ~ **publicitario** publicity medium. - **2.** INFORM medium; ~ **físico** hardware; ~ **lógico** software. - **3.** [base] stand.

soprano *mf* soprano.

sor *f* RELIG sister.

sorber *vt* - **1.** [beber] to sip; [haciendo ruido] to slurp. - **2.** [absorber] to soak up, to absorb. - **3.** [atraer] to draw o suck in. - **4.** *fig* [escuchar atentamente] to drink in. - **5.** [aspirar] to sniff.

◆ **sorberse** *vpr* to absorb, to soak up.

sorbete *m* - **1.** [bebida] sorbet. - **2.** *Amér* [sombrero] top hat. - **3.** *Amér* [caña, paja] (drinking) straw.

sorbible *adj* that can be sipped.

sorbo *m* - **1.** [acción] gulp, swallow; [pequeño] sip; **beber a** ~**s** to sip. - **2.** [trago] mouthful; [pequeño] sip. - **3.** [cantidad pequeña] drop.

sorda *f* → **sordo**.

sordamente *adv fig* secretly.

sordera *f* deafness.

sórdidamente *adv* sordidly.

sordidez *(pl* sordideces) *f* - **1.** [miseria] squalor. - **2.** [obscenidad, perversión] sordidness.

sórdido, da *adj* - **1.** [miserable] squalid. - **2.** [obsceno, perverso] sordid.

sordina *f* - **1.** [en instrumentos de viento, cuerda] mute; [en pianos] damper. - **2.** [de reloj] muffle.

◆ **en sordina** *loc adv* secretly, surreptitiously.

sordo, da ◇ *adj* - **1.** [que no oye] deaf; **quedarse** ~ to go deaf ❏ **permanecer** ~ **a** o **ante algo** to be deaf to sthg; **estar más** ~ **que una tapia** to be stone-deaf. - **2.** [pasos] quiet, muffled. - **3.** [ruido, dolor] dull. - **4.** [silencioso] silent, noiseless; **a lo** ~ o **a sordas** silently, noiselessly. - **5.** *fig* [insensible] deaf, indifferent. - **6.** LING voiceless, unvoiced. ◇ *m, f* - **1.** [persona] deaf person; **los** ~**s** the deaf ❏ **hacerse el** ~ to turn a deaf ear; **el jefe se hacía el** ~ **cuando oía hablar de aumentos de sueldo** the boss pretended not to hear when people mentioned pay rises. - **2.** LING surd.

◆ **sorda** *f* LING voiceless consonant.

sordomudez *(pl* sordomudeces) *f* deaf-mutism.

sordomudo, da ◇ *adj* deaf-and-dumb. ◇ *m, f* deaf-mute.

sorgo *m* sorghum.

soriasis, psoriasis *f inv* psoriasis.

sorna *f* - **1.** [burla] sarcasm. - **2.** [calma] deliberation.

sorocharse *vpr Amér* - **1.** [enfermar] to get altitude sickness. - **2.** [ruborizarse] to blush, to redden.

soroche *m Amér* - **1.** [enfermedad] altitude sickness. - **2.** [rubor] blush, flush. - **3.** MIN galena.

sorprendente *adj* surprising.

sorprendentemente *adv* [desusadamente] surprisingly.

sorprender *vt* - **1.** [asombrar] to surprise. - **2.** [atrapar]: ~ **a alguien (haciendo algo)** to catch sb (doing sthg). - **3.** [coger desprevenido] to catch unawares. - **4.** [descubrir] to discover.
◆ **sorprenderse** *vpr* to be surprised.

sorprendido, da *adj* [atónito] surprised.

sorpresa *f* surprise; **coger de** ~ to take by surprise; **dar una** ~ **a alguien** to surprise sb; **juzgue mi** ~ imagine my surprise; **llevarse una** ~ to get a surprise; **tomar por** ~ to take by surprise ❑ **por** ~ by surprise; **el enemigo atacó la fortaleza por** ~ the enemy made a surprise attack on the fort.

sorpresivo, va *adj Amér* - **1.** [inesperado] unexpected. - **2.** [sorprendente] surprising.

sorrostrada *f* insolence, impudence.

sorteable *adj* which can be raffled.

sorteador, ra ◇ *adj* raffling. ◇ *m, f* person who draws lots.

sorteamiento *m* drawing of lots.

sortear ◇ *vt* - **1.** [rifar] to raffle. - **2.** [echar a suertes] to draw lots for. - **3.** *fig* [superar] to get round. - **4.** *fig* [esquivar] to dodge. - **5.** TAUROM to fight cleverly. ◇ *vi* to draw lots.

sorteo *m* - **1.** [lotería] draw. - **2.** [rifa] raffle; **por** ~ by drawing lots; **el destino del servicio militar se designa por** ~ where you do your military service is decided by drawing lots. - **3.** TAUROM *quick pass of the cape.*

sortija *f* ring; ~ **de sello** signet ring.

sortilegio *m* - **1.** [hechizo] spell; **echar un** ~ **a** to cast a spell on. - **2.** *fig* [atractivo] charm, magic.

SOS *(abrev de save our souls) m* SOS.

sosa ◇ *adj f* → **soso.** ◇ *f* - **1.** QUÍM soda; ~ **cáustica** caustic soda. - **2.** BOT saltwort.

sosegadamente *adv* calmly.

sosegado, da *adj* calm.

sosegador, ra ◇ *adj* calming. ◇ *m, f* pacifier.

sosegar [35] ◇ *vt* to calm. ◇ *vi* - **1.** [aquietarse] to calm down. - **2.** [descansar] to rest.
◆ **sosegarse** *vpr* to calm down.

soseras *mf inv fam* dull person, bore.

sosería *f* lack of sparkle.

sosias *m inv* double, lookalike.

sosiega *etc v* → **sosegar.**

sosiego *m* calm.

soslayar *vt* to avoid.

soslayo, ya *adj* slanted, oblique.
◆ **de soslayo** *loc adv* - **1.** [oblicuamente] sideways, obliquely; **mirar a alguien de** ~ to look at sb out of the corner of one's eye. - **2.** *fig* [de pasada] in passing.

soso, sa ◇ *adj* - **1.** [sin sal] bland, tasteless. - **2.** [sin gracia] dull, insipid. ◇ *m, f* [persona] dull person, bore.

sospecha *f* suspicion; **despertar** ~**s** to arouse suspicion.

sospechable *adj* suspicious, suspect.

sospechar ◇ *vt* [creer, suponer] to suspect; **sospecho que no lo terminará** I doubt whether she'll finish it; **la policía sospecha del marido de la víctima** the police suspect the victim's husband. ◇ *vi*: ~ **de** to suspect.

sospechosamente *adv* suspiciously.

sospechoso, sa ◇ *adj* suspicious. ◇ *m, f* suspect.

sostén *m* - **1.** [apoyo] support. - **2.** [sustento] main support; [alimento] sustenance; ~ **de familia** breadwinner. - **3.** [sujetador] bra, brassiere. - **4.** *fig* [protección] pillar, mainstay. - **5.** NÁUT steadiness.

sostenedor, ra ◇ *adj* supporting. ◇ *m, f* supporter.

sostener [72] *vt* - **1.** [sujetar] to support, to hold up. - **2.** [defender - idea, opinión, tesis] to defend; [- promesa, palabra] to stand by, to keep; ~ **que...** to maintain that... - **3.** [mantener, costear] to support. - **4.** [tener - conversación] to hold, to have; [- correspondencia] to keep up. - **5.** *fig* [tolerar] to endure, to bear.
◆ **sostenerse** *vpr* - **1.** [sujetarse] to hold o.s. up; [en pie] to stand up; [en el aire] to hang. - **2.** *fig* [continuar] to continue, to remain.

sostenible *adj* [objeto] sustainable; [idea etc] tenable.

sostenido, da *adj* - **1.** [persistente] sustained. - **2.** MÚS sharp. - **3.** [soportado] supported.
◆ **sostenido** *m* MÚS sharp.

sostenimiento *m* - **1.** [apoyo] support. - **2.** [sustento] sustenance.

sostiene, sostuviera *etc v* → **sostener.**

sota ◇ *f* - **1.** [en naipes] ≃ jack. - **2.** [mujer] hussy. ◇ *m Amér* foreman, overseer.

sotabanco *m* attic.

sotabarba *f* double chin.

sotana *f* - **1.** [vestidura] cassock. - **2.** *fig* [zurra, paliza] beating, thrashing.

sótano *m* basement.

sotavento *m* leeward; **a** ~ to leeward.

sotechado *m* shed.

soterramiento *m* burial.

soterraño, ña *adj desus* subterranean, underground.
◆ **soterraño** *m desus* underground.

soterrar [19] *vt* - **1.** [enterrar] to bury. - **2.** *fig* [ocultar] to hide.

soto *m* - **1.** [con matorrales] thicket. - **2.** [con árboles] grove.

USO ▶ Expresar sorpresa

De inmediato

Really?
Oh my God!
Good Lord!
This is a complete surprise!
I don't know what to say!

▶ *por algo bueno:*

That's wonderful!
What a fantastic surprise!

▶ *por algo malo:*

Oh no!
That's terrible!

▶ *expresando incredulidad:*

Would you believe it!

You're joking! [*Br, familiar*]
That's amazing/incredible!
How extraordinary!
He can't be!
Well I never! [= *es increíble*]

Con posterioridad

It was quite a shock.
I was quite taken aback.
I just couldn't believe it.
It was a real surprise.
I could hardly believe me eyes/ears.
I was totally speachless.

▶ *describiendo un hecho inesperado:*

Much to my surprise, she agreed.
Surprisingly (enough), he won.
You'll be amazed to hear I won!

sotreta *f* - **1.** *fam* [persona] idler. - **2.** *Amér* [caballo] nag.

sotto voce [soto'ßotʃe] *loc adv* sotto voce.

soufflé [su'fle] (*pl* **soufflés**) *m* soufflé.

soul *m* MÚS soul (music).

SOV (*abrev de* **seguro obligatorio de viajeros**) *m* compulsory travel insurance.

soviet (*pl* **soviets**) *m* soviet.

soviético, ca ◇ *adj* - **1.** [del soviet] soviet. - **2.** [de la URSS] Soviet. ◇ *m, f* Soviet.

soy *v* → **ser**.

SP *abrev escrita de* **servicio público**.

spaghetti *m* = **espagueti**.

spaniel [es'paniel] *m* spaniel.

sparring [es'parrin] (*pl* **sparrings**) *m* DEP sparring partner.

sport *adj* = **esport**.

spot *m* = **espot**.

spray *m* = **espray**.

sprint *m* = **esprint**.

sprintar *vi* = **esprintar**.

sprinter *mf* = **esprínter**.

squash [es'kwaʃ] *m inv* squash.

squatter [es'kwater] (*pl* **squatters**) *m* squatter.

Sr. (*abrev escrita de* **señor**) Mr.

Sra. (*abrev escrita de* **señora**) Mrs.

Sres. (*abrev escrita de* **señores**) Messrs.

Sri Lanka ['srilaŋka] *s* Sri Lanka.

SRM (*abrev escrita de* **Su Real Majestad**) HRM.

Srta. (*abrev escrita de* **señorita**) Miss.

SS (*abrev escrita de* **Su Santidad**) HH.

s.s.s. (*abrev escrita de* **su seguro servidor**) *formula used in letters*.

Sta. (*abrev escrita de* **santa**) St.

staff *m* = **estaf**.

stalinismo *m* = **estalinismo**.

stalinista *adj & mf* = **estalinista**.

stand *m* = **estand**.

standard *adj & m* = **estándar**.

standarización *f* = **estandarización**.

standarizar *vt* = **estandarizar**.

standing *m* = **estanding**.

starter *m* = **estárter**.

statu quo [es'tatu 'kwo] *m inv* status quo.

status *m inv* = **estatus**.

stereo *adj inv & m* = **estéreo**.

sterling *adj* = **esterlina**.

stick [es'tik] (*pl* **sticks**) *m* DEP hockey stick.

Sto. (*abrev escrita de* **santo**) St.

stock *m* = **estoc**.

stop (*pl* **stops**), **estop** (*pl* **estops**) [es'top] *m* - **1.** AUTOM stop sign. - **2.** [en telegrama] stop.

stress *m inv* = **estrés**.

strip-tease [es'triptis] *m inv* striptease; **hacer un** ~ to strip.

su (*pl* **sus**) *adj poses* [de él] his; [de ella] her; [de cosa, animal] its; [de uno] one's; [de ellos, ellas] their; [de usted, ustedes] your.

suave *adj* - **1.** [agradable al tacto, ruido] soft; **este jabón deja la piel muy** ~ this soap leaves your skin very soft; **a lo lejos se oía el** ~ **murmullo del mar** you could hear the soft murmur of the sea in the distance. - **2.** [superficie] smooth. - **3.** [sabor, olor, color] delicate. - **4.** [apacible - persona, carácter] gentle; [- clima] mild. - **5.** [fácil - cuesta, tarea, ritmo] gentle; [- dirección de un coche] smooth. - **6.** [trabajo, acción] easy. - **7.** *Amér* [grande] big, huge.

suavemente *adv* - **1.** [lisamente] smoothly. - **2.** [dulcemente] sweetly. - **3.** [tranquilamente] gently, mildly.

suavidad *f* - **1.** [al tacto, de ruido] softness. - **2.** [de superficie] smoothness. - **3.** [de sabor, olor, color] delicacy. - **4.** [de carácter] gentleness. - **5.** [de clima] mildness. - **6.** [de cuesta, tarea, ritmo] gentleness; [de la dirección de un coche] smoothness.

suavización *f* smoothing.

suavizado, da *adj* softened; *fig* watered-down.

suavizador, ra *adj* smoothing.

◆ **suavizador** *m* razor strop.

suavizante ◇ *adj* [para ropa, cabello] conditioning; [para piel] moisturizing. ◇ *m* conditioner; ~ **para la ropa** fabric conditioner.

suavizar [13] *vt* - **1.** [volver suave] to soften; [ropa, cabello] to condition. - **2.** [hacer dócil] to temper. - **3.** [ascensión, conducción, tarea] to ease; [clima] to make milder. - **4.** [sabor, olor, color] to tone down. - **5.** [alisar] to smooth.

◆ **suavizarse** *vpr* - **1.** [clima, cuesta] to become mild. - **2.** [carácter] to be tempered o softened.

suba *f Amér* rise.

subacuático, ca *adj* subaquatic.

subafluente *m* tributary.

subalimentación *f* undernourishment.

subalimentar *vt* to undernourish.

subalquilar *vt* to sublet.

subalterno, na ◇ *adj* [subordinado] auxiliary. ◇ *m, f* [empleado] subordinate.

◆ **subalterno** *m* TAUROM assistant to bullfighter.

subarrendador, ra *m, f* subletter.

subarrendamiento *m* sublease.

subarrendar [19] *vt* to sublet.

subarrendatario, ria *m, f* subtenant.

subarriendo *m* - **1.** [acción] subtenancy. - **2.** [contrato] sublease (agreement). - **3.** [precio] sublease rent.

subasta *f* - **1.** [venta pública] auction; **vender en** ~ to auction off, to sell at auction; **sacar algo a** ~ to put sthg up for auction ❑ **en** ~ for auction. - **2.** [contrata pública] tender; **sacar algo a** ~ to put sthg out to tender.

subastador, ra ◇ *adj* auction (*antes de sust*). ◇ *m, f* auctioneer.

subastar *vt* to auction.

subcampeón, ona *m, f* runner-up.

subcampeonato *m* second place.

subclase *f* subclass.

subcomisión *f* subcommittee.

subcomité *m* subcommittee.

subconjunto *m* MAT subset.

subconsciencia *f* subconscious.

subconsciente *adj & m* subconscious.

subcontinente *m* subcontinent.

subcontratar *vt* to subcontract.

subcontrato *m* subcontract.

subcultura *f* subculture.

subcutáneo, a *adj* subcutaneous.

subdelegación *f* subdelegation.

subdelegado, da *m, f* subdelegate.

subdesarrollado, da *adj* underdeveloped.

subdesarrollo *m* underdevelopment.

subdirección *f* [puesto] post of assistant manager.

subdirector, ra *m, f* assistant manager.

subdirectorio *m* INFORM subdirectory.

súbdito, ta ◇ *adj*: **ser** ~ **de** to be subject to. ◇ *m, f* - **1.** [subordinado] subject. - **2.** [ciudadano] citizen, national.

subdividir *vt* to subdivide.

◆ **subdividirse** *vpr* to be subdivided.

subdivisión *f* subdivision.

subemplear *vt* to underemploy.

subempleo *m* underemployment.

subentender [20] *vt* to deduce, to infer.

◆ **subentenderse** *vpr* to be implied.

subespecie f subspecies.
subestimado, da adj underrated.
subestimar vt to underestimate; [infravalorar] to underrate.
◆ **subestimarse** vpr to underrate o.s.
subgénero m BIOL subgenus.
subgobernador, ra m, f lieutenant governor.
subgrupo m subgroup.
subibaja m seesaw.
subido, da adj - **1.** [intenso] strong, intense. - **2.** fam [en cantidad]: **tiene el guapo** ~ he really fancies himself; **está de un imbécil** ~ he has been acting like an idiot recently. - **3.** fam [atrevido] risqué; ~ **de tono** [impertinente] impertinent. - **4.** [elevado] high; **precios** ~s high prices. - **5.** [superior] fine, excellent.
◆ **subida** f - **1.** [cuesta] hill. - **2.** [ascensión] ascent, climb. - **3.** [aumento] increase, rise.
subidón m mfam [en drogas] high.
subíndice m subscript.
subinspector, ra m, f deputy inspector.
subintendente mf assistant superintendent.
subir ◇ vi - **1.** [a piso, azotea] to go/come up; [a montaña, cima] to climb. - **2.** [aumentar - precio, temperatura] to go up, to rise; [- cauce, marea] to rise. - **3.** [montar - en avión, barco] to get on; [- en coche] to get in; **sube al coche** get into the car. - **4.** [cuenta, importe]: ~ **a** to come o amount to. - **5.** [de categoría] to be promoted. - **6.** CULIN [masa] to rise. ◇ vt - **1.** [ascender - calle, escaleras] to go/come up; [- pendiente, montaña] to climb. - **2.** [poner arriba] to lift up; [llevar arriba] to take/bring up. - **3.** [aumentar - precio, peso] to put up, to increase; [- volumen de radio etc] to turn up; [- altura, tamaño] to raise. - **4.** [montar]: ~ **algo/a alguien a** to lift sthg/sb onto; **los aficionados subieron al torero a hombros** the fans lifted the bullfighter onto their shoulders; **el trabajador subió la carga al camión** the worker lifted the load onto the lorry. - **5.** [alzar - mano, bandera, voz] to raise; [- persiana] to roll up; [- ventanilla] to wind up; ~ **una pared** to raise a wall. - **6.** MÚS to raise the pitch of.
◆ **subirse** vpr - **1.** [ascender]: ~**se a** [árbol] to climb up; [mesa] to climb onto; [piso] to go/come up to. - **2.** [montarse]: ~**se a** [tren, avión] to get on, to board; [caballo, bicicleta] to mount; [coche] to get into; **el taxi paró y me subí** the taxi stopped and I got in. - **3.** [alzarse - pernera, mangas] to roll up; [- cremallera] to do up; [- pantalones, calcetines] to pull up. - **4.** fam [emborrachar] to go to one's head.
súbitamente adv suddenly, all of a sudden.
súbito, ta adj - **1.** [imprevisto] sudden; **de** ~ suddenly, all of a sudden. - **2.** [impetuoso] hasty, impetuous.
◆ **súbito** adv suddenly, all of a sudden.
subjefe, fa m, f second-in-command.
subjetividad f subjectivity.
subjetivismo m subjectivism.
subjetivo, va adj subjective.
sub júdice [suß'djuðiθe] adj DER sub judice.
subjuntivo, va adj subjunctive.
◆ **subjuntivo** m subjunctive.
sublevación f, **sublevamiento** m uprising.
sublevar vt - **1.** [amotinar] to stir up. - **2.** [indignar] to infuriate.
◆ **sublevarse** vpr [amotinarse] to rise up, to rebel.
sublimación f - **1.** [exaltación] exaltation. - **2.** PSICOL & QUÍM sublimation.
sublimado m QUÍM sublimate; ~ **corrosivo** corrosive sublimate.
sublimar vt - **1.** [exaltar] to exalt. - **2.** PSICOL & QUÍM to sublimate.
◆ **sublimarse** vpr - **1.** [exaltarse] to be exalted. - **2.** PSICOL & QUÍM to be sublimated.
sublime adj sublime.
sublimidad f sublimity.

subliminal adj subliminal.
submarinismo m skin diving.
submarinista ◇ adj skin diving (antes de sust). ◇ mf skin diver.
submarino, na adj underwater.
◆ **submarino** m submarine.
submúltiplo, pla adj submultiple.
◆ **submúltiplo** m submultiple.
subnormal ◇ adj - **1.** ofensivo [minusválido] subnormal. - **2.** fig & despec [imbécil] moronic. ◇ mf - **1.** ofensivo [minusválido] subnormal person. - **2.** fig & despec [imbécil] moron, cretin.
subnormalidad f subnormality.
suboficial m MIL non-commissioned officer; NÁUT petty officer.
suborden m BIOL suborder.
subordinación f [gen & GRAM] subordination.
subordinado, da adj & m, f [gen & GRAM] subordinate.
subordinante adj GRAM subordinating.
subordinar ◇ vt [gen & GRAM] to subordinate. ◇ vi to become subordinate.
◆ **subordinarse** vpr to subordinate o.s.
subproducto m by-product.
subrayado, da adj - **1.** [señalado] underlined. - **2.** [en cursiva] italicized, in italics.
◆ **subrayado** m - **1.** [señal] underlining. - **2.** [cursiva] italics (pl).
subrayar vt - **1.** [señalar] to underline. - **2.** [poner en cursiva] to italicize, to put in italics.
subrepticio, cia adj surreptitious.
subrogación f subrogation.
subrogar [16] vt to subrogate.
subrutina f INFORM subroutine.
subsanable adj - **1.** [solucionable] solvable. - **2.** [corregible] rectifiable. - **3.** [disculpable] excusable.
subsanar vt - **1.** [solucionar] to resolve. - **2.** [corregir] to correct. - **3.** [disculpar] to excuse.
subsc- = susc-.
subsecretaría f - **1.** [oficina] undersecretary's office. - **2.** [cargo] undersecretaryship.
subsecretario, ria m, f - **1.** [de secretario] assistant secretary. - **2.** [de ministro] undersecretary.
subsector m subsection.
subsecuente adj subsequent.
subseguir [43] vi to follow, to come after.
◆ **subseguirse** vpr to follow, to come after.
subsidiar [8] vt to subsidize.
subsidiariedad f subsidiarity.
subsidiario, ria adj - **1.** [de subvención] paid for by the State. - **2.** DER ancillary.
subsidio m - **1.** [ayuda económica] benefit, allowance; ~ **de enfermo/de huelga** sick/strike pay; ~ **de invalidez** disability allowance; ~ **de natalidad/de paro** maternity/unemployment benefit; ~ **de vejez** old age pension. - **2.** Amér [zozobra] worry, anxiety.
subsiga v → **subseguir**.
subsigo v → **subseguir**.
subsiguiente adj subsequent.
subsiguiera etc v → **subseguir**.
subsistencia f - **1.** [vida] subsistence. - **2.** [conservación] continued existence.
◆ **subsistencias** fpl [provisiones] provisions.
subsistente adj surviving.
subsistir vi - **1.** [vivir] to live, to exist. - **2.** [sobrevivir] to survive. - **3.** [permanecer] to remain, to endure.
subst- = sust-.
subsuelo m - **1.** [terreno] subsoil. - **2.** Amér [sótano] basement, cellar.
subte m Amér fam underground Br, subway Am.

subteniente *m* sub-lieutenant.

subterfugio *m* subterfuge.

subterráneo, a *adj* subterranean, underground.

◆ **subterráneo** *m* - **1.** [terreno] underground tunnel. - **2.** *Amér* [tren] underground *Br*, subway *Am*.

subtipo *m* BIOL subtype.

subtitular *vt* [gen & CINE] to subtitle.

subtítulo *m* [gen & CINE] subtitle.

subtotal *m* subtotal.

subtropical *adj* subtropical.

suburbano, na ◇ *adj* suburban. ◇ *m, f* suburbanite.

◆ **suburbano** *m* suburban train.

suburbial *adj:* **barrio** ~ poor suburb.

suburbio *m* poor suburb.

subvalorar *vt* to undervalue, to underrate.

subvención *f* subsidy.

subvencionar *vt* to subsidize.

subvenir [75] *vt* to meet, to defray.

subversión *f* subversion.

subversivo, va *adj* subversive.

subvertir [27] *vt* to subvert.

subviene *v* → **subvenir.**

subviniera *etc v* → **subvenir.**

subvino *v* → **subvenir.**

subyacente *adj* underlying.

subyacer *vi* [ocultarse]: ~ **bajo algo** to underlie sthg.

subyugación *f* subjugation.

subyugado, da *adj* - **1.** [sometido] subjugated. - **2.** [atraído]: ~ **por** captivated by, enthralled by.

subyugador, ra ◇ *adj* - **1.** [dominador] conquering. - **2.** [atrayente] captivating. ◇ *m, f* - **1.** [persona dominante] subjugator. - **2.** [persona atractiva] captivator.

subyugar [16] *vt* - **1.** [someter] to subjugate. - **2.** *fig* [dominar] to quell, to master. - **3.** *fig* [atraer] to captivate.

succión *f* suction.

succionar *vt* [suj: raíces] to suck up; [suj: bebé] to absorb, to suck.

sucedáneo, a *adj* ersatz, substitute.

◆ **sucedáneo** *m* substitute.

suceder ◇ *v impers* [ocurrir] to happen; **suceda lo que suceda** whatever happens. ◇ *vt* [sustituir]: ~ **a alguien (en)** to succeed sb (in); **al presidente socialista le sucedió un conservador** the socialist president was succeeded by a conservative. ◇ *vi* - **1.** [venir después]: ~ **a** to come after, to follow; **a la guerra sucedieron años muy tristes** the war was followed by years of misery. - **2.** [heredar] to inherit.

◆ **sucederse** *vpr* to follow one another.

sucedido *m* event.

sucesión *f* - **1.** [gen] succession; ~ **forzosa/intestada** forced/intestate inheritance. - **2.** [descendencia] issue.

sucesivamente *adv* successively; **y así** ~ and so on.

sucesivo, va *adj* - **1.** [consecutivo] successive, consecutive. - **2.** [siguiente]: **en días** ~**s les informaremos** we'll let you know in the next few days ❑ **en lo** ~ in future.

suceso *m* - **1.** [acontecimiento] event. - **2.** *(gen pl)* [hecho delictivo] crime; [incidente] incident. - **3.** [paso del tiempo] course.

sucesor, ra ◇ *adj* succeeding. ◇ *m, f* successor.

sucesorio, ria *adj* succession *(antes de sust).*

suche *Amér* ◇ *adj* unripe. ◇ *m* - **1.** *fam despec* menial. - **2.** [árbol] white frangipani.

suciamente *adv* - **1.** [con suciedad] dirtily. - **2.** *fig* [con maldad] vilely, basely.

suciedad *f* - **1.** [cualidad] dirtiness *(U).* - **2.** [porquería] dirt, filth *(U).* - **3.** *fig* [maldad] vileness, baseness. - **4.** [obscenidad] obscenity.

sucintamente *adv* succinctly.

sucinto, ta *adj* - **1.** [conciso] succinct. - **2.** [pequeño] skimpy.

sucio, cia *adj* - **1.** [con suciedad] dirty; [al comer, trabajar] messy; **el blanco es un color muy** ~ white is a colour that gets dirty easily ❑ **en** ~ in rough. - **2.** [juego] dirty. - **3.** [conciencia] bad, guilty. - **4.** [de color indefinido] off, dirty; **un rojo** ~ a dirty red.

◆ **sucio** *adv* dirtily.

suco, ca *adj Amér* - **1.** [rubio] blond *(f* blonde). - **2.** [de color naranja] orange.

◆ **suco** *m* - **1.** [jugo] juice, sap. - **2.** *Amér* [terreno] muddy ground.

sucre *m* [moneda] sucre.

súcubo ◇ *adj* succubine. ◇ *m* succubus, demon.

sucucho *m* corner, nook.

suculencia *f* tastiness.

suculento, ta *adj* tasty.

sucumbir *vi* - **1.** [rendirse, ceder]: ~ **(a)** to succumb (to). - **2.** [fallecer] to die. - **3.** DER to lose one's suit.

sucursal *adj & f* branch.

sudaca *adj & mf fam racist term referring to a Latin American.*

sudación *f* sweating.

sudadera *f* - **1.** [sudor] sweat. - **2.** [prenda] sweatshirt.

sudadero *m* - **1.** [paño] handkerchief. - **2.** [sala] sweating room. - **3.** [rezumadero] damp place.

sudado *m Amér* stew.

Sudáfrica *s* South Africa.

sudafricano, na *adj & m, f* South African.

Sudamérica *s* South America.

sudamericano, na, suramericano, na *adj & m, f* South American.

Sudán *s* Sudan.

sudanés, esa *(pl* **sudaneses)** *adj & m, f* Sudanese.

sudar ◇ *vi* - **1.** [transpirar] to sweat; [suj: planta] to ooze. - **2.** *fam* [trabajar duro] to sweat blood. ◇ *vt* - **1.** [empapar] to make sweaty. - **2.** *fam* [trabajar duro por] to work hard for.

sudario *m* shroud.

sudestada *f Amér* rainy southeasterly wind.

sudeste, sureste ◇ *adj* - **1.** [posición, parte] southeast, southeastern. - **2.** [dirección, viento] southeasterly. ◇ *m* - **1.** [punto cardinal, zona] southeast; **el** ~ **asiático** Southeast Asia. - **2.** [viento] southeaster, southeasterly.

sudista ◇ *adj* Southern *(in US Civil War).* ◇ *mf* Southerner *(in US Civil War).*

sudoeste, suroeste ◇ *adj* - **1.** [posición, parte] southwest, southwestern. - **2.** [dirección, viento] southwesterly. ◇ *m* - **1.** [punto cardinal] southwest. - **2.** [viento] southwester, southwesterly.

sudor *m* - **1.** [transpiración] sweat *(U)*; ~ **frío** cold sweat; **con el** ~ **de su frente** by the sweat of his/her *etc* brow. - **2.** [de botijo etc] condensation. - **3.** [de la pared] sweat, moisture. - **4.** *fig* [esfuerzo] sweat, toil.

◆ **sudores** *mpl* sweat treatment *(sg).*

sudoriento, ta *adj* sweaty.

sudorífero, ra, sudorífico, ca *adj* sudoriferous, sudorific.

◆ **sudorífero** *m* sudorific.

sudoríparo, ra *adj* sweat *(antes de sust).*

sudoroso, sa *adj* sweaty.

sudsudeste *m* south-southeast.

sudsudoeste *m* south-southwest.

Suecia *s* Sweden.

sueco, ca ◇ *adj* Swedish. ◇ *m, f* [persona] Swede; **hacerse el** ~ *fig* to play dumb, to pretend not to understand.

◆ **sueco** *m* [lengua] Swedish.

suegro, gra *m, f* father-in-law *(f* mother-in-law).

◆ **suegra** *f* [de pan] hard crust.

◆ **suegros** *mpl* parents-in-law, in-laws.

suela *f* - **1.** [de calzado] sole; **media** ~ half sole; **no llegarle a alguien a la** ~ **del zapato** *fig* not to hold a candle to sb. - **2.** [de edificio] socle, plinth. - **3.** [de animal] tanned leather. - **4.** [de taco de billar] leather tip.

suelda *etc v* → **soldar**.

sueldo *m* [salario] salary, wages *(pl)*; [semanal] wage; **a** ~ [asesino] hired; [empleado] salaried ◻ ~ **base** [salario] basic salary; [semanal] basic wage; ~ **neto** take-home pay, net salary.

suelo[1] *v* → **soler**.

suelo[2] *m* - **1.** [pavimento - en interiores] floor; [- en el exterior] ground. - **2.** [terreno, territorio] soil; [para edificar] land. - **3.** [base] bottom. - **4.** *fig* [país] earth; ~ **natal** native land, native soil. - **5.** [sedimento] sediment. - **6.** *loc*: **arrastrarse por el** ~ to grovel, to humble o.s.; **echar por el** ~ **un plan** to ruin a project; **estar por los** ~**s** [persona, precio] to be at rock bottom; [productos] to be dirt cheap; **poner** o **tirar por los** ~**s** to run down, to criticize; **venir** o **venirse al** ~ [caer] to fall down, to collapse; *fig* [fracasar] to fail.

◆ **suelos** *mpl* leftover grain *(sg)*.

suelta[1] *etc v* → **soltar**.

suelta[2] ◇ *adj f* → **suelto**. ◇ *f* - **1.** [del caballo] fetter. - **2.** [de bueyes] relay. - **3.** *loc*: **dar** ~ to free, to let loose.

sueltamente *adv* - **1.** [con agilidad] loosely, agilely. - **2.** [con espontaneidad] spontaneously.

suelto, ta *adj* - **1.** [gen] loose; [cordones] undone; ¿**tienes cinco duros** ~**s**? have you got 25 pesetas in loose change?; **andar** ~ [en libertad] to be free; [en fuga] to be at large; [con diarrea] to have diarrhoea. - **2.** [separado] separate; [desparejado] odd; **no los vendemos** ~**s** we don't sell them separately. - **3.** [arroz] fluffy. - **4.** [lenguaje, estilo] fluent, fluid. - **5.** [desenvuelto] comfortable, at ease. - **6.** LITER blank. - **7.** [de vientre] having loose bowels.

◆ **suelto** *m* - **1.** [calderilla] loose change. - **2.** [en prensa] insert.

suena *etc v* → **sonar**[2].

sueña *etc v* → **soñar**.

sueñecito *m* nap, forty winks; **echarse un** ~ to have a nap, to have forty winks.

sueño *m* - **1.** [ganas de dormir] sleepiness; [por medicamento etc] drowsiness; **caerse de** ~ to be falling asleep on one's feet; **dar** ~ to make sleepy; **algunos medicamentos me dan** ~ certain medicines make me sleepy; ¡**qué** ~! I'm really sleepy!; **quitar el** ~ to keep awake; **tener** ~ to be sleepy. - **2.** [estado] sleep; **coger el** ~ to get to sleep; **descabezar un** ~ to have a nap; **echar un** ~ to take a nap; **entre** ~**s** half-asleep; **no poder conciliar el** ~ to be unable to sleep; **tener el** ~ **ligero** o **liviano** to be a light sleeper ◻ ~ **eterno** *fig* eternal rest; ~ **pesado/ligero** heavy/light sleep. - **3.** [imagen mental, objetivo, quimera] dream; **esta casa es un** ~ *fam* this house is a dream; **en** ~**s** in a dream; **le gustaba imaginar en** ~**s que era una actriz famosa** she liked to daydream about being a famous actress; **un** ~ **hecho realidad** dream come true ◻ ~ **dorado** lifelong o greatest dream; ~ **imposible** pipe dream; **ni en** ~**s** no way, under no circumstances; **es un mal estudiante y ni en** ~**s podrá acabar la carrera** he's such a bad student, there's no way he'll finish his studies.

suero *m* - **1.** MED serum; ~ **artificial** saline solution; ~ **de la verdad** truth drug. - **2.** [de la leche] whey.

suerte *f* - **1.** [azar] chance; **echar** ~ to draw lots; **echar** o **tirar algo a** ~**s** to draw lots for sthg ◻ **la** ~ **está echada** the die is cast. - **2.** [fortuna] luck; **dar** o **traer** ~ to bring luck; **estar de mala** ~ to be out of luck; **estar de** ~ to be in luck; **estoy de** ~, **ha dejado de llover justo cuando he salido** I'm in luck, it stopped raining just as I went out; **por** ~ luckily; **por** ~, **llegamos a tiempo** luckily, we arrived in time; **probar** ~ to try one's luck; ¡**qué** ~! that was lucky!; **tener** ~ to be lucky ◻ **buena/mala** ~ good/bad luck; ~ **negra** rotten luck. - **3.** [destino] fate; **tentar a la** ~ to tempt fate; **tocar** o **caer en** ~ **a alguien** to fall to sb's lot; **unirse a la** ~ **de alguien** to throw in one's lot with sb. - **4.** [situación] situation, lot. - **5.** *culto* [clase] manner; **toda**

~ **de** all manner of. - **6.** *culto* [manera] manner, fashion; **de** ~ **que** in such a way that; **cerró la verja, de** ~ **que nadie pudiera pasar** she closed the gate so that nobody could get through; **de otra** ~ otherwise. - **7.** TAUROM stage *(of bullfight)*. - **8.** IMPRENTA sort. - **9.** *Amér* [medida] lot, plot. - **10.** *Amér* [billete de lotería] lottery ticket.

suertero, ra, suertudo, da *Amér* ◇ *adj mfam* jammy. ◇ *m, f* lottery ticket seller.

suéter *m* sweater.

Suez *s* → **canal**.

sufí *(pl* **sufíes***)* ◇ *adj* sufic. ◇ *mf* sufi.

suficiencia *f* - **1.** [capacidad] proficiency. - **2.** [idoneidad] suitability; [de medidas, esfuerzos] adequacy. - **3.** [presunción] smugness, self-importance.

◆ **a suficiencia** *loc adv* sufficiently, enough.

suficiente ◇ *adj* - **1.** [bastante] enough; [medidas, esfuerzos] adequate; **no llevo (dinero)** ~ I don't have enough (money) on me; **no tienes la estatura** ~ you're not tall enough. - **2.** [presuntuoso] smug, full of o.s. ◇ *m* [nota] pass.

suficientemente *adv* sufficiently, enough.

sufijo, ja *adj* suffixal.

◆ **sufijo** *m* suffix.

sufragar [16] ◇ *vt* - **1.** [costear] to defray. - **2.** [ayudar] to aid, to support. ◇ *vi Amér* to vote.

sufragio *m* - **1.** [voto] suffrage; ~ **directo/indirecto/universal** direct/indirect/universal suffrage. - **2.** [ayuda] assistance, aid.

sufragismo *m* suffragette movement.

sufragista ◇ *adj* suffragette *(antes de sust)*. ◇ *mf* suffragette.

sufrible, sufridero, ra *adj* bearable, endurable.

sufrido, da *adj* - **1.** [resignado] patient, uncomplaining; [durante mucho tiempo] long-suffering. - **2.** [resistente - tela] hardwearing; [- color] that does not show the dirt.

◆ **sufrido** *m* complaisant husband.

sufridor, ra ◇ *adj* easily worried. ◇ *m, f* sufferer.

◆ **sufridor** *m Amér* saddle blanket o cloth.

sufrimiento *m* - **1.** [padecimiento] suffering. - **2.** [tolerancia] endurance, tolerance.

sufrir ◇ *vt* - **1.** [padecer] to suffer; [accidente] to have; **sufrieron mucho frío** they were very cold; **los campos sufren los efectos de la sequía** the fields are suffering the effects of the drought; **sufre frecuentes ataques epilépticos** she often has epileptic fits. - **2.** [soportar] to bear, to stand; **tengo que** ~ **sus manías** I have to put up with his idiosyncrasies. - **3.** [cambios etc] to undergo. - **4.** [permitir] to permit, to allow. - **5.** [pena] to pay. ◇ *vi* [padecer] to suffer; ~ **de** [enfermedad] to suffer from; ~ **del estómago** to have a stomach complaint.

sugerencia *f* suggestion; *ver* USO *en página siguiente*.

sugerente *adj* evocative.

sugerir [27] *vt* - **1.** [proponer] to suggest. - **2.** [evocar] to evoke.

sugestión *f* suggestion.

sugestionable *adj* impressionable.

sugestionar *vt* to influence.

◆ **sugestionarse** *vpr* - **1.** [obsesionarse] to become obsessed. - **2.** PSICOL to use autosuggestion.

sugestivo, va *adj* attractive.

sugiera, sugiriera *etc v* → **sugerir**.

suich *m Amér* switch.

suicida ◇ *adj* suicidal. ◇ *mf* [por naturaleza] suicidal person; [suicidado] person who has committed suicide.

suicidarse *vpr* to commit suicide.

suicidio *m* suicide.

sui generis [sui 'xeneris] *adj* individual.

suite [suit] *f* [gen & MÚS] suite.

Suiza *s* Switzerland.

suizo, za *adj & m, f* Swiss.

sujeción *f* - **1.** [atadura] fastening. - **2.** [sometimiento] subjection; **con** ~ **a** DER subject to.

sujetador, ra ◇ *adj* fastening. ◇ *m, f* fastener.

◆ **sujetador** *m* bra, brassiere.

sujetalibros *m inv* bookend.

sujetapapeles *m inv* paper clip.

sujetar *vt* - **1.** [agarrar] to hold down. - **2.** [aguantar] to fasten; [papeles] to fasten together. - **3.** [someter] to subdue; [a niños] to control.

◆ **sujetarse** *vpr* - **1.** [agarrarse]: ~**se a** to hold on to, to cling to; **se sujetó a la barandilla para no caerse** she held on to the handrail so as not to fall. - **2.** [aguantarse] to keep in place. - **3.** [someterse]: ~**se a** to keep o stick to; **en el ejército hay que** ~**se a una dura disciplina** in the army you are subject to strict discipline.

sujeto, ta *adj* - **1.** [agarrado] fastened. - **2.** [expuesto]: ~ **a** subject to. - **3.** [dominado] subject, in subjection.

◆ **sujeto** *m* - **1.** [gen & GRAM] subject. - **2.** [individuo] individual; **buen** ~ good guy ❑ ~ **pasivo** ECON taxpayer.

sulfamida *f* MED sulphonamide.

sulfatarse *vpr* [pilas] to leak.

sulfato *m* sulphate; ~ **de cinc/de magnesio** zinc/magnesium sulphate; ~ **ferroso** o **de hierro** iron sulphate.

sulfurado, da *adj* - **1.** *fig* [irascible] irritable. - **2.** QUÍM sulphurated.

sulfurar *vt* - **1.** *fig* [encolerizar] to infuriate. - **2.** QUÍM to sulphurate.

◆ **sulfurarse** *vpr* [encolerizarse] to get mad.

sulfúrico, ca *adj* sulphuric.

sulfuro *m* sulphide; ~ **de cinc** zinc sulphide.

sulfuroso, sa *adj* QUÍM sulphurous.

sultán *m* sultan.

sultana *f* sultana.

sultanato, sultanado *m* sultanate.

suma ◇ *adj f* → **sumo**. ◇ *f* - **1.** [MAT - acción] addition; [- resultado] total. - **2.** [conjunto - de conocimientos, datos] total, sum; [- de dinero] sum. - **3.** [resumen]: **en** ~ in short. - **4.** [esencia] essence.

sumador, ra ◇ *adj* adding. ◇ *m, f* adder.

◆ **sumadora** *f* adding machine.

sumamente *adv* extremely.

sumando *m* addend.

sumar *vt* - **1.** MAT to add together; **tres y cinco suman ocho** three and five are o make eight; **suma y sigue** [en contabilidad] carried forward; *fam* [que aún falta] that's not all, there's more. - **2.** [costar] to come to.

◆ **sumarse** *vpr*: ~**se (a)** [grupo, equipo] to join (in); [opinión] to adhere to.

sumaria ◇ *adj f* → **sumario**. ◇ *f* - **1.** DER written proceedings *(pl)*. - **2.** MIL indictment.

sumarial *adj* pertaining to an indictment.

sumariamente *adv* summarily, without delay.

sumario, ria *adj* - **1.** [conciso] brief. - **2.** DER summary.

◆ **sumario** *m* - **1.** DER indictment. - **2.** [resumen] summary.

sumarísimo, ma *adj* DER swift, expeditious.

Sumatra *s* Sumatra.

sumergible ◇ *adj* waterproof. ◇ *m* submarine.

sumergir [15] *vt* - **1.** [hundir] to submerge; [con fuerza] to plunge. - **2.** [bañar] to dip.

◆ **sumergirse** *vpr* - **1.** [hundirse] to submerge; [con fuerza] to plunge. - **2.** [abstraerse]: ~**se (en)** to immerse o.s. (in).

sumersión *f* submergence, immersion.

sumidero *m* - **1.** [desagüe] drain. - **2.** *Amér* [pozo negro] cesspool. - **3.** *Amér* [terreno] quaking bog.

sumiller (*pl* **sumillers**), **sommelier** [some'lie] (*pl* **sommeliers**) *m* sommelier, wine waiter.

suministrable *adj* suppliable.

suministración *f* supplying, provision.

suministrador, ra ◇ *adj* supply *(antes de sust)*. ◇ *m, f* supplier.

suministrar *vt* to supply; ~ **algo a alguien** to supply sb with sthg.

suministro *m* [gen] supply; [acto] supplying; ~ **a domicilio** home delivery.

◆ **suministros** *mpl* supplies, provisions.

sumir *vt*: ~ **a alguien en** to plunge sb into.

◆ **sumirse** *vpr* - **1.** [depresión, sueño etc] to sink into. - **2.** [estudio, tema] to immerse o.s. in.

sumisamente *adv* submissively.

sumisión *f* - **1.** [obediencia - acción] submission; [- cualidad] submissiveness. - **2.** [rendición] surrender. - **3.** DER renunciation of jurisdiction.

sumiso, sa *adj* [sometido] submissive.

súmmum *m inv* height.

sumo, ma *adj* - **1.** [supremo] highest, supreme. - **2.** [gran] extreme, great.

◆ **a lo sumo** *loc adv* at most.

◆ **de sumo** *loc adv* completely, entirely.

sunnita ◇ *adj* Sunni. ◇ *mf* Sunnite, Sunni Moslem.

suntuario, ria *adj* luxury *(antes de sust)*.

suntuosamente *adv* sumptuously, magnificently.

suntuosidad *f* sumptuousness, magnificence.

suntuoso, sa *adj* - **1.** [ceremonia, decoración] sumptuous, magnificent. - **2.** [gesto, porte] stately, majestic.

supeditación *f* - **1.** [subordinación] subordination. - **2.** [avasallamiento] subduing, subjugating.

supeditar *vt* - **1.** [subordinar]: ~ **(a)** to subordinate (to); **estar supeditado a** to be dependent on. - **2.** [avasallar] to subdue, to subjugate.

◆ **supeditarse** *vpr*: ~**se a** to submit to.

súper ◇ *adj fam* great, super. ◇ *adv fam* really. ◇ *m fam* supermarket. ◇ *f*: **(gasolina)** ~ = four-star (petrol).

superable *adj* surmountable.

superabundancia *f* = **sobreabundancia**.

superabundante *adj* = **sobreabundante**.

superabundar *vi* = **sobreabundar**.

superación *f* overcoming; **afán de** ~ drive to improve.

USO ▶ Hacer sugerencias

Directas	**Menos directas**
Come and play football!	Have you ever thought of changing jobs?
Let's go swimming!	Have you ever considered a pension plan?
I'm going for a walk. Do you want to come?	How would you feel about a trip abroad?
Why don't you phone him?	You could always write to them.
Why not go and see her?	Can't we talk about it?
What if I spoke to him first?	If I were you, I'd tell her.
How about a game of cards?	I suggest we tell him.
What would you say to a cup of tea?	Might I o May I make a suggestion...
(How) do you fancy a walk? [*Br, familiar*]	I propose we look at the problem again next week. [*formal*]

superalimentar *vt* = **sobrealimentar**.

superar *vt* - **1.** [vencer] to beat; [récord] to break; ~ **algo/ a alguien en algo** to beat sthg/sb in sthg. - **2.** [adelantar] to overtake, to pass. - **3.** [época, técnica]: **estar superado** to have been superseded. - **4.** [resolver] to overcome.
◆ **superarse** *vpr* - **1.** [mejorar] to better o.s. - **2.** [lucirse] to excel o.s.

superávit *m inv* surplus; ~ **reservado** surplus reserves.

supercarburante *m* high-grade fuel.

superchería *f* fraud, hoax.

superconductividad *f* FÍS superconductivity.

superconductor *m* FÍS superconductor.

superdotado, da ◇ *adj* extremely gifted. ◇ *m, f* extremely gifted person.

supereminente *adj* preeminent.

supererogación *f* supererogation.

superestimado *adj* = **sobrestimado**.

superestimar *vt* = **sobrestimar**.

superestrella *f* superstar.

superestructura *f* superstructure.

superficial *adj lit & fig* superficial.

superficialidad *f* superficiality.

superficialmente *adv* superficially.

superficie *f* - **1.** [gen] surface; **salir a la** ~ NÁUT to come to the surface, to surface ❏ ~ **de rodadura** tread; ~ **de trabajo** work surface. - **2.** [área] area.

superfino, na *adj* superfine.

superfluidad *f* - **1.** [condición] superfluity, superfluousness. - **2.** [cosa, dicho] superfluous thing.

superfluo, flua *adj* [no necesario] superfluous; [gasto] unnecessary.

superhombre *m* superman.

superintendencia, sobreintendencia *f* - **1.** [acción] supervision. - **2.** [empleo] superintendence. - **3.** [oficina] superintendent's office.

superintendente, sobreintendente *mf* superintendent.

superior, ra ◇ *adj* - **1.** [de arriba] top; **colocó el libro en el estante** ~ he put the book on the top shelf. - **2.** [mayor]: ~ **(a)** higher (than). - **3.** [mejor]: ~ **(a)** superior (to). - **4.** [excelente] excellent. - **5.** RELIG superior. - **6.** ANAT & GEOGR upper. - **7.** EDUC higher. ◇ *m, f* superior (*f* mother superior).
◆ **superior** *m (gen pl)* [jefe] superior.

superioridad *f lit & fig* superiority.

superiormente *adv* in a superior manner.

superlativo, va *adj* - **1.** [belleza etc] exceptional. - **2.** GRAM superlative.

superman [super'man] *m* superman.

supermercado *m* supermarket.

supernova *f* supernova.

supernumerario, ria ◇ *adj* - **1.** [que está de más] supernumerary, extra. - **2.** [militar] on unpaid leave. ◇ *m, f* supernumerary.

superpetrolero *m* supertanker.

superpoblación *f* overpopulation.

superpoblado, da *adj* overpopulated.

superponer, sobreponer [65] *vt* - **1.** [poner encima] to put on top. - **2.** *fig* [anteponer]: ~ **algo a algo** to put sthg before sthg.

superposición *f* superimposing.

superpotencia *f* superpower.

superproducción *f* - **1.** ECON overproduction *(U)*. - **2.** CINE blockbuster.

superpuesto, ta ◇ *pp* → **superponer**. ◇ *adj* [puesto encima] superimposed.

superrealismo, sobrerrealismo *m* ARTE surrealism.

supersónico, ca *adj* supersonic.

superstición *f* superstition.

supersticiosamente *adv* superstitiously.

supersticioso, sa *adj* superstitious.

supervalorar *vt* to overvalue, to overrate.
◆ **supervalorarse** *vpr* to have too high an opinion of o.s.

supervisar *vt* to supervise.

supervisión *f* supervision.

supervisor, ra ◇ *adj* supervisory. ◇ *m, f* supervisor.

supervivencia *f* - **1.** [gen] survival. - **2.** *fig* [vestigio] vestige.

superviviente, sobreviviente ◇ *adj* surviving. ◇ *mf* survivor.

supervivir *vi* = **sobrevivir**.

supiera *etc v* → **saber**.

supinación *f* supination.

supinador, ra *adj* supinating.
◆ **supinador** *m* supinator.

supino, na *adj* - **1.** [tendido] supine. - **2.** *fig* [excesivo] utter.
◆ **supino** *m* GRAM supine.

suplantación *f* - **1.** [reemplazo]: ~ **(de personalidad)** impersonation. - **2.** [falsificación] falsification.

suplantador, ra *m, f* impostor.

suplantar *vt* - **1.** [reemplazar] to take the place of. - **2.** [falsificar] to falsify.

suplefaltas *mf inv fam* stand-in.

suplementario, ria *adj* supplementary, extra.

suplemento *m* - **1.** [gen & PRENSA] supplement; ~ **dominical** Sunday supplement. - **2.** [complemento] attachment.

suplencia *f* EDUC: **hacer** ~**s** ≃ to do supply teaching *(U)*.

suplente ◇ *adj* stand-in *(antes de sust)*. ◇ *mf* - **1.** [sustituto] stand-in. - **2.** TEATRO understudy. - **3.** DEP substitute.

supletorio, ria *adj* additional, extra.
◆ **supletorio** *m* TELECOM extension.

súplica *f* - **1.** [ruego] plea, entreaty; [petición] request, petition; **a** ~ **de** at the request of, by request of. - **2.** DER petition.

suplicación *f* - **1.** [ruego] supplication, plea; [petición] request, petition. - **2.** DER appeal.

suplicante ◇ *adj* - **1.** [que ruega] entreating, pleading. - **2.** [que pide] requesting, petitioning. ◇ *mf* petitioner.

suplicar [10] *vt* - **1.** [rogar]: ~ **algo (a alguien)** to plead for sthg (with sb); ~ **a alguien que haga algo** to beg sb to do sthg. - **2.** DER to appeal to.

suplicatorio *m* letters *(pl)* rogatory.

suplicio *m* - **1.** [tortura] torture; [corporal] corporal punishment. - **2.** [pena capital] capital punishment. - **3.** [lugar] place of execution.

suplique *etc v* → **suplicar**.

suplir *vt* - **1.** [sustituir]: ~ **algo/a alguien (con)** to replace sthg/sb (with). - **2.** [compensar]: ~ **algo (con)** to compensate for sthg (with). - **3.** [disimular] to conceal, to hide.

supo *v* → **saber**.

suponer [65] ◇ *vt* - **1.** [creer, presuponer] to suppose; **ser de** ~ to be possible o likely; ~ **que sí** to suppose so ❏ **suponiendo que** supposing o assuming that. - **2.** [implicar] to involve, to entail; **esto supone un cambio en nuestros planes** this entails a change in our plans. - **3.** [significar] to mean; **este descubrimiento supone un avance importante para la ciencia** this discovery constitutes a major advance for science. - **4.** [conjeturar] to imagine; **lo suponía** I guessed as much; **te suponía mayor** I thought you were older. ◇ *vi desus* to be important. ◇ *m*: **ser un** ~ to be conjecture.
◆ **suponerse** *vpr* to suppose.

suposición *f* - **1.** [conjetura] assumption. - **2.** [distinción] distinction. - **3.** [mentira] imposture. - **4.** FILOS supposition.

supositorio *m* suppository.

supranacional *adj* supranational.

suprarrealismo *m* surrealism.

suprarrenal *adj* suprarenal.

suprasensible *adj* supersensitive.

suprema f→ **supremo.**
supremacía f supremacy.
supremo, ma adj lit & fig supreme.
◆ **suprema** f Supreme Council of the Inquisition.
supresión f - **1.** [de ley, impuesto, derecho] abolition; [de sanciones, restricciones] lifting. - **2.** [de palabras, texto] deletion. - **3.** [de puestos de trabajo, proyectos] axing.
supresor, ra m, f suppressor.
suprimir vt - **1.** [ley, impuesto, derecho] to abolish; [sanciones, restricciones] to lift. - **2.** [palabras, texto] to delete. - **3.** [puestos de trabajo, proyectos] to axe.
supuesto, ta ◇ pp → **suponer.** ◇ adj - **1.** [que se supone] supposed; [culpable, asesino] alleged; [nombre] falso; **dar algo por** ~ to take sthg for granted ❑ **por** ~ of course. - **2.** [imaginario] imaginary. - **3.** [hipotético] hypothetical.
◆ **supuesto** m assumption; **en el** ~ **de que...** assuming...; ~ **táctico** MIL military o tactical manoeuvres.
◆ **supuestos** mpl data (U), information (U).
◆ **supuesto que** loc conj - **1.** [ya que] since. - **2.** [en caso de] if, in the event that.
supuración f suppuration.
supurar vi to suppurate, to fester.
supusiera etc v → **suponer.**
sur ◇ adj [posición, parte] south, southern; [dirección, viento] southerly. ◇ m - **1.** [punto cardinal] south. - **2.** [zona terrestre] South.
suramericano, na adj & m, f = **sudamericano.**
surcar [10] vt - **1.** [tierra] to plough; [aire, agua] to cut o slice through. - **2.** [papel, tela] to score.
surco m - **1.** [zanja] furrow. - **2.** [señal - de disco] groove; [- de rueda] rut. - **3.** [arruga] line, wrinkle. - **4.** loc: **echarse en el** ~ fam to lie down on the job.
surcoreano, na adj & m, f South Korean.
sureño, ña ◇ adj [gen] southern; [viento] southerly. ◇ m, f southerner.
sureste adj & m = **sudeste.**
surf, surfing m surfing; **hacer** ~ to surf.
surfista mf surfer.
surgimiento m [aparición] rise.
surgir [15] vi - **1.** [brotar] to spring forth. - **2.** [aparecer] to appear. - **3.** [producirse] to arise. - **4.** NÁUT to anchor.
Surinam s Surinam.
suripanta f - **1.** [corista] chorus girl. - **2.** despec [mujer] tart, slut.
surmenaje m mental strain.
suroeste adj & m = **sudoeste.**
surque etc v → **surcar.**
surrealismo m surrealism.
surrealista adj & mf surrealist.
surtidero m conduit, outlet.
surtido, da adj - **1.** [bien aprovisionado] well-stocked. - **2.** [variado] assorted.
◆ **surtido** m - **1.** [gama] range. - **2.** [caja] assortment.
surtidor, ra adj supplying.
◆ **surtidor** m - **1.** [de gasolina] pump; [de un chorro] spout. - **2.** [proveedor] supplier.
surtimiento m supply, stock.
surtir ◇ vt [proveer]: ~ **a alguien (de)** to supply sb (with). ◇ vi [brotar]: ~ **(de)** to spout o spurt (from).
◆ **surtirse de** vpr [proveerse de] to stock up on.
surumpe m Amér snow blindness.
survietnamita adj & mf South Vietnamese.
sus interj come on!, keep it up!
susceptibilidad f oversensitivity.
susceptible adj - **1.** [sensible] oversensitive. - **2.** [posible]: ~ **de** liable to.
suscitar vt [provocar] to provoke; [interés, dudas, sospechas] to arouse.
◆ **suscitarse** vpr to come up.

suscribir vt - **1.** [firmar] to sign. - **2.** [ratificar] to endorse. - **3.** COM [acciones] to subscribe for. - **4.** [abonar] to subscribe.
◆ **suscribirse** vpr - **1.** PRENSA: ~**se (a)** to subscribe (to). - **2.** COM: ~**se a** to take out an option on.
suscripción f subscription.
suscriptor, ra m, f subscriber.
suscrito, ta ◇ pp → **suscribir.** ◇ adj: **estar** ~ **a** to subscribe to.
susodicho, cha adj above-mentioned.
suspender vt - **1.** [colgar] to hang (up). - **2.** EDUC to fail; **suspendió cinco asignaturas** she failed five subjects. - **3.** [interrumpir] to suspend; [sesión] to adjourn. - **4.** [aplazar] to postpone. - **5.** [de un cargo] to suspend; ~ **de empleo y sueldo** to suspend without pay. - **6.** [causar admiración] to astonish, to amaze. - **7.** DER to adjourn.
suspense m suspense.
suspensión f - **1.** [gen & AUTOM] suspension; **en** ~ in suspension ❑ ~ **de empleo** suspension on full pay; ~ **de fuego** o **de hostilidades** cease-fire; ~ **de garantías** DER suspension of constitutional rights; ~ **de pagos** suspension of payments. - **2.** [aplazamiento] postponement; [de reunión, sesión] adjournment.
suspensivo, va adj → **punto.**
suspenso, sa adj - **1.** [colgado]: ~ **de** hanging from. - **2.** EDUC [no aprobado]: **estar** ~ to have failed. - **3.** fig [interrumpido]: **en** ~ pending.
◆ **suspenso** m - **1.** EDUC [nota] failure. - **2.** Amér [sensación]: **mantener en** ~ to keep guessing, to keep in suspense ❑ **de** ~ suspense.
suspensores mpl Amér braces.
suspensorio, ria adj suspensory.
◆ **suspensorio** m jockstrap.
suspicacia f suspicion.
suspicaz (pl **suspicaces**) adj suspicious.
suspirado, da adj longed-for, yearned-for.
suspirar vi - **1.** [dar suspiros] to sigh; ~ **de** to sigh with. - **2.** fig [desear]: ~ **por algo/por hacer algo** to long for sthg/ to do sthg.
suspiro m - **1.** [aspiración] sigh; **dar un** ~ to heave a sigh ❑ **dar** o **exhalar el último** ~ to breathe one's last. - **2.** [instante]: **en un** ~ in no time at all. - **3.** [pizca] pinch.
sustancia f - **1.** [gen] substance; **sin** ~ lacking in substance ❑ ~ **irritante** irritant; ~ **química** chemical; ~**s contaminantes** pollution (sg). - **2.** [esencia] essence. - **3.** [de alimento] nutritional value. - **4.** [juicio] judgment, sense. - **5.** [jugo] extract.
◆ **en sustancia** loc adv in essence.
◆ **sustancia gris** f grey matter.
sustanciación f - **1.** [compendio] abridgment, condensation. - **2.** DER substantiation.
sustancial adj - **1.** [de la materia] substantial, significant. - **2.** [esencial] essential, fundamental. - **3.** [nutritivo] substantial.
sustancialmente adv - **1.** [en sustancia] substantially. - **2.** [en esencia] essentially.
sustanciar [8] vt - **1.** [resumir] to summarize. - **2.** DER to substantiate.
sustancioso, sa adj substantial.
sustantivación f GRAM substantivization, use as a noun.
sustantivar vt GRAM to substantivize, to use as a noun.
sustantivo, va adj GRAM noun (antes de sust).
◆ **sustantivo** m GRAM noun.
sustentación f = **sustentamiento.**
sustentáculo m support, prop.
sustentador m support.
sustentamiento m, **sustentación** f - **1.** [soporte, base] support. - **2.** [alimento] sustenance, nourishment. - **3.** [afirmación] maintaining. - **4.** AERON lift.
sustentante ◇ adj supporting. ◇ m - **1.** [de edificio] support. - **2.** [de tesis] defender.

sustentar *vt* - **1.** [sostener] to support. - **2.** *fig* [mantener - la moral] to keep up; [- argumento, teoría] to defend. - **3.** [alimentar] to sustain, to nourish.
◆ **sustentarse** *vpr* - **1.** [mantenerse] to support o.s.; ~**se con** o **de** to sustain o.s. on, to live off. - **2.** [alimentarse] to live on.

sustento *m* - **1.** [alimento] sustenance; [mantenimiento] livelihood; **ganarse el** ~ to earn one's living ❏ ~ **principal** mainstay. - **2.** [apoyo] support.

sustitución *f* - **1.** [cambio] replacement. - **2.** DER subrogation.

sustituible *adj* replaceable.

sustituidor, ra ◇ *adj* substitute *(antes de sust)*, substituting. ◇ *m, f* substitute.

sustituir [51] *vt:* ~ **(por)** to replace (with); **los trenes de vapor fueron sustituidos por los eléctricos** steam trains were replaced by electric ones.

sustitutivo, va *adj* substitute.
◆ **sustitutivo** *m:* ~ **(de)** substitute (for).

sustituto, ta *m, f* [gen] substitute, replacement; [de obra teatral] understudy.

susto *m* - **1.** [miedo] fright; **caerse del** ~ to be frightened to death; **dar** o **pegar un** ~ **a alguien** to give sb a fright; **darse** o **pegarse un** ~ to get a fright ❏ **dar un** ~ **al miedo** *fam* to be as ugly as sin; **no ganar para** ~**s** it's just one thing after another. - **2.** *fig* [preocupación] dread. - **3.** *Amér* nervous breakdown.

sustracción *f* - **1.** [robo] theft. - **2.** MAT subtraction. - **3.** [deducción, exclusión] deduction.

sustraendo *m* subtrahend.

sustraer [73] *vt* - **1.** [robar] to steal. - **2.** MAT to subtract. - **3.** [deducir, excluir] to deduce.
◆ **sustraerse** *vpr:* ~**se a** o **de** [obligación, problema] to avoid.

sustrato *m* - **1.** GEOL substratum. - **2.** FILOS substance, essence.

susurrador, ra ◇ *adj* whispering. ◇ *m, f* whisperer.

susurrante *adj* whispering.

susurrar ◇ *vt* [murmurar] to whisper. ◇ *vi* - **1.** [murmurar] to whisper. - **2.** *fig* [suj: agua] to murmur, to burble; [suj: viento, hojas] to rustle.
◆ **susurrarse** *vpr* to be whispered, to be rumoured.

susurro *m* - **1.** [murmuro] whisper. - **2.** *fig* [de agua] murmur.

susurrón, ona *fam* ◇ *adj* whispering. ◇ *m, f* whisperer.

sutil *adj* - **1.** [gen] subtle. - **2.** [velo, tejido] delicate, thin; [hilo, línea] fine. - **3.** [brisa] gentle. - **4.** *fig* [persona] clever, sharp.

sutileza *f* - **1.** [finura] subtlety. - **2.** [de velo, tejido] delicacy, thinness; [de hilo, línea] fineness. - **3.** [de brisa] gentleness.

sutilmente *adv* - **1.** [con sutileza] subtly. - **2.** [delicadamente] delicately.

sutura *f* suture.

suturar *vt* to stitch.

suyo, ya ◇ *adj poses* [de él] his; [de ella] hers; [de uno] one's (own); [de ellos, ellas] theirs; [de usted, ustedes] yours; **este libro es** ~ this book is his/hers *etc*; **no es asunto** ~ it's none of his/her *etc* business; **un amigo** ~ a friend of his/hers *etc* ❏ **es muy** ~ *fam fig* he's really selfish. ◇ *pron poses:* **el** ~ [de él] his; [de ella] hers; [de cosa, animal] its (own); [de uno] one's own; [de ellos, ellas] theirs; [de usted, ustedes] yours; **de** ~ in itself; **hacer de las suyas** to be up to his/her *etc* usual tricks; **hacer** ~ to make one's own; **lo** ~ **es el teatro** he/she *etc* should be on the stage; **lo** ~ **sería volver** the proper thing to do would be to go back; **los** ~**s** *fam* [su familia] his/her *etc* folks; [su bando] his/her *etc* lot.

svástica *f* = esvástica.

SW *(abrev de short wave) f* SW.

SWAPO *(abrev de* **South West African People's Organization)** *m* SWAPO.

swing [swin] *m* MÚS swing.

T

t¹, T *f* [letra] t, T.

t² - **1.** *(abrev escrita de* **tonelada)** t. - **2.** *abrev escrita de* **tomo.**

ta *interj* knock knock!

taba *f* - **1.** [hueso] anklebone. - **2.** *Amér* [hueco] water pipe vent. - **3.** *Amér* [charla] chitchat; **menear** ~ to chat.
◆ **tabas** *fpl* jacks, knucklebones.

tabacal *m* tobacco plantation.

tabacalero, ra ◇ *adj* tobacco *(antes de sust)*. ◇ *m, f* - **1.** [cultivador] tobacco grower. - **2.** [comerciante] tobacco dealer.
◆ **Tabacalera** *f state tobacco monopoly in Spain.*

tabaco ◇ *m* - **1.** [planta] tobacco plant. - **2.** [picadura] tobacco; ~ **de hoja** o **en rama** leaf tobacco; ~ **negro/rubio** dark/Virginia tobacco; ~ **de pipa** pipe tobacco; ~ **en polvo** snuff. - **3.** [cigarrillos] cigarettes *(pl)*. - **4.** *loc:* **se le acabó el** ~ *Amér* he ran out of money. ◇ *adj inv* [color] light brown.

tabalear ◇ *vt* to shake. ◇ *vi* to drum one's fingers.

tabaleo *m* shaking.

tabanco *m* - **1.** [puesto de venta] mobile food stall. - **2.** *Amér* [desván] attic.

tábano *m* horsefly.

tabaquera *f →* tabaquero.

tabaquería *f* tobacconist's (shop) *Br*, cigar store *Am*.

tabaquero, ra ◇ *adj* tobacco *(antes de sust)*. ◇ *m, f* tobacco dealer.
◆ **tabaquera** *f* - **1.** [caja] tobacco tin. - **2.** [de pipa] bowl.

tabaquismo *m* nicotine poisoning.

tabardillo, tabardete *m* - **1.** [enfermedad] typhus. - **2.** [insolación] sunstroke. - **3.** *fam* [persona] bore.

tabardo *m* (coarse) cloak.

tabarra *f fam:* **dar la** ~ to be a pest.

tabasco® *m* Tabasco®.

taberna *f country-style bar, usually cheap.*

tabernáculo *m* tabernacle.

tabernario, ria *adj* - **1.** [grosero] coarse. - **2.** [de taberna] *of or relating to a 'taberna'.*

tabernero, **ra** *m*, *f* [propietario] landlord (*f* landlady); [encargado] bartender, barman (*f* barmaid).

tabernucho, **cha** *m*, *f* despec dive.

tabicar [10] *vt* to wall up.

tabique *m* [pared] partition (wall); ~ **de panderete** brick-on-edge partition.

♦ **tabique nasal** *m* nasal septum.

tabla *f* - **1.** [plancha de madera] plank; [losa] slab; ~ **de cocina** chopping board; ~ **(de cortar el pan)** breadboard; ~ **de lavar** washboard; ~ **de planchar** ironing board; ~ **de quesos** cheeseboard. - **2.** [pliegue] pleat. - **3.** [lista, gráfico] table; ~ **de consulta** look-up table; ~ **de conversión** conversion table; ~ **de multiplicación** o **pitagórica** multiplication o Pythagorean table. - **4.** NÁUT [de surf, vela etc] board. - **5.** ARTE panel. - **6.** *loc*: **escapar** en o **salvarse una** ~ to have a narrow escape; **hacer** ~ **rasa** to wipe the slate clean; **hacer** ~ **rasa de algo** to disregard sthg; **ser una** ~ **de salvación** to be a last resort o hope.

♦ **tablas** *fpl* - **1.** [en ajedrez]: **quedar en** o **hacer** ~**s** to end in stalemate. - **2.** TEATRO stage *(sg)*, boards; **tener** ~**s** TEATRO to be an experienced actor; *fig* [ser experto] to be an old hand. - **3.** TAUROM *fence surrounding bullring*. - **4.** HIST & RELIG tables.

♦ **a raja tabla** *loc adv* = **rajatabla**.

♦ **tabla de ejercicios** *f* DEP exercise chart.

tablada *f* Amér stockyard, cattle yard.

tablado *m* [de teatro] stage; [de baile] dance floor; [plataforma] platform.

tablajero, **ra** *m*, *f* - **1.** [carpintero] platform builder. - **2.** [jugador] gambler. - **3.** [carnicero] butcher.

tablao *m* flamenco show.

tablazo *m* - **1.** [golpe] blow with a plank. - **2.** [de mar, de río] shoal.

tablazón *m* boards *(pl)*, planking; ~ **de cubierta** deck planks.

tableado, **da** *adj* pleated.

♦ **tableado** *m* pleats *(pl)*.

tablear *vt* - **1.** [madero] to divide into planks. - **2.** [tela] to pleat.

tableo *m* - **1.** [de madero] planking. - **2.** [de tela] pleating.

tablero *m* - **1.** [gen] board; ~ **de ajedrez** chessboard; ~ **contador** abacus; ~ **de damas** draughtboard; ~ **de dibujo** drawing board. - **2.** [en baloncesto] backboard. - **3.** : ~ **(de mandos)** [de avión] instrument panel; [de coche] dashboard. - **4.** [pizarra] blackboard. - **5.** [mostrador] counter. - **6.** [casino] casino. - **7.** ELECTR switchboard.

♦ **tableros** *mpl barrier in a bullring*.

tableta *f* - **1.** MED tablet. - **2.** [de chocolate] bar. - **3.** *loc*: **estar en** ~**s** to be unsure.

tableteado *m* rattling, clatter.

tabletear *vi* [maderas, ametralladoras] to rattle.

tableteo *m* [de maderas, de ametralladora] rattling.

tablilla *f* - **1.** MED splint. - **2.** [madero] small plank. - **3.** [de anuncios] notice board *Br*, bulletin board *Am*. - **4.** [de billar] cushion.

♦ **tablillas neperianas** *fpl* logarithmic tables.

♦ **tablillas de San Lázaro** *fpl wooden rattle used when begging for San Lázaro hospitals*.

tablón *m* - **1.** [madero] plank; [en el techo] beam; ~ **de anuncios** notice board. - **2.** *fam* [borrachera] drunkenness; **coger un** ~ to get tight.

tabú (*pl* **tabúes** o **tabús**) *adj & m* taboo.

tabulación *f* tabulation.

tabulador *m*, **tabuladora** *f* tabulator.

tabular ◇ *adj* board-shaped. ◇ *vt & vi* to tabulate.

taburete *m* stool.

♦ **taburetes** *mpl* TEATRO *semicircular rows in the pit of a theatre*.

taca *f* - **1.** [mueble] small cupboard. - **2.** [mancha] stain. - **3.** *Amér* [marisco] *type of edible shellfish*.

tacada *f* - **1.** [en billar - golpe] stroke; [- carambolas] break. - **2.** NÁUT wedges *(pl)*.

tacañear *vi* to be stingy.

tacañería *f* - **1.** [avaricia] meanness, miserliness. - **2.** [astucia] cunning.

tacaño, **ña** ◇ *adj* - **1.** [avaro] mean, miserly. - **2.** [astuto] deceitful, cunning. ◇ *m*, *f* - **1.** [avaro] mean o miserly person. - **2.** [astuto] cunning o crafty person.

tacataca, **tacatá** (*pl* **tacatás**) *m* babywalker.

tacazo *m* stroke.

tacha *f* - **1.** [defecto] flaw, fault; **poner** ~**s a** to find fault with; **sin** ~ faultless. - **2.** [clavo] tack.

tachadura *f* correction, crossing out.

tachán *interj* hey presto!

tachar ◇ *vt* - **1.** [lo escrito] to cross out. - **2.** *fig* [acusar]: ~ **a alguien de mentiroso** to accuse sb of being a liar. ◇ *vi* - **1.** DER to object. - **2.** *fig* [censurar] to be critical.

tachero *m* Amér - **1.** [con azúcar] sugar factory worker. - **2.** [con hojalata] tinsmith.

tacho *m* - **1.** [cubo] bucket. - **2.** Amér [vasija de metal] boiler. - **3.** Amér [para dulce] sugar evaporator. - **4.** Amér [hojalata] tin. - **5.** Amér [para basura] rubbish bin *Br*, garbage can *Am*; ~ **al** o **de vacío** vacuum pan. - **6.** *loc*: **irse al** ~ Amér [atasco] to fail, to be unsuccessful.

tachón *m* - **1.** [tachadura] correction, crossing out. - **2.** [clavo] stud. - **3.** [de zapatos] trimming, decoration.

tachonar *vt* - **1.** [poner clavos] to decorate with studs. - **2.** *fig* [salpicar] to stud; **tachonado de** studded with.

tachonería *f* studding.

tachuela *f* - **1.** [clavo] tack. - **2.** Amér [taza] metal pot o pan.

tácitamente *adv* tacitly.

tácito, **ta** *adj* [implícito] tacit; [norma, regla] unwritten.

Tácito *m* Tacitus.

taciturnidad *f* taciturnity.

taciturno, **na** *adj* taciturn.

taco *m* - **1.** [tarugo] plug. - **2.** [cuña] wedge. - **3.** *fam fig* [palabrota] swearword; **echar** o **soltar** ~**s** to swear, to curse. - **4.** *fam fig* [confusión] mess, muddle; **armarse un** ~ **(con algo)** to get into a muddle (over sthg). - **5.** [de billar] cue. - **6.** [de hojas, billetes de banco] wad; [de billetes de autobús, metro] book. - **7.** [de jamón, queso] hunk. - **8.** [cerbatana] peashooter. - **9.** [de vino] swig. - **10.** [baqueta] ramrod. - **11.** CULIN taco. - **12.** Amér [tacón] heel. - **13.** Amér [atasco] obstruction, blockage. - **14.** Amér [persona pequeña] short, stocky person. - **15.** Amér [preocupación] worry, fear.

♦ **tacos** *mpl mfam* [años] years (of age).

tacógrafo *m* tachograph.

tacómetro *m* tachometer.

tacón *m* heel; **de** ~ **alto** high-heeled □ ~ **de aguja** stiletto heel.

taconazo *m* kick with the heel.

taconear ◇ *vi* - **1.** [bailarín] to stamp one's feet. - **2.** MIL to click one's heels. ◇ *vt* Amér to stuff.

taconeo *m* [de bailarín] foot-stamping.

táctico, **ca** ◇ *adj* tactical. ◇ *m*, *f* tactician.

♦ **táctica** *f lit & fig* tactics *(pl)*.

táctil *adj* tactile.

tacto *m* - **1.** [sentido] sense of touch; **al** ~ to (the) touch; **el terciopelo es agradable al** ~ velvet is soft to the touch. - **2.** [textura] feel. - **3.** *fig* [delicadeza] tact; **hay que tratarla con mucho** ~ she needs very careful handling. - **4.** MED manual examination.

tacuacha *f* Amér lie.

tacuara *f* Amér kind of strong bamboo.

TAE (*abrev de* **tasa anual equivalente**) *f Annual Equivalent Rate*.

taekwondo [tai'kondo] *m* tae kwon do.

tafetán *m* taffeta; ~ **inglés** sticking plaster.

♦ **tafetanes** *mpl* - **1.** [adornos femeninos] frills, finery *(U)*. - **2.** *fig* [banderas] colours, flags.

tafia f Amér tafia.

tafilete m morocco leather.

tafiletear vt to adorn with morocco leather.

tafiletería f - **1.** [arte] leatherwork. - **2.** [tienda] leather goods shop.

tagalo, la adj & m, f Tagalog.
◆ **tagalo** m [lengua] Tagalog.

tagarino, na HIST ◇ adj of or relating to Moors living among Christians. ◇ m, f Moor who lived among Christians.

tagarnina f - **1.** [planta] golden thistle. - **2.** fam [cigarro] cheap cigar.

tagarote m - **1.** [ave] sparrowhawk. - **2.** fig [escribiente] notary's clerk. - **3.** fam [hidalgo] genteel pauper. - **4.** Amér [hombre de pro] upright o honest person. - **5.** Amér [mañoso] crafty o cunning person.

tagua f Amér - **1.** [planta] ivory nut palm. - **2.** [ave] coot. - **3.** loc: **hacer ~s** to dive.

Tahití s Tahiti.

tahitiano, na adj & m, f Tahitian.

tahona f bakery.

tahonero, ra m, f baker.

tahúr, hura ◇ m, f cardsharp. ◇ adj gambling.

tahurería f - **1.** [lugar] gambling house. - **2.** [juego] cardsharping.

taifa f - **1.** HIST independent Muslim kingdom in Iberian peninsula. - **2.** fam [grupo de truhanes] lowlifes (pl).

taiga f taiga.

tailandés, esa (pl **tailandeses**) adj & m, f Thai.
◆ **tailandés** m [lengua] Thai.

Tailandia s Thailand.

taima f - **1.** [astucia] cunning, craftiness. - **2.** Amér [obstinación] stubbornness, obstinacy.

taimado, da ◇ adj - **1.** [astuto] crafty. - **2.** [hipócrita] hypocritical. - **3.** Amér [obstinado] stubborn, obstinate. ◇ m, f - **1.** [astuto] crafty person. - **2.** [hipócrita] hypocrite. - **3.** Amér [obstinado] stubborn o obstinate person.

taino, na adj & m, f Taino.
◆ **taino** m Taino.

Taipei s Taipei.

taita m - **1.** [voz infantil] child's term of endearment for loved ones. - **2.** Amér fam [padre] daddy, papa. - **3.** Amér [anciano negro] term used to address elderly black men. - **4.** Amér mfam [matón] bully.

Taiwán [taiˈwan] s Taiwan.

taiwanés, esa (pl **taiwaneses**) adj & m, f Taiwanese.

taja f - **1.** [división] division, sharing. - **2.** [escudo] shield.

tajada ◇ adj f → **tajado**. ◇ f - **1.** [rodaja] slice; **hacer ~s** to cut o slash to pieces. - **2.** fig [parte] share; **sacar ~ de algo** to get sthg out of sthg. - **3.** fam fig [borrachera]: **agarrarse una ~** to get plastered o legless. - **4.** fam [ronquera] hoarseness. - **5.** [tos] cough.

tajadera f - **1.** [cuchilla] chopping knife. - **2.** [cortafrío] cold chisel.

tajadero m chopping board.

tajado, da adj - **1.** [escarpado] steep, sheer. - **2.** fam fig [borracho] plastered. - **3.** [escudo] divided.

tajador, ra ◇ adj cutting, chopping. ◇ m, f cutter, chopper.
◆ **tajador** m chopping board.

tajadura f - **1.** [acción] cutting, chopping. - **2.** [porción] slice.

tajamar m - **1.** NÁUT cutwater. - **2.** Amér [dique] dike, seawall. - **3.** Amér [balsa] pool, pond.

tajante adj - **1.** [categórico] categorical. - **2.** [cortante] cutting, sharp. - **3.** fig [definitivo] final, definitive.

tajar vt [cortar] to cut o slice up; [en dos] to slice in two.
◆ **tajarse** vpr fam to get sloshed.

tajo m - **1.** [corte] deep cut. - **2.** [trabajo] workplace, work. - **3.** [acantilado] precipice. - **4.** [para cortar carne] chopping board. - **5.** [con espada] slash. - **6.** Amér [caballo] inferior horse which wins a race by fluke or by trickery.

Tajo m: **el ~** the Tagus.

tal ◇ adj - **1.** [semejante, tan grande] such; **¡jamás se vio cosa ~!** you've never seen such a thing!; **lo dijo con ~ seguridad que...** he said it with such conviction that...; **dijo cosas ~es como...** he said such things as... - **2.** [sin especificar] such and such; **a ~ hora** at such and such a time. - **3.** [desconocido]: **un ~ Pérez** a (certain) Mr Pérez. ◇ pron - **1.** [alguna cosa] such a thing. - **2.** loc: **que si ~ que si cual** this, that and the other; **ser ~ para cual** to be two of a kind; **~ y cual, ~ y ~** this and that; **y ~** [etcétera] and so on. ◇ adv: **¿qué ~?** how's it going?, how are you doing?; **déjalo ~ cual** leave it just as it is.
◆ **con tal de** loc prep as long as, provided; **con ~ de volver pronto...** as long as we're back early...
◆ **con tal (de) que** loc conj as long as, provided.
◆ **tal (y) como** loc conj just as o like.
◆ **tal que** loc prep fam [como por ejemplo] like.

tala f - **1.** [de árboles] felling. - **2.** [juego] tipcat. - **3.** Amér [árbol] hackberry tree.

talabartería f saddlery.

talabartero m saddler.

talador, ra ◇ adj felling. ◇ m, f feller.

taladrador, ra ◇ adj drilling. ◇ m, f driller, borer.
◆ **taladradora** f drill; **~ radial** turret drill; **~ torneadora** boring and turning machine.

taladrar vt - **1.** [perforar] to drill. - **2.** fig [suj: sonido] to pierce. - **3.** fig [comprender] to understand, to fathom.

taladro m - **1.** [taladradora] drill; **~ de empuje/de trinquete/múltiple** push/ratchet/gang drill; **~ neumático** o **de aire comprimido** air drill. - **2.** [agujero] drill hole. - **3.** [molusco] shipworm.

tálamo m - **1.** culto [cama] bed. - **2.** ANAT & BOT thalamus; **~ óptico** optic thalamus. - **3.** [alcoba] nuptial chamber.

talán m ding-dong.

talanquera f - **1.** [refugio, defensa] barricade. - **2.** fig [seguridad] safety, defence. - **3.** Amér [cercado] picket fence.

talante m - **1.** [humor] mood; **estar de buen ~** to be in good humour; **hacer algo de buen/mal ~** to do sthg willingly/unwillingly. - **2.** [carácter] character, disposition.

talar¹ adj [vestidura] full-length.

talar² vt - **1.** [cortar] to fell. - **2.** [destruir] to lay waste, to devastate.

talasoterapia f thalassotherapy.

talayote m megalithic monument found in the Balearic Islands.

talco m talc, talcum powder.

talcoso, sa adj talcose, talcous.

talega f - **1.** [bolsa] sack. - **2.** [para cabello] hairnet. - **3.** fam [dinero] brass. - **4.** fam fig [pecados] sins (pl).

talegada f sackful.

talegazo m fam fall.

talego m - **1.** [talega] sack. - **2.** fam [gordo] fatty. - **3.** mfam [cárcel] nick, slammer. - **4.** mfam [mil pesetas] 1000 peseta note.

talento m - **1.** [don natural] talent. - **2.** [inteligencia] intelligence.

talentoso, sa adj talented.

Tales s → **teorema**.

talgo (abrev de **tren articulado ligero de Goicoechea Oriol**) m Spanish intercity high-speed train.

talidomida f thalidomide.

talio m thallium.

talión m [pena] retaliation, retribution; **la ley del ~** an eye for an eye and a tooth for a tooth.

talismán m talisman.

talla f - **1.** [medida] size; **¿qué ~ usas?** what size are you? - **2.** [estatura] height. - **3.** fig [capacidad] stature; **dar la ~** to be up to it; **tener ~ para** to be cut out for. - **4.** [ARTE - en madera] carving; [- en piedra] sculpture. - **5.** [de piedras preciosas] cutting. - **6.** [en naipes] hand. - **7.** MED gallstone removal. - **8.** *Amér* [charla] chat. - **9.** *Amér* [mentira] lie.

tallado, da *adj* [madera] carved; [piedras preciosas] cut; [metal] engraved.

◆ **tallado** *m* [de madera, piedra] carving; [de piedras preciosas] cutting; [de metal] engraving.

tallador *m* - **1.** [grabador] engraver. - **2.** *Amér* [en naipes] banker, dealer.

talladura *f* [en madera] carving; [en metal] engraving.

tallar[1] ◇ *adj* ready for felling. ◇ *m* timber.

tallar[2] ◇ *vt* - **1.** [esculpir - madera, piedra] to carve; [- piedra preciosa] to cut; [- metal] to engrave. - **2.** [medir] to measure (the height of). - **3.** [tasar] to value, to appraise. - **4.** *fam* [fastidiar] to pester, to bug. - **5.** [en naipes] to deal. ◇ *vi Amér* - **1.** [charlar] to chat. - **2.** [cortejar] to flirt.

tallarín *m* (*gen pl*) noodle.

talle *m* - **1.** [cintura] waist. - **2.** [figura, cuerpo] figure. - **3.** [medida] measurement. - **4.** *fig* [apariencia] looks (*pl*), appearance. - **5.** *Amér* [corsé] corset.

taller *m* - **1.** [gen] workshop; ~ **de máquinas/de reparaciones** machine/repair shop. - **2.** AUTOM garage. - **3.** ARTE studio. - **4.** [vinagreras] cruet stand.

tallista *mf* [de madera] wood carver; [de metales] engraver; [de joyas] gem cutter.

tallo *m* - **1.** BOT stem; [brote] sprout, shoot; ~ **rastrero** trailing plant. - **2.** *Amér* [col] cabbage.

talludo, da *adj* - **1.** [de tallo grande] thick-stemmed. - **2.** *fig* [alto] tall.

Talmud *m*: **el** ~ the Talmud.

talmúdico, ca *adj* Talmudic.

talón *m* - **1.** [gen & ANAT] heel; ~ **de Aquiles** *fig* Achilles' heel; **pisarle a alguien los talones** to be hot on sb's heels. - **2.** [cheque] cheque; [matriz] stub; ~ **bancario** cashier's cheque *Br*, cashier's check *Am*; ~ **cruzado/devuelto/en blanco/sin fondos** crossed/returned/blank/badcheque. - **3.** ARQUIT talon. - **4.** [de neumático] rim.

talonada *f*, **talonazo** *m* kick with the heels.

talonado, da *adj Amér* with stubs.

talonario *m* [de cheques] cheque book; [de recibos] receipt book.

talonazo *m* = **talonada**.

talonear *vi* - **1.** [andar de prisa] to walk quickly. - **2.** *Amér fam* [espolear] to spur on one's horse.

talonera *f* [de calcetín] heelpiece; [de pantalones] binding.

talud *m* bank, slope.

tamal *m Amér* - **1.** [empanada] tamale. - **2.** *fig* [intriga] intrigue. - **3.** [bulto] package, bundle.

tamalada *f Amér* meal of tamales.

tamalero, ra *m, f Amér* tamale vendor.

tamango *m Amér* crude leather shoe.

tamañito, ta *adj* humiliated; **dejar a alguien** ~ *fig* to make sb feel small.

tamaño, ña *adj* such; **¡cómo pudo decir tamaña estupidez!** how could he say such a stupid thing!

◆ **tamaño** *m* size; **de gran** ~ large; **de** ~ **natural** life-size; **del** ~ **de** as large as, the size of; **de** ~ **familiar** jumbosized.

támara *f* date palm.

◆ **támaras** *fpl* cluster of dates (*sg*).

tamarindo *m* tamarind.

tamarrizquito, ta, tamarrusquito, ta *adj fam* tiny, teeny.

tamarugal *m Amér* carob grove.

tamarugo *m Amér* carob tree.

tambaleante *adj* - **1.** [inestable - silla etc] wobbly, unsteady; [- persona] staggering. - **2.** *fig* [gobierno, sistema] unstable.

tambalear *vi* to stagger, to totter.

◆ **tambalearse** *vpr* - **1.** [bambolearse - persona] to stag-

ger, to totter; [- mueble] to wobble, to be unsteady; [- tren] to sway. - **2.** *fig* [gobierno, sistema] to totter.

tambaleo *m* [de tren etc] swaying; [de mueble] wobble; [de persona] staggering.

tambero, ra *Amér* ◇ *adj* - **1.** [manso] tame, gentle. - **2.** [de un mesón] inn (*antes de sust*). ◇ *m, f* - **1.** [mesonero] innkeeper. - **2.** [granjero] dairy farmer.

también *adv* also, too; **yo** ~ me too; ~ **a mí me gusta** I like it too, I also like it.

tambo *m Amér* - **1.** [mesón] roadside inn. - **2.** [granja] dairy farm. - **3.** [estaca] hitching post.

tambor ◇ *m* - **1.** MÚS & TECN drum; [de pistola] cylinder; ~ **mayor** drum major; **a** ~ **batiente** *fig* triumphantly. - **2.** ANAT eardrum. - **3.** AUTOM brake drum. - **4.** [en costura] tambour. - **5.** ARQUIT tambour. - **6.** [en repostería] sugar sieve o sifter. - **7.** NÁUT capstan. ◇ *mf* [tamborilero] drummer.

tambora *f* - **1.** MÚS bass drum. - **2.** *Amér fam* [mentira] fib.

tamborear *vi* to drum one's fingers.

tamboreo *m* drumming.

tamborete *m* - **1.** MÚS small drum. - **2.** NÁUT cap for joining spars.

tamboril *m* small drum.

tamborilear ◇ *vi* MÚS & *fig* to drum. ◇ *vt* - **1.** [alabar] to praise. - **2.** IMPRENTA to level, to plane down.

tamborileo *m* drumming.

tamborilero, ra *m, f* drummer.

tamborín, tamborino *m* MÚS small tabor o drum.

tameme *m Amér desus* Indian porter.

Támesis *m*: **el** ~ the Thames.

tamice *etc v* → **tamizar**.

tamiz (*pl* **tamices**) *m* - **1.** [cedazo] sieve. - **2.** *fig* [selección] screening procedure.

tamizar [13] *vt* - **1.** [cribar] to sieve. - **2.** [filtrar] to filter. - **3.** *fig* [seleccionar] to screen.

tamo *m* - **1.** [de lino] lint. - **2.** [de semilla] grain dust. - **3.** [de polvo] dust.

tampoco *adv* neither, not... either; **ella no va y tú** ~ she's not going and neither are you, she's not going and you aren't either; **¿no lo sabías? - yo** ~ didn't you know? - me neither o neither did I.

tampón *m* - **1.** [sello] stamp; [almohadilla] inkpad. - **2.** [para la menstruación] tampon; ~ **contraceptivo** contraceptive sponge.

tamponar *vt* to stamp, to seal.

tam-tam *m* tom tom.

tan *adv* - **1.** [mucho] so; ~ **grande/deprisa** so big/quickly; **¡qué película** ~ **larga!** what a long film!; ~**... que...** so... that...; ~ **es así que...** so much so that... - **2.** [en comparaciones]: ~**... como...** as... as...

◆ **tan sólo** *loc adv* only.

tanagra *f* - **1.** [ave] tanager. - **2.** [escultura] figurine.

Tananarive *s* Antananarivo.

tanate *m Amér* - **1.** [bolso] leather bag. - **2.** [trasto] bundle; **cargar con los** ~**s** to pack one's bags.

tanatorio *m* mortuary.

tanda *f* - **1.** [grupo, lote] group, batch. - **2.** [serie] series; [de inyecciones] course. - **3.** [turno de trabajo] shift. - **4.** [tarea] task. - **5.** [en billar] frame. - **6.** *Amér* [grupo] shift, gang.

tándem *m* - **1.** [bicicleta] tandem. - **2.** [pareja] duo, pair.

tandeo *m* distribution of irrigation water by turns.

tanga *m* tanga.

Tanganica *m* → **lago**.

tanganillas ◆ **en tanganillas** *loc adv* unsteadily, shakily.

tangencial *adj* tangential.

tangente ◇ *adj* tangential. ◇ *f* tangent; **irse** o **salirse por la** ~ *fig* to go off at a tangent.

Tánger *s* Tanger.

tangible *adj* tangible.

tango *m* tango.

tanguear *vi* to tango.

tánico, ca *adj* tannic.

tanino *m* tannin.

tanque *m* - **1.** MIL. tank. - **2.** [vehículo cisterna, barco] tanker. - **3.** [depósito] tank.

tanqueta *f* armoured car.

tantalio *m* tantalum.

Tántalo *m* Tantalus.

tantarantán *m* - **1.** [de tambor] rat-a-tat-tat, drumming sound. - **2.** *fam fig* [golpe] resounding blow.

tanteador, ra *m, f* scorer.
◆ **tanteador** *m* scoreboard.

tantear ◇ *vt* - **1.** [sopesar - peso, precio, cantidad] to try to guess; [- problema, posibilidades, ventajas] to weigh up. - **2.** [probar, sondear] to test (out). - **3.** [toro, contrincante etc] to size up. - **4.** [persona] to sound out. - **5.** [en juego] to keep score of. - **6.** [esbozar] to sketch. ◇ *vi* - **1.** [andar a tientas] to feel one's way. - **2.** [apuntar los tantos] to (keep) score.

tanteo *m* - **1.** [prueba, sondeo] testing out. - **2.** [de posibilidades, ventajas] weighing up. - **3.** [de contrincante, puntos débiles] sizing up. - **4.** [de persona] sounding out. - **5.** [puntuación] score. - **6.** DER first option (on a purchase).
◆ **a tanteo** *loc adv* roughly.

tanto, ta ◇ *adj* - **1.** [gran cantidad] so much, (*pl*) so many; ~ **dinero** so much money, such a lot of money; **tanta gente** so many people; **tiene** ~ **entusiasmo/~s amigos que...** she has so much enthusiasm/so many friends that... - **2.** [cantidad indeterminada] so much, (*pl*) so many; **nos daban tantas pesetas al día** they used to give us so many pesetas per day; **cuarenta y ~s** forty-something, fortyodd; **nos conocimos en el sesenta y ~s** we met sometime in the sixties. - **3.** [en comparaciones]: ~... **como** as much... as, (*pl*) as many... as. ◇ *pron* - **1.** [gran cantidad] so much, (*pl*) so many; ¿**cómo puedes tener ~s?** how come you've got so many? - **2.** [cantidad indeterminada] so much, (*pl*) so many; **a ~s de agosto** on such and such a date in August. - **3.** [igual cantidad] as much (*pl*), as many; **había mucha gente aquí, allí no había tanta** there were a lot of people here, there weren't so many there; **otro** ~ as much again, the same again; **otro** ~ **le ocurrió a los demás** the same thing happened to the rest of them. - **4.** *loc:* **ser uno de** ~s to be nothing special.
◆ **tanto** ◇ *m* - **1.** [punto] point; [gol] goal; **marcar un** ~ to score. - **2.** *fig* [ventaja] point; **apuntarse un** ~ **a favor** to earn o.s. a point in one's favour. - **3.** [cantidad indeterminada]: **un** ~ so much, a certain amount ▢ ~ **por ciento** percentage. - **4.** *loc:* **estar al** ~ **(de)** to be on the ball (about). ◇ *adv* - **1.** [mucho]: ~ **(que...)** [cantidad] so much (that...); [tiempo] so long (that...); **no bebas** ~ don't drink so much; **de eso hace** ~ **que ya no me acordaba** it's been so long since that happened that I don't even remember; ~ **mejor/peor** so much the better/worse; ~ **más cuanto que...** all the more so because... - **2.** [en comparaciones]: ~ **como** as much as; ~ **hombres como mujeres** both men and women; ~ **si estoy como si no** whether I'm there or not. - **3.** *loc:* ¡**y** ~! most certainly!, you bet!
◆ **tantas** *fpl fam:* **eran las tantas** it was very late.
◆ **en tanto (que)** *loc conj* while.
◆ **entre tanto** *loc adv* meanwhile.
◆ **por (lo) tanto** *loc conj* therefore, so.
◆ **tanto (es así) que** *loc conj* so much so that.
◆ **un tanto** *loc adv* [un poco] a bit, rather.

Tanzania *s* Tanzania.

tañedor, ra *m, f* [de instrumento] player.

tañer ◇ *vt* [tocar] to play; [campana] to ring. ◇ *vi* - **1.** [repicar] to ring. - **2.** [golpear con dedos] to drum one's fingers.

tañido *m* - **1.** MÚS sound. - **2.** [de campana] ringing.

taoísmo *m* Taoism.

taoísta *adj & mf* Taoist.

tapa *f* - **1.** [para cerrar] lid; ~ **de los sesos** [cráneo] skull; **levantarse la** ~ **de los sesos** *fam* to blow one's brains out.

- 2. CULIN snack, tapa. - **3.** [portada - de libro] cover; [- de disco] sleeve. - **4.** [de zapato] heel plate. - **5.** [trozo de carne] topside. - **6.** *Amér* [de botella] top; [de frasco] stopper.

tapabarro *m Amér* mudguard.

tapabocas *m inv* - **1.** [bufanda] scarf, muffler. - **2.** [de arma] tampion.

tapacubos *m inv* hubcap.

tapada ◇ *adj f* → **tapado**. ◇ *f* [mujer] veiled woman.

tapadera *f* - **1.** [para encubrir] front. - **2.** [tapa] lid.

tapadillo ◆ **de tapadillo** *loc adv* on the sly.

tapado, da *adj* - **1.** ZOOL plain-coloured. - **2.** *Amér* [persona] stupid, dull.
◆ **tapado** *m Amér* - **1.** [abrigo] overcoat. - **2.** [tesoro] buried treasure. - **3.** CULIN barbecued banana and meat.

tapador, ra *adj* covering.

tapadura *f*, **tapamiento** *m* - **1.** [acción de cerrar] stopping up, plugging. - **2.** [acción de cubrir] covering up.

tapagujeros *m inv fam* - **1.** [suplente] stand-in. - **2.** [albañil] inept bricklayer.

tápalo *m Amér* shawl, mantle.

tapamiento *m* = **tapadura**.

tapanco *m* [toldo] bamboo awning.

tapaojo *m Amér* - **1.** [para ganado] ornamental headstall. - **2.** [para caballería] blinkers *Br* (*pl*), blinders *Am* (*pl*). - **3.** *fig* [engaño] swindle.

tapar *vt* - **1.** [cerrar - ataúd, cofre] to close (the lid of); [- olla, caja] to put the lid on; [- botella] to put the top on; [- agujero] to plug, to stop up. - **2.** [ocultar, cubrir] to cover; [no dejar ver] to block out. - **3.** [abrigar - en la cama] to tuck in; [- con ropa] to wrap up. - **4.** [encubrir] to cover up.
◆ **taparse** *vpr* - **1.** [cubrirse] to cover (up). - **2.** [abrigarse - con ropa] to wrap up; [- en la cama] to tuck o.s. in.

tapara *f Amér* BOT gourd; **vaciarse como una** ~ *fam fig* to spill the beans, to blurt it all out.

taparo *m Amér* BOT gourd tree.

taparrabos *m inv* - **1.** [prenda primitiva] loincloth. - **2.** [tanga] tanga briefs (*pl*).

tapete *m* [paño] runner; [en mesa de billar, para cartas] baize; **estar sobre el** ~ *fig* to be up for discussion; **poner algo sobre el** ~ *fig* to put sthg up for discussion.
◆ **tapete verde** *m* [mesa] card table.

tapia *f* [de piedra] (stone) wall; [de tierra, barro] mud o adobe wall; **estar sordo como una** ~ *fam fig* to be (as) deaf as a post.

tapiador, ra *m, f* mud wall builder.

tapial *m* - **1.** [molde] mould for mud walls. - **2.** [tapia] mud wall.

tapiar [8] *vt* - **1.** [puerta, ventana etc] to brick up. - **2.** [cercar] to wall in.

tapice *etc v* → **tapizar**.

tapicería *f* - **1.** [tela] upholstery. - **2.** [tienda - para muebles] upholsterer's; [- para cortinas] draper's. - **3.** [tapices] tapestries (*pl*). - **4.** [oficio] tapestry making.

tapicero, ra *m, f* - **1.** [de muebles] upholsterer. - **2.** [para pared] tapestry maker; [para suelo] carpet maker.

tapioca *f* tapioca.

tapir *m* tapir.

tapirujarse *vpr fam* to wrap o bundle o.s. up.

tapisca *f Amér* maize harvest *Br*, corn harvest *Am*.

tapiscar [10] *vt Amér* to harvest.

tapiz (*pl* **tapices**) *m* [para la pared] tapestry; [para el suelo] carpet; ~ **deslizante** moving walkway.

tapizado *m* - **1.** [de mueble] upholstery. - **2.** [de pared] tapestries (*pl*).

tapizar [13] *vt* - **1.** [mueble] to upholster. - **2.** [suelo] to carpet; [pared] to hang with tapestries.

tapón *m* - **1.** [para tapar - botellas, frascos] stopper; [- de corcho] cork; [- de metal, plástico] cap, top; [- de bañera, lavabo] plug; [- de tonel] bung, plug; ~ **de desagüe** drain plug; ~ **de espita** [de tonel] spigot; ~ **de rosca** screw top. - **2.** [atasco] traffic jam. - **3.** [en el oído - de cerumen] wax *(U)* in the ear; [- de algodón] earplug. - **4.** *fam* [persona rechoncha] tubby person; ~ **de alberca** o **de cuba** *fam* squat person. - **5.** [en baloncesto] block.

taponado, da *adj* blocked.

taponamiento *m* - **1.** MED tamponage. - **2.** TECN plugging.

taponar *vt* - **1.** [cerrar - botella] to put the top on; [- lavadero] to put the plug in; [- salida] to block; [- tubería] to stop up. - **2.** MED to tampon.
◆ **taponarse** *vpr* to get blocked.

taponazo *m* pop.

taponería *f* - **1.** [conjunto de tapones] corks *(pl)*. - **2.** [fábrica] cork factory. - **3.** [industria, oficio] cork industry.

taponero, ra ◇ *adj* cork; **la industria taponera** the cork industry. ◇ *m, f* cork maker.

tapujarse *vpr fam* [mujer] to cover one's face.

tapujo *m* - **1.** [disimulo] subterfuge; **hacer algo con/sin ~s** to do sthg deceitfully/openly. - **2.** [para taparse] muffler.

taquear *Amér* ◇ *vt* - **1.** [con arma] to ram, to tamp. - **2.** *fig* [llenar mucho] to stuff, to cram. ◇ *vi* - **1.** [con tacones] to tap. - **2.** [comer tacos] to eat tacos.

taquera *f* billiard cue rack.

taquicardia *f* tachycardia.

taquigrafía *f* shorthand, stenography.

taquigrafiar [9] *vt* to write (down) in shorthand.

taquígrafo, fa *m, f* shorthand writer, stenographer.

taquilla *f* - **1.** [ventanilla - gen] ticket office, booking office; [- de cine, teatro] box office; **hacer** o **tener buena ~** to be a box-office hit. - **2.** [armario] locker. - **3.** [recaudación] takings *(pl)*. - **4.** [casillero] set of pigeonholes. - **5.** *Amér* [bar] bar, tavern. - **6.** *Amér* [clavito] small nail, tack.

taquillero, ra ◇ *adj*: **es un espectáculo ~** the show is a box-office hit. ◇ *m, f* ticket clerk.

taquimeca *f fam* shorthand typist.

taquimecanografía *f* shorthand and typing.

taquimecanógrafo, fa *m, f* shorthand typist.

taquímetro *m* - **1.** [en topografía] tacheometer. - **2.** [velocímetro] speedometer.

tara *f* - **1.** [defecto] defect. - **2.** [peso] tare. - **3.** [palo] tally stick. - **4.** *Amér* [ZOOL - serpiente] poisonous snake; [- langostón] green grasshopper.

tarabilla *f* - **1.** [de molino] millclapper. - **2.** [para puertas, ventanas] catch. - **3.** [de sierra] *wooden peg used to tighten the cord of a frame saw*. - **4.** *fam fig* [persona] chatterbox. - **5.** *fig* [de palabras] jabber, nonsense. - **6.** *Amér* [sonajero] bullroarer, rattle.

tarabita ◇ *f* - **1.** [de cincha] tongue. - **2.** *Amér* [para atravesar río] *rope used to carry a basket with passengers across rivers*.

tarado, da ◇ *adj* - **1.** [defectuoso] defective. - **2.** [tonto] thick. ◇ *m, f* idiot.

tarambana *mf fam* scatterbrain.

tarantín *m Amér* kitchen gadget.

tarántula *f* tarantula.

tarar *vt* to tare.

tararear *vt* to hum.

tarareo *m* humming.

tararira ◇ *f* - **1.** *fam* [bulla, alegría] merrymaking. - **2.** ZOOL *type of fresh-water fish*. ◇ *mf fam* noisy person.

tarasca *f* - **1.** [figura] *dragon figure in Corpus Christi processions*. - **2.** *fam fig* [mujer] hag. - **3.** *Amér* [boca] big mouth.

tarascada *f* - **1.** [mordedura] bite. - **2.** *fam fig* [respuesta] rude reply.

tarascar [10] *vt* to bite.

tardanza *f* - **1.** [demora] lateness. - **2.** [lentitud] slowness.

tardar *vi* - **1.** [llevar tiempo] to take; **tardó un año en hacerlo** she took a year to do it; **¿cuánto tardarás (en hacerlo)?** how long will you be (doing it)?, how long will it

take you (to do it)? - **2.** [retrasarse] to be late; [ser lento] to be slow; ~ **en hacer algo** to take a long time to do sthg; **no tardaron en hacerlo** they were quick to do it ❏ **a más ~** at the latest.

tarde ◇ *f* [hasta las cinco] afternoon; [después de las cinco] evening; **por la ~** [hasta las cinco] in the afternoon; [después de las cinco] in the evening; **buenas ~s** [hasta las cinco] good afternoon; [después de las cinco] good evening ❏ **de ~ en ~** from time to time; **no viene cada día, sólo de ~ en ~** she doesn't come every day, only from time to time. ◇ *adv* [gen] late; [en demasía] too late; **ya es ~ para eso** it's too late for that now; **llegar ~** to be late; **se está haciendo ~** it's getting late ❏ **lo más ~** at the latest; **lo más ~ el miércoles** by Wednesday at the latest; ~ **o temprano** sooner or later; **más vale ~ que nunca** better late than never.

tardecer [30] *v impers* [anochecer] to grow dark; [atardecer] to get late.

tardíamente *adv* belatedly.

tardío, a *adj* - **1.** [que llega tarde] late; [consejo, decisión] belated. - **2.** [que madura tarde] late-cropping. - **3.** [lento] slow.

tardo, da *adj* - **1.** [lento] slow. - **2.** [torpe] dull; ~ **de oído** hard of hearing. - **3.** [retrasado] late, belated.

tardón, ona *m, f* - **1.** [impuntual] person who is always late. - **2.** [lento] slowcoach.

tarea *f* [gen] task; EDUC homework; ~**s domésticas** o **del hogar** housekeeping *(sg)*.

tarifa *f* - **1.** [precio] charge; COM tariff; [en transportes] fare; **de ~ reducida** off-peak ❏ ~ **del agua** water rates *(pl)*; ~ **máxima/única** peak/flat rate. - **2.** *(gen pl)* [lista] price list.

tarifar ◇ *vt* to price. ◇ *vi fig* to quarrel.

tarima *f* platform.

tarja *f* - **1.** *fam* [golpe] bash. - **2.** [escudo] buckler. - **3.** *Amér* [tarjeta] visiting card *Br*, calling card *Am*.

tarjar *vt Amér* [tachar] to cross out.

tarjeta *f* - **1.** [gen & INFORM] card; ~ **amarilla/roja** DEP yellow/red card; ~ **con chip** smart o intelligent card; ~ **de circuito impreso/de expansión de memoria** circuit/memory board; ~ **de crédito/de felicitación** credit/greetings card; ~ **de embarque** boarding pass; ~ **gráfica/perforada** INFORM graphics/punch card; ~ **multiviaje** travel pass; ~ **postal** postcard; ~ **telefónica** phonecard; ~ **de visita** visiting card *Br*, calling card *Am*. - **2.** [en mapa, cartas] heading. - **3.** ARQUIT cartouche, inscribed tablet.

tarjetearse *vpr fam* to exchange visiting cards.

tarjeteo *m* exchange of visiting cards.

tarjetero *Esp m*, **tarjetera** *Amér f* card case.

tarot *m* tarot.

tarquín *m* mud, slime.

tarquino, na *adj & m, f Amér* [res] thoroughbred.

tarraconense ◇ *adj* of/relating to Tarragona. ◇ *mf* native/inhabitant of Tarragona.

tarraja *f* - **1.** [para molduras] modelling board. - **2.** [para tornillos] diestock. - **3.** *Amér* [de cuero] leather tally.

tarrina *f* terrine.

tarro *m* - **1.** [recipiente] jar. - **2.** *mfam* [cabeza] nut, bonce. - **3.** *Amér* [lata] tin can. - **4.** *Amér* [sombrero] top hat. - **5.** *Amér* [cuerno] horn.

tarsana *f Amér* [corteza] soapbark, quillai bark.

tarso *m* tarsus.

tarta *f* [gen] cake; [plana, con base de pasta dura] tart; [plana, con base de bizcocho] flan; ~ **de cumpleaños/nupcial** birthday/wedding cake.

tártago *m* - **1.** *fig* [desgracia] misfortune. - **2.** *fig* [broma pesada] practical joke. - **3.** BOT spurge.

tartajear *vi* to stammer, to stutter.

tartajeo *m* stammer, stammering *(U)*.

tartajoso, sa ◇ *adj* stammering. ◇ *m, f* stammerer.

tartaleta *f* tartlet.

tartamudear *vi* to stammer, to stutter.

tartamudeo *m* stammer, stammering *(U)*.

tartamudez (*pl* **tartamudeces**) *f* stammerer, stutterer.

tartamudo, **da** ◇ *adj* stammering, stuttering. ◇ *m, f* stammerer, stutterer.

tartán *m inv* tartan.

tartana *f* - **1.** [carruaje] trap. - **2.** *fam* [coche viejo] banger.

tártaro, **ra** ◇ *adj* - **1.** [pueblo] Tartar. - **2.** → **salsa**. ◇ *m, f* Tartar.

◆ **tártaro** *m* - **1.** QUÍM & MED tartar. - **2.** *Amér* BOT spurge.

tartera *f* - **1.** [fiambrera] lunch box. - **2.** [cazuela] flan dish.

tarugada *f Amér* prank.

tarugo *m* - **1.** [de madera - pedazo] block of wood; [- clavija] wooden peg. - **2.** *fam* [necio] blockhead. - **3.** [de pan] chunk (of stale bread). - **4.** *Amér fam* [susto] fright, scare.

tarumba *adj fam* crazy; **volver** ~ **a alguien** to confuse sb; **volverse** ~ to get confused o mixed up.

tasa *f* - **1.** [índice] rate; ~ **de crecimiento** growth rate; ~ **de mortalidad/natalidad** death/birth rate; ~**de paro** o **desempleo** (level of) unemployment. - **2.** [impuesto] tax. - **3.** EDUC fee. - **4.** [tasación] valuation. - **5.** [medida, norma] standard, norm; **sin** ~ without limit.

tasación *f* valuation.

tasador, **ra** ◇ *adj* evaluating. ◇ *m, f* valuer.

tasajear *vt Amér* to jerk.

tasajo *m* - **1.** [carne seca] jerked beef. - **2.** [pedazo de carne] piece of meat. - **3.** *Amér* [hombre] tall, thin man.

tasajudo, **da** *adj Amér* tall and thin.

tasar *vt* - **1.** [valorar] to value. - **2.** [fijar precio] to fix a price for. - **3.** *fig* [poner medida] to ration. - **4.** *fig* [reducir, limitar] to limit.

tasca *f* - **1.** [bar] ≃ pub; **ir de** ~**s** to go on a pub crawl. - **2.** [local con mala fama] dive. - **3.** *fam* [riña] fight, quarrel. - **4.** *Amér* [oleaje] turbulent coastal waters.

tascar [10] *vt* - **1.** [lino etc] to scutch, to swingle. - **2.** *fig* [suj: animal] to munch. - **3.** *Amér* [mascar] to chew.

tasque *etc v* → **tascar**.

tasquear *vi* to go on a pub crawl.

tasqueo *m* pubcrawling.

TASS (*abrev de* **Telegrafnoe Agentstvo Sovetskogo Sojuza**) *f* TASS.

tata *f* → **tato**.

tatarabuelo, **la** *m, f* great-great-grandfather (*f* grandmother).

◆ **tatarabuelos** *mpl* great-great-grand parents.

tataranieto, **ta** *m, f* great-great-grandson (*f* great-great-granddaughter).

◆ **tataranietos** *mpl* great-great-grand children.

tate *interj* - **1.** [¡cuidado!] watch out! - **2.** [¡ya comprendo!] I see!

tato, **ta** *m, f fam* [hermano] big brother (*f* big sister).

◆ **tata** *f* - **1.** [niñera] nanny. - **2.** *Amér fam* [papá] daddy, papa.

◆ **a tatas** *loc adv*: **andar a tatas** to toddle.

tatuador, **ra** *m, f* tattooist.

tatuaje *m* - **1.** [dibujo] tattoo. - **2.** [acción] tattooing.

tatuar [6] ◇ *vt* to tattoo. ◇ *vi* to make a tattoo.

◆ **tatuarse** *vpr* to have a tattoo done.

tau *f* - **1.** [letra griega] tau. - **2.** [cruz] ≃ tau cross.

taumaturgia *f* miracle-working.

taumaturgo, **ga** *m, f* miracle-worker.

taurino, **na** *adj* bullfighting *(antes de sust)*.

Tauro ◇ *m inv* [zodiaco] Taurus; **ser** ~ to be (a) Taurus. ◇ *mf inv* [persona] Taurean.

tauromaquia *f* bullfighting.

tautología *f* tautology.

tautológico, **ca** *adj* tautological.

TAV (*abrev de* **tren de alta velocidad**) *m Spanish high-speed train.*

taxativo, **va** *adj* precise, exact.

taxi *m* taxi.

taxidermia *f* taxidermy.

taxidermista *mf* taxidermist.

taxímetro *m* taximeter.

taxista *mf* taxi driver.

taxonomía *f* taxonomy.

taxonómico, **ca** *adj* taxonomic, taxonomical.

taxonomista *mf* taxonomist.

taz ◆ **taz a taz** *loc adv* tit for tat.

◆ **taz con taz** *loc adv* even, equal.

taza *f* - **1.** [para beber] cup; ~ **de café** coffee cup; ~ **de té** teacup. - **2.** [contenido] cupful. - **3.** [de retrete] bowl. - **4.** [de fuente] basin. - **5.** [de espada] cup guard. - **6.** *Amér* [palangana] washbasin.

tazón *m* bowl.

TC *m abrev de* **Tribunal Constitucional**.

te *pron pers* - **1.** *(complemento directo)* you; **le gustaría verte** she'd like to see you. - **2.** *(complemento indirecto)* (to) you; ~ **lo dio** he gave it to you; ~ **tiene miedo** he's afraid of you. - **3.** *(reflexivo)* yourself. - **4.** *fam* [valor impersonal]: **si** ~ **dejas pisar, estás perdido** if you let people walk all over you, you've had it.

té (*pl* **tés**) *m* tea; ~ **con limón** lemon tea; ~ **del Paraguay** maté.

tea *f* - **1.** [antorcha] torch. - **2.** NÁUT anchor rope.

teatral *adj* - **1.** [de teatro - gen] theatre *(antes de sust)*; [- grupo] drama *(antes de sust)*. - **2.** [exagerado] theatrical.

teatralidad *f* theatrical nature.

teatralizar [13] *vt* to exaggerate.

teatro *m* - **1.** [edificio, arte] theatre; ~ **experimental** fringe theatre; ~ **lírico** opera and light opera; ~ **de la ópera** opera house; ~ **de operaciones** MIL theatre of operations; ~ **de variedades** music hall *Br*, variety, vaudeville *Am*. - **2.** *fig* [fingimiento] play-acting; **hacer** ~ to play-act; **compórtate con naturalidad, en lugar de hacer** ~ act naturally and stop play-acting; **tener mucho** ~ *fam* to be theatrical o melodramatic. - **3.** *fig* [escenario] scene.

tebaida *f fig* - **1.** [desierto] desert, solitary place. - **2.** [soledad] solitude.

tebeo® *m* (children's) comic; **estar más visto que el** ~ *fam fig* to be old hat.

teca *f* teak.

tecali *m Amér* [mineral] Mexican onyx.

techado *m* roof; **bajo** ~ under cover.

techador *m* roofer.

techar *vt* to roof.

techo *m* - **1.** [gen] roof; [dentro de casa] ceiling; **bajo** ~ under cover ❑ ~ **deslizante** o **corredizo** AUTOM sun roof. - **2.** *fig* [límite] ceiling. - **3.** AERON ceiling.

techumbre *f* [de edificio] roof; [estructura] roofing.

tecla *f* - **1.** [gen, INFORM & MÚS] key; **pulsar** o **tocar una** ~ to press o strike a key ❑ ~ **de borrado/de control/de función/de retorno** erase/control/function/return key; ~ **de escape/de mayúsculas** INFORM escape/shift key; **dar en la** ~ *fam* to hit the nail on the head; **tocar muchas** ~**s** [contactar] to pull a lot of strings; [abarcar mucho] to have too many things on the go at once. - **2.** *fig* [tema delicado] delicate matter.

teclado *m* [gen & MÚS] keyboard; ~ **expandido/numérico** expanded/numeric keyboard.

tecleado *m* fingering.

teclear ◇ *vt* - **1.** [ordenador] to type in, to key in; [piano] to play. - **2.** *fam fig* [problema] to feel one's way with, to approach from various angles. ◇ *vi* - **1.** [en ordenador] to key; [en una máquina de escribir] to type; [en piano] to play. - **2.** [mover los dedos] to drum one's fingers. - **3.** *fig* [estar moribundo] to be on the verge of death.

tecleo *m* - **1.** [en piano] playing; [en máquina de escribir] clattering. - **2.** [con los dedos] drumming of one's fingers.

teclista *mf* - **1.** MÚS keyboard player. - **2.** INFORM keyboarder.

tecnecio *m* technetium.

técnica *f* → **técnico**.

técnicamente *adv* technically.

tecnicismo *m* - **1.** [cualidad] technical nature. - **2.** [término] technical term.

técnico, ca ◇ *adj* technical. ◇ *m, f* - **1.** [mecánico] technician. - **2.** [experto] expert. - **3.** [ingeniero] engineer; ~ **agrícola** agronomist; ~ **electricista** electrical engineer. - **4.** [entrenador] coach.
◆ **técnica** *f* - **1.** [gen] technique. - **2.** [tecnología] technology. - **3.** [ingeniería] engineering; ~ **electrónica** electronics; ~ **hidráulica** hydraulic engineering.

tecnicolor *m* Technicolor®.

tecnificación *f* application of technology.

tecnificar [10] *vt* to apply technology to.

tecno *m inv* MÚS techno (music).

tecnocracia *f* technocracy.

tecnócrata ◇ *adj* technocratic. ◇ *mf* technocrat.

tecnocratización *f* technocratization.

tecnología *f* technology; **de alta** ~ high tech ❑ **alta** ~ high technology; ~ **punta** state-of-the-art technology.

tecnológico, ca *adj* technological.

tecnólogo, ga *m, f* technologist.

tecolote *m Amér* - **1.** [ave] owl. - **2.** [policía] policeman.

tecomate, tecomal *m Amér* drinking gourd.

tectónico, ca *adj* tectonic.
◆ **tectónica** *f* tectonics (U).

tedéum *m inv* Te Deum.

tedio *m* boredom, tedium.

tedioso, sa *adj* tedious.

teflón® *m* Teflon®.

Tegucigalpa *s* Tegucigalpa.

tegumento *m* integument.

Teherán *s* Teheran.

Teide *m*: **el** ~ (Mount) Teide.

teína *f* theine.

teísmo *m* theism.

teja *f* - **1.** [de tejado] tile. - **2.** CULIN potato waffle. - **3.** [de espada] steel facing. - **4.** NÁUT hollow cut for scarfing. - **5.** *loc*: **a toca** ~ in cash.

tejado *m* roof.

tejamaní (*pl* **tejamanís** o **tejamaníes**), **tejamanil** *m Amér* shingle.

tejano, na ◇ *adj* - **1.** [de Texas] Texan. - **2.** [tela] denim. ◇ *m, f* [persona] Texan.
◆ **tejanos** *mpl* [pantalones] jeans.

tejar ◇ *m* [de ladrillos] brickworks (*sg*); [de tejas] tileworks (*sg*). ◇ *vt & vi* to tile.

tejedor, ra ◇ *adj* - **1.** [que teje] weaving. - **2.** *Amér fam fig* [intrigante] scheming, conniving. ◇ *m, f* - **1.** [persona que teje] weaver. - **2.** *Amér fam fig* [persona intrigante] schemer, conniver.
◆ **tejedor** *m* - **1.** [insecto] water strider. - **2.** [ave] weaverbird.
◆ **tejedora** *f Amér* stitching machine.

tejedura *f* - **1.** [acción] weaving. - **2.** [textura] weave, texture.

tejeduría *f* - **1.** [arte] weaving. - **2.** [taller] weaver's shop.

tejemaneje *m fam* - **1.** [maquinación] intrigue. - **2.** [ajetreo] to-do, fuss. - **3.** [habilidad] knack.

tejer ◇ *vt* - **1.** [gen] to weave; [labor de punto] to knit. - **2.** [telaraña] to spin. - **3.** *fig* [labrar - porvenir] to carve out; [- ruina] to bring about. ◇ *vi* - **1.** [hacer ganchillo] to crochet; [hacer punto] to knit; ~ **y destejer** *fig* to chop and change. - **2.** *Amér fig* [conspirar] to scheme, to plot.

tejera *f* → **tejero**.

tejería *f* tileworks (*sg*).

tejero, ra *m, f* tile maker.
◆ **tejera** *f* tileworks (*sg*).

tejido *m* - **1.** [tela] fabric, material; IND textile; ~ **de alambre** wire mesh; ~ **de punto** jersey, knit. - **2.** ANAT tissue; ~ **adiposo** cellulite; ~ **conjuntivo/muscular** connective/muscle tissue.

tejo *m* - **1.** [juego] hopscotch. - **2.** BOT yew. - **3.** [pedazo para jugar] counter, chip. - **4.** [plancha metálica] metal disc, blank. - **5.** *loc*: **tirar los** ~**s a alguien** *fam* to try it on with sb.

tejolote *m Amér* stone pestle.

tejón *m* - **1.** [animal] badger. - **2.** [de oro] gold ingot.

tejuela *f* - **1.** [teja pequeña] small tile. - **2.** [pedazo de barro] piece of brick. - **3.** EQUITACIÓN saddletree.

tejuelo *m* - **1.** [tejo pequeño] small disc. - **2.** IMPRENTA title plate. - **3.** MEC pillow block.

tel., teléf. (*abrev escrita de* **teléfono**) tel.

tela *f* - **1.** [tejido] fabric, material; [retal] piece of material; ~ **adhesiva/aislante** adhesive/insulating tape; ~ **de araña** cobweb; ~ **asfáltica** asphalt roofing/flooring; ~ **metálica/mosquitera** wire/mosquito netting; ~ **vaquera** denim. - **2.** ARTE [lienzo] canvas. - **3.** *fam* [dinero] dough. - **4.** *fam* [cosa complicada]: **el examen era** ~ the exam was really tricky. - **5.** [membrana] membrane. - **6.** [nata] film, skin. - **7.** ANAT film. - **8.** BOT skin. - **9.** *loc*: **hay** ~ **que** o **donde cortar** there's plenty to talk about; **hay** ~ **(para rato)** [trabajo] there's no shortage of things to do; **tener (mucha)** ~ [ser difícil] to be (very) tricky; ¡~ **marinera!** that's too much!

Telam (*abrev de* **Telenoticias Americanas**) *f Argentinian news agency.*

telar *m* - **1.** [máquina] loom; **en el** ~ in the making. - **2.** TEATRO gridiron. - **3.** (*gen pl*) [fábrica] textiles mill. - **4.** ARQUIT frame. - **5.** IMPRENTA sewing press.

telaraña *f* - **1.** [de araña] spider's web, cobweb; **mirar las** ~**s** to have one's head in the clouds; **tener** ~**s en los ojos** *fam* to be blind. - **2.** *fig* [cosa trivial] trifle.

tele *f fam* telly.

teleadicto, ta *m, f* telly-addict.

teleapuntador *m* Autocue®, Teleprompter®.

telearrastre *m* ski-tow.

telebasura *f fam* junk TV.

telecabina *f* cable car.

telecomedia *f* television comedy programme.

telecomunicación *f* [medio] telecommunication.
◆ **telecomunicaciones** *fpl* [red] telecommunications.

telecontrol *m* remote control.

telediario *m* television news (U).

teledifundir *vt* to telecast, to broadcast on TV.

teledifusión *f* telecast, telecasting (U).

teledirigido, da *adj* remote-controlled.

teledirigir [15] *vt* to operate by remote control.

teléf. = tel.

telefax *m inv* telefax, fax.

teleférico *m* cable car.

telefilme, telefilm (*pl* **telefilms**) *m* TV film.

telefonazo *m fam* ring, buzz; **dar un** ~ **a alguien** to give sb a ring o buzz.

telefonear *vi* to phone.
◆ **telefonearse** *vpr* to telephone each other.

telefonía *f* telephony; ~ **móvil** mobile phones (*pl*).

telefónicamente *adv* by phone.

telefónico, ca *adj* telephone (*antes de sust*).
◆ **Telefónica** *f Spanish national telephone monopoly.*

telefonista *mf* telephonist.

teléfono *m* telephone, phone; **hablar por** ~ to be on the phone ❑ **(número de)** ~ telephone number; ~ **celular** cellphone; ~ **gratuito** freefone, freephone; ~ **inalámbrico** o **móvil** cordless o mobile phone; ~ **sin manos** phone

with hands-free dialling; ~ **modular** o **inteligente** cellphone; ~ **público** public phone; ~ **rojo** hot line.
telefoto f telephoto.
telefotografía f telephotography.
telegénico, ca adj telegenic.
telegrafía f telegraphy.
telegrafiar [9] vt & vi to telegraph.
telegráfico, ca adj lit & fig telegraphic.
telegrafista mf telegraphist.
telégrafo m - **1.** [medio, aparato] telegraph; ~ **marino** nautical signals; ~ **óptico** semaphore. - **2.** loc: **hacer** ~s fam to use sign language.
◆ **telégrafos** mpl [oficina] telegraph office (sg).
telegrama m telegram; ~ **cantado** singing telegram.
teleguiado, da adj remote-controlled.
teleimpresor m teleprinter.
teleinformática f telematics (U).
telejuego m television game show.
telele m fam: **le dio un** ~ [desmayo] he had a fainting fit; [enfado] he had a fit.
Telémaco m Telemachus.
telemando m remote control.
telemática f telematics (U).
telemetría f telemetry.
telémetro m telemeter.
telenovela f television soap opera.
teleobjetivo m telephoto lens.
teleología f teleology.
telepatía f telepathy.
telepático, ca adj telepathic.
telequinesia f telekinesis (U).
telera f - **1.** [de arado] plough pin. - **2.** [redil] fold, sheep pen. - **3.** [de carro] transom, crosspiece. - **4.** [en carpintería] jaws (pl). - **5.** [de pan] large oval brown loaf. - **6.** NÁUT rack block.
telescópico, ca adj telescopic.

telescopio m telescope.
telesilla m chair lift.
telespectador, ra m, f viewer.
telesquí (pl **telesquíes** o **telesquís**) m ski lift.
teletexto m Teletext®.
teletipo m - **1.** [aparato] teleprinter. - **2.** [texto] Teletype®.
televendedor, ra m, f telesales assistant.
televenta f - **1.** [por teléfono] telesales (pl). - **2.** [por televisión] TV advertising in which a phone number is given for clients to contact.
televidente mf viewer.
televisado, da adj televised.
televisar vt to televise.
televisión f television; ~ **en blanco y negro/en color** black and white/colour television; ~ **por cable/vía satélite/por circuito cerrado** cable/satellite/closed circuit television; ~ **privada/pública** commercial/public television.
televisivo, va adj television (antes de sust).
televisor m television (set).
télex m inv telex; **mandar por** ~ to telex.
telilla f - **1.** [tejido] thin camlet. - **2.** [en líquido] film, skin.
telón m - **1.** [delante] curtain. - **2.** [detrás] backcloth; ~ **de acero** fig Iron Curtain; ~ **de boca** drop curtain; ~ **de fondo** fig backdrop; ~ **mecánico** o **de seguridad** safety curtain.
telonero, ra ◇ adj support (antes de sust). ◇ m, f [cantante] support artist; [grupo] support band.
telúrico, ca adj telluric.
telurio m tellurium.
tema ◇ m - **1.** [gen] subject; **el** ~ **del libro es la guerra civil española** the subject of the book is the Spanish Civil War; **en el examen entran cinco** ~s the exam covers five subjects; **no me hables de política, no me interesa el** ~ don't talk to me about politics, it's not a subject that interests me ☐ ~ **candente** political football; ~ **de conversación** talking point, topic of conversation; ~ **espinoso** hot potato; ~**s de actualidad** current affairs. - **2.** MÚS theme.

USO ▶ Al teléfono

Para llamar	Para contestar cuando es posible localizar al interlocutor deseado	Para contestar cuando no es posible localizar al interlocutor deseado
▶ a un particular:	▶ un particular	▶ un particular
Hello, could I speak to Mrs Jones, please?	Speaking.	I'm afraid you've got the wrong number.
Hello, I'd like to o would it be possible to speak to Jane, please.	I'll just get her for you/Yes, who's calling, please?	I'm sorry, she's not here for the moment. Can I get her to call you back?
▶ a una empresa:	▶ una empresa:	▶ una empresa
Hello, is that [Br] o this [Am] Larousse Editorial?	Yes, how can I help?	No, I'm sorry, this is Larousse International.
Could I have extension 227 [two-two-seven], please?	I'm putting you through now.	I'm afraid the line is busy [Am]/engaged [Br] (at the moment).
Could you put me through to the accounts department, please? [Br]	Hold the line please. [Br]/Can you hold please? [Am]	I'm afraid they're all in a meeting at the moment.
Can you connect me to accounting, please? [Am]	The number/line is ringing for you.	The line is ringing, but I'm afraid there's no answer. Will you hold?
Could you put me through to Mrs Jones, please?	Certainly, may I say who's calling? [Br]	I'm afraid Mrs Jones is out of the office. Can I take a message o Would you like to leave a message?
Para dejar un recado	**Para coger un recado**	
Could you tell him I called?	Certainly.	
Would you ask her to call me back?	Certainly. Does she have your number?	

- **3.** GRAM stem. ◇ *f* - **1.** [idea fija] mania, obsession. - **2.** [antipatía] ill will.

temario *m* [de una asignatura] curriculum; [de oposiciones] list of topics; [de reunión, congreso] agenda.

temático, ca *adj* thematic.
◆ **temática** *f* subject matter.

tembladera *f* - **1.** [temblor] trembling fit. - **2.** [vasija] thin two-handled cup. - **3.** [joya] jewel mounted on a spiral. - **4.** [pez] torpedo fish. - **5.** BOT quaking grass. - **6.** *Amér* VETER *horse and cattle disease.*

tembladeral *m Amér* quaking bog.

temblador, ra ◇ *adj* trembling. ◇ *m, f* - **1.** [persona] trembler. - **2.** RELIG Quaker.
◆ **temblador** *m* electric eel.

temblar [19] *vi* - **1.** : ~ **(de)** [tiritar] to tremble (with); [de frío] to shiver (with). - **2.** [vibrar] to shudder, to shake. - **3.** *fig* [sentir temor] to tremble; **tiemblo por lo que pueda pasarle** I shudder to think what could happen to him.

tembleque *m* - **1.** [de miedo, frío] trembling fit; **le dio** o **entró un** ~ he got the shakes. - **2.** [persona] person who trembles. - **3.** [joya] jewel mounted on a spiral. - **4.** [de tierra] earthquake.

temblequear, tembletear *vi fam* - **1.** [temblar] to tremble, to shake. - **2.** [fingir temor] to pretend to shake with fear.

temblón, ona ◇ *adj* shaky, trembling. ◇ *m, f* trembler, shaker.

temblor *m* shaking *(U)*, trembling *(U)*; ~ **de tierra** earthquake.

tembloroso, sa *adj* trembling, shaky.

temedor, ra *adj* fearful, afraid.

temer ◇ *vt* - **1.** [tener miedo de] to fear, to be afraid of. - **2.** [sospechar] to fear; **la policía teme que el sospechoso haya huido del país** the police fear that the suspect may have fled the country. ◇ *vi* to be afraid; **no temas** don't worry; ~ **a** to be afraid of; **le teme mucho al fuego** she's very afraid of fire; ~ **por** to fear for; **teme por la salud de su padre** he fears for his father's health.
◆ **temerse** *vpr*: ~**se que** to be afraid that, to fear that; **me temo que no vendrá** I'm afraid she won't come; ~**se lo peor** to fear the worst.

temerariamente *adv* [gen] rashly; [conducir] recklessly.

temerario, ria *adj* [gen] rash; [conducción] reckless.

temeridad *f* - **1.** [cualidad] recklessness. - **2.** [acción] folly *(U)*, reckless act.

temerosamente *adv* fearfully.

temeroso, sa *adj* - **1.** [receloso] fearful. - **2.** [tímido] timid, fearful. - **3.** [temible] terrifying, fearsome.

temible *adj* fearsome.

temor *m*: ~ **(a** o **de)** fear (of); **por** ~ **a** o **de** for fear of.

témpano *m* - **1.** [bloque] : ~ **(de hielo)** ice floe. - **2.** [MÚS - instrumento] kettledrum; [- piel de tambor] drumhead, drumskin. - **3.** [de tonel] barrel head. - **4.** [corcho] *cork dome of a beehive.* - **5.** [de tocino] : ~ **(de tocino)** side (of bacon).

temperado, da *adj* temperate.

temperamental *adj* - **1.** [cambiante] temperamental. - **2.** [impulsivo] impulsive.

temperamento *m* - **1.** [carácter, personalidad] temperament. - **2.** MÚS temperament. - **3.** [en política etc] compromise. - **4.** *Amér* [clima] climate.

temperancia *f* temperance.

temperante ◇ *adj* - **1.** [que calma] calming, soothing. - **2.** MED sedative. - **3.** *Amér* [abstemio] abstemious. ◇ *mf Amér* teetotaller.

temperar ◇ *vt* - **1.** [enfriar] to cool down. - **2.** [moderar] to temper. - **3.** [calmar] to calm, to soothe. ◇ *vi Amér* to have a change of air.

temperatura *f* temperature; **tener** ~ to have a temperature; **tomar la** ~ **a alguien** to take sb's temperature ❑ ~ **absoluta** FÍS absolute temperature; ~ **ambiental** room

temperature; ~ **máxima/mínima** highest/lowest temperature.

temperie *f* weather (conditions) *(pl)*.

tempero *m readiness of the soil for sowing.*

tempestad *f* storm; ~ **de arena** sandstorm; ~ **de nieve** snowstorm; **levantar una** ~ **(de protestas)** *fig* to raise a storm (of protest); ~ **en un vaso de agua** *fig* storm in a tea cup *Br*, tempest in a teapot *Am*.

tempestivo, va *adj* timely, opportune.

tempestuoso, sa *adj lit & fig* stormy.

templa *f* ARTE distemper.

templadamente *adv Amér* calmly.

templado, da *adj* - **1.** [agua, bebida, comida] lukewarm. - **2.** GEOGR [clima, zona] temperate. - **3.** [nervios] steady. - **4.** [persona, carácter] calm, composed. - **5.** MÚS in tune. - **6.** *fam* [valiente] courageous, brave. - **7.** *Amér* [borracho] drunk. - **8.** *Amér* [enamorado] in love. - **9.** *Amér* [severo] severe, strict. - **10.** *Amér* [listo] clever.

templador, ra *adj* tempering.
◆ **templador** *m* tuning key.

templadura *f* - **1.** [moderación] tempering, moderating. - **2.** MÚS tuning.

templanza *f* - **1.** [serenidad] composure. - **2.** [moderación] moderation. - **3.** [del clima] mildness. - **4.** ARTE blending.

templar ◇ *vt* - **1.** [entibiar - lo frío] to warm (up); [- lo caliente] to cool down. - **2.** [calmar - nervios, ánimos] to calm; [- ira, pasiones] to restrain; [- voz] to soften. - **3.** TECN [metal etc] to temper. - **4.** [aguar] to water down, to dilute. - **5.** MÚS to tune. - **6.** [tensar] to tighten (up). - **7.** ARTE to blend. - **8.** *Amér* [matar] to kill. - **9.** *Amér* [pegar] to beat. - **10.** *Amér* [derribar] to knock down. ◇ *vi* - **1.** [entibiar] to get milder. - **2.** *Amér* [huir] to flee, to run away.
◆ **templarse** *vpr* - **1.** [lo frío] to warm up. - **2.** [moderarse] to be moderate. - **3.** *Amér* [ante peligro] to face danger. - **4.** *Amér* [enamorarse] to fall in love. - **5.** *Amér* [morirse] to die. - **6.** *Amér* [emborracharse] to get drunk.

templario *m* Templar.

temple *m* - **1.** [serenidad] composure; **estar de buen/mal** ~ to be in a good/bad mood. - **2.** [valentía] courage, boldness. - **3.** TECN tempering. - **4.** ARTE tempera; **al** ~ in tempera. - **5.** *fig* [término medio] mean, average. - **6.** [clima] weather conditions *(pl)*. - **7.** [temperatura] temperature. - **8.** [de metal] temper. - **9.** MÚS tuning.

templete *m* [pabellón] pavilion; [para imagen] shrine.

templo *m* - **1.** [edificio - gen] temple; [- católico, protestante] church; [- judío] synagogue; **como un** ~ *fam* huge. - **2.** *fig* [lugar mitificado] temple.

tempo *m* tempo.

temporada *f* - **1.** [periodo concreto] season; [de exámenes] period; **(de) fuera de** ~ off-season; **estar de** ~ to be on holiday *Br*, to be on vacation *Am*; **de** ~ [fruta, trabajo] seasonal; [en turismo] peak *(antes de sust)* ❑ **alta/baja** high/low season; ~ **de caza** o **de pesca** open season; ~ **media** mid-season; ~ **de ópera** opera season; ~ **turística** holiday season. - **2.** [periodo indefinido] (period of) time; **pasé una** ~ **en el extranjero** I spent some time abroad ❑ **por** ~**s** off and on.

temporal ◇ *adj* - **1.** [provisional] temporary. - **2.** ANAT & RELIG temporal. - **3.** GRAM temporal. ◇ *m* - **1.** [tormenta] storm; ~ **de lluvia** rainstorm; **capear el** ~ *lit & fig* to ride out the storm. - **2.** ANAT temporal bone.

temporalidad *f* temporary nature.
◆ **temporalidades** *fpl* temporalities.

temporalmente *adv* [por algún tiempo] temporarily.

temporáneo, a, temporario, ria *adj* temporary.

témporas *fpl* RELIG Ember days.

temporera *f type of popular song.*

temporero, ra ◇ *adj* temporary. ◇ *m, f* casual labourer.

temporizador *m* timing device.

temporizar [13] *vi* - **1.** [contemporizar] to temporize. - **2.** [pasar el rato] to pass the time.

tempranero, ra *adj* [persona] early-rising; **ser** ~ to be an early riser.

temprano, na *adj* early.
◆ **temprano** ◇ *adv* early; **se levanta muy** ~ **para ir a trabajar** she gets up very early to go to work. ◇ *m* early crop.

ten[1] *v* → **tener**[2].

ten[2] ◆ **ten con ten** *m fam* tact.

tenacidad *f* - **1.** [cualidad de persona] tenacity. - **2.** [cualidad de metal] tensile strength.

tenacillas *fpl* [tenazas] tongs; [para vello] tweezers; [para rizar el pelo] curling tongs.

tenaz (*pl* **tenaces**) *adj* - **1.** [perseverante] tenacious. - **2.** [persistente] stubborn.

tenaza *f* (*gen pl*) - **1.** [herramienta] pliers (*pl*); [pinzas] tongs (*pl*). - **2.** ZOOL pincer. - **3.** MED forceps (*pl*). - **4.** [en naipes] tenace, fourchette. - **5.** MIL tenaille.

tenazmente *adv* tenaciously.

tenazón ◆ **a tenazón** *loc adv* - **1.** [sin fijar puntería] blindly, without taking aim. - **2.** *fig* [de pronto] suddenly, without warning.

tendal *m* - **1.** [toldo] awning. - **2.** AGR *canvas spread to catch ripening olives.* - **3.** *Amér* [para ganado] shearing shed. - **4.** *Amér* [para café] drying floor. - **5.** *Amér* [campo] flat field. - **6.** *Amér* [de cosas desordenadas] heap, jumble. - **7.** *Amér* [puesto ambulante] stall, booth.

tendalera *f fam* jumble, heap.

tendedero *m* - **1.** [armazón] clothes horse; [cuerda] clothes line. - **2.** [lugar] drying place.

tendel *m* - **1.** [cuerda] levelling line. - **2.** [capa de mortero] layer of mortar.

tendencia *f* tendency, trend; ~ **a hacer algo** tendency to do sthg; ~ **a la depresión** tendency to get depressed ❑ ~**s de mercado** ECON market forces.

tendenciosidad *f* tendentiousness.

tendencioso, sa *adj* tendentious.

tendente *adj* tending.

tender [20] *vt* - **1.** [colada, ropa] to hang out. - **2.** [tumbar] to lay (out). - **3.** [extender] to stretch (out); [mantel] to spread. - **4.** [dar - cosa] to hand; [- mano] to hold out, to offer. - **5.** [entre dos puntos - cable, vía] to lay; [- puente] to build; [- cuerda] to stretch. - **6.** CONSTR to coat with plaster. - **7.** *fig* [emboscada, trampa etc] to lay; **la policía tendió una trampa al sospechoso** the police laid a trap for the suspect.
◆ **tender a** *vi*: ~ **a hacer algo** to tend to do something; **las ballenas tienden a desaparecer** whales are gradually becoming extinct; ~ **a la depresión** to have a tendency to get depressed.
◆ **tenderse** *vpr* - **1.** [en sofá, cama etc] to stretch out, to lie down. - **2.** *fam fig* [descuidar asuntos] to become careless. - **3.** [en naipes] to lay one's cards on the table. - **4.** AGR to droop. - **5.** EQUITACIÓN to gallop.

tenderete *m* - **1.** [puesto] stall. - **2.** *fam* [para tender] drying floor. - **3.** [juego] *card game similar to snap.*

tendero, ra *m, f* shopkeeper.
◆ **tendero** *m* tent maker.

tendido, da *adj* - **1.** [extendido, tumbado] stretched out. - **2.** [colada, ropa] hung out, on the line. - **3.** EQUITACIÓN flat-out.
◆ **tendido** *m* - **1.** [instalación - de puente] construction; [- de cable] laying; ~ **eléctrico** electrical installation. - **2.** TAUROM front rows (*pl*). - **3.** [ropa] washing. - **4.** [de pan] *batch of bread set out to rise.* - **5.** [encaje] *portion of lace made at one time.* - **6.** ARQUIT pitch. - **7.** CONSTR coat of plaster. - **8.** *Amér* [cielo] clear sky.

tendiente *adj Amér* tending.

tendón *m* tendon; ~ **de Aquiles** Achilles tendon.

tendoso, sa *adj* sinewy.

tendrá *etc v* → **tener**.

tenducha *f,* **tenducho** *m despec* shabby shop.

tenebrismo *m* tenebrism.

tenebrosidad *f* darkness, gloom.

tenebroso, sa *adj* [obscuro] dark, gloomy; *fig* [siniestro] shady, sinister.

tenedor[1] *m* [utensilio] fork.

tenedor[2]**, ra** *m, f* [poseedor] holder; ~ **de acciones** shareholder; ~ **de libros** COM bookkeeper; ~ **de póliza** policyholder.

teneduría *f* COM bookkeeping.

tenencia *f* - **1.** [posesión] possession; ~ **ilícita de armas** illegal possession of arms. - **2.** [cargo]: ~ **de alcaldía** deputy mayor's office. - **3.** MIL lieutenancy.

tener [72] ◇ *v aux* - **1.** *(antes de participio)* [haber]: **teníamos pensado ir al teatro** we had thought of going to the theatre. - **2.** *(antes de adj)* [hacer estar]: **me tuvo despierto** it kept me awake; **eso la tiene despistada** that has confused her. - **3.** [expresa obligación]: ~ **que hacer algo** to have to do sthg; **tiene que ser así** it has to be this way. - **4.** [expresa propósito]: **tenemos que ir a cenar un día** we ought to o should go for dinner some time. ◇ *vt* - **1.** [gen] to have; **tengo un hermano** I have o I've got a brother; ~ **fiebre** to have a temperature; **tuvieron una pelea** they had a fight; ~ **un niño** to have a baby; **¡que tengan buen viaje!** have a good journey!; **hoy tengo clase** I have to go to school today. - **2.** [medida, años, sensación, cualidad] to be; **tiene 3 metros de ancho** it's 3 metres wide; **¿cuántos años tienes?** how old are you?; **tiene diez años** she's ten (years old); ~ **hambre/miedo** to be hungry/afraid; ~ **mal humor** to be bad-tempered; **le tiene lástima** he feels sorry for her. - **3.** [sujetar] to hold; **tenlo por el asa** hold it by the handle. - **4.** [tomar]: **ten el libro que me pediste** here's the book you asked me for; **¡aquí tienes!** here you are! - **5.** [recibir] to get; **tuve un verdadero desengaño** I was really disappointed; **tendrá una sorpresa** he'll get a surprise. - **6.** [valorar]: **me tienen por tonto** they think I'm stupid; ~ **a alguien en mucho** to think the world of sb. - **7.** [guardar, contener] to keep. - **8.** *loc*: **no las tiene todas consigo** he is not too sure about it; ~ **a bien hacer algo** to be kind enough to do sthg; ~ **que ver con algo/alguien** [existir relación] to have something to do with sthg/sb; [existir semejanza] to be in the same league as sthg/sb.
◆ **tenerse** *vpr* - **1.** [sostenerse]: ~**se de pie** to stand upright. - **2.** [considerarse]: **se tiene por listo** he thinks he's clever.

tenería *f* tannery.

tengo *v* → **tener**.

tenia *f* - **1.** [parásito] tapeworm. - **2.** ARQUIT taenia, fillet.

tenida *f* - **1.** [reunión] meeting of a Masonic lodge. - **2.** *Amér* [traje] suit.

teniente ◇ *m* - **1.** MIL lieutenant; **segundo** ~ second lieutenant; ~ **coronel/general** lieutenant colonel/general. - **2.** [sustituto] deputy. ◇ *adj* - **1.** [que tiene] having, possessing. - **2.** [fruto] unripe. - **3.** *fam* [sordo] hard of hearing. - **4.** *fig* [avaro] tightfisted, stingy.
◆ **teniente (de) alcalde** *mf* deputy mayor.

tenis *m inv* - **1.** [deporte] tennis; ~ **de mesa/sobre hierba** table/lawn tennis. - **2.** [lugar] tennis court.

tenista *mf* tennis player.

tenístico, ca *adj* tennis *(antes de sust).*

Tenochtitlán *s* Tenochtitlan.

tenor *m* - **1.** MÚS tenor. - **2.** [estilo] tone; **a este** ~ along those lines.
◆ **a tenor de** *loc prep* in view of.

tenorio *m* ladies' man, Casanova.

tensado *m* tightening.

tensar *vt* [cuerda, cable] to tauten; [arco] to draw.

tensión *f* - **1.** [gen] tension; ~ **nerviosa** nervous tension. - **2.** TECN [estiramiento] stress; **en** ~ tensed ❑ ~ **superficial** surface tension. - **3.** MED: ~ **(arterial)** blood pressure ❑ **tener la** ~ **alta/baja** to have high/low blood pressure. - **4.** ELECTR voltage; **alta** ~ high voltage.

tenso, sa *adj* - **1.** [estirado] taut. - **2.** *fig* [situación, conversación etc] tense.

tensor, **ra** *adj* tightening.
◆ **tensor** *m* - **1**. [dispositivo] turnbuckle. - **2**. [aparato para tensar] tightener. - **3**. ANAT tensor.

tentación *f* - **1**. [deseo] temptation; **caer en la** ~ to give in to temptation; **tener la** ~ **de** to be tempted to. - **2**. [punto débil] weakness.

tentáculo *m* tentacle.

tentador, **ra** *adj* tempting.
◆ **tentador** *m* tempter.
◆ **Tentador** *m*: **el Tentador** the Devil.

tentar [19] *vt* - **1**. [palpar] to feel. - **2**. [atraer, incitar] to tempt. - **3**. [intentar] to try, to attempt. - **4**. MED to probe.

tentativa *f* attempt; ~ **de asesinato** attempted murder; ~ **de delito** criminal attempt.

tentativo, **va** *adj* tentative.

tentemozo *m* - **1**. [puntal] prop. - **2**. [de carro] pole prop. - **3**. [de caballo] cheek strap. - **4**. [juguete] tumbler, roly-poly.

tentempié (*pl* **tentempiés**) *m* - **1**. [comida] snack. - **2**. [juguete] tumbler, roly-poly.

tentenelaire *mf* - **1**. *desus* [persona] *child of a quadroon and a mulatto*. - **2**. *Amér* [ave] hummingbird.

tenue *adj* - **1**. [tela, hilo, lluvia] fine. - **2**. [luz, sonido, dolor] faint. - **3**. [relación] tenuous. - **4**. [sin ostentación] simple, natural.

tenuemente *adv* - **1**. [finamente] tenuously. - **2**. [débilmente] dimly, faintly.

teñido *m* dyeing.

teñir [26] *vt* - **1**. [ropa, pelo]: ~ **algo (de rojo)** to dye sthg (red). - **2**. *fig* [matizar]: ~ **algo (de)** to tinge sthg (with). - **3**. ARTE to darken. - **4**. *fig* [persuadir] to imbue.
◆ **teñirse** *vpr*: ~**se (el pelo)** to dye one's hair.

teocracia *f* theocracy.

teocrático, **ca** *adj* theocratic.

teodolito *m* theodolite.

teologal *adj* theological.

teología *f* theology; ~ **de la liberación** liberation theology; **no meterse en** ~**s** *fam fig* not to get into hot water.

teológico, **ca** *adj* theological.

teologizar [13] *vt* to theologize about.

teólogo, **ga** ◇ *m*, *f* theologian. ◇ *adj* theological.

teorema *m* theorem; ~ **de Pitágoras/de Tales** Pythagoras/Thales theorem.

teorético, **ca** *adj* theoretical.

teoría *f* theory; **en** ~ in theory; **en** ~ **los autobuses circulan hasta las dos de la madrugada** in theory, the buses run until two in the morning □ ~ **del conocimiento** epistemology; ~ **de la información** information theory; ~ **monetaria** monetary theory; ~ **de los quanta** FÍS quantum theory.

teórica *f* → **teórico**.

teóricamente *adv* theoretically.

teórico, **ca** ◇ *adj* theoretical. ◇ *m*, *f* [persona] theorist.
◆ **teórica** *f* [teoría] theory (U).

teorizador, **ra** *adj* theorizing.

teorizar [13] *vi* to theorize.

teosofía *f* theosophy.

teósofo, **fa** *m*, *f* theosophist.

tepe *m* sod, piece of turf.

teperete *adj Amér* crazy, mad.

tequila *m o f* tequila.

terapeuta *mf* therapist.

terapéutico, **ca** *adj* therapeutic.
◆ **terapéutica** *f* therapeutics (U).

terapia *f* therapy; ~ **ocupacional/de grupo** occupational/group therapy.

terbio *m* terbium.

tercamente *adv* stubbornly, obstinately.

tercena *f* - **1**. [almacén] tobacco warehouse. - **2**. *Amér* [carnicería] butcher's (shop).

tercenista *mf* - **1**. [de almacén] warehouse keeper. - **2**. *Amér* [carnicero] butcher.

tercer *adj* → **tercero**.

tercera *f* → **tercero**.

tercería *f* - **1**. [mediación] mediation, arbitration. - **2**. DER right of a third party.

tercermundista *adj* Third World (antes de sust).

tercero, **ra** (antes de sust masculino sg: **tercer**) ◇ *núm* third; **a la tercera va la vencida** third time lucky; *ver también* **sexto**. ◇ *adj* [que media, intercede] mediating.
◆ **tercero** *m* - **1**. [mediador, parte interesada] third party; **el** ~ **en discordia** the third party. - **2**. [intermediario] mediator. - **3**. [alcahuete] pimp, procurer. - **4**. RELIG tertiary.
◆ **tercera** *f* - **1**. AUTOM third (gear). - **2**. [en naipes] tierce. - **3**. MÚS third. - **4**. [alcahueta] procuress.

tercerón, **ona** *m*, *f Amér child of a white and a mulatto*.

terceto *m* - **1**. [estrofa] tercet. - **2**. MÚS trio.

tercia ◇ *adj f* → **tercio**. ◇ *f* - **1**. [medida] *measurement of 11 inches*. - **2**. RELIG terce. - **3**. [en naipes] tierce. - **4**. HIST forenoon. - **5**. AGR third digging.

terciado, **da** *adj* - **1**. [azúcar] brown. - **2**. [toro] medium-sized.
◆ **terciado** *m* - **1**. [espada] broadsword. - **2**. [cinta] wide ribbon.

terciador, **ra** ◇ *adj* mediating, arbitrating. ◇ *m*, *f* mediator, arbitrator.

terciar [8] ◇ *vt* - **1**. [poner en diagonal - gen] to place diagonally; [- sombrero] to tilt. - **2**. [dividir] to divide into three. - **3**. AGR to plough for the third time. - **4**. *Amér* [una carga] to carry on one's back; **terció el bulto** he carried the pack on his back. - **5**. *Amér* [aguar] to water down. ◇ *vi* - **1**. [mediar]: ~ **(en)** to mediate (in). - **2**. [participar] to intervene, to take part. - **3**. [completar número] to make up the numbers. - **4**. [suj: luna] to be in its third day.
◆ **terciarse** *vpr* to arise; **si se tercia** if the opportunity arises.

terciario, **ria** *adj* tertiary.
◆ **terciario** *m* GEOL Tertiary (period).

terciazón *f* third ploughing.

tercio, **cia** *adj & m,f* third.
◆ **tercio** *m* - **1**. [tercera parte] third. - **2**. MIL ≃ regiment; ~ **de la guardia civil** Civil Guard division. - **3**. TAUROM stage (of bullfight); ~ **de muerte** stage of bullfight in which the bull is killed. - **4**. [asociación] docker's union *Br*, longshoreman's union *Am*. - **5**. [fardo] bale.

terciopelo *m* velvet.

terco, **ca** ◇ *adj* - **1**. [tozudo] stubborn. - **2**. *Amér* [indiferente] cold, aloof. ◇ *m*, *f* stubborn person.

Teresa *f*: **Santa** ~ **de Jesús** Saint Teresa of Jesus.

tergal® *m* Tergal®.

tergiversación *f* distortion.

tergiversador, **ra** ◇ *adj* distorting. ◇ *m*, *f* person who distorts the facts.

tergiversar *vt* to distort, to twist.

termal *adj* thermal.

termas *fpl* - **1**. [baños] hot baths, spa (sg). - **2**. HIST thermae.

termes *m inv* = **termita**.

térmico, **ca** *adj* thermal.

terminacho, **terminajo** *m* - **1**. *fam* [palabrota] rude word. - **2**. [palabra rara, extraña] odd word.

terminación *f* - **1**. [finalización] completion. - **2**. [parte final] end. - **3**. GRAM ending.

terminado, **da** *adj* - **1**. [periodo] finished, over. - **2**. [trabajo] finished, done.

terminajo *m* = **terminacho**.

terminal ◇ *adj* [gen] final; [enfermo] terminal. ◇ *m* ELECTR & INFORM terminal; ~ **videotexto** videotext terminal. ◇ *f* [de aeropuerto] terminal; [de autobuses] terminus; ~ **aérea** air terminal.

terminante *adj* [claro] categorical; [prueba] conclusive.

terminantemente *adv* categorically.

terminar ◇ *vt* to finish. ◇ *vi* - **1.** [acabar] to end; [tren] to stop, to terminate; ~ **en** [objeto] to end in; **los lápices terminan en punta** pencils end in a point. - **2.** [reñir] to finish, to split up. - **3.** [ir a parar]: ~ **(de/en)** to end up (as/in); **trabajó en muchos sitios y terminó de camarero** he had a lot of different jobs and ended up as a waiter; ~ **por hacer algo** to end up doing sthg; **si le engañas continuamente, terminará por no creerse nada** if you keep on lying to her, she'll end up not believing anything you say. - **4.** MED to peak.
◆ **terminarse** *vpr* - **1.** [finalizarse] to finish; **el curso se termina en junio** the course finishes in June. - **2.** [agotarse] to run out.

término *m* - **1.** [fin, extremo] end; **dar** ~ **a algo** to bring sthg to a close; **llevar algo a** ~ to carry sthg out, to see sthg through; **poner** ~ **a algo** to put a stop to sthg. - **2.** [territorio]: ~ **(municipal)** district. - **3.** [plazo] period; **en el** ~ **de un mes** within (the space of) a month. - **4.** [lugar, posición] place; **en primer** ~ ARTE & FOT in the foreground; **en último** ~ ARTE & FOT in the background; *fig* [si es necesario] as a last resort; [en resumidas cuentas] in the final analysis. - **5.** [elemento] point; ~ **medio** [media] average; [compromiso] compromise, happy medium; MAT & FILOS middle term; [culin] medium; **por** ~ **medio** on average. - **6.** LING & MAT term; **en** ~**s generales** generally speaking. - **7.** [de transportes] terminus. - **8.** [límite] limit, boundary. - **9.** [meta] end, goal. - **10.** ARTE ground; **primer** ~ foreground.
◆ **términos** *mpl* [palabras, comportamiento] terms; **los** ~**s del contrato** the terms of the contract; **estar en buenos/malos** ~**s** to be on good/bad terms ❑ **medios** ~**s** evasions, subterfuge; **en** ~**s propios** literally.

terminología *f* terminology.

terminológico, ca *adj* terminological.

termita *f*, **termes** *m inv* termite.

termitero *m* termite nest.

termo *m* Thermos® (flask).

termoadhesivo, va *adj* thermoadhesive.

termoaislante *adj* heat insulating.

termodinámico, ca *adj* thermodynamic.
◆ **termodinámica** *f* thermodynamics *(U)*.

termoelectricidad *f* thermoelectricity.

termoeléctrico, ca *adj* thermoelectric.

termógrafo *m* thermograph.

termometría *f* thermometry.

termométrico, ca *adj* thermometric.

termómetro *m* thermometer; ~ **centígrado/clínico** centigrade/clinical thermometer.

termonuclear *adj* thermonuclear.

termoplástico, ca *adj* thermoplastic.

termoquímica *f* thermochemistry.

termorregulador *m* thermostat.

termostato *m* thermostat.

termoterapia *f* thermotherapy.

terna *f* - **1.** POLÍT *shortlist of three candidates.* - **2.** [en dados] pair of threes. - **3.** [juego de dados] set of dice.

ternario, ria *adj* ternary.
◆ **ternario** *m* RELIG three days' devotion.

ternasco *f* suckling lamb.

terne ◇ *adj fam* bullying. ◇ *m* - **1.** *fam* [persona] bully. - **2.** *Amér* [navaja] gaucho knife.

ternera *f* → **ternero.**

terneraje *m Amér* group of calves.

ternero, ra *m, f* [animal] calf.
◆ **ternera** *f* - **1.** [carne] veal. - **2.** [navaja] gaucho knife.

terneza *f* - **1.** [ternura] tenderness. - **2.** *fam* [piropo] sweet nothing.

ternilla *f* - **1.** CULIN gristle. - **2.** ANAT cartilage. - **3.** [trío] trio. - **4.** [traje] three-piece suit. - **5.** [en lotería] *set of three numbers winning a lottery price.* - **6.** [juramento] curse, swear-

word; **echar** ~**s** to curse, to swear. - **7.** IMPRENTA set of three printed sheets.

ternura *f* - **1.** [cualidad, actitud] tenderness. - **2.** [piropo] sweet nothing.

terquedad *f* - **1.** [obstinación] stubbornness. - **2.** *Amér* [indiferencia] coldness, aloofness.

terracota *f* terracotta.

terrado *m* terrace roof.

terraja *f* - **1.** [para molduras] modelling board. - **2.** [para tornillos] diestock.

terraje *m* rent on arable land.

terrajero *m* tenant farmer.

terral *m Amér* - **1.** [polvareda] dust cloud. - **2.** [viento] land wind.

terramicina *f* terramycin.

Terranova *s* Newfoundland.

terraplén *m* embankment.

terraplenar *vt* - **1.** [llenar con tierra] to fill up with earth. - **2.** [levantar terraplén en] to embank, to bank up.

terráqueo, a *adj* Earth *(antes de sust)*, terrestrial.

terrario, terrarium (*pl* **terrariums**) *m* terrarium.

terrateniente *mf* landowner.

terraza *f* - **1.** [balcón] balcony. - **2.** [de café] terrace, patio. - **3.** [azotea] terrace roof. - **4.** [bancal] terrace.

terrazgo *m* - **1.** [tierra] plot of land. - **2.** [renta] land rent.

terrazguero *m* tenant farmer.

terrazo *m* terrazzo.

terregoso, sa *adj* full of clods.

terremoto *m* earthquake.

terrenal *adj* earthly.

terreno, na *adj* earthly.
◆ **terreno** *m* - **1.** [gen] land; GEOL terrain; AGR soil; ~ **comunal** green. - **2.** [solar] plot (of land). - **3.** DEP: ~ **(de juego)** field, pitch. - **4.** *fig* [ámbito] field; **estar en** ~ **desconocido** to be on unfamiliar ground; **estar en** ~ **vedado** to be on forbidden territory. - **5.** *loc*: **ceder** ~ MIL to retreat; *fig* [darse por vencido] to give ground; **estar o encontrarse en su propio** ~ to be on home ground; **ganar** ~ [imponerse] to gain ground; [progresar] to make up ground; **perder** ~ to lose ground; **preparar o trabajar el** ~ **(para)** to pave the way (for); **reconocer o tantear el** ~ to see how the land lies; **saber uno el** ~ **que pisa** to know what one is about; **ser** ~ **abonado (para algo)** to be fertile ground (for sthg); **sobre el** ~ on the spot.

térreo, a *adj* [parecido a la tierra] earthy; [de tierra] earthen.

terrero, ra *adj* - **1.** [terrestre] earthly. - **2.** [de tierra] earth *(antes de sust)*. - **3.** [ZOOL - ave] low-flying; [- caballo] low-stepping. - **4.** *fig* [humilde] humble, lowly.
◆ **terrero** *m* - **1.** [montón] heap, mound. - **2.** [terrado] terrace. - **3.** [blanco, diana] target. - **4.** [plaza] square. - **5.** GEOL alluvium.

terrestre ◇ *adj* - **1.** [del planeta] terrestrial. - **2.** [de la tierra] land *(antes de sust)*. ◇ *mf* terrestrial, Earth-dweller.

terrible *adj* - **1.** [gen] terrible; **la guerra es siempre** ~ war is always a terrible thing; **tengo un hambre** ~ I'm terribly hungry; **es un niño** ~ he's a terrible child. - **2.** [aterrador] terrifying.

terriblemente *adv* terribly.

terrícola ◇ *adj* land *(antes de sust)*. ◇ *mf* earthling.

terrier (*pl* **terriers**) *mf* terrier.

terrífico, ca *adj* terrifying.

territorial *adj* territorial.

territorialidad *f* DER territoriality.

territorio *m* [gen] territory; [comarca] district, zone; **por todo el** ~ **nacional** across the country, nationwide.

terrón *m* - **1.** [de tierra] clod of earth. - **2.** [de harina etc] lump; ~ **de azúcar** sugar lump. - **3.** [substancia] olive residue. - **4.** *fam fig* [campo pequeño] plot of land.

◆ **terrones** *mpl fam* farmland *(U).*

terror *m* [miedo] terror; CINE horror; **dar** ~ to terrify.

terrorífico, ca *adj* terrifying.

terrorismo *m* terrorism.

terrorista *adj & mf* terrorist.

terrosidad *f* earthiness.

terroso, sa *adj* **- 1.** [parecido a la tierra] earthy. **- 2.** [con tierra] muddy.

terruño *m* **- 1.** [terreno] plot of land. **- 2.** [patria] homeland.

terso, sa *adj* **- 1.** [piel, superficie] smooth. **- 2.** [aguas, mar] clear. **- 3.** [estilo, lenguaje] polished. **- 4.** [brillante] glossy, shiny.

tersura *f* **- 1.** [de piel, superficie] smoothness. **- 2.** [de aguas, mar] clarity. **- 3.** [de estilo, lenguaje] polish. **- 4.** [brillo] glossiness, shininess.

tertulia *f* **- 1.** [reunión] *regular meeting of people for informal discussion of a particular issue of common interest;* **hacer** ~ to get together for a chat ❑ ~ **literaria** literary circle. **- 2.** TEATRO upper gallery. **- 3.** *Amér* theatre seat.

tertuliano, na, tertuliante ◇ *adj* present at a 'tertulia'. ◇ *m, f* person attending a 'tertulia'.

tertuliar [8] *vi Amér* to have a get-together.

Tesalónica *s* Thessalonica.

Teseo *m* Theseus.

tesina *f* (undergraduate) dissertation.

tesis *f inv* **- 1.** [estudio & FILOS] thesis; ~ **doctoral** doctoral thesis. **- 2.** [opinión] theory.

tesitura *f* **- 1.** [circunstancia] circumstances *(pl).* **- 2.** MÚS tessitura, pitch. **- 3.** *fig* [actitud] attitude, frame of mind.

teso, sa *adj* taut, tense.

◆ **teso** *m* **- 1.** [de cerro] hilltop. **- 2.** [en superficie] bulge.

tesón *m* **- 1.** [tenacidad] tenacity, perseverance. **- 2.** [firmeza] firmness.

tesonería *f* tenacity, persistence.

tesonero, ra *adj* tenacious, persistent.

tesorería *f* **- 1.** [cargo] treasurership. **- 2.** [oficina] treasurer's office. **- 3.** COM liquid capital.

tesorero, ra *m, f* treasurer.

◆ **tesorero** *m* RELIG *custodian of a church's valuables.*

tesoro *m* **- 1.** [botín] treasure; ~ **escondido** o **oculto** hidden treasure. **- 2.** [hacienda pública] treasury, exchequer. **- 3.** *fig* [persona valiosa] gem, treasure; **gracias por tu ayuda, eres un** ~ thanks for your help, you're a gem. **- 4.** *fig* [apelativo] my treasure.

◆ **Tesoro** *m* ECON: **el Tesoro** the Treasury.

test *(pl* **tests***) m* test; ~ **de embarazo/de inteligencia** pregnancy/intelligence test.

testa *f* **- 1.** *fam* [cabeza] head; ~ **coronada** [monarca] monarch, crowned head. **- 2.** *fig* [inteligencia] brains *(pl).*

testada *f* headbutt.

testado, da *adj* [persona] testate; [herencia] testamentary.

testador, ra *m, f* testator *(f* testatrix).

testaferro *m* front man.

testamentaría *f* **- 1.** [documentos] documentation *(of a will).* **- 2.** [bienes] estate, inheritance. **- 3.** [reunión] meeting of executors. **- 4.** [ejecución] testamentary execution.

testamentario, ria ◇ *adj* testamentary. ◇ *m, f* executor.

testamento *m* will; **hacer** ~ to write one's will ❑ ~ **cerrado/ológrafo** sealed/holograph will.

◆ **Testamento** *m*: **Antiguo Testamento** Old Testament; **Nuevo Testamento** New Testament.

testar ◇ *vi* to make a will. ◇ *vt* **- 1.** [tachar] to erase. **- 2.** *Amér* [subrayar] to underline.

testarada *f* **- 1.** [golpe] head butt. **- 2.** *fam* [tozudez] pigheadedness.

testarazo *m* **- 1.** [golpe] head butt. **- 2.** DEP header.

testarrón, ona *fam* ◇ *adj* pig-headed. ◇ *m, f* pig-headed person.

testarronería *f fam* pig-headedness.

testarudez *(pl* **testarudeces***) f* stubbornness.

testarudo, da ◇ *adj* stubborn. ◇ *m, f* stubborn person.

teste *m* **- 1.** ANAT testis, testicle. **- 2.** *Amér* [grano] wart on the finger.

testera *f* **- 1.** [frente, fachada] front. **- 2.** [de coche] forward-facing seat. **- 3.** [de animal] forehead. **- 4.** [adorno para caballos] crownpiece. **- 5.** [de horno] wall.

testicular *adj* testicular.

testículo *m* testicle.

testificación *f* testimony.

testificar [10] ◇ *vt* to testify; *fig* to testify to. ◇ *vi* to testify, to give evidence.

testigo ◇ *mf* [persona] witness; **poner por** ~ **a alguien** to cite sb as a witness ❑ ~ **de cargo/de descargo** witness for the prosecution/defence; ~ **ocular** o **presencial** eyewitness. ◇ *m* **- 1.** *fig* [prueba]: ~ **de** proof of. **- 2.** DEP baton.

◆ **testigo de Jehová** *mf* Jehovah's Witness.

testimonial *adj* **- 1.** [documento, prueba etc] testimonial. **- 2.** *fig* [simbólico] token, symbolic.

◆ **testimoniales** *fpl* testimonial.

testimoniar [8] ◇ *vt* to testify; *fig* to testify to. ◇ *vi* to testify, to give evidence.

testimoniero, ra ◇ *adj* bearing false witness. ◇ *m, f* perjurer.

testimonio *m* **- 1.** DER testimony; **prestar** ~ to give evidence ❑ **falso** ~ perjury, false evidence. **- 2.** [prueba] proof; **como** ~ **de** as proof of; **dar** ~ **de** to prove. **- 3.** [aseveración] attestation, affidavit.

testosterona *f* testosterone.

testuz *(pl* **testuces***) m o f* **- 1.** [frente] brow. **- 2.** [nuca] nape.

teta *f* **- 1.** *fam* [de mujer] tit; **dar la** ~ to breast-feed; **de** ~ nursing; **quitar la** ~ **a** [bebé] to wean. **- 2.** [de animal] teat; [de vaca] udder. **- 3.** [montículo] hillock, knoll.

tétanos *m inv* tetanus.

tetar *vt* to suckle, to nurse.

tetelememe *m Amér fam* fool, idiot.

tetera *f* **- 1.** [para el té] teapot. **- 2.** *Amér* [para mamar] teat.

tetero *m Amér* = **tetera** *f sentido* 2.

tetilla *f* **- 1.** [de hombre, animal] nipple. **- 2.** [de biberón] teat.

tetina *f* teat.

tetón *m* stub, stump.

tetrabrick *(pl* **tetrabricks***) m* tetrabrick.

tetraédrico, ca *adj* tetrahedral.

tetraedro *m* tetrahedron.

tetrágono *m* tetragon.

tetralogía *f* tetralogy.

tetraplejía *f* quadriplegia.

tetrapléjico, ca *adj & m, f* quadriplegic.

tétrico, ca *adj* gloomy.

tetuda *adj* large-breasted.

teurgia *f* theurgy.

teutón, ona ◇ *adj* Teutonic. ◇ *m, f* Teuton.

teutónico, ca *adj* Teutonic.

◆ **teutónico** *m* Teutonic.

textil *adj & m* textile.

texto *m* **- 1.** [gen] text; **las ilustraciones del libro no se corresponden con el** ~ the book's illustrations don't match the text; **tradujo un** ~ **de un autor desconocido** she translated a text by an unknown author ❑ ~ **en pantalla** INFORM readout. **- 2.** [pasaje] passage.

textual *adj* **- 1.** [del texto] textual. **- 2.** [exacto] exact.

textura *f* **- 1.** [de tela etc] texture. **- 2.** *fig* [estructura] structure.

tez *(pl* **teces***) f* complexion.

tezontle *m Amér* volcanic rock.

theta ['θeta] *f* theta.

thriller ['θriler] (*pl* **thrillers**) *m* thriller.

ti *pron pers (después de prep)* - **1.** [gen] you; **me acordaré de** ~ I'll remember you; **siempre pienso en** ~ I'm always thinking about you. - **2.** [reflexivo] yourself; **sólo piensas en** ~ (**mismo**) you only think about yourself.

tía *f* → **tío**.

tiamina *f* thiamin.

tianguis *m inv Amér* open-air market.

TIAR (*abrev de* **Tratado Interamericano de Asistencia Recíproca**) *m inter-American cooperation treaty*.

tiara *f* tiara.

tiberio *m fam* hullabaloo, uproar.

Tíbet *m*: **el** ~ Tibet.

tibetano, na *adj & m, f* Tibetan.

tibia ◇ *adj f* → **tibio**. ◇ *f* shinbone, tibia.

tibiamente *adv* lukewarmly, unenthusiastically.

tibiar [8] *vt* to make lukewarm o tepid.

◆ **tibiarse** *vpr Amér* to become annoyed o irritated.

tibieza *f* - **1.** [calidez] warmth; [falta de calor] lukewarmness. - **2.** *fig* [frialdad] lack of enthusiasm.

tibio, bia *adj* - **1.** [cálido] warm; [falto de calor] tepid, lukewarm. - **2.** *fig* [frío] lukewarm; **el libro tuvo una tibia acogida en la prensa** the book received a lukewarm reaction from the press. - **3.** *Amér* [enojado] annoyed, irritated. - **4.** *loc*: **poner** ~ **a alguien** to speak ill of sb.

tiburón *m* - **1.** [gen] shark. - **2.** FIN raider. - **3.** *fig* [persona sin escrúpulos] shark.

tic (*pl* **tics**) *m* tic.

ticket *m* = **tíquet**.

tictac (*pl* **tictacs**) *m* tick tock; **hacer** ~ to tick.

tiembla *etc v* → **temblar**.

tiempo *m* - **1.** [gen] time; **en** ~ o ~s **de Napoleón** in Napoleon's times o day; **se acerca el** ~ **de actuar** the time for action is approaching; **al mismo** ~ at the same time; **al poco** ~ soon afterwards; **al** ~ **que...** just as...; **andando el** ~ in the course of time, as time goes by; **antes de** ~ prematurely; **a su** ~ in due course; **te explicaré eso a su** ~ I'll explain that in due course; **a** ~ (**de hacer algo**) in time (to do sthg); **a un** ~ at the same time; **empujaron todos a un** ~ they all pushed together; **cada cierto** ~ every so often; **con el** ~ in time; **de algún** o **un** ~ **a esta parte** for some time now; **del** ~ [fruta] of the season; [bebida] at room temperature; **de** ~ **en** ~ from time to time, now and then; **de todos los** ~s all-time *(antes de sust)*; **en otro** ~ once; **en los buenos** ~s in the good old days; **en mis** ~s in my day o time; **estar a** o **tener** ~ to have time to; **fuera de** ~ [inoportunamente] at the wrong moment; [en agricultura] out of season; **ganar** ~ to save time; **hacer** ~ to pass the time; **perder el** ~ to waste time; **todo el** ~ all the time □ ~ **libre** o **de ocio** spare time; **a** ~ **parcial** o **partido** part-time; **a** ~ **completo** full-time; ~ **de acceso/real** INFORM access/real time; **dar** ~ **al** ~ to give things time; **en** ~s **de Mariacastaña** donkey's years ago; **engañar** o **matar el** ~ to kill time. - **2.** [periodo largo] long time; **con** ~ in good time; **hace** ~ **que** it is a long time since; **hace** ~ **que no vive aquí** he hasn't lived here for some time; ~ **atrás** some time ago; **tomarse uno su** ~ to take one's time. - **3.** [edad] age; **¿qué** ~ **tiene?** how old is he? - **4.** [movimiento] movement; **motor de cuatro** ~s four-stroke engine. - **5.** METEOR weather; **hizo buen/mal** ~ the weather was good/bad; **si el** ~ **lo permite** o **no lo impide** weather permitting □ **hace un** ~ **de perros** it's a foul day; **poner a** o **al mal** ~ **buena cara** to put a brave face on things. - **6.** DEP half; ~ (**muerto**) time out. - **7.** GRAM tense; ~ **compuesto** compound tense. - **8.** [MÚS - compás] time; [-ritmo] tempo. - **9.** NÁUT stormy weather *(U)*; **el** ~ **se alzó** it cleared up; **el** ~ **se cargó** the sky became overcast.

tienda¹ *etc v* → **tender**.

tienda² *f* - **1.** [establecimiento] shop; ~ **de abarrotes** o **de ultramarinos** grocer's (shop); ~ **de antigüedades/de** **dietética** antique/health food shop; ~ **de modas** boutique, dress shop; ~ **libre de impuestos** duty-free shop. - **2.** [para acampar]: ~ (**de campaña**) tent. - **3.** [toldo] awning. - **4.** *loc*: **batir** ~s MIL to strike camp.

tiene *v* → **tener**.

tienta¹ *etc v* → **tentar**.

tienta² *f* - **1.** TAUROM trial *(of the bulls)*. - **2.** *fig* [astucia] artfulness, cleverness. - **3.** MED probe.

◆ **a tientas** *loc adv* blindly; **andar a** ~s to grope along.

tiento *m* - **1.** [cuidado] care; [tacto] tact; **a** ~ [por el tacto] by touch; [dudosamente] *fig* hesitantly, uncertainly; **con** ~ cautiously. - **2.** [de ciego] white stick. - **3.** [de equilibrista] balancing pole. - **4.** [pulso, seguridad] steady hand. - **5.** *fam fig* [golpe] blow, punch. - **6.** *fam* [trago] swig; **dio un** ~ **a la botella** he took a swig from the bottle. - **7.** MÚS tune-up notes *(pl)*. - **8.** ARTE maulstick. - **9.** ZOOL tentacle. - **10.** *Amér* [correa] leather strip.

tiernamente *adv* tenderly.

tierno, na *adj* - **1.** [blando, cariñoso] tender. - **2.** [del día] fresh; **¿tienes pan** ~? do you have any fresh bread? - **3.** [delicado] delicate. - **4.** *fig* [sensible] sensitive, touchy. - **5.** *Amér* [fruto] unripe.

tierra *f* - **1.** [gen] land; **viajar por** ~ to travel by land; **por estas** ~s hereabouts; **ver otras** ~s to travel, to see the world □ ~ **comunal/de cultivo/virgen** common/arable/virgin land; ~ **de labranza** farm land, arable land; ~ **de nadie** no-man's-land; ~ **de promisión** o **prometida** Promised Land; ~ **firme** terra firma, dry land; ~ **pantanosa** marshland; ~ **adentro** inland. - **2.** [materia inorgánica] earth, soil; **un camino de** ~ a dirt track □ ~ **de batán** fuller's earth; ~ **negra** o **vegetal** humus. - **3.** [suelo] ground; **besar la** ~ *fig* to fall flat on one's face; **caer a** ~ to fall to the ground; **dar en** ~ **con algo** to knock sthg down; **perder** ~ to slip, to lose one's footing; **tomar** ~ to touch down. - **4.** [patria]: ~ (**natal**) homeland, native land. - **5.** [región, zona] region; **la** ~ **asturiana produce buenos quesos** the Asturias region is famous for its cheeses. - **6.** ELECTR earth *Br*, ground *Am*. - **7.** QUÍM: ~ **rara** rare earth. - **8.** *loc*: **echar por** ~ **algo** to ruin sthg; **echar** ~ **a un asunto** to hush up an affair; **poner** ~ (**de**) **por medio** to make o.s. scarce; **¡trágame** ~! *fam* I wish the earth would swallow me up!; **venir** o **venirse a** ~ to come to nothing.

Tierra *f*: **la** ~ the Earth.

Tierra del Fuego *f* Tierra del Fuego.

tierral *m* = **terral**.

Tierra Santa *f* the Holy Land.

tieso, sa *adj* - **1.** [rígido] stiff; **dejar** ~ **a alguien** to kill sb; **quedarse** ~ [de frío] to freeze. - **2.** [tenso] tense, taut. - **3.** [erguido] erect. - **4.** *fig* [engreído] haughty; **iba muy tiesa con su traje nuevo** she thought she was the cat's whiskers in her new dress. - **5.** *fig* [distante] distant. - **6.** [de salud fuerte] strong, vigorous. - **7.** [terco] stubborn, obstinate; **tenérselas tiesas con alguien** *fam* to stand firm against sb, to hold one's ground against sb. - **8.** *fig* [valiente] brave, courageous. - **9.** *loc*: **estar** ~ to be penniless.

tiesto *m* - **1.** [maceta] flowerpot. - **2.** [pedazo de vasija] piece of pottery. - **3.** *Amér* [vasija] pot.

tiesura *f* - **1.** [rigidez] rigidity, stiffness. - **2.** *fig* [actitud, comportamiento] starchiness.

tifo *m* typhus; ~ **asiático** Asiatic cholera; ~ **de América** yellow fever; ~ **de Oriente** bubonic plague.

tifoideo, a *adj* typhoid *(antes de sust)*.

◆ **tifoidea** *f* typhoid fever.

tifón *m* typhoon.

tifus *m inv* - **1.** [enfermedad] typhus. - **2.** *fam fig* [espectadores] claque.

tigre *m* - **1.** [de pelaje rayado] tiger; [jaguar] jaguar; **oler a** ~ *fam fig* to stink. - **2.** *fig* [persona] cruel o bloodthirsty person.

tigresa *f* tigress.

tigrillo *m Amér* ocelot.

Tigris *m*: **el** ~ the (River) Tigris.

TIJ (*abrev de* **Tribunal Internacional de Justicia**) *m* ICJ.

tija *f* stem (*of a key*).

tijera *f* (*gen pl*) - **1.** [para cortar] scissors (*pl*); [de jardinero, esquilador] shears (*pl*); **unas** ~**s** a pair of scissors/shears; **de** ~ [escalera, silla] folding ❏ ~**s para las uñas** nail scissors; **cortado por la misma** ~ cut from the same cloth; **echar** ~ *fam* to cut to ribbons o shreds. - **2.** *fig* [persona] gossip. - **3.** DEP scissors (*sg*). - **4.** [zanja] drainage ditch.

tijereta *f* - **1.** [insecto] earwig. - **2.** DEP scissors (*sg*). - **3.** [tijera pequeña] small scissors (*pl*). - **4.** *Amér* [cama plegable] folding cot. - **5.** BOT vine tendril. - **6.** [ave] scissortail.

tijeretazo *m*, **tijeretada** *f* snip.

tijeretear *vt* - **1.** [con tijeras] to snip. - **2.** [entrometerse en] to meddle in.

tijereteo *m* - **1.** [acción] snipping. - **2.** [ruido] snip-snip.

tila *f* - **1.** [flor] lime blossom. - **2.** [infusión] lime blossom tea. - **3.** *mfam* [droga] dope, grass.

tildar *vt* - **1.** [calificar]: ~ **a alguien de algo** to brand o call sb sthg. - **2.** [poner acento] to put a tilde on. - **3.** [tachar] to erase o cross out.

tilde *f* - **1.** [signo ortográfico] tilde; **la ñ es como una n con** ~ ñ is an n with a tilde. - **2.** [acento gráfico] accent. - **3.** *fig* [defecto] flaw, blemish. - **4.** [cosa mínima] iota, jot.

tiliches *mpl Amér* bits and pieces.

tilín *m* tinkle, tinkling (*U*); **me hace** ~ *fam fig* I fancy him; **en un** ~ *fig* in a twinkling o flash.

tilingo, ga *adj Amér fam* silly, foolish.

tilo *m* - **1.** [árbol] linden o lime tree. - **2.** [madera] lime.

timador, ra *m, f* confidence trickster, swindler.

timar *vt* - **1.** [estafar]: ~ **a alguien** to swindle sb; ~ **algo a alguien** to swindle sb out of sthg. - **2.** *fig* [engañar] to cheat, to con.
◆ **timarse** *vpr fam* to make eyes at one another.

timba *f* - **1.** [partida de cartas] game of cards. - **2.** [establecimiento] gambling den. - **3.** [cubo] well bucket. - **4.** *Amér fam* [barriga] belly. - **5.** *Amér* [dulce] guava paste.

timbal *m* - **1.** [MÚS - de orquesta] kettledrum, timbal; [-tamboril] small drum. - **2.** [pastel] meat pie.

timbalero, ra *m, f* kettledrummer.

timbirimba *f Amér* - **1.** *fam* [timba] game of cards. - **2.** [instrumento] *native musical instrument.*

timbrado, da *adj* - **1.** [sellado] stamped. - **2.** [sonido] clear, true.

timbrar *vt* to stamp.

timbrazo *m* loud ring.

timbre *m* - **1.** [aparato] bell; **tocar el** ~ to ring the bell ❏ ~ **de alarma** alarm (bell). - **2.** [de voz, sonido] tone; TECN timbre; **un** ~ **metálico** a metallic ring. - **3.** [sello - de documentos] stamp; [- de impuestos] seal.

tímidamente *adv* - **1.** [con vergüenza] timidly, shyly. - **2.** [con poca intensidad] faintly.

timidez (*pl* **timideces**) *f* shyness.

tímido, da ◇ *adj* shy. ◇ *m, f* shy person.

timing ['taimen] (*pl* **timings**) *m* work schedule.

timo *m* - **1.** [estafa] swindle; **dar el** ~ **a alguien** *fam* to swindle sb, to cheat sb ❏ ~ **de la estampita** *confidence trick in which the victim is conned into exchanging real money for false notes.* - **2.** *fam* [engaño] trick. - **3.** ANAT thymus.

timón *m* - **1.** NÁUT rudder. - **2.** AERON rudder, control stick. - **3.** *fig* [gobierno] helm; **llevar el** ~ **de** to be at the helm of. - **4.** [de arado] plough beam. - **5.** [de cohete] rocket stick. - **6.** *Amér* [volante] steering wheel.

timonear *vi & vt* to steer.

timonel, timonero *m* NÁUT helmsman.

timonera *f* - **1.** [pluma] rectrix, tail feather. - **2.** NÁUT wheelhouse, pilot house.

timorato, ta *adj* - **1.** [mojigato] prudish. - **2.** [tímido] fearful. - **3.** RELIG God-fearing.

timpánico, ca *adj* tympanic.

timpanillo *m* tympan.

tímpano *m* - **1.** ANAT eardrum. - **2.** [MÚS - tamboril] small drum; [- de cuerda] hammer dulcimer. - **3.** ARQUIT tympanum. - **4.** IMPRENTA tympan. - **5.** [de tonel] top.
◆ **tímpanos** *mpl* MÚS timpani.

tina *f* - **1.** [tinaja] pitcher. - **2.** [gran cuba] vat. - **3.** [bañera] bathtub.

tinaco *m* - **1.** [cubo] wooden tub. - **2.** *Amér* [tinaja] earthenware jar.

tinada *f* - **1.** [de leña] woodpile. - **2.** [cobertizo] cattle shed.

tinaja *f* - **1.** [jarra] (large) pitcher. - **2.** [medida] = 48.04 litres.

tinajero, ra *m, f* potter.
◆ **tinajero** *m* stand for earthenware jars.

tinca *f Amér* - **1.** [fiesta] surprise party. - **2.** [presentimiento] hunch.

tincar [10] *Amér vt* to flick.
◆ **tincarse** *vpr* to have a hunch.

tinglado *m* - **1.** [cobertizo] shed. - **2.** [armazón] platform. - **3.** *fig* [lío] fuss. - **4.** *fig* [maquinación] plot; **conocer el** ~ **de alguien** *fam* to know sb's game; **manejar el** ~ *fam* to rule the roost.

tinieblas *fpl* - **1.** [oscuridad] darkness (*U*). - **2.** *fig* [desconcierto] confusion (*U*), uncertainty (*U*); **estar en** ~ **sobre algo** to be in the dark about sthg.

tino *m* - **1.** [puntería] good aim. - **2.** *fig* [destreza] skill; **a buen** ~ by guesswork; **a** ~ gropingly. - **3.** *fig* [juicio] sense, good judgment; **perder el** ~ to take leave of one's senses ❏ **sacar de** ~ to exasperate, to drive crazy. - **4.** *fig* [moderación] moderation; **sin** ~ recklessly, immoderately.

tinque *etc v* → **tincar**.

tinta ◇ *adj f* → **tinto**. ◇ *f* - **1.** [para escribir, de calamar etc] ink; ~ **china/de imprenta/simpática** Indian/printer's/invisible ink; **cargar** o **recargar las** ~**s** to exaggerate; **saberlo de buena** ~ to have it on good authority; **sudar** ~ to sweat blood. - **2.** [tinte, color] tint, dye; **media** ~ ARTE halftone.
◆ **medias tintas** *fpl*: **a medias** ~**s** vaguely; **andarse con medias** ~**s** to be wishy-washy.

tintado, da *adj* [coloreado] tinted.

tintar *vt* to dye.

tinte *m* - **1.** [sustancia] dye. - **2.** [operación] dyeing. - **3.** [tintorería] dry cleaner's. - **4.** *fig* [tono] shade, tinge. - **5.** *fig* [apariencia] suggestion, semblance.

tinterillada *f Amér* chicanery.

tinterillo *m fam fig* - **1.** *despec* [chupatintas] pen pusher. - **2.** *Amér* [abogado] shyster.

tintero *m* - **1.** [frasco] ink pot; [en la mesa] inkwell; **dejarse algo en el** ~ to leave sthg unsaid. - **2.** [de caballo] *age mark on horse's tooth.* - **3.** IMPRENTA ink fountain.

tintín *m* - **1.** [de vasos] clink, clinking (*U*). - **2.** [de campanilla] tinkle, tinkling (*U*).

tintinar, tintinear *vi* - **1.** [campanilla] to jingle, to tinkle. - **2.** [vasos] to clink.

tintineo *m* tinkle, tinkling (*U*).

tinto, ta *adj* - **1.** [teñido] dyed. - **2.** [manchado] stained. - **3.** [vino] red. - **4.** *Amér* [color] dark red. - **5.** *Amér* [café] black.
◆ **tinto** *m* - **1.** [vino] red wine. - **2.** *Amér* [café] black coffee.

tintorera *f* blue shark.

tintorería *f* - **1.** [establecimiento comercial] dry cleaner's. - **2.** [limpieza en seco] dry cleaning. - **3.** [de teñido] dyer's (shop). - **4.** [teñido] dyeing.

tintorero, ra *m, f* - **1.** [en establecimiento comercial] dry cleaner. - **2.** [de teñido] dyer.

tintorro *m fam* red plonk.

tintura *f* - **1.** FARM tincture; ~ **de yodo** tincture of iodine. - **2.** [tinte] dye; [proceso] dyeing. - **3.** [maquillaje] make-up. - **4.** *fig* [información superficial] smattering.

tinturar *vt* to dye, to tint.

tiña[1] *v* → **teñir**.

tiña[2] *f* - **1.** MED ringworm. - **2.** *fam* [miseria] poverty. - **3.** ZOOL honeycomb moth.

tiñera *etc v* → **teñir**.

tiñoso, sa ◊ *adj* - **1.** MED suffering from ringworm. - **2.** *fam fig* [avaro] stingy, mean. ◊ *m, f* - **1.** MED person suffering from ringworm. - **2.** *fam fig* [persona avara] skinflint, penny pincher.

tío, a *m, f* - **1.** [familiar] uncle (*f* aunt); **el ~ Sam** *fig* Uncle Sam; **~ abuelo** great uncle (*f* great aunt); **~ carnal** blood uncle (*f* blood aunt); **¡cuéntaselo a tu tía!** *fam* pull the other one *Br*, tell it to the marines! *Am*. - **2.** *fam* [individuo] guy (*f* bird); **el ~ del saco** *fig* the bogeyman; **~ bueno** *fam* hunk; **~ buena** *fam* looker; **¡vaya tía buena!** she's a nice bit of stuff! - **3.** *mfam* [apelativo] mate (*f* darling) *Br*, buddy *Am*; **¿qué dices ~?** what was that, mate? - **4.** *loc:* **no hay tu tía** *mfam* there's no way.
◆ **tío** *m fam* [viejo] old chap.
◆ **tía** *f* - **1.** [a mujer casada] missus. - **2.** *despec* [ramera] tart, whore.
◆ **tíos** *mpl:* **los ~s** my/your *etc* aunt and uncle.

tiovivo *m* merry-go-round.

tipa *f* - **1.** *mfam* [mujer] slut. - **2.** BOT type of hardwood tree. - **3.** *Amér* [cesta] wicker basket.

tipazo *m fam* [de mujer] great figure; [de hombre] real hunk; **con este ~ toda la ropa le queda bien** with a figure like that everything looks good on her.

tipejo, ja *m, f despec* individual, character.

típicamente *adv* typically.

típico, ca *adj* typical; [traje, restaurante etc] traditional; **~ de** typical of; **es una comida típica de Francia** this is a typical French dish.

tipificación *f* - **1.** [gen & DER] classification. - **2.** [normalización] standardization.

tipificar [10] *vt* - **1.** [gen & DER] to classify. - **2.** [normalizar] to standardize. - **3.** [simbolizar] to typify.

tipismo *m* local colour.

tiple ◊ *mf* [cantante] soprano. ◊ *m* - **1.** [voz] soprano. - **2.** [guitarra] treble guitar. - **3.** NÁUT single-piece mast.

tipo, pa *m, f mfam* guy (*f* bird); **¿quién es ese ~?** who's that guy?
◆ **tipo** *m* - **1.** [clase] type, sort; **¿qué ~ de zapatos buscas?** what sort o kind of shoes are you looking for?; **de este ~** suchlike *(antes de sust)*; **no es mi ~** he's not my type; **todo ~ de** all sorts of. - **2.** [cuerpo - de mujer] figure; [- de hombre] build; **tiene muy buen ~** she has a very good figure ❑ **aguantar** o **mantener el ~** to keep one's calm; **jugarse el ~** to risk one's neck. - **3.** ECON rate; **~ base/de descuento** basic/base rate; **~ de interés/cambio** interest/exchange rate; **~ impositivo** tax band. - **4.** IMPRENTA & ZOOL type.

tipografía *f* - **1.** [procedimiento] printing. - **2.** [taller] printing works *(sg)*.

tipográfico, ca *adj* typographical, printing *(antes de sust)*.

tipógrafo, fa *m, f* printer.

tipología *f* typology.

tipp-ex® *m* Tipp-Ex®.

típula *f* daddy longlegs.

tíquet (*pl* **tíquets**), **ticket** ['tiket] (*pl* **tickets**) *m* ticket; **~ de compra** receipt.

tiquismiquis ◊ *adj inv fam* [maniático] pernickety. ◊ *mf inv fam* [maniático] fusspot. ◊ *mpl* - **1.** [riñas] squabbles. - **2.** [bagatelas] trifles. - **3.** [escrúpulos] silly scruples. - **4.** [expresiones afectadas] affected manners.

TIR (*abrev de* **transport international routier**) *m* International Road Transport, ≃ HGV *Br*.

tira *f* - **1.** [banda cortada] strip. - **2.** [tirante] strap. - **3.** [de viñetas] comic strip; **siempre leo las ~s cómicas de los periódicos** I always read the comic strips in the newspapers. - **4.** NÁUT fall. - **5.** *loc:* **la ~ de** *fam* loads of; **se lo he dicho la ~ de veces** I've told you loads of times.
◆ **tira y afloja** *m fig* give and take.

◆ **tiras** *fpl Amér fam* rags, togs.

tirabotas *m inv* boot hook.

tirabuzón *m* - **1.** [rizo] curl. - **2.** [sacacorchos] corkscrew; **sacar algo con ~ a alguien** *fam fig* to drag sth out of sb.

tirachinas *m inv* catapult.

tiradera *f* - **1.** [flecha] long arrow. - **2.** *Amér* [correa] ridge-band. - **3.** *Amér* [tirantes] braces *(pl) Br*, suspenders *(pl) Am*.

tiradero *m Amér* rubbish dump.

tirado, da ◊ *adj* - **1.** *fam* [barato] dirt cheap. - **2.** *fam* [fácil] simple, dead easy; **estar ~** to be a cinch. - **3.** *fam* [débil, cansado] worn out. - **4.** *fam* [miserable] seedy. - **5.** NÁUT rakish. - **6.** METAL drawn. - **7.** *loc:* **dejar ~ a alguien** to leave sb in the lurch. ◊ *m, f fam* [persona] wretch.
◆ **tirado** *m* - **1.** METAL wiredrawing. - **2.** IMPRENTA printing, presswork.

◆ **tirada** *f* - **1.** [lanzamiento] throw. - **2.** [IMPRENTA - número de ejemplares] print run; [- reimpresión] reprint; [- número de lectores] circulation; [- edición] printing, edition. - **3.** [sucesión] series. - **4.** [distancia] **hay una tirada hasta allí** it's a fair way o quite a stretch; **de** o **en una tirada** in one go. - **5.** *Amér* [discurso] boring speech.

tirador, ra *m, f* [persona] marksman.
◆ **tirador** *m* - **1.** [mango] handle. - **2.** [de campanilla] bell rope. - **3.** METAL wire drawer; **~ de oro** gold-wire drawer. - **4.** [tiragomas] catapult. - **5.** *Amér* [cinturón] leather belt.
◆ **tiradores** *mpl Amér* [tirantes] braces.

tiralíneas *m inv* ruling pen.

Tirana *s* Tirana.

tiranía *f* tyranny.

tiranicida *culto* ◊ *adj* tyrannicidal. ◊ *mf* tyrannicide.

tiranicidio *m culto* tyrannicide.

tiránico, ca *adj* tyrannical.

tiranizar [13] *vt* to tyrannize.

tirano, na ◊ *adj* tyrannical. ◊ *m, f* tyrant.

tirante ◊ *adj* - **1.** [estirado] taut. - **2.** *fig* [violento, tenso] tense; **estoy ~ con él** there's tension between us. ◊ *m* - **1.** [de tela] strap. - **2.** ARQUIT brace. - **3.** [de carruaje] trace. - **4.** MEC brace, tie rod.
◆ **tirantes** *mpl* [para pantalones] braces *Br*, suspenders *Am*.

tirantez (*pl* **tiranteces**) *f* - **1.** *fig* [entre personas, países etc] tension. - **2.** [de cuerda etc] tautness.

tirar ◊ *vt* - **1.** [lanzar] to throw; **~ algo a alguien/algo** [para hacer daño] to throw sth at sb/sth; **tírame una manzana** throw me an apple. - **2.** [dejar caer] to drop; [derramar] to spill; [volcar] to knock over; **he tirado el jarrón sin querer** I accidentally dropped the vase; **procura no ~ el agua del vaso** try not to spill the water in your glass; **tiró un vaso de vino sobre la mesa** she knocked a glass of wine over on the table. - **3.** [desechar, malgastar] to throw away; **~ algo a la basura** to throw sth away; **no tires el** o **tu dinero** don't throw your money away. - **4.** [disparar] to fire; [bomba] to drop; [petardo, cohete] to let off. - **5.** [derribar] to knock down. - **6.** [jugar - carta] to play; [- dado] to throw. - **7.** [DEP - falta, penalti etc] to take; [- balón] to pass. - **8.** [imprimir] to print. - **9.** [propinar] to give, to deal. - **10.** [trazar líneas] to draw, to trace. - **11.** [estirar] to stretch, to pull tight; **~ alambre** to draw wire. - **12.** *Amér* [transportar] to haul, to transport. - **13.** *loc:* **~ la de algo** [presumir de] to boast of being sth. ◊ *vi* - **1.** [estirar, arrastrar] **~ (de algo)** to pull (sth); **tiró con todas sus fuerzas** he pulled with all his might; **los bueyes tiraban del carro** the oxen were pulling the wagon; **tiró de la pistola** he drew his pistol. - **2.** [disparar] to shoot; **~ a matar** to shoot to kill. - **3.** *fam* [atraer] to have a pull; **la patria de uno siempre tira** one's native land always has a certain pull; **me tira la vida del campo** I feel drawn towards life in the country; **~ de algo** to attract sth. - **4.** [cigarrillo, chimenea etc] to draw. - **5.** *fam* [funcionar] to go, to work; **el coche tira bien** the car runs well. - **6.** [dirigirse]: **~ (hacia** o **para)** to go (towards), to head (for o towards); **tira la izquierda** to turn left. - **7.** *fam* [apañárselas] to get by; **ir tirando** to get by; **voy tirando** I'm O.K., I've been worse.

- **8.** [durar] to last; **estos zapatos no tirarán otro año** these shoes won't last another year. - **9.** [parecerse]: **tira a gris/rojo** it's greyish/reddish; **tira a su abuela** she takes after her grandmother; **tirando a** approaching, not far from; **es amarillo tirando a naranja** it's an orangey yellow. - **10.** [tender]: ~ **para algo** [persona] to have the makings of sthg; **este programa tira a (ser) hortera** this programme is a bit on the tacky side; **el tiempo tira a mejorar** the weather looks as if it's getting better; **parece que tira para médico** he seems to have the makings of a doctor. - **11.** [jugar] to (have one's) go. - **12.** [DEP - con el pie] to kick; [- con la mano] to throw; [- a meta, canasta etc] to shoot. - **13.** *fam* [hacer uso]: ~ **de** to use; **cuando no hay dinero hay que** ~ **de ingenio** when you don't have any money, you have to be resourceful. - **14.** *loc:* **a todo** ~ at most; **tira y afloja** give and take.
◆ **tirarse** *vpr* - **1.** [lanzarse]: ~**se (a)** [agua] to dive (into); [aire] to jump (into); ~**se sobre alguien** to jump on top of sb; ~**se de** [gen] to jump from; [para bajar] to jump down from; [para matarse] to throw o.s. from; **se tiró de un sexto piso** he threw himself from a sixth-floor window. - **2.** [tumbarse] to stretch out. - **3.** [tiempo] to spend; **se tiró todo el día jugando al tenis** he spent the whole day playing tennis. - **4.** *vulg* [fornicar]: ~**se a alguien** to screw sb.
tirilla *f* - **1.** [de camisa] neckband. - **2.** *Amér* [vestido] ragged clothing *(U)*, tattered clothing *(U)*.
tirita® *f* (sticking) plaster *Br*, ≃ Bandaid® *Am*.
tiritaña *f* - **1.** [tela] thin silk. - **2.** *fam fig* [fruslería] trifle.
tiritar *vi:* ~ **(de)** to shiver (with).
tiritera, tiritona *f* shivering.
tiro *m* - **1.** [gen] shot; **un** ~ **a gol** a shot at goal; **pegar un** ~ **a alguien** to shoot sb; **pegarse un** ~ to shoot o.s. ❑ ~ **de gracia** coup de grâce; ~ **libre** DEP free kick; **me salió el** ~ **por la culata** it backfired on me; **ni a** ~**s** never in a million years; **no van por ahí los** ~**s** you're a bit wide of the mark there; **sentar como un** ~ **(a alguien)** *fam* to go down badly (with sb). - **2.** [acción] shooting; ~ **al blanco** [deporte] target shooting; [lugar] shooting range; ~ **al plato** clay-pigeon shooting; ~ **con arco** archery. - **3.** [huella, marca] bullet mark; [estampido] report; [herida] gunshot wound. - **4.** [alcance] range; **a** ~ **de** within the range of; **a** ~ **de piedra** a stone's throw away; **ponerse/estar a** ~ [de arma] to come/be within range; *fig* [de persona] to come/be within one's reach. - **5.** [de chimenea, horno] draw; MIN shaft. - **6.** [de pantalón] *distance between crotch and waist*; **vestirse o ponerse de** ~**s largos** to dress o.s. up to the nines. - **7.** [de caballos] team. - **8.** *Amér* [canica] marble. - **9.** *Amér* [de una carrera] distance, course. - **10.** *loc:* **al** ~ *Amér* right away; **de a** ~ *Amér* completely; **del** ~ *Amér* [por lo tanto] consequently; [al mismo tiempo] all at once.
◆ **tiros** *mpl Amér* [tirantes] braces *Br*, suspenders *Am*.
tiroideo, a *adj* thyroid *(antes de sust)*.
tiroides *m inv* thyroid (gland).
tirón *m* - **1.** [estirón] pull. - **2.** [robo] bagsnatching. - **3.** *fam* [de músculo] cramp. - **4.** *fam fig* [distancia grande] good distance, long stretch. - **5.** [fuerza de atracción] pull.
◆ **de un tirón** *loc adv* in one go.
tiroriro *m fam* sound of reed instruments.
◆ **tiroriros** *mpl fam* reed instruments.
tirotear ◇ *vt* to fire at. ◇ *vi* to shoot.
◆ **tirotearse** *vpr* to fire at each other.
tiroteo *m* [tiros] shooting; [intercambio de disparos] shootout.
tirria *f fam* dislike; **tenerle** ~ **a alguien** to have a grudge against sb.
tirulato, ta *adj* = turulato.
tisana *f* herbal tea.
tísico, ca *adj & m, f* MED consumptive.
tisis *f inv* MED (pulmonary) tuberculosis.
tisú *(pl* **tisús)** *m* [tela] lamé.
titán *m fig* giant.
titánico, ca *adj* titanic.

titanio *m* titanium.
títere *m* - **1.** [marioneta] puppet; **no dejar** ~ **con cabeza** [destrozar] to destroy everything in sight; [criticar] to spare nobody. - **2.** *fig* [monigote] puppet. - **3.** *fam* [presumido] squirt, twerp. - **4.** [tonto] fool, idiot.
◆ **títeres** *mpl* [guiñol] puppet show *(sg)*.
titeretada *f fam* stupid thing.
Titicaca *m* → **lago**.
titilación *f* - **1.** [temblor] trembling. - **2.** [de estrella, luz] flickering.
titilador, ra *adj* - **1.** [tembloroso] trembling. - **2.** [luz, estrella] flickering.
titilar, titilear *vi* - **1.** [temblar] to tremble. - **2.** [estrella, luz] to flicker.
titileo *m* - **1.** [temblor] trembling. - **2.** [de luz, estrella] flickering.
titipuchal *m Amér fam* hubbub.
titiritaina *f fam* - **1.** [de instrumentos] racket, din. - **2.** [bulla] hullabaloo, uproar.
titiritar *vi:* ~ **(de)** to shiver (with).
titiritero, ra *m, f* - **1.** [de títeres] puppeteer. - **2.** [acróbata] acrobat.
titubeante *adj* - **1.** [actitud] hesitant. - **2.** [voz] stuttering. - **3.** [al andar] tottering.
titubear *vi* - **1.** [dudar] to hesitate. - **2.** [al hablar] to stutter. - **3.** [al andar] to totter.
titubeo *(gen pl) m* - **1.** [duda] hesitation. - **2.** [al hablar] stutter, stuttering *(U)*. - **3.** [al andar] tottering.
titulación *f* [académica] qualifications *(pl)*.
titulado, da ◇ *adj* - **1.** [diplomado] qualified; [licenciado] graduate *(antes de sust)*; ~ **en** with a qualification/degree in. - **2.** *Amér* [supuesto, presunto] so-called. ◇ *m, f* [diplomado] holder of a qualification; [licenciado] graduate.
titular ◇ *adj* [profesor, médico] official. ◇ *mf* [poseedor] holder. ◇ *m (gen pl)* PRENSA headline; **con grandes** ~**es** splashed across the front page. ◇ *vt* [llamar] to title, to call. ◇ *vi* to receive a title.
◆ **titularse** *vpr* - **1.** [llamarse] to be titled o called. - **2.** [licenciarse]: ~**se (en)** to graduate (in). - **3.** [diplomarse]: ~**se (en)** to obtain a qualification (in).
titulillo *m despec* useless little qualification.
título *m* - **1.** [nombre de libro, artículo etc] title. - **2.** [licenciatura] degree; [diploma] diploma; **tiene muchos** ~**s** she has a lot of qualifications. - **3.** *fig* [derecho] right; **a** ~ **de** as. - **4.** ECON bond, security. - **5.** [encabezado] heading. - **6.** [nobiliario] title. - **7.** [noble] titled person. - **8.** [división] section. - **9.** DER title; ~ **de propiedad** title deed. - **10.** QUÍM titre.
tiza *f* chalk; **una** ~ a piece of chalk.
tiznadura *f* - **1.** [acción] blackening, dirtying. - **2.** [mancha] black mark.
tiznajo *m fam* smudge, stain.
tiznar *vt lit & fig* to blacken.
◆ **tiznarse** *vpr* - **1.** [mancharse] to be blackened. - **2.** *Amér* [emborracharse] to get drunk.
tizne *m o f* soot.
tiznón *m* smudge, stain.
tizón *m* - **1.** [palo] burning stick o log. - **2.** *fig* [en reputación] stain. - **3.** [hongo] smut.
tizona *f* sword.
tizonazo *m*, **tizonada** *f* - **1.** [golpe] blow with a firebrand. - **2.** *fam fig* [castigo del infierno] hellfire.
tizonear *vi* to poke the fire.
tlapalería *f Amér* ironmonger's (shop).
TNT *(abrev de* **trinitrotolueno**) *m* TNT.
toa *f Amér* towrope.
toalla *f* - **1.** [para secarse] towel; ~ **de ducha/manos** bath/hand towel; ~ **de rizo** terrycloth, terry; **arrojar** o **tirar la** ~ to throw in the towel. - **2.** [tejido] towelling.
toallero *m* towel rail.

toallita *f* - **1.** [para la cara] facecloth. - **2.** [refrescante] towelette. - **3.** [para bebés] wet wipe.

tobera *f* nozzle.

tobillera ◇ *f* - **1.** [calcetín elástico] ankle support. - **2.** *fam* [joven] teenage girl. ◇ *adj fam* teenage.

tobillo *m* ankle.

tobogán *m* - **1.** [rampa] slide; [en parque de atracciones] helter-skelter; [en piscina] chute, flume. - **2.** [trineo] toboggan. - **3.** [pista] toboggan run.

toca *f* - **1.** [de monja] wimple. - **2.** [peinado] hairdo. - **3.** [sombrero] hat.
◆ **tocas** *fpl* compensation given to widow of a deceased employee.

tocable *adj* touchable.

tocadiscos *m inv* record player.

tocado, da *adj* - **1.** *fam* [chiflado] soft in the head. - **2.** [fruta] bad, rotten.
◆ **tocado** *m* - **1.** [prenda] headgear *(U)*. - **2.** [peinado] hairdo.

tocador, ra ◇ *adj* playing. ◇ *m, f* [de instrumento] player; ~ **de guitarra** guitarist.
◆ **tocador** *m* - **1.** [mueble] dressing table. - **2.** [habitación - en lugar público] powder room; [- en casa] boudoir. - **3.** [neceser] vanity case.

tocamiento *m (gen pl)* DER sexual assault.

tocante *adj*: **(en lo)** ~ **a** regarding.

tocar [10] ◇ *vt* - **1.** [gen] to touch; [palpar] to feel; [suj: país, jardín] to border on; **no ha tocado la comida** he hasn't touched his food; **nuestra casa toca la suya** our house is right next to theirs; **por favor, no toquen ustedes las mercancías** please do not touch the merchandise; **no toques nada, te ha quedado perfecto** don't touch a thing, it's perfect. - **2.** [tropezar, chocar con] to hit, to strike; **el corredor cayó al** ~ **la valla con un pie** the athlete fell when his foot struck o clipped the hurdle. - **3.** [instrumento, canción] to play; [bombo] to bang; [sirena, alarma, generala] to sound; [campana, timbre] to ring; **el reloj tocó las doce** the clock struck twelve. - **4.** [abordar un tema etc] to touch on; **tocó la cuestión del dinero** he touched on the question of money. - **5.** *fig* [conmover] to touch; [herir] to wound; **sus penas me han tocado el corazón** her troubles touched my heart; **lo que le has dicho le ha tocado hondo** what you said wounded her deeply. - **6.** *fig* [concernir]: **por lo que a mí me toca/a eso toca** as far as I'm/that's concerned; ~ **a alguien de cerca** to concern sb closely. - **7.** [oro, plata] to test, to try on a touchstone. - **8.** [en pintura] to touch up. - **9.** [el pelo] to do. ◇ *vi* - **1.** [entrar en contacto] to touch. - **2.** [estar próximo]: ~ **(con)** [gen] to be touching; [terreno] to border (on); **mi jardín toca con el suyo** my garden is next to his. - **3.** [a la puerta, ventana] to knock. - **4.** [corresponder]: ~ **a alguien** to be due to sb; **tocamos a mil cada uno** we're due a thousand each; **le tocó la mitad** he got half of it; **te toca a ti hacerlo** [turno] it's your turn to do it; [responsabilidad] it's up to you to do it; **¿a quién le toca?** whose turn is it? - **5.** [caer en suerte]: **me ha tocado la lotería** I've won the lottery; **le ha tocado sufrir mucho** he has had to suffer a lot. - **6.** [llegar el momento]: **nos toca pagar ahora** it's time (for us) to pay now. - **7.** *fig* [rayar]: ~ **en** to verge o border on. - **8.** [barco] to stop, to call.
◆ **tocarse** *vpr* - **1.** [con manos, cuerpo etc] to touch. - **2.** [cubrirse la cabeza] to cover one's head; **se tocó con un sombrero de fieltro** he donned a felt hat.

tocata ◇ *m fam* [tocadiscos] record player. ◇ *f* - **1.** MÚS toccata. - **2.** *fam* [paliza] beating, thrashing.

tocateja ◆ **a tocateja** *loc adv* in cash.

tocayo, ya *m, f* namesake.

tochimbo *m Amér* smelting furnace.

tocho, cha *adj* coarse, boorish.
◆ **tocho** *m* - **1.** *fam* [libro] boring tome. - **2.** [hierro] iron ingot.

tocinería *f* pork butcher's (shop).

tocinero, ra *m, f* pork butcher.

tocineta *f Amér* bacon.

tocino *m* - **1.** [para cocinar] lard; [para comer] fat *(of bacon)*; [carne] bacon; ~ **entreverado** streaky bacon. - **2.** [témpano] flitch, side. - **3.** [salto] quick skip. - **4.** *Amér* BOT acacia.
◆ **tocino de cielo** *m* CULIN dessert made of syrup and eggs.

tocología *f* obstetrics *(U)*.

tocólogo, ga *m, f* obstetrician.

tocomate *m Amér* BOT pumpkin.

tocomocho *m* confidence trick involving the sale of a lottery ticket, claimed to be a certain winner, for a large amount of money.

tocón, ona *adj Amér* bobtailed.
◆ **tocón** *m* stump.

tocuyo *m Amér* TEXTIL coarse cotton cloth.

todabuena, todasana *f* BOT St. John's wort.

todavía *adv* - **1.** [aún] still; [con negativo] yet, still; ~ **no lo he recibido** I still haven't received it, I haven't received it yet; ~ **ayer...** as late as yesterday...; ~ **no** not yet. - **2.** [sin embargo] still; **he hecho todo lo que me ha pedido y** ~ **no está contento** I've done everything he asked and he still isn't happy. - **3.** [incluso] even; **es** ~ **más alto que él** he's even taller than him. - **4.** *Amér* [aún no] not yet.

todito, ta *adj fam* all.

todo, da ◇ *adj* - **1.** [gen] all; ~ **el mundo** everybody; ~ **el libro** the whole book, all (of) the book; ~ **el día** all day. - **2.** [cada, cualquier] every; ~ **español** every Spaniard, all Spaniards; ~**s los días/lunes** every day/Monday. - **3.** [para enfatizar]: **es** ~ **un hombre** he's every bit a man; **ya es toda una mujer** she's a big girl now; **fue** ~ **un éxito** it was a great success. ◇ *pron* - **1.** [todas las cosas] everything, *(pl)* all of them; **lo vendió** ~ he sold everything, he sold it all; ~ **está listo** everything is ready; ~**s están rotos** they're all broken, all of them are broken; **de** ~ everything (you can think of); **en** ~ **y por** ~ entirely ❑ **ante** ~ [sobre todo] above all; [en primer lugar] first of all; **con** ~ despite everything; **después de** ~ after all; **de todas todas** without a shadow of a doubt; **sobre** ~ above all; **está en** ~ he/she always makes sure everything is just so; **me invitó a cenar y** ~ she even asked me to dinner. - **2.** [todas las personas]: ~**s** everybody; **todas vinieron** everybody o they all came.
◆ **todo** ◇ *m* whole; **el** ~ **es mayor que sus partes** the whole is greater than the sum of its parts ❑ **jugarse el** ~ **por el** ~ to stake everything; **ser el** ~ to be the most important person. ◇ *adv* completely, all; **este jardín está** ~ **descuidado/es** ~ **malas hierbas** this garden is completely neglected/is all weeds.
◆ **todo a cien** *m* ≈ 99 p shop *Br*, nickle-and-dime stock *Am*.
◆ **del todo** *loc adv*: **no estoy del** ~ **contento** I'm not entirely happy; **no lo hace mal del** ~ she doesn't do it at all badly.
◆ **todoterreno** *m* Jeep®.

todopoderoso, sa *adj* almighty.
Todopoderoso *m*: **el** ~ the Almighty.

toffee ['tofi] *(pl* **toffees***) m* coffee-flavoured toffee.

tofo *m* - **1.** *Amér* [arcilla] fireclay. - **2.** MED tophus, chalkstone.

toga *f* - **1.** [manto] toga. - **2.** [traje] gown. - **3.** [en el pelo] method of combing one's hair so it becomes straight.

togado, da ◇ *adj* robed. ◇ *m, f* attorney; **los** ~**s** the legal profession.

toilette [tua'let] *(pl* **toilettes***) f* toilet.

toisón ◆ **toisón de oro** *m* - **1.** [insignia] golden fleece. - **2.** [orden] Order of the Golden Fleece.

tojo *m* gorse.

Tokio *s* Tokyo.

toldadura *f* awning, canopy.

toldar *vt* to cover with an awning o a canopy.

toldillo *m* - **1.** [silla de manos] sedan chair. - **2.** *Amér* [mosquitero] mosquito netting *(U)*.

toldo *m* - **1.** [de tienda] awning; [de playa] sunshade. - **2.** *fig* [engreimiento] haughtiness, conceit. - **3.** *Amér* [de coche] folding hood.

tole *m* - **1.** *fig* [gritería] hubbub, uproar. - **2.** [desaprobación] outcry, hue and cry. - **3.** *loc*: **tomar el ~** *fig* to run away, to flee.

toledano, na ◇ *adj* of/relating to Toledo. ◇ *m, f* native/inhabitant of Toledo.

tolerable *adj* - **1.** [aguantable] tolerable. - **2.** [perdonable] acceptable.

tolerado, da *adj* allowed, permissible.

tolerancia *f* tolerance.

tolerante ◇ *adj* tolerant. ◇ *mf* tolerant person.

tolerar *vt* - **1.** [consentir, aceptar] to tolerate; **~ que alguien haga algo** to tolerate sb doing sthg; **¡cómo toleras que te hable así!** how can you let him talk to you like that! - **2.** [aguantar] to stand; **no tolero este ruido** I can't stand this noise. - **3.** [condescender] to be tolerant of.

tolete *m* - **1.** NÁUT thole, tholepin. - **2.** *Amér* [porra] cudgel, club.

toletole *m fam* hubbub, uproar.

tollina *f fam* beating, hiding.

tollo *m* - **1.** [pez] dogfish. - **2.** [de ciervo] loin. - **3.** [en caza] hide *Br*, blind *Am*. - **4.** [atolladero] quagmire, bog.

tolondro, dra, tolondrón, ona ◇ *adj* scatterbrained. ◇ *m, f* [persona] scatterbrain.

◆ **tolondro** *m* [bulto] bump, swelling.

tolteca *adj & m, f* Toltec.

tolueno *m* QUÍM toluene.

tolva *f* hopper.

tolvanera *f* dust storm.

toma *f* - **1.** [acción de tomar] taking; **~ de decisiones** decision-making; **~ del poder** takeover. - **2.** [de biberón, papilla] feed. - **3.** [de medicamento] dose. - **4.** [de sangre] sample. - **5.** [de ciudad etc] capture. - **6.** [de agua, aire] inlet; **~ de corriente** ELECTR socket; **~ del sonido** sound recording; **~ de tierra** ELECTR earth; AERON landing, touchdown. - **7.** [de escena] take; **~ de vistas** shooting, filming. - **8.** [grifo] tap, outlet. - **9.** *Amér* [cauce] irrigation ditch. - **10.** *Amér* [presa] dam. - **11.** *loc*: **ser un ~ y daca** to be give and take.

◆ **toma de conciencia** *f* realization.

◆ **toma de posesión** *f* - **1.** [de gobierno, presidente] investiture. - **2.** [de cargo] undertaking. - **3.** MIL occupation, seizure.

tomadero *m* - **1.** [agarradero] handle. - **2.** [de agua] tap, outlet.

tomador, ra ◇ *adj* - **1.** [que toma] taking. - **2.** [ratero] thieving, stealing. - **3.** [que bebe] drinking. ◇ *m, f* - **1.** [persona que toma] taker. - **2.** [ratero] thief. - **3.** [bebedor] drinker, drunkard. - **4.** COM drawee.

◆ **tomador** *m* NÁUT gasket.

tomadura *f* - **1.** [toma] taking. - **2.** [cantidad] portion, quantity. - **3.** MIL capture, seizure. - **4.** FARM dose.

◆ **tomadura de pelo** *f* hoax.

tomahawk [toma'xauk] (*pl* **tomahawks**) *m* tomahawk.

tomar ◇ *vt* - **1.** [gen] to take; [actitud, costumbre] to adopt; **tomó mi consejo/el dinero/lecciones de piano** she took my advice/the money/piano lessons; **tomó los modales de su hermana mayor** she adopted the manners of her big sister; **este ejemplo lo tomé del libro** I took this example from the book; **me tomó mucho tiempo limpiar la casa** it took me a long time to clean the house; **las tropas tomaron la ciudad** the troops seized o took the city; **toma al niño en los brazos** take the child in your arms; **la obra ya está tomando forma** the play is beginning to take shape; **~ sobre sí** to take on o upon o.s.; **tomó sobre sí toda la responsabilidad** she assumed full responsibility. - **2.** [datos, información] to take down. - **3.** [comida, bebida] to have; **tomé el desayuno a las siete** I had breakfast at seven; **¿qué quieres ~?** what would you like (to drink/eat)? - **4.** [autobús, tren etc] to catch; [taxi] to

take. - **5.** [contratar] to take on. - **6.** [considerar, confundir]: **~ a alguien por algo/alguien** to take sb for sthg/sb; **lo tomé por el jefe** I mistook o took him for the boss. - **7.** [fuerzas, impulso] to gain, to gather. - **8.** [escena, toma, plano] to shoot. - **9.** *Amér* [molestar] to annoy, to harass. - **10.** *loc*: **~la** o **~las con alguien** *fam* to have it in for sb; **¡toma!** [al dar algo] here you are!; [expresando sorpresa] well I never!; **¡toma (ésa)!** *fam* [expresa venganza] take that! ◇ *vi* - **1.** [encaminarse] to go, to head; **tomamos por la izquierda** we went left. - **2.** *Amér* [beber] to drink.

◆ **tomarse** *vpr* - **1.** [comida, bebida] to have; [medicina, drogas] to take. - **2.** [interpretar] to take; **~se algo a mal/bien** to take sthg badly/well. - **3.** [considerarse]: **~se por** to consider o.s.; **se toma por un genio** he think's he's a genius. - **4.** [oxidarse] to rust, to get rusty.

Tomás *m*: **Santo ~ de Aquino** Saint Thomas Aquinas.

tomatada *f* fried tomatoes (*pl*).

tomatal *m* - **1.** [terreno] tomato field. - **2.** *Amér* [planta] tomato plant.

tomate *m* - **1.** [fruto] tomato; **~ frito** *unconcentrated puree made by frying peeled tomatoes*; **ponerse como un ~** to go as red as a beetroot. - **2.** [de calcetín] hole. - **3.** *fam* [jaleo] uproar, commotion. - **4.** *loc*: **tener ~** *fam* to be tricky.

tomatera *f* - **1.** [planta] tomato plant. - **2.** *fam* [engreimiento] conceit; **tener ~** to put on airs.

tomatero, ra ◇ *adj* young and tender. ◇ *m, f* tomato seller.

tomavistas *m inv* cine camera.

tómbola *f* tombola.

tomillo *m* thyme.

tomismo *m* Thomism.

tomo *m* - **1.** [volumen] volume. - **2.** [libro] tome. - **3.** *fig* [importancia] importance; **de ~ y lomo** *fam fig* weighty.

tomografía *f* tomography.

tomógrafo *m* MED scanner.

ton ◆ **sin ton ni son** *loc adv* for no apparent reason.

tonada *f* - **1.** [canción] tune. - **2.** *Amér* [acento] (regional) accent.

tonadilla *f* ditty.

tonadillero, ra *m, f* ditty singer/writer.

tonal *adj* tonal.

tonalidad *f* - **1.** [de color] tone. - **2.** MÚS key.

tonel *m* [recipiente] barrel; **estar/ponerse como un ~** *fig* to be/become (as fat as) a barrel.

tonelada *f* tonne; **~ métrica** metric ton, tonne; **pesar una ~** *fig* to weigh a ton.

tonelaje *m* - **1.** [cabida] tonnage. - **2.** COM tonnage dues (*pl*).

tonelería *f* - **1.** [fabricación] barrelmaking, cooperage. - **2.** [taller] barrel shop, cooperage.

tonelero, ra ◇ *adj* barrel (antes de sust). ◇ *m, f* cooper.

tonga BOT ◇ *adj* tonka (antes de sust). ◇ *f* tonka bean.

tongada *f* - **1.** [capa] layer. - **2.** *Amér* [pila] pile, heap. - **3.** *Amér* [tarea] task, job.

tongo *m* - **1.** [engaño]: **en la pelea hubo ~** the fight was fixed. - **2.** *Amér fam* [sombrero hongo] bowler hat.

tónico, ca *adj* - **1.** [reconstituyente] revitalizing. - **2.** GRAM & MÚS tonic.

◆ **tónico** *m* - **1.** [reconstituyente] tonic. - **2.** [cosmético] skin toner.

◆ **tónica** *f* - **1.** [tendencia] trend. - **2.** [bebida]: **(agua) tónica** tonic water. - **3.** MÚS tonic.

tonificación *f* invigoration.

tonificador, ra, tonificante *adj* invigorating.

tonificar [10] *vt* to invigorate.

tonillo *m despec* [retintín] sarcastic tone of voice.

tonina *f* - **1.** [atún] tuna. - **2.** [delfín] dolphin.

tono *m* - **1.** [gen] tone; **bajar el ~** to lower one's voice; **dar el ~** to set the tone; **estar a ~ (con)** to be appropriate (for); **fuera de** ~ out of place ❑ ~ **de llamada** [de teléfono] dialling tone *Br*, dial tone *Am*; **a** ~ in tune. - **2.** [MÚS - tonalidad] key; [- altura] pitch; [- intervalo] tone; [- pieza de instrumento] slide. - **3.** [de color] shade; ~ **de piel** complexion. - **4.** [carácter] tone; **de buen** ~ stylish, elegant; **de mal** ~ crass, vulgar. - **5.** [vigor] energy. - **6.** *loc*: **darse** ~ *fam* to give o.s. airs; **ponerse a** ~ **con algo** [emborracharse] to get drunk on sthg; [ponerse al día] to get to grips with sthg; **subir el** ~ [intensificar] to get louder; **subir el** ~, **subirse de** ~ to get angrier and angrier.

tonsura *f* tonsure.

tonsurado *m* priest, cleric.

tonsurar *vt* - **1.** [clérigo] to tonsure. - **2.** [pelo] to cut. - **3.** [lana] to shear.

tontada *f* stupid thing, foolishness (U).

tontaina *fam* ◇ *adj* daft. ◇ *mf* daft idiot.

tontamente *adv* foolishly, stupidly.

tontear *vi* - **1.** [hacer el tonto] to fool about. - **2.** [coquetear]: ~ **(con alguien)** to flirt (with sb). - **3.** [decir tonterías] to talk nonsense.

tontería *f* - **1.** [estupidez] stupid thing; **decir una** ~ to talk nonsense; **hacer una** ~ to do sthg foolish. - **2.** [cosa sin importancia o valor] trifle; **no es ninguna** ~ [va en serio] it's serious; [no está mal] it's not bad at all.

tontiloco, ca *adj* harebrained.

tonto, ta ◇ *adj* - **1.** [necio, estúpido] stupid; **ponerse** ~ to be difficult ❑ ~ **de capirote** o **de remate** daft as a brush. - **2.** *Amér* [niño] restless, mischievous. ◇ *m, f* idiot; **hacer el** ~ to play the fool; **hacerse el** ~ to act innocent.
◆ **a lo tonto** *loc adv* [sin notarlo] without realizing it; **a lo** ~ **nos bebimos todas las botellas de vino** we drank all the bottles of wine without realizing it.
◆ **a tontas y a locas** *loc adv* haphazardly.

tontorrón, ona ◇ *adj* daft. ◇ *m, f* daft idiot.

toña *f* - **1.** [juego] tipcat. - **2.** *fam* [golpe] blow, slap. - **3.** *fam* [borrachera] drinking binge; **coger una** ~ to get sloshed.

top (*pl* **tops**) *m* [prenda] short top.

topacio *m* topaz.

topada *f* head butt.

topador, ra *adj* - **1.** ZOOL butting. - **2.** [en juego] hasty in accepting a bet.

topadora *f Amér* bulldozer.

topar ◇ *vi* - **1.** [chocar] to bump into each other. - **2.** [encontrarse]: ~ **con alguien** to bump into sb; ~ **con algo** to come across sthg. - **3.** ZOOL to butt. - **4.** [en juego] to accept a bet. - **5.** [acertar] to work out well. ◇ *vt* - **1.** [chocar] to bump into. - **2.** [encontrar] to bump into, to run into. - **3.** NÁUT to butt. - **4.** *Amér* [en juego] to wager, to bet.
◆ **toparse con** *vpr* [persona] to bump into; [cosa] to come across.

tope ◇ *adj inv* - **1.** [máximo] top, maximum; [fecha] last. - **2.** *mfam* [molón] brill, ace. ◇ *adv mfam* [muy] mega, really. ◇ *m* - **1.** [pieza] block; [para puerta] doorstop. - **2.** FERROC buffer. - **3.** [límite máximo] limit; [de plazo] deadline. - **4.** [freno]: **poner** ~ **a** to rein in, to curtail. - **5.** [extremo] butt, end. - **6.** [choque] collision, bump. - **7.** *fig* [riña] quarrel. - **8.** *fig* [reyerta] scuffle. - **9.** [dificultad] snag, difficulty. - **10.** [NÁUT - de palo] masthead; [- vigía] lookout. - **11.** *Amér* [hallazgo] find, discovery. - **12.** *loc*: **estar hasta los** ~**s** [estar lleno] to be bursting at the seams; [estar harto] to be fed up.
◆ **a tope** *loc adv* - **1.** [de velocidad, intensidad] flat out. - **2.** *fam* [lugar lleno] packed.

topera *f* molehill.

topetada *f* head butt.

topetar *vi* = **topetear**.

topetazo *m* bump; **darse un** ~ [en la cabeza] to bump o.s. on the head.

topetear, topetar ◇ *vi* - **1.** [dar con la cabeza] to butt. - **2.** [chocar] to bump. ◇ *vt* - **1.** [dar con la cabeza] to butt. - **2.** [chocar contra] to bump.

topetón *m* - **1.** [choque] bump, collision. - **2.** [topetada] head butt.

topetudo, da *adj* butting.

tópico, ca *adj* - **1.** MED topical. - **2.** [manido] clichéd.
◆ **tópico** *m* - **1.** [tema] cliché. - **2.** MED *medical treatment for external application.*

topless ['toßles] *m inv* topless bathing; **en** ~ topless.

topo *m* - **1.** ZOOL & *fig* mole; **ciego como un** ~ blind as a bat. - **2.** *fam fig* [persona torpe] awkward o clumsy person.

topocho, cha *adj Amér* chubby, plump.

topografía *f* topography.

topográfico, ca *adj* topographical.

topógrafo, fa *m, f* topographer.

topología *f* topology.

toponimia *f* - **1.** [nombres] place names *(pl)*. - **2.** [ciencia] toponymy.

toponímico, ca *adj* toponymical.

topónimo *m* place name.

toque¹ *v* → **tocar**.

toque² *m* - **1.** [gen] touch; **dar los (últimos)** ~**s a algo** to put the finishing touches to sthg. - **2.** [aviso] warning; **dar un** ~ **a alguien** [llamar] to call sb; [amonestar] to prod sb, to warn sb ❑ ~ **de atención** warning. - **3.** [sonido - de campana] chime, chiming (U); [- de tambor] beat, beating (U); [- de sirena etc] blast; ~ **de diana** reveille; ~ **de difuntos** death knell; ~ **de queda** curfew. - **4.** *fig* [punto esencial] crux, essence. - **5.** [prueba] test, trial. - **6.** [golpe] tap. - **7.** METAL assay, assaying (U). - **8.** [piedra] touchstone. - **9.** MIL bugle call. - **10.** ARTE touch, dab. - **11.** *Amér* [turno] turn. - **12.** *loc*: **darse un** ~ ELECTR to get a shock; *fam* [de droga] to take a toke, to have a drag.

toquetear ◇ *vt* - **1.** [objeto] to fiddle with. - **2.** [persona] to fondle. ◇ *vi fam* [sobar] to fiddle about.

toqueteo *m* [de cosa] fiddling; [a persona] fondling.

toquilla *f* - **1.** [pañuelo] shawl; [bufanda] scarf. - **2.** [adorno] ribbon trimming. - **3.** *Amér* [sombrero] straw hat.

torácico, ca *adj* thoracic.

torada *f* herd of bulls.

toral ◇ *adj* [principal] main, principal. ◇ *m* - **1.** [molde] mould. - **2.** [barra de cobre] copper bar.

tórax *m inv* thorax.

torbellino *m* - **1.** [remolino - de aire] whirlwind; [- de agua] whirlpool; [- de polvo] dust cloud. - **2.** *fig* [mezcla confusa] spate. - **3.** *fig* [persona inquieta] whirlwind.

torcaz *adj* → **paloma**.

torcaza *f* ringdove, wood pigeon.

torcazo, za *Amér fam* ◇ *adj* silly, foolish. ◇ *m, f* fool, idiot.

torcedero, ra *adj* twisted, crooked.
◆ **torcedero** *m* twisting apparatus.

torcedor, ra ◇ *adj* twisting. ◇ *m, f* twister.
◆ **torcedor** *m* - **1.** [huso] spindle. - **2.** *fig* [tormento] torment, torture.

torcedura *f* - **1.** [torsión] twist, twisting (U). - **2.** [esguince] sprain. - **3.** [vino] weak wine.

torcer [41] ◇ *vt* - **1.** [gen] to twist; [doblar] to bend. - **2.** [girar] to turn. - **3.** [desviar] to deflect; [mirada] to avert; *fig* [persona] to corrupt. - **4.** [retorcer] to contort, to screw up. - **5.** MED to sprain. - **6.** *fig* [interpretar mal] to twist, to distort; **no tuerzas mis palabras** don't twist my words. ◇ *vi* [girar] to turn; **el camino tuerce a la izquierda** the road turns to the left.
◆ **torcerse** *vpr* - **1.** [retorcerse] to twist; [doblarse] to bend; **me tuerzo al andar/escribir** I can't walk/write in a straight line. - **2.** [dislocarse] to sprain. - **3.** [esperanzas, negocios, día] to go wrong. - **4.** *fig* [persona] to go astray. - **5.** [avinagrarse] to turn sour.

torcida *f* wick.

torcido, da *adj* - **1.** [enroscado] twisted; [doblado] bent; [cuadro, corbata] crooked. - **2.** *fig* [corrupto] crooked, dishonest. - **3.** *Amér* [desafortunado] unfortunate.
◆ **torcido** *m* - **1.** CULIN *type of pastry with plums and other fruit.* - **2.** [vino] weak wine. - **3.** TEXTIL twist.

torcijón *m* - **1.** MED stomach cramp. - **2.** VETER enteritis.

torcimiento *m* - **1.** [acción de torcer] twisting. - **2.** *fig* [circunlocución] circumlocution.

tordillo, lla ◇ *adj* dappled, dapple-grey. ◇ *m, f* dappled, dapple-grey.

tordo, da ◇ *adj* dappled, dapple-grey. ◇ *m, f* [caballo] dapple-grey.
◆ **tordo** *m* - **1.** [pájaro] thrush. - **2.** *Amér* [estornino] starling.

toreador, ra *m, f* bullfighter.

torear ◇ *vt* - **1.** [lidiar] to fight *(bulls)*. - **2.** *fig* [eludir] to dodge. - **3.** *fig* [burlarse de]: ~ **a alguien** to mess sb about. - **4.** [entretener] to string along. - **5.** *fig* [incomodar] to pester, to harass. - **6.** *Amér* [azuzar] to goad. ◇ *vi* [lidiar] to fight bulls.

toreo *m* bullfighting.

torera *f* → **torero**.

torería *f* - **1.** [toreros] bullfighters *(pl)*. - **2.** *fam* [travesura] mischief *(U)*, prank.

torero, ra ◇ *adj* bullfighting *(antes de sust)*. ◇ *m, f* [persona] bullfighter; **saltarse algo a la torera** *fig* to flout sthg.
◆ **torera** *f* [prenda] bolero (jacket).

torete *m* - **1.** [toro] young bull. - **2.** *fig* [dificultad] difficulty, problem. - **3.** [asunto] topic of conversation.

toril *m* bullpen.

torio *m* QUÍM thorium.

torito *m* *Amér* - **1.** [insecto] rhinoceros beetle. - **2.** [flor] *variety of orchid*. - **3.** [sombrajo] awning. - **4.** [pez] horned boxfish o trunkfish.

tormenta *f lit & fig* storm; ~ **de arena** sandstorm; ~ **de nieve** snowstorm; ~ **eléctrica** electric storm.

tormento *m* torment; **ser un** ~ [persona] to be a torment; [cosa] to be torture.

tormentoso, sa *adj* - **1.** [tiempo] stormy. - **2.** [sueño] troubled. - **3.** NÁUT storm-tossed.

torna *f* - **1.** [vuelta] return. - **2.** [en huerta] water gate.
◆ **tornas** *fpl*: **volver las** ~ *fig* to turn the tables.

tornada *f* - **1.** [regreso] return. - **2.** [viaje repetido] return visit.

tornadizo, za *adj* fickle.

tornado *m* tornado.

tornamiento *m* change, turn.

tornar *culto* ◇ *vt* - **1.** [convertir]: ~ **algo en (algo)** to turn sthg into (sthg). - **2.** [devolver] to return. ◇ *vi* - **1.** [regresar] to return. - **2.** [volver a hacer]: ~ **a hacer algo** to do sthg again.
◆ **tornarse** *vpr* [convertirse]: ~**se (en)** to turn (into), to become.

tornasol *m* - **1.** [girasol] sunflower. - **2.** [reflejo] sheen. - **3.** QUÍM litmus.

tornasolado, da *adj* iridescent.

tornasolar *vi* to be iridescent.

tornatrás *(pl* **tornatrases)** *mf desus* throwback.

tornavoz *(pl* **tornavoces)** *m* sounding board.

torneado, da *adj* - **1.** [cerámica] turned. - **2.** [brazos, piernas] shapely.
◆ **torneado** *m* turning.

torneador, ra *m, f* - **1.** [tornero] lathe operator. - **2.** [en torneo] participant.

torneadura *f* lathe shaving.

tornear ◇ *vt* to turn. ◇ *vi* - **1.** [dar vueltas] to revolve, to spin round. - **2.** *fig* [en la imaginación] to ponder, to reflect. - **3.** [en torneo] to participate.

torneo *m* - **1.** [justa] tournament. - **2.** VETER staggers *(pl)*.

tornería *f* turnery.

tornero, ra *m, f* [con madera] lathe operator.

tornillero *m despec & MIL* deserter.

tornillo *m* [gen] screw; [con tuerca] bolt; ~ **de Arquímedes** Archimedean screw; **apretar a alguien los** ~**s** *fig* to put the screws on sb; **le falta un** ~ *fam fig* he has a screw loose.

torniquete *m* - **1.** MED tourniquet. - **2.** [en entrada] turnstile.

torniscón *m fam* [golpe] slap in the face.

torno *m* - **1.** [de alfarero] (potter's) wheel; ~ **de hilar** spinning wheel. - **2.** [de carpintero] lathe. - **3.** [para pesos] winch. - **4.** [giratorio] revolving dumbwaiter. - **5.** [rodeo] turn, revolution. - **6.** [de río] turn, bend. - **7.** [freno] handbrake.
◆ **en torno a** *loc prep* - **1.** [alrededor de] around. - **2.** [acerca de] about; **girar en** ~ **a** to be about.
◆ **torno de banco** *m* vice, clamp.

toro *m* - **1.** [animal] bull; ~ **castrado** bullock; ~ **de lidia** fighting bull; **agarrar** o **coger el** ~ **por los cuernos** to take the bull by the horns; **echar a alguien el** ~ *fam* to give sb a piece of one's mind; **ver los** ~**s desde la barrera** to watch from the wings. - **2.** *fig* [hombre] tough guy, he-man. - **3.** ASTRON Taurus. - **4.** *Amér* [pez] trunkfish. - **5.** ARQUIT torus, tore. - **6.** MAT torus.
◆ **toros** *mpl* [lidia] bullfight *(sg)*, bullfighting *(U)*.

toronja *f* grapefruit.

toronjo *m* [árbol] grapefruit.

torpe *adj* - **1.** [gen] clumsy; **sus movimientos son** ~**s** her movements are clumsy; **es muy** ~ **en dibujo** he's not very good at drawing. - **2.** [necio] slow, dimwitted.

torpedear *vt* to torpedo.

torpedero *m* torpedo boat.

torpedo *m* - **1.** [proyectil] torpedo; ~ **de fondo** ground torpedo; ~ **flotante** submarine mine. - **2.** [pez] electric ray.

torpemente *adv* - **1.** [sin destreza] clumsily. - **2.** [lentamente] slowly, dully.

torpeza *f* - **1.** [gen] clumsiness; **fue una** ~ **hacerlo/decirlo** it was a clumsy thing to do/say; **cometer una** ~ to make a blunder. - **2.** [falta de inteligencia] slowness.

tórpido, da *adj* MED torpid, sluggish.

torpor *m* MED torpor, sluggishness.

torrado *m* toasted chickpea.

torrar *vt* to roast.

torre *f* - **1.** [construcción] tower; ELECTR pylon; ~ **albarrana** turret; ~ **(de apartamentos)** tower block; ~ **de control** control tower; ~ **de homenaje** keep; ~ **de marfil** *fig* ivory tower; ~ **de perforación** oil derrick; ~ **de vigía** [de observación] observation tower; NÁUT crow's nest. - **2.** [en ajedrez] rook, castle. - **3.** MIL turret. - **4.** [chalé] cottage. - **5.** NÁUT turret.

torrefacto, ta *adj* high-roast *(antes de sust)*.

torreja *f Amér* - **1.** CULIN French toast. - **2.** [rodaja] slice *(U)*.

torrencial *adj* torrential.

torrente *m* torrent; **un** ~ **de** *fig* [gente, palabras etc] a stream o flood of; [dinero, energía] masses of.

torrentoso, sa *adj* torrential.

torreón *m* large fortified tower.

torrero *m* - **1.** [de faro] lighthouse keeper. - **2.** [de casa] keeper.

torreta *f* - **1.** MIL turret. - **2.** ELECTR pylon.

torreznada *f* CULIN *dish of fried bacon*.

torreznero, ra *fam* ◇ *adj* lazy, idle. ◇ *m, f* loafer.

torrezno *m chunk of fried bacon*.

tórrido, da *adj* torrid.

torrija *f* French toast *(U)*.

torsión *f* - **1.** [del cuerpo, brazo] twist, twisting *(U)*. - **2.** MEC torsion.

torso *m culto* torso.

torta *f* - **1.** CULIN cake; **nos costó la** ~ **un pan** it cost us an arm and a leg; **ser** ~**s y pan pintado** *fam* to be a cinch, to be child's play. - **2.** *fam* [bofetada] thump; **dar** o **pegar una** ~ **a alguien** to thump sb. - **3.** IMPRENTA font. - **4.** *Amér* [tortilla] tortilla. - **5.** *Amér* [bocadillo] sandwich.
◆ **ni torta** *loc adv fam* not a thing.

tortada *f* - **1.** CULIN *type of meat and egg pie*. - **2.** CONSTR coat of mortar.

tortazo *m fam* - **1.** [bofetada] thump; **dar** o **pegar un ~ a alguien** to thump sb; **liarse a ~s** to come to blows. - **2.** [accidente] crash; **darse** o **pegarse un ~** to crash.

tortedad *f* blindness in one eye.

tortera *f* baking pan.

tortícolis *f inv* crick in the neck.

tortilla *f* - **1.** [de huevo] omelette; **~ (a la) española** Spanish o potato omelette; **~ (a la) francesa** French o plain omelette. - **2.** *loc:* **hacer ~ a** *fam fig* to flatten, to squash; **se volvió** o **cambió la ~** the tables turned. - **3.** *Amér* [torta] tortilla.

tortillera *f mfam despec* dyke, lesbian.

tortillería *f* [restaurante] omelette restaurant.

tortillero, ra *m, f Amér* tortilla seller.

tórtola *f* turtledove.

tortolito, ta *m, f* - **1.** [inexperto] novice. - **2.** *(gen pl) fam* [enamorado] lovebird.

tórtolo, la *m, f* turtledove.

◆ **tórtolo** *m* - **1.** *fam fig* [enamorado] lovebird. - **2.** *Amér* [tonto] fool, idiot.

tortuga *f* [terrestre] tortoise; [marina] turtle; [fluvial] terrapin.

tortuosidad *f* - **1.** [sinuosidad] tortuousness. - **2.** *fig* [perversidad] deviousness.

tortuoso, sa *adj* - **1.** [sinuoso] tortuous, winding. - **2.** *fig* [perverso] devious.

tortura *f* torture.

torturador, ra ◇ *adj* torturing. ◇ *m, f* torturer.

torturar *vt* to torture.

◆ **torturarse** *vpr* to torture o.s.

torva *f* METEOR - **1.** [de lluvia] rainstorm. - **2.** [de nieve] snowstorm.

torvo, va *adj* fierce.

torzal *m* - **1.** [de seda] silk twist. - **2.** *fig* [de varias cosas] braid, twist. - **3.** *Amér* [lazo] lasso.

torzamos *v* → **torcer**.

tos *(pl toses) f* cough; **~ seca** hacking cough; **~ ferina =** **tosferina**.

tosca *f* GEOL tufa.

toscamente *adv* roughly.

tosco, ca *adj* - **1.** [basto] crude. - **2.** *fig* [ignorante] coarse.

tosegoso, sa *adj* [que padece tos] suffering from a chronic cough.

toser *vi* to cough.

tosferina, tos ferina *f* whooping cough.

tósigo *m* - **1.** [veneno] poison. - **2.** *fig* [angustia] anguish, grief.

tosigoso, sa *adj* - **1.** [envenenado] poisoned. - **2.** [que padece tos] coughing.

tosquedad *f* - **1.** [vulgaridad] crudeness. - **2.** *fig* [ignorancia] coarseness.

tostada *f* → **tostado**.

tostadero *m* roaster.

tostado, da *adj* - **1.** [pan, almendras] toasted. - **2.** [color] brownish. - **3.** [piel] tanned.

◆ **tostado** *m* - **1.** [tostadura] toasting. - **2.** *Amér* [maíz] toasted maize *Br*, toasted corn *Am*.

◆ **tostada** *f* - **1.** [de pan] piece of toast. - **2.** *Amér fam* [pesadez] bore. - **3.** *loc:* **dar** o **pegar a alguien la tostada** *fam fig* to take sb for a ride; **no ver la tostada** to miss the point.

tostador, ra ◇ *adj* toasting. ◇ *m, f* toaster.

tostadura *f* toasting.

tostar [23] *vt* - **1.** [dorar, calentar - pan, almendras] to toast; [- carne] to brown. - **2.** [broncear] to tan. - **3.** *fig* [calentar mucho] to scorch. - **4.** *fam* [azotar] to tan the hide of, to thrash.

◆ **tostarse** *vpr* to get brown.

tostón *m* - **1.** [pan frito] crouton. - **2.** [tostada] toast dipped in oil. - **3.** *fam fig* [rollo, aburrimiento] bore, drag. - **4.** *fam fig* [persona molesta] pain. - **5.** [cochinillo] roast suckling pig.

◆ **tostones** *mpl Amér* fried plantain chips.

total ◇ *adj* total. ◇ *m* - **1.** [suma] total. - **2.** [totalidad, conjunto] whole; **el ~ del grupo** the whole group; **en ~** in all; **en ~ somos cinco** there are five of us in all. ◇ *adv* anyway; **~ que me marché** so anyway, I left.

totalidad *f* whole; **en su ~** as a whole.

totalitario, ria *adj & m, f* totalitarian.

totalitarismo *m* totalitarianism.

totalizar [13] *vt* to add up to, to amount to.

totalmente *adv* totally, completely.

tótem *(pl tótems* o *tótemes) m* totem.

totémico, ca *adj* totemic.

totemismo *m* totemism.

totoposte *m Amér* CULIN fried tortilla.

totora *f Amér* BOT totora reed.

totoral *m Amér* totora reed bed.

totuma *f*, **totumo** *m Amér* BOT calabash, gourd.

tour [tur] *(pl tours) m* tour.

◆ **tour de force** ['tur ðe 'fors] *m* tour de force.

◆ **tour operador** *m* tour operator.

tournedos [turne'ðo] *m inv* tournedos.

tournée [tur'ne] *(pl tournées) f* tour.

toxemia *f* MED toxaemia.

toxicidad *f* toxicity.

tóxico, ca *adj* toxic, poisonous.

◆ **tóxico** *m* poison.

toxicología *f* toxicology.

toxicológico, ca *adj* toxicological.

toxicólogo, ga *m, f* toxicologist.

toxicomanía *f* drug addiction.

toxicómano, na ◇ *adj* addicted to drugs. ◇ *m, f* drug addict.

toxina *f* toxin.

tozudez *(pl tozudeces) f* stubbornness, obstinacy.

tozudo, da ◇ *adj* stubborn. ◇ *m, f* stubborn person.

tozuelo *m* [de animal] back of the neck.

traba *f* - **1.** [para coche] chock. - **2.** [de mesa] crosspiece. - **3.** *fig* [obstáculo] obstacle; **poner ~s (a alguien)** to put obstacles in the way (of sb). - **4.** [liga] tie, bond. - **5.** [para caballos] hobble. - **6.** [para puertas] bolt. - **7.** DER distraint, seizure.

trabacuenta *f* - **1.** [error] mistake, error. - **2.** *fig* [controversia] dispute, controversy.

trabadero *m* pastern, fetter bone.

trabado, da *adj* - **1.** [salsa] smooth. - **2.** [discurso] coherent. - **3.** [atascado] jammed. - **4.** LING ending in a consonant. - **5.** *fig* [robusto] strong, vigorous. - **6.** [caballo] with white forefeet.

trabadura *f* - **1.** [unión] joining, union. - **2.** [lazo] bond, tie.

trabajado, da *adj* - **1.** [obra] carefully worked. - **2.** [músculo] developed. - **3.** [cansado] overworked.

trabajador, ra ◇ *adj* hard-working. ◇ *m, f* worker; **~ a tiempo parcial** part-timer; **~ por cuenta propia** self-employed person.

◆ **trabajador** *m Amér* [ave] heron.

trabajar ◇ *vi* - **1.** [gen] to work; **~ de/en** to work as/in; **trabaja de conductor de autobús** he works as a bus driver; **~ en una empresa** to work for a firm. - **2.** CINE & TEATRO to act. - **3.** [torcerse] to warp. ◇ *vt* - **1.** [hierro, barro, tierra] to work; [masa] to knead. - **2.** [mejorar] to work on o at; **tienes que ~ el estilo** you've got to work on o at your style. - **3.** *fig* [engatusar, convencer]: **~ a alguien (para que haga algo)** to work on sb (so that they do sthg); **voy a ~ a mi madre para que me deje salir** I'm going to work on my mother so she lets me go out. - **4.** [caballo] to train. - **5.** *fig* [molestar] to bother. - **6.** [hacer trabajar] to work, to drive.

◆ **trabajarse** *vpr* - **1.** [esforzarse] to strive. - **2.** *fam fig* [intentar conseguir] to work for; **se ha trabajado el puesto**

que ocupa she has worked hard for her current job. **- 3.** *fam fig* [engatusar, convencer] to work on; **tiene que** ~**se a su padre para que le compre la moto** he'll have to work on his father before he'll buy him the motorbike.

trabajera *f fam* chore.

trabajo *m* **- 1.** [gen] work; **brearse de** ~ to work one's fingers to the bone; **hacer un buen** ~ to do a good job ❏ ~ **a destajo** piecework; ~ **de campo** field work; ~ **en equipo** teamwork; ~ **intelectual/físico** mental/physical effort; ~ **manual** manual labour; ~**s forzados** o **forzosos** hard labour *(U)*; ~**s manuales** [en el colegio] arts and crafts; **ser un** ~ **de chinos** to be a finicky job. **- 2.** [empleo] job; **encontrar** ~ to find a job; **ir al** ~ to go to work; **no tener** ~ to be out of work. **- 3.** [estudio escrito] piece of work, essay. **- 4.** *fig* [esfuerzo] effort; **costar mucho** ~ to take a lot of effort. **- 6.** FÍS work.

◆ **trabajos** *mpl* hardships; **pasar** ~**s** to have a hard time.

trabajosamente *adv* laboriously.

trabajoso, sa *adj* **- 1.** [difícil] hard, difficult. **- 2.** [molesto] tiresome. **- 3.** *Amér* [exigente] demanding.

trabalenguas *m inv* tongue twister.

trabar ◇ *vt* **- 1.** [sujetar] to fasten; [a preso] to shackle. **- 2.** [unir] to join. **- 3.** [conversación, amistad] to strike up. **- 4.** [obstaculizar] to obstruct, to hinder. **- 5.** CULIN to thicken. **- 6.** [asegurar] to bolt. **- 7.** [asir] to grasp, to seize. **- 8.** [echar trabas a] to hobble, to fetter. **- 9.** [sierra] to set. **- 10.** [enlazar] to tie together; ~ **varios argumentos** to tie several arguments together. **- 11.** DER to seize, to attach. **- 12.** *Amér* [engañar] to trick, to fool. ◇ *vi* **- 1.** [espesar] to thicken. **- 2.** [agarrar] to take hold.

◆ **trabarse** *vpr* **- 1.** [enredarse] to get tangled. **- 2.** [espesarse] to thicken. **- 3.** [atascarse] to jam. **- 4.** *loc*: **se le trabó la lengua** he got tongue-tied.

trabazón *f* **- 1.** [unión, enlace] assembly. **- 2.** *fig* [conexión, enlace] link, connection. **- 3.** [consistencia] thickness, consistency.

trabe *f* beam, joist.

trabilla *f* **- 1.** [de pantalón] foot strap; [de chaqueta] half-belt. **- 2.** [punto] dropped stitch.

trabón *m* **- 1.** [traba] hobble. **- 2.** [argolla] hobbling ring. **- 3.** [de lagar] cross plank.

trabuca *f* firecracker.

trabucación *f* **- 1.** [confusión] confusion, disorder. **- 2.** [error] mistake, blunder.

trabucar *vt* **- 1.** [confundir] to mix up. **- 2.** [volcar] to upset, to turn upside down. **- 3.** [interrumpir] to interrupt.

trabuco *m* [arma de fuego] blunderbuss.

traca *f* **- 1.** [de petardos] string of firecrackers. **- 2.** NÁUT strake.

trácala *f Amér* trick.

tracalada *f Amér* crowd.

tracalero, ra *Amér fam* ◇ *adj* cheating. ◇ *m, f* cheat.

tracamundana *f* **- 1.** [trueque] swap, exchange. **- 2.** [alboroto] hubbub, uproar.

tracción *f* traction; ~ **a cuatro ruedas** four-wheel drive; ~ **delantera/trasera** front-wheel/rear-wheel drive.

trace *etc v* → **trazar**.

tracoma *m* trachoma.

tracto *m* **- 1.** [de tiempo] lapse, interval. **- 2.** RELIG tract.

tractor, ra *adj* tractive.

◆ **tractor** *m* tractor; ~ **oruga** caterpillar tractor.

tractorista *mf* tractor driver.

tradición *f* tradition.

tradicional *adj* traditional.

tradicionalismo *m* **- 1.** traditionalism. **- 2.** POLÍT conservatism.

tradicionalista *adj & mf* traditionalist.

tradicionalmente *adv* traditionally.

tradicionista *mf* *writer of stories relating local customs*.

traducción *f* translation; ~ **automática/simultánea** machine/simultaneous translation; ~ **inversa** prose (translation).

traducible *adj* translatable.

traducir [33] ◇ *vt* **- 1.** [a otro idioma] to translate. **- 2.** *fig* [expresar] to express. ◇ *vi*: ~ **(de/a)** to translate (from/into).

◆ **traducirse** *vpr* [a otro idioma]: ~**se (por)** to be translated (by o as).

◆ **traducirse en** *vpr* [ocasionar] to lead to.

traductor, ra ◇ *adj* translating. ◇ *m, f* translator; ~ **jurado** sworn translator.

traedizo, za *adj* portable.

traedor, ra ◇ *adj* carrying. ◇ *m, f* carrier.

traer [73] *vt* **- 1.** [trasladar, provocar] to bring; [consecuencias] to carry, to have; **traiga los libros a la clase** bring your books to class; **esto trae muchos problemas** this brings about many problems; ~ **consigo** [implicar] to mean, to lead to. **- 2.** [llevar] to carry; **¿qué traes ahí?** what have you got there? **- 3.** [llevar adjunto, dentro] to have; **trae un artículo interesante** it has an interesting article in it. **- 4.** [llevar puesto] to wear; **traía un sombrero nuevo** he was wearing a new hat. **- 5.** [atraer] to attract, to draw. **- 6.** [alegar ejemplos etc] to bring forward. **- 7.** *loc*: ~ **a mal a alguien** [maltratar] to abuse o mistreat sb; [molestar] to annoy o pester sb; ~ **y llevar** to gossip.

◆ **traerse** *vpr*: **traérselas** *fam fig* to be a real handful; **ese trabajo se las trae** this job is real tough-going.

tráfago *m* **- 1.** [trabajo pesado] drudgery. **- 2.** [tráfico] traffic, trade.

◆ **tráfagos** *mpl Amér* belongings.

trafagón, ona ◇ *adj fam* hustling. ◇ *m, f* hustler.

Trafalgar *s*: **la batalla de** ~ the Battle of Trafalgar.

traficante ◇ *mf* [de drogas, armas etc] trafficker. ◇ *adj* dealing, trading.

traficar [10] *vi*: ~ **(en/con algo)** to traffic (in sthg).

tráfico *m* [gen] traffic; **el** ~ **está imposible** the traffic's terrible ❏ ~ **de armas** gun-running; ~ **de drogas** drug trafficking; ~ **de influencias** political corruption; ~ **rodado** road traffic.

tragaderas *fpl* **- 1.** [garganta] throat *(sg)*. **- 2.** [credulidad] gullibility *(U)*. **- 3.** *loc*: **tener (buenas)** ~ [ser crédulo] to fall for anything; [ser tolerante] to be able to stomach anything.

tragadero *m* **- 1.** ANAT throat, gullet. **- 2.** [agujero] gulf, abyss.

tragador, ra ◇ *adj* **- 1.** [que traga] swallowing. **- 2.** [glotón] gluttonous. ◇ *m, f* **- 1.** [persona que traga] swallower. **- 2.** [glotón] glutton.

tragafuegos *m inv* fire-eater.

tragahombres *m inv fam* bully.

trágala *m* HIST *song sung by Liberal opponents of the Spanish absolutists*; **cantarle a alguien el** ~ *fig* to force sb to eat humble pie.

tragaldabas *mf inv fam* glutton.

tragaluz *(pl* **tragaluces***) m* skylight.

traganíqueles *f inv Amér fam* slot machine.

tragante ◇ *adj* swallowing. ◇ *m* METAL hopper.

tragantón, ona *fam* ◇ *adj* gluttonous. ◇ *m, f* glutton.

◆ **tragantona** *f* **- 1.** *fam* [comilona] slap-up meal, blowout. **- 2.** [acción de tragar] gulp. **- 3.** *fam fig* [cosa extraordinaria] hard pill to swallow.

tragaperras *f inv* slot machine.

tragar [16] ◇ *vt* **- 1.** [ingerir, creer] to swallow. **- 2.** [absorber] to swallow up. **- 3.** [comer] to devour, to eat up. **- 4.** [aceptar] to swallow, to fall for. **- 5.** *fig* [soportar] to put up with; **no (poder)** ~ **a alguien** not to be able to stand sb. **- 6.** *fig* [disimular] to contain, to keep to o.s.; [lágrimas] to choke back. **- 7.** *fam* [consumir mucho] to devour, to guzzle. ◇ *vi* to swallow.

◆ **tragarse** *vpr* **- 1.** *fig* [soportarse]: **no se tragan** they can't stand each other. **- 2.** *fig* [aceptar] to swallow, to fall for.

tragazón *f fam* gluttony, greed.

tragedia *f* tragedy.

trágicamente *adv* tragically.

trágico, ca ◇ *adj* tragic. ◇ *m, f* tragedian.

tragicomedia *f* tragicomedy.

tragicómico, ca *adj* tragicomic.

trago *m* - **1.** [de líquido] mouthful; **a** ~**s** bit by bit, little by little; **beber a** ~**s** to gulp down; **de un** ~ in one gulp. - **2.** *fam* [copa] drink; **echar un** ~ to have a quick drink. - **3.** *fam* [licor] hard booze. - **4.** *loc*: **pasar un mal** ~ to have a tough time of it; **ser un** ~ **para alguien** to be tough on sb.

tragón, ona *fam* ◇ *adj* greedy. ◇ *m, f* pig, glutton.

tragonería *f fam* gluttony, greed.

trague *etc v* → **tragar**.

traición *f* - **1.** [infidelidad] betrayal; **a** ~ treacherously; **hacer** ~ to betray. - **2.** DER treason; **alta** ~ high treason.

traicionar *vt lit & fig* [ser infiel] to betray.

traicionero, ra ◇ *adj* [desleal] treacherous; DER treasonous. ◇ *m, f* traitor.

traída *f* bringing, carrying; ~ **de agua** water supply.

traído, da *adj* worn-out; ~ **y llevado** well-worn, hackneyed.

traidor, ra ◇ *adj* - **1.** [desleal] treacherous. - **2.** DER treasonous. - **3.** [caballo] restive, bad-tempered. ◇ *m, f* traitor.

traiga *etc v* → **traer**.

trailer ['trailer] (*pl* **trailers**) *m* - **1.** CINE trailer. - **2.** AUTOM articulated lorry.

traílla *f* leash.

trainera *f* small Basque fishing boat.

training ['trainin] (*pl* **trainings**) *m* training.

traje *m* - **1.** [con chaqueta] suit; [de una pieza] dress; ~ **de baño** swimsuit; ~ **de buceo** diving suit; ~ **de ceremonia** o **de gala** dress suit, formal dress (U); ~ **de chaqueta** woman's two-piece suit; ~ **de etiqueta** evening dress (U); ~ **de montar** riding habit; ~ **de noche/de novia** evening/wedding dress; ~ **espacial** spacesuit; ~ **pantalón** trouser suit; ~ **sastre** (woman's) tailored suit. - **2.** [regional, de época etc] costume; ~ **de luces** matador's outfit; ~ **típico** [de un país] national dress. - **3.** [ropa] clothes (*pl*); ~ **de diario** everyday clothes; ~ **de paisano** [de militar] civilian clothes; [de policía] plain clothes.

trajeado, da *adj* - **1.** [con chaqueta] wearing a jacket. - **2.** *fam* [arreglado] spruced up.

trajear *vt* to clothe.

◆ **trajearse** *vpr* to overdress.

trajera *etc v* → **traer**.

trajín *m* - **1.** *fam fig* [ajetreo] bustle. - **2.** [transporte] haulage, transport. - **3.** [trabajo] work, chores (*pl*).

trajinar ◇ *vi* - **1.** *fam fig* [ajetrearse] to bustle about. - **2.** *Amér* [registrar] to search. - **3.** *Amér* [engañar] to deceive. ◇ *vt* to transport.

◆ **trajinarse a** *vpr fam* [ligarse a] to get off with.

trajo *v* → **traer**.

tralla *f* - **1.** [cuerda] whipcord. - **2.** [de látigo] snapper.

trallazo *m* - **1.** [chasquido] lash, crack. - **2.** *fam fig* [reprensión] ticking-off.

trama *f* - **1.** [de hilos] weft. - **2.** *fig* [confabulación] intrigue. - **3.** LITER plot. - **4.** IMPRENTA screen. - **5.** [flor de olivo] blossom.

tramador, ra ◇ *adj* weaving. ◇ *m, f* weaver.

tramar *vt* - **1.** [hilo] to weave. - **2.** *fam fig* [planear] to plot; [complot] to hatch; **estar tramando algo** to be up to something.

tramitación *f* - **1.** [acción] processing. - **2.** [de asunto] transaction. - **3.** [trámites] procedures (*pl*), steps (*pl*).

tramitar *vt* - **1.** [suj: autoridades - pasaporte, permiso] to take the necessary steps to obtain; [- solicitud, dimisión] to process. - **2.** [suj: solicitante]: ~ **un permiso** to be in the process of applying for a licence.

trámite *m* [gestión] formal step; **de** ~ routine, formal.

◆ **trámites** *mpl* - **1.** [proceso] procedure (*sg*). - **2.** [papeleo] paperwork (U).

tramo *m* - **1.** [espacio] section, stretch. - **2.** [de escalera] flight (of stairs).

tramontana *f* - **1.** [viento] north wind. - **2.** [norte] north. - **3.** *fig* [vanidad] vanity, pride; **perder la** ~ *fam fig* to lose one's head.

tramontano, na *adj desus* on the other side of the mountains.

tramontar *vi desus* to go over the mountains.

tramoya *f* - **1.** TEATRO stage machinery (U). - **2.** *fig* [enredo] intrigue.

tramoyista *mf* - **1.** TEATRO stagehand. - **2.** *fig* [tramposo] schemer.

trampa *f* - **1.** [para cazar] trap; ~ **mortal** death trap. - **2.** [trampilla] trapdoor. - **3.** *fig* [engaño] trick; **caer en la** ~ to fall into the trap; **hacer** ~**s** to cheat; **tender una** ~ **(a alguien)** to set o lay a trap (for sb). - **4.** *fig* [deuda] debt. - **5.** [portañuela] flies (*pl*).

trampeador, ra *fam* ◇ *adj* cheating, swindling. ◇ *m, f* cheat, swindler.

trampear *fam* ◇ *vi* - **1.** [estafar] to swindle money. - **2.** [ir tirando] to struggle along. - **3.** *fig* [vivir de su ingenio] to live by one's wits. ◇ *vt* [engañar] to trick, to deceive.

trampero, ra ◇ *adj Amér* cheating, swindling. ◇ *m, f* trapper.

trampilla *f* - **1.** [en el suelo] trapdoor. - **2.** [de carbonera] hatch.

trampista *fam* ◇ *adj* cheating, tricking. ◇ *mf* cheat, trickster.

trampolín *m* - **1.** [de piscina] diving board; [de esquí] ski jump; [en gimnasia] springboard. - **2.** *fig* [medio, impulso] springboard.

tramposo, sa ◇ *adj* [fullero] cheating. ◇ *m, f* - **1.** [fullero] cheat. - **2.** [moroso] bad debtor. - **3.** [en naipes] cardsharp.

tranca *f* - **1.** [de puerta o ventana] bar. - **2.** [arma] cudgel, stick. - **3.** *fam* [borrachera]: **coger una** ~ to get plastered. - **4.** *Amér* [en verja] gate. - **5.** *loc*: **a** ~**s y barrancas** with great difficulty.

trancada *f* - **1.** [paso largo] stride. - **2.** *Amér* [garrotazo] blow with a stick.

trancar [10] ◇ *vt* - **1.** [puerta] to bar. - **2.** *Amér* [resistir] to resist. ◇ *vi* - **1.** [dar trancos] to stride. - **2.** *Amér* [cerrar con llave] to lock up.

◆ **trancarse** *vpr* to be constipated.

trancazo *m* - **1.** [golpe] blow (with a stick). - **2.** *fam fig* [gripe] bout of the flu.

trance *m* - **1.** [apuro] difficult situation; **pasar por un mal** ~ to go through a bad patch. - **2.** [estado hipnótico] trance; **estar en** ~ to be in a trance. - **3.** [momento] moment, juncture; **estar en** ~ **de hacer algo** to be about to do sthg. - **4.** [de la vida] last moments (*pl*); **en** ~ **de muerte** at death's door ❑ ~ **último** o **postrero** o **mortal** dying moments (*pl*).

◆ **a todo trance** *loc adv* at all costs.

tranco *m* - **1.** [paso largo] stride. - **2.** [umbral] threshold.

◆ **a trancos** *loc adv fam fig* in a rush.

◆ **en dos trancos** *loc adv* in a jiffy.

tranquear *vi* to stride.

tranquera *f* - **1.** [estacada] stockade, palisade. - **2.** *Amér* [puerta] gate.

tranquero *m* - **1.** [piedra] lintel. - **2.** *Amér* [puerta] gate.

tranquilamente *adv* - **1.** [con calma] calmly. - **2.** [con frescura] coolly; **y tan** ~... cool as a cucumber... - **3.** [sin dificultad] easily.

tranquilidad *f* peacefulness, calmness; **para mayor** ~ to be on the safe side.

tranquilizador, ra *adj* calming.

tranquilizante ◇ *adj* - **1.** [música, color etc] soothing. - **2.** FARM tranquillizing. ◇ *m* FARM tranquillizer.

tranquilizar [13] *vt* - **1.** [calmar] to calm (down). - **2.** [dar confianza] to reassure.

◆ **tranquilizarse** *vpr* - **1.** [calmarse] to calm down. - **2.** [ganar confianza] to feel reassured.

tranquilla *f* - **1.** [pasador] small peg. - **2.** *fig* [en conversación] trap.

tranquillo *m fam*: **coger el** ~ **a algo** to get the knack of sthg.

tranquilo, la *adj* - **1.** [sosegado - lugar, música] peaceful; [- persona, tono de voz, mar] calm; [- viento] gentle; **dejar a alguien** ~ to leave sb alone; **¡(tú)** ~**!** *fam* don't you worry! - **2.** [velada, charla, negocio] quiet. - **3.** [mente] untroubled; [conciencia] clear. - **4.** [despreocupado] casual, laid-back; **quedarse tan** ~ not to bat an eyelid.

transacción *f* - **1.** COM transaction. - **2.** [acuerdo] agreement, settlement.

transalpino, na *adj* transalpine.

transandino, na *adj* trans-Andean.

◆ **transandino** *m* trans-Andean train.

transar *vi Amér* to compromise, to give in.

transatlántico, ca *adj* transatlantic.

◆ **transatlántico** *m* NÁUT (ocean) liner.

transbordador, ra *adj* transferring.

◆ **transbordador** *m* - **1.** NÁUT ferry. - **2.** AERON: ~ (**espacial**) space shuttle. - **3.** [puente] transporter bridge.

transbordar ◇ *vt* to transfer. ◇ *vi* to change *(trains etc)*.

transbordo *m*: **hacer** ~ to change *(trains etc)*; **tienes que hacer** ~ **de metro** you have to change underground lines.

transcendencia *f* = **trascendencia**.

transcendental *adj* = **trascendental**.

transcendentalismo *m* = **trascendentalismo**.

transcendente *adj* = **trascendente**.

transcender *vi* = **trascender**.

transcontinental *adj* transcontinental.

transcribir *vt* - **1.** [escribir] to transcribe. - **2.** *fig* [expresar] to express in writing.

transcripción *f* transcription.

transcriptor, ra *m, f* [persona] transcriber.

◆ **transcriptor** *m* [aparato] transcriber.

transcrito, ta *adj* transcribed.

transcurrido, da *adj* [tiempo] intervening.

transcurrir *vi* - **1.** [tiempo] to pass, to go by. - **2.** [ocurrir] to take place, to go off.

transcurso *m* - **1.** [paso de tiempo] passing. - **2.** [periodo de tiempo]: **en el** ~ **de** in the course of.

transeúnte ◇ *adj* passing. ◇ *mf* - **1.** [paseante] passerby. - **2.** [transitorio] temporary resident.

transexual *adj & mf* transsexual.

transferencia *f* transfer; ~ **bancaria** credit transfer, (bank) draft; ~ **electrónica de fondos** electronic banking.

transferible *adj* transferable.

transferidor, ra ◇ *adj* transferring. ◇ *m, f* transferer.

transferir [27] *vt* - **1.** [pasar] to transfer. - **2.** [aplazar] to put off, to postpone.

transfiguración *f* transfiguration.

◆ **Transfiguración** *f* RELIG Transfiguration.

transfigurar *vt* to transfigure.

◆ **transfigurarse** *vpr* to become transfigured.

transformable *adj* convertible *(furniture)*.

transformación *f* transformation.

transformador, ra ◇ *adj* transforming. ◇ *m, f* transformer.

◆ **transformador** *m* ELECTRÓN transformer.

transformar *vt* - **1.** [cambiar]: ~ **algo/a alguien (en)** to transform sthg/sb (into); **las penas lo han transformado en un alcohólico** his troubles have turned him into an alcoholic. - **2.** [convertir]: ~ **algo (en)** to convert sthg (into); **ha transformado la tienda en bar** she has converted the shop into a bar. - **3.** *fig* [mejorar] to transform. - **4.** [en rugby] to convert.

◆ **transformarse** *vpr* - **1.** [cambiar radicalmente] to be transformed. - **2.** [convertirse]: ~**se en algo** to be converted into sthg.

transformismo *m* evolution.

transformista ◇ *adj* evolutionary. ◇ *mf* - **1.** [seguidor] evolutionist. - **2.** [artista] quick-change artist.

tránsfuga *mf* - **1.** POLÍT defector. - **2.** MIL deserter. - **3.** [fugitivo] fugitive.

transfundir *vt* - **1.** [líquido] to transfuse. - **2.** *fig* [noticia] to spread.

transfusión *f* transfusion.

transfusor, ra ◇ *adj* transfusion *(antes de sust)*. ◇ *m, f* transfuser.

◆ **transfusor** *m* [aparato] transfuser.

transgredir [78] *vt* to transgress.

transgresión *f* transgression.

transgresor, ra ◇ *adj* transgressing. ◇ *m, f* transgressor.

transiberiano, na *adj* Trans-Siberian.

◆ **transiberiano** *m* Trans-Siberian railway.

transición *f* - **1.** [cambio] transition; **periodo de** ~ transition period ❑ ~ **democrática** transition to democracy. - **2.** POLÍT *stage in Spain's history which began after 'franquismo', characterized by the setting up of representative political institutions and the establishment of a constitution in 1978.*

transido, da *adj*: ~ **(de)** stricken (with); ~ **de pena** grief-stricken.

transigencia *f* willingness to compromise.

transigente *adj* - **1.** [que cede] accomodating. - **2.** [tolerante] tolerant.

transigir [15] *vi* - **1.** [ceder] to compromise. - **2.** [ser tolerante] to be tolerant; ~ **con** to accept, to agree to.

Transilvania *s* Transylvania.

transistor *m* transistor.

transitable *adj* [franqueable] passable; [no cerrado al tráfico] open to traffic.

transitar *vi* - **1.** [pasar] to go (along). - **2.** [viajar] to travel.

transitivamente *adv* transitively.

transitivo, va *adj* transitive.

tránsito *m* - **1.** [circulación - gen] movement; [- de coches] traffic; **de** ~ in transit; **de mucho** ~ busy; **una calle de mucho** ~ a busy street ❑ ~ **rodado** road traffic. - **2.** [transporte] transit. - **3.** [paso] transit, passage. - **4.** [lugar de parada] stopping place, stop; **hicimos** ~ **a mitad del viaje** we made a stop halfway through the trip. - **5.** [corredor] passageway. - **6.** [transición] transition, change. - **7.** [muerte] passing, death. - **8.** RELIG Assumption.

transitoriamente *adv* transitorily.

transitoriedad *f* transitoriness.

transitorio, ria *adj* - **1.** [gen] transitory. - **2.** [residencia] temporary. - **3.** [régimen, medida] transitional, interim.

translación *f* = **traslación**.

translimitar *vt* - **1.** [límite] to overstep, to go beyond. - **2.** MIL to cross the border of.

transliteración *f* transliteration.

translucidez *(pl* **translucideces***) f* translucence, translucency.

translúcido, da *adj* translucent.

translucirse [32] *vpr* - **1.** [cristal etc] to be translucent. - **2.** *fig* [motivos etc] to show through, to be obvious.

transmediterráneo, a *adj* trans-Mediterranean.

transmigración *f* transmigration.

transmigrar *vi* to transmigrate.

transmisible *adj* - **1.** [enfermedad] transmittible. - **2.** [título, posesiones] transferrable.

transmisión *f* - **1.** [gen & AUTOM] transmission; ~ **delantera** front-wheel drive; ~ **del pensamiento** telepathy. - **2.** RADIO & TV broadcast, broadcasting *(U)*. - **3.** [de saludos, noticias] passing on. - **4.** [de herencia, poderes etc] transference.

◆ **transmisiones** *fpl* MIL signals.

transmisor, ra *adj* transmission *(antes de sust)*.

◆ **transmisor** *m* transmitter.

transmitir *vt* - **1.** [gen] to transmit; [saludos, noticias] to pass on. - **2.** RADIO & TV to broadcast. - **3.** [ceder] to transfer.

◆ **transmitirse** *vpr* to be transmitted.

transmutable *adj* transmutable.

transmutación *f* transmutation.

transmutar *vt* to transmute.

◆ **transmutarse** *vpr* to be transmuted.

transnacional *adj* transnational.

transoceánico, ca *adj* transoceanic.

transparencia *f* - **1.** [calidad] transparency. - **2.** FOT transparency, slide.

transparentarse *vpr* - **1.** [tela] to be see-through; [vidrio, líquido] to be transparent. - **2.** *fig* [manifestarse] to show through.

transparente ◇ *adj* [gen] transparent; [tela] see-through. ◇ *m* shade, blind.

transpiración *f* perspiration; BOT transpiration.

transpirar *vi* - **1.** [sudar] to perspire; BOT to transpire. - **2.** *fig* [rezumarse] to leak out.

transpirenaico, ca *adj* trans-Pyrenean.

transplantar *vt* = **trasplantar**.

transplante *m* = **trasplante**.

transponedor, ra ◇ *adj* transplanting. ◇ *m, f* transplanter.

transponer [65] *vt* - **1.** [cambiar] to switch. - **2.** [desaparecer detrás de] to disappear behind. - **3.** [mudar de sitio] to move, to transfer. - **4.** [trasplantar] to transplant. - **5.** [intercambiar] to transpose.

◆ **transponerse** *vpr* - **1.** [adormecerse] to doze off. - **2.** [ocultarse] to disappear; [sol] to set.

transportable *adj* portable.

transportación *f* transportation, transport.

transportador, ra ◇ *adj* transporting. ◇ *m, f* transporter.

◆ **transportador** *m* - **1.** [para transportar]: ~ **aéreo** cableway; ~ **de cinta** conveyor belt. - **2.** [para medir ángulos] protractor. - **3.** MEC conveyor.

transportar *vt* - **1.** [trasladar] to transport. - **2.** [embelesar] to captivate. - **3.** MÚS to transpose.

◆ **transportarse** *vpr* [embelesarse] to go into raptures.

transporte *m* - **1.** [de cosas, personas] transport; ~ **por carretera** road transport; ~ **privado** private transport; ~ **público** o **colectivo** public transport. - **2.** COM transport, freight. - **3.** [embarcación] freighter. - **4.** *fig* [éxtasis] transport, rapture.

◆ **transportes** *mpl* transport *(sg)*, transportation *(sg)*.

transportista *mf* carrier.

transposición *f* transposition.

transpuesto, ta *adj* dozing.

transubstanciar [7] *vt* to transubstantiate.

◆ **transubstanciarse** *vpr* to transubstantiate.

transvasar *vt* = **trasvasar**.

transvase *m* = **trasvase**.

transversal ◇ *adj* - **1.** [que atraviesa] transverse. - **2.** [pariente] collateral. ◇ *mf* [pariente] collateral relative. ◇ *f* - **1.** GEOM transversal. - **2.** [calle] side street.

transversalmente *adv* crosswise.

transverso, sa *adj* transverse.

◆ **transverso** *m* ANAT transverse muscle.

transverter [20] *vi* to run over, to overflow.

transvolar [23] *vt* to fly over.

tranvía *m* - **1.** [coche] tram, streetcar *Am*. - **2.** [sistema] tramway.

tranviario, ria, tranviero, ra ◇ *adj* tram *Br (antes de sust)*, streetcar *Am (antes de sust)*. ◇ *m, f* - **1.** [empleado] tram worker *Br*, streetcar worker *Am*. - **2.** [conductor] tram driver *Br*, streetcar driver *Am*.

tranzadera *f* braid.

trapacear *vi* to cheat.

trapacería *f* fraud, swindle.

trapacista, trapacero, ra ◇ *adj* cheating, swindling. ◇ *m, f* cheat, swindler.

trapajería *f* rags *(pl)*, tatters *(pl)*.

trapajo *m* rag, tatter.

trapajoso, sa *adj* ragged, tattered.

trápala ◇ *mf* - **1.** [hablador] chatterbox. - **2.** [embustero] liar, cheat. ◇ *f* - **1.** [de gente] racket, din. - **2.** [de caballo] clattering. - **3.** [embuste] trick, fraud.

trapalear *vi* - **1.** [mentir] to lie. - **2.** [hablar mucho] to chatter, to jabber.

trapalero, ra, trapalón, ona *adj fam* cheating, swindling.

trapatiesta *f fam* racket, din.

trapaza *f* trick, fraud.

trape *m* - **1.** [entretela] interlining. - **2.** *Amér* [cuerda] woven cord.

trapear *vt Amér* [suelo] to mop.

trapecio *m* - **1.** GEOM trapezium. - **2.** [de gimnasia] trapeze. - **3.** [ANAT - músculo] trapezius; [- hueso] trapezium.

trapecista *mf* trapeze artist.

trapense *adj & mf* RELIG Trappist.

trapería *f* - **1.** [trapos] rags *(pl)*. - **2.** [tienda] old-clothes shop.

trapero, ra *m, f* rag-and-bone man.

trapezoide *m* ANAT & GEOM trapezoid.

trapiche *m* - **1.** [de aceituna] olive press. - **2.** [de azúcar] sugar mill.

trapichear *vi fam* - **1.** [hacer negocios sucios] to be on the fiddle. - **2.** [comerciar] to retail.

trapicheo *m fam* - **1.** [negocio sucio] fiddle. - **2.** [tejemaneje] scheme, scheming *(U)*.

trapiento, ta *adj* ragged, tattered.

trapillo *m* - **1.** *fam fig* [galán] suitor without means. - **2.** [ahorrillos] nest egg.

◆ **de trapillo** *loc adj* casually.

trapío *m culto* - **1.** [garbo] elegance. - **2.** TAUROM good bearing.

trapisonda *f fam* - **1.** [riña] row, commotion. - **2.** [enredo] scheme. - **3.** *fig* [agitación] choppiness.

trapisondear *vi fam* - **1.** [reñir] to kick up a row. - **2.** [liar, enredar] to scheme.

trapisondista *mf fam* - **1.** [camorrista] troublemaker. - **2.** [liante] schemer.

trapo *m* - **1.** [trozo de tela] rag. - **2.** [gamuza, bayeta] cloth. - **3.** TAUROM cape. - **4.** [vela] sails *(pl)*. - **5.** *loc*: **a todo** ~ at full pelt; **los ~s sucios se lavan en casa** don't wash your dirty linen in public; **poner a alguien como un** ~ to tear sb to pieces; **sacar los ~s a relucir** *fam* to wash one's dirty linen in public; **soltar el** ~ *fam* [echarse a reír] to burst out laughing; [echarse a llorar] to burst into tears.

◆ **trapos** *mpl fam* [ropa] clothes.

traposo, sa *adj* ragged, tattered.

traque *m* - **1.** [estallido] bang, crack. - **2.** [guía] gunpowder fuse. - **3.** *loc*: **a todo** ~ *fam* continually, at all times.

tráquea *f* windpipe, trachea MED.

traquear *vt* = **traquetear**.

traqueo *m* - **1.** [ruido] crack, bang. - **2.** [agitación] shaking, jolting.

traqueotomía *f* tracheotomy.

traquetear, traquear ◇ *vt* - **1.** [agitar] to shake. - **2.** *fam fig* [manosear] to handle, to finger. - **3.** *Amér* [probar] to test, to try out. ◇ *vi* - **1.** [hacer ruido] to rattle. - **2.** [cohete] to go off, to explode.

traqueteo *m* [ruido] rattling.

traquido *m* crack, bang.

tras ◇ *prep* - **1.** [detrás de] behind. - **2.** [después de, en pos de] after; **uno** ~ **otro** one after the other; **andar** ~ **algo** to be after sthg. - **3.** [además] besides, in addition; ~ **de ser rico, es guapo** not only is he rich, he's good-looking too. - **4.** *fig* [en busca de] in search of, in pursuit of; **se fue ~ la gloria** he went in search of fame. ◇ *m fam* [trasero] behind, backside.

trasalpino, na *adj* = transalpino.

trasatlántico, ca *adj* = transatlántico.

trasbordador, ra *adj & m, f* = transbordador.

trasbordar *vt & vi* = transbordar.

trasbordo *m* = transbordo.

trascendencia *f* - **1.** [importancia] importance; **tener una gran ~** to be deeply significant. - **2.** FILOS transcendence.

trascendental *adj* - **1.** [importante] momentous. - **2.** [meditación] transcendental. - **3.** [que se extiende] momentous.

trascendentalismo *m* FILOS transcendentalism.

trascendente *adj* momentous.

trascender [20] *vi* - **1.** [extenderse]: ~ **(a algo)** to spread (across sthg). - **2.** [filtrarse] to be leaked. - **3.** [sobrepasar]: ~ **de** to transcend, to go beyond. - **4.** [oler]: ~ **a** to smell of. - **5.** [divulgarse] to transpire, to become known.

trascendido, da *adj* keen, perspicacious.

trascolar [23] *vt* - **1.** [colar] to strain, to filter. - **2.** [pasar] to pass over.

trascontinental *adj* = transcontinental.

trascorral *m* backyard.

trascribir *vt* = transcribir.

trascripción *f* = transcripción.

trascriptor *m* = transcriptor.

trascrito, ta *adj* = transcrito.

trascurrir *vi* = transcurrir.

trascurso *m* = transcurso.

trasechar *vt* to lie in wait for.

trasegadura *f* decanting.

trasegar [35] *vt* - **1.** [desordenar] to rummage about amongst. - **2.** [transvasar] to decant. - **3.** [trastornar] to mix up, to jumble. - **4.** *fam fig* [beber mucho de] to knock back.

trasero, ra *adj* back *(antes de sust)*, rear *(antes de sust)*.
◆ **trasero** *m fam* backside.
◆ **trasera** *f* rear.
◆ **traseros** *mpl* ancestors.

trasferencia *f* = transferencia.

trasferible *adj* = transferible.

trasferidor, ra *adj & m, f* = transferidor.

trasferir [27] *vt* = transferir.

trasfiguración *f* = transfiguración.

trasfigurar *vt* = transfigurar.

trasfondo *m* background; [de palabras, intenciones] undertone.

trasformable *adj* = transformable.

trasformación *f* = transformación.

trasformador, ra *adj & m* = transformador.

trasformar *vt* = transformar.

trasformismo *m* = transformismo.

trasformista *adj & mf* = transformista.

trásfuga *mf* = tránsfuga.

trasfusión *f* = transfusión.

trasfusor, ra *adj & m* = transfusor.

trasgredir [78] *vt* = transgredir.

trasgresión *f* = transgresión.

trasgresor, ra *m, f* = transgresor.

trasguear *vi* to play tricks.

trasguero, ra *m, f* practical joker.

trashoguero, ra *adj* malingering.
◆ **trashoguero** *m* - **1.** [de chimenea] fireback, back plate. - **2.** [leño] large log.

trashojar *vt* to leaf through.

trashumancia *f* seasonal migration *(of livestock)*.

trashumante *adj* seasonally migratory.

trashumar *vi* to migrate seasonally.

trasiega *v* → trasegar.

trasiego *m* - **1.** [movimiento] comings and goings *(pl)*. - **2.** [transvase] decanting.

trasiegue *v* → trasegar.

traslación *f* - **1.** ASTRON passage. - **2.** *culto* [transporte] transfer, moving. - **3.** *culto* [traducción] translation. - **4.** LITER metaphor. - **5.** MEC & FÍS translation.

trasladador, ra ◇ *adj* moving. ◇ *m, f* mover.

trasladante *adj* moving.

trasladar *vt* - **1.** [desplazar] to move. - **2.** [a empleado, funcionario] to transfer. - **3.** [reunión, fecha] to postpone, to move back. - **4.** [traducir] to translate. - **5.** *fig* [expresar]: ~ **algo al papel** to transfer sthg onto paper. - **6.** [copiar] to copy, to transcribe.
◆ **trasladarse** *vpr* - **1.** [desplazarse] to go. - **2.** [mudarse] to move; **me traslado de piso** I'm moving flat.

traslado *m* - **1.** [de casa, empresa, muebles] move, moving *(U)*. - **2.** [de trabajo] transfer. - **3.** [de personas] movement. - **4.** *culto* [copia] copy, transcript. - **5.** DER communication, notification.

traslapar *vt* to overlap.

traslimitar *vt* = translimitar.

traslucidez *f* = translucidez.

traslúcido, da *adj* = translúcido.

traslucirse [32] *vpr* = translucirse.

trasluz (*pl* **trasluces**) *m* - **1.** [reflejo] reflected light; **al ~** against the light. - **2.** [por transparencia] light seen through a transparent body.

trasmano *m* [en el juego] second hand.
◆ **a trasmano** *loc adv* - **1.** [fuera de alcance] out of reach. - **2.** [lejos] out of the way.

trasmediterráneo, a *adj* = transmediterráneo.

trasmigración *f* = transmigración.

trasmigrar *vi* = transmigrar.

trasminar ◇ *vt* to mine. ◇ *vi* to pass through, to seep through.
◆ **trasminarse** *vpr* to pass through, to seep through.

trasmisible *adj* = transmisible.

trasmisión *f* = transmisión.

trasmisor, ra *adj & m* = transmisor.

trasmitir *vt* = transmitir.

trasmundo *m*: **el ~** the other world, the hereafter.

trasmutable *adj* = transmutable.

trasmutación *f* = transmutación.

trasmutar *vt* = transmutar.

trasnacional *adj* = transnacional.

trasnochado, da *adj* - **1.** [comida] stale. - **2.** *fig* [maciliento] wan, haggard. - **3.** [antiguo] stale, trite.
◆ **trasnochada** *f* - **1.** [anoche]: **la ~** last night. - **2.** [vela] sleepless night. - **3.** MIL attack by night.

trasnochador, ra ◇ *adj* given to staying up late. ◇ *m, f* night owl.

trasnochar ◇ *vi* - **1.** [acostarse tarde] to stay up late, to go to bed late. - **2.** [no dormir] to spend a sleepless night. ◇ *vt* to sleep on.

trasoceánico, ca *adj* = transoceánico.

trasojado, da *adj* gaunt, haggard.

traspalar, traspalear *vt* - **1.** [palear] to shovel. - **2.** *fig* [desplazar] to move, to shift.

traspaleo *m* - **1.** [acción de palear] shovelling. - **2.** [desplazamiento] moving, shifting.

traspapelado, da *adj* mislaid, misplaced.

traspapelar *vt* [papeles, documentos] to mislay, to misplace.
◆ **traspapelarse** *vpr* to get mislaid o misplaced.

trasparencia *f* = transparencia.

trasparentarse *vpr* = transparentarse.

trasparente *adj* = **transparente**.

traspasable *adj* [camino] passable; [río] crossable.

traspasador, ra ◇ *adj* transgressing. ◇ *m, f* transgressor.

traspasar *vt* - **1.** [atravesar] to go through, to pierce. - **2.** [cruzar] to cross (over); [puerta] to pass through. - **3.** [suj: líquido] to soak through. - **4.** [jugador] to transfer. - **5.** [negocio] to sell (as a going concern). - **6.** *fig* [exceder] to go beyond. - **7.** [perforar] to run through. - **8.** [ley] to break, to transgress. - **9.** [suj: dolor físico o moral] to pierce.
◆ **traspasarse** *vpr* to go too far; **se traspasó en el trato con los otros** she went too far in her dealings with others.

traspaso *m* - **1.** [venta - de jugador] transfer; [- de negocio] sale (as a going concern). - **2.** [precio - de jugador] transfer fee; [- de negocio] takeover fee. - **3.** [cesión] transfer. - **4.** [lo traspasado] transferred property. - **5.** [ardid] trick, ruse. - **6.** [infracción] transgression, infringement. - **7.** *fig* [pena] grief, anguish.

traspié (*pl* **traspiés**) *m* - **1.** [resbalón] trip, stumble; **dar un** ~ to trip up. - **2.** *fig* [error] blunder, slip.

traspiración *f* = **transpiración**.

traspirar *vi* = **transpirar**.

traspirenaico, ca *adj* = **transpirenaico**.

trasplantar *vt* to transplant.
◆ **trasplantarse** *vpr fig* [cambiar de país] to emigrate, to uproot o.s.

trasplante *m* transplant, transplanting *(U)*; ~ **de corazón** heart transplant.

trasponedor, ra *adj* = **transponedor**.

trasponer [65] *vt* = **transponer**.

traspontín, traspuntín *m* - **1.** [colchón] small cushion o pad. - **2.** *fam* [trasero] behind, backside.

trasportación *f* = **transportación**.

trasportador *m* = **transportador**.

trasportar *vt* = **transportar**.

trasporte *m* = **transporte**.

trasposición *f* = **transposición**.

traspuesto, ta *adj* = **transpuesto**.

traspunte *m* TEATRO prompter.

traspuntín *m* = **traspontín**.

trasquilado, da *adj*: **salir** ~ *fig* to come off badly.
◆ **trasquilado** *m fam* priest.

trasquilador, ra *m, f* shearer.

trasquiladura *f* shearing.

trasquilar *vt* - **1.** [esquilar] to shear. - **2.** [pelo] to crop. - **3.** *fam fig* [mermar] to cut down, to curtail.

trasquilimocho, cha *adj fam* cropped, shorn.

trasquilón *m* - **1.** [trasquiladura] slash; **hacerle un** ~ **a alguien** to cut sb's hair unevenly. - **2.** [dinero] illgotten gains *(pl)*.

trastabillar *vi Amér* to stagger.

trastabillón *m Amér* slip, stumble.

trastada *f* dirty trick; **hacer una** ~ **a alguien** to play a dirty trick on sb.

trastazo *m* bump, bang; **darse** o **pegarse un** ~ to bang o bump o.s.

traste *m* - **1.** MÚS fret. - **2.** *Amér fam* [trasero] bottom. - **3.** [chisme] thingumajig, whatnot. - **4.** [vaso] winetaster's glass. - **5.** *loc*: **dar al** ~ **con algo** to ruin sthg; **irse al** ~ to fall through.

trasteado *m* MÚS frets *(pl)*.

trastear ◇ *vi* - **1.** [mudar trastos] to move things around. - **2.** *fig* [charlar] to chat. ◇ *vt* - **1.** TAUROM *to tease with the red cape*. - **2.** *fam fig* [manejar] to manoeuvre, to manipulate. - **3.** MÚS to strum.

trasteo *m* - **1.** TAUROM *teasing with the red cape*. - **2.** *fam* [manipulación] manipulating. - **3.** *Amér* [mudanza] moving.

trastería *f* - **1.** [trastos] junk. - **2.** *fam fig* [trastada] dirty trick.

trastero, ra *adj* junk *(antes de sust)*.

◆ **trastero** *m* junk room.

trastienda *f* - **1.** [habitación] backroom. - **2.** *fig* [astucia] cunning, wiliness.

trasto *m* - **1.** [utensilio inútil] piece of junk, junk *(U)*. - **2.** [mueble] old piece of furniture. - **3.** [herramienta] utensil; ~**s de cocina** kitchen utensils. - **4.** *fam fig* [persona traviesa] menace, nuisance; **este niño es un** ~ that boy's a menace o nuisance. - **5.** *fam fig* [persona inútil]: ~ **(viejo)** dead loss; **es un** ~ **en el trabajo** she's a dead loss at work. - **6.** TEATRO flat, piece of scenery.
◆ **trastos** *mpl fam* - **1.** [pertenencias, equipo] things, stuff *(U)*; **tirarse los** ~**s a la cabeza** to have a flaming row. - **2.** [armas] weapons.

trastocar [36] *vt* [cambiar] to turn upside down.
◆ **trastocarse** *vpr* [enloquecer] to go mad.

trastornado, da *adj* disturbed, unbalanced.

trastornador, ra ◇ *adj* upsetting, disturbing. ◇ *m, f* troublemaker.

trastornar *vt* - **1.** [volver loco] to drive mad. - **2.** [inquietar] to worry, to trouble. - **3.** [perturbar] to upset, to disrupt. - **4.** [alterar] to turn upside down; [planes] to disrupt, to upset. - **5.** [estómago] to upset.
◆ **trastornarse** *vpr* [volverse loco] to go mad.

trastorno *m* - **1.** [mental] disorder; [digestivo] upset; ~ **gástrico** stomach upset. - **2.** [alteración] trouble *(U)*, disruption *(U)*; [por guerra etc] upheaval.

trastrabillar *vi Amér* to stagger, to reel.

trastrás *m inv fam* last but one, next to last.

trastrocamiento *m* changing round, switch.

trastrocar [36] *vt* - **1.** [cambiar de orden] to switch o change round. - **2.** [cambiar de sentido] to change.

trastrueco, trastrueque *m* changing round, switch.

trasuntar *vt* - **1.** [copiar] to copy, to transcribe. - **2.** [compendiar] to summarize, to abridge.

trasunto *m* - **1.** [copia] copy, transcription. - **2.** [imitación] copy, imitation.

trasvasar *vt* - **1.** [líquido] to decant. - **2.** [río] to transfer.

trasvase *m* - **1.** [de líquido] decanting. - **2.** [de río] transfer. - **3.** [de fondos] illegal transfer of funds.

trasverso, sa *adj* = **transverso**.

trasverter *vi* = **transverter**.

trasvolar *vt* = **transvolar**.

trata *f* slave trade; ~ **de blancas** white slave trade.

tratable *adj* easygoing, friendly.

tratadista *mf* treatise writer, essayist.

tratado *m* - **1.** [convenio] treaty. - **2.** [escrito] treatise.

tratador, ra ◇ *adj* mediating. ◇ *m, f* mediator.

tratamiento *m* - **1.** [gen & MED] treatment; **someter a** ~ to treat □; ~ **del dolor** pain relief. - **2.** [título] title, form of address; **apear el** ~ **a alguien** to drop sb's title; **dar** ~ **de** to address as. - **3.** INFORM processing; ~ **de datos/textos** data/word processing; ~ **de la información/de la voz** data/speech processing; ~ **por lotes** batch processing. - **4.** TECN treatment, process.

tratante *mf* dealer; [de vinos] merchant.

tratar ◇ *vt* - **1.** [gen & MED] QUÍM to treat; **hay que** ~ **este asunto con cuidado** this matter needs careful handling; **no me trates mal** don't be nasty to me. - **2.** [discutir] to discuss. - **3.** INFORM to process. - **4.** [dirigirse a]: ~ **a alguien de** [usted, tú etc] to address sb as; **la traté de doña** I addressed her as Madam. - **5.** [llamar]: ~ **a alguien de algo** [cretino etc] to call sb sthg. - **6.** [tener relación con] to deal with, to have dealings with; **traté muy poco a Juan** I never had a lot to do with Juan. ◇ *vi* - **1.** [versar]: ~ **de** o **sobre** to be about; **su conferencia trató de** o **sobre problemas medioambientales** his speech was about environmental problems. - **2.** [tener relación]: ~ **con alguien** to mix with sb, to have dealings with sb. - **3.** [intentar]: ~ **de hacer algo** to try to do sthg; **trata de comprenderlo** try to understand. - **4.** [utilizar]: ~ **con** to deal with, to use. - **5.**

[comerciar]: ~ **en** to deal in; **trata en ganado** he deals in cattle.
◆ **tratarse** *vpr* - **1.** [relacionarse]: ~**se con** to mix with, to have dealings with. - **2.** [versar]: ~**se de** to be about; **¿de qué se trata?** what's it about? - **3.** [consistir]: ~**se de** to be a question o matter of; **se trata de encontrar una solución** it's a question of finding a solution. - **4.** [cuidarse] to take care of o look after o.s.

tratativas *fpl Amér* procedure *(sg)*.

trato *m* - **1.** [comportamiento, conducta] treatment; **de ~ agradable** pleasant ❑ **malos ~s** battering *(U)* (of child, wife); ~ **de gentes** social skills. - **2.** [relación] dealings *(pl)*; **tener ~ con alguien** to associate with, to be friendly with. - **3.** [acuerdo] deal; **cerrar o hacer un ~** to do o make a deal; **¡~ hecho!** it's a deal! ❑ **~ justo** square deal. - **4.** [negocio] trade, commerce. - **5.** [tratamiento] title, term of address.

trauma *m* trauma.

traumático, ca *adj* traumatic.

traumatismo *m* traumatism.

traumatizante *adj* traumatic.

traumatizar [13] *vt* to traumatize.
◆ **traumatizarse** *vpr* to be devastated.

traumatología *f* traumatology.

traumatólogo, ga *m, f* traumatologist.

traversa *f* - **1.** [del carro] transverse bar. - **2.** NÁUT stay.

través *(pl traveses)* *m* - **1.** [inclinación] slant, incline. - **2.** [torcimiento] bend. - **3.** *fig* [desgracia] misfortune, adversity. - **4.** [en costura] bias. - **5.** ARQUIT crossbeam. - **6.** [en fortificación] traverse.
◆ **a través de** *loc prep* - **1.** [de un lado a otro de] across, over. - **2.** [por, por medio de] through; **se comunican a ~ del teléfono** they keep in touch by phone.
◆ **al través** *loc adv* crossways, crosswise.
◆ **de través** *loc adv* [transversalmente] crossways; [de lado] crosswise, sideways; **mirar de ~** *fig* to give a sidelong glance.

travesaño *m* - **1.** ARQUIT crosspiece. - **2.** DEP crossbar. - **3.** *Amér* FERROC sleeper *Br*, crosstie *Am*.

travesear *vi* - **1.** [andar inquieto] to romp, to lark about. - **2.** *fig* [discurrir] to talk wittily. - **3.** [llevar vida viciosa] to lead a debauched life.

travesero, ra *adj* crosswise; **flauta travesera** transverse flute.
◆ **travesero** *m* bolster.

travesía *f* - **1.** [viaje - por mar] voyage, crossing; [- por aire] flight; **hacer una ~** to cross. - **2.** [calle] cross-street; [de carretera] through route. - **3.** [distancia] distance across. - **4.** [viento] crosswind. - **5.** [en el juego] amount of money at stake. - **6.** [en fortificación] traverse. - **7.** *Amér* [región] arid plain.

travesío, a *adj* - **1.** [ganado] roving. - **2.** [viento] side *(antes de sust)*, cross *(antes de sust)*.
◆ **travesío** *m* crossing.

travestido, da *m, f*, **travestí** *(pl travestís)* *mf* transvestite.

travestirse [26] *vpr* to cross-dress.

travestismo *m* transvestism.

travesura *f* prank, mischief *(U)*.

traviesa *f* - **1.** FERROC sleeper *(on track)*. - **2.** CONSTR crossbeam, tie beam. - **3.** [distancia] distance across. - **4.** [en el juego] raise. - **5.** MIN transverse gallery.

travieso, sa *adj* - **1.** [pícaro] mischievous. - **2.** [puesto de través] cross *(antes de sust)*, transverse. - **3.** [sagaz] shrewd, cunning. - **4.** [disoluto] dissolute. - **5.** [movido] lively.

travista, travistiera *etc v* → **travestirse**.

trayecto *m* - **1.** [distancia] distance; **final de ~** end of the line. - **2.** [viaje] journey, trip. - **3.** [ruta] route.

trayectoria *f* - **1.** [recorrido] trajectory. - **2.** *fig* [evolución] path.

traza *f* - **1.** [boceto, plano] plan, design. - **2.** [aspecto] appearance *(U)*, looks *(pl)*. - **3.** [habilidad]: **darse ~s para (ha-**

cer algo) to manage o to find a way (to do sthg); **tener buena/mala ~ (para algo)** to be good/no good (at sthg). - **4.** [plan] plan. - **5.** [invención] scheme. - **6.** GEOM trace. - **7.** *Amér* [polilla] carpet moth.

trazado ◇ *adj* designed, laid out. ◇ *m* - **1.** [trazo] outline, sketching. - **2.** [diseño] plan, design. - **3.** [recorrido] route. - **4.** [bosquejo] sketch, outline.

trazador, ra ◇ *adj* planning, designing. ◇ *m, f* planner, designer.
◆ **trazador** *m* QUÍM tracer.

trazar [13] *vt* - **1.** [dibujar] to draw, to trace. - **2.** [ruta] to plot. - **3.** [indicar, describir] to outline. - **4.** [idear] to draw up. - **5.** [describir] to describe, to depict.

trazo *m* - **1.** [de dibujo, rostro] line. - **2.** [de letra] stroke. - **3.** [diseño] design, plan. - **4.** [trazado] sketch, outline. - **5.** ARTE fold.

trazumarse *vpr* to ooze, to seep.

trébede *m* raised part of a house warmed by a fire underneath.
◆ **trébedes** *fpl* trivet *(sg)*.

trebejar *vi* to romp, to lark about.

trebejo *m* - **1.** [utensilio] utensil. - **2.** [juguete] toy, plaything. - **3.** [de ajedrez] chesspiece.

trébol *m* - **1.** [planta] clover; ~ **de cuatro hojas** four-leaved clover. - **2.** [naipe] club. - **3.** ARQUIT trefoil.
◆ **tréboles** *mpl* [naipes] clubs.

trece *núm* thirteen; **mantenerse o seguir en sus ~** *fig* to stick to one's guns; *ver también* **seis**.

treceavo, va *núm* thirteenth; *ver también* **sexto**.

trecho *m* [espacio] distance; [tiempo] time, while; **a ~** [en ciertas partes] in places, in parts; [con interrupción] in stages; **de ~ en ~** [de tiempo en tiempo] every so often; [de distancia en distancia] at intervals.

trefe *adj* - **1.** [flojo] flimsy, weak. - **2.** [falso] false, fake.

trefilado *m* wiredrawing.

trefilador *m* wiredrawer.

trefilar *vt* to wiredraw.

trefilería *f* - **1.** [fábrica] wiredrawing factory, wireworks *(sg)*. - **2.** [operación] wiredrawing.

tregua *f* - **1.** [en guerra] truce. - **2.** *fig* [descanso, respiro] respite; **no dar ~** never to let up.

treinta *núm* thirty; **los (años) ~** the thirties; *ver también* **seis**.

treintanario *m* thirty-day period.

treintavo, va *núm* thirtieth; *ver también* **sexto**.

treintena *f* thirty.

tremebundo, da *adj* terrifying.

tremedal *m* quagmire.

tremendamente *adv* awfully, incredibly.

tremendismo *m* - **1.** [exageración] quality of always imagining the worst. - **2.** LITER tremendismo, *gloomy Spanish post-war realism*.

tremendo, da *adj* - **1.** [enorme] tremendous, enormous. - **2.** [travieso] mischievous. - **3.** [horrendo] terrible, horrible. - **4.** [digno de respeto] imposing, awesome.
◆ **tremenda** *f*: **tomar o tomarse algo a la tremenda** *fig* to take sthg hard.

trementina *f* turpentine.

tremolante *adj* waving, fluttering.

tremolar *vi culto* - **1.** [agitar] to wave, to flutter. - **2.** [enarbolar] to hoist, to raise.

tremolina *f* row, uproar.

trémolo *m* tremolo.

tremor *m* tremor.

trémulamente *adv* tremulously.

tremulante, tremulento, ta *adj* trembling, tremulous.

trémulo, la *adj* - **1.** [voz] trembling. - **2.** [luz] flickering.

tren *m* - **1.** [ferrocarril] train; ~ **de alta velocidad/largo recorrido** high-speed/long-distance train; ~ **correo/directo** mail/through train; ~ **de cercanías** local o suburban train; ~ **de mercancías** freight o goods train; ~ **eléctrico** [de juguete] train set; ~ **mixto** passenger and goods train; ~ **semidirecto** through train, a section of which becomes a stopping train; **estar como (para parar) un** ~ fig to be really gorgeous; **perder el** ~ fig to miss the boat. - **2.** [cadena, dispositivo] line; [utensilios] gear, equipment; ~ **de aterrizaje** undercarriage, landing gear; ~ **de lavado** car wash; ~ **laminador** rolling mill. - **3.** fig [estilo]: ~ **de vida** lifestyle; **vivir a todo** ~ to live in style. - **4.** MIL convoy. - **5.** Amér [tranvía] tram Br, streetcar Am. - **6.** Amér [trajín] bustle, commotion. - **7.** Amér [majadería] stupid thing.

trena f - **1.** mfam [cárcel] nick, slammer. - **2.** MIL sash. - **3.** [plata quemada] burnt silver.

trenado, da adj meshed, latticed.

trenca f - **1.** [abrigo] duffle coat. - **2.** [de colmena] crosspiece. - **3.** [de cepa] main root.

trence etc v → **trenzar.**

trencilla f braid, trimming.

trencillar vt to trim with braid.

trencillo m braided hatband.

trenza f - **1.** [de pelo] plait. - **2.** [de fibras] braid. - **3.** Amér [lucha] wrestling.

trenzadera f braided knot.

trenzado m - **1.** [trenza] braid, plait. - **2.** ARTE entrechat. - **3.** EQUITACIÓN crossover step.

trenzar [13] ◊ vt - **1.** [pelo] to plait. - **2.** [fibras] to braid. ◊ vi - **1.** ARTE to do an entrechat. - **2.** EQUITACIÓN to do a crossover step.

◆ **trenzarse** vpr Amér to wrestle.

trepa mf - **1.** fam [persona] social climber. - **2.** [subida] climb, climbing (U). - **3.** [en costura] trimming, edging. - **4.** [de la madera] grain. - **5.** [engaño] trick, ruse. - **6.** [castigo] whipping, lashing. - **7.** [voltereta - en el suelo] handspring; [- en el aire] somersault.

trepado, da adj - **1.** [retrepado] leaning back, reclining. - **2.** [fornido] strong.

◆ **trepado** m - **1.** [en costura] trimming, edging. - **2.** [en papel] perforation.

trepador, ra ◊ adj: **planta trepadora** climber, creeper. ◊ m, f fam social climber.

◆ **trepador** m [sitio] climbing place.

◆ **trepadores** mpl climbing irons.

◆ **trepadoras** fpl climbers, creepers.

trepanación f trepanation.

trepanar vt to trepan.

trépano m - **1.** MED trephine. - **2.** [perforadora] drill.

trepar ◊ vt - **1.** [subir] to climb. - **2.** [taladrar] to drill, to bore. - **3.** [en costura] to trim, to edge. ◊ vi - **1.** [subir] to climb. - **2.** fam fig [medrar] to be a social climber.

◆ **treparse** vpr to lean backwards.

trepidación f shaking, vibration.

trepidante adj - **1.** [rápido, vivo] frenetic. - **2.** [que tiembla] shaking, vibrating.

trepidar vi - **1.** [temblar] to shake, to vibrate. - **2.** Amér [dudar] to hesitate, to waver.

tres núm three; **como** ~ **y dos son cinco** fam fig as sure as eggs is eggs; **de** ~ **al cuarto** fig cheap, third-rate; **ni a la de** ~ fig for anything in the world, no way; **no ver** ~ **en un burro** fig to be as blind as a bat; ~ **cuartos de lo mismo** fig the same thing; ver también **seis.**

◆ **tres cuartos** m inv [abrigo] three-quarter-length coat.

◆ **tres en raya** m noughts and crosses (U) Br, tick-tack-toe Am.

tresañal, tresañejo, ja adj three-year-old.

trescientos, tas núm three hundred; ver también **seis.**

tresillo m - **1.** [sofá] three-piece suite. - **2.** [juego de naipes] ombre. - **3.** MÚS triplet. - **4.** [sortija] ring with three stones.

trespiés m inv - **1.** [trébede] trivet. - **2.** [trípode] tripod.

treta f - **1.** [engaño] trick. - **2.** DEP feint. - **3.** Amér [mal hábito] bad habit.

trezavo, va núm thirteenth; ver también **sexto.**

triache m low-grade coffee.

tríada f triad.

trial m DEP trial; ~ **indoor** indoor trial.

trialsin m inv DEP BMX, bicycle motocross.

triangular adj triangular.

triángulo ◊ m - **1.** GEOM & MÚS triangle; ~ **equilátero/escaleno/isósceles/rectángulo** equilateral/scalene/isosceles/right-angled triangle; ~ **esférico** spherical triangle. - **2.** [señal de coche averiado] warning triangle. - **3.** fam [amoroso] ménage à trois. ◊ adj triangular.

triar [9] ◊ vi to swarm in and out of the hive. ◊ vt to select, to choose.

◆ **triarse** vpr TEXTIL to become threadbare.

triates mpl Amér triplets.

triatlón m & inv triathlon.

tribal adj tribal.

tribu f tribe; ~ **urbana** identifiable social group, such as punks or yuppies, made up of young people living in urban areas.

tribual adj tribal.

tribulación f tribulation.

tribuna f - **1.** [estrado] rostrum, platform; [del jurado] jury box; ~ **del acusado** dock. - **2.** [DEP - localidad] stand; [- graderío] grandstand. - **3.** PRENSA: ~ **de prensa** press box; ~ **libre** open forum. - **4.** [en iglesia] gallery.

tribunal m [gen] court; **llevar a alguien/acudir a los** ~**es** to take sb/go to court.

◆ **Tribunal de Apelación** m Court of Appeal.

◆ **Tribunal Constitucional** m Constitutional Court.

◆ **Tribunal Supremo** m High Court Br, Supreme Court Am.

◆ **Tribunal tutelar de menores** m - **1.** [de justicia] Juvenile Court. - **2.** [de examen] board of examiners; [de concurso] panel.

tribuno m - **1.** HIST tribune. - **2.** fig [orador] orator.

tributable adj taxable.

tributación f - **1.** [impuesto] tax. - **2.** [sistema] taxation. - **3.** [pago] payment of taxes.

tributar ◊ vt - **1.** [homenaje] to pay; [respeto, admiración] to have. - **2.** [impuesto] to pay. ◊ vi [pagar impuestos] to pay taxes.

tributario, ria ◊ adj - **1.** [del impuesto] tax (antes de sust). - **2.** [río] tributary. ◊ m, f [que paga impuestos] taxpayer.

tributo m - **1.** [impuesto] tax. - **2.** fig [precio] price. - **3.** [homenaje] tribute.

tricéfalo, la adj three-headed.

tricentenario m tricentenary, tricentennial.

tricentésimo, ma núm three-hundredth; ver también **sexto.**

tríceps adj & m inv triceps.

triciclo m tricycle.

tricolor adj tricolour, three-coloured.

tricornio ◊ adj three-cornered. ◊ m three-cornered hat.

tricot m inv knitting (U).

tricotar vt & vi to knit.

tricotomía f BOT trichotomy.

tricotosa f knitting machine.

tricúspide ANAT ◊ adj tricuspid. ◊ f tricuspid valve.

tridente ◊ adj tridentate. ◊ m trident.

tridimensional adj three-dimensional.

triedro, dra adj trihedral.

◆ **triedro** m trihedron.

trienal adj triennial, three-yearly.

trienio m - **1.** [tres años] three years (pl). - **2.** [paga] three-yearly salary increase.

trifásico, ca adj - **1.** ELECTR three-phase. - **2.** [de tres fases] three-part.

trifulca f - **1.** fam [riña] row, squabble. - **2.** METAL three-lever system.

trifurcación f trifurcation.

trifurcado, da adj trifurcate.

trifurcarse [10] vpr to divide into three.

trigal m wheat field.

trigaza adj wheat (antes de sust).

trigémino, na adj ANAT trigeminal.

◆ **trigémino** m ANAT trigeminal nerve.

trigésimo, ma núm thirtieth; ver también **sexto**.

triglicérido m BIOL triglyceride.

trigo m - **1.** [cereal] wheat; ~ **candeal/chamorro/sarraceno** white/beardless/buck wheat; ~ **fanfarrón** variety of long-eared wheat. - **2.** fam fig [dinero] dough, bread. - **3.** loc: **comer su** ~ **en hierba** to spend money before it is earned, to live beyond one's means; **no ser** ~ **limpio** fam to be dishonest.

trigonometría f trigonometry.

trigueño, ña adj fig - **1.** [tez] olive. - **2.** [cabello] corn-coloured.

triguero, ra ◇ adj [del trigo] wheat (antes de sust). ◇ m, f wheat merchant.

◆ **triguero** m [criba] wheat sieve.

trilateral adj trilateral.

trilátero, ra adj trilateral.

trilero, ra m, f mfam confidence trickster who sets up illegal gambling games in the street.

trilingüe adj trilingual.

trilla f - **1.** [acción] threshing. - **2.** [tiempo] threshing time o season. - **3.** [instrumento] thresher. - **4.** [salmonete] red mullet. - **5.** Amér fam [paliza] thrashing, beating. - **6.** Amér [vereda] path. - **7.** Amér [café] poor quality coffee collected from beneath the plant.

trilladera f thresher.

trillado, da adj fig well-worn, trite.

trillador, ra ◇ adj threshing. ◇ m, f [persona] thresher.

◆ **trilladora** f [máquina] threshing machine; ~ **segadora** combine harvester.

trillar vt - **1.** AGR to thresh. - **2.** fam fig [emplear mucho] to use frequently. - **3.** fig [maltratar] to ill-treat.

trillizo, za m, f triplet.

trillo m - **1.** [instrumento] thresher. - **2.** Amér [vereda] path.

trillón m trillion.

trilogía f trilogy.

trimestral adj three-monthly, quarterly; [exámenes, notas] end-of-term (antes de sust).

trimestralmente adv quarterly, every three months.

trimestre ◇ adj quarterly, three-monthly. ◇ m - **1.** [tres meses] three months (pl), quarter. - **2.** [en escuela, universidad] term. - **3.** [pago] quarterly payment. - **4.** [revista] quarterly.

trimotor ◇ adj three-engined. ◇ m three-engined aeroplane.

trinar vi - **1.** [pájaro] to chirp, to warble; **está que trina** fig she's fuming. - **2.** MÚS to trill.

trinca f - **1.** [trío] trio. - **2.** NÁUT cable. - **3.** Amér [juego] pitching pennies.

trincapiñones m inv fam scatterbrain.

trincar [10] ◇ vt - **1.** fam [detener] to nick, to arrest. - **2.** [romper] to break up, to smash. - **3.** [sujetar] to hold down. - **4.** fam fig [matar] to bump off. - **5.** fam [comer] to put away. - **6.** fam [beber] to knock back. - **7.** fam [robar] to lift, to swipe. - **8.** NÁUT to lash. ◇ vi [beber] to guzzle.

◆ **trincarse** vpr fam [beberse] to guzzle, to down.

trincha f strap.

trinchador, ra ◇ adj carving, slicing. ◇ m, f carver, slicer.

◆ **trinchador** m - **1.** [cuchillo] carving knife. - **2.** Amér [mueble] trencher, carving board.

trinchante ◇ adj carving, slicing. ◇ mf carver. ◇ m - **1.** [cuchillo] carving knife. - **2.** [tenedor] meat fork. - **3.** [escoda] stonecutter's hammer.

trinchar vt to carve.

trinche m Amér - **1.** [tenedor] carving fork. - **2.** [trinchero] carving board.

trinchera f - **1.** MIL trench. - **2.** [prenda] trench coat. - **3.** Amér [cuchillo] curved knife.

trinchero, ra adj carving.

◆ **trinchero** m carving board.

trinchete m - **1.** [de zapatero] shoemaker's knife. - **2.** Amér [cuchillo] knife.

trineo m [pequeño] sledge; [grande] sleigh.

Trinidad f: **la (Santísima)** ~ the (Holy) Trinity.

Trinidad y Tobago s Trinidad and Tobago.

trinitaria f wild pansy, heartsease.

trinitario, ria adj & m, f Trinitarian.

trino, na adj - **1.** RELIG triune. - **2.** [ternario] ternary, trine.

◆ **trino** m - **1.** [de pájaros] chirp, chirping (U). - **2.** MÚS trill.

trinomio m trinomial.

trinque[1] etc v → **trincar**.

trinque[2] m Amér liquor.

trinquetada f - **1.** NÁUT sailing under the foresail. - **2.** Amér [mala suerte] run of bad luck.

trinquete m - **1.** [NÁUT - palo] foremast; [- vela] foresail. - **2.** [juego] covered pelota court. - **3.** MEC pawl. - **4.** Amér fam [persona] lanky person. - **5.** loc: **más fuerte que un** ~ as strong as iron.

◆ **a cada trinquete** loc adv at every moment.

trinquis m inv fam swig.

trío m - **1.** [gen] trio. - **2.** [de naipes] three of a kind.

trióxido m trioxide.

tripa f - **1.** [intestino] gut, intestine. - **2.** fam [barriga] gut, belly; **echar** ~ to get a paunch; **llenarse la** ~ to eat one's fill ❑ **echar las** ~s to throw up; **hacer de** ~s **corazón** to pluck up one's courage; **revolverle las** ~s **a alguien** to turn sb's stomach; **tener malas** ~s to be hardhearted. - **3.** [de vasija] belly. - **4.** [de cigarro] tobacco filling.

◆ **tripas** fpl - **1.** fig [interior] insides. - **2.** [de fruta] core (sg).

tripartición f tripartition.

tripartir vt to divide into three.

tripartito, ta adj tripartite.

tripero, ra m, f tripe seller.

◆ **tripero** m - **1.** [paño] bellyband. - **2.** fam [persona] pig, glutton.

tripicallero, ra m, f tripe seller.

tripicallos mpl tripe (U).

triple ◇ adj triple. ◇ m: **el** ~ three times as much; **el** ~ **de gente** three times as many people.

triplicación f triplication.

triplicado m second copy, triplicate; **por** ~ in triplicate.

triplicar [10] vt to triple, to treble.

◆ **triplicarse** vpr to triple, to treble.

triplo, pla adj triple.

trípode m tripod.

Trípoli s Tripoli.

tripón, ona ◇ adj fam paunchy, potbellied. ◇ m, f - **1.** [persona] paunchy o potbellied person. - **2.** Amér fam [chivo] kid, young goat.

tríptico m - **1.** ARTE triptych. - **2.** [folleto] three-part document.

triptongo m GRAM triphthong.

tripudo, da ◇ adj paunchy, potbellied. ◇ m, f paunchy o potbellied person.

tripulación f crew; ~ **de tierra/de vuelo** ground/flight crew.

tripulado, da adj manned.

tripulante mf crew member.

tripular vt - **1.** [vehículo] to man. - **2.** Amér [líquidos] to mix.

trique m - **1.** [estallido] bang, crack. - **2.** Amér [treta] trick, ruse. - **3.** Amér [juego] noughts and crosses Br, tick-tack-toe Am.

◆ **triques** *mpl Amér* things, stuff *(U)*.
◆ **a cada trique** *loc adv* at every step.
triquina *f* trichina.
triquinosis *f inv* trichinosis.
triquiñuela *f (gen pl) fam* [truco] trick; **andar con** ~**s** to have tricks up one's sleeve ❏ ~**s del oficio** tricks of the trade.
triquitraque *m* - **1.** [en tren] clickety-clack. - **2.** [explosión] bang, boom. - **3.** [cohete] firecracker.
tris *m inv*: **estar en un** ~ **de** *fig* to be within a whisker of.
trisca *f* - **1.** [ruido] crack, crunch. - **2.** *fig* [jaleo] din, racket. - **3.** *Amér* [burla] sly sneer.
triscador, ra ◇ *adj* rowdy, boisterous. ◇ *m, f* rowdy o boisterous person.
◆ **triscador** *m* saw set.
triscar [10] ◇ *vt* to mix, to mingle. ◇ *vi* - **1.** [patear] to stamp. - **2.** *fig* [retozar] to gambol, to frisk about. - **3.** *Amér* [burlarse] to poke fun. - **4.** *Amér* [criticar] to gossip.
trisecar [10] *vt* to trisect.
trisección *f* trisection.
trisílabo, ba *adj* GRAM trisyllabic.
trismo *m* trismus.
trisque *etc v* → **triscar**.
Tristán *m*: ~ **e Isolda** Tristram and Isolde.
triste *adj* - **1.** [gen] sad; [día, tiempo, paisaje] gloomy, dreary; **es** ~ **que** it's a shame o pity that; **es** ~ **que tenga que marcharse** it's a shame o pity he has to leave. - **2.** *fig* [color, vestido, luz] pale, faded. - **3.** *(antes de sust)* [humilde] poor; [sueldo] sorry, miserable; **no es más que un** ~ **empleado** he's nothing but a humble worker. - **4.** [deplorable] deplorable; **es** ~ **que tenga que aguantar sus comentarios** it's deplorable that she should have to put up with his remarks. - **5.** [doloroso] sorry, sorry-looking; **tiene un aspecto** ~ he's a sorry sight. - **6.** *loc*: **ni un** ~ not a single; **no tengo ni una** ~ **radio** I haven't even got a radio.
tristemente *adv* sadly.
tristeza *f* - **1.** [gen] sadness; [de paisaje, día] gloominess, dreariness. - **2.** [de color, vestido, luz] paleness. - **3.** *Amér* VETER murrain.
tristón, ona *adj* rather sad o miserable.
tristura *f* sadness.
tritón *m* newt.
trituración *f* grinding, crushing.
triturador *m* [de basura] waste-disposal unit; [de papeles] shredder.
trituradora *f* crushing machine, grinder.
triturar *vt* - **1.** [moler, desmenuzar] to crush, to grind; [papel] to shred. - **2.** [mascar] to chew. - **3.** *fig* [molestar] to annoy. - **4.** *fig* [rebatir] to demolish, to pull to pieces.
triunfador, ra ◇ *adj* winning, victorious. ◇ *m, f* winner.
triunfal *adj* triumphant.
triunfalismo *m* triumphalism.
triunfalmente *adv* triumphantly.
triunfante *adj* victorious.
triunfar *vi* - **1.** [vencer] to win, to triumph. - **2.** [tener éxito] to succeed, to be successful. - **3.** [en naipes] to trump, to play a trump.
triunfo *m* - **1.** [gen] triumph; [en encuentro, elecciones] victory, win; **en** ~ in triumph. - **2.** [trofeo] trophy. - **3.** [en juegos de naipes] trump; **sin** ~ no trump.
triunviral *adj* triumviral.
triunvirato *m* triumvirate.
triunviro *m* triumvir.
trivalente *adj* trivalent.
trivial *adj* trivial.
trivialidad *f* triviality.
trivializar [13] *vt* to trivialize.
triza *f* NÁUT halyard.
◆ **trizas** *fpl* piece *(sg)*, bit *(sg)*; **hacer** ~**s algo** [hacer añicos]

to smash sthg to pieces; [desgarrar] to tear sthg to shreds; **hacer** ~ **a alguien** to tear o pull sb to pieces ❏ **estar hecho** ~**s** *fig* [persona] to be shattered.
trocable *adj* exchangeable.
trocamiento *m* barter.
trocante *adj* bartering.
trocánter (*pl* **trocánteres**) *m* trochanter.
trocar [36] *vt* - **1.** [transformar]: ~ **algo (en algo)** to change sthg (into sthg). - **2.** [intercambiar] to swap, to exchange. - **3.** [malinterpretar] to mix up. - **4.** [vomitar] to vomit (up). - **5.** *Amér* [vender] to sell.
◆ **trocarse** *vpr* [transformarse]: ~**se (en)** to change (into).
trocatinta *f fam* mistaken exchange.
troce *etc v* → **trozar**.
trocear *vt* to cut up (into pieces).
troceo *m* - **1.** [corte] cutting up. - **2.** NÁUT cable.
trocha *f* - **1.** [camino] path. - **2.** *Amér* [trote] trot. - **3.** *Amér* FERROC gauge.
trochar *vi Amér* to trot.
troche ◆ **a troche y moche** *loc adv* haphazardly.
trocla *f* pulley.
trócola *f* pulley.
trofeo *m* - **1.** [premio] trophy. - **2.** *fig* [victoria] victory, triumph.
troglodita ◇ *adj* - **1.** [cavernícola] cave-dwelling, troglodytic. - **2.** *fam* [bárbaro, tosco] rough, brutish. - **3.** *fam* [comilón] greedy, gluttonous. ◇ *mf* - **1.** [cavernícola] cave dweller, troglodyte. - **2.** *fam* [bárbaro, tosco] roughneck, brute. - **3.** *fam* [comilón] glutton.
troika *f* troika.
troj, troje *f* granary.
trola *f* - **1.** *fam* [embuste] fib, lie. - **2.** *Amér* [de árbol] loose tree bark. - **3.** *Amér* [lonja] slice of ham.
trole *m* trolley.
trolebús (*pl* **trolebuses**) *m* trolleybus.
trolero, ra *fam* ◇ *adj* fibbing, lying. ◇ *m, f* fibber, liar.
tromba *f* waterspout; **en** ~ violently ❏ ~ **de agua** heavy downpour.
trombo *m* thrombus.
trombón *m* [instrumento] trombone; [músico] trombonist; ~ **de pistones** o **de llaves** valve trombone; ~ **de varas** slide trombone.
trombosis *f inv* thrombosis; ~ **coronaria** coronary thrombosis.
trompa ◇ *f* - **1.** MÚS horn; ~ **de caza** hunting horn; ~ **gallega** Jew's harp. - **2.** [de elefante] trunk. - **3.** [de oso hormiguero] snout. - **4.** [de insecto] proboscis. - **5.** ANAT tube; ~ **de Eustaquio/de Falopio** Eustachian/Fallopian tube. - **6.** *fam* [borrachera]: **coger** o **pillar una** ~ to get plastered. - **7.** [juguete] spinning top. - **8.** *fam* [nariz] snout, conk. - **9.** METEOR whirlwind. ◇ *adj fam* [borracho] plastered.
trompada *f fam* thump, punch.
trompazo *m* bang; **darse** o **pegarse un** ~ **con** to bang into.
trompeador *m Amér fam* thumper, hitter.
trompear ◇ *vt Amér fam* to punch. ◇ *vi* to spin a top.
◆ **trompearse** *vpr Amér fam* to have a fight.
trompeta ◇ *f* trumpet. ◇ *mf* trumpeter.
◆ **trompeta de girasol** *f* sunflower.
trompetada *f fam* blunder, gaffe.
trompetazo *m* - **1.** [sonido] trumpet o bugle blast. - **2.** *fam* [golpe] blunder, gaffe.
trompetear *vi fam* to play the trumpet.
trompeteo *m* trumpet playing.
trompetería *f* - **1.** [de trompetas] trumpet section. - **2.** [de órgano] trumpets *(pl)*.
trompetero *m* [pez] boarfish.
trompetilla *f* - **1.** [para oír] ear trumpet. - **2.** [cigarro] cheroot. - **3.** *Amér* [silbido] whistle, jeer.

trompetilla *loc adv* buzzing.

trompetista *mf* trumpeter.

trompicar [10] ◇ *vt* - **1**. [hacer tropezar] to trip up. - **2**. *fig* [promocionar] to promote undeservedly. ◇ *vi* to trip up repeatedly, to stumble.

trompicón *m* [tropezón] stumble; **a trompicones** *fig* in fits and starts.

trompillar *vt & vi* to trip up.

trompis *m inv fam* punch, thump.

trompo *m* - **1**. [juguete] spinning top. - **2**. *fig* [estúpido] idiot, fool. - **3**. [molusco] trochid.

trompón *m* - **1**. [juguete] large spinning top. - **2**. [golpe] thump, punch. - **3**. BOT narcissus.
◆ **de trompón** *loc adv* helter-skelter.

trompudo, da *adj Amér* thick-lipped.

trona *f* high chair.

tronado, da *adj fam* - **1**. [radio etc] old, broken-down. - **2**. [sin dinero] broke.
◆ **tronada** *f* thunderstorm.

tronador, ra *adj* thundering.

tronadora *f Amér* begonia.

tronar [23] ◇ *v impers* to thunder. ◇ *vi*: **está que truena** *fig* he's furious. ◇ *vt Amér* [matar] to shoot.
◆ **tronarse** *vpr Amér fam* - **1**. [dispararse] to shoot o.s. - **2**. [pelearse]: ~**se con** to fall out with.

tronca *f* truncation.

troncal *adj* trunk *(antes de sust)*, main.

troncar [10] *vt* to truncate.

tronce *etc v* → **tronzar**.

troncha *f Amér* - **1**. [tajada] chunk, piece. - **2**. *fam* [suerte] good luck.

tronchante *adj fam* hilarious.

tronchar *vt* [partir] to snap; [árbol] to fell.
◆ **troncharse** *vpr fam*: ~**se (de risa)** to split one's sides laughing.

troncho *m* - **1**. [de hortaliza] stem, stalk. - **2**. *Amér* [pedazo] chunk, piece.

tronco *m* - **1**. ANAT & BOT trunk; [talado y sin ramas] log; **dormir como un** ~, **estar hecho un** ~ to sleep like a log. - **2**. GEOM frustum; ~ **de cono** truncated cone. - **3**. [linaje] stock, lineage. - **4**. *fig* [torpe] dimwit, blockhead.

tronera ◇ *f* - **1**. ARQUIT & HIST embrasure. - **2**. [en billar] pocket. - **3**. [de barco] porthole. ◇ *mf fam* [persona] scatterbrain.

tronido *m* - **1**. [de trueno] thunderclap. - **2**. [de cañón] boom, roar.

trono *m* throne; **subir al** ~ to ascend the throne.
◆ **tronos** *mpl* RELIG Thrones.

tronque *etc v* → **troncar**.

tronzar [13] *vt* - **1**. [dividir] to divide, to cut up. - **2**. *fig* [cansar] to wear out, to exhaust. - **3**. [falda] to make fine tucks o pleats in.

tropa *f* - **1**. *(gen pl)* MIL troops *(pl)*; ~**s de asalto** storm troops. - **2**. *fam* [multitud] troop, flock. - **3**. *Amér* [ganado] herd, drove. - **4**. *Amér* [caravana] convoy.

tropear *vt Amér* to herd.

tropel *m* - **1**. [de personas] mob, crowd; **en** ~ in a mad rush, en masse. - **2**. [de cosas] mass, heap.

tropelía *f* outrage.

tropero *m Amér* cowboy.

tropezadero *m* stumbling place.

tropezadura *f* stumbling.

tropezar [34] *vi* - **1**. [con pie]: ~ **(con)** to trip o stumble (on). - **2**. [equivocarse] to slip up, to go astray.
◆ **tropezar con** *vi* [problema, persona] to run into, to come across.
◆ **tropezarse** *vpr fam* [encontrarse] to bump into each other, to come across one another; ~**se con alguien** to bump into sb.

tropezón, ona *adj* stumbling.
◆ **tropezón** *m* - **1**. [tropiezo] trip, stumble; **dar un** ~ to trip up, to stumble ❑ **a tropezones** by fits and starts. - **2**. *fig* [desacierto] slip-up, blunder. - **3**. [obstáculo] obstacle, stumbling block.
◆ **tropezones** *mpl* CULIN small chunks of meat.

tropezoso, sa *adj fam* stumbling, faltering.

tropical *adj* tropical.

trópico, ca *adj* tropical.
◆ **trópico** *m* tropic; ~ **de Cáncer/de Capricornio** Tropic of Cancer/of Capricorn.

tropiece *etc v* → **tropezar**.

tropiezo *m* - **1**. [tropezón] trip, stumble; **dar un** ~ to trip up, to stumble. - **2**. *fig* [impedimento] obstacle, stumbling block. - **3**. *fig* [equivocación] blunder, slip-up. - **4**. [revés] setback. - **5**. *fig* [desliz sexual] indiscretion; **tener un** ~ to commit an indiscretion. - **6**. [riña] argument, quarrel.

tropismo *m* tropism.

tropo *m* figure of speech, trope.

troposfera *f* troposphere.

troqué *v* → **trocar**.

troquel *m* - **1**. [molde] mould, die. - **2**. [cuchilla] cutter.

troquelado *m* - **1**. [de moneda] minting, mintage; [de medallas] die-casting. - **2**. [recorte] cutting.

troquelar *vt* - **1**. [moneda] to mint; [medalla] to cast. - **2**. [recortar] to cut.

troquemos *v* → **trocar**.

trotacalles *mf inv fam* lazy bum.

trotada *f* trot.

trotador, ra *adj* trotting.

trotamundos *mf inv* globetrotter.

trotar *vi* to trot; *fam fig* [andar mucho] to dash o run around.

trote *m* - **1**. [de caballo] trot; **al** ~ [trotando] at a trot; [de prisa] quickly, in a rush. - **2**. *fam* [actividad] bustle, rush; **de** o **para todo** ~ for everyday use; **tomar el** ~ to run away ❑ **no estar para** ~**s** not to be up to it. - **3**. [apuro] hardship.
◆ **trotes** *mpl* matters, business *(sg)*.

trotón, ona *adj* trotting.
◆ **trotón** *m* trotter.

trotonería *f* steady trot.

trotskismo [tros'kismo] *m* Trotskyism.

trotskista [tros'kista] *adj & mf* Trotskyite.

troupe [trup, 'trupe] *(pl* **troupes***) f* troupe.

trova *f* LITER lyric.

trovador, ra *adj* versifying.
◆ **trovador** *m* troubadour.
◆ **trovadora** *f* poetess.

trovadoresco, ca *adj* troubador *(antes de sust)*.

trovar *desus* ◇ *vi* to write verse o poetry. ◇ *vt fig* to misinterpret, to misconstrue.

Troya *s* Troy; **el caballo de** ~ the Trojan horse; **la guerra de** ~ the Trojan War.

troyano, na *adj & m, f* Trojan.

troza *f* - **1**. [de madera] log. - **2**. NÁUT parrel truck.

trozar [13] *vt* [romper] to break into pieces; [árbol] to cut into logs.

trozo *m* - **1**. [gen] piece; [de obra, película] extract; **cortar algo a** ~**s** to cut sthg into pieces. - **2**. MIL division; ~ **de retaguardia** rearguard; ~ **de vanguardia** o **de San Felipe** advance guard. - **3**. NÁUT detail.

trucaje *m* [gen] trick effect; [fotografía] trick photography.

trucar [10] ◇ *vt* [alterar] to doctor; [motor] to soup up. ◇ *vi* [en billar] to pocket the ball.

trucha *f* - **1**. [pez] trout; ~ **a la navarra** fried trout stuffed with ham; ~ **arco iris/asalmonada** rainbow/salmon trout; ~ **de mar** scorpion fish. - **2**. [grúa] derrick. - **3**. *Amér* [tenderete] stand, kiosk.

truchero, ra ◇ *adj* trout *(antes de sust)*. ◇ *m, f* trout fisher.

truchimán, ana ◇ *adj* sly, cunning. ◇ *m, f* sly person.

truco *m* - **1.** [trampa, engaño] trick. - **2.** [habilidad, técnica] knack; **coger el** ~ to get the knack ❑ ~ **publicitario** advertising gimmick. - **3.** *Amér* [golpe] punch, thump.

truculencia *f* horror, terror.

truculento, ta *adj* horrifying, terrifying.

trueca *v* → **trocar**.

trueco *m* barter; **a** o **en** ~ in exchange for.

truena *etc v* → **tronar**.

trueno *m* - **1.** METEOR clap of thunder, thunder *(U)*. - **2.** *fig* [ruido] thunder, boom; [de arma] shot, report; [de cohete] bang, explosion. - **3.** *Amér* [petardo] firecracker. - **4.** *Amér* [fiesta] wild party.

trueque[1] *v* → **trocar**.

trueque[2] *m* - **1.** [intercambio] exchange, swap; **a** ~ in exchange. - **2.** COM & HIST barter.

◆ **trueques** *mpl Amér* change *(U)*.

trufa *f* [hongo, bombón] truffle.

trufar *vt* CULIN to stuff with truffles.

truhán, ana ◇ *adj* - **1.** [pícaro] crooked. - **2.** *desus* [bufón] clownish, buffoonish. ◇ *m, f* - **1.** [pícaro] rogue, crook. - **2.** *desus* [bufón] clown, buffoon.

truhanear *vi* - **1.** [engañar] to cheat. - **2.** *desus* [hacer gracias] to clown around.

truhanería *f* roguishness, crookedness.

truhanesco, ca *adj* crooked.

trujal *m* - **1.** [prensa - de uva] winepress; [- de aceituna] olive press. - **2.** [molino] oil mill. - **3.** [tinaja] vat.

trujamán *m* counsellor, adviser.

trulla *f* - **1.** [alboroto] uproar. - **2.** [multitud] crowd. - **3.** [herramienta] trowel.

trullo *m mfam* slammer, nick.

truncado, da *adj* - **1.** [frustrado - vida, carrera] cut short; [- planes, ilusiones] ruined. - **2.** GEOM truncated.

truncamiento *m* truncation.

truncar [10] *vt* - **1.** [frustrar - vida, carrera] to cut short; [- planes, ilusiones] to spoil, to ruin. - **2.** [texto, frase] to leave unfinished. - **3.** [mutilar] to mutilate.

trunco, ca *adj Amér* incomplete.

truque *etc v* → **trucar**.

trusa *f Amér* - **1.** [calzoncillos] underpants *(pl)*. - **2.** [bragas] knickers *(pl)*.

trust [trust] *(pl* **trusts***) m* trust, cartel.

TS *(abrev de* **Tribunal Supremo***) m* SC.

tse-tsé *adj* → **mosca**.

tu *(pl* **tus***) adj poses (antes de sust)* your.

tú *pron pers* you; **es más alta que** ~ she's taller than you ❑ **de** ~ **a** ~ [lucha] evenly matched; **hablar** o **tratar de** ~ **a alguien** to address sb as 'tú'.

tuareg *(pl* **tuaregs***) adj & mf* Tuareg.

tuba *f* - **1.** [instrumento] tuba. - **2.** [licor] tuba.

tuberculina *f* tuberculin.

tubérculo *m* tuber, root vegetable.

tuberculosis *f inv* tuberculosis.

tuberculoso, sa ◇ *adj* - **1.** MED tuberculous. - **2.** BOT tuberous. ◇ *m, f* tuberculosis sufferer.

tubería *f* - **1.** [cañerías] pipes *(pl)*, pipework; ~ **de agua** water pipe; ~ **principal** main. - **2.** [tubo] pipe. - **3.** [fábrica] pipe factory.

tuberosidad *f* tuberosity.

tuberoso, sa *adj* tuberous, tuberose.

tubo *m* - **1.** [tubería] pipe; ~ **de escape** AUTOM exhaust (pipe); ~ **de drenaje** drain, drainpipe; ~ **del desagüe** drainpipe; ~ **lanzallamas** flame-thrower; ~ **lanzatorpedos** torpedo tube. - **2.** [recipiente] tube; ~ **de ensayo** test tube. - **3.** ANAT tract; ~ **digestivo** digestive tract, alimentary canal. - **4.** *loc:* **pasar por el** ~ to put up with it.

◆ **por un tubo** *loc adv fam* a hell of a lot; **en la fiesta había bebida por un** ~ there was loads to drink at the party.

tubulado, da *adj* tubular.

tubular ◇ *adj* tubular. ◇ *m* bicycle tyre.

tucán *m* toucan.

tuco, ca *adj Amér* one-armed.

◆ **tuco** *m Amér* - **1.** [insecto] glow-worm. - **2.** [tocayo] namesake. - **3.** [fragmento] piece, fragment. - **4.** [ave] owl.

tudesco, ca ◇ *adj* German. ◇ *m, f* - **1.** [alemán] German. - **2.** *fig* [glotón] glutton; **comer como un** ~ to eat like a horse.

◆ **tudesco** *m* cape, cloak.

tueca *f*, **tueco** *m* - **1.** [tronco] tree stump. - **2.** [oquedad] hollow.

tuerca *f* nut; ~ **de alas** o **de mariposa** wing nut ❑ **apretar las** ~**s a alguien** *fig* to put the screws on sb.

tuerce[1] *v* → **torcer**.

tuerce[2] *m* - **1.** [torcedura] twist, twisting *(U)*. - **2.** *Amér* [mala suerte] bad luck, misfortune.

tuero *m* - **1.** [leña] firewood. - **2.** *Amér* [juego] hide-and-seek.

tuerto, ta ◇ *adj* - **1.** [sin un ojo] one-eyed; [ciego de un ojo] blind in one eye. - **2.** [torcido] twisted, crooked. - **3.** *loc:* **a tuertas** backwards; **a** ~ **o a derecho**, a tuertas o a derechas rightly *or* wrongly. ◇ *m, f* [sin un ojo] one-eyed person; [ciego de un ojo] person who is blind in one eye.

◆ **tuerto** *m* wrong, injustice.

◆ **tuertos** *mpl* afterpains.

tuerza *etc v* → **torcer**.

tuesta *etc v* → **tostar**.

tueste *m* toasting.

tuétano *m* - **1.** ANAT (bone) marrow. - **2.** *fig* [meollo] crux, heart; **hasta el** ~ o **los** ~**s** to the core; **estar enamorado hasta los** ~**s** to be head over heels in love.

tufarada *f* waft.

tufillas *mf inv fam* grouch.

tufillo *m fam* whiff.

tufo *m* - **1.** [mal olor] stench, foul smell. - **2.** [emanación] vapour. - **3.** *fig* [engreimiento] conceit, airs *(pl)*. - **4.** [pelo] lock of hair.

tugurio *m* hovel.

tul *m* tulle.

tulio *m* thulium.

tulipa *f* - **1.** [tulipán] tulip. - **2.** [de lámpara] tulip-shaped lampshade.

tulipán *m* tulip.

tullecer *vt* = **tullir**.

tullidez *(pl* **tullideces***) f*, **tullimiento** *m* disability.

tullido, da ◇ *adj* paralyzed, crippled. ◇ *m, f* cripple, disabled person.

tullimiento *m* = **tullidez**.

tullir, tullecer [30] *vt* to paralyze, to cripple.

◆ **tullirse** *vpr* to become crippled o paralyzed.

tumba *f* - **1.** [sepulcro] grave, tomb; **a** ~ **abierta** at breakneck speed; **ser (como) una** ~ to be as silent as the grave. - **2.** [voltereta] somersault. - **3.** [vaivén] jolt, lurch. - **4.** *Amér* [tala] felling. - **5.** *Amér* [guiso] *piece of tough meat boiled in salt water*. - **6.** *Amér* [tambor] bongo (drum).

tumbadero *m Amér* - **1.** [terreno] clearing. - **2.** [burdel] brothel. - **3.** [corral] branding yard.

tumbado, da *adj* vaulted, arched.

◆ **tumbado** *m Amér* ceiling.

tumbaga *f* - **1.** [aleación] tombac. - **2.** [sortija] cheap ring.

tumbal *adj* tomb *(antes de sust)*.

tumbar ◇ *vt* - **1.** [derribar] to knock over o down. - **2.** *fam fig* [suspender] to fail. - **3.** *fam fig* [suj: noticia] to knock back. - **4.** *fam fig* [suj: olor] to overpower. - **5.** [barco] to keel over, to capsize. ◇ *vi* [caer & NÁUT] to fall down.

◆ **tumbarse** *vpr* - **1.** [acostarse] to lie down. - **2.** [repantigarse] to lounge, to stretch out. **- 3.** [desistir] to take it easy, to let up.

tumbo *m* **- 1.** [sacudida] jolt, jerk; **dar** ~**s** o **un** ~ [coche etc] to jolt, to jerk ❑ **ir dando** ~**s** *fig* [persona] to have a lot of ups and downs. **- 2.** [caída] tumble, fall. **- 3.** [de olas] roll. **- 4.** *fig* [dificultad] difficulty, setback. **- 5.** *Amér* [jarro] jar.

tumbón, ona ◇ *adj fam* **- 1.** [socarrón] sly, crafty. **- 2.** [perezoso] lazy, idle. ◇ *m, f fam* **- 1.** [socarrón] sly o crafty person. **- 2.** [perezoso] lazy o idle person.

◆ **tumbón** *m* **- 1.** [coche] *coach with a domed roof.* **- 2.** [cofre] *trunk with an arched lid.*

tumbona *f* [en la playa] deck chair; [en el jardín] (sun) lounger.

tumefacción *f* swelling.

tumefacto, ta *adj* swollen.

tumescencia *f* tumescence.

tumescente *adj* tumescent.

tumor *m* tumour; ~ **benigno/maligno** benign/malignant tumour.

túmulo *m* **- 1.** [sepulcro] tomb. **- 2.** [montecillo] burial mound. **- 3.** [catafalco] catafalque.

tumulto *m* **- 1.** [disturbio] riot, disturbance. **- 2.** [alboroto] uproar, tumult.

tumultuoso, sa *adj* **- 1.** [conflictivo] tumultuous, riotous. **- 2.** [turbulento] rough, stormy.

tuna *f* **- 1.** [de músicos] group of student minstrels. **- 2.** [árbol] prickly pear. **- 3.** *Amér* [espina] thorn, spine.

tunal *m* **- 1.** [árbol] prickly pear. **- 2.** [lugar] prickly pear grove.

tunantada *f* dirty trick.

tunante, ta ◇ *adj* dishonest, crooked. ◇ *m, f* crook, scoundrel.

tunantear *vi* to be a crook o scoundrel.

tunantería *f* **- 1.** [acción] dirty trick. **- 2.** [cualidad] crookedness, dishonesty.

tunco, ca *adj Amér* maimed.

◆ **tunco** *m Amér* pig.

tunda *f fam* **- 1.** [paliza] beating, thrashing. **- 2.** [esfuerzo] drag, exhausting job.

tundear *vt* to beat, to thrash.

tundidor, ra ◇ *adj* shearing, clipping. ◇ *m, f* shearer, clipper.

◆ **tundidora** *f* shearing machine.

tundidura *f* shearing, clipping.

tundir *vt* **- 1.** [paño] to shear, to clip. **- 2.** *fig* [persona] to beat, to thrash.

tundra *f* tundra.

tunear *vi* to idle, to laze about.

tunecino, na *adj & m, f* Tunisian.

túnel *m* tunnel; **hacer un** ~ to tunnel ❑ **salir del** ~ *fig* to turn the corner.

◆ **túnel de lavado** *m* AUTOM car wash.

tunería *f* roguishness, crookedness.

Túnez *s* **- 1.** [capital] Tunis. **- 2.** [país] Tunisia.

tungsteno *m* tungsten.

túnica *f* **- 1.** [prenda] tunic. **- 2.** ANAT & BOT tunic, tunica.

Tunicia *s* Tunisia.

túnico *m* robe, gown.

tuno, na ◇ *m, f* rogue, scoundrel. ◇ *adj* dishonest, crooked.

◆ **tuno** *m* **- 1.** [músico] student minstrel. **- 2.** [árbol] prickly pear.

tuntún ◆ al tuntún *loc adv* without thinking.

tupa *f* **- 1.** [apretón] stuffing *(U)*, packing *(U)*. **- 2.** *fig* [hartura] bellyful, fill. **- 3.** *Amér* [planta] Indian tobacco.

tupamaro *m* POLÍT Tupamaro, *Marxist urban guerrillas in Uruguay.*

tupé (*pl* **tupés**) *m* **- 1.** [cabello] quiff. **- 2.** *fig* [atrevimiento] cheek, nerve.

tupido, da *adj* **- 1.** *lit & fig* thick, dense. **- 2.** *Amér* [abundante] abundant.

tupir *vt* to pack tightly.

◆ **tupirse** *vpr* **- 1.** [hartarse] to stuff o gorge o.s. **- 2.** *Amér* [azorarse] to be embarrassed.

turba *f* **- 1.** [combustible] peat, turf. **- 2.** [muchedumbre] mob.

turbación *f* **- 1.** [desconcierto] upset, disturbance. **- 2.** [azoramiento] embarrassment.

turbador, ra *adj* **- 1.** [desconcertante] disconcerting, troubling. **- 2.** [emocionante] upsetting, disturbing.

turbamulta *f despec* crowd, mob.

turbante *m* turban.

turbar *vt* **- 1.** [alterar] to disturb. **- 2.** [emocionar] to upset. **- 3.** [desconcertar] to trouble, to disconcert.

◆ **turbarse** *vpr* [emocionarse] to get upset.

túrbido, da *adj* cloudy.

turbiedad *f* **- 1.** [de agua etc] cloudiness. **- 2.** *fig* [de negocios etc] shadiness.

turbieza *f* cloudiness.

turbina *f* turbine.

turbio, bia *adj* **- 1.** [agua etc] cloudy. **- 2.** [vista] blurred. **- 3.** *fig* [negocio etc] shady. **- 4.** *fig* [época etc] turbulent, troubled.

◆ **turbios** *mpl* dregs, sediment *(sg)*.

turbión *m* **- 1.** [aguacero] downpour. **- 2.** *fig* [montón, multitud] shower, torrent.

turbo *adj* turbocharged.

turbopropulsor *m* turboprop.

turborreactor *m* turbojet (engine).

turbulencia *f* **- 1.** [de fluido] turbulence. **- 2.** [alboroto] uproar, clamour.

turbulento, ta *adj* **- 1.** [gen] turbulent. **- 2.** [revoltoso] unruly, rebellious.

turca *f fam* booze-up; **agarrar una** ~ to get sloshed.

turco, ca ◇ *adj* Turkish. ◇ *m, f* [persona] Turk.

◆ **turco** *m* [lengua] Turkish.

turgencia *f* swelling.

turgente *adj* [formas, muslos] well-rounded.

túrgido, da *adj* turgid.

turismo *m* **- 1.** [gen] tourism; **hacer** ~ **(por)** to go touring (round). **- 2.** AUTOM private car.

turista *mf* tourist.

turístico, ca *adj* tourist *(antes de sust)*.

turmalina *f* tourmaline.

túrmix® *m inv* blender, liquidizer.

turnar *vi* to alternate, to take turns.

◆ **turnarse** *vpr:* ~**se (con alguien)** to take turns (with sb).

turnedó (*pl* **turnedós**) *m* tournedos.

turnio, nia ◇ *adj* **- 1.** [bizco] squint-eyed. **- 2.** *fig* [ceñudo] frowning, scowling. ◇ *m, f* **- 1.** [bizco] squint-eyed person. **- 2.** *fig* [persona ceñuda] frowner, scowler.

turno *m* **- 1.** [tanda] turn, go; **al** ~ by turns; **de** ~ on duty; **por** ~ in turn; **por** ~**s** by turn. **- 2.** [de trabajo] shift; **trabajar por** ~**s** to work shifts ❑ ~ **de día/noche** day/night shift. **- 3.** *Amér* [rifa] charity raffle.

turón *m* polecat.

turquesa ◇ *f* **- 1.** [mineral] turquoise. **- 2.** [molde] (bullet) mould. ◇ *adj inv* [color] turquoise. ◇ *m* [color] turquoise.

Turquestán *s* Turkistan.

turquí (*pl* **turquíes**), **turquino, na** *adj* darkblue, indigo.

Turquía *s* Turkey.

turrar *vt* to toast.

turrón *m* **- 1.** [dulce] *Christmas sweet similar to marzipan or nougat, made with almonds and honey.* **- 2.** *fig* [cargo] cushy political job.

turronería *f* confectioner's (shop).

turulato, ta *adj fam* flabbergasted, dumbfounded.

turumbón *m fam* bump on the head.

tururú *interj fam* [para expresar incredulidad] get away!; [para expresar una negativa] you must be joking!

tus *interj* here!

tusa ◇ *adj f*→ **tuso**. ◇ *f Amér* - **1.** [mazorca] maize husk *Br*, cornhusk *Am*. - **2.** [cigarro] cigar rolled in a maize husk *Br*, cigar rolled in a cornhusk *Am*. - **3.** [crines] mane. - **4.** [de viruela] pockmark. - **5.** [prostituta] prostitute.

tusar *vt Amér* to crop, to trim.

tuso, sa *adj Amér* - **1.** [de viruela] pockmarked. - **2.** [de rabo corto] short-tailed. - **3.** [sin rabo] tailless.

◆ **tuso** *interj Amér fam* [para llamar al perro] here, boy!

tute *m* - **1.** [juego] *card game similar to whist*. - **2.** *fam fig* [trabajo intenso] hard slog; **darse un** ~ to slog away.

tutear *vt* to address as 'tú'.

◆ **tutearse** *vpr* to address each other as 'tú'.

tutela *f* - **1.** DER guardianship; ~ **dativa** guardianship by court appointment. - **2.** [cargo]: ~ **(de)** responsibility (for); **bajo la** ~ **de** under the protection of. - **3.** *fig* [protección] protection.

tutelaje *m* DER guardianship.

tutelar ◇ *adj* - **1.** DER tutelary. - **2.** [protector] protecting. ◇ *vt* to act as guardian to.

tuteo *m* use of 'tú', familiar form of address.

tutiplén ◆ **a tutiplén** *loc adv fam* to excess, in abundance.

tutor, ra *m, f* - **1.** DER guardian. - **2.** [profesor - privado] tutor; [- de un curso] form teacher.

◆ **tutor** *m* [para plantas] stake, prop.

tutoría *f* - **1.** DER guardianship. - **2.** [de un curso] role of form teacher.

tutti frutti, tuttifrutti *m inv* tutti frutti.

tutú (*pl* **tutús**) *m* tutu.

tutuma *f Amér fam variety of nut*.

tuturuto, ta ◇ *adj* stunned, dumbfounded. ◇ *m, f* stunned o dumbfounded person.

◆ **tuturuta** *m Amér* rowdy o boisterous person.

tuviera *etc v* → **tener**.

tuyo, ya ◇ *adj poses* yours; **este libro es** ~ this book is yours; **un amigo** ~ a friend of yours; **no es asunto** ~ it's none of your business. ◇ *pron poses*: **el** ~ yours; **el** ~ **es rojo** yours is red; **lo tuyo es...** [lo que haces bien] you should be...; **lo** ~ **es el teatro** you should be on the stage ❑ **ésta es la tuya** *fam* this is the chance you've been waiting for; **los** ~**s** *fam* [tu familia] your folks; [tu bando] your lot, your side.

TV (*abrev de* **televisión**) *f* TV.

TV3 (*abrev de* **Televisión de Cataluña, SA**) *f Catalan television channel*.

TVE (*abrev de* **Televisión Española**) *f Spanish state television network*.

TVG (*abrev de* **Televisión de Galicia**) *f Galician television channel*.

TVV (*abrev de* **Televisión Valenciana, SA**) *f Valencian television channel*.

TWA (*abrev de* **Trans World Airlines**) *f* TWA.

tweed [tuið] (*pl inv* o **tweeds**) *m* tweed.

twist [tuist] *m inv* twist *(dance)*.

U

u¹, U *f* [letra] u, U.

u² *conj* or; *ver también* **o²**.

UAB (*abrev de* **Universidad Autónoma de Barcelona**) *f Autonomous University of Barcelona*.

UB (*abrev de* **Universidad de Barcelona**) *f University of Barcelona*.

ubérrimo, ma *adj* - **1.** *culto* [tierra] extremely fertile. - **2.** [vegetación] luxuriant, abundant.

ubicación *f* position, location.

ubicar [10] ◇ *vt* - **1.** [situar] to place, to position; [edificio etc] to locate. - **2.** *Amér* [candidato] to nominate. ◇ *vi* to be located o situated.

◆ **ubicarse** *vpr* - **1.** [edificio etc] to be situated, to be located. - **2.** *Amér* [encontrar empleo] to find a job, to get a position.

ubicuidad *f* ubiquity.

ubicuo, cua *adj* ubiquitous.

ubique *etc v* → **ubicar**.

ubre *f* udder.

ucase, ukase *m* ukase.

UCD (*abrev de* **Unión de Centro Democrático**) *f former Spanish political party at the centre of the political spectrum*.

UCP (*abrev de* **unidad central de proceso**) *f* CPU.

Ucrania *s* the Ukraine.

ucraniano, na *adj* & *m, f* Ukrainian.

◆ **ucraniano** *m* Ukrainian.

Ud., Vd. *abrev escrita de* **usted**.

UDC (*abrev de* **universal decimal classification**) *f* UDC.

Uds., Vds. *abrev escrita de* **ustedes**.

UE (*abrev de* **Unión Europea**) *f* EU.

UEC (*abrev de* **Unión Excursionista de Cataluña**) *f Catalan Ramblers' Association*.

UEFA (*abrev de* **Unión de Asociaciones Europeas de Fútbol**) *f* UEFA.

UEM (*abrev de* **unión económica y monetaria**) *f* EMU.

UEO (*abrev de* **Unión Europea Occidental**) *f* WEU.

UER (*abrev de* **Unión Europea de Radiodifusión**) *f* EBU.

uf *interj* - **1.** [expresa cansancio, calor] phew! - **2.** [expresa fastidio] tut! - **3.** [expresa repugnancia] ugh!

ufanarse *vpr*: ~ **de** to boast about.

ufanía *f* pride, vanity.

ufano, na *adj* - **1.** [satisfecho] proud, pleased. - **2.** [engreído] boastful, conceited. - **3.** [lozano] luxuriant, lush.

ufo ◆ **a ufo** *loc adv* (for) free.

UFO (*abrev de* **unidentified flying object**) *m* UFO.

ufología *f* ufology.

Uganda *s* Uganda.

ugandés, esa (*pl* **ugandeses**) *adj & m, f* Ugandan.

ugetista ◇ *adj* of or belonging to the 'UGT'. ◇ *mf* member of the 'UGT'.

UGT (*abrev de* **Unión General de los Trabajadores**) *f* major Spanish socialist trade union.

UHF (*abrev de* **ultra high frequency**) *f* UHF.

UIMP (*abrev de* **Universidad Internacional Menéndez Pelayo**) *f* Menéndez Pelayo International University in Santander.

UIT (*abrev de* **Unión Internacional de Telecomunicaciones**) *f* ITU.

ujier (*pl* **ujieres**) *m* usher.

újule *interj Amér* wow!

ukase *m* = **ucase**.

ukelele *m* ukelele.

Ulan-Bator *s* Ulan-Bator.

úlcera *f* - **1.** MED ulcer; ~ **de estómago** stomach ulcer. - **2.** BOT rot.

ulceración *f* ulceration.

ulcerar *vt* to ulcerate.

◆ **ulcerarse** *vpr* to ulcerate.

ulceroso, sa *adj* ulcerous.

Ulises *m* Ulysses.

ulluco *m Amér* ulluco.

ulterior *adj culto* - **1.** [en el tiempo] subsequent, ulterior. - **2.** [en el espacio] further.

ulteriormente *adv culto* subsequently.

ultimación *f* conclusion, completion.

ultimador, ra *m, f Amér* killer.

últimamente *adv* recently, of late.

ultimar *vt* - **1.** [gen] to conclude, to complete. - **2.** *Amér* [matar] to kill.

ultimátum (*pl* **ultimátums** o **ultimatos**) *m* ultimatum.

último, ma ◇ *adj* - **1.** [gen] last; **como** ~ **remedio** as a last resort; **por** ~ lastly, finally; **por** ~ **quiero agradecerles su presencia esta noche** finally, I would like to thank you for coming tonight; **ser lo** ~ [lo final] to come last; [el último recurso] to be a last resort; [el colmo] to be the last straw. - **2.** [más reciente] latest, most recent; **las últimas noticias son inquietantes** the latest news is very worrying. - **3.** [más remoto] furthest, most remote; **el** ~ **rincón del país** the remotest parts of the country. - **4.** [más bajo] bottom; [precio] lowest, bottom; **la última línea de la página** the bottom o last line of the page. - **5.** [más alto] top; **el** ~ **piso** the top floor. - **6.** [de más atrás] back; **la última fila** the back row. - **7.** [mejor] best, finest. ◇ *m, f* - **1.** [en fila, carrera etc]: **ser el** ~ **en hacer algo** to be the last to do sthg; **el** ~ the last (one); **llegar el** ~ to come last. - **2.** (*en comparaciones, enumeraciones*): **éste** ~... the latter...

◆ **último** *m*: **a** ~**s de** [mes, año etc] at o towards the end of.

◆ **última** *f*: **estar en las últimas** *fig* [muriéndose] to be on one's deathbed; [sin dinero] to be down to one's last penny; [sin provisiones] to be down to one's last provisions; **ir a la última** *fam* to wear the latest fashion.

ultra ◇ *adj* POLÍT extreme right-wing. ◇ *mf* POLÍT right-wing extremist. ◇ *adv* besides.

◆ **non plus ultra** *m* epitome, height.

ultracongelación *f* deep-freezing.

ultraderecha *f* extreme right (wing).

ultraderechista ◇ *adj* far right. ◇ *mf* extreme right-winger.

ultraísmo *m* Spanish and Latin American literary movement of the turn of the XIX century.

ultraísta *adj & mf* ultraist.

ultraizquierda *f* extreme left (wing).

ultrajador, ra ◇ *adj* outrageous, offensive. ◇ *m, f* person who causes offence.

ultrajante *adj* insulting, offensive.

ultrajar *vt* to insult, to offend.

ultraje *m* insult.

ultrajoso, sa *adj* outrageous, offensive.

ultraligero *m* microlight.

ultramar *m* overseas (*pl*); **de** ~ overseas (*antes de sust*).

ultramarino, na *adj* overseas (*antes de sust*).

◆ **ultramarinos** *mpl* - **1.** [comestibles] groceries. - **2.** [tienda] grocer's (shop) (*sg*).

ultramicroscopio *m* ultramicroscope.

ultramoderno, na *adj* ultramodern.

ultramontano, na ◇ *adj* - **1.** [gen & RELIG] ultramontane. - **2.** *fig* [reaccionario] reactionary. ◇ *m, f* - **1.** RELIG ultramontane. - **2.** *fig* [reaccionario] reactionary.

ultranza ◆ **a ultranza** *loc adv* - **1.** [con decisión] to the death. - **2.** [acérrimamente] out-and-out.

ultrarrojo, ja *adj* infrared.

ultrasónico, ca *adj* ultrasonic.

ultrasonido *m* - **1.** [vibración] ultrasound. - **2.** *Amér* [ecografía] ultrasound scan.

ultratumba *f*: **de** ~ from beyond the grave.

ultravioleta *adj inv* ultraviolet.

ululación *f* - **1.** [del viento] howling. - **2.** [del búho] hooting.

ulular *vi* - **1.** [viento, lobo] to howl. - **2.** [búho] to hoot.

ululato *m* - **1.** [del viento] howl, howling (*U*). - **2.** [del búho] hoot, hooting (*U*).

umbilical *adj* → **cordón**.

umbral *m* - **1.** [gen] threshold. - **2.** *fig* [límite] bounds (*pl*), realms (*pl*); **estar en el** ~ to be on the threshold; **pisar el** ~ to cross the threshold ❑ ~ **de pobreza** poverty line.

umbrío, a *adj* shady.

umbroso, sa *adj* shady.

un, una ◇ *art* (*antes de sust femenino que empiece por 'a' o 'ha' tónica:* **un**) a, an (*ante sonido vocálico*); ~ **hombre/coche** a man/car; **una mujer/mesa** a woman/table; ~ **águila/hacha** an eagle/axe; **una hora** an hour. ◇ *adj* → **uno**.

unánime *adj* unanimous.

unánimemente *adv* unanimously.

unanimidad *f* unanimity; **por** ~ unanimously.

unción *f* unction.

uncir [12] *vt* to yoke.

undécimo, ma *núm* eleventh; *ver también* **sexto**.

underground [ander'graun] *adj inv* underground.

undoso, sa *adj culto* undulating.

undulación *f* undulation.

undulante *adj* undulating.

undular *vi* to undulate.

undulatorio, ria *adj* undulatory.

UNED (*abrev de* **Universidad Nacional de Educación a Distancia**) *f* Spanish Open University.

Unesco (*abrev de* **United Nations Educational, Scientific and Cultural Organization**) *f* UNESCO.

ungido *m* anointed person.

ungimiento *m* unction.

ungir [15] *vt* to put ointment on; RELIG to anoint.

ungüento *m* ointment.

ungulado, da *adj m* ungulate.

ungular *adj* nail (*antes de sust*).

unible *adj* joinable.

únicamente *adv* only, solely.

unicameral *adj* unicameral.

Unicef (*abrev de* **United Nations Children's Fund**) *f* Unicef.

unicelular *adj* single-cell, unicellular.

unicidad *f* uniqueness.

único, ca *adj* - **1.** [sólo] only; **lo** ~ the only thing; **es lo** ~ **que quiero** it's all I want. - **2.** [excepcional] unique; **es un**

artista ~ he's a unique artist. - **3.** [precio, función, razón] single.

unicornio *m* - **1.** MITOL unicorn. - **2.** [rinoceronte] (one-horned) rhinoceros.

◆ **Unicornio** *m* [constelación] Unicorn.

◆ **unicornio de mar** *m* narwhal.

unidad *f* - **1.** [gen & MAT] MIL unit; **25 pesetas la** ~ 25 pesetas each ❏ ~ **central de proceso** INFORM central processing unit; ~ **de combate** combat unit; ~ **de cuidados intensivos** o **vigilancia intensiva** intensive care (unit); ~ **de disco** INFORM disk drive; ~ **monetaria** monetary unit; ~ **móvil** TV mobile unit. - **2.** [cohesión, acuerdo] unity. - **3.** [unicidad] uniqueness. - **4.** [armonía] harmony.

unidireccional *adj* unidirectional, one-way.

UNIDO (*abrev de* **United Nations Industrial Development Organization**) *f* UNIDO.

unido, da *adj* - **1.** [pegado] united. - **2.** [familia, amigo] close.

unifamiliar *adj* detached.

unificación *f* - **1.** [unión] unification. - **2.** [uniformización] standardization.

unificador, ra ◇ *adj* unifying. ◇ *m, f* unifier.

unificar [10] *vt* - **1.** [unir] to unite, to join; [países] to unify. - **2.** [uniformar] to standardize.

uniformado, da *adj* uniformed.

uniformador, ra *adj* standardizing.

uniformar *vt* - **1.** [igualar] to standardize. - **2.** [poner uniforme] to put into uniform.

uniforme ◇ *adj* uniform; [superficie] even. ◇ *m* uniform; ~ **de gala/escolar** dress/school uniform.

uniformemente *adv* uniformly.

uniformidad *f* uniformity; [de superficie] evenness.

uniformización *f* standardization.

uniformizar [13] *vt* to standardize.

unigénito, ta *adj culto* [hijo] only.

◆ **Unigénito** *m*: **el Unigénito** the Son of God.

unilateral *adj* unilateral.

unión *f* - **1.** [gen] union; **la** ~ **de las dos empresas** the merger of the two companies; **en** ~ **con** together with; **en** ~ **de** together with. - **2.** [suma, adherimiento] joining together. - **3.** TECN joint; ~ **articulada** hinged joint. - **4.** [concordia]: **hay que potenciar la** ~ **entre los ciudadanos** we have to encourage a sense of solidarity amongst the people.

Unión Europea *f* European Union.

unipersonal *adj* - **1.** [individual] individual, single. - **2.** GRAM unipersonal.

unir *vt* - **1.** [pedazos, habitaciones etc] to join. - **2.** [empresas, estados, facciones] to unite. - **3.** [comunicar ciudades etc] to link. - **4.** [suj: amistad, circunstancias etc] to bind. - **5.** [casar] to join, to marry. - **6.** [combinar] to combine. - **7.** [mezclar] to mix o blend in. - **8.** MED to close. - **9.** TECN to join, to connect.

◆ **unirse** *vpr* - **1.** [gen] to join together; ~**se a algo** to join sthg; **se unieron a la manifestación** they joined the demonstration. - **2.** [casarse]: ~**se en matrimonio** to be joined in wedlock.

unisexo, unisex *adj inv* unisex.

unisexual *adj* unisexual.

unísono, na *adj* unison (*antes de sust*).

◆ **unísono** *m* unison.

◆ **al unísono** *loc adv* in unison.

UNITA (*abrev de* **Unión Nacional para la Independencia Total de Angola**) *f* UNITA.

unitario, ria ◇ *adj* - **1.** [estado, nación] single. - **2.** [precio] unit (*antes de sust*). - **3.** POLÍT unitarian. ◇ *m, f* POLÍT unitarian.

unitarismo *m* unitarianism.

UNIVAC (*abrev de* **universal automatic computer**) *m* UNIVAC.

universal *adj* - **1.** [gen] universal. - **2.** [mundial] world (*antes de sust*).

◆ **universales** *mpl* FILOS universals.

universalidad *f* universality.

universalismo *m* universalism.

universalista *adj* & *mf* universalist.

universalizar [13] *vt* to make widespread.

universalmente *adv* universally.

universidad *f* university; ~ **a distancia** ≃ Open University *Br*.

universitario, ria ◇ *adj* university (*antes de sust*). ◇ *m, f* - **1.** [estudiante] university student. - **2.** [profesor] university lecturer. - **3.** [licenciado] university graduate.

universo, sa *adj* universal.

◆ **universo** *m* - **1.** ASTRON universe. - **2.** *fig* [mundo] world.

univocación *f* sharing of the same meaning.

unívoco, ca *adj* - **1.** [no ambiguo] univocal, unambiguous. - **2.** GRAM homonymic.

unja *etc v* → **ungir**.

uno, una ◇ *adj* (*antes de sust masc sg:* **un**) [indefinido] one; **un día volveré** one o some day I'll return; **había** ~**s coches mal aparcados** there were some badly parked cars; **había** ~**s 12 muchachos** there were about o some 12 boys there. ◇ *pron* - **1.** [indefinido] one; **coge** ~ take one; ~ **de vosotros** one of you; ~**s... otros...** some... others...; ~ **a otro**, ~**s a otros** each other, one another; ~ **y otro** both; ~**s y otros** all of them. - **2.** *fam* [cierta persona] someone, somebody; **hablé con** ~ **que te conoce** I spoke to someone who knows you; **me lo han contado** ~**s** certain people told me so. - **3.** [yo] one; ~ **ya no está para estos trotes** one isn't really up to this sort of thing any more ❏ ~ **mismo** oneself. - **4.** *loc*: **a una** [en armonía, a la vez] together; **de** ~ **en** ~, ~ **a** ~, ~ **por** ~ one by one; **juntar varias cosas en una** to combine several things into one; **lo** ~ **por lo otro** it all evens out in the end; **más de** ~ many people; **una de dos** it's either one thing or the other; **una y no más** once was enough; ~**s cuantos** a few. ◇ *núm* one; **un hombre, un voto** one man, one vote; *ver también* **seis**.

◆ **una** *f* [hora]: **la una** one o'clock.

untador, ra ◇ *adj* greasing, oiling. ◇ *m, f* greaser, oiler.

untadura *f* - **1.** [con aceite] greasing, oiling. - **2.** [con ungüento] anointing.

untar *vt* - **1.** [pan, tostada]: ~ **(con)** to spread (with). - **2.** [piel, cara etc]: ~ **(con)** to smear (with). - **3.** [máquina, bisagra etc] to grease, to oil. - **4.** *fam fig* [sobornar] to grease the palm of, to bribe.

◆ **untarse** *vpr* - **1.** *fam* [enriquecerse] to line one's pockets. - **2.** [mancharse] to smear o.s.

unto *m* - **1.** [ungüento] ointment. - **2.** [grasa] grease. - **3.** *Amér* [betún] (shoe) polish.

untuosidad *f* greasiness, oiliness.

untuoso, sa *adj* greasy, oily.

untura *f* - **1.** [ungüento] ointment. - **2.** [grasa] grease.

unza *etc v* → **uncir**.

uña *f* - **1.** [de mano] fingernail, nail; **hacerse las** ~**s** to do one's nails ❏ ~ **enterrada** ingrowing nail. - **2.** [de pie] toenail. - **3.** [garra] claw. - **4.** [casco] hoof. - **5.** [espina] thorn. - **6.** NÁUT fluke. - **7.** [garfio] claw. - **8.** *loc*: **a** ~ **de caballo** at full speed; **comerse las** ~**s** [por preocupación, nerviosismo] to bite one's nails; **enseñar** o **sacarlas** ~**s** to get one's claws out; **largo de** ~**s** light-fingered; **ser** ~ **y carne** to be as thick as thieves.

◆ **uña de caballo** *f* coltsfoot.

◆ **uña gata** *f* restharrow.

uñada, uñarada *f* scratch.

uñero *m* - **1.** [inflamación] whitlow. - **2.** [uña encarnada] ingrowing nail. - **3.** [de libro] thumb index.

uñeta *f* - **1.** [cincel] stonecutter's chisel. - **2.** *Amér* MÚS plectrum.

uñetazo *m* scratch.

uñidura *f* yoking.

uñir *vt* to yoke.

upa *interj* upsy-daisy!

upar *vt* to lift up.

UPC (*abrev de* **Universidad Politécnica de Cataluña**) *f* polytechnic university of Catalonia.

UPE (*abrev de* **Unión Parlamentaria Europea**) *f* EPU.

uperización *f* U.H.T. treatment.

uperizar [13] *vt* to give U.H.T. treatment.

UPG (*abrev de* **Unión del Pueblo Gallego**) *f* Galician nationalist party.

UPM (*abrev de* **Universidad Politécnica de Madrid**) *f* polytechnic university of Madrid.

UPN (*abrev de* **Unión del Pueblo Navarro**) *f* Navarrese nationalist party.

UPU (*abrev de* **Unión Postal Universal**) *f* UPU.

Ural *m*: **el** ~ the River Ural.

Urales *mpl*: **los** ~ the Urals.

uralita® *f* CONSTR material made of asbestos and cement, usually corrugated and used mainly for roofing.

uraloaltaico, ca *adj* Ural-Altaic.

uránico, ca *adj* uranic.

uranio, nia *adj* celestial.

◆ **uranio** *m* uranium.

Urano ◇ *s* Uranus. ◇ *m* MITOL Uranus.

urbanidad *f* politeness, courtesy.

urbanismo *m* town planning.

urbanista ◇ *adj* town planning (antes de sust). ◇ *mf* town planner.

urbanístico, ca *adj* town planning (antes de sust).

urbanización *f* - **1.** [acción] urbanization. - **2.** [zona residencial] (housing) estate.

urbanizado, da *adj* built-up.

urbanizador, ra ◇ *adj* developing. ◇ *m, f* developer.

urbanizar [13] *vt* - **1.** [zona, terreno] to develop, to urbanize. - **2.** *fig* [modales] to civilize.

urbano, na ◇ *adj* - **1.** [de ciudad] urban, city (antes de sust). - **2.** *fig* [educado] urbane. ◇ *m, f* traffic policeman (*f* traffic policewoman).

urbe *f* large city.

urca *f* - **1.** NÁUT hooker. - **2.** [orca] killer whale.

urdidera *f* warping frame.

urdido *m* warp.

urdidor, ra ◇ *adj* warping. ◇ *m, f* warper.

◆ **urdidor** *m* warping frame.

urdidura *f* warping.

urdimbre *f* warp.

urdir *vt* - **1.** [planear] to plot, to forge. - **2.** [hilos] to warp.

urea *f* urea.

uremia *f* uraemia.

uréter *m* ureter.

uretra *f* urethra.

urgencia *f* - **1.** [cualidad] urgency. - **2.** [necesidad] urgent need; **con** ~ urgently; **necesitan con** ~ **alimentos y medicinas** they urgently need food and medicine; **en caso de** ~ in case of emergency.

◆ **urgencias** *fpl* MED casualty (department) (sg).

urgente *adj* - **1.** [apremiante] urgent. - **2.** [correo] express.

urgentemente *adv* urgently.

urgir [15] *vi* to be urgently necessary; **me urge hacerlo** I absolutely must do it.

úrico, ca *adj* uric.

urinal *adj* urinary.

urinario, ria *adj* urinary.

◆ **urinario** *m* urinal, comfort station *Am*.

urja *etc v* → **urgir**.

urna *f* - **1.** [vasija] urn; ~ **cineraria** urn (for sb's ashes). - **2.** [caja de cristal] glass case. - **3.** [para votar] ballot box; **acudir a las** ~**s** to go to the polls.

uro *m* aurochs, urus.

urogallo *m* capercaillie.

urología *f* urology.

urólogo, ga *m, f* urologist.

urraca *f* - **1.** [ave] magpie. - **2.** *fam fig* [persona] chatterbox.

URSS (*abrev de* **Unión de Repúblicas Socialistas Soviéticas**) *f* USSR.

ursulina *f* - **1.** RELIG Ursuline (nun). - **2.** *fig* [mujer recatada] prudish woman.

urticaria *f* nettle rash.

urubú (*pl* **urubúes**) *m* urubu, black vulture.

Uruguay *s*: **(el)** ~ Uruguay.

uruguayo, ya *adj & m, f* Uruguayan.

usado, da *adj* - **1.** [utilizado] used; **muy** ~ widely-used. - **2.** [gastado] worn-out, worn. - **3.** [habituado] accustomed.

usanza *f* custom, usage; **a la vieja** ~ in the old way o style.

usar ◇ *vt* - **1.** [gen] to use; **sin** ~ unused. - **2.** [prenda] to wear. ◇ *vi*: ~ **de** to use, to make use of.

◆ **usarse** *vpr* - **1.** [emplearse] to be used. - **2.** [estar de moda] to be worn.

usía *mf desus* Your Lordship (*f* Your Ladyship).

uslero *m* rolling pin.

uso *m* - **1.** [gen] use; **al** ~ fashionable; **al** ~ **andaluz** in the Andalusian style; **al** ~ **de** in the style o fashion of; **'de** ~ **externo'** FARM 'for external use only'; **deteriorado con el** ~ worn; **en** ~ in use; **estar en buen** ~ to be in good condition; **fuera de** ~ out of use, obsolete; **hacer buen** ~ **de** to make good use of, to put to good use; **hacer mal** ~ **de** to misuse; **hacer** ~ **de** [utilizar] to make use of, to use; [de prerrogativa, derecho] to exercise; **hacer** ~ **de la palabra** to speak, to take the floor; **hacer** ~ **indebido de algo** to misuse sthg; **mantener en buen** ~ to keep in good condition; **para todo** ~ all-purpose; **ser de** ~ [emplearse] to be used; [estar de moda] to be worn; **tener el** ~ **de la palabra** to have the floor. - **2.** (gen pl) [costumbre] custom; **entrar en los** ~**s de** to adopt the customs of. - **3.** LING usage. - **4.** [desgaste] wear and tear.

◆ **uso de razón** *m* age of reason.

USO (*abrev de* **Unión Sindical Obrera**) *f* Spanish trade union.

USP (*abrev de* **Unión Sindical de Policía**) *f* Spanish police union.

usted *pron pers* - **1.** [tratamiento de respeto - sg] you; [- pl]: ~**es** you (pl); **contesten** ~**es a las preguntas** please answer the questions; **me gustaría hablar con** ~ I'd like to talk to you. - **2.** [posesivo]: **de** ~/~**es** yours.

usual *adj* usual.

usualmente *adv* usually.

usuario, ria ◇ *m, f* user. ◇ *adj* usufructuary.

usufructo *m* DER usufruct, use.

usufructuar [6] ◇ *vt* DER to have the usufruct o use of. ◇ *vi* to be fruitful.

usufructuario, ria *adj & m, f* DER usufructuary.

usura *f* usury; **pagar con** ~ to repay many times over.

usurario, ria *adj* usurious.

usurear *vi* - **1.** [cobrar interés] to practise usury. - **2.** *fig* [ganar mucho] to profiteer.

usurero, ra ◇ *adj* usurious. ◇ *m, f* usurer.

usurpación *f* usurpation.

usurpador, ra ◇ *adj* usurping. ◇ *m, f* usurper.

usurpar *vt* to usurp.

usurpatorio, ria *adj* usurpatory.

uta *f Amér* skin disease in Perú.

utensilio *m* [gen] tool, implement; CULIN utensil; ~**s de pesca** fishing tackle.

uterino, na *adj* uterine.

útero *m* womb, uterus.

útil ◇ *adj* - **1.** [beneficioso, aprovechable] useful. - **2.** [eficiente] helpful. - **3.** [hábil] working. - **4.** DER lawful, legal. ◇ *m (gen pl)* [herramienta] tool; ~**es de pesca** fishing tackle.

utilería *f* equipment; CINE & TEATRO props *(pl)*.

utilidad *f* - **1.** [cualidad] usefulness. - **2.** [beneficio] profit; ~ **bruta** o **gruesa** gross profit; ~**es de capital** capital gains; ~ **de explotación** operating profit; ~**es impositivas** taxable profits; ~**es incorporadas** retained income; ~**es líquidas** net profit.

utilitario, ria *adj* - **1.** [persona] utilitarian. - **2.** AUTOM run-around, utility.
◆ **utilitario** *m* AUTOM run-around car, utility car.

utilitarismo *m* utilitarianism.

utilizable *adj* usable.

utilización *f* use.

utilizado, da *adj* used.

utilizador, ra ◇ *adj* using. ◇ *m, f* user.

utilizar [13] *vt* [gen] to use; **utiliza las tijeras** use the scissors; **en esta escuela utilizan métodos tradicionales** they use traditional methods at this school; **te está utilizando** he's using you.

utillaje *m* tools *(pl)*.

útilmente *adv* usefully.

utopía *f* utopia.

utópico, ca *adj* utopian.

uva *f* - **1.** [fruta] grape; ~ **moscatel** muscat grape; ~ **pasa** raisin; ~**s de la suerte** grapes eaten for good luck as midnight chimes on New Year's Eve; **de** ~**s a peras** once in a blue moon; **estar de mala** ~ *fam* to be in a bad mood; **estar hecho una** ~ to be as drunk as a lord; **no entrar por** ~**s** to play safe; **tener mala** ~ *fam* to be a bad sort, to be a nasty piece of work. - **2.** MED tumour on the uvula.
◆ **uva crespa** *f* gooseberry.
◆ **uva lupina** *f* monkshood, wolfsbane.
◆ **uva marina** *f* ephedra.
◆ **uva de raposa** *f* truelove.
◆ **uva tamínea** *f* lousewort.

uvada *f* abundance of grapes.

uvate *m* grape preserve.

uvero, ra ◇ *adj* grape *(antes de sust)*. ◇ *m, f* grape seller.
◆ **uvero** *m* sea grape.

UVI *(abrev de* **unidad de vigilancia intensiva**) *f* ICU.

úvula *f* uvula.

uvular *adj* uvular.

uxoricida *culto* ◇ *adj* uxoricidal. ◇ *m* uxoricide.

uxoricidio *m culto* uxoricide.

uy *interj* ahh!, oh!

v, V ['uße] *f* [letra] v, V.
◆ **v doble** *f* W.

v. = vid.

va *v* → **ir.**

vaca ◇ *adj f* → **vaco.** ◇ *f* - **1.** [animal] cow; ~ **lechera/sagrada** dairy/sacred cow. - **2.** [carne] beef. - **3.** [cuero] cowhide, leather. - **4.** [dinero] (gambling) pool.
◆ **vaca marina** *f* manatee, sea cow.
◆ **vaca de San Antón** *f* ladybird *Br*, ladybug *Am*.
◆ **vacas flacas** *fpl fam* lean years.
◆ **vacas gordas** *fpl fam* years of plenty.

vacación *f* [vacante] vacancy *(sg)*.
◆ **vacaciones** *fpl* [descanso] holiday *(sg)*, holidays *Br*, vacation *(sg) Am*; **coger (las) vacaciones** to take one's holidays; **estar/irse de vacaciones** to be/go on holiday □ **vacaciones de verano** summer holiday *(sg)*.

vacada *f* herd of cows.

vacancia *f* vacancy.

vacante ◇ *adj* vacant. ◇ *f* vacancy.

vacar [10] *vi* to be empty.

vaciado *m* - **1.** [de recipiente] emptying. - **2.** [de estatua] casting, moulding.

vaciamiento *m* emptying.

vaciante *f* ebb tide.

vaciar [9] ◇ *vt* - **1.** [gen]: ~ **algo (de)** to empty sthg (of); **vacía las bolsas de la compra** take the shopping out of the bags. - **2.** [dejar hueco] to hollow (out). - **3.** ARTE to cast, to mould. - **4.** [texto] to copy out. - **5.** [instrumento cortante] to sharpen, to hone. - **6.** *fig* [explicación, doctrina] to explain in detail. ◇ *vi* [río, corriente] to flow.

◆ **vaciarse** *vpr fam* to blab.

vaciedad *f* [tontería] trifle.

vacilación *f* - **1.** [duda] hesitation; [al elegir] indecision; **sin** ~ unhesitatingly. - **2.** [oscilación] swaying; [de la luz] flickering.

vacilante *adj* - **1.** [gen] hesitant; [al elegir] indecisive. - **2.** [luz] flickering; [pulso] irregular; [paso] swaying, unsteady.

vacilar ◇ *vi* - **1.** [dudar] to hesitate; [al elegir] to be indecisive; **hacer** ~ to shake the beliefs of; **sin** ~ unhesitatingly. - **2.** [voz, principios, régimen] to falter. - **3.** [fluctuar - luz] to flicker; [- pulso] to be irregular. - **4.** [tambalearse] to wobble, to sway. - **5.** *fam* [chulear] to swank, to show off. - **6.** *fam* [bromear] to take the mickey. - **7.** *fig* [flaquear] to totter. - **8.** *Amér* [parrandear] to go on a binge. ◇ *vt fam* [tomar el pelo]: ~ **a alguien** to take the mickey out of sb.

vacilón, ona *fam* ◇ *adj* - **1.** [chulo] swanky. - **2.** [bromista] jokey, teasing. ◇ *m, f* - **1.** [chulo] show-off. - **2.** [bromista] tease.
◆ **vacilón** *m Amér fam* [fiesta] party.

vacío, a *adj* - **1.** [gen] empty; **palabras vacías** empty words; ~ **de** [contenido, ideas etc] devoid of. - **2.** [hueco] hollow. - **3.** *fig* [presuntuoso] vain.
◆ **vacío** *m* - **1.** Fís vacuum; **envasar al** ~ to vacuum-pack. - **2.** [abismo, carencia] void; **su muerte ha dejado un gran** ~ his death has left a big gap. - **3.** [hueco] space, gap. - **4.** [ijada] side, ribs *(pl)*. - **5.** *loc:* **caer en el** ~ to fall on deaf ears; **hacer el** ~ **a alguien** to send sb to Coventry; **irse/volver de** ~ [persona] to go/come back empty-handed; [vehículo] to go/come back empty; **tener un** ~ **en el estómago** to feel hungry.

vaco, ca *adj* vacant, empty.

vacuidad *f* [trivialidad] shallowness, vacuity.

vacuna ◇ *adj f →* **vacuno**. ◇ *f* vaccine.

vacunación *f* vaccination.

vacunar *vt* - **1.** MED to vaccinate. - **2.** *fig* [proteger] to make immune, to inure.
◆ **vacunarse** *vpr* to get vaccinated.

vacuno, na *adj* bovine.

vacuo, cua *adj* - **1.** [trivial] shallow, vacuous. - **2.** [vacante] vacant, empty.
◆ **vacuo** *m* vacuum, void.

vadeable *adj* - **1.** [río] fordable. - **2.** *fig* [dificultad] surmountable.

vadear *vt* - **1.** [río] to ford. - **2.** *fig* [dificultad] to overcome. - **3.** *fig* [ánimo, sentimientos] to sound out.
◆ **vadearse** *vpr* to behave, to conduct o.s.

vademécum (*pl* **vademécums**) *m* vade mecum, handbook.

vado *m* - **1.** [en acera] lowered kerb; '~ **permanente**' 'keep clear'. - **2.** [de río] ford; **al ~ o al puente** one way or the other; **no hallar ~** to have reached an impasse.

vagabundear *vi* - **1.** [ser un vagabundo] to lead a vagrant's life. - **2.** [vagar]: ~ **(por)** to wander, to roam.

vagabundeo *m* vagrant's life.

vagabundería, vagabundez (*pl* **vagabundeces**) *f* vagabondism.

vagabundo, da ◇ *adj* [persona] vagrant; [perro] stray. ◇ *m, f* tramp, vagrant, bum *Am*.

vagamente *adv* vaguely.

vagancia *f* - **1.** [holgazanería] laziness, idleness. - **2.** [vagabundeo] vagrancy.

vagante *adj* roaming.

vagar [16] ◇ *vi* - **1.** [errar]: ~ **(por)** to wander, to roam. - **2.** [estar ocioso] to be lazy o idle. ◇ *m* - **1.** [tiempo libre] free time, leisure time. - **2.** [lentitud] slowness, deliberateness.

vagido *m* cry of a newborn baby.

vagina *f* vagina.

vaginal *adj* vaginal.

vago, ga ◇ *adj* - **1.** [perezoso] lazy, idle. - **2.** [impreciso] vague. - **3.** [ocioso] unemployed. - **4.** ARTE blurred. ◇ *m, f* lazy person, idler.
◆ **en vago** *loc adv* - **1.** [sin firmeza] unsteadily. - **2.** *fig* [inútilmente] in vain.

vagón *m* [de pasajeros] carriage; [de mercancías] wagon; ~ **cama** sleeping car; ~ **cisterna** tanker, tank wagon; ~ **de cola** guard's van *Br*, caboose *Am*; ~ **de equipajes** luggage van *Br*, baggage car *Am*; ~ **de mercancías** goods wagon o van; ~ **de pasajeros** passenger car; ~ **de primera/segunda** first-class/second-class carriage; ~ **restaurante** dining car, restaurant car.

vagoneta *f* wagon.

vaguada *f* valley floor.

vague *etc v →* **vagar**.

vaguear *vi* to laze around.

vaguedad *f* - **1.** [cualidad] vagueness. - **2.** [dicho] vague remark.

vaguido, da *adj culto* dizzy, light-headed.
◆ **vaguido** *m culto* dizziness.

vaguitis *f inv fam*: **tener ~** to be feeling lazy.

vaharina *f fam* steam, vapour.

vahear *vi* to breathe out, to exhale.

vahído *m* blackout, fainting fit; **me dio un ~** I fainted.

vaho *m* - **1.** [vapor] steam. - **2.** [aliento] breath.
◆ **vahos** *mpl* MED inhalation *(sg)*.

vaina ◇ *f* - **1.** [funda] sheath. - **2.** BOT pod. - **3.** NÁUT tabling. - **4.** *Amér* [azar] stroke of luck. ◇ *adj Amér* - **1.** [molesto] annoying, bothersome. - **2.** *fam* [engreído] pain in the neck.

vainazas *mf inv fam* slob.

vainica *f* hemstitch.

vainilla *f* vanilla.

vainita *f Amér* string bean.

vaivén *m* - **1.** [balanceo - de barco] swaying, rocking; [- de péndulo, columpio] swinging. - **2.** [altibajo] ups-and-downs *(pl)*. - **3.** NÁUT three-stranded cable.

vajilla *f* crockery; **lavar la ~** to wash the dishes; **una ~** a dinner service ❑ **~ de plata** silverware; **~ de porcelana** china.

valdepeñas *m inv* Valdepeñas, *Spanish wine from the La Mancha region, usually red.*

valdrá *etc v →* **valer**.

vale ◇ *m* - **1.** [bono] coupon, voucher. - **2.** [entrada gratuita] free ticket. - **3.** [comprobante] receipt. - **4.** [pagaré] I.O.U. - **5.** *Amér fam* [compañero] mate. ◇ *interj* okay!, all right!; **¿vale?** okay? all right?; **¡~ (ya)!** that's enough!

valedero, ra *adj* valid.

valedor, ra *m, f* - **1.** [protector] protector. - **2.** *Amér mfam* [amigote] pal.

valemadrista *adj Amér* - **1.** [apático] apathetic. - **2.** [cínico] cynical.

valencia *f* QUÍM valency; **~ polar** electrovalence, polar valence.

valenciana *f Amér* [de pantalón] (trouser) turn-up.

valenciano, na *adj & m, f* [de Valencia] Valencian.

valentía *f* - **1.** [valor] bravery. - **2.** [hazaña] act of bravery. - **3.** [arrogancia] boastfulness.

Valentín *m*: **San ~** Saint Valentine.

valentón, ona *despec* ◇ *adj* boastful, arrogant. ◇ *m, f* braggart; **hacerse el ~** to boast of one's bravery.

valentonada *f* boast, brag.

valer [74] ◇ *vt* - **1.** [precio] to cost; **¿cuánto vale?** how much does it cost?, how much is it? - **2.** [tener un valor de] to be worth; **este jarrón vale mucho dinero** this vase is worth a lot of money. - **3.** [suponer] to earn; **nuestra conducta nos valió muchos disgustos** our behaviour got us into a lot of trouble. - **4.** [merecer] to deserve, to be worth. - **5.** [equivaler a] to be equivalent o equal to; **una nota blanca vale dos negras** MÚS a minim is equivalent o equal to two crotchets. ◇ *vi* - **1.** [merecer aprecio] to be worthy; **él era el que más valía** he was the worthiest of all; **hacerse ~** to show one's worth. - **2.** [servir]: **~ para algo** to be for sthg; **eso aún vale** you can still use that. - **3.** [ser válido] to be valid; [en juegos, deportes] to be allowed; **esta moneda ya no vale** this coin is no longer legal tender. - **4.** [ayudar] to help, to be of use; **no le valdrán todos sus contactos** all his connections will be of no use to him. - **5.** [tener calidad] to be of worth; **no ~ nada** to be worthless o useless. - **6.** [equivaler]: **~ por** to be worth. - **7.** [derechos]: **hacer ~ algo** to assert sthg. - **8.** *loc*: **más vale tarde que nunca** better late than never; **más vale que te calles/vayas** it would be better if you shut up/left. ◇ *m* worth, value.
◆ **valerse** *vpr* - **1.** [servirse]: **~se de algo/alguien** to use sthg/sb; **se valió de su apellido/de sus amistades para conseguir la fama** she used her name/connections to become famous. - **2.** [desenvolverse]: **~se (por sí mismo)** to manage on one's own.

valeriana *f* valerian, allheal.

valerosidad *f* bravery, courage.

valeroso, sa *adj* - **1.** [valiente] brave, courageous. - **2.** [eficaz] effective, powerful.

valetudinario, ria *culto* ◇ *adj* valetudinary. ◇ *m, f* valetudinarian.

valga *etc v →* **valer**.

valía *f* value, worth.

validación *f* validation.

validar *vt* to validate.

validez (*pl* **valideces**) *f* validity; **dar ~ a** to validate.

valido, da *adj* favourite.

válido, da *adj* valid.

valiente ◇ adj - **1.** [valeroso] brave. - **2.** irón [menudo]: ¡**en ~ lío te has metido**! you've got yourself into a fine mess! - **3.** [eficaz] effective. - **4.** [excelente] fine, excellent. ◇ mf [valeroso] brave person.

valientemente adv bravely, courageously.

valija f - **1.** [maleta] case, suitcase. - **2.** [de correos] mailbag; ~ **diplomática** diplomatic bag.

valijero, ra m, f - **1.** [de correo] letter carrier. - **2.** [de diplomacia] courier.

valimiento m - **1.** [favor] favour. - **2.** [mérito] value, merit.

valioso, sa adj - **1.** [gen] valuable. - **2.** [intento, esfuerzo] worthy.

valium® m Valium®.

valla f - **1.** [cerca] fence; ~ **de contención** crush barrier. - **2.** DEP hurdle. - **3.** fig [obstáculo] obstacle, barrier. - **4.** Amér [gallinero] cockpit.
◆ **valla publicitaria** f billboard, hoarding.

valladar m - **1.** [cercado] fence. - **2.** fig [obstáculo] obstacle, barrier.

vallado m fence.

vallar vt to put a fence round.

valle m - **1.** [entre montañas] valley. - **2.** [de río] basin.
◆ **valle de lágrimas** m fig vale of tears.

vallisoletano, na ◇ adj of/relating to Valladolid. ◇ m, f native/inhabitant of Valladolid.

valonar vt Amér [crines] to crop.

valor m - **1.** [gen & MAT] MÚS value; **el ~ de la propiedad** the value of property; **de ~** valuable; **joyas por ~ de...** jewels worth...; **sin ~** worthless ❑ ~ **actual** o **comercial** o **en venta** market value; ~ **adquisitivo** purchasing power; ~ **añadido** ECON added value; ~ **catastral** rateable value; ~ **nominal** face o nominal value; ~ **nutritivo** nutritional value. - **2.** [importancia] importance; **el ~ de una acción** the importance o significance of an act; **dar ~ a** to give o attach importance to; **quitar ~ a algo** to take away importance of sthg, to diminish the importance of sthg. - **3.** [valentía] bravery; **armarse de ~** to pluck up one's courage. - **4.** [desvergüenza] cheek, nerve; **tener el ~ de hacer algo** to have the cheek o nerve to do sthg. - **5.** fam [persona]: **un joven ~** a young prospect.
◆ **valores** mpl - **1.** [principios] values. - **2.** FIN securities, bonds; ~**es en cartera** investments; ~**es inmuebles** real estate (U).

valoración f - **1.** [de precio, pérdidas] valuation. - **2.** [de mérito, cualidad, ventajas] evaluation, assessment.

valorar vt - **1.** [tasar, apreciar] to value. - **2.** [evaluar] to evaluate, to assess. - **3.** QUÍM to titrate.

valorización f - **1.** [gen] appreciation. - **2.** QUÍM titration.

valorizador, ra adj evaluating, appraising.

valorizar [13] vt - **1.** [aumentar valor] to increase the value of. - **2.** [evaluar] to evaluate, to appraise.
◆ **valorizarse** vpr to increase in value.

valquiria, walkiria [bal'kiria] f Valkyrie.

vals (pl **valses**) m waltz.

valuación f evaluation, appraisal.

valuador, ra ◇ adj evaluating, appraising. ◇ m, f appraiser.

valuar [6] vt to value.

valva f BOT & ZOOL valve.

válvula f valve; ~ **de seguridad** safety valve.
◆ **válvula de escape** f fig means of letting off steam.

vampiresa f fam vamp, femme fatale.

vampirismo m vampirism.

vampiro m - **1.** [personaje] vampire. - **2.** [murciélago] vampire bat.

vanadio m vanadium.

vanagloria f pride.

vanagloriarse [7] vpr: ~ (de) to boast (about), to show off (about).

vanaglorioso, sa ◇ adj boastful, arrogant. ◇ m, f boastful person, braggart.

vanamente adv - **1.** [inútilmente] in vain. - **2.** [con vanidad] vainly. - **3.** [tontamente] superficially.

vandálico, ca adj [salvaje] vandalistic; **un acto ~** an act of vandalism.

vandalismo m vandalism.

vándalo, la ◇ adj vandal (antes de sust). ◇ m, f HIST Vandal.
◆ **vándalo** m fig [salvaje] vandal.

vanguardia f - **1.** MIL vanguard; **ir a la ~ de** fig to be at the forefront of. - **2.** [cultural] avant-garde, vanguard.

vanguardismo m avant-garde.

vanguardista ◇ adj avant-garde. ◇ mf - **1.** [de arte] avant-garde artist. - **2.** [literario] avant-garde writer.

vanidad f - **1.** [orgullo] vanity. - **2.** [inutilidad] futility. - **3.** [fantasía] illusion.
◆ **vanidades** fpl inanities, foolish remarks.

vanidoso, sa ◇ adj vain, conceited. ◇ m, f vain person.

vanilocuencia f verbosity.

vanilocuente adj verbose.

vano, na adj - **1.** [gen] vain; **en ~** in vain. - **2.** [vacío, superficial] shallow, superficial.
◆ **vano** m ARQUIT bay.

vapor m - **1.** [emanación] vapour; [de agua] steam; **al ~** CULIN steamed; **de ~** [máquina etc] steam (antes de sust); **echar ~** to steam ❑ ~ **de agua** FÍS & QUÍM water vapour. - **2.** [barco] steamer, steamship. - **3.** [desmayo] faintness.
◆ **vapores** mpl hysterics.

vaporable adj vaporizable, volatile.

vaporar, vaporear vt to evaporate.

vaporización f - **1.** FÍS vaporization. - **2.** [pulverización] spraying.

vaporizador m - **1.** [pulverizador] spray. - **2.** [para evaporar] vaporizer.

vaporizar [13] vt - **1.** FÍS to vaporize. - **2.** [pulverizar] to spray.
◆ **vaporizarse** vpr FÍS to evaporate, to vaporize.

vaporoso, sa adj - **1.** [con vapor - ducha, baño] steamy; [-cielo] hazy, misty. - **2.** [tela etc] diaphanous, sheer. - **3.** fig [estilo] airy, light.

vapuleamiento m beating, thrashing.

vapulear vt - **1.** [pegar] to beat, to thrash. - **2.** fig [derrotar] to slate, to tear apart.

vapuleo m - **1.** [paliza] beating, thrashing. - **2.** fig [derrota] slating, tearing apart.

vaque etc v → **vacar**.

vaquear vi to cover cows.

vaquería f - **1.** [lechería] dairy. - **2.** [vacada] herd of cows. - **3.** [establo] cowshed. - **4.** Amér [caza] cattleroping.

vaquerizo, za ◇ adj cattle (antes de sust). ◇ m, f cowherd.
◆ **vaqueriza** f cowshed.

vaquero, ra ◇ adj cowboy (antes de sust). ◇ m, f [persona] cowboy (f cowgirl), cowherd.
◆ **vaquero** m Amér whip.
◆ **vaqueros** mpl [pantalón] jeans.

vaqueta f cowhide, leather.

vaquilla f [vaca] heifer; [toro] young bull.

vara f - **1.** [rama, palo] stick; [bastón] staff, cane; ~ **alta** [poder] upper hand; [influencia] influence. - **2.** [pértiga] pole. - **3.** [de metal etc] rod. - **4.** [tallo] stem, stalk. - **5.** [de trombón] slide. - **6.** [insignia] staff. - **7.** [medida] = 0.84 metres. - **8.** [TAUROM - pica] lance; [- golpe] thrust with a lance.

varada ◇ adj f → **varado**. ◇ f - **1.** NÁUT beaching, running aground. - **2.** AGR farm labourers (pl).

varadero m dry dock.

varado, da adj - **1.** [encallado] aground, stranded. - **2.** [en el dique seco] in dry dock.

varadura f NÁUT running aground.

varal m - **1.** [palo] long pole. - **2.** fig [persona] tall person.

varapalo m - **1.** [palo] long, thick pole. - **2.** [golpe] blow with a pole. - **3.** fig [daño] blow, setback.

varar ◇ *vi* - **1.** NÁUT to run aground. - **2.** *fig* [negocio] to stall, to come to a standstill. ◇ *vt* NÁUT to beach.

◆ **vararse** *vpr Amér* to run aground.

varaseto *m* trellis.

varazo *m* - **1.** [golpe] blow with a stick. - **2.** TAUROM thrust with a lance.

vareador, ra *m, f* - **1.** [de árboles] beater. - **2.** [de ganado] cowherd.

varear *vt* - **1.** [árboles] to beat (with a pole); [fruta] to knock o beat down. - **2.** [ganado] to goad. - **3.** TAUROM to jab with the lance.

◆ **varearse** *vpr* to get thin.

varejón *m* - **1.** [palo grueso] thick pole. - **2.** *Amér* [palo delgado] thin pole.

vareo *m* knocking down.

vareta *f* - **1.** [para cazar] lime-coated twig. - **2.** [en tejido] stripe. - **3.** *fig* [expresión picante] cutting remark.

varetear *vt* to stripe.

variabilidad *f* changeability, variability.

variable ◇ *adj* changeable, variable. ◇ *f* MAT variable.

variación *f* [gen] variation; [del tiempo] change.

◆ **variación magnética** *f* magnetic declination.

variado, da *adj* - **1.** [gen] varied. - **2.** [galletas, bombones] assorted.

variamente *adv* differently.

variante ◇ *adj* variant. ◇ *f* - **1.** [variación] variation. - **2.** [versión] version. - **3.** AUTOM bypass. - **4.** [en quiniela] draw or away win.

variar [9] ◇ *vt* - **1.** [modificar] to alter, to change. - **2.** [dar variedad] to vary. ◇ *vi*: ~ (de) [cambiar] to change; [ser diferente] to vary o differ (from) ❑ **para** ~ *irón* (just) for a change.

varice *f* = **variz**.

varicela *f* chickenpox.

varicoso, sa ◇ *adj* varicose. ◇ *m, f* person suffering from varicose veins.

variedad *f* variety.

varietés, variedades *fpl* TEATRO variety (U), music hall (U).

varilla *f* - **1.** [barra larga] rod, stick; ~ **de bombeo/de pistón/de zahorí** pump/piston/divining rod; ~ **de virtudes** o **mágica** magic wand. - **2.** [tira larga - de abanico, paraguas] spoke, rib; [- de gafas] arm; [- de corsé] bone, stay.

◆ **varillas** *fpl Amér* tetanus (sg).

varillaje *m* [de abanico, paraguas] spokes (pl), ribbing; [de gafas] arms (pl); [de corsé] bones (pl), stays (pl).

vario, ria *adj* [variado] varied, different; (pl) various, several.

◆ **varios, rias** *pron pl* several.

variopinto, ta *adj* diverse.

varita *f* wand; ~ **mágica** magic wand.

variz (*pl* **varices**), **varice** *f* (*gen pl*) varicose vein.

varón *m* - **1.** [hombre] male, man; [chico] boy; **buen** ~ wise man; **santo** ~ *fig* simple man. - **2.** NÁUT rudder tackle; ~ **del timón** rudder pendant.

varonil *adj* masculine, male.

varraco *m* boar.

varraquear *vi* = **verraquear**.

varraquera *f* = **verraquera**.

Varsovia *s* Warsaw.

varsoviano, na ◇ *adj* of/relating to Warsaw. ◇ *m, f* native/inhabitant of Warsaw.

vasallaje *m* - **1.** [servidumbre] servitude. - **2.** *fig* [rendición] liege money.

vasallo, lla ◇ *adj* subordinate, dependent. ◇ *m, f* - **1.** [siervo] vassal. - **2.** [súbdito] subject.

vasco, ca *adj* & *m, f* Basque.

◆ **vasco** *m* [lengua] Basque.

vascongado, da *adj* & *m, f* Basque.

vascuence *m* [lengua] Basque.

vascular *adj* vascular.

vasectomía *f* vasectomy.

vaselina® *f* Vaseline®.

vasija *f* [de barro] earthenware vessel.

vaso *m* - **1.** [recipiente, contenido] glass; **un** ~ **de plástico** a plastic cup ❑ **ahogarse en un** ~ **de agua** to make a mountain out of a molehill. - **2.** ANAT vessel; ~**s capilares** capillaries; ~**s sanguíneos** blood vessels. - **3.** BOT vein. - **4.** ZOOL hoof. - **5.** [bacín] chamber pot. - **6.** [embarcación] vessel.

vástago *m* - **1.** [descendiente] offspring (U). - **2.** [brote] shoot. - **3.** [varilla] rod; ~ **del émbolo** piston rod; ~ **de válvula** o **de distribución** valve rod o stem. - **4.** *Amér* [de banana] banana stalk.

vastedad *f* vastness.

vasto, ta *adj* vast.

vate *m culto* bard.

váter *m* = **wáter**.

vaticano, na *adj* Vatican (*antes de sust*).

◆ **Vaticano** *m*: **el Vaticano** the Vatican.

vaticinador, ra ◇ *adj* prophesying. ◇ *m, f* prophet.

vaticinar *vt* to prophesy, to predict.

vaticinio *m* prophecy, prediction.

vatímetro *m* wattmeter.

vatio, watio ['batio] *m* watt.

vatiohora, watiohora *m* watt-hour.

vaudeville *m* = **vodevil**.

vaya¹ *v* → **ir**.

vaya² ◇ *interj* - **1.** [sorpresa] well! - **2.** [énfasis]: ¡~ **moto**! what a motorbike! ◇ *f fam* mockery (U).

VB *abrev de* **visto bueno**.

Vd. = **Ud.**

Vda. *abrev escrita de* **viuda**.

Vds. = **Uds.**

ve *v* → **ir**.

véase *v* → **ver**.

vecero, ra ◇ *adj* - **1.** [cargo, puesto] alternating. - **2.** [planta] biennial. ◇ *m, f* [cliente] customer.

vecinal *adj* - **1.** [relaciones, trato] neighbourly. - **2.** [camino, impuestos] local.

vecindad *f* - **1.** [vecindario] neighbourhood. - **2.** [cualidad] neighbourliness. - **3.** [alrededores] vicinity.

vecindario *m* [de barrio] neighbourhood; [de población] community, inhabitants (pl).

vecino, na ◇ *adj* - **1.** [cercano] neighbouring; ~ **a** next to. - **2.** [parecido] similar. ◇ *m, f* - **1.** [de la misma casa, calle] neighbour; [de un barrio] resident. - **2.** [de una localidad] inhabitant.

vector *m* vector.

vectorial *adj* vectorial.

veda *f* - **1.** [prohibición] ban (on hunting and fishing); **levantar la** ~ to open the season. - **2.** [periodo] close season.

vedado, da *adj* prohibited.

◆ **vedado** *m* reserve.

vedar *vt* - **1.** [prohibir] to prohibit. - **2.** [impedir] to prevent, to hinder.

vedette [be'ðet] (*pl* **vedettes**) *f* star.

vedija *f* - **1.** [de lana] tuft. - **2.** [de pelo] matted lock. - **3.** *fig* [de humo] spiral.

vedijoso, sa, vedijudo, da *adj* having matted hair.

vedismo *m* Vedaism.

vega *f* - **1.** [tierra] fertile plain. - **2.** *Amér* [tabacal] tobacco plantation. - **3.** *Amér* [zona movediza] swampy o marshy terrain.

vegetación *f* vegetation.

◆ **vegetaciones** *fpl* MED adenoids.

vegetal ◇ *adj* - **1.** BIOL vegetable, plant (*antes de sust*). - **2.** [sandwich] salad (*antes de sust*). ◇ *m* vegetable.

vegetante *adj* vegetating.

vegetar *vi* to vegetate.

vegetarianismo *m* vegetarianism.

vegetariano, na *adj & m, f* vegetarian.

vegetativo, va *adj* vegetative.

veguero, ra ◇ *adj* lowland *(antes de sust)*. ◇ *m, f* [labrador] farmworker.

◆ **veguero** *m* [cigarro] cigar made from a single tobacco leaf.

vehemencia *f* - **1.** [pasión, entusiasmo] vehemence. - **2.** [irreflexión] impulsiveness, impetuosity.

vehemente *adj* - **1.** [apasionado, entusiasta] vehement. - **2.** [irreflexivo] impulsive, impetuous.

vehículo *m* - **1.** [gen] vehicle; ~ **comercial** commercial vehicle; ~ **pesado** heavy goods vehicle. - **2.** [medio de transmisión] carrier.

veintavo, va *núm* = **veinteavo**.

veinte ◇ *núm* twenty; **los (años)** ~ the twenties ❑ **a las** ~ *fig* inopportunely; *ver también* **seis**. ◇ *m* Amér twenty-cent piece.

veinteañero, ra ◇ *adj* about twenty years old. ◇ *m, f* person about twenty years old.

veinteavo, va, veintavo, va *núm* twentieth; *ver también* **sexto**.

veintena *f* - **1.** [veinte] twenty. - **2.** [aproximadamente]: **una** ~ **(de)** about twenty.

veinteñal *adj* twenty-year-long.

veinticinco *núm* twenty-five; *ver también* **seis**.

veinticuatro *núm* twenty-four; *ver también* **seis**.

veintidós *núm* twenty-two; *ver también* **seis**.

veintinueve *núm* twenty-nine; *ver también* **seis**.

veintiocho *núm* twenty-eight; *ver también* **seis**.

veintiséis *núm* twenty-six; *ver también* **seis**.

veintisiete *núm* twenty-seven; *ver también* **seis**.

veintitantos, tas *adj* - **1.** [cantidad] about twenty, twenty or so. - **2.** [de fecha]: **el** ~ **de julio** around the twentieth of July.

veintitrés *núm* twenty-three; *ver también* **seis**.

veintiún *núm* → **veintiuno**.

veintiuno, na *núm (antes de sust masc* **veintiún)** twenty-one; *ver también* **seis**.

vejación *f*, **vejamen** *m* - **1.** [humillación] humiliation. - **2.** [molestia] vexation, annoyance. - **3.** [insulto] insult, affront.

vejador, ra ◇ *adj* - **1.** [que molesta] vexing, annoying. - **2.** [insultante] insulting. ◇ *m, f* - **1.** [persona molesta] annoying person. - **2.** [persona insultante] rude person.

vejancón, ona *fam despec* ◇ *adj* ancient. ◇ *m, f* old crock o fogey.

vejar *vt* - **1.** [humillar] to humiliate. - **2.** [molestar] to vex, to annoy.

vejatorio, ria *adj* humiliating.

vejestorio *m despec* - **1.** [persona] old fogey. - **2.** [cosa] old wreck.

vejete *fam* ◇ *adj* old. ◇ *m* old man.

vejez *(pl* **vejeces)** *f* - **1.** [edad] old age; **¡a la** ~ **viruelas!** *fam* fancy that at his/her age! - **2.** *fig* [manía] cantankerousness.

vejiga *f* - **1.** ANAT bladder; ~ **de la bilis** gall bladder; ~ **natatoria** swim bladder. - **2.** [en la piel] blister.

◆ **vejiga de perro** *f* winter cherry.

vela *f* - **1.** [para dar luz] candle; **estar a dos** ~**s** *fig* not to have two halfpennies to rub together. - **2.** [de barco] sail; **a toda** ~ under full sail; **hacer** o **hacerse a la** ~ to set sail ❑ ~ **de abanico** spritsail; ~ **de cruz** square sail; ~ **de cuchillo** staysail; ~ **latina** lateen sail; ~ **mayor** mainsail; ~ **al tercio** lugsail. - **3.** DEP sailing. - **4.** [vigilia] vigil; **pasar la noche en** ~ [adrede] to stay awake all night; [desvelado] to have a sleepless night. - **5.** *fig* [embarcación] sailing boat *Br*, sailboat *Am*. - **6.** [centinela] night watchman. - **7.** Amér [reprimenda] reprimand. - **8.** Amér [velorio] wake. - **9.** *loc*:

entre dos ~**s** three sheets to the wind; **no darle a alguien** ~ **en un entierro** not to give sb a say in the matter.

◆ **velas** *fpl fam* [mocos] bogies, snot *(U)*.

velada *f* evening; **quedarse de** ~ **con** to spend the evening with.

velado, da *adj* - **1.** [oculto] veiled, hidden. - **2.** FOT blurred. - **3.** [voz] muffled.

velador, ra ◇ *adj* watching. ◇ *m, f* RELIG vigil-keeper.

◆ **velador** *m* - **1.** [mesa] pedestal table. - **2.** [guarda] guard, watchman; [de noche] night watchman. - **3.** [candelero] candlestick. - **4.** Amér [mesilla de noche] bedside table.

◆ **veladora** *f* - **1.** [lamparilla] bedside lamp. - **2.** Amér [vela] candle.

velamen *m* sails *(pl)*.

velar¹ *adj* ANAT & LING velar.

velar² ◇ *vi* - **1.** [cuidar]: ~ **por** to look after, to watch over. - **2.** [no dormir] to stay awake. - **3.** [trabajar] to work late. - **4.** RELIG to keep vigil. ◇ *vt* - **1.** [de noche - muerto] to keep a vigil over; [- enfermo] to sit up with. - **2.** [ocultar] to mask, to veil. - **3.** FOT to blur. - **4.** [cubrir] to cover with a veil. - **5.** [observar con atención] to watch (over).

◆ **velarse** *vpr* FOT to blur.

velatorio *m* wake, vigil.

velcro® *m* Velcro®.

veleidad *f* - **1.** [inconstancia] fickleness, capriciousness. - **2.** [antojo, capricho] whim, caprice.

veleidoso, sa *adj* - **1.** [inconstante] fickle. - **2.** [caprichoso] capricious.

velero, ra ◇ *adj* swift-sailing. ◇ *m, f* - **1.** [de velas de barco] sailmaker. - **2.** [de velas de cera] candlemaker.

◆ **velero** *m* sailing boat/ship.

veleta ◇ *f* [de viento] weather vane. ◇ *mf fam* [persona] capricious person.

velillo *m* embroidered gauze.

vellido, da *adj* = **velloso**.

vello *m* - **1.** [pelusilla] down. - **2.** [pelo] hair.

vellocino *m* fleece.

vellón *m* - **1.** [lana] fleece. - **2.** [aleación] silver and copper alloy. - **3.** [piel] sheepskin. - **4.** [mechón] tuft of wool. - **5.** [moneda] copper coin.

vellorí *(pl* **velloríes)**, **vellorín** *m* undyed wool broadcloth.

vellosidad *f* - **1.** [con pelusilla] downiness. - **2.** [con pelo] hairiness.

velloso, sa, vellido, da *adj* hairy.

velludo, da *adj* hairy.

◆ **velludo** *m* velveteen.

velo *m* - **1.** [tela] veil; **tomar el** ~ RELIG to take the veil ❑ **correr** o **echar un (tupido)** ~ **sobre algo** *fig* to draw a veil over sthg. - **2.** *fig* [que disimula] mask, veil. - **3.** *fig* [pretexto] pretext, cloak. - **4.** *fig* [confusión] confusion. - **5.** [paño] humeral veil.

◆ **velo del paladar** *m* soft palate.

velocidad *f* - **1.** [gen] speed; TECN velocity; **el coche alcanza** ~**es increíbles** the car can achieve incredible speeds; **hace las cuentas de multiplicar con mucha** ~ he's very quick at multiplication; **a toda** ~ at full speed; **de alta** ~ high-speed; **reducir la** ~ to slow down ❑ ~ **angular/sincrónica/punta** angular/synchronous/top speed; ~ **de ascensión/de crucero/de traslación** climbing/cruising/travelling speed; ~ **de liberación** FÍS escape velocity; ~ **límite** speed limit; ~ **de vuelo** airspeed; ~ **unitaria** rate of speed; **con la** ~ **de un rayo** as quick as a flash. - **2.** [marcha del coche] gear; **cambiar de** ~ to change gear.

velocímetro *m* speedometer.

velocípedo *m* velocipede.

velocista *mf* sprinter.

velódromo *m* cycle track, velodrome.

velomotor *m* moped.

velón *m* - **1.** [lámpara] oil lamp. - **2.** Amér [vela] thick candle.

velonera *f* lamp stand.

velorio *m* - **1.** [de difunto] wake. - **2.** RELIG taking of the veil. - **3.** *fam* [fiesta aburrida] dull party.

veloz (*pl* **veloces**) *adj* fast, quick.

veludillo *m* velveteen.

veludo *m* plush.

ven *v* → **venir**.

vena *f* - **1.** [gen & ANAT] MIN vein; ~ **de agua** underground water channel; ~ **cava** vena cava; ~ **porta** portal vein. - **2.** [inspiración] inspiration; **estar en** ~ to feel inspired; **tener la** ~ to be inspired. - **3.** [don] vein, streak; **tener** ~ **de algo** to have a gift for doing sthg □ ~ **de loco** mad streak. - **4.** [en piedra, madera] vein, streak. - **5.** BOT vein, rib. - **6.** *loc:* **si se le da la** ~ if the mood takes him/her.

venablo *m* javelin.

venado *m* ZOOL deer; CULIN venison; **correr** o **pintar el** ~ *Amér fig* to play truant.

venal *adj* - **1.** [sobornable] venal, corrupt. - **2.** [vendible] for sale, saleable.

venalidad *f* venality.

vencedero, ra *adj* payable.

vencedor, ra ◇ *adj* [ganador] winning, victorious; [nación etc] conquering. ◇ *m, f* [ganador] winner; [conquistador] conqueror.

vencejo *m* - **1.** [ave] swift. - **2.** [lazo] tie, bond.

vencer [11] ◇ *vt* - **1.** [ganar] to beat, to defeat. - **2.** *fig* [superar] to overcome; **le venció el sueño** she was overcome with tiredness; **no pudo** ~ **la tentación** he couldn't resist the temptation; ~ **las pasiones** to control one's emotions. - **3.** [aventajar]: ~ **a alguien a** o **en algo** to outdo sb at sthg. - **4.** [conquistar] to conquer, to vanquish. - **5.** [romper] to break, to snap; **el peso de los libros venció la estantería** the bookcase gave way under the weight of the books. ◇ *vi* - **1.** [ganar] to win, to be victorious. - **2.** [caducar - garantía, contrato, plazo] to expire; [- deuda, pago] to fall due, to be payable; [- bono] to mature. - **3.** [prevalecer] to prevail.

◆ **vencerse** *vpr* - **1.** [estante etc] to give way, to collapse. - **2.** [controlarse] to control o.s. - **3.** [torcerse] to bend, to sag. - **4.** *Amér* [gastarse] to get worn-out.

vencible *adj* beatable.

vencido, da ◇ *adj* - **1.** [derrotado] defeated; **darse por** ~ to give up. - **2.** [caducado - garantía, contrato, plazo] expired; [- pago, deuda] due, payable; [- bono] mature. ◇ *m, f* [en guerra] conquered o defeated person; [en deportes, concursos] loser.

◆ **vencida** *f*: **ir de vencida** to be about to lose.

vencimiento *m* - **1.** [término - de garantía, contrato, plazo] expiry; [- de pago, deuda] falling due; [- de bono] maturing. - **2.** [expiración] due date. - **3.** [inclinación] giving way, collapse. - **4.** [derrota] defeat. - **5.** [torcimiento] bend, bending (U).

venda *f* bandage; **tener una** ~ **en** o **delante de los ojos** *fig* to be blind.

vendaje *m* - **1.** [de herida] bandaging; ~ **enyesado** plaster cast. - **2.** [comisión] sales commission. - **3.** *Amér* [dinero extra] bonus.

vendar *vt* to bandage; ~ **los ojos a alguien** to blindfold sb.

vendaval *m* gale.

vendedera *f* saleswoman.

vendedor, ra ◇ *adj* selling. ◇ *m, f* [gen] seller; [en tienda] shop o sales assistant; [de coches, seguros] salesman (*f* saleswoman); ~ **ambulante** pedlar, hawker; ~ **de periódicos** newsagent.

vendehúmos *mf inv fam* influence peddler.

vendeja *f* public sale.

vender *vt* - **1.** [gen] to sell; **vendí el apartamento** I sold the flat; **en esa tienda venden muebles** they sell furniture in the shop; **es capaz de** ~ **su alma por triunfar** he'd sell his soul to the Devil if that's what it took to be suc-

cessful; ~ **algo a** o **por** to sell sthg for; **venden naranjas a 200 pesetas el kilo** they're selling oranges for 200 pesetas a kilo; ~ **de puerta en puerta** to peddle. - **2.** [traicionar] to betray; **vendió a su amiga** she betrayed her friend.

◆ **venderse** *vpr* - **1.** [ser vendido] to be sold o on sale; **'se vende'** 'for sale'. - **2.** [dejarse sobornar] to sell o.s., to be bribed; ~**se por** to sell for.

vendible *adj* saleable.

vendido, da *adj* sold; **estar** o **ir** ~ *fig* not to stand a chance.

vendimia *f* - **1.** [recolección] grape harvest. - **2.** [tiempo] vintage. - **3.** *fig* [provecho] profit, gain.

vendimiador, ra *m, f* grape picker.

vendimiar [8] ◇ *vt* - **1.** [fruto de viña] to harvest (*grapes*). - **2.** *fig* [aprovechar] to benefit unfairly from. - **3.** *fam* [matar] to bump off. ◇ *vi* to pick grapes.

vendo *m* selvage.

vendrá *etc v* → **venir**.

venduta *f Amér* - **1.** [subasta] auction. - **2.** [tienda] small grocery.

vendutero, ra *m, f Amér* auctioneer.

Venecia *s* Venice.

veneciano, na *adj & m, f* Venetian.

veneno *m* - **1.** [gen] poison; [de serpiente, insecto] venom. - **2.** *fig* [mala intención] venom.

venenosidad *f* poisonousness.

venenoso, sa *adj* - **1.** [gen] poisonous. - **2.** *fig* [malintencionado] venomous.

venera *f* - **1.** [concha] scallop shell. - **2.** [fuente] spring, fountain. - **3.** [insignia] scallop.

venerable *adj* venerable.

veneración *f* veneration, worship.

venerador, ra ◇ *adj* venerational. ◇ *m, f* venerator.

venerar *vt* to venerate, to worship.

venéreo, a *adj* venereal.

◆ **venéreo** *m* venereal disease.

venero *m* - **1.** [manantial] spring, fountain. - **2.** *fig* [origen] source, origin; ~ **de datos** mine of information. - **3.** [de reloj de sol] *radial line on a sundial marking the hours.* - **4.** MIN seam, vein.

venezolano, na *adj & m, f* Venezuelan.

Venezuela *s* Venezuela.

venga ◇ *v* → **venir**. ◇ *interj* come on!

vengador, ra ◇ *adj* avenging. ◇ *m, f* avenger.

venganza *f* vengeance, revenge.

vengar [16] *vt* to avenge.

◆ **vengarse** *vpr:* ~**se (de)** to take revenge (on), to avenge o.s. (on); **me vengaré de él algún día** I'll take my revenge on him some day.

vengativo, va *adj* vengeful, vindictive.

vengo *v* → **venir**.

vengue *etc v* → **vengar**.

venia *f* - **1.** [permiso] permission. - **2.** DER [perdón] pardon; **con la** ~ [tomando la palabra] by your leave. - **3.** [saludo] nod. - **4.** *Amér* MIL salute.

venial *adj* petty, venial.

venialidad *f* veniality, pettiness.

venialmente *adv* venially.

venida *f* - **1.** [llegada] arrival. - **2.** [regreso] return. - **3.** [de río] flood. - **4.** [ímpetu] impetuousness, rashness. - **5.** [en esgrima] attack.

venidero, ra *adj* coming, future.

◆ **venideros** *mpl* heirs, descendants.

venir [75] ◇ *vi* - **1.** [gen] to come; ~ **a/de hacer algo** to come to do sthg/from doing sthg; ~ **de algo** [proceder, derivarse] to come from sthg; ~ **a alguien con algo** to come to sb with sthg; **no me vengas con exigencias** don't come to me making demands; **el año que viene** next year. - **2.** [llegar] to arrive; **vino a las doce** he arrived at twelve o'clock. - **3.** [hallarse] to be; **el texto viene en inglés** the text is in English; **su foto viene en primera página** his photo is o appears on the front page. - **4.** [acometer, sobrevenir]: **me viene sueño** I'm getting sleepy; **le vinieron ganas de reír** he was seized by a desire to laugh; **le vino una tremenda desgracia** he suffered a great misfortune. - **5.** [ropa, calzado]: ~ **a alguien** to fit sb; **¿qué tal te viene?** does it fit all right?; **el abrigo le viene pequeño** the coat is too small for her. - **6.** [convenir]: ~ **bien/mal a alguien** to suit/not to suit sb. - **7.** [aproximarse]: **viene a costar un millón** it costs almost a million. - **8.** loc: **¿a qué viene esto?** what do you mean by that?, what's that in aid of?; ~ **a menos** [negocio] to go downhill; [persona] to go down in the world; ~ **a parar en** to end in; ~ **a ser** to amount to. ◇ v aux - **1.** (antes de gerundio) [haber estado]: ~ **haciendo algo** to have been doing sthg; **las peleas vienen sucediéndose desde hace tiempo** fighting has been going on for some time. - **2.** (antes de participio) [estar]: **los cambios vienen motivados por la presión de la oposición** the changes have come about after pressure from the opposition.

◆ **venirse** vpr - **1.** [volver]: ~**se (de)** to come back o return (from). - **2.** loc: ~**se abajo** [techo, estante etc] to collapse; [ilusiones] to be dashed.

venoso, sa adj venous.

venta f - **1.** [acción] sale, selling; **de** ~ **en...** on sale at...; **estar en** ~ to be for sale; **poner a la** ~ [casa] to put up for sale; [producto] to put on sale ❑ ~ **automatizada** vending-machine sale; ~ **al contado/a crédito** cash/credit sale; ~ **a domicilio** door-to-door selling; ~ **a plazos** sale by instalments; ~ **al por mayor** wholesale; ~ **al por menor** retail; ~ **directa** direct selling; ~ **por correo** o **por correspondencia** mail-order sale; ~ **por teléfono** telesales (pl); ~ **pública** public auction; ~ **sobre plano** sale of customized goods. - **2.** (gen pl) [cantidad] sales (pl); **en el último mes se han incrementado las** ~**s** sales have increased over the last month. - **3.** Amér [puesto en fiestas] refreshment stand. - **4.** [posada] country inn.

ventada f gust of wind.

ventaja f - **1.** [hecho favorable] advantage. - **2.** [en competición] lead; **dar** ~ to give a start; **llevar** ~ **a alguien** to have a lead over sb; **sacar** ~ **a** to have a lead over. - **3.** [provecho] benefit, profit; **sacar** ~ **de** to take advantage of, to profit from. - **4.** [beneficio] benefit; ~**s sociales** social benefits.

ventajista adj & mf opportunist.

ventajoso, sa adj advantageous.

ventana f - **1.** [gen] window; ~ **de guillotina** sash window; **echar** o **tirar algo por la** ~ [lanzar] to throw sthg out of the window; fig [derrochar] to squander sthg, to throw sthg away. - **2.** [de nariz] nostril.

ventanaje m windows (pl).

ventanal m large window.

ventanazo m slam of a window.

ventanear vi fam to be constantly at the window.

ventanero, ra ◇ adj constantly at the window. ◇ m, f person who spends a lot of time at the window.

◆ **ventanero** m window maker.

ventanilla f - **1.** [de vehículo, sobre] window. - **2.** [taquilla] counter. - **3.** [de nariz] nostril.

ventanillo m - **1.** [ventana pequeña] small window. - **2.** [mirilla] peephole. - **3.** [de barco] porthole.

ventarrón m fam gale, strong wind.

ventear ◇ v impers to be very windy. ◇ vi to sniff the air. ◇ vt - **1.** [olfatear] to sniff. - **2.** [airear] to air. - **3.** fig [indagar] to snoop into.

◆ **ventearse** vpr - **1.** [rajarse] to split, to crack. - **2.** [ventosear] to break wind. - **3.** Amér [salir] to go out a lot.

ventero, ra m, f [de posada] innkeeper.

ventilación f ventilation.

ventilador m ventilator, fan.

ventilar vt - **1.** [airear, discutir] to air. - **2.** [resolver] to clear up. - **3.** [difundir] to spread, to make public.

◆ **ventilarse** vpr - **1.** [airearse] to air. - **2.** fam [terminarse] to knock o finish off. - **3.** [apañarse]: **ventilárselas** to fend for o.s.

ventisca f blizzard.

ventiscar [10], **ventisquear** v impers to blow a blizzard.

ventisco m blizzard, snowstorm.

ventiscoso, sa adj prone to snowstorms.

ventisquear v impers = **ventiscar**.

ventisquero m - **1.** [nieve amontonada] snowdrift. - **2.** [ventisca] blizzard, snowstorm. - **3.** [altura de monte] snowcap. - **4.** [glaciar] glacier.

ventolera f - **1.** [viento] gust of wind. - **2.** [idea extravagante] wild idea; **le ha dado la** ~ **de hacerlo** she has taken it into her head to do it. - **3.** fam [vanidad] vanity, conceit. - **4.** [juguete] windmill Br, pinwheel Am.

ventolina f light breeze.

ventorrillo m - **1.** despec [posada, taberna] small inn. - **2.** [tienda] local shop.

ventorro m despec cheap tavern, dive.

ventosa ◇ adj f → **ventoso**. ◇ f - **1.** [gen & ZOOL] sucker. - **2.** MED cupping glass. - **3.** [abertura] vent, air hole.

ventosear vi to break wind.

ventosidad f wind, flatulence.

ventoso, sa adj - **1.** [día, clima] windy. - **2.** ANAT flatulent.

ventregada f - **1.** [de perros, gatos] litter; [de pollos, patos] brood. - **2.** fig [abundancia] stream, flood.

ventrera f - **1.** [faja] bellyband. - **2.** [de armadura] stomach plate. - **3.** [de caballo] cinch.

ventricular adj ventricular.

ventrículo m ventricle.

ventrílocuo, cua ◇ adj ventriloquistic. ◇ m, f ventriloquist.

ventriloquía f ventriloquism.

ventrudo, da, **ventroso, sa** adj fam paunchy.

ventura ◇ adj f → **venturo**. ◇ f - **1.** [suerte] luck; **a la (buena)** ~ [al azar] at random, haphazardly; [sin nada previsto] without planning o a fixed plan; **echar la buena** ~ **a alguien** to tell sb's fortune; **probar** ~ to try one's luck ❑ **por** ~ as luck would have it, luckily. - **2.** [casualidad] fate, fortune. - **3.** [felicidad] happiness. - **4.** [peligro] danger, risk.

venturado, da adj [afortunado] lucky, fortunate.

venturanza f [felicidad] happiness.

venturero, ra ◇ adj - **1.** [afortunado] lucky, fortunate. - **2.** [aventurero] adventurous. - **3.** [ocioso] lazy, idle. ◇ m, f adventurer.

venturo, ra adj future (antes de sust).

venturoso, sa adj happy, fortunate.

Venus ◇ f MITOL Venus. ◇ s [planeta] Venus.

venza etc v → **vencer**.

ver [76] ◇ vi - **1.** [gen] to see; ~ **bien** to see well; ~ **mal** to see badly, not to see well. - **2.** loc: **a** ~ [veamos] let's see; **¿a** ~? [mirando con interés] let me see, let's have a look; **¡a** ~! [¡pues claro!] what do you expect?; [al empezar algo] right!; **dejarse** ~ **(por un sitio)** to show one's face (somewhere); **eso está por** ~ that remains to be seen; **ni visto ni oído** in the twinkling of an eye; **ya veremos** we'll see. ◇ vt - **1.** [gen] to see; [mirar] to look at; [televisión, partido de fútbol] to watch; **¿ves algo?** can you see anything?; **he estado viendo tu trabajo** I've been looking at your work; **ya veo que estás de mal humor** I can see you're in a bad mood; **¿ves lo que quiero decir?** do you see what I mean?; **ir a** ~ **lo que pasa** to go and see what's going on; **es una manera de** ~ **las cosas** that's one way of looking at it; **yo no lo veo tan mal** I don't think it's that bad. - **2.** loc: **eso habrá que** ~**lo** that remains to be seen; **¡hay que** ~ **qué lista es!** you wouldn't believe how clever she is!; **no puedo** ~**le (ni en pintura)** fam I can't stand him; **si no lo veo, no lo creo** you'll never believe it; **si te vi, no me acuerdo** he/she etc doesn't want to know; ~ **venir a alguien** to see what sb is up to. ◇ m: **estar de buen** ~ to be good-looking.

◆ **verse** *vpr* - **1.** [mirarse, imaginarse] to see o.s.; ~**se en el espejo** to see o.s. in the mirror; **ya me veo cargando el camión yo solo** I can see myself having to load the lorry on my own. - **2.** [percibirse]: **desde aquí se ve el mar** you can see the sea from here. - **3.** [encontrarse] to meet, to see each other; **hace mucho que no nos vemos** we haven't seen each other for a long time. - **4.** [darse, suceder] to be seen. - **5.** *loc*: **vérselas y deseárselas para hacer algo** to have a real struggle doing sthg.

◆ **véase** *vpr* [en textos] see.

◆ **por lo visto, por lo que se ve** *loc adv* apparently.

vera *f* - **1.** [orilla - de río, lago] bank; [- de camino] edge, side. - **2.** *fig* [lado] side; **a la** ~ **de** next to.

veracidad *f* truthfulness.

veranada *f* [temporada] summer season.

veranadero *m* [lugar] summer pasture.

veranda *f* verandah.

veraneante ◇ *adj* holiday-making. ◇ *mf* holidaymaker, (summer) vacationer *Am*.

veranear *vi*: ~ **en** to spend one's summer holidays in.

veraneo *m* summer holidays *(pl)*; **de** ~ holiday *(antes de sust)*.

veranero, ra *adj Amér* summer *(antes de sust)*.

◆ **veranero** *m* summer pasture.

veraniego, ga *adj* - **1.** [de verano] summer *(antes de sust)*. - **2.** *fig* [ligero] light, flimsy.

veranillo *m Amér* [en época de lluvias] dry spell during rainy season.

◆ **veranillo de San Martín** *m* Indian summer.

verano *m* summer.

veras *fpl* - **1.** [verdad, realidad] truth *(U)*; **de** ~ [verdaderamente] really; [en serio] seriously. - **2.** [seriedad] seriousness *(U)*, earnestness *(U)*.

veraz *(pl* **veraces***) adj* truthful.

verazmente *adj* accurately.

verba *f* loquaciousness, talkativeness.

verbal *adj* verbal.

verbalizar [13] *vt* to verbalize.

verbalmente *adv* verbally.

verbena *f* - **1.** [fiesta] street party *(on the eve of certain saints' days)*. - **2.** [planta] verbena.

verbenero, ra *adj* street-party *(antes de sust)*.

verbigracia *adv culto* for example, for instance.

verbo *m* - **1.** GRAM verb; ~ **activo/neutro/pasivo** active/neutral/passive verb; ~ **auxiliar/defectivo** auxiliary/defective verb; ~ **intransitivo/transitivo** intransitive/transitive verb; ~ **reflexivo** o **reflejo** reflexive verb. - **2.** [lenguaje] language. - **3.** [voto, juramento] oath, vow.

verborrea *f* verbal diarrhoea, verbosity.

verbosidad *f* verbosity.

verboso, sa *adj* verbose.

verdad *f* - **1.** [gen] truth; **la** ~ **es que...** the truth is (that)...; **decir la** ~ to tell the truth; **a decir** ~ to tell the truth; **bien es** ~ **que...**, ~ **es que...** it's certainly true that...; **en** ~ truly, honestly; **faltar a la** ~ to lie; **¿no es** ~? isn't that so?; **ser la pura** ~ to be the plain truth ❑ ~ **de Perogrullo** *fam* truism, platitude; ~ **a medias** half-truth. - **2.** [principio aceptado] fact *(U)*; **su libro no es fiel a la** ~ **histórica** his book doesn't accurately reflect historical fact. - **3.** *loc*: **no te gusta, ¿**~**?** you don't like it, do you?; **está bueno, ¿**~**?** it's good, isn't it? ❑ **una** ~ **como un puño** o **templo** an undeniable fact.

◆ **verdades** *fpl* [opinión sincera] true thoughts; **cantar las** ~**es** *fig* to speak one's mind; **cantarle** o **decirle a alguien cuatro** ~**es** *fig* to tell sb a few home truths.

◆ **de verdad** ◇ *loc adv* - **1.** [en serio] seriously; **¿de** ~**?** really? - **2.** [realmente] really. ◇ *loc adj* [auténtico] real; **un héroe de** ~ a real hero.

verdaderamente *adv* truly.

verdadero, ra *adj* - **1.** [cierto, real] true, real; **fue un** ~ **lío** it was a real mess. - **2.** [sin falsificar] real. - **3.** [enfático] real. - **4.** [persona] truthful.

verde ◇ *adj* - **1.** [gen] green; **poner** ~ **a alguien** to criticize sb. - **2.** [fruta] unripe, green; [leña] unseasoned. - **3.** [ecologista] green. - **4.** *fig* [obsceno] blue, dirty; [libertino] dirty. - **5.** *fig* [proyecto etc] in its early stages. ◇ *m* - **1.** [color] green; ~ **esmeralda** emerald (green); ~ **mar** sea green; ~ **oliva** olive (green). - **2.** [follaje] foliage; [hierba] grass. - **3.** [forraje] fresh fodder. - **4.** [sabor del vino] sour taste. - **5.** *Amér* [mate] maté. - **6.** *Amér* [pasto] pasture. - **7.** *Amér* [plátano] plantain. - **8.** [campo] countryside.

◆ **verde de montaña** *m* malachite.

VERDE *(abrev de* **Vértice Español de Reivindicación y Desarrollo Ecológico)** *m Spanish Ecology Party*.

verdear *vi* - **1.** [parecer verde] to look green. - **2.** [brotar plantas] to turn o go green.

verdecer [30] *vi* to turn o go green.

verdemar ◇ *adj* sea-green. ◇ *m* sea geen.

verderón *m* greenfinch.

Verdes *mpl* [partido]: **los** ~ the Greens.

verdete *m* QUÍM verdigris.

verdín *m* - **1.** [de planta] fresh green. - **2.** [moho] mould, mildew. - **3.** [musgo] moss. - **4.** QUÍM verdigris.

verdinegro, gra *adj* very dark green.

verdino, na *adj* bright green.

verdiseco, ca *adj* half-dried.

verdor *m* - **1.** [color] greenness. - **2.** [madurez] lushness. - **3.** *fig* [vigor] youthful vigour.

verdoso, sa *adj* greenish.

verdugado *m desus* hoop skirt.

verdugal *m* hillside covered with saplings.

verdugazo *m* blow.

verdugo *m* - **1.** [de preso] executioner; [que ahorca] hangman. - **2.** *fig* [tirano] tyrant. - **3.** [pasamontañas] balaclava helmet. - **4.** [azote] whip. - **5.** [estoque] rapier. - **6.** *fam fig* [tormento] torment, scourge. - **7.** [cardenal] welt, weal. - **8.** BOT twig. - **9.** ARQUIT layer of bricks. - **10.** [ave] butcherbird, shrike.

verdugón *m* - **1.** [cardenal] welt, weal. - **2.** BOT twig.

verdulera *f* → **verdulero**.

verdulería *f* - **1.** [tienda] greengrocer's (shop). - **2.** *fam* [obscenidad] obscenity.

verdulero, ra *m, f* [tendero] greengrocer.

◆ **verdulera** *f fam fig* [ordinaria] fishwife.

verdura *f* - **1.** [hortalizas] vegetables *(pl)*, greens *(pl)*. - **2.** [verdor] greenness. - **3.** [follaje & ARTE] foliage, greenery. - **4.** [obscenidad] obscenity.

verdusco, ca *adj despec* dirty green.

vereda *f* - **1.** [senda] path; **hacer entrar** o **meter a alguien en** ~ to bring sb into line. - **2.** *Amér* [acera] pavement *Br*, sidewalk *Am*.

veredicto *m* verdict.

verga *f* - **1.** ANAT penis. - **2.** NÁUT yard. - **3.** [vara] stick. - **4.** [de ballesta] steel bow.

vergajo *m* [de toro] pizzle whip.

vergel *m* lush, fertile place.

vergonzante *adj* shameful.

vergonzosamente *adv* - **1.** [sin honra] shamefully, disgracefully. - **2.** [con timidez] timidly, bashfully.

vergonzoso, sa ◇ *adj* - **1.** [deshonroso] shameful. - **2.** [tímido] bashful. ◇ *m, f* bashful person.

◆ **vergonzoso** *m* armadillo.

vergüenza *f* - **1.** [turbación] embarrassment; **dar** ~ to embarrass; **me da** ~ **decírtelo** I am ashamed to tell you; **¡qué** ~**!** how embarrassing!; **sentir** ~ to feel embarrassed; **sentir** ~ **ajena** to feel embarrassed for sb; **tener** ~ to be ashamed. - **2.** [timidez] bashfulness; **perder la** ~ to lose one's inhibitions. - **3.** [remordimiento] shame; **no tener** ~ to be shameless; **sentir** ~ to feel ashamed; **sin** ~ shameless. - **4.** [dignidad] pride, dignity; **aún conserva la** ~ she still has her pride. - **5.** [deshonra, escándalo] disgrace; **¡es una ~!** it's disgraceful!; **¡qué ~!** what a disgrace! - **6.** [castigo público] public shame; **sacar a alguien a la ~ pública** to make a public example of sb. - **7.** [modestia] modesty.

◆ **vergüenzas** fpl eufemismo [genitales] private parts.

vericueto m (gen pl) rough track.

verídico, ca adj - **1.** [cierto] true, truthful. - **2.** fig [verosímil] true-to-life, real.

verificación f check, checking (U).

verificador, ra ◇ adj [confirmador] checking; [examinador] testing, inspecting. ◇ m, f tester, inspector.

verificar [10] vt - **1.** [verdad, autenticidad] to check, to verify. - **2.** [funcionamiento, buen estado] to check, to test. - **3.** [fecha, cita] to confirm. - **4.** [llevar a cabo] to carry out.

◆ **verificarse** vpr - **1.** [tener lugar] to take place. - **2.** [resultar cierto] to come true; [comprobarse] to be verified.

verificativo, va adj verificatory.

verija f - **1.** [pubis] pubis, pubic region. - **2.** Amér [de caballo] flank.

verisímil adj = **verosímil**.

verismo m ARTE verism.

verja f - **1.** [puerta] iron gate. - **2.** [valla] railings (pl). - **3.** [enrejado] grille.

verme m (gen pl) intestinal worm.

vermicida ◇ adj vermicidal. ◇ m vermicide.

vermífugo, ga adj vermifugal, anthelmintic.

◆ **vermífugo** m vermifuge, anthelmintic.

vermú (pl **vermús**), **vermut** (pl **vermuts**) m - **1.** [bebida] vermouth. - **2.** Amér CINE & TEATRO matinee.

vernáculo, la adj vernacular.

vernal adj vernal, spring (antes de sust).

verónica f - **1.** TAUROM pass in which matador swings cape away from bull. - **2.** [planta] veronica.

verosímil, verisímil adj - **1.** [creíble] believable, credible. - **2.** [probable] likely, probable.

verosimilitud f - **1.** [credibilidad] credibility. - **2.** [probabilidad] likeliness.

verraco m - **1.** [cerdo macho] boar, hog. - **2.** Amér [cerdo salvaje] boar.

verraquear, varraquear vi fam - **1.** [animal] to grunt. - **2.** fig [niño] to shriek, to howl.

verraquera, varraquera f fam [rabieta] crying fit, tantrum.

verriondez (pl **verriondeces**) f - **1.** [de animal] heat, rutting. - **2.** [de hierbas, hortalizas] withered state.

verriondo, da adj - **1.** [animal] on heat Br, in heat Am. - **2.** [hierbas, hortalizas] withered.

verrón m boar, hog.

verruga f - **1.** ANAT & BOT wart. - **2.** fam fig [pesadez] pain in the neck. - **3.** fam [defecto] fault, defect.

verrugo m fam miser, skinflint.

verrugosidad f [lesión] area of warts.

verrugoso, sa adj warty.

versado, da adj: **~ (en)** versed (in).

versal adj & f capital.

versalita, versalilla adj & f small capital.

Versalles s Versailles.

versallesco, ca adj fam [cortés] gallant, chivalrous.

versar vi - **1.** [tratar]: **~ sobre** to be about, to deal with. - **2.** [dar vueltas, girar] to turn o go round. - **3.** Amér [versificar] to versify. - **4.** Amér fam [hablar] to speak.

versátil adj - **1.** [voluble] changeable, fickle. - **2.** (considerado incorrecto) [polifacético] versatile. - **3.** BOT & ZOOL versatile.

versatilidad f - **1.** [volubilidad] changeability, fickleness. - **2.** (considerado incorrecto) [adaptabilidad] versatility.

versería f fam verses (pl), poems (pl).

versiculario m - **1.** [de versículos] chanter of versicles. - **2.** [de libros de coro] keeper of hymn books.

versículo m verse.

versificación f versification.

versificador, ra ◇ adj versifying. ◇ m, f versifier.

versificar [10] ◇ vi to write (in) verse. ◇ vt to put into verse.

versión f - **1.** [gen] version; [en música pop] cover version; **~ original** CINE original (version). - **2.** [traducción] translation, version.

versista mf versifier.

verso m - **1.** [género] verse; **en ~** in verse ❑ **~ blanco/libre** blank/free verse. - **2.** [unidad rítmica] line (of poetry). - **3.** [poema] poem. - **4.** [versículo] versicle. - **5.** IMPRENTA verso. - **6.** loc: **echar ~s** Amér to gab.

versus prep culto versus.

vértebra f vertebra.

vertebrado, da adj vertebrate.

◆ **vertebrados** mpl ZOOL vertebrates.

vertebral adj vertebral.

vertedero m - **1.** [de basuras] rubbish tip o dump; [de agua] overflow. - **2.** [de pantano] drain, spillway.

vertedor, ra ◇ adj - **1.** [de recipiente] emptying. - **2.** [de líquido] pouring. ◇ m, f - **1.** [de recipiente] emptier. - **2.** [de líquido] pourer.

◆ **vertedor** m - **1.** [desagüe, conducto] drain. - **2.** [utensilio] scoop. - **3.** NÁUT bailer.

verter [20] ◇ vt - **1.** [derramar] to spill; [lágrimas, sangre] to shed. - **2.** [vaciar - líquido] to pour (out); [- recipiente] to empty. - **3.** [basura, residuos] to dump. - **4.** [volcar] to turn upside down. - **5.** [traducir]: **~ (a)** to translate (into). - **6.** fig [decir] to tell. ◇ vi: **~ a** to flow into.

◆ **verterse** vpr [derramarse] to spill.

vertical ◇ adj GEOM vertical; [derecho] upright. ◇ m ASTRON vertical circle. ◇ f GEOM vertical.

verticalidad f verticality, vertical position.

verticalmente adv vertically.

vértice m [gen] vertex; [de cono] apex.

vertido m - **1.** (gen pl) [residuo] waste (U); **~s tóxicos** toxic waste. - **2.** [acción] dumping.

vertiente ◇ f - **1.** [pendiente] slope. - **2.** fig [aspecto] side, aspect. - **3.** Amér [manantial] spring. ◇ adj flowing.

vertiginosamente adv steeply.

vertiginosidad f dizziness.

vertiginoso, sa adj - **1.** [mareante] dizzy. - **2.** fig [raudo] giddy.

vértigo m - **1.** [enfermedad] vertigo; [mareo] dizziness; **trepar me da ~** climbing makes me dizzy; **tener ~** to feel dizzy. - **2.** fig [apresuramiento] mad rush, hectic pace. - **3.** fig [asombro]: **dar ~ a alguien** to make sb's head spin; **de ~** [velocidad, altura] giddy; [cifras] mind-boggling. - **4.** fig [locura pasajera] fit of madness.

vertimiento m - **1.** [de líquido] pouring. - **2.** [de recipiente] emptying.

vesícula f - **1.** ANAT: **~ biliar** gall bladder. - **2.** MED & BOT vesicle.

vesicular adj vesicular.

Vespa® f (motor) scooter.

vesperal adj & m vesperal.

véspero m ASTRON Vesper, evening star.

vespertino, na adj evening (antes de sust).

◆ **vespertino** m afternoon sermon.

Vespucio m: **Américo ~** Amerigo Vespucci.

vestal f vestal (virgin).

vestíbulo m - **1.** [de casa] (entrance) hall. - **2.** [de hotel, oficina] lobby, foyer.

vestido, da adj dressed; **bien ~** well-dressed.

◆ **vestido** m - **1.** [indumentaria] clothes (pl). - **2.** [prenda femenina] dress; [traje de hombre] suit; **~ de fiesta/premamá** cocktail/maternity dress.

vestidor m dressing room.

vestidura f (gen pl) [gen] clothes (pl); RELIG vestments (pl); **rasgarse las ~s** fig to make a fuss.

vestigio *m* vestige; *fig* sign, trace.

vestimenta *f* clothes *(pl)*, wardrobe.

vestir [26] ◇ *vt* - **1.** [ataviar] to dress. - **2.** [llevar puesto] to wear; **vestía unos vaqueros** he was wearing jeans. - **3.** [confeccionar ropa para] to make clothes for. - **4.** [proveer de ropa] to clothe; ~ **a los pobres** to clothe the poor. - **5.** [cubrir] to cover. - **6.** *fig* [encubrir]: ~ **algo de** to invest sthg with. - **7.** *fig* [disimular] to conceal, to cloak. ◇ *vi* - **1.** [ser elegante] to be dressy; **de (mucho)** ~ (very) dressy. - **2.** [llevar ropa] to dress; ~ **de** to wear; **viste de uniforme** he wears a uniform. - **3.** *fam fig* [aparentar]: **tener un teléfono en el coche viste mucho** it looks good if you have a car-phone. - **4.** *loc*: **el mismo que viste y calza** the very same, none other; **vísteme despacio que tengo prisa** *proverb* more haste, less speed *proverb*.

◆ **vestirse** *vpr* - **1.** [ponerse ropa] to get dressed, to dress; ~**se a la moda** to dress fashionably. - **2.** [adquirir ropa]: ~**se en** to buy one's clothes at. - **3.** *fig & culto* [cubrirse]: ~**se de** to be covered in; **el cielo se vistió de nubes** the sky clouded over. - **4.** *fig* [aparentar]: ~**se de importancia** to adopt an attitude of self-importance.

vestuario *m* - **1.** [vestimenta] clothes *(pl)*, wardrobe; TEATRO costumes *(pl)*. - **2.** [guardarropa] cloakroom. - **3.** [para cambiarse] changing room; [de actores] dressing room. - **4.** MIL uniform.

veta *f* - **1.** [filón] vein, seam. - **2.** [faja, lista] grain. - **3.** *Amér* [cinta] ribbon, band.

vetado, da *adj* = **veteado**.

vetar *vt* to veto.

veteado, da, vetado, da *adj* grained.

vetear *vt* - **1.** [gen] to grain. - **2.** *Amér* [azotar] to whip.

veteranía *f* - **1.** [antigüedad] seniority, age. - **2.** [larga experiencia] long experience.

veterano, na *adj & m, f* veteran.

veterinario, ria ◇ *adj* veterinary. ◇ *m, f* [persona] vet, veterinary surgeon.

◆ **veterinaria** *f* [ciencia] veterinary science o medicine.

veto *m* veto; **poner** ~ **a algo** to veto sthg.

vetustez *(pl* **vetusteces)** *f* antiquity, great age.

vetusto, ta *adj* ancient, very old.

vez *(pl* **veces)** *f* - **1.** [gen] time; **te lo he dicho muchas veces** I've told you many times; **hay veces que conviene no decir toda la verdad** there are times when it's best not to tell the whole truth; **una** ~ once; **dos veces** twice; **tres veces** three times; ¿**has estado allí alguna** ~? have you ever been there?; **a mi/tu** *etc* ~ in my/your *etc* turn □ **a la** ~ **(que)** at the same time (as); **así a la** ~ **que leo, estudio** this way, while I'm reading, I'm also studying; **cada** ~ **(que)** every time; **cada** ~ **más** more and more; **cada** ~ **menos** less and less; **cada** ~ **la veo más feliz** she seems happier and happier; **de una** ~ in one go; **de una** ~ **para siempre** o **por todas** once and for all; **érase una** ~... once upon a time...; **muchas veces** often, a lot; **otra** ~ again; **pocas veces, rara** ~ rarely, seldom; **por primera/última** ~ for the first/last time; **por enésima** ~ *fam* for the umpteenth time; **repetidas veces** repeatedly, time and again; **una** o **alguna que otra** ~ occasionally; **una** ~ **más** once again; **una y otra** ~ time and again; **hacer las veces de** to act as. - **2.** [turno] turn; **cuando me tocó la** ~ **no estaba aquí** when it was my turn, I wasn't here.

◆ **a veces, algunas veces** *loc adv* sometimes, at times.

◆ **de vez en cuando** *loc adv* from time to time, now and again.

◆ **en vez de** *loc prep* instead of; **en** ~ **de trabajar tanto deberías salir un poco más** you should go out more instead of working so hard.

◆ **tal vez** *loc adv* perhaps, maybe.

◆ **toda vez que** *loc conj* since.

◆ **una vez que** *loc conj* once, after.

v.g., v.gr. *(abrev escrita de* **verbigracia)** v.gr.

VHF *(abrev de* **very high frequency)** *m* VHF.

VHS *(abrev de* **video home system)** *m* VHS.

vía ◇ *f* - **1.** [medio de transporte] route; **por** ~ **aérea** [gen] by air; [correo] (by) airmail; **por** ~ **marítima** by sea; **por** ~ **terrestre** overland, by land □ ~ **de comunicación** communication route; ~ **fluvial** waterway. - **2.** [calzada, calle] road; ~ **pública** public thoroughfare. - **3.** [FERROC - raíl] rails *(pl)*, track; [- andén] platform; **ancho de** ~ gauge; ~ **estrecha** narrow gauge; ~ **férrea** [ruta] railway line; ~ **muerta** siding. - **4.** [proceso]: **estar en** ~**s de** to be in the process of; **país en** ~**s de desarrollo** developing country; **una especie en** ~**s de extinción** an endangered species. - **5.** ANAT tract; **por** ~ **oral** orally □ ~**s respiratorias** respiratory tract *(sg)*. - **6.** [opción] channel, path; **por** ~ **oficial/judicial** through official channels/the courts. - **7.** [camino] way; **dar** ~ **libre** [dejar paso] to give way; [dar libertad de acción] to give a free rein. - **8.** DER procedure; ~ **sumaria** summary procedure. - **9.** QUÍM process; ~ **húmeda** wet process. ◇ *prep* via; **volaremos** ~ **París** we'll fly via Paris.

◆ **vía de agua** *f* NÁUT leak.

viabilidad *f* viability.

viable *adj* viable.

viacrucis, Vía Crucis *m inv* - **1.** RELIG Stations *(pl)* of the Cross, Way of the Cross. - **2.** *fig* [sufrimiento] ordeal, calvary.

viaducto *m* viaduct.

viajador, ra *m, f* traveller.

viajante ◇ *mf* travelling salesperson. ◇ *adj* travelling.

viajar *vi* - **1.** [trasladarse, irse]: ~ **(en)** to travel (by); **siempre viaja en tren** she always travels by train. - **2.** [circular] to run; **el tren viajaba a toda velocidad** the train was going at full speed.

viaje *m* - **1.** [gen] journey, trip; [en barco] voyage; ¡**buen** ~! have a good journey o trip!; **estar/ir de** ~ to be/go away (on a trip); **hay 11 días de** ~ it's an 11-day journey; **los** ~**s** travel □ ~ **de ida/vuelta** outward/return journey; ~ **de ida y vuelta** round trip; ~ **a la luna** moon shot; ~ **de negocios** business trip; ~ **de novios** honeymoon; ~ **relámpago** lightning trip o visit; **de un** ~ *Amér* all at once. - **2.** *fig* [recorrido] trip; **di varios** ~**s para trasladar los muebles** it took me a good few trips to move the furniture. - **3.** *fam fig* [alucinación] trip. - **4.** *fam fig* [golpe] bang, bump. - **5.** [carga] load; **un** ~ **de leña** a load of firewood. - **6.** *fam* [ataque] slash, thrust. - **7.** [libro] traveller's journal. - **8.** TAUROM butt.

◆ **viajes** *mpl* [singladuras] travels.

viajero, ra ◇ *adj* - **1.** [persona] travelling; [ave] migratory. ◇ *m, f* [gen] traveller; [en transporte público] passenger.

vial ◇ *adj* road *(antes de sust)*. ◇ *m* - **1.** [avenida] avenue, boulevard. - **2.** FARM phial.

Vía Láctea *f* Milky Way.

vialidad *f* highway administration.

vianda *f* - **1.** [comida] food *(U)*. - **2.** *Amér* [cocido] stewed vegetables *(pl)*.

viandante *mf* - **1.** [peatón] pedestrian. - **2.** [transeúnte] passerby. - **3.** [viajero] traveller.

viaraza *f Amér* - **1.** [enfado] fit of anger. - **2.** [ocurrencia] absurd idea.

viario, ria *adj* road *(antes de sust)*.

VIASA *(abrev de* **Venezolana Internacional de Aviación, SA)** *f* Venezuelan state airline.

viático *m* - **1.** [dieta] expenses allowance. - **2.** RELIG last rites *(pl)*, viaticum.

víbora *f* viper.

vibración *f* vibration.

vibrado *adj* [hormigón] vibrated.

vibrador, ra *adj* vibrating.

◆ **vibrador** *m* vibrator.

vibráfono *m* vibraphone.

vibrante ◇ *adj* - **1.** [oscilante] vibrating. - **2.** *fig* [emocionante] vibrant. ◇ *f* LING rolled, trilled.

vibrar ◇ *vi* - **1.** [oscilar] to vibrate. - **2.** *fig* [voz, rodillas etc] to shake. **- 3.** *fig* [público] to get excited. ◇ *vt* **- 1.** [hacer oscilar] to vibrate. **- 2.** [lanza, pica] to hurl.

vibrátil *adj* vibratile.

vibratorio, ria *adj* vibratory.

vicaría *f* **- 1.** [cargo] vicarship, vicariate. **- 2.** [residencia] vicarage.

vicarial *adj* vicarial.

vicariato *m* vicariate.

vicario, ria *adj* deputy.
◆ **vicario** *m* vicar.

vicealmirantazgo *m* vice-admiralty.

vicealmirante *mf* vice-admiral.

vicecanciller *mf* vice-chancellor.

vicecancillería *f* **- 1.** [cargo] vice-chancellorship. **- 2.** [oficina] vice-chancellor's office.

vicecónsul *mf* vice-consul.

viceconsulado *m* **- 1.** [cargo] vice-consulship. **- 2.** [oficina] vice-consulate.

vicegerencia *f* **- 1.** [de empresa] assistant managership. **- 2.** [del estado] vicegerency.

vicegerente *mf* **- 1.** [de empresa] assistant manager. **- 2.** [del estado] vicegerent.

vicegobernador, ra *m, f* vice-governor.

vicepresidencia *f* [de país, asociación] vice-presidency; [de comité, empresa] vice-chairmanship.

vicepresidente, ta *m, f* [de país, asociación] vicepresident; [de comité, empresa] vice-chairman.

vicerrector, ra *m, f* ≈ vice-rector.

vicesecretaría *f* assistant secretaryship.

vicesecretario, ria *m, f* assistant secretary.

viceversa *adv* vice versa.

vichy [bi'tʃi] (*pl* **vichys**) *m* gingham.

vichyssoisse [bitʃi'swas] (*pl* **vichyssoisses**) *f* CULIN vichyssoise.

viciado, da *adj* **- 1.** [maloliente] foul. **- 2.** [contaminado] polluted.

viciar [8] *vt* **- 1.** [pervertir] to corrupt. **- 2.** [contaminar] to pollute. **- 3.** [adulterar] to adulterate. **- 4.** [anular] to vitiate, to invalidate. **- 5.** *fig* [falsear] to falsify; [tergiversar] to distort, to twist.
◆ **viciarse** *vpr* **- 1.** [pervertirse] to become o get corrupted; [enviciarse] to take to vice. **- 2.** [contaminarse] to become polluted. **- 3.** [deformarse] to warp.

vicio *m* **- 1.** [mala costumbre] bad habit, vice; **llorar** o **quejarse de** ~ to complain for no (good) reason. **- 2.** [libertinaje] vice. **- 3.** [defecto físico, de dicción etc] defect. **- 4.** [deformación] warping. **- 5.** BOT excessive foliage, rankness. **- 6.** *fam* *fig* [mimo] overindulgence. **- 7.** *loc*: **de** ~ *fam* [fenomenal] brilliant.

vicioso, sa ◇ *adj* **- 1.** [depravado] depraved. **- 2.** [defectuoso] defective. **- 3.** [incorrecto] incorrect. **- 4.** *fam* [mimado] spoiled, pampered. ◇ *m, f* **- 1.** [depravado] depraved person. **- 2.** [adicto] drug addict.

vicisitud *f* [inestabilidad] instability, changeability.
◆ **vicisitudes** *fpl* [avatares] vicissitudes, ups and downs.

víctima *f* [gen] victim; [en accidente, guerra] casualty; **ser** ~ **de** to be the victim of; **su hija es la principal** ~ **de su mal genio** his daughter is the main victim of his bad temper ❑ ~ **propiciatoria** scapegoat; ~ **mortal** fatality.

victorear *vt* = **vitorear**.

victoria *f* **- 1.** [triunfo] victory; **adjudicarse la** ~ to win a victory ❑ ~ **aplastante** landslide victory; **cantar** ~ to claim victory. **- 2.** [coche] victoria.

Victoria ◇ *f* HIST: **la reina** ~ Queen Victoria. ◇ *s* [ciudad] Victoria. ◇ *m* → **lago**.

victoriano, na *adj & m, f* Victorian.

victorioso, sa ◇ *adj* victorious. ◇ *m, f* victor.

vicuña *f* vicuña.

vid *f* vine.

vid., v. (*abrev de* **véase**) v., vid.

vida *f* life; **estar lleno de** ~ to be full of life; **el conflicto se cobró muchas** ~**s** many lives were lost in the conflict; **amargarse la** ~ to make one's life a misery; **buscarse la** ~ to try to earn one's own living; **dar la** ~ **por** to give one's life for; **de toda la** ~ [amigo etc] lifelong; **le conozco de toda la** ~ I've known him all my life; **de por** ~ for life; **en** ~ **de** during the life o lifetime of; **eso no lo hubieras dicho en** ~ **de tu padre** you would never have said that while your father was alive; **en mi** ~ never in my life; **estar/salir con** ~ to be/come out alive; **estar entre la** ~ **y la muerte** to be at death's door; **ganarse la** ~ to earn a living; **la otra** ~ the next life; **pasar a mejor** ~ to pass away; **perder la** ~ to lose one's life; **quitar la** ~ **a alguien** to kill sb; **quitarse la** ~ to take one's (own) life ❑ ~ **amorosa/familiar/social** love/family/social life; ~ **nocturna** nightlife; ~ **privada/sentimental** private/love life; ~ **regalada** o **de canónigos** *fig* easy life; ~ **eterna** eternal life; **¡así es la** ~! that's life!, such is life!; **dar mala** ~ **a alguien** to abuse o mistreat sb; **darse** o **pegarse la gran** ~, **darse** o **pegarse la** ~ **padre** to live the life of Riley; **echarse a la** ~ to become a prostitute; **enterrarse en** ~ to forsake the world; **la** ~ **y milagros de alguien** sb's life story; **llevar una** ~ **de perros** to lead a dog's life; **¡mi** ~!, **¡**~ **mía!** my darling!; **¿qué es de tu** ~? how's life?; **tener la** ~ **pendiente de un hilo** to have one's life hanging by a thread; **tener siete** ~**s como los gatos** to have nine lives; **ser de** ~ **o muerte** to be a matter of life and death.

vidente ◇ *mf* clairvoyant. ◇ *adj* seeing, sighted.

vídeo, video ◇ *m* **- 1.** [gen] video; **grabar en** ~ to videotape, to record on video ❑ ~ **comunitario** *system enabling one video to be shown simultaneously on different television sets in one block of flats*; ~ **doméstico** home video. **- 2.** [aparato filmador] camcorder. ◇ *adj inv* video (*antes de sust*).

videocámara *f* camcorder.

videocasete *m* video, videocassette.

videocinta *f* video, videotape.

videoclip *m* (pop) video.

videoclub (*pl* **videoclubes**) *m* video club.

videodisco *m* videodisc.

videoedición *f* video editing.

videojuego *m* video game.

videoportero *m* videointercom system.

videoteca *f* video library.

videoteléfono *m* videophone.

videoterminal *m* video terminal.

videotexto *m*, **videotex** *m inv* [por señal de televisión] teletext; [por línea telefónica] videotext, viewdata.

vidorra *f fam*: **pegarse una gran** ~ to live the life of Riley.

vidriado, da *adj* glazed.
◆ **vidriado** *m* **- 1.** [técnica] glazing. **- 2.** [material] glaze. **- 3.** [loza] glazed earthenware.

vidriar [7] ◇ *vt* to glaze. ◇ *vi* to become glazed.

vidriera *f* → **vidriero**.

vidriería *f* **- 1.** [arte] glassmaking. **- 2.** [taller] glassworks (*sg*). **- 3.** [vidriera] stained glass.

vidriero, ra *m, f* **- 1.** [que fabrica cristales] glass merchant o manufacturer. **- 2.** [que coloca cristales] glazier.
◆ **vidriera** *f* **- 1.** [puerta] glass door; [ventana] glass window; [en catedrales] stained glass window. **- 2.** *Amér* [escaparate] showcase, display case.

vidrio *m* **- 1.** [material] glass; ~ **cilindrado/tallado** plate/cut glass; ~ **de color** stained glass. **- 2.** [cristal] window (pane); **pagar los** ~**s rotos** *fig* to carry the can. **- 3.** [objeto] glassware (*U*).

vidriosidad *f* glassiness.

vidrioso, sa *adj* **- 1.** [quebradizo] brittle. **- 2.** [tema, asunto] thorny, delicate. **- 3.** [ojos] glazed. **- 4.** [suelo] slippery. **- 5.** [carácter] touchy, sensitive.

vieira *f* scallop.

viejo, ja ◇ *adj* [persona] old; **hacerse** ~ to get o grow old. ◇ *m, f* - **1.** [anciano] old man (*f* old lady); **los** ~**s** the elderly ❏ ~ **verde** dirty old man. - **2.** *fam* [padres] old man (*f* old girl); **mis** ~**s** my folks. - **3.** *Amér fam* [amigo] pal, mate.

Viejo de Pascua *m Amér* Father Christmas.

Viena *s* Vienna.

viene *v* → **venir**.

vienés, esa (*pl* **vieneses**) *adj & m, f* Viennese.

viento *m* - **1.** [aire] wind; **a favor del** ~ downwind; **contra el** ~ upwind; **hace** ~ it's windy ❏ ~ **alisio** trade wind; ~ **de cola** o **trasero** tailwind; ~ **de costado** o **de lado** crosswind; ~ **de proa** headwind. - **2.** [cuerda] guy (rope). - **3.** NÁUT [rumbo] course, bearing. - **4.** [ventosidad] wind. - **5.** MÚS wind; **instrumentos/sección de** ~ wind instruments/section. - **6.** [de pieza de caza] scent. - **7.** *fig* [vanidad] vanity, conceit. - **8.** *Amér* [reúma] rheumatism. - **9.** *loc:* **a los cuatro** ~**s** from the rooftops; **beber los** ~**s por algo/alguien** to long o yearn for sthg/sb; **como el** ~ [correr, ir etc] like the wind; **contra** ~ **y marea** in spite of everything; **corren** o **soplan malos** ~**s** an ill wind is blowing; **despedir** o **echar a alguien con** ~ **fresco** to send sb packing; **mis esperanzas se las llevó el** ~ my hopes flew out of the window; ~ **en popa** splendidly, very nicely.

vientre *m* - **1.** ANAT stomach; [intestinos] bowels (*pl*); **evacuar el** ~ to move one's bowels; **hacer de** ~ to have a bowel movement ❏ **bajo** ~ lower stomach. - **2.** [de vasija etc] belly, rounded part. - **3.** *fam* [vísceras] guts (*pl*), entrails (*pl*). - **4.** FÍS loop, antinode.

viera *v* → **ver**.

viernes *m inv* Friday; **comer de** ~ *fig* to fast; *ver también* **sábado**.

◆ **Viernes Santo** *m* RELIG Good Friday.

vierta *etc v* → **verter**.

viese *v* → **ver**.

Vietnam *s* Vietnam; ~ **del Norte/del Sur** North/South Vietnam.

vietnamita *adj & mf* Vietnamese.

viga *f* - **1.** [de madera] beam, rafter; [de metal] girder; ~ **maestra** main beam; ~ **transversal** crossbeam; **estar contando** ~**s** *fam* to stare into space. - **2.** [prensa] screw press.

vigencia *f* [de ley etc] validity; [de costumbre] use; **estar/entrar en** ~ to be in/come into force.

vigente *adj* [ley etc] in force; [costumbre] in use.

vigésimo, ma *núm* twentieth; *ver también* **sexto**.

vigía ◇ *f* - **1.** [atalaya] watchtower. - **2.** [vigilancia] watch. - **3.** [escollo] reef. ◇ *mf* lookout.

vigilancia *f* - **1.** [cuidado] vigilance, care. - **2.** [vigilantes] guards (*pl*).

vigilante ◇ *adj* - **1.** [mirada, actitud etc] vigilant. - **2.** [que vela] watchful. ◇ *mf* - **1.** [guarda] guard; ~ **jurado** security guard; ~ **nocturno** night watchman. - **2.** *Amér* [policía] policeman (*f* policewoman).

vigilar ◇ *vt* - **1.** [enfermo] to watch over. - **2.** [presos, banco] to guard. - **3.** [niños, bolso] to keep an eye on. - **4.** [proceso] to oversee. ◇ *vi* to keep watch; ~ **sobre** o **por** to watch over.

vigilia *f* - **1.** [vela] wakefulness; **estar de** ~ to be awake. - **2.** [insomnio] sleeplessness. - **3.** [víspera religiosa] vigil; [día que antecede] eve. - **4.** [trabajo de noche] night study. - **5.** [misa] mass for the dead. - **6.** [comida de abstinencia] meatless meal. - **7.** MIL watch, guard.

vigor *m* - **1.** [fuerza, energía] vigour. - **2.** [vigencia]: **en** ~ in force; **entrar en** ~ to come into force, to take effect.

vigorar *vt* = **vigorizar**.

vigorizado, da *adj* [descansado] refreshed.

vigorizador, ra, vigorizante *adj* [medicamento] fortifying; [actividad] invigorating.

vigorizar [13], **vigorar** *vt* - **1.** [fortalecer] to fortify. - **2.** *fig* [animar] to animate, to encourage.

vigorosamente *adv* vigorously.

vigorosidad *f* vigour, strength.

vigoroso, sa *adj* [gen] vigorous; [colorido] strong.

viguería *f* girders (*pl*), beams (*pl*).

vihuela *f desus* vihuela.

vihuelista *mf desus* vihuela player.

vikingo, ga *adj & m, f* Viking.

vil ◇ *adj* - **1.** [bajo, despreciable] vile, despicable. - **2.** [metal] base. ◇ *mf* vile o despicable person.

vilano *m* burr.

vileza *f* - **1.** [acción] vile o despicable act. - **2.** [cualidad] vileness.

vilipendiador, ra ◇ *adj* vilifying. ◇ *m, f* vilifier.

vilipendiar [8] *vt* - **1.** [despreciar] to despise; [humillar] to humiliate. - **2.** [ofender] to vilify, to revile.

vilipendio *m* - **1.** [desprecio] scorn, contempt; [humillación] humiliation. - **2.** [ofensa] vilification.

vilipendioso, sa *adj* - **1.** [despreciativo] scornful, contemptuous; [humillante] humiliating. - **2.** [ofensivo] vilifying.

villa *f* - **1.** [población] small town. - **2.** [casa] villa, country house.

villadiego *m*: **coger** o **tomar las de** ~ *fig* to take to one's heels.

villanaje *m* - **1.** [gente] peasants (*pl*), peasantry. - **2.** [condición] villeinage.

villancico *m* [navideño] Christmas carol.

villanería *f* - **1.** [acto ruin] villainous deed. - **2.** = **villanaje** *sentido 2*.

villanía *f* - **1.** [acción] vile o despicable act, villainy (*U*). - **2.** [condición] humble birth. - **3.** [dicho] coarse remark.

villano, na ◇ *adj* - **1.** [ruin, vil] villainous. - **2.** [paisano] peasant (*antes de sust*). - **3.** [grosero] coarse, rude. - **4.** [no noble] lowly, common. ◇ *m, f* - **1.** [persona ruin] villain. - **2.** [paisano] peasant, commoner.

◆ **villano** *m* [baile, música] ≈ villanella.

villar *m* village, hamlet.

villorrio *m despec* dump, hole.

vilmente *adv* vilely, despicably.

Vilna, Vilnius *s* Vilnius.

vilo ◆ **en vilo** *loc adv* - **1.** [suspendido] in the air, suspended. - **2.** [inquieto] on tenterhooks; **tener a alguien en** ~ to keep sb in suspense.

vilordo, da *adj* lazy, idle.

vilorta *f* - **1.** [aro] wooden ring. - **2.** [abrazadera] iron band o clasp. - **3.** [arandela] washer. - **4.** [juego] *game played with a wooden ball and racket*. - **5.** BOT clematis.

vinagre *m* - **1.** [del vino] vinegar. - **2.** *fam* [persona] grouch, sourpuss.

vinagrera *f* → **vinagrero**.

vinagrería *f* vinegar factory.

vinagrero, ra *m, f* - **1.** [fabricante] vinegar maker. - **2.** [vendedor] vinegar seller.

◆ **vinagrera** *f* - **1.** [vasija] vinegar bottle. - **2.** BOT sorrel. - **3.** *Amér* MED heartburn.

◆ **vinagreras** *fpl* CULIN [convoy] cruet (*sg*).

vinagreta *f* vinaigrette, French dressing.

vinagroso, sa *adj* - **1.** [gusto] vinegary. - **2.** *fig* [persona] sour, grouchy.

vinajera *f* *vessel holding wine or water for the mass*.

vinapón *m Amér* *beer made from maize*.

vinariego, ga *m, f* viticulturist, grape grower.

vinatería *f* - **1.** [tienda] wine shop. - **2.** [negocio] wine trade.

vinatero, ra ◇ *adj* wine (*antes de sust*). ◇ *m, f* vintner, wine merchant.

vinazo *m fam* strong, heavy wine.

vincha, bincha *f Amér* headband.

vinculable *adj* entailable.

vinculación *f* - **1.** [entre dos cosas] link, linking *(U)*. - **2.** DER entailment.

vinculante *adj* DER binding.

vincular ◇ *adj* linking. ◇ *vt* - **1.** [enlazar] to link; [por obligación] to tie, to bind. - **2.** DER to entail. - **3.** *fig* [fundar] to base; ~ **las esperanzas en compromisos vagos** to base one's hopes on vague promises. - **4.** [bienes] to continue.
◆ **vincularse** *vpr* [enlazarse] to be linked.

vínculo *m* - **1.** [lazo - entre hechos, países] link; [- personal, familiar] tie, bond. - **2.** DER entail.

vindicación *f* - **1.** [venganza] vengeance, revenge. - **2.** [defensa] vindication.

vindicador, ra ◇ *adj* - **1.** [vengador] avenging. - **2.** [defensor] vindicating. ◇ *m, f* - **1.** [vengador] avenger. - **2.** [defensor] vindicator.

vindicar [10] *vt* - **1.** [vengar] to avenge, to revenge. - **2.** [defender] to vindicate. - **3.** [reivindicar] to claim.

vindicativo, va *adj* [reivindicativo]: ~ **(de)** in defence (of).

vindicatorio, ria *adj* vindicatory.

vindicta *f* revenge, vengeance; ~ **pública** exemplary punishment.

vinícola ◇ *adj* [país, región] wine-producing *(antes de sust)*; [industria] wine *(antes de sust)*. ◇ *mf* grape grower.

vinicultor, ra *m, f* wine producer.

vinicultura *f* wine producing.

viniera *etc v* → **venir**.

vinificación *f* vinification.

vinilo *m* vinyl.

vino[1] *v* → **venir**.

vino[2] *m* wine; ~ **abocado** o **embocado** medium dry wine; ~ **añejo** vintage wine; ~ **blanco/tinto** white/red wine; ~ **clarete** light red wine; ~ **de coco** fermented coconut milk; ~ **de dos orejas** good, strong wine; ~ **dulce/seco** sweet/dry wine; ~ **espumoso/generoso** sparkling/full-bodied wine; ~ **con gaseosa** spritzer; ~ **de honor/de pasto/de postre** special/ordinary/dessert wine; ~ **de Jerez** sherry; ~ **de mesa** table wine; ~ **de Oporto** port (wine); ~ **peleón** plonk, cheap wine; ~ **rosado** rosé; ~ **verde** young wine; **bautizar el** ~ *fam fig* to water the wine; **cargado de** ~ *fig* drunk; **dormir el** ~ *fig* to sleep it off; **tener mal** ~ *fig* to hold one's drink badly.

vinoso, sa *adj* - **1.** [de sabor, color] winey. - **2.** [dado al vino] fond of wine.

vinoteca *f* home wine cellar.

viña *f* vineyard; **la** ~ **del Señor** *fig* the faithful.

viñador, ra *Esp*, **viñatero, ra** *Amér m, f* vine grower.
◆ **viñador** *m* guard of a vineyard.

viñedo *m* (large) vineyard.

viñeta *f* - **1.** [de tebeo] (individual) cartoon. - **2.** [de libro] vignette.

vio *v* → **ver**.

viola ◇ *f* viola. ◇ *mf* viola player.

violable *adj* violable.

violáceo, a *adj* violet.
◆ **violáceo** *m* violet.

violación *f* - **1.** [de ley, derechos] violation, infringement. - **2.** [de persona] rape. - **3.** [de cosas sagradas] desecration. - **4.** [de lugar]: ~ **de domicilio** unlawful entry.

violado, da *adj* violet.
◆ **violado** *m* violet.

violador, ra ◇ *adj* violating. ◇ *m, f* - **1.** [de persona] rapist. - **2.** [de leyes] violator.

violar *vt* - **1.** [ley, derechos, domicilio] to violate, to infringe. - **2.** [persona] to rape. - **3.** [cosas sagradas] to desecrate. - **4.** *fig* [deslucir] to spoil, to tarnish.

violencia *f* - **1.** [agresividad] violence. - **2.** [de viento, pasiones] force. - **3.** [incomodidad] embarrassment, awkwardness. - **4.** [violación] rape.

violentamente *adv* violently.

violentar *vt* - **1.** [incomodar] to embarrass, to cause to feel awkward. - **2.** [forzar - cerradura] to force; [- domicilio] to break into. - **3.** [persona] to force, to persuade forcibly. - **4.** *fig* [distorsionar] to distort, to twist.
◆ **violentarse** *vpr* - **1.** [incomodarse] to get embarrassed, to feel awkward. - **2.** [enojarse] to get angry.

violentismo *m* Amér subversiveness.

violentista *adj* Amér subversive.

violento, ta *adj* - **1.** [brutal] violent; [goce, discusión] intense. - **2.** [incómodo] awkward. - **3.** [agresivo] aggressive. - **4.** *fig* [distorsionado] distorted, twisted.

violeta ◇ *f* [flor] violet. ◇ *adj inv & m* [color] violet.

violetera *f* violet seller.

violín ◇ *m* violin; **tocar el** ~ to play the violin ❑ **embolsar el** ~ Amér fam fig to be crushed o humiliated; **tocar** ~ Amér fig to play gooseberry. ◇ *mf* violinist; **primer** ~ first violin.
◆ **violín de Ingres** *m* hobby.

violinista *mf* violinist.

violón ◇ *m* double bass; **tocar el** ~ *fig fam* to talk through one's hat. ◇ *mf* double bass player.

violonchelista, violoncelista *mf* cellist.

violonchelo, violoncelo ◇ *m* cello. ◇ *mf* cellist.

VIP *(abrev de* **very important person)** *mf* VIP.

viperino, na *adj fig* venomous.

viracocha *m* HIST name given to the Spanish Conquistadores among the ancient Incans.

virada *f* - **1.** [vuelta] turn. - **2.** NÁUT tack.

virador *m* toner.

viraje *m* - **1.** AUTOM turn; NÁUT tack. - **2.** [curva] bend, curve. - **3.** [acción] turning. - **4.** FOT toning. - **5.** *fig* [cambio] change of direction.

virar ◇ *vt* - **1.** [girar] to turn (round). - **2.** NÁUT to tack, to put about; [cabestrante] to wind. - **3.** FOT to tone. ◇ *vi* [girar] to turn (round).

virgen ◇ *adj* [gen] virgin; [cinta] blank; [película] unused. ◇ *mf* [persona] virgin. ◇ *f* ARTE Madonna.
◆ **Virgen** ◇ *f*: **la Virgen** RELIG the (Blessed) Virgin. ◇ *adj inv* - **1.** [signo] Virgo; **ser Virgen** to be (a) Virgo. - **2.** [constelación] Virgo. ◇ *mf inv* [persona] Virgo.

Virgilio *m* Virgil.

virginal *adj* - **1.** [puro] virginal. - **2.** RELIG Virgin *(antes de sust)*.

virginidad *f* virginity.

virgo *m* - **1.** [virginidad] virginity. - **2.** ANAT hymen.

Virgo ◇ *m inv* - **1.** [zodiaco] Virgo; **ser** ~ to be (a) Virgo. - **2.** [constelación] Virgo. ◇ *mf inv* [persona] Virgo.

virguería *f* fam gem; **hacer** ~s to do wonders.

vírgula *f* - **1.** [varilla] small rod o stick. - **2.** IMPRENTA virgule. - **3.** BIOL cholera bacillus.

vírico, ca *adj* viral.

viril *adj* virile, manly.

virilidad *f* virility.

viripotente *adj* - **1.** [vigoroso] strong, vigorous. - **2.** [mujer] nubile.

virola *f* - **1.** [en instrumentos, utensilios] ferrule. - **2.** [en garocha] checkring. - **3.** Amér [en arreo de caballo] silver disk.

virolento, ta ◇ *adj* - **1.** [señalado] pockmarked. - **2.** [enfermo] suffering from smallpox. ◇ *m, f* - **1.** [persona con señales] person with pockmarked skin. - **2.** [enfermo] smallpox sufferer.

virología *f* virology.

virólogo, ga *m, f* virologist.

virote *m* - **1.** [saeta] dart. - **2.** [hierro] iron shackle. - **3.** *fam* [persona estirada] stuffed shirt. - **4.** Amér [tonto] fool, idiot.

virotismo *m fam* pomposity, pretentiousness.

virreina *f* vicereine.

virreinal *adj* viceregal.

virreinato, **virreino** *m* viceroyalty.

virrey (*pl* **virreyes**) *m* viceroy.

virtual *adj* - **1.** [posible] possible, potential. - **2.** [casi real] virtual.

virtualidad *f* potential.

virtualmente *adv* possibly.

virtud *f* - **1.** [cualidad] virtue; ~ **cardinal/teologal** cardinal/theological virtue. - **2.** [poder] power; **tener la** ~ **de** to have the power o ability to.

◆ **en virtud de** *loc prep* by virtue of.

virtuosismo *m* virtuosity.

virtuoso, sa ◇ *adj* [honrado] virtuous. ◇ *m, f* [genio] virtuoso.

viruela *f* - **1.** [enfermedad] smallpox. - **2.** [pústula] pockmark; **picado de** ~s pockmarked.

◆ **viruela loca** *f* [varicela] chicken pox.

virulé ◆ **a la virulé** *loc adj* - **1.** [torcido] crooked. - **2.** [hinchado]: **un ojo a la** ~ a black eye.

virulencia *f* MED & *fig* virulence.

virulento, ta *adj* MED & *fig* virulent.

virus *m inv* [gen & INFORM] virus.

viruta *f* shaving.

vis ◆ **vis a vis** *loc adv* face to face.

◆ **vis cómica** *f* sense of humour.

visado *Esp m*, **visa** *Amér f* visa; ~ **de salida** exit visa.

visaje *m* face, grimace; **hacer** ~s to make faces.

visar *vt* [documento] to endorse; [pasaporte] to visa.

víscera *f* internal organ.

◆ **vísceras** *fpl* entrails.

visceral *adj* ANAT & *fig* visceral; **un sentimiento/una reacción** ~ a gut feeling/reaction.

visco *m* birdlime.

viscosa *f* → **viscoso**.

viscosidad *f* - **1.** [cualidad] viscosity. - **2.** [substancia] slime.

viscoso, sa *adj* [gen] viscous; [baboso] slimy.

◆ **viscosa** *f* [tejido] viscose.

visera *f* - **1.** [de gorra] peak. - **2.** [de casco, suelta] visor. - **3.** [de automóvil] sun visor. - **4.** *Amér* [para caballo] blinkers (*pl*) *Br*, blinders (*pl*) *Am*.

visibilidad *f* visibility.

visible *adj* visible; **estar** ~ [presentable] to be decent o presentable.

visiblemente *adv* visibly.

visigodo, da ◇ *adj* Visigothic. ◇ *m, f* Visigoth.

visigótico, ca *adj* Visigothic.

visillo *m* (*gen pl*) net/lace curtain.

visión *f* - **1.** [sentido, lo que se ve] sight; ~ **general** o **de conjunto** overview. - **2.** [alucinación, lucidez] vision; **ver visiones** to be seeing things ❑ **quedarse como quien ve visiones** to look as though one has seen a ghost. - **3.** [punto de vista] (point of) view. - **4.** *fam* [persona] sight, fright.

visionador *m* viewer.

visionar *vt* to view privately.

visionario, ria *adj & m, f* visionary.

visir *m* vizier.

visirato *m* vizierate.

visita *f* - **1.** [gen] visit; [breve] call; **hacer una** ~ **a alguien** to visit sb, to pay sb a visit; **ir de** ~ to go visiting; **pasar** ~ MED to see one's patients ❑ ~ **de cumplido** courtesy visit o call; ~ **de médico** *fam fig* brief visit, short call; ~ **relámpago** flying visit; ~s **médicas** doctor's rounds (*pl*). - **2.** [visitante] visitor; **tener** ~ o ~s to have visitors. - **3.** [inspección] inspection; **los funcionarios de la prisión ya han hecho hoy la** ~ **de rutina** the prison officers carried out a routine inspection today. - **4.** *Amér* MED enema.

visitación *f desus* visit.

◆ **Visitación** *f* RELIG: **la Visitación** the Visitation.

visitador, ra ◇ *adj* fond of visiting. ◇ *m, f* - **1.** [visitante] visitor. - **2.** [de laboratorio] medical sales representative.

◆ **visitador** *m* inspector.

visitante ◇ *adj* DEP visiting, away. ◇ *mf* visitor.

visitar *vt* - **1.** [gen] to visit. - **2.** [suj: médico - ir a casa de] to call on; [- examinar] to examine; **el médico ya me ha visitado y no me ha encontrado nada** the doctor called and couldn't find anything wrong with me.

◆ **visitarse** *vpr* to visit one another.

visiteo *m* frequent visiting.

visivo, va *adj culto* visual.

vislumbrar *vt* - **1.** [entrever] to make out, to discern. - **2.** [adivinar] to have an inkling of; [sospechar] to suspect.

◆ **vislumbrarse** *vpr* - **1.** [entreverse] to be barely visible. - **2.** [adivinarse] to become a little clearer.

vislumbre *m o f lit & fig* glimmer.

Visnú *m* Vishnu.

viso *m* - **1.** [aspecto]: **tener** ~s **de** to seem; **tiene** ~s **de verdad** it seems pretty true; **tiene** ~s **de hacerse realidad** it could become a reality. - **2.** [reflejo - de tejido] sheen; [- de metal] glint; **hacer** ~s to shimmer, to gleam. - **3.** [de prenda] lining. - **4.** [forro de color] *coloured undergarment worn under see-through garment*. - **5.** [lugar alto] vantage point. - **6.** [loc]: **a dos** ~s with a double purpose; **de** ~ important, prominent.

visón *m* mink.

visor *m* - **1.** FOT viewfinder. - **2.** [de arma] sight. - **3.** [en fichero] file tab.

visorio, ria *adj* optical.

◆ **visorio** *m* expert examination o inspection.

víspera *f* - **1.** [día antes] day before, eve; **en** ~s **de** on the eve of. - **2.** (*gen pl*) RELIG evensong (*U*), vespers (*U*).

vista ◇ *f* → **visto**. ◇ *v* → **vestir**.

vistazo *m* glance, quick look; **echar** o **dar un** ~ **a** to have a quick look at.

viste *v* → **ver**.

vistiera *etc v* → **vestir**.

visto, ta ◇ *pp* → **ver**. ◇ *adj*: ~ **lo ocurrido...** in view of o considering what happened...; **está** ~ **que...** it's quite clear o obvious that...; **estar muy** ~ to be oldfashioned; **estar bien/mal** ~ to be considered good/frowned upon; **es lo no** o **nunca** ~ you've never seen anything like it ❑ **ni** o **ni oído** *fam* in a flash; **fue** ~ **y no** ~ it happened just like that, it was over in a flash.

◆ **visto** *m* [en aduanas] customs official.

◆ **vista** *f* - **1.** [sentido] sight, eyesight; [ojos] eyes (*pl*); **tiene buena vista** he has good eyesight; **perder la vista** to lose one's sight, to go blind; **perderse de vista** [barco etc] to disappear ❑ **corto de vista** shortsighted; **vista de águila** o **de lince** eagle eye; **vista cansada** eyestrain; **vista doble** double vision. - **2.** [observación] watching. - **3.** [mirada] gaze; **dirigió la vista hacia la pantalla** he turned his eyes o gaze to the screen; **alzar/apartar/bajar la vista** to look up/away/down; **fijar la vista en** to fix one's eyes on, to stare at; **a la vista de** in full view of; **a la vista de todos** publicly, in front of everybody; **a primera** o **simple vista** [aparentemente] at first sight, on the face of it; **estar a la vista** [visible] to be visible; [muy cerca] to be staring one in the face. - **4.** [panorama] view; **vista panorámica** bird's-eye view. - **5.** [aspecto] appearance, looks (*pl*). - **6.** DER hearing. - **7.** *loc*: **aguzar la vista** to look sharp, to keep one's eyes open; **a vista de pájaro** from a bird's eye view; **conocer a alguien de vista** to know sb by sight; **hacer la vista gorda** to turn a blind eye; **¡hasta la vista!** see you!; **medir con la vista a alguien** to size sb up; **no perder de vista a alguien/algo** [vigilar] not to let sb/sthg out of one's sight; [tener en cuenta] not to lose sight of sb/sthg, not to forget about sb/sthg; **perder de vista** [dejar de ver] to lose sight of; [perder contacto] to lose touch with; **saltar a la vista** to be blindingly obvious; **tener vista** to have vision o foresight; **volver la vista atrás** to look back.

◆ **vistas** *fpl* [panorama] view (*sg*); **con vistas al mar** with a sea view.

◆ **a la vista** *loc adv* BANCA at sight.

◆ **con vistas a** *loc prep lit & fig* with a view to.
◆ **en vista de** *loc prep* in view of, considering; **en vista de los resultados será mejor que lo dejemos** given the results, it would be best if we gave up.
◆ **en vista de que** *loc conj* since, seeing as; **en vista de que no llega nos vamos** seeing as she hasn't arrived, we're going.
◆ **por lo visto** *loc adv* apparently.
◆ **visto que** *loc conj* seeing o given that.
◆ **visto bueno** *m*: **el ~ bueno** the go-ahead; **dar el ~ bueno (a algo)** to give the go-ahead (to sthg); '**~ bueno**' 'approved'.

vistosamente *adv* brightly, colourfully.
vistosidad *f* brightness, colourfulness.
vistoso, sa *adj* eye-catching.
Vístula *m*: **el ~** the Vistula.
visual ◇ *adj* visual. ◇ *f* line of sight.
visualización *f* - **1.** [gen] visualization. - **2.** INFORM display.
visualizar [13] *vt* - **1.** [gen] to visualize. - **2.** INFORM to display.
visualmente *adv* visually.
vital *adj* - **1.** [gen] vital; [ciclo] life *(antes de sust)*. - **2.** [persona] full of life, vivacious.
vitalicio, cia *adj* for life, life *(antes de sust)*.
◆ **vitalicio** *m* - **1.** [pensión] life annuity. - **2.** [seguro] life insurance policy.
vitalidad *f* vitality.
vitalizar [13] *vt* to vitalize.
vitamina *f* vitamin.
vitaminado, da *adj* with added vitamins, vitaminenriched.
vitamínico, ca *adj* vitamin *(antes de sust)*.
vitela *f* vellum.
viticultor, ra *m, f* wine grower, viticulturist.
viticultura, vitivinicultura *f* wine growing, viticulture.
vitivinícola ◇ *adj* viticultural, wine-growing. ◇ *mf* viticulturist, wine grower.
vitivinicultura *f* = **viticultura**.
vitola *f* - **1.** [de puro] cigar band. - **2.** [para calibrar] calibrator. - **3.** *fig* [de persona] appearance.
vítor *m (gen pl)* cheer.
vitorear, victorear *vt* to cheer.
Vitoria *s* Vitoria.
vitral *m* stained-glass window.
vítreo, a *adj* vitreous.
vitrificar [10] *vt* to vitrify.
◆ **vitrificarse** *vpr* to vitrify.
vitrina *f* [en casa] display cabinet; [en tienda] showcase, glass case.
vitriólico, ca *adj* vitriolic.
vitriolo *m* vitriol.
vitro → **in vitro**.
vituallar *vt* = **avituallar**.
vituallas *fpl* provisions.
vituperable *adj* reprehensible.
vituperación *f* condemnation.
vituperador, ra ◇ *adj* condemning. ◇ *m, f* condemner.
vituperante *adj* condemning.
vituperar *vt* to criticize harshly, to condemn.
vituperio *m* - **1.** [condena, crítica] harsh criticism, condemnation. - **2.** [insulto] insult. - **3.** [afrenta] offence. - **4.** [vergüenza] shame, disgrace.
viuda ◇ *adj f* → **viudo**. ◇ *f* BOT mourning bride.
viudal *adj* [de mujer] widow *(antes de sust)*; [de hombre] widower *(antes de sust)*.
viudedad *f* [de mujer] widowhood; [de hombre] widowerhood; **(pensión de) ~** widow's/widower's pension.
viudez *(pl* **viudeces***)* *f* [de mujer] widowhood; [de hombre] widowerhood.

viudo, da ◇ *adj* widowed. ◇ *m, f* widower (*f* widow); **~ de guerra** war widow.
viva ◇ *m* cheer. ◇ *interj* hurrah!; **¡~ el rey!** long live the King!
vivac *m* = **vivaque**.
vivacidad *f* - **1.** [de comportamiento] liveliness. - **2.** [de personalidad] sharpness, keenness. - **3.** [de color] vividness, brightness.
vivalavirgen *mf inv* happy-go-lucky person.
vivales *mf inv* crafty person.
vivamente *adv* - **1.** [relatar, describir] vividly. - **2.** [afectar, emocionar] deeply.
vivaque, vivac *(pl* **vivaques***)* *m* - **1.** [de montaña] bivouac. - **2.** MIL guardhouse.
vivar *m* - **1.** [de conejos] (rabbit) warren. - **2.** [de peces] (fish) hatchery.
vivaracho, cha *adj* lively, vivacious.
vivaz *(pl* **vivaces***)* *adj* - **1.** [despierto] alert, sharp. - **2.** BOT perennial. - **3.** [vigoroso] lively, energetic. - **4.** [de larga vida] long-lived.
vivencia *f (gen pl)* experience.
víveres *mpl* provisions, supplies.
vivero *m* - **1.** [de plantas] nursery. - **2.** [de peces] fish farm; [de moluscos] bed. - **3.** *fig* [origen] breeding ground. - **4.** [tela] *cloth made in Vivero*.
viveza *f* - **1.** [de colorido, descripción] vividness. - **2.** [de persona, discusión, ojos] liveliness; [de ingenio, inteligencia] sharpness. - **3.** [rapidez, prontitud] quickness. - **4.** *desus* [acción desconsiderada] thoughtless act. - **5.** *desus* [palabra irreflexiva] thoughtless remark.
vívidamente *adv* vividly.
vividero, ra *adj* [lugar] habitable.
vividizo *m Amér despec* sponger, parasite.
vívido, da *adj* real-life, true.
vívido, da *adj* vivid.
vividor, ra ◇ *m, f* - **1.** *despec* [a expensas de otros] parasite, scrounger. - **2.** [persona emprendedora] resourceful o enterprising person. ◇ *adj* - **1.** [que vive] live, living. - **2.** [de larga vida] long-lived. - **3.** [emprendedor] resourceful, enterprising.
vivienda *f* [alojamiento] housing; [casa] house; [morada] dwelling; **los jóvenes se enfrentan al problema de la ~** young people face the problem of finding adequate housing ❑ **~ lacustre** lake dwelling; **~ de protección oficial** ≃ council house; **~ de renta limitada** ≃ council house with fixed maximum rent o price.
viviente *adj* living.
vivificante, vivificador, ra *adj* [que da vida] lifegiving; [que reanima] revitalizing.
vivificar [10] *vt* [dar vida] to give life to; [reanimar] to revitalize.
vivificativo, va *adj* life-giving.
vivíparo, ra ◇ *adj* viviparous. ◇ *m, f* viviparous animal.
vivir ◇ *vt* [experimentar] to experience, to live through; **he vivido momentos difíciles** I've gone through some difficult times. ◇ *vi* [gen] to live; [estar vivo] to be alive; **su recuerdo vivirá eternamente** his memory will live forever; **~ de** to live on o off; **vive de su sueldo** she lives off her salary; **~ para algo/alguien** to live for sthg/sb; **sólo vive para trabajar/su hija** she only lives for her work/her daughter; **~ bien** [económicamente] to be well-off; [en armonía] to be happy ❑ **no dejar ~ a alguien** not to give sb any peace; **¿quién vive?** who goes there?; **~ para ver** who'd have thought it? ◇ *m* life, living; **de mal ~** disreputable.
vivisección *f* vivisection.
vivisector, ra *m, f* vivisector.
vivito *adj*: **~ y coleando** *fam* alive and kicking.
vivo, va ◇ *adj* - **1.** [ser, lengua etc] living; **estar ~** [persona, costumbre, recuerdo] to be alive. - **2.** [dolor, deseo, olor] in-

tense; [luz, color, tono] bright. - **3.** [gestos, ojos, descripción]
lively, vivid; **a lo** ~ vividly. - **4.** [activo - ingenio, niño]
quick, sharp; [- ciudad] lively. - **5.** [ángulo etc] sharp. - **6.**
[genio] quick, hot. - **7.** [astuto] shrewd, sly. - **8.** loc: **dar** o
herir en lo ~ to cut to the quick. ◇ *m, f* living person.

◆ **vivo** *m* - **1.** [borde] edge, border. - **2.** [en costura] edging,
piping. - **3.** VETER mange *(U)*, scab.

◆ **vivos** *mpl*: **los** ~s the living.

◆ **en vivo** *loc adv* - **1.** [en directo] live. - **2.** [sin anestesia]
without anaesthetic.

vizcacha *f* viscacha.

vizcaíno, na *adj & m, f* - **1.** GEOGR Biscayan. - **2.** → **bacalao.**

Vizcaya *s* - **1.** [provincia] Vizcaya. - **2.** → **golfo.**

vizcondado *m* viscountcy.

vizconde, desa *m, f* viscount (*f* viscountess).

VM *(abrev escrita de* **Vuestra Majestad**) Your Majesty.

VO *f abrev de* **versión original.**

vocablo *m* word, term.

vocabulario *m* - **1.** [riqueza léxica] vocabulary. - **2.** [diccio-
nario] dictionary.

vocabulista *mf* lexicographer.

vocación *f* vocation, calling.

vocacional *adj* vocational.

vocal ◇ *adj* vocal. ◇ *mf* member. ◇ *f* vowel; ~ **breve/
larga** short/long vowel.

vocálico, ca *adj* vocalic.

vocalista *mf* vocalist.

vocalización *f* vocalization.

vocalizador, ra *adj* vocalizing.

vocalizar [13] *vi* to vocalize.

vocalmente *adv* vocally.

vocativo *m* vocative.

voceador, ra ◇ *adj* loud, vociferous. ◇ *m, f* loud o vociferous person.

◆ **voceador** *m* - **1.** [pregonero] town crier. - **2.** *Amér* [de pe-
riódicos] newspaper seller.

vocear ◇ *vt* - **1.** [gritar] to shout o call out. - **2.** [llamar] to
shout o call to. - **3.** [vitorear] to cheer. - **4.** [pregonar - mer-
cancía] to hawk; [- secreto] to publicize. ◇ *vi* [gritar] to
shout.

vocerío *m* - **1.** [de gritos] shouting. - **2.** [clamor] clamour,
uproar.

vocero, ra *m, f* spokesman (*f* spokeswoman).

vociferación *f* shouting.

vociferador, ra ◇ *adj* vociferous. ◇ *m, f* shouter.

vociferante *adj* shouting.

vociferar *vi & vt* to shout.

vocinglero, ra ◇ *adj* - **1.** [que grita mucho] screaming,
shrieking. - **2.** [fanfarrón] loudmouthed. ◇ *m, f* - **1.** [persona
gritona] screamer, shrieker. - **2.** [fanfarrón] loudmouth.

vodevil, vaudeville [boðe'βil] (*pl* **vaudevilles**) *m* vaudeville.

vodka ['boθka] *m o f* vodka.

vol. (*abrev escrita de* **volumen**) vol.

volada ◇ *adj f* → **volado.** ◇ *f* - **1.** [de ave] short flight. - **2.**
Amér fam [trampa] trick. - **3.** *Amér* [rumor, noticia] fabricated
story. - **4.** *Amér fig* [ocasión favorable] event. - **5.** loc: **a las** o
en ~**s** *Amér* in the air, through the air.

voladera *f* blade, paddle.

voladizo, za *adj* ARQUIT jutting out, projecting.

◆ **voladizo** *m* ARQUIT corbel.

volado, da *adj* - **1.** *fam* [ido]: **estar** ~ to be miles away.
- **2.** IMPRENTA superior. - **3.** *Amér* [enojado] furious, angry. - **4.**
loc: **hacer algo de** ~ to do sthg in a rush.

◆ **volado** *m* - **1.** [bebida] *drink made of syrup, egg white and
lemon dissolved in water.* - **2.** *Amér* [de vestido] ruffle, flounce.
- **3.** *Amér* [rumor, noticia] rumour, story.

volador, ra *adj* - **1.** [que vuela] flying. - **2.** [que va rápido]
swift.

◆ **volador** *m* - **1.** [pez] flying fish. - **2.** [cohete] rocket. - **3.**
Amér [cometa] kite. - **4.** *Amér* [rueda] windmill *Br*, pinwheel
Am.

voladura *f* [en guerras, atentados] blowing-up; [de edificio
en ruinas] demolition *(with explosives)*; MIN blasting.

volandas ◆ en volandas *loc adv* - **1.** [por el aire] in the
air, off the ground. - **2.** [con rapidez] rapidly, quickly.

volandera *f* - **1.** [arandela] washer. - **2.** [de molino] grindstone, millstone. - **3.** *fig* [mentira] lie, fib. - **4.** IMPRENTA galley slice.

volandero, ra *adj* - **1.** [que pende] hanging. - **2.** *fig* [fugaz]
accidental, unforeseen. - **3.** *fig* [vagabundo] wandering, unsettled. - **4.** [ave] newly fledged, ready to fly.

volandillas ◆ en volandillas *loc adv* - **1.** [por el aire] in
the air. - **2.** [con rapidez] in a jiffy.

volando *adv fam* immediately, in a flash; **hacer algo** ~ to
do sthg at top speed; **me voy** ~ I must fly o dash.

volante ◇ *adj* - **1.** [que vuela] flying. - **2.** *fig* [ambulante]
unsettled, wandering. ◇ *m* - **1.** [para conducir] (steering)
wheel; **estar** o **ir al** ~ to be at the wheel. - **2.** [automovilis-
mo] motor racing. - **3.** [de tela] frill, flounce. - **4.** [del médi-
co] (referral) note. - **5.** [en bádminton] shuttlecock. - **6.** MEC
flywheel. - **7.** [de reloj] balance wheel. - **8.** [juego] badminton.

volantín, ina ◇ *adj* flying. ◇ *m, f* acrobat.

◆ **volantín** *m* - **1.** [para pescar] fishing line. - **2.** *Amér* [co-
meta] kite. - **3.** *Amér* [acrobacia] acrobatics *(pl)*. - **4.** *Amér*
[voltereta - en el suelo] handspring; [- en el aire] somersault.
- **5.** *Amér* [cohete] firecracker.

volantón, ona ◇ *adj* - **1.** [ave] newly fledged, ready to fly.
- **2.** *Amér* [vagabundo] vagabond. ◇ *m, f* - **1.** [ave] fledgling.
- **2.** *Amér* [vagabundo] tramp, vagabond.

volapié *m* TAUROM *method of killing the bull.*

volar [23] ◇ *vt* - **1.** [hacer explotar] to blow up; [caja fuerte,
puerta] to blow open; [edificio en ruinas] to demolish *(with
explosives)*; MIN to blast. - **2.** [la caza] to rouse. - **3.** IMPRENTA
[letra] to raise. ◇ *vi* - **1.** [ave, avión etc] to fly; [papeles etc]
to blow away; ~ **a** [una altura] to fly at; [un lugar] to fly to;
volamos a 5.000 pies de altura we're flying at 5,000 feet;
volamos a Brasil we flew to Brazil; **echar(se) a** ~ to fly
away o off; ~ **rozando** to skim. - **2.** *fam* [desaparecer] to
disappear, to vanish. - **3.** *fig* [correr] to fly (off), to rush (off).
- **4.** *fig* [días, años] to fly by. - **5.** *fig* [divulgarse] to spread
quickly; **la noticia voló por el pueblo** the news spread
quickly through the town. - **6.** ARQUIT to jut out, to project.

◆ **volarse** *vpr* - **1.** [papeles etc] to be blown away. - **2.** *Amér*
[irritarse] to blow up, to lose one's temper.

volatería *f* - **1.** [de aves] birds *(pl)*, fowl; [de aves de caza]
falcony, hawking. - **2.** *Amér* [fuegos artificiales] fireworks
(pl).

volátil *adj* - **1.** QUÍM *& fig* volatile. - **2.** [que vuela] flying.

volatilización *f* volatilization.

volatilizar [13] *vt* to volatilize.

◆ **volatilizarse** *vpr* - **1.** FÍS to volatilize, to evaporate. - **2.**
fam fig [persona] to vanish into thin air.

volatín, ina *m, f* acrobat.

◆ **volantín** *m* acrobatics *(pl)*.

volatinero, ra *m, f* acrobat.

vol-au-vent *m* = **volován.**

volcado *m* INFORM: ~ **de pantalla** screen dump; ~ **de
pantalla en impresora** hard copy.

volcán *m* - **1.** GEOL volcano; ~ **apagado** o **extinto** extinct
volcano. - **2.** *fig* [persona] hothead. - **3.** *fig* [peligro] hidden
danger; **estar sobre un** ~ to be in imminent danger. - **4.**
Amér [precipicio] precipice. - **5.** *Amér* [torrente, alud] flood,
torrent.

volcánico, ca *adj* volcanic.

volcanismo *m* = **vulcanismo.**

volcanología *f* = **vulcanología.**

volcanólogo, ga *m, f* = **vulcanólogo.**

volcar [36] ◇ *vt* - **1.** [tirar] to knock over; [carretilla] to tip up. **- 2.** [vaciar] to empty out; [verter] to turn over, to overturn. **- 3.** [barco] to capsize. **- 4.** [aturdir]: ~ **a alguien** to make sb's head swim. **- 5.** fig [persuadir]: ~ **a alguien** to make sb change their mind. **- 6.** fig [molestar] to annoy, to exasperate. ◇ vi [coche, camión] to overturn; [barco] to capsize.

◆ **volcarse** vpr **- 1.** [coche, camión] to overturn. **- 2.** [esforzarse]: ~**se (con/en)** to bend over backwards (for/in). **- 3.** [caerse] to fall over.

volea f **- 1.** DEP volley. **- 2.** [de carruaje] swingletree.

volear vt **- 1.** DEP to volley. **- 2.** AGR to scatter. **- 3.** Amér [lanzar] to throw.

voleibol m volleyball.

voleo m **- 1.** DEP volley. **- 2.** [en danza] high kick. **- 3.** [bofetón] hardslap.

◆ **a voleo**, **al voleo** loc adv [arbitrariamente] randomly, any old how; **sembrar a** ~ to scatter seed.

volframio m wolfram, tungsten.

volframita f wolframite.

Volga m: **el** ~ the (River) Volga.

volición f volition.

volitivo, va adj voluntary.

volován, vol-au-vent [bolo'ßan] (pl **vol-au-vents**) m vol-au-vent.

volqué etc v → **volcar**.

volquete m dumper truck, dump truck Am.

Volta m: **el** ~ the Volta.

voltaico, ca adj voltaic.

voltaje m voltage.

voltámetro m voltameter.

voltamperímetro m voltammeter.

voltamperio m volt-ampere.

volteador, ra ◇ adj tumbling. ◇ m, f acrobat.

voltear ◇ vt **- 1.** [tortilla] to turn over; [mesa, silla] to turn upside down; [heno, torero] to toss. **- 2.** [arco, bóveda] to build. **- 3.** Amér [derribar] to knock over. **- 4.** Amér [espalda, cabeza] to turn. ◇ vi to tumble.

◆ **voltearse** vpr Amér **- 1.** [volverse] to turn around. **- 2.** [volcarse] to overturn. **- 3.** [en política] to change sides o parties.

volteo m **- 1.** [acción] overturning. **- 2.** [acrobacia] tumbling. **- 3.** Amér [reprimenda] reprimand.

voltereta f **- 1.** [en el suelo] handspring; [en el aire] somersault; **dar una** ~ to do a somersault ❑ ~ **lateral** cartwheel. **- 2.** fig [cambio] turnabout. **- 3.** [en naipes] turning up a card to determine trumps.

voltímetro m voltmeter.

voltio m volt.

voltizo, za adj desus **- 1.** [torcido] curled, twisted. **- 2.** fig [carácter] fickle, changeable.

volubilidad f changeability, fickleness.

voluble adj **- 1.** [carácter] changeable, fickle. **- 2.** [al rotar] rotating. **- 3.** BOT twining.

volumen m **- 1.** [gen & COM] volume; **tiene una biblioteca de 3.000 volúmenes** she has 3,000 volumes in her library; **han incrementado el** ~ **de ventas** they've increased their sales volume; **a todo** ~ as loud as possible, at full volume; **subir/bajar el** ~ [de aparato] to turn up/down the volume; **sube el** ~ **que no te oímos** speak up, please, we can't hear you ❑ ~ **de contratación** ECON trading volume; ~ **de negocio** o **ventas** turnover. **- 2.** [espacio ocupado] size, bulk; **la mesa tiene un** ~ **excesivo para la habitación** the table is too big for the room.

volumétrico, ca adj volumetric.

voluminoso, sa adj bulky.

voluntad f **- 1.** [determinación] will, willpower; **le falta la** ~ **de hacerlo** he lacks the willpower to do it ❑ ~ **de hierro** iron will. **- 2.** [intención] intention; [afecto] liking, affection; **ganar la** ~ **de alguien** to win sb over; **tener mala** ~ **a alguien** to bear sb ill will ❑ **buena** ~ goodwill; **mala**

~ **ill will. - 3.** [deseo] wishes (pl), will; **contra la** ~ **de alguien** against sb's will ❑ **última** ~ last will and testament; ~ **divina** divine will. **- 4.** [albedrío] free will; **a** ~ [cuanto se quiere] as much as one likes; **dejar a la** ~ **de** to leave at the mercy of; **por** ~ **propia** of one's own free will. **- 5.** [cantidad]: **¿qué le debo? - la** ~ what do I owe you? - whatever you think fit.

voluntariado m voluntary enlistment.

voluntariamente adv voluntarily.

voluntariedad f **- 1.** [intencionalidad] volition. **- 2.** [no obligatoriedad] voluntary nature. **- 3.** [capricho] wilfulness.

voluntario, ria ◇ adj **- 1.** [gen] voluntary. **- 2.** [caprichoso] wilful. ◇ m, f volunteer.

voluntarioso, sa adj **- 1.** [esforzado] willing. **- 2.** [caprichoso] wilful.

voluptuosamente adv voluptuously.

voluptuosidad f voluptuousness.

voluptuoso, sa adj voluptuous.

voluta f **- 1.** [espiral] spiral. **- 2.** ARQUIT & ZOOL volute.

volver [24] ◇ vt **- 1.** [dar la vuelta a] to turn round; [lo de arriba abajo] to turn over. **- 2.** [poner del revés - boca abajo] to turn upside down; [- lo de dentro fuera] to turn inside out; [- lo de detrás delante] to turn back to front. **- 3.** [cabeza, ojos etc] to turn. **- 4.** [convertir en]: **eso le volvió un delincuente** that made him a criminal, that turned him into a criminal. ◇ vi [ir de vuelta] to go back, to return; [venir de vuelta] to come back, to return; **yo allí no vuelvo** I'm not going back there; **vuelve, no te vayas** come back, don't leave; ~ **atrás** to go back; ~ **de** to come back from; ~ **en sí** to come to, to regain consciousness.

◆ **volver a** vi [reanudar] to return to; ~ **a hacer algo** [hacer otra vez] to do sthg again.

◆ **volverse** vpr **- 1.** [darse la vuelta, girar la cabeza] to turn round. **- 2.** [ir de vuelta] to go back, to return; [venir de vuelta] to come back, to return. **- 3.** [convertirse en] to become; ~**se loco/pálido** to go mad/pale. **- 4.** loc: ~**se atrás** [de una afirmación, promesa] to go back on one's word; [de una decisión] to change one's mind, to back out; ~**se (en) contra (de) alguien** to turn against sb.

vomitador, ra ◇ adj vomiting. ◇ m, f vomiter.

vomitar ◇ vt **- 1.** [devolver] to vomit, to bring up. **- 2.** fig [expresar] to come out with. **- 3.** fig [secreto] to spit out. **- 4.** fig [arrojar] to belch, to spew. **- 5.** fam fig [lo indebidamente poseído] to give back. ◇ vi to vomit, to be sick.

vomitera f acute vomiting (U).

vomitivo, va adj **- 1.** MED emetic. **- 2.** fig [asqueroso] sickening, repulsive.

◆ **vomitivo** m emetic.

vómito m **- 1.** [acción] vomiting; ~ **negro** MED yellow fever; ~ **de sangre** MED coughing-up of blood; **provocar a** ~ fam to make sick, to disgust. **- 2.** [substancia] vomit (U).

vomitón, ona adj fam prone to vomiting.

◆ **vomitona** f fam heavy vomiting (U).

vomitorio, ria adj vomitory, emetic.

◆ **vomitorio** m **- 1.** MED emetic. **- 2.** HIST [en circos, plazas] vomitory.

voracidad f voraciousness.

vorágine f fig confusion, whirl.

voraginoso, sa adj turbulent.

voraz (pl **voraces**) adj **- 1.** [persona, apetito] voracious. **- 2.** fig [fuego, enfermedad] raging.

vórtice m **- 1.** [de agua] whirlpool, vortex. **- 2.** [de aire] whirlwind.

vos pron pers [tú] you.

VOSE (abrev de **versión original subtitulada en español**) f CINE original language version subtitled in Spanish.

vosear vt to address as 'vos'.

voseo m use of 'vos' in addressing sb.

vosotros, tras pron pers you (pl).

votación f **- 1.** [acción] vote, voting (U); **decidir algo por**

~ to put sthg to the vote ❏ ~ **a mano alzada** show of hands. - **2.** [conjunto de votos] votes *(pl)*.

votante ◇ *adj* voting. ◇ *mf* voter.

votar ◇ *vt* - **1.** [partido, candidato] to vote for; [ley] to vote on. - **2.** [aprobar] to pass, to approve *(by vote)*. ◇ *vi* - **1.** [en elección, reunión etc] to vote; ~ **en contra de alguien** to blackball sb; ~ **por** [emitir un voto por] to vote for; *fig* [estar a favor de] to be in favour of; ~ **por que...** to vote (that)...; ~ **en blanco** to return a blank ballot paper. - **2.** [echar juramentos] to curse, to swear. - **3.** RELIG to vow, to take a vow.

votativo, va *adj* votive.

voto *m* - **1.** [gen] vote; **tener** ~ to have a vote ❏ ~ **de calidad** casting vote; ~ **de castigo** vote against one's own party; ~ **de confianza/censura** vote of confidence/no confidence; ~ **por correspondencia** o **correo** postal vote; ~ **secreto** secret ballot; ~ **útil** useful vote. - **2.** RELIG vow; **hacer** ~ **de** to vow to ❏ ~ **de castidad/pobreza/silencio** vow of chastity/poverty/silence. - **3.** [ruego] prayer, plea; **hacer** ~**s por** to pray for ❏ ~**s de felicidad** best wishes. - **4.** [juramento] curse, swearword; **echar** ~**s** to curse, to swear.

voy *v* → **ir**.

voyeur [bwa'jer] (*pl* **voyeurs**) ◇ *adj* voyeuristic. ◇ *mf* voyeur.

voyeurismo [bwaje'rismo] *m* voyeurism.

vóytelas *interj Amér fam* good grief!

voz (*pl* **voces**) *f* - **1.** [gen & GRAM] voice; **tiene la** ~ **aguda** she has a shrill voice; **la** ~ **de la experiencia/del pueblo** the voice of experience/of the people; **a media** ~ in a low voice, under one's breath; **a una** ~ with one voice, unanimously; **a** ~ **en cuello** o **grito** at the top of one's voice; **aclarar** o **aclararse la** ~ to clear one's throat; **alzar** o **levantar la** ~ **a alguien** to raise one's voice to sb; **en** ~ **alta** aloud; **en** ~ **baja** softly, in a low voice; **mudó la** ~ his voice broke; **tener la** ~ **tomada** to be hoarse ❏ ~ **activa/pasiva** GRAM active/passive voice; **la** ~ **de la conciencia** the voice of conscience; ~ **en off** CINE voice-over; TEATRO voice offstage. - **2.** [grito] shout; **a voces** shouting; **dar voces** to shout. - **3.** [vocablo] word; **una** ~ **anticuada** an old-fashioned word; **dar la** ~ **de alerta** to raise the alarm ❏ ~ **de mando** order, command. - **4.** [derecho a expresarse] say, voice; **no tener ni** ~ **ni voto** to have no say in the matter. - **5.** [rumor] rumour; **cunde la** ~ **de que...** rumour has it that... - **6.** *loc:* **correr la** ~ to spread the word; **de viva** ~ in person; **estar pidiendo algo a voces** to be crying out for sthg; **llevar la** ~ **cantante** to be the boss.

vozarrón *m fam* loud voice.

VTR (*abrev de* **videotape recording**) *f* VTR.

vudú *m* (*en aposición inv*) voodoo.

vuela *v* → **volar**.

vuelca *v* → **volcar**.

vuelco *m* upset; **dar un** ~ [coche] to overturn; [relaciones] to change completely; [empresa] to go to ruin; [barco] to capsize ❏ **me dio un** ~ **el corazón** my heart missed o skipped a beat.

vuele *v* → **volar**.

vuelo *m* - **1.** [gen & AERON] flight; [acción] flying; **alzar** o **emprender** o **levantar el** ~ [despegar] to take flight, to fly off; [la imaginación] to let one's imagination run wild; [engreírse] to become arrogant o haughty; *fig* [irse de casa] to fly the nest; **coger** o **cazar algo al** ~ [en el aire] to catch sthg in flight; *fig* [rápido] to catch on to sthg very quickly ❏ ~ **con ala delta** hang gliding; ~ **chárter/regular** charter/scheduled flight; ~ **espacial** space flight; ~ **libre** hang gliding; ~ **sin motor**, ~ **a vela** gliding; ~ **nocturno** night flight; ~ **de prueba** test flight; ~ **rasante** low-level flight; ~**s nacionales** domestic flights; **a** ~ **de pájaro** as the crow flies; **batir el** ~ to scram, to beat it; **cortar los** ~**s a alguien** to clip sb's wings; **de altos** ~**s, de mucho** ~ of great importance; **de** ~, **en un** ~ quickly, rapidly; **no se oía el** ~ **de una mosca** you could have heard a pin drop;

tocar a ~ **las campanas** to ring all the bells at once; **tomar** ~ to grow, to develop. - **2.** [de vestido] fullness; **una falda de** ~ a full skirt. - **3.** ARQUIT projection. - **4.** [de alas] wingspan. - **5.** [plumas de ave] flight feathers *(pl)*. - **6.** [adorno de encaje] ruffle.

vuelque *v* → **volcar**.

vuelta *f* - **1.** [giro] turn; [acción] turning; TECN [revolución] revolution; **dar una** ~ **(a algo)** [girándolo] to turn sthg round; [recorriéndolo] to go round (sthg); **dio una** ~ **a la manzana** he went round the block; **darse la** ~ to turn round; **dar** ~**s (a algo)** [girándolo] to turn (sthg) round; **la carretera da muchas** ~**s** the road twists and turns a great deal ❏ **media** ~ MIL about-turn; AUTOM U-turn; ~ **al ruedo** TAUROM bullfighter's lap of honour. - **2.** DEP lap; ~ **(ciclista)** tour; ~ **de honor** lap of honour. - **3.** [regreso, devolución, repetición] return; **a la** ~ [volviendo] on the way back; [al llegar] on one's return; **te veré a la** ~ I'll see you when I get back; **estar de** ~ to be back. - **4.** [paseo]: **dar una** ~ [andando] to go for a walk; [en coche] to go for a ride. - **5.** [dinero sobrante] change; **quédese con la** ~ keep the change. - **6.** [ronda, turno] round; **están jugando la segunda** ~ **del torneo** they're playing the second round of the tournament. - **7.** [parte opuesta] back, other side; **a la** ~ on the back, on the other side; **a la** ~ **de la esquina** *lit & fig* round the corner; **a la** ~ **de la página** over the page; **dar la** ~ **a la página** to turn the page. - **8.** [cambio, avatar] change; **dar la** ~ to turn around completely. - **9.** [de pantalón] turn-up *Br*, cuff *Am*; [de manga] cuff. - **10.** [en labor de punto] row. - **11.** *loc:* **a la** ~ **de** [tras] at the end of; **a la** ~ **de pocos años** after a few years; **andar a** ~**s** [pelearse] to quarrel, to fight; **andar a** ~ **con algo** [gestionándolo] to be working on sthg; **andar siempre a** ~**s con algo** [insistiendo en ello] to go on about sthg; **a** ~ **de correo** by return of post; **buscarle a alguien las** ~**s** to look for a chance to catch sb out; **cogerle a alguien las** ~**s** to find out what makes sb tick; **dar la** ~ **a la tortilla** *fam* to turn the tables; **darle cien** ~**s a alguien** to knock spots off sb; **dar una** ~ **de campana** [coche] to turn over; **darle** ~**s a algo** to turn sthg over in one's mind; **déjate de** ~**s** *fam* stop beating about the bush; **estar de** ~ **de algo** to be blasé about sthg; **estar de** ~ **de todo** to be in the know; **la cabeza me da** ~**s** my head's spinning; **no tiene** ~ **de hoja, no hay que darle (más)** ~**s** there are no two ways about it; **poner a alguien de** ~ **y media** [criticar] to call sb all the names under the sun; [regañar] to give sb a good telling-off; **sin** ~ **de hoja** irrevocable.

vuelto, ta ◇ *pp* → **volver**. ◇ *adj* turned.
◆ **vuelto** *m Amér* change.

vuelva *etc v* → **volver**.

vuestro, tra ◇ *adj poses* your; ~ **libro/amigo** your book/friend; **este libro es** ~ this book is yours; **un amigo** ~ a friend of yours; **no es asunto** ~ it's none of your business. ◇ *pron poses:* **el** ~ yours; **los** ~**s están en la mesa** yours are on the table ❏ **lo** ~ **es el teatro** [lo que hacéis bien] you should be on the stage; **los** ~**s** *fam* [vuestra familia] your folks; [vuestro bando] your lot, your side.

vulcanismo, volcanismo *m* volcanism, vulcanism.

vulcanizar [13] *vt* to vulcanize.

Vulcano *m* Vulcan.

vulcanología, volcanología *f* vulcanology.

vulcanólogo, ga, volcanólogo, ga *m, f* volcanologist, vulcanologist.

vulgar *adj* - **1.** [no refinado] vulgar. - **2.** [corriente, ordinario] ordinary, common; **es una camisa** ~, **sin nada especial** it's an ordinary shirt, there's nothing special about it. - **3.** [nombre] common; **sólo conozco el nombre** ~ **de estas plantas** I only know the common name of these plants. - **4.** [trivial] trivial, banal. - **5.** [lenguaje] vernacular, vulgar; **el latín** ~ vulgar Latin.

vulgaridad *f* - **1.** [grosería] vulgarity; **hacer/decir una** ~ to do/say sthg vulgar. - **2.** [banalidad] banality.

vulgarismo *m* GRAM vulgarism.

vulgarización *f* popularization.

vulgarizador, ra ◇ *adj* popularizing. ◇ *m, f* popularizer.

vulgarizar [13] *vt* - **1.** [popularizar] to popularize. - **2.** [hacer vulgar] to vulgarize. - **3.** [difundir] to spread, to disseminate.

◆ **vulgarizarse** *vpr* to become popular o common.

vulgarmente *adv* - **1.** [groseramente] vulgarly. - **2.** [comúnmente] commonly.

vulgata *f* BIBLIA Vulgate.

vulgo *m despec:* **el ~** [plebe] the masses *(pl)*, the common people *(pl)*; [no expertos] the lay public *(U)*.

vulnerabilidad *f* vulnerability.

vulnerable *adj* vulnerable.

vulneración *f* - **1.** [de prestigio etc] harming, damaging. - **2.** [de ley, pacto etc] violation, infringement.

vulnerar *vt* - **1.** [prestigio etc] to harm, to damage. - **2.** [ley, pacto etc] to violate, to break.

vulpeja *f* vixen.

vulva *f* vulva.

vulvitis *f inv* MED vulvitis.

VV *abrev escrita de* **ustedes**.

w, W *f* [letra] w, W.

wad ['bat] *m* bog manganese, black ochre.

wafle ['bafle] *m* waffle.

waflera *f* waffle iron.

wagneriano, na [bayne'riano] *adj & m, f* Wagnerian.

wagon-lit [ba'yon'lit] (*pl* **wagons-lits**) *m* sleeping car.

walhalla [wal'xala] *m* Valhalla.

walkie-talkie ['walki'talki] (*pl* **walkie-talkies**) *m* walkie-talkie.

walkiria *f* = **valquiria**.

walkman® ['walman] (*pl* **walkmans**) *m* Walkman®.

walk-over [wal'koßer] *m* walkover.

warrant ['waran] (*pl* **warrants**) *m* COM warrant.

Washington [wa'ɲiɲton] *s* Washington.

WASP ['wasp] (*abrev de* **white Anglo-saxon Protestant**) *adj* WASP.

wat [bat] (*pl* **wats**) *m* watt.

wáter ['bater] (*pl* **wáteres**), **váter** (*pl* **váteres**) *m* toilet.

waterpolo [water'polo] *m* water polo.

watio *m* = **vatio**.

watiohora *m* = **vatiohora**.

WC (*abrev de* **water closet**) *m* WC.

Wellington [weliɲton] *s* Wellington.

welter [bel'ter] *m inv* welterweight.

western ['wester] (*pl* **westerns**) *m* CINE western.

whisky *m* = **güisqui**.

wínchester ['wintʃester] (*pl* **wínchesters**) *m* Winchester®.

windsurf ['winsurf], **windsurfing** ['winsurfin] *m* windsurfing; **hacer ~** to windsurf.

windsurfista *mf* windsurfer.

wolframio [bol'framjo], **wolfram** [bol'fram] (*pl* **wolframs**) *m* wolfram.

x, X *f* [letra] x, X.

◆ **X** *mf:* **la señora X** Mrs X.

xantato *m* xanthate.

xántico, ca *adj* xanthic.

xantina *f* - **1.** QUÍM xanthin. - **2.** BIOL xanthine.

xara *f* Moslem law derived from the Koran.

xenofilia *f* xenophilia.

xenofobia *f* xenophobia.

xenófobo, ba ◇ *adj* xenophobic. ◇ *m, f* xenophobe.

xenón *m* xenon.

xerocopia *f* photocopy.

xerocopiar [8] *vt* to photocopy.

xerodermia *f* xerosis.

xerófilo, la *adj* xerophilous.

xerografía *f* photocopying, xerography.

xerografiar [9] *vt* to photocopy.

xerográfico, ca *adj* xerographic.
xi *f* xi.
xileno *m* xylene.
xilofón, xilófono *m* xylophone.

xilografía *f* - **1.** [técnica] xylography, wood engraving. - **2.** [impresión] xylograph, wood engraving.
xiloideo, a *adj* xyloid.
xilórgano *m type of xylophone.*

Y

y¹, Y *f* [letra] y, Y.
y² *conj* - **1.** [gen] and; **un ordenador y una impresora** a computer and a printer; **horas y horas de espera** hours and hours of waiting. - **2.** [pero] and yet; **sabía que no lo conseguiría y seguía intentándolo** she knew she wouldn't manage it and yet she kept on trying. - **3.** [en preguntas] what about; **¿y tu mujer?** what about your wife?
ya ◇ *adv* - **1.** [en el pasado] already; ~ **me lo habías contado** you had already told me; ~ **en 1926** as long ago as 1926. - **2.** [ahora] now; [inmediatamente] at once; **hay que hacer algo** ~ something has to be done now/at once; **bueno, yo** ~ **me voy** right, I'm off now; ~ **no es así** it's no longer like that. - **3.** [en el futuro]: ~ **te llamaré** I'll give you a ring some time; ~ **hablaremos** we'll talk later; ~ **nos habremos ido** we'll already have gone; ~ **verás** you'll (soon) see. - **4.** [refuerza al verbo]: ~ **entiendo/lo sé** I understand/know. ◇ *conj* [distributiva]: ~ **(sea) por...** whether for... or... ◇ *interj* [expresa asentimiento] right!; [expresa comprensión] yes!; ¡~, ~! *irón* sure!, yes, of course!
◆ **ya no** *loc adv*: ~ **no... sino** not only... but.
◆ **ya que** *loc conj* since; ~ **que has venido, ayúdame con esto** since you're here, give me a hand with this.
yac (*pl* **yacs**) *m* yak.
yacaré *m Amér* caiman.
yacedor *m* stable boy.
yacente, yaciente ◇ *adj* [gen] lying; ARTE recumbent, reclining. ◇ *m* floor *(of a vein).*
yacer [77] *vi* - **1.** [reposar] to lie. - **2.** *desus* [tener relación sexual]: ~ **con** to lie with. - **3.** AGR to graze at night.
yaciente *adj* = **yacente**.
yacija *f* - **1.** [lecho] bed. - **2.** [tumba] grave, tomb. - **3.** *loc*: **ser de mala** ~ [dormir mal] to be a restless sleeper; [ser mala persona] to be a ne'er-do-well.
yacimiento *m* - **1.** [minero] bed, deposit; ~ **de petróleo** oilfield. - **2.** [arqueológico] site.
yactura *f* loss, damage.
yaga *etc* v → **yacer**.
yagua *f Amér* - **1.** BOT royal palm. - **2.** [tejido] *fibrous tissue of the royal palm tree.*
yagual *m Amér padded ring for carrying things on the head.*
yaguar *m* = **jaguar**.
yaguré *m Amér* ZOOL skunk.
Yahvé *m* BIBLIA Yahweh.
Yakarta *s* Jakarta.
yámbico, ca *adj* iambic.
yambo *m* iamb, iambus.
yanacón, ona *Amér* ◇ *adj* sharecropping. ◇ *m, f* Indian sharecropper, Indian tenant farmer.

yanacona *mf* - **1.** [criado indio] *Indian servant on a large estate.* - **2.** *Amér* [indio arrendatario] Indian sharecropper, Indian tenant farmer.
yanqui ◇ *adj* - **1.** HIST Yankee *(antes de sust).* - **2.** *fam* [estadounidense] *pejorative term relating to the US,* yank *(antes de sust).* ◇ *mf* - **1.** HIST Yankee. - **2.** *fam* [estadounidense] *pejorative term referring to a person from the US,* yank.
yantar *desus* ◇ *m* fare, food. ◇ *vt* to eat.
Yaoundé [jawn'de] *s* Yaoundé.
yapa *f Amér* - **1.** [añadidura] bonus. - **2.** [del lazo] thick end. - **3.** [propina] tip, gratuity.
yapar *vt Amér* to add a little extra to.
yaraví (*pl* **yaravíes** o **yaravís**) *m type of melancholy Indian song.*
yarda *f* yard.
yate *m* yacht.
yaya *f Amér* - **1.** [insecto] mite. - **2.** [árbol] lancewood.
yayo, ya *m, f fam* grandad (*f* grandma).
yazca, yazga *etc* v → **yacer**.
yedra *f* = **hiedra**.
yegua *f* - **1.** [animal] mare. - **2.** *Amér* [colilla] cigar butt.
yeguada *f* - **1.** [rebaño] herd of horses. - **2.** *Amér* [disparate] stupid thing.
yeguarizo, za *adj* equine.
◆ **yeguarizo** *m Amér* breeding mares (*pl*).
yegüería *f* herd of horses.
yeísmo *m pronunciation of Spanish 'll' as 'y'.*
yelmo *m* helmet.
yema *f* - **1.** [de huevo] yolk. - **2.** [de planta] bud, shoot. - **3.** [de dedo] fingertip. - **4.** CULIN *sweet made from sugar and egg yolk.* - **5.** *fig* [medio] middle, heart. - **6.** *fig* [lo mejor] cream.
Yemen *s*: **(el)** ~ Yemen.
yemenita *adj & mf* Yemeni.
yen (*pl* **yenes**) *m* yen.
yente *adj* going.
◆ **yentes y vinientes** *mpl* passersby.
yerba *f* = **hierba**.
yerbal *m Amér* - **1.** [campo] field of maté. - **2.** [recipiente] pot for making maté. - **3.** [herbazal] pasture.
yerbatero, ra *Amér* ◇ *adj* maté *(antes de sust).* ◇ *m, f* [vendedor] maté seller.
◆ **yerbatero** *m Amér* healer.
yerga *etc* v → **erguir**.
yermar *vt* to lay waste.
yermo, ma *adj* - **1.** [estéril] barren. - **2.** [despoblado] uninhabited.
◆ **yermo** *m* wasteland.
yerno *m* son-in-law.

yerra[1] *etc v* → **errar**.

yerra[2] *f Amér* cattle branding.

yerro *m desus* - **1.** [error] mistake, error. - **2.** [falta] fault, misdeed. - **3.** [pecado] sin.

yerto, ta *adj* rigid, stiff; ~ **de frío** frozen stiff.

yesca *f* - **1.** [materia inflamable] tinder. - **2.** *fig* [incentivo] fuel, stimulus. - **3.** *fig* [cosa que da sed] *something that makes you thirsty*.

◆ **yescas** *fpl* tinderbox *(sg)*.

yesera *f* → **yesero**.

yesería *f* [fábrica] gypsum kiln.

yesero, ra ◇ *adj* plaster *(antes de sust)*. ◇ *m, f* - **1.** [fabricante] plaster manufacturer. - **2.** [obrero] plasterer.

◆ **yesera** *f* gypsum pit.

yeso *m* - **1.** GEOL gypsum. - **2.** CONSTR plaster. - **3.** ARTE gesso. - **4.** [vaciado] plaster cast. - **5.** [tiza] chalk.

yesón *m* chunk of plaster.

yesoso, sa *adj* chalky.

yesquero, ra *m* - **1.** [bolsa] pouch. - **2.** [fabricante] tinder maker. - **3.** [vendedor] tinder seller. - **4.** *Amér* [caja] tinderbox. - **5.** *Amér* [eslabón] steel.

yeti *m* yeti.

yeyé *adj* sixties.

Yibuti *s* = **Jibuti**.

yiddish, jiddisch ['jiðiʃ] *m inv* Yiddish.

yiu-yitsu, jiu-jitsu [jiu'jitsu] *m* jujitsu.

yo ◇ *pron pers* - **1.** *(sujeto)* I; ~ **me llamo Luis** I'm called Luis. - **2.** *(predicado):* **soy** ~ it's me. - **3.** *loc:* ~ **que tú/él** *etc* if I were you/him *etc*. ◇ *m* PSICOL: **el** ~ the ego.

yodado, da *adj* iodized.

yodato *m* iodate.

yódico, ca *adj* iodic.

yodo, iodo *m* iodine.

yoduro *m* iodide; ~ **mercúrico** mercuric iodide; ~ **de plata** silver iodide.

yoga *m* yoga.

yogui *mf* yogi.

yogur, yogurt (*pl* **yogurts**) *m* yoghurt.

yogurtera *f* yoghurt maker.

yola *f* yawl.

yonqui *mf fam* junkie.

yóquey (*pl* **yóqueys**), **jockey** ['jokei] (*pl* **jockeys**) *m* jockey.

yoyó (*pl* **yoyós**) *m* yoyo.

yperita *f* yperite.

ypsilon *f* = **ípsilon**.

yterbio *m* ytterbium.

ytrio *m* yttrium.

yubarta *f* ZOOL humpback whale.

yuca *f* - **1.** BOT yucca. - **2.** CULIN cassava, manioc. - **3.** *Amér fam* [mala noticia] bad news *(U)*. - **4.** *Amér* [mentira] lie.

yucal *m* yucca field.

Yucatán *s:* **(el)** ~ Yucatan.

yudo, judo ['juðo] *m* judo.

yudoka, judoka [ju'ðoka] *mf* judoist, judoka.

yugada *f* - **1.** [tierra arada] day's ploughing. - **2.** [de bueyes] yoke.

yugo *m lit & fig* yoke; ~ **del matrimonio** *fig* marriage bond; **sacudir el** ~ *fig* to throw off the yoke.

Yugoslavia *s* Yugoslavia.

yugoslavo, va ◇ *adj* Yugoslavian. ◇ *m, f* Yugoslav.

yuguero *m* ploughman.

yugular *adj & f* jugular.

yungas *fpl Amér* warm valleys.

yunque *m* - **1.** [de hierro] anvil. - **2.** *fig* [persona] long-suffering o stoical person. - **3.** [del oído] incus, anvil. - **4.** *loc:* **estar al** ~ *fam* [trabajar mucho] to be hard at work; [en las adversidades] to bear up.

yunta *f* - **1.** [de bueyes etc] yoke, team. - **2.** [tierra] day's ploughing. - **3.** *Amér* [esposas] cuff link.

yunto, ta *adj* joined, united.

◆ **yunto** *adv* close; **arar** ~ to plough close.

yupi *interj* yipee!, whoopee!

yuppie, yuppi *mf* yuppie.

yusión *f* DER order, command.

yute *m* jute.

yuxtalineal *adj* IMPRENTA line by line, in parallel columns.

yuxtaponer [65] *vt* to juxtapose.

◆ **yuxtaponerse** *vpr:* ~**se (a)** to be juxtaposed (with).

yuxtaposición *f* juxtaposition.

yuxtapuesto, ta *pp* → **yuxtaponer**.

yuyal *m Amér* weed patch.

yuyo *m Amér* - **1.** BOT weed. - **2.** [condimento] herb. - **3.** [hierba comestible] culinary herb.

yuyuba *f* jujube.

Z

z, Z *f* [letra] z, Z.

zabordar *vi* to run aground.

Zacarías *m* BIBLIA Zechariah.

zacatal *m Amér* pasture.

zacate *m Amér* AGR fodder.

zafacoca *f Amér fam* row, squabble.

zafacón *m Amér* rubbish bin.

zafada *f* NÁUT loosening.

zafado, da *adj Amér fam* - **1.** [vivo] sharp, alert. - **2.** [atrevido] shameless, brazen.

zafar *vt* - **1.** [NÁUT - nudo] to untie, to undo; [- vela] to unbend. - **2.** [adornar] adorn, to deck.

◆ **zafarse** *vpr* - **1.** [escaparse, esconderse] to get out of it, to escape; ~**se de** [persona] to get rid of; [obligación] to get out of. - **2.** [de correa] to come off, to slip off. - **3.** *Amér* ANAT to become dislocated.

zafarrancho *m* - **1.** NAÚT clearing of the decks; ~ **de combate** MIL call to action stations. - **2.** *fig* [destrozo] mess. - **3.** *fig* [riña] row, fracas.

zafiedad *f* roughness, uncouthness.

zafio, fia *adj* rough, uncouth.

zafiro *m* sapphire.

zafra *f* - **1.** [para medidas] drip jar; [para aceite] oil jar. - **2.** [cosecha] sugar cane harvest. - **3.** [fabricación] sugarmaking. - **4.** [temporada] sugar cane harvest season. - **5.** MIN rubbish, debris.

zaga ◇ *f* - **1.** DEP defence; **a la** ~ behind, at the back ☐ **no irle a la** ~ **a alguien** to be every bit o just as good as sb. - **2.** [parte posterior] back, rear. - **3.** [carga] back load. ◇ *m* [en el juego] last player.

zagal, la *m, f* - **1.** [muchacho] adolescent, teenager. - **2.** [pastor] shepherd (*f* shepherdess).

zagual *m* paddle.

zaguán *m* (entrance) hall.

zaguanete *m* - **1.** [aposento] royal guardroom. - **2.** [guardia] royal guard.

zaguero, ra *adj* - **1.** [trasero] rear, back (*antes de sust*). - **2.** [que va en zaga] lagging behind.

◆ **zaguero** *m* - **1.** [en fútbol] defender. - **2.** [en pelota] backstop.

zaheridor, ra ◇ *adj* criticizing. ◇ *m, f* criticizer.

zaherimiento *m* gibe.

zaherir *vt* - **1.** [herir] to hurt. - **2.** [burlarse de] to mock. - **3.** [criticar] to pillory.

zahonado, da *adj* [animal] *having front legs of a different colour to the body.*

zahondar ◇ *vt* to dig. ◇ *vi* to sink.

zahones *mpl* chaps.

zahorí (*pl* **zahoríes**) *mf* - **1.** [de agua] water diviner. - **2.** *fig* [clarividente] mind reader.

zahúrda *f* [pocilga] pigsty.

zaino, na *adj* - **1.** [caballo] chestnut; [res] black. - **2.** *fig* [falso] false, treacherous.

◆ **a lo zaino** *loc adv*: **mirar a lo** ~ to look sideways, to look out the corner of one's eye.

Zaire *s*: **el** ~ Zaire.

zaireño, ña ◇ *adj* of/relating to Zaire. ◇ *m, f* native/inhabitant of Zaire.

ZAL (*abrev de* **zona de actuación logística**) *f* LAZ.

zalá (*pl* **zalaes**) *f* Moslem prayer; **hacer la** ~ **a** *fam fig* to butter up, to soft-soap.

zalagarda *f* - **1.** [emboscada] ambush, trap. - **2.** [pelea] skirmish. - **3.** *fig* [en caza] trap, snare. - **4.** *fam fig* [astucia] cunning. - **5.** [alboroto] rumpus, uproar.

zalamería *f* (*gen pl*) flattery (U).

zalamero, ra ◇ *adj* flattering; *despec* smooth-talking. ◇ *m, f* flatterer; *despec* smooth talker.

zalema *f* salaam.

zamacuco, ca *m, f* - **1.** [tonto] fool, idiot. - **2.** [persona solapada] sly o crafty person.

◆ **zamacuco** *m fig* drunkenness.

zamacueca *f Amér* Chilean folkdance.

zamarra *f* - **1.** [chaqueta] sheepskin jacket. - **2.** [piel] sheepskin.

zamarrear *vt* - **1.** [sacudir] to shake. - **2.** *fam fig* [maltratar] to push around. - **3.** *fig* [en discusión] to corner, to pin down.

zamarreo *m* - **1.** [sacudimiento] shaking. - **2.** *fig* [mal trato] rough treatment.

zamarro *m* - **1.** [chaqueta] sheepskin jacket. - **2.** [piel] sheepskin. - **3.** *fam fig* [hombre tosco] boor, lout.

◆ **zamarros** *mpl Amér* chaps.

zamba ◇ *adj f* → **zambo**. ◇ *f Amér* popular Argentinian dance.

zambarco *m* - **1.** [correa] broad breast strap. - **2.** [cincha] cinch.

zambardo *m Amér* - **1.** [chiripa] fluke, stroke of luck. - **2.** [torpeza] awkwardness, clumsiness. - **3.** [avería] breakage, damage. - **4.** [persona torpe] awkward o clumsy person.

Zambia *s* Zambia.

zambo, ba ◇ *adj* - **1.** [patizambo] knock-kneed. - **2.** *Amér* [hijo de negro e india] half-Black and half-Indian. - **3.** *Amér* [mulato] mulatto. ◇ *m, f* - **1.** [patizambo] knock-kneed person. - **2.** *Amér* [hijo de negro e india] half-Black and half-Indian person. - **3.** *Amér* [mulato] mulatto.

◆ **zambo** *m* spider monkey.

zambomba ◇ *f* MÚS type of rustic drum. ◇ *interj* wow!

zambombazo *m* - **1.** [ruido] bang. - **2.** [explosión] explosion. - **3.** [golpe] blow, thump.

zambombo *m fam* lout, boor.

zamborondón, ona, zamborotudo, da *fam* ◇ *adj* - **1.** [grosero] crude, uncouth. - **2.** [desmañado] clumsy, awkward. ◇ *m, f* - **1.** [grosero] crude o uncouth person. - **2.** [desmañado] clumsy o awkward person.

zambra *f* - **1.** [fiesta morisca] Moorish festival. - **2.** [baile gitano] Andalusian gypsy dance. - **3.** *fam* [algazara] shindy, rumpus.

zambucar [10] *vt fam* to hide, to conceal.

zambullida *f* dive; **darle a alguien una** ~ to duck sb; **darse una** ~ [baño] to go for a dip.

zambullidor, ra *adj* diving, plunging.

◆ **zambullidor** *m Amér* [ave] dabchick.

zambullidura *f*, **zambullimiento** *m* dive, plunge.

zambullir *vt* to dip, to submerge.

◆ **zambullirse** *vpr*: ~**se (en)** [agua] to dive (into); [actividad] to immerse o.s. (in).

zambullo *m Amér* waste barrel.

zampalimosnas *mf fam* tramp.

zampar *fam* ◇ *vi* to gobble. ◇ *vt* [esconder] to hide quickly.

◆ **zamparse** *vpr* to scoff, to wolf down.

zampatortas *mf inv fam* - **1.** [persona glotona] pig, glutton. - **2.** [torpe] numskull, blockhead.

zampoña *f* - **1.** [instrumento] panpipes (*pl*). - **2.** *fam fig* [tontería] stupid thing.

zampuzar [13] *vt* to hide quickly.

zampuzo *m* hiding, concealing.

zanahoria *f* carrot.

zanca *f* - **1.** [de ave] leg, shank. - **2.** *fam* [de persona] shank. - **3.** [alfiler] large pin. - **4.** [de escalera] stringboard. - **5.** *loc:* **andar en** ~**s y barrancas** *fam* to stall, to invent excuses; **por** ~**s y barrancas** *fam* by hook or by crook.

zancada *f* stride.

zancadilla *f* - **1.** [traspié] trip; **poner una** o **la** ~ **a alguien** [hacer tropezar] to trip sb up; [engañar] to trick sb. - **2.** *fam* [engaño] trick. - **3.** [trampa] trap; **armarle la** ~ **a alguien** *fam* to set a trap for sb.

zancadillear *vt* - **1.** [hacer tropezar] to trip up. - **2.** *fig* [engañar] to trick.

zancajear *vi* to rush o dash around.

zancajo *m* - **1.** [hueso del talón] heel bone. - **2.** [talón] heel. - **3.** *fam* [hueso grande] long bone. - **4.** *fam* [persona pequeña] runt, midget.

zancajoso, sa *adj* - **1.** [con los pies torcidos] bow-legged. - **2.** [con medias rotas] wearing stockings with torn heels.

zancarrón *m fam* - **1.** [hueso] leg bone. - **2.** [hombre viejo] skinny old man. - **3.** [mal profesor] bad teacher.

zanco *m* stilt; **estar en** ~**s** *fam fig* to be high up, to be in a high position.

zancón, ona *adj* - **1.** *fam* [zancudo] lanky, long-legged. - **2.** *Amér* [traje] brief, too short.

zancudo, da *adj* - **1.** [persona] long-legged. - **2.** [ave] wading.

◆ **zancudo** *m Amér* mosquito.

◆ **zancuda** *f* wader.

◆ **zancudas** *fpl* wading birds.

zanfonía f desus hurdy-gurdy.

zanganada f fam stupid remark.

zangandongo, ga, zangandungo, ga, zangandullo, lla m, f fam [holgazán] lazybones; [desmañado] clumsy oaf.

zanganear vi fam to laze about.

zanganería f fam idleness, laziness.

zángano, na m, f fam [persona] lazy oaf, idler.

◆ **zángano** m [abeja] drone.

zangarrear vi fam to strum.

zangarriana f - **1.** VETER staggers (pl). - **2.** fam fig [dolencia] slight recurring ailment. - **3.** fig [melancolía] blues (pl), depression.

zangarullón m fam big lazybones, big good-for-nothing.

zangolotear fam ◇ vt to jiggle, to shake. ◇ vi fig to fidget.

◆ **zangolotearse** vpr fam to rattle, to shake.

zangoloteo m fam shaking, rattling.

zangolotino, na adj fam babyish, childish.

zangón m fam big lazybones, big good-for-nothing.

zangotear vi fam to fidget.

zanguanga f - **1.** [fingimiento] malingering. - **2.** [zalamería] fawning, wheedling.

zanguango, ga ◇ adj fam lazy, idle. ◇ m, f idler.

zanja f ditch.

zanjar vt - **1.** [poner fin a] to put an end to; [resolver] to settle, to resolve. - **2.** [cavar] to dig a ditch in.

zanjón m large ditch.

zanqueador, ra m, f - **1.** [que tuerce las piernas] bowlegged walker. - **2.** [que camina mucho] person fond of walking.

zanqueamiento m bow-legged walk.

zanquear vi - **1.** [torcer las piernas] to walk bow-legged. - **2.** [caminar mucho] to do a lot of walking.

zanquivano, na adj fam spindle-legged.

zapa f - **1.** [pala] spade. - **2.** [excavación] trenching. - **3.** TECN shagreen, sharkskin.

zapador m MIL sapper.

zapallo m Amér courgette.

zapapico m pickaxe.

zapar vi to mine.

zaparrada f fam scratch.

zaparrastrar vi to drag o trail one's clothing.

zaparrastroso, sa fam ◇ adj ragged, shabby. ◇ m, f tramp.

zaparrazo m fam scratch.

zapata f - **1.** [cuña] wedge. - **2.** [de freno] shoe. - **3.** [calzado] half-boot. - **4.** [arandela] washer. - **5.** NÁUT shoe. - **6.** ARQUIT socle.

zapatazo m - **1.** [golpe] blow with a shoe; **dar ~s** to stamp one's feet. - **2.** NÁUT flapping of a sail. - **3.** [ruido] bang, thud. - **4.** [de caballos] hoofbeats (pl). - **5.** loc: **mandar a ~s** fam to rule with an iron hand; **tratar a ~s** fam to kick around.

zapateado m - **1.** [baile, música] type of flamenco music and dance. - **2.** [taconeo] footwork.

zapateador, ra ◇ adj tap dancing. ◇ m, f tap dancer.

zapatear ◇ vi - **1.** [golpear con el zapato] to stamp one's feet. - **2.** NÁUT to flap. ◇ vt - **1.** [golpear] to hit with a shoe. - **2.** [bailar] to tap-dance. - **3.** fam fig [maltratar] to ill-treat, to mistreat.

◆ **zapatearse** vpr fig to stand firm.

zapateo m - **1.** [acción] tapping. - **2.** [baile] tap dancing. - **3.** NÁUT flapping.

zapatería f - **1.** [oficio] shoemaking. - **2.** [taller] shoemaker's. - **3.** [tienda] shoe shop; **~ de viejo** cobbler's, shoe repair shop.

zapatero, ra ◇ m, f - **1.** [fabricante] shoemaker. - **2.** [reparador]: **~ (de viejo o remendón)** cobbler; **¡~ a tus zapatos!** mind your own business! - **3.** [vendedor] shoe seller. ◇ adj [legumbre] underdone, undercooked.

◆ **zapatero** m [pez] cobbler fish.

zapateta f shoe-slap accompanied by a jump in certain dances.

◆ **zapatetas** interj fam oh, my!, goodness gracious!

zapatilla f - **1.** [de baile] shoe, pump; [de estar en casa] slipper; [de deporte] sports shoe, trainer; **~s con clavos** spikes; **~s de tenis** pumps Br, tennis shoes Am. - **2.** [de grifo] washer. - **3.** TAUROM matador's slipper. - **4.** [en billar] cue tip. - **5.** [en esgrima] button. - **6.** MIL & MÚS leather pad. - **7.** ZOOL cloven hoof. - **8.** loc: **poner como una ~ china** Amér to tell off.

◆ **zapatilla de la reina** f BOT giant yellow poppy.

zapato m shoe; **como tres en un ~** fam fig packed in like sardines; **meter en un ~** fig to intimidate; **saber alguien dónde le aprieta el ~** fig to know which side one's bread is buttered.

zapatudo, da adj - **1.** [persona] wearing clodhoppers. - **2.** [animal] thick-hoofed. - **3.** MEC provided with a washer. - **4.** Amér [manjar] undercooked, underdone.

zape interj fam - **1.** [a animal] shoo!, scat! - **2.** [en naipes] denial of request for a card.

zapear vt - **1.** [animal] to shoo away. - **2.** fam [en naipes] to deny a request for a card.

zapotal m sapodilla grove.

zapote m sapodilla tree.

zapoteco, ca ◇ adj Zapotecan. ◇ m, f Zapotec.

zapotero m sapodilla tree.

zapping ['θapin] m inv channel-hopping; **hacer ~** to channel-hop.

zaquizamí (pl **zaquizamís** o **zaquizamíes**) m - **1.** [desván] attic, garret. - **2.** [cuarto incómodo] poky little room.

zar, zarina mf tsar (f tsarina), czar (f czarina).

zarabanda f - **1.** [danza] saraband. - **2.** fig [jaleo] commotion, uproar.

zaragata f fam [jaleo] ruckus, row.

zaragatero, ra fam ◇ adj argumentative, quarrelsome. ◇ m, f troublemaker.

Zaragoza s Saragossa.

zaragozano, na ◇ adj of/relating to Saragossa. ◇ m, f native/inhabitant of Saragossa.

zaranda f - **1.** [cuba] sieve, strainer. - **2.** [trompo] spinning top.

zarandajas fpl fam nonsense (U), trifles; **no entretenerse en ~** fig not to bother with trifles.

zarandear ◇ vt - **1.** [cosa] to shake. - **2.** [persona] to jostle, to knock about. - **3.** [grano, uva] to sift. - **4.** [dulce] to strain. ◇ vi Amér [contonearse] to swing one's hips.

◆ **zarandearse** vpr to be on the go.

zarandeo m - **1.** [sacudida] shake, shaking (U). - **2.** [empujón] pushing (U) o knocking (U) about. - **3.** [criba] sifting, sieving. - **4.** [colador] straining. - **5.** [prisa] rush. - **6.** Amér [contoneo] swinging of the hips.

zarandero, ra m, f sifter.

zaratán m - **1.** fam [cáncer] breast cancer. - **2.** Amér VETER trichina.

Zaratrusta m Zarathrustra.

zaraza f TEXTIL chintz.

◆ **zarazas** fpl [veneno] home-made poison for vermin.

zarceño, ña adj brambly.

zarcillo m (gen pl) - **1.** [pendiente] earring. - **2.** BOT tendril. - **3.** [escardillo] hoe. - **4.** Amér [ganado] earmark, identification mark on cattle. - **5.** Amér [barril] barrel hoop.

◆ **de zarcillo** loc adv Amér arm in arm.

zarco, ca adj - **1.** [color] light blue. - **2.** Amér [animal] walleyed. - **3.** Amér [persona] white, Caucasian.

zarigüeya f opossum.

zarina f → **zar**.

zarista adj & mf Tsarist, Czarist.

zarpa f - **1.** [de animal - uña] claw; [- mano] paw. - **2.** fam [de persona] paw, hand; **echar la ~ a algo** to get one's hands on sthg. - **3.** [acción] pawing. - **4.** ARQUIT footing. - **5.** NÁUT weighing anchor. - **6.** [de barro] splash of mud.

zarpada *f* [con mano] pawing; [con uña] clawing; **dar una ~** to lash out with its claws/paws.

zarpar NÁUT ◇ *vi* to weigh anchor, to set sail. ◇ *vt* to raise.

zarpazo *m* clawing *(U)*.

zarpe *m Amér* splash of mud.

zarpear *vt Amér* to splash o splatter with mud.

zarposo, sa *adj Amér* splattered.

zarrapastra *f fam* splash of mud.

zarrapastroso, sa ◇ *adj* scruffy, shabby. ◇ *m, f* scruff.

zarza *f* bramble, blackberry bush.

zarzal *m* bramble patch.

zarzamora *f* blackberry.

zarzaparrilla *f* sarsaparilla.

zarzo *m* - **1.** [tejido de mimbre] wattle, woven fence. - **2.** *Amér* [desván] garret.

zarzoso, sa *adj* - **1.** [con zarzas] brambly. - **2.** [espinoso] spiny.

zarzuela *f* - **1.** MÚS zarzuela, *Spanish light opera.* - **2.** CULIN *fish stew in a spicy sauce.*

zarzuelero, ra *m, f*, **zarzuelista** *mf* composer of 'zarzuelas'.

zas *interj* wham!, bang!

zazoso, sa *adj* stammering, stuttering.

zedilla *f* cedilla.

zen ◇ *adj inv* Zen *(antes de sust).* ◇ *m* Zen.

zenit, cenit *m inv lit & fig* zenith.

zepelín *m* zeppelin.

zigoto *m* zygote.

zigurat (*pl* **zigurats**) *m* ziggurat.

zigzag (*pl* **zigzags** o **zigzagues**) *m* zigzag.

zigzaguear *vi* to zigzag.

zigzagueo *m* zigzag, zigzagging *(U)*.

Zimbabue, Zimbabwe *s* Zimbabwe.

zimbabuense ◇ *adj* of/relating to Zimbabwe. ◇ *mf* native/inhabitant of Zimbabwe.

Zimbabwe *s* = **Zimbabue**.

zinc *m* = **cinc**.

zíngaro, ra *adj & m, f* = **cíngaro**.

zíper *m Amér* zip.

zipizape *m fam* squabble, set-to.

zis, zas *interj* bang! bang!

zócalo *m* - **1.** [de pared] skirting board. - **2.** [de edificio, pedestal] plinth. - **3.** [pedestal] pedestal. - **4.** GEOL shelf. - **5.** *Amér* [plaza] main square.

zocatearse *vpr* to become overripe.

zocato, ta *adj* - **1.** [fruto] overripe. - **2.** *fam* [zurdo] left-handed. - **3.** *Amér* [pan] stale.

zoco, ca *adj fam* [zurdo] left-handed.

◆ **zoco** *m* - **1.** [mercado] souk, Arabian market. - **2.** [pedestal] plinth, pedestal.

zodiacal *adj* zodiacal.

zodiaco, zódiaco *m* zodiac.

ZOE (*abrev de* **zona de ordenación de explotaciones**) *f* development zone.

zoilo *m* malicious critic.

zolocho, cha *fam* ◇ *adj* silly, foolish. ◇ *m, f* fool, simpleton.

zombi, zombie ['θombi] *mf lit & fig* zombie.

zompo, pa ◇ *adj* - **1.** [contrahecho] deformed. - **2.** [torpe] clumsy, awkward. ◇ *m, f* - **1.** [contrahecho] deformed person. - **2.** [torpe] clumsy o awkward person.

zona *f* - **1.** [área] zone, area; ~ **azul** AUTOM restricted parking zone; ~ **de carga y descarga** loading bay; ~ **catastrófica** disaster area; ~ **comercial** precinct; ~ **conflictiva** hot spot; ~ **de ensanche** urban development zone; ~ **eróge-**

na erogenous zone; ~ **franca** COM free-trade zone; ~ **fronteriza** border zone; ~ **peatonal** pedestrian precinct; ~ **postal** postal district; ~ **sin urbanizar** undeveloped area; ~ **de urgente reindustrialización** ECON *region given priority status for industrial investment,* ≃ enterprise zone *Br*; ~ **verde** [grande] park; [pequeño] lawn. - **2.** MED shingles *(pl)*.

zonal *adj* zonal.

zoncería *Esp*, **zoncera** *Amér f* nonsense, silliness.

zonificación *f* zoning.

zonificar [10] *vt* to zone.

zonzo, za *fam* ◇ *adj* foolish, silly. ◇ *m, f* fool, idiot.

zoo *m* zoo.

zoófito *m* zoophyte.

zoogeografía *f* zoogeography.

zoografía *f* zoography.

zooide *adj & mf* zooid.

zoología *f* zoology.

zoológico, ca *adj* zoological.

◆ **zoológico** *m* zoo.

zoólogo, ga *m, f* zoologist.

zoom [θum] (*pl* **zooms**) *m* FOT zoom.

zoonosis *f inv* zoonosis.

zopenco, ca *fam* ◇ *adj* idiotic, daft. ◇ *m, f* idiot, nitwit.

zopilote *m Amér* [ave] buzzard.

zopisa *f* tar, pitch.

zopo, pa ◇ *adj* deformed. ◇ *m, f* deformed person.

zoqueta *f* wooden hand guard.

zoquete ◇ *adj* stupid. ◇ *m* - **1.** [de madera] block. - **2.** [de pan] hunk of bread. - **3.** *fig* [persona pequeña y gorda] chunky o stockyperson. ◇ *mf* [tonto] blockhead, idiot.

zoquetero, ra ◇ *adj* begging. ◇ *m, f* beggar.

zoquetudo, da *adj* rough, poorly made.

zoroástrico, ca *adj & m, f* Zoroastrian.

zorollo *adj* [trigo] reaped while unripe.

zorra *f* → **zorro**.

zorrastrón, ona *fam* ◇ *adj* crafty, sly. ◇ *m, f* sly person.

zorrera ◇ *adj f* → **zorrero**. ◇ *f* - **1.** [madriguera] foxhole. - **2.** *fig* [habitación] smoke-filled room.

zorrería *f fam fig* craftiness, cunning.

zorrero, ra *adj* - **1.** [barco] heavy-sailing. - **2.** [perro] fox-hunting. - **3.** [astuto] cunning, sly.

◆ **zorrero** *m* foxhound.

zorrillo, zorrino *m Amér* skunk.

zorro, rra ◇ *adj* foxy, crafty. ◇ *m, f lit & fig* fox; ~ **azul** blue fox.

◆ **zorro** *m* - **1.** [piel] fox (fur). - **2.** [perezoso] idler; **hacerse el ~** *fig* to play dumb. - **3.** *Amér* [mofeta] skunk.

◆ **zorra** *f* - **1.** *mfam despec* [ramera] whore, tart, hooker *Am*. - **2.** ZOOL vixen. - **3.** *Amér fam* [borrachera]: **coger una ~** to get sloshed.

◆ **zorros** *mpl* [utensilio] feather duster *(sg)*; **estar hecho unos ~s** *fam* [cansado, maltrecho] to be whacked, to be done in; [enfurecido] to be fuming.

zorronglón, ona *fam* ◇ *adj* grumpy. ◇ *m, f* grump.

zorruno, na *adj* foxlike; **oler a ~** *fam fig* to smell sweaty.

zorzal *m* - **1.** [ave] thrush. - **2.** *fig* [hombre astuto] sly o cunning person. - **3.** *Amér* [tonto] simpleton. - **4.** *Amér* [chico inquieto] hyperactive boy.

◆ **zorzal marino** *m* black wrasse.

zote *fam* ◇ *adj* dopey. ◇ *mf* dope, clod.

zozobra *f* - **1.** [inquietud] anxiety, worry. - **2.** [naufragio] capsizing. - **3.** [hundimiento] sinking. - **4.** METEOR dangerous weather. - **5.** *fig* [perdición] ruination.

zozobrar *vi* - **1.** [naufragar] to be shipwrecked. - **2.** *fig* [fracasar] to fall through. - **3.** [estar en peligro] to be in danger. - **4.** [afligirse] to worry, to fret.

zuavo *m* Zouave.

zueco *m* - **1.** [de madera] clog. - **2.** *fam* [persona zurda] left-handed person.

zullarse *vpr fam* - **1.** [ensuciarse] to dirty o.s. - **2.** [ventosearse] to break wind.

zulo *m* hideout.

zulú (*pl* **zulúes**) *adj & mf* Zulu.

zumacal, zumacar *m* sumach field.

zumaque *m* - **1.** BOT sumac, sumach; ~ **venenoso** poison sumach, poison ivy. - **2.** *fam* [vino] wine.

◆ **zumaque del Japón** *m* BOT ailanthus, tree of heaven.

zumba *f* - **1.** [cencerro] *bell worn by lead animal.* - **2.** [juguete] bullroarer. - **3.** *fig* [broma] teasing, joking. - **4.** *Amér* [zurra] beating, thrashing.

zumbador, ra *adj* [gen] buzzing; [máquina] humming.

◆ **zumbador** *m* - **1.** [aparato] buzzer. - **2.** *Amér* [juguete] bullroarer.

zumbar ◇ *vi* [gen] to buzz; [máquinas] to whirr, to hum; **me zumban los oídos** my ears are buzzing. ◇ *vt* - **1.** *fam* [pegar] to bash, to thump. - **2.** [bromear] to tease; *fam fig* [acercarse a]: **ya le zumban los cincuenta años** he's already pushing fifty. - **3.** *Amér* [arrojar] to hurl, to fling.

◆ **zumbarse** *vpr fam* to hit one another, to trade blows.

zumbido *m* - **1.** [gen] buzz, buzzing *(U)*; [de máquinas] whirr, whirring *(U)*; [de oídos] ringing. - **2.** *fam* [golpe] blow, smack.

zumbo *m* - **1.** [ruido] buzz. - **2.** *Amér* [vasija] gourd.

zumbón, ona *fam* ◇ *adj* - **1.** [burlón] funny, joking. - **2.** [ruido] buzzing. ◇ *m, f* joker, tease.

zumiento, ta *adj* juicy, succulent.

zumo *m* - **1.** [jugo] juice; ~ **de cepas** o **parras** *fam* wine; ~ **de frutas** fruit juice. - **2.** *fig* [provecho] profit, advantage; **sacarle el** ~ **a alguien** to bleed sb dry.

zumoso, sa *adj* juicy, succulent.

zuna *f* - **1.** [ley musulmana] sunna. - **2.** [perfidia] untrustworthiness.

zunchar *vt* to fasten with a metal band.

zuncho *m* metal band.

zupia *f* - **1.** [poso] dregs *(pl)*, sediment. - **2.** [vino turbio] muddy o cloudy wine. - **3.** *fig* [cosa de mal aspecto] nastylooking thing. - **4.** *Amér* [aguardiente] inferior quality liquor.

ZUR *abrev escrita de* **zona de urgente reindustrialización**.

zurcido *m* - **1.** [acción] darning. - **2.** [remiendo] darn.

zurcidor, ra *m, f* darner, mender.

zurcidura *f* - **1.** [acción] darning. - **2.** [costura] darn.

zurcir [12] *vt* - **1.** [ropa] to darn. - **2.** *fig* [enlazar] to join o to put together; **zurció varios argumentos en su defensa** she combined several arguments in her defence. - **3.** *fam fig* [mentiras] to string together. - **4.** *loc:* **¡anda y que te zurzan!** *fam* on your bike!, get lost!

zurda *f* → **zurdo**.

zurdera, zurdería *f* left-handedness.

zurdo, da ◇ *adj* [mano etc] left; [persona] left-handed; **a zurdas** [con la mano izquierda] with the left hand; *fam fig* [al revés] the wrong way; **no ser** ~ *fig* to be agile and clever. ◇ *m, f* [persona] left-handed person.

◆ **zurda** *f* - **1.** [mano] left hand. - **2.** [pie] left foot.

zurra *f* - **1.** [paliza] beating, hiding. - **2.** [de cuero] tanning. - **3.** *fam* [trabajo pesado] grind, drudgery *(U)*. - **4.** [disputa] brawl, scuffle.

zurrador, ra ◇ *adj* tanning. ◇ *m, f* tanner.

zurrapa *f* - **1.** [poso] dregs *(pl)*, sediment. - **2.** *fam fig* [cosa despreciable] junk *(U)*. - **3.** *fam* [joven] skinny, ugly boy.

zurrar *vt* - **1.** [pegar] to beat, to thrash. - **2.** [curtir] to tan. - **3.** [reprender] to give a dressing-down to.

◆ **zurrarse** *vpr* - **1.** [ensuciarse] to dirty o.s., to soil o.s. - **2.** [tener miedo] to be scared to death.

zurriar [9] *vi* to rattle.

zurribanda *f fam* - **1.** [pelea] scrap, scuffle. - **2.** [paliza] beating, thrashing.

zurriburri *m* - **1.** [grupo] rabble, riffraff. - **2.** [jaleo] tumult, confusion. - **3.** *desus* [canalla] rogue.

zurrido *m* - **1.** [golpe] whack, blow. - **2.** [ruido] harsh noise.

zurrón *m* - **1.** [bolsa] leather bag o pouch. - **2.** BOT husk. - **3.** MED amnion, amniotic sac.

zurrona *f fam* loose woman, slut.

zurronada *f* bag, bagful.

zurruscarse [10] *vpr fam* to be scared to death, to be scared stiff.

zurullo *m* - **1.** [cosa blanda] round, soft lump. - **2.** *vulg* [excremento] turd.

zurupeto *m fam* - **1.** [corredor de bolsa] unlicensed broker. - **2.** [notario] unauthorized notary.

zurza *etc v* → **zurcir**.

zutano, na *m, f* so-and-so, what's-his-name, (*f* what's-her-name).

zuzo *interj* shoo!

CONJUGACIONES

VERBS

CUADRO DE CONJUGACIONES

El cuadro de conjugación está integrado por ochenta y un modelos, uno para cada una de las tres conjugaciones regulares españolas, -ar, -er, -ir, los dos verbos auxiliares, *ser* y *haber*, setenta y dos modelos de conjugación irregular y cuatro modelos de verbos defectivos. A cada modelo le corresponde un número, sin embargo, en el cuerpo del diccionario, sólo los verbos que siguen un modelo de conjugación irregular llevarán el número correspondiente.

Modelos de conjugación regular y auxiliares
Para los modelos de las conjugaciones regulares y para los auxiliares damos todas las personas de los tiempos simples y las formas no personales.

Modelos de conjugación irregular
El orden de aparición de los modelos de conjugación irregular responde al tipo de irregularidad: cambios en la acentuación, cambios en la ortografía, diptongación, modificación de la vocal o la consonante de la raíz...; siempre que un tipo de irregularidad se presenta en las tres conjugaciones, hemos escogido un modelo para cada una de ellas, p. ej.: *acertar, mover, adquirir*.

Para los modelos de conjugación irregular, damos únicamente aquellos tiempos que contienen alguna forma irregular.

Si todas las personas de un tiempo son irregulares, hemos seleccionado la 1ª y 3ª del singular y la 1ª del plural, p. ej.: *cabré, cabrá, cabremos*; si la 1ª y la 3ª del singular coinciden, damos sólo la 1ª del singular y la 1ª del plural, p. ej.: *condujera o condujese, condujéramos o condujésemos*.

Cuando en un mismo tiempo se alternan formas regulares y formas irregulares, hemos seleccionado la 1ª y 3ª del singular (generalmente irregulares) y la 1ª del plural (generalmente regular), p. ej.: *acierto, acierta, acertamos*; si la 1ª y la 3ª del singular coinciden, damos sólo la 1ª del singular y la 1ª del plural, p. ej.: *acierte, acertemos*.

Cuando estas tres personas son todas irregulares (en algunos imperativos), hemos añadido la 2ª del plural para mostrar una forma regular, p. ej.: *duerme, duerma, durmamos, dormid*.

En algunos tiempos (pretérito perfecto simple) las únicas personas irregulares son la 3ª del singular y del plural, en esta ocasión hemos seleccionado dichas personas y la 1ª del plural, p. ej.: *pidió, pedimos, pidieron*.

Verbos defectivos
Para los verbos que sólo se conjugan en determinados tiempos y personas, hemos incluido los tiempos simples y las formas impersonales, indicando mediante una nota las formas que no se conjugan.

Conjugaciones regulares

a) verbos en -ar
Gerundio **-ando**,
terminaciones del presente de indicativo **-o, -as, -a, -amos, -áis, -an**

[1] amar

Presente indicativo
amo
amas
ama
amamos
amáis
aman

Imperfecto indicativo
amaba
amabas
amaba
amábamos
amabais
amaban

Pretérito perfecto simple
amé
amaste
amó
amamos
amasteis
amaron

Futuro
amaré
amarás
amará
amaremos
amaréis
amarán

Condicional
amaría
amarías
amaría
amaríamos
amaríais
amarían

Presente subjuntivo
ame
ames
ame
amemos
améis
amen

Imperfecto subjuntivo
amara o amase
amaras o amases
amara o amase
amáramos o amásemos
amarais o amaseis
amaran o amasen

Imperativo
ama (tú)
ame (él, ella)
amemos (nosotros)
amad (vosotros)
amen (ellos, ellas)

Gerundio
amando

Participio
amado, da

b) verbos en -er

Gerundio **-iendo,**
terminaciones del presente de indicativo **-o, -es, -e, -emos, -éis, -en**

[2] temer

Presente indicativo	**Futuro**	**Imperfecto subjuntivo**
temo	temeré	temiera o temiese
temes	temerás	temieras o temieses
teme	temerá	temiera o temiese
tememos	temeremos	temiéramos o temiésemos
teméis	temeréis	temierais o temieseis
temen	temerán	temieran o temiesen

Imperfecto indicativo	**Condicional**	**Imperativo**
temía	temería	teme (tú)
temías	temerías	tema (él, ella)
temía	temería	temamos (nosotros)
temíamos	temeríamos	temed (vosotros)
temíais	temeríais	teman (ellos, ellas)
temían	temerían	

Pretérito perfecto simple	**Presente subjuntivo**	**Gerundio**
temí	tema	temiendo
temiste	temas	
temió	tema	**Participio**
temimos	temamos	temido, da
temisteis	temáis	
temieron	teman	

c) verbos en -ir

Gerundio **-iendo,**
terminaciones del presente de indicativo **-o, -es, -e, -imos, -ís, -en**

[3] partir

Presente indicativo	**Futuro**	**Imperfecto subjuntivo**
parto	partiré	partiera o partiese
partes	partirás	partieras o partieses
parte	partirá	partiera o partiese
partimos	partiremos	partiéramos o partiésemos
partís	partiréis	partierais o partieseis
parten	partirán	partieran o partiesen

Imperfecto indicativo	**Condicional**	**Imperativo**
partía	partiría	parte (tú)
partías	partirías	parta (él, ella)
partía	partiría	partamos (nosotros)
partíamos	partiríamos	partid (vosotros)
partíais	partiríais	partan (ellos, ellas)
partían	partirían	

Pretérito perfecto simple	**Presente subjuntivo**	**Gerundio**
partí	parta	partiendo
partiste	partas	
partió	parta	**Participio**
partimos	partamos	partido, da
partisteis	partáis	
partieron	partan	

Verbos auxiliares

[4] haber

Presente indicativo	Futuro	Imperfecto subjuntivo
he	habré	hubiera o hubiese
has	habrás	hubieras o hubieses
ha	habrá	hubiera o hubiese
hemos	habremos	hubiéramos o hubiésemos
habéis	habréis	hubierais o hubieseis
han	habrán	hubieran o hubiesen

Imperfecto indicativo	Condicional	Imperativo
había	habría	he (tú)
habías	habrías	haya (él, ella)
había	habría	hayamos (nosotros)
habíamos	habríamos	habed (vosotros)
habíais	habríais	hayan (ellos, ellas)
habían	habrían	

Gerundio
habiendo

Pretérito perfecto simple	Presente subjuntivo
hube	haya
hubiste	hayas
hubo	haya
hubimos	hayamos
hubisteis	hayáis
hubieron	hayan

Participio
habido, da

[5] ser

Presente indicativo	Futuro	Imperfecto subjuntivo
soy	seré	fuera o fuese
eres	serás	fueras o fueses
es	será	fuera o fuese
somos	seremos	fuéramos o fuésemos
sois	seréis	fuerais o fueseis
son	serán	fueran o fuesen

Imperfecto indicativo	Condicional	Imperativo
era	sería	sé (tú)
eras	serías	sea (él, ella)
era	sería	seamos (nosotros)
éramos	seríamos	sed (vosotros)
erais	seríais	sean (ellos, ellas)
eran	serían	

Gerundio
siendo

Pretérito perfecto simple	Presente subjuntivo
fui	sea
fuiste	seas
fue	sea
fuimos	seamos
fuisteis	seáis
fueron	sean

Participio
sido, da

Verbos irregulares

[6] actuar   actú- en sílaba tónica
actu- en sílaba átona

Presente indicativo	**Presente subjuntivo**	**Imperativo**
actúo	actúe	actúa (tú)
actúa	actuemos	actúe (él, ella)
actuamos		actuemos (nosotros)

[7] adecuar   adecu- en todas las personas y tiempos

Presente indicativo	**Presente subjuntivo**	**Imperativo**
adecuo	adecue	adecua (tú)
adecua	adecuemos	adecue (él, ella)
adecuamos		adecuemos (nosotros)

[8] cambiar   cambi- en todas las personas y tiempos

Presente indicativo	**Presente subjuntivo**	**Imperativo**
cambio	cambie	cambia (tú)
cambia	cambiemos	cambie (él, ella)
cambiamos		cambiemos (nosotros)

[9] guiar   guí- en sílaba tónica
gui- en sílaba átona

Presente indicativo	**Presente subjuntivo**	**Imperativo**
guío	guíe	guía (tú)
guía	guiemos	guíe (él, ella)
guiamos		guiemos (nosotros)

[10] sacar   sac- delante de -a, -á, -o, -ó
saqu- delante de -e, -é

Pretérito perfecto simple	**Presente subjuntivo**	**Imperativo**
saqué	saque	saca (tú)
sacó	saquemos	saque (él, ella)
sacamos		saquemos (nosotros)

[11] mecer   mec- delante de -e, -é, -i, -í
mez- delante de -a, -á, -o

Presente indicativo	**Presente subjuntivo**	**Imperativo**
mezo	meza	mece (tú)
mece	mezamos	meza (él, ella)
mecemos		mezamos (nosotros)

[12] zurcir   zurc- delante de -e, -i, -í
zurz- delante de -a, -á, -o

Presente indicativo	**Presente subjuntivo**	**Imperativo**
zurzo	zurza	zurce (tú)
zurce	zurzamos	zurza (él, ella)
zurcimos		zurzamos (nosotros)

[13] cazar   caz- delante de -a, -á, -o, -ó
                  cac- delante de -e, -é

Pretérito perfecto simple	**Presente subjuntivo**	**Imperativo**
cacé	cace	caza (tú)
cazó	cacemos	cace (él, ella)
cazamos		cacemos (nosotros)

[14] proteger   proteg- delante de -e, -é, -i, -í
                     protej- delante de -a, -á, -o

Presente indicativo	**Presente subjuntivo**	**Imperativo**
protejo	proteja	protege (tú)
protege	protejamos	proteja (él, ella)
protegemos		protejamos (nosotros)

[15] dirigir   dirig- delante de -e, -i, -í
                    dirij- delante de -a, -á, -o

Presente indicativo	**Presente subjuntivo**	**Imperativo**
dirijo	dirija	dirige (tú)
dirige	dirijamos	dirija (él, ella)
dirigimos		dirijamos (nosotros)

[16] llegar   lleg- delante de -a, -á, -o, -ó
                   llegu- delante de -e, -é

Pretérito perfecto simple	**Presente subjuntivo**	**Imperativo**
llegué	llegue	llega (tú)
llegó	lleguemos	llegue (él, ella)
llegamos		lleguemos (nosotros)

[17] distinguir   distingu- delante de -e, -i, -í
                       disting- delante de -a, -á, -o

Presente indicativo	**Presente subjuntivo**	**Imperativo**
distingo	distinga	distingue (tú)
distingue	distingamos	distinga (él, ella)
distinguimos		distingamos (nosotros)

[18] delinquir   delinqu- delante de -e, -i, -í
                      delinc- delante de -a, -á, -o

Presente indicativo	**Presente subjuntivo**	**Imperativo**
delinco	delinca	delinque (tú)
delinque	delincamos	delinca (él, ella)
delinquimos		delincamos (nosotros)

[19] acertar   aciert- en sílaba tónica
                    acert- en sílaba átona

Presente indicativo	**Presente subjuntivo**	**Imperativo**
acierto	acierte	acierta (tú)
acierta	acertemos	acierte (él, ella)
acertamos		acertemos (nosotros)

[20] tender   tiend- en sílaba tónica
                   tend- en sílaba átona

Presente indicativo	Presente subjuntivo	Imperativo
tiendo	tienda	tiende (tú)
tiende	tendamos	tienda (él, ella)
tendemos		tendamos (nosotros)

[21] discernir   disciern- en sílaba tónica
                      discern- en sílaba átona

Presente indicativo	Presente subjuntivo	Imperativo
discierno	discierna	discierne (tú)
discierne	discernamos	discierna (él, ella)
discernimos		discernamos (nosotros)

[22] adquirir   adquier- en sílaba tónica
                     adquir- en sílaba átona

Presente indicativo	Presente subjuntivo	Imperativo
adquiero	adquiera	adquiere (tú)
adquiere	adquiramos	adquiera (él, ella)
adquirimos		adquiramos (nosotros)

[23] sonar   suen- en sílaba tónica
                  son- en sílaba átona

Presente indicativo	Presente subjuntivo	Imperativo
sueno	suene	suena (tú)
suena	sonemos	suene (él, ella)
sonamos		sonemos (nosotros)

[24] mover   muev- en sílaba tónica
                  mov- en sílaba átona

Presente indicativo	Presente subjuntivo	Imperativo
muevo	mueva	mueve (tú)
mueve	movamos	mueva (él, ella)
movemos		movamos (nosotros)

[25] dormir   duerm- en sílaba tónica
                   dorm-/durm- en sílaba átona

Presente indicativo	Presente subjuntivo	Imperativo
duermo	duerma	duerme (tú)
duerme	durmamos	duerma (él, ella)
dormimos	durmáis	durmamos (nosotros)
		dormid (vosotros)

Pretérito perfecto simple	Imperfecto subjuntivo	
durmió	durmiera o durmiese	**Gerundio**
dormimos	durmiéramos o durmiésemos	durmiendo
durmieron		

[26] pedir   ped-/pid-

Presente indicativo	Presente subjuntivo	Imperativo
pido	pida	pide (tú)
pide	pidamos	pida (él, ella)
pedimos		pidamos (nosotros)
		pedid (vosotros)

Pretérito perfecto simple	Imperfecto subjuntivo	
pidió	pidiera o pidiese	**Gerundio**
pedimos	pidiéramos o pidiésemos	pidiendo
pidieron		

[27] sentir   sient- en sílaba tónica
                sent-/sint- en sílaba átona

Presente indicativo	**Presente subjuntivo**	**Imperativo**
siento	sienta	siente (tú)
siente	sintamos	sienta (él, ella)
sentimos		sintamos (nosotros)
		sentid (vosotros)

Pretérito perfecto simple	**Imperfecto subjuntivo**	**Gerundio**
sintió	sintiera o sintiese	sintiendo
sentimos	sintiéramos o sintiésemos	
sintieron		

[28] reír   re-/ri-/rí-

Presente indicativo	**Presente subjuntivo**	**Imperativo**
río	ría	ríe (tú)
ríe	riamos	ría (él, ella)
reímos		riamos (nosotros)
		reíd (vosotros)
		rían (ellos)

Pretérito perfecto simple	**Imperfecto subjuntivo**	**Gerundio**
rió	riera o riese	riendo
reímos	riéramos o riésemos	
rieron		

[29] nacer   nac- delante de -e, -é, -i, -í
                nazc- delante de -a, -á, -o

Presente indicativo	**Presente subjuntivo**	**Imperativo**
nazco	nazca	nace (tú)
nace	nazcamos	nazca (él, ella)
nacemos		nazcamos (nosotros)

[30] parecer   parec- delante de -e, -é, -i, -í
                  parezc- delante de -a, -á, -o

Presente indicativo	**Presente subjuntivo**	**Imperativo**
parezco	parezca	parece (tú)
parece	parezcamos	parezca (él, ella)
parecemos		parezcamos (nosotros)

[31] conocer   conoc- delante de -e, -é, -i, -í
                  conozc- delante de -a, -á, -o

Presente indicativo	**Presente subjuntivo**	**Imperativo**
conozco	conozca	conoce (tú)
conoce	conozcamos	conozca (él, ella)
conocemos		conozcamos (nosotros)

[32] lucir   luc- delante de -e, -i, -í
              luzc- delante de -a, -á, -o

Presente indicativo	**Presente subjuntivo**	**Imperativo**
luzco	luzca	luce (tú)
luce	luzcamos	luzca (él, ella)
lucimos		luzcamos (nosotros)

[33] conducir   conduc- delante de -e, -i, -í
conduzc- delante de -a, -á, -o
conduj- en el pretérito perfecto simple y en el imperfecto
de subjuntivo

Presente indicativo   **Presente subjuntivo**   **Imperativo**
conduzco   conduzca   conduce (tú)
conduce   conduzcamos   conduzca (él, ella)
conducimos   conduzcamos (nosotros)

Pretérito perfecto simple   **Imperfecto subjuntivo**
conduje   condujera o condujese
condujo   condujéramos o
condujimos   condujésemos
condujeron

[34] comenzar   comienz- en sílaba tónica y delante de -a, -o
comienc- en sílaba tónica y delante de -e
comenz- en sílaba átona y delante de -a, -á, -ó
comenc- en sílaba átona y delante de -e, -é

Presente indicativo   **Presente subjuntivo**   **Imperativo**
comienzo   comience   comienza (tú)
comienza   comencemos   comience (él, ella)
comenzamos   comencemos (nosotros)

Pretérito perfecto simple
comencé
comenzó
comenzamos

[35] negar   nieg- en sílaba tónica y delante de -a, -o
niegu- en sílaba tónica y delante de -e
neg- en sílaba átona y delante de -a, á, -ó
negu- en sílaba átona y delante de -e, -é

Presente indicativo   **Presente subjuntivo**   **Imperativo**
niego   niegue   niega (tú)
niega   neguemos   niegue (él, ella)
negamos   neguemos (nosotros)

Pretérito perfecto simple
negué
negó
negamos

[36] trocar   truec- en sílaba tónica y delante de -a, -o
truequ- en sílaba tónica y delante de -e
troc- en sílaba átona y delante de -a, -á, -ó
troqu- en sílaba átona y delante de -e, -é

Presente indicativo   **Presente subjuntivo**   **Imperativo**
trueco   trueque   trueca (tú)
trueca   troquemos   trueque (él, ella)
trocamos   troquemos (nosotros)
                                                                  trocad (vosotros)

Pretérito perfecto simple
troqué
trocó
trocamos

[37] forzar   fuerz- en sílaba tónica y delante de -a, -o
fuerc- en sílaba tónica y delante de -e
forz- en sílaba átona y delante de -a, -á, -ó
forc- en sílaba átona y delante de -e, -é

Presente indicativo
fuerzo
fuerza
forzamos

Pretérito perfecto simple
forcé
forzó
forzamos

Presente subjuntivo
fuerce
forcemos

Imperativo
fuerza (tú)
fuerce (él, ella)
forcemos (nosotros)
forzad (vosotros)

[38] avergonzar   avergüenz- en sílaba tónica y delante de -a, -o
avergüenc- en sílaba tónica y delante de -e
avergonz- en sílaba átona y delante de -a, -á, -ó
avergonc- en sílaba átona y delante de -e, -é

Presente indicativo
avergüenzo
avergüenza
avergonzamos

Pretérito perfecto simple
avergoncé
avergonzó
avergonzamos

Presente subjuntivo
avergüence
avergoncemos

Imperativo
avergüenza (tú)
avergüence (él, ella)
avergoncemos (nosotros)
avergonzad (vosotros)

[39] colgar   cuelg- en sílaba tónica y delante de -a, -o
cuelgu- en sílaba tónica y delante de -e
colg- en sílaba átona y delante de -a, -á, -ó
colgu- en sílaba átona y delante de -e, -é

Presente indicativo
cuelgo
cuelga
colgamos

Pretérito perfecto simple
colgué
colgó
colgamos

Presente subjuntivo
cuelgue
colguemos

Imperativo
cuelga (tú)
cuelgue (él, ella)
colguemos (nosotros)
colgad (vosotros)

[40] jugar   jueg- en sílaba tónica y delante de -a, -o
juegu- en sílaba tónica y delante de -e
jug- en sílaba átona y delante de -a, á, -ó
jugu- en sílaba átona y delante de -e, -é

Presente indicativo
juego
juega
jugamos

Pretérito perfecto simple
jugué
jugó
jugamos

Presente subjuntivo
juegue
juguemos

Imperativo
juega (tú)
juegue (él, ella)
juguemos (nosotros)
jugad (vosotros)

[41] cocer   cuez- en sílaba tónica y delante de -a, -o
cuec- en sílaba tónica y delante de -e
coz- en sílaba átona y delante de -a, á
coc- en sílaba átona y delante de -e, -é, -i, -í

Presente indicativo	**Presente subjuntivo**	**Imperativo**
cuezo	cueza	cuece (tú)
cuece	cozamos	cueza (él, ella)
cocemos		cozamos (nosotros)
		coced (vosotros)

[42] regir   reg-/rig- delante de -e, -i, -í
rij- delante de -a, -á, -o

Presente indicativo	**Presente subjuntivo**	**Imperativo**
rijo	rija	rige (tú)
rige	rijamos	rija (él, ella)
regimos		rijamos (nosotros)
		regid (vosotros)

Pretérito perfecto simple	**Imperfecto subjuntivo**	**Gerundio**
rigió	rigiera o rigiese	rigiendo
regimos	rigiéramos o rigiésemos	
rigieron		

[43] seguir   segu-/sigu- delante de -e, -i, -í
sig- delante de -a, -á, -o

Presente indicativo	**Presente subjuntivo**	**Imperativo**
sigo	siga	sigue (tú)
sigue	sigamos	siga (él, ella)
seguimos		sigamos (nosotros)
		seguid (vosotros)

Pretérito perfecto simple	**Imperfecto subjuntivo**	**Gerundio**
siguió	siguiera o siguiese	siguiendo
seguimos	siguiéramos o siguiésemos	
siguieron		

[44] argüir   argü- delante de -i, -í
arguy- delante de -a, -á, -e, -o, -ó

Presente indicativo	**Presente subjuntivo**	**Imperativo**
arguyo	arguya	arguye (tú)
arguye	arguyamos	arguya (él, ella)
argüimos		arguyamos (nosotros)
		argüid (vosotros)

Pretérito perfecto simple	**Imperfecto subjuntivo**	**Gerundio**
arguyó	arguyera o arguyese	arguyendo
argüimos	arguyéramos o arguyésemos	
arguyeron		

[45] averiguar   averigu- delante de -a, -á, -o, -ó
averigü- delante de -e, -é

Pretérito perfecto simple	**Presente subjuntivo**	**Imperativo**
averigüé	averigüe	averigua (tú)
averiguó	averigüemos	averigüe (él, ella)
averiguamos		averigüemos (nosotros)

[46] agorar agüer- en sílaba tónica y delante de -e
agor- en sílaba átona y delante de -a, -á, -o

Presente indicativo	Presente subjuntivo	Imperativo
agüero	agüere	agüera (tú)
agüera	agoremos	agüere (él, ella)
agoramos		agoremos (nosotros)

[47] errar yerr- en sílaba tónica
err- en sílaba átona

Presente indicativo	Presente subjuntivo	Imperativo
yerro	yerre	yerra (tú)
yerra	erremos	yerre (él, ella)
erramos		erremos (nosotros)

[48] desosar deshues- en sílaba tónica
desos- en sílaba átona

Presente indicativo	Presente subjuntivo	Imperativo
deshueso	deshuese	deshuesa (tú)
deshuesa	desosemos	deshuese (él, ella)
desosamos		

[49] oler huel- en sílaba tónica
ol- en sílaba átona

Presente indicativo	Presente subjuntivo	Imperativo
huelo	huela	huele (tú)
huele	olamos	huela (él, ella)
olemos		olamos (nosotros)

[50] leer le-/ley-

Pretérito perfecto simple	Imperfecto subjuntivo	Gerundio
leyó	leyera o leyese	leyendo
leímos	leyéramos o leyésemos	
leyeron		

[51] huir hui-/huy-

Presente indicativo	Presente subjuntivo	Imperativo
huyo	huya	huye (tú)
huye	huyamos	huya (él, ella)
huimos		huyamos (nosotros)
		huid (vosotros)

Pretérito perfecto simple	Imperfecto subjuntivo	Gerundio
huyó	huyera o huyese	huyendo
huimos	huyéramos o huyésemos	
huyeron		

[52] andar

Pretérito perfecto simple	Imperfecto subjuntivo
anduve	anduviera o anduviese
anduvo	anduviéramos o anduviésemos
anduvimos	

[53] asir   as-/asg-

Presente indicativo
asgo
ase
asimos

Presente subjuntivo
asga
asgamos

Imperativo
ase (tú)
asga (él, ella)

[54] caber

Presente indicativo
quepo
cabe
cabemos

Condicional
cabría
cabríamos

Imperativo
cabe (tú)
quepa (él, ella)
quepamos (nosotros)

Pretérito perfecto simple
cupe
cupo
cupimos

Presente subjuntivo
quepa
quepamos

Futuro
cabré
cabrá
cabremos

Imperfecto subjuntivo
cupiera o cupiese
cupiéramos o cupiésemos

[55] caer

Presente indicativo
caigo
cae
caemos

Presente subjuntivo
caiga
caigamos

Imperativo
cae (tú)
caiga (él, ella)
caigamos (nosotros)

Pretérito perfecto simple
cayó
caímos
cayeron

Imperfecto subjuntivo
cayera o cayese
cayéramos o cayésemos

Gerundio
cayendo

[56] dar

Presente indicativo
doy
da
damos

Presente subjuntivo
dé
demos

Imperativo
da (tú)
dé (él, ella)
demos (nosotros)

Pretérito perfecto simple
di
dio
dimos

Imperfecto subjuntivo
diera o diese
diéramos o diésemos

[57] decir

Presente indicativo
digo
dice
decimos

Condicional
diría
diríamos

Imperativo
di (tú)
diga (él, ella)
digamos (nosotros)
decid (vosotros)

Pretérito perfecto simple
dije
dijo
dijimos

Presente subjuntivo
diga
digamos

Gerundio
diciendo

Futuro
diré
dirá
diremos

Imperfecto subjuntivo
dijera o dijese
dijéramos o dijésemos

Participio
dicho, cha

[58] erguir

Presente indicativo
irgo o yergo
irgue o yergue
erguimos

Presente subjuntivo
irga o yerga
irgamos

Imperativo
irgue o yergue (tú)
irga o yerga (él, ella)
irgamos (nosotros)
erguid (vosotros)

Pretérito perfecto simple
irguió
erguimos
irguieron

Imperfecto subjuntivo
irguiera o irguiese
irguiéramos o irguiésemos

Gerundio
irguiendo

[59] estar

Presente indicativo
estoy
está
estamos

Presente subjuntivo
esté
estemos

Imperativo
está (tú)
esté (él, ella)
estemos (nosotros)

Pretérito perfecto simple
estuve
estuvo
estuvimos

Imperfecto subjuntivo
estuviera o estuviese
estuviéramos o estuviésemos

[60] hacer

Presente indicativo
hago
hace
hacemos

Condicional
haría
haríamos

Imperativo
haz (tú)
haga (él, ella)
hagamos (nosotros)
haced (vosotros)

Pretérito perfecto simple
hice
hizo
hicimos

Presente subjuntivo
haga
hagamos

Participio
hecho, cha

Futuro
haré
hará
haremos

Imperfecto subjuntivo
hiciera o hiciese
hiciéramos o hiciésemos

[61] ir

Presente indicativo
voy
va
vamos

Presente subjuntivo
vaya
vayamos

Imperativo
ve (tú)
vaya (él, ella)
vayamos (nosotros)
id (vosotros)

Pretérito perfecto simple
fui
fue
fuimos

Imperfecto subjuntivo
fuera o fuese
fuéramos o fuésemos

Gerundio
yendo

[62] oír

Presente indicativo
oigo
oye
oímos

Presente subjuntivo
oiga
oigamos

Imperativo
oye (tú)
oiga (él, ella)
oigamos (nosotros)
oíd (vosotros)

Pretérito perfecto simple
oyó
oímos
oyeron

Imperfecto subjuntivo
oyera o oyese
oyéramos o oyésemos

Gerundio
oyendo

[63] placer

Presente indicativo
plazco
place
placemos

Presente subjuntivo
plazca
plazca o plegue
plazcamos

Imperativo
place (tú)
plazca (él, ella)
plazcamos (nosotros)

Pretérito perfecto simple
plació o plugo
placimos
placieron o pluguieron

Imperfecto subjuntivo
placiera o placiese
placiera, placiese, pluguiera o
pluguiese
placiéramos o placiésemos

[64] poder

Presente indicativo
puedo
puede
podemos

Condicional
podría
podríamos

Imperativo
puede (tú)
pueda (él, ella)
podamos (nosotros)

Pretérito perfecto simple
pude
pudo
pudimos

Presente subjuntivo
pueda
podamos

Gerundio
pudiendo

Futuro
podré
podrá
podremos

Imperfecto subjuntivo
pudiera o pudiese
pudiéramos o pudiésemos

[65] poner

Presente indicativo
pongo
pone
ponemos

Condicional
pondría
pondríamos

Imperativo
pon (tú)
ponga (él, ella)
pongamos (nosotros)
poned (vosotros)

Pretérito perfecto simple
puse
puso
pusimos

Presente subjuntivo
ponga
pongamos

Participio
puesto, ta

Futuro
pondré
pondrá
pondremos

Imperfecto subjuntivo
pusiera o pusiese
pusiéramos o pusiésemos

[66] predecir

Presente indicativo
predigo
predice
predecimos

Presente subjuntivo
prediga
predigamos

Imperativo
predice (tú)
prediga (él, ella)
predigamos (nosotros)
predecid (vosotros)

Pretérito perfecto simple
predije
predijo
predijimos

Imperfecto subjuntivo
predijera o predijese
predijéramos o predijésemos

Gerundio
prediciendo

[67] querer

Presente indicativo
quiero
quiere
queremos

Condicional
querría
querríamos

Imperativo
quiere (tú)
quiera (él, ella)
queramos (nosotros)

Pretérito perfecto simple
quise
quiso
quisimos

Presente subjuntivo
quiera
queramos

Futuro
querré
querrá
querremos

Imperfecto subjuntivo
quisiera o quisiese
quisiéramos o quisiésemos

[68] raer

Presente indicativo
rao, raigo o rayo
rae
raemos

Presente subjuntivo
raiga o raya
raigamos o rayamos

Imperativo
rae (tú)
raiga o raya (él, ella)
raigamos o rayamos
(nosotros)

Pretérito perfecto simple
rayó
raímos
rayeron

Imperfecto subjuntivo
rayera o rayese
rayéramos o rayésemos

Gerundio
rayendo

[69] roer

Presente indicativo
roo, roigo o royo
roe
roemos

Presente subjuntivo
roa, roiga o roya
roamos, roigamos o royamos

Imperativo
roe (tú)
roa, roiga o roya (él, ella)
roamos, roigamos o royamos
(nosotros)

Pretérito perfecto simple
royó
roímos
royeron

Imperfecto subjuntivo
royera o royese
royéramos o royésemos

Gerundio
royendo

[70] saber

Presente indicativo
sé
sabe
sabemos

Condicional
sabría
sabríamos

Imperativo
sabe (tú)
sepa (él, ella)
sepamos (nosotros)

Pretérito perfecto simple
supe
supo
supimos

Presente subjuntivo
sepas
sepamos

Futuro
sabré
sabrá
sabremos

Imperfecto subjuntivo
supiera o supiese
supiéramos o supiésemos

[71] salir

Presente indicativo
salgo
sale
salimos

Condicional
saldría
saldríamos

Imperativo
sal (tú)
salga (él, ella)
salgamos (nosotros)
salid (vosotros)

Futuro
saldré
saldrá
saldremos

Presente subjuntivo
salga
salgamos

[72] tener

Presente indicativo
tengo
tiene
tenemos

Condicional
tendría
tendríamos

Imperativo
ten (tú)
tenga (él, ella)
tengamos (nosotros)
tened (vosotros)

Pretérito perfecto simple
tuve
tuvo
tuvimos

Presente subjuntivo
tenga
tengamos

Futuro
tendré
tendrá
tendremos

Imperfecto subjuntivo
tuviera o tuviese
tuviéramos o tuviésemos

[73] traer

Presente indicativo
traigo
trae
traemos

Presente subjuntivo
traiga
traigamos

Imperativo
trae (tú)
traiga (él, ella)
traigamos (nosotros)

Pretérito perfecto simple
traje
trajo
trajimos

Imperfecto subjuntivo
trajera o trajese
trajéramos o trajésemos

Gerundio
trayendo

[74] valer

Presente indicativo
valgo
vale
valemos

Condicional
valdría
valdríamos

Imperativo
vale (tú)
valga (él, ella)
valgamos (nosotros)

Futuro
valdré
valdrá
valdremos

Presente subjuntivo
valga
valgamos

[75] venir

Presente indicativo
vengo
viene
venimos

Condicional
vendría
vendríamos

Imperativo
ven (tú)
venga (él, ella)
vengamos (nosotros)
venid (vosotros)

Pretérito perfecto simple
vine
vino
vinimos

Presente subjuntivo
venga
vengamos

Gerundio
viniendo

Futuro
vendré
vendrá
vendremos

Imperfecto subjuntivo
viniera o viniese
viniéramos o viniésemos

[76] ver

Presente indicativo
veo
ve
vemos

Imperfecto subjuntivo
viera o viese
viéramos o viésemos

Gerundio
viendo

Pretérito perfecto simple
vi
vio
vimos

Imperativo
ve (tú)
vea (él, ella)
veamos (nosotros)
ved (vosotros)

Participio
visto, ta

[77] yacer

Presente indicativo
yazco, yazgo o yago
yace
yacemos

Presente subjuntivo
yazca, yazga o yaga
yazcamos, yazgamos
o yagamos

Imperativo
yace o yaz (tú)
yazca, yazga
o yaga (él, ella)
yazcamos, yazgamos
o yagamos (nosotros)
yaced (vosotros)

Verbos defectivos

[78] abolir

Presente indicativo
(no se conjuga)
(no se conjuga)
(no se conjuga)
abolimos
abolís
(no se conjuga)

Imperfecto indicativo
abolía
abolías
abolía
abolíamos
abolíais
abolían

Pretérito perfecto simple
abolí
aboliste
abolió
abolimos
abolisteis
abolieron

Futuro
aboliré
abolirás
abolirá
aboliremos
aboliréis
abolirán

Condicional
aboliría
abolirías
aboliría
aboliríamos
aboliríais
abolirían

Presente subjuntivo
(no se conjuga en ninguna
de sus personas)

Imperfecto subjuntivo
aboliera o aboliese
abolieras o abolieses
aboliera o aboliese
aboliéramos o aboliésemos
abolierais o abolieseis
abolieran o aboliesen

Imperativo
(no se conjuga)
(no se conjuga)
abolid (vosotros)
(no se conjuga)

Gerundio
aboliendo

Participio
abolido, da

Nota: verbo defectivo; se conjuga sólo en los tiempos cuya desinencia incluye la 'i'.

[79] balbucir

Presente indicativo
(no se conjuga)
balbuces
balbuce
balbucimos
balbucís
balbucen

Imperfecto indicativo
balbucía
balbucías
balbucía
balbucíamos
balbucíais
balbucían

Pretérito perfecto simple
balbucí
balbuciste
balbució
balbucimos
balbucisteis
balbucieron

Futuro
balbuciré
balbucirás
balbucirá
balbuciremos
balbuciréis
balbucirán

Condicional
balbuciría
balbucirías
balbuciría
balbuciríamos
balbuciríais
balbucirían

Presente subjuntivo
(no se conjuga en ninguna
de sus personas)

Imperfecto subjuntivo
balbuciera o balbuciese
balbucieras o balbucieses
balbuciera o balbuciese
balbuciéramos o balbuciésemos
balbucierais o balbucieseis
balbucieran o balbuciesen

Imperativo
balbuce (tú)
(no se conjuga)
(no se conjuga)
balbucid (vosotros)
(no se conjuga)

Gerundio
balbuciendo

Participio
balbucido, da

Nota: verbo defectivo; las formas que no se conjugan se substituyen por las correspondientes del verbo
balbucear.

[80] desolar

Nota: verbo defectivo; se usa solamente en infinitivo y como participio : desolado, da.

[81] soler

Presente indicativo
suelo
sueles
suele
solemos
soléis
suelen

Futuro
(no se conjuga en ninguna
de sus personas)

Condicional
(no se conjuga en ninguna
de sus personas)

Gerundio
soliendo

Participio
solido, da

Imperfecto indicativo
solía
solías
solía
solíamos
solíais
solían

Presente subjuntivo
suela
suelas
suela
solamos
soláis
suelan

Pretérito perfecto simple
solí
soliste
solió
solimos
solisteis
solieron

Imperfecto subjuntivo
soliera o soliese
solieras o solieses
soliera o soliese
soliéramos o soliésemos
solierais o solieseis
solieran o soliesen

ENGLISH-SPANISH
INGLÉS-ESPAÑOL

A

a¹ (*pl* **as** OR **a's**), **A** (*pl* **As** OR **A's** [eɪ]) *n* [letter] a *f*, A *f*; **from A to B** de un sitio a otro; **from A to Z** de cabo a rabo, de pe a pa.
◆ **A** *n* - **1.** MUS la *m*. - **2.** SCH [mark] ≃ sobresaliente *m*.

a² [eɪ] (*before vowel or silent 'h'*: **an** [*stressed* æn, *unstressed* ən]) *indef art* - **1.** [gen] un (una); **a boy** un chico; **a table** una mesa; **an orange** una naranja; **an eagle** un águila; **a hundred/thousand pounds** cien/mil libras. - **2.** [referring to occupation]: **to be a dentist/teacher** ser dentista/maestra. - **3.** [to express prices, ratios etc] por; **£10 a person** 10 libras por persona; **50 km an hour** 50 km por hora; **20p a kilo** 20 peniques el kilo; **twice a week/month** dos veces a la semana/al mes. - **4.** [preceding person's name] un (una) tal; **a Mr Jones** un tal señor Jones.

a. (*written abbr of* **acre**) a.

A-1 *adj inf* [excellent] de primera, fetén (*inv*).

A4 *n Br* DIN *m* A4.

AA [*n sense 2 pronounced* ˌdʌbl'eɪ] ◇ *adj abbr of* **antiaircraft**. ◇ *n* - **1.** (*abbr of* **Automobile Association**) *asociación británica del automóvil*, ≃ RACE *m*. - **2.** (*abbr of* **Associate in Arts**) *profesor titular de letras en Estados Unidos*. - **3.** (*abbr of* **Alcoholics Anonymous**) AA *mpl*.

AAA [*sense 1 pronounced* ˌθriː'eɪz] *n* - **1.** (*abbr of* **Amateur Athletics Association**) *federación británica de atletismo aficionado*. - **2.** (*abbr of* **American Automobile Association**) *asociación estadounidense del automóvil*, ≃ RACE *m*.

Aachen ['ɑːkən] *n* Aquisgrán.

Aargau ['ɑːɡaʊ] *n* Argovia.

AAUP (*abbr of* **American Association of University Professors**) *n sindicato estadounidense de profesores universitarios*.

AB (*abbr of* **Bachelor of Arts**) *n Am* (*titular de una*) *licenciatura de letras*.

aback [ə'bæk] *adv*: **to be taken ~** quedarse atónito(ta) OR estupefacto(ta).

abacus ['æbəkəs] (*pl* **abacuses** OR **abaci** [-saɪ]) *n* [for counting, in architecture] ábaco *m*.

abaft [ə'bɑːft] NAUT ◇ *adv* en popa, hacia la popa. ◇ *prep* detrás de.

abalone [æbə'ləʊnɪ] *n* oreja *f* marina.

abandon [ə'bændən] ◇ *vt* abandonar; **to ~ o.s. to** entregarse a, abandonarse a. ◇ *n*: **with ~** con desenfreno.

abandoned [ə'bændənd] *adj* - **1.** [building, vehicle] abandonado(da). - **2.** [behaviour, laughter] desenfrenado(da).

abandonment [ə'bændənmənt] *n* abandono *m*.

abase [ə'beɪs] *vt*: **to ~ o.s.** rebajarse, humillarse.

abasement [ə'beɪsmənt] *n* degradación *f*, humillación *f*.

abashed [ə'bæʃt] *adj* avergonzado(da).

abate [ə'beɪt] ◇ *vi* [storm] amainar; [noise] debilitarse; [fear] apaciguarse. ◇ *vt* [tax] reducir.

abatement [ə'beɪtmənt] *n* reducción *f*, disminución *f*.

abattoir ['æbətwɑːʳ] *n* matadero *m*.

abbacy ['æbəsɪ] (*pl* **abbacies**) *n* abadía *f*, abadiato *m*.

abbess ['æbes] *n* abadesa *f*.

abbey ['æbɪ] *n* abadía *f*.

abbot ['æbət] *n* abad *m*.

abbr (*written abbr of* **abbreviation**) abrev.

abbreviate [ə'briːvɪeɪt] *vt* abreviar.

abbreviation [əˌbriːvɪ'eɪʃn] *n* abreviatura *f*.

ABC *n* - **1.** *lit & fig* abecé *m*. - **2.** (*abbr of* **American Broadcasting Company**) ABC *f*, *cadena de televisión estadounidense*.

abdicate ['æbdɪkeɪt] ◇ *vi* abdicar. ◇ *vt* [responsibility] abdicar de.

abdication [æbdɪ'keɪʃn] *n* abdicación *f*.

abdomen ['æbdəmen] *n* abdomen *m*.

abdominal [æb'dɒmɪnl] *adj* abdominal.

abduct [əb'dʌkt] *vt* raptar.

abduction [əb'dʌkʃn] *n* rapto *m*.

abductor [əb'dʌktəʳ] *n* - **1.** [kidnapper] raptor *m*, -ra *f*. - **2.** ANAT abductor *m*.

abecedarian [ˌeɪbiːsiː'deərjən] ◇ *adj* ordenado(da) alfabéticamente. ◇ *n persona que aprende el abecedario*.

abed [ə'bed] *adv literary* en cama, en el lecho.

aberrant [æ'berənt] *adj* aberrante.

aberration [æbə'reɪʃn] *n* aberración *f*, anomalía *f*; **a mental ~** un despiste.

abet [ə'bet] (*pt & pp* **abetted**, *cont* **abetting**) *vt* → **aid**.

abettor, abetter [ə'betəʳ] *n* - **1.** [instigator] instigador *m*, -ra *f*. - **2.** [accomplice] cómplice *mf*.

abeyance [ə'beɪəns] *n*: **in ~** [custom] en desuso; [law] en suspenso; **estate in ~** bienes *mpl* relictos yacentes.

abhor [əb'hɔːʳ] (*pt & pp* **abhorred**, *cont* **abhorring**) *vt* aborrecer.

abhorrence [əb'hɒrəns] *n* (*U*) aborrecimiento *m*; **to hold in ~** aborrecer, detestar.

abhorrent [əb'hɒrənt] *adj* aborrecible.

abidance [ə'baɪdəns] *n* - **1.** [continuance] permanencia *f*, continuidad *f*. - **2.** [compliance]: **~ by** acatamiento *m* OR cumplimiento *m* de.

abide [ə'baɪd] (*pt & pp* **abode** OR **abided** [ə'bəʊd]) ◇ *vt* soportar, aguantar. ◇ *vi* - **1.** *literary* [remain] permanecer. - **2.** [live] morar, habitar.
◆ **abide by** *vt fus* [law, ruling] acatar; [principles, own decision] atenerse a.

abiding [ə'baɪdɪŋ] *adj* [feeling, interest] inagotable; [memory] perdurable.

ability [ə'bɪlətɪ] (*pl* **abilities**) *n* - **1.** [capability] capacidad *f*, facultad *f*; **to do sthg to the best of one's ~** hacer algo lo mejor posible OR lo mejor que uno puede. - **2.** [skill] aptitud *f*, dotes *fpl*.

abject ['æbdʒekt] *adj* - **1.** [poverty] vil, absoluto(ta). - **2.** [person] servil; [apology] degradante.

abjectly ['æbdʒektlɪ] *adv* [act, refuse] de un modo abyecto OR despreciable; [apologize] de un modo servil OR degradante.

abjure [əb'dʒʊəʳ] *vt* abjurar (de).

ablative ['æblətɪv] *n* ablativo *m*.

ablaze [ə'bleɪz] *adj* - **1.** [on fire] en llamas. - **2.** [bright]: **to be ~ with** resplandecer de.

able ['eɪbl] *adj* - **1.** [capable]: **to be ~ to do sthg** poder hacer algo. - **2.** [skilful] capaz, competente.

A
C

able-bodied *adj* (físicamente) sano ((físicamente) sana).

able-bodied seaman, **able seaman** *n* marinero *m* de primera.

abloom [ə'bluːm] *adj literary* en flor, floreciente.

ablutions [ə'bluːʃnz] *npl* - **1.** *fml* [washing] abluciones *fpl*. - **2.** *military sl* [building] lavabos *mpl*.

ably ['eɪblɪ] *adv* eficientemente.

ABM (*abbr of* **anti-ballistic missile**) *n* ABM *m*, misil antibalístico.

abnegate ['æbnɪgeɪt] *vt* renunciar a.

abnegation [æbnɪ'geɪʃn] *n* abnegación *f*.

abnormal [æb'nɔːml] *adj* anormal.

abnormality [æbnɔː'mælətɪ] (*pl* **abnormalities**) *n* anormalidad *f*, anomalía *f*.

abnormally [æb'nɔːməlɪ] *adv* [unusually] extraordinariamente.

abnormal psychology *n* psicopatología *f*.

aboard [ə'bɔːd] ◇ *adv* a bordo; **all** ~! RAIL ¡pasajeros al tren!; **at** ~ **five o'clock** a eso de las cinco; ◇ *prep* [ship, plane] a bordo de; [bus, train] en; **life** ~ **ship** la vida a bordo.

abode [ə'bəʊd] ◇ *pt & pp* → **abide** ◇ *n fml* morada *f*, residencia *f*; **of no fixed** ~ sin domicilio fijo.

abolish [ə'bɒlɪʃ] *vt* abolir.

abolishment [ə'bɒlɪʃmənt] *n* abolición *f*.

abolition [æbə'lɪʃn] *n* - **1.** [of law, privilege etc] abolición *f*. - **2.** *Am* HISTORY abolición de la esclavitud en Estados Unidos.

abolitionist [æbə'lɪʃənɪst] *n* abolicionista *mf*.

A-bomb (*abbr of* **atom bomb**) *n* bomba *f* A.

abominable [ə'bɒmɪnəbl] *adj* abominable, deplorable.

abominable snowman *n*: **the** ~ el Abominable Hombre de las Nieves.

abominably [ə'bɒmɪnəblɪ] *adv* de forma abominable OR deplorable.

abominate [ə'bɒmɪneɪt] *vt fml* abominar (de), detestar.

abomination [ə,bɒmɪ'neɪʃn] *n fml* abominación *f*.

aboriginal [æbə'rɪdʒənl] *adj* aborigen, indígena.

aborigine [æbə'rɪdʒənɪ] *n* aborigen *mf* de Australia.

abort [ə'bɔːt] ◇ *vt* - **1.** [pregnancy, plan, project] abortar; [pregnant woman] provocar el aborto a. - **2.** COMPUT abortar. ◇ *vi* COMPUT & MED abortar.

abortifacient [ə,bɔːtɪ'feɪʃnt] ◇ *adj* abortivo(va). ◇ *n* abortivo *m*.

abortion [ə'bɔːʃn] ◇ *n* - **1.** MED aborto *m*; **to have an** ~ abortar. - **2.** *fig* [failure] fracaso *m*. ◇ *comp*: ~ **clinic** clínica *f* que practica abortos.

abortionist [ə'bɔːʃənɪst] *n* abortista *mf*.

abortive [ə'bɔːtɪv] *adj* - **1.** [unsuccessful] frustrado(da), fracasado(da). - **2.** MED abortivo(va).

abound [ə'baʊnd] *vi* - **1.** [be plentiful] abundar. - **2.** [be full]: **to** ~ **with** OR **in** abundar en.

about [ə'baʊt] ◇ *adv* - **1.** [approximately] más o menos, como; **at** ~ **five o'clock** a eso de las cinco; **there were** ~ **fifty/a hundred** había (como) unos cincuenta/cien o así. - **2.** [referring to place] por ahí; **is Mrs Smith** ~? ¿está Mrs Smith por aquí?; **there's a lot of flu** ~ hay muchos casos de gripe; **to jump** ~ dar saltos; **to leave things lying** ~ dejar las cosas por ahí; **to walk** ~ ir andando por ahí. - **3.** [on the point of]: **to be** ~ **to do sthg** estar a punto de hacer algo. ◇ *prep* - **1.** [relating to, concerning] sobre, acerca de; **a film** ~ **Paris** una película sobre París; **tell me** ~ **your problems** háblame de tus problemas; **there's something odd** ~ **that man** hay algo raro en ese hombre; **what is it** ~? [book, film] ¿de qué trata?; **how** ~... → **how**; **what** ~... → **what**. - **2.** [referring to place] por; **to wander** ~ **the streets** vagar por las calles.

about-turn *esp Br*, **about-face** *esp Am* ◇ *n* MIL media vuelta *f*, *fig* [complete change] cambio *m* radical, giro *m* de 180 grados. ◇ *excl* ¡media vuelta! ◇ *vi* MIL dar media vuelta; *fig* [change completely] cambiar radicalmente, dar un giro de 180 grados.

above [ə'bʌv] ◇ *adv* - **1.** [on top, higher up] arriba; **the flat** ~ el piso de arriba; **see** ~ [in text] véase más arriba. - **2.** [more, over]: **children aged five and** ~ niños de cinco años en adelante. ◇ *prep* - **1.** [on top of] encima de. - **2.** [higher up than, over] por encima de; **the plane flew** ~ **them** el avión pasó por encima de ellos. - **3.** [more than, superior to] por encima de; **children** ~ **the age of 15** niños mayores de 15 años; **she's not** ~ **lying** es muy capaz de mentir; ~ **and beyond** mucho más allá de; **to get** ~ **o.s.** creerse superior. ◇ *adj fml* mencionado(da), antedicho(cha). ◇ *n fml*: **the** ~ [items etc] lo dicho, lo anterior; [people] los susodichos (las susodichas).

◆ **above all** *adv* sobre todo, por encima de todo.

aboveboard [ə,bʌv'bɔːd] ◇ *adj* honrado(da), sin tapujos. ◇ *adv* sin tapujos.

above-mentioned ['-menʃnd] *adj* anteriormente citado (anteriormente citada).

above-named (*pl inv*) *fml* ◇ *adj* anteriormente citado (anteriormente citada), susodicho(cha). ◇ *n*: **the** ~ el susodicho (la susodicha).

abracadabra [æbrəkə'dæbrə] *excl* ¡abracadabra!

abrade [ə'breɪd] *vt* raer, desgastar.

Abraham ['eɪbrəhæm] *n* Abraham *m*.

abrasion [ə'breɪʒn] *n* - **1.** *fml* [graze] abrasión *f*. - **2.** TECH desgaste *m*. - **3.** GEOL erosión *f*.

abrasive [ə'breɪsɪv] ◇ *adj* - **1.** [substance] abrasivo(va). - **2.** [person] cáustico(ca), mordaz. ◇ *n* abrasivo *m*.

abreast [ə'brest] ◇ *adv* en línea, hombro con hombro; **two** ~ en fila de a dos. ◇ *prep*: **to keep** ~ **of** mantenerse OR estar al día de.

abridge [ə'brɪdʒ] *vt* abreviar.

abridged [ə'brɪdʒd] *adj* abreviado(da), reducido(da).

abridg(e)ment [ə'brɪdʒmənt] *n* - **1.** [act] abreviación *f*, condensación *f*. - **2.** [synopsis] compendio *m*, resumen *m*.

abroad [ə'brɔːd] *adv* - **1.** [overseas] en el extranjero; **to go** ~ ir al extranjero. - **2.** [over wide area] por todas partes; [in all directions] en todas direcciones; **there is a rumour** ~ **that...** corre el rumor de que...

abrogate ['æbrəgeɪt] *vt fml* abrogar, revocar.

abrogation [æbrə'geɪʃn] *n fml* abrogación *f*, revocación *f*.

abrupt [ə'brʌpt] *adj* - **1.** [sudden] repentino(na), súbito(ta). - **2.** [brusque] brusco(ca), seco(ca). - **3.** [very steep] escarpado(da).

abruptly [ə'brʌptlɪ] *adv* - **1.** [suddenly] bruscamente, de repente. - **2.** [brusquely] secamente, con brusquedad.

abruptness [ə'brʌptnɪs] *n* brusquedad *f*.

ABS (*abbr of* **Antiblockiersystem**) *n* ABS *m*.

Absalom ['æbsələm] *n* Absalón *m*, Absalom *m*.

abscess ['æbsɪs] *n* absceso *m*.

abscond [əb'skɒnd] *vi*: **to** ~ **(with/from)** escaparse OR fugarse (con/de).

abseil ['æbseɪl] *vi*: **to** ~ **(down sthg)** descolgarse OR descender haciendo rappel (por algo).

absence ['æbsəns] *n* - **1.** [of person] ausencia *f*; **in sb's** ~ en ausencia de alguien ❑ ~ **makes the heart grow fonder** *proverb* la ausencia aumenta el cariño. - **2.** [of thing] falta *f*; **in the** ~ **of** ante la falta de.

absent [*adj* 'æbsənt, *vb* æb'sent] ◇ *adj* - **1.** [not present] ausente; **to be** ~ **from** faltar a, ausentarse de; **to be** ~ **without leave** MIL ausentarse sin permiso. - **2.** [absent-minded] distraído(da). - **3.** [not existing] inexistente. ◇ *vt*: **to** ~ **o.s. (from)** ausentarse (de).

absentee [æbsən'tiː] ◇ *n* ausente *mf*. ◇ *comp*: ~ **rate** tasa *f* de absentismo.

absentee ballot *n* voto *m* por correspondencia OR por correo.

absenteeism [æbsən'tiːɪzm] *n* absentismo *m*.

absent-minded [æbsənt-] *adj* [person] despistado(da); [behaviour] distraído(da).

absent-mindedly [æbsənt'maɪndɪdlɪ] *adv* distraídamente.

absent-mindedness [ˌæbsənt'maɪndɪdnɪs] *n* distracción *f*, despiste *m*.

absinth(e) ['æbsɪnθ] *n* absenta *f*, ajenjo *m*.

absolute ['æbsəluːt] ◇ *adj* - **1.** [gen] absoluto(ta). - **2.** [pure] puro(ra), sin mezcla. ◇ *n* absoluto *m*.

absolute alcohol *n* alcohol *m* puro.

absolute ceiling *n* AERON techo *m* teórico OR absoluto, altura *f* máxima.

absolutely ['æbsəluːtlɪ] ◇ *adv* [completely] completamente, absolutamente. ◇ *excl* ¡desde luego!, ¡por supuesto!

absolute majority *n* mayoría *f* absoluta.

absolute pitch *n* [sound] tono *m* absoluto.

absolute scale *n* escala *f* de temperatura Kelvin OR absoluta.

absolute zero *n* cero *m* absoluto.

absolution [ˌæbsə'luːʃn] *n* absolución *f*.

absolutism ['æbsəluːtɪzm] *n* absolutismo *m*.

absolutist ['æbsəluːtɪst] *n* absolutista *mf*.

absolve [əb'zɒlv] *vt*: **to ~ sb (from)** [gen] absolver a alguien (de); [from obligation] eximir a alguien (de).

absorb [əb'sɔːb] *vt* - **1.** [gen] absorber; **work ~s all of my time** el trabajo absorbe OR ocupa todo mi tiempo; **to be ~ed in sthg** *fig* estar absorto(ta) OR embebido(da) en algo. - **2.** *fig* [learn] asimilar. - **3.** [muffle] amortiguar.

absorbed [əb'sɔːbd] *adj* absorto(ta), abstraído(da).

absorbency [əb'sɔːbənsɪ] *n* absorbencia *f*.

absorbent [əb'sɔːbənt] *adj* absorbente.

absorbent cotton *n Am* algodón *m* hidrófilo.

absorbing [əb'sɔːbɪŋ] *adj* absorbente.

absorption [əb'sɔːpʃn] *n* - **1.** [of liquid] absorción *f*. - **2.** [mental concentration] concentración *f*, ensimismamiento *m*.

abstain [əb'steɪn] *vi*: **to ~ (from)** abstenerse (de).

abstainer [əb'steɪnə'] *n* - **1.** [non-drinker] abstemio *m*, -mia *f*. - **2.** [non-voter] abstencionista *mf*.

abstemious [æb'stiːmjəs] *adj fml* sobrio(bria), moderado(da).

abstention [əb'stenʃn] *n* abstención *f*.

abstinence ['æbstɪnəns] *n*: **~ (from)** abstinencia *f* (de).

abstinent ['æbstɪnənt] *adj* abstemio(mia).

abstract [*adj* & *n* 'æbstrækt, *vb* æb'strækt] ◇ *adj* abstracto(ta). ◇ *n* - **1.** [summary] resumen *m*, sinopsis *f*. - **2.** [idea, term]: **in the ~** en abstracto. ◇ *vt* - **1.** [summarize] resumir, sintetizar. - **2.** [remove] extraer, quitar. - **3.** *euph* [steal] sustraer. - **4.** [consider theoretically] abstraer.

abstracted [æb'stræktɪd] *adj* abstraído(da), ensimismado(da).

abstractedly [æb'stræktɪdlɪ] *adv* distraídamente.

abstraction [æb'strækʃn] *n* abstracción *f*.

abstractionism [æb'strækʃənɪzm] *adj* arte *m* abstracto.

abstractive [æb'stræktɪv] *adj* abstractivo(va).

abstruse [æb'struːs] *adj* abstruso(sa).

absurd [əb'sɜːd] *adj* absurdo(da).

absurdity [əb'sɜːdətɪ] *n* (*pl* **absurdities**) *n* irracionalidad *f*.

absurdly [əb'sɜːdlɪ] *adv* [ridiculously] inconcebiblemente.

ABTA ['æbtə] (*abbr of* **Association of British Travel Agents**) *n* asociación británica de agencias de viajes.

Abu Dhabi [ˌæbuːˈdɑːbɪ] *n* Abu Dhabi.

abulia [əˈbuːlɪə] *n* PSYCH abulia *f*.

abulic [əˈbuːlɪk] *adj* PSYCH abúlico(ca).

abundance [əˈbʌndəns] *n*: **(in) ~ (en)** abundancia *f*.

abundant [əˈbʌndənt] *adj* abundante.

abundantly [əˈbʌndəntlɪ] *adv* - **1.** [extremely]: **it's ~ clear** está clarísimo. - **2.** [in large amounts] abundantemente, en abundancia.

abuse [*n* əˈbjuːs, *vb* əˈbjuːz] ◇ *n* - **1.** *(U)* [offensive remarks] insultos *mpl*. - **2.** [misuse] abuso *m*. - **3.** *(U)* [physical maltreatment] malos tratos *mpl*; **sexual ~** abusos *mpl* deshonestos.

◇ *vt* - **1.** [insult] insultar. - **2.** [misuse] abusar de. - **3.** [maltreat physically] maltratar a; [sexually] abusar de.

abuser [əˈbjuːzə'] *n* - **1.** [gen]: **~s of the system** los que se aprovechan del sistema. - **2.** [of child] *persona que ha maltratado física o psicológicamente a un niño*. - **3.** [of drugs] drogadicto *m*, -ta *f*.

abusive [əˈbjuːsɪv] *adj* - **1.** [insulting - person] grosero(ra); [- language] insultante, ofensivo(va). - **2.** [behaviour, treatment] brutal. - **3.** [incorrectly used] abusivo(va).

abusively [əˈbjuːsɪvlɪ] *adv* - **1.** [speak, write] de un modo ofensivo OR grosero. - **2.** [behave, treat] con brutalidad. - **3.** [use] de un modo abusivo.

abut [əˈbʌt] (*pt* & *pp* **abutted**, *cont* **abutting**) *vi*: **to ~ on to** lindar con.

abutment [əˈbʌtmənt] *n* - **1.** ARCHIT & CONSTR estribo *m*, contrafuerte *m*. - **2.** [in carpentry] empalme *m*. - **3.** [limit] linde *m o f*, confín *m*.

abuttal [əˈbʌtl] *n* linde *m o f*, confín *m*.

abuzz [əˈbʌz] *adj*: **~ with activity** en plena efervescencia.

abysmal [əˈbɪzml] *adj* - **1.** [very bad] pésimo(ma), nefasto(ta). - **2.** [unfathomable] abismal, insondable.

abysmally [əˈbɪzməlɪ] *adv* pésimamente.

abyss [əˈbɪs] *n* abismo *m*, sima *f*.

abyssal [əˈbɪsəl] *adj* abisal.

Abyssinia [ˌæbɪˈsɪnjə] *n* Abisinia.

Abyssinian [ˌæbɪˈsɪnjən] ◇ *adj* abisinio(nia). ◇ *n* abisinio *m*, -nia *f*.

Abyssinian cat *n* gato *m* abisinio.

Abyssinian Empire *n*: **the ~** el Imperio OR Reino abisinio.

a/c (*abbr of* **account current**) c/c.

AC *n* - **1.** *Br* (*abbr of* **athletics club**) CA *m*. - **2.** (*abbr of* **alternating current**) CA *f*.

acacia [əˈkeɪʃə] *n* acacia *f*.

academe ['ækədiːm] *n fml* & *literary* ámbito *m* universitario.

academia [ˌækəˈdiːmɪə] *n* el mundo académico.

academic [ˌækəˈdemɪk] ◇ *adj* - **1.** [of college, university] académico(ca). - **2.** [studious] estudioso(sa). - **3.** [hypothetical] teórico(ca). ◇ *n* [university lecturer] profesor universitario *m*, profesora universitaria *f*.

academic advisor *n Am* jefe *m*, -fa *f* de estudios.

academically [ˌækəˈdemɪklɪ] *adv* [gifted, qualified] en el terreno académico.

academic dress *n* toga *f* universitaria.

academic freedom *n* [gen] libertad *f* de enseñanza; UNIV libertad *f* de cátedra.

academician [əˌkædəˈmɪʃn] *n* académico *m*, -ca *f*.

academicism [ˌækəˈdemɪsɪzm] *n* academicismo *m*, academismo *m*.

academic year *n* año *m* académico.

academism [əˈkædəmɪzm] *n* = **academicism**.

academy [əˈkædəmɪ] (*pl* **academies**) *n* academia *f*.

Academy Award *n* Óscar *m* (de Hollywood).

Acadia [əˈkeɪdɪə] *n* Acadia.

Acadian [əˈkeɪdjən] ◇ *adj* acadiense, acadio(dia). ◇ *n* acadiense *mf*, acadio *m*, -dia *f*.

acanthus [əˈkænθəs] (*pl* **acanthuses** OR **acanthi** [-θaɪ]) *n* ARCHIT & BOT acanto *m*.

a cappella [ˌɑːkəˈpelə] *adj* & *adv* a cappella.

acari ['ækəraɪ] *pl* → **acarus**.

acarid ['ækərɪd] *n* acárido *m*, ácaro *m*.

acaroid resin ['ækərɔɪd-] *n* resina *f* acaroidea.

acarus ['ækərəs] (*pl* **acari** [-raɪ]) *n* ácaro *m*.

ACAS ['eɪkæs] (*abbr of* **Advisory, Conciliation and Arbitration Service**) *n* organización británica para el arbitraje en conflictos laborales, ≃ IMAC *m*.

accede [æk'siːd] *vi* - **1.** [agree]: **to ~ to** acceder a. - **2.** [monarch]: **to ~ to the throne** subir al trono.

accedence [æk'siːdəns] *n fml* consentimiento *m*, acuerdo *m*.

accelerate [ək'seləreɪt] ◇ *vi* - **1.** [car, driver] acelerar. - **2.** [inflation, growth] dispararse. ◇ *vt* - **1.** [gen] acelerar. - **2.** [decline, event] precipitar.

acceleration [ək,selə'reɪʃn] *n* aceleración *f*.

accelerative [ək'selərətɪv] *adj* acelerador(ra).

accelerator [ək'seləreɪtə'] ◇ *n* - **1.** AUT acelerador *m*. - **2.** CHEM catalizador *m*. - **3.** PHYS acelerador *m* de partículas. ◇ *comp*: ~ **pedal** pedal *m* del acelerador.

accelerator board *n* COMPUT placa *f* aceleradora.

accelerator card *n* COMPUT tarjeta *f* aceleradora.

accelerometer [æk,selə'rɒmɪtə'] *n* PHYS acelerómetro *m*.

accent [*n* 'æksent, *vb* æk'sent] ◇ *n* acento *m*; **written** ~ acento *m* ortográfico. ◇ *vt* acentuar.

accentuate [æk'sentjʊeɪt] *vt* acentuar, poner de relieve.

accentuation [æk,sentjʊ'eɪʃn] *n* acentuación *f*.

accept [ək'sept] *vt* - **1.** [gen] aceptar. - **2.** [difficult situation, problem] asimilar. - **3.** [defeat, blame, responsibility] asumir, admitir. - **4.** [agree]: **to** ~ **that** admitir que. - **5.** [subj: machine] funcionar con, admitir.

acceptability [ək,septə'bɪlətɪ] *n* aceptabilidad *f*.

acceptable [ək'septəbl] *adj* aceptable.

acceptably [ək'septəblɪ] *adv* [allowably, adequately] aceptablemente.

acceptance [ək'septəns] ◇ *n* - **1.** [gen] aceptación *f*. - **2.** [of piece of work, article] aprobación *f*. - **3.** [of defeat, blame, responsibility] asunción *f*, reconocimiento *m*. - **4.** [of person] admisión *f*. ◇ *comp*: ~ **speech** discurso *m* de agradecimiento.

acceptation [æksep'teɪʃn] *n* - **1.** [meaning] acepción *f*, significado *m*. - **2.** [acceptance] aceptación *f*.

accepted [ək'septɪd] *adj* [ideas, truth] reconocido(da) por todos.

access ['ækses] ◇ *n* - **1.** [entry] acceso *m*; **to gain** ~ **to** [place] acceder a, conseguir acceso a; **to give** ~ **to** dar acceso OR entrada a. - **2.** [opportunity to use or see] libre acceso *m*; **to have** ~ **to** tener acceso a. - **3.** *literary* [outburst] acceso *m*. ◇ *vt* COMPUT acceder a.

Access® ['ækses] *n* [British credit card] (tarjeta *f*) Access® *f*; **to put sthg on** ~ pagar algo con la tarjeta Access.

accessary [ək'sesərɪ] *n* = **accessory** *n sense 2*.

accessibility [ək,sesə'bɪlətɪ] *n* - **1.** [of place] accesibilidad *f*. - **2.** [of service, amenity] facilidad *f* de acceso.

accessible [ək'sesəbl] *adj* - **1.** [place] accesible. - **2.** [service, book, film] asequible. - **3.** [susceptible]: ~ **to** [influence] susceptible de; [compassion] capaz de.

accession [ək'seʃn] ◇ *n* - **1.** [to throne] subida *f* al trono; [to office, position] toma *f* de posesión, ascenso *m* (al cargo). - **2.** [addition to collection] adquisición *f*. - **3.** [of property] incremento *m* del valor de la propiedad. - **4.** [assent] consentimiento *m*; [to treaty] adhesión *f*. ◇ *vt* catalogar, registrar.

accessory [ək'sesərɪ] (*pl* **accessories**) ◇ *n* - **1.** [of car, vacuum cleaner] accesorio *m*. - **2.** JUR cómplice *mf*; ~ **after the fact** encubridor *m*, -ra *f* (de un delito); ~ **before the fact** instigador *m*, -ra *f* (de un delito). ◇ *adj* accesorio(ria), adjunto(ta).

◆ **accessories** *npl* [items of dress] complementos *mpl*.

access road *n Br* vía *f* OR carretera *f* de acceso.

access time *n* COMPUT tiempo *m* de acceso.

accidence ['æksɪdəns] *n* GRAMM morfología *f* flexional OR de los accidentes gramaticales.

accident ['æksɪdənt] ◇ *n* accidente *m*; **to have an** ~ [gen] tener un accidente; [in car] tener un accidente de coche; **it was an** ~ fue sin querer; **by** ~ [by chance] por casualidad. ◇ *comp*: ~ **insurance** seguro *m* de accidentes; ~ **prevention** prevención *f* (de accidentes) en carretera.

accidental [æksɪ'dentl] ◇ *adj* accidental. ◇ *n* MUS accidental *m*.

accidentally [æksɪ'dentəlɪ] *adv* - **1.** [by chance] por casualidad. - **2.** [unintentionally] sin querer.

accident-prone *adj* propenso(sa) a los accidentes.

acclaim [ə'kleɪm] ◇ *n (U)* elogio *m*, alabanza *f*. ◇ *vt* - **1.** [praise highly] elogiar, alabar. - **2.** [applaud, hail] aclamar, ovacionar.

acclamation [æklə'meɪʃn] *n (U)* aclamación *f*, vítores *mpl*.

acclamatory [ə'klæmətrɪ] *adj fml* aclamatorio(ria).

acclimate *vt Am* = **acclimatize**.

acclimatization [ə,klaɪmətə'zeɪʃn], **acclimation** *Am* [æklɪ'meɪʃn] *n* aclimatación *f*, adaptación *f*.

acclimatize [ə'klaɪmətaɪz], **-ise**, **acclimate** *Am* ['æklɪmeɪt] ◇ *vt*: **to become** ~**d to sthg** aclimatarse a algo. ◇ *vi*: **to** ~ **(to)** aclimatarse (a).

acclivity [ə'klɪvətɪ] *n* pendiente *f*, cuesta *f* (ascendente).

accolade ['ækəleɪd] *n* - **1.** [praise] elogio *m*, halago *m*; [award] galardón *m*. - **2.** [of knight] espaldarazo *m*, acolada *f*.

accommodate [ə'kɒmədeɪt] ◇ *vt* - **1.** [provide room for people - subj: person] alojar; [- subj: building, place] albergar. - **2.** [provide room for things] acomodar. - **3.** [oblige] complacer. - **4.** [supply with something needed] proveer de lo necesario a; [with loan] hacer un préstamo a. - **5.** [adapt] amoldar. - **6.** *fml* [reconcile] reconciliar, avenir. ◇ *vi* amoldarse, adaptarse.

accommodating [ə'kɒmədeɪtɪŋ] *adj* - **1.** [obliging] complaciente, servicial. - **2.** [adaptable] amoldable, acomodadizo(za).

accommodation [ə,kɒmə'deɪʃn] *n Br* - **1.** [lodging] alojamiento *m*; **the high cost of rented** ~ el elevado precio de los alquileres; **furnished** ~ [room] habitación *f* amueblada; [flat] piso *m* amueblado; **office** ~ locales *mpl* de oficinas. - **2.** [work space] espa... ...n. - **3.** *fml* [reconciliation] conciliación *f*, avenencia ... PHYSIOLOGY adaptación *f*, ajuste *m*.

◆ **accommodati...** *Am* [lodging] alojamiento *m*.

accommodation ...ess *n Br* dirección *f* OR domicilio *m* postal.

accommodation agency *n* agencia *f* inmobiliaria.

accommodative [ə'kɒmədeɪtɪv] *adj fml* complaciente, servicial.

accompaniment [ə'kʌmpənɪmənt] *n* [gen & MUS] acompañamiento *m*; **guitar/piano** ~ acompañamiento *m* de guitarra/piano.

accompanist [ə'kʌmpənɪst] *n* MUS acompañante *mf*.

accompany [ə'kʌmpənɪ] (*pt & pp* **accompanied**) *vt & vi* acompañar.

accomplice [ə'kʌmplɪs] *n* cómplice *mf*.

accomplish [ə'kʌmplɪʃ] *vt* [achieve] conseguir, alcanzar.

accomplished [ə'kʌmplɪʃt] *adj* - **1.** [expert, proficient] competente, experto(ta). - **2.** [completed] consumado(da), realizado(da).

accomplishment [ə'kʌmplɪʃmənt] *n* - **1.** [action] realización *f*. - **2.** [achievement] logro *m*.

◆ **accomplishments** *npl* dotes *fpl*.

accord [ə'kɔːd] ◇ *n* acuerdo *m*; **in** ~ de acuerdo; **with one** ~ al unísono ❑ **to do sthg of one's own** ~ hacer algo por propia voluntad. ◇ *vt*: **to** ~ **sb sthg, to** ~ **sthg to sb** conceder algo a alguien. ◇ *vi*: **to** ~ **with sthg** concordar con algo.

accordance [ə'kɔːdəns] *n*: **in** ~ **with** acorde con, conforme a.

according [ə'kɔːdɪŋ] ◆ **according as** *conj fml* según (que), dependiendo de si.

◆ **according to** *prep* - **1.** [as stated or shown by] según; **to go** ~ **to plan** ir según lo planeado. - **2.** [with regard to] de acuerdo con, conforme a.

accordingly [ə'kɔːdɪŋlɪ] *adv* - **1.** [appropriately] como corresponde. - **2.** [consequently] por lo tanto, en consecuencia.

accordion [ə'kɔːdjən] *n* acordeón *m*.

accordionist [ə'kɔːdjənɪst] *n* acordeonista *mf*.

accost [ə'kɒst] *vt* abordar.

account [ə'kaʊnt] ◇ *n* - **1.** [with bank, shop etc] cuenta *f*; **on**

~ COMM a cuenta. **- 2.** [report - spoken] relato *m*; [- written] informe *m*. **- 3.** [worth, consideration] importancia *f*; **a man of little** ~ un hombre de poca monta OR importancia. **- 4.** *phr*: **to call sb to** ~ pedir cuentas a alguien; **to give a good** ~ **of o.s.** hacer un buen papel; **of no** ~ indiferente, de poca importancia; **on no** ~ bajo ningún pretexto OR concepto; **on one's own** ~ por cuenta propia; **to take** ~ **of sthg, to take sthg into** ~ tener en cuenta algo. ◇ *comp*: ~ **number** número *m* de cuenta. ◇ *vt* [regard] considerar.

◆ **accounts** *npl* [of business] cuentas *fpl*; ~**s payable/receivable** cuentas a pagar/cobrar ❑ **to settle** ~**s with sb** [fig] ajustar las cuentas a alguien.

◆ **by all accounts** *adv* a decir de todos, según todo el mundo.

◆ **on account of** *prep* debido a, a causa de.

◆ **account for** *vt fus* **- 1.** [explain] justificar, dar razón de. **- 2.** [represent] configurar, representar.

accountability [ə,kaʊntə'bɪlətɪ] *n (U)* responsabilidad *f*.

accountable [ə'kaʊntəbl] *adj* **- 1.** [responsible]: ~ **(for)** responsable (de). **- 2.** [answerable]: ~ **to** obligado(da) a rendir cuentas ante. **- 3.** [explicable] justificable.

accountancy [ə'kaʊntənsɪ] *n* contabilidad *f*.

accountant [ə'kaʊntənt] *n* contable *mf*, contador *m*, -ra *f* *Amér*.

account executive *n* ejecutivo *m*, -va *f* de cuentas.

accounting [ə'kaʊntɪŋ] *n* contabilidad *f*.

accoutrements *Br*, **accouterments** *Am* [ə'kuːtrəmənts] *npl fml* impedimenta *f*, pertrechos *mpl*.

accredit [ə'kredɪt] *vt* acreditar.

accreditation [ə,kredɪ'teɪʃn] *n* acreditación *f*.

accredited [ə'kredɪtɪd] *adj* [ambassador] acreditado(da); [dealer, spokesperson] oficial.

accretion [æ'kriːʃn] *n* **- 1.** [growth] crecimiento *m*, acrecentamiento *m*. **- 2.** JUR acrecencia *f*, acrecimiento *m*.

accrual [ə'kruːəl] *n* incremento *m*, acumulación *f*.

accrue [ə'kruː] *vi* **- 1.** [money, interest] acumularse. **- 2.** [benefit, gain] proceder, resultar; **benefits that** ~ **from scientific research** beneficios que resultan de la investigación científica.

acculturate [ə'kʌltʃəreɪt] *vi transformarse o adaptarse por asimilación cultural.*

acculturation [ə,kʌltʃə'reɪʃn] *n* aculturación *f*.

accumulate [ə'kjuːmjʊleɪt] ◇ *vt* acumular, juntar. ◇ *vi* [money, things] acumularse; [problems] amontonarse.

accumulation [ə,kjuːmjʊ'leɪʃn] *n* **- 1.** *(U)* [act of accumulating] acumulación *f*. **- 2.** [collection of things] cúmulo *m*, montón *m*.

accumulative [ə'kjuːmjʊlətɪv] *adj* acumulativo(va).

accumulator [ə'kjuːmjʊleɪtə'] *n Br* ELEC acumulador *m*, batería *f*.

accuracy ['ækjʊrəsɪ] *n* **- 1.** [of description, report] veracidad *f*, rigor *m*. **- 2.** [of weapon, marksman] precisión *f*; [of typing, figures] exactitud *f*, corrección *f*.

accurate ['ækjʊrət] *adj* **- 1.** [description, report] veraz, riguroso(sa). **- 2.** [weapon, marksman, typist] preciso(sa); [figures, estimate] exacto(ta), correcto(ta).

accurately ['ækjʊrətlɪ] *adv* **- 1.** [truthfully] verazmente, rigurosamente. **- 2.** [precisely] con precisión.

accursed [ə'kɜːsɪd], **accurst** [ə'kɜːst] *adj* **- 1.** [doomed] maldito(ta). **- 2.** [hateful] odioso(sa), infausto(ta).

accusation [,ækjʊ'zeɪʃn] *n* **- 1.** [charge] acusación *f*. **- 2.** JUR denuncia *f*; **they brought an** ~ **of theft against him** presentaron una denuncia contra él por robo.

accusative [ə'kjuːzətɪv] GRAMM ◇ *adj* acusativo(va). ◇ *n* acusativo *m*.

accusatorial [ə,kjuːzə'tɔːrɪəl] *adj* acusatorio(ria).

accuse [ə'kjuːz] *vt*: **to** ~ **sb of sthg/of doing sthg** acusar a alguien de algo/de hacer algo.

accused [ə'kjuːzd] *(pl inv)* *n* JUR: **the** ~ el acusado, la acusada.

accuser [ə'kjuːzə'] *n* acusador *m*, -ra *f*.

accusing [ə'kjuːzɪŋ] *adj* acusador(ra).

accusingly [ə'kjuːzɪŋlɪ] *adv* [look] acusatoriamente; [speak] en tono acusador.

accustom [ə'kʌstəm] *vt* acostumbrar; **to** ~ **sb to sthg** acostumbrar a alguien a algo.

accustomed [ə'kʌstəmd] *adj* **- 1.** [familiar]: ~ **to** acostumbrado(da) a. **- 2.** [regular] acostumbrado(da), habitual.

AC/DC *(abbr of* **alternating direct current)** ◇ *n* CA/CC. ◇ *adj inf* [bisexual]: **to be** ~ ser un todoterreno (una todoterreno), ser bisexual.

ace [eɪs] ◇ *adj*: **an** ~ **athlete** un as del atletismo. ◇ *n* **- 1.** [playing card, expert] as *m*; **to be within an** ~ **of** *fig* estar al borde de; **to have an** ~ **in the hole** OR **up one's sleeve** *inf fig* guardar una carta en la manga; **to hold all the** ~**s** *fig* tener todos los triunfos en la mano, tener (todas) las de ganar; **she played her** ~ *fig* ella jugó su mejor baza. **- 2.** [in tennis] ace *m*, saque *m* ganador. ◇ *vt* **- 1.** [in tennis] hacer un ace a. **- 2.** [in golf]: **to** ~ **a hole** hacer un hoyo en uno. **- 3.** *fig* [outdo] superar, no dar opción a.

ACE *(abbr of* **American Council on Education)** *n organización privada estadounidense que ofrece asesoramiento a los padres de alumnos.*

acephalous [eɪ'sefələs] *adj* acéfalo(la).

acerbic [ə'sɜːbɪk] *adj* mordaz.

acerbity [ə'sɜːbətɪ] *n* **- 1.** [sourness] acerbidad *f*, acritud *f*. **- 2.** *fig* [sharpness] aspereza *f*, acritud *f*.

acetaldehyde [æsɪ'tældɪhaɪd] *n* acetaldehído *m*, aldehído *m* acético.

acetate ['æsɪteɪt] *n* acetato *m*.

acetic acid [ə'setɪk-] *n* ácido *m* acético.

acetone ['æsɪtəʊn] *n* acetona *f*.

acetyl [ə'siːtl, ə'setl] *n* acetil *m*.

acetylene [ə'setɪliːn] *n* acetileno *m*.

acetylene torch *n* soplete *m* oxiacetilénico.

acetylsalicylic acid [ə'siːtl,sælɪ'sɪlɪk-] *n* ácido *m* acetilsalicílico.

ACGB *n written abbr of* **Arts Council of Great Britain**.

ache [eɪk] ◇ *n* [pain] dolor *m*. ◇ *vi* **- 1.** [hurt] doler; **my back** ~**s** me duele la espalda. **- 2.** *fig* [want]: **to be aching for sthg/to do sthg** morirse de ganas de algo/de hacer algo.

achievable [ə'tʃiːvəbl] *adj* realizable, factible.

achieve [ə'tʃiːv] *vt* [success, goal, fame] alcanzar, lograr; [ambition] realizar.

achievement [ə'tʃiːvmənt] ◇ *n* **- 1.** [accomplishment] logro *m*, éxito *m*. **- 2.** [act of achieving] consecución *f*, realización *f*. ◇ *comp*: ~ **test** prueba *f* de nivel.

achiever [ə'tʃiːvə'] *n* triunfador *m*, -ra *f*; **low** ~ [at school] estudiante *mf* de bajo rendimiento escolar.

Achilles [ə'kɪliːz] *n* Aquiles *m*.

Achilles' heel *n* talón *m* de Aquiles.

Achilles' tendon *n* tendón *m* de Aquiles.

aching ['eɪkɪŋ] *adj* dolorido(da).

achromatic [ækrəʊ'mætɪk] *adj* **- 1.** [neutral] incoloro(ra). **- 2.** [in optics] acromático(ca).

achromatism [ə'krəʊmətɪzm] *n* acromatismo *m*.

achy ['eɪkɪ] *adj* dolorido(da).

acid ['æsɪd] ◇ *adj* **- 1.** CHEM ácido(da). **- 2.** [sharptasting] ácido(da), agrio (agria). **- 3.** *fig* [person, remark] mordaz, corrosivo(va). ◇ *n* **- 1.** CHEM ácido *m*. **- 2.** *(U)* *drugs sl* [LSD] ácido *m*.

acid drop *n* caramelo *m* ácido.

acid-fast *adj* a prueba de ácidos.

acid house *n* MUS acid house *m*, música *f* ácida OR house.

acidic [ə'sɪdɪk] *adj* ácido(da).

acidifier [ə'sɪdɪfaɪə'] *n* sustancia *f* acidificante.

acidify [ə'sɪdɪfaɪ] *(pt & pp* **acidified)** ◇ *vt* acidificar. ◇ *vi* acidificarse.

acidity [ə'sɪdətɪ] *n* - **1.** [of substance, liquid, soil] acidez *f*. - **2.** *fig* [of person, remark] mordacidad *f*.

acidly ['æsɪdlɪ] *adv* mordazmente, cáusticamente.

acid rain *n* lluvia *f* ácida.

acid test *n fig* prueba *f* de fuego.

acidulate [ə'sɪdjʊleɪt] *vt* acidular.

acidulous [ə'sɪdjʊləs] *adj* acídulo(la), cáustico(ca).

ack-ack [æk'æk] *Br dated* ◇ *n* defensa *f* antiaérea. ◇ *comp* antiaéreo(a).

acknowledge [ək'nɒlɪdʒ] *vt* - **1.** [accept] reconocer. - **2.** [greet] saludar. - **3.** [letter etc]: **to ~ receipt of** acusar recibo de. - **4.** [recognize]: **to ~ sb as** reconocer OR considerar a alguien como. - **5.** [express thanks for] agradecer.

acknowledged [ək'nɒlɪdʒd] *adj* reconocido(da).

acknowledg(e)ment [ək'nɒlɪdʒmənt] *n* - **1.** [acceptance] reconocimiento *m*. - **2.** [confirmation of receipt] acuse *m* de recibo. - **3.** [thanks]: **in ~ of** en señal de agradecimiento por.

◆ **acknowledg(e)ments** *npl* agradecimientos *mpl*.

ACLU (*abbr of* **American Civil Liberties Union**) *n* asociación estadounidense para la defensa de las libertades civiles.

acme ['ækmɪ] *n* cenit *m*, súmmum *m*.

acne ['æknɪ] *n* acné *m*.

acolyte ['ækəlaɪt] *n* acólito *m*.

acorn ['eɪkɔːn] *n* bellota *f*.

acoustic [ə'kuːstɪk] *adj* acústico(ca).

◆ **acoustics** ◇ *n* (U) [subject] acústica *f*. ◇ *npl* [of room, auditorium] acústica *f*.

acoustically [ə'kuːstɪklɪ] *adv* desde el punto de vista acústico.

acoustic guitar *n* guitarra *f* acústica.

acoustic tile *n* panel *m* acústico.

ACPO ['ækpəʊ] (*abbr of* **Association of Chief Police Officers**) *n* asociación británica de jefes de policía.

acquaint [ə'kweɪnt] *vt* - **1.** [make familiar]: **to ~ sb with sthg** [information] poner a alguien al corriente de algo; [method, technique] familiarizar a alguien con algo. - **2.** [make known]: **to be ~ed with sb** conocer a alguien.

acquaintance [ə'kweɪntəns] *n* - **1.** [person] conocido *m*, -da *f*; **to make sb's ~** *fml* conocer a alguien. - **2.** [knowledge] conocimiento *m*; **I have some ~ with Spanish** sé algo de español.

acquaintanceship [ə'kweɪntənʃɪp] *n* relaciones *fpl*.

acquainted [ə'kweɪntɪd] *adj* - **1.** [known] conocido(da). - **2.** [informed] enterado(da).

acquiesce [ækwɪ'es] *vi*: **to ~ (to OR in sthg)** acceder (a algo).

acquiescence [ækwɪ'esns] *n* consentimiento *m*.

acquiescent [ækwɪ'esnt] *adj* condescendiente.

acquire [ə'kwaɪər] *vt* - **1.** [buy, adopt] adquirir. - **2.** [obtain] hacerse con, procurarse.

acquired immune deficiency syndrome [ə'kwaɪəd-] *n* síndrome *m* de inmunodeficiencia adquirida.

acquired taste [ə'kwaɪəd-] *n*: **it's an ~** hay que tomarle el gusto.

acquisition [ækwɪ'zɪʃn] *n* adquisición *f*.

acquisitive [ə'kwɪzɪtɪv] *adj* consumista.

acquisitiveness [ə'kwɪzɪtɪvnɪs] *n* codicia *f*, avidez *f*.

acquit [ə'kwɪt] (*pt & pp* **acquitted**, *cont* **acquitting**) *vt* - **1.** JUR: **to ~ sb of sthg** absolver a alguien de algo. - **2.** [perform]: **to ~ o.s. well/badly** hacer un buen/mal papel. - **3.** [clear] exonerar. - **4.** [repay] pagar.

acquittal [ə'kwɪtl] *n* JUR absolución *f*.

acquittance [ə'kwɪtəns] *n* comprobante *m* de pago, recibo *m*.

acre ['eɪkər] *n* acre *m*.

acreage ['eɪkərɪdʒ] *n* medida *f* en acres.

acrid ['ækrɪd] *adj lit & fig* acre.

acridness ['ækrɪdnɪs] *n* acritud *f*.

acrimonious [ækrɪ'məʊnjəs] *adj* [words] áspero(ra); [dispute] agrio (agria), enconado(da).

acrimoniously [ækrɪ'məʊnjəslɪ] *adv* [say] con acrimonia OR acritud; **the meeting ended ~** la reunión acabó con acritud, había muy mal sabor de boca al final de la reunión.

acrimony ['ækrɪmənɪ] *n* acrimonia *f*, aspereza *f*.

acrobat ['ækrəbæt] *n* acróbata *mf*.

acrobatic [ækrə'bætɪk] *adj* - **1.** [somersault, display] acrobático(ca). - **2.** [person] ágil.

◆ **acrobatics** *npl* acrobacias *fpl*.

acronym ['ækrənɪm] *n* siglas *fpl*.

acrophobia [ækrə'fəʊbjə] *n* acrofobia *f*, miedo *m* a las alturas.

Acropolis [ə'krɒpəlɪs] *n* Acrópolis *f inv*.

across [ə'krɒs] ◇ *adv* - **1.** [from one side to the other] de un lado a otro; **to walk/run ~** cruzar andando/corriendo; **to look ~** mirar al otro lado. - **2.** [on the other side] del otro lado, al otro lado. - **3.** [in measurements]: **the river is 2 km ~** el río tiene 2 km de ancho. - **4.** [in crossword]: **'21 ~'** '21 horizontal'. - **5.** *phr*: **to get sthg ~ to sb** hacer entender algo a alguien. ◇ *prep* - **1.** [from one side to the other of] a través de, de un lado a otro de; **to walk/run ~ the road** cruzar la carretera andando/corriendo; **the bridge ~ the river** el puente que cruza el río; **he drew a line ~ the page** trazó una línea a través de la página; **to look ~ sthg** mirar hacia el otro lado de algo. - **2.** [on the other side of] al otro lado de.

◆ **across from** *prep* enfrente de.

across-the-board *adj* [improvement, support] global; [salary rise] lineal.

acrostic [ə'krɒstɪk] *n* acróstico *m*.

acrylic [ə'krɪlɪk] ◇ *adj* acrílico(ca). ◇ *n* acrílico *m*.

act [ækt] ◇ *n* - **1.** [action, deed] acto *m*, acción *f*; **to be in the ~ of doing sthg** estar haciendo algo; **to catch sb in the ~** coger a alguien con las manos en la masa. - **2.** [pretence] farsa *f*, fachada *f*; **to put on an ~** fingir, simular. - **3.** [in parliament] ley *f*; **the Act of Supremacy** el acta de supremacía; **the Act of Union** el acta de unión. - **4.** [THEATRE - part of play] acto *m*; [- routine, turn] número *m*. - **5.** *phr*: **to get in on the ~** apuntarse al carro; **to get one's ~ together** organizarse. ◇ *vi* - **1.** [gen] actuar; **to ~ as** [person] hacer de, fungir de *Amér*; [thing] actuar como; **to be quick to ~** obrar sin demora. - **2.** [behave]: **to ~ (as if/like)** comportarse (como si/como). - **3.** *fig* [pretend] fingir. - **4.** JUR [lawyer, estate agent]: **to ~ for sb**, **to ~ on behalf of sb** actuar en representación OR nombre de alguien. ◇ *vt* [part] interpretar; **to ~ the fool** hacer el tonto; **to ~ the innocent** hacerse el inocente ❑ **~ your age!** ¡deja de portarte como un crío!

◆ **Acts** *npl*: **the Acts of the Apostles** los Hechos de los Apóstoles.

◆ **act on** *vt fus* - **1.** [advice, suggestion] guiarse por. - **2.** [subj: chemical, drug] actuar sobre, hacer efecto en.

◆ **act out** *vt sep* - **1.** [feelings, thoughts] exteriorizar. - **2.** [scene, event] representar.

◆ **act up** *vi* - **1.** [machine] no ir bien. - **2.** [child] dar guerra.

◆ **act upon** *vt fus* = **act on**.

acting ['æktɪŋ] ◇ *adj* [interim] temporal, en funciones. ◇ *n* actuación *f*; **I like ~** me gusta actuar.

actinium [æk'tɪnɪəm] *n* actinio *m*.

action ['ækʃn] *n* - **1.** [gen & MIL] acción *f*; **firemen sprang into ~** los bomberos se pusieron inmediatamente en acción; **the corrosive ~ of acid on metal** el efecto corrosivo OR la acción corrosiva del ácido sobre el metal; **to take ~** tomar medidas; **in ~** [person] en acción; [machine] en funcionamiento; **to be killed in ~** caer muerto en combate OR en acto de servicio; **out of ~** [person] fuera de combate; [machine] averiado(da); **to put sthg into ~** poner algo en práctica OR marcha; **to put sthg out of ~** inutilizar algo. - **2.** [deed] acto *m*, acción *f*; **~s speak louder than words** *proverb* obras son amores, que no buenas razones *proverb*. - **3.** JUR demanda *f*; **to bring an ~ against sb** presentar una demanda OR entablar juicio contra alguien. **- 4.** [movement] movimiento *m*. **- 5.** [activity] actividad *f*, acción *f*; **we all want a piece of the** ~ todos queremos estar en el ajo OR sacar tajada. **- 6.** [mechanism] mecanismo *m*.

actionable ['ækʃnəbl] *adj* [allegations, deed, person] procesable.

action group *n* grupo *m* de presión.

action-packed *adj* [film] de acción; [holiday] muy entretenido (muy entretenida).

action painting *n* action painting *m*, pintura *f* gestual.

action replay *n* repetición *f* (de la jugada).

action stations ◇ *npl* MIL puestos *mpl* de combate. ◇ *excl* ~! ¡todos a sus puestos!

activate ['æktɪveɪt] *vt* **- 1.** [device] activar; [machine] poner en funcionamiento. **- 2.** CHEM acelerar. **- 3.** PHYS hacer radiactivo.

activation [ˌæktɪ'veɪʃn] *n* activación *f*.

active ['æktɪv] *adj* **- 1.** [person, campaigner] activo(va). **- 2.** [encouragement etc] enérgico(ca), decidido(da); **to play an** ~ **part in** colaborar activamente en; **to take an** ~ **interest in** interesarse vivamente por. **- 3.** [volcano] en actividad; [bomb] activado(da). **- 4.** GRAMM activo(va); ~ **voice** voz *f* activa.

active duty *n Am* = **active service**.

actively ['æktɪvlɪ] *adv* [encourage, discourage] enérgicamente.

active service, active duty *Am n* MIL servicio *m* activo.

activism ['æktɪvɪzm] *n* activismo *m*.

activist ['æktɪvɪst] *n* activista *mf*.

activity [æk'tɪvətɪ] (*pl* **activities**) *n* **- 1.** [movement, action] actividad *f*. **- 2.** [pastime, hobby] afición *f*.

◆ **activities** *npl* [actions] actividades *fpl*.

activity holiday *n Br* vacaciones organizadas en las que se realizan todo tipo de actividades deportivas.

act of God *n* caso *m* de fuerza mayor.

actor ['æktəʳ] *n* actor *m*.

actress ['æktrɪs] *n* actriz *f*.

ACTT (*abbr of* **Association of Cinematographic Television and Allied Technicians**) *n* antiguo sindicato británico de técnicos del sector audiovisual, hoy 'BECTU'.

actual ['æktʃʊəl] *adj* **- 1.** [emphatic]: **the** ~ **cost is £10** el coste real es de 10 libras; **the** ~ **game starts at three p.m.** el partido en sí empieza a las tres; **the** ~ **spot where it happened** el sitio mismo en que ocurrió. **- 2.** [current] actual, presente; **inflation is one of the worst** ~ **conditions** la inflación es una de las peores condiciones actuales.

actual bodily harm *n* heridas *fpl* y contusiones leves.

actuality [ˌæktʃʊ'ælətɪ] *n* realidad *f*; **in** ~ de hecho.

actualization [ˌæktʃʊəlaɪ'zeɪʃn] *n* realización *f*.

actualize, -ise ['æktʃʊəlaɪz] *vt* realizar.

actually ['æktʃʊəlɪ] *adv* **- 1.** [really, in truth]: **do you** ~ **like him**? ¿de verdad te gusta?; **no one** ~ **saw her** en realidad, nadie la vio; ~ **it's not that good** la verdad es que no está tan bien. **- 2.** [by the way]: ~, **I was there yesterday** pues yo estuve ayer por allí.

actuarial [ˌæktjʊ'eərɪəl] *adj* actuarial.

actuary ['æktjʊərɪ] (*pl* **actuaries**) *n* actuario *m*, -ria *f* de seguros.

actuate ['æktjʊeɪt] *vt* [mechanism] activar, accionar.

acuity [ə'kjuːətɪ] *n fml* agudeza *f*.

acumen ['ækjʊmen] *n*: **business** ~ vista *f* para los negocios.

acupuncture ['ækjʊpʌŋktʃəʳ] *n* acupuntura *f*.

acupuncturist [ˌækjʊpʌŋktʃərɪst] *n* acupuntor *m*, -ra *f*.

acute [ə'kjuːt] *adj* **- 1.** [illness] agudo(da); [pain, danger] extremo(ma). **- 2.** [perceptive - person] perspicaz; [- analysis, observation] agudo(da). **- 3.** [hearing, smell] muy fino (muy fina). **- 4.** LING: **e** ~ **e** *f* acentuada. **- 5.** GEOM agudo(da).

acute accent *n* acento *m* agudo.

acutely [ə'kjuːtlɪ] *adv* [extremely] extremadamente, profundamente.

acuteness [ə'kjuːtnɪs] *n* **- 1.** [of hearing, smell] finura *f*. **- 2.** [of person, mind] perspicacia *f*, agudeza *f*. **- 3.** [of illness] carácter *m* agudo.

ad [æd] (*abbr of* **advertisement**) *n* anuncio *m*.

AD (*abbr of* **Anno Domini**) d. C.

adage ['ædɪdʒ] *n* refrán *m*, adagio *m*.

Adam ['ædəm] *n* Adán *m*; **I don't know him from** ~ *fig* no lo conozco ni por asomo, no tengo ni idea de quién es.

adamant ['ædəmənt] *adj*: **to be** ~ **(that)** mostrarse inflexible (en que).

adamantine [ˌædəmæntaɪn] *adj literary* adamantino(na).

adamantly ['ædəməntlɪ] *adv* inflexiblemente, firmemente.

Adam's apple *n* nuez *f* OR bocado *m* de Adán.

adapt [ə'dæpt] ◇ *vt* adaptar. ◇ *vi*: **to** ~ **(to)** adaptarse OR amoldarse (a).

adaptability [əˌdæptə'bɪlətɪ] *n* capacidad *f* de adaptación, adaptabilidad *f*.

adaptable [ə'dæptəbl] *adj* [person] capaz de adaptarse.

adaptation [ˌædæp'teɪʃn] *n* adaptación *f*.

adapter [ə'dæptəʳ] *n* **- 1.** [ELEC - for several devices] ladrón *m*; [- for different socket] adaptador *m*. **- 2.** [person] adaptador *m*, -ra *f*.

adaptive [ə'dæptɪv] *adj* con tendencia a la adaptación.

adaptor [ə'dæptəʳ] *n* = **adapter**.

ADC *n* **- 1.** *abbr of* **aide-de-camp**. **- 2.** (*abbr of* **Aid to Dependent Children**) *organización estadounidense de ayuda a niños necesitados*. **- 3.** (*abbr of* **analogue-digital converter**) *convertidor analógico-digital*.

add [æd] *vt* **- 1.** [gen]: **to** ~ **sthg (to sthg)** añadir algo (a algo). **- 2.** [numbers] sumar.

◆ **add in** *vt sep* añadir, sumar.

◆ **add on** *vt sep* **- 1.** [to building]: **to** ~ **sthg on (to sthg)** adosar OR incorporar algo (a algo). **- 2.** [to bill, total]: **to** ~ **sthg on (to sthg)** añadir OR incluir algo (en algo).

◆ **add to** *vt fus* aumentar, acrecentar.

◆ **add up** ◇ *vt sep* [numbers] sumar. ◇ *vi inf* [make sense]: **it doesn't** ~ **up** no tiene sentido.

◆ **add up to** *vt fus* venir a ser.

added ['ædɪd] *adj* adicional.

addend [ə'dend] *n* sumando *m*.

addendum [ə'dendəm] (*pl* **addenda** [-də]) *n* addenda *m o f*.

adder ['ædəʳ] *n* **- 1.** [snake] víbora *f*. **- 2.** [device] sumador *m*.

addict ['ædɪkt] *n* **- 1.** [gen] adicto *m*, -ta *f*; [drug addict] drogadicto *m*, -ta *f*, toxicómano *m*, -na *f*; **heroin** ~ heroinómano *m*, -na *f*. **- 2.** *fig* [fan] fanático *m*, -ca *f*.

addicted [ə'dɪktɪd] *adj* **- 1.** [to drug]: ~ **(to)** adicto(ta) (a). **- 2.** *fig* [to food, TV]: **to be** ~ **(to)** ser un fanático (una fanática) (de).

addiction [ə'dɪkʃn] ◇ *n* **- 1.** [to drug]: ~ **(to)** adicción *f* (a). **- 2.** *fig* [to food, TV]: ~ **(to)** vicio *m* (por). ◇ *comp*: ~ **therapy** cura *f* de desintoxicación.

addictive [ə'dɪktɪv] *adj lit & fig* adictivo(va).

adding machine ['ædɪŋ-] *n* sumadora *f*.

Addis Ababa ['ædɪs'æbəbə] *n* Addis Abeba.

addition [ə'dɪʃn] *n* **- 1.** MATH suma *f*. **- 2.** [extra thing] adición *f*. **- 3.** [act of adding] incorporación *f*.

◆ **in addition** *adv* además.

◆ **in addition to** *prep* además de.

additional [ə'dɪʃənl] *adj* adicional.

additionally [ə'dɪʃənəlɪ] *adv* además.

additive ['ædɪtɪv] *n* aditivo *m*.

addle ['ædl] ◇ *vt* enturbiar, confundir. ◇ *vi* **- 1.** [become rotten] pudrirse. **- 2.** [become confused] confundirse.

addled ['ædld] *adj* **- 1.** [egg] podrido(da). **- 2.** [brain] confuso(sa), hecho(cha) un lío.

add-on ◇ *adj* COMPUT externo(na), complementario(ria). ◇ *n* expansión *f*, circuito *m* complementario.

address [ə'dres] ◇ *n* - **1.** [of person, organization] dirección *f*, domicilio *m*. - **2.** [speech] discurso *m*, conferencia *f*. - **3.** *(U) dated* [behaviour] modales *mpl*, conducta *f*. ◇ *vt* - **1.** [letter, parcel, remark]: **to ~ sthg to** dirigir algo a; **to be ~ed to** ir dirigido(da) a. - **2.** [meeting, conference] dirigirse a, hablar ante; **to ~ sb as** dar a alguien el tratamiento de. - **3.** [issue]: **to ~ o.s. to sthg** enfrentarse a OR abordar algo.
◆ **addresses** *npl dated* [in courtship] galanteos *mpl*, atenciones *fpl*.

address book [ə'dres-, 'ædres-] *n* agenda *f* (de direcciones).

addressee [ædre'si:] *n* destinatario *m*, -ria *f*.

adduce [ə'dju:s] *vt* aducir.

adductor [ə'dʌktə'] *n* aductor *m*.

Adelaide ['ædəleɪd] *n* Adelaida.

Adélie Land ['ædeɪlɪ-] *n* Tierra *f* Adelia.

Aden ['eɪdn] *n* Adén.

adenoidal [ædɪ'nɔɪdl] *adj* - **1.** [glandular] adenoideo(a). - **2.** [nasal] gangoso(sa).

adenoids ['ædɪnɔɪdz] *npl* vegetaciones *fpl* (adenoideas).

adept [*adj* ə'dept, *n* 'ædept] ◇ *adj*: **to be ~ (at sthg/at doing sthg)** ser experto(ta) (en algo/en hacer algo). ◇ *n* experto *m*, -ta *f*.

adeptness [ə'deptnɪs] *n* pericia *f*, habilidad *f*.

adequacy ['ædɪkwəsɪ] *n* - **1.** [sufficiency] suficiencia *f*. - **2.** [suitability] capacitación *f*, idoneidad *f*.

adequate ['ædɪkwət] *adj* - **1.** [sufficient] suficiente. - **2.** [good enough] aceptable, satisfactorio(ria).

adequately ['ædɪkwətlɪ] *adv* - **1.** [sufficiently] suficientemente. - **2.** [well enough] aceptablemente, satisfactoriamente.

adhere [əd'hɪə'] *vi* - **1.** [to surface, principle]: **to ~ (to)** adherirse (a). - **2.** [to rule, decision]: **to ~ to** respetar, observar.

adherence [əd'hɪərəns] *n* - **1.** [to rule, decision]: **~ to** observancia *f* OR cumplimiento *m* de. - **2.** [to principle, belief]: **~ to** adhesión *f* a.

adhesion [əd'hi:ʒn] *n* - **1.** [attachment] adhesión *f*. - **2.** MED adherencia *f*.

adhesive [əd'hi:sɪv] ◇ *adj* adhesivo(va), adherente. ◇ *n* adhesivo *m*.

adhesiveness [əd'hi:sɪvnɪs] *n* adherencia *f*.

adhesive tape *n* cinta *f* adhesiva, celo® *m*.

ad hoc [æd'hɒk] *adj* ad hoc, a propósito.

adieu [ə'dju:] (*pl* **adieus** OR **adieux** [ə'dju:z]) *n* adiós *m*.

ad infinitum [ædɪnfɪ'naɪtəm] *adv* ad infinitum, hasta el infinito.

adipose ['ædɪpəus] *adj* adiposo(sa).

adjacency [ə'dʒeɪsənsɪ] *n* adyacencia *f*, contigüidad *f*.

adjacent [ə'dʒeɪsənt] *adj*: **~ (to)** adyacente OR contiguo(gua) (a).

adjectival [ædʒek'taɪvl] *adj* adjetival, adjetivo(va).

adjective ['ædʒɪktɪv] *n* adjetivo *m*.

adjoin [ə'dʒɔɪn] ◇ *vt* [land] lindar con; [room] estar contiguo(gua) a. ◇ *vi* [land] colindar; [room] estar contiguo(gua).

adjoining [ə'dʒɔɪnɪŋ] ◇ *adj* [table] adyacente; [room] contiguo(gua). ◇ *prep* junto a.

adjourn [ə'dʒɜːn] ◇ *vt* [decision] aplazar; [session] levantar; [meeting] interrumpir. ◇ *vi* - **1.** [meeting] aplazarse, suspenderse; [court, committee] levantar la sesión. - **2.** *hum* [move elsewhere]: **to ~ (to)** retirarse (a).

adjournment [ə'dʒɜːnmənt] *n* aplazamiento *m*.

Adjt *written abbr of* **adjutant**.

adjudge [ə'dʒʌdʒ] *vt* - **1.** [rule, judge, pronounce] declarar, juzgar. - **2.** [award] adjudicar.

adjudicate [ə'dʒu:dɪkeɪt] ◇ *vt* actuar como juez en. ◇ *vi* actuar como juez; **to ~ on** OR **upon sthg** emitir un fallo OR un veredicto sobre algo.

adjudication [ə,dʒu:dɪ'keɪʃn] *n* fallo *m*, decisión *f*.

adjudicator [ə'dʒu:dɪkeɪtə'] *n* juez *mf*, árbitro *m*.

adjunct ['ædʒʌŋkt] *n* - **1.** [addition] complemento *m*, apéndice *m*. - **2.** [person] adjunto *m*, -ta *f*, ayudante *mf*. - **3.** GRAMM adyacente *m*.

adjuration [ædʒuə'reɪʃn] *n fml* súplica *f*, solicitud *f* solemne.

adjure [ə'dʒuə'] *vt fml* [appeal to] suplicar, requerir.

adjust [ə'dʒʌst] ◇ *vt* - **1.** [machine, setting] ajustar; [clothing] arreglarse. - **2.** [adapt] adaptar; **to ~ o.s. to sthg** adaptarse a. - **3.** [correct] corregir. - **4.** COM [insurance claim] liquidar, ajustar. ◇ *vi*: **to ~ (to)** adaptarse OR amoldarse (a).

adjustable [ə'dʒʌstəbl] *adj* [machine, chair] regulable, graduable.

adjustable spanner *n* llave *f* inglesa.

adjusted [ə'dʒʌstɪd] *adj*: **to be well ~** ser una persona equilibrada.

adjuster [ə'dʒʌstə'] *n* regulador *m*.

adjustment [ə'dʒʌstmənt] *n* - **1.** [modification] modificación *f*, reajuste *m*; **to make an ~ to sthg** hacerle un reajuste a algo. - **2.** *(U)* [change in attitude]: **~ (to)** adaptación *f* OR amoldamiento *m* (a). - **3.** [correction] corrección *f*, ajuste *m*. - **4.** COM [of insurance claim] liquidación *f*, ajuste *m*.

adjustor [ə'dʒʌstə'] *n* = **adjuster**.

adjutant ['ædʒutənt] *n* ayudante *m*.

ad lib (*pt & pp* **ad-libbed**, *cont* **ad-libbing**) ◇ *adj* [improvised] improvisado(da). ◇ *n* improvisación *f*. ◇ *adv* [without preparation] improvisando; [without limit] a voluntad, sin trabas.

USAGE ▶ Addressing someone

In the street

Perdone ¿podría indicarme dónde está el metro?

¡Oiga, por favor!, ¿me puede decir qué hora es? OR ¿tiene usted hora?

Disculpe, ¿sería tan amable de darme fuego? [*formal*]

¡Oye, perdona! ¿tienes fuego/hora? [*not formal*]

¡Eh, oiga! ¡Usted! Se le ha caído la cartera.

To a group

Señoras y caballeros: atención, por favor.

¡A ver, niños, escuchadme!

¿Podéis prestarme atención un minuto?

¡Un minuto de atención, por favor!

In a shop, restaurant

¡Camarero/Señorita, por favor!

¡Oiga, por favor!

¿Qué desean tomar? [*said by a waiter*]

¿En qué puedo servirles? [*said by a shop assistant, travel agent etc*]

Using professional titles

Doctora, ¿me podría firmar esta receta?

Agente, ¿sabe usted dónde está la oficina de información y turismo?

¡Señorita!/¡Profesor!, ¿puedo ir al servicio? [*to a teacher*]

Señor director/Don Emilio, le dejo el informe en su despacho.

¡Señoría!, pido la palabra. [*to a judge*]

◆ **ad-lib** *vt & vi* improvisar.

adman ['ædmæn] (*pl* **admen** [-men]) *n* publicista *m*.

admin ['ædmɪn] (*abbr of* **administration**) *n Br inf* papeleo *m*.

administer [əd'mɪnɪstə'] ◇ *vt* [gen] administrar; [punishment, law] aplicar; **to ~ an oath to sb** tomar juramento a alguien. ◇ *vi*: **to ~ to sb** ayudar a OR cuidar de alguien.

administrate [əd'mɪnɪstreɪt] *vt* administrar.

administration [əd,mɪnɪ'streɪʃn] *n* [gen] administración *f*; [of punishment, law] aplicación *f*.

◆ **Administration** *n Am*: **the Administration** la Administración.

administrative [əd'mɪnɪstrətɪv] *adj* administrativo(va).

administrator [əd'mɪnɪstreɪtə'] *n* administrador *m*, -ra *f*.

admirable ['ædmərəbl] *adj* admirable.

admirably ['ædmərəblɪ] *adv* admirablemente.

admiral ['ædmərəl] *n* - **1.** NAUT almirante *m*; **~ of the fleet**, **fleet ~** ≃ Capitán General de la Armada. - **2.** ZOOL ninfa *f*.

admiralty ['ædmərəltɪ] ◇ *n* almirantazgo *m*. ◇ *comp*: **~ court** tribunal *m* del almirantazgo; **~ law** derecho *m* marítimo.

◆ **Admiralty** *n Br*: **the Admiralty** el Almirantazgo.

admiration [,ædmə'reɪʃn] *n* admiración *f*.

admire [əd'maɪə'] *vt*: **to ~ (sb for)** admirar (a alguien por).

admirer [əd'maɪərə'] *n* admirador *m*, -ra *f*.

admiring [əd'maɪərɪŋ] *adj* lleno(na) de admiración.

admiringly [əd'maɪərɪŋlɪ] *adv* con admiración.

admissibility [əd,mɪsə'bɪlətɪ] *n* admisibilidad *f*.

admissible [əd'mɪsəbl] *adj* JUR admisible, aceptable.

admission [əd'mɪʃn] ◇ *n* - **1.** [permission to enter] admisión *f*, ingreso *m*. - **2.** [cost of entrance] entrada *f*. - **3.** [of guilt, mistake] reconocimiento *m*; **by his/her** *etc* **own ~** como él mismo/ella misma *etc* reconoce. ◇ *comp*: **~s officer/tutor** responsable *mf* de matrículas.

admission charge, **admission fee** *n* entrada *f*.

admit [əd'mɪt] (*pt & pp* **admitted**, *cont* **admitting**) ◇ *vt* - **1.** [acknowledge, confess]: **to ~ (that)** admitir OR reconocer (que); **to ~ doing sthg** reconocer haber hecho algo; **to ~ defeat** *fig* darse por vencido (por vencida). - **2.** [allow to enter or join] admitir; **to be admitted to hospital** *Br* OR **to the hospital** *Am* ser ingresado(da) en el hospital; **'~s two'** [on ticket] 'válido para dos (personas)' ❑ **admitting office** *Am* [in hospital] oficina *f* de ingresos. ◇ *vi*: **to ~ to sthg** confesar algo.

◆ **admit of** *vt fus* dejar lugar a; **her behaviour ~s of no excuse** su conducta es inexcusable.

admittance [əd'mɪtəns] *n*: **to gain ~ to** conseguir entrar en; **'no ~'** 'prohibido el paso'.

admittedly [əd'mɪtɪdlɪ] *adv* sin duda, indudablemente.

admixture [əd'mɪkstʃə'] *n* componente *m (de mezcla)*.

admonish [əd'mɒnɪʃ] *vt* - **1.** [rebuke] amonestar, apercibir. - **2.** [warn] poner sobre aviso.

admonition [,ædmə'nɪʃn] *n* - **1.** [rebuke] amonestación *f*, admonición *f*. - **2.** [warning] advertencia *f*.

admonitory [əd'mɒnɪtrɪ] *adj fml* [reproving] admonitorio(ria).

ad nauseam [,æd'nɔːzɪæm] *adv* hasta la saciedad.

ado [ə'duː] *n*: **without further** OR **more ~** sin más preámbulos, sin mayor dilación.

adobe [ə'dəubɪ] ◇ *n* adobe *m*. ◇ *comp* de adobe.

adolescence [,ædə'lesns] *n* adolescencia *f*.

adolescent [,ædə'lesnt] ◇ *adj* - **1.** [teenage] adolescente. - **2.** *pej* [immature] pueril, infantil. ◇ *n* [teenager] adolescente *mf*.

Adonis [ə'dəunɪs] *n* MYTH Adonis *m*; **a young ~** *fig* un adonis.

adopt [ə'dɒpt] *vt & vi* adoptar.

adoptable [ə'dɒptəbl] *adj* adoptable.

adopted [ə'dɒptɪd] *adj* [child] adoptivo(va).

adoption [ə'dɒpʃn] *n* adopción *f*.

adoptive [ə'dɒptɪv] *adj* adoptivo(va).

adorable [ə'dɔːrəbl] *adj* encantador(ra), adorable.

adoration [,ædə'reɪʃn] *n* adoración *f*.

adore [ə'dɔː'] *vt* - **1.** [love deeply] adorar, querer con locura. - **2.** [like very much]: **I ~ chocolate** me encanta el chocolate.

adoring [ə'dɔːrɪŋ] *adj* lleno(na) de adoración.

adoringly [ə'dɔːrɪŋlɪ] *adv* con adoración.

adorn [ə'dɔːn] *vt* adornar.

adornment [ə'dɔːnmənt] *n* adorno *m*.

ADP (*abbr of* **automatic data processing**) *n* proceso automático de datos.

adrenal gland [ə'driːnl-] *n* glándula *f* suprarrenal.

adrenalin [ə'drenəlɪn] *n* adrenalina *f*.

Adriatic [,eɪdrɪ'ætɪk] *n*: **the ~ (Sea)** el (mar) Adriático.

adrift [ə'drɪft] ◇ *adj* [boat] a la deriva. ◇ *adv*: **to go ~** *fig* irse a la deriva.

adroit [ə'drɔɪt] *adj* diestro(tra).

adroitness [ə'drɔɪtnɪs] *n* destreza *f*, habilidad *f*.

adsorb [æd'sɔːb] *vt* adsorber.

adsorbent [æd'sɔːbənt] *adj* adsorbente.

adsorption [æd'sɔːpʃn] *n* adsorción *f*.

ADT (*abbr of* **Atlantic Daylight Time**) *n* hora de verano de la costa este estadounidense.

adulate ['ædjuleɪt] *vt* adular.

adulation [,ædju'leɪʃn] *n* adulación *f*.

adulatory ['ædjuleɪtərɪ] *adj* adulador(ra).

adult ['ædʌlt] ◇ *adj* - **1.** [fully grown] adulto(ta). - **2.** [mature] maduro(ra). - **3.** [suitable for adults only] para adultos OR mayores. ◇ *n* adulto *m*, -ta *f*.

adult education *n* educación *f* de adultos.

adulterant [ə'dʌltərənt] ◇ *adj* adulterante. ◇ *n* sustancia *f* adulterante.

adulterate [ə'dʌltəreɪt] *vt* adulterar.

adulteration [ə,dʌltə'reɪʃn] *n* adulteración *f*.

adulterer [ə'dʌltərə'] *n* adúltero *m*, -ra *f*.

adulteress [ə'dʌltərɪs] *n* adúltera *f*.

adulterous [ə'dʌltərəs] *adj* adúltero(ra).

adultery [ə'dʌltərɪ] *n* adulterio *m*.

adulthood ['ædʌlthud] *n* madurez *f*, edad *f* adulta.

adumbrate ['ædʌmbreɪt] *vt fml* - **1.** [outline] bosquejar, esbozar. - **2.** [foreshadow] presagiar.

advance [əd'vɑːns] ◇ *n* - **1.** [gen] avance *m*. - **2.** [money] adelanto *m*, anticipo *m*. - **3.** [increase in price, value] alza *f*, aumento *f*. ◇ *comp*: **~ booking** reserva *f* anticipada; **~ booking is advisable** se recomienda reservar por anticipado; **~ booking office** taquilla *f* de venta anticipada de localidades; **~ copy** [of book] ejemplar *m* promocional; **~ group** OR **party** [gen] grupo *m* de avanzada; MIL avanzadilla *f*, vanguardia *f*; **~ notice** OR **warning** previo aviso *m*; **~ payment** pago *m* anticipado. ◇ *vt* - **1.** [improve] promover, favorecer. - **2.** [bring forward in time] adelantar. - **3.** [give in advance]: **to ~ sb sthg** adelantarle a alguien algo. - **4.** [move forward] avanzar, adelantar. - **5.** [propose] proponer, presentar. - **6.** [increase] aumentar. - **7.** [promote] promover, ascender. ◇ *vi* - **1.** [move forward, improve] avanzar; **to ~ on sb** acercarse a alguien de modo amenazador. - **2.** [rise in price, value, rank] elevarse, subir.

◆ **advances** *npl*: **to make ~s to sb** [sexual] hacerle proposiciones a alguien, insinuarse a alguien; [business] hacerle una propuesta a alguien.

◆ **in advance** *adv* [pay] por adelantado; [book] con antelación; [know] de antemano; **to arrive half an hour in ~** llegar con media hora de adelanto.

◆ **in advance of** *prep* - **1.** [ahead of] por delante de. - **2.** [prior to] con anterioridad a.

advanced [əd'vɑːnst] *adj* - **1.** [developed] avanzado(da); **~ in years** entrado(da) en años. - **2.** [student, pupil] adelantado(da), aventajado(da); [studies] superior; **~ mathematics** matemáticas *fpl* superiores.

advance guard *n* avanzada *f.*

advancement [əd'vɑːnsmənt] *n* - **1.** [in job] ascenso *m.* - **2.** [of cause etc] fomento *m*, desarrollo *m.* - **3.** [of science, knowledge etc] avance *m.*

advancer [əd'vɑːnsəʳ] *n* promotor *m*, -ra *f*, impulsor *m*, -ra *f.*

advantage [əd'vɑːntɪdʒ] ◇ *n*: ~ **(over)** ventaja *f* (sobre); **to be to one's** ~ ir en beneficio de uno; **to have** OR **hold the** ~ **(over sb)** tener OR llevar ventaja (sobre alguien); **to take** ~ **of sthg** aprovechar algo; **to take** ~ **of sb** [exploit, seduce] aprovecharse de alguien; **to turn sthg to one's** ~ sacar partido de algo. ◇ *vt* favorecer, beneficiar.

advantageous [ˌædvən'teɪdʒəs] *adj* ventajoso(sa).

advent ['ædvənt] *n* [arrival] advenimiento *m.*

◆ **Advent** *n* RELIG Adviento *m.*

Advent calendar *n* calendario *m* de Adviento.

Adventism ['ædvəntɪzm] *n* adventismo *m.*

Adventist ['ædvəntɪst] *n* adventista *mf.*

adventitious [ˌædven'tɪʃəs] *adj* - **1.** *fml* [chance] adventicio(cia), accidental. - **2.** BOT adventicio(cia).

adventure [əd'ventʃəʳ] ◇ *n* aventura *f.* ◇ *vt* aventurar. ◇ *vi* aventurarse.

adventure holiday *n* vacaciones *fpl* de aventura.

adventure playground *n Br* parque *m* infantil.

adventurer [əd'ventʃərəʳ] *n* - **1.** [adventurous person] aventurero *m*, -ra *f.* - **2.** [unscrupulous person] sinvergüenza *mf.*

adventuresome [əd'ventʃəsəm] *adj Am* aventurero(ra).

adventure story *n* historia *f* de aventuras.

adventurous [əd'ventʃərəs] *adj* - **1.** [daring] aventurero(ra). - **2.** [dangerous] arriesgado(da).

adverb ['ædvɜːb] *n* adverbio *m.*

adverbial [əd'vɜːbɪəl] *adj* adverbial.

adversarial [ˌædvə'seərɪəl] *adj* conflictivo(va).

adversary ['ædvəsəri] (*pl* **adversaries**) *n* adversario *m*, -ria *f.*

adverse ['ædvɜːs] *adj* adverso(sa).

adversely ['ædvɜːslɪ] *adv* de manera adversa.

adversity [əd'vɜːsətɪ] *n* adversidad *f.*

advert ['ædvɜːt] *Br* ◇ *n* = **advertisement**. ◇ *vi fml*: **to** ~ **to** referirse OR aludir a.

advertise ['ædvətaɪz] ◇ *vt* - **1.** [in radio, TV, press etc] anunciar. - **2.** [make known] divulgar. ◇ *vi* anunciarse, poner un anuncio; **to** ~ **for** buscar (*mediante anuncio*).

advertisement [*Br* əd'vɜːtɪsmənt, *Am* ˌædvər'taɪzmənt] *n* anuncio *m*; **to be a great** ~ **for** *fig* hacerle una propaganda excelente a.

advertiser ['ædvətaɪzəʳ] *n* anunciante *mf.*

advertising ['ædvətaɪzɪŋ] ◇ *n* publicidad *f.* ◇ *comp* [rates, revenues] publicitario(ria); ~ **jingle** cuña *f* publicitaria; ~ **space** espacio *m* publicitario.

advertising agency *n* agencia *f* de publicidad.

advertising campaign *n* campaña *f* publicitaria.

Advertising Standards Authority *n*: **the** ~ *organismo británico de control de la publicidad.*

advice [əd'vaɪs] *n (U)* consejos *mpl*; **to take sb's** ~ seguir el consejo de alguien; **a piece of** ~ un consejo; **to give sb** ~ aconsejar a alguien.

advice note *n* aviso *m* de envío.

advisability [əd,vaɪzə'bɪlətɪ] *n* conveniencia *f.*

advisable [əd'vaɪzəbl] *adj* aconsejable, conveniente.

advise [əd'vaɪz] ◇ *vt* - **1.** [give advice to]: **to** ~ **sb to do sthg** aconsejar a alguien que haga algo; **to** ~ **sb against sthg/against doing sthg** desaconsejar a alguien algo/que haga algo. - **2.** [professionally]: **to** ~ **sb on sthg** asesorar a alguien en algo. - **3.** *fml* [inform]: **to** ~ **sb (of sthg)** informar a alguien (de algo). ◇ *vi* - **1.** [give advice]: **to** ~ **against sthg** desaconsejar algo; **to** ~ **against doing sthg** aconsejar no hacer algo. - **2.** [professionally]: **to** ~ **on** asesorar en (materia de). - **3.** *Am* [consult]: **to** ~ **with** consultar.

advised [əd'vaɪzd] *adj*: **to keep sb** ~ mantener a alguien al corriente.

advisedly [əd'vaɪzɪdlɪ] *adv* [deliberately] deliberadamente; [after careful consideration] con conocimiento de causa.

advisement [əd'vaɪzmənt] *n Am* deliberación *f*, consideración *f*; **to take under** ~ someter a consideración.

adviser *Br*, **advisor** *Am* [əd'vaɪzəʳ] *n* consejero *m*, -ra *f*, asesor *m*, -ra *f.*

advisory [əd'vaɪzərɪ] *adj* [body] consultivo(va), asesor(ra); **in an** ~ **capacity** OR **role** en calidad de asesor; ~ **board** OR **body** órgano *m* consultivo.

advocacy ['ædvəkəsɪ] *n* apoyo *m*, defensa *f.*

advocate [*vb* 'ædvəkeɪt, *n* 'ædvəkət] ◇ *n* - **1.** JUR abogado *m*, -da *f*, defensor *m*, -ra *f.* - **2.** [supporter] defensor *m*, -ra *f*, partidario *m*, -ria *f.* ◇ *vt* abogar por.

advt. *written abbr of* **advertisement.**

USAGE ▶ Advice

Asking for advice

¿Qué debo hacer?
¿Qué harías tú en mi lugar?
¿Crees que debo decírselo?
¿Tú qué opinas?
¿A ti qué te parece?
¿Qué me recomiendas?

▶ *more tentatively:*

Necesito que me aconsejes.
¿Puedes darme tu opinión?
Sería de gran ayuda si pudiera aconsejarme sobre este asunto. [*formal*]
No sé qué hacer, ¿tú qué crees?
Quisiera pedirte un consejo.

Giving advice

Hazme caso y no le digas nada.
Yo en tu lugar no lo dudaría, se lo diría.
Deberías intentarlo.
Yo que tú no se lo diría. [*familiar*]
Te aconsejo que vayas, merece la pena.
Si yo fuera tú, no se lo diría.
Te lo digo sinceramente, si lo haces te arrepentirás.

No te recomiendo que te quedes aquí.
Te recomiendo que no te quedes aquí.
No se te ocurra decírselo.

▶ *more tentatively:*

Quizás deberías intentarlo.
Harías bien en decírselo.
No estaría mal que se lo dijeras.
¿Por qué no se lo dices claramente?
Sería mejor que se lo dijeras.
No creo que sea inteligente quedarse aquí.

Formulas for introducing a piece of advice

¿Quieres un consejo?
Si lo que me pides es un consejo...
Te voy a dar un consejo: no se lo digas.
Si quieres mi opinión /un buen consejo...
Déjame decirte lo que pienso: ...

▶ *more tentatively:*

No es asunto mío, pero...
No me malinterpretes, pero...
No te lo tomes a mal, pero...
No es que quiera inmiscuirme en tus asuntos, pero...

adze *Br*, **adz** *Am* [ædz] *n* azuela *f.*

AEA (*abbr of* **Atomic Energy Authority**) *n organismo británico de energía nuclear*, ≃ CSN *m.*

AEC (*abbr of* **Atomic Energy Commission**) *n organismo estadounidense de energía nuclear*, ≃ CSN *m.*

AEEU (*abbr of* **Amalgamated Engineering and Electrical Union**) *n sindicato británico de ingeniería.*

Aegean [iːˈdʒiːən] *n*: **the ~ (Sea)** el mar Egeo.

Aegean Islands *npl*: **the ~** las islas del mar Egeo.

Aegina [iːˈdʒaɪnə] *n* Egina.

aegis [ˈiːdʒɪs] *n*: **under the ~ of** bajo el patrocinio OR la égida de.

Aeneas [ɪˈniːəs] *n* Eneas *m.*

aeolian harp [iːˈəʊljən-] *n* arpa *f* eolia.

Aeolian Islands [iːˈəʊljən-] *npl*: **the ~** las islas Eoli, las islas Lipari.

aeon *Br*, **eon** *Am* [ˈiːən] *n fig*: **it's been ~s since I saw you** hace siglos que no te veo.

aerate [ˈeɪəreɪt] *vt* - **1.** [liquid] gasificar, gasear; [blood] oxigenar. - **2.** [air] ventilar, airear.

aeration [eɪəˈreɪʃn] *n* - **1.** [of carbonated drinks] gasificación *f.* - **2.** [of blood] oxigenación *f.* - **3.** [ventilation] aireación *f,* ventilación *f.*

aerator [ˈeɪəreɪtəʳ] *n* aparato *m* para la aireación.

aerial [ˈeərɪəl] ◇ *adj* - **1.** [of, from, in the air] aéreo(a); **~ photograph** fotografía *f* aérea ❏ **~ cable car**, **~ railway** teleférico *m.* - **2.** *literary* [lofty] etéreo(a), vaporoso(sa). ◇ *n Br* [antenna] antena *f.*

aerialist [ˈeərɪəlɪst] *n* - **1.** *Am* [tightrope walker] funámbulo *m*, -la *f.* - **2.** [trapeze artist] trapecista *mf.*

aerial ladder *n Am* escalera *f* rotatoria extensible (*de coche de bomberos*).

aerie *n Am* = **eyrie.**

aerobatics [ˌeərəʊˈbætɪks] *n* (U) acrobacia *f* aérea.

aerobic [eəˈrəʊbɪk] *adj* aeróbico(ca).

◆ **aerobics** [eəˈrəʊbɪks] *n* (U) aerobic *m.*

aerodrome *Br* [ˈeərədrəʊm], **airdrome** *Am* [ˈeədrəʊm] *n* aeródromo *m.*

aerodynamic [ˌeərəʊdaɪˈnæmɪk] *adj* aerodinámico(ca).

◆ **aerodynamics** ◇ *n* (U) [science] aerodinámica *f.* ◇ *npl* [aerodynamic qualities] aerodinámica *f.*

aero-engine [ˈeərəʊ-] *n* motor *m* (de avión).

aerofoil *Br* [ˈeərəʊˌfɔɪl], **airfoil** *Am* [ˈeəˌfɔɪl] *n* superficie *f* sustentadora.

aerogramme [ˈeərəgræm] *n* aerograma *m.*

aeronaut [ˈeərənɔːt] *n* aeronauta *mf.*

aeronautic(al) [ˌeərəˈnɔːtɪk(l)] *adj* aeronáutico(ca).

aeronautics [ˌeərəˈnɔːtɪks] *n* (U) aeronáutica *f.*

aeroplane *Br* [ˈeərəpleɪn], **airplane** *Am* [ˈeəpleɪn] *n* avión *m.*

aerosol [ˈeərəsɒl] *n* aerosol *m.*

aerospace [ˈeərəʊˌspeɪs] *n*: **the ~ industry** la industria aeroespacial.

aerostat [ˈeərəʊstæt] *n* aerostato *m.*

Aesop [ˈiːsɒp] *n* Esopo *m.*

aesthete, **esthete** *Am* [ˈiːsθiːt] *n* esteta *mf.*

aesthetic, **esthetic** *Am* [iːsˈθetɪk] *adj* estético(ca).

aesthetically, **esthetically** *Am* [iːsˈθetɪklɪ] *adv* estéticamente.

aestheticism, **estheticism** *Am* [iːsˈθetɪsɪzm] *n* esteticismo *m.*

aesthetics, **esthetics** *Am* [iːsˈθetɪks] *n* (U) estética *f.*

afar [əˈfɑːʳ] *adv*: **from ~** desde lejos.

AFB (*abbr of* **Air Force Base**) *n Am* base de las fuerzas aéreas.

AFDC (*abbr of* **Aid to Families with Dependent Children**) *n organización estadounidense que ofrece ayuda a familias de niños necesitados.*

affability [ˌæfəˈbɪlətɪ] *n* afabilidad *f.*

affable [ˈæfəbl] *adj* afable.

affably [ˈæfəblɪ] *adv* con afabilidad.

affair [əˈfeəʳ] *n* - **1.** [event, do] acontecimiento *m.* - **2.** [concern, matter] asunto *m.* - **3.** [extra-marital relationship] aventura *f* (amorosa).

◆ **affairs** *npl* asuntos *mpl.*

affect [*vb* əˈfekt, *n* ˈæfekt] ◇ *vt* - **1.** [influence, move emotionally] afectar. - **2.** [put on] fingir, simular. ◇ *n* PSYCH sentimiento *m*, emoción *f.*

affectation [ˌæfekˈteɪʃn] *n* afectación *f.*

affected [əˈfektɪd] *adj* [insincere] afectado(da).

affectedly [əˈfektɪdlɪ] *adv* con afectación, de un modo afectado.

affecting [əˈfektɪŋ] *adj* conmovedor(ra).

affection [əˈfekʃn] *n* - **1.** [feeling] cariño *m*, afecto *m.* - **2.** MED afección *f.*

affectionate [əˈfekʃənət] *adj* cariñoso(sa), afectuoso(sa).

affectionately [əˈfekʃənətlɪ] *adv* cariñosamente, afectuosamente.

affective [əˈfektɪv] *adj* afectivo(va).

affiance [əˈfaɪəns] *vt literary* dar palabra de casamiento a.

affiant [əˈfaɪənt] *n* JUR deponente *mf*, declarante *mf.*

affidavit [ˌæfɪˈdeɪvɪt] *n* declaración *f* jurada.

affiliate [*vb* əˈfɪlɪeɪt, *n* əˈfɪlɪət] ◇ *n* filial *f.* ◇ *vt*: **to be ~d to** OR **with** estar afiliado(da) a.

affiliated [əˈfɪlɪeɪtɪd] *adj* [member, organization] afiliado(da); **an ~ company** una filial.

affiliation [əˌfɪlɪˈeɪʃn] *n* afiliación *f.*

affinity [əˈfɪnətɪ] (*pl* **affinities**) *n* - **1.** [close feeling] afinidad *f*; **to have an ~ with** sentirse afín a. - **2.** [similarity] similitud *f*; **to have an ~ with** tener un parecido con. - **3.** BIOL & CHEM afinidad *f.*

affirm [əˈfɜːm] *vt* afirmar.

affirmation [ˌæfəˈmeɪʃn] *n* - **1.** [declaration] afirmación *f.* - **2.** [confirmation] confirmación *f.*

affirmative [əˈfɜːmətɪv] ◇ *adj* afirmativo(va). ◇ *n* respuesta *f* afirmativa; **in the ~** afirmativamente.

affirmative action *n* (U) *Am política encaminada a favorecer a minorías y grupos tradicionalmente discriminados en el empleo, la educación etc.*

affix [*vb* əˈfɪks, *n* ˈæfɪks] ◇ *vt* [stamp, poster] fijar, pegar; [signature, postscript] agregar, añadir. ◇ *n* LING afijo *m.*

afflict [əˈflɪkt] *vt* aquejar, afligir; **to be ~ed with sthg** estar aquejado(da) de algo.

affliction [əˈflɪkʃn] *n* aflicción *f*, padecimiento *m.*

affluence [ˈæfluəns] *n* - **1.** [wealth] opulencia *f.* - **2.** [abundance] abundancia *f.*

affluent [ˈæfluənt] ◇ *adj* - **1.** [wealthy] pudiente, adinerado(da). - **2.** [abundant] abundante. ◇ *n* GEOGR afluente *m.*

affluent society *n* sociedad *f* próspera.

afford [əˈfɔːd] *vt* - **1.** [gen]: **to be able to ~ sthg** poder permitirse (el lujo de) algo; **I can't ~ the time** no tengo tiempo; **can we ~ a holiday?** ¿podemos permitirnos unas vacaciones?; **we can't ~ to let this happen** no podemos permitirnos el lujo de dejar que esto ocurra. - **2.** *fml* [provide, give] brindar.

affordable [əˈfɔːdəbl] *adj* asequible.

afforestation [æˌfɒrɪˈsteɪʃn] *n* repoblación *f* forestal.

affray [əˈfreɪ] *n Br* reyerta *f.*

affricate [ˈæfrɪkət] *n* africada *f.*

affront [əˈfrʌnt] ◇ *n* afrenta *f.* ◇ *vt* afrentar.

afghan [ˈæfgæn] *n* [blanket] manta *f* tejida.

Afghan [ˈæfgæn] ◇ *adj* afgano(na). ◇ *n* afgano *m*, -na *f.*

Afghan hound *n* galgo *m* afgano.

Afghani [æfˈgænɪ] *adj* & *n* = **Afghan.**

Afghanistan [æfˈgænɪstæn] *n* Afganistán.

aficionado [əˌfɪsjəˈnɑːdəʊ] (*pl* **aficionados**) *n* aficionado *m*, -da *f*; **theatre ~s**, **~s of the theatre** los aficionados al teatro.

afield [ə'fiːld] *adv*: **far** ~ lejos.

afire [ə'faɪə'] *literary* ◇ *adj* - **1.** [burning] en llamas. - **2.** *fig* [inflamed]: ~ **with passion** encendido(da) de pasión; ~ **with enthusiasm** lleno(na) de entusiasmo. ◇ *adv* [on fire] en llamas; **to set sthg** ~ *lit* prender fuego a algo.

aflame [ə'fleɪm] *literary* ◇ *adj* - **1.** [burning] en llamas, ardiendo. - **2.** *fig* [excited] encendido(da). ◇ *adv* [on fire] en llamas, ardiendo; **to set sthg** ~ *lit* prender fuego a algo.

AFL-CIO (*abbr of* **American Federation of Labor and Congress of Industrial Organizations**) *n* confederación estadounidense de sindicatos de la industria.

afloat [ə'fləʊt] ◇ *adj* - **1.** [above water, out of debt] a flote. - **2.** [flooded] inundado(da). ◇ *adv* - **1.** [above water, out of debt] a flote. - **2.** [at sea] a bordo, en el mar.

aflutter [ə'flʌtə'] *adj literary* nervioso(sa), agitado(da).

afoot [ə'fʊt] *adj* [plan] en marcha; **there is a rumour** ~ **that** corre el rumor de que.

aforementioned [ə'fɔːˌmenʃənd] *adj* susodicho(cha), arriba mencionado (arriba mencionada).

aforenamed [ə'fɔːneɪmd] *adj fml* antedicho(cha), anteriormente citado (anteriormente citada).

aforesaid [ə'fɔːsed] *adj* = **aforementioned**.

afoul [ə'faʊl] *adv*: **to run** ~ **of** meterse en líos con.

afraid [ə'freɪd] *adj* - **1.** [gen] asustado(da); **to be** ~ **of sb** tenerle miedo a alguien; **to be** ~ **of sthg** tener miedo de algo; **to be** ~ **of doing** OR **to do sthg** tener miedo de hacer algo. - **2.** [in apologies]: **to be** ~ **that** temerse que; **I'm** ~ **so/not** me temo que sí/no.

afresh [ə'freʃ] *adv* de nuevo.

Africa ['æfrɪkə] *n* África.

African ['æfrɪkən] ◇ *adj* africano(na). ◇ *n* africano *m*, -na *f*.

African American *n* negro americano *m*, negra americana *f*.

African violet *n* violeta *f* africana.

Afrikaans [æfrɪ'kɑːns] *n* africaans *m*.

Afrikaner [æfrɪ'kɑːnə'] *n* africánder *mf*.

Afro ['æfrəʊ] (*pl* **Afros**) *n* peinado *m* afro.

Afro-American ◇ *adj* afroamericano(na). ◇ *n* negro americano *m*, negra americana *f*.

Afro-Asian ◇ *adj* afroasiático(ca). ◇ *n* afroasiático *m*, -ca *f*.

Afro-Caribbean ◇ *adj* afroantillano(na). ◇ *n* afroantillano *m*, -na *f*.

aft [ɑːft] *adv* en popa.

AFT (*abbr of* **American Federation of Teachers**) *n* sindicato estadounidense de profesores.

after ['ɑːftə'] ◇ *prep* - **1.** [gen] después de; ~ **all my efforts** después de todos mis esfuerzos; ~ **having...** después de haber...; **close the door** ~ **you** [going out] cierra la puerta al salir OR cuando salgas; [entering] pasa y cierra; ~ **you!** ¡usted primero!; **day** ~ **day** día tras día; **he's made mistake** ~ **mistake** ha ido cometiendo un error tras otro; **generation** ~ **generation of farmers** generaciones y generaciones de granjeros; **the day** ~ **tomorrow** pasado mañana; **the week** ~ **next** no la semana que viene sino la otra. - **2.** *inf* [in search of]: **to be** ~ **sthg** buscar algo; **he's** ~ **her money** él lo que busca es su dinero; **what's he** ~? [want] ¿qué (es lo que) quiere?; [looking for] ¿qué (es lo que) busca?; [intend] ¿qué (es lo que) pretende?; **to be** ~ **sb** andar detrás de alguien. - **3.** [with the name of]: **to be named** ~ **sb/sthg** llamarse así por alguien/algo. - **4.** [towards retreating person]: **to call** ~ **sb** llamar a alguien; **to run** ~ **sb** correr tras alguien. - **5.** ART: ~ **Titian** copia *f* de Tiziano. - **6.** *Am* [telling the time]: **it's twenty** ~ **three** son las tres y veinte. ◇ *adv* más tarde, después. ◇ *conj* después (de) que; ~ **you had done it** después de que lo hubieras hecho. ◇ *adj literary*: **in** ~ **life** OR **years** en años posteriores.

◆ **afters** *npl Br inf* postre *m*.

◆ **after all** *adv* - **1.** [in spite of everything] después de todo. - **2.** [it should be remembered] al fin y al cabo.

afterbirth ['ɑːftəbɜːθ] *n* placenta *f* (tras el parto).

afterburner ['ɑːftəbɜːnə'] *n* AERON quemador *m* auxiliar.

aftercare ['ɑːftəkeə'] *n* ayuda oficial prestada a una persona que sale de la prisión o del hospital.

after-dinner *adj* [speaker, speech] de sobremesa; **an** ~ **drink** ≈ un (licor) digestivo.

aftereffects ['ɑːftərɪˌfekts] *npl* secuelas *fpl*, efectos *mpl* secundarios.

afterglow ['ɑːftəgləʊ] *n* - **1.** [light] resplandor *m* crepuscular. - **2.** *fig* [feeling] sensación *f* de bienestar.

after-hours *adj* - **1.** [late] después del horario normal. - **2.** [late night] nocturno(na), de trasnoche.

afterimage ['ɑːftərˌɪmɪdʒ] *n* imagen *f* consecutiva.

afterlife ['ɑːftəlaɪf] (*pl* **afterlives** [-laɪvz]) *n* más allá *m*, vida *f* de ultratumba.

aftermath ['ɑːftəmæθ] *n* [time] periodo *m* posterior; [situation] situación *f* posterior.

afternoon [ɑːftə'nuːn] ◇ *n* tarde *f*; **in the** ~ por la tarde; **good** ~ buenas tardes. ◇ *comp* - **1.** [class, train] vespertino(na). - **2.** [walk, tea] de por la tarde; ~ **nap** siesta *f*.

◆ **afternoons** *adv Am* por la tarde.

afternoon tea *n* té que se toma por la tarde acompañado de un refrigerio.

afterpains ['ɑːftəpeɪnz] *npl* dolores *mpl* posparto.

after-sales *adj* posventa.

after-school *adj* [activities] extraescolar.

aftershave ['ɑːftəʃeɪv] *n* loción *f* para después del afeitado.

aftershock ['ɑːftəʃɒk] *n* pequeño temblor de tierra después de un terremoto.

aftertaste ['ɑːftəteɪst] *n* - **1.** [of food, drink] regusto *m*, resabio *m*. - **2.** *fig* [of unpleasant experience] mal sabor *m* de boca.

after-tax *adj* [profits, salary] neto(ta), después de impuestos.

afterthought ['ɑːftəθɔːt] *n* idea *f* a posteriori.

afterwards ['ɑːftəwədz], **afterward** ['æftərwərd] *Am adv* después, más tarde.

afterword ['ɑːftəwɜːd] *n* [postscript] nota *f* OR advertencia *f* final; [epilogue] epílogo *m*.

afterworld ['ɑːftəwɜːld] *n* más allá *m*, vida *f* de ultratumba.

again [ə'gen] *adv* - **1.** [gen] otra vez, de nuevo; **never** ~ nunca jamás; **he's well** ~ **now** ya está bien; **to do sthg** ~ volver a hacer algo; **to say sthg** ~ repetir algo ❏ ~ **and** ~ una y otra vez; **all over** ~ otra vez desde el principio; **time and** ~ una y otra vez. - **2.** [asking for repetition]: **what's his name** ~? ¿cómo has dicho que se llama? - **3.** *phr*: **half as much** ~ la mitad otra vez; **twice as much** ~ dos veces lo mismo otra vez; **come** ~? *inf* ¿cómo?; **then** OR **there** ~ por otro lado, por otra parte.

against [ə'genst] ◇ *prep* - **1.** [gen] contra; **I'm** ~ **it** estoy (en) contra (de) ello; **it's** ~ **the law** va contra la ley; **what have you got** ~ **him/the idea?** ¿qué tienes contra él/esa idea?; **to lean** ~ **sthg** apoyarse en algo. - **2.** [in relation to] en OR con relación a; **the dollar fell** ~ **the yen** el dólar cayó con relación al yen. - **3.** [in exchange for] por; **to trade one thing** ~ **another** canjear una cosa por otra. - **4.** *fml* [in preparation for] en preparación para, en previsión de; **to save money** ~ **one's retirement** ahorrar dinero con vistas a la jubilación. ◇ *adv* en contra.

◆ **as against** *prep* a diferencia de, en contraste con.

agape [ə'geɪp] *adj* boquiabierto(ta).

agar, agar-agar ['eɪgɑː', ˌeɪgə'eɪgə'] *n* agar-agar *m*.

agate ['ægət] *n* - **1.** [stone] ágata *f*. - **2.** [marble] canica *f* americana.

agave [ə'geɪvɪ] *n* pita *f*, agave *m* of.

age [eɪdʒ] (*cont* **ageing** OR **aging**) ◇ *n* - **1.** [gen] edad *f*; **at my/your** *etc* ~ a mi/tu *etc* edad; **at an early** ~ a temprana edad; **a ripe old** ~ una edad avanzada; **what** ~ **are you?** ¿qué edad tienes? ❏ ~ **of** *Am* ser mayor de edad; **to come of** ~ hacerse mayor de edad; **to be under** ~ ser menor de edad; **to look one's** ~ aparentar la edad que uno

tiene; **to wear one's ~ well** conservarse bien, no representar uno la edad que tiene. **- 2.** [state of being old] vejez *f*; [period, epoch] era *f*. ◇ *vt & vi* envejecer.
◆ **ages** *npl* [long time] un montón de tiempo, siglos *mpl*; **I haven't seen her for ~s** hace siglos que no la veo; **~s ago** hace siglos.

age bracket *n* = **age group**.

aged [*adj sense 1* 'eɪdʒd, *adj sense 2 & npl* 'eɪdʒɪd] ◇ *adj* **- 1.** [of the stated age]: **children ~ between 8 and 15** niños de entre 8 y 15 años de edad. **- 2.** [very old] anciano(na). ◇ *npl*: **the ~** los ancianos.

age group *n* (grupo *m* de) edad *f*.

ageing ['eɪdʒɪŋ] ◇ *adj* viejo(ja). ◇ *n* envejecimiento *m*.

ageism ['eɪdʒɪzm] *n* discriminación *f* por razones de edad.

ageist ['eɪdʒɪst] ◇ *adj* [action, policy] discriminador(ra) por razones de edad. ◇ *n persona que discrimina a otras por razones de edad.*

ageless ['eɪdʒlɪs] *adj* [person] eternamente joven; [thing] imperecedero(ra).

age limit *n* límite *m* de edad.

age-long *adj* eterno(na), de siempre.

agency ['eɪdʒənsɪ] (*pl* **agencies**) *n* **- 1.** [business] agencia *f*. **- 2.** [organization, body] organismo *m*, instituto *m*. **- 3.** [means] medio *m*, acción *f*.

agenda [ə'dʒendə] *n* orden *m* del día; **what's on the ~?** ¿cuál es el orden del día?

agent ['eɪdʒənt] *n* **- 1.** COMM [of company] representante *mf*, delegado *m*, -da *f*; [of actor] agente *mf*. **- 2.** [substance] agente *m*. **- 3.** [secret agent] agente *mf* (secreto). **- 4.** [means] instrumento *m*, medio *m*. **- 5.** [of government] agente *mf*, funcionario *m*, -ria *f*.

age of consent *n* edad *f* núbil.

age-old *adj* secular.

agglomerate [*vb* ə'glɒməreɪt, *n & adj* ə'glɒmərət] ◇ *vt* aglomerar. ◇ *vi* aglomerarse. ◇ *n* aglomerado *m*. ◇ *adj* aglomerado(da).

agglomeration [əglɒmə'reɪʃn] *n* aglomeración *f*.

agglutinate [*vb* ə'glu:tɪneɪt, *adj* ə'glu:tɪnət] ◇ *vt* aglutinar. ◇ *vi* aglutinarse.

agglutination [əglu:tɪ'neɪʃn] *n* aglutinación *f*.

agglutinative [ə'glu:tɪnətɪv] *adj* aglutinante.

aggrandize, -ise [ə'grændaɪz] *vt fml* agrandar.

aggrandizement [ə'grændɪzmənt] *n* engrandecimiento *m*.

aggravate ['ægrəveɪt] *vt* **- 1.** [make worse] agravar, empeorar. **- 2.** [annoy] irritar.

aggravated assault ['ægrəveɪtɪd-] *n* agresión *f* con lesiones.

aggravated burglary ['ægrəveɪtɪd-] *n* robo *m* con intimidación.

aggravating ['ægrəveɪtɪŋ] *adj* [annoying] irritante, exasperante.

aggravation [ægrə'veɪʃn] *n* **- 1.** *(U)* [trouble] irritación *f*. **- 2.** [annoying thing] molestia *f*, incomodidad *f*. **- 3.** [worsening] agravación *f*, agravamiento *m*.

aggregate [*n & adj* 'ægrɪgət, *vb* 'ægrɪgeɪt] ◇ *adj* global, total. ◇ *n* **- 1.** [total] conjunto *m*, total *m*; **in the ~** en total, en conjunto. **- 2.** [material] conglomerado *m*. ◇ *vt* **- 1.** [combine] agregar, unir. **- 2.** [amount to] sumar, ascender a.

aggregation [ægrɪ'geɪʃn] *n* agregado *m*, colección *f*.

aggress [ə'gres] *vt fml* agredir.

aggression [ə'greʃn] *n* **- 1.** [readiness to attack, hostility] agresividad *f*; **act of ~** agresión *f*. **- 2.** [assault] agresión *f*.

aggressive [ə'gresɪv] *adj* **- 1.** [belligerent] agresivo(va). **- 2.** [forceful] audaz, emprendedor(ra).

aggressively [ə'gresɪvlɪ] *adv* **- 1.** [with hostility] con agresividad. **- 2.** [assertively] enérgicamente.

aggressiveness [ə'gresɪvnɪs] *n* **- 1.** [belligerence] agresividad *f*. **- 2.** [forcefulness] dinamismo *m*, empuje *m*.

aggressor [ə'gresə'] *n* agresor *m*, -ra *f*.

aggrieve [ə'gri:v] *vt* apenar, afligir.

aggrieved [ə'gri:vd] *adj* **- 1.** [upset, hurt] ofendido(da), herido(da). **- 2.** JUR dañado(da), agraviado(da).

aggro ['ægrəʊ] *n Br inf (U)* **- 1.** [fighting] camorra *f*. **- 2.** [fuss, bother] follones *mpl*, jaleos *mpl*.

aghast [ə'gɑ:st] *adj*: **~ (at)** horrorizado(da) (ante).

agile [*Br* 'ædʒaɪl, *Am* 'ædʒəl] *adj* [body, person, mind] ágil.

agility [ə'dʒɪlətɪ] *n* agilidad *f*.

aging ['eɪdʒɪŋ] *adj & n* = **ageing**.

agitate ['ædʒɪteɪt] ◇ *vt* **- 1.** [disturb, worry] inquietar, perturbar. **- 2.** [shake about] agitar. ◇ *vi* [campaign]: **to ~ for/against** hacer campaña a favor de/en contra de.

agitated ['ædʒɪteɪtɪd] *adj* inquieto(ta), nervioso(sa).

agitation [ædʒɪ'teɪʃn] *n* **- 1.** [anxiety] inquietud *f*, nerviosismo *m*. **- 2.** POL [campaigning] campaña *f*.

agitator ['ædʒɪteɪtə'] *n* [political activist] agitador *m*, -ra *f*.

agitprop ['ædʒɪtprɒp] *n* agitación *f* y propaganda.

aglitter [ə'glɪtə'] *adj literary* reluciente, brillante.

aglow [ə'gləʊ] *adj* resplandeciente; **~ with** radiante de.

AGM *n abbr of* **annual general meeting**.

agnostic [æg'nɒstɪk] ◇ *adj* agnóstico(ca). ◇ *n* agnóstico *m*, -ca *f*.

ago [ə'gəʊ] *adv*: **a long time/three days/three years ~** hace mucho tiempo/tres días/tres años; **how long ~?** ¿cuánto tiempo hace?; **as long ~ as 1840, it was known that...** ya en 1840, se sabía que...

agog [ə'gɒg] *adj* ansioso(sa), expectante; **~ with excitement** vibrante de emoción.

agonize, -ise ['ægənaɪz] *vi* titubear largamente; **to ~ over** OR **about sthg** atormentarse con algo.

agonized ['ægənaɪzd] *adj* agónico(ca), angustioso(sa).

agonizing ['ægənaɪzɪŋ] *adj* angustioso(sa).

agonizingly ['ægənaɪzɪŋlɪ] *adv* angustiosamente.

agony ['ægənɪ] (*pl* **agonies**) *n* **- 1.** [physical pain] dolor *m* muy intenso; **to be in ~** tener tremendos dolores; **death ~** agonía *f* (de muerte). **- 2.** [mental pain] angustia *f*; **to be in ~** estar angustiado(da).

agony aunt *n Br inf* consejera *f* sentimental.

agony column *n Br inf* consultorio *m* sentimental.

agora ['ægərə] *n* ágora *f*.

agoraphobia [ægərə'fəʊbjə] *n* agorafobia *f*.

agoraphobic [ægərə'fəʊbɪk] ◇ *adj* agorafóbico(ca). ◇ *n* persona *f* que padece agorafobia.

agouti [ə'gu:tɪ] (*pl* **agoutis** OR **agouties**) *n* agutí *m*.

AGR (*abbr of* **advanced gas-cooled reactor**) *n* AGR *m*.

agrarian [ə'greərɪən] *adj* agrario(ria).

agrarianism [ə'greərɪənɪzm] *n* agrarismo *m*.

agree [ə'gri:] ◇ *vi* **- 1.** [be of same opinion]: **to ~ (with sb about sthg)** estar de acuerdo (con alguien acerca de algo); **to ~ on sthg** ponerse de acuerdo en algo; **don't you ~?** ¿no le/te/etc parece? **- 2.** [consent]: **to ~ (to sthg)** acceder (a algo). **- 3.** [approve]: **to ~ with sthg** estar de acuerdo con algo. **- 4.** [be consistent] concordar. **- 5.** [food]: **to ~ with sb** sentarle bien a alguien. **- 6.** GRAMM: **to ~ (with)** concordar (con). ◇ *vt* **- 1.** [fix] acordar, convenir; **as ~d** según lo acordado OR convenido. **- 2.** [be of same opinion]: **to ~ that** estar de acuerdo en que. **- 3.** [agree, consent]: **to ~ to do sthg** acordar hacer algo. **- 4.** [concede]: **to ~ (that)** reconocer que.

agreeable [ə'grɪəbl] *adj* **- 1.** [pleasant] agradable. **- 2.** [willing]: **to be ~ to sthg/doing sthg** estar conforme con algo/hacer algo.

agreeably [ə'grɪəblɪ] *adv* agradablemente.

agreed [ə'gri:d] ◇ *adj* **- 1.** [in agreement]: **to be ~ on sthg** estar de acuerdo sobre algo. **- 2.** [fixed] convenido(da). ◇ *adv* **- 1.** [decided] de acuerdo. **- 2.** [admittedly] de acuerdo que.

agreement [ə'gri:mənt] *n* **- 1.** [accord, settlement, contract] acuerdo *m*; **to be in ~ with** estar de acuerdo con; **to enter into an ~** firmar un acuerdo; **by mutual ~** de común acuerdo; **to reach an** ~ llegar a un acuerdo. **- 2.** [consent] aceptación *f*. **- 3.** [consistency] correspondencia *f*. **- 4.** GRAMM concordancia *f*.

agribusiness ['ægrɪˌbɪznɪs] *n* agroindustria *f*, industria *f* agraria.

agricultural [ˌægrɪˈkʌltʃərəl] *adj* agrícola.

agricultural college *n* escuela *f* de agricultura.

agricultural show *n* [national] salón *m* de la agricultura; [local] feria *f* agrícola.

agriculture ['ægrɪkʌltʃəʳ] *n* agricultura *f*.

agriculturist [ˌægrɪˈkʌltʃərɪst] *n* **- 1.** [farmer] agricultor *m*, -ra *f*. **- 2.** [expert] (ingeniero) agrónomo *m*, (ingeniera) agrónoma *f*.

agronomics [ˌægrəˈnɒmɪks] *n (U)* = **agronomy**.

agronomist [əˈgrɒnəmɪst] *n* ingeniero agrónomo *m*, ingeniera agrónoma *f*.

agronomy [əˈgrɒnəmɪ] *n* agronomía *f*.

aground [əˈgraʊnd] ◇ *adv*: **to run** ~ encallar. ◇ *adj* encallado(da).

ague ['eɪgjuː] *n* [fever] fiebres *fpl* palúdicas.

ah [ɑː] *excl* ¡ah!

aha [ɑːˈhɑː] *excl* ¡ajá!

ahead [əˈhed] *adv* **- 1.** [in front] delante; **to go on** ~ ir por delante; **to be sent on** ~ ser enviado por delante. **- 2.** [forwards] adelante, hacia delante; **go** ~! ¡por supuesto!; **right** OR **straight** ~ todo recto OR de frente. **- 3.** [winning]: **to be** ~ [in race] ir en cabeza; [in football, rugby etc] ir ganando; **they went** ~ **in the fifth minute** a los cinco minutos ganaban por un gol. **- 4.** [in better position] por delante; **to get** ~ [be successful] abrirse camino. **- 5.** [in time]: **the days/years** ~ los días/años venideros; **who knows what lies** ~? ¿quién sabe lo que nos espera OR lo que nos deparará el futuro?; **to look** OR **think** ~ mirar hacia el futuro; **to plan** ~ hacer planes OR planear con tiempo.

◆ **ahead of** *prep* **- 1.** [in front of] frente a. **- 2.** [beating]: **to be two points** ~ **of** llevar dos puntos de ventaja a. **- 3.** [in better position than] por delante de. **- 4.** [in time] antes de, con anterioridad a; ~ **of schedule** por delante de lo previsto.

ahem [əˈhem] *excl* ¡ejem!

ahoy [əˈhɔɪ] *excl* NAUT: ~ **there!** ¡ah del barco!; **land/ship** ~! ¡tierra/barco a la vista!

AI *n* **- 1.** (*abbr of* **Amnesty International**) AI *f*. **- 2.** (*abbr of* **artificial intelligence**) IA *f*. **- 3.** *abbr of* **artificial insemination**.

AIB (*abbr of* **Accident Investigation Bureau**) *n* comisión investigadora de accidentes en Gran Bretaña.

aid [eɪd] ◇ *n* ayuda *f*; **medical** ~ asistencia *f* médica; **with the** ~ **of** con (la) ayuda de; **to go to the** ~ **of sb** OR **to sb's** ~ ir en auxilio de alguien ❏ **in** ~ **of** a beneficio de. ◇ *vt* **- 1.** [help] ayudar. **- 2.** JUR: **to** ~ **and abet** ser cómplice de.

AID *n* **- 1.** (*abbr of* **artificial insemination by donor**) inseminación artificial con semen de donante anónimo. **- 2.** (*abbr of* **Agency for International Development**) organismo estadounidense para el desarrollo internacional.

aide [eɪd] *n* POL ayudante *mf*.

aide-de-camp [ˌeɪddəˈkɑː] (*pl* **aides-de-camp** [ˌeɪdz-]) *n* ayudante *m* de campo.

AIDS, Aids [eɪdz] (*abbr of* **acquired immune deficiency syndrome**) ◇ *n* SIDA *m*, sida *m*. ◇ *comp*: ~ **patient** enfermo *m*, -ma *f* de sida; ~ **specialist** especialista *mf* en sida; **the** ~ **virus** el virus del sida.

aids-related *adj* relacionado(da) con el SIDA.

AIH (*abbr of* **artificial insemination by husband**) *n* inseminación artificial con semen del marido.

ail [eɪl] ◇ *vt literary* afligir. ◇ *vi* enfermar.

aileron ['eɪlərɒn] *n* alerón *m*.

ailing ['eɪlɪŋ] *adj* **- 1.** [ill] enfermo(ma), achacoso(sa). **- 2.** *fig* [economy] debilitado(da), renqueante.

ailment ['eɪlmənt] *n* achaque *m*, molestia *f*.

aim [eɪm] ◇ *n* **- 1.** [objective] objetivo *m*, intención *f*. **- 2.** [in firing gun] puntería *f*; **to take** ~ **at** apuntar a. ◇ *vt* **- 1.** [weapon]: **to** ~ **sthg at** apuntar algo a. **- 2.** [plan, action]: **to be** ~**ed at doing sthg** ir dirigido(da) OR encaminado(da) a hacer algo. **- 3.** [campaign, publicity, criticism]: **to** ~ **sthg at sb** dirigir algo a alguien. ◇ *vi* **- 1.** [point weapon]: **to** ~ **(at sthg)** apuntar (a algo). **- 2.** [intend]: **to** ~ **at** OR **for sthg** apuntar a OR pretender algo; **to** ~ **to do sthg** aspirar a OR pretender hacer algo.

aimless ['eɪmlɪs] *adj* sin un objetivo claro.

aimlessly ['eɪmlɪslɪ] *adv* sin rumbo fijo.

ain't [eɪnt] *contr inf* = **am not**, **are not**, **is not**, **have not**, **has not**.

air [eəʳ] ◇ *n* **- 1.** [gen] aire *m*; **into the** ~ al aire; **by** ~ en avión; **to take the** ~ *fml* tomar el aire ❏ **to clear the** ~ aclarar las cosas; **to disappear** OR **vanish into thin** ~ esfumarse; **(up) in the** ~ en el aire; **there's something in the** ~ se está tramando algo. **- 2.** [tune] melodía *f*. **- 3.** RADIO & TV: **on the** ~ en antena; **to go on/off the** ~ [programme] salir en/de antena; [station] empezar a/dejar de emitir. ◇ *comp* aéreo(a). ◇ *vt* **- 1.** [clothes, sheets] airear; [cupboard, room] ventilar. **- 2.** [views, opinions] expresar. **- 3.** *Am* [broadcast] emitir. ◇ *vi* [clothes, sheets] airearse; [cupboard, room] ventilarse.

◆ **airs** *npl*: ~**s and graces** aires *mpl*; **to give o.s.** ~**s, to put on** ~**s** darse aires, presumir.

airbag ['eəbæg] *n* AUT airbag *m*.

airbase ['eəbeɪs] *n* base *f* aérea.

Strong

Estoy (totalmente) de acuerdo.
Estoy a favor de la propuesta.
No puedo estar más de acuerdo.
Sí, sí, claro, por supuesto.
Tienes (toda la) razón.
Pienso exactamente lo mismo que tú OR como tú.
¡Por supuesto!
Yo no lo hubiera dicho mejor.
¡Por descontado!
¡Indudablemente!
¡De acuerdo!
Estamos conformes OR de acuerdo con las fechas propuestas. [*in a letter*]
Cuenten con mi conformidad para cualquier cosa que decidan. [*formal*]

Less strong

Creo que todos estamos de acuerdo.
Opino como vosotros.
Somos de la misma opinión.
Personalmente, creo que estás en lo cierto.
Comparto vuestra opinión.
No tengo ninguna objeción a ese respecto.
En esto coincidimos.

Weak

Supongo que tienes razón.
No dudo de que pueda ser verdad.
Coincidimos en parte.
Pensamos casi igual.
Sólo diferimos en un punto/en una cosa.
¡Hombre!, parte de razón sí que tienes.

airbed ['eəbed] *n Br* colchón *m* inflable.

air bladder *n* vejiga *f* natatoria.

airboat ['eəbəʊt] *n embarcación propulsada por una hélice montada sobre popa.*

airborne ['eəbɔːn] *adj* - **1.** [troops] aerotransportado(da); [attack] aéreo(a). - **2.** [plane] en el aire, en vuelo.

airbrake ['eəbreɪk] *n* freno *m* neumático.

air brick *n Br* ladrillo *m* de ventilación.

airbrush ['eəbrʌʃ] *n* aerógrafo *m*.

air bubble *n* [in wallpaper, liquid] burbuja *f* de aire; [in plastic, metal] venteadura *f*.

air command *n* comando *m* aéreo.

air-condition *vt* climatizar, acondicionar el aire en.

air-conditioned *adj* climatizado(da), con aire acondicionado.

air conditioner *n* aparato *m* de aire acondicionado, acondicionador *m* de aire.

air-conditioning *n* aire *m* acondicionado.

air-cool *vt* enfriar por aire.

air-cooled [-kuːld] *adj* [engine] refrigerado(da) por aire.

air corridor *n* corredor *m* OR pasillo *m* aéreo.

air cover *n* apoyo *m* aéreo, cobertura *f* aérea.

aircraft ['eəkrɑːft] (*pl inv*) *n* [aeroplane] avión *m*; [any flying machine] aeronave *f*.

aircraft carrier *n* portaaviones *m inv*.

aircraft engineer *n* mecánico(ca) de aviones.

aircraft(s)man ['eəkrɑːft(s)mən] (*pl* **aircraft(s)men** [-mən]) *n Br* MIL cabo *m* segundo (de las fuerzas aéreas).

aircraft(s)woman ['eəkrɑːft(s)wʊmən] (*pl* **aircraft(s) women** [-ˌwɪmɪn]) *n Br* MIL cabo *f* segunda (de las fuerzas aéreas).

aircrew ['eəkruː] *n* tripulación *f* [de un avión].

air current *n* corriente *f* de aire.

air cushion *n* cojín *m* neumático.

air cylinder *n* cilindro *m* con aire comprimido.

airdrome *n Am* = **aerodrome**.

airdrop ['eədrɒp] (*pt & pp* **airdropped**, *cont* **airdropping**) ◇ *n* suministro *m* por paracaídas. ◇ *vt* lanzar en paracaídas.

air-dry *vt* secar al aire.

air express *n* expreso *m* aéreo, sistema *m* aéreo de transporte de carga.

airfare ['eəfeə'] *n* tarifa *f* aérea, precio *m* del billete de avión.

airfield ['eəfiːld] *n* campo *m* de aviación.

airflow ['eəfləʊ] *n* circulación *f* de aire.

airfoil *n Am* = **aerofoil**.

airforce ['eəfɔːs] ◇ *n*: **the** ~ las fuerzas aéreas. ◇ *comp* de las fuerzas aéreas.

air freight *n* transporte *m* por vía aérea.

air freshener *n* ambientador *m*.

airgun ['eəgʌn] *n* pistola *f* de aire comprimido.

airhead ['eəhed] *n* cabeza *mf* hueca.

air hole *n* - **1.** [vent] respiradero *m*. - **2.** AERON bolsa *f* de aire.

air hostess ['eəˌhəʊstɪs] *n* azafata *f*, aeromoza *f Amér*.

airily ['eərəlɪ] *adv* alegremente, despreocupadamente.

airing ['eərɪŋ] *n*: **to give sthg an** ~ [clothes, linen] orear OR airear algo; [room] ventilar algo; [opinions] expresar algo.

airing cupboard *n Br* armario seco y caliente para guardar la ropa de la plancha.

airlane ['eəleɪn] *n* ruta *f* aérea.

airless ['eəlɪs] *adj* mal ventilado (mal ventilada), cargado(da).

airletter ['eəletə'] *n* aerograma *m*.

airlift ['eəlɪft] ◇ *n* puente *m* aéreo. ◇ *vt* aerotransportar, transportar por avión.

airline ['eəlaɪn] *n* línea *f* aérea.

airliner ['eəlaɪnə'] *n* avión *m* (grande) de pasajeros.

airlock ['eəlɒk] *n* - **1.** [in tube, pipe] bolsa *f* de aire. - **2.** [airtight chamber] cámara *f* OR esclusa *f* de aire.

airmail ['eəmeɪl] ◇ *n* correo *m* aéreo; **by** ~ por correo aéreo. ◇ *comp* [letter, parcel] por avión; ~ **paper** papel *m* de avión.

airman ['eəmən] (*pl* **airmen** [-mən]) *n* soldado *m* de aviación.

air mass *n* masa *f* de aire.

air mattress *n* colchón *m* inflable.

airmobile ['eəməˌbiːl] *adj Am* aerotransportado(da).

airplane *n Am* = **aeroplane**.

airplay ['eəpleɪ] *n* tiempo *m* de emisión, cobertura *f* radiofónica.

airpocket ['eəpɒkɪt] *n* bolsa *f* de aire.

airport ['eəpɔːt] ◇ *n* aeropuerto *m*. ◇ *comp* de aeropuerto; ~ **terminal** terminal *f* de aeropuerto.

airport tax *n* tasas *fpl* de aeropuerto.

air pressure *n* presión *f* atmosférica.

air pressure gauge *n* manómetro *m*.

air pump *n* bomba *f* de aire.

air raid *n* ataque *m* aéreo.

air-raid shelter *n* refugio *m* antiaéreo.

air-raid warden *n civil encargado de la vigilancia cuando suena una alarma antiaérea.*

air-raid warning *n* alarma *f* antiaérea.

air rifle *n* fusil *m* de aire comprimido.

air sac *n* ZOOL bolsa *f* de aire.

air-sea rescue *n* rescate *m* en el mar (*con helicóptero*).

airship ['eəʃɪp] *n* dirigible *m*.

air show *n* - **1.** COMM [exhibition] salón *m* de la aeronáutica. - **2.** [display] exhibición *f* OR demostración *f* aérea.

airsick ['eəsɪk] *adj*: **to be** ~ marearse (*en avión*).

airsickness ['eəˌsɪknɪs] *n* mareo *m* (*en avión*).

airsock ['eəsɒk] *n* manga *f* de aire.

airspace ['eəspeɪs] *n* espacio *m* aéreo.

airspeed ['eəspiːd] *n* velocidad *f* de vuelo.

air steward *n* auxiliar *m* de vuelo.

air stewardess *n* azafata *f* de vuelo.

airstream ['eəstriːm] *n* corriente *f* de aire.

airstrike ['eəstraɪk] *n* ataque *m* aéreo.

airstrip ['eəstrɪp] *n* pista *f* de aterrizaje.

air terminal *n* terminal *f* aérea.

airtight ['eətaɪt] *adj* hermético(ca).

airtime ['eətaɪm] *n* [on radio] espacio *m* radiofónico, cobertura *f* radiofónica.

air-to-air *adj* [missile] aire-aire (*inv*).

air-to-surface *adj* [missile] aire-tierra (*inv*).

air-traffic control *n* control *m* del tráfico aéreo.

air-traffic controller *n* controlador aéreo *m*, controladora aérea *f*.

air travel *n* (*U*) viajes *mpl* en avión.

airwaves ['eəweɪvz] *npl* ondas *fpl*; **on the** ~ en antena.

airway ['eəweɪ] *n* - **1.** [AERON - route] aerovía *f*, ruta *f* aérea; [- company] línea *f* aérea. - **2.** MINING conducto *m* de ventilación.

airworthy ['eəˌwɜːðɪ] *adj* en condiciones de vuelo.

airy ['eərɪ] (*compar* **airier**, *superl* **airiest**) *adj* - **1.** [room] espacioso y bien ventilado *m*, espaciosa y bien ventilada *f*. - **2.** [fanciful] vano(na), ilusorio(ria). - **3.** [nonchalant] despreocupado(da).

aisle [aɪl] ◇ *n* - **1.** [in church] nave *f* lateral. - **2.** [in plane, theatre, supermarket] pasillo *m*. ◇ *comp*: ~ **seat** asiento *m* en pasillo.

aitch [eɪtʃ] *n* H *f*, h *f*.

ajar [ə'dʒɑː'] *adj* entreabierto(ta).

AK *written abbr of* **Alaska**.

aka (*abbr of* **also known as**) alias.

akimbo [ə'kɪmbəʊ] *adj & adv* en jarras.

akin [ə'kɪn] *adj* - **1.** [similar]: ~ **to sthg/to doing sthg** semejante a algo/a hacer algo. - **2.** [related] emparentado(da).

AL *written abbr of* **Alabama**.

Alabama [ælə'bæmə] *n* Alabama.

alabaster [ælə'bɑːstə^r] *n* alabastro *m*.

à la carte [ɑːlɑː'kɑːt] *adj & adv* a la carta.

alack [ə'læk] *excl literary* ¡ay!, ¡ay de mí!

alacrity [ə'lækrətɪ] *n fml* presteza *f*, prontitud *f*.

Aladdin [ə'lædɪn] *n* Aladino *m*.

alarm [ə'lɑːm] ◇ *n* alarma *f*; **to raise** OR **sound the** ~ dar la (voz de) alarma. ◇ *comp* [signal] de alarma; ~ **bell** timbre *m* de (la) alarma; ~ **call** TELEC despertador *m* telefónico. ◇ *vt* - **1.** [scare] alarmar, asustar. - **2.** [warn] alertar.

alarm clock *n* despertador *m*.

alarming [ə'lɑːmɪŋ] *adj* alarmante.

alarmingly [ə'lɑːmɪŋlɪ] *adv* de manera alarmante.

alarmist [ə'lɑːmɪst] *adj* alarmista.

alas [ə'læs] *excl literary* ¡ay!

Alaska [ə'læskə] *n* Alaska.

Alaska Highway *n*: **the** ~ la autopista de Alaska.

Alaskan [ə'læskən] ◇ *adj* de Alaska. ◇ *n* natural *o* habitante de Alaska.

alb [ælb] *n* RELIG alba *f*.

albacore ['ælbəkɔː^r] (*pl inv* OR **albacores**) *n* albacora *f*, bonito *m*.

Albania [æl'beɪnjə] *n* Albania.

Albanian [æl'beɪnjən] ◇ *adj* albanés(esa). ◇ *n* - **1.** [person] albanés *m*, -esa *f*. - **2.** [language] albanés *m*.

albatross ['ælbətrɒs] (*pl inv* OR **albatrosses**) *n* - **1.** ZOOL albatros *m*. - **2.** *fig* [burden] pesada carga *f*.

albeit [ɔːl'biːɪt] *conj fml* aunque, si bien.

Alberta [æl'bɜːtə] *n* Alberta.

Albert Hall ['ælbət-] *n*: **the** ~ el Albert Hall, *sala de conciertos de Londres*.

albinism ['ælbɪnɪzm] *n* albinismo *m*.

albino [æl'biːnəʊ] (*pl* **albinos**) ◇ *n* albino *m*, -na *f*. ◇ *comp* albino(na).

Albion ['ælbjən] *n* Albión.

album ['ælbəm] *n* - **1.** [of stamps, photos] álbum *m*. - **2.** [record] elepé *m*.

albumen ['ælbjʊmɪn] *n* - **1.** [egg white] clara *f* (de huevo). - **2.** = **albumin**.

albumin ['ælbjʊmɪn] *n* albúmina *f*.

alchemist ['ælkəmɪst] *n* alquimista *mf*.

alchemy ['ælkəmɪ] *n* alquimia *f*.

alcohol ['ælkəhɒl] *n* alcohol *m*.

alcoholic [ælkə'hɒlɪk] ◇ *adj* alcohólico(ca). ◇ *n* alcohólico *m*, -ca *f*.

Alcoholics Anonymous *n* Alcohólicos *mpl* anónimos.

alcoholism ['ælkəhɒlɪzm] *n* alcoholismo *m*.

alcove ['ælkəʊv] *n* [in room, wall] hueco *m*; [in garden] cenador *m*.

aldehyde ['ældɪhaɪd] *n* aldehído *m*.

alder ['ɔːldə^r] *n* aliso *m*.

alderman ['ɔːldəmən] (*pl* **aldermen** [-mən]) *n* ≃ concejal *m*, -la *f*.

Aldermaston ['ɔːldə,mɑːstən] *n* población del sur de Inglaterra, sede del Centro Nacional de Investigación de Armas Atómicas, famosa por sus manifestaciones antinucleares.

ale [eɪl] *n* tipo de cerveza.

aleatory ['eɪlɪətrɪ] *adj* aleatorio(ria).

alehouse ['eɪlhaʊs, *pl* -haʊzɪz] *n arch* taberna *f*.

alembic [ə'lembɪk] *n* alambique *m*.

alert [ə'lɜːt] ◇ *adj* - **1.** [vigilant] atento(ta). - **2.** [perceptive] despierto(ta). - **3.** [aware]: **to be** ~ **to** ser consciente de.

◇ *n* [gen & MIL] alerta *f*; **on the** ~ alerta. ◇ *vt* alertar; **to** ~ **sb to sthg** alertar a alguien de algo.

Aleutian Islands [ə'luːʃjən-] *npl*: **the** ~ las islas Aleutianas.

A level (*abbr of* **Advanced level**) *n Br* SCH nivel escolar necesario para acceder a la universidad.

Alexander [ælɪg'zɑːndə^r] *n*: ~ **the Great** Alejandro Magno *m*.

Alexandra Palace [ælɪg'zɑːndrə-] *n* palacio de conciertos y exposiciones de Londres.

Alexandria [ælɪg'zɑːndrɪə] *n* Alejandría.

Alexandrian [ælɪg'zɑːndrɪən] *adj* alejandrino(na).

alexandrine, **Alexandrine** [ælɪg'zændraɪn] ◇ *adj* alejandrino(na). ◇ *n* (verso *m*) alejandrino *m*.

alfalfa [æl'fælfə] *n* alfalfa *f*.

Alfred ['ælfrɪd] *n*: ~ **the Great** Alfredo el Grande.

alfresco [æl'freskəʊ] *adj & adv* al aire libre.

algae ['ældʒiː] *npl* algas *fpl*.

Algarve [æl'gɑːv] *n*: **the** ~ el Algarve.

algebra ['ældʒɪbrə] *n* álgebra *f*.

algebraic [ældʒɪ'breɪk] *adj* algebraico(ca).

Algeria [æl'dʒɪərɪə] *n* Argelia.

Algerian [æl'dʒɪərɪən] ◇ *adj* argelino(na). ◇ *n* argelino *m*, -na *f*.

algid ['ældʒɪd] *adj fml* álgido(da), muy frío(a).

Algiers [æl'dʒɪəz] *n* Argel.

algin ['ældʒɪn] *n* algina *f*.

ALGOL ['ælgɒl] *n* COMPUT ALGOL *m*, lenguaje algorítmico.

algorithm ['ælgərɪðm] *n* algoritmo *m*.

algorithmic [ælgə'rɪðmɪk] *adj* algorítmico(ca).

alias ['eɪlɪəs] (*pl* **aliases**) ◇ *adv* alias. ◇ *n* alias *m*.

alibi ['ælɪbaɪ] *n* - **1.** JUR coartada *f*. - **2.** *inf* [excuse] excusa *f*, pretexto *m*.

Alice ['ælɪs] *n*: '~ **in Wonderland**' 'Alicia en el país de las maravillas'.

alien ['eɪljən] ◇ *adj* - **1.** [foreign] foráneo(a), extranjero(ra). - **2.** [from outer space] extraterrestre. - **3.** [unfamiliar] extraño(ña), ajeno(na). - **4.** [contrary]: ~ **to** ajeno(na) OR contrario(ria) a. ◇ *n* - **1.** [from outer space] extraterrestre *mf*. - **2.** JUR [foreigner] extranjero *m*, -ra *f*.

alienable ['eɪljənəbl] *adj* alienable, enajenable.

alienate ['eɪljəneɪt] *vt* - **1.** [make unsympathetic] ganarse la antipatía de. - **2.** [distance emotionally]: **to be** ~**d from** estar distanciado(da) de. - **3.** JUR alienar, enajenar.

alienated ['eɪljəneɪtɪd] *adj*: **many young people feel** ~ **and alone** muchos jóvenes se sienten solos y rechazados.

alienation [eɪljə'neɪʃn] *n* - **1.** [separation] separación *f*, alejamiento *m*. - **2.** [not belonging] alienación *f*, desarraigo *m*. - **3.** JUR alienación *f*, enajenación *f*. - **4.** PSYCH alienación *f*, enajenación *f* mental.

aliform ['ælɪfɔːm] *adj* alífero(ra).

alight [ə'laɪt] (*pt & pp* **alighted**) ◇ *adj* - **1.** [on fire] prendido(da), ardiendo. - **2.** [lighted]: ~ (**with**) iluminado(da) (por). ◇ *vi fml* - **1.** [bird] posarse. - **2.** [passenger]: **to** ~ **from** apearse de.

◆ **alight on** *vt fus* [idea] tener repentinamente; [information] encontrarse con; [lost object] dar con.

align [ə'laɪn] ◇ *vt* - **1.** [line up] alinear, poner en línea. - **2.** [ally]: **to** ~ **o.s. with** alinearse con. ◇ *vi* alinearse.

alignment [ə'laɪnmənt] *n* - **1.** [arrangement] alineación *f*; **to be out of** ~ no estar alineado(da). - **2.** [alliance] alineamiento *m*.

alike [ə'laɪk] ◇ *adj* parecido(da). ◇ *adv* de la misma forma, por igual; **to look** ~ parecerse; **to think** ~ pensar igual.

aliment ['ælɪmənt] *n fml* alimento *m*.

alimentary [ælɪ'mentərɪ] *adj* - **1.** [nutritional] alimentario(ria). - **2.** [nourishing] alimenticio(cia).

alimentary canal *n* tubo *m* digestivo.

alimentation [ælɪmen'teɪʃn] *n fml* alimentación *f*.

alimony ['ælɪmənɪ] *n* pensión *f* alimenticia.

A-line *adj* de vuelo.

alive [ə'laɪv] *adj* - **1.** [living] vivo(va); **to be** ~ estar vivo ❏ ~ **and kicking** vivito y coleando (vivita y coleando). - **2.** [tradition] con vida. - **3.** [active, lively] lleno(na) de vida; **to come** ~ [story, description] cobrar vida; [person, place] animarse. - **4.** [aware]: **to be** ~ **to** ser consciente de. - **5.** [full, teeming]: **to be** ~ **with** [rats, insects] estar infestado(da) de; [rumour, speculation] bullir de.

alkali ['ælkəlaɪ] (*pl* **alkalis** OR **alkalies**) *n* álcali *m*.

alkali metal *n* metal *m* alcalino.

alkaline ['ælkəlaɪn] *adj* alcalino(na).

alkalinity [ælkə'lɪnəti] *n* alcalinidad *f*.

alkalize, -ise ['ælkəlaɪz] *vt* alcalinizar, alcalizar.

alkaloid ['ælkəlɔɪd] *n* alcaloide *m*.

alkie, alky ['ælkɪ] (*pl* **alkies**) *n inf* borrachín *m*, -ina *f*.

alkyl ['ælkɪl] *n* alcohilo *m*, alquilo *m*.

all [ɔːl] ◇ *adj* - **1.** *(with sg noun)* todo(da); ~ **the drink** toda la bebida; ~ **violence is to be condemned** toda forma de violencia es condenable; ~ **day** todo el día; ~ **night** toda la noche; ~ **the time** todo el tiempo OR el rato. - **2.** *(with pl noun)* todos(das); ~ **the boxes** todas las cajas; ~ **men** todos los hombres; ~ **three died** los tres murieron. ◇ *pron* - **1.** *(sg)* [the whole amount] todo *m*, -da *f*; **she drank it** ~, **she drank** ~ **of it** se lo bebió todo; **the book cost me** ~ **of £ 10** el libro me costó nada menos que diez libras; ~ **or nothing** todo o nada. - **2.** *(pl)* [everybody, everything] todos *mpl*, -das *fpl*; ~ **of them came, they** ~ **came** vinieron todos. - **3.** *(with superl)*: **he's the cleverest of** ~ es el más listo de todos; **the most amazing thing of** ~ lo más impresionante de todo; **best/worst of** ~... lo mejor/peor de todo es que... ❏ **above** → **above**; **after** ~ → **after**; **at** ~ → **at**. ◇ *adv* - **1.** [entirely] completamente; **I'd forgotten** ~ **about that** me había olvidado completamente de eso; **it spilled** ~ **over the carpet** se derramó por toda la alfombra; **she was dressed** ~ **in red** iba vestida toda de rojo; ~ **alone** completamente solo (completamente sola); **that's** ~ **very well, but...** sí, eso está muy bien, pero... - **2.** [in sport, competitions]: **the score is two** ~ el resultado es de empate a dos. - **3.** *(with compar)*: **the situation was made** ~ **the worse by his arrival** la situación se puso peor si cabe con su llegada; **to run** ~ **the faster** correr aún más rápido; ~ **the more reason for doing it again** razón de más para volver a hacerlo.

◆ **all but** *adv* casi.

◆ **all in all** *adv* en conjunto.

◆ **all that** *adv* tan; **she's not** ~ **that pretty** no es tan guapa.

◆ **for all** ◇ *prep* a pesar de. ◇ *conj*: **for** ~ **I know** por lo que yo sé; **do it, for** ~ **I care!** pues hazlo, ¡a mí qué me importa!

◆ **in all** *adv* en total.

all- *in cpds* del todo; ~**male/female** todo hombres/mujeres, totalmente masculino/femenino.

Allah ['ælə] *n* Alá *m*.

all-American *adj* típicamente norteamericano (típicamente norteamericana); **the** ~ **boy** el típico joven americano.

all-around *adj Am* = **all-round**.

allay [ə'leɪ] *vt fml* apaciguar, mitigar.

All Black *n*: **the** ~**s** equipo nacional de rugby de Nueva Zelanda.

all clear *n* - **1.** [signal] señal *f* de cese de peligro. - **2.** *fig* [go-ahead] luz *f* verde.

all comers *npl*: **the British** ~ **100 m record** la plusmarca británica absoluta de los 100 metros.

all-day *adj* que dura todo el día.

allegation [ælɪ'ɡeɪʃn] *n* acusación *f*; **to make** ~**s (about)** hacer acusaciones (acerca de).

allege [ə'ledʒ] *vt* alegar; **to** ~ **that** alegar que; **to be** ~**d to have done/said** ser acusado(da) de haber hecho/dicho.

alleged [ə'ledʒd] *adj* presunto(ta).

allegedly [ə'ledʒɪdlɪ] *adv* presuntamente.

allegiance [ə'liːdʒəns] *n* fidelidad *f*; **to swear** ~ **to** jurar fidelidad a.

allegoric(al) [ælɪ'ɡɒrɪk(l)] *adj* alegórico(ca).

allegorize, -ise ['ælɪɡəraɪz] *vt & vi* alegorizar.

allegory ['ælɪɡərɪ] (*pl* **allegories**) *n* alegoría *f*.

alleluia [ælɪ'luːjə] *excl* ¡aleluya!

all-embracing [-ɪm'breɪsɪŋ] *adj* global, que lo abarca todo.

allergic [ə'lɜːdʒɪk] *adj lit & fig*: ~ **(to sthg)** alérgico(ca) (a algo).

allergy ['ælədʒɪ] (*pl* **allergies**) *n* alergia *f*; **to have an** ~ **to** tener alergia a.

alleviate [ə'liːvɪeɪt] *vt* aliviar.

all-expenses-paid *adj* con todos los gastos pagados.

alley ['ælɪ] *n* - **1.** [street] callejuela *f*; **to be right up one's** ~ *fig* ser justo lo que a uno le interesa. - **2.** [in bowling] calle *f*.

alley cat *n* gato *m* callejero.

alleyway ['ælɪweɪ] *n* callejuela *f*.

All Fools' Day *n* uno *m* de abril, ≃ Día *m* de los Santos Inocentes.

Allhallows [ɔːl'hæləʊz] *n* día *m* de Todos los Santos.

alliance [ə'laɪəns] *n* alianza *f*.

allied ['ælaɪd] *adj* - **1.** [powers, troops] aliado(da). - **2.** [subjects] análogo(ga), afín.

alligator ['ælɪɡeɪtə'] (*pl inv* OR **alligators**) *n* caimán *m*.

alligator pear *n* aguacate *m*, palta *f*.

all-important *adj* de suma importancia, crucial.

all-in *adj Br* [inclusive] todo incluido.

◆ **all in** ◇ *adj inf* [tired] hecho(cha) polvo, derrengado(da). ◇ *adv* [inclusive] todo incluido.

all-in-one *adj* todo en uno.

all-in wrestling *n* lucha *f* libre.

alliterate [ə'lɪtəreɪt] *vi* formar aliteración.

alliteration [ə,lɪtə'reɪʃn] *n* aliteración *f*.

alliterative [ə'lɪtərətɪv] *adj* aliterado(da).

all-night *adj* [party etc] que dura toda la noche; [chemist, bar] abierto(ta) toda la noche.

allocate ['æləkeɪt] *vt*: **to** ~ **sthg to sb** [money, resources] destinar algo a alguien; [task, tickets, seats] asignar algo a alguien.

allocation [ælə'keɪʃn] *n* - **1.** [sharing out - of money, resources] distribución *f*, reparto *m*; [- of task, tickets, seats] asignación *f*. - **2.** [share - of money, resources] presupuesto *m*; [- of tickets, seats] asignación *f*.

allocution [ælə'kjuːʃn] *n fml* alocución *f*, discurso *m*.

allopath ['æləpæθ] *n* alópata *mf*.

allopathy [ə'lɒpəθɪ] *n* alopatía *f*.

allot [ə'lɒt] (*pt & pp* **allotted**, *cont* **allotting**) *vt* [job, time] asignar; [money, resources] destinar.

allotment [ə'lɒtmənt] *n* - **1.** *Br* [garden] *parcela municipal arrendada para su cultivo*. - **2.** [sharing out - of job, time] asignación *f*; [- of money, resources] distribución *f*. - **3.** [share - of money, resources] porción *f*, asignación *f*; [- of time] espacio *m* (de tiempo) concedido.

all-out *adj* [effort] supremo(ma); [war] sin cuartel.

allover ['ɔːlˌəʊvə'] *adj* que cubre toda la superficie; **an** ~ **tan** un bronceado integral OR completo.

allow [ə'laʊ] *vt* - **1.** [permit] permitir, dejar; **to** ~ **sb to do sthg** permitir OR dejar a alguien hacer algo; ~ **me** permítame; **to** ~ **o.s.** permitirse. - **2.** [set aside - money] apartar, destinar; [- time] dejar. - **3.** [officially accept - subj: person] conceder; [- subj: law] admitir, permitir. - **4.** [concede]: **to** ~ **that** admitir OR reconocer que.

◆ **allow for** *vt fus* tener en cuenta, contar con.

◆ **allow of** *vt fus* permitir, admitir.

allowable [ə'laʊəbl] *adj* permisible.

allowance [ə'laʊəns] *n* - **1.** [money received - from government] subsidio *m*; [- from employer] dietas *fpl*; **clothing** ~ asignación *f* para ropa; **cost-of-living** ~ plus *m* de carestía de

vida; rent ~ ayuda f oficial a la vivienda. - **2.** *Am* [pocket money] paga f, asignación f semanal. - **3.** FIN & COMM desgravación f; **trade-in** ~ descuento por la entrega de un artículo usado al comprar otro nuevo. - **4.** *phr* : **to make** ~**s for sthg/sb** [forgive] disculpar algo/a alguien; [take into account] tener en cuenta algo/a alguien.

alloy [*n* 'ælɔɪ, *vb* ə'lɔɪ] ◇ *n* aleación f. ◇ *comp*: ~ **steel** acero *m* especial OR de aleación; ~ **wheels** llantas *fpl* de aleación. ◇ *vt* - **1.** [metal] alear. - **2.** *fig* [debase] alterar, deteriorar.

all-powerful *adj* todopoderoso(sa), omnipotente.

all-purpose *adj* multiuso (*inv*).

all right ◇ *adv* - **1.** [gen] bien. - **2.** *inf* [only just acceptably] (más o menos) bien. - **3.** *inf* [yes, agreed] vale, bueno. - **4.** *inf* [certainly] seguro, sin duda; **it's her** ~ seguro que es ella. - **5.** [do you understand?]: ~? ¿vale?, ¿de acuerdo? - **6.** [now then] bueno, vale; ~, **children, stop talking now!** ¡venga, niños, callaos de una vez! ◇ *adj* - **1.** [gen] bien; **it's** ~, **don't worry** no pasa nada, no te preocupes; **it's** ~ **for you, you've got plenty of money** claro, como tú eres rico... - **2.** *inf* [not bad]: **it's** ~, **but...** no está mal, pero... - **3.** [allowable]: **is it** ~ **if...?** ¿te importa si...? - **4.** *inf* [OK]: **sorry - that's** ~ lo siento - no importa.
◆ **all-right** *adj Am inf* - **1.** [dependable] decente, de confianza; **he's an all-right guy** es un tipo majo OR decente. - **2.** [not bad]: **it was an all-right film** era una película que estaba bastante bien.

all-round *Br*, **all-around** *Am adj* - **1.** [multi-skilled] completo(ta), polifacético(ca). - **2.** [comprehensive] amplio (plia), extenso(sa).

all-rounder ['rɑundə'] *n* - **1.** [versatile person] persona f que hace de todo. - **2.** [sportsman, sportswoman] deportista completo *m*, deportista completa f.

All Saints' Day *n* día *m* de Todos los Santos.

All Souls' Day *n* día *m* de difuntos.

allspice ['ɔːlspaɪs] *n* pimienta f de Jamaica OR inglesa.

all square *adj* - **1.** [financially]: **we're** ~ **now** ahora ya estamos en paz, ya hemos saldado las cuentas. - **2.** SPORT [level] empatado(da).

all-star *adj* de primeras figuras.

all-time *adj* de todos los tiempos.

allude [ə'luːd] *vi*: **to** ~ **to** aludir a.

allure [ə'ljuə'] ◇ *n* encanto *m*, atractivo *m*. ◇ *vt* atraer, fascinar.

alluring [ə'ljuərɪŋ] *adj* [person] atrayente; [thing] tentador(ra).

allusion [ə'luːʒn] *n* alusión f.

allusive [ə'luːsɪv] *adj* alusivo(va).

alluvia [ə'luːvɪə] *pl* → **alluvium**.

alluvial [ə'luːvjəl] *adj* aluvial; ~ **deposits** aluviones *mpl*, depósitos *mpl* aluviales.

alluvium [ə'luːvjəm] (*pl* **alluviums** OR **alluvia** [-vjə]) *n* aluvión *m*.

all-weather *adj* [surface] para todo tiempo; ~ **court** [tennis] pista f cubierta.

ally [*vb* ə'laɪ, *n* 'ælaɪ] (*pl* **allies**, *pt & pp* **allied**) ◇ *n* aliado *m*, -da f. ◇ *vt*: **to** ~ **o.s. with** aliarse con.
◆ **Allies** *npl*: **the Allies** HIST los aliados.

alma mater [ˌælmə'mɑːtə'] *n universidad en que uno estudió*.

almanac ['ɔːlmənæk] *n* [yearbook] anuario *m*; [calendar] almanaque *m*.

almighty [ɔːl'maɪtɪ] *adj inf* [very big] descomunal.
◆ **Almighty** ◇ *adj* todopoderoso(sa); **Almighty God, God Almighty** Dios Todopoderoso. ◇ *n*: **the Almighty** el Todopoderoso.

almond ['ɑːmənd] *n* - **1.** [nut] almendra f. - **2.** [tree] almendro *m*.

almond paste *n* mazapán *m*, pasta f de almendras.

almost ['ɔːlməʊst] *adv* casi.

alms [ɑːmz] *npl* limosna f.

almshouse ['ɑːmz,haʊs, *pl* -,haʊzɪz] *n* casa f de beneficencia, asilo *m* de pobres.

aloe ['æləʊ] *n* áloe *m*, alcíbar *m*.

aloft [ə'lɒft] *adv* - **1.** [in the air] en lo alto. - **2.** NAUT entre el velamen.

alone [ə'ləʊn] ◇ *adj* solo(la); **God** ~ **knows** sólo Dios sabe; **New York City** ~ **has over seven million people** sólo la ciudad de Nueva York ya tiene más de siete millones de habitantes; **to be** ~ **with** estar a solas con; **all** ~ completamente solo. ◇ *adv* - **1.** [without others] solo(la). - **2.** [only] sólo. - **3.** *phr*: **to go it** ~ ir por cuenta propia OR por libre; **to leave sthg/sb** ~ dejar algo/a alguien en paz; **to stand** ~ [be isolated] estar OR alzarse solo; [be incomparable] ser único(ca).
◆ **let alone** *conj* no digamos, y mucho menos; **he can hardly support himself, let** ~ **somebody else** apenas se puede mantener a sí mismo, (con que) no digamos a otra persona.

along [ə'lɒŋ] ◇ *adv* - **1.** [forward] hacia delante; **to go** OR **walk** ~ avanzar; **she was walking** ~ iba andando; **move** ~ **there!** ¡circulen! - **2.** [with others or oneself]: **bring it** ~ tráetelo. - **3.** [to this or that place]: **I'll be** ~ **in a minute** estaré allí en un momento; **to come** ~ venir; **to go** ~ ir. - **4.** [indicating progress]: **how far** ~ **is the project?** ¿cómo va (de adelantado) el proyecto? ◇ *prep* - **1.** [towards one end of, beside] por, a lo largo de. - **2.** [in] en; **he lives** ~ **Dalry Rd** vive en Dalry Rd.
◆ **all along** *adv* siempre.
◆ **along with** *prep* junto con.

alongshore [ə,lɒŋ'ʃɔː'] *adv* a lo largo de la costa; **to come** ~ NAUT atracar.

alongside [ə,lɒŋ'saɪd] ◇ *prep* - **1.** [next to] junto a. - **2.** [together with] junto con. ◇ *adv*: **to come** ~ ponerse a la misma altura; **to work** ~ trabajar juntos(tas).

aloof [ə'luːf] ◇ *adj* frío(a), distante. ◇ *adv* distante, a distancia; **to remain** ~ **(from)** mantenerse a distancia (de).

aloofness [ə'luːfnɪs] *n* reserva f, frialdad f.

aloud [ə'laʊd] *adv* en alto, en voz alta.

alp [ælp] *n* montaña f elevada.

alpaca [æl'pækə] *n* [animal, cloth] alpaca f.

alpha ['ælfə] *n* alfa f; ~ **and omega** alfa y omega.

alphabet ['ælfəbet] *n* alfabeto *m*.

alphabetical [ˌælfə'betɪkl] *adj* alfabético(ca); **in** ~ **order** en OR por orden alfabético.

alphabetically [ˌælfə'betɪklɪ] *adv* alfabéticamente.

alphabetization [ˌælfəbetaɪ'zeɪʃn] *n* alfabetización f.

alphabetize, -ise ['ælfəbə,taɪz] *vt* ordenar alfabéticamente.

alphanumeric [ˌælfənjuː'merɪk] *adj* COMPUT alfanumérico(ca).

alpha particle *n* partícula f alfa.

alpha ray *n* rayo *m* alfa.

alpine ['ælpaɪn] *adj* alpino(na).

alpinism ['ælpɪnɪzm] *n* alpinismo *m*.

alpinist ['ælpɪnɪst] *n* alpinista *mf*.

Alps [ælps] *npl*: **the** ~ los Alpes.

already [ɔːl'redɪ] *adv* ya.

alright [ɔːl'raɪt] *adv & adj* = **all right**.

Alsace [æl'sæs] *n* Alsacia.

Alsatian [æl'seɪʃn] ◇ *adj* [of Alsace] alsaciano(na). ◇ *n* - **1.** [person] alsaciano *m*, -na f. - **2.** [dog] pastor *m* alemán.

also ['ɔːlsəʊ] *adv* también.

also-ran *n* comparsa *mf*.

Alta. *written abbr of* **Alberta**.

altar ['ɔːltə'] *n* altar *m*.

altar boy *n* monaguillo *m*.

altar cloth *n* sabanilla f, sábana f (de altar).

altarpiece ['ɔːltəpiːs] *n* retablo *m*.

alter ['ɔːltə'] ◇ *vt* - **1.** [modify] alterar, modificar; **to have a dress** ~**ed** mandar arreglar un vestido. - **2.** *Am euph* [animal] castrar. ◇ *vi* cambiar.

alterable ['ɔːltərəbl] *adj* alterable, variable.

alteration [ˌɔːltə'reɪʃn] *n* [gen] alteración *f*; [of dress] arreglo *m*; **to make ~s/an ~ to** hacer una modificación/modificaciones en.

altercate ['ɔːltəkeɪt] *vi fml* altercar, disputar.

altercation [ˌɔːltə'keɪʃn] *n* altercado *m*.

alter ego (*pl* **alter egos**) *n* alter ego *m*.

alternate [*adj & n* Br ɔːl'tɜːnət, Am 'ɔːltɜːnət, *vb* 'ɔːltəneɪt] ◇ *adj* - **1.**[byturns]alternativo(va), alterno(na). - **2.**[everyother]: **on ~ days** un día sí y otro no. - **3.** BOT & GEOM alterno(na). ◇ *vt* alternar. ◇ *vi*: **to ~ (with/between)** alternar (con/entre). ◇ *n Am* [stand-in] sustituto *m*, -ta *f*, suplente *mf*.

alternately [ɔːl'tɜːnətlɪ] *adv* alternativamente.

alternating ['ɔːltəneɪtɪŋ] *adj* [gen] alternante, alternativo(va); ELEC & TECH alterno(na); MATH alternado(da).

alternating current *n* ELEC corriente *f* alterna.

alternation [ˌɔːltə'neɪʃn] *n* alternancia *f*.

alternative [ɔːl'tɜːnətɪv] ◇ *adj* alternativo(va). ◇ *n* alternativa *f*, opción *f*; **to have no ~ (but to do sthg)** no tener más remedio (que hacer algo).

alternative energy *n (U)* energías *fpl* alternativas.

alternatively [ɔːl'tɜːnətɪvlɪ] *adv* o bien, por otra parte.

alternative medicine *n* medicina *f* alternativa.

alternative technology *n* tecnología *f* respetuosa con el medio ambiente.

alternator ['ɔːltəneɪtə'] *n* ELEC alternador *m*.

although [ɔːl'ðəʊ] *conj* aunque.

altimeter ['æltɪmiːtə'] *n* altímetro.

altimetry ['æltɪmɪtrɪ] *n* altimetría *f*.

altitude ['æltɪtjuːd] *n* - **1.** [gen, AERON & GEOGR] altitud *f*. - **2.** ASTRON & GEOM altura *f*.

alt key [ælt-] *n* tecla *f* Alt.

alto ['æltəʊ] (*pl* **altos**) ◇ *n* [male voice] contralto *m*; [female voice] contralto *f*. ◇ *comp* alto; **~ clef** clave *f* de do.

altogether [ˌɔːltə'geðə'] ◇ *adv* - **1.** [completely] completamente, totalmente; **the noise faded away ~** el sonido desapareció completamente OR del todo; **not ~** no del todo. - **2.** [considering all things] en conjunto, en general. - **3.** [in total] en total. ◇ *n*: **in the ~** Br *inf hum* en cueros.

altruism ['æltruɪzm] *n* altruismo *m*.

altruistic [ˌæltru'ɪstɪk] *adj* altruista.

alum ['æləm] *n* alumbre *m*.

alumina [ə'luːmɪnə] *n* alúmina *f*.

aluminium Br [ˌælju'mɪnɪəm], **aluminum** Am [ə'luːmɪnəm] ◇ *n* aluminio *m*. ◇ *comp* de aluminio.

aluminize, -ise [ə'luːmɪnaɪz] *vt* [with aluminium] aluminar; [with aluminium paint] cubrir con pintura de aluminio.

aluminum *n & comp Am* = **aluminium**.

alumna [ə'lʌmnə] (*pl* **alumnae** [-niː]) *n Am* ex-alumna *f*.

alumnus [ə'lʌmnəs] (*pl* **alumni** [-naɪ]) *n Am* ex-alumno *m*.

alveolar [æl'vɪələ'] *adj* alveolar.

alveolus [æl'vɪələs] (*pl* **alveoli** [-laɪ]) *n* alvéolo *m*, alveolo *m*.

always ['ɔːlweɪz] *adv* siempre; **you can ~ pay by credit card** en todo caso, puedes pagar con tarjeta de crédito.

am [*weak form* əm, *strong form* æm] *v* → **be**.

a.m. (*abbr of* **ante meridiem**) a.m., *antes de mediodía*; **at 3 ~** a las tres de la mañana.

AM (*abbr of* **amplitude modulation**) *n* AM *f*.

AMA (*abbr of* **American Medical Association**) *n* colegio de médicos estadounidense.

amalgam [ə'mælgəm] *n* amalgama *f*.

amalgamate [ə'mælgəˌmeɪt] ◇ *vt* amalgamar. ◇ *vi* amalgamarse.

amalgamation [əˌmælgə'meɪʃn] *n* fusión *f*, unión *f*.

amanuensis [əˌmænjʊ'ensɪs] (*pl* **amanuenses** [-siːz]) *n fml* [secretary] escribiente *mf*, amanuense *mf*; [transcriber, copyist] amanuense *mf*, copista *mf*.

amaranth ['æmərænθ] *n* amaranto *m*.

amaryllis [ˌæmə'rɪlɪs] *n* amarilis *f inv*.

amass [ə'mæs] *vt* amasar.

amateur ['æmətə'] ◇ *adj* - **1.** [gen] aficionado(da). - **2.** SPORT amateur. - **3.** *pej* [unskillful] chapucero(ra), poco profesional. ◇ *n* - **1.** [gen] aficionado *m*, -da *f*. - **2.** SPORT amateur *mf*. - **3.** *pej* [dabbler] chapucero *m*, -ra *f*.

amateur dramatics *npl* teatro *m* de aficionados.

amateurish [ˌæmə'tɜːrɪʃ] *adj pej* chapucero(ra), poco profesional.

amateurism ['æmətərɪzəm] *n* amateurismo *m*; *pej* chapucería *f*, falta *f* de profesionalidad.

amatory ['æmətərɪ] *adj literary* amoroso(sa), amatorio(ria).

amaze [ə'meɪz] *vt* asombrar.

amazed [ə'meɪzd] *adj* asombrado(da), pasmado(da).

amazement [ə'meɪzmənt] *n* asombro *m*; **to my ~** para gran sorpresa mía.

amazing [ə'meɪzɪŋ] *adj* asombroso(sa).

amazingly [ə'meɪzɪŋlɪ] *adv* asombrosamente.

Amazon ['æməzn] *n* - **1.** [river]: **the ~** el Amazonas. - **2.** [region]: **the ~ (Basin)** la Amazonia, la cuenca amazónica; **the ~ rain forest** la selva amazónica. - **3.** [woman] amazona *f*. - **4.** MYTH amazona *f*.

Amazonian [ˌæmə'zəʊnjən] *adj* amazónico(ca).

amazonite ['æməzənaɪt] *n* amazonita *f*.

ambassador [æm'bæsədə'] *n* POL & *fig* embajador *m*, -ra *f*.

ambassador-at-large *n Am* enviado extraordinario *m*, enviada extraordinaria *f*.

ambassador extraordinary *n* embajador *m*, -ra *f* en misión extraordinaria.

ambassadorial [æmˌbæsə'dɔːrɪəl] *adj* de embajador.

ambassadorship [æm'bæsədəʃɪp] *n* cargo *m* de embajador.

ambassadress [æm'bæsədrɪs] *n* embajadora *f*.

amber ['æmbə'] ◇ *adj* - **1.** [amber-coloured] de color ámbar, ambarino(na). - **2.** Br [traffic light] ámbar. ◇ *n* ámbar *m*. ◇ *comp* [made of amber] de ámbar.

ambergris ['æmbəgriːs] *n* ámbar *m* gris.

ambiance ['æmbɪəns] *n* = **ambience**.

ambidextrous [ˌæmbɪ'dekstrəs] *adj* ambidiestro(tra).

ambience ['æmbɪəns] *n* ambiente *m*.

ambient ['æmbɪənt] *adj* ambiente *(inv)*.

ambiguity [æmbɪ'gjuːətɪ] (*pl* **ambiguities**) *n* ambigüedad *f*.

ambiguous [æm'bɪgjʊəs] *adj* ambiguo(gua).

ambiguously [æm'bɪgjʊəslɪ] *adv* ambiguamente.

ambiguousness [æm'bɪgjʊəsnɪs] *n* ambigüedad *f*.

ambit ['æmbɪt] *n fml* [of regulation] ámbito *m*, campo *m* de aplicación; [of study] ámbito *m*, campo *m*; [of person] competencia *f*, esfera *f*.

ambition [æm'bɪʃn] *n* ambición *f*.

ambitious [æm'bɪʃəs] *adj* ambicioso(sa).

ambivalence [æm'bɪvələns] *n* ambivalencia *f*.

ambivalent [æm'bɪvələnt] *adj* ambivalente.

amble ['æmbl] ◇ *vi* [person] deambular, pasear; [horse] amblar. ◇ *n* [of person] paseo *m*; [of horse] ambladura *f*.

ambrosia [æm'brəʊzjə] *n* ambrosía *f*.

ambulance ['æmbjʊləns] ◇ *n* ambulancia *f*. ◇ *comp*: **~ man** ambulanciero *m*; **~ woman** ambulanciera *f*.

ambulance chaser *n Am inf pej* abogado que busca clientes entre las víctimas de accidentes.

ambulant ['æmbjʊlənt] *adj fml* ambulante.

ambulate ['æmbjʊleɪt] *vi fml* deambular, pasear.

ambulatory ['æmbjʊlətrɪ] (*pl* **ambulatories**) ◇ *adj* ambulante, ambulatorio(ria). ◇ *n* deambulatorio *m*, galería *f*.

ambuscade [ˌæmbə'skeɪd] *n arch* celada *f*, emboscada *f*.

ambush ['æmbʊʃ] ◇ *n* emboscada *f*. ◇ *vt* emboscar.

ameba *n Am* = **amoeba**.

amebic *n Am* = **amoebic**.

ameliorate [ə'miːljəˌreɪt] *vt & vi fml* mejorar.

amelioration [ə‚miːljə'reɪʃn] *n fml* mejora *f*, mejoramiento *m*.

amen [‚aː'men] *excl* ¡amén!

amenability [ə‚miːnə'bɪlətɪ] *n* buena disposición *f*.

amenable [ə'miːnəbl] *adj* - **1.** [cooperative] razonable; ~ **to** favorable a. - **2.** [accountable] responsable.

amend [ə'mend] *vt* [law] enmendar; [text] corregir.

◆ **amends** *npl*: **to make** ~**s for sthg** reparar algo.

amendment [ə'mendmənt] *n* - **1.** [change - to law] enmienda *f*; [- to text] corrección *f*. - **2.** [act of changing] enmienda *f*, rectificación *f*.

amenity [ə'miːnətɪ] *n (U)* [pleasantness] amenidad *f*, afabilidad *f*.

◆ **amenities** *npl* - **1.** [of town] servicios *mpl* públicos; [of building] comodidades *fpl*. - **2.** *fml* [social courtesy] cortesías *fpl*.

America [ə'merɪkə] *n* América.

◆ **Americas** *npl*: **the** ~**s** las Américas.

American [ə'merɪkn] ◇ *adj* americano(na). ◇ *n* [person] americano *m*, -na *f*.

Americana [ə‚merɪ'kaːnə] *npl* colección de artículos y artefactos relacionados con el folclore, la geografía o la historia de EE UU.

American Dream *n*: **the** ~ el sueño americano.

American eagle *n* águila *f* calva OR de cabeza blanca (esta ave es el símbolo de los EE UU, y aparece en todos los emblemas oficiales).

American English *n* inglés *m* americano.

American Indian *n* amerindio *m*, -dia *f*.

Americanism [ə'merɪkənɪzm] *n* americanismo *m*.

americanize, -ise [ə'merɪkə‚naɪz] *vt* americanizar.

American plan *n Am* pensión *f* completa.

American Samoa *n* las Samoa Norteamericanas OR Orientales.

americium [‚æmə'rɪsɪəm] *n* americio *m*.

amethyst ['æmɪθɪst] ◇ *n* amatista *f*. ◇ *adj* violeta *(inv)*, morado(da).

Amex ['æmeks] *n* - **1.** *(abbr of* **American Stock Exchange)** segundo mercado bursátil estadounidense. - **2.** *written abbr of* **American Express**.

amiability [‚eɪmjə'bɪlətɪ] *n* amabilidad *f*.

amiable ['eɪmjəbl] *adj* amable, agradable.

amiably ['eɪmjəblɪ] *adv* amablemente.

amicable ['æmɪkəbl] *adj* amigable, amistoso(sa).

amicably ['æmɪkəblɪ] *adv* amigablemente, amistosamente.

amid [ə'mɪd] *prep fml* entre, en medio de.

amidships [ə'mɪdʃɪps] *adv* en medio del barco.

amidst [ə'mɪdst] *prep* = **amid**.

amino acid [ə'miːnəʊ-] *n* aminoácido *m*.

amiss [ə'mɪs] ◇ *adj* mal. ◇ *adv*: **to be** OR **come** ~ [be inappropriate] estar fuera de lugar; **a little sincerity would not be** OR **come** ~ un poco de sinceridad no vendría mal; **to go** ~ salir mal; **to take sthg** ~ tomarse algo a mal.

amity ['æmətɪ] *(pl* **amities)** *n fml* [friendship] amistad *f*; [between nations] concordia *f*.

ammeter ['æmɪtə'] *n* amperímetro *m*.

ammo ['æməʊ] *n (U) inf* MIL munición *f*.

ammonia [ə'məʊnjə] *n* amoniaco *m*, amoníaco *m*.

ammoniac [ə'məʊnɪæk] *adj* amónico(ca), amoniacal.

ammonium [ə'məʊnɪəm] *n* amonio *m*.

ammonium chloride *n* cloruro *m* de amonio.

ammunition [‚æmjʊ'nɪʃn] *n (U)* - **1.** MIL munición *f*. - **2.** *fig* [information, arguments] argumentos *mpl*; **the president's speech gave new** ~ **to the opposition** el discurso del presidente le dio nuevos argumentos a la oposición.

ammunition belt *n* cartuchera *f*, canana *f*.

ammunition dump *n* arsenal *m* OR depósito *m* de municiones.

amnesia [æm'niːzjə] *n* amnesia *f*.

amnesiac [æm'niːzɪæk] ◇ *adj* amnésico(ca). ◇ *n* amnésico *m*, -ca *f*.

amnesty ['æmnəstɪ] *(pl* **amnesties**, *pt & pp* **amnestied**, *cont* **amnestying)** ◇ *n* amnistía *f*. ◇ *vt* amnistiar.

Amnesty International *n* Amnistía *f* Internacional.

amniotic fluid [‚æmnɪ'ɒtɪk-] *n* líquido *m* amniótico.

amoeba *Br* *(pl* **amoebas** OR **amoebae** [-biː]), **ameba** *Am* *(pl* **amebas** OR **amebae** [-biː])** [ə'miːbə] *n* ameba *f*.

amoebic *Br*, **amebic** *Am* [ə'miːbɪk] *adj* amébico(ca).

amoebic dysentery *n* amebiasis *f inv*, disentería *f* amébica.

amok [ə'mɒk] *adv*: **to run** ~ volverse loco(ca).

among(st) [ə'mʌŋ(st)] *prep* entre; **the children quarrelled** ~ **themselves** los niños se peleaban (entre ellos); ~ **other things** entre otras cosas.

amoral [‚eɪ'mɒrəl] *adj* amoral.

amorality [‚eɪmɒ'rælətɪ] *n* amoralidad *f*.

amorous ['æmərəs] *adj* amoroso(sa).

amorously ['æmərəslɪ] *adv* con amor, amorosamente.

amorphous [ə'mɔːfəs] *adj* - **1.** [shapeless] amorfo(fa). - **2.** [unclear] vago(ga), impreciso(sa).

amortization [ə‚mɔːtɪ'zeɪʃn] *n* FIN amortización *f*.

amortize, -ise [ə'mɔːtaɪz] *vt* FIN amortizar.

amount [ə'maʊnt] *n* cantidad *f*.

◆ **amount to** *vt fus* - **1.** [total] ascender a. - **2.** [be equivalent to] venir a ser.

amp [æmp] *n* - **1.** *written abbr of* **ampere**, amperio *m*. - **2.** *inf* *(written abbr of* **amplifier)** amplificador *m*.

amperage ['æmpərɪdʒ] *n* ELEC amperaje *m*.

ampere ['æmpeə'] *n* amperio *m*.

ampersand ['æmpəsænd] *n* ampersand *m*, nombre del signo '&'.

amphetamine [æm'fetəmiːn] *n* anfetamina *f*.

amphibian [æm'fɪbɪən] *n* anfibio *m*.

amphibious [æm'fɪbɪəs] *adj* anfibio(bia).

amphitheatre *Br*, **amphitheater** *Am* ['æmfɪ‚θɪətə'] *n* anfiteatro *m*.

amphora ['æmfərə] *(pl* **amphoras** OR **amphorae** [-riː])** *n* ánfora *f*.

ample ['æmpl] *adj* - **1.** [enough] suficiente; [more than enough] sobrado(da). - **2.** [garment, room] amplio(plia); [stomach, bosom] abundante.

amplification [‚æmplɪfɪ'keɪʃn] *n* - **1.** [of sound] amplificación *f*. - **2.** [of idea, statement] desarrollo *m*, explicación *f*.

amplifier ['æmplɪfaɪə'] *n* amplificador *m*.

amplify ['æmplɪfaɪ] *(pt & pp* **amplified)** ◇ *vt* - **1.** [sound] amplificar. - **2.** [idea, statement] desarrollar, ampliar. ◇ *vi*: **to** ~ **(on sthg)** ampliar (algo).

amplitude ['æmplɪtjuːd] *n* - **1.** [gen, ASTRON & PHYS] amplitud *f*. - **2.** [of stomach, bosom] abundancia *f*.

amplitude modulation *n* modulación *f* de amplitud.

amply ['æmplɪ] *adv* - **1.** [sufficiently] suficientemente; [more than sufficiently] sobradamente. - **2.** [considerably] abundantemente, ampliamente.

ampoule *Br*, **ampule** *Am* ['æmpuːl] *n* ampolla *f*.

amputate ['æmpjʊteɪt] *vt & vi* amputar.

amputation [‚æmpjʊ'teɪʃn] *n* amputación *f*.

amputee [‚æmpjʊ'tiː] *n* amputado *m*, -da *f*.

Amsterdam [‚æmstə'dæm] *n* Ámsterdam.

amt *written abbr of* **amount**.

Amtrak ['æmtræk] *n* organismo que regula y coordina las líneas férreas en EE UU.

amuck [ə'mʌk] *adv* = **amok**.

amulet ['æmjʊlɪt] *n* amuleto *m*.

amuse [ə'mjuːz] *vt* - **1.** [make laugh, smile] divertir. - **2.** [entertain] distraer; **to** ~ **o.s. (by doing sthg)** distraerse (haciendo algo).

amused [ə'mjuːzd] *adj* - **1.** [person, look] divertido(da); **I was not ~ at** OR **by that** no me hizo gracia; **we are not ~** *iro* ¡(me parece) muy bonito!, *expresión irónica de desaprobación atribuida a la reina Victoria.* - **2.** [entertained]: **to keep o.s. ~** entretenerse, distraerse.

amusement [ə'mjuːzmənt] *n* - **1.** [enjoyment] regocijo *m*, diversión *f*. - **2.** [diversion, game] atracción *f*.

amusement arcade *n* salón *m* de juegos (recreativos).

amusement park *n* parque *m* de atracciones.

amusing [ə'mjuːzɪŋ] *adj* divertido(da), gracioso(sa).

amyl ['æmɪl] *n* amilo *m*.

amyl alcohol *n* alcohol *m* amílico.

an [*stressed* æn, *unstressed* ən] *indef art* → **a**².

ANA *n* - **1.** (*abbr of* **American Newspaper Association**) *sindicato estadounidense de la prensa escrita.* - **2.** (*abbr of* **American Nurses Association**) *sindicato estadounidense de enfermeros.*

Anabaptist [ænə'bæptɪst] *n* anabaptista *mf*.

anabolic steroid [ænə'bɒlɪk-] *n* esteroide *m* anabolizante.

anachronism [ə'nækrənɪzm] *n* anacronismo *m*.

anachronistic [ə,nækrə'nɪstɪk] *adj* anacrónico(ca).

anaconda [ænə'kɒndə] *n* anaconda *f*.

anaemia *Br*, **anemia** *Am* [ə'niːmjə] *n* anemia *f*.

anaemic *Br*, **anemic** *Am* [ə'niːmɪk] *adj* - **1.** [ill] anémico(ca). - **2.** *fig & pej* [weak, poor] pobre.

anaerobic [ænə'rəʊbɪk] *adj* anaerobio(bia).

anaesthesia *Br*, **anesthesia** *Am* [ænɪs'θiːzjə] *n* anestesia *f*.

anaesthetic *Br*, **anesthetic** *Am* [ænɪs'θetɪk] *n* anestesia *f*; **under ~** anestesiado(da); **local/general ~** anestesia local/general.

anaesthetist *Br*, **anesthetist** *Am* [æ'niːsθətɪst] *n* anestesista *mf*.

anaesthetize, -ise *Br*, **anesthetize** *Am* [æ'niːsθətaɪz] *vt* anestesiar.

anagram ['ænəgræm] *n* anagrama *m*.

anal ['eɪnl] *adj* ANAT & PSYCH anal.

analgesia [ænæl'dʒiːzjə] *n* analgesia *f*.

analgesic [ænæl'dʒiːsɪk] ◇ *adj* analgésico(ca). ◇ *n* analgésico *m*.

analog *adj & n Am* = **analogue**.

analogic(al) [ænə'lɒdʒɪk(l)] *adj* analógico(ca).

analogist [ə'nælədʒɪst] *n* persona que razona por medio de analogías.

analogize, -ise [ə'nælədʒaɪz] *vi* establecer analogías.

analogous [ə'næləgəs] *adj*: **~ (to)** análogo(ga) (a).

analogue, analog *Am* ['ænəlɒg] ◇ *adj* [watch, recording] analógico(ca). ◇ *n fml* equivalente *m*.

analogue computer *n* computadora *f* analógica.

analogy [ə'nælədʒɪ] (*pl* **analogies**) *n* analogía *f*; **to draw an ~ with/between** establecer una analogía con/entre; **by ~** por analogía.

analphabetic [ə,nælfə'betɪk] *adj* analfabeto(ta).

analysable *Br*, **analyzable** *Am* ['ænəlaɪzəbl] *adj* analizable.

analysand [ə'nælɪsænd] *n* paciente *mf* bajo tratamiento psicoanalítico.

analyse *Br*, **analyze** *Am* ['ænəlaɪz] *vt* - **1.** [examine, explain] analizar. - **2.** [psychoanalyse] psicoanalizar.

analyser *Br*, **analyzer** *Am* ['ænə,laɪzə] *n* analizador *m*, -ra *f*.

analysis [ə'næləsɪs] (*pl* **analyses** [-siːz]) *n* - **1.** [examination, explanation] análisis *m inv*; **in the final** OR **last ~** en resumidas cuentas. - **2.** [psychoanalysis] psicoanálisis *m inv*.

analyst ['ænəlɪst] *n* - **1.** [gen] analista *mf*. - **2.** [psychoanalyst] psicoanalista *mf*.

analytic(al) [ænə'lɪtɪk(l)] *adj* analítico(ca).

analytics [ænə'lɪtɪks] *n* (U) analítica *f*.

analyze *etc Am* = **analyse** *etc*.

anaphrodisia [ə,næfrə'dɪzɪə] *n* anafrodisia *f*.

anarchic [æ'nɑːkɪk] *adj* anárquico(ca).

anarchism ['ænəkɪzm] *n* anarquismo *m*.

anarchist ['ænəkɪst] *n* anarquista *mf*.

anarchistic [ænə'kɪstɪk] *adj* anárquico(ca).

anarchy ['ænəkɪ] *n* anarquía *f*.

anathema [ə'næθəmə] *n* RELIG anatema *m*; **the idea is ~ to me** *fig* la idea me parece aberrante.

anathematize [ə'næθəmətaɪz], **-ise** *vt fig* RELIG anatemizar.

Anatolia [ænə'təʊljə] *n* Anatolia, Asia Menor.

Anatolian [ænə'təʊljən] ◇ *adj* de Anatolia. ◇ *n* natural o habitante de Anatolia.

anatomical [ænə'tɒmɪkl] *adj* anatómico(ca).

anatomically [ænə'tɒmɪklɪ] *adv* anatómicamente.

anatomist [ə'nætəmɪst] *n* anatomista *mf*.

anatomize [ə'nætəmaɪz], **-ise** *vt* - **1.** [dissect] disecar, anatomizar. - **2.** *fig* [analyse] analizar.

anatomy [ə'nætəmɪ] (*pl* **anatomies**) *n* - **1.** [study, structure] anatomía *f*. - **2.** [dissection] disección *f*. - **3.** *hum* [body] físico *m*, anatomía *f*. - **4.** [analysis] análisis *m inv*.

ANC (*abbr of* **African National Congress**) *n* CNA *m*.

ancestor ['ænsestə'] *n lit & fig* antepasado *m*.

ancestral home [æn'sestrəl-] *n* casa *f* solariega.

ancestress ['ænsestrɪs] *n lit & fig* antepasada *f*.

ancestry ['ænsestrɪ] (*pl* **ancestries**) *n* ascendencia *f*.

anchor ['æŋkə'] ◇ *n* - **1.** NAUT ancla *f*; **at ~** anclado(da); **to drop** OR **cast ~** echar el ancla; **to weigh ~** levar anclas. - **2.** RADIO presentador *m*, -ra *f*, locutor *m*, -ra *f*. - **3.** *fig* [pillar] soporte *m*, apoyo *m*. ◇ *vt* - **1.** [secure] sujetar, aferrar. - **2.** *esp Am* TV presentar. ◇ *vi* NAUT anclar.

anchorage ['æŋkərɪdʒ] *n* - **1.** [NAUT - place] fondeadero *m*; [- action] anclaje *m*; [- fee] derecho *m* de anclaje. - **2.** [means of securing] sujeción *f*.

anchorite ['æŋkəraɪt] *n* anacoreta *mf*.

anchorman ['æŋkəmæn] (*pl* **anchormen** [-men]) *n* presentador *m*, locutor *m*.

anchorwoman ['æŋkə,wʊmən] (*pl* **anchorwomen** [-,wɪmɪn]) *n* presentadora *f*, locutora *f*.

anchovy [*Br* 'ænt∫əvɪ, *Am* 'ænt∫əʊvɪ] (*pl inv* OR **anchovies**) *n* [salted] anchoa *f*; [fresh] boquerón *m*.

anchovy paste *n* pasta *f* OR paté *m* de anchoas.

ancient ['eɪn∫ənt] ◇ *adj* - **1.** [gen] antiguo(gua); **~ Greece** la antigua Grecia, la Grecia antigua; **~ times** la antigüedad. - **2.** *hum* [very old] vetusto(ta). ◇ *n* [old person] anciano *m*, -na *f*.
◆ **ancients** *npl*: **the ~s** [peoples] los antiguos; [culture] la antigüedad.

ancient history *n lit & fig* historia *f* antigua.

ancillary [æn'sɪlərɪ] *adj* auxiliar. ◇ *n* auxiliar *mf*.

and [*strong form* ænd, *weak form* ənd, ən] *conj* - **1.** [gen] y; (*before 'i' or 'hi'*) e; **for hours ~ hours** horas y horas; **he talked ~ talked** no paró de hablar; **faster ~ faster** cada vez más rápido; **it's nice ~ easy** es sencillito; **do that again ~ you'll be sorry!** ¡hazlo otra vez y verás!, ¡como lo vuelvas a hacer te vas a enterar! ❏ **there are books ~ books** hay libros y libros. - **2.** [in numbers]: **one hundred ~ eighty** ciento ochenta; **one ~ a half** uno y medio; **2 ~ 2 is 4** 2 y 2 son 4. - **3.** [to]: **try ~ come** intenta venir; **come ~ see the kids** ven a ver a los niños; **wait ~ see** espera a ver.
◆ **and all** *adv* - **1.** [and everything] y todo; **she ate them whole, bones ~ all** se los comió enteros, raspas y todo. - **2.** *Br inf* [as well] además, también.
◆ **and so on, and so forth** *adv* etcétera, y cosas así.

Andalusia [ændə'luːzjə] *n* Andalucía.

Andalusian [ændə'luːzjən] ◇ *adj* andaluz(za). ◇ *n* andaluz *m*, -za *f*.

Andean [æn'diːən] *adj* andino(na).

Andes ['ændiːz] *npl*: **the ~** los Andes.

andiron ['ændaɪən] *n* morillo *m*.

Andorra [æn'dɔːrə] *n* Andorra; **the principality of ~** el principado de Andorra.

Andorran [æn'dɔːrən] ◊ *adj* andorrano(na). ◊ *n* andorrano *m*, -na *f*.

Andrew ['ændruː] *n*: **Saint** ~ San Andrés.

androgen ['ændrədʒən] *n* andrógeno *m*.

androgynous [æn'drɒdʒɪnəs] *adj* andrógino(na).

android ['ændrɔɪd] *n* androide *m*.

Andromache [æn'drɒməkɪ] *n* Andrómaca *f*.

Andromeda [æn'drɒmɪdə] *n* Andrómeda *f*.

anecdotal [ænek'dəʊtl] *adj* anecdótico(ca).

anecdote ['ænɪkdəʊt] *n* anécdota *f*.

anecdotic(al) [ænek'dɒtɪk(l)] *adj* = **anecdotal**.

anemia *n Am* = **anaemia**.

anemic *adj Am* = **anaemic**.

anemometer [ænɪ'mɒmɪtəʳ] *n* anemómetro *m*.

anemone [ə'nemənɪ] *n* anémona *f*.

aneroid ['ænərɔɪd] *adj* aneroide.

anesthesia *etc Am* = **anaesthesia** *etc*.

aneurysm, aneurism ['ænjʊərɪzm] *n* aneurisma *m*.

anew [ə'njuː] *adv* de nuevo, nuevamente.

anfractuous [æn'fræktʃʊəs] *adj* anfractuoso(sa), sinuoso(sa).

angel ['eɪndʒəl] *n* - **1**. RELIG ángel *m*; **the Angel of Darkness** el ángel de las tinieblas □ **to be on the side of the ~s** estar del lado de los buenos; **to go where ~s fear to tread** meterse en la boca del lobo. - **2**. *inf* [delightful person] cielo *m*, sol *m*.

angel cake *n* bizcocho blanco de clara de huevo, azúcar y harina.

Angeleno [ændʒə'liːnəʊ] (*pl* **Angelenos**) *n* habitante de Los Angeles.

angelfish ['eɪndʒəlfɪʃ] (*pl inv* OR **angelfishes**) *n* angelote *m*.

angelic [æn'dʒelɪk] *adj* angelical.

angelica [æn'dʒelɪkə] *n* angélica *f*.

angelus ['ændʒələs] *n* [bell, prayer] ángelus *m inv*.

anger ['æŋgəʳ] ◊ *n* ira *f*, furia *f*; **in** ~ con ira OR furia. ◊ *vt* enfurecer.

angina [æn'dʒaɪnə] *n* angina *f* de pecho.

angle ['æŋgl] ◊ *n* - **1**. [gen] ángulo *m*; **at an** ~ [aslant] torcido(da). - **2**. [point of view] enfoque *m*; **let's examine the problem from a new** ~ examinemos el problema desde otro ángulo OR con un nuevo enfoque. - **3**. *inf* [motive] propósito *m*, plan *m*. ◊ *vt* - **1**. [move] orientar. - **2**. *fig* [bias] enfocar parcialmente. ◊ *vi* - **1**. [fish] pescar (con caña). - **2**. [manoeuvre]: **to** ~ **for** andar detrás de OR a la caza de.

angle bracket *n* corchete *m* OR paréntesis *m inv* angular.

angle iron *n* angular *m*, ángulo *m*.

Anglepoise® ['æŋglpɔɪz] *n* flexo *m*.

angler ['æŋgləʳ] *n* - **1**. [fisherman] pescador *m*, -ra *f* (*con caña*). - **2**. ZOOL: ~ (**fish**) alacrán *m* marino, pejesapo *m*.

angleworm ['æŋglwɜːm] *n* lombriz *f*.

Anglican ['æŋglɪkən] ◊ *adj* anglicano(na). ◊ *n* anglicano *m*, -na *f*.

Anglican Church *n* Iglesia *f* Anglicana.

Anglicanism ['æŋglɪkənɪzm] *n* anglicanismo *m*.

anglicism ['æŋglɪsɪzm] *n* anglicismo *m*.

Anglicist ['æŋglɪsɪst] *n* anglicista *mf*.

anglicize ['æŋglɪsaɪz], **-ise** *vt* anglicanizar, hacer inglés.

angling ['æŋglɪŋ] *n* pesca *f* con caña.

Anglo ['æŋgləʊ] (*pl* **Anglos**) *n inf* angloamericano *m*, -na *f*.

Anglo- *prefix* anglo-.

Anglo-American ◊ *adj* angloamericano(na). ◊ *n* angloamericano *m*, -na *f*, americano de origen inglés.

Anglo-Catholic *n* miembro de la iglesia anglicana que acepta y promueve la doctrina de la iglesia católica.

Anglo-French *adj* anglofrancés(esa).

Anglo-Indian ◊ *adj* angloindio(dia). ◊ *n* angloindio *m*, -dia *f*.

Anglo-Irish ◊ *adj* angloirlandés(desa). ◊ *n* - **1**. [person] angloirlandés *m*, -desa *f*, irlandés de origen inglés. - **2**. [language] inglés *m* irlandés.

Anglo-Irish Agreement *n*: **the** ~ acuerdo firmado en 1985 por el Reino Unido y la República de Irlanda para tratar de garantizar la paz y la estabilidad en Irlanda del Norte.

anglophile ['æŋgləʊfaɪl] *adj* anglófilo(la).
◆ **Anglophile** *n* anglófilo *m*, -la *f*.

anglophobe ['æŋgləʊfəʊb] *adj* anglófobo(ba).
◆ **Anglophobe** *n* anglófobo *m*, -ba *f*.

Anglo-Saxon ◊ *adj* anglosajón(ona). ◊ *n* - **1**. [person] anglosajón *m*, -ona *f*. - **2**. [language] anglosajón *m*.

Angola [æŋ'gəʊlə] *n* Angola.

Angolan [æŋ'gəʊlən] ◊ *adj* angoleño(ña). ◊ *n* angoleño *m*, -ña *f*.

angora [æŋ'gɔːrə] *n* - **1**. [goat] cabra *f* de angora; [rabbit] conejo *m* de angora. - **2**. [material] angora *f*.

Angostura bitters® [æŋgə'stjʊərə] *npl* angostura *f*.

angrily ['æŋgrəlɪ] *adv* airadamente, con furia.

angry ['æŋgrɪ] (*compar* **angrier**, *superl* **angriest**) *adj* [person] enfadado(da); [letter, look, face] airado(da), furioso(sa); [sky, clouds] borrascoso(sa), amenazador(ra); **to be** ~ **about** OR **at sth** estar enfadado por algo; **to be** ~ **at** OR **with sb** estar enfadado con alguien; **to get** ~ **with sb** enfadarse con alguien; **to make sb** ~ enfadar a alguien □ ~ **young man** (joven *m*) rebelde *m*.

angst [æŋst] *n* angustia *f* vital.

angstrom ['æŋstrəm] *n* angström *m*.

anguish ['æŋgwɪʃ] ◊ *n* angustia *f*. ◊ *vt* angustiar.

anguished ['æŋgwɪʃt] *adj* angustiado(da).

angular ['æŋgjʊləʳ] *adj* [face, body] anguloso(sa).

angularity [æŋgjʊ'lærɪtɪ] *n* angularidad *f*, angulosidad *f*.

angulate ['æŋgjʊlət] *adj* angulado(da), anguloso(sa).

anhydride [æn'haɪdraɪd] *n* anhídrido *m*.

anhydrous [æn'haɪdrəs] *adj* anhidro(dra).

anil ['ænɪl] *n* añil *m*.

anile ['ænaɪl] *adj literary* parecido(da) a una vieja achacosa.

aniline ['ænɪliːn] *n* anilina *f*.

aniline dye *n* tintura *f* de anilina.

anima ['ænɪmə] *n* ánima *f*, alma *f*.

animadversion [ænɪmæd'vɜːʃn] *n fml* - **1**. [criticism] animadversión *f*, animosidad *f*. - **2**. [remark] reprobación *f*, reproche *m*.

animal ['ænɪml] ◊ *n* - **1**. ZOOL animal *m*. - **2**. *pej* [brute] animal *mf*. ◊ *adj* [fat, product] animal.

animalcule [ænə'mælkjuːl] *n* animálculo *m*.

animal husbandry *n* zootecnia *f*, cría *f* de animales domésticos.

animalism ['ænɪməlɪzm] *n* animalismo *m*.

animalistic [ænɪmə'lɪstɪk] *adj* como animal, de animal.

animality [ænɪ'mælɪtɪ] *n* animalidad *f*.

animal kingdom *n* reino *m* animal.

animal magnetism *n* magnetismo *m* OR atractivo *m* animal.

animal rights *npl* derechos *mpl* de los animales.
◆ **animal-rights** *comp*: **animal-rights activist** defensor *m*, -ra *f* de los derechos de los animales.

animate [*vt* 'ænɪmeɪt, *adj* 'ænɪmət] ◊ *adj* animado(da). ◊ *vt* animar.

animated ['ænɪmeɪtɪd] *adj* animado(da).

animated cartoon *n* dibujos *mpl* animados.

animatedly ['ænɪmeɪtɪdlɪ] *adv* [behave, participate] con animación OR entusiasmo; [talk] animadamente.

animation [ænɪ'meɪʃn] *n* - **1**. [excitement] emoción *f*, entusiasmo *m*. - **2**. [of cartoons] animación *f*.

animator ['ænɪmeɪtəʳ] *n* animador *m*, -ra *f*.

animism ['ænɪmɪzm] *n* animismo *m*.

animist ['ænɪmɪst] ◊ *adj* animista. ◊ *n* animista *mf*.

animosity [ænɪ'mɒsətɪ] (*pl* **animosities**) *n* animosidad *f*, animadversión *f*.

anion ['ænaɪən] *n* anión *m*, ion *m* negativo.

anise ['ænɪs] *n* anís *m*.

aniseed ['ænɪsiːd] ◇ *n* anís *m*. ◇ *comp*: ~ **ball** (bolita *f* de) anís *m*.

anisette [ænɪ'zet] *n* anís *m*, anisete *m*.

ankle ['æŋkl] ◇ *n* tobillo *m*; **to turn one's** ~ torcerse el tobillo. ◇ *comp*: ~ **boots** botines *mpl*; ~ **socks** calcetines *mpl* por el tobillo; ~ **strap** tobillera *f*.

anklebone ['æŋkəlbəʊn] *n* hueso *m* del tobillo, taba *f*.

ankle-deep *adj*: **she was** ~ **in mud** el barro le llegaba hasta los tobillos.

ankle-length *adj* (que llega) hasta los tobillos.

anklet ['æŋklɪt] *n* - **1**. [ornament] ajorca *f* OR pulsera *f* para el tobillo. - **2**. *Am* [ankle sock] calcetín *m* por el tobillo.

ankylose ['æŋkɪləʊz] ◇ *vt* anquilosar. ◇ *vi* anquilosarse.

ankylosis [æŋkɪ'ləʊsɪs] *n* anquilosis *f inv*, anquilosamiento *m*.

annalist ['ænəlɪst] *n* analista *mf*.

annals ['ænlz] *npl* anales *mpl*.

annatto [ə'nætəʊ] (*pl* **annattos**) *n* - **1**. [tree, seeds] onoto *m*, bija *f*. - **2**. [dye] bijol *m*.

Anne [æn] *n*: **Saint** ~ santa Ana; ~ **of Cleves** Ana de Cléveris.

anneal [ə'niːl] *vt* TECH recocer, templar.

annelid ['ænəlɪd] *n* anélido *m*.

annex [*n* 'æneks, *vb* æ'neks] ◇ *n esp Am* = **annexe**. ◇ *vt* anexionar.

annexation [ænek'seɪʃn] *n* anexión *f*.

annexe *esp Br*, **annex** *esp Am* ['æneks] *n* - **1**. [building] edificio *m* anejo. - **2**. [document] anexo *m*, anejo *m*.

annihilate [ə'naɪəleɪt] *vt* [destroy] aniquilar.

annihilation [ə,naɪə'leɪʃn] *n* [destruction] aniquilación *f*.

annihilator [ə'naɪə,leɪtə] *n* aniquilador *m*, -ra *f*.

anniversary [ænɪ'vɜːsərɪ] (*pl* **anniversaries**) ◇ *n* aniversario *m*. ◇ *comp* de aniversario.

Anno Domini [ænəʊ'dɒmɪnaɪ] *adv fml* después de Jesucristo OR Cristo.

annotate ['ænəteɪt] *vt fml* anotar.

annotation [ænə'teɪʃn] *n fml* anotación *f*.

annotator ['ænə,teɪtə] *n* anotador *m*, -ra *f*, comentador *m*, -ra *f*.

announce [ə'naʊns] *vt* anunciar.

announcement [ə'naʊnsmənt] *n* anuncio *m*.

announcer [ə'naʊnsə] *n*: **radio/television** ~ presentador *m*, -ra *f* OR locutor *m*, -ra *f* de radio/televisión.

annoy [ə'nɔɪ] *vt* fastidiar, molestar, cargosear *Amér.*

annoyance [ə'nɔɪəns] *n* fastidio *m*, molestia *f*.

annoyed [ə'nɔɪd] *adj*: ~ **at sthg/with sb** molesto(ta) por algo/con alguien.

annoying [ə'nɔɪɪŋ] *adj* fastidioso(sa), irritante, cargoso(sa) *Amér.*

annoyingly [ə'nɔɪɪŋlɪ] *adv* de un modo molesto OR fastidioso; **she was** ~ **vague** su falta de precisión resultaba irritante.

annual ['ænjʊəl] ◇ *adj* anual. ◇ *n* - **1**. [plant] planta *f* anual. - **2**. [book] anuario *m*.

annual general meeting *n* junta *f* general anual.

annualize, -ise ['ænjʊə,laɪz] *vt* convertir en anual; ~**d percentage rate** tasa *f* anual equivalente.

annually ['ænjʊəlɪ] *adv* anualmente.

annual report *n* FIN informe *m* anual.

annual ring *n* BOT capa *f* cortical, anillo *m* de corteza.

annuitant [ə'njuːɪtənt] *n* censualista *mf*, rentista *mf*.

annuity [ə'njuːɪtɪ] (*pl* **annuities**) *n* [annual payment] anualidad *f*; [income for life] renta *f* vitalicia.

annul [ə'nʌl] (*pt & pp* **annulled**, *cont* **annulling**) *vt* anular.

annular ['ænjʊlə] *adj* anular.

annular eclipse *n* eclipse *m* anular de Sol.

annulment [ə'nʌlmənt] *n* anulación *f*.

annunciate [ə'nʌnsɪeɪt] *vt fml* anunciar, proclamar.

Annunciation [ə,nʌnsɪ'eɪʃn] *n*: **the** ~ la Anunciación.

annunciator [ə'nʌnsɪ,eɪtə] *n* ELEC indicador *m*, anunciador *m*.

anode ['ænəʊd] *n* ánodo *m*.

anodize, -ise ['ænədaɪz] *vt* anodizar.

anodyne ['ænədaɪn] ◇ *adj* - **1**. MED anodino(na), sedante. - **2**. [bland] anodino(na), insulso(sa). ◇ *n* MED sedante *m*.

anoint [ə'nɔɪnt] *vt* ungir.

anointment [ə'nɔɪntmənt] *n* unción *f*.

anomalous [ə'nɒmələs] *adj* anómalo(la).

anomaly [ə'nɒməlɪ] (*pl* **anomalies**) *n* anomalía *f*.

anon [ə'nɒn] *adv literary* [soon] pronto, enseguida.

anon. (*abbr of* **anonymous**) anón.

anonymity [ænə'nɪmətɪ] *n* anonimato *m*.

anonymous [ə'nɒnɪməs] *adj* anónimo(ma); **to remain** ~ guardar el anonimato.

anonymously [ə'nɒnɪməslɪ] *adv* anónimamente.

anopheles [ə'nɒfɪliːz] (*pl inv*) *n* anofeles *m inv*.

anorak ['ænəræk] *n esp Br* chubasquero *m*, anorak *m*.

anorexia (nervosa) [ænə'reksɪə (nɜː'vəʊsə)] *n* anorexia *f*.

anorexic [ænə'reksɪk] ◇ *adj* anoréxico(ca). ◇ *n* anoréxico *m*, -ca *f*.

another [ə'nʌðə] ◇ *adj* otro(tra); **in** ~ **few minutes** en unos minutos más; ~ **time** más adelante, en otro momento; **for** ~ **thing** por otro lado, además. ◇ *pron* otro *m*, -tra *f*; **one after** ~ uno tras otro, una tras otra; **one** ~ el uno al otro, la una a la otra; **we love one** ~ nos queremos; **with one** ~ el uno con el otro, la una con la otra.

A.N.Other [eɪˌən'ʌðə] *n Br* X *f* (en lista), identidad *f* por OR sin confirmar.

Ansaphone® ['ænsəfəʊn] *n* contestador *m* automático.

ANSI (*abbr of* **American National Standards Institute**) *n* instituto estadounidense de normalización.

answer ['ɑːnsə] ◇ *n* respuesta *f*; **in** ~ **to** en respuesta a; **to know all the** ~**s** *fig* saberlo todo. ◇ *vt* - **1**. [reply to, respond to] responder a, contestar a. - **2**. [respond to]: **to** ~ **the door** abrir la puerta; **to** ~ **the phone** coger OR contestar el teléfono. - **3**. [correspond to] responder OR corresponder a. ◇ *vi* responder, contestar.

◆ **answer back** *vt sep & vi* replicar.

◆ **answer for** *vt fus* - **1**. [accept responsibility for] responder por. - **2**. [suffer consequences of] responder de.

◆ **answer to** *vt fus* - **1**. [respond to]: **to** ~ **to the name of** responder al nombre de, tener por nombre. - **2**. [correspond to] responder OR corresponder a.

answerable ['ɑːnsərəbl] *adj* - **1**. [accountable]: ~ **(to sb/for sthg)** responsable (ante alguien/de algo). - **2**. [solvable] contestable, soluble.

answering machine ['ɑːnsərɪŋ-] *n* contestador *m* automático; *see* USAGE *overleaf.*

answering service ['ɑːnsərɪŋ-] *n* servicio que interrumpe las llamadas telefónicas y toma recados para el número llamado.

ant [ænt] *n* hormiga *f*.

ANTA (*abbr of* **American National Theatre and Academy**) *n* centro dramático nacional estadounidense.

antacid [ænt'æsɪd] *n* antiácido *m*.

antagonism [æn'tægənɪzm] *n* antagonismo *m*.

antagonist [æn'tægənɪst] *n* antagonista *mf*.

antagonistic [æn,tægə'nɪstɪk] *adj* antagónico(ca), hostil.

antagonize, -ise [æn'tægənaɪz] *vt* provocar la hostilidad de.

Antarctic [ænt'ɑːktɪk] ◇ *adj* antártico(ca). ◇ *n*: **the** ~ el Antártico.

Antarctica [ænt'ɑːktɪkə] *n* (la) Antártida.

Antarctic Circle *n*: **the** ~ el Círculo Polar Antártico.

Antarctic Ocean *n*: **the** ~ el océano Antártico.

ante ['ænti] *n inf* - **1.** [stake] apuesta *f* inicial; **to up** OR **raise the** ~ *fig* subir la apuesta. - **2.** *inf* [share] cuota *f*, pago *m*.

◆ **ante up** *vi Am inf* soltar la mosca.

anteater ['ænti̩i:tə'] *n* oso *m* hormiguero.

antebellum [ˌænti'beləm] *adj* HIST [in US] anterior a la guerra civil OR de Secesión.

antecede [ˌænti'si:d] *vt* anteceder OR preceder a.

antecedence [ˌænti'si:dəns] *n* antecedencia *f*, precedencia *f*.

antecedent [ˌænti'si:dənt] ◇ *n* antecedente *m*. ◇ *adj* antecedente.

◆ **antecedents** *npl fml* [family] antepasados *mpl*.

antechamber ['ænti̩ʃeɪmbə'] *n* antecámara *f*, antesala *f*.

antedate [ˌænti'deɪt] *vt* - **1.** [precede in time] preceder, anteceder. - **2.** [give earlier date to] antedatar.

antediluvian [ˌæntɪdɪ'lu:vjən] *adj hum* antediluviano(na).

antelope ['æntɪləʊp] (*pl inv* OR **antelopes**) *n* antílope *m*.

ante meridiem [-mə'rɪdɪəm] *adj fml* de la mañana.

antenatal [ˌænti'neɪtl] *adj* prenatal.

antenatal clinic *n* servicio *m* de obstetricia (*en un hospital*).

antenna [æn'tenə] (*pl sense 1* **antennae** [-ni:], (*pl sense 2* **antennas**) *n* - **1.** [of insect] antena *f*. - **2.** *Am* [aerial] antena *f*.

antepenultimate [ˌæntɪpɪ'nʌltɪmət] *adj* antepenúltimo(ma).

anterior [æn'tɪərɪə'] *adj* anterior.

anteroom ['æntɪrʊm] *n* [antechamber] antesala *f*; [waiting room] sala *f* de espera.

anthem ['ænθəm] *n* himno *m*.

anther ['ænθə'] *n* antera *f*.

anthill ['ænthɪl] *n* hormiguero *m*.

anthologist [æn'θɒlədʒɪst] *n* antólogo *m*, -ga *f*.

anthologize, -ise [æn'θɒlədʒaɪz] *vt* compilar, recopilar.

anthology [æn'θɒlədʒɪ] (*pl* **anthologies**) *n* antología *f*.

Anthony ['æntənɪ] *n*: (**Mark**) ~ Marco Antonio *m*; ~ **and Cleopatra** Marco Antonio y Cleopatra; **Saint** ~ San Antonio; ~ **of Padua** San Antonio de Padua.

anthracite ['ænθrəˌsaɪt] ◇ *n* antracita *f*. ◇ *adj*: ~ (**grey**) gris *m* antracita.

anthrax ['ænθræks] *n* ántrax *m inv*.

anthropocentric [ˌænθrəpə'sentrɪk] *adj* antropocéntrico(ca).

anthropoid ['ænθrəpɔɪd] *adj* antropoide.

anthropological [ˌænθrəpə'lɒdʒɪkl] *adj* antropológico(ca).

anthropologist [ˌænθrə'pɒlədʒɪst] *n* antropólogo *m*, -ga *f*.

anthropology [ˌænθrə'pɒlədʒɪ] *n* antropología *f*.

anthropomorphism [ˌænθrəpə'mɔ:fɪzm] *n* antropomorfismo *m*.

anthropomorphous [ˌænθrəpə'mɔ:fəs] *adj* antropomorfo(fa).

anthropophagous [ˌænθrə'pɒfəgəs] *adj* antropófago(ga).

anti- ['ænti] *prefix* anti-.

antiabortion [ˌæntɪə'bɔ:ʃn] *adj* antiabortista, contra el aborto.

antiabortionist [ˌæntɪə'bɔ:ʃnɪst] *n* antiabortista *mf*.

antiaircraft [ˌæntɪ'eəkrɑ:ft] *adj* antiaéreo(a); ~ **defence** defensa *f* antiaérea.

antiapartheid [ˌæntɪə'pɑ:theɪt] *adj* contra el apartheid.

antibacterial [ˌæntɪbæk'tɪrɪəl] *adj* antibacteriano(na), antibacterico(ca).

antiballistic missile [ˌæntɪbə'lɪstɪk-] *n* misil *m* antibalístico.

antibiotic [ˌæntɪbaɪ'ɒtɪk] *n* antibiótico *m*.

antibody ['ænti̩bɒdɪ] (*pl* **antibodies**) *n* anticuerpo *m*.

Antichrist ['ænti̩kraɪst] *n* anticristo *m*.

anticipate [æn'tɪsɪˌpeɪt] *vt* - **1.** [expect] prever. - **2.** [look forward to] esperar ansiosamente. - **3.** [forestall] adelantarse a.

anticipation [ænˌtɪsɪ'peɪʃn] *n* expectación *f*; **in** ~ [eagerly] con impaciencia; [in advance] anticipadamente, de antemano ❑ **in** ~ **of** en previsión de.

anticipatory [ænˌtɪsɪ'peɪtərɪ] *adj* en anticipación, anticipante.

anticlerical [ˌæntɪ'klerɪkl] *adj* anticlerical.

anticlericalism [ˌæntɪ'klerɪkəlɪsm] *n* anticlericalismo *m*.

anticlimactic [ˌæntɪklaɪ'mæktɪk] *adj* decepcionante.

anticlimax [ˌæntɪ'klaɪmæks] *n* anticlímax *m*.

anticline ['æntɪklaɪn] *n* anticlinal *m*.

anticlockwise [ˌæntɪ'klɒkwaɪz] *Br* ◇ *adj* contrario(ria) al sentido de las agujas del reloj. ◇ *adv* en sentido contrario al de las agujas del reloj.

anticoagulant [ˌæntɪkəʊ'ægjʊlənt] *n* anticoagulante *m*.

anticolonialist [ˌæntɪkə'ləʊnjəlɪst] *adj* anticolonialista.

anticommunist [ˌæntɪ'kɒmjʊnɪst] *adj* anticomunista.

anticonstitutional ['æntɪˌkɒnstɪ'tju:ʃənl] *adj* anticonstitucional.

anticonvulsant [ˌæntɪkən'vʌlsənt] ◇ *adj* antiespasmódico(ca). ◇ *n* antiespasmódico *m*.

anticorrosive [ˌæntɪkə'rəʊsɪv] ◇ *adj* anticorrosivo(va). ◇ *n* anticorrosivo *m*.

antics ['æntɪks] *npl* payasadas *fpl*.

anticyclone [ˌæntɪ'saɪkləʊn] *n* anticiclón *m*.

anti-dazzle *adj Br* = **antiglare**.

antidepressant [ˌæntɪdə'presnt] *n* antidepresivo *m*.

antidote ['æntɪdəʊt] *n lit & fig*: ~ (**to**) antídoto *m* (contra).

antiestablishment [ˌæntɪ'stæblɪʃmənt] *adj* contra el sistema.

antifreeze ['æntɪfri:z] *n* anticongelante *m*.

antigen ['æntɪdʒən] *n* antígeno *m*.

antiglare ['æntɪgleə'] *adj*: ~ **headlights** faros *mpl* antideslumbrantes.

Antigone [æn'tɪgənɪ] *n* Antígona *f*.

Antigua [æn'ti:gə] *n* Antigua; ~ **and Barbuda** Antigua y Barbuda.

Antiguan [æn'ti:gən] ◇ *adj* antigüeño(ña). ◇ *n* antigüeño *m*, -ña *f*.

antihero ['æntɪˌhɪərəʊ] (*pl* **antiheroes**) *n* antihéroe *m*.

antihistamine [ˌæntɪ'hɪstəmɪn] *n* antihistamínico *m*.

anti-imperialist ◇ *adj* antiimperialista. ◇ *n* antiimperialista *mf*.

anti-inflammatory *adj* antiinflamatorio(ria).

anti-inflationary *adj* antiinflacionista.

antiknock [ˌæntɪ'nɒk] *n* antidetonante *m*.

Antilles [æn'tɪli:z] *npl*: **the** ~ las Antillas; **the Greater/Lesser** ~ las Grandes/Pequeñas Antillas.

antimacassar [ˌæntɪmə'kæsə'] *n* antimacasar *m*.

antimagnetic [ˌæntɪmæg'netɪk] *adj* antimagnético(ca).

Typical message

Este es el contestador automático del número 425-51-32 (cuatro-veinticinco-cincuenta y uno-treinta y dos)/de Fernando y Maite. Ahora no estamos en casa, pero si quieres dejar algún mensaje, hazlo después de oír la señal.

Typical reply

Hola, soy Enrique. Hoy es miércoles y son las cinco y media. Llamaba para confirmar la hora de la cena de esta noche. Me podéis localizar en casa hasta las siete. Hasta luego.

antimalarial [ˌæntɪməˈleərɪəl] *adj* antipalúdico(ca).

antimatter [ˈæntɪˌmætə*] *n* antimateria *f*.

antimilitarism [ˌæntɪˈmɪlɪtərɪzm] *n* antimilitarismo *m*.

antimony [ˈæntɪmənɪ] *n* antimonio *m*.

antinuclear [ˌæntɪˈnjuːklɪə*] *adj* antinuclear.

antioxidant [ˌæntɪˈɒksɪdənt] *n* antioxidante *mf*.

antiparticle [ˈæntɪˌpɑːtɪkl] *n* antipartícula *f*.

antipathetic [ˌæntɪpəˈθetɪk] *adj* - **1.** [averse]: ~ **(to)** averso(sa) (a). - **2.** [causing antipathy] antipático(ca).

antipathy [ænˈtɪpəθɪ] *n*: ~ **(to** OR **towards)** antipatía *f* (hacia OR por).

antipersonnel [ˈæntɪˌpɜːsəˈnel] *adj* MIL antipersonal.

antiperspirant [ˌæntɪˈpɜːspərənt] *n* antitranspirante *m*.

antipodean [ænˌtɪpəˈdɪən] *adj* de las antípodas.

Antipodes [ænˈtɪpədiːz] *npl*: **the** ~ las Antípodas.

antipollution [ˌæntɪpəˈluːʃn] *adj* contra la contaminación.

antipyretic [ˌæntɪpaɪˈretɪk] *n* antipirético *m*.

antiquarian [ˌæntɪˈkweərɪən] ◇ *adj* de viejo. ◇ *n* anticuario *m*, -ria *f*.

antiquary [ˈæntɪkwərɪ] (*pl* **antiquaries**) *n* = **antiquarian**.

antiquate [ˈæntɪkweɪt] *vt* dejar anticuado(da).

antiquated [ˈæntɪkweɪtɪd] *adj* anticuado(da).

antique [ænˈtiːk] ◇ *adj* [furniture, object] antiguo(gua). ◇ *n* antigüedad *f*.

antique dealer *n* anticuario *m*, -ria *f*.

antique shop *n* tienda *f* de antigüedades.

antiquity [ænˈtɪkwətɪ] (*pl* **antiquities**) *n* antigüedad *f*.

antiracial [ˌæntɪˈreɪʃl] *adj* antirracista.

antiriot [ˌæntɪˈraɪət] *adj* antidisturbios *(inv)*.

anti-roll bar *n* barra *f* estabilizadora.

antirust [ˌæntɪˈrʌst] *adj* antioxidante.

anti-Semite *n* antisemita *mf*.

anti-Semitic *adj* antisemita.

anti-Semitism *n* antisemitismo *m*.

antiseptic [ˌæntɪˈseptɪk] ◇ *adj* antiséptico(ca). ◇ *n* antiséptico *m*.

antiserum [ˌæntɪˈsɪərəm] (*pl* **antiserums** OR **antisera**) *n* antisuero *m*.

antiskid [ˌæntɪˈskɪd] *adj* antideslizante.

antislavery [ˌæntɪˈsleɪvərɪ] *adj* antiesclavista.

antisocial [ˌæntɪˈsəʊʃl] *adj* - **1.** [against society] antisocial. - **2.** [unsociable] poco sociable.

antispasmodic [ˌæntɪspæzˈmɒdɪk] *n* antiespasmódico *m*.

antistatic [ˌæntɪˈstætɪk] *adj* antiestático(ca).

antisubmarine [ˌæntɪˌsʌbməˈriːn] *adj* antisubmarino.

antitank [ˌæntɪˈtæŋk] *adj* antitanque *(inv)*.

antiterrorism [ˌæntɪˈterərɪst] *n* antiterrorismo *m*.

antitheft [ˌæntɪˈθeft] *adj* antirrobo *(inv)*; ~ **device** (dispositivo *m*) antirrobo *m*.

antithesis [ænˈtɪθɪsɪs] (*pl* **antitheses** [-siːz]) *n* antítesis *f inv*.

antithetic(al) [ˌæntɪˈθetɪk(l)] *adj* antitético(ca).

antitoxic [ˌæntɪˈtɒksɪk] *adj* antitóxico(ca).

antitoxin [ˌæntɪˈtɒksɪn] *n* antitoxina *f*.

antitrust [ˌæntɪˈtrʌst] *adj* antimonopolio, contra los monopolios.

antivenin [ˌæntɪˈvenən] *n* antídoto *m*, contraveneno *m*.

antivivisectionist [ˈæntɪˌvɪvɪˈsekʃnɪst] *n* contrario *m*, -ria *f* a la vivisección.

antler [ˈæntlə*] *n* asta *f*.
◆ **antlers** *npl* cornamenta *f*.

antonym [ˈæntənɪm] *n* antónimo *m*.

antrum [ˈæntrəm] (*pl* **antra** [-trə]) *n* cavidad *f*, antro *m*.

Antwerp [ˈæntwɜːp] *n* Amberes.

anus [ˈeɪnəs] *n* ano *m*.

anvil [ˈænvɪl] *n* yunque *m*.

anxiety [æŋˈzaɪətɪ] (*pl* **anxieties**) ◇ *n* - **1.** [worry] ansiedad *f*, inquietud *f*. - **2.** [cause of worry] preocupación *f*. - **3.** [keenness] afán *m*, ansia *f*. ◇ *comp*: ~ **attack** ataque *m* de ansiedad.

anxious [ˈæŋkʃəs] *adj* - **1.** [worried] preocupado(da); **to be** ~ **about** estar preocupado por. - **2.** [keen]: **to be** ~ **that/to do sthg** estar ansioso(sa) porque/por hacer algo.

anxiously [ˈæŋkʃəslɪ] *adv* con inquietud.

anxiousness [ˈæŋkʃəsnɪs] *n* - **1.** [worry] ansiedad *f*, inquietud *f*. - **2.** [keenness] afán *m*, ansia *f*.

any [ˈenɪ] ◇ *adj* - **1.** *(with negative)* ninguno(na); **I haven't read** ~ **books** no he leído ningún libro; **I haven't got** ~ **money** no tengo nada de dinero. - **2.** [some] algún(una); **are there** ~ **cakes left?** ¿queda algún pastel?; **is there** ~ **milk left?** ¿queda algo de leche?; **can I be of** ~ **help?** ¿le puedo ayudar en algo?; **have you got** ~ **money?** ¿tienes dinero? - **3.** [no matter which] cualquier; ~ **box will do** cualquier caja vale; *see also* **case, day, moment, rate**. ◇ *pron* - **1.** *(with negative)* ninguno *m*, -na *f*; **I didn't get** ~ a mí no me tocó ninguno. - **2.** [some] alguno *m*, -na *f*; **can** ~ **of you do it?** ¿sabe alguno de vosotros hacerlo?; **I need some matches, do you have** ~? necesito cerillas, ¿tienes?; **few foreign films, if** ~, **are successful here** muy pocas películas extranjeras, por no decir ninguna, tienen éxito aquí. - **3.** [no matter which] cualquiera; **take** ~ **you like** coge cualquiera que te guste. ◇ *adv* - **1.** *(with negative)*: **I can't see it** ~ **more** ya no lo veo; **he's not feeling** ~ **better** no se siente nada mejor; **I can't stand it** ~ **longer** no lo aguanto más. - **2.** [some, a little]: **do you want** ~ **more potatoes?** ¿quieres más patatas?; **is that** ~**better/different?** ¿es así mejor/diferente?

anybody [ˈenɪˌbɒdɪ] *pron* = **anyone**.

anyhow [ˈenɪhaʊ] *adv* - **1.** [in spite of that] de todos modos. - **2.** [carelessly] de cualquier manera. - **3.** [in any case] en cualquier caso.

anymore [ˌenɪˈmɔːr] *adv Am* - **1.** *(in negative sentences)*: **I don't run** ~ ya no corro (más), he dejado de correr. - **2.** *(in questions)* aún, todavía; **do you run** ~? ¿corres aún OR todavía?

anyone [ˈenɪwʌn] *pron* - **1.** *(in negative sentences)* nadie; **I don't know** ~ no conozco a nadie. - **2.** *(in questions and conditional statements)* alguien; **did** ~ **see you?** ¿te vio alguien?; **if** ~ **asks, you haven't seen me** si alguien pregunta, tú no me has visto. - **3.** [any person] cualquiera; ~ **could do it** cualquiera podría hacerlo.

anyplace *adv Am* = **anywhere**.

anyroad [ˈenɪrəʊd] *adv Br* = **anyway**.

anything [ˈenɪθɪŋ] ◇ *pron* - **1.** *(in negative sentences)* nada; **I don't want** ~ no quiero nada. - **2.** *(in questions)* algo; **would you like** ~ **else?** ¿quiere algo más OR alguna otra cosa? - **3.** [any object, event] cualquier cosa; **take** ~ **you like** coge (todo) lo que quieras; **it could be** ~ **between two and five** no sé, de dos a cinco; **I'd give** ~ **to know what happened** daría cualquier cosa por saber lo que pasó. - **4.** *phr*: **like** ~ *inf* a más no poder. ◇ *adv*: **he isn't** ~ **like as clever as his sister** no es tan listo como su hermana ni mucho menos.
◆ **anything but** *adv* cualquier cosa menos; **he's** ~ **but bright** es cualquier cosa OR todo menos inteligente.

anytime [ˈenɪtaɪm] *adv Am* a cualquier hora, en cualquier momento.

anyway [ˈenɪweɪ], **anyways** *Am* [ˈenɪweɪz] *adv* - **1.** [in any case] de todas formas OR maneras. - **2.** [in conversation] en cualquier caso.

anywhere [ˈenɪweə*], **anyplace** *Am* [ˈenɪpleɪs] *adv* - **1.** *(in negative sentences)* en ningún sitio; **I didn't go** ~ no fui a ningún sitio OR a ninguna parte; **I can't find my keys** ~ no veo mis llaves por ningún sitio OR por ninguna parte. - **2.** *(in questions)* en algún sitio; **did you go** ~? ¿fuiste a algún sitio? - **3.** [any place] en cualquier sitio; ~ **you like** donde quieras. - **4.** [any amount, number]: ~ **between 10 and 100 people** de 10 a 100 personas; ~ **from £50 to £100** de 50 a 100 libras, entre 50 y 100 libras.

anywise [ˈenɪwaɪz] *adv Am* de cualquier modo.

Anzac ['ænzæk] (*abbr of* **Australia-New Zealand Army Corps**) *n* soldado australiano o neocelandés.

AOB, a.o.b. (*abbr of* **any other business**) ruegos y preguntas.

A-OK, A-okay Am inf ◇ adj de primera, fetén. ◇ adv de primera.

aorta [eɪˈɔːtə] (*pl* **aortas** OR **aortae** [-tiː]) *n* aorta f.

apace [əˈpeɪs] adv literary raudamente.

Apache [əˈpætʃi] *n* apache mf.

apart [əˈpɑːt] ◇ adv - **1.** [separated] aparte, separado(da); **they're not very far** ~ están bastante juntos; **the villages are about 10 kilometres** ~ los pueblos están a unos 10 kilómetros (el) uno del otro; **we're living** ~ vivimos separados. - **2.** [in several parts]: **to take sthg** ~ desmontar algo; **to fall** ~ hacerse pedazos. - **3.** [aside] aparte; **joking** ~ bromas aparte. ◇ adj aparte, distinto(ta).
♦ **apart from** prep - **1.** [except for] salvo. - **2.** [as well as] aparte de.

apartheid [əˈpɑːtheɪt] *n* apartheid m.

apartment [əˈpɑːtmənt] *n esp Am* [flat] piso m, apartamento m.

apartment building, apartment house *n Am* bloque m de pisos.

apathetic [æpəˈθetɪk] adj apático(ca).

apathetically [æpəˈθetɪklɪ] adv con apatía OR indiferencia.

apathy ['æpəθɪ] *n* apatía f.

APB (*abbr of* **all points bulletin**) *n* mensaje policial radiado referente a la busca y captura de alguien.

ape [eɪp] ◇ *n* - **1.** [monkey] simio m. - **2.** pej [person] torpe mf. ◇ vt pej copiar, imitar.

ape-man *n* hombre m mono.

Apennines ['æpɪnaɪnz] npl: **the** ~ los Apeninos.

aperient [əˈpɪərɪənt] MED ◇ adj laxante. ◇ *n* laxante m.

aperitif [əperəˈtiːf] *n* aperitivo m.

aperture ['æpətjʊə'] *n* abertura f.

apex ['eɪpeks] (*pl* **apexes** OR **apices** ['eɪpɪsiːz]) *n* [of triangle] vértice m; fig [of career] cima f, ápice m.

APEX ['eɪpeks] *n* - **1.** Br (*abbr of* **advance purchase excursion**) (tarifa f) APEX f. - **2.** (*abbr of* **Association of Professional, Executive, Clerical and Computer Staff**) sindicato británico de funcionarios públicos.

aphaeresis [əˈferɪsɪs] *n* aféresis f inv.

aphasia [əˈfeɪzjə] *n* afasia f.

aphid ['eɪfɪd] *n* pulgón m.

aphorism ['æfərɪzm] *n* aforismo m.

aphrodisiac [æfrəˈdɪzɪæk] *n* afrodisíaco m.

API (*abbr of* **American Press Institute**) *n* asociación de prensa estadounidense.

apiary ['eɪpjərɪ] (*pl* **apiaries**) *n* colmenar m, abejar m.

apices ['eɪpɪsiːz] pl → apex.

apiculture ['eɪpɪkʌltʃə'] *n* apicultura f.

apiece [əˈpiːs] adv cada uno (cada una).

apish ['eɪpɪʃ] adj - **1.** [apelike] simiesco(ca). - **2.** [silly] tonto(ta).

aplenty [əˈplentɪ] adj literary: **she's always had money** ~ siempre ha tenido dinero de sobra.

aplomb [əˈplɒm] *n* aplomo m.

APO (*abbr of* **Army Post Office**) *n* servicio de correos de las fuerzas armadas estadounidenses.

apocalypse [əˈpɒkəlɪps] *n* apocalipsis m inv.

apocalyptic [əpɒkəˈlɪptɪk] adj apocalíptico(ca).

apocope [əˈpɒkəʊpɪ] *n* apócope m.

Apocrypha [əˈpɒkrɪfə] npl libros mpl apócrifos.

apocryphal [əˈpɒkrɪfl] adj apócrifo(fa).

apogee ['æpədʒiː] *n* lit & fig apogeo m.

apolitical [eɪpəˈlɪtɪkəl] adj apolítico(ca).

apologetic [əpɒləˈdʒetɪk] adj [tone, look] lleno(na) de disculpas; **to be** ~ **(about)** no hacer más que disculparse (por).
♦ **apologetics** [əpɒləˈdʒetɪks] *n* (U) apologética f.

apologetically [əpɒləˈdʒetɪklɪ] adv pidiendo disculpas OR perdón.

apologia [æpəˈləʊdʒɪə] *n* apología f.

apologist [əˈpɒlədʒɪst] *n* apologista mf.

apologize, -ise [əˈpɒlədʒaɪz] vi: **to** ~ **(to sb for sthg)** disculparse (con alguien por algo).

apology [əˈpɒlədʒɪ] (*pl* **apologies**) *n* - **1.** [expression of regret] disculpa f; **to offer one's apologies** presentar (uno) sus disculpas, disculparse. - **2.** [formal defence] apología f. - **3.** Br pej [poor example] remedo m, pobre ejemplo m.

Making a spoken apology

(¡Ay!) Perdona, ¿te he hecho daño?
Perdona si te he lastimado.
Lo siento de verdad, no volverá a ocurrir.
Siento haberlo dicho. No era mi intención.
¡Cuánto lo siento! ¿Te he manchado?
Perdone que le interrumpa, pero ¿podría indicarme dónde está la salida?
¿Me disculpa?/¡Perdón!/¡Con permiso! [trying to fight one's way]
Perdóname, pero me ha sido imposible llamarte antes.
Perdón, ha sido sin querer.
Rogamos disculpen este pequeño retraso debido a causas ajenas a nuestra voluntad.

► apologizing afterwards:

Siento lo de esta mañana.
Te pido perdón por lo que pasó esta mañana.
Siento no haber podido ir a tu fiesta.
Perdona el retraso, pero he tenido que parar a echar gasolina.
Le ruego que me disculpe por mi falta de puntualidad. [formal]

► apologizing in advance:

Lo siento, pero no puedo quedar contigo el domingo.

Me temo que voy a tener que anular la cena de mañana.
Acepte mis excusas por no poder asistir a su reunión. [formal]

► replying to apologies:

No importa, no te preocupes.
No te preocupes, no tiene importancia.
No es nada.
Olvídate, eso le puede pasar a cualquiera.
No tienes por qué disculparte.
No hay de qué.

Making a written apology

Le pido que me perdone por haber faltado a la cita de la semana pasada.
Quisiera disculparme por haber faltado ayer a la reunión.
Quisiera presentarle mis excusas por el desagradable incidente del otro día. [formal]

► apologizing in advance:

Lamentamos sinceramente no poder acudir a la fiesta de mañana.
Tendrán que perdonarnos, pero no podremos asistir a la inauguración.

apoplectic [ˌæpəˈplektɪk] *adj* - **1.** MED apoplético(ca). - **2.** *inf* [very angry] encendido(da), enfurecido(da).

apoplexy [ˈæpəpleksɪ] *n* apoplejía *f*.

aport [əˈpɔːt] *adj* a babor.

apostasy [əˈpɒstəsɪ] (*pl* **apostasies**) *n* apostasía *f*.

apostate [əˈpɒsteɪt] *n* apóstata *mf*.

apostatize, -ise [əˈpɒstətaɪz] *vi* apostatar.

apostle [əˈpɒsl] *n* RELIG apóstol *m*; **the Apostle's Creed** el Credo de los apóstoles.

apostolate [əˈpɒstələt] *n* apostolado *m*.

apostolic [ˌæpəˈstɒlɪk] *adj* apostólico(ca).

Apostolic See *n* Sede *f* apostólica.

apostolic succession *n* sucesión *f* apostólica.

apostrophe [əˈpɒstrəfɪ] *n* apóstrofo *m*.

apostrophize, -ise [əˈpɒstrəfaɪz] *vt fml* apostrofar.

apothecary [əˈpɒθəkərɪ] (*pl* **apothecaries**) *n* boticario *m*, -ria *f*.

apothem [ˈæpəθem] *n* apotema *f*.

apotheosis [əpɒθɪˈəʊsɪs] (*pl* **apotheoses** [-siːz]) *n* apoteosis *f inv*.

apotheosize, -ise [əˈpɒθəsaɪz] *vt fml* exaltar, glorificar.

appal *Br* (*pt & pp* **appalled**, *cont* **appalling**), **appall** *Am* [əˈpɔːl] *vt* horrorizar.

Appalachian [ˌæpəˈleɪtʃjən] ◇ *adj* apalache. ◇ *n*: **the ~s**, **the ~ Mountains** los (montes) Apalaches.

appall *vt Am* = **appal**.

appalled [əˈpɔːld] *adj* horrorizado(da).

appalling [əˈpɔːlɪŋ] *adj* - **1.** [shocking] horroroso(sa). - **2.** *inf* [very bad] pésimo(ma), fatal.

appallingly [əˈpɔːlɪŋlɪ] *adv* - **1.** [shockingly] horrorosamente. - **2.** *inf* [very badly] pésimamente.

apparatus [ˌæpəˈreɪtəs] (*pl inv* OR **apparatuses**) *n* - **1.** [gen & POL] aparato *m*. - **2.** [equipment] equipo *m*.

apparel [əˈpærəl] (*Br pt & pp* **apparelled**, *cont* **apparelling**, *Am pt & pp* **appareled**, *cont* **appareling**) ◇ *n Am* ropa *f*. ◇ *vt literary* - **1.** [clothe] vestir. - **2.** [embellish] ataviar, adornar.

apparent [əˈpærənt] *adj* - **1.** [evident] evidente, patente; **for no ~ reason** sin motivo aparente. - **2.** [seeming] aparente.

apparently [əˈpærəntlɪ] *adv* - **1.** [it seems] al parecer, por lo visto, diz que *Amér*. - **2.** [seemingly] aparentemente.

apparition [ˌæpəˈrɪʃn] *n fml* aparición *f*, espectro *m*.

appeal [əˈpiːl] ◇ *vi* - **1.** [request]: **to ~ (to sb for sthg)** solicitar (algo de alguien). - **2.** [to sb's honour, common sense]: **to ~ to** apelar a. - **3.** JUR: **to ~ (against)** apelar (contra). - **4.** [attract, interest]: **to ~ (to)** atraer (a). ◇ *n* - **1.** [request] llamamiento *m*, súplica *f*; [fundraising campaign] campaña *f* para recaudar fondos. - **2.** JUR apelación *f*; **without ~** sin recurso, inapelable; **to file an ~** presentar OR interponer una apelación. - **3.** [charm, interest] atractivo *m*.

appeal court *n* tribunal *m* de apelación.

appealing [əˈpiːlɪŋ] *adj* - **1.** [attractive] atractivo(va). - **2.** [touching] enternecedor(ra).

appear [əˈpɪəʳ] *vi* - **1.** [gen] aparecer. - **2.** [seem]: **she ~s tired** parece cansada; **to ~ (to be/to do sthg)** parecer (ser/hacer algo); **it would ~ that...** parece que... - **3.** [in play, film, on TV]: **to ~ on TV/in a film** salir en televisión/en una película. - **4.** JUR: **to ~ (before)** comparecer (ante).

appearance [əˈpɪərəns] *n* - **1.** [act of appearing] aparición *f*; **to make an ~** aparecer; **to put in an ~** hacer acto de presencia. - **2.** [look, outward aspect] aspecto *m*; **by** OR **to all ~s** por lo que parece; **to keep up ~s** guardar las apariencias.

appease [əˈpiːz] *vt* aplacar, apaciguar.

appeasement [əˈpiːzmənt] *n* - **1.** [placating] apaciguamiento *m*. - **2.** POL pacificación *f*.

appeaser [əˈpiːzəʳ] *n* pacificador *m*, -ra *f*, reconciliador *m*, -ra *f*.

appellant [əˈpelənt] *n* apelante *mf*.

appellate [əˈpelət] *adj* de apelación.

appellate court *n* tribunal *m* de apelación.

appellation [ˌæpəˈleɪʃn] *n* denominación *f*.

append [əˈpend] *vt fml*: **to ~ sthg (to sthg)** agregar algo (a algo).

appendage [əˈpendɪdʒ] *n* apéndice *m*, añadido *m*.

appendant [əˈpendənt] *adj* - **1.** *fml* [attached] anexo(xa), adjunto(ta). - **2.** JUR accesorio(ria).

appendectomy [ˌæpenˈdektəmɪ] (*pl* **appendectomies**) *n* apendectomía *f*.

appendices [əˈpendɪsiːz] *pl* → **appendix**.

appendicitis [əpendɪˈsaɪtɪs] *n* (U) apendicitis *f inv*.

appendix [əˈpendɪks] (*pl* **appendixes** OR **appendices**) *n* [gen & ANAT] apéndice *m*; **to have one's ~ out** OR **removed** operarse de apendicitis.

appertain [ˌæpəˈteɪn] *vi fml*: **to ~ to** concernir OR atañer a.

appetite [ˈæpɪtaɪt] *n* - **1.** [for food] apetito *m*; **~ for** ganas *fpl* de. - **2.** *fig* [enthusiasm]: **~ for** entusiasmo *m* OR ilusión *f* por.

appetizer, -iser [ˈæpɪtaɪzəʳ] *n* aperitivo *m*, pasapalos *m inv Amér*.

appetizing, -ising [ˈæpɪtaɪzɪŋ] *adj* [food] apetitoso(sa).

Appian [ˈæpɪən] *adj*: **the ~ Way** la Vía Apia.

applaud [əˈplɔːd] *vt & vi lit & fig* aplaudir.

applause [əˈplɔːz] *n* (U) - **1.** [with hands] aplausos *mpl*. - **2.** [praise] aplauso *m*, aprobación *f*.

apple [ˈæpl] ◇ *n* manzana *f*; **she's the ~ of my eye** *inf fig* es la niña de mis ojos; **to be a bad** OR **rotten ~** *fig* ser un mal tipo OR una oveja descarriada. ◇ *comp*: **~ blossom** flor *f* del manzano; **~ core** corazón *m* de la manzana.

applejack [ˈæpldʒæk] *n* licor *m* de manzana.

apple pie *n* pastel *m* OR tarta *f* de manzana.

apple-pie bed *n* petaca *f*.

apple-polish *vi Am inf* adular, hacer la pelota.

apple sauce [ˈæplˈsɔːs] *n Br* CULIN compota *f* de manzana.

applesauce [ˈæplˈsɔːs] *n Am* - **1.** = **apple sauce**. - **2.** *inf* [nonsense] tonterías *fpl*, bobadas *fpl*.

apple tree *n* manzano *m*.

appliance [əˈplaɪəns] *n* aparato *m*.

applicability [ˌæplɪkəˈbɪlətɪ] *n* aplicabilidad *f*.

applicable [ˈæplɪkəbl] *adj*: **to be ~ (to)** aplicarse (a).

applicant [ˈæplɪkənt] *n*: **~ (for)** solicitante *mf* (de).

application [ˌæplɪˈkeɪʃn] *n* - **1.** [gen] aplicación *f*. - **2.** [for job, college, club]: **~ (for)** solicitud *f* (para). - **3.** COMPUT: **~ (program)** aplicación *f*.

application form *n* impreso *m* de solicitud.

applicator [ˈæplɪkeɪtəʳ] *n* aplicador *m*.

applied [əˈplaɪd] *adj* [science] aplicado(da); **~ arts** artes *fpl* decorativas.

appliqué [æˈpliːkeɪ] *n* SEWING aplicación *f*, sobrepuesto *m*.

apply [əˈplaɪ] (*pt & pp* **applied**) ◇ *vt* [gen] aplicar; [brakes] pisar; **to ~ o.s. (to sthg)** aplicarse (en algo). ◇ *vi* - **1.** [for work, grant] presentar una solicitud; **to ~ to sb for sthg** solicitar a alguien algo. - **2.** [be relevant] aplicarse; **to ~ to** concernir a.

appoint [əˈpɔɪnt] *vt* - **1.** [to job, position]: **to ~ sb (to sthg)** nombrar a alguien (para algo); **to ~ sb as sthg** nombrar a alguien algo. - **2.** *fml* [time, place] señalar, fijar. - **3.** *Br fml* [furnish] amueblar, equipar.

appointed [əˈpɔɪntɪd] *adj* - **1.** [designated] nombrado(da), designado(da). - **2.** *Br fml* [furnished] equipado(da), amueblado(da).

appointee [əpɔɪnˈtiː] *n* persona *f* nombrada.

appointive [əˈpɔɪntɪv] *adj* de libre designación.

appointment [əˈpɔɪntmənt] *n* - **1.** [to job, position] nombramiento *m*; **'by ~ to Her Majesty the Queen'** 'proveedor de la familia real'. - **2.** [job, position] puesto *m*, cargo *m*. - **3.** [with businessman, lawyer] cita *f*; [with doctor, hairdresser] hora *f*; **to have an ~** [with businessman] tener una cita; [with doctor] tener hora; **to keep an ~** acudir a una cita; **to**

make an ~ [with businessman, lawyer] concertar una cita; [with doctor, hairdresser] pedir hora; **by** ~ mediante cita.

appointments book *n* agenda *m*.

apportion [ə'pɔːʃn] *vt* [money] repartir; [blame] adjudicar.

apportionment [ə'pɔːʃnmənt] *n fml* distribución *f*, reparto *m*.

appose [ə'pəuz] *vt fml* [juxtapose] yuxtaponer, poner lado con lado.

apposite ['æpəzɪt] *adj fml* oportuno(na).

apposition [,æpə'zɪʃn] *n* aposición *f*.

appositive [ə'pɒzətɪv] *adj* en aposición.

appraisal [ə'preɪzl] *n* evaluación *f*, valoración *f*.

appraise [ə'preɪz] *vt* evaluar, valorar.

appraiser [ə'preɪzəʳ] *n* tasador *m*, -ra *f*.

appraising [ə'preɪzɪŋ] *adj*: **she shot him an** ~ **glance** le dirigió una mirada apreciativa OR valorativa.

appreciable [ə'priːʃəbl] *adj* apreciable, sensible.

appreciably [ə'priːʃəbli] *adv* de manera apreciable, sensiblemente.

appreciate [ə'priːʃieɪt] ◇ *vt* **- 1.** [value, like] apreciar. **- 2.** [recognize, understand] entender, darse cuenta de; **I** ~ **your problems** me doy cuenta de sus problemas. **- 3.** [be grateful for] agradecer; **I** ~ **your help** le agradezco su ayuda. ◇ *vi* FIN valorizarse, encarecerse.

appreciation [ə,priːʃi'eɪʃn] *n* **- 1.** [liking] aprecio *m*. **- 2.** [recognition, understanding] entendimiento *m*. **- 3.** [gratitude] gratitud *f*, agradecimiento *m*. **- 4.** FIN encarecimiento *m*, plusvalía *f*. **- 5.** [of novel, play] valoración *f*.

appreciative [ə'priːʃjətɪv] *adj* [person, remark] agradecido(da); [audience] entendido(da).

appreciatively [ə'priːʃjətɪvli] *adv* [with enjoyment] con alegría; **he smiled** ~ [gratefully] sonrió con gratitud OR agradecimiento; [admiringly] sonrió con admiración.

apprehend [,æpri'hend] *vt fml* **- 1.** [arrest] capturar, aprehender. **- 2.** [understand] aprehender, comprender. **- 3.** [fear] temer, recelar.

apprehensible [,æpri'hensəbl] *adj fml* comprensible, entendible.

apprehension [,æpri'henʃn] *n* **- 1.** [anxiety] aprensión *f*. **- 2.** *fml* [arrest] aprehensión *f*. **- 3.** [understanding] aprehensión *f*.

apprehensive [,æpri'hensɪv] *adj* aprensivo(va).

apprehensively [,æpri'hensɪvli] *adv* con aprensión.

apprentice [ə'prentɪs] ◇ *n* aprendiz *m*, -za *f*. ◇ *comp*: ~ **carpenter** aprendiz de carpintero. ◇ *vt*: **to be** ~**d to sb** trabajar de aprendiz con alguien.

apprenticeship [ə'prentɪʃɪp] *n* aprendizaje *m*.

apprise [ə'praɪz] *vt fml* [notify] informar, notificar.

appro ['æprəu] (*abbr of* **approval**) *n Br inf*: **on** ~ a prueba.

approach [ə'prəutʃ] ◇ *n* **- 1.** [arrival] llegada *f*. **- 2.** [way in] acceso *m*. **- 3.** [method] enfoque *m*, planteamiento *m*. **- 4.** [to

person]: **to make** ~**es to sb** hacerle propuestas a alguien. ◇ *vt* **- 1.** [come near to] acercarse a. **- 2.** [ask]: **to** ~ **sb about sthg** hacer una propuesta OR dirigirse a alguien acerca de algo. **- 3.** [problem, situation] abordar. **- 4.** [level, speed] aproximarse a. ◇ *vi* aproximarse, acercarse.

approachable [ə'prəutʃəbl] *adj* accesible.

approaching [ə'prəutʃɪŋ] *adj* próximo(ma), cercano(na).

approach road *n Br* vía *f* de acceso.

approbation [,æprə'beɪʃn] *n fml* aprobación *f*.

appropriate [*adj* ə'prəupriət, *vb* ə'prəuprieɪt] ◇ *adj* apropiado(da). ◇ *vt* **- 1.** JUR [take] apropiarse de. **- 2.** [allocate] destinar.

appropriately [ə'prəupriətli] *adv* de manera apropiada.

appropriateness [ə'prəupriətnɪs] *n* propiedad *f*, conveniencia *f*.

appropriation [ə,prəupri'eɪʃn] ◇ *n* **- 1.** [taking] apropiación *f*. **- 2.** [allocation] asignación *f*. **- 3.** *Am* POL partida *f* presupuestaria. ◇ *comp*: ~**s bill** *Am* proyecto *m* de ley sobre presupuestos generales; **Appropriations Committee** *comisión parlamentaria de economía que controla los gastos en EE UU*.

approval [ə'pruːvl] *n* **- 1.** [admiration] aprobación *f*. **- 2.** [official sanctioning] visto *m* bueno. **- 3.** COMM: **on** ~ a prueba.

approve [ə'pruːv] ◇ *vi* estar de acuerdo; **to** ~ **of sthg/sb** ver con buenos ojos algo/a alguien. ◇ *vt* aprobar, autorizar.

approved [ə'pruːvd] *adj* aprobado(da), reconocido(da).

approved school *n nombre dado antiguamente a los correccionales británicos ahora llamados 'community home'*.

approving [ə'pruːvɪŋ] *adj* aprobatorio(ria).

approvingly [ə'pruːvɪŋli] *adv* con aprobación.

approx. (*abbr of* **approximately**) aprox.

approximate [*adj* ə'prɒksɪmət, *vb* ə'prɒksɪmeɪt] ◇ *adj* aproximado(da). ◇ *vi*: **to** ~ **to** aproximarse a.

approximately [ə'prɒksɪmətli] *adv* aproximadamente.

approximation [ə,prɒksɪ'meɪʃn] *n* **- 1.** [of number, position] cálculo *m* aproximado. **- 2.** [similarity]: ~ **(to)** aproximación *f* (a).

appurtenance [ə'pɜːtɪnəns] *n fml* accesorio *m*.

◆ **appurtenances** *npl* **- 1.** *fml* [gear] accesorios *mpl*, equipo *m*. **- 2.** DER anexidades *fpl*.

appurtenant [ə'pɜːtɪnənt] *adj* JUR anexo(xa).

Apr. (*written abbr of* **April**) abr.

APR *n* **- 1.** (*abbr of* **annualized percentage rate**) tasa de interés anual. **- 2.** (*abbr of* **annual purchase rate**) tasa de adquisición anual.

après-ski [,æprei'skiː] *n* après-ski *m*.

apricot ['eɪprɪkɒt] ◇ *n* **- 1.** [fruit] albaricoque *m*, chabacano *m Amér*. **- 2.** [colour] color *m* albaricoque. ◇ *comp* de albaricoque; ~ **tree** albaricoquero *m*.

April ['eɪprəl] ◇ *n* abril *m*. ◇ *comp* de abril; ~ **showers** lluvias *fpl* de abril; *see also* **September**.

USAGE ▶ Approval

Of a suggestion, proposal etc

¡Qué buena idea has tenido!
¡Es una excelente idea!
¡Qué gran idea!
Apruebo sin reservas ese nuevo proyecto.
Pueden contar con nuestro apoyo incondicional.
¡Buena idea!

Of a course of action, decision, choice

Haces bien en decírselo.
¡Bien hecho!
Yo hubiera hecho exactamente lo mismo en tu situación.

Ha sido un sabia decisión.
Yo no lo hubiera hecho mejor.
Es exactamente así como había que reaccionar.
Lo has hecho muy bien.
Así se hace.
Está muy bien.

Of something done by oneself

Creo que lo he hecho como debía.
Está hecho a conciencia.
Lo he hecho lo mejor que he sabido.
He hecho lo que he podido.

April fool *n* víctima de una inocentada, ≈ inocente *mf*.

April Fools' Day *n* uno *m* de abril, ≈ Día *m* de los Santos Inocentes.

a priori [eipraɪˈɔːraɪ] *adj* a priori.

apron [ˈeiprən] *n* - **1**. [clothing] delantal *m*, mandil *m*; **to be tied to sb's ~ strings** *inf fig* estar pegado(da) a las faldas de alguien. - **2**. AERON pista *f* de servicio. - **3**. THEATRE proscenio *m*. - **4**. TECH placa *f* de protección.

apropos [ˈæprəpəʊ] ◇ *adj* oportuno(na). ◇ *adv* a propósito. ◇ *prep*: ~ (**of**) hablando de.

apse [æps] *n* ábside *m*.

apt [æpt] *adj* - **1**. [pertinent] acertado(da). - **2**. [likely]: ~ **to do sthg** propenso(sa) a hacer algo. - **3**. [clever] listo(ta).

Apt. (*written abbr of* **apartment**) Apto.

APT (*abbr of* **advanced passenger train**) *n* tren de alta velocidad, ≈ AVE *m*.

aptitude [ˈæptɪtjuːd] *n* aptitud *f*; **to have an ~ for** tener aptitudes para.

aptitude test *n* prueba *f* de aptitud.

aptly [ˈæptlɪ] *adv* apropiadamente.

aptness [ˈæptnɪs] *n* - **1**. [appropriateness] acierto *m*, conveniencia *f*. - **2**. [capability] capacidad *f*, aptitud *f*.

aqua [ˈækwə] (*pl* **aquas** OR **aquae** [-kwiː]) *n* PHARM solución *f* acuosa.

aqualung [ˈækwəlʌŋ] *n* escafandra *f* autónoma.

aquamarine [ˌækwəməˈriːn] *n* [colour] color *m* aguamarina.

aquanaut [ˈækwənɔːt] *n* submarinista *mf*.

aquaplane [ˈækwəpleɪn] ◇ *n* hidropatín *m*, acuaplano *m*. ◇ *vi Br* AUT patinar.

aquarelle [ˈækwəˌrel] *n* acuarela *f*.

aquarium [əˈkweəriəm] (*pl* **aquariums** OR **aquaria** [-rɪə]) *n* acuario *m*.

Aquarius [əˈkweərɪəs] *n* Acuario *m*; **to be (an)** ~ ser Acuario.

aquatic [əˈkwætɪk] *adj* acuático(ca).

♦ **aquatics** [əˈkwætɪks] *npl* deportes *mpl* acuáticos.

aquatint [ˈækwətɪnt] *n* acuatinta *f*.

aqueduct [ˈækwɪdʌkt] *n* acueducto *m*.

aqueous [ˈeɪkwɪəs] *adj* - **1**. [watery] acuoso(sa). - **2**. GEOL sedimentario(ria).

aquifer [ˈækwɪfər] *n* acuífero *m*.

aquiline [ˈækwɪlaɪn] *adj* aguileño(ña), aquilino(na).

Aquinas [əˈkwaɪnæs] *n*: **Saint Thomas** ~ santo Tomás de Aquino.

AR *written abbr of* **Arkansas**.

ARA (*abbr of* **Associate of the Royal Academy**) *n* miembro de la Royal Academy; *see also* **RA**.

Arab [ˈærəb] ◇ *adj* árabe. ◇ *n* - **1**. [person] árabe *mf*. - **2**. [horse] caballo *m* árabe.

arabesque [ˌærəˈbesk] *n* arabesco *m*.

Arabia [əˈreɪbjə] *n* Arabia.

Arabian [əˈreɪbjən] ◇ *adj* árabe, arábigo(ga). ◇ *n* árabe *mf*.

Arabian desert *n*: **the** ~ el desierto de Arabia.

Arabian Nights *npl*: **the** ~ 'Las mil y una noches'.

Arabian Peninsula *n*: **the** ~ la península Arábiga.

Arabian Sea *n*: **the** ~ el mar de Omán.

Arabic [ˈærəbɪk] ◇ *adj* árabe. ◇ *n* [language] árabe *m*.

Arabic numeral *n* número *m* arábigo.

arable [ˈærəbl] *adj* cultivable; ~ **farming** agricultura *f*.

Arab League *n*: **the** ~ la Liga árabe.

arachnid [əˈræknɪd] *n* arácnido *m*.

Aragon [ˈærəgən] *n* Aragón.

ARAM (*abbr of* **Associate of the Royal Academy of Music**) *n* miembro de la academia británica de música.

Aran Islands [ˈærən-] *npl*: **the** ~ las islas Aran.

Ararat [ˈærəræt] *n*: **Mount** ~ el monte Ararat.

arbiter [ˈɑːbɪtər] *n fml* árbitro *m*.

arbitrage [ˈɑːbɪˈtrɑːʒ] *n* arbitraje *m*.

arbitrarily [*Br* ˈɑːbɪtrərəlɪ, *Am* ˌɑːrbəˈtrerəlɪ] *adv* arbitrariamente.

arbitrariness [ˈɑːbɪtrərɪnɪs] *n* arbitrariedad *f*.

arbitrary [ˈɑːbɪtrərɪ] *adj* [random] arbitrario(ria).

arbitrate [ˈɑːbɪtreɪt] *vi* arbitrar.

arbitration [ˌɑːbɪˈtreɪʃn] *n* arbitraje *m*; **to go to** ~ acudir al arbitraje. ◇ *comp*: ~ **court** OR **tribunal** tribunal *m* de arbitraje.

arbitrator [ˈɑːbɪtreɪtər] *n* arbitrador *m*, -ra *f*, árbitro *m*, -tra *f*.

arbor [ˈɑːbər] *n* - **1**. *Am* = **arbour**. - **2**. TECH árbol *m*, eje *m*.

arboreal [ɑːˈbɔːrɪəl] *adj* [form] arbóreo(a); [animal, technique] arborícola.

arborescent [ˌɑːbəˈresnt] *adj* arborescente.

arboretum [ˌɑːbəˈriːtəm] (*pl* **arboretums** OR **arboreta** [-tə]) *n* jardín *m* botánico, arboretum *m*.

arbor vitae [-ˈviːtaɪ] *n* árbol *m* de la vida, tuya *f*.

arbour *Br*, **arbor** *Am* [ˈɑːbər] *n* enramada *f*, pérgola *f*.

arbutus [ɑːˈbjuːtəs] *n* madroño *m*, arborio *m*.

arc [ɑːk] ◇ *n* arco *m*. ◇ *vi* formar un arco.

ARC [ɑːk] (*abbr of* **AIDS-related complex**) *n* enfermedad relacionada con el sida.

arcade [ɑːˈkeɪd] *n* - **1**. [shopping arcade] galería *f* OR centro *m* comercial. - **2**. [covered passage] arcada *f*, galería *f*.

Arcadia [ɑːˈkeɪdjə] *n* (la) Arcadia.

Arcadian [ɑːˈkeɪdjən] ◇ *adj* árcade, arcádico(ca). ◇ *n* arcadio *m*, -a *f*, árcade *mf*.

arcana [ɑːˈkeɪnə] *pl* → **arcanum**.

arcane [ɑːˈkeɪn] *adj* [secret] arcano(na), esotérico(ca).

arcanum [ɑːˈkeɪnəm] (*pl* **arcanums** OR **arcana** [-nə]) *n* arcano *m*.

arch [ɑːtʃ] ◇ *n* - **1**. ARCHIT arco *m*. - **2**. [of foot] puente *m*. ◇ *adj* travieso(sa), pícaro(ra). ◇ *vt* arquear. ◇ *vi* arquearse, combarse.

arch- *prefix*: ~**rival** máximo *m*, -ma *f* rival.

archaeological [ˌɑːkɪəˈlɒdʒɪkl] *adj* arqueológico(ca).

archaeologist [ˌɑːkɪˈɒlədʒɪst] *n* arqueólogo *m*, -ga *f*.

archaeology [ˌɑːkɪˈɒlədʒɪ] *n* arqueología *f*.

archaic [ɑːˈkeɪk] *adj* arcaico(ca).

archaism [ˈɑːkeɪɪzm] *n* arcaísmo *m*.

archaize, -ise [ˈɑːkeɪaɪz] ◇ *vt* arcaizar. ◇ *vi* ser arcaizante.

archangel [ˈɑːkeɪndʒəl] *n* arcángel *m*.

archbishop [ˌɑːtʃˈbɪʃəp] *n* arzobispo *m*; **the Archbishop of Canterbury** el arzobispo de Canterbury, *jefe espiritual de la iglesia anglicana*; **the Archbishop of York** el arzobispo de York, *segunda máxima autoridad de la iglesia anglicana*.

archbishopric [ˌɑːtʃˈbɪʃəprɪk] *n* arzobispado *m*.

archdeacon [ˌɑːtʃˈdiːkən] *n* archidiácono *m*, arcediano *m*.

archdiocese [ˌɑːtʃˈdaɪəsɪs] *n* archidiócesis *f inv*.

archduchess [ˌɑːtʃˈdʌtʃɪs] *n* archiduquesa *f*.

archduchy [ˌɑːtʃˈdʌtʃɪ] (*pl* **archduchies**) *n* archiducado *m*.

archduke [ˌɑːtʃˈdjuːk] *n* archiduque *m*.

arched [ɑːtʃt] *adj* [gen] arqueado(da); [roof] abovedado(da).

archenemy [ˌɑːtʃˈenɪmɪ] (*pl* **archenemies**) *n* peor enemigo *m*, peor enemiga *f*, enemigo acérrimo *m*, enemiga acérrima *f*; **the Archenemy** RELIG Satanás.

archeology *etc* = **archaeology** *etc*.

archer [ˈɑːtʃər] *n* arquero *m*.

archery [ˈɑːtʃərɪ] *n* tiro *m* con arco.

archetypal [ˌɑːkɪˈtaɪpl] *adj* arquetípico(ca).

archetype [ˈɑːkɪtaɪp] *n* arquetipo *m*.

archetypical [ˌɑːkɪˈtɪpɪkl] *adj* = **archetypal**.

Archfiend [ˈɑːtʃfiːnd] *n*: **the** ~ el Diablo, Satanás.

Archimedes [ˌɑːkɪˈmiːdiːz] ◇ *n* Arquímedes *m*. ◇ *comp*: ~ **principle** principio *m* de Arquímedes; ~ **screw** tornillo *m* OR rosca *f* de Arquímedes.

arching ['ɑːtʃɪŋ] *n* arqueo *m*.

archipelago [,ɑːkɪ'pelɪgəʊ] (*pl* **archipelagoes** OR **archipelagos**) *n* archipiélago *m*.

architect ['ɑːkɪtekt] *n* - **1.** [of buildings] arquitecto *m*, -ta *f*. - **2.** *fig* [of plan, event] artífice *mf*.

architectonics [,ɑːkɪtek'tɒnɪks] *n (U)* arquitectura *f*.

architectural [,ɑːkɪ'tektʃərəl] *adj* arquitectónico(ca).

architecturally [,ɑːkɪ'tektʃərəlɪ] *adv* desde el punto de vista arquitectónico, arquitectónicamente.

architecture ['ɑːkɪtektʃəˀ] *n* [gen & COMPUT] arquitectura *f*.

archival [ɑː'kaɪvl] *adj* de archivos.

archive ['ɑːkaɪv] ◇ *n* archivo *m*. ◇ *vt* archivar.

◆ **archives** *npl* [of documents] archivos *mpl*.

archive file ['ɑːkaɪv-] *n* COMPUT fichero *m* archivado.

archivist ['ɑːkɪvɪst] *n* archivero *m*, -ra *f*.

archly ['ɑːtʃlɪ] *adv* con malicia OR picardía, ladinamente.

archpriest [,ɑːtʃ'priːst] *n* arcipreste *m*.

archway ['ɑːtʃweɪ] *n* [passage] arcada *f*; [entrance] entrada *f* en forma de arco.

arc lamp *n* arco *m* voltaico.

ARCM (*abbr of* **Associate of the Royal College of Music**) *n* miembro del Royal College of Music, conservatorio nacional británico.

Arctic ['ɑːktɪk] ◇ *adj* - **1.** GEOGR ártico(ca). - **2.** *inf* [very cold] gélido(da). ◇ *n*: **the** ~ el Ártico.

Arctic Circle *n*: **the** ~ el círculo polar Ártico.

Arctic Ocean *n*: **the** ~ el océano Ártico.

arc welding *n* soldadura *f* por arco.

ardent ['ɑːdənt] *adj* ardoroso(sa), ferviente.

ardently ['ɑːdəntlɪ] *adv* con ardor OR fervor, fervientemente.

ardour *Br*, **ardor** *Am* ['ɑːdəˀ] *n* ardor *m*.

arduous ['ɑːdjʊəs] *adj* [task, climb, journey] arduo(dua); [hill] escarpado(da).

arduously ['ɑːdjʊəslɪ] *adv* con dificultad, penosamente.

arduousness ['ɑːdjʊəsnɪs] *n* dificultad *f*, rigor *m*.

are [*vb weak form* əˀ, *strong form* ɑːˀ, *n* ɑːˀ] *v* → **be**.

area ['eərɪə] *n* - **1.** [region, designated space] zona *f*, área *f*; **in the** ~ en la zona; ~ **of outstanding natural beauty** espacio *m* natural protegido. - **2.** *fig* [approximate size, number]: **in the** ~ **of** del orden de, alrededor de. - **3.** [surface size] superficie *f*, área *f*. - **4.** [of knowledge, interest] campo *m*.

area code *n* prefijo *m* (telefónico).

areal ['eərɪəl] *adj* de una área OR superficie.

arena [ə'riːnə] *n* - **1.** SPORT palacio *m*, pabellón *m*. - **2.** *fig* [area of activity]: **she entered the political** ~ saltó al ruedo político.

aren't [ɑːnt] *contr* = **are not**.

Argentina [,ɑːdʒən'tiːnə] *n* (la) Argentina.

Argentine ['ɑːdʒəntaɪn] ◇ *adj* argentino(na). ◇ *n* argentino *m*, -na *f*.

Argentinian [,ɑːdʒən'tɪnɪən] ◇ *adj* argentino(na). ◇ *n* argentino *m*, -na *f*.

Argonaut ['ɑːgənɔːt] *n*: **the** ~**s** los Argonautas.

argosy ['ɑːgəsɪ] (*pl* **argosies**) *n* buque *m* mercante grande.

argot ['ɑːgəʊ] *n* argot *m*.

arguable ['ɑːgjʊəbl] *adj* [questionable] discutible.

arguably ['ɑːgjʊəblɪ] *adv* probablemente.

argue ['ɑːgjuː] ◇ *vi* - **1.** [quarrel]: **to** ~ **(with sb about sthg)** discutir (con alguien sobre algo). - **2.** [reason]: **to** ~ **(for/against)** argumentar (a favor de/contra). ◇ *vt* - **1.** [maintain]: **to** ~ **that** argumentar que. - **2.** [case, point] presentar, argumentar. - **3.** [persuade] persuadir, convencer; **he** ~**d me into going** me convenció OR persuadió de que fuera.

◆ **argue out** *vt sep* discutir a fondo; **I left them to** ~ **it out** los dejé que discutieran hasta que encontraran una solución.

argument ['ɑːgjʊmənt] *n* - **1.** [gen] discusión *f*; **to have an** ~ **(with)** tener una discusión (con). - **2.** [reason] argumento *m*; **an** ~ **in favour of/against** un argumento a favor de/contra. - **3.** [of book, play] argumento *m*, resumen *m*.

argumentation [,ɑːgjʊmen'teɪʃn] *n* - **1.** [reasoning] argumentación *f*. - **2.** [debate] debate *m*.

argumentative [,ɑːgjʊ'mentətɪv] *adj* discutidor(ra), muy propenso (muy propensa) a discutir.

argy-bargy [,ɑːdʒɪ'bɑːdʒɪ] *n (U) Br inf* trifulca *f*, agarrada *f*.

argyle [ɑː'gaɪl] *n* - **1.** [pattern] diseño *m* de rombos. - **2.** [sock] calcetín *m* de rombos.

aria ['ɑːrɪə] *n* aria *f*.

Ariadne [,ærɪ'ædnɪ] *n* Ariadna *f*.

arid ['ærɪd] *adj lit & fig* árido(da).

aridity [æ'rɪdətɪ] *n lit & fig* aridez *f*.

Aries ['eəriːz] *n* Aries *m*; **to be (an)** ~ ser Aries.

aright [ə'raɪt] *adv* correctamente.

arise [ə'raɪz] (*pt* **arose** [ə'rəʊz], *pp* **arisen** [ə'rɪzn]) *vi* - **1.** [appear]: **to** ~ **(from)** surgir (de). - **2.** *literary* [get up] levantarse, ponerse en pie.

aristocracy [,ærɪ'stɒkrəsɪ] (*pl* **aristocracies**) *n* aristocracia *f*.

aristocrat [*Br* 'ærɪstəkræt, *Am* ə'rɪstəkræt] *n* aristócrata *mf*.

aristocratic [*Br* ,ærɪstə'krætɪk, *Am* ə,rɪstə'krætɪk] *adj* aristocrático(ca).

arithmetic [*n* ə'rɪθmətɪk, *adj* ,ærɪθ'metɪk] *n* aritmética *f*.

arithmetical *adj* aritmético(ca).

arithmetician [ə,rɪθmə'tɪʃn] *n* aritmético *m*, -ca *f*.

Arizona [,ærɪ'zəʊnə] *n* Arizona.

ark [ɑːk] *n* arca *f*; **the Ark of the Covenant** el arca de la Alianza.

Arkansas ['ɑːkənsɔː] *n* Arkansas.

arm [ɑːm] ◇ *n* - **1.** [of person, chair] brazo *m*; **with open** ~**s** con los brazos abiertos; ~ **in** ~ del brazo; **to put one's** ~**s around sb** abrazar a alguien ❑ **to chance one's** ~ jugársela; **to cost an** ~ **and a leg** costar un riñón; **to keep sb at** ~'**s length** *fig* guardar las distancias con alguien; **the long** ~ **of the law** el brazo de la justicia o de la ley; **to twist sb's** ~ *fig* persuadir a alguien. - **2.** [of garment] manga *f*. - **3.** [of organization] rama *f*. ◇ *vt* armar.

◆ **arms** *npl* [weapons] armas *fpl*; **to bear** ~**s** [carry weapons] portar armas; MIL servir como soldado; **to lay down one's** ~**s** entregar OR rendir las armas; **to present** ~**s** presentar armas; **to rise up in** ~**s** alzarse en armas; **to take up** ~**s** tomar las armas; **to trail** ~**s** bajar el arma ❑ **he's up in** ~**s (about it)** está que se sube por las paredes (por ello). ◇ *comp*: ~**s dealer** traficante *mf* de armas; ~**s manufacturer** fabricante *mf* de armas.

armada [ɑː'mɑːdə] *n* armada *f*.

armadillo [,ɑːmə'dɪləʊ] (*pl* **armadillos**) *n* armadillo *m*.

Armageddon [,ɑːmə'gedn] *n* guerra *f* del fin del mundo.

armaments ['ɑːməmənts] *npl* armamento *m*.

armature ['ɑːmə,tjʊəˀ] *n* [gen & ELEC] armadura *f*; [of motor] inducido *m*; [in sculpture] armazón *f*.

armband ['ɑːmbænd] *n* brazalete *m*.

armchair ['ɑːmtʃeəˀ] ◇ *n* sillón *m*. ◇ *comp* de salón; **an** ~ **politician** un político de salón.

armed [ɑːmd] *adj* - **1.** [with weapons] armado(da). - **2.** *fig* [with information]: ~ **with** provisto(ta) de.

armed conflict *n* conflicto *m* armado.

armed forces *npl* fuerzas *fpl* armadas.

armed robbery *n* robo *m* a mano armada.

Armenia [ɑː'miːnjə] *n* Armenia.

Armenian [ɑː'miːnjən] ◇ *adj* armenio(nia). ◇ *n* - **1.** [person] armenio *m*, -nia *f*. - **2.** [language] armenio *m*.

armful ['ɑːmfʊl] *n* brazada *f*.

armhole ['ɑːmhəʊl] *n* sobaquera *f*, sisa *f*.

armistice ['ɑːmɪstɪs] *n* armisticio *m*.

Armistice Day *n* día *m* del armisticio *(de la Primera Guerra Mundial)*.

armlet ['ɑːmlɪt] *n* [band] brazalete *m*.

armoire [ɑːm'wɑːʳ] *n* armario *m*.

armor *etc Am* = **armour** *etc.*

armorial [ɑː'mɔːrɪəl] *adj* heráldico(ca).

Armorica [ɑː'mɒrɪkə] *n* Armórica.

Armorican [ɑː'mɒrɪkən] ◇ *adj* armoricano(na). ◇ *n* armoricano *m*, -na *f*.

armour *Br*, **armor** *Am* ['ɑːməʳ] ◇ *n (U)* - **1.** [for person] armadura *f*. - **2.** [for military vehicle] blindaje *m*. - **3.** [vehicles] vehículos *mpl* blindados. ◇ *vt* blindar.

armour-clad *adj* [vehicle] blindado(da); [ship] acorazado(da).

armoured *Br*, **armored** *Am* ['ɑːməd] *adj* MIL blindado(da).

armoured car *n* MIL carro *m* blindado.

armourer *Br*, **armorer** *Am* ['ɑːmərəʳ] *n* armero *m*.

armour plate *n* (plancha *f* de) blindaje *m*.

armour-plated ['-pleɪtɪd] *adj* MIL blindado(da), acorazado(da).

armour plating *n* = **armour plate**.

armoury *Br* (*pl* **armouries**), **armory** *Am* (*pl* **armories**) ['ɑːmərɪ] *n* - **1.** [storehouse] arsenal *m*. - **2.** [arms factory] fábrica *f* de armas.

armpit ['ɑːmpɪt] *n* sobaco *m*, axila *f*.

armrest ['ɑːmrest] *n* brazo *m*.

arms control *n* control *m* armamentístico.

arms race *n* carrera *f* armamentística OR de armamentos.

arm-wrestle *vi*: **to** ~ **with sb** echar un pulso con alguien.

arm wrestling *n (U)* pulso *m Esp*, pulseada *f Amér*.

army ['ɑːmɪ] (*pl* **armies**) ◇ *n lit & fig* ejército *m*. ◇ *comp* [life, nurse, truck, uniform] militar; [family] de militares; ~ **corps** cuerpo *m* del ejército; ~ **officer** oficial *mf* del ejército; ~ **record** hoja *f* de servicios.

A road *n Br* ≃ carretera *f* nacional.

aroma [ə'rəumə] *n* aroma *m*.

aromatherapy [ə,rəumə'θerəpɪ] *n* aromaterapia *f*.

aromatic [,ærə'mætɪk] ◇ *adj* aromático(ca). ◇ *n* planta o sustancia aromática.

aromatize [ə'rəumətaɪz] *vt* aromatizar.

arose [ə'rəuz] *pt* → **arise**.

around [ə'raund] ◇ *adv* - **1.** [about, round] por ahí; **to walk/look** ~ andar/mirar por ahí. - **2.** [on all sides] alrededor; **for five miles** ~ en cinco millas a la redonda. - **3.** [in circumference] de circunferencia. - **4.** [present, available]: **is John** ~? [there] ¿está John por ahí?; [here] ¿está John por aquí? - **5.** [in existence]: **that firm has been** ~ **for years** esa empresa lleva años funcionando; **he's one of the most promising actors** ~ **at the moment** es uno de los actores más prometedores del momento. - **6.** [turn, look]: **to turn** ~ volverse; **to look** ~ volver la cabeza. - **7.** *phr*: **to have been** ~ *inf* haber visto mundo. ◇ *prep* - **1.** [on all sides of] alrededor de. - **2.** [about, round] por. - **3.** [in the area of] cerca de. - **4.** [approximately] alrededor de.

around-the-clock *adj* día y noche, las 24 horas (del día).

arousal [ə'rauzl] *n* excitación *f*.

arouse [ə'rauz] *vt* - **1.** [excite - feeling] levantar, despertar; [- person] excitar. - **2.** [wake] despertar.

arpeggio [ɑː'pedʒɪəu] *n* arpegio *m*.

arraign [ə'reɪn] *vt* - **1.** [before a court] citar, hacer comparecer. - **2.** [charge] denunciar, acusar.

arraignment [ə'reɪnmənt] *n* acusación *f*.

arrange [ə'reɪndʒ] *vt* - **1.** [flowers, books, furniture] colocar. - **2.** [event, meeting, party] organizar; [date] fijar, señalar; **to** ~ **to do sthg** acordar hacer algo; **to** ~ **sthg for sb** organizarle algo a alguien; **to** ~ **for sb to do sthg** hacer lo necesario para que alguien haga algo. - **3.** MUS arreglar.

arranged marriage [ə'reɪndʒd-] *n* matrimonio *m* concertado.

arrangement [ə'reɪndʒmənt] *n* - **1.** [agreement] acuerdo *m*; **to come to an** ~ llegar a un acuerdo. - **2.** [of furniture] dis-

posición *f*, colocación *f*; [of flowers] arreglo *m*. - **3.** MUS arreglo *m*.

◆ **arrangements** *npl* preparativos *mpl*; **to make** ~**s** hacer los preparativos.

arranger [ə'reɪndʒəʳ] *n* MUS arreglista *mf*.

arrant ['ærənt] *adj* - **1.** [liar, crook, fool] consumado(da), redomado(da). - **2.** [nonsense] perfecto(ta), completo(ta).

array [ə'reɪ] ◇ *n* - **1.** [of objects] surtido *m*. - **2.** COMPUT matriz *f*. - **3.** MIL formación *f*. - **4.** [attire] vestimenta *f* lujosa, galas *fpl*. ◇ *vt* - **1.** [ornaments etc] disponer. - **2.** MIL [troops] formar.

arrears [ə'rɪəz] *npl* [money owed] atrasos *mpl*; **in** ~ [retrospectively] con retraso; [late] atrasado(da) en el pago.

arrest [ə'rest] ◇ *n* - **1.** [detention] arresto *m*, detención *f*; **under** ~ bajo arresto. - **2.** [sudden stopping] interrupción *f*, paro *m*. ◇ *vt* - **1.** [subj: police] arrestar, detener. - **2.** [sb's attention] captar, atraer. - **3.** *fml* [stop] detener, poner freno a.

arresting [ə'restɪŋ] *adj* llamativo(va).

arresting officer *n* policía que hace (o hizo) la detención.

arrhythmia [ə'rɪðmɪə] *n* arritmia *f*.

arrival [ə'raɪvl] *n* llegada *f*; **late** ~ [of train, bus, mail] retraso *m*; **new** ~ [person] recién llegado *m*, recién llegada *f*; [baby] recién nacido *m*, recién nacida *f*.

arrive [ə'raɪv] *vi* - **1.** [gen] llegar; **to** ~ **at** [conclusion, decision] llegar a. - **2.** [baby] nacer. - **3.** *inf* [achieve success] alcanzar OR lograr el éxito.

arrogance ['ærəgəns] *n* arrogancia *f*.

arrogant ['ærəgənt] *adj* arrogante.

arrogantly ['ærəgəntlɪ] *adv* con arrogancia.

arrogate ['ærəgeɪt] *vt fml*: **to** ~ **sthg to o.s.** arrogarse OR atribuirse algo.

arrow ['ærəu] *n* flecha *f*.

arrowhead ['ærəuhed] *n* punta *f* de flecha.

arrowroot ['ærəuruːt] *n* arrurruz *m*.

arse *Br* [ɑːs], **ass** *Am* [æs] *n v inf* [bottom] culo *m*; **to get one's** ~ **in gear** *fig* mover el culo; **not to know one's** ~ **from one's elbow** *fig* no tener ni puñetera idea.

◆ **arse about**, **arse around** *vi Br v inf* hacer el gilipollas.

arsenal ['ɑːsənl] *n* arsenal *m*.

arsenic ['ɑːsnɪk] *n* arsénico *m*.

arson ['ɑːsn] *n* incendio *m* provocado.

arsonist ['ɑːsənɪst] *n* incendiario *m*, -ria *f*.

art [ɑːt] ◇ *n* arte *m*. ◇ *comp* [exhibition] de arte; [student] de Bellas Artes; ~ **college** OR **school** escuela *f* de Bellas Artes.

◆ **arts** ◇ *npl* - **1.** SCH & UNIV [humanities] letras *fpl*; **Faculty of Arts (and Letters)** ≃ Facultad *f* de Filosofía y Letras. - **2.** [fine arts]: **the** ~**s** las bellas artes; ~**s and crafts** artes *fpl* y oficios; ~**s centre** centro cultural con galería de arte, sala de teatro etc. ◇ *comp* SCH & UNIV de letras.

art cinema *n* cine *m* de arte y ensayo.

art deco ['-dekəu] *n* art déco *m*.

artefact ['ɑːtɪfækt] *n* = **artifact**.

arterial [ɑː'tɪərɪəl] *adj* - **1.** [blood] arterial. - **2.** [road] principal.

arteriosclerosis [ɑː,tɪərɪəusklɪə'rəusɪs] *n* arteriosclerosis *f inv*.

artery ['ɑːtərɪ] (*pl* **arteries**) *n* arteria *f*.

artesian well [ɑː'tiːzjən-] *n* pozo *m* artesiano.

art form *n* medio *m* de expresión artística.

artful ['ɑːtful] *adj* astuto(ta); ~ **dodger** tunante *m*, -ta *f*.

artfully ['ɑːtfulɪ] *adv* [skilfully] hábilmente; [craftily] astutamente.

artfulness ['ɑːtfulnɪs] *n* [skill] habilidad *f*, maña *f*; [cunning] astucia *f*.

art gallery *n* [public] museo *m* (de arte); [commercial] galería *f* (de arte).

arthritic [ɑː'θrɪtɪk] *adj* artrítico(ca).

arthritis [ɑː'θraɪtɪs] *n* artritis *f inv*.

arthropod ['ɑːθrəpɒd] n artrópodo m.

Arthurian [ɑː'θjʊərɪən] adj artúrico(ca).

artic [ɑː'tɪk] (abbr of **articulated lorry**) n Br inf camión m articulado.

artichoke ['ɑːtɪtʃəʊk] n alcachofa f.

article ['ɑːtɪkl] ◇ n artículo m; ~ **of clothing** prenda f de vestir; ~ **of furniture** mueble m ❏ ~ **of faith** artículo m de fe; ~**s and conditions** COMM pliego m de condiciones. ◇ vt COMM contratar en prácticas OR de aprendiz.

articled clerk ['ɑːtɪkld-] n Br abogado contratado m, abogada contratada f en prácticas.

articles of association npl estatutos mpl sociales.

articulate [adj ɑː'tɪkjʊlət, vb ɑː'tɪkjʊleɪt] ◇ adj - **1.** [person] elocuente; [speech] claro(ra), bien articulado (bien articulada). - **2.** ZOOL articulado(da). ◇ vt - **1.** fig [wishes, thoughts] expresar. - **2.** [words, syllables] articular. - **3.** ZOOL articular. ◇ vi articular.

articulated lorry [ɑː'tɪkjʊleɪtɪd-] n Br camión m articulado.

articulately [ɑː'tɪkjʊlətlɪ] adv [speak] con claridad OR fluidez; [explain] con claridad.

articulation [ɑːtɪkjʊ'leɪʃn] n - **1.** [speech] articulación f. - **2.** [of idea, feeling] expresión f.

articulatory [ɑː'tɪkjʊlətrɪ] adj articulatorio(ria).

artifact ['ɑːtɪfækt] n artefacto m.

artifice ['ɑːtɪfɪs] n - **1.** [trick] artificio m. - **2.** [trickery] artificiosidad f.

artificer [ɑː'tɪfɪsəʳ] n - **1.** [craftsman] artesano m, -na f. - **2.** [inventor] inventor m, -ra f.

artificial [ɑːtɪ'fɪʃl] adj artificial.

artificial insemination n inseminación f artificial.

artificial intelligence n inteligencia f artificial.

artificiality [ɑːtɪfɪʃɪ'ælətɪ] n artificialidad f.

artificially [ɑːtɪ'fɪʃəlɪ] adv de modo artificial.

artificial person n JUR persona f jurídica.

artificial respiration n respiración f artificial.

artillery [ɑː'tɪlərɪ] n [guns] artillería f.

artilleryman [ɑː'tɪlərɪmən] (pl **artillerymen** [-mən]) n artillero m.

artisan [ɑːtɪ'zæn] n artesano m, -na f.

artist ['ɑːtɪst] n [gen] artista mf; [painter] pintor m, -ra f.

artiste [ɑː'tiːst] n artista mf.

artistic [ɑː'tɪstɪk] adj - **1.** [gen] artístico(ca). - **2.** [good at art] con sensibilidad artística.

artistically [ɑː'tɪstɪklɪ] adv artísticamente.

artistry ['ɑːtɪstrɪ] n maestría f.

artless ['ɑːtlɪs] adj - **1.** [naive, simple] ingenuo(nua), cándido(da). - **2.** [lacking art, skill] torpe, tosco(ca).

art nouveau [ɑːnuː'vəʊ] n art nouveau m.

Arts Council of Great Britain n: **the** ~ organismo público para el fomento de las artes en Gran Bretaña.

art song n canción f lírica.

artsy-craftsy adj = **arty-crafty**.

artwork ['ɑːtwɜːk] n - **1.** ART artesanía f. - **2.** TYPO ilustraciones fpl.

arty ['ɑːtɪ] (compar **artier**, superl **artiest**) adj inf con pretensiones artísticas.

arty-crafty [ɑːtɪ'krɑːftɪ] adj inf pej pseudo-artesanal, afectadamente artesanal.

ARV (abbr of **American Revised Version**) n traducción estadounidense de la Biblia.

Aryan ['eərɪən] ◇ adj ario(ria). ◇ n ario m, -ria f.

as [weak form əz, strong form æz] ◇ conj - **1.** [referring to time - while] mientras; [- when] cuando; **she rang (just)** ~ **I was leaving** llamó justo cuando iba a salir; ~ **time goes by** a medida que pasa el tiempo; **she told it to me** ~ **we walked along** me lo contó mientras paseábamos. - **2.** [referring to manner, way] como; **do** ~ **I say** haz lo que te digo; **leave it** ~ **it is** déjalo como está. - **3.** [introducing a statement] como; ~ **you see**, como puedes ver; ~ **you**

know, como (ya) sabes; ~ **it turns out** resulta que; ~ **things stand** tal como están las cosas. - **4.** [because] como, ya que. ◇ prep como; **I'm speaking** ~ **a friend** te hablo como amigo; **she works** ~ **a nurse** trabaja de OR como enfermera; ~ **a boy, I lived in Spain** de niño vivía en España; **she treats it** ~ **a game** se lo toma como un juego; **it came** ~ **a shock** fue una gran sorpresa. ◇ adv (in comparisons): ~**...** ~ tan... como; ~ **tall** ~ **I am** tan alto como yo; **I've lived here** ~ **long** ~ **she has** he vivido aquí tanto tiempo como ella; **twice** ~ **big** el doble de grande; **it's just** ~ **fast** es igual de rápido; ~ **many** ~ tantos(tas) como; ~ **much** ~ tanto como; ~ **much wine** ~ **you like** tanto vino como quieras.

◆ **as for** prep en cuanto a, por lo que se refiere a.

◆ **as from** prep a partir de.

◆ **as if** conj como si.

◆ **as it is** adv (ya) de por sí; **things are bad enough** ~ **it is** las cosas ya están mal de por sí.

◆ **as it were** adv por así decirlo.

◆ **as of** prep = **as from**.

◆ **as to** prep Br = **as for**.

◆ **as though** conj Br = **as if**.

AS n - **1.** (abbr of **Associate in/of Science**) profesor titular de ciencias en EE UU. - **2.** written abbr of **American Samoa**.

ASA (abbr of **American Standards Association**) n instituto estadounidense de normalización.

a.s.a.p. (abbr of **as soon as possible**) a la mayor brevedad posible.

asbestos [æs'bestəs] n amianto m, asbesto m.

asbestos cement n fibrocemento m.

asbestosis [æsbes'təʊsɪs] n asbestosis f inv.

ascend [ə'send] ◇ vt subir; **to** ~ **the throne** subir al trono. ◇ vi ascender.

ascendancy [ə'sendənsɪ] n ascendiente m.

ascendant [ə'sendənt] ◇ n - **1.** [dominant]: **in the** ~ en auge. - **2.** ASTROL ascendiente m. ◇ adj - **1.** [dominant] predominante. - **2.** ASTROL ascendiente.

ascendency [ə'sendənsɪ] n = **ascendancy**.

ascender [ə'sendəʳ] n - **1.** [in mountaineering] cabeza f. - **2.** TYPO cabeza m.

ascending [ə'sendɪŋ] adj ascendiente; **in** ~ **order** en orden ascendiente.

ascension [ə'senʃn] n [to throne] subida f.

◆ **Ascension** n RELIG Ascensión f.

Ascension Island n isla f de la Ascensión.

Ascensiontide [ə'senʃntaɪd] n periodo pascual de diez días entre la Ascensión y Pentecostés.

ascent [ə'sent] n - **1.** [climb] ascensión f. - **2.** [upward slope] subida f, cuesta f. - **3.** fig [progress] ascenso m.

ascertain [æsə'teɪn] vt determinar.

ascetic [ə'setɪk] ◇ adj ascético(ca). ◇ n asceta mf.

ascetically [ə'setɪklɪ] adv [live] como un asceta (como una asceta).

asceticism [ə'setɪsɪzm] n ascetismo m.

ASCII ['æskɪ] (abbr of **American Standard Code for Information**) ◇ n ASCII m. ◇ comp: ~ **file** fichero m ASCII.

ascorbic acid [ə'skɔːbɪk-] n ácido m ascórbico.

ascot ['æskət] n Am pañuelo m (de hombre).

ascribe [ə'skraɪb] vt: **to** ~ **sthg to** atribuir algo a.

ascription [ə'skrɪpʃn] n atribución f, imputación f.

ASCU (abbr of **Association of State Colleges and Universities**) n asociación estadounidense de centros estatales de enseñanza superior.

ASE (abbr of **American Stock Exchange**) n mercado bursátil estadounidense.

asea [ə'siː] adv en el mar.

asepsis [eɪ'sepsɪs] n asepsia f.

aseptic [eɪ'septɪk] adj aséptico(ca).

asexual [eɪ'sekʃʊəl] adj asexual, asexuado(da).

ash [æʃ] n - **1.** [from cigarette, fire] ceniza f. - **2.** [tree] fresno m.

◆ **ashes** *npl* [from cremation] cenizas *fpl*.

◆ **Ashes** *npl* [in cricket] trofeo ficticio que disputan Inglaterra y Australia.

ASH [æʃ] (*abbr of* **Action on Smoking and Health**) *n* asociación británica contra el tabaco.

ashamed [əˈʃeɪmd] *adj* avergonzado(da), apenado(da) *Amér*; **I'm ~ to do it** me avergüenza hacerlo; **to be ~ of** avergonzarse de, achuncharse de *Amér*.

ash bin *n* [for ashes] contenedor *m* para cenizas; [for rubbish] contenedor *m* de basura(s).

ash blond ◇ *adj* rubio ceniza (rubia ceniza). ◇ *n* rubio *m* ceniza.

ashcan [ˈæʃkæn] *n Am* cubo *m* de la basura.

ashen [ˈæʃn] *adj* pálido(da), ceniciento(ta).

ashen-faced *adj*: **to be ~** tener la cara pálida.

ashore [əˈʃɔːʳ] *adv* [swim] hasta la orilla; **to go ~** desembarcar.

ashram [ˈæʃrəm] *n* (*lugar de retiro de una*) comunidad religiosa hindú.

ashtray [ˈæʃtreɪ] *n* cenicero *m*.

Ash Wednesday *n* miércoles *m inv* de ceniza.

ashy [ˈæʃɪ] (*compar* **ashier**, *superl* **ashiest**) *adj* ceniciento(ta).

Asia [*Br* ˈeɪʃə, *Am* ˈeɪʒə] *n* Asia.

Asia Minor *n* Asia Menor.

Asian [*Br* ˈeɪʃn, *Am* ˈeɪʒn] ◇ *adj* asiático(ca). ◇ *n* asiático *m*, -ca *f*.

Asian flu *n* gripe *f* asiática.

Asiatic [*Br* ˌeɪʃɪˈætɪk, *Am* ˌeɪʒɪˈætɪk] *adj* asiático(ca).

aside [əˈsaɪd] ◇ *adv* - **1.** [to one side] a un lado; **to move ~** apartarse; **to take sb ~** llevar a alguien aparte ❑ **to brush** OR **sweep sthg ~** dejar algo aparte OR de lado. - **2.** [apart] aparte; **joking ~** bromas aparte ❑ **~ from** aparte de. ◇ *n* - **1.** [in play] aparte *m*. - **2.** [remark] inciso *m*, comentario *m* al margen.

A-side *n* cara *f* A.

asinine [ˈæsɪnaɪn] *adj* [stupid] necio(cia), estúpido(da).

ask [ɑːsk] ◇ *vt* - **1.** [question]: **to ~ (sb sthg)** preguntar (a alguien algo); **to ~ a question** hacer una pregunta ❑ **don't ~ me** ¡qué sé yo!, ¡yo qué sé!; **if you ~ me...** si quieres que te diga la verdad... - **2.** [request, demand] pedir; **to ~ too much of a child** pedir OR exigir demasiado a un niño; **to ~ sb (to do sthg)** pedir a alguien (que haga algo); **to ~ sb for sthg** pedirle algo a alguien. - **3.** [invite] invitar; **we ~ed them along (with us)** los invitamos a venir con nosotros; **she ~ed us back for a drink** nos invitó a su casa a tomar algo después; **to ~ sb round** invitar (a venir). ◇ *vi* - **1.** [question] preguntar; **they ~ed about you** preguntaron por ti. - **2.** [request] pedir; **it's there for the ~ing** *fig* basta pedirlo para conseguirlo.

◆ **ask after** *vt fus* preguntar por.

◆ **ask around** *vi* preguntar por ahí, informarse.

◆ **ask for** *vt fus* - **1.** [person] preguntar por. - **2.** [thing] pedir; **to ~ for it** *inf fig* buscárselo, buscársela; **he was ~ing for it!** ¡él se lo ha buscado!

◆ **ask out** *vt sep* invitar a salir.

askance [əˈskæns] *adv*: **to look ~ at sb** [disapprovingly] mirar a alguien con recelo; [sidewise] mirar a alguien de reojo OR de soslayo.

askew [əˈskjuː] *adj* torcido(da).

asking price [ˈɑːskɪŋ-] *n* precio *m* inicial.

aslant [əˈslɑːnt] ◇ *adj* ladeado(da), inclinado(da). ◇ *adv* sesgadamente, oblicuamente.

asleep [əˈsliːp] *adj* dormido (dormida); **to fall ~** quedarse dormido; **to be fast** OR **sound ~** estar profundamente dormido.

ASLEF [ˈæzlef] (*abbr of* **Associated Society of Locomotive Engineers and Firemen**) *n* sindicato británico de ferroviarios.

A/S-level *n* [academic qualification] examen optativo que sirve de complemento a un 'A-level'.

aslope [əˈsləʊp] *adv* en pendiente, en declive.

ASM (*abbr of* **air-to-surface missile**) *n* misil aire-tierra.

asocial [eɪˈsəʊʃl] *adj* - **1.** [not gregarious] asocial. - **2.** [self-centered] egoísta.

asp [æsp] *n* ZOOL áspid *m*, áspide *m*.

asparagus [əˈspærəgəs] ◇ *n* (*U*) [plant] esparraguera *f*; [shoots] espárragos *mpl*. ◇ *comp*: **~ tips** puntas *fpl* OR yemas *fpl* de espárragos.

aspartame [*Br* əˈspɑːteɪm, *Am* ˈæspərteɪm] *n* edulcorante de ácido aspártico.

ASPCA (*abbr of* **American Society for the Prevention of Cruelty to Animals**) *n* sociedad estadounidense protectora de animales, ≃ SPA *f*.

aspect [ˈæspekt] *n* - **1.** [of subject, plan] aspecto *m*. - **2.** [appearance] cariz *m*, aspecto *m*. - **3.** [of building] orientación *f*.

aspen [ˈæspən] *n* álamo *m* alpino OR temblón.

asperate [ˈæspəreɪt] *vt* poner áspero.

asperity [æˈsperətɪ] (*pl* **asperities**) *n lit & fig* aspereza *f*.

aspersions [əˈspɜːʃnz] *npl*: **to cast ~ on sthg** poner en duda algo.

asphalt [ˈæsfælt] ◇ *n* asfalto *m*. ◇ *comp* de asfalto. ◇ *vt* asfaltar.

asphyxia [əsˈfɪksɪə] *n* asfixia *f*.

asphyxiate [əsˈfɪksɪeɪt] *vt* asfixiar. ◇ *vi* asfixiarse.

asphyxiating [əsˈfɪksɪeɪtɪŋ] *adj* asfixiante.

asphyxiation [əsˌfɪksɪˈeɪʃn] *n* asfixia *f*.

aspic [ˈæspɪk] *n* aspic *m*, gelatina *f* de carne.

aspidistra [ˌæspɪˈdɪstrə] *n* aspidistra *f*.

aspirant [ˈæspɪrənt] ◇ *n* aspirante *mf*, pretendiente *mf*. ◇ *adj* aspirante.

aspirate [*vb* ˈæspəreɪt, *adj & n* ˈæspərət] ◇ *adj* aspirado(da). ◇ *n* aspirada *f*. ◇ *vt* aspirar.

aspiration [ˌæspəˈreɪʃn] *n* aspiración *f*.

aspirator [ˈæspəreɪtəʳ] *n* aspirador *m*.

aspire [əˈspaɪəʳ] *vi* - **1.** [desire]: **to ~ to** aspirar a. - **2.** *literary* [rise] elevarse.

aspirin [ˈæspərɪn] *n* aspirina *f*.

aspiring [əˈspaɪərɪŋ] *adj* aspirante; **an ~ actor** un aspirante a actor.

ass [æs] *n* - **1.** [donkey] asno *m*, -na *f*. - **2.** *Br inf* [idiot] burro *m*, -rra *f*. - **3.** *Am v inf* = **arse**.

assail [əˈseɪl] *vt* - **1.** [attack] atacar, arremeter contra. - **2.** *fig* [trouble] asaltar.

assailant [əˈseɪlənt] *n* agresor *m*, -ra *f*.

assassin [əˈsæsɪn] *n* asesino *m*, -na *f*.

assassinate [əˈsæsɪneɪt] *vt* asesinar.

assassination [əˌsæsɪˈneɪʃn] *n* asesinato *m*.

assault [əˈsɔːlt] ◇ *n* - **1.** MIL: **~ (on)** ataque *m* (contra). - **2.** [physical attack]: **~ (on sb)** agresión *f* (contra alguien) ❑ **~ and battery** JUR lesiones *fpl*. ◇ *vt* [physically] asaltar, agredir; [sexually] abusar de.

assault course *n* pista *f* americana.

assay [əˈseɪ] ◇ *n* - **1.** [of gold] aquilatamiento *m*. - **2.** [of metals] ensaye *m*. ◇ *vt* - **1.** [gold] aquilatar. - **2.** [metals] ensayar.

assayer [əˈseɪəʳ] *n* ensayador *m*, -ra *f*.

assemblage [əˈsemblɪdʒ] *n* - **1.** [collection - of things] conjunto *m*; [- of people] asamblea *f*. - **2.** [process] montaje *m*, ensamblaje *m*.

assemble [əˈsembl] ◇ *vt* - **1.** [gather] juntar, reunir. - **2.** [fit together] montar. ◇ *vi* reunirse.

assembler [əˈsemblər] *n* montador *m*, -ra *f*, ensamblador *m*, -ra *f*.

assembler language *n* = **assembly language**.

assembly [əˈsemblɪ] (*pl* **assemblies**) *n* - **1.** [meeting, lawmaking body] asamblea *f*. - **2.** [gathering together] reunión *f*. - **3.** [fitting together] montaje *m*.

assembly language *n* COMPUT lenguaje *m* ensamblador.

assembly line *n* cadena *f* de montaje.

assembly point *n* lugar *m* OR punto *m* de encuentro, lugar *m* OR punto *m* de reunión.

assembly room *n* - **1.** [gen] sala *f* de juntas; [at town hall] salón *m* de actos. - **2.** [industrial] sala *f* de montaje.

assent [ə'sent] ◇ *n* consentimiento *m*. ◇ *vi*: **to ~ (to)** asentir (a).

assert [ə'sɜːt] *vt* - **1.** [fact, belief] afirmar. - **2.** [authority] imponer; **to ~ o.s.** imponerse.

assertion [ə'sɜːʃn] *n* aserto *m*, afirmación *f*.

assertive [ə'sɜːtɪv] *adj* enérgico (enérgica).

assertively [ə'sɜːtɪvlɪ] *adv* enérgicamente, con firmeza.

assertiveness [ə'sɜːtɪvnɪs] *n* firmeza *f*, agresividad *f*.

assess [ə'ses] *vt* - **1.** [judge, evaluate] evaluar. - **2.** [estimate value of]: **to ~ sthg at** tasar algo en. - **3.** [impose tax on] gravar.

assessable [ə'sesəbl] *adj* - **1.**[appraisable] tasable. - **2.**[taxes, fines] gravable, imponible.

assessed income [ə'sest-] *n* base *f* imponible.

assessment [ə'sesmənt] *n* - **1.** [evaluation] evaluación *f*. - **2.** [calculation] cálculo *m*.

assessor [ə'sesəʳ] *n* - **1.** [of property values, taxes] tasador *m*, -ra *f*. - **2.** JUR asesor *m*, -ra *f*.

asset ['æset] *n* - **1.** [valuable quality - of person] cualidad *f*; [of thing] ventaja *f*. - **2.** [valuable person] elemento *m* importante.

◆ **assets** *npl* COMM activo *m*, bienes *mpl*; **~s in hand** activo *m* disponible; **~s and liabilities** el activo y el pasivo.

asset-stripping [-strɪpɪŋ] *n adquisición de una empresa para la venta de sus activos y posterior cierre.*

asseverate [ə'sevəreɪt] *vt fml* aseverar.

asseveration [əsevə'reɪʃn] *n fml* aseveración *f*.

assiduity [æsɪ'djuːətɪ] *n* dedicación *f*.

assiduous [ə'sɪdjuəs] *adj* [gen] dedicado(da); [student] aplicado(da).

assiduously [ə'sɪdjuəslɪ] *adv* con dedicación.

assign [ə'saɪn] ◇ *vt* - **1.** [gen]: **to ~ sthg (to sb)** asignar OR encomendar algo a (alguien); **to ~ sb to sthg** asignar OR encomendar a alguien algo; **to ~ sb to do sthg** asignar OR encomendar a alguien que haga algo. - **2.** [designate for specific use, purpose]: **to ~ sthg (to)** destinar algo (a). - **3.** [appoint] designar, nombrar. - **4.** [ascribe] atribuir. - **5.** JUR transferir, traspasar. ◇ *n* cesionario *m*, -ria *f*, beneficiario *m*, -ria *f*.

assignable [ə'saɪnəbl] *adj* asignable.

assignation [æsɪg'neɪʃn] *n fml* cita *f* a escondidas.

assignee [æsaɪ'niː] *n* [transferee] cesionario *m*, -ria *f*, beneficiario *m*, -ria *f*; [representative] apoderado *m*, -da *f*.

assignment [ə'saɪnmənt] *n* - **1.** [task] misión *f*; SCH trabajo *m*. - **2.** [act of assigning] asignación *f*. - **3.** [JUR - act] cesión *f*, traspaso *m*; [- document] escritura *f* de cesión.

assignor [ə'saɪnəʳ] *n* cesionista *mf*.

assimilate [ə'sɪmɪleɪt] *vt* - **1.** [learn] asimilar. - **2.** [absorb]: **to ~ sb (into)** integrar a alguien (en).

assimilation [əsɪmɪ'leɪʃn] *n* - **1.** [of ideas, facts] asimilación *f*. - **2.** [of people] incorporación *f*.

assist [ə'sɪst] *vt*: **to ~ sb (with sthg/in doing sthg)** ayudar a alguien (con algo/a hacer algo).

assistance [ə'sɪstəns] *n* ayuda *f*, asistencia *f*; **to be of ~ (to)** ayudar (a); **to come to sb's ~** acudir en ayuda de alguien.

assistant [ə'sɪstənt] ◇ *n* - **1.** [gen] ayudante *mf*. - **2.** [shop assistant] dependiente *m*, -ta *f*; **foreign language ~** SCH auxiliar *mf* de conversación; UNIV lector *m*, -ra *f* de lengua extranjera. ◇ *comp* adjunto(ta); **~ manager** director adjunto *m*, directora adjunta *f*; **~ professor** *Am* profesor adjunto *m*, profesora adjunta *f*.

assistantship [ə'sɪstəntʃɪp] *n* puesto *m* de auxiliar.

assize [ə'saɪz] ◇ *n* JUR audiencia *f*, sesión *f*. ◇ *comp*: **~ court, court of ~s** *antiguamente en Inglaterra y Gales, tribunal y audiencia de ámbito provincial que entendía de lo civil y lo penal.*

assoc - **1.** (*written abbr of* **association**) Asoc. - **2.** *written abbr of* **associated.**

associate [*vb* ə'səʊʃɪeɪt, *n & adj* ə'səʊʃɪət] ◇ *adj* asociado(da). ◇ *n* socio *m*, -cia *f*. ◇ *vt* asociar; **to ~ sthg/sb with** asociar algo/a alguien con; **to be ~d with** [organization, plan, opinion] estar relacionado(da) con; [people] estar asociado(da) con. ◇ *vi*: **to ~ with sb** relacionarse con alguien.

associate professor *n* profesor adjunto *m*, profesora adjunta *f*.

association [əsəʊsɪ'eɪʃn] *n* - **1.** [organization, act of associating] asociación *f*; **in ~ with** en colaboración con. - **2.** [in mind] connotación *f*.

Association football *n Br* fútbol *m*.

associative [ə'səʊʃjətɪv] *adj* asociativo(va).

assonance ['æsənəns] *n* asonancia *f*.

assonant ['æsənənt] *adj* asonante.

assort [ə'sɔːt] ◇ *vt* clasificar. ◇ *vi*: **to ~ (with)** cuadrar OR concordar (con).

assorted [ə'sɔːtɪd] *adj* [of various types] variado(da).

assortment [ə'sɔːtmənt] *n* surtido *m*.

Asst. *written abbr of* **assistant.**

assuage [ə'sweɪdʒ] *vt* - **1.** *fml* [grief] aliviar; [thirst, hunger] saciar. - **2.** [person] calmar, aplacar.

assuagement [ə'sweɪdʒmənt] *n fml* alivio *m*.

assumable [ə'sjuːməbl] *adj* asumible.

assume [ə'sjuːm] *vt* - **1.** [suppose] suponer. - **2.** [power, responsibility] asumir. - **3.** [appearance, attitude] adoptar.

assumed [ə'sjuːmd] *adj* [pretended] simulado(da), fingido(da).

assumed name *n* nombre *m* falso.

assuming [ə'sjuːmɪŋ] *conj* suponiendo que.

assumption [ə'sʌmpʃn] *n* - **1.** [supposition] suposición *f*; **on the ~ that** suponiendo que. - **2.** [of power] asunción *f*.

◆ **Assumption** *n* RELIG: **the Assumption** la Asunción.

assurance [ə'ʃʊərəns] *n* - **1.** [promise] garantía *f*. - **2.** [confidence] seguridad *f* en sí mismo, sí misma *f*. - **3.** [insurance] seguro *m*.

assure [ə'ʃʊəʳ] *vt* asegurar, garantizar; **to ~ sb of sthg** garantizar a alguien algo; **to be ~d of sthg** tener algo garantizado.

assured [ə'ʃʊəd] *adj* seguro(ra).

assuredly [ə'ʃʊərɪdlɪ] *adv* - **1.** [confidently] con seguridad en sí mismo (sí misma). - **2.** [certainly] seguramente.

AST (*abbr of* **Atlantic Standard Time**) *n* hora oficial de la costa este estadounidense.

astatic [eɪ'stætɪk] *adj* astático(ca).

aster ['æstəʳ] *n* áster *m*.

asterisk ['æstərɪsk] ◇ *n* asterisco *m*. ◇ *vt* marcar con un asterisco.

astern [ə'stɜːn] *adv* NAUT a popa.

asteroid ['æstərɔɪd] *n* asteroide *m*.

asthenia [æs'θiːnjə] *n* astenia *f*.

asthma ['æsmə] *n* asma *m*.

asthmatic [æs'mætɪk] ◇ *adj* asmático(ca). ◇ *n* asmático *m*, -ca *f*.

astigmatic [æstɪg'mætɪk] *adj* astigmático(ca).

astigmatism [æ'stɪgmətɪzm] *n* astigmatismo *m*.

astir [ə'stɜːʳ] *adj* - **1.** [moving about] activo(va), en movimiento. - **2.** [out of bed] levantado(da).

ASTMS ['æstiːmz, eɪestiːemes] (*abbr of* **Association of Scientific, Technical and Managerial Staffs**) *n antiguo sindicato británico de personal científico, técnico y directivo.*

astonish [ə'stɒnɪʃ] *vt* asombrar.

astonished [ə'stɒnɪʃt] *adj* asombrado(da).

astonishing [ə'stɒnɪʃɪŋ] *adj* asombroso(sa).

astonishingly [ə'stɒnɪʃɪŋlɪ] *adv* asombrosamente, sorprendentemente.

astonishment [ə'stɒnɪʃmənt] *n* asombro *m*.

astound [ə'staʊnd] *vt* asombrar, pasmar.

astounded [ə'staʊndɪd] *adj* estupefacto(ta), atónito(ta).

astounding [ə'staʊndɪŋ] *adj* asombroso(sa), pasmoso(sa).

astoundingly [ə'staʊndɪŋlɪ] *adv* increíblemente, sorprendentemente; ~ **beautiful** de una belleza sorprendente; ~ **enough, they'd already met** por muy sorprendente que parezca, ya se conocían.

astraddle [ə'strædl] *adv* a horcajadas.

astrakhan [ˌæstrə'kæn] *n* astracán *m*.

astral ['æstrəl] *adj* astral.

astray [ə'streɪ] *adv*: **to go** ~ [become lost] extraviarse; **to lead sb** ~ [into bad ways] llevar a alguien por el mal camino.

astride [ə'straɪd] ◇ *adv* a horcajadas. ◇ *prep* a horcajadas en.

astringency [ə'strɪndʒənsɪ] *n* astringencia *f*.

astringent [ə'strɪndʒənt] ◇ *adj* - **1.** [lotion etc] astringente. - **2.** *fig* [remark, criticism] áspero(ra), severo(ra). ◇ *n* astringente *m*.

astrodome ['æstrədəʊm] *n* - **1.** [of plane] cúpula de una aeronave, usada para observación. - **2.** [sports stadium] estadio con tejado translúcido.

astrologer [ə'strɒlədʒəʳ] *n* astrólogo *m*, -ga *f*.

astrological [ˌæstrə'lɒdʒɪkl] *adj* astrológico(ca).

astrologist [ə'strɒlədʒɪst] *n* astrólogo *m*, -ga *f*.

astrology [ə'strɒlədʒɪ] *n* astrología *f*.

astronaut ['æstrənɔːt] *n* astronauta *mf*.

astronautics [ˌæstrə'nɔːtɪks] *n* (U) astronáutica *f*.

astronomer [ə'strɒnəməʳ] *n* astrónomo *m*, -ma *f*.

astronomic(al) [ˌæstrə'nɒmɪk(l)] *adj fig & ASTRON* astronómico(ca).

astronomy [ə'strɒnəmɪ] *n* astronomía *f*.

astrophysicist [ˌæstrəʊ'fɪzɪsɪst] *n* astrofísico *m*, -ca *f*.

astrophysics [ˌæstrəʊ'fɪzɪks] *n* astrofísica *f*.

Astroturf® ['æstrəʊtɜːf] *n* césped *m* artificial.

Asturias [æ'stʊərɪæs] *n* Asturias; **the prince of** ~ el príncipe de Asturias.

astute [ə'stjuːt] *adj* astuto(ta), abusado(da) *Amér*.

astutely [ə'stjuːtlɪ] *adv* astutamente, con sagacidad.

astuteness [ə'stjuːtnɪs] *n* astucia *f*, sagacidad *f*.

asunder [ə'sʌndəʳ] *adv literary* [apart]: **to tear** ~ hacer trizas.

ASV (*abbr of* **American Standard Version**) *n* traducción estadounidense de la Biblia.

asylum [ə'saɪləm] *n* - **1.** [mental hospital] manicomio *m*. - **2.** [protection] asilo *m*; **to grant sb political** ~ conceder asilo político a alguien.

asymmetric(al) [ˌeɪsɪ'metrɪk(l)] *adj* asimétrico(ca).

asymmetry [eɪ'sɪmətrɪ] *n* asimetría *f*.

asynchronous [eɪ'sɪŋkrənəs] *adj* asíncrono(na).

at [*weak form* ət, *strong form* æt] *prep* - **1.** [indicating place] en; ~ **my father's** en casa de mi padre; **standing** ~ **the window** de pie junto a la ventana; ~ **the bottom of the hill** al pie de la colina; **to arrive** ~ llegar a; ~ **school/work/home** en la escuela/el trabajo/casa. - **2.** [indicating direction] a; **she smiled** ~ **me** me sonrió; **to look** ~**sthg/sb** mirar algo/a alguien. - **3.** [indicating a particular time] en; ~ **a more suitable time** en un momento más oportuno; ~ **midnight/noon/eleven o'clock** a medianoche/mediodía/las once; ~ **night** por la noche; ~ **Christmas/Easter** en Navidades/Semana Santa. - **4.** [indicating speed, rate, price] a; ~ **100mph/high speed** a 100 millas por hora/gran velocidad; ~ **£50 (a pair)** a 50 libras (el par). - **5.** [indicating particular state, condition]: ~ **peace/war** en paz/guerra; **she's** ~ **lunch** está comiendo; **to work hard** ~ **sthg** trabajar duro en algo. - **6.** [indicating a particular age] a; ~ **52/your age** a los 52/tu edad. - **7.** [indicating tentativeness, noncompletion]: **to snatch** ~ **sthg** intentar agarrar algo; **to nibble** ~ **sthg** mordisquear algo. - **8.** (*after adjec-*

tives): **delighted** ~ encantado(da) con; **clever/experienced** ~ listo(ta)/experimentado(da) en; **puzzled/horrified** ~ perplejo(ja) /horrorizado(da) ante; **he's good/bad** ~ **sport** se le dan bien/mal los deportes.

◆ **at all** *adv* - **1.** (*with negative*): **not** ~ **all** [when thanked] de nada; [when answering a question] en absoluto; **she's not** ~ **all happy** no está nada contenta. - **2.** [in the slightest]: **anything** ~ **all will do** cualquier cosa valdrá; **do you know her** ~ **all?** ¿la conoces (de algo)?

atavism ['ætəvɪzm] *n* atavismo *m*.

atavistic [ˌætə'vɪstɪk] *adj* atávico(ca).

ATC (*abbr of* **Air Training Corps**) *n* unidad de formación de las fuerzas aéreas británicas.

ate [*Br* et, *Am* eɪt] *pt* → **eat**.

atelier [æ'teljeɪ] *n* [of sculptor, potter] taller *m*; [of painter] estudio *m*.

a tempo [ɑː'tempəʊ] *adj & adv* a tempo.

atheism ['eɪθɪɪzm] *n* ateísmo *m*.

atheist ['eɪθɪɪst] *n* ateo *m*, -a *f*.

atheistic(al) [ˌeɪθɪ'ɪstɪk(l)] *adj* ateo(a).

Athenian [ə'θiːnjən] ◇ *adj* ateniense. ◇ *n* ateniense *mf*.

Athens ['æθɪnz] *n* Atenas.

atherosclerosis [ˌæθərəʊsklɪə'rəʊsɪs] *n* ateroesclerosis *f inv*.

athirst [ə'θɜːst] *adj literary* sediento(ta); ~ **for freedom** sediento de libertad.

athlete ['æθliːt] *n* atleta *mf*.

athlete's foot *n* pie *m* de atleta.

athletic [æθ'letɪk] *adj* atlético(ca).

◆ **athletics** *npl* atletismo *m*. ◇ *comp*: ~**s coach** *Am SCH & UNIV* entrenador *m*, -ra *f*, preparador físico *m*, preparadora física *f*.

athletic supporter *n* suspensorio *m*.

at-home *n* recepción *f* (en una casa particular).

athwart [ə'θwɔːt] ◇ *adv* de través, transversalmente. ◇ *prep* - **1.** [across] a través de. - **2.** [against] contra, en oposición a.

atilt [ə'tɪlt] *adv arch* en posición inclinada.

atishoo [ə'tɪʃuː] *excl* ¡achís!

Atlantic [ət'læntɪk] ◇ *adj* atlántico(ca); ~ **liner** transatlántico *m*. ◇ *n*: **the** ~ **(Ocean)** el (océano) Atlántico.

Atlantis [ət'læntɪs] *n* (la) Atlántida.

atlas ['ætləs] *n* atlas *m inv*.

Atlas ['ætləs] *n*: **the** ~ **Mountains** el Atlas.

atm. (*written abbr of* **atmosphere**) atm.

ATM (*abbr of* **automatic teller machine**) *n* cajero automático.

atmosphere ['ætməˌsfɪəʳ] *n* - **1.** [of planet] atmósfera *f*. - **2.** [air in room, mood of place] ambiente *m*, atmósfera *f*.

atmospheric [ˌætməs'ferɪk] *adj* - **1.** [pressure, pollution] atmosférico(ca). - **2.** [attractive, mysterious] cautivador(ra).

◆ **atmospherics** [ˌætməs'ferɪks] *npl* parásitos *mpl*, interferencias *fpl*.

atmospheric pressure *n* presión *f* atmosférica.

atoll ['ætɒl] *n* atolón *m*.

atom ['ætəm] *n* - **1.** *CHEM & PHYS* átomo *m*. - **2.** *fig* [tiny amount] pizca *f*.

atom bomb *n* bomba *f* atómica.

atomic [ə'tɒmɪk] *adj* atómico(ca).

atomic age *n* era *f* atómica.

atomic bomb *n* = **atom bomb**.

atomic energy *n* energía *f* atómica.

atomicity [ˌætə'mɪsɪtɪ] *n* atomicidad *f*.

atomic mass *n* masa *f* atómica.

atomic number *n* número *m* atómico.

atomic power station *n* central *f* nuclear.

atomic reactor *n* reactor *m* atómico OR nuclear.

atomic warfare *n* guerra *f* nuclear OR atómica.

atomic weight *n* peso *m* atómico.

atomism ['ætəmɪzm] *n* atomismo *m*.

atomize, -ise ['ætəmaɪz] *vt* - **1.** [spray] pulverizar, atomizar. - **2.** PHYS atomizar. - **3.** MIL bombardear con bombas atómicas.

atomizer, -iser ['ætəmaɪzə^r] *n* atomizador *m*.

atom smasher *n inf* acelerador *m* de partículas atómicas.

atonal [eɪ'təʊnl] *adj* atonal.

atonality [ˌeɪtəʊ'næləti] *n* atonalidad *f*.

atone [ə'təʊn] *vi*: **to ~ for** [gen] reparar; [one's sins] expiar.

atonement [ə'təʊnmənt] *n*: **~ (for)** [gen] reparación *f* (por); [one's sins] expiación *f* (de).

atonic [eɪ'tɒnɪk] *adj* - **1.** LING átono(na). - **2.** MED atónico(ca), débil.

atop [ə'tɒp] ◇ *adv* encima. ◇ *prep* encima de, sobre.

A to Z *n* [gen] guía *f* alfabética; [map] callejero *m*.

ATP (*abbr of* **Association of Tennis Professionals**) *n* ATP *f*.

atrium ['eɪtrɪəm] (*pl* **atria** OR **atriums** [-trɪə]) *n* - **1.** ARCHIT atrio *m*, patio *m* interior. - **2.** ANAT aurícula *f*.

atrocious [ə'trəʊʃəs] *adj* [very bad] atroz.

atrociously [ə'trəʊʃəslɪ] *adv* atrozmente, de un modo atroz OR espantoso.

atrocity [ə'trɒsətɪ] (*pl* **atrocities**) *n* [terrible act] atrocidad *f*.

atrophy ['ætrəfɪ] (*pl* **atrophies**) (*pt & pp* **atrophied**) ◇ *n* atrofia *f*. ◇ *vt* atrofiar. ◇ *vi* atrofiarse.

atropine ['ætrəpiːn] *n* atropina *f*.

attach [ə'tætʃ] ◇ *vt* - **1.** [fasten]: **to ~ sthg (to)** [with pin, clip] sujetar algo (a); [with string] atar algo (a). - **2.** [importance, blame]: **to ~ sthg (to sthg)** atribuir algo (a algo). - **3.** [seize] embargar, incautar. ◇ *vi*: **to ~ to** [adhere] unirse a; [go with] pertenecer a.

attachable [ə'tætʃəbl] *adj* que se puede unir OR conectar.

attaché [ə'tæʃeɪ] *n* agregado *m*, -da *f*.

attaché case *n* portafolios *m inv*, maletín *m*.

attached [ə'tætʃt] *adj* - **1.** [fastened]: **~ (to)** adjunto(ta) (a). - **2.** [for work, job]: **~ to** destinado(da) a. - **3.** [fond]: **~ to** encariñado(da) con.

attachment [ə'tætʃmənt] *n* - **1.** [device] accesorio *m*. - **2.** [fondness]: **~ (to)** cariño *m* (por). - **3.** [fastening] enlace *m*, unión *f*; TECH acoplamiento *m*. - **4.** [seizure] embargo *m*, incautación *f*.

attack [ə'tæk] ◇ *n*: **~ (on)** ataque *m* (contra); **to be under ~** estar siendo atacado(da). ◇ *vt* - **1.** [gen] atacar. - **2.** [job, problem] acometer. ◇ *vi* atacar.

attacker [ə'tækə^r] *n* atacante *mf*.

attain [ə'teɪn] *vt* lograr, alcanzar.
◆ **attain to** *vt fus* alcanzar, llegar a.

attainable [ə'teɪnəbl] *adj* alcanzable.

attainder [ə'teɪndə^r] *n* proscripción *f*, muerte *f* civil.

attainment [ə'teɪnmənt] *n* logro *m*.

attempt [ə'tempt] ◇ *n*: **~ (at sthg)** intento *m* (de algo); **~ on sb's life** atentado *m*. ◇ *vt*: **to ~ sthg/to do sthg** intentar algo/hacer algo.

attempted [ə'temptɪd] *adj*: **~ murder** intento *m* OR tentativa *f* de asesinato; **~ suicide** intento *m* de suicidio.

attend [ə'tend] ◇ *vt* - **1.** [be present at] asistir a. - **2.** [accompany] acompañar. - **3.** [take care of] atender, cuidar. - **4.** [wait upon] asistir, servir. ◇ *vi* - **1.** [be present] asistir. - **2.** [pay attention]: **to ~ (to)** atender (a).
◆ **attend on** *vt fus* - **1.** [wait on - subj: maid] servir a, estar al servicio de; [- subj: doctor] tratar, atender; **she ~ed on her guests** atendió a sus invitados. - **2.** *fml* [be consequence of] derivarse de.
◆ **attend to** *vt fus* - **1.** [matter] ocuparse de. - **2.** [customer] atender a; [patient] asistir a.
◆ **attend upon** *vt fus* = **attend on**.

attendance [ə'tendəns] *n* asistencia *f*.

attendance allowance *n Br* pensión no contributiva por minusvalía o invalidez.

attendance centre *n* centro de rehabilitación de régimen abierto para jóvenes delincuentes.

attendant [ə'tendənt] ◇ *adj* relacionado(da), concomitante. ◇ *n* [at museum] vigilante *mf*; [at petrol station] encargado *m*, -da *f*.

attention [ə'tenʃn] ◇ *n* (U) - **1.** [gen] atención *f*; **to bring sthg to sb's ~**, to draw sb's ~ to sthg llamar la atención de alguien sobre algo; **to pay/pay no ~ (to)** prestar/no prestar atención (a); **to attract** OR **catch sb's ~** atraer OR captar la atención de alguien; **to come to sb's ~** llegar a conocimiento OR a oídos de alguien; **to turn one's ~ to sthg** fijar la atención en algo; **for the ~ of** COMM a la atención de. - **2.** [care] asistencia *f*. - **3.** MIL: **to stand to ~** ponerse en la posición de firmes, cuadrarse. ◇ *excl* MIL ¡firmes!
◆ **attentions** *npl* [courtesy] atenciones *fpl*, cortesías *fpl*.

attention span *n* capacidad *f* de atención OR de concentración.

attentive [ə'tentɪv] *adj* atento(ta).

attentively [ə'tentɪvlɪ] *adv* atentamente.

attentiveness [ə'tentɪvnɪs] *n* atención *f*.

attenuate [*vb* ə'tenjueɪt, *adj* ə'tenjuɪt] *fml* ◇ *vt* atenuar. ◇ *vi* atenuarse. ◇ *adj* BOT asaetado(da), lanceolado(da).

attenuation [əˌtenju'eɪʃn] *n* atenuación *f*.

attest [ə'test] ◇ *vt* - **1.** [gen] atestiguar. - **2.** [put under oath] juramentar. ◇ *vi*: **to ~ to sthg** atestiguar algo.

attestation [ˌæte'steɪʃn] *n* atestación *f*.

attestor [ə'testə^r] *n* testigo *mf*, certificador *m*, -ra *f*.

attic ['ætɪk] *n* desván *m*, entretecho *m Amér*.

Attic ◇ *adj* ático(ca). ◇ *n* LING ático *m*.

Attica ['ætɪkə] *n* Ática.

Attila [ə'tɪlə] *n* Atila *m*; **~ the Hun** Atila, rey de los hunos.

attire [ə'taɪə^r] *fml* ◇ *n* (U) atuendo *m*, atavío *m*. ◇ *vt* ataviar.

attitude ['ætɪtjuːd] *n* - **1.** [way of thinking, acting]: **~ (to** OR **towards)** actitud *f* (hacia). - **2.** [posture] postura *f*.

attitudinal [ætɪ'tjuːdɪnl] *adj* de la actitud.

attn. (*abbr of* **for the attention of**) a/a.

attorney [ə'tɜːnɪ] *n Am* abogado *m*, -da *f*.

attorney-at-law *n Am* abogado *m*, -da *f*.

attorney general (*pl* **attorneys general**) *n* fiscal *m* general del estado.

attract [ə'trækt] *vt* - **1.** [gen] atraer; **to be ~ed to** sentirse atraído(da) por. - **2.** [support, criticism] atraerse, ganarse.

attraction [ə'trækʃn] *n* - **1.** [gen]: **~ (to sb)** atracción *f* (hacia OR por alguien). - **2.** [attractiveness] atractivo *m*.

attractive [ə'træktɪv] *adj* atractivo(va).

attractively [ə'træktɪvlɪ] *adv* de un modo atractivo.

attractiveness [ə'træktɪvnɪs] *n* atractivo *m*.

attributable [ə'trɪbjutəbl] *adj* [of thing]: **~ to** atribuible a.

attribute [*vb* ə'trɪbjuːt, *n* 'ætrɪbjuːt] ◇ *vt*: **to ~ sthg to** atribuir algo a. ◇ *n* atributo *m*.

attribution [ˌætrɪ'bjuːʃn] *n*: **~ (to)** atribución *f* (a).

attributive [ə'trɪbjutɪv] ◇ *adj* atributivo(va). ◇ *n* atributo *m*.

attributively [ə'trɪbjutɪvlɪ] *adv* LING como atributo.

attrition [ə'trɪʃn] *n* desgaste *m*; **war of ~** guerra *f* de desgaste.

attune [ə'tjuːn] *vt* - **1.** MUS afinar. - **2.** *fig* [bring into harmony with] adaptar.

attuned [ə'tjuːnd] *adj* - **1.** [accustomed]: **~ (to)** acostumbrado(da) (a). - **2.** [ears]: **~ to** sensible a.

Atty. Gen. *abbr of* **Attorney General**.

ATV *n* - **1.** (*abbr of* **Associated Television**) *compañía británica de televisión*. - **2.** (*abbr of* **all terrain vehicle**) *todoterreno*.

atypical [ˌeɪ'tɪpɪkl] *adj* atípico(ca).

atypically [ˌeɪ'tɪpɪklɪ] *adv* de manera atípica.

aubergine ['əʊbəʒiːn] *n Br* berenjena *f*.

auburn ['ɔːbən] ◇ *adj* castaño rojizo. ◇ *n* (color *m*) castaño *m* rojizo.

auction ['ɔːkʃn] ◇ *n* subasta *f*; **at** OR **by** ~ mediante subasta; **to put sthg up for** ~ sacar algo a subasta. ◇ *vt* subastar.
◆ **auction off** *vt sep* subastar.
auctioneer [ˌɔːkʃə'nɪər] *n* subastador *m*, -ra *f*.
auction room *n* sala *f* de subastas.
audacious [ɔː'deɪʃəs] *adj* [daring] audaz; [cheeky] atrevido(da).
audacity [ɔː'dæsətɪ] *n* [daring] audacia *f*, osadía *f*; [cheek] atrevimiento *m*, descaro *m*.
audibility [ˌɔːdɪ'bɪlətɪ] *n* audibilidad *f*.
audible ['ɔːdəbl] *adj* audible.
audibly ['ɔːdəblɪ] *adv* de un modo audible.
audience ['ɔːdjəns] *n* **- 1.** [of play, film] público *m*. **- 2.** [formal meeting, TV viewers] audiencia *f*.
audio ['ɔːdɪəʊ] ◇ *adj* de audio; ~ **equipment** equipo *m* de sonido; ~ **recording** grabación *f* sonora; ~ **system** sistema *m* (de) audio. ◇ *n* sonido *m*.
audio frequency *n* audiofrecuencia *f*.
audiophile ['ɔːdɪəʊfaɪl] *n* amante *mf* OR purista *mf* del buen sonido *(de grabaciones musicales)*.
audiotyping ['ɔːdɪəʊˌtaɪpɪŋ] *n* mecanografía *f* por dictáfono.
audiotypist ['ɔːdɪəʊˌtaɪpɪst] *n* mecanógrafo *m*, -fa *f* por dictáfono.
audio-visual *adj* audiovisual; ~ **aids** material *m* audiovisual.
audit ['ɔːdɪt] ◇ *n* auditoría *f*. ◇ *vt* **- 1.** COMM auditar. **- 2.** *Am* UNIV ir de oyente a.
audition [ɔː'dɪʃn] ◇ *n* prueba *f (a un artista)*. ◇ *vi*: **to** ~ **for** hacer una prueba para. ◇ *vt* hacer una prueba a.
auditive ['ɔːdɪtɪv] *adj* auditivo(va).
auditor ['ɔːdɪtər] *n* **- 1.** [accountant] auditor *m*, -ra *f*. **- 2.** *fml* [listener] oyente *mf*. **- 3.** *Am* [student] oyente *mf*, alumno *m*, -na *f* libre.
auditorium [ˌɔːdɪ'tɔːrɪəm] *(pl* **auditoriums** OR **auditoria** [-rɪə]*)* *n* auditorio *m*.
auditory ['ɔːdɪtrɪ] *adj* auditivo(va).
au fait [ˌəʊ'feɪ] *adj*: ~ **with** familiarizado(da) con.
Aug. *(abbr of* **August**) ago.
auger ['ɔːgər] *n* **- 1.** [hand tool] barrena *f*, taladro *m*. **- 2.** MIN barreno *m*.
aught [ɔːt] *n literary* cero *m*.
augment [ɔːg'ment] ◇ *vt* acrecentar, aumentar. ◇ *vi* aumentar.
augmentation [ˌɔːgmen'teɪʃn] *n* aumento *m*.
augmentative [ɔːg'mentətɪv] ◇ *adj* aumentativo(va). ◇ *n* aumentativo *m*.
augmented [ɔːg'mentɪd] *adj* MUS aumentado(da).
augur ['ɔːgər] ◇ *vi*: **to** ~ **well/badly** traer buenos/malos augurios. ◇ *n* augur *m*.
augury ['ɔːgjʊrɪ] *(pl* **auguries**) *n* augurio *m*.
august [ɔː'gʌst] *adj* augusto(ta).
August ['ɔːgəst] *n* agosto *m*; ~ **Bank Holiday** *día festivo celebrado el primer lunes de agosto en Escocia y el último lunes de agosto en Gales e Inglaterra; see also* **September**.
Augustan [ɔː'gʌstən] *adj* augusto(ta), de Augusto; **the** ~ **Period** [in Latin literature] el siglo de Augusto, el periodo augústeo; [in English literature] el periodo neoclásico, la edad augusta.
auk [ɔːk] *n* alca *f*.
Auld Lang Syne [ˌɔːldlæŋ'saɪn] *n* canción escocesa en alabanza de los viejos tiempos.
aunt [ɑːnt] *n* tía *f*.
auntie, aunty *(pl* **aunties**) *n inf* tita *f*.
au pair [ˌəʊ'peər] *n* au pair *f*.
aura ['ɔːrə] *n* aura *f*, halo *m*.
aural ['ɔːrəl] *adj* auditivo(va).

aurally ['ɔːrəlɪ] *adv*: ~ **handicapped** con deficiencia auditiva.
aureole ['ɔːrɪəʊl] *n* aureola *f*.
auricle ['ɔːrɪkl] *n* aurícula *f*.
auricular [ɔː'rɪkjʊlər] *adj* auricular.
auriferous [ɔː'rɪfərəs] *adj* aurífero(ra).
aurora [ɔː'rɔːrə] *(pl* **auroras** OR **aurorae**) *n* aurora *f*.
aurora australis [-ɒ'streɪlɪs] *n* aurora *f* austral.
aurora borealis [-ˌbɔːrɪ'eɪlɪs] *n* aurora *f* boreal.
aurorae [ɔː'rɔːriː] *pl* → **aurora**.
auscultation [ˌɔːskəl'teɪʃn] *n* auscultación *f*.
auspices ['ɔːspɪsɪz] *npl*: **under the** ~ **of** bajo los auspicios de.
auspicious [ɔː'spɪʃəs] *adj* prometedor(ra).
auspiciously [ɔː'spɪʃəslɪ] *adv* favorablemente, con buenos auspicios.
Aussie ['ɒzɪ] *n inf* australiano *m*, -na *f*.
austere [ɒ'stɪər] *adj* austero(ra).
austerity [ɒ'sterətɪ] *n* austeridad *f*.
austerity measures *npl* medidas *fpl* restrictivas.
Australasia [ˌɒstrə'leɪʒə] *n* Australasia.
Australasian [ˌɒstrə'leɪʒn] ◇ *adj* de Australasia. ◇ *n* natural o habitante de Australasia.
Australia [ɒ'streɪljə] *n* Australia; **the Commonwealth of** ~ Australia.
Australian [ɒ'streɪljən] ◇ *adj* australiano(na). ◇ *n* australiano *m*, -na *f*.
Austral Islands ['ɔːstrəl-] *npl*: **the** ~ las islas Australes OR Tubuai.
Austria ['ɒstrɪə] *n* Austria.
Austria-Hungary *n* Austria-Hungría.
Austrian ['ɒstrɪən] ◇ *adj* austríaco(ca). ◇ *n* àustríaco *m*, -ca *f*.
Austro-Hungarian [ˌɒstrəʊ-] *adj* austrohúngaro(ra).
AUT *(abbr of* **Association of University Teachers**) *n* sindicato británico de profesores universitarios.
autarchy ['ɔːtɑːkɪ] *(pl* **autarchies**) *n* autarquía *f*, autocracia *f*.
autarky ['ɔːtɑːkɪ] *(pl* **autarkies**) *n* autarquía *f*.
authentic [ɔː'θentɪk] *adj* auténtico(ca).
authenticate [ɔː'θentɪkeɪt] *vt* autentificar.
authenticated [ɔː'θentɪkeɪtɪd] *adj* de legítima autenticidad.
authentication [ɔːˌθentɪ'keɪʃn] *n* autentificación *f*.
authenticity [ˌɔːθen'tɪsətɪ] *n* autenticidad *f*.
author ['ɔːθər] ◇ *n* [of book] autor *m*, -ra *f*; [by profession] escritor *m*, -ra *f*. ◇ *vt* ser el autor (la autora) de.
authoress ['ɔːθərɪs] *n* escritora *f*.
authoritarian [ɔːˌθɒrɪ'teərɪən] ◇ *adj* autoritario(ria). ◇ *n* persona *f* autoritaria.
authoritarianism [ɔːˌθɒrɪ'teərɪənɪzm] *n* autoritarismo *m*.
authoritative [ɔː'θɒrɪtətɪv] *adj* **- 1.** [person, voice] autoritario(ria). **- 2.** [study] autorizado(da).
authority [ɔː'θɒrətɪ] *(pl* **authorities**) *n* **- 1.** [gen] autoridad *f*; **to be an** ~ **on** ser una autoridad en. **- 2.** [permission] autorización *f*. **- 3.** *phr*: **to have it on good** ~ saberlo de buena tinta.
◆ **authorities** *npl*: **the authorities** las autoridades *fpl*.
authorization [ˌɔːθəraɪ'zeɪʃn] *n* autorización *f*.
authorize, -ise ['ɔːθəraɪz] *vt*: **to** ~ **(sb to do sthg)** autorizar (a alguien a hacer algo).
Authorized Version ['ɔːθəraɪzd-] *n*: **the** ~ la versión oficial de la Biblia en inglés.
authorship ['ɔːθəʃɪp] *n* autoría *f*.
autism ['ɔːtɪzm] *n* autismo *m*.
autistic [ɔː'tɪstɪk] *adj* autista.
auto ['ɔːtəʊ] *(pl* **autos**) *n Am* coche *m*, auto *m*.
autobank ['ɔːtəʊˌbæŋk] *n* cajero *m* automático.

autobiographic(al) [ˌɔːtəˌbaɪəˈgræfɪk(l)] *adj* autobiográfico(ca).

autobiography [ˌɔːtəbaɪˈɒgrəfɪ] (*pl* **autobiographies**) *n* autobiografía *f.*

autocracy [ɔːˈtɒkrəsɪ] (*pl* **autocracies**) *n* autocracia *f.*

autocrat [ˈɔːtəkræt] *n* autócrata *mf.*

autocratic [ˌɔːtəˈkrætɪk] *adj* autocrático(ca).

autocross [ˈɔːtəʊkrɒs] *n Br* autocross *m.*

Autocue® [ˈɔːtəʊkjuː] *n Br* teleapuntador *m.*

auto-da-fé [ˌɔːtəʊdɑːˈfeɪ] (*pl* **autos-da-fé** [ˌɔːtəʊz-]) *n* auto *m* de fe.

autodestruct [ˌɔːtəʊdɪˈstrʌkt] ◇ *vi* autodestruirse. ◇ *adj* autodestructivo(va).

autodidact [ˈɔːtəʊdaɪdækt] *n* autodidacta *mf.*

autogenesis [ˌɔːtəʊˈdʒenəsɪs] *n* autogénesis *f inv.*

autogiro [ˌɔːtəʊˈdʒaɪərəʊ] *n* autogiro *m.*

autograph [ˈɔːtəgrɑːf] ◇ *n* autógrafo *m.* ◇ *comp* de autógrafos. ◇ *vt* autografiar.

autohypnosis [ˌɔːtəʊhɪpˈnəʊsɪs] *n* autohipnosis *f inv.*

autoimmune [ˌɔːtəʊɪˈmjuːn] *adj* autoinmune.

autointoxication [ˈɔːtəʊɪnˌtɒksɪˈkeɪʃn] *n* autointoxicación *f.*

autoloading [ˌɔːtəʊˈləʊdɪŋ] *adj* semiautomático(ca).

Automat® [ˈɔːtəmæt] *n Am* restaurante con servicio automatizado.

automata [ɔːˈtɒmətə] *pl* → **automaton**.

automate [ˈɔːtəmeɪt] *vt* automatizar.

automated [ˈɔːtəmeɪtɪd] *adj* automatizado(da); ~ **telling machine** OR **teller** cajero *m* automático.

automatic [ˌɔːtəˈmætɪk] ◇ *adj* automático(ca). ◇ *n* - **1.** *Br* [car] coche *m* automático. - **2.** [gun] arma *f* automática. - **3.** [washing machine] lavadora *f* automática.

automatically [ˌɔːtəˈmætɪklɪ] *adv* automáticamente.

automatic data processing *n* proceso *m* automático de datos.

automatic pilot *n* AERON & NAUT piloto *m* automático; **on** ~ *fig* [automatically] con el piloto automático puesto.

automatic pistol *n* pistola *f* automática.

automatic rifle *n* fusil *m* ametrallador.

automation [ˌɔːtəˈmeɪʃn] *n* automatización *f.*

automatism [ɔːˈtɒmətɪzm] *n* automatismo *m.*

automatization [ɔːˌtɒmətaɪˈzeɪʃn] *n* = **automation**.

automatize, -ise [ɔːˈtɒmətaɪz] *vt* automatizar.

automaton [ɔːˈtɒmətən] (*pl* **automatons** OR **automata** [-tə]) *n* - **1.** [robot] autómata *m.* - **2.** *pej* [person] autómata *mf*, máquina *f.*

automobile [ˈɔːtəməbiːl] *n Am* coche *m*, automóvil *m.*

automotive [ˌɔːtəˈməʊtɪv] *adj* - **1.** [engineering, industry] automovilístico(ca). - **2.** [self-propelled] automotor(triz).

autonomic [ˌɔːtəˈnɒmɪk] *adj* autónomo(ma).

autonomous [ɔːˈtɒnəməs] *adj* autónomo(ma).

autonomy [ɔːˈtɒnəmɪ] *n* autonomía *f.*

autopilot [ˌɔːtəʊˈpaɪlət] *n* = **automatic pilot**.

autopsy [ˈɔːtɒpsɪ] (*pl* **autopsies**) *n* autopsia *f.*

autosuggestion [ˌɔːtəʊsəˈdʒestʃn] *n* autosugestión *f.*

autotimer [ˈɔːtəʊˌtaɪmər] *n* temporizador *m.*

autoworker [ˈɔːtəʊˌwɜːkər] *n* trabajador *m*, -ra *f* de la industria automovilística.

autumn [ˈɔːtəm] ◇ *n* otoño *m*; **in** ~ en otoño. ◇ *comp* otoñal.

autumnal [ɔːˈtʌmnəl] *adj* otoñal.

auxiliary [ɔːgˈzɪljərɪ] (*pl* **auxiliaries**) ◇ *adj* auxiliar. ◇ *n* - **1.** [medical worker] auxiliar sanitario *m*, auxiliar sanitaria *f.* - **2.** [soldier] soldado *m* auxiliar. - **3.** GRAMM (verbo *m*) auxiliar *m.*

auxiliary verb *n* verbo *m* auxiliar.

Av. (*written abbr of* **avenue**) Av.

AV - **1.** *abbr of* **Authorized Version**. - **2.** *abbr of* **audio-visual**.

avail [əˈveɪl] ◇ *n*: **to no** ~ en vano; **to little** ~ de poco provecho, con pobres resultados; **to be of no** ~ no valer OR servir de nada. ◇ *vt*: **to** ~ **o.s. of sthg** aprovechar algo. ◇ *vi literary* valer, servir.

availability [əˌveɪləˈbɪlətɪ] *n* disponibilidad *f.*

available [əˈveɪləbl] *adj* - **1.** [product, service] disponible; **to make sthg** ~ **to sb** poner algo a la disposición de alguien. - **2.** [person] libre, disponible.

avalanche [ˈævəlɑːnʃ] *n lit & fig* avalancha *f*, alud *m.*

avant-garde [ˌævɒnˈgɑːd] ◇ *adj* de vanguardia, vanguardista. ◇ *n* vanguardia *f.*

avarice [ˈævərɪs] *n* avaricia *f.*

avaricious [ˌævəˈrɪʃəs] *adj* avaricioso(sa).

avatar [ˈævətɑːr] *n* - **1.** RELIG avatar *m.* - **2.** [embodiment] encarnación *f.*

avdp. *written abbr* **avoirdupois** *sense 1.*

Ave. (*written abbr of* **avenue**) Avda.

Ave (Maria) [ˈɑːvɪ(məˈrɪə)] *n* avemaría *f.*

avenge [əˈvendʒ] *vt* vengar.

avenger [əˈvendʒər] *n* vengador *m*, -ra *f.*

avenging [əˈvendʒɪŋ] *adj* vengador(ra); **an** ~ **angel** un ángel exterminador.

Aventine Hill [ˈævənˌtaɪn-] *n*: **the** ~ el monte Aventino.

avenue [ˈævənjuː] *n* - **1.** [wide road] avenida *f.* - **2.** *fig* [method, means] camino *m*, vía *f.*

aver [əˈvɜːr] (*pt & pp* **averred**, *cont* **averring**) *vt fml* [declare] aseverar, afirmar.

average [ˈævərɪdʒ] ◇ *adj* - **1.** [mean, typical] medio(dia). - **2.** [mediocre] regular. ◇ *n* media *f*, promedio *m*; **on** ~ de media, por término medio. ◇ *vt* - **1.** [perform typical number of] alcanzar un promedio de; **this car** ~**s 150 km/h** este automóvil alcanza un promedio de 150 km/h. - **2.** MATH sacar la media de. - **3.** [divide up] prorratear.

◆ **average out** ◇ *vt sep* sacar la media de. ◇ *vi*: **to** ~ **out at** salir a una media de.

averse [əˈvɜːs] *adj*: **not to be** ~ **to sthg/to doing sthg** no hacerle ascos a algo/a hacer algo.

aversion [əˈvɜːʃn] *n* - **1.** [dislike]: ~ **(to)** aversión *f* (a). - **2.** [object of dislike]: **football is my pet** ~ el fútbol es lo que más odio.

avert [əˈvɜːt] *vt* - **1.** [problem, accident] evitar, prevenir. - **2.** [eyes, glance] apartar, desviar.

avian [ˈeɪvjən] *adj* aviar.

aviary [ˈeɪvjərɪ] (*pl* **aviaries**) *n* pajarera *f.*

aviation [ˌeɪvɪˈeɪʃn] ◇ *n* aviación *f.* ◇ *comp* de aviación; ~ **show** desfile *m* aéreo.

aviator [ˈeɪvɪeɪtər] ◇ *n* aviador *m*, -ra *f.* ◇ *comp*: ~ **glasses** gafas *fpl* de sol deportivas.

aviatrix [ˈeɪvɪətrɪks] *n fml* aviadora *f.*

aviculture [ˈeɪvɪˌkʌltʃə] *n* avicultura *f.*

avid [ˈævɪd] *adj*: ~ **(for)** ávido(da) (de).

avidity [əˈvɪdətɪ] *n* avidez *f.*

avidly [ˈævɪdlɪ] *adv* con avidez.

avionics [ˌeɪvɪˈɒnɪks] *n* (*U*) aviónica *f*, electrónica *f* de la aviación.

avocado [ˌævəˈkɑːdəʊ] (*pl* **avocados** OR **avocadoes**) *n*: ~ **(pear)** aguacate *m*, palta *f Amér.*

avocation [ˌævəˈkeɪʃn] *n* - **1.** *Am* [hobby] pasatiempo *m*, distracción *f.* - **2.** *dated* [profession] trabajo *m*, profesión *f.*

avocet [ˈævəset] *n* avoceta *f.*

avoid [əˈvɔɪd] *vt* - **1.** [gen]: **to** ~ **(sthg/doing sthg)** evitar (algo/hacer algo). - **2.** JUR [void] anular, invalidar.

avoidable [əˈvɔɪdəbl] *adj* evitable.

avoidance [əˈvɔɪdəns] *n* → **tax avoidance**.

avoirdupois [ˌævədəˈpɔɪz] *n* - **1.** [system] *sistema de peso basado en la libra.* - **2.** *Am inf* [weight] gordura *f*, peso *m.*

avouch [əˈvaʊtʃ] *vt fml* [guarantee] garantizar, responder.

avow [əˈvaʊ] *vt* - **1.** *fml* [acknowledge] reconocer, admitir. - **2.** [confess] confesar.

avowal [əˈvaʊəl] *n* reconocimiento *m*, admisión *f*.

avowed [əˈvaʊd] *adj* declarado(da).

AVP (*abbr of* **assistant vice-president**) *n* vicepresidente segundo.

avuncular [əˈvʌŋkjʊləʳ] *adj* avuncular.

aw [ɔː] *excl Am* ¡oh!

AWACS [ˈeɪwæks] (*abbr of* **airborne warning and control system**) *n* AWACS *m*.

await [əˈweɪt] *vt* esperar, aguardar.

awake [əˈweɪk] (*pt* **awoke** [əˈwəʊk] OR **awaked**, *pp* **awoken** [əˈwəʊkn]) ◇ *adj* - **1.** [not sleeping] despierto(ta); **to lie ~** pasar la noche en vela ❑ **wide ~** completamente despierto. - **2.** *fig* [aware]: **~ to sthg** consciente de algo. ◇ *vt lit & fig* despertar. ◇ *vi lit & fig* despertarse.

awaken [əˈweɪkn] ◇ *vt* despertar. ◇ *vi* despertarse.

awakening [əˈweɪknɪŋ] *n lit & fig* despertar *m*; **a rude ~** *fig* una repentina y desagradable toma de conciencia.

award [əˈwɔːd] ◇ *n* - **1.** [prize] premio *m*, galardón *m*. - **2.** [compensation] indemnización *f*. ◇ *vt*: **to ~ sb sthg, to ~ sthg to sb** [prize] conceder OR otorgar algo a alguien; [compensation] adjudicar algo a alguien.

award-winning *adj* premiado(da); **he gave an ~ performance in...** recibió un premio por su actuación en...

aware [əˈweəʳ] *adj* - **1.** [conscious]: **~ of** consciente de. - **2.** [informed, sensitive] informado(da), al día; **~ of sthg** al día de algo; **to be ~ that** estar informado de que; **to become ~ of sthg** darse cuenta de algo, percatarse de algo.

awareness [əˈweənɪs] *n* conciencia *f*.

awash [əˈwɒʃ] *adj* - **1.** *lit & fig* [flooded]: **~ (with)** inundado(da) (de). - **2.** NAUT a flor de agua.

away [əˈweɪ] ◇ *adv* - **1.** [move, walk, drive]: **to walk ~ (from)** marcharse (de); **to drive ~ (from)** alejarse (de) (*en coche*); **to turn** OR **look ~** apartar la vista. - **2.** [at a distance]: **4 miles ~** a 4 millas de distancia; **the exam is two days ~** faltan dos días para el examen; **~ from** a distancia de. - **3.** [not at home or office] fuera; **to play ~** jugar fuera. - **4.** [in safe place]: **to put sthg ~** poner algo en su sitio. - **5.** [indicating removal or disappearance]: **we danced the night ~** estuvimos bailando toda la noche; **to fade ~** desvanecerse; **to give sthg ~** regalar algo; **to take sthg ~** llevarse algo. - **6.** [continuously]: **he was working ~ when...** estaba muy concentrado trabajando cuando... ◇ *adj* SPORT visitante; **~ game** partido *m* fuera de casa.

awe [ɔː] ◇ *n* sobrecogimiento *m*; **to be in ~ of sb** [full of admiration] estar lleno(na) de admiración por alguien; [intimated] sentirse aterrorizado(da) ante alguien; **to fill sb with ~** [fill with wonder] llenar de admiración a alguien; [intimidate] impresionar OR asustar a alguien. ◇ *vt* sobrecoger.

aweigh [əˈweɪ] *adj*: **anchors ~!** ¡levad anclas!

awe-inspiring *adj* [impressive] impresionante, imponente; [amazing] pasmoso(sa); [frightening] sobrecogedor(ra).

awesome [ˈɔːsəm] *adj* impresionante.

awesomeness [ˈɔːsəmnɪs] *n* pasmo *m*, asombro *m*.

awestruck [ˈɔːstrʌk] *adj* sobrecogido(da), asombrado(da).

awful [ˈɔːfʊl] *adj* - **1.** [terrible] terrible, espantoso(sa); **how ~!** ¡qué horror!; **I feel ~** me siento fatal. - **2.** *inf* [very great] tremendo(da).

awfully [ˈɔːflɪ] *adv inf* [very] tremendamente.

awfulness [ˈɔːfʊlnɪs] *n* - **1.** [of behaviour, treatment] atroci-

dad *f*. - **2.** [of accident] horror *m*. - **3.** [of crime] enormidad *f*.

awhile [əˈwaɪl] *adv literary* un instante, un rato.

awkward [ˈɔːkwəd] *adj* - **1.** [clumsy - movement] torpe; [- person] desgarbado(da). - **2.** [embarrassed, embarrassing] incómodo(da). - **3.** [unreasonable] difícil. - **4.** [inconvenient] poco manejable.

awkwardly [ˈɔːkwədlɪ] *adv* - **1.** [with difficulty] torpemente. - **2.** [in an embarrassed way] incómodamente.

awkwardness [ˈɔːkwədnɪs] *n* - **1.** [clumsiness] torpeza *f*. - **2.** [embarrassment] incomodidad *f*. - **3.** [unreasonableness] antipatía *f*. - **4.** [inconvenience] inoportunidad *f*.

awl [ɔːl] *n* lezna *f*.

awn [ɔːn] *n* arista *f*, cañamiza *f*.

awning [ˈɔːnɪŋ] *n* toldo *m*.

awoke [əˈwəʊk] *pt* → **awake**.

awoken [əˈwəʊkn] *pp* → **awake**.

AWOL [ˈeɪwɒl] (*abbr of* **absent without leave**) *ausente sin permiso*; **to be/to go ~** estar ausente/ausentarse sin permiso.

awry [əˈraɪ] ◇ *adj* torcido(da), ladeado(da). ◇ *adv*: **to go ~** salir mal.

axe *Br*, **ax** *Am* [æks] ◇ *n* hacha *f*; **to get the ~** *inf fig* [person] ser despedido(da); [programme, plan etc] ser suprimido(da); **to have an ~ to grind** *fig* tener intereses personales. ◇ *vt* - **1.** [project, jobs] suprimir. - **2.** [wood] cortar (con hacha).

axel [ˈæksl] *n* salto *m* axel, *salto en el aire de una vuelta y media (en el patinaje sobre hielo)*.

axes [ˈæksiːz] *pl* → **axis**.

axial [ˈæksɪəl] *adj* axial.

axilla [ækˈsɪlə] (*pl* **axillas** OR **axillae** [-liː]) *n* axila *f*.

axillary [ækˈsɪlrɪ] (*pl* **axillaries**) ◇ *adj* axilar. ◇ *n* pluma *f* axilar.

axiom [ˈæksɪəm] *n* axioma *m*.

axis [ˈæksɪs] (*pl* **axes** [-iːz]) *n* eje *m*.

◆ **Axis** *n* HIST: **the Axis** el Eje.

axle [ˈæksl] *n* eje *m*.

axletree [ˈæksltriː] *n* eje *m*.

axolotl [ˈæksəˈlɒtl] *n* axolote *m*, ajolote *m*.

axon [ˈæksɒn], **axone** [ˈæksəʊn] *n* axón *m*.

ayatollah [aɪəˈtɒlə] *n* ayatollah *m*.

aye [*adv* eɪ, *n* aɪ] ◇ *adv* - **1.** [yes] sí. - **2.** *arch & literary* [always] siempre. ◇ *n* sí *m*; **the ~s** los síes, los votos OR los que votan a favor.

aye-aye [ˈaɪˌaɪ] *excl Br* ¡vaya!

AYH (*abbr of* **American Youth Hostels**) *n asociación estadounidense de albergues juveniles.*

AZ *written abbr of* **Arizona**.

azalea [əˈzeɪljə] *n* azalea *f*.

Azerbaijan [æzəbaɪˈdʒɑːn] *n* Azerbaiyán.

Azerbaijani [æzəbaɪˈdʒɑːnɪ] ◇ *adj* azerbaiyaní. ◇ *n* azerbaiyaní *mf*.

Azeri [əˈzerɪ] ◇ *adj* azerí. ◇ *n* azerí *mf*.

azimuth [ˈæzɪməθ] *n* acimut *m*, azimut *m*.

Azores [əˈzɔːz] *npl*: **the ~** las Azores.

AZT (*abbr of* **azidothymidine**) *n* AZT *m*.

Aztec [ˈæztek] ◇ *adj* azteca. ◇ *n* [person] azteca *mf*.

azure [ˈæʒəʳ] *adj* azul celeste (*inv*).

azurite [ˈæʒəraɪt] *n* azurita *f*.

B

b (*pl* **b's** OR **bs**), **B** (*pl* **B's** OR **Bs**) [biː] *n* [letter] b *f*, B *f*.
◆ **B** *n* - **1.** MUS si *m*. - **2.** SCH [mark] ≃ bien *m*.

b. (*written abbr of* **born**) n.

BA *n* - **1.** *written abbr of* **Bachelor of Arts**. - **2.** *written abbr of* **British Academy**. - **3.** (*abbr of* **British Airways**) *líneas aéreas británicas*.

baa [baː] ◇ *n* balido *m*. ◇ *vi* balar.

BAA (*abbr of* **British Airports' Authority**) *n organismo independiente gestor de siete grandes aeropuertos británicos*.

baba ['baːbaː] *n* bizcocho *m*.

babble ['bæbl] ◇ *n* [chatter] parloteo *m*; [murmur] murmullo *m*; [of baby] balbuceo *m*. ◇ *vi* [person] farfullar; [baby] balbucear, balbucir; [brook, stream] murmurar.

babe [beɪb] *n* - **1.** *literary* [baby] bebé *m*; **~ in arms** [baby] niño *m* de pecho; *fig* [naive person] inocente *mf*. - **2.** *fig* [naive person] inocente *mf*. - **3.** *Am inf* [term of affection] cariño *m*. - **4.** [young woman] monada *f*.

babel ['beɪbl] *n* jaleo *m*.
◆ **Babel** *n*: **the tower of Babel** la torre de Babel.

baboon [bə'buːn] *n* babuino *m*, papión *m*.

baby ['beɪbɪ] (*pl* **babies**, *pt & pp* **babied**) ◇ *n* - **1.** [newborn child] bebé *m*; [infant] niño *m*; **he' such a ~** *fig* es tan niño ❏ **to be left holding the ~** *fig* tocarle a alguien cargar con el mochuelo; **to throw the ~ out with the bath water** *fig* pecar por exceso de celo. - **2.** *inf* [term of affection] cariño *m*. - **3.** [youngest child] benjamín *m*, -ina *f*. - **4.** *Am inf* [young woman] monada *f*. - **5.** *Am* [term of affection] cariño *m*. - **6.** *inf* [project] creación *f*, invención *f*; **that idea was his ~** aquella idea era de su invención. ◇ *comp* [clothes] de bebé; **~ changing area** *zona para cambiar los pañales al bebé*; **~ food** alimentos *mpl* para bebé; **~ seat** silla *f* de niño. ◇ *adj* [very young] pequeño(ña); **~ elephant** cría *f* de elefante; **~ brother** hermanito *m*; **~ sister** hermanita *f*. ◇ *vt* mimar, consentir.

baby battering *n* malos tratos *mpl* a un niño.

baby boom *n* explosión *f* demográfica.

baby boomer [-ˌbuːmə'] *n Am* niño nacido durante el boom natalicio de los sesenta.

baby bottle *n Am* biberón *m*.

Baby-bouncer® *n* sillita *f* colgante elástica para bebé.

baby buggy *n* - **1.** *Br* [foldable pushchair] sillita *f* de niño (con ruedas). - **2.** *Am* = **baby carriage**.

baby carriage *n Am* cochecito *m* de niños.

baby doll *n* muñeca *f*.
◆ **baby-doll** *adj*: **baby-doll pyjamas** picardías *m inv*.

baby face *n* cara *f* aniñada OR de niño.
◆ **baby-face** *adj* con cara aniñada OR de niño.

baby grand *n* piano *m* de media cola.

babyish ['beɪbɪʃ] *adj pej* infantil.

Babylon ['bæbɪlən] *n* Babilonia.

Babylonia [ˌbæbɪ'ləʊnjə] *n* Babilonia.

Babylonian [ˌbæbɪ'ləʊnjən] ◇ *adj* babilonio(nia), babilónico(ca). ◇ *n* babilonio *m*, -nia *f*.

baby-minder *n Br* niñera *f* (durante el día).

baby-sit *vi* cuidar a niños, hacer de canguro.

baby-sitter *n* canguro *mf*.

baby sling *n* mochila *f* (para bebés).

baby-snatcher *n* secuestrador *m*, -ra *f* de bebés.

baby-snatching [-ˌsnætʃɪŋ] *n* secuestro *m* de bebés.

baby talk *n* lenguaje *m* infantil.

baby-walker *n* tacatá *m*, tacataca *m*.

babywipe ['beɪbɪwaɪp] *n* toallita *f* húmeda.

baccalaureate [ˌbækə'lɔːrɪət] *n* UNIV ≃ licenciatura *f*.

baccarat ['bækəraː] *n* bacarrá *m*, bacará *m*.

bacchanal ['bækənl] *n* - **1.** [priestess] bacante *f*. - **2.** [celebration] bacanal *f*.

bacchanalia [ˌbækə'neɪljə] (*pl inv*) *n* [party] bacanal *f*.

bacchanalian [ˌbækə'neɪljən] *adj* báquico(ca).

bacchante ['bækənt] *n* bacante *f*.

bachelor ['bætʃələ'] *n* - **1.** [single man] soltero *m*. - **2.** UNIV ≃ licenciado *m*, -da *f*.

bachelor flat *n* piso *m* de soltero.

bachelor girl *n* soltera *f*.

bachelorhood ['bætʃələhʊd] *n* soltería *f*.

Bachelor of Arts *n* ≃ licenciado *m*, -da *f* en Letras.

Bachelor of Science *n* ≃ licenciado *m*, -da *f* en Ciencias.

bachelor party *n* despedida *f* de soltero.

bachelor's-button *n* aciano *m*.

bachelor's degree *n* ≃ licenciatura *f*.

bacillary [bə'sɪlərɪ] *adj* - **1.** [disease] bacilar. - **2.** [shape] baciliforme.

bacillus [bə'sɪləs] (*pl* **bacilli** [-laɪ]) *n* bacilo *m*.

back [bæk] ◇ *adv* - **1.** [in position] atrás; **stand ~!** ¡échense para atrás!; **to push ~** empujar hacia atrás. - **2.** [to former position or state] de vuelta; **I'll be right ~** vuelvo enseguida; **I spent all day going ~ and forth** pasé todo el día yendo y viniendo; **he's been there and ~** ha estado allí y ha vuelto; **~ home** de vuelta en casa; **to be ~ (in fashion)** volver a estar de moda; **to come ~** volver; **to give sthg ~** devolver algo; **to go ~** volver; **to look ~** volver la mirada; **to walk ~** volver andando. - **3.** [in time]: **two weeks ~** hace dos semanas; **it dates ~ to 1960** data de 1960; **~ in March** allá en marzo; **as far ~ as 1970** ya en 1970; **to think ~ (to sthg)** recordar (algo). - **4.** [in reply, in return] de vuelta; **I hit him ~** le devolví el golpe; **she smiled ~ at him** ella le devolvió la sonrisa; **to pay sb ~** [give back money] devolverle el dinero a alguien. ◇ *n* - **1.** [of person] espalda *f*; [of animal] lomo *m*; **to break one's ~** *lit* romperse la columna; **to lie on one's ~** tumbarse boca arriba; **to carry sthg on one's ~** llevar algo a cuestas ❏ **to be on one's ~** *inf* [ill in bed] estar postrado(da) en cama, guardar cama; **behind sb's ~** a espaldas de alguien; **to break the ~ of** *fig* pasar lo peor OR la peor parte de; **get off my ~!** *inf* ¡déjame en paz!; **to put one's ~ into sthg** esforzarse en hacer algo; **to put sb's ~ up** poner negro(gra) a alguien; **to stab sb in the ~** *fig* darle a alguien una puñalada por la espalda OR trapera; **to turn one's ~ on sb/sthg** dar la espalda a alguien/algo, volver la espalda a alguien/algo. - **2.** [of hand, cheque] dorso *m*; [of coin, page] reverso *m*; [of book, head] parte *f* de atrás; [of car] parte *f* trasera; [of chair] respaldo *m*; [of room, cupboard] fondo *m*; **at the ~ of** [house] detrás de; [cupboard] en el fondo de ❏ **the ~ of beyond** *Br*

el quinto pino; **to know a place like the** ~ **of one's hand** conocer un sitio como la palma de la mano. - **3.** SPORT [player] defensa *m*. ◇ *adj (in compounds)* - **1.** [at the back - door, legs, seat] trasero(ra); [- page] último(ma). - **2.** [pay, rent] atrasado(da). ◇ *vt* - **1.** [reverse] dar marcha atrás a. - **2.** [support] respaldar; [financially] financiar. - **3.** [bet on] apostar por. - **4.** [line with material] forrar. ◇ *vi* [drive backwards] ir marcha atrás; [walk backwards] ir hacia atrás.
◆ **back to back** *adv* - **1.** [with backs facing] espalda con espalda. - **2.** [consecutively] uno detrás del otro.
◆ **back to front** *adv* al revés.
◆ **in back of** *prep Am* detrás de.
◆ **back away** *vi* retroceder.
◆ **back down, back off** *Am vi* echarse OR volverse atrás.
◆ **back off** *vi* - **1.** [withdraw] retirarse. - **2.** *Am* = **back down**.
◆ **back onto** *vt Br* dar (por la parte de atrás) a.
◆ **back out** *vi* echarse OR volverse atrás.
◆ **back up** ◇ *vt sep* - **1.** [support] apoyar. - **2.** [reverse] dar marcha atrás a. - **3.** COMPUT hacer un archivo de seguridad de. ◇ *vi* [reverse] ir marcha atrás.
backache ['bækeɪk] *n* dolor *m* de espalda.
backbeat ['bækbiːt] *n* MUS tiempo *f* débil.
backbencher [,bæk'bentʃəʳ] *n Br diputado sin cargo en el gabinete del gobierno o la oposición.*
backbenches ['bækbentʃəz] *npl Br escaños de los diputados sin cargo en el gabinete del gobierno o la oposición.*
backbite ['bækbaɪt] *vi* murmurar.
backbiting ['bækbaɪtɪŋ] *n* murmuración *f*, chismorreo *m*.
backboard ['bækbɔːd] *n* - **1.** [in basketball] tablero *m*. - **2.** [of chair] respaldo *m*. - **3.** [reinforcement] tabla *f* de refuerzo.
backbone ['bækbəʊn] *n lit & fig* columna *f* vertebral; **agriculture is the** ~ **of our economy** la agricultura es la columna vertebral OR la piedra angular de nuestra economía.
backbreaking ['bækbreɪkɪŋ] *adj* derrengante.
back burner *n*: **to put sthg on the** ~ *fig* aparcar algo.
backchat *Br* ['bæktʃæt], **backtalk** *Am* ['bæktɔːk] *n (U) inf* réplicas *fpl*.
backcloth ['bækklɒθ] *n Br* = **backdrop**.
backcomb ['bækkəʊm] *vt Br* cardar.
back copy *n* número *m* atrasado.
back country *n* zona *f* rural poco poblada.
backdate [,bæk'deɪt] *vt*: **a pay rise** ~**d to March** un aumento de sueldo con efecto retroactivo desde marzo.
back door *n* puerta *f* trasera; **to get in through** OR **by the** ~ *fig* entrar con enchufe.
backdrop ['bækdrɒp] *n lit & fig* telón *m* de fondo.
back end *n* - **1.** [of car, bus] parte *f* de atrás OR trasera; [of train] cola *f*. - **2.** *Br* [autumn] otoño *m*.
backer ['bækəʳ] *n* - **1.** [sponsor] promotor *m*, -ra *f*, patrocinador *m*, -ra *f*. - **2.** [supporter] partidario *m*, -ria *f*. - **3.** [punter] apostante *mf*.
backfire [bæk'faɪəʳ] ◇ *vi* - **1.** [motor vehicle] petardear. - **2.** [go wrong]: **it** ~**d on him** le salió el tiro por la culata. ◇ *n* - **1.** [explosion] petardeo *m*. - **2.** [fire] contrafuego *m*, contracandela *f Amér*.
back formation *n* derivación *f* regresiva.
backgammon ['bækgæmən] *n* backgammon *m*.
background ['bækgraʊnd] ◇ *n* - **1.** [in picture, view] fondo *m*; **in the** ~ [of painting etc] al fondo; [out of the limelight] en la sombra. - **2.** [of event, situation] trasfondo *m*. - **3.** [of person - upbringing] origen *m*; [- education, knowledge] formación *f*; [- experience] experiencia *f*; [- past] pasado *m*; **family** ~ antecedentes *mpl* familiares. ◇ *comp* [music, noise] de fondo.
backhand ['bækhænd] ◇ *n* revés *m*. ◇ *adj & adv* de revés. ◇ *vt* golpear de revés.
backhanded ['bækhændɪd] *adj fig* equívoco(ca).
backhander ['bækhændəʳ] *n Br inf*: **to give sb a** ~ untarle la mano a alguien.

backing ['bækɪŋ] *n* - **1.** [support] apoyo *m*, respaldo *m*. - **2.** [lining] refuerzo *m*. - **3.** MUS acompañamiento *m*.
back issue *n* = **back number**.
backlash ['bæklæʃ] *n* - **1.** [reaction] reacción *f* violenta. - **2.** [motion] sacudida *f*, contragolpe *m*.
backless ['bæklɪs] *adj* - **1.** [dress] sin espalda. - **2.** [chair] sin respaldo.
backlist ['bæklɪst] *n* catálogo *m* de publicaciones.
backlog ['bæklɒg] *n* acumulación *f*.
back number *n* número *m* atrasado.
backpack ['bækpæk] ◇ *n* mochila *f*, macuto *m*. ◇ *vi* [travel] viajar con mochila. ◇ *vt* [carry] llevar en una mochila.
backpacker ['bækpækəʳ] *n* mochilero *m*, -ra *f*, turista *mf* de mochila.
backpacking ['bækpækɪŋ] *n*: **to go** ~ irse de viaje con la mochila.
back passage *n euph* recto *m*.
back pay *n (U)* atrasos *mpl*.
backpedal [bæk'pedl] (*Br pt & pp* **backpedalled**, *cont* **backpedalling**, *Am pt & pp* **backpedaled**, *cont* **backpedaling**) *vi fig*: **to** ~ **(on sthg)** dar marcha atrás (con respecto a algo).
backrest ['bækrest] *n* respaldo *m*.
back room *n* - **1.** [in house] cuarto *m* trasero; [in shop] trastienda *f*. - **2.** [for research] laboratorio *m* de investigaciones secretas.
◆ **backroom** *adj* [research, work] secreto(ta).
backroom boys *npl*: **the** ~ los cerebros que trabajan en la sombra OR en el anonimato.
back-scratcher *n* [implement] rascador *m*.
back seat *n* asiento *m* trasero OR de atrás; **to take a** ~ *fig* situarse en segundo plano.
back-seat driver *n* - **1.** [in car] *persona que no para de dar consejos al conductor*. - **2.** [busybody] entrometido *m*, -da *f*.
backside ['bæksaɪd] *n inf* trasero *m*.
backslap ['bækslæp] (*pt & pp* **backslapped**, *cont* **backslapping**) *vi* demostrar excesiva cordialidad, ser demasiado efusivo(va).
backslash ['bækslæʃ] *n* COMPUT barra *f* inversa.
backslide [bæk'slaɪd] (*pt & pp* **backslid** [-'slɪd]) *vi* reincidir, recaer.
backslider [bæk'slaɪdəʳ] *n* reincidente *mf*.
backspace ['bækspeɪs] ◇ *n* COMPUT: ~ **(key)** tecla *f* de retroceso. ◇ *vi* retroceder.
backspin ['bækspɪn] *n* efecto *m* bajo OR de retroceso.
backstage [,bæk'steɪdʒ] *adv lit & fig* entre bastidores.
backstairs [,bæk'steəz] ◇ *npl* escalera *f* de servicio. ◇ *adj* furtivo(va), clandestino(na).
backstay ['bæksteɪ] *n* NAUT estay *m*, traversa *f*.
backstitch ['bækstɪtʃ] ◇ *n* pespunte *m*. ◇ *vt* pespuntear.
backstop ['bækstɒp] (*pt & pp* **backstopped**, *cont* **backstopping**) ◇ *n* SPORT red o valla para retener la pelota. ◇ *vt Am* [support] reforzar.
back straight *n* recta opuesta a la final.
back street *n Br* callejuela *f* de barrio.
back-street abortion *n Br* aborto *m* clandestino.
back-street abortionist *n* abortista clandestino *m*, abortista clandestina *f*.
backstretch ['bækstretʃ] *n* pista opuesta a la recta final.
backstroke ['bækstrəʊk] *n* espalda *f* (en natación).
backswept ['bækswept] *adj* inclinado(da) hacia atrás.
backswing ['bækswɪŋ] *n* golpe *m* de revés.
backtalk *n Am* = **backchat**.
backtrack ['bæktræk] *n* = **backpedal**.
backup ['bækʌp] ◇ *adj* - **1.** [plan] de emergencia, alternativo(va); [team] de apoyo; ~ **troops** MIL reservas *fpl*. - **2.** COMPUT de seguridad. ◇ *n* - **1.** [support] apoyo *m*. - **2.** COMPUT copia *f* de seguridad. - **3.** [reserve] reserva *f*. - **4.** [substitute] suplente *mf*. - **5.** *Am* MUS acompañamiento *m*.

backward ['bækwərd] ◊ *adj* - **1.** [movement, look] hacia atrás. - **2.** [country, person] atrasado(da); [child] retrasado(da). - **3.** [reluctant] reacio(cia); [shy] apocado(da), tímido(da). ◊ *adv Am* = **backwards**.

backward-looking *adj pej* retrógrado(da).

backwardness ['bækwədnɪs] *n* - **1.** [of country, economy] atraso *m*; [of person] retraso *m*. - **2.** [shyness] timidez *f*.

backwards ['bækwədz], **backward** *Am* ['bækward] *adv* - **1.** [move, go] hacia atrás; **I fell** ~ caí de espaldas; **to walk** ~ andar de espaldas OR hacia atrás; **to look** ~ mirar para OR hacia atrás; ~ **and forwards** [movement] de un lado a otro. - **2.** [back to front] al OR del revés. - **3.** [in reverse order] al revés; **they do everything** ~ todo lo hacen al revés. - **4.** [towards a worse state] para atrás, a peor.

backwash ['bækwɒʃ] *n* - **1.** [flow] estela *f*. - **2.** [aftermath] consecuencias *fpl*, repercusiones *fpl*.

backwater ['bæk,wɔːtə'] *n* - **1.** *fig* [remote spot]: **a cultural** ~ un páramo cultural, un lugar culturalmente atrasado. - **2.** [of river] agua *f* estancada.

backwoods ['bækwʊdz] *npl* zona *f* aislada.

backwoodsman ['bækwʊdzmən] (*pl* **backwoodsmen** [-mən]) *n* palurdo *m*.

backyard [bæk'jɑːd] *n* - **1.** *Br* [yard] patio *m*; **in one's own** ~ *fig* muy cerca de uno. - **2.** *Am* [garden] jardín *m* (trasero).

bacon ['beɪkən] ◊ *n* bacon *m*, tocino *m*; ~ **and eggs** huevos *mpl* con bacon ❑ **to bring home the** ~ *inf* traer el pan OR el sustento a casa; **to save sb's** ~ *inf* salvarle el pellejo a alguien. ◊ *comp*: ~ **slicer** (máquina *f*) cortadora *f* de fiambres.

bacteria [bæk'tɪərɪə] *npl* → **bacterium**.

bacterial [bæk'tɪərɪəl] *adj* bacteriano(na).

bactericide [bæk'tɪərɪsaɪd] *n* bactericida *m*.

bacteriologist [bæk,tɪərɪ'blədʒɪst] *n* bacteriólogo *m*, -ga *f*.

bacteriology [bæk,tɪərɪ'blədʒɪ] *n* bacteriología *f*.

bacterium [bæk'tɪərɪəm] (*pl* **bacteria** [-rɪə]) *n* bacteria *f*.

bad [bæd] (*compar* **worse** [wɜːs], *superl* **worst** [wɜːst]) ◊ *adj* - **1.** [gen] malo(la); **things look** ~ las cosas no pintan bien; **that would be no** ~ **thing** no vendría nada mal; **he's** ~ **at French** se le da mal el francés; **to go** ~ [food] echarse a perder; **to go from** ~ **to worse** ir de mal en peor; **it's not** ~ (**at all**) no está (nada) mal; **how are you?** - **not** ~ ¿qué tal? - bien ❑ **too** ~! ¡qué pena!; **he's in a** ~ **way** [ill, unhappy] está muy mal; [in trouble] tiene problemas. - **2.** [illness] fuerte, grave. - **3.** [guilty]: **to feel** ~ **about sthg** sentirse mal por algo. - **4.** *v inf* [very good] fantástico(ca), guay *Esp*, chévere *Amér*. ◊ *adv Am* = **badly**.

bad blood *n* rencor *m*, resentimiento *m*.

bad breath *n* mal aliento *m*.

bad cheque *n* cheque *m* sin fondos.

bad debt *n* deuda *f* incobrable.

bade [bæd, beɪd] *pt & pp* → **bid**.

bad feeling *n* (U) rencor *m*, resentimiento *m*.

badge [bædʒ] *n* - **1.** [for decoration - metal, plastic] chapa *f*; [- sewn-on] insignia *f*. - **2.** [for identification] distintivo *m*. - **3.** *fig* [symbol] emblema *m*.

badger ['bædʒə'] ◊ *n* tejón *m*. ◊ *vt*: **to** ~ **sb** (**to do sthg**) ponerse pesado(da) con alguien (para que haga algo).

badinage ['bædənɑːʒ] *n literary* OR *hum* broma *f*, chacota *f*.

badlands ['bædlændz] *npl* páramo *m*, pedregal *m*.

bad language *n* palabrotas *fpl*, tacos *mpl*.

badly ['bædlɪ] (*compar* **worse** [wɜːs], *superl* **worst** [wɜːst]) *adv* - **1.** [not well] mal; **to take sthg** ~ tomar(se) algo a mal; **to think** ~ **of sb** pensar mal de alguien; **to treat sb** ~ tratar mal a alguien. - **2.** [seriously] gravemente; ~ **wounded** herido(da) de gravedad, gravemente herido. - **3.** [very much] mucho; **I need it** ~ lo necesito con urgencia, me hace mucha falta; **I'm** ~ **in need of help** necesito ayuda urgentemente.

badly-off *adj* - **1.** [poor] apurado(da) de dinero. - **2.** [lacking]: **to be** ~ **for sthg** estar OR andar mal de algo.

bad-mannered *adj* maleducado(da).

badminton ['bædmɪntən] *n* bádminton *m*.

Badminton Horse Trials *n* competición hípica que se celebra cada año en Badminton, Inglaterra.

bad-mouth *vt esp Am inf* poner verde.

badness ['bædnɪs] *n* [of behaviour] maldad *f*.

bad-tempered *adj* - **1.** [by nature] de mal genio. - **2.** [in a bad mood] malhumorado(da).

baffle ['bæfl] ◊ *vt* - **1.** [puzzle] desconcertar. - **2.** [foil] frustrar, dar al traste con. ◊ *n* [deflector] deflector *m*; [of loudspeaker] bafle *m*, pantalla *f* acústica.

bafflement ['bæflmənt] *n* desconcierto *m*, confusión *f*.

baffling ['bæflɪŋ] *adj* desconcertante.

bag [bæg] (*pt & pp* **bagged**, *cont* **bagging**) ◊ *n* - **1.** [container, bagful] bolsa *f*; **in the** ~ *inf fig* en el bote, en el bolsillo; **to be left holding the** ~ *Am inf fig* tocarle a alguien cargar con el muerto OR mochuelo; **he's nothing but a** ~ **of bones** está en los huesos; **to pull sthg out of the** ~ sacarse algo de la manga en el último momento; **the whole** ~ **of tricks** *inf* todo lo necesario. - **2.** [handbag] bolso *m*, cartera *f Amér*. - **3.** [suitcase] maleta *f*; **to pack one's** ~ *fig* hacer las maletas; **they threw her out** ~ **and baggage** la pusieron en la calle con todos sus bártulos. - **4.** [in clothing] bolsa *f*. - **5.** [animals killed] caza *f*. - **6.** *inf pej* [woman] bruja *f*. - **7.** *v inf dated* [interest]: **it's not my** ~ no me va. ◊ *vt* - **1.** [put into bags] meter en bolsas. - **2.** *Br inf* [reserve] pedirse, reservarse. - **3.** *inf* [catch, seize] pescar, pillar. - **4.** [hunt] cazar. ◊ *vi* formar bolsas.

♦ bags *npl* - **1.** [under eyes] ojeras *fpl*. - **2.** [lots]: ~**s of** *inf* montones *mpl*. - **3.** [baggage] equipaje *m*.

bagatelle [,bægə'tel] *n* - **1.** [trifle] bagatela *f*. - **2.** [billiards] billar *m* romano.

bagel ['beɪgəl] *n* bollo de pan en forma de rosca.

bagful ['bægfʊl] *n* bolsa *f*.

baggage ['bægɪdʒ] *n esp Am* (U) equipaje *m*.

baggage car *n Am* furgón *m* de equipajes.

baggagemaster ['bægɪdʒ,mɑːstə'] *n* jefe *m* de equipajes.

baggage reclaim *n* recogida *f* de equipajes.

baggage room *n Am* consigna *f*.

Baggie® ['bægɪ] *n Am* bolsita de plástico para alimentos.

baggy ['bægɪ] (*compar* **baggier**, *superl* **baggiest**) *adj* holgado(da).

Baghdad [bæg'dæd] *n* Bagdad.

bag lady *n inf* vagabunda *f*.

bagman ['bægmən] (*pl* **bagmen** [-mən]) *n* - **1.** *Am v inf* [collector] recaudador *m*. - **2.** *Br inf* [salesman] vendedor *m* ambulante.

bagpiper ['bægpaɪpə'] *n* gaitero *m*, -ra *f*.

bagpipes ['bægpaɪps] *npl* gaita *f*.

bag-snatcher ['bæg,snætʃə'] *n* tironero *m*, -ra *f*, *ladrón que roba dando el tirón*.

bag-snatching [-,snætʃɪŋ] *n* (robo *m* con) tirón *m*.

baguette [bæ'get] *n* barra *f* de pan.

bah [bɑː] *excl* ¡bah!

Bahamas [bə'hɑːməz] *npl*: **the** ~ (las) Bahamas.

Bahamian [bə'heɪmɪən] ◊ *adj* bahamés(esa), de las Bahamas. ◊ *n* bahamés *m*, -esa *f*.

Bahrain [bɑː'reɪn] *n* Bahrein; **the** ~ **Islands** las islas Bahrein.

Bahraini [bɑː'reɪnɪ] ◊ *adj* bahreiní. ◊ *n* bahreiní *mf*.

Bahrein [bɑː'reɪn] *n* = **Bahrain**.

Bahreini [bɑː'reɪnɪ] *n & adj* = **Bahraini**.

bail [beɪl] ◊ *n* (U) [money]: **on** ~ bajo fianza; **to jump** ~ escapar estando en libertad bajo fianza. - **2.** [guarantor] fiador *m*, -ra *f*; **to go** ~ **for sb** salir fiador por OR de alguien. ◊ *vt* - **1.** JUR [subj: guarantor] pagar la fianza de, obtener la libertad bajo fianza de; [subj: judge] poner en libertad bajo fianza. - **2.** [water] achicar.

♦ bail out ◊ *vt sep* - **1.** [pay bail for] obtener la libertad bajo fianza de. **- 2.** [rescue] sacar de apuros. ◇ *vi* **- 1.** [remove water] achicar agua. **- 2.** *Am* = **bale out** *vi sense 1.*

bailee [beɪˈliː] *n* depositario *m*, -ria *f.*

bailer [ˈbeɪləʳ] *n* achicador *m.*

bailiff [ˈbeɪlɪf] *n* **- 1.** JUR alguacil *mf.* **- 2.** *Br* [on estate, farm] administrador *m*, -ra *f*, mayordomo *m.*

bailiwick [ˈbeɪlɪwɪk] *n* **- 1.** JUR alguacilazgo *m.* **- 2.** *fig* [field of interest] campo *m*, competencia *f.*

bailor [ˈbeɪləʳ] *n* fiador *m*, -ra *f.*

bailout [ˈbeɪlaʊt] *n inf* rescate *m* financiero.

bailsman [ˈbeɪlzmən] (*pl* **bailsmen** [-mən]) *n* fiador *m.* **bairn** [beən] *n Scot* niño *m*, -ña *f.*

bait [beɪt] ◇ *n lit & fig* cebo *m*; **to rise to** OR **take the** ~ *fig* morder OR tragarse el anzuelo. ◇ *vt* **- 1.** [put bait on] cebar. **- 2.** [tease, torment] hacer sufrir, cebarse con. **- 3.** [lure] atraer, tentar.

baize [beɪz] *n* tapete *m.*

bake [beɪk] ◇ *vt* **- 1.** [food] cocer al horno. **- 2.** [bricks, clay] endurecer. **- 3.** [dry] secar. ◇ *n* **- 1.** [process] cocción *f* (al horno). **- 2.** [batch of food] hornada *f.* **- 3.** *Am* [gathering] *fiesta en la que se come un asado.* ◇ *vi* [food] cocerse al horno.

baked beans [ˈbeɪkt-] *npl* alubias *fpl* cocidas en salsa de tomate.

baked potato [ˈbeɪkt-] *n* patata *f* asada OR al horno.

Bakelite® [ˈbeɪkəlaɪt] *n* baquelita *f.*

baker [ˈbeɪkəʳ] *n* **- 1.** [of bread] panadero *m*, -ra *f*; [of cakes] pastelero *m*, -ra *f*; ~**'s (shop)** panadería *f* □ **a** ~**'s dozen** *fig* una docena de fraile, trece. **- 2.** [oven] horno *m* portátil.

bakery [ˈbeɪkərɪ] (*pl* **bakeries**) *n* panadería *f*, tahona *f.*

baking [ˈbeɪkɪŋ] ◇ *adj inf* [hot] abrasador(ra). ◇ *n* **- 1.** [process] cocción *f.* **- 2.** [amount] hornada *f.*

baking dish *n* fuente *f* para el horno.

baking potatoes *npl* patatas *fpl* para asar.

baking powder *n* levadura *f* en polvo.

baking sheet *n* = **baking tray.**

baking soda *n* bicarbonato *m* de sodio.

baking tin *n* molde *m* para cocinar al horno.

baking tray *n* bandeja *f* para el horno.

balaclava (helmet) [bæləˈklɑːvə] *n* pasamontañas *m inv*, verdugo *m.*

balalaika [bæləˈlaɪkə] *n* balalaica *f.*

balance [ˈbæləns] ◇ *n* **- 1.** [equilibrium] equilibrio *m*; **to keep/lose one's** ~ mantener/perder el equilibrio; **it caught me off** ~ [off guard] me pilló desprevenido(da); **off** ~ [unstable] en desequilibrio. **- 2.** *fig* [counterweight] contrapunto *m.* **- 3.** [of evidence etc] peso *m.* **- 4.** [scales] balanza *f*; **to be** OR **hang in the** ~ *fig* estar en el aire. **- 5.** [of account] saldo *m*; ~ **due** saldo deudor. **- 6.** CHEM & MATH igualdad *f.* ◇ *vt* **- 1.** [keep in balance] poner en equilibrio. **- 2.** [compare] sopesar, calibrar. **- 3.** [in accounting]: **to** ~ **the books/a budget** hacer que cuadren las cuentas/cuadre un presupuesto. **- 4.** [counterbalance] equilibrar, compensar. **- 5.** [weigh] pesar. **- 6.** [settle] saldar. **- 7.** CHEM & MATH igualar. ◇ *vi* **- 1.** [maintain equilibrium] sostenerse en equilibrio. **- 2.** [in accounting] cuadrar.

◆ **on balance** *adv* tras pensarlo detenidamente.

◆ **balance out** *vi*: **the advantages and disadvantages** ~ **out** las ventajas y los inconvenientes se compensan; **the debits and credits should** ~ **out** el debe y el haber deberían cuadrar.

balance beam *n* barra *f* fija.

balanced [ˈbælənst] *adj* [fair] equilibrado(da), ecuánime; ~ **diet** dieta *f* equilibrada.

balance of payments *n* balanza *f* de pagos.

balance of power *n* equilibrio *m* de fuerzas.

balance of trade *n* balanza *f* comercial.

balance sheet *n* balance *m.*

balance wheel *n* volante *m* compensador.

balancing [ˈbælənsɪŋ] *n* **- 1.** [physical effort] equilibrio *m.* **- 2.** FIN [account, books - equalizing] balance *m*; [- settlement] saldo *m.*

balancing act *n fig* malabarismo *m*; **to perform a** ~ hacer equilibrios.

balboa [bælˈbəʊə] *n* balboa *m.*

balcony [ˈbælkənɪ] (*pl* **balconies**) *n* **- 1.** [on building - big] terraza *f*; [- small] balcón *m.* **- 2.** [in theatre] anfiteatro *m*, galería *f.*

bald [bɔːld] *adj* **- 1.** [without hair] calvo(va); **to go** ~ quedarse calvo □ **as** ~ **as a coot** OR **an egg** calvo(va) como una bola de billar. **- 2.** [without tread] desgastado(da). **- 3.** *fig* [blunt] escueto(ta).

bald eagle *n* águila *f* calva OR de cabeza blanca (*esta ave es el símbolo de los EE UU y aparece en todos los emblemas oficiales*).

balderdash [ˈbɔːldədæʃ] *n (U)* disparates *mpl.*

bald-faced *adj Am* descarado(da), desvergonzado(da).

bald-headed *adj* calvo(va).

balding [ˈbɔːldɪŋ] *adj* con calva incipiente.

baldly [ˈbɔːldlɪ] *adv* de una manera escueta OR categórica.

baldness [ˈbɔːldnɪs] *n* **- 1.** [of person] calvicie *f.* **- 2.** [of statement] crudeza *f.*

baldpate [ˈbɔːldpeɪt] *n inf dated* **- 1.** [person] calvo *m*, -va *f.* **- 2.** [bird] lavanco *m.*

bale [beɪl] ◇ *n* bala *f*, fardo *m.* ◇ *vt* embalar.

◆ **bale out** *vi Br* **- 1.** [from plane] tirarse en paracaídas. **- 2.** = **bail out** *vi sense 1.*

Balearic Islands [bælɪˈærɪk-], **Balearics** [bælɪˈærɪks] *npl*: **the** ~ las Baleares.

baleen [bəˈliːn] *n* barba *f* de ballena, ballena *f.*

baleful [ˈbeɪlfʊl] *adj* **- 1.** [menacing] maligno(na), siniestro(tra). **- 2.** [gloomy] funesto(ta).

balefully [ˈbeɪlfʊlɪ] *adv* **- 1.** [menacingly - look] con una mirada siniestra; [- say] con un tono amenazador. **- 2.** [gloomily] de un modo funesto.

Bali [ˈbɑːlɪ] *n* Bali.

Balinese [bɑːlɪˈniːz] ◇ *adj* balinés(esa). ◇ *n* **- 1.** [person] balinés *m*, -esa *f.* **- 2.** [language] balinés *m.*

balk [bɔːk] ◇ *vi*: **to** ~ **(at doing sthg)** resistirse (a hacer algo); **I** ~ **at the idea** me repele la idea. ◇ *vt* [thwart] impedir, frustrar. ◇ *n* [hindrance] obstáculo *m*, impedimento *m.*

Balkan [ˈbɔːlkən] *adj* balcánico(ca).

Balkan Peninsula *n*: **the** ~ la península Balcánica.

Balkans [ˈbɔːlkənz], **Balkan States** *npl*: **the** ~ los países balcánicos.

balky [ˈbɔːkɪ] (*compar* **balkier**, *superl* **balkiest**) *adj* **- 1.** [person] reacio(cia). **- 2.** [horse] repropio(pia).

ball [bɔːl] ◇ *n* **- 1.** [for tennis, cricket] pelota *f*; [for golf, billiards] bola *f*; [for football] balón *m*; **to roll** OR **curl up into a** ~ hacerse un ovillo, ovillarse □ **the** ~ **is in his court now** ahora le toca a él; **to be on the** ~ estar al tanto de todo; **to play** ~ **with** colaborar con; **to start/keep the** ~ **rolling** poner/mantener las cosas en marcha. **- 2.** [round shape, sphere] bola *f.* **- 3.** [of foot, hand] pulpejo *m.* **- 4.** [dance] baile *m*; **to have a** ~ *fig* pasárselo bomba. **- 5.** [of wool] ovillo *m.* ◇ *vt* **- 1.** [form into a ball] hacer una bola con. **- 2.** *Am vulg* [have sex with] follarse a *Esp*, chingarse a *Amér.* ◇ *vi* **- 1.** [form into a ball] hacerse una bola. **- 2.** *Am vulg* [have sex] follar *Esp*, chingar *Amér.*

◆ **balls** *v inf* ◇ *npl* [testicles] pelotas *fpl.* ◇ *n (U)* [nonsense] gilipolleces *fpl.* ◇ *excl* [expressing disagreement] ¡una mierda!; [expressing annoyance] ¡mierda!

◆ **balls up** *Br*, **ball up** *Am vt sep v inf* jorobar.

ballad [ˈbæləd] *n* balada *f.*

balladeer [bæləˈdɪəʳ] *n* romancero *m*, -ra *f*, trobador *m*, -ra *f.*

ball-and-socket joint *n* enartrosis *f inv.*

ballast [ˈbæləst] ◇ *n* **- 1.** [in balloon, ship] lastre *m.* **- 2.** [for foundation] balasto *m.* ◇ *vt* **- 1.** [balloon, ship] lastrar. **- 2.** [road, railway] balastar.

ball bearing n - **1.** [bearing] cojinete m de bolas. - **2.** [single ball] balín m, bola f de rodamiento.

ball boy n recogepelotas m inv.

ballcock ['bɔːlkɒk] n válvula f de desagüe.

ballerina [bælə'riːnə] n bailarina f.

ballet ['bæleɪ] n ballet m.

ballet dancer n bailarín m, -ina f.

ball game n - **1.** Am [baseball match] partido m de béisbol. - **2.** inf [situation]: **it's a whole new ~** es una historia totalmente distinta.

ball girl n recogepelotas f inv.

ballistic [bə'lɪstɪk] adj balístico(ca).

◆ **ballistics** [bə'lɪstɪks] n (U) balística f.

ballistic missile n misil m balístico.

ball lightning n relámpago m esférico.

ballocks ['bɒləks] npl = **bollocks**.

balloon [bə'luːn] ◇ n - **1.** [toy] globo m. - **2.** [hot-air balloon] globo m (aerostático); **when the ~ goes up** fig cuando la cosa se ponga fea. - **3.** [in cartoon] bocadillo m. ◇ vi - **1.** [swell] inflarse. - **2.** [travel in hot-air balloon] montar en globo. - **3.** fig [increase] aumentar rápidamente.

ballooning [bə'luːnɪŋ] n aerostación f.

balloonist [bə'luːnɪst] n piloto mf de aerostación, ascensionista mf.

ballot ['bælət] ◇ n - **1.** [voting paper] voto m. - **2.** [voting process] votación f. ◇ vt: **to ~ the members on an issue** someter un asunto a votación entre los miembros. ◇ vi: **to ~ for sthg** elegir algo por votación.

ballot box n - **1.** [container] urna f. - **2.** [voting process] urnas fpl.

ballot paper n voto m, papeleta f.

ball park n Am estadio m de béisbol; **to be in the right ~** inf fig estar aproximadamente en OR cerca de lo cierto.

ball-park figure n inf cifra f aproximada.

ballpoint (pen) ['bɔːlpɔɪnt-] n bolígrafo m.

ballroom ['bɔːlrum] n salón m de baile.

ballroom dancing n (U) baile m de salón.

balls-up Br ['bɔːlzʌp], **ball-up** Am ['bɔːlʌp] n v inf cagada f.

ballyhoo [bælɪ'huː] n inf [uproar] alboroto m, jaleo m; [advertising] bombo m, propaganda f exagerada.

balm [bɑːm] n - **1.** [ointment, comfort] bálsamo m. - **2.** BOT melisa f, citronela f.

Balmoral [bæl'mɒrəl] n Balmoral; **~ Castle** castillo de Balmoral, al noreste de Escocia, residencia privada de la casa real británica.

balmy ['bɑːmɪ] (compar **balmier**, superl **balmiest**) adj apacible.

baloney [bə'ləʊnɪ] n (U) inf bobadas fpl.

BALPA ['bælpə] (abbr of **British Airline Pilots' Association**) n sindicato británico de pilotos de líneas aéreas.

balsa ['bɒlsə] n balsa f.

balsam ['bɔːlsəm] n bálsamo m.

balsam fir n abeto m balsámico.

balsawood ['bɒlsəwʊd] n = **balsa**.

Balthazar [bæl'θæzəʳ] n - **1.** BIBLE Baltasar m. - **2.** [bottle] botellón m OR garrafón m de vino.

Baltic ['bɔːltɪk] ◇ adj báltico(ca). ◇ n: **the ~ (Sea)** el (mar) Báltico.

Baltic Republic n: **the ~s** las repúblicas bálticas.

Baltic State n: **the ~s** los países bálticos.

baluster ['bæləstəʳ] n balaústre m.

balustrade [bæləs'treɪd] n balaustrada f.

bamboo [bæm'buː] n bambú m.

bamboo shoots npl brotes mpl de bambú.

bamboozle [bæm'buːzl] vt inf camelar, engatusar.

ban [bæn] (pt & pp **banned**, cont **banning**) ◇ n: **~ (on)** prohibición f (de); **to put a ~ on sthg** prohibir algo. ◇ vt [prohibit]: **to ~ sb (from doing sthg)** prohibir a alguien (hacer algo).

banal [bə'nɑːl] adj banal, ordinario(ria).

banality [bə'nælətɪ] n banalidad f.

banana [bə'nɑːnə] n plátano m, banana f Amér; **to be ~s** inf fig [person] estar como una cabra; [idea] ser de locos; **to go ~s** inf fig volverse majara.

banana boat n barco m bananero.

banana republic n república f bananera.

banana skin n piel f de plátano.

banana split n postre de plátano con helado, nata etc.

band [bænd] n - **1.** [musical group - pop] grupo m; [- jazz, military] banda f. - **2.** [of thieves etc] banda f. - **3.** [strip - of fabric, metal] cinta f; [- of paper] tira f; [- on cigar] vitola f. - **4.** [stripe, range] franja f. - **5.** [of light] haz m, rayo m. - **6.** RADIO banda f. - **7.** [wedding ring] alianza f, anillo m de compromiso.

◆ **band together** vi juntarse, agruparse.

bandage ['bændɪdʒ] ◇ n venda f. ◇ vt vendar.

Band-Aid® n ≃ tirita® f.

bandan(n)a [bæn'dænə] n pañuelo m (para la cabeza).

b and b, B and B n abbr of **bed and breakfast**.

bandbox ['bændbɒks] n sombrerera f, caja f de sombreros.

bandeau ['bændəʊ] (pl **bandeaux** [-dəʊz]) n cinta f elástica.

banderol(e) ['bændərəʊl] n banderola f.

bandit ['bændɪt] n bandido m, -da f, bandolero m, -ra f.

banditry ['bændɪtrɪ] n bandidaje m, bandolerismo m.

bandleader ['bændliːdəʳ] n [gen] director m, -ra f de una banda; MIL director m, -ra f de una banda militar; [of pop group] líder mf del grupo.

bandmaster ['bændmɑːstəʳ] n director m (de banda musical).

bandoleer, bandolier [bændə'lɪəʳ] n bandolera f, cartuchera f.

band saw n sierra f de cinta.

bandsman ['bændzmən] (pl **bandsmen** [-mən]) n músico m (de banda).

bandstand ['bændstænd] n quiosco m de música.

bandwagon ['bændwægən] n: **to jump on the ~** subirse OR apuntarse al carro.

bandy ['bændɪ] (compar **bandier**, superl **bandiest**, pt & pp **bandied**) ◇ adj de piernas arqueadas, patizambo(ba). ◇ vt [blows, insults, ideas] intercambiar.

◆ **bandy about, bandy around** vt sep sacar a relucir.

bandy-legged adj de piernas arqueadas, patizambo(ba).

bane [beɪn] n: **to be the ~ of sb's life** ser la cruz de alguien.

baneful ['beɪnfʊl] adj literary pernicioso(sa), nocivo(va).

bang [bæŋ] ◇ n - **1.** [blow] golpe m. - **2.** [loud noise] estampido m, estruendo m; **to go with a ~** inf fig ser la bomba. - **3.** [explosion] detonación f, estallido m. ◇ vt - **1.** [hit - drum, desk] golpear; [- knee, head] golpear. - **2.** [slam] cerrar de golpe. - **3.** vulg [have sex with] joder Esp, chingar Amér. ◇ vi - **1.** [knock, make loud noise] golpear, dar golpes. - **2.** [explode] detonar. ◇ adv - **1.** [exactly]: **~ in the middle of** justo en mitad de ❏ **~ on** muy acertado (muy acertada). - **2.** inf [away]: **~ goes** OR **go...** adiós a... ◇ excl [gun] ¡pum!; [blow] ¡zas!

◆ **bangs** npl Am flequillo m.

◆ **bang away** vi - **1.** [guns] tronar sin cesar. - **2.** [worker] trabajar sin descanso.

◆ **bang down** vt sep dejar OR soltar de golpe.

◆ **bang on** vi Br inf: **to ~ on about sthg** no parar de dar la lata con algo.

◆ **bang out** vt sep [tune] tocar fuerte y mal, destrozar.

◆ **bang together** vt sep hacer chocar con fuerza; **I could have ~ed their heads together** me entraron ganas de matarlos a los dos.

banger ['bæŋəʳ] n Br - **1.** inf [sausage] salchicha f. - **2.** inf [old car] carraca f, cacharro m. - **3.** [firework] petardo m.

Bangkok [bæŋ'kɒk] n Bangkok.

Bangladesh [bæŋglə'deʃ] n Bangladesh.

Bangladeshi [ˌbæŋgləˈdeʃɪ] ◇ *adj* bangladesí. ◇ *n* bangladesí *mf.*

bangle [ˈbæŋgl] *n* pulsera *f*, brazalete *m.*

bang-up *adj Am inf* genial, de primera.

banish [ˈbænɪʃ] *vt lit & fig* desterrar.

banishment [ˈbænɪʃmənt] *n lit & fig* destierro *m.*

banister [ˈbænɪstə^r] *n*, **banisters** [ˈbænɪstəz] *npl* barandilla *f*, pasamanos *m inv.*

banjo [ˈbændʒəʊ] (*pl* **banjos** OR **banjoes**) *n* banjo *m.*

bank [bæŋk] ◇ *n* - **1.** [gen & FIN] banco *m.* - **2.** [by river, lake] ribera *f*, orilla *f.* - **3.** [slope] loma *f.* - **4.** [of clouds etc] masa *f.* - **5.** [in gambling] banca *f*; **to break the ~** hacer saltar la banca. - **6.** [on racetrack, road] peralte *m.* - **7.** [of sand] banco *m* (de arena), bajío *m.* - **8.** AERON inclinación *f* lateral. - **9.** [row] hilera *f*, fila *f.* ◇ *vt* - **1.** FIN ingresar en el banco. - **2.** [fire] cubrir. - **3.** AERON ladear. ◇ *vi* - **1.** FIN: **to ~ with** tener una cuenta en. - **2.** [plane] ladearse.

◆ **bank on** *vt fus* contar con.

◆ **bank up** ◇ *vt sep* - **1.** [road] peraltar; [river] encauzar. - **2.** [fire] cubrir, tapar; [earth] amontar, apilar. ◇ *vi* [cloud] acumularse.

bankable [ˈbæŋkəbl] *adj* - **1.** FIN canjeable por un banco. - **2.** [reliable] fiable, de fiar; **to be ~** *fig* suponer un éxito seguro.

bank account *n* cuenta *f* bancaria.

bank balance *n* saldo *m.*

bankbook [ˈbæŋkbʊk] *n* libreta *f* OR cartilla *f* (del banco).

bank card *n* = **banker's card.**

bank charges *npl* comisiones *fpl* bancarias.

bank clerk *n* empleado *m*, -da *f* de banca.

bank draft *n* giro *m* bancario.

banker [ˈbæŋkə^r] *n* banquero *m*, -ra *f.*

banker's card *n Br* tarjeta *f* de identificación bancaria.

banker's order *n Br* domiciliación *f* de pago.

bank holiday *n Br* día *m* festivo, fiesta *f* nacional.

banking [ˈbæŋkɪŋ] *n* [occupation] banca *f*; [activity] operaciones *fpl* bancarias.

banking hours *npl* horario *m* de los bancos.

banking house *n* entidad *f* bancaria.

bank loan *n* préstamo *m* OR crédito *m* bancario.

bank manager *n* director *m*, -ra *f* de banco.

bank note *n* billete *m* de banco.

bank rate *n* tipo *m* de interés bancario.

bank robber *n* atracador *m*, -ra *f* de bancos.

bankroll [ˈbæŋkrəʊl] *Am* ◇ *n* [ready cash] fondos *mpl*, dinero *m* en el banco. ◇ *vt inf* costear, financiar.

bankrupt [ˈbæŋkrʌpt] ◇ *adj* - **1.** [insolvent] en quiebra; **to go ~** quebrar. - **2.** *fig* [ruined] arruinado(da). - **3.** *fig* [lacking]: **~ of** carente de. ◇ *n* insolvente *mf.* ◇ *vt* - **1.** [make insolvent] llevar a la quiebra. - **2.** *fig* [ruin] arruinar.

bankruptcy [ˈbæŋkrəptsɪ] (*pl* **bankruptcies**) *n* [of company] quiebra *f*, bancarrota *f*; *fig* [of ideas] agotamiento *m*, falta *f* total.

bank statement *n* extracto *m* de cuenta.

banner [ˈbænə^r] *n* pancarta *f.*

bannister [ˈbænɪstə^r] *n*, **bannisters** [ˈbænɪstəz] *npl* = **banister.**

banns [bænz] *npl*: **to publish the ~** publicar las amonestaciones.

banquet [ˈbæŋkwɪt] *n* banquete *m.*

banquette [bæŋˈket] *n* banqueta *f.*

bans [bænz] *npl* = **banns.**

banshee [ˈbænʃiː] *n* personaje mítico femenino cuyos gritos anuncian la muerte.

bantam [ˈbæntəm] *n* tipo de gallina pequeña.

bantamweight [ˈbæntəmweɪt] *n* peso *m* gallo.

banter [ˈbæntə^r] ◇ *n* (U) bromas *fpl.* ◇ *vi* bromear.

bantering [ˈbæntərɪŋ] *adj* [tone] de broma.

Bantu [ˌbænˈtuː] ◇ *adj* bantú. ◇ *n* - **1.** [person] bantú *mf.* - **2.** [language] bantú *m.*

baobab [ˈbeɪəʊbæb] *n* baobab *m.*

BAOR (*abbr of* **British Army of the Rhine**) *n* fuerzas armadas británicas en Alemania.

bap [bæp] *n Br* bollo *m* de pan, panecillo *m.*

baptism [ˈbæptɪzm] *n* bautismo *m*; **~ of fire** *fig* bautismo de fuego.

baptismal [bæpˈtɪzml] *adj* bautismal.

Baptist [ˈbæptɪst] *n* baptista *mf*, bautista *mf.*

baptist(e)ry [ˈbæptɪstrɪ] (*pl* **baptist(e)ries**) *n* baptisterio *m.*

baptize, -ise [Br bæpˈtaɪz, Am ˈbæptaɪz] *vt* bautizar.

bar [baː^r] (*pt & pp* **barred**, *cont* **barring**) ◇ *n* - **1.** [of soap] pastilla *f*; [of chocolate] tableta *f*; [of gold] lingote *m*; [of wood] tabla *f*; [of metal] barra *f*; [on grating] barrote *m*; **to be behind ~s** *fig* estar entre rejas; **to put sb behind ~s** meter a alguien entre rejas. - **2.** *fig* [obstacle] barrera *f*; [ban] prohibición *f.* - **3.** [drinking place] bar *m.* - **4.** [counter] barra *f.* - **5.** MUS compás *m.* - **6.** [lever] palanca *f.* - **7.** [stripe - of colour] raya *f*, franja *f*; [- of sunlight] haz *m*, rayo *m.* - **8.** [in lake, river] banco *m* de arena OR de grava. - **9.** [tribunal] tribunal *m.* - **10.** [unit of pressure] bar *m.* ◇ *vt* - **1.** [close with a bar] atrancar. - **2.** [block]: **to ~ sb's way** impedir el paso a alguien. - **3.** [ban]: **to ~ sb (from doing sthg)** prohibir a alguien (hacer algo); **to ~ sb from somewhere** prohibir a alguien la entrada en un sitio. - **4.** [mark] rayar. ◇ *prep* [except] menos, salvo; **~ none** sin excepción.

◆ **Bar** *n* JUR: **the Bar** *Br* conjunto de los abogados que ejercen en tribunales superiores; *Am* la abogacía; **to be called** *Br* OR **admitted** *Am* **to the Bar** hacerse abogado(da).

barb [baːb] *n* - **1.** [on fishhook, arrow] lengüeta *f*; [on barbed wire] púa *f.* - **2.** [cutting remark] pulla *f.*

Barbados [baːˈbeɪdɒs] *n* Barbados.

barbarian [baːˈbeərɪən] *n lit & fig* bárbaro *m*, -ra *f.*

barbaric [baːˈbærɪk] *adj* bárbaro(ra).

barbarism [ˈbaːbərɪzm] *n* - **1.** [act] acto *m* de barbarie, barbaridad *f.* - **2.** [state] barbarie *f.* - **3.** LING barbarismo *m.*

barbarity [baːˈbærətɪ] (*pl* **barbarities**) *n* - **1.** [brutality] barbarie *f.* - **2.** [brutal act] barbaridad *f.*

barbarous [ˈbaːbərəs] *adj* bárbaro(ra).

Barbary [ˈbaːbərɪ] *n* (la) Berbería.

Barbary coast *n*: **the ~** la costa bereber OR beréber.

barbecue [ˈbaːbɪkjuː] ◇ *n* barbacoa *f.* ◇ *vt* asar a la parrilla.

barbecue sauce *n* salsa *f* para barbacoa.

barbed [baːbd] *adj* - **1.** [pointed, spiked] con púa OR púas. - **2.** [unkind] envenenado(da), afilado(da).

barbed wire *n* alambre *m* de espino.

◆ **barbed-wire** *comp*: **~ fence** alambrada *f* de espino.

barbell [ˈbaːbel] *n* barra *f* con pesas, haltera *f.*

barber [ˈbaːbə^r] *n* barbero *m*; **~'s** barbería *f.*

barbershop [ˈbaːbəʃɒp] *n* barbería *f.*

barbershop quartet *n* cuarteto vocal masculino que interpreta temas románticos.

barbital [ˈbaːbɪtl] *n* barbital *m.*

barbiturate [baːˈbɪtjʊrət] *n* barbitúrico *m.*

Barbour Jacket® [ˈbaːbə^r-] *n* abrigo de un tejido fuerte y encerado y cuello de terciopelo, que solía ser uno de los símbolos característicos de la clase alta británica.

barcarol(l)e [ˌbaːkəˈrəʊl] *n* barcarola *f.*

Barcelona [ˌbaːsɪˈləʊnə] *n* Barcelona.

bar chart, bar graph *Am n* gráfico *m* de barras.

Barclaycard® [ˈbaːklɪkaːd] *n* tarjeta de crédito británica.

bar code ◇ *n* código *m* de barras. ◇ *comp*: **~ reader** lector *m* de código de barras.

bard [baːd] *n* bardo *m.*

bar diagram *n* = **bar chart.**

Bard of Avon *n*: **the ~** sobrenombre dado a William Shakespeare.

bare [beə^r] ◇ *adj* - **1.** [without covering - legs, trees, hills] desnudo(da); [- feet] descalzo(za); **to lay sthg ~** poner algo al descubierto, revelar algo. - **2.** [absolute, minimum] esencial; **the ~ essentials** lo mínimo indispensable. - **3.** [empty] vacío(a). - **4.** [mere]: **a ~ 10%** tan sólo el 10%. ◇ *vt* - **1.** [gen] descubrir; **to ~ one's teeth** enseñar los dientes. - **2.** [dagger, sword] desenvainar.

bareback ['beəbæk] *adj & adv* a pelo.

barefaced ['beəfeɪst] *adj* descarado(da).

barefoot ['beəfut], **barefooted** [beə'futɪd] *adj & adv* descalzo(za).

bare-handed *adj & adv* [with bare hands] sólo con las manos; [without weapons] desarmado(da).

bareheaded [beə'hedɪd] *adj & adv* descubierto(ta), sin sombrero.

barelegged [beə'legd] *adj & adv* con las piernas desnudas.

barely ['beəlɪ] *adv* [scarcely] apenas.

bareness ['beənɪs] *n* - **1.** [nakedness] desnudez *f*. - **2.** [sparseness - of style] sobriedad *f*, concisión *f*; [- of furnishings, room] austeridad *f*, pobreza *f*. - **3.** [simplicity] sencillez *f*, simpleza *f*.

Barents Sea ['bærənts-] *n*: **the ~** el mar de Barents.

bargain ['bɑːgɪn] ◇ *n* - **1.** [agreement] trato *m*, acuerdo *m*; **to strike a ~** llegar a un acuerdo; **to drive a hard ~** negociar duramente □ **into the ~** por añadidura, además. - **2.** [good buy] ganga *f*, pichincha *f Amér*. ◇ *vi* - **1.** [negotiate]: **to ~ (with sb for sthg)** negociar (con alguien para obtener algo). - **2.** [haggle] regatear.
◆ **bargain for, bargain on** *vt fus* contar con.

bargain basement *n* sección de unos grandes almacenes, generalmente en los sótanos o planta baja, dedicada a artículos rebajados.

bargain-hunter *n* buscador *m*, -ra *f* de gangas.

bargaining ['bɑːgɪnɪŋ] *n (U)* - **1.** [negotiating] negociación *f*. - **2.** [haggling] regateo *m*.

bargaining power *n* poder *m* negociador.

barge [bɑːdʒ] ◇ *n* barcaza *f*, gabarra *f*. ◇ *vi inf* abrirse paso; **to ~ into** [person] chocar con; [room] irrumpir en.
◆ **barge in** *vi inf*: **to ~ in (on)** [conversation etc] entrometerse (en).

barge pole *n i.f*: **I wouldn't touch it with a ~** no lo quiero ni regalado.

bar graph *n Am* = **bar chart**.

barhop ['bɑːhɒp] (*pt & pp* **barhopped**, *cont* **barhopping**) *vi* ir de copas, ir de bar en bar.

barite ['beəraɪt] *n* barita *f*.

baritone ['bærɪtəun] *n* barítono *m*.

barium ['beərɪəm] *n* bario *m*.

barium meal *n Br* papilla *f (tomada antes de radiografía)*.

bark [bɑːk] *n* - **1.** [of dog] ladrido *m*; **his ~ is worse than his bite** *inf fig* ≃ perro ladrador, poco mordedor. - **2.** [on tree] corteza *f*. - **3.** *inf* [cough] tos *f*. ◇ *vt* - **1.** [order] gritar. - **2.** [tree] descortezar. ◇ *vi*: **to ~ (at)** ladrar (a).

barkeeper ['bɑːkiːpə^r], **barkeep** ['bɑːkiːp] *n Am* camarero *m*, -ra *f*, barman *m*.

barker ['bɑːkə^r] *n* [in fairground] pregonero *m*, -ra *f* de feria, vocero *m*, -ra *f* de feria.

barking ['bɑːkɪŋ] *n (U)* ladridos *mpl*.

barley ['bɑːlɪ] *n* cebada *f*.

barleycorn ['bɑːlɪkɔːn] *n* [grain] grano *m* de cebada.

barley sugar *n Br* azúcar *m* o *f* cande.

barley water *n Br* hordiate *m*.

barmaid ['bɑːmeɪd] *n* camarera *f*.

barman ['bɑːmən] (*pl* **barmen** [-mən]) *n* camarero *m*, barman *m*.

bar mitzvah [bɑː'mɪtsvə] *n* [ceremony] consagración de un joven judío de 13 años.

barmy ['bɑːmɪ] (*compar* **barmier**, *superl* **barmiest**) *adj Br inf* chalado(da), chiflado(da).

barn [bɑːn] *n* [for grain] granero *m*; [for livestock] establo *m*.

Barnabas ['bɑːnəbəs] *n* Bernabé *m*.

barnacle ['bɑːnəkl] *n* percebe *m*.

Barnardos [bə'nɑːdəuz] *n* institución benéfica británica para niños pobres y huérfanos.

barn dance *n* baile *m* campestre.

barn owl *n* lechuza *f*.

barnstorm ['bɑːn,stɔːm] *vi* - **1.** THEATRE hacer una gira teatral en las zonas rurales. - **2.** *Am* POL hacer una gira electoral en las circunscripciones rurales.

barnstormer ['bɑːn,stɔːmə^r] *n* - **1.** [actor] cómico *m*, -ca *f* de la legua OR ambulante; [acrobat] acróbata *mf* ambulante. - **2.** *Am* POL político que realiza una campaña electoral en zonas rurales.

barn swallow *n* golondrina *f* norteamericana.

barnyard ['bɑːnjɑːd] ◇ *n* corral *m*. ◇ *adj* de corral.

barogram ['bærəgræm] *n* barograma *m*.

barograph ['bærəugrɑːf] *n* barógrafo *m*.

barometer [bə'rɒmɪtə^r] *n* METEOR barómetro *m*; *fig* [of public opinion etc] piedra *f* de toque.

barometric [bærə'metrɪk] *adj* barométrico(ca).

barometry [bə'rɒmɪtrɪ] *n* medición *f* barométrica.

baron ['bærən] *n* barón *m*; **press/oil ~** *fig* magnate *m* de la prensa/del petróleo.

baronage ['bærənɪdʒ] *n* baronía *f*.

baroness ['bærənɪs] *n* baronesa *f*.

baronet ['bærənɪt] *n* baronet *m*.

baronetcy ['bærənɪtsɪ] *n* [patent] título *m* de baronet; [position] rango *m* de baronet.

baronial [bə'rəunjəl] *adj* - **1.** [of a baron] de barón. - **2.** [stately] señorial, majestuoso(sa).

barony ['bærənɪ] (*pl* **baronies**) *n* baronía *f*.

baroque [bə'rɒk] *adj* barroco(ca).

barrack ['bærək] *vt* - **1.** *Br* [heckle] abroncar, abuchear. - **2.** [soldiers] acuartelar.
◆ **barracks** *npl* cuartel *m*.

barracking ['bærəkɪŋ] *n Br* bronca *f*, abucheo *m*.

barrack-room *adj* [humour, joke] vulgar, basto(ta).

barracuda [bærə'kuːdə] *n* barracuda *f*.

barrage ['bærɑːʒ] *n* - **1.** [of firing] bombardeo *m*, fuego *m* intenso de artillería. - **2.** [of questions] aluvión *m*, alud *m*. - **3.** *Br* [dam] presa *f*, dique *m*.

barrage balloon *n* globo *m* de barrera.

barred [bɑːd] *adj* enrejado(da).

barrel ['bærəl] *n* - **1.** [for beer, wine, oil] barril *m*; **to have sb over a ~** *inf fig* tener a alguien atrapado(da); **to scrape (the bottom of) the ~** *fig* no tener otra cosa mejor. - **2.** [of gun] cañón *m*.

barrelhouse ['bærəlhaus, *pl* -hauzɪz] *n Am* taberna *f* de mala muerte.

barrel organ *n* organillo *m*.

barren ['bærən] *adj* - **1.** [gen] estéril. - **2.** [desert-like] árido(da), yermo(ma).
◆ **barrens** *npl* yermo *m*, páramo *m*.

barrette [bə'ret] *n Am* pasador *m*.

barricade [bærɪ'keɪd] ◇ *n* barricada *f*. ◇ *vt* levantar barricadas en; **to ~ o.s. in** atrincherarse OR parapetarse en.

barrier ['bærɪə^r] *n lit & fig* barrera *f*.

barrier cream *n Br* crema *f* protectora.

barrier reef *n* barrera *f* de coral.

barring ['bɑːrɪŋ] *prep* salvo.

barrio ['bærɪəu] *n Am* barrio de hispanohablantes en Estados Unidos.

barrister ['bærɪstə^r] *n Br* abogado *m*, -da *f (de tribunales superiores)*.

barroom ['bɑːrum] *n Am* bar *m*.

barrow ['bærəu] *n* - **1.** [small cart] carrito *m*. - **2.** [wheelbarrow] carretilla *f*. - **3.** [grave mound] túmulo *m*.

barrow boy *n Br* vendedor *m* ambulante.
barrowload ['bærəʊləʊd] *n* carretada *f.*
bar snack *n* comida ligera servida en la barra de un 'pub'.
bar stool *n* taburete *m (de bar).*
Bart. *written abbr of* **baronet.**
bartend ['bɑːtend] *vi Am* trabajar de camarero *m,* -ra *f.*
bartender ['bɑːtendə'] *n esp Am* camarero *m,* -ra *f.*
barter ['bɑːtə'] ◇ *n* trueque *m.* ◇ *vt:* **to ~ (sthg for sthg)** trocar (algo por algo). ◇ *vi* trocar.
Bartholomew [bɑː'θɒləmjuː] *n:* **Saint ~** san Bartolomé.
Bart's [bɑːts] *n* apelativo popular del hospital londinense de Saint Bartholomew.
barycentre *Br,* **barycenter** *Am* ['bærɪˌsentə'] *n* baricentro *m.*
basal metabolism ['beɪsl-] *n* metabolismo *m* basal.
basalt ['bæsɔːlt] *n* basalto *m.*
bascule bridge ['bæskjuːl-] *n* puente *m* basculante OR levadizo.
base [beɪs] ◇ *n* - **1.** [gen] base *f;* **to be off ~** *Am inf fig* estar equivocado(da). - **2.** [of word] raíz *f.* - **3.** ELECTRON terminal *f.* - **4.** [of pillar, column] basa *f.* ◇ *vt* - **1.** [place, establish] emplazar; **he's ~d in Paris** trabaja en París. - **2.** [use as starting point]: **to ~ sthg on** OR **upon** basar algo en. ◇ *adj* - **1.** *pej* [behaviour, motive] bajo(ja), vil. - **2.** [metal] inferior, de baja ley.
baseball ['beɪsbɔːl] *n* béisbol *m.*
baseball cap *n* gorra *f* de béisbol.
baseboard ['beɪsbɔːd] *n Am* CONSTR zócalo *m.*
baseborn ['beɪsbɔːn] *adj arch* [of humble birth] de humilde cuna, plebeyo(ya).
base burner *n Am* horno o estufa donde el carbón alimenta el fuego automáticamente.
base camp *n* campamento *m* base.
-based *in cpds* - **1.** [located]: **a US~ multinational** una multinacional con sede en EE UU. - **2.** [centred]: **a science~ curriculum** un currículum predominantemente científico. - **3.** [composed]: **water~ paint** pintura *f* al agua.
Basel ['bɑːzl] *n* Basilea.
baseless ['beɪslɪs] *adj* infundado(da).
base level *n* GEOGR nivel *m* de base, punto *m* máximo de erosión.
baseline ['beɪslaɪn] *n* - **1.** [in tennis] línea *f* de fondo. - **2.** [measurement line] línea *f* de referencia.
basement ['beɪsmənt] *n* sótano *m.*
base metal *n* metal *m* no precioso.
base rate *n* tipo *m* de interés base.
bases ['beɪsiːz] *pl →* **basis.**
bash [bæʃ] *inf* ◇ *n* - **1.** [painful blow] porrazo *m.* - **2.** [attempt]: **to have a ~ at sthg** intentar algo. - **3.** [party] juerga *f.* ◇ *vt* - **1.** [hit - person, thing] darle un porrazo a; [- one's head, knee] darse un porrazo en. - **2.** [criticize] poner de vuelta y media a, arremeter contra.
◆ **bash on** *vi Br inf* seguir (sin muchas ganas).
◆ **bash up** *vt sep inf* [person] zurrar, dar una tunda a.
bashful ['bæʃfʊl] *adj* [person] vergonzoso(sa); [smile] tímido(da).
basic ['beɪsɪk] *adj* básico(ca).
◆ **basics** *npl* - **1.** [rudiments] principios *mpl* básicos. - **2.** [essentials] lo imprescindible.
BASIC ['beɪsɪk] (*abbr of* **Beginner's All-purpose Symbolic Instruction Code**) *n* BASIC *m.*
basically ['beɪsɪklɪ] *adv* - **1.** [essentially] esencialmente. - **2.** [really] en resumen.
basicity [beɪ'sɪsətɪ] *n* CHEM basicidad *f.*
basic rate *n Br* tipo *m* base.
basic wage *n* sueldo *m* base.
basify ['beɪsɪfaɪ] (*pt & pp* **basified**) *vt* hacer básico.
basil ['bæzl] *n* albahaca *f.*

basilica [bə'zɪlɪkə] *n* basílica *f.*
basilisk ['bæzɪlɪsk] *n* basilisco *m.*
basin ['beɪsn] *n* - **1.** *Br* [bowl] balde *m,* barreño *m.* - **2.** [washbasin] lavabo *m.* - **3.** GEOGR cuenca *f.* - **4.** NAUT dársena *f.*
basis ['beɪsɪs] (*pl* **bases** [-siːz]) *n* base *f;* **on the ~ of** de acuerdo con, a partir de; **on a weekly ~** semanalmente.
bask [bɑːsk] *vi* - **1.** [sunbathe]: **to ~ in the sun** tostarse al sol. - **2.** *fig:* **to ~ in** [sb's approval, praise] gozar de.
basket ['bɑːskɪt] *n* - **1.** [container] cesto *m,* cesta *f.* - **2.** [in basketball] canasta *f.*
basketball ['bɑːskɪtbɔːl] ◇ *n* baloncesto *m.* ◇ *comp* de baloncesto.
basket chair *n* silla *f* de mimbre.
basketful ['bɑːskɪtfʊl] *n* cesto *m* lleno.
basket maker *n* cestero *m,* -ra *f.*
basketry ['bɑːskɪtrɪ] *n* cestería *f.*
basket weave *n* tejido *m* esterilla.
basketwork ['bɑːskɪtwɜːk] *n* cestería *f.*
basking shark ['bɑːskɪŋ-] *n* tiburón *m* peregrino.
Basle [bɑːl] *n =* **Basel.**
Basque [bɑːsk] ◇ *adj* vasco(ca). ◇ *n* - **1.** [person] vasco *m,* -ca *f.* - **2.** [language] euskera *m,* vascuence *m.*
Basque Country *n:* **the ~** el País Vasco, Euskadi.
bas-relief [ˌbæsrɪ'liːf] *n* bajorrelieve *m.*
bass[1] [beɪs] ◇ *adj* bajo(ja). ◇ *n* - **1.** [singer, bass guitar] bajo *m.* - **2.** [double bass] contrabajo *m.*
bass[2] [bæs] (*pl inv* OR **basses**) *n* [fish] lubina *f,* róbalo *m.*
bass clef [beɪs-] *n* clave *f* de fa.
bass drum [beɪs-] *n* bombo *m.*
basset (hound) ['bæsɪt(ˌhaʊnd)] *n* basset *mf.*
bass guitar [beɪs-] *n* bajo *m.*
bass horn [beɪs-] *n* tuba *f,* bombardón *m.*
bassinet [ˌbæsɪ'net] *n* cuna *f.*
bassist ['beɪsɪst] *n* [of bass guitar] bajista *mf;* [of double bass] contrabajista *mf.*
basso ['bæsəʊ] *n* bajo *m.*
bassoon [bə'suːn] *n* fagot *m.*
bast [bɑːst] *n* líber *m.*
bastard ['bɑːstəd] ◇ *n* - **1.** [illegitimate child] bastardo *m,* -da *f.* - **2.** *v inf pej* [unpleasant person] cabrón *m,* -ona *f,* concha *f* de su madre *Amér.* ◇ *adj* - **1.** [illegitimate] bastardo(da). - **2.** [spurious] espúreo(rea), espurio(ria). - **3.** [hybrid] híbrido(da).
bastardize, -ise ['bɑːstədaɪz] *vt* - **1.** [language, style] degradar, corromper. - **2.** [child] declarar ilegítimo(ma) OR bastardo(da).
baste [beɪst] *vt* - **1.** CULIN untar (con el propio jugo). - **2.** SEWING hilvanar, bastear. - **3.** [beat] apalear.
basting ['beɪstɪŋ] *n* - **1.** CULIN pringue *m,* jugo *m.* - **2.** SEWING hilvanado *m.*
bastion ['bæstɪən] *n* bastión *m.*
BASW (*abbr of* **British Association of Social Workers**) *n* sindicato británico de asistentes sociales.
bat [bæt] (*pt & pp* **batted,** *cont* **batting**) ◇ *n* - **1.** [animal] murciélago *m.* - **2.** [for cricket, baseball] bate *m;* **to be at ~** estar bateando. - **3.** [for table tennis] pala *f,* paleta *f.* - **4.** *Am v inf* [spree] juerga *f.* - **5.** *phr:* **to be as blind as a ~** ver menos que un topo, no ver tres en un burro; **to do sthg off one's own ~** hacer algo uno por su cuenta; **to go to ~ for sb** *Am inf* dar la cara por alguien; **to have ~s in the belfry** *inf* estar mal de la azotea; **right off the ~** *Am inf* inmediatamente, sin vacilar. ◇ *vt & vi* batear.
◆ **bat around** *Am* ◇ *vt sep inf* discutir mucho de OR sobre. ◇ *vi* rondar, vagar.
batch [bætʃ] *n* - **1.** [of letters etc] remesa *f.* - **2.** [of work] montón *m,* serie *f.* - **3.** [of products, data] lote *m,* partida *f.* - **4.** [of people] grupo *m,* tanda *f.* - **5.** [of bread] hornada *f.*
batch file *n* COMPUT fichero *m* por lotes.
batch processing *n* COMPUT proceso *m* por lotes.

bated ['beɪtɪd] *adj*: **with ~ breath** con el aliento conteni-do.

bath [bɑ:θ] ◇ *n* - **1.** [bathtub] bañera *f*, bañadera *f Amér*. - **2.** [act of washing] baño *m*, bañada *f Amér*; **to have** OR **take a ~** darse un baño, bañarse. - **3.** [coating] baño *m*. ◇ *vt* bañar.

◆ **baths** *npl Br* - **1.** [public swimming pool] piscina *f* munici-pal. - **2.** [public baths] (casa *f* de) baños *mpl*.

bath bun *n bollo dulce con pasas de Corinto que se suele servir caliente y con mantequilla.*

bath chair *n* silla *f* de ruedas.

bath cube *n cubito con esencias aromáticas para el baño.*

bathe [beɪð] ◇ *vt* - **1.** [wound] lavar. - **2.** [suffuse]: **to be ~d in** OR **with** estar bañado(da) de. ◇ *vi* bañarse.

bather ['beɪðə'] *n* bañista *mf*.

bathetic [bə'θetɪk] *adj* que pasa de lo sublime a lo trivial.

bathhouse ['bɑ:θhaʊs, *pl* -haʊzɪz] *n* - **1.** [public baths] (casa *f* de) baños *mpl*. - **2.** [changing rooms] vestuario *m*.

bathing ['beɪðɪŋ] *n (U)* baños *mpl*.

bathing beauty *n* belleza *f* en bañador.

bathing cap *n* gorro *m* de baño.

bathing costume *n* traje *m* de baño, bañador *m*, malla *f Amér*.

bathing hut *n* caseta *f* de playa.

bathing machine *n* caseta *f* de playa móvil.

bathing suit *n* = **bathing costume**.

bathing trunks *npl* bañador *m*.

bath mat *n* alfombrilla *f* de baño.

bath oil *n* aceite *m* de baño.

bathos ['beɪθɒs] *n* caída *f* de lo sublime a lo trivial.

bathrobe ['bɑ:θrəʊb] *n* - **1.** [made of towelling] albornoz *m*. - **2.** [dressing gown] batín *m*, bata *f*.

bathroom ['bɑ:θrʊm] ◇ *n* - **1.** *Br* [room with bath] (cuarto *m* de) baño *m*. - **2.** *Am* [toilet] servicio *m*. ◇ *comp*: **~ cabinet** armarito *m* de baño.

bath salts *npl* sales *fpl* de baño.

Bathsheba [bæθ'ʃi:bə] *n* Betsabé *f*.

bath towel *n* toalla *f* de baño.

bathtub ['bɑ:θtʌb] *n* bañera *f*.

bathwater ['bɑ:θ,wɔːtə'] *n* agua *f* del baño.

bathyscaph(e) ['bæθɪ,skæf] *n* batiscafo *m*.

batik [bə'ti:k] *n método para teñir tejidos con cera.*

batiste [bæ'ti:st] *n* batista *f*.

baton ['bætən] *n* - **1.** [of conductor] batuta *f*. - **2.** [in relay race] testigo *m*. - **3.** *Br* [of policeman] porra *f*.

baton charge *n Br* carga *f* policial.

baton round *n* bala *f* de goma.

bats [bæts] *adj inf* chiflado(da), tocado(da) (del ala).

batsman ['bætsmən] (*pl* **batsmen** [-mən]) *n* bateador *m*.

battalion [bə'tæljən] *n* batallón *m*.

batten ['bætn] *n* - **1.** [board] listón *m* (de madera). - **2.** NAUT verga *f*.

◆ **batten down** *vt fus* sujetar con listones.

Battenburg (cake) ['bætnbɜːg-] *n bizcocho cubierto de ma-zapán.*

batter ['bætə'] ◇ *n* - **1.** CULIN pasta *f* para rebozar. - **2.** [in baseball] bateador *m*, -ra *f*. ◇ *vt* - **1.** [person] pegar. - **2.** [door, ship] sacudir, golpear.

◆ **batter down** *vt sep* echar abajo.

battered ['bætəd] *adj* - **1.** [child, woman] maltratado(da). - **2.** [car, hat] abollado(da).

battering ['bætərɪŋ] *n* paliza *f*.

battering ram *n* ariete *m*.

Battersea Dog's Home ['bætəsɪ-] *n centro de acogida para perros y gatos abandonados situado en Londres.*

battery ['bætərɪ] (*pl* **batteries**) *n* - **1.** [of radio] pila *f*; [of car] batería *f*. - **2.** [array, set] serie *f*, conjunto *m*; [of guns] ba-tería *f*. - **3.** JUR → **assault.**

battery charger *n* aparato *m* para recargar pilas.

battery hen *n* gallina *f* de granja intensiva.

battery-operated *adj* a pilas, que funciona con pilas.

batting ['bætɪŋ] *n* - **1.** [stuffing] guata *f*. - **2.** SPORT bateo *m*.

battle ['bætl] ◇ *n* - **1.** [in war] batalla *f*. - **2.** [struggle]: **~ (for/against/with)** lucha *f* (por/contra/con) ❏ **~ of wits** batalla *f* dialéctica; **self-confidence is half the ~** confiar en uno mismo es llevar medio camino andado; **to be fight-ing a losing ~** luchar por una causa perdida. ◇ *vi*: **to ~ (for/against/with)** luchar (por/contra/con).

battleaxe *Br*, **battleax** *Am* ['bætəlæks] *n* - **1.** [weapon] ha-cha *f* de guerra. - **2.** *inf* [domineering woman] arpía *f*.

battle cruiser *n* crucero *m* de guerra.

battle cry *n* grito *m* de guerra.

battledress ['bætldres] *n Br* uniforme *m*.

battle fatigue *n* cansancio *m* del soldado.

battlefield ['bætlfiːld], **battleground** ['bætlgraʊnd] *n lit & fig* campo *m* de batalla.

battlefront *n* frente *m* de batalla.

battlements ['bætlmənts] *npl* almenas *fpl*.

Battle of Britain *n*: **the ~** la batalla de Inglaterra.

battle royal (*pl* **battles royal**) *n* - **1.** [fight] lucha *f* a muer-te. - **2.** [argument] riña *f*.

battle-scarred *adj* [army, landscape] minado(da) OR arrui-nado(da) por la guerra; [person] marcado(da) por la vida.

battleship ['bætlʃɪp] *n* acorazado *m*.

batty ['bætɪ] (*compar* **battier**, *superl* **battiest**) *adj inf* chifla-do(da), tocado(da).

bauble ['bɔːbl] *n* baratija *f*.

baud [bɔːd] *n* baudio *m*.

baud rate *n* intensidad *f* de baudios.

baulk [bɔːk] *vi* = **balk.**

bauxite ['bɔːksaɪt] *n* bauxita *f*.

Bavaria [bə'veərɪə] *n* Baviera.

Bavarian [bə'veərɪən] ◇ *adj* bávaro(ra). ◇ *n* bávaro *m*, -ra *f*.

Bavarian cream *n postre de natillas, gelatina y nata batida.*

bawd [bɔːd] *n arch* - **1.** [brothel keeper] patrona *f* de un bur-del. - **2.** [prostitute] ramera *f*.

bawdiness ['bɔːdɪnɪs] *n* obscenidad *f*.

bawdy ['bɔːdɪ] (*compar* **bawdier**, *superl* **bawdiest**) *adj* ver-de, picante.

bawdy house *n arch* lupanar *m*, burdel *m*.

bawl [bɔːl] ◇ *vt* vociferar. ◇ *vi* - **1.** [shout] vociferar. - **2.** [cry] berrear.

◆ **bawl out** *vt sep* - **1.** [yell] vociferar. - **2.** *inf* [reprimand] regañar.

bay [beɪ] ◇ *n* - **1.** [of coast] bahía *f*. - **2.** [for loading] zona *f* de carga y descarga. - **3.** [for parking] plaza *f*, estacionamien-to *m*. - **4.** [horse] caballo *m* bayo. - **5.** ARCHIT [between col-umns] intercolumnio *m*, crujía *f*; [bay, window] ventana *f* en saliente. - **6.** BOT laurel *m*. - **7.** *phr*: **to keep sthg/sb at ~** mantener algo/a alguien a raya. ◇ *adj* [colour] bayo(ya). ◇ *vi* aullar.

bayberry ['beɪbərɪ] (*pl* **bayberries**) *n* baya del laurel.

bay leaf *n* (hoja *f* de) laurel *m*.

bayonet ['beɪənɪt] ◇ *n* bayoneta *f*. ◇ *vt* pasar por la bayo-neta.

bayonet charge *n* carga *f* a la bayoneta.

bayou ['baɪuː] *n Am* brazo *m* pantanoso.

bay tree *n* laurel *m*.

bay window *n* - **1.** ARCHIT ventana *f* en saliente. - **2.** *Am inf* [paunch] panza *f*, barriga *f*.

bazaar [bə'zɑː'] *n* - **1.** [market] bazar *m*, zoco *m*. - **2.** *Br* [charity sale] mercadillo *m* benéfico.

bazooka [bə'zuːkə] *n* bazuca *m*, lanzagranadas *m inv*.

BB (*abbr of* **Boys' Brigade**) *n asociación juvenil británica para chicos.*

B & B *abbr of* **bed and breakfast.**

BBB (*abbr of* **Better Business Bureau**) *n organismo para la defensa de la ética profesional en el sector terciario*.

BBC (*abbr of* **British Broadcasting Corporation**) *n* BBC *f*, *compañía estatal británica de radiotelevisión;* ~ **1** *primer canal de televisión de la BBC, dirigido básicamente al gran público;* ~ **2** *segundo canal de televisión de la BBC, de carácter fundamentalmente cultural y educativo;* ~ **World Service** *servicio mundial de radiodifusión de la BBC;* ~ **English** *inglés hablado en la BBC que se tomaba como referencia para una pronunciación correcta*.

BC - **1.** (*abbr of* **before Christ**) a.C. - **2.** *written abbr of* **British Columbia**.

BCG (*abbr of* **Bacillus Calmette-Guérin**) *n vacuna de la tuberculosis*.

BD (*abbr of* **Bachelor of Divinity**) *n (titular de una) licenciatura de teología*.

BDS (*abbr of* **Bachelor of Dental Science**) *n (titular de una) licenciatura de odontología*.

be [biː] (*pt* **was** [*weak form* wəz, *strong form* woz] OR **were** [wɜːʳ], *pp* **been** [biːn]) ◇ *aux vb* - **1.** (*in combination with present participle: to form cont tense*) **what is he doing?** ¿qué hace OR está haciendo?; **it's snowing** está nevando; **I'm leaving tomorrow** me voy mañana; **they've been promising it for years** han estado prometiéndolo durante años. - **2.** (*in combination with pp: to form passive*) ser; **to** ~ **loved** ser amado; **there was no one to** ~ **seen** no se veía a nadie; **ten people were killed** murieron diez personas. - **3.** (*in question tags*): **you're not going now, are you?** no irás a marcharte ya ¿no?; **the meal was delicious, wasn't it?** la comida estaba deliciosa ¿verdad? - **4.** (*followed by 'to'* + *infin*): **I'm to be promoted** me van a ascender; **you're not to tell anyone** no debes decírselo a nadie; **am I to assume that...?** ¿debo suponer que...?; **if I were to die...** si me muriera... ◇ *copulative vb* - **1.** (*with adj, n*) [indicating innate quality, permanent condition] ser; [indicating state, temporary condition] estar; **snow is white** la nieve es blanca; **she's intelligent/tall** es inteligente/alta; **to** ~ **a doctor/ plumber** ser médico/fontanero; **I'm Scottish** soy escocés; ~ **quiet!** ¡cállate!; **1 and 1 are 2** 1 y 1 son 2; **your hands are cold** tienes las manos frías; **I'm tired/angry** estoy cansado/enfadado; **I'm hot** tengo calor; **he's in a difficult position** está en una situación difícil. - **2.** [referring to health] estar; **she's ill/better** está enferma/mejor; **how are you?** ¿cómo estás?, ¿qué tal? - **3.** [referring to age]: **how old are you?** ¿qué edad OR cuántos años tienes?; **I'm 20 (years old)** tengo 20 años. - **4.** [cost] ser, costar; **how much is it?** ¿cuánto es?; **how much was it?** ¿cuánto costó?; **that will** ~ **£10, please** son 10 libras; **apples are only 20p a kilo today** hoy las manzanas están a tan sólo 20 peniques el kilo. ◇ *vi* - **1.** [exist] ser, existir; **the worst prime minister that ever was** el peor primer ministro que jamás existió; **there is/are** hay; **is there life on Mars?** ¿hay vida en Marte? ❑ ~ **that as it may** aunque así sea; **to** ~ **or not to** ~ ser o no ser. - **2.** [referring to place] estar; **Valencia is in Spain** Valencia está en España; **he will** ~ **here tomorrow** estará aquí mañana. - **3.** [referring to movement] estar; **where have you been?** ¿dónde has estado? ◇ *impersonal vb* - **1.** [referring to time, dates] ser; **it's two o'clock** son las dos; **it's the 17th of February** estamos a 17 de febrero. - **2.** [referring to distance]: **it's 3 km to the next town** hay 3 km hasta el próximo pueblo. - **3.** [referring to the weather]: **it's hot/cold/windy** hace calor/ frío/viento. - **4.** [for emphasis] ser; **it's me** soy yo; **it's the milkman** es el lechero.

B/E *written abbr of* **bill of exchange**.

beach [biːtʃ] ◇ *n playa f*. ◇ *vt varar*.

beach ball *n pelota f de playa*.

beach buggy *n todoterreno m para playa*.

beachchair ['biːtʃtʃeə] *n Am tumbona f*.

beachcomber ['biːtʃkəʊməʳ] *n* - **1.** [person] raquero *m*, -ra *f*. - **2.** [wave] ola *f ancha*.

beachhead ['biːtʃhed] *n* MIL. *cabeza f de playa*.

beach umbrella *n sombrilla f*.

beachwear ['biːtʃweəʳ] *n ropa f de playa*.

beacon ['biːkən] *n* - **1.** [warning fire] almenara *f*. - **2.** [lighthouse] faro *m*, fanal *m*. - **3.** [radio beacon] radiofaro *m*. - **4.** AERON & NAUT *baliza f*.

bead [biːd] ◇ *n* - **1.** [of wood, glass] cuenta *f*, abalorio *m*. - **2.** [of sweat] gota *f*. - **3.** [bubble] burbuja *f*. - **4.** [on gun] punto *m* de mira; **to draw a** ~ **on** *fig* apuntar a. ◇ *vt* adornar con cuentas. ◇ *vi formar gotas*.

◆ **beads** *npl* - **1.** [necklace] collar *m*. - **2.** [rosary] rosario *m*.

beaded ['biːdɪd] *adj adornado(da) con abalorios*.

beading ['biːdɪŋ] *n* - **1.** (U) [on furniture] moldura *f*; [on walls] astrágalo *m*. - **2.** SEWING [ornament] adorno *m* de canutillos. - **3.** [lace] encaje *m* calado.

beadle ['biːdl] *n* - **1.** [of parish] pertiguero *m*. - **2.** [of school] bedel *m*.

beady ['biːdɪ] (*compar* **beadier**, *superl* **beadiest**) *adj*: ~ **eyes** ojos *mpl* pequeños y brillantes.

beagle ['biːgl] *n sabueso m*.

beak [biːk] *n* - **1.** [of bird] pico *m*. - **2.** *inf* [nose] napias *fpl*.

beaker ['biːkəʳ] *n* - **1.** [cup] taza *f (sin asa)*. - **2.** CHEM *vaso m de precipitación*.

be-all *n*: **the** ~ **and end-all** *la razón de ser*.

beam [biːm] ◇ *n* - **1.** [of wood, concrete] viga *f*. - **2.** [of light] rayo *m*. - **3.** NAUT [breadth] manga *f*, ancho *m* máximo. - **4.** [of scales] astil *m*; [of engine] balancín *m*; [of loom] enjulio *m*; [of plow] timón *m*, cama *f*. - **5.** AERON & NAUT [radio waves] onda *f* dirigida. ◇ *vt transmitir*. ◇ *vi* - **1.** [smile] sonreír. - **2.** [shine] resplandecer, brillar.

beam-ends *npl*: **on her** ~ NAUT *escorado(da)* ❑ **to be on one's** ~ *Br estar en las últimas OR sin blanca*.

beaming ['biːmɪŋ] *adj radiante*.

bean [biːn] *n* - **1.** CULIN [haricot] judía *f*, habichuela *f*; [of coffee] grano *m*; **to be full of** ~**s** *inf fig estar lleno(na) de energía*; **to spill the** ~**s** *inf fig irse de la lengua*. - **2.** *Am inf* [head] coco *m*, cocorota *f*.

◆ **beans** *npl Am inf*: **they don't know** ~**s about the market** no saben ni jota del mercado.

beanbag ['biːnbæg] *n cojín grande relleno de polietileno*.

bean curd *n queso m de soja*.

beanie ['biːnɪ] *n Am gorro pequeño sin visera*.

beanpole ['biːnpəʊl] *n* - **1.** [pole] rodrigón *m*. - **2.** *inf* [tall, thin person] persona *f larguirucha*.

beanshoot ['biːnʃuːt], **beansprout** ['biːnspraʊt] *n brote m de soja*.

beanstalk ['biːnstɔːk] *n tallo m de la planta de la judía*.

bear [beəʳ] (*pt* **bore** [bɔːʳ], *pp* **borne** [bɔːn]) ◇ *n* - **1.** [animal] oso *m*, -sa *f*. - **2.** ST EX *bajista mf*. - **3.** *pej* [clumsy man] hombre *m* torpón. ◇ *vt* - **1.** [carry] llevar. - **2.** [support] soportar. - **3.** [responsibility, costs] cargar con. - **4.** [marks, signs] llevar. - **5.** [endure] aguantar. - **6.** [fruit, crop] dar; [results] producir. - **7.** [child] dar a luz; **she bore him a son** le dio un hijo. - **8.** [feeling] guardar, albergar. - **9.** FIN [interest] devengar. - **10.** [behave]: **she bore herself with dignity** se comportó OR se condujo con dignidad. - **11.** [admit of] admitir, dar lugar a; **the accident** ~**s two explanations** el accidente da lugar a OR admite dos explicaciones. ◇ *vi* - **1.** [turn]: **to** ~ **left** torcer OR doblar a la izquierda. - **2.** [be oppressive] ejercer presión, pesar; **to bring pressure/influence to** ~ **on** ejercer presión/influencia sobre; **to bring sthg to** ~ hacer uso de OR aplicar algo; **he brought his experience to** ~ **in the negotiations** aplicó su experiencia en las negociaciones.

◆ **bear down** *vi* - **1.** [approach]: **to** ~ **down on** echarse encima de. - **2.** [make effort] esforzarse.

◆ **bear on** *vt referirse a, relacionarse con*.

◆ **bear out** *vt sep corroborar*.

◆ **bear up** *vi resistir*.

◆ **bear with** *vt fus tener paciencia con*.

bearable ['beərəbl] *adj soportable*.

bearbaiting ['beəbeɪtɪŋ] *n pelea entre un oso encadenado y varios perros*.

bear cub *n* osezno *m*, -na *f*.

beard [bɪəd] *n* barba *f*.

bearded ['bɪədɪd] *adj* con barba; ~ **lady** mujer *f* barbuda.

beardless ['bɪədlɪs] *adj* imberbe, barbilampiño(ña).

bearer ['beərəʳ] *n* - **1.** [of stretcher, news, cheque] portador *m*, -ra *f*. - **2.** [of passport] titular *mf*. - **3.** [of name, title] poseedor *m*, -ra *f*.

bear garden *n* casa *f* de locos, gallinero *m*.

bear hug *n* fuerte abrazo *m*.

bearing ['beərɪŋ] *n* - **1.** [connection]: ~ **(on)** relación *f* (con). - **2.** [deportment] porte *m*. - **3.** [for shaft] cojinete *m*. - **4.** [on compass] rumbo *m*, orientación *f*; **to get one's** ~**s** *fig* orientarse; **to lose one's** ~**s** *fig* desorientarse.

bearish ['beərɪʃ] *adj* - **1.** [clumsy] torpón(ona). - **2.** ST & EX bajista, a la baja.

bear market *n* ST & EX mercado *m* a la baja.

bear pit *n* foso *m* de los osos.

bearskin ['beəskɪn] *n* - **1.** [fur] piel *f* de oso. - **2.** [hat] birretina *f*.

beast [biːst] *n lit & fig* bestia *f*.

beastly ['biːstlɪ] (*compar* **beastlier**, *superl* **beastliest**) *dated* ◇ *adj* atroz. ◇ *adv Br* sumamente; **a** ~ **hot month** un mes sumamente caluroso.

beast of burden *n* bestia *f* de carga.

beast of prey *n* (animal *m*) depredador *m* OR predador *m*.

beat [biːt] (*pt* **beat**, *pp* **beaten** ['biːtn]) ◇ *n* - **1.** [of drum] golpe *m*. - **2.** [of heart, pulse] latido *m*. - **3.** MUS [rhythm] ritmo *m*; [individual unit of time] golpe *m* (de compás). - **4.** [of wings] batido *m*. - **5.** [of policeman] ronda *f*. - **6.** PHYS batimiento *m*. ◇ *adj inf* hecho(cha) polvo. ◇ *vt* - **1.** [hit - person] pegar; [- thing] golpear; **the waves** ~ **the breakwater** las olas azotaban OR batían la escollera. - **2.** [wings, eggs, butter] batir. - **3.** MUS [time] marcar. - **4.** [drum] tocar. - **5.** [hammer into shape] batir, martillar. - **6.** [defeat] ganar; **it** ~**s me** *inf* no me lo explico. - **7.** [reach ahead of]: **to** ~ **sb (to sthg)** adelantarse a alguien (en algo); **I** ~ **him to the lift** llegué al ascensor antes que él. - **8.** [be better than] ser mucho mejor que; **nothing** ~**s a home-cooked meal** no hay nada como una comida hecha en casa. - **9.** *phr*: ~ **it!** *inf* ¡largo!; **to** ~ **sb black and blue** *inf* moler a alguien a palos. ◇ *vi* - **1.** [rain, waves]: **to** ~ **against/on sthg** batir algo. - **2.** [heart, pulse] latir. - **3.** [drums] resonar, redoblar. - **4.** [wings] batir. - **5.** [in hunting] dar una batida. - **6.** NAUT barloventear.

◆ **beat back** *vt sep* repeler, hacer retroceder a.

◆ **beat down** ◇ *vt sep* [seller] regatear con. ◇ *vi* - **1.** [sun] pegar fuerte. - **2.** [rain] descargar.

◆ **beat off** ◇ *vt sep* repeler. ◇ *vi Am vulg* hacerse una paja, masturbarse.

◆ **beat up** *vt sep inf* apalear, dar una paliza a.

beaten ['biːtn] ◇ *pp* → **beat**. ◇ *adj* - **1.** [metal] batido(da). - **2.** [path] trillado(da). - **3.** [worn-out] cansado(da).

beater ['biːtəʳ] *n* - **1.** [for eggs] batidora *f*. - **2.** [for carpet] sacudidor *m*. - **3.** [of wife, child] persona *f* que pega. - **4.** [in hunting] ojeador *m*, -ra *f*.

beatific [biːə'tɪfɪk] *adj* beatífico(ca).

beatification [biːˌætɪfɪ'keɪʃn] *n* beatificación *f*.

beatify [biːˈætɪfaɪ] (*pt & pp* **beatified**) *vt* beatificar.

beating ['biːtɪŋ] *n* - **1.** [hitting] paliza *f*, golpiza *f* Amér. - **2.** [defeat] derrota *f*; **to take some** ~ *inf fig* ser difícil de superar. - **3.** [of heart] latido *m*.

beating up (*pl* **beatings up**) *n inf* paliza *f*.

beatitude [biːˈætɪtjuːd] *n fml* beatitud *f*.

◆ **Beatitudes** *npl*: **the Beatitudes** las Bienaventuranzas.

beatnik ['biːtnɪk] *n* beatnik *mf*.

beat-up *adj inf* destartalado(da).

beau [bəʊ] (*pl* **beaux** [bəʊz]) *n* - **1.** [suitor] pretendiente *m*. - **2.** [dandy] dandi *m*, dandy *m*.

Beaufort scale ['bəʊfət] *n* escala *f* de Beaufort.

beaut [bjuːt] *n inf* maravilla *f*.

beauteous ['bjuːtjəs] *adj arch* bello(lla), hermoso(sa).

beautician [bjuːˈtɪʃn] *n* esteticista *mf*, esteticienne *f*.

beautification [ˌbjuːtɪfɪˈkeɪʃn] *n* embellecimiento *m*.

beautiful ['bjuːtɪfʊl] *adj* - **1.** [person] guapo(pa). - **2.** [thing, animal] precioso(sa). - **3.** *inf* [very good] espléndido(da).

beautifully ['bjuːtəflɪ] *adv* - **1.** [attractively] bellamente. - **2.** *inf* [very well] espléndidamente.

beautify ['bjuːtɪfaɪ] (*pt & pp* **beautified**) *vt* embellecer.

beauty ['bjuːtɪ] (*pl* **beauties**) ◇ *n* - **1.** [quality, person] belleza *f*; ~ **is in the eye of the beholder** *proverb* sobre gustos no hay nada escrito *proverb*; ~ **is only skin-deep** *proverb* las apariencias engañan. - **2.** [excellent feature]: **the** ~ **of the story is...** lo mejor del cuento es... - **3.** [outstanding example]: **that was a (real)** ~! ¡eso fue auténticamente genial!, ¡qué bien! ◇ *comp* de belleza.

beauty contest *n* concurso *m* de belleza.

beauty parlour, **beauty shop** *Am n* salón *m* de belleza.

beauty queen *n* reina *f* de la belleza, miss *f*.

beauty salon *n* = **beauty parlour**.

beauty shop *n Am* = **beauty parlour**.

beauty sleep *n*: **I need my** ~ *hum* necesito mis buenas horas de sueño (para estar bien al día siguiente).

beauty specialist *n* esteticista *mf*, esthéticienne *f*.

beauty spot *n* - **1.** [picturesque place] bello paraje *m*. - **2.** [on skin] lunar *m*.

beauty therapist *n* = **beauty specialist**.

beaux [bəʊz] *pl* → **beau**.

beaver ['biːvəʳ] *n* castor *m*.

◆ **beaver away** *vi*: **to** ~ **away (at)** trabajar con afán (en).

bebop ['biːbɒp] *n* [music, dance] bebop *m*.

becalm [bɪˈkɑːm] *vt* NAUT dejar parado(da) por falta de viento.

becalmed [bɪˈkɑːmd] *adj* parado(da) por falta de viento.

became [bɪˈkeɪm] *pt* → **become**.

because [bɪˈkɒz] *conj* porque.

◆ **because of** *prep* por, a causa de.

béchamel sauce [ˌbeʃəˈmel-] *n* besamel *f*.

beck [bek] *n*: **to be at sb's** ~ **and call** estar siempre a disposición de alguien.

beckon ['bekən] ◇ *vt* - **1.** [signal to] llamar (con un gesto). - **2.** *fig* [draw, attract] atraer, llamar. ◇ *vi* [signal]: **to** ~ **to sb** llamar (con un gesto) a alguien.

becloud [bɪˈklaʊd] *vt arch* oscurecer.

become [bɪˈkʌm] (*pt* **became** [bɪˈkeɪm], *pp* **become**) ◇ *vi* hacerse; **to** ~ **happy** ponerse contento; **to** ~ **angry** enfadarse; **she became a teacher** se hizo profesora; **he became Prime Minister in 1991** se convirtió en primer ministro en 1991; **it became clear that...** estaba OR quedó claro que...; **what has** ~ **of...?** ¿qué ha sido de...? ◇ *vt fml* - **1.** [suit] quedar OR sentar bien a; **that dress** ~**s you** ese vestido te queda bien. - **2.** [be appropriate for] ser lo apropiado en; **foul language does not** ~ **a young lady** decir palabrotas no es propio de una chica bien educada.

becoming [bɪˈkʌmɪŋ] *adj* - **1.** [attractive] favorecedor(ra). - **2.** [appropriate] apropiado(da).

BECTU ['bektuː] (*abbr of* **Broadcasting, Entertainment, Cinematograph and Theatre Union**) *n* sindicato británico de técnicos del sector audiovisual.

bed [bed] (*pt & pp* **bedded**, *cont* **bedding**) ◇ *n* - **1.** [to sleep on] cama *f*; **to be in** ~ estar acostado(da); **to give sb a** ~ **for the night** alojar OR hospedar a alguien; **to go to** ~ irse a la cama; **to go to** ~ **with** [have sex with] acostarse con; **to make the** ~ hacer la cama; **to put sb to** ~ acostar a alguien; **to stay in** ~ [gen] quedarse en la cama; [sick person] guardar cama ❏ **to get out on the wrong side of (the)** ~ levantarse con el pie izquierdo. - **2.** [flowerbed] macizo *m*; **a** ~ **of roses** *fig* un lecho de rosas. - **3.** [of sea] fondo *m*; [of river] lecho *m*, cauce *m*. - **4.** [lodging] alojamiento *m*, hospedaje *m*. - **5.** CULIN fondo *m*, cama *f*. - **6.** [layer of rock] veta *f*. ◇ *vt* - **1.** [embed] fijar, asentar. - **2.** [plant] plantar (en un macizo). - **3.** *literary* [have sex with] tener relaciones sexuales con.

◆ **bed down** *vi* acostarse.

BEd [biː'ed] (*abbr of* **Bachelor of Education**) *n (titular de una) licenciatura de ciencias de la educación o pedagogía.*

bed and board *n* - **1.** [at a hotel] pensión *f* completa. - **2.** [at sb's home] techo *m* y alimento.

bed and breakfast *n* [service] cama *f* y desayuno; [hotel] pensión *f*.

bedaub [bɪ'dɔːb] *vt* [smear] embadurnar.

bed-bath *n lavado que se hace a alguien que está en cama.*

bedbug ['bedbʌg] *n* chinche *m* o *f*.

bedchamber ['bed,tʃeɪmbə'] *n dated* alcoba *f*.

bedclothes ['bedkləʊðz] *npl* ropa *f* de cama.

bedcover ['bed,kʌvə'] *n* colcha *f*.

bedding ['bedɪŋ] *n* - **1.** [bedclothes] ropa *f* de cama. - **2.** [for animals] lecho *m*.

bedding plant *n* planta *f* de jardinería.

Bede [biːd] *n*: **the Venerable** ~ Beda el Venerable.

bedeck [bɪ'dek] *vt*: **to** ~ **sthg with** engalanar algo con.

bedevil [bɪ'devl] (*Br pt & pp* **bedevilled**, *cont* **bedevilling**) (*Am pt & pp* **bedeviled**, *cont* **bedeviling**) *vt* - **1.** [plague]: **to be bedevilled with** estar plagado(da) de. - **2.** [confuse] enredar, confundir. - **3.** [bewitch] endemoniar, embrujar.

bedew [bɪ'djuː] *vt arch* regar, rociar.

bedfellow ['bed,feləʊ] *n fig* compañero *m*, -ra *f* de cama.

bedhead ['bedhed] *n Br* cabecera *f* de la cama.

bed jacket *n Br* mañanita *f* (*prenda*).

bedlam ['bedləm] *n* jaleo *m*, alboroto *m*.

bed linen *n* ropa *f* de cama.

Bedouin ['beduɪn] ◇ *adj* beduino(na). ◇ *n* beduino *m*, -na *f*.

bedpan ['bedpæn] *n* cuña *f*.

bedpost ['bedpəʊst] *n* pilar *m* de la cama.

bedraggled [bɪ'drægld] *adj* mojado y sucio (mojada y sucia).

bedridden ['bed,rɪdn] *adj* postrado(da) en cama.

bedrock ['bedrɒk] *n* (*U*) - **1.** GEOL roca *f* sólida. - **2.** *fig* [solid foundation] cimientos *mpl*.

bedroll ['bedrəʊl] *n* lecho *m* portátil enrollable.

bedroom ['bedrʊm] ◇ *n* dormitorio *m*, recámara *f Amér*. ◇ *comp* - **1.** [scene] amoroso(sa), de cama; ~ **comedy** comedia *f* de alcoba. - **2.** *Am* [inhabited by commuters]: ~ **suburb** ciudad *f* dormitorio.

Beds (*abbr of* **Bedfordshire**) *condado inglés.*

bed sheet *n* sábana *f*.

bedside ['bedsaɪd] ◇ *n* [side of bed] lado *m* de la cama; [of ill person] lecho *m*. ◇ *comp*: ~ **lamp** lámpara *f* de noche; ~ **table** mesita *f* de noche, nochero *m Amér*.

bedside manner *n* actitud *f* hacia el enfermo.

bed-sit(ter) ['bed,sɪt(ə')] *n Br* habitación alquilada con cama.

bedsocks ['bedsɒks] *npl* patucos *mpl*, calcetines *mpl* para dormir.

bedsore ['bedsɔː'] *n* úlcera *f* por decúbito.

bedspread ['bedspred] *n* colcha *f*.

bedsprings ['bedsprɪŋz] *npl* [springs] muelles *mpl* del somier; [frame] somier *m* de muelles.

bedstead ['bedsted] *n* armazón *m* de la cama, cuja *f*.

bedtime ['bedtaɪm] *n* hora *f* de dormir.

bedtime story *n* cuento *m* (*para que los niños se duerman*).

Beduin ['beduɪn] *adj & n* = **Bedouin**.

bedwarmer ['bed,wɔːmə'] *n* calentador *m* (de cama).

bed-wetting [-,wetɪŋ] *n* (*U*) MED enuresis *f inv*.

bee [biː] *n* - **1.** [insect] abeja *f*; **to have a** ~ **in one's bonnet about sthg** *fig* tener fijación con algo; **he's a busy little** ~ *fig* [energetic] no para quieto un momento, es muy activo; [fully occupied] está muy ocupado. - **2.** *Am inf* [gathering] reunión *f*; [contest] concurso *m*.

Beeb [biːb] *n Br inf*: **the** ~ la BBC.

beech [biːtʃ] *n* haya *f*.

beech nut *n* nuez *f* de haya, hayuco *m*.

beechwood ['biːtʃwʊd] *n* [material] (madera *f* de) haya *f*; [forest] hayedo *m*, hayal *m*.

beef [biːf] ◇ *n* - **1.** [meat] carne *f* de vaca. - **2.** [animal] res *f*. - **3.** *inf* [muscle] músculo *m*, fuerza *f* muscular. - **4.** *inf* [complaint] queja *f*; **to have a** ~ quejarse. ◇ *vi inf*: **to** ~ **(about sthg)** quejarse (de algo).

◆ **beef up** *vt sep inf* reforzar.

beefburger ['biːf,bɜːgə'] *n* hamburguesa *f*.

Beefeater ['biːf,iːtə'] *n guardián de la Torre de Londres.*

beefsteak ['biːf,steɪk] *n* bistec *m*.

beef tea *n* caldo *m* de buey.

beefy ['biːfɪ] (*compar* **beefier**, *superl* **beefiest**) *adj* - **1.** [resembling beef] carnoso(sa), como de carne de vaca. - **2.** *inf* [brawny] fornido(da), musculoso(sa).

beehive ['biːhaɪv] *n* - **1.** [for bees] colmena *f*. - **2.** [hairstyle] moño *m* alto.

beekeeper ['biː,kiːpə'] *n* apicultor *m*, -ra *f*, colmenero *m*, -ra *f*.

beekeeping ['biː,kiːpɪŋ] *n* apicultura *f*.

beeline ['biːlaɪn] *n*: **to make a** ~ **for** *inf* irse derechito(ta) hacia.

been [biːn] *pp* → **be**.

beep [biːp] *inf* ◇ *n* pitido *m*. ◇ *vi* pitar.

beeper ['biːpə'] *n* dispositivo de llamada (*por medio de un sonido agudo*).

beer [bɪə'] *n* cerveza *f*; **his life is not all** ~ **and skittles** *fig Br* su vida no es un lecho de rosas.

beer belly *n inf* barrigón *m*, panza *f*.

beer garden *n* terraza *f* interior (de bar).

beer parlor *n Am* bar *m*.

beeswax ['biːzwæks] *n* cera *f* de abeja.

beet [biːt] *n* remolacha *f*; **to be/go as red as a** ~ *fig* estar/ponerse rojo(ja) como un tomate.

beetle ['biːtl] *n* escarabajo *m*.

◆ **Beetle** *n* AUT Escarabajo *m*.

◆ **beetle off** *vi* salir pitando, largarse.

beetle-browed [-braʊd] *adj Br* [with bushy eyebrows] cejudo(da), con cejas pobladas; [scowling] ceñudo(da).

beetling ['biːtlɪŋ] *adj* [cliff, crag] que sobresale, saliente; [brow] prominente; [eyebrows] poblado(da).

beetroot ['biːtruːt] *n* remolacha *f*; **to be/go as reed as a** ~ *fig* estar/ponerse rojo(ja) como un tomate.

beet sugar *n* azúcar *m* o *f* de remolacha.

befall [bɪ'fɔːl] (*pt* **befell** [-'fel], *pp* **befallen** [-'fɔːlən]) *literary* ◇ *vt* acontecer a. ◇ *vi* acontecer.

befit [bɪ'fɪt] (*pt & pp* **befitted**, *cont* **befitting**) *vt fml* corresponder a.

befitting [bɪ'fɪtɪŋ] *adj fml* - **1.** [suitable] conveniente. - **2.** [proper] apropiado(da).

befog [bɪ'fɒg] (*pt & pp* **befogged**, *cont* **befogging**) *vt* [make confused] confundir.

before [bɪ'fɔː'] ◇ *adv* antes, endenantes *Amér*; **we went the year** ~ fuimos el año anterior; **I've seen this film** ~ esta película ya la he visto (antes). ◇ *prep* - **1.** [in time, sequence] antes de; **they arrived** ~ **us** llegaron antes que nosotros. - **2.** [facing, in front of] ante, frente a. - **3.** [in the presence of] ante; **to sing** ~ **a big audience** cantar ante un gran público. - **4.** [for the consideration of] ante; **the case** ~ **the court** el caso presentado ante el tribunal. ◇ *conj* antes de; ~ **it's too late** antes de que sea demasiado tarde; ~ **you know it** antes de que te des cuenta OR de que quieras darte cuenta.

beforehand [bɪ'fɔːhænd] *adv* con antelación, de antemano.

befoul [bɪ'faʊl] *vt* - **1.** [soil] ensuciar. - **2.** [speak badly of] calumniar.

befriend [bɪ'frend] *vt* hacer OR entablar amistad con.

befuddle [bɪ'fʌdl] *vt* confundir, dejar atónito(ta).

befuddled [bɪ'fʌdld] *adj* liado(da), confundido(da).

beg [beg] (*pt & pp* **begged**, *cont* **begging**) ◇ *vt* - **1.** [money, food] mendigar, pedir. - **2.** [favour, forgiveness] suplicar; **to ~ sb to do sthg** rogar a alguien que haga algo; **to ~ sb for sthg** rogar algo a alguien. ◇ *vi* - **1.** [for money, food]: **to ~ (for sthg)** pedir OR mendigar (algo). - **2.** [for favour, forgiveness]: **to ~ (for sthg)** suplicar OR rogar (algo). - **3.** *phr*: **I'll have that last sandwich if it's going begging** *Br* cogeré el último sandwich si nadie lo quiere.
◆ **beg off** *vi* disculparse.

began [bɪ'gæn] *pt* → **begin**.

beget [bɪ'get] (*pt* **begot** [-'got] OR **begat** [-'gæt], *pp* **begotten** [-'gotn], *cont* **begetting**) *vt literary* engendrar.

beggar ['begə'] ◇ *n* mendigo *m*, -ga *f*. ◇ *vt* - **1.** [impoverish] empobrecer. - **2.** [defy]: **to ~ description** superar toda OR cualquier descripción.

beggarly ['begəlɪ] *adj* mísero(ra).

beggary ['begərɪ] *n* miseria *f*, mendicidad *f*.

begging ['begɪŋ] *n* mendicidad *f*.

begging bowl *n* platillo *m* (*para limosna*).

begging letter *n* carta *f* en la que se pide dinero.

begin [bɪ'gɪn] (*pt* **began** [-'gæn], *pp* **begun** [-'gʌn], *cont* **beginning**) ◇ *vt*: **to ~ (doing** OR **to do sthg)** empezar OR comenzar (a hacer algo); **I can't ~ to thank you** no tengo palabras para agradecértelo. ◇ *vi* empezar, comenzar; **to ~ by (doing sthg)** empezar OR comenzar por (hacer algo) ❏ **to ~ with** para empezar, de entrada.

beginner [bɪ'gɪnə'] *n* principiante *mf*.

beginning [bɪ'gɪnɪŋ] *n* comienzo *m*, principio *m*; **at the ~ of the month** a principios de mes; **at** OR **in the ~** al principio; **from ~ to end** de principio a fin.
◆ **beginnings** *npl* [origin] albores *mpl*, origen *m*.

begone [bɪ'gon] *excl arch* ¡fuera (de aquí)!

begonia [bɪ'gəʊnjə] *n* begonia *f*.

begot [bɪ'got] *pt* → **beget**.

begotten [bɪ'gotn] *pp* → **beget**.

begrime [bɪ'graɪm] *vt arch* tiznar, ensuciar.

begrudge [bɪ'grʌdʒ] *vt* - **1.** [envy]: **to ~ sb sthg** envidiar a alguien algo. - **2.** [give, do unwillingly]: **to ~ doing sthg** hacer algo de mala gana OR a regañadientes.

beguile [bɪ'gaɪl] *vt* - **1.** [charm] seducir. - **2.** [deceive] engañar, burlar.

beguiling [bɪ'gaɪlɪŋ] *adj* seductor(ra).

begun [bɪ'gʌn] *pp* → **begin**.

behalf [bɪ'hɑːf] *n*: **on ~ of** *Br* en nombre OR en representación de; **in ~ of** *Am* en nombre OR en representación de.

behave [bɪ'heɪv] ◇ *vt*: **to ~ o.s.** portarse bien. ◇ *vi* - **1.** [in a particular way] comportarse, portarse. - **2.** [in an acceptable way] comportarse OR portarse bien. - **3.** [function] funcionar, comportarse.

behavior *etc Am* = **behaviour** *etc*.

behaviour *Br*, **behavior** *Am* [bɪ'heɪvjə'] *n* - **1.** [conduct] comportamiento *m*, conducta *f*. - **2.** [functioning - of atom, chemical, light] comportamiento *m*; [- of machine] funcionamiento *m*.

behavioural *Br*, **behavioral** *Am* [bɪ'heɪvjərəl] *adj* de comportamiento.

behavioural science *n* ciencias sociales que estudian el comportamiento humano.

behaviourism *Br*, **behaviorism** *Am* [bɪ'heɪvjərɪzm] *n* conductismo *m*.

behaviourist *Br*, **behaviorist** *Am* [bɪ'heɪvjərɪst] *n* conductista *mf*.

behead [bɪ'hed] *vt* decapitar.

beheld [bɪ'held] *pt & pp* → **behold**.

behemoth [bɪ'hiːmɒθ] *n* [monster] monstruo *m*.

behest [bɪ'hest] *n fml* orden *f*, mandato *m*; **at the ~ of** por orden de, a instancias de.

behind [bɪ'haɪnd] ◇ *prep* - **1.** [in space] detrás de. - **2.** [causing, responsible for] detrás de. - **3.** [in support of] con; **we're ~ you** nosotros te apoyamos. - **4.** [in time]: **to be ~ schedule** ir retrasado(da); **you have to put the incident ~ you** tienes que olvidarte del incidente. - **5.** [less successful than] por detrás de. ◇ *adv* - **1.** [in space] detrás. - **2.** [in time]: **to be ~ (with)** ir atrasado(da) (con). - **3.** [less successful] por detrás. ◇ *n inf* trasero *m*.

behindhand [bɪ'haɪndhænd] *adv* con retraso.

behold [bɪ'həʊld] (*pt & pp* **beheld** [bɪ'held]) *vt literary* contemplar.

beholden [bɪ'həʊldən] *adj fml*: **to be ~ to sb** estar obligado(da) con alguien.

behove [bɪ'həʊv] *Br*, **behoove** [bɪ'huːv] *Am vt fml*: **it ~s them to be prudent** han de ser OR les corresponde ser prudentes.

beige [beɪʒ] ◇ *adj* beige. ◇ *n* (color *m*) beige *m inv*; **in ~** de beige.

Beijing [,beɪ'dʒɪŋ] *n* Pekín.

being ['biːɪŋ] *n* - **1.** [creature] ser *m*. - **2.** [essential nature] naturaleza *f*, ser *m*. - **3.** [state of existing]: **in ~** en vigor; **to bring sthg into ~** hacer que algo vea la luz, crear algo; **to come into ~** ver la luz, nacer.

Beirut [,beɪ'ruːt] *n* Beirut; **East/West ~** Beirut Este/Oeste.

bejewelled *Br*, **bejeweled** *Am* [bɪ'dʒuːəld] *adj* [person] enjoyado(da); [box, purse] adornado(da) con joyas.

bel [bel] *n* belio *m*, bel *m*.

belabour *Br*, **belabor** *Am* [bɪ'leɪbə'] *vt* - **1.** [beat] golpear, apalear. - **2.** [scold] regañar, reñir.

Belarus [belə'ruːs] *n*: **(the Republic of) ~** (la república de) Bielorrusia.

belated [bɪ'leɪtɪd] *adj* tardío(a).

belatedly [bɪ'leɪtɪdlɪ] *adv* tardíamente.

belay [bɪ'leɪ] ◇ *vt* - **1.** [in climbing] asegurar. - **2.** NAUT amarrar. ◇ *vi* - **1.** [in climbing] asegurarse. - **2.** NAUT amarrar. ◇ *n* agarradero *m*, asidero *m*.

belaying pin [bɪ'leɪɪŋ-] *n* cabilla *f*.

belch [beltʃ] ◇ *n* eructo *m*. ◇ *vt* escupir, arrojar. ◇ *vi* - **1.** [person] eructar. - **2.** [smoke, fire] brotar.

beleaguered [bɪ'liːgəd] *adj* - **1.** MIL asediado(da). - **2.** *fig* [harassed] atosigado(da), abrumado(da).

belfry ['belfrɪ] (*pl* **belfries**) *n* campanario *m*.

Belgian ['beldʒən] ◇ *adj* belga. ◇ *n* belga *mf*.

Belgium ['beldʒəm] *n* Bélgica.

Belgrade [,bel'greɪd] *n* Belgrado.

belie [bɪ'laɪ] (*cont* **belying**) *vt* - **1.** [disprove] contradecir, desmentir. - **2.** [give false idea of] esconder, encubrir.

belief [bɪ'liːf] *n* - **1.** [faith, principle]: **~ (in)** creencia *f* (en); **to be beyond ~** ser increíble. - **2.** [opinion] opinión *f*; **in the ~ that** con la idea de que. - **3.** [confidence] fe *f*, confianza *f*.

believable [bɪ'liːvəbl] *adj* creíble.

believe [bɪ'liːv] ◇ *vt* creer; **I ~ so** eso creo; **I ~ not** no creo; **she is ~d to be in France** se cree que está en Francia; **~ it or not** lo creas o no ❏ **I can't ~ my ears!** ¡no me lo creo!; **I can't ~ my eyes!** ¡si no lo veo no lo creo! ◇ *vi* - **1.** [be religious] ser creyente. - **2.** [have faith]: **to ~ in** creer en. - **3.** *phr*: **to make ~** fingir, aparentar.

believer [bɪ'liːvə'] *n* - **1.** [religious person] creyente *mf*. - **2.** [in idea, action]: **~ in sthg** partidario *m*, -ria *f* de algo.

Belisha beacon [bɪ'liːʃə-] *n Br* señal luminosa intermitente junto a un paso de peatones.

belittle [bɪ'lɪtl] *vt* subestimar, menospreciar.

Belize [be'liːz] *n* Belice.

Belizean [be'liːzɪən] ◇ *adj* beliceño(ña). ◇ *n* beliceño *m*, -ña *f*.

bell [bel] ◇ *n* - **1.** [of church] campana *f*; [handbell] campanilla *f*, campana *f*; [on door, bike] timbre *m*; [for cows] cencerro *m*; [on toy, cat's collar] cascabel *m*. - **2.** [sound, stroke] campanada *f*. - **3.** BOT corola *f* acampanada. - **4.** *phr*: **the name rings a ~** el nombre me suena; **saved by the**

~! ¡se salvó por los pelos!, ¡lo salvó la campana!; **to be sound as a** ~ estar en perfecto estado; **a dictionary with all the** ~**s and whistles** un diccionario completísimo; **with** ~**s on** *inf* con mucho gusto. ◇ *vi* [flare] acampanarse.

belladonna [belə'dɒnə] *n* belladona *f*.

bell-bottomed [-,bɒtəmd] *adj* acampanado(da).

bell-bottoms *npl* pantalones *mpl* de campana.

bellboy ['belbɔɪ] *n* botones *m inv*.

bell buoy *n* boya *f* de campana.

belle [bel] *n* belleza *f*, mujer *f* bella; **the** ~ **of the ball** la reina de la fiesta.

bellflower ['bel,flaʊəʳ] *n* campanilla *f*, campánula *f*.

bellhop ['belhɒp] *n Am* botones *m inv*.

bellicose ['belɪkəʊs] *adj* belicoso(sa).

belligerence [bɪ'lɪdʒərəns] *n* [aggression] belicosidad *f*.

belligerent [bɪ'lɪdʒərənt] *adj* - **1.** [at war] beligerante. - **2.** [aggressive] belicoso(sa).

bell jar *n* campana *f* de cristal, fanal *m*.

bellman ['belmən] (*pl* **bellmen** [-mən]) *n* pregonero *m*.

bellow ['beləʊ] ◇ *vt* gritar. ◇ *vi* - **1.** [person] rugir. - **2.** [bull] mugir, bramar. ◇ *n* - **1.** [of person] rugido *m*. - **2.** [of bull] mugido *m*, bramido *m*.

bellows ['beləʊz] *npl* fuelle *m*.

bell pepper *n* pimiento *m* dulce.

bellpull ['belpʊl] *n* [for servant, on door] tirador *m*.

bell push *n Br* (interruptor *m* del) timbre *m*.

bell-ringer *n* campanero *m*, -ra *f*.

bell-ringing *n* [from church] repique *m* de campanas; [from door, bike etc] repiqueteo *m*.

bell rope *n* [to call servant] tirador *m*; [in belfry] cuerda *f* de campana.

bell-shaped *adj* acampanado(da).

bell tent *n* tienda *f* (de campaña) cónica.

bell tower *n* campanario *m*.

bellwether ['bel,weðəʳ] *n* - **1.** [sheep] *carnero con cencerro que guía al rebaño*. - **2.** *fig* [leader] cabecilla *mf*.

belly ['belɪ] (*pl* **bellies**, *pt & pp* **bellied**) ◇ *n* - **1.** [of person] barriga *f*, guata *f Amér*. - **2.** [of animal] vientre *m*; ~ **of pork**, **pork** ~ panceta *f*, tocino *m* de veta fresco. - **3.** [of plane, ship] panza *f*; [of sail] bolso *m*, seno *m*. ◇ *vt* inflar. ◇ *vi* inflarse.

bellyache ['belɪeɪk] *inf* ◇ *n* - **1.** [pain] dolor *m* de barriga. - **2.** [complaint] queja *f*. ◇ *vi* gruñir.

belly button *n inf* ombligo *m*.

belly dance *n* danza *f* del vientre.

◆ **belly-dance** *vi* bailar la danza del vientre.

belly dancer *n* *bailarina que practica la danza del vientre*.

belly flop *n*: (**to do a**) ~ (dar un) tripazo OR panzazo.

bellyful ['belɪfʊl] *n inf* panzada *f*, hartazgo *m*.

belly laugh *n* risotada *f*.

belong [bɪ'lɒŋ] *vi* - **1.** [as property, as part, component]: **to** ~ **to** pertenecer a. - **2.** [as member]: **to** ~ **to** ser miembro de. - **3.** [be situated in right place]: **where does this book** ~? ¿dónde va este libro?; **he felt he didn't** ~ **there** sintió que no encajaba allí.

belongings [bɪ'lɒŋɪŋz] *npl* pertenencias *fpl*.

Belorussia [,beləʊ'rʌʃə] *n* Bielorrusia.

Belorussian [,beləʊ'rʌʃən] ◇ *adj* bielorruso(sa). ◇ *n* - **1.** [person] bielorruso *m*, -sa *f*. - **2.** [language] bielorruso *m*.

beloved [bɪ'lʌvd] ◇ *adj* querido(da). ◇ *n* amado *m*, -da *f*.

below [bɪ'ləʊ] ◇ *adv* - **1.** [gen] abajo; **the flat** ~ el piso de abajo; **it was 20°**~ *inf* [in temperature] hacía 20 bajo cero. - **2.** [in text] más abajo; **see** ~ véase más abajo. - **3.** NAUT en una cubierta inferior; **to go** ~ bajar. ◇ *prep* - **1.** [lower in position] (por) debajo de, bajo. - **2.** [lower in rank, number] por debajo de.

belt [belt] ◇ *n* - **1.** [for clothing] cinturón *m*, correa *f*; **that was below the** ~ *fig* eso fue un golpe bajo; **to tighten one's** ~ *fig* apretarse el cinturón; **under one's** ~ *fig* a las

espaldas de uno, en el haber particular de uno. - **2.** [seat belt] cinturón *m* (de seguridad). - **3.** [TECH - wide] cinta *f*; [- narrow] correa *f*. - **4.** [of land, sea] cinturón *m*, franja *f*. - **5.** *inf* [sharp blow] castañazo *m*, mandoble *m*. - **6.** *inf* [of whisky] trago *m*. ◇ *vt* - **1.** *inf* [hit] arrear. - **2.** [dress, trousers] atar con cinturón OR correa. ◇ *vi Br inf* ir a toda mecha.

◆ **belt out** *vt sep inf* cantar a voz en grito.

◆ **belt up** *vi Br inf* cerrar el pico.

belt-driven *adj* con transmisión por correa.

belt tightening *n inf* disminución *f* de gastos.

beltway ['belt,weɪ] *n Am* carretera *f* de circunvalación.

beluga [bə'luːgə] *n* - **1.** [white whale] beluga *f*. - **2.** [sturgeon] esturión *m* blanco.

bemoan [bɪ'məʊn] *vt* - **1.** [lament] lamentar. - **2.** [mourn over] llorar por.

bemuse [bɪ'mjuːz] *vt* dejar atónito, causar estupefacción.

bemused [bɪ'mjuːzd] *adj* atónito(ta).

bench [bentʃ] *n* - **1.** [seat] banco *m*; **on the** ~ SPORT en el banquillo. - **2.** [in lab, workshop] mesa *f* de trabajo. - **3.** *Br* POL escaño *m*. - **4.** [JUR - seat] asiento *m* de los jueces, estrado *m*; [- office of judge] judicatura *f*, magistratura *f*; [- court] tribunal *m*. - **5.** [GEOL - terrace] banco *m* (de arena), arrecife *m*; [- shelf of ground] desnivel *m*.

benchmark ['bentʃ,maːk] ◇ *n* punto *m* de referencia. ◇ *comp*: ~ **test** COMPUT prueba *f* patrón.

bend [bend] (*pt & pp* **bent** [bent]) ◇ *n* [in road] curva *f*; [in river] curva *f*, vuelta *f*; [in pipe] codo *m*; **round the** ~ *inf fig* majareta, majara. ◇ *vt* - **1.** [gen] doblar; [one's back] doblar, encorvar; [one's head] inclinar; [longbow] armar. - **2.** [subdue]: **to** ~ **sb to one's will** hacer que alguien acate la voluntad de uno. - **3.** [deflect] desviar. - **4.** *literary* [direct, turn] dirigir, aplicar; **he bent his attention** OR **mind to solving the problem** centró su atención en resolver el problema. ◇ *vi* [person] agacharse; [tree] doblarse; **she bent over the counter** se inclinó sobre el mostrador.

◆ **bends** *npl*: **the** ~**s** *enfermedad producida por una brusca descompresión*.

◆ **bend back** *vi* doblarse hacia atrás.

◆ **bend down** *vi* [person] agacharse, inclinarse.

◆ **bend over** *vi* agacharse, inclinarse; **to** ~ **over backwards for** *fig* desvivirse por, hacer todo lo humanamente posible por.

bender ['bendəʳ] *n inf* borrachera *f*, juerga *f*.

bendy ['bendɪ] (*compar* **bendier**, *superl* **bendiest**) *adj Br* flexible.

beneath [bɪ'niːθ] ◇ *adv* debajo. ◇ *prep* - **1.** [under] bajo. - **2.** [in rank, social position etc] por debajo de. - **3.** [unworthy of] indigno(na) de.

benediction [,benɪ'dɪkʃn] *n* bendición *f*.

benefaction [,benɪ'fækʃn] *n* - **1.** [good deed] obra *f* de beneficencia. - **2.** [gift] donación *f*.

benefactor ['benɪfæktəʳ] *n* benefactor *m*.

benefactress ['benɪfæktrɪs] *n* benefactora *f*.

benefic [bɪ'nefɪk] *adj fml* benéfico(ca), benefactor(ra).

benefice ['benɪfɪs] *n* beneficio *m*.

beneficence [bɪ'nefɪsns] *n* - **1.** [benevolence] beneficencia *f*, caridad *f*. - **2.** [act] acto *m* de caridad. - **3.** [gift] donación *f*.

beneficent [bɪ'nefɪsnt] *adj* benéfico(ca), benefactor(ra).

beneficial [,benɪ'fɪʃl] *adj*: ~ (**to**) beneficioso(sa) (para).

beneficiary [,benɪ'fɪʃərɪ] (*pl* **beneficiaries**) *n* - **1.** JUR [of will] beneficiario *m*, -ria *f*. - **2.** [of change in law, new rule] beneficiado *m*, -da *f*.

benefit ['benɪfɪt] ◇ *n* - **1.** [advantage] ventaja *f*; **for the** ~ **of** en atención a; **to be to sb's** ~, **to be of** ~ **to sb** ir en beneficio de alguien □ **to give sb the** ~ **of the doubt** no juzgar a alguien por anticipado. - **2.** ADMIN [allowance of money] subsidio *m*. ◇ *comp* [concert, match] benéfico(ca). ◇ *vt* beneficiar. ◇ *vi*: **to** ~ **from** beneficiarse de.

Benelux ['benɪlʌks] *n* (el) Benelux; **the** ~ **countries** los países del Benelux.

benevolence [bɪ'nevələns] *n* [good will] benevolencia *f*.

benevolent [bɪ'nevələnt] *adj* benevolente.

benevolent fund *n* fondo *m* benéfico OR de ayuda.

benevolently [bɪ'nevələntlɪ] *adv* con benevolencia.

BEng [biː'eŋ] (*abbr of* **Bachelor of Engineering**) *n (titular de un) título de ingeniero.*

Bengal [beŋ'gɔːl] *n* Bengala; **the Bay of** ~ el golfo de Bengala.

Bengali [beŋ'gɔːlɪ] ◇ *adj* bengalí. ◇ *n* - **1.** [person] bengalí *mf.* - **2.** [language] bengalí *m.*

benighted [bɪ'naɪtɪd] *adj literary* [ignorant] ignorante.

benign [bɪ'naɪn] *adj* - **1.** [person] bondadoso(sa). - **2.** MED benigno(na).

benignant [bɪ'nɪgnənt] *adj literary* benigno(na), bondadoso(sa).

Benin [be'nɪn] *n* Benin.

Beninese [ˌbenɪ'niːz] ◇ *adj* beninés(esa). ◇ *n* beninés *m*, -esa *f.*

benison ['benɪzən] *n literary* bendición *f.*

bent [bent] ◇ *pt & pp →* **bend**. ◇ *adj* - **1.** [wire, bar] torcido(da). - **2.** [person, body] encorvado(da). - **3.** *Br inf* [dishonest] corrupto(ta). - **4.** [determined]: **to be ~ on sthg/on doing sthg** estar empeñado(da) en algo/en hacer algo. ◇ *n* [natural tendency] inclinación *f*; ~ **for** don *m* OR talento *m* para.

bentwood ['bentwʊd] *n* madera *f* laminar curvada.

benumbed [bɪ'nʌmd] *adj literary* entumecido(da).

benzene ['benziːn] *n* benceno *m.*

benzine ['benziːn] *n* bencina *f.*

benzocaine ['benzəʊkeɪn] *n* benzocaína *f.*

benzoin ['benzəʊɪn] *n* [resin, tree] benjuí *m*, estoraque *m.*

bequeath [bɪ'kwiːð] *vt lit & fig*: **to ~ sb sthg, to ~ sthg to sb** legar algo a alguien.

bequest [bɪ'kwest] *n* legado *m.*

berate [bɪ'reɪt] *vt* regañar.

Berber ['bɜːbəʳ] ◇ *adj* bereber. ◇ *n* - **1.** [person] bereber *mf.* - **2.** [language] bereber *m.*

bereave [bɪ'riːv] (*pt & pp* **bereaved** OR **bereft** [bɪ'reft]) *vt* separar, privar.

bereaved [bɪ'riːvd] (*pl inv*) ◇ *adj* que llora la muerte de un ser querido; **the ~ family** la desconsolada familia. ◇ *n*: **the ~** la persona más allegada al difunto.

bereavement [bɪ'riːvmənt] ◇ *n* - **1.** [loss] pérdida *f.* - **2.** [grief] luto *m*, duelo *m.* ◇ *comp*: ~ **counselling** servicio de apoyo psicológico a las personas que han perdido a un ser querido.

bereft [bɪ'reft] *literary* ◇ *pt & pp →* **bereave**. ◇ *adj* - **1.** [lacking]: ~ **(of)** ayuno(na) (de). - **2.** [deprived] privado(da); ~ **of his dignity** privado de su dignidad. - **3.** [bereaved] desolado(da).

beret ['bereɪ] *n* boina *f.*

berg [bɜːg] *n* iceberg *m*, témpano *m* de hielo.

bergamot ['bɜːgəmɒt] *n* bergamota *f.*

beriberi [ˌberɪ'berɪ] *n* beriberi *m.*

Bering Sea ['berɪŋ-] *n*: **the ~** el mar de Bering.

Bering Strait ['berɪŋ-] *n*: **the ~** el estrecho de Bering.

berk [bɜːk] *n Br v inf* gilipollas *mf inv.*

berkelium [bɜː'kiːlɪəm] *n* berkelio *m.*

Berks (*written abbr of* **Berkshire**) *condado inglés.*

Berlin [bɜː'lɪn] *n* Berlín; **East/West ~** Berlín Este/Oeste; **the ~ airlift** HIST el pasillo OR puente aéreo de Berlín.

Berliner [bɜː'lɪnəʳ] *n* berlinés *m*, -sa *f.*

Berlin Wall *n*: **the ~** el muro de Berlín.

berm [bɜːm] *n Am* arcén *m.*

Bermuda [bə'mjuːdə] *n* las Bermudas.

◆ **Bermudas** *npl* = **Bermuda shorts**.

Bermuda shorts *npl* bermudas *fpl.*

Bermuda Triangle *n*: **the ~** el triángulo de las Bermudas.

Bern [bɜːn] *n* Berna.

Bernese [bɜː'niːz] ◇ *adj* bernés(esa). ◇ *n* bernés *m*, -esa *f.*

berry ['berɪ] (*pl* **berries**) *n* - **1.** [fruit] baya *f.* - **2.** [dry kernel] grano *m.* - **3.** [fish egg] hueva *f.*

berserk [bə'zɜːk] *adj* furioso(sa); **to go ~** ponerse hecho(cha) una fiera.

berth [bɜːθ] ◇ *n* - **1.** [in harbour] amarradero *m*, atracadero *m.* - **2.** [in ship, train] litera *f.* - **3.** *phr*: **to give sb a wide ~** mantenerse a distancia de alguien. ◇ *vt* - **1.** [ship] atracar. - **2.** [passenger] acomodar. ◇ *vi* atracar.

beryllium [be'rɪljɪəm] *n* berilio *m.*

beseech [bɪ'siːtʃ] (*pt & pp* **besought** [-'sɔːt] OR **beseeched**) *vt literary*: **to ~ (sb to do sthg)** suplicar (a alguien que haga algo).

beset [bɪ'set] (*pt & pp* **beset**, *cont* **besetting**) ◇ *adj*: **to be ~ with** OR **by** [subj: person] verse acosado(da) por; [subj: plan] estar plagado(da) de. ◇ *vt* - **1.** [assail] acosar, asediar. - **2.** [surround] rodear.

beside [bɪ'saɪd] *prep* - **1.** [next to] al lado de, junto a. - **2.** [compared with] comparado(da) con, al lado de. - **3.** *phr*: **that's ~ the point** eso no importa, eso no viene al caso; **to be ~ o.s. with rage** estar fuera de sí; **to be ~ o.s. with joy** estar loco(ca) de alegría.

besides [bɪ'saɪdz] ◇ *adv* además. ◇ *prep* - **1.** [in addition to] aparte de, además de. - **2.** [apart from] aparte de.

besiege [bɪ'siːdʒ] *vt lit & fig* asediar; **to be ~d with** verse asediado(da) por.

besieger [bɪ'siːdʒəʳ] *n* sitiador *m*, -ra *f.*

besmear [bɪ'smɪəʳ] *vt literary* - **1.** [smear over] embarrar. - **2.** [defile] ensuciar, mancillar.

besmirch [bɪ'smɜːtʃ] *vt literary* - **1.** [make dirty] ensuciar, embadurnar. - **2.** [dishonour] ensuciar, manchar.

besom ['biːzəm] *n* [broom] escoba *f.*

besotted [bɪ'sɒtɪd] *adj*: ~ **with sthg** borracho(cha) de algo; **he's ~ with her** ella lo trae loco.

besought [bɪ'sɔːt] *pt & pp →* **beseech**.

bespatter [bɪ'spætəʳ] *vt* [splash] salpicar; *fig* [tarnish] manchar, salpicar.

bespeak [bɪ'spiːk] (*pt* **bespoke** [-'spəʊk], *pp* **bespoke** OR **bespoken** [-'spəʊkn]) *vt fml* [indicate] indicar, revelar.

bespectacled [bɪ'spektəkld] *adj* con gafas.

bespoke [bɪ'spəʊk] ◇ *pt & pp →* **bespeak**. ◇ *adj Br* - **1.** [clothes] (hecho(cha)) a medida. - **2.** [tailor] que hace ropa a medida.

bespoken [bɪ'spəʊkən] *pp →* **bespeak**.

besprinkle [bɪ'sprɪŋkl] *vt literary* salpicar.

best [best] ◇ *adj* - **1.** [gen] mejor; **I'm doing what is ~ for you** estoy haciendo lo (que es) mejor para ti OR lo que más te conviene; **he thought it ~ to keep quiet** pensó que lo mejor sería callarse; '~ **before Feb. 1997**' 'consumir preferentemente antes de: FEB 97'. - **2.** *phr*: **the ~ part of** la mayor parte de; **I waited for the ~ part of an hour** esperé casi una hora. ◇ *adv* mejor; **which did you like ~?** ¿cuál te gustó más?; **I comforted her as ~ I could** la consolé lo mejor que pude; **we had ~ go** más vale que nos vayamos. ◇ *n*: **we played the ~ of three games** el juego consistía en ganar dos de tres partidos ❑ **all the ~** [ending letter] un abrazo; [saying goodbye] que te vaya bien; **at the ~ of times** en los mejores momentos; **for the ~** para bien; **to the ~ of one's ability** lo mejor que uno puede, lo mejor posible; **to the ~ of my knowledge/recollection** que yo sepa/recuerde; **to be at one's ~** estar (uno) en su mejor momento, estar en plena forma; **to be in one's (Sunday) ~** ponerse (uno) sus mejores galas OR la ropa de los domingos; **to do one's ~** hacer todo lo mejor que uno puede; **to have the ~ of both worlds** tenerlo todo; **to look one's ~** ir muy bien arreglado (muy bien arreglada); **to make the ~ of sthg** sacarle el mayor partido posible a algo; **to make the ~ of a bad job** hacer (uno) lo que puede teniendo en cuenta las circunstancias. ◇ *vt dated* vencer, derrotar.

◆ **at best** *adv* en el mejor de los casos.

best-case *adj*: **this is the ~ scenario** éste es el pronóstico más optimista, esto es lo mejor que puede pasar.

bestial ['bestjəl] *adj* [disgusting] bestial.

bestiality [ˌbestɪˈælətɪ] (*pl* **bestialities**) *n* bestialidad *f*.

bestiary ['bestɪərɪ] (*pl* **bestiaries**) *n* bestiario *m*.

bestir [bɪˈstɜːʳ] *vt fml*: **to ~ o.s.** rebullirse, moverse.

best man *n* mejor amigo del novio, que lo acompaña el día de la boda, ≃ padrino *m* de boda.

bestow [bɪˈstəʊ] *vt fml*: **to ~ sthg on sb** [gift] otorgar OR conceder algo a alguien; [praise] dirigir algo a alguien; [title] conferir algo a alguien.

bestowal [bɪˈstəʊəl] *n fml* otorgamiento *m*.

bestrew [bɪˈstruː] (*pt* **bestrewed**, *pp* **bestrewed** OR **bestrewn** [-ˈstruːn]) *vt literary* - **1.** [scatter] esparcir, desparramar. - **2.** [lie scattered] salpicar, cubrir; **bestrewn with flowers** salpicado(da) de flores.

bestride [bɪˈstraɪd] (*pt* **bestrode** [-ˈstrəʊd], *pp* **bestridden** [-ˈstrɪdn]) *vt literary* - **1.** [horse] montar. - **2.** [chair] sentarse a horcajadas en.

best-seller *n* [book] best-seller *m*, éxito *m* editorial.

best-selling *adj* de éxito.

bet [bet] (*pt & pp* **bet** OR **betted**, *cont* **betting**) ◇ *n* - **1.** [gen]: **~ (on)** apuesta *f* (a). - **2.** *fig* [prediction] predicción *f*; **it's a safe ~ that** seguro que. - **3.** *phr*: **to hedge one's ~s** [protect o.s.] cubrirse, guardarse las espaldas. ◇ *vt* apostar; **I bet... ** *fig* a que..., seguro que...; **to ~ one's boots** OR **bottom dollar** OR **shirt** *inf* jugarse la cabeza. ◇ *vi* - **1.** [gamble]: **to ~ (on)** apostar (a). - **2.** [predict]: **to ~ on sthg** contar con (que pase) algo. - **3.** *phr*: **you ~!** *inf* ¡pues claro!

beta ['biːtə] *n* beta *f*.

beta-blocker [-ˌblɒkəʳ] *n* betabloqueante *m*.

betake [bɪˈteɪk] (*pt* **betook** [-ˈtʊk], *pp* **betaken** [-ˈteɪkn]) *vt literary*: **to ~ o.s. to** trasladarse a.

beta ray *n* rayo *m* beta.

beta rhythm *n* ritmo *m* beta, onda *f* beta.

bethink [bɪˈθɪŋk] (*pt & pp* **bethought**) *vt arch*: **to ~ o.s. of sthg** [consider] parar mientes en algo, tomar algo en consideración; [remember] acordarse de OR recordar algo.

Bethlehem ['beθlɪhem] *n* Belén.

bethought [bɪˈθɔːt] *pt & pp* → **bethink**.

betide [bɪˈtaɪd] *vi literary* acontecer.

betook [bɪˈtʊk] *pt* → **betake**.

betray [bɪˈtreɪ] *vt* - **1.** [person, trust, principles] traicionar. - **2.** [secret] revelar. - **3.** [feeling] delatar.

betrayal [bɪˈtreɪəl] *n* - **1.** [of person, trust, principles] traición *f*. - **2.** [of secret] revelación *f*.

betrayer [bɪˈtreɪəʳ] *n* traidor *m*, -ra *f*.

betrothal [bɪˈtrəʊðl] *n arch* desposorios *mpl*, compromiso *m* matrimonial.

betrothed [bɪˈtrəʊðd] *adj dated*: **~ (to)** prometido(da) (a).

better ['betəʳ] ◇ *adj* - **1.** (*compar of good*) mejor; **she is ~ at that/at mathematics** eso se le da/las matemáticas se le dan mejor; **that's ~!** ¡muy bien!, ¡(así está) mucho mejor!; **he's no ~ than a thief** no es más que un ladrón; **to be all the ~ for sthg** estar mucho mejor con algo; **the room is all the ~ for the new curtains** la habitación ha ganado mucho con las nuevas cortinas, las nuevas cortinas le han venido bien a la habitación; **to get ~** mejorar. - **2.** *phr*: **the ~ part of** la mayor parte de. ◇ *adv* (*compar of well*) - **1.** [in quality] mejor; **the less he knows the ~** cuanto menos sepa mejor; **~ and ~** cada vez mejor; **to think ~ of it** pensarlo mejor; **so much the ~**, **all the ~** tanto mejor, mejor que mejor ❏ **~ late than never** *proverb* más vale tarde que nunca *proverb*; **to go one ~** [offer more] mejorar la oferta; [do better] hacerlo mejor todavía. - **2.** [more]: **I like it ~** me gusta más. - **3.** [preferably]: **we had ~ be going** más vale que nos vayamos ya. ◇ *n* - **1.** [best one] mejor *mf*. - **2.** [gambler] apostante *mf*. - **3.** *phr*: **for the ~** a mejor, para bien; **the situation has changed for the ~** la situación ha ido a mejor OR ha cambiado para bien; **for ~ or worse** para bien o para mal; **to get the ~ of sb** poder con alguien. ◇ *vt* - **1.** [improve] mejorar; **to ~ o.s.** mejorar. - **2.** [exceed] superar.

◆ **betters** *npl* superiores *mpl*.

better half *n inf* media naranja *f*.

betterment ['betəmənt] *n* mejora *f*, mejoramiento *m*.

better off *adj* - **1.** [financially] mejor de dinero. - **2.** [in better situation]: **you'd be ~ going by bus** te iría mejor coger el autobús.

◆ **better-off** *n*: **the ~** la gente pudiente.

betting ['betɪŋ] *n (U)* apuestas *fpl*.

betting office *n* ≃ agencia *f* de apuestas.

betting shop *n Br* casa *f* de apuestas.

bettor *n Am* = **better** *n sense 2*.

between [bɪˈtwiːn] ◇ *prep* entre; **he sat (in) ~ Paul and Anne** se sentó entre Paul y Anne; **closed ~ 1 and 2** cerrado de 1 a 2; **~ us we had over £100** entre los dos/entre todos teníamos más de 100 libras ❏ **~ you and me** entre nosotros, en confianza. ◇ *adv*: **(in) ~** en medio, entremedio.

betweentimes [bɪˈtwiːntaɪmz] *adv* mientras tanto, entremedias.

betwixt [bɪˈtwɪkst] ◇ *prep arch* entre. ◇ *adv*: **~ and between** ni una cosa ni otra.

bevel ['bevl] (*Br pt & pp* **bevelled**, *cont* **bevelling**, *Am pt & pp* **beveled**, *cont* **beveling**) ◇ *n* - **1.** [surface] bisel *m*; **~ (edge)** borde *m* biselado. - **2.** [rule] falsa escuadra *f*. ◇ *vt* biselar.

bevelled *Br*, **beveled** *Am* ['bevld] *adj* biselado(da).

beverage ['bevərɪdʒ] *n fml* bebida *f*.

bevvy ['bevɪ] (*pl* **bevvies**) *n Br inf* [drink] copa *f*, copichuela *f*.

bevy ['bevɪ] (*pl* **bevies**) *n* - **1.** [of women] grupo *m*, panda *f*. - **2.** [of birds] bandada *f*. - **3.** [of animals] manada *f*.

bewail [bɪˈweɪl] *vt literary* lamentarse de.

beware [bɪˈweəʳ] ◇ *vi*: **to ~ (of)** tener cuidado (con). ◇ *excl* ¡cuidado!

bewilder [bɪˈwɪldəʳ] *vt* desconcertar, dejar perplejo(ja).

bewildered [bɪˈwɪldəd] *adj* desconcertado(da).

bewildering [bɪˈwɪldərɪŋ] *adj* desconcertante.

bewilderment [bɪˈwɪldəmənt] *n* desconcierto *m*, perplejidad *f*.

bewitch [bɪˈwɪtʃ] *vt* - **1.** [cast spell over] hechizar, embrujar. - **2.** [fascinate] hechizar, fascinar.

bewitched [bɪˈwɪtʃt] *adj* hechizado(da).

bewitching [bɪˈwɪtʃɪŋ] *adj* hechizante.

bewitchingly [bɪˈwɪtʃɪŋlɪ] *adv* de una manera cautivadora OR fascinante; **~ beautiful** de una belleza cautivadora OR fascinante.

bewitchment [bɪˈwɪtʃmənt] *n* hechizo *m*.

beyond [bɪˈjɒnd] ◇ *prep* más allá de; **~ midnight** pasada la medianoche; **my reach/responsibility** fuera de mi alcance/competencia; **it has changed ~ recognition** está irreconocible; **it's ~ belief** es increíble; **it's getting ~ a joke** ya no tiene gracia, ya pasa de castaño oscuro ❏ **it's ~ me** no alcanzo a comprenderlo. ◇ *adv* más allá.

bf (*written abbr of* **boldface**) negr.

b/f (*written abbr of* **brought forward**): **balance ~** saldo *m* anterior.

bhangra ['bæŋɡrə] *n MUS* música pop de la India que combina elementos de la música tradicional del Punjab con elementos de la música moderna occidental.

bhp *abbr of* **brake horsepower**.

Bhutan [ˌbuːˈtɑːn] *n* Bután.

bi- [baɪ] *prefix* bi-.

Biafran [bɪˈæfrən] ◇ *adj* de Biafra. ◇ *n* natural o habitante de Biafra.

biannual [baɪˈænjʊəl] *adj* semestral.

bias ['baɪəs] (*pt & pp* **biased** OR **biassed**, *cont* **biasing** OR **biassing**) ◇ *n* - **1.** [prejudice] prejuicio *m*. - **2.** [tendency] tendencia *f*, inclinación *f*. - **3.** [in sewing] bies *m*, sesgo *m*; **on the ~** al bies. - **4.** ELECTRON voltaje *m* de polarización. ◇ *vt* predisponer, influir.

biassed ['baɪəst] *adj* parcial; **to be ~ towards/against** tener prejuicios en favor/en contra de.

biathlon [baɪˈæθlɒn] *n* biatlón *m*.

biaxial [baɪˈæksɪəl] *adj* biáxico(ca).

bib [bɪb] *n* - **1.** [for baby] babero *m*. - **2.** [of apron, dungarees] peto *m*. - **3.** *phr*: **in one's best ~ and tucker** de punta en blanco.

Bible ['baɪbl] ◇ *n*: **the ~** la Biblia. ◇ *comp*: **~ class** [in school] clase *f* de religión; **~ study** estudio *m* de la Biblia. ◆ **bible** *n* [authoritative book] biblia *f*.

Bible Belt *n*: **the ~** *zona donde impera un protestantismo a ultranza, especialmente al sur de Estados Unidos.*

biblical ['bɪblɪkl] *adj* bíblico(ca).

bibliographer [ˌbɪblɪˈɒgrəfəʳ] *n* bibliógrafo *m*, -fa *f*.

bibliographic(al) [ˌbɪblɪəˈgræfɪk(l)] *adj* bibliográfico(ca).

bibliography [ˌbɪblɪˈɒgrəfɪ] (*pl* **bibliographies**) *n* bibliografía *f*.

bibliophile ['bɪblɪəʊfaɪl] *n* bibliófilo *m*, -la *f*.

bibulous ['bɪbjʊləs] *adj literary* bebedor(ra).

bicameral [ˌbaɪˈkæmərəl] *adj* bicameral.

bicarbonate of soda [baɪˈkɑːbənət-] *n* bicarbonato *m*.

bicentenary [ˌbaɪsenˈtiːnərɪ] *Br* (*pl* **bicentenaries**), **bicentennial** *Am* [ˌbaɪsenˈtenjəl] *n* bicentenario *m*.

biceps ['baɪseps] (*pl inv*) *n* bíceps *m inv*.

bicker ['bɪkəʳ] *vi* discutir, reñir.

bickering ['bɪkərɪŋ] *n (U)* discusiones *fpl*.

biconcave [ˌbaɪˈkɒnkeɪv] *adj* bicóncavo(va).

biconvex [ˌbaɪˈkɒnveks] *adj* biconvexo(xa).

bicultural [ˌbaɪˈkʌltʃərəl] *adj* que posee dos culturas.

bicuspid [ˌbaɪˈkʌspɪd] ◇ *adj* bicúspide. ◇ *n* premolar *m*.

bicycle ['baɪsɪkl] ◇ *n* bicicleta *f*. ◇ *vi* ir en bicicleta.

bicycle clip *n* pinza *f* de pantalón (*para ciclistas*).

bicycle path *n* camino *m* para bicicletas.

bicycle pump *n* bomba *f*.

bicycle rack *n* [for parking] soporte *m* para bicicletas; [on car roof] portabicicletas *m inv*.

bicycle track *n* pista *f* de ciclismo, velódromo *m*.

bicyclist ['baɪsɪklɪst] *n* ciclista *mf*.

bid [bɪd] (*pt & pp vt senses 1 & 4 & vi* **bid**, *cont* **bidding**, *pt vt senses 2 & 3* **bid** OR **bade** [beɪd], *pp vt senses 2 & 3* **bid** OR **bidden** ['bɪdn], *cont* **bidding**) ◇ *n* - **1.** [attempt]: **~ (for)** intento *m* (de hacerse con). - **2.** [at auction] puja *f*. - **3.** [financial offer]: **~ (for sthg)** oferta *f* (para adquirir algo). - **4.** [in cards] declaración *f*. ◇ *vt* - **1.** [money] pujar. - **2.** *literary* [request]: **to ~ sb do sthg** invitar a alguien a hacer algo. - **3.** *fml*: **to ~ sb good morning** dar los buenos días a alguien. - **4.** [in cards] declarar. ◇ *vi* - **1.** [at auction]: **to ~ (for)** pujar (por). - **2.** [strive] hacer un esfuerzo.

biddable ['bɪdəbl] *adj* - **1.** CARDS que se puede declarar. - **2.** *Br* [docile] dócil, sumiso(sa).

bidden ['bɪdn] *pp* → **bid**.

bidder ['bɪdəʳ] *n* postor *m*, -ra *f*; **to sell to the highest ~** vender al mejor postor.

bidding ['bɪdɪŋ] *n* - **1.** *(U)* [at auction] puja *f*. - **2.** [command] mandato *m*, orden *f*; **at the ~ of his king** por orden de su rey. - **3.** [in cards] declaración *f*.

biddy ['bɪdɪ] (*pl* **biddies**) *n* - **1.** [hen] gallina *f*. - **2.** *inf pej* [old woman] vieja *f*.

bide [baɪd] *vt*: **to ~ one's time** esperar el momento oportuno.

bidet ['biːdeɪ] *n* bidé *m*, bidet *m*.

biennial [baɪˈenɪəl] ◇ *adj* bienal. ◇ *n* [plant] planta *f* bienal.

bier [bɪəʳ] *n* andas *fpl*.

biff [bɪf] *inf* ◇ *n* sopapo *m*, porrazo *m*. ◇ *vt* dar un sopapo OR un porrazo a.

bifocal [ˌbaɪˈfəʊkl] *adj* bifocal.
◆ **bifocals** *npl* gafas *fpl* bifocales.

BIFU ['bɪfuː] (*abbr of* **The Banking, Insurance and Fi-**

nance Union) *n* sindicato británico de empleados del sector financiero.

bifunctional [ˌbaɪˈfʌŋkʃnəl] *adj* bifuncional.

bifurcate ['baɪfəkeɪt] ◇ *vi* bifurcarse. ◇ *adj* bifurcado(da).

bifurcation [ˌbaɪfəˈkeɪʃn] *n* bifurcación *f*.

big [bɪg] (*compar* **bigger**, *superl* **biggest**) ◇ *adj* - **1.** [large, important] grande; **a ~ problem** un gran problema; **~ problems** grandes problemas; **we're not ~ eaters** no comemos mucho, no somos muy comilones; **the ~ day** el gran día. - **2.** [older] mayor. - **3.** [successful] popular. - **4.** *phr*: **in a ~ way** a lo grande; **to be ~ on sthg** *inf* ser entusiasta de algo; **the company is ~ on research** la empresa dedica muchos de sus esfuerzos a la investigación; **to be too ~ for one's boots** OR **breeches** tenérselo muy creído; **that's ~ of you!** *iro* ¡gracias, generoso! ◇ *adv inf* [successfully]: **their music goes over ~ with teenagers** su música funciona de maravilla con el público adolescente ❑ **to make it ~** tener gran éxito.

bigamist ['bɪgəmɪst] *n* bígamo *m*, -ma *f*.

bigamous ['bɪgəməs] *adj* bígamo(ma).

bigamy ['bɪgəmɪ] *n* bigamia *f*.

Big Apple *n*: **the ~** Nueva York.

big bang *n*: **the ~** el big bang.

big bang theory *n* teoría *f* del big bang.

Big Ben [-ben] *n* Big Ben *m*.

big-boned *adj* de huesos grandes, huesudo(da).

Big Brother *n* Gran Hermano *m*.

big business *n (U)* [large companies] grandes compañías *fpl*.

big cat *n* felino *m* grande.

big deal *inf* ◇ *n*: **it's no ~** no tiene (la menor) importancia. ◇ *excl* ¡y a mí qué!

Big Dipper *n* - **1.** *Br* [rollercoaster] montaña *f* rusa. - **2.** *Am* ASTRON: **the ~** la Osa Mayor.

big end *n* cabeza *f* de biela.

big fish *n inf* pez *m* gordo.

big game ◇ *n* caza *f* mayor. ◇ *comp*: **~ hunter** cazador *m*, -ra *f* de caza mayor.

big hand *n* - **1.** [on clock] minutero *m*. - **2.** *inf* [applause] fuerte aplauso *m*.

bighead ['bɪghed] *n inf pej* creído *m*, -da *f*.

bigheaded [bɪgˈhedɪd] *adj inf pej* creído(da).

big-hearted *adj* de buen corazón, generoso(sa).

bighorn ['bɪghɔːn] *n* carnero *m* salvaje de las montañas Rocosas.

big house *n Am inf* cárcel *f*, chirona *f*.

bight [baɪt] *n* - **1.** [of shoreline] ensenada *f*. - **2.** [in rope - slack] parte *f* floja de una cuerda; [- coil] vuelta *f*, lazo *m*.

big league *n* - **1.** [in sport] liga *f* mayor. - **2.** *fig* [highest level] nivel *m* importante.

big money *n inf* mucha pasta *f*.

bigmouth ['bɪgmaʊθ, *pl* -maʊðz] *n inf* - **1.** [noisy person] escandaloso *m*, -sa *f*, gritón *m*, -ona *f*. - **2.** [indiscreet person] bocazas *mf inv*. - **3.** [boastful person] fanfarrón *m*, -ona *f*.

big name *n inf* figura *f*.

bigness ['bɪgnɪs] *n* - **1.** [size] gran tamaño *m*. - **2.** [importance] grandeza *f*.

bignonia [bɪgˈnəʊnɪə] *n* bignonia *f*.

bigot ['bɪgət] *n* fanático *m*, -ca *f*.

bigoted ['bɪgətɪd] *adj* fanático(ca).

bigotry ['bɪgətrɪ] *n* fanatismo *m*.

big shot *n inf* pez *m* gordo.

big stick *n*: **the ~** la fuerza *f* (bruta).

big time *n inf*: **the ~** el éxito, la fama.

big toe *n* dedo *m* gordo (del pie).

big top *n* carpa *f*.

big wheel *n* - **1.** *Br* [at fairground] noria *f*. - **2.** = **big shot**.

bigwig ['bɪgwɪg] *n inf* pez *m* gordo.

bike [baɪk] ◇ *n inf* [bicycle] bici *f*; [motorcycle] moto *f*; **on your ~**! *fig* ¡piérdete! ◇ *vi* - **1.** [by bicycle] ir en bici. - **2.** [by motorcycle] ir en moto.

biker ['baɪkəʳ] *n* motociclista *mf*.

bikeway ['baɪkweɪ] *n Am* [lane] carril-bici *m*.

bikini [bɪ'ki:nɪ] *n* biquini *m*, bikini *m*,

bilateral [baɪ'lætərəl] *adj* bilateral.

bilberry ['bɪlbərɪ] (*pl* **bilberries**) *n* arándano *m*.

bile [baɪl] *n* - **1.** [fluid] bilis *f*. - **2.** [anger] hiel *f*.

bile duct *n* conducto *m* biliar.

bilge [bɪldʒ] *n* - **1.** [NAUT - hull] sentina *f*; [- water] agua *f* de sentina. - **2.** (U) *inf fig* [nonsense] idioteces *fpl*, disparates *mpl*.

bilge water *n* NAUT agua *f* de la sentina.

biliary ['bɪljərɪ] *adj* biliar.

bilinear [baɪ'lɪnɪəʳ] *adj* bilineal.

bilingual [baɪ'lɪŋgwəl] *adj* bilingüe.

bilingualism [baɪ'lɪŋgwəlɪzm] *n* bilingüismo *m*.

bilious ['bɪljəs] *adj* - **1.** [sickening] nauseabundo(da). - **2.** [nauseous] bilioso(sa); **~ attack** trastorno *m* biliar.

bilk [bɪlk] *vt Br* - **1.** [swindle] estafar. - **2.** [thwart] frustrar. - **3.** [elude] burlar.

bill [bɪl] ◇ *n* - **1.** [statement of cost]: **~ (for)** [meal] cuenta *f* (de); [electricity, phone] factura *f* (de). - **2.** [in parliament] proyecto *m* de ley. - **3.** [of show, concert] programa *m*; **to top the ~** ser la gran estrella. - **4.** *Am* [banknote] billete *m*. - **5.** [poster]: **'post** OR **stick no ~s'** 'prohibido fijar carteles'. - **6.** [beak] pico *m*. - **7.** *phr*: **a clean ~ of health** MED un certificado médico favorable; *fig* el visto bueno; **to fill the ~** *inf* satisfacer todos los requisitos; **to foot the ~** *inf* pagar la cuenta. ◇ *vt* - **1.** [send a bill]: **to ~ sb for** mandar la factura a alguien por. - **2.** [advertise] anunciar. ◇ *vi*: **to ~ and coo** [birds] arrullarse; *fig* [lovers] hacerse arrumacos.

billboard ['bɪlbɔːd] *n* valla *f* publicitaria, cartelera *f*.

billet ['bɪlɪt] ◇ *n* acantonamiento *m*, alojamiento *m*. ◇ *vt* acantonar, alojar.

billfold ['bɪlfəʊld] *n Am* billetera *f*.

billhook ['bɪlhʊk] *n* podadera *f*.

billiard ['bɪljəd] *comp* [ball, table] de billar; **~ hall** billares *mpl*, sala *f* de billar.

◆ **billiards** *n* billar *m*.

billing ['bɪlɪŋ] *n* - **1.** THEATRE orden de importancia en un reparto. - **2.** *Am* [advertising] publicidad *f*.

billion ['bɪljən] *num* - **1.** [thousand million] millar *m* de millones. - **2.** *Br* [million million] billón *m*.

billionaire [,bɪljə'neəʳ] *n* multimillonario *m*, -ria *f*.

bill of attainder *n* pena *f* de ejecución y muerte civil.

bill of exchange *n* letra *f* de cambio.

bill of fare *n* menú *m*, carta *f*.

bill of goods *n* consignación *f* de mercadería; **to sell sb a ~** *Am inf fig* engañar a alguien.

bill of lading *n* conocimiento *m* de embarque.

Bill of Rights *n*: **the ~** las diez primeras enmiendas de la Constitución estadounidense, que garantizan derechos fundamentales como la libertad de expresión, de credo y de reunión.

bill of sale *n* contrato *m* OR escritura *f* de venta.

billow ['bɪləʊ] ◇ *n* - **1.** [of smoke, steam] nube *f*. - **2.** [wave] oleada *f*, ola *f*. ◇ *vi* - **1.** [smoke, steam] brotar en nubes. - **2.** [sail, skirt] hincharse. - **3.** [sea] encresparse, levantarse.

◆ **billow out** *vi* hincharse, inflarse.

billposter ['bɪl,pəʊstəʳ], **billsticker** ['bɪl,stɪkəʳ] *n* cartelero *m*, -ra *f*.

billy ['bɪlɪ] (*pl* **billies**) *n* - **1.** = **billy club**. - **2.** = **billy goat**. - **3.** = **billycan**.

billycan ['bɪlɪkæn] *n Br & Austr* cazo *m*.

billy club *n Am* porra *f*, bastón *m*.

billy goat *n* macho *m* cabrío, cabrón *m*.

bimbo ['bɪmbəʊ] (*pl* **bimbos** OR **bimboes**) *n inf pej* niña *f* mona, mujer joven, guapa y poco inteligente.

bimetallism [,baɪ'metəlɪzm] *n* bimetalismo *m*.

bimodal *adj* que posee dos métodos estadísticos.

bimonthly [,baɪ'mʌnθlɪ] ◇ *adj* - **1.** [every two months] bimestral. - **2.** [twice a month] bimensual. ◇ *adv* - **1.** [every two months] bimestralmente. - **2.** [twice a month] bimensualmente. ◇ *n* publicación *f* bimestral.

bin [bɪn] (*pt & pp* **binned**, *cont* **binning**) ◇ *n* - **1.** *Br* [for rubbish] cubo *m* de la basura; [for paper] papelera *f*. - **2.** [for grain, coal] depósito *m*. - **3.** [for bread, flour] caja *f*. ◇ *vt inf* echar a la basura.

binal ['baɪnəl] *adj* doble.

binary ['baɪnərɪ] *adj* binario(ria); **~ numeration system** sistema *m* de numeración binaria.

binary digit *n* dígito *m* binario.

binary operation *n* operación *f* binaria.

bind [baɪnd] (*pt & pp* **bound** [baʊnd]) ◇ *vt* - **1.** [tie up] atar. - **2.** [unite] unir. - **3.** [bandage] vendar. - **4.** [book] encuadernar. - **5.** [constrain] obligar, comprometer. - **6.** [cause to stick together - sauce] ligar; [- mixture] aglutinar; [- cement] endurecer. - **7.** [constipate] estreñir. ◇ *vi* - **1.** [agreement, contract] ser vinculante, tener fuerza obligatoria. - **2.** [sauce] ligarse, espesar; [mixture] aglutinarse; [cement] endurecerse. - **3.** [engine, gears] atascarse. ◇ *n* - **1.** *Br inf* [nuisance] lata *f*, pesadez *f*. - **2.** [difficult situation] aprieto *m*.

◆ **bind over** *vt sep* conminar, obligar legalmente.

binder ['baɪndəʳ] *n* - **1.** [machine] (máquina *f*) encuadernadora *f*. - **2.** [person] encuadernador *m*, -ra *f*. - **3.** [cover] carpeta *f*. - **4.** [for a mix] aglutinante *m*. - **5.** [payment] garantía *f*, depósito *m*. - **6.** [contract] contrato *m* provisional.

bindery ['baɪndərɪ] (*pl* **binderies**) *n* taller *m* de encuadernación.

binding ['baɪndɪŋ] ◇ *adj* - **1.** [agreement, contract] vinculante, obligatorio(ria). - **2.** [promise] que compromete. - **3.** [tight] apretado(da), ceñido(da). ◇ *n* - **1.** [on book] encuadernación *f*. - **2.** [on dress, tablecloth] ribete *m*.

bindweed ['baɪndwiːd] *n* enredadera *f*.

bin-end *n* una de las últimas botellas de una partida de vino, generalmente rebajadas de precio.

binge [bɪndʒ] *inf* ◇ *n*: **to go on a ~** irse de juerga. ◇ *vi*: **to ~ on sthg** hincharse a algo.

bingo ['bɪŋgəʊ] ◇ *n* bingo *m*. ◇ *excl* ¡pum!, ¡zas!

bingo hall *n* bingo *m*, sala *f* de bingo.

bin-liner *n Br* bolsa *f* de basura.

binman ['bɪnmæn] (*pl* **binmen** [-men]) *n Br* basurero *m*.

binocular [bɪ'nɒkjʊləʳ] *adj* binocular.

◆ **binoculars** *npl* gemelos *mpl*, prismáticos *mpl*.

binomial [baɪ'nəʊmjəl] ◇ *adj* - **1.** MATH binomio(mia). - **2.** BIOL binario(ria). ◇ *n* binomio *m*.

biochemical [,baɪəʊ'kemɪkl] *adj* bioquímico(ca).

biochemist [,baɪəʊ'kemɪst] *n* bioquímico *m*, -ca *f*.

biochemistry [,baɪəʊ'kemɪstrɪ] *n* bioquímica *f*.

biodegradable [,baɪəʊdɪ'greɪdəbl] *adj* biodegradable.

biodiversity [,baɪəʊdaɪ'vɜːsətɪ] *n* biodiversidad *f*.

bioengineering ['baɪəʊ,endʒɪ'nɪərɪŋ] *n* bioingeniería *f*.

biofeedback [,baɪəʊ'fiːdbæk] *n* biorreacción *f*.

biogenesis [,baɪəʊ'dʒenɪsɪs] *n* biogénesis *f*.

biographer [baɪ'ɒgrəfəʳ] *n* biógrafo *m*, -fa *f*.

biographic(al) [,baɪə'græfɪk(l)] *adj* biográfico(ca).

biography [baɪ'ɒgrəfɪ] (*pl* **biographies**) *n* biografía *f*.

biological [,baɪə'lɒdʒɪkl] *adj* biológico(ca).

biological clock *n* reloj *m* biológico.

biological warfare *n* guerra *f* bacteriológica.

biological weapon *n* arma *f* biológica.

biologist [baɪ'ɒlədʒɪst] *n* biólogo *m*, -ga *f*.

biology [baɪ'ɒlədʒɪ] *n* biología *f*.

biomass ['baɪəʊmæs] *n* biomasa *f*.

biome ['baɪəʊm] *n* bioma *m*.

biometrics [,baɪəʊ'metrɪks] *n (U)* biometría *f*.

bionics [baɪˈɒnɪks] n (U) biónica f.

biophysicist [ˌbaɪəʊˈfɪzɪsɪst] n biofísico m, -ca f.

biophysics [ˌbaɪəʊˈfɪzɪks] n (U) biofísica f.

biopic [ˈbaɪəʊpɪk] n inf película f biográfica.

biopsy [ˈbaɪɒpsɪ] (pl **biopsies**) n biopsia f.

biorhythm [ˈbaɪəʊˌrɪðm] n biorritmo m.

bioscience [ˈbaɪəʊˌsaɪəns] n ciencia f natural.

bioscope [ˈbaɪəʊˌskəʊp] n proyector cinematográfico antiguo.

biosynthesis [ˌbaɪəʊˈsɪnθəsɪs] n biosíntesis f.

biotechnology [ˌbaɪəʊˈsɪnθəsɪs] n biotecnología f.

biotin [ˈbaɪətɪn] n biotina f.

bipartisan [ˌbaɪpɑːtɪˈzæn] adj bipartidista, de dos partidos.

bipartite [ˌbaɪˈpɑːtaɪt] adj bipartito(ta).

biped [ˈbaɪped] ◇ adj bípedo(da). ◇ n bípedo m, -da f.

biplane [ˈbaɪpleɪn] n biplano m.

bipolar [ˌbaɪˈpəʊləʳ] adj bipolar.

biracial [baɪˈreɪʃl] adj de dos razas.

birch [bɜːtʃ] ◇ n - **1.** [tree] abedul m. - **2.** [stick]: **the ~** la vara. ◇ vt azotar.

birching [ˈbɜːtʃɪŋ] n Br azotes mpl con la vara.

bird [bɜːd] n - **1.** [animal - large] ave f; [- small] pájaro m. - **2.** Br inf [woman] tía f, periquita f. - **3.** Br inf [chap] pájaro m. - **4.** [in badminton] volante m. - **5.** phr: **the ~ had already flown** el pájaro ya había volado; **they're ~s of a feather** son de la misma calaña; **~s of a feather flock together** proverb Dios los cría y ellos se juntan proverb; **the ~s and the bees** euph las cosas de la vida; **for the ~s** cosa de bobos; **to kill two ~s with one stone** proverb matar dos pájaros de un tiro proverb; **a little ~ told me** me lo dijo un pajarito; **an odd ~** un bicho raro.

birdbath [ˈbɜːdbɑːθ, pl -bɑːðz] n pila de baño para pájaros.

birdbrain [ˈbɜːdbreɪn] n inf cabeza mf de chorlito.

birdcage [ˈbɜːdkeɪdʒ] n jaula f.

birdcall [ˈbɜːdkɔːl] n canto m.

bird fancier n Br [interested in birds] ornitólogo aficionado m, ornitóloga aficionada f; [breeder] avicultor m, -ra f.

birdhouse [ˈbɜːdhaʊs, pl -haʊzɪz] n Am pajarera f, aviario m.

birdie [ˈbɜːdɪ] n - **1.** [bird] pajarito m. - **2.** [in golf] birdie m.

birdlime [ˈbɜːdlaɪm] n liga f.

bird-nesting n: **to go ~** ir a buscar nidos.

bird of paradise n ave f del Paraíso.

bird of passage n - **1.** [bird] ave f migratoria OR de paso. - **2.** fig [person] ave f de paso.

bird of prey n ave f rapaz OR de presa.

bird sanctuary n reserva f de aves.

birdseed [ˈbɜːdsiːd] n alpiste m.

bird's-eye n - **1.** [primrose] primavera f. - **2.** [cloth] ojo m de perdiz.

bird's-eye view n vista f panorámica.

birdsong [ˈbɜːdsɒŋ] n canto m de las aves.

birdtable [ˈbɜːdˌteɪbl] n mesa o plataforma donde se pone comida para los pájaros.

bird-watcher n observador m, -ra f de pájaros.

bird-watching n observación f de aves; **to go ~** ir a observar pájaros.

Biro® [ˈbaɪərəʊ] n bolígrafo m, lapicera f Amér.

birth [bɜːθ] ◇ n - **1.** [gen] nacimiento m; [delivery] parto m; **to give ~ (to)** dar a luz (a). - **2.** [ancestry] ascendencia f, linaje m; **by ~** de nacimiento; **of gentle ~** de buena familia; **of low ~** de baja extracción. ◇ comp: **~ pangs** dolores mpl de parto.

birth certificate n partida f de nacimiento.

birth control n control m de natalidad.

birthday [ˈbɜːdeɪ] ◇ n cumpleaños m inv; **on one's 15th ~** al cumplir los 15 años. ◇ comp [party, present] de cumpleaños.

Birthday Honours npl: **the ~** títulos honoríficos que se conceden con motivo del cumpleaños del soberano británico.

birthing room n habitación de hospital destinada a partos.

birthmark [ˈbɜːθmɑːk] n antojo m.

birthplace [ˈbɜːθpleɪs] n lugar m de nacimiento.

birthrate [ˈbɜːθreɪt] n índice m de natalidad.

birthright [ˈbɜːθraɪt] n derecho m de nacimiento.

birthstone [ˈbɜːθstəʊn] n piedra f del horóscopo.

Biscay [ˈbɪskeɪ] n: **the Bay of ~** el golfo de Vizcaya.

biscuit [ˈbɪskɪt] n - **1.** Br [thin dry cake] galleta f; **that takes the ~!** fig ¡es el colmo! - **2.** Am [scone] tipo de bollo. - **3.** [colour] beige m inv. - **4.** [ceramics] biscuit m.

bisect [baɪˈsekt] vt dividir en dos.

bisection [baɪˈsekʃn] n - **1.** GEOM bisección f. - **2.** [division] división f en dos.

bisector [baɪˈsektəʳ] n bisector m.

bisexual [baɪˈsekʃʊəl] ◇ adj bisexual. ◇ n bisexual mf.

bisexuality [baɪˌseksjʊˈælɪtɪ] n bisexualidad f.

bishop [ˈbɪʃəp] n - **1.** [in church] obispo m. - **2.** [in chess] alfil m.

bishopric [ˈbɪʃəprɪk] n obispado m.

bismuth [ˈbɪzməθ] n bismuto m.

bison [ˈbaɪsn] (pl inv OR **bisons**) n bisonte m.

bisque [bɪsk] n - **1.** [colour] rosa m pálido OR amarillento. - **2.** [ceramics] biscuit m, porcelana f mate. - **3.** [soup] crema f de mariscos, bisqué m.

bistro [ˈbiːstrəʊ] (pl **bistros**) n ≃ bar restaurante m.

bisulphate Br, **bisulfate** Am [baɪˈsʌlfeɪt] n bisulfato m.

bit [bɪt] ◇ pt → **bite**. ◇ n - **1.** [piece] trozo m; **a ~ of** un poco de; **a ~ of advice** un consejo; **a ~ of news** una noticia; **~s and pieces** Br [objects] cosillas fpl, tiliches mpl Amér; [possessions] cosas fpl, bártulos mpl; **to come to ~s** [break] hacerse pedazos; [be capable of being dismantled] ser desmontable; **to fall to ~s** [clothes, house] caerse a pedazos; **in ~s** en trozos, a trozos; **to take sthg to ~s** desmontar algo. - **2.** [amount]: **a ~ of** un poco de; **a ~ of shopping** algunas compras; **quite a ~ of** bastante. - **3.** [short time]: **(for) a ~** un rato. - **4.** [of drill] broca f. - **5.** [of bridle] bocado m, freno m; **to get the ~ between one's teeth** fig entusiasmarse. - **6.** COMPUT bit m. - **7.** inf [role] papel m secundario. - **8.** inf [coin] moneda f; **two ~s** Am 25 centavos mpl. - **9.** phr: **a ~ much** demasiado; **every ~ a (man/soldier)** (hombre m/soldado m) de pies a cabeza, todo un hombre/soldado; **every ~ as... as** igual de... que; **not a ~** ni mucho menos, en absoluto; **they haven't changed a ~** no han cambiado nada; **to be a ~ of all right** Br inf estar como un tren; **to do one's ~** Br aportar uno su grano de arena; **to have a ~ on the side** inf tener un/una amante, tener un lío.

◆ **a bit** adv un poco; **she's a good/little ~ older than he is** ella es bastante/un poco mayor que él; **it's a ~ of a problem** supone un problema; **he's a ~ of a crook** es un tanto sinvergüenza.

◆ **bit by bit** adv poco a poco.

bitch [bɪtʃ] ◇ n - **1.** [female canine - gen] canino m hembra; [- dog] perra f; [- fox] zorra f. - **2.** inf [complaint] queja f. - **3.** inf [annoyance] jodienda f. - **4.** v inf pej [unpleasant woman] bruja f. ◇ vi inf - **1.** [complain] protestar todo el rato. - **2.** [talk unpleasantly]: **to ~ about** poner a parir a.

bitchy [ˈbɪtʃɪ] (compar **bitchier**, superl **bitchiest**) adj inf: **to be ~** tener mala uva.

bite [baɪt] (pt **bit** [bɪt], pp **bitten** [ˈbɪtn]) ◇ n - **1.** [by dog, person] mordisco m; [by insect, snake] picotazo m. - **2.** inf [food]: **a ~ (to eat)** un bocado; **to take a ~** comer algo. - **3.** [wound - from dog] mordedura f; [- from insect, snake] picadura f. - **4.** Br [sharpness - of mustard, spice] sabor m fuerte; [- of speech, wit]: **to have ~** ser incisivo(va) OR penetrante. ◇ vt - **1.** [subj: person, animal] morder; **to ~ one's nails** morderse las uñas ❑ **once bitten twice shy** proverb gato escaldado del agua fría huye proverb. - **2.** [subj: insect, snake] picar. - **3.** inf fig [bother] contrariar; **what's biting him?** ¿qué mosca le ha picado? ◇ vi - **1.** [animal, person]: **to ~ (into sthg)** morder (algo); **to ~ off sthg** arrancar algo de un mordisco ❏ **to** ~ **off more than one can chew** intentar abarcar demasiado. **- 2.** [insect, snake] picar. **- 3.** [grip] agarrar. **- 4.** [take effect] pegar duro. **- 5.** [wind] cortar.

bite-sized *adj*: **cut the meat into** ~ **pieces** corte la carne en trozos pequeños.

biting ['baɪtɪŋ] *adj* **- 1.** [very cold] gélido(da), cortante. **- 2.** [caustic] mordaz.

bitingly ['baɪtɪŋlɪ] *adj* **- 1.** [sarcastically] con mordacidad OR sarcasmo. **- 2.** [as intensifier]: **a** ~ **cold wind** un viento gélido.

bit part *n* papel *m* secundario.

bitten ['bɪtn] *pp* → **bite**.

bitter ['bɪtəʳ] ◇ *adj* **- 1.** [coffee, chocolate] amargo(ga); [lemon] ácido(da), agrio(gria). **- 2.** [icy] gélido(da). **- 3.** [causing pain] amargo(ga); **to the** ~ **end** *fig* hasta el final. **- 4.** [acrimonious] agrio(gria), enconado(da). **- 5.** [resentful] amargado(da), resentido(da). ◇ *n Br* [beer] *tipo de cerveza amarga.*

◆ **bitters** *npl* bíter *m*.

bitter lemon *n* bíter *m* de limón.

bitterly ['bɪtəlɪ] *adv* **- 1.** [icily]: **it's** ~ **cold** hace un frío de muerte. **- 2.** [argue, fight] enconadamente. **- 3.** [say, remember] con amargura. **- 4.** [regret] profundamente; ~ **disappointed** profundamente decepcionado (profundamente decepcionada).

bitterness ['bɪtənɪs] *n* **- 1.** [of taste] amargor *m*. **- 2.** [of wind, weather] gelidez *f*. **- 3.** [resentment] resentimiento *m*.

bitterroot ['bɪtəruːt] *n planta portulacácea norteamericana de raíz comestible.*

bittersweet ['bɪtəswiːt] *adj* agridulce.

bitty ['bɪtɪ] *(compar* **bittier**, *superl* **bittiest**) *adj Br inf* inconexo(xa).

bitumen ['bɪtjʊmɪn] *n* betún *m*, chapopote *m Amér.*

bituminous [bɪ'tjuːmɪnəs] *adj* bituminoso(sa).

bivalent ['baɪˌveɪlənt] *adj* bivalente.

bivalve ['baɪvælv] *n* bivalvo *m*.

bivouac ['bɪvʊæk] *(pt & pp* **bivouacked**, *cont* **bivouacking**) ◇ *n* vivaque *m*. ◇ *vi* vivaquear.

biweekly [ˌbaɪ'wiːklɪ] *(pl* **biweeklies**) ◇ *adj* **- 1.** [every two weeks] quincenal. **- 2.** [twice a week] bisemanal. ◇ *adv* **- 1.** [every two weeks] quincenalmente. **- 2.** [twice a week] dos veces por semana. ◇ *n* publicación *f* quincenal.

biyearly [ˌbaɪ'jɪəlɪ] ◇ *adj* **- 1.** [every two years] bienal. **- 2.** [twice a year] semestral. ◇ *adv* **- 1.** [every two years] bienalmente. **- 2.** [twice a year] semestralmente.

bizarre [bɪ'zɑːʳ] *adj* [behaviour, appearance] extravagante; [machine, remark] singular, extraordinario(ria).

bk - 1. *abbr of* **bank. - 2.** *abbr of* **book.**

bl *written abbr of* **bill of lading.**

BL *n* **- 1.** (*abbr of* **Bachelor of Law(s)**) *(titular de una) licenciatura de derecho.* **- 2.** (*abbr of* **Bachelor of Letters**) *(titular de una) licenciatura de letras.* **- 3.** (*abbr of* **Bachelor of Literature**) *(titular de una) licenciatura de literatura.*

blab [blæb] *(pt & pp* **blabbed**, *cont* **blabbing**) *inf* ◇ *vi* **- 1.** [tell a secret] irse de la lengua. **- 2.** [chatter] chismosear. ◇ *vt* [secret] soltar, descubrir.

blabber ['blæbəʳ] *inf* ◇ *n* **- 1.** [chatter] cotorreo *m*. **- 2.** [person] cotorra *f*, chismoso *m*, -sa *f*. ◇ *vi* cotorrear.

blabbermouth ['blæbəˌmaʊθ, *pl* -ˌmaʊðz] *n inf* cotorra *f*, chismoso *m*, -sa *f*.

black [blæk] ◇ *adj* **- 1.** [gen] negro(gra); ~ **Africa** el África negra; ~ **American** afroamericano *m*, -na *f* ❏ ~ **and blue** amoratado(da); ~ **and white** [films, photos] en blanco y negro; [clear-cut] extremadamente nítido (extremadamente nítida); **things look** ~ las cosas se están poniendo feas. **- 2.** [without milk] solo. **- 3.** [angry] furioso(sa); **to give sb a** ~ **look** fulminar a alguien con la mirada. **- 4.** [wicked] perverso(sa), malvado(da). **- 5.** [of black people]: **the** ~ **vote** los votos de la población negra. ◇ *n* **- 1.** [colour] negro *m*. **- 2.** [person] negro *m*, -gra *f*. **- 3.** *phr*: **in** ~ **and white** [in writ-

ing] por escrito; **to be in the** ~ tener saldo positivo. ◇ *vt* **- 1.** *Br* [boycott] boicotear. **- 2.** [make black] ennegrecer. **- 3.** [polish] dar betún a, lustrar.

◆ **black out** ◇ *vt sep* **- 1.** [put out lights] dejar sin luz. **- 2.** [suppress] censurar. ◇ *vi* desmayarse, perder el conocimiento.

black art *n*: **the** ~ la magia negra.

blackball ['blækbɔːl] *vt* votar en contra de.

black beetle *n* cucaracha *f*.

black belt *n* cinturón *mf* negro.

blackberry ['blækbərɪ] (*pl* **blackberries**) *n* mora *f*, zarzamora *f*.

blackbird ['blækbɜːd] *n* mirlo *m*.

blackboard ['blækbɔːd] *n* pizarra *f*, encerado *m*.

black box *n* [flight recorder] caja *f* negra.

black cab *n* taxi *m* de Londres.

blackcap ['blækkæp] *n* **- 1.** ZOOL curruca *f*. **- 2.** *Br* [of judge] birrete *m* negro.

black comedy *n* comedia *f* de humor negro.

Black Country *n*: **the** ~ *región industrial al oeste de la zona central de Inglaterra (Birmingham etc).*

blackcurrant [blæk'kʌrənt] *n* grosella *f* negra, casis *m*.

Black Death *n*: **the** ~ la peste negra.

black economy *n* economía *f* sumergida.

blacken ['blækn] ◇ *vt* **- 1.** [make dark] ennegrecer. **- 2.** [tarnish] manchar. ◇ *vi* ennegrecerse.

black eye *n* ojo *m* morado.

black fly *n* jején *m*.

blackguard ['blægɑːd] *n dated & hum* villano *m*, -na *f*, sinvergüenza *mf*.

blackhead ['blækhed] *n* espinilla *f*, barrillo *m*.

black hole *n* agujero *m* negro.

Black Hole of Calcutta *n pequeño habitáculo utilizado como prisión en Calcuta en el siglo XVIII*; **it's like the** ~ **in there!** *fig* ¡aquello es como un infierno!, ¡allí no hay quien respire!

black ice *n* hielo transparente en el suelo.

blacking ['blækɪŋ] *n* **- 1.** [lampblack] negro *m* de humo. **- 2.** [polish] betún *m* negro.

blackjack ['blækdʒæk] *n* **- 1.** [card game] veintiuna *f*. **- 2.** *Am* [weapon] porra *f*, cachiporra *f*.

blackleg ['blækleg] *n pej* esquirol *mf*.

blacklist ['blæklɪst] ◇ *n* lista *f* negra. ◇ *vt* poner en la lista negra.

black lung *n* neumoconiosis *f inv*.

black magic *n* magia *f* negra.

blackmail ['blækmeɪl] *lit & fig* ◇ *n* chantaje *m*. ◇ *vt* chantajear.

blackmailer ['blækmeɪləʳ] *n* chantajista *mf*.

Black Maria [-məˈraɪə] *n inf* coche *m* celular, furgón *m* policial.

black mark *n* punto *m* en contra.

black market *n* mercado *m* negro.

black marketeer *n* estraperlista *mf*.

Black Muslim *n* miembro de un movimiento separatista negro que profesa el islamismo.

blackness ['blæknɪs] *n* **- 1.** [black colour] negrura *f*. **- 2.** [darkness] oscuridad *f*. **- 3.** *fig* [of deed] maldad *f*.

black nightshade *n* hierba *f* mora.

blackout ['blækaʊt] *n* **- 1.** [in wartime, power cut] apagón *m*. **- 2.** [of news] censura *f*. **- 3.** [fainting fit] desmayo *m*.

Black Power *n* el poder negro, *movimiento separatista negro surgido en la década de los 60 en EE UU.*

black pudding *n Br* morcilla *f*.

Black Sea *n*: **the** ~ el mar Negro.

black sheep *n* oveja *f* negra.

Blackshirt ['blækʃɜːt] *n* POL camisa *mf* negra.

blacksmith ['blæksmɪθ] *n* herrero *m*.

black spot *n* punto *m* negro.

blackthorn ['blækθɔːn] *n* endrino *m*.

black tie *n* pajarita *f* negra; '~' [on invitation card] 'de etiqueta'.

◆ **black-tie** *adj* de etiqueta.

blacktop ['blæktɒp] *n* asfalto *m*.

black velvet *n* [cocktail] *cóctel de champán y cerveza negra.*

black widow *n* ZOOL viuda *f* negra.

bladder ['blædəʳ] *n* ANAT vejiga *f*.

blade [bleɪd] *n* - **1.** [of knife, saw] hoja *f*. - **2.** [of propeller] aleta *f*, paleta *f*; [of ice skate] hoja *f*; [of bulldozer] pala *f*. - **3.** [of grass] brizna *f*, hoja *f*. - **4.** *dated* [young man] galán *m*.

blah [blɑː] *inf* ◇ *adj Am* aburrido(da). ◇ *n* - **1.** *(U)* [talk] pamplinas *fpl*. - **2.** *Am* [blues]: **to get the ~s** desanimarse.

blamable ['bleɪməbl] *adj* censurable.

blame [bleɪm] ◇ *n* culpa *f*; **to take the ~ for** hacerse responsable de; **to put the ~ on** echar la culpa a. ◇ *vt* echar la culpa a, culpar; **to ~ sthg on sthg/sb**, **to ~ sthg/sb for sthg** culpar algo/a alguien de algo; **to be to ~ for** ser el/la culpable de; **to have only oneself to ~ (for)** ser el único (la única) culpable (de).

blamed [bleɪmd] *adj Am inf* maldito(ta).

blameless ['bleɪmlɪs] *adj* inocente.

blamelessly ['bleɪmlɪslɪ] *adv* de un modo irreprochable.

blameworthy ['bleɪmˌwɜːðɪ] *adj* censurable, culpable.

blanch [blɑːntʃ] ◇ *vt* blanquear. ◇ *vi* palidecer.

blancmange [bləˈmɒndʒ] *n* manjar *m* blanco.

bland [blænd] *adj* - **1.** [person, food] soso(sa). - **2.** [weather] templado(da), benigno(na).

blandish ['blændɪʃ] *vt literary* persuadir con halagos a, engatusar a.

blandishments ['blændɪʃmənt] *npl* lisonjas *fpl*, zalamerías *fpl*.

blandly ['blændlɪ] *adv* [say - dully] con sosería; [- ingratiatingly] con tono meloso.

blank [blæŋk] ◇ *adj* - **1.** [wall] liso(sa); [sheet of paper] en blanco. - **2.** *fig* [look] vacío(a); **her mind went ~** se le quedó la mente en blanco. ◇ *n* - **1.** [empty space] espacio *m* en blanco. - **2.** MIL [cartridge] cartucho *m* de fogueo. - **3.** [lottery ticket] billete *m* no premiado. - **4.** TYPO raya *f*. - **5.** *phr*: **to draw a ~** buscar en vano.

◆ **blank out** *vt sep* [writing] tachar; [memory] olvidar, borrar de la mente.

blank cheque *n* cheque *m* en blanco; *fig* carta *f* blanca.

blanket ['blæŋkɪt] ◇ *adj* [TV coverage] exhaustivo(va); [ban, statement] global, general. ◇ *n* - **1.** [bed cover] manta *f*, frazada *f Amér*. - **2.** [layer] manto *m*; **a ~ of snow** un manto de nieve. ◇ *vt* - **1.** [subj: snow, fog] cubrir, tapar. - **2.** [noise] tapar, acallar.

blanket bath *n Br* baño dado a un enfermo en cama.

blankly ['blæŋklɪ] *adv* [stare] con la mirada vacía.

blank verse *n (U)* versos *mpl* sueltos OR blancos.

blare [bleəʳ] ◇ *vi* resonar, sonar. ◇ *vt* proclamar, pregonar. ◇ *n* estruendo *m*.

◆ **blare out** *vi* retumbar, resonar.

blarney ['blɑːnɪ] *n inf* labia *f*.

blasé [*Br* 'blɑːzeɪ, *Am* ˌblɑːˈzeɪ] *adj*: **to be ~ about** estar de vuelta de.

blaspheme [blæsˈfiːm] ◇ *vi* blasfemar. ◇ *vt* blasfemar contra, maldecir.

blasphemous ['blæsfəməs] *adj* blasfemo(ma).

blasphemy ['blæsfəmɪ] *(pl* **blasphemies)** *n* blasfemia *f*.

blast [blɑːst] ◇ *n* - **1.** [of bomb] explosión *f*. - **2.** [shock wave] onda *f* de choque. - **3.** [of wind] ráfaga *f*. - **4.** [of sand, water] flujo *m*, chorro *m*. - **5.** *Am inf* [wild party] desmadre *m*; **we had a ~** nos lo pasamos pipa. ◇ *vt* - **1.** [hole, tunnel] perforar *(con explosivos)*. - **2.** [criticize] criticar. - **3.** [plan, hope] echar por tierra. ◇ *excl Br inf* ¡maldita sea!

◆ **(at) full blast** *adv* a todo trapo.

◆ **blast off** *vi* despegar.

◆ **blast out** *vi* retumbar, sonar a todo volumen.

blasted ['blɑːstɪd] *adj inf* maldito(ta), puñetero(ra).

blast furnace *n* alto horno *m*.

blasting ['blɑːstɪŋ] *n* - **1.** *(U)* [explosions] voladura *f*, explosiones *fpl*; TECH minado *m*; **'beware ~ in progress!'** 'precaución, obras con materias explosivas'. - **2.** *Br inf* [verbal attack] bronca *f*; **he got a ~ from the boss** el jefe le echó una buena bronca.

blast-off *n* despegue *m*.

blat [blæt] *(pt & pp* **blatted**, *cont* **blatting)** *Am* ◇ *vt* decir a gritos. ◇ *vi* balar.

blatancy ['bleɪtənsɪ] *n* evidencia *f*.

blatant ['bleɪtənt] *adj* descarado(da).

blatantly ['bleɪtəntlɪ] *adv* descaradamente.

blather ['blæðəʳ] *n & vi* = **blether**.

blaze [bleɪz] ◇ *n* - **1.** [fire] incendio *m*. - **2.** *fig* [of colour] explosión *f*; [of light] resplandor *m*; **a ~ of publicity** una ola de publicidad. - **3.** [outburst] arranque *m*. ◇ *vi lit & fig* arder. ◇ *vt* proclamar, pregonar.

◆ **blaze away** *vi* disparar continuamente.

◆ **blaze up** *vi* - **1.** [fire] prender inmediatamente OR rápidamente. - **2.** [person] montar en cólera.

blazer ['bleɪzəʳ] *n* blazer *m*, *chaqueta de sport generalmente con la insignia de un equipo, colegio etc.*

blazing ['bleɪzɪŋ] *adj* - **1.** [sun, heat] abrasador(ra). - **2.** [row] encendido(da), acalorado(da).

blazon ['bleɪzn] ◇ *n* blasón *m*. ◇ *vt* - **1.** [coat of arms] blasonar. - **2.** [adorn] decorar, adornar. - **3.** [proclaim] pregonar.

blazonry ['bleɪznrɪ] *(pl* **blazonries)** *n* - **1.** [art, coat of arms] blasón *m*. - **2.** *arch* [display] boato *m*, ostentación *f*.

bleach [bliːtʃ] ◇ *n* - **1.** [for clothes] lejía *f*. - **2.** [chemical] decolorante *m*. ◇ *vt* [hair] decolorar; [clothes] desteñir. ◇ *vi* descolorarse.

bleached [bliːtʃt] *adj* [hair] teñido(da) de rubio; [jeans] desteñido(da).

bleacher ['bliːtʃəʳ] *n* [chemical] decolorante *m*; [for clothes] lejía *f*.

bleachers ['bliːtʃəz] *npl Am* SPORT graderío *m* descubierto.

bleak [bliːk] *adj* - **1.** [future] negro(gra). - **2.** [place, person, face] sombrío(a). - **3.** [weather] desapacible.

bleakness ['bliːknɪs] *n* - **1.** [of furnishings, room] frialdad *f*, austeridad *f*; [of landscape] desolación *f*. - **2.** [of weather] desapacibilidad *f*; [of winter] rigor *m*. - **3.** [of situation] carácter *m* poco prometedor; [of life] monotonía *f*. - **4.** [of mood, person] tristeza *f*; [of voice] tono *m* sombrío OR triste.

bleary ['blɪərɪ] *(compar* **blearier**, *superl* **bleariest)** *adj* - **1.** [eyes] nublado(da). - **2.** [blurred] borroso(sa).

bleary-eyed [-'aɪd] *adj* con los ojos nublados.

bleat [bliːt] ◇ *n* [of sheep] balido *m*. ◇ *vi* - **1.** [sheep] balar. - **2.** *fig* [person] gimotear.

bleed [bliːd] *(pt & pp* **bled** [bled]*)* ◇ *vi* - **1.** [lose blood] sangrar. - **2.** [plant] exudar, perder savia. - **3.** [cloth, colour] desteñirse. ◇ *vt* - **1.** [person] sacar sangre a, desangrar. - **2.** *fig* [extort money from] desplumar. - **3.** [radiator etc] vaciar. ◇ *n* TYPO borde *m* impreso, corte *m*.

bleeder ['bliːdəʳ] *n* - **1.** *Br v inf* gilipuertas *mf inv*. - **2.** [hemophiliac] hemofílico *m*, -ca *f*.

bleeding ['bliːdɪŋ] ◇ *adj* - **1.** [wound] sangrante; [person] que sangra. - **2.** *Br v inf* [as intensifier] maldito(ta). ◇ *n* - **1.** [hemorrhage] hemorragia *f*. - **2.** [bloodletting] sangría *f*.

bleeding heart *n pej* abogado *m*, -da *f* de causas perdidas, blando *m*, -da *f* de corazón.

bleep [bliːp] ◇ *n* pitido *m* intermitente. ◇ *vt* llamar con el busca. ◇ *vi* pitar, dar unos pitidos.

bleeper ['bliːpəʳ] *n* busca *m*, buscapersonas *m inv*.

blemish ['blemɪʃ] ◇ *n* [on skin] imperfección *f*; *fig* [on reputation] señal *f*, marca *f*; [on reputation, record] mancha *f*. ◇ *vt* [reputation] manchar.

blench [blentʃ] *vi* retroceder, acobardarse.

blend [blend] ◇ *n lit & fig* mezcla *f*. ◇ *vt*: **to ~ (sthg with**

sthg) mezclar (algo con algo). ◇ *vi*: **to ~ (with)** combinarse (con).
◆ **blend in** *vi* confundirse.
◆ **blend into** *vt fus* confundirse con.
blender ['blendə'] *n* licuadora *f*, túrmix® *m*.
bless [bles] (*pt & pp* **blessed** OR **blest** [blest]) *vt* - **1.** RELIG bendecir. - **2.** [endow]: **to be ~ed with** estar dotado(da) de. - **3.** *phr*: **~ you!** [after sneezing] ¡jesús!; [thank you] ¡gracias!
blessed ['blesɪd] *adj* - **1.** RELIG bendito(ta). - **2.** [desirable] feliz, maravilloso(sa). - **3.** *inf* [as intensifier] dichoso(sa).
blessing ['blesɪŋ] *n* - **1.** RELIG bendición *f*; **that's a ~ in disguise** *fig* no hay mal que por bien no venga; **to count one's ~s** *fig* darse con un canto en los dientes; **it's a mixed ~** *fig* tiene sus pros y sus contras. - **2.** *fig* [good wishes] aprobación *f*; **with the ~s of his parents** con la aprobación de sus padres. - **3.** [advantage] ventaja *f*.
blest [blest] *pt & pp* → **bless**.
blether ['bleðə'] ◇ *n* (U) tonterías *fpl*, bobadas *fpl*. ◇ *vi* decir tonterías OR bobadas.
blew [bluː] *pt* → **blow**.
blight [blaɪt] ◇ *n* [plant disease] añublo *m*; *fig* plaga *f*, mal *m*. ◇ *vt* malograr, arruinar.
blighty, **Blighty** ['blaɪtɪ] *n Br inf dated* Inglaterra.
blimey ['blaɪmɪ] *excl Br inf* ¡jesús!
blimp [blɪmp] *n* [airship] dirigible *m*.
blind [blaɪnd] ◇ *adj* - **1.** [unsighted, irrational] ciego(ga); **to go ~** quedarse ciego(ga). - **2.** *fig* [unaware]: **to be ~ to sthg** no ver algo. - **3.** *Br inf* [for emphasis]: **it doesn't make a ~ bit of difference** no cambia las cosas para nada; **she didn't take a ~ bit of notice** no hizo ni caso. - **4.** [hidden from sight] escondido(da). ◇ *adv* - **1.** [drive, fly] a ciegas. - **2.** *Br* [for emphasis]: **~ drunk** borracho(cha) como una cuba. ◇ *n* - **1.** [for window] persiana *f*. - **2.** [hideout] escondrijo *m*. ◇ *npl*: **the ~ los ciegos** □ **it's a case of the ~ leading the ~** *proverb* en el país de los ciegos, el tuerto es el rey *proverb*. ◇ *vt* [permanently] dejar ciego(ga); [temporarily] cegar; **to ~ sb to sthg** *fig* no dejar a alguien ver algo.
blind alley *n lit & fig* callejón *m* sin salida.
blind corner *n* curva *f* sin visibilidad.
blind date *n* cita *f* a ciegas.
blinder ['blaɪndə'] *n* - **1.** SPORT: **to play a ~** hacer una buena jugada. - **2.** *Br inf* [drinking session]: **to go on a ~** pillar un ciego.
◆ **blinders** ['blaɪndərz] *npl Am* anteojeras *fpl*.
blindfold ['blaɪndfəʊld] ◇ *adv* con los ojos vendados. ◇ *n* venda *f*. ◇ *vt* vendar los ojos a.
blinding ['blaɪndɪŋ] *adj* deslumbrante.
blindingly ['blaɪndɪŋlɪ] *adv*: **it was ~ obvious** saltaba a la vista.
blindly ['blaɪndlɪ] *adv* - **1.** [unable to see] a ciegas. - **2.** *fig* [guess] a boleo; [accept] ciegamente.
blind man's buff *n* gallinita *f* ciega.
blindness ['blaɪndnɪs] *n lit & fig*: **~ (to)** ceguera *f* (ante).
blind side *n* AUT ángulo *m* muerto; **on my ~** en mi ángulo muerto.
blind spot *n* - **1.** [when driving] ángulo *m* muerto. - **2.** *fig* [inability to understand] punto *m* débil. - **3.** RADIO zona de mala recepción.
blink [blɪŋk] ◇ *n* - **1.** [of eyes] parpadeo *m*. - **2.** [glimpse] vistazo *m*. - **3.** *phr*: **on the ~** *inf* estropeado(da). ◇ *vt* - **1.** [eyes]: **to ~ one's eyes** parpadear. - **2.** *Am* AUT: **to ~ one's lights** dar las luces (intermitentemente). ◇ *vi* parpadear.
blinker ['blɪŋkə'] *n* AUT - **1.** [turn signal] intermitente *m*. - **2.** [warning light] señal *f* intermitente.
◆ **blinkers** *npl Br* anteojeras *fpl*.
blinkered ['blɪŋkəd] *adj* - **1.** [horse] con anteojeras. - **2.** *fig* [attitude] estrecho(cha) de miras.
blinking ['blɪŋkɪŋ] *adj Br inf* condenado(da).
blip [blɪp] *n* - **1.** [sound] pitido *m*. - **2.** [image on radar] señal *f*. - **3.** *fig* [temporary problem] pequeño bache *m*.

bliss [blɪs] *n* gloria *f*, dicha *f*; **to be ~** ser divino(na) OR maravilloso(sa).
blissful ['blɪsfʊl] *adj* dichoso(sa), feliz.
blissfully ['blɪsfʊlɪ] *adv* [happy] dichosamente; [smile] extáticamente; [unaware] ingenuamente.
blister ['blɪstə'] ◇ *n* ampolla *f*. ◇ *vi* ampollarse. ◇ *vt* - **1.** [foot, skin] levantar ampollas en, ampollar. - **2.** [attack verbally] criticar.
blistering ['blɪstərɪŋ] *adj* - **1.** [heat] abrasador(ra). - **2.** [attack] feroz.
blister pack *n* blíster *m*, lámina con burbujas de plástico utilizada especialmente para envasar pastillas.
blithe [blaɪð] *adj* alegre.
blithely ['blaɪðlɪ] *adv* alegremente.
blithesome ['blaɪðsəm] *adj arch* jovial, alegre.
BLitt [biːˈlɪt] (*abbr of* **Bachelor of Letters (Baccalaureus Litterarum))** *n* (*titular de una*) *licenciatura de letras*.
blitz [blɪts] *n* - **1.** MIL bombardeo *m* aéreo. - **2.** *Br fig* [effort]: **to have a ~ on sthg** dedicarse a fondo a hacer algo.
◆ **Blitz** *n* HIST: **the Blitz** *el bombardeo alemán sobre Londres en 1940-41*.
blitzkrieg ['blɪtskriːg] *n* guerra *f* relámpago.
blizzard ['blɪzəd] *n* ventisca *f* (de nieve).
BLM (*abbr of* **Bureau of Land Management**) *n instituto estadounidense de gestión territorial*.
bloated ['bləʊtɪd] *adj* - **1.** [swollen] hinchado(da). - **2.** *inf* [with food] empachado(da).
blob [blɒb] *n* - **1.** [drop] gota *f*. - **2.** [indistinct shape] bulto *m* borroso.
bloc [blɒk] *n* bloque *m*.
block [blɒk] ◇ *n* - **1.** [gen] bloque *m*; **~ of flats** bloque *m* de pisos. - **2.** [for butcher, executioner] tajo *m*. - **3.** [of buildings] manzana *f*, cuadra *f Amér*. - **4.** [obstruction, blockage] bloqueo *m*. - **5.** TECH: **~ and tackle** sistema *m* de poleas. - **6.** *inf* [head] coco *m*; **to knock sb's ~ off** *fig* romperle las narices a alguien. - **7.** [of paper] bloc *m*. ◇ *vt* - **1.** [road] cortar; [pipe] obstruir. - **2.** [view] tapar. - **3.** [prevent] bloquear, obstaculizar. - **4.** [hat, knitting] dar forma a.
◆ **block in** *vt sep* [drawing, figure] esbozar.
◆ **block off** *vt sep* bloquear.
◆ **block out** *vt sep* - **1.** [thought, memory] apartar. - **2.** [light] tapar.
◆ **block up** ◇ *vt sep* obstruir; **my nose is all blocked up** tengo la nariz tapada. ◇ *vi* atascarse.
blockade [blɒˈkeɪd] ◇ *n* bloqueo *m*. ◇ *vt* bloquear.
blockage ['blɒkɪdʒ] *n* obstrucción *f*.
block booking *n* reserva *f* de grupos grandes.
blockbuster ['blɒkbʌstə'] *n inf* [book] (gran) éxito *m* editorial; [film] (gran) éxito *m* de taquilla.
block capitals *npl* mayúsculas *fpl* (de imprenta).
blockhead ['blɒkhed] *n inf* zoquete *mf*.
blockhouse ['blɒkhaʊs, *pl* -haʊzɪz] *n* blocao *m*.
block letters *npl* mayúsculas *fpl* (de imprenta).
block release *n Br permiso para que un aprendiz en un trabajo estudie temporalmente*.
block vote *n Br* voto *m* por delegación.
bloke [bləʊk] *n Br inf* tío *m*, tipo *m*, chavo *m Amér*.
blond [blɒnd] *adj* rubio(bia), catire(ra) *Amér*.
blonde [blɒnd] ◇ *adj* rubia. ◇ *n* [woman] rubia *f*.
blood [blʌd] ◇ *n* - **1.** [fluid] sangre *f*; **in cold ~** a sangre fría; **it's in his ~** lo lleva en la sangre; **to make one's ~ boil** hacer que la sangre se le suba a uno a la cabeza; **to make one's ~ run cold** helarle a uno la sangre; **new** OR **fresh ~** savia *f* nueva. - **2.** [breeding, kinship] sangre *f*, parentesco *m*; **of noble ~** de sangre noble. - **3.** *dated* [young man] petimetre *m*. ◇ *vt* [in hunting] encarnar.
blood-and-thunder *adj* melodramático(ca).
blood bank *n* banco *m* de sangre.
bloodbath ['blʌdbɑːθ, *pl* -bɑːðz] *n* matanza *f*, carnicería *f*.

blood blister *n* ampolla *f* de sangre.

blood brother *n* hermano *m* de sangre.

blood cell *n* glóbulo *m*.

blood count *n* recuento *m* de glóbulos.

bloodcurdling ['blʌd,kɜːdlɪŋ] *adj* espeluznante.

blood donor *n* donante *mf* de sangre.

blood feud *n* vendetta *f*, reyerta *f* familiar.

blood group *n* grupo *m* sanguíneo.

bloodhound ['blʌdhaʊnd] *n* sabueso *m*.

bloodiness ['blʌdɪnɪs] *n* ensangrentamiento *m*; **the ~ of war** lo sangriento de la guerra.

bloodless ['blʌdlɪs] *adj* **- 1.** [without blood] exangüe. **- 2.** [face, lips] macilento(ta), mortecino(na). **- 3.** [coup, victory] incruento(ta).

Bloodless Revolution *n*: **the ~** la Revolución Gloriosa.

bloodletting ['blʌd,letɪŋ] *n* [killing] derramamiento *m* de sangre.

bloodline ['blʌdlaɪn] *n* **- 1.** [descent] genealogía *f*. **- 2.** [pedigree] pedigrí *m*.

blood money *n* dinero pagado para que se cometa un asesinato.

blood orange *n* naranja *f* sanguina OR de sangre.

blood poisoning *n* septicemia *f*.

blood pressure *n* presión *f* sanguínea, tensión *f* arterial; **to have high/low ~** tener la tensión alta/baja.

blood red *adj* de color rojo sangre.

blood relation, **blood relative** *n* familiar *m* consanguíneo.

bloodshed ['blʌdʃed] *n* derramamiento *m* de sangre.

bloodshot ['blʌdʃɒt] *adj* [eyes] inyectado(da) (de sangre).

blood sports *npl* deportes en que se matan animales.

bloodstain ['blʌdsteɪn] *n* mancha *f* de sangre.

bloodstained ['blʌdsteɪnd] *adj* manchado(da) de sangre.

bloodstream ['blʌdstriːm] *n* flujo *m* sanguíneo, sangre *f*.

bloodsucker ['blʌd,sʌkəʳ] *n lit & fig* sanguijuela *f*.

blood test *n* análisis *m inv* de sangre.

bloodthirsty ['blʌd,θɜːstɪ] *adj* sediento(ta) de sangre.

blood transfusion *n* transfusión *f* de sangre.

blood type *n* grupo *m* sanguíneo.

blood vessel *n* vaso *m* sanguíneo.

bloody ['blʌdɪ] (*compar* **bloodier**, *superl* **bloodiest**, *pt & pp* **bloodied**) ◇ *adj* **- 1.** [war, conflict] sangriento(ta). **- 2.** [face, hands] ensangrentado(da). **- 3.** *Br v inf* [as intensifier] maldito(ta), puñetero(ra), pinche *Amér.* ◇ *vt* ensangrentar. ◇ *adv Br v inf*: **he's ~ useless** es un negado; **it's ~ brilliant** es de puta madre.

Bloody Mary *n* **- 1.** [queen] María I Tudor la Sanguinaria. **- 2.** [cocktail] bloody mary *m*.

bloody-minded *adj Br inf* puñetero(ra), que lleva la contraria.

bloom [bluːm] ◇ *n* **- 1.** [flower] flor *f*. **- 2.** [of cheeks, face] frescura *f*, lozanía *f*. **- 3.** [state]: **in ~** en flor. ◇ *vi* **- 1.** [flower] florecer. **- 2.** *fig* [flourish] prosperar.

bloomer ['bluːməʳ] *n* **- 1.** [plant] planta *f* que florece. **- 2.** *Br inf* [blunder] metedura *f* de pata, planchazo *m*.

◆ **bloomers** *npl* pololos *mpl*.

blooming ['bluːmɪŋ] ◇ *adj* **- 1.** *Br inf* [to show annoyance] condenado(da). **- 2.** [healthy, attractive] radiante. ◇ *adv Br inf* condenadamente.

Bloomsbury Group ['bluːmzbrɪ] *n*: **the ~** grupo de artistas, escritores e intelectuales que vivió en Bloomsbury a principios del siglo XX.

blooper ['bluːpəʳ] *n inf* **- 1.** [clumsy mistake] metedura *f* de pata. **- 2.** [in baseball] voleo alto y débil.

blossom ['blɒsəm] ◇ *n* **- 1.** [flower] flor *f*. **- 2.** [state]: **in ~** en flor. ◇ *vi lit & fig* florecer.

blot [blɒt] (*pt & pp* **blotted**, *cont* **blotting**) ◇ *n* [of ink] borrón *m*; *fig* [stain] mancha *f*; **a ~ on one's escutcheon** *fig*

una mancha en la reputación de uno. ◇ *vt* **- 1.** [paper] emborronar. **- 2.** [ink] secar.

◆ **blot out** *vt sep* [gen] cubrir, ocultar; [memories] borrar.

◆ **blot up** *vt sep* [subj: person] secar; [subj: blotting paper] absorber.

blotch [blɒtʃ] ◇ *n* **- 1.** [of colour, ink] mancha *f*, borrón *m*. **- 2.** [on skin] marca *f*, mancha *f*. ◇ *vi* **- 1.** [skin] cubrirse de marcas OR manchas. **- 2.** [pen] hacer borrones. ◇ *vt* **- 1.** [clothing, paper] manchar. **- 2.** [skin] cubrir de marcas OR manchas.

blotchy ['blɒtʃɪ] (*compar* **blotchier**, *superl* **blotchiest**) *adj* **- 1.** [complexion, skin] lleno(na) de marcas OR manchas. **- 2.** [cloth, paper] lleno(na) de manchas.

blotter ['blɒtəʳ] *n* **- 1.** [paper] (papel) secante *m*. **- 2.** *Am* [register] registro *m*.

blotting paper ['blɒtɪŋ-] *n (U)* papel *m* secante.

blouse [blaʊz] *n* **- 1.** [for woman] blusa *f*. **- 2.** [for farmer, worker] guardapolvo *m*.

blouson ['bluːzɒn] *n Br* blusón *m*.

blow [bləʊ] (*pt* **blew** [bluː], *pp* **blown** [bləʊn]) ◇ *vi* **- 1.** [gen] soplar. **- 2.** [in wind] salir volando, volar. **- 3.** [fuse] fundirse. **- 4.** [tyre] reventar. **- 5.** *inf* [leave] largarse. **- 6.** *Am inf* [boast] fanfarronear. **- 7.** *phr*: **to ~ hot and cold** *inf* vacilar, cambiar sucesivamente de parecer. ◇ *vt* **- 1.** [subj: wind] hacer volar. **- 2.** [whistle, horn] tocar, hacer sonar. **- 3.** [bubbles] hacer; [glass] soplar. **- 4.** [kiss] mandar. **- 5.** [fuse] fundir. **- 6.** [tyre] (hacer) reventar. **- 7.** [destroy with explosion]: **the house was blown to pieces** la casa estalló en pedazos OR saltó por los aires. **- 8.** [clear]: **to ~ one's nose** sonarse la nariz. **- 9.** *inf* [money] ventilarse. **- 10.** [opportunity] echar a perder; **I blew it!** ¡lo he echado todo a perder! **- 11.** *inf* [leave] largarse de. **- 12.** *Br inf* [disregard]: **~ what he thinks** al cuerno con lo que él piense. **- 13.** *phr*: **~ (it)!** *Br inf* ¡maldita sea!, ¡mecachis en la mar!; **I'll be ~ed!**, **~ me down!** *Br inf* ¡ostras!, ¡caramba!; **to ~ one's lid** OR **stack** OR **top** *inf* salirse (uno) de sus casillas, ponerse hecho un basilisco; **to ~ one's own trumpet** OR **horn** *inf* echarse flores. ◇ *n* **- 1.** [hit, shock] golpe *m*; **it was a big ~ to her pride** hirió su orgullo, fue un duro golpe para su orgullo ❑ **to come to ~s** llegar a las manos; **to soften the ~** ayudar a encajar el golpe. **- 2.** [for cause]: **a ~ (for)** un empujón OR adelanto (para); **to strike a ~ for freedom** dar un gran paso adelante en pro de OR hacia la libertad.

◆ **blow away** *vt sep* **- 1.** [subj: wind] arrastrar, llevarse; [subj: person] soplar. **- 2.** *inf* [kill] cargarse de un tiro/a tiros a.

◆ **blow down** *vt sep* [tree] derribar.

◆ **blow in** *vi inf* [arrive] llegar de improviso, aparecer.

◆ **blow out** ◇ *vt sep* apagar. ◇ *vi* **- 1.** [candle] apagarse. **- 2.** [tyre] reventar.

◆ **blow over** *vi* **- 1.** [storm] amainar. **- 2.** [argument] disiparse.

◆ **blow up** ◇ *vt sep* **- 1.** [inflate] inflar. **- 2.** [destroy] volar. **- 3.** [enlarge] ampliar. ◇ *vi* **- 1.** [explode] saltar por los aires, estallar. **- 2.** [wind] levantarse; [storm] prepararse. **- 3.** *inf* [lose one's temper] encolerizarse.

blow-by-blow *adj* paso por paso.

blow-dry ◇ *n* secado *m* (con secador). ◇ *vt* secar (con secador).

blow-dryer *n* secador *m* de pelo.

blower ['bləʊəʳ] *n* **- 1.** [bellows] fuelle *m*. **- 2.** [fan] ventilador *m*. **- 3.** *Br inf* [telephone] teléfono *m*.

blowfly ['bləʊflaɪ] (*pl* **blowflies**) *n* moscardón *m*, moscón *m*.

blowgun *n Am* = **blowpipe**.

blowhard ['bləʊhɑːd] *n Am inf* fanfarrón *m*, -ona *f*.

blowhole ['bləʊhəʊl] *n* respiradero *m*.

blowlamp *Br* ['bləʊlæmp], **blowtorch** *esp Am* ['bləʊtɔːtʃ] *n* soplete *m*.

blown [bləʊn] *pp* → **blow**.

blowout ['bləʊaʊt] *n* **- 1.** [of tyre] pinchazo *m*, reventón *m*. **- 2.** [of gas] escape *m*. **- 3.** *Br inf* [big meal] comilona *f*.

blowpipe *Br* ['bləʊpaɪp], **blowgun** *Am* ['bləʊgʌn] *n* [weapon] cerbatana *f.*

blowtorch *n esp Am* = **blowlamp**.

blow-up *n* - **1.** [explosion] explosión *f.* - **2.** *inf* [of temper] estallido *m* de ira. - **3.** PHOT ampliación *f.*

blowwave ['bləʊweɪv] ◇ *n* brushing *m.* ◇ *vt* peinar con secador de mano a, hacer un brushing a.

blowy ['bləʊɪ] (*compar* **blowier**, *superl* **blowiest**) *adj* ventoso(sa).

blowzy ['blaʊzɪ] *adj*: **a ~ woman** una mujer gorda y zarrapastrosa.

BLS (*abbr of* **Bureau of Labor Statistics**) *n* instituto estadounidense de estadística laboral.

blubber ['blʌbəʳ] ◇ *n* - **1.** [of whale] grasa *f* de ballena. - **2.** *inf pej* [of person] grasa *f.* ◇ *vi inf pej* lloriquear.

bludgeon ['blʌdʒən] ◇ *n* cachiporra *f*, maza *f.* ◇ *vt* - **1.** [beat] apalear. - **2.** [force] intimidar.

blue [bluː] ◇ *adj* - **1.** [colour] azul; **to be ~ with cold** estar morado(da) de frío. - **2.** *inf* [sad] triste. - **3.** [pornographic - film] equis *(inv)*, porno; [- joke] verde. ◇ *n* - **1.** [colour] azul *m*; **in ~** de azul. - **2.** [sky]: **the ~** el cielo ❑ **out of the ~** en el momento menos pensado.

◆ **blues** *npl* - **1.** MUS blues *m inv.* - **2.** *inf* [sad feeling] depre *f.*

blue baby *n* bebé *m* cianótico.

bluebell ['bluːbel] *n* campanilla *f.*

blue beret *n* casco *m* azul.

blueberry ['bluːbərɪ] (*pl* **blueberries**) *n* arándano *m.*

bluebird ['bluːbɜːd] *n* azulejo *m* (*pájaro*).

blue-black *adj* azul oscuro *(inv).*

blue blood *n* sangre *f* azul.

blue-blooded *adj* de sangre azul.

bluebottle ['bluːbɒtl] *n* moscardón *m*, moscón *m.*

blue channel *n* en las aduanas, vía de salida reservada a los ciudadanos de la CEE.

blue cheese *n* queso *m* azul.

blue chip *n* acción *f* de rentabilidad segura.

◆ **blue-chip** *comp* de rentabilidad segura.

blue-collar *adj*: **~ worker** obrero *m*, -ra *f.*

blue-eyed *adj* de ojos azules.

blue-eyed boy *n inf* niño *m* mimado.

bluegrass ['bluːgrɑːs] *n* MUS música folclórica del sur de Estados Unidos.

blue-green algae *npl* cianofíceas *fpl.*

blue helmet *n* = **blue beret**.

blue jay *n* arrendajo *m.*

blue jeans *npl Am* vaqueros *mpl*, tejanos *mpl.*

blue laws *npl Am inf* código moral puritano.

blue moon *n*: **once in a ~** de higos a brevas.

blue-pencil *vt* - **1.** [correct] corregir. - **2.** [censor] censurar.

blue peter *n* bandera azul con un rectángulo blanco en el centro que indica que un barco está a punto de zarpar.

blueprint ['bluːprɪnt] ◇ *n* - **1.** CONSTR cianotipo *m.* - **2.** *fig* [description] proyecto *m.* ◇ *vt* copiar en cianotipo.

blue ribbon *n* primer *m* premio.

◆ **blue-ribbon** *adj* selecto(ta).

blue rinse *n* reflejos *mpl* azules (*en el pelo*).

blue shark *n* tiburón *m* azul.

bluestocking ['bluːstɒkɪŋ] *n pej* marisabidilla *f*, intelectualoide *f.*

blue tit *n Br* herrerillo *m.*

blue whale *n* ballena *f* azul.

bluff [blʌf] ◇ *adj* - **1.** [person, manner] brusco(ca). - **2.** [landscape] escarpado(da). ◇ *n* - **1.** [deception] farol *m*, bluff *m*; **to call sb's ~** *fig* desafiar a alguien a que haga lo que dice. - **2.** [cliff] acantilado *m.* ◇ *vt* engañar; **to ~ sb into thinking that** hacer creer a alguien que. ◇ *vi* farolear.

bluffer ['blʌfəʳ] *n* farolero *m*, -ra *f*, fanfarrón *m*, -na *f.*

bluing ['bluːɪŋ] *n* añil *m*, azulete *m.*

bluish ['bluːɪʃ] *adj* azulado(da).

blunder ['blʌndəʳ] ◇ *n* metedura *f* de pata. ◇ *vi* - **1.** [make mistake] meter la pata. - **2.** [move clumsily] ir tropezando; **to ~ into sthg** tropezar con algo.

blunderbuss ['blʌndəbʌs] *n* trabuco *m.*

blundering ['blʌndərɪŋ] *adj* estúpido(da).

blunt [blʌnt] ◇ *adj* - **1.** [knife] desafilado(da). - **2.** [object] romo(ma). - **3.** [forthright] directo(ta), franco(ca). ◇ *vt* - **1.** [knife] desafilar. - **2.** *fig* [weaken] debilitar, aflojar.

bluntly ['blʌntlɪ] *adv* sin rodeos, con franqueza.

bluntness ['blʌntnɪs] *n* [forthrightness] franqueza *f.*

blur [blɜːʳ] (*pt & pp* **blurred**, *cont* **blurring**) ◇ *n* - **1.** [vague shape] imagen *f* borrosa. - **2.** [smudge] borrón *m*, manchón *m.* ◇ *vt* - **1.** [vision] nublar, empañar. - **2.** [distinction] desdibujar, oscurecer. - **3.** [writing, outline] emborronar, manchar. ◇ *vi* - **1.** [vision] nublarse, empañarse. - **2.** [distinction] desdibujarse, oscurecerse.

blurb [blɜːb] *n inf* texto publicitario en la cubierta o solapa de un libro.

blurred [blɜːd] *adj* - **1.** [photograph] movido(da). - **2.** [vision, distinction] borroso(sa).

blurry ['blɜːrɪ] (*compar* **blurrier**, *superl* **blurriest**) *adj* borroso(sa), confuso(sa).

blurt [blɜːt] ◆ **blurt out** *vt sep* espetar, decir de repente.

blush [blʌʃ] ◇ *n* rubor *m.* ◇ *vi* ruborizarse; **to ~ at sthg** ruborizarse por algo.

blusher ['blʌʃəʳ] *n* colorete *m.*

blushing ['blʌʃɪŋ] *adj* ruborizado(da), sonrojado(da).

bluster ['blʌstəʳ] ◇ *n* - **1.** (U) [boasting] fanfarronería *f.* - **2.** [of wind] ráfaga *f* violenta (de viento). ◇ *vi* - **1.** [person] fanfarronear. - **2.** [wind] bramar, soplar con ráfagas violentas.

blustering ['blʌstərɪŋ] ◇ *n* (U) fanfarronería *f.* ◇ *adj* fanfarrón(ona).

blustery ['blʌstərɪ] *adj* borrascoso(sa).

Blvd *written abbr of* **Boulevard**.

BM *n* - **1.** (*abbr of* **Bachelor of Medicine**) (*titular de una*) licenciatura de medicina. - **2.** *written abbr of* **British Museum**.

BMA (*abbr of* **British Medical Association**) *n* colegio británico de médicos.

BMJ (*abbr of* **British Medical Journal**) *n* publicación de la British Medical Association.

B-movie *n* película *f* de serie B.

BMus [ˌbiːˈmʌz] (*abbr of* **Bachelor of Music**) *n* (*titular de una*) licenciatura de música.

BMX (*abbr of* **bicycle motorcross**) *n* mountain-bike.

bn *written abbr of* **billion**.

BO *n* (*abbr of* **body odour**) olor corporal.

boa ['bəʊə] *n* - **1.** [snake] boa *f.* - **2.** [of feathers] boa *m.*

boa constrictor *n* boa *f* constrictor.

boar [bɔːʳ] *n* - **1.** [male pig] verraco *m.* - **2.** [wild pig] jabalí *m.*

board [bɔːd] ◇ *n* - **1.** [plank] tabla *f.* - **2.** [for notices] tablón *m.* - **3.** [for games] tablero *m.* - **4.** [blackboard] pizarra *f.* - **5.** COMPUT placa *f.* - **6.** [of company]: **~ (of directors)** (junta *f*) directiva *f*, consejo *m* de administración. - **7.** [committee] comité *m*, junta *f*; **~ of regents** *Am* UNIV ≃ claustro *m* universitario; **~ of trustees** consejo *m* de administración. - **8.** *Br* [at hotel, guesthouse] pensión *f*; **~ and lodging** pensión *f* completa. - **9.**: **on ~** [ship, plane] a bordo; [bus, train] dentro. - **10.** *phr*: **above ~** en regla; **across the ~** general; **to go by the ~** irse al garete; **to sweep the ~** arrasar; **to take sthg on ~** hacerse cargo de OR entender algo. ◇ *vt* - **1.** [ship, plane] embarcar en; [train, bus] subirse a, embarcarse en *Amér.* - **2.** [provide meals, lodging] dar pensión OR hospedaje y comida a. ◇ *vi* [lodge] estar de pensión.

◆ **board up** *vt sep* tapar con tablas.

boarder ['bɔːdəʳ] *n* - **1.** [lodger] huésped *mf.* - **2.** [at school] interno *m*, -na *f.*

board game *n* juego *m* mesa.

boarding ['bɔːdɪŋ] *n* - **1.** (U) [fence] tablas *fpl*; [floor] entarimado *m*. **- 2.** [embarking] embarque *m*; NAUT [in attack] abordaje *m*.

boarding card *n* tarjeta *f* de embarque.

boarding house ['bɔːdɪŋhaʊs] *n* casa *f* de huéspedes.

boarding school *n* internado *m*.

board meeting *n* reunión *f* de la (junta) directiva.

Board of Trade *n Br* : **the** ~ ≃ el Ministerio de Comercio.

boardroom ['bɔːdrʊm] *n* sala *f* de juntas.

boardwalk ['bɔːrdwɔːk] *n Am paseo marítimo entarimado*.

boast [bəʊst] ◇ *n* alarde *m*. ◇ *vt* presumir de tener. ◇ *vi*: **to** ~ **(about)** alardear OR jactarse (de), compadrear (de) *Amér*; **to be nothing to** ~ **about** no ser cosa para jactarse OR algo de lo que alardear.

boaster ['bəʊstəʳ] *n* fanfarrón *m*, -ona *f*, presumido *m*, -da *f*.

boastful ['bəʊstfʊl] *adj* presuntuoso(sa), fanfarrón(ona).

boasting ['bəʊstɪŋ] *n* fanfarronería *f*, jactancia *f*.

boat [bəʊt] ◇ *n* [large] barco *m*; [small] barca *f*; **by** ~ en barco/barca ◇ **to be in the same** ~ estar en la misma situación; **to burn one's** ~**s** quemar las naves; **to miss the** ~ perder el tren OR la oportunidad; **to push the** ~ **out** tirar la casa por la ventana; **to rock the** ~ complicar las cosas. ◇ *vi* navegar.

boatbuilder ['bəʊt,bɪldəʳ] *n* constructor *m* naval OR de barcos.

boat deck *n* cubierta *f* de botes (salvavidas).

boater ['bəʊtəʳ] *n* [hat] canotié *m*, sombrero *m* de paja.

boathouse ['bəʊthaʊs, *pl* -haʊzɪz] *n* cobertizo *m* para botes.

boating ['bəʊtɪŋ] *n* paseo *m* en barco; **to go** ~ dar un paseo en barco.

boating lake *n* lago *m* de recreo.

boatload ['bəʊtləʊd] *n* [merchandise] cargamento *m* (*por barco*); [people] barco *m* lleno de pasajeros.

boatman ['bəʊtmən] (*pl* **boatmen** [-mən]) *n* barquero *m*.

boat people *npl* balseros *mpl*.

boat race *n* ROWING carrera *f* OR regata *f* de remo; SAILING regata *f* (de vela); **the Boat Race** *competición anual de remo entre las universidades de Oxford y Cambridge*.

boatswain ['bəʊsn] *n* NAUT contramaestre *m*.

boat train *n* tren que enlaza con un puerto.

boatyard ['bəʊtjɑːd] *n* astillero *m*.

bob [bɒb] (*pl sense 5 inv, pt & pp* **bobbed**, *cont* **bobbing**) ◇ *n* - **1.** [hairstyle] corte *m* a lo chico. **- 2.** [abrupt movement] sacudida *f*; [tap] golpecito *m*. **- 3.** [fishing float] flotador *m*, corcho *m*; [weight] plomo *m*, peso *m*. **- 4.** [horse's tail] cola *f* cortada. **- 5.** *Br inf dated* [shilling] chelín *m*. **- 6. = bobsleigh**. ◇ *vi* - **1.** [boat, cork, buoy] balancearse. **- 2.** [curtsy] hacer una reverencia. ◇ *vt* [move] mover de arriba abajo.

◆ bob up *vi* surgir, presentarse.

Bob [bɒb] *n*: ~**'s your uncle!** *inf* ¡listo! ¡(y) andando!

bobber ['bɒbəʳ] *n* flotador *m*, corcho *m*.

bobbin ['bɒbɪn] *n* [gen] bobina *f*; [for lace] bolillo *m*.

bobbin lace *n* encaje *m* de bolillos.

bobble ['bɒbl] *n* - **1.** [pompom] pompón *m*. **- 2.** *Am inf* [mistake] error *m*.

bobble hat *n* gorro *m* con borla OR con pompón.

bobby ['bɒbɪ] (*pl* **bobbies**) *n Br inf* poli *m*.

bobby pin *n Am* horquilla *f*.

bobby socks, bobby sox *npl Am* calcetines *mpl* de colegiala.

bobbysoxer ['bɒbɪ'sɒksər] *n Am inf* jovencita *f* (adolescente), quinceañera *f*.

bobcat ['bɒbkæt] *n* lince *m*, gato *m* montés.

bobsleigh ['bɒbsleɪ], **bobsled** *esp Am* ['bɒbsled] (*pt & pp* **bobsledded**, *cont* **bobsledding**) ◇ *n* bobsleigh *m*. ◇ *vi* montar en bobsleigh.

bobtail ['bɒbteɪl] *n* - **1.** [tail] cola *f* cortada. **- 2.** [animal] animal *m* rabicorto.

bode [bəʊd] *vi literary*: **to** ~ **ill/well for** traer malos/buenos presagios para.

bodice ['bɒdɪs] *n* - **1.** [of dress] cuerpo *m*. **- 2.** [corset] corsé *m*.

bodiless ['bɒdɪlɪs] *adj* incorpóreo(a).

bodily ['bɒdɪlɪ] ◇ *adj* corporal, físico(ca). ◇ *adv*: **to lift/ move sb** ~ levantar/mover a alguien por la fuerza.

boding ['bəʊdɪŋ] *n* presagio *m*, presentimiento *m*.

bodkin ['bɒdkɪn] *n* - **1.** [needle] punzón *m*. **- 2.** [for ribbon] pasacintas *m inv*.

body ['bɒdɪ] (*pl* **bodies**) *n* - **1.** [GEN & PHYS] cuerpo *m*; **(to earn enough) to keep** ~ **and soul together** *fig* (ganar lo justo para) seguir tirando. **- 2.** [corpse] cadáver *m*, cuerpo *m*; **over my dead** ~ *fig* por encima de mi cadáver. **- 3.** [organization] entidad *f*. **- 4.** [group] grupo *m*, conjunto *m*; **we walked out in a** ~ nos fuimos en grupo; **a large** ~ **of employees** un gran número de empleados; **the main** ~ **of** el grueso de. **- 5.** [mass] masa *f*; **a** ~ **of water** una masa de agua. **- 6.** [of car] carrocería *f*; [of plane] fuselaje *m*; [of ship] casco *m*; [of building] cuerpo *m*; [of church] nave *f*. **- 7.** (U) [of hair] cuerpo *m*, volumen *m*. **- 8.** [of laws] recopilación *f* OR cuerpo *m* de leyes; **a** ~ **of thought/opinion** una corriente de pensamiento/opinión.

body bag *n bolsa utilizada para trasladar un cadáver*.

body blow *n* golpe *m* duro.

body builder *n* [person] culturista *mf*; [machine] extensor *m*; [food] producto *m* energético.

body building *n* culturismo *m*.

body clock *n* reloj *m* biológico.

body corporate *n* persona *f* jurídica, corporación *f*.

body count *n* número *m* de víctimas.

bodyguard ['bɒdɪgɑːd] *n* guardaespaldas *m inv*, guarura *m Amér*.

body language *n* lenguaje *m* corporal OR del cuerpo.

body odour *n* olor *m* corporal.

body politic *n* entidad *f* política.

body search *n* cacheo *m*.

body shop *n* - **1.** [garage] taller *m* de reparación de carrocerías. **- 2.** *Am inf* [gym] gimnasio *m*.

body stocking *n* [woman's undergarment] body *m*; [dancer's garment] malla *f*.

body warmer [-,wɔːməʳ] *n* chaleco *m* acolchado OR enguatado.

bodywork ['bɒdɪwɜːk] *n* carrocería *f*.

Boer [bɔːʳ] ◇ *adj* bóer (*inv*); **the** ~ **War** HIST la guerra de los bóers. ◇ *n* bóer *mf*.

boffin ['bɒfɪn] *n Br inf* científico *m*, -ca *f*.

bog [bɒg] *n* - **1.** [marsh] cenagal *m*, lodazal *m*. **- 2.** *Br v inf* [toilet] meódromo *m*, tigre *m*.

bogey ['bəʊgɪ] *n* - **1.** [in golf] bogey *m*. **- 2.** [ghost] espectro *m*, fantasma *m*. **- 3.** [pet worry] preocupación *f*. **- 4.** *inf* [in nose] moco *m*.

bogeyman ['bəʊgɪmæn] (*pl* **bogeymen** [-men]) *n* coco *m*, hombre *m* del saco.

bogged down *adj* - **1.** [in details, work]: ~ **(in)** empantanado(da) (en). **- 2.** [in mud, snow]: ~ **in** atascado(da) en.

boggle ['bɒgl] *vi* - **1.** [be amazed]: **the mind** ~**s!** ¡me da vueltas la cabeza!, ¡es increíble! **- 2.** [hesitate]: **to** ~ **(at)** vacilar (ante).

boggy ['bɒgɪ] *adj* cenagoso(sa), pantanoso(sa).

bogie ['bəʊgɪ] *n* RAIL carretón *m*.

Bogotá [,bɒgə'tɑː] *n* Bogotá.

bogus ['bəʊgəs] *adj* falso(sa).

bogy ['bəʊgɪ] (*pl* **bogies**) *n* = **bogie**.

Bohemia [bəʊ'hiːmjə] *n* Bohemia.

bohemian [bəʊ'hiːmjən] ◇ *adj* bohemio(mia). ◇ *n* bohemio *m*, -mia *f*.

◆ Bohemian ◇ *adj* bohemio(mia). ◇ *n* bohemio *m*, -mia *f*.

boil [bɔɪl] ◇ *n* - **1.** MED forúnculo *m*, pústula *f*. **- 2.** [boiling point]: **to bring sthg to the** ~ poner algo a hervir; **to come**

to the ~ romper a hervir. ◇ vt - **1.** [water] hervir. - **2.** [pan, kettle] poner a hervir. - **3.** [food] cocer. ◇ vi - **1.** [water, pan, kettle] hervir. - **2.** [seethe - ocean] bullir; [- person] rabiar.

◆ **boil away** vi [evaporate] (hervir hasta) consumirse.

◆ **boil down** ◇ vt sep reducir. ◇ vi reducirse.

◆ **boil down to** vt fus reducirse a.

◆ **boil over** vi - **1.** [liquid] rebosar. - **2.** fig [feelings] desbordarse; **he** ~**ed over with rage** se enfureció, explotó de rabia.

◆ **boil up** vi [milk] hervir, subir; **frustration** ~**ed up in her** fig empezó a desesperarse, la frustración hizo presa en ella.

boiled ['bɔɪld] adj cocido(da); ~ **egg** huevo m pasado por agua; ~ **sweets** Br caramelos mpl (duros).

boiler ['bɔɪlə'] n caldera f.

boilerhouse ['bɔɪləhaʊs, pl -haʊzɪz] n edificio m de las calderas.

boilermaker ['bɔɪlə,meɪkə'] n calderero m, -ra f.

boilerman ['bɔɪlə,mæn] (pl **boilermen** [-,men]) n calderero m, fogonero m.

boilerplate ['bɔɪləpleɪt] n acero m para calderas.

boiler room n cuarto m de (las) calderas; NAUT sala f de máquinas.

boiler suit n Br mono m.

boiling ['bɔɪlɪŋ] adj - **1.** [liquid] hirviendo. - **2.** inf [hot]: **I'm** ~ estoy asado(da) de calor; **it's** ~ hace un calor de muerte. - **3.** [angry]: ~ **with rage** ciego(ga) de ira.

boiling point n punto m de ebullición; **to reach** ~ inf fig llegar al límite de la paciencia.

boisterous ['bɔɪstərəs] adj ruidoso(sa), alborotador(ra).

bold [bəʊld] ◇ adj - **1.** [brave, daring] audaz. - **2.** [impudent] descarado(da). - **3.** [lines, design] marcado(da). - **4.** [colour] vivo(va). - **5.** TYPO: ~ **type** OR **print** negrita f. ◇ n = **boldface**.

boldface ['bəʊldfeɪs] n negrita f; **in** ~ en negrita.

boldfaced ['bəʊldfeɪst] adj [impudent] descarado(da).

boldly ['bəʊldlɪ] adv - **1.** [bravely] con audacia, audazmente. - **2.** [impudently] descaradamente.

boldness ['bəʊldnɪs] n - **1.** [courage] audacia f, intrepidez f. - **2.** [imprudence] descaro m, desvergüenza f. - **3.** [force] vigor m.

bolero [bə'leərəʊ] (pl **boleros**) n bolero m.

bolivar ['bɒlɪvə'] n bolívar m.

Bolivia [bə'lɪvɪə] n Bolivia.

Bolivian [bə'lɪvɪən] ◇ adj boliviano(na). ◇ n boliviano m, -na f.

boll [bəʊl] n vaina f, cápsula f.

bollard ['bɒlɑːd] n [on road] cono m.

bollocks ['bɒləks] Br v inf ◇ npl cojones mpl. ◇ excl ¡un cojón!, ¡qué cojones!

Bologna [bə'ləʊnjə] n Bolonia.

boloney [bə'ləʊnɪ] n - **1.** = **baloney**. - **2.** Am [sausage] salchichón m de Bolonia.

Bolshevik ['bɒlʃɪvɪk] ◇ adj bolchevique. ◇ n bolchevique mf.

bolster ['bəʊlstə'] ◇ n cabezal m. ◇ vt fortalecer, reforzar.

◆ **bolster up** vt fus reforzar.

bolt [bəʊlt] ◇ n - **1.** [on door, window] cerrojo m. - **2.** [type of screw] tornillo m, perno m. - **3.** [dash]: **to make a** ~ **for** abalanzarse rápidamente hacia. - **4.** [lightning] rayo m; **a** ~ **from the blue** fig un suceso inesperado, un acontecimiento imprevisto; **the news came like a** ~ **from the blue** la noticia cayó como una bomba. - **5.** [roll of cloth] rollo m OR pieza f (de tela). - **6.** [of firearm] cerrojo m. - **7.** [arrow] saeta f, flecha f. ◇ adv: ~ **upright** muy derecho (muy derecha). ◇ vt - **1.** [fasten together] atornillar. - **2.** [door, window] echar el cerrojo a. - **3.** [food] tragarse. - **4.** Am [political party] retirar el apoyo a. - **5.** [sift] cerner, tamizar. ◇ vi [gen] salir disparado(da); [horse] desbocarse; **to** ~ **past** pasar como un rayo.

◆ **bolt down** vt sep engullir.

bolt hole n refugio m.

bomb [bɒm] ◇ n - **1.** [explosive] bomba f; **the** ~ la bomba atómica. - **2.** Am inf [failure] fracaso m, fiasco m. - **3.** phr: **to go like a** ~ [car] volar OR ir a toda pastilla; [show, party] ser todo un éxito. ◇ vt bombardear. ◇ vi - **1.** [drop bombs] tirar bombas. - **2.** Am inf [fail] fracasar.

◆ **bomb out** vi Am inf [fail] fracasar.

bombard [bɒm'bɑːd] vt MIL & fig: **to** ~ **(with)** bombardear (a).

bombardier [bɒmbə'dɪə'] n bombardero m.

bombardment [bɒm'bɑːdmənt] n bombardeo m.

bombast ['bɒmbæst] n (U) palabras fpl grandilocuentes.

bombastic [bɒm'bæstɪk] adj grandilocuente, rimbombante.

Bombay duck [,bɒm'beɪ-] n pescado curado en sal utilizado como condimento en la cocina hindú.

bomb disposal squad n equipo m de artificieros.

bombed [bɒmd] adj inf borracho(cha).

bomber ['bɒmə'] ◇ n - **1.** [plane] bombardero m. - **2.** [person] persona f que coloca bombas. ◇ comp: ~ **pilot** piloto m de bombardero.

bomber jacket n cazadora f (de aviador).

bombing ['bɒmɪŋ] n bombardeo m.

bombproof ['bɒmpruːf] adj a prueba de bombas.

bomb scare n amenaza f de bomba.

bombshell ['bɒmʃel] n fig bombazo m.

bomb shelter n refugio m contra bombardeos.

bombsight ['bɒmsaɪt] n visor m de bombardeo.

bombsite ['bɒmsaɪt] n lugar m del bombardeo.

bona fide [,bəʊnə'faɪdɪ] adj - **1.** [sincere] de buena fe. - **2.** [authentic] auténtico(ca).

bonanza [bə'nænzə] n fig filón m, mina f.

bonbon ['bɒnbɒn, 'bɑːnbɑːn] n caramelo m.

bond [bɒnd] ◇ n - **1.** [between people] lazo m, vínculo m. - **2.** [binding promise] compromiso m. - **3.** FIN bono m. - **4.** JUR [bail] fianza f; **under** ~ bajo fianza. - **5.** CHEM enlace m. - **6.** COMM: **in** ~ en depósito (aduanero). ◇ vt - **1.** [glue] adherir; fig [people] unir; **to** ~ **sthg to** adherir algo a. - **2.** COMM [goods] afianzar, poner en depósito. - **3.** [JUR - place under bond] poner bajo fianza; [- put up bond for] entregar fianza por. ◇ vi [stick together]: **to** ~ **(together)** [things] adherirse; fig [people] unir.

◆ **bonds** npl [shackles] cadenas fpl.

bondage ['bɒndɪdʒ] n - **1.** literary [servitude] esclavitud f, vasallaje m. - **2.** [sexual] bondage m, práctica sexual en la que una persona ata a otra.

bonded warehouse ['bɒndɪd-] n depósito m franco.

bondholder ['bɒnd,həʊldə'] n obligacionista mf, tenedor m, -ra f de bonos.

bonding ['bɒndɪŋ] n [between people] vínculos mpl afectivos.

bond paper n papel m de hilo.

bondservant ['bɒndsɜːvənt] n esclavo m, -va f, siervo m, -va f.

bondsman ['bɒndzmən] (pl **bondsmen** [-mən]) n JUR fiador m, -ra f, garante mf.

bone [bəʊn] ◇ n - **1.** [gen] hueso m; [of fish] espina f, raspa f; ~ **of contention** manzana f de la discordia; **to feel** OR **know sthg in one's** ~s tener el presentimiento de algo; **to have a** ~ **to pick with sb** tener que ajustarle las cuentas a alguien; **to lay sb's** ~**s to rest** enterrar OR dar sepultura a alguien; **to make no** ~s about sthg no andarse con rodeos acerca de algo; **to make no** ~s about doing sthg no tener problema en hacer algo. - **2.** [of corset] ballena f. ◇ vt [fish] limpiar; [meat] deshuesar.

◆ **bone up on** vt fus inf empollar bien.

bone china n porcelana f china.

bone-dry adj bien seco(ca).

bone-idle *adj* haragán(ana), gandul(la).

boneless ['bəʊnlɪs] *adj* [meat] deshuesado(da); [fish] sin espinas.

bone marrow *n* tuétano *m*.

bone meal *n* harina *f* de huesos.

boner ['bəʊnəʳ] *n inf* metedura *f* de pata.

boneshaker ['bəʊnʃeɪkəʳ] *n inf* [car] cafetera *f*, tartana *f*; [bicycle] velocípedo *m*.

bonfire ['bɒnˌfaɪəʳ] *n* hoguera *f*.

bonfire night *n Br* noche del 5 de noviembre en que se encienden hogueras y fuegos artificiales.

bongo ['bɒŋgəʊ] (*pl* **bongos** OR **bongoes**) *n*: ~ **(drum)** bongó *m*.

bonhomie ['bɒnəmiː] *n* afabilidad *f*, bondad *f*.

bonito [bə'niːtəʊ] (*pl inv* OR **bonitos**) *n* bonito *m*.

Bonn [bɒn] *n* Bonn.

bonnet ['bɒnɪt] *n* - **1.** *Br* [of car] capó *m*. - **2.** [hat for women] toca *f*. - **3.** [cap for men] gorra *f* escocesa.

bonny ['bɒnɪ] (*compar* **bonnier**, *superl* **bonniest**) *adj Scot* majo(ja).

bonsai ['bɒnsaɪ] *n* bonsai *m*.

bonus ['bəʊnəs] (*pl* **bonuses**) *n* - **1.** [extra money] paga *f* extra, prima *f*, *fig* [advantage] beneficio *m* adicional. - **2.** [dividend] dividendo *m* extraordinario.

bonus issue *n Br* FIN emisión *f* gratuita de acciones.

bony ['bəʊnɪ] (*compar* **bonier**, *superl* **boniest**) *adj* - **1.** [person, hand] huesudo(da). - **2.** [meat] lleno(na) de huesos; [fish] espinoso(sa).

boo [buː] (*pl* **boos**) ◇ *excl* ¡bu! ◇ *n* abucheo *m*. ◇ *vt & vi* abuchear.

boob [buːb] *n inf* - **1.** [mistake] metedura *f* de pata. - **2.** [idiot] bobalicón *m*, -ona *f*. - **3.** *Br* [breast] teta *f*.

boo-boo ['buːbuː] (*pl* **boo-boos**) *n inf* [blunder] metedura *f* de pata.

boob tube *n* - **1.** *Br* [garment] ajustador *m*. - **2.** *Am inf* [television] caja *f* boba, tele *f*.

booby ['buːbɪ] (*pl* **boobies**) *n inf* - **1.** [fool] bobalicón *m*, -ona *f*. - **2.** [breast] teta *f*.

booby hatch *n* - **1.** NAUT cubierta *f* de una escotilla. - **2.** *Am inf* [mental hospital] manicomio *m*, casa *f* de los locos.

booby prize *n* premio otorgado al último o al peor.

booby trap *n* - **1.** [bomb] bomba *f* camuflada. - **2.** [type of prank] trampa *f* (broma).

◆ **booby-trap** *vt* poner una trampa explosiva en.

boodle ['buːdl] *n* - **1.** *Am inf* [money] dinero *m* falso OR falsificado. - **2.** [bribe] soborno *m*.

boogie ['buːgɪ] *inf* ◇ *n* baile *m*. ◇ *vi* bailar.

boogie-woogie [ˌ-wuːgɪ] *n* bugui-bugui *m*.

booing ['buːɪŋ] *n (U)* abucheos *mpl*.

book [bʊk] ◇ *n* - **1.** [for reading] libro *m* ❑ **to be a closed ~ (to sb)** *fig* ser un misterio (para alguien); **to bring sb to ~** *Br* pedir explicaciones OR cuentas a alguien; **to do sthg by the ~** hacer algo como mandan los cánones; **to go by the ~** proceder según las reglas OR según mandan los cánones; **to read sb like a ~** conocer bien OR a fondo a alguien; **to throw the ~ at sb** acusar a alguien de todo lo posible; **that suits my ~** *Br* me va perfecto, me va que ni pintado; **in my ~** en mi opinión, según mi criterio. - **2.** [of stamps] librillo *m*; [of tickets, cheques] talonario *m*; [of matches] cajetilla *f*. - **3.** [betting] (registro *m* de) apuestas *fpl*; **to make ~ on** aceptar apuestas sobre. - **4.** [script, libretto] libreto *m*. ◇ *vt* - **1.** [reserve - gen] reservar; [- performers, entertainers] contratar; **to be fully ~ed** estar completo(ta). - **2.** [register] anotar en un libro, inscribir. - **3.** *inf* [subj: police] multar. - **4.** *Br* FTBL amonestar. ◇ *vi* hacer reserva.

◆ **books** *npl* COMM libros *mpl*; **to do the ~s** hacer las cuentas ❑ **to be in sb's good/bad ~s** estar a bien/a mal con alguien; **to cook the ~s** *inf* alterar OR apañar las cuentas.

◆ **book in** *Br* ◇ *vt sep* hacer una reserva a. ◇ *vi* registrarse.

◆ **book out** ◇ *vi* dejar la habitación (de un hotel). ◇ *vt sep Br* [library book etc] sacar prestado(da).

◆ **book up** *vt sep*: **to be ~ed up** estar completo(ta).

bookable ['bʊkəbl] *adj Br* - **1.** [seats, tickets] reservable con antelación. - **2.** FTBL punible, merecedor(ra) de tarjeta.

bookbinder ['bʊkˌbaɪndəʳ] *n* encuadernador *m*, -ra *f*.

bookbindery ['bʊkˌbaɪndrɪ] (*pl* **bookbinderies**) *n* taller *m* de encuadernación.

bookbinding ['bʊkˌbaɪndɪŋ] *n* encuadernación *f*.

bookcase ['bʊkkeɪs] *n* estantería *f*.

book club *n* ≈ círculo *m* de lectores.

bookends ['bʊkendz] *npl* sujetalibros *mpl*.

Booker Prize ['bʊkə-] *n*: **the ~** prestigioso premio literario británico de novela.

bookie ['bʊkɪ] *n inf* corredor *m*, -ra *f* de apuestas.

booking ['bʊkɪŋ] *n* - **1.** *esp Br* [reservation] reserva *f*; [of performers, entertainers] contratación *f*. - **2.** *Br* FTBL amonestación *f*.

booking clerk *n esp Br* taquillero *m*, -ra *f*.

booking office *n esp Br* taquilla *f*.

bookish ['bʊkɪʃ] *adj* - **1.** [person] aficionado(da) a la lectura seria. - **2.** [author, style] libresco(ca).

bookkeeper ['bʊkˌkiːpəʳ] *n* contable *mf*.

bookkeeping ['bʊkˌkiːpɪŋ] *n* contabilidad *f*.

book learning *n (U)* erudición *f*.

booklet ['bʊklɪt] *n* folleto *m*.

bookmaker ['bʊkˌmeɪkəʳ] *n* corredor *m*, -ra *f* de apuestas.

bookmark ['bʊkmɑːk] *n* punto *m* (de libro).

bookmobile ['bʊkməbiːl] *n Am* bibliobús *m*, biblioteca *f* móvil OR ambulante.

Book of Common Prayer *n* liturgia *f* anglicana.

bookplate ['bʊkpleɪt] *n* ex libris *m inv*.

bookrack ['bʊkræk] *n* estante *m* para libros.

book review *n* reseña *f*, crítica *f*.

bookseller ['bʊkˌseləʳ] *n* librero *m*, -ra *f*.

bookshelf ['bʊkʃelf] (*pl* **bookshelves** [-ʃelvz]) *n* [shelf] estante *m*; [bookcase] estantería *f*, librero *m Amér*.

bookshop *Br* ['bʊkʃɒp], **bookstore** *Am* ['bʊkstɔːr] *n* librería *f*.

bookstall ['bʊkstɔːl] *n Br* puesto *m* de libros.

bookstore *n Am* = **bookshop**.

book token *n esp Br* vale *m* para comprar libros.

bookworm ['bʊkwɜːm] *n* - **1.** [insect] polilla *f* (que roe los libros). - **2.** *fig* [person] ratón *m* de biblioteca.

boom [buːm] ◇ *n* - **1.** [loud noise] estampido *m*, estruendo *m*. - **2.** ECON auge *m*, boom *m*. - **3.** NAUT botalón *m*. - **4.** [for TV camera, microphone] jirafa *f*. - **5.** [for crane] aguilón *m*, pescante *m*. ◇ *vi* - **1.** [make noise] tronar. - **2.** ECON estar en auge. ◇ *vt* - **1.** [roar] hacer tronar OR retumbar. - **2.** *Am* [develop] hacer prosperar rápidamente.

boom box *n Am inf* radiocasete *m*.

boomerang ['buːməræŋ] ◇ *n* bumerán *m*. ◇ *vi* ser contraproducente.

booming ['buːmɪŋ] ◇ *adj* - **1.** [sound] atronador(ra), retumbante. - **2.** [business] próspero(ra), floreciente. ◇ *n* [gen] estruendo *m*; [of guns, thunder] fragor *m*; [of waves] rugido *m*.

boon [buːn] *n* [blessing] ayuda *f*, bendición *f*.

boondocks ['buːndɒks] *npl Am inf*: **the ~** [backwoods] el quinto infierno; [wilderness] la selva OR jungla.

boondoggle ['buːndɒgl] *Am inf* ◇ *n* trabajo *m* inútil. ◇ *vi* despilfarrar tiempo y dinero.

boor [bʊəʳ] *n* grosero *m*, -ra *f*, bruto *m*, -ta *f*.

boorish ['bʊərɪʃ] *adj* grosero *m*, -ra *f*, bruto *m*, -ta *f*.

boost [buːst] ◇ *n* - **1.** [in profits, production] incremento *m*. - **2.** [to popularity, spirits] empujón *m*, estímulo *m*. ◇ *vt* - **1.** [increase] incrementar. - **2.** [improve] levantar.

booster ['buːstəʳ] *n* - **1.** MED: ~ **(shot)** vacuna *f* de recuerdo. - **2.** AERON: ~ **(rocket)** cohete *m* acelerador. - **3.** RADIO amplificador *m* de antena. - **4.** ELEC elevador *m* de voltaje. - **5.** *Am inf* [supporter] promotor *m*, -ra *f*, impulsor *m*, -ra *f*.

booster seat *n asiento especial de un coche para niños mayores de cuatro años.*

boot [bu:t] ◇ *n* - **1.** [item of footwear] bota *f*; [ankle boot] botín *m*; **to get the** ~ *inf fig* ser despedido(da); **to give sb the** ~ *inf fig* poner a alguien de patitas en la calle; **to lick sb's** ~**s** *inf fig* hacer la pelota a alguien; **to put the** ~ **in** *inf fig* [kick] dar patadas; *fig* [attack verbally] entrar a degüello, ensañarse. - **2.** *Br* [of car] maletero *m*, cajuela *f Amér.* - **3.** *inf* [kick] puntapié *m*, patada *f.* - **4.** [instrument of torture] calceta *f.* ◇ *vt* - **1.** *inf* [kick] dar una patada a. - **2.** [equip with boots] calzar. - **3.** COMPUT cargar.

◆ **to boot** *adv* además.

◆ **boot out** *vt sep inf* echar, poner (de patitas) en la calle.

◆ **boot up** *vt sep* = **boot** *vt sense 3.*

bootblack ['bu:tblæk] *n* limpiabotas *mf inv.*

boot camp *n Am inf* MIL campamento *m* de reclutas.

bootee ['bu:ti:] *n* [for babies] patuco *m.*

booth [bu:ð] *n* - **1.** [at fair] puesto *m.* - **2.** [for phoning, voting] cabina *f.*

bootie ['bu:ti:] *n* = **bootee.**

bootlace ['bu:tleɪs] *n* cordón *m* (de bota).

bootleg ['bu:t,leg] (*pt & pp* **bootlegged**, *cont* **bootlegging**) *inf* ◇ *adj* [recording] pirata; [whisky] de contrabando. ◇ *n* [gen] contrabando *m*; [record, cassette] grabación *f* pirata. ◇ *vt* [whisky] contrabandear; [recording] piratear.

bootlegger ['bu:t,legər] *n inf* contrabandista *mf.*

bootless ['bu:tlɪs] *adj* - **1.** [without boots] sin botas. - **2.** *literary* [fruitless] inútil, infructuoso(sa).

bootlick ['bu:tlɪk] *vi inf* adular, hacer la pelotilla.

bootlicker ['bu:t,lɪkər] *n inf* pelota *mf.*

bootmaker ['bu:t,meɪkər] *n* zapatero *m*, -ra *f.*

boot polish *n* betún *m.*

bootstrap ['bu:tstræp] ◇ *n* oreja *f* OR tirante *m* (de la bota); **by one's** ~**s** *fig* por sí mismo (por sí misma), sin ayuda de nadie. ◇ *comp:* ~ **program** COMPUT programa *m* cargador.

booty ['bu:tɪ] *n* botín *m.*

booze [bu:z] *inf* ◇ *n* (U) bebida *f*, alcohol *m.* ◇ *vi* pimplar, empinar el codo.

boozer ['bu:zər] *n inf* - **1.** [person] borracho *m*, -cha *f*, curda *mf Amér.* - **2.** *Br* [pub] ≃ bareto *m*, ≃ tasca *f.*

bop [bɒp] (*pt & pp* **bopped**, *cont* **bopping**) ◇ *n* - **1.** *inf* [blow] castañazo *m.* - **2.** [dance] baile *m.* - **3.** [jazz style] bop *m.* ◇ *vt inf* cascar. ◇ *vi* bailar.

boracic [bə'ræsɪk] *adj* = **boric.**

Bordeaux [bɔ:'dəu] *n* [region] Burdeos; [wine] burdeos *m.*

border ['bɔ:dər] ◇ *n* - **1.** [between countries] frontera *f.* - **2.** [edge] borde *m*, banda *f.* - **3.** [in garden] parterre *m*, arriate *m.* - **4.** [edging - of dress, handkerchief] orla *f*, ribete *m*; [- of plate, notepaper] cenefa *f.* ◇ *vt* - **1.** [country] limitar con. - **2.** [edge] bordear.

◆ **border on** *vt fus* - **1.** [verge on] rayar en. - **2.** [adjoin] lindar con.

Border collie *n especie de collie o pastor escocés de pelaje blanco y negro.*

borderland ['bɔ:dələænd] *n* - **1.** [land] zona *f* fronteriza. - **2.** [indefinite area] zona *f* imprecisa.

borderline ['bɔ:dəlaɪn] ◇ *adj:* **a** ~ **case** un caso dudoso. ◇ *n fig* frontera *f*, límite *m.*

Borders ['bɔ:dəz] *npl:* **the** ~ *región del sudeste escocés fronteriza con Inglaterra.*

bore [bɔ:ʳ] ◇ *pt* → **bear.** ◇ *n* - **1.** *pej* [person] pelmazo *m*, -za *f*, pesado *m*, -da *f*; [situation, event] rollo *m*, lata *f.* - **2.** [of gun] calibre *m.* - **3.** [hole] agujero *m.* ◇ *vt* - **1.** [not interest] aburrir; **to** ~ **sb stiff** OR **to tears** OR **to death** *fig* aburrir a alguien un montón. - **2.** [drill] taladrar, horadar. ◇ *vi* taladrar, barrenar.

boreal ['bɒrɪəl] *adj* boreal, septentrional.

bored [bɔ:d] *adj* aburrido(da); **to be** ~ **with sthg** estar harto(ta) de algo ❑ **to be** ~ **stiff** OR **to tears** OR **to death** aburrirse como una ostra.

boredom ['bɔ:dəm] *n* aburrimiento *m.*

borehole ['bɔ:həul] *n* perforación *f.*

borer ['bɔ:rəʳ] *n* - **1.** [person] perforador *m*, -ra *f*; [tool] barrena *f*, taladro *m*; [machine] perforadora *f.* - **2.** [insect] barrenillo *m.*

boric ['bɔ:rɪk] *adj* bórico(ca).

boride ['bɔ:raɪd] *n* boruro *m.*

boring ['bɔ:rɪŋ] ◇ *adj* aburrido(da), cansador(ra) *Amér.* ◇ *n* perforación *f.*

born [bɔ:n] *adj* - **1.** [given life] nacido(da); **the Republican Party was** ~ **in 1854** el partido republicano nació en 1854; **his Russian-**~ **wife** su esposa de origen ruso; **to be** ~ nacer; ~ **and bred** nacido y criado (nacida y criada) ❑ **I wasn't** ~ **yesterday** no he nacido ayer, no soy tan ingenuo(nua). - **2.** [natural] nato(ta); **she's a** ~ **artist** es una artista nata.

born-again *adj* converso(sa) (*particularmente a un culto evangélico*).

borne [bɔ:n] *pp* → **bear.**

Bornean ['bɔ:nɪən] ◇ *adj* de Borneo. ◇ *n* natural o habitante de Borneo.

Borneo ['bɔ:nɪəu] *n* Borneo.

boron ['bɔ:rɒn] *n* boro *m.*

borough ['bʌrə] *n* [area of town] distrito *m*; [town] municipio *m.*

borough council *n* ≃ junta *f* municipal de distrito.

borrow ['bɒrəu] ◇ *vt* - **1.** [gen] pedir prestado(da); **to** ~ **sthg from sb** coger OR tomar algo prestado a alguien; **can I** ~ **your bike?** ¿me prestas tu bici? - **2.** MATH **I** ~ **one** le subo uno. ◇ *vi* pedir créditos.

borrower ['bɒrəuəʳ] *n* prestatario *m*, -ria *f*; **neither a** ~ **nor a lender be** *proverb* no andes pidiendo ni prestando.

borrowing ['bɒrəuɪŋ] *n* - **1.** (U) [of money] préstamos *mpl.* - **2.** LING préstamo *m.*

borstal ['bɔ:stl] *n Br* correccional *m*, reformatorio *m.*

bosh [bɒʃ] *n* (U) *inf dated* [nonsense] necedades *fpl.*

Bosnia ['bɒznɪə] *n* Bosnia.

Bosnia-Herzegovina [-,heətsəgə'vi:nə] *n* Bosnia-Herzegovina.

Bosnian ['bɒznɪən] ◇ *adj* bosnio(nia). ◇ *n* bosnio *m*, -nia *f.*

bosom ['buzəm] ◇ *n* - **1.** [of woman] busto *m*, pecho *m.* - **2.** [of garment] pechera *f*, pecho *m.* - **3.** *fig* [centre of emotions] seno *m.* ◇ *comp:* ~ **friend** amigo *m*, -ga *f* del alma.

Bosporus ['bɒspərəs], **Bosphorus** ['bɒsfərəs] *n:* **the** ~ el Bósforo.

boss [bɒs] ◇ *n* - **1.** [person in charge] jefe *m*, -fa *f*; **to be one's own** ~ *fig* trabajar por cuenta propia. - **2.** [protuberance] bulto *m*, protuberancia *f.* - **3.** [stud] tachón *m*, bollón *m.* - **4.** [in roof] almohadilla *f*, crucería *f.* ◇ *vt pej* mangonear, dar órdenes a.

◆ **boss about, boss around** *vt sep pej* mangonear, dar órdenes a.

bossily ['bɒsɪlɪ] *adv inf* de un modo autoritario.

bossy ['bɒsɪ] (*compar* **bossier**, *superl* **bossiest**) *adj* mandón(ona).

Boston ['bɒstn] *n* Boston.

Bostonian [bɒ'stəunjən] ◇ *adj* de Boston. ◇ *n* natural o habitante de Boston.

bosun ['bəusn] *n* = **boatswain.**

Bosworth Field ['bɒzwɜ:θ-] *n:* **the Battle of** ~ la batalla de Bosworth, *batalla de 1485 que puso fin a la guerra de las Dos Rosas.*

botanic(al) [bə'tænɪk(l)] *adj* botánico(ca).

botanical garden *n* jardín *m* botánico.

botanist ['bɒtənɪst] *n* botánico *m*, -ca *f*, botanista *mf.*

botany ['bɒtənɪ] *n* botánica *f.*

botch [bɒtʃ] *n inf* chapuza *f*, chapucería *f.*

◆ **botch up** *vt sep inf* estropear, hacer chapuceramente.

both [bəuθ] ◇ *adj* los dos (las dos), ambos(bas). ◇ *pron:* ~

(of them) los dos (las dos), ambos *mpl*, -bas *fpl*; ~ **of us are coming** vamos los dos; ~ **of you** vosotros(tras) dos. ◇ *adv*: **she is** ~ **sensitive and intelligent** es sensible e inteligente; ~ **in summer and in winter** tanto en invierno como en verano.

bother ['bɒðər] ◇ *vt* - **1.** [worry] preocupar; [irritate] fastidiar, fregar *Amér*; **I/she can't be** ~**ed to do it** no tengo/tiene ganas de hacerlo. - **2.** [pester] molestar; **I'm sorry to** ~ **you...** perdona que te moleste... ◇ *vi*: **to** ~ **(doing or to do sthg)** molestarse (en hacer algo); **she didn't even** ~ **to phone** ni siquiera se preocupó de llamar; **to** ~ **about** preocuparse por. ◇ *n* - **1.** (U) [inconvenience] problema *m*. - **2.** [pest, nuisance] molestia *f*. - **3.** (U) *Br inf* [fighting]: **there was a bit of** ~ **down at the pub last night** ayer noche hubo bronca en el pub.

bothered ['bɒðəd] *adj* preocupado(da).

bothersome ['bɒðəsəm] *adj* molesto(ta), fastidioso(sa).

Bothnia ['bɒθnɪə] *n* Botnia.

Botswana [bɒ'tswɑːnə] *n* Botsuana.

bottle ['bɒtl] ◇ *n* - **1.** [gen] botella *f*; **to hit the** ~ *fig* darle a la botella or a la bebida. - **2.** [of shampoo, medicine - plastic] bote *m*; [- glass] frasco *m*. - **3.** [for baby] biberón *m*. - **4.** (U) *Br inf* [courage] agallas *fpl*, arrestos *mpl*; **he lost his** ~ le entró el canguelo. ◇ *vt* - **1.** [wine] embotellar. - **2.** [fruit] envasar.
◆ **bottle out** *vi Br inf* achantarse, rajarse.
◆ **bottle up** *vt sep* reprimir, tragarse.

bottle bank *n* contenedor *m* de vidrio (*para reciclaje*).

bottled ['bɒtld] *adj* embotellado(da).

bottle-fed *adj* criado(da) con biberón.

bottle-feed *vt* criar con biberón.

bottle green *n* verde *m* botella.
◆ **bottle-green** *adj* verde botella (*inv*).

bottleneck ['bɒtlnek] *n* - **1.** [in traffic] embotellamiento *m*. - **2.** [in production] cuello *m* de botella, freno *m*.

bottle-opener *n* abridor *m*, abrebotellas *m inv*.

bottle party *n* fiesta a la que los invitados traen bebida.

bottler ['bɒtlər] *n* embotellador *m*, -ra *f*.

bottle rack *n* botellero *m*.

bottom ['bɒtəm] ◇ *adj* - **1.** [lowest] más bajo (más baja), de abajo del todo. - **2.** [least successful] peor. ◇ *n* - **1.** [lowest part - of glass, bottle] culo *m*; [- of bag, mine, sea] fondo *m*; [- of ladder, hill] pie *m*; [- of page, list] final *m*; **the** ~ **has fallen out of the market** el mercado ha tocado fondo ❑ **from the** ~ **of my heart** de todo corazón. - **2.** [farthest point] final *m*, fondo *m*. - **3.** [last place]: **he's (at the** ~ **of his class** es el último de la clase. - **4.** [buttocks] culo *m*, trasero *m*, traste *m Amér*. - **5.** [root]: **at the** ~ **of** detrás de; **to get to the** ~ **of** llegar al fondo de. - **6.** [of two-piece garment] parte *f* de abajo; **pyjama** ~**s** los pantalones del pijama. ◇ *vi* [ship] tocar fondo.
◆ **bottom out** *vi* tocar fondo.

bottom drawer *n Br*: **she's collecting things for her** ~ está reuniendo cosas para el ajuar.

bottomless ['bɒtəmlɪs] *adj* - **1.** [very deep] sin fondo, insondable. - **2.** [endless] inagotable.

bottom line *n* - **1.** *fig* [final outcome]: **the** ~ **is...** a fin de cuentas... - **2.** FIN balance *m*.

bottommost ['bɒtəmməʊst] *adj* más bajo (más baja).

botulism ['bɒtjʊlɪzm] *n* botulismo *m*.

boudoir ['buːdwɑːr] *n* tocador *m*.

bouffant ['buːfɔːn] *adj* [hairstyle] crespado(da), ahuecado(da); [sleeve] ablusado(da).

bougainvill(a)ea [ˌbuːgən'vɪlɪə] *n* buganvilla *f*.

bough [baʊ] *n* rama *f*.

bought [bɔːt] *pt & pp* → **buy**.

bouillon ['buːjɒn] *n* caldo *m*.

boulder ['bəʊldər] *n* canto *m* rodado.

boulevard ['buːləvɑːd] *n* bulevar *m*.

bounce [baʊns] ◇ *vi* - **1.** [gen] rebotar. - **2.** [person]: **to** ~ **(on sthg)** dar botes (en algo); **to** ~ **into** - **3.** [person]: **to** ~ **(on sthg)** dar botes (en algo); **to** ~ **into**

the room irrumpir en el cuarto. - **4.** *inf* [cheque] ser rechazado(da) por el banco. ◇ *vt* - **1.** [cause to spring] botar. - **2.** *inf* [throw out] echar. ◇ *n* bote *m*.
◆ **bounce back** *vi inf* recuperarse.

bouncer ['baʊnsər] *n inf* gorila *m* (de un local).

bouncing ['baʊnsɪŋ] *adj* [healthy] robusto(ta), fuerte.

bouncy ['baʊnsɪ] (*compar* **bouncier**, *superl* **bounciest**) *adj* - **1.** [person] animado(da), dinámico(ca). - **2.** [mattress] elástico(ca). - **3.** [ball] que bota muy bien.

bound [baʊnd] ◇ *pt & pp* → **bind**. ◇ *adj* - **1.** [certain]: **it's** ~ **to happen** seguro que pasa (eso); **if you continue searching, you are** ~ **to find the answer** si sigues buscando seguro que encuentras la respuesta. - **2.** [obliged]: ~ **(by sthg/to do sthg)** obligado(da) (por algo/a hacer algo); **I'm** ~ **to say** tengo que decir. - **3.** [connected]: ~ **up with** absorbido(da) por, entregado(da) a. - **4.** [for place]: **to be** ~ **for** ir rumbo a. - **5.** [tied] atado(da), amarrado(da). - **6.** [book] encuadernado(da). ◇ *n* salto *m*. ◇ *vt*: **to be** ~**ed by** estar rodeado(da) de. ◇ *vi* ir dando saltos.
◆ **bounds** *npl* [limits] límites *mpl*; **his joy knew no** ~**s** su alegría no tenía límites; **to keep sthg within** ~**s** mantener algo a raya; **to be out of** ~**s** [gen] ser zona prohibida; SPORT estar fuera del terreno de juego.

boundary ['baʊndərɪ] (*pl* **boundaries**) *n* [gen] límite *m*; [between countries] frontera *f*.

boundary stone *n* mojón *m*, hito *m*.

boundless ['baʊndlɪs] *adj* ilimitado(da).

bountiful ['baʊntɪfʊl], **bounteous** ['baʊntɪəs] *adj literary* - **1.** [person] pródigo(ga). - **2.** [supply] generoso(sa).

bounty ['baʊntɪ] *n* - **1.** *literary* [generosity] magnificencia *f*, generosidad *f*. - **2.** [gift] regalo *m*. - **3.** [reward] recompensa *f*, gratificación *f*.

bounty hunter *n* cazador *m*, -ra *f* de recompensas, cazarrecompensas *mf inv*.

bouquet [bʊ'keɪ] *n* - **1.** [of flowers] ramo *m*. - **2.** [of wine] buqué *m*, aroma *m*.

bouquet garni [-gɑː'niː] *n* ramillete *m* de hierbas.

bourbon ['bɜːbən] *n* bourbon *m*.

Bourbon ['bʊəbən] *n* Borbón *m*.

bourgeois ['bɔːʒwɑː] *adj pej* burgués(esa).

bourgeoisie [ˌbɔːʒwɑː'ziː] *n* - **the** ~ la burguesía.

bout [baʊt] *n* - **1.** [attack] ataque *m*, acceso *m*. - **2.** [session] racha *f*. - **3.** [boxing match] pelea *f*, combate *m*.

boutique [buː'tiːk] *n* boutique *f*.

bovine ['bəʊvaɪn] ◇ *adj* - **1.** ZOOL bovino(na). - **2.** *fig* [dull] lento(ta). ◇ *n* bovino *m*.

bow¹ [baʊ] ◇ *n* - **1.** [act of bowing] reverencia *f*; **to take a** ~ [actor] saludar. - **2.** [of ship] proa *f*. - **3.** [oarsman] remero *m* de proa. ◇ *vt* inclinar. ◇ *vi* - **1.** [make a bow] inclinarse. - **2.** [defer]: **to** ~ **to sthg** ceder or doblegarse ante algo. - **3.** [stoop] inclinarse; [under load] doblegarse.
◆ **bow down** *vi* doblegarse.
◆ **bow out** *vi* retirarse.

bow² [bəʊ] ◇ *n* - **1.** [weapon, musical instrument, curve] arco *m*. - **2.** [knot] lazo *m*. ◇ *vi* MUS tocar con arco.

bowdlerize, -ise ['baʊdləraɪz] *vt pej* expurgar.

bowed [baʊd] *adj* [back] encorvado(da), gacho(cha).

bowel ['baʊəl] ◇ *n* intestino *m*. ◇ *comp*: ~ **movement** evacuación *f*.
◆ **bowels** *npl lit & fig* entrañas *fpl*; **to move one's** ~**s** hacer de vientre.

bower ['baʊər] *n* - **1.** [arbour] cenador *m*, emparrado *m*. - **2.** *literary* [cottage] casa *f* rústica. - **3.** *literary* [boudoir] tocador *m*.

bowing¹ ['baʊɪŋ] *n* (U) [greeting] reverencias *fpl*; ~ **and scraping** *fig* servilismo *m*.

bowing² ['bəʊɪŋ] *n* MUS técnica *f* (del uso) del arco.

bowl [bəʊl] ◇ *n* - **1.** [gen] cuenco *m*, bol *m*; [for soup] tazón *m*; [for washing clothes] barreño *m*, balde *m*. - **2.** [of toilet]

taza *f*; [of pipe] cazoleta *f*; [of spoon] cuenco *m*, pala *f*; [of fountain] pila *f*. - **3.** GEOGR cuenca *f*. - **4.** *Am* [stadium] estadio *m*. - **5.** [ball] bocha *f*. ◇ *vt* - **1.** [ball] lanzar. - **2.** [score] marcar. ◇ *vi* - **1.** [in cricket] lanzar la bola. - **2.** [play bowls] jugar a las bochas; [play tenpin bowling] jugar a los bolos. - **3.** [move quickly] deslizarse, rodar a buen ritmo; **the bus ~ed along the road** el autobús se deslizaba por la carretera.
◆ **bowls** *n* (*U*) bochas *fpl*.
◆ **bowl over** *vt sep* - **1.** [knock over] atropellar. - **2.** *inf fig* [surprise, impress] dejar boquiabierto(ta).

bow-legged [bəʊ-] *adj* patizambo(ba), estevado(da).

bow legs [bəʊ-] *npl* piernas *fpl* arqueadas.

bowler ['bəʊləʳ] *n* - **1.** CRICKET lanzador *m*, -ra *f*. - **2.** [in bowls] jugador *m*, -ra *f* de bochas; [in tenpin bowling] jugador *m*, -ra *f* de bolos. - **3.** [hat]: ~ **(hat)** bombín *m*, sombrero *m* hongo, tongo *m* *Amér*.

bowlful ['bəʊlfʊl] *n* cuenco *m*.

bowline ['bəʊlɪn] *n* [rope] bolina *f*; [knot] nudo *m* marinero.

bowling ['bəʊlɪŋ] *n* - **1.** (*U*) [tenpin bowling] bolos *mpl*. - **2.** [bowls] bochas *fpl*.

bowling alley *n* - **1.** [building] bolera *f*. - **2.** [alley] calle *f*.

bowling green *n* campo de césped para jugar a las bochas.

bowman[1] ['bəʊmən] (*pl* **bowmen** [-mən]) *n* NAUT remero *m* de proa.

bowman[2] ['bəʊmən] (*pl* **bowmen** [-mən]) *n* [archer] arquero *m*.

bowstring ['bəʊstrɪŋ] *n* cuerda *f* de un arco.

bow tie [bəʊ-] *n* pajarita *f*.

bow window [bəʊ-] *n* mirador *m*.

bow-wow [baʊ'waʊ] *n* guauguau *m*.

box [bɒks] ◇ *n* - **1.** [container, boxful] caja *f*; [for jewels] estuche *m*. - **2.** [pigeonhole, rectangle] casilla *f*; [enclosed printed matter] recuadro *m*; **put an x in the correct ~** ponga una x en la casilla correspondiente. - **3.** [compartment] compartimento *m*; [in stable] cajón *m*; [of coachman] pescante *m*; [of guardsman] garita *f*, caseta *f*. - **4.** THEATRE palco *m*. - **5.** [in baseball] cuadrado *m* del bateador. - **6.** [postal address] apartado *m* de correos. - **7.** [blow]: **a ~ on the ear** un cachete. - **8.** BOT boj *m*. - **9.** *Br inf* [television]: **the ~** la caja tonta. ◇ *vt* - **1.** BOXING boxear con. - **2.** [hit] dar un cachete en; **to ~ sb's ears** pegarle un cachete a alguien. - **3.** [put in boxes] meter en cajas. ◇ *vi* boxear.
◆ **box in** *vt sep* - **1.** [cut off] encerrar, encajonar. - **2.** [build a box around] proteger con una caja.
◆ **box up** *vt sep* - **1.** [pack up] empaquetar. - **2.** [surround] encerrar.

box calf *n* becerro *m* curtido.

box camera *n* cámara *f* fotográfica de cajón.

boxcar ['bɒkskaːʳ] *n* *Am* vagón *m* OR furgón *m* de mercancías.

boxed [bɒkst] *adj* presentado(da) en una caja.

box end wrench *n* *Am* llave *f* (fija) de estrella.

boxer ['bɒksəʳ] *n* - **1.** [fighter] boxeador *m*, púgil *m*. - **2.** [dog] bóxer *m*.

boxer shorts *npl* calzón *m* (de boxeo).

boxing ['bɒksɪŋ] *n* boxeo *m*, box *m* *Amér*.

Boxing Day *n* el 26 de diciembre (salvo domingos), fiesta nacional en Inglaterra y Gales en que tradicionalmente se da el aguinaldo.

boxing glove *n* guante *m* de boxeo.

boxing ring *n* ring *m*, cuadrilátero *m*.

box junction *n* *Br* parrilla *f* (en un cruce).

box kite *n* cometa con un armazón en forma de caja y abierta por los dos extremos.

box number *n* apartado *m* de correos.

box office *n* taquilla *f*, boletería *f* *Amér*; **a ~ success** un éxito de taquilla.

boxroom ['bɒksrʊm] *n* *Br* trastero *m*.

box spanner *n* llave *f* de tubo.

boxwood ['bɒkswʊd] *n* (madera *f* de) boj *m*.

boy [bɔɪ] ◇ *n* - **1.** [male child] chico *m*, niño *m*, pibe *m* *Amér*. - **2.** *inf* [young man] chaval *m*. - **3.** *inf* [fellow] muchacho *m*; **he's going out with the ~s** se va de parranda con los amigos ❑ **the ~s in blue** *inf* [police] la poli, la pasma. - **4.** *pej* [servant] sirviente *m*. ◇ *excl*: **(oh) ~!** ¡jolín!, ¡vaya, vaya!

boycott ['bɔɪkɒt] ◇ *n* boicot *m*. ◇ *vt* boicotear.

boyfriend ['bɔɪfrend] *n* novio *m*, pololo *m* *Amér*.

boyhood ['bɔɪhʊd] *n* niñez *f*, infancia *f*.

boyish ['bɔɪɪʃ] *adj* - **1.** [man] juvenil. - **2.** [woman, figure] masculino(na).

Boy's Brigade *n* organización protestante británica de escultismo (scouts) para chicos.

boy scout *n* (boy) scout *m*.

bozo ['bəʊzəʊ] (*pl* **bozos**) *n* *inf* tonto *m*, -ta *f*, bobo *m*, -ba *f*.

Bp (*written abbr of* **Bishop**) Ob.

Br (*written abbr of* **brother**) [preceding name of monk] Hno.

BR (*abbr of* **British Rail**) *n* ferrocarriles británicos, ≈ Renfe *f*.

bra [braː] *n* sujetador *m*, ajustadores *mpl* *Amér*.

Brabant [brə'bænt] *n* Brabante.

brace [breɪs] (*pl sense 3 inv*) ◇ *n* - **1.** (*also pl*) [on teeth] aparato *m* corrector. - **2.** [on leg] aparato *m* ortopédico. - **3.** [pair] par *m*. - **4.** CONSTR [clamp] abrazadera *f*. - **5.** TECH [drill]: ~ **(and bit)** berbiquí *m*. - **6.** TYPO llave *f*. ◇ *vt* - **1.** [steady] tensar; **to ~ o.s. (for)** *lit & fig* prepararse (para). - **2.** [support] apuntalar, reforzar. - **3.** [strengthen] asegurar.
◆ **braces** *npl* *Br* [for trousers] tirantes *mpl*, tiradores *mpl* *Amér*.

bracelet ['breɪslɪt] *n* brazalete *m*, pulsera *f*.

bracer ['breɪsəʳ] *n* *inf* [drink] bebida *f* estimulante, reconstituyente *m*.

bracing ['breɪsɪŋ] ◇ *adj* tonificante. ◇ *n* CONSTR apuntalamiento *m*.

bracken ['brækn] *n* helecho *m*.

bracket ['brækɪt] ◇ *n* - **1.** [support] escuadra *f*, palomilla *f*; [of lamp] brazo *m*; ARCHIT ménsula *f*. - **2.** [parenthesis - round] paréntesis *m inv*; [- square] corchete *m*; [- brace] llave *f*; **in ~s** entre paréntesis. - **3.** [group] sector *m*, banda *f*. ◇ *vt* - **1.** [enclose in brackets] poner entre paréntesis. - **2.** [group]: **to ~ sthg/sb (together) with** agrupar algo/a alguien (junto) con.

brackish ['brækɪʃ] *adj* salino(na), salobre.

bract [brækt] *n* bráctea *f*.

brad [bræd] *n* puntilla *f*, clavito *m*.

bradawl ['brædɔːl] *n* lezna *f*.

brag [bræg] (*pt & pp* **bragged**, *cont* **bragging**) ◇ *vi* fanfarronear, jactarse, compadrear *Amér*. ◇ *n* - **1.** [boast] fanfarronada *f*. - **2.** [boaster] fanfarrón *m*, -ona *f*.

braggadocio [brægə'dəʊʃɪəʊ] *n* fanfarronería *f*.

braggart ['brægət], **bragger** ['brægəʳ] *n* fanfarrón *m*, -ona *f*.

Brahma ['brɑːmə] *n* Brahma *m*.

Brahman ['brɑːmən] *n* bramán *m*, brahmán *m*.

Brahmanism ['brɑːmənɪzm] *n* brahmanismo *m*.

Brahmin ['brɑːmɪn] *n* brahmán *m*.

braid [breɪd] ◇ *n* - **1.** [on uniform] galón *m*. - **2.** [hairstyle] trenza *f*. ◇ *vt* - **1.** [plait] trenzar. - **2.** [decorate] galonear.

braided ['breɪdɪd] *adj* [clothing, hair] trenzado(da).

braille [breɪl] *n* braille *m*.

brailled [breɪld] *adj* en braille.

brain [breɪn] ◇ *n* *lit & fig* cerebro *m*; **to blow sb's ~s out** *fig* levantar la tapa de los sesos a alguien; **to have sthg on the ~** *fig* tener algo metido en la cabeza. ◇ *vt inf* [hit] romper la crisma a.
◆ **brains** ◇ *npl* [intelligence] cerebro *m*, seso *m*; **to beat** OR **rack one's ~s** *fig* devanarse los sesos; **to pick sb's ~s** *fig* recurrir a los conocimientos de alguien. ◇ *n inf* [organizer] cerebro *m*.

brainchild ['breɪn,tʃaɪld] *n inf* invención *f*, idea *f*.

brain death *n* muerte *f* cerebral.

brain drain *n* fuga *f* de cerebros.

brainless ['breɪnlɪs] *adj* insensato(ta), estúpido(da).

brainpower ['breɪnˌpaʊəʳ] *n* inteligencia *f*, poder *m* mental.

brainstorm ['breɪnstɔːm] *n* - **1.** *Br* [moment of aberration] momento *m* de atontamiento OR estupidez. - **2.** *Am* [brilliant idea] idea *f* genial, genialidad *f*.

brainstorming ['breɪnˌstɔːmɪŋ] *n*: ~ **session** torbellino *m* de ideas, *reunión para solucionar un problema en la que todos sugieren el mayor número de ideas posible en poco tiempo.*

brains trust *n Br* [panel of experts] grupo *m* de expertos.

brain surgeon *n* neurocirujano *m*, -na *f*.

brainteaser ['breɪnˌtiːzəʳ] *n* rompecabezas *m inv.*

brain trust *n Am* [advisory panel] grupo *m* de consejeros expertos.

brainwash ['breɪnwɒʃ] *vt* lavar el cerebro a.

brainwashing ['breɪnwɒʃɪŋ] *n* lavado *m* de cerebro.

brainwave ['breɪnweɪv] *n* - **1.** [brilliant idea] idea *f* genial. - **2.** PHYSIOL onda *f* cerebral.

brainy ['breɪnɪ] *(compar* **brainier,** *superl* **brainiest)** *adj inf* listo(ta).

braise [breɪz] *vt* cocer a fuego lento.

braising beef ['breɪzɪŋ-] *n* carne *f* de buey para brasear OR estofar.

brake [breɪk] ◇ *n lit* freno *m*; **to jam on the ~s** frenar en seco ❑ **to put a ~ on sthg** poner freno a algo. ◇ *vi* frenar.

brake band *n* cinta *f* de freno.

brake drum *n* tambor *m* de freno.

brake fluid *n* líquido *m* de frenos.

brake horsepower *n* potencia *f* en caballos de vapor.

brake light *n* luz *f* de freno.

brake lining *n* forro *m* del freno.

brake pedal *n* pedal *m* del freno.

brake shoe *n* zapata *f* del freno.

braking ['breɪkɪŋ] *n* frenado *m*.

braking distance *n* distancia *f* de seguridad.

bramble ['bræmbl] *n* [bush] zarza *f*, zarzamora *f*; [fruit] mora *f*.

bran [bræn] *n* salvado *m*.

branch [brɑːntʃ] ◇ *n* - **1.** [of tree, subject, family] rama *f*. - **2.** [of river] afluente *m*; [of railway] ramal *m*; [of road] bifurcación *f*; [of candlestick] brazo *m*. - **3.** [of company, bank] sucursal *f*. - **4.** COMPUT transferencia *f* condicional. - **5.** *Am* [stream] arroyo *m*. ◇ *vi* - **1.** [road, river] bifurcarse. - **2.** [trees] echar ramas.

◆ **branch off** *vi* desviarse.

◆ **branch out** *vi* [person] ampliar horizontes; [firm] expandirse, diversificarse.

branch line *n* ramal *m*.

branch office *n* sucursal *f*.

brand [brænd] ◇ *n* - **1.** [of product] marca *f*; *fig* [type] tipo *m*, estilo *m*. - **2.** [on cattle] hierro *m*. - **3.** [burning wood] tizón *m*, tea *f*. ◇ *vt* - **1.** [cattle] marcar (con hierro). - **2.** *fig* [classify]: **to ~ sb (as sthg)** tildar a alguien (de algo).

Brandenburg ['brændənbɜːɡ] *n* Brandeburgo.

brand image *n* imagen *f* de la marca.

branding ['brændɪŋ] *n* herradero *m*, hierra *f*.

branding iron *n* hierro *m* candente OR de marcar.

brandish ['brændɪʃ] ◇ *vt* [weapon] blandir; [letter etc] agitar. ◇ *n* ademán *m* provocativo OR desafiante.

brand leader *n* marca *f* líder OR puntera.

brand loyalty *n* lealtad *f* a una marca.

brand name *n* marca *f*.

brand-new *adj* flamante.

Brand's Hatch *n circuito de automovilismo ubicado en Kent, Inglaterra.*

brandy ['brændɪ] *(pl* **brandies)** *n* - **1.** [made from grapes] coñac *m*, brandy *m*. - **2.** [made of fruit] aguardiente *m*.

brandy butter *n Br* crema a base de mantequilla, azúcar y brandy para aderezar postres.

brandy snap *n Br* barquillo *m* relleno de crema.

bran loaf *n* pan *m* de salvado.

bran tub *n Br juego de feria o de fiestas en el que se sacan premios de un recipiente lleno de salvado.*

brash [bræʃ] *adj* - **1.** *pej* [impudent] insolente. - **2.** [rash] impetuoso(sa).

Brasilia [brəˈzɪljə] *n* Brasilia.

brass [brɑːs] *n* - **1.** [metal] latón *m*. - **2.** MUS: **the** ~ el metal. - **3.** *Br inf* [nerve] cara *f*, descaro *m*. - **4.** *Br inf* [money] pasta *f Esp*, plata *f Amér.* - **5.** *phr*: **as bold as** ~ *Br* con más cara que espalda, con mucha cara.

brass band *n* banda *f* de metal.

brasserie ['bræsəri] *n* restaurante *m*.

brass farthing *n Br inf*: **it's not worth a** ~ no vale un duro OR real.

brass hat *n inf* oficial *m* de estado mayor.

brassiere [*Br* 'bræsiəʳ, *Am* brəˈzɪr] *n* sostén *m*, sujetador *m*.

brass knuckles *npl Am* puño *m* americano *Esp*, manopla *f Amér.*

brass rubbing *n* [picture, action] *grabado sobre latón por frotamiento.*

brass tacks *npl inf*: **to get down to** ~ ir al grano.

brassy ['brɑːsɪ] *(compar* **brassier,** *superl* **brassiest)** *adj* - **1.** [colour] cobre *(inv)*; [sound] metálico(ca). - **2.** *inf* [brazen] caradura, descarado(da).

brat [bræt] *n inf pej* mocoso *m*, -sa *f*.

brat pack *n* camada *f* de jóvenes promesas.

bravado [brəˈvɑːdəʊ] *n* bravuconería *f*.

brave [breɪv] ◇ *adj* - **1.** [courageous] valiente. - **2.** [splendid] magnífico(ca), espléndido(da). ◇ *n* guerrero *m* indio. ◇ *npl*: **the** ~ los valientes. ◇ *vt* [weather, storm] desafiar; [sb's anger] hacer frente a.

◆ **brave out** *vt sep* enfrentarse a, plantar cara a.

bravely ['breɪvlɪ] *adv* valientemente.

bravery ['breɪvərɪ] *n* valentía *f*.

bravo [brɑːˈvəʊ] *excl* ¡bravo!

bravura [brəˈvʊərə] *n* - **1.** [show of skill] ejecución *f* brillante. - **2.** [show of daring] arrojo *m*.

brawl [brɔːl] ◇ *n* - **1.** [fight] gresca *f*, reyerta *f*. - **2.** *Am inf* [party] fiestón *m*, fiesta *f* ruidosa. ◇ *vi* pelear.

brawler ['brɔːləʳ] *n* camorrista *mf*.

brawn [brɔːn] *n (U)* - **1.** [muscle] musculatura *f*, fuerza *f* física. - **2.** *Br* [meat] carne *f* de cerdo en gelatina.

brawny ['brɔːnɪ] *(comp* **brawnier,** *superl* **brawniest)** *adj* musculoso(sa).

bray [breɪ] ◇ *n* [of donkey] rebuzno *m*. ◇ *vi* [donkey] rebuznar.

brazen ['breɪzn] *adj* - **1.** [person] descarado(da); [lie] burdo(da). - **2.** [object] de latón. - **3.** [sound] bronco(ca).

◆ **brazen out** *vt sep*: **to ~ it out** echarle cara.

brazier ['breɪzjəʳ] *n* brasero *m*.

Brazil [brəˈzɪl] *n* (el) Brasil.

Brazilian [brəˈzɪljən] ◇ *adj* brasileño(ña), brasilero(ra) *Amér.* ◇ *n* brasileño *m*, -ña *f*, brasilero *m*, -ra *f Amér.*

brazil nut *n* nuez *f* de Pará.

brazilwood [brəˈzɪlwʊd] *n* brasil *m*, palo *m* brasil.

breach [briːtʃ] ◇ *n* - **1.** [act of disobedience] incumplimiento *m*; **to be in** ~ **of sthg** incumplir algo ❑ ~ **of confidence** abuso *m* de confianza; ~ **of contract** incumplimiento de contrato; ~ **of promise** incumplimiento de compromiso. - **2.** [opening, gap] brecha *f*; **to step into the** ~ *fig* echar una mano. - **3.** [in friendship, marriage] ruptura *f*. - **4.** [of whale] salto *m*. ◇ *vt* - **1.** [disobey] incumplir. - **2.** [make hole in] abrir (una) brecha en. ◇ *vi* [whale] saltar fuera del agua.

breach of the peace *n* alteración *f* del orden público.

bread [bred] *n* - **1.** [food] pan *m*; ~ **and butter** [buttered bread] pan con mantequilla, *fig* [main income] sustento *m* diario, pan *m* de cada día; **I know which side my** ~ **is**

buttered sé qué es lo que más me conviene. - **2.** *inf* [money] pasta *f Esp*, plata *f Amér.* ◇ *vt* CULIN empanar.

bread-and-butter *adj* - **1.** [basic] corriente. - **2.** [expressing gratitude]: ~ **letter** carta *f* de agradecimiento.

breadbasket ['bred,bɑːskɪt] *n* - **1.** [basket] panera *f*. - **2.** *fig* [region] granero *m*. - **3.** *inf* [stomach] panza *f*.

bread bin *Br*, **bread box** *Am n* panera *f*.

breadboard ['bredbɔːd] *n* tabla *f* (de cortar el pan).

bread box *n Am* = **bread bin**.

breadcrumbs ['bredkrʌmz] *npl* [fragments] migas *fpl* (de pan); [for cooking] pan *m* rallado.

breaded ['bredɪd] *adj* empanado(da).

breadfruit ['bredfruːt] *n* [tree] árbol *m* del pan; [fruit] fruto *m* del árbol del pan.

breadknife ['brednaɪf] (*pl* **breadknives** [-naɪvz]) *n* cuchillo *m* del pan.

breadline ['bredlaɪn] *n*: **to be on the** ~ vivir en la miseria.

bread sauce *n Br salsa hecha con miga de pan y leche.*

breadth [bredθ] *n* - **1.** [in measurements] anchura *f*. - **2.** *fig* [scope] amplitud *f*, envergadura *f*.

breadthways ['bredθweɪz], **breadthwise** *Am* ['bredθwaɪz] *adv.* a lo ancho.

breadwinner ['bred,wɪnə'] *n*: **to be the** ~ ser el/la que sostiene a la familia.

break [breɪk] (*pt* **broke** ['brəʊk], *pp* **broken** ['brəʊkn]) ◇ *n* - **1.** [gap - in clouds] claro *m*; [- in line] espacio *m* en blanco; [- in transmission] corte *m*; [- in hedge, wall] hueco *m*, espacio *m* vacío; [- in conversation] interrupción *f*. - **2.** [fracture] rotura *f*, fractura *f*. - **3.** [rupture]: ~ **(with)** ruptura *f* (con). - **4.** [change]: **a** ~ **in the weather** un cambio de tiempo. - **5.** [pause]: ~ **(from)** descanso *m* (de); **to have** OR **take a** ~ tomarse un descanso; **without a** ~ sin parar ❑ **give me a** ~! *inf* ¡déjame en paz! - **6.** [playtime] recreo *m*. - **7.** *inf* [chance] oportunidad *f*; **a lucky** ~ un golpe de suerte; **to give sb a** ~ darle una oportunidad a alguien. - **8.** *lit:* **at** ~ **of day** al alba. - **9.** COMPUT: ~ **(key)** tecla *f* de interrupción. - **10.** [in tennis]: **to have a service** ~ OR **a** ~ **of serve** haber roto el servicio al contrario. - **11.** [in jazz] solo *m*, improvisación *f*. ◇ *vt* - **1.** [gen] romper; [one's arm, leg etc] romperse; **the river broke its banks** el río se desbordó; **to** ~ **sb's hold** escaparse OR liberarse de alguien; **to** ~ **sthg open** [package, safe] abrir algo forzándolo, forzar algo. - **2.** [machine] estropear. - **3.** [journey, contact] interrumpir; [monotony, spell] romper, cortar; [fast] cortar, interrumpir. - **4.** [habit, health] acabar con. - **5.** [strike] reventar. - **6.** [law, rule] violar; [appointment, word] faltar a. - **7.** [record] batir. - **8.** SPORT [service] romper. - **9.** [tell]: **to** ~ **the news (of sthg to sb)** dar la noticia (de algo a alguien). - **10.** [horse] domar, amansar; [person, will, resistance] doblegar, derrotar. - **11.** [fall] amortiguar, parar; **the bushes broke his fall** los arbustos amortiguaron la caída. - **12.** [code] descifrar. - **13.** MIL [demote] degradar. - **14.** [divide into parts - collection] deshacer; [- banknote] cambiar. ◇ *vi* - **1.** [come to pieces] romperse; *fig* [heart] partirse. - **2.** [stop working] estropearse. - **3.** [pause] parar. - **4.** [change - weather] cambiar; [health] debilitarse, venirse abajo. - **5.** [start - day] romper; [storm, crisis] estallar, desencadenarse. - **6.** [wave] romper. - **7.** [escape] escapar. - **8.** [voice - of boy] cambiar; [with emotion] entrecortarse. - **9.** [news] divulgarse. - **10.** [SPORT - in boxing] separarse; [- in snooker] abrir (el juego). - **11.** MED: **her waters have broken** ha roto aguas. - **12.** *phr:* **to** ~ **even** salir sin pérdidas ni beneficios; **to** ~ **loose** OR **free** escaparse.

◆ **break away** *vi*: **to** ~ **away (from)** [move away] separarse (de); [escape] escaparse (de); [end association] separarse (de); POL escindirse (de).

◆ **break down** ◇ *vt sep* - **1.** [destroy - gen] derribar, echar abajo; [- resistance] vencer. - **2.** [analyse] descomponer. - **3.** [cause to decompose] descomponer. ◇ *vi* - **1.** [collapse, disintegrate, fail] venirse abajo. - **2.** [car, machine] estropearse. - **3.** [lose emotional control] perder el control. - **4.** [decompose] descomponerse.

◆ **break in** ◇ *vi* - **1.** [enter by force] entrar por la fuerza. - **2.** [interrupt]: **to** ~ **in (on sthg/sb)** interrumpir (algo/a alguien). ◇ *vt sep* - **1.** [horse, shoes] domar. - **2.** [person] amoldar, poner al tanto.

◆ **break into** *vt fus* - **1.** [house, shop] entrar (por la fuerza) en, allanar; [box, safe] forzar. - **2.** [begin suddenly]: **to** ~ **into song/a run** echarse a cantar/correr. - **3.** [become involved in] introducirse OR adentrarse en. - **4.** [start to spend] echar mano de.

◆ **break off** ◇ *vt sep* - **1.** [detach] partir. - **2.** [relations] romper; [holiday] interrumpir. ◇ *vi* - **1.** [become detached] partirse. - **2.** [stop talking] interrumpirse. - **3.** [stop working] parar (de trabajar).

◆ **break out** ◇ *vi* - **1.** [fire, fighting, panic] desencadenarse; [war] estallar. - **2.** [become covered]: **he broke out in spots** le salieron granos. - **3.** [escape]: **to** ~ **out (of)** escapar (de). ◇ *vt fus inf* [champagne] abrir.

◆ **break through** ◇ *vt fus* abrirse paso a través de. ◇ *vi* abrirse paso.

◆ **break up** ◇ *vt sep* - **1.** [ice] hacer pedazos; [car] desguazar. - **2.** [relationship] romper; [talks] poner fin a; [fight, crowd] disolver. ◇ *vi* - **1.** [into smaller pieces] hacerse pedazos. - **2.** [relationship] deshacerse; [conference] concluir; **to** ~ **up with sb** romper con alguien. - **3.** [school, pupils] terminar el curso. - **4.** [crowd] disolverse.

◆ **break with** *vt fus* romper con.

breakable ['breɪkəbl] *adj* frágil.

◆ **breakables** *npl* objetos *mpl* frágiles.

breakage ['breɪkɪdʒ] *n* - **1.** [act] rotura *f*. - **2.** (*U*) [damages] daños *mpl* por rotura.

breakaway ['breɪkəweɪ] *adj* disidente.

breakdance ['breɪkdɑːns] *n* break (dance) *m*.

◆ **break-dance** *vi* bailar el break (dance).

break dancing *n* break (dance) *m*.

breakdown ['breɪkdaʊn] *n* - **1.** [of car, train] avería *f*; [of talks, in communications] ruptura *f*; [of law and order] colapso *m*. - **2.** [nervous breakdown] crisis *f* (nerviosa). - **3.** [analysis] desglose *m*. - **4.** ELEC corte *m*. - **5.** CHEM descomposición *f*.

breakdown lorry, **breakdown truck** *n Br* grúa *f*.

breaker ['breɪkə'] *n* - **1.** [wave] gran ola *f*, cachón *m*. - **2.** [machine] trituradora *f*. - **3.** [scrap merchant] chatarrero *m*, -ra *f*.

breakeven [,breɪk'iːvn] *n* punto *m* de equilibrio (de pérdidas y ganancias).

breakfast ['brekfəst] ◇ *n* desayuno *m*; **to have** ~ desayunar, tomar el desayuno ❑ **he eats people like you for** ~ a las personas como tú se las come OR se las merienda. ◇ *vi fml:* **to** ~ **(on sthg)** desayunar (algo).

breakfast cereal *n* cereales *mpl* (*para desayuno*).

breakfast room *n* comedor *m* donde se desayuna.

breakfast television *n Br* programación *f* matinal de televisión.

break-in *n* robo *m* (*con allanamiento de morada*).

breaking ['breɪkɪŋ] *n*: ~ **and entering** JUR allanamiento *m* de morada.

breaking point *n*: **to be at** ~ estar al límite OR a punto de estallar.

breakneck ['breɪknek] *adj*: **at** ~ **speed** a (una) velocidad de vértigo.

breakout ['breɪkaʊt] *n* [from prison] fuga *f*.

breakthrough ['breɪkθruː] *n* - **1.** [advance, discovery] avance *m*, paso *m* adelante. - **2.** MIL penetración *f*, ruptura *f*.

breakup ['breɪkʌp] *n* - **1.** [of marriage, partnership] ruptura *f*. - **2.** [of organization] desintegración *f*.

breakup value *n* COMM valor *m* en liquidación.

breakwater ['breɪk,wɔːtə'] *n* rompeolas *m inv*.

bream [briːm] (*pl inv* OR **breams**) *n* [sea bream] besugo *m*; [freshwater bream] brema *f*.

breast [brest] ◇ *n* - **1.** [of woman] pecho *m*, seno *m*; [of man] pecho *m*; **to beat one's** ~ *fig* darse golpes de pecho. - **2.**

[meat of bird] pechuga *f.* - **3.** *literary* [seat of emotions] corazón *m;* **to make a clean** ~ **of it** *fig* confesarlo abiertamente. ◇ *vt* [face] hacer frente a.

breastbone ['brestbəʊn] *n* esternón *m.*

breast cancer *n* cáncer *m* de mama.

breast-feed ◇ *vt* dar el pecho a, dar de mamar a. ◇ *vi* dar el pecho, dar de mamar.

breastplate ['brestpleɪt] *n* [armour] peto *m;* [of priest] racional *m.*

breast pocket *n* bolsillo *m* del pecho OR de arriba.

breaststroke ['breststrəʊk] *n* braza *f.*

breastwork ['brestwɜːk] *n* parapeto *m.*

breath [breθ] *n* - **1.** [gen] respiración *f*, aliento *m;* [of animal] hálito *m;* [of air] soplo *m;* **running fast made her lose her** ~ correr tan rápido le hizo perder el resuello OR el aliento; **to catch one's** ~ recobrar el aliento; **to gasp for** ~ jadear; **to be short of** ~ quedarse sin aliento; **to take a deep** ~ respirar hondo ❑ **to be a** ~ **of fresh air** *fig* [person, experience] ser un soplo de aire fresco; **to draw one's last** ~ exhalar el último suspiro; **to get one's** ~ **back** recuperar el aliento; **to go for a** ~ **of (fresh) air** salir a tomar un poco de aire; **to hold one's** ~ [stop breathing] aguantar la respiración; [wait anxiously] contener el aliento; **to say sthg under one's** ~ decir algo en voz baja; **to take sb's** ~ **away** dejar a alguien sin habla OR respiración; **to waste/save one's** ~ gastar/no gastar saliva; **in one** ~ de un tirón, de una vez; **in the same** ~ al mismo tiempo; **out of** ~ sin aliento. - **2.** [hint] indicio *m;* **a** ~ **of suspicion hung around him** un indicio OR un aire de sospecha flotaba a su alrededor.

breathable ['briːðəbl] *adj* respirable.

breathalyse *Br,* **-yze** *Am* ['breθəlaɪz] *vt* hacer la prueba del alcohol a.

Breathalyser® *Br,* **-yzer®** *Am* ['breθəlaɪzəʳ] *n* alcoholímetro *m.*

breathe [briːð] ◇ *vi* respirar; **to** ~ **more easily** *fig* respirar (más) tranquilo(la). ◇ *vt* - **1.** [inhale] respirar, aspirar. - **2.** [exhale] despedir; **to** ~ **a sigh of relief** suspirar aliviado(da). - **3.** [whisper] susurrar, decir; **I did not** ~ **a word** no dije ni una palabra. - **4.** [impart] infundir, insuflar; **to** ~ **life into a portrait** infundir OR insuflar vida a un retrato. - **5.** *phr:* **to** ~ **one's last** exhalar el último suspiro.

◆ **breathe in** *vt sep & vi* aspirar.

◆ **breathe out** *vi* espirar.

breather ['briːðəʳ] *n inf* respiro *m*, descanso *m.*

breathing ['briːðɪŋ] *n* - **1.** [gen] respiración *f.* - **2.** LING espíritu *m.*

breathing space *n* (periodo *m* de) respiro *m.*

breathless ['breθlɪs] *adj* - **1.** [out of breath] ahogado(da), jadeante. - **2.** [with excitement] sin aliento (por la emoción). - **3.** [stifling] sofocante.

breathtaking ['breθ,teɪkɪŋ] *adj* sobrecogedor(ra), impresionante.

breath test *n* prueba *f* del alcohol.

breathy ['breθɪ] (*compar* **breathier**, *superl* **breathiest**) *adj* velado(da).

Brechtian ['brektɪən] ◇ *adj* brechtiano(na). ◇ *n* brechtiano *m*, -na *f.*

bred [bred] *pt & pp* → **breed.**

breech [briːtʃ] *n* - **1.** [of gun] recámara *f*, culata *f.* - **2.** [of person] nalgas *fpl*, trasero *m.*

◆ **breeches** *npl* - **1.** [knee-length trousers] calzones *mpl* hasta la rodilla; [for riding] pantalones *mpl* de montar. - **2.** *inf* [trousers] pantalones *mpl.*

breech birth *n* parto *m* de nalgas.

breechcloth ['briːtʃklɒθ], **breechcloùt** ['briːtʃklaʊt] *n* taparrabos *m inv.*

breech delivery *n* = **breech birth.**

breechloader ['briːtʃ,ləʊdəʳ] *n* arma *f* de retrocarga.

breed [briːd] (*pt & pp* **bred** [bred]) ◇ *n* - **1.** [of animal] raza

f. - **2.** *fig* [sort] generación *f*, especie *f.* ◇ *vt* - **1.** [animals] criar; [plants] cultivar. - **2.** *fig* [suspicion] alimentar; [contempt, hate] concitar. ◇ *vi* procrear, reproducirse.

breeder ['briːdəʳ] *n* - **1.** [person] criador *m*, -ra *f.* - **2.** [animal] semental *m.*

breeder reactor *n* reactor *m* generador.

breeding ['briːdɪŋ] *n* - **1.** [of animals] cría *f;* [of plants] cultivo *m.* - **2.** [manners] educación *f.* - **3.** [reproduction] reproducción *f.*

breeding-ground *n* [of ideas, activity] campo *m* de cultivo.

breeze [briːz] ◇ *n* - **1.** [wind] brisa *f.* - **2.** *Am inf* [easy task]: **to be a** ~ estar tirado(da) OR chupado(da). ◇ *vi* - **1.** [move casually]: **to** ~ **in/out** entrar/salir como si tal cosa. - **2.** *inf* [do easily]: **I** ~**d through the exam** pasé OR despaché el examen sin problemas.

breezeblock ['briːzblɒk] *n Br* ladrillo grande de cemento y cenizas de coque.

breezeway ['briːzweɪ] *n* pasaje cubierto entre dos edificios.

breezily ['briːzɪlɪ] *adv* [casually] con desenvoltura; [cheerfully] con jovialidad.

breezy ['briːzɪ] (*compar* **breezier**, *superl* **breeziest**) *adj* - **1.** [windy]: **it's** ~ hace aire. - **2.** [cheerful] jovial, despreocupado(da).

Bremen ['breɪmən] *n* Bremen.

brethren ['breðrən] *npl fml* [fellow members] camaradas *mfpl;* RELIG hermanos *mpl.*

Breton ['bretn] ◇ *adj* bretón(ona). ◇ *n* - **1.** [person] bretón *m*, -ona *f.* - **2.** [language] bretón *m.*

breve [briːv] *n* LING & MUS breve *f.*

breviary ['briːvjərɪ] (*pl* **breviaries**) *n* breviario *m.*

brevity ['brevɪtɪ] *n* brevedad *f.*

brew [bruː] ◇ *n* [beer] cerveza *f;* [infusion] infusión *f.* ◇ *vt* - **1.** [beer] elaborar; [tea, coffee] preparar. - **2.** *fig* [scheme] tramar, urdir. ◇ *vi* - **1.** [tea] reposar; [beer] fermentar. - **2.** [storm, trouble] fraguarse. - **3.** [make beer] elaborar cerveza.

◆ **brew up** *vi* - **1.** [storm] prepararse, fraguarse; [trouble] tramarse, prepararse. - **2.** *Br inf* [tea] preparar OR hacer el té.

brewer ['bruːəʳ] *n* cervecero *m*, -ra *f.*

brewery ['brʊərɪ] (*pl* **breweries**) *n* fábrica *f* de cerveza.

brewing ['bruːɪŋ] *n* [of beer] elaboración *f* de la cerveza.

briar ['braɪəʳ] *n* - **1.** = **brier.** - **2.** [pipe] pipa *f* de madera de brezo.

bribe [braɪb] ◇ *n* soborno *m*, coima *f Amér;* **to take** ~**s** dejarse sobornar. ◇ *vt:* **to** ~ **(sb to do sthg)** sobornar (a alguien para que haga algo).

bribery ['braɪbərɪ] *n* soborno *m;* ~ **and corruption** soborno *m* y corrupción.

bric-a-brac ['brɪkəbræk] *n (U)* baratijas *fpl.*

brick [brɪk] *n* - **1.** [for building] ladrillo *m.* - **2.** [of ice cream] bloque *m.*

◆ **brick up** *vt sep* enladrillar, tapiar (con ladrillos).

brickbat ['brɪkbæt] *n* - **1.** [piece of brick] trozo *m* de ladrillo. - **2.** *fig* [criticism] pulla *f*, crítica *f* afilada.

bricklayer ['brɪk,leɪəʳ] *n* albañil *m.*

brick red *n* rojo *m* ladrillo.

◆ **brick-red** *adj* rojo(ja) ladrillo (*inv*).

brickwork ['brɪkwɜːk] *n* enladrillado *m*, ladrillos *mpl.*

bridal ['braɪdl] *adj* nupcial; ~ **dress** traje *m* de novia.

bride [braɪd] *n* novia *f;* **the** ~ **and groom** los novios.

bridegroom ['braɪdgrʊm] *n* novio *m.*

bridesmaid ['braɪdzmeɪd] *n* dama *f* de honor.

bride-to-be *n* novia *f*, futura esposa *f.*

bridge [brɪdʒ] ◇ *n* - **1.** [gen] puente *m;* **to burn one's** ~**s** *fig* quemar las naves; **I'll cross that** ~ **when I come to it** *fig* ya me preocuparé de eso cuando llegue el momento. - **2.** [on ship] puente *m* de mando. - **3.** [of nose] caballete *m.* - **4.** [card game] bridge *m.* ◇ *vt* - **1.** [river etc] tender un puente sobre. - **2.** [span] extenderse a través de. - **3.** *fig* [gap] llenar.

bridgehead ['brɪdʒhed] n cabeza f de puente.
bridge loan n Am = **bridging loan**.
bridgework ['brɪdʒwɜːk] n (U) [in dentistry] puente m.
bridging ['brɪdʒɪŋ] n puntales mpl.
bridging loan Br, **bridge loan** Am n préstamo m puente.
bridle ['braɪdl] ◇ n - **1.** [harness] brida f. - **2.** fig [restraint] freno m. ◇ vt - **1.** [horse] embridar. - **2.** fig [emotions] refrenar, dominar. ◇ vi: **to ~ (at)** indignarse (por OR ante).
bridle path n camino m de herradura.
brief [briːf] ◇ adj - **1.** [short, to the point] breve; **in ~** en resumen. - **2.** [succint] conciso(sa). - **3.** [curt] brusco(ca). - **4.** [clothes] corto(ta). ◇ n - **1.** JUR [statement] sumario m, resumen m; [case] caso m, expediente m. - **2.** Br [instructions] instrucciones fpl; **to hold a watching ~ for sb/sthg** abogar por alguien/algo; **to hold no ~ for sthg/sb** no ser partidario(ria) de algo/alguien. ◇ vt - **1.** [bring up to date]: **to ~ sb (on)** informar a alguien (acerca de). - **2.** [give instructions]: **to ~ sb (on)** dar instrucciones a alguien (acerca de).
◆ **briefs** npl [underpants] calzoncillos mpl; [knickers] bragas fpl.
briefcase ['briːfkeɪs] n maletín m, portafolios m inv.
briefing ['briːfɪŋ] n - **1.** [meeting] reunión f informativa. - **2.** [instructions] instrucciones fpl.
briefly ['briːflɪ] adv - **1.** [for a short time] brevemente. - **2.** [concisely] en pocas palabras.
brier ['braɪəʳ] n - **1.** [thorny plant] zarza f. - **2.** [heather] brezo m; [wood] (madera f de) brezo m.
brier rose n gavanza f.
brig [brɪg] n - **1.** [ship] bergantín m. - **2.** [prison] calabozo m.
Brig. written abbr of **brigadier**.
brigade [brɪˈgeɪd] n brigada f.
brigadier [brɪgəˈdɪəʳ] n Br brigadier m, general mf de brigada.
brigadier general n Am general mf de brigada.
brigand ['brɪgənd] n bandido m, bandolero m.
brigantine ['brɪgəntiːn] n bergantín m.
bright [braɪt] ◇ adj - **1.** [light] brillante; [day, room] luminoso(sa); [weather] despejado(da). - **2.** [colour] vivo(va), fuerte. - **3.** [lively - eyes] brillante; [- smile] radiante. - **4.** [intelligent - person] listo(ta); [- idea, remark] genial. - **5.** [hopeful] prometedor(ra). ◇ adv brillantemente.
◆ **brights** npl Am inf (luces fpl) largas fpl.
◆ **bright and early** adv muy de mañana, muy temprano.
brighten ['braɪtn] vi - **1.** [become lighter] clarear, despejarse. - **2.** [become more cheerful] animarse, alegrarse.
◆ **brighten up** ◇ vt sep [decorate, enliven] animar, alegrar. ◇ vi - **1.** [become more cheerful] animarse, alegrarse. - **2.** [weather] clarear, despejarse.
bright-eyed adj lit de ojos brillantes; fig [eager] entusiasta.
bright lights npl: **she likes the ~** le gusta la ciudad.
brightly ['braɪtlɪ] adv - **1.** [shine] de forma resplandeciente. - **2.** [coloured] vivamente. - **3.** [cheerfully] alegremente.
brightness ['braɪtnəs] n - **1.** [of light] luminosidad f, brillo m. - **2.** [of colour] viveza f.
bright spark n inf lumbrera f, tío listo m, tía lista f.
brilliance ['brɪljəns] n - **1.** [cleverness] brillantez f. - **2.** [of colour, light] brillo m.
brilliant ['brɪljənt] ◇ adj - **1.** [clever] genial, fantástico(ca). - **2.** [colour] vivo(va). - **3.** [light, career, future] brillante; [success] brillante, arrollador(ra). - **4.** inf [wonderful] fenomenal, genial. ◇ n [gem] brillante m.
brilliantine ['brɪljəntiːn] n brillantina f.
brilliantly ['brɪljəntlɪ] adv - **1.** [cleverly] de manera genial. - **2.** [coloured] vivamente. - **3.** [shine] brillantemente.
Brillo pad® ['brɪləʊ-] n estropajo m (jabonoso) de aluminio.
brim [brɪm] (pt & pp **brimmed**, cont **brimming**) ◇ n - **1.** [edge] borde m; **full to the ~** lleno(na) hasta el borde OR a rebosar. - **2.** [of hat] ala f. ◇ vi lit & fig: **to ~ with** rebosar de.
◆ **brim over** vi lit & fig: **to ~ over (with)** rebosar (de).
brimful [brɪmˈful] adj lleno(na) hasta el borde OR a rebosar.

brimstone ['brɪmstəʊn] n - **1.** [sulphur] azufre m. - **2.** [butterfly] limonera f.
brine [braɪn] n - **1.** CULIN salmuera f. - **2.** literary [sea water] agua f salada OR de mar; [sea] mar m o f.
bring [brɪŋ] (pt & pp **brought** [brɔːt]) vt - **1.** [gen] traer; **to ~ sthg to an end** poner fin a algo. - **2.** JUR: **to ~ charges against** presentar una denuncia contra; **to ~ sb to trial** llevar a alguien a juicio. - **3.** [yield financially] rendir, dejar. - **4.** phr: **he brought it upon himself** él se lo ha buscado; **I couldn't ~ myself to do it** fui incapaz de hacerlo.
◆ **bring about** vt sep producir.
◆ **bring along** vt sep traer.
◆ **bring around** vt sep [make conscious] reanimar, hacer recuperar el conocimiento.
◆ **bring back** vt sep - **1.** [books etc] devolver; [person] traer de vuelta. - **2.** [shopping] traer. - **3.** [memories] traer (a la memoria). - **4.** [practice, hanging] volver a introducir; [fashion] recuperar.
◆ **bring down** vt sep - **1.** [plane, bird] derribar; [government, tyrant] derrocar. - **2.** [prices] reducir.
◆ **bring forth** vt sep - **1.** fml [produce] dar lugar a, ocasionar. - **2.** arch [child] alumbrar; [- fruit] producir.
◆ **bring forward** vt sep - **1.** [meeting, elections etc] adelantar. - **2.** [in bookkeeping] sumar a la siguiente columna.
◆ **bring in** vt sep - **1.** [introduce - law] implantar; [- bill] presentar. - **2.** [earn] ganar, ingresar. - **3.** JUR [verdict] pronunciar.
◆ **bring off** vt sep [plan] sacar adelante; [deal] cerrar.
◆ **bring on** vt sep producir, ocasionar; **you brought it on yourself** tú (solo) te lo buscaste.
◆ **bring out** vt sep - **1.** [new product, book] sacar. - **2.** [the worst etc in sb] revelar, despertar.
◆ **bring over** vt sep [take] traer.
◆ **bring round, bring to** vt sep = **bring around**.
◆ **bring together** vt sep - **1.** [assemble - people] reunir, congregar; [- facts] reunir, juntar. - **2.** [reconcile] reconciliar.
◆ **bring up** vt sep - **1.** [children] criar. - **2.** [mention] sacar a relucir. - **3.** [vomit] devolver.
bring-and-buy (sale) n mercadillo benéfico al que uno lleva artículos que desea vender y en el que compra lo aportado por otros.
brink [brɪŋk] n: **on the ~ of** al borde de; **to be on the ~ of doing sthg** estar a punto de hacer algo.
brinkmanship ['brɪŋkmənʃɪp] n política f de la cuerda floja.
briny ['braɪnɪ] (compar **brinier**, superl **briniest**) ◇ adj salobre, salado(da). ◇ n literary: **the ~** la mar.
brio ['briːəʊ] n brío m, vigor m.
briquet(t)e [brɪˈket] n [of coal] briqueta f.
brisk [brɪsk] adj - **1.** [quick] rápido(da). - **2.** [busy] boyante, activo(va). - **3.** [efficient, confident - manner] enérgico(ca); [- person] eficaz. - **4.** [weather] fresco(ca).
brisket ['brɪskɪt] n [of beef] falda f.
briskly ['brɪsklɪ] adv - **1.** [quickly] rápidamente. - **2.** [efficiently, confidently] con soltura y eficacia.
bristle ['brɪsl] ◇ n - **1.** [gen] cerda f; [of person] pelillo m. ◇ vi - **1.** [stand up] erizarse, ponerse de punta. - **2.** [react angrily]: **to ~ (at)** enfadarse (por).
◆ **bristle with** vt fus estar sembrado(da) de.
bristly ['brɪslɪ] (compar **bristlier**, superl **bristliest**) adj [chin, face] con barba áspera OR de tres días; [moustache] erizado(da), pinchudo(da).
Bristol ['brɪstl] n Bristol.
Bristol Channel n: **the ~** el canal de Bristol.
Brit [brɪt] n inf británico m, -ca f.
Britain ['brɪtn] n Gran Bretaña; **the Battle of ~** la batalla de Inglaterra.
Britannia [brɪˈtænjə] n - **1.** [figure] figura femenina con casco y tridente que representa a Gran Bretaña en algunas monedas. - **2.** [boat]: **(the Royal Yacht) ~** yate de la familia real británica.
Britannic [brɪˈtænɪk] adj fml británico(ca).
britches ['brɪtʃɪz] npl = **breeches**.

briticism ['brɪtɪsɪzm] *n* anglicismo *m* británico.

British ['brɪtɪʃ] ◇ *adj* británico(ca); ~ **English** inglés *m* británico; **the** ~ **Embassy** la embajada británica; **the** ~ **Empire** el Imperio británico. ◇ *npl*: **the** ~ los británicos.

British Academy *n*: **the** ~ la Academia Británica, *organismo público de ayuda a la investigación en el campo de las letras.*

British Broadcasting Corporation *n*: **the** ~ *compañía estatal de radiotelevisión británica.*

British Columbia *n* (la) Columbia Británica.

British Columbian ◇ *adj* de la Columbia Británica. ◇ *n* natural o habitante de la Columbia Británica.

British Commonwealth *n*: **the** ~ la Commonwealth británica.

British Council *n*: **the** ~ el British Council, *organismo cultural público encargado de promover la lengua inglesa y la cultura británica.*

British East India Company *n*: **the** ~ la Compañía Británica de las Indias Orientales.

Britisher ['brɪtɪʃə'] *n Am* británico *m*, -ca *f*.

British Isles *npl*: **the** ~ las islas Británicas.

British Museum *n*: **the** ~ el Museo Británico, *gran museo nacional situado en Londres poseedor de una enorme colección de piezas de arte antiguo y arqueología.*

British Rail *n compañía ferroviaria británica*, ≃ Renfe *f*.

British Summer Time *n hora oficial británica entre finales de marzo y de octubre.*

British Technology Group *n organización gubernamental británica encargada del fomento y la financiación del desarrollo tecnológico.*

British Telecom [-'telɪkɒm] *n principal empresa británica de telecomunicaciones*, ≃ Telefónica *f*.

Briton ['brɪtn] *n* británico *m*, -ca *f*.

Brittany ['brɪtəni] *n* (la) Bretaña.

brittle ['brɪtl] *adj* quebradizo(za), frágil.

Bro = **Br.**

broach [brəʊtʃ] ◇ *vt* - **1.** [subject] abordar, sacar a colación. - **2.** [barrel] espitar. ◇ *n* - **1.** *Am* = **brooch**. - **2.** [tool] escariador *m*. - **3.** [for meat] espetón *m*, brocheta *f*.

B road *n Br* ≃ carretera *f* comarcal.

broad [brɔːd] ◇ *adj* - **1.** [shoulders, river, street] ancho(cha); [grin] amplio(plia). - **2.** [range, interests, taste] amplio(plia). - **3.** [description, outline] general, a grandes rasgos. - **4.** [hint] claro(ra). - **5.** [accent] cerrado(da), marcado(da). - **6.** [tolerant] abierto(ta), liberal. - **7.** LING abierto(ta). - **8.** *phr*: **in** ~ **daylight** a plena luz del día. ◇ *n* - **1.** [widest part] parte *f* ancha, ancho *m*. - **2.** *Am v inf* [woman] fulana *f Esp*, mina *f Amér*.

broad bean *n* haba *f*.

broad-brimmed [-'brɪmd] *adj* de ala ancha.

broadcast ['brɔːdkɑːst] (*pt & pp* **broadcast**) ◇ *n* RADIO & TV emisión *f*. ◇ *vt* - **1.** RADIO emitir, radiar; TV emitir, televisar. - **2.** *fig* [make known] difundir, divulgar. - **3.** AGR sembrar a voleo. ◇ *vi* RADIO emitir OR radiar un programa; TV emitir OR televisar un programa. ◇ *adj* RADIO radiado(da); TV televisado(da); ~ **signal/satellite** señal *f*/satélite *m* de radiodifusión.

broadcaster ['brɔːdkɑːstə'] *n* locutor *m*, -ra *f*.

broadcasting ['brɔːdkɑːstɪŋ] *n* (*U*) TV emisión *f* (televisiva); RADIO radiodifusión *f*.

Broadcasting House *n sede de las oficinas centrales de la BBC en Londres.*

broadcloth ['brɔːdklɒθ] *n* - **1.** [of wool] paño *m* fino de lana. - **2.** [of cotton] paño *m* de tejido grueso.

broaden ['brɔːdn] ◇ *vt* - **1.** [road, pavement] ensanchar. - **2.** [scope, appeal] ampliar. ◇ *vi* [river, road] ensancharse; [smile] hacerse más amplia.

♦ **broaden out** ◇ *vt sep* ampliar. ◇ *vi* ampliarse.

broad jump *n Am* salto *m* de longitud.

broadloom ['brɔːdluːm] *adj* tejido(da) en telar ancho.

broadly ['brɔːdli] *adv* - **1.** [generally] en general; ~ **speaking** en líneas generales. - **2.** [smile] abiertamente.

broadly-based *adj* [party] de amplia base; [course] muy completo(ta), que abarca muchos temas.

broadminded [ˌbrɔːd'maɪndɪd] *adj* abierto(ta), liberal.

broadmindedness [ˌbrɔːd'maɪndɪdnɪs] *n* amplitud *f* de miras.

broadsheet ['brɔːdʃiːt] *n* [newspaper] *periódico con hojas de gran tamaño*; **the** ~**s** *Br* PRESS los periódicos de calidad.

broadside ['brɔːdsaɪd] ◇ *n* - **1.** [side of ship] costado *m*. - **2.** [volley of shots] andanada *f*. - **3.** *fig* [verbal attack] andanada *f*; [of insults] retahíla *f*. ◇ *adv*: ~ **(on)** de costado.

broad-spectrum *adj* de amplio espectro.

broadsword ['brɔːdsɔːd] *n* sable *m*.

Broadway ['brɔːdweɪ] *n* Broadway, *avenida neoyorquina en la que se encuentran los principales teatros de la ciudad.*

brocade [brə'keɪd] ◇ *n* brocado *m*. ◇ *vt* decorar con brocado.

broccoli ['brɒkəli] *n* brécol *m*.

brochette [brəʊ'ʃet] *n* pincho *m*, brocheta *f*.

brochure [*Br* 'brəʊʃə', *Am* brəʊ'ʃʊr] *n* folleto *m*.

brogue [brəʊg] *n* [accent] acento *m* regional; [Irish] acento *m* irlandés.

♦ **brogues** *npl zapatos gruesos de cuero con dibujo calado y estilo clásico.*

broil [brɔɪl] *Am* ◇ *vt* [grill] asar a la parrilla; *fig* [make very hot] asar, tostar. ◇ *vi* [grill] asarse a la parrilla; *fig* [be very hot] asarse, tostarse.

broiler ['brɔɪlə'] *n* - **1.** [young chicken] pollo *m*. - **2.** *Am* [grill] parrilla *f*.

broke [brəʊk] ◇ *pt* → **break**. ◇ *adj inf* sin blanca, sin un duro, bruja *Amér*; **to go** ~ ir a la ruina ❏ **to go for** ~ jugárselo todo.

broken ['brəʊkn] ◇ *pp* → **break**. ◇ *adj* - **1.** [gen] roto(ta); ~ **home** hogar *m* OR familia *f* de padres separados; ~ **heart** corazón *m* destrozado. - **2.** [not working] estropeado(da). - **3.** [interrupted - sleep] entrecortado(da); [- journey] discontinuo(nua). - **4.** [speech] macarrónico(ca), chapurreado(da). - **5.** [health] quebrantado(da); **her spirit is** ~ está abatida; **a** ~ **man** [emotionally] un hombre abatido OR destrozado; [financially] un hombre arruinado OR en bancarrota. - **6.** [incomplete] incompleto(ta). - **7.** [uneven - ground, coastline] accidentado(da); [- line] quebrado(da). - **8.** [tamed] domado(da), amansado(da).

broken-down *adj* - **1.** [car, machine] averiado(da). - **2.** [building] destartalado(da), decrépito(ta).

brokenhearted [ˌbrəʊkn'hɑːtɪd] *adj* con el corazón roto OR destrozado.

broken-winded [-'wɪndɪd] *adj* [horse] corto(ta) de resuello.

broker ['brəʊkə'] *n* [of stock] corredor *mf* (de bolsa); [of insurance] agente *mf* de seguros.

brokerage ['brəʊkərɪdʒ] *n* corretaje *m*.

brolly ['brɒli] (*pl* **brollies**) *n Br inf* paraguas *m inv*.

bromide ['brəʊmaɪd] *n* - **1.** CHEM bromuro *m*; MED bromuro *m* de potasio. - **2.** *fig* [platitude] trivialidad *f*.

bromine ['brəʊmiːn] *n* bromo *m*.

bronchi ['brɒŋkaɪ] *pl* → **bronchus**.

bronchia ['brɒŋkjə] *npl* = **bronchial tubes**.

bronchial ['brɒŋkjəl] *adj* bronquial.

bronchial tubes *npl* bronquios *mpl*.

bronchitis [brɒŋ'kaɪtɪs] *n* (*U*) bronquitis *f*.

bronchopneumonia [ˌbrɒŋkəʊnjuː'məʊnjə] *n* bronconeumonía *f*.

bronchus ['brɒŋkəs] (*pl* **bronchi** [-kaɪ]) *n* bronquio *m*.

bronco ['brɒŋkəʊ] (*pl* **broncos**) *n* caballo *m* salvaje, mustango *m*.

broncobuster ['brɒŋkəʊˌbʌstə'] *n Am vaquero que doma potros salvajes.*

brontosaurus [ˌbrɒntə'sɔːrəs] (*pl* **brontosauruses** OR **brontosauri** [-raɪ]) *n* brontosaurio *m*.

Bronx [brɒŋks] *n*: **the** ~ el Bronx.

Bronx cheer [brɒŋks] *n Am inf* [rude noise]: **to give sb a ~** ≃ hacer una pedorreta a alguien.

bronze [brɒnz] ◇ *n* - **1.** [metal, sculpture] bronce *m*. - **2.** = **bronze medal**. ◇ *comp* de bronce. ◇ *vt* broncear.

Bronze Age *n*: **the ~** la Edad de Bronce.

bronze medal *n* medalla *f* de bronce.

bronze medallist *n* medalla *mf* de bronce.

brooch, broach *Am* [brəʊtʃ] *n* broche *m*, alfiler *m*.

brood [bruːd] ◇ *n* - **1.** [of animals] crías *fpl*, nidada *f*. - **2.** *inf* [of children] prole *f*. ◇ *vi* - **1.** [person]: **to ~ (over** OR **about)** dar vueltas (a). - **2.** [bird] empollar. - **3.** [storm, danger]: **to ~ over** cernerse sobre.

brooder ['bruːdəʳ] *n* [hen] gallina *f* clueca.

brooding ['bruːdɪŋ] ◇ *adj* amenazador(ra). ◇ *n*: **he's done a lot of ~ since he got home** desde que volvió a casa, ha estado rumiando mucho OR ha estado muy pensativo.

broody ['bruːdɪ] *(compar* **broodier**, *superl* **broodiest)** *adj* - **1.** [sad] apesadumbrado(da). - **2.** [bird] clueco(ca).

brook [brʊk] ◇ *n* arroyo *m*. ◇ *vt fml* tolerar.

brooklet ['brʊklɪt] *n literary* arroyuelo *m*.

broom [bruːm] *n* - **1.** [brush] escoba *f*. - **2.** BOT retama *f*.

broomstick ['bruːmstɪk] *n* palo *m* de escoba.

Bros., bros. [brɒs] *(abbr of* **brothers)** Hnos.

broth [brɒθ] *n* caldo *m*.

brothel ['brɒθl] *n* burdel *m*.

brother ['brʌðəʳ] ◇ *n* - **1.** [relative, monk] hermano *m*. - **2.** *fig* [comrade] camarada *m*; **~s in arms** compañeros *mpl* de armas. - **3.** *Am inf* [mate] colega *mf*. ◇ *excl Am inf* ¡jolines!, ¡Dios mío!

brotherhood ['brʌðəhʊd] *n* - **1.** [companionship] fraternidad *f*. - **2.** [religious organization] cofradía *f*, hermandad *f*; [professional association] gremio *m*, colegio *m*.

brother-in-law *(pl* **brothers-in-law)** *n* cuñado *m*.

brotherly ['brʌðəlɪ] *adj* fraternal, fraterno(na).

brougham ['bruːəm] *n* - **1.** [carriage] cupé *m*, berlina *f*. - **2.** [car] cupé *m*.

brought [brɔːt] *pt & pp* → **bring**.

brouhaha ['bruːhɑːhɑː] *n* alboroto *m*, tumulto *m*.

brow [braʊ] *n* - **1.** [forehead] frente *f*. - **2.** [eyebrow] ceja *f*; **to knit one's ~s** *fig* fruncir el ceño OR entrecejo. - **3.** [of hill] cima *f*, cresta *f*. - **4.** *literary* [facial expression] semblante *m*.

browbeat ['braʊbiːt] *(pt* **browbeat**, *pp* **browbeaten** [-biːtn]) *vt* intimidar, amedrentar.

browbeaten ['braʊbiːtn] *adj* intimidado(da), amedrentado(da).

brown [braʊn] ◇ *adj* - **1.** [gen] marrón; [hair, eyes] castaño(ña). - **2.** [tanned] moreno(na); **to go ~** ponerse moreno(na). ◇ *n* marrón *m*; **in ~** de marrón. ◇ *vt* - **1.** [food] dorar. - **2.** [tan] broncear. ◇ *vi* - **1.** [food] dorarse. - **2.** [skin] broncearse.

brown ale *n* cerveza *f* negra.

brown bear *n* oso *m* pardo.

brown bread *n (U)* pan *m* integral.

brownie ['braʊnɪ] *n* - **1.** [elf] duende *m*. - **2.** [cake] pastel *m* de chocolate con nueces.

◆ **Brownie (Guide)** *n* guía *f* scout (7-10 años).

Brownie point *n*: **to gain ~s** *fig* apuntarse tantos.

browning ['braʊnɪŋ] *n Br* CULIN substancia utilizada para oscurecer las salsas.

brownout ['braʊnaʊt] *n Am* apagón *m* parcial.

brown owl *n* cárabo *m*.

brown paper *n (U)* papel *m* de embalar.

brown rice *n* arroz *m* integral.

Brown Shirt *n* [fascist] fascista *mf*; HIST [Nazi] camisa *mf* parda.

brownstone ['braʊnstəʊn] *n* - **1.** [stone] piedra *f* arenisca. - **2.** [house] casa *f* de piedra arenisca.

brown sugar *n* azúcar *m* moreno, azúcar *f* morena.

browse [braʊz] ◇ *vi* - **1.** [person] echar un ojo, mirar; **to ~ through** hojear. - **2.** [animal] pacer. ◇ *n* [leaves, twigs] pasto *m*.

brucellosis [ˌbruːsɪ'ləʊsɪs] *n* brucelosis *f inv*.

bruise [bruːz] ◇ *n* - **1.** [on person] cardenal *m*, magulladura *f*. - **2.** [on fruit] maca *f*. ◇ *vt* - **1.** [person, arm] magullar, contusionar. - **2.** [fruit] estropear. - **3.** *fig* [feelings] herir. ◇ *vi* - **1.** [person] magullarse, contusionarse. - **2.** [fruit] estropearse.

bruised [bruːzd] *adj* - **1.** [arm, knee] magullado(da). - **2.** [fruit] estropeado(da). - **3.** *fig* [person] dolido(da); [feelings] herido(da).

bruiser ['bruːzəʳ] *n inf* [big man] matón *m*.

bruit ['bruːt] *vt arch* difundir, divulgar.

Brum [brʌm] *(abbr of* **Birmingham)** *n inf* Birmingham.

Brummie, Brummy ['brʌmɪ] *n Br inf* natural o habitante de Birmingham.

brunch [brʌntʃ] *n* brunch *m*, combinación de desayuno y almuerzo que se toma a última hora de la mañana.

Brunei ['bruːnaɪ] *n* Brunei.

brunet [bruː'net] *Am* ◇ *adj* = **brunette**. ◇ *n* moreno *m*, -na *f*.

brunette [bruː'net] ◇ *n* morena *f*. ◇ *adj* moreno(na).

brunt [brʌnt] *n*: **to bear** OR **take the ~ of** aguantar lo peor de.

brush [brʌʃ] ◇ *n* - **1.** [for hair, teeth] cepillo *m*; [for shaving, painting] brocha *f*; [of artist] pincel *m*; [broom] escoba *f*. - **2.** [encounter] roce *m*; **to have a ~ with the law** tener problemas OR vérselas con la ley. - **3.** [brushing] cepillado *m*. - **4.** [of fox] cola *f* peluda. - **5.** ELEC escobilla *f*. - **6.** [scrubland] maleza *f*. ◇ *vt* - **1.** [teeth, hair] cepillar; [floor] barrer; **to ~ one's teeth** cepillarse los dientes. - **2.** [move with hand] quitar, apartar. - **3.** [touch lightly] rozar.

◆ **brush aside** *vt sep* rechazar.

◆ **brush off** *vt sep* [dismiss] hacer caso omiso de.

◆ **brush past** *vi* pasar rozando.

◆ **brush up** ◇ *vt sep fig* [revise] repasar. ◇ *vi*: **to ~ up on** repasar.

brushed [brʌʃt] *adj* [steel, chrome] cepillado(da); [fabric] afelpado(da).

brushed cotton *n* algodón *m* perchado.

brush fire *n* incendio *m* de matorrales.

brushing ['brʌʃɪŋ] *n* cepillado *m*.

brush-off *n inf*: **to give sb the ~** mandar a alguien a paseo.

brush stroke *n* [with large brush] brochazo *m*; [with artist's brush] pincelada *f*.

brush-up *n inf*: **to have a wash and ~** lavarse y peinarse, arreglarse.

brushwood ['brʌʃwʊd] *n* - **1.** [cuttings] leña *f*, ramojo *m*. - **2.** [undergrowth] maleza *f*.

brushwork ['brʌʃwɜːk] *n* pincel *m*, estilo *m* de pintar.

brusque [bruːsk] *adj* brusco(ca).

brusquely ['bruːsklɪ] *adv* bruscamente, con brusquedad.

Brussels ['brʌslz] *n* Bruselas.

brussels sprout *n* col *f* de Bruselas.

brut [bruːt] *adj* seco(ca).

brutal ['bruːtl] *adj* brutal.

brutality [bruː'tælətɪ] *(pl* **brutalities)** *n* brutalidad *f*.

brutalize, -ise ['bruːtəlaɪz] *vt* - **1.** [make cruel] embrutecer. - **2.** [treat brutally] tratar brutalmente.

brutally ['bruːtəlɪ] *adv* - **1.** [attack, kill, treat, say] brutalmente, con brutalidad. - **2.** [cold] extremadamente; **she gave a ~ honest account of events** nos contó lo ocurrido con una sinceridad sobrecogedora.

brute [bruːt] ◇ *adj* - **1.** [animal-like, purely physical] bruto(ta). - **2.** [mindless] brutal. ◇ *n* - **1.** [large animal] bestia *f*. - **2.** [bully] bestia *mf*.

brutish ['bruːtɪʃ] *adj* - **1.** [animal-like] bruto(ta). - **2.** [coarse, mindless] brutal.

bs *written abbr of* **bill of sale**.

BS (*abbr of* **Bachelor of Science**) *n Am (titular de una) licenciatura de ciencias*.

BSA (*abbr of* **Boy Scouts of America**) *n asociación estadounidense de boy scouts*.

BSc (*abbr of* **Bachelor of Science**) *n Br (titular de una) licenciatura de ciencias*.

BSE (*abbr of* **bovine spongiform encephalopathy**) *n encefalopatía espongiforme bovina*.

BSI (*abbr of* **British Standards Institution**) *n instituto británico de normalización*.

B-side *n* cara *f* dos OR B.

BST - **1.** *written abbr of* **British Summer Time**. - **2.** (*abbr of* **British Standard Time**) *hora oficial británica*.

Bt. *abbr of* **baronet**.

BT *n written abbr of* **British Telecom**.

btu (*abbr of* **British thermal unit**) *n* btu *f*.

bubble [ˈbʌbl] ◇ *n* - **1.** [gen] burbuja *f*; [of soap] pompa *f*; **to blow ~s** hacer pompas de jabón. - **2.** [dome] campana *f* de vidrio. - **3.** *fig* [fantasy] ilusión *f*; **to burst sb's ~** desengañar a alguien. - **4.** COMM: **~ (scheme)** proyecto *m* dudoso. ◇ *vi* - **1.** [produce bubbles] burbujear. - **2.** [make a bubbling sound] borbotar. - **3.** [be full]: **to ~ with** rebosar de.

◆ **bubble over** *vi*: **to ~ over with** rebosar de.

bubble and squeak *n Br refrito de patata y col hervidas*.

bubble bath *n* [product] espuma *f* de baño; [bath] baño *m* de burbujas.

bubble car *n Br* coche *m* burbuja, ≃ Isetta® *m*.

bubble chamber *n* cámara *f* de burbujas.

bubble gum *n* chicle *m*.

bubblejet printer [ˈbʌbldʒet-] *n* COMPUT impresora *f* de inyección.

bubble pack *n* [for toy, batteries, pills] envase *m* blíster.

bubbly [ˈbʌblɪ] (*compar* **bubblier**, *superl* **bubbliest**) ◇ *adj* - **1.** [full of bubbles] con burbujas. - **2.** [lively] alegre, vivo(va). ◇ *n inf* champán *m*.

bubby [ˈbʌbɪ] (*pl* **bubbies**) *n inf* teta *f*, pecho *m*.

bubonic [bjuːˈbɒnɪk] *adj* bubónico(ca).

bubonic plague *n* peste *f* bubónica.

buccal [ˈbʌkəl] *adj* bucal.

buccaneer [ˌbʌkəˈnɪəʳ] *n* bucanero *m*, filibustero *m*.

buccaneering [ˌbʌkəˈnɪərɪŋ] *adj* como un pirata.

Bucharest [ˌbuːkəˈrest] *n* Bucarest.

buck [bʌk] (*pl inv* OR **bucks**) ◇ *n* - **1.** [male animal] macho *m*. - **2.** *inf* [young man] joven *m*; [fop] petimetre *m*. - **3.** *esp Am inf* [dollar] dólar *m*; **to make a fast ~** ganar pasta rápidamente. - **4.** *inf* [responsibility]: **the ~ stops here** a mí me toca lidiar con eso; **to pass the ~ to sb** echarle el muerto a alguien. ◇ *comp* [animal] macho; **~ deer** ciervo *m*, gamo *m*. ◇ *vt* - **1.** [subj: horse] tirar, derribar. - **2.** *inf* [oppose] oponerse a, ir en contra de. ◇ *vi* - **1.** [horse] encabritarse, corcovear. - **2.** *Am* [jolt] dar sacudidas. - **3.** *Am* [charge] embestir con la cabeza. - **4.** *Am inf* [resist] resistirse; **to ~ against change** resistirse a los cambios. - **5.** *Am inf* [strive] esforzarse.

◆ **buck up** *inf* ◇ *vt sep* - **1.** [improve] mejorar; **~ your ideas up** más vale que espabiles. - **2.** [cheer up] animar. ◇ *vi* - **1.** [hurry up] darse prisa. - **2.** [cheer up] animarse.

buckaroo [ˌbʌkəˈruː] (*pl* **buckaroos**) *n Am* vaquero *m*.

buckboard [ˈbʌkbɔːd] *n coche de caballos de cuatro ruedas muy usado en EE UU a finales del XIX)*.

bucket [ˈbʌkɪt] ◇ *n* - **1.** [container, bucketful] cubo *m*; **to kick the ~** *inf fig* estirar la pata. - **2.** *inf* [large quantity]: **~s of** un montón de; **to rain ~s** *fig* llover a cántaros OR a mares. - **3.** [scoop] pala *f*. - **4.** [of waterwheel] cangilón *m*. ◇ *vt* - **1.** [put in bucket] meter OR echar en un cubo; [carry in bucket] llevar en un cubo. - **2.** *Br* [horse] montar duro y sin descanso. ◇ *vi Br inf* - **1.** [rain] descargar, caer con insistencia. - **2.** [move hurriedly] darse prisa; [car] moverse a trompicones.

◆ **bucket down** *vi Br inf* llover a cántaros.

bucketful [ˈbʌkɪtful] *n* cubo *m* (lleno); **by the ~** *fig* en grandes cantidades.

bucket seat *n* asiento *m* envolvente.

Buck House [bʌk-] *n inf apelativo familiar del palacio de Buckingham*.

Buckingham Palace [ˈbʌkɪŋəm-] *n* el palacio de Buckingham.

buckle [ˈbʌkl] ◇ *n* - **1.** [clasp] hebilla *f*. - **2.** [kink] combadura *f*, comba *f*. ◇ *vt* - **1.** [fasten] abrochar con hebilla. - **2.** [bend] combar, torcer. ◇ *vi* - **1.** [wheel] combarse, torcerse; [knees] doblarse. - **2.** [fasten] abrocharse.

◆ **buckle down** *vi*: **to ~ down (to)** dedicarse seriamente (a).

◆ **buckle to** *vi* ponerse a ello, aplicarse.

Bucks (*abbr of* **Buckinghamshire**) *condado inglés*.

buck's fizz *n Br* buck's fizz *m*, *cóctel de champán y zumo de naranja*.

buckshot [ˈbʌkʃɒt] *n* perdigones *mpl*.

buckskin [ˈbʌkskɪn] *n* ante *m*.

buckteeth [ˌbʌktiːθ] *npl* dientes *mpl* prominentes.

buckwheat [ˈbʌkwiːt] *n* alforfón *m*.

bucolic [bjuːˈkɒlɪk] *adj* bucólico(ca). ◇ *n* bucólica *f*.

bud [bʌd] (*pt & pp* **budded**, *cont* **budding**) ◇ *n* [shoot] brote *m*, yema *f*; [flower] capullo *m*; **to nip sthg in the ~** *fig* cortar algo de raíz. ◇ *vi* - **1.** [plant] brotar, echar brotes; [flower] florecer. - **2.** [horns] despuntar. - **3.** *fig* [talent] florecer. ◇ *vt* [graft bud onto] injertar un brote en.

Budapest [ˌbjuːdəˈpest] *n* Budapest.

Buddha [ˈbudə] *n* Buda *m*.

Buddhism [ˈbudɪzm] *n* budismo *m*.

Buddhist [ˈbudɪst] ◇ *adj* budista. ◇ *n* budista *mf*.

budding [ˈbʌdɪŋ] *adj* en ciernes.

buddy [ˈbʌdɪ] (*pl* **buddies**) (*pl* **buddies**) *n esp Am inf* [friend] amiguete *m*, -ta *f*, colega *mf*, compa *m Amér*.

budge [bʌdʒ] ◇ *vt* - **1.** [move] mover. - **2.** [cause to yield] hacer ceder. ◇ *vi* - **1.** [move] moverse. - **2.** [give in] ceder, hacer concesiones.

budgerigar [ˈbʌdʒərɪgɑːʳ] *n* periquito *m*.

budget [ˈbʌdʒɪt] ◇ *adj* [cheap] económico(ca). ◇ *n* presupuesto *m*; **the Budget** *Br* el presupuesto nacional OR del estado. ◇ *comp* presupuestario(ria). ◇ *vt* [money] presupuestar; [time] planificar. ◇ *vi* presupuestar.

◆ **budget for** *vt fus* contar con.

budget account *n Br* [with a shop] cuenta *f*; [with a bank] cuenta *f* para domiciliaciones.

budgetary [ˈbʌdʒɪtrɪ] *adj* presupuestario(ria).

budgie [ˈbʌdʒɪ] *n inf* periquito *m*.

Buenos Aires [ˌbwenɒsˈaɪrɪz] *n* Buenos Aires.

buff [bʌf] ◇ *adj* de color de ante. ◇ *n* - **1.** *inf* [expert] aficionado *m*, -da *f*. - **2.** [colour] (color *m* de) ante *m*. - **3.** [leather] piel de ante o búfalo. - **4.** [polishing cloth] pulidor *m*. ◇ *vt* [polish] pulir.

buffalo [ˈbʌfələu] (*pl inv* OR **buffalos** OR **buffaloes**) ◇ *n* búfalo *m*. ◇ *vt Am inf* [intimidate] achantar.

buffer [ˈbʌfəʳ] *n* - **1.** *Br* [for trains] tope *m*. - **2.** [protection] defensa *f*, salvaguarda *f*. - **3.** COMPUT memoria *f* intermedia. - **4.** [for polishing] pulidor *m*. - **5.** [shock absorber] amortiguador *m*.

buffer state *n* estado *m* tapón.

buffer zone *n* zona *f* OR región *f* tapón.

buffet[1] [*Br* ˈbufeɪ, *Am* bəˈfeɪ] *n* - **1.** [meal] bufé *m*. - **2.** [cafetería] bar *m* (restaurante). - **3.** [sideboard] aparador *m*, bufé *m*.

buffet[2] [ˈbʌfɪt] *vt* [physically] golpear.

buffet car [ˈbufeɪ-] *n* vagón *m* cafetería.

buffeting [ˈbʌfɪtɪŋ] *n* [of rain, wind] golpe *m*; **the waves gave the boat a real ~** las olas zarandearon el barco.

buffoon [bəˈfuːn] *n* bufón *m*.

buffoonery [bə'fu:nərɪ] n (U) bufonería f, bufonadas fpl.

bug [bʌg] (pt & pp **bugged**, cont **bugging**) ◇ n - **1.** esp Am [small insect] bicho m; **to be as snug as a ~ in a rug** fig estar bien cómodo y calentito. - **2.** inf [germ] microbio m, virus m inv; **stomach ~** virus del estómago. - **3.** inf [listening device] micrófono m oculto. - **4.** COMPUT error m. - **5.** [enthusiasm] fiebre f, manía f. ◇ vt - **1.** inf [spy on - room] poner un micrófono oculto en; [- phone] pinchar, intervenir. - **2.** esp Am inf [annoy] fastidiar, jorobar.
◆ **bug out** vi Am inf - **1.** [leave hurriedly] largarse corriendo. - **2.** [eyes] salirse de sus órbitas.

bugaboo ['bʌgəbu:] (pl **bugaboos**) n coco m.

bugbear ['bʌgbeəʳ] n - **1.** [worry] fastidio m, pesadilla f. - **2.** [monster] ≃ coco m.

bug-eyed adj Am de ojos saltones.

bugger ['bʌgəʳ] ◇ n - **1.** Br v inf [unpleasant person] cabrón m, -ona f; **lucky ~!** ¡qué suerte tiene el cabrón/la cabrona! - **2.** Br v inf [difficult, annoying task] coñazo m. - **3.** dated [sodomite] sodomita m. ◇ excl Br v inf ¡mierda! ◇ vt Br v inf: **~ it!** ¡mierda!
◆ **bugger off** vi Br v inf: **~ off!** ¡vete a tomar por (el) culo!
◆ **bugger up** vt sep Br v inf joder, fastidiar.

buggery ['bʌgərɪ] ◇ n sodomía f. ◇ interj Br v inf ¡mierda!

bugging ['bʌgɪŋ] ◇ n [of room] colocación f de un micrófono oculto; [of telephone] intervención f telefónica. ◇ comp: **~ device** micrófono m oculto.

buggy ['bʌgɪ] (pl **buggies**, comp **buggier**, superl **buggiest**) ◇ n - **1.** [carriage] calesa f. - **2.** [pushchair] sillita f de ruedas; Am [pram] cochecito m de niño. ◇ adj Am inf [crazy] chiflado(da).

bughouse ['bʌghaʊs, pl -haʊzɪz] n Am v inf manicomio m.

bugle ['bju:gl] ◇ n corneta f, clarín m. ◇ vi tocar la corneta OR el clarín.

bugler ['bju:gləʳ] n corneta mf, clarín mf.

build [bɪld] (pt & pp **built** [bɪlt]) ◇ vt - **1.** [construct] construir. - **2.** fig [form, create] crear. ◇ vi - **1.** [construct] construir. - **2.** [increase] aumentar. ◇ n complexión f, constitución f.
◆ **build in** vt sep - **1.** [construct as part of] empotrar. - **2.** [include] incorporar.
◆ **build into** vt sep - **1.** [construct as part of] empotrar en. - **2.** [include in] incorporar a.
◆ **build on** ◇ vt sep - **1.** [add to a building] añadir. - **2.** [base on] fundar en. ◇ vt fus [use as basis] basarse en.
◆ **build up** ◇ vt sep - **1.** [business - establish] poner en pie; [- promote] fomentar. - **2.** [person, health] fortalecer; **to ~ up one's reputation** labrarse una reputación. - **3.** [theory, method] elaborar. - **4.** [sales, production] aumentar. - **5.** [collection] reunir, hacer. ◇ vi - **1.** [clouds, pressure] acumularse. - **2.** [traffic, excitement] intensificarse.
◆ **build upon** ◇ vt fus = build on. ◇ vt sep = build on vt sep sense 2.

builder ['bɪldəʳ] n constructor m, -ra f.

building ['bɪldɪŋ] n - **1.** [structure] edificio m. - **2.** [profession] construcción f.

building and loan association n Am ≃ caja f de ahorros.

building block n - **1.** [toy] bloque m de construcción. - **2.** fig [element] componente m esencial, pilar m.

building contractor n contratista mf de obras.

building industry n (sector m de la) construcción f.

building plot Br, **building lot** Am n solar m, terreno m.

building site n obra f.

building society n Br organización financiera similar a un banco, especializada en la concesión de créditos hipotecarios a particulares, ≃ caja f de ahorros.

building trade n = building industry.

buildup ['bɪldʌp] n - **1.** [increase] acumulación f, incremento m gradual; [of troops] concentración f; **arms ~** incremento m bélico. - **2.** [publicity] publicidad f, propaganda f.

built [bɪlt] ◇ pt & pp → **build**. ◇ adj: **heavily/slightly ~** de complexión fuerte/débil; **to be ~ for** dar el tipo para.

built-in adj - **1.** [cupboard, wardrobe] empotrado(da). - **2.** [alarm, control] incorporado(da). - **3.** [disadvantage, safeguard] inherente, intrínseco(ca).

built-up adj - **1.** [land] urbanizado(da); **~ area** zona f urbanizada. - **2.** [clothes]: **~ shoes** zapatos mpl levantados OR con alza.

bulb [bʌlb] n - **1.** [for lamp] bombilla f. - **2.** [of plant] bulbo m. - **3.** [bulb-shaped part] parte f redondeada.

bulbous ['bʌlbəs] adj bulboso(sa).

Bulgaria [bʌl'geərɪə] n Bulgaria.

Bulgarian [bʌl'geərɪən] ◇ adj búlgaro(ra). ◇ n - **1.** [person] búlgaro m, -ra f. - **2.** [language] búlgaro m.

bulge [bʌldʒ] ◇ n - **1.** [lump] protuberancia f, bulto m; [in wall] pandeo m. - **2.** [sudden increase] aumento m súbito, alza f; **a population ~** una explosión demográfica. ◇ vi: **to ~ (with)** rebosar (de), estar atestado(da) (de).

bulging ['bʌldʒɪŋ] adj [muscles] fornido(da); [pocket] abultado(da); **~ eyes** ojos mpl saltones.

bulgy ['bʌldʒɪ] (compar **bulgier**, superl **bulgiest**) adj protuberante, abultado(da).

bulimia (nervosa) [bju'lɪmɪə(nə'vəʊzə)] n bulimia f (nerviosa).

bulk [bʌlk] ◇ n - **1.** [mass] bulto m, volumen m; [stoutness] corpulencia f. - **2.** [large body] mole f. - **3.** [large quantity]: **in ~** a granel. - **4.** [majority, most of]: **the ~ of** la mayor parte de. - **5.** NAUT [goods] carga f. ◇ adj a granel. ◇ vi: **to ~ large** ocupar un lugar importante.

bulk buying n compra f en gran cantidad OR al por mayor.

bulkhead ['bʌlkhed] n mamparo m.

bulk mail n (U) envíos mpl de grandes cantidades de correo.

bulk rate n tarifa f especial, tarifa f de compra al por mayor.

bulky ['bʌlkɪ] (compar **bulkier**, superl **bulkiest**) adj - **1.** [massive] abultado(da), voluminoso(sa). - **2.** [cumbersome] aparatoso(sa), poco manejable.

bull [bʊl] n - **1.** [male cow] toro m; **like a ~ in a china shop** fig como elefante en cacharrería; **to take the ~ by the horns** fig coger el toro por los cuernos. - **2.** [male animal] macho m. - **3.** inf [large, strong man] tiarrón m, toro m. - **4.** ST EX alcista mf. - **5.** RELIG bula f. - **6.** (U) esp Am v inf [nonsense] gilipolleces fpl. ◇ comp [male] macho. ◇ vt ST EX [market, prices, shares] jugar al alza con.

bulldog ['bʊldɒg] n buldog m.

bulldog clip n pinza f.

bulldoze ['bʊldəʊz] vt - **1.** [ground] nivelar; [building] derribar. - **2.** fig [force] forzar; **to ~ sb into sthg/into doing sthg** forzar a alguien a algo/a hacer algo.

bulldozer ['bʊldəʊzəʳ] n bulldozer m.

bullet ['bʊlɪt] n bala f; **to stop a ~** inf recibir un balazo ◻ **to bite the ~** inf apretar los dientes y aguantar; **to get the ~** inf ser despedido(da) (sin previo aviso).

bulletin ['bʊlətɪn] n - **1.** [news] boletín m, comunicado m; [medical report] parte m. - **2.** [regular publication] boletín m, gaceta f.

bulletin board n esp Am tablón m de anuncios.

bullet-proof ◇ adj a prueba de balas. ◇ vt [door, vehicle] preparar a prueba de balas.

bullfight ['bʊlfaɪt] n corrida f (de toros).

bullfighter ['bʊlˌfaɪtəʳ] n torero m, -ra f.

bullfighting ['bʊlˌfaɪtɪŋ] n toreo m.

bullfinch ['bʊlfɪntʃ] n camachuelo m.

bullfrog ['bʊlfrɒg] n rana f toro OR mugidora.

bullheaded [bʊl'hedɪd] adj inf testarudo(da), terco(ca). **bullhorn** ['bʊlhɔ:n] n megáfono m.

bullion ['bʊljən] n (U) lingotes mpl.

bullish ['bʊlɪʃ] adj - **1.** ST EX alcista. - **2.** Br inf [optimistic] optimista.

bull market n mercado m en alza OR alcista.

bull mastiff n dogo m.

bullnecked ['bʊlnekt] adj de cuello corto y grueso.

bullock ['bʊlək] n - 1. [castrated bull] buey m, toro m castrado. - 2. [young bull] novillo m.

bullring ['bʊlrɪŋ] n plaza f de toros.

bullrush ['bʊlrʌʃ] n = **bulrush**.

bull session n Am inf tertulia f.

bull's-eye n - 1. [target, shot] diana f, blanco m; **to hit the** ~ lit & fig dar en el blanco. - 2. [window] ojo m de buey.

bullshit ['bʊlʃɪt] (pt & pp **bullshitted**, cont **bullshitting**) vulg ◇ n (U) gilipolleces fpl. ◇ vi decir gilipolleces. ◇ vt venir con gilipolleces a.

bull terrier n bulterrier m.

bullwhip ['bʊlwɪp] (pt & pp **bullwhipped**, cont **bullwhipping**) ◇ n látigo m (de cuero). ◇ vt azotar.

bully ['bʊlɪ] (pl **bullies**, pt & pp **bullied**) ◇ n [child] abusón m; [adult] matón m. ◇ vt abusar de, intimidar; **to** ~ **sb into doing sthg** obligar a alguien con amenazas a hacer algo. ◇ excl inf: ~ **for you!** ¡bien!, ¡bravo!

bully beef n Br carne f de vaca en conserva.

bullying ['bʊlɪŋ] n intimidación f.

bulrush ['bʊlrʌʃ] n anea f.

bulwark ['bʊlwək] n - 1. ARCHIT baluarte m. - 2. [breakwater] rompeolas m inv. - 3. fig [protection] baluarte m.

◆ **bulwarks** npl NAUT borda f.

bum [bʌm] (pt & pp **bummed**, cont **bumming**) inf ◇ n - 1. esp Br [bottom] culo m. - 2. Am [tramp] vagabundo m, -da f. - 3. Am [idler] holgazán m, -ana f, vago m, -ga f. - 4. Am inf pej [worthless person] pobre desgraciado m, pobre desgraciada f. ◇ adj - 1. [worthless] sin valor, inútil. - 2. [injured, disabled] tullido(da). ◇ vt [sponge] gorronear, sablear.

◆ **bum around** vi Am inf - 1. [waste time] haraganear. - 2. [travel aimlessly] vagabundear.

bumble ['bʌmbl] vi - 1. [speak incoherently] hablar sin sentido. - 2. [move clumsily] moverse con torpeza.

bumblebee ['bʌmblbiː] n abejorro m.

bumbler ['bʌmblə'] n inf torpe mf.

bumbling ['bʌmblɪŋ] adj inf inútil.

bumf [bʌmf] n (U) Br inf papeleo m, papelotes mpl.

bummed [bʌmd] adj Am inf: **to be** ~ **(out) with sthg** estar deprimido(da) por algo.

bummer ['bʌmə'] n v inf [bad experience] mal rollo m; **the film's a real** ~ la película es un auténtico coñazo OR rollo; **what a** ~! ¡qué putada!

bump [bʌmp] ◇ n - 1. [lump - on head] chichón m; [- on road] bache m. - 2. [knock, blow, noise] golpe m. ◇ vt [car] chocar con OR contra; [head, knee] golpearse en; **I** ~**ed my head on the door** me di con la cabeza en la puerta. ◇ vi - 1. [jolt] avanzar dando sacudidas. - 2. [collide] chocar.

◆ **bump into** vt fus [meet by chance] toparse con, encontrarse con.

◆ **bump off** vt sep inf cargarse a.

◆ **bump up** vt sep inf aumentar, subir.

bumper ['bʌmpə'] ◇ adj abundante; ~ **edition** edición f especial. ◇ n - 1. AUT parachoques m inv. - 2. Am RAIL tope m. - 3. [full glass] vaso m lleno OR hasta arriba.

bumper car n coche m OR auto m de choque.

bumper-to-bumper adj: **the cars were** ~ había caravana.

bumph [bʌmf] n = **bumf**.

bumpkin ['bʌmpkɪn] n inf paleto m, -ta f, palurdo m, -da f.

bump start n puesta en marcha de un coche empujándolo cuesta abajo.

◆ **bump-start** vt arrancar empujando cuesta abajo.

bumptious ['bʌmpʃəs] adj pej engreído(da).

bumpy ['bʌmpɪ] (compar **bumpier**, superl **bumpiest**) adj - 1. [road] lleno(na) de baches. - 2. [ride, journey] con muchas sacudidas.

bun [bʌn] n - 1. [cake, bread roll] bollo m. - 2. [hairstyle] moño m, chongo m Amér.

bunch [bʌntʃ] ◇ n [of people] grupo m; [of flowers] ramo m; [of fruit] racimo m; [of keys] manojo m; [of hair, feathers] mechón m; [of straw, sticks, twigs] haz m, gavilla f; [of papers etc] puñado m, montón m; **do you want a** ~ **of fives?** inf fig ¿quieres que te dé un puñetazo? ◇ vt agrupar. ◇ vi agruparse.

◆ **bunches** npl [hairstyle] coletas fpl.

◆ **bunch together**, **bunch up** vi [people] juntarse, apretujarse.

bundle ['bʌndl] ◇ n - 1. [of clothes] lío m, bulto m; [of notes, papers] fajo m; [of wood] haz m; **to be a** ~ **of fun** OR **laughs** inf fig ser la monda; **to be a** ~ **of nerves** fig estar hecho(cha) un manojo de nervios. - 2. inf [money] montón m de dinero; **to make a** ~ hacer (uno) su agosto, forrarse. ◇ vt - 1. [clothes] empaquetar de cualquier manera. - 2. [person] empujar.

◆ **bundle off** vt sep despachar.

◆ **bundle up** ◇ vt sep [put into bundles] liar, envolver. ◇ vi arroparse, abrigarse.

bundled software ['bʌndld-] n COMPUT software m incluido en la compra del ordenador.

bung [bʌŋ] ◇ n tapón m. ◇ vt Br inf - 1. [throw] echar, tirar. - 2. [pass] pasar, alcanzar.

bungalow ['bʌŋgələʊ] n bungalow m.

bunged up [bʌŋd-] adj [drain] atascado(da), obstruido(da); [nose] tapado(da), congestionado(da).

bungee-jumping ['bʌndʒiː-] n puenting m.

bungle ['bʌŋgl] vt chapucear.

bungler ['bʌŋglə'] n chapucero m, -ra f.

bungling ['bʌŋglɪŋ] ◇ adj [person] chapucero(ra); [action] torpe. ◇ n chapucería f, torpeza f.

bunion ['bʌnjən] n juanete m.

bunk [bʌŋk] ◇ n - 1. [bed] litera f. - 2. (U) inf [nonsense] tonterías fpl. - 3. phr: **to do a** ~ inf poner pies en polvorosa, darse el piro. ◇ vi inf - 1. [sleep] dormir en litera. - 2. [escape] largarse, darse el piro.

◆ **bunk off** vi Br inf [go away] pirárselas, tomar las de Villadiego; [from school] hacer novillos.

bunk bed n litera f.

bunker ['bʌŋkə'] ◇ n - 1. [shelter, in golf] búnker m. - 2. [for coal] carbonera f. - 3. NAUT pañol m del carbón, carbonera f. ◇ vt meter en la carbonera.

bunkhouse ['bʌŋkhaʊs, pl -haʊzɪz] n barracones mpl (de vaqueros).

bunk-up n Br: **to give sb a** ~ aupar a alguien.

bunny ['bʌnɪ] (pl **bunnies**) n [rabbit] conejito m, -ta f.

bunny girl n conejita f (en club nocturno).

bunny hill n Am SKI pista f (de esquí) para principiantes.

bunny rabbit n = **bunny**.

Bunsen burner ['bʌnsn-] n mechero m Bunsen.

bunting ['bʌntɪŋ] n (U) [flags] banderitas fpl.

buoy [Br bɔɪ, Am 'buːɪ] ◇ n boya f. ◇ vt señalar con boyas.

◆ **buoy up** vt sep [encourage] alentar, animar.

buoyancy ['bɔɪənsɪ] n - 1. [ability to float] flotabilidad f; [of gas, liquid] empuje m. - 2. [optimism] optimismo m; [of market] tendencia f alcista.

buoyant ['bɔɪənt] adj - 1. [able to float] boyante, capaz de flotar. - 2. [optimistic - gen] optimista; [- market] con tendencia alcista.

buoyantly ['bɔɪəntlɪ] adv [walk] con paso alegre; [float, rise] con ligereza; [speak] con vivacidad.

bur [bɜːr] n BOT erizo m, parte f espinosa.

burble ['bɜːbl] ◇ n - 1. [of liquid, stream] borboteo m. - 2. [of speech] farfulleo m. ◇ vi - 1. [liquid, stream] borbotear. - 2. [person] farfullar.

burden ['bɜːdn] ◇ n - 1. [heavy load] carga f; **to strain under a** ~ soportar un peso OR una carga con gran esfuerzo. - 2. fig [heavy responsibility]: ~ **on** carga f para ❑ **the** ~ **of proof** el deber de presentar pruebas. - 3. NAUT arqueo m neto, tonelaje m. - 4. Br [chorus, refrain] estribillo m. - 5. fig [theme, central idea] tema *m* central. ◇ *vt*: **to ~ sb with** cargar a alguien con.

burdensome ['bɜːdnsəm] *adj fml* [load] pesado(da); [taxes] oneroso(sa).

burdock ['bɜːdɒk] *n* bardana *f*.

bureau ['bjʊərəʊ] (*pl* **bureaux** [-rəʊz]) *n* - **1.** [government department] departamento *m*, oficina *f*. - **2.** [office] oficina *f*. - **3.** *Br* [desk] secreter *m*. - **4.** *Am* [chest of drawers] cómoda *f*.

bureaucracy [bjʊəˈrɒkrəsɪ] (*pl* **bureaucracies**) *n* burocracia *f*.

bureaucrat ['bjʊərəkræt] *n pej* burócrata *mf*.

bureaucratic [ˌbjʊərəˈkrætɪk] *adj pej* burocrático(ca).

bureaucratize, -ise [bjʊəˈrɒkrətaɪz] *vt pej* burocratizar.

bureau de change [-dəˈʃɑːndʒ] (*pl* **bureaux de change**) *n* caja *f* de cambio.

bureaux ['bjʊərəʊz] *pl* → **bureau**.

burette *Br*, **buret** *Am* [bjʊˈret] *n* bureta *f*.

burgeon ['bɜːdʒən] *vi* [sprout] brotar; [flourish] florecer.

burger ['bɜːgəʳ] *n* hamburguesa *f*.

burgher ['bɜːgəʳ] *n* HIST burgués *m*, -esa *f*.

burglar ['bɜːgləʳ] *n* ladrón *m*, -ona *f*.

burglar alarm *n* alarma *f* antirrobo.

burglarize *vt Am* = **burgle**.

burglary ['bɜːglərɪ] (*pl* **burglaries**) *n* robo *m* (de una casa).

burgle ['bɜːgl], **burglarize** *Am* ['bɜːgləraɪz] *vt* robar, desvalijar (*una casa*).

Burgundy ['bɜːgəndɪ] *n* - **1.** [region] Borgoña. - **2.** [wine] borgoña *m*.

burial ['berɪəl] *n* entierro *m*.

burial ground *n* cementerio *m*.

burial mound *n* túmulo *m*.

burk [bɜːk] *n* = **berk**.

Burke's Peerage [bɜːks-] *n* guía de la aristocracia británica.

Burkina Faso [bɜːˌkiːnəˈfæsəʊ] *n* Burkina Faso.

burl [bɜːl] *n* - **1.** [in fabric] mota *f*. - **2.** [on tree] nudo *m*.

burlap ['bɜːlæp] *n* arpillera *f*.

burlesque [bɜːˈlesk] ◇ *n* - **1.** LITER & THEATRE parodia *f*. - **2.** *Am* [bawdy comedy] espectáculo *m* de variedades. ◇ *adj* burlesco(ca). ◇ *vt* parodiar.

burley ['bɜːlɪ] *n* tabaco *m* de color claro.

burly ['bɜːlɪ] (*compar* **burlier**, *superl* **burliest**) *adj* fornido(da).

Burma ['bɜːmə] *n* Birmania.

Burmese [ˌbɜːˈmiːz] ◇ *adj* birmano *m*, -na *f*. ◇ *n* - **1.** [person] birmano *m*, -na *f*. - **2.** [language] birmano *m*.

burn [bɜːn] (*pt & pp* **burnt** [bɜːnt] OR **burned**) ◇ *vt* - **1.** [gen] quemar; [forest, crop, car] quemar, incendiar; **athletes ~ a lot of energy** los atletas queman OR gastan muchas energías; **he ~ed a hole in the sheet with his cigarette** quemó la sábana con el cigarrillo. - **2.** [injure] quemarse; **he ~ed his hand** se quemó la mano; **to be ~ed to death** morir quemado(da). ◇ *vi* - **1.** [gen] arder; **to ~ with passion/hatred** arder de pasión/odio. - **2.** [be alight] estar encendido(da). - **3.** [food] quemar. - **4.** [cause burning sensation] escocer. - **5.** [become sunburnt] quemarse. ◇ *n* quemadura *f*.

◆ **burn away** ◇ *vi* - **1.** [continue burning] seguir ardiendo. - **2.** [be destroyed by fire] (arder hasta) consumirse. ◇ *vt sep* quemar.

◆ **burn down** ◇ *vt sep* incendiar. ◇ *vi* - **1.** [be destroyed by fire] incendiarse. - **2.** [burn less brightly] apagarse.

◆ **burn off** *vt sep* [vegetation] quemar; [paint] pulir con llama.

◆ **burn out** ◇ *vt sep* [exhaust]: **to ~ o.s. out** quemarse, agotarse. ◇ *vi* - **1.** [candle, fire] apagarse, consumirse. - **2.** [bulb, fuse] fundirse.

◆ **burn up** ◇ *vt sep* - **1.** [destroy by fire, consume] quemar; **this car ~s up a lot of petrol** este coche gasta OR quema mucha gasolina; **to ~ up the miles** *inf* devorar kilómetros. - **2.** *inf fig* [enrage] quemar, indignar. ◇ *vi* quemarse.

burned-out ['bɜːnd-] *adj* = **burnt-out**.

burner ['bɜːnəʳ] *n* quemador *m*.

burning ['bɜːnɪŋ] *adj* - **1.** [on fire] en llamas. - **2.** [heat, passion, interest] ardiente; **it was ~ hot** hacía un calor abrasador. - **3.** [cheeks, face] colorado(da). - **4.** [controversial]: **~ question** pregunta *f* candente.

burnish ['bɜːnɪʃ] *vt* bruñir.

burnished ['bɜːnɪʃt] *adj* - **1.** [metal] bruñido(da), pulido(da). - **2.** *literary* [bright, shiny] brillante, lustroso(sa).

burnous, burnoose *Am* [bɜːˈnuːs] *n* albornoz *m*.

burnout ['bɜːnaʊt] *n* agotamiento *m*.

Burns' Night [bɜːnz-] *n* fiesta celebrada en Escocia el 25 de enero en honor del poeta escocés Robert Burns.

burnt [bɜːnt] *pt & pp* → **burn**.

burnt offering *n* [sacrifice] holocausto *m*.

burnt-out *adj lit & fig* quemado(da).

burp [bɜːp] *inf* ◇ *n* eructo *m*. ◇ *vi* eructar. ◇ *vt*: **to ~ a baby** hacer eructar a un bebé.

burr [bɜːʳ] *n* - **1.** [rough edge] rebaba *f*. - **2.** [tool] taladro *m*; [of dentist] fresa *f*. - **3.** [on tree trunk] nudo *m*. - **4.** = **bur**. ◇ *vt* - **1.** [form rough edge on] formar una rebaba en. - **2.** [remove rough edge from] quitar la rebaba de.

burro ['bʊrəʊ] (*pl* **burros**) *n* burro *m*.

burrow ['bʌrəʊ] ◇ *n* madriguera *f*. ◇ *vt* - **1.** [dig] escarbar. - **2.** *fig* [nestle]: **to ~ one's head** esconder la cabeza. ◇ *vi* - **1.** [dig] escarbar (un agujero). - **2.** *fig* [in order to search] hurgar.

bursa ['bɜːsə] (*pl* **bursas** OR **bursal** ['bɜːsiː]) *n* bolsa *f*, saco *m*.

bursar ['bɜːsəʳ] *n* tesorero *m*, -ra *f*, administrador *m*, -ra *f*.

bursary ['bɜːsərɪ] (*pl* **bursaries**) *n Br* beca *f*.

bursitis [bɜːˈsaɪtɪs] *n* bursitis *f inv*.

burst [bɜːst] (*pt & pp* **burst**) ◇ *vi* - **1.** [gen] reventarse; [bag] romperse; [tyre] pincharse, reventar. - **2.** [explode] estallar. - **3.** [be full]: **to ~ (with)** rebosar (de). - **4.** [door, lid]: **to ~ open** abrirse de golpe. - **5.** [go suddenly]: **to ~ into** irrumpir en; **to ~ through** abrirse paso a través de. ◇ *vt* [gen] reventar; [tyre] pinchar, reventar. ◇ *n* - **1.** [of enthusiasm, laughter] estallido *m*; [of song] clamor *m*; [of activity, energy] explosión *f*; [of gunfire] ráfaga *f*; [of anger, emotion] arrebato *m*; [of applause] salva *f*. - **2.** [of bomb, shell] explosión *f*. - **3.** [of tyre] reventón *m*, pinchazo *m*.

◆ **burst in** *vi* - **1.** [enter violently] irrumpir. - **2.** [interrupt] interrumpir; **to ~ in with questions** interrumpir con preguntas.

◆ **burst in on** *vt fus* interrumpir.

◆ **burst into** *vt fus* - **1.** [begin suddenly]: **to ~ into tears/song** romper a llorar/cantar. - **2.** [flames] estallar en. - **3.** [subj: plants]: **to ~ into flower** florecer.

◆ **burst out** ◇ *vt fus* [say suddenly] exclamar. ◇ *vi* - **1.** [begin suddenly]: **to ~ out laughing/crying** echarse a reír/llorar. - **2.** [leave suddenly] salir corriendo.

bursting ['bɜːstɪŋ] *adj* - **1.** [full] lleno(na) a estallar. - **2.** [with emotion]: **~ with** rebosando de. - **3.** [eager]: **to be ~ to do sthg** estar deseando hacer algo.

Burundi [bʊˈrʊndɪ] *n* Burundi.

Burundian [bʊˈrʊndjən] ◇ *adj* burundés(esa). ◇ *n* burundés *m*, -esa *f*.

bury ['berɪ] (*pt & pp* **buried**) *vt* - **1.** [in ground] enterrar. - **2.** [face, memory] esconder, ocultar. - **3.** *fig* [immerse]: **to ~ o.s. in sthg** enfrascarse en algo.

bus [bʌs] (*pl* **buses** OR **busses**, *pt & pp* **bused** OR **bussed**, *cont* **busing** OR **bussing**) ◇ *n* autobús *m Esp*, camión *m Amér*, guagua *f Amér*; **by ~** en autobús. ◇ *vi* ir en autobús. ◇ *vt* llevar en autobús.

busboy ['bʌsbɔɪ] *n Am* ayudante *m* de camarero.

busby ['bʌzbɪ] (*pl* **busbies**) *n Br* sombrero alto de piel negra que llevan los húsares.

bus conductor *n* cobrador *m*, -ra *f* de autobús.

bus driver *n* conductor *m*, -ra *f* de autobús.

bush [buʃ] *n* - **1.** [plant] arbusto *m*, matorral *m*. - **2.** [open country]: **the** ~ el campo abierto, el monte. - **3.** [of hair] mechón *m*. - **4.** *phr*: **to beat about the** ~ andarse por las ramas.

bushbaby ['buʃ,beɪbɪ] (*pl* **bushbabies**) *n* lemúrido *m*, lemur *m*.

bushed [buʃt] *adj inf* hecho(cha) polvo OR migas, agotado(da).

bushel ['buʃl] *n Br* = 36,37 *litros*; *Am* = 35,24 *litros*.

bushfire ['buʃfaɪəʳ] *n* incendio *m* de un monte bajo.

bushing ['buʃɪŋ] *n (U)* TECH forro *m*, casquillo *m*.

bush jacket *n* sahariana *f*.

Bushman ['buʃmən] (*pl inv* OR **Bushmen** [-mən]) *n* bosquimano *m*, -na *f*.

bush telegraph *n* - **1.** [by drum beats] comunicación *f* por tam-tam. - **2.** *Br fig & hum* [grapevine] radio *f* macuto.

bushwhack ['buʃwæk] ◇ *vi* [clear a path] abrirse paso en OR entre la maleza. ◇ *vt Am* [ambush] tender una emboscada a.

bushwhacker ['buʃ,wækəʳ] *n* - **1.** *Am & Austr* [backwoodsman] persona *f* que vive en un lugar perdido. - **2.** *Am* [guerrilla] guerrillero *m*, -ra *f*.

bushy ['buʃɪ] (*compar* **bushier**, *superl* **bushiest**) *adj* - **1.** [eyebrow, beard, tail] poblado(da), tupido(da). - **2.** [area] lleno(na) de arbustos, breñoso(sa).

busily ['bɪzɪlɪ] *adv* afanosamente.

business ['bɪznɪs] ◇ *n* - **1.** *(U)* [commerce, amount of trade] negocios *mpl*; **to be away on** ~ estar en viaje de negocios; **to do** ~ **with sb** tener negocios con alguien; **open for** ~ abierto al público ❑ **to mean** ~ *inf* ir en serio; **to go out of** ~ quebrar. - **2.** [company] negocio *m*, empresa *f*; [establishment] negocio *m*, comercio *m*. - **3.** [concern, duty] oficio *m*, ocupación *f*; **to have no** ~ **doing** OR **to do sthg** no tener derecho a hacer algo ❑ **mind your own** ~! *inf* ¡no te metas donde no te llaman!; **it's none of your** ~ ~ no es asunto tuyo OR cosa tuya. - **4.** *(U)* [affair, matter] asunto *m*; **to stick to** ~ dejarse de rodeos; **unfinished** ~ asuntos pendientes. ◇ *comp*: ~ **degree** título *m* de empresariales; ~ **interests** intereses *mpl* comerciales; ~ **hours** horas *fpl* de oficina.

business address *n* dirección *f* OR domicilio *m* comercial.

business card *n* tarjeta *f* de visita.

business centre *n* centro *m* de negocios.

business class *n* clase *f* preferente.

business college *n Br* [gen] escuela *f* de comercio; [for management training] escuela *f* de gestión y administración de empresas.

businesslike ['bɪznɪslaɪk] *adj* formal, práctico(ca).

businessman ['bɪznɪsmæn] (*pl* **businessmen** [-men]) *n* empresario *m*, hombre *m* de negocios.

business manager *n* COMM & IND director *m*, -ra *f* comercial; SPORT representante *mf*, apoderado *m*, -da *f*; THEATRE empresario *m*, -ria *f*.

businessmen ['bɪznɪsmen] *pl* → **businessman**.

business school *n Am* = **business college**.

business trip *n* viaje *m* de negocios.

businesswoman ['bɪznɪs,wʊmən] (*pl* **businesswomen** [-,wɪmɪn]) *n* empresaria *f*, mujer *f* de negocios.

busing ['bʌsɪŋ] *n Am* transporte de niños en autobús a escuelas de otros barrios para lograr la integración racial.

busk [bʌsk] *vi Br* tocar en la calle.

busker ['bʌskəʳ] *n Br* músico callejero *m*, música callejera *f*.

bus lane *n* carril *m* de autobús.

busload ['bʌsləʊd] *n*: **a** ~ **of workers** un autobús lleno de obreros; **the tourists arrived by the** ~ OR **in** ~**s** iban llegando autobuses llenos de turistas.

busman ['bʌsmən] (*pl* **busmen** [-mən]) *n* conductor *m* de autobús.

busman's holiday *n* vacaciones en las que uno sigue haciendo lo mismo que en el trabajo.

busmen ['bʌsmən] *pl* → **busman**.

bus-shelter *n* marquesina *f* (de parada de autobús).

bus station *n* estación *f* de autobuses.

bus stop *n* parada *f* de autobús, paradero *m Amér*.

bust [bʌst] (*pt & pp* **busted** OR *inv*) ◇ *adj inf* - **1.** [broken] roto(ta), fastidiado(da). - **2.** [bankrupt]: **to go** ~ quebrar. ◇ *n* - **1.** [bosom, statue] busto *m*. - **2.** *inf police sl* [raid] redada *f*. - **3.** *Am inf* [failure] fiasco *m*, fracaso *m*. ◇ *vt* - **1.** *inf* [break] fastidiar, estropear. - **2.** *police sl* [arrest] pillar, empapelar; [raid] registrar, hacer una redada en.

◆ **bust out** *vi inf* [escape] largarse, pirárselas.

◆ **bust up** ◇ *vi* [boyfriend, girlfriend] romper, reñir. ◇ *vt sep* [disrupt]: **demonstrators** ~**ed up the meeting** los manifestantes irrumpieron en la reunión.

bustard ['bʌstəd] *n* avutarda *f*.

bustle ['bʌsl] ◇ *n* bullicio *m*. ◇ *vi* apresurarse.

bustling ['bʌslɪŋ] *adj* bullicioso(sa).

bust-up *n inf* - **1.** [quarrel] trifulca *f*, camorra *f*. - **2.** [breakup] ruptura *f*.

busty ['bʌstɪ] (*compar* **bustier**, *superl* **bustiest**) *adj inf* pechugona.

busy ['bɪzɪ] (*compar* **busier**, *superl* **busiest**) ◇ *adj* - **1.** [active] activo(va). - **2.** [hectic - life, week] ajetreado(da); [- town, office] concurrido(da), animado(da). - **3.** [occupied] ocupado(da); **to be** ~ **doing sthg** estar ocupado haciendo algo. - **4.** *esp Am* TELEC [engaged] comunicando. ◇ *vt*: **to** ~ **o.s. (doing sthg)** ocuparse (haciendo algo).

busybody ['bɪzɪ,bɒdɪ] (*pl* **busybodies**) *n pej* entrometido *m*, -da *f*.

busy lizzie [-'lɪzɪ] *n* balsamina *f*.

busy signal *n Am* TELEC señal *f* de comunicando.

but [bʌt] ◇ *conj* pero; **we were poor** ~ **happy** éramos pobres pero felices; **she owns not one** ~ **two houses** no tiene una sino dos casas; ~ **now let's talk about you** pero ahora hablemos de ti. ◇ *prep* menos, excepto; **everyone** ~ **Jane was there** todos estaban allí menos Jane; **we've had nothing** ~ **bad weather** no hemos tenido más que mal tiempo; **he has no one** ~ **himself to blame** la culpa no es de otro más que de él OR sino de él. ◇ *adv fml*: **had I** ~ **known** de haberlo sabido; **we can** ~ **try** por intentarlo que no quede; **she has** ~ **recently joined the firm** hace tan sólo un tiempo que entró en la empresa.

◆ **but for** *conj* de no ser por; ~ **for her I'd have died** de no ser por ella, hubiera muerto.

◆ **but then** *adv*: **I really like him,** ~ **then I've known him for years** me gusta mucho, pero claro, nos conocemos desde hace años.

butane ['bjuːteɪn] *n* butano *m*.

butane gas *n* (gas *m*) butano *m*.

butch [bʊtʃ] *adj Br inf* [woman] marimacho; [man] muy macho.

butcher ['bʊtʃəʳ] ◇ *n* - **1.** [occupation] carnicero *m*, -ra *f*; ~**'s (shop)** carnicería *f*. - **2.** [indiscriminate killer] carnicero *m*, -ra *f*, asesino *m*, -na *f*. ◇ *vt* - **1.** [animal] matar. - **2.** *fig* [kill indiscriminately] hacer una carnicería con. - **3.** *inf* [story, joke] cargarse, echar a perder.

butchery ['bʊtʃərɪ] *n* - **1.** [shop, trade] carnicería *f*. - **2.** [slaughterhouse] matadero *m*. - **3.** *fig* [indiscriminate killing] matanza *f*, carnicería *f*.

butler ['bʌtləʳ] *n* mayordomo *m*.

Butlin's ['bʌtlɪnz] *n* cadena de colonias de vacaciones en Gran Bretaña.

butt [bʌt] ◇ *n* - **1.** [of cigarette, cigar] colilla *f*. - **2.** [of rifle] culata *f*. - **3.** [for water] tina *f*. - **4.** [target] blanco *m*; **the** ~**s** MIL campo *m* de tiro. - **5.** *Am inf* [buttocks] trasero *m*. ◇ *vt* - **1.** [subj: animal] embestir, topetar. - **2.** [subj: person] dar un cabezazo a. - **3.** [abut] colindar con.

◆ **butt in** *vi* [interrupt]: **to** ~ **in on sb** cortar a alguien; **to** ~ **in on sthg** entrometerse en algo.

butte [bjuːt] *n Am* collado *m*, cerro *m* aislado.

butter ['bʌtəʳ] ◇ *n* mantequilla *f*; ~ **wouldn't melt in her mouth** *inf fig* parece que no ha roto un plato en su vida, parece una mosquita muerta. ◇ *vt* untar con mantequilla.

◆ **butter up** *vt sep inf* dar coba a.

butter bean *n* judía *f* blanca.

buttercup ['bʌtəkʌp] *n* ranúnculo *m*.

butter dish *n* mantequera *f*.

buttered ['bʌtəd] *adj* con mantequilla.

butterfat ['bʌtəfæt] *n* nata *f* de la leche.

butterfingered ['bʌtə,fɪŋgəd] *adj inf* patoso(sa), torpe.

butterfingers ['bʌtə,fɪŋgəz] (*pl inv*) *n inf* persona *f* con manos de mantequilla.

butterfly ['bʌtəflaɪ] (*pl* **butterflies**) *n* - **1.** [insect] mariposa *f*; **to have butterflies in one's stomach** *inf fig* estar hecho(cha) un manojo de nervios. - **2.** [swimming style] (estilo *m*) mariposa *f*.

butterfly net *n* cazamariposas *m inv*.

butterfly nut *n* (tuerca *f* de) mariposa *f*.

butter icing *n* glaseado *m* de mantequilla.

butter knife *n* cuchillo *m* de (la) mantequilla.

buttermilk ['bʌtəmɪlk] *n* suero *m* de leche.

butternut ['bʌtənʌt] *n* - **1.** [tree] nogal *m* ceniciento. - **2.** [nut] nuez *f* de Cuba.

butterscotch ['bʌtəskɒtʃ] *n* dulce hecho a base de azúcar y mantequilla hervidas.

buttery ['bʌtəri] *adj* - **1.** [smell, taste] mantecoso(sa); [fingers, hand] cubierto(ta) de mantequilla; [biscuits] de mantequilla. - **2.** *fig* [flattering] zalamero(ra).

butt naked *adj Am inf* en cueros (vivos).

buttocks ['bʌtəks] *npl* nalgas *fpl*.

button ['bʌtn] ◇ *n* - **1.** [gen & COMPUT] botón *m*; **as bright as a** ~ *fig* más listo (más lista) que el hambre; **on the** ~ *inf fig* correcto, exacto. - **2.** *Am* [badge] chapa *f*. ◇ *vt* = **button up**. ◇ *vi* abotonarse, abrocharse.
◆ **button up** *vt sep* abotonar, abrochar.

button-down *adj* - **1.** [collar] abrochado(da); [shirt] con el cuello abrochado. - **2.** *Am fig* [conventional]: **a** ~ **businessman** un ejecutivo muy atildado.

buttonhole ['bʌtnhəʊl] ◇ *n* - **1.** [hole] ojal *m*. - **2.** *Br* [flower] flor *f* para el ojal. ◇ *vt inf* [person] enganchar, coger por banda.

buttonhook ['bʌtnhʊk] *n* abotonador *m*, abrochador *m*.

button mushroom *n* champiñón *m* pequeño.

buttress ['bʌtrɪs] ◇ *n* - **1.** ARCHIT contrafuerte *m*. - **2.** *fig* [support] apoyo *m*, sostén *m*. ◇ *vt* [wall] poner contrafuerte a.

buxom ['bʌksəm] *adj* [woman] maciza, pechugona.

buy [baɪ] (*pt & pp* **bought** [bɔːt]) ◇ *vt* - **1.** [purchase] comprar; **to** ~ **sthg from sb** comprar algo a alguien. - **2.** [bribe] comprar, sobornar. - **3.** *inf fig* [believe] creer; **if you say it, I'll** ~ **it** si tú lo dices, lo acepto OR me lo creo. ◇ *n* compra *f*; **a good/bad** ~ (una) buena/mala compra.
◆ **buy back** *vt sep* volver a comprar.
◆ **buy in** *vt sep Br* aprovisionarse de.
◆ **buy into** *vt fus* comprar acciones en.
◆ **buy off** *vt sep* comprar, sobornar.
◆ **buy out** *vt sep* - **1.** [in business] comprar la parte de. - **2.** [from army]: **to** ~ **o.s./sb out (of the army)** pagar para salirse/para sacar a alguien del ejército.
◆ **buy up** *vt sep* acaparar.

buyer ['baɪə'] *n* - **1.** [purchaser] comprador *m*, -ra *f*. - **2.** [profession] jefe *m*, -fa *f* de compras.

buyer's market *n* mercado *m* comprador.

buying ['baɪɪŋ] *n* compra *f*.

buyout ['baɪaʊt] *n* adquisición de la mayoría de las acciones de una empresa.

buzz [bʌz] ◇ *n* - **1.** [of insect, machinery] zumbido *m*; [of conversation] rumor *m*. - **2.** *inf* [on phone]: **to give sb a** ~ dar un telefonazo a alguien. ◇ *vi* - **1.** [make noise] zumbar. - **2.** [with buzzer] tocar el timbre. - **3.** *fig* [be active]: **to** ~ **(with)** bullir (de). ◇ *vt* - **1.** [on intercom] llamar. - **2.** *Am inf* [telephone] dar un telefonazo a. - **3.** *inf* [fly close to] volar muy cerca de.
◆ **buzz about** *vi* andar de aquí para allá.
◆ **buzz off** *vi Br inf*: ~ **off!** ¡lárgate!

buzzard ['bʌzəd] *n* - **1.** *Br* [hawk] águila *f* ratonera. - **2.** *Am* [vulture] buitre *m*.

buzzer ['bʌzə'] *n* timbre *m*.

buzzing ['bʌzɪŋ] *n* zumbido *m*.

buzz saw *n* sierra *f* circular.

buzzword ['bʌzwɜːd] *n inf* palabra *f* de moda.

by [baɪ] ◇ *prep* - **1.** [indicating cause, agent] por; **caused/written** ~ causado/escrito por; **a book** ~ **Joyce** un libro de Joyce. - **2.** [indicating means, method, manner]: **to travel** ~ **bus/train/plane/ship** viajar en autobús/tren/avión/barco; **he got rich** ~ **buying land** se hizo rico comprando terrenos; **she had a son** ~ **her first husband** tuvo un hijo de su primer marido; **to pay** ~ **cheque** pagar con cheque; **to take sb** ~ **the hand** coger alguien de la mano; ~ **candlelight** a la luz de las velas; ~ **day/night** por el día/la noche, de día/noche; ~ **nature** por naturaleza; ~ **profession/trade** de profesión/oficio. - **3.** [beside, close to] junto a; ~ **the sea** junto al mar. - **4.** [past] por delante de; **to walk** ~ **sb/sthg** pasear por delante de alguien/algo; **we drove** ~ **the castle** pasamos por el castillo (en coche). - **5.** [via, through] por; **we entered** ~ **the back door** entramos por la puerta trasera. - **6.** [at or before] para; **I'll be there** ~ **eight** estaré allí para las ocho; ~ **1916 it was all over** en 1916 ya estaba todo decidido; ~ **now** ya. - **7.** [according to] según; ~ **law/my standards** según la ley/mis criterios; **it's fine** ~ **me** por mí, bien. - **8.** [in division] entre; [in multiplication, measurements] por; **divide 20** ~ **2** dividir 20 entre 2; **multiply 20** ~ **2** multiplicar 20 por 2; **twelve feet** ~ **ten** doce pies por diez. - **9.** [in quantities, amounts] por; ~ **the thousand** OR **thousands** por miles; ~ **the metre** por metros; ~ **the day/hour** por día/horas; **prices were cut** ~ **50%** los precios fueron rebajados (en) un 50%. - **10.** [indicating gradual change]: **day** ~ **day** día a OR tras día; **one** ~ **one** uno a uno. - **11.** [to explain a word or expression] con, por; **what do you mean** ~ **'all right'**? ¿qué quieres decir con eso de 'bien'?; **what do you understand** ~ **the word 'subsidiarity'**? ¿qué entiendes tú por 'subsidiariedad'? - **12.** *phr*: ~ **and** ~ en un momento; **and large** por lo general; **(all)** ~ **oneself** solo(la); **did you do it all** ~ **yourself**? ¿lo hiciste tú solo?; ~ **the way** a propósito. ◇ *adv* → **go, pass** *etc*.

bye(-bye) [baɪ('baɪ)] *excl inf* ¡hasta luego!, ¡adiós!

bye-election *n* = **by-election**.

byelaw ['baɪlɔː] *n* = **bylaw**.

by-election *n* elección *f* parcial.

Byelorussia [bɪ,eləʊ'rʌʃə] *n* = **Belorussia**.

Byelorussian [bɪ,eləʊ'rʌʃn] *adj & n* = **Belorussian**.

bygone ['baɪgɒn] ◇ *adj* pasado(da). ◇ *n* [object] reliquia *f*, antigualla *f*.
◆ **bygones** *npl*: **let** ~**s be** ~**s** lo pasado, pasado está.

bylaw ['baɪlɔː] *n* reglamento *m* OR estatuto *m* local, ordenanza *f* municipal.

by-line *n* subtítulo donde figura el nombre del autor.

bypass ['baɪpɑːs] ◇ *n* - **1.** [road] carretera *f* de circunvalación. - **2.** MED: ~ **(operation)** (operación *f* de) by-pass *m*. - **3.** [pipe] tubo *m* de desviación OR de paso. - **4.** ELEC derivación *f*. ◇ *vt* evitar.

by-play *n* THEATRE juego *m* escénico secundario.

by-product *n* - **1.** [product] subproducto *m*, derivado *m*. - **2.** [consequence] consecuencia *f*.

byroad ['baɪrəʊd] *n* = **byway**.

Byronic [baɪ'rɒnɪk] *adj* byroniano(na).

bystander ['baɪ,stændə'] *n* espectador *m*, -ra *f*.

byte [baɪt] *n* COMPUT byte *m*, octeto *m*.

byway ['baɪweɪ] *n* - **1.** [road] carretera *f* secundaria. - **2.** *fig* [of subject] caminos *mpl* poco explorados.

byword ['baɪwɜːd] *n*: ~ **(for)** símbolo *m* (de), equivalente *m* (a).

by-your-leave *n hum*: **without so much as a** ~ sin (ni) siquiera pedir permiso.

Byzantine [*Br* bɪ'zæntaɪn, *Am* 'bɪznti:n] ◇ *adj* bizantino(na). ◇ *n* bizantino *m*, -na *f*.

Byzantium [bɪ'zæntɪəm] *n* Bizancio.

C

c¹ (*pl* **c's** OR **cs**), **C** (*pl* **C's** OR **Cs**) [siː] *n* [letter] c *f*, C *f*.
◆ **C** *n* - **1.** MUS do *m*. - **2.** (*abbr of* **celsius, centigrade**) C.
c² [siː] - **1.** (*written abbr of* **century**) s. - **2.** (*written abbr of* **cent(s)**) cént.
c., ca. (*abbr of* **circa**) h.
c/a - **1.** *written abbr of* **credit account**. - **2.** (*abbr of* **current account**) c/c.
CA *n* - **1.** *written abbr of* **chartered accountant**. - **2.** (*abbr of* **Consumers' Association**) *organismo para la defensa del consumidor*, ≃ OCU *f*. - **3.** *written abbr of* **Central America**. - **4.** *written abbr of* **California**.
CAA *n* - **1.** (*abbr of* **Civil Aviation Authority**) *organismo independiente regulador de la aviación civil en Gran Bretaña*. - **2.** (*abbr of* **Civil Aeronautics Authority**) *dirección estadounidense de aviación civil*.
cab [kæb] *n* - **1.** [taxi] taxi *m*. - **2.** [of lorry] cabina *f*. - **3.** [horse-drawn] cabriolé *m* de alquiler.
CAB *n written abbr of* **Citizens' Advice Bureau**.
cabal [kə'bæl] *n* - **1.** [scheme] cábalas *fpl*, intrigas *fpl*. - **2.** [group] camarilla *f*.
cabala [kə'bɑːlə] *n* = **cabbala**.
cabana [kə'bænə] *n Am* caseta *f* (de playa).
cabaret ['kæbəreɪ] *n* cabaret *m*.
cabbage ['kæbɪdʒ] *n* col *f*, repollo *m*.
cabbala [kə'bɑːlə] *n* cábala *f*.
cabbie, cabby ['kæbɪ] *n inf* taxista *mf*.
cabdriver ['kæbdraɪvə'] *n* taxista *mf*.
caber ['keɪbə'] *n Scot*: **tossing the ~** *prueba de lanzamiento de troncos en los 'Highland Games'*.
cabin ['kæbɪn] *n* - **1.** [on ship] camarote *m*. - **2.** [in aircraft] cabina *f*. - **3.** [house] cabaña *f*.
cabin boy *n* grumete *m*.
cabin class *n* clase *f* económica OR de cámara.
cabin crew *n* tripulación *f*, personal *m* de a bordo.
cabin cruiser *n* yate *m* de motor.
cabinet ['kæbɪnɪt] *n* - **1.** [cupboard] armario *m*. - **2.** POL consejo *m* de ministros, gabinete *m*. - **3.** [showcase] vitrina *f*.
cabinet-maker *n* ebanista *mf*.
cabinet minister *n* ministro *m*, -tra *f* (en el gabinete).
cabinetwork ['kæbɪnɪtwɜːk] *n* ebanistería *f*.
cabin trunk *n* portaequipajes *m inv*.
cable ['keɪbl] ◇ *n* - **1.** [rope, wire] cable *m*. - **2.** [telegram] cablegrama *m*. - **3.** [in knitting] trenzado *m*. ◇ *comp*: ~ **needle** aguja *f* de trenzar. ◇ *vt* cablegrafiar.
cable car *n* teleférico *m*.
cablegram ['keɪblgræm] *n* cablegrama *m*.
cable railway *n* funicular *m* aéreo.
cable television, cable TV *n* televisión *f* por cable.
cablevision ['keɪbl,vɪʒn] *n* televisión *f* por cable.
caboodle [kə'buːdl] *n inf*: **the whole ~** todo el rollo.
caboose [kə'buːs] *n Am* RAIL furgón *m* de cola.
cabotage ['kæbətɑːʒ] *n* cabotaje *m*.
cab rank *n* parada *f* de taxis.
cabriolet ['kæbrɪəʊleɪ] *n* [car] cabriolé *m*.

cabstand ['kæbstænd] *n* = **cab rank**.
cacao [kə'kɑːəʊ] (*pl* **cacaos**) *n* [bean, tree] cacao *m*.
cachalot ['kæʃəlɒt] *n* cachalote *m*.
cache [kæʃ] ◇ *n* - **1.** [store] alijo *m*. - **2.** COMPUT memoria *f* de acceso rápido. ◇ *vt* COMPUT poner en la memoria de acceso rápido.
cachet ['kæʃeɪ] *n fml* caché *m*.
cackle ['kækl] ◇ *n* - **1.** [of hen] cacareo *m*. - **2.** [of person] risotada *f*. ◇ *vi* - **1.** [hen] cacarear. - **2.** [person] reírse a risotadas. ◇ *vt* cacarear.
cacophonous [kæ'kɒfənəs] *adj* cacofónico(ca).
cacophony [kæ'kɒfənɪ] *n* cacofonía *f*.
cactus ['kæktəs] (*pl* **cactuses** OR **cacti** [-taɪ]) *n* cactus *m inv*.
cad [kæd] *n dated* sinvergüenza *m*, pillastre *m*.
CAD (*abbr of* **computer-aided design**) *n* CAD *m*.
cadaver [kə'dɑːvə'] *n* MED cadáver *m*.
cadaverous [kə'dævərəs] *adj literary* cadavérico(ca).
caddie ['kædɪ] ◇ *n* cadi *mf*. ◇ *vi*: **to ~ (for)** hacer de cadi (para).
caddie car, caddie cart *n* carrito *m* (*para palos de golf*).
caddy ['kædɪ] (*pl* **caddies**) *n* cajita *f* para el té.
cadence ['keɪdəns] *n* [of voice] cadencia *f*, ritmo *m*.
cadet [kə'det] *n* cadete *m*.
cadet corps *n* [for military, police training] cuerpo *m* de cadetes.
cadge [kædʒ] *Br inf* ◇ *vt*: **to ~ sthg (off** OR **from sb)** gorronear algo (a alguien). ◇ *vi*: **to ~ off** OR **from sb** gorronear a alguien.
Cadiz [kə'dɪz] *n* Cádiz.
cadmium ['kædmɪəm] *n* cadmio *m*.
cadre ['kɑːdə'] *n* cuadro *m*.
caduceus [kə'duːsɪəs] (*pl* **caducei** [-sɪaɪ]) *n* caduceo *m*.
Caesar ['siːzə'] *n* César *m*.
caesarean (section) *Br*, **cesarean (section)** *Am* [sɪ'zeərɪən-] *n* cesárea *f*.
caesium *Br*, **cesium** *Am* ['siːzɪəm] *n* cesio *m*.
caesura [sɪ'zjʊərə] (*pl* **caesuras** OR **caesurae** [-riː]) *n* cesura *f*.
CAF (*abbr of* **cost and freight**) C y F.
cafe, café ['kæfeɪ] *n* café *m*.
cafeteria [kæfɪ'tɪərɪə] *n* (restaurante *m*) autoservicio *m*, cantina *f*.
caffeine ['kæfiːn] *n* cafeína *f*.
caffeine-free *adj* descafeinado(da).
caftan ['kæftæn] *n* caftán *m*, túnica *f*.
cage [keɪdʒ] ◇ *n* jaula *f*. ◇ *vt* enjaular.
cagebird ['keɪdʒbɜːd] *n* pájaro *m* de jaula.
caged [keɪdʒd] *adj* enjaulado(da).
cagey ['keɪdʒɪ] (*compar* **cagier**, *superl* **cagiest**) *adj inf* reservado(da).
cagoule [kə'guːl] *n Br* chubasquero *m*, canguro *m*.
cahoots [kə'huːts] *n*: **in ~ (with)** *inf* confabulado(da) (con).
CAI (*abbr of* **computer-aided instruction**) *n* EAO *f*.
Caiaphas ['kaɪəfæs] *n* Caifás *m*.

caiman ['keɪmən] *n* = **cayman**.

Cain [keɪn] *n* Caín *m*; **to raise** ~ *inf fig* armar la de Dios es Cristo.

cairn [keən] *n* hito *m* de piedras.

Cairo ['kaɪərəʊ] *n* El Cairo.

caisson ['keɪsɒn] *n* - **1.** [watertight chamber] cámara *f* OR campana *f* neumática para trabajos submarinos. - **2.** [MIL - box] cajón *m* de municiones; [- cart] furgón *m* de municiones. - **3.** [NAUT - for raising vessel] camello *m*; [- lock] compuerta *f*.

cajole [kə'dʒəʊl] *vt*: **to** ~ **sb (into doing sthg)** engatusar a alguien (para que haga algo).

Cajun ['keɪdʒən] *n* natural de Luisiana de ascendencia francesa.

cake [keɪk] ◇ *n* - **1.** [sweet food] pastel *m*, tarta *f*; **to be a piece of** ~ *inf fig* ser pan comido; **to sell like hot** ~**s** *inf* venderse como rosquillas; **to take the** ~ *inf* ser el colmo, llevarse la palma; **you can't have your** ~ **and eat it** *inf* no se puede estar en misa y repicando. - **2.** [of fish, potato] medallón *m* empanado. - **3.** [of soap] pastilla *f*; [of ice] bloque *m*. ◇ *vt* endurecer. ◇ *vi* endurecerse.

caked [keɪkt] *adj*: ~ **with mud** embarrado(da), cubierto(ta) de barro seco.

cake mix *n* preparado *m* instantáneo para hacer pasteles.

cake tin *Br*, **cake pan** *Am n* molde *m*, bandeja *f*.

cakewalk ['keɪkwɔːk] *n* - **1.** [dance] *complicada danza inventada por los negros norteamericanos.* - **2.** *inf fig* [easy task]: **the exam was a** ~ el examen estaba chupado OR tirado.

cal. (*written abbr of* **calorie**) cal.

CAL (*abbr of* **computer-assisted learning**) *n* AAO *m*, *aprendizaje asistido por ordenador.*

calabash ['kæləbæʃ] *n* - **1.** [vine, fruit] calabaza *f*. - **2.** [tree] güira *f*. - **3.** [bowl] totuno *m*.

calaboose ['kæləbuːs] *n inf* calabozo *m*.

Calabria [kə'læbrɪə] *n* Calabria.

Calabrian [kə'læbrɪən] *adj* calabrés(esa).

calamine ['kæləmaɪn] *n* calamina *f*.

calamine lotion *n* loción *f* de calamina.

calamitous [kə'læmɪtəs] *adj fml* calamitoso(sa).

calamity [kə'læməti] (*pl* **calamities**) *n* calamidad *f*.

calcic ['kælsɪk] *adj* cálcico(ca).

calcify ['kælsɪfaɪ] (*pt & pp* **calcified**) ◇ *vt* calcificar. ◇ *vi* calcificarse.

calcimine ['kælsɪmaɪn] *n* encalado *m*.

calcination [,kælsɪ'neɪʃn] *n* calcinación *f*.

calcium ['kælsɪəm] *n* calcio *m*.

calcspar ['kælkspaːʳ] *n* calcita *f*.

calculable ['kælkjʊləbl] *adj* calculable.

calculate ['kælkjʊleɪt] ◇ *vt* - **1.** [work out, evaluate] calcular. - **2.** [plan]: **to be** ~**d to do sthg** estar pensado(da) para hacer algo. ◇ *vi* hacer cálculos.

◆ **calculate on** *vt fus*: **to** ~ **on sthg** contar con algo; **you can't** ~ **on them accepting** no puedes contar con que acepten.

calculated ['kælkjʊleɪtɪd] *adj* [murder, deception] premeditado(da); [risk] calculado(da), medido(da).

calculating ['kælkjʊleɪtɪŋ] *adj pej* calculador(ra).

calculating machine *n* calculadora *f*.

calculation [,kælkjʊ'leɪʃn] *n* cálculo *m*.

calculator ['kælkjʊleɪtəʳ] *n* calculadora *f*.

calculus ['kælkjʊləs] *n* cálculo *m*.

caldron ['kɔːldrən] *n* = **cauldron**.

Caledonia [,kælɪ'dəʊnjə] *n* HIST Caledonia.

calendar ['kælɪndəʳ] ◇ *n* - **1.** [gen] calendario *m*. - **2.** *Am* [planner] agenda *f*. ◇ *vt* - **1.** [event] poner en un calendario. - **2.** *Am* [put in planner] poner en una agenda.

calendar month *n* mes *m* civil.

calendar year *n* año *m* civil.

calender ['kælɪndəʳ] *n* calandria *f*.

calends ['kælɪndz] (*pl inv*) *n* calendas *fpl*.

calf [kɑːf] (*pl* **calves** [kɑːvz]) *n* - **1.** [young animal - of cow] ternero *m*, -ra *f*, becerro *m*, -rra *f*; [- of whale] ballenato *m*; [- of other animals] cría *f*. - **2.** [leather] piel *f* de becerro. - **3.** [of leg] pantorrilla *f*.

calf love *n* amor *m* platónico pasajero (*de adolescente*).

calfskin ['kɑːfskɪn] *n* piel *f* de becerro.

caliber *n Am* = **calibre**.

calibrate ['kælɪbreɪt] *vt* - **1.** [gun, cylinder] calibrar. - **2.** [thermometer] graduar.

calibration [,kælɪ'breɪʃn] *n* [of gun, cylinder] calibrado *m*, calibración *f*; [of thermometer] graduación *f*.

calibrator ['kælɪbreɪtəʳ] *n* calibrador *m*.

calibre, caliber *Am* ['kælɪbəʳ] *n* - **1.** [quality] nivel *m*. - **2.** [size] calibre *m*.

calices ['kælɪsiːz] *pl* → **calix**.

calico ['kælɪkəʊ] *n* percal *m*, calicó *m*.

calif ['keɪlɪf] *n* = **caliph**.

California [,kælɪ'fɔːnjə] *n* California.

Californian [,kælɪ'fɔːnjən] ◇ *adj* californiano(na). ◇ *n* californiano *m*, -na *f*.

californium [,kælɪ'fɔːnjəm] *n* californio *m*.

calipers *npl Am* = **callipers**.

caliph ['keɪlɪf] *n* califa *m*.

caliphate ['kælɪfət] *n* califato *m*.

calisthenics [,kælɪs'θenɪks] *n* = **callisthenics**.

calix ['keɪlɪks] (*pl* **calices** [-lɪsiːz]) *n* cáliz *m* (*recipiente*).

call [kɔːl] ◇ *n* - **1.** [cry, attraction, vocation] llamada *f*, llamado *m Amér*; [cry of bird] reclamo *m*; [of bugle, drum] toque *m*; **within** ~ al alcance de la voz ❑ **to answer a** ~ **of nature** *fig & euph* hacer (uno) sus necesidades. - **2.** [visit] visita *f*; **to pay a** ~ **on sb** hacerle una visita a alguien. - **3.** [demand]: ~ **for** petición *f* de; **there isn't much** ~ **for inkwells nowadays** no hay gran demanda de tinteros hoy en día; **you have no** ~ **to shout, there is no** ~ **for you to shout** no tienes por qué gritar, no hace falta que grites. - **4.** [summons] llamamiento *m*; [for strike] convocatoria *f*; [for flight] llamada *f*; **on** ~ de guardia. - **5.** TELEC llamada *f*; **local** ~ llamada urbana; **to make a** ~ hacer una llamada. - **6.** [halt]: **the ship made a** ~ **at Genoa** el barco hizo escala en Génova. - **7.** [when tossing a coin]: **your** ~ ¿cara o cruz? - **8.** SPORT [decision] decisión *f*. ◇ *vt* - **1.** [gen & TELEC] llamar; **I'm** ~**ed Joan** me llamo Joan; **what is it** ~**ed?** ¿cómo se llama?; **he** ~**ed me stupid/a sissy** me llamó estúpido/mariquita; **to** ~ **o.s.** llamarse; **she** ~**s herself a 'consultant'** se hace llamar 'asesora'; ~ **yourself a Christian/cook!** ¡menudo cristiano/cocinero estás tú hecho!; **he** ~**ed my name** me llamó por el nombre; **we'll** ~ **it £10** dejémoslo en 10 libras; **I** ~ **that fair** lo considero razonable; **I** ~ **it a foolish waste of time** a mí eso me parece OR yo a eso lo llamo una pérdida de tiempo absurda; **to** ~ **sthg one's own** decir (uno) que algo le pertenece. - **2.** [announce - flight] anunciar; [- strike, meeting, election] convocar. ◇ *vi* - **1.** [gen & TELEC] llamar; **who's** ~**ing?** ¿quién es? - **2.** [visit] pasar. - **3.** [bird, animal] reclamarse.

◆ **call aside** *vt sep* llamar aparte.

◆ **call at** *vt fus* [subj: person] pasar por; [subj: bus, train] parar en; [subj: ship] hacer escala en.

◆ **call away** *vt sep*: **she was** ~**ed away from the office** la llamaron y tuvo que salir (de la oficina); **she's often** ~**ed away on business** tiene que salir OR ausentarse a menudo por asuntos de trabajo.

◆ **call back** ◇ *vt sep* - **1.** [on phone] volver a llamar. - **2.** [ask to return] hacer volver. ◇ *vi* - **1.** [on phone] volver a llamar. - **2.** [visit again] volver a pasarse.

◆ **call by** *vi inf* pasarse.

◆ **call down** *vt sep* - **1.** *literary* [invoke] invocar. - **2.** *Am inf* [reprimand] regañar, reñir.

◆ **call for** *vt fus* - **1.** [collect] ir a buscar. - **2.** [demand] pedir; **this** ~**s for a drink** esto merece un trago; **the recipe** ~**s for two eggs** la receta requiere dos huevos.

◆ **call in** ◇ *vt sep* - **1.** [send for] llamar. - **2.** [recall - product, banknotes] retirar; [- loan] exigir pago de. ◇ *vi*: **to ~ in (at)** pasarse (por).
◆ **call off** *vt sep* - **1.** [meeting, party] suspender; [strike] desconvocar. - **2.** [dog etc] llamar *(para que no ataque)*.
◆ **call on** *vt fus* - **1.** [visit] visitar. - **2.** [ask]: **to ~ on sb to do sthg** pedir a alguien que haga algo.
◆ **call out** ◇ *vt sep* - **1.** [order to help - troops] movilizar; [- police, firemen] hacer intervenir. - **2.** [order to strike] llamar a la huelga a. - **3.** [cry out] gritar. ◇ *vi* gritar.
◆ **call round** *vi* pasarse.
◆ **call up** *vt sep* - **1.** MIL llamar a filas a. - **2.** *esp Am* [on telephone] llamar (por teléfono). - **3.** COMPUT pedir, hacer aparecer en pantalla. - **4.** [evoke] traer a la memoria.
callback ['kɔːlbæk] *n* llamada para la devolución de un producto al fabricante.
call box *n Br* cabina *f* telefónica.
callboy ['kɔːlbɔɪ] *n* THEATRE traspunte *m*.
caller ['kɔːlə'] *n* - **1.** [visitor] visita *f*, visitante *mf*. - **2.** [on telephone] persona *f* que llama.
call girl *n* prostituta *f* *(que concierta sus citas por teléfono)*.
calligrapher [kə'lɪgrəfə'] *n* calígrafo *m*, -fa *f*.
calligraphy [kə'lɪgrəfɪ] *n* caligrafía *f*.
call-in *n Am* RADIO & TV programa *m* a micrófono abierto.
calling ['kɔːlɪŋ] *n* - **1.** [profession] profesión *f*. - **2.** [vocation] vocación *f*.
calling card *n Am* tarjeta *f* de visita.
callipers *Br*, **calipers** *Am* ['kælɪpəz] *npl* - **1.** MED aparato *m* ortopédico *(para pierna)*. - **2.** MATH compás *m* de calibres, calibrador *m*.
callisthenics [kælɪs'θenɪks] *n (U)* calistenia *f*.
call loan *n* préstamo *m* pagadero a petición.
call money *n* dinero *m* pagadero a petición.
callosity [kæ'lɒsətɪ] *n* callosidad *f*, callo *m*.
callous ['kæləs] *adj* - **1.** [person, behaviour, remark] despiadado(da), cruel. - **2.** [skin] encallecido(da), calloso(sa).
callously ['kæləslɪ] *adv* despiadadamente, cruelmente.
callousness ['kæləsnɪs] *n* crueldad *f*.
callow ['kæləʊ] *adj* [immature] inmaduro(ra).
call rate *n* tipo de interés aplicado a préstamos pagaderos a petición.
call-up *n Br* llamamiento *m* a filas, reclutamiento *m*.
callus ['kæləs] *(pl* **calluses)** *n* callo *m*.
calm [kɑːm] ◇ *adj* - **1.** [not worried or excited] tranquilo(la). - **2.** [evening, weather] apacible. - **3.** [water] en calma. ◇ *n* calma *f*. ◇ *vt* calmar.
◆ **calm down** ◇ *vt sep* calmar. ◇ *vi* calmarse.
calmative ['kælmətɪv] *n* calmante *m*, sedante *m*.
calming ['kɑːmɪŋ] *adj* calmante.
calmly ['kɑːmlɪ] *adv* tranquilamente, con calma.
calmness ['kɑːmnɪs] *n* calma *f*.
Calor gas® ['kælə'-] *n Br* (gas *m*) butano *m*.
caloric [kə'lɒrɪk] *adj* calórico(ca).
calorie ['kælərɪ] *n* caloría *f*.
calorific [kælə'rɪfɪk] *adj* - **1.** [fattening] que engorda. - **2.** PHYS calorífico(ca).
calorimetry [kælə'rɪmətrɪ] *n* calorimetría *f*.
calumet ['kæljʊmet] *n* pipa *f* de la paz.
calumniate [kə'lʌmnɪeɪt] *vt fml* calumniar.
calumny ['kæləmnɪ] *(pl* **calumnies)** *n* calumnia *f*.
calvary ['kælvərɪ] *(pl* **calvaries)** *n* calvario *m*.
◆ **Calvary** *n* RELIG el Calvario.
calve [kɑːv] *vi* parir (un becerro).
calves [kɑːvz] *pl* → **calf**.
calvinist ['kælvənɪst] ◇ *adj* calvinista. ◇ *n* calvinista *mf*.
calyces ['keɪlɪsiːz] *pl* → **calyx**.
calypso [kə'lɪpsəʊ] *(pl* **calypsos)** *n* calipso *m*.
◆ **Calypso** *n* MYTH Calipso *m*.

calyx ['keɪlɪks] *(pl* **calyxes** OR **calyces** [-lɪsiːz]) *n* BOT cáliz *m*.
cam [kæm] *n* leva *f*.
CAM *(abbr of* **computer aided manufacture)** *n* FAO *f*.
camaraderie [kæmə'rɑːdərɪ] *n* camaradería *f*.
camber ['kæmbə'] ◇ *n* [in road] bombeo *m*; [in beam, girder] abombamiento *m*; [in ship's deck] curvatura *f*. ◇ *vi* abombarse, combarse.
cambium ['kæmbjəm] *n* cambium *m*.
Cambodia [kæm'bəʊdjə] *n* Camboya.
Cambodian [kæm'bəʊdjən] ◇ *adj* camboyano(na). ◇ *n* camboyano *m*, -na *f*.
Cambs *(written abbr of* **Cambridgeshire)** *condado inglés*.
camcorder ['kæmˌkɔːdə'] *n* camcorder *m*, videocámara *f* con micrófono.
came [keɪm] *pt* → **come**.
camel ['kæml] ◇ *adj* pardo(da). ◇ *n* camello *m*.
camelhair ['kæmlheə'] *n* pelo *m* de camello.
camellia [kə'miːljə] *n* camelia *f*.
cameo ['kæmɪəʊ] *(pl* **cameos)** *n* - **1.** [jewellery] camafeo *m*. - **2.** [in acting] actuación breve y memorable; [in writing] descripción excelente.
camera ['kæmərə] *n* cámara *f*; **to be on ~** estar en imagen.
◆ **in camera** *adv fml* a puerta cerrada.
cameraman ['kæmərəmæn] *(pl* **cameramen** [-men]) *n* cámara *m*.
camera-shy *adj*: **she's ~** le da vergüenza ponerse delante de una cámara.
camerawoman ['kæmərəˌwʊmən] *(pl* **camerawomen** [-ˌwɪmɪn]) *n* cámara *f*, operadora *f* de cine/televisión.
Cameroon [kæmə'ruːn] *n* (el) Camerún.
Cameroonian [kæmə'ruːnɪən] ◇ *adj* camerunés(esa). ◇ *n* camerunés *m*, -esa *f*.
camiknickers ['kæmɪˌnɪkəz] *npl Br* picardías *m inv*.
camisole ['kæmɪsəʊl] *n* combinación *f*, picardías *m inv*.
camomile ['kæməmaɪl] ◇ *n* manzanilla *f*. ◇ *comp*: **~ tea** manzanilla *f*.
camouflage ['kæməflɑːʒ] ◇ *n* camuflaje *m*. ◇ *vt* camuflar.
camp [kæmp] ◇ *n* - **1.** MIL [gen] campamento *m*; **to strike ~** levantar el campamento. - **2.** [temporary mass accommodation] campo *m*; **prison ~** campo de prisioneros. - **3.** [faction] bando *m*. - **4.** [affectation] afectación *f*, amaneramiento *m*. ◇ *adj* [affected] afectado(da), amanerado(da). ◇ *vi* acampar.
◆ **camp out** *vi* acampar (al aire libre).
◆ **camp up** *vt sep*: **to ~ it up** [overdramatize] hacer teatro, exagerar; [subj: effeminate man] sacar la pluma.
campaign [kæm'peɪn] ◇ *n* campaña *f*. ◇ *vi*: **to ~ (for/ against)** hacer campaña (a favor de/en contra de).
campaigner [kæm'peɪnə'] *n* - **1.** [supporter of cause] defensor *m*, -ra *f*. - **2.** [experienced person] veterano *m*, -na *f*.
campanile [kæmpə'niːlɪ] *n* campanil *m*, campanario *m*.
camp bed *n* cama *f* de campaña, cama *f* plegable.
camper ['kæmpə'] *n* - **1.** [person] campista *mf*. - **2.** [vehicle]: **~ (van)** caravana *f*.
campfire ['kæmpˌfaɪə'] *n* hoguera *f* (en campamento, acampada).
camp follower *n* [follower] seguidor *m*, -ra *f*.
campground ['kæmpgraʊnd] *n Am* camping *m*.
camphor ['kæmfə'] *n* alcanfor *m*.
camphorated ['kæmfəreɪtɪd] *adj* alcanforado(da).
camping ['kæmpɪŋ] *n* camping *m*, acampada *f*; **to go ~** ir de camping OR acampada.
camping gas *n* gas *m* butano.
camping site *n* camping *m*.
camp meeting *n Am* reunión *f* religiosa al aire libre.
campsite ['kæmpsaɪt] *n* = **camping site**.
campus ['kæmpəs] *(pl* **campuses)** *n* campus *m inv*, ciudad *f* universitaria.

campus university *n* ciudad *f* universitaria.

camshaft ['kæmʃɑːft] *n* árbol *m* de levas.

can[1] [kæn] (*pt & pp* **canned**, *cont* **canning**) ◇ *n* - **1.** [for drink, food] lata *f*, bote *m*; [for oil, paint] lata *f*; **a ~ of worms** *fig* un rompecabezas; **to carry the ~** *inf fig* pagar el pato. - **2.** *Am* [for rubbish] cubo *m Esp*, tacho *m Amér.* - **3.** *Am inf* [prison] chirona *f*, trena *f*. - **4.** *Am inf* [toilet] wáter *m*. - **5.** *Am inf* [buttocks] nalgas *fpl*, pompis *m inv*. ◇ *vt* - **1.** [preserve] enlatar. - **2.** *Am inf* [dismiss from job] poner de patitas en la calle, despedir.

can[2] [*weak form* kən, *strong form* kæn] (*pt & conditional* **could** [*weak form* kəd, *strong form* kʊd], *negative* **cannot** OR **can't**) *modal vb* - **1.** [be able to] poder; **~ you come to lunch?** ¿puedes venir a comer?; **she couldn't come** no pudo venir; **I ~ 't** OR **cannot afford it** no me lo puedo permitir; **~ you see/hear something?** ¿ves/oyes algo? - **2.** [know how to] saber; **I ~ speak French/play the piano** sé hablar francés/tocar el piano; **~ you drive/cook?** ¿sabes conducir/cocinar? - **3.** [indicating permission, in polite requests] poder; **you ~ use my car if you like** puedes utilizar mi coche si quieres; **we ~ 't wear jeans to work** no nos dejan llevar vaqueros en el trabajo; **~ I speak to John, please?** ¿puedo hablar con John, por favor? - **4.** [indicating disbelief, puzzlement]: **you ~'t be serious** estás de broma ¿no?; **what ~ she have done with it?** ¿qué puede haber hecho con ello?; **we ~'t just leave him here** no podemos dejarlo aquí de esta forma. - **5.** [indicating possibility] poder; **you could have done it** podrías haberlo hecho; **I could see you tomorrow** podríamos vernos mañana; **I could cry!** ¡me dan ganas de llorar! - **6.** [indicating usual state or behaviour] poder; **she ~ be a bit difficult sometimes** a veces puede ser un poco terca; **Edinburgh ~ be very chilly** Edimburgo puede llegar a ser muy frío.

Can (*written abbr of* **Canada**) Can.

Cana ['keɪnə] *n*: **~ (of Galilee)** Caná (de Galilea).

Canada ['kænədə] *n* (el) Canadá.

Canadian [kə'neɪdjən] ◇ *adj* canadiense; **~ English** inglés *m* canadiense. ◇ *n* [person] canadiense *mf*.

Canadianism [kə'neɪdjənɪzm] *n* [expression] expresión o giro propio del Canadá.

canal [kə'næl] *n* canal *m*.

canal boat *n* gabarra *f*, chalana *f*.

canalization [ˌkænəlaɪ'zeɪʃn] *n* canalización *f*.

canapé ['kænəpeɪ] *n* canapé *m*.

canard [kæ'nɑːd] *n* bulo *m*, patraña *f*.

Canaries [kə'neərɪz] *npl* = **Canary Islands**.

canary [kə'neərɪ] (*pl* **canaries**) *n* - **1.** [bird] canario *m*. - **2.** [colour] amarillo *m* canario.

Canary Islands *npl*: **the ~** las (islas) Canarias, Canarias.

canasta [kə'næstə] *n* canasta *f*.

cancan ['kænkæn] *n* cancán *m*.

cancel ['kænsl] (*Br pt & pp* **cancelled**, *cont* **cancelling**, *Am pt & pp* **canceled**, *cont* **canceling**) *vt* - **1.** [call off] cancelar, suspender. - **2.** [invalidate - cheque, debt] cancelar; [- stamp] matasellar. - **3.** [cross out] tachar. - **4.** MATH eliminar.

◆ **cancel out** *vt sep* anular.

cancellation [ˌkænsə'leɪʃn] *n* - **1.** [calling off] cancelación *f*, suspensión *f*. - **2.** [of debt] cancelación *f*. - **3.** [of stamp] matasellado *m*. - **4.** [crossing out] tachadura *f*. - **5.** MATH eliminación *f*.

cancer ['kænsə'] ◇ *n* [disease] cáncer *m*. ◇ *comp* de cáncer; **~ patient** enfermo *m*, -ma *f* de cáncer; **~ research** investigación *f* sobre el cáncer, oncología *f*.

◆ **Cancer** *n* Cáncer *m*; **to be (a) ~** ser Cáncer.

cancerous ['kænsərəs] *adj* canceroso(sa).

candela [kæn'diːlə] *n* candela *f*.

candelabra [ˌkændɪ'lɑːbrə] (*pl inv* OR **candelabras**), **candelabrum** [ˌkændɪ'lɑːbrəm] (*pl inv* OR **candelabrums**) *n* candelabro *m*.

candescent [kæn'desənt] *adj* candescente, incandescente.

C and F (*abbr of* **cost and freight**) C y F.

candid ['kændɪd] *adj* - **1.** [person, smile, account] franco(ca), sincero(ra). - **2.** [picture] espontáneo(a).

candidacy ['kændɪdəsɪ] *n* candidatura *f*.

candidate ['kændɪdət] *n*: **~ (for)** candidato *m*, -ta *f* (a).

candidature ['kændɪdətʃə'] *n* candidatura *f*.

candid camera *n* cámara *f* indiscreta.

candidly ['kændɪdlɪ] *adv* con franqueza OR sinceridad.

candidness ['kændɪdnɪs] *n* franqueza *f*, sinceridad *f*.

candied ['kændɪd] *adj* confitado(da), escarchado(da).

candle ['kændl] *n* - **1.** [of wax] vela *f*, esperma *f Amér*; **to burn the ~ at both ends** *inf fig* no descansar en todo el día; **not to hold a ~ to sb** *fig* no llegarle a alguien (ni) a la suela de los zapatos. - **2.** PHYS candela *f*.

candleholder ['kændlˌhəʊldə'] *n* palmatoria *f*, candelero *m*.

candlelight ['kændllaɪt] *n* luz *f* de una vela.

candlelit ['kændllɪt] *adj* a la luz de las velas.

Candlemas ['kændlməs] *n* RELIG la Candelaria.

candlepower ['kændlˌpaʊə'] *n* candela *f*.

candlestick ['kændlstɪk] *n* candelero *m*.

candlewick ['kændlwɪk] ◇ *n* [yarn] felpilla *f*. ◇ *comp* [bedspread] de felpilla.

candour *Br*, **candor** *Am* ['kændə'] *n* franqueza *f*, sinceridad *f*.

candy ['kændɪ] (*pl* **candies**, *pt & pp* **candied**) ◇ *n esp Am* - **1.** (U) [confectionery] golosinas *fpl*. - **2.** [sweet] caramelo *m*. ◇ *vt* confitar, escarchar. ◇ *vi* confitarse, escarcharse.

candy bar *n Am* chocolatina *f*.

candy corn *n* (U) *Am* caramelos que se comen en 'Halloween'.

candyfloss *Br* ['kændɪflɒs] *n* azúcar *m* hilado, algodón *m*.

candy store *n Am* tienda *f* de golosinas.

candy-striped *adj* a rayas multicolores.

candy striper [-ˌstraɪpə'] *n Am* voluntaria que ayuda a las enfermeras en un hospital.

cane [keɪn] ◇ *n* - **1.** (U) [for making furniture, supporting plant] caña *f*, mimbre *m*. - **2.** [walking stick] bastón *m*. - **3.** [for punishment]: **the ~** la vara, la palmeta. ◇ *comp* de caña OR mimbre. ◇ *vt* azotar (*con vara*).

canebrake ['keɪnbreɪk] *n Am* cañaveral *m*.

cane sugar *n* azúcar *m* o *f* de caña.

canine ['keɪnaɪn] ◇ *adj* canino(na). ◇ *n* - **1.** ANAT: **~ (tooth)** (diente *m*) canino *m*, colmillo *m*. - **2.** [animal] animal *m* canino.

caning ['keɪnɪŋ] *n* - **1.** [beating]: **to give sb a ~** castigar a alguien con la vara OR con la palmeta. - **2.** *inf* [defeat]: **to get a ~** recibir una paliza OR derrota aplastante.

canister ['kænɪstə'] *n* [for tea, sugar, shaving cream] bote *m*; [for film] lata *f*; [for gas] bombona *f*; **smoke ~** bote *m* de humo; **tear gas ~** bomba *f* lacrimógena.

canker ['kæŋkə'] *n* - **1.** [sore] úlcera *f* en la boca, calentura *f*; BOT & VETER cancro *m*. - **2.** *fig* [spreading evil] cáncer *m*.

cankerous ['kæŋkərəs] *adj* ulceroso(sa).

canker sore *n* afta *f*, úlcera *f* en la boca.

cankerworm ['kæŋkəwɜːm] *n* especie *f* de oruga.

cannabis ['kænəbɪs] *n* - **1.** [drug] canabis *m*. - **2.** [plant] cáñamo *m* índico.

canned [kænd] *adj* - **1.** [food, drink] enlatado(da), en lata; **~ goods** conservas *fpl*. - **2.** *inf fig* [applause, music] grabado(da); **~ laughter** risas *fpl* grabadas.

cannelloni [ˌkænɪ'ləʊnɪ] *n* (U) canelones *mpl*.

cannery ['kænərɪ] (*pl* **canneries**) *n* fábrica *f* de conservas.

cannibal ['kænɪbl] *n* caníbal *mf*, antropófago *m*, -ga *f*.

cannibalism ['kænɪbəlɪzm] *n* canibalismo *m*, antropofagia *f*.

cannibalistic [ˌkænɪbə'lɪstɪk] *adj* caníbal, antropófago(ga).

cannibalize, -ise ['kænɪbəlaɪz] *vt*: **they ~d the car** desmontaron el coche para aprovechar algunas piezas.

cannily ['kænɪlɪ] *adv* [shrewdly] con astucia, astutamente; [skilfully] con habilidad, hábilmente.

canning ['kænɪŋ] ◇ *n* enlatado *m*. ◇ *comp* [process] de enlatado; ~ **industry** industria *f* conservera.

cannon ['kænən] (*pl inv* OR **cannons**) *n* - **1.** [weapon] cañón *m*. - **2.** *Br* [in billiards] carambola *f*.
◆ **cannon into** *vt fus Br* chocar de lleno con.

cannonade [,kænə'neɪd] *n* cañoneo *m*.

cannonball ['kænənbɔːl] *n* bala *f* de cañón.

cannoneer [,kænə'nɪəʳ] *n* artillero *m*, -ra *f*.

cannon fodder *n* carne *f* de cañón.

cannonry ['kænənrɪ] *n* artillería *f*.

cannonshot ['kænənʃɒt] *n* [shot] cañonazo *m*; [range] alcance *m* de un cañón.

cannot ['kænɒt] *v* → **can²**.

canny ['kænɪ] (*compar* **cannier**, *superl* **canniest**) *adj* - **1.** [shrewd] astuto(ta). - **2.** [cautious] cauto(ta).

canoe [kə'nuː] (*cont* **canoeing**) ◇ *n* [gen] canoa *f*; SPORT piragua *f*. ◇ *vi* ir en canoa.

canoeing [kə'nuːɪŋ] *n* piragüismo *m*.

canoeist [kə'nuːɪst] *n* piragüista *mf*.

canon ['kænən] *n* - **1.** [clergyman] canónigo *m*. - **2.** [general principle] canon *m*. - **3.** [of mass]: **the Canon** el canon.

canonical [kə'nɒnɪkl] *adj* - **1.** RELIG canónico(ca). - **2.** *fig* [authorized] ortodoxo(xa), canónico(ca).

canonization [,kænənaɪ'zeɪʃn] *n* canonización *f*.

canonize, -ise ['kænənaɪz] *vt lit & fig* canonizar.

canon law *n* derecho *m* canónico, canon *m*.

canoodle [kə'nuːdl] *vi Br inf* hacerse arrumacos.

can opener *n esp Am* abrelatas *m inv*.

canopy ['kænəpɪ] (*pl* **canopies**) *n* - **1.** [over bed, seat] dosel *m*; [over balcony, passageway] toldo *m*; ARCHIT [with columns] baldaquino *m*. - **2.** [of parachute] casquete *m*. - **3.** AERON [of cockpit] cubierta *f*. - **4.** [of trees, branches] cubierta *f* frondosa.

cant [kænt] ◇ *n* - **1.** (U) *pej* [insincere talk] demagogia *f*, hipocresías *fpl*; [clichés] tópicos *mpl*. - **2.** [jargon] jerga *f*. - **3.** [slope] inclinación *f*. - **4.** [oblique surface] plano *m* inclinado. ◇ *vi* - **1.** [talk - insincerely] hablar con demagogia OR hipocresía; [- in clichés] decir tópicos. - **2.** [use jargon] hablar en jerga. - **3.** [slant] ladearse, inclinarse; NAUT escorar. ◇ *vt* [tilt] ladear, inclinar.

can't [kɑːnt] *v* → **can²**.

Cantab. (*abbr of* **cantabrigiensis**) *de o relativo a Cambridge, especialmente a su universidad.*

Cantabrian Mountains [kæn'teɪbrɪən-] *npl*: **the** ~ la cordillera Cantábrica.

cantaloup *Br*, **cantaloupe** *Am* ['kæntəluːp, 'kæntələʊp] *n* cantalupo *m*.

cantankerous [kæn'tæŋkərəs] *adj* [person] refunfuñón(ona); [behaviour] arisco(ca).

cantata [kæn'tɑːtə] *n* cantata *f*.

canteen [kæn'tiːn] *n* - **1.** [restaurant] cantina *f*. - **2.** [set of cutlery] cubertería *f*. - **3.** [flask] cantimplora *f*.

canter ['kæntəʳ] ◇ *n* medio galope *m*. ◇ *vi* ir a medio galope. ◇ *vt* hacer ir a medio galope.

Canterbury ['kæntəbrɪ] *n* Canterbury.

canticle ['kæntɪkl] *n* cántico *m*.

cantilever ['kæntɪliːvəʳ] *n* voladizo *m*.

cantilever bridge *n* puente *m* voladizo.

canto ['kæntəʊ] (*pl* **cantos**) *n* canto *m*.

canton ['kæntɒn] *n* [in Switzerland] cantón *m*; [in France] distrito *m*.

Canton [kæn'tɒn] *n* Cantón.

cantonal ['kæntənl] *adj* cantonal.

Cantonese [,kæntə'niːz] ◇ *adj* cantonés(esa). ◇ *n* - **1.** [person] cantonés *m*, -esa *f*. - **2.** [language] cantonés *m*.

cantor ['kæntɔːʳ] *n* chantre *m*.

canvas ['kænvəs] *n* - **1.** [cloth] lona *f*; NAUT velas *fpl*, velamen *m*; **under** ~ [in a tent] en una tienda (de campaña). - **2.** [for painting on, finished painting] lienzo *m*.

canvass ['kænvəs] ◇ *vt* - **1.** POL [person] solicitar el voto a. - **2.** [opinion] sondear, pulsar. - **3.** COMM [customer] hacer un seguimiento de. - **4.** *Am* POL [ballots] realizar el escrutinio de. ◇ *vi* - **1.** POL [candidate, campaign worker] *solicitar votos yendo de puerta en puerta*. - **2.** [seek opinions] hacer encuestas. - **3.** COMM [seek orders] hacer seguimiento de clientes. ◇ *n* - **1.** POL solicitación *f* (del voto). - **2.** [survey] encuesta *f*. - **3.** COMM seguimiento *m*. - **4.** *Am* POL [of ballots] escrutinio *m*.

canvasser ['kænvəsəʳ] *n* - **1.** [for political support] *persona que solicita votos*. - **2.** [for poll] encuestador *m*, -ra *f*. - **3.** *Am* POL [of ballots] escrutador *m*, -ra *f*.

canvassing ['kænvəsɪŋ] *n* - **1.** (U) [for political support]: **to go** ~ ir a solicitar votos. - **2.** [for poll] sondeos *mpl*.

canyon ['kænjən] *n* cañón *m*, desfiladero *m*.

cap [kæp] (*pt & pp* **capped**, *cont* **capping**) ◇ *n* - **1.** [hat - peaked] gorra *f*; [- with no peak] gorro *m*; [- of nurse] cofia *f*; [- of cardinal] capelo *m*; [- of judge] birrete *m*; ~ **and gown** el mundo universitario; **to go** ~ **in hand to sb** *fig* ponerle la gorra a alguien; **if the** ~ **fits, wear it** *fig* el que se pica, ajos come. - **2.** [on bottle] tapón *m*; [on jar, lens] tapa *f*; [on pen] capuchón *m*. - **3.** [of mushroom] sombrerete *m*; [of column, pedestal] capitel *m*. - **4.** [for toy gun] cápsula *f*. - **5.** [limit] tope *m*. - **6.** *Br* [contraceptive device] diafragma *m*. ◇ *vt* - **1.** [top]: **to be capped with** estar coronado(da) de. - **2.** [outdo]: **to** ~ **it all** para colmo.

CAP [kæp, siːeɪ'piː] (*abbr of* **Common Agricultural Policy**) *n* PAC *f*.

capability [,keɪpə'bɪlətɪ] (*pl* **capabilities**) *n* capacidad *f*; **nuclear** ~ MIL poder *m* OR potencial *m* nuclear.

capable ['keɪpəbl] *adj* - **1.** [able]: **to be** ~ **of sthg/of doing sthg** ser capaz de algo/de hacer algo. - **2.** [competent] competente, hábil.

capably ['keɪpəblɪ] *adv* competentemente.

capacious [kə'peɪʃəs] *adj fml* espacioso(sa).

capacitance [kə'pæsɪtəns] *n* capacitancia *f*.

capacitor [kə'pæsɪtəʳ] *n* condensador *m* eléctrico.

capacity [kə'pæsɪtɪ] (*pl* **capacities**) ◇ *n* - **1.** [gen & ELEC] capacidad *f*; ~ **for doing** OR **to do sthg** capacidad de hacer algo; **seating** ~ aforo *m*; **to** ~ al completo; **within one's** ~ dentro de las posibilidades de uno. - **2.** [position] calidad *f*; **in my** ~ **as...** en mi calidad de... - **3.** [maximum output] pleno OR máximo rendimiento *m*. ◇ *comp*: ~ **audience** lleno *m* absoluto OR total.

caparison [kə'pærɪsn] *n* - **1.** [for horse] caparazón *m*. - **2.** [ornamental clothing] galas *fpl*.

cape [keɪp] *n* - **1.** GEOGR cabo *m*. - **2.** [cloak] capa *f*.

Cape Canaveral [-kə'nævərəl] *n* Cabo Cañaveral.

Cape Cod *n* el cabo Cod.

Cape Horn *n* el cabo de Hornos.

Cape of Good Hope *n*: **the** ~ el cabo de Buena Esperanza.

caper ['keɪpəʳ] ◇ *n* - **1.** [food] alcaparra *f*. - **2.** *inf* [escapade] treta *f*. - **3.** [leap] brinco *m*, cabriola *f*; **to cut a** ~ hacer cabriolas. - **4.** [prank] diablura *f*, travesura *f*. ◇ *vi* retozar.

Capernaum [kə'pɜːnjəm] *n* Cafarnaúm.

Cape Town *n* Ciudad del Cabo.

Cape Verde [-vɜːd] *n*: **the** ~ **Islands** las islas de Cabo Verde.

capful ['kæpfʊl] *n* [of liquid] tapón *m* lleno, contenido *m* de un tapón.

cap gun *n* pistola *f* de fulminante.

capillarity [,kæpɪ'lærətɪ] *n* capilaridad *f*.

capillary [kə'pɪlərɪ] (*pl* **capillaries**) ◇ *n* capilar *m*. ◇ *adj* capilar.

capital ['kæpɪtl] ◇ *adj* - **1.** [letter] mayúscula. - **2.** [punishable by death] capital. - **3.** [chief, primary] capital, primordial; **a decision of** ~ **importance** una decisión de capital importancia. - **4.** *Br inf dated* [wonderful] excelente. ◇ *n* - **1.** [of country, main centre] capital *f*. - **2.** [letter]: ~ **(letter)** mayúscula f; **in ~s** en mayúsculas. - **3.** [money, assets] capital m; **to make ~ (out) of** fig sacar partido de. - **4.** ARCHIT capitel m. ◇ comp: **~ sum** capital m.

capital account n cuenta f de capital.

capital allowance n desgravación f por inversiones.

capital assets npl bienes mpl de capital, activo m fijo.

capital expenditure n (U) inversión f de capital.

capital gains npl plusvalías fpl, ganancias fpl sobre el capital.

capital gains tax n impuesto m sobre plusvalías.

capital goods npl bienes mpl de capital OR de equipo.

capital income n renta f OR rendimientos mpl del capital.

capital-intensive adj que utiliza gran volumen de capital.

capital investment n inversión f de capital.

capitalism ['kæpɪtəlɪzm] n capitalismo m.

capitalist ['kæpɪtəlɪst] ◇ adj capitalista. ◇ n capitalista mf.

capitalistic [,kæpɪtə'lɪstɪk] adj capitalista.

capitalization [kæpɪtəlaɪ'zeɪʃn] n [gen, ECON & FIN] capitalización f.

capitalize, -ise ['kæpɪtəlaɪz] ◇ vt - **1.** FIN capitalizar. - **2.** [write in upper case] escribir con mayúscula. ◇ vi: **to ~ on sthg** capitalizar algo, sacar provecho de algo.

capital levy n impuesto m sobre el capital.

capitally ['kæpɪtəlɪ] adv inf dated admirablemente.

capital punishment n (U) pena f capital.

capital reserves npl reservas fpl de capital.

capital stock n capital m nominal en acciones.

capital transfer tax n impuesto m sobre las transferencias de capital.

capitation [,kæpɪ'teɪʃn] n - **1.** FIN capitación f; **~ (tax)** capitación f. - **2.** esp Br SCH: **~ (allowance OR expenditure)** dotación f presupuestaria por alumno.

Capitol ['kæpɪtl] n: **the ~** el Capitolio.

Capitol Hill n el Capitolio, ubicación del Congreso estadounidense en Washington.

capitulate [kə'pɪtjʊleɪt] vi: **to ~ (to)** capitular (ante).

capitulation [kəpɪtjʊ'leɪʃn] n capitulación f.

capon ['keɪpən] n (pollo m) capón m.

capping ['kæpɪŋ] n capsulado m.

cap pistol n = **cap gun**.

cappuccino [kæpʊ'tʃiːnəʊ] (pl **cappuccinos**) n capuchino m.

caprice [kə'priːs] n capricho m, antojo m.

capricious [kə'prɪʃəs] adj [person] caprichoso(sa); [behaviour] inconstante; [weather] variable.

Capricorn ['kæprɪkɔːn] n Capricornio m; **to be (a) ~** ser Capricornio.

caps [kæps] (abbr of **capital letters**) mayús(c.).

cap screw n tornillo m de casquete cuadrado, tornillo m de cabeza.

capsicum ['kæpsɪkəm] n pimiento m.

capsize [kæp'saɪz] ◇ vt hacer volcar OR zozobrar. ◇ vi volcar, zozobrar.

capstan ['kæpstən] n - **1.** [for heavy weights] cabrestante m. - **2.** [in tape recorder] rodillo m.

capstone ['kæpstəʊn] n albardilla f.

capsular ['kæpsjʊlər] adj capsular.

capsule ['kæpsjuːl] n cápsula f.

Capt. (written abbr of **captain**) Capt.

captain ['kæptɪn] ◇ n capitán m, -ana f; **~ of industry** magnate m de la industria. ◇ vt capitanear.

caption ['kæpʃn] ◇ n - **1.** [under picture, illustration etc] pie m, leyenda f; [under photograph] pie m de foto. - **2.** CINEMA subtítulo m. - **3.** [heading] encabezamiento m. ◇ vt - **1.** [picture, illustration etc] poner leyenda a; [photograph] poner pie de foto a. - **2.** CINEMA subtitular.

captious ['kæpʃəs] adj capcioso(sa), insidioso(sa).

captivate ['kæptɪveɪt] vt cautivar.

captivating ['kæptɪveɪtɪŋ] adj cautivador(ra).

captivation [,kæptɪ'veɪʃn] n encanto m, fascinación f.

captivator ['kæptɪveɪtər] n cautivador m, -ra f, fascinador m, -ra f.

captive ['kæptɪv] ◇ adj - **1.** [imprisoned] en cautividad, en cautiverio; **to hold sb ~** mantener a alguien en cautividad OR cautiverio. - **2.** fig [market] asegurado(da); **he had a ~ audience** la gente se vio forzada a escucharle. ◇ n cautivo m, -va f.

captivity [kæp'tɪvəti] n: **in ~** en cautividad, en cautiverio.

captor ['kæptər] n [gen] apresador m, -ra f; [kidnapper] secuestrador m, -ra f.

capture ['kæptʃər] ◇ vt - **1.** [gen & COMPUT] capturar. - **2.** [audience, share of market] hacerse con; [city] tomar. - **3.** [scene, mood, attention] captar. ◇ n captura f.

capuchin ['kæpjʊtʃɪn] n [monkey] capuchino m.

◆ **Capuchin** n capuchino m.

car [kɑːr] ◇ n - **1.** [motorcar] coche m, automóvil m, carro m Amér. - **2.** [on train] vagón m. - **3.** Am [tram] tranvía m. - **4.** [of lift] caja f OR jaula f (del ascensor). - **5.** [of balloon] barquilla f. ◇ comp [door, tyre etc] del coche; [industry] del automóvil; [accident] de automóvil; **~ allowance** dietas fpl de desplazamiento [en coche]; **~ body** carrocería f.

Caracas [kə'rækəs] n Caracas.

carafe [kə'ræf] n jarra f.

caramel ['kærəmel] n - **1.** [burnt sugar] caramelo m (líquido), azúcar m quemado. - **2.** [sweet] tofe m.

caramel cream, caramel custard n flan m.

caramelize, -ise ['kærəməlaɪz] vi caramelizar.

carapace ['kærəpeɪs] n caparazón m.

carat ['kærət] n Br quilate m; **24-~ gold** oro de 24 quilates.

caravan ['kærəvæn] ◇ n caravana f, roulotte f. ◇ comp [holiday] en caravana OR roulotte; [park] para caravanas OR roulottes.

caravanner Br, **caravaner** Am ['kærəvænər] n caravanero m.

caravanning ['kærəvænɪŋ] n Br caravaning m.

caravanserai [kærə'vænsəraɪ], **caravansary** [kærə'vænsəriː] n caravasar m, posada f para caravanas.

caravan site n Br camping m para caravanas OR roulottes.

caravel ['kærəvel] n carabela f.

caraway ['kærəweɪ] n [plant] alcaravea f.

caraway seed n carvi m.

carbide ['kɑːbaɪd] n carburo m.

carbine ['kɑːbaɪn] n carabina f.

carbohydrate [,kɑːbəʊ'haɪdreɪt] n CHEM hidrato m de carbono.

◆ **carbohydrates** npl [in food] hidratos mpl de carbono.

carbolic acid [kɑː'bɒlɪk-] n fenol m, ácido m fénico.

car bomb n coche m bomba.

carbon ['kɑːbən] n - **1.** [element] carbono m. - **2.** = **carbon copy**. - **3.** = **carbon paper**.

carbon 14 n carbono 14 m.

carbonate ['kɑːbənɪt] n carbonato m.

carbonated ['kɑːbəneɪtɪd] adj con gas, carbónico(ca).

carbonated water n agua f carbonatada.

carbonation ['kɑːbəneɪʃn] n carbonización f.

carbon black n negro m de carbón.

carbon copy n - **1.** [document] copia f en papel carbón. - **2.** fig [exact copy] calco m.

carbon dating n datación f por carbono 14.

carbon dioxide n bióxido m OR dióxido m de carbono, anhídrido m carbónico.

carbon fibre n Br fibra f de carbono.

carbonic acid [kɑː'bɒnɪk-] n ácido m carbónico.

carboniferous [kɑːbə'nɪfərəs] adj carbonífero(ra).

carbonization [,kɑːbənaɪ'zeɪʃn] n = **carbonation**.

carbonize, -ise ['kɑːbənaɪz] vt carbonizar.

carbon monoxide n monóxido m de carbono.

carbon paper n (U) papel m carbón.

carbon steel n acero m al carbono.

car-boot sale n venta de objetos usados colocados en el portaequipajes del coche.

Carborundum® [ˌkɑːbəˈrʌndəm] n carborundo m.

carbuncle [ˈkɑːbʌŋkl] n - **1.** MED carbunco m, carbunclo m. - **2.** MIN carbúnculo m, rubí m.

carburettor Br, **carburetor** Am [ˌkɑːbəˈretəʳ] n carburador m.

carcass [ˈkɑːkəs] n - **1.** [gen] restos mpl de un animal muerto; [of bird] carcasa f; [at butcher's] canal m. - **2.** [of person] cuerpo m, cadáver m. - **3.** [of building, car] armazón m o f.

carcinogen [kɑːˈsɪnədʒən] n agente m cancerígeno.

carcinogenic [ˌkɑːsɪnəˈdʒenɪk] adj cancerígeno(na).

carcinoma [ˌkɑːsɪˈnəʊmə] (pl **carcinomas** OR **carcinomata** [-mətə]) n carcinoma m.

car coat n Br (abrigo m) tres cuartos m inv.

card [kɑːd] ◇ n - **1.** [playing card] carta f, naipe m; **a four-handed** ~ **game** un juego de cartas para cuatro jugadores ❑ **to hold all the (winning)** ~s tener todos los triunfos en la mano; **to play one's last** ~ jugarse la última carta; **to play one's** ~s **right** hacer las cosas bien; **to put** OR **lay one's** ~s **on the table** poner las cartas boca arriba OR sobre la mesa; **to show one's** ~s mostrar las cartas, poner las cartas boca arriba OR sobre la mesa. - **2.** [for information, greetings, computers] tarjeta f; [for membership, identification] carné m, tarjeta f de identificación; [for index] ficha f. - **3.** [postcard] (tarjeta f) postal f. - **4.** [cardboard] cartulina f. - **5.** SPORT [programme] programa m. - **6.** inf dated [person] tipo m gracioso. - **7.** [for carding fabric] carda f, cardencha f. ◇ vt - **1.** [information] fichar, registrar en una ficha. - **2.** [cotton, wool] cardar.

◆ **cards** npl las cartas, los naipes.

◆ **on the cards** Br, **in the cards** Am adv inf más que probable.

cardamom [ˈkɑːdəməm] ◇ n cardamomo m. ◇ comp: ~ **seeds** semillas fpl de cardamomo.

cardboard [ˈkɑːdbɔːd] ◇ n (U) cartón m. ◇ comp de cartón.

cardboard box n caja f de cartón.

card-carrying adj con carné.

card catalog n Am fichero m.

card file n fichero m.

cardiac [ˈkɑːdɪæk] ◇ adj cardíaco(ca). ◇ n cardíaco m, -ca f.

cardiac arrest n paro m cardíaco.

cardigan [ˈkɑːdɪgən] n rebeca f, cárdigan m.

cardinal [ˈkɑːdɪnl] ◇ adj - **1.** [essential] capital. - **2.** [deep red] purpúreo(a). ◇ n - **1.** RELIG & ZOOL cardenal m. - **2.** = **cardinal number**. - **3.** [deep red] púrpura m.

cardinal number, **cardinal numeral** n número m cardinal.

cardinal points npl: **the** ~ los (cuatro) puntos cardinales.

cardinal sin n pecado m capital.

cardinal virtue n virtud f cardinal.

card index n Br fichero m.

◆ **card-index** vt hacer fichas de.

cardiogram [ˈkɑːdɪəgræm] n cardiograma m.

cardiograph [ˈkɑːdɪəgrɑːf] n cardiógrafo m.

cardiologist [ˌkɑːdɪˈɒlədʒɪst] n cardiólogo m, -ga f.

cardiology [ˌkɑːdɪˈɒlədʒɪ] n cardiología f.

cardiopulmonary resuscitation [ˌkɑːdɪəʊˈpʌlmənərɪ-] n resucitación f cardiopulmonar.

cardiovascular [ˌkɑːdɪəʊˈvæskjʊləʳ] adj cardiovascular.

cardphone [ˈkɑːdfəʊn] n Br teléfono que funciona con tarjetas.

cardplayer [ˈkɑːdˌpleɪəʳ] n jugador m, -ra f de cartas.

cardpunch [ˈkɑːdpʌntʃ] n perforadora f de tarjetas.

cardsharp [ˈkɑːdʃɑːp] n tahúr m, -ra f.

cardsharping [ˈkɑːdʃɑːpɪŋ] n fullería f.

card table n mesita f plegable (para jugar a las cartas).

card trick n truco m de cartas.

card vote n Br voto m por delegación.

care [keəʳ] ◇ n - **1.** [protection, attention, carefulness] cuidado m; **to drive with** ~ conducir con precaución; **you should study the matter with** ~ deberías estudiar el asunto con detenimiento OR cuidado; **in sb's** ~ al cargo OR cuidado de alguien; **this matter is in my** ~ este asunto está a mi cargo OR bajo mi responsabilidad; **with infinite** ~ con sumo cuidado; **to be in/be taken into** ~ estar/ser internado en un centro de protección de menores; **to take** ~ **of** [look after] cuidar de; [deal with] encargarse de; [expenses] correr con; **to take** ~ **of itself** [subj: problem] resolverse por sí solo; **to take** ~ **of o.s.** [support oneself] mantenerse a sí mismo; **take** ~! ¡nos vemos!, ¡cuídate!; **to take** ~ **(to do sthg)** tener cuidado (de hacer algo); **to take** ~ **not to do sthg** cuidarse de no hacer algo, guardarse de hacer algo. - **2.** [cause of worry] preocupación f, problema m; **he doesn't have a** ~ **in the world** vive feliz. ◇ vi - **1.** [be concerned]: **to** ~ **(about)** preocuparse (de OR por); **I** ~ **about her health** me preocupa su salud, me preocupo de OR por su salud. - **2.** [mind] importar; **I don't** ~ no me importa; **I don't** ~ **if you do think I'm a fool** no me importa que pienses que soy tonto; **who** ~**s?** ¿y qué? ❑ **I couldn't** ~ **less** inf me importa un pito. - **3.** fml [like]: **to** ~ **to** tener ganas de, querer; **would you** ~ **to sit down?** ¿quiere usted sentarse?

◆ **care of** prep al cuidado de, en casa de.

◆ **care for** vt fus - **1.** [like] gustar; **would you** ~ **for a cup of tea?** ¿le apetece una taza de té?; **I don't** ~ **for cheese** no me gusta el queso; **he still** ~s **for her** todavía la quiere. - **2.** [look after] cuidar (de).

CARE [keəʳ] (abbr of **Cooperative for American Relief Everywhere**) n organización humanitaria estadounidense.

care attendant n Br ADMIN auxiliar mf de hogar, auxiliar doméstico m, auxiliar doméstica f.

careen [kəˈriːn] vi dar bandazos.

career [kəˈrɪəʳ] ◇ n carrera f (profesional). ◇ comp de carrera. ◇ vi ir a toda velocidad.

◆ **careers** comp vocacional, profesional; ~**s adviser** persona que aconseja sobre salidas profesionales; ~**s guidance** orientación f profesional; ~**s office** centro m de orientación profesional.

careerist [kəˈrɪərɪst] n pej arribista mf.

career woman n mujer f con ambiciones profesionales.

carefree [ˈkeəfriː] adj despreocupado(da).

careful [ˈkeəfʊl] adj [gen] cuidadoso(sa); [driver] prudente; [work] esmerado(da); **to be** ~ **with** tener cuidado con, ser mirado(da) OR cuidadoso(sa) con; **to be** ~ **to do sthg** tener cuidado de hacer algo.

carefully [ˈkeəflɪ] adv - **1.** [cautiously] con cuidado, cuidadosamente. - **2.** [thoroughly] detenidamente.

careless [ˈkeəlɪs] adj - **1.** [inattentive] descuidado(da). - **2.** [unconcerned] despreocupado(da). - **3.** [thoughtless] imprudente.

carelessly [ˈkeəlɪslɪ] adv - **1.** [inattentively - gen] descuidadamente; [- drive] con poco cuidado. - **2.** [unconcernedly] despreocupadamente. - **3.** [thoughtlessly] imprudentemente.

carelessness [ˈkeəlɪsnɪs] n - **1.** [inattention] descuido m. - **2.** [lack of concern] despreocupación f. - **3.** [thoughtlessness] imprudencia f.

carer [ˈkeərəʳ] n persona que cuida de un familiar impedido o enfermo.

caress [kəˈres] ◇ n caricia f, apapacho m Amér. ◇ vt acariciar.

caret [ˈkærət] n TYPO signo m de intercalación.

caretaker [ˈkeəˌteɪkəʳ] n Br conserje mf.

caretaker government n gobierno m provisional.

careworn [ˈkeəwɔːn] adj agobiado(da) por las preocupaciones.

carfare [ˈkɑːfeəʳ] n Am precio m del trayecto.

car ferry *n* transbordador *m* de coches.

cargo ['kɑːgəʊ] (*pl* **cargoes** OR **cargos**) ◇ *n* carga *f*, cargamento *m*. ◇ *comp* de carga; ~ **boat** buque *m* de carga, carguero *m*.

car hire *n Br* alquiler *m* de coches.

carhop ['kɑːˌhɒp] *n Am inf* camarero o camarera en un restaurante donde se sirve a los clientes en su automóvil.

Carib ['kærɪb] *n* [language] caribe *m*.

Caribbean [*Br* kærɪˈbiːən, *Am* kəˈrɪbɪən] ◇ *adj* caribeño(ña), caribe; **the** ~ **islands** las (islas) Antillas. ◇ *n*: **the** ~ **(Sea)** el (mar) Caribe.

caribou ['kærɪbuː] (*pl inv* OR **caribous**) *n* caribú *m*.

caricature ['kærɪkəˌtjʊə] ◇ *n lit & fig* caricatura *f*. ◇ *vt* caricaturizar.

caricaturist ['kærɪkəˌtjʊərɪst] *n* caricaturista *mf*.

caries ['keərɪːz] *n* caries *f inv*.

carillon ['kærɪljən] *n* carillón *m*.

caring ['keərɪŋ] *adj* solícito(ta), dedicado(da).

caring professions *npl*: **the** ~ las profesiones relacionadas con la asistencia social.

carload ['kɑːˌləʊd] *n* carga *f* máxima del coche.

Carmel ['kɑːməl] *n*: **Mount** ~ el monte Carmelo.

Carmelite ['kɑːmɪlaɪt] *n* carmelita *mf*.

carminative ['kɑːmɪnətɪv] *adj* carminativo(va).

carmine ['kɑːmaɪn] ◇ *adj* (color) carmín *(inv)*. ◇ *n* carmín *m*.

carnage ['kɑːnɪdʒ] *n* carnicería *f*, matanza *f*.

carnal ['kɑːnl] *adj literary* carnal.

carnal knowledge *n fml* ayuntamiento *m* (carnal), cópula *f*.

carnation [kɑːˈneɪʃn] *n* clavel *m*.

carnival ['kɑːnɪvl] *n* - **1**. [festival] carnaval *m*. - **2**. [fun fair] feria *f*.

carnivore ['kɑːnɪvɔː] *n* carnívoro *m*, -ra *f*.

carnivorous [kɑːˈnɪvərəs] *adj* carnívoro(ra).

carob ['kærəb] ◇ *n* [tree] algarrobo *m*; [bean] algarroba *f*. ◇ *comp*: ~ **powder** polvo *m* de algarroba.

carol ['kærəl] (*Br pt & pp* **carolled**, *cont* **carolling**, *Am pt & pp* **caroled**, *cont* **caroling**) ◇ *n* villancico *m*. ◇ *vi* - **1**. [sing] cantar villancicos. - **2**. [warble] cantar alegremente, canturrear. ◇ *vt* cantar.

Carolina [kærəˈlaɪnə] *n* Carolina.

carol service *n* misa navideña en la que se cantan villancicos.

carol singer *n* persona que canta villancicos para recaudar dinero con fines benéficos.

carotene ['kærəˌtiːn] *n* caroteno *m*.

carotid [kəˈrɒtɪd] *n* carótida *f*.

carousal [kəˈraʊzl] *n literary* jarana *f*, juerga *f*.

carouse [kəˈraʊz] *vi literary* andar de parranda.

carousel [kærəˈsel] *n* - **1**. *esp Am* [at fair] tiovivo *m*. - **2**. [at airport] cinta *f* transportadora.

carp [kɑːp] (*pl inv* OR **carps**) ◇ *n* carpa *f*. ◇ *vi*: **to** ~ **(about)** refunfuñar (por), renegar (de).

car park *n Br* aparcamiento *m*, parqueadero *m* Amér.

Carpathian Mountains [kɑːˈpeɪθɪən-], **Carpathians** [kɑːˈpeɪθɪənz] *npl*: **the** ~ los Cárpatos.

carpel ['kɑːpel] *n* carpelo *m*.

carpenter ['kɑːpəntə] *n* carpintero *m*, -ra *f*.

carpentry ['kɑːpəntrɪ] *n* carpintería *f*.

carpet ['kɑːpɪt] ◇ *n lit & fig* alfombra *f*; **fitted** ~ moqueta *f* ❑ **to be on the** ~ *fig* [for discussion] estar sobre el tapete; [for a reprimand] buscarse una regañina; **to sweep sthg under the** ~ *fig* echar tierra a algo. ◇ *vt* - **1**. [fit with carpet] enmoquetar. - **2**. *fig* [cover] cubrir.

carpetbag ['kɑːpɪtˌbæg] *n* maleta *f* tapizada.

carpetbagger ['kɑːpɪtˌbægə] *n pej* - **1**. POL político que no es de la circunscripción a la que representa. - **2**. *Am* HIST nombre que recibían los norteños que se afincaban en el sur de Estados Unidos en busca de fortuna tras la guerra de Secesión.

carpeting ['kɑːpɪtɪŋ] *n* [carpets] alfombrado *m*; [fitted carpets] enmoquetado *m*.

carpet slipper *n* zapatilla *f*.

carpet sweeper *n* cepillo *m* mecánico (de alfombras).

carpet tile *n* losetas *fpl* de moqueta.

car phone *n* teléfono *m* de coche.

carping ['kɑːpɪŋ] *adj* criticón(ona).

car pool *n* - **1**. *Br* [fleet of cars] parque *m* móvil, conjunto de coches de una empresa para uso de sus empleados. - **2**. [arrangement between drivers] acuerdo entre varias personas para viajar cada día en el coche de una de ellas o turnarse al volante.

carport ['kɑːpɔːt] *n* cobertizo *m* para coches.

carrel ['kærəl] *n* cubículo de estudio de una biblioteca.

car rental *n Am* alquiler *m* de coches.

carriage ['kærɪdʒ] *n* - **1**. [horsedrawn vehicle] carruaje *m*. - **2**. *Br* [railway coach] vagón *m*. - **3**. [transport of goods] transporte *m*, porte *m*; ~ **paid** OR **free** *Br* porte pagado; ~ **forward** *Br* porte a cuenta del destinatario. - **4**. [on typewriter] carro *m*. - **5**. [of gun] cureña *f*. - **6**. *literary* [bearing] porte *m*.

carriage clock *n* reloj grande con asa.

carriage return *n* retorno *m* de carro.

carriage trade *n Br* clientela *f* adinerada.

carriageway ['kærɪdʒweɪ] *n Br* carril *m*.

carrier ['kærɪə] *n* - **1**. COMM transportista *mf*. - **2**. [of disease] portador *m*, -ra *f*. - **3**. [aircraft carrier] portaaviones *m inv*. - **4**. [on bicycle] portaequipajes *m inv*.

carrier bag *n* bolsa *f* (de papel o plástico).

carrier pigeon *n* paloma *f* mensajera.

carrion ['kærɪən] *n* carroña *f*.

carrot ['kærət] *n* - **1**. [vegetable] zanahoria *f*. - **2**. *inf* [incentive] señuelo *m*, aliciente *m*. ◇ *comp*: ~ **cake** pastel *m* de zanahoria.

carroty ['kærətɪ] *adj* - **1**. [gen] color zanahoria *(inv)*. - **2**. [red-haired] pelirrojo(ja).

carry ['kærɪ] (*pt & pp* **carried**) ◇ *vt* - **1**. [transport] llevar; **to** ~ **sthg/sb along** [subj: crowd, river] arrastrar algo/a alguien. - **2**. [disease] transmitir; [virus] ser portador(ra) de. - **3**. [have on one's person] llevar, portar. - **4**. [involve] acarrear, conllevar. - **5**. [motion, proposal] aprobar; [election] ganar. - **6**. [win over] conquistar a, capturar a; **he carried all before him** triunfó de forma arrolladora, arrasó. - **7**. [be pregnant with] estar embarazada de. - **8**. MATH llevarse. - **9**. [hold up, support] mantener, sostener. - **10**. [subj: newspaper] publicar. - **11**. [have in stock] tener surtido de. - **12**. [bear, hold] llevar; **to** ~ **o.s.** [walk] andar, moverse; [behave] portarse, comportarse. ◇ *vi* [sound] oírse.

◆ **carry away** *vt fus*: **to get carried away** exaltarse.

◆ **carry forward** *vt sep* llevar a la página siguiente; **carried forward** suma y sigue.

◆ **carry off** *vt sep* - **1**. [make a success of] llevar a cabo; **she carried it off with great style** hizo muy buen papel. - **2**. [win] llevarse.

◆ **carry on** ◇ *vt fus* - **1**. [continue] continuar, seguir; **to** ~ **on doing sthg** continuar OR seguir haciendo algo. - **2**. [conversation] sostener. - **3**. [business] dirigir, asumir el manejo de. ◇ *vi* - **1**. [continue]: **to** ~ **on (with)** continuar OR seguir (con). - **2**. *inf* [make a fuss] dar la nota. - **3**. *inf dated* [have a love affair]: **to** ~ **on with** tener un lío con.

◆ **carry out** *vt fus* - **1**. [perform] llevar a cabo; **to** ~ **out repairs** hacer reformas. - **2**. [fulfil] cumplir.

◆ **carry over** *vt sep* = **carry forward**.

◆ **carry through** *vt sep* [accomplish] llevar a cabo.

carryall ['kærɪɔːl] *n Am* bolsa *f* de viaje.

carrycot ['kærɪkɒt] *n esp Br* moisés *m*, capacho *m*.

carrying case ['kærɪɪŋ-] *n Am* estuche *m*, funda *f*.

carrying charge ['kærɪɪŋ-] *n* recargo *m*.

carryon ['kærɪɒn] *n Am* [suitcase] equipaje *m* de mano.

carry-on *n Br inf* lío *m*, follón *m*.

carry-out *n* comida *f* para llevar.

carry-over *n* - **1.** [in bookkeeping] suma *f* OR saldo *m* anterior. - **2.** [something left over] remanente *m*.

carsick ['kɑːsɪk] *adj* mareado(da) *(al ir en coche)*.

car sickness *n* mareo *m* *(al ir en coche)*; **to suffer from ~** marearse al ir en coche.

cart [kɑːt] ◇ *n* - **1.** [horse-drawn] carro *m*, carreta *f*; **to put the ~ before the horse** *fig* empezar la casa por el tejado. - **2.** [trolley] carrito *m*. ◇ *vt inf lit & fig* acarrear.

◆ **cart away, cart off** *vt sep* llevar.

carte blanche [,kɑːt'blɑ̃ʃ] *n* carta *f* blanca.

cartel [kɑːtel] *n* cártel *m*.

carter ['kɑːtəʳ] *n* carretero *m*.

Cartesian [kɑː'tiːzjən] ◇ *adj* cartesiano(na). ◇ *n* cartesiano *m*, -na *f*.

carthorse ['kɑːθɔːs] *n* caballo *m* de tiro.

Carthusian [kɑː'θjuːzjən] ◇ *adj* cartujo(ja). ◇ *n* cartujo *m*, -ja *f*.

cartilage ['kɑːtɪlɪdʒ] *n* cartílago *m*.

cartload ['kɑːtləʊd] *n* carretada *f*.

cartographer [kɑː'tɒɡrəfəʳ] *n* cartógrafo *m*, -fa *f*.

cartography [kɑː'tɒɡrəfɪ] *n* cartografía *f*.

carton ['kɑːtn] *n* - **1.** [strong cardboard box] caja *f* de cartón. - **2.** [for liquids] cartón *m*, envase *m*.

cartoon [kɑː'tuːn] *n* - **1.** [satirical drawing] chiste *m* (en viñeta). - **2.** [comic strip] tira *f* cómica. - **3.** [film] dibujos *mpl* animados. - **4.** ART cartón *m*, boceto *m*.

cartoonist [kɑː'tuːnɪst] *n* dibujante *mf*.

cartridge ['kɑːtrɪdʒ] *n* - **1.** [for gun, camera] cartucho *m*. - **2.** [for pen] recambio *m*. - **3.** [for record player] portaagujas *m inv*, cabeza *f* fonocaptora. - **4.** [for tape deck] casete *f*, cinta *f*.

cartridge belt *n* cartuchera *f*.

cartridge clip *n* cargador *m*, peine *m* (de balas).

cartridge paper *n* papel *m* de dibujo.

cartridge pen *n* pluma *f* recargable *(de cartucho)*.

cartwheel ['kɑːtwiːl] *n* voltereta *f* lateral.

cartwright ['kɑːtraɪt] *n* carretero *m*.

carve [kɑːv] *vt* - **1.** [wood] tallar; [stone] esculpir. - **2.** [meat] trinchar. - **3.** [cut] grabar.

◆ **carve out** *vt sep* [niche, place] conquistar; **to ~ out a career for o.s.** labrarse un porvenir.

◆ **carve up** *vt sep* repartir.

carver ['kɑːvəʳ] *n* cuchillo *m* de trinchar.

carvery ['kɑːvərɪ] *(pl* **carveries)** *n* restaurante *m* con bufé libre.

carving ['kɑːvɪŋ] *n* - **1.** [act - in wood] tallado *m*; [- in stone] labrado *m*, cincelado *m*. - **2.** [object - wooden] talla *f*; [- stone] escultura *f*.

carving knife *n* cuchillo *m* de trinchar.

car wash *n* lavado *m* de coches.

caryatid [kærɪ'ætɪd] *(pl* **caryatids** OR **caryatides** [-diːz]) *n* cariátide *f*.

Casablanca [,kæsə'blæŋkə] *n* Casablanca.

Casanova [,kæsə'nəʊvə] *n* Casanova *m*.

cascade [kæ'skeɪd] ◇ *n* cascada *f*. ◇ *vi* caer en cascada.

case [keɪs] ◇ *n* - **1.** [gen] caso *m*; **to be the ~** ser el caso; **in my/your ~** en mi/tu caso; **in that/which ~** en ese/cuyo caso; **as** OR **whatever the ~ may be** según sea el caso; **it is not a ~ of...** no se trata de...; ❑ **in ~ of** en caso de; **a ~ in point** un ejemplo claro; **he's a real ~** *inf* es un verdadero caso. - **2.** [argument] argumento *m*, razones *fpl*; **the ~ for/against (sthg)** los argumentos a favor/en contra (de algo); **to have a good ~** tener argumentos de peso; **to make (out) a ~ for sthg** exponer argumentos OR argumentar en favor de algo. - **3.** JUR [trial, inquiry] pleito *m*, causa *f*; [evidence] pruebas *fpl*; **there is no ~ against him** no hay pruebas contra él; **to bring a ~ against sb** poner un pleito a alguien; **to rest one's ~** terminar el alegato; **to state the ~** exponer los hechos. - **4.** [container - of soft material] funda *f*; [- of hard material] estuche *m*; [- for display] vitrina *f*; [- of wine, champagne] caja *f*. - **5.** *Br* [suitcase] maleta *f*. ◇ *vt* - **1.** [package] empacar, embalar. - **2.** [put protective cover around] revestir.

◆ **in any case** *adv* en cualquier caso, de todas formas.

◆ **in case** *conj & adv* por si acaso.

casefile ['keɪsfaɪl] *n* dossier *m*, expediente *m*.

case grammar *n* gramática *f* de casos.

case-hardened *adj* - **1.** [person] inconmovible, inalterable. - **2.** [metal] cementado(da).

case history *n* - **1.** MED historial *m* (clínico). - **2.** SOCIOL antecedentes *mpl*, historial *m*.

casein ['keɪsiːn] *n* caseína *f*.

case law *n* jurisprudencia *f*.

case load *n* número *m* de casos.

casement ['keɪsmənt] *n* [frame] marco *m* de ventana; [window] ventana *f* batiente.

case study *n* estudio *m* de casos prácticos.

casework ['keɪswɜːk] *n* asistencia *f* social para un caso individual.

caseworker ['keɪs,wɜːkəʳ] *n* asistente *m*, -ta *f* social *(de caso particular)*.

cash [kæʃ] ◇ *n* - **1.** [notes and coins] (dinero *m*) efectivo *m*, metálico *m*; **to pay (in) ~** pagar al contado or en efectivo. - **2.** *inf* [money] dinero *m*, lana *f* *Amér*. - **3.** [payment]: **~ in advance** pago *m* al contado por adelantado; **~ in hand** al contado; **~ on delivery** entrega *f* contra reembolso; **~ on shipment** pago *m* a la vista OR contra embarque; **~ with order** pago *m* por adelantado OR contra pedido; **to be short of ~** estar mal de fondos. ◇ *vt* cobrar, hacer efectivo.

◆ **cash in** ◇ *vi inf*: **to ~ in on** sacar partido de. ◇ *vt sep* [change into cash] convertir en efectivo.

cash and carry *n* almacén *m* de venta al por mayor.

cash bar *n* Am bar, en una fiesta donde no hay barra libre.

cashbook ['kæʃbʊk] *n* libro *m* de caja.

cash box *n* caja *f* con cerradura *(para el dinero)*.

cash card *n* esp Am tarjeta *f* de cajero automático.

cash crop *n* cultivo *m* para comercialización.

cash desk *n* Br caja *f*.

cash discount *n* descuento *m* por pago al contado.

cash dispenser *n* cajero *m* automático.

cashew (nut) ['kæʃuː(,nʌt)] *n* (nuez *m* de) anacardo *m*.

cash flow *n* flujo *m* de fondos, cash-flow *m*.

cashier [kæ'ʃɪəʳ] ◇ *n* cajero *m*, -ra *f*. ◇ *vt* expulsar.

cash machine *n* = **cash dispenser**.

cashmere [kæʃ'mɪəʳ] ◇ *n* cachemir *m*, cachemira *f*. ◇ *comp* de cachemir OR cachemira.

cash payment *n* pago *m* en efectivo OR al contado.

cashpoint ['kæʃpɔɪnt] *n Br* = **cash dispenser**.

cash price *n* precio *m* al contado.

cash prize *n* premio *m* en metálico.

cash register *n* caja *f* (registradora).

cash sale *n* venta *f* al contado.

casing ['keɪsɪŋ] *n* - **1.** [gen] cubierta *f*, revestimiento *m*. - **2.** [of window] marco *m*.

casino [kə'siːnəʊ] *(pl* **casinos)** *n* casino *m*.

cask [kɑːsk] *n* tonel *m*, barril *m*.

casket ['kɑːskɪt] *n* - **1.** [for jewels] estuche *m*. - **2.** *Am* [coffin] ataúd *m*.

Caspian Sea ['kæspɪən-] *n*: **the ~** el mar Caspio.

Cassandra [kə'sændrə] *n* Casandra *f*.

cassava [kə'sɑːvə] *n* - **1.** [plant] mandioca *f*. - **2.** [flour, bread] cazabe *m*.

casserole ['kæsərəʊl] *n* - **1.** [stew] guiso *m*. - **2.** [pan] cazuela *f*, cacerola *f*.

cassette [kæ'set] *n* - **1.** [tape] cinta *f*, casete *f*. - **2.** [cartridge] cartucho *m*.

cassette deck *n* platina *f*, pletina *f*.

cassette player, **cassette recorder** *n* casete *m*, magnetófono *m*.

cassock ['kæsək] *n* sotana *f*.

cast [kɑːst] (*pt & pp* **cast**) ◇ *n* - **1.** [of play, film] reparto *m*. - **2.** [of colour] matiz *m*. - **3.** [act of moulding metal] fundido *m*; [mould] molde *m*; [object moulded] pieza *f* fundida. - **4.** MED [for broken limb] escayola *f*. - **5.** MED [squint] estrabismo *m*. - **6.** [type] clase *f*, tipo *m*. ◇ *vt* - **1.** [look] echar, lanzar; **she ~ her eyes on the speaker** dirigió la mirada hacia el orador; **to ~ doubt on sthg** poner algo en duda; **to ~ a spell on** embrujar OR hechizar a. - **2.** [light] irradiar; [shadow] proyectar. - **3.** [throw] arrojar, lanzar; [dice] tirar; [anchor] soltar, echar. - **4.** [film, play] hacer el reparto de; **to ~ sb as** asignar a alguien el papel de. - **5.** [vote] emitir. - **6.** [metal, statue] fundir; [form] moldear. - **7.** [skin] mudar. - **8.** [horoscope] hacer.

◆ **cast about**, **cast around** *vi*: **to ~ about for sthg** buscar algo.

◆ **cast back** *vt sep*: **~ your mind back to the day we met** intenta recordar OR recuerda el día que nos conocimos.

◆ **cast aside** *vt sep* [person] abandonar; [idea] desechar, rechazar.

◆ **cast down** *vt sep* - **1.** *fml* [lower] bajar. - **2.** [dishearten]: **to be ~ down** estar desanimado(da).

◆ **cast off** ◇ *vt sep* desechar, abandonar. ◇ *vi* - **1.** NAUT soltar amarras. - **2.** [in knitting] terminar una vuelta.

◆ **cast on** *vi* empezar una hilera.

◆ **cast out** *vt sep literary* echar fuera, arrojar.

castanets [ˌkæstə'nets] *npl* castañuelas *fpl*.

castaway ['kɑːstəweɪ] *n* náufrago *m*, -ga *f*; *fig* [outcast] paria *mf*.

caste [kɑːst] *n* casta *f*.

caster ['kɑːstər] *n* [wheel] ruedecilla *f*, pivote *m*.

caster sugar *n Br* azúcar *m* extrafino.

castigate ['kæstɪɡeɪt] *vt fml* - **1.** [behaviour, report] censurar. - **2.** [person] castigar.

castigation [ˌkæstɪ'ɡeɪʃn] *n fml* - **1.** [rebuke] censura *f*. - **2.** [punishment] castigo *m*.

Castile [kæ'stiːl] *n* Castilla.

Castilian [kæ'stɪljən] ◇ *adj* castellano(na). ◇ *n* - **1.** [person] castellano *m*, -na *f*. - **2.** [language] castellano *m*.

Castilla [kæ'stɪlə] *n* = **Castile**.

casting ['kɑːstɪŋ] *n* - **1.** [for film, play] reparto *m*. - **2.** [of metal - process] fundición *f*; [- object] pieza *f* fundida.

casting vote *n* voto *m* de calidad.

cast iron *n* hierro *m* fundido.

◆ **cast-iron** *adj* - **1.** [made of cast iron] de hierro fundido. - **2.** [alibi, excuse] irrebatible, indiscutible; [will] férreo(a), de hierro.

castle ['kɑːsl] ◇ *n* - **1.** [building] castillo *m*; **to build ~s in the air** *fig* hacer castillos en el aire. - **2.** [in chess] torre *f*. ◇ *vi* [in chess] enrocar.

cast-off *adj* desechado(da).

castoffs ['kæstɒfs] *npl* ropa *f* vieja OR usada.

castor ['kɑːstəʳ] *n* = **caster**.

castor oil *n* aceite *m* de ricino.

castor sugar *n* = **caster sugar**.

castrate [kæ'streɪt] *vt* castrar.

castrati *pl* → **castrato**.

castration [kæ'streɪʃn] *n* castración *f*.

castrato [kæ'strɑːtəʊ] (*pl* **castratos** OR **castrati** [-tiː]) *n* castrado *m*, castrato *m*.

casual ['kæʒʊəl] ◇ *adj* - **1.** [relaxed, indifferent] despreocupado(da). - **2.** *pej* [offhand] descuidado(da), informal. - **3.** [chance - visitor] ocasional; [- remark] casual; **~ sex** relaciones *fpl* sexuales ocasionales. - **4.** [informal - clothes] de sport; [- dinner] informal. - **5.** [work] eventual; **~ labourer** *Br* [for one day] jornalero *m*, -ra *f*; [for harvest, season] tem-

porero *m*, -ra *f*. - **6.** [superficial] superficial. ◇ *n* temporero *m*, -ra *f*.

casually ['kæʒʊəlɪ] *adv* - **1.** [in a relaxed manner, indifferently] con aire despreocupado. - **2.** [informally] informalmente. - **3.** [glance, remark, suggest] de pasada. - **4.** [by chance] casualmente.

casualty ['kæʒjʊəltɪ] (*pl* **casualties**) *n* - **1.** [gen] víctima *mf*. - **2.** *(U)* [ward] urgencias *fpl*.

casualty department *n* unidad *f* de urgencias.

casualty list *n* [gen] lista *f* de víctimas; MIL lista *f* de bajas.

casualty ward *n* sala *f* de urgencias.

casuistry ['kæzjʊɪstrɪ] *n* casuística *f*.

cat [kæt] *n* - **1.** [domestic cat] gato *m*, -ta *f*; **to be like a ~ on hot bricks** *Br* OR **on a hot tin roof** *Am* estar en ascuas; **to bell the ~** poner el cascabel al gato; **to fight like ~ and dog** llevarse como el perro y el gato; **has the ~ got your tongue?** ¿se te ha comido la lengua el gato?; **he hasn't got a ~ in hell's chance of passing the exam** no va a aprobar el examen ni soñando; **to let the ~ out of the bag** descubrir el pastel; **he looked like something the ~ brought in** tenía un aspecto lamentable, estaba hecho una pena; **to play (a game of) ~ and mouse with sb** jugar al gato y al ratón con alguien; **to put the ~ among the pigeons** *Br* meter el lobo en el redil; **to rain ~s and dogs** llover a cántaros; **to think that one is the ~'s whiskers** *Br* creerse que uno es el rey del mambo; **when the ~ is away, the mice will play** *proverb* cuando el gato duerme, bailan los ratones *proverb*. - **2.** [wild cat] felino *m*. - **3.** *pej* [woman] arpía *f*, pécora *f*. - **4.** *Am inf dated* [man] tipo *m*, gachó *m*. - **5.** *inf* [catamaran] catamarán *m*.

CAT (*abbr of* **computer-aided teaching**) *n* EAO *f*, enseñanza asistida por ordenador.

catabolism [kə'tæbəlɪzm] *n* catabolismo.

cataclysm ['kætəklɪzm] *n* cataclismo *m*.

cataclysmic [ˌkætə'klɪzmɪk] *adj* catastrófico(ca).

catacombs ['kætəkuːmz] *npl* catacumbas *fpl*.

catafalque ['kætəfælk] *n* catafalco *m*.

Catalan ['kætəˌlæn] ◇ *adj* catalán(ana). ◇ *n* - **1.** [person] catalán *m*, -ana *f*. - **2.** [language] catalán *m*.

catalepsy ['kætəlepsɪ] *n* catalepsia *f*.

catalogue, **catolog** *Am* ['kætəlɒɡ] ◇ *n* - **1.** [of items] catálogo *m*. - **2.** *fig* [list] serie *f*, cadena *f*. ◇ *vt* - **1.** [make official list of] catalogar. - **2.** *fig* [list] enumerar.

Catalonia [ˌkætə'ləʊnɪə] *n* Cataluña.

Catalonian [ˌkætə'ləʊnʃən] *adj* = **Catalan**.

catalyse *Br*, **catalyze** *Am* ['kætəlaɪz] *vt* catalizar.

catalysis [kə'tæləsɪs] *n* catálisis *f inv*.

catalyst ['kætəlɪst] *n lit & fig* catalizador *m*.

catalytic convertor [ˌkætə'lɪtɪk-] *n* catalizador *m*.

catalyze *vt Am* = **catalyse**.

catamaran [ˌkætəmə'ræn] *n* catamarán *m*.

catapult ['kætəpʌlt] *Br* ◇ *n* - **1.** [hand-held] tirachinas *m inv*. - **2.** [machine] catapulta *f*. ◇ *vt* - **1.** [hurl] lanzar. - **2.** *fig* [propel] catapultar.

cataract ['kætərækt] *n* [waterfall, in eye] catarata *f*.

catarrh [kə'tɑːʳ] *n (U)* catarro *m*.

catastrophe [kə'tæstrəfɪ] *n* catástrofe *f*.

catastrophic [ˌkætə'strɒfɪk] *adj* catastrófico(ca).

catatonic [ˌkætə'tɒnɪk] *adj* catatónico(ca).

cat burglar *n Br* ladrón que entra trepando.

catcall ['kætkɔːl] *n* silbido *m*, pitido *m*.

catch [kætʃ] (*pt & pp* **caught** [kɔːt]) ◇ *vt* - **1.** [gen] coger, agarrar *Amér*; **to ~ one's breath** [in surprise, shock] quedarse sin aliento; [get one's breath back] recobrar (el) aliento; **to ~ a cold** pillar un resfriado. - **2.** [fish] pescar; [criminal] pillar, coger; **to ~ sb doing sthg** coger OR agarrar a alguien haciendo algo; **you won't ~ me working at weekends** *inf* nunca me pillarás trabajando en fin de semana; **to ~ o.s.** [stop o.s.] contenerse; **she caught herself daydreaming** se dio cuenta de que estaba fantaseando.

- **3.** [be in time for]: **to ~ the (last) post** *Br* llegar a la (última) recogida del correo. - **4.** [hear clearly] entender, oír. - **5.** [interest, imagination] despertar; [attention] llamar. - **6.** [see]: **to ~ sight** OR **a glimpse of** alcanzar a ver; **I'll ~ it on the news tonight** *inf* lo veré esta noche en las noticias. - **7.** [hook, shut]: **to ~ one's finger** pillarse el dedo; **to ~ one's shirt** engancharse la camisa. - **8.** [light] reflejar. - **9.** [strike] golpear; **to ~ sb a blow** asestar un golpe a alguien. - **10.** [reproduce in writing, portrait] captar, reproducir. - **11.** *phr:* **you'll ~ it!** *Br inf* ¡vas a cobrar! ◇ *vi* - **1.** [become hooked, get stuck] engancharse. - **2.** [start to burn] prender, encenderse. ◇ *n* - **1.** [of ball etc] parada *f.* - **2.** [of fish] pesca *f*, captura *f.* - **3.** [on door, window] pestillo *m.* - **4.** [snag] trampa *f.* - **5.** [in voice]: **with a ~ in his voice** con la voz entrecortada. - **6.** *inf* [marriage partner]: **a good ~** un buen partido.
- ◆ **catch at** *vt fus* agarrarse a.
- ◆ **catch on** *vi* - **1.** [become popular] hacerse popular. - **2.** *inf* [understand]: **to ~ on (to)** caer en la cuenta (de).
- ◆ **catch out** *vt sep* [trick] pillar en un error.
- ◆ **catch up** ◇ *vt sep* - **1.** [in race etc] alcanzar. - **2.** [entangle]: **to get caught up in sthg** enredarse en algo. - **3.** [involve]: **to get caught up in sthg** [voluntarily] estar metido(da) en algo; [unwillingly] verse involucrado(da) en algo; **she was caught up in the film** estaba totalmente absorta viendo la película. ◇ *vi:* **we'll soon ~ up** pronto nos pondremos a la misma altura; **to ~ up on** [sleep] recuperar; [work, reading] ponerse al día con.
- ◆ **catch up with** *vt fus* - **1.** [group etc] alcanzar. - **2.** [criminal] pillar, descubrir.

catch-22 [-twentɪ'tuː] *n* callejón *m* sin salida; **it's a ~ situation** es como la pescadilla que se muerde la cola.

catch-all ◇ *adj* general. ◇ *n* caja *f* para guardar trastos.

catcher ['kætʃə^r] *n* SPORT receptor *m*, -ra *f*, cátcher *mf*.

catching ['kætʃɪŋ] *adj* contagioso(sa).

catchment ['kætʃmənt] *n* captación *f.*

catchment area *Br n* zona *f* de captación.

catchphrase ['kætʃfreɪz] *n* muletilla *f.*

catch question *n* pregunta *f* difícil OR con trampa.

catchup *n Am* = ketchup.

catchword ['kætʃwɜːd] *n* - **1.** [slogan] eslogan *m*, lema *m.* - **2.** TYPO reclamo *m.*

catchy ['kætʃɪ] (*compar* **catchier**, *superl* **catchiest**) *adj* pegadizo(za).

catechism ['kætəkɪzm] *n* catecismo *m.*

catechist ['kætəkɪst] *n* catequista *mf.*

catechize, -ise ['kætɪkaɪz] *vt* catequizar.

catechumen [ˌkætə'kjuːmən] *n* catecúmeno *m*, -na *f.*

categorical [ˌkætɪ'gɒrɪkl] *adj* [statement] categórico(ca); [denial] rotundo(da).

categorically [ˌkætɪ'gɒrɪklɪ] *adv* [state] categóricamente; [deny] rotundamente.

categorization [ˌkætəgəraɪ'zeɪʃn] *n* categorización *f*, clasificación *f.*

categorize, -ise ['kætəgəraɪz] *vt:* **to ~ sb (as)** clasificar OR catalogar a alguien (de).

category ['kætəgərɪ] (*pl* **categories**) *n* categoría *f.*

cater ['keɪtə^r] *vi* proveer comida.
- ◆ **cater for** *vt fus Br* [tastes, needs] atender a; [social group] estar destinado(da) a; **I hadn't ~ed for that** no había contado con eso.
- ◆ **cater to** *vt fus* complacer.

cater-cornered *Am* ◇ *adj* diagonal. ◇ *adv* diagonalmente, en diagonal.

caterer ['keɪtərə^r] *n* proveedor *m*, -ra *f.*

catering ['keɪtərɪŋ] ◇ *n* [at wedding etc] servicio *m* de banquetes; [trade] hostelería *f.* ◇ *comp:* ~ **manager** jefe *m*, -fa *f* de banquetes.

caterpillar ['kætəpɪlə^r] *n* oruga *f.*

caterpillar tracks *npl* (rodado *m* de) oruga *f.*

caterwaul ['kætəwɔːl] ◇ *vi* [cat] maullar; [person] chillar. ◇ *n* [of cat] maullido *m*; [of person] chillido *m.*

caterwauling ['kætəwɔːlɪŋ] *n (U)* [of cat] maullidos *mpl*; [of person] berridos *mpl*, chillidos *mpl.*

catfish ['kætfɪʃ] (*pl inv* OR **catfishes**) *n* siluro *m.*

cat flap *n Br* gatera *f.*

catgut ['kætgʌt] *n* [for musical instrument, racket] cuerda *f* de tripa; MED catgut *m.*

catharsis [kə'θɑːsɪs] (*pl* **catharses** [-siːz]) *n* catarsis *f inv.*

cathartic [kə'θɑːtɪk] ◇ *adj* catártico(ca). ◇ *n* MED purgante *m.*

cathedral [kə'θiːdrəl] *n* catedral *f.*

cathedral city *n* ciudad *f* episcopal.

catherine wheel ['kæθrɪn-] *n* [firework] girándula *f*, rueda *f.*

catheter ['kæθɪtə^r] *n* catéter *m*, sonda *f.*

cathode ['kæθəʊd] *n* cátodo *m.*

cathode ray *n* rayo *m* catódico.

cathode ray tube *n* tubo *m* de rayos catódicos.

Catholic ['kæθlɪk] ◇ *adj* católico(ca). ◇ *n* católico *m*, -ca *f.*
- ◆ **catholic** *adj* - **1.** [broad] diverso(sa), variado(da). - **2.** [liberal] liberal. - **3.** [universal] general, universal.

Catholic Church *n:* **the ~** la Iglesia católica.

Catholicism [kə'θɒlɪsɪzm] *n* catolicismo *m.*

catholicize, -ise [kə'θɒlɪsaɪz] *vt* catolizar.

catkin ['kætkɪn] *n* candelilla *f*, amento *m.*

catlike ['kætlaɪk] *adj* felino(na).

cat litter *n* tierra *f* OR arena *f* para gatos.

catnap ['kætnæp] (*pt* & *pp* **catnapped**, *cont* **catnapping**) ◇ *n* siestecita *f.* ◇ *vi* echar una siestecita.

cat-o'-nine-tails *n* látigo *m* de nueve colas.

Catseyes® ['kætsaɪz] *npl Br* catafaros *mpl.*

catsuit ['kætsuːt] *n Br* malla hasta el tobillo de manga larga.

catsup ['kætsəp] *n Am* = ketchup.

cattail ['kætteɪl] *n Am* enea *f*, espadaña *f.*

cattle ['kætl] *npl* ganado *m* (vacuno).

cattle grid *Br*, **cattle guard** *Am n* reja de tubos metálicos en la calzada para impedir el paso del ganado.

cattleman ['kætlmən] (*pl* **cattlemen** [-mən]) *n* ganadero *m.*

cattle market *n* feria *f* OR mercado *m* de ganado.

cattlemen ['kætlmən] *pl* → **cattleman**.

cattle prod *n* picana *f* eléctrica, aguijón *m* eléctrico.

cattle truck *n* vagón *m* OR furgón *m* de ganado.

catty ['kætɪ] (*compar* **cattier**, *superl* **cattiest**) *adj inf pej* [spiteful] rencoroso(sa).

catty-cornered *adj* & *adv Am* = **cater-cornered**.

catwalk ['kætwɔːk] *n* pasarela *f.*

Caucasia [kɔː'keɪzjə] *n* Caucasia.

Caucasian [kɔː'keɪzjən] ◇ *adj* caucásico(ca). ◇ *n* caucásico *m*, -ca *f.*

Caucasus ['kɔːkəsəs] *n:* **the ~** el Cáucaso.

caucus ['kɔːkəs] *n* [political group] comité *m.*
- ◆ **Caucus** *n Am* congreso de los principales partidos estadounidenses.

caught [kɔːt] *pt* & *pp* → **catch**.

caul [kɔːl] *n* - **1.** [of intestines] redaño *m*, omento *m.* - **2.** [of foetus] amnios *m.*

cauldron ['kɔːldrən] *n* caldera *f*, caldero *m.*

cauliflower ['kɒlɪˌflaʊə^r] *n* coliflor *f.*

cauliflower cheese *n* coliflor *f* con salsa de queso.

cauliflower ear *n* oreja *f* hinchada y deformada por los golpes.

caulk [kɔːk] *vt* [gen] rellenar, tapar; NAUT calafatear.

causal ['kɔːzl] *adj* causal.

causality [kɔː'zælɪtɪ] *n* causalidad *f.*

causally ['kɔːzəlɪ] *adv:* **the two events are ~ linked** los dos hechos tienen la misma causa.

causation [kɔː'zeɪʃn] *n* causalidad *f.*

causative ['kɔːzətɪv] ◇ *adj* causativo(va), causal. ◇ *n* GRAMM causativo *m.*

cause [kɔːz] ◇ *n* - **1.** [gen & JUR] causa *f*; **to fight for a** ~ luchar por una causa. - **2.** [grounds]: ~ **(for)** motivo *m* (para); **there is no** ~ **for alarm** no hay motivo para alarmarse; ~ **for complaint** motivo de queja; ~ **to do sthg** motivo para hacer algo. ◇ *vt* causar; **to** ~ **sb to do sthg** hacer que alguien haga algo; **he** ~**ed her to cry** la hizo llorar, hizo que (ella) llorara.

causeway ['kɔːzweɪ] *n* carretera *f* elevada.

caustic ['kɔːstɪk] *adj* - **1.** CHEM cáustico(ca). - **2.** [comment] mordaz, cáustico(ca).

caustic soda *n* sosa *f* cáustica.

cauterization [ˌkɔːtəraɪ'zeɪʃn] *n* cauterización *f*.

cauterize, -ise ['kɔːtəraɪz] *vt* cauterizar.

caution ['kɔːʃn] ◇ *n* - **1.** (U) [care] precaución *f*, cautela *f*; **to throw** ~ **to the wind** *fig* lanzarse (sin pensarlo dos veces). - **2.** [warning] advertencia *f*, amonestación *f*. ◇ *vt* - **1.** [warn - against danger] prevenir; [- against behaving rudely etc] advertir, avisar. - **2.** *Br* [subj: policeman]: **to** ~ **sb (for)** amonestar a alguien (por).

cautionary ['kɔːʃənərɪ] *adj* - **1.** [tale] instructivo(va), con moraleja. - **2.** [measure] preventivo(va).

cautious ['kɔːʃəs] *adj* prudente, precavido(da).

cautiously ['kɔːʃəslɪ] *adv* prudentemente, precavidamente.

cautiousness ['kɔːʃəsnɪs] *n* cautela *f*, precaución *f*.

cavalcade [ˌkævl'keɪd] *n* cabalgata *f*.

cavalier [ˌkævə'lɪəʳ] ◇ *adj* arrogante, desdeñoso(sa). ◇ *n* caballero *m*.

◆ **Cavalier** *n* partidario de Carlos I durante la guerra civil inglesa (1642 a 1646).

cavalry ['kævlrɪ] *n* caballería *f*.

cavalry charge *n* carga *f* de la caballería.

cavalryman ['kævlrɪmən] (*pl* **cavalrymen** [-mən]) *n* soldado *m* de caballería.

cavalry officer *n* oficial *m* de caballería.

cave [keɪv] *n* cueva *f*.

◆ **cave in** *vi* - **1.** [roof, ceiling] hundirse, derrumbarse. - **2.** [yield]: **to** ~ **in (to)** ceder OR transigir (ante).

caveat ['kævɪæt] *n* advertencia *f*, amonestación *f*.

cave dweller *n* cavernícola *mf*, hombre *m* de las cavernas.

cave-in *n* hundimiento *m*, derrumbamiento *m*.

caveman ['keɪvmæn] (*pl* **cavemen** [-men]) *n* - **1.** [cave dweller] cavernícola *mf*, hombre *m* de las cavernas. - **2.** *inf* [brute] troglodita *mf*.

cave painting *n* pintura *f* rupestre.

cavern ['kævən] *n* caverna *f*.

cavernous ['kævənəs] *adj* cavernoso(sa), grande y profundo (grande y profunda).

caviar(e) ['kævɪɑːʳ] *n* caviar *m*.

cavil ['kævl] (*Br pt & pp* **cavilled**, *cont* **cavilling**, *Am pt & pp* **caviled**, *cont* **caviling**) ◇ *n* reparo *m* absurdo. ◇ *vi* poner reparos absurdos.

caving ['keɪvɪŋ] *n Br* espeleología *f*.

cavity ['kævətɪ] (*pl* **cavities**) *n* - **1.** [in object, structure] cavidad *f*. - **2.** [in tooth] caries *f inv*. - **3.** [in body]: **nasal** ~ fosa *f* nasal.

cavity wall insulation *n Br* aislamiento *m* de doble pared.

cavort [kə'vɔːt] *vi* retozar, brincar.

caw [kɔː] ◇ *vi* graznar. ◇ *n* graznido *m*.

cayenne (pepper) [keɪ'en-] *n* [powder] (pimienta *f* de) cayena *f*; [pepper] guindilla *f*.

cayman ['keɪmən] *n* caimán *m*.

Cayman Islands *npl*: **the** ~ las Islas Caimán.

CB *n* - **1.** *written abbr of* **Citizens' Band**. - **2.** (*abbr of* **Companion of (the Order of) the Bath**) (titular de una) distinción honorífica británica.

CBC (*abbr of* **Canadian Broadcasting Corporation**) *n* cadena canadiense de radiotelevisión.

CBE (*abbr of* **Companion of (the Order of) the British Empire**) *n* (titular de una) distinción honorífica británica.

CBI *written abbr of* **Confederation of British Industry**.

CBS (*abbr of* **Columbia Broadcasting System**) *n* CBS *f*, cadena estadounidense de televisión.

cc ◇ *n* (*abbr of* **cubic centimetre**) cc. ◇ (*written abbr of* **carbon copy**) cc.

CC (*abbr of* **county council**) *n* ≃ Dip. *f*.

CCA (*abbr of* **Circuit Court of Appeals**) *n* tribunal de apelación que actúa de forma itinerante en Estados Unidos.

CCTV *n written abbr of* **closed circuit television**.

CD ◇ (*abbr of* **compact disc**) CD *m*. ◇ *n* - **1.** *abbr of* **Civil Defence**. - **2.** (*written abbr of* **Corps Diplomatique**) CD.

CD drive *n* COMPUT unidad *f* de disco compacto.

CDI (*abbr of* **compact-disc interactive**) *n* CDI *m*.

CD player *n* reproductor *m* de CD.

Cdr. (*written abbr of* **commander**) rango militar, ≃ Cte.

CD-ROM [ˌsiːdiː'rɒm] (*abbr of* **compact disc read only memory**) *n* CD-ROM *m*.

CDT (*abbr of* **Central Daylight Time**) hora de verano del centro de Estados Unidos.

CDV (*abbr of* **compact disc video**) *n* vídeo en disco compacto.

CDW *n written abbr of* **collision damage waiver**.

CE *written abbr of* **Church of England**.

cease [siːs] *fml* ◇ *vt* - **1.** [gen] cesar; **to** ~ **doing** OR **to do sthg** dejar de hacer algo; ~ **fire!** ¡alto el fuego! - **2.** [efforts] cejar en; [work] abandonar. ◇ *vi* cesar. ◇ *n*: **without** ~ sin cesar, incesantemente.

cease-fire *n* alto *m* el fuego.

ceaseless ['siːslɪs] *adj fml* incesante.

ceaselessly ['siːslɪslɪ] *adv inf* incesantemente.

cedar (tree) ['siːdəʳ-] *n* cedro *m*.

cede [siːd] *vt*: **to** ~ **sthg (to)** ceder algo (a).

cedilla [sɪ'dɪlə] *n* cedilla *f*.

CEEB (*abbr of* **College Entry Examination Board**) *n* organismo encargado del acceso a la enseñanza superior en Estados Unidos.

Ceefax® ['siːfæks] *n Br* servicio de teletexto de la BBC.

ceilidh ['keɪlɪ] *n* en Escocia e Irlanda, fiesta en la que se baila y se canta música regional.

ceiling ['siːlɪŋ] ◇ *n* - **1.** [of room] techo *m*. - **2.** [limit] techo *m*, límite *m*. - **3.** AERON techo *m*, altura *f* máxima. ◇ *comp* [charge, price] tope *(inv)*.

celebrant ['selɪbrənt] *n* celebrante *mf*.

celebrate ['selɪbreɪt] ◇ *vt* - **1.** [birthday, Christmas, victory] celebrar. - **2.** [praise] exaltar, alabar. ◇ *vi*: **let's** ~! ¡vamos a celebrarlo!

celebrated ['selɪbreɪtɪd] *adj* célebre, famoso(sa).

celebration [ˌselɪ'breɪʃn] *n* - **1.** (U) [activity, feeling] celebración *f*. - **2.** [event] fiesta *f*, festejo *m*.

celebratory [ˌselə'breɪtərɪ] *adj* - **1.** [dinner] de celebración; [marking official occasion] conmemorativo(va). - **2.** [atmosphere, mood] festivo(va).

celebrity [sɪ'lebrətɪ] (*pl* **celebrities**) *n* celebridad *f*.

celeriac [sɪ'lerɪæk] *n* apio *m* nabo.

celerity [sɪ'lerətɪ] *n fml* celeridad *f*.

celery ['selərɪ] *n* apio *m*.

celestial [sɪ'lestjəl] *adj* - **1.** [divine] celestial. - **2.** [of the sky] celeste.

celestial navigation *n* navegación *f* astronómica.

celibacy ['selɪbəsɪ] *n* celibato *m*.

celibate ['selɪbət] *adj* célibe.

cell [sel] *n* - **1.** BIOL, COMPUT & POL célula *f*. - **2.** [room] celda *f*, separo *m Amér*.

cellar ['seləʳ] *n* - **1.** [basement] sótano *m*. - **2.** [for wine] bodega *f*.

cellist ['tʃelɪst] *n* violoncelista *mf*.

cello ['tʃeləʊ] (*pl* **cellos**) *n* violoncelo *m*.

Cellophane® ['seləfeɪn] *n* celofán® *m*.

cellphone ['selfəʊn] *n* teléfono *m* celular.

cellular ['seljʊləʳ] *adj* celular.

cellular (tele)phone *n* teléfono *m* celular.

cellule ['seljuːl] *n* celulilla *f*.

cellulite ['seljʊlaɪt] *n* adiposidad *f*, tejido *m* adiposo.

Celluloid® ['seljʊlɔɪd] *n* celuloide *m*.

cellulose ['seljʊləʊs] *n* celulosa *f*.

Celsius ['selsɪəs] *adj* centígrado(da); **20 degrees** ~ 20 grados centígrados.

Celt [kelt] *n* celta *mf*.

Celtic ['keltɪk] ◇ *adj* celta, céltico(ca). ◇ *n* celta *m*.

cement [sɪ'ment] ◇ *n* - **1.** [for concrete] cemento *m*. - **2.** [glue] cola *f*, pegamento *m*. - **3.** *fig* [bond] vínculo *m*. ◇ *vt* - **1.** [cover with cement] cubrir con cemento. - **2.** [glue] pegar, encolar. - **3.** [agreement, relationship] cimentar, fortalecer.

cement mixer *n* hormigonera *f*.

cemetery ['semɪtrɪ] (*pl* **cemeteries**) *n* cementerio *m*.

cenotaph ['senətɑːf] *n* cenotafio *m*.
◆ **Cenotaph** *n*: **the** ~ *monumento londinense construido para conmemorar a los caídos en las dos guerras mundiales.*

censer ['sensəʳ] *n* incensario *m*.

censor ['sensəʳ] ◇ *n* censor *m*, -ra *f*. ◇ *vt* censurar.

censorious [sen'sɔːrɪəs] *adj* censurador(ra).

censorship ['sensəʃɪp] *n* censura *f*.

censurable ['senʃərəbl] *adj* censurable.

censure ['senʃəʳ] ◇ *n* censura *f*. ◇ *vt* censurar.

census ['sensəs] (*pl* **censuses**) *n* censo *m*.

cent [sent] *n* centavo *m*.

centaur ['sentɔːʳ] *n* centauro *m*.

centavo [sen'tɑːvəʊ] (*pl* **centavos**) *n* centavo *m*.

centenarian [sentɪ'neərɪən] ◇ *n* centenario *m*, -ria *f*, persona *f* centenaria. ◇ *adj* centenario(ria).

centenary *Br* [sen'tiːnərɪ] (*pl* **centenaries**), **centennial** *Am* [sen'tenjəl] *n* centenario *m*.

center *etc Am* = **centre** *etc*.

centesimal [sen'tesɪml] *adj* centesimal.

centesimo [sen'tesɪməʊ] (*pl* **centesimos**) *adj* centésimo *m*.

centigrade ['sentɪgreɪd] *adj* centígrado(da); **20 degrees** ~ 20 grados centígrados.

centigram(me) ['sentɪgræm] *n* centigramo *m*.

centilitre *Br*, **centiliter** *Am* ['sentɪˌliːtəʳ] *n* centilitro *m*.

centime ['sɒntiːm] *n* céntimo *m*.

centimetre *Br*, **centimeter** *Am* ['sentɪˌmiːtəʳ] *n* centímetro *m*.

centimo ['sentɪməʊ] (*pl* **centimos**) *n* céntimo *m*.

centipede ['sentɪpiːd] *n* ciempiés *m inv*.

central ['sentrəl] *adj* - **1.** [gen] central; **in** ~ **Spain** en el centro de España; **to be** ~ **to** ser el eje OR la pieza clave de. - **2.** [easily reached] céntrico(ca).

Central African ◇ *adj* centroafricano(na). ◇ *n* centroafricano *m*, -na *f*.

Central African Republic *n*: **the** ~ la República Centroafricana.

Central America *n* Centroamérica.

Central American ◇ *adj* centroamericano(na). ◇ *n* centroamericano *m*, -na *f*.

Central Asia *n* Asia Central.

central bank *n* banco *m* central.

Central Europe *n* Europa Central.

Central European ◇ *adj* centroeuropeo(a). ◇ *n* centroeuropeo *m*, -a *f*.

central government *n* gobierno *m* central.

central heating *n* calefacción *f* central.

centralism ['sentrəlɪzm] *n* centralismo *m*.

centrality [sen'trælətɪ] (*pl* **centralities**) *n* - **1.** [of argument, idea] gran importancia *f*, trascendencia *f*. - **2.** [of location] posición *f* céntrica.

centralization [ˌsentrəlaɪ'zeɪʃn] *n* centralización *f*.

centralize, -ise ['sentrəlaɪz] *vt* centralizar.

centralized ['sentrəlaɪzd] *adj* centralizado(da).

central locking *n* cierre *m* centralizado.

centrally ['sentrəlɪ] *adv*: ~ **situated** OR **located** céntrico(ca).

centrally heated *adj* con calefacción central.

central nervous system *n* sistema *m* nervioso central.

central processing unit *n* unidad *f* central de proceso.

central reservation *n Br* mediana *f*.

centre *Br*, **center** *Am* ['sentəʳ] ◇ *n* centro *m*; ~ **of attention/gravity** centro de atención/gravedad; **the** ~ POL el centro. ◇ *adj* - **1.** [middle] central. - **2.** POL centrista. ◇ *vt* centrar.
◆ **centre around**, **centre on** *vt fus* centrarse en.

centre back *n Br* defensa *mf* central.

centre-fold *n Br* (doble) página *f* central.

centre forward *n Br* delantero centro *m*, delantera centro *f*.

centre half *n Br* = **centre back**.

centreline *Br* ['sentəlaɪn] *n* eje *m*, línea *f* central.

centrepiece *Br* ['sentəpiːs] *n* - **1.** [decoration] centro *m* de mesa. - **2.** [principal element] punto *m* central.

centre-spread *n Br* (doble) página *f* central.

centric ['sentrɪk] *adj* céntrico(ca), central.

centrifugal force *n* fuerza *f* centrífuga.

centrifuge ['sentrɪfjuːdʒ] ◇ *n* centrifugadora *f*. ◇ *vt* centrifugar.

centripetal force [sen'trɪpɪtl-] *n* fuerza *f* centrípeta.

centrism ['sentrɪzm] *n* centrismo *m*.

centrist ['sentrɪst] *n* centrista *mf*.

centurion [sen'tjʊərɪən] *n* centurión *m*.

century ['sentʃʊrɪ] (*pl* **centuries**) *n* siglo *m*; **the 20th** ~ el siglo XX; **down the centuries** a través de los siglos.

CEO (*abbr of* **chief executive officer**) *n Am* Dtor. Gral. *m* (Dtora. Gral. *f*).

cephalic [sə'fælɪk, ke'fælɪk] *adj* cefálico(ca).

ceramic [sɪ'ræmɪk] *adj* de cerámica, cerámico(ca).
◆ **ceramics** ◇ *n* cerámica *f*. ◇ *npl* [objects] piezas *fpl* de cerámica.

cereal ['sɪərɪəl] ◇ *n* - **1.** [crop] cereal *m*. - **2.** [breakfast food] cereales *mpl*. ◇ *comp*: ~ **crops** cultivos *mpl* de cereales.

cerebellum [ˌserɪ'beləm] (*pl* **cerebellums** OR **cerebella** [-lə]) *n* cerebelo *m*.

cerebra ['serɪbrə] *pl* → **cerebrum**.

cerebral ['serɪbrəl] *adj* cerebral.

cerebral cortex *n* corteza *f* cerebral.

cerebral palsy *n* parálisis *f inv* cerebral.

cerebrate ['serɪbreɪt] *vi fml* pensar, reflexionar.

cerebrospinal [ˌserəbrə'spaɪnl] *adj* cerebroespinal.

cerebrum ['serɪbrəm] (*pl* **cerebrums** OR **cerebra** [-brə]) *n* MED cerebro *m*.

cerecloth ['serɪklɒθ], **cerement** ['serɪmənt] *n* mortaja *f* encerada.

ceremonial [ˌserɪ'məʊnjəl] ◇ *adj* ceremonial. ◇ *n* ceremonial *m*.

ceremonially [ˌserɪ'məʊnjəlɪ] *adv* con ceremonia, ceremonialmente.

ceremonious [ˌserɪ'məʊnjəs] *adj* ceremonioso(sa).

ceremoniously [ˌserɪ'məʊnjəslɪ] *adv* ceremoniosamente.

ceremony [*Br* 'serɪmənɪ, *Am* 'serəməʊnɪ] (*pl* **ceremonies**) *n* ceremonia *f*; **without** ~ sin miramientos ❏ **to stand on** ~ andarse con cumplidos OR ceremonias.

Ceres ['sɪəriːz] *n* MYTH (la diosa) Ceres *f*.

cerise [sə'riːz] *adj* de color cereza.

cerium ['sɪərɪəm] *n* cerio *m*.

cert [sɜːt] *n Br inf* cosa *f* segura.

cert. *written abbr of* **certificate**.

certain ['sɜːtn] *adj* - **1.** [gen] seguro(ra); **he's ~ to be late** seguro que llega tarde; **to be ~ (of)** estar seguro (de); **to make ~ (of)** asegurarse (de) ❑ **for ~** seguro, con toda seguridad. - **2.** [particular, some] cierto(ta); **to a ~ extent** hasta cierto punto. - **3.** [named person] **a ~...** un (una) tal...

certainly ['sɜːtnlɪ] *adv* desde luego; **~ not!** ¡claro que no!

certainty ['sɜːtntɪ] (*pl* **certainties**) *n* seguridad *f*; **it's a ~ that...** es seguro que...

CertEd [sɜːt'ed] (*abbr of* **Certificate in Education**) *n* diploma universitario de ciencias de la educación o pedagogía.

certifiable [ˌsɜːtɪ'faɪəbl] *adj* [mad] demente.

certificate [sə'tɪfɪkət] ◇ *n* [gen] certificado *m*; SCH & UNIV diploma *m*, título *m*; [of birth, death] partida *f*. ◇ *vt* dar un certificado a.

certificate of deposit *n* certificado *m* de depósito.

certification [ˌsɜːtɪfɪ'keɪʃn] *n* certificación *f*.

certified ['sɜːtɪfaɪd] *adj* [document] certificado(da); [person] diplomado(da).

certified cheque *n* cheque *m* certificado.

certified mail *n Am* correo *m* certificado.

certified public accountant *n Am* contable diplomado *m*, contable diplomada *f*.

certify ['sɜːtɪfaɪ] (*pt & pp* **certified**) *vt* - **1.** [declare true] certificar. - **2.** [declare officially]: **to ~ sb dead** dar constancia de la muerte de alguien. - **3.** [declare insane] declarar demente a.

certitude ['sɜːtɪtjuːd] *n* certidumbre *f*, certeza *f*.

cerumen [sɪ'ruːmen] *n* MED cerumen *m*.

cervical [*Br* sə'vaɪkl, *Am* 'sɜːrvɪkl] *adj* [of neck] cervical; [of cervix] del cuello del útero.

cervical cancer *n* cáncer *m* (de cuello) de útero.

cervical smear *n* citología *f*, frotis *m inv* vaginal.

cervix ['sɜːvɪks] (*pl* **cervices** [-siːz]) *n* [of womb] cuello *m* del útero.

cesarean (section) *n Am* = **caesarean (section)**.

cesium *n Am* = **caesium**.

cessation [se'seɪʃn] *n fml* cese *m*.

cession ['seʃn] *n* cesión *f*.

cesspit ['sespɪt], **cesspool** ['sespuːl] *n* - **1.** [sewer] pozo *m* negro. - **2.** [filthy place] cloaca *f*, sentina *f*.

cesura [sɪ'zjʊərə] (*pl* **cesuras** OR **cesurae** [-riː]) = **caesura**.

CET (*abbr of* **Central European Time**) hora de Europa Central.

cetacean [sɪ'teɪʃjən] ◇ *adj* cetáceo(a). ◇ *n* cetáceo *m*.

cf. (*abbr of* **confer**) cf., cfr.

c/f (*written abbr of* **carried forward**) suma y sigue.

c & f (*abbr of* **cost and freight**) c y f.

CFC (*abbr of* **chlorofluorocarbon**) *n* CFC *m*.

cfi (*abbr of* **cost, freight and insurance**) *adj & adv* c.i.f., c.f.i.

cg (*written abbr of* **centigram**) cg.

CG *n written abbr of* **coastguard**.

C & G (*abbr of* **City and Guilds**) *n* diploma británico de formación profesional.

CGA (*abbr of* **colour graphics adapter**) *n* CGA *m*.

CGT *n written abbr of* **capital gains tax**.

ch (*written abbr of* **central heating**) cal. cent.

ch. (*written abbr of* **chapter**) cap.

CH (*abbr of* **Companion of Honour**) *n* (*titular de una*) distinción honorífica británica.

cha-cha(-cha) ['tʃɑːtʃɑː, ˌtʃɑːtʃɑː'tʃɑː] ◇ *n* chachachá *m*. ◇ *vi* bailar el chachachá.

Chad [tʃæd] *n* (el) Chad; **Lake ~** el lago Chad.

Chadian ['tʃædɪən] ◇ *adj* chadiano(na). ◇ *n* chadiano *m*, -na *f*.

chafe [tʃeɪf] ◇ *vt* - **1.** [rub] rozar. - **2.** [annoy] irritar, exacerbar. ◇ *vi* - **1.** [skin] irritarse. - **2.** [person]: **to ~ at** irritarse por. ◇ *n* - **1.** [rubbing] rozadura *f*. - **2.** [annoyance] irritación *f*.

chaff [tʃɑːf] ◇ *n* - **1.** [of wheat] barcia *f*. - **2.** [banter] chanza *f*, zumba *f*. ◇ *vt* zumbar, chasquear.

chaffinch ['tʃæfɪntʃ] *n* pinzón *m*.

chafing dish ['tʃeɪfɪŋ-] *n* escalfador *m*, calientaplatos *m inv*.

chagrin ['ʃægrɪn] *fml* ◇ *n* - **1.** [disappointment] desilusión *f*. - **2.** [annoyance] contrariedad *f*. ◇ *vt* - **1.** [disappoint] desilusionar. - **2.** [annoy] contrariar.

chain [tʃeɪn] ◇ *n* cadena *f*; **~ of events** serie *f* OR cadena *f* de acontecimientos; **in ~s** encadenado(da) ❑ **~ of office** ≃ collar *m* de mando. ◇ *vt* [person, object] encadenar.

◆ **chain up** *vt sep* encadenar.

chain gang *n* cadena *f* de presidiarios, cuadrilla *f* de presos.

chain letter *n* carta que se hace circular en cadena para obtener algún beneficio.

chain lightning *n* (U) relámpagos *mpl* en zigzag.

chain mail *n* cota *f* de malla.

chain reaction *n* reacción *f* en cadena.

chain saw *n* sierra *f* (mecánica) continua OR de cinta.

chain-smoke *vi* fumar un cigarrillo tras otro.

Strong

Estoy (plenamente) convencido de que era su hermana.
Estoy completamente seguro de que no se ha marchado.
Seguro que vamos a tener problemas.
Segurísimo, si fue precisamente él quien nos lo dijo.
Juro que yo nunca he estado aquí.
No me cabe la menor duda.
Nunca antes había visto a esta mujer, lo juro.
Voy a aprobar el examen, de eso estoy seguro.
Es preciso rendirse a la evidencia.
Todo el mundo lo sabe.
Sin ninguna duda.

Less strong

Seguro que OR seguramente está a punto de llegar.
Yo creo que sí está casada.
Créeme, sé bien lo que me digo.

Os puedo asegurar que ella no lo hizo.
Apuesto a que se sale con la suya. [*informal*]
Vas a ver como al final se va.
Ya verás como todo sale bien.
Todo me inclina a creer que estoy en lo cierto.
Para mí que no va a haber elecciones anticipadas.

Tentative

Es probable.
Puede ser.
Me parece que me dijo que el partido empezaba a las ocho.
Hay OR existe alguna posibilidad de que encuentre un trabajo.
Por lo que yo sé, el examen es mañana.
En mi opinión se trata de una estafa.
Según parece, no habrá fiesta de cumpleaños.
Todo indica que nos quedaremos en casa.

chain-smoker *n* fumador empedernido *m*, fumadora empedernida *f*.

chain store *n* grandes almacenes *mpl*.

chainwheel ['tʃeɪnwiːl] *n* TECH rueda *f* dentada de cadena; [on bicycle] plato *m*.

chair [tʃeəʳ] ◇ *n* - **1.** [gen] silla *f*; [armchair] sillón *m*. - **2.** [university post] cátedra *f*. - **3.** [of meeting - role] presidencia *f*; [- person] presidente *m*, -ta *f*; **to take the ~** presidir, tomar la presidencia. - **4.** *inf* [electric chair]: **the ~** la silla eléctrica. ◇ *vt* - **1.** [preside over] presidir. - **2.** *Br* [carry aloft] llevar en triunfo.

chair lift *n* telesilla *m*.

chairman ['tʃeəmən] (*pl* **chairmen** [-mən]) *n* presidente *m*.

chairmanship ['tʃeəmənʃɪp] *n* presidencia *f*.

chairmen ['tʃeəmən] *pl* → **chairman**.

chairperson ['tʃeəpɜːsn] (*pl* **chairpersons**) *n* presidente *m*, -ta *f*.

chairwoman ['tʃeə,wʊmən] (*pl* **chairwomen** [-,wɪmɪn]) *n* presidenta *f*.

chaise longue [,ʃeɪz'lɒŋ] (*pl* **chaises longues**) *n* tumbona *f*, chaise-longue *f*.

chalcedony [kæl'sedənɪ] *n* calcedonia *f*.

chalet ['ʃæleɪ] *n* - **1.** [holiday house] chalé *m*, chalet *m*. - **2.** [Swiss-style house] casita *f* alpina.

chalice ['tʃælɪs] *n* cáliz *m*.

chalk [tʃɔːk] *n* - **1.** [type of rock] creta *f*. - **2.** [for drawing] tiza *f*, gis *m* *Amér*.

◆ **by a long chalk** *adv* con diferencia, con mucho.

◆ **not by a long chalk** ◇ *adv* ni mucho menos, de ninguna manera. ◇ *vt* - **1.** [write] escribir con tiza. - **2.** [mark] marcar con tiza.

◆ **chalk up** *vt sep* - **1.** [attain] apuntarse. - **2.** [credit]: **~ it up to experience** piensa que es una experiencia más.

chalkboard ['tʃɔːkbɔːd] *n Am* pizarra *f*, encerado *m*.

chalky ['tʃɔːkɪ] (*compar* **chalkier**, *superl* **chalkiest**) *adj* - **1.** [soil] cretáceo(a). - **2.** [water] calcáreo(a).

challenge ['tʃælɪndʒ] ◇ *n* - **1.** [call, invitation] desafío *m*, reto *m*. - **2.** [stimulus] estímulo *m*, incentivo *m*. - **3.** MIL alto *m*, quién vive *m*. - **4.** JUR recusación *f*, objeción *f*. ◇ *vt* - **1.** [to fight, competition]: **to ~ sb (to sthg/to do sthg)** desafiar a alguien (a algo/a que haga algo). - **2.** [question] poner en tela de juicio. - **3.** MIL dar el quién vive a. - **4.** JUR recusar, objetar.

challenged ['tʃælɪndʒd] *adj euph* discapacitado(da).

challenger ['tʃælɪndʒəʳ] *n* [opponent] contrincante *mf*; [for title, leadership] aspirante *mf*.

challenging ['tʃælɪndʒɪŋ] *adj* - **1.** [task, job] estimulante, que supone un reto. - **2.** [look, tone of voice] desafiante.

challengingly ['tʃælɪndʒɪŋlɪ] *adv* de un modo desafiante.

chamber ['tʃeɪmbəʳ] *n* [room & TECH] cámara *f*; **upper/lower Chamber** *Br* POL cámara *f* alta/baja.

◆ **chambers** *npl* despacho *m*.

chamberlain ['tʃeɪmbəlɪn] *n* - **1.** [steward] chambelán *m*. - **2.** [treasurer] tesorero *m*, -ra *f*. - **3.** RELIG camarlengo *m*.

chambermaid ['tʃeɪmbəmeɪd] *n* [at hotel] camarera *f*.

chamber music *n* música *f* de cámara.

chamber of commerce *n* cámara *f* de comercio.

Chamber of Horrors *n*: **the ~** la cámara de los horrores, *sala del museo de cera londinense dedicada a criminales y asesinos famosos*.

chamber of trade *n* cámara *f* de comercio.

chamber orchestra *n* orquesta *f* de cámara.

chamber pot *n* orinal *m*.

chameleon [kə'miːljən] *n* camaleón *m*.

chammy ['ʃæmɪ] (*pl* **chammies**) *n* = **chamois**[2].

chamois[1] ['ʃæmwɑː] (*pl inv*) *n* [animal] gamuza *f*.

chamois[2] ['ʃæmɪ] *n*: **~ (leather)** gamuza *f*.

chamomile ['kæmə,maɪl] *n* = **camomile**.

champ [tʃæmp] ◇ *n inf* campeón *m*, -ona *f*. ◇ *vi* mordisquear.

champagne [,ʃæm'peɪn] *n* champán *m*.

Champagne [,ʃæm'peɪn] *n* [region] Champaña.

champion ['tʃæmpjən] ◇ *n* - **1.** [of competition] campeón *m*, -ona *f*. - **2.** [of cause] defensor *m*, -ra *f*. ◇ *comp* campeón(ona). ◇ *vt* abogar por, ser el paladín de. ◇ *adj Br inf* excelente.

championship ['tʃæmpjənʃɪp] *n* - **1.** [competition] campeonato *m*. - **2.** [advocacy] defensa *f*.

chance [tʃɑːns] ◇ *n* - **1.** [luck] azar *m*, suerte *f*; **by ~** por casualidad. - **2.** [likelihood] posibilidad *f*; **not to stand a ~ (of)** no tener ninguna posibilidad (de); **to stand an even ~** tener un cincuenta por ciento de probabilidades; **(the) ~s are that...** lo más probable es que...; **what are her ~s of making a full recovery** ¿qué posibilidades tiene de recuperarse del todo? ❑ **by any ~** por casualidad, acaso; **on the off ~** por si acaso. - **3.** [opportunity] oportunidad *f*; **to watch one's ~** esperar el momento oportuno. - **4.** [risk] riesgo *m*; **to take a ~ (on)** correr un riesgo OR arriesgarse (con); **to take ~s** arriesgarse. ◇ *adj* fortuito(ta), casual. ◇ *vt* arriesgar; **to ~ it** arriesgarse. ◇ *vi literary* [happen]: **to ~ to do sthg** hacer algo por casualidad.

◆ **chance on, chance upon** *vt fus* encontrarse OR toparse con.

chancel ['tʃɑːnsl] *n* presbiterio *m*, antealtar *m*.

chancellery ['tʃɑːnsələrɪ] (*pl* **chancelleries**) *n* cancillería *f*.

chancellor ['tʃɑːnsələʳ] *n* - **1.** [chief minister] canciller *mf*. - **2.** UNIV ≃ rector *m*, -ra *f*.

Chancellor of the Exchequer *n Br* ministro *m*, -tra *f* de Economía y Hacienda.

chancellorship ['tʃɑːnsələʃɪp] *n* - **1.** *Br* ADMIN cargo *m* de ministro de Economía y Hacienda; **the economy did extremely well under Mr Smith's ~** la economía funcionó muy bien mientras el Sr. Smith estuvo al frente del ministerio. - **2.** *Am* UNIV cargo *m* de rector, rectorado *m*.

chancery ['tʃɑːnsərɪ] (*pl* **chanceries**) *n* - **1.** [court] tribunal *m*, juzgado *m*; **ward in ~** menor *mf* bajo tutela judicial OR dativa. - **2.** [office for public records] archivo *m*. - **3.** [chancellery] cancillería *f*.

Chancery (Division) *n una de las tres divisiones del Tribunal Superior de Justicia de Inglaterra.*

chancy ['tʃɑːnsɪ] (*compar* **chancier**, *superl* **chanciest**) *adj inf* arriesgado(a).

chandelier [,ʃændə'lɪəʳ] *n* (lámpara *f* de) araña *f*, candil *m* *Amér*.

chandler ['tʃɑːndləʳ] *n* - **1.** [candlemaker] cerero *m*, -ra *f*, velero *m*, -ra *f*. - **2.** [dealer] proveedor *m*, -ra *f*.

change [tʃeɪndʒ] ◇ *n* - **1.** [gen] cambio *m*; **a ~ for the better** un cambio para mejor; **~ of clothes** muda *f*; **it makes a ~** es un cambio ❑ **for a ~** para variar; **to have a ~ of heart** arrepentirse. - **2.** [from payment] vuelta *f*, cambio *m*, vuelto *m Amér*; **keep the ~** quédese con la vuelta. - **3.** [coins] suelto *m*, calderilla *f*. - **4.** [money in exchange]: **have you got ~ for £5?** ¿tienes cambio de 5 libras? ◇ *vt* - **1.** [gen] cambiar; **to ~ sthg into** transformar algo en; **to ~ pounds into francs** cambiar libras en francos; **to ~ direction** cambiar de rumbo. - **2.** [goods in shop] descambiar. - **3.** [job, gear, train] cambiar de; **to ~ one's clothes** cambiarse de ropa. ◇ *vi* - **1.** [alter] cambiar; **to ~ into sthg** transformarse en algo. - **2.** [change clothes] cambiarse. - **3.** [change trains, buses] hacer transbordo.

◆ **change over** *vi* [convert]: **to ~ over to** cambiar a.

changeability [,tʃeɪndʒə'bɪlətɪ] *n* variabilidad *f*.

changeable ['tʃeɪndʒəbl] *adj* variable.

changed [tʃeɪndʒd] *adj*: **he's a ~ man** es otro, es un hombre nuevo.

changeless ['tʃeɪndʒlɪs] *adj* inmutable, invariable.

changeling ['tʃeɪndʒlɪŋ] *n niño cambiado por otro después de nacer.*

change machine *n* máquina *f* de cambio.

change of life *n*: **the** ~ la menopausia.

changeover ['tʃeɪndʒəʊvəʳ] *n*: ~ **(to)** cambio *m* (a).

change purse *n Am* portamonedas *m inv*.

changing ['tʃeɪndʒɪŋ] *adj* cambiante.

changing room *n* vestuario *m*.

channel ['tʃænl] (*Br pt & pp* **channelled**, *cont* **channelling**, *Am pt & pp* **channeled**, *cont* **channeling**) ◇ *n* - **1.** [passage] canal *m*. - **2.** [riverbed] cauce *m*. - **3.** [tube] tubo *m*, conducto *m*. - **4.** [groove] ranura *f*. - **5.** RADIO & TV canal *m*, estación *f*. ◇ *vt lit & fig* canalizar.

◆ **Channel** *n*: **the (English) Channel** el canal de la Mancha.

◆ **channels** *npl* [procedure] conductos *mpl*, medios *mpl*.

channel hop *vi* hacer zapping.

Channel Islander *n* natural o habitante de las islas del canal de la Mancha.

Channel Islands *npl*: **the** ~ las islas del canal de la Mancha.

Channel tunnel *n*: **the** ~ el túnel del canal de la Mancha.

chant [tʃɑːnt] ◇ *n* - **1.** RELIG canto *m*. - **2.** [repeated words] soniquete *m*. ◇ *vt* - **1.** RELIG cantar. - **2.** [words] corear. ◇ *vi* - **1.** RELIG salmodiar. - **2.** [repeat words] corear.

chanterelle [ʃɑːntəˈrel] *n* níscalo *m*, mízcalo *m*.

chaos ['keɪɒs] *n* caos *m inv*.

chaos theory *n* teoría *f* del caos.

chaotic [keɪˈɒtɪk] *adj* caótico(ca).

chaotically [keɪˈɒtɪklɪ] *adv* de una manera caótica.

chap [tʃæp] *n Br inf* chico *m*, tío *m*.

◆ **chaps** *npl* zahones *mpl*, chaparreras *fpl*.

chaparral [ʃæpəˈræl] *n* chaparral *m*.

chapat(t)i [tʃəˈpæti] *n* chapati *m*, pan indio sin levadura.

chapel ['tʃæpl] *n* - **1.** [church] capilla *f*. - **2.** [religious service] oficio *m*, servicio *m*. - **3.** [of trade unionists] miembros de un sindicato de impresores o periodistas.

chapel of rest *n* cámara *f* mortuoria (de una funeraria).

chaperon(e) ['ʃæpərəʊn] ◇ *n* carabina *f*, acompañanta *f*. ◇ *vt* acompañar.

chaplain ['tʃæplɪn] *n* capellán *m*.

chaplet ['tʃæplɪt] *n* - **1.** [garland] guirnalda *f*. - **2.** RELIG cinco decenas *fpl* del rosario.

chapped [tʃæpt] *adj* agrietado(da).

chapstick® ['tʃæpstɪk] *n Am* barra *f* protectora de labios, protector *m* labial.

chapter ['tʃæptəʳ] *n* - **1.** [of book] capítulo *m*; **a new** ~ **in her life** *fig* un nuevo capítulo en su vida. - **2.** [of society, club] sección *f*.

char [tʃɑːʳ] (*pt & pp* **charred**, *cont* **charring**) ◇ *n Br* = **charwoman**. ◇ *vt* [burn] carbonizar, calcinar. ◇ *vi Br inf dated* [work as cleaner] trabajar de mujer de la limpieza.

charabanc ['ʃærəbæŋ] *n dated* autocar *m* (turístico).

character ['kærəktəʳ] *n* - **1.** [nature, quality, letter] carácter *m*; **to be in/out of** ~ **(for)** ser/no ser típico (de); **to have a strong** ~ tener mucho carácter. - **2.** [in film, book, play] personaje *m*. - **3.** *inf* [person of stated kind] tipo *m*. - **4.** *inf* [person with strong personality]: **to be a** ~ ser todo un personaje.

character actor *n* actor especializado en representar papeles de personajes extraños o excéntricos.

character assassination *n* difamación *f*.

character code *n* COMPUT código *m* de caracteres.

characteristic [kærəktəˈrɪstɪk] ◇ *adj* característico(ca). ◇ *n* característica *f*.

characteristically [kærəktəˈrɪstɪklɪ] *adv* típicamente.

characterization [kærəktəraɪˈzeɪʃn] *n* caracterización *f*.

characterize, -ise ['kærəktəraɪz] *vt* - **1.** [typify] caracterizar. - **2.** [portray]: **to** ~ **sthg as** definir algo como.

characterless ['kærəktəlɪs] *adj* sin carácter.

character witness *n* testigo que declara acerca de la moralidad y la reputación de un litigante.

charade [ʃəˈrɑːd] *n* farsa *f*.

◆ **charades** *n (U)* charadas *fpl*.

charcoal ['tʃɑːkəʊl] *n* [for barbecue etc] carbón *m* (vegetal); [for drawing] carboncillo *m*.

charcoal burner *n* carbonero *m*, -ra *f*.

chard [tʃɑːd] *n* acelga *f*.

charge [tʃɑːdʒ] ◇ *n* - **1.** [cost] precio *m*, coste *m*; **admission** ~ entrada *f*; **free of** ~ gratis. - **2.** JUR cargo *m*, acusación *f*; **to lay** ~**s against sb** presentar cargos contra alguien. - **3.** [responsibility]: **to have** ~ **of sthg** tener algo al cargo de uno; **to take** ~ **(of)** hacerse cargo (de) □ **to be in** ~ ser el encargado (la encargada); **in** ~ **of** encargado(da) de. - **4.** ELEC carga *f*. - **5.** MIL [of cavalry] carga *f*. - **6.** *fml* [dependant] persona al cargo de uno; [relative] carga *f* familiar. - **7.** *fml* [burden] carga *f*, peso *m*. ◇ *vt* - **1.** [customer, sum] cobrar; **to** ~ **sthg to sb** cargar algo en la cuenta de alguien; ~ **it to my account** cárguelo a mi cuenta. - **2.** [suspect, criminal]: **to** ~ **sb (with)** acusar a alguien (de). - **3.** [attack] cargar contra. - **4.** [battery, gun] cargar. - **5.** *Am* [pay for by credit card] pagar con tarjeta de crédito. - **6.** *fml* [instruct]: **to** ~ **sb to do sthg** ordenar a alguien que haga algo; **they** ~**d her with the task of supervising the beginners** le encomendaron la tarea de supervisar a los principiantes. ◇ *vi* - **1.** [ask in payment]: **to** ~ **(for)** cobrar (por). - **2.** [rush] cargar; **to** ~ **in/out** entrar/salir en tromba.

chargeable ['tʃɑːdʒəbl] *adj* - **1.** [costs] cobrable, cobradero(ra). - **2.** [offence] punible.

charge account *n* cuenta *f* abierta.

charge card *n* tarjeta *f* de compra OR de cliente.

charged ['tʃɑːdʒd] *adj* cargado(da).

chargé d'affaires [ʃɑːʒeɪdæˈfeəʳ] (*pl* **chargés d'affaires**) *n* encargado *m*, -da *f* de negocios.

charge hand *n Br* ayudante *mf* de capataz.

charge nurse *n Br* enfermero *m* jefe.

charger ['tʃɑːdʒəʳ] *n* - **1.** [for batteries] cargador *m*. - **2.** *literary* [horse] caballo *m* de batalla.

charge sheet *n Br* atestado *m* policial.

chariot ['tʃærɪət] *n* carro *m*, cuadriga *f*.

charioteer [tʃærɪəˈtɪəʳ] *n* auriga *m*.

charisma [kəˈrɪzmə] *n* carisma *m*.

charismatic [kærɪzˈmætɪk] *adj* carismático(ca).

charitable ['tʃærətəbl] *adj* - **1.** [person, remark] caritativo(va). - **2.** [organization] benéfico(ca).

charitably ['tʃærətəblɪ] *adv* con caridad, de un modo caritativo.

charity ['tʃærətɪ] (*pl* **charities**) *n* - **1.** [kindness, money] caridad *f*. - **2.** [organization] institución *f* benéfica.

charlady ['tʃɑːleɪdɪ] (*pl* **charladies**) *n Br* = **charwoman**.

charlatan ['ʃɑːlətən] *n* charlatán *m*, -ana *f*.

charleston ['tʃɑːlstən] *n* charlestón *m*.

charleyhorse ['tʃɑːlɪhɔːs] *n Am inf* calambre *m*.

charlotte ['ʃɑːlət] *n* [baked] carlota *f*; **apple** ~ carlota *f* de manzana.

charm [tʃɑːm] ◇ *n* - **1.** [appeal, attractiveness] encanto *m*. - **2.** [spell] encantamiento *m*, hechizo *m*; **to work like a** ~ *fig* funcionar a las mil maravillas. - **3.** [on bracelet] dije *m*, amuleto *m*. ◇ *vt* dejar encantado(da).

charm bracelet *n* pulsera *f* con dijes.

charmed [tʃɑːmd] *adj* encantado(da); **to lead a** ~ **life** *fig* estar tocado(da) de la mano de Dios, tener buena estrella.

charmer ['tʃɑːməʳ] *n*: **he's a real** ~ es muy cumplido.

charming ['tʃɑːmɪŋ] *adj* encantador(ra).

charmingly ['tʃɑːmɪŋlɪ] *adv* [attractive, naïve] encantadoramente; [smile, dress] de un modo encantador.

charnel house ['tʃɑːnl-] *n* osario *m*.

charred [tʃɑːd] *adj* carbonizado(da), calcinado(da).

chart [tʃɑːt] *n* - **1.** [diagram] gráfico *m*, diagrama *m*; **weather** ~ mapa *m* del tiempo. - **2.** [map] carta *f*. ◇ *vt* - **1.** [plot, map] representar en un mapa. - **2.** *fig* [record] trazar.

◆ **charts** *npl*: **the** ~**s** la lista de éxitos.

charter ['tʃɑːtər] ◇ *n* - **1.** [document] carta *f*. - **2.** [lease] fletamento *m*. ◇ *comp* chárter *(inv)*, alquilado(da). ◇ *vt* [plane, boat] fletar.

chartered ['tʃɑːtəd] *adj* [hired, rented] fletado(da).

chartered accountant *n Br* contable colegiado *m*, contable colegiada *f*.

chartered surveyor *n* tasador *m*, -ra *f* de la propiedad.

charter flight *n* vuelo *m* chárter.

charterhouse ['tʃɑːtəhaʊs, *pl* -haʊzɪz] *n* cartuja *f*.

charter member *n* socio fundador *m*, socia fundadora *f*.

Chartist ['tʃɑːtɪst] ◇ *adj* cartista; **the** ~ **movement** el movimiento cartista, el cartismo, *movimiento reformista inglés (1838) que reivindicaba mayores derechos políticos y civiles para la clase obrera*. ◇ *n* cartista *mf*.

chart-topping *adj Br* número uno en la lista de éxitos.

charwoman ['tʃɑːˌwʊmən] *(pl* **charwomen** [-ˌwɪmɪn]) *n Br dated* criada *f*, mujer *f* de la limpieza.

chary ['tʃeərɪ] *(compar* **charier**, *superl* **chariest**) *adj* - **1.** [wary]: **to be** ~ **of doing sthg** ser precavido(da) a la hora de hacer algo. - **2.** [shy] tímido(da). - **3.** [sparing] parco(ca).

chase [tʃeɪs] ◇ *n* - **1.** [pursuit] persecución *f*; **to give** ~ emprender la persecución. - **2.** *Br* [game preserve] coto *m* de caza. - **3.** [hunting]: **the** ~ la cacería. ◇ *vt* - **1.** [pursue] perseguir. - **2.** [drive away] ahuyentar; **he** ~**d the cat out of the room** echó al gato de la habitación. - **2.** [money, jobs] ir detrás de, ir a la caza de. - **4.** [engrave] acanalar; [emboss] repujar. ◇ *vi* - **1.** [pursue]: **to** ~ **after sthg/sb** perseguir algo/a alguien; **he** ~**d after them** se fue corriendo tras ellos. - **2.** [rush about] ir corriendo.

◆ **chase up** *vt sep Br* [person] localizar; [information] buscar, intentar hacerse con; **to** ~ **sb up about sthg** ponerse en contacto con alguien para recordarle algo.

chaser ['tʃeɪsər] *n copa de licor tomada después de una cerveza*.

chasm ['kæzm] *n* [deep crack] sima *f*; *fig* [divide] abismo *m*.

chassis ['ʃæsɪ] *(pl inv* [-sɪz]) *n* [of vehicle] chasis *m inv*.

chaste [tʃeɪst] *adj* casto(ta).

chasten ['tʃeɪsn] *vt* escarmentar.

chastening ['tʃeɪsənɪŋ] *adj*: **prison had a** ~ **effect on him** la cárcel le ha hecho sentar la cabeza; **it's a** ~ **thought** es una idea bastante desalentadora.

chastise [tʃæ'staɪz] *vt fml* [scold] reprender.

chastisement ['tʃæstɪzmənt] *n fml* reprensión *f*, castigo *m*.

chastity ['tʃæstətɪ] *n* castidad *f*.

chastity belt *n* cinturón *m* de castidad.

chasuble ['tʃæzjʊbl] *n* casulla *f*.

chat [tʃæt] *(pt & pp* **chatted**, *cont* **chatting)** ◇ *n* charla *f*, conversada *f Amér*. ◇ *vi* charlar.

◆ **chat up** *vt sep Br inf* ligar con.

chatline ['tʃætlaɪn] *n* party line *f*.

chat show *n Br* programa *m* de entrevistas.

chattel ['tʃætl] *n* - **1.** [article] bien *m* mueble. - **2.** [slave] esclavo *m*, -va *f*.

chattel mortgage *n Am* hipoteca *f* prendaria OR sobre bienes muebles.

chatter ['tʃætər] ◇ *n* - **1.** [of person] cháchara *f*, parloteo *m*. - **2.** [of bird] gorjeo *m*; [of monkey] chillidos *mpl*. ◇ *vi* - **1.** [person] parlotear. - **2.** [bird] gorjear; [monkey] chillar. - **3.** [teeth] castañetear.

chatterbox ['tʃætəbɒks] *n inf* parlanchín *m*, -ina *f*.

chatterer ['tʃætərər] *n* [talkative person] charlatán *m*, -ana *f*.

chattering classes ['tʃætərɪŋ-] *npl pej*: **the** ~ término de cuño periodístico para referirse al sector de la sociedad que más debate cuestiones políticas, culturales etc.

chatty ['tʃætɪ] *(compar* **chattier**, *superl* **chattiest)** *adj* - **1.** [person] hablador(ra), dicharachero(ra). - **2.** [letter] informal.

chauffeur ['ʃəʊfər] ◇ *n* chófer *mf*. ◇ *vt* hacer de chófer para.

chauffeur-driven *adj* conducido(da) por un chófer.

chauvinism ['ʃəʊvɪnɪzm] *n* chovinismo *m*, chauvinismo *m*.

chauvinist ['ʃəʊvɪnɪst] *n* - **1.** [sexist] sexista *mf*; **male** ~ machista *m*. - **2.** [nationalist] chovinista *mf*, chauvinista *mf*.

chauvinistic [ˌʃəʊvɪ'nɪstɪk] *adj* - **1.** [sexist] sexista. - **2.** [nationalistic] chovinista, chauvinista.

ChE *written abbr of* **chemical engineer**.

cheap [tʃiːp] ◇ *adj* - **1.** [inexpensive] barato(ta); ~ **and cheerful** bonito(ta) y barato(ta), sin pretensiones. - **2.** [poor quality] de mala calidad. - **3.** [joke, remark] de mal gusto; **to feel** ~ sentirse rebajado(da). ◇ *adv* barato. ◇ *n*: **on the** ~ en plan barato.

cheapen ['tʃiːpn] *vt* [degrade] rebajar, degradar.

cheaply ['tʃiːplɪ] *adv* barato; ~ **made** de baja calidad.

cheapness ['tʃiːpnɪs] *n* - **1.** [low cost] lo barato, baratura *f*. - **2.** [poor quality] baja calidad *f*. - **3.** [of joke, remark] mal gusto *m*. - **4.** [stinginess] tacañería *f*.

cheapskate ['tʃiːpskeɪt] *n inf pej* agarrado *m*, -da *f*.

cheat [tʃiːt] ◇ *n* tramposo *m*, -sa *f*. ◇ *vt* timar, estafar; **to** ~ **sb out of sthg** estafar algo a alguien; **to feel** ~**ed** sentirse engañado(da). ◇ *vi* - **1.** [in exam] copiar; [at cards] hacer trampas. - **2.** *inf* [be unfaithful]: **to** ~ **on sb** pegársela a alguien.

cheating ['tʃiːtɪŋ] ◇ *n (U)* [in games] trampas *fpl*; [in business] fraude *m*. ◇ *adj* - **1.** [deceiving] tramposo(sa). - **2.** [fraudulent] fraudulento(ta).

check [tʃek] ◇ *n* - **1.** [inspection, test]: ~ **(on)** inspección *f* OR comprobación *f* (de); **to keep a** ~ **on** llevar un control de. - **2.** [restraint]: ~ **(on)** restricción *f* (en); **to put a** ~ **on sthg** controlar OR restringir algo ❑ in ~ bajo control. - **3.** *Am* = **cheque**. - **4.** *Am* [bill] cuenta *f*, nota *f*. - **5.** [pattern] cuadros *mpl*. - **6.** *Am* [ticket] talón *m*, contraseña *f*. - **7.** [gambling chip] ficha *f*. - **8.** [in chess] jaque *m*. - **9.** *Am* [written mark] marca *f* OR señal *f* de visto bueno. ◇ *vt* - **1.** [test, verify] comprobar, revisar; [inspect] inspeccionar. - **2.** [restrain] refrenar, contener; **to** ~ **o.s.** detenerse. - **3.** [halt] detener, parar. - **4.** *Am* [deposit for safekeeping] depositar. - **5.** *Am* [put a tick against] marcar (con una señal). ◇ *vi* - **1.** [test, verify] comprobar; **to** ~ **(for/on sthg)** comprobar (algo). - **2.** *Am* [agree, correspond] corresponder, concordar. ◇ *excl* - **1.** [in chess] ¡jaque! - **2.** *Am inf* [agreed] ¡de acuerdo!

◆ **check in** ◇ *vt sep* [luggage, coat] facturar, despachar *Amér*. ◇ *vi* - **1.** [at hotel] inscribirse, registrarse. - **2.** [at airport] facturar.

◆ **check off** *vt sep* ir comprobando *(en una lista)*.

◆ **check out** ◇ *vt sep* - **1.** [luggage, coat] recoger. - **2.** [investigate] comprobar; ~ **it out!** *inf* ¡fíjate! ◇ *vi* [from hotel] dejar el hotel.

◆ **check over** *vt sep* revisar, repasar.

◆ **check up** *vi*: **to** ~ **up (on)** informarse (acerca de).

checkbook *n Am* = **chequebook**.

checked [tʃekt] *adj* a cuadros.

checker ['tʃekər] *n Am* - **1.** [cashier] cajero *m*, -ra *f*. - **2.** [in game] pieza *f*, ficha *f*.

checkerboard ['tʃekəbɔːd] *n Am* tablero *m* de damas.

Checker cab *n taxi americano con la carrocería pintada a cuadros*.

checkered *adj Am* = **chequered**.

checkers ['tʃekərz] *n Am (U)* damas *fpl*.

check guarantee card *n Am* tarjeta *f* de identificación bancaria.

check-in *n* facturación *f* de equipajes.

checking account ['tʃekɪŋ-] *n Am* cuenta *f* corriente.

checklist ['tʃeklɪst] *n* lista *f* (de cosas por hacer).

checkmate ['tʃekmeɪt] ◇ *n* jaque *m* mate. ◇ *vt* - **1.** [in chess] dar jaque y mate a. - **2.** *fig* [frustrate, obstruct] frustrar. - **3.** [defeat] vencer.

checkout ['tʃekaʊt] *n* - **1.** [in supermarket] caja *f*. - **2.** [in hotel, library] salida *f*. - **3.** [test] prueba *f*. - **4.** [inspection] inspección *f*.

checkpoint ['tʃekpɔɪnt] *n* control *m*.

checkrein ['tʃekreɪn] *n* gamarra *f*, engallador *m*.

checkroom ['tʃekrʊm] *n Am* - **1.** [cloakroom] guardarropa *f*. - **2.** [for luggage] consigna *f*.

checkup ['tʃekʌp] *n* chequeo *m*, revisión *f*.

Cheddar (cheese) ['tʃedəʳ-] *n* (queso *m*) cheddar *m*.

cheek [tʃiːk] ◇ *n* - **1.** [of face] mejilla *f*; ~ **to** ~ mejilla con mejilla □ ~ **by jowl** codo con codo; **to turn the other** ~ poner la otra mejilla. - **2.** *inf* [impudence] cara *f*, descaro *m*. ◇ *vt inf* ser descarado(da) con.

cheekbone ['tʃiːkbəʊn] *n* pómulo *m*.

cheekily ['tʃiːkɪlɪ] *adv* con descaro.

cheekiness ['tʃiːkɪnɪs] *n* descaro *m*.

cheeky ['tʃiːkɪ] (*compar* **cheekier**, *superl* **cheekiest**) *adj* descarado(da).

cheep [tʃiːp] ◇ *n* gorjeo *m*, piada *f*. ◇ *vt & vi* piar.

cheer [tʃɪəʳ] ◇ *n* - **1.** [shout] aclamación *f*, grito *m* de entusiasmo; ~**s** vítores *mpl*; **three** ~**s for...**! ¡viva...! - **2.** (U) [gaiety] alegría *f*, ánimo *m*. ◇ *vt* - **1.** [shout approval, encouragement at] aclamar, vitorear. - **2.** [gladden] animar. ◇ *vi* gritar con entusiasmo.
◆ **cheers** *excl* - **1.** [when drinking] ¡salud! - **2.** *Br inf* [thank you] ¡gracias! - **3.** *Br inf* [goodbye] ¡hasta luego!
◆ **cheer on** *vt sep* animar con gritos de aliento.
◆ **cheer up** ◇ *vt sep* animar. ◇ *vi* animarse; ~ **up!** ¡ánimo!, ¡anímate!

cheerful ['tʃɪəfʊl] *adj* - **1.** [gen] alegre. - **2.** [attitude, agreement] entusiasta.

cheerfully ['tʃɪəfʊlɪ] *adv* - **1.** [joyfully - smile, sing] alegremente; [- dress] con colores vivos. - **2.** [willingly] con entusiasmo; **I could** ~ **have hit him!** ¡de buena gana le habría pegado!

cheerfulness ['tʃɪəfʊlnɪs] *n* [of person] buen humor *m*; [of dress, song] alegría *f*.

cheerily ['tʃɪərəlɪ] *adv* alegremente, de buen humor.

cheering ['tʃɪərɪŋ] ◇ *adj* [gladdening] alentador(ra). ◇ *n* (U) vítores *mpl*, aclamaciones *fpl*.

cheerio [ˌtʃɪərɪ'əʊ] *excl inf* ¡hasta otra!, ¡hasta luego!

cheerleader ['tʃɪəˌliːdəʳ] *n* animadora *f* (de un equipo).

cheerless ['tʃɪəlɪs] *adj* triste, deprimente.

cheery ['tʃɪərɪ] (*compar* **cheerier**, *superl* **cheeriest**) *adj* animado(da), alegre.

cheese [tʃiːz] *n* queso *m*; **say** ~! [for photograph] ¡sonrían!, ¡pa-ta-ta!

cheeseboard ['tʃiːzbɔːd] *n* tabla *f* de quesos.

cheeseburger ['tʃiːzˌbɜːgəʳ] *n* hamburguesa *f* de queso.

cheesecake ['tʃiːzkeɪk] *n* - **1.** CULIN pastel *m* OR tarta *f* de queso. - **2.** *inf* [photographs] fotografías *fpl* de mujeres semidesnudas.

cheesecloth ['tʃiːzklɒθ] *n* estopilla *f*.

cheesed off [tʃiːzd-] *vt sep Br inf*: **to be** ~ **off** estar hasta las narices.

cheese straw *n* palito *m* de queso.

cheesy ['tʃiːzɪ] (*compar* **cheesier**, *superl* **cheesiest**) *adj* - **1.** [tasting of cheese] con sabor a queso. - **2.** [smile, grin] abierto(ta).

cheetah ['tʃiːtə] *n* guepardo *m*, onza *f*.

chef [ʃef] *n* chef *m*, jefe *m* de cocina.

Chelsea bun ['tʃelsɪ-] *n bollo dulce con pasas de Corinto*.

Chelsea Pensioner ['tʃelsɪ-] *n excombatiente británico que se aloja en el Chelsea Royal Hospital de Londres*.

chemical ['kemɪkl] ◇ *adj* químico(ca). ◇ *n* sustancia *f* química.

chemical bond *n* enlace *m* químico, afinidad *f* química.

chemical engineer *n* ingeniero químico *m*, ingeniera química *f*.

chemical engineering *n* ingeniería *f* química.

chemically ['kemɪklɪ] *adv* químicamente.

chemical warfare *n* guerra *f* química.

chemical weapons *npl* armas *fpl* químicas.

chemise [ʃə'miːz] *n* [dress] vestido *m* camisero; [undergarment] camisola *f*.

chemist ['kemɪst] *n* - **1.** *Br* [pharmacist] farmacéutico *m*, -ca *f*; ~'s **(shop)** farmacia *f*. - **2.** [scientist] químico *m*, -ca *f*.

chemistry ['kemɪstrɪ] ◇ *n* - **1.** [science] química *f*. - **2.** [composition, characteristics] composición *f* (química). - **3.** *fig* [in relationship] química *f*. ◇ *comp*: ~ **set** equipo *m* de química.

chemotherapy [ˌkiːməʊ'θerəpɪ] *n* quimioterapia *f*.

cheque *Br*, **check** *Am* [tʃek] *n* cheque *m*, talón *m*; **to make out** OR **write a** ~ extender un cheque; **to pay by** ~ pagar con cheque.

cheque account *n* cuenta *f* corriente.

chequebook *Br*, **checkbook** *Am* ['tʃekbʊk] *n* talonario *m* de cheques, chequera *f Amér*.

chequebook journalism *n práctica periodística consistente en pagar grandes sumas de dinero a cambio de entrevistas exclusivas a personajes implicados en un escándalo*.

cheque card *n Br* tarjeta *f* de identificación bancaria.

chequered *Br*, **checkered** *Am* ['tʃekəd] *adj* - **1.** [patterned] a cuadros. - **2.** [varied] lleno(na) de altibajos.

Chequers ['tʃekəz] *n segunda residencia oficial del primer ministro británico*.

cherish ['tʃerɪʃ] *vt* - **1.** [hope, memory] abrigar, albergar. - **2.** [privilege, right] apreciar. - **3.** [person, thing] tener mucho cariño a.

cherished ['tʃerɪʃt] *adj* [memory] querido(da); [hope] anhelado(da).

Chernobyl [tʃɜː'nəʊbl] *n* Chernóbil.

Cherokee [ˌtʃerə'kiː] ◇ *adj* cheroqués(esa); ~ **Indian** indio *m* cheroqués. ◇ *n* - **1.** [person] cheroqués *m*, -esa *f*. - **2.** [language] cheroqués *m*.

cheroot [ʃə'ruːt] *n* puro *m* cortado en ambos extremos.

cherry ['tʃerɪ] (*pl* **cherries**) ◇ *n* [fruit] cereza *f*; ~ **(tree)** cerezo *m*. ◇ *comp* [blossom, wood] de cerezo; ~ **orchard** cerezal *m*. ◇ *adj* (de color) rojo cereza *(inv)*.

cherry brandy *n* aguardiente *m* de cereza.

cherry-picking *n* - **1.** [harvesting] recogida *f* de cerezas. - **2.** *fig* [choosing] cuidadosa selección *f*.

cherry red *n* rojo *m* cereza.
◆ **cherry-red** *adj* (rojo) de color cereza *(inv)*.

cherry tomato *n* tomatito *m*.

cherub ['tʃerəb] (*pl* **cherubs** OR **cherubim** [-bɪm]) *n* - **1.** [angel] querubín *m*. - **2.** [child] ricura *f*, angelito *m*.

cherubic [tʃe'ruːbɪk] *adj* querúbico(ca).

cherubim ['tʃerəbɪm] *pl* → **cherub**.

chervil ['tʃɜːvɪl] *n* perifollo *m*, cerafolio *m*.

Ches. (*abbr of* **Cheshire**) *condado inglés*.

Cheshire cat ['tʃeʃə-] *n*: **to grin like a** ~ sonreír de oreja a oreja.

chess [tʃes] ◇ *n* ajedrez *m*. ◇ *comp*: ~ **player** ajedrecista *mf*.

chessboard ['tʃesbɔːd] *n* tablero *m* de ajedrez.

chessman ['tʃesmæn] (*pl* **chessmen** [-men]) *n* pieza *f* (de ajedrez).

chest [tʃest] *n* - **1.** ANAT pecho *m*; **to get sthg off one's** ~ *inf fig* contar algo para desahogarse. - **2.** [box, trunk - gen] arca *f*, cofre *m*; [- for tools] caja *f*.

chesterfield ['tʃestəfiːld] *n* - **1.** [sofa] sofá *m* de cuero. - **2.** [overcoat] abrigo *m* de vestir.

chest expander [-ɪk'spændə] *n* extensor *m* de pectorales.

chest freezer *n* [máquina *f*] congeladora *f*.

chestnut ['tʃesnʌt] ◇ *adj* [colour] castaño(ña), marrón. ◇ *n* - **1.** [nut] castaña *f*. - **2.** [tree]: ~ **(tree)** castaño *m*. - **3.** [horse] caballo *m* zaino. - **4.** [joke] chiste *m* viejo. - **5.** [trite thing] refrito *m*.

chest of drawers (*pl* **chests of drawers**) *n* cómoda *f*.

chesty ['tʃestɪ] (*compar* **chestier**, *superl* **chestiest**) *adj* [cough] de pecho.

cheval glass [ʃəˈvæl-] *n* espejo *m* de cuerpo entero giratorio.

chevron [ˈʃevrən] *n* [on uniform] galón *m*.

chew [tʃuː] ◇ *n* - **1**. [of tobacco] mascada *f*. - **2**. [action] masticación *f*. ◇ *vt* - **1**. [food] masticar. - **2**. [carpet] morder; **to ~ one's nails** morderse las uñas. ◇ *vi* - **1**. [masticate] masticar. - **2**. *inf* [chew tobacco] mascar tabaco.

◆ **chew on** *vt fus* - **1**. [food] masticar; [bone] roer; [tobacco] mascar. - **2**. *inf* [problem, question] rumiar, dar vueltas a.

◆ **chew out** *vt sep Am inf* regañar, reprender.

◆ **chew over** *vt sep inf* rumiar, dar vueltas a.

◆ **chew up** *vt sep* [food] masticar; [slippers] mordisquear.

chewing [ˈtʃuːɪŋ] *n* masticación *f*.

chewing gum *n* chicle *m*, goma *f* de mascar.

chewy [ˈtʃuːɪ] (*compar* **chewier**, *superl* **chewiest**) *adj* - **1**. [meat, vegetables] difícil de masticar. - **2**. [sweet] que se pega a los dientes.

Cheyenne [ʃarˈen] ◇ *adj* cheyene, cheyén. ◇ *n* cheyene *mf*, cheyén *mf*.

chi [kaɪ] *n* ji *f*.

chic [ʃiːk] ◇ *adj* chic *(inv)*, elegante. ◇ *n* estilo *m*, elegancia *f*.

chicanery [ʃɪˈkeɪnərɪ] *n (U)* supercherías *fpl*, engaños *mpl*.

chick [tʃɪk] *n* - **1**. [baby bird] polluelo *m*. - **2**. *Am inf* [girl] chavala *f*, jovencita *f*.

chicken [ˈtʃɪkɪn] ◇ *adj inf* [cowardly] gallina. ◇ *n* - **1**. [bird] gallina *f*; **don't count your ~s before they're hatched** *proverb* no hagas las cuentas de la lechera; **it's a ~ and egg situation** es como lo del huevo y la gallina. - **2**. [food] pollo *m*. - **3**. *inf* [coward] gallina *mf*.

◆ **chicken out** *vi inf*: **to ~ out (of sthg/of doing sthg)** rajarse (a la hora de algo/de hacer algo).

chickenfeed [ˈtʃɪkɪnfiːd] *n (U) fig*: **to be ~** ser una miseria.

chicken-hearted *adj* cobarde.

chickenpox [ˈtʃɪkɪnpɒks] *n* varicela *f*.

chicken wire *n* tela *f* metálica *(con agujeros hexagonales)*.

chickpea [ˈtʃɪkpiː] *n* garbanzo *m*.

chicory [ˈtʃɪkərɪ] *n* [for salad] endivia *f*; [for coffee] achicoria *f*.

chide [tʃaɪd] (*pt* **chided** OR **chid** [tʃɪd], *pp* **chid** OR **chidden** [ˈtʃɪdn]) *vt literary*: **to ~ sb for** reprender a alguien por.

chief [tʃiːf] ◇ *adj* principal. ◇ *n* - **1**. [gen] jefe *m*, -fa *f*. - **2**. = **chieftain**.

chief constable *n Br* ≃ jefe *m*, -fa *f* superior de policía.

chief executive *n* [head of company] director *m*, -ra *f* general.

◆ **Chief Executive** *n Am* [US president] presidente *m*, -ta *f*.

chief executive officer *n* director *m*, -ra *f* general.

chief inspector *n Br* [of police] ≃ inspector *m*, -ra *f* jefe.

chief justice *n* presidente *m*, -ta *f* del tribunal supremo.

chiefly [ˈtʃiːflɪ] *adv* - **1**. [mainly] principalmente. - **2**. [especially, above all] por encima de todo.

chief master sergeant *n Am* mando intermedio del ejército del aire norteamericano.

chief of police *n* jefe *m*, -fa *f* de policía.

chief of staff *n* jefe *m*, -fa *f* del estado mayor.

chief of state *n* jefe *m*, -fa *f* de estado, primer mandatario *m*, primera mandataria *f*.

Chief Rabbi *n* gran rabino *m*.

chief superintendent *n* inspector *m*, -ra *f* jefe.

chieftain [ˈtʃiːftən] *n* jefe *m*, -fa *f*, cacique *m*.

Chief Whip *n* diputado encargado de mantener la disciplina de (su) partido en la Cámara de los Comunes.

chiffon [ˈʃɪfɒn] *n* gasa *f*.

chignon [ˈʃiːnjɒn] *n* moño *m*.

chihuahua [tʃɪˈwɑːwə] *n* chihuahua *m*.

chilblain [ˈtʃɪlbleɪn] *n* sabañón *m*.

child [tʃaɪld] (*pl* **children** [ˈtʃɪldrən]) *n* - **1**. [boy, girl] niño *m*, -ña *f*; **to be with ~** *literary* estar encinta. - **2**. [son, daughter] hijo *m*, -ja *f*. - **3**. [product] fruto *m*, producto *m*.

child abuse *n* malos tratos *mpl*.

childbearing [ˈtʃaɪldˌbeərɪŋ] *n*: **of ~ age** en edad de tener hijos.

child benefit *n (U) Br* subsidio pagado a todas las familias por cada hijo.

childbirth [ˈtʃaɪldbɜːθ] *n (U)* parto *m*.

childcare [ˈtʃaɪldkeəʳ] *n Br* ADMIN protección *f* de menores.

childcare center *n Am* guardería *f*, jardín *m* de infancia.

child guidance *n* apoyo psicopedagógico a niños con trastornos psíquicos.

childhood [ˈtʃaɪldhʊd] *n* infancia *f*, niñez *f*.

childish [ˈtʃaɪldɪʃ] *adj pej* infantil.

childishly [ˈtʃaɪldɪʃlɪ] *adv pej* de manera infantil.

child labour *n* trabajo *m* OR explotación *f* de menores.

childless [ˈtʃaɪldlɪs] *adj* sin hijos.

childlike [ˈtʃaɪldlaɪk] *adj* [person] como un niño; [smile, trust] de niño.

Childline [ˈtʃaɪldˌlaɪn] *n* número de teléfono al que los niños maltratados pueden llamar para recibir ayuda.

childminder [ˈtʃaɪldˌmaɪndəʳ] *n Br* niñera *f (durante el día)*.

child prodigy *n* niño *m*, -ña *f* prodigio.

childproof [ˈtʃaɪldpruːf] *adj* a prueba de niños.

child psychology *n* psicología *f* infantil.

children [ˈtʃɪldrən] *pl* → **child**.

children's home *n* hogar *m* infantil.

child's play *n (U)* juego *m* de niños, actividad *f* de fácil ejecución.

Child Support Agency *n* en Gran Bretaña, organismo gubernativo que decide la cantidad que hay que asignar en las pensiones alimenticias.

Chile [ˈtʃɪlɪ] *n* Chile.

Chilean [ˈtʃɪlɪən] ◇ *adj* chileno(na). ◇ *n* chileno *m*, -na *f*.

chili [ˈtʃɪlɪ] *n* = **chilli**.

chill [tʃɪl] ◇ *adj* frío(a). ◇ *n* - **1**. [illness] resfriado *m*; **to catch a ~** resfriarse. - **2**. [in temperature]: **there's a ~ in the air** hace un poco de fresco; **to take the ~ off** calentar, templar. - **3**. [feeling of fear] escalofrío *m*. ◇ *vt* - **1**. [drink, food] (dejar) enfriar. - **2**. [person - with cold] enfriar; [- with fear] hacer sentir escalofríos. ◇ *vi* enfriarse.

◆ **chill out** *vi Am inf* relajarse; **~ out!** ¡tranquilos!

chiller [ˈtʃɪləʳ] *n inf* historia *f* escalofriante.

chilli [ˈtʃɪlɪ] (*pl* **chillies**) *n* guindilla *f*, chile *m*, ají *m Amér*.

chilliness [ˈtʃɪlnɪs] *n* frialdad *f*.

chilling [ˈtʃɪlɪŋ] *adj* - **1**. [very cold] helado(da). - **2**. [frightening] escalofriante.

chilli powder *n* guindilla *f* en polvo.

chilli sauce *n* salsa *f* de tomate picante, salsa *f* brava.

chilly [ˈtʃɪlɪ] (*compar* **chillier**, *superl* **chilliest**) *adj* - **1**. [cold] frío(a); **it's ~** [weather] hace fresco. - **2**. [unfriendly] frío(a), poco amistoso (poco amistosa). - **3**. [person] tener escalofríos.

chime [tʃaɪm] ◇ *n* campanada *f*. ◇ *vt* [time] dar. ◇ *vi* - **1**. [bell] repicar; [clock] sonar. - **2**. [agree] armonizar, concordar.

◆ **chimes** *npl* carillón *m*.

◆ **chime in** *vi inf* intervenir *(en una conversación)*.

chimera [kaɪˈmɪərə] *n* quimera *f*.

chimeric(al) [kaɪˈmɪərɪk(l)] *adj* quimérico(ca).

chimney [ˈtʃɪmnɪ] *n* chimenea *f*.

chimneybreast [ˈtʃɪmnɪbrest] *n Br* campana *f* OR manto *m* de la chimenea.

chimney piece *n* repisa *f (de una chimenea)*.

chimneypot [ˈtʃɪmnɪpɒt] *n* cañón *m* de chimenea.

chimneystack [ˈtʃɪmnɪstæk] *n* [with one chimney] (tubo *m* de) chimenea *f*; [group of chimneys] (tubos *mpl* de) chimeneas *fpl*.

chimneysweep [ˈtʃɪmnɪswiːp] *n* deshollinador *m*, -ra *f*.

chimp [tʃɪmp], **chimpanzee** [ˌtʃɪmpənˈziː] *n* chimpancé *m*.

chin [tʃɪn] (*pt & pp* **chinned**, *cont* **chinning**) ◇ *n* barbilla *f*, mentón *m*; ~ **up**! *fig* ¡ánimo!; **to keep one's** ~ **up** *fig* no desanimarse; **he took the news on the** ~ *inf fig* cuando recibió la noticia se mantuvo firme, recibió la noticia sin pestañear. ◇ *vt*: **to** ~ **o.s.** *hacer flexiones en la barra tocándola con la barbilla.*

china ['tʃaɪnə] ◇ *n* porcelana *f*, loza *f*. ◇ *comp* de porcelana.

China ['tʃaɪnə] *n* (la) China; **the People's Republic of** ~ la República Popular China.

china clay *n* caolín *m*.

Chinaman ['tʃaɪnəmən] (*pl* **Chinamen** [-mən]) *n dated* chino *m*.

China Sea *n*: **the** ~ el mar de China.

China tea *n* té *m* chino.

Chinatown ['tʃaɪnətaʊn] *n* barrio *m* chino (*de la comunidad oriental*).

chinchilla [tʃɪn'tʃɪlə] *n* chinchilla *f*.

Chinese [,tʃaɪ'niːz] ◇ *adj* chino(na). ◇ *n* - **1.** [person] chino *m*, -na *f*. - **2.** [language] chino *m*. ◇ *npl*: **the** ~ los chinos.

Chinese cabbage *n* (hojas *fpl* de) col *f* china.

Chinese lantern *n* farolillo *m* chino.

Chinese leaves *npl Br* = **Chinese cabbage**.

Chinese puzzle *n* - **1.** [puzzle] rompecabezas *m inv* chino. - **2.** [problem] rompecabezas *m inv*.

chink [tʃɪŋk] ◇ *n* - **1.** [narrow opening] grieta *f*; [of light] resquicio *m*; **we found a** ~ **in her armour** *fig* hemos descubierto su punto débil OR flaco. - **2.** [sound] tintineo *m*. ◇ *vi* tintinear.

Chink [tʃɪŋk] *n término despectivo para designar a una persona de origen chino.*

chinless ['tʃɪnlɪs] *adj* [with receding chin] con el mentón hundido; *fig* [cowardly] acoquinado(da), pusilánime.

chinless wonder *n Br inf* niño *m* de papá, baldragas *m inv*.

Chinook [tʃɪ'nuːk] ◇ *adj* chinuk, chinook. ◇ *n* [person] chinuk *mf*, chinook *mf*.

chinos ['tʃiːnəʊz] *npl* pantalones *mpl* de algodón.

chinstrap ['tʃɪnstræp] *n* barboquejo *m*.

chintz [tʃɪnts] ◇ *n* zaraza *f*. ◇ *comp* de zaraza.

chintzy ['tʃɪntsɪ] (*compar* **chintzier**, *superl* **chintziest**) *adj inf* de oropel.

chinwag ['tʃɪnwæg] *n inf* charla *f*.

chip [tʃɪp] (*pt & pp* **chipped**, *cont* **chipping**) ◇ *n* - **1.** *Br* [fried potato chip] patata *f* frita; *Am* [potato crisp] patata *f* frita (*de bolsa o de churrería*). - **2.** [fragment - gen] pedacito *m*; [- of wood] viruta *f*; [- of stone] lasca *f*. - **3.** [in cup, glass] mella *f*, desportilladura *f*. - **4.** COMPUT chip *m*. - **5.** [token] ficha *f*. - **6.** *phr*: **to cash in one's** ~**s** *inf* [leave] irse; [die] morir; **a** ~ **off the old block** de tal palo, tal astilla *proverb*; **to have a** ~ **on one's shoulder** estar resentido(da), tener uno un poco de complejo; **to have had one's** ~**s** *Br inf* no tener nada que hacer, haber perdido (uno) todas sus posibilidades; **in the** ~**s** forrado(da) de dinero; **when the** ~**s are down** cuando llega la hora de la verdad. ◇ *vt* - **1.** [damage] mellar, desportillar. - **2.** [chop] picar, cortar. ◇ *vi* - **1.** [china] desportillarse. - **2.** [knife] mellarse.

◆ **chip away at** *vi* ir haciendo mella en algo.

◆ **chip in** *inf* ◇ *vt fus* [pay money] poner. ◇ *vi* - **1.** [pay money] poner dinero. - **2.** [interrupt] interrumpir.

◆ **chip off** *vt sep* desconchar.

chip-based *adj* basado(da) en el uso de chips.

chipboard ['tʃɪpbɔːd] *n* aglomerado *m*.

chipmunk ['tʃɪpmʌŋk] *n* ardilla *f* listada.

chipolata [,tʃɪpə'lɑːtə] *n* salchicha *f* pequeña.

chip pan *n* freidora *f*.

chipped [tʃɪpt] *adj* [flawed] mellado(da), desconchado(da).

chipper ['tʃɪpə'] *adj inf* animado(da), jovial.

chippie ['tʃɪpɪ] *n* = **chip shop**.

chippings ['tʃɪpɪŋz] *npl esp Am* [of stone] gravilla *f*; [of wood] virutas *fpl*; **'loose** ~' 'gravilla suelta'.

chippy ['tʃɪpɪ] (*pl* **chippies**) *n Br inf* - **1.** = **chip shop**. - **2.** [carpenter] carpintero *m*.

chip shop *n Br* tienda en la que se vende pescado y patatas fritas.

chiromancer ['kaɪərəʊmænsə'] *n* quiromántico *m*, -ca *f*.

chiromancy ['kaɪərəʊmænsɪ] *n* quiromancia *f*.

chiropodist [kɪ'rɒpədɪst] *n* podólogo *m*, -ga *f*, pedicuro *m*, -ra *f*, podiatra *mf Amér*.

chiropody [kɪ'rɒpədɪ] *n* podología *f*, podiatría *f Amér*.

chiropractor ['kaɪrə,præktə'] *n* quiropráctico(ca).

chirp [tʃɜːp] *vi* [bird] piar; [insect] chirriar.

chirpy ['tʃɜːpɪ] (*compar* **chirpier**, *superl* **chirpiest**) *adj esp Br inf* alegre.

chirrup ['tʃɪrəp] ◇ *n* chirrido *m*. ◇ *vt & vi* chirriar.

chisel ['tʃɪzl] (*Br pt & pp* **chiselled**, *cont* **chiselling**, *Am pt & pp* **chiseled**, *cont* **chiseling**) ◇ *n* [for wood] escoplo *m*, formón *m*; [for stone] cincel *m*. ◇ *vt* - **1.** [wood] escoplear; [stone] cincelar. - **2.** *inf* [cheat] estafar.

chiseler ['tʃɪzlə'] *n* [swindler] tramposo *m*, -sa *f*, estafador *m*, -ra *f*.

chit [tʃɪt] *n* [note] nota *f* firmada.

chitchat ['tʃɪttʃæt] *n* (U) *inf* cháchara *f*.

chitty ['tʃɪtɪ] (*pl* **chitties**) *n Br* nota *f*.

chivalrous ['ʃɪvlrəs] *adj* caballeroso(sa).

chivalrously ['ʃɪvlrəslɪ] *adv* caballerosamente, con caballerosidad OR cortesía.

chivalry ['ʃɪvlrɪ] *n* - **1.** *literary* [of knights] caballería *f*. - **2.** [good manners] caballerosidad *f*.

chives [tʃaɪvz] *npl* cebollino *m*, cebollana *f*.

chivy (*pt & pp* **chivied**), **chivvy** (*pt & pp* **chivvied**) ['tʃɪvɪ] *vt inf* meter prisa a.

chlorate ['klɔːreɪt] *n* clorato *m*.

chloric ['klɒrɪk] *adj* clórico(ca).

chloride ['klɔːraɪd] *n* cloruro *m*.

chlorinate ['klɔːrɪneɪt] *vt* clorinar, tratar con cloro.

chlorinated ['klɔːrɪneɪtɪd] *adj* clorado(da).

chlorination [,klɔːrɪn'eɪʃn] *n* tratamiento *m* con cloro.

chlorine ['klɔːriːn] *n* cloro *m*.

chlorine bleach *n* lejía *f*.

chlorofluorocarbon ['klɔːrə,flɔːrəʊ'kɑːbən] *n* clorofluorocarbono *m*.

chloroform ['klɒrəfɔːm] ◇ *n* cloroformo *m*. ◇ *vt* anestesiar con cloroformo, cloroformizar.

chlorophyll *Br*, **chlorophyl** *Am* ['klɒrəfɪl] *n* clorofila *f*.

choc-ice ['tʃɒk-] *n Br* helado *m* cubierto de chocolate.

chock [tʃɒk] ◇ *n* - **1.** [wedge] cuña *f*, calzo *m*. - **2.** NAUT [fitting] choque *m*. ◇ *vt* calzar.

chock-a-block, **chock-full** *adj inf*: ~ **(with)** hasta los topes (de).

chocolate ['tʃɒkələt] ◇ *n* - **1.** [food, drink] chocolate *m*. - **2.** [sweet] bombón *m*. ◇ *comp* de chocolate; ~ **chip cookie** galleta *f* con trocitos de chocolate.

choice [tʃɔɪs] ◇ *n* - **1.** [gen] elección *f*; **to do sthg by** OR **from** ~ elegir hacer algo; **to give sb a** ~ dar a alguien a elegir; **to have no** ~ **but to do sthg** no tener más remedio que hacer algo; **to make a** ~ escoger. - **2.** [person chosen] preferido *m*, -da *f*; [thing chosen] alternativa *f* preferida. - **3.** [variety, selection] surtido *m*. ◇ *adj* de primera calidad.

choir ['kwaɪə'] *n* coro *m*.

choirboy ['kwaɪəbɔɪ] *n* niño *m* de coro.

choirmaster ['kwaɪə,mɑːstə'] *n* director *m*, -ra *f* de coro.

choir school *n* escuela de educación general para niños cantores.

choirstall ['kwaɪəstɔːl] *n* silla *f* del coro.

choke [tʃəʊk] ◇ *n* AUT estárter *m*. ◇ *vt* - **1.** [subj: person, fumes] asfixiar, ahogar; [subj: fishbone etc] hacer atragantarse. - **2.** [pipes, gutter] atascar. ◇ *vi* [on fishbone etc] atragantarse; [to death] asfixiarse.

◆ **choke back** *vt fus* contener, reprimir.

◆ **choke down** *vt fus* - **1.** [food] tragar. - **2.** [emotions] ahogar.

◆ **choke off** *vt fus* cortar OR terminar abruptamente.

◆ **choke up** ◇ *vt fus* - **1.** [block] obstruir, atascar. - **2.** [overcome with emotion] emocionar. ◇ *vi* - **1.** [become blocked] atascarse. - **2.** [get emotional] emocionarse.

choked ['tʃəʊkt] *adj* - **1.** [cry, voice] ahogado(da). - **2.** *Br inf* [person - moved] trastornado(da); [- sad] apenado(da); [- annoyed] enfadado(da).

choker ['tʃəʊkə'] *n* gargantilla *f*.

choking ['tʃəʊkɪŋ] *n* ahogo *m*, asfixia *f*.

choler ['kɒlə'] *n literary* ira *f*, cólera *f*.

cholera ['kɒlərə] *n* cólera *m*.

choleric ['kɒlərɪk] *adj literary* colérico(ca).

cholesterol [kə'lestərɒl] *n* colesterol *m*.

chomp ['tʃɒmp] *vt & vi* ronzar, mascar haciendo ruido.

choose ['tʃuːz] (*pt* **chose** ['tʃəʊz], *pp* **chosen** ['tʃəʊzn]) ◇ *vt* - **1.** [select] elegir, escoger; **there's little** OR **not much to ~ between them** no se sabe cuál es mejor. - **2.** [decide]: **to ~ to do sthg** decidir hacer algo; **do whatever you ~** haz lo que quieras. ◇ *vi* elegir, escoger; **as/when I ~** como/cuando yo quiera.

choosey ['tʃuːzɪ] (*compar* **choosier**, *superl* **choosiest**) *adj* [gen] quisquilloso(sa); [about food] exigente, remilgado(da).

choosing ['tʃuːzɪŋ] *n* elección *f*, selección *f*.

choosy ['tʃuːzɪ] *adj* = **choosey**.

chop ['tʃɒp] (*pt & pp* **chopped**, *cont* **chopping**) ◇ *n* - **1.** CULIN chuleta *f*. - **2.** [blow - with axe] hachazo *m*; [- with hand] golpe *m*, tajo *m*; **to get** OR **be given the ~** *Br inf fig* [person] ser despedido(da); [project] ser arrinconado(da); **I'm for the ~** mi puesto es uno de los que se van a cargar. ◇ *vt* - **1.** [cut up] cortar. - **2.** *inf* [funding, budget] recortar. - **3.** *phr*: **to ~ and change** cambiar cada dos por tres. ◇ *vi* **to ~ at sthg** hacer cortes en algo.

◆ **chops** *npl inf* morros *mpl*, jeta *f*; **to lick one's ~s** relamerse.

◆ **chop down** *vt sep* talar.

◆ **chop off** *vt sep* cortar.

◆ **chop up** *vt sep* [vegetables, meat] picar; [wood] cortar.

chopper ['tʃɒpə'] *n* - **1.** [for wood] hacha *f*; [for meat] cuchillo *m* de carnicero. - **2.** *inf* [helicopter] helicóptero *m*.

◆ **choppers** *npl inf* piños *mpl*, dientes *mpl*.

chopping block ['tʃɒpɪŋ-] *n* tajo *m*.

chopping board *n* tabla *f* de cocina.

choppy ['tʃɒpɪ] (*compar* **choppier**, *superl* **choppiest**) *adj* picado(da).

chopsticks ['tʃɒpstɪks] *npl* palillos *mpl*.

chopsuey [ˌtʃɒp'suːɪ] *n* chopsuey *m*.

choral ['kɔːrəl] *adj* coral.

chorale [kɒ'rɑːl] *n* coral *f*.

chord [kɔːd] *n* MUS acorde *m*; **to strike a ~ (with)** *fig* calar hondo (en).

chore [tʃɔː'] *n* tarea *f*, faena *f*.

choreograph ['kɒrɪəgrɑːf] *vt* hacer la coreografía de.

choreographer [kɒrɪ'ɒgrəfə'] *n* coreógrafo *m*, -fa *f*.

choreography [kɒrɪ'ɒgrəfɪ] *n* coreografía *f*.

chorister ['kɒrɪstə'] *n* corista *mf*.

chortle ['tʃɔːtl] ◇ *vi* reírse con satisfacción. ◇ *n* risa *f* ahogada.

chorus ['kɔːrəs] ◇ *n* - **1.** [part of song, refrain] estribillo *m*. - **2.** [choir, group of singers or dancers] coro *m*; **in ~** al unísono. ◇ *vt* corear todos a una.

chorus girl *n* corista *f*.

chorus line *n* coro *m* (*de revista musical*).

chose ['tʃəʊz] *pt* → **choose**.

chosen ['tʃəʊzn] ◇ *pp* → **choose**. ◇ *adj* elegido(da), escogido(da); **the ~ few** los elegidos.

choux pastry [ʃuː-] *n* pasta *f* de lionesas.

chow ['tʃaʊ] *n* - **1.** [dog] chow-chow *m inv*. - **2.** *inf* [food] comida *f*.

◆ **chow down** *vi Am inf* papear, comer.

chowder ['tʃaʊdə'] *n* sopa espesa de pescado.

chrism ['krɪzm] *n* crisma *m*.

Christ [kraɪst] ◇ *n* Cristo *m*. ◇ *excl* ¡Dios!

christen ['krɪsn] *vt* bautizar.

christening ['krɪsnɪŋ] ◇ *n* bautizo *m*. ◇ *comp* de bautizo.

Christian ['krɪstʃən] ◇ *adj* cristiano(na). ◇ *n* cristiano *m*, -na *f*.

Christianity [krɪstɪ'ænətɪ] *n* cristianismo *m*.

Christianize, -ise ['krɪstʃənaɪz] *vt* cristianizar.

Christian name *n* nombre *m* de pila.

Christian Science *n* ciencia *f* cristiana.

Christian Scientist *n* cientista cristiano *m*, cientista cristiana *f*.

Christlike ['kraɪstlaɪk] *adj* como Cristo.

Christmas ['krɪsməs] ◇ *n* Navidad *f*; **happy** OR **merry ~!** ¡Feliz Navidad!, ¡Felices Fiestas! ◇ *comp* navideño(ña).

Christmas box *n Br* aguinaldo *m*.

Christmas cake *n Br* pastel *m* de Navidad.

Christmas card *n* crismas *m inv*, felicitación *f* de Navidad.

Christmas carol *n* villancico *m*.

Christmas club *n* plan de ahorro para realizar las compras de Navidad.

Christmas cracker *n Br* cilindro de papel que produce un estallido al abrirlo y que tiene dentro un regalito de Navidad.

Christmas Day *n* día *m* de Navidad.

Christmas dinner *n* comida *f* (del día) de Navidad.

Christmas Eve *n* Nochebuena *f*.

Christmas Island *n* la isla Christmas.

Christmas pudding *n Br* pudín de frutas que se come caliente el día de Navidad.

Christmas stocking *n* calcetín largo en el que se meten regalos por Nochebuena.

Christmassy ['krɪsməsɪ] *adj inf* navideño(ña).

Christmastime ['krɪsməstaɪm] *n (U)* Navidad *f*, Navidades *fpl*.

Christmas tree *n* árbol *m* de Navidad.

Christopher ['krɪstəfə'] *n*: **Saint ~** san Cristóbal.

chromatic [krə'mætɪk] *adj* cromático(ca).

chromatography [krəʊmə'tɒgrəfɪ] *n* cromatografía *f*.

chrome [krəʊm] ◇ *n* cromo *m*. ◇ *comp* [fittings, tap] cromado(da).

chrome green *n* verde *m* (de) cromo.

chrome steel *n* acero *m* al cromo OR cromado.

chrome yellow *n* amarillo *m* (de) cromo.

chromium ['krəʊmɪəm] *n* cromo *m*.

chromium-plated [-'pleɪtɪd] *adj* cromado(da).

chromium-plating [-'pleɪtɪŋ] *n* cromado *m*.

chromosome ['krəʊməsəʊm] *n* cromosoma *m*.

chronic ['krɒnɪk] *adj* - **1.** [illness, unemployment] crónico(ca). - **2.** [alcoholic] empedernido(da); [liar] patológico(ca).

chronically ['krɒnɪklɪ] *adv* crónicamente.

chronicle ['krɒnɪkl] ◇ *n* crónica *f*. ◇ *vt* hacer la crónica de.

chronicler ['krɒnɪklə'] *n* cronista *mf*.

chronograph ['krɒnəgrɑːf] *n* cronógrafo *m*.

chronological [krɒnə'lɒdʒɪkl] *adj* cronológico(ca).

chronologically [krɒnə'lɒdʒɪklɪ] *adv* cronológicamente.

chronology [krə'nɒlədʒɪ] *n* [sequence] cronología *f*.

chronometer [krə'nɒmɪtə'] *n* cronómetro *m*.

chronometry [krə'nɒmɪtrɪ] *n* cronometría *f*.

chrysalis ['krɪsəlɪs] (*pl* **chrysalises**), **chrysalid** ['krɪsəlɪd] (*pl* **chrysalides** [krɪ'sælɪdiːz]) *n* crisálida *f*.

chrysanthemum [krɪ'sænθəməm] (*pl* **chrysanthemums**) *n* crisantemo *m*.

chubbiness ['tʃʌbɪnɪs] *n* rechonchez *f*.

Chubb lock® [tʃʌb-] *n tipo de cerradura que no se puede forzar.*

chubby ['tʃʌbɪ] (*compar* **chubbier**, *superl* **chubbiest**) *adj* [person, hands] rechoncho(cha); [cheeks] mofletudo(da).

chuck [tʃʌk] ◇ *vt inf* - **1.** *inf* [throw] tirar, arrojar, aventar *Amér*; **to ~ sb out** echar a alguien. - **2.** [job, girlfriend] mandar a paseo, dejar. ◇ *n* - **1.** [pat] mamola *f*. - **2.** *inf* [throw] tiro *m*. - **3.** CULIN paletilla *f*. - **4.** TECH [clamp] mandril *m*.
◆ **chuck away** *vt sep inf* tirar.
◆ **chuck in** *vt sep Br inf* mandar a la porra, abandonar.
◆ **chuck out** *vt sep* = **chuck away**.

chuckhole ['tʃʌkhəʊl] *n Am inf* bache *m*.

chuckle ['tʃʌkl] ◇ *n* risita *f*. ◇ *vi* reírse entre dientes.

chuck steak *n* espaldilla *f*, (carne *f* de) aguja *f*.

chuck wagon *n* carreta en que se prepara y se sirve la comida en el campo.

chuffed [tʃʌft] *adj Br inf*: **to be ~ (with sthg/to do sthg)** estar contentísimo(ma) (con algo/al hacer algo).

chug [tʃʌg] (*pt & pp* **chugged**, *cont* **chugging**) ◇ *vi* [train] traquetear; [car] resoplar. ◇ *n* traqueteo *m*.

chum [tʃʌm] *n inf* [gen] amiguete *m*, -ta *f*, manito *m Amér*; [at school] compañero *m*, -ra *f*.

chummy ['tʃʌmɪ] (*compar* **chummier**, *superl* **chummiest**) *adj inf*: **to be ~ (with)** ser muy amiguete(ta) (de).

chump [tʃʌmp] *n inf* tontín *m*, -ina *f*.

chunk [tʃʌŋk] *n* - **1.** [piece] trozo *m*. - **2.** *inf* [large amount] tajada *f*.

chunky ['tʃʌŋkɪ] (*compar* **chunkier**, *superl* **chunkiest**) *adj* - **1.** [person] cuadrado(da), fornido(da). - **2.** [furniture] macizo(za); [sweater] grueso(sa).

church [tʃɜːtʃ] ◇ *n* iglesia *f*; **to go to ~** ir a misa. ◇ *comp*: **to have a ~ wedding** casarse por la iglesia.

churchgoer ['tʃɜːtʃˌgəʊə'] *n* practicante *mf*.

church hall *n* sala *f* parroquial.

churchman ['tʃɜːtʃmən] (*pl* **churchmen** [-mən]) *n* clérigo *m*.

Church of Christ, Scientist *n*: **the ~** la Iglesia *f* de la ciencia cristiana.

Church of England *n*: **the ~** la Iglesia anglicana.

Church of Rome *n*: **the ~** la Iglesia *f* de Roma.

Church of Scotland *n*: **the ~** la Iglesia de Escocia.

church school *n* ≈ catequesis *f inv*.

churchwarden [ˌtʃɜːtʃˈwɔːdn] *n* sacristán *m* (*de una iglesia anglicana*).

churchwoman ['tʃɜːtʃˌwʊmən] (*pl* **churchwomen** [-ˌwɪmɪn]) practicante *f*.

churchy ['tʃɜːtʃɪ] (*compar* **churchier**, *superl* **churchiest**) *adj* - **1.** [atmosphere, song] eclesiástico(ca). - **2.** *pej* [person] beato(ta), santurrón(ona).

churchyard ['tʃɜːtʃjɑːd] *n* cementerio *m*, camposanto *m*.

churl [tʃɜːl] *n* patán *m*.

churlish ['tʃɜːlɪʃ] *adj* descortés, maleducado(da).

churn [tʃɜːn] ◇ *n* - **1.** [for making butter] mantequera *f*. - **2.** [for transporting milk] lechera *f*, cántara *f* de leche. ◇ *vt* - **1.** [stir up] agitar. - **2.** [milk] batir. ◇ *vi*: **my stomach ~ed** se me revolvió el estómago.
◆ **churn out** *vt sep inf* hacer como churros OR en cantidades industriales.
◆ **churn up** *vt sep* agitar.

churning ['tʃɜːnɪŋ] *n* [act] batido *m* (*para hacer mantequilla*).

chute [ʃuːt] *n* - **1.** [for water] vertedor *m*, conducto *m*; [for waste] rampa *f*. - **2.** [slide] tobogán *m*. - **3.** *inf* [parachute] paracaídas *m inv*.

chutney ['tʃʌtnɪ] *n* salsa agridulce y picante de fruta y semillas.

CI *written abbr of* **Channel Islands**.

CIA (*abbr of* **Central Intelligence Agency**) *n* CIA *f*.

CIB (*abbr of* **Criminal Investigation Branch**) *n* [in US] ≈ Brigada *f* de Policía Judicial.

ciborium [sɪˈbɔːrɪəm] (*pl* **ciboria** [-rɪə]) *n* - **1.** [altar canopy]

ciborio *m*. - **2.** [receptacle] copón *m*.

cicada [sɪˈkɑːdə] *n* cigarra *f*.

cicatrix ['sɪkətrɪks] (*pl* **cicatrices** [ˌsɪkəˈtraɪsiːz]) *n* cicatriz *f*.

cicerone [ˌtʃɪtʃəˈrəʊnɪ] *n literary* cicerone *mf*, guía *mf*.

Ciceronian [ˌsɪsəˈrəʊnɪən] *adj* ciceroniano(na).

CID (*abbr of* **Criminal Investigation Department**) *n* [in UK] ≈ Brigada *f* de Policía Judicial.

cider ['saɪdə'] ◇ *n* sidra *f*. ◇ *comp*: **~ press** lagar *m*; **~ vinegar** vinagre *m* de manzana.

cider apple *n* manzana *f* sidrera.

CIF (*abbr of* **cost, insurance and freight**) *adv* C. S. F.

cigar [sɪˈgɑː'] *n* puro *m*.

cigarette [ˌsɪgəˈret] ◇ *n* cigarillo *m*. ◇ *comp* [ash, smoke] de cigarillo; [packet] de cigarrillos; **~ smoking** fumar cigarrillos.

cigarette butt *n* colilla *f*.

cigarette card *n* estampa que antes se regalaba con los paquetes de cigarrillos.

cigarette case *n* pitillera *f*.

cigarette end *n Br* = **cigarette butt**.

cigarette holder *n* boquilla *f*.

cigarette lighter *n* mechero *m*, encendedor *m*.

cigarette paper *n* papel *m* de fumar.

cigarillo [ˌsɪgəˈrɪləʊ] (*pl* **cigarillos**) *n* puro *m* pequeño, purito *m*.

cilia ['sɪlɪə] *pl* → **cilium**.

ciliary ['sɪlɪərɪ] *adj* ciliar.

cilium ['sɪlɪəm] (*pl* **cilia** [-lɪə]) *n* cilio *m*.

C-in-C *abbr of* **commander in chief**.

cinch [sɪntʃ] ◇ *n* - **1.** *inf* [easy thing]: **it's a ~** está tirado, es pan comido. - **2.** *Am inf* [sure thing]: **it's a ~** es cosa segura. - **3.** *Am* [for saddle] cincha *f*. - **4.** *Am inf* [grip] apretón *m*. ◇ *vt Am* - **1.** [horse] cinchar. - **2.** *inf* [make sure of] asegurar.

cinder ['sɪndə'] *n* ceniza *f*.

cinderblock ['sɪndəblɒk] *n Am* ladrillo grande de cemento y cenizas de coque.

Cinderella [ˌsɪndəˈrelə] *n* Cenicienta *f*.

cinder track *n* pista *f* de ceniza.

cine-camera ['sɪnɪ-] *n* cámara *f* cinematográfica.

cine-film *n* película *f* cinematográfica.

cinema ['sɪnəmə] *n* cine *m*, biógrafo *m Amér*.

cinemagoer ['sɪnɪməˌgəʊə'] *n* persona *f* asidua al cine.

Cinemascope® ['sɪnəməskəʊp] *n* Cinemascope® *m*.

cinematic [ˌsɪnɪˈmætɪk] *adj* cinematográfico(ca).

cinematography [ˌsɪnəməˈtɒgrəfɪ] *n* cinematografía *f*.

cine-projector *n Br* proyector *m* de cine.

cinerarium [ˌsɪnəˈreərɪəm] (*pl* **cineraria** [-rɪə]) *n* nicho *n*. para una cineraria.

cinnamon ['sɪnəmən] ◇ *n* canela *f*. ◇ *adj* de color canela.

Cinque Ports ['sɪŋkpɔːts] *npl* antigua confederación que unía a los cinco puertos del sudeste de Inglaterra.

cipher ['saɪfə'] ◇ *n* [secret writing system] código *m*, cifra *f*. ◇ *vt* [encode] cifrar.

circa ['sɜːkə] *prep* hacia.

circle ['sɜːkl] ◇ *n* - **1.** [figure, shape] círculo *m*; **to stand in a ~** hacer un círculo OR corro ❑ **to come full ~** volver al punto de partida; **to go round in ~s** darle (mil) vueltas al mismo tema. - **2.** [group] círculo *m*, medio *m*; **in well-informed ~s** en medios bien informados. - **3.** [in theatre] anfiteatro *m*, segundo piso *m*; [in cinema] entresuelo *m*. ◇ *vt* - **1.** [draw a circle round] rodear con un círculo. - **2.** [move round] describir círculos alrededor de. ◇ *vi* dar vueltas.

circuit ['sɜːkɪt] *n* - **1.** [gen] circuito *m*. - **2.** [of track] vuelta *f*. - **3.** JUR distrito *m*, jurisdicción *f*.

circuit board *n* tarjeta *f* de circuito impreso.

circuit breaker *n* cortacircuitos *m inv*, (interruptor *m*) automático *m*.

circuit court *n* tribunal *m* de distrito.

circuitous [sə'kju:ɪtəs] *adj* tortuoso(sa).

circuit rider *n Am* predicador *m*, -ra *f* ambulante.

circuitry ['sɜ:kɪtrɪ] *n* sistema *m* de circuitos.

circular ['sɜ:kjʊləʳ] ◇ *adj* - **1.** [gen] circular; ~ **letter** OR **memo** circular *f.* - **2.** [argument, discussion] que no lleva a ninguna parte. ◇ *n* circular *f.*

circularity [ˌsɜ:kjʊ'lærətɪ] *n* - **1.** [of movement, shape] circularidad *f*, forma *f* circular.'- **2.** [of argument, reasoning] infructuosidad *f.*

circularize, -ise ['sɜ:kjʊləraɪz] *vt* mandar circulares a.

circular saw *n* sierra *f* circular.

circulate ['sɜ:kjʊleɪt] ◇ *vi* - **1.** [gen] circular. - **2.** [socialize] alternar. ◇ *vt* [rumour, document] hacer circular.

circulating ['sɜ:kjʊleɪtɪŋ] *adj* circulante.

circulating library *n* biblioteca *f* de préstamo.

circulation [ˌsɜ:kjʊ'leɪʃn] *n* - **1.** [of blood, money] circulación *f*; **in** ~ en circulación. - **2.** [of magazine, newspaper] tirada *f.*

circulatory [ˌsɜ:kjʊ'leɪtərɪ] *adj* circulatorio(ria).

circulatory system *n* aparato *m* circulatorio.

circumcise ['sɜ:kəmsaɪz] *vt* circuncidar.

circumcised ['sɜ:kəmsaɪzd] *adj* circunciso.

circumcision [ˌsɜ:kəm'sɪʒn] *n* circuncisión *f.*

circumference [sə'kʌmfərəns] *n* circunferencia *f.*

circumflex ['sɜ:kəmfleks] *n*: ~ **(accent)** (acento *m*) circunflejo *m.*

circumlocution [ˌsɜ:kəmlə'kju:ʃn] *n fml* circunlocución *f*, circunloquio *m.*

circumlocutory [ˌsɜ:kəm'lɒkjʊtərɪ] *adj fml* con circunloquios.

circumnavigate [ˌsɜ:kəm'nævɪgeɪt] *vt* circunnavegar.

circumnavigation ['sɜ:kəmˌnævɪ'geɪʃn] *n* circunnavegación *f.*

circumscribe ['sɜ:kəmskraɪb] *vt* circunscribir.

circumscription [ˌsɜ:kəm'skrɪpʃn] *n* circunscripción *f.*

circumspect ['sɜ:kəmspekt] *adj* circunspecto(ta).

circumspection [ˌsɜ:kəm'spekʃn] *n* circunspección *f.*

circumstance ['sɜ:kəmstəns] *n* - **1.** [factor] circunstancia *f.* - **2.** [incident] incidente *m*, acontecimiento *m.*

◆ **circumstances** *npl* circunstancias *fpl*; **under** OR **in no** ~**s** bajo ningún concepto; **in** OR **under the** ~ dadas las circunstancias.

circumstantial [ˌsɜ:kəm'stænʃl] *adj*: ~ **evidence** prueba *f* indiciaria.

circumstantiate [ˌsɜ:kəm'stænʃɪeɪt] *vt* sustanciar (aportando detalles).

circumvent [ˌsɜ:kəm'vent] *vt* burlar, evadir.

circumvention [ˌsɜ:kəm'venʃn] *n* acción *f* de burlar.

circumvolution [ˌsɜ:kəmvə'lu:ʃn] *n* circunvolución *f.*

circus ['sɜ:kəs] *n* - **1.** [for entertainment] circo *m.* - **2.** [in place names] glorieta *f.*

cirque [sɜ:k] *n* circo *m*, depresión *f* natural.

cirrhosis [sɪ'rəʊsɪs] *n*: ~ **(of the liver)** cirrosis *f inv* (hepática).

cirri ['sɪraɪ] *pl* → **cirrus**.

cirrocumulus [ˌsɪraʊ'kju:mjʊləs] (*pl* **cirrocumuli** [-laɪ]) *n* cirrocúmulo *m.*

cirrus ['sɪrəs] (*pl* **cirri** [-raɪ]) *n* cirro *m.*

CIS (*abbr of* **Commonwealth of Independent States**) *n* CEI *f.*

cissy ['sɪsɪ] (*pl* **cissies**) *n Br inf* cobardica *mf.*

Cistercian [sɪ'stɜ:ʃn] ◇ *adj* cisterciense; **the** ~ **Order** la orden del Císter. ◇ *n* cisterciense *mf.*

cistern ['sɪstən] *n* - **1.** *Br* [in roof] depósito *m* de agua. - **2.** [in toilet] cisterna *f.*

citadel ['sɪtədəl] *n* ciudadela *f.*

citation [saɪ'teɪʃn] *n* - **1.** [official praise]: ~ **(for)** mención *f* (por). - **2.** [quotation] cita *f.*

cite [saɪt] *vt* - **1.** [quote] citar. - **2.** MIL [commend] mencionar. - **3.** JUR [summon] citar.

citified ['sɪtɪfaɪd] *adj* acostumbrado(da) a la vida urbana.

citizen ['sɪtɪzn] *n* ciudadano *m*, -na *f.*

citizenry ['sɪtɪznrɪ] (*pl* **citizenries**) *n fml* ciudadanos *mpl.*

Citizens' Advice Bureau *n* oficina de información al ciudadano donde se puede obtener asesoramiento legal y social en el Reino Unido.

citizen's arrest *n* arresto efectuado por un civil.

Citizens' Band *n* banda de radio reservada para radioaficionados y conductores.

Citizen's Charter *n* programa del gobierno británico para la mejora de la calidad de los servicios públicos (1991).

citizenship ['sɪtɪznʃɪp] *n* ciudadanía *f.*

citric acid ['sɪtrɪk-] *n* ácido *m* cítrico.

citron ['sɪtrən] *n* - **1.** [tree] cidro *m.* - **2.** [fruit] cidra *f.* - **3.** [rind] cáscara *f* confitada de fruta cítrica.

citronella [ˌsɪtrə'nelə] *n* citronela *f.*

citrus fruit ['sɪtrəs-] *n* cítrico *m.*

city ['sɪtɪ] (*pl* **cities**) *n* ciudad *f.*

◆ **City** *n Br*: **the City** la City, *centro financiero de Londres.*

City and Guilds *n* título británico de estudios técnicos.

city centre *n* centro *m* de la ciudad.

city desk *n* PRESS - **1.** *Br* [financial news department] sección *f* de economía. - **2.** *Am* [local news department] sección *f* de noticias locales.

city-dweller *n* habitante *mf* de (una) ciudad.

city editor *n* PRESS - **1.** *Br* [financial news editor] redactor *m*, -ra *f* jefe de la sección de economía. - **2.** *Am* [local news editor] redactor *m*, -ra *f* jefe de la sección de noticias locales.

city hall *n Am* ayuntamiento *m.*

city manager *n Am* administrador *m*, -ra *f* municipal.

city planner *n* urbanista *mf.*

city slicker *n inf pej* urbanita sofisticado *m*, urbanita sofisticada *f.*

city-state *n* ANTIQ ciudad-estado *f.*

city technology college *n Br* centro de formación profesional financiado por la industria.

civet ['sɪvɪt] *n* civeta *f.*

civic ['sɪvɪk] *adj* - **1.** [leader, event] público(ca). - **2.** [duty, pride] cívico(ca).

◆ **civics** *n* (U) estudio *m* del gobierno civil.

civic centre *n Br* zona de la ciudad donde se encuentran los edificios públicos.

civic university *n* universidad de una ciudad británica.

civil ['sɪvl] *adj* - **1.** [involving ordinary citizens] civil; ~ **disturbance** motín *m*; ~ **strife** conflicto *m* interno. - **2.** [polite] cortés, correcto(ta).

civil defence *n* milicia civil organizada para luchar contra ataques enemigos.

civil disobedience *n* desobediencia *f* civil.

civil engineer *n* ingeniero *m*, -ra *f* de caminos, canales y puertos.

civil engineering *n* ingeniería *f* civil.

civilian [sɪ'vɪljən] ◇ *n* civil *mf.* ◇ *comp* [organization] civil; [clothes] de paisano.

civility [sɪ'vɪlətɪ] *n* cortesía *f*, urbanidad *f.*

civilization [ˌsɪvɪlaɪ'zeɪʃn] *n* civilización *f.*

civilize, -ise ['sɪvɪlaɪz] *vt* civilizar.

civilized ['sɪvɪlaɪzd] *adj* civilizado(da).

civil law *n* derecho *m* civil.

civil liberties *npl* libertades *fpl* civiles.

civil list *n Br* presupuesto de la familia real votado cada año en el Parlamento.

civil marriage *n* matrimonio *m* (por lo) civil.

civil rights *npl* derechos *mpl* civiles.

civil servant *n* funcionario *m*, -ria *f.*

civil service *n* administración *f* pública.

civil war *n* guerra *f* civil.

civvy ['sɪvɪ] (*pl* **civvies**) *n Br inf* [civilian] civil *mf.*

◆ **civvies** *npl inf* [dress] ropa *f* decivil OR paisano.

cl (*written abbr of* **centilitre**) cl.

clack [klæk] ◇ *n* - **1.** [sound] castañeteo *m*. - **2.** [chatter] cháchara *f*. ◇ *vi* - **1.** [rattle] castañetear. - **2.** [chatter] chacharear.

clad [klæd] *adj literary*: ~ **in** vestido(da) de.

cladding ['klædɪŋ] *n Br* revestimiento *m*.

claim [kleɪm] ◇ *n* - **1.** [for pay, insurance, expenses] reclamación *f*. - **2.** [of right] reivindicación *f*, demanda *f*; **his only** ~ **to fame is that he once appeared on TV** debe toda su fama a que una vez salió en la televisión; **to file a** ~ JUR presentar una demanda; **to have a** ~ **on sb** tener un derecho OR control sobre alguien; **to lay** ~ **to sthg** reclamar algo. - **3.** [assertion] afirmación *f*. - **4.** [land] concesión *f*. ◇ *vt* - **1.** [allowance, expenses, lost property] reclamar. - **2.** [responsibility, credit] atribuirse. - **3.** [assert]: **to** ~ **(that)** mantener que. - **4.** [attention] merecer, requerir. ◇ *vi*: **to** ~ **for sthg** reclamar algo; **to** ~ **on one's insurance** reclamar al seguro.

claimant ['kleɪmənt] *n* [to throne] pretendiente *mf*; [of unemployment benefit] solicitante *mf*; JUR demandante *mf*.

claim form *n* impreso *m* de solicitud.

clairvoyance [kleə'vɔɪəns] *n* clarividencia *f*.

clairvoyant [kleə'vɔɪənt] ◇ *adj* clarividente. ◇ *n* clarividente *mf*.

clam [klæm] (*pt & pp* **clammed**, *cont* **clamming**) ◇ *n* - **1.** ZOOL almeja *f*. - **2.** *inf* [person] chiticalla *mf*. ◇ *vi Am* pescar almejas.

◆ **clam up** *vi inf* cerrar la boca OR el pico.

clambake ['klæmbeɪk] *n Am* - **1.** [picnic] *comida en la playa a base de almejas*. - **2.** *inf* [party] fiesta *f* bulliciosa.

clamber ['klæmbə'] *vi* trepar; **to** ~ **down a tree** bajar por un árbol.

clam chowder *n* sopa *f* de almejas.

clammy ['klæmɪ] (*compar* **clammier**, *superl* **clammiest**) *adj* [hands] húmedo(da), pegajoso(sa); [weather] bochornoso(sa).

clamor *n & vi Am* = **clamour**.

clamorous ['klæmərəs] *adj* clamoroso(sa).

clamour *Br*, **clamor** *Am* ['klæmə'] ◇ *n (U)* - **1.** [noise] clamor *m*. - **2.** [demand]: ~ **(for)** exigencias *fpl* OR demandas *fpl* (de). ◇ *vi*: **to** ~ **for sthg** exigir a voces algo.

clamp [klæmp] ◇ *n* - **1.** [gen] abrazadera *f*. - **2.** [for car wheel] cepo *m*. ◇ *vt* - **1.** [with clamp] sujetar (con abrazadera). - **2.** [with wheel clamp] poner un cepo a.

◆ **clamp down** *vi*: **to** ~ **down on** poner freno a.

clampdown ['klæmpdaʊn] *n* medidas *fpl* represivas, represión *f*.

clan [klæn] *n* clan *m*.

clandestine [klæn'destɪn] *adj* clandestino(na).

clang [klæŋ] ◇ *n* - **1.** [sound] sonido *m* metálico. - **2.** [of bell] tañido *m*. ◇ *vi* hacer un ruido metálico.

clanger ['klæŋə'] *n Br inf* metedura *f* de pata; **to drop a** ~ meter la pata.

clangour *Br*, **clangor** *Am* ['klæŋgə'] *n* - **1.** [sound] sonido *m* metálico. - **2.** [noise] estruendo *m*.

clank [klæŋk] ◇ *n* sonido *m* seco y metálico. ◇ *vi* retumbar con sonido metálico.

clannish ['klænɪʃ] *adj* - **1.** [of a clan] de clan. - **2.** [exclusive] exclusivo(va).

clansman ['klænzmən] (*pl* **clansmen** [-mən]) *n* miembro *m* de un clan.

clanswoman ['klænz,wʊmən] (*pl* **clanswomen** [-,wɪmɪn]) *n* miembro *f* de un clan.

clap [klæp] (*pt & pp* **clapped**, *cont* **clapping**) ◇ *n* - **1.** [of hands] palmada *f*. - **2.** [of thunder] retumbo *m*, estruendo *m*. - **3.** [on the back] palmada *f*. - **4.** *inf* [gonorrhea] gonorrea *f*. ◇ *vt* - **1.** [applaud] aplaudir; **to** ~ **one's hands** dar palmadas. - **2.** *inf* [place]: **to** ~ **sthg onto sthg** golpear algo con algo; **to** ~ **eyes on** ver; **to** ~ **in jail** meter en la cárcel; **to** ~

shut cerrar de golpe. ◇ *vi* [in applause] aplaudir; [to mark rythm] dar palmadas.

◆ **clap together** *vt fus inf* improvisar.

clapboard ['klæpbɔːd] *n Am* tablilla *f*.

Clapham ['klæpəm] *n*: **the man on the** ~ **omnibus** *fig & hum* el hombre de la calle, el ciudadano de a pie.

clapped-out [klæpt-] *adj Br inf* [car] destartalado(da).

clapper ['klæpə'] *n* [of bell] badajo *m*.

clapperboard ['klæpəbɔːd] *n* claqueta *f*.

clapping ['klæpɪŋ] *n (U)* aplausos *mpl*.

claptrap ['klæptræp] *n (U) inf* chorradas *fpl*.

claque [klæk] *n* claque *f*.

claret ['klærət] *n* burdeos *m inv*.

clarification [klærɪfɪ'keɪʃn] *n* aclaración *f*.

clarify ['klærɪfaɪ] (*pt & pp* **clarified**) *vt* aclarar.

clarinet [klærə'net] *n* clarinete *m*.

clarinet(t)ist [klærə'netɪst] *n* clarinetista *mf*.

clarion ['klærɪən] *n* clarín *m*.

clarion call *n* llamada *f* fuerte y clara.

clarity ['klærətɪ] *n* claridad *f*.

clash [klæʃ] ◇ *n* - **1.** [difference - of interests] conflicto *m*; [- of personalities] choque *m*. - **2.** [fight, disagreement]: ~ **(with)** choque *m* (con). - **3.** [noise] estruendo *m*, estrépito *m*. ◇ *vi* - **1.** [fight, disagree]: **to** ~ **(with)** enfrentarse (con). - **2.** [opinions, policies] estar en desacuerdo. - **3.** [date, event]: **to** ~ **(with)** coincidir (con). - **4.** [colour]: **to** ~ **(with)** desentonar (con). - **5.** [cymbals] sonar. ◇ *vt* hacer chocar con estruendo.

clasp [klɑːsp] ◇ *n* - **1.** [on necklace, bracelet] broche *m*; [on belt] cierre *m*, hebilla *f*. - **2.** [hug] abrazo *m*. - **3.** [grip] apretón *m*. ◇ *vt* [person] abrazar (agarrando); [thing] agarrar.

clasp knife *n* navaja *f* de muelle.

class [klɑːs] ◇ *n* - **1.** [gen] clase *f*. - **2.** [category] clase *f*, tipo *m*; **to be in a** ~ **of one's own** *fig* ser incomparable. - **3.** [graduates] promoción *f*; ~ **of 1986** promoción de 1986. ◇ *comp* de clases. ◇ *vt*: **to** ~ **sb (as)** clasificar a alguien (de).

class action *n Am* proceso en que el demandante representa a un grupo de personas con intereses similares.

class-conscious *adj* con conciencia de clase.

class consciousness *n* conciencia *f* de clase.

classic ['klæsɪk] ◇ *adj* [typical] clásico(ca). ◇ *n* clásico *m*.

◆ **classics** *npl* (lenguas *fpl*) clásicas *fpl*.

classical ['klæsɪkl] *adj* clásico(ca).

classically ['klæsɪklɪ] *adv* clásicamente, de un modo clásico; **a** ~ **trained musician** un músico con formación clásica.

classical music *n* música *f* clásica.

classicism ['klæsɪsɪzm] *n* clasicismo *m*.

classicist ['klæsɪsɪst] *n* clasicista *mf*.

classifiable ['klæsɪfaɪəbl] *adj* clasificable.

classification [klæsɪfɪ'keɪʃn] *n* clasificación *f*.

classified ['klæsɪfaɪd] *adj* [secret] reservado(da), secreto(ta).

classified ad *n* anuncio *m* por palabras.

classifier ['klæsɪfaɪə'] *n* clasificador *m*.

classify ['klæsɪfaɪ] (*pt & pp* **classified**) *vt* - **1.** [arrange] clasificar. - **2.** [make secret] restringir.

classless ['klɑːslɪs] *adj* sin clases.

classmate ['klɑːsmeɪt] *n* compañero *m*, -ra *f* de clase.

classroom ['klɑːsrʊm] *n* aula *f*, clase *f*.

class struggle *n* lucha *f* de clases.

class war(fare) *n* lucha *f* de clases.

classy ['klɑːsɪ] (*compar* **classier**, *superl* **classiest**) *adj inf* con clase.

clatter ['klætə'] ◇ *n* [gen] estrépito *m*; [of pots, pans, dishes] ruido *m* (de cacharros); [of hooves] chacoloteo *m*. ◇ *vi* [hooves] chacolotear; [person, car etc]: **to** ~ **down/into sthg** armar un gran estrépito al caer por/chocar con algo.

clausal ['klɔːzl] *adj* - **1.** GRAMM oracional. - **2.** JUR relativo(va) a una cláusula.

clause [klɔːz] *n* - **1.** GRAMM oración *f*. - **2.** [in legal document] cláusula *f*.

claustrophobia [,klɔːstrə'fəʊbjə] *n* claustrofobia *f*.

claustrophobic [,klɔːstrə'fəʊbɪk] *adj* claustrofóbico(ca).

clavichord ['klævɪkɔːd] *n* clavicordio *m*.

clavicle ['klævɪkl] *n* clavícula *f*.

claw [klɔː] ◇ *n* - **1.** [of animal, bird] garra *f*; [of cat] uña *f*. - **2.** [of crab, lobster] pinza *f*. ◇ *vt* arañar. ◇ *vi*: **to ~ at sthg** [cat] arañar algo; [person] intentar agarrarse a algo.

◆ **claw back** *vt sep Br* lograr recuperar.

claw hammer *n* martillo *m* sacaclavos.

clay [kleɪ] *n* arcilla *f*.

clay court *n* SPORT pista *f* de tierra batida.

clay pigeon shooting *n* tiro *m* al plato.

clay pipe *n* pipa *f* de cerámica.

clean [kliːn] ◇ *adj* - **1.** [gen] limpio(pia); **to do** OR **make a ~ copy of sthg** pasar algo a limpio. - **2.** [page] en blanco. - **3.** [record, reputation] impecable, irreprochable; [driving licence] sin multas; **to come ~ about sthg** *inf fig* confesar algo. - **4.** [joke] inocente. - **5.** [outline] neto(ta), nítido(da); [movement] suelto(ta), ágil; **a ~ break** un corte radical. - **6.** *inf* [not carrying weapons] desarmado(da); [not carrying drugs] limpio(pia) de drogas. ◇ *vt* - **1.** [gen] limpiar; **to ~ one's teeth** lavarse los dientes. - **2.** [empty] vaciar. - **3.** [CULIN - meat] quitar la grasa a; [- vegetables] pelar; [- fish] limpiar. ◇ *vi* limpiar. ◇ *n* limpieza *f*; **the floor needs a good ~** el suelo necesita un buen fregado. ◇ *adv* totalmente; **I ~ forgot** se me olvidó por completo; **to get ~ away** escapar con facilidad; **I'm ~ out of cigarettes/coffee** no me queda tabaco/café; **to cut ~ through sthg** cortar algo con facilidad.

◆ **clean off** *vt sep* quitar, limpiar.

◆ **clean out** *vt sep* - **1.** [clear out] limpiar el interior de. - **2.** *inf* [take money from] desplumar. - **3.** *inf* [take everything from]: **they ~ed us out** (los ladrones) nos limpiaron la casa.

◆ **clean up** ◇ *vt sep* [clear up] ordenar, limpiar; **to ~ o.s. up** asearse. ◇ *vi* - **1.** [make clean]: **to ~ up after someone** limpiar lo que ha ensuciado otro. - **2.** *inf* [make profit] forrarse.

clean-cut *adj* - **1.** [form, outline] nítido(da), definido(da). - **2.** [appearance] pulido(da).

cleaner ['kliːnə^r] *n* - **1.** [cleaning lady] asistenta *f*, señora *f* de la limpieza; [man] empleado *m* de la limpieza. - **2.** [substance] producto *m* de limpieza. - **3.** [shop]: **~'s** tintorería *f*; **to take sb to the ~'s** *inf fig* desplumar a alguien, dejar a alguien sin blanca.

cleaning ['kliːnɪŋ] *n* limpieza *f*.

cleaning lady *n* señora *f* de la limpieza.

cleanliness ['klenlɪnɪs] *n* limpieza *f*.

clean-living *adj* que lleva una vida sana.

cleanly ['kliːnlɪ] *adv* limpiamente.

cleanness ['kliːnnɪs] *n* limpieza *f*.

cleanout ['kliːnaʊt] *n* = **cleanup**.

cleanse [klenz] *vt* [gen] limpiar; [soul] purificar; **to ~ sthg/sb of sthg** limpiar algo/a alguien de algo.

cleanser ['klenzə^r] *n* crema *f* OR loción *f* limpiadora.

clean-shaven *adj* [never growing a beard] barbilampiño(ña); [recently shaved] bien afeitado(da).

cleansing cream ['klenzɪŋ-] *n* desmaquillador *m*.

cleanup ['kliːnʌp] *n* - **1.** [cleaning] limpieza *f*. - **2.** *Am inf* [profit] gran ganancia *f*.

clear [klɪə^r] ◇ *adj* - **1.** [gen] claro(ra); [day, road, view] despejado(da); [outline, photograph, sound] nítido(da); **the roads are ~ of snow** no hay nieve en las carreteras; **now let's get this ~** vamos a ver, una cosa está clara OR hay algo que está claro; **are you ~ about it?** ¿lo entiendes?; **it's ~ that...** está claro que...; **a clear case of...** un caso

claro de...; **to make sthg ~ (to)** dejar algo claro (a); **to make o.s. ~** explicarse con claridad; **do I make myself ~?** ¿me explico? ❑ **~ soup** caldo *m*, consomé *m*. - **2.** [transparent] transparente. - **3.** [skin] terso(sa). - **4.** [time] libre. - **5.** [conscience] tranquilo(la), limpio(pia). - **6.** [complete - day, week] entero(ra); [- profit, wages] limpio(pia), neto(ta); **~ of taxes** después de impuestos. - **7.** [not in contact]: **~ of** sin tocar con. ◇ *adv* - **1.** [out of the way]: **we pulled him ~ of the wreckage** lo sacamos de entre los escombros; **stand ~!** ¡aléjate!; **to jump/step ~** saltar/dar un paso para hacerse a un lado. - **2.** [completely] completamente; **the thieves got ~ away** los ladrones se alejaron del todo. ◇ *n*: **in the ~** [out of danger] fuera de peligro; [free from suspicion] fuera de (toda) sospecha. ◇ *vt* - **1.** [remove objects, obstacles from] despejar; [pipe] desatascar; **to ~ sthg of sthg** quitar algo de algo; **to ~ a space** hacer sitio; **to ~ the table** quitar la mesa; **to ~ one's throat** aclararse la garganta ❑ **to ~ the way for sthg** *fig* dar paso OR abrir camino a algo. - **2.** [remove] quitar. - **3.** [jump] saltar. - **4.** [pay] liquidar. - **5.** [authorize - gen] aprobar; [- plane] autorizar; **you'll have to ~ it with the boss** necesitas el visto bueno del jefe. - **6.** [prove not guilty] declarar inocente; **to be ~ed of sthg** salir absuelto(ta) de algo; **to ~ o.s.** probar (uno) su inocencia. - **7.** [cheque] conformar, dar por bueno. - **8.** [pass through]: **to ~ customs** [person] pasar por la aduana; [shipment] salir de la aduana. - **9.** [make profit of] ganar, obtener una ganancia líquida de. - **10.** [avoid touching]: **make sure the curtains ~ the floor** asegúrate de que las cortinas no toquen el suelo. - **11.** COMM [stock] liquidar. - **12.** [in football]: **to ~ the ball** despejar el balón. ◇ *vi* - **1.** [sky] despejarse; [fog] levantarse; [smoke] disiparse, despejarse. - **2.** [liquid] aclararse.

◆ **clear away** *vt sep* poner en su sitio.

◆ **clear off** *vi Br inf* largarse.

◆ **clear out** ◇ *vt sep* limpiar a fondo. ◇ *vi inf* largarse.

◆ **clear up** ◇ *vt sep* - **1.** [room, mess] limpiar; [toys, books] ordenar. - **2.** [mystery, disagreement] aclarar, resolver. ◇ *vi* - **1.** [weather] despejarse; [infection] desaparecer. - **2.** [tidy up] ordenar, recoger.

clearance ['klɪərəns] *n* - **1.** [removal - of rubbish, litter] despeje *m*, limpieza *f*; [- of slums, houses] eliminación *f*; **land** allanado *m* OR despeje *m* de un terreno. - **2.** [permission] autorización *f*, permiso *m*. - **3.** [free space] distancia *f* de seguridad.

clearance sale *n* (venta *f* de) liquidación *f*.

clear-cut *adj* [issue, plan] bien definido (bien definida); [division] nítido(da).

clear-headed *adj* lúcido(da).

clearing ['klɪərɪŋ] *n* claro *m*.

clearing bank *n Br* banco asociado a la cámara de compensación.

clearing house *n* - **1.** [organization] centro *m* de intercambio de información. - **2.** [bank] cámara *f* de compensación.

clearing-up *n* limpieza *f*.

clearly ['klɪəlɪ] *adv* - **1.** [gen] claramente. - **2.** [plainly] obviamente.

clearness ['klɪənɪs] *n* claridad *f*.

clearout ['klɪəraʊt] *n esp Br inf* limpieza *f*; **to have a ~** ordenar y tirar lo que no sirva.

clear-sighted *adj* perspicaz.

clearway ['klɪəweɪ] *n Br* carretera donde no se puede parar.

cleat [kliːt] *n* - **1.** [on shoes] clavo *m*. - **2.** [wedge] calce *m*, cuña *f*. - **3.** NAUT cornamusa *f*.

cleavage ['kliːvɪdʒ] *n* - **1.** [between breasts] escote *m*. - **2.** [division] escisión *f*. - **3.** BIOL segmentación *f*. - **4.** [of crystals] crucero *m*.

cleave [kliːv] (*pt* **cleaved, cleft** [kleft] OR **clove** [kləʊv], *pp* **cleaved, cleft** OR **cloven** ['kləʊvn]) ◇ *vt* - **1.** [split] partir. - **2.** [cut through] hender; **to ~ a path** abrirse camino. ◇ *vi* [split] partirse.

◆ **cleave to** *vt fus* - **1.** [be faithful] ser fiel a. - **2.** [adhere] adherirse, pegarse.

cleaver ['kliːvəʳ] n cuchillo m OR cuchilla f de carnicero.

clef [klef] n clave f.

cleft [kleft] ◇ pt & pp arch → **cleave**. ◇ n grieta f. ◇ adj BOT hendido(da).

cleft chin n barbilla f con hoyuelo.

cleft palate n fisura f de paladar.

clematis ['klemətɪs] n clemátide f.

clemency ['klemənsɪ] n fml [mercy] clemencia f.

clement ['klemənt] adj fml - **1.** [merciful] clemente. - **2.** [of weather] suave.

clementine ['klemən
taɪn] n clementina f.

clench [klentʃ] vt - **1.** [fist, teeth] apretar; ~**ed fist (salute)** saludo m con el puño cerrado. - **2.** [hold tightly] apretar, sujetar firmemente.

Cleopatra [kliːə'pætrə] n Cleopatra; ~**'s Needle** obelisco m de Cleopatra.

clergy ['klɜːdʒɪ] npl: **the** ~ el clero.

clergyman ['klɜːdʒɪmən] (pl **clergymen** [-mən]) n clérigo m.

clergywoman ['klɜːdʒɪ,wumən] (pl **clergywomen** [-,wɪmɪn]) n mujer f sacerdote.

cleric ['klerɪk] n clérigo m.

clerical ['klerɪkl] adj - **1.** [in office] de oficina. - **2.** [in church] clerical.

clerical collar n alzacuello m.

clericalism ['klerɪkəlɪzm] n clericalismo m.

clerk [Br klɑːk, Am klɜːrk] ◇ n - **1.** [in office] oficinista mf. - **2.** [in court] secretario m, escribano m. - **3.** Am [shop assistant] dependiente m, -ta f. - **4.** Am [hotel receptionist] recepcionista mf. ◇ vi Am trabajar como empleado(da) de oficina.

clever ['klevəʳ] adj - **1.** [intelligent] listo(ta), inteligente. - **2.** [idea, invention] ingenioso(sa); **to be ~ with one's hands** ser un (una) manitas.

cleverly ['klevəlɪ] adv - **1.** [intelligently] con inteligencia. - **2.** [skilfully] ingeniosamente.

cleverness ['klevənɪs] n [intelligence] inteligencia f; [with hands] habilidad f.

clew [kluː] n - **1.** [of thread] ovillo m. - **2.** NAUT puño m.

cliché [Br 'kliːʃeɪ, Am kliː'ʃeɪ] n cliché m, tópico m.

clichéd [Br 'kliːʃeɪd, Am kliː'ʃeɪd] adj trillado(da); **a ~ phrase** un tópico, un lugar común.

click [klɪk] ◇ n [of tongue, fingers] chasquido m; [of camera, door] clic m. ◇ vt chasquear. ◇ vi - **1.** [heels] sonar con un taconazo; [camera] dar un chasquido, hacer clic. - **2.** inf [fall into place]: **suddenly, it ~ed (with me)** de pronto, caí en la cuenta. - **3.** inf [be a success] tener éxito; **they ~ed with the audience** tuvieron éxito con el público. - **4.** inf [get along well] entenderse, llevarse bien. - **5.** COMPUT: **to ~ on sthg** hacer clic en algo.

clicking ['klɪkɪŋ] n chasquido m.

client ['klaɪənt] n cliente m, -ta f.

clientele [kliːən'tel] n clientela f.

cliff [klɪf] n [on coast] acantilado m; [inland] precipicio m.

cliffhanger ['klɪf,hæŋəʳ] n inf - **1.** [film, story] historia f de suspense. - **2.** [contest] competición que no se resuelve hasta el último momento.

climactic [klaɪ'mæktɪk] adj culminante.

climate ['klaɪmɪt] n [weather] clima m; fig [atmosphere] ambiente m; **the ~ of opinion** el clima de opinión generalizado.

climatic [klaɪ'mætɪk] adj climático(ca).

climatology [klaɪmə'tɒlədʒɪ] n climatología f.

climax ['klaɪmæks] ◇ n - **1.** [culmination] clímax m, culminación f. - **2.** [orgasm] orgasmo m. ◇ vi culminar.

climb [klaɪm] ◇ n escalada f. ◇ vt [stairs, ladder] subir; [tree] trepar a; [mountain] escalar. ◇ vi - **1.** [clamber] ascender, subir; **to ~ over sthg** trepar por algo; **to ~ into sthg** subirse a algo. - **2.** [plant] trepar; [road, plane] subir. - **3.** [increase] subir.

◆ **climb down** vi fig rectificar, apearse del burro.

climb-down n rectificación f.

climber ['klaɪməʳ] n - **1.** [mountaineer] escalador m, -ra f. - **2.** [plant] enredadera f. - **3.** inf [arriviste] trepa mf, arribista mf.

climbing ['klaɪmɪŋ] ◇ n montañismo m, alpinismo m. ◇ adj trepador(ra).

climbing frame n Br barras de metal para que trepen los niños.

climes [klaɪmz] npl literary parajes mpl.

clinch [klɪntʃ] ◇ vt - **1.** [deal] cerrar; **he ~ed the title** ganó el título. - **2.** [nail] remachar. ◇ vi [in boxing] luchar cuerpo a cuerpo. ◇ n - **1.** [in boxing] forcejeo m. - **2.** inf [embrace] abrazo m apasionado.

clincher ['klɪntʃəʳ] n inf [argument] argumento m decisivo.

cling [klɪŋ] (pt & pp **clung** [klʌŋ]) vi - **1.** [hold tightly]: **to ~ (to)** agarrarse (a). - **2.** [clothes, person]: **to ~ (to sb)** pegarse (a alguien). - **3.** [to ideas, principles]: **to ~ to** aferrarse a.

clingfilm ['klɪŋfɪlm] n Br (film m de) plástico m autoadherente.

clinging ['klɪŋɪŋ] adj - **1.** [person, child] pegajoso(sa). - **2.** [clothes] ajustado(da), ceñido(da).

clinging vine n Am inf: **she's a ~** es una plasta.

clinic ['klɪnɪk] n clínica f.

clinical ['klɪnɪkl] adj - **1.** MED clínico(ca). - **2.** fig [cold] frío(a).

clinically ['klɪnɪklɪ] adv - **1.** MED clínicamente. - **2.** fig [coldly] con frialdad.

clinical psychologist n psicólogo clínico m, psicóloga clínica f.

clinical psychology n psicología f clínica.

clinical thermometer n termómetro m clínico.

clinician [klɪ'nɪʃn] n clínico m, -ca f.

clink [klɪŋk] ◇ n - **1.** [sound] tintineo m. - **2.** inf [prison] cárcel f. ◇ vi hacer tintinear. ◇ vi tintinear.

clinker ['klɪŋkəʳ] n - **1.** [residue] escoria f, residuo m incombustible. - **2.** Am inf [mistake] falta f, error m.

clip [klɪp] (pt & pp **clipped**, cont **clipping**) ◇ n - **1.** [for paper] clip m; [for hair] pasador m, clip m; [on earring] cierre m. - **2.** [of film] fragmento m, secuencias fpl. ◇ vt - **1.** [fasten] sujetar. - **2.** [lawn, newspaper cutting] recortar; [ticket] picar. - **3.** inf [hit] dar un golpecito en.

clipboard ['klɪpbɔːd] n tabloncillo m con pinza sujetapapeles.

clip joint n inf restaurante o cabaret que cobra precios exagerados.

clip-on adj: ~ **earrings** pendientes mpl de clip.

clipped [klɪpt] adj [staccato] entrecortado(da).

clipper ['klɪpəʳ] n NAUT clíper m.

◆ **clippers** npl [for nails] cortaúñas m inv; [for hair] maquinilla f para cortar el pelo; [for hedges, grass] tijeras fpl de podar.

clipping ['klɪpɪŋ] n - **1.** [from newspaper] recorte m. - **2.** [of nails] corte m.

clique [kliːk] n pej camarilla f.

cliquey ['kliːkɪ], **cliquish** ['kliːkɪʃ] adj pej exclusivista.

clitoral ['klɪtərəl] adj del clítoris.

clitoris ['klɪtərɪs] n clítoris m inv.

cloak [kləuk] ◇ n - **1.** [garment] capa f, manto m. - **2.** [cover for secret] tapadera f. ◇ vt: **to be ~ed in** estar rodeado(da) de.

cloak-and-dagger adj de capa y espada.

cloakroom ['kləukrum] n - **1.** [for clothes] guardarropa m. - **2.** Br [toilets] servicios mpl.

clobber ['klɒbəʳ] inf ◇ n Br (U) - **1.** [things] bártulos mpl, trastos mpl. - **2.** [clothes] indumentaria f, trapos mpl. ◇ vt atizar.

clock [klɒk] ◇ n - **1.** [timepiece] reloj m; **against the ~** contrarreloj; **round the ~** día y noche, las 24 horas ❑ **to put the ~ back** lit atrasar el reloj OR la hora; fig retroceder

en el tiempo; **to put the ~ forward** adelantar el reloj OR la hora. **- 2.** *inf* [mileometer] cuentakilómetros *m inv.* ◇ *vt* tomar el tiempo de, cronometrar.
◆ **clock in**, **clock on** *vi Br* fichar (a la entrada).
◆ **clock off**, **clock out** *vi Br* fichar (a la salida).
◆ **clock up** *vt fus inf* [miles etc] recorrer.

clockmaker ['klɒkˌmeɪkə'] *n* relojero *m*, -ra *f.*

clock radio *n* radiodespertador *m.*

clock tower *n* torre *f* del reloj.

clockwise ['klɒkwaɪz] *adj & adv* en el sentido de las agujas del reloj.

clockwork ['klɒkwɜːk] ◇ *n*: **to go like ~** *fig* ir sobre ruedas. ◇ *comp* de cuerda.

clod [klɒd] *n* **- 1.** [of earth] terrón *m.* **- 2.** [fool] simplón *m*, -ona *f*, bobo *m*, -ba *f.*

clodhopper ['klɒdˌhɒpə'] *n inf* patoso *m*, -sa *f.*
◆ **clodhoppers** *npl inf* zapatones *mpl.*

clog [klɒg] (*pt & pp* **clogged**, *cont* **clogging**) ◇ *vt* atascar, obstruir. ◇ *vi* obstruirse, taparse. ◇ *n* [shoe] zueco *m.*
◆ **clog up** ◇ *vt sep* [drain, pipe] atascar; [eyes, nose] congestionar. ◇ *vi* atascarse.

clogged [klɒgd] *adj* [drains, roads] atascado(da); [pores] obstruido(da).

cloister ['klɔɪstə'] *n* claustro *m.*

cloistered ['klɔɪstəd] *adj literary* enclaustrado(da), recluido(da).

clone [kləʊn] ◇ *n* [gen & COMPUT] clon *m.* ◇ *vt* producir por clonación.

cloning ['kləʊnɪŋ] *n* clonación *f.*

clonk [klɒŋk] ◇ *vi* producir un ruido sordo. ◇ *vt* golpear. ◇ *n* ruido *m* sordo.

close¹ [kləʊs] ◇ *adj* **- 1.** [near] cercano(na); **~ to** cerca de; **~ to tears/laughter** a punto de llorar/reír □ **~ up, ~ to** de cerca; **~ by** muy cerca; **it was a ~ shave** OR **thing** OR **call** nos libramos por los pelos. **- 2.** [relationship, friend] íntimo(ma); **to be ~ to sb** estar muy unido (muy unida) a alguien. **- 3.** [relative, family] cercano(na), próximo(ma); [resemblance] gran; [link, tie, cooperation] estrecho(cha). **- 4.** [questioning] minucioso(sa); [examination] detallado(da); [look] de cerca; [watch] estrecho(cha), atento(ta); **to pay ~ attention to sthg/sb** fijarse atentamente en algo/alguien. **- 5.** [room, air] cargado(da); [weather] bochornoso(sa). **- 6.** [contest, race] reñido(da); [result] apretado(da). **- 7.** [secretive]: **~ (about sthg)** reservado(da) (acerca de algo). **- 8.** *inf* [stingy] apretado(da), tacaño(ña). ◇ *adv* cerca; **to get ~ to** acercarse a; **~ together** muy juntos (muy juntas); **to be/come ~ to doing sthg** estar a punto de hacer algo; **to hold sb ~** abrazar a alguien con fuerza. ◇ *n* [in street names] callejón *m.*
◆ **close on**, **close to** *prep* [almost] cerca de.

close² [kləʊz] ◇ *vt* **- 1.** [gen] cerrar. **- 2.** [meeting] clausurar; [discussion, speech] acabar, terminar; [letter] concluir; **in closing** para concluir OR terminar. ◇ *vi* **- 1.** [shut] cerrarse; **his arms ~d around her** la estrechó entre sus brazos. **- 2.** [come to an end] concluir, terminarse. **- 3.** [in stock market reports]: **the share index ~d two points down/up** el índice de cotización cerró con una bajada/subida de dos enteros. ◇ *n final m*; **to bring sthg to a ~** dar por terminado algo; **to draw to a ~** tocar a su fin.
◆ **close down** ◇ *vt sep* cerrar (definitivamente). ◇ *vi* **- 1.** [factory etc] cerrar (definitivamente). **- 2.** [meeting, day] acabar, terminar. **- 3.** *Br* [stop broadcasting] cerrar la emisión.
◆ **close in** *vi* acercarse; **to ~ in on sthg/sb** rodear OR cercar algo/a alguien.
◆ **close off** *vt fus* [road] cortar; [room] cerrar.
◆ **close on** *vt fus* acercarse a.
◆ **close out** *vt sep* **- 1.** [account] saldar. **- 2.** *Am* [goods] liquidar, vender en liquidación.
◆ **close up** ◇ *vt sep* [shut] cerrar. ◇ *vi* **- 1.** [shopkeeper] cerrar. **- 2.** [wound] cicatrizar, cerrarse.
◆ **close with** *vt fus* **- 1.** *Br* [finalize deal with] llegar a un

acuerdo con. **- 2.** *literary* [fight] enzarzarse con, emprender la lucha con.

close-cropped [ˌkləʊs'krɒpt] *adj* al rape.

closed [kləʊzd] *adj* cerrado(da).

closed circuit television *n* televisión *f* por circuito cerrado.

closedown ['kləʊzdaʊn] *n* cierre *m.*

closed season *n Am* = **close season**.

closed shop *n empresa donde sólo se contrata a miembros de un determinado sindicato.*

close-fisted [kləʊs-] *adj inf* agarrado(da), tacaño(ña).

close-fitting [kləʊs-] *adj* ajustado(da), ceñido(da).

close-knit [kləʊs-] *adj* muy unido (muy unida).

closely ['kləʊslɪ] *adv* **- 1.** [of connection, relation etc] estrechamente; [of resemblance] fielmente; **to be ~ involved in sthg** estar muy metido (muy metida) en algo. **- 2.** [carefully] atentamente.

closeness ['kləʊsnɪs] *n* **- 1.** [nearness] proximidad *f.* **- 2.** [intimacy] intimidad *f.*

closeout ['kləʊzaʊt] *n Am* liquidación *f.*

close quarters [kləʊs-] *npl*: **at ~** de cerca.

close-range [kləʊs-] *adj* de corto alcance.

close-run [kləʊs-] *adj* reñido(da).

close season *Br* [kləʊs-], **closed season** *Am n* (temporada *f* de) veda *f.*

close-set [kləʊs-] *adj* juntos(tas).

close-shaven [kləʊs-] *adj* bien afeitado (bien afeitada).

closet ['klɒzɪt] ◇ *adj inf* en secreto. ◇ *n* armario *m*; **to come out of the ~** *inf fig* [gen] salir del anonimato; [homosexual] no ocultar (uno) su condición de homosexual. ◇ *vt*: **to be ~ed with** estar encerrado(da) con.

close-up [kləʊs-] *n* primer plano *m.*

closing ['kləʊzɪŋ] *adj* final, último(ma); **~ remarks** observaciones *fpl* finales; **~ speech** discurso *m* de clausura.

closing date *n* [for applications, project] plazo *m* de entrega, fecha *f* límite.

closing-down sale *n* liquidación *f* por cierre.

closing price *n* precio *m* OR cotización *f* de cierre.

closing time *n* hora *f* de cierre.

closure ['kləʊʒə'] ◇ *n* cierre *m.* ◇ *comp*: **~ rule** POL norma del Senado americano que limita el tiempo de las intervenciones.

clot [klɒt] (*pt & pp* **clotted**, *cont* **clotting**) ◇ *n* **- 1.** [in blood] coágulo *m*; [in liquid] grumo *m.* **- 2.** *Br inf* [fool] bobo *m*, -ba *f.* ◇ *vt* coagular. ◇ *vi* coagularse.

cloth [klɒθ] *n* **- 1.** *(U)* [fabric] tela *f.* **- 2.** [piece of cloth] trapo *m.* **- 3.** [clergy]: **the ~** el clero; **a man of the ~** un clérigo.

clothbound ['klɒθbaʊnd] *adj* encuadernado(da) en tela.

cloth cap *n* **- 1.** [flat cap] gorra *f* de paño. **- 2.** [as a symbol] *símbolo de la clase obrera británica.*

clothe [kləʊð] *vt fml* vestir; **~d in** vestido(da) de.

clothes [kləʊðz] *npl* ropa *f*; **to put one's ~ on** vestirse; **to take one's ~ off** quitarse la ropa, desvestirse.

clothes basket *n* cesto *m* de la ropa sucia.

clothes brush *n* cepillo *m* para la ropa.

clothes hanger *n* percha *f.*

clotheshorse ['kləʊðhɔːs, *pl* -hɔːsɪz] *n* **- 1.** [frame] tendedero *m* (plegable). **- 2.** *inf* [person] presumido(da) en el vestir.

clothesline ['kləʊðzlaɪn] *n* cuerda *f* para tender la ropa.

clothes peg *Br*, **clothespin** *Am* ['kləʊðzpɪn] *n* pinza *f* (para la ropa).

clothespole ['kləʊðzpəʊl], **clothesprop** ['kləʊðzprɒp] *n* palo *m* del tendedero.

clothier ['kləʊðɪə'] *n fml* pañero *m*, -ra *f*, ropero *m*, -ra *f.*

clothing ['kləʊðɪŋ] ◇ *n* ropa *f.* ◇ *comp*: **~ allowance** complemento *m* para ropa.

clotted cream ['klɒtɪd-] *n Br* nata muy espesa típica de Cornualles.

cloture ['kləʊtʃəʳ] ◇ *n* [in US Senate] clausura *f*. ◇ *vt* clausurar.

cloud [klaʊd] ◇ *n* nube *f*; **every** ~ **has a silver lining** *proverb* no hay mal que por bien no venga *proverb*; **in the** ~**s** *fig* en las nubes; **on** ~ **nine** *inf* contentísimo(ma); **to be under a** ~ estar bajo sospecha. ◇ *vt* - **1.** [mirror, window] empañar. - **2.** [memory, happiness] oscurecer. - **3.** [mind] obnubilar; [issue] complicar.
◆ **cloud over** *vi lit & fig* nublarse.

cloudbase ['klaʊdbeɪs] *n* base *f* de la masa nubosa.

cloudburst ['klaʊdbɜːst] *n* chaparrón *m*.

clouded ['klaʊdɪd] *adj* - **1.** = **cloudy** *sense 1*. - **2.** *fig* [expression] melancólico(ca), triste; [reputation] empañado(da); [judgement] ofuscado(da).

cloudiness ['klaʊdɪnɪs] *n* - **1.** [of sky] nubosidad *f*. - **2.** [of liquid] turbulencia *f*.

cloudless ['klaʊdlɪs] *adj* despejado(da), sin nubes.

cloudy ['klaʊdɪ] (*compar* **cloudier**, *superl* **cloudiest**) *adj* - **1.** [overcast] nublado(da). - **2.** [murky] turbio(bia). - **3.** [confused] vago(ga), impreciso(sa).

clout [klaʊt] *inf* ◇ *n* - **1.** [blow] bofetón *m*, tortazo *m*. - **2.** (U) [influence] influencia *f*. ◇ *vt* dar un tortazo a.

clove [kləʊv] ◇ *pt* → **cleave**. ◇ *n* CULIN: **a** ~ **of garlic** un diente de ajo.
◆ **cloves** *npl* [spice] clavo *m*.

cloven ['kləʊvn] *pp* → **cleave**.

cloven hoof, cloven-foot *n* pezuña *f* hendida.

clover ['kləʊvəʳ] *n* trébol *m*; **to be in** ~ *inf fig* vivir como un rey.

cloverleaf ['kləʊvəliːf] (*pl* **cloverleaves** [-liːvz]) *n* BOT hoja *f* de trébol.

clown [klaʊn] ◇ *n* - **1.** [performer] payaso *m*. - **2.** [fool] payaso *m*, -sa *f*. ◇ *vi* hacer payasadas.

clownery ['klaʊnərɪ], **clowning** ['klaʊnɪŋ] *n* (U) payasadas *fpl*.

clownish ['klaʊnɪʃ] *adj* payaso(sa).

cloy [klɔɪ] *vt & vi* empalagar.

cloying ['klɔɪɪŋ] *adj* empalagoso(sa).

club [klʌb] (*pt & pp* **clubbed**, *cont* **clubbing**) ◇ *n* - **1.** [organization, place] club *m*; **join the** ~! *fig & hum* ¡bienvenido al club!; **in the** ~ *Br inf fig* embarazada. - **2.** [weapon] porra *f*, garrote *m*. - **3.** [golf club] palo *m* de golf. ◇ *comp* del club. ◇ *vt* [beat] apalear, aporrear.
◆ **clubs** *npl* [cards] tréboles *mpl*.
◆ **club together** *vi Br* recolectar dinero.

clubbing *n*: **to go** ~ ir de discotecas.

club car *n Am* RAIL vagón *m* restaurante.

club class *n* clase *f* club.

clubfoot [klʌb'fʊt] *n* pie *m* deforme.

clubhouse ['klʌbhaʊs, *pl* -haʊzɪz] *n* [for golfers] (edificio *m* del) club *m*.

clubland ['klʌblənd] *n Br* [nightclubs] zona en la que se encuentran los locales nocturnos.

clubroom ['klʌbrum] *n* sala *f* de reuniones (en un club).

club sandwich *n Am* sandwich *m* club.

club soda *n* agua *f* de Seltz, soda *f*.

cluck [klʌk] ◇ *vi* - **1.** [hen] cloquear. - **2.** [person] chasquear la lengua. ◇ *n* cloqueo *m*.

clue [kluː] *n* - **1.** [in crime] pista *f*; **not to have a** ~ **(about)** *fig* no tener ni idea (de). - **2.** [answer, solution] clave *f*. - **3.** [in crossword] pregunta *f*, clave *f*.
◆ **clue in** *vt sep inf* poner al tanto de la situación a.

clued-up [kluːd-] *adj Br inf* bien informado (bien informada), al tanto.

clueless ['kluːlɪs] *adj Br inf*: **to be** ~ **(about)** no tener ni idea (de).

clump [klʌmp] ◇ *n* - **1.** [of bushes] mata *f*; [of trees, flowers] grupo *m*. - **2.** [sound] ruido *m* de pisadas. ◇ *vi*: **to** ~ **about** andar pesadamente.

clumsily ['klʌmzɪlɪ] *adv* - **1.** [ungracefully] torpemente. - **2.** [awkwardly, unskillfully] toscamente, rudimentariamente. - **3.** [tactlessly] torpemente, sin tacto.

clumsiness ['klʌmzɪnɪs] *n* torpeza *f*.

clumsy ['klʌmzɪ] (*compar* **clumsier**, *superl* **clumsiest**) *adj* - **1.** [ungraceful] torpe. - **2.** [unwieldy] difícil de manejar. - **3.** [tactless] torpe, sin tacto.

clung [klʌŋ] *pt & pt* → **cling**.

clunker ['klʌŋkəʳ] *n Am inf* [car] cafetera *f*, tartana *f*.

cluster ['klʌstəʳ] ◇ *n* [group] grupo *m*; [of grapes] racimo *m*. ◇ *vi* agruparse.

cluster bomb *n* bomba *f* de dispersión.

clutch [klʌtʃ] ◇ *n* - **1.** AUT embrague *m*; **to let the** ~ **in/out** pisar/soltar el embrague; **to throw in the** ~ embragar. - **2.** [grasp] apretón *m*. ◇ *vt* [hand] estrechar; [arm, baby] agarrar. ◇ *vi*: **to** ~ **at sthg** tratar de agarrarse a algo.
◆ **clutches** *npl*: **in the** ~ **of** en las garras de.

clutch bag *n* bolso *m* de mano.

clutter ['klʌtəʳ] ◇ *n* desorden *m*. ◇ *vt* cubrir desordenadamente; **to be** ~**ed with** estar atestado(da) de.

cm (*written abbr of* **centimetre**) cm.

CNAA (*abbr of* **Council for National Academic Awards**) *n* organismo británico independiente de las universidades que otorga títulos superiores.

CND (*abbr of* **Campaign for Nuclear Disarmament**) *n* organización británica contra el armamento nuclear.

co- [kəʊ] *prefix* co-.

c/o (*written abbr of* **care of**) c/d.

Co. [kəʊ] - **1.** (*abbr of* **Company**) Cía. - **2.** *written abbr of* **County**.

CO *n* - **1.** *abbr of* **commanding officer**. - **2.** (*abbr of* **Commonwealth Office**) ministerio para las relaciones con la Commonwealth. - **3.** *written abbr of* **conscientious objector**. - **4.** *written abbr of* **Colorado**.

coach [kəʊtʃ] ◇ *n* - **1.** [bus] autocar *m*. - **2.** RAIL coche *m*, vagón *m*. - **3.** [horsedrawn] carruaje *m*. - **4.** SPORT entrenador *m*, -ra *f*. - **5.** [tutor] profesor *m*, -ra *f* particular. ◇ *vt* - **1.** SPORT entrenar. - **2.** [tutor] dar clases particulares a.

coach-and-four *n* carruaje *m* tirado por cuatro caballos.

coach class *n Am* clase *f* económica, segunda clase *f*.

coach house *n* cochera *f*.

coaching ['kəʊtʃɪŋ] *n* (U) - **1.** SPORT entrenamiento *m*. - **2.** [tutoring] clases *fpl* particulares.

coachload ['kəʊtʃləʊd] *n*: **a** ~ **of tourists** un autocar lleno de turistas.

coachman ['kəʊtʃmən] (*pl* **coachmen** [-mən]) *n* cochero *m*.

coach party *n esp Br* excursión *f* en autocar.

coach station *n* terminal *f* de autocares.

coach trip *n Br* excursión *f* en autocar.

coachwork ['kəʊtʃwɜːk] *n* carrocería *f*.

coaction [kəʊ'ækʃn] *n* acción *f* conjunta.

coadjutant [kəʊ'ædʒʊtənt] ◇ *adj* coadyuvante. ◇ *n* ayudante *mf*, auxiliar *mf*.

coadjutor [kəʊ'ædʒʊtəʳ] *n* auxiliar *mf*.

coagulant [kəʊ'ægjʊlənt] *n* coagulante *m*.

coagulate [kəʊ'ægjʊleɪt] *vi* coagularse.

coagulation [kəʊˌægjʊ'leɪʃn] *n* coagulación *f*.

coal [kəʊl] *n* [mineral] carbón *m*; [ember] ascua *f*, brasa *f*; **to carry** ~**s to Newcastle** *fig* echar agua en el mar; **to haul sb over the** ~**s** *fig* reprender a alguien; **he was treading on hot** ~**s** *fig* estaba en un brete.

coal-burning *adj* de carbón, que funciona con carbón.

coaldust ['kəʊldʌst] *n* polvo *m* de carbón.

coalesce [ˌkəʊə'les] *vi* fundirse.

coalescence [ˌkəʊə'lesns] *n* coalescencia *f*.

coalface ['kəʊlfeɪs] *n* frente *m* de una mina de carbón.

coalfield ['kəʊlfiːld] *n* cuenca *f* minera.

coal-fired *adj* de carbón, que funciona con carbón.

coal gas *n* gas *m* del alumbrado OR de la hulla.

coalition [ˌkəʊəˈlɪʃn] *n* coalición *f*.

coalman [ˈkəʊlmæn] (*pl* **coalmen** [-men]), **coal merchant** *n* Br carbonero *m*.

coalmine [ˈkəʊlmaɪn] *n* mina *f* de carbón.

coalminer [ˈkəʊlˌmaɪnəʳ] *n* minero *m* (de carbón).

coalmining [ˈkəʊlˌmaɪnɪŋ] *n* minería *f* del carbón.

coal scuttle *n* cubo *m* del carbón, carbonera *f*.

coal tar *n* alquitrán *m* de hulla.

coarse [kɔːs] *adj* **- 1.** [skin, hair, sandpaper] áspero(ra); [fabric] basto(ta). **- 2.** [person, joke] ordinario(ria), guarango(ga) *Amér*.

coarse fishing *n* Br pesca de río que exceptúa la de los salmónidos.

coarse-grained *adj* **- 1.** [rough] de grano grueso. **- 2.** [crude] basto(ta), grosero(ra).

coarsely [ˈkɔːslɪ] *adv* **- 1.** [roughly] ásperamente, con aspereza; ~ **woven** de textura gruesa. **- 2.** [uncouthly - speak] de un modo basto OR vulgar; [- laugh] de un modo estridente.

coarsen [ˈkɔːsn] ◇ *vt* **- 1.** [person, manners] embrutecer. **- 2.** [make rough] curtir. ◇ *vi* **- 1.** [become vulgar] embrutecerse. **- 2.** [become rough] curtirse.

coarseness [ˈkɔːsnɪs] *n* **- 1.** [of skin, sandpaper] aspereza *f*; [of fabric] basteza *f*. **- 2.** [of manners] ordinariez *f*, guranguería *f Amér*.

coast [kəʊst] ◇ *n* **- 1.** [shore] costa *f*; **the ~ is clear** *fig* no hay moros en la costa. **- 2.** *Am* [slope] pendiente *f*, cuesta *f*. **- 3.** *Am* [glide] deslizamiento *m*. ◇ *vi* **- 1.** [in car] ir en punto muerto; [on bicycle] rodar sin impulso; [on sled] deslizarse. **- 2.** [progress easily] ir holgadamente OR sin esfuerzos.

coastal [ˈkəʊstl] *adj* costero(ra); ~ **waters** aguas *fpl* litorales OR costeras.

coaster [ˈkəʊstəʳ] *n* **- 1.** [small mat] posavasos *m inv*. **- 2.** [ship] barco *m* de cabotaje. **- 3.** [sled] trineo *m*, tobogán *m*. **- 4.** [tray] mesita *f* rodante.

coastguard [ˈkəʊstgɑːd] *n* **- 1.** [person] guardacostas *mf inv*. **- 2.** [organization]: **the ~** los guardacostas.

coastline [ˈkəʊstlaɪn] *n* litoral *m*.

coat [kəʊt] ◇ *n* **- 1.** [garment] abrigo *m*; **to cut one's ~ according to one's cloth** *fig* ajustarse (uno) a sus posibilidades. **- 2.** [of animal] pelo *m*, pelaje *m*. **- 3.** [layer] capa *f*. ◇ *vt*: **to ~ sthg (with)** cubrir algo (de).

coat hanger *n* percha *f*.

coating [ˈkəʊtɪŋ] *n* [of dust etc] capa *f*; [of chocolate, silver] baño *m*.

coat of arms (*pl* **coats of arms**) *n* escudo *m* de armas.

coat of mail *n* cota *f* de malla.

coatrack [ˈkəʊtræk] *n* perchero *m*.

coatroom [ˈkəʊtruːm] *n* Am guardarropa *m*.

coatroom ticket *n* Am número *m* de guardarropa.

coatstand [ˈkəʊtstænd] *n* = **coatrack**.

coattail [ˈkəʊtteɪl] *n* faldón *m* (de un frac); **to ride on sb's ~s** *fig* arrimarse al carro del que manda.

coauthor [kəʊˈɔːθəʳ] ◇ *n* coautor *m*, -ra *f*. ◇ *vt* ser coautor de.

coax [kəʊks] *vt*: **to ~ sb (to do** OR **into doing sthg)** engatusar a alguien (para que haga algo).

coaxial cable [ˌkəʊˈæksɪəl-] *n* cable *m* coaxial.

coaxing [ˈkəʊksɪŋ] ◇ *n* engatusamiento *m*. ◇ *adj* engatusador(ra).

cob [kɒb] *n* **- 1.** → **corn**. **- 2.** [male swan] cisne *m* macho. **- 3.** [horse] jaca *f*.

cobalt [ˈkəʊbɔːlt] *n* [element] cobalto *m*; [colour] azul *m* cobalto.

cobble [ˈkɒbl] ◆ **cobble together** *vt sep* pergeñar (de cualquier manera).

cobbled [ˈkɒbld] *adj* adoquinado(da).

cobbler [ˈkɒbləʳ] *n* **- 1.** [shoemaker] zapatero (remendón)

m, zapatera (remendona) *f*. **- 2.** [fruit pie] tarta *f* de fruta. **- 3.** [drink] *bebida helada de vino y frutas*.

◆ **cobblers** *npl* Br v inf: **that's a load of ~s!** ¡eso son gilipolleces!

cobbles, **cobblestones** [ˈkɒblstəʊnz] *npl* adoquines *mpl*.

Cobol [ˈkəʊbɒl] (*abbr of* **Common Business Orientated Language**) *n* COMPUT COBOL *m*.

cobra [ˈkəʊbrə] *n* cobra *f*.

cobweb [ˈkɒbweb] *n* telaraña *f*.

coca [ˈkəʊkə] *n* coca *f*.

Coca-Cola® *n* Coca-Cola® *f*.

cocaine [kəʊˈkeɪn] *n* cocaína *f*.

coccyx [ˈkɒksɪks] (*pl* **coccyges** [kɒkˈsaɪdʒiːz]) *n* coxis *m*, cóccix *m*.

cochineal [ˈkɒtʃiniːl] *n* **- 1.** [insect] cochinilla *f*. **- 2.** [dye] cochinilla *f*, carmín *m*.

cock [kɒk] ◇ *n* **- 1.** [male chicken] gallo *m*. **- 2.** [male bird] macho *m*. **- 3.** [of gun] martillo *m*. **- 4.** [tap] llave *f*. **- 5.** *vulg* [penis] polla *f*, pijo *m*. ◇ *vt* **- 1.** [gun] montar, amartillar. **- 2.** [head] ladear; [fists] alzar.

◆ **cock up** *vt sep Br v inf* jorobar, fastidiar.

cockade [kɒˈkeɪd] *n* escarapela *f*.

cock-a-doodle-doo [ˌkɒkəduːdlˈduː] *n* quiquiriquí *m*.

cock-a-hoop *adj inf* [delighted]: **to be ~** estar como unas castañuelas.

cockamamie, **cockamamy** [ˈkɒkəmeɪnɪ] *adj* Am inf **- 1.** [valueless] de calidad inferior. **- 2.** [ludicrous] absurdo(da).

cock-and-bull story *n inf* patraña *f*, cuento *m* chino.

cockatoo [ˌkɒkəˈtuː] (*pl* **cockatoos**) *n* cacatúa *f*.

cockcrow [ˈkɒkkrəʊ] *n* amanecer *m*, alba *f*.

cocked hat [kɒkt-] *n* sombrero *m* de tres picos.

cockerel [ˈkɒkrəl] *n* gallo *m* joven.

cocker spaniel [ˈkɒkəʳ-] *n* cocker *m*.

cockeyed [ˈkɒkaɪd] *adj inf* **- 1.** [lopsided] torcido(da). **- 2.** [foolish] disparatado(da).

cockfight [ˈkɒkfaɪt] *n* pelea *f* de gallos.

cockfighting [ˈkɒkfaɪtɪŋ] *n* pelea *f* de gallos.

cockiness [ˈkɒkɪnɪs] *n* chulería *f*.

cockle [ˈkɒkl] *n* **- 1.** ZOOL berberecho *m*. **- 2.** *phr*: **to warm the ~s of one's heart** llenar de alegría a uno.

cockleshell [ˈkɒklʃel] *n* [boat] barqueta *f*.

Cockney [ˈkɒknɪ] (*pl* **Cockneys**) ◇ *n* **- 1.** [person] cockney *mf*, *persona procedente del este de Londres*. **- 2.** [dialect, accent] cockney *m*, *dialecto del este de Londres*. ◇ *comp* cockney, *del este de Londres*.

cockpit [ˈkɒkpɪt] *n* [in plane] cabina *f*, carlinga *f*.

cockroach [ˈkɒkrəʊtʃ] *n* cucaracha *f*.

cockscomb [ˈkɒkskəʊm] *n* **- 1.** [comb of male chicken] cresta *f* de gallo. **- 2.** *literary* [dandy] petimetre *mf*.

cock sparrow *n* gorrión *m* macho.

cocksure [kɒkˈʃɔːʳ] *adj* presuntuoso(sa).

cocktail [ˈkɒkteɪl] *n* cóctel *m*, copetín *m Amér*.

cocktail bar *n* bar *m* (de hotel, aeropuerto).

cocktail dress *n* vestido *m* de fiesta.

cocktail lounge *n* bar *m* (de hotel, aeropuerto).

cocktail party *n* cóctel *m*.

cocktail shaker *n* coctelera *f*.

cocktail stick *n* palillo *m*.

cock-up *n v inf* pifia *f*.

cocky [ˈkɒkɪ] (*compar* **cockier**, *superl* **cockiest**) *adj inf* chulo(la), chuleta.

coco [ˈkəʊkəʊ] *n* **- 1.** [tree] cocotero *m*. **- 2.** [fruit] coco *m*.

cocoa [ˈkəʊkəʊ] *n* **- 1.** [powder] cacao *m*. **- 2.** [drink] chocolate *m*.

cocoa bean *n* grano *m* de cacao.

cocoa butter *n* mantequilla *f* de cacao.

coconut [ˈkəʊkənʌt] *n* coco *m*.

coconut matting *n* estera *f* de fibra de coco.

coconut oil *n* aceite *m* de coco.

coconut palm *n* cocotero *m*.

coconut shy *n* juego de feria que consiste en derribar cocos con una pelota.

cocoon [kə'ku:n] ◇ *n* - **1.** ZOOL capullo *m*. - **2.** fig [protective environment]: **to live in a** ~ vivir entre algodones. ◇ *vt* fig arropar.

cocooned [kə'ku:nd] *adj* encerrado(da), enclaustrado(da).

cod [kɒd] (*pl inv* OR **cods**) *n* bacalao *m*.

COD (*abbr of* **cash on delivery**) contra reembolso, ≃ CAE.

coda ['kəʊdə] *n* MUS coda *f*.

coddle ['kɒdl] *vt* - **1.** inf [pamper] mimar. - **2.** [cook] cocer a fuego lento.

coddled egg ['kɒdld-] *n* huevo *m* pasado por agua.

code [kəʊd] ◇ *n* - **1.** [gen] código *m*; ~ **of conduct/honour** código de conducta/de honor; ~ **of practice** código (de ética) profesional. - **2.** [for telephone] prefijo *m*. ◇ *vt* - **1.** [encode] codificar, cifrar. - **2.** [give identifier to] clasificar.

coded ['kəʊdɪd] *adj* codificado(da).

codefendant [kəʊdɪ'fendənt] *n* coacusado *m*, -da *f*.

codeine ['kəʊdi:n] *n* codeína *f*.

code name *n* nombre *m* en clave.

◆ **code-named** *vt*: **to be code-named** llevar un nombre en clave.

codeword ['kəʊdwɜ:d] *n* [password] contraseña *f*; [name] contraseña *f*, nombre *m* en clave.

codex ['kəʊdeks] (*pl* **codices** [-dɪsiːz]) *n* códice *m*.

codfish ['kɒdfɪʃ] (*pl inv* OR **codfishes**) *n* = **cod**.

codger ['kɒdʒər] *n* inf vejete *m*.

codices ['kəʊdɪsiːz] *pl* → **codex**.

codicil ['kəʊdɪsɪl] *n* codicilo *m*.

codification [kəʊdɪfɪ'keɪʃn] *n* codificación *f*.

codifier ['kəʊdɪfaɪər] *n* codificador *m*.

codify ['kəʊdɪfaɪ] (*pt & pp* **codified**) *vt* codificar.

coding ['kəʊdɪŋ] ◇ *n* [of message] codificación *f*, cifrado *m*; COMPUT codificación *f*. ◇ *comp*: ~ **line** línea *f* de programación; ~ **sequence** secuencia *f* de programación.

codirector [kəʊdɪ'rektər] *n* CINEMA codirector *m*, -ra *f*.

cod-liver oil *n* aceite *m* de hígado de bacalao.

codpiece ['kɒdpiːs] *n* taparrabos *m inv*, portañuela *f*.

codswallop ['kɒdz,wɒləp] *n* (U) Br inf bobadas *fpl*.

coed [kəʊ'ed] ◇ *adj* (*abbr of* **coeducational**) mixto(ta). ◇ *n* - **1.** Am (*abbr of* **coeducational student**) estudiante de un colegio mixto. - **2.** Br (*abbr of* **coeducational school**) colegio mixto.

co-edition *n* coedición *f*.

co-editor *n* coeditor *m*, -ra *f*.

coeducation [kəʊedʒʊ'keɪʃn] *n* enseñanza *f* mixta.

coeducational [kəʊedʒʊ'keɪʃənl] *adj* mixto(ta).

coefficient [kəʊɪ'fɪʃnt] *n* coeficiente *m*.

coequal [kəʊ'iːkwəl] ◇ *adj* igual. ◇ *n* igual *mf*.

coerce [kəʊ'ɜːs] *vt*: **to** ~ **sb (into doing sthg)** coaccionar a alguien (para que haga algo).

coercion [kəʊ'ɜːʃn] *n* coacción *f*.

coeval [kəʊ'iːvl] ◇ *adj* coetáneo(a). ◇ *n* coetáneo *m*, -a *f*.

coexist [kəʊɪg'zɪst] *vi* coexistir.

coexistence [kəʊɪg'zɪstəns] *n* coexistencia *f*.

coexistent [kəʊɪg'zɪstənt] *adj* coexistente.

coextensive [kəʊɪk'stensɪv] *adj* coextenso(sa).

C. of C. (*abbr of* **chamber of commerce**) *n* CC *f*.

C of E (*abbr of* **Church of England**) *n* Iglesia anglicana; **she's** ~ es anglicana.

coffee ['kɒfɪ] *n* café *m*; **black/white** ~ café solo/con leche.

coffee bar *n* Br cafetería *f*.

coffee bean *n* grano *m* de café.

coffee break *n* pausa en el trabajo.

coffee cream *n* [chocolate] bombón *m* (relleno de crema) de café.

coffee cup *n* taza *f* de café.

coffee grinder *n* molinillo *m* de café.

coffee klatch [-klætʃ] *n* Am inf: **he's probably in the** ~ seguro que está tomando un café y de cháchara con los demás.

coffee machine *n* cafetera *f*.

coffee mill *n* molinillo *m* de café.

coffee morning *n* Br reunión matinal, generalmente benéfica, en la que se sirve café.

coffeepot ['kɒfɪpɒt] *n* cafetera *f*.

coffee shop *n* - **1.** Br [shop] cafetería *f*. - **2.** Am [restaurant] café *m*.

coffee spoon *n* cuchara *f* OR cucharilla *f* de café.

coffee table *n* mesita *f* baja (de salón).

coffee-table book *n* libro grande con fotografías o ilustraciones que se coloca a la vista, generalmente sobre la mesita del salón.

coffee tree *n* cafeto *m*.

cofferdam ['kɒfədæm] *n* ataguía *f*.

coffers ['kɒfəz] *npl* arcas *fpl*.

coffin ['kɒfɪn] *n* ataúd *m*.

C of I *n* written abbr of **Church of Ireland**.

C of S *n* written abbr of **Church of Scotland**.

cog [kɒg] *n* [tooth on wheel] diente *m*; [wheel] rueda *f* dentada; **a** ~ **in the machine** fig una pieza insignificante del engranaje.

cogency ['kəʊdʒənsɪ] *n* contundencia *f*, convicción *f*.

cogeneration [kəʊdʒenə'reɪʃn] *n* generación eléctrica mediante la energía de escape.

cogent ['kəʊdʒənt] *adj* contundente, convincente.

cogitate ['kɒdʒɪteɪt] *vi* fml meditar.

cogitation [kɒdʒɪ'teɪʃn] *n* fml cogitación *f*, meditación *f*.

cognac ['kɒnjæk] *n* coñac *m*.

cognate ['kɒgneɪt] LING ◇ *adj* cognado(da). ◇ *n* cognado *m*.

cognition [kɒg'nɪʃn] *n* cognición *f*.

cognitive ['kɒgnɪtɪv] *adj* cognitivo(va), cognoscitivo(va).

cognizance ['kɒgnɪzəns] *n* fml conocimiento *m*; **to take** ~ **of sthg** tener algo en cuenta.

cognizant ['kɒgnɪzənt] *adj* fml: **to be** ~ **of sthg** ser consciente de algo.

cognomen [kɒg'nəʊmen] (*pl* **cognomens** OR **cognomina** [-mɪnə]) *n* apodo *m*.

cog railway *n* Am ferrocarril *m* de cremallera.

cogwheel ['kɒgwiːl] *n* rueda *f* dentada.

cohabit [kəʊ'hæbɪt] *vi* fml: **to** ~ **(with)** cohabitar (con).

cohabitation [kəʊhæbɪ'teɪʃn] *n* fml cohabitación *f*.

cohabitee [kəʊ,hæbɪ'tiː] *n* fml cónyuge *mf* de hecho.

cohere [kəʊ'hɪər] *vi* - **1.** [be logical] ser coherente. - **2.** [stick together] adherirse.

coherence [kəʊ'hɪərəns], **coherency** [kəʊ'hɪərənsɪ] *n* coherencia *f*.

coherent [kəʊ'hɪərənt] *adj* coherente.

coherently [kəʊ'hɪərəntlɪ] *adv* coherentemente.

cohesion [kəʊ'hiːʒn] *n* cohesión *f*.

cohesive [kəʊ'hiːsɪv] *adj* cohesivo(va).

cohort ['kəʊhɔːt] *n* pej acólito *m*, -ta *f*, secuaz *mf*.

COHSE ['kəʊzɪ] (*abbr of* **Confederation of Health Service Employees**) *n* sindicato británico de trabajadores del sector sanitario.

COI (*abbr of* **Central Office of Information**) *n* oficina gubernamental británica de información al público.

coif [kɔɪf] *n* cofia *f*.

coiffure [kwaː'fjʊər] *n* fml & hum tocado *m*, peinado *m*.

coil [kɔɪl] ◇ *n* - **1.** [of rope, wire] rollo *m*; [of hair] tirabuzón *m*; [of smoke] espiral *f*. - **2.** ELEC bobina *f*. - **3.** Br [contraceptive device] DIU *m*, espiral *f.* ◇ *vi* enrollarse, enroscarse. ◇ *vt* enrollar, enroscar.

◆ **coil up** *vt sep* enrollar.

coiled [kɔɪld] *adj* [rope etc] enrollado(da); [spring] en espiral.

coin [kɔɪn] ◇ *n* moneda *f*; **to flip** OR **spin** OR **toss a** ~ echar a cara o cruz ❑ **to pay sb back in his/her** *etc* **own** ~ pagar a alguien con la misma moneda. ◇ *vt* [invent] acuñar, inventar; **to** ~ **a phrase** por decirlo de alguna manera, como se suele decir ❑ **to** ~ **it (in)** *inf* forrarse, ganar dinero a espuertas.

coinage ['kɔɪnɪdʒ] *n* - **1.** [currency] moneda *f.* - **2.** [invention] palabra *f* de nuevo cuño.

coin-box *n Br* teléfono *m* público *(que funciona con monedas).*

coincide [ˌkəʊɪn'saɪd] *vi*: **to** ~ **(with)** coincidir (con).

coincidence [kəʊ'ɪnsɪdəns] *n* coincidencia *f.*

coincident [kəʊ'ɪnsɪdənt] *adj*: **to be** ~ **with** ser acorde con.

coincidental [kəʊˌɪnsɪ'dentl] *adj* fortuito(ta).

coincidentally [kəʊˌɪnsɪ'dentəlɪ] *adv*: ~ **his name was the same as mine** dio la coincidencia de que tenía el mismo nombre que yo.

coiner ['kɔɪnə'] *n* - **1.** [counterfeiter] falsificador *m*, -ra *f* de moneda. - **2.** [inventor] inventor *m*, -ra *f*, creador *m*, -ra *f.*

coin-operated [-'ɒpəˌreɪtɪd] *adj* que funciona con monedas.

coitus ['kɔɪtəs] *n fml* coito *m.*

coke [kəʊk] *n* - **1.** [fuel] coque *m.* - **2.** *drugs sl* coca *f.*

Coke® [kəʊk] *n* Coca-Cola® *f.*

Col. *(written abbr of* **colonel)** Col.

cola ['kəʊlə] *n* (bebida *f* de) cola *f.*

COLA ['kəʊlə] *(abbr of* **cost-of-living adjustment)** *n* actualización salarial según el coste de vida.

colander ['kʌləndə'] *n* escurridor *m.*

cold [kəʊld] ◇ *adj* - **1.** [in temperature] frío(a); **it's** ~ hace frío; **I'm** ~ tengo frío; **my hands are** ~ tengo las manos frías; **to get** ~ enfriarse. - **2.** [unfriendly] frío(a). - **3.** *inf* [unconscious] inconsciente; **he fell down** ~ cayó sin conocimiento; **to be out** ~ haber perdido el conocimiento. ◇ *n* - **1.** [illness] resfriado *m*, constipado *m*; **to catch (a)** ~ resfriarse, coger un resfriado; **to have a** ~ estar resfriado(da); **to feed a** ~ comer bien para curarse de un resfriado. - **2.** [low temperature] frío *m*; **to come in from the** ~ *inf fig* ser admitido(da) por un grupo, reinsertarse; **(out) in the** ~ *inf fig* en la estacada. ◇ *adv* - **1.** [thoroughly] completamente. - **2.** [unprepared] sin preparación, en seco.

cold-blooded *adj* - **1.** [animal] de sangre fría. - **2.** [person] despiadado(da); [killing] a sangre fría.

cold-bloodedly [-'blʌdɪdlɪ] *adv* a sangre fría.

cold chisel *n* cortahierro *m*, cortafrío *m.*

cold cream *n* crema *f* de belleza.

cold cuts *npl esp Am* embutidos *mpl*, fiambres *mpl.*

cold feet *npl inf fig*: **he got** ~ se le arrugó el ombligo.

cold fish *n fig* [person] persona *f* sin sentimientos.

cold frame *n* cajonera *f* en frío.

cold front *n* frente *m* frío.

cold-hearted *adj* [person] sin sentimientos, duro(ra) de corazón; [action] despiadado(da).

coldly ['kəʊldlɪ] *adv* con frialdad.

coldness ['kəʊldnɪs] *n* frialdad *f.*

cold pack *n* - **1.** MED compresa *f* fría. - **2.** [canning process] envasado *m* en frío.

cold-pressed [-prest] *adj* [olive oil] prensado(da) en frío.

cold room *n* = **cold store**.

cold shoulder *n inf*: **to give sb the** ~ dar de lado a alguien.

cold snap *n* ola *f* de frío.

cold sore *n* calentura *f*, pupa *f.*

cold storage *n* [of food] conservación *f* en frío; **to put sthg into** ~ *fig* postergar algo indefinidamente.

cold store *n* cámara *f* frigorífica, cuarto *m* frío.

Coldstream Guards ['kəʊld,striːm-] *npl*: **the** ~ regimiento de infantería de la Guardia Real Británica.

cold sweat *n* sudor *m* frío; **to be in a** ~ **about sthg** tener sudores fríos por algo.

cold turkey *n drugs sl* mono *m*, síndrome *m* de abstinencia.

cold war *n*: **the** ~ la guerra fría.

cold wave *n* METEOR ola *f* de frío.

cole [kəʊl] *n* BOT [rape] colza *f*, nabo *m*; [cabbage] col *f.*

colectomy [kə'lektəmɪ] *(pl* **colectomies)** *n* colectomía *f.*

coleslaw ['kəʊlslɔː] *n* ensalada de col, zanahoria, cebolla y mayonesa.

colic ['kɒlɪk] *n* cólico *m.*

coliseum [ˌkɒlɪ'sɪəm] *n* coliseo *m.*

◆ **Coliseum** *n* = **Colosseum**.

colitis [kɒ'laɪtɪs] *n* colitis *f inv.*

collaborate [kə'læbəreɪt] *vi*: **to** ~ **(with)** colaborar (con).

collaboration [kəˌlæbə'reɪʃn] *n* - **1.** [teamwork]: ~ **(with)** colaboración *f* (con). - **2.** *pej* [with enemy]: ~ **(with)** colaboracionismo *m* (con).

collaborationist [kəˌlæbə'reɪʃnɪst] *n* colaboracionista *mf.*

collaborative [kə'læbərətɪv] *adj* de colaboración.

collaborator [kə'læbəreɪtə'] *n* - **1.** [colleague] colaborador *m*, -ra *f.* - **2.** *pej* [traitor] colaboracionista *mf.*

collage ['kɒlɑːʒ] *n* collage *m.*

collagen ['kɒlədʒən] *n* colágeno *m.*

collapse [kə'læps] ◇ *n* - **1.** [of building] derrumbamiento *m*, desplome *m*; [of roof] hundimiento *m.* - **2.** [of marriage, system] fracaso *m*; [of government, currency] caída *f*; [of empire] derrumbamiento *m.* - **3.** MED colapso *m.* ◇ *vi* - **1.** [building, person] derrumbarse, desplomarse; [of roof] hundirse; **to** ~ **with laughter** partirse de risa. - **2.** [plan, business] venirse abajo. - **3.** MED sufrir un colapso. - **4.** [fold up] plegarse. ◇ *vt* [fold up] plegar.

collapsible [kə'læpsəbl] *adj* plegable.

collar ['kɒlə'] ◇ *n* - **1.** [on clothes] cuello *m.* - **2.** [for dog] collar *m.* - **3.** TECH collar *m.* ◇ *vt inf* [subj: police] pescar, cazar; [subj: boss etc] pillar, parar.

collarbone ['kɒləbəʊn] *n* clavícula *f.*

collar stud *n* botón *m* del cuello.

collate [kə'leɪt] *vt* - **1.** [compare] cotejar. - **2.** [put in order] poner en orden.

collateral [kɒ'lætərəl] ◇ *n* garantía *f* subsidiaria, seguridad *f* colateral. ◇ *adj* - **1.** [secondary] colateral. - **2.** [related] emparentado(da) colateralmente.

collation [kə'leɪʃn] *n* - **1.** [comparison] cotejo *m.* - **2.** [ordering] ordenación *f.* - **3.** [meal] colación *f*, refrigerio *m.*

collator [kə'leɪtə'] *n* - **1.** [TYPO - person] compaginador *m*, -ra *f*; [- machine] (máquina *f*) compaginadora *f.* - **2.** RELIG colador *m.*

colleague ['kɒliːg] *n* colega *mf.*

collect [kə'lekt] ◇ *vt* - **1.** [gather together] reunir, juntar; **to** ~ **o.s.** *fig* recobrar el dominio de sí mismo; **to** ~ **one's thoughts** *fig* concentrarse. - **2.** [as a hobby] coleccionar. - **3.** [person, parcel] recoger. - **4.** [payment] cobrar; [taxes] recaudar. ◇ *vi* - **1.** [gather] congregarse, reunirse. - **2.** [accumulate] acumularse. - **3.** [for charity, gift] hacer una colecta. - **4.** *inf* [take money] cobrar. ◇ *adv Am* TELEC: **to call (sb)** ~ llamar (a alguien) a cobro revertido.

◆ **collect up** *vt sep* recoger.

collectable [kə'lektəbl] ◇ *adj* interesante para un coleccionista. ◇ *n* pieza *f* interesante para un coleccionista.

collected [kə'lektɪd] *adj* - **1.** [calm] sosegado(da). - **2.** [complete]: ~ **works** obras *fpl* completas.

collectible [kə'lektəbl] *adj* = **collectable**.

collecting [kə'lektɪŋ] *n* [hobby] coleccionismo *m.*

collection [kə'lekʃn] ◇ *n* - **1.** [of stamps, art etc] colección *f.* - **2.** [of poems, stories etc] recopilación *f.* - **3.** [of rubbish, mail] recogida *f*; [of payment] cobro *m*; [of taxes] recaudación *f.* - **4.** [in church, for charity, gift] colecta *f.* ◇ *comp:* ~ **box** [gen] caja *f*; [in church] cepillo *m*; ~ **plate** platillo *m.*

collective [kə'lektɪv] ◇ *adj* colectivo(va). ◇ *n* colectivo *m.*

collective agreement *n* convenio *m* colectivo.

collective bargaining *n (U)* negociación *f* salarial.

collective farm *n* granja *f* colectiva.

collectively [kə'lektɪvlɪ] *adv* colectivamente.

collective noun *n* nombre *m* colectivo.

collective ownership *n* propiedad *f* colectiva.

collectivism [kə'lektɪvɪzm] *n* colectivismo *m.*

collectivist [kə'lektɪvɪst] *n* colectivista *mf.*

collectivization [kə,lektɪvaɪ'zeɪʃn] *n* colectivización *f.*

collectivize, -ise [kə'lektɪvaɪz] *vt* colectivizar.

collector [kə'lektə^r] *n* - **1.** [as a hobby] coleccionista *mf.* - **2.** [of taxes] recaudador *m*, -ra *f.* - **3.** [of debts, rent] cobrador *m*, -ra *f.*

collector's item *n* pieza *f* de coleccionista.

college ['kɒlɪdʒ] ◇ *n* - **1.** [for further education] instituto *m*, escuela *f.* - **2.** [of university] colegio universitario *que forma parte de ciertas universidades.* - **3.** [organized body] colegio *m.* ◇ *comp* universitario(ria); ~ **degree** *Am* título *m* universitario.

college of education *n* escuela *f* de formación de profesores de enseñanza primaria y secundaria.

collegian [kə'li:dʒɪən] *n* estudiante universitario *m*, estudiante universitaria *f.*

collegiate [kə'li:dʒɪət] *adj* - **1.** [life] universitario(ria). - **2.** [university] *compuesta de diversos 'colleges'.*

collide [kə'laɪd] *vi:* **to** ~ **(with)** [gen] chocar (con); [vehicles] colisionar OR chocar (con).

collie ['kɒlɪ] *n* collie *m.*

collier ['kɒlɪə^r] *n Br* - **1.** [miner] minero *m* del carbón. - **2.** [ship] barco *m* carbonero.

colliery ['kɒljərɪ] *(pl* **collieries**) *n Br* mina *f* de carbón.

collision [kə'lɪʒn] *n lit & fig:* ~ **(with/between)** choque *m* (con/entre), colisión *f* (con/entre) ❑ **to be on a** ~ **course (with)** *fig* estar al borde del enfrentamiento (con); **the two planes were on a** ~ *lit* los dos aviones estuvieron a punto de colisionar.

collision damage waiver *n* franquicia *f.*

collocate [*vb* 'kɒləkeɪt, *n* 'kɒləkət] LING ◇ *vi* ser colocadores; **to** ~ **with sthg** darse en colocación con algo. ◇ *n* colocador *m.*

collocation [,kɒlə'keɪʃn] *n* colocación *f.*

colloid ['kɒlɔɪd] *n* coloide *m.*

colloidal [kə'lɔɪdl] *adj* coloidal.

colloquia [kə'ləʊkwɪə] *pl* → **colloquium.**

colloquial [kə'ləʊkwɪəl] *adj* coloquial.

colloquialism [kə'ləʊkwɪəlɪzm] *n* expresión *f* familiar.

colloquially [kə'ləʊkwɪəlɪ] *adv* de un modo coloquial, coloquialmente.

colloquium [kə'ləʊkwɪəm] *(pl* **colloquiums** OR **colloquia** [kə'ləʊkwɪə]) *n* coloquio *m.*

colloquy ['kɒləkwɪ] *n fml* coloquio *m.*

collude [kə'lu:d] *vi:* **to** ~ **with** estar en connivencia con.

collusion [kə'lu:ʒn] *n:* **in** ~ **with** en connivencia con.

cologne [kə'ləʊn] *n* colonia *f.*

Cologne *n* [city] Colonia.

Colombia [kə'lɒmbɪə] *n* Colombia.

Colombian [kə'lɒmbɪən] ◇ *adj* colombiano(na). ◇ *n* colombiano *m*, -na *f.*

Colombo [kə'lʌmbəʊ] *n* Colombo.

colon[1] ['kəʊlən] *n* - **1.** ANAT colon *m.* - **2.** [punctuation mark] dos puntos *mpl.*

colon[2] [kɒ'lɒn] *(pl* **colons** OR **colones** [-nes]) *n* FIN colón *m.*

colonel ['kɜːnl] *n* coronel *mf.*

colones [kɒ'lɒnes] *pl* → **colon**[2].

colonial [kə'ləʊnjəl] *adj* colonial.

colonialism [kə'ləʊnjəlɪzm] *n* colonialismo *m.*

colonialist [kə'ləʊnjəlɪst] *n* colonialista *mf.*

colonist ['kɒlənɪst] *n* colono *m.*

colonization [,kɒlənaɪ'zeɪʃn] *n* colonización *f.*

colonize, -ise ['kɒlənaɪz] *vt* colonizar.

colonizer ['kɒlənaɪzə^r] *n* colonizador *m*, -ra *f.*

colonnade [,kɒlə'neɪd] *n* columnata *f.*

colony ['kɒlənɪ] *(pl* **colonies**) *n* colonia *f.*

colophon ['kɒləfən] *n* colofón *m.*

color *etc Am* = **colour** *etc.*

Colorado [,kɒlə'rɑːdəʊ] *n* Colorado; **the** ~ **(River)** el (río) Colorado.

colorado beetle *n* escarabajo *m* de la patata.

colorant ['kʌlərənt] *n* colorante *m.*

coloration [,kʌlə'reɪʃn] *n* coloración *f.*

color line *n Am* discriminación *f* racial.

colossal [kə'lɒsl] *adj* colosal.

Colosseum [,kɒlə'sɪəm] *n* [in Rome]: **the** ~ el Coliseo.

colossus [kə'lɒsəs] *(pl* **colossuses** OR **colossi** [-saɪ]) *n* coloso *m*; **the Colossus of Rhodes** el coloso de Rodas.

colostomy [kə'lɒstəmɪ] *(pl* **colostomies**) *n* colostomía *f.*

colostrum [kə'lɒstrəm] *n* calostro *m.*

colour *Br*, **color** *Am* ['kʌlə^r] ◇ *n* - **1.** [gen] color *m*; **in** ~ en color; **in full** ~ a todo color; **to change** ~ cambiar de color; **people of** ~ *Am* gente *f* de color ❑ **let's see the** ~ **of your money** *inf* a ver cuánta pasta tienes. - **2.** [picturesque detail] color *m*, colorido *m.* - **3.** ART colorido *m*, tono *m.* - **4.** MUS color *m*, colorido *m.* - **5.** [healthy complexion]: **to lose** ~ palidecer. ◇ *adj* en color. ◇ *vt* - **1.** [give colour to] dar color a; [with pen, crayon] colorear. - **2.** [dye] teñir. - **3.** [affect] influir en. ◇ *vi* [blush] ruborizarse.

◆ **colours** *npl* - **1.** MIL bandera *f*, colores *mpl.* - **2.** [badge] insignia *f.* - **3.** *phr:* **to nail one's** ~**s to the mast** decir uno de qué lado está; **to show one's true** ~**s** mostrar uno su verdadero carácter; **to stick to one's** ~**s** mantener uno su opinión.

◆ **colour in** *vt sep* colorear.

colour bar *n* discriminación *f* racial.

colour bearer *n* abanderado *m*, -da *f.*

colour-blind *adj* daltónico(ca).

colour blindness *n* daltonismo *m.*

colour code *n* código *m* de colores.

◆ **colour-code** *vt:* **to colour-code sthg** codificar algo con colores.

colour-coded *adj* identificado(da) por color.

coloured *Br*, **colored** *Am* ['kʌləd] *adj* - **1.** [pens, sheets etc] de colores. - **2.** [with stated colour]: **maroon-**~ de color granate; **brightly-**~ de vivos colores. - **3.** [person - black] de color; [- of mixed race] mestizo(za). - **4.** [distorted] tendencioso(sa).

colourfast *Br*, **colorfast** *Am* ['kʌləfɑːst] *adj* que no destiñe.

colourful *Br*, **colorful** *Am* ['kʌləful] *adj* - **1.** [brightly coloured] de vivos colores. - **2.** [story] animado(da). - **3.** [person] pintoresco(ca).

colourfully *Br*, **colorfully** *Am* ['kʌləfulɪ] *adv:* ~ **dressed** vestido(da) con colores vivos.

colour guard *n* escolta *f* de bandera.

colouring *Br*, **coloring** *Am* ['kʌlərɪŋ] *n* - **1.** [dye] colorante *m.* - **2.** [complexion, hair] tez *f.* - **3.** [of animal's skin] color *m*, coloración *f.*

colouring book *n* libro *m* para colorear.

colourless *Br*, **colorless** *Am* ['kʌlələs] *adj* - **1.** [not coloured] incoloro(ra). - **2.** *fig* [uninteresting] soso(sa), anodino(na).

colour scheme *n* combinación *f* de colores.

colour supplement *n Br* suplemento *m* en color.

colour television *n* televisión *f* en color.

colt [kəʊlt] *n* potro *m.*

coltish ['kəʊltɪʃ] *adj literary* retozón(ona), juguetón(ona).

column ['kɒləm] *n* - **1.** [gen] columna *f.* - **2.** [of people, vehicles] hilera *f.*

columnist ['kɒləmnɪst] *n* columnista *mf*.

coma ['kəʊmə] *n* coma *m*.

Comanche [kə'mæntʃɪ] *n* [person] comanche *mf*.

comatose ['kəʊmətəʊs] *adj* MED comatoso(sa).

comb [kəʊm] ◇ *n* - **1.** [for hair] peine *m*. - **2.** [for textiles] carda *f*. - **3.** ZOOL cresta *f*. ◇ *vt lit & fig* peinar; **to ~ one's hair** peinarse.

combat ['kɒmbæt] ◇ *n* combate *m*; **close ~** combate cuerpo a cuerpo; **to be locked in ~** luchar cuerpo a cuerpo. ◇ *vt* combatir contra. ◇ *comp* [troops, zone] de combate; **on ~ duty** de servicio en el frente; **~ jacket** guerrera *f*.

combatant ['kɒmbətənt] *n* combatiente *mf*.

combat fatigue *n* cansancio *m* del soldado.

combative ['kɒmbətɪv] *adj* combativo(va).

comber ['kəʊmə'] *n* - **1.** [of wool] cardador *m*. - **2.** [wave] ola *f* encrespada.

combination [kɒmbɪ'neɪʃn] *n* combinación *f*.

◆ **combinations** *npl Br* [underclothes] combinación *f*.

combination lock *n* cerradura *f* de combinación.

combine [*vb* kəm'baɪn, *n* 'kɒmbaɪn] ◇ *vt*: **to ~ sthg (with)** combinar algo (con). ◇ *vi* combinarse, unirse. ◇ *n* - **1.** [group] grupo *m*. - **2.** = **combine harvester**.

combined [kəm'baɪnd] *adj* - **1.** [effort] conjunto(ta), colectivo(va). - **2.** MIL [operation] conjunto(ta).

combine harvester ['kɒmbaɪn-] *n* cosechadora *f*.

combining form [kəm'baɪnɪŋ-] *n* LING afijo *m*.

combo ['kɒmbəʊ] (*pl* **combos**) *n inf* MUS conjunto *m*.

combustible [kəm'bʌstəbl] ◇ *adj* combustible. ◇ *n* combustible *m*.

combustion [kəm'bʌstʃn] *n* combustión *f*.

combustion engine *n* motor *m* de combustión.

come [kʌm] (*pt* **came** [keɪm], *pp* **come** [kʌm]) *vi* - **1.** [move] venir; [arrive] llegar; **the news came as a shock** la noticia fue un duro golpe; **coming!** ¡ya voy!; **the time has ~** ha llegado la hora; **to ~ rushing in/out/over** entrar/salir/venir corriendo; **to ~ as no surprise** no ser ninguna sorpresa; **to ~ between two people** interponerse entre dos personas ❑ **he doesn't know whether he's coming or going** *fig* no sabe si va o viene. - **2.** [reach]: **to ~ up/down to** llegar hasta; **the water came up to her thighs** el agua le llegaba hasta los muslos. - **3.** [happen] pasar; **how did you ~ to fail your exam?** ¿cómo es que suspendiste el examen?; **~ what may** pase lo que pase. - **4.** [become]: **my shoelaces have ~ undone** se me han desatado los cordones; **to ~ true** hacerse realidad; **to ~ unstuck** despegarse. - **5.** [begin gradually]: **to ~ to do sthg** llegar a hacer algo. - **6.** [be placed in order]: **P ~s before Q** la P viene antes de la Q; **to ~ first/last in a race** llegar el primero/el último en una carrera; **she came second in the exam** quedó segunda en el examen. - **7.** *v inf* [sexually] correrse. - **8.** *phr*: **~ again?** ¿cómo?, ¿qué?; **~ to think of it** ahora que lo pienso.

◆ **to come** *adv*: **in (the) days/years to ~** en días/años venideros.

◆ **come about** *vi* [happen] pasar, ocurrir.

◆ **come across** ◇ *vt fus* [find] cruzarse con, encontrar. ◇ *vi* [speaker, message]: **to ~ across as sthg** resultar ser algo; **to ~ across well/badly** causar buena/mala impresión.

◆ **come along** *vi* - **1.** [arrive by chance - opportunity] surgir; [- bus] aparecer, llegar. - **2.** [improve] ir; **the project is coming along nicely** el proyecto va muy bien. - **3.** *phr*: **~ along!** ¡venga!

◆ **come apart** *vi* deshacerse.

◆ **come at** *vt fus* [attack] atacar.

◆ **come back** *vi* - **1.** [return] volver, regresar. - **2.** [in talk, writing]: **to ~ back to sthg** volver a algo. - **3.** [memory]: **to ~ back to sb** recordar (uno) algo. - **4.** [become fashionable again] volver a estar de moda.

◆ **come by** *vt fus* - **1.** [get, obtain] conseguir. - **2.** *Am* [visit, drop in on]: **they came by the house** se pasaron por casa.

◆ **come down** *vi* - **1.** [decrease] bajar. - **2.** [descend - plane, parachutist] aterrizar; [- rain] caer.

◆ **come down to** *vt fus* reducirse a.

◆ **come down with** *vt fus* pillar, coger *(enfermedad)*.

◆ **come forward** *vi* presentarse.

◆ **come from** *vt fus* [noise etc] venir de; [person] ser de.

◆ **come in** *vi* - **1.** [enter] entrar, pasar; **~ in!** ¡pase! - **2.** [arrive] llegar. - **3.** [be involved] entrar; **the plan is good, but where do I ~ in?** el plan está bien, pero ¿yo qué pinto?

◆ **come in for** *vt fus* [criticism etc] recibir, llevarse.

◆ **come into** *vt fus* - **1.** [inherit] heredar. - **2.** [begin to be]: **to ~ into being** nacer, ver la luz; **to ~ into sight** vislumbrarse.

◆ **come of** *vt fus* [result from] resultar de; **what came of your plans?** ¿qué fue de tus planes?

◆ **come off** *vi* - **1.** [button] descoserse; [label] despegarse; [lid] soltarse; [stain] quitarse. - **2.** [plan, joke] salir bien, dar resultado. - **3.** [person]: **to ~ off well/badly** salir bien/mal parado. - **4.** *phr*: **~ off it!** *inf* ¡venga ya!

◆ **come on** *vi* - **1.** [start] empezar; **I have a cold coming on** creo que me estoy constipando. - **2.** [lights, heating] encenderse. - **3.** [progress, improve] ir; **it's coming on nicely** va muy bien. - **4.** *phr*: **~ on!** [expressing encouragement, urging haste] ¡vamos!; [expressing disbelief] ¡venga ya!

◆ **come out** *vi* - **1.** [become known] salir a la luz. - **2.** [appear - product, book, sun] salir; [- film] estrenarse. - **3.** [in exam, race etc] terminar, acabar; **who came out on top?** ¿quién acabó ganando? - **4.** [go on strike] ponerse en huelga. - **5.** [declare publicly]: **to ~ out for/against sthg** declararse a favor/en contra de algo; **to ~ with sthg** salir con algo; **you never know what she's going to ~ out with next** nunca se sabe por dónde va a salir. - **6.** [photograph] salir. - **7.** [homosexual] hablar (uno) abiertamente de su homosexualidad.

◆ **come out in** *vt fus*: **she has ~ out in spots** le han salido unos granos.

◆ **come over** *vt fus* [subj: feeling] sobrevenir; **I don't know what has ~ over her** no sé qué le pasa.

◆ **come round** *vi* - **1.** [change opinion]: **to ~ round (to sthg)** terminar por aceptar (algo). - **2.** [regain consciousness] volver en sí. - **3.** [happen] volver.

◆ **come through** ◇ *vt fus* [difficult situation, period] pasar por, atravesar; [operation, war] sobrevivir a. ◇ *vi* - **1.** [arrive] llegar. - **2.** [survive] sobrevivir.

◆ **come to** ◇ *vt fus* - **1.** [reach]: **to ~ to a decision** llegar a una decisión; **to ~ to an end** tocar a su fin; **to ~ to power** subir al poder. - **2.** [amount to] ascender a. - **3.** [subj: memory, thought]: **the idea suddenly came to me** se me ocurrió la idea de pronto. ◇ *vi* [regain consciousness] volver en sí.

◆ **come under** *vt fus* - **1.** [be governed by] estar bajo. - **2.** [heading in book etc] venir en, estar comprendido en. - **3.** [suffer]: **to ~ under attack** ser víctima de críticas.

◆ **come up** *vi* - **1.** [name, topic, opportunity] surgir. - **2.** [be imminent] estar al llegar. - **3.** [sun, moon] salir.

◆ **come up against** *vt fus* tropezarse OR toparse con.

◆ **come upon** *vt fus* [find] cruzarse con, encontrar.

◆ **come up to** *vt fus* - **1.** [approach - in space] acercarse a; [- in time]: **it's coming up to Christmas** se acerca la Navidad; **it's coming up to six o'clock** van a dar las seis. - **2.** [equal] estar a la altura de.

◆ **come up with** *vt fus* [idea] salir con; [solution] encontrar.

comeback ['kʌmbæk] *n* - **1.** [return] reaparición *f*; **to make a ~** [fashion] volver (a ponerse de moda); [actor] hacer una reaparición. - **2.** [retort] réplica *f* OR respuesta *f* ingeniosa.

Comecon ['kɒmɪkɒn] *(abbr of* **Council for Mutual Economic Aid)** *n* COMECON *m*.

comedian [kə'miːdjən] *n* cómico *m*, humorista *m*.

comedienne [kə,miːdr'en] *n* cómica *f*, humorista *f*.

comedown ['kʌmdaʊn] *n inf* - **1.** [disappointment] desilusión *f*, decepción *f*. - **2.** [downfall] pérdida *f* de rango; **he finds working in sales a bit of a ~** le parece que trabajar de vendedor es bajar de categoría.

comedy ['kɒmədɪ] *(pl* **comedies)** *n* comedia *f*.

comedy of manners *n* comedia *f* de costumbres.

comely ['kʌmlɪ] *adj literary* hermoso(sa), bello(lla).

come-on *n*: **to give sb the** ~ *inf* insinuarse a alguien.

comer ['kʌməʳ] *n* - **1.** [arrival] persona *f* que llega; **open to all** ~**s** abierto a todos OR para todo el mundo; **the first** ~ el primero (la primera) en llegar. - **2.** *inf* [rising star] persona *f* prometedora.

comestible [kə'mestɪbl] *n fml* comestible *m*.

comet ['kɒmɪt] *n* cometa *m*.

come-uppance [,kʌm'ʌpəns] *n*: **to get one's** ~ *inf* llevarse uno su merecido.

comfort ['kʌmfət] ◇ *n* - **1.** [gen] comodidad *f*; **we managed it, but it was a bit too close for** ~ lo conseguimos, pero por poco. - **2.** [solace] consuelo *m*. ◇ *vt* consolar, confortar.

comfortable ['kʌmftəbl] *adj* - **1.** [gen] cómodo(da); **to make o.s.** ~ ponerse cómodo. - **2.** [financially secure] acomodado(da). - **3.** [after operation, accident] en estado satisfactorio. - **4.** [victory, job, belief] fácil; [lead, majority] amplio(plia); **it's a** ~ **hour's walk away** está a una buena hora de camino.

comfortably ['kʌmftəblɪ] *adv* - **1.** [sit, sleep] cómodamente. - **2.** [without financial difficulty] sin aprietos; ~ **off** acomodado(da). - **3.** [easily] fácilmente.

comforter ['kʌmfətəʳ] *n* - **1.** [person] consolador *m*, -ra *f*. - **2.** *Am* [quilt] edredón *m*.

comforting ['kʌmfətɪŋ] *adj* reconfortante.

comfort station *n Am euph* aseos *mpl* públicos.

comfy ['kʌmfɪ] (*compar* **comfier**, *superl* **comfiest**) *adj inf* cómodo(da).

comic ['kɒmɪk] ◇ *adj* cómico(ca). ◇ *n* - **1.** [comedian] cómico *m*, -ca *f*, humorista *mf*. - **2.** [magazine - for children] tebeo *m*; [- for adults] cómic *m*.
◆ **comics** *npl Am* [in newspaper] sección *f* de chistes OR tiras cómicas.

comical ['kɒmɪkl] *adj* cómico(ca).

comically ['kɒmɪklɪ] *adv* de un modo cómico.

comic opera *n* ópera *f* cómica OR bufa.

comic relief *n* - **1.** THEATRE escena *f* cómica. - **2.** *fig* [in tense situation] momento *m* de distensión.

comic strip *n* tira *f* cómica.

coming ['kʌmɪŋ] ◇ *adj* - **1.** [future] próximo(ma). - **2.** [promising] prometedor(ra). ◇ *n*: ~**s and goings** idas *fpl* y venidas.

coming of age *n* mayoría *f* de edad.

coming-out *n* presentación *f* en sociedad, puesta *f* de largo.

Comintern ['kɒmɪntɜːn] (*abbr of* **Communist International**) *n* COMINTERN *m*.

comma ['kɒmə] *n* coma *f*.

command [kə'mɑːnd] ◇ *n* - **1.** [order] orden *f*. - **2.** (U) [control] mando *m*; **to be in** ~ **of** [of people, tasks, operations] estar al mando de; [of senses] tener pleno dominio de; **to take** ~ tomar el mando; **under the** ~ **of** al mando de. - **3.** [of language, skill] dominio *m*; **to have sthg at one's** ~ dominar algo. - **4.** COMPUT comando *m*. - **5.** MIL [jurisdiction] comando *m*. ◇ *vt* - **1.** [order]: **to** ~ **sb (to do sthg)** ordenar OR mandar a alguien (que haga algo). - **2.** MIL [control] comandar. - **3.** [deserve - respect, attention] hacerse acreedor(ra) de; [- high price] alcanzar. - **4.** [have at one's disposal] disponer de. - **5.** [overlook] dominar. ◇ *vi* - **1.** [give orders] dar órdenes. - **2.** [be in control] mandar.

commandant [,kɒmən'dænt] *n* comandante *mf*.

command economy *n* economía *f* planificada.

commandeer [,kɒmən'dɪəʳ] *vt* requisar.

commander [kə'mɑːndəʳ] *n* - **1.** [in army] comandante *mf*. - **2.** [in navy] capitán *m*, -ana *f* de fragata.

commander in chief (*pl* **commanders in chief**) *n* comandante *mf* en jefe.

command headquarters *npl* cuartel *m* general.

commanding [kə'mɑːndɪŋ] *adj* - **1.** [lead, position, height] dominante. - **2.** [voice, manner] autoritario(ria).

commanding officer *n* jefe *m*, -fa *f* (militar).

commandment [kə'mɑːndmənt] *n* RELIG mandamiento *m*.

command module *n* módulo *m* de mando.

commando [kə'mɑːndəʊ] (*pl* **commandos** OR **commandoes**) *n* comando *m*.

command performance *n* obra teatral representada a petición del jefe de estado.

command post *n* puesto *m* de mando.

commemorate [kə'meməreɪt] *vt* conmemorar.

commemoration [kə,memə'reɪʃn] *n* conmemoración *f*.

commemorative [kə'memərətɪv] *adj* conmemorativo(va).

commence [kə'mens] *fml* ◇ *vt*: **to** ~ **(doing sthg)** comenzar OR empezar (a hacer algo). ◇ *vi* comenzar, empezar.

commencement [kə'mensmənt] *n* - **1.** *fml* [start] inicio *m*, comienzo *m*. - **2.** *Am* UNIV ceremonia de entrega de diplomas.

commend [kə'mend] *vt* - **1.** [praise] alabar. - **2.** [recommend]: **to** ~ **sthg (to)** recomendar algo (a). - **3.** [entrust] encomendar.

commendable [kə'mendəbl] *adj* admirable, loable.

commendation [,kɒmen'deɪʃn] *n* [special award] distinción *f*, mención *f*.

commendatory [kə'mendətrɪ] *adj* laudatorio(ria), elogioso(sa).

commensal [kə'mensl] *adj fml* comensal.

commensurable [kə'menʃərəbl] *adj fml* conmensurable.

commensurate [kə'menʃərət] *adj fml*: ~ **with** acorde OR en proporción con.

comment ['kɒment] ◇ *n* comentario *m*; **no** ~ sin comentarios. ◇ *vt*: **to** ~ **that** comentar que. ◇ *vi* comentar; **to** ~ **on** hacer comentarios sobre.

commentary ['kɒməntrɪ] (*pl* **commentaries**) *n* comentario *m*.

commentary box *n* cabina *f* de los comentaristas, tribuna *f* de prensa.

commentate ['kɒmənteɪt] *vi* RADIO & TV: **to** ~ **(on sthg)** comentar (algo), hacer de comentarista (de algo).

commentator ['kɒmənteɪtəʳ] *n* comentarista *mf*.

commerce ['kɒmɜːs] *n* (U) comercio *m*; **Secretary/Department of Commerce** *Am* ministro *m*, -tra *f* /Ministerio *m* de Comercio.

commercial [kə'mɜːʃl] ◇ *adj* comercial; ~ **district** barrio *m* comercial; ~ **law** derecho *m* mercantil. ◇ *n* anuncio *m* (televisivo o radiofónico).

commercial art *n* diseño *m* gráfico, dibujo *m* publicitario.

commercial bank *n* banco *m* comercial.

commercial break *n* pausa *f* para la publicidad.

commercial college *n* escuela *f* de comercio.

commercialism [kə'mɜːʃəlɪzm] *n* comercialismo *m*.

commercialization [kə,mɜːʃəlaɪ'zeɪʃn] *n* comercialización *f*.

commercialize, -ise [kə'mɜːʃəlaɪz] *vt* comercializar.

commercialized [kə'mɜːʃəlaɪzd] *adj* comercializado(da).

commercially [kə'mɜːʃəlɪ] *adv* comercialmente.

commercial paper *n Am* documento *m* OR instrumento *m* negociable.

commercial television *n Br* televisión *f* comercial.

commercial traveller *n Br dated* viajante *mf* de comercio.

commercial vehicle *n Br* vehículo *m* comercial.

commie ['kɒmɪ] *inf pej* ◇ *adj* rojo(ja), comunista. ◇ *n* rojo *m*, -ja *f*, comunista *mf*.

commingle [kə'mɪŋgl] *fml* ◇ *vt* mezclar. ◇ *vi* mezclarse.

commiserate [kə'mɪzəreɪt] *vi*: **to** ~ **(with)** compadecerse (de).

commiseration [kə,mɪzə'reɪʃn] *n* conmiseración *f*.

commissar ['kɒmɪsɑːʳ] *n* comisario *m* político.

commissariat [,kɒmɪ'seərɪət] *n* - **1.** POL comisaría *f* política.

- 2. [MIL - department] intendencia f; [- food supply] aprovisionamiento m de alimentos.

commissary ['kɒmɪsərɪ] (pl **commissaries**) n Am MIL [shop] intendencia f; [officer] intendente m, -ta f.

commission [kə'mɪʃn] ◇ n - **1.** [money, investigative body] comisión f; **a ~ of 5%** un 5% de comisión. - **2.** [piece of work] encargo m; **to work on ~** trabajar por encargo OR a comisión. - **3.** [authorization] autorización f, (delegación f de) poderes mpl. - **4.** [MIL - conferral of rank] nombramiento m; [- rank] grado m (de oficial). - **5.** [of crime] perpetración f, ejecución f. ◇ vt - **1.** [gen] encargar; **to ~ a painting** encargar un cuadro; **to ~ sb (to do sthg)** encargar a alguien (que haga algo). - **2.** MIL [make officer] nombrar. - **3.** [ship] poner en servicio.
◆ **in commission** adj [gen] utilizable; [ship, airplane] en servicio activo.
◆ **out of commission** adj [gen] fuera de servicio; [not operating] averiado(da).

commissionaire [kə,mɪʃə'neə'] n Br portero m (uniformado).

commissioned officer [kə'mɪʃnd-] n oficial o suboficial (salvo sargentos) del ejército.

commissioner [kə'mɪʃnə'] n - **1.** [official] comisario m, -ria f. - **2.** [member of a commission] miembro m de una comisión.

commit [kə'mɪt] (pt & pp **committed**, cont **committing**) vt - **1.** [crime, sin etc] cometer. - **2.** [money, resources] destinar; **to ~ o.s. (to)** comprometerse (a). - **3.** [to mental hospital] ingresar, internar; **to ~ sb to prison** encarcelar a alguien; **to ~ sthg to memory** aprender algo de memoria; **to ~ sthg to writing** consignar algo por escrito. - **4.** [entrust] encomendar. - **5.** [legislative bill] someter a una comisión.

commitment [kə'mɪtmənt] n - **1.** [dedication, responsibility] compromiso m. - **2.** [of legislative bill] envío m a comisión.

committal [kə'mɪtl] n [sending - gen] envío m, encargo m; [- to prison] encarcelamiento m; [- to mental hospital] internamiento m; **~ for trial** JUR auto m de procesamiento.

committal proceedings npl auto m de procesamiento.

committed [kə'mɪtɪd] adj comprometido(da); **~ to** entregado(da) a.

committee [kə'mɪtɪ] n comisión f, comité m.

committing magistrate n Am juez mf de instrucción.

commode [kə'məud] n - **1.** [with chamber pot] silla f con orinal incorporado. - **2.** [chest of drawers] cómoda f.

commodious [kə'məudjəs] adj fml espacioso(sa), amplio(plia).

commodity [kə'mɒdətɪ] (pl **commodities**) n mercancía f, producto m.

commodity exchange n bolsa f de mercancías.

commodore ['kɒmədɔː'] n NAUT comodoro m.

common ['kɒmən] ◇ adj - **1.** [gen]: **~ (to)** común (a); **a ~ occurrence** un caso frecuente. - **2.** [ordinary] corriente, de la calle. - **3.** Br pej [vulgar] vulgar, ordinario(ria). ◇ n - **1.** [land] campo m común, ejido m. - **2.** JUR [right] derecho m conjunto.
◆ **in common** adv en común; **to have a lot in ~** tener mucho en común.

commonage ['kɒmənɪdʒ] n derecho de pasto en un terreno comunal.

commonalty ['kɒmənəltɪ] n [ordinary people] vulgo m, pueblo m.

common carrier n transportista mf.

common cold n resfriado m, catarro m.

common denominator n - **1.** MATH común denominador m. - **2.** [trait] denominador m común.

Common Entrance n [academic qualification] examen realizado al final de los estudios primarios que permite el acceso a ciertos colegios privados de prestigio ('public schools').

commoner ['kɒmənə'] n plebeyo m, -ya f.

common factor n factor m común.

common fraction n Am fracción f ordinaria.

common good n: **for the ~** para el bien común.

common ground n punto m en común.

common knowledge n: **it's ~** es de todos sabido, es del dominio público.

common land n tierra f comunal.

common law n derecho m consuetudinario.
◆ **common-law** adj [wife, husband] de hecho.

common-law marriage n matrimonio m consensual.

commonly ['kɒmənlɪ] adv generalmente, comúnmente.

Common Market n: **the ~** el Mercado Común.

common multiple n múltiplo m común.

commonness ['kɒmənnɪs] n - **1.** [usualness] carácter m corriente OR común. - **2.** [frequency] frecuencia f. - **3.** [universality] universalidad f. - **4.** pej [vulgarness] vulgaridad f, ordinariez f.

common noun n nombre m OR sustantivo m común.

commonplace ['kɒmənpleɪs] ◇ adj corriente, común. ◇ n lugar m común.

common room n sala f de reunión.

Commons npl Br: **the ~** (la Cámara de) los Comunes.

common sense n sentido m común.

common stock n (U) acciones fpl ordinarias.

commonwealth ['kɒmənwelθ] n - **1.** [people] comunidad f. - **2.** [state] república f.
◆ **Commonwealth** n: **the ~** la Commonwealth.

Commonwealth of Independent States n: **the ~** la Comunidad de Estados Independientes.

commotion [kə'məuʃn] n - **1.** [noise, disturbance] alboroto m. - **2.** [civil unrest] disturbios mpl.

comms package [kɒmz-] n COMPUT programa m OR software m de comunicación.

communal ['kɒmjunl] adj comunal.

communalism ['kɒmjunəlɪzm] n POL confederación f de comunas; [theory] teoría f de propiedad comunal.

communally ['kɒmjunəlɪ] adv colectivamente.

commune [n 'kɒmjuːn, vb kə'mjuːn] ◇ n - **1.** [group of people] comuna f. - **2.** ADMIN [district] municipio m. ◇ vi - **1.** [communicate]: **to ~ with** estar en comunión OR comulgar con. - **2.** RELIG comulgar.

communicable [kə'mjuːnɪkəbl] adj [gen] comunicable; MED contagioso(sa).

communicant [kə'mjuːnɪkənt] n RELIG comulgante mf.

communicate [kə'mjuːnɪkeɪt] ◇ vt - **1.** [news, opinions, feelings] transmitir, comunicar. - **2.** [disease] contagiar. ◇ vi - **1.** [be in touch, connect]: **to ~ (with)** comunicarse (con). - **2.** RELIG comulgar.

communicating [kə'mjuːnɪkeɪtɪŋ] adj [door] que comunica.

communication [kə,mjuːnɪ'keɪʃn] n - **1.** [contact] comunicación f. - **2.** [letter, phone call] comunicado m.
◆ **communications** npl comunicaciones fpl.

communication cord n Br alarma f (de un tren o metro).

communications satellite n satélite m de comunicaciones.

communicative [kə'mjuːnɪkətɪv] adj comunicativo(va).

communicator [kə'mjuːnɪkeɪtə'] n: **a good/bad ~** una persona con/sin dotes para comunicar ideas.

communion [kə'mjuːnjən] n fml comunión f.
◆ **Communion** n (U) RELIG comunión f.

communiqué [kə'mjuːnɪkeɪ] n comunicado m oficial.

Communism ['kɒmjunɪzm] n comunismo m.

Communist ['kɒmjunɪst] ◇ adj comunista. ◇ n comunista mf.

communistic [kɒmju'nɪstɪk] adj comunista.

community [kə'mjuːnətɪ] (pl **communities**) ◇ n - **1.** [gen & RELIG] comunidad f; **~ of goods/interests** comunidad de bienes/intereses. - **2.** [local inhabitants] vecindario m.
◇ comp: **~ leader** cabeza f visible OR líder mf social (de una co-

munidad); ~ **relations** *relaciones dentro de una comunidad entre los grupos que la componen.*

community association *n asociación local de carácter social y cultural en Gran Bretaña.*

community centre *n* centro *m* social.

community charge *n Br impuesto municipal,* ≃ *contribución f urbana.*

community chest *n Am* fondo *m* para la beneficencia pública.

community home *n Br* centro *m* docente para delincuentes menores de edad.

community policing *n fomento de las buenas relaciones entre policía y vecindario.*

community property *n (U)* - **1.** [joint estate] bienes *mpl* gananciales. - **2.** [public property] bienes *mpl* comunales.

community school *n Br escuela municipal que es también el centro cultural de la localidad.*

community service *n (U)* servicio *m* social.

community spirit *n* civismo *m*.

communize, -ise ['kɒmjʊnaɪz] *vt* - **1.** [make public] convertir en propiedad comunal. - **2.** [make communist] hacer comunista.

commutable [kə'mju:təbl] *adj* - **1.** [sentence] conmutable. - **2.** [exchangeable] conmutable, intercambiable.

commutation ticket [kɒmjʊ'teɪʃn-] *n Am* billete *m* de abono.

commutator ['kɒmjuːteɪtə'] *n* conmutador *m*.

commute [kə'mjuːt] ◇ *vt* - **1.** JUR conmutar. - **2.** [exchange] conmutar, intercambiar. ◇ *vi* [travel to work] *viajar diariamente al lugar de trabajo, especialmente en tren.*

commuter [kə'mjuːtə'] *n persona que viaja diariamente al lugar de trabajo, especialmente en tren.*

commuter belt *n Br:* **the** ~ *las zonas residenciales de la periferia.*

commy ['kɒmɪ] *(pl* **commies)** *adj & n =* **commie.**

Comoran ['kɒmərən] ◇ *adj* de las islas Comores. ◇ *n natural o habitante de las islas Comores.*

Comoro Islands ['kɒmərəʊ-] *npl:* **the** ~ las islas Comores.

compact [*adj & vb* kəm'pækt, *n* 'kɒmpækt] ◇ *adj* - **1.** [small and neat] compacto(ta). - **2.** [concise] conciso(sa). ◇ *n* - **1.** [for face powder] polvera *f.* - **2.** *Am* [car] utilitario *m.* - **3.** [agreement] pacto *m*, convenio *m.* ◇ *vt* comprimir.

compact camera [kɒmpækt-] *n* cámara *f* (fotográfica) compacta OR automática.

compact car [kɒmpækt-] *n Am* utilitario *m*.

compact disc [kɒmpækt-] *n* disco *m* compacto, compact disc *m.*

compact disc player [kɒmpækt-] *n* compact *m* (disc), reproductor *m* de discos compactos.

compactly [kəm'pæktlɪ] *adv* - **1.** [made] de un modo compacto. - **2.** [concisely] de un modo conciso.

compactor [kəm'pæktə'] *n* compresor *m* de basura.

companion [kəm'pænjən] *n* compañero *m*, -ra *f*.

companionable [kəm'pænjənəbl] *adj* [person] sociable; [evening, silence] agradable.

companionship [kəm'pænjənʃɪp] *n* compañerismo *m*.

companionway [kəm'pænjənweɪ] *n* NAUT escalera *f* de cámara.

company ['kʌmpənɪ] *(pl* **companies)** *n* - **1.** [gen, MIL & THEATRE] compañía *f*; [business] empresa *f*, compañía *f*; **he is in good** ~ está en buena compañía; **to keep sb** ~ hacer compañía a alguien; **to part** ~ **(with)** separarse (de); **to be good** ~ ser buena compañía; **to get into bad** ~ juntarse con malas compañías ☐ **a man is known by the** ~ **he keeps** *proverb* dime con quién andas y te diré quién eres *proverb*; **two's** ~ **(, three's a crowd)** dos es compañía (, tres son multitud). - **2.** *(U)* [guests] invitados *mpl*; **we have** ~ **for dinner** tenemos invitados a cenar. - **3.** NAUT tripulación *f*.

◆ **Company** *n Am inf:* **the Company** la CIA.

company car *n* coche *m* de la empresa.

company director *n* gerente *mf* OR director *m*, -ra *f* de la empresa.

company secretary *n ejecutivo de una empresa encargado de llevar las cuentas, asuntos legales etc.*

comparability [kɒmpərə'bɪlətɪ] *n* hecho *m* de ser comparable.

comparable ['kɒmprəbl] *adj:* ~ **(to** OR **with)** comparable (a).

comparableness ['kɒmprəblnɪs] *n =* **comparability**.

comparative [kəm'pærətɪv] ◇ *adj* - **1.** [relative] relativo(va). - **2.** [study] comparado(da); ~ **linguistics** lingüística *f* comparada. - **3.** GRAMM comparativo(va). ◇ *n* GRAMM comparativo *m*.

comparative literature *n* literatura *f* comparada.

comparatively [kəm'pærətɪvlɪ] *adv* relativamente.

compare [kəm'peə'] ◇ *vt* - **1.** [gen]: **to** ~ **sthg/sb (with),** **to** ~ **sthg/sb (to)** comparar algo/a alguien (con); ~**d with** OR **to** [as opposed to] comparado(da) con; [in comparison with] en comparación con. - **2.** GRAMM formar el comparativo de. ◇ *vi:* **to** ~ **(with)** compararse (con); **to** ~ **favourably/unfavourably with** ser mejor/peor que. ◇ *n literary:* **beyond** ~ incomparable, sin igual.

comparison [kəm'pærɪsn] *n* comparación *f*; **by** ~ en comparación; **in** ~ **(with** OR **to)** en comparación (con); *see* USAGE *overleaf.*

compartment [kəm'pɑːtmənt] *n* - **1.** [container] compartimento *m*, compartimiento *m*. - **2.** RAIL departamento *m*, compartimiento *m*.

compartmentalize, -ise [kɒmpɑːt'mentəlaɪz] *vt* dividir OR clasificar (en secciones).

compass ['kʌmpəs] ◇ *n* - **1.** [magnetic] brújula *f*. - **2.** *fml* [scope] alcance *m*. - **3.** [circumference] perímetro *m*, circuito *m*. - **4.** MUS extensión *f*. ◇ *vt* - **1.** [go round] dar la vuelta a. - **2.** [surround] rodear, circundar.

◆ **compasses** *npl* compás *m*.

compassion [kəm'pæʃn] *n* compasión *f*.

compassionate [kəm'pæʃənət] *adj* compasivo(va).

compassionate leave *n* permiso *m* por asuntos personales OR familiares.

compass point *n* cuarta *f*.

compatibility [kəmpætə'bɪlətɪ] *n:* ~ **(with)** compatibilidad *f* (con).

compatible [kəm'pætəbl] *adj:* ~ **(with)** compatible (con).

compatriot [kəm'pætrɪət] *n* compatriota *mf*.

compel [kəm'pel] *(pt & pp* **compelled,** *cont* **compelling)** *vt* - **1.** [force] obligar; **to** ~ **sb to do sthg** forzar OR obligar a alguien a hacer algo. - **2.** [cause - feeling] despertar; [- event] ocasionar; [- respect] imponer.

compelling [kəm'pelɪŋ] *adj* - **1.** [argument, reason, evidence] convincente. - **2.** [need, desire] apremiante, irresistible. - **3.** [voice] autoritario(ria). - **4.** [book, story] apasionada.

compendia [kəm'pendɪə] *pl* → **compendium**.

compendious [kəm'pendɪəs] *adj fml* sucinto(ta).

compendium [kəm'pendɪəm] *(pl* **compendiums** OR **compendia** [-dɪə]*)* *n* [book] compendio *m*.

compensate ['kɒmpenseɪt] ◇ *vt:* **to** ~ **sb for sthg** [financially] indemnizar a alguien por algo. ◇ *vi:* **to** ~ **for sthg** compensar algo.

compensation [kɒmpen'seɪʃn] *n* - **1.** [money]: ~ **(for)** indemnización *f* (por). - **2.** [way of compensating]: ~ **(for)** compensación *f* (por). - **3.** *Am* [remuneration] remuneración *f*.

compensator ['kɒmpenseɪtə'] *n* compensador *m*, -ra *f*.

compensatory [kɒmpen'seɪtərɪ] *adj* compensatorio(ria).

compere ['kɒmpeə'] *Br* ◇ *n* presentador *m*, -ra *f*. ◇ *vt* presentar.

compete [kəm'piːt] *vi* - **1.** [gen]: **to** ~ **(for/in)** competir (por/en); **to** ~ **(with** OR **against)** competir (con). - **2.** [be in conflict] rivalizar.

competence ['kɒmpɪtəns] *n* - **1.** [proficiency] competencia *f*, aptitud *f*. - **2.** JUR competencia *f*.

competent ['kɒmpɪtənt] *adj* competente, capaz.

competently ['kɒmpɪtəntlɪ] *adv* competentemente.

competing [kəm'piːtɪŋ] *adj* [conflicting] contrapuesto(ta).

competition [ˌkɒmpɪ'tɪʃn] *n* - **1.** [rivalry] competencia *f*. - **2.** [race, sporting event] competición *f*. - **3.** [contest] concurso *m*.

competitive [kəm'petətɪv] *adj* - **1.** [person, spirit] competitivo(va). - **2.** [prices] competitivo(va); [match] de competición; [exam] selectivo(va).

competitively [kəm'petətɪvlɪ] *adv* - **1.** [play] competitivamente. - **2.** COMM [price, market] de forma competitiva.

competitiveness [kəm'petətɪvnɪs] *n* - **1.** [of firm] competitividad *f*. - **2.** [of person] espíritu *m* competitivo.

competitor [kəm'petɪtər] *n* competidor *m*, -ra *f*.

compilation [ˌkɒmpɪ'leɪʃn] *n* recopilación *f*, compilación *f*.

compile [kəm'paɪl] *vt* recopilar, compilar.

compiler [kəm'paɪlər] *n* compilador *m*, -ra *f*, recopilador *m*, -ra *f*.

complacency [kəm'pleɪsnsɪ], **complacence** [kəm'pleɪsns] *n* autosatisfacción *f*, autocomplacencia *f*.

complacent [kəm'pleɪsnt] *adj* satisfecho de sí mismo (satisfecha de sí misma), autocomplaciente.

complacently [kəm'pleɪsntlɪ] *adv* con autosatisfacción.

complain [kəm'pleɪn] *vi* - **1.** [moan]: **to ~ (about)** quejarse (de); **to ~ to sb** quejarse a alguien. - **2.** [protest formally]: **to ~ (about)** reclamar (por), quejarse (de). - **3.** MED: **to ~ of sthg** padecer algo.

complainant [kəm'pleɪnənt] *n* JUR demandante *mf*.

complainer [kəm'pleɪnər] *n* protestón *m*, -ona *f*.

complaining [kəm'pleɪnɪŋ] *adj* protestón(ona).

complaint [kəm'pleɪnt] *n* - **1.** [gen] queja *f*. - **2.** MED dolencia *f*. - **3.** [JUR - accusation] acusación *f*; [- suit] demanda *f*, denuncia *f*; **to file a ~** presentar una demanda OR denuncia.

complaisance [kəm'pleɪzəns] *n literary* voluntad *f* de complacer.

complaisant [kəm'pleɪzənt] *adj literary* complaciente.

complement [*n* 'kɒmplɪmənt, *vb* 'kɒmplɪˌment] ◇ *n* - **1.** [gen & GRAMM] complemento *m*. - **2.** [number]: **a full ~ of** la totalidad de. - **3.** NAUT [crew] dotación *f*. ◇ *vt* complementar.

complementary [ˌkɒmplɪ'mentərɪ] *adj* complementario(ria).

complete [kəm'pliːt] ◇ *adj* - **1.** [total] total; **a ~ idiot** un auténtico idiota. - **2.** [lacking nothing] completo(ta); **bathroom ~ with shower** baño con ducha. - **3.** [finished] terminado(da). ◇ *vt* - **1.** [make whole - collection] completar; [- disappointment, amazement] colmar, rematar. - **2.** [finish] terminar, acabar. - **3.** [form] rellenar.

completely [kəm'pliːtlɪ] *adv* completamente.

completeness [kəm'pliːtnɪs] *n* carácter *m* completo.

completion [kəm'pliːʃn] *n* - **1.** [conclusion] finalización *f*, terminación *f*; **to be near ~** estar a punto de terminarse. - **2.** [execution] realización *f*.

complex ['kɒmpleks] ◇ *adj* complejo(ja). ◇ *n* complejo *m*; **housing ~** complejo de viviendas; **shopping/industrial ~** complejo comercial/industrial.

complex fraction *n* fracción *f* compuesta.

complexion [kəm'plekʃn] *n* - **1.** [of face] tez *f*, cutis *m inv*. - **2.** [nature] naturaleza *f*, carácter *m*.

complexity [kəm'pleksətɪ] (*pl* **complexities**) *n* complejidad *f*.

complex number *n* número *m* complejo.

compliance [kəm'plaɪəns] *n* - **1.** [obedience]: **~ (with)** obediencia *f* (a), acatamiento *m* (de). - **2.** [tendency to agree]: **~ (with)** conformidad *f* (con), docilidad *f* (hacia). ◆ **in compliance with** *prep* conforme a.

compliant [kəm'plaɪənt] *adj* dócil, sumiso(sa).

complicate ['kɒmplɪkeɪt] *vt* complicar.

complicated ['kɒmplɪkeɪtɪd] *adj* complicado(da).

complication [ˌkɒmplɪ'keɪʃn] *n* complicación *f*.

complicity [kəm'plɪsətɪ] *n*: **~ (in)** complicidad *f* (en).

compliment [*n* 'kɒmplɪmənt, *vt* 'kɒmplɪment] ◇ *n* cumplido *m*; **to pay sb a ~** hacerle un cumplido a alguien. ◇ *vt*: **to ~ sb (on)** felicitar a alguien (por).

◆ **compliments** *npl fml* saludos *mpl*; **extend my ~s to**

Comparing things and people

▶ *Expressing similarity or equality:*

Está tan contento como tú.
Es igual de grande que el tuyo.
Es como su madre.
Este coche es (muy) parecido OR se parece (mucho) al que te compraste el año pasado.
Son (casi) iguales.
Es idéntico al tuyo.
Es tal como me lo había imaginado.
Es (exactamente) el mismo libro.
Tengo tanto dinero como tú.
Tiene una hermana de la misma edad que tú.
Este caso no es distinto del anterior.
Este niño no es mayor que tu hijo.
Le quiere como a un hermano.

▶ *Expressing the idea of 'more'/'less', 'better'/'worse' etc:*

Es (bastante) menos extensa que tu tesis.
Es (mucho) más grande que tu casa.
Es mayor/menor que tú; nació en 1964.
Este coche es mejor/peor que el mío.
Este edificio tiene más/menos de cien años.
Las pérdidas son superiores/inferiores a dos millones de pesetas.
Cuanto más/menos dinero inviertes, más/menos beneficios obtienes.
Mejor será que te vayas (que que te quedes).

Hay más solicitantes que plazas disponibles.
Hemos empleado más/menos tiempo del previsto.
Es igual que la tuya, sólo que más pequeña.
Es más difícil de lo que piensas.

▶ *Expressing the idea of 'most'/'least', 'best'/'worst' etc:*

La diferencia es mínima.
Es el primero de su clase.
Es el animal más feroz que existe.
Es la mejor solución.
Es el más antiguo de la oficina.
¿Qué es lo que más/menos te ha gustado del viaje?

Phrases used to introduce comparisons

Comparado con su hermano, es un genio.
El avión es, sin comparación, el medio de locomoción más rápido.
En comparación con Madrid, Plasencia es una ciudad muy tranquila.
Este desayuno es comparable al que nos dieron en el hotel.
A diferencia de su hermano, ella sabe cómo comportarse.
Como te estoy viendo a ti, así lo vi a él.
Es preferible que llore a que grite.
Tu oficina es bonita si se compara con la mía.
Al lado de Pablo, éste es un bebé muy pequeño.
Yo suelo viajar en coche, mientras que ella prefiere ir en avión.

your parents saludos a sus padres; **with the ~s of** obsequio de, de parte de; *see* USAGE *overleaf.*

complimentary [ˌkɒmplɪˈmentərɪ] *adj* **- 1.** [remark] elogioso(sa); [person] halagador(ra). **- 2.** [drink, seats] gratis *(inv)*; ~ **copy** ejemplar *m* de regalo.

complimentary ticket *n* entrada *f* gratuita.

compliments slip *n* nota *f* OR tarjeta *f* de saludos.

comply [kəmˈplaɪ] (*pt & pp* **complied**) *vi*: **to ~ with sthg** [standards] cumplir (con) algo; [request] acceder a algo; [law] acatar algo.

component [kəmˈpəʊnənt] ◇ *n* [gen] elemento *m*, parte *f* integrante; TECH pieza *f*. ◇ *adj* componente, constituyente.

componential [ˌkɒmpəˈnenʃl] *adj* componente.

comport [kəmˈpɔːt] *vt fml*: **to ~ o.s.** comportarse.

comportment [kəmˈpɔːtmənt] *n fml* comportamiento *m*, conducta *f*.

compose [kəmˈpəʊz] ◇ *vt* **- 1.** [constitute] componer; **to be ~d of** estar compuesto(ta) OR componerse de. **- 2.** [music, poem, letter] componer. **- 3.** [calm]: **to ~ o.s.** calmarse, tranquilizarse. **- 4.** TYPO componer. **- 5.** *fml* [quarrel] componer, arreglar. ◇ *vi* componer.

composed [kəmˈpəʊzd] *adj* tranquilo(la).

composer [kəmˈpəʊzəʳ] *n* compositor *m*, -ra *f*.

composite [ˈkɒmpəzɪt] ◇ *adj* compuesto(ta). ◇ *n* combinación *f*, conjunto *m*.

composite photograph *n* montaje *m* fotográfico por superposición.

composition [ˌkɒmpəˈzɪʃn] *n* **- 1.** [gen] composición *f*. **- 2.** [essay] redacción *f*. **- 3.** [settlement] arreglo *m*.

compositor [kəmˈpɒzɪtəʳ] *n* cajista *mf*.

compos mentis [ˌkɒmpəsˈmentɪs] *adj* en pleno uso de sus facultades mentales, en su sano juicio.

compost [*Br* ˈkɒmpɒst, *Am* ˈkɒmpəʊst] ◇ *n* abono *m*. ◇ *comp*: ~ **heap** montón *m* de abono.

composure [kəmˈpəʊʒəʳ] *n* calma *f*; **to maintain one's ~** mantener la calma, no inmutarse.

compound [*adj & n* ˈkɒmpaʊnd, *vb* kəmˈpaʊnd] ◇ *adj* [eye] compuesto(ta); [problem] complejo(ja). ◇ *n* **- 1.** [gen & CHEM] compuesto *m*. **- 2.** [enclosed area] recinto *m*. **- 3.**

GRAMM palabra *f* compuesta, compuesto *m*. ◇ *vt* **- 1.** [mixture, substance]: **to be ~ed of** componerse de. **- 2.** [exacerbate] agravar. **- 3.** JUR [settle] arreglar, ajustar. ◇ *vi* JUR arreglarse, ajustarse.

compound fracture *n* fractura *f* complicada.

compound interest *n* interés *m* compuesto.

comprehend [ˌkɒmprɪˈhend] *vt* comprender.

comprehensible [ˌkɒmprɪˈhensəbl] *adj* comprensible, inteligible.

comprehension [ˌkɒmprɪˈhenʃn] *n* comprensión *f*.

comprehensive [ˌkɒmprɪˈhensɪv] ◇ *adj* **- 1.** [wide-ranging] amplio(plia). **- 2.** [insurance] a todo riesgo. ◇ *n Br* = **comprehensive school**.

comprehensively [ˌkɒmprɪˈhensɪvlɪ] *adv* [cover] extensamente; [study] minuciosamente; [beat] abrumadoramente.

comprehensive school *n instituto de enseñanza media no selectiva en Gran Bretaña.*

compress [*vb* kəmˈpres, *n* ˈkɒmpres] ◇ *vt* **- 1.** [squeeze, press] comprimir. **- 2.** [shorten] reducir, condensar. ◇ *n* MED compresa *f*.

compressed [kəmˈprest] *adj* comprimido(da).

compressed air *n* aire *m* comprimido.

compressible [kəmˈpresəbl] *adj* comprimible, compresible.

compression [kəmˈpreʃn] *n* **- 1.** [of air] compresión *f*. **- 2.** [of text] reducción *f*, condensación *f*.

compressor [kəmˈpresəʳ] *n* compresor *m*.

comprise [kəmˈpraɪz] *vt* **- 1.** [consist of] comprender. **- 2.** [form] constituir.

compromise [ˈkɒmprəmaɪz] ◇ *n* arreglo *m*, término *m* medio. ◇ *vt* comprometer; **to ~ o.s.** comprometerse. ◇ *vi* llegar a un arreglo, transigir.

compromising [ˈkɒmprəmaɪzɪŋ] *adj* comprometedor(ra).

comptroller [kənˈtrəʊləʳ] *n* ADMIN administrador *m*, -ra *f*; FIN interventor *m*, -ra *f*.

compulsion [kəmˈpʌlʃn] *n* **- 1.** [strong desire] ganas *fpl* irrefrenables. **- 2.** (U) [force] obligación *f*; **under ~** por obligación, a la fuerza.

compulsive [kəmˈpʌlsɪv] *adj* **- 1.** [gambler] empederni-

Making complaints

► *spoken:*

Exijo una explicación de lo ocurrido.
Quiero hablar con el encargado.
Quiero hacer una reclamación por el retraso del vuelo a Santiago de las diez y media.
Es inaudito cómo funciona este servicio.
No podemos consentir que se rían de nosotros de esta forma.
Deseo formular una queja por escrito.
Es inadmisible el trato que hemos recibido.
No nos iremos hasta que no se resuelva el problema.
Tráigame el libro de reclamaciones, por favor.
Exijo que me devuelvan el dinero.
¿Podría bajar la radio, por favor?
¿Le importaría apagar el cigarro, por favor?
¡No hay derecho!
Estoy muy descontento con la actitud de su hijo.
¡Conozco mis derechos!
¿Quieres hacer el favor de callarte?

► *written:*

El propósito de esta carta no es otro que hacerles llegar mi más profundo malestar e indignación ante lo ocurrido.
Me dirijo a usted para protestar por...

Nos vemos obligados a reclamar daños y perjuicios por los trastornos irreparables.
No podemos continuar nuestras relaciones a no ser que la tramitación de nuestros pedidos mejore sustancialmente. [*formal*]
Procederemos por vía judicial.
Deseo expresar mi queja por...

Answering complaints

► *spoken:*

Lo siento, no era mi intención ofenderte.
Siento mucho lo ocurrido.
Lamento este retraso, no volverá a suceder.
Te pido mil perdones.
Le pido que me disculpe. [*formal*]
No ha sido culpa mía, no he podido hacer otra cosa.
Yo no puedo ayudarles, diríjanse al servicio de reclamaciones.
Déjenlo a mi cargo, veré qué puedo hacer.

► *written:*

Le ruego se sirva aceptar mis excusas. [*formal*]
Pido disculpas por las molestias que ello les origine.
No sabe cómo OR cuánto lo siento.
No sabe cómo OR cuánto lo lamento.
Trataremos de darle una solución lo antes posible.

do(da); [liar, drinker, eater] compulsivo(va). **- 2.** [fascinating, compelling] absorbente. **- 3.** [desire] irrefrenable, incontrolable.

compulsively [kəm'pʌlsɪvlɪ] *adv* [drink, steal, smoke] de un modo compulsivo.

compulsory [kəm'pʌlsərɪ] *adj* [gen] obligatorio(ria); [retirement] forzoso(sa).

compulsory purchase *n Br* expropiación *f* forzosa.

compunction [kəm'pʌŋkʃn] *n (U)* escrúpulos *mpl*, reparos *mpl*.

computable [kəm'pjuːtəbl] *adj* computable, calculable.

computation [kɒmpjuːˈteɪʃn] *n* cálculo *m*.

compute [kəm'pjuːt] *vt* computar, calcular.

computer [kəm'pjuːtəʳ] ◇ *n* ordenador *m*. ◇ *comp* de ordenadores; **~ model** modelo *m* informático; **~ network** red *f* informática; **~ printout** impresión *f* (por ordenador), salida *f* de impresora.

computer-aided, computer-assisted [-ə'sɪstɪd] *adj* asistido(da) por ordenador.

computer dating *n cita organizada por una agencia matrimonial a través de ordenador.*

computer game *n* videojuego *m*.

computer graphics ◇ *npl* [function] gráficos *mpl*. ◇ *n (U)* [field] infografía *f*.

computerization [kəmpjuːtəraɪ'zeɪʃn] *n* **- 1.** [of organization, system, process] informatización *f*. **- 2.** [of information] computerización *f*.

computerize, -ise [kəm'pjuːtəraɪz] *vt* **- 1.** [organization, system, process] informatizar. **- 2.** [information] computerizar.

computerized [kəm'pjuːtəraɪzd] *adj* informatizado(da), computerizado(da); **~ typesetting** composición *f* por ordenador OR informatizada.

computer language *n* lenguaje *m* de ordenador.

computer-literate *adj* con conocimientos de informática a nivel de usuario.

computer program *n* programa *m* informático OR de ordenador.

computer programmer *n* programador *m*, -ra *f*.

computer programming *n* programación *f*.

computing [kəm'pjuːtɪŋ] *n* informática *f*.

computing science *n* informática *f*.

comrade ['kɒmreɪd] *n* camarada *mf*.

comrade-in-arms *n* compañero *m*, -ra *f* de armas.

comradeship ['kɒmreɪdʃɪp] *n* camaradería *f*.

comsat ['kɒmsæt] *n* = **communications satellite**.

con [kɒn] (*pt & pp* **conned**, *cont* **conning**) *inf* ◇ *n* **- 1.** [trick] timo *m*, estafa *f*. **- 2.** *prison sl* [prisoner] presidiario *m*, -ria *f*.

◇ *vt* timar, estafar; **to ~ sb out of sthg** timarle algo a alguien; **to ~ sb into doing sthg** engañar a alguien para que haga algo.

Con. *written abbr of* **Constable**.

concatenate [kɒn'kætɪneɪt] *vt* concatenar, concadenar.

concave [kɒn'keɪv] *adj* cóncavo(va).

concavity [kɒn'kævətɪ] (*pl* **concavities**) *n* concavidad *f*.

concavo-convex [kɒnˌkeɪvəʊkɒn'veks] *adj* cóncavo-convexo (cóncavo-convexa).

conceal [kən'siːl] *vt* **- 1.** [object, substance, information] ocultar; [feelings] disimular; **to ~ sthg from sb** ocultarle algo a alguien. **- 2.** [crime] encubrir.

concealed [kən'siːld] *adj* [lighting] indirecto(ta); [driveway, entrance] oculto(ta).

concealment [kən'siːlmənt] *n* **- 1.** [gen] ocultación *f*. **- 2.** [of feelings] disimulo *m*. **- 3.** [of crime] encubrimiento *m*.

concede [kən'siːd] ◇ *vt* **- 1.** [admit] admitir, reconocer. **- 2.** [give, grant] conceder. **- 3.** SPORT ceder. ◇ *vi* [gen] ceder; [in sports, chess] rendirse.

conceit [kən'siːt] *n* **- 1.** [vanity] vanidad *f*, arrogancia *f*. **- 2.** [witty expression] agudeza *f*.

conceited [kən'siːtɪd] *adj* engreído(da), vanidoso(sa).

conceivable [kən'siːvəbl] *adj* concebible, imaginable.

conceivably [kən'siːvəblɪ] *adv* posiblemente; **I can't ~ do that** no puedo hacer eso por nada del mundo.

conceive [kən'siːv] ◇ *vt* concebir. ◇ *vi* **- 1.** MED concebir. **- 2.** [imagine]: **to ~ of sthg** imaginarse algo.

concentrate ['kɒnsəntreɪt] ◇ *vt* concentrar. ◇ *vi*: **to ~ (on)** concentrarse (en). ◇ *n* CHEM concentrado *m*.

concentrated ['kɒnsəntreɪtɪd] *adj* **- 1.** [fruit juice, washing powder] concentrado(da). **- 2.** [effort] decidido (da), intenso(sa).

concentration [ˌkɒnsən'treɪʃn] *n* concentración *f*.

concentration camp *n* campo *m* de concentración.

concentric [kən'sentrɪk] *adj* concéntrico(ca).

concept ['kɒnsept] *n* concepto *m*.

conception [kən'sepʃn] *n* **- 1.** [gen] concepción *f*. **- 2.** [idea] concepto *m*, idea *f*; **to have no ~ of** no tener ni idea de.

conceptual [kən'septʃʊəl] *adj* conceptual.

conceptualize, -ise [kən'septʃʊəlaɪz] *vt* formarse un concepto de, conceptualizar.

concern [kən'sɜːn] ◇ *n* **- 1.** [worry, anxiety] preocupación *f*; **to be of no ~** carecer de importancia; **it is a matter of ~ that...** resulta preocupante que... **- 2.** [matter of interest] asunto *m*; **it's no ~ of yours** no es asunto tuyo. **- 3.** [company] negocio *m*, empresa *f*. ◇ *vt* **- 1.** [worry] preocupar; **to be ~ed about** preocuparse por. **- 2.** [involve] concernir; **to be ~ed with** [subj: person] estar involucrado(da) en; **to ~**

USAGE ▶ Compliments

Paying a compliment

▶ *on external appearance, clothes etc:*

¡Qué vestido tan bonito llevas!
¡Qué guapa estás!, mejorando lo presente. [*if there is more than one girl*]
Lo que más me gusta de ti es que eres muy abierto.
Tú sí que tienes buen carácter.
Me encanta OR me gusta mucho tu pañuelo, ¿dónde lo has comprado?
Tienes un aspecto excelente OR estupendo.
Es un vestido precioso.
Esa chaqueta te sienta muy bien OR estupendamente.
Alabo tu sentido del gusto.
Ese pañuelo te va muy bien a la cara.
¡Qué bien te veo!
¡Qué elegante vas!

▶ *when visiting:*

Tenéis una casa muy bonita.
¡Qué niño tan rico!
Ha estado todo muy bien.
Gracias por todo. Ha sido una cena fabulosa.

Replying a compliment

Muchas gracias.
Gracias, muy amable.
Me alegro de que te guste.
¿De veras te gusta?
¡Calla, que vas a hacer que me ponga colorada! [*humorous*]
¡Tú, que me miras con buenos ojos! [*humorous*]

o.s. with sthg preocuparse de OR por algo; **as far as... is ~ed** por lo que a... respecta; **to whom it may** ~ a quien pueda interesar, a quien corresponda. **- 3.** [be important to] afectar, concernir; **the decision ~s us all** la decisión nos afecta a todos. **- 4.** [book, film etc] tratar de.

concerned [kən'sɜːnd] *adj* **- 1.** [involved] interesado(da). **- 2.** [worried] preocupado(da).

concerning [kən'sɜːnɪŋ] *prep* sobre, acerca de.

concert [*n* 'kɒnsət, *vb* kən'sɜːt] ◇ *n* **- 1.** MUS concierto *m*. **- 2.** *Br* fig [agreement] acuerdo *m*, concierto *m*. ◇ *vt* concertar.

◆ **in concert** *adv* **- 1.** MUS en directo, en concierto. **- 2.** *fml* [acting as one] conjuntamente.

concerted [kən'sɜːtɪd] *adj* en común, conjunto(ta).

concertgoer ['kɒnsət,gəʊəʳ] *n* asiduo *m*, -dua *f* a conciertos.

concert hall ['kɒnsət-] *n* sala *f* de conciertos.

concertina [,kɒnsə'tiːnə] (*pt & pp* **concertinaed**, *cont* **concertinaing**) ◇ *n* concertina *f*. ◇ *vi* quedarse hecho(cha) un acordeón.

concertize, -ise ['kɒnsɜːtaɪz] *vi* dar conciertos.

concertmaster ['kɒnsət,mɑːstəʳ] *n Am* primer violín *m*.

concerto [kən'tʃeətəʊ] (*pl* **concertos** OR **concerti** [-tiː]) *n* concierto *m*.

concession [kən'seʃn] *n* **- 1.** [allowance, franchise] concesión *f*. **- 2.** [special price] descuento *m*, rebaja *f*; [reduced ticket] entrada *f* de descuento.

concessionaire [kən,seʃə'neəʳ] *n* concesionario *m*, -ria *f*.

concessionary [kən'seʃnərɪ] *adj* de descuento, especial.

conch [kɒntʃ, kɒŋk] (*pl* **conches** OR **conchs**) *n* [mollusc] caracol *m* marino; [shell] caracola *f*.

concierge [kɒnsɪ'eəʒ] *n Am* [in hotel] conserje *m*.

conciliate [kən'sɪlɪeɪt] *vt* conciliar.

conciliation [kən,sɪlɪ'eɪʃn] ◇ *n* conciliación *f*. ◇ *comp*: ~ **board** tribunal *m* de conciliación laboral.

conciliator [kən'sɪlɪeɪtəʳ] *n* mediador *m*, -ra *f*.

conciliatory [kən'sɪlɪətrɪ] *adj* conciliador(ra).

concise [kən'saɪs] *adj* conciso(sa).

concisely [kən'saɪslɪ] *adv* de manera concisa.

conciseness [kən'saɪsnɪs], **concision** [kən'sɪʒn] *n* concisión.

conclave ['kɒŋkleɪv] *n* cónclave *m*.

conclude [kən'kluːd] ◇ *vt* **- 1.** [bring to an end] concluir, terminar. **- 2.** [deduce]: **to** ~ **(that)** concluir que. **- 3.** [agreement] llegar a; [business deal] cerrar; [treaty] firmar. ◇ *vi* terminar, concluir.

conclusion [kən'kluːʒn] *n* **- 1.** [decision] conclusión *f*; **to jump to ~s** sacar conclusiones precipitadas; **to jump to the wrong** ~ sacar a la ligera una conclusión errónea. **- 2.** [ending] final *m*; **to bring sthg to a** ~ dar algo por concluido. **- 3.** [of business deal] cierre *m*; [of treaty] firma *f*; [of agreement] alcance *m*.

◆ **in conclusion** *adv* en conclusión, en suma.

conclusive [kən'kluːsɪv] *adj* concluyente, irrebatible.

conclusively [kən'kluːsɪvlɪ] *adv* de una manera concluyente OR definitiva.

concoct [kən'kɒkt] *vt* **- 1.** [excuse, story] ingeniar. **- 2.** [food] confeccionar; [drink] preparar.

concoction [kən'kɒkʃn] *n* **- 1.** [drink] brebaje *m*; [food] mezcla *f*. **- 2.** [act] confección *f*, preparación *f*.

concomitant [kən'kɒmɪtənt] *adj fml* concomitante.

concord ['kɒŋkɔːd] *n* **- 1.** *fml* [harmony] concordia *f*. **- 2.** [treaty] tratado *m* de paz. **- 3.** GRAMM concordancia *f*.

concordance [kən'kɔːdəns] *n* **- 1.** *fml* [agreement] acuerdo *m*. **- 2.** [index] concordancias *fpl*.

concordant [kən'kɔːdənt] *adj* concordante.

concordat [kɒn'kɔːdæt] *n* concordato *m*.

concourse ['kɒŋkɔːs] *n* **- 1.** [of station etc] vestíbulo *m*. **- 2.** *fml* [of people, things] multitud *f*. **- 3.** *fml* [of circumstances, events] confluencia *f*. **- 4.** *Am* [street] avenida *f*.

concrete ['kɒŋkriːt] ◇ *adj* [definite, real] concreto(ta). ◇ *n* hormigón *m*, concreto *m Amér*. ◇ *comp* [made of concrete] de hormigón. ◇ *vt* cubrir con hormigón.

concrete jungle *n* jungla *f* de(l) asfalto.

concrete mixer *n* hormigonera *f*.

concreteness ['kɒŋkriːtnɪs] *n* concreción *f*.

concretion [kən'kriːʃn] *n* concreción *f*.

concubinage [kɒn'kjuːbɪnɪdʒ] *n* concubinato *m*.

concubine ['kɒŋkjʊbaɪn] *n* concubina *f*.

concupiscence [kən'kjuːpɪsəns] *n fml* concupiscencia *f*.

concupiscent [kən'kjuːpɪsənt] *adj fml* concupiscente.

concur [kən'kɜːʳ] (*pt & pp* **concurred**, *cont* **concurring**) *vi* **- 1.** [agree]: **to** ~ **(with)** estar de acuerdo OR coincidir (con). **- 2.** [occur together] concurrir, coincidir.

concurrence [kən'kʌrəns] *n* **- 1.** [agreement] acuerdo *m*. **- 2.** [coincidence] concurrencia *f*, coincidencia *f*.

concurrent [kən'kʌrənt] *adj* concurrente.

concurrently [kən'kʌrəntlɪ] *adv* simultáneamente, al mismo tiempo.

concuss [kən'kʌs] *vt* **- 1.** [injure brain] conmocionar; **to be ~ed** sufrir una conmoción cerebral. **- 2.** [shake] sacudir OR agitar violentamente.

concussion [kən'kʌʃn] *n* **- 1.** (U) [brain injury] conmoción *f* cerebral. **- 2.** [shock] sacudida *f*.

condemn [kən'dem] *vt* **- 1.** [gen] condenar; **to** ~ **sb (for/to)** condenar a alguien (por/a). **- 2.** [building] declarar en ruinas. **- 3.** [declare unfit] declarar inservible. **- 4.** *Am* JUR [appropriate] expropiar.

condemnable [kən'demnəbl] *adj* condenable, censurable.

condemnation [,kɒndem'neɪʃn] *n* condena *f*.

condemnatory [kən'demnətrɪ] *adj* condenatorio(ria).

condemned [kən'demd] *adj* **- 1.** JUR [condemned to death] condenado(da) a muerte. **- 2.** [building] declarado(da) en ruinas.

condemned cell *n* celda *f* de los condenados a muerte.

condensation [,kɒnden'seɪʃn] *n* **- 1.** [gen] condensación *f*. **- 2.** [on glass] vaho *m*.

condense [kən'dens] ◇ *vt* condensar. ◇ *vi* condensarse.

condensed milk [kən'denst-] *n* leche *f* condensada.

condenser [kən'densəʳ] *n* condensador *m*.

USAGE ▶ Conceding a point

Reluctantly

Es posible que tengas razón.
Podría ser.
Supongo que sí.
Si tú lo dices...
Sí, es una forma de verlo.
Está bien, ¡me rindo! [*humorous*]
Está bien, de acuerdo.
Supongo que estás en lo cierto.

¡Vale! No insistas, tienes razón. [*with irritation*]
Si estás tan seguro...

More willingly

Debo admitir OR reconocer que tienes razón.
De acuerdo, me has convencido.
Es verdad, no me acordaba.
¡Vale! Me has ganado. [*informal*]
Lo admito, me he equivocado.
Hay mucho de verdad en lo que dices.

condescend [ˌkɒndɪ'send] vi - **1.** [talk down]: **to ~ to sb** hablar a alguien con tono de superioridad. - **2.** [deign]: **to ~ to do sthg** condescender OR rebajarse a hacer algo.

condescending [ˌkɒndɪ'sendɪŋ] adj altanero(ra), altivo(va).

condescension [ˌkɒndɪ'senʃn] n altanería f, altivez f.

condiment ['kɒndɪmənt] n fml condimento m.

condition [kən'dɪʃn] ◇ n - **1.** [state] estado m; **in good/bad ~** en buen/mal estado; **to keep in ~** mantenerse en forma; **to be out of ~** no estar en forma; **to be in no ~ to do sthg** no estar en estado OR condiciones de hacer algo. - **2.** MED [disease, complaint] afección f; **a heart ~** una afección cardíaca. - **3.** [provision] condición f; **on ~ that** a condición de que; **on one ~** con una condición. - **4.** fml [social status] condición f. ◇ vt - **1.** [gen] condicionar. - **2.** [hair] acondicionar. - **3.** [make fit - animal, person] poner en forma; [- thing] poner en condiciones.
♦ **conditions** npl condiciones fpl; **poor driving ~s** malas condiciones para conducir.

conditional [kən'dɪʃənl] ◇ adj condicional; **to be ~ on** OR **upon** depender de. ◇ n GRAMM condicional m, potencial m.

conditionally [kən'dɪʃnəlɪ] adv con reservas.

conditioned [kən'dɪʃnd] adj condicionado(da).

conditioner [kən'dɪʃnə'] n suavizante m.

conditioning [kən'dɪʃnɪŋ] n (U) condicionamientos mpl, condicionantes mpl.

condo ['kɒndəʊ] n inf abbr of **condominium** senses 1 & 2.

condole [kən'dəʊl] vi fml: **to ~ with sb** dar el pésame a alguien.

condolence [kən'dəʊləns] n condolencia f, pésame m.
♦ **condolences** npl pésame m; **please accept my ~s** mi más sincero pésame, le acompaño en el sentimiento; **to offer one's ~** dar el pésame.

condom ['kɒndəm] n condón m.

condominium [ˌkɒndə'mɪnɪəm] n - **1.** Am [apartment] piso m, apartamento m. - **2.** Am [apartment block] bloque m de pisos OR apartamentos. - **3.** [sovereignty] condominio m.

condone [kən'dəʊn] vt perdonar, tolerar.

condor ['kɒndɔː'] n cóndor m.

conduce [kən'djuːs] vi fml: **to ~ to sthg** conducir a algo.

conducive [kən'djuːsɪv] adj: **~ to** favorable para.

conduct [n 'kɒndʌkt, vb kən'dʌkt] ◇ n - **1.** [behaviour] conducta f. - **2.** [carrying out] dirección f. ◇ vt - **1.** [carry out] dirigir, llevar a cabo. - **2.** [behave]: **to ~ o.s. well/badly** comportarse bien/mal. - **3.** MUS dirigir. - **4.** PHYSICS conducir. - **5.** [escort] conducir, guiar. ◇ vi [lead orchestra, choir] dirigir.

conductance [kən'dʌktəns] n conductancia f.

conducted tour [kən'dʌktɪd-] n excursión f con guía.

conduction [kən'dʌkʃn] n conducción f.

conductive [kən'dʌktɪv] adj conductivo(va), conductor(ra).

conductivity [ˌkɒndʌk'tɪvəti] n conductividad f, conductibilidad f.

conductor [kən'dʌktə'] n - **1.** [of orchestra, choir] director m, -ra f. - **2.** [on bus] cobrador m. - **3.** Am [on train] revisor m, -ra f. - **4.** ELEC & PHYS conductor m.

conductress [kən'dʌktrɪs] n cobradora f.

conduit ['kɒndɪt, 'kɒndwɪt] n conducto m.

cone [kəʊn] n - **1.** [shape] cono m. - **2.** [for ice cream] cucurucho m. - **3.** [pinecone] piña f. - **4.** [traffic marker] cono m.
♦ **cone off** vt sep Br cortar temporalmente (un carril o carretera) con conos.

coney ['kəʊnɪ] n = **cony**.

confab ['kɒnfæb] (pt & pp **confabbed**, cont **confabbing**) Br inf ◇ n charla f Esp, plática f Amér. ◇ vi charlar Esp, platicar Amér.

confabulate [kən'fæbjʊleɪt] vi fml confabular.

confect [kən'fekt] vt confeccionar.

confection [kən'fekʃn] n - **1.** [act] confección f. - **2.** [sweet] confitura f.

confectioner [kən'fekʃnə'] n confitero m, -ra f, repostero m, -ra f; **~'s (shop)** confitería f.

confectionery [kən'fekʃnərɪ] n (U) dulces mpl, golosinas fpl.

confederacy [kən'fedərəsɪ] (pl **confederacies**) n - **1.** [alliance] confederación f. - **2.** [conspiracy] conjura f, complot m.
♦ **Confederacy** n Am HIST: **the Confederacy** la Confederación, los Estados Confederados.

confederate [n & adj kən'fedərət, vb kən'fedəreɪt] ◇ n - **1.** [ally] confederado m, -da f. - **2.** [accomplice] cómplice mf. ◇ adj confederado(da). ◇ vt confederar. ◇ vi confederarse.
♦ **Confederate** n Am HIST confederado m, -da f, sudista mf.

confederation [kən,fedə'reɪʃn] n confederación f.

Confederation of British Industry n: **the ~** organización patronal británica, ≃ la CEOE.

confer [kən'fɜː'] (pt & pp **conferred**, cont **conferring**) ◇ vt fml: **to ~ sthg (on)** otorgar OR conferir algo (a). ◇ vi: **to ~ (with)** consultar (con).

conferee [ˌkɒnfə'riː] n participante mf en una conferencia.

conference ['kɒnfərəns] n - **1.** [convention] congreso m, conferencia f. - **2.** [meeting] reunión f; **in ~** reunido(da). - **3.** [consultation] consulta f. - **4.** Am SPORT liga f.

conference call n [between three people] conferencia f a tres; [between more than three people] multiconferencia f.

conference centre n centro m OR palacio m de congresos.

conference hall n sala f de conferencias OR congresos.

conference room n sala f de conferencias OR reuniones.

conferencing ['kɒnfərənsɪŋ] n servicio m de conferencia a tres.

conferment [kən'fɜːmənt] n [gen] concesión f; [of diploma] entrega f; [of favour, title] concesión f, otorgamiento m.

conferrable [kən'fɜːrəbl] adj que se puede conferir.

conferral [kən'fɜːrəl] n = **conferment**.

confess [kən'fes] ◇ vt confesar; **to ~ (that)** admitir OR confesar que. ◇ vi - **1.** [to crime] confesar; **to ~ to sthg** confesar algo. - **2.** [admit]: **to ~ to sthg** admitir algo. - **3.** RELIG confesarse.

confessant [kən'fesənt] n penitente mf.

confessed [kən'fest] adj declarado(da).

confession [kən'feʃn] n confesión f.

confessional [kən'feʃənl] ◇ n confesionario m. ◇ adj confesional.

confessor [kən'fesə'] n [priest] confesor m.

confetti [kən'fetɪ] n confeti m.

confidant [ˌkɒnfɪ'dænt] n confidente m.

confidante [ˌkɒnfɪ'dænt] n confidente f.

confide [kən'faɪd] ◇ vt confiar. ◇ vi: **to ~ (in)** confiar (en).

confidence ['kɒnfɪdəns] n - **1.** [self-assurance] confianza f OR seguridad f (en sí mismo/misma). - **2.** [trust] confianza f; **to have (every) ~ in sb** tener (plena) confianza en alguien; **to place one's ~ in sb** depositar (uno) su confianza en alguien; **to take sb into one's ~** confiarse a alguien. - **3.** [secrecy]: **in ~** en secreto. - **4.** [secret] intimidad f, secreto m.

confidence game n Am = **confidence trick**.

confidence man n timador m, estafador m.

confidence trick, confidence game Am n timo m, estafa f.

confidence trickster n = **confidence man**.

confident ['kɒnfɪdənt] adj - **1.** [self-assured - person] seguro de sí mismo (segura de sí misma); [- smile, attitude, tone] confiado(da). - **2.** [sure]: **~ (of)** seguro(ra) (de).

confidential [ˌkɒnfɪ'denʃl] adj [gen] confidencial; [person] de confianza; **~ secretary** secretario m, -ria f de confianza.

confidentiality ['kɒnfɪ,denʃɪ'ælətɪ] n confidencialidad f.

confidentially [ˌkɒnfɪ'denʃəlɪ] adv confidencialmente.

confidently ['kɒnfɪdəntlɪ] adv - **1.** [with self-assurance] con seguridad. - **2.** [trustingly] con toda confianza.

confiding [kən'faɪdɪŋ] adj confiado(da).

configuration [kən,fɪgə'reɪʃn] n [gen & COMPUT] configuración f.

configure [kən'fɪgəʳ] vt [gen & COMPUT] configurar.

confine [kən'faɪn] vt - **1.** [limit, restrict] limitar, restringir; ~ **your answers to one sentence** limítense a contestar con una sola frase; **to be ~d to** limitarse a; **to ~ o.s. to** limitarse a. - **2.** [keep shut in] recluir, encerrar; **to be ~d to bed** estar postrado(da) en la cama.
◆ **confines** npl confines mpl, límites mpl.

confined [kən'faɪnd] adj reducido(da), limitado(da).

confinement [kən'faɪnmənt] n - **1.** [imprisonment] reclusión f. - **2.** dated & MED hospitalización f preparto. - **3.** [to bed] obligación f de guardar cama.

confirm [kən'fɜːm] vt - **1.** [gen & RELIG] confirmar. - **2.** [approve, make valid] ratificar.

confirmable [kən'fɜːməbl] adj que se puede confirmar.

confirmation [ˌkɒnfə'meɪʃn] n - **1.** [gen & RELIG] confirmación f. - **2.** [approval, validation] ratificación f.

confirmed [kən'fɜːmd] adj [non-smoker] inveterado(da); [bachelor] empedernido.

confiscate ['kɒnfɪskeɪt] vt confiscar.

confiscation [ˌkɒnfɪ'skeɪʃn] n confiscación f, incautación f.

conflagration [ˌkɒnflə'greɪʃn] n fml conflagración f, incendio m voraz.

conflate [kən'fleɪt] vt colegir, combinar.

conflict [n 'kɒnflɪkt, vb kən'flɪkt] ◇ n conflicto m; ~ **of interests** conflicto de intereses; **to be in ~ with** estar en pugna con; **to come into ~ (with)** chocar (con). ◇ vi: **to ~ (with)** estar en desacuerdo (con).

conflicting [kən'flɪktɪŋ] adj - **1.** [opinions, advice] contrapuesto(ta). - **2.** [evidence, reports] contradictorio(ria).

confluence ['kɒnfluəns] n confluencia f.

confluent ['kɒnfluənt] ◇ adj confluente. ◇ n confluente m.

conform [kən'fɔːm] vi - **1.** [behave as expected] amoldarse a las normas sociales. - **2.** [be in accordance]: **to ~ (to OR with)** [expectations] corresponder (a); [rules, standards] ajustarse (a).

conformable [kən'fɔːməbl] adj [submissive] conformista.

conformance [kən'fɔːməns] n = **conformity**.

conformation [ˌkɒnfɔː'meɪʃn] n [structure] conformación f.

conformism [kən'fɔːmɪzm] n conformismo m.

conformist [kən'fɔːmɪst] ◇ adj conformista. ◇ n conformista mf.

conformity [kən'fɔːmətɪ] n: ~ **(to OR with)** conformidad f (con).
◆ **in conformity with** prep conforme a, de conformidad con.

confound [kən'faʊnd] vt [confuse, defeat] confundir, desconcertar.

confounded [kən'faʊndɪd] adj inf maldito(ta).

confront [kən'frʌnt] vt - **1.** [problem, task] afrontar, hacer frente a. - **2.** [subj: problem, task] presentarse a. - **3.** [enemy etc] enfrentarse con. - **4.** [challenge]: **to ~ sb (with)** poner a alguien cara a cara (con).

confrontation [ˌkɒnfrʌn'teɪʃn] n enfrentamiento m, confrontación f.

confrontational [ˌkɒnfrʌn'teɪʃənl] adj - **1.** [situation] de enfrentamiento; [policy] de confrontación. - **2.** [person] conflictivo(va).

Confucian [kən'fjuːʃn] ◇ adj confuciano(na). ◇ n confuciano m, -na f.

confuse [kən'fjuːz] vt - **1.** [bewilder] desconcertar. - **2.** [mix up]: **to ~ (with)** confundir (con). - **3.** [complicate, make less clear] complicar.

confused [kən'fjuːzd] adj - **1.** [not clear] confuso(sa). - **2.** [bewildered] desconcertado(da).

confusing [kən'fjuːzɪŋ] adj confuso(sa).

confusion [kən'fjuːʒn] n - **1.** [gen] confusión f. - **2.** [of person] turbación f, desconcierto m.

confute [kən'fjuːt] vt fml confutar, refutar.

conga ['kɒŋgə] n: **the ~** la conga.

con game n Am = **con trick**.

congeal [kən'dʒiːl] vi coagularse.

congenial [kən'dʒiːnjəl] adj ameno(na), agradable.

congeniality [kənˌdʒiːnɪ'ælɪtɪ] n amenidad f, carácter m agradable.

congenital [kən'dʒenɪtl] adj MED congénito(ta).

conger eel ['kɒŋgəʳ-] n congrio m.

congest [kən'dʒest] vt - **1.** [gen & MED] congestionar. - **2.** [crowd] abarrotar.

congested [kən'dʒestɪd] adj - **1.** [area] superpoblado(da); [road, communication lines] congestionado(da), colapsado(da). - **2.** MED congestionado(da).

congestion [kən'dʒestʃn] n (U) - **1.** [of traffic] retención f, congestión f. - **2.** MED congestión f.

congestive [kən'dʒestɪv] adj congestivo(va).

conglomerate [n & adj kən'glɒmərət, vb kən'glɒməreɪt] ◇ n COMM & GEOL conglomerado m. ◇ adj aglomerado(da), conglomerado(da). ◇ vt aglomerar, conglomerar. ◇ vi aglomerarse, conglomerarse.

conglomeration [kənˌglɒmə'reɪʃn] n conglomeración f.

Congo ['kɒŋgəʊ] n [country, river]: **the ~** el Congo.

Congolese [ˌkɒŋgə'liːz] ◇ adj congoleño(ña). ◇ n congoleño m, -ña f.

congratulate [kən'grætʃʊleɪt] vt: **to ~ sb (on)** felicitar a alguien (por), dar la enhorabuena a alguien (por); **to ~ o.s. (on)** sentirse satisfecho(cha) (con).

congratulations [kənˌgrætʃʊ'leɪʃnz] ◇ npl felicitaciones fpl. ◇ excl ¡enhorabuena!, ¡felicidades!

congratulatory [kən'grætʃʊlətrɪ] adj de felicitación.

congregate ['kɒŋgrɪgeɪt] vi [people] congregarse; [animals] juntarse.

USAGE ▶   Congratulations

Congratulating someone in speech

▶ general phrases:

¡(Mi) enhorabuena!
¡Felicidades!
¡Bravo!
¡Buen trabajo!
¡Bien hecho!
¡Estupendo!
Le deseo muchas felicidades.

▶ on exam results, getting a job, promotion:

Me alegro por ti, te lo merecías.
¡Lo sabía! ¡Estaba seguro de que lo conseguirías!
Estoy muy orgullosa de ti.

Me alegro de que hayas aprobado.
Me he enterado de lo de tu ascenso, ¡enhorabuena!

▶ on a birthday, at Christmas, at a wedding:

¡Feliz cumpleaños/Navidad!
Enhorabuena, y que seáis muy felices. [at a wedding]
Felicidades, y que cumplas muchos más. [on a birthday]
¡Felices fiestas! [at Christmas]

Congratulating someone in writting

Les deseo felices pascuas en compañía de su familia. [at Christmas]
Mi más sincera enhorabuena por vuestra boda.
Mis más cordiales felicitaciones.

congregation [ˌkɒŋgrɪˈgeɪʃn] n - **1.** [RELIG - of worshippers] feligreses mpl; [- of priests] congregación f. - **2.** [gathering] congregación f, reunión f.

congregational [ˌkɒŋgrɪˈgeɪʃənl] adj de la congregación.

congregationalism [ˌkɒŋgrɪˈgeɪʃənlɪzm] n congregacionalismo m.

congress [ˈkɒŋgres] n congreso m.

◆ **Congress** n [in US]: **(the) Congress** el Congreso.

congressional [kənˈgreʃənl] adj [gen] de un congreso.

◆ **Congressional** adj [in US] del Congreso.

congressional district n [in US] circunscripción f electoral del Congreso.

Congressional Record n [in US] acta f de sesiones del Congreso.

congressman [ˈkɒŋgresmən] (pl **congressmen** [-mən]) n miembro m del Congreso.

congresswoman [ˈkɒŋgresˌwʊmən] (pl **congresswomen** [-ˌwɪmɪn]) n miembro f del Congreso.

congruence [ˈkɒŋgrʊəns], **congruency** [ˈkɒŋgrʊənsɪ] n congruencia f.

congruent [ˈkɒŋgrʊənt] adj congruente.

congruity [kɒnˈgruːətɪ] n congruencia f.

congruous [ˈkɒŋgrʊəs] adj congruente.

conic(al) [ˈkɒnɪk(l)] adj cónico(ca).

conic section n sección f cónica.

conifer [ˈkɒnɪfəʳ] n conífera f.

coniferous [kəˈnɪfərəs] adj conífero(ra).

conjectural [kənˈdʒektʃərəl] adj conjetural.

conjecture [kənˈdʒektʃəʳ] ◇ n conjetura f. ◇ vt: **to ~ (that)** conjeturar que. ◇ vi hacer conjeturas.

conjoin [kənˈdʒɔɪn] ◇ vt unir, juntar. ◇ vi unirse, juntarse.

conjoint [ˈkɒndʒɔɪnt] adj conjunto(ta).

conjugal [ˈkɒndʒʊgl] adj conyugal.

conjugate [vb ˈkɒndʒʊgeɪt, adj ˈkɒndʒʊgət] ◇ vt conjugar. ◇ vi conjugarse. ◇ adj - **1.** [joined] conjugado(da). - **2.** GRAMM congénere.

conjugation [ˌkɒndʒʊˈgeɪʃn] n conjugación f.

conjunction [kənˈdʒʌŋkʃn] n - **1.** GRAMM conjunción f. - **2.** [combination]: **in ~ with** juntamente con.

conjunctive [kənˈdʒʌŋktɪv] adj conjuntivo(va).

conjunctivitis [kənˌdʒʌŋktɪˈvaɪtɪs] n conjuntivitis f inv.

conjuncture [kənˈdʒʌŋktʃəʳ] n coyuntura f.

conjure [ˈkʌndʒəʳ, vt sense 2 kənˈdʒʊəʳ] ◇ vt - **1.** [produce] hacer aparecer. - **2.** arch [appeal to] conjurar. ◇ vi hacer juegos de manos.

◆ **conjure away** vt sep conjurar, exorcizar.

◆ **conjure up** vt sep - **1.** [image, memory] evocar. - **2.** [gods, spirits] invocar. - **3.** [object, rabbit] hacer aparecer (por arte de magia).

conjurer [ˈkʌndʒərəʳ] n prestidigitador m, -ra f.

conjuring trick [ˈkʌndʒərɪŋ-] n juego m de manos.

conjuror [ˈkʌndʒərəʳ] n = **conjurer**.

conk [kɒŋk] inf ◇ n - **1.** Br [nose] napia f. - **2.** [head] coco m, cocorota f. - **3.** [blow] castañazo m. ◇ vt dar un castañazo en la cabeza a.

◆ **conk out** vi inf - **1.** [break down] escacharrarse. - **2.** [pass out] caerse redondo(da), desmayarse.

conker [ˈkɒŋkəʳ] n Br castaña f (del castaño de Indias).

◆ **conkers** n inf (U) juego infantil consistente en lanzar una castaña atada a un cordel e intentar romper la del adversario.

conman [ˈkɒnmæn] (pl **conmen** [-men]) n estafador m, timador m.

connect [kəˈnekt] ◇ vt - **1.** [join]: **to ~ sthg (to)** unir algo (con). - **2.** [on telephone]: **I'll ~ you now** ahora le paso or pongo. - **3.** [associate]: **to ~ sthg/sb (with)** asociar algo/a alguien (con); **there is no reason to ~ the two events** no hay motivo para vincular los dos sucesos. - **4.** ELEC: **to ~ sthg to** conectar algo a. ◇ vi - **1.** [train, plane, bus]: **to ~ (with)** enlazar (con). - **2.** [rooms, lakes] comunicarse.

connected [kəˈnektɪd] adj [related, associated]: **~ (with)** relacionado(da) (con).

connecter [kəˈnektəʳ] n = **connector**.

Connecticut [kəˈnetɪkət] n Connecticut.

connecting [kəˈnektɪŋ] adj [flight, train] de enlace; **~ door** puerta f que comunica.

connecting rod n biela f.

connection [kəˈnekʃn] n - **1.** [gen, ELEC & TELEC]: **~ (between/with)** conexión f (entre/con); **in ~ with** [with regard to] con relación or respecto a; [robbery, murder] en relación con; **in this ~** a este respecto, a propósito de esto; **to have a bad ~** TELEC tener problemas con la línea (telefónica). - **2.** [plane, train, bus] enlace m, correspondencia f; **to miss/make a ~** perder/hacer un enlace. - **3.** [professional acquaintance] contacto m; **to have good ~s** tener buenos contactos. - **4.** [relative] pariente m.

connective [kəˈnektɪv] ◇ adj conectivo(va). ◇ n GRAMM nexo m.

connective tissue n tejido m conjuntivo.

connector [kəˈnektəʳ] n conectador m.

connect-the-dots n Am une los puntos m inv (pasatiempo).

connexion [kəˈnekʃn] n Br = **connection**.

conning tower [ˈkɒnɪŋ-] n [of ship] torre f de mando; [of submarine] torre f, torreta f.

connivance [kəˈnaɪvəns] n connivencia f.

connive [kəˈnaɪv] vi - **1.** [plot]: **to ~ (with)** confabularse (con). - **2.** [allow to happen]: **to ~ at sthg** hacer la vista gorda ante algo.

conniver [kəˈnaɪvəʳ] n intrigante mf, conspirador m, -ra f.

conniving [kəˈnaɪvɪŋ] adj intrigante.

connoisseur [ˌkɒnəˈsɜːʳ] n entendido m, -da f, experto m, -ta f.

connotation [ˌkɒnəˈteɪʃn] n connotación f.

connote [kəˈnəʊt] vt - **1.** [suggest] connotar. - **2.** [involve] implicar, entrañar.

conquer [ˈkɒŋkəʳ] vt - **1.** [take by force] conquistar. - **2.** [gain control of, overcome] doblegar, vencer.

conqueror [ˈkɒŋkərəʳ] n conquistador m, -ra f.

conquest [ˈkɒŋkwest] n conquista f.

cons [kɒnz] npl - **1.** Br inf: **all mod ~** con todas las comodidades. - **2.** → **pro**.

Cons. written abbr of **Conservative**.

consanguineous [ˌkɒnsæŋˈgwɪnɪəs] adj consanguíneo(a).

consanguinity [ˌkɒnsæŋˈgwɪnətɪ] n consanguinidad f.

conscience [ˈkɒnʃəns] n conciencia f; **to have a guilty ~** sentirse culpable; **to have sthg on one's ~** tener cargo de conciencia or un peso en la conciencia por algo; **with a clear ~** con la conciencia limpia or tranquila; **in all ~** en conciencia; **let your ~ be your guide** actúa según te dicte tu conciencia.

conscience clause n cláusula en una ley o contrato que exime a las personas que tienen prejuicios morales.

conscience money n dinero pagado para tranquilizar la conciencia.

conscience-stricken adj arrepentido(da), con cargo or remordimientos de conciencia.

conscientious [ˌkɒnʃɪˈenʃəs] adj concienzudo(da).

conscientiously [ˌkɒnʃɪˈenʃəslɪ] adv a conciencia.

conscientiousness [ˌkɒnʃɪˈenʃəsnɪs] n meticulosidad f, escrupulosidad f.

conscientious objector n objetor m, -ra f de conciencia.

conscious [ˈkɒnʃəs] adj - **1.** [gen] consciente; **to be ~ of** ser consciente de. - **2.** [intentional] deliberado(da).

consciously [ˈkɒnʃəslɪ] adv deliberadamente.

consciousness [ˈkɒnʃəsnɪs] n - **1.** [gen] conciencia f. - **2.** [state of being awake] conocimiento m; **to lose/regain ~** perder/recobrar el conocimiento.

conscript [vb kənˈskrɪpt, n & adj ˈkɒnskrɪpt] ◇ n recluta mf. ◇ vt reclutar. ◇ adj [army] de reclutas.

conscription [kən'skrɪpʃn] *n* servicio *m* militar obligatorio.

consecrate ['kɒnsɪkreɪt] *vt* RELIG & *fig* consagrar.

consecrated ['kɒnsɪkreɪtɪd] *adj* consagrado(da).

consecration [ˌkɒnsɪ'kreɪʃn] *n* RELIG consagración *f*.

consecutive [kən'sekjʊtɪv] *adj* consecutivo(va); **on three ~ days** tres días seguidos.

consecutively [kən'sekjʊtɪvlɪ] *adv* consecutivamente.

consensual [kən'sensjʊəl] *adj* consensual.

consensus [kən'sensəs] *n* consenso *m*; **~ of opinion** consenso general.

consent [kən'sent] ◇ *n (U)* - **1.** [permission] consentimiento *m*. - **2.** [agreement] acuerdo *m*; **by general** OR **common ~** de común acuerdo; **by mutual ~** de mutuo acuerdo. ◇ *vi*: **to ~ (to)** consentir (en).

consenting [kən'sentɪŋ] *adj*: **~ adults** adultos que aceptan tener relaciones sexuales.

consequence ['kɒnsɪkwəns] *n* - **1.** [result] consecuencia *f*; **to face the ~s** enfrentarse a las consecuencias; **to take/suffer the ~s** aceptar/sufrir las consecuencias ❏ **in ~** por consiguiente. - **2.** [importance] importancia *f*.

◆ **consequences** *n (U) Br* [game] cadáveres *mpl* exquisitos, juego en el que cada participante escribe un trozo de una historia y lo pasa al siguiente; el relato resultante, a menudo incoherente, se lee en voz alta.

consequent ['kɒnsɪkwənt] *adj* consiguiente.

consequential [ˌkɒnsɪ'kwenʃl] *adj fml* - **1.** = **consequent**. - **2.** [important] de consecuencia, importante.

consequently ['kɒnsɪkwəntlɪ] *adv* por consiguiente.

conservation [ˌkɒnsə'veɪʃn] *n* - **1.** [gen] conservación *f*. - **2.** [of natural resources] protección *f* del medio ambiente.

conservation area *n* zona *f* protegida.

conservationist [ˌkɒnsə'veɪʃənɪst] *n* ecologista *mf* (preocupado por la protección de la naturaleza), conservacionista *mf*.

conservatism [kən'sɜːvətɪzm] *n* conservadurismo *m*.

◆ **Conservatism** *n* POL [in UK] conservadurismo *m*.

conservative [kən'sɜːvətɪv] ◇ *adj* - **1.** [not modern] conservador(ra). - **2.** [estimate, guess] moderado(da). ◇ *n* conservador *m*, -ra *f*.

◆ **Conservative** POL [in UK] ◇ *adj* conservador(ra). ◇ *n* conservador *m*, -ra *f*.

conservatively [kən'sɜːvətɪvlɪ] *adv* [dress] de forma convencional OR conservadora.

Conservative Party *n*: **the ~** el Partido Conservador (británico).

conservatoire [kən'sɜːvətwɑːʳ] *n* conservatorio *m*.

conservator [kən'sɜːvətəʳ] *n* protector *m*, -ra *f*, defensor *m*, -ra *f*.

conservatory [kən'sɜːvətrɪ] (*pl* **conservatories**) *n* - **1.** [greenhouse] pequeña habitación acristalada aneja a la casa. - **2.** = **conservatoire**.

conserve [*vb* kən'sɜːv, *n* 'kɒnsɜːv, kən'sɜːv] ◇ *n* compota *f*. ◇ *vt* [energy, supplies] ahorrar; [nature, wildlife] conservar, proteger.

consider [kən'sɪdəʳ] ◇ *vt* - **1.** [gen] considerar; **I ~ myself lucky** yo me considero afortunada; **to ~ doing sthg** pensar hacer algo. - **2.** [take into account] tener en cuenta; **all things ~ed** bien mirado. - **3.** [examine] examinar, observar. ◇ *vi* reflexionar.

considerable [kən'sɪdrəbl] *adj* considerable.

considerably [kən'sɪdrəblɪ] *adv* considerablemente, sustancialmente.

considerate [kən'sɪdərət] *adj* considerado(da).

considerately [kən'sɪdərətlɪ] *adv* con consideración.

consideration [kənˌsɪdə'reɪʃn] *n* consideración *f*; **after due ~** tras un detenido examen, tras la debida consideración; **out of ~ for** por respeto a; **to take sthg into ~** tomar OR tener algo en cuenta; **several options are under ~** se están considerando varias posibilidades.

considered [kən'sɪdəd] *adj*: **my ~ opinion is that...** tras pensarlo bien creo que...

considering [kən'sɪdərɪŋ] ◇ *prep* habida cuenta de, contando con. ◇ *conj* teniendo en cuenta que. ◇ *adv* considerándolo bien, después de todo.

consign [kən'saɪn] *vt* - **1.** [relegate]: **to ~ sthg/sb to** relegar algo/a alguien a. - **2.** COMM consignar. - **3.** [entrust] confiar.

consignee [ˌkɒnsaɪ'niː] *n* consignatario *m*, -ria *f*.

consigner [kən'saɪnəʳ] *n* = **consignor**.

consignment [kən'saɪnmənt] *n* remesa *f*.

consignment note *n* talón *m* de expedición.

consignor [kən'saɪnəʳ] *n* consignador *m*, -ra *f*.

consist [kən'sɪst] ◆ **consist in** *vt fus* consistir en, basarse en.

◆ **consist of** *vt fus* constar de.

consistency [kən'sɪstənsɪ] (*pl* **consistencies**) *n* - **1.** [coherence - of behaviour, policy] consecuencia *f*, coherencia *f*; [- of work] regularidad *f*. - **2.** [texture] consistencia *f*.

consistent [kən'sɪstənt] *adj* - **1.** [regular] constante. - **2.** [coherent]: **~ (with)** consecuente OR coherente (con).

consistently [kən'sɪstəntlɪ] *adv* - **1.** [without exception] constantemente. - **2.** [argue, reason] consecuentemente, coherentemente.

consistory [kən'sɪstrɪ] (*pl* **consistories**) *n* consistorio *m*.

consolation [ˌkɒnsə'leɪʃn] *n* consuelo *m*.

consolation prize *n* premio *m* de consolación.

console [*vb* kən'səʊl, *n* 'kɒnsəʊl] ◇ *n* - **1.** [gen] consola *f*. - **2.** [cabinet] armario *m* (de radio o televisor). ◇ *vt* consolar; **to ~ o.s. with the thought that...** consolarse pensando que...

consolidate [kən'sɒlɪdeɪt] ◇ *vt* - **1.** [strengthen] consolidar. - **2.** [merge] fusionar. ◇ *vi* fusionarse.

consolidation [kənˌsɒlɪ'deɪʃn] *n (U)* - **1.** [strengthening] consolidación *f*. - **2.** [merging] fusión *f*.

consoling [kən'səʊlɪŋ] *adj* [idea, thought] reconfortante.

consols ['kɒnsəlz] *npl Br* bonos *mpl* consolidados.

consommé [*Br* kən'sɒmeɪ, *Am* ˌkɒnsə'meɪ] *n* consomé *m*.

consonance ['kɒnsənəns] *n* consonancia *f*.

consonant ['kɒnsənənt] ◇ *n* consonante *f*. ◇ *adj* - **1.** LITER & MUS consonante. - **2.** *fml* [in accordance]: **~ with** en consonancia con.

consonantal [ˌkɒnsə'næntl] *adj* consonántico(ca).

consort [*n* 'kɒnsɔːt, *vb* kən'sɔːt] ◇ *n* - **1.** [person] consorte *mf*. - **2.** [ship] (buque *m*) escolta *f*. ◇ *vi fml*: **to ~ with sb** asociarse OR frecuentar a alguien.

consortium [kən'sɔːtjəm] (*pl* **consortiums** OR **consortia** [-tjə]) *n* consorcio *m*.

conspicuous [kən'spɪkjʊəs] *adj* [building] visible; [colour] llamativo(va); **he felt ~** le pareció que llamaba mucho la atención; **to be ~ by one's absence** brillar (uno) por su ausencia.

conspicuously [kən'spɪkjʊəslɪ] *adv* ostentosamente.

conspicuousness [kən'spɪkjʊəsnɪs] *n* carácter *m* llamativo.

conspiracy [kən'spɪrəsɪ] (*pl* **conspiracies**) ◇ *n* conspiración *f*; **~ of silence** pacto *m* de silencio. ◇ *comp*: **~ theory** teoría *f* de la conspiración.

conspirator [kən'spɪrətəʳ] *n* conspirador *m*, -ra *f*.

conspiratorial [kənˌspɪrə'tɔːrɪəl] *adj* - **1.** [look, smile, wink] cómplice. - **2.** [group] conspirador(ra).

conspiratorially [kənˌspɪrə'tɔːrɪəlɪ] *adv* [smile, whisper, wink] con aire de complicidad.

conspire [kən'spaɪəʳ] ◇ *vt*: **to ~ to do sthg** conspirar para hacer algo. ◇ *vi* - **1.** [plan secretly]: **to ~ (against/with)** conspirar (contra/con). - **2.** [combine] confabularse.

constable ['kʌnstəbl] *n* policía *mf*, agente *mf*.

constabulary [kən'stæbjʊlərɪ] (*pl* **constabularies**) ◇ *n* policía *f* (de una zona determinada). ◇ *adj* policial.

constancy ['kɒnstənsɪ] *n* - **1.** [of purpose] constancia *f*; [of temperature] estabilidad *f*. - **2.** *literary* [faithfulness] fidelidad *f*.

constant ['kɒnstənt] ◇ *adj* - **1.** [gen] constante. - **2.** *literary* [faithful] fiel. ◇ *n* constante *f*.

constantly ['kɒnstəntlɪ] *adv* [forever] constantemente.

constellation [ˌkɒnstə'leɪʃn] *n* constelación *f*.

consternation [ˌkɒnstə'neɪʃn] *n* consternación *f*.

constipate ['kɒnstɪpeɪt] *vt* estreñir.

constipated ['kɒnstɪpeɪtɪd] *adj* estreñido(da).

constipation [ˌkɒnstɪ'peɪʃn] *n* estreñimiento *m*.

constituency [kən'stɪtjuənsɪ] (*pl* **constituencies**) *n* - **1.** [area] distrito *m* electoral, circunscripción *f*. - **2.** [voters] electorado *m*.

constituency party *n Br* delegación *f* local de un partido.

constituent [kən'stɪtjuənt] ◇ *adj* - **1.** [part, element] integrante, constituyente. - **2.** POL [assembly, power] constituyente. ◇ *n* - **1.** [voter] votante *mf*, elector *m*, -ra *f*. - **2.** [element] componente *m*, constituyente *m*.

constitute ['kɒnstɪtjuːt] *vt* - **1.** [gen] constituir. - **2.** [appoint] nombrar.

constitution [ˌkɒnstɪ'tjuːʃn] *n* constitución *f*.

◆ **Constitution** *n*: **the Constitution** [in US] la Constitución.

constitutional [ˌkɒnstɪ'tjuːʃənl] *adj* constitucional.

constitutionalism [ˌkɒnstɪ'tjuːʃnəlɪzm] *n* constitucionalismo *m*.

constitutionality ['kɒnstɪˌtjuːʃə'nælətɪ] *n* constitucionalidad *f*.

constitutionally [ˌkɒnstɪ'tjuːʃnəlɪ] *adv* - **1.** POL de acuerdo con la constitución, constitucionalmente. - **2.** [strong, weak] físicamente.

constitutional monarchy *n* monarquía *f* constitucional.

constitutive [kən'stɪtjutɪv] *adj* - **1.** [body, organization] constitutivo(va), constituyente. - **2.** = **constituent** *adj sense 1*.

constrain [kən'streɪn] *vt* - **1.** [coerce]: **to ~ sb to do sthg** forzar a alguien a hacer algo. - **2.** [restrict] coartar, constreñir.

constrained [kən'streɪnd] *adj* [smile] forzado(da); [manner] inhibido(da); **to feel ~ to do sthg** verse en la necesidad de hacer algo.

constraint [kən'streɪnt] *n* - **1.** [restriction]: **~ (on)** limitación *f* (de). - **2.** [self-control] autocontrol *m*. - **3.** [coercion] coacción *f*, constreñimiento *m*.

constrict [kən'strɪkt] *vt* - **1.** [compress] apretar. - **2.** [limit] limitar.

constricted [kən'strɪktɪd] *adj* [breathing] insuficiente; [movement] restringido(da), limitado(da); **to feel ~ by sthg** *lit & fig* sentirse restringido OR limitado por algo.

constricting [kən'strɪktɪŋ] *adj* - **1.** [clothes] ceñido(da). - **2.** [circumstances, lifestyle] opresivo(va).

constriction [kən'strɪkʃn] *n* - **1.** [in chest, throat] opresión *f*. - **2.** [restriction] constricción *f*.

constrictive [kən'strɪktɪv] *adj* constrictivo(va).

constrictor [kən'strɪktə'] *n* - **1.** [muscle] constrictor *m*. - **2.** [boa constrictor] boa *f* constrictor.

construct [*vb* kən'strʌkt, *n* 'kɒnstrʌkt] ◇ *vt lit & fig* construir. ◇ *n fml* concepto *m*.

construction [kən'strʌkʃn] ◇ *n* - **1.** [gen] construcción *f*; **under ~** en construcción. - **2.** [interpretation] interpretación *f*. ◇ *comp* de la construcción; **~ company** constructora *f*; **~ industry** (industria *f* de la) construcción *f*; **~ site** obra *f*.

constructive [kən'strʌktɪv] *adj* constructivo(va).

constructively [kən'strʌktɪvlɪ] *adv* de forma constructiva.

constructor [kən'strʌktə'] *n* constructor *m*.

construe [kən'struː] *vt* - **1.** *fml* [interpret]: **to ~ sthg as** interpretar algo como. - **2.** GRAMM analizar, descomponer.

consul ['kɒnsəl] *n* cónsul *mf*.

consular ['kɒnsjulə'] *adj* consular.

consulate ['kɒnsjulət] *n* consulado *m*.

consul general (*pl* **consuls general**) *n* cónsul *mf* general.

consult [kən'sʌlt] ◇ *vt* consultar. ◇ *vi*: **to ~ with sb** consultar a OR con alguien.

consultancy [kən'sʌltənsɪ] (*pl* **consultancies**) *n* [company] asesoría *f*, consulting *m*.

consultancy fee *n* honorarios *mpl* por servicio de asesoría.

consultant [kən'sʌltənt] *n* - **1.** [expert] asesor *m*, -ra *f*. - **2.** *Br* [hospital doctor] (médico *m*) especialista *m*, (médica) especialista *f*.

consultation [ˌkɒnsəl'teɪʃn] *n* - **1.** [gen] consulta *f*. - **2.** [discussion] discusión *f*.

consultative [kən'sʌltətɪv] *adj* consultivo(va), asesor(ra).

consulting [kən'sʌltɪŋ] *adj* asesor(ra).

consulting room *n* consultorio *m*, consulta *f*.

consumable [kən'sjuːməbl] *adj* consumible.

◆ **consumables** *npl* artículos *mpl* de consumo.

consumable resources *npl* recursos *mpl* de consumo.

consume [kən'sjuːm] *vt lit & fig* consumir; **fire ~ed the building** el fuego consumió el edificio; **to be ~ed with** [hatred, jealousy etc] estar consumido(da) por.

consumer [kən'sjuːmə'] ◇ *n* consumidor *m*, -ra *f*. ◇ *comp* [protection, rights] del consumidor; [advice] al consumidor; **~ research** estudio *m* de mercado.

consumer credit *n* (U) crédito *m* al consumidor.

consumer durables *npl* bienes *mpl* de consumo duraderos.

consumer goods *npl* bienes *mpl* de consumo.

consumerism [kən'sjuːmərɪzm] *n* - **1.** *usu pej* [theory] consumismo *m*. - **2.** [consumer protection] defensa *f* del consumidor.

consumer price index *n* índice *m* de precios al consumo.

consumer society *n* sociedad *f* de consumo.

consumer spending *n* consumo *m* (privado).

consummate [*adj* kən'sʌmət, *vb* 'kɒnsəmeɪt] ◇ *adj* - **1.** [skill, ease] absoluto(ta). - **2.** [liar, politician, snob] consumado(da). ◇ *vt* - **1.** [marriage] consumar. - **2.** [deal] cerrar; [achievement] completar, redondear.

consummation [ˌkɒnsə'meɪʃn] *n* - **1.** [of marriage] consumación *f*. - **2.** [culmination] culminación *f*.

consumption [kən'sʌmpʃn] *n* - **1.** [gen] consumo *m*. - **2.** *dated* [tuberculosis] tisis *f inv*.

consumptive [kən'sʌmptɪv] MED ◇ *adj* hético(ca), tísico(ca). ◇ *n* tísico *m*, -ca *f*.

cont. *written abbr of* **continued**.

contact ['kɒntækt] ◇ *n* contacto *m*; **in ~ (with)** en contacto (con); **to come into ~ (with)** entrar en contacto (con); **to have ~s** tener (buenos) contactos; **to lose ~ (with)** perder (el) contacto(con); **to break (the) ~** ELEC interrumpir el contacto; **to make ~** ELEC hacer contacto; **to make ~ (with)** ponerse en contacto (con). ◇ *comp* - **1.** [herbicide, insecticide] por contacto. - **2.** [contagious] transmitido(da) por contacto. ◇ *vt* ponerse en contacto con.

contactable [kɒn'tæktəbl] *adj* localizable; **I'm ~ at this number** estaré localizable OR se me puede localizar en este número.

contact lens *n* lentilla *f*, lente *f* de contacto.

contact number *n* (número *m* de) teléfono *m* (*donde localizar a alguien en su ausencia*).

contact print *n* copia *f* por contacto.

contact sport *n* deporte *m* de contacto.

contagion [kən'teɪdʒn] *n* contagio *m*.

contagious [kən'teɪdʒəs] *adj* contagioso(sa).

contagiousness [kən'teɪdʒəsnɪs] *n* contagiosidad *f*.

contain [kən'teɪn] *vt* - **1.** [gen] contener; **she couldn't ~ her laughter** no podía contener la risa; **to ~ o.s.** contenerse. - **2.** MATH ser divisible por.

contained [kən'teɪnd] *adj* [unemotional] contenido(da), mesurado(da).

container [kən'teɪnə'] *n* - **1.** [box, bottle etc] recipiente *m*, envase *m*. - **2.** [for transporting goods] contenedor *m*.

containerization [kən'teɪnəraɪˈzeɪʃn] *n* embalaje *m* en contenedor.

containerize, -ise [kən'teɪnəraɪz] COMM *vt* - **1.** [goods] poner en contenedores. - **2.** [port] adaptar para el uso de contenedores.

container ship *n* barco *m* OR buque *m* contenedor.

containment [kən'teɪnmənt] *n* contención *f*.

contaminant [kən'tæmɪnənt] *n* contaminador *m*, contaminante *m*.

contaminate [kən'tæmɪneɪt] *vt* contaminar.

contaminated [kən'tæmɪneɪtɪd] *adj* contaminado(da).

contamination [kən,tæmɪ'neɪʃn] *n* contaminación *f*.

cont'd *written abbr of* **continued**.

contemplate ['kɒntempleɪt] ◇ *vt* - **1.** [consider] considerar, pensar en; **she ~d suicide** pensó en suicidarse; **to ~ doing sthg** contemplar la posibilidad de hacer algo. - **2.** *fml* [look at] contemplar. ◇ *vi* reflexionar.

contemplation [,kɒntem'pleɪʃn] *n* - **1.** [thought] reflexión *f*. - **2.** *fml* [act of looking quietly] contemplación *f*. - **3.** [meditation] contemplación *f*.

contemplative [kən'templətɪv] *adj* contemplativo(va).

contemporaneous [kən,tempə'reɪnjəs] *adj* contemporáneo(a).

contemporaneously [kən,tempə'reɪnjəslɪ] *adv fml* [exist, live] en la misma época.

contemporary [kən'tempərərɪ] (*pl* **contemporaries**) ◇ *adj* contemporáneo(a). ◇ *n* contemporáneo *m*, -a *f*.

contempt [kən'tempt] *n* - **1.** [scorn]: ~ **(for)** desprecio *m* OR desdén *m* (por); **to be beneath** ~ ser absolutamente despreciable; **to hold sb in** ~ despreciar a alguien. - **2.** JUR desacato *m*; ~ **of court** desacato *m* al juez.

contemptible [kən'temptəbl] *adj* despreciable.

contemptuous [kən'temptʃʊəs] *adj* despreciativo(va); **to be ~ of sthg** despreciar algo.

contemptuously [kən'temptʃʊəslɪ] *adv* [laugh, reject, smile] despreciativamente, con desprecio OR aire despreciativo.

contend [kən'tend] ◇ *vi* - **1.** [deal]: **to ~ with** enfrentarse a; **I've got enough to ~ with** ya tengo suficientes problemas que afrontar. - **2.** [compete]: **to ~ for/against** competir por/contra. ◇ *vt fml*: **to ~ that** sostener OR afirmar que.

contender [kən'tendər] *n* [gen] contendiente *mf*; [for title] aspirante *mf*.

contending [kən'tendɪŋ] *adj* [factions] opuesto(ta), en conflicto; [teams] rival, en liza.

content [*n sense 1* 'kɒntent, *n sense 2, adj & vb* kən'tent] ◇ *adj*: ~ **(with)** contento(ta) OR satisfecho(cha) (con); **to be ~ to do sthg** contentarse con hacer algo; **I'd be quite ~ to go** iría de buena gana. ◇ *n* - **1.** [amount contained, substance] contenido *m*. - **2.** [satisfaction] satisfacción *f*. ◇ *vt*: **to ~ o.s. with sthg/with doing sthg** contentarse con algo/con hacer algo.
◆ **contents** *npl* contenido *m*.

contented [kən'tentɪd] *adj* satisfecho(cha), contento(ta).

contentedly [kən'tentɪdlɪ] *adv* con satisfacción.

contention [kən'tenʃn] *n fml* - **1.** [argument, assertion] argumento *m*; **it is my ~ that...** en mi opinión... - **2.** (U) [disagreement] disputas *fpl*; **to be in** ~ estar en disputa. - **3.** [competition] **to be in** ~ tener posibilidades (de ganar).

contentious [kən'tenʃəs] *adj fml* - **1.** [statement, issue, decision] controvertido(da), polémico(ca). - **2.** [person] pendenciero(ra).

contentment [kən'tentmənt] *n* satisfacción *f*, contento *m*.

contest [*n* 'kɒntest, *vb* kən'test] ◇ *n* - **1.** [competition] competición *f*, concurso *m*. - **2.** [for power, control] contienda *f*, lucha *f*. ◇ *vt* - **1.** [seat, election] presentarse como candidato(ta) a. - **2.** [dispute - statement] disputar; [- decision] impugnar.

contestant [kən'testənt] *n* [in quiz show] concursante *mf*; [in race] participante *mf*, contendiente *mf*; [in boxing match] contrincante *mf*.

contestation [,kɒntes'teɪʃn] *n* [dispute] controversia *f*, disputa *f*; [of decision] impugnación *f*.

context ['kɒntekst] *n* contexto *m*; **out of** ~ fuera de contexto.

contextual [kɒn'tekstjʊəl] *adj* contextual, según el contexto.

contextualize, -ise [kɒn'tekstjʊəlaɪz] *vt* [events, facts] contextualizar, poner en contexto.

contiguity [,kɒntɪ'gjuːətɪ] *n fml* contigüidad *f*.

contiguous [kən'tɪgjʊəs] *adj fml* contiguo(gua), colindante.

continence ['kɒntɪnəns] *n* continencia *f*.

continent ['kɒntɪnənt] ◇ *n* continente *m*. ◇ *adj* continente.
◆ **Continent** *n Br*: **the Continent** la Europa Continental.

continental [,kɒntɪ'nentl] ◇ *adj* - **1.** GEOGR continental. - **2.** *Br* [European] de la Europa Continental. ◇ *n Br inf* europeo (no británico) *m*, europea (no británica) *f*.

continental breakfast *n* desayuno *m* continental.

continental climate *n* clima *m* continental.

continental divide *n* divisoria *f* continental.

continental drift *n* deriva *f* continental.

continental quilt *n Br* edredón *m*.

continental shelf *n* plataforma *f* continental.

contingency [kən'tɪndʒənsɪ] (*pl* **contingencies**) *n* contingencia *f*.

contingency plan *n* plan *m* de emergencia.

contingent [kən'tɪndʒənt] ◇ *adj fml* - **1.** [dependent]: **to be ~ on** OR **upon** estar supeditado(da) a. - **2.** [accidental] fortuito(ta). - **3.** [uncertain] eventual, contingente. ◇ *n* - **1.** MIL contingente *m*. - **2.** [group] representación *f*.

continual [kən'tɪnjʊəl] *adj* continuo(nua), constante.

continually [kən'tɪnjʊəlɪ] *adv* continuamente, constantemente.

continuance [kən'tɪnjʊəns] *n* - **1.** = **continuation**. - **2.** *Am* JUR aplazamiento *m*.

continuation [kən,tɪnjʊ'eɪʃn] *n* continuación *f*.

continue [kən'tɪnjuː] ◇ *vt* - **1.** [gen]: **to ~ (doing** OR **to do sthg)** continuar (haciendo algo); **to be ~d** continuará; ~**d on page 9** continúa OR sigue en la página 9. - **2.** *Am* JUR aplazar. ◇ *vi*: **to ~ (with sthg)** continuar (con algo); **to ~ on one's way** seguir (uno) su camino.

continued [kən'tɪnjuːd] *adj*: ~ **existence** pervivencia *f*.

continuity [,kɒntɪ'njuːətɪ] ◇ *n* - **1.** [coherence] continuidad *f*. - **2.** CINEMA & TV continuidad *f*. ◇ *comp*: ~ **girl** script *f*, anotadora *f*.

continuous [kən'tɪnjʊəs] *adj* continuo(nua), ininterrumpido(da).

continuous assessment *n* evaluación *f* continua.

continuously [kən'tɪnjʊəslɪ] *adv* continuamente, ininterrumpidamente.

continuum [kən'tɪnjʊəm] *n* continuo *m*, continuum *m*.

contort [kən'tɔːt] ◇ *vt* retorcer. ◇ *vi* retorcerse.

contorted [kən'tɔːtɪd] *adj* [body] torcido(da), doblado(da); [features] crispado(da).

contortion [kən'tɔːʃn] *n* contorsión *f*.

contortionist [kən'tɔːʃənɪst] *n* contorsionista *mf*.

contour ['kɒntʊər] ◇ *n* - **1.** [outline] contorno *m*. - **2.** [on map] curva *f* de nivel. ◇ *comp*: ~ **line** curva *f* de nivel; ~ **map** mapa *m* topográfico. ◇ *vt* - **1.** [outline] contornear, perfilar. - **2.** [build] construir según los accidentes del terreno.

Contra ['kɒntrə] *n* - **1.** (U) [group]: **the** ~ la Contra. - **2.** [individual] contra *mf*.

contraband ['kɒntrəbænd] ◇ *adj* de contrabando. ◇ *n* contrabando *m*.

contrabass ['kɒntrəbeɪs] *n* contrabajo *m*.

contrabassoon [,kɒntrəbə'suːn] *n* contrafagot *m*.

contraception [,kɒntrə'sepʃn] *n* anticoncepción *f*.

contraceptive [,kɒntrə'septɪv] ◇ *adj* anticonceptivo(va). ◇ *n* anticonceptivo *m*.

contraceptive pill *n* píldora *f* anticonceptiva.

contract [*n* 'kɒntrækt, *vb* kən'trækt] ◇ *n* - **1.** [gen] contrato

m; **marriage** ~ contrato de matrimonio; ~ **of employment** contrato de trabajo; **to be under** ~ estar bajo contrato OR contratado; **to honour a** ~ cumplir un contrato. **- 2.** *inf* [murder assignment]: **there is a** ~ **on him** se ha puesto precio a su cabeza. ◇ *vt* **- 1.** [through legal agreement]: **to** ~ **sb (to do sthg)** contratar a alguien (para hacer algo). **- 2.** *fml* [illness, disease] contraer. **- 3.** [reduce in size, length] contraer. **- 4.** [obligation, marriage, debt] contraer. **- 5.** GRAMM contraer. ◇ *vi* **- 1.** [decrease in size, length] contraerse. **- 2.** [agree]: **to** ~ **to do sthg** comprometerse a hacer algo (por contrato).
◆ **contract in** *vi esp Br* acceder formalmente a participar.
◆ **contract out** ◇ *vt sep*: **they've** ~**ed out refuse collection to a private firm** han contratado a una empresa privada para la recogida de la basura. ◇ *vi esp Br*: **to** ~ **out (of)** optar formalmente por no participar (en).

contract bridge ['kɒntrækt-] *n* (bridge *m*) contrato *m*.

contractile [kən'træktaɪl] *adj* contráctil.

contracting [kən'træktɪŋ] *n* contratación *f*.

contraction [kən'trækʃn] *n* contracción *f*.

contractor [kən'træktəʳ] *n* COMM contratista *mf*.

contractual [kən'træktʃʊəl] *adj* contractual.

contractually [kən'træktʃʊəlɪ] *adv* [binding] por contrato.

contradict [ˌkɒntrə'dɪkt] *vt* contradecir.

contradiction [ˌkɒntrə'dɪkʃn] *n* contradicción *f*; ~ **in terms** contradicción en sí misma.

contradictory [ˌkɒntrə'dɪktərɪ] *adj* contradictorio(ria).

contradistinction [ˌkɒntrədɪ'stɪŋkʃn] *n* contraste *m*.

contraflow ['kɒntrəfləʊ] *n estrechamiento (de la autopista) a una carretera de dos direcciones.*

contrail ['kɒntreɪl] *n* estela *f* de condensación.

contraindicate [ˌkɒntrə'ɪndɪkeɪt] *vt* contraindicar.

contraindication ['kɒntrəˌɪndɪ'keɪʃn] *n* contraindicación *f*.

contralto [kən'træltəʊ] (*pl* **contraltos**) *n* contralto *f*.

contraption [kən'træpʃn] *n* chisme *m*, artilugio *m*.

contrapuntal [ˌkɒntrə'pʌntl] *adj* de contrapunto.

contrariety [ˌkɒntrə'raɪətɪ] (*pl* **contrarieties**) *n fml* contrariedad *f*.

contrariness [kən'treərɪnɪs] *n* espíritu *m* de contradicción, testarudez *f*.

contrariwise ['kɒntrərɪˌwaɪz] *adv* **- 1.** [on the contrary] al contrario. **- 2.** [backwards] al revés.

contrary ['kɒntrərɪ, *adj sense 2* kən'treərɪ] ◇ *adj* **- 1.** [opposite] contrario(ria); ~ **to** en contra de. **- 2.** [awkward] obstinado(da), que lleva la contraria siempre. **- 3.** [winds, weather] adverso(sa). ◇ *n*: **the** ~ lo contrario; **on the** ~ al contrario; **quite the** ~! ¡todo lo contrario!; **to the** ~ en contra; **unless I hear to the** ~ a menos que me digan otra cosa.
◆ **contrary to** *prep* en contra de.

contrast [*vb* kən'trɑːst, *n* 'kɒntrɑːst] ◇ *n*: ~ **(between** OR **with)** contraste *m* (entre); **to be a** ~ **(to** OR **with)** contrastar (con) ❏ **by** OR **in** ~ en cambio; **in** ~ **with** OR **to** a diferencia de. ◇ *vt*: **to** ~ **sthg with** contrastar algo con. ◇ *vi*: **to** ~ **(with)** contrastar (con).

contrasting [kən'trɑːstɪŋ] *adj* [personalities, views] opuesto(ta); [colours] que contrastan.

contravene [ˌkɒntrə'viːn] *vt* contravenir.

contravention [ˌkɒntrə'venʃn] *n* contravención *f*.

contribute [kən'trɪbjuːt] ◇ *vt* **- 1.** [give] contribuir, aportar. **- 2.** [to magazine, newspaper]: **to** ~ **sthg (to)** escribir algo (para). ◇ *vi* **- 1.** [gen]: **to** ~ **(to)** contribuir (a). **- 2.** [write material]: **to** ~ **to** colaborar con.

contributing [kən'trɪbjuːtɪ] *adj* contribuyente.

contribution [ˌkɒntrɪ'bjuːʃn] *n* **- 1.** [gen]: ~ **(to)** contribución *f* (a). **- 2.** [article] colaboración *f*.

contributor [kən'trɪbjʊtəʳ] *n* **- 1.** [of money] contribuyente *mf*. **- 2.** [to magazine, newspaper] colaborador *m*, -ra *f*.

contributory [kən'trɪbjʊtərɪ] *adj* contribuyente.

contributory pension scheme *n* plan *m* de pensiones contributivo.

con trick, con game *Am n inf* timo *m*, estafa *f*.

contrite ['kɒntraɪt] *adj* contrito(ta).

contrition [kən'trɪʃn] *n literary* contrición *f*, arrepentimiento *m*.

contrivance [kən'traɪvəns] *n* **- 1.** [contraption] artilugio *m*. **- 2.** [ploy] estratagema *f*, treta *f*.

contrive [kən'traɪv] *fml vt* **- 1.** [engineer] maquinar, idear. **- 2.** [manage]: **to** ~ **to do sthg** lograr hacer algo.

contrived [kən'traɪvd] *adj* inverosímil, artificial.

control [kən'trəʊl] (*pt & pp* **controlled**, *cont* **controlling**) ◇ *n* **- 1.** [gen & COMPUT] control *m*; [on spending] restricción *f*; **beyond** OR **outside one's** ~ fuera del control de uno; **in** ~ **of** al mando de; **out of/under** ~ fuera de/bajo control; **to be in** ~ **of the situation** dominar la situación; **to gain** ~ **(of)** hacerse con el poder (en); **to get out of** ~ desmandarse; **to take** ~ **(of)** tomar el control OR las riendas (de). **- 2.** [of emotions] dominio *m*, control *m*; **to be in** ~ **of o.s.** tener control de sí mismo; **to lose** ~ perder el dominio; **to lose** ~ **of o.s.** perder el control. ◇ *vt* **- 1.** [gen] controlar; **to** ~ **o.s.** dominarse, controlarse. **- 2.** [operate - machine, plane] manejar; [- central heating] regular. **- 3.** [verify - accounts] controlar; [- experiment] comprobar. ◇ *comp* de control.
◆ **controls** *npl* [of machine, vehicle] controles *mpl*, mandos *mpl*.

control code *n* COMPUT código *m* de control.

control column *n* palanca *f* de mando.

control group *n* grupo *m* de control.

controllable [kən'trəʊləbl] *adj* controlable.

controlled [kən'trəʊld] *adj* **- 1.** [person] controlado(da). **- 2.** ECON dirigido(da). **- 3.** [directed]: ~ **explosion** explosión *f* controlada.

controller [kən'trəʊləʳ] *n* **- 1.** FIN interventor *m*, -ra *f*. **- 2.** RADIO & TV director *m*, -ra *f*. **- 3.** AERON controlador *m*, -ra *f*.

controlling [kən'trəʊlɪŋ] *adj* [factor] determinante, controlador(ra).

controlling interest *n* participación *f* mayoritaria.

control panel *n* tablero *m* de instrumentos OR de mandos.

control room *n* sala *f* de control.

control stick *n* = **control column**.

control tower *n* torre *f* de control.

controversial [ˌkɒntrə'vɜːʃl] *adj* polémico(ca), controvertido(da).

controversy ['kɒntrəvɜːsɪ, kən'trɒvəsɪ] (*pl* **controversies**) *n* polémica *f*, controversia *f*.

controvert ['kɒntrəvɜːt] *vt fml* contradecir, rebatir.

contumacious [ˌkɒntjuː'meɪʃəs] *adj fml* contumaz.

contumacy ['kɒntjʊməsɪ] *n* **- 1.** *fml* [disobedience] contumacia *f*, insubordinación *f*. **- 2.** JUR rebeldía *f*, contumacia *f*.

contumely ['kɒntjuːmlɪ] *n fml* **- 1.** [language] injurias *fpl*, afrentas *fpl*. **- 2.** [insult] injuria *f*, afrenta *f*.

contusion [kən'tjuːʒn] *n fml* contusión *f*.

conundrum [kə'nʌndrəm] (*pl* **conundrums**) *n fml* **- 1.** [problem] enigma *m*. **- 2.** [riddle] acertijo *m*, adivinanza *f*.

conurbation [ˌkɒnɜː'beɪʃn] *n* conurbación *f*.

convalesce [ˌkɒnvə'les] *vi* convalecer.

convalescence [ˌkɒnvə'lesns] *n* convalecencia *f*.

convalescent [ˌkɒnvə'lesnt] ◇ *adj* de convalecencia; ~ **home** casa *f* de convalecencia, clínica *f* de reposo. ◇ *n* convaleciente *mf*.

convection [kən'vekʃn] *n* convección *f*.

convector [kən'vektəʳ] *n* calentador *m* de convección, convector *m*.

convene [kən'viːn] ◇ *vt* convocar. ◇ *vi* reunirse.

convener [kən'viːnəʳ] *n Br* [trade union official] *sindicalista que supervisa a los enlaces sindicales de una empresa.*

convenience [kən'viːnjəns] *n* **- 1.** [ease of use] comodidad *f*; **do it at your** ~ hágalo cuando le venga bien; **at your earliest** ~ con la mayor brevedad, tan pronto como le sea posible. **- 2.** [advantage] ventaja *f*. **- 3.** [facility] comodidad *f*. **- 4.** *Br fml & euph* [lavatory] baño *m*, servicio *m*.

convenience food *n* comida *f* preparada.

convenience store *n Am* tienda *f* que abre hasta tarde.

convenient [kən'viːnjənt] *adj* **- 1.** [suitable] conveniente; **is Monday** ~? ¿te viene bien el lunes? **- 2.** [handy size] práctico(ca); [- position] adecuado(da); ~ **for** [well-situated] bien situado (bien situada) para.

conveniently [kən'viːnjəntlɪ] *adv* convenientemente.

convening [kən'viːnɪŋ] ◇ *adj* [authority, country] anfitrión(ona). ◇ *n* convocación *f*.

convent ['kɒnvənt] *n* **- 1.** RELIG convento *m*. **- 2.** = **convent school**.

convention [kən'venʃn] *n* convención *f*.

conventional [kən'venʃənl] *adj* convencional.

conventionality [kən,venʃə'nælətɪ] *n* convencionalismo *m*.

conventionally [kən'venʃnəlɪ] *adv* de manera convencional.

convention centre *n* palacio *m* de congresos.

conventioneer [kən,venʃə'nɪəʳ] *n* asistente *mf* a una convención.

convent school *n* colegio *m* de monjas.

converge [kən'vɜːdʒ] *vi lit & fig:* **to** ~ **(on)** converger (en); **the protesters** ~**d on the palace** los manifestantes se dieron cita ante el palacio.

convergence [kən'vɜːdʒəns] *n* convergencia *f*.

convergent [kən'vɜːdʒənt] *adj* [gen & MATH] convergente.

conversant [kən'vɜːsənt] *adj fml*: ~ **with** familiarizado(da) con.

conversation [,kɒnvə'seɪʃn] *n* conversación *f*; **to hold a** ~ **(with)** tener OR mantener una conversación (con); **to make** ~ **(with)** dar conversación (a).

conversational [,kɒnvə'seɪʃənl] *adj* coloquial; ~ **style** estilo *m* familiar.

conversationalist [,kɒnvə'seɪʃnəlɪst] *n* conversador *m*, -ra *f*.

conversationally [,kɒnvə'seɪʃnəlɪ] *adv* [mention, say] en un tono coloquial OR familiar.

conversation piece *n* **- 1.** [unusual object] curiosidad *f*. **- 2.** [play] *obra de teatro con diálogos brillantes*.

converse [*vb* kən'vɜːs, *n & adj* 'kɒnvɜːs] ◇ *adj fml* contrario(ria), opuesto(ta). ◇ *n* **- 1.** [opposite]: **the** ~ lo contrario OR opuesto. **- 2.** PHILOS proposición *f* inversa OR recíproca. **- 3.** *literary* [conversation] conversación *f Esp*, plática *f Amér*. ◇ *vi fml*: **to** ~ **(with)** conversar *Esp* OR platicar *Amér* (con).

conversely [kən'vɜːslɪ] *adv* a la inversa.

conversion [kən'vɜːʃn] *n* **- 1.** [gen & RELIG] conversión *f*. **- 2.** [in building] reforma *f*. **- 3.** [in rugby] transformación *f*. **- 4.** JUR apropiación *f* ilícita.

conversion table *n* tabla *f* de conversión.

convert [*vb* kən'vɜːt, *n* 'kɒnvɜːt] ◇ *vt* **- 1.** [gen]: **to** ~ **sthg (to** OR **into)** convertir algo (en). **- 2.** [change belief of]: **to** ~ **sb (to)** convertir a alguien (a). **- 3.** [in rugby] transformar. **- 4.** JUR apropiarse ilícitamente de. ◇ *vi* **- 1.** [change]: **to** ~ **from sthg to** pasarse de algo a. **- 2.** [in rugby] hacer una transformación, transformar un ensayo. ◇ *n* converso *m*, -sa *f*.

converted [kən'vɜːtɪd] *adj* **- 1.** [building] reformado(da); [ship] acondicionado(da). **- 2.** RELIG converso(sa).

converter [kən'vɜːtəʳ] *n* **- 1.** TECH convertidor *m*. **- 2.** ELEC transformador *m*.

convertibility [kən,vɜːtə'bɪlət ɪ] *n* convertibilidad *f*.

convertible [kən'vɜːtəbl] ◇ *adj* **- 1.** [sofa]: ~ **sofa** sofá-cama *m*. **- 2.** [currency] convertible. **- 3.** [car] descapotable. ◇ *n* (coche *m*) descapotable *m*.

convertor [kən'vɜːtəʳ] *n* = **converter**.

convex [kɒn'veks] *adj* convexo(xa).

convexity [kɒn'veksətɪ] (*pl* **convexities**) *n* convexidad *f*.

convexo-concave [kən,veksəukɒn'keɪv] *adj* convexo-cóncavo (convexo-cóncava).

convey [kən'veɪ] *vt* **- 1.** *fml* [transport] transportar, llevar. **- 2.** [express]: **to** ~ **sthg (to)** expresar OR transmitir algo (a). **- 3.** JUR transferir, ceder.

conveyance [kən'veɪəns] *n* **- 1.** *fml* [transport] transporte *m*. **- 2.** [transmission] transmisión *f*. **- 3.** [JUR - transfer] traspaso *m*, cesión *f*; [- document] escritura *f* de traspaso.

conveyancing [kən'veɪənsɪŋ] *n (U)* redacción *f* de escrituras de traspaso.

conveyor [kən'veɪəʳ] *n* **- 1.** [transporter] transportador *m*, -ra *f*. **- 2.** = **conveyor belt**.

conveyor belt *n* cinta *f* transportadora.

convict [*vb* kən'vɪkt, *n* 'kɒnvɪkt] ◇ *n* presidiario *m*, -ria *f*. ◇ *vt*: **to** ~ **sb of** condenar a alguien por, declarar a alguien culpable de.

convicted [kən'vɪktɪd] *adj* convicto(ta).

conviction [kən'vɪkʃn] *n* **- 1.** [belief, fervour] convicción *f*. **- 2.** JUR condena *f*. **- 3.** [plausibility]: **to carry** ~ [statement] ser convincente; [person] expresarse con convicción.

convince [kən'vɪns] *vt*: **to** ~ **sb (of sthg/to do sthg)** convencer a alguien (de algo/para que haga algo).

convinced [kən'vɪnst] *adj*: ~ **(of)** convencido(da) (de).

convincing [kən'vɪnsɪŋ] *adj* convincente.

convincingly [kən'vɪnsɪŋlɪ] *adv* convincentemente, de (un) modo convincente.

convivial [kən'vɪvɪəl] *adj* [gathering, atmosphere] agradable, jovial; [group] alegre.

convocation [,kɒnvə'keɪʃn] *n* **- 1.** [summoning] convocación *f*. **- 2.** [meeting] asamblea *f*.

convoke [kən'vəʊk] *vt* convocar.

convoluted ['kɒnvəluːtɪd] *adj* [tortuous] retorcido(da), intrincado(da).

convolution [,kɒnvə'luːʃn] *n* circunvolución *f*.

convoy ['kɒnvɔɪ] ◇ *n* convoy *m*; **in** ~ en convoy. ◇ *vt* escoltar.

convulsant [kən'vʌlsənt] ◇ *adj* [drug] convulsionante. ◇ *n* convulsionante *m*.

convulse [kən'vʌls] ◇ *vt*: **to be** ~**d with pain/laughter** retorcerse de dolor/risa. ◇ *vi* padecer convulsiones.

convulsion [kən'vʌlʃn] *n* MED convulsión *f*.

convulsive [kən'vʌlsɪv] *adj* convulsivo(va).

cony ['kəʊnɪ] (*pl* **conies**) *n* **- 1.** *Am* [rabbit] conejo *m*. **- 2.** [rabbit fur] piel *f* de conejo.

coo [kuː] ◇ *vi* arrullar. ◇ *n* arrullo *m*.

cooing ['kuːɪŋ] *n (U)* [of pigeon, person] arrullos *mpl*; [of baby] balbuceo *m*.

cook [kʊk] ◇ *n* cocinero *m*, -ra *f*. ◇ *vt* **- 1.** [gen] cocinar, guisar; [prepare] preparar, hacer. **- 2.** [in oven] asar, hacer en el horno. **- 3.** *inf* [falsify] falsificar. ◇ *vi* **- 1.** [prepare food] cocinar, guisar. **- 2.** [in oven] cocerse, hacerse.

♦ **cook up** *vt sep inf* [plan, deal] tramar, urdir; [excuse] inventarse.

cookbook ['kʊkbʊk] *n* = **cookery book**.

cooked [kʊkt] *adj* cocido(da); ~ **breakfast** *Br* desayuno *m* inglés.

cooker ['kʊkəʳ] *n esp Br* cocina *f* (*electrodoméstico*).

cookery ['kʊkərɪ] *n* cocina *f* (*arte*).

cookery book *n* libro *m* de cocina.

cookie ['kʊkɪ] *n Am* galleta *f*.

cooking ['kʊkɪŋ] ◇ *n* **- 1.** [activity]: **do you like** ~? ¿te gusta cocinar? **- 2.** [food] cocina *f*; **Italian** ~ cocina italiana. ◇ *comp* [utensils, salt] de cocina; [oil, sherry] para cocinar OR guisar.

cooking apple *n* manzana *f* para asar.

cookout ['kʊkaʊt] *n Am* barbacoa *f* al aire libre.

cool [kuːl] ◇ *adj* **- 1.** [not warm] fresco(ca); [clothes, material] ligero(ra); **to keep sthg** ~ mantener algo fresco. **- 2.** [calm] tranquilo(la); **to keep** ~ no perder la calma; **to play it** ~ mantener la calma; **a** ~ **customer** *inf* un tipo tranquilo. **- 3.** [unfriendly] frío(a). **- 4.** [colour] frío(a). **- 5.** *inf*

[hip] guay, chachi. **- 6.** *inf* [sum of money]: **they lost a ~ million** perdieron la friolera de OR nada menos que un millón. ◇ *vt* **- 1.** [in temperature] refrescar. **- 2.** *phr:* **~ it!** ¡tranquilo(la)! ◇ *vi* **- 1.** [become less warm] enfriarse. **- 2.** [abate] calmarse, aplacarse. ◇ *n* **- 1.** [coolness] frescor *m*; **in the ~ of the night** con el fresco de la noche. **- 2.** [calm]: **to keep/ lose one's ~** mantener/perder la calma.
◆ **cool down** ◇ *vt sep* **- 1.** [make less warm] refrescar. **- 2.** [make less angry] calmar. ◇ *vi* **- 1.** [become less warm] enfriarse. **- 2.** [become less angry] calmarse.
◆ **cool off** *vi* **- 1.** [become less warm] refrescarse. **- 2.** [become less angry] calmarse.

coolant ['ku:lənt] *n* líquido *m* refrigerante.

cool box *n* nevera *f* portátil.

cooler ['ku:lə'] *n* **- 1.** [cooling device] enfriador *m*. **- 2.** [drink] refresco *m*. **- 3.** *inf* [prison] chirona *f*, trena *f*.

cool-headed *adj* [person] impasible; [reaction] calmado(da).

coolie ['ku:lɪ] *n* coolí *m*, culí *m*.

cooling ['ku:lɪŋ] *n* enfriamiento *m*.

cooling-off period *n* tiempo en el que los sindicatos y la patronal pueden intentar llegar a un acuerdo antes de declararse una huelga.

cooling system *n* sistema *m* de refrigeración.

cooling tower *n* torre *f* de refrigeración.

coolly ['ku:lɪ] *adv* **- 1.** [calmly] con tranquilidad. **- 2.** [coldly] con frialdad.

coolness ['ku:lnɪs] *n* **- 1.** [in temperature] frescor *m*. **- 2.** [unfriendliness] frialdad *f*. **- 3.** [calmness] calma *f*, serenidad *f*.

coon [ku:n] *n* **- 1.** *inf* ZOOL mapache *m*. **- 2.** [black person] *término racista para designar a una persona de raza negra.*

coop [ku:p] *n* gallinero *m*.
◆ **coop up** *vt sep inf* encerrar.

Co-op [,əp] (*abbr of* **co-operative society**) *n* cooperativa *f*, Coop. *f*.

cooper ['ku:pə'] *n* barrilero *m*, -ra *f*, tonelero *m*, -ra *f*.

cooperage ['ku:pərɪdʒ] *n* tonelería *f*, cubería *f*.

cooperate [kəʊ'bpəreɪt] *vi:* **to ~ (with)** cooperar (con).

cooperation [kəʊ,bpə'reɪʃn] *n (U)* cooperación *f*.

cooperative [kəʊ'bpərətɪv] ◇ *adj* **- 1.** [helpful] servicial, dispuesto(ta) a ayudar. **- 2.** [collective] cooperativo(va). ◇ *n* cooperativa *f*.

co-opt *vt:* **to ~ sb (into/onto)** cooptar a alguien (a).

coordinate [*n & adj* kəʊ'ɔ:dɪnət, *vt* kəʊ'ɔ:dɪneɪt] ◇ *n* [on map, graph] coordenada *f*. ◇ *vt* coordinar. ◇ *adj* **- 1.** GRAMM coordinado(da). **- 2.** MATH coordenado(da); **~ geometry** geometría *f* analítica.
◆ **coordinates** *npl* [clothes] conjuntos *mpl* (que se venden por piezas).

coordinating [kəʊ'ɔ:dɪneɪtɪŋ] *adj* coordinador(ra); **~ conjunction** conjunción *f* coordinante OR coordinativa.

coordination [kəʊ,ɔ:dɪ'neɪʃn] *n* coordinación *f*.

coordinator [kəʊ'ɔ:dɪneɪtə'] *n* coordinador *m*, -ra *f*.

coot [ku:t] *n* [bird] focha *f*.

co-owner *n* copropietario *m*, -ria *f*.

co-ownership *n* copropiedad *f*.

cop [kɒp] (*pt & pp* **copped**, *cont* **copping**) *inf* ◇ *n* poli *mf*, paco *m*, -ca *f* *Amér.* ◇ *vt* [seize] coger, agarrar.
◆ **cop out** *vi inf:* **to ~ out (of)** escaquearse (de).

copartner [kəʊ'pɑ:tnə'] *n* consocio *m*, -cia *f*, copartícipe *mf*.

copartnership [,kəʊ'pɑ:tnəʃɪp] *n* sociedad *f* conjunta, asociación *f*.

cope [kəʊp] ◇ *vi* [person] arreglárselas; [machine, system] dar abasto; **to ~ with** [work] poder con; [problem, situation] hacer frente a. ◇ *n* RELIG capa *f*. ◇ *vt* [wall] poner albardilla a.

Copenhagen [kəʊpən'heɪgən] *n* Copenhague *f*.

copier ['kɒpɪə'] *n* copiadora *f*, fotocopiadora *f*.

copilot ['kəʊ,paɪlət] *n* copiloto *mf*.

coping ['kəʊpɪŋ] *n* ARCHIT albardilla *f*.

copious ['kəʊpjəs] *adj* copioso(sa), abundante.

copiously ['kəʊpjəslɪ] *adv* [cry] copiosamente, con profusión; [produce, write] en abundancia.

cop-out *n inf* escaqueo *m*.

copper ['kɒpə'] ◇ *n* **- 1.** [metal] cobre *m*. **- 2.** *Br inf* [policeman] poli *m*. **- 3.** [coin] moneda *f* de cobre. **- 4.** *Br* [pot] caldera *f*. ◇ *comp* [coin, kettle, wire] de cobre. ◇ *adj* [colour, hair] cobrizo(za).

copper beech *n* haya *f* roja.

copper-bottomed [-'bɒtəmd] *adj* **- 1.** [saucepan] con fondo de cobre. **- 2.** *fig* [deal] seguro(ra).

copperhead ['kɒpəhed] *n* víbora *f* norteamericana.

copperplate ['kɒpəpleɪt] ◇ *n* **- 1.** [plate] lámina *f* de cobre. **- 2.** [print] grabado *m* en cobre. **- 3.** [handwriting] letra *f* caligrafiada. ◇ *comp* [handwriting] caligrafiado(da).

coppersmith ['kɒpəsmɪθ] *n* calderero *m* (en cobre).

coppery ['kɒpərɪ] *adj* cobrizo(za).

coppice ['kɒpɪs] *n* = **copse**.

coproduce [kəʊprə'dju:s] *vt* [film, play] coproducir.

coproduction [kəʊprə'dʌkʃn] *n* coproducción *f*.

copse [kɒps] *n* bosquecillo *m*.

Copt [kɒpt] *n* copto *m*, -ta *f*.

copter ['kɒptə'] *n inf* helicóptero *m*.

Coptic ['kɒptɪk] ◇ *adj* copto(ta). ◇ *n* copto *m*.

copula ['kɒpjʊlə] (*pl* **copulas** OR **copulae** [-li:]) *n* cópula *f*.

copulate ['kɒpjʊleɪt] *vi:* **to ~ (with)** copular (con).

copulation [kɒpjʊ'leɪʃn] *n* cópula *f*.

copulative *adj* copulativo(va).

copy ['kɒpɪ] (*pt & pp* **copied**) ◇ *n* **- 1.** [imitation, duplicate] copia *f*; **to make a ~ of** sacar una copia de; **rough ~** borrador *m*. **- 2.** [of book, magazine] ejemplar *m*. **- 3.** [material to be printed] original *m*; **to make good ~** PRESS tener gancho para los lectores. ◇ *vt* **- 1.** [imitate] copiar. **- 2.** [photocopy] fotocopiar. ◇ *vi* copiar.
◆ **copy down** *vt sep* copiar (por escrito).
◆ **copy out** *vt sep* copiar, pasar a limpio.

copycat ['kɒpɪkæt] ◇ *n inf* copión *m*, -ona *f*. ◇ *comp* calcado de otro (calcada de otra).

copy-edit *vt* [article, book] corregir.

copy editor *n* corrector *m*, -ra *f* de originales.

copyist ['kɒpɪɪst] *n* copista *mf*.

copy protect *vt* COMPUT proteger contra copia.

copyread ['kɒpɪri:d] (*pp & pt* **copyread** [-red]) *vt Am* corregir, editar.

copyreader ['kɒpɪ,ri:də'] *n Am* PRESS redactor *m*, -ra *f*.

copyright ['kɒpɪraɪt] ◇ *n (U)* derechos *mpl* de autor. ◇ *adj* protegido(da) por los derechos de autor. ◇ *vt* adquirir los derechos de autor de.

copy typist *n Br* mecanógrafo *m*, -fa *f*, escribiente *mf*.

copywriter ['kɒpɪ,raɪtə'] *n* redactor *m*, -ra *f* de textos publicitarios.

copywriting ['kɒpɪ,raɪtɪŋ] *n* redacción *f* de textos publicitarios.

coquetry ['kəʊkɪtrɪ, 'kɒkɪtrɪ] (*pl* **coquetries**) *n* coquetería *f*.

coquette [kəʊ'ket, kɒ'ket] *n* coqueta *f*.

coquettish [kəʊ'ketɪʃ, kɒ'ketɪʃ] *adj* coquetón(ona).

coracle ['kɒrəkl] *n* coracle *f*, *embarcación redonda y monoplaza, hecha de cuero sobre armazón de mimbre y utilizada por pescadores galeses e irlandeses.*

coral ['kɒrəl] ◇ *n* coral *m*. ◇ *comp* de coral. ◇ *adj* coralino(na).

coral reef *n* arrecife *m* de coral.

Coral Sea *n:* **the ~** el mar del Coral.

cord [kɔ:d] ◇ *n* **- 1.** [string] cuerda *f*; [for tying clothes] cordón *m*. **- 2.** [wire] cable *m*, cordón *m*. **- 3.** [fabric] pana *f*. ◇ *comp* de pana. ◇ *vt* atar.
◆ **cords** *npl inf* pantalones *mpl* de pana.

cordage ['kɔːdɪdʒ] *n* cordaje *m*.

cordial ['kɔːdjəl] ◇ *adj* cordial, afectuoso(sa). ◇ *n* bebida de frutas concentrada.

cordiality [ˌkɔːdɪ'ælətɪ] *n* cordialidad *f*.

cordially ['kɔːdjəlɪ] *adv* cordialmente, afectuosamente.

cordless ['kɔːdlɪs] *adj* [telephone] inalámbrico(ca), sin cable OR hilos.

cordoba [kɔː'dəbə] *n* [monetary unit] córdoba *m*.

Cordoba ['kɔːdəbə] *n* Córdoba.

cordon ['kɔːdn] *n* cordón *m*.

◆ **cordon off** *vt sep* acordonar.

cordon bleu [-blɜː] *adj* de primera clase.

cordovan ['kɔːdəvn] *n* cordobán *m*.

corduroy ['kɔːdərɔɪ] ◇ *n* pana *f*. ◇ *comp* de pana.

◆ **corduroys** *npl*: **(a pair of)** ~s (unos) pantalones de pana.

corduroy road *n* camino *m* de troncos (*en terreno pantanoso*).

cordwood ['kɔːdwud] *n* haz *m* de leña.

core [kɔːʳ] ◇ *n* - **1.** [of fruit] corazón *m*. - **2.** [of Earth, nuclear reactor, group] núcleo *m*. - **3.** [of issue, matter] meollo *m*; **to the** ~ hasta la médula. - **4.** [of electric cable] alma *f*. ◇ *vt* quitar el corazón de.

CORE [kɔːʳ] (*abbr of* **Congress on Racial Equality**) *n* organización estadounidense contra el racismo.

core dump *n* COMPUT vaciado *m* de memoria de núcleos.

corer ['kɔːrəʳ] *n* sacacorazones *m inv* (de manzanas).

corespondent [ˌkəʊrɪ'spɒndənt] *n* cómplice del demandado por adulterio.

core time *n* Br periodo en el que todos deben estar trabajando en un sistema de horario flexible.

Corfu [kɔː'fuː] *n* Corfú.

corgi ['kɔːgɪ] (*pl* **corgis**) *n* perro *m* galés.

coriander [ˌkɒrɪ'ændəʳ] *n* cilantro *m*.

Corinth ['kɒrɪnθ] *n* Corinto.

Corinthian [kə'rɪnθɪən] ◇ *adj* corintio(tia). ◇ *n* corintio *m*, -tia *f*; **the Epistle of St. Paul to the** ~s la Epístola de san Pablo a los corintios.

Coriolanus [ˌkɒrɪə'leɪnəs] *n* Coriolano *m*.

cork [kɔːk] ◇ *n* - **1.** [material, stopper] corcho *m*; **put a** ~ **in it!** *inf fig* ¡cierra el pico! - **2.** [float] flotador *m*, corcho *m*. ◇ *vt* [bottle] encorchar, taponar.

corkage ['kɔːkɪdʒ] *n* recargo que se paga en un restaurante por el descorche y la consumición de bebidas de fuera.

corked [kɔːkt] *adj* con sabor a corcho.

corker ['kɔːkəʳ] *n* Br *inf dated*: **he/she is a real** ~ [good-looking] es un hombre/una mujer de bandera; **it's a** ~ [car, bike etc] es pistonudo(da).

corkscrew ['kɔːkskruː] ◇ *n* sacacorchos *m inv*. ◇ *comp*: ~ **curl** tirabuzón *m*; ~ **staircase** escalera *f* de caracol. ◇ *vi* girar en espiral.

cork-tipped [-tɪpt] *adj* con boquilla de corcho.

corm [kɔːm] *n* bulbo *m*.

cormorant ['kɔːmərənt] *n* cormorán *m*.

corn [kɔːn] ◇ *n* - **1.** Br [wheat, barley, oats] cereal *m*. - **2.** Am [maize] maíz *m*, choclo *m* Amér; ~ **on the cob** mazorca *f*. - **3.** [callus] callo *m*. - **4.** (U) *inf* [banality] banalidad *f*; [sentimentality] sensiblería *f*. ◇ *comp* de maíz.

Corn *written abbr of* **Cornwall**.

cornball ['kɔːnbɔːl] Am ◇ *n* patán *m*. ◇ *adj* sensiblero(ra).

cornbread ['kɔːnbred] *n* Am pan *m* (de harina) de maíz.

corncob ['kɔːnkɒb] *n* - **1.** [ear of maize] mazorca *f*. - **2.** [pipe] pipa *f* hecha de mazorca.

corncrake ['kɔːnkreɪk] *n* rey *m* de codornices.

corncrib ['kɔːnkrɪb] *n* Am granero *m*.

corn dolly *n* muñeco *m* de paja.

cornea ['kɔːnɪə] (*pl* **corneas**) *n* córnea *f*.

corneal ['kɔːnɪəl] *adj* de la córnea.

corned beef [kɔːnd-] *n* carne de vaca cocinada y enlatada.

corner ['kɔːnəʳ] ◇ *n* - **1.** [angle - on outside] esquina *f*; [- on inside] rincón *m*. - **2.** [bend in street, road] curva *f*; **just around the** ~ a la vuelta de la esquina ❏ **to cut** ~s economizar esfuerzos; **to turn the** ~ [car] doblar la esquina; [patient, business etc] pasar el momento OR punto crítico. - **3.** [faraway place] rincón *m*; **the four** ~**s of the earth** los cinco continentes. - **4.** [in football] saque *m* de esquina, córner *m*. - **5.** [of eye] rabillo *m* (del ojo); [of mouth] comisura *f* (de los labios); **out of the** ~ **of one's eye** con el rabillo del ojo. - **6.** *inf* [difficulty] aprieto *m*, apuro *m*; **to be in a (tight)** ~ estar en un apuro OR aprieto; **to drive sb into a (tight)** ~ poner a alguien en un aprieto OR en aprietos. - **7.** [monopoly] monopolio *m*, acaparamiento *m*. ◇ *vt* - **1.** [trap] acorralar, arrinconar. - **2.** [monopolize] monopolizar, acaparar. ◇ *vi* AUT tomar una curva.

cornered ['kɔːnəd] *adj* [trapped] acorralado(da), arrinconado(da).

corner flag *n* banderín *m* de córner.

cornering ['kɔːnərɪŋ] *n* Br - **1.** AUT [of driver] forma *f* de coger las curvas; [of car] estabilidad *f* en las curvas. - **2.** COMM acaparamiento *m*.

corner kick *n* FTBL saque *m* de esquina, córner *m*.

corner post *n* FTBL banderín *m* de córner.

corner shop *n* tienda pequeña de barrio que vende comida, artículos de limpieza etc.

cornerstone ['kɔːnəstəʊn] *n fig* piedra *f* angular.

cornet ['kɔːnɪt] *n* - **1.** [instrument] corneta *f*. - **2.** Br [ice-cream cone] cucurucho *m*.

corn exchange *n* lonja *f* OR mercado *m* de granos.

cornfield ['kɔːnfiːld] *n* - **1.** Br [of wheat, barley, oats] campo *m* de cereal. - **2.** Am [of maize] maizal *m*.

cornflakes ['kɔːnfleɪks] *npl* copos *mpl* de maíz, cornflakes *mpl*.

cornflour Br ['kɔːnflaʊəʳ], **cornstarch** Am ['kɔːnstɑːtʃ] *n* harina *f* de maíz, maicena *f*.

cornflower ['kɔːnflaʊəʳ] *n* BOT aciano *m*, liebrecilla *f*.

cornhusk ['kɔːnhʌsk] *n* Am vaina *f* de maíz.

cornice ['kɔːnɪs] *n* cornisa *f*.

Cornish ['kɔːnɪʃ] ◇ *adj* de Cornualles. ◇ *n* [language] córnico *m*. ◇ *npl*: **the** ~ los córnicos.

Cornishman ['kɔːnɪʃmən] (*pl* **Cornishmen** [-mən]) *n* hombre de Cornualles.

Cornish pasty *n* Br CULIN empanada típica de Cornualles rellena de carne, patata y verduras.

Cornishwoman ['kɔːnɪʃˌwʊmən] (*pl* **Cornishwomen** [-ˌwɪmɪn]) *n* mujer de Cornualles.

Corn Laws *n*: **the** ~ Br HIST serie de leyes proteccionistas revocadas en 1846 que gravaban enormemente las importaciones de cereales.

corn meal *n* Am harina *f* de maíz.

corn oil *n* aceite *m* de maíz.

corn pone *n* Am pan *m* de maíz.

corn poppy *n* amapola *f*.

cornstalk *n* Am tallo *m* del maíz.

cornstarch *n* Am = **cornflour**.

cornucopia [ˌkɔːnjʊ'kəʊpjə] *n literary* cornucopia *f*, cuerno *m* de la abundancia.

Cornwall ['kɔːnwɔːl] *n* Cornualles.

corn whiskey *n* Am whisky *m* OR güisqui *m* de maíz.

corny ['kɔːnɪ] (*compar* **cornier**, *superl* **corniest**) *adj inf* - **1.** [trite] trillado(da). - **2.** [sentimental] sensiblero(ra), sentimentaloide.

corolla [kə'rɒlə] *n* corola *f*.

corollary [kə'rɒlərɪ] (*pl* **corollaries**) *n* corolario *m*.

corona [kə'rəʊnə] (*pl* **coronas** OR **coronae** [-niː]) *n* corona *f*.

coronary ['kɒrənrɪ] (*pl* **coronaries**) ◇ *adj* coronario(ria). ◇ *n* = **coronary thrombosis**.

coronary bypass *n* desviación *f* coronaria.
coronary care unit *n* MED unidad *f* de enfermedades coronarias.
coronary heart disease *n* enfermedad *f* coronaria.
coronary thrombosis (*pl* **coronary thromboses**) *n* trombosis *f inv* coronaria.
coronation [ˌkɒrəˈneɪʃn] *n* coronación *f*.
coroner [ˈkɒrənə] *n* ≃ juez *mf* de instrucción.
coronet [ˈkɒrənɪt] *n* [of prince, duke] corona *f*; [for woman] diadema *f*.
Corp. (*abbr of* **corporation**) Corp.
corpora [ˈkɔːpərə] *pl* → **corpus**.
corporal [ˈkɔːpərəl] ◇ *n* cabo *mf*. ◇ *adj* corporal.
corporal punishment *n* castigo *m* corporal.
corporate [ˈkɔːpərət] *adj* - **1.** [business] corporativo(va); ~ **hospitality** atenciones *fpl* de la compañía; ~ **identity** OR **image** imagen *f* corporativa; ~ **law** derecho *m* de sociedades; ~ **lawyer** abogado(-da *f*) de empresa; ~ **name** razón *f* social; ~ **sponsorship** patrocinio *m* de empresa; ~ **structure** estructura *f* de la empresa. - **2.** [collective] colectivo(va).
corporately [ˈkɔːpərətlɪ] *adv* - **1.** [as a corporation]: **I don't think we should involve ourselves** ~ no creo que debamos intervenir en nombre de la empresa OR como empresa. - **2.** [as a group] como colectividad, colectivamente.
corporate tax *n Am* = **corporation tax**.
corporation [ˌkɔːpəˈreɪʃn] *n* - **1.** [council] ayuntamiento *m*. - **2.** [large company] ≃ sociedad *f* mercantil.
corporation tax *Br*, **corporate tax** *Am* *n* impuesto *m* de sociedades.
corporatism [ˈkɔːpərətɪzm] *n* corporativismo *m*.
corporative [ˈkɔːpərətɪv] *adj* corporativo(va).
corporeal [kɔːˈpɔːrɪəl] *adj* [bodily] corpóreo(a); [material] material, tangible.
corps [kɔːʳ] (*pl inv*) *n* cuerpo *m*.
corps de ballet *n* compañía *f* de danza OR ballet.
corpse [kɔːps] *n* cadáver *m*.
corpulence [ˈkɔːpjʊləns] *n* corpulencia *f*.
corpulent [ˈkɔːpjʊlənt] *adj* corpulento(ta).
corpus [ˈkɔːpəs] (*pl* **corpora** [-pərə] OR **corpuses**) *n* - **1.** [collection of writings] corpus *m inv*. - **2.** [main body] cuerpo *m*.
corpuscle [ˈkɔːpʌsl] *n* glóbulo *m*; **red/white blood** ~**s** glóbulos *mpl* rojos/blancos.

corpuscular [kɔːˈpʌskjələʳ] *adj* corpuscular.
corral [kɒˈraːl] (*pt* & *pp* **corralled**, *cont* **corralling**) ◇ *n* corral *m*. ◇ *vt lit* & *fig* acorralar.
correct [kəˈrekt] ◇ *adj* - **1.** [accurate - time, amount, forecast] exacto(ta); [- answer] correcto(ta); **you're** ~ tienes razón; **that's** ~! ¡correcto!, ¡exactamente! - **2.** [socially acceptable] correcto(ta). - **3.** [appropriate, required] apropiado(da). ◇ *vt* corregir; ~ **me if I'm wrong, but...** corrígeme si me equivoco, pero...; **I stand** ~**ed** *fml* admito que me he equivocado.
correctable, **correctible** [kəˈrektəbl] *adj* corregible.
correction [kəˈrekʃn] *n* - **1.** [gen] corrección *f*. - **2.** *dated* [punishment] correctivo *m*, castigo *m*.
correctional [kəˈrekʃənl] *adj* correccional.
correction fluid *n* líquido *m* corrector, corrector *m* líquido.
correction tape *n* cinta *f* borradora.
corrective [kəˈrektɪv] ◇ *adj* correctivo(va). ◇ *n* medida *f* correctiva, remedio *m*.
correctly [kəˈrektlɪ] *adv* - **1.** [gen] correctamente. - **2.** [appropriately, as required] apropiadamente.
correctness [kəˈrektnɪs] *n* - **1.** [of answer] corrección *f*. - **2.** [of time, amount, forecast] exactitud *f*. - **3.** [of behaviour, dress] corrección *f*.
corrector [kəˈrektəʳ] *n* corrector *m*, -ra *f*.
correlate [ˈkɒrəleɪt] ◇ *vt* relacionar, vincular. ◇ *vi*: **to** ~ **(with)** guardar correspondencia (con).
correlation [ˌkɒrəˈleɪʃn] *n*: ~ **(between)** correlación *f* (entre).
correspond [ˌkɒrɪˈspɒnd] *vi* - **1.** [correlate]: **to** ~ **(with OR to)** corresponder (con OR a). - **2.** [match]: **to** ~ **(with OR to)** coincidir (con). - **3.** [write letters]: **to** ~ **(with)** cartearse (con).
correspondence [ˌkɒrɪˈspɒndəns] *n*: ~ **(with/between)** correspondencia *f* (con/entre); **to be in** ~ **with sb** mantener correspondencia OR cartearse con alguien.
correspondence column *n* PRESS (sección *f* de) cartas *fpl* al director.
correspondence course *n* curso *m* por correspondencia.
correspondent [ˌkɒrɪˈspɒndənt] ◇ *n* [reporter] corresponsal *mf*. ◇ *adj* = **corresponding**.
corresponding [ˌkɒrɪˈspɒndɪŋ] *adj* correspondiente.
correspondingly [ˌkɒrɪˈspɒndɪŋlɪ] *adv* - **1.** [proportionally] proporcionalmente, correspondientemente. - **2.** [related to

---

USAGE ▶ Correcting someone

Correcting something someone has said
Creo que te has equivocado.
Me temo que ha habido un malentendido. [*formal*]
Me parece que se confunde de persona.
No creo que se escriba así.
¿Estás seguro? Yo he entendido otra cosa.
¿Tú crees? Yo sin embargo diría que...
¿Estás completamente seguro de lo que dices?
Creo que estás en un error.
Si se me permite, creo que aquí ha habido una confusión. [*formal*]
Me puedo equivocar, pero yo diría que no fue ella.
Ha debido de haber un error en los cálculos.

▶ *more blunty:*
Te equivocas, no fue él quien lo dijo.
No tergiverses mis palabras, yo nunca he dicho eso.
No, hombre, no fue en Roma donde nos encontramos a Julia.
¿Qué dices? Eso no es verdad OR eso es mentira. [*with irritation*]
Te equivocas de cabo a rabo. [*informal*]

No, eso es falso.
En absoluto. No fue como lo cuentas.
No es así como se escribe.

Reacting to be corrected

▶ *positively:*
Ah, sí, es verdad OR tienes razón, perdóname.
Efectivamente, es verdad.
Es cierto, no me acordaba.
Bien, si tú lo dices...
Claro, claro. Me he confundido.
¡Qué error! ¿Cómo he podido equivocarme?
¡Qué le vamos a hacer! Ya es tarde para rehacerlo.

▶ *less positively:*
Estoy completamente seguro de lo que digo.
Me temo que el se confunde eres tú.
¡Que sí, hombre! ¿No te acuerdas?
Sé bien lo que (me) digo, créeme.
No, no me he equivocado.
Pero, ¿qué dices? En absoluto.

this, in line with this] consecuentemente; **the translation should be ~ informal in register** la traducción debería tener el mismo estilo familiar; **we got a lot of negative press and our election results were ~ poor** hemos recibido muchas críticas en la prensa, lo cual nos ha supuesto unos resultados electorales muy malos.

corridor ['kɒrɪdɔːʳ] *n* pasillo *m*, corredor *m*.

corroborate [kə'rɒbəreɪt] *vt* corroborar.

corroboration [kə,rɒbə'reɪʃn] *n* corroboración *f*.

corroborative [kə'rɒbərətɪv] *adj* corroborativo(va).

corrode [kə'rəʊd] ◇ *vt* corroer. ◇ *vi* corroerse.

corrosion [kə'rəʊʒn] *n* corrosión *f*.

corrosive [kə'rəʊsɪv] ◇ *adj* [poison, substance] corrosivo(va). ◇ *n* sustancia *f* corrosiva.

corrugated ['kɒrəgeɪtɪd] *adj* ondulado(da).

corrugated iron *n* chapa *f* ondulada.

corrupt [kə'rʌpt] ◇ *adj* **- 1.** [gen & COMPUT] corrupto(ta). **- 2.** [text] alterado(da), lleno(na) de errores. ◇ *vt* **- 1.** [gen] corromper; **to ~ a minor** pervertir a un menor. **- 2.** [text] alterar.

corrupter [kə'rʌptəʳ] *n* corruptor *m*, -ra *f*.

corruptible [kə'rʌptəbl] *adj* corruptible.

corrupting [kə'rʌptɪŋ] *adj* corruptor(ra).

corruption [kə'rʌpʃn] *n* corrupción *f*.

corruptive [kə'rʌptɪv] *adj* corruptivo(va).

corruptly [kə'rʌptlɪ] *adv* **- 1.** [dishonestly] de un modo corrupto. **- 2.** [in a depraved way] de un modo depravado OR corrupto.

corruptness [kə'rʌptnɪs] *n* corrupción *f*.

corsage [kɔː'sɑːʒ] *n* **- 1.** [bouquet] ramillete *m*. **- 2.** [bodice] cuerpo *m*.

corsair ['kɔːseəʳ] *n* corsario *m*.

corselet [*sense 1* ,kɔːsə'let, *sense 2* 'kɔːslɪt] *n* **- 1.** [armour] coselete *m*. **- 2.** [girdle] corsé *m*.

corset ['kɔːsɪt] *n* corsé *m*, faja *f*.

Corsica ['kɔːsɪkə] *n* Córcega *f*.

Corsican ['kɔːsɪkən] ◇ *adj* corso(sa). ◇ *n* **- 1.** [person] corso *m*, -sa *f*. **- 2.** [language] corso *m*.

corslet ['kɔːslɪt] *n* = **corselet**.

cortege, cortège [kɔː'teɪʒ] *n* cortejo *m*, comitiva *f*.

cortex ['kɔːteks] (*pl* **cortexes** OR **cortices** [-tɪsiːz]) *n* corteza *f*.

cortical ['kɔːtɪkl] *adj* cortical.

cortices ['kɔːtɪsiːz] *pl* → **cortex**.

cortisone ['kɔːtɪzəʊn] *n* cortisona *f*.

corundum [kə'rʌndəm] *n* corindón *m*.

coruscate ['kɒrəskeɪt] *vi fml* centellear, brillar.

corvette ['kɔːvet] *n* corbeta *f*.

coryza [kə'raɪzə] *n* coriza *f*, catarro *m* nasal.

cos¹ [kɒz] *conj Br inf* = **because**.

cos² [kɒs] *n* = **cos lettuce**.

C.O.S. (*written abbr of* **cash on shipment**) pago *m* a la vista OR contra embarque.

cosecant [kəʊ'siːkənt] *n* cosecante *f*.

cosh [kɒʃ] ◇ *n* porra *f*. ◇ *vt* aporrear.

cosignatory [kəʊ'sɪgnətrɪ] (*pl* **cosignatories**) *n* cosignatario *m*, -ria *f*.

cosily *Br*, **cozily** *Am* ['kəʊzɪlɪ] *adv* [furnished] acogedoramente, confortablemente.

cosine ['kəʊsaɪn] *n* coseno *m*.

cos lettuce *n Br* lechuga *f* romana.

cosmetic [kɒz'metɪk] ◇ *n* cosmético *m*. ◇ *adj fig* superficial.

cosmetic surgery *n* cirugía *f* estética.

cosmic ['kɒzmɪk] *adj* cósmico(ca).

cosmic ray *n* rayo *m* cósmico.

cosmogony [kɒz'mɒgənɪ] (*pl* **cosmogonies**) *n* cosmogonía *f*.

cosmography [kɒz'mɒgrəfɪ] (*pl* **cosmographies**) *n* cosmografía *f*.

cosmology [kɒz'mɒlədʒɪ] *n* cosmología *f*.

cosmonaut ['kɒzmənɔːt] *n* cosmonauta *mf*.

cosmopolitan [kɒzmə'pɒlɪtn] *adj* cosmopolita.

cosmos ['kɒzmɒs] *n*: **the ~** el cosmos.

Cossack ['kɒsæk] *n* cosaco *m*, -ca *f*.

cosset ['kɒsɪt] *vt* mimar.

cost [kɒst] (*pt & pp sense 1* **cost**, *sense 2* **costed**) ◇ *n* **- 1.** [price] coste *m*, precio *m*; **at ~** a precio de coste OR costo; **to bear the ~ of** correr con los gastos de. **- 2.** *fig* [loss, damage] coste *m*, costo *m*; **at a ~**, **at great ~** a un alto coste OR precio; **at the ~ of** a costa de; **at all ~s** a toda costa; **to my ~** por mi propia experiencia. ◇ *vt* **- 1.** [gen] costar; **it ~ us £20/a lot of effort** nos costó 20 libras/mucho esfuerzo; **how much does it ~?** ¿cuánto cuesta OR vale?; **it'll ~ you** *inf* te va a salir por un buen pico. **- 2.** [estimate] presupuestar, preparar un presupuesto de.

◆ **costs** *npl* JUR costas *fpl*.

Costa Brava [,kɒstə'brɑːvə] *n*: **the ~** la Costa Brava.

cost accountant *n* contable *mf* de costos OR costes.

Costa del Sol [kɒstədel'sɒl] *n*: **the ~** la Costa del Sol.

costal ['kɒstl] *adj* costal.

co-star ◇ *n* coprotagonista *mf*. ◇ *vt* tener de coprotagonistas a. ◇ *vi*: **to ~ in** coprotagonizar; **to ~ with sb** compartir el papel estelar con alguien.

Costa Rica [,kɒstə'riːkə] *n* Costa Rica.

Costa Rican [,kɒstə'riːkən] ◇ *adj* costarricense. ◇ *n* costarricense *mf*.

cost-benefit analysis *n* análisis *m inv* coste-beneficio.

cost-conscious *adj*: **to be ~** controlar (uno) sus gastos.

cost-cutting ◇ *n* reducción *f* de gastos. ◇ *adj* de reducción de gastos.

cost-effective *adj* rentable.

cost-effectiveness *n* rentabilidad *f*.

costermonger ['kɒstə,mʌŋgəʳ] *n Br* vendedor *m*, -ra *f* ambulante.

costing ['kɒstɪŋ] *n* cálculo *m* del coste.

costive ['kɒstɪv] *adj literary* **- 1.** [constipated] estreñido(da), estíptico(ca). **- 2.** [sluggish] lerdo(da). **- 3.** [stingy] tacaño(ña).

costly ['kɒstlɪ] (*compar* **costlier**, *superl* **costliest**) *adj* **- 1.** [expensive] costoso(sa). **- 2.** [of high quality] valioso(sa).

cost of living *n*: **the ~** el coste de la vida.

cost-of-living index *n* índice *m* del coste de la vida.

cost-plus *adj calculado según el coste más un plus o cantidad fija.*

cost price *n* precio *m* de coste OR costo.

costume ['kɒstjuːm] ◇ *n* **- 1.** [gen] traje *m*; **~s by...** [in credits] vestuario de... **- 2.** [swimming costume] traje *m* de baño. **- 3.** [disguise] disfraz *m*. ◇ *vt* [film, play] diseñar el vestuario de.

costume ball *n* baile *m* de disfraces o de máscaras.

costume designer *n* diseñador *m*, -ra *f* de vestuario.

costume drama *n* obra *f* de época.

costume jewellery *n* (U) joyas *fpl* de fantasía, bisutería *f*.

costumier [kɒ'stjuːmɪəʳ], **costumer** ['kɒstjuːməʳ] *n* diseñador *m*, -ra *f* de disfraces y vestuario teatral.

cosy *Br* (*compar* **cosier**, *superl* **cosiest**, *pl* **cosies**), **cozy** *Am* (*compar* **cozier**, *superl* **coziest**, *pl* **cozies**) ['kəʊzɪ] ◇ *adj* **- 1.** [warm and comfortable - room] acogedor(ra); [- clothes] cómodo(da). **- 2.** [intimate] agradable, amigable. ◇ *n* funda *f* para tetera.

cot [kɒt] *n* **- 1.** *Br* [for child] cuna *f*. **- 2.** *Am* [folding bed] cama *f* plegable, catre *m*.

cotangent [kəʊ'tændʒənt] *n* MATH cotangente *f*.

cot death *n* muerte *f* en la cuna.

cote [kəʊt] *n* [for sheep] redil *m*.

cotenant [kəʊ'tenənt] *n* coinquilino *m*, -na *f*.

coterie ['kəʊtərɪ] *n* [group] tertulia *f*; *pej* [clique] camarilla *f*.

coterminous [kəʊˈtɜːmɪnəs] *adj* limítrofe.

cotillion [kəˈtɪljən] *n* cotillón *m*.

cottage [ˈkɒtɪdʒ] *n* casa *f* de campo, chalé *m*.

cottage cheese *n* requesón *m*.

cottage hospital *n Br* pequeño hospital en el campo.

cottage industry *n* industria *f* casera.

cottage loaf *n Br* pan *m* (de) payés, hogaza *f* (de pan redondo).

cottage pie *n Br* pastel de carne picada con una capa de puré de patatas.

cotter [ˈkɒtə^r] *n* chaveta *f*.

cotter pin *n* (pasador *m* de) chaveta *f*.

cotton [ˈkɒtn] ◇ *n* - **1.** [fabric] algodón *m*. - **2.** [plant] algodonero *m*. - **3.** [thread] hilo *m* (de algodón). ◇ *comp* [dress, shirt, mill] de algodón; [industry] algodonero(ra).

◆ **cotton on** *vi inf*: **to ~ on (to)** caer en la cuenta (de).

Cotton Belt *n* GEOGR *importante región algodonera al sudeste de EE UU.*

cotton bud *Br*, **cotton swab** *Am n* bastoncillo *m* de algodón.

cotton candy *n Am* azúcar *m* hilado, algodón *m*.

cotton gin *n* desmotadora *f*.

cotton mill *n* fábrica *f* de algodón.

cottonseed [ˈkɒtnsiːd] *n* semilla *f* de algodón.

cotton swab *n Am* = **cotton bud**.

cottontail [ˈkɒtnteɪl] *n* liebre *f* de cola blanca, tapetí *m*.

cottonwood [ˈkɒtnwʊd] *n* álamo *m* de Virginia.

cotton wool *n* algodón *m* (hidrófilo); **my legs feel like ~** *fig* me flaquean las piernas; **to wrap sb in ~** *fig* llevar a alguien entre algodones.

cottony [ˈkɒtnɪ] *adj* algodonoso(sa).

cotyledon [ˌkɒtɪˈliːdən] *n* cotiledón *m*.

couch [kaʊtʃ] ◇ *n* - **1.** [sofa] sofá *m*, diván *m*. - **2.** [in doctor's surgery] camilla *f*. ◇ *vt*: **to ~ sthg in** formular algo en.

couchette [kuːˈʃet] *n Br* litera *f*.

couch potato *n inf* persona perezosa que pasa mucho tiempo en el sofá viendo la televisión.

cougar [ˈkuːgə^r] (*pl inv* OR **cougars**) *n* puma *m*.

cough [kɒf] ◇ *n* tos *f*. ◇ *vi* toser. ◇ *vt* escupir.

◆ **cough up** *vt sep* - **1.** [bring up] escupir. - **2.** *v inf* [pay up] soltar, apoquinar.

cough drop *n* pastilla *f* para la tos.

coughing [ˈkɒfɪŋ] *n* (U) tos *f*.

cough mixture *n Br* jarabe *m* para la tos.

cough sweet *n Br* caramelo *m* para la tos.

cough syrup *n* = **cough mixture**.

could [kʊd] *pt* → **can²**.

couldn't [ˈkʊdnt] *v* → **could not**.

could've [ˈkʊdəv] *v* → **could have**.

coulomb [ˈkuːlɒm] *n* culombio *m*.

council [ˈkaʊnsl] ◇ *n* - **1.** [of a town] ayuntamiento *m*; [of a county] ≃ diputación *f*. - **2.** [group, organization] consejo *m*. - **3.** [meeting] junta *f*, consejo *m*. - **4.** [of church officials] concilio *m*. ◇ *comp* [meeting, leader] del ayuntamiento; [tenant] de una vivienda protegida.

council estate *n* urbanización de viviendas de protección oficial.

council flat *n Br* ≃ piso *m* OR vivienda *f* de protección oficial.

council house *n Br* ≃ casa *f* de protección oficial.

council housing *n* (U) viviendas *fpl* de protección oficial.

councillor [ˈkaʊnsələ^r] *n* concejal *mf*.

councilman [ˈkaʊnslmæn] (*pl* **councilmen** [-men]) *n Am* concejal *m*.

Council of Europe *n* Consejo *m* de Europa.

council of war *n* consejo *m* de guerra.

council tax *n Br* impuesto municipal basado en el valor de la propiedad, ≃ contribución *f* urbana.

councilwoman [ˈkaʊnslˌwʊmən] (*pl* **councilwomen** [-ˌwɪmɪn]) *n Am* concejala *f*, concejal *f*.

counsel [ˈkaʊnsəl] (*Br pt & pp* **counselled**, *cont* **counselling**, *Am pt & pp* **counseled**, *cont* **counseling**) ◇ *n* - **1.** (U) *fml* [advice] consejo *m*; **to keep one's own ~** guardar secreto. - **2.** [lawyer] abogado *m*, -da *f*; **~ for the defence** abogado defensor *m*, abogada defensora *f*; **~ for the prosecution** fiscal *mf*. ◇ *vt* aconsejar; **to ~ sb to do sthg** aconsejar a alguien hacer algo.

counselling *Br*, **counseling** *Am* [ˈkaʊnsəlɪŋ] *n* (U) consejo *m*, orientación *f*.

counsellor *Br*, **counselor** *Am* [ˈkaʊnsələ^r] *n* - **1.** [gen] consejero *m*, -ra *f*. - **2.** *Am* [lawyer] abogado *m*, -da *f*.

counselor-at-law (*pl* **counselors-at-law**) *n Am* abogado *m*, -da *f*.

count [kaʊnt] ◇ *n* - **1.** [act of counting] cuenta *f*, cómputo *m*; [of votes] recuento *m*; **to keep/lose ~ of** llevar/perder la cuenta de ❑ **to be out for the ~** [in boxing] estar K.O. OR fuera de combate; *fig* [fast asleep] dormir como un tronco. - **2.** [total] total *m*. - **3.** *fig* [point, reason] punto *m*. - **4.** JUR [charge] cargo *m*. - **5.** [aristocrat] conde *m*. ◇ *vt* - **1.** [gen] contar; [total, cost] calcular. - **2.** [consider]: **to ~ sb as** considerar a alguien como. - **3.** [include] incluir, contar; **ten dogs ~ing the puppies** diez perros contando OR incluyendo a los cachorros. ◇ *vi* contar; **~ by tens** cuente de diez en diez; **his opinions don't ~** sus opiniones no cuentan OR no tienen ninguna importancia; **to ~ (up) to** contar hasta; **to ~ for** [in game etc] valer; **to ~ as** contar como.

◆ **count against** *vt fus* perjudicar.

◆ **count down** *vi* hacer la cuenta atrás.

◆ **count in** *vt sep inf* incluir, contar con.

◆ **count on** *vt fus* contar con.

◆ **count out** *vt sep* - **1.** [money] ir contando. - **2.** [leave out] *inf* no contar con.

◆ **count up** *vt fus* contar.

countable [ˈkaʊntəbl] *adj* GRAMM contable.

count upon *vt fus* GRAMM = **count on**.

countdown [ˈkaʊntdaʊn] *n* cuenta *f* atrás.

countenance [ˈkaʊntənəns] ◇ *n* - **1.** *literary* [face] semblante *m*, continente *m*. - **2.** *fml* [support, approval]: **to give ~ to sthg** sancionar OR aprobar algo. ◇ *vt fml* sancionar; **the government will not ~ holding a dialogue with the terrorists** el gobierno no contemplará la posibilidad de mantener un diálogo con los terroristas.

counter [ˈkaʊntə^r] ◇ *n* - **1.** [in shop] mostrador *m*; [in bank] ventanilla *f*; **over the ~** [medication] sin receta; **under the ~** bajo cuerda, ilícitamente. - **2.** [in board game] ficha *f*. - **3.** [device] contador *m*. ◇ *comp*: **~ staff** [in bank, post office] empleados *mpl* que trabajan detrás de una ventanilla. ◇ *vt*: **to ~ sthg with** responder a algo mediante; **to ~ sthg by doing sthg** contrarrestar algo haciendo algo. ◇ *vi*: **to ~ with sthg/by doing sthg** contestar con algo/haciendo algo.

◆ **counter to** *adv* contrario a, en contra de; **to go** OR **run ~ to** ir en contra de.

counteract [ˌkaʊntəˈrækt] *vt* contrarrestar.

counterattack [ˌkaʊntərəˈtæk] ◇ *n* contraataque *m*. ◇ *vt & vi* contraatacar.

counterbalance [ˌkaʊntəˈbæləns] ◇ *vt fig* contrapesar, compensar. ◇ *n* contrapeso *m*.

countercharge [ˈkaʊntətʃɑːdʒ] JUR ◇ *n* reconvención *f*. ◇ *vt* reconvenir.

countercheck ◇ *n* - **1.** [check] contrarresto *m*. - **2.** [crosscheck] comprobación *f* adicional. ◇ *vt* - **1.** [check] contrarrestar. - **2.** [crosscheck] comprobar de nuevo.

counterclaim [ˈkaʊntəkleɪm] *n* contrarréplica *f*.

counterclockwise [ˌkaʊntəˈklɒkwaɪz] *adv Am* en sentido contrario a las agujas del reloj.

counterculture [ˈkaʊntəˌkʌltʃə^r] *n* contracultura *f*.

counterespionage [ˌkaʊntərˈespɪənɑːʒ] *n* contraespionaje *m*.

counterfeit ['kaʊntəfɪt] ◇ *adj* - **1.** [money] falso(sa), falsificado(da); [jewel] falso(sa). - **2.** *fig* [sympathy, affection] falso(sa), fingido(da). ◇ *n* falsificación *f*. ◇ *vt* - **1.** [money] falsificar. - **2.** *fig* [sympathy, affection] fingir.

counterfeiter ['kaʊntəfɪtə'] *n* falsificador *m*, -ra *f*.

counterfoil ['kaʊntəfɔɪl] *n* matriz *f*.

counterinsurance [,kaʊntərɪn'ʃɔːrəns] *n* contraseguro *m*.

counterinsurgency [kaʊntərɪn'sɜːdʒənsɪ] ◇ *n* medidas *fpl* para combatir una insurrección. ◇ *adj* [activities, tactics etc] para combatir una insurrección.

counterintelligence [,kaʊntərɪn'telɪdʒəns] *n* contraespionaje *m*.

counterirritant [,kaʊntər'ɪrɪtənt] *n* revulsivo *m*.

countermand [,kaʊntə'maːnd] *vt* revocar.

countermarch ['kaʊntəmaːtʃ] ◇ *n* contramarcha. ◇ *vi* contramarchar.

countermeasure [,kaʊntə'meʒə'] *n* medida *f* en contra, contramedida *f*.

countermove ['kaʊntəmuːv] *n* contramaniobra *f*.

counteroffensive [kaʊntərə'fensɪv] *n* contraofensiva *f*.

counterpane ['kaʊntəpeɪn] *n* cubrecama *m*, colcha *f*.

counterpart ['kaʊntəpaːt] *n* - **1.** [person] homólogo *m*, -ga *f*. - **2.** [thing] equivalente *m*.

counterplot ['kaʊntəplɒt] ◇ *n* contraataque *m*, contraofensiva *f*. ◇ *vi* conspirar.

counterpoint ['kaʊntəpɔɪnt] *n* MUS contrapunto *m*.

counterpoise ['kaʊntəpɔɪz] ◇ *n* contrapeso *m*. ◇ *vt* contrapesar, compensar.

counterproductive [,kaʊntəprə'dʌktɪv] *adj* contraproducente.

counterproposal [,kaʊntəprə'pəʊzl] *n* contrapropuesta *f*.

Counter-Reformation *n* HIST Contrarreforma *f*.

counter-revolution *n* contrarrevolución *f*.

counter-revolutionary (*pl* **counter-revolutionaries**) ◇ *n* contrarrevolucionario *m*, -ria *f*. ◇ *adj* contrarrevolucionario(ria).

countersank ['kaʊntəsæŋk] *pt* → **countersink**.

countersign ['kaʊntəsaɪn] *vt* refrendar, ratificar.

countersignature [,kaʊntə'sɪgnətʃə'] *n* refrendo *m*, aval *m*.

countersink ['kaʊntəsɪŋk] (*pt* **countersank** [-sæŋk], *pp* **countersunk** [-sʌŋk]) *vt* avellanar.

counterspy ['kaʊntəspaɪ] (*pl* **counterspies**) *n* contraespía *mf*.

countersunk ['kaʊntəsʌŋk] *pp* → **countersink**.

countertenor [,kaʊntə'tenə'] *n* MUS [singer, voice] contralto *m*.

countervail ['kaʊntəveɪl] *vt fml* - **1.** [counteract] contrarrestar. - **2.** [make up for] compensar.

counterweigh ['kaʊntəweɪ] *vt* contrapesar.

counterweight ['kaʊntəweɪt] *n* contrapeso *m*.

countess ['kaʊntɪs] *n* condesa *f*.

counting ['kaʊntɪŋ] *n* cuenta *f*, cómputo *m*.

countless ['kaʊntlɪs] *adj* innumerables.

count noun *n* GRAMM sustantivo *m* contable.

countrified ['kʌntrɪfaɪd] *adj pej* [person] pueblerino(na); [area] provinciano(na).

country ['kʌntrɪ] (*pl* **countries**) ◇ *n* - **1.** [nation] país *m*. - **2.** [population]: **the** ~ el pueblo; **to die for one's** ~ morir OR caer (uno) por la patria ❑ **to go to the** ~ *Br* [call elections] convocar elecciones generales. - **3.** [countryside]: **the** ~ el campo. - **4.** [terrain] terreno *m*. ◇ *comp* campestre.

country and western ◇ *n* (música *f*) country *m*. ◇ *comp* [music] country (*inv*); [fan] del country.

country club *n* club *m* de campo.

country dance *n* baile *m* tradicional OR regional.

country dancing *n* (*U*) baile *m* tradicional.

country-dweller *n* habitante *mf* del campo.

country estate *n* finca *f*, hacienda *f*.

country house *n* casa *f* de campo.

countryman ['kʌntrɪmən] (*pl* **countrymen** [-mən]) *n* - **1.** [from same country] compatriota *m*. - **2.** [rustic] campesino *m*.

country music ◇ *n* (música *f*) country *m*. ◇ *comp* [star, fan etc] del country.

country park *n Br* parque natural abierto al público.

country seat *n* [of noble family] finca *f*, quinta *f*.

countryside ['kʌntrɪsaɪd] *n* [land] campo *m*; [landscape] paisaje *m*.

countrywoman ['kʌntrɪ,wʊmən] (*pl* **countrywomen** [-,wɪmɪn]) *n* - **1.** [from same country] compatriota *f*. - **2.** [rustic] campesina *f*.

county ['kaʊntɪ] (*pl* **counties**) ◇ *n* condado *m*. ◇ *comp*: ~ **cricket** *cricket a nivel nacional entre condados.*

county council *n Br organismo que gobierna un condado,* ≈ *diputación f provincial.*

county court *n Br tribunal de justicia de un condado,* ≈ *audiencia f provincial.*

County Hall *n Br sede de gobierno de un condado.*

county town *Br*, **county seat** *Am n capital de un condado.*

coup [kuː] *n* - **1.** [rebellion]: ~ **(d'état)** golpe *m* de estado. - **2.** [masterstroke] golpe *m* maestro, éxito *m*.

coup de grâce [kuː'dəgraːs] *n* golpe *m* de gracia.

coupé ['kuːpeɪ] *n* cupé *m*.

couple ['kʌpl] ◇ *n* - **1.** [two people in relationship] pareja *f*; **a married** ~ una pareja casada, un matrimonio. - **2.** [two objects, people]: **a** ~ **(of)** un par (de) ❑ **to have a** ~ *inf* tomarse un par de copas. - **3.** [objects, people]: **a** ~ **(of)** un par (de), unos(nas); **a** ~ **of days** un par de días, unos días. ◇ *vt* - **1.** [join]: **to** ~ **sthg (to)** enganchar algo (a OR con). - **2.** *fig* [associate]: **to** ~ **sthg with** asociar algo con ❑ ~**d with** unido(da) a, junto con. ◇ *vi* aparearse.

couplet ['kʌplɪt] *n* pareado *m*.

coupling ['kʌplɪŋ] *n* - **1.** RAIL enganche *m*. - **2.** [mating] apareamiento *m*. - **3.** TECH acoplamiento *m*.

coupon ['kuːpɒn] *n* [gen] cupón *m*; [for pools] boleto *m*; **(money-off)** ~ vale *m* OR cupón *m* de descuento.

courage ['kʌrɪdʒ] *n* valor *m*; **to take** ~ **(from)** animarse (con) ❑ **to have the** ~ **of one's convictions** ser consecuente con los principios de uno.

courageous [kə'reɪdʒəs] *adj* valiente.

courageously [kə'reɪdʒəslɪ] *adv* valientemente.

courgette [kɔː'ʒet] *n Br* calabacín *m*.

courier ['kʊrɪə'] *n* - **1.** [on holiday] guía *mf*. - **2.** [to deliver letters, packages] mensajero *m*, -ra *f*.

course [kɔːs] ◇ *n* - **1.** [gen] curso *m*; [of lectures] ciclo *m*; UNIV carrera *f*; **during the** ~ **of the deliberations** en el transcurso OR curso de las deliberaciones; ~ **of treatment** MED tratamiento *m*; **to be on** ~ **for** [ship, plane] ir rumbo a; *fig* [on target] ir camino de; **to be/go off** ~ haber perdido/ perder el rumbo; **to change** ~ *lit & fig* cambiar de rumbo; **to run** OR **take its** ~ seguir su curso; **to set a** ~ **for** poner rumbo a ❑ **in the** ~ **of** a lo largo de; **in the** ~ **of conversation** en el curso de la conversación; **in the** ~ **of one's work** haciendo (uno) su trabajo; **in the** ~ **of the next few weeks** a lo largo de las próximas semanas; **in the** ~ **of a year** a lo largo de un año, en el curso de un año; **in the normal** OR **ordinary** ~ **of events** por regla general, por lo regular. - **2.** [approach]: ~ **(of action)** medida *f*, planteamiento *m* OR línea *f* (a seguir); **he followed the best** ~ **and waited** adoptó la mejor línea de conducta OR de acción y esperó. - **3.** [of meal] plato *m*; **a three** ~ **meal** un menú completo con postre. - **4.** SPORT [for golf] campo *m* (de golf); [for horse racing] hipódromo *m*; **in mid** ~ a media carrera ❑ **to stay the** ~ *fig* continuar hasta el final. - **5.** [of bricks] hilada *f*. ◇ *vi literary* [flow] correr.

◆ **of course** *adv* - **1.** [inevitably, not surprisingly] naturalmente. - **2.** [certainly] claro, por supuesto; **of** ~ **not** claro que no, desde luego que no.

coursebook ['kɔːsbʊk] *n* libro *m* de texto.

coursework ['kɔːswɜːk] *n (U)* trabajo *m* realizado durante el curso.

court [kɔːt] ◇ *n* - **1.** [institution, judge, jury etc] tribunal *m Esp*, corte *f Amér*; [courtroom] juzgado *m Esp*, sala *f* (del tribunal) *Esp*, corte *f Amér*; **to appear in** ~ comparecer ante el juez; **to settle sthg out of** ~ llegar a un acuerdo pactado (fuera de los tribunales); **in open** ~ en audiencia pública ❏ **to go to** ~ ir a juicio; **to take sb to** ~ llevar a alguien a juicio. - **2.** SPORT cancha *f*, pista *f*; **on** ~ en la cancha OR pista. - **3.** [courtyard] patio *m*. - **4.** [of monarch etc - people] corte *f*; [- building] palacio *m*, corte *f*; **to hold** ~ [monarch] dar audiencia; *fig* [famous person] recibir a una cohorte de seguidores. ◇ *comp*: ~ **jester** bufón *m* de la corte; ~ **reporter** JUR relator *m*; ~ **usher** JUR ujier *m*, portero *m* de estrados. ◇ *vt* - **1.** [danger, disaster] exponerse a; [favour] solicitar; [success, approval, support] buscar. - **2.** *dated* [woo] cortejar, hacer la corte a. ◇ *vi dated* [go out together] cortejarse.

court case *n* caso *m* (judicial), proceso *m*.

court circular *n Br* diario *m* real, noticiario *m* de la corte.

courteous ['kɜːtjəs] *adj* cortés.

courteously ['kɜːtjəslɪ] *adv* [speak, reply etc] con cortesía, cortésmente.

courtesan [,kɔːtɪ'zæn] *n* cortesana *f*.

courtesy ['kɜːtɪsɪ] (*pl* **courtesies**) ◇ *n* cortesía *f*; **to do sb the** ~ **of doing sthg** OR **to do sthg** *fml* tener con alguien la amabilidad de hacer algo; **to exchange courtesies** intercambiar cortesías OR cumplidos; **out of** ~ por cortesía. ◇ *comp* de cortesía; **to pay a** ~ **call on sb** hacer una visita de cortesía a alguien.

◆ **(by) courtesy of** *prep* [the author] con permiso de; [a company] por cortesía OR gentileza de.

courtesy car *n* coche *m* de cortesía.

courtesy coach *n* autobús gratuito fletado para llevar a invitados.

courthouse ['kɔːthaʊs, *pl* -haʊzɪz] *n Am* palacio *m* de justicia.

courtier ['kɔːtjər] *n* cortesano *m*.

courting ['kɔːtɪŋ] *n dated* cortejo *m*, galanteo *m*.

courtliness ['kɔːtlɪnɪs] *n* cortesanía *f*.

courtly ['kɔːtlɪ] (*compar* **courtlier**, *superl* **courtliest**) *adj* [person, manners] distinguido(da), elegante.

courtly love *n* HIST amor *m* cortés.

court-martial (*pl* **court-martials** OR **courtsmartial**, *Br pt & pp* **court-martialled**, *cont* **courtmartialling**, *Am pt & pp* **court-martialed**, *cont* **court-martialing**) ◇ *n* consejo *m* de guerra. ◇ *vt* juzgar en consejo de guerra.

court of appeal *Br*, **court of appeals** *Am n* tribunal *m* de apelación.

court of inquiry *n* comisión *f* de investigación.

court of law *n* tribunal *m* (de justicia).

court of sessions *n* audiencia *f*.

court order *n* orden *f* judicial.

courtroom ['kɔːtrʊm] *n* sala *f* del tribunal.

courtship ['kɔːtʃɪp] *n* - **1.** [of people] noviazgo *m*. - **2.** [of animals] cortejo *m*.

court shoe *n* zapato *m* de salón.

courtyard ['kɔːtjɑːd] *n* patio *m*.

cousin ['kʌzn] *n* primo *m*, -ma *f*.

couture [kuː'tʊər] *n* alta costura *f*.

couturier [kuː'tʊərɪeɪ] *n* modisto *m*, -ta *f*.

covalence [kəʊ'veɪləns] *n* covalencia *f*.

covalent bond [kəʊ'veɪlənt-] *n* enlace *m* covalente.

covariant [kəʊ'værɪənt] *adj* covariante.

cove [kəʊv] *n* [bay] cala *f*, ensenada *f*.

coven ['kʌvən] *n* aquelarre *m*.

covenant ['kʌvənənt] ◇ *n* - **1.** [of money] *compromiso escrito para el pago regular de una contribución especialmente con fines caritativos*; **(deed of)** ~ escritura *f* de garantía. - **2.** [agreement] convenio *m*. ◇ *vt* prometer pago de, comprometerse a pagar.

Covent Garden ['kɒvənt-] *n antiguo mercado de frutas y flores del centro de Londres; hoy famosa galería comercial donde se dan cita todo tipo de artistas callejeros.*

Coventry ['kɒvəntrɪ] *n*: **to send sb to** ~ hacer el vacío a alguien.

cover ['kʌvər] ◇ *n* - **1.** [covering] cubierta *f*; [lid] tapa *f*; [for seat, typewriter] funda *f*. - **2.** [of book] tapa *f*, cubierta *f*; **to read a book from** ~ **to** ~ leer un libro de principio a fin. - **3.** [of magazine - at the front] portada *f*; [- at the back] contraportada *f*. - **4.** [protection, shelter] refugio *m*, cobijo *m*; **air** ~ apoyo *m* aéreo, cobertura *f* aérea; **to take** ~ [from weather, gunfire] ponerse a cubierto, refugiarse; **to break** ~ salir al descubierto; **under** ~ [from weather] a cubierto, bajo techo. - **5.** [concealment] tapadera *f*; **under** ~ en secreto, clandestinamente; **under** ~ **of** al amparo OR abrigo de ❏ **to blow sb's** ~ *inf* descubrir a alguien. - **6.** [insurance] cobertura *f*; **to take out/have** ~ **against sthg** hacerse/tener un seguro contra algo. - **7.** [blanket] manta *f*, cobertor *m*. - **8.** [in restaurant] cubierto *m*, servicio *m*. - **9.** *fml* [envelope]: **under plain** ~ en un sobre; **under separate** ~ por separado, aparte. - **10.** [version of song] versión *f*. ◇ *vt* - **1.** [gen]: **to** ~ **sthg (with)** cubrir algo (de); [with lid] tapar algo (con); [book] forrar algo (con); **to be** ~**ed in sthg** estar cubierto(ta) de algo. - **2.** [insure]: **to** ~ **sb (against)** cubrir OR asegurar a alguien (contra). - **3.** [include] abarcar. - **4.** [report on] informar sobre, cubrir. - **5.** [discuss, deal with] abarcar, cubrir. - **6.** [protect with gun] cubrir; [aim gun at] apuntar; **I've got you** ~**ed** te estoy apuntando. - **7.** [SPORT - opponent] marcar; [- area, position] cubrir. ◇ *vi*: **to** ~ **for sb** sustituir a alguien.

◆ **cover up** ◇ *vt sep* - **1.** [place sthg over] tapar. - **2.** [conceal] encubrir. ◇ *vi*: **to** ~ **up for sb** encubrir a alguien.

coverage ['kʌvərɪdʒ] *n* - **1.** [of news] reportaje *m*, cobertura *f* informativa. - **2.** [of subject] tratamiento *m*. - **3.** [in insurance] protección *f*, cobertura *f*.

coveralls ['kʌvərɔːlz] *npl Am* mono *m*.

cover charge *n* precio *m* del cubierto.

covered wagon ['kʌvəd-] *n* carromato *m*, carretón *m* con toldo.

cover girl *n* modelo *f* OR chica *f* de portada.

covering ['kʌvərɪŋ] *n* - **1.** [for floor etc] cubierta *f*. - **2.** [of snow, dust] capa *f*.

covering letter *Br*, **cover letter** *Am n* [with CV] carta *f* de presentación; [with parcel, letter] nota *f* aclaratoria.

coverlet ['kʌvəlɪt] *n* colcha *f*.

cover letter *n Am* = **covering letter**.

cover note *n Br* póliza *f* provisional.

cover price *n* [of magazine] precio *m*.

cover story *n* artículo *m* de primera página OR principal.

covert ['kʌvət] ◇ *adj* [operation] encubierto(ta), secreto(ta); [glance] furtivo(va). ◇ *n* [hiding place for animals] matorrales *mpl*.

covertly ['kʌvətlɪ] *adv* [sold, paid] en secreto; [threaten] veladamente; [signal] de un modo furtivo.

cover-up *n* encubrimiento *m*.

cover version *n* = **cover** *n sense* 10.

covet ['kʌvɪt] *vt* codiciar.

covetous ['kʌvɪtəs] *adj* codicioso(sa).

covetously ['kʌvɪtəslɪ] *adv* con codicia.

covetousness ['kʌvɪtəsnɪs] *n* codicia *f*.

covey ['kʌvɪ] *n* [flock] nidada *f*.

cow [kaʊ] ◇ *n* - **1.** [female type of cattle] vaca *f*; **until the** ~**s come home** *inf fig* hasta el día del juicio final. - **2.** [female elephant, whale, seal] hembra *f*. - **3.** *Br inf pej* [woman] bruja *f*, foca *f*. ◇ *vt* acobardar, intimidar.

coward ['kaʊəd] *n* cobarde *mf*.

cowardice ['kaʊədɪs] *n* cobardía *f*.

cowardliness ['kaʊədlɪnɪs] *n* cobardía *f*.

cowardly ['kaʊədlɪ] *adj* cobarde.

cowbell ['kaʊbel] *n* cencerro *m*.

cowboy ['kaʊbɔɪ] ◇ *n* - **1.** [cattlehand] vaquero *m*, tropero *m Amér*. - **2.** *Br inf* [dishonest workman] chorizo *m*. ◇ *comp* de vaqueros; ~ **boots** botas *fpl* camperas.

cowcatcher ['kaʊˌkætʃəʳ] *n* rastrillo *m* delantero, quitapiedras *m inv*.

cower ['kaʊəʳ] *vi* encogerse, amilanarse.

cowgirl ['kaʊgɜːl] *n* vaquera *f*.

cowhand ['kaʊhænd] *n* vaquero *m*, -ra *f*.

cowherd ['kaʊhɜːd] *n* vaquero *m*, -ra *f*.

cowhide ['kaʊhaɪd] *n* cuero *m*.

cowl [kaʊl] *n* - **1.** [of chimney] sombrerete *m*. - **2.** [of monk] capucha *f*.

cowlick ['kaʊˌlɪk] *n Am* mechón *m*.

cowling ['kaʊlɪŋ] *n* capota *f*.

cowl neck *n* cuello *m* vuelto OR enrollado.

cowman ['kaʊmən] (*pl* **cowmen** [-mən]) *n* - **1.** [cowherd] vaquero *m*. - **2.** [cattle owner] ganadero *m*.

co-worker *n* compañero *m*, -ra *f* de trabajo, colega *mf*.

cowpat ['kaʊpæt] *n* boñiga *f*.

cowpoke ['kaʊpəʊk] *n Am inf* vaquero *m*, -ra *f*.

cowpox ['kaʊpɒks] *n* vacuna *f*.

cowpuncher ['kaʊˌpʌntʃəʳ] *n Am inf* vaquero *m*, -ra *f*.

cowrie, cowry ['kaʊrɪ] (*pl* **cowries**) *n* [shell] cauri *m*.

cowshed ['kaʊʃed] *n* establo *m*.

cowslip ['kaʊslɪp] *n* BOT prímula *f*, primavera *f*.

cow town *n Am* pueblo *m* de zona ganadera.

cox [kɒks] *n* timonel *mf*.

coxcomb ['kɒkskəʊm] *n* = **cockscomb**.

coxswain ['kɒksən] *n* timonel *mf*.

coy [kɔɪ] *adj* - **1.** [demure] gazmoño(ña), remilgado(da). - **2.** [evasive] esquivo(va).

coyly ['kɔɪlɪ] *adv* [demurely] con gazmoñería OR remilgo.

coyness ['kɔɪnɪs] *n* [demureness] gazmoñería *f*, afectación *f*.

coyote [kɔɪ'əʊtɪ] *n* coyote *m*.

cozily *adv Am* = **cosily**.

cozy *adj & n Am* = **cosy**.

cp. (*written abbr of* **compare**) cf., cfr.

c/p (*written abbr of* **carriage paid**) pp.

CP (*abbr of* **Communist Party**) *n* PC *m*.

CPA *n abbr of* **certified public accountant**.

CPI (*abbr of* **Consumer Price Index**) *n* IPC *m*.

Cpl. *written abbr of* **corporal**.

CP/M (*abbr of* **control program for microcomputers**) *n* CP/M.

c.p.s. (*abbr of* **characters per second**) c.p.s.

CPS (*abbr of* **Crown Prosecution Service**) acusación popular.

CPSA (*abbr of* **Civil and Public Services Association**) *n* sindicato británico de funcionarios.

CPU (*abbr of* **central processing unit**) *n* UPC *f*.

cr. - **1.** *written abbr of* **credit**. - **2.** *written abbr of* **creditor**.

crab [kræb] (*pt & pp* **crabbed**, *cont* **crabbing**) ◇ *n* - **1.** [animal] cangrejo *m*. - **2.** *phr*: **to catch a** ~ [in rowing] dar un golpe en falso con el remo. ◇ *vi* [grumble] refunfuñar.
◆ **Crab** *n*: **the Crab** ASTRON Cáncer *m*.
◆ **crabs** *npl* MED ladillas *fpl*.

crab apple *n* manzana *f* silvestre; ~ (**tree**) manzano *m* silvestre.

crabbed [kræbd] *adj* refunfuñón(ona), de malas pulgas.

crabby ['kræbɪ] (*compar* **crabbier**, *superl* **crabbiest**) *adj inf* refunfuñón(ona).

crabgrass ['kræbgræs] *n* garranchuelo *m*.

crack [kræk] ◇ *n* - **1.** [split - in wood, ground, wall] grieta *f*; [- in glass, pottery] raja *f*; [- in skin] grieta *f*; [- in bone] fractura *f*. - **2.** [gap] rendija *f*; **at the** ~ **of dawn** *fig* al amanecer, al romper el alba. - **3.** [sharp noise - of whip, fingers] chasquido *m*; [- of twigs, knuckles] crujido *m*; **to give sb a fair** ~

of the whip *fig* dar a alguien una oportunidad. - **4.** [joke] chiste *m*. - **5.** [sharp blow] golpe *m*, porrazo *m*. - **6.** [of voice] gallo *m*. - **7.** *inf* [attempt]: **to have a** ~ **at sthg** intentar algo. - **8.** *drugs sl* [cocaine] crack *m*. ◇ *adj* de primera. ◇ *vt* - **1.** [cause to split] romper, partir; [ceiling, ground, wood] agrietar; [glass, pottery] rajar; [skin] agrietar; [bone] fracturar. - **2.** [egg, nut] cascar. - **3.** [whip, fingers etc] chasquear; [knuckles] hacer crujir. - **4.** [bang]: **to** ~ **one's head against sthg** golpearse (en) la cabeza con algo. - **5.** *inf* [open - bottle] abrir; [- safe] forzar. - **6.** [solve] dar con la clave de, descifrar. - **7.** *inf* [joke] contar. - **8.** CHEM fraccionar, craquear. ◇ *vi* - **1.** [split - wall, wood, ground] agrietarse; [- pottery, glass] rajarse, partirse; [- skin] agrietarse; [- bone] fracturarse; [- eggs, cup, ice] romperse, partirse. - **2.** [break down] hundirse, venirse abajo. - **3.** [make sharp noise - whip] chasquear; [- twigs, knuckles] crujir. - **4.** *Br inf* [act quickly]: **to get** ~**ing** ponerse manos a la obra.
◆ **crack down** *vi*: **to** ~ **down (on)** tomar medidas severas (contra).
◆ **crack up** ◇ *vi* - **1.** [ice] romperse, partirse; [ground] agrietarse. - **2.** *inf* [through nervous exhaustion] venirse abajo. - **3.** *inf* [go mad] perder la razón, enloquecer. - **4.** *inf* [with laughter] morirse de risa. ◇ *vt sep inf* - **1.** [make laugh] hacer morirse de risa. - **2.** [praise]: **he was not as smart as he was** ~**ed up to be** no era tan listo como lo pintaban.

crackbrained ['krækbreɪnd] *adj inf* chiflado(da), tocado(da) (del ala).

crackdown ['krækdaʊn] *n*: ~ (**on**) ofensiva *f* (contra).

cracked [krækt] *adj* - **1.** [damaged - wall] agrietado(da); [- vase] rajado(da). - **2.** [harsh] cascado(da), ronco(ca). - **3.** *inf* [mad] majara.

cracker ['krækəʳ] *n* - **1.** [biscuit] galleta *f* (salada). - **2.** *Br* [for Christmas] *tubo con sorpresa típico de Navidades*. - **3.** [firework] petardo *m*.

cracker-barrel *adj Am inf* rústico(ca), tosco(ca).

crackerjack ['krækərʒæk] *adj inf dated* maravilloso(sa).

crackers ['krækəz] *adj Br inf* majara.

cracking ['krækɪŋ] ◇ *adj inf* - **1.** [fast]: **a** ~ **pace** un ritmo tremendo. - **2.** [excellent] genial, extraordinario(ria). ◇ *n* CHEM craqueo *m*, fraccionamiento *m*. ◇ *comp*: ~ **plant** fábrica *f* de craqueo.

crackle ['krækl] ◇ *n* [of fire] crepitación *f*, chasquido *m*; [of cooking] chisporroteo *m*; [of twigs, dry leaves] crujido *m*, chasquido *m*; [on phone, radio] interferencia *f*. ◇ *vi* [fire] crepitar, [cooking] chisporrotear; [twigs, dry leaves] crujir, chasquear; [radio] sonar con interferencias. ◇ *vt* [glaze] agrietar.

crackling ['kræklɪŋ] *n* (*U*) - **1.** [of fire] crepitación *f*, chasquido *m*; [of cooking] chisporroteo *m*; [of twigs, dry leaves] crujido *m*, chasquido *m*; [on phone, radio] interferencias *fpl*. - **2.** [pork skin] corteza *f*, chicharrones *mpl* (fritos).

crackly ['kræklɪ] (*compar* **cracklier**, *superl* **crackliest**) *adj*: **the line is a bit** ~ [on phone] hay interferencias en la línea; **the radio's a bit** ~ se oyen interferencias en la radio.

cracknel ['kræknl] *n* [biscuit] galleta *f*; [filling for chocolate] relleno *m* (de almendras etc).

crackpot ['krækpɒt] *inf* ◇ *adj* descabellado(da). ◇ *n* chiflado *m*, -da *f*.

crack-up *n inf* - **1.** [of person] colapso *m* nervioso. - **2.** [of country, economy] hundimiento *m*.

Cracow ['krækaʊ] *n* Cracovia *f*.

cradle ['kreɪdl] ◇ *n* - **1.** [baby's bed, birthplace] cuna *f*; **to rob the** ~ *Am inf fig* escogerlos tiernecitos, salir con una persona muy joven. - **2.** [hoist] andamio *m* colgado, puente *m* volante; [in hospital bed] arco *m*. ◇ *vt* acunar, mecer.

cradle-song *n* canción *f* de cuna, nana *f*.

craft [krɑːft] (*pl sense 3 inv*) *n* - **1.** [trade] oficio *m*; [skill] arte *m*. - **2.** [guile, cunning] astucia *f*. - **3.** [boat] embarcación *f*; [aircraft] avión *m*.

craft fair *n* feria *f* de artesanía.

craft guild *n* gremio *m* de artesanos.

craftily ['krɑːftɪlɪ] adv astutamente, con astucia; **to behave ~** actuar con astucia.

craftiness ['krɑːftɪnɪs] n astucia f.

craftsman ['krɑːftsmən] (pl **craftsmen** [-mən]) n artesano m.

craftsmanship ['krɑːftsmənʃɪp] n (U) - **1.** [skill] destreza f, habilidad f. - **2.** [skilled work] artesanía f. - **3.** [finish] acabado m, hechura f.

craftsmen ['krɑːftsmən] pl → **craftsman**.

crafty ['krɑːftɪ] (compar **craftier**, superl **craftiest**) adj astuto(ta).

crag [kræg] n peñasco m, risco m.

craggy ['krægɪ] (compar **craggier**, superl **craggiest**) adj - **1.** [rock] escarpado(da). - **2.** [face] anguloso(sa), de facciones pronunciadas.

cram [kræm] (pt & pp **crammed**, cont **cramming**) ◇ vt - **1.** [push - books, clothes] embutir; [- people] apiñar. - **2.** [overfill]: **to ~ sthg with** atiborrar OR atestar algo de; **to be crammed (with)** estar repleto(ta) (de). ◇ vi prepararse a fondo.

cramming ['kræmɪŋ] n preparación f a fondo.

cramp [kræmp] ◇ n - **1.** [pain] calambre m; **stomach ~s** retortijones mpl de vientre. - **2.** [in carpentry] cárcel f, torno m; [iron] grapa f. ◇ vt - **1.** [restrict, hinder] coartar, limitar. - **2.** [secure with cramp] engrapar.

cramped [kræmpt] adj - **1.** [flat, conditions] estrecho(cha). - **2.** [handwriting] apretado(da).

crampon ['kræmpən] n crampón m.

cranberry ['krænbərɪ] (pl **cranberries**) n arándano m (agrio).

crane [kreɪn] ◇ n - **1.** [machine] grúa f. - **2.** [bird] grulla f. ◇ vt estirar. ◇ vi estirarse.

crane fly n típula f.

crania ['kreɪnjə] pl → **cranium**.

cranial ['kreɪnjəl] adj craneal, craneano(na).

cranium ['kreɪnjəm] (pl **craniums** OR **crania** [-njə]) n cráneo m.

crank [kræŋk] ◇ n - **1.** TECH manivela f. - **2.** inf [eccentric] majareta mf. - **3.** Am inf [bad-tempered person] cascarrabias mf inv. ◇ vt - **1.** [wind] girar. - **2.** AUT poner en marcha con la manivela.

◆ **crank out** vt sep Am inf [books, plays etc] hacer como churros OR en cantidades industriales.

crankcase ['kræŋkkeɪs] n cárter m del cigüeñal.

crankiness ['kræŋkɪnɪs] n inf - **1.** [oddness] extravagancia f, excentricidad f. - **2.** Am [irritability] irritabilidad f.

crankshaft ['kræŋkʃɑːft] n cigüeñal m.

cranky ['kræŋkɪ] (compar **crankier**, superl **crankiest**) adj inf - **1.** [odd] extravagante, estrambótico(ca). - **2.** Am [bad-tempered] refunfuñón(ona).

cranny ['krænɪ] (pl **crannies**) n → **nook**.

crap [kræp] (pt & pp **crapped**, cont **crapping**) ◇ n (U) - **1.** v inf [excrement] mierda f; **to have a ~** cagar. - **2.** v inf [nonsense] gilipolleces fpl, chorradas fpl. - **3.** v inf [rubbish] mierda f, porquería f. - **4.** Am [dice game] juego de azar consistente en lanzar dos dados y conseguir ciertas combinaciones ganadoras (7 ó 11 en la primera tirada). ◇ vi v inf [defecate] cagar.

◆ **craps** n Am: **to shoot ~s** [play game] jugar a los dados; [throw dice] lanzar los dados.

crappy ['kræpɪ] (compar **crappier**, superl **crappiest**) adj v inf de mierda, muy chungo (muy chunga).

crapshooter ['kræpʃuːtəʳ] n jugador m, -ra f de dados.

crapulence ['kræpjuləns] n fml crápula f.

crash [kræʃ] ◇ n - **1.** [accident] choque m, colisión f, estrellón m Amér; **car/plane/train ~** accidente m de coche/avión/tren. - **2.** [loud noise] estruendo m, estrépito m. - **3.** FIN crac m, quiebra f. ◇ comp [diet, programme] intensivo(va). ◇ vt - **1.** [vehicle] estrellar. - **2.** inf [party] colarse en. ◇ vi - **1.** [two vehicles] chocar, colisionar; [into wall etc] estrellarse; **to ~ into sthg** chocar OR estrellarse contra algo.

- **2.** [make crashing noise] armar estruendo; **to ~ to the ground** caerse y hacerse añicos. - **3.** FIN quebrar. - **4.** COMPUT bloquearse. - **5.** [thunder] retumbar, estallar. - **6.** inf [sleep] sobar.

◆ **crash out** vi - **1.** inf [fall asleep] quedarse sopa, caer redondo(da). - **2.** [sleep] sobar, dormir; **I found him ~ed out in a corner** lo encontré sobando en un rincón.

crash barrier n valla f protectora.

crash course n cursillo m intensivo, curso m acelerado.

crash diet n régimen m drástico.

crash-dive vi sumergirse a gran profundidad y con gran rapidez.

crash helmet n casco m protector.

crashing ['kræʃɪŋ] adj Br inf: **he's a ~ bore** es un pelmazo de tomo y lomo.

crash-land ◇ vt hacer un aterrizaje forzoso con. ◇ vi realizar un aterrizaje forzoso.

crash landing n aterrizaje m forzoso.

crass [kræs] adj burdo(da); **a ~ error** un craso error.

crassly ['kræslɪ] adv [behave, comment] burdamente, de un modo tosco OR grosero.

crassness ['kræsnɪs] n [of comment, person] tosquedad f, grosería f; **the ~ of his behaviour** su comportamiento grosero.

crate [kreɪt] ◇ n - **1.** [container] caja f (para embalaje o transporte); [for fruit, vegetables] cajón m, caja f. - **2.** Br inf [vehicle] cacharro m. ◇ vt [furniture, bottles] meter en una caja; [fruit, vegetables] poner en un cajón.

crater ['kreɪtəʳ] n - **1.** [hole in ground] socavón m. - **2.** [of volcano, on the moon] cráter m.

cravat [krə'væt] n pañuelo m (de hombre).

crave [kreɪv] ◇ vt - **1.** [long for] ansiar, anhelar. - **2.** fml [beg] implorar, suplicar. ◇ vi: **to ~ for sthg** ansiar OR anhelar algo.

craven ['kreɪvn] adj cobarde.

craving ['kreɪvɪŋ] n - **1.** [gen]: **~ (for sthg/to do sthg)** anhelo m (de algo/de hacer algo). - **2.** [of pregnant woman]: **~ (for sthg)** antojo m (de algo).

craw [krɔː] n buche m; **it sticks in my ~** inf fig me cuesta tragarlo OR digerirlo.

crawfish ['krɔːfɪʃ] n = **crayfish**.

crawl [krɔːl] ◇ vi - **1.** [baby] andar a gatas, gatear. - **2.** [insect, person] arrastrarse. - **3.** [move slowly, with difficulty] avanzar lentamente, ir a paso de tortuga. - **4.** inf [be covered]: **to be ~ing with sthg** estar infestado(da) de algo. - **5.** inf [grovel]: **to ~ (to)** arrastrarse (ante). ◇ n - **1.** [slow pace]: **at a ~** a paso de tortuga. - **2.** [swimming stroke]: **the ~** el crol. - **3.** [for catching lobsters] corral m.

crawler ['krɔːləʳ] n - **1.** inf [groveller] pelotillero m, -ra f, lameculos mf inv. - **2.** Am [tractor] tractor m oruga.

crawler lane n Br carril m para vehículos lentos.

crawling ['krɔːlɪŋ] ◇ adj - **1.** inf [grovelling] servil, pelotillero(ra). - **2.** [on all fours]: **she's reached the ~ stage** [baby] ha empezado a gatear. ◇ n [grovelling]: **if there's one thing I hate, it's ~ to the teacher** si hay algo que odio es que le hagan la pelota al profesor.

crawly ['krɔːlɪ] (compar **crawlier**, superl **crawliest**) adj horripilante, espeluznante.

crayfish ['kreɪfɪʃ] (pl inv OR **crayfishes**) n [freshwater] cangrejo m de río; [spiny lobster] langosta f.

crayon ['kreɪɒn] ◇ n lápiz m de cera; **eye/lip ~** lápiz m de ojos/de labios. ◇ vt [draw] dibujar (con lápiz de cera).

craze [kreɪz] ◇ n moda f. ◇ vt - **1.** [send mad] enloquecer. - **2.** [crack] agrietar. ◇ vi [crack] agrietarse.

crazed [kreɪzd] adj enloquecido(da); **~ with** loco(ca) de.

craziness ['kreɪzɪnɪs] n inf locura f.

crazy ['kreɪzɪ] (compar **crazier**, superl **craziest**) adj inf - **1.** [mad - person] loco(ca); [- idea] disparatado(da); **to go ~** volverse loco(ca); **like ~** como loco(ca). - **2.** [enthusiastic]: **to be ~ about** estar loco(ca) por.

crazy golf *n* minigolf *m*.

crazy paving *n Br* enlosado *m* irregular.

crazy quilt *n* - **1.** [on bed] colcha *f* de retazos, centón *m*. - **2.** *fig* [hodge-podge] mezcolanza *f*.

creak [kri:k] ◇ *n* [of floorboard, bed] crujido *m*; [of door, hinge] chirrido *m*. ◇ *vi* [floorboard, bed] crujir; [door, hinge] chirriar.

creaky ['kri:kɪ] (*compar* **creakier**, *superl* **creakiest**) *adj* [floorboard, bed] que cruje; [door, hinge] chirriante.

cream [kri:m] ◇ *n* - **1.** [food] nata *f*. - **2.** [cosmetic, mixture for food] crema *f*; ~ **of tomato soup** crema de tomate. - **3.** [colour] color *m*) crema *m*. - **4.** [elite]: **the** ~ la flor y nata, la crema. ◇ *adj* [in colour] (color) crema *(inv)*. ◇ *vt* - **1.** [beat] batir; ~**ed potatoes** puré *m* de patatas. - **2.** [skim] descremar, desnatar. - **3.** [hands, face] poner crema en. - **4.** *Am inf* [defeat] hacer polvo, aplastar. ◇ *vi* - **1.** [form cream] hacer nata. - **2.** [froth] hacer espuma.

◆ **cream off** *vt sep* seleccionar, separar.

cream cake *n Br* pastel *m* de nata.

cream cheese *n* queso *m* cremoso OR blanco.

cream cracker *n Br* galleta sin azúcar que generalmente se come con queso.

creamer ['kri:mə'] *n Am* - **1.** [machine] desnatadora *f*. - **2.** [jug] jarrita *f* para la nata.

creamery ['kri:mərɪ] (*pl* **creameries**) *n* lechería *f*.

cream of tartar *n* crémor *m* tártaro.

cream puff *n* - **1.** [pastry] pastelito *m* de nata. - **2.** *inf* [sissy] mariquita *m*.

cream sherry *n* jerez *m* dulce.

cream soda *n* bebida gaseosa con sabor a vainilla.

cream tea *n Br* merienda a base de té, bollos, nata y mermelada.

creamy ['kri:mɪ] (*compar* **creamier**, *superl* **creamiest**) *adj* - **1.** [taste, texture] cremoso(sa). - **2.** [colour] (color) crema *(inv)*.

crease [kri:s] ◇ *n* - **1.** [deliberate - in shirt] pliegue *m*; [- in trousers] raya *f*. - **2.** [accidental] arruga *f*. ◇ *vt* - **1.** [accidentally] arrugar. - **2.** [deliberately - shirt] doblar, plegar; [- trousers] hacer la raya en. ◇ *vi* [gen] arrugarse; [forehead] fruncirse.

◆ **crease up** *inf* ◇ *vi* troncharse OR mondarse de risa. ◇ *vt sep*: **he** ~**s me up** me mondo (de risa) con él.

creased [kri:st] *adj* arrugado(da).

crease-resistant *adj* que no se arruga, inarrugable.

create [kri:'eɪt] *vt* - **1.** [gen] crear; [interest] producir. - **2.** [appoint] crear, nombrar.

creation [kri:'eɪʃn] *n* creación *f*.

creative [kri:'eɪtɪv] *adj* [gen] creativo(va); [energy] creador(ra); ~ **writing** creación *f* literaria.

creatively [kri:'eɪtɪvlɪ] *adv* con creatividad, de un modo creativo.

creativeness [kri:'eɪtɪvnɪs], **creativity** [kri:eɪ'tɪvətɪ] *n* creatividad *f*.

creator [kri:'eɪtə'] *n* creador *m*, -ra *f*.

creature ['kri:tʃə'] *n* - **1.** [living being] criatura *f*; [animal] bestia *f*, criatura *f*; **poor** ~! ¡el/la pobre! - **2.** [product] obra *f*, producto *m*; **a** ~ **of the imagination** un producto de la imaginación.

creature comforts *npl* comodidades *fpl* materiales.

crèche [kreʃ] *n* - **1.** *Br* [nursery] guardería *f* (infantil). - **2.** *Am* [nativity] pesebre *m*, nacimiento *m*.

credence ['kri:dns] *n fml* crédito *m*, fe *f*; **to give** OR **lend** ~ **to** dar crédito a.

credentials [krɪ'denʃlz] *npl* credenciales *fpl*.

credibility [kredə'bɪlətɪ] *n* credibilidad *f*.

credibility gap *n* falta *f* de credibilidad.

credible ['kredəbl] *adj* creíble, digno(na) de crédito.

credibly ['kredəblɪ] *adv* [argue] de un modo creíble.

credit ['kredɪt] ◇ *n* - **1.** [financial aid] crédito *m*; **in** ~ con saldo acreedor OR positivo; **on** ~ a crédito. - **2.** *(U)* [praise] reconocimiento *m*, mérito *m*; **he is a** ~ **to his family** hace honor a su familia; **to get** ~ **for sthg** recibir reconocimiento por algo; **to give sb** ~ **for sthg** reconocer a alguien el mérito de algo; **to take** ~ **for sthg** atribuirse el mérito de algo ❑ **to be to sb's** ~ [in sb's favour] ir en favor de alguien; **to do sb** ~ decir mucho en favor de alguien; **to have sthg to one's** ~ [successfully completed] tener (uno) algo en su haber. - **3.** SCH & UNIV punto *m*, crédito *m*. - **4.** [money credited] saldo *m* acreedor OR positivo. - **5.** [in accountancy] haber *m*. - **6.** [solvency] crédito *m*; **I have** ~ **at the petrol station** tengo crédito en la gasolinera. - **7.** [belief] crédito *m*, creencia *f*; **to give** ~ **to sb/sthg** dar crédito a alguien/algo. ◇ *vt* - **1.** FIN [add] abonar; **we'll** ~ **your account** lo abonaremos en su cuenta. - **2.** *inf* [believe] creer. - **3.** [give the credit to]: **to** ~ **sb with** atribuir a alguien el mérito de.

◆ **credits** *npl* [on film] títulos *mpl* (de crédito).

creditable ['kredɪtəbl] *adj* - **1.** [reasonable] meritorio(ria). - **2.** [respectable] encomiable, digno(na) de encomio.

creditably ['kredɪtəblɪ] *adv* honrosamente, de manera encomiable.

credit account *n Br* cuenta *f* de crédito.

credit agency *n* = **credit bureau**.

credit broker *n* intermediario financiero *m*, intermediaria financiera *f*.

credit bureau *n agencia que investiga la solvencia de los que solicitan un crédito.*

credit card *n* tarjeta *f* de crédito.

credit control *n* control *m* de crédito.

credit facilities *npl* facilidades *fpl* de crédito.

credit limit *Br*, **credit line** *Am n* límite *m* de crédito.

credit line *n* - **1.** *Am* = **credit limit**. - **2.** [loan] línea *f* de crédito.

credit note *n* pagaré *m*.

creditor ['kredɪtə'] *n* acreedor *m*, -ra *f*.

credit rating *n* calificación *f* de solvencia.

credit squeeze *n* restricción *f* de créditos.

credit terms *npl* condiciones *fpl* de crédito.

credit transfer *n* transferencia *f* bancaria.

credit union *n* asociación *f* de crédito, banco *m* cooperativo.

creditworthy ['kredɪt,wɜ:ðɪ] *adj* [person] solvente; [project] fiable.

credo ['kreɪdəʊ] (*pl* **credos**) *n* credo *m*.

credulity [krɪ'dju:lətɪ] *n* credulidad *f*.

credulous ['kredjʊləs] *adj* crédulo(la).

creed [kri:d] *n* credo *m*.

creek [kri:k] *n* - **1.** [inlet] cala *f*. - **2.** *Am* [stream] riachuelo *m*; **to be up the** OR **a** ~ *inf fig* estar en apuros, estar en un aprieto.

creel [kri:l] *n* nasa *f*.

creep [kri:p] (*pt & pp* **crept** [krept]) ◇ *vi* - **1.** [insect] arrastrarse; [traffic etc] avanzar lentamente. - **2.** [person] deslizarse, andar con sigilo; **to** ~ **in** entrar cautelosamente OR furtivamente; **to** ~ **out** salir cautelosamente OR furtivamente. - **3.** [plant] trepar. - **4.** *inf* [grovel]: **to** ~ **(to sb)** hacer la pelota a alguien. ◇ *n* - **1.** *inf* [person] pelotillero *m*, -ra *f*, pelota *mf*. - **2.** GEOL deslizamiento *m*. - **3.** [of metal] movimiento *m* lento.

◆ **creeps** *npl*: **to give sb the** ~**s** *inf* ponerle a alguien la piel de gallina.

◆ **creep in** *vi* [appear] introducirse.

◆ **creep up on** *vt* - **1.** [subj: person, animal] acercarse sigilosamente a. - **2.** [subj: old age, deadline] aproximarse a.

creeper ['kri:pə'] *n* enredadera *f*, bejuco *m* Amér.

◆ **creepers** *npl* zapatos de suela gruesa de goma.

creeping ['kri:pɪŋ] *adj* - **1.** [plant - upwards] trepador(ra); [- along the ground] rastrero(ra). - **2.** [insect] que se arrastra. - **3.** *fig* [inflation] creciente; [change] progresivo(va); ~ **paralysis** parálisis *f* progresiva.

creepy ['kriːpɪ] (*compar* **creepier**, *superl* **creepiest**) *adj inf* horripilante, espeluznante.

creepy-crawly [-'krɔːlɪ] (*pl* **creepy-crawlies**) *n inf* bicho *m*.

cremate [krɪ'meɪt] *vt* incinerar.

cremation [krɪ'meɪʃn] *n* incineración *f*.

crematorium *Br* [ˌkremə'tɔːrɪəm] (*pl* **crematoriums** OR **crematoria** [-rɪə]), **crematory** *Am* ['kremətrɪ] (*pl* **crematories**) *n* (horno *m*) crematorio *m*.

crème de la crème ['kremdəlæ'krem] *n*: **the** ~ la flor y nata, la élite.

crenellated *Br*, **crenelated** *Am* ['krenəleɪtɪd] *adj* almenado(da).

Creole ['kriːəʊl] ◇ *adj* [person] criollo(lla). ◇ *n* - **1.** [person] criollo *m*, -lla *f*. - **2.** [language] criollo *m*.

creosol ['kriːəsɒl] *n* creosol *m*.

creosote ['kriːəsəʊt] ◇ *n* creosota *f*. ◇ *vt* aplicar creosota a.

crepe [kreɪp] *n* - **1.** [cloth] crespón *m*. - **2.** [rubber] crepé *m*. - **3.** [thin pancake] crepe *f*. - **4.** [armband] crespón *m* de luto.

crepe bandage *n Br* venda *f* de gasa.

crepe paper *n* (U) papel *m* seda.

crepe rubber *n* crepé *m*.

crepe-soled shoes *npl Br* zapatos *mpl* de suela de crepé.

crepitate ['krepɪteɪt] *vi literary* crepitar.

crept [krept] *pt & pp* → **creep**.

Cres. *written abbr of* **Crescent**.

crescendo [krɪ'ʃendəʊ] (*pl* **crescendos**) *n* crescendo *m*.

crescent ['kresnt] ◇ *adj* creciente. ◇ *n* - **1.** [shape] media luna *f*. - **2.** [street] calle en forma de arco o media luna.

cress [kres] *n* berro *m*.

crest [krest] *n* - **1.** [on bird's head, of wave] cresta *f*. - **2.** [of hill] cima *f*, cumbre *f*. - **3.** [on coat of arms] blasón *m*. - **4.** [on helmet] penacho *m*, cimera *f*. - **5.** ARCHIT cumbrera *f*.

crested ['krestɪd] *adj* coronado(da).

crestfallen ['krestˌfɔːln] *adj* alicaído(da).

Cretan ['kriːtn] ◇ *adj* cretense. ◇ *n* cretense *mf*.

Crete [kriːt] *n* Creta.

cretin ['kretɪn] *n inf* [idiot] cretino *m*, -na *f*.

cretinism ['kretɪnɪzm] *n* cretinismo *m*.

cretinous ['kretɪnəs] *adj fig & MED* cretino(na).

cretonne ['kretɒn] *n* cretona *f*.

crevasse [krɪ'væs] *n* grieta *f*, fisura *f*.

crevice ['krevɪs] *n* grieta *f*, hendidura *f*.

crew [kruː] ◇ *n* - **1.** [of ship, plane] tripulación *f*. - **2.** [on film set etc] equipo *m*. - **3.** MIL [of gun] dotación *f*. - **4.** [gang] cuadrilla *f*. ◇ *comp*: ~ **member** [of ship, plane] miembro *mf* de la tripulación, tripulante *mf*.

crew cut *n* rapado *m*, corte *m* al cero.

crewman ['kruːmən] (*pl* **crewmen** [-mən]) *n* [of ship, plane] tripulante *m*; [on film set etc] miembro *m* del equipo.

crew neck *n* cuello *m* redondo.

crew-neck(ed) [-nek(t)] *adj* de cuello redondo.

crib [krɪb] (*pt & pp* **cribbed**, *cont* **cribbing**) ◇ *n* - **1.** [cot] cuna *f*. - **2.** [granary] granero *m*. - **3.** [stable] cuadra *f*. - **4.** RELIG [manger] pesebre *m*. - **5.** *inf* [in exam] chuleta *f*. - **6.** = **cribbage**. ◇ *vt inf*: **to** ~ **sthg off** OR **from sb** copiar algo de alguien. ◇ *vi inf* [in exam] usar una chuleta.

cribbage ['krɪbɪdʒ] *n juego de cartas en que la puntuación se anota colocando clavijas en un tablero.*

crick [krɪk] ◇ *n* [in neck] tortícolis *f inv*. ◇ *vt* torcerse.

cricket ['krɪkɪt] ◇ *n* - **1.** [game] críquet *m*; **it's not** ~! *fig* no es jugar limpio, eso es jugar sucio. - **2.** [insect] grillo *m*. ◇ *comp* de críquet.

cricketer ['krɪkɪtər] *n* jugador *m*, -ra *f* de críquet.

crier ['kraɪər] *n* pregonero *m*, -ra *f*.

crikey ['kraɪkɪ] *excl Br inf dated* ¡caramba!, ¡diantre!

crime [kraɪm] ◇ *n* - **1.** [criminal behaviour - serious] criminalidad *f*; [- less serious] delincuencia *f*; **the problem of** ~

el problema de la inseguridad ciudadana. - **2.** [serious offence] crimen *m*; [less serious offence] delito *m*. - **3.** [immoral act] crimen *m*. ◇ *comp* de la delincuencia; ~ **squad** brigada *f* de investigación criminal; ~ **novel** novela *f* policíaca.

Crimea [kraɪ'mɪə] *n*: **the** ~ Crimea.

Crimean [kraɪ'mɪən] ◇ *adj* de Crimea. ◇ *n* natural o habitante de Crimea.

Crimean War *n*: **the** ~ la guerra de Crimea.

crime wave *n* ola *f* delictiva.

criminal ['krɪmɪnl] ◇ *adj* - **1.** JUR [act, behaviour] delictivo(va), criminal. - **2.** *inf* [shameful] criminal. ◇ *n* [serious] criminal *mf*; [less serious] delincuente *mf*.

criminal assault *n* intento *m* de violación.

criminality [ˌkrɪmɪ'nælətɪ] *n* criminalidad *f*.

criminalize, -ise ['krɪmɪnəlaɪz] *vt* convertir en delincuente.

criminal law *n* derecho *m* penal.

criminal lawyer *n* (abogado *m*) penalista *m*, (abogada *f*) penalista *f*, criminalista *mf*.

criminally ['krɪmɪnəlɪ] *adv* de un modo criminal, criminalmente; **he's been** ~ **negligent** ha cometido una imprudencia criminal.

criminal offence *n* delito *m*.

criminal proceedings *npl*: **to start** ~ entablar proceso judicial.

criminal record *n* antecedentes *mpl* penales.

criminologist [ˌkrɪmɪ'nɒlədʒɪst] *n* criminalista *mf*.

criminology [ˌkrɪmɪ'nɒlədʒɪ] *n* criminología *f*.

crimp [krɪmp] *vt* ondular, rizar.

crimson ['krɪmzn] ◇ *adj* - **1.** [in colour] carmesí. - **2.** [with embarrassment] colorado(da). ◇ *n* carmesí *m*. ◇ *vi* sonrojarse.

cringe [krɪndʒ] *vi* - **1.** [out of fear] encogerse. - **2.** *inf* [with embarrassment]: **to** ~ **(at)** pasar vergüenza ajena (por), no saber dónde meterse (por). - **3.** [be servile] humillarse, arrastrarse.

crinkle ['krɪŋkl] ◇ *n* - **1.** [wrinkle] arruga *f*. - **2.** [rustle] crujido *m*. ◇ *vt* - **1.** [wrinkle] arrugar. - **2.** [rustle] hacer crujir. ◇ *vi* arrugarse.

crinkly ['krɪŋklɪ] (*compar* **crinklier**, *superl* **crinkliest**) *adj* [material, paper] rugoso(sa), arrugado(da); [hair] rizado(da).

crinoline ['krɪnəliːn] *n* - **1.** [fabric] crinolina *f*. - **2.** [petticoat] miriñaque *m*.

cripple ['krɪpl] ◇ *n dated & offensive* tullido *m*, -da *f*, lisiado *m*, -da *f*. ◇ *vt* - **1.** MED dejar inválido(da). - **2.** [country, industry] paralizar, inmovilizar; [ship, plane] dañar, dejar inutilizado(da).

crippling ['krɪplɪŋ] *adj* - **1.** MED postrador(ra). - **2.** [severe] abrumador(ra).

crisis ['kraɪsɪs] (*pl* **crises** [-siːz]) *n* crisis *f inv*.

crisis centre *n* [for disasters] centro *m* de emergencia; [for personal help] ≃ centro *m* de servicios sociales; [for battered women] ≃ centro *m* de atención a la mujer maltratada.

crisp [krɪsp] ◇ *adj* - **1.** [pastry, bacon, snow] crujiente; [banknote, vegetables, weather] fresco(ca). - **2.** [brisk] directo(ta), categórico(ca); [curt] seco(ca). ◇ *n*: **to burn sthg to a** ~ achicharrar algo. ◇ *vt* [food] tostar hasta dejar crujiente.

◆ **crisps** *npl Br* patatas *fpl* fritas *(de bolsa)*.

crispbread ['krɪspbred] *n galleta salada y alargada de centeno o trigo.*

crispness ['krɪspnɪs] *n* - **1.** [of pastry, bacon, paper] lo crujiente; [of clothing, sheets, weather] frescor *m*, frescura *f*. - **2.** [of reasoning] claridad *f*, precisión *f*. - **3.** [of style] concisión *f*. - **4.** [brusqueness] brusquedad *f*, sequedad *f*.

crispy ['krɪspɪ] (*compar* **crispier**, *superl* **crispiest**) *adj* crujiente.

crisscross ['krɪskrɒs] ◇ *adj* entrecruzado(da). ◇ *n* entrecruzamiento *m*. ◇ *vt* entrecruzar. ◇ *vi* entrecruzarse. ◇ *adv* en cruz.

criterion [kraɪˈtɪərɪən] (*pl* **criteria** [-rɪə] OR **criterions**) *n* criterio *m*.

critic [ˈkrɪtɪk] *n* crítico *m*, -ca *f*; **film/art/theatre** ~ crítico de cine/arte/teatro.

critical [ˈkrɪtɪkl] *adj* **- 1.** [gen] crítico(ca); [illness] grave; **to be** ~ **of** criticar a; ~ **acclaim** la aclamación de la crítica. **- 2.** PHYSICS crítico(ca).

critically [ˈkrɪtɪklɪ] *adv* [gen] críticamente; [ill] gravemente.

criticism [ˈkrɪtɪsɪzm] *n* crítica *f*; **to come in for** ~ ser criticado(da).

criticize, -ise [ˈkrɪtɪsaɪz] *vt & vi* criticar.

critique [krɪˈtiːk] *n* crítica *f*.

critter [ˈkrɪtə[r]] *n Am inf* **- 1.** [creature] bicho *m*, animal *m*. **- 2.** [domestic animal] cabeza *f* de ganado.

croak [krəʊk] ◇ *n* **- 1.** [of frog] croar *m*, canto *m* de la rana; [of raven] graznido *m*. **- 2.** [hoarse voice] ronquido *m*, estertor *m*. ◇ *vi* **- 1.** [frog] croar; [raven] graznar. **- 2.** [person] ronquear. **- 3.** *inf* [die] estirar la pata.

croaking [ˈkrəʊkɪŋ] *n* [of frog] canto *m* de la rana, croar *m*; [of crow] graznido *m*.

croaky [ˈkrəʊkɪ] *adj* ronco(ca).

Croat [ˈkrəʊæt] *n* **- 1.** [person] croata *mf*. **- 2.** = **Croatian** *n sense 1*.

Croatia [krəʊˈeɪʃə] *n* Croacia.

Croatian [krəʊˈeɪʃn] ◇ *adj* croata. ◇ *n* **- 1.** [language] croata *m*. **- 2.** = **Croat** *sense 1*.

crochet [ˈkrəʊʃeɪ] ◇ *n* ganchillo *m*. ◇ *vt* hacer a ganchillo.

crock [krɒk] *n* [earthenware pot] vasija *f* de barro.

crocked [krɒkt] *adj Am inf* [drunk] como una cuba, trompa.

crockery [ˈkrɒkərɪ] *n* loza *f*, vajilla *f*.

crocodile [ˈkrɒkədaɪl] (*pl inv* OR **crocodiles**) *n* cocodrilo *m*.

crocodile clip *n* pinza *f* de cocodrilo.

crocodile tears *npl* lágrimas *fpl* de cocodrilo.

crocus [ˈkrəʊkəs] (*pl* **crocuses**) *n* azafrán *m*.

Croesus [ˈkriːsəs] *n* Creso *m*; **to be as rich as** ~ *fig* estar forrado(da).

croft [krɒft] *n* [in UK] *granja o terreno pequeño arrendado por una familia, a la cual proporciona sustento*.

crofter [ˈkrɒftə[r]] *n* [in UK] *arrendatario de un 'croft'*.

crofting [ˈkrɒftɪŋ] *n* [in UK] *explotación de un 'croft'*.

croissant [ˈkrwʌsɒŋ] *n* croissant *m*.

crone [krəʊn] *n* arpía *f*.

crony [ˈkrəʊnɪ] (*pl* **cronies**) *n inf* amiguete *m*, -ta *f*, amigote *m*.

crook [krʊk] ◇ *n* **- 1.** [criminal] ratero *m*, -ra *f*, delincuente *mf*. **- 2.** *inf* [dishonest person] ladrón *m*, -ona *f*, sinvergüenza *mf*. **- 3.** [of arm, elbow] pliegue *m*; [of river, path] recodo *m*. **- 4.** [staff - of shepherd] cayado *m*; [- of bishop] báculo *m*. ◇ *vt* doblar.

crooked [ˈkrʊkɪd] *adj* **- 1.** [back] encorvado(da); [path] sinuoso(sa). **- 2.** [teeth, tie] torcido(da). **- 3.** *inf* [dishonest - person, policeman] corrupto(ta); [- deal] sucio(cia).

crookedness [ˈkrʊkɪdnɪs] *n* **- 1.** [of path] sinuosidad *f*. **- 2.** *inf* [dishonesty] corrupción *f*, falta *f* de honradez.

croon [kruːn] *vt & vi* [sing softly] canturrear; [professionally] cantar de modo sentimental.

crooner [ˈkruːnə[r]] *n* cantante melódico *m*, cantante melódica *f*.

crop [krɒp] (*pt & pp* **cropped**, *cont* **cropping**) ◇ *n* **- 1.** [kind of plant] cultivo *m*. **- 2.** [harvested produce] cosecha *f*, pizca *f Amér.* **- 3.** [haircut] pelado *m* corto. **- 4.** [of bird] buche *m*. **- 5.** *inf* [group - of people] hornada *f*; [- of books] ristra *f*. **- 6.** [whip] fusta *f*; [handle] mango *m* (*de una fusta*). ◇ *vt* **- 1.** [cut short] cortar (muy corto). **- 2.** [subj: cows, sheep] pacer. **- 3.** [ears of an animal] desmochar. **- 4.** [farm] cultivar; [harvest] cosechar. ◇ *vi* [yield] rendir.

◆ **crop up** *vi* surgir, salir.

crop dusting *n* = **crop spraying**.

crop failure *n* pérdida *f* de la cosecha.

cropper [ˈkrɒpə[r]] *n inf*: **to come a** ~ [fall] darse un batacazo; *fig* [go wrong] fracasar; [business] irse al traste.

crop rotation *n* rotación *f* de cultivos.

crop spraying *n* fumigación *f*.

croquet [ˈkrəʊkeɪ] *n* croquet *m*.

croquette [krɒˈket] *n* croqueta *f*.

crosier [ˈkrəʊʒjə[r]] *n* báculo *m*.

cross [krɒs] ◇ *adj* enfadado(da); **it makes me** ~ me pone negro(gra), me da rabia; **to get** ~ **(with)** enfadarse (con). ◇ *n* **- 1.** [gen] cruz *f*; **to make the sign of the** ~ santiguarse, hacer la señal de la cruz □ **we all have our** ~ **to bear** cada cual tiene su cruz. **- 2.** [hybrid] cruce *m*, cruza *f Amér*; **a** ~ **between** [combination] una mezcla de. ◇ *vt* **- 1.** [gen & FIN] cruzar; ~ **your 't's** pon el palito a la te; **to** ~ **one's arms** cruzarse de brazos; **to** ~ **one's mind** pasársele por la cabeza (a uno); **to** ~ **one's legs** cruzar las piernas □ ~ **my heart** lo prometo. **- 2.** [subj: expression, look] reflejarse en. **- 3.** RELIG: **to** ~ **o.s.** santiguarse. **- 4.** [oppose] contrariar, llevar la contraria a. ◇ *vi* **- 1.** [intersect] cruzarse; **our letters** ~**ed in the post** nuestras cartas se cruzaron en el correo. **- 2.** [go across] cruzar; [boat, ship] hacer una travesía.

◆ **cross off, cross out** *vt sep* tachar.

crossbar [ˈkrɒsbɑː[r]] *n* **- 1.** [on goal] larguero *m*, travesaño *m*. **- 2.** [on bicycle] barra *f*.

crossbeam [ˈkrɒsbiːm] *n* viga *f* transversal, travesaño *m*.

crossbencher [krɒsˈbentʃə[r]] *n Br* POL *diputado del Parlamento británico que no pertenece ni al gobierno ni a la oposición*.

crossbones [ˈkrɒsbəʊnz] *npl* → **skull**.

crossbow [ˈkrɒsbəʊ] *n* ballesta *f*.

crossbreed [ˈkrɒsbriːd] (*pt & pp* **crossbred** [-bred]) ◇ *n* [gen] híbrido *m*; [dog] cruce *m*. ◇ *vt* cruzar.

crossbreeding [ˈkrɒsbriːdɪŋ] *n* cruzamiento *m*, hibridación *f*.

cross-Channel *adj* [ferry] que hace la travesía del canal de la Mancha; [route] a través del canal de la Mancha.

cross-check *n* verificación *f* (con otro método).

◆ **crosscheck** *vt* verificar (con otro método).

cross-country ◇ *adj & adv* a campo traviesa; ~ **runner** corredor(ra) de cross; ~ **skiing** esquí *m* de fondo. ◇ *n* cross *m*.

cross-cultural *adj* intercultural.

crosscurrent [ˈkrɒskʌrənt] *n* contracorriente *f*.

crosscut [ˈkrɒskʌt] ◇ *n* corte *m* transversal. ◇ *vt* cortar transversalmente.

cross-dressing *n* travestismo *m*.

crossed cheque [krɒst-] *n* cheque *m* cruzado.

crossed line [krɒst-] *n* cruce *m* de líneas.

cross-examination *n* interrogatorio *m* (*para comprobar veracidad*).

cross-examine *vt* interrogar (*para comprobar veracidad*).

cross-examiner *n* interrogador *m*, -ra *f*.

cross-eye *n* bizquera *f*.

cross-eyed *adj* bizco(ca).

cross-fertilization *n* fertilización *f* OR fecundación *f* cruzada.

cross-fertilize *vt* [plants] fecundar por fertilización cruzada.

crossfire [ˈkrɒsˌfaɪə[r]] *n* fuego *m* cruzado.

cross-grained *adj* **- 1.** [wood] de vetas cruzadas. **- 2.** [person] difícil.

cross hairs *npl* retículos *mpl*.

crosshatch [ˈkrɒshætʃ] *vt* sombrear, rayar.

crossheaded [ˈkrɒshedɪd] *adj* [screwdriver] de cabeza en cruz.

cross-index ◇ *vi* hacer una remisión. ◇ *vt* remitir a. ◇ *n* remisión *f*.

crossing [ˈkrɒsɪŋ] *n* **- 1.** [on road] cruce *m*, paso *m* de peatones; [on railway line] paso *m* a nivel; [on river] paso *m*, vado *m*. - **2**. [sea journey] travesía *f*. - **3**. [intersection] cruce *m*. - **4**. ARCHIT crucero *m*.

cross-legged ['krɒs'legɪd] *adv* con las piernas cruzadas.

crossly ['krɒslɪ] *adv* con enfado.

crossover ['krɒs,əʊvə'] *n* - **1**. [place] cruce *m*, paso *m*. - **2**. RAIL empalme *m*. - **3**. BIOL cruzamiento *m*.

cross-party *adj* POL: ~ **agreement** acuerdo *m* conjunto entre partidos.

crosspiece ['krɒspiːs] *n* travesaño *m*.

crossply ['krɒsplaɪ] (*pl* **crossplies**) ◇ *adj* de carcasa diagonal. ◇ *n* neumático *m* de carcasa diagonal.

cross-pollination *n* polinización *f* cruzada.

cross-purposes *npl*: **to be at ~ with** tener un malentendido con.

cross-question *vt* interrogar *(para comprobar veracidad)*.

cross-refer ◇ *vt* remitir. ◇ *vi* hacer una remisión OR referencia.

cross-reference *n* remisión *f*, referencia *f*.

crossroads ['krɒsrəʊdz] (*pl inv*) *n* cruce *m*; **to be at a ~** *fig* estar en una encrucijada.

cross-section *n* - **1**. [drawing] sección *f* transversal. - **2**. [sample] muestra *f* representativa.

cross-stitch *n* punto *m* cruzado.

crosstalk ['krɒstɔːk] *n* (U) TELEC interferencias *fpl*.

cross-town *adj* Am que atraviesa la ciudad.

crosstree ['krɒstriː] *n* cruceta *f*.

crosswalk ['krɒswɔːk] *n* Am paso *m* de peatones.

crossway ['krɒsweɪ] *n* vía *f* transversal.

crossways ['krɒsweɪz] *adv* = **crosswise**.

crosswind ['krɒswɪnd] *n* viento *m* de costado.

crosswise ['krɒswaɪz] *adv* en diagonal, transversalmente.

crossword (puzzle) ['krɒswɜːd-] *n* crucigrama *m*.

crotch [krɒtʃ] *n* - **1**. [of legs] entrepierna *f*. - **2**. [of branches] horquilla *f*.

crotchet ['krɒtʃɪt] *n* negra *f*.

crotchety ['krɒtʃɪtɪ] *adj Br inf* refunfuñón(ona).

crouch [kraʊtʃ] *vi* [gen] agacharse; [ready to spring] agazaparse.

croup [kruːp] *n* - **1**. [illness] garrotillo *m*, crup *m*. - **2**. [of horse] grupa *f*.

croupier ['kruːpɪə'] *n* crupier *mf*.

crouton ['kruːtɒn] *n* picatoste *m*.

crow [krəʊ] ◇ *n* - **1**. [bird] cuervo *m*; **as the ~ flies** *fig* en línea recta; **he had to eat ~** *Am inf fig* tuvo que reconocer que se había equivocado. - **2**. [of cock] canto *m*. - **3**. [of baby] gorjeo *m*. ◇ *vi* - **1**. [cock] cantar. - **2**. [baby] gorjear. - **3**. *inf* [gloat] darse pisto, vanagloriarse; **to ~ over sthg** jactarse de algo.

crowbar ['krəʊbɑː'] *n* palanca *f*.

crowd [kraʊd] ◇ *n* - **1**. [mass of people] multitud *f*, muchedumbre *f*; [at football match etc] público *m*. - **2**. [particular group] gente *f*. - **3**. *phr*: **to follow the ~** hacer lo que todos; **to rise above the ~** sobresalir, destacarse. ◇ *vi* agolparse, apiñarse; **to ~ in/out** entrar/salir en tropel ▢ **to ~ in on sb** *fig* [memories] inundar a alguien. ◇ *vt* - **1**. [room, theatre etc] llenar. - **2**. [people] meter, apiñar. - **3**. *inf* [harrass] apremiar.

◆ **crowd out** *vt sep* quitar de en medio; **independent traders are being ~ed out by bigger stores** los grandes almacenes están dejando fuera a los pequeños comerciantes.

crowded ['kraʊdɪd] *adj* [full] lleno(na), muy concurrido (muy concurrida); ~ **(with)** repleto(ta) OR atestado(da) (de).

crown [kraʊn] ◇ *n* - **1**. [of royalty] corona *f*. - **2**. [of hat] copa *f*; [of head] coronilla *f*; [of hill] cumbre *f*, cima *f*; [of tree] copa *f*. - **3**. [in dentistry] corona *f*. - **4**. [outstanding achievement] coronación *f*, coronamiento *m*. ◇ *vt* - **1**. [gen] coronar. - **2**. [tooth] poner una corona a. - **3**. [top] rematar;

to ~ it all para colmo. - **4**. [in draughts] coronar, hacer dama con. - **5**. *inf* [hit] dar un cocotazo a.

◆ **Crown** ◇ *n*: **the Crown** [monarchy] la corona. ◇ *comp* de la corona.

crown cap *n Br* chapa *f*, cápsula *f* (de botella).

crown colony *n* colonia *f* de la corona británica.

crown court *n* tribunal *m* superior de lo penal.

crowning ['kraʊnɪŋ] *adj* supremo(ma).

crown jewels *npl* joyas *fpl* de la corona.

crown land *n* patrimonio *m* de la corona.

crown prince *n* príncipe *m* heredero.

crow's feet *npl* [wrinkles] patas *fpl* de gallo.

crow's nest *n* cofa *f*.

crozier ['krəʊʒə'] *n* = **crosier**.

crucial ['kruːʃl] *adj* crucial.

crucially ['kruːʃəlɪ] *adv* de manera decisiva; ~ **important** de importancia crucial.

crucible ['kruːsɪbl] *n* crisol *m*.

crucifix ['kruːsɪfɪks] *n* crucifijo *m*; (roadside) ~ cruz *f* (en el camino).

Crucifixion [,kruːsɪ'fɪkʃn] *n*: **the ~** la crucifixión.

cruciform ['kruːsɪfɔːm] *adj* cruciforme.

crucify ['kruːsɪfaɪ] (*pt & pp* **crucified**) *vt lit & fig* crucificar.

crud [krʌd] *n inf* - **1**. [filth] costra *f* de mugre. - **2**. [person]: **you ~!** ¡asqueroso(sa)!

crude [kruːd] ◇ *adj* - **1**. [rubber, oil] crudo(da). - **2**. [person, behaviour, joke] basto(ta), vulgar. - **3**. [drawing, sketch] tosco(ca). ◇ *n* = **crude oil**.

crudely ['kruːdlɪ] *adv* - **1**. [say, remark] vulgarmente. - **2**. [sketch, write] toscamente.

crudeness ['kruːdnɪs] *n* = **crudity**.

crude oil *n* crudo *m*.

crudity ['kruːdɪtɪ] *n* [vulgarity] ordinariez *f*, grosería *f*.

cruel [krʊəl] (*compar* **crueller**, *superl* **cruellest**) *adj* [gen] cruel; [winter] crudo(da).

cruelly ['krʊəlɪ] *adv* - **1**. [sadistically] cruelmente. - **2**. [painfully, harshly] dolorosamente.

cruelty ['krʊəltɪ] *n* (U) crueldad *f*.

cruet ['kruːɪt] *n* - **1**. [set of containers] vinagreras *fpl*, convoy *m*. - **2**. [for vinegar] vinagrera *f*; [for oil] aceitera *f*.

Cruft's [krʌfts] *n la exposición canina más importante de Gran Bretaña que se celebra anualmente en Londres.*

cruise [kruːz] ◇ *n* crucero *m*. ◇ *vi* - **1**. [sail] hacer un crucero. - **2**. [drive, fly] ir a velocidad de crucero. - **3**. *inf* [for sexual partner] buscar rollo (en lugares públicos). ◇ *vt* - **1**. [sail across] cruzar, atravesar. - **2**. [drive around] circular por.

cruise missile *n* misil *m* de crucero.

cruiser ['kruːzə'] *n* - **1**. [warship] crucero *m*. - **2**. [cabin cruiser] yate *m* (para cruceros). - **3**. *Am* [police patrol car] coche *m* patrulla.

cruiserweight ['kruːzəweɪt] *n* semipesado *m*.

cruising speed ['kruːzɪŋ-] *n* velocidad *f* de crucero.

crumb [krʌm] *n* - **1**. [of food] miga *f*, migaja *f*. - **2**. [of information] migaja *f*, pizca *f*.

crumble ['krʌmbl] ◇ *vt* desmigajar. ◇ *vi* - **1**. [building, cliff] desmoronarse; [plaster] caerse. - **2**. *fig* [relationship, hopes] derrumbarse, venirse abajo. ◇ *n compota de fruta con una pasta seca por encima.*

crumbly ['krʌmblɪ] (*compar* **crumblier**, *superl* **crumbliest**) *adj* que se desmiga con facilidad.

crummy ['krʌmɪ] (*compar* **crummier**, *superl* **crummiest**) *adj inf* [bad] chungo(ga).

crumpet ['krʌmpɪt] *n* - **1**. [food] *bollo que se come tostado con mantequilla.* - **2**. (U) *Br inf* [attractive person]: **he/she is a bit of ~** está como un tren, está buenísimo/buenísima.

crumple ['krʌmpl] ◇ *vt* [dress, suit] arrugar; [letter] estrujar. ◇ *vi* - **1**. [dress, suit, face] arrugarse; [car] quedarse hecho un acordeón. - **2**. [body] desplomarse; [army, government] sucumbir.

◆ **crumple up** *vt sep* estrujar.

crunch [krʌntʃ] ◇ *n* crujido *m*; **when it comes to the ~** *inf fig* a la hora de la verdad. ◇ *vt* - **1.** [with teeth] ronzar. - **2.** [underfoot] hacer crujir. ◇ *vi* crujir.

◆ **crunch up** *vt sep* pulverizar.

crunchy ['krʌntʃi] (*compar* **crunchier**, *superl* **crunchiest**) *adj* crujiente.

crusade [kru:'seɪd] ◇ *n lit & fig* cruzada *f*. ◇ *vi*: **to ~ for/against** hacer una cruzada en pro/en contra de.

crusader [kru:'seɪdə'] *n* - **1.** HIST cruzado *m*. - **2.** [campaigner] paladín *m*, defensor *m*, -ra *f*.

crush [krʌʃ] ◇ *n* - **1.** [crowd] gentío *m*, aglomeración *f*. - **2.** *inf* [infatuation]: **to have a ~ on sb** estar colado(da) por alguien. - **3.** *Br* [drink] zumo rebajado con agua. ◇ *vt* - **1.** [squash] aplastar. - **2.** [grind - garlic, grain] triturar; [- ice] picar; [- grapes] exprimir. - **3.** [destroy] demoler. - **4.** [crumple] estrujar, arrugar. - **5.** [overwhelm] abrumar, agobiar. ◇ *vi* [crowd together] apretujarse.

crush barrier *n Br* valla *f* de contención.

crushed velvet [krʌʃt-] *n* terciopelo *m* sintético biselado.

crusher ['krʌʃə'] *n* trituradora *f*.

crushing ['krʌʃɪŋ] *adj* - **1.** [defeat, blow] aplastante, abrumador(ra). - **2.** [remark] demoledor(ra).

crust [krʌst] *n* - **1.** [on bread] corteza *f*. - **2.** [on pie] pasta *f* (dura). - **3.** [of snow, earth] corteza *f*. - **4.** [covering] costra *f*, capa *f*. - **5.** [in bottle] sarro *m*. - **6.** [scab] costra *f*, postilla *f*. ◇ *vt* encostrar. ◇ *vi* encostrarse.

crustacean [krʌ'steɪʃn] *n* crustáceo *m*.

crusty ['krʌsti] (*compar* **crustier**, *superl* **crustiest**) *adj* - **1.** [food] crujiente. - **2.** [person] brusco(ca).

crutch [krʌtʃ] *n* - **1.** [stick] muleta *f*. - **2.** *fig* [support] apoyo *m*, soporte *m*. - **3.** = **crotch** *sense 1*.

crux [krʌks] *n*: **the ~ of the matter** el quid de la cuestión.

cruzeiro [kru:'zeərəʊ] (*pl* **cruzeiros**) *n* cruzeiro *m*.

cry [kraɪ] (*pt & pp* **cried**, *pl* **cries**) ◇ *n* - **1.** [weep] llanto *m*, llorera *f*; **to have a good ~** llorar a lágrima viva. - **2.** [shout] grito *m*; **to be a far ~ from** *fig* no parecerse en nada a. - **3.** [of bird] canto *m*, trino *m*; [of animal] aullido *m*; **in full ~** [pack of hounds] en plena persecución. ◇ *vt* - **1.** [weep] llorar; **to ~ o.s. to sleep** llorar hasta dormirse. - **2.** [shout] gritar, decir a gritos. - **3.** [beg for] implorar, pedir; **to ~ for-giveness** implorar perdón. ◇ *vi* - **1.** [weep] llorar. - **2.** [shout] gritar; **to ~ for help** gritar pidiendo ayuda.

◆ **cry down** *vt sep* menospreciar.

◆ **cry off** *vi* volverse atrás.

◆ **cry out** ◇ *vt* gritar. ◇ *vi* [call out] gritar; **for ~ing out loud!** *inf fig* ¡por el amor de Dios!

◆ **cry out for** *vt fus* pedir a voces.

crybaby ['kraɪ,beɪbɪ] (*pl* **crybabies**) *n inf pej* llorón *m*, -ona *f*.

crying ['kraɪɪŋ] ◇ *adj inf* - **1.** [shame]: **a ~ shame** una verdadera vergüenza. - **2.** [need]: **a ~ need for sthg** una necesidad imperiosa de algo. ◇ *n (U)* llanto *m*.

cryogen ['kraɪədʒən] *n* criógeno *m*.

cryostat ['kraɪəstæt] *n* criostato *m*.

crypt [krɪpt] *n* cripta *f*.

cryptic ['krɪptɪk] *adj* críptico(ca).

cryptically ['krɪptɪklɪ] *adv* [secretly] a escondidas, en secreto; [obscurely] de manera críptica, enigmáticamente.

crypto- ['krɪptəʊ] *prefix*: **a ~communist** un comunista de tapadillo.

cryptogam ['krɪptəʊgæm] *n* criptógama *f*.

cryptogram ['krɪptəʊgræm] *n* criptograma *m*.

cryptographer [krɪp'tɒgrəfə'] *n* criptógrafo *m*, -fa *f*.

cryptography [krɪp'tɒgrəfɪ] *n* criptografía *f*.

crystal ['krɪstl] ◇ *n* cristal *m*; **as clear as ~** *fig* claro(ra) como el agua. ◇ *comp* de cristal.

crystal ball *n* bola *f* de cristal.

crystal clear *adj* - **1.** [transparent] cristalino(na). - **2.** [clearly stated] claro(ra) como el agua.

crystal-gazing *n (U)* - **1.** [clairvoyance] adivinación por medio de una bola de cristal. - **2.** [predictions] predicciones *fpl*.

crystalline ['krɪstəlaɪn] *adj* cristalino(na).

crystallization [,krɪstəlaɪ'zeɪʃn] *n* cristalización *f*.

crystallize, -ise ['krɪstəlaɪz] ◇ *vi lit & fig* cristalizar. ◇ *vt* - **1.** [make clear] cristalizar. - **2.** [preserve in sugar] confitar, escarchar.

crystallized ['krɪstəlaɪzd] *adj* cristalizado(da); **~ fruit** fruta *f* confitada; **~ ginger** jengibre *m* escarchado.

crystallography [,krɪstə'lɒgrəfɪ] *n* cristalografía *f*.

crystal set *n* radio *f* de galena.

CSC (*abbr of* **Civil Service Commission**) *n* organismo encargado de la contratación de funcionarios.

CSE (*abbr of* **Certificate of Secondary Education**) *n* antiguo título de enseñanza secundaria en Gran Bretaña concedido a alumnos con bajo rendimiento escolar.

CSEU (*abbr of* **Confederation of Shipbuilding and Engineering Unions**) *n* confederación británica de sindicatos de la construcción naval e ingeniería.

CS gas *n* gas *m* lacrimógeno.

CST (*abbr of* **Central Standard Time**) hora oficial del centro de Estados Unidos.

CSU (*abbr of* **Civil Service Union**) *n* sindicato británico de funcionarios.

ct (*written abbr of* **carat**) quil.

CT *written abbr of* **Connecticut**.

CTC *n abbr of* **city technology college**.

cu. (*written abbr of* **cubic**) c.

cub [kʌb] *n* [young animal] cachorro *m*.

◆ **Cub** *n* = **Cub Scout**.

Cuba ['kju:bə] *n* Cuba.

Cuban ['kju:bən] ◇ *adj* cubano(na). ◇ *n* [person] cubano *m*, -na *f*.

cubbyhole ['kʌbɪhəʊl] *n* [room] cuchitril *m*; [cupboard] armario *m*.

cube [kju:b] ◇ *n* [gen] cubo *m*; [of sugar] terrón *m*. ◇ *vt* MATH elevar al cubo.

cube root *n* raíz *f* cúbica.

cubic ['kju:bɪk] *adj* cúbico(ca); **~ equation** ecuación *f* de tercer grado; **~ metre** metro *m* cúbico.

cubicle ['kju:bɪkl] *n* [at swimming pool] cabina *f* (de vestuario); [in shop] probador *m*.

cubiform ['kju:bɪfɔːm] *adj* de forma cúbica.

cubism ['kju:bɪzm] *n* cubismo *m*.

cubist ['kju:bɪst] *n* cubista *mf*.

cubit ['kju:bɪt] *n* codo *m* (medida).

Cub master *n* jefe *m* de lobatos (en los Scouts).

Cub mistress *n* jefa *f* de alitas (en los Scouts).

cub reporter *n* periodista novato *m*, periodista novata *f*.

Cub Scout *n* lobato *m*.

cuckold ['kʌkəʊld] ◇ *n* cornudo *m*. ◇ *vt* poner los cuernos a.

cuckoo ['kuku:] ◇ *n* - **1.** [bird] cuco *m*, cuclillo *m*. - **2.** [call] cucú *m*. ◇ *adj inf* [mad] loco(ca), chiflado(da).

cuckoo clock *n* reloj *m* de cuco.

cucumber ['kju:kʌmbə'] *n* pepino *m*; **as cool as a ~** *fig* muy tranquilo (muy tranquila), tan campante.

cud [kʌd] *n* bolo *m* alimenticio; **to chew the ~** *lit & fig* rumiar.

cuddle ['kʌdl] ◇ *n* abrazo *m*. ◇ *vt* abrazar. ◇ *vi* abrazarse.

◆ **cuddle up** *vi*: **to ~ up (to)** arrimarse (a).

cuddly ['kʌdlɪ] (*compar* **cuddlier**, *superl* **cuddliest**) *adj* [person] mimoso(sa).

cuddly toy *n* muñeco *m* de peluche.

cudgel ['kʌdʒəl] (*Br pt & pp* **cudgelled**, *cont* **cudgelling**, *Am pt & pp* **cudgeled**, *cont* **cudgeling**) ◇ *n* porra *f*; **to take up the ~s for** *fig* salir en defensa de. ◇ *vt* aporrear; **to ~ one's brains** *fig Am* devanarse los sesos.

cue [kju:] ◇ *n* - **1.** RADIO, THEATRE & TV entrada *f*; **on ~** *fig*

[right then] mira por dónde, justo en aquel instante; **to take one's ~ from** *fig* guiarse por. **- 2.** *fig* [stimulus, signal] señal *f*. **- 3.** [for snooker, pool] taco *m*. **- 4.** [braid] trenza *f*, cola *f* de caballo. ◇ *vt* RADIO, THEATRE & TV dar la entrada a.
◆ **cue in** *vt sep* dar la entrada a.

cue ball *n* mingo *m*, bola *f* blanca.

cuff [kʌf] ◇ *n* **- 1.** [of sleeve] puño *m*; **off the ~** *fig* improvisado(da), sacado(da) de la manga. **- 2.** *Am* [of trouser leg] vuelta *f*. **- 3.** [blow] cachete *m*. ◇ *vt* dar un cachete a.
◆ **cuffs** *npl inf* [handcuffs] esposas *fpl*.

cuff link *n* gemelo *m*, collera *f* Amér.

cu. in. (*abbr of* **cubic inch(es)**) p.c.

cuirass [kwɪ'ræs] *n* MIL & ZOOL coraza *f*.

cuisine [kwɪ'ziːn] *n* cocina *f*.

cul-de-sac ['kʌldəsæk] *n* callejón *m* sin salida.

culinary ['kʌlɪnərɪ] *adj* culinario(ria).

cull [kʌl] ◇ *n* [of animals] eliminación *f*. ◇ *vt* **- 1.** [animals] eliminar. **- 2.** *fml* [information, facts] recoger.

Culloden Moor [kə'lɒdn'mɔːʳ] *n escenario de la batalla entre los partidarios escoceses de Carlos Eduardo Estuardo y el ejército inglés del duque de Cumberland en 1746.*

culminate ['kʌlmɪneɪt] *vi*: **to ~ in** culminar en.

culmination [kʌlmɪ'neɪʃn] *n* culminación *f*.

culottes [kjuː'lɒts] *npl* falda *f* pantalón.

culpability [kʌlpə'bɪlətɪ] *n fml* culpabilidad *f*.

culpable ['kʌlpəbl] *adj fml*: **~ (of)** culpable (de); **~ homicide** homicidio *m* involuntario.

culprit ['kʌlprɪt] *n* culpable *mf*.

cult [kʌlt] ◇ *n* **- 1.** RELIG culto *m*. **- 2.** [person, activity, object] objeto *m* de culto. ◇ *comp* de culto; **~ figure** ídolo *m*; **the film has a ~ following** es una película de culto.

cultivable ['kʌltɪvəbl] *adj* cultivable.

cultivate ['kʌltɪveɪt] *vt* **- 1.** [gen] cultivar; **to ~ a friendship** cultivar una amistad. **- 2.** [get to know] hacer amistad con.

cultivated ['kʌltɪveɪtɪd] *adj* **- 1.** [cultured] culto(ta). **- 2.** [land] cultivado(da).

cultivation [kʌltɪ'veɪʃn] *n (U)* **- 1.** [of land, crops] cultivo *m*. **- 2.** [refinement] cultura *f*, refinamiento *m*.

cultivator ['kʌltɪveɪtəʳ] *n* **- 1.** [tool] cultivador *m*. **- 2.** [person] cultivador *m*, -ra *f*.

cultural ['kʌltʃərəl] *adj* cultural.

culturally ['kʌltʃərəlɪ] *adv* culturalmente, desde el punto de vista cultural.

Cultural Revolution *n* [in China]: **the ~** la revolución cultural.

culture ['kʌltʃəʳ] ◇ *n* **- 1.** [gen] cultura *f*. **- 2.** [of bacteria] cultivo *m*. ◇ *vt* AGR & BIOL cultivar.

cultured ['kʌltʃəd] *adj* culto(ta), cultivado(da).

cultured pearl *n* perla *f* cultivada.

culture gap *n* diferencias *fpl* culturales.

culture medium *n* caldo *m* de cultivo.

culture shock *n* choque *m* cultural.

culture vulture *n inf hum devorador insaciable de cultura.*

culvert ['kʌlvət] *n* alcantarilla *f*, desagüe *m*.

-cum- [kʌm] *in cpds*: **he's a teacher~philosopher** es profesor y a ratos filósofo; **a spare bedroom~study** una habitación de invitados que hace a la vez de estudio.

cumbersome ['kʌmbəsəm] *adj* **- 1.** [parcel] abultado(da), voluminoso(sa); [machinery] aparatoso(sa). **- 2.** [system] torpe, lento(ta).

cumbrous ['kʌmbrəs] *adj literary* embarazoso(sa), incómodo(da).

cumin ['kʌmɪn] *n* comino *m*.

cum laude [kʌm'lɔːdɪ] *adv* cum laude.

cummerbund ['kʌməbʌnd] *n* faja *f* (de traje de etiqueta).

cumquat ['kʌmkwɒt] *n* = **kumquat**.

cumulate ['kjuːmjʊleɪt] *vt* acumular.

cumulation [kjuːmjʊ'leɪʃn] *n* acumulación *f*.

cumulative ['kjuːmjʊlətɪv] *adj* acumulativo(va); **~ evidence** pruebas *fpl* acumuladas; **~ voting** voto *m* plural.

cumuli ['kjuːmjʊlaɪ] *pl* → **cumulus**.

cumulonimbus [kjuːmjʊləʊ'nɪmbəs] (*pl* **cumulonimbuses** OR **cumulonimbi** [-baɪ]) *n* cumulonimbo *m*.

cumulus ['kjuːmjʊləs] (*pl* **cumuli** [-laɪ]) *n* cúmulo *m*.

cuneiform ['kjuːnɪfɔːm] ◇ *adj* cuneiforme. ◇ *n* escritura *f* cuneiforme.

cunnilingus [kʌnɪ'lɪŋgəs] *n* cunilinguo *m*, cunnilingus *m inv*.

cunning ['kʌnɪŋ] ◇ *adj* **- 1.** [gen] astuto(ta); [device, idea] ingenioso(sa). **- 2.** *Am* [cute] mono(na), precioso(sa). ◇ *n* **- 1.** *(U)* [slyness] astucia *f*. **- 2.** [skill] habilidad *f*, ingenio *m*.

cunningly ['kʌnɪŋlɪ] *adj* **- 1.** [shrewdly] astutamente, con astucia. **- 2.** [skilfully] hábilmente, con habilidad.

cunt [kʌnt] *n vulg* **- 1.** [vagina] coño *m Esp*, concha *f* Amér. **- 2.** [person] hijo *m*, -ja *f* de puta, cabrón *m*, -ona *f*.

cup [kʌp] (*pt & pp* **cupped**, *cont* **cupping**) ◇ *n* **- 1.** [for drinking, cupful] taza *f*; **in one's ~s** *fig* como una cuba; **that's not my ~ of tea** *fig* eso no es de mi gusto. **- 2.** [prize] copa *f*. **- 3.** RELIG cáliz *m*. **- 4.** *Am* [in golf] hoyo *m*. **- 5.** [of flower] cáliz *m*. **- 6.** [of bone] cavidad *f*. **- 7.** [of bra] copa *f*. ◇ *vt* ahuecar.

cupbearer ['kʌp,beərəʳ] *n* copero *m*.

cupboard ['kʌbəd] *n* armario *m*.

cupboard love *n Br* amor *m* interesado.

cup cake *n* ≃ magdalena *f*.

Cup Final *n*: **the ~** ≃ la final de la Copa.

cupful ['kʌpfʊl] *n* taza *f*.

cup holder *n* (actual) campeón *m* de copa.

cupid ['kjuːpɪd] *n* [figure] cupido *m*.
◆ **Cupid** *n* MYTH Cupido *m*.

cupidity [kjuː'pɪdɪtɪ] *n* codicia *f*, avaricia *f*.

cupola ['kjuːpələ] (*pl* **cupolas**) *n* **- 1.** [dome] cúpula *f*. **- 2.** [tower] linterna *f*.

cupping ['kʌpɪŋ] *n* aplicación *f* de ventosas.

cupric ['kjuːprɪk] *adj* cúprico(ca).

cup tie *n Br* partido *m* de copa.

cur [kɜːʳ] *n* **- 1.** [dog] perro *m* cruzado. **- 2.** [person] canalla *mf*.

curability [kjʊərə'bɪlətɪ] *n* curabilidad *f*.

curable ['kjʊərəbl] *adj* curable.

curacy ['kjʊərəsɪ] (*pl* **curacies**) *n* curato *m*.

curare [kjʊ'rɑːrɪ] *n* curare *m*.

curassow ['kjuːrəsəʊ] *n* guaco *m*.

curate ['kjʊərət] *n* coadjutor *m*, -ra *f*, auxiliar *mf*.

curative ['kjʊərətɪv] *adj* curativo(va).

curator [kjʊə'reɪtəʳ] *n* conservador *m*, -ra *f*, director *m*, -ra *f*.

curb [kɜːb] ◇ *n* **- 1.** [control]: **~ (on)** control *m* OR restricción *f* (de); **to put a ~ on sthg** poner freno a algo. **- 2.** [on harness] barbada *f*. **- 3.** *Am* [in road] bordillo *m*. ◇ *comp*: **~ bit** freno *m*, bocado *m*; **~ reins** riendas *fpl* del bocado. ◇ *vt* controlar, contener.

curbstone ['kɜːbstəʊn] *n Am* bordillo *m*, orilla *f* de la acera.

curd [kɜːd] *n* cuajada *f*, requesón *m*.

curd cheese *n Br* requesón *m*.

curdle ['kɜːdl] *vi* [milk] cuajarse; *fig* [blood] helarse.

cure [kjʊəʳ] ◇ *n* **- 1.** MED: **~ (for)** cura *f* (para). **- 2.** [solution]: **~ (for)** remedio *m* (a). ◇ *vt* **- 1.** MED curar. **- 2.** [problem, inflation] remediar. **- 3.** [rid]: **to ~ sb of sthg** hacer a alguien abandonar algo. **- 4.** [food, tobacco] curar; [leather] curtir; [rubber] vulcanizar.

cure-all *n* panacea *f*.

curettage [kjʊərɪ'tɑːʒ, kjʊə'retɪdʒ] *n* raspado *m*, legrado *m*.

curfew ['kɜːfjuː] *n* toque *m* de queda.

Curia ['kjʊərɪə] *n* Curia *f* (católica).

curie ['kjʊərɪ] *n* curio *m*, curie *m*.

curio ['kjʊərɪəʊ] (*pl* **curios**) *n* curiosidad *f*, rareza *f*.

curiosity [kjʊərɪ'ɒsətɪ] (*pl* **curiosities**) *n* **- 1.** *(U)* [interest] curiosidad f; ~ **killed the cat** *proverb* más vale no meter la nariz OR no meterse donde a uno no le llaman. - **2.** [novelty] curiosidad f, rareza f.

curious ['kjʊərɪəs] *adj* - **1.** [inquisitive] curioso(sa); **to be ~ about** sentir curiosidad por; **I'm ~ to know...** tengo curiosidad por saber... - **2.** [strange] curioso(sa).

curiously ['kjʊərɪəslɪ] *adv* - **1.** [inquisitively] con curiosidad. - **2.** [oddly] curiosamente; ~ **enough...** lo curioso es que...

curium ['kjʊərɪəm] *n* curie m, curio m.

curl [kɜːl] ◇ *n* - **1.** [of hair] rizo m. - **2.** [of smoke] voluta f. ◇ *vt* - **1.** [hair] rizar. - **2.** [twist] enroscar. - **3.** [lip] fruncir. ◇ *vi* - **1.** [hair] rizarse. - **2.** [paper] abarquillarse, curvarse; **to ~ into a ball** acurrucarse, hacerse un ovillo. - **3.** [lip] fruncirse. - **4.** [path] serpentear. - **5.** [smoke] formar volutas.
◆ **curl up** *vi* [person, animal] acurrucarse, hacerse un ovillo; [leaf, paper] abarquillarse, curvarse.

curler ['kɜːləʳ] *n* rulo m.

curlew ['kɜːljuː] *n* zarapito m.

curlicue ['kɜːlɪkjuː] *n* rasgo m, plumada f.

curliness ['kɜːlɪnɪs] *n* ensortijamiento m, rizado m.

curling ['kɜːlɪŋ] *n* (U) curling m, deporte en pista de hielo que consiste en hacer deslizar unas piedras pulidas circulares y colocarlas en la meta.

curling tongs *npl* tenacillas *fpl* de rizar.

curly ['kɜːlɪ] (*compar* **curlier**, *superl* **curliest**) *adj* [hair] rizado(da); [pig's tail] enroscado(da).

curmudgeon [kɜːˈmʌdʒən] *n* cascarrabias *mf inv*.

currant ['kʌrənt] *n* - **1.** [dried grape] pasa f. - **2.** [fruit] grosella f; ~ **(bush)** grosellero m.

currant bun *n* bollo m (de pan) con pasas.

currency ['kʌrənsɪ] (*pl* **currencies**) ◇ *n* - **1.** FIN moneda f. - **2.** *fml* [acceptability]: **to gain** ~ ganar aceptación. ◇ *comp*: ~ **unit** unidad f monetaria.

current ['kʌrənt] ◇ *adj* [price, method, girlfriend] actual; [year] presente, en curso; [issue] último(ma); [ideas, expressions, customs] común, corriente; ~ **events** temas *mpl* de actualidad; **in ~ use** de uso común. ◇ *n* - **1.** [of air, water] corriente f. - **2.** [trend] curso m, dirección f; **the ~ of events** el curso de los acontecimientos. - **3.** ELEC corriente f.

current account *n* Br cuenta f corriente.

current affairs *npl* temas *mpl* de actualidad.

current assets *npl* activo *m* disponible.

current liabilities *npl* pasivo *m* circulante.

currently ['kʌrəntlɪ] *adv* actualmente.

curricula [kəˈrɪkjʊlə] *pl* → **curriculum**.

curricular [kəˈrɪkjʊləʳ] *adj* del temario.

curriculum [kəˈrɪkjələm] (*pl* **curriculums** OR **curricula** [-lə]) *n* [course of study] temario m, plan m de estudios.

curriculum vitae [-ˈviːtaɪ] (*pl* **curricula vitae**) *n* currículum *m* (vitae), currículo m.

curried ['kʌrɪd] *adj* al curry.

currier ['kʌrɪəʳ] *n* zurrador m, -ra f.

curry ['kʌrɪ] (*pl* **curries**, *pt & pp* **curried**) ◇ *n* curry m. ◇ *vt* - **1.** [horse] almohazar. - **2.** [leather] zurrar.

currycomb ['kʌrɪkəʊm] *n* almohaza f.

curry powder *n* curry m en polvo.

curse [kɜːs] ◇ *n* - **1.** [evil charm] maldición f; **to put a ~ on** echar una maldición a. - **2.** [swearword] taco m, palabrota f. - **3.** [source of problems] azote m. ◇ *vt* - **1.** [damn] maldecir. - **2.** [swear at] insultar. - **3.** [afflict] afligir; **to be ~d with sthg** padecer de algo. ◇ *vi* [swear] blasfemar, soltar tacos.

cursed ['kɜːsɪd] *adj* maldito(ta).

cursing ['kɜːsɪŋ] *n* maldiciones *fpl*, palabrotas *fpl*.

cursive ['kɜːsɪv] ◇ *adj* cursivo(va). ◇ *n* (letra f) cursiva f.

cursor ['kɜːsəʳ] *n* COMPUT cursor m.

cursory ['kɜːsərɪ] *adj* superficial, por encima.

curt [kɜːt] *adj* brusco(ca), seco(ca).

curtail [kɜːˈteɪl] *vt* - **1.** [visit] acortar. - **2.** [expenditure] reducir; [rights] restringir.

curtailment [kɜːˈteɪlmənt] *n fml* [of expenditure] reducción f; [of rights] restricción f.

curtain ['kɜːtn] ◇ *n* - **1.** [at window] cortina f. - **2.** [in theatre] telón m; [time] hora f de subir el telón. - **3.** [of fire, smoke] cortina f. - **4.** [phr]: **to raise the ~ on sthg** dar comienzo a algo; **to ring down the ~ on** poner fin a. ◇ *vt* [window] poner cortinas en.
◆ **curtains** *npl inf* [the end] el fin; **it's ~s for you!** *inf* ¡se te va a caer el pelo!
◆ **curtain off** *vt sep* separar con una cortina.

curtain call *n* salida f a escena para saludar.

curtain hook *n* gancho m de cortina.

curtain rail *n* barra f de las cortinas.

curtain raiser *n fig* preludio m, preámbulo m.

curtain ring *n* anilla f de cortina.

curtain rod *n* = **curtain rail**.

curtly ['kɜːtlɪ] *adv* [say, reply] con brusquedad OR sequedad.

curtness ['kɜːtnɪs] *n* brusquedad f, sequedad f.

curtsy (*pt & pp* **curtsied**), **curtsey** (*pt & pp* **curtseyed**) ['kɜːtsɪ] ◇ *n* reverencia f (de mujer). ◇ *vi* hacer una reverencia (una mujer).

curvaceous [kɜːˈveɪʃəs] *adj inf* de buenas curvas.

curvature ['kɜːvətʃəʳ] (U) *n* - **1.** [of Earth] curvatura f. - **2.** MED [of spine] desviación f.

curve [kɜːv] ◇ *n* curva f. ◇ *vi* - **1.** [river] torcer, hacer una curva; [surface] curvarse, arquearse. - **2.** [ball] describir una curva. ◇ *vt* doblar.
◆ **curves** *npl inf* curvas *fpl* (del cuerpo).

curved [kɜːvd] *adj* curvo(va).

curvilinear [kɜːvɪˈlɪnɪəʳ] *adj* curvilíneo(a).

curvy ['kɜːvɪ] (*compar* **curvier**, *superl* **curviest**) *adj* curvo(va).

cushion ['kʊʃn] ◇ *n* - **1.** [for sitting on] cojín m, almohadón m. - **2.** [protective layer] colchón m. - **3.** [of billiard table] banda f. - **4.** [for lacemaking] almohadilla f. ◇ *vt* - **1.** *fig* [shock, blow] amortiguar; **to be ~ed against** estar protegido(da) contra. - **2.** [sofa] poner cojines OR almohadones en; [seat] acolchonar, acolchar.

cushy ['kʊʃɪ] (*compar* **cushier**, *superl* **cushiest**) *adj inf* cómodo(da); **a ~ job** OR **number** un chollo (de trabajo).

cusp [kʌsp] *n* - **1.** GEOM & ARCHIT cúspide f, vértice m. - **2.** [of moon] cuerno m.

cuspidor ['kʌspɪdɔːʳ] *n Am* escupidera f.

cuss [kʌs] *inf* ◇ *vi* soltar tacos, decir groserías. ◇ *vt* maldecir. ◇ *n* - **1.** [obscenity] taco m, grosería f. - **2.** [person] majadero m, -ra f.
◆ **cuss out** *vt sep Am inf* insultar.

cussed ['kʌsɪd] *adj inf* - **1.** [obstinate] majadero(ra). - **2.** [cursed] maldito(ta).

cussedness ['kʌsɪdnɪs] *n inf* majadería f.

custard ['kʌstəd] *n* (U) [sauce] natillas *fpl*.

custard apple *n* chirimoya f.

custard cream *n* [biscuit] galleta f rellena de crema.

custard pie *n* tarta f de crema.

custard powder *n* (U) polvos *mpl* para natillas.

custard tart *n* = **custard pie**.

custodial [kʌˈstəʊdjəl] *adj* - **1.** JUR de prisión. - **2.** [guarding]: ~ **staff** personal m de vigilancia.

custodian [kʌˈstəʊdjən] *n* [of building, museum] conservador m, -ra f.

custodianship [kʌˈstəʊdjənʃɪp] *n* - **1.** [guarding] vigilancia f. - **2.** Br JUR tutela de un niño a largo plazo sin necesidad de adoptarlo.

custody ['kʌstədɪ] *n* custodia f; **to take sb into** ~ detener a alguien; **in** ~ bajo custodia.

custom ['kʌstəm] ◇ *n* - **1.** [tradition, habit] costumbre f. - **2.** (U) [trade] clientela f. - **3.** JUR derecho m consuetudinario.

◇ *adj* - **1.** [custom-made] hecho(cha) de encargo; [clothes] hecho(cha) a la medida. - **2.** [person] que trabaja por encargo.

◆ **customs** *n* [place] aduana *f*; **to go through** ~**s** pasar por la aduana.

customarily ['kʌstəmrɪlɪ] *adv* normalmente, como es costumbre.

customary ['kʌstəmrɪ] *adj* - **1.** [usual] acostumbrado(da), habitual. - **2.** JUR consuetudinario(ria).

custom-built *adj* hecho(cha) de encargo.

customer ['kʌstəmə'] *n* - **1.** [client] cliente *m*, -ta *f*, cliente *mf*. - **2.** *inf* [person] tipo *m*, -pa *f*, individuo *m*, -dua *f*.

customer services *npl* servicio *m* de atención al cliente.

customize, -ise ['kʌstəmaɪz] *vt* personalizar.

custom-made *adj* [shoes, suit] hecho(cha) a la medida; [car] hecho(cha) de encargo.

Customs and Excise *n* (U) *Br* oficina del gobierno británico encargada de la recaudación de derechos arancelarios.

customs duty *n* (U) derechos *mpl* de aduana, aranceles *mpl*.

customs house *n* aduana *f*, puesto *m* de aduanas.

customs officer *n* empleado *m*, -da *f* de aduana.

customs union *n* unión *f* aduanera.

cut [kʌt] (*pt & pp* **cut**, *cont* **cutting**) ◇ *n* - **1.** [gen] corte *m*. - **2.** [reduction]: ~ **(in)** reducción *f* (de). - **3.** *inf* [share] parte *f*. - **4.** [of meat] corte *m*, tajada *f*. - **5.** *Am inf* [absence] falta *f*, inasistencia *f*; SCH novillos *mpl*. - **6.** *phr*: to be a ~ **above the rest** *inf* ser superior al resto; **the** ~ **and thrust of parliamentary debate** la ferocidad dialéctica del debate parlamentario. ◇ *vt* - **1.** [gen] cortar; [diamond, stone] tallar; [channel, tunnel] abrir, excavar; **to** ~ **one's finger/hair** cortarse un dedo/el pelo; **to** ~ **sthg open** abrir algo con un corte OR cortando. - **2.** [spending, staff etc] reducir, recortar. - **3.** [tooth] echar. - **4.** *inf* [class, lecture] fumarse. - **5.** [stop]: **to** ~ **the engine** parar el motor. - **6.** CINEMA [edit] montar. - **7.** *phr*: **to** ~ **sb dead** negarle el saludo a alguien; **to** ~ **it fine** ir muy justo, darse poco margen; **to** ~ **sb short** quitarle la palabra de la boca a alguien, cortar a alguien; **to** ~ **sthg short** [conversation, process] parar OR cortar algo en seco; [match, holiday] interrumpir algo. ◇ *vi* - **1.** [gen] cortar. - **2.** [allow cutting] cortarse. - **3.** *phr*: **to** ~ **and run** *inf* largarse corriendo, poner pies en polvorosa; **to** ~ **both** OR **two ways** tener doble filo, ser un arma de doble filo; **to** ~ **loose** romper (uno) sus ataduras.

◆ **cut across** *vt fus* - **1.** [take short cut] atajar por. - **2.** [disregard] rebasar, trascender.

◆ **cut back** ◇ *vt sep* - **1.** [plant] podar. - **2.** [expenditure, budget] reducir, recortar. ◇ *vi*: **to** ~ **back (on sthg)** reducir OR recortar (algo).

◆ **cut down** ◇ *vt sep* - **1.** [chop down] cortar, talar. - **2.** [reduce] reducir. ◇ *vi*: **to** ~ **down on sthg** reducir algo; **to** ~ **down on smoking** OR **cigarettes** fumar menos.

◆ **cut in** ◇ *vi* - **1.** [interrupt]: **to** ~ **in (on sb)** cortar OR interrumpir (a alguien). - **2.** [in car] colarse. ◇ *vt sep inf* [include]: **to** ~ **sb in on sthg** meter OR incluir a alguien en algo, hacer a alguien participar en algo.

◆ **cut off** *vt sep* - **1.** [gen] cortar; **we got/we've been** ~ **off** TELEC se ha cortado. - **2.** [separate]: **to be** ~ **off (from)** [person] estar aislado(da) (de); [town, village] quedarse incomunicado(da) (de); **to** ~ **sb off without a penny** *fig* desheredar a alguien.

◆ **cut out** ◇ *vt sep* - **1.** [remove] recortar. - **2.** [dress, pattern etc] cortar; **to be** ~ **out for sthg** *fig* [person] estar hecho(cha) para algo. - **3.** [stop]: **to** ~ **out smoking** OR **cigarettes** dejar de fumar ❑ ~ **it out!** *inf* ¡basta ya! - **4.** [light etc] eliminar; **to** ~ **sb out of one's will** desheredar a alguien. ◇ *vi* [stall] calarse, pararse.

◆ **cut through** *vt fus* - **1.** [object, liquid] cortar. - **2.** [take short cut through] atajar por.

◆ **cut up** *vt sep* - **1.** [chop up] cortar, desmenuzar. - **2.** *inf* [upset]: **to be** ~ **up about sthg** estar muy disgustado (muy disgustada) por algo. ◇ *vi inf* - **1.** *Am* [fool around] hacer el ganso. - **2.** *phr*: **to** ~ **up rough** *Br* cabrearse, mosquearse.

cut-and-dried *adj* [issue, result] decidido(da); [formula, answer] preestablecido(da).

cut and paste COMPUT ◇ *vt* definir e insertar. ◇ *vi* definir e insertar un bloque.

cutaneous [kjʊ'teɪnjəs] *adj* cutáneo(a).

cutaway ['kʌtəweɪ] *n* - **1.** [coat] chaqué *m*. - **2.** [drawing, model] corte *m*, sección *f*. - **3.** CIN cambio *m* de plano.

cutback ['kʌtbæk] *n*: ~ **(in)** recorte *m* OR reducción *f* (en).

cute [kjuːt] *adj* - **1.** *esp Am* [appealing] mono(na), lindo(da). - **2.** *Am pej* [contrived] afectado(da). - **3.** [clever]: **to get** ~ **with sb** hacerse el listo (la lista) con alguien.

cuteness ['kjuːtnɪs] *n* [prettiness] monería *f*, lindura *f*.

cutes ['kjuːtiːz] *pl* → **cutis**.

cut glass ◇ *n* cristal *m* labrado. ◇ *comp* de cristal labrado.

cuticle ['kjuːtɪkl] *n* cutícula *f*.

cutie ['kjuːtɪ] *n inf* monada *f*.

cutis ['kjuːtɪs] (*pl* **cutises** OR **cutes** [-tiːz]) *n* cutis *m inv*.

cutlass ['kʌtləs] *n* sable *m*.

cutler ['kʌtlə'] *n* cuchillero *m*.

cutlery ['kʌtlərɪ] *n* (U) cubertería *f*, cubiertos *mpl*.

cutlet ['kʌtlɪt] *n* chuleta *f*.

cutoff ['kʌtɒf] ◇ *n* - **1.** [device] obturador *m*. - **2.** *Am* [short cut] atajo *m*. - **3.** [limit]: ~ **(point)** límite *m*. ◇ *comp*: ~**switch** interruptor *m*.

cutout ['kʌtaʊt] *n* - **1.** [on machine] cortacircuitos *m inv*. - **2.** [shape] recorte *m*. - **3.** [figure] figura *f* recortada.

cut-price, **cut-rate** *Am adj* de oferta, rebajado(da); ~ **offers** ofertas *fpl*.

cutter ['kʌtə'] *n* - **1.** [tool]: **wire** ~**s** cortaalambres *m inv*; **glass** ~ diamante *m*. - **2.** [person - of clothes] cortador *m*, -ra *f*; [- of jewels] tallista *mf*. - **3.** NAUT cúter *m*; [of coastguard] guardacostas *m inv*.

cutthroat ['kʌtθrəʊt] ◇ *adj* [ruthless] encarnizado(da). ◇ *n* degollador *m*, -ra *f*.

cutthroat razor *n* navaja *f* de afeitar.

cutting ['kʌtɪŋ] ◇ *adj* - **1.** [remark] cortante, mordaz. - **2.** [tool, wind] cortante. ◇ *n* - **1.** [of plant] esqueje *m*. - **2.** [from newspaper] recorte *m*. - **3.** *Br* [for road, railway] desmonte *m*, paso *m* estrecho.

cutting edge *n* [of knife etc] filo *m*; **to be at the** ~ **of technological progress** *fig* estar a la vanguardia de los avances tecnológicos.

cuttlebone ['kʌtlbəʊn] *n* jibión *m*.

cuttlefish ['kʌtlfɪʃ] (*pl inv*) *n* sepia *f*, jibia *f*.

cutup ['kʌtʌp] *n Am inf* bromista *mf*.

cut-up *adj Br inf* [upset] disgustado(da).

cutwater ['kʌtwɔːtə'] *n* tajamar *m*.

CV (*abbr of* **curriculum vitae**) *n* CV *m*.

CVS (*abbr of* **chorionic villus sampling**) *n* biopsia *f* de corión, muestra *f* del vello coriónico.

C & W (*abbr of* **country and western (music)**) *n* música country.

cwo (*written abbr of* **cash with order**) *pago al contado*.

cwt. *written abbr of* **hundredweight**.

cyan ['saɪən] ◇ *adj* cian (*inv*). ◇ *n* cian *m*.

cyanide ['saɪənaɪd] *n* cianuro *m*.

cybernetics [ˌsaɪbə'netɪks] *n* (U) cibernética *f*.

cybersex ['saɪbəˌseks] *n* cibersexo *m*.

cyber space ['saɪbə-] *n* ciberespacio *m*.

cyclamate ['saɪkləmeɪt] *n* ciclamato *m*.

cyclamen ['sɪkləmən] (*pl inv*) *n* ciclamen *m*.

cycle ['saɪkl] ◇ *n* - **1.** [series of events, poems, songs] ciclo *m*. - **2.** [bicycle] bicicleta *f*. ◇ *comp*: ~ **path** camino *m* para bicicletas; ~ **race** carrera *f* ciclista; ~ **rack** soporte *m* para bicicletas. ◇ *vi* ir en bicicleta.

cyclic(al) ['saɪklɪk(l)] *adj* cíclico(ca).

cycling ['saɪklɪŋ] ◇ *n* ciclismo *m*; **to go** ~ ir en bicicleta. ◇ *comp* ciclista; ~ **competition** competición *f* ciclista.

cyclist ['saɪklɪst] *n* ciclista *mf*.
cyclo-cross ['saɪkləʊkrɒs] *n* ciclocrós *m*.
cyclone ['saɪkləʊn] *n* ciclón *m*.
cyclops ['saɪklɒps] *n* cíclope.
◆ **Cyclops** *n*: **(the)** ~ el Cíclope.
cyclorama [,saɪklə'rɑːmə] *n* ciclorama *m*.
cyclostyle ['saɪkləʊstaɪl] ◇ *n* ciclostil *m*, ciclostilo *m*. ◇ *vt* ciclostilar.
cyclothymia [,saɪkləʊ'θaɪmɪə] *n* ciclotimia *f*.
cyclotron ['saɪklətrɒn] *n* ciclotrón *m*.
cygnet ['sɪgnɪt] *n* pollo *m* OR cría *f* de cisne.
cylinder ['sɪlɪndəʳ] *n* - **1**. [shape, engine component] cilindro *m*. - **2**. [container for gas] bombona *f*.
cylinder block *n* bloque *m* de cilindros.
cylinder head *n* culata *f* del cilindro.
cylinder-head gasket *n* junta *f* de la culata.
cylindrical [sɪ'lɪndrɪkl] *adj* cilíndrico(ca).
cymbals ['sɪmblz] *npl* platillos *mpl*.
cynic ['sɪnɪk] *n* cínico *m*, -ca *f*.
cynical ['sɪnɪkl] *adj* cínico(ca).
cynically ['sɪnɪklɪ] *adv* cínicamente.
cynicism ['sɪnɪsɪzm] *n* cinismo *m*.
cynosure ['sɪnəzjʊəʳ] *n* centro *m* de atracción.
CYO (*abbr of* **Catholic Youth Association**) *n* asociación estadounidense de jóvenes católicos.
cypher ['saɪfəʳ] *n* = **cipher**.

cypress ['saɪprəs] *n* ciprés *m*.
Cypriot ['sɪprɪət] ◇ *adj* chipriota. ◇ *n* chipriota *mf*; **Greek** ~ chipriota griego *m*, chipriota griega *f*; **Turkish** ~ chipriota turco *m*, chipriota turca *f*.
Cyprus ['saɪprəs] *n* Chipre.
Cyrillic [sɪ'rɪlɪk] ◇ *adj* cirílico(ca). ◇ *n* alfabeto *m* cirílico.
cyst [sɪst] *n* - **1**. MED quiste *m*. - **2**. ANAT [sac] vesícula *f*.
cystic ['sɪstɪk] *adj* - **1**. MED enquistado(da). - **2**. [of the bladder] cístico(ca).
cystic fibrosis *n (U)* fibrosis *f inv* quística (del páncreas).
cystitis [sɪs'taɪtɪs] *n* cistitis *f inv*.
cytology [saɪ'tɒlədʒɪ] *n* citología *f*.
cytoplasm ['saɪtəʊ,plæzm] *n* citoplasma *m*.
CZ (*written abbr of* **canal zone**) área del canal de Panamá.
czar [zɑːʳ] *n* zar *m*.
czarevitch ['zɑːrəvɪtʃ] *n* zarevitz *m inv*.
czarina [zɑː'riːnə] *n* zarina *f*.
czarism ['zɑːrɪzm] *n* zarismo *m*.
czarist ['zɑːrɪst] ◇ *adj* zarista. ◇ *n* zarista *mf*.
Czech [tʃek] ◇ *adj* checo(ca). ◇ *n* - **1**. [person] checo *m*, -ca *f*. - **2**. [language] checo *m*.
Czechoslovak [,tʃekə'sləʊvæk] *adj & n* = **Czechoslovakian**.
Czechoslovakia [,tʃekəslə'vækɪə] *n* Checoslovaquia.
Czechoslovakian [,tʃekəslə'vækɪən] ◇ *adj* checoslovaco(ca). ◇ *n* [person] checoslovaco *m*, -ca *f*.

D
G

d¹ (*pl* **d's** OR **ds**), **D** (*pl* **D's** OR **Ds**) [diː] *n* [letter] d *f*, D *f*.
◆ **D** ◇ *n* MUS re *m*. ◇ *Am abbr of* **Democrat, Democratic**.
d² (*written abbr of* **penny**) antiguamente penique.
d. (*written abbr of* **died**) m.; ~ **1913** m. 1913.
DA *n abbr of* **district attorney**.
dab [dæb] (*pt & pp* **dabbed**, *cont* **dabbing**) ◇ *n* - **1**. [small amount] toque *m*, pizca *f*; [of powder] pizca *f*. - **2**. ZOOL platija *f*. ◇ *vt* - **1**. [skin, wound] dar ligeros toques en. - **2**. [cream, ointment]: **to** ~ **sthg on** OR **onto** aplicar algo sobre. ◇ *vi*: **to** ~ **at** dar ligeros toques en.
dabble ['dæbl] ◇ *vt* chapotear. ◇ *vi*: **to** ~ **(in)** pasar el tiempo OR entretenerse (con).
dabbler ['dæbləʳ] *n* diletante *mf*.
dab hand *n Br*: **to be a** ~ **(at sthg)** ser un fenómeno OR un hacha (haciendo algo).
Dacca ['dækə] *n* = **Dhaka**.
dace [deɪs] *n* albur *m*, lencisco *m*.
dachshund ['dækshʊnd] *n* perro *m* salchicha.
Dacron® ['dækrɒn] *n* Dacron® *m*.
dad [dæd] *n inf* papá *m*.
Dada ['dɑːdɑː] ◇ *n* dadá *m*, dadaísmo *m*. ◇ *adj* dadaísta.
Dadaist ['dɑːdɑːɪst] ◇ *adj* dadaísta. ◇ *n* dadaísta *mf*.
daddy ['dædɪ] (*pl* **daddies**) *n inf* = **dad**.
daddy longlegs [-'lɒŋlegz] (*pl inv*) *n* - **1**. *Br* [cranefly] típula *f*. - **2**. *Am* [harvestman] segador *m*.

dado ['deɪdəʊ] (*pl* **dadoes**) *n* - **1**. [of wall] friso *m*, rodapié *m*. - **2**. ARCHIT [of pedestal] dado *m*, neto *m*.
Daedalus ['daɪdələs] *n* MYTH Dédalo *m*.
daffodil ['dæfədɪl] *n* narciso *m*.
daffy ['dæfɪ] (*compar* **daffier**, *superl* **daffiest**) *inf adj* chalado(da), chiflado(da).
daft [dɑːft] *adj Br inf* tonto(ta), baboso(sa) *Amér*.
dagger ['dægəʳ] *n* - **1**. [weapon] daga *f*, puñal *m*; **to be at** ~**s drawn with sb** *fig* estar a matar con alguien; **to look** ~**s at sb** *fig* mirar a alguien echando chispas. - **2**. TYPO obelisco *m*, cruz *f*.
dago ['deɪgəʊ] (*pl* **dagos** OR **dagoes**) *n v inf* término despectivo para designar a una persona de origen español, italiano o portugués.
daguerrotype [də'gerəʊ,taɪp] *n* daguerrotipo *m*.
dahlia ['deɪljə] *n* dalia *f*.
daily ['deɪlɪ] (*pl* **dailies**) ◇ *adj* diario(ria); **on a** ~ **basis** día a día, cada día; **the Daily Express** diario británico sensacionalista de tendencia conservadora; **the Daily Mail** diario británico sensacionalista de tendencia conservadora; **the Daily Mirror** diario británico sensacionalista con tendencia de centroizquierda; **the Daily Telegraph** diario británico de calidad de tendencia conservadora. ◇ *adv* diariamente; **twice** ~ dos veces al día. ◇ *n* - **1**. [newspaper] diario *m*. - **2**. *esp Br* [cleaning woman] asistenta *f*.
daintily ['deɪntɪlɪ] *adv* delicadamente, finamente.

daintiness ['deɪntɪnɪs] *n* delicadeza *f*.

dainty ['deɪntɪ] (*compar* **daintier**, *superl* **daintiest**) *adj* delicado(da), fino(na).

daiquiri ['daɪkɪrɪ] *n* daiquiri *m*.

dairy ['deərɪ] (*pl* **dairies**) *n* - **1.** [on farm] vaquería *f*. - **2.** [shop] lechería *f*.

dairy cattle *npl* vacas *fpl* lecheras.

dairy farm *n* granja *f* (de productos lácteos).

dairy farming *n* industria *f* láctea.

dairymaid ['deərɪmeɪd] *n* lechera *f*.

dairyman ['deərɪmən] (*pl* **dairymen** [-mən]) *n* lechero *m*.

dairy products *npl* productos *mpl* lácteos.

dais ['deɪs] *n* tarima *f*, estrado *m*.

daisy ['deɪzɪ] (*pl* **daisies**) *n* margarita *f*; **as fresh as a** ~ *fig* fresco(ca) como una rosa.

daisy chain *n* guirnalda *f* de margaritas.

daisy wheel *n* margarita *f* de *máquina de escribir*.

daisy-wheel printer *n* COMPUT impresora *f* de margarita.

Dakar ['dækɑː] *n* Dakar.

Dakota [də'kəʊtə] *n* Dakota.

dal [dɑːl] *n* = **dhal**.

Dalai Lama [ˌdælaɪ'lɑːmə] *n* Dalai Lama *m*.

dale [deɪl] *n* valle *m*.

dalliance ['dælɪəns] *n dated* - **1.** [dawdling] pérdida *f* de tiempo. - **2.** [flirtation] coqueteo *m*.

dally ['dælɪ] (*pt & pp* **dallied**) *v* - **1.** [waste time] gandulear. - **2.** [flirt] coquetear.

dalmatian [dæl'meɪʃn] *n* [dog] dálmata *m*.

daltonism ['dɔːltənɪzm] *n* MED daltonismo *m*.

dam [dæm] (*pt & pp* **dammed**, *cont* **damming**) ◇ *n* - **1.** [barrier] presa *f*. - **2.** [reservoir] embalse *m*. - **3.** [animal] madre *f* (de animales cuadrúpedos). ◇ *vt* represar.

◆ **dam up** *vt sep* [feelings] reprimir.

damage ['dæmɪdʒ] ◇ *n* - **1.** [physical harm]: ~ **(to)** daño *m* (a). - **2.** [harmful effect]: ~ **(to)** perjuicio *m* (a); **what's the** ~? *inf & hum* ¿qué se debe? ◇ *comp*: ~ **limitation** minimización *f* de los daños. ◇ *vt* dañar.

◆ **damages** *npl* JUR daños *mpl* y perjuicios.

damaging ['dæmɪdʒɪŋ] *adj*: ~ **(to)** perjudicial (para).

Damascus [də'mæskəs] *n* Damasco.

damask ['dæməsk] *n* - **1.** [fabric] damasco *m*. - **2.** [steel] acero *m* damasquino. - **3.** [colour] rosa *m* de Damasco.

damask rose *n* rosa *f* de Jericó.

dame [deɪm] *n* - **1.** *Br* THEATRE: (**pantomime**) ~ *personaje femenino grotesco de las 'pantomimes' británicas interpretado por un actor masculino*. - **2.** *Am inf dated* [woman] muñeca *f*.

◆ **Dame** *n Br* título honorífico concedido a una mujer.

damn [dæm] ◇ *adj inf* maldito(ta), puñetero(ra). ◇ *adv inf* tela de, muy. ◇ *n inf*: **I don't give** OR **care a** ~ **(about it)** me importa un bledo; **it's not worth a** ~ no vale un comino. ◇ *vt* - **1.** RELIG [condemn] condenar. - **2.** *v inf* [curse] maldecir; ~ **it!** ¡maldita sea! ◇ *excl v inf* ¡maldita sea!

damnable ['dæmnəbl] *adj dated* [appalling] terrible, detestable.

damnation [dæm'neɪʃn] ◇ *n* RELIG condenación *f*. ◇ *excl inf* ¡maldita sea!

damned [dæmd] ◇ *adj inf* maldito(ta), puñetero(ra), pinche *Amér*; **I'm** ~ **if...** que me maten si...; **well I'll be** OR **I'm** ~! ¡ostras! ◇ *adv inf* tela de, muy. ◇ *n* RELIG: **the** ~ los condenados.

damning ['dæmɪŋ] *adj* comprometedor(ra).

damp [dæmp] ◇ *adj* húmedo(da). ◇ *n* - **1.** [moisture] humedad *f*. - **2.** MIN mofeta *f*, grisú *m*. ◇ *vt* - **1.** [make wet] humedecer. - **2.** [smother] sofocar, apagar. - **3.** [discourage] desanimar, desalentar. - **4.** TECH amortiguar.

◆ **damp down** *vt sep* [restrain] aplacar, mitigar.

damp course *n Br* (aislante *m*) hidrófugo *m*.

dampen ['dæmpən] *vt* - **1.** [make wet] humedecer. - **2.** *fig* [emotion] apagar, ahogar.

damper ['dæmpə'] *n* - **1.** MUS apagador *m*, sordina *f*. - **2.** [for fire] regulador *m* de tiro. - **3.** TECH amortiguador *m*. - **4.** *phr*: **to put a** ~ **on sthg** aguar OR estropear algo.

damping ['dæmpɪŋ] *n* - **1.** [wetting] humedecimiento *m*. - **2.** AUT, ELEC & TECH amortiguación *f*, amortiguamiento *m*.

dampness ['dæmpnɪs] *n* humedad *f*.

damp-proof *adj* a prueba de humedad, hidrófugo(ga).

damp-proof course *n* (aislante *m*) hidrófugo *m*.

damsel ['dæmzl] *n* damisela *f*.

damson ['dæmzn] *n* - **1.** [fruit] (ciruela *f*) damascena *f*. - **2.** [tree] ciruelo *m* damasceno.

dance [dɑːns] ◇ *n* baile *m*; **to lead sb a (merry** OR **pretty)** ~ *fig* [exasperate] traer a alguien al retortero; [deceive] engañar OR pegársela a alguien; [romantically] embaucar a alguien. ◇ *vi* - **1.** [to music] bailar. - **2.** [move quickly and lightly] agitarse, moverse. - **3.** [leap] saltar, brincar; **to** ~ **for joy** dar saltos de alegría. ◇ *vt* hacer bailar.

dance floor *n* pista *f* de baile.

dance of death *n* danza *f* de la muerte.

dancer ['dɑːnsə'] *n* bailarín *m*, -ina *f*.

dancing ['dɑːnsɪŋ] ◇ *n (U)* baile *m*. ◇ *comp* de baile.

dancing girl *n* corista *f*.

dancing shoe *n* [for dance] zapato *m* de baile; [for ballet] zapatilla *f* de ballet.

D and C (*abbr of* **dilation and curettage**) *n* dilatación y legrado.

dandelion ['dændɪlaɪən] *n* diente *m* de león.

dander ['dændə'] *n*: **to get sb's** ~ **up** *inf* hacer que alguien rabie.

dandify ['dændɪfaɪ] (*pt & pp* **dandified**) *vt* hacer dandy.

dandruff ['dændrʌf] *n* caspa *f*.

dandy ['dændɪ] (*pl* **dandies**) *n* dandy *m*.

Dane [deɪn] *n* danés *m*, -esa *f*.

danger ['deɪndʒə'] *n*: ~ **(to)** peligro *m* (para); **in/out of** ~ en/fuera de peligro; **to be in** ~ **of doing sthg** correr el riesgo de hacer algo.

danger list *n Br*: **to be on the** ~ [building, species, institution] estar en vías de desaparición; [person] estar en estado crítico.

danger money *n (U) Br* plus *m* OR prima *f* de peligrosidad.

dangerous ['deɪndʒərəs] *adj* peligroso(sa).

dangerous driving *n* JUR imprudencia *f* temeraria (al conducir).

dangerously ['deɪndʒərəslɪ] *adv* peligrosamente; **to be** ~ **ill** estar grave OR en estado crítico.

danger zone *n* zona *f* de peligro.

dangle ['dæŋgl] ◇ *vt* colgar; **to** ~ **sthg before sb** *fig* poner los dientes largos a alguien con algo. ◇ *vi* colgar, pender.

dangling participle ['dæŋglɪŋ-] *n* construcción *f* absoluta OR de participio absoluto.

Danish ['deɪnɪʃ] ◇ *adj* danés(esa). ◇ *n* - **1.** [language] danés *m*. - **2.** *Am* = **Danish pastry**. ◇ *npl* [people]: **the** ~ los daneses.

Danish blue *n* queso *m* azul danés.

Danish pastry *n* pastel de hojaldre con crema o manzana o almendras etc.

dank [dæŋk] *adj* húmedo(da) e insalubre.

Danube ['dænjuːb] *n*: **the** ~ el Danubio.

Daphne ['dæfnɪ] *n* MYTH Dafne *f*.

dapper ['dæpə'] *adj* pulcro(cra), atildado(da).

dapple ['dæpl] *vt* motear.

dappled ['dæpld] *adj* - **1.** [light, shade] moteado(da). - **2.** [horse] rodado(da).

dapple-grey ◇ *adj* tordo(da). ◇ *n* [colour] tordo *m*; [horse] caballo *m* tordo.

Darby and Joan [ˌdɑːbɪən'dʒəʊn] *n* matrimonio feliz especialmente de edad avanzada; ~ **club** club de la tercera edad británico.

Dardanelles [ˌdɑːdəˈnelz] *npl*: **the** ~ los Dardanelos.

dare [deəʳ] ◇ *vt* - **1.** [be brave enough to]: **to** ~ **to do sthg** atreverse a hacer algo, osar hacer algo. - **2.** [challenge]: **to** ~ **sb to do sthg** desafiar a alguien a hacer algo. - **3.** *literary* [face] arrostrar, hacer frente a. - **4.** *phr*: **I** ~ **say (...)** supongo OR me imagino (que...). ◇ *vi* atreverse, osar; **don't you** ~! ¡ni se te ocurra!; **how** ~ **you!** ¿cómo te atreves? ◇ *n* desafío *m*, reto *m*; **I did it for a** ~ fue una apuesta.

daredevil [ˈdeəˌdevl] ◇ *n* temerario *m*, -ria *f*. ◇ *adj* temerario(ria).

daren't [deənt] *contr* = **dare not**.

daresay [ˌdeəˈseɪ] *vi Br*: **I** ~... [probably, I suppose] yo diría..., a mi parecer...

Dar es-Salaam [ˌdɑːressəˈlɑːm] *n* Dar es Salam.

daring [ˈdeərɪŋ] ◇ *adj* atrevido(da), audaz. ◇ *n* audacia *f*.

daringly [ˈdeərɪŋlɪ] *adv* con atrevimiento OR audacia; **a** ~ **low neckline** un escote de lo más atrevido.

dark [dɑːk] ◇ *adj* - **1.** [night, colour, hair] oscuro(ra); **it's getting** ~ está empezando a oscurecer. - **2.** [person, skin] moreno(na), cambujo(ja) *Amér*. - **3.** [thoughts, days, mood] sombrío(a), triste. - **4.** [look, comment, side of character etc] siniestro(tra). ◇ *n* - **1.** [darkness]: **the** ~ la oscuridad ❑ **to be in the** ~ **about sthg** estar a oscuras sobre algo; **to leave sb in the** ~ dejar a alguien a oscuras; **to whistle in the** ~ intentar cobrar ánimo. - **2.** *(U)* [night]: **before/after** ~ antes/después del anochecer.

Dark Ages *npl*: **the** ~ la Alta Edad Media.

darken [ˈdɑːkn] ◇ *vt* oscurecer. ◇ *vi* - **1.** [become darker] oscurecerse. - **2.** [look angry] ensombrecerse.

dark glasses *npl* gafas *fpl* oscuras.

dark horse *n fig* - **1.** [secretive person] figura *f* OR persona *f* enigmática. - **2.** [in sport, competition]: **this team's a** ~ este equipo podría dar la campanada. - **3.** *Am* POL *candidato que recibe un apoyo inesperado.*

darkly [ˈdɑːklɪ] *adv* [hint] enigmáticamente, misteriosamente; [say] con tono siniestro OR sombrío.

darkness [ˈdɑːknɪs] *n* oscuridad *f*.

darkroom [ˈdɑːkrʊm] *n* PHOT cuarto *m* oscuro.

dark-skinned *adj* de piel oscura.

darling [ˈdɑːlɪŋ] ◇ *adj* - **1.** [dear] querido(da). - **2.** *inf* [cute] adorable, encantador(ra). ◇ *n* - **1.** [loved person] encanto *m*. - **2.** *inf* [addressing any woman] maja *f*. - **3.** [idol] preferido *m*, -da *f*, niño bonito *m*, niña bonita *f*.

darn [dɑːn] ◇ *adj inf* maldito(ta), condenado(da). ◇ *adv inf* tela de, muy. ◇ *n* zurcido *m*. ◇ *vt* [mend] zurcir. ◇ *excl inf* ¡maldita sea!

darned [dɑːnd] *Am inf* ◇ *adj* maldito(ta), condenado(da). ◇ *adv* tela de, muy.

darning [ˈdɑːnɪŋ] *n (U)* - **1.** [items to be darned] ropa *f* para zurcir. - **2.** [action] zurcido *m*.

darning needle *n* aguja *f* de zurcir.

dart [dɑːt] ◇ *n* - **1.** [arrow] dardo *m*. - **2.** [in dressmaking] pinza *f*. - **3.** [sudden movement]: **to make a** ~ **for sthg** salir como una flecha hacia algo. ◇ *vt* lanzar. ◇ *vi* precipitarse.

◆ **darts** *n (U)* [game] dardos *mpl*.

dartboard [ˈdɑːtbɔːd] *n* blanco *m*, diana *f*.

Darwinian [dɑːˈwɪnɪən] *adj* darviniano(na).

Darwinism [ˈdɑːwɪnɪzm] *n* darvinismo *m*.

Darwinist [ˈdɑːwɪnɪst] *n* darvinista *mf*.

dash [dæʃ] ◇ *n* - **1.** [of liquid, colour] gotas *fpl*, chorrito *m*. - **2.** [in punctuation] guión *m*; [in Morse code] raya *f*. - **3.** *esp Am* AUT salpicadero *m*. - **4.** [rush]: **to make a** ~ **for sthg** salir disparado(da) hacia algo; **to make a** ~ **for it** echarse a correr. - **5.** *Am* SPORT esprint *m*; **the 60 metres** ~ los 60 metros lisos. - **6.** [style] brío *m*; **to cut a** ~ *fig* causar sensación. ◇ *vt* - **1.** [hopes] frustrar, malograr. - **2.** *literary* [throw] arrojar. ◇ *vi* ir de prisa; **I must** ~! ¡me voy pitando!

◆ **dash off** *vt sep* [write quickly] garrapatear, escribir de prisa.

dashboard [ˈdæʃbɔːd] *n* salpicadero *m*.

dashed [dæʃt] *Br inf dated* ◇ *adj* maldito(ta). ◇ *adv* terriblemente.

dashing [ˈdæʃɪŋ] *adj* gallardo(da), apuesto(ta).

dastardliness [ˈdæstədlɪnɪs] *n dated* ruindad *f*.

dastardly [ˈdæstədlɪ] *adj dated* ruin, malvado(da).

DAT [dæt] *(abbr of* **digital audio tape***) n* DAT *f*.

data [ˈdeɪtə] *n (with sg or pl vb)* datos *mpl*.

databank [ˈdeɪtəbæŋk] *n* banco *m* de datos.

database [ˈdeɪtəbeɪs] *n* COMPUT base *f* de datos.

data capture *n (U)* recolección *f* OR recogida *f* de datos.

data carrier *n* COMPUT soporte *m* de datos.

data processing *n* proceso *m* de datos.

data processor *n* ordenador *m*, computadora *f*.

data protection *n* protección *f* de la información OR de datos.

Data Protection Act *n ley británica aprobada en 1987 para proteger la información personal contenida en las bases de datos informáticas*, ≃ Ley *f* de Datos Personales.

data retrieval *n* extracción *f* de datos.

data set *n* [file] fichero *m*.

data transmission *n* transmisión *f* de datos.

date [deɪt] ◇ *n* - **1.** [in time] fecha *f*; **what's the** ~ **today?** ¿a qué estamos hoy?; **at an early** ~ en fecha cercana ❑ **to** ~ hasta la fecha. - **2.** [appointment] cita *f*; **to make a** ~ **with sb** quedar con alguien, concertar una cita con alguien. - **3.** *Am* [person] pareja *f (con la que se sale)*. - **4.** [fruit] dátil *m*. ◇ *vt* - **1.** [establish the date of] datar; **to** ~ **sb** dar una idea de la edad de alguien; **gosh, that** ~**s him!** *fig* ¡vaya, eso demuestra que no es tan joven! - **2.** [mark with the date] fechar; **a letter** ~**d June 16** una carta fechada el 16 de junio. - **3.** *Am* [go out with] salir con. ◇ *vi* - **1.** [go out of fashion] pasar de moda, quedarse anticuado. - **2.** *Am* [go out on dates] salir con chicos/chicas.

◆ **date back to, date from** *vt fus* datar de, remontarse a.

dated [ˈdeɪtɪd] *adj* anticuado(da).

dateline [ˈdeɪtˌlaɪn] *n* [in newspaper article] fecha *f* de redacción.

date line *n* línea *f* de cambio de fecha.

date of birth *n* fecha *f* de nacimiento.

date palm *n* palmera *f* datilera.

date rape *n violación que tiene lugar en el transcurso de una cita amorosa ocasional.*

date stamp *n* - **1.** [device] fechador *m*. - **2.** [mark] sello *m* de fecha.

dating [ˈdeɪtɪŋ] *n* [of building, settlement etc] datación *f*.

dative [ˈdeɪtɪv] ◇ *adj* dativo(va). ◇ *n* dativo *m*.

datum [ˈdeɪtəm] *(pl* **data** [-tə]*) n* dato *m*.

datura [dəˈtjʊərə] *n* datura *f*, estramonio *m*.

daub [dɔːb] ◇ *n* - **1.** [of paint] mancha *f*. - **2.** [crude painting] mamarracho *m*. ◇ *vt*: **to** ~ **sthg with** embadurnar algo con. ◇ *vi* [paint badly] pintarrajear.

daughter [ˈdɔːtəʳ] *n* hija *f*.

daughter-in-law (*pl* **daughters-in-law**) *n* nuera *f*.

Daughters of the American Revolution *npl organización de mujeres descendientes de los patriotas de la guerra de la Independencia norteamericana.*

daunt [dɔːnt] *vt* intimidar, acobardar.

daunting [ˈdɔːntɪŋ] *adj* amedrentador(ra).

dauntless [ˈdɔːntlɪs] *adj* intrépido(da).

dauphin [ˈdɔːfɪn] *n* delfín *m*.

dauphine [ˈdɔːfiːn], **dauphiness** [ˈdɔːfiːnes] *n* delfina *f*.

davenport [ˈdævnpɔːt] *n* - **1.** *Br* [desk] escritorio *m* pequeño. - **2.** *Am* [sofa] sofá cama *m* grande.

davit [ˈdævɪt] *n* pescante *m*.

Davy Jones [ˌdeɪvɪˌdʒəʊnz] *n*: **in** ~**'s locker** [person, ship] en el fondo del mar.

Davy lamp [ˈdeɪvɪ-] *n* lámpara *f* de seguridad OR de los mineros.

dawdle ['dɔːdl] *vi* remolonear, entretenerse.
◆ **dawdle away** *vt sep* perder, malgastar.

dawn [dɔːn] ◇ *n* - **1.** [of day] amanecer *m*, alba *f*; **at** ~ al amanecer; **from** ~ **to dusk** de sol a sol. - **2.** [of era, period] albores *mpl*, amanecer *m*. ◇ *vi* - **1.** [day] amanecer. - **2.** [era, period] nacer.
◆ **dawn (up)on** *vt fus*: **it** ~**ed on me that...** caí en la cuenta de que...

dawn chorus *n* canto *m* de los pájaros al amanecer.

dawning ['dɔːnɪŋ] ◇ *adj* naciente. ◇ *n* = **dawn** *sense 2.*

day [deɪ] *n* - **1.** [gen] día *m*; **a good** ~**'s work** una buena labor; **all** ~ **long** todo el día; **any** ~ **now** cualquier día de estos; ~ **in,** ~ **out** día tras día; **every** ~ todos los días; **every other** ~ cada dos días, un día sí y otro no; **the other** ~ el otro día; **from** ~ **to** ~ de un día para otro; **to live from** ~ **to** ~ OR **from one** ~ **to the next** vivir al día; **one** OR **some** ~, **one of these** ~**s** uno de estos días; **all the livelong** ~ todo el santo día; **as clear as** ~ más claro que el agua; **his** ~**s are numbered** tiene los días contados; **it's all in a** ~**'s work** son gajes del oficio; **it's been a long** ~ ¡vaya día de no parar!; **it's early** ~**s yet** es aún pronto para hablar, sería prematuro aventurar nada; **she's 70 if she's a** ~ tiene 70 años por lo menos; **that'll be the** ~! [it's highly unlikely] ¡no caerá esa breva!; **to call it a** ~ dejarlo por hoy; **to carry the** ~ triunfar, llevarse la palma; **to end one's** ~**s** acabar (uno) sus días; **to have a** ~ **off** tener un día libre; **to have an off** ~ tener un mal día; **to make a** ~ **of it** seguir celebrándolo todo el día; **to make sb's** ~ dar un alegrón a alguien; **to save sthg for a rainy** ~ guardar algo para cuando haga verdadera falta; **we haven't got all** ~ no tenemos todo el día; **her** ~ **will come** ya le llegará su momento OR día. - **2.** [period in history]: **in** ~**s to come** en el futuro; **in my/your** *etc* ~ en mis/tus *etc* tiempos; **in my younger** ~**s** en mi juventud; **in the** ~**s of...** en tiempos de...; **in this** ~ **and age** en nuestros días; **in those** ~**s** en aquellos tiempos; **these** ~**s** hoy en día □ **in all my born** ~**s** en toda mi vida; **the good old** ~**s** los (buenos) viejos tiempos; **those were the** ~**s** ¡qué tiempos aquellos!; **to have had one's** ~ haber pasado de moda; **to have seen better** ~**s** haber conocido días mejores, haber estado en mejores condiciones.
◆ **days** *adv* de día.

day bed *n* sofá cama *m*.

daybook ['deɪbʊk] *n* diario *m*.

dayboy ['deɪbɔɪ] *n Br* SCH (alumno *m*) externo *m*.

daybreak ['deɪbreɪk] *n* amanecer *m*, alba *f*; **at** ~ al amanecer.

day care *n* [for children] servicio *m* de guardería.

day-care centre *n* guardería *f*.

daycentre ['deɪsentə'] *n Br* centro estatal diurno donde se da acogida y cuidado a niños, ancianos, minusválidos etc.

daydream ['deɪdriːm] ◇ *n* sueño *m*, ilusión *f*. ◇ *vi* soñar despierto(ta).

daydreamer ['deɪdriːmə'] *n* soñador *m*, -ra *f*.

daygirl ['deɪɡɜːl] *n Br* SCH (alumna *f*) externa *f*.

Day-Glo® ['deɪɡləʊ] *adj* fluorescente.

day labourer *n* jornalero *m*, -ra *f*, peón *m*.

day letter *n* telegrama *m*.

daylight ['deɪlaɪt] *n* - **1.** [light] luz *f* del día. - **2.** [dawn] amanecer *m*. - **3.** *inf phr*: **to beat** OR **knock** OR **thrash the living** ~**s out of sb** dar una tunda a alguien; **to scare the (living)** ~**s out of sb** dar un susto de muerte a alguien.

daylight robbery *n (U) inf*: **that's** ~! ¡es un auténtico timo OR robo!

daylight saving time *n* horario *m* oficial de verano.

daylong ['deɪlɒŋ] ◇ *adj* que dura todo el día. ◇ *adv* todo el día.

day nursery *n* guardería *f* (infantil).

Day of Atonement *n* Día *m* de la Expiación.

day off (*pl* **days off**) *n* día *m* libre.

Day of Judgment *n* (día *m* del) Juicio *m* Final.

day-old *adj* [chick, baby] de un día.

day pupil *n Br* SCH externo *m*, -na *f*.

day release *n (U) sistema en que los trabajadores dedican un día de trabajo a la formación profesional en un centro de enseñanza.*

day return *n Br* billete *m* de ida y vuelta para un día.

dayroom ['deɪrʊm] *n* sala *f* de estar (*en hospital, asilo etc*).

day school *n* colegio *m* privado (*sin internado*).

day shift *n* turno *m* de día.

dayspring ['deɪsprɪŋ] *n arch* aurora *f*, alba *f*.

daytime ['deɪtaɪm] ◇ *n (U)* día *m*. ◇ *comp* de día, diurno(na).

day-to-day *adj* cotidiano(na), diario(ria).

day trip *n* excursión *f* (de un día).

day-tripper *n Br* excursionista *mf*.

daze [deɪz] ◇ *n* aturdimiento *m*; **in a** ~ aturdido(da). ◇ *vt lit & fig* aturdir.

dazed [deɪzd] *adj lit & fig* aturdido(da).

dazzle ['dæzl] ◇ *n (U)* - **1.** [of light] resplandor *m*. - **2.** [impressiveness] hechizo *m*, fascinación *f*. ◇ *vt lit & fig* deslumbrar.

dazzling ['dæzlɪŋ] *adj lit & fig* deslumbrante.

dazzlingly ['dæzlɪŋlɪ] *adv*: ~ **beautiful** de una belleza deslumbrante.

DBE (*abbr of* **Dame Commander of the Order of the British Empire**) *n (titular de una) distinción honorífica británica para mujeres.*

DBMS (*abbr of* **database management system**) *n* SGBD *m*.

DBS (*abbr of* **direct broadcasting by satellite**) *n* emisión *vía satélite.*

DC ◇ *n (abbr of* **direct current**) CC *f*. ◇ *abbr of* **District of Columbia**.

dd. *written abbr of* **delivered**.

DD (*abbr of* **Doctor of Divinity**) *n (titular de un) doctorado de teología.*

D/D *written abbr of* **direct debit**.

D-day *n* el día D.

DDS (*abbr of* **Doctor of Dental Science**) *n (titular de un) doctorado de odontología.*

DDT (*abbr of* **dichlorodiphenyltrichloroethane**) *n* DDT *m*.

DEA (*abbr of* **Drug Enforcement Administration**) *n organismo estadounidense para la lucha contra la droga.*

deacon ['diːkn] *n* diácono *m*.

deaconess ['diːkənes] *n* diaconisa *f*.

deaconry ['diːkənrɪ] (*pl* **deaconries**) *n* diaconado *m*, diaconato *m*.

deactivate [diː'æktɪveɪt] *vt* desactivar.

dead [ded] ◇ *adj* - **1.** [person, animal, plant] muerto(ta); **to fall** OR **drop (down)** ~ caer muerto(ta); **to shoot sb** ~ matar a alguien a tiros; **to give sb up for** ~ dar a alguien por muerto; **to be** ~ **on arrival** ingresar cadáver en el hospital □ **he wouldn't be seen** ~ **doing that** no haría eso por nada del mundo; ~ **and buried** *fig* terminado(da). - **2.** [leg, arm] dormido(da), entumecido(da). - **3.** [telephone] cortado(da); [car battery] descargado(da). - **4.** [silence, certainty] absoluto(ta), completo(ta). - **5.** [town, party] sin vida. - **6.** [not alight fire] apagado(da); [- match] usado(da). - **7.** SPORT [out of play] fuera de juego. - **8.** [sound] sordo(da). - **9.** [tired out] agotado(da). ◇ *adv* - **1.** [directly, precisely] justo. - **2.** [completely] totalmente, completamente; '~ **slow**' 'al paso'. - **3.** *inf* [very] la mar de, muy; **to be** ~ **set against**

sthg estar totalmente en contra de algo; **to be ~ set on sthg** estar decidido(da) a hacer algo. - **4.** [suddenly]: **to stop ~** parar en seco. ◇ *n*: **at ~ of night** en mitad de la noche. ◇ *npl*: **the ~** los muertos; **to rise from the ~** resucitar de entre los muertos.

dead-air space *n* espacio *m* sin ventilación.

deadbeat ['dedbiːt] *n Am inf* holgazán *m*, -ana *f*.

dead centre *n* corazón *m*, centro *m* mismo.

dead duck *n inf* fracaso *m*.

deaden ['dedn] *vt* atenuar.

dead end *n lit & fig* callejón *m* sin salida.

dead-end job *n* trabajo *m* sin futuro.

deadening ['dednɪŋ] *adj* [boredom, task] embrutecedor(ra).

deadeye ['dedaɪ] *n* - **1.** *Am inf* [marksman] tirador seguro *m*, tiradora segura *f*. - **2.** NAUT vigota *f*.

deadfall ['dedfɔːl] *n* [trap] trampa *f*.

dead hand *n* - **1.** [influence] influencia *f* opresiva. - **2.** JUR manos *fpl* muertas.

deadhead ['dedhed] ◇ *n inf* simplón *m*, -ona *f*. ◇ *vt* [flower] sacar las flores marchitas de. ◇ *vi Am* [train] circular vacío.

dead heat *n* empate *m* (*en atletismo etc*).

dead letter *n* - **1.** [letter that cannot be delivered] carta *f* no reclamada. - **2.** *fig* [rule, law] letra *f* muerta.

dead-letter box, dead-letter drop *n* escondite *m* (*para correo privado*).

deadline ['dedlaɪn] *n* plazo *m*, fecha *f* tope; **to meet a ~** acabar un trabajo dentro del plazo previsto.

deadliness ['dedlɪnɪs] *n* efecto *m* OR carácter *m* mortífero.

dead load *n* peso *m* muerto.

deadlock ['dedlɒk] *n* punto *m* muerto.

deadlocked ['dedlɒkt] *adj* paralizado(da).

dead loss *n inf* desastre *m*.

deadly ['dedlɪ] (*compar* **deadlier**, *superl* **deadliest**) ◇ *adj* - **1.** [gen] mortal. - **2.** [accuracy] absoluto(ta). - **3.** *inf* [boring] pesadísimo(ma), mortal. ◇ *adv* [boring] mortalmente, terriblemente; [serious] totalmente.

deadly nightshade *n* (*U*) belladona *f*.

deadly sin *n* pecado *m* capital.

deadpan ['dedpæn] ◇ *adj* inexpresivo(va), serio(ria). ◇ *adv* inexpresivamente, seriamente.

dead reckoning *n* NAUT estima *f*.

Dead Sea *n*: **the ~** el mar Muerto.

dead set *adj*: **to be ~ on doing sthg** estar empeñado(da) en hacer algo; **to be ~ on sthg** emperrarse en algo; **to be ~ against sthg/sb** oponerse totalmente a algo/alguien.

dead weight *n* peso *m* muerto.

dead wood *Br*, **deadwood** *Am* ['dedwʊd] *n* (*U*) - **1.** [trees, branches] rama *f* muerta. - **2.** *fig* [people] gente *f* que sobra; [in text] paja *f*.

deaf [def] ◇ *adj* - **1.** [unable to hear] sordo(da). - **2.** [unwilling to hear]: **to be ~ to sthg** hacer oídos sordos a algo ❑ **there are none so ~ as those who will not hear** *proverb* no hay peor sordo que el que no quiere oír *proverb*. ◇ *npl*: **the ~** los sordos.

deaf-aid *n Br* audífono *m*.

deaf-and-dumb ◇ *adj* sordomudo(da). ◇ *n* sordomudo *m*, -da *f*.

deafen ['defn] *vt* ensordecer.

deafening ['defnɪŋ] *adj* ensordecedor(ra).

deafeningly ['defnɪŋlɪ] *adv*: **~ loud** ensordecedor(ra).

deaf-mute ◇ *adj* sordomudo(da). ◇ *n* sordomudo *m*, -da *f*.

deafness ['defnɪs] *n* sordera *f*.

deal [diːl] (*pt & pp* **dealt** [delt]) ◇ *n* - **1.** [quantity]: **a good** OR **great ~ (of)** mucho. - **2.** [business agreement] trato *m*, transacción *f*; **it's a ~!** ¡trato hecho!; **to do** OR **strike a ~ with sb** hacer un trato con alguien. - **3.** *inf* [treatment] trato *m*; **big ~!** ¡vaya cosa!; **to make a big ~ out of nothing** armar un escándalo por nada. - **4.** [in cards] reparto *m*. - **5.**

[timber] tablón *m*, madero *m*. ◇ *vt* - **1.** [strike]: **to ~ sb/sthg a blow, to ~ a blow to sb/sthg** *lit & fig* asestar un golpe a alguien/algo. - **2.** [cards] repartir, dar. ◇ *vi* - **1.** [in cards] repartir, dar. - **2.** [in drugs] traficar con droga.

◆ **deal in** *vt fus* COMM comerciar en, vender.

◆ **deal out** *vt sep* repartir.

◆ **deal with** *vt fus* - **1.** [handle - situation, problem] hacer frente a, resolver; [- customer] tratar con; **hard to ~ with** intratable. - **2.** [be about] tratar de, versar sobre. - **3.** [be faced with] enfrentarse a.

dealer ['diːlə^r] *n* - **1.** [trader] comerciante *mf*. - **2.** [in cards] repartidor *m*, -ra *f*.

dealership ['diːləʃɪp] *n* concesionario *m*.

dealing ['diːlɪŋ] *n* comercio *m*.

◆ **dealings** *npl* [personal] trato *m*; [in business] tratos *mpl*.

dealt [delt] *pt & pp* → **deal**.

dean [diːn] *n* - **1.** [of church] deán *m*. - **2.** [of university] ≃ decano *m*, -na *f*.

deanery ['diːnərɪ] *n* - **1.** RELIG deanato *m*. - **2.** UNIV decanato *m*.

deanship ['diːnʃɪp] *n* - **1.** RELIG deanato *m*. - **2.** UNIV decanato *m*.

dear [dɪə^r] ◇ *adj* - **1.** [loved] querido(da); **~ to sb** preciado(da) para alguien; **to hold ~** apreciar, estimar. - **2.** [expensive] caro(ra). - **3.** [in letter]: **Dear Paul** Querido Pablo; **Dear Sir** Estimado señor, Muy señor mío; **Dear Madam** Estimada señora. ◇ *n* - **1.** [to child, spouse] querido *m*, -da *f*. - **2.** [endearing person] encanto *m*. ◇ *excl*: **oh ~!** ¡vaya por Dios! ◇ *adv* [sell, pay, cost] caro.

dearie ['dɪərɪ] *n inf* querido *m*, -da *f*.

dearly ['dɪəlɪ] *adv* - **1.** [love, wish] profundamente. - **2.** [at high cost] caro.

dearth [dɜːθ] *n* carencia *f*, escasez *f*.

deary ['dɪərɪ] (*pl* **dearies**) *n inf* = **dearie**.

death [deθ] *n* muerte *f*; **to be put to ~** ser ejecutado(da); **to bleed to ~** morir desangrado(da); **to starve to ~** morir de hambre ❑ **living ~** *fig* muerte *f* en vida; **tickled to ~** *fig* contentísimo(ma); **to be at ~'s door** estar a las puertas de la muerte; **to be bored to ~** *inf fig* estar muerto(ta) de aburrimiento; **to be sick to ~ of sthg/of doing sthg** estar hasta las narices de algo/de hacer algo; **to dice with ~** jugar con la muerte; **to die a thousand ~s** [worry] morirse de preocupación; [be afraid] morirse de miedo; [be embarrased] morirse de vergüenza; **to do to ~** [kill] matar, asesinar; *inf fig* [play, subject for novel etc] repetir hasta el aburrimiento; **to freeze to ~** [die] morirse de frío; *inf fig* [be cold] helarse, morirse de frío; **to frighten sb to ~** dar un susto de muerte a alguien; **to hang** OR **hold on (to sthg) like grim ~** agarrarse (a algo) con uñas y dientes.

deathbed ['deθbed] *n* lecho *m* de muerte.

deathblow ['deθbləʊ] *n* golpe *m* mortal.

death camp *n* campo *m* de exterminio.

death certificate *n* partida *f* OR certificado *m* de defunción.

death-dealing *adj* mortífero(ra).

death duty *Br*, **death tax** *Am n* impuesto *m* de sucesiones.

death knell *n fig*: **to sound the ~ of** hacer presagiar el final de.

deathless ['deθlɪs] *adj* inmortal.

deathly ['deθlɪ] (*compar* **deathlier**, *superl* **deathliest**) ◇ *adj* sepulcral. ◇ *adv*: **he was ~ pale** estaba pálido como un muerto; **her hands were ~ cold** tenía las manos frías como la muerte.

death mask *n* mascarilla *f*.

death penalty *n* pena *f* de muerte.

death rate *n* índice *m* OR tasa *f* de mortalidad.

death rattle *n* estertor *m* de la muerte.

death row *n* galería *f* de los condenados a muerte; **to be on ~** estar en capilla.

death sentence *n* pena *f* de muerte.

death's head *n* calavera *f*.

death squad *n* escuadrón *m* de la muerte.

death tax *n Am* = **death duty**.

death toll *n* número *m* de víctimas.

death trap *n inf* trampa *f* mortal, sitio *m* peligroso.

Death Valley *n* el Valle de la Muerte.

death warrant *n* orden *f* de ejecución.

deathwatch ['deθwɒt] *n* velatorio *m*.

deathwatch beetle *n* especie de carcoma.

death wish *n* ganas *fpl* de morir.

deb [deb] *n Br inf* = **debutante**.

débâcle [deɪ'bɑːkl] *n* debacle *f*.

debar [diː'bɑːʳ] (*pt & pp* **debarred**, *cont* **debarring**) *vt*: **to ~ sb from somewhere/from doing sthg** privar a alguien del acceso a algún lugar/de hacer algo.

debase [dɪ'beɪs] *vt* - **1.** [degrade] degradar; **to ~ o.s.** rebajarse. - **2.** [devalue] desvalorizar.

debasement [dɪ'beɪsmənt] *n* - **1.** [degradation] degradación *f*. - **2.** [falsification] adulteración *f*.

debatable [dɪ'beɪtəbl] *adj* discutible.

debate [dɪ'beɪt] ◇ *n* debate *m*; **that's open to ~** eso está por ver. ◇ *vt* - **1.** [discuss] discutir, debatir. - **2.** [wonder]: **to ~ (whether to do sthg)** pensarse (si hacer algo). ◇ *vi* discutir, debatir.

debater [dɪ'beɪtəʳ] *n* participante *mf* en un debate.

debating [dɪ'beɪtɪŋ] *n* arte *m* de debatir, dialéctica *f*.

debating society *n* asociación de debates, especialmente universitaria.

debauch [dɪ'bɔːtʃ] *vt* - **1.** [corrupt] corromper, pervertir. - **2.** *arch* [seduce] seducir.

debauched [dɪ'bɔːtʃt] *adj* depravado(da), libertino(na).

debauchee [dɪbɔː'tʃiː] *n* libertino *m*, -na *f*, disoluto *m*, -ta *f*.

debauchery [dɪ'bɔːtʃərɪ] *n* depravación *f*, libertinaje *m*.

debenture [dɪ'bentʃəʳ] *n* - **1.** [debt certificate] obligación *f*. - **2.** [bond] bono *m* sin garantía prendaria. - **3.** [customs certificate] certificado *m* de aduanas.

debenture stock *n (U) Br* obligaciones *fpl*.

debilitate [dɪ'bɪlɪteɪt] *vt* debilitar.

debilitating [dɪ'bɪlɪteɪtɪŋ] *adj* debilitador(ra), debilitante.

debilitation [dɪ,bɪlɪ'teɪʃn] *n* debilitación *f*.

debility [dɪ'bɪlətɪ] *n* debilidad *f*.

debit ['debɪt] ◇ *n* debe *m*, débito *m*. ◇ *comp*: **~ entry** débito *m*; **~ side** columna *f* del debe. ◇ *vt*: **to ~ sb** OR **sb's account with an amount, to ~ an amount to sb** adeudar OR cargar una cantidad en la cuenta de alguien.

debit balance *n* saldo *m* deudor.

debit card *n* tarjeta *f* de pago inmediato.

debit note *n* pagaré *m*.

debonair [,debə'neəʳ] *adj* apuesto(ta).

debrief [,diː'briːf] *vt* pedir un informe completo a; **pilots are ~ed after every flight** los pilotos deben dar parte de su misión después de cada vuelo.

debriefing [,diː'briːfɪŋ] *n* sesión *f* informativa (tras una misión).

debris ['deɪbriː] *n (U)* [of building] escombros *mpl*; [of aircraft] restos *mpl*.

debt [det] ◇ *n* deuda *f*; **to be in ~ (to sb)** tener una deuda (con alguien); **to be in sb's ~** *fig* estar en deuda con alguien; **deep in ~** cargado(da) de deudas; **to run into ~** contraer deudas. ◇ *comp*: **~ repayment** pago *m* de una deuda.

debt collector *n* cobrador *m*, -ra *f* de morosos.

debtor ['detəʳ] *n* deudor *m*, -ra *f*.

debug [,diː'bʌg] (*pt & pp* **debugged**, *cont* **debugging**) *vt* - **1.** [room] quitar micrófonos ocultos de. - **2.** COMPUT suprimir fallos de. - **3.** [remove insects from] desparasitar.

debunk [,diː'bʌŋk] *vt* desmentir, desacreditar.

debut ['deɪbjuː] ◇ *n* - **1.** [of actor, musician] debut *m*. - **2.** [coming out] presentación *f* en sociedad. ◇ *vi* debutar.

debutante ['debjʊtɑːnt] *n* debutante *f*.

Dec. (*written abbr of* **December**) dic.

decade ['dekeɪd] *n* década *f*.

decadence ['dekədəns] *n* decadencia *f*.

decadent ['dekədənt] *adj* decadente.

decaff ['diːkæf] *n inf* descafeinado *m*.

decaffeinated [dɪ'kæfɪneɪtɪd] *adj* descafeinado(da).

decagon ['dekəgən] *n* decágono *m*.

decagram ['dekəgræm] *n* decagramo *m*.

decahedron [,dekə'hiːdrən] (*pl* **decahedrons** OR **decahedra** [-drə]) *n* decaedro *m*.

decal ['diːkæl] *n Am* calcomanía *f*.

decalcify [,diː'kælsɪfaɪ] (*pt & pp* **decalcified**) *vt* descalcificar.

decalitre *Br*, **decaliter** *Am* ['dekə,liːtəʳ] *n* decalitro *m*.

decametre *Br*, **decameter** *Am* ['dekə,miːtəʳ] *n* decámetro *m*.

decamp [dɪ'kæmp] *vi inf* - **1.** [abscond] escabullirse, esfumarse. - **2.** MIL levantar el campo, decampar.

decant [dɪ'kænt] *vt* decantar.

decanter [dɪ'kæntəʳ] *n* licorera *f*.

decapitate [dɪ'kæpɪteɪt] *vt* decapitar.

decapitation [dɪ,kæpɪ'teɪʃn] *n* decapitación *f*.

decapitator [dɪ'kæpɪteɪtəʳ] *n* decapitador *m*, -ra *f*.

decarbonate [dɪ'kɑːbəneɪt] *vt* descarbonatar.

decathlete [dɪ'kæθliːt] *n* especialista *mf* en decatlón.

decathlon [dɪ'kæθlɒn] *n* decatlón *m*.

decay [dɪ'keɪ] ◇ *n (U)* - **1.** [of tooth] caries *f*; [of body, plant] descomposición *f*. - **2.** *fig* [of building] deterioro *m*; [of society] corrupción *f*, degradación *f*; [of health] debilitamiento *m*. ◇ *vi* - **1.** [tooth] picarse; [body, plant] pudrirse, descomponerse. - **2.** *fig* [building] deteriorarse; [society] corromperse, degradarse; [health] decaer, debilitarse.

decayed [dɪ'keɪd] *adj* - **1.** [tooth] cariado(da); [food, wood] podrido(da); [corpse] descompuesto(ta). - **2.** *fig* [building] en mal estado, deteriorado(da).

decaying [dɪ'keɪɪŋ] *adj* - **1.** [food, wood] en estado de putrefacción; [corpse] en estado de descomposición. - **2.** [building] que se está deteriorando; [civilization] en declive.

decease [dɪ'siːs] ◇ *n* deceso *m*, fallecimiento *m*. ◇ *vi* fallecer.

deceased [dɪ'siːst] (*pl inv*) *fml* ◇ *adj* difunto(ta), fallecido(da). ◇ *n*: **the ~** el difunto (la difunta).

decedent [dɪ'siːdənt] *n Am* JUR difunto *m*, -ta *f*.

deceit [dɪ'siːt] *n* - **1.** [deception] engaño *m*. - **2.** [fraud] fraude *m*, superchería *f*. - **3.** [falseness] falsedad *f*.

deceitful [dɪ'siːtfʊl] *adj* [person] embustero(ra); [behaviour, smile] falso(sa), engañoso(sa).

deceitfully [dɪ'siːtfʊlɪ] *adv* engañosamente.

deceive [dɪ'siːv] *vt* engañar; **to ~ o.s.** engañarse (a uno mismo/una misma).

deceiver [dɪ'siːvəʳ] *n* embustero *m*, -ra *f*.

decelerate [,diː'seləreɪt] *vi & vt* desacelerar.

deceleration ['diː,selə'reɪʃn] *n* deceleración *f*, disminución *f* de la velocidad.

December [dɪ'sembəʳ] *n* diciembre *m*; *see also* **September**.

decency ['diːsnsɪ] *n* - **1.** [respectability] decencia *f*. - **2.** [consideration]: **to have the ~ to do sthg** tener la delicadeza de hacer algo.

decennial [dɪ'senjəl] ◇ *adj* decenal. ◇ *n* décimo aniversario *m*.

decent ['diːsnt] *adj* - **1.** [proper, morally correct] decente; **are you ~?** *hum* ¿estás vestido(da)? - **2.** [considerate]: **that's very ~ of you** es muy amable de tu parte; **a ~ fellow** un buen tipo. - **3.** [satisfactory, reasonable] decente, adecuado(da).

decently ['diːsntlɪ] *adv* [behave, dress] decentemente.

decentralization [diː,sentrəlaɪ'zeɪʃn] *n* descentralización *f*.

decentralize, -ise [ˌdiː'sentrəlaɪz] *vt* descentralizar.

deception [dɪ'sepʃn] *n* - **1.** [deceit] engaño *m*. - **2.** [fraud] fraude *m*, superchería *f*.

deceptive [dɪ'septɪv] *adj* engañoso(sa).

deceptively [dɪ'septɪvlɪ] *adv* engañosamente.

deceptiveness [dɪ'septɪvnɪs] *n* apariencia *f* engañosa.

deciare ['desɪeə'] *n* deciárea *f*.

decibel ['desɪbel] *n* decibelio *m*.

decide [dɪ'saɪd] ◇ *vt* - **1.** [gen]: **to ~ (to do sthg)** decidir (hacer algo); **to ~ (that)** decidir que. - **2.** [person] hacer decidirse. - **3.** [issue, case] resolver. ◇ *vi* decidir; **to ~ in favour of/against sthg** decidirse en favor/en contra de algo. ♦ **decide (up)on** *vt fus* decidirse por.

decided [dɪ'saɪdɪd] *adj* - **1.** [advantage, improvement] indudable. - **2.** [person] decidido(da); [opinion] categórico(ca).

decidedly [dɪ'saɪdɪdlɪ] *adv* - **1.** [clearly] decididamente, indudablemente. - **2.** [resolutely] con decisión.

decider [dɪ'saɪdə'] *n* [goal] gol *m* decisivo; [point] tanto *m* decisivo; [match] partido *m* OR encuentro *m* decisivo; [factor] factor *m* decisivo.

deciding [dɪ'saɪdɪn] *adj*: **~ vote** voto *m* decisivo.

deciduous [dɪ'sɪdjuəs] *adj* de hoja caduca.

decigram ['desɪgræm] *n* decigramo *m*.

decilitre *Br*, **deciliter** *Am* ['desɪ,liːtə'] *n* decilitro *m*.

decimal ['desɪml] ◇ *adj* decimal. ◇ *n* (número *m*) decimal *m*.

decimal currency *n* moneda *f* de sistema decimal.

decimal fraction *n* = **decimal** *n*.

decimalize, -ise ['desɪmələɪz] *vt Br* convertir en decimal.

decimal place *n* cifra *f* OR posición *f* decimal.

decimal point *n* coma *f* decimal.

decimal system *n* sistema *m* decimal.

decimate ['desɪmeɪt] *vt* diezmar.

decimation [ˌdesɪ'meɪʃn] *n* acción *f* de diezmar.

decimetre *Br*, **decimeter** *Am* ['desɪ,miːtə'] *n* decímetro *m*.

decipher [dɪ'saɪfə'] *vt* descifrar.

decipherable [dɪ'saɪfərəbl] *adj* descifrable.

decision [dɪ'sɪʒn] *n* decisión *f*; **is's your ~** tú eres quien tiene que decidirlo; **to make/take a ~** tomar una decisión.

decision-maker *n* persona *f* que toma decisiones.

decision-making *n* toma *f* de decisiones.

decision table *n* COMPUT tabla *f* de decisiones.

decisive [dɪ'saɪsɪv] *adj* - **1.** [person] decidido(da). - **2.** [factor, event] decisivo(va).

decisively [dɪ'saɪsɪvlɪ] *adv* - **1.** [act, speak] con decisión, decididamente. - **2.** [beaten, superior] claramente.

decisiveness [dɪ'saɪsɪvnɪs] *n* decisión *f*.

deck [dek] ◇ *n* - **1.** [of ship] cubierta *f*; [of bus] piso *m*; **to clear the ~s** *inf fig* prepararse para la acción. - **2.** [of cards] baraja *f*. - **3.** *Am* [of house] entarimado *m* (junto a una casa). - **4.** [cassette deck, record deck] platina *f*. ◇ *comp*: **~ cargo** carga *f* en la cubierta. ◇ *vt*: **to ~ sthg with** engalanar algo con. ♦ **deck out** *vt sep* [place, object] engalanar, adornar; [person] ataviar.

deckchair ['dektʃeə'] *n* tumbona *f*.

deckhand ['dekhænd] *n* grumete *m*.

deckhouse ['dekhaus, *pl* -hauzɪz] *n* caseta *f* de cubierta.

deckle ['dekl] *n* montura donde se coloca la pasta para fabricar papel.

declaim [dɪ'kleɪm] *vt & vi* declamar.

declamation [ˌdeklə'meɪʃn] *n* declamación *f*.

declamatory [dɪ'klæmətrɪ] *adj* declamatorio(ria).

declarable [dɪ'kleərəbl] *adj* declarable.

declarant [dɪ'kleərənt] *n* declarante *mf*.

declaration [ˌdeklə'reɪʃn] *n* declaración *f*.

Declaration of Independence *n*: **the ~** *la declaración de independencia estadounidense de 1776*.

declarative [dɪ'klærətɪv] *adj* declaratorio(ria).

declare [dɪ'kleə'] ◇ *vt* declarar. ◇ *vi*: **to ~ for/against sthg** pronunciarse a favor de OR en contra de algo.

declared [dɪ'kleəd] *adj* declarado(da).

declassify [ˌdiː'klæsɪfaɪ] (*pt & pp* **declassified**) *vt* levantar el secreto oficial a.

declension [dɪ'klenʃn] *n* declinación *f*.

declination [ˌdeklɪ'neɪʃn] *n* ASTRON declinación *f*.

decline [dɪ'klaɪn] ◇ *n* declive *m*; **in ~** en decadencia; **on the ~** en declive. ◇ *vt* - **1.** [offer] declinar; [request] denegar; **to ~ to do sthg** rehusar hacer algo. - **2.** GRAMM declinar. ◇ *vi* - **1.** [deteriorate] decrecer, disminuir. - **2.** [refuse] rehusar, negarse. ◇ *vi* [slope downwards] inclinarse.

declining [dɪ'klaɪnɪn] *adj* en declive.

declivity [dɪ'klɪvətɪ] (*pl* **declivities**) *n* declive *m*, pendiente *f*.

declutch [dɪ'klʌt] *vi* AUT desembragar, quitar el embrague.

decoction [dɪ'kɒkʃn] *n* decocción *f*.

decode [ˌdiː'kəud] *vt* descodificar.

decoder [ˌdiː'kəudə'] *n* descodificador *m*.

decoding [ˌdiː'kəudɪn] *n* descodificación *f*.

décolletage [ˌdeɪkɒl'tɑːʒ] *n* escote *m*.

décolleté [deɪ'kɒlteɪ] ◇ *adj* escotado(da). ◇ *n* escote *m*.

decolonization [ˌdiː,kɒlənaɪ'zeɪʃn] *n* descolonización *f*.

decolonize, -ise [ˌdiː'kɒlənaɪz] *vt* descolonizar.

decommission [ˌdiː,kə'mɪʃn] *vt* desmantelar.

decompose [ˌdiː,kəm'pəuz] ◇ *vi* descomponerse. ◇ *vt* descomponer.

decomposition [ˌdiː,kɒmpə'zɪʃn] *n* descomposición *f*.

decompress [ˌdiː,kəm'pres] *vt* descomprimir.

decompression [ˌdiː,kəm'preʃn] *n* descompresión *f*.

decompression chamber *n* cámara *f* de descompresión.

decompression sickness *n* aeroembolismo *m*.

decompressor [ˌdiː,kəm'presə'] *n* descompresor *m*.

decongestant [ˌdiː,kən'dʒestənt] *n* decongestivo *m*.

deconstruct [ˌdiː,kən'strʌkt] *vt* de(s)construir.

deconstruction [ˌdiː,kən'strʌkʃn] *n* de(s)construcción *f*.

decontaminate [ˌdiː,kən'tæmɪneɪt] *vt* descontaminar.

decontrol [ˌdiː,kən'trəul] (*pt & pp* **decontrolled**, *cont* **decontrolling**) ◇ *n* [of prices] liberalización *f*. ◇ *vt* suprimir el control gubernamental de; **to ~ prices** liberalizar los precios.

decontrolled road [ˌdiː,kən'trəuld-] *n* carretera *f* sin límite de velocidad.

décor ['deɪkɔː'] *n* decoración *f*.

decorate ['dekəreɪt] *vt* - **1.** [make pretty]: **to ~ sthg (with)** decorar algo (de). - **2.** [with paint] pintar; [with wallpaper] empapelar. - **3.** [with medal] condecorar.

decoration [ˌdekə'reɪʃn] *n* - **1.** [gen] decoración *f*. - **2.** [ornament] adorno *m*. - **3.** [medal] condecoración *f*.

decorative ['dekərətɪv] *adj* decorativo(va).

decorator ['dekəreɪtə'] *n* [painter] pintor *m*, -ra *f*; [paperhanger] empapelador *m*, -ra *f*.

decorous ['dekərəs] *adj fml* decoroso(sa).

decorum [dɪ'kɔːrəm] *n* decoro *m*.

decoy [*n* 'diːkɔɪ, *vb* dɪ'kɔɪ] ◇ *n* señuelo *m*. ◇ *comp*: **~ duck** cimbel *m*. ◇ *vt* desviar *(mediante señuelo)*.

decrease [*vb* diː'kriːs, *n* 'diːkriːs] ◇ *n*: **~ (in)** disminución *f* (en), decrecimiento *m* (en); **a ~ of 25 %** una disminución del 25 %; **to be on the ~** disminuir. ◇ *vt & vi* disminuir; **to ~ by 20 %** disminuir (en) un 20 %.

decreasing [diː'kriːsɪn] *adj* decreciente.

decreasingly [diː'kriːsɪnlɪ] *adv* cada vez menos.

decree [dɪ'kriː] ◇ *n* - **1.** [order, decision] decreto *m*. - **2.** *Am* [judgment] sentencia *f*, fallo *m*. ◇ *vt* decretar.

decree absolute (*pl* **decrees absolute**) *n Br* JUR sentencia *f* de divorcio definitiva.

decree nisi [-'naɪsaɪ] (*pl* **decrees nisi**) *n Br* JUR sentencia *f* provisional de divorcio.

decrement ['dekrɪmənt] *n* decremento *m*.

decrepit [dɪ'krepɪt] *adj* decrépito(ta).

decrepitude [dɪ'krepɪtjuːd] *n* decrepitud *f*.

decrescendo [ˌdiːkrɪ'ʃendəʊ] (*pl* **decrescendos**) *m* decrescendo *m*.

decriminalization [diːˌkrɪmɪnəlaɪ'zeɪʃn] *n* legalización *f*, despenalización *f*.

decriminalize, -ise [diː'krɪmɪnəˌlaɪz] *vt* despenalizar.

decry [dɪ'kraɪ] (*pt & pp* **decried**) *vt fml* censurar, deplorar.

decrypt [diː'krɪpt] *vt* descifrar.

dedicate ['dedɪkeɪt] *vt* **- 1.** [devote] dedicar; **to ~ o.s. to sthg** consagrarse OR dedicarse a algo. **- 2.** [book, record] dedicar. **- 3.** [church, shrine] consagrar.

dedicated ['dedɪkeɪtɪd] *adj* **- 1.** [person] dedicado(da). **- 2.** [COMPUT - use] dedicado(da); [- message] privilegiado(da).

dedication [ˌdedɪ'keɪʃn] *n* **- 1.** [commitment] dedicación *f*. **- 2.** [in book] dedicatoria *f*.

deduce [dɪ'djuːs] *vt*: **to ~ (sthg from sthg)** deducir (algo de algo).

deducible [dɪ'djuːsəbl] *adj* deducible.

deduct [dɪ'dʌkt] *vt*: **to ~ (from)** deducir (de), descontar (de).

deductible [dɪ'dʌktəbl] *adj* deducible.

deduction [dɪ'dʌkʃn] *n* deducción *f*.

deductive [dɪ'dʌktɪv] *adj* deductivo(va).

deed [diːd] ◇ *n* **- 1.** [action] acción *f*, obra *f*. **- 2.** JUR escritura *f*. ◇ *vt Am* JUR traspasar por escritura.

deed poll (*pl* **deed polls** OR **deeds poll**) *n Br*: **to change one's name by ~** cambiarse oficialmente el nombre.

deem [diːm] *vt fml* estimar; **to ~ it wise to do sthg** estimar prudente hacer algo.

de-emphasize [diː'emfəsaɪz] *vt* restar importancia a, insistir menos en.

deep [diːp] ◇ *adj* **- 1.** [gen] profundo(da); **to be 10 feet ~** tener 10 pies de profundidad; **the ~ end** [at swimming pool] el lado donde cubre □ **to go off at the ~ end** *inf* ponerse hecho(cha) una fiera; **to jump** OR **plunge in at the ~ end** lanzarse al vacío OR sin una preparación previa. **- 2.** [sigh, breath] hondo(da). **- 3.** [colour] intenso(sa). **- 4.** [sound, voice] grave. ◇ *adv* [dig, cut] hondo; **to advance ~ into enemy territory** adentrarse en territorio enemigo; **~ down** inside por dentro; **to be ~ in thought** estar sumido(da) en sus pensamientos; **to go** OR **run ~** estar muy arraigado (muy arraigada); **~ in one's heart** en el fondo; **to be ~ in debt** estar hasta el cuello de deudas. ◇ *n literary* **- 1.** [ocean]: **the ~** el mar. **- 2.** [depth]: **the ~ of night** lo más profundo de la noche.

deepen ['diːpn] ◇ *vt* [hole, channel] ahondar, hacer más profundo (más profunda). ◇ *vi* **- 1.** [river, sea] ahondarse, hacerse más profundo (más profunda). **- 2.** [crisis, recession] agudizarse; [emotion, darkness] hacerse más intenso (más intensa).

deepening ['diːpnɪŋ] *adj* [crisis, recession] cada vez más agudo (más aguda).

deep freeze *n* congelador *m*.
◆ **deep-freeze** *vt* congelar.

deep-frozen *adj* **- 1.** [at home] congelado(da). **- 2.** [industrially] ultracongelado(da).

deep-fry *vt* freír (con mucho aceite).

deep-heat treatment *n* MED termoterapia *f*.

deeply ['diːplɪ] *adv* [gen] profundamente; [dig, breathe, sigh] hondo.

deepness ['diːpnɪs] *n* **- 1.** [of ocean, writer, remark] profundidad *f*. **- 2.** [of note, voice, sound] gravedad *f*.

deep-rooted *adj* profundamente arraigado (profundamente arraigada).

deep-sea *adj*: **~ diver** buzo *m*; **~ diving** buceo *m* en alta mar; **~ fishing** pesca *f* de altura; **~ fisherman** pescador *m* de altura.

deep-seated [-'siːtɪd] *adj* profundamente arraigado (profundamente arraigada).

deep-set *adj* [eyes] hundido(da).

deep sleep *n* sueño *m* profundo.

deep space *n* espacio *m* interplanetario OR intergaláctico.

deer [dɪəʳ] (*pl inv*) *n* ciervo *m*.

deerhound ['dɪəhaʊnd] *n* galgo *m* para cazar ciervos.

deerskin ['dɪəskɪn] *n* gamuza *f*.

deerstalker ['dɪəˌstɔːkəʳ] *n especie de gorro con orejeras*.

de-escalate [ˌdiː'eskəleɪt] ◇ *vt* suavizar, paliar. ◇ *vi* suavizarse.

de-escalation [ˌdiːeskə'leɪʃn] *n* descenso *m*, disminución *f*.

deface [dɪ'feɪs] *vt* pintarrajear.

de facto [deɪ'fæktəʊ] *adj & adv* de facto, de hecho.

defalcation [ˌdiːfæl'keɪʃn] *n* desfalco *m*, malversación *f* de bienes.

defamation [ˌdefə'meɪʃn] *n* difamación *f*.

defamatory [dɪ'fæmətrɪ] *adj* difamatorio(ria).

defame [dɪ'feɪm] *vt* difamar, calumniar.

default [dɪ'fɔːlt] ◇ *n* **- 1.** [on payment, agreement] incumplimiento *m*; [failure to attend] incomparecencia *f*; **by ~** [win] por incomparecencia. **- 2.** COMPUT: **~ (value)** valor *m* de ajuste (por defecto). **- 3.** JUR contumacia *f*. ◇ *vi* **- 1.** [fail to do] incumplir un compromiso; **to ~ on sthg** incumplir algo. **- 2.** JUR estar en rebeldía. **- 3.** SPORT dejar de presentarse.

defaulter [dɪ'fɔːltəʳ] *n* **- 1.** [on payment] moroso *m*, -sa *f*. **- 2.** JUR rebelde *mf*.

defeat [dɪ'fiːt] ◇ *n* derrota *f*; **to admit ~** darse por vencido(da). ◇ *vt* [team, opponent] derrotar; [motion] rechazar; [plans] frustrar.

defeatism [dɪ'fiːtɪzm] *n* derrotismo *m*.

defeatist [dɪ'fiːtɪst] ◇ *adj* derrotista. ◇ *n* derrotista *mf*.

defecate ['defəkeɪt] *vi fml* defecar.

defect [*n* 'diːfekt, *vb* dɪ'fekt] ◇ *n* [fault] defecto *m*. ◇ *vi* POL: **to ~ to the other side** pasarse al otro bando.

defection [dɪ'fekʃn] *n* cambio *m* de bando.

defective [dɪ'fektɪv] *adj* **- 1.** [machine, reasoning] defectuoso(sa). **- 2.** [hearing, sight, organ] deficiente.

defector [dɪ'fektəʳ] *n* POL & *fig* tránsfuga *mf*.

defence *Br*, **defense** *Am* [dɪ'fens] *n* **- 1.** [gen] defensa *f*; **in ~ of** en defensa de; **Ministry of Defence** *Br*, **Department of Defense** *Am* ≃ ministerio *m* de Defensa. **- 2.** JUR: **the ~** [lawyers] la defensa; **the case for the ~** la defensa; **to conduct one's own ~** llevar (uno) su propia defensa; **witness for the ~** testigo *mf* de la defensa.
◆ **defences** *npl* [of country] defensas *fpl*.

defenceless *Br*, **defenseless** *Am* [dɪ'fenslɪs] *adj* indefenso(sa).

defencelessness *Br*, **defenselessness** *Am* [dɪ'fenslɪsnɪs] *n* vulnerabilidad *f*.

defence mechanism *n* mecanismo *m* de defensa.

defend [dɪ'fend] ◇ *vt* defender; **to ~ o.s.** defenderse. ◇ *vi* SPORT defender.

defendant [dɪ'fendənt] *n* acusado *m*, -da *f*.

defender [dɪ'fendəʳ] *n* **- 1.** [gen] defensor *m*, -ra *f*. **- 2.** SPORT defensa *mf*.

Defender of the Faith *n* Defensor *m* de la fe, *título concedido a Enrique VIII por León X*.

defenestration [diːˌfenɪ'streɪʃn] *n* defenestración *f*.

defense *etc Am* = **defence** *etc*.

defensible [dɪ'fensəbl] *adj* defendible.

defensive [dɪ'fensɪv] ◇ *adj* **- 1.** [weapons, tactics] defensivo(va). **- 2.** [person] receloso(sa). ◇ *n*: **on the ~** a la defensiva.

defensively [dɪ'fensɪvlɪ] *adv*: **they played very ~** SPORT jugaron muy a la defensiva; **'it's not my fault', she said, ~** 'no es culpa mía' dijo ella, poniéndose a la defensiva.

defer [dɪ'fɜːʳ] (*pt & pp* **deferred**, *cont* **deferring**) ◇ *vt* deferir, aplazar. ◇ *vi*: **to ~ to sb** deferir con OR a alguien.

deference ['defərəns] *n* deferencia *f*.

deferential [ˌdefəˈrenʃl] *adj* deferente, respetuoso(sa).

deferment [dɪˈfɜːmənt], **deferral** [dɪˈfɜːrəl] *n* - **1.** [postponement] aplazamiento *m*. - **2.** MIL prórroga *f*.

deferred [dɪˈfɜːd] *adj* - **1.** [postponed] aplazado(da). - **2.** [payment, shares] diferido(da).

defiance [dɪˈfaɪəns] *n* desafío *m*; **in ~ of** en desafío de, a despecho de.

defiant [dɪˈfaɪənt] *adj* desafiante.

defiantly [dɪˈfaɪəntlɪ] *adv* de manera desafiante.

defibrillation [diːˌfaɪbrɪˈleɪʃn] *n* MED desfibrilación *f*.

deficiency [dɪˈfɪʃnsɪ] (*pl* **deficiencies**) *n* - **1.** [lack] escasez *f*, insuficiencia *f*. - **2.** [inadequacy] deficiencia *f*, imperfección *f*.

deficient [dɪˈfɪʃnt] *adj* - **1.** [lacking]: **to be ~ in** ser deficitario(ria) en, estar falto(ta) de. - **2.** [inadequate] deficiente.

deficit [ˈdefɪsɪt] *n* déficit *m inv*.

deficit financing *n* financiación *f* mediante déficit.

deficit spending *n* gasto *m* deficitario.

defile [*vb* dɪˈfaɪl, *n* ˈdiːfaɪl] ◇ *vt* [desecrate] profanar; *fig* [mind, purity] corromper. ◇ *vi* MIL desfilar. ◇ *n* - **1.** GEOL desfiladero *m*. - **2.** MIL desfile *m*.

defilement [dɪˈfaɪlmənt] *n* [of grave, memory] profanación *f*.

defiler [dɪˈfaɪlə^r] *n* - **1.** [desecrator] profanador *m*, -ra *f*. - **2.** [corruptor] corruptor *m*, -ra *f*.

definable [dɪˈfaɪnəbl] *adj* definible.

define [dɪˈfaɪn] *vt* definir.

definite [ˈdefɪnɪt] *adj* - **1.** [plan, date, answer] definitivo(va). - **2.** [improvement, difference] indudable, claro(ra). - **3.** [person] tajante, concluyente; **I am quite ~ (about it)** estoy totalmente seguro (de ello).

definite article *n* artículo *m* definido OR determinado.

definitely [ˈdefɪnɪtlɪ] *adv* - **1.** [without doubt] sin duda. - **2.** [for emphasis] desde luego, con (toda) seguridad.

definition [ˌdefɪˈnɪʃn] *n* - **1.** [gen] definición *f*; **by ~** por definición. - **2.** [clarity] nitidez *f*.

definitive [dɪˈfɪnɪtɪv] *adj* definitivo(va).

definitively [dɪˈfɪnɪtɪvlɪ] *adv* definitivamente.

deflate [dɪˈfleɪt] ◇ *vt* - **1.** [balloon] desinflar. - **2.** *fig* [person] bajar los humos a. - **3.** ECON reducir la inflación en. ◇ *vi* desinflarse.

deflation [dɪˈfleɪʃn] *n* - **1.** ECON deflación *f*. - **2.** [of balloon, tyre] desinflamiento *m*.

deflationary [dɪˈfleɪʃnərɪ] *adj* ECON deflacionario(ria), deflacionista.

deflator [dɪˈfleɪtə^r] *n* índice *m* de deflación.

deflect [dɪˈflekt] *vt* [gen] desviar; [criticism] soslayar.

deflection [dɪˈflekʃn] *n* desvío *m*.

deflector [dɪˈflektə^r] *n* deflector *m*.

deflower [diːˈflaʊə^r] *vt literary* [woman] desflorar.

defocus [diːˈfəʊkəs] (*pt & pp* **defocused** OR **defocussed**, *cont* **defocusing** OR **defocussing**) *vt* desenfocar.

defog [diːˈfɒg] (*pt & pp* **defogged**, *cont* **defogging**) *vt Am* AUT desempañar.

defogger [diːˈfɒgə^r] *n Am* AUT dispositivo *m* antivaho, luneta *f* térmica.

defoliant [diːˈfəʊlɪənt] *n* defoliante *m*.

defoliate [diːˈfəʊlɪeɪt] *vt* deshojar.

defoliation [ˌdiːfəʊlɪˈeɪʃn] *n* defoliación *f*.

deforest [ˌdiːˈfɒrɪst] *vt* deforestar, despoblar (de árboles).

deforestation [diːˌfɒrɪˈsteɪʃn] *n* deforestación *f*, despoblación *f* (de árboles).

deform [dɪˈfɔːm] *vt* deformar.

deformation [ˌdiːfɔːˈmeɪʃn] *n* deformación *f*.

deformed [dɪˈfɔːmd] *adj* deforme.

deformity [dɪˈfɔːmətɪ] (*pl* **deformities**) *n* [in foetus, baby] malformación *f* (congénita); [in adult] deformidad *f*.

defraud [dɪˈfrɔːd] *vt* defraudar, estafar.

defrauder [dɪˈfrɔːdə^r] *n* defraudador *m*, -ra *f*, estafador *m*, -ra *f*.

defray [dɪˈfreɪ] *vt* sufragar, correr con.

defrayal [dɪˈfreɪəl] *n* pago *m*, subvención *f* de gastos.

defrock [ˌdiːˈfrɒk] *vt* expulsar *(de una orden religiosa)*.

defrost [ˌdiːˈfrɒst] ◇ *vt* - **1.** [gen] descongelar. - **2.** *Am* AUT [demist] desempañar. ◇ *vi* descongelarse.

defrosting [ˌdiːˈfrɒstɪŋ] *n* descongelación *f*.

deft [deft] *adj* habilidoso(sa), diestro(tra).

deftly [ˈdeftlɪ] *adv* con destreza, con pericia.

deftness [ˈdeftnɪs] *n* habilidad *f*, destreza *f*.

defunct [dɪˈfʌŋkt] *adj* [plan] desechado(da); [body, organization] desaparecido(da).

defuse [diːˈfjuːz] *vt Br* - **1.** [bomb] desactivar. - **2.** [situation] neutralizar.

defy [dɪˈfaɪ] (*pt & pp* **defied**) *vt* - **1.** [disobey - person, authority] desafiar, desobedecer; [- law, rule] violar. - **2.** [challenge]: **to ~ sb to do sthg** retar OR desafiar a alguien a hacer algo. - **3.** [description, analysis] hacer imposible; [attempts, efforts] hacer inútil.

degeneracy [dɪˈdʒenərəsɪ] *n* degeneración *f*.

degenerate [*vb* dɪˈdʒenəreɪt, *adj & n* dɪˈdʒenərət] ◇ *adj* degenerado(da). ◇ *n* degenerado *m*, -da *f*. ◇ *vi*: **to ~ (into)** degenerar (en).

degeneration [dɪˌdʒenəˈreɪʃn] *n* degeneración *f*.

degenerative [dɪˈdʒenərətɪv] *adj* degenerativo(va).

degradation [ˌdegrəˈdeɪʃn] *n* degradación *f*.

degrade [dɪˈgreɪd] *vt* degradar.

degraded [dɪˈgreɪdɪd] *adj* degradado(da).

degrading [dɪˈgreɪdɪŋ] *adj* denigrante, degradante.

degree [dɪˈgriː] *n* - **1.** [unit of measurement, amount] grado *m*; **by ~s** paulatinamente, poco a poco; **to a ~** [a little] un poco; [very much] sumamente; **to some ~**, **to a certain ~** hasta cierto punto; **to the highest ~** en sumo grado. - **2.** [qualification] título *m* universitario, ≃ licenciatura *f*; **to have a ~** tener carrera (universitaria) OR estudios universitarios; **to have a ~ in biology** ser licenciado(da) en biológicas; **to do/take a ~ in sthg** hacer la carrera de algo.

dehumanization [diːˌhjuːmənaɪˈzeɪʃn] *n* deshumanización *f*.

dehumanize, -ise [diːˈhjuːmənaɪz] *vt* deshumanizar.

dehumidification [diːˌhjuːˌmɪdɪfɪˈkeɪʃn] *n* deshumidificación *f*.

dehumidify [ˌdiːhjuːˈmɪdɪfaɪ] (*pt & pp* **dehumidified**) *vt* deshumedecer, desecar.

dehydrate [ˌdiːhaɪˈdreɪt] *vt* deshidratar.

dehydrated [ˌdiːhaɪˈdreɪtɪd] *adj* deshidratado(da).

dehydration [ˌdiːhaɪˈdreɪʃn] *n* deshidratación *f*.

dehydrogenation [diːˌhaɪdrɒdʒɪˈneɪʃn] *n* deshidrogenación *f*.

dehypnotize, -ise [diːˈhɪpnətaɪz] *vt* deshipnotizar.

de-ice [diːˈaɪs] *vt* descongelar.

de-icer [diːˈaɪsə^r] *n* (producto *m*) descongelante *m*.

deicide [ˈdeɪɪsaɪd] *n* - **1.** [act] deicidio *m*. - **2.** [person] deicida *mf*.

deification [ˌdiːɪfɪˈkeɪʃn] *n* deificación *f*.

deify [ˈdiːɪfaɪ] (*pt & pp* **deified**) *vt* deificar.

deign [deɪn] *vt*: **to ~ to do sthg** dignarse a hacer algo.

deindustrialization, -isation [ˈdiːɪnˌdʌstrɪələraɪˈzeɪʃn] *n* desindustrialización *f*.

deism [ˈdeɪɪzm] *n* deísmo *m*.

deity [ˈdiːɪtɪ] (*pl* **deities**) *n* - **1.** MYTH deidad *f*, divinidad *f*. - **2.** *fml* [God]: **the Deity** Dios *m*.

déjà vu [ˌdeɪʒɑːˈvuː] *n* (sensación *f* de) déjà vu *m*.

dejected [dɪˈdʒektɪd] *adj* abatido(da).

dejectedly [dɪˈdʒektɪdlɪ] *adv* [speak, look] con abatimiento.

dejection [dɪˈdʒekʃn] *n* abatimiento *m*.

de jure [deɪˈdʒʊəreɪ] *adj & adv* de jure, de derecho.

del. (*abbr of* **delete**) [on keyboard] supr.

Del. 156

Del. *written abbr of* **Delaware**.

Delaware ['deləweə'] *n* Delaware.

delay [dɪ'leɪ] ◇ *n* retraso *m*; **without** ~ sin demora; **without further** ~ sin mayor dilación. ◇ *vt* retrasar; **to** ~ **starting sthg** retrasar el comienzo de algo; **to be** ~**ed** [person] retrasarse; [train, plane] ir con retraso. ◇ *vi:* **to** ~ **(in doing sthg)** retrasarse (en hacer algo).

delayed-action *adj* de efecto retardado; ~ **shutter** PHOT (disparador *m*) automático *m*.

delaying [dɪ'leɪɪŋ] *adj* dilatorio(ria).

delectable [dɪ'lektəbl] *adj* - **1.** [food] deleitable. - **2.** [person] apetecible.

delectation [di:lek'teɪʃn] *n literary & hum* deleite *m*, delectación *f*; **for your** ~ para su mayor deleite.

delegate [*n* 'delɪgət, *vb* 'delɪgeɪt] ◇ *n* delegado *m*, -da *f*. ◇ *vt:* **to** ~ **sthg (to sb)** delegar algo (en alguien); **to** ~ **sb to do sthg** delegar en alguien para hacer algo. ◇ *vi* delegar responsabilidades.

delegation [delɪ'geɪʃn] *n* delegación *f*.

delete [dɪ'li:t] *vt* [gen & COMPUT] borrar.

deleterious [delɪ'tɪərɪəs] *adj fml* deletéreo(a), nocivo(va).

deletion [dɪ'li:ʃn] *n* supresión *f*.

Delhi ['delɪ] *n* Delhi.

deli ['delɪ] *n inf abbr of* **delicatessen**.

deliberate [*adj* dɪ'lɪbərət, *vb* dɪ'lɪbəreɪt] ◇ *adj* - **1.** [intentional] deliberado(da). - **2.** [slow] pausado(da). ◇ *vi fml* deliberar.

deliberately [dɪ'lɪbərətlɪ] *adv* - **1.** [on purpose] adrede, deliberadamente. - **2.** [slowly] pausadamente.

deliberation [dɪ,lɪbə'reɪʃn] *n* - **1.** [careful consideration] deliberación *f*. - **2.** [slowness] pausa *f*.

◆ **deliberations** *npl* deliberaciones *fpl*.

deliberative [dɪ'lɪbərətɪv] *adj* deliberante, deliberativo(va).

delicacy ['delɪkəsɪ] (*pl* **delicacies**) *n* - **1.** [gracefulness, tact] delicadeza *f*. - **2.** [food] exquisitez *f*, manjar *m*.

delicate ['delɪkət] *adj* - **1.** [gen] delicado(da); **a** ~ **subject** un tema delicado. - **2.** [colour, taste] suave, sutil. - **3.** [tactful] prudente. - **4.** [instrument] sensible.

delicately ['delɪkətlɪ] *adv* - **1.** [gracefully, tactfully] con delicadeza. - **2.** [subtly] suavemente, sutilmente.

delicatessen [delɪkə'tesn] *n* ≃ charcutería *f*, ≃ (tienda *f* de) ultramarinos *m inv*.

delicious [dɪ'lɪʃəs] *adj* delicioso(sa).

deliciously [dɪ'lɪʃəslɪ] *adv* deliciosamente, de un modo delicioso.

delight [dɪ'laɪt] ◇ *n* - **1.** [great pleasure] deleite *m*, regocijo *m*; **to take** ~ **in doing sthg** disfrutar haciendo algo. - **2.** [thing, person] delicia *f*, placer *m*. ◇ *vt* encantar. ◇ *vi:* **to** ~ **in sthg/in doing sthg** disfrutar con algo/haciendo algo.

delighted [dɪ'laɪtɪd] *adj* encantado(da), muy contento (muy contenta); ~ **by** OR **with** encantado con; **to be** ~ **to do sthg/that** estar encantado de hacer algo/de que; **I'd be** ~ **(to come)** me encantaría (ir).

delightedly [dɪ'laɪtɪdlɪ] *adv* con alegría.

delightful [dɪ'laɪtful] *adj* [gen] encantador(ra); [meal] delicioso(sa); [view] muy agradable.

delightfully [dɪ'laɪtfulɪ] *adv* deliciosamente.

Delilah [dɪ'laɪlə] *n* Dalila *f*.

delimit [di:'lɪmɪt] *vt* delimitar.

delimitation [di:,lɪmɪ'teɪʃn] *n* delimitación *f*.

delimiter [di:'lɪmɪtə'] *n* COMPUT símbolo *m* delimitador.

delineate [dɪ'lɪnɪeɪt] *vt* concretar, precisar.

delineation [dɪ,lɪnɪ'eɪʃn] *n* - **1.** [sketch] bosquejo *m*, esbozo *m*. - **2.** [description] descripción *f*.

delinquency [dɪ'lɪŋkwənsɪ] *n* delincuencia *f*.

delinquent [dɪ'lɪŋkwənt] ◇ *adj* [behaviour] delictivo(va); [child] delincuente. ◇ *n* delincuente *mf*.

deliquesce [delɪ'kwes] *vi* licuarse.

delirious [dɪ'lɪrɪəs] *adj* [with fever] delirante; *fig* [ecstatic] enfervorizado(da).

deliriously [dɪ'lɪrɪəslɪ] *adv* de un modo frenético OR delirante; ~ **happy** loco(ca) de alegría.

deliriousness [dɪ'lɪrɪəsnɪs] *n* delirio *m*, condición *f* delirante.

delirium [dɪ'lɪrɪəm] *n* delirio *m*, desvarío *m*.

delirium tremens [-'tri:menz] *n* delirium *m* tremens.

deliver [dɪ'lɪvə'] ◇ *vt* - **1.** [distribute] repartir; [hand over] entregar; **to** ~ **sthg to sb** entregar algo a alguien. - **2.** [give - speech, verdict, lecture] pronunciar; [- message] entregar; [- warning, ultimatum] lanzar; **to** ~ **o.s. of an opinion** *fml* opinar. - **3.** [blow, kick] asestar. - **4.** [baby] traer al mundo. - **5.** *fml* [free] liberar, libertar. - **6.** *Am* POL [votes] captar. ◇ *vi* - **1.** [take to home, office] hacer reparto; **we** ~ entregamos a domicilio. - **2.** [fulfil promise] cumplir (lo prometido).

◆ **deliver up** *vt sep* entregar.

deliverable [dɪ'lɪvərəbl] *adj* remitible.

deliverance [dɪ'lɪvərəns] *n fml* liberación *f*.

deliverer [dɪ'lɪvərə'] *n* - **1.** *fml* [saviour] liberador *m*, -ra *f*, salvador *m*, -ra *f*. - **2.** COMM repartidor *m*, -ra *f*.

delivery [dɪ'lɪvərɪ] (*pl* **deliveries**) *n* - **1.** [distribution] reparto *m*; [handing over] entrega *f*. - **2.** [goods delivered] partida *f*. - **3.** [way of speaking] (estilo *m* de) discurso *m*. - **4.** [birth] parto *m*. - **5.** *fml* [release, rescue] liberación *f*. - **6.** SPORT [way of throwing] forma *f*, estilo *m*.

deliveryman [dɪ'lɪvərɪmæn] (*pl* **deliverymen** [-men]) *n* repartidor *m*.

delivery note *n* albarán *m*.

delivery van *Br*, **delivery truck** *Am n* furgoneta *f* OR camioneta *f* de reparto.

dell [del] *n* valle *m* pequeño.

delouse [di:'laus] *vt* despiojar.

Delphi ['delfaɪ] *n* Delfos *f*.

Delphic ['delfɪk] *adj* délfico(ca).

delphinium [del'fɪnɪəm] (*pl* **delphiniums**) *n* espuela *f* de caballero.

delta ['deltə] (*pl* **deltas**) *n* delta *m*.

delta wing *n* ala *f* delta.

deltoid ['deltɔɪd] *n* deltoides *m inv*.

delude [dɪ'lu:d] *vt* engañar; **to** ~ **o.s.** engañarse (a uno mismo).

deluge ['delju:dʒ] ◇ *n* [flood] diluvio *m*, aluvión *m*; *fig* [huge number] aluvión *m*. ◇ *vt:* **to be** ~**d with** verse inundado(da) por.

delusion [dɪ'lu:ʒn] *n* - **1.** [illusion, mistaken idea] espejismo *m*, engaño *m*. - **2.** PSYCH delirio *m*; ~**s of grandeur** delirios *mpl* de grandeza.

delusive [dɪ'lu:sɪv], **delusory** [dɪ'lu:sərɪ] *adj* - **1.** [deceiving] engañoso(sa). - **2.** [illusory] ilusorio(ria), falso(sa).

de luxe [də'lʌks] *adj* de lujo.

delve [delv] *vi:* **to** ~ **(into)** [bag, cupboard] hurgar (en); *fig* [mystery] ahondar (en), profundizar (en).

Dem. *written abbr of* **Democrat(ic)**.

demagnetize, -ise [di:'mægnɪtaɪz] *vt* desmagnetizar, desimantar.

demagog *n Am* = **demagogue**.

demagogic [demə'gɒgɪk] *adj* demagógico(ca).

demagogue, demagog *Am* ['deməgɒg] *n* demagogo *m*, -ga *f*.

demagoguery [demə'gɒgərɪ] *n* demagogia *f*.

demagogy ['deməgɒgɪ] *n* demagogia *f*.

demand [dɪ'mɑ:nd] ◇ *n* - **1.** [claim, firm request] exigencia *f*, reclamación *f*; **wage** ~ demanda *f* OR reclamación *f* de aumento salarial; **on** ~ a petición; **by popular** ~ a petición popular; **to have many** ~**s on one's time** andar siempre muy liado (muy liada). - **2.** [need]: ~ **for** demanda *f* de; **in** ~ solicitado(da). - **3.** [requirement] exigencia *f*. ◇ *vt* [gen] exigir; [pay rise] reclamar, demandar; **to** ~ **to do sthg** exigir hacer algo.

demand deposit *n Br* depósito *m* a la vista.

demanding [dɪ'mɑ:ndɪŋ] *adj* - **1.** [exhausting] que exige mucho esfuerzo. - **2.** [not easily satisfied] exigente.

demand loan *n* préstamo *m* reembolsable a la vista.

demand note *n* letra *f* pagadera a la vista.

demarcate ['di:mɑ:keɪt] *vt* demarcar.

demarcation [,di:mɑ:'keɪʃn] *n* demarcación *f*.

demarcation dispute *n* conflicto entre sindicatos sobre las funciones laborales a realizar por sus miembros.

dematerialize, -ise [di:mə'tɪərɪəlaɪz] *vi* desaparecer, desvanecerse.

demean [dɪ'mi:n] *vt* humillar, degradar; **to ~ o.s.** humillarse, rebajarse.

demeaning [dɪ'mi:nɪŋ] *adj* humillante, denigrante.

demeanour *Br*, **demeanor** *Am* [dɪ'mi:nə'] *n* (U) *fml* proceder *m*, comportamiento *m*.

demented [dɪ'mentɪd] *adj* demente.

dementia [dɪ'menʃə] *n* demencia *f*.

dementia praecox ['-'pri:kɒks] *n* demencia *f* precoz.

demerara sugar [,demə'reərə] *n Br* azúcar *m* moreno, azúcar *f* morena.

demerit [di:'merɪt] *n* **- 1.** *fml* [flaw] demérito *m*, desmerecimiento *m*. **- 2.** *Am* [mark for misconduct] falta *f*.

demesne [dɪ'meɪn] *n* **- 1.** [land] propiedad *f*. **- 2.** JUR: **land held in ~** tierras *fpl* poseídas en plena propiedad.

demigod ['demɪgɒd] *n* semidiós *m*.

demijohn ['demɪdʒɒn] *n* garrafón *f*, damajuana *f*.

demilitarize, -ise [,di:'mɪlɪtəraɪz] *vt* desmilitarizar.

demilitarized zone, demilitarised zone [,di:'mɪlɪtəraɪzd-] *n* zona *f* desmilitarizada.

demimonde [,demɪ'mɒnd] *n* mujeres *fpl* de vida alegre.

demise [dɪ'maɪz] ◇ *n fml* **- 1.** [death] defunción *f*, fallecimiento *m*. **- 2.** [end] hundimiento *m*. **- 3.** [of an estate] traspaso *m*. ◇ *vt* **- 1.** [lease] traspasar. **- 2.** [bequeath] legar.

demist [,di:'mɪst] *vt Br* desempañar.

demister [,di:'mɪstə'] *n Br* AUT dispositivo *m* antivaho, luneta *f* térmica.

demitasse ['demɪtæs] *n* tacita *f* de café.

demo ['deməʊ] (*abbr of* **demonstration**) *n inf* mani *f*.

demob [,di:'mɒb] (*pt & pp* **demobbed**, *cont* **demobbing**) *Br* ◇ *vt inf* desmovilizar. ◇ *n* desmovilización *f*. ◇ *comp*: **~ suit** ropas *fpl* civiles OR de civil.

demobilization [di:,məʊbɪlaɪ'zeɪʃn] *n* desmovilización *f*.

demobilize, -ise [,di:'məʊbɪlaɪz] *vt* desmovilizar.

democracy [dɪ'mɒkrəsɪ] (*pl* **democracies**) *n* democracia *f*.

democrat ['deməkræt] *n* demócrata *mf*.
◆ **Democrat** *n* [in US] demócrata *mf*.

democratic [,demə'krætɪk] *adj* democrático(ca).
◆ **Democratic** *adj* [in US] demócrata.

democratically [,demə'krætɪklɪ] *adv* democráticamente.

Democratic Party *n* [in US] Partido *m* Demócrata (de Estados Unidos).

democratization [dɪ,mɒkrətaɪ'zeɪʃn] *n* democratización *f*.

democratize, -ise [dɪ'mɒkrətaɪz] *vt* democratizar.

demodulate [,di:'mɒdjʊleɪt] *vt* producir demodulaciones.

demographic [,demə'græfɪk] *adj* demográfico(ca).
◆ **demographics** *n* (U) datos *mpl* demográficos.

demography [dɪ'mɒgrəfɪ] *n* demografía *f*.

demolish [dɪ'mɒlɪʃ] *vt* **- 1.** [building] demoler; [argument, myth] destrozar. **- 2.** *inf* [eat] zamparse.

demolition [,demə'lɪʃn] *n* [of building] demolición *f*; [of argument, myth] destrucción *f*.

demon ['di:mən] ◇ *n* demonio *m*, diablo *m*. ◇ *comp inf* fenomenal.

demonetization [,di:,mʌnɪtaɪ'zeɪʃn] *n* desmonetización *f*.

demoniac [dɪ'məʊnɪæk] *adj* **- 1.** [possessed] endemoniado(da). **- 2.** [fiendish] demoniaco(ca), demoníaco(ca).

demonic [di:'mɒnɪk] *adj* demoniaco(ca), demoníaco(ca).

demonstrable [dɪ'mɒnstrəbl] *adj* demostrable.

demonstrably [dɪ'mɒnstrəblɪ] *adv* [better, different] decididamente.

demonstrate ['demənstreɪt] ◇ *vt* **- 1.** [prove] demostrar. **- 2.** [show] hacer una demostración de. ◇ *vi* manifestarse; **to ~ for/against sthg** manifestarse a favor/en contra de algo.

demonstration [,demən'streɪʃn] *n* **- 1.** [of machine, product] demostración *f*. **- 2.** [public meeting] manifestación *f*.

demonstrative [dɪ'mɒnstrətɪv] ◇ *adj* **- 1.** [expressive] efusivo(va), expresivo(va). **- 2.** GRAMM demostrativo(va). ◇ *n* demostrativo *m*.

demonstrator ['demənstreɪtə'] *n* **- 1.** [in march] manifestante *mf*. **- 2.** [of machine, product] *persona que hace demostraciones.*

demoralization [dɪ,mɒrəlaɪ'zeɪʃn] *n* desmoralización *f*.

demoralize, -ise [dɪ'mɒrəlaɪz] *vt* desmoralizar.

demoralized [dɪ'mɒrəlaɪzd] *adj* desmoralizado(da).

demote [,di:'məʊt] *vt* descender de categoría.

demotic [dɪ'mɒtɪk] *adj* **- 1.** [of the people] popular. **- 2.** LING demótico(ca).
◆ **Demotic** *n* griego *m* demótico.

demotion [dɪ'məʊʃn] *n* descenso *m* de categoría.

demotivate [,di:'məʊtɪveɪt] *vt* desmotivar.

demount [,di:'maʊnt] *vt* desmontar, desarmar.

demur [dɪ'mɜ:'] (*pt & pp* **demurred**, *cont* **demurring**) ◇ *vi* **- 1.** *fml* [object] hacer objeciones. **- 2.** JUR alegar excepción perentoria. ◇ *n* objeción *f*.

demure [dɪ'mjʊə'] *adj* **- 1.** [modest] recatado(da); [reserved] comedido(da). **- 2.** *pej* [coy] remilgado(da).

demurely [dɪ'mjʊəlɪ] *adv* **- 1.** [modestly] recatadamente, con recato; [reservedly] comedidamente, con comedimiento. **- 2.** *pej* [coyly] de un modo remilgado.

demystification ['di:,mɪstɪfɪ'keɪʃn] *n* aclaración *f*, elucidación *f*.

demystify [,di:'mɪstɪfaɪ] (*pt & pp* **demystified**) *vt* arrojar luz sobre.

demythologize, -ise [,di:mɪ'θɒlədʒaɪz] *vt* desmitificar.

den [den] *n* **- 1.** [lair] guarida *f*. **- 2.** [room, study] estudio *m*.

denationalization ['di:,næʃnəlaɪ'zeɪʃn] *n* privatización *f*, desnacionalización *f*.

denationalize, -ise [,di:'næʃnəlaɪz] *vt* privatizar, desnacionalizar.

denaturalize, -ise [,di:'nætʃrəlaɪz] *vt* desnaturalizar.

denature [,di:'neɪtʃə'] *vt* desnaturalizar.

deniable [dɪ'naɪəbl] *adj* discutible, negable.

denial [dɪ'naɪəl] *n* **- 1.** [refutation] negación *f*, rechazo *m*. **- 2.** [refusal] denegación *f*.

denier ['denɪə', də'nɪə'] *n* denier *m*.

denigrate ['denɪgreɪt] *vt* desacreditar.

denigration [denɪ'greɪʃn] *n* denigración *f*.

denigrator ['denɪgreɪtə'] *n* difamador *m*, -ra *f*, denigrador *m*, -ra *f*.

denim ['denɪm] ◇ *n* tela *f* vaquera. ◇ *comp* vaquero(ra); **~ jacket** cazadora *f* vaquera.
◆ **denims** *npl* (pantalones *mpl*) vaqueros *mpl*.

denizen ['denɪzn] *n literary & hum* morador *m*, -ra *f*.

Denmark ['denmɑ:k] *n* Dinamarca.

denominate [dɪ'nɒmɪneɪt] *vt* denominar.

denomination [dɪ,nɒmɪ'neɪʃn] *n* **- 1.** [religious group] confesión *f*. **- 2.** [of money] valor *m*. **- 3.** *fml* [designation] denominación *f*, clasificación *f*.

denominational [dɪ,nɒmɪ'neɪʃənl] *adj* confesional.

denominator [dɪ'nɒmɪneɪtə'] *n* denominador *m*.

denotation [di:nəʊ'teɪʃn] *n* **- 1.** [indication] indicación *f*, denotación *f*. **- 2.** [meaning] significado *m*.

denotative [dɪ'nəʊtətɪv] *adj fml* revelador(ra).

denote [dɪ'nəʊt] *vt* denotar.

denouement [deɪ'nu:mɒn] *n* desenlace *m*.

denounce [dɪ'naʊns] *vt* denunciar.

denouncement [dɪ'naʊnsmənt] *n* denuncia *f*.

dense [dens] *adj* **- 1.** [gen] denso(sa); [trees] tupido(da). **- 2.** *inf* [stupid] bruto(ta).

densely ['dɛnslɪ] *adv* densamente.

denseness ['dɛnsnɪs] *n* - **1.** [thickness] densidad *f.* - **2.** *inf* [stupidity] torpeza *f*, estupidez *f.*

densitometer [,dɛnsɪ'tɒmɪtəʳ] *n* densitómetro *m.*

density ['dɛnsətɪ] (*pl* **densities**) *n* densidad *f.*

dent [dɛnt] ◇ *n* - **1.** [on car] abolladura *f*; [in wall] melladura *f.* - **2.** *fig* [reduction]: **make a ~ in one's savings** hacer estragos en la economía de uno. ◇ *vt* [car] abollar; [wall] mellar.

dental ['dɛntl] *adj* dental.

dental floss *n* hilo *m* OR seda *f* dental.

dental hygienist *n* higienista *mf* dental.

dental plate *n* [dentures] dentadura *f* postiza.

dental surgeon *n* odontólogo *m*, -ga *f.*

dental surgery *n* - **1.** [activity] odontología *f*, cirugía *f* dental. - **2.** *Br* [office] consulta *f* de dentista.

dental treatment *n* cirugía *f* dental.

dented ['dɛntɪd] *adj* [car] abollado(da); [wall] mellado(da).

dentifrice ['dɛntɪfrɪs] *n* fml dentífrico *m.*

dentine ['dɛntiːn], **dentin** ['dɛntɪn] *n* dentina *f.*

dentist ['dɛntɪst] *n* dentista *mf*; **to go to the ~'s** ir al dentista.

dentistry ['dɛntɪstrɪ] *n* odontología *f.*

dentition [dɛn'tɪʃn] *n* dentición *f.*

dentures ['dɛntʃəz] *npl* dentadura *f* postiza.

denuclearize, -ise [diː'njuːklɪəraɪz] *vt* desnuclearizar.

denude [dɪ'njuːd] *vt fml*: **to ~ sthg (of)** despojar algo (de).

denunciation [dɪ,nʌnsɪ'eɪʃn] *n* denuncia *f*, condena *f.*

deny [dɪ'naɪ] (*pt & pp* **denied**) *vt* - **1.** [refute] negar, rechazar; **to ~ doing sthg** negar haber hecho algo. - **2.** *fml* [refuse]: **to ~ sb sthg** denegar algo a alguien; **to ~ o.s. sthg** privarse de algo. - **3.** *arch* [repudiate] repudiar.

deodorant [diː'əʊdərənt] *n* desodorante *m.*

deodorize, -ise [diː'əʊdəraɪz] *vt* desodorizar.

deodorizer [diː'əʊdəraɪzəʳ] *n* desodorante *m.*

deontology [diːɒn'tɒlədʒɪ] *n* deontología *f.*

deoxidize, -ise [diː'ɒksɪdaɪz] *vt* desoxidar, desoxigenar.

deoxyribonucleic acid ['diːɒksɪ,raɪbəʊnjuː'kliːɪk-] *n* ácido *m* desoxirribonucleico.

depart [dɪ'paːt] ◇ *vi fml* - **1.** [leave]: **to ~ (from)** salir (de); **this train will ~ from Platform 2** este tren efectuará su salida por la vía 2. - **2.** [differ]: **to ~ from sthg** apartarse de algo. ◇ *vt fml*: **to ~ this life** OR **world** pasar a mejor vida.

departed [dɪ'paːtɪd] *fml* ◇ *adj* difunto(ta). ◇ *n*: **the ~** los difuntos.

department [dɪ'paːtmənt] *n* - **1.** [gen] departamento *m.* - **2.** [in government] ministerio *m.* - **3.** *fig* [field, responsibility] competencia *f*; **that is not my ~** eso no es de mi competencia.

departmental [,diːpaːt'mɛntl] *adj* [gen] departamental; [head, secretary] del departamento.

departmentalize, -ise [dɪ,paːt'mɛntəlaɪz] *vt* dividir en departamentos, compartimentar.

department store *n* grandes almacenes *mpl.*

departure [dɪ'paːtʃəʳ] *n* - **1.** [of train, plane] salida *f*; [of person] marcha *f.* - **2.** [change]: **~ (from)** abandono *m* (de); **a new ~** un nuevo enfoque.

departure lounge *n* [in airport] sala *f* de embarque; [in coach station] vestíbulo *m* de salidas.

depend [dɪ'pɛnd] *vi*: **to ~ on** depender de; **can we ~ on your help?** ¿podemos contar con tu ayuda?; **you can ~ on it!** ¡puedes estar seguro!; **you can ~ on me** puedes confiar en mí; **it ~s** depende; **~ing on** según, dependiendo de.

dependability [dɪ,pɛndə'bɪlətɪ] *n* fiabilidad *f.*

dependable [dɪ'pɛndəbl] *adj* fiable.

dependant, dependent *Am* [dɪ'pɛndənt] *n* persona dependiente del cabeza de familia.

dependence [dɪ'pɛndəns] *n*: **~ (on)** dependencia *f* (de); **drug ~** drogodependencia *f.*

dependency [dɪ'pɛndənsɪ] (*pl* **dependencies**) *n* dependencias *fpl.*

dependent [dɪ'pɛndənt] ◇ *adj* - **1.** [gen]: **to be ~ (on)** depender (de). - **2.** [addicted] adicto(ta). - **3.** GRAMM [clause] subordinado(da). ◇ *n Am* = **dependant**.

depersonalize, -ise [diː'pɜːsnəlaɪz] *vt* despersonalizar.

depict [dɪ'pɪkt] *vt* - **1.** [in picture] representar, retratar. - **2.** [describe]: **to ~ sthg/sb as sthg** describir algo/a alguien como algo.

depiction [dɪ'pɪkʃn] *n* - **1.** [picture] representación *f.* - **2.** [description] descripción *f.*

depilatory [dɪ'pɪlətrɪ] (*pl* **depilatories**) ◇ *adj* depilador(ra), depilatorio(ria). ◇ *n* crema *f* depilatoria.

deplane [diː'pleɪn] *vi* bajar OR desembarcar del avión.

deplete [dɪ'pliːt] *vt* mermar, reducir.

depletion [dɪ'pliːʃn] *n* merma *f*, reducción *f.*

deplorable [dɪ'plɔːrəbl] *adj* deplorable.

deplorably [dɪ'plɔːrəblɪ] *adv* deplorablemente, de un modo deplorable OR lamentable.

deplore [dɪ'plɔːʳ] *vt* deplorar.

deploy [dɪ'plɔɪ] ◇ *vt* desplegar. ◇ *vi* desplegarse.

deployment [dɪ'plɔɪmənt] *n* despliegue *m.*

depolarize, -ise [diː'pəʊləraɪz] *vt* despolarizar.

depoliticize, -ise [diːpə'lɪtɪsaɪz] *vt* despolitizar.

depopulate [diː'pɒpjʊleɪt] *vt* despoblar.

depopulated [diː'pɒpjʊleɪtɪd] *adj* despoblado(da).

depopulation [diː,pɒpjʊ'leɪʃn] *n* despoblación *f.*

deport [dɪ'pɔːt] *vt* - **1.** [expel] deportar. - **2.** *fml* [behave] portarse, comportarse.

deportation [diːpɔː'teɪʃn] *n* deportación *f.*

deportation order *n* orden *f* de deportación.

deportee [,diːpɔː'tiː] *n* deportado *m*, -da *f.*

deportment [dɪ'pɔːtmənt] *n* fml [behaviour] comportamiento *m*, conducta *f.*

depose [dɪ'pəʊz] ◇ *vt* - **1.** [remove from office] deponer. - **2.** [testify] deponer, atestiguar. ◇ *vi* testificar.

deposit [dɪ'pɒzɪt] ◇ *n* - **1.** GEOL yacimiento *m.* - **2.** [sediment] poso *m*, sedimento *m.* - **3.** [payment into bank] ingreso *m*, imposición *f*; **to make a ~** hacer un ingreso. - **4.** [down payment - on house, car] entrada *f*; [- on hotel room] señal *f*, adelanto *m*; [- on hired goods] fianza *f*, enganche *m* Amér; [- on bottle] dinero *m* del envase OR casco. ◇ *vt* - **1.** [put down] depositar. - **2.** [in bank] ingresar. - **3.** [subj: liquid, river] depositar, sedimentar. - **4.** [make down payment] dar de entrada.

deposit account *n Br* cuenta *f* de ahorro a plazo fijo.

deposition [,dɛpə'zɪʃn] *n* - **1.** [testimony] declaración *f*, testimonio *f.* - **2.** [removal from office] deposición *f*, destitución *f.*

depositor [də'pɒzɪtəʳ] *n* impositor *m*, -ra *f*, depositante *mf.*

depository [də'pɒzɪtrɪ] (*pl* **depositories**) *n* [store] depositaria *f*, almacén *m.*

depot [sense 1 & 2 'dɛpəʊ, sense 3 'diːpəʊ] *n* - **1.** [storage facility] almacén *m*; [for buses] cochera *f.* - **2.** *Am* [bus or train terminus] terminal *f*, estación *f.* - **3.** *Br* [barracks] cuartel *m.*

depravation [,dɛprə'veɪʃn] *n* depravación *f.*

deprave [dɪ'preɪv] *vt* depravar.

depraved [dɪ'preɪvd] *adj* depravado(da).

depravity [dɪ'prævətɪ] *n* depravación *f.*

deprecate ['dɛprɪkeɪt] *vt* censurar.

deprecating ['dɛprɪkeɪtɪŋ] *adj* desaprobatorio(ria).

deprecation [,dɛprɪ'keɪʃn] *n* desaprobación *f*, reprobación *f.*

deprecatory ['dɛprɪkətrɪ] *adj* = **deprecating**.

depreciate [dɪ'priːʃɪeɪt] ◇ *vt* - **1.** FIN depreciar. - **2.** [disparage] despreciar, menospreciar. ◇ *vi* depreciarse.

depreciation [dɪ,priːʃɪ'eɪʃn] *n* - **1.** FIN depreciación *f.* - **2.** [disparagement] desprecio *m*, menosprecio *m.*

depredation [ˌdeprɪ'deɪʃn] *n fml* depredación *f*, pillaje *m*.

depress [dɪ'pres] *vt* - **1.** [person] deprimir. - **2.** [economy] desactivar. - **3.** [price, share value] reducir. - **4.** *fml* [press down] deprimir, presionar.

depressant [dɪ'presənt] *n* sedante *m*.

depressed [dɪ'prest] *adj* deprimido(da).

depressing [dɪ'presɪŋ] *adj* deprimente.

depressingly [dɪ'presɪŋlɪ] *adv*: **unemployment is ~ high** resulta deprimente lo alta que es la tasa de desempleo.

depression [dɪ'preʃn] *n* - **1.** [gen & ECON] depresión *f*. - **2.** [hollow, indentation] hueco *m*.
◆ **Depression** *n* ECON: **the (Great) Depression** la Gran Depresión.

depressive [dɪ'presɪv] ◇ *adj* depresivo(va). ◇ *n* depresivo *m*, -va *f*.

depressor [dɪ'presəʳ] *n* depresor *m*.

depressurization [diːˌpreʃəraɪ'zeɪʃn] *n* descompresión *f*.

depressurize, -ise [diːˈpreʃəraɪz] *vt* descomprimir.

deprivation [ˌdeprɪ'veɪʃn] *n* - **1.** [poverty] miseria *f*. - **2.** [lack] privación *f*.

deprive [dɪ'praɪv] *vt*: **to ~ sb of sthg** privar a alguien de algo.

deprived [dɪ'praɪvd] *adj* [children, childhood] necesitado(da); [area] deprimido(da), pobre.

deprogram [diː'prəʊɡræm] (*pt & pp* **programmed**, *cont* **deprogramming**) *vt* desprogramar.

dept. *written abbr of* **department**.

depth [depθ] *n* - **1.** [gen] profundidad *f*; **in ~** a fondo; **to be out of one's ~** [in water] perder pie; **he was out of his ~ with that job** *fig* ese trabajo le venía grande. - **2.** [of colour] intensidad *f*. - **3.** [of understanding, hatred] alcance *m*.
◆ **depths** *npl*: **the ~s** [of the sea] las profundidades; **in the ~s of winter** en pleno invierno; **to be in the ~s of despair** estar en un abismo de desesperación.

depth charge *n* carga *f* de profundidad.

deputation [ˌdepjʊ'teɪʃn] *n* delegación *f*, representación *f*.

deputize, -ise ['depjʊtaɪz] *vi*: **to ~ (for)** actuar en representación (de). ◇ *vt* diputar.

deputy ['depjʊtɪ] (*pl* **deputies**) ◇ *adj*: **~ head** subdirector *m*, -ra *f*; **~ chairman/president** vicepresidente *m*; **~ manager** director adjunto *m*, directora adjunta *f*. ◇ *n* - **1.** [second-in-command] asistente *mf*, suplente *mf*. - **2.** *Am* [deputy sheriff] ayudante *mf* del sheriff. - **3.** [elected representative] diputado *m*, -da *f*.

derail [dɪ'reɪl] *vt & vi* [train] descarrilar.

derailment [dɪ'reɪlmənt] *n* descarrilamiento *m*.

derange [dɪ'reɪndʒ] *vt* - **1.** [throw into disorder] desordenar. - **2.** [drive insane] enloquecer.

deranged [dɪ'reɪndʒd] *adj* perturbado(da), trastornado(da).

derangement [dɪ'reɪndʒmənt] *n* - **1.** [disorder] desorden *m*, desarreglo *m*. - **2.** [mental illness] trastorno *m* mental.

derby [*Br* 'dɑːbɪ, *Am* 'dɜːbɪ] (*pl* **derbies**) *n* - **1.** [sports event] derby *m* (local). - **2.** *Am* [hat] bombín *m*, sombrero *m* hongo.

deregulate [diːˈreɡjʊleɪt] *vt* liberalizar.

deregulation [diːˌreɡjʊ'leɪʃn] *n* liberalización *f*.

derelict ['derəlɪkt] ◇ *adj* - **1.** [abandoned] abandonado(da). - **2.** [negligent] negligente. ◇ *n* - **1.** [vagrant] vagabundo *m*, -da *f*. - **2.** NAUT derelicto *m*.

dereliction [ˌderə'lɪkʃn] *n Br* [negligence]: **~ of duty** negligencia *f* en el cumplimiento del deber.

derestrict [ˌdiːrɪ'strɪkt] *vt Br*: **to ~ a road** suprimir el límite de velocidad en una carretera.

deride [dɪ'raɪd] *vt* mofarse de.

derision [dɪ'rɪʒn] *n* mofa *f*, burla *f*.

derisive [dɪ'raɪsɪv] *adj* burlón(ona).

derisively [dɪ'raɪsɪvlɪ] *adv* burlonamente, en tono de burla.

derisory [də'raɪzərɪ] *adj* - **1.** [puny, trivial] irrisorio(ria). - **2.** [derisive] burlón(ona).

derivation [ˌderɪ'veɪʃn] *n* [of word] origen *m*.

derivative [dɪ'rɪvətɪv] ◇ *adj* - **1.** [gen] derivado(da). - **2.** *pej* [unoriginal] carente de originalidad. ◇ *n* GRAMM & CHEM derivado *m*; MATH derivada *f*.
◆ **derivatives** *npl* FIN derivados *mpl*.

derive [dɪ'raɪv] ◇ *vt* - **1.** [draw, gain]: **to ~ sthg from sthg** encontrar algo en algo. - **2.** [come]: **to be ~d from** derivar de. ◇ *vi*: **to ~ from** derivar de.

derma ['dɜːmə] *n* = **dermis**.

dermatitis [ˌdɜːmə'taɪtɪs] *n* dermatitis *f inv*.

dermatologist [ˌdɜːmə'tɒlədʒɪst] *n* dermatólogo *m*, -ga *f*.

dermatology [ˌdɜːmə'tɒlədʒɪ] *n* dermatología *f*.

dermatosis [ˌdɜːmə'təʊsɪs] (*pl* **dermatoses** [-siːz]) *n* dermatosis *f inv*.

dermis ['dɜːmɪs] *n* dermis *f inv*.

derogate ['derəɡeɪt] ◇ *vt* - **1.** *fml* [disparage] menospreciar. - **2.** JUR derogar. ◇ *vi fml*: **to ~ from** atentar contra.

derogation [ˌderə'ɡeɪʃn] *n* - **1.** *fml* [disparagement] menosprecio *m*. - **2.** JUR derogación *f*.

derogatorily [dɪ'rɒɡətrəlɪ] *adv* despectivamente, de un modo despectivo.

derogatory [dɪ'rɒɡətrɪ] *adj* despectivo(va).

derrick ['derɪk] *n* - **1.** [crane] grúa *f*. - **2.** [over oil well] torre *f* de perforación.

derring-do [ˌderɪŋ'duː] *n* valor *m*, intrepidez *f*.

derv [dɜːv] *n Br* gasóleo *m*, gasoil *m*.

dervish ['dɜːvɪʃ] *n* derviche *m*.

DES (*abbr of* **Department of Education and Science**) *n* antiguo ministerio británico de Educación y Ciencia.

desalinate [ˌdiː'sælɪneɪt] *vt* desalar.

desalination [ˌdiːˌsælɪ'neɪʃn] ◇ *n* desalinización *f*. ◇ *comp*: **~ plant** planta desalinizadora.

desalt [ˌdiː'sɔːlt] *vt* desalar.

descant ['deskænt] *n* contrapunto *m*.

descend [dɪ'send] ◇ *vt fml* [go down] descender por. ◇ *vi* - **1.** *fml* [go down] descender. - **2.** [subj: silence, gloom]: **to ~ (on sthg/sb)** invadir (algo/a alguien). - **3.** [arrive]: **to ~ on sb** presentarse en casa de alguien. - **4.** [stoop]: **to ~ to sthg/to doing sthg** rebajarse a algo/a hacer algo. - **5.** [pass on by inheritance] transmitirse por herencia.

descendant [dɪ'sendənt] *n* descendiente *mf*.

descended [dɪ'sendɪd] *adj*: **to be ~ from** ser descendiente de, descender de.

descender [dɪ'sendəʳ] *n* TYPO asta *f* descendente.

descending [dɪ'sendɪŋ] *adj*: **in ~ order** en orden descendente OR decreciente.

descent [dɪ'sent] *n* - **1.** [downward movement] descenso *m*, bajada *f*. - **2.** [origin] ascendencia *f*. - **3.** [downward slope] pendiente *f*. - **4.** [succession, transmission] sucesión *f*.

describe [dɪ'skraɪb] *vt* describir.

description [dɪ'skrɪpʃn] *n* - **1.** [account] descripción *f*; **beyond ~** indescriptible. - **2.** [type]: **of all ~s** de todas clases.

descriptive [dɪ'skrɪptɪv] *adj* descriptivo(va).

descriptor [dɪ'skrɪptəʳ] *n* COMPUT descriptor *m*.

descry [dɪ'skraɪ] (*pt & pp* **descried**) *vt literary* divisar, vislumbrar.

desecrate ['desɪkreɪt] *vt* profanar.

desecration [ˌdesɪ'kreɪʃn] *n* profanación *f*.

desegregate [ˌdiː'seɡrɪɡeɪt] *vt* abolir la segregación racial en.

desegregation [ˌdiːseɡrɪ'ɡeɪʃn] *n* abolición *f* de la segregación racial.

deselect [ˌdiːsɪ'lekt] *vt Br* no reelegir como candidato (como candidata).

desensitize, -ise [ˌdiː'sensɪtaɪz] *vt* [gen] insensibilizar, PHOT desensibilizar.

desensitizer [ˌdiː'sensɪtaɪzəʳ] *n* - **1.** PHYSIOL & MED desensibilizante *m*. - **2.** PHOT desensibilizador *m*.

desert [*n* 'dezət, *vb & npl* dɪ'zɜːt] ◇ *n* - **1.** GEOGR desierto *m*. - **2.** [boring place]: **(cultural) ~** páramo *m* cultural. ◇ *comp* [area, plant, sand] desértico(ca); ~ **heat** calor *m* desértico. ◇ *vt* abandonar. ◇ *vi* MIL desertar.

◆ **deserts** *npl*: **to get one's just** ~**s** llevarse uno su merecido.

desert boots ['dezət-] *npl botas* de ante con cordones.

deserted [dɪ'zɜːtɪd] *adj* abandonado(da).

deserter [dɪ'zɜːtə'] *n* desertor *m*, -ra *f*.

desertion [dɪ'zɜːʃn] *n* - **1.** [gen] abandono *m*. - **2.** MIL deserción *f*.

desert island ['dezət-] *n* isla *f* desierta.

desert rat ['dezət-] *n* - **1.** ZOOL jerbo *m*, gerbo *m*. - **2.** *Br* MIL *soldado británico que luchó en África del Norte durante la Segunda Guerra Mundial.*

deserve [dɪ'zɜːv] *vt* merecer, ameritar *Amér;* **he** ~**s everything he gets** lo tiene bien merecido; **to** ~ **to do sthg** merecer hacer algo.

deserved [dɪ'zɜːvd] *adj* merecido(da).

deservedly [dɪ'zɜːvɪdlɪ] *adv* merecidamente.

deserving [dɪ'zɜːvɪŋ] *adj* meritorio(ria), encomiable; ~ **of** *fml* merecedor(ra) de.

deshabille ['dezæbiːl] *n*: **in** ~ en ropa de andar por casa.

desiccate ['desɪkeɪt] ◇ *vt* desecar. ◇ *vi* desecarse.

desiccated ['desɪkeɪtɪd] *adj* desecado(da).

desideratum [dɪˌzɪdə'rɑːtəm] (*pl* **desiderata** [-tə]) *n (usu pl)* desideratum *m*.

design [dɪ'zaɪn] ◇ *n* - **1.** [gen] diseño *m*; [of garment] corte *m*; ARCHIT proyecto *m*. - **2.** [pattern] dibujo *m*. - **3.** *fml* [intention] designio *m*, intención *f*; **by** ~ adrede □ **to have** ~**s on** tener las miras puestas en. ◇ *vt* - **1.** [draw plans for] diseñar. - **2.** [plan, prepare] concebir. ◇ *comp*: ~ **award** premio *m* de diseño; ~ **department** departamento *m* de diseño OR proyectos; ~ **engineer** proyectista *mf*; ~ **studio** estudio *m* de diseño.

designate [*vb* 'dezɪgneɪt, *adj* 'dezɪgnət] ◇ *adj* designado(da). ◇ *vt* - **1.** [appoint, name] designar, nombrar; **to** ~ **sb as sthg/to do sthg** designar a alguien algo/para hacer algo. - **2.** [indicate, signify] indicar.

designation [ˌdezɪg'neɪʃn] *n fml* [name] denominación *f*.

designedly [dɪ'zaɪnɪdlɪ] *adv* a propósito, intencionalmente.

designer [dɪ'zaɪnə'] ◇ *adj* [clothes] de diseño; [glasses] de marca; ~ **drug** droga *f* de diseño; ~ **stubble** barba *f* de dos días muy a la moda. ◇ *n* [gen] diseñador *m*, -ra *f*; THEATRE escenógrafo *m*, -fa *f*.

designing [dɪ'zaɪnɪŋ] *adj* intrigante.

desirability [dɪˌzaɪərə'bɪlətɪ] *n* - **1.** [attractiveness] atractivo *m*. - **2.** [advisability] conveniencia *f*.

desirable [dɪ'zaɪərəbl] *adj* - **1.** [attractive] atractivo(va), apetecible. - **2.** [appropriate] deseable, conveniente.

desire [dɪ'zaɪə'] ◇ *n*: ~ **(for sthg/to do sthg)** deseo *m* (de algo/de hacer algo); **I have no** ~ **to go back there** no tengo ningunas ganas de volver por allí. ◇ *vt* desear; **it leaves a lot to be** ~**d** deja mucho que desear.

desirous [dɪ'zaɪərəs] *adj fml*: ~ **of sthg/of doing sthg** deseoso(sa) de algo/de hacer algo.

desist [dɪ'zɪst] *vi fml*: **to** ~ **(from doing sthg)** desistir (de hacer algo).

desk [desk] ◇ *n* - **1.** [gen] mesa *f*, escritorio *m*; [in school] pupitre *m*. - **2.** [service area] mostrador *m*. ◇ *comp*: ~ **blotter** carpeta *f*, cartapacio *m*.

desk clerk *n Am* recepcionista *mf*.

desk editor *n* redactor *m*, -ra *f* (de sección).

deskill [ˌdiː'skɪl] *vt* - **1.** [job, process] mecanizar. - **2.** [worker] desaprovechar las cualidades de.

desk lamp *n* flexo *m*, lámpara *f* de mesa.

desktop (computer) ['desktɒp] *n* ordenador *m* de mesa.

desktop publishing *n* COMPUT autoedición *f* de textos.

desolate [*adj* 'desələt, *vb* 'desəleɪt] ◇ *adj* [place, person] desolado(da); [feeling] desolador(ra). ◇ *vt* - **1.** [area, place - devastate] desolar, asolar; [- depopulate] despoblar. - **2.** [person] desconsolar.

desolation [ˌdesə'leɪʃn] *n* desolación *f*.

despair [dɪ'speə'] ◇ *n* desesperación *f*; **in** ~ desesperadamente, con desesperación. ◇ *vi* desesperarse; **to** ~ **of sb** desesperarse con alguien; **to** ~ **of sthg/doing sthg** desesperar de algo/hacer algo.

despairing [dɪ'speərɪŋ] *adj* desesperado(da).

despairingly [dɪ'speərɪŋlɪ] *adv* con desesperación.

despatch [dɪ'spætʃ] *n & vt* = **dispatch**.

desperado [ˌdespə'rɑːdəʊ] (*pl* **desperadoes** OR **desperados**) *n* forajido *m*, -da *f*.

desperate ['desprət] *adj* desesperado(da); **to be** ~ **for sthg** necesitar desesperadamente algo.

desperately ['desprətlɪ] *adv* - **1.** [want, fight, love] desesperadamente. - **2.** [ill] gravemente; [poor, unhappy, shy] tremendamente.

desperation [ˌdespə'reɪʃn] *n* desesperación *f*; **in** ~ con desesperación.

despicable [dɪ'spɪkəbl] *adj* despreciable.

despicably [dɪ'spɪkəblɪ] *adv* [behave] de un modo despreciable OR vil.

despise [dɪ'spaɪz] *vt* despreciar.

despite [dɪ'spaɪt] *prep* a pesar de, pese a.

despoil [dɪ'spɔɪl] *vt fml* - **1.** [person] despojar. - **2.** [land, town] expoliar, saquear.

despoiler [dɪ'spɔɪlə'] *n fml* expoliador *m*, -ra *f*, saqueador *m*, -ra *f*.

despoliation [dɪˌspəʊlɪ'eɪʃn] *n fml* expoliación *f*.

despondence [dɪ'spɒndəns], **despondency** [dɪ'spɒndənsɪ] *n* desánimo *m*, desaliento *m*.

despondent [dɪ'spɒndənt] *adj* descorazonado(da).

despondently [dɪ'spɒndəntlɪ] *adv* descorazonadamente, con desaliento.

despot ['despɒt] *n* déspota *mf*.

despotic [de'spɒtɪk] *adj* despótico(ca).

despotism ['despətɪzm] *n* despotismo *m*.

dessert [dɪ'zɜːt] *n* postre *m*.

dessertspoon [dɪ'zɜːtspuːn] *n* - **1.** [spoon] cuchara *f* de postre. - **2.** = **dessertspoonful**.

dessertspoonful [dɪ'zɜːtspuːnˌfʊl] *n* cucharada *f* de (las de) postre.

dessert wine *n* vino *m* dulce.

destabilize, -ise [diː'steɪbɪlaɪz] *vt* desestabilizar.

destalinization [diːˌstɑːlɪnaɪ'zeɪʃn] *n* desestalinización *f*.

destination [ˌdestɪ'neɪʃn] *n* destino *m*.

destine ['destɪn] *vt* destinar.

destined ['destɪnd] *adj* - **1.** [fated, intended]: ~ **for sthg/to do sthg** destinado(da) a algo/a hacer algo. - **2.** [bound]: ~ **for** con destino a, rumbo a.

destiny ['destɪnɪ] (*pl* **destinies**) *n* destino *m*.

destitute ['destɪtjuːt] *adj* - **1.** [extremely poor] indigente, en la miseria. - **2.** *fml* [lacking]: ~ **of** desprovisto(ta) de, carente de.

destitution [ˌdestɪ'tjuːʃn] *n* indigencia *f*, miseria *f*.

destroy [dɪ'strɔɪ] *vt* - **1.** [gen] destruir. - **2.** [animal] matar, sacrificar.

destroyer [dɪ'strɔɪə'] *n* - **1.** [ship] destructor *m*. - **2.** [person or thing] destructor *m*, -ra *f*.

destruct [dɪ'strʌkt] *n destrucción deliberada de un vehículo espacial después del lanzamiento.*

destructibility [dɪˌstrʌktə'bɪlətɪ] *n* destructibilidad *f*.

destructible [dɪ'strʌktəbl] *adj* destructible.

destruction [dɪ'strʌkʃn] *n* destrucción *f*.

destructive [dɪ'strʌktɪv] *adj* [gen] destructivo(va); [influence] pernicioso(sa).

destructively [dɪ'strʌktɪvlɪ] *adv* destructivamente.

destructiveness [dɪ'strʌktɪvnɪs] *n* [of bomb, weapon] poder *m* de destrucción; [of criticism] destructividad *f*; [of person] tendencia *f* destructiva.

desulphurization *Br*, **desulfurization** *Am* [diːsʌlfjʊraɪ-ˈzeɪʃn] *n* desulfuración *f*.

desultory [ˈdesəltrɪ] *adj* [conversation] deslabazado(da); [attempt] tímido(da).

Det. *written abbr of* **Detective**.

detach [dɪˈtætʃ] *vt* - **1.** [pull off]: **to ~ sthg (from)** quitar OR separar algo (de). - **2.** [disassociate]: **to ~ o.s. from sthg** distanciarse de algo. - **3.** MIL destacar.

detachable [dɪˈtætʃəbl] *adj* [handle etc] de quita y pon; [collar] postizo(za); [part] desmontable.

detached [dɪˈtætʃt] *adj* - **1.** [objective] objetivo(va). - **2.** [aloof] indiferente. - **3.** [separate] separado(da), suelto(ta).

detached house *n* casa *f* OR chalet *m* individual.

detachment [dɪˈtætʃmənt] *n* - **1.** [aloofness] distanciamiento *m*. - **2.** MIL destacamento *m*. - **3.** [separation] separación *f*, desprendimiento *m*.

detail [*Br* ˈdiːteɪl, *Am* dɪˈteɪl] ◇ *n* - **1.** [small point] detalle *m*, pormenor *m*. - **2.** (U) [facts, points] detalles *mpl*; **to go into ~** entrar en detalles; **in ~** detalladamente, con detalle; **down to the last ~** con todo lujo de detalles, con pelos y señales. - **3.** MIL destacamento *m*. ◇ *vt* - **1.** [list] detallar. - **2.** MIL destacar.

◆ **details** *npl* [gen] información *f*; [personal] datos *mpl*.

detailed [*Br* ˈdiːteɪld, *Am* dɪˈteɪld] *adj* detallado(da).

detain [dɪˈteɪn] *vt* [gen] retener; [in police station] detener.

detainee [diːteɪˈniː] *n* preso político *m*, presa política *f*.

detainment [dɪˈteɪnmənt] *n* detención *f*.

detect [dɪˈtekt] *vt* [gen] detectar; [difference] notar, percibir.

detectable [dɪˈtektəbl] *adj* perceptible.

detection [dɪˈtekʃn] (U) *n* - **1.** [gen] detección *f*. - **2.** [of crime] investigación *f*; [of drugs] hallazgo *m*.

detective [dɪˈtektɪv] *n* [private] detective *mf*; [policeman] agente *mf*.

detective novel *n* novela *f* policíaca.

detector [dɪˈtektəʳ] *n* detector *m*.

detector van *n Br* vehículo provisto de radar para detectar la señal de televisores que carecen de licencia.

detent [dɪˈtent] *n* trinquete *m*.

détente [deɪˈtɒnt] *n* POL distensión *f*.

detention [dɪˈtenʃn] *n* - **1.** [of suspect, criminal] detención *f*, arresto *m*; **in ~** bajo arresto. - **2.** [at school] *castigo consistente en permanecer en la escuela después de clase*.

detention centre *Br*, **detention home** *Am n* centro *m* de internamiento de delincuentes juveniles.

deter [dɪˈtɜːʳ] (*pt & pp* **deterred**, *cont* **deterring**) *vt* - **1.** [discourage]: **to ~ sb (from doing sthg)** disuadir a alguien (de hacer algo). - **2.** [prevent] impedir.

detergent [dɪˈtɜːdʒənt] *n* detergente *m*.

deteriorate [dɪˈtɪərɪəreɪt] *vi* [health, economy] deteriorarse; [weather] empeorar.

deterioration [dɪˌtɪərɪəˈreɪʃn] *n* [of health, economy] deterioro *m*; [of weather] empeoramiento *m*.

determinable [dɪˈtɜːmɪnəbl] *adj* determinable.

determinant [dɪˈtɜːmɪnənt] *n* factor *m* determinante.

determinate [dɪˈtɜːmɪneɪt] *adj* - **1.** [given] determinado(da). - **2.** [final] definitivo(va).

determination [dɪˌtɜːmɪˈneɪʃn] *n* determinación *f*.

determinative [dɪˈtɜːmɪnətɪv] ◇ *adj* - **1.** [deciding] determinante. - **2.** GRAMM determinativo(va). ◇ *n* - **1.** [factor etc] elemento *m* determinante. - **2.** GRAMM determinante *m*.

determine [dɪˈtɜːmɪn] *vt* determinar; **to ~ to do sthg** *fml* determinar OR resolver hacer algo.

determined [dɪˈtɜːmɪnd] *adj* decidido(da), resuelto(ta); **~ to do sthg** decidido OR resuelto a hacer algo.

determiner [dɪˈtɜːmɪnəʳ] *n* GRAMM determinante *m*.

determining [dɪˈtɜːmɪnɪŋ] *adj* decisivo(va), determinante.

determinism [dɪˈtɜːmɪnɪzm] *n* determinismo *m*.

determinist [dɪˈtɜːmɪnɪst] ◇ *adj* determinista. ◇ *n* determinista *mf*.

deterministic [dɪˌtɜːmɪˈnɪstɪk] *adj* = **determinist**.

deterrence [dɪˈterəns] *n* disuasión *f*.

deterrent [dɪˈterənt] ◇ *adj* disuasorio(ria). ◇ *n* fuerza *f* disuasoria; **to act as a ~** servir como elemento disuasorio; **nuclear ~** armas *fpl* nucleares disuasorias.

detest [dɪˈtest] *vt* detestar.

detestable [dɪˈtestəbl] *adj* detestable.

detestation [diːteˈsteɪʃn] *n* aborrecimiento *m*.

dethrone [dɪˈθrəʊn] *vt* destronar.

detonate [ˈdetəneɪt] *vt & vi* detonar.

detonation [detəˈneɪʃn] *n* detonación *f*.

detonator [ˈdetəneɪtəʳ] *n* detonador *m*.

detour [ˈdiːtʊəʳ] ◇ *n* desviación *f*, desvío *m*; **to make a ~** dar un rodeo. ◇ *vt* desviar. ◇ *vi* desviarse.

detox [ˌdiːtɒks] *n inf* = **detoxification**.

detoxicate [ˌdiːtɒksɪkeɪt] *vt* = **detoxify**.

detoxification [ˌdiːtɒksɪfɪˈkeɪʃn], **detoxication** [ˈdiːtɒksɪˈkeɪʃn] ◇ *n* desintoxicación *f*. ◇ *comp*: **~ centre** centro *m* de desintoxicación.

detoxify [ˌdiːtɒksɪfaɪ] (*pt & pp* **detoxified**) *vt* desintoxicar.

detract [dɪˈtrækt] *vi*: **to ~ from sthg** [gen] mermar algo, aminorar algo; [achievement] restar importancia a algo.

detraction [dɪˈtrækʃn] *n* detracción *f*.

detractor [dɪˈtræktəʳ] *n* detractor *m*, -ra *f*.

detrain [diːˈtreɪn] ◇ *vt* hacer bajar de un tren. ◇ *vi* bajar de un tren.

detriment [ˈdetrɪmənt] *n*: **to the ~ of** en detrimento de.

detrimental [detrɪˈmentl] *adj* perjudicial.

detritus [dɪˈtraɪtəs] *n* - **1.** (U) *fml* [debris] desperdicios *mpl*. - **2.** GEOL detrito *m*, detritus *m inv*.

deuce [djuːs] *n* - **1.** (U) TENNIS deuce *m*, iguales *mpl* (a cuarenta). - **2.** [in cards, dice] dos *m*. - **3.** *inf dated* [as expletive]: **where the ~ were you?** ¿dónde diablos estabas?

deuced [djuːst] *adj inf dated* endemoniado(da), maldito(ta).

deuterium [djuːˈtɪərɪəm] *n* deuterio *m*.

Deuteronomy [djuːtəˈrɒnəmɪ] *n* Deuteronomio *m*.

Deutschmark [ˈdɔɪtʃmɑːk], **Deutsche Mark** *n* marco *m* alemán.

devaluate [diːˈvæljʊeɪt] *vt* devaluar, desvalorizar.

devaluation [diːvæljʊˈeɪʃn] *n* devaluación *f*.

devalue [diːˈvæljuː] *vt* - **1.** FIN devaluar. - **2.** [person, achievement] menospreciar, infravalorar.

devastate [ˈdevəsteɪt] *vt* - **1.** [area, city] devastar, asolar. - **2.** *fig* [person] desolar.

devastated [ˈdevəsteɪtɪd] *adj* - **1.** [area, city] devastado(da), asolado(da). - **2.** *fig* [person] desolado(da).

devastating [ˈdevəsteɪtɪŋ] *adj* - **1.** [hurricane etc] devastador(ra). - **2.** [remark, argument] abrumador(ra). - **3.** [news, experience] desolador(ra). - **4.** [charm, beauty] imponente, irresistible.

devastatingly [ˈdevəsteɪtɪŋlɪ] *adv* [as intensifier]: **~ beautiful** de una belleza arrolladora OR imponente.

devastation [devəˈsteɪʃn] *n* [destruction] devastación *f*.

develop [dɪˈveləp] ◇ *vt* - **1.** [land] urbanizar. - **2.** [illness] contraer, coger; [habit] adquirir; **to ~ a fault** fallar, estropearse. - **3.** [product] elaborar. - **4.** [idea, argument, resources] desarrollar. - **5.** PHOT revelar. ◇ *vi* - **1.** [grow] desarrollarse. - **2.** [appear] presentarse, darse.

developed [dɪˈveləpt] *adj* [film] revelado(da); [land] urbanizado(da); [country] desarrollado(da).

developer [dɪˈveləpəʳ] *n* - **1.** [of land] constructor *m*, -ra *f*. - **2.** [person]: **early/late ~** niño *m*, -ña *f* con desarrollo precoz/tardío. - **3.** PHOT [chemical] líquido *m* de revelado, revelador *m*.

developing [dɪˈveləpɪŋ] *adj* en desarrollo, en vías de desarrollo; **~ country** país *m* en vías de desarrollo.

development [dɪˈveləpmənt] (U) *n* - **1.** [growth] desarrollo *m*. - **2.** [of design, product] elaboración *f*. - **3.** [developed land] urbanización *f*. - **4.** [new event] (nuevo) acontecimiento *m*. - **5.** [in science etc] avance *m*. - **6.** [of illness] contracción *f*; [of fault] aparición *f*. - **7.** PHOT revelado *m*. ◇ *comp*: ~ **grant** subvención *f* para el desarrollo.

developmental [dɪˌveləp'mentl] *adj* de desarrollo.

development area *n Br* ≃ zona de urgente reindustrialización.

deviance ['diːvjəns], **deviancy** ['diːvjənsɪ] *n* desviación *f*.

deviant ['diːvjənt] ◇ *adj* [gen] irregular, anómalo(la); [sexually] pervertido(da). ◇ *n* pervertido *m*, -da *f*.

deviate ['diːvɪeɪt] *vi*: **to ~ from sthg** apartarse OR desviarse de algo.

deviation [ˌdiːvɪ'eɪʃn] *n* desviación *f*.

deviationist [ˌdiːvɪ'eɪʃənɪst] ◇ *adj* desviacionista. ◇ *n* desviacionista *mf*.

device [dɪ'vaɪs] *n* - **1.** [gadget] dispositivo *m*, mecanismo *m*; **to leave sb to their own ~s** *fig* [with nothing to do] dejar a alguien a su aire; [without help] dejar a alguien que se las componga solo. - **2.** *literary* [contrivance] estratagema *f*. - **3.** HERALDRY divisa *f*.

devil ['devl] (*Br pt & pp* **devilled**, *cont* **devilling**, *Am pt & pp* **deviled**, *cont* **deviling**) ◇ *n* diablo *m*, demonio *m*; **a ~ of a problem** un problema enorme; **little ~** diablillo *m*; **poor ~** pobre diablo; **you lucky ~!** ¡vaya suerte que tienes!; **who/where/why the ~...** ¿quién/dónde/por qué demonios... ❑ **between the ~ and the deep blue sea** entre la espada y la pared; **to give the ~ his due** dar a cada uno lo suyo; **go on, be a ~!** ¡vamos, atrévete! ◇ *vt* - **1.** *Am inf* [annoy] fastidiar, molestar. - **2.** CULIN condimentar mucho.

◆ **Devil** *n* [Satan]: **the Devil** el Diablo, el Demonio.

devilish ['devlɪʃ] *adj* [fiendish] diabólico(ca); [mischievous] travieso(sa).

devilishly ['devlɪʃlɪ] *adv* - **1.** [fiendishly] diabólicamente, de una manera diabólica; [mischievously] por travesura. - **2.** *inf & dated* [as intensifier] terriblemente, de lo más.

devil-may-care *adj* irresponsable.

devilment ['devlmənt] *n* [mischief] diablura *f*, travesura *f*.

devilry ['devlrɪ] *n* - **1.** [mischief] diablura *f*, travesura *f*. - **2.** [witchcraft] brujería *f*, magia *f* negra.

devil's advocate *n* abogado *m* del diablo.

devious ['diːvjəs] *adj* - **1.** [person, scheme] malévolo(la), retorcido(da); [means] dudoso(sa). - **2.** [route] sinuoso(sa), tortuoso(sa).

deviousness ['diːvjəsnɪs] *n* [dishonesty] falsedad *f*.

devise [dɪ'vaɪz] *vt* - **1.** [instrument, system] diseñar; [plan] trazar. - **2.** JUR legar, disponer de. ◇ *n* JUR legado *m*.

deviser [dɪ'vaɪzə'] *n* - **1.** [of plan] inventor *m*, -ra *f*. - **2.** [of scheme] autor *m*, -ra *f*, urdidor *m*, -ra *f*.

devisor [dɪ'vaɪzə'] *n* JUR testador *m*, -ra *f*.

devitalize, -ise [ˌdiː'vaɪtəlaɪz] *vt* debilitar, minar la vitalidad de.

devocalize, -ise [ˌdiː'vəukəlaɪz] *vt* ensordecer.

devoid [dɪ'vɔɪd] *adj fml*: **~ of** desprovisto(ta) de.

devolatilize, -ise [ˌdiːvɒ'lætɪlaɪz] *vt* extraer las sustancias volátiles de.

devolution [ˌdiːvə'luːʃn] *n* - **1.** POL ≃ autonomía *f*, ≃ traspaso *m* de competencias. - **2.** [of duty, power] delegación *f*. - **3.** [of property] transmisión *f*.

devolutionist [ˌdiːvə'luːʃnɪst] ◇ *adj* POL autonomista, descentralizador(ra). ◇ *n* partidario *m*, -ria *f* de la autonomía OR descentralización.

devolve [dɪ'vɒlv] ◇ *vi* - **1.** *fml* [duty, job]: **to ~ on OR upon** recaer en, transferirse a. - **2.** [property] transmitirse, transferirse. ◇ *vt* [delegate] delegar.

devote [dɪ'vəut] *vt*: **to ~ sthg to** dedicar OR consagrar algo a; **to ~ o.s. to** dedicarse OR consagrarse a.

devoted [dɪ'vəutɪd] *adj* [person] leal; **to be ~ to sb** tener veneración por alguien.

devotedly [dɪ'vəutɪdlɪ] *adv* conlealtad OR devoción.

devotee [ˌdevə'tiː] *n* [fan] fan *m*, -ta *f*, admirador *m*, -ra *f*.

devotion [dɪ'vəuʃn] (*U*) *n* - **1.** [commitment]: **~ (to)** dedicación *f* (a). - **2.** RELIG devoción *f*.

◆ **devotions** *npl* oraciones *fpl*.

devotional [dɪ'vəuʃənl] ◇ *adj* devoto(ta), piadoso(sa). ◇ *n* servicio *m* religioso breve.

devour [dɪ'vauə'] *vt literary, lit & fig* devorar.

devouring [dɪ'vauərɪŋ] *adj literary, lit & fig* devorador(ra).

devout [dɪ'vaut] *adj* [person] devoto(ta), piadoso(sa); [hope, prayer] fervoroso(sa).

devoutly [dɪ'vautlɪ] *adv* - **1.** [pray] con devoción. - **2.** *fml* [earnestly] con sinceridad, sinceramente.

devoutness [dɪ'vautnɪs] *n* devoción *f*, piedad *f*.

dew [djuː] *n* rocío *m*.

Dewar flask ['djuːə'-] *n* frasco *m* de Dewar, botella *f* termo.

dewdrop ['djuːdrɒp] *n* gota *f* de rocío.

Dewey decimal system ['djuːɪ-] *n* sistema *m* decimal de Dewey.

dewlap ['djuːlæp] *n* [on animal] papada *f*, mamella *f*; [on person] papada *f*.

DEW line [djuː-] *n* estaciones de radar de defensa antiaérea en EE UU y Canadá.

dew point *n* punto *m* de condensación.

dewy ['djuːɪ] (*comp* **dewier**) (*superl* **dewiest**) *adj* cubierto(ta) de rocío.

dewy-eyed *adj* [innocent] inocente; [trusting] ingenuo(nua).

dexterity [dek'sterətɪ] *n* destreza *f*, habilidad *f*.

dexterous ['dekstrəs] *adj* diestro(tra).

dextrose ['dekstrəus] *n* dextrosa *f*.

dextrous ['dekstrəs] *adj* = **dexterous**.

DFE *n abbr of* **Department for Education**.

DG (*abbr of* **director-general**) *n* Dtor. Gral., DG.

Dhaka ['dækə] *n* Dacca.

dhal [dɑːl] *n potaje de legumbres indio muy especiado*.

DHSS (*abbr of* **Department of Health and Social Security**) *n antiguo ministerio británico de la seguridad social*.

diabetes [ˌdaɪə'biːtiːz] *n* diabetes *f inv*.

diabetic [ˌdaɪə'betɪk] ◇ *adj* - **1.** [person] diabético(ca). - **2.** [jam, chocolate] para diabéticos. ◇ *n* diabético *m*, -ca *f*.

diabolic(al) [ˌdaɪə'bɒlɪk(l)] *adj* - **1.** [evil] diabólico(ca). - **2.** *inf* [very bad] demencial, pésimo(ma).

diabolically [ˌdaɪə'bɒlɪklɪ] *adv* - **1.** [fiendishly] diabólicamente, de un modo diabólico. - **2.** *Br inf* [as intensifier] terriblemente, endemoniadamente.

diachronic [ˌdaɪə'krɒnɪk] *adj* diacrónico(ca).

diacritic [ˌdaɪə'krɪtɪk] ◇ *adj* diacrítico(ca). ◇ *n* signo *m* diacrítico.

diacritical mark [ˌdaɪə'krɪtɪkl-] *n* signo *m* diacrítico.

diadem ['daɪədem] *n* diadema *f*.

diaeresis *Br* (*pl* **diaereses** [-siːz]), **dieresis** *Am* (*pl* **diereses** [-siːz]) [daɪ'erɪsɪs] *n* diéresis *f inv*.

diagnosable [ˌdaɪəg'nəuzəbl] *adj* diagnosticable.

diagnose ['daɪəgnəuz] *vt* MED diagnosticar.

diagnosis [ˌdaɪəg'nəusɪs] (*pl* **diagnoses** [-siːz]) *n* MED [verdict] diagnóstico *m*; [science, activity] diagnosis *f inv*.

diagnostic [ˌdaɪəg'nɒstɪk] *adj* MED diagnóstico(ca).

◆ **diagnostics** *n* (*U*) COMPUT & MED diagnosis.

diagnostician [ˌdaɪəgnɒs'tɪʃn] *n experto en hacer diagnósticos*.

diagonal [daɪ'ægənl] ◇ *adj* diagonal. ◇ *n* diagonal *f*.

diagonally [daɪ'ægənəlɪ] *adv* diagonalmente, en diagonal.

diagram ['daɪəgræm] *n* diagrama *m*, dibujo *m* esquemático.

diagrammatic [ˌdaɪəgrə'mætɪk] *adj* gráfico(ca), esquemático(ca).

dial ['daɪəl] (*Br pt & pp* **dialled**, *cont* **dialling**, *Am pt & pp* **dialed**, *cont* **dialing**) ◇ *n* - **1.** [of watch, clock, meter] esfera *f*. - **2.** [of telephone, radio] dial *m*. ◇ *vt* [number] marcar; **~-a-joke/disc** el chiste/disco del día por teléfono. ◇ *vi* marcar un número.

dialect ['daɪəlekt] *n* dialecto *m*.

dialectic [ˌdaɪəˈlektɪk] ◇ *adj* dialéctico(ca). ◇ *n* dialéctica *f*.

dialectical [ˌdaɪəˈlektɪkl] *adj* dialéctico(ca).

dialectical materialism *n* materialismo *m* dialéctico.

dialectician [ˌdaɪəlekˈtɪʃn] *n* dialéctico *m*, -ca *f*.

dialectology [ˌdaɪəlekˈtɒlədʒɪ] *n* dialectología *f*.

dialling code [ˈdaɪəlɪŋ-] *n Br* prefijo *m* (telefónico).

dialling tone *Br* [ˈdaɪəlɪŋ-], **dial tone** *Am n* señal *f* de llamada.

dialogue *Br*, **dialog** *Am* [ˈdaɪəlɒg] *n* diálogo *m*.

dial tone *n Am* = **dialling tone**.

dialysis [daɪˈælɪsɪs] *n* diálisis *f inv*.

diamanté [dɪəˈmɒnteɪ] *adj* con lentejuelas.

diamantine [ˌdaɪəˈmæntaɪn] *adj* diamantino(na).

diameter [daɪˈæmɪtəʳ] *n* diámetro *m*.

diametric(al) [ˌdaɪəˈmetrɪk(l)] *adj* diametral.

diametrically [ˌdaɪəˈmetrɪklɪ] *adv*: ~ **opposed** diametralmente opuesto (diametralmente opuesta).

diamond [ˈdaɪəmənd] ◇ *n* - **1**. [gem, playing card] diamante *m*. - **2**. [shape] rombo *m*. - **3**. [in baseball - infield] cuadrado *m* de las bases; [- whole field] campo *m* de béisbol. ◇ *comp*: ~ **drill** fresa *f* diamantada; ~ **merchant** diamantista *mf*.
◆ **diamonds** *npl* diamantes *mpl*.

diamond jubilee *n* (celebración *f* del) sexagésimo aniversario *m*.

diamond wedding *n* bodas *fpl* de diamante.

Diana [daɪˈænə] *n* MYTH Diana *f*.

diaper [ˈdaɪəpəʳ] *n* - **1**. *Am* [nappy] pañal *m*. - **2**. [fabric] damasco *m*.

diaphanous [daɪˈæfənəs] *adj* diáfano(na).

diaphragm [ˈdaɪəfræm] *n* diafragma *m*.

diarist [ˈdaɪərɪst] *n* diarista *mf*.

diarrh(o)ea [ˌdaɪəˈrɪə] *n* diarrea *f*.

diary [ˈdaɪərɪ] (*pl* **diaries**) *n* - **1**. [appointment book] agenda *f*. - **2**. [journal] diario *m*.

diaspora [daɪˈæspərə] *n* HIST & *fig* diáspora *f*.

diaspore [ˈdaɪəspɔːʳ] *n* diásporo *m*.

diastole [daɪˈæstəlɪ] *n* diástole *f*.

diatonic [ˌdaɪəˈtɒnɪk] *adj* diatónico(ca).

diatribe [ˈdaɪətraɪb] *n* diatriba *f*.

dibble [ˈdɪbl], **dibber** [ˈdɪbəʳ] *Br* ◇ *n* plantador *m*, almocafre *m*. ◇ *vt* [plant] plantar con un plantador OR almocafre.

dibs [dɪbz] *npl* - **1**. [jacks] taba *f*. - **2**. *inf* [claim]: **to have** ~ **on sthg** tener derechos sobre algo.

dice [daɪs] (*pl inv*) ◇ *n* dado *m*. ◇ *npl*: **to play** ~ jugar a los dados ❏ **no** ~! *Am inf* ¡qué va! ◇ *vt* cortar en dados.

dicer [ˈdaɪsəʳ] *n* - **1**. [gambler] jugador *m*, -ra *f* de dados. - **2**. [utensil] aparato *m* para cortar en dados.

dicey [ˈdaɪsɪ] (*compar* **dicier**, *superl* **diciest**) *adj esp Br inf* arriesgado(da).

dichloride [daɪˈklɔːraɪd] *n* bicloruro *m*.

dichogamous [daɪˈkɒgəməs] *adj* dicógamo(ma).

dichotomy [daɪˈkɒtəmɪ] (*pl* **dichotomies**) *n fml* dicotomía *f*.

dick [dɪk] *n* - **1**. *inf* [detective] detective *mf*. - **2**. *vulg* [penis] polla *f Esp*, pinga *f Amér*.

dickens [ˈdɪkɪnz] *n Br inf dated*: **who/what/where the ~...?** ¿quién/qué/dónde demonios...?

Dickensian [dɪˈkenzɪən] *adj* perteneciente a la obra o a los personajes de Charles Dickens.

dicker [ˈdɪkəʳ] *vi* - **1**. [bargain] regatear. - **2**. [barter] hacer trueques.

dickey [ˈdɪkɪ] *n* - **1**. [shirt front] pechera *f*, peto *m*. - **2**. *Br* [in carriage] asiento *m* del cochero.

dicta [ˈdɪktə] *pl* → **dictum**.

Dictaphone® [ˈdɪktəfəʊn] *n* dictáfono *m*.

dictate [*vb* dɪkˈteɪt, *n* ˈdɪkteɪt] ◇ *vt* - **1**. [letter]: **to** ~ **sthg (to sb)** dictar algo (a alguien). - **2**. [impose] dictar, imponer. ◇ *vi* - **1**. [read out]: **to** ~ **(to sb)** dictar (a alguien). - **2**.

[make demands]: **to** ~ **to sb** dar órdenes a alguien. ◇ *n* [of one's conscience] dictado *m*.

dictation [dɪkˈteɪʃn] *n* dictado *m*; **to take** OR **do** ~ escribir al dictado.

dictator [dɪkˈteɪtəʳ] *n* dictador *m*, -ra *f*.

dictatorial [ˌdɪktəˈtɔːrɪəl] *adj* dictatorial.

dictatorially [ˌdɪktəˈtɔːrɪəlɪ] *adv* dictatorialmente, de una manera dictatorial.

dictatorship [dɪkˈteɪtəʃɪp] *n* dictadura *f*.

diction [ˈdɪkʃn] *n* dicción *f*.

dictionary [ˈdɪkʃənrɪ] (*pl* **dictionaries**) *n* diccionario *m*; **Japanese** ~ diccionario de japonés.

dictum [ˈdɪktəm] (*pl* **dicta** [-tə] OR **dictums**) *n* - **1**. [statement] dictamen *m*. - **2**. [maxim] máxima *f*, dicho *m*.

did [dɪd] *pt* → **do**.

didactic [dɪˈdæktɪk] *adj* didáctico(ca).

diddle [ˈdɪdl] *vt inf* timar.

didn't [ˈdɪdnt] *contr* = **did not**.

didst [dɪdst] *arch 2nd pers sing* → **did**.

die [daɪ] (*pl sense 2 only* **dice** [daɪs], *pt & pp* **died**, *cont* **dying**) ◇ *vi* - **1**. [gen] morir, morirse; **to** ~ **of starvation/a heart attack** morir de hambre/de un infarto; **to be dying** estar muriéndose OR agonizando ❏ **to be dying for sthg/to do sthg** morirse por algo/por hacer algo; **I nearly ~d** *inf* casi me caigo de espaldas. - **2**. *literary* [feeling] extinguirse, disiparse. ◇ *n* - **1**. [for stamping metal] cuño *m*, troquel *m*; [for casting metal] matriz *f*; [for punching] punzón *m*, buril *m*. - **2**. *esp Am* [dice] dado *m*; **the** ~ **is cast** *fig* la suerte está echada.
◆ **die away** *vi* desvanecerse.
◆ **die down** *vi* [wind] amainar; [sound] apaciguarse; [fire] remitir; [excitement, fuss] calmarse.
◆ **die off** *vi* ir muriéndose (uno tras otro).
◆ **die out** *vi* extinguirse.

diehard [ˈdaɪhɑːd] *n* reaccionario *m*, -ria *f*.

dieresis [daɪˈerɪsɪs] *n Am* = **diaeresis**.

diesel [ˈdiːzl] *n* - **1**. [vehicle] vehículo *m* diesel. - **2**. [fuel] gasóleo *m*, gasoil *m*.

diesel-electric ◇ *adj* diesel-eléctrico(ca). ◇ *n* locomotora *f* diesel-eléctrica.

diesel engine *n* AUT motor *m* diesel; RAIL locomotora *f* diesel.

diesel fuel, **diesel oil** *n* gasóleo *m*, gasoil *m*.

diesel train *n* ferrobús *m*.

diet [ˈdaɪət] ◇ *n* - **1**. [eating pattern] dieta *f*. - **2**. [to lose weight] régimen *m*; **to be on a** ~ estar a régimen. ◇ *comp* [low-calorie] light *(inv)*, bajo(ja) en calorías. ◇ *vi* estar a régimen.

dietary [ˈdaɪətrɪ] *adj* dietético(ca), alimenticio(cia).

dietary fibre *n* (U) fibra *f* (alimenticia).

dieter [ˈdaɪətəʳ] *n* persona *f* a régimen.

dietetic [ˌdaɪəˈtetɪk] *adj* dietético(ca).
◆ **dietetics** (U) *n* dietética *f*.

dietician [ˌdaɪəˈtɪʃn] *n* especialista *mf* en dietética.

differ [ˈdɪfəʳ] *vi* - **1**. [be different] diferir, ser diferente; **to** ~ **from sthg** distinguirse OR diferir de algo. - **2**. [disagree]: **to** ~ **with sb (about sthg)** disentir OR discrepar de alguien (en algo).

difference [ˈdɪfrəns] *n* diferencia *f*; **it doesn't make any** ~ da lo mismo; **same** ~ lo mismo; **to make all the** ~ suponer una gran diferencia; **what** ~ **does it make?** ¿qué más da?; **what's the** ~? ¿qué importa?; **a holiday with a** ~ unas vacaciones distintas; **to settle ones** ~**s** resolver (uno) sus diferencias.

different [ˈdɪfrənt] *adj*: ~ **(from)** diferente OR distinto(ta) (de); **to feel a** ~ **person** sentirse otra persona; **that's a** ~ **matter** eso ya es otra cuestión.

differential [ˌdɪfəˈrenʃl] ◇ *adj* diferenciado(da). ◇ *n* - **1**. [between pay scales] diferencia *f* salarial. - **2**. TECH diferencial *m*. - **3**. [factor of difference] factor *m* diferencial. - **4**.

MATH diferencial f. ◇ comp: ~ **housing** AUT caja f del diferencial.

differential calculus n cálculo m diferencial.

differential gear n diferencial m.

differentiate [dɪfəˈrenʃɪeɪt] ◇ vt: **to ~ (sthg from sthg)** diferenciar OR distinguir (algo de algo). ◇ vi: **to ~ between** diferenciar OR distinguir entre.

differentiation [dɪfərenʃɪˈeɪʃn] n diferenciación f.

differently [ˈdɪfrəntlɪ] adv de forma diferente, de otra forma.

difficult [ˈdɪfɪkəlt] adj difícil; **to make things ~ (for sb)** complicarle la vida (a alguien).

difficulty [ˈdɪfɪkəltɪ] (pl **difficulties**) n dificultad f; **to be in difficulties** estar en apuros; **to have ~ in doing sthg** tener dificultad en OR para hacer algo; **to get into difficulties (with)** tener dificultades (con).

diffidence [ˈdɪfɪdəns] n retraimiento m.

diffident [ˈdɪfɪdənt] adj retraído(da).

diffidently [ˈdɪfɪdəntlɪ] adv contimidez OR retraimiento.

diffract [dɪˈfrækt] vt difractar.

diffraction [dɪˈfrækʃn] n difracción f.

diffuse [vb dɪˈfjuːz, adj dɪˈfjuːs] ◇ adj - **1.** [gen] difuso(sa). - **2.** [city, company] extenso(sa). ◇ vt difundir. ◇ vi difundirse.

diffusion [dɪˈfjuːʒn] n difusión f.

dig [dɪg] (pt & pp **dug** [dʌg], cont **digging**) ◇ vt - **1.** [hole with spade] cavar; [- with hands, paws] escarbar. - **2.** [garden] cavar en; [mine] excavar. - **3.** [press]: **to ~ sthg into** clavar OR hundir algo en. - **4.** inf dated [understand] comprender; [appreciate] chiflar, pirrar; [look at] fijarse en. ◇ vi - **1.** [with spade] cavar; [with hands, paws] escarbar. - **2.** [press]: **to ~ into** clavarse OR hundirse en. ◇ n - **1.** fig [unkind remark] pulla f. - **2.** ARCHEOL excavación f. ◇ n [prod] golpe m; [with elbow] codazo m.
- ◆ **dig in** ◇ vi - **1.** [dig trenches] atrincherarse. - **2.** inf [start eating] atacar. ◇ vt sep [bury in ground] enterrar.
- ◆ **dig out** vt sep - **1.** [rescue] desenterrar, sacar. - **2.** inf [find - letter] rescatar, desempolvar; [- information] extraer.
- ◆ **dig up** vt sep [gen] desenterrar; [tree] arrancar.

digest [vb dɪˈdʒest, n ˈdaɪdʒest] ◇ n compendio m. ◇ vt lit & fig digerir.

digestibility [dɪdʒestəˈbɪlətɪ] n digestibilidad f.

digestible [dɪˈdʒestəbl] adj digerible.

digestion [dɪˈdʒestʃn] n digestión f.

digestive [dɪˈdʒestɪv] adj digestivo(va); **~ system** aparato m digestivo.

digestive biscuit n Br galleta hecha con harina integral.

digger [ˈdɪgəʳ] n [machine] excavadora f.

diggings [ˈdɪgɪŋz] npl - **1.** ARCHEOL excavaciones fpl (lugar). - **2.** MIN mina f.

digit [ˈdɪdʒɪt] n - **1.** [figure] dígito m. - **2.** [finger, toe] dedo m.

digital [ˈdɪdʒɪtl] adj digital.

digital audio tape n → DAT.

digital clock n reloj m numérico OR digital.

digital computer n ordenador m.

digitalis [dɪdʒɪˈteɪlɪs] n - **1.** BOT digital f. - **2.** PHARM digitalina f.

digitalize, -ise [ˈdɪdʒɪtəlaɪz] vt = **digitize**.

digital organizer n agenda f electrónica.

digital recording n grabación f digital.

digital watch n reloj m digital.

digitize, -se [ˈdɪdʒɪtaɪz] vt digitalizar.

dignified [ˈdɪgnɪfaɪd] adj [gen] solemne; [behaviour] ceremonioso(sa).

dignify [ˈdɪgnɪfaɪ] (pt & pp **dignified**) vt dignificar.

dignitary [ˈdɪgnɪtrɪ] (pl **dignitaries**) n dignatario m, -ria f.

dignity [ˈdɪgnətɪ] n dignidad f; **he felt it beneath his ~ to sweep the floor** barrer el suelo le parecía rebajarse.

digraph [ˈdaɪgrɑːf] n dígrafo m.

digress [daɪˈgres] vi apartarse del tema; **to ~ from** apartarse OR desviarse de.

digression [daɪˈgreʃn] n digresión f.

digressive [daɪˈgresɪv] adj que se aparta del tema.

digs [dɪgz] npl Br inf alojamiento m; **to live in ~** tener una habitación alquilada.

dike [daɪk] n - **1.** [wall, bank] dique m. - **2.** inf pej [lesbian] tortillera f.

diktat [ˈdɪktæt] n tiranía f.

dilapidated [dɪˈlæpɪdeɪtɪd] adj destartalado(da), derruido(da).

dilapidation [dɪlæpɪˈdeɪʃn] n desmoronamiento m.

dilatation [daɪləˈteɪʃn] n = **dilation**.

dilate [daɪˈleɪt] ◇ vt dilatar. ◇ vi dilatarse.

dilated [daɪˈleɪtɪd] adj dilatado(da).

dilation [daɪˈleɪʃn] n dilatación f.

dilator [daɪˈleɪtəʳ] n dilatador m.

dilatory [ˈdɪlətrɪ] adj fml dilatorio(ria).

dildo [ˈdɪldəʊ] (pl **dildos**) n consolador m.

dilemma [dɪˈlemə] n dilema m.

dilettante [dɪlɪˈtæntɪ] (pl **dilettantes** OR **dilettanti** [-tɪ]) n diletante mf.

dilettantism [dɪlɪˈtæntɪzm] n diletantismo m.

diligence [ˈdɪlɪdʒəns] n [hard work] diligencia f.

diligent [ˈdɪlɪdʒənt] adj diligente.

diligently [ˈdɪlɪdʒəntlɪ] adv con diligencia.

dill [dɪl] n eneldo m.

dill pickle n pepinillo m en vinagre al eneldo.

dilly [ˈdɪlɪ] (pl **dillies**) n Am inf joya f, perla f.

dillydally [ˈdɪlɪdælɪ] (pt & pp **dillydallied**) vi inf andar perdiendo el tiempo.

diluent [ˈdɪljuənt] n diluyente m.

dilute [daɪˈluːt] ◇ adj diluido(da). ◇ vt - **1.** [liquid] diluir; [wine, beer] aguar. - **2.** fig [weaken] debilitar, atenuar.

dilution [daɪˈluːʃn] n - **1.** [act, product] dilución f, disolución f. - **2.** [of beer, wine] aguado m.

diluvial [daɪˈluːvɪəl] adj diluvial.

dim [dɪm] (compar **dimmer**, superl **dimmest**, pt & pp **dimmed**, cont **dimming**) ◇ adj - **1.** [light] mortecino(na), tenue; [room] sombrío(a). - **2.** [outline, figure] difuso(sa), borroso(sa). - **3.** [eyesight] nublado(da). - **4.** [memory] vago(ga). - **5.** inf [stupid] tonto(ta), torpe. ◇ vt - **1.** [room] oscurecer. - **2.** [lights] bajar; **~ your headlights** Am AUT ponga las luces de cruce. - **3.** [outline] borrar, desdibujar. - **4.** [eyesight] nublar. - **5.** [memory] borrar, empañar. ◇ vi - **1.** [light] atenuarse. - **2.** [eyesight] nublarse. - **3.** [memory] borrarse, empañarse.

dime [daɪm] n Am moneda de diez centavos; **they're a ~ a dozen** inf fig [common] los hay a porrillo OR mansalva.

dime novel n Am novelucha f.

dimension [dɪˈmenʃn] n dimensión f.
- ◆ **dimensions** npl dimensiones fpl.

-dimensional [dɪˈmenʃənl] in cpds: **one~** unidimensional; **two~** bidimensional.

dime store n Am tienda f de baratijas.

diminish [dɪˈmɪnɪʃ] ◇ vt - **1.** [number] disminuir. - **2.** [person] degradar. ◇ vi disminuir.

diminished [dɪˈmɪnɪʃt] adj reducido(da).

diminished responsibility n JUR responsabilidad f atenuada (por enajenación mental).

diminishing returns [dɪˈmɪnɪʃɪŋ-] npl: **the law of ~** la ley del rendimiento decreciente.

diminution [dɪmɪˈnjuːʃn] n disminución f.

diminutive [dɪˈmɪnjʊtɪv] ◇ adj diminuto(ta). ◇ n GRAMM diminutivo m.

dimly [ˈdɪmlɪ] adv [shine] tenuemente; [see] indistintamente; [remember] vagamente.

dimmer [ˈdɪməʳ] n potenciómetro m, regulador m de intensidad.

dimmers ['dɪməz] *npl Am* [dipped headlights] luces *fpl* cortas OR de cruce; [parking lights] luces *fpl* de posición OR situación.

dimmer switch *n* = **dimmer**.

dimness ['dɪmnɪs] *n* - **1.** [darkness] oscuridad *f*. - **2.** [faintness] debilidad *f*.

dim-out *n* apagón parcial como defensa antiaérea.

dimple ['dɪmpl] ◇ *n* hoyuelo *m*. ◇ *vi* tener hoyuelos.

dimwit ['dɪmwɪt] *n inf* bobo *m*, -ba *f*.

dim-witted *adj inf* bobo(ba), lerdo(da).

din [dɪn] *n inf* [noise] estrépito *m*, relajo *m* *Amér*; [of a crowd] tumulto *m*, alboroto *m*.

DIN [dɪn] (*abbr of* **Deutsche Industrie Norm**) *n* DIN.

dinar ['diːnɑːʳ] *n* dinar *m*.

dine [daɪn] *vi* cenar.

◆ **dine out** *vi* cenar fuera.

diner ['daɪnəʳ] *n* - **1.** [person] comensal *mf* (en cena). - **2.** *Am* [restaurant - cheap] restaurante *m* barato; [- on the road] ≈ restaurante *m* OR parador *m* de carretera.

dinette [daɪ'net] *n* comedor *m* pequeño.

ding [dɪŋ] *n* tintineo *m*.

ding-a-ling ['dɪŋə,lɪŋ] *n* [ring] din dan *m*, tilín tilín *m*.

dingdong [dɪŋ'dɒŋ] ◇ *adj inf* [battle, argument] reñido(da), disputado(da). ◇ *n* [of bell] din don *m*.

dinger ['dɪŋəʳ] *n Am inf* [person] imbécil *mf*.

dinghy ['dɪŋgɪ] (*pl* **dinghies**) *n* bote *m*.

dinginess ['dɪndʒɪnɪs] *n* - **1.** [of room, street] lobreguez *f*. - **2.** [of clothes, carpet] suciedad *f*.

dingle ['dɪŋgl] *n* valle *m* arbolado.

dingo ['dɪŋgəʊ] (*pl* **dingoes**) *n* dingo *m*.

dingy ['dɪndʒɪ] (*compar* **dingier**, *superl* **dingiest**) *adj* [room, street] lóbrego(ga); [clothes, carpet] deslustrado(da).

dining car ['daɪnɪŋ-] *n* vagón *m* restaurante.

dining hall ['daɪnɪŋ-] *n* refectorio *m*, comedor *m*.

dining room ['daɪnɪŋ-] ◇ *n* comedor *m*. ◇ *comp*: ~ **suite** comedor *m* (muebles).

dining table ['daɪnɪŋ-] *n* mesa *f* grande (de comedor).

dinky ['dɪŋkɪ] (*compar* **dinkier**) (*superl* **dinkiest**) *adj inf* enano(na).

dinner ['dɪnəʳ] *n* - **1.** [evening meal] cena *f*; [midday meal] comida *f*, almuerzo *m*; **to have sb to** ~ tener a alguien (invitado) a cenar; **to go out to** ~ salir a cenar fuera. - **2.** [formal event] cena *f* de gala, banquete *m*.

dinner dance *n* cena *f* con baile.

dinner jacket *n* esmoquin *m*.

dinner lady *n Br* empleada de un comedor escolar.

dinner party *n* cena *f* (de amigos en casa).

dinner service *n* vajilla *f*.

dinner table *n* mesa *f* (para comer).

dinnertime ['dɪnətaɪm] *n* [in the evening] la hora de la cena; [at midday] la hora del almuerzo OR de la comida.

dinnerware ['dɪnəweəʳ] *n Am* vajilla *f* y cubertería.

dinosaur ['daɪnəsɔːʳ] *n* [reptile] dinosaurio *m*.

dint [dɪnt] *n fml*: **by** ~ **of** a base de.

diocesan [daɪ'ɒsɪsn] ◇ *adj* diocesano(na). ◇ *n* diocesano *m*.

diocese ['daɪəsɪs] *n* diócesis *f inv*.

diode ['daɪəʊd] *n* diodo *m*.

Dionysus [,daɪə'naɪsəs] *n* MYTH Dionisos *m*, Dionisio *m*.

dioptre *Br*, **diopter** *Am* [daɪ'ɒptəʳ] *n* dioptría *f*.

diorama [,daɪə'rɑːmə] *n* diorama *m*.

dioxide [daɪ'ɒksaɪd] *n* dióxido *m*.

dioxin [daɪ'ɒksɪn] *n* dioxina *f*.

dip [dɪp] (*pt & pp* **dipped**, *cont* **dipping**) ◇ *n* - **1.** [in road, ground] pendiente *f*, declive *m*. - **2.** [sauce] salsa *f*; **avocado** ~ guacamole *m*. - **3.** [swim] chapuzón *m*; **to go for/take a** ~ ir a darse/darse un chapuzón. - **4.** [liquid] baño *m*. - **5.** [in temperature, prices] bajada *f*, caída *f*. - **6.** GEOL buzamiento *m*.

◇ *vt* - **1.** [into liquid]: **to** ~ **sthg in** OR **into sthg** mojar algo en algo. - **2.** *Br* [headlights]: **to** ~ **one's lights** poner las luces de cruce. ◇ *vi* - **1.** [ground, road] descender suavemente. - **2.** [drop - sun] descender; [- price] bajar; [- plane] bajar en picado.

◆ **dip into** *vt fus* - **1.** [book] hojear. - **2.** [draw upon]: **to** ~ **into one's savings** echar mano de los ahorros.

Dip. *Br written abbr of* **diploma**.

Dip Ed [dɪp'ed] (*abbr of* **Diploma in Education**) *n* título británico de ciencias de la educación o pedagogía.

diphenyl [daɪ'fiːnaɪl, daɪ'fiːnɪl] *n* difenilo *m*.

diphtheria [dɪfθɪərɪə] ◇ *n* difteria *f*. ◇ *comp*: ~ **vaccine** vacuna *f* antidifteria.

diphthong ['dɪfθɒŋ] *n* diptongo *m*.

diplex ['daɪpleks] *adj* diplex, de transmisión doble.

diploma [dɪ'pləʊmə] (*pl* **diplomas**) *n* diploma *m*.

diplomacy [dɪ'pləʊməsɪ] *n* diplomacia *f*.

diplomat ['dɪpləmæt] *n* - **1.** [official] diplomático *m*, -ca *f*. - **2.** [tactful person] persona *f* diplomática.

diplomatic [,dɪplə'mætɪk] *adj* diplomático(ca).

diplomatically [,dɪplə'mætɪklɪ] *adv* diplomáticamente, con diplomacia.

diplomatic bag *Br*, **diplomatic pouch** *Am* *n* valija *f* diplomática.

diplomatic corps *n* cuerpo *m* diplomático.

diplomatic immunity *n* inmunidad *f* diplomática.

diplomatic pouch *n Am* = **diplomatic bag**.

diplomatic relations *npl* relaciones *fpl* diplomáticas.

Diplomatic Service *n*: **the** ~ la diplomacia, el cuerpo diplomático.

diplomatist [dɪ'pləʊmətɪst] *n* = **diplomat**.

dip needle *n* aguja *f* de inclinación.

dipole ['daɪpəʊl] *n* dipolo *m*.

dipper ['dɪpəʳ] *n* [ladle] cazo *m*, cucharón *m*.

dipsomania [,dɪpsə'meɪnjə] *n* dipsomanía *f*.

dipsomaniac [,dɪpsə'meɪnɪæk] *n* dipsomaníaco *m*, -ca *f*.

dipstick ['dɪpstɪk] *n* AUT varilla *f* (para medir el nivel) del aceite.

dipswitch ['dɪpswɪtʃ] *n Br* AUT interruptor *m* de luces de cruce.

diptych ['dɪptɪk] *n* díptico *m*.

dire ['daɪəʳ] *adj* - **1.** [consequences] grave; [warning] estremecedor(ra); [need, poverty] extremo(ma). - **2.** *inf* [very bad] de pena.

direct [dɪ'rekt] ◇ *adj* directo(ta); **the** ~ **opposite** exactamente lo contrario. ◇ *vt* - **1.** [gen] dirigir; **to** ~ **sthg at sb** dirigir algo a alguien. - **2.** [person to place]: **to** ~ **sb (to)** indicar a alguien el camino (a). - **3.** [order]: **to** ~ **sb to do sthg** mandar a alguien hacer algo. - **4.** *Am* MUS dirigir. ◇ *adv* directamente.

direct access *n* acceso *m* directo.

direct action *n* acción *f* directa.

direct costs *npl* gastos *mpl* directos.

direct current *n* corriente *f* continua.

direct debit *n Br* domiciliación *f* (de pago).

direct dialling *n* llamada *f* directa.

direct discourse *n Am* = **direct speech**.

direct-grant school *n Br* escuela privada subvencionada por el Estado que a cambio acepta a un número determinado de alumnos que no pagan.

direct hit *n*: **to score a** ~ dar justo en el blanco.

direction [dɪ'rekʃn] *n* dirección *f*; **in all** ~**s** en todas direcciones; **in the** ~ **of** en dirección a; **sense of** ~ sentido *m* de la orientación; **under the** ~ **of** bajo la dirección de.

◆ **directions** *npl* - **1.** [instructions to place] señas *fpl*, indicaciones *fpl*. - **2.** [instructions for use] instrucciones *fpl* (de uso), modo *m* de empleo.

directional [dɪ'rekʃənl] *adj* direccional.

direction finder *n* radiogoniómetro *m*.

directive [dɪˈrektɪv] n directiva f.

directly [dɪˈrektlɪ] adv - **1.** [gen] directamente. - **2.** [immediately] inmediatamente. - **3.** [very soon] pronto, en breve. - **4.** [exactly] exactamente.

direct mail n propaganda f por correo.

direct memory access n COMPUT acceso m directo a la memoria.

directness [dɪˈrektnɪs] n - **1.** [of person, reply] franqueza f; [of remark] claridad f. - **2.** [of attack] carácter m directo.

direct object n complemento m directo, objeto m directo.

director [dɪˈrektəʳ] n director m, -ra f.

directorate [dɪˈrektərət] n [board of directors] dirección f, (junta f) directiva f.

director-general (pl **directors-general** OR **director-generals**) n director general m, directora general f.

directorial [ˌdaɪrekˈtɔːrɪəl] adj de la dirección (de película, obra de teatro).

Director of Public Prosecutions n Br ≃ fiscal mf general del estado.

director's chair n silla f de director.

directorship [dɪˈrektəʃɪp] n dirección f, cargo m de director.

directory [dɪˈrektərɪ] (pl **directories**) n - **1.** [gen] guía f (alfabética). - **2.** COMPUT directorio m.

directory enquiries Br, **directory assistance** Am n (servicio m de) información f telefónica.

direct question n GRAMM (oración f) interrogativa f directa.

direct rule n (sistema m de) gobierno m central.

direct selling n (U) venta f directa.

direct speech, **direct discourse** Am n estilo m directo.

direct tax n impuesto m directo.

direct taxation n (U) impuestos mpl directos.

direful [ˈdaɪəfʊl] adj = **dire**.

dire straits npl: **in** ~ en serios aprietos.

dirge [dɜːdʒ] n canto m fúnebre.

dirigible [ˈdɪrɪdʒəbl] n dirigible m.

dirk [dɜːk] n puñal m, daga f.

dirndl [ˈdɜːndl] n vestido m tirolés.

dirt [dɜːt] n (U) - **1.** [mud, dust] suciedad f; **this carpet shows the** ~ en esta moqueta se ve mucho la suciedad; ❏ **to be as common as a** ~ fig [person] ser de lo más ordinario; **to treat sb like** ~ fig tratar a alguien como a un perro. - **2.** [earth] tierra f. - **3.** [gossip] trapos mpl sucios; **to dig for** ~ sacarle los trapos sucios a relucir a alguien.

dirt bike n moto f de todoterreno.

dirt cheap inf ◇ adj tirado(da) de precio. ◇ adv a precio de ganga.

dirt farmer n labrador m, -ra f pobre Esp, chacarero m, -ra f Amér.

dirt track ◇ n camino m de tierra. ◇ comp: ~ **racing** carreras fpl sobre pistas de ceniza.

dirty [ˈdɜːtɪ] (compar **dirtier**, superl **dirtiest**, pt & pp **dirtied**) ◇ adj - **1.** [gen] sucio(cia). - **2.** [joke] verde; [film] pornográfico(ca); [book, language] obsceno(na); ~ **old man** viejo m verde. - **3.** phr: **to give sb a** ~ **look** lanzarle a alguien una mirada fulminante. ◇ vt ensuciar. ◇ n phr: **to do the** ~ **on sb** jugar una mala pasada OR hacer una cochinada a alguien.

dirty linen n (U) trapos mpl sucios.

dirty-minded adj obseso(sa) (sexual).

dirty pool n Am inf: **that's** ~! ¡vaya jugarreta!

dirty trick n [malicious act] mala pasada f, cochinada f; **to play a** ~ **on sb** jugar una mala pasada OR hacer una cochinada a alguien.

◆ **dirty tricks** npl inf actividades fpl clandestinas.

dirty weekend n inf un fin de semana loco OR caliente.

dirty word n taco m, palabrota f.

dirty work n inf trabajo m sucio.

disability [ˌdɪsəˈbɪlətɪ] (pl **disabilities**) n minusvalía f.

disability clause n cláusula en un seguro de vida que permite al asegurado dejar de pagar y recibir una pensión por invalidez.

disability pension n pensión f por incapacidad laboral OR de invalidez.

disable [dɪsˈeɪbl] vt - **1.** [injure] dejar inválido(da) OR incapacitado(da). - **2.** JUR incapacitar.

disabled [dɪsˈeɪbld] ◇ adj - **1.** [person] minusválido(da). - **2.** [broken down] averiado(da). ◇ npl: **the** ~ los minusválidos.

disablement [dɪsˈeɪblmənt] n incapacitación f.

disabuse [ˌdɪsəˈbjuːz] vt fml: **to** ~ **sb (of sthg)** desengañar a alguien (de algo).

disadvantage [ˌdɪsədˈvɑːntɪdʒ] ◇ n desventaja f; **to be at a** ~ estar en desventaja; **to put sb at a** ~ poner a alguien en desventaja; **to be to one's** ~ ir en perjuicio de uno. ◇ vt perjudicar.

disadvantaged [ˌdɪsədˈvɑːntɪdʒd] adj desfavorecido(da).

disadvantageous [ˌdɪsædvɑːnˈteɪdʒəs] adj desventajoso(sa), desfavorable.

disaffect [ˌdɪsəˈfekt] vt indisponer, enemistar.

disaffected [ˌdɪsəˈfektɪd] adj desafecto(ta).

disaffection [ˌdɪsəˈfekʃn] n desafección f.

disaffiliate [ˌdɪsəˈfɪlɪeɪt] vt desasociar.

disagree [ˌdɪsəˈgriː] vi - **1.** [people]: **to** ~ **(with)** no estar de acuerdo (con). - **2.** [statements, accounts] contradecirse, no concordar. - **3.** [food, drink]: **to** ~ **with sb** sentar mal a alguien.

disagreeable [ˌdɪsəˈgriəbl] adj desagradable.

disagreeably [ˌdɪsəˈgriəblɪ] adv desagradablemente.

disagreement [ˌdɪsəˈgriːmənt] n - **1.** [fact of disagreeing] desacuerdo m. - **2.** [argument] discusión f. - **3.** [dissimilarity] disconformidad f.

USAGE ▶ Disagreement

Strong

No estoy en absoluto de acuerdo.
Pues, francamente, no estoy de acuerdo.
Estoy totalmente en desacuerdo.
No estoy (nada) conforme.
Discrepo completamente. [formal]
Tenemos opiniones encontradas.
¿Es una broma? [informal]
Eso es falso OR es mentira.
De ningún modo.

Less strong

Lo siento, pero no estoy de acuerdo en ese punto.
Lo siento, pero no puedo aceptarlo.

Tendrán que perdonarme, pero he de hacer una objeción a lo que aquí se acaba de decir. [formal]
No estoy totalmente de acuerdo.
Me temo que no comparto su punto de vista.

Mild

Si (se) me permite, creo que olvida un aspecto importante del problema. [formal]
Tienes razón sobre este punto, pero...
De acuerdo, pero...
Es posible, sin embargo creo...
No lo niego, pero me parece importante resaltar...
Creo que se trata más bien de... y no de...

disallow [ˌdɪsə'laʊ] vt - **1.** fml [appeal, claim] rechazar. - **2.** [goal] anular.

disallowance [ˌdɪsə'laʊəns] n - **1.** fml [of appeal] desestimación f, rechazo m. - **2.** [of goal] anulación f.

disappear [ˌdɪsə'pɪəʳ] vi desaparecer.

disappearance [ˌdɪsə'pɪərəns] n desaparición f.

disappearing act [ˌdɪsə'pɪərɪŋ-] n inf: **Michael did his usual** ~ Michael se esfumó OR se largó como de costumbre.

disappoint [ˌdɪsə'pɔɪnt] vt [person] decepcionar, desilusionar; [expectations, hopes] defraudar.

disappointed [ˌdɪsə'pɔɪntɪd] adj - **1.** [person]: ~ **(in** OR **with sthg)** decepcionado(da) (con algo). - **2.** [expectations, hopes] defraudado(da).

disappointing [ˌdɪsə'pɔɪntɪŋ] adj decepcionante.

disappointingly [ˌdɪsə'pɔɪntɪŋlɪ] adv: ~ **low grades** notas fpl decepcionantes por lo malas que son; **he did** ~ **badly in the exam** los resultados de su examen son decepcionantes.

disappointment [ˌdɪsə'pɔɪntmənt] n decepción f, desilusión f.

disapprobation [ˌdɪsæprə'beɪʃn] n fml [disapproval] desaprobación f; [strong] reprobación f.

disapproval [ˌdɪsə'pruːvl] n desaprobación f.

disapprove [ˌdɪsə'pruːv] ◇ vi: **to** ~ **(of sthg/sb)** censurar (algo/a alguien). ◇ vt desaprobar.

disapproving [ˌdɪsə'pruːvɪŋ] adj desaprobatorio(ria).

disapprovingly [ˌdɪsə'pruːvɪŋlɪ] adv [look] con desaprobación; [speak] con (tono de) desaprobación.

disarm [dɪs'ɑːm] ◇ vt lit & fig desarmar. ◇ vi desarmarse.

disarmament [dɪs'ɑːməmənt] n desarme m.

disarming [dɪs'ɑːmɪŋ] adj que hace que uno baje la guardia; **a** ~ **smile** una sonrisa cautivadora.

disarmingly [dɪs'ɑːmɪŋlɪ] adv de un modo encantador; ~ **honest/friendly** con una honestidad/amabilidad encantadora OR que te desarma.

disarrange [ˌdɪsə'reɪndʒ] vt desarreglar, desordenar.

disarrangement [ˌdɪsə'reɪndʒmənt] n desarreglo m, desorden m.

disarray [ˌdɪsə'reɪ] n: **in** ~ [clothes, hair] en desorden; [army, political party] sumido(da) en el desconcierto.

disassemble [ˌdɪsə'sembl] vt desarmar, desmontar.

disassembly [ˌdɪsə'semblɪ] n desarme m, desmontaje m.

disassociate [ˌdɪsə'səʊʃɪeɪt] vt & vi = **dissociate**.

disassociation ['dɪsə,səʊʃɪ'eɪʃn] n = **dissociation**.

disaster [dɪ'zɑːstəʳ] n desastre m.

disaster area n [after natural disaster] zona f catastrófica.

disastrous [dɪ'zɑːstrəs] adj desastroso(sa).

disastrously [dɪ'zɑːstrəslɪ] adv desastrosamente.

disavow [ˌdɪsə'vaʊ] vt fml - **1.** [faith, friends] renegar de. - **2.** [responsibility] negarse a aceptar.

disavowal [ˌdɪsə'vaʊəl] n fml - **1.** [of faith, friends] repudio m. - **2.** [of responsability] denegación f.

disband [dɪs'bænd] ◇ vt disolver, disgregar. ◇ vi disolverse, disgregarse.

disbar [dɪs'bɑːʳ] (pt & pp **disbarred**, cont **disbarring**) vt expulsar del colegio de abogados.

disbarment [dɪs'bɑːmənt] n expulsión f del colegio de abogados.

disbelief [dɪsbɪ'liːf] n: **in** OR **with** ~ con incredulidad.

disbelieve [dɪsbɪ'liːv] ◇ vt dudar de, no creer. ◇ vi ser incrédulo(la).

disbeliever [dɪsbɪ'liːvəʳ] n incrédulo m, -la f.

disbelieving [dɪsbɪ'liːvɪŋ] adj incrédulo(la).

disbursable [dɪs'bɜːsəbl] adj fml desembolsable.

disburse [dɪs'bɜːs] vt fml desembolsar.

disbursement [dɪs'bɜːsmənt] n fml desembolso m.

disc Br, **disk** Am [dɪsk] n disco m.

disc. written abbr of **discount**.

discard [n 'dɪskɑːd, vb dɪ'skɑːd] ◇ vt - **1.** [old clothes etc] desechar. - **2.** [possibility] descartar. - **3.** [in cards] descartar. ◇ n [reject] desecho m.

discarded [dɪ'skɑːdɪd] adj desechado(da).

disc brake n freno m de disco.

discern [dɪ'sɜːn] vt - **1.** [gen] discernir; [improvement] percibir. - **2.** [figure, outline] distinguir.

discernible [dɪ'sɜːnəbl] adj - **1.** [noticeable] apreciable. - **2.** [visible] distinguible.

discernibly [dɪ'sɜːnəblɪ] adv - **1.** [perceptibly] de un modo perceptible OR apreciable. - **2.** [visibly] visiblemente, claramente.

discerning [dɪ'sɜːnɪŋ] adj [person, taste] refinado(da); [audience] entendido(da).

discernment [dɪ'sɜːnmənt] n discernimiento m.

discharge [vb 'dɪstʃɑːdʒ, n dɪs'tʃɑːdʒ] ◇ n - **1.** [of patient] alta f; [of prisoner, defendant] puesta f en libertad; [of soldier] licencia f; [of employee] despido m; **he got an honourable** ~ MIL lo licenciaron de forma honorable. - **2.** fml [of duty etc] cumplimiento m, desempeño m. - **3.** [of gas, smoke] emisión f; [of sewage] vertido m. - **4.** [of debt] saldo m, liquidación f. - **5.** [MED - from nose] mucosidad f; [- from wound] supuración f. - **6.** ELEC descarga f. - **7.** [of gun] disparo m, descarga f. ◇ vt - **1.** [patient] dar de alta; [prisoner, defendant] poner en libertad; [soldier] licenciar; [employee] despedir. - **2.** fml [duty etc] cumplir, desempeñar. - **3.** [gas, smoke] emitir, despedir; [sewage] verter; [cargo] descargar. - **4.** [debt] saldar, liquidar. - **5.** [gun] disparar. ◇ vi - **1.** ELEC descargarse. - **2.** [waste, contents] vaciarse, verterse.

USAGE ▶ Disapproval

Of someone's behaviour, attitude, action etc

Desapruebo totalmente su actitud.
Su comportamiento es inadmisible.
No lo apruebo en absoluto.
¡Esa no es forma de comportarse!
No me parece nada bien lo que ha hecho/dicho.
No cuentes con mi aprobación.
Así no se hace.
Eso no está bien.
Su trabajo deja mucho que desear.
En adelante ponga más atención.
Condenamos unánimemente estos actos reprobables. [formal]
Queremos expresar nuestra más enérgica repulsa por lo acontecido. [formal]

▶ less strong:

No creo que sea la actitud correcta.
No me parece bien cómo tratas a tu hermana.
No puedo comprender las razones de tu actitud.
Me parece que cometes un error al adoptar esa actitud.

Of something done by oneself

Pero ¿cómo es posible que lo haya hecho tan mal?
Nunca debí hacerlo.
¡Qué torpe soy!
Hubiera sido mejor no haberlo hecho.
Debí haber consultado con alguien.
No debí intentarlo.

discharged bankrupt [dɪs'tʃɑːdʒd-] n quebrado rehabilitado m, quebrada rehabilitada f.

discharger [dɪs'tʃɑːdʒəʳ] n ELEC descargador m.

disciple [dɪ'saɪpl] n - 1. [follower] discípulo m, -la f. - 2. RELIG discípulo m.

disciplinarian [ˌdɪsɪplɪ'neərɪən] ◇ n amante mf de la severa disciplina. ◇ adj disciplinario(ria).

disciplinary ['dɪsɪplɪnərɪ] adj disciplinario(ria); ~ **action** medidas fpl disciplinarias.

discipline ['dɪsɪplɪn] ◇ n disciplina f. ◇ vt - 1. [control] disciplinar. - 2. [punish] castigar.

disciplined ['dɪsɪplɪnd] adj disciplinado(da).

disc jockey n pinchadiscos mf inv, disc-jockey mf.

disclaim [dɪs'kleɪm] vt fml negar.

disclaimer [dɪs'kleɪməʳ] n - 1. [denial] rectificación f. - 2. JUR renuncia f.

disclose [dɪs'kləʊz] vt desvelar, revelar.

disclosure [dɪs'kləʊʒəʳ] n revelación f.

Discman® ['dɪskmən] n (reproductor m de) CD m portátil.

disco ['dɪskəʊ] (pl discos) (abbr of discotheque) n [place] discoteca f; [event] baile m.

discolor vt & vi Am = **discolour**.

discoloration [dɪsˌkʌlə'reɪʃn] n [fading, staining] descoloramiento m.

discolored adj Am = **discoloured**.

discolour Br, **discolor** Am [dɪs'kʌləʳ] ◇ vt descolorir. ◇ vi descolorirse.

discoloured Br, **discolored** Am [dɪs'kʌləd] adj descolorido(da).

discombobulate [ˌdɪskəm'bɒbjʊleɪt] vt Am inf confundir, trastornar.

discomfit [dɪs'kʌmfɪt] vt fml - 1. [confuse, embarrass] desconcertar. - 2. [thwart] frustrar.

discomfiture [dɪs'kʌmfɪtʃəʳ] n fml [embarrassment] desconcierto m.

discomfort [dɪs'kʌmfət] ◇ n incomodidad f. ◇ vt incomodar.

discompose [ˌdɪskəm'pəʊz] vt fml perturbar.

disconcert [ˌdɪskən'sɜːt] vt desconcertar.

disconcerting [ˌdɪskən'sɜːtɪŋ] adj [worrying] desconcertante; [embarrassing] enojoso(sa).

disconcertingly [ˌdɪskən'sɜːtɪŋlɪ] adv de un modo desconcertante.

disconformity [ˌdɪskən'fɔːmɪtɪ] n GEOL discordancia f.

disconnect [ˌdɪskə'nekt] vt - 1. [detach] quitar, separar. - 2. [from gas, electricity - appliance] desconectar; [- house, subscriber] cortar el suministro a; [- supply] cortar. - 3. [on phone - person] cortar la línea a; [- phone] cortar.

disconnected [ˌdɪskə'nektɪd] adj - 1. [remarks, thoughts] inconexo(xa). - 2. [electrical appliance] desenchufado(da), desconectado(da).

disconnection [ˌdɪskə'nekʃn] n desconexión f.

disconsolate [dɪs'kɒnsələt] adj desconsolado(da).

disconsolately [dɪs'kɒnsələtlɪ] adv desconsoladamente.

discontent [ˌdɪskən'tent] ◇ n: ~ **(with)** descontento m (con). ◇ vt descontentar, desagradar.

discontented [ˌdɪskən'tentɪd] adj descontento(ta).

discontentment [ˌdɪskən'tentmənt] n: ~ **(with)** descontento m (con).

discontinuance [ˌdɪskən'tɪnjʊəns] n interrupción f.

discontinuation [ˌdɪskənˌtɪnjʊ'eɪʃn] n discontinuidad f, cesación f.

discontinue [ˌdɪskən'tɪnjuː] vt interrumpir; **this model has been ~d** este modelo ya no se fabrica.

discontinued line [ˌdɪskən'tɪnjuːd-] n COMM producto m que ya no se fabrica.

discontinuity [ˌdɪskɒntɪ'njuːətɪ] n discontinuidad f.

discontinuous [ˌdɪskən'tɪnjʊəs] adj discontinuo(nua), interrumpido(da).

discord ['dɪskɔːd] n - 1. fml [disagreement] discordia f. - 2. MUS disonancia f.

discordance [dɪ'skɔːdəns] n fml [disagreement] discordancia f.

discordant [dɪ'skɔːdənt] adj - 1. fml [unpleasant] discordante. - 2. MUS disonante.

discotheque ['dɪskəʊtek] n discoteca f.

discount [n 'dɪskaʊnt, vb 'dɪskaʊnt, dɪs'kaʊnt] ◇ n descuento m; **at a** ~ con descuento. ◇ vt [report, claim] descartar.

discountable [dɪs'kaʊntəbl] adj descontable.

discounter ['dɪskaʊntəʳ] n persona f que hace descuentos.

discount house n - 1. FIN corporación financiera dedicada a negociar con letras de cambio. - 2. = **discount store**.

discount rate n tipo m OR tarifa f de descuento.

discount store n tienda f especializada en rebajas.

discourage [dɪ'skʌrɪdʒ] vt - 1. [dispirit] desanimar. - 2. [deter] desaconsejar; **to** ~ **sb from doing sthg** disuadir a alguien de hacer algo.

discouragement [dɪ'skʌrɪdʒmənt] n [lack of confidence] desaliento m, desánimo m.

discouraging [dɪ'skʌrɪdʒɪŋ] adj desalentador(ra).

discourse [n 'dɪskɔːs, vb dɪ'skɔːs] ◇ n: ~ **(on)** discurso m (sobre). ◇ vi fml: **to** ~ **on sthg** disertar sobre algo.

discourteous [dɪs'kɜːtjəs] adj fml descortés.

discourtesy [dɪs'kɜːtɪsɪ] n fml descortesía f.

discover [dɪ'skʌvəʳ] vt descubrir.

discoverer [dɪ'skʌvərəʳ] n descubridor m, -ra f.

discovery [dɪ'skʌvərɪ] (pl **discoveries**) n descubrimiento m; **to make a** ~ hacer un descubrimiento.

discredit [dɪs'kredɪt] ◇ n descrédito m, desprestigio m; **to be to the** ~ **of** ir en descrédito de. ◇ vt - 1. [person, organization] desacreditar, desprestigiar. - 2. [idea, report] refutar.

discredited [dɪs'kredɪtɪd] adj desacreditado(da), desprestigiado(da).

discreet [dɪ'skriːt] adj discreto(ta).

discreetly [dɪ'skriːtlɪ] adv discretamente, con discreción.

discrepancy [dɪ'skrepənsɪ] (pl **discrepancies**) n: ~ **(in/between)** desigualdad f (en/entre), discrepancia f (en/entre).

discrepant [dɪ'skrepənt] adj fml discrepante.

discrete [dɪ'skriːt] adj diferente, independiente.

discretion [dɪ'skreʃn] (U) n - 1. [tact] discreción f; ~ **is the better part of valour** proverb una retirada a tiempo es una victoria. - 2. [judgment] capacidad f de decisión; **use your** ~ sigue tu propio criterio; **at the** ~ **of** a voluntad de, al arbitrio de.

discretionary [dɪ'skreʃnərɪ] adj discrecional.

discriminate [dɪ'skrɪmɪneɪt] ◇ vi - 1. [distinguish]: **to** ~ **(between)** discriminar OR distinguir (entre). - 2. [treat unfairly]: **to** ~ **against sb** discriminar a alguien. ◇ vt discriminar, distinguir.

discriminating [dɪ'skrɪmɪneɪtɪŋ] adj [person, palate] refinado(da); [audience] entendido(da).

discrimination [dɪˌskrɪmɪ'neɪʃn] n - 1. [prejudice]: ~ **(against)** discriminación f (hacia). - 2. [judgment] (buen) gusto m.

discriminatory [dɪ'skrɪmɪnətrɪ] adj discriminatorio(ria).

discursive [dɪ'skɜːsɪv] adj prolijo(ja).

discus ['dɪskəs] (pl **discuses**) n disco m (en atletismo).

discuss [dɪ'skʌs] vt - 1. [gen]: **to** ~ **sthg (with sb)** discutir algo (con alguien). - 2. [subj: book, report] tratar de.

discussion [dɪ'skʌʃn] n discusión f; **to come up for** ~ ser sometido(da) a discusión; **it's under** ~ se está discutiendo.

disdain [dɪs'deɪn] ◇ n: ~ **(for)** desdén m OR desprecio m (hacia). ◇ vt desdeñar, despreciar. ◇ vi: **to** ~ **to do sthg** no dignarse (a) hacer algo.

disdainful [dɪs'deɪnfʊl] adj desdeñoso(sa).

disease [dɪ'ziːz] n lit & fig enfermedad f.

diseased [dɪ'ziːzd] adj lit & fig enfermo(ma).

disembark [ˌdɪsɪm'baːk] ◇ *vi* desembarcar. ◇ *vt* [passengers, cargo] desembarcar.

disembarkation [ˌdɪsembaː'keɪʃn] *n* [of people] desembarco *m*; [of goods] desembarque *m*.

disembodied [ˌdɪsɪm'bɒdɪd] *adj* incorpóreo(a).

disembodiment [ˌdɪsɪm'bɒdɪmənt] *n* separación *f* del cuerpo.

disembody [ˌdɪsɪm'bɒdɪ] (*pt & pp* **disembodied**) *vt* separar del cuerpo.

disembowel [ˌdɪsɪm'baʊəl] (*Br pt & pp* **disembowelled**, *cont* **disembowelling**, *Am pt & pp* **disemboweled**, *cont* **disemboweling**) *vt* destripar, achurar *Amér*.

disenchant [ˌdɪsɪn'tʃɑːnt] *vt* desencantar, desilusionar.

disenchanted [ˌdɪsɪn'tʃɑːntɪd] *adj*: ~ **(with)** desencantado(da) (con).

disenchantment [ˌdɪsɪn'tʃɑːntmənt] *n* desencanto *m*.

disencumber [ˌdɪsɪn'kʌmbəʳ] *vt fml* librar (de impedimento, estorbo).

disenfranchise [ˌdɪsɪn'fræntʃaɪz] *vt* = **disfranchise**.

disengage [ˌdɪsɪn'geɪdʒ] ◇ *vt* **- 1.** [release]: **to** ~ **sthg (from)** soltar OR desenganchar algo (de); **to** ~ **o.s. (from)** soltarse OR desengancharse (de). **- 2.** TECH [gears] quitar; [clutch] soltar; [mechanism] liberar. **- 3.** MIL retirar. ◇ *vi* **- 1.** MIL retirarse. **- 2.** TECH desengancharse.

disengagement [ˌdɪsɪn'geɪdʒmənt] *n* **- 1.** TECH [of clutch] desembrague *m*; [of mechanism] liberación *f*. **- 2.** MIL retirada *f* de las tropas.

disentangle [ˌdɪsɪn'tæŋgl] *vt*: **to** ~ **sthg (from)** desenredar algo (de); **to** ~ **o.s. from** [barbed wire etc] desenredarse de; *fig* [relationship] zafarse de, desembarazarse de.

disentomb [ˌdɪsɪn'tuːm] *vt* exhumar, desenterrar.

disentwine [ˌdɪsɪn'twaɪn] *vt* desenredar.

disequilibrium [ˌdɪsekwɪ'lɪbrɪəm] *n* desequilibrio *m*.

disestablish [ˌdɪsɪ'stæblɪʃ] *vt* [church] separar del Estado.

disfavour *Br*, **disfavor** *Am* [dɪs'feɪvəʳ] *n* **- 1.** [disapproval] desaprobación *f*. **- 2.** [state of being disapproved of] desgracia *f*; **in** ~ **with** en desgracia con.

disfiguration [dɪsˌfɪgə'reɪʃn] *n* = **disfigurement**.

disfigure [dɪs'fɪgəʳ] *vt* desfigurar.

disfigurement [dɪs'fɪgəmənt] *n* desfiguración *f*.

disfranchise [dɪs'fræntʃaɪz] *vt* privar del derecho al voto.

disfranchisement [dɪs'fræntʃɪzmənt] *n* privación *f* del derecho al voto.

disgorge [dɪs'gɔːdʒ] *vt literary* expulsar.

disgrace [dɪs'greɪs] ◇ *n* vergüenza *f*; **look at you, you're a** ~ ¡mírate, pareces un adefesio!; **he's a** ~ **to his family** es una deshonra para su familia; **to be in** ~ [minister, official] estar desprestigiado(da); [child, pet] estar castigado(da). ◇ *vt* deshonrar; **to** ~ **o.s.** desprestigiarse.

disgraceful [dɪs'greɪsfʊl] *adj* vergonzoso(sa).

disgracefully [dɪs'greɪsfʊlɪ] *adv* de un modo vergonzoso, vergonzosamente.

disgruntled [dɪs'grʌntld] *adj* disgustado(da).

disguise [dɪs'gaɪz] ◇ *n* disfraz *m*; **in** ~ [policeman, personality] de incógnito. ◇ *vt* disfrazar; **to** ~ **o.s. as** disfrazarse de.

disgust [dɪs'gʌst] ◇ *n*: ~ **(at)** [physical] asco *m* (hacia); [moral] indignación *f* (ante); **in** ~ [physical] con asco; [moral] con indignación. ◇ *vt* [physically] asquear; [morally] indignar.

disgusted [dɪs'gʌstɪd] *adj* **- 1.** [displeased] irritado(da). **- 2.** [sickened] asqueado(da).

disgusting [dɪs'gʌstɪŋ] *adj* [physically] asqueroso(sa); [morally] indignante.

disgustingly [dɪs'gʌstɪŋlɪ] *adv*: **a** ~ **bad meal** una comida espantosa OR asquerosa; **she is** ~ **clever/successful** *inf hum* es tan inteligente/tiene tanto éxito que da asco.

dish [dɪʃ] ◇ *n* **- 1.** [container] fuente *f*. **- 2.** [course] plato *m*. **- 3.** *Am* [plate] plato *m*. ◇ *vt Br inf* [chances, hopes] arruinar.

♦ **dishes** *npl* platos *mpl*; **to do** OR **wash the** ~**es** fregar (los platos).

♦ **dish out** *vt sep inf* repartir.

♦ **dish up** *vt sep inf* servir.

dish aerial *Br*, **dish antenna** *Am n* (antena *f*) parabólica *f*.

disharmony [dɪs'haːmənɪ] *n* discordia *f*.

dishcloth ['dɪʃklɒθ] *n* trapo *m* de fregar los platos.

dishearten [dɪs'haːtn] *vt* descorazonar.

disheartened [dɪs'haːtnd] *adj* descorazonado(da).

disheartening [dɪs'haːtnɪŋ] *adj* descorazonador(ra).

dished [dɪʃt] *adj* [angled] cóncavo(va); [convex] lenticular.

dishevelled *Br*, **disheveled** *Am* [dɪ'ʃevld] *adj* [person, appearance] desastrado(da), desaliñado(da); [hair] despeinado(da).

dishful ['dɪʃfʊl] *n* [of food] plato *m*.

dish mop *n* estropajo *m*.

dishonest [dɪs'ɒnɪst] *adj* deshonesto(ta), nada honrado (nada honrada).

dishonestly [dɪs'ɒnɪstlɪ] *adv* de un modo deshonesto, deshonestamente.

dishonesty [dɪs'ɒnɪstɪ] *n* falta *f* de honradez.

dishonour *Br*, **dishonor** *Am* [dɪs'ɒnəʳ] ◇ *n* deshonra *f*, deshonor *m*. ◇ *vt* **- 1.** [family, country, profession] deshonrar. **- 2.** [cheque] rechazar.

dishonourable *Br*, **dishonorable** *Am* [dɪs'ɒnrəbl] *adj* deshonroso(sa).

dishpan ['dɪʃpæn] *n Am* barreño *m* para fregar platos.

dishrag ['dɪʃræg] *n* = **dishcloth**.

dish soap *n Am* detergente *m* para vajillas.

dish towel *n Am* paño *m* de cocina.

dishware ['dɪʃweəʳ] *n* loza *f*.

dishwasher ['dɪʃwɒʃəʳ] *n* [machine] lavavajillas *m inv*.

dishwater ['dɪʃwɔːtəʳ] *n* agua *f* de fregar platos; **to taste like** ~ *inf fig* saber a mil demonios.

dishy ['dɪʃɪ] (*compar* **dishier**, *superl* **dishiest**) *adj Br inf*: **to be** ~ estar buenísimo(ma).

disillusion [ˌdɪsɪ'luːʒn] ◇ *n* = **disillusionment**. ◇ *vt* desilusionar.

disillusioned [ˌdɪsɪ'luːʒnd] *adj* desilusionado(da); **to become** ~ **(with)** desilusionarse (con).

disillusionment [ˌdɪsɪ'luːʒnmənt] *n*: ~ **(with)** desilusión *f* (con).

disincentive [ˌdɪsɪn'sentɪv] *n* freno *m*, traba *f*.

disinclination [ˌdɪsɪnklɪ'neɪʃn] *n* desgana *f*.

disinclined [ˌdɪsɪn'klaɪnd] *adj*: **to be** ~ **to do sthg** ser reacio(cia) a hacer algo.

disinfect [ˌdɪsɪn'fekt] *vt* desinfectar.

disinfectant [ˌdɪsɪn'fektənt] ◇ *n* desinfectante *m*. ◇ *adj* desinfectante.

disinfection [ˌdɪsɪn'fekʃn] *n* desinfección *f*.

disinflation [ˌdɪsɪn'fleɪʃn] *n* deflación *f*.

disinflationary [ˌdɪsɪn'fleɪʃnrɪ] *adj* deflacionista, deflacionario(ria).

disinformation [ˌdɪsɪnfə'meɪʃn] *n* desinformación *f*.

disingenuous [ˌdɪsɪn'dʒenjʊəs] *adj* falso(sa), poco honrado (poco honrada).

disingenuously [ˌdɪsɪn'dʒenjʊəslɪ] *adv* con falsedad, de un modo falso.

disingenuousness [ˌdɪsɪn'dʒenjʊəsnɪs] *n* falsedad *f*, falta *f* de sinceridad.

disinherit [ˌdɪsɪn'herɪt] *vt* desheredar.

disinherited [ˌdɪsɪn'herɪtɪd] *adj* desheredado(da).

disintegrate [dɪs'ɪntɪgreɪt] *vi lit & fig* desintegrarse.

disintegration [dɪsˌɪntɪ'greɪʃn] *n* desintegración *f*.

disinter [ˌdɪsɪn'tɜːʳ] (*pt & pp* **disinterred**, *cont* **disinterring**) *vt* desenterrar.

disinterest [dɪs'ɪntərest] *n* desinterés *m*.

disinterested [dɪs'ɪntrəstɪd] *adj* **- 1.** [objective] desinteresado(da). **- 2.** *inf* [uninterested]: ~ **(in)** indiferente (a).

disinterment [ˌdɪsɪn'tɜːmənt] n desenterramiento m, exhumación f.

disinvest [ˌdɪsɪn'vest] vi retirar el capital invertido.

disinvestment [ˌdɪsɪn'vestmənt] n retirada del capital invertido.

disjoin [dɪs'dʒɔɪn] vt desunir, separar.

disjoint [dɪs'dʒɔɪnt] adj MATH sin elementos comunes, disjunto(ta).

disjointed [dɪs'dʒɔɪntɪd] adj deslabazado(da).

disjunctive [dɪs'dʒʌŋktɪv] adj GRAMM disyuntivo(va).

disk [dɪsk] n - **1.** COMPUT disquete m. - **2.** Am = **disc**.

disk drive Br, **diskette drive** Am n COMPUT disquetera f.

diskette [dɪs'ket] n disquete m, disco m flexible.

diskette drive n Am = **disk drive**.

disk operating system n COMPUT DOS m.

disk pack n COMPUT pila f de discos.

dislikable [dɪs'laɪkəbl] adj antipático(ca).

dislike [dɪs'laɪk] n - **1.** [feeling]: ~ **(for)** [things] aversión f (a); [people] antipatía f (por); **to take a ~ to** cogerle manía a. - **2.** [person, thing not liked] fobia f. ◇ vt [thing] tener aversión a; [person] tener antipatía a.

dislikeable [dɪs'laɪkəbl] adj = **dislikable**.

dislocate ['dɪsləkeɪt] vt - **1.** MED dislocar. - **2.** [disrupt] trastocar, trastornar.

dislocation [ˌdɪslə'keɪʃn] n - **1.** MED dislocación f. - **2.** [disruption] trastoque m, trastorno m.

dislodge [dɪs'lɒdʒ] vt: **to ~ sthg/sb (from)** desalojar algo/a alguien (de).

disloyal [dɪs'lɔɪəl] adj: ~ **(to)** desleal (a).

disloyalty [dɪs'lɔɪəltɪ] (pl **disloyalties**) n deslealtad f.

dismal ['dɪzml] adj - **1.** [weather, future] oscuro(ra), sombrío(a); [place, atmosphere] deprimente. - **2.** [attempt, failure] penoso(sa), lamentable.

dismally ['dɪzməlɪ] adv - **1.** [gloomily] de un modo sombrío OR lúgubre. - **2.** [fail] penosamente, lamentablemente.

dismantle [dɪs'mæntl] vt [machine] desmontar; [organization] desmantelar.

dismast [dɪs'mɑːst] vt desarbolar.

dismay [dɪs'meɪ] ◇ n (U) consternación f; **to my/his** etc ~ para mi/su etc consternación. ◇ vt consternar.

dismayed [dɪs'meɪd] adj consternado(da).

dismember [dɪs'membəʳ] vt desmembrar.

dismemberment [dɪs'membəmənt] n desmembramiento m.

dismiss [dɪs'mɪs] vt - **1.** [refuse to take seriously] desechar. - **2.** [from job]: **to ~ sb (from)** [employee] despedir a alguien (de); [official, magistrate] destituir a alguien (de). - **3.** [allow to leave] dar permiso para irse a. - **4.** fig [thought, memory] alejar de la mente. - **5.** JUR desestimar, sobreseer.

dismissal [dɪs'mɪsl] n - **1.** [from job - of employee] despido m, remoción f Amér; [- of official, magistrate] destitución f. - **2.** [refusal to take seriously] rechazo m. - **3.** JUR desestimación f, sobreseimiento m.

dismissive [dɪs'mɪsɪv] adj: ~ **(of)** despreciativo(va) (hacia).

dismissively [dɪs'mɪsɪvlɪ] adv [offhandedly] de un modo desdeñoso OR despreciativo; [in final tone of voice] de un modo inapelable OR contundente.

dismount [dɪs'maunt] ◇ vi: **to ~ (from sthg)** desmontar (de algo). ◇ vt desmontar.

disobedience [ˌdɪsə'biːdjəns] n desobediencia f.

disobedient [ˌdɪsə'biːdjənt] adj: ~ **(to)** desobediente (con).

disobediently [ˌdɪsə'biːdjəntlɪ] adv de un modo desobediente, con desobediencia.

disobey [ˌdɪsə'beɪ] vt & vi desobedecer.

disobliging [ˌdɪsə'blaɪdʒɪŋ] adj fml - **1.** [unhelpful]: **I'm sorry to be** ~ lamento no poder complaceros. - **2.** [unpleasant] desagradable, molesto.

disorder [dɪs'ɔːdəʳ] ◇ n - **1.** [disarray]: **in** ~ en desorden. - **2.** (U) [rioting] disturbios mpl. - **3.** MED [physical] afección f, dolencia f; [mental] trastorno m, perturbación f. ◇ vt [make untidy] desordenar.

disordered [dɪs'ɔːdəd] adj - **1.** [in disarray] desordenado(da). - **2.** MED: **mentally** ~ perturbado(da), con trastornos mentales.

disorderly [dɪs'ɔːdəlɪ] adj - **1.** [untidy] desordenado(da). - **2.** [unruly - behaviour] incontrolado(da); [- person] alborotador(ra).

disorderly conduct n JUR conducta f escandalosa.

disorganization [dɪsˌɔːgənaɪ'zeɪʃn] n desorganización f.

disorganize, -ise [dɪs'ɔːgənaɪz] vt desorganizar.

disorganized, -ised [dɪs'ɔːgənaɪzd] adj desorganizado(da).

disorientate Br [dɪs'ɔːrɪənteɪt], **disorient** Am [dɪs'ɔːrɪənt] vt desorientar.

disorientated Br [dɪs'ɔːrɪənteɪtɪd], **disoriented** Am [dɪs'ɔːrɪəntɪd] adj desorientado(da).

disorientation [dɪsˌɔːrɪən'teɪʃn] n desorientación f.

disown [dɪs'əun] vt [child] renegar de, repudiar; [country, opinion, statement] renegar de, no reconocer como propio(pia).

disparage [dɪ'spærɪdʒ] vt menospreciar.

disparaging [dɪ'spærɪdʒɪŋ] adj menospreciativo(va).

disparagingly [dɪ'spærɪdʒɪŋlɪ] adv [say, look at] de un modo menospreciativo, con menosprecio.

disparate ['dɪspərət] adj dispar.

disparity [dɪ'spærətɪ] (pl **disparities**) n: ~ **(between/in)** disparidad f (entre/en).

dispassionate [dɪ'spæʃnət] adj desapasionado(da).

dispassionately [dɪ'spæʃnətlɪ] adv [unemotionally] desapa-

USAGE ▶ Dislikes

Strong

No me gusta el pescado.
Odio la verdura.
Lo encuentro horrible.
No resisto ese ruido.
No puedo soportar a su hermano; es un pesado.
Me pone enferma que sea tan intransigente. [informal]
Me saca de mis casillas. [informal]
Odio su forma de hablar.
No lo puedo ver ni en pintura. [informal]
Lo que más me fastidia de las bodas es que tienes que hablar con los parientes.
Me desagrada tener que llevar uniforme.
Me parece horroroso.
Tus amigos me caen muy mal.

Ni me lo nombres.
¡Qué malo está! [trying food, drink etc]

Less strong

No me gusta mucho OR demasiado la zarzuela.
El deporte no es lo que más me gusta.
No me ha gustado tanto como esperaba.
No soy un apasionado de la pintura.
Este cuadro no me dice nada.
Lo que no me gusta de Eduardo es que conduce muy deprisa.
No me vuelve loco la idea. [informal]
No me entusiasma en absoluto.
Sinceramente, no es mi postre favorito.
No es de mi agrado.
No creo que sea nada del otro mundo.

sionadamente, de un modo desapasionado; [objectively] con imparcialidad OR objetividad.

dispatch [dɪ'spætʃ] ◇ *n* - **1.** [message] despacho *m.* - **2.** [sending off] envío *m*, despacho *m.* - **3.** MIL parte *m.* - **4.** *fml* [swiftness] diligencia *f.* ◇ *comp*: ~ **clerk** expedidor *m*, -ra *f.* ◇ *vt* - **1.** [send - goods, parcel] expedir; [- message, messenger, troops] enviar. - **2.** [complete promptly] despachar. - **3.** *euph* [kill] despachar.

dispatch box *n Br* POL zona donde dan sus discursos los parlamentarios más importantes en la Cámara de los Comunes.

dispatch rider *n* - **1.** MIL correo *m.* - **2.** [courier] mensajero *mf.*

dispel [dɪ'spel] (*pt & pp* **dispelled**, *cont* **dispelling**) *vt* disipar.

dispensable [dɪ'spensəbl] *adj* prescindible.

dispensary [dɪ'spensərɪ] (*pl* **dispensaries**) *n* dispensario *m.*

dispensation [ˌdɪspen'seɪʃn] *n* - **1.** [permission, exemption] dispensa *f.* - **2.** [distribution] reparto *m*, distribución *f.*

dispense [dɪ'spens] *vt* - **1.** [advice] ofrecer; [justice] administrar. - **2.** [drugs, medicine] despachar, dispensar. - **3.** [distribute] dispensar, distribuir. - **4.** *fml* [exempt] dispensar, eximir.

◆ **dispense with** *vt fus* prescindir de.

dispenser [dɪ'spensə'] *n* [machine, container] máquina *f* expendedora.

dispensing chemist *Br*, **dispensing pharmacist** *Am* [dɪ'spensɪŋ-] *n* farmacéutico *m*, -ca *f.*

dispersal [dɪ'spɜːsl] *n* dispersión *f.*

disperse [dɪ'spɜːs] ◇ *vt* dispersar. ◇ *vi* dispersarse.

dispersion [dɪ'spɜːʃn] *n* dispersión *f.*

dispirited [dɪ'spɪrɪtɪd] *adj* desanimado(da).

dispiriting [dɪ'spɪrɪtɪŋ] *adj* deprimente.

displace [dɪs'pleɪs] *vt* - **1.** [supplant] reemplazar, sustituir. - **2.** [move] desplazar. - **3.** PHYS desplazar.

displaced person [dɪs'pleɪst-] *n* [by war, disaster] refugiado *m*, -da *f*; [for political reasons] exiliado *m*, -da *f.*

displacement [dɪs'pleɪsmənt] *n* - **1.** [of people] desplazamiento *m.* - **2.** [supplanting] reemplazo *m*, sustitución *f.* - **3.** NAUT & PHYS desplazamiento *m.*

displacement ton *n* NAUT tonelada *f* de desplazamiento.

display [dɪ'spleɪ] ◇ *n* - **1.** [arrangement - in shop window] escaparate *m*; [- in museum] exposición *f*; [- on stall, pavement] muestrario *m*; **on** ~ expuesto(ta). - **2.** [demonstration, public event] demostración *f.* - **3.** COMPUT visualización *f.* ◇ *comp*: ~ **copy** [of book] ejemplar *m* de muestra; ~ **unit** COMPUT monitor *m*; ~ **window** [of calculator etc] pantalla *f.* ◇ *vt* - **1.** [arrange] exponer. - **2.** [show] demostrar. - **3.** *pej* [show off] ostentar, hacer alarde de.

display advertising *n* publicidad *f* a gran escala.

display cabinet, **display case** *n* vitrina *f.*

displease [dɪs'pliːz] *vt fml* [annoy] disgustar; [anger] enfadar.

displeasing [dɪs'pliːzɪŋ] *adj fml* desagradable.

displeasure [dɪs'pleʒə'] *n fml* [annoyance] disgusto *m*; [anger] enfado *m.*

disport [dɪ'spɔːt] *vt fml*: **to** ~ **o.s.** entretenerse, gozar.

disposable [dɪ'spəʊzəbl] *adj* desechable; ~ **income** ingresos *mpl* disponibles.

disposal [dɪ'spəʊzl] *n* - **1.** [removal] eliminación *f*, desecho *m.* - **2.** [availability]: **at sb's** ~ a la disposición de alguien. - **3.** *fml* [arrangement] disposición *f*, colocación *f.* - **4.** [of problem, question] resolución *f.* - **5.** [sale] venta *f*; JUR [of property] traspaso *m.*

dispose [dɪ'spəʊz] *vt* - **1.** *fml* [arrange] disponer, colocar. - **2.** [make willing] predisponer.

◆ **dispose of** *vt fus* - **1.** [get rid of - rubbish] deshacerse de; [- problem] quitarse de encima OR en medio. - **2.** [deal with] despachar, resolver. - **3.** [sell] vender. - **4.** [eat] comer, consumir.

disposed [dɪ'spəʊzd] *adj* - **1.** [willing]: **to be** ~ **to do sthg** estar dispuesto(ta) a hacer algo. - **2.** [friendly]: **to be well** ~ **to** OR **towards sb** tener buena disposición hacia alguien.

disposition [ˌdɪspə'zɪʃn] *n* - **1.** [temperament] carácter *m*, disposición *f* de ánimo. - **2.** *fml* [arrangement] disposición *f*, colocación *f.*

dispossess [ˌdɪspə'zes] *vt*: **to** ~ **sb of sthg** desposeer a alguien de algo.

dispossessed [ˌdɪspə'zest] ◇ *npl*: **the** ~ los desposeídos. ◇ *adj* desposeído(da).

dispossession [ˌdɪspə'zeʃn] *n* desposeimiento *m*, privación *f.*

disproportion [ˌdɪsprə'pɔːʃn] *n* desproporción *f.*

disproportionate [ˌdɪsprə'pɔːʃnət] *adj*: ~ **(to)** desproporcionado(da) (a).

disproportionately [ˌdɪsprə'pɔːʃnətlɪ] *adv* desproporcionadamente; **a** ~ **large sum** una cantidad desproporcionada de dinero.

disprove [ˌdɪs'pruːv] *vt* refutar.

disputable [dɪ'spjuːtəbl] *adj* discutible.

disputant [dɪ'spjuːtənt] *n* disputador *m*, -ra *f.*

disputatious [ˌdɪspjuː'teɪʃəs] *adj fml* discutidor(ra).

dispute [dɪ'spjuːt] ◇ *n* - **1.** [quarrel] disputa *f.* - **2.** (U) [disagreement] conflicto *m*, desacuerdo *m*; **to be beyond** ~ ser incontestable, no dejar lugar a dudas; **in** ~ [people] en desacuerdo; [matter] en litigio, en entredicho. - **3.** [industrial dispute] conflicto *m* laboral. ◇ *vt* - **1.** [question] cuestionar. - **2.** [debate] discutir, debatir. - **3.** [fight for] disputar, competir por. ◇ *vi* - **1.** [debate] disputar, debatir. - **2.** [argue] discutir, reñir.

disputed [dɪ'spjuːtɪd] *adj* - **1.** [claim, decision] discutido(da), polémico(ca). - **2.** [territory, border] en litigio.

disqualification [dɪsˌkwɒlɪfɪ'keɪʃn] *n* - **1.** [act] descalificación *f.* - **2.** [incapacity] incapacidad *f.*

disqualify [dɪs'kwɒlɪfaɪ] (*pt & pp* **disqualified**) *vt* - **1.** [subj: authority, illness etc]: **to** ~ **sb (from doing sthg)** incapacitar a alguien (para hacer algo). - **2.** SPORT descalificar. - **3.** *Br* [from driving] retirar el permiso de conducir a.

disquiet [dɪs'kwaɪət] ◇ *n* inquietud *f*, desasosiego *m.* ◇ *vt* inquietar, desasosegar.

disquieting [dɪs'kwaɪətɪŋ] *adj* inquietante, desasosegante.

disquietude [dɪs'kwaɪətjuːd] *n literary* inquietud *f*, preocupación *f.*

disquisition [ˌdɪskwɪ'zɪʃn] *n fml* disquisición *f.*

disregard [ˌdɪsrɪ'gɑːd] ◇ *n*: ~ **(for)** indiferencia *f* (a), despreocupación *f* (por). ◇ *vt* hacer caso omiso de.

disrepair [ˌdɪsrɪ'peə'] *n*: **in a state of** ~ en mal estado; **to fall into** ~ deteriorarse.

disreputable [dɪs'repjʊtəbl] *adj* [person, company] de mala fama; [behaviour] vergonzante.

disreputably [dɪs'repjʊtəblɪ] *adv* [behave] vergonzosamente, de un modo vergonzoso.

disrepute [ˌdɪsrɪ'pjuːt] *n*: **to bring sthg into** ~ desprestigiar OR desacreditar algo; **to fall into** ~ desprestigiarse, desacreditarse.

disrespect [ˌdɪsrɪ'spekt] *n* falta *f* de respeto.

disrespectful [ˌdɪsrɪ'spektfʊl] *adj* irrespetuoso(sa).

disrobe [ˌdɪs'rəʊb] *fml* ◇ *vi* desvestirse. ◇ *vt* desvestir.

disrupt [dɪs'rʌpt] *vt* - **1.** [meeting, conversation] interrumpir; [transport system] trastornar, perturbar; [class] revolucionar, enredar en. - **2.** [plans] trastocar, trastornar.

disruption [dɪs'rʌpʃn] *n* - **1.** [of meeting, conversation] interrupción *f*; [of transport system] trastorno *m*, desbarajuste *m*; [of class] revolución *f*, descontrol *m.* - **2.** [of plans] trastoque *m*, trastorno *m.*

disruptive [dɪs'rʌptɪv] *adj* [effect] perjudicial, negativo(va); [child, behaviour] revoltoso(sa), travieso(sa).

dissatisfaction ['dɪsˌsætɪs'fækʃn] *n* descontento *m*, insatisfacción *f.*

dissatisfied [ˌdɪs'sætɪsfaɪd] *adj*: ~ **(with)** insatisfecho(cha) OR descontento(ta) (con).

dissatisfy [dɪsˈsætɪsfaɪ] (*pt & pp* **dissatisfied**) *vt* no satisfacer, no contentar.

dissect [dɪˈsekt] *vt* - **1.** MED disecar. - **2.** *fig* [study] analizar minuciosamente.

dissection [dɪˈsekʃn] *n* - **1.** MED disección *f*. - **2.** *fig* [study] análisis *m inv* minucioso.

dissemble [dɪˈsembl] *literary* ◇ *vi* disimular. ◇ *vt* [feelings, motives] disimular.

disseminate [dɪˈsemɪneɪt] *vt* difundir, divulgar.

dissemination [dɪ,semɪˈneɪʃn] *n* difusión *f*, divulgación *f*.

dissension [dɪˈsenʃn] *n* disensión *f*.

dissent [dɪˈsent] ◇ *n* - **1.** [gen] disconformidad *f*, disentimiento *m*. - **2.** SPORT: **he was booked for** ~ le amonestaron por protestar. - **3.** RELIG disidencia *f*. ◇ *vi*: **to** ~ **(from)** disentir (de).

dissenter [dɪˈsentəʳ] *n* disidente *mf*.

dissenting [dɪˈsentɪŋ] *adj* disidente, en desacuerdo.

dissertation [,dɪsəˈteɪʃn] *n* - **1.** *Br* [for first degree] tesina *f*. - **2.** *Am* [for doctorate] tesis *f inv*. - **3.** [speech] disertación *f*.

disservice [dɪsˈsɜːvɪs] *n*: **to do sb a** ~ hacer un flaco servicio a alguien.

dissidence [ˈdɪsɪdəns] *n* disidencia *f*, disensión *f*.

dissident [ˈdɪsɪdənt] ◇ *n* disidente *mf*. ◇ *adj* disidente.

dissimilar [dɪˈsɪmɪləʳ] *adj*: ~ **(to)** distinto(ta) (de).

dissimilarity [,dɪsɪmɪˈlærətɪ] (*pl* **dissimilarities**) *n* disimilitud *f*, desemejanza *f*.

dissimulate [dɪˈsɪmjʊleɪt] *vt & vi fml* disimular.

dissimulation [dɪ,sɪmjʊˈleɪʃn] *n fml* disimulo *m*.

dissipate [ˈdɪsɪpeɪt] ◇ *vt* - **1.** [heat] disipar. - **2.** [efforts, money] desperdiciar, derrochar. ◇ *vi* - **1.** [gen] disiparse. - **2.** [crowd] dispersarse, disiparse.

dissipated [ˈdɪsɪpeɪtɪd] *adj* disoluto(ta).

dissipation [,dɪsɪˈpeɪʃn] *n* - **1.** [of heat, cloud] disipación *f*, desvanecimiento *m*. - **2.** [of efforts, money] derroche *m*, desperdicio *m*. - **3.** [debauchery] disipación *f*, libertinaje *m*.

dissociate [dɪˈsəʊʃɪeɪt] ◇ *vt* disociar, separar; **to** ~ **o.s. from** disociarse OR desvincularse de. ◇ *vi* [molecules] disociarse.

dissociation [dɪ,səʊsɪˈeɪʃn] *n* disociación *f*.

dissolute [ˈdɪsəluːt] *adj* disoluto(ta).

dissolutely [ˈdɪsəluːtlɪ] *adv* disolutamente.

dissoluteness [ˈdɪsəluːtnɪs] *n* licenciosidad *f*, disipación *f*.

dissolution [,dɪsəˈluːʃn] *n* - **1.** [gen] disolución *f*. - **2.** *Am* [divorce] divorcio *m*.

dissolvable [dɪˈzɒlvəbl] *adj* soluble.

dissolve [dɪˈzɒlv] ◇ *vt* - **1.** [substance] disolver, desleír. - **2.** [empire, marriage, Parliament] disolver. ◇ *vi* - **1.** [substance] disolverse, desleírse. - **2.** [marriage, Parliament] disolverse. - **3.** *fig* [fear, hopes] desvanecerse, desaparecer; [crowd] dispersarse; [clouds, apparition] desvanecerse, disiparse. - **4.** CINEMA & TV hacer un fundido. ◇ *n* CINEMA & TV fundido *m*.

♦ **dissolve in(to)** *vt fus* deshacerse en.

dissonance [ˈdɪsənəns] *n* - **1.** MUS disonancia *f*. - **2.** *fig* [discord] discordancia *f*, desacuerdo *m*.

dissonant [ˈdɪsənənt] *adj* - **1.** MUS disonante. - **2.** *fig* [discordant] discordante.

dissuade [dɪˈsweɪd] *vt*: **to** ~ **sb (from doing sthg)** disuadir a alguien (de hacer algo).

dissuasion [dɪˈsweɪʒn] *n* disuasión *f*.

dissuasive [dɪˈsweɪsɪv] *adj* disuasivo(va).

dissymmetric(al) [dɪsɪˈmetrɪk(l)] *adj* disimétrico(ca).

distaff [ˈdɪstɑːf] *n* [for spinning] rueca *f*; **on the** ~ **side** *fig* en la rama femenina de la familia.

distance [ˈdɪstəns] ◇ *n* - **1.** [gen] distancia *f*; **at a** ~ a distancia; **from a** ~ desde lejos; **in the** ~ a lo lejos; **within walking/cycling** ~ suficientemente cerca como para ir andando/en bicicleta; **it's a good** ~ **from here** desde aquí hay un buen trecho OR está bastante lejos; **a short** ~ **away** a poca distancia ❑ **to go the** ~ *fig* resistir hasta el final; **to**

keep one's ~ *fig* guardar OR mantener las distancias. - **2.** [aloofness, reserve] frialdad *f*, reserva *f*. ◇ *comp* [race, runner] de fondo. ◇ *vt*: **to** ~ **o.s. from** distanciarse de.

distance learning *n* enseñanza *f* OR educación *f* a distancia.

distant [ˈdɪstənt] *adj* - **1.** [place, time, relative] lejano(na); ~ **from** distante de. - **2.** [person, manner] frío(a), distante.

distantly [ˈdɪstəntlɪ] *adv* - **1.** [in the distance] a lo lejos, de lejos. - **2.** [resemble] ligeramente, vagamente; **to be** ~ **related** [people] ser parientes lejanos; [ideas, concepts etc] estar ligeramente OR vagamente relacionados. - **3.** [speak, behave, look] con frialdad, de un modo distante.

distaste [dɪsˈteɪst] *n*: ~ **(for)** desagrado *m* (por).

distasteful [dɪsˈteɪstfʊl] *adj* desagradable.

distastefully [dɪsˈteɪstfʊlɪ] *adv* [with repugnance] con desagrado.

Dist. Atty *written abbr of* **district attorney**.

distemper [dɪˈstempəʳ] ◇ *n* - **1.** [paint] (pintura *f* al) temple *m*. - **2.** [disease] moquillo *m*. ◇ *vt* [paint] pintar al temple.

distend [dɪˈstend] ◇ *vt* hinchar. ◇ *vi* hincharse.

distended [dɪˈstendɪd] *adj* dilatado(da).

distention [dɪˈstenʃn] *n* hinchazón *f*.

distil *Br* (*pt & pp* **distilled**, *cont* **distilling**), **distill** *Am* [dɪˈstɪl] *vt* - **1.** [liquid] destilar. - **2.** [information] extraer.

distillate [ˈdɪstɪlət] *n* destilado *m*.

distillation [,dɪstɪˈleɪʃn] *n* destilación *f*.

distiller [dɪˈstɪləʳ] *n* destilador *m*, -ra *f*.

distillery [dɪˈstɪlərɪ] (*pl* **distilleries**) *n* destilería *f*.

distinct [dɪˈstɪŋkt] *adj* - **1.** [different]: ~ **(from)** distinto(ta) (de); **as** ~ **from** a diferencia de. - **2.** [evident - improvement, likeness] notable, visible; [- possibility, advantage] claro(ra); [- preference, interest] marcado(da). - **3.** [clear - memory, image] claro(ra), preciso(sa); [- voice] claro(ra), distinto(ta).

distinction [dɪˈstɪŋkʃn] *n* - **1.** [difference] distinción *f*; **to draw** OR **make a** ~ **between** hacer una distinción entre. - **2.** [excellence] distinción *f*; **to gain** ~ distinguirse. - **3.** [in exam result] sobresaliente *m*; **with** ~ con (nota de) sobresaliente.

distinctive [dɪˈstɪŋktɪv] *adj* característico(ca), particular.

distinctly [dɪˈstɪŋktlɪ] *adv* - **1.** [see, remember, speak] claramente. - **2.** [improve] notablemente. - **3.** [very]: **it is** ~ **possible that...** es muy posible que...

distinguish [dɪˈstɪŋgwɪʃ] ◇ *vt* - **1.** [gen]: **to** ~ **sthg (from)** distinguir algo (de). - **2.** [perform well]: **to** ~ **o.s.** distinguirse. ◇ *vi*: **to** ~ **(between)** distinguir (entre).

distinguishable [dɪˈstɪŋgwɪʃəbl] *adj* distinguible.

distinguished [dɪˈstɪŋgwɪʃt] *adj* distinguido(da).

distinguishing [dɪˈstɪŋgwɪʃɪŋ] *adj* distintivo(va).

distort [dɪˈstɔːt] *vt* - **1.** [shape, face] deformar; [sound] distorsionar. - **2.** [truth, facts] tergiversar.

distorted [dɪˈstɔːtɪd] *adj* - **1.** [shape, face] deformado(da); [sound] distorsionado(da). - **2.** [account, report] tergiversado(da).

distortion [dɪˈstɔːʃn] *n* - **1.** [of shape, face] deformación *f*; [of sound] distorsión *f*. - **2.** [of truth, facts] tergiversación *f*. - **3.** ELECTRON distorsión *f*.

distract [dɪˈstrækt] *vt* [person, attention]: **to** ~ **sb (from)** distraer a alguien (de).

distracted [dɪˈstræktɪd] *adj* distraído(da).

distraction [dɪˈstrækʃn] *n* - **1.** [interruption, diversion, amusement] distracción *f*. - **2.** [state of mind] confusión *f*; **to drive sb to** ~ *fig* volver loco(ca) a alguien.

distraught [dɪˈstrɔːt] *adj* muy turbado (muy turbada).

distress [dɪˈstres] ◇ *n* - **1.** [anxiety] angustia *f*; [pain] dolor *m*. - **2.** [danger, difficulty] peligro *m*, apuros *mpl*. ◇ *vt* afligir, apenar.

distressed [dɪˈstrest] *adj* - **1.** [mentally] angustiado(da), afligido(da). - **2.** [physically] extenuado(da), agotado(da). - **3.** [financially] en apuros.

distressing [dɪ'stresɪŋ] *adj* angustioso(sa), doloroso(sa).

distress signal *n* señal *f* de socorro.

distributary [dɪ'strɪbjʊtrɪ] *n* ramal *m* de un río.

distribute [dɪ'strɪbjuːt] *vt* - **1.** [gen] distribuir, repartir. - **2.** [seeds] diseminar.

distributed [dɪ'strɪbjʊtɪd] *adj* distribuido(da) estadísticamente.

distribution [ˌdɪstrɪ'bjuːʃn] ◇ *n* - **1.** [gen] distribución *f*. - **2.** [of seeds] diseminación *f*. ◇ *comp*: ~ **rights** derechos *mpl* de distribución.

distributive property [dɪ'strɪbjʊtɪv-] *n* propiedad *f* distributiva.

distributor [dɪ'strɪbjʊtə'] *n* - **1.** COMM distribuidor *m*, -ra *f*. - **2.** AUT delco® *m*, distribuidor *m*.

district ['dɪstrɪkt] *n* - **1.** [area - of country] zona *f*, región *f*; [- of town] barrio *m*. - **2.** [administrative area] distrito *m*.

district attorney *n Am* fiscal *mf* (del distrito).

district council *n Br* ADMIN ≃ municipio *m*.

district court *n Am* tribunal *m* federal.

district nurse *n Br* enfermera encargada de atender a domicilio a los pacientes de una zona.

District of Columbia *n* distrito *m* de Columbia.

distrust [dɪs'trʌst] ◇ *n* desconfianza *f*. ◇ *vt* desconfiar de.

distrustful [dɪs'trʌstful] *adj* desconfiado(da).

disturb [dɪ'stɜːb] *vt* - **1.** [interrupt - person] molestar; [- concentration, sleep, silence] perturbar. - **2.** [upset, worry] inquietar. - **3.** [alter - surface, arrangement] alterar; [- papers] desordenar; [- water, mud] agitar, remover.

disturbance [dɪ'stɜːbəns] *n* - **1.** [fight] tumulto *m*, alboroto *m*. - **2.** JUR: ~ **of the peace** alteración *f* del orden público. - **3.** [interruption] interrupción *f*. - **4.** [of mind, emotions] trastorno *m*.

disturbed [dɪ'stɜːbd] *adj* - **1.** [upset, ill] trastornado(da). - **2.** [worried] inquieto(ta).

disturbing [dɪ'stɜːbɪŋ] *adj* inquietante, preocupante.

disturbingly [dɪ'stɜːbɪŋlɪ] *adv*: **the level of pollution is** ~ **high** el elevado nivel de contaminación es inquietante OR preocupante.

disunion [dɪs'juːnjən] *n* desunión *f*.

disunited [dɪsju'naɪtɪd] *adj* desunido(da).

disunity [dɪs'juːnətɪ] *n* desunión *f*.

disuse [dɪs'juːs] *n*: **to fall into** ~ [regulation] caer en desuso; [building, mine] verse paulatinamente abandonado(da).

disused [dɪs'juːzd] *adj* abandonado(da).

ditch [dɪtʃ] ◇ *n* - **1.** [gen] zanja *f*; [by road] cuneta *f*. - **2.** [for irrigation] acequia *f*; [for drainage] canal *m*. ◇ *vt inf* - **1.** [end relationship with] romper con. - **2.** [get rid of] deshacerse de.

ditchwater ['dɪtʃˌwɔːtə'] *n phr*: **to be as dull as** ~ *inf* ser un tostón.

dither ['dɪðə'] ◇ *vi* vacilar. ◇ *n*: **to be in a** ~ estar muy nervioso (muy nerviosa).

ditto ['dɪtəʊ] ◇ *adv* ídem, lo mismo. ◇ *comp*: ~ **mark** comillas *fpl* de repetición.

ditty ['dɪtɪ] (*pl* **ditties**) *n hum* cancioncilla *f*.

ditty bag *n* bolsa *f* para guardar cosas pequeñas.

diuretic [ˌdaɪjʊ'retɪk] ◇ *adj* diurético(ca). ◇ *n* diurético *m*.

diva ['diːvə] (*pl* **divas**) *n* diva *f*.

divan [dɪ'væn] *n* diván *m*.

divan bed *n* cama *f* turca.

dive [daɪv] (*Br pt & pp* **dived**, *Am pt* **dived** OR **dove** [dəʊv], *pp* **dived**) ◇ *vi* - **1.** [into water - person] zambullirse; [- submarine, bird, fish] sumergirse. - **2.** [with breathing apparatus] bucear, clavarse *Amér*. - **3.** [through air - person] lanzarse; [- plane] caer en picado. - **4.** [into bag, cupboard]: **to** ~ **into** meter la mano en. ◇ *n* - **1.** [into water - by person] zambullida *f*; [- by submarine] inmersión *f*. - **2.** [of person - through air] salto *m*; [- in football etc] estirada *f*. - **3.** [of plane] picado *m*. - **4.** *inf pej* [bar, restaurant] garito *m*, antro *m*.

dive-bomb *vt* bombardear (cayendo en picado).

dive-bomber *n* bombardero *m* de ataque en picado.

diver ['daɪvə'] *n* - **1.** [underwater] buceador *m*, -ra *f*; [professional] buzo *m*; [from diving board] saltador *m*, -ra *f* (de trampolín). - **2.** [bird] colimbo *m*.

diverge [daɪ'vɜːdʒ] *vi* - **1.** [gen]: **to** ~ **(from)** divergir (de). - **2.** [disagree] discrepar.

divergence [daɪ'vɜːdʒəns] *n* divergencia *f*.

divergent [daɪ'vɜːdʒənt] *adj* divergente.

diverse [daɪ'vɜːs] *adj* diverso(sa).

diversification [daɪˌvɜːsɪfɪ'keɪʃn] *n* diversificación *f*.

diversify [daɪ'vɜːsɪfaɪ] (*pt & pp* **diversified**) ◇ *vt* diversificar. ◇ *vi* diversificarse.

diversion [daɪ'vɜːʃn] *n* - **1.** [distraction] distracción *f*. - **2.** [of traffic, river, funds] desvío *m*. - **3.** [amusement] diversión *f*, entretenimiento *m*.

diversionary [daɪ'vɜːʃnrɪ] *adj* (hecho(cha)) para despistar.

diversity [daɪ'vɜːsətɪ] *n* diversidad *f*.

divert [daɪ'vɜːt] *vt* - **1.** [traffic, river, funds] desviar. - **2.** [person, attention] distraer. - **3.** [amuse] divertir, entretener.

diverting [daɪ'vɜːtɪŋ] *adj fml* divertido(da).

divest [daɪ'vest] *vt fml*: **to** ~ **sb of sthg** despojar a alguien de algo; **to** ~ **o.s. of** despojarse OR deshacerse de.

divestiture [daɪ'vestɪtʃə'], **divestment** [daɪ'vestmənt] *n Am* desinversión *f*.

divide [dɪ'vaɪd] ◇ *vt* - **1.** [gen & MATH]: **to** ~ **sthg (between** OR **among)** dividir algo (entre); **to** ~ **sthg into** dividir algo en; **to** ~ **sthg by** dividir algo entre OR por; ~ **3 into 89** divide 89 entre 3. - **2.** [share out] repartir, distribuir. ◇ *vi* - **1.** [river, road, wall] bifurcarse. - **2.** [group] dividirse. ◇ *n* - **1.** [difference] división *f*; **the North-South** ~ la división Norte-Sur. - **2.** GEOGR divisoria *f*.

◆ **divide off** *vt sep*: **to** ~ **sthg off (from sthg)** separar algo (de algo).

◆ **divide out** *vt sep*: **to** ~ **sthg out (between** OR **among people)** repartir algo (entre la gente).

◆ **divide up** *vt sep* - **1.** [split up] dividir. - **2.** [share out] repartir.

divided [dɪ'vaɪdɪd] *adj* - **1.** [gen] dividido(da); **opinion is** ~ las opiniones están divididas. - **2.** BOT seccionado(da).

divided highway *n Am* autovía *f*.

divided skirt *n* falda *f* pantalón.

dividend ['dɪvɪdend] *n* FIN & MATH dividendo *m*; [profit] beneficio *m*; **to pay** ~**s** *fig* proporcionar beneficios.

divider [dɪ'vaɪdə'] *n* [in room] separación *f* (biombo, mampara etc).

◆ **dividers** *npl* compás *m* de puntas (secas).

dividing [dɪ'vaɪdɪŋ] *adj* [fence, wall] divisorio(ria).

dividing line *n* línea *f* divisoria.

divination [ˌdɪvɪ'neɪʃn] *n* adivinación *f*.

divine [dɪ'vaɪn] ◇ *adj* divino(na). ◇ *n* [priest] clérigo *m*. ◇ *vt* - **1.** [guess] adivinar. - **2.** [suj: water diviner] descubrir (con varilla de zahorí).

divinely [dɪ'vaɪnlɪ] *adv* divinamente.

divine right *n* derecho *m* divino; **the** ~ **of kings** el derecho divino de la monarquía.

diving ['daɪvɪŋ] (*U*) *n* - **1.** [into water] salto *m*. - **2.** [with breathing apparatus] buceo *m*.

diving bell *n* campana *f* de buzo.

divingboard ['daɪvɪŋˌbɔːd] *n* trampolín *m*.

diving suit *n* traje *m* de buceo, escafandra *f*.

divining rod [dɪ'vaɪnɪŋ-] *n* varilla *f* de zahorí.

divinity [dɪ'vɪnətɪ] (*pl* **divinities**) *n* - **1.** [godliness, deity] divinidad *f*. - **2.** [study] teología *f*.

◆ **Divinity** *n*: **the Divinity** Dios *m*.

divisible [dɪ'vɪzəbl] *adj*: ~ **(by)** divisible (por).

division [dɪ'vɪʒn] *n* - **1.** [act, state] división *f*. - **2.** [of labour, responsibility] repartición *f*. - **3.** MIL, MATH & SPORT división. - **4.** [in room] separación *f*, tabique *m*.

divisional [dɪ'vɪʒənl] *adj* de la división, de división; ~ **manager** director *m*, -ra *f* de (la) división.

division of labour *n* división *f* del trabajo.

division sign *n* signo *m* de división.

divisive [dɪ'vaɪsɪv] *adj* divisivo(va), que crea divisiones.

divisiveness [dɪ'vaɪsɪvnɪs] *n* carácter *m* divisivo.

divisor [dɪ'vaɪzə'] *n* MATH divisor *m*.

divorce [dɪ'vɔːs] ◇ *n* divorcio *m*; **to sue for** ~ presentar demanda de divorcio. ◇ *vt* **- 1.** [husband, wife] divorciarse de. **- 2.** [separate]: **to** ~ **sthg from** separar algo de. ◇ *comp*: ~ **court** tribunal especializado en divorcios, anulaciones etc; ~ **lawyer** abogado *m*, -da *f* matrimonialista.

divorced [dɪ'vɔːst] *adj* divorciado(da).

divorcée [dɪvɔː'siː] *n* divorciada *f*.

divot ['dɪvət] *n* terrón *m*.

divulge [daɪ'vʌldʒ] *vt* divulgar, revelar.

Dixieland ['dɪksɪlænd] *n* MUS Dixieland *m*, jazz *m* tradicional (de Nueva Orleans).

DIY *abbr of* **do-it-yourself**.

dizzily ['dɪzɪlɪ] *adv* **- 1.** [walk] como si tuviera vértigo, como mareado. **- 2.** [behave] con aturdimiento.

dizziness ['dɪzɪnɪs] *n* [because of heights] vértigo *m*; [because of illness etc] mareo *m*.

dizzy ['dɪzɪ] (*compar* **dizzier**, *superl* **dizziest**) *adj* **- 1.** [because of heights]: **to feel** ~ sentir vértigo. **- 2.** [because of illness etc] mareado(da). **- 3.** *fig* [height] inimaginable, de vértigo; [speed] de vértigo, vertiginoso(sa). **- 4.** *inf* [scatterbrained] atolondrado(da); [foolish] bobo(ba), lelo(la).

DJ *n* **- 1.** *abbr of* **disc jockey**. **- 2.** *abbr of* **dinner jacket**.

Djakarta [dʒə'kɑːtə] *n* = **Jakarta**.

Djerba ['dʒɜːbə] *n* Gelves, Djerba.

DJIA (*abbr of* **Dow Jones Industrial Average**) *n* índice *Dow Jones*.

Djibouti [dʒɪ'buːtɪ] *n* Yibuti.

Djibouti City *n* Yibuti (capital).

dl (*written abbr of* **decilitre**) dl.

DLit(t) [diː'lɪt] (*abbr of* **Doctor of Letters**) *n* (titular de un) doctorado de letras.

DLO (*abbr of* **dead-letter office**) *n* departamento de correos al que van a parar cartas cuyo destinatario ha sido imposible localizar.

dm (*written abbr of* **decimetre**) dm.

DM (*written abbr of* **Deutsche Mark**) DM *m*.

DMA (*abbr of* **direct memory access**) *n* acceso directo a la memoria.

DMus [diː'mjuːz] (*abbr of* **Doctor of Music**) *n* (titular de un) doctorado de música.

DMZ *abbr of* **demilitarized zone**.

DNA (*abbr of* **deoxyribonucleic acid**) *n* ADN *m*.

D-notice *n Br* petición oficial a la prensa de que cierta información no se haga pública por razones de seguridad nacional.

do¹ [duː] (*pt* **did** [dɪd], *pp* **done** [dʌn], *pl* **dos** OR **do's**) ◇ *aux vb* **- 1.** (*in negatives*): **don't leave it there** no lo dejes ahí; **I didn't want to see him** no quería verlo. **- 2.** (*in questions*): **what did he want?** ¿qué quería?; ~ **you think she'll come?** ¿crees que vendrá? **- 3.** (*referring back to previous verb*): ~ **you think so? - yes, I** ~ ¿tú crees? - sí; **she reads more than I** ~ lee más que yo; **I/they** you/ellos también. **- 4.** (*in question tags*): **you know her, don't you?** la conoces ¿no?; **I upset you, didn't I?** te molesté ¿verdad?; **so you think you can dance,** ~ **you?** así que te crees que sabes bailar ¿no? **- 5.** (*for emphasis*): **I did tell you but you've forgotten** sí que te lo dije, pero te has olvidado; ~ **come in** ¡pase, por favor! ◇ *vt* **- 1.** [gen] hacer; **she does aerobics/gymnastics** hace aerobic/gimnasia; **he did his duty** cumplió con su deber; **what can I** ~ **for you?** ¿en qué puedo servirle?; **they** ~ **cheap meals for students** dan OR hacen comidas baratas para estudiantes; **what can we** ~? [expressing resignation] ¿qué le vamos a hacer?; **we'll have to** ~ **something about that tree** tendremos que hacer algo con ese árbol; **to** ~ **the cooking/cleaning** hacer la comida/limpieza; **to** ~ **one's hair** peinarse; **to** ~ **one's teeth**

lavarse los dientes; **to get sthg done** hacer algo. **- 2.** [have particular effect] causar, hacer; **to** ~ **more harm than good** hacer más mal que bien. **- 3.** [referring to job]: **what** ~ **you** ~? ¿a qué te dedicas?, ¿qué haces? **- 4.** [study] hacer; **I did physics at school** hice física en la escuela. **- 5.** [travel at a particular speed] ir a; **the car can** ~ **110 mph** el coche puede ir a 110 millas por hora. **- 6.** [be good enough for]: **will that** ~ **you?** ¿te vale eso?; **that'll** ~ **me nicely** eso me viene estupendamente. ◇ *vi* **- 1.** [gen] hacer; ~ **as she says** haz lo que te dice; **he did very well for a beginner** lo hizo muy bien para ser un principiante; **they're** ~**ing really well** les va muy bien; **to** ~ **well for o.s.** irle bien las cosas a uno; **he could** ~ **better** lo podría hacer mejor; **how did you** ~ **in the exam?** ¿qué tal te salió el examen?; **you would** ~ **well to reconsider** harías bien en volverlo a pensar. **- 2.** [be good enough, sufficient] servir, valer; **this kind of behaviour won't** ~ ese tipo de comportamiento no es aceptable; **that will** ~ **(nicely)** con eso vale; **that will** ~! [showing annoyance] ¡basta ya! **- 3.** *phr*: **how** ~ **you** ~ [greeting] ¿cómo está usted?; [answer] mucho gusto. ◇ *n Br inf* [party] fiesta *f*.

◆ **dos** *npl*: ~**s and don'ts** normas *fpl* de conducta.

◆ **do away with** *vt fus* [disease, poverty] acabar con; [law, reforms] suprimir.

◆ **do down** *vt sep inf*: **to** ~ **sb down** menospreciar a alguien.

◆ **do for** *vt fus inf*: **these kids will** ~ **for me** estos críos van a terminar conmigo; **I thought I was done for** creí que me moría.

◆ **do in** *vt sep inf* [kill] cargarse, cepillarse.

◆ **do out of** *vt sep*: **to** ~ **sb out of sthg** estafar algo a alguien.

◆ **do up** *vt sep* **- 1.** [fasten - shoelaces, tie] atar; [- coat, buttons] abrochar; ~ **your shoes up** átate los zapatos. **- 2.** [decorate] renovar, redecorar. **- 3.** [wrap up] envolver.

◆ **do with** *vt fus* **- 1.** [need]: **I could** ~ **with a drink/new car** no me vendría mal una copa/un coche nuevo. **- 2.** [have connection with]: **that has nothing to** ~ **with it** eso no tiene nada que ver (con ello); **I don't want anything to** ~ **with it** yo no quiero tener nada que ver; **it's something to** ~ **with the way he speaks** tiene que ver con su forma de hablar.

◆ **do without** ◇ *vt fus* pasar sin; **I can** ~ **without your sarcasm** podrías ahorrarte tu sarcasmo. ◇ *vi* apañárselas; **she'll have to** ~ **without** tendrá que apañárselas.

do² (*written abbr of* **ditto**) íd.

DOA (*abbr of* **dead on arrival**) *adj* ingresó cadáver.

doable ['duːəbl] *adj inf* realizable, factible.

dob *abbr of* **date of birth**.

Doberman ['dəʊbəmən] (*pl* **Dobermans**) *n*: ~ **(pinscher)** doberman *m*.

docile [*Br* 'dəʊsaɪl, *Am* 'dɒsəl] *adj* dócil.

dock [dɒk] ◇ *n* **- 1.** [in harbour - basin] dársena *f*; [- wharf] muelle *m*. **- 2.** [in court] banquillo *m* (de los acusados). **- 3.** BOT acederón *m*, acedera *f*. ◇ *vt* **- 1.** [wages] reducir; [money from wages] descontar. **- 2.** [ship] atracar. **- 3.** [spacecraft] acoplar. **- 4.** [animal's tail] cercenar, cortar. ◇ *vi* **- 1.** [ship] atracar. **- 2.** [spacecraft] acoplarse.

dockage ['dɒkədʒ] *n* **- 1.** [charge] muellaje *m*, derechos *mpl* de atraque. **- 2.** [facilities] dársena *f*.

docker ['dɒkə'] *n* estibador *m*, -ra *f*.

docket ['dɒkɪt] ◇ *n* **- 1.** *Br* [label] marbete *m*. **- 2.** [agenda] orden *m* del día. **- 3.** *Am* JUR sumario *m* de causas pendientes. ◇ *vt* **- 1.** [in agenda] registrar en el orden del día. **- 2.** *Am* JUR asentar en el sumario de causas pendientes.

dockhand ['dɒkhænd] *n* estibador *m*, -ra *f*, trabajador portuario *m*, trabajadora portuaria *f*.

docking ['dɒkɪŋ] *n* [of ship] atraque *m*; [of spacecraft] acoplamiento *m*.

docklands ['dɒkləndz] *npl Br* muelles *mpl*.

dockside ['dɒksaɪd] *n*: **on the** ~ en el muelle.

dockworker ['dɒkwɜːkə'] *n* = **docker**.

dockyard ['dɒkjɑːd] *n* astillero *m*; **naval** ~ arsenal *m*.

doctor ['dɒktə'] ◇ *n* - **1.** [of medicine] médico *m*, -ca *f*; **to go to the** ~**'s** ir al médico; ~**'s orders** prescripción *f* médica ❏ **to be just what the** ~ **ordered** *inf* venir justo al pelo. - **2.** [holder of PhD] doctor *m*, -ra *f*. ◇ *vt* - **1.** [results, text] amañar. - **2.** *Br* [cat] castrar. - **3.** [food, drink] adulterar. - **4.** [treat] tratar, atender.

doctoral ['dɒktərəl] *adj* doctoral.

doctorate ['dɒktərət], **doctor's degree** *n* doctorado *m*.

doctrinaire [,dɒktrɪ'neə'] *adj* doctrinario(ria).

doctrinal [dɒk'traɪnl] *adj* doctrinal.

doctrine ['dɒktrɪn] *n* doctrina *f*.

docudrama [,dɒkju'drɑːmə] (*pl* **docudramas**) *n* TV docudrama *m*.

document [*n* 'dɒkjumənt, *vb* 'dɒkjument] ◇ *n* documento *m*. ◇ *vt* documentar.

documental [,dɒkju'mentl] *adj* documental, de documentos.

documentary [,dɒkju'mentərɪ] (*pl* **documentaries**) ◇ *adj* documental. ◇ *n* documental *m*.

documentation [,dɒkjumen'teɪʃn] *n* documentación *f*.

DOD *n written abbr of* **Department of Defense**.

doddering ['dɒdərɪŋ], **doddery** ['dɒdərɪ] *adj inf* renqueante.

doddle ['dɒdl] *n Br inf*: **it's a** ~ está tirado(da) OR chupado(da).

dodecagon [dəʊ'dekəgən] *n* dodecágono *m*.

Dodecanese [,dəʊdɪkə'niːz] *npl*: **the** ~ el Dodecaneso.

dodge [dɒdʒ] ◇ *n* - **1.** *inf* [fraud] artimaña *f*, truco *m*; **a tax** ~ un truco para pagar menos impuestos. - **2.** [quick move - by footballer] regate *m*, finta *f*; [- by boxer] amago *m*. ◇ *vt* - **1.** [gen] esquivar. - **2.** [pursuer, creditor, landlord] evitar; [question, issue] eludir. ◇ *vi* - **1.** [gen] echarse a un lado, apartarse. - **2.** [footballer] regatear, fintar; [boxer] amagar.

dodgems ['dɒdʒəmz] *npl Br* coches OR autos *mpl* de choque.

dodger ['dɒdʒə'] *n inf* [workshy] persona *f* que se escaquea; [dishonest] tramposo *m*, -sa *f*; **tax** ~ defraudador *m*, -ra *f* fiscal.

dodgy ['dɒdʒɪ] *adj Br inf* [business, plan] arriesgado(da), comprometido(da); [chair, brakes] poco fiable.

dodo ['dəʊdəʊ] (*pl* **dodos** OR **dodoes**) *n* - **1.** [extinct bird] dodo *m*, dodó *m*; **as dead as a** ~ *fig* muerto y bien muerto (muerta y bien muerta). - **2.** *inf* [fool] bobo *m*, -ba *f*.

doe [dəʊ] *n* - **1.** [female deer] gama *f*. - **2.** [female rabbit] coneja *f*.

DOE *n* - **1.** (*abbr of* **Department of the Environment**) ministerio de medio ambiente británico. - **2.** (*abbr of* **Department of Energy**) ministerio de energía estadounidense.

doer ['duːə'] *n inf* emprendedor *m*, -ra *f*, persona *f* práctica.

does [*weak form* dəz, *strong form* dʌz] *v* → **do**.

doeskin ['dəʊskɪn] *n* - **1.** [pelt] piel *f* de gamo, ante *m*. - **2.** [soft fabric] tejido *m* fino de lana.

doesn't ['dʌznt] *v* = **does not**.

doff [dɒf] *vt* [one's hat] quitarse.

dog [dɒg] (*pt & pp* **dogged**, *cont* **dogging**) ◇ *n* - **1.** [animal] perro *m*; **every** ~ **has its day** *fig* todo el mundo tiene su momento de gloria; **let sleeping** ~**s lie** *fig* es mejor no menearlo; **it's a** ~**'s life** *fig* es una vida de perros; **to go to the** ~**s** *inf fig* echarse a perder, irse al garete. - **2.** [male fox, wolf etc] macho *m*. - **3.** *inf pej* [contemptible person] canalla *mf*, perro *m*, -rra *f*. - **4.** *inf* [fellow] tipo *m*; **he's a lucky** ~ es un tipo con suerte. - **5.** *Am inf* [fiasco] desastre *m*. - **6.** TECH [for gripping] cabezal *m*. - **7.** *Am* [hot dog] perrito *m* caliente. ◇ *vt* - **1.** [subj: person] seguir. - **2.** [subj: problems, bad luck] perseguir.

dog biscuit *n* galleta *f* de perro.

dogcatcher ['dɒgkætʃə'] *n* perrero *m*, empleado *m*, -da *f* de la perrera.

dog collar *n* - **1.** [of dog] collar *m* de perro. - **2.** [of priest] alzacuello *m*.

dog days *npl* canícula *f*.

doge [dəʊdʒ] *n* dux *m*.

dog-eared *adj* manoseado(da), sobado(da).

dog-eat-dog *adj* de todos contra todos, muy competitivo (muy competitiva).

dog-end *n inf* colilla *f*.

dogfight ['dɒgfaɪt] *n* - **1.** [between dogs] pelea *f* de perros. - **2.** [between aircraft] combate *m* aéreo.

dogfish ['dɒgfɪʃ] *n* lija *f*, pintarroja *f*.

dog food *n* comida *f* para perros.

dogged ['dɒgɪd] *adj* [person, courage] tenaz, obstinado(da); [refusal] obstinado(da).

doggedly ['dɒgɪdlɪ] *adv* [continue, work] tenazmente, obstinadamente; [refuse] obstinadamente.

doggedness ['dɒgɪdnɪs] *n* [of person] tenacidad *f*, obstinación *f*; [of refusal] obstinación *f*.

doggerel ['dɒgərəl] *n (U)* versos *mpl* ramplones, coplas *fpl* de ciego.

doggone ['dɒgɒn], **doggoned** ['dɒgɒnd] *adj Am inf* puñetero(ra).

doggy ['dɒgɪ] (*pl* **doggies**) *n inf* perrito *m*, -ta *f*.

doggy bag *n* bolsa que da el restaurante para llevarse las sobras a casa.

doggy paddle *n* = **dog paddle**.

dog handler *n* adiestrador *m*, -ra *f* de perros.

doghouse ['dɒghaʊs, *pl* -haʊzɪz] *n Am* [kennel] caseta *f* del perro; **to be in the** ~ **(with sb)** *inf fig* haber caído en desgracia (con alguien).

dog Latin *n* latín *m* macarrónico.

dogleg ['dɒgleg] ◇ *n* [in pipe] codo *m*; [in road] curva *f* cerrada. ◇ *vi* [pipe] hacer un codo; [road] hacer una curva cerrada. ◇ *adj* [pipe] acodado(da); [road] con una curva cerrada.

dog licence *n Br* permiso *m* OR licencia *f* para perros.

doglike ['dɒglaɪk] *adj* [devotion] incondicional, ciego(ga).

dogma ['dɒgmə] *n* dogma *m*.

dogmatic [dɒg'mætɪk] *adj* dogmático(ca).

dogmatism ['dɒgmətɪzm] *n* dogmatismo.

dogmatist ['dɒgmətɪst] *n* dogmático *m*, -ca *f*, dogmatizador *m*, -ra *f*.

do-gooder [-'gʊdə'] *n pej* persona bien intencionada que sin querer resulta entrometida.

dog paddle *n*: **to do the** ~ nadar como los perros.

dogsbody ['dɒgz,bɒdɪ] (*pl* **dogsbodies**) *n Br inf* último mono *m*, burro *m* de carga.

dog show *n* exposición *f* canina.

dogsled ['dɒgsled] *n* trineo *m* tirado por perros.

dog tag *n* placa *f* de identificación (de un soldado).

dog-tired *adj inf* rendido(da).

dogtrot ['dɒgtrɒt] *n* trote *m* suave, trote *m* lento.

doh [dəʊ] *n* MUS do *m*.

doily ['dɔɪlɪ] (*pl* **doilies**) *n* blonda *f*.

doing ['duːɪŋ] *n*: **it's none of his** ~ no es obra suya; **that'll take some** ~ eso requerirá bastante esfuerzo; **this is all your** ~ tú eres responsable de esto.

◆ **doings** *npl* actividades *fpl*.

do-it-yourself *n* bricolaje *m*.

doldrums ['dɒldrəmz] *npl* GEOGR calmas *fpl* ecuatoriales; **to be in the** ~ *fig* [trade] estar estancado(da); [person] estar abatido(da).

dole [dəʊl] *n* (subsidio *m* de) paro *m*; **to be on the** ~ estar parado(da).

◆ **dole out** *vt sep* distribuir, repartir.

doleful ['dəʊlfʊl] *adj* triste, lastimero(ra).

do-little *n* perezoso *m*, -sa *f*.

doll [dɒl] *n* - **1.** [toy] muñeca *f*. - **2.** *inf* [girl] muñeca *f*. - **3.** *inf* [dear person] encanto *m*.

◆ **doll up** *vt sep inf*: **to** ~ **o.s. up** emperifollarse.

dollar ['dɒlər] *n* dólar *m*; **I feel like a million** ~**s** *fig* me siento de fábula; **you look like a million** ~**s in that dress** *fig* estás maravillosa con ese vestido.

dollar cost averaging *n* inversión fija de una cantidad de dólares en la bolsa de valores.

dollar diplomacy *n* diplomacia *f* del dólar.

dollar sign *n* signo *m* del dólar.

dolled up *adj inf* [woman] emperifollada.

dollhouse *n Am* = **doll's house**.

dollop ['dɒləp] *n inf* pegote *m*.

doll's house *Br*, **dollhouse** *Am* ['dɒlhaʊs] *n* casa *f* de muñecas.

dolly ['dɒlɪ] (*pl* **dollies**, *pt & pp* **dollied**) ◇ *n* - **1.** [doll] muñequita *f*. - **2.** [for TV or film camera] travelín *m*, plataforma *f* móvil. ◇ *vt* CINEMA & TV: **to** ~ **a camera in/out** hacer un travelín acercándose/alejándose.

dolly bird *n Br inf dated* [woman] muñeca *f*.

dolly mixtures *npl Br* [sweets] caramelos *mpl* surtidos.

dolmen ['dɒlmən] *n* ARCHEOL dolmen *m*.

dolomite ['dɒləmaɪt] *n* dolomita *f*.

Dolomites ['dɒləmaɪts] *npl*: **the** ~ los Dolomitas.

dolorous ['dɒlərəs] *adj literary* doloroso(sa), penoso(sa).

dolphin ['dɒlfɪn] *n* delfín *m*.

dolt [dəʊlt] *n* idiota *mf*.

domain [də'meɪn] *n* - **1.** [sphere of interest] campo *m*, ámbito *m*. - **2.** [land] dominios *mpl*. - **3.** MATH dominio *m*.

dome [dəʊm] *n* - **1.** [roof] cúpula *f*; [ceiling] bóveda *f*. - **2.** [of hill] cima *f*. - **3.** [of heavens, sky] bóveda *f*, cúpula *f*.

domed [dəʊmd] *adj* [building] con cúpula; [roof] abovedado(da).

Domesday Book ['duːmzdeɪ-] *n*: **the** ~ censo catastral realizado en Inglaterra en 1085 por orden de Guillermo el Conquistador.

domestic [də'mestɪk] ◇ *adj* - **1.** [policy, flight] nacional. - **2.** [chores, water supply, animal] doméstico(ca). - **3.** [homeloving] hogareño(ña), casero(ra). ◇ *n* doméstico *m*, -ca *f*, criado *m*, -da *f*.

domestically [də'mestɪklɪ] *adv* ECON & POL: **to be produced** ~ ser de producción nacional.

domestic appliance *n* electrodoméstico *m*.

domesticate [də'mestɪkeɪt] *vt* - **1.** [animal] domesticar. - **2.** *hum* [person] habituar a la vida y las labores caseras. **domesticated** [də'mestɪkeɪtɪd] *adj* - **1.** [animal] domesticado(da). - **2.** *hum* [person] hogareño(ña), casero(ra).

domestication [də,mestɪ'keɪʃn] *n* [of animals] domesticación *f*.

domesticity [,dəʊme'stɪsətɪ] *n* (U) vida *f* hogareña.

domestic science *n Br dated & SCH* ≃ hogar *m*.

domicile ['dɒmɪsaɪl] *fml* ◇ *n* domicilio *m*. ◇ *vt* domiciliar.

domiciliary [dɒmɪ'sɪljərɪ] *adj fml* [visit] domiciliario(ria), a domicilio.

dominance ['dɒmɪnəns] *n* (U) - **1.** [control, power] dominación *f*, control *m*. - **2.** [importance] predominancia *f*.

dominant ['dɒmɪnənt] ◇ *adj* dominante. ◇ *n* - **1.** MUS dominante *f*. - **2.** [character] rasgo *m* dominante; [species] especie *f* dominante.

dominate ['dɒmɪneɪt] *vt & vi* dominar.

dominating ['dɒmɪneɪtɪŋ] *adj* dominante.

domination [,dɒmɪ'neɪʃn] *n* - **1.** [control, power] dominación *f*. - **2.** [importance] predominancia *f*.

domineer [dɒmɪ'nɪər] *vi* dominar, tiranizar.

domineering [dɒmɪ'nɪərɪŋ] *adj* dominante, tiránico(ca).

Dominica [də'mɪnɪkə] *n* Dominica.

Dominican [də'mɪnɪkən] ◇ *adj* - **1.** [from the Dominican Republic] dominicano(na). - **2.** RELIG dominico(ca). ◇ *n* - **1.** [person from the Dominican Republic] dominicano *m*, -na *f*. - **2.** RELIG dominico *m*, -ca *f*.

Dominican Republic *n*: **the** ~ la República Dominicana.

dominion [də'mɪnjən] *n* - **1.** (U) [power] dominio *m*. - **2.** [land] dominios *mpl*; [in British Commonwealth] dominio *m* británico.

domino ['dɒmɪnəʊ] (*pl* **dominoes**) *n* dominó *m*.
◆ **dominoes** *npl* dominó *m*.

domino effect *n* reacción *f* en cadena, efecto *m* dominó.

domino theory *n* teoría *f* de la reacción en cadena.

don [dɒn] (*pt & pp* **donned**, *cont* **donning**) ◇ *n* - **1.** *Br* UNIV profesor *m*, -ra *f* de universidad. - **2.** [Spanish gentleman] caballero *m*, hidalgo *m*. ◇ *vt fml* ponerse.
◆ **Don** *n* [Spanish title] Don.

Donald Duck ['dɒnld-] *n* el pato Donald.

donate [də'neɪt] *vt* donar.

donation [də'neɪʃn] *n* - **1.** [act of donating] donación *f*. - **2.** [sum] donativo *m*.

donator [də'neɪtər] *n* donador *m*, -ra *f*, donante *mf*.

done [dʌn] ◇ *pp* → **do**. ◇ *adj* - **1.** [finished] listo(ta). - **2.** [cooked] hecho(cha); **well-**~ muy hecho. - **3.** [socially acceptable]: **it's not the** ~ **thing** no se hace, está mal visto. ◇ *adv* [to conclude deal]: ~! ¡(trato) hecho!

dong [dɒŋ] *n* - **1.** [noise of bell] don don *m*, tolón tolón *m*. - **2.** *vulg* [penis] polla *f*, cipote *m*.

donjon ['dʌndʒən] *n* torre *f* del homenaje.

Don Juan [-'dʒuːən] *n* - **1.** [legendary character] Don Juan *m*. - **2.** *fig* [seducer] donjuán *m*, tenorio *m*; **he's a bit of a** ~ es un poco donjuanesco OR donjuán.

donkey ['dɒŋkɪ] (*pl* **donkeys**) *n* burro *m*, -rra *f*.

donkey jacket *n* chaqueta gruesa que suelen llevar los obreros.

donkeywork ['dɒŋkɪwɜːk] *n Br inf* parte *f* más pesada del trabajo.

donnish ['dɒnɪʃ] *adj Br* [person, look, speech] erudito(ta); *pej* pedante.

donor ['dəʊnər] *n* donante *mf*.

donor card *n* carné *m* de donante.

do-nothing *n* perezoso *m*, -sa *f*.

don't [dəʊnt] *contr* = **do not**.

donut *n Am* = **doughnut**.

doodah *Br* ['duːdɑː], **doodad** *Am* ['duːdæd] *n inf* chuchería *f*.

doodle ['duːdl] ◇ *n* garabatos *mpl*. ◇ *vi* garabatear.

doodlebug ['duːdlbʌg] *n inf* [bomb] (bomba *f* teledirigida) V1 *m*.

doohickey ['duːhɪkɪ] *n Am inf* chuchería *f*.

doom [duːm] ◇ *n* - **1.** [terrible fate] perdición *f*, fatalidad *f*. - **2.** [ruin] ruina *f*, perdición *f*; [death] muerte *f*. ◇ *vt* [condemn] condenar.

doomed [duːmd] *adj* [plan, mission] condenado(da) al fracaso; **to be** ~ **to sthg/to do sthg** estar condenado a algo/a hacer algo.

Doomsday ['duːmzdeɪ] *n* día *m* del Juicio Final.

door [dɔːr] *n* - **1.** [gen] puerta *f*; **she lives two** ~**s away from us** vive a dos portales de casa; **behind closed** ~**s** a puerta cerrada; **to show sb to the** ~ acompañar a alguien hasta la puerta; **to slam the** ~ dar un portazo; **to slam the** ~ **in sb's face** dar a alguien con la puerta en las narices ❑ **to close the** ~ **on** cerrar la puerta a; **to lay sthg at sb's** ~ echar la culpa de algo a alguien; **to lie at sb's** ~ recaer en alguien; **to open the** ~ **to** abrir la puerta a; **having a famous name helps to open** ~**s** tener un nombre famoso abre muchas puertas; **the agreement leaves the** ~ **open for further discussion** el acuerdo deja la puerta abierta para seguir discutiendo; **to show sb the** ~ decirle a alguien que se vaya. - **2.** [doorway] entrada *f*; **to pay/at/on the** ~ pagar a la entrada; **the man on the** ~ el portero.

doorbell ['dɔːbel] *n* timbre *m* (de la puerta).

do-or-die *adj* [chance] último(ma); [effort] denodado(da), desesperado(da); [attitude, person] resuelto(ta), decidido(da).

doorframe ['dɔːfreɪm] *n* marco *m* de la puerta.

doorhandle ['dɔːhændl] *n* [gen] tirador *m* (de la puerta); [of car] manija *f*.

doorjamb ['dɔːdʒæm] *n* jamba *f*.

doorkeeper ['dɔːˌkiːpə'] *n* portero *m*, -ra *f*.

doorknob ['dɔːnɒb] *n* pomo *m*.

doorknocker ['dɔːˌnɒkə'] *n* aldaba *f*.

doorman ['dɔːmən] (*pl* **doormen** [-mən]) *n* portero *m*.

doormat ['dɔːmæt] *n* - **1.** [mat] felpudo *m*. - **2.** *fig* [person]: **he's a** ~ se deja pisar por todo el mundo.

doormen ['dɔːmən] *pl* → **doorman**.

doornail ['dɔːneɪl] *n* clavo *m* de puerta; **as dead as a** ~ *fig* completamente muerto (completamente muerta).

doorsill ['dɔːsɪl] *n* umbral *m*.

doorstep ['dɔːstep] ◇ *n* peldaño *m* de la puerta; **on one's** ~ *fig* a las puertas de la casa de uno. ◇ *comp:* ~ **salesman** vendedor *m* a domicilio; ~ **selling** venta *f* a domicilio.

doorstop ['dɔːstɒp] *n* tope *m* (de la puerta).

door-to-door *adj* a domicilio; ~ **service** servicio *m* a domicilio.

doorway ['dɔːweɪ] *n* entrada *f*, portal *m*.

dope [dəʊp] ◇ *n* - **1.** *inf* [for athlete, horse] estimulante *m*. - **2.** *inf* [fool] bobo *m*, -ba *f*, tonto *m*, -ta *f*. - **3.** (U) *inf drugs sl* [cannabis] maría *f*, marihuana *f*; [illegal drug] droga *f*. - **4.** (U) *inf dated* [news] datos *mpl*. - **5.** [varnish] barniz *m*; [lubricant] lubricante *m*. ◇ *vt* drogar, dopar. ◇ *comp:* ~ **addict** drogadicto *m*, -ta *f*; ~ **dealer** OR **pusher** camello *mf*.

dope test *n inf* control *m* OR prueba *f* antidoping.

dopey ['dəʊpɪ] (*compar* **dopier**, *superl* **dopiest**) *adj inf* - **1.** [groggy] atontado(da), grogui *(inv)*. - **2.** [stupid] imbécil. - **3.** [drugged] flipado(da), drogado(da).

doppelgänger ['dɒplgæŋə'] *n* doble *mf*, sosia(s) *mf inv*.

Doric ['dɒrɪk] ◇ *adj* dórico(ca). ◇ *n* dórico *m*.

dorm [dɔːm] *n inf* = **dormitory**.

dormancy ['dɔːmənsɪ] *n* - **1.** [of plants] estado *m* latente. - **2.** [of animals] letargo *m*.

dormant ['dɔːmənt] *adj* - **1.** [volcano] inactivo(va). - **2.** [idea, law, plant] (en estado) latente. - **3.** [animal] en estado letárgico OR de letargo.

dormer (window) ['dɔːmə'-] *n* claraboya *f*, buhardilla *f*.

dormice ['dɔːmaɪs] *pl* → **dormouse**.

dormitory ['dɔːmɪtrɪ] (*pl* **dormitories**) *n* - **1.** [room] dormitorio *m*. - **2.** *Am* UNIV [building] residencia *f* (universitaria) de estudiantes.

dormitory town *n* ciudad *f* dormitorio.

Dormobile® ['dɔːməˌbiːl] *n* combi *m*.

dormouse ['dɔːmaʊs] (*pl* **dormice** [-maɪs]) *n* lirón *m*.

Dors (*written abbr of* **Dorset**) *condado inglés*.

dorsal ['dɔːsl] *adj* dorsal.

dorsal fin *n* aleta *f* dorsal.

dory ['dɔːrɪ] (*pl* **dories**) *n* - **1.** [fish] gallo *m*. - **2.** *Am* [boat] esquife *m* de fondo plano.

DOS [dɒs] (*abbr of* **disk operating system**) *n* DOS *m*.

dosage ['dəʊsɪdʒ] *n* - **1.** [amount] dosis *f inv*; [giving of dose] dosificación *f*. - **2.** [directions on bottle] posología *f*.

dose [dəʊs] ◇ *n* - **1.** *lit & fig* [amount] dosis *f inv*. - **2.** [of illness]: **a** ~ **of flu** un ataque de gripe. - **3.** *v inf* [venereal disease] gonorrea *f*. ◇ *vt* - **1.** [give medicine to]: **to** ~ **sb (with)** medicar a alguien (con). - **2.** [divide] dosificar.

do-si-do [ˌdəʊsɪ'dəʊ] *n figura de contradanza en la que las parejas bailan de espaldas*.

dosimeter [dəʊ'sɪmiːtə'] *n* dosímetro *m*.

dosimetry [dəʊ'sɪmetrɪ] *n* dosimetría *f*.

doss [dɒs] ◆ **doss down** *vi Br inf* echarse a dormir.

dosser ['dɒsə'] *n Br inf* gandul *m*, -la *f*, vago *m*, -ga *f*.

dosshouse ['dɒshaʊs, *pl* -haʊzɪz] *n Br inf* pensión *f* de mala muerte.

dossier ['dɒsɪeɪ] *n* expediente *m*, dossier *m*.

dot [dɒt] (*pt & pp* **dotted**, *cont* **dotting**) ◇ *n* [gen] punto *m*;

MUS puntillo *m*; MATH [decimal point] coma *f* decimal; ~, ~, ~ [in punctuation] puntos *mpl* suspensivos ❑ **on the** ~ en punto. ◇ *vt* - **1.** [spot] salpicar. - **2.** [mark] poner el punto a.

DOT (*abbr of* **Department of Transportation**) *n ministerio de transporte estadounidense*.

dotage ['dəʊtɪdʒ] *n* chochez *f*; **to be in one's** ~ chochear.

dotard ['dəʊtəd] *n literary* viejo chocho *m*, vieja chocha *f*.

dote [dəʊt] ◆ **dote (up)on** *vt fus* adorar.

doth [*weak form* dəθ, *strong form* dʌθ] *arch 3rd person sing* → **do**[1].

doting ['dəʊtɪŋ] *adj* complaciente.

dot-matrix printer *n* COMPUT impresora *f* matricial de agujas.

dot product *n* producto *m* escalar.

dotted ['dɒtɪd] *adj* - **1.** [shirt, tie] de lunares. - **2.** MUS: ~ **note** figura *f* con puntillo: ~ **rhythm** valor *m* con puntillo.

dotted line *n* línea *f* de puntos; **tear along the** ~ corte por la línea de puntos ❑ **to sign on the** ~ *fig* firmar en la línea de puntos.

dotty ['dɒtɪ] (*compar* **dottier**, *superl* **dottiest**) *adj inf* chiflado(da).

Douay Bible ['daʊeɪ-] *n* Biblia *f* de Douai.

double ['dʌbl] ◇ *adj* - **1.** [gen] doble; **to lead a** ~ **life** llevar (una) doble vida. - **2.** [repeated] repetido(da); ~ **three eight two** tres tres ocho dos; **written with a** ~ **'t'** con dos tes. ◇ *adv* - **1.** [twice] doble; ~ **the amount** el doble; **to see** ~ ver doble. - **2.** [in two] en dos; **to bend** ~ doblarse, agacharse. ◇ *n* - **1.** [twice as much] el doble. - **2.** [drink] doble *m*. - **3.** [lookalike] doble *mf*. - **4.** *phr:* **at** OR **on the** ~ [gen] a toda prisa; MIL a paso ligero. ◇ *vt* doblar. ◇ *vi* - **1.** [increase twofold] doblarse, duplicarse. - **2.** [have second purpose]: **to** ~ **as** hacer las veces de.

◆ **doubles** *npl* TENNIS (partido *m* de) dobles *mpl*; **to play** ~ jugar a dobles; **ladies'/men's** ~ los dobles femeninos/ masculinos.

◆ **double back** *vi* volver (uno) sobre sus pasos.

◆ **double up** ◇ *vt sep:* **to be ~d up** doblarse; **to be ~d up with laughter** troncharse de risa; **to be ~d up with pain** retorcerse de dolor. ◇ *vi* doblarse.

double act *n* pareja *f* de cómicos.

double-acting *adj* de doble efecto.

double agent *n* agente *mf* doble.

double bar *n* barra *f* doble.

double-barrelled *Br*, **double-barreled** *Am* ['bærəld] *adj* - **1.** [shotgun] de dos cañones. - **2.** *fig* [question, remark] con doble sentido, ambiguo(gua). - **3.** [name] de apellido compuesto.

double bass [-beɪs] *n* contrabajo *m*.

double bassoon *n* contrafagot *m*.

double bed *n* cama *f* de matrimonio.

double bill *n* programa *m* doble.

double-blind *adj* [experiment, test] a doble ciego.

double-breasted ['brestɪd] *adj* cruzado(da).

double-check *vt & vi* verificar dos veces.

double chin *n* papada *f*.

double cream *n* nata *f* enriquecida.

double cross *n* traición *f*.

◆ **double-cross** *vt* traicionar, timar.

double-crosser ['krɒsə'] *n* traidor *m*, -ra *f*.

double dagger *n* TYPO obelisco *m* doble, signo *m* de referencia.

double date *n Am* cita *f* de dos parejas.

◆ **double-date** *vi Am salir dos parejas juntas*.

double-dealer *n* traicionero *m*, -ra *f*.

double-dealing ◇ *n* (U) doblez *f*, falsedad *f*. ◇ *adj* falso(sa).

double-decker ['dekə'] *n* - **1.** [bus] autobús *m* de dos pisos. - **2.** *inf* [sandwich] sándwich *m* club OR de dos pisos.

double-declutch *vi Br* AUT desembragar *(mediante doble embrague)*.

double-density *adj* COMPUT de doble densidad.
double-digit *adj* de dos dígitos.
double-dutch *n Br hum*: **to talk** ~ hablar en chino; **it's** ~ **to me** me suena a chino.
double-edged *adj lit & fig* de doble filo.
double entendre [ˌduːblɑːˈtɑːdr] *n* frase *f* ambigua, equívoco *m*.
double entry *n* partida *f* doble.
♦ **double-entry** *adj*: ~ **bookkeeping** contabilidad *f* por partida doble.
double exposure *n* sobreimpresión *f* fotográfica.
double fault *n* doble falta *f*.
double feature *n* CINEMA programa *m* doble.
double figures *npl* dos cifras *fpl*.
double first *n Br* ≃ sobresaliente *m* [en dos asignaturas].
double flat *n* doble bemol *m*.
double-glaze *vt Br* aislar (mediante doble acristalamiento); **to** ~ **a window** poner (un) doble acristalamiento en una ventana.
double-glazing *n* doble acristalamiento *m*.
double helix *n* doble hélice *f*.
double indemnity *n Am indemnización del doble de una póliza por muerte accidental*.
double jeopardy *n Am enjuiciamiento de una persona por segunda vez por el mismo delito*.
double-jointed *adj* con articulaciones muy flexibles.
double knit *n* tejido *m* doble.
double-lock *vt* cerrar con dos vueltas (de llave).
double negative *n* doble negación *f*.
double-park *vi & vt* aparcar en doble fila.
double parking *n* estacionamiento *m* en doble fila.
double pneumonia *n* pulmonía *f* doble.
double-quick *inf* ◇ *adj* rapidísimo(ma). ◇ *adv* rapidísimamente.
double room *n* habitación *f* doble.
double sharp *n* doble sostenido *m*.
double-sided *adj* COMPUT [disk] de dos caras.
double spacing *n* doble espacio *m*.
double standards *npl*: **to have** ~ no medir las cosas por el mismo rasero.
doublet [ˈdʌblɪt] *n* - 1. HIST [jacket] jubón *m*, casaca *f*. - 2. [of words] doblete *m*.
double take *n*: **to do a** ~ quedarse atónito(ta) OR con la boca abierta.
double-talk *n (U)* [ambiguous] embustes *mpl*, engañifas *fpl*; [gibberish] galimatías *m*.
doublethink [ˈdʌblˌθɪŋk] *n (U)* contradicción *f*; **it's another case of** ~ es otra contradicción flagrante.
double time *n* - 1. [pay] paga *f* doble. - 2. MIL paso *m* ligero. - 3. MUS compás *m* binario.
double vision *n* vista *f* doble.
double whammy [-ˈwæmɪ] *n* mazazo *m* por partida doble.
doubling [ˈdʌblɪŋ] *n* [of letter, number] duplicación *f*, repetición *f*.
doubloon [dʌˈbluːn] *n* doblón *m*.
doubly [ˈdʌblɪ] *adv* doblemente.
doubt [daʊt] ◇ *n* duda *f*; **there is no** ~ **that** no hay OR cabe duda de que; **without (a)** ~ sin duda (alguna); **if** OR **when in** ~ en caso de duda; **beyond all** ~ fuera de toda duda; **to be in** ~ [future, sb's honesty etc] ser dudoso(sa); **to be in** ~ **about sthg** estar dudando acerca de algo; **to cast** ~ **on sthg** poner algo en duda; **to have one's** ~**s about sthg/sb** tener (uno) sus dudas acerca de alguien/algo ❑ **no** ~ sin duda. ◇ *vt* - 1. [not trust] dudar de. - 2. [consider unlikely] dudar; **to** ~ **whether** OR **if** dudar que; **I** ~ **it** lo dudo. ◇ *vi* dudar.
doubter [ˈdaʊtər] *n* escéptico *m*, -ca *f*.
doubtful [ˈdaʊtfʊl] *adj* - 1. [gen] dudoso(sa). - 2. [unsure] incierto(ta); **to be** ~ **about** OR **of** tener dudas acerca de.

doubtfully [ˈdaʊtfʊlɪ] *adv* [uncertainly] de un modo dubitativo; [indecisively] con indecisión, de un modo indeciso.
doubtfulness [ˈdaʊtfʊlnɪs] *n* duda *f*.
doubting [ˈdaʊtɪŋ] *adj* incrédulo(la).
doubting Thomas *n* incrédulo *m*, -la *f*; **don't be such a** ~ no seas tan incrédulo.
doubtless [ˈdaʊtlɪs] *adv* sin duda.
douche [duːʃ] MED ◇ *n* [jet of water] ducha *f*, irrigación *f*; [instrument] ducha *f*, irrigador *m*. ◇ *vt* duchar, irrigar.
dough [dəʊ] *n (U)* - 1. [for baking] masa *f*, pasta *f*. - 2. *v inf* [money] pasta *f*, guita *f*, lana *f Amér*.
doughnut Am [ˈdəʊnʌt] *n* [without hole] buñuelo *m*; [with hole] dónut *m*.
doughty [ˈdaʊtɪ] (*compar* **doughtier**, *superl* **doughtiest**) *adj literary* valeroso(sa).
doughy [ˈdəʊɪ] (*compar* **doughier**, *superl* **doughiest**) *adj* [bread, cake etc] pastoso(sa).
dour [dʊər] *adj* - 1. [stern] austero(ra), adusto(ta). - 2. [sullen] hosco(ca), agrio (agria). - 3. [obstinate] obstinado(da).
dourly [ˈdʊəlɪ] *adv* [look, say] con severidad, de un modo severo.
douse [daʊs] *vt* - 1. [put out] apagar. - 2. [drench] mojar, empapar.
dove[1] [dʌv] *n* - 1. [bird] paloma *f*. - 2. [pacifist] pacifista *mf*.
dove[2] [dəʊv] *Am pt* → **dive**.
dovecot(e) [ˈdʌvkɒt] *n* palomar *m*.
Dover [ˈdəʊvər] *n* Dover.
Dover sole *n* lenguado *m*.
dovetail [ˈdʌvteɪl] *vt & vi* encajar (con cola de milano).
dovetail joint *n* cola *f* de milano.
dovish [ˈdʌvɪʃ] *adj* pacifista.
dowager [ˈdaʊədʒər] *n* viuda *f* rica.
dowdy [ˈdaʊdɪ] (*compar* **dowdier**, *superl* **dowdiest**) *adj* poco elegante.
dowel [ˈdaʊəl] *n* clavija *f*.
Dow-Jones average [ˌdaʊˈdʒəʊnz-] *n* índice *m* Dow-Jones.
down [daʊn] ◇ *adv* - 1. [downwards] (hacia) abajo; **all employees from senior management** ~ todos los empleados desde OR de la dirección para abajo; ~! [to dog] ¡abajo!; **to fall** ~ caer; **to bend** ~ agacharse; ~ **and** ~ **they went** seguían bajando y bajando; ~ **here/there** aquí/allí abajo. - 2. [on lower level] abajo; ~ **at the bottom of the hill** al pie de la colina; ~ **at the bottom of the page** a pie de página; **the blinds are** ~ las persianas están bajadas OR echadas; **I'll be** ~ **in a minute** [downstairs] bajo en un momento. - 3. [facing downwards] hacia abajo, para abajo. - 4. [along]: **I'm going** ~ **the pub** voy a acercarme al pub. - 5. [southwards] hacia el sur; **we're going** ~ **to Brighton** vamos a bajar a Brighton. - 6. [lower in amount]: **you must keep your weight** ~ no debes engordar; **prices are coming** ~ están bajando los precios; **I'm** ~ **to my last pound** no me queda más que una libra. - 7. [as deposit]: **to pay £5** ~ pagar 5 libras ahora (y el resto después). - 8. [in written form]: **the meeting is** ~ **for today** la reunión está programada para hoy; **he's** ~ **to speak at the conference** está en la lista de los que hablarán en la conferencia; **to write sthg** ~ apuntar algo. ◇ *prep* - 1. [downwards]: **they ran** ~ **the hill** corrieron cuesta abajo; **he walked** ~ **the stairs** bajó la escalera; **rain poured** ~ **the window** la lluvia resbalaba por la ventana. - 2. [along]: **she was walking** ~ **the street** iba andando por la calle. - 3. [through]: ~ **the centuries** a través de los siglos. ◇ *adj* - 1. *inf* [depressed] depre, deprimido(da). - 2. [behind]: **he's a minute** ~ **on the leader** va a un minuto del líder; **we're three goals** ~ nos sacan tres goles. - 3. [written] por escrito. - 4. [not in operation]: **to be** ~ no funcionar. - 5. [lower in amount]: **prices are** ~ los precios han bajado. - 6. [directed or moving down] que va hacia abajo, de bajada. - 7. *phr*: **to be** ~ **on sb** *inf* tenerle tirria a alguien, tenerla tomada con alguien. ◇ *n* - 1. [feathers] plumón *m*; [hair] pelusa *f*, vello *m*. - 2. *phr*: **to have a** ~ **on sb** *inf* tenerle tirria a alguien, tenerla tomada

con alguien. ◇ *vt* **- 1.** [knock over] derribar. **- 2.** [swallow] beberse de un trago.

◆ **downs** *npl Br* montes del sur de Inglaterra.

◆ **down to** *prep* **- 1.** [through to and including] hasta; ~ **to the last detail** hasta el último detalle. **- 2.** [indicating responsibility]: **it's ~ to you** a ti te toca, es cosa tuya; **his bad marks at school are ~ to laziness** sus malas notas se deben a la pereza.

◆ **down with** *excl*: ~ **with the King!** ¡abajo el rey!

down-and-out ◇ *adj* vagabundo(da). ◇ *n* vagabundo *m*, -da *f*.

down-at-heel *adj esp Br* **- 1.** [shabby] desastrado(da). **- 2.** [shoe] gastado(da).

downbeat ['daʊnbiːt] ◇ *adj inf* pesimista. ◇ *n* MUS señal *f* inicial OR de entrada (del director de orquesta).

downcast ['daʊnkɑːst] *adj* **- 1.** [sad] alicaído(da), triste. **- 2.** *fml* [looking downwards] mirando al suelo.

downer ['daʊnə'] *n inf* **- 1.** [drug] tranquilizante *m*. **- 2.** [depressing event or person]: **it's a real** ~ es muy deprimente; **to be on a** ~ estar deprimido(da).

downfall ['daʊnfɔːl] *n* **- 1.** (U) [of person, institution] ruina *f*, caída *f*. **- 2.** [of rain] chaparrón *m*; [of snow] nevada *f*.

downfallen ['daʊnfɔːlən] *adj* arruinado(da).

downgrade ['daʊngreɪd] *vt* degradar.

downhearted [,daʊn'hɑːtɪd] *adj* desanimado(da).

downhill [,daʊn'hɪl] ◇ *adj* cuesta abajo; ~ **skiing** esquí *m* alpino; ~ **race** [in skiing] prueba *f* de descenso. ◇ *adv* **- 1.** [downwards] cuesta abajo. **- 2.** [worse] en declive; **to go** ~ *fig* ir de capa caída. ◇ *n* SKIING descenso *m*.

Downing Street ['daʊnɪŋ-] *n* calle londinense donde se encuentran las residencias del primer ministro y el ministro de Finanzas; por extensión, el Gobierno británico.

down-in-the-mouth *adj*: **to be** ~ estar deprimido(da) OR tristón(ona).

download [,daʊn'ləʊd] *vt* COMPUT transferir por teleproceso.

downloadable [,daʊn'ləʊdəbl] *adj* COMPUT transferible por teleproceso.

downloading [,daʊn'ləʊdɪŋ] *n* COMPUT transferencia *f* por teleproceso.

down-market *adj* barato(ta), de baja calidad.

down payment *n* entrada *f*, pago *m* inicial.

downpipe *Br* ['daʊnpaɪp], **downspout** *Am* ['daʊnspaʊt] *n* canalón *m*, tubo *m* de desagüe.

downplay ['daʊnpleɪ] *vt* quitar importancia a, minimizar.

downpour ['daʊnpɔː'] *n* chaparrón *m*, aguacero *m*.

downright ['daʊnraɪt] ◇ *adj* **- 1.** [lie, cheat] manifiesto(ta), declarado(da); [refusal] categórico(ca); [insult, stupidity] puro(ra). **- 2.** [forthright] franco(ca). ◇ *adv* completamente.

downriver [,daʊn'rɪvə'] ◇ *adv* [move, live] río abajo. ◇ *adj* (que está) río abajo.

downside ['daʊnsaɪd] *n* desventaja *f*, inconveniente *m*.

downsize ['daʊnsaɪz] *vt* [company] hacer reajuste de plantilla en, reducir (el tamaño de).

downsizing ['daʊnsaɪzɪŋ] *n* reajuste *m* de plantilla.

downspout *n Am* = **downpipe**.

Down's syndrome [daʊnz-] *n* síndrome *m* de Down, mongolismo *m*.

downstage [,daʊn'steɪdʒ] ◇ *adv* en el proscenio. ◇ *n* proscenio *m*.

downstairs [,daʊn'steəz] ◇ *adv* abajo; **to come/go** ~ bajar (la escalera). ◇ *adj* de abajo. ◇ *npl* planta *f* baja.

downstream [,daʊn'striːm] ◇ *adv* río OR aguas abajo. ◇ *adj* en dirección de la corriente.

downstroke ['daʊnstrəʊk] *n* **- 1.** [of piston] carrera *f* descendente. **- 2.** [in handwriting] trazo *m* hacia abajo.

downswing ['daʊnswɪŋ] *n* **- 1.** [trend] descenso *m*, bajón *m*. **- 2.** GOLF movimiento *m* descendente.

downtime ['daʊntaɪm] *n* periodo *m* de inactividad (de máquina).

down-to-earth *adj* realista, práctico(ca).

downtown [daʊn'taʊn] *esp Am* ◇ *n* centro *m* de la ciudad. ◇ *adj* céntrico(ca), del centro (de la ciudad). ◇ *adv* [live] en el centro; [go] al centro.

downtrend ['daʊntrend] *n* tendencia *f* descendente.

downtrodden ['daʊn,trɒdn] *adj* [oppressed] oprimido(da), tiranizado(da).

downturn ['daʊntɜːn] *n*: ~ **(in)** descenso *m* OR bajón *m* (en).

down under *adv inf*: **to go/live** ~ ir a/vivir en las antípodas.

downward ['daʊnwəd] ◇ *adj* **- 1.** [towards ground] hacia abajo. **- 2.** [decreasing] descendente. ◇ *adv Am* = **downwards**.

downwards ['daʊnwədz], **downward** *Am* ['daʊnwəd] *adv* **- 1.** [gen] hacia abajo; **face** ~ boca abajo. **- 2.** [in hierarchy]: **everyone, from the president** ~ todos, empezando por el presidente.

downwind [,daʊn'wɪnd] *adv* a favor del viento.

downy ['daʊnɪ] (*compar* **downier**, *superl* **downiest**) *adj* **- 1.** [skin] velloso(sa); [leaf, fruit] aterciopelado(da), con pelusilla. **- 2.** [fluffy] suave, mullido(da).

dowry ['daʊərɪ] (*pl* **dowries**) *n* dote *f*.

dowse [daʊz] *vi* buscar agua o minerales con varilla de zahorí.

dowsing rod ['daʊzɪŋ-] *n* varilla *f* OR péndulo *m* de zahorí.

Dow theory ['daʊ-] *n* teoría de pronosticación en la bolsa de valores establecida por Charles H. Dow.

doxology [dɒk'sɒlədʒɪ] *n* doxología *f*.

doyen ['dɔɪən] *n* decano *m*, veterano *m*.

doyenne ['dɔɪen] *n* decana *f*, veterana *f*.

doz. (*written abbr of* **dozen**) doc.

doze [dəʊz] ◇ *n* sueñecito *m*; **to have a** ~ echar una cabezada. ◇ *vi* dormitar.

◆ **doze off** *vi* dormirse, quedarse adormilado(da).

dozen ['dʌzn] ◇ *adj*: **a** ~ **eggs** una docena de huevos. ◇ *n* docena *f*; **50p a** ~ 50 peniques la docena.

◆ **dozens** *npl inf*: ~**s of** montones *mpl* OR miles *mpl* de.

dozy ['dəʊzɪ] (*compar* **dozier**, *superl* **doziest**) *adj* **- 1.** [sleepy] soñoliento(ta), amodorrado(da). **- 2.** *Br inf* [stupid] tonto(ta).

DP *n written abbr of* **data processing**.

DPh, **DPhil** [diː'fɪl] (*abbr of* **Doctor of Philosophy**) *n* (titular de un) doctorado en el campo de las humanidades.

DPP *n abbr of* **Director of Public Prosecutions**.

DPT (*abbr of* **diphtheria, pertussis, tetanus**) *n* vacuna de la difteria, la tos ferina y el tétanos.

DPW (*abbr of* **Department of Public Works**) *n* Ministerio estadounidense de Obras Públicas, ≃ MOPU *m Esp*.

dr *written abbr of* **debtor**.

Dr. **- 1.** (*abbr of* **Drive**) c/. **- 2.** (*written abbr of* **Doctor**) Dr.

drab [dræb] (*compar* **drabber**, *superl* **drabbest**) *adj* [colour] apagado(da); [building, clothes] sobrio(bria); [lives] monótono(na), gris.

drabness ['dræbnɪs] *n* [of colour] falta *f* de brillo; [of building, clothes] sobriedad *f*; [of lives] monotonía *f*.

drachma ['drækmə] (*pl* **drachmas** OR **drachmae** [-miː]) *n* dracma *m* o *f*.

draconian [drə'kəʊnjən] *adj* draconiano(na).

draft [drɑːft] ◇ *n* **- 1.** [early version - of letter, novel, plan] borrador *m*; [- of drawing] boceto *m*, bosquejo *m*. **- 2.** [money order] letra *f* de cambio, giro *m*. **- 3.** *Am* MIL: **the** ~ la llamada a filas. **- 4.** *Am* = **draught**. ◇ *vt* **- 1.** [write] redactar, hacer un borrador de; [draw] esbozar, bosquejar; **to** ~ **a bill** redactar un anteproyecto de ley. **- 2.** *Am* MIL llamar a filas, reclutar. **- 3.** [staff etc] transferir.

draft board *n Am* junta *f* de reclutamiento.

draft card *n Am* orden *f* de reclutamiento.

draft dodger *n Am* prófugo *m*.

draftee [drɑːf'tiː] *n Am* recluta *m*.

drafting ['drɑːftɪŋ] n dibujo m.

draft resister n Am insumiso m.

draftsman n Am = **draughtsman**.

draftsmanship n Am = **draughtsmanship**.

drafty adj Am = **draughty**.

drag [dræg] (pt & pp **dragged**, cont **dragging**) ◇ vt - **1**. [gen] arrastrar; **to ~ sthg/sb along** arrastrar algo/a alguien ❑ **the government has been accused of dragging its feet** OR **heels over the issue** han acusado al gobierno de no afrontar el problema con diligencia. - **2**. [lake, river] dragar, rastrear. ◇ vi - **1**. [dress, coat] arrastrar. - **2**. [time, play] hacerse eterno OR interminable, ir muy despacio. ◇ n - **1**. inf [bore - thing] lata f, rollo m; [- person] pesado m, -da f. - **2**. inf [on cigarette] calada f, chupada f, pitada f Amér. - **3**. inf [cross-dressing]: **in ~** vestido de mujer. - **4**. [air resistance] rozamiento m, resistencia f del aire. - **5**. [pull] arrastre m. - **6**. [dredge] dragado m; AGR [harrow] grada f; NAUT draga f, rastra f. - **7**. [drawback] estorbo m. - **8**. Am inf [street] calle f.

◆ **drag away** vt sep llevarse por la fuerza, arrastrar; **I couldn't ~ him away from his work** no pude arrancarle de su trabajo.

◆ **drag down** vt sep hundir, deprimir.

◆ **drag in(to)** vt sep [person] meter OR involucrar (en).

◆ **drag on** vi ser interminable.

◆ **drag out** vt sep - **1**. [protract] prolongar. - **2**. [extract]: **to ~ sthg out of sb** sacarle algo a alguien.

dragger ['drægəʳ] n barca f con red barredera, palangrero m.

draggy ['drægɪ] (compar **draggier**, superl **draggiest**) adj inf [tiresome] pesado(da), aburrido(da); [listless] apático(ca).

dragnet ['drægnet] n - **1**. [net] red f barredera. - **2**. fig [to catch criminal] emboscada f.

dragon ['drægən] n - **1**. [beast] dragón m. - **2**. inf [woman] bruja f.

dragonfly ['drægənflaɪ] (pl **dragonflies**) n libélula f.

dragoon [drə'guːn] ◇ n dragón m. ◇ vt: **to ~ sb into** forzar a alguien a.

drag queen n inf travestí m.

drag race n carrera f de coches trucados OR modificados.

drag racing n (U) carreras fpl de coches trucados OR modificados.

dragrope ['drægrəʊp] n AERON cuerda f guía.

dragster ['drægstəʳ] n coche m trucado OR modificado.

drain [dreɪn] ◇ n - **1**. [for water] desagüe m; [for sewage] alcantarilla f; [grating] sumidero m; **to go down the ~** fig echarse a perder. - **2**. [depletion] desgaste m; **it's a ~ on my energy** agota todas mis energías. ◇ vt - **1**. [marsh, field] drenar; [vegetables, dishes] escurrir; [reservoir] desaguar. - **2**. [energy, resources] agotar. - **3**. [drink, glass] apurar. ◇ vi - **1**. [dishes, vegetables] escurrirse. - **2**. [colour, blood, tension] desaparecer poco a poco.

◆ **drain away** vi [liquid] irse, correr; [hope, strength] agotarse.

◆ **drain off** vt sep [liquid] hacer correr.

drainage ['dreɪnɪdʒ] n - **1**. [pipes, ditches] alcantarillado m. - **2**. [of land] drenaje m. - **3**. GEOL cuenca f hidrográfica.

drainboard n Am = **draining board**.

drained [dreɪnd] adj agotado(da).

drainer ['dreɪnəʳ] n = **draining board**.

draining ['dreɪnɪŋ] adj [person, task] agotador(ra).

draining board Br, **drainboard** Am ['dreɪnbɔːd] n escurreplatos m inv, escurridero m.

drainpipe ['dreɪnpaɪp] n canalón m, tubo m de desagüe.

drainpipes ['dreɪnpaɪps], **drainpipe trousers** npl Br pantalón m de pitillo.

drake [dreɪk] n pato m (macho).

Dralon® ['dreɪlɒn] n dralón m.

dram [dræm] n - **1**. [drink] trago m. - **2**. [weight] dracma m o f.

drama ['drɑːmə] ◇ n - **1**. [gen] drama m. - **2**. [subject] teatro m. ◇ comp de arte dramático; **~ critic** crítico m, -ca f de teatro; **~ school** escuela f de arte dramático OR de teatro.

dramatic [drə'mætɪk] adj - **1**. [concerned with theatre] dramático(ca). - **2**. [event, escape, improvement] espectacular.

◆ **dramatics** ◇ n (U) THEATRE arte m dramático, teatro m. ◇ npl fig [behaviour] histrionismo m.

dramatically [drə'mætɪklɪ] adv - **1**. [noticeably] espectacularmente. - **2**. [theatrically] dramáticamente.

dramatis personae [drɑːmətɪspɜː'səʊnaɪ] npl personajes mpl [de obra de teatro].

dramatist ['dræmətɪst] n dramaturgo m, -ga f.

dramatization [dræmətaɪ'zeɪʃn] n dramatización f, escenificación f.

dramatize, -ise ['dræmətaɪz] vt - **1**. [rewrite as play] adaptar, escenificar. - **2**. pej [make exciting] dramatizar, exagerar.

dramaturge ['dræmətɜːdʒ], **dramaturgist** ['dræmətɜːdʒɪst] n dramaturgo m, -ga f.

drank [dræŋk] pt → **drink**.

drape [dreɪp] ◇ vt - **1**. [cover]: **to ~ sthg over sthg** cubrir algo con algo; **I ~d a towel around my shoulders** me cubrí los hombros con una toalla; **~d with** OR **in** cubierto(ta) con. - **2**. [adorn] adornar con colgaduras. - **3**. [hang limply] dejar colgando; **he ~d his legs over the chair** echó las piernas por encima de la silla. ◇ n [way something hangs] caída f.

◆ **drapes** npl Am [curtains] cortinas fpl.

draper ['dreɪpəʳ] n pañero m, -ra f.

drapery ['dreɪpərɪ] (pl **draperies**) n - **1**. [material] telas fpl. - **2**. [cloth] paños mpl.

◆ **draperies** npl [curtains] cortinas fpl.

drastic ['dræstɪk] adj - **1**. [extreme, urgent] drástico(ca). - **2**. [noticeable] importante, radical.

drastically ['dræstɪklɪ] adv [change, decline] drásticamente.

draught Br, **draft** Am [drɑːft] n - **1**. [air current] corriente f (de aire). - **2**. [in fireplace, furnace] tiro m. - **3**. literary [gulp] trago m. - **4**. [beer]: **on ~** de barril. - **5**. NAUT calado m.

◆ **draughts** n Br (juego m de) damas fpl.

draught beer n Br cerveza f de barril.

draughtboard ['drɑːftbɔːd] n Br tablero m de damas.

draught excluder [-ɪk'skluːdəʳ] n Br burlete m.

draught-proof ◇ vt poner burletes en. ◇ adj aislado(da) del frío.

draughtsman Br (pl **draughtsmen** [-mən]), **draftsman** Am (pl **draftsmen** [-mən]) ['drɑːftsmən] n delineante mf, dibujante mf.

draughtsmanship Br, **draftsmanship** Am ['drɑːftsmənʃɪp] n - **1**. [technique] dibujo m lineal. - **2**. [skill] ejecución f de un dibujo lineal.

draughty Br (compar **draughtier**, superl **draughtiest**), **drafty** Am (compar **draftier**, superl **draftiest**) ['drɑːftɪ] adj que tiene corrientes de aire; **it's ~** hay corriente.

draw [drɔː] (pt **drew** [druː], pp **drawn** [drɔːn]) ◇ vt - **1**. [sketch] dibujar; [line, circle] trazar. - **2**. [pull] tirar de; **she drew the comb through her hair** se pasó el peine; **she drew her towards him** la atrajo hacia él, tomándola en sus brazos; **to ~ sb out of himself/herself** conseguir que alguien se abra; **the senator refused to be drawn** [refused to answer] el senador se negó a contestar; [refused to be provoked] el senador no quiso darse por aludido. - **3**. [curtains - open] descorrer; [- close] correr. - **4**. [breathe]: **to ~ breath** coger aire, respirar. - **5**. [gun] sacar, desenfundar; [sword] sacar, desenvainar; [tooth] sacar, extraer. - **6**. [take from source - water] sacar, extraer; [- comfort] obtener; [- strength] cobrar, sacar; **to ~ blood** sacar sangre; **to ~ money from an account** sacar OR retirar dinero de una cuenta. - **7**. [earn - salary, pension] cobrar; [- interest] ganar, devengar. - **8**. [conclusion] sacar, llegar a. - **9**. [distinction, comparison] establecer, señalar. - **10**. [attract - criticism, praise] atraer, suscitar; [- person, crowd] atraer; [- reply] suscitar, provocar; **to ~ sb's attention to sthg** hacer que alguien repare en algo; **to ~ sb into sthg** meter OR implicar a alguien en algo; **to be** OR **feel drawn to** sentirse atraído(da) por; **to ~ the enemy's fire** atraer el fuego (del) enemigo. - **11**. [write out]: **to ~ a cheque on one's account** girar OR extender un cheque a cargo de uno. **- 12.** [game, contest] empatar. **- 13.** [archer's bow] tensar. **- 14.** [disembowel] destripar. **- 15.** [choose at random] sacar, extraer; **to ~ a card** sacar OR robar una carta; **to ~ straws** sacar OR echar pajas. ◇ *vi* **- 1.** [sketch] dibujar. **- 2.** [move] moverse; **the train drew in to the station** el tren entró en la estación; **to ~ to a halt** pararse; **to ~ away** alejarse; **to ~ closer** acercarse; **to ~ to an end** OR **a close** llegar a su fin; **to ~ ahead of sb** adelantarse OR tomar la delantera a alguien; **to ~ over** acercarse. **- 3.** SPORT: **to ~ (with)** empatar (con). **- 4.** [pull out gun] sacar el arma, desenfundar. **- 5.** [chimney, flue] tirar. **- 6.** [tea] reposar. ◇ *n* **- 1.** SPORT empate *m*. **- 2.** [lottery] sorteo *m*. **- 3.** [attraction] atracción *f*. **- 4.** [in gunfighting]: **to be quick on the ~** desenfundar rápido OR con rapidez.

◆ **draw back** *vi* **- 1.** [move backwards] retroceder, echarse para atrás. **- 2.** *fig* [from promise etc] echarse atrás.

◆ **draw in** *vi* [days] acortarse.

◆ **draw into** *vt sep*: **to ~ sb into sthg** involucrar a alguien en algo; **he was drawn into an argument** se vio metido en una discusión.

◆ **draw on** *vt fus* **- 1.** [reserves, experience] recurrir a; [statistics, facts] barajar. **- 2.** [cigarette] dar una calada a. ◇ *vi* [come near] aproximarse, acercarse.

◆ **draw out** *vt sep* **- 1.** [encourage to talk] hacer hablar. **- 2.** [prolong] prolongar. **- 3.** [money] sacar.

◆ **draw up** ◇ *vt sep* **- 1.** [contract] redactar; [plan] preparar, elaborar; [list] hacer. **- 2.** [chair] acercar, traer. **- 3.** [troops] formar, alinear. **- 4.** [stand straight]: **he drew himself up to his full height** se puso totalmente erguido. ◇ *vi* [stop] pararse.

◆ **draw upon** *vt fus* [reserves, experience] recurrir a; [statistics, facts] barajar.

drawback ['drɔːbæk] *n* inconveniente *m*, desventaja *f*.

drawbridge ['drɔːbrɪdʒ] *n* puente *m* levadizo.

drawer [*sense 1* drɔːʳ, *sense 2* 'drɔːəʳ] *n* **- 1.** [in desk, chest] cajón *m*. **- 2.** [of cheque] librador *m*, -ra *f*.

drawers [drɔːz] *npl dated & hum* [for men] calzones *mpl*; [for women] bragas *fpl*.

drawing ['drɔːɪŋ] *n* dibujo *m*.

drawing account *n Am* cuenta *f* de adelantos.

drawing board *n* tablero *m* de delineante; **back to the ~!** *inf fig* ¡a empezar de nuevo!, ¡vuelta a empezar!

drawing card *n Am* atracción *f*, atractivo *m*.

drawing pen *n* tiralíneas *m inv*.

drawing pin *n Br* chincheta *f*.

drawing room *n* **- 1.** [living room] cuarto *m* de estar, salón *m*. **- 2.** [reception room] recepción *f*, recibidor *m*. **- 3.** *Am* RAIL compartimento *m*.

drawl [drɔːl] ◇ *n* manera lenta y poco clara de hablar, alargando las vocales. ◇ *vt* decir algo de manera lenta y poco clara, alargando las vocales.

drawn [drɔːn] ◇ *pp* → **draw**. ◇ *adj* **- 1.** [curtain] corrido(da); [blind] echado(da). **- 2.** [tired, ill] cansado(da), ojeroso(sa).

drawn-out *adj* interminable.

drawstring ['drɔːstrɪŋ] *n* cordón *m*.

dray [dreɪ] *n* carretón *m*, carro *m*.

dread [dred] ◇ *n* terror *m*, pavor *m*. ◇ *vt*: **to ~ (doing sthg)** temer (hacer algo); **I ~ to think** me horroriza (el) pensarlo. ◇ *adj literary* espantoso(sa), terrible.

dreaded ['dredɪd] *adj* terrible.

dreadful ['dredfʊl] *adj* **- 1.** [pain, weather] espantoso(sa). **- 2.** [play, English] horrible, fatal. **- 3.** [waste, bore] espantoso(sa).

dreadfully ['dredfʊlɪ] *adv* terriblemente.

dreadlocks ['dredlɒks] *npl* pelo *m* al estilo rastafari.

dreadnought ['drednɔːt] *n* NAUT acorazado *m*.

dream [driːm] (*pt & pp* **dreamed** OR **dreamt** [dremt]) ◇ *n* **- 1.** [sleep, aspiration, fantasy] sueño *m*; **bad ~** pesadilla *f* ❏ **a ~ come true** un sueño hecho realidad; **to go/work**

like a ~ ir/funcionar a las mil maravillas. **- 2.** [marvel] sueño *m*, maravilla *f*. ◇ *adj* ideal. ◇ *vt*: **to ~ (that)** soñar que ❏ **I never ~ed this would happen** jamás creí OR imaginé que esto pudiera pasar. ◇ *vi lit & fig*: **to ~ of doing sthg** soñar con hacer algo; **to ~ (of** OR **about)** soñar (con) ❏ **I wouldn't ~ of it** ¡ni hablar!, ¡de ninguna manera!

◆ **dream up** *vt sep* inventar, idear.

dreamer ['driːməʳ] *n* soñador *m*, -ra *f*.

dreamily ['driːmɪlɪ] *adv* distraídamente.

dreamland ['driːmlænd] *n* país *m* de los sueños.

dreamless ['driːmlɪs] *adj* sin sueños.

dreamlike ['driːmlaɪk] *adj* de ensueño.

dreamt [dremt] *pt & pp* → **dream**.

dream world *n* mundo *m* de ensueño.

dreamy ['driːmɪ] (*compar* **dreamier**, *superl* **dreamiest**) *adj* **- 1.** [distracted] soñador(ra), distraído(da). **- 2.** [peaceful, dreamlike] de ensueño. **- 3.** [voice, music] arrullador(ra). **- 4.** *inf* [wonderful] maravilloso(sa).

drearily ['drɪərəlɪ] *adv* tristemente, con tristeza.

dreariness ['drɪərɪnɪs] *n* **- 1.** [of weather, day, surroundings] tristeza *f*, aspecto *m* lúgubre. **- 2.** [of job, life] monotonía *f*, aburrimiento *m*. **- 3.** [of person] mediocridad *f*.

dreary ['drɪərɪ] (*compar* **drearier**, *superl* **dreariest**) *adj* **- 1.** [weather, day] triste, desapacible; [surroundings] triste, lúgubre. **- 2.** [job, life] monótono(na), aburrido(da). **- 3.** [person] mediocre, gris.

dredge [dredʒ] ◇ *vt* **- 1.** [river] dragar. **- 2.** [CULIN - with flour] rebozar, enharinar; [- with sugar] espolvorear con azúcar; [- with breadcrumbs] empanar. ◇ *n* NAUT draga *f*, rastra *f*.

◆ **dredge up** *vt sep* **- 1.** [with dredger] extraer (del agua) con draga. **- 2.** *fig* [from past] sacar a (la) luz.

dredger ['dredʒəʳ] *n* **- 1.** NAUT draga *f*. **- 2.** CULIN espolvoreador *m*.

dregs [dregz] *npl* **- 1.** [of liquid] poso *m*. **- 2.** *fig* [of society] escoria *f*.

drench [drentʃ] *vt* **- 1.** [soak] empapar; **to be ~ed in** OR **with** estar empapado(da) en; **~ed to the skin** calado(da) hasta los huesos. **- 2.** VETER dar un purgante a.

drenching ['drentʃɪŋ] ◇ *n* empapamiento *m*. ◇ *adj*: **~ rain** lluvia *f* torrencial.

Dresden ['drezdən] *n* **- 1.** [city] Dresde. **- 2.** [china] porcelana *f* de Dresde.

dress [dres] ◇ *n* **- 1.** [woman's garment] vestido *m*. **- 2.** *(U)* [clothing] traje *m*; **formal ~** traje *m* de etiqueta; **in medieval ~** con traje medieval. ◇ *vt* **- 1.** [clothe] vestir; **to be ~ed in** ir vestido(da) de; **~ in blue chiffon** vestido(da) de gasa azul; **to be ~ed** estar vestido(da); **she was not appropriately ~ for the country/for gardening** no llevaba la ropa adecuada para el campo/para trabajar en el jardín; **she was ~ as a man** iba vestida de hombre; **to get ~ed** vestirse ❏ **she was ~ed to kill** *inf* iba arrebatadora. **- 2.** [decorate] adornar, decorar; [hair] peinar, arreglar. **- 3.** [bandage] vendar. **- 4.** CULIN aliñar, aderezar. **- 5.** AGR [field, garden] abonar. ◇ *vi* **- 1.** [put on clothing] vestirse. **- 2.** [wear clothes] vestir; **to ~ well/badly** vestir bien/mal. **- 3.** MIL alinearse.

◆ **dress down** ◇ *vt sep inf* [scold] regañar. ◇ *vi* vestirse informalmente.

◆ **dress up** ◇ *vt sep* [facts etc] disfrazar. ◇ *vi* **- 1.** [in costume] disfrazarse. **- 2.** [in best clothes] engalanarse, ir bien vestido (bien vestida).

dressage ['dresɑːʒ] *n* doma *f* de caballos.

dress ball *n* baile *m* de gala, baile *m* de etiqueta.

dress circle *n* piso *m* principal.

dress code *n* etiqueta *f* (en el vestir).

dress designer *n* diseñador *m*, -ra *f* de moda, modisto *m*, -ta *f*.

dresser ['dresəʳ] *n* **- 1.** [for dishes] aparador *m*. **- 2.** *Am* [chest of drawers] cómoda *f*. **- 3.** [person]: **smart/sloppy ~** persona *f* elegante/descuidada (en el vestir). **- 4.** THEATRE ayuda *mf* de camerino.

dressing ['dresɪŋ] n - **1.** [bandage] vendaje m. - **2.** [for salad] aliño m. - **3.** Am [for turkey etc] relleno m. - **4.** AGR [manure] abono m.

dressing down n inf: **to give sb a** ~ echarle un rapapolvo a alguien.

dressing gown n bata f.

dressing room n - **1.** THEATRE camerino m; SPORT vestuario m. - **2.** [at home] tocador m, vestidor m. - **3.** Am [in shop] probador m.

dressing table n tocador m.

dressing-up n [children's game] (juego m de ponerse) disfraces mpl.

dressmaker ['dres,meɪkəʳ] n costurero m, -ra f, modisto m, -ta f.

dressmaking ['dres,meɪkɪŋ] n costura f.

dress rehearsal n ensayo m general.

dress shirt n camisa f de vestir.

dress suit n traje m de etiqueta.

dress uniform n uniforme m de gala.

dressy ['dresɪ] (compar **dressier**, superl **dressiest**) adj elegante.

drew [druː] pt → **draw**.

dribble ['drɪbl] ◇ n - **1.** [saliva] baba f. - **2.** [trickle] hilo m. - **3.** fig [small amount] pizca f, gota f. - **4.** SPORT regate m, recorte m. ◇ vt - **1.** [liquid]: **to** ~ **saliva** babear. - **2.** [trickle] escurrir gota a gota. - **3.** SPORT regatear. ◇ vi - **1.** [drool] babear. - **2.** [spill] gotear, caer gota a gota. - **3.** SPORT regatear.

driblet ['drɪblɪt] n gota f.

dribs [drɪbz] npl: **in** ~ **and drabs** en pequeñas cantidades, poco a poco.

dried [draɪd] ◇ pt & pp → **dry**. ◇ adj [gen] seco(ca); [milk, eggs] en polvo.

dried fruit n (U) fruta f pasa.

dried-up adj seco(ca).

drier ['draɪəʳ] n = **dryer**.

drift [drɪft] ◇ n - **1.** [trend, movement] movimiento m, tendencia f; [of current] flujo m; [of argument, conversation] rumbo m, dirección f. - **2.** [meaning] significado m, sentido m; **I get your** ~ entiendo la idea. - **3.** [mass of snow] ventisquero m; [- of sand, leaves] montículo m. - **4.** [of plane, missile] desviación f; [of ship] deriva f. - **5.** GEOL [deposits] morrena f. - **6.** ELECTRON derivación f. ◇ vi - **1.** [boat] ir a la deriva. - **2.** [snow, sand, leaves] amontonarse. - **3.** [person] vagar, ir sin rumbo; **to** ~ **into** [job, marriage] dejarse llevar a; **to** ~ **apart** tener cada vez menos en común. - **4.** [cloud] moverse empujado(da) por el viento.

◆ **drift off** vi [person] dormirse, quedarse dormido(da).

drifter ['drɪftəʳ] n [person] persona que no permanece por mucho tiempo en un sitio o empleo.

drift ice n (U) (témpano m de) hielo m flotante.

driftwood ['drɪftwʊd] n madera f flotante OR a la deriva.

drill [drɪl] ◇ n - **1.** [tool - electric] taladradora f; [- manual] taladro m; [- dentist's] fresa f; [- in mine, oilfield] perforadora f. - **2.** [bit] broca f. - **3.** [for fire, battle] simulacro m, ejercicios mpl de adiestramiento. - **4.** [cloth] dril m. - **5.** [AGR - machine] sembradora f mecánica; [- furrow] surco m. ◇ vt - **1.** [tooth, metal, oil well] perforar. - **2.** [wood, hole] taladrar, perforar. - **3.** [instruct - people, pupils] adiestrar, entrenar; [- soldiers] instruir; **to** ~ **sthg into sb** inculcar algo en alguien. - **4.** AGR [seeds] sembrar en surco. ◇ vi - **1.** [bore]: **to** ~ **into/for** perforar en/en busca de. - **2.** [train] adiestrarse.

drilling ['drɪlɪŋ] n (U) perforación f.

drilling platform n plataforma f de perforación.

drill press n prensa f taladradora.

drill sergeant n sargento m instructor OR de instrucción.

drily ['draɪlɪ] adv = **dryly**.

drink [drɪŋk] (pt **drank** [dræŋk], pp **drunk** [drʌŋk]) ◇ n - **1.** [gen] bebida f; **a** ~ **of water** un trago de agua; **to give sb a** ~ dar de beber a alguien. - **2.** [alcoholic beverage] copa f; **would you like a** ~? ¿quieres tomar algo (de beber)?; **to**

have a ~ tomar algo, tomar una copa; **to take to** ~ darse a la bebida; **to smell of** ~ oler a alcohol. ◇ vt beber; **I never** ~ **tea** nunca tomo té; **to** ~ **o.s. into** beber hasta alcanzar un estado de. ◇ vi beber; **to** ~ **to sb/sb's success** beber a la salud de alguien/por el éxito de alguien; **don't** ~ **and drive** si bebes, no conduzcas.

◆ **drink in** vt sep - **1.** [story, words] devorar, absorber. - **2.** [atmosphere, surroundings] asimilar, impregnarse de.

◆ **drink up** vt sep acabarse, beber hasta la última gota.

drinkable ['drɪŋkəbl] adj - **1.** [suitable for drinking] potable. - **2.** [palatable]: **this wine is very** ~ este vino no está nada mal.

drink-driving Br, **drunk-driving** Am n conducción f en estado de embriaguez.

drinker ['drɪŋkəʳ] n - **1.** [of alcohol] bebedor m, -ra f. - **2.** [of tea, coffee]: **tea/coffee** ~ persona que bebe té/café.

drinking ['drɪŋkɪŋ] ◇ adj: **a** ~ **man** un bebedor. ◇ n (U) bebida f.

drinking chocolate n [powder] chocolate m en polvo; [hot drink] chocolate m caliente.

drinking fountain n fuente f (de agua potable).

drinking-up time n Br inf tiempo concedido en los bares para apurar el trago antes de cerrar.

drinking water n agua f potable.

drinks machine [drɪŋks-] n máquina f expendedora de bebidas.

drip [drɪp] (pt & pp **dripped**, cont **dripping**) ◇ n - **1.** [drop] gota f; [drops] goteo m. - **2.** MED gota a gota m inv. - **3.** inf [wimp] soso m, -sa f. - **4.** ARCHIT goterón m. ◇ vt dejar caer en gotas. ◇ vi - **1.** [liquid, tap, nose] gotear. - **2.** [person]: **to be dripping with sthg** [sweat, blood] estar chorreando algo; [diamonds, furs] estar cubierto(ta) de algo.

drip-dry ◇ adj que no necesita plancha. ◇ vi dejar escurrir.

drip-feed ◇ n = **drip** n sense 2. ◇ vt alimentar gota a gota.

dripping ['drɪpɪŋ] ◇ adj: ~ **(wet)** chorreando, empapado(da). ◇ n - **1.** CULIN grasa f (de carne), pringue m o f. - **2.** [of liquid] goteo m.

drippy ['drɪpɪ] (compar **drippier**, superl **drippiest**) adj inf [wimpish] blandengue, sosaina.

drive [draɪv] (pt **drove** [drəʊv], pp **driven** ['drɪvn]) ◇ n - **1.** [outing] paseo m (en coche); **to go for a** ~ ir a dar una vuelta en coche. - **2.** [journey] viaje m (en coche); **it's a two-hour** ~ **(away)** está a dos horas en coche. - **3.** [urge] instinto m. - **4.** [campaign] campaña f. - **5.** [energy] vigor m, energía f. - **6.** [road to house] camino m (de entrada). - **7.** SPORT (golpe m de) drive m. - **8.** COMPUT unidad f de disco. - **9.** [power transmission] transmisión f; AUT tracción f. - **10.** [military offensive] ofensiva f, ataque m vigoroso. ◇ vt - **1.** [vehicle] conducir, manejar Amér; **he** ~**s a taxi** es taxista; **she** ~**s a Volkswagen** tiene un Volkswagen. - **2.** [passenger] llevar (en coche); [distance] recorrer. - **3.** [fuel, power] impulsar. - **4.** [force to move - gen] arrastrar; [- cattle] arrear; **it drove people from their homes** obligó a la gente a abandonar sus hogares. - **5.** [force to work] hacer trabajar; **he** ~**s himself too hard** se mata a trabajar. - **6.** [motivate] motivar. - **7.** [force]: **to** ~ **sb to do sthg** conducir OR llevar a alguien a hacer algo; **to** ~ **sb to despair** hacer desesperar a alguien; **to** ~ **sb mad** OR **crazy** volver loco(ca) a alguien. - **8.** [hammer] clavar. - **9.** SPORT [hit hard] golpear con fuerza. ◇ vi [operate a vehicle] conducir; [go by car] ir en coche; **I drove into a lamppost** choqué contra una farola; **we drove through the town centre** pasamos (en coche) por el centro de la ciudad; **I don't** ~ no sé conducir; '~ **slowly**' 'modere la velocidad'.

◆ **drive at** vt fus insinuar, querer decir.

◆ **drive away** vt sep [intruder, thought] ahuyentar; [mosquitos] espantar.

◆ **drive back** ◇ vt sep [hordes, army, enemy] rechazar. ◇ vi [in car] regresar en coche.

◆ **drive off** vt sep [attacker] ahuyentar, repeler.

◆ **drive out** vt sep [expel] echar, expulsar.

drive-by *adj*: ~ **shooting** *Am* tiroteo desde un coche en marcha.

drive-in *esp Am* ◇ *n* - **1.** [restaurant] restaurante donde se sirve a la clientela en su coche. - **2.** [cinema] autocine *m*. ◇ *adj*: ~ **bank** banco en el que se pueden realizar transacciones desde el coche.

drivel ['drɪvl] (*Br pt & pp* **drivelled**, *cont* **drivelling** *Am pt & pp* **driveled**, *cont* **driveling**) ◇ *n* - **1.** *inf (U)* [nonsense] bobadas *fpl*, tonterías *fpl*. - **2.** [saliva] baba *f*. ◇ *vi* - **1.** [speak foolishly] decir bobadas OR tonterías. - **2.** [dribble] babear.

driven ['drɪvn] ◇ *pp* → **drive**. ◇ *adj* [person] compulsivo(va).

driver ['draɪvəʳ] *n* - **1.** [gen] conductor *m*, -ra *f*; RAIL maquinista *mf*; [of racing car] piloto *mf*; **to be in the ~'s seat** *fig* estar al mando. - **2.** COMPUT controlador *m*.

driver's license *n Am* = **driving licence**.

drive shaft *n* (eje *m* de) transmisión *f*.

drive-up *adj Am* con acceso para automovilistas.

driveway ['draɪvweɪ] *n* camino *m* de entrada.

driving ['draɪvɪŋ] ◇ *adj* [rain] torrencial; [wind] huracanado(da). ◇ *n (U)* conducción *f*.

driving force *n* fuerza *f* motriz.

driving instructor *n* profesor *m*, -ra *f* de autoescuela.

driving lesson *n* clase *f* de conducir OR conducción.

driving licence *Br*, **driver's license** *Am n* carné *m* OR permiso *m* de conducir.

driving mirror *n* retrovisor *m*.

driving school *n* autoescuela *f*.

driving shaft *n* árbol *m* motor.

driving test *n* examen *m* de conducir.

drizzle ['drɪzl] ◇ *n* llovizna *f*, garúa *f Amér*. ◇ *v impers* lloviznar.

drizzly ['drɪzlɪ] (*compar* **drizzlier**, *superl* **drizzliest**) *adj* de llovizna.

droll [drəʊl] *adj* - **1.** [amusing] gracioso(sa). - **2.** [odd] raro(ra), curioso(sa).

dromedary ['drɒmədərɪ] (*pl* **dromedaries**) *n* dromedario *m*.

drone [drəʊn] ◇ *n* - **1.** [hum] zumbido *m*. - **2.** [bee] zángano *m*. - **3.** *pej* [person] zángano *m*, -na *f*, haragán *m*, -ana *f*. - **4.** MUS [on bagpipe] roncón *m* (de gaita). - **5.** [tone] tono *m* sostenido. - **6.** [plane] avión *m* teledirigido (por control remoto). ◇ *vi* zumbar.

◆ **drone on** *vi*: **to ~ on (about)** hablar interminablemente y de forma monótona (sobre).

drool [druːl] *vi* - **1.** [dribble] babear. - **2.** *fig* [admire]: **he was ~ing over the catalogue** se le caía la baba con el catálogo OR mirando el catálogo.

droop [druːp] ◇ *vi* - **1.** [shoulders] encorvarse; [eyelids] cerrarse; [head] inclinarse; [flower] marchitarse. - **2.** [spirits] decaer. ◇ *n* [of shoulders] encorvamiento *m*, caída *f*; [of eyelids] caída *f*; [of head] inclinación *f*.

drooping ['druːpɪŋ] *adj* [shoulders] encorvado(da), caído(da); [eyelids] caído(da); [flowers] marchito(ta).

droopy ['druːpɪ] (*compar* **droopier**, *superl* **droopiest**) *adj* [moustache, shoulders] caído(da); [flowers] marchito(ta).

drop [drɒp] (*pt & pp* **dropped**, *cont* **dropping**) ◇ *n* - **1.** [of liquid, milk, whisky] gota *f*; **he's had a ~ too much** *fig* ha tomado alguna copa de más; **to be a ~ in the ocean** OR **bucket** *fig* ser poca cosa, ser una ridiculez. - **2.** [sweet] pastilla *f*. - **3.** [decrease]: ~ **(in)** [price] caída *f* (de); [temperature] descenso *m* (de); [demand, income] disminución *f* (en). - **4.** [fall, distance down] caída *f*; [slope] pendiente *f*, declive *m*; [abyss] precipicio *m*; [difference in level] desnivel *m*; **at the ~ of a hat** *fig* sin dudarlo, así sin más OR por las buenas. - **5.** [delivery by parachute] lanzamiento *m* (en paracaídas). - **6.** [for mail] buzón *m*. - **7.** [earring] lágrima *f*. ◇ *vt* - **1.** [let fall - gen] dejar caer; [- bomb] lanzar; **she dropped a stitch** se le escapó un punto. - **2.** [decrease] reducir. - **3.** [voice] bajar. - **4.** [abandon - subject, course] dejar; [-

charges] retirar; [- person, lover] abandonar; [- player] excluir, no seleccionar. - **5.** [hint, remark] lanzar, soltar; **he's always dropping names** siempre se las está dando de conocer a gente importante; **she let (it) ~ that...** [accidentally] se le escapó (lo de) que...; [deliberately] dejó caer que... - **6.** *inf* [lose] perder. - **7.** [letter, postcard] poner, escribir. - **8.** [let out of car] dejar. - **9.** [omit] omitir, suprimir. - **10.** *inf* [knock down - with punch] tumbar, derribar; [- with shot] derribar, tirar. ◇ *vi* - **1.** [fall down] caer; **to ~ to one's knees** arrodillarse □ ~ **dead!** ¡vete a la porra!; **we walked until we dropped** estuvimos andando hasta no poder más. - **2.** [ground] bajar, descender. - **3.** [decrease - temperature, price, voice] bajar; [- attendance, demand, unemployment] disminuir; [- wind] calmarse, amainar. - **4.** [in race, ranking] bajar, descender; **the team dropped to third place** el equipo bajó al tercer puesto; **to ~ behind** quedarse atrás. - **5.** [start]: **to ~ into sthg/doing sthg** pasar a algo/hacer algo; **to ~ into a habit** caer en OR coger una costumbre; **she dropped back into her native dialect** volvió a hablar en su dialecto materno.

◆ **drops** *npl* MED gotas *fpl*.

◆ **drop away** *vi* - **1.** [lessen] decrecer. - **2.** [land] descender.

◆ **drop back** *vi* retrasarse, quedarse atrás.

◆ **drop by** *vi inf*: **to ~ by (at)** pasarse (por).

◆ **drop in** *vi inf*: **to ~ in on** pasarse por casa de.

◆ **drop off** ◇ *vt sep* [person, letter] dejar. ◇ *vi* - **1.** [fall asleep] quedarse dormido(da), dormirse. - **2.** [grow less] disminuir, bajar.

◆ **drop out** *vi*: **to ~ out (of** OR **from)** [school, college] dejar de asistir (a); [competition] retirarse (de).

◆ **drop round** ◇ *vi* = **drop by**. ◇ *vt sep* [deliver] acercar, llevar.

drop front *adj* [bureau] con tablero abatible.

drop hammer *n* martinete *m*, martillo *m* de fragua.

drop handlebars *npl* manillar *m* invertido OR de (cuerno de) cabra.

drop-in centre *n* centro patrocinado por los servicios sociales, iglesias etc adonde la gente puede ir a pasar un rato.

drop-leaf *adj*: **a ~ table** una mesa abatible.

droplet ['drɒplɪt] *n* gotita *f*.

drop-off *n* - **1.** [decrease] disminución *f* significativa. - **2.** *Am* [steep descent] bajada *f* empinada.

dropout ['drɒpaʊt] *n* [from society] marginado *m*, -da *f*; [from university] persona *f* que ha dejado los estudios.

dropper ['drɒpəʳ] *n* cuentagotas *m inv*.

droppings ['drɒpɪŋz] *npl* excremento *m* (de animales).

drop shot *n* dejada *f*.

dropsy ['drɒpsɪ] *n* hidropesía *f*.

dross [drɒs] *n* - **1.** TECH escoria *f*. - **2.** *fig* [rubbish] desperdicio *m*.

drought [draʊt] *n lit & fig* sequía *f*.

drove [drəʊv] ◇ *pt* → **drive**. ◇ *n* [of people] multitud *f*; [of animals] manada *f*; **in ~s** [people] en tropel; [animals] en manada.

drover ['drəʊvəʳ] *n* [of cattle] vaquero *m*, -ra *f*; [of sheep] pastor *m*, -ra *f*.

drown [draʊn] ◇ *vt* - **1.** [kill] ahogar. - **2.** [sound]: **to ~ sthg (out)** ahogar algo; **to ~ sb out** ahogar el sonido de la voz de alguien. - **3.** [field] anegar; [village] inundar. ◇ *vi* ahogarse.

drowned [draʊnd] *adj* ahogado(da).

drowning ['draʊnɪŋ] *n* ahogamiento *m*; **to save sb from ~** salvar a alguien de morir ahogado; **he died of ~** murió ahogado.

drowse [draʊz] *vi* estar adormecido(da).

drowsiness ['draʊzɪnɪs] *n* somnolencia *f*.

drowsy ['draʊzɪ] (*compar* **drowsier**, *superl* **drowsiest**) *adj* [person] somnoliento(ta).

drub [drʌb] *vt* pegar una paliza a.

drubbing ['drʌbɪŋ] *n* paliza *f*.

drudge [drʌdʒ] ◇ *n* esclavo *m*, -va *f* del trabajo. ◇ *vi* ser esclavo(va) del trabajo.

drudgery ['drʌdʒərɪ] *n* trabajo pesado y monótono.

drug [drʌg] (*pt & pp* **drugged**, *cont* **drugging**) ◇ *n* - **1.** [medicine] medicamento *m*, medicina *f*. - **2.** [narcotic] droga *f*; **to be on** OR **take** ~**s** drogarse, consumir drogas. - **3.** *phr*: ~ **on the market** artículo *m* imposible de vender. ◇ *vt* - **1.** [person] narcotizar, drogar. - **2.** [food, drink] echar droga a. ◇ *comp* [dealing, trafficking] de drogas; **to be arrested on** ~**s charges** ser arrestado(da) por un delito relacionado con la droga.

drug abuse *n* consumo *m* de drogas.

drug addict *n* drogadicto *m*, -ta *f*, toxicómano *m*, -na *f*.

drug addiction *n* drogadicción *f*, toxicomanía *f*.

drug baron *n* gran narcotraficante *m*, capo *m* de la droga.

druggist ['drʌgɪst] *n Am* farmacéutico *m*, -ca *f*.

drug pedlar *n* pequeño traficante *mf*, pequeña traficante *f* de drogas.

drugstore ['drʌgstɔːʳ] *n Am* establecimiento que vende cosméticos, medicamentos, artículos de librería etc.

druid ['druːɪd] *n* druida *m*.

drum [drʌm] (*pt & pp* **drummed**, *cont* **drumming**) ◇ *n* - **1.** [instrument] tambor *m*; **to beat the** ~**s for sb/sthg** *fig* dar bombo a alguien/algo. - **2.** [container, cylinder] bidón *m*. - **3.** [of revolver] tambor *m*. - **4.** ANAT tímpano *m*. ◇ *vt* [fingers] tamborilear con. ◇ *vi* - **1.** [rain, hoofs] golpetear. - **2.** [on drum kit] tocar la batería; [on one drum] tocar el tambor.

◆ **drums** *npl* [drum kit] batería *f*.

◆ **drum into** *vt sep*: **to** ~ **sthg into sb** inculcar algo a alguien.

◆ **drum out** *vt sep* expulsar, echar.

◆ **drum up** *vt sep* intentar conseguir.

drumbeat ['drʌmbiːt] *n* toque *m* de tambor.

drum brake *n* freno *m* de tambor.

drumfire ['drʌmfaɪəʳ] *n* fuego *m* graneado.

drumhead ['drʌmhed] *n* MUS parche *m* (del tambor).

drumhead court-martial *n* consejo *m* de guerra.

drum kit *n* batería *f*.

drum machine *n* caja *f* de ritmos.

drum major *n* MIL tambor *m* mayor.

drum majorette *n esp Am* jefa *f* de majorettes, bastonera *f*.

drum memory *n* memoria *f* en tambor magnético.

drummer ['drʌməʳ] *n* [in orchestra] tambor *mf*; [in pop group] batería *mf*.

drumming ['drʌmɪŋ] *n* tamborileo *m*.

drum roll *n* redoble *m* de tambor.

drumstick ['drʌmstɪk] *n* - **1.** MUS baqueta *f*, palillo *m*. - **2.** CULIN muslo *m*.

drunk [drʌŋk] ◇ *pp* → **drink**. ◇ *adj* - **1.** [on alcohol] borracho(cha), bolo(la) *Amér*; **to get** ~ emborracharse; **to be** ~ estar borracho; **he was charged with being** ~ **and disorderly** fue acusado de alterar el orden público en estado de embriaguez. - **2.** *fig* [excited, carried away]: **to be** ~ **with** OR **on** estar ebrio (ebria) de. ◇ *n* borracho *m*, -cha *f*.

drunkard ['drʌŋkəd] *n* borracho *m*, -cha *f*.

drunk-driving *n Am* = **drink-driving**.

drunken ['drʌŋkn] *adj* - **1.** [person] borracho(cha). - **2.** [talk, steps, stupor] de borracho(cha). - **3.** [brawl] de borrachos. - **4.** [state] de embriaguez.

drunken driving *n* = **drink-driving**.

drunkenly ['drʌŋkənlɪ] *adv* [speak, sing, shout etc] en estado de embriaguez.

drunkenness ['drʌŋkənnɪs] *n* embriaguez *f*.

Drury Lane ['druərɪ-] *n* calle londinense cuyo nombre sirve comúnmente para referirse al teatro más antiguo de la ciudad, el Theatre Royal.

Drusean, Druzean ['druːzɪən] *adj* druso(sa).

dry [draɪ] (*compar* **drier**, *superl* **driest**, *pt & pp* **dried**) ◇ *adj* - **1.** [gen] seco(ca); **to run** ~ secarse, agotarse. - **2.** [day] sin lluvia. - **3.** [earth, soil] árido(da). - **4.** [thirsty] sediento(ta); **to feel** OR **be** ~ tener sed. - **5.** [dull] aburrido(da), árido(da). - **6.** [cow] seca. - **7.** [toast] sin mantequilla. - **8.** [wit, style] agudo(da), satírico(ca). - **9.** *Am* [where alcohol is banned]: ~ **state** estado *m* prohibicionista. ◇ *vt* [gen] secar; **to** ~ **one's hands/hair** secarse las manos/el pelo; **to** ~ **o.s.** secarse; **to** ~ **one's eyes** secarse las lágrimas. ◇ *vi* secarse.

◆ **dry out** ◇ *vt sep* secar. ◇ *vi* - **1.** [clothes, wood, person] secarse. - **2.** [alcoholic] dejar de beber.

◆ **dry up** ◇ *vt sep* secar. ◇ *vi* - **1.** [river, well] secarse. - **2.** [supply] agotarse. - **3.** [stop speaking] cortarse. - **4.** [dry dishes] secar.

dry battery, dry cell *n* pila *f* (seca).

dry-clean *vt* limpiar en seco.

dry cleaner *n*: ~'**s (shop)** tintorería *f*.

dry-cleaning *n* limpieza *f* en seco.

dry dock *n* dique *m* seco.

◆ **dry-dock** *vt* carenar, encarenar.

dryer ['draɪəʳ] *n* - **1.** [for clothes] secadora *f*. - **2.** [for hair] secador *m*.

dry fly *n* mosca *f* artificial flotante (*para pesca*).

dry ginger *n* ginger ale *m*.

dry goods *npl* artículos *mpl* de mercería.

dry ice *n* nieve *f* carbónica.

drying ['draɪɪŋ] ◇ *adj* [wind] seco(ca). ◇ *n* secado *m*.

drying cupboard *n* armario *m* para secar la ropa.

drying up *n Br* [of dishes]: **to do the** ~ secar los platos.

dry land *n* tierra *f* firme.

dryly ['draɪlɪ] *adv* [wryly] secamente.

dry measure *n* unidad *f* de medida para áridos.

dryness ['draɪnɪs] *n* - **1.** [of ground, region] aridez *f*, sequedad *f*; [of weather, skin] sequedad *f*. - **2.** [of lecture, subject matter] aridez *f*. - **3.** [of comment, humour, wit] mordacidad *f*.

dry-roasted *adj* [peanuts] tostado(da).

dry rot *n* putrefacción *f* de la madera.

dry run *n* ensayo *m*.

dry ski slope *n* pista *f* de esquí artificial.

dry-stone wall *n* muro *m* de piedras (sin argamasa).

DSc (*abbr of* **Doctor of Science**) *n* (titular de un) doctorado en el campo de las ciencias.

DSS (*abbr of* **Department of Social Security**) *n* ministerio británico de la seguridad social.

DST *written abbr of* **daylight saving time**.

DT *abbr of* **data transmission**.

DTI (*abbr of* **Department of Trade and Industry**) *n* ministerio británico de comercio e industria.

DTp (*abbr of* **Department of Transport**) *n* ministerio británico de transporte.

DTP (*abbr of* **desktop publishing**) *n* autoed. *f*.

DT's ['diːtiːz] (*abbr of* **delirium tremens**) *npl inf*: **to have the** ~ sufrir un ataque de delirium tremens.

dual ['djuːəl] *adj* doble.

dual carriageway *n Br* carretera de dos sentidos y doble carril separados, ≃ autovía *f*.

dual control *n* doble mando *m*.

dualism ['djuːəlɪzm] *n* dualismo *m*.

duality [djuːˈælətɪ] *n* dualidad *f*.

dual nationality *n* doble nacionalidad *f*.

dual-purpose *adj* de doble uso.

dub [dʌb] (*pt & pp* **dubbed**, *cont* **dubbing**) *vt* - **1.** [nickname] apodar, dar el sobrenombre de. - **2.** CINEMA & TV [in foreign language] doblar. - **3.** *literary* [knight] armar OR hacer caballero a.

Dubai [duːˈbaɪ] *n* Dubai.

dubbed [dʌbd] *adj* - **1.** CINEMA & TV doblado(da). - **2.** [nicknamed] apodado(da).

dubbin ['dʌbɪn] *n* (sebo *m* OR grasa *f*) curtiente *m*.

dubbing ['dʌbɪŋ] *n* CINEMA & TV [in foreign language] dobla-je *m*.

dubious ['djuːbjəs] *adj* - 1. [questionable - person, deal, reasons] sospechoso(sa); [- honour, distinction] discutible. - 2. [uncertain, undecided] dudoso(sa); **to feel** OR **be ~ (about)** tener dudas (sobre). - 3. [reply, voice] indeciso(sa), dubitativo(va).

dubiously ['djuːbjəslɪ] *adv* - 1. [doubtfully] de un modo dubitativo. - 2. [in suspect manner] de un modo sospechoso.

Dublin ['dʌblɪn] *n* Dublín.

Dubliner ['dʌblɪnəʳ] *n* dublinés *m*, -esa *f*.

ducal ['djuːkl] *adj* ducal.

ducat ['dʌkət] *n* ducado *m*.

duchess ['dʌtʃɪs] *n* duquesa *f*.

duchy ['dʌtʃɪ] (*pl* **duchies**) *n* ducado *m*.

duck [dʌk] ◇ *n* - 1. [bird] pato *m*, -ta *f*; **to take to sthg like a ~ to water** *fig* encontrarse en seguida en su salsa con algo. - 2. [food] (carne *f* de) pato *m*. ◇ *vt* - 1. [lower] agachar, bajar. - 2. [try to avoid] eludir, esquivar. - 3. [submerge] sumergir. ◇ *vi* - 1. [lower head] agacharse. - 2. [dive]: **to ~ behind/into sthg** esconderse detrás de/en algo.
◆ **duck out** *vi*: **to ~ out (of sthg/of doing sthg)** evitar (algo/hacer algo).

duckboards ['dʌkbɔːdz] *npl* camino *m* de tablas [en terreno encharcado].

ducking ['dʌkɪŋ] *n*: **he got a ~** le hicieron una ahogadilla OR aguadilla.

duckling ['dʌklɪŋ] *n* patito *m*.

duckpond ['dʌkpɒnd] *n* estanque *m* de patos.

ducks [dʌks] ◇ *n Br inf* = **ducky**. ◇ *npl* [trousers] pantalones *mpl* de dril.

ducks and drakes *n Br* [game]: **to play ~** hacer cabrillas OR la rana □ **to play ~ with sthg** *fig* despilfarrar algo.

ducky ['dʌkɪ] (*compar* **duckier**, *superl* **duckiest**) ◇ *n Br inf* [term of endearment] cariñín *m*, cielito *m*. ◇ *adj Am inf* - 1. [perfect] estupendo(da), perfecto(ta). - 2. [cute] precioso(sa), muy mono (muy mona).

duct [dʌkt] *n* conducto *m*.

ductile ['dʌktaɪl] *adj* dúctil.

dud [dʌd] ◇ *adj* [gen] falso(sa); [mine] que no estalla; [cheque] sin fondos. ◇ *n* persona o cosa inútil.

dude [djuːd] *n Am inf* [man] tío *m*.

dude ranch *n Am* rancho *m* para turistas.

dudgeon ['dʌdʒən] *n*: **in high ~** encolerizado(da).

due [djuː] ◇ *adj* - 1. [expected] esperado(da); **it's ~ out in May** saldrá en mayo; **she's ~ back soon** tiene que estar al llegar; **the train's ~ in half an hour** el tren tiene que llegar dentro de media hora. - 2. [appropriate] oportuno(na), debido(da); **with all ~ respect** sin ganas OR ánimo de ofender, con el debido respeto □ **in ~ course** [at appropriate time] a su debido tiempo; [eventually] al final. - 3. [owed, owing] pagadero(ra); **the amount still ~** la cantidad aún por pagar OR sin pagar; **I'm ~ a bit of luck** ya sería hora de que tuviera un poco de suerte; **how much are you ~?** ¿cuánto te deben?; **to be ~ to** deberse a; **to fall ~** [bill] vencer. ◇ *n* [deserts]: **to give sb their ~** hacer justicia a alguien. ◇ *adv*: **~ north/south** derecho hacia el norte/sur.
◆ **dues** *npl* cuota *f*.
◆ **due to** *prep* debido a.

due date *n* (fecha *f* de) vencimiento *m*.

duel ['djuːəl] (*Br pt & pp* **duelled**, *cont* **duelling**, *Am pt & pp* **dueled**, *cont* **dueling**) ◇ *n* duelo *m*. ◇ *vi* batirse en duelo.

dueling *n Am* = **duelling**.

duelist *n Am* = **duellist**.

duelling *Br*, **dueling** *Am* ['djuːəlɪŋ] *adj*: **~ pistols** pistolas *fpl* de duelo.

duellist *Br*, **duelist** *Am* ['djuːəlɪst] *n* duelista *mf*.

due process *n* proceso *m* legal correspondiente.

duet [djuːet] *n* dúo *m*.

duff [dʌf] ◇ *adj Br inf* inútil. ◇ *n* CULIN budín *m*, pudin *m*.
◆ **duff up** *vt sep Br inf* dar una paliza a.

duffel ['dʌfl] *n* [fabric] muletón *m*.

duffel bag *n* morral *m*.

duffel coat *n* trenca *f*.

duffer ['dʌfəʳ] *n Br inf* - 1. [useless person] nulidad *f*. - 2. [peddler] buhonero *m*, -ra *f*.

duffle ['dʌfl] *n* = **duffel**.

dug [dʌg] ◇ *pt & pp* → **dig**. ◇ *n* [teat] teta *f*; [udder] ubre *f*.

dugout ['dʌgaʊt] *n* - 1. [canoe] canoa hecha de un tronco ahuecado. - 2. SPORT foso *m*, banquillo *m*. - 3. MIL trinchera *f*.

duke [djuːk] *n* duque *m*.
◆ **dukes** *npl inf* puños *mpl*; **put** OR **stick up your ~!** ¡ponte en guardia!

dukedom ['djuːkdəm] *n* [territory, title] ducado *m*.

dulcet ['dʌlsɪt] *adj literary* suave, dulce.

dulcimer ['dʌlsɪməʳ] *n* salterio *m*, dulcémele *m*.

dull [dʌl] ◇ *adj* - 1. [boring] aburrido(da). - 2. [listless, slow-witted] torpe. - 3. [dim] apagado(da). - 4. [cloudy] gris, triste. - 5. [thud, boom, pain] sordo(da). - 6. [blunt] romo(ma), desafilado(da). ◇ *vt* - 1. [weaken - senses] embotar, entorpecer; [- sound] amortiguar, apagar; [- pain, grief] aliviar; [- pleasure, memory] enturbiar. - 2. [make less bright] deslustrar. - 3. [blunt] desafilar.

dullard ['dʌləd] *n literary* bobalicón *m*, -ona *f*, bruto *m*, -ta *f*.

dullness ['dʌlnɪs] *n* - 1. [tedium] monotonía *f*, pesadez *f*. - 2. [listlessness, slow-wittedness] torpeza *f*; [of senses] embotamiento *m*. - 3. [dimness - of light] tenuidad *f*; [- of day, weather] tristeza *f*. - 4. [of sound, pain] carácter *m* sordo OR apagado. - 5. [of blade] falta *f* de punta.

dully ['dʌlɪ] *adv* - 1. [listlessly] con decaimiento. - 2. [tediously] con aburrimiento, de un modo aburrido. - 3. [dimly] débilmente. - 4. [not sharply] de un modo sordo.

duly ['djuːlɪ] *adv* - 1. [properly] debidamente. - 2. [as expected] como era de esperar.

dumb [dʌm] *adj* - 1. [unable to speak] mudo(da); **to be struck ~** quedarse de una pieza. - 2. *esp Am inf* [stupid] estúpido(da); **a ~ thing to say** una estupidez.

dumbbell ['dʌmbel] *n* [weight] pesa *f*, haltera *f*.

dumbfound [dʌm'faʊnd] *vt* dejar mudo(da) de asombro; **to be ~ed** quedarse mudo de asombro.

dumb show *n* pantomima *f*; **in ~** por señas.

dumbstruck ['dʌmstrʌk] *adj* mudo(da) de asombro.

dumbwaiter ['dʌmweɪtəʳ] *n* - 1. [lift] montaplatos *m inv*. - 2. [revolving tray] bandeja *f* giratoria para comida; [trolley] carrito *m*.

dumdum (bullet) ['dʌmdʌm-] *n* (bala *f*) dumdum *f*.

dummy ['dʌmɪ] (*pl* **dummies**) ◇ *adj* falso(sa). ◇ *n* - 1. [of ventriloquist] muñeco *m*; [in shop window] maniquí *m*. - 2. [front, representative] testaferro *m*. - 3. [copy] imitación *f*; [book, model for display] maqueta *f*. - 4. *Br* [for baby] chupete *m*, chupón *m Amér*. - 5. *inf* [fool] tonto *m*, -ta *f*, bobo *m*, -ba *f*. - 6. SPORT amago *m*. ◇ *vt* SPORT amagar.

dummy run *n* ensayo *m*, prueba *f*.

dump [dʌmp] ◇ *n* - 1. [for rubbish] basurero *m*, vertedero *m*. - 2. [rubbish heap] montón *m* de basura. - 3. [for ammunition] depósito *m*. - 4. *inf* [ugly place - house] casucha *f*; [- hotel] hotelucho *m*; **that flat is a real ~** ese piso es una auténtica pocilga. ◇ *vt* - 1. [put down - sand, load] descargar; [- bags, washing] dejar. - 2. [dispose of] deshacerse de; [rubbish] tirar; **to ~ waste at sea** verter residuos al mar. - 3. COMM inundar el mercado con, hacer dumping con. - 4. COMPUT volcar. - 5. *inf* [jilt] deshacerse de, dar boleto a.
◆ **dumps** *npl*: **to be (down) in the ~s** tener murria, estar por los suelos.

dumper (truck) *Br* ['dʌmpəʳ-], **dump truck** *Am* *n* volquete *m*.

dumping ['dʌmpɪŋ] *n* - 1. [of rubbish, waste] vertido *m*; **'no ~'** 'prohibido verter basura'. - 2. COMM inundación *f* del mercado, dumping *m*.

dumping ground n vertedero m.

dumpling ['dʌmplɪŋ] n bola de masa que se guisa al vapor con carne y verduras.

dump truck n Am = **dumper (truck)**.

dumpy ['dʌmpɪ] (compar **dumpier**, superl **dumpiest**) adj inf bajito y regordete (bajita y regordeta).

dun [dʌn] (pt & pp **dunned**, cont **dunning**) ◇ adj pardo(da). ◇ n [colour] pardo m; [horse] caballo m pardo. ◇ vt [press for payment] apremiar.

dunce [dʌns] n zoquete mf, burro m, -rra f.

dunce cap, **dunce's cap** n orejas fpl de burro.

dune [djuːn] n duna f.

dung [dʌŋ] n [of animal] excremento m; [used as manure] estiércol m.

dungarees [,dʌŋɡə'riːz] npl - **1.** Br [for work] mono m; [fashion garment] pantalones mpl de peto. - **2.** Am [heavy jeans] vaqueros de tela gruesa utilizados para trabajar.

dung beetle, **dung chafer** n escarabajo m pelotero.

dungeon ['dʌndʒən] n - **1.** [cell] mazmorra f, calabozo m. - **2.** [tower] torre f del homenaje.

dunghill ['dʌŋhɪl] n estercolero m, montón m de estiércol.

dunk [dʌŋk] ◇ vt inf - **1.** [dip] mojar. - **2.** [in basketball] encestar de mate. ◇ vi [in basketball] hacer un mate. ◇ n [in basketball] mate m.

Dunkirk [dʌn'kɜːk] n Dunkerque.

duo ['djuːəʊ] n dúo m.

duodecimal [,djuːəʊ'desɪml] adj duodecimal.

duodecimal system n sistema m de numeración duodecimal.

duodena [,djuːəʊ'diːnə] pl → **duodenum**.

duodenal ulcer [,djuːəʊ'diːnl] n úlcera f de duodeno.

duodenum [,djuːəʊ'diːnəm] (pl **duodenums** OR **duodena** [-nə]) n duodeno m.

dupe [djuːp] ◇ n primo m, -ma f, inocente mf. ◇ vt: **to ~ sb (into doing sthg)** embaucar a alguien (para que haga algo).

duplex ['djuːpleks] ◇ n Am - **1.** [apartment] dúplex m inv, piso en dos plantas. - **2.** [house] casa f adosada. ◇ adj - **1.** [double] doble; [apartment] dúplex (inv). - **2.** ELECTRON dúplex (inv).

duplicate [vb 'djuːplɪkeɪt, n & adj 'djuːplɪkət] ◇ adj duplicado(da). ◇ n copia f, duplicado m; **in ~** por duplicado. ◇ vt - **1.** [copy] duplicar, hacer una copia de. - **2.** [double, repeat] repetir.

duplicating machine ['djuːplɪkeɪtɪŋ] n multicopista f.

duplication [,djuːplɪ'keɪʃn] n (U) - **1.** [copying] duplicación f, copia f. - **2.** [doubling, repetition] repetición f.

duplicator ['djuːplɪkeɪtə'] n multicopista f.

duplicity [djuː'plɪsətɪ] n fml duplicidad f, doblez f.

Dur (written abbr of **Durham**) condado inglés.

durability [,djʊərə'bɪlətɪ] n durabilidad f.

durable ['djʊərəbl] adj duradero(ra); **~ goods** productos mpl no perecederos.

duration [djʊ'reɪʃn] n duración f; **for the ~ of** durante.

duress [djʊ'res] n: **under ~** bajo coacción f.

Durex® ['djʊəreks] n [condom] preservativo m, condón m.

during ['djʊərɪŋ] prep durante.

durst [dɜːst] pt arch → **dare**.

dusk [dʌsk] n crepúsculo m, anochecer m; **at ~** al anochecer.

dusky ['dʌskɪ] (compar **duskier**, superl **duskiest**) adj literary - **1.** [skin] moreno(na). - **2.** [light] crepuscular. - **3.** [colour, room] oscuro(ra), fusco(ca).

dust [dʌst] ◇ n - **1.** [gen] polvo m; **coal ~** cisco m ❑ **to be dry as ~** [boring] ser un tostón; **to bite the ~** morder el polvo; **to gather ~** [get dusty] cubrirse de polvo, fig [be ignored] quedar arrinconado(da). - **2.** [cloud] polvareda f; **to kick up** OR **raise a ~** fig armar un escándalo; **to let the ~ settle** fig esperar a que pase la tormenta. ◇ vt - **1.** [clean]

quitar el polvo a, limpiar el polvo de. - **2.** [cover with powder]: **to ~ sthg (with)** espolvorear algo (con). ◇ vi quitar el polvo.

◆ **dust off** vt sep lit & fig desempolvar.

dust bag n [for vacuum cleaner] bolsa f de aspiradora.

dust-bath n: **to take a ~** [bird] cubrirse las plumas de polvo para espulgarse.

dustbin ['dʌstbɪn] n Br cubo m de la basura.

dustbin man n Br = **dustman**.

dustbowl ['dʌstbəʊl] n zona f semiárida (que sufre vendavales de polvo).

dustcart ['dʌstkɑːt] n Br camión m de la basura.

dustcloth ['dʌstklɒθ] n Am trapo m del polvo, bayeta f.

dustcloud ['dʌstklaʊd] n nube f de polvo, polvareda f.

dust coat n guardapolvo m.

dust cover n - **1.** = **dust jacket**. - **2.** [for machine, furniture] funda f.

duster ['dʌstə'] n - **1.** [cloth] trapo m del polvo, bayeta f. - **2.** Am [overall] guardapolvo m. - **3.** [with feathers] plumero m. - **4.** [for blackboard] borrador m. - **5.** [shaker] espolvoreador m.

dust-free adj [environment] libre de polvo, sin polvo.

dustiness ['dʌstɪnɪs] n polvo m, estado m polvoriento.

dusting ['dʌstɪŋ] n [cleaning] limpieza f del polvo; **to do the ~** quitar el polvo.

dusting powder n talco m.

dust jacket n sobrecubierta f.

dustman ['dʌstmən] (pl **dustmen** [-mən]) n Br basurero m.

dustpan ['dʌstpæn] n recogedor m.

dustproof ['dʌstpruːf] adj que repele el polvo.

dustsheet ['dʌstʃiːt] n Br guardapolvo m (para muebles).

dust storm n vendaval m de polvo.

dust trap n nido m de polvo.

dustup ['dʌstʌp] n inf reyerta f, riña f.

dusty ['dʌstɪ] (compar **dustier**, superl **dustiest**) adj [covered in dust] polvoriento(ta).

Dutch [dʌtʃ] ◇ adj holandés(esa). ◇ n [language] holandés m. ◇ npl: **the ~** los holandeses. ◇ adv: **to go ~** fig pagar a medias OR a escote.

Dutch auction n Br subasta en la que se va reduciendo el precio de venta hasta encontrar comprador.

Dutch barn n Br granero formado por un armazón con techo.

Dutch cap n Br diafragma m.

Dutch courage n envalentonamiento m de borracho.

Dutch door n Am puerta f de dos batientes (uno encima de otro).

Dutch elm disease n enfermedad f del olmo.

Dutchman ['dʌtʃmən] (pl **Dutchmen** [-mən]) n holandés m.

Dutch oven n olla f OR caldero m de hierro.

Dutch uncle n: **to talk (to sb) like a ~** sermonear (a alguien).

Dutchwoman ['dʌtʃ,wʊmən] (pl **Dutchwomen** [-,wɪmɪn]) n holandesa f.

duteous ['djuːtɪəs] adj literary obediente.

dutiable ['djuːtjəbl] adj sujeto(ta) a derechos de aduana.

dutiful ['djuːtɪfʊl] adj - **1.** [child] obediente. - **2.** [husband, wife] cumplidor(ra); [worker, employee] concienzudo(da), cumplidor(ra).

dutifully ['djuːtɪflɪ] adv obedientemente, de un modo responsable.

duty ['djuːtɪ] (pl **duties**) n - **1.** (U) [moral, legal responsibility] deber m; **to do one's ~** cumplir (uno) con su deber; **to fail in one's ~** faltar al deber; **to make it one's ~ to do sthg** obligarse a hacer algo. - **2.** [work] servicio m; MED & MIL guardia f; **to be on/off ~** [gen] estar/no estar de servicio; MED & MIL estar/no estar de guardia. - **3.** [tax] impuesto m.

◆ **duties** npl tareas fpl.

duty bound *adj*: **to be ~ (to do sthg)** estar obligado(da) (a hacer algo).

duty doctor *n* médico *m*, -ca *f* de guardia.

duty-free ◇ *adj & adv* libre de impuestos. ◇ *n*: **~ (shop)** tienda *f* libre de impuestos.

duty officer *n* oficial *mf* de guardia.

duty-paid *adj* con los derechos de aduana pagados.

duty roster, duty rota *n* lista *f* de guardias OR turnos.

duvet ['duːveɪ] *n Br* edredón *m*.

duvet cover *n Br* funda *f* del edredón.

DVLC (*abbr of* **Driver and Vehicle Licensing Centre**) *n* organismo británico encargado de la matriculación de coches y la emisión de carnets de conducir, ≃ Dirección *f* General de Tráfico *Esp*.

DVM (*abbr of* **Doctor of Veterinary Medicine**) *n* (*titular de un*) doctorado de veterinaria.

dwarf [dwɔːf] (*pl* **dwarfs** OR **dwarves** [dwɔːvz]) ◇ *adj* enano(na). ◇ *n* - **1.** [person] enano *m*, -na *f*. - **2.** ASTRON (estrella *f*) enana *f*. ◇ *vt* - **1.** *fig* [in size, ability] achicar, empequeñecer. - **2.** [make small] impedir el crecimiento de.

dwarfish ['dwɔːfɪʃ] *adj* enano(na).

dwarves [dwɔːvz] *npl* → **dwarf**.

dwell [dwel] (*pt & pp* **dwelled** OR **dwelt** [dwelt]) *vi literary* morar, habitar.

◆ **dwell on** *vt fus* darle vueltas a, insistir en.

-dweller ['dwelə'] *in cpds*: **cave~** habitante *mf* de las cavernas; **city~** habitante *mf* de la ciudad.

dwelling ['dwelɪŋ] *n fml* morada *f*.

dwelt [dwelt] *pt & pp* → **dwell**.

dwindle ['dwɪndl] *vi* ir disminuyendo.

dwindling ['dwɪndlɪŋ] *adj* decreciente.

dyad ['daɪæd] *n* CHEM díada *f*.

dye [daɪ] ◇ *n* tinte *m*, tintura *f*. ◇ *vt* [fabric, hair] teñir. ◇ *vi* [fabric] teñirse.

dyed [daɪd] *adj* teñido(da).

dyed-in-the-wool [daɪd-] *adj* teñido(da) en rama.

dyeing ['daɪɪŋ] *n* [process] teñido *m*.

dyer ['daɪə'] *n* tintorero *m*, -ra *f*.

dyestuff ['daɪstʌf] *n* tinte *m*, tintura *f*.

dying ['daɪɪŋ] ◇ *adj* - **1.** [person, animal] moribundo(da); **her ~ words** sus últimas palabras. - **2.** [activity, practice] en vías de desaparición. ◇ *npl*: **the ~** los moribundos.

dyke [daɪk] *n* = **dike**.

dynamic [daɪ'næmɪk] *adj* dinámico(ca).

◆ **dynamics** *npl* dinámica *f*.

dynamically [daɪ'næmɪklɪ] *adv* de un modo dinámico, con dinamismo.

dynamism ['daɪnəmɪzm] *n* dinamismo *m*.

dynamite ['daɪnəmaɪt] ◇ *n lit & fig* dinamita *f*. ◇ *vt* dinamitar.

dynamo ['daɪnəməʊ] (*pl* **dynamos**) *n* dinamo *f*.

dynamometer [daɪnə'mɒmɪtə'] *n* dinamómetro *m*.

dynamotor ['daɪnə,məʊtə'] *n* dinamotor *m*.

dynastic [dɪ'næstɪk] *adj* dinástico(ca).

dynasty [*Br* 'dɪnəstɪ, *Am* 'daɪnəstɪ] (*pl* **dynasties**) *n* dinastía *f*.

dynatron ['daɪnə,trɒn] *n* dinatrón *m*.

dyne [daɪn] *n* dina *f*.

dysentery ['dɪsntrɪ] *n* disentería *f*.

dysfunction [dɪs'fʌŋkʃn] *n* disfunción *f*.

dysfunctional [dɪs'fʌŋkʃənl] *adj* disfuncional.

dyslexia [dɪs'leksɪə] *n* dislexia *f*.

dyslexic [dɪs'leksɪk] *adj* disléxico(ca).

dyspepsia [dɪs'pepsɪə] *n* dispepsia *f*.

dyspeptic [dɪs'peptɪk] ◇ *adj* dispéptico(ca). ◇ *n* dispéptico *m*, -ca *f*.

dystrophy ['dɪstrəfɪ] *n* → **muscular dystrophy**.

E

e (*pl* **e's** OR **es**), **E** (*pl* **E's** OR **Es**) [iː] *n* [letter] e *f*, E *f*.

◆ **E** *n* - **1.** MUS mi *m*. - **2.** (*abbr of* **east**) E.

ea. (*written abbr of* **each**) c/u; **£3.00 ~** 3 libras cada uno.

each [iːtʃ] ◇ *adj* cada; **~ and every one** todos(das) sin excepción, todos y cada uno (todas y cada una). ◇ *pron* cada uno *m*, cada una *f*; **~ of us/the boys** cada uno de nosotros/los niños; **one ~** uno cada uno; **two of ~** dos de cada (uno) ❑ **~ other** el uno al otro; **they kissed ~ other** se besaron; **we know ~ other** nos conocemos; **to ~ his own** sobre gustos no hay nada escrito.

each way *adj & adv* [in betting] a ganador y colocado.

EAEC (*abbr of* **European Atomic Energy Community**) EURATOM *f*, CEEA *f*.

eager ['iːgə'] *adj* [pupil] entusiasta; [smile, expression] de entusiasmo; **to be ~ to do sthg** [impatient] estar ansioso(sa) por hacer algo; [very willing] estar deseando hacer algo; **to be ~ for affection/success** estar ansioso(sa) de cariño/éxito.

eager beaver *n* trabajador *m*, -ra *f* incansable.

eagerly ['iːgəlɪ] *adv* [help, say] con entusiasmo; [wait] con impaciencia.

eagerness ['iːgənɪs] *n* [to know, see, find out] impaciencia *f*; [to help, please] afán *m*; [for affection, success] avidez *f*; [in smile, expression] entusiasmo *m*.

eagle ['iːgl] *n* águila *f*.

eagle-eyed *adj* con ojos de lince.

eaglet ['iːglɪt] *n* aguilucho *m*.

Ealing comedy ['iːlɪŋ-] *n* comedia cinematográfica en blanco y negro producida en los estudios londinenses de Ealing en los años 50.

E and OE (*abbr of* **errors and omissions excepted**) s.e.u.o.

ear [ɪə'] *n* - **1.** [of person, animal] oreja *f*; **to be all ~s** ser todo oídos; **to be up to one's ~s in work** OR **in it** *inf* estar hasta arriba de trabajo; **to be wet behind the ~s** estar verde; **to bend sb's ~** calentarle OR romperle los cascos a alguien; **to fall on deaf ~s** caer en saco roto; **to give sb a thick ~** *inf* darle un tortazo a alguien; **to go in one ~ and out the other** *inf* entrar por un oído y salir por el otro; **to have** OR **keep one's ~ to the ground** *inf* mantenerse al corriente; **not to believe one's ~s** no dar (uno) crédito a sus oídos; **to prick up one's** ~s aguzar el oído OR las orejas; **to turn a deaf** ~ **to** hacer oídos sordos a. - **2.** *fig* [attention] atención *f*; **to give an** ~ **to** prestar atención a; **to have the** ~ **of** [have influence with] gozar de la confianza de. - **3.** *fig* [talent]: **to have an** ~ **for** tener oído para. - **4.** [of corn] espiga *f*. - **5.** MUS: **to play by** ~ tocar de oído ❑ **to play it by** ~ obrar por instinto OR sobre la marcha.

earache ['ɪəreɪk] *n* dolor *m* de oídos.

eardrops ['ɪədrɒps] *npl* gotas *fpl* para los oídos.

eardrum ['ɪədrʌm] *n* tímpano *m*.

earflap ['ɪəflæp] *n* orejera *f*.

earful ['ɪəfʊl] *n*: **I got an** ~ **of water** me entró mucha agua en los oídos ❑ **to give sb an** ~ *inf* [tell off] echarle una bronca a alguien; **to give sb an** ~ **about sthg** *Am* [say a lot to] soltarle un rollo a alguien acerca de algo.

earl [ɜːl] *n* conde *m*.

earldom ['ɜːldəm] *n* [title] título *m* de conde, condado *m*; [estates, land] condado *m*.

earlier ['ɜːlɪəʳ] ◇ *adj* anterior. ◇ *adv* antes; ~ **on** antes.

earliest ['ɜːlɪəst] ◇ *adj* primero(ra). ◇ *n*: **at the** ~ como muy pronto.

earlobe ['ɪələub] *n* lóbulo *m* (de la oreja).

Earls Court [ɜːlz-] *n* gran centro de exposiciones londinense.

early ['ɜːlɪ] (*compar* **earlier**, *superl* **earliest**) ◇ *adj* - **1.** [before expected time, in day] temprano(na); **an** ~ **death** una muerte prematura; **I'll take an** ~ **lunch** almorzaré pronto OR temprano; **she was** ~ llegó temprano OR con adelanto; **to get up** ~ madrugar. - **2.** [at beginning]: **in the** ~ **stages** en la fase inicial; **he is in his** ~ **twenties** tiene veintipocos años OR poco más de veinte años; **the** ~ **chapters** los primeros capítulos; **her** ~ **life** los primeros años de su vida; **in the** ~ **1950s** a principios de los años 50; ~ **morning** la madrugada. ◇ *adv* - **1.** [before expected time] temprano, pronto; **she came one hour** ~ llegó una hora antes; **she died** ~ [prematurely] murió (muy) joven; **it arrived ten minutes** ~ llegó con diez minutos de adelanto; **as** ~ **as possible** cuanto antes, lo más pronto OR lo antes posible; **we got up** ~ nos levantamos temprano. - **2.** [at beginning]: **as** ~ **as 1920** ya en 1920; ~ **in the morning** de madrugada; ~ **this morning** esta mañana temprano; ~ **in the year** a principios de año; ~ **in the book** al comienzo del libro ❑ ~ **on** temprano.

early bird *n inf* madrugador *m*, -ra *f*; **it's the** ~ **that catches the worm** *proverb* al que madruga Dios le ayuda *proverb*.

early closing *n Br* COMM día *m* en que los comercios cierran por la tarde.

early retirement *n* jubilación *f* anticipada.

early warning system *n* MIL sistema *m* de alerta roja.

earmark ['ɪəmɑːk] ◇ *vt*: **to be** ~ed **for** estar destinado(da) a. ◇ *n* [on animal] marca *f* en la oreja.

earmuffs ['ɪəmʌfs] *npl* orejeras *fpl*.

earn [ɜːn] *vt* - **1.** [wage, salary] ganar; [interest] devengar; **to** ~ **one's living** ganarse la vida. - **2.** [subj: business, product] generar. - **3.** *fig* [respect, praise] ganarse.

earned income [ɜːnd-] *n* rentas *fpl* del trabajo.

earner ['ɜːnəʳ] *n inf* [profitable activity] fuente *f* de ingresos.

earnest ['ɜːnɪst] *adj* [gen] serio(ria); [wish] sincero(ra).

◆ **in earnest** ◇ *adj* serio(ria). ◇ *adv* [seriously] en serio.

earnestly ['ɜːnɪstlɪ] *adv* [talk] seriamente, con toda seriedad; [wish] sinceramente, de todo corazón.

earnestness ['ɜːnɪstnɪs] *n* seriedad *f*.

earnings ['ɜːnɪŋz] *npl* ingresos *mpl*.

earnings-related *adj* proporcional a los ingresos.

ear, nose and throat specialist *n* otorrinolaringólogo *m*, -ga *f*.

earphones ['ɪəfəunz] *npl* auriculares *mpl*.

earpiece ['ɪəpiːs] *n* [of telephone receiver, personal stereo] auricular *m*.

ear-piercing *adj* [noise] estridente.

earplugs ['ɪəplʌgz] *npl* tapones *mpl* para los oídos.

earring ['ɪərɪŋ] *n* pendiente *m*, zarcillo *m* Amér.

earshot ['ɪəʃɒt] *n*: **within/out of** ~ al alcance/fuera del alcance del oído.

ear-splitting *adj* ensordecedor(ra).

earth [ɜːθ] ◇ *n* - **1.** [gen] tierra *f*; **the planet Earth** el planeta Tierra; **how/what/where/why on** ~...? ¿cómo/qué/dónde/por qué demonios...? ❑ **to come back to** ~ volver a la realidad; **to cost the** ~ *Br* costar un dineral; **to promise sb the** ~ prometer el oro y el moro a alguien. - **2.** [in electric plug, appliance] toma *f* de tierra. - **3.** [of fox] madriguera *f*; **to run to** ~ [animal] acosar hasta la madriguera; *fig* [person] encontrar por fin. ◇ *vt Br*: **to be** ~ed estar conectado(da) a tierra. ◇ *comp*: ~ **lead** ELEC cable *m* de toma de tierra.

earthbound ['ɜːθbaund] *adj* - **1.** [insect] terrestre. - **2.** [spaceship, journey] en dirección a la Tierra. - **3.** [unimaginative] prosaico(ca).

earth closet *n* retrete en el que se tapan los excrementos con tierra.

earthen ['ɜːθn] *adj* - **1.** [dish] de loza OR barro. - **2.** [floor] de tierra.

earthenware ['ɜːθnweəʳ] ◇ *adj* de loza OR barro. ◇ *n* loza *f*.

earthiness ['ɜːθɪnɪs] *n* - **1.** [of humour] vulgaridad *f*; [of person, character] desenvoltura *f*, desinhibición *f*. - **2.** [of food] sabor *m* a tierra.

earthling ['ɜːθlɪŋ] *n* terrícola *mf*.

earthly ['ɜːθlɪ] *adj* - **1.** [of material world] terrenal. - **2.** *inf* [possible] posible; **what** ~ **reason could she have for doing it?** ¿a cuento de qué haría lo que hizo?

earth mother *n* - **1.** MYTH madre *f* tierra, diosa *f* de la fecundidad. - **2.** *inf fig* [woman] mujerona *f*.

earthquake ['ɜːθkweɪk] *n* terremoto *m*.

earth sciences *npl* ciencias relacionadas con el estudio de la tierra.

earthshattering ['ɜːθˌʃætərɪŋ], **earthshaking** ['ɜːθˌʃeɪkɪŋ] *adj Br inf* extraordinario(ria).

earth tremor *n* temblor *m* de tierra.

earthward(s) ['ɜːθwəd(z)] *adv* hacia la tierra.

earthworks ['ɜːθwɜːks] *npl* - **1.** ARCHEOL & MIL terraplén *m*. - **2.** CONSTR movimiento *m* de tierras.

earthworm ['ɜːθwɜːm] *n* lombriz *f* (de tierra).

earthy ['ɜːθɪ] (*compar* **earthier**, *superl* **earthiest**) *adj* - **1.** [rather crude] natural, desinhibido(da). - **2.** [of, like earth] terroso(sa).

ear trumpet *n* trompetilla *f* [para oír].

earwax ['ɪəwæks] *n* cerumen *m*, cera *f* de los oídos.

earwig ['ɪəwɪg] *n* tijereta *f*.

ease [iːz] ◇ *n (U)* - **1.** [lack of difficulty] facilidad *f*; **with** ~ con facilidad OR soltura, sin esfuerzo. - **2.** [comfort] comodidad *f*; **at** ~! MIL ¡descansen!; **to be** OR **feel at** ~ estar OR sentirse cómodo(da); **to be** OR **feel ill at** ~ estar OR sentirse incómodo(da); **to put sb at (his/her)** ~ poner cómodo a alguien; **to stand at** ~ MIL descansar. - **3.** [affluence] abundancia *f*, opulencia *f*. ◇ *vt* - **1.** [pain, grief] calmar, aliviar; [problems, tension] atenuar; [sb's workload] aligerar, descargar; [pressure, grip] relajar, aflojar. - **2.** [move carefully]: **to** ~ **sthg open** abrir algo con cuidado; **to** ~ **o.s. out of sthg** levantarse despacio de algo. ◇ *vi* [problem] atenuarse; [pain] calmarse; [rain] amainar; [grip] relajarse, aflojarse.

◆ **ease off** *vi* [problem] atenuarse; [pain] calmarse; [rain] amainar.

◆ **ease up** *vi* - **1.** *inf* [treat less severely]: **to** ~ **up on sb** no ser muy duro(ra) con alguien. - **2.** [rain] aflojar, amainar; [business, work] aflojar; [traffic] disminuir. - **3.** [relax] tomarse las cosas con más calma.

easel ['iːzl] *n* caballete *m*.

easily ['iːzɪlɪ] *adv* - **1.** [without difficulty] fácilmente. - **2.** [without doubt] sin lugar a dudas. - **3.** [in a relaxed manner] tranquilamente, relajadamente. - **4.** [possibly] muy probablemente.

easiness ['iːzɪnɪs] *n* [lack of difficulty] facilidad *f*.

easing ['iːzɪŋ] *n* [of discomfort] alivio *m*; [of tension] relajación *f*.

east [iːst] ◇ *n* - **1.** [direction] este *m*. - **2.** [region]: **the** ~ el este. ◇ *adj* [gen] oriental; [wind] del este. ◇ *adv*: ~ **(of)** al este (de); ~ **by north/south** al este cuarta al nordeste/sudeste.

◆ **East** *n*: **the East** POL el Este; [Asia] el Oriente.

East African ◇ *adj* de África Oriental. ◇ *n* africano *m*, -na *f* oriental.

eastbound ['iːstbaʊnd] *adj* con dirección este.

East End *n*: **the** ~ el este de Londres.

Easter ['iːstəʳ] *n* Semana *f* Santa.

Easter Day *n* Domingo *m* de Resurrección.

Easter egg *n* huevo *m* de Pascua.

Easter Island *n* la isla de Pascua.

Easter lily *n* azucena *f*.

easterly ['iːstəlɪ] ◇ *adj* del este; **in an** ~ **direction** hacia el este. ◇ *n* viento *m* (del) este.

Easter Monday *n* Lunes *m* de Pascua (de Resurrección).

eastern ['iːstən] *adj* del este, oriental.

◆ **Eastern** *adj* POL del Este; [from Asia] oriental.

Eastern bloc *n*: **the** ~ el bloque del Este.

Easterner ['iːstənəʳ] *n* - **1.** [in US] *habitante del este de los Estados Unidos*. - **2.** [oriental] oriental *mf*.

Eastern European Time *n* hora *f* en Europa del Este.

eastern hemisphere *n* hemisferio *m* oriental.

easternmost ['iːstənməʊst] *adj* más oriental, más al este.

Eastern Standard Time *n* hora *f* oficial del este de Estados Unidos.

Eastern Townships *npl*: **the** ~ los cantones del Este (de Quebec).

Easter Sunday *n* Domingo *m* de Resurrección.

Eastertide ['iːstətaɪd] *n literary* tiempo *m* de Pascua.

east-facing *adj* orientado(da) al este.

East German ◇ *adj* de Alemania Oriental. ◇ *n* [person] alemán *m*, -ana *f* oriental.

East Germany *n*: **(the former)** ~ (la antigua) Alemania Oriental.

east-northeast ◇ *n* estenordeste *m*. ◇ *adj* [direction, wind] del estenordeste. ◇ *adv* [travel, point] hacia el estenordeste; [blow] del estenordeste.

east-southeast ◇ *n* estesudeste *m*. ◇ *adj* [direction, wind] del estesudeste. ◇ *adv* [travel, point] hacia el estesudeste; [blow] del estesudeste.

eastward ['iːstwəd] ◇ *adj* hacia el este. ◇ *adv* = **eastwards**.

eastwards ['iːstwədz] *adv* hacia el este.

easy ['iːzɪ] *(compar* **easier**, *superl* **easiest)** ◇ *adj* - **1.** [not difficult] fácil; **to make it** OR **things** ~ **(for sb)** ponérselo fácil (a alguien) ❏ **to take the** ~ **way out** tomar el camino más fácil, optar por la solución más cómoda. - **2.** [life, time] cómodo(da). - **3.** [manner, atmosphere, person] natural, relajado(da); [style] sencillo(lla); **to feel** ~ **in one's mind** quedarse tranquilo(la); ❏ **I'm** ~ *inf* me da igual OR lo mismo. ◇ *adv*: **to go** ~ **on sb** *inf* no ser muy duro(ra) con alguien; **to go** ~ **on sthg** *inf* no pasarse con algo, tener cuidado con algo; **to take it** OR **things** ~ *inf* tomarse las cosas con calma; **take it** ~! ¡tranquilo(la)! ❏ ~ **come,** ~ **go** como viene se va; ~ **does it** con calma.

easy-care *adj Br* [fabric, garment] resistente.

easy chair *n* [armchair] sillón *m*, butaca *f*.

easy game *n inf* presa *f* fácil.

easygoing [iːzɪˈgəʊɪŋ] *adj* [person] tolerante, tranquilo(la); [manner] relajado(da).

easy meat *n* = **easy game**.

easy street *n inf*: **to be on** ~ disfrutar de una situación acomodada.

eat [iːt] *(pt* **ate** [et, eɪt], *pp* **eaten** ['iːtn]) ◇ *vt* comer; **what's**

~**ing you?** *inf fig* ¿qué mosca te ha picado? ◇ *vi* comer.

◆ **eats** *npl inf* comida *f*, papeo *m*.

◆ **eat away, eat into** *vt sep* - **1.** [corrode] corroer. - **2.** [deplete] mermar.

◆ **eat out** *vi* comer fuera.

◆ **eat up** *vt sep* - **1.** [food] comerse. - **2.** [money, time] consumir un montón de.

eatable ['iːtəbl] *adj* comible, comestible.

eaten ['iːtn] *pp* → **eat**.

eater ['iːtəʳ] *n* - **1.** [person]: **I'm not a great fruit** ~ no como mucha fruta. - **2.** *Br inf* [fruit] fruta *f* de mesa.

eatery ['iːtərɪ] *(pl* **eateries)** *n Am* restaurante *m*.

eating ['iːtɪŋ] ◇ *n* comida *f*, (acción *f* de) comer *m*. ◇ *adj* - **1.** [apple, pear] para comer. - **2.** [habits] de comer OR comida, alimenticio(cia).

eating apple *n* manzana *f* (para comer).

eau de cologne [ˌəʊdəkəˈləʊn] *n* (agua *f* de) colonia *f*.

eaves ['iːvz] *npl* alero *m*.

eavesdrop ['iːvzdrɒp] *(pt & pp* **eavesdropped**, *cont* **eavesdropping)** *vi*: **to** ~ **(on)** escuchar secretamente (a).

eavesdropper ['iːvzdrɒpəʳ] *n* persona *f* que escucha disimuladamente OR secretamente.

ebb [eb] ◇ *n* [of tide, sea] reflujo *m*; ~ **and flow** NAUT flujo *m* y reflujo; **the** ~ **and flow of** *fig* los altibajos de; **at a low** ~ *fig* de capa caída. ◇ *vi* - **1.** [tide, sea] bajar. - **2.** *literary* [strength, pain, feeling]: **to** ~ **(away)** decrecer, disminuir.

ebb tide *n* marea *f* baja, bajamar *f*.

ebony ['ebənɪ] ◇ *adj literary* [colour] de color ébano. ◇ *n* ébano *m*.

EBRD *(abbr of* **European Bank of Reconstruction and Development)** *n* BERD *m*.

ebullience [ɪˈbʊljəns] *n* [of person] entusiasmo *m*; [of wit, manner] exuberancia *f*.

ebullient [ɪˈbʊljənt] *adj* [person] entusiasta; [wit, manner] exuberante.

EC *(abbr of* **European Community)** *n* CE *f*.

eccentric [ɪkˈsentrɪk] ◇ *adj* [gen, MATH & TECH] excéntrico(ca). ◇ *n* - **1.** [person] excéntrico *m*, -ca *f*. - **2.** TECH excéntrica *f*.

eccentrically [ɪkˈsentrɪklɪ] *adv* - **1.** [dress, talk] de un modo excéntrico. - **2.** ASTRON, MATH & TECH como una excéntrica, excéntricamente.

eccentricity [ˌeksenˈtrɪsətɪ] *(pl* **eccentricities)** *n* excentricidad *f*.

Eccles cake ['eklz-] *n pastelito hecho de hojaldre y relleno de pasas y frutos secos*.

Ecclesiastes [ɪˌkliːzɪˈæstiːz] *n*: **(the book of)** ~ el Eclesiastés.

ecclesiastic(al) [ɪˌkliːzɪˈæstɪk(l)] *adj* eclesiástico(ca).

ECG *(abbr of* **electrocardiogram)** *n* ECG *m*.

ECGD *(abbr of* **Export Credits Guarantee Department)** *n organismo para el fomento del comercio exterior*.

ECH *(abbr of* **electric central heating)** *Br* cal. cent. eléc.

echelon ['eʃəlɒn] *n fml* [level in organization] escalafón *m*, rango *m*.

echo ['ekəʊ] *(pl* **echoes**, *pt & pp* **echoed**, *cont* **echoing)** ◇ *n lit & fig* eco *m*. ◇ *vt* - **1.** [words] repetir; [opinion] hacerse eco de. - **2.** [theme, style] imitar. ◇ *vi* resonar.

echocardiogram [ˌekəʊˈkɑːdɪəɡræm] *n* ecocardiograma *m*.

echo chamber *n* cámara *f* de resonancia.

echolocation [ˌekəʊləʊˈkeɪʃn] *n* ecolocación *f*.

echo sounder *n* sonda *f* acústica.

éclair [eɪˈkleəʳ] *n* eclair *m*, *pastelillo relleno de crema*.

eclectic [ɪˈklektɪk] ◇ *adj* ecléctico(ca). ◇ *n* ecléctico *m*, -ca *f*.

eclecticism [ɪˈklektɪsɪzm] *n* eclecticismo *m*.

eclipse [ɪˈklɪps] ◇ *n lit & fig* eclipse *m*; **a total/partial** ~ un eclipse total/parcial. ◇ *vt lit & fig* eclipsar.

ecliptic [ɪˈklɪptɪk] *n* eclíptica *f*.

ECM *(abbr of* **European Common Market)** *n Am* MCE *m*.

eco-friendly [iːkəʊ-] *adj* que respeta el medio ambiente.

ecological [iːkəˈlɒdʒɪkl] *adj* - **1.** [pattern, balance, impact] ecológico(ca). - **2.** [group, movement, person] ecologista.

ecologically [iːkəˈlɒdʒɪklɪ] *adv* ecológicamente.

ecologist [ɪˈkɒlədʒɪst] *n* - **1.** [scientist] ecólogo *m*, -ga *f*. - **2.** [conservationist] ecologista *mf*.

ecology [ɪˈkɒlədʒɪ] *n* ecología *f*.

econometrics [ɪˌkɒnəˈmetrɪks] *n (U)* econometría *f*.

economic [iːkəˈnɒmɪk] *adj* - **1.** [of money, industry] económico(ca). - **2.** [profitable] rentable.

◆ **economics** ◇ *n (U)* economía *f*. ◇ *npl* [of plan, business] aspecto *m* económico.

economical [iːkəˈnɒmɪkl] *adj* económico(ca).

economically [iːkəˈnɒmɪklɪ] *adv* - **1.** ECON económicamente, desde el punto de vista de la economía. - **2.** [live] de un modo ahorrativo; [write] con sobriedad; [use] con moderación.

Economic and Monetary Union *n* Unión *f* Económica y Monetaria.

economist [ɪˈkɒnəmɪst] *n* economista *mf*; **the Economist** PRESS *revista semanal británica especializada en temas políticos, económicos y financieros.*

economize, -ise [ɪˈkɒnəmaɪz] *vi*: **to ~ (on)** economizar (en).

economy [ɪˈkɒnəmɪ] (*pl* **economies**) *n* economía *f*; **economies of scale** economías *fpl* de escala.

economy car *n Am* utilitario *m*, automóvil *m* económico.

economy class *n* clase *f* económica OR turista.

economy drive *n* campaña *f* de ahorro.

economy-size(d) *adj* de tamaño económico.

ecosystem [ˈiːkəʊˌsɪstəm] *n* ecosistema *m*.

ECSC (*abbr of* **European Coal & Steel Community**) *n* CECA *f*.

ecstasy [ˈekstəsɪ] (*pl* **ecstasies**) *n* éxtasis *m inv*; **to go into ecstasies about** extasiarse con.

ecstatic [ek'stætɪk] *adj* extático(ca).

ecstatically [ek'stætɪklɪ] *adv* eufóricamente.

ECT (*abbr of* **electroconvulsive therapy**) *n terapia de electrochoque.*

ectomorph [ˈektəʊmɔːf] *n* ectomorfo *m*.

ectoplasm [ˈektəplæzm] *n* ectoplasma *m*.

ECU, Ecu [ˈekjuː] (*abbr of* **European Currency Unit**) *n* ECU *m*, ecu *m*.

Ecuador [ˈekwədɔːʳ] *n* (el) Ecuador.

Ecuadoran [ˌekwəˈdɔːrən], **Ecuadorian** [ˌekwəˈdɔːrɪən] ◇ *adj* ecuatoriano(na). ◇ *n* ecuatoriano *m*, -na *f*.

ecumenical [iːkjʊˈmenɪkl] *adj* ecuménico(ca).

ecumenism [iːˈkjuːmənɪzm] *n* ecumenismo *m*.

eczema [ˈeksɪmə] *n* eccema *m*, eczema *m*.

ed. - 1. (*abbr of* **edition**) ed. - **2.** (*abbr of* **editor**) ed.

Edam [ˈiːdæm] *n* queso *m* de bola.

eddy [ˈedɪ] (*pl* **eddies**, *pt & pp* **eddied**) ◇ *n* remolino *m*. ◇ *vi* arremolinarse.

edelweiss [ˈeɪdlvaɪs] *n* edelweiss *m inv*, leontopodio *m*.

edema *n Am* = **oedema**.

Eden [ˈiːdn] *n*: **(the Garden of) ~** (el jardín del) Edén *m*.

edge [edʒ] ◇ *n* - **1.** [of cliff, table, garden] borde *m*; [of page] margen *m*; [of forest, town] límite *m*; **to be on the ~ of** estar al borde de. - **2.** [of coin, book] canto *m*; [of knife, blade] filo *m*; **on (its) ~** [coin, book] de canto □ **to take the ~ off** [blade] desafilar, embotar; *fig* [hunger] calmar, apaciguar. - **3.** [advantage]: **to have an ~ over** OR **the ~ on** llevar ventaja a. - **4.** *fig* [of voice] nota *f* de enfado, aspereza *f*. ◇ *vt* - **1.** [give border to] ribetear. - **2.** [sharpen] afilar. ◇ *vi*: **to ~ towards** ir poco a poco hacia; **to ~ away/closer** ir alejándose/acercándose poco a poco.

◆ **on edge** *adj* con los nervios de punta.

◆ **edge out** *vt sep* vencer por un margen pequeño.

edged [edʒd] *adj*: **~ with** [trees] bordeado(da) de; [lace, gold] ribeteado(da) de.

edge tool *n* herramienta *f* cortante.

edgeways [ˈedʒweɪz], **edgewise** [ˈedʒwaɪz] *adv* de lado.

edginess [ˈedʒɪnɪs] *n* nerviosismo *m*.

edging [ˈedʒɪŋ] *n* ribete *m*, orla *f*.

edgy [ˈedʒɪ] (*compar* **edgier**, *superl* **edgiest**) *adj* nervioso(sa).

edible [ˈedɪbl] *adj* comestible.

edict [ˈiːdɪkt] *n* edicto *m*.

edification [edɪfɪˈkeɪʃn] *n fml* edificación *f*, instrucción *f*.

edifice [ˈedɪfɪs] *n fml* edificio *m* imponente.

edify [ˈedɪfaɪ] (*pt & pp* **edified**) *vt fml* edificar, instruir.

edifying [ˈedɪfaɪŋ] *adj fml* edificante.

Edinburgh [ˈedɪnbrə] *n* Edimburgo.

Edinburgh Festival *n*: **the ~** el Festival de Edimburgo.

edit [ˈedɪt] *vt* - **1.** [correct] corregir, revisar. - **2.** [select material for] recopilar. - **3.** CINEMA, RADIO & TV montar. - **4.** [newspaper, magazine] dirigir.

◆ **edit out** *vt sep* eliminar.

editing [ˈedɪtɪŋ] *n* - **1.** [of text] redacción *f*; [correction] corrección *f*, revisión *f*. - **2.** [of film, tape, programme] montaje *m*.

edition [ɪˈdɪʃn] *n* edición *f*.

editor [ˈedɪtəʳ] *n* - **1.** [of newspaper, magazine] director *m*, -ra *f*. - **2.** [of section of newspaper, programme, text] redactor *m*, -ra *f*. - **3.** [of author] editor *m*, -ra *f*. - **4.** [compiler] autor *m*, -ra *f* de la edición. - **5.** CINEMA, RADIO & TV montador *m*, -ra *f*.

editorial [edɪˈtɔːrɪəl] ◇ *adj* editorial; **~ staff** redacción *f*. ◇ *n* editorial *m*.

editorialize, -ise [edɪˈtɔːrɪəlaɪz] *vi* escribir editoriales OR artículos de fondo.

editorially [edɪˈtɔːrɪəlɪ] *adv* desde el punto de vista de la redacción.

editor-in-chief (*pl* **editors-in-chief**) *n* redactor *m*, -ra *f* jefe, jefe *m*, -fa *f* de redacción.

editorship [ˈedɪtəʃɪp] *n* dirección *f*.

EDP (*abbr of* **electronic data processing**) *n* TED *m*.

EDT (*abbr of* **Eastern Daylight Time**) *n hora de verano de Nueva York.*

educable [ˈedʒʊkəbl] *adj fml* educable.

educate [ˈedʒʊkeɪt] *vt* - **1.** [at school, college] educar. - **2.** [inform] informar.

educated [ˈedʒʊkeɪtɪd] *adj* [cultured] culto(ta).

education [edʒʊˈkeɪʃn] *n (U)* - **1.** [activity, sector] enseñanza *f*. - **2.** [process or result of teaching] educación *f*, formación *f*.

educational [edʒʊˈkeɪʃənl] *adj* [gen] educativo(va); [establishment] docente; **~ age** edad *f* escolar; **~ psychologist** psicopedagogo *m*, -ga *f*.

educationalist [edʒʊˈkeɪʃnəlɪst] *n* pedagogo *m*, -ga *f*.

educationally [edʒʊˈkeɪʃnəlɪ] *adv* desde el punto de vista educativo; **~ deprived child** niño *m* con un nivel bajo de escolarización; **~ subnormal** *dated* con problemas de aprendizaje.

educative [ˈedʒʊkətɪv] *adj* educativo(va).

educator [ˈedʒʊkeɪtəʳ] *n esp Am fml* educador *m*, -ra *f*.

Edwardian [edˈwɔːdɪən] *adj* eduardiano(na).

EEC (*abbr of* **European Economic Community**) *n* CEE *f*.

EEG (*abbr of* **electroencephalogram**) *n* EEG *m*.

eel [iːl] *n* anguila *f*.

EENT (*abbr of* **eye, ear, nose and throat**) *n* otorrinolaringología y oftalmología.

EEOC (*abbr of* **Equal Employment Opportunity Commission**) *n organismo estadounidense contra la discriminación en el trabajo.*

e'er [eəʳ] *adv literary* = **ever**.

eerie [ˈɪərɪ] *adj* espeluznante.

eerily [ˈɪərəlɪ] *adv* de un modo siniestro OR espeluznante.

eery [ˈɪərɪ] (*compar* **eerier**, *superl* **eeriest**) *adj* = **eerie**.

EET (*abbr of* **Eastern European Time**) *n* hora de Europa Oriental.

efface [ɪ'feɪs] *vt* borrar; **to ~ o.s.** no llamar la atención, no dejarse notar.

effect [ɪ'fekt] ◇ *n* efecto *m*; **to have an ~ on** tener OR surtir efecto en; **to do sthg for ~** hacer algo para causar efecto OR para impresionar; **to go into ~** entrar en vigor; **to come into ~** entrar en vigor; **to put sthg into ~** hacer entrar algo en vigor; **to take ~** [law, rule] entrar en vigor; [drug] hacer efecto; **to no ~** inútilmente, sin resultado; **to the ~ that** en el sentido de que, de donde se deduce que; **to that ~** a tal efecto; **words to that ~** palabras por el estilo. ◇ *vt* efectuar, llevar a cabo.

◆ **effects** *npl* - **1.** [special effects] efectos *mpl* especiales. - **2.** JUR [property] efectos *mpl*.

◆ **in effect** ◇ *adj* [law, system] vigente, en vigor. ◇ *adv* [in fact] en realidad, de hecho.

effective [ɪ'fektɪv] *adj* - **1.** [successful] eficaz. - **2.** [actual, real] efectivo(va). - **3.** [law, ceasefire] operativo(va), vigente.

effectively [ɪ'fektɪvlɪ] *adv* - **1.** [well, successfully] eficazmente. - **2.** [in fact] de hecho.

effectiveness [ɪ'fektɪvnɪs] *n* - **1.** [efficiency] eficacia *f*. - **2.** [effect] efecto *m*.

effectual [ɪ'fektʃʊəl] *adj fml* eficaz.

effectuate [ɪ'fektjʊeɪt] *vt fml* efectuar, realizar.

effeminacy [ɪ'femɪnəsɪ] *n pej* afeminamiento *m*.

effeminate [ɪ'femɪnət] *adj pej* afeminado(da).

efferent ['efərənt] *adj* eferente.

effervesce [,efə'ves] *vi* estar en efervescencia.

effervescence [,efə'vesəns] *n* efervescencia *f*.

effervescent [,efə'vesənt] *adj* efervescente.

effete [ɪ'fiːt] *adj* - **1.** *pej* [weak, effeminate] afeminado(da). - **2.** [civilization, society etc] decadente.

efficacious [efɪ'keɪʃəs] *adj fml* eficaz.

efficacy ['efɪkəsɪ] *n fml* eficacia *f*.

efficiency [ɪ'fɪʃənsɪ] *n* [gen] eficiencia *f*; [of machine] rendimiento *m*.

efficiency expert *n* experto *m*, -ta *f* en métodos de producción.

efficient [ɪ'fɪʃənt] *adj* [gen] eficiente; [machine] de buen rendimiento.

efficiently [ɪ'fɪʃəntlɪ] *adv* [competently] con eficiencia, eficientemente.

effigy ['efɪdʒɪ] (*pl* **effigies**) *n* efigie *f*.

effing ['efɪŋ] *Br v inf* ◇ *adj* puñetero(ra), de mierda. ◇ *adv* puñeteramente, condenadamente. ◇ *n*: **there was a lot of ~ and blinding** se dijeron muchas palabrotas OR muchos tacos.

effloresce [eflɔː'res] *vi* - **1.** BOT florecer. - **2.** CHEM eflorecerse.

efflorescence [eflɔː'resəns] *n* - **1.** BOT florecimiento *m*, florecencia *f*. - **2.** CHEM eflorescencia *f*.

effluence ['efluəns] *n* emanación *f*, efluvio *m*.

effluent ['efluənt] *n* aguas *fpl* residuales.

effluvium [ɪ'fluːvjəm] (*pl* **effluviums** OR **effluvia** [-vjə]) *n fml* pestilencia *f*, emanación *f* pestilente.

effort ['efət] *n* - **1.** [gen] esfuerzo *m*; **to be worth the ~** merecer la pena; **with ~** con esfuerzo; **to make the ~ to do sthg** hacer el esfuerzo de hacer algo; **to make an/no ~ to do sthg** hacer un esfuerzo/no hacer ningún esfuerzo por hacer algo; **to spare no ~** no reparar en esfuerzos. - **2.** *inf* [result of trying] intento *m*.

effortless ['efətlɪs] *adj* fácil, sin gran esfuerzo.

effortlessly ['efətlɪslɪ] *adv* sin esfuerzo alguno, fácilmente.

effrontery [ɪ'frʌntərɪ] *n* descaro *m*.

effulgence [ɪ'fʌldʒəns] *n literary* resplandor *m*, refulgencia *f*.

effulgent [ɪ'fʌldʒənt] *adj literary* refulgente, resplandeciente.

effuse [ɪ'fjuːz] *vt fml* - **1.** [pour out] derramar. - **2.** [disseminate] diseminar.

effusion [ɪ'fjuːʒn] *n* - **1.** [of words] efusión *f*. - **2.** [of blood] derrame *m*.

effusive [ɪ'fjuːsɪv] *adj* efusivo(va).

effusively [ɪ'fjuːsɪvlɪ] *adv* efusivamente.

EFL (*abbr of* **English as a foreign language**) *n* inglés para extranjeros.

EFTA ['eftə] (*abbr of* **European Free Trade Association**) *n* EFTA *f*.

EFTPOS ['eftpɒs] (*abbr of* **electronic funds transfer at point of sale**) *n* transferencia electrónica de fondos a punto de venta para compra sin dinero.

EFTS [efts] (*abbr of* **electronic funds transfer system**) *n* sistema electrónico de transferencia de fondos.

e.g. (*abbr of* **exempli gratia**) *adv* p. ej.

EGA (*abbr of* **enhanced graphics adapter**) *n* COMPUT EGA *f*.

egad [iː'gæd] *excl inf dated* ¡pardiez!

egalitarian [ɪ,gælɪ'teərɪən] ◇ *adj* igualitario(ria). ◇ *n* partidario *m*, -ria *f* de la igualdad social.

egg [eg] *n* - **1.** [gen] huevo *m*, blanquillo *m* *Amér*; **to lay an ~** poner un huevo ❑ **to be left with** OR **to get ~ on one's face** quedar en ridículo; **go fry an ~!** *Am inf* ¡vete a freír espárragos!; **to put all one's ~s in one basket** jugárselo todo a una carta; **to walk** OR **tread on ~s** andarse con pies de plomo. - **2.** [ovum] óvulo *m*. - **3.** *Br inf dated* [person]: **he is a good/bad ~** es un buen/mal tipo.

◆ **egg on** *vt sep* incitar.

egg-and-spoon race *n* juego *m* del huevo y la cuchara.

eggbeater ['egbiːtəʳ] *n* batidor *m* de huevos.

eggcup ['egkʌp] *n* huevera *f*, hueverita *f*.

egg custard *n* CULIN ≃ natillas *fpl*.

egghead ['eghed] *n inf* intelectual *mf*, cerebrito *mf*.

eggnog [eg'nɒg] *n* ponche *m* de huevo.

eggplant ['egplɑːnt] *n Am* berenjena *f*.

eggshell ['egʃel] *n* - **1.** [shell] cáscara *f* de huevo. - **2.** [colour] blanco *m* amarillento.

egg timer *n* reloj *m* de arena.

egg whisk *n* batidor *m* (de huevos), varilla *f*.

egg white *n* clara *f* (de huevo).

egg yolk *n* yema *f* (de huevo).

ego ['iːgəʊ] (*pl* **egos**) *n* - **1.** [opinion of self] amor *m* propio, ego *m*. - **2.** PSYCH ego *m*, yo *m*.

egocentric [iːgəʊ'sentrɪk] *adj* egocéntrico(ca).

egocentricity [iːgəʊsen'trɪsətɪ], **egocentrism** [iːgəʊ'sentrɪzm] *n* egocentrismo *m*.

egoism ['iːgəʊɪzm] *n* egoísmo *m*.

egoist ['iːgəʊɪst] *n* egoísta *mf*.

egoistic(al) [iːgəʊ'ɪstɪk(l)] *adj* egoísta.

egoistically [iːgəʊ'ɪstɪklɪ] *adv* de un modo egoísta.

egomania [iːgəʊ'meɪnjə] *n* egocentrismo *m* patológico.

egotism ['iːgətɪzm] *n* egotismo *m*.

egotist ['iːgətɪst] *n* egotista *mf*.

egotistic(al) [iːgə'tɪstɪk(l)] *adj* egotista.

egotistically [iːgə'tɪstɪklɪ] *adv* de un modo egocéntrico OR egotista.

ego trip *n inf*: **to be on an ~** creerse el ombligo del mundo.

egregious [ɪ'griːdʒəs] *adj fml* [error, mistake] mayúsculo(la); [lie] atroz, enorme; [cowardice, incompetence] flagrante.

egress ['iːgres] *n fml* salida *f*.

egret ['iːgrɪt] *n* garceta *f*.

Egypt ['iːdʒɪpt] *n* Egipto.

Egyptian [ɪ'dʒɪpʃn] ◇ *adj* egipcio(cia). ◇ *n* [person] egipcio *m*, -cia *f*.

eh [eɪ] *excl Br inf* - **1.** [inviting reply, agreement] ¿no?, ¿verdad? - **2.** [asking for repeat] ¿cómo?, ¿qué?

eider ['aɪdəʳ] *n* [bird] eíder *m*.

eiderdown ['aɪdədaʊn] *n esp Br* edredón *m*.

eider duck n = **eider**.

eight [eɪt] ◇ num ocho; *see also* **six**. ◇ n - **1.** [boat] piragua f de a ocho. - **2.** *phr*: **to have had one over the** ~ *Br inf* [dated] llevar una copa de más.

eight ball n Am bola f negra (en billar); **to be behind the** ~ *inf fig* estar en apuros.

eighteen [ˌeɪˈtiːn] num dieciocho; *see also* **six**.

eighteenth [ˌeɪˈtiːnθ] num decimoctavo(va); *see also* **sixth**.

eighth [eɪtθ] num octavo(va); *see also* **sixth**.

eighth note n Am corchea f.

eightieth [ˈeɪtɪɪθ] num octogésimo(ma); *see also* **sixth**.

Eights Week [eɪts-] n *semana de competiciones de remo en las universidades de Oxford y Cambridge*.

eighty [ˈeɪtɪ] (*pl* **eighties**) num ochenta; *see also* **sixty**.

einsteinium [aɪnˈstaɪnɪəm] n einstenio m.

Eire [ˈeərə] n Eire.

EIS (*abbr of* **Educational Institute of Scotland**) n sindicato escocés de la enseñanza.

eisteddfod [aɪˈstedfɒd] n *festival anual de música, literatura y teatro en Gales*.

either [*esp Br* ˈaɪðəʳ, *esp Am* ˈiːðəʳ] ◇ adj - **1.** [one or the other] cualquiera de los dos; **you can take** ~ **coat** puedes coger cualquiera de los dos abrigos; **she couldn't find** ~ **jumper** no podía encontrar ninguno de los dos jerseys ❑ ~ **way** de cualquiera de las formas. - **2.** [each] cada; **she had rings on** ~ **hand** llevaba anillos en ambas manos; **on** ~ **side** a ambos lados. ◇ pron: ~ **(of them)** cualquiera (de ellos) cualquiera (de ellas); **I don't like** ~ **(of them)** no me gusta ninguno de ellos OR ninguno de los dos; **you can wear** ~ **of the coats** te puedes poner cualquiera de los dos abrigos. ◇ adv (in negatives) tampoco; **she can't and I can't** ~ ella no puede y yo tampoco. ◇ conj: ~... **or** o... o; ~ **you or me** o tú o yo; **I don't like** ~ **him or his wife** no me gusta ni él ni su mujer.

either-or adj: **it's an** ~ **situation** es una situación para la que sólo hay dos soluciones.

ejaculate [ɪˈdʒækjʊleɪt] ◇ vt [exclaim] exclamar, proferir. ◇ vi [have orgasm] eyacular.

ejaculation [ɪˌdʒækjʊˈleɪʃn] n - **1.** [of semen] eyaculación f. - **2.** [exclamation] exclamación f.

eject [ɪˈdʒekt] ◇ vt - **1.** [object] expulsar, despedir. - **2.** [person]: **to** ~ **sb (from)** expulsar a alguien (de). ◇ vi AERON eyectar.

ejection [ɪˈdʒekʃn] n - **1.** [gen] expulsión f. - **2.** AERON eyección f.

ejection seat n Am = **ejector seat**.

ejector [ɪˈdʒektəʳ] n eyector m.

ejector seat Br, **ejection seat** Am n asiento m eyectable.

eke [iːk]
◆ **eke out** ◇ vt sep alargar *fig*, estirar *fig*. ◇ vt fus: **to** ~ **out a living** ganarse la vida a duras penas.

EKG (*abbr of* **electrocardiogram**) n Am ECG m.

el [el] (*abbr of* **elevated railroad**) n Am inf paso elevado.

elaborate [*adj* ɪˈlæbrət, *vb* ɪˈlæbreɪt] ◇ adj [ceremony] complicado(da); [carving] trabajado(da); [explanation, plan] detallado(da). ◇ vi explicarse; **to** ~ **on sthg** ampliar algo, explicar algo con más detalle. ◇ vt [work out] elaborar, desarrollar; [explain] desarrollar.

elaborately [ɪˈlæbərətlɪ] adv [decorate] laboriosamente, profusamente; [plan] detalladamente.

elaboration [ɪˌlæbəˈreɪʃn] n [working out] elaboración f; [explanation] desarrollo m.

eland [ˈiːlənd] n alce m africano.

elapse [ɪˈlæps] vi transcurrir.

elastic [ɪˈlæstɪk] ◇ adj - **1.** [gen] elástico(ca). - **2.** *fig* [flexible] flexible. ◇ n - **1.** [material] elástico m. - **2.** Am [rubber band] gomita f, goma f (elástica).

elasticated [ɪˈlæstɪkeɪtɪd] adj elástico(ca).

elastic band n Br gomita f, goma f (elástica).

elasticity [ˌelæˈstɪsətɪ] n - **1.** [stretchiness] elasticidad f. - **2.** *fig* [flexibility] flexibilidad f.

Elastoplast® [ɪˈlæstəplɑːst] n Br tirita® f.

elate [ɪˈleɪt] vt regocijar, alborozar.

elated [ɪˈleɪtɪd] adj eufórico(ca).

elation [ɪˈleɪʃn] n euforia f, regocijo m.

elbow [ˈelbəʊ] ◇ n - **1.** [of arm, sleeve, pipe] codo m; **to give sb the** ~ Br inf fig dar (el) pasaporte a alguien. - **2.** [of river] recodo m, curva f. ◇ vt [hit] dar un codazo a; [push] empujar con el codo; **to** ~ **sb aside** apartar a alguien a codazos.

elbow grease n inf: **to use a lot of** ~ **to do sthg** hacer algo a base de fuerza.

elbowroom [ˈelbəʊrʊm] n inf - **1.** [ample space] espacio m (libre), sitio m. - **2.** *fig* [leeway] libertad f de acción, margen m de maniobra.

elder [ˈeldəʳ] ◇ adj mayor. ◇ n - **1.** [older person] mayor mf; **to respect one's** ~**s** tener respeto a los mayores. - **2.** [of tribe, church] anciano m. - **3.** BOT: ~ **(tree)** saúco m. ◇ comp: ~ **wine** vino m de saúco.

elderberry [ˈeldəˌberɪ] (*pl* **elderberries**) n baya f del saúco.

elderly [ˈeldəlɪ] ◇ adj mayor, anciano(na). ◇ npl: **the** ~ los ancianos.

elder statesman n santón m de la política.

eldest [ˈeldɪst] adj mayor.

Eldorado [ˌeldəˈrɑːdəʊ] n El Dorado.

elect [ɪˈlekt] ◇ adj electo(ta); **the president** ~ el presidente electo. ◇ npl: **the** ~ RELIG los elegidos. ◇ vt - **1.** [by voting] elegir; **to** ~ **sb (as) sthg** elegir a alguien (como) algo. - **2.** *fml* [choose]: **to** ~ **to do sthg** optar por OR decidir hacer algo.

elected [ɪˈlektɪd] adj elegido(da).

election [ɪˈlekʃn] ◇ n elección f; **to have** OR **hold an** ~ celebrar elecciones. ◇ comp - **1.** [day, results] de las elecciones. - **2.** [agent, period, speech] electoral; ~ **campaign** campaña f electoral.

electioneer [ɪˌlekʃəˈnɪəʳ] vi hacer campaña electoral.

electioneering [ɪˌlekʃəˈnɪərɪŋ] n usu pej electoralismo m.

elective [ɪˈlektɪv] ◇ n Am & Scot SCH & UNIV materia f optativa. ◇ adj - **1.** [assembly] electoral. - **2.** [official, post] electivo(va). - **3.** [course, subject] optativo(va).

elector [ɪˈlektəʳ] n elector m, -ra f.

electoral [ɪˈlektərəl] adj electoral.

electoral college n cuerpo de compromisarios de un colegio electoral.

electoral register, **electoral roll** n: **the** ~ el censo electoral.

electorate [ɪˈlektərət] n: **the** ~ el electorado.

Electra [ɪˈlektrə] n Electra f.

electric [ɪˈlektrɪk] adj - **1.** [gen] eléctrico(ca). - **2.** *fig* [exciting] electrizante.
◆ **electrics** npl Br inf sistema m eléctrico.

electrical [ɪˈlektrɪkl] adj eléctrico(ca).

electrical engineer n ingeniero m, -ra f en electrónica.

electrical engineering n ingeniería f eléctrica, electrotecnia f.

electrically [ɪˈlektrɪklɪ] adv por electricidad; ~ **operated** [machine] que funciona por electricidad; [windows] con mando eléctrico.

electrical shock Am n = **electric shock**.

electric blanket n manta f eléctrica.

electric blue ◇ n azul m eléctrico. ◇ adj azul eléctrico (inv).

electric cell n pila f eléctrica.

electric chair n: **the** ~ la silla eléctrica.

electric charge n carga f eléctrica.

electric cooker n cocina f eléctrica.

electric current n corriente f eléctrica.

electric eel n ZOOL anguila f eléctrica.

electric eye n célula f fotoeléctrica.

electric fence *n* valla *f* electrificada.

electric field *n* campo *m* eléctrico.

electric fire *n* estufa *f* eléctrica.

electric guitar *n* guitarra *f* eléctrica.

electrician [ˌɪlek'trɪʃn] *n* electricista *mf*.

electricity [ˌɪlek'trɪsəti] *n* electricidad *f*.

electric light *n* luz *f* eléctrica.

electric motor *n* motor *m* eléctrico, electromotor *m*.

electric shock *Br*, **electrical shock** *Am* *n* descarga *f* eléctrica.

electric shock therapy *n* terapia *f* de electrochoque.

electric storm *n* tormenta *f* eléctrica.

electrification [ɪˌlektrɪfɪ'keɪʃn] *n* electrificación *f*.

electrify [ɪ'lektrɪfaɪ] (*pt & pp* **electrified**) *vt* - **1.** [rail line] electrificar. - **2.** *fig* [excite] electrizar.

electrifying [ɪ'lektrɪfaɪɪŋ] *adj* electrizante.

electro- [ɪ'lektrəʊ] *prefix* electro-.

electrocardiogram [ɪˌlektrəʊ'kɑːdɪəgræm] *n* electrocardiograma *m*.

electrocardiograph [ɪˌlektrəʊ'kɑːdɪəgrɑːf] *n* electrocardiógrafo *m*.

electrocute [ɪ'lektrəkjuːt] *vt*: **to ~ o.s.**, **to be ~d** electrocutarse.

electrode [ɪ'lektrəʊd] *n* electrodo *m*.

electrodynamics [ɪ'lektrəʊdaɪ'næmɪks] *n* (*U*) electrodinámica *f*.

electroencephalograph [ɪˌlektrəʊen'sefələgrɑːf] *n* electroencefalógrafo *m*.

electrolysis [ˌɪlek'trɒləsɪs] *n* electrólisis *f inv*.

electrolyte [ɪ'lektrəʊlaɪt] *n* electrólito *m*.

electrolytic cell [ɪˌlektrəʊ'lɪtɪk-] *n* célula *f* OR cuba *f* electrolítica.

electromagnet [ɪˌlektrəʊ'mægnɪt] *n* electroimán *m*.

electromagnetic [ɪˌlektrəʊmæg'netɪk] *adj* electromagnético(ca).

electromagnetic field *n* campo *m* electromagnético.

electromagnetism [ɪˌlektrəʊ'mægnɪtɪzm] *n* electromagnetismo *m*.

electromechanical [ɪˌlektrəʊmɪ'kænɪkl] *adj* electromecánico(ca).

electrometer [ˌɪlek'trɒmɪtəʳ] *n* electrómetro *m*.

electromotive force [ɪˌlektrəʊ'məʊtɪv-] *n* fuerza *f* electromotriz.

electron [ɪ'lektrɒn] *n* electrón *m*.

electronegative [ɪˌlektrəʊ'negətɪv] *adj* electronegativo(va).

electron gun *n* cañón *m* electrónico, lanzador *m* de electrones.

electronic [ˌɪlek'trɒnɪk] *adj* electrónico(ca).

◆ **electronics** ◇ *n* (*U*) [technology] electrónica *f*. ◇ *npl* [equipment] sistema *m* electrónico.

electronically [ˌɪlek'trɒnɪklɪ] *adv* electrónicamente.

electronic data processing *n* proceso *m* electrónico de datos.

electronic flash *n* flash *m* electrónico.

electronic mail *n* COMPUT correo *m* electrónico.

electronic office *n* sistemas *mpl* de ofimática.

electronic publishing *n* edición *f* electrónica.

electronic tagging [-'tægɪn] *n* sistema de control de presos en libertad condicional mediante una cinta electrónica que permite su localización.

electronic transfer of funds *n* transferencia *f* electrónica de fondos.

electron microscope *n* microscopio *m* electrónico.

electron telescope *n* telescopio *m* electrónico.

electron volt *n* electrón-voltio *m*, voltio *m* electrónico.

electroplate [ɪ'lektrəʊpleɪt] *vt* galvanizar por electrodeposición.

electroplated [ɪ'lektrəʊˌpleɪtɪd] *adj* galvanizado(da).

electropositive [ɪˌlektrəʊ'pɒsɪtɪv] *adj* electropositivo(va).

electroshock [ɪ'lektrəʊʃɒk] *n* electrochoque *m*.

electrostatic [ɪˌlektrəʊ'stætɪk] *adj* electrostático(ca).

◆ **electrostatics** *n* (*U*) electrostática *f*.

electrothermal [ɪˌlektrəʊ'θɜːml] *adj* electrotérmico(ca).

electrovalence [ɪˌlektrəʊ'veɪləns], **electrovalency** [ɪˌlektrəʊ'veɪlənsɪ] *n* electrovalencia *f*.

elegance ['elɪgəns] *n* elegancia *f*.

elegant ['elɪgənt] *adj* elegante, elegantoso(sa) *Amér*.

elegantly ['elɪgəntlɪ] *adv* elegantemente, con elegancia.

elegiac [elɪ'dʒaɪək] ◇ *adj* elegíaco(ca). ◇ *n* poesía *f* elegíaca.

elegist ['elɪdʒɪst] *n* autor *m*, -ra *f* de elegías.

elegize, -ise ['elɪdʒaɪz] *vi* escribir elegías.

elegy ['elɪdʒɪ] (*pl* **elegies**) *n* elegía *f*.

element ['elɪmənt] *n* - **1.** [gen, MATH & CHEM] elemento *m*. - **2.** [amount, proportion] toque *m*, matiz *m*; **an ~ of truth** parte *f* de verdad; **the ~ of surprise** el factor sorpresa. - **3.** [in heater, kettle] resistencia *f*. - **4.** *phr*: **to be in one's ~** estar (uno) en su elemento.

◆ **elements** *npl* - **1.** [basics] elementos *mpl*. - **2.** [weather]: **the ~s** los elementos.

elemental [elɪ'mentl] *adj* - **1.** CHEM & METEOR de los elementos. - **2.** [basic] elemental, fundamental.

elementary [elɪ'mentərɪ] *adj* elemental; **~ education** enseñanza *f* primaria.

elementary particle *n* partícula *f* elemental.

elementary school *n* *Am* escuela *f* primaria.

elephant ['elɪfənt] (*pl inv* OR **elephants**) *n* elefante *m*; **African/Indian ~** elefante *m* africano/asiático.

elephantiasis [elɪfən'taɪəsɪs] *n* elefantiasis *f inv*.

elephantine [elɪ'fæntaɪn] *adj* - **1.** [proportions, size] mastodóntico(ca). - **2.** [gait, movement] pesado(da).

elevate ['elɪveɪt] *vt*: **to ~ sthg/sb (to** OR **into)** elevar algo/a alguien (a la categoría de).

elevated ['elɪveɪtɪd] *adj fml* elevado(da).

elevated railway *n* *Am* tren *m* elevado (*urbano*).

elevation [elɪ'veɪʃn] *n* - **1.** *fml* [promotion] elevación *f*. - **2.** *fml* [height] altura *f*, altitud *f*. - **3.** ARCHIT alzado *m*.

elevator ['elɪveɪtəʳ] *n* - **1.** *Am* [lift] ascensor *m*, elevador *m* *Amér*. - **2.** [on farm] elevador *m*.

eleven [ɪ'levn] *num* once *m*; *see also* **six**.

eleven-plus *n Br* SCH antiguo examen que se realizaba a los 11 años para decidir el acceso a la enseñanza secundaria.

elevenses [ɪ'levnzɪz] *n* (*U*) *Br* tentempié *m* que se toma sobre las once.

eleventh [ɪ'levnθ] *num* undécimo(ma); *see also* **sixth**.

eleventh hour *n fig*: **at the ~** a última hora, en el último momento.

elf [elf] (*pl* **elves** [elvz]) *n* duende *m*, elfo *m*.

elfin ['elfɪn] *adj* [face, features] de duende, angelical.

elfish ['elfɪʃ] *adj* [mischievous] travieso(sa).

El Gîzah [el'gɪzə] *n* Gizeh, Guiza.

elicit [ɪ'lɪsɪt] *vt* - **1.** [response, reaction]: **to ~ sthg (from sb)** provocar algo (en alguien). - **2.** [information, facts, truth]: **to ~ sthg (from sb)** sacar algo (a alguien).

elide [ɪ'laɪd] *vt* elidir.

eligibility [elɪdʒə'bɪlətɪ] *n* - **1.** [suitability] elegibilidad *f*. - **2.** *dated* [of bachelor] idoneidad *f*.

eligible ['elɪdʒəbl] *adj* - **1.** [suitable, qualified] elegible; **to be ~ for sthg/to do sthg** reunir los requisitos para algo/para hacer algo. - **2.** *dated* [marriageable]: **to be ~** ser un buen partido.

Elijah [ɪ'laɪdʒə] *n* Elías *m*.

eliminate [ɪ'lɪmɪneɪt] *vt* eliminar; **to be ~d from sthg** ser eliminado(da) de algo.

elimination [ɪˌlɪmɪ'neɪʃn] *n* eliminación *f*.

eliminatory [ɪ'lɪmɪnətrɪ] *adj* eliminatorio(ria).

Elisha [ɪ'laɪʃə] *n* Eliseo *m*.

elision [ɪ'lɪʒn] *n* elisión *f*.

elite [ɪ'liːt] ◇ *adj* de élite, selecto(ta). ◇ *n* élite *f*.

elitism [ɪ'liːtɪzm] *n pej* elitismo *m*.

elitist [ɪ'liːtɪst] *pej* ◇ *adj* elitista. ◇ *n* elitista *mf*.

elixir [ɪ'lɪksəʳ] *n lit & fig* elixir *m*.

Elizabethan [ɪ,lɪzə'biːθn] ◇ *adj* isabelino(na). ◇ *n* isabelino *m*, -na *f*.

elk [elk] (*pl inv* OR **elks**) *n* alce *m*; **American** ~ wapití *m*.

ellipse [ɪ'lɪps] *n* elipse *f*.

ellipsis [ɪ'lɪpsɪs] *n* GRAMM elipsis *f inv*.

elliptic(al) [ɪ'lɪptɪk(l)] *adj* elíptico(ca).

elm [elm] *n*: ~ **(tree)** olmo *m*.

elocution [elə'kjuːʃn] *n* dicción *f*.

elongate ['iːlɒŋɡeɪt] ◇ *vt* alargar. ◇ *vi* alargarse.

elongated ['iːlɒŋɡeɪtɪd] *adj* alargado(da).

elongation [iːlɒŋ'ɡeɪʃn] *n* alargamiento *m*.

elope [ɪ'ləup] *vi*: **to** ~ **(with)** fugarse (con).

elopement [ɪ'ləupmənt] *n* fuga *f*.

eloquence ['eləkwəns] *n* elocuencia *f*.

eloquent ['eləkwənt] *adj* elocuente.

eloquently ['eləkwəntlɪ] *adv* elocuentemente.

El Salvador [el'sælvədɔːʳ] *n* El Salvador.

else [els] *adv* - **1.** [after indefinite pronoun]: **anything** ~? ¿algo más?; **I don't need anything** ~ no necesito nada más; **anybody** OR **anyone** ~ [at all] cualquier otro (otra), cualquier otra persona; [in addition] alguien más; **I don't see anyone** ~ **there** allí no veo a nadie más; **everybody** OR **everyone** ~ todos los demás (todas las demás); **everything** ~ todo lo demás; **everywhere** ~ en/a todas (las otras) partes; **little** ~ poco más; **much** ~ mucho más, muchas más cosas; **nothing/nobody** ~ nada/nadie más; **somebody** OR **someone** ~'s de otro (otra), de otra persona; **someone/something** ~ otra persona/cosa; **somewhere** ~ en/a otra parte ❏ **if all** ~ **fails** si todo lo demás falla, en último extremo; **to be something** ~ *inf* [exceptional] ser algo fuera de lo común OR algo especial. - **2.** [after interrogative pronoun]: **who** ~? [in addition] ¿quién más?; [otherwise] ¿quién si no?; **what** ~? ¿qué más?; **where** ~? ¿en/a qué otro sitio?; **how** ~? ¿cómo si no?, ¿de qué otro modo OR otra manera?

◆ **or else** *conj* - **1.** [or if not] si no, de lo contrario. - **2.** [as threat]: **you had better watch it, or** ~ ándate con cuidado, o verás.

elsewhere [els'weəʳ] *adv* a/en otra parte.

ELT (*abbr of* **English language teaching**) *n* enseñanza del inglés.

elucidate [ɪ'luːsɪdeɪt] *fml* ◇ *vt* elucidar. ◇ *vi* aclararse.

elucidation [ɪ,luːsɪ'deɪʃn] *n fml* [of point, question] aclaración *f*, dilucidación *f*; [of reasons] aclaración *f*.

elude [ɪ'luːd] *vt* - **1.** [gen] escaparse de, eludir a; [blow] esquivar; **his name** ~s **me** no consigo recordar su nombre. - **2.** [question, responsibility] eludir; [sb's gaze] evitar, esquivar; [justice] sustraerse a.

elusive [ɪ'luːsɪv] *adj* - **1.** [person, success, happiness] esquivo(va); [quality] difícil de encontrar. - **2.** [enemy, prey] escurridizo(za); [answer] evasivo(va).

elusively [ɪ'luːsɪvlɪ] *adv* [answer] con evasivas; [move] de un modo escurridizo.

elves [elvz] *pl* → **elf**.

Elysium [ɪ'lɪzɪəm] *n* Elíseo *m*.

'em [əm] *pron inf* = them.

emaciated [ɪ'meɪʃɪeɪtɪd] *adj* - **1.** [face] demacrado(da). - **2.** [prisoner, body] escuálido(da), famélico(ca).

emaciation [ɪ,meɪsɪ'eɪʃn] 2*n* [of face] demacración *f*; [of prisoner, body] enflaquecimiento *m*.

E-mail ['iːmeɪl] (*abbr of* **electronic mail**) *n* COMPUT correo *m* electrónico.

emanate ['eməneɪt] *fml* ◇ *vt* emanar. ◇ *vi*: **to** ~ **from** emanar de.

emanation [emə'neɪʃn] *n fml* emanación *f*.

emancipate [ɪ'mænsɪpeɪt] *vt*: **to** ~ **sb (from)** emancipar a alguien (de).

emancipation [ɪ,mænsɪ'peɪʃn] *n*: ~ **(from)** emancipación *f* (de).

emancipator [ɪ'mænsɪ,peɪtəʳ] *n* emancipador *m*, -ra *f*.

emasculate [ɪ'mæskjuleɪt] *vt* - **1.** *fml* [weaken] debilitar, minar. - **2.** [castrate] castrar, emascular.

emasculation [ɪ,mæskju'leɪʃn] *n fml* [weakening] debilitación *f*.

embalm [ɪm'baːm] *vt* embalsamar.

embalmer [ɪm'baːməʳ] *n* embalsamador *m*, -ra *f*.

embalming [ɪm'baːmɪŋ] ◇ *n* embalsamamiento *m*. ◇ *comp*: ~ **fluid** líquido *m* para embalsamar.

embankment [ɪm'bæŋkmənt] *n* - **1.** RAIL terraplén *m*. - **2.** [of river] dique *m*.

embargo [em'baːɡəu] (*pl* **embargoes**, *pt & pp* **embargoed**, *cont* **embargoing**) ◇ *n*: ~ **(on)** embargo *m* OR prohibición *f* (de). ◇ *vt* embargar, prohibir.

embark [ɪm'baːk] ◇ *vi*: **to** ~ **on** *lit & fig* embarcarse en. ◇ *vt* [passengers, cargo] embarcar.

embarkation [,embaː'keɪʃn] *n* [gen] embarque *m*; [of troops] embarco *m*.

embarkation card *n Br* tarjeta *f* de embarque.

embarrass [ɪm'bærəs] *vt* - **1.** [gen] avergonzar; **it** ~**es me** me da vergüenza. - **2.** [financially] poner en un aprieto.

embarrassed [ɪm'bærəst] *adj* avergonzado(da), violento(ta).

embarrassing [ɪm'bærəsɪŋ] *adj* [situation] embarazoso(sa), violento(ta); [mistake] embarazoso(sa); **how** ~! ¡qué vergüenza!

embarrassingly [ɪm'bærəsɪŋlɪ] *adv* de un modo embarazoso; **it was** ~ **obvious** era tan evidente que resultaba embarazoso.

embarrassment [ɪm'bærəsmənt] *n* - **1.** [feeling] vergüenza *f*, pena *f Amér*. - **2.** [embarrassing person or thing]: **to be an** ~ **to sb** poner a alguien en una situación de lo más embarazosa.

embassy ['embəsɪ] (*pl* **embassies**) *n* embajada *f*.

embattled [ɪm'bætld] *adj* [troubled] asediado(da), acosado(da).

embed [ɪm'bed] (*pt & pp* **embedded**, *cont* **embedding**) *vt* - **1.** [bury] incrustar. - **2.** [ingrain] arraigar.

embedded [ɪm'bedɪd] *adj* - **1.** [buried]: ~ **(in)** incrustado(da) (en). - **2.** [ingrained]: ~ **(in)** arraigado(da) (en).

embellish [ɪm'belɪʃ] *vt*: **to** ~ **sthg (with)** adornar OR embellecer algo (con).

embellishment [ɪm'belɪʃmənt] *n* adornamiento *m*, embellecimiento *m*.

embers ['embəz] *npl* brasas *fpl*, rescoldos *mpl*.

embezzle [ɪm'bezl] *vt* malversar, desfalcar.

embezzlement [ɪm'bezlmənt] *n* malversación *f*, desfalco *m*.

embezzler [ɪm'bezləʳ] *n* malversador *m*, -ra *f*.

embitter [ɪm'bɪtəʳ] *vt* [person] amargar; [relations] agriar.

embittered [ɪm'bɪtəd] *adj* amargado(da), resentido(da).

emblazon [ɪm'bleɪzn] *vt* [in heraldry] blasonar.

emblazoned [ɪm'bleɪznd] *adj* - **1.** [in heraldry]: ~ **(on/with)** blasonado(da) (en/con). - **2.** [shown prominently]: ~ **across** estampado(da) en.

emblem ['embləm] *n* emblema *m*.

emblematic [,emblə'mætɪk] *adj* emblemático(ca).

embodiment [ɪm'bɒdɪmənt] *n* - **1.** [epitome] personificación *f*, encarnación *f*. - **2.** [inclusion] integración *f*, incorporación *f*.

embody [ɪm'bɒdɪ] (*pt & pp* **embodied**) *vt* - **1.** [epitomize] personificar, encarnar; **to be embodied in sthg** estar plasmado(da) en algo. - **2.** [include] integrar, incorporar.

embolden [ɪm'bəʊldən] *vt fml* animar, alentar.

emboli ['embəlaɪ] *npl* → **embolus**.

embolism ['embəlɪzm] *n* embolia *f*.

embolus ['embələs] (*pl* **emboli** [-laɪ]) *n* émbolo *m*.

emboss [ɪm'bɒs] *vt* - **1.** [leather, metal] repujar. - **2.** [paper, cloth] estampar.

embossed [ɪm'bɒst] *adj* - **1.** [heading, design]: ~ **(on)** [paper] estampado(da) (en); [leather, metal] repujado(da) (en). - **2.** [paper]: ~ **(with)** estampado(da) (con). - **3.** [leather, metal]: ~ **(with)** repujado(da) (con).

embrace [ɪm'breɪs] ◇ *n* abrazo *m*. ◇ *vt* - **1.** [hug] abrazar, dar un abrazo a. - **2.** *fml* [convert to] convertirse a, abrazar. - **3.** *fml* [include] abarcar. - **4.** [opportunity] aprovechar. ◇ *vi* abrazarse.

embrocation [,embrə'keɪʃn] *n fml* embrocación *f*, ungüento *m*.

embroider [ɪm'brɔɪdəʳ] ◇ *vt* - **1.** SEWING bordar. - **2.** [embellish] adornar. ◇ *vi* SEWING bordar.

embroidered [ɪm'brɔɪdəd] *adj* - **1.** SEWING bordado(da). - **2.** [embellished] embellecido(da), adornado(da).

embroiderer [ɪm'brɔɪdərəʳ] *n* bordador *m*, -ra *f*, recamador *m*, -ra *f*.

embroidery [ɪm'brɔɪdərɪ] *n (U)* - **1.** SEWING bordado *m*. - **2.** [embellishment] adornos *mpl*.

embroil [ɪm'brɔɪl] *vt*: **to get/be** ~**ed (in)** enredarse/estar enredado(da) (en).

embryo ['embrɪəʊ] (*pl* **embryos**) *n* embrión *m*; **in** ~ *fig* en estado embrionario, en embrión.

embryologist [,embrɪ'bɒlədʒɪst] *n* embriólogo *m*, -ga *f*.

embryology [,embrɪ'bɒlədʒɪ] *n* embriología *f*.

embryonic [,embrɪ'bɒnɪk] *adj* embrionario(ria).

emcee [,em'siː] (*abbr of* **master of ceremonies**) *Am inf* ◇ *n* presentador *m*, -ra *f*. ◇ *vt* presentar.

emend [iː'mend] *vt* enmendar, corregir.

emendation [,iːmen'deɪʃn] *n* enmienda *f*, corrección *f*.

emerald ['emərəld] ◇ *adj* [colour] esmeralda *(inv)*; ~ **green** verde *m* esmeralda. ◇ *n* [stone] esmeralda *f*.

Emerald Isle *n literary*: **the** ~ la isla de Irlanda.

emerge [ɪ'mɜːdʒ] ◇ *vi* - **1.** [gen]: **to** ~ **(from)** salir (de). - **2.** [come into existence, become known] surgir, emerger. ◇ *vt*: **it** ~**d that...** resultó que...

emergence [ɪ'mɜːdʒəns] *n* surgimiento *m*, aparición *f*.

emergency [ɪ'mɜːdʒənsɪ] (*pl* **emergencies**) ◇ *adj* [case] de emergencia; [ward] de urgencia; [supplies] de reserva; [meeting] extraordinario(ria). ◇ *n* emergencia *f*; **in case of** ~, **in an** ~ en caso de emergencia.

emergency brake *n Am* freno *m* de mano.

emergency exit *n* salida *f* de emergencia.

emergency landing *n* aterrizaje *m* forzoso.

emergency services *npl* servicios *mpl* de urgencia.

emergency stop *n* frenazo *m* en seco.

emergent [ɪ'mɜːdʒənt] *adj* pujante, emergente.

emeritus [ɪ'merɪtəs] *adj* UNIV emérito(ta).

emery ['eməri] *n* esmeril *m*.

emery board *n* lima *f* de uñas.

emery cloth *n* tela *f* de esmeril.

emery paper *n* (papel *m* de) lija *f*.

emetic [ɪ'metɪk] ◇ *adj* vomitivo(va), emético(ca). ◇ *n* vomitivo *m*, emético *m*.

emigrant ['emɪgrənt] ◇ *n* emigrante *mf*. ◇ *comp* emigrante.

emigrate ['emɪgreɪt] *vi*: **to** ~ **(to/from)** emigrar (a/de).

emigration [,emɪ'greɪʃn] *n* emigración *f*.

émigré ['emɪgreɪ] *n* emigrado político *m*, emigrada política *f*.

eminence ['emɪnəns] *n* - **1.** *(U)* [prominence] eminencia *f*. - **2.** [high ground] elevación *f*, altura *f*.
◆ **Eminence** *n* RELIG [title] Eminencia *f*; **His Eminence** Su Eminencia.

eminent ['emɪnənt] *adj* - **1.** [distinguished] eminente. - **2.** [conspicuous] elevado(da).

eminent domain *n* dominio *m* eminente en casos de expropiación.

eminently ['emɪnəntlɪ] *adv* eminentemente, sumamente.

emir [e'mɪəʳ] *n* emir *m*.

emirate ['emərət] *n* emirato *m*.

emissary ['emɪsəri] (*pl* **emissaries**) *n* emisario *m*, -ria *f*.

emission [ɪ'mɪʃn] *n* emisión *f*.

emit [ɪ'mɪt] (*pt & pp* **emitted**, *cont* **emitting**) *vt* - **1.** [gen] emitir; [smell, smoke] despedir. - **2.** [sparks] echar.

Emmental, Emmenthal ['emən,tɑːl] *n* (queso *m*) emmenthal *m*.

emollient [ɪ'mɒlɪənt] ◇ *n* MED emoliente *m*. ◇ *adj* emoliente.

emolument [ɪ'mɒljʊmənt] *n fml* emolumento *m*.

emote [ɪ'məʊt] *vi* expresar emociones.

emotion [ɪ'məʊʃn] *n* emoción *f*.

emotional [ɪ'məʊʃənl] *adj* - **1.** [gen] emotivo(va). - **2.** [needs, problems] emocional.

emotionalism [ɪ'məʊʃnəlɪzm] *n* emotividad *f*.

emotionalize, -ise [ɪ'məʊʃnəlaɪz] *vt* dar un carácter emocional a.

emotionally [ɪ'məʊʃnəlɪ] *adv* - **1.** [with strong feeling] emotivamente. - **2.** [psychologically] emocionalmente.

emotionless [ɪ'məʊʃnlɪs] *adj* desapasionado(da).

emotive [ɪ'məʊtɪv] *adj* [gen] emotivo(va); [issue] candente.

empanel *Br* (*pt & pp* **empanelled**, *cont* **empanelling**), **impanel** *Am* (*pt & pp* **empaneled**, *cont* **empaneling**) [ɪm'pænl] *vt* [jury] constituir, elegir.

empathize ['empəθaɪz] *vi*: **to** ~ **with sb** identificarse con alguien.

empathy ['empəθɪ] *n*: ~ **(with)** identificación *f* (con).

emperor ['empərəʳ] *n* emperador *m*.

emperor moth *n* pavón *m* nocturno.

emphasis ['emfəsɪs] (*pl* **emphases** [-siːz]) *n* - **1.** [importance, intensity]: ~ **(on)** énfasis *m inv* (en); **to lay** OR **place** ~ **on** poner énfasis en, hacer hincapié en. - **2.** LING [accent] acento *m*.

emphasize, -ise ['emfəsaɪz] *vt* - **1.** [point, fact, feature] subrayar, hacer hincapié en; **to** ~ **that...** poner de relieve OR subrayar que... - **2.** [word, syllable] acentuar; *see* USAGE *overleaf*.

emphatic [ɪm'fætɪk] *adj* - **1.** [forceful - gen] rotundo(da), categórico(ca); [- tone, way of speaking] rotundo(da), enfático(ca). - **2.** LING acentuado(da).

emphatically [ɪm'fætɪklɪ] *adv* - **1.** [with emphasis] rotundamente, enfáticamente. - **2.** [certainly] ciertamente.

emphysema [,emfɪ'siːmə] *n* enfisema *m*.

empire ['empaɪəʳ] *n* imperio *m*.

empire-builder *n* constructor *m* de imperios.

empire building *n* construcción *f* de imperios económicos.

empirical [ɪm'pɪrɪkl] *adj* empírico(ca).

empirically [ɪm'pɪrɪklɪ] *adv* empíricamente.

empiricism [ɪm'pɪrɪsɪzm] *n* empirismo *m*.

empiricist [ɪm'pɪrɪsɪst] *n* empírico *m*, -ca *f*.

emplace [ɪm'pleɪs] *vt* emplazar.

emplacement [ɪm'pleɪsmənt] *n* emplazamiento *m*.

employ [ɪm'plɔɪ] ◇ *vt* - **1.** [give work to] emplear; **to be** ~**ed as** trabajar de. - **2.** *fml* [use] utilizar, emplear; **to** ~ **sthg as sthg/to do sthg** utilizar algo or algo/para hacer algo. ◇ *n fml* empleo *m*; **to be in sb's** ~ estar al servicio de OR contratado(da) por.

employable [ɪm'plɔɪəbl] *adj* en situación de trabajar.

employed [ɪm'plɔɪd] ◇ *adj* con empleo OR trabajo; **I am not** ~ **at the moment** ahora mismo no tengo trabajo. ◇ *npl* trabajadores *mpl*, -ras *fpl*, asalariados *mpl*, -das *fpl*; **employers and** ~ empresarios *mpl* y asalariados.

employee [ɪm'plɔiː] *n* empleado *m*, -da *f*.

employer [ɪm'plɔiə^r] *n* patrono *m*, -na *f*, empresario *m*, -ria *f*.

employment [ɪm'plɔimənt] *n* empleo *m*; **to be in** ~ tener trabajo.

employment agency *n* agencia *f* de colocación.

employment exchange, **employment office** *n Br dated* oficina *f* de empleo.

emporium [em'pɔːriəm] (*pl* **emporiums** OR **emporia** [-riə]) *n* [shop] almacenes *mpl*, tienda *f* grande.

empower [ɪm'pauə^r] *vt* - **1.** *fml* [authorize]: **to be ~ed to do sthg** estar autorizado(da) a OR para hacer algo. - **2.** [ethnic minorities, women etc] potenciar el papel de.

empress ['emprɪs] *n* emperatriz *f*.

emptiness ['emptɪnɪs] (*U*) *n* - **1.** [of place] soledad *f*, vacuidad *f*. - **2.** [feeling] vacío *m*.

empty ['empti] (*compar* **emptier**, *superl* **emptiest**, *pt & pp* **emptied**, *pl* **empties**) ◇ *adj* - **1.** [gen] vacío(a); [town] desierto(ta); [post, job] vacante; ~ **of meaning** falto(ta) de sentido. - **2.** *pej* [words, threat, promise] vano(na). ◇ *vt* - **1.** [gen] vaciar; **to ~ sthg into sthg** vaciar algo en algo; **to ~ the water out of the bottle** vaciar de agua la botella. - **2.** [room, building] desalojar, dejar vacío. - **3.** [car, lorry] descargar. ◇ *vi* - **1.** [gen] vaciarse. - **2.** [room, building] desocuparse, quedarse vacío. - **3.** [river]: **to ~ into the sea** desembocar en el mar. ◇ *n inf* casco *m* (envase).

empty-handed *adv* con las manos vacías.

empty-headed *adj* cabeza hueca, bobo(ba).

empyrean [,empaɪ'riːən] *adj* empíreo(a).

EMS (*abbr of* **European Monetary System**) *n* SME *m*.

EMT (*abbr of* **emergency medical technician**) *n médico ayudante de urgencias*.

emu ['iːmjuː] (*pl inv* OR **emus**) *n* emú *m*.

EMU (*abbr of* **Economic and Monetary Union**) *n Unión Económica y Monetaria*, UEM *f*.

emulate ['emjʊleɪt] *vt* emular.

emulation [,emjʊ'leɪʃn] *n* emulación *f*.

emulator ['emjʊleɪtə^r] *n* emulador *m*, -ra *f*, émulo *m*, -la *f*.

emulsification [ɪ,mʌlsɪfɪ'keɪʃn] *n* emulsión *f*.

emulsifier [ɪ'mʌlsɪfaɪə^r] *n* emulsor *m*.

emulsify [ɪ'mʌlsɪfaɪ] (*pt & pp* **emulsified**) *vt* emulsionar.

emulsion [ɪ'mʌlʃn] ◇ *n* - **1.** [paint]: ~ (**paint**) pintura *f* plástica. - **2.** PHOT emulsión *f*. ◇ *vt Br* pintar con pintura plástica.

enable [ɪ'neɪbl] *vt* - **1.** [make able]: **to ~ sb to do sthg** [gen] permitir a alguien hacer algo; JUR autorizar a alguien a hacer algo, habilitar a alguien para hacer algo. - **2.** [make possible] posibilitar, permitir.

enact [ɪ'nækt] *vt* - **1.** JUR promulgar. - **2.** [scene, play] representar.

enactment [ɪ'næktmənt] *n* - **1.** JUR promulgación *f*. - **2.** [of scene, play] representación *f*.

enamel [ɪ'næml] (*Br pt & pp* **enamelled**, *cont* **enamelling**

Am pt & pp **enameled**, *cont* **enameling**) ◇ *n* - **1.** [gen] esmalte *m*. - **2.** [paint] pintura *f* de esmalte. ◇ *vt* esmaltar.

enameled *adj Am* = **enamelled**.

enameling *n Am* = **enamelling**.

enamelled *Br*, **enameled** *Am* [ɪ'næmld] *adj* esmaltado(da).

enamelling *Br*, **enameling** *Am* [ɪ'næməlɪŋ] *n* esmaltado *m*.

enamel paint *n* pintura *f* de esmalte.

enamelware [ɪ'næmlweə^r] *n (U)* utensilios *mpl* de cocina de metal esmaltado.

enamoured *Br*, **enamored** *Am* [ɪ'næməd] *adj*: ~ **of** [thing] entusiasmado(da) OR encantado(da) con; [person] enamorado(da) de.

en bloc [ɒn'blɒk] *adv* en bloque.

enc. (*abbr of* **enclosure**, **enclosed**) adj.

encamp [ɪn'kæmp] *vi* acampar.

encampment [ɪn'kæmpmənt] *n* campamento *m*.

encapsulate [ɪn'kæpsjʊleɪt] *vt*: **to ~ sthg (in)** PHARM encapsular algo (en); *fig* [contain] sintetizar algo (en).

encase [ɪn'keɪs] *vt*: ~**d in** [boxed in] encajonado(da) en; [covered] cubierto(ta) por.

encasement [ɪn'keɪsmənt] *n* revestimiento *m*.

encash [ɪn'kæʃ] *vt Br* cobrar, hacer efectivo.

encephalitis [ensefə'laɪtɪs] *n* encefalitis *f inv*.

encephalogram [en'sefələgræm] *n* encefalograma *m*.

enchain [ɪn'tʃeɪn] *vt* encadenar.

enchant [ɪn'tʃɑːnt] *vt* - **1.** [charm] encantar. - **2.** [bewitch] encantar, hechizar.

enchanted [ɪn'tʃɑːntɪd] *adj*: ~ (**by** OR **with**) encantado(da) (con).

enchanter [ɪn'tʃɑːntə^r] *n* hechicero *m*, -ra *f*.

enchanting [ɪn'tʃɑːntɪŋ] *adj* encantador(ra).

enchantingly [ɪn'tʃɑːntɪŋli] *adv* [sing, play] maravillosamente, deliciosamente; ~ **pretty** de una belleza encantadora.

enchantment [ɪn'tʃɑːntmənt] *n* - **1.** [delight] encanto *m*. - **2.** [bewitchment] encantamiento *m*.

enchantress [ɪn'tʃɑːntrɪs] *n* - **1.** [charmer] seductora *f*. - **2.** [sorcerer] bruja *f*, hechicera *f*.

enchilada [,entʃɪ'lɑːdə] *n* enchilada *f*.

encipher [ɪn'saɪfə^r] *vt* cifrar.

encircle [ɪn'sɜːkl] *vt* rodear.

enclave ['enkleɪv] *n* enclave *m*.

enclose [ɪn'kləʊz] *vt* - **1.** [surround, contain] rodear; ~**d by** OR **with** rodeado(da) de; **an ~d space** un espacio cerrado. - **2.** [fence in] vallar. - **3.** [put in envelope] adjuntar; ~**d herewith...** encontrará adjunto...; **please find ~d...** envío adjunto...

enclosure [ɪn'kləʊʒə^r] *n* - **1.** [place] recinto *m* (vallado). - **2.** [action] encierro *m*. - **3.** [in letter] anexo *m*, documento *m* adjunto.

encode [en'kəʊd] *vt* codificar.

encomium [en'kəʊmjəm] (*pl* **encomiums** OR **encomia** [-mjə]) *n fml* encomio *m*.

No te puedes imaginar cómo me ha dolido.
Te acordarás de cerrar la puerta, ¿verdad?
Te recuerdo OR no olvides que la cena es a las diez.
Es indispensable, insisto, que asuma su responsabilidad.
Tenéis exactamente un cuarto de hora, repito, un cuarto de hora.
No quiere ponerme pesado, pero ¿sabes que tienes que levantarte?
Es la última vez que te lo repito, ¡apaga ese cigarro¡
Pero, ¿cuántas veces hay que decírtelo? [*with irritation*]
Ya te he dicho que no es posible.

Bueno, lo dicho, que sigáis bien. [*saying goodbye*]
Te he dicho una y mil veces que no hagas eso. [*with irritation*]

▶ *in formal or written style:*

Es necesario subrayar la importancia de este proyecto.
Debo insistir sobre la necesidad de que mantengamos absoluta discreción.
No podemos dejar de señalar que...
Llamo su atención sobre estos puntos.
Hay que resaltar el carácter provisional de las medidas.
Cabe destacar, entre otros, a...

encompass [ɪnˈkʌmpəs] *vt* - **1.** [include] abarcar. - **2.** [surround] rodear.

encore [ˈɒŋkɔːʳ] ◇ *n* bis *m*. ◇ *excl* ¡otra! ◇ *vt* [singer, performer] pedir otra OR un bis a; [song] hacer un bis de.

encounter [ɪnˈkaʊntəʳ] ◇ *n* encuentro *m*. ◇ *vt* encontrarse con.

encounter group *n* grupo *m* de encuentro.

encourage [ɪnˈkʌrɪdʒ] *vt* - **1.** [give confidence to]: **to ~ sb (to do sthg)** animar a alguien (a hacer algo). - **2.** [foster] fomentar, incentivar.

encouragement [ɪnˈkʌrɪdʒmənt] *n* [gen] ánimo *m*, aliento *m*; [of industry] fomento *m*.

encouraging [ɪnˈkʌrɪdʒɪŋ] *adj* alentador(ra), esperanzador(ra).

encouragingly [ɪnˈkʌrɪdʒɪŋlɪ] *adv* [smile, speak] alentadoramente, de un modo alentador.

encroach [ɪnˈkrəʊtʃ] *vi*: **to ~ on** OR **upon** [rights, territory] usurpar; [privacy, time] invadir; [subj: sea, buildings] invadir.

encroachment [ɪnˈkrəʊtʃmənt] *n* [on rights, territory] usurpación *f*; [on privacy, time] intrusión *f*, intromisión *f*; [by sea, buildings] invasión *f*.

encrust [ɪnˈkrʌst] *vt* incrustar.

encrustation [ˌɪnkrʌstˈeɪʃn] *n* incrustación *f*.

encrusted [ɪnˈkrʌstɪd] *adj*: **~ with** incrustado(da) de.

encrypt [enˈkrɪpt] *vt* codificar.

encumber [ɪnˈkʌmbəʳ] *vt fml*: **to be ~ed with** [subj: person] tener que cargar con; [subj: room] estar sobrecargado(da) de.

encumbrance [ɪnˈkʌmbrəns] *n fml* [burden] obstáculo *m*, impedimento *m*; JUR gravamen *m*, carga *f*.

encyclical [ɪnˈsɪklɪkl] *n* RELIG encíclica *f*.

encyclop(a)edia [ɪnˌsaɪkləˈpiːdjə] *n* enciclopedia *f*.

encyclop(a)edic [ɪnˌsaɪkləˈpiːdɪk] *adj* enciclopédico(ca).

encyclop(a)edist [ɪnˌsaɪkləˈpiːdɪst] *n* enciclopedista *mf*.

end [end] ◇ *n* - **1.** [last part, finish] fin *m*, final *m*; **at the ~ of May/1992** a finales de mayo/1992; **at the very ~** al final del todo; **at an ~** terminando; **to bring sthg to an ~** poner fin a algo; **to come to an ~** llegar a su fin, terminarse; **'the ~'** [in films] 'FIN'; **to put an ~ to sthg** poner fin a algo; **we'll never hear the ~ of it** *inf* va a haber cuerda para rato con este tema; **and that's the ~ of the matter** y no hay más que hablar, y punto ❑ **at the ~ of the day** *fig* a fin de cuentas, al fin y al cabo; **to go to the ~s of the earth** ir hasta el fin del mundo; **in the ~** [finally] finalmente, por fin; **and that was the ~ of that** y se acabó lo que se daba; **this is the ~ of the road** OR **line** hasta aquí hemos llegado. - **2.** [of two-ended thing] extremo *m*, punta *f*; [of phone line] lado *m*; **to ~ to ~** extremo con extremo, de punta a punta; **from ~ to ~** de un extremo al otro; **to change ~s** SPORT cambiar de campo; **to turn sthg on its ~** poner algo boca abajo ❑ **to keep one's ~ up** *inf* [in job] hacer (uno) su parte como Dios manda; [in argument] defenderse como gato panza arriba. - **3.** [area, aspect] parte *f*, lado *m*; **the marketing/manufacturing ~ of the business** el aspecto comercial/industrial del negocio. - **4.** *fml* [purpose] fin *m*, objetivo *m*; **to this ~** con este propósito, a tal efecto ❑ **an ~ in itself** un fin en sí mismo. - **5.** *literary* [death] final *m*; **to meet one's ~** encontrar la muerte. ◇ *vt* terminar; **to ~ sthg (with)** terminar algo (con) ❑ **to ~ it all** acabar (uno) con su vida. ◇ *vi* [finish] acabarse, terminarse; **to ~ in/with** acabar en/con, terminar en/con.

◆ **no end** *adv inf*: **it cheered me up no ~** me puso contentísimo.

◆ **no end of** *prep inf* la mar de.

◆ **on end** *adv* - **1.** [upright - hair] de punta; [- object] de pie. - **2.** [continuously]: **for days on ~** día tras día.

◆ **end up** *vi* acabar, terminar; **to ~ up doing sthg** acabar por hacer algo/haciendo algo, terminar por hacer algo/haciendo algo; **to ~ up in** ir a parar a.

end-all *n* = **be-all**.

endanger [ɪnˈdeɪndʒəʳ] *vt* poner en peligro.

endangered species [ɪnˈdeɪndʒəd-] *n* especie *f* en peligro de extinción.

endear [ɪnˈdɪəʳ] *vt*: **to ~ sb to sb** hacer que alguien congenie con alguien; **to ~ o.s. to sb** hacerse querer por alguien.

endearing [ɪnˈdɪərɪŋ] *adj* encantador(ra), simpático(ca).

endearingly [ɪnˈdɪərɪŋlɪ] *adv* de un modo encantador.

endearment [ɪnˈdɪəmənt] *n* palabra *f* tierna OR cariñosa.

endeavour *Br*, **endeavor** *Am* [ɪnˈdevəʳ] *fml* ◇ *n* esfuerzo *m*. ◇ *vt*: **to ~ to do sthg** procurar hacer algo.

endemic [enˈdemɪk] ◇ *adj lit & fig* endémico(ca). ◇ *n* endemia *f*.

endgame [ˈendgeɪm] *n* [in chess] final *f* de partida.

ending [ˈendɪŋ] *n* - **1.** [of story, book, film] final *m*, desenlace *m*. - **2.** LING desinencia *f*, terminación *f*.

endive [ˈendaɪv] *n* - **1.** [curly-leaved] endivia *f*. - **2.** [chicory]. - **2.** [chico-ry] achicoria *f*.

endless [ˈendlɪs] *adj* - **1.** [gen] interminable; [patience, resources] inagotable. - **2.** [possibilities] infinito(ta).

endlessly [ˈendlɪslɪ] *adv* [gen] interminablemente; [patient, kind] infinitamente.

endmost [ˈendməʊst] *adj* último(ma), más lejano (más lejana).

endocardium [ˌendəʊˈkɑːdɪəm] (*pl* **endocardia** [-dɪə]) *n* endocardio *m*.

endocrine [ˈendəʊkraɪn] *adj* endocrino(na).

endocrine gland *n* glándula *f* endocrina OR de secreción interna.

endocrinology [ˌendəʊkraɪˈnɒlədʒɪ] *n* endocrinología *f*.

endogamy [enˈdɒgəmɪ] *n* endogamia *f*.

endogenous [enˈdɒdʒɪnəs] *adj* endógeno(na).

endomorphic [ˌendəʊˈmɔːfɪk] *adj* endomórfico(ca).

endorse [ɪnˈdɔːs] *vt* - **1.** [approve] apoyar, respaldar. - **2.** [cheque] endosar; [document] avalar. - **3.** *Br* [driving licence] hacer constar una sanción en el carnet de conducir.

endorsee [ˌenˌdɔːˈsiː] *n* endosatorio *m*, -ria *f*.

endorsement [ɪnˈdɔːsmənt] *n* - **1.** [approval] apoyo *m*, respaldo *m*. - **2.** [of cheque] endoso *m*; [of document] aval *m*. - **3.** *Br* [on driving licence] nota de sanción que consta en el carnet de conducir.

endorser [ɪnˈdɔːsəʳ] *n* endosador *m*, -ra *f*, endosante *mf*.

endoskeleton [ˌendəʊˈskelɪtn] *n* endoesqueleto *m*.

endosperm [ˈendəʊspɜːm] *n* endoesperma *f*.

endothermic [ˌendəʊˈθɜːmɪk], **endothermal** [ˌendəʊˈθɜːml] *adj* endotérmico(ca).

endow [ɪnˈdaʊ] *vt* - **1.** *fml* [equip]: **to be ~ed with** estar dotado(da) de. - **2.** [donate money to] donar fondos a.

endowment [ɪnˈdaʊmənt] *n* - **1.** *fml* [ability] dote *f*. - **2.** [gift of money] donación *f*.

endowment insurance *n* seguro *m* de vida.

endowment mortgage *n* hipoteca mixta en la que se pagan los plazos a un seguro de vida y los intereses al acreedor.

endowment policy *n* seguro *m* mixto.

endpaper [ˈendˌpeɪpə] *n* guarda *f*.

endpoint [ˈendpɔɪnt] *n* punto *m* final.

end product *n* producto *m* final.

end reaction *n* reacción *f* final.

end result *n* resultado *m* final.

end table *n* mesita *f* auxiliar (para sofá).

endue [ɪnˈdjuː] *vt fml*: **to ~ sb with** dotar a alguien de.

endurable [ɪnˈdjʊərəbl] *adj* soportable, tolerable.

endurance [ɪnˈdjʊərəns] *n* resistencia *f*.

endurance test *n* prueba *f* de resistencia.

endure [ɪnˈdjʊəʳ] ◇ *vt* soportar, aguantar. ◇ *vi* perdurar.

enduring [ɪnˈdjʊərɪŋ] *adj* - **1.** [peace, fame, love] perdurable. - **2.** [epidemic, suffering] duradero(ra).

end user *n* usuario *m*, -ria *f* final.

endways *Br*, **endwise** *Am* [ˈendweɪz] *adv* - **1.** [not sideways] de frente, a lo largo. - **2.** [with ends touching] extremo con extremo.

enema ['enɪmə] *n* enema *m*.

enemy ['enɪmɪ] (*pl* **enemies**) ◇ *n* enemigo *m*, -ga *f*; **to be one's own worst** ~ ser uno mismo su peor enemigo; ~- **occupied territory** territorio *m* ocupado por el enemigo. ◇ *comp* enemigo(ga).

energetic [ˌenə'dʒetɪk] *adj* - **1.** [lively, physically taxing] enérgico(ca). - **2.** [enthusiastic] activo(va), vigoroso(sa).

◆ **energetics** *n* (*U*) energética *f*.

energetically [ˌenə'dʒetɪklɪ] *adv* enérgicamente, con energía.

energize, -ise ['enədʒaɪz] *vt* - **1.** [person] vigorizar, dar energía a. - **2.** ELEC excitar.

energy ['enədʒɪ] (*pl* **energies**) *n* energía *f*; **Minister of** OR **Secretary (of State) for Energy** ≃ ministro *m*, -tra *f* de Industria y Energía.

energy level *n* PHYS nivel *m* de energía.

energy-saving *adj* que ahorra energía.

enervate ['enəveɪt] *vt fml* enervar, debilitar.

enervating ['enəveɪtɪŋ] *adj fml* enervante.

enfeeble [ɪn'fiːbl] *vt fml* debilitar.

enfold [ɪn'fəʊld] *vt literary*: **to** ~ **sthg/sb (in)** envolver algo/a alguien (en).

enforce [ɪn'fɔːs] *vt* - **1.** [law] hacer cumplir, aplicar; [standards, discipline] imponer. - **2.** [contract] hacer ejecutar.

enforceable [ɪn'fɔːsəbl] *adj* - **1.** [law] aplicable. - **2.** [contract] ejecutorio(ria).

enforced [ɪn'fɔːst] *adj* inevitable, forzoso(sa).

enforcement [ɪn'fɔːsmənt] *n* - **1.** [of law] aplicación *f*. - **2.** [of contract] ejecución *f*.

enforcer [ɪn'fɔːsəʳ] *n persona que se encarga de hacer respetar las leyes*.

enfranchise [ɪn'fræntʃaɪz] *vt* - **1.** [give vote to] conceder el derecho a votar a. - **2.** [set free] manumitir.

engage [ɪn'geɪdʒ] ◇ *vt* - **1.** [attract] atraer, suscitar; **to** ~ **sb in conversation** entablar conversación con alguien. - **2.** [AUT - clutch] pisar; [- gear] meter. - **3.** *fml* [employ] contratar; **to be** ~**d in** OR **on** dedicarse a, estar ocupado(da) en. - **4.** MIL: **to** ~ **the enemy** trabar combate con el enemigo. ◇ *vi* - **1.** [be involved]: **to** ~ **in** [gen] meterse en, dedicarse a; [conversation] entablar. - **2.** MIL: **to** ~ **in battle with the enemy** trabar combate con el enemigo. - **3.** AUT meter una marcha; [cogs] engranar; [machine part] encajarse. - **4.** *fml* [promise]: **to** ~ **to do sthg** comprometerse a hacer algo.

engaged [ɪn'geɪdʒd] *adj* - **1.** [of couple]: ~ **(to)** prometido(da) (con); **to get** ~ prometerse. - **2.** [busy, in use] ocupado(da); ~ **in sthg** ocupado en algo. - **3.** TELEC comunicando.

engaged tone *n Br* señal *f* de comunicando.

engagement [ɪn'geɪdʒmənt] *n* - **1.** [to be married] compromiso *m*; [period] noviazgo *m*. - **2.** [appointment] cita *f*, compromiso *m*. - **3.** MIL combate *m*, batalla *f*. - **4.** AUT & TECH engranaje *m*. - **5.** [recruitment] contratación *f*.

engagement ring *n* anillo *m* de compromiso.

engaging [ɪn'geɪdʒɪŋ] *adj* atractivo(va).

engender [ɪn'dʒendəʳ] *vt fml* engendrar.

engine ['endʒɪn] *n* - **1.** [of vehicle] motor *m*. - **2.** RAIL locomotora *f*, máquina *f*.

engine block *n* AUT bloque *m* de cilindros.

engine driver *n Br* maquinista *mf*.

engineer [ˌendʒɪ'nɪəʳ] ◇ *n* - **1.** [gen] ingeniero *m*, -ra *f*. - **2.** *Am* [engine driver] maquinista *mf*. - **3.** *fig* [of plot, scheme etc] artífice *mf*, autor *m*, -ra *f*. ◇ *vt* - **1.** [construct] construir. - **2.** [contrive] tramar.

engineering [ˌendʒɪ'nɪərɪŋ] *n* ingeniería *f*.

engine room *n* NAUT sala *f* de máquinas.

engine shed *n* RAIL depósito *m*, cochera *f*.

England ['ɪŋglənd] *n* Inglaterra *f*.

English ['ɪŋglɪʃ] ◇ *adj* - **1.** [gen] inglés(esa). - **2.** [dictionary, teacher] de inglés. ◇ *n* [language] inglés *m*; **in plain** ~ claramente, con palabras sencillas; ~ **as a foreign language**

inglés para extranjeros ❑ **the King's** OR **Queen's** ~ el inglés correcto. ◇ *npl* [people]: **the** ~ los ingleses.

English breakfast *n* desayuno *m* inglés.

English Channel *n*: **the** ~ el canal de la Mancha.

English Heritage *n organización gubernamental británica para la protección del patrimonio histórico inglés*.

English horn *n Am* corno *m* inglés.

Englishman ['ɪŋglɪʃmən] (*pl* **Englishmen** [-mən]) *n* inglés *m*; **an** ~**'s home is his castle** *proverb* ≃ cada cual es dueño de hacer lo que quiera en su casa.

English muffin *n Am* tipo de bollo.

English speaker *n* [as native speaker] anglohablante *mf*; [as non-native speaker] persona *f* que habla inglés.

English-speaking *adj* - **1.** [as native language] anglohablante. - **2.** [as learned language] que habla inglés.

Englishwoman ['ɪŋglɪʃwʊmən] (*pl* **Englishwomen** [-ˌwɪmɪn]) *n* inglesa *f*.

engorge [ɪn'gɔːdʒ] *vt* MED congestionar.

engrave [ɪn'greɪv] *vt lit & fig*: **to** ~ **sthg (on)** grabar algo (en).

engraver [ɪn'greɪvəʳ] *n* grabador *m*, -ra *f*.

engraving [ɪn'greɪvɪŋ] *n* grabado *m*.

engross [ɪn'grəʊs] *vt* [absorb] absorber.

engrossed [ɪn'grəʊst] *adj*: **to be** ~ **(in)** estar absorto(ta) (en).

engrossing [ɪn'grəʊsɪŋ] *adj* absorbente.

engulf [ɪn'gʌlf] *vt*: **to be** ~**ed in** [flames etc] verse devorado(da) por; [fear, despair] verse sumido(da) en; **to be** ~**ed by the sea** ser tragado(da) por el mar.

enhance [ɪn'hɑːns] *vt* [gen] aumentar, acrecentar; [status, position] elevar; [beauty] realzar.

enhancement [ɪn'hɑːnsmənt] *n* [gen] aumento *m*; [of status, position] elevación *f*; [of beauty] realce *m*.

enigma [ɪ'nɪgmə] *n* enigma *m*.

enigmatic [ˌenɪg'mætɪk] *adj* enigmático(ca).

enigmatically [ˌenɪg'mætɪklɪ] *adv* enigmáticamente, de un modo enigmático.

enjoin [ɪn'dʒɔɪn] *vt* - **1.** *fml* [command] mandar, ordenar. - **2.** *Am* JUR prohibir.

enjoy [ɪn'dʒɔɪ] ◇ *vt* - **1.** [like] disfrutar de; **did you** ~ **the film/book?** ¿te gustó la película/el libro?; **she** ~**s reading** le gusta leer; ~ **your meal!** ¡que aproveche!; **to** ~ **o.s.** pasarlo bien, divertirse. - **2.** *fml* [possess, benefit from] gozar OR disfrutar de. ◇ *vi Am*: ~! [enjoy yourself] ¡que lo pases bien!; [before meal] ¡que aproveche!

enjoyable [ɪn'dʒɔɪəbl] *adj* - **1.** [pleasant] agradable. - **2.** [amusing] entretenido(da), divertido(da).

enjoyably [ɪn'dʒɔɪəblɪ] *adv* agradablemente, de un modo agradable.

enjoyment [ɪn'dʒɔɪmənt] *n* - **1.** [pleasure] placer *m*. - **2.** [possession] disfrute *m*, posesión *f*.

enlarge [ɪn'lɑːdʒ] *vt* - **1.** [gen & PHOT] ampliar. - **2.** [hole] agrandar; [pores] dilatar.

◆ **enlarge (up)on** *vt fus* ampliar, explicar con detalle.

enlargement [ɪn'lɑːdʒmənt] *n* - **1.** [gen & PHOT] ampliación *f*. - **2.** [of hole] agrandamiento *m*; [of pores] dilatación *f*.

enlarger [ɪn'lɑːdʒəʳ] *n* PHOT ampliadora *f*.

enlighten [ɪn'laɪtn] *vt* aclarar, iluminar.

enlightened [ɪn'laɪtnd] *adj* amplio(plia) de miras.

enlightening [ɪn'laɪtnɪŋ] *adj* instructivo(va), informativo(va).

enlightenment [ɪn'laɪtnmənt] *n* - **1.** [clarification] aclaración *f*. - **2.** RELIG iluminación *f*.

◆ **Enlightenment** *n*: **the Enlightenment** la Ilustración, el Siglo de las Luces.

enlist [ɪn'lɪst] ◇ *vt* - **1.** [person] alistar, reclutar. - **2.** [support] obtener. ◇ *vi* MIL: **to** ~ **(in)** alistarse (en).

enlisted man [ɪn'lɪstɪd-] *n Am* recluta *m*.

enlistment [ɪn'lɪstmənt] *n* MIL alistamiento *m*, reclutamiento *m*.

enliven [ɪn'laɪvn] *vt* avivar, animar.

en masse [ˌɒn'mæs] *adv* en masa.

enmesh [ɪn'meʃ] *vt* **- 1.** [catch] coger en una red. **- 2.** [entangle] enredar, enmarañar.

enmeshed [ɪn'meʃt] *adj*: **to be ~ in** estar enredado(da) en.

enmity ['enmətɪ] (*pl* **enmities**) *n* enemistad *f*.

ennoble [ɪ'nəubl] *vt* ennoblecer.

ennoblement [ɪ'nəublmənt] *n* ennoblecimiento *m*.

ennui [ɒn'wiː] *n fml* apatía *f*, lasitud *f*.

enology *n Am* = **oenology**.

enormity [ɪ'nɔːmətɪ] *n* [extent] enormidad *f*.

enormous [ɪ'nɔːməs] *adj* enorme.

enormously [ɪ'nɔːməslɪ] *adv* enormemente.

enough [ɪ'nʌf] ◇ *adj* suficiente, bastante. ◇ *pron* bastante; **we earn ~ to live on** ganamos lo suficiente para vivir; **it's ~ to drive you mad** es como para volverse loco; **more than ~** más que suficiente; **that's ~** [sufficient] ya está bien ❑ **~ is ~** ya basta, ya está bien; **that's ~ (of that)!** [angrily] ¡basta ya!; **to have had ~ (of)** [expressing annoyance] estar harto(ta) (de). ◇ *adv* bastante, suficientemente; **I was stupid ~ to believe him** fui lo bastante tonto como para creerle; **he was good ~ to lend me his car** tuvo la bondad de dejarme su coche; **strangely ~** curiosamente; **sure ~** efectivamente ❑ **fair ~** ¡vale!, ¡muy bien!

enquire *etc* [ɪn'kwaɪər] = **inquire** *etc*.

enrage [ɪn'reɪdʒ] *vt* enfurecer.

enraged [ɪn'reɪdʒd] *adj* enfurecido(da).

enrapture [ɪn'ræptʃər] *vt fml* embelesar, arrebatar.

enrich [ɪn'rɪtʃ] *vt* [gen] enriquecer; [soil] fertilizar.

enriching [ɪn'rɪtʃɪŋ] *adj* enriquecedor(ra).

enrichment [ɪn'rɪtʃmənt] *n* [gen] enriquecimiento *m*; [of soil] fertilización *f*.

enrol *Br* (*pt & pp* **enrolled**, *cont* **enrolling**), **enroll** *Am* [ɪn'rəul] ◇ *vt* **- 1.** [student] matricular. **- 2.** [member] inscribir; MIL [recruit] enrolar, alistar. **- 3.** *Am* POL [register] registrar. ◇ *vi*: **to ~ (on)** [student] matricularse (en); [recruit] enrolarse OR alistarse (en).

enrolment *Br*, **enrollment** *Am* [ɪn'rəulmənt] *n* [of students] (*U*) matrícula *f*, inscripción *f*; [of members] inscripción *f*; MIL [of recruits] alistamiento *m*.

en route [ˌɒn'ruːt] *adv*: **~ (from/to)** en el camino (de/a).

ensconce [ɪn'skɒns] *vt fml*: **to ~ o.s. in** repantigarse OR instalarse cómodamente en.

ensconced [ɪn'skɒnst] *adj fml*: **~ (in)** repantigado(da) OR arrellanado(da) (en).

ensemble [ɒn'sɒmbl] *n* [gen & MUS] conjunto *m*; THEATRE compañía *f*.

enshrine [ɪn'ʃraɪn] *vt fig* [cherish] conservar religiosamente; **to be ~d in sthg** estar amparado(da) OR salvaguardado(da) por algo.

enshroud [ɪn'ʃraud] *vt literary* [conceal] ocultar.

ensign ['ensaɪn] *n* **- 1.** [flag] bandera *f*, enseña *f*; NAUT pabellón *m*, bandera *f*. **- 2.** *Am* [sailor] ≃ alférez *m* de fragata.

enslave [ɪn'sleɪv] *vt* esclavizar.

enslavement [ɪn'sleɪvmənt] *n* esclavitud *f*.

ensnare [ɪn'sneər] *vt literary* atrapar.

ensue [ɪn'sjuː] *vi fml* [gen] surgir, originarse; [war] sobrevenir.

ensuing [ɪn'sjuːɪŋ] *adj fml* subsiguiente.

ensure [ɪn'ʃuər] *vt*: **to ~ (that)** asegurar que.

ENT (*abbr of* **Ear, Nose & Throat**) *n* otorrinolaringología *f*.

entail [ɪn'teɪl] *vt* [involve] conllevar, suponer.

entangle [ɪn'tæŋgl] *vt* **- 1.** [snarl] enredar, enmarañar. **- 2.** *fig* [involve] implicar, envolver.

entangled [ɪn'tæŋgld] *adj* **- 1.** [gen]: **to be ~ (in)** estar enredado(da) (en). **- 2.** [emotionally]: **to be ~ with sb** tener un lío con alguien.

entanglement [ɪn'tæŋglmənt] *n* [emotional] lío *m*.

entente [ɒn'tɒnt] *n* entente *f*, concierto *m*.

enter ['entər] ◇ *vt* **- 1.** [gen] entrar en. **- 2.** [join - profession, parliament] ingresar en; [- university] matricularse en; [- army, navy] alistarse en. **- 3.** [become involved in - politics etc] meterse en; [- race, examination etc] presentarse a. **- 4.** [register]: **to ~ sthg/sb for sthg** inscribir algo/a alguien en algo. **- 5.** [write down] anotar, apuntar. **- 6.** [appear in] presentarse OR aparecer en. **- 7.** [submit] presentar. **- 8.** COMPUT meter, dar entrada a. ◇ *vi* **- 1.** [come or go in] entrar. **- 2.** [participate]: **to ~ (for sthg)** presentarse (a algo).

◆ **enter into** *vt fus* [gen] entrar en; [agreement] concertar, comprometerse a.

enteritis [ˌentə'raɪtɪs] *n* enteritis *f inv*.

enter key *n* COMPUT tecla *f* de entrada.

enterprise ['entəpraɪz] *n* **- 1.** [company, venture, business] empresa *f*. **- 2.** (*U*) [initiative] iniciativa *f*, arrojo *m*.

enterprise culture *n* cultura *f* empresarial.

enterprise zone *n zona del Reino Unido donde se fomenta la actividad industrial y empresarial.*

enterprising ['entəpraɪzɪŋ] *adj* emprendedor(ra).

entertain [ˌentə'teɪn] ◇ *vt* **- 1.** [amuse] divertir, entretener. **- 2.** [invite] recibir (en casa). **- 3.** *fml* [idea, proposal] considerar. **- 4.** *fml* [hopes, ambitions] abrigar. ◇ *vi* **- 1.** [amuse] divertir, entretener. **- 2.** [have guests] recibir.

entertainer [ˌentə'teɪnər] *n* artista *mf*.

entertaining [ˌentə'teɪnɪŋ] ◇ *adj* divertido(da), entretenido(da). ◇ *n* (*U*): **she does a lot of ~** siempre tiene invitados en casa.

entertainment [ˌentə'teɪnmənt] ◇ *n* **- 1.** (*U*) [amusement] diversión *f*, entretenimiento *m*, entretención *f Amér*. **- 2.** [show] espectáculo *m*. ◇ *comp* del espectáculo.

entertainment allowance *n* gastos *mpl* de representación.

enthral (*pt & pp* **enthralled**, *cont* **enthralling**), **enthrall** *Am* [ɪn'θrɔːl] *vt* cautivar, embelesar.

enthralling [ɪn'θrɔːlɪŋ] *adj* cautivador(ra).

enthrone [ɪn'θrəun] *vt fml* entronizar.

enthronement [ɪn'θrəunmənt] *n fml* entronización *f*.

enthuse [ɪn'θjuːz] *vi*: **to ~ (about)** entusiasmarse (por).

enthusiasm [ɪn'θjuːzɪæzm] *n* **- 1.** [passion, eagerness]: **~ (for)** entusiasmo *m* (por). **- 2.** [interest] pasión *f*, interés *m*.

enthusiast [ɪn'θjuːzɪæst] *n* entusiasta *mf*.

enthusiastic [ɪnˌθjuːzɪ'æstɪk] *adj* **- 1.** [person] entusiasta; [cry, response] entusiástico(ca). **- 2.** [applause, welcome] caluroso(sa).

enthusiastically [ɪnˌθjuːzɪ'æstɪklɪ] *adv* con entusiasmo.

entice [ɪn'taɪs] *vt* seducir, atraer.

enticement [ɪn'taɪsmənt] *n* atractivo *m*, seducción *f*.

enticing [ɪn'taɪsɪŋ] *adj* tentador(ra), atractivo(va).

entire [ɪn'taɪər] *adj* **- 1.** [whole] entero(ra); **the ~ evening** toda la noche. **- 2.** [intact] intacto(ta), entero(ra).

entirely [ɪn'taɪəlɪ] *adv* enteramente; **I'm not ~ sure** no estoy del todo seguro.

entirety [ɪn'taɪrətɪ] *n fml*: **in its ~** en su totalidad.

entitle [ɪn'taɪtl] *vt* [allow]: **to ~ sb to sthg** dar a alguien derecho a algo; **to ~ sb to do sthg** autorizar a alguien a hacer algo.

entitled [ɪn'taɪtld] *adj* **- 1.** [allowed]: **to be ~ to sthg/to do sthg** tener derecho a algo/a hacer algo. **- 2.** [having the title] titulado(da).

entitlement [ɪn'taɪtlmənt] *n* derecho *m*.

entity ['entətɪ] (*pl* **entities**) *n* entidad *f*.

entomb [ɪn'tuːm] *vt fml* sepultar, enterrar.

entomological [ˌentəmə'lɒdʒɪkl] *adj* entomológico(ca).

entomologist [ˌentə'mɒlədʒɪst] *n* entomólogo *m*, -ga *f*.

entomology [ˌentə'mɒlədʒɪ] *n* entomología *f*.

entourage [ˌɒntu'rɑːʒ] *n* séquito *m*.

entrails ['entreɪlz] *npl* entrañas *fpl*.

entrain [ɪn'treɪn] ◇ *vi fml* subir al tren. ◇ *vt* **- 1.** *fml* [person] embarcar en un tren. **- 2.** [subj: liquid, gas] arrastrar.

entrance [*n* 'entrəns, *vt* ın'traːns] ◇ *n*: ~ **(to)** entrada *f* (a OR de); **to gain** ~ **to** *fml* [building] lograr acceso a; [society, university] lograr el ingreso en; **to make one's** ~ [gen] hacer (uno) su entrada; THEATRE entrar en escena. ◇ *comp* de entrada, de ingreso; ~ **requirements** requisitos *mpl* de entrada OR para el ingreso. ◇ *vt* - **1.** *fig* [delight] encantar, hechizar. - **2.** [hypnotize] poner en trance.

entrance examination ['entrəns-] *n* examen *m* de ingreso.

entrance fee ['entrəns-] *n* (precio *m* de) entrada *f*.

entrance hall ['entrəns-] *n* [in house, in hotel] vestíbulo *m*, hall *m*.

entrance ramp ['entrəns-] *n Am* rampa *f* de entrada OR acceso.

entrancing [ın'traːnsıŋ] *adj* encantador(ra), cautivador(ra).

entrancingly [ın'traːnsıŋlı] *adv* [smile] de un modo encantador; [dance, sing] deliciosamente, de forma cautivadora.

entrant ['entrənt] *n* participante *mf*.

entrap [ın'træp] (*pt & pp* **entrapped**, *cont* **entrapping**) *vt fml* hacer caer en una trampa.

entrapment [ın'træpmənt] *n* incitación *f* al delito (por un miembro de la policía).

entreat [ın'triːt] *vt*: **to** ~ **sb (to do sthg)** suplicar OR rogar a alguien (que haga algo).

entreaty [ın'triːtı] (*pl* **entreaties**) *n* ruego *m*, súplica *f*.

entrée ['ɒntreɪ] *n* - **1.** [right of entry] entrada *f*, acceso *m*. - **2.** *Am* [main dish] plato *m* principal.

entrench [ın'trentʃ] *vt* MIL atrincherar; **to** ~ **o.s.** *fig* atrincherarse.

entrenched [ın'trentʃt] *adj* [firm] arraigado(da).

entrenchment [ın'trentʃmənt] *n* atrincheramiento *m*.

entrepreneur [ˌɒntrəprə'nɜːʳ] *n* empresario *m*, -ria *f*.

entrepreneurial [ˌɒntrəprə'nɜːrɪəl] *adj* empresarial.

entropy ['entrəpı] *n* entropía *f*.

entrust [ın'trʌst] *vt*: **to** ~ **sthg to sb, to** ~ **sb with sthg** confiar algo a alguien.

entry ['entrı] (*pl* **entries**) *n* - **1.** [gen]: ~ **(into)** entrada *f* (en); **no** ~ se prohibe la entrada, prohibido el paso. - **2.** *fig* [into group, society] ingreso *m*. - **3.** [in competition] participante *mf*. - **4.** [in diary] anotación *f*; [in ledger] partida *f*, asiento *m*; [in dictionary, encyclopedia] entrada *f*, artículo *m*.

entry fee *n* [for cinema, museum] entrada *f*; [for organization] cuota *f* (de ingreso).

entry form *n* boleto *m* OR impreso *m* de inscripción.

entryism ['entrıızm] *n* *práctica política que consiste en entrar en un partido con el fin de cambiarlo una vez dentro.*

entry-level *adj* [program] básico(ca), para principiantes.

entry phone *n Br* portero *m* automático.

entryway ['entrıˌweɪ] *n Am* camino *m* de entrada.

entwine [ın'twaın] *fml* ◇ *vt* entrelazar. ◇ *vi* entrelazarse.

E number *n* número *m* E.

enumerate [ı'njuːməreıt] *vt* enumerar.

enumeration [ıˌnjuːmə'reıʃn] *n* enumeración *f*.

enumerative [ı'njuːmərətıv] *adj* enumerativo(va).

enumerator [ı'njuːməreıtəʳ] *n* enumerador *m*.

enunciate [ı'nʌnsıeıt] ◇ *vt* - **1.** [word] pronunciar. - **2.** *fml* [idea, plan] enunciar. ◇ *vi* vocalizar.

enunciation [ıˌnʌnsı'eıʃn] *n* - **1.** [of word] pronunciación *f*. - **2.** *fml* [of idea, plan] enunciación *f*.

enuresis [ˌenjʊə'riːsıs] *n* enuresis *f inv*.

envelop [ın'veləp] *vt*: **to** ~ **sthg/sb in** envolver algo/a alguien en.

envelope ['envələup] *n* - **1.** [for letter] sobre *m*. - **2.** BIOL envoltura *f*, túnica *f*. - **3.** MATH envolvente *f*. - **4.** [of balloon] envoltura *f*.

enviable ['envıəbl] *adj* envidiable.

envious ['envıəs] *adj* [person] envidioso(sa); [look] de envidia.

enviously ['envıəslı] *adv* con envidia.

environment [ın'vaıərənmənt] *n* - **1.** [surroundings] ambiente *m*, entorno *m*. - **2.** [natural world]: **the** ~ el medio ambiente; **Department of the Environment** *Br* Ministerio *m* del Medio Ambiente. - **3.** COMPUT entorno *m*.

environmental [ın,vaıərən'mentl] *adj* medioambiental, ambiental; ~ **pollution** contaminación *f* del medio ambiente; ~ **science/studies** ciencia *f*/estudios *mpl* del medio ambiente.

environmentalism [ın,vaıərən'mentəlızm] *n* - **1.** ECOLOGY ecologismo *m*. - **2.** PSYCH ambientalismo *m*.

environmentalist [ın,vaıərən'mentəlıst] *n* ecologista *mf*.

environmentally [ın,vaıərən'mentəlı] *adv* ecológicamente, desde el punto de vista medioambiental; ~ **friendly** ecológico(ca), que respeta el medio ambiente.

Environmental Protection Agency *n Am* Ministerio *m* del Medio Ambiente.

environment-friendly *adj* [policy] que respeta el medio ambiente; [product] ecológico(ca).

environs [ın'vaıərənz] *npl* alrededores *mpl*.

envisage *Br* [ın'vızıdʒ], **envision** *Am* [ın'vıʒn] *vt* - **1.** [predict] prever. - **2.** [imagine] imaginarse, concebir.

envoy ['envɔı] *n* enviado *m*, -da *f*.

envy ['envı] (*pt & pp* **envied**) ◇ *n* envidia *f*; **to be the** ~ **of** ser la envidia de ❑ **to be green with** ~ estar muerto(ta) de envidia. ◇ *vt*: **to** ~ **(sb sthg)** envidiar (algo a alguien).

enwrap [ın'ræp] (*pt & pp* **enwrapped**, *cont* **enwrapping**) *vt* envolver.

enzyme ['enzaım] *n* enzima *f*.

EOC *n abbr of* **Equal Opportunities Commission**.

Eocene ['iːəʊsiːn] *adj* eoceno(na).

eolith ['iːəʊlıθ] *n* eolito *m*.

eon *n Am* = **aeon**.

eosin(e) ['iːəʊsın] *n* eosina *f*.

Eozoic [iːəʊ'zəʊık] *adj* precámbrico(ca).

EP (*abbr of* **extended-play**) *n* MUS EP *m*.

EPA *n abbr of* **Environmental Protection Agency**.

epaulet(te) [ˌepə'let] *n* charretera *f*.

ephemera [ı'femərə] (*pl* **ephemeras** OR **ephemerae** [-riː]) *n* - **1.** ZOOL efímera *f*, cachipolla *f*. - **2.** [shortlived thing] cosa *f* efímera.

ephemeral [ı'femərəl] *adj* efímero(ra).

Ephraim ['iːfreıım] *n* Efraim *m*, Efraín *m*.

epic ['epık] ◇ *adj* épico(ca). ◇ *n* epopeya *f*.

epicene ['epısiːn] *adj* - **1.** [hermaphrodite] hermafrodita; [sexless] asexual. - **2.** *literary* [effeminate] afeminado(da). - **3.** GRAMM epiceno.

epicentre *Br*, **epicenter** *Am* ['epısentəʳ] *n* epicentro *m*.

epicure ['epıˌkjʊəʳ] *n* gastrónomo *m*, -ma *f*, gourmet *mf*.

epicurean [ˌepıkjʊə'riːən] ◇ *adj* epicúreo(a). ◇ *n* - **1.** [gen] epicúreo *m*, -a *f*. - **2.** [gourmet] gastrónomo *m*, -ma *f*.

◆ **Epicurean** PHILOS ◇ *adj* epicúreo(a). ◇ *n* epicúreo *m*, -a *f*.

epicurism ['epıˌkjʊərızm] *n* epicureísmo *m*.

Epicurus [ˌepı'kjʊərəs] *n* Epicuro *m*.

epicyclic [ˌepı'saıklık] *adj* epicíclico(ca).

epidemic [ˌepı'demık] ◇ *n* epidemia *f*. ◇ *adj* epidémico(ca).

epidemiology ['epıˌdiːmı'blədʒı] *n* epidemiología *f*.

epidermis [ˌepı'dɜːmıs] *n* epidermis *f inv*.

epidiascope [ˌepı'daıəskəʊp] *n* epidiascopio *m*.

epidural [ˌepı'djʊərəl] *n* epidural *f*.

epigenesis [ˌepı'dʒenısıs] *n* epigénesis *f inv*.

epiglottis [ˌepı'glɒtıs] *n* epiglotis *f inv*.

epigram ['epıgræm] *n* epigrama *m*.

epigrammatic *adj* epigramático(ca).

epigraph ['epıgraːf] *n* epígrafe *m*.

epilepsy ['epılepsı] *n* epilepsia *f*.

epileptic [ˌepı'leptık] ◇ *adj* epiléptico(ca); ~ **fit** ataque *m* epiléptico. ◇ *n* epiléptico *m*, -ca *f*.

epilogue Br ['epilɒg], **epilog** Am [e'pilɒg] n epílogo m.

epinephrine [,epɪ'nefrɪn] n Am adrenalina f.

Epiphany [ɪ'pɪfənɪ] n Epifanía f.

episcopal [ɪ'pɪskəpl] adj [of bishop] episcopal.

Episcopal Church n: **the** ~ la Iglesia episcopal anglicana.

episcopalian [ɪ,pɪskəʊ'peɪljən] ◇ adj episcopal. ◇ n episcopalista mf.

episcopate [ɪ'pɪskəpət] n episcopado m.

episcope [ɪ'pɪskəʊp] n Br episcopio m.

episiotomy [ɪ,pɪzɪ'ɒtəmɪ] (pl **episiotomies**) n episiotomía f.

episode ['epɪsəʊd] n - **1.** [event] episodio m. - **2.** [of story, TV series] capítulo m.

episodic [epɪ'sɒdɪk] adj episódico(ca).

epistemology [e,pɪstɪ'mɒlədʒɪ] n epistemología f.

epistle [ɪ'pɪsl] n epístola f.

◆ **Epistle** n BIBLE Epístola f.

epistolary [ɪ'pɪstələrɪ] adj epistolar.

epitaph ['epɪtɑːf] n epitafio m.

epithelium [,epɪ'θiːljəm] (pl **epitheliums** OR **epithelia** [-ljə]) n epitelio m.

epithet ['epɪθet] n epíteto m.

epitome [ɪ'pɪtəmɪ] n - **1.** [typical example]: **the** ~ **of** [person] la personificación de; [thing] el vivo ejemplo de. - **2.** [of book] epítome m, resumen m.

epitomize, -ise [ɪ'pɪtəmaɪz] vt - **1.** [typify - subj: person] personificar; [- subj: thing] representar el paradigma de. - **2.** [book] resumir, compendiar.

epoch ['iːpɒk] n época f.

epoch-making adj histórico(ca), que hace época.

eponym ['epəʊnɪm] n epónimo m.

eponymous [ɪ'pɒnɪməs] adj epónimo(ma).

EPOS ['iːpɒs] (abbr of **electronic point of sale**) n punto de venta electrónica.

epoxy (resin) ['ɪpɒksɪ-] n resina f epoxídica.

EPROM ['iːprɒm] (abbr of **erasable programmable read only memory**) n EPROM f.

epsilon ['epsɪlɒn] n epsilón f.

Epsom salts ['epsəm-] npl epsomita f.

equability [,ekwə'bɪlətɪ] n [calmness, reasonableness] ecuanimidad f.

equable ['ekwəbl] adj - **1.** [calm, reasonable] ecuánime. - **2.** [unvarying] invariable, uniforme.

equably ['ekwəblɪ] adv con ecuanimidad, ecuánimemente.

equal ['iːkwəl] (Br pt & pp **equalled**, cont **equalling** Am pt & pp **equaled**, cont **equaling**) ◇ adj igual; **two bundles of ~ weight** dos bultos del mismo OR de igual peso; ~ **to** [sum] igual a; **to be ~ to** [task etc] estar a la altura de; ~ **rights** igualdad f de derechos; **on ~ terms** en igualdad de condiciones ❏ **all things being** ~ salvo imprevistos. ◇ vt - **1.** MATH ser igual a; **4 plus 6 ~s 10** 4 más 6 es igual a OR son 10. - **2.** [person, quality, record] igualar.

equality [iː'kwɒlətɪ] n [gen & MATH] igualdad f.

equalization [,iːkwəlaɪ'zeɪʃn] n [gen] igualación f; ELECTRON ecualización f; FIN compensación f, uniformación f.

equalize, -ise ['iːkwəlaɪz] ◇ vt - **1.** [chances] igualar. - **2.** FIN compensar, uniformar. ◇ vi SPORT empatar.

equalizer ['iːkwəlaɪzər] n - **1.** SPORT (gol m de la) igualada f. - **2.** ELECTRON ecualizador m.

equally ['iːkwəlɪ] adv - **1.** [gen] igualmente; ~ **important** igual de importante. - **2.** [share, divide] a partes iguales, por igual.

equal opportunities npl igualdad f de oportunidades.

Equal Opportunities Commission n organismo gubernamental británico contra la discriminación sexual, racial etc.

equal(s) sign n igual m, signo m de igualdad.

equanimity [,ekwə'nɪmətɪ] n ecuanimidad f.

equatable [ɪ'kweɪtəbl] adj equiparable, comparable.

equate [ɪ'kweɪt] vt - **1.** [regard as equivalent]: **to** ~ **sthg with** equiparar algo con. - **2.** [balance] igualar. - **3.** MATH poner en ecuación.

equation [ɪ'kweɪʒn] n ecuación f.

equator [ɪ'kweɪtər] n: **the** ~ el ecuador.

equatorial [,ekwə'tɔːrɪəl] adj ecuatorial.

Equatorial Guinea n Guinea Ecuatorial.

equerry ['ekwərɪ] (pl **equerries**) n - **1.** [officer] caballerizo m mayor del rey. - **2.** [attendant] ayuda de cámara de la casa real británica.

equestrian [ɪ'kwestrɪən] adj ecuestre.

equidistant [iːkwɪ'dɪstənt] adj: ~ **(from)** equidistante (de).

equilateral [iːkwɪ'lætərəl] adj equilátero(ra).

equilateral triangle n triángulo m equilátero.

equilibrant [ɪ,kwɪlɪbrənt] n fuerza f equilibrante.

equilibrate [iːkwɪ'laɪbreɪt, ɪ'kwɪlɪ,breɪt] vt equilibrar.

equilibrium [iːkwɪ'lɪbrɪəm] n equilibrio m.

equine ['ekwaɪn] adj equino(na).

equinox ['iːkwɪnɒks] n equinoccio m.

equip [ɪ'kwɪp] (pt & pp **equipped**, cont **equipping**) vt - **1.** [provide with equipment]: **to** ~ **sthg (with)** equipar algo (con); **to** ~ **sb (with)** proveer a alguien (de). - **2.** [prepare]: **to be equipped for** estar bien dotado (bien dotada) para.

equipage ['ekwɪpɪdʒ] n - **1.** [carriage] carroza f. - **2.** MIL bagaje m, impedimenta f.

equipment [ɪ'kwɪpmənt] n (U) equipo m.

equitable ['ekwɪtəbl] adj equitativo(va).

equitably ['ekwɪtəblɪ] adv equitativamente.

equitation [,ekwɪ'teɪʃn] n fml equitación f.

equity ['ekwətɪ] n JUR [fairness] equidad f.

◆ **equities** ['ekwətɪz] npl ST EX acciones fpl ordinarias.

equivalence [ɪ'kwɪvələns] n equivalencia f.

equivalent [ɪ'kwɪvələnt] ◇ adj equivalente; **to be** ~ **to** equivaler a. ◇ n equivalente m.

equivocal [ɪ'kwɪvəkl] adj equívoco(ca).

equivocally [ɪ'kwɪvəklɪ] adv - **1.** [ambiguously] de un modo equívoco OR ambiguo. - **2.** [dubiously] de un modo dudoso.

equivocate [ɪ'kwɪvəkeɪt] vi andarse con ambigüedades.

equivocation [ɪ,kwɪvə'keɪʃn] n (U) fml - **1.** [act] anfibología f. - **2.** [ambiguity] ambigüedad f.

er [ɜːr] excl ¡ejem!

ER (abbr of **Elizabeth Regina**) emblema de la reina Isabel.

era ['ɪərə] (pl **eras**) n era f, época f.

ERA ['ɪərə] (abbr of **Equal Rights Amendment**) n ley estadounidense de igualdad de derechos para las mujeres.

eradicate [ɪ'rædɪkeɪt] vt erradicar.

eradication [ɪ,rædɪ'keɪʃn] n erradicación f.

erase [ɪ'reɪz] vt lit & fig borrar.

eraser [ɪ'reɪzər] n esp Am goma f de borrar.

erasing [ɪ'reɪzɪŋ] n borrado m, borradura f.

erasure [ɪ'reɪʒər] n - **1.** [act] borradura f. - **2.** [mark] raspadura f.

erbium ['ɜːbɪəm] n erbio m.

ere [eər] arch ◇ prep antes de. ◇ conj antes que.

erect [ɪ'rekt] ◇ adj - **1.** [person, posture] erguido(da). - **2.** [penis] erecto(ta). ◇ vt - **1.** [building, statue] erigir, levantar. - **2.** [tent] montar. - **3.** fig [system] establecer.

erectile [ɪ'rektaɪl] adj eréctil.

erection [ɪ'rekʃn] n - **1.** (U) [of building, statue] construcción f. - **2.** [erect penis] erección f.

erectness [ɪ'rektnɪs] n erección f, erguimiento m.

erector [ɪ'rektər] n - **1.** [muscle] músculo m erector. - **2.** [builder] constructor m, -ra f.

erg [ɜːg] n ergio m.

ergo ['ɜːgəʊ] adv por tanto, en consecuencia.

ergonomic [,ɜːgəʊ'nɒmɪk] adj ergonómico(ca).

◆ **ergonomics** n (U) ergonomía f.

Erie ['ɪərɪ] n: **Lake** ~ el lago Erie.

ERISA [ə'riːsə] (abbr of **Employee Retirement Income Security Act**) n ley estadounidense de pensiones de jubilación.

Eritrea [,erɪ'treɪə] n Eritrea.

Eritrean [,erɪ'treɪən] ◇ adj eritreo(a). ◇ n eritreo m, -a f.

ERM (abbr of **Exchange Rate Mechanism**) n mecanismo de tipos de cambio del SME.

ermine ['ɜːmɪn] n armiño m.

ERNIE ['ɜːnɪ] (abbr of **Electronic Random Number Indicator Equipment**) n ordenador central que selecciona los números ganadores de los 'premium bonds' en Gran Bretaña.

erode [ɪ'rəʊd] ◇ vt - **1.** [rock, soil] erosionar; [metal] desgastar. - **2.** [confidence, rights] mermar. ◇ vi - **1.** [rock, soil] erosionarse; [metal] desgastarse. - **2.** [confidence, rights] mermarse.

erogenous [ɪ'rɒdʒɪnəs] adj erógeno(na).

erogenous zone n zona f erógena.

Eros ['ɪərɒs] n MYTH Eros m.

erosion [ɪ'rəʊʒn] n - **1.** [of rock, soil] erosión f; [of metal] desgaste m. - **2.** [of confidence, rights] merma f.

erosive [ɪ'rəʊsɪv] adj erosivo(va).

erotic [ɪ'rɒtɪk] adj erótico(ca).

erotica [ɪ'rɒtɪkə] npl literatura f erótica.

erotically [ɪ'rɒtɪklɪ] adv con erotismo, de un modo erótico.

eroticism [ɪ'rɒtɪsɪzm] n erotismo m.

err [ɜːʳ] vi equivocarse, errar; **to** ~ **is human** proverb equivocarse es de humanos; **to** ~ **on the side of caution** pecar de prudente.

errand ['erənd] n recado m, mandado m; **to go on** OR **run an** ~ hacer un recado.

errand boy n chico m de los recados, recadero m.

errant ['erənt] adj - **1.** [wandering] errante, errabundo(da). - **2.** [erring] equivocado(da).

errantry ['erəntrɪ] n vida f errante.

errata [e'rɑːtə] pl → **erratum**.

erratic [ɪ'rætɪk] adj irregular.

erratically [ɪ'rætɪklɪ] adv [act, behave] de un modo voluble OR caprichoso; [move, work] de un modo irregular; **he drives** ~ conduce de una forma desconcertante.

erratum [e'rɑːtəm] (pl **errata** [-tə]) n errata f.

erroneous [ɪ'rəʊnjəs] adj fml erróneo(a).

erroneously [ɪ'rəʊnjəslɪ] adv fml erróneamente.

error ['erəʳ] n error m; **spelling** ~ error m ortográfico; ~ **of judgment** error de cálculo; **in** ~ por equivocación.

error message n COMPUT mensaje m de error.

ersatz ['eəzæts] ◇ adj sucedáneo(a). ◇ n sucedáneo m.

erstwhile ['ɜːstwaɪl] literary ◇ adj antiguo(gua). ◇ adv antiguamente.

eruct [ɪ'rʌkt] vi fml eructar.

eructation [,iːrʌk'teɪʃn] n fml eructo m.

erudite ['eruːdaɪt] adj erudito(ta).

erudition [,eruː'dɪʃn] n erudición f.

erupt [ɪ'rʌpt] vi - **1.** [volcano] entrar en erupción; fig [violence, war] estallar. - **2.** [pimples] hacer erupción; [tooth] salir.

eruption [ɪ'rʌpʃn] n - **1.** [of volcano] erupción f; fig [of violence, war] estallido m, explosión f. - **2.** [of pimples] erupción f; [of tooth] dentición f.

ESA (abbr of **European Space Agency**) n ESA f.

escalate ['eskəleɪt] vi - **1.** [conflict] intensificarse. - **2.** [costs] ascender, incrementarse.

escalation [,eskə'leɪʃn] n - **1.** [of conflict, violence] intensificación f, escalada f. - **2.** [of costs] ascenso m, incremento m.

escalator ['eskəleɪtəʳ] n escalera f mecánica.

escalator clause n cláusula f de actualización.

escalope ['eskə,lɒp] n escalope m.

escapade [,eskə'peɪd] n aventura f.

escape [ɪ'skeɪp] ◇ n - **1.** [gen] fuga f. - **2.** [of gas, water] escape m. - **3.** [means of distraction] escapatoria f, evasión f. ◇ vt - **1.** [avoid] escapar a, eludir; **to** ~ **notice** pasar inadvertido(da). - **2.** [subj: fact, name]: **her name** ~**s me** ahora mismo no caigo en su nombre. ◇ vi - **1.** [gen]: **to** ~ **(from)** escaparse (de). - **2.** [survive] escapar.

escape clause n cláusula f de excepción.

escapee [ɪ,skeɪ'piː] n prófugo m, -ga f, fugitivo m, -va f.

escape key n COMPUT tecla f de escape.

escape road n pista f de frenado.

escape route n - **1.** [from prison] vía f de escape. - **2.** [from fire] salida f de emergencia.

escape valve n válvula f de escape.

escape velocity n velocidad f de escape OR fuga.

escapism [ɪ'skeɪpɪzm] n (U) escapismo m, evasión f.

escapist [ɪ'skeɪpɪst] ◇ adj de evasión. ◇ n escapista mf.

escapologist [,eskə'pɒlədʒɪst] n escapista mf.

escarpment [ɪ'skɑːpmənt] n escarpa f.

eschatology [,eskə'tɒlədʒɪ] n escatología f.

eschew [ɪs'tʃuː] vt fml evitar.

escort [n 'eskɔːt, vb ɪ'skɔːt] ◇ n - **1.** [guard] escolta f; **under** ~ bajo escolta. - **2.** [companion] acompañante mf. ◇ vt escoltar; **to** ~ **sb home** acompañar a alguien a casa.

escort agency n agencia f de acompañantes.

escrow ['eskrəʊ] n fideicomiso m; **in** ~ en depósito, en custodia de tercera persona.

escrow account n cuenta f entregada a terceros en custodia.

escudo [e'skuːdəʊ] (pl **escudos**) n escudo m.

escutcheon [ɪ'skʌtʃn] n - **1.** [shield] escudo m de armas. - **2.** [on door, handle, light switch] escudete m, escudo m.

ESE (written abbr of **east-southeast**) ESE.

Eskimo ['eskɪməʊ] (pl **Eskimos**) ◇ adj esquimal. ◇ n - **1.** [person] esquimal mf. - **2.** [language] esquimal m.

Eskimo dog n perro m esquimal.

ESL (abbr of **English as a Second Language**) n inglés como segunda lengua.

esophagus n Am = **oesophagus**.

esoteric [,esə'terɪk] adj esotérico(ca).

esp. (written abbr of **especially**) esp.

ESP n - **1.** written abbr of **extrasensory perception**. - **2.** (abbr of **English for special purposes**) inglés especializado.

espadrille [,espə'drɪl] n alpargata f.

especial [ɪ'speʃl] adj - **1.** [exceptional] especial. - **2.** [specific] particular.

especially [ɪ'speʃəlɪ] adv - **1.** [in particular] sobre todo. - **2.** [more than usually, specifically] especialmente.

Esperanto [,espə'ræntəʊ] n esperanto m.

espionage ['espɪənɑːʒ] n espionaje m.

esplanade [,esplə'neɪd] n paseo m marítimo.

espousal [ɪ'spaʊzl] n fml [of belief, cause] apoyo m, adhesión f.

espouse [ɪ'spaʊz] vt fml apoyar.

espresso [e'spresəʊ] (pl **espressos**) n café m exprés.

espy [ɪ'spaɪ] (pt & pp **espied**) vt vislumbrar, divisar.

Esq. (written abbr of **esquire**) D.; **James Roberts,** ~ D. James Roberts.

Esquire [ɪ'skwaɪəʳ] n Sr. Don; **B. Jones** ~ Sr. Don B. Jones.

essay [n 'eseɪ, vb e'seɪ] ◇ n - **1.** SCH redacción f, composición f; UNIV trabajo m. - **2.** LITERATURE ensayo m. - **3.** fml [attempt] intento m. ◇ vt fml - **1.** [try] intentar. - **2.** [test] probar, ensayar.

essayist ['eseɪɪst] n ensayista mf.

essence ['esns] n esencia f; **in** ~ esencialmente.

essential [ɪ'senʃl] adj - **1.** [absolutely necessary]: ~ **(to** OR **for)** esencial OR indispensable (para); **it is** ~ **that...** es esencial que... - **2.** [basic] fundamental, esencial.

◆ **essentials** npl - **1.** [basic commodities] lo indispensable. - **2.** [most important elements] elementos mpl esenciales.

essentially [ɪ'senʃəlɪ] *adv* [basically] esencialmente.

essential oil *n* aceite *m* esencial.

est. - 1. *written abbr of* **established. - 2.** *written abbr of* **estimated**.

EST (*abbr of* **Eastern Standard Time**) *n* hora oficial de Nueva York.

establish [ɪ'stæblɪʃ] *vt* **- 1.** [gen] establecer; **to ~ contact with** establecer contacto con; **to ~ o.s. (as)** establecerse (como). **- 2.** [prove - facts, cause] verificar; [- innocence] demostrar, establecer.

established [ɪ'stæblɪʃt] *adj* **- 1.** [custom] arraigado(da). **- 2.** [company] establecido(da), consolidado(da); [order, government, reputation] consolidado(da). **- 3.** [fact] conocido(da), sabido(da). **- 4.** [religion] oficial; **the ~ Church** la Iglesia oficial.

establishment [ɪ'stæblɪʃmənt] *n* establecimiento *m*.

◆ **Establishment** *n:* **the Establishment** el Sistema.

estate [ɪ'steɪt] *n* **- 1.** [land, property] finca *f.* **- 2.** [housing estate] urbanización *f.* **- 3.** [industrial estate] polígono *m* industrial. **- 4.** JUR [inheritance] herencia *f;* [property] propiedad *f.* **- 5.** *fml* [state, position] posición *f,* clase *f.*

estate agency *n Br* agencia *f* inmobiliaria.

estate agent *n Br* agente inmobiliario *m*, agente inmobiliaria *f.*

estate car *n Br* ranchera *f*, coche *m* familiar.

estd., est'd. *written abbr of* **established**.

esteem [ɪ'stiːm] ◇ *n* estima *f*, consideración *f;* **to hold sthg/sb in high ~** tener en mucha estima algo/a alguien. ◇ *vt* **- 1.** [respect] estimar, apreciar. **- 2.** *fml* [consider] estimar, considerar.

esteemed [ɪ'stiːmd] *adj fml* estimado(da).

ester ['estəʳ] *n* éster *m.*

esterase ['estəreɪs] *n* esterasa *f.*

esthetic *etc Am* = **aesthetic** *etc.*

estimable ['estɪməbl] *adj* estimable.

estimate [*n* 'estɪmət, *vb* 'estɪmeɪt] ◇ *n* **- 1.** [calculation, judgment] cálculo *m*, estimación *f;* **rough ~** cálculo *m* aproximado. **- 2.** [written quote] presupuesto *m.* ◇ *vt* **- 1.** [calculate] estimar. **- 2.** [judge] estimar, juzgar. ◇ *vi* COMM: **to ~ for** hacer un presupuesto de.

estimated ['estɪmeɪtɪd] *adj* estimado(da), calculado(da); **~ time of arrival/of departure** hora *f* prevista de llegada/de salida.

estimation [,estɪ'meɪʃn] *n* **- 1.** [opinion] juicio *m;* **in my ~** a mi juicio. **- 2.** [calculation] cálculo *m.* **- 3.** [esteem] estima *f*, aprecio *m.*

estimator ['estɪmeɪtəʳ] *n* tasador *m*, -ra *f.*

Estonia [e'stəʊnjə] *n* Estonia.

Estonian [e'stəʊnjən] ◇ *adj* estonio(nia). ◇ *n* **- 1.** [person] estonio *m*, -nia *f.* **- 2.** [language] estonio *m.*

estoppel [ɪ'stɒpl] *n* JUR *traba legal que impide negar algo previamente afirmado.*

estrange [ɪ'streɪndʒ] *vt* enajenar, alejar.

estranged [ɪ'streɪndʒd] *adj* [husband, wife] separado(da); **his ~ son** su hijo con el que no se habla.

estrangement [ɪ'streɪndʒmənt] *n* enajenación *f*, alejamiento *m.*

estrogen *n Am* = **oestrogen**.

estrous *adj Am* = **oestrous**.

estrus *n Am* = **oestrus**.

USAGE ▶ Essay writing

The introduction

En este artículo vamos a tratar...
Hasta ahora, el tema de... era una cuestión...
A lo largo de este trabajo, me propongo ilustrar...
El objetivo de este ensayo no es otro que el de...
A modo de introducción, me gustaría examinar con cierto detalle...
El análisis que sigue pone de relieve...
En los últimos años/Hoy en día, el problema de... ha experimentado...
El título de estas páginas hace referencia a...
Es bien conocido el hecho de que...
Antes de abordar con detenimiento el tema que nos ocupa, consideremos...

Presenting arguments

▶ *structuring arguments:*

Comenzaremos por estudiar el tema de...; seguiremos con el problema de... y, finalmente, examinaremos...
Por una parte...; por otra parte...
En primer lugar...; en segundo lugar...
A este respecto, ...
En cuanto a...
Asimismo, ...
Por consiguiente, ...
Por tanto, cabe destacar...
De este contexto se deduce que...
A continuación...

▶ *giving one's opinion:*

Pienso que/Pensamos que...
Estimo que... [*formal*]
Podemos afirmar que...
En mi opinión, ...
Considero que...

▶ *giving examples:*

Por ejemplo, ...
Algunos ejemplos de... son: ...
Si se toma como ejemplo...
Consideremos por ejemplo...
Supongamos que...
Pongamos por caso...
Como ilustración de lo expuesto puede servir...

▶ *using quotations/references:*

En palabras de Aldous Huxley, ...
Como dijo Unamuno, ...
Tal y como afirma Noam Chomsky: ...
En opinión de san Agustín, ...

▶ *presenting counterarguments:*

No obstante/Sin embargo, ...
Por contra, ...
Ahora bien, por otro lado...
Si bien es verdad que..., esta cuestión merece un examen más detallado.
A pesar de lo estipulado por Freud, opino que...
En contra de la teoría marxista, sostengo que..
Así y todo, resulta necesario matizar...

The conclusion

Finalmente, ...
Por último y para concluir, ...
En suma, se trata de...
Para resumir, ...
En conclusión/En resumen, ...
Una vez considerados todos los aspectos de la cuestión, podemos concluir que...
Para terminar, ...
A modo de conclusión, ...
De todo ello se deduce que...

estuary ['estjʊərɪ] (*pl* **estuaries**) *n* estuario *m*.

ET (*abbr of* **Employment Training**) *programa del Gobierno británico para ayudar a los parados a acceder al mercado laboral*.

ETA (*abbr of* **estimated time of arrival**) *n* hora prevista de llegada.

et al. [ˌet'æl] (*abbr of* **et alii**) et al.

etc. (*abbr of* **etcetera**) etc.

etcetera [ɪt'setərə] *adv* etcétera.

etch [etʃ] *vt* [engrave] grabar al agua fuerte; *fig* [imprint]: **to be ~ed on sb's memory** estar grabado(da) en la memoria de alguien.

etching ['etʃɪŋ] *n* aguafuerte *m o f*.

ETD (*abbr of* **estimated time of departure**) *n* hora prevista de salida.

eternal [ɪ'tɜ:nl] *adj* [gen] eterno(na); *fig* [complaints, whining] perpetuo(tua), continuo(nua).

eternally [ɪ'tɜ:nəlɪ] *adv* [gen] eternamente; *fig* [complain, whine] continuamente.

eternal triangle *n*: **the** ~ el triángulo amoroso.

eternity [ɪ'tɜ:nətɪ] *n* eternidad *f*.

eternity ring *n Br* alianza *f*.

ether ['i:θəʳ] *n* éter *m*.

ethereal [ɪ'θɪərɪəl] *adj* etéreo(a).

ethic ['eθɪk] *n* ética *f*.

◆ **ethics** ◇ *n (U)* [study] ética *f*. ◇ *npl* [morals] moral *f*.

ethical ['eθɪkl] *adj* ético(ca).

Ethiopia [ˌi:θɪ'əʊpjə] *n* Etiopía.

Ethiopian [ˌi:θɪ'əʊpjən] ◇ *adj* etíope. ◇ *n* etíope *mf*.

ethnic ['eθnɪk] *adj* **- 1.** [traditions, groups, conflict] étnico(ca). **- 2.** [food] *típico de una cultura distinta a la occidental*; ~ **music** música *f* con raíces.

ethnically ['eθnɪklɪ] *adv* étnicamente, desde el punto de vista étnico.

ethnic cleansing *n* limpieza *f* étnica.

ethnicity ['eθnɪsɪtɪ] *n* carácter *m* étnico.

ethnic minority *n* minoría *f* étnica.

ethnology [eθ'nɒlədʒɪ] *n* etnología *f*.

ethos ['i:θɒs] *n* ética *f*, código *m* de valores.

ethyl chloride ['eθɪl-, 'i:θaɪl-] *n* cloruro *m* de etilo.

ethylene glycol ['eθɪli:n-] *n* etilenglicol *m*.

etiquette ['etɪket] *n* etiqueta *f*.

Etna ['etnə] *n*: **(Mount)** ~ el Etna.

Eton ['i:tn] *n*: ~ **(College)** *colegio privado para chicos de la clase alta británica*.

Etonian [i:'təʊnjən] *n* [pupil] alumno *m* del 'Eton College'.

ETU (*abbr of* **Electrical Trades Union**) *n sindicato británico de electricistas*.

ETV (*abbr of* **educational television**) *n televisión educativa*.

etymologist [ˌetɪ'mɒlədʒɪst] *n* etimólogo *m*, -ga *f*, etimologista *mf*.

etymology [ˌetɪ'mɒlədʒɪ] (*pl* **etymologies**) *n* etimología *f*.

EU (*abbr of* **European Union**) *n* UE *f*.

eucalyptus [ˌju:kə'lɪptəs] *n* eucalipto *m*.

Eucharist ['ju:kərɪst] *n* Eucaristía *f*.

euchre ['ju:kəʳ] *n* juego *m* de naipes.

Euclidian [ju:'klɪdɪən] *adj* euclidiano(na); ~ **geometry** geometría *f* euclidiana.

eugenics [ju:'dʒenɪks] *n (U)* eugenesia *f*.

eulogistic [ju:lə'dʒɪstɪk] *adj* elogioso(sa).

eulogize, -ise ['ju:lədʒaɪz] *vt* elogiar.

eulogy ['ju:lədʒɪ] (*pl* **eulogies**) *n* elogio *m*.

eunuch ['ju:nək] *n* eunuco *m*.

euphemism ['ju:fəmɪzm] *n* eufemismo *m*.

euphemistic [ju:fə'mɪstɪk] *adj* eufemístico(ca).

euphemistically [ju:fə'mɪstɪklɪ] *adv* eufemísticamente, de un modo eufemístico.

euphonious [ju:'fəʊnjəs] *adj fml* eufónico(ca).

euphonium [ju:'fəʊnjəm] *n* bombardino *m*.

euphony ['ju:fənɪ] *n* eufonía *f*.

euphoria [ju:'fɔ:rɪə] *n* euforia *f*.

euphoriant [ju:'fɔ:rɪənt] *n* estimulante *m*.

euphoric [ju:'fɒrɪk] *adj* eufórico(ca).

Eurasia [jʊə'reɪʒə] *n* Eurasia.

Eurasian [jʊə'reɪʒjən] ◇ *adj* euroasiático(ca). ◇ *n* euroasiático *m*, -ca *f*.

Euratom [jʊə'rætəm] (*abbr of* **European Atomic Energy Community**) *n* EURATOM *f*.

eureka [jʊə'ri:kə] *excl* ¡eureka!

Euro- ['jʊərəʊ] *prefix* euro-.

Eurobank ['jʊərəʊˌbæŋk] *n* eurobanco *m*.

Eurocheque ['jʊərəʊˌtʃek] *n* eurocheque *m*.

Eurocrat ['jʊərəʊˌkræt] *n* eurócrata *mf*.

Eurocurrency ['jʊərəʊˌkʌrənsɪ] (*pl* **Eurocurrencies**) *n* eurodivisa *f*.

Eurodollar ['jʊərəʊˌdɒləʳ] *n* eurodólar *m*.

Euro MP *n* eurodiputado *m*, -da *f*.

Europe ['jʊərəp] *n* **- 1.** [continent] Europa. **- 2.** EEC: **to join** ~ adherirse a la Unión Europea.

European [ˌjʊərə'pi:ən] ◇ *adj* europeo(a). ◇ *n* europeo *m*, -a *f*.

European Bank of Reconstruction and Development *n*: **the** ~ el Banco Europeo de Reconstrucción y Desarrollo.

European Community *n*: **the** ~ la Comunidad Europea.

European Court of Human Rights *n*: **the** ~ el Tribunal Europeo de Derechos Humanos.

European Court of Justice *n*: **the** ~ el Tribunal Europeo de Justicia.

European Currency Unit *n* Unidad *f* Monetaria Europea, ecu *m*.

European Free Trade Association *n*: **the** ~ la Asociación Europea de Libre Comercio.

Europeanism [jʊərə'pi:ənɪzm] *n* europeísmo *m*.

Europeanize, -ise [jʊərə'pi:ənaɪz] *vt* europeizar.

European Monetary System *n*: **the** ~ el Sistema Monetario Europeo.

European Parliament *n*: **the** ~ el Parlamento Europeo.

European plan *n Am régimen de alojamiento hotelero sin comidas*.

European Union *n* Unión *f* Europea.

Europhile ['jʊərəʊˌfaɪl] *n* partidario *m*, -ria *f* de la unidad europea.

Eurosceptic ['jʊərəʊˌskeptɪk] *n* euroescéptico *m*, -ca *f*.

eurospeak ['jʊərəʊˌspi:k] *n* jerga *f* comunitaria.

Eurovision® ['jʊərəʊˌvɪʒn] *n* Eurovisión *f*; **the** ~ **Song Contest** el Festival (de la canción) de Eurovisión.

Eustachian tube [ju:'steɪʃən-] *n* trompa *f* de Eustaquio.

euthanasia [ju:θə'neɪzjə] *n* eutanasia *f*.

evacuate [ɪ'vækjʊeɪt] *vt* [gen & PHYSIOL] evacuar.

evacuation [ɪˌvækjʊ'eɪʃn] *n* [gen & PHYSIOL] evacuación *f*.

evacuee [ɪˌvækjʊ'i:] *n* evacuado *m*, -da *f*.

evade [ɪ'veɪd] *vt* eludir.

evader [ɪ'veɪdəʳ] *n* evasor *m*, -ra *f*.

evaluate [ɪ'væljʊeɪt] *vt* evaluar.

evaluation [ɪˌvæljʊ'eɪʃn] *n* evaluación *f*, cálculo *m*.

evanescence [ˌi:və'nesns] *n* evanescencia *f*.

evanescent [ˌi:və'nesnt] *adj* evanescente.

evangelical [ˌi:væn'dʒelɪkl] *adj* evangélico(ca).

evangelicalism [ˌi:væn'dʒelɪkəlɪzm] *n* **- 1.** [preaching] evangelización *f*. **- 2.** [zeal] fervor *m* militante.

evangelism [ɪ'vændʒəlɪzm] *n* evangelismo *m*.

evangelist [ɪ'vændʒəlɪst] *n* evangelizador *m*, -ra *f*.

◆ **Evangelist** *n* evangelista *m*.

evangelize, -ise [ɪ'vændʒəlaɪz] ◇ *vt* evangelizar. ◇ *vi* predicar el Evangelio.

evaporate [ɪ'væpəreɪt] ◇ *vi* [liquid] evaporarse; *fig* [feeling] desvanecerse. ◇ *vt* evaporar.

evaporated milk [ɪ'væpəreɪtɪd-] *n* leche *f* evaporada.

evaporation [ɪ,væpə'reɪʃn] *n* evaporación *f*.

evaporator [ɪ'væpəreɪtə'] *n* evaporador *m*.

evasion [ɪ'veɪʒn] *n* **- 1.** [of responsibility, payment etc] evasión *f*. **- 2.** [lie] evasiva *f*.

evasive [ɪ'veɪsɪv] *adj* evasivo(va); **to take ~ action** quitarse de en medio.

evasively [ɪ'veɪsɪvlɪ] *adv* de un modo evasivo; **he replied ~** respondió con evasivas.

eve [iːv] *n* **- 1.** [evening before] víspera *f*; **on the ~ of** en la víspera de. **- 2.** RELIG vigilia *f*.

Eve [iːv] *n* BIBLE Eva *f*.

even ['iːvn] ◇ *adj* **- 1.** [regular] uniforme, constante. **- 2.** [calm] sosegado(da). **- 3.** [flat, level] llano(na), liso(sa). **- 4.** [equal - contest, teams] igualado(da); [- chance] igual; **to get ~ with** *fig* ajustarle las cuentas a. **- 5.** [number] par. ◇ *adv* **- 1.** [gen] incluso, hasta; **~ now/then** incluso ahora/entonces; **not ~** ni siquiera. **- 2.** [in comparisons] aún; **~ more** aún más.

◆ **even as** *conj* incluso mientras.

◆ **even if** *conj* aunque, aun cuando, así *Amér*.

◆ **even so** *conj* aun así.

◆ **even though** *conj* aunque.

◆ **even out** ◇ *vt sep* igualar. ◇ *vi* igualarse.

◆ **even up** *vt sep* igualar, equilibrar; **to ~ things up** *inf* equilibrar la cosa OR las cosas.

even-handed *adj* imparcial.

evening ['iːvnɪŋ] ◇ *n* **- 1.** [end of day - early part] tarde *f*; [- later part] noche *f*; **in the ~** por la tarde; **this ~** esta noche; **tomorrow/yesterday ~** mañana/ayer por la noche. **- 2.** [event, entertainment] velada *f*. ◇ *comp* [newspaper, train] vespertino(na), de la tarde; **~ performance** función *f* de noche; **the Evening Standard** PRESS *diario vespertino londinense de tendencia conservadora.*

◆ **evenings** *adv* [early] por la tarde; [late] por la noche.

evening class *n* clase *f* nocturna.

evening dress *n* **- 1.** [worn by man] traje *m* de etiqueta. **- 2.** [worn by woman] traje *m* de noche.

evening gown *n* vestido *m* de noche.

evening star *n*: **the ~** el lucero de la tarde.

evenly ['iːvnlɪ] *adv* **- 1.** [regularly] de modo uniforme. **- 2.** [equally] igualmente, equitativamente. **- 3.** [calmly] sosegadamente.

evenness ['iːvnnɪs] *n* **- 1.** [regularity] uniformidad *f*. **- 2.** [equality] igualdad *f*.

evensong ['iːvnsɒŋ] *n* vísperas *fpl*.

event [ɪ'vent] *n* **- 1.** [happening] acontecimiento *m*, suceso *m*; **in the ~ of** en caso de; **in the ~ that it rains** en caso de que llueva. **- 2.** SPORT prueba *f*.

◆ **in any event** *adv* en todo caso.

◆ **in the event** *adv Br* al final, llegada la hora.

even-tempered *adj* apacible, ecuánime.

eventful [ɪ'ventfʊl] *adj* **- 1.** [busy] lleno(na) de acontecimientos; *iro* [turbulent] accidentado(da). **- 2.** [important] memorable.

eventide ['iːvntaɪd] *n literary* anochecer *m*.

eventide home *n Br euph* residencia *f* de ancianos.

eventing [ɪ'ventɪŋ] *n Br* SPORT: **(three-day) ~** *concurso hípico de tres días.*

eventual [ɪ'ventʃʊəl] *adj* final.

eventuality [ɪ,ventʃʊ'ælətɪ] (*pl* **eventualities**) *n* eventualidad *f*.

eventually [ɪ'ventʃʊəlɪ] *adv* finalmente.

eventuate [ɪ'ventʃʊeɪt] *vi fml*: **to ~ in** tener como resultado.

ever ['evə'] *adv* **- 1.** [at any time] alguna vez; **have you ~ done it?** ¿lo has hecho alguna vez?; **all you ~ do is com-**
plain no haces más que quejarte; **the only TV programme I ~ watch** el único programa de televisión que veo; **faster/worse than ~** más rápido/peor que nunca; **the first/biggest ~** el primero/el más grande que se conoce; **hardly ~** casi nunca; **if ~** si acaso; **he's a crook if ~ I saw one** es el tipo más sinvergüenza que conozco. **- 2.** [all the time] siempre; **as ~** como siempre; **for ~** para siempre; **nothing ~ happens** nunca pasa nada. **- 3.** [for emphasis]: **why/how ~ did you do it?** ¿por qué/cómo diablos lo hiciste?; **what ~ can it be?** ¿qué diablos puede ser?; **before ~ they** OR **before they ~ set out** antes de partir; **~ so** muy; **thanks ~ so much** muchísimas gracias; **~ such a mess** un lío tan grande; **we had ~ such a good time** lo pasamos verdaderamente en grande. **- 4.** *inf* [in exclamations]: **do you enjoy dancing? - do I ~!** ¡te gusta bailar? - ¡ya lo creo!; **well, did you ~!** ¡anda, qué te parece!

◆ **ever after** *adv* para siempre; **they lived happily ~ after** vivieron felices y comieron perdices.

◆ **ever since** ◇ *adv* desde entonces. ◇ *conj* desde que. ◇ *prep* desde.

ever-changing *adj* cambiadizo(za), variable.

Everest ['evərɪst] *n*: **(Mount) ~** el Everest.

Everglades ['evəgleɪdz] *npl*: **the ~** los Everglades.

evergreen ['evəgriːn] ◇ *adj* **- 1.** [tree] de hoja perenne. **- 2.** *fig* [song, story] imperecedero(ra). ◇ *n* árbol *m* de hoja perenne.

everlasting [,evə'lɑːstɪŋ] *adj* **- 1.** [eternal] eterno(na). **- 2.** [incessant] interminable, eterno(na).

everlastingly [,evə'lɑːstɪŋlɪ] *adv* **- 1.** [eternally] eternamente. **- 2.** [incessantly] perpetuamente, interminablemente.

evermore [,evə'mɔː'] *adv* eternamente, siempre; **for ~** por OR para siempre.

evert [ɪ'vɜːt] *vt* volver de adentro afuera.

every ['evrɪ] *adj* cada; **~ day** cada día, todos los días; **~ two hours** cada dos horas; **there's ~ chance he'll win** tiene bastantes posibilidades de ganar; **you have ~ reason to be proud** tienes motivos de sobra para sentirte orgullosa; **her ~ wish** todos sus deseos; **her ~ word** todo lo que dice; **bit as intelligent as...** tan inteligente como..., igual de inteligente que...

◆ **every now and then**, **every once in a while**, **every so often** *adv* de vez en cuando.

◆ **every last** *adj* todos(das) y cada uno (una) de; **~ last drop** hasta la última gota.

◆ **every other** *adj*: **~ other day** un día sí y otro no, cada dos días.

◆ **every which way** *adv Am* en todas direcciones, sin orden ni concierto.

everybody ['evrɪ,bɒdɪ] *pron* = **everyone**.

everyday ['evrɪdeɪ] *adj* diario(ria), cotidiano(na).

Everyman ['evrɪmæn] *n* hombre *m* de la calle, ciudadano *m* de a pie.

everyone ['evrɪwʌn] *pron* todo el mundo, todos(das).

everyplace *adv Am* = **everywhere**.

everything ['evrɪθɪŋ] *pron* todo; **money isn't ~** el dinero no lo es todo.

everywhere ['evrɪweə'], **everyplace** ['evrɪpleɪs] *Am adv* [indicating location] en OR por todas partes; [with verbs of motion] a todas partes; **the card indexes were ~** *inf fig* los ficheros estaban manga por hombro.

evict [ɪ'vɪkt] *vt*: **to ~ sb from** desahuciar OR desalojar a alguien de.

eviction [ɪ'vɪkʃn] *n* desahucio *m*, desalojo *m*.

eviction notice *n* notificación *f* de desahucio OR desalojo.

evidence ['evɪdəns] (U) ◇ *n* **- 1.** [proof] evidencia *f*, pruebas *fpl*. **- 2.** JUR [of witness] declaración *f*, testimonio *m*; **to give ~** prestar declaración, dar testimonio. **- 3.** [indication] indicio *m*; **to show ~ of** mostrar indicios de. ◇ *vt* evidenciar.

◆ **in evidence** *adj* [noticeable]: **to be in ~** hacerse notar.

evident ['evɪdənt] *adj* evidente, manifiesto(ta).

evidential [ˌevɪˈdenʃl] *adj* comprobatorio(ria), probatorio(ria).

evidently [ˈevɪdəntlɪ] *adv* - **1.** [seemingly] por lo visto, al parecer. - **2.** [obviously] evidentemente, obviamente.

evil [ˈiːvl] ◇ *adj* [person] malo(la), malvado(da); [torture, practice] perverso(sa), vil; [influence] pernicioso(sa). ◇ *n* - **1.** [evil quality] maldad *f*. - **2.** [evil thing] mal *m*; **the lesser of two ~s** un mal menor.

evildoer [ˌiːvlˈduːəʳ] *n* malvado *m*, -da *f*.

evil eye *n* mal *m* de ojo.

evil-minded *adj* malintencionado(da).

Evil One *n*: **the ~** el Maligno, Satán *m*.

evince [ɪˈvɪns] *vt fml* mostrar.

eviscerate [ɪˈvɪsəreɪt] *vt* - **1.** [remove entrails] destripar. - **2.** *fig* [remove essential part] quitar la sustancia a OR de.

evocation [ˌevəʊˈkeɪʃn] *n* evocación *f*.

evocative [ɪˈvɒkətɪv] *adj* evocador(ra), sugerente.

evoke [ɪˈvəʊk] *vt* - **1.** [memory, emotion] evocar. - **2.** [response] producir.

evolution [ˌiːvəˈluːʃn] *n* - **1.** BIOL evolución *f*. - **2.** [development] desarrollo *m*. - **3.** MATH extracción *f* de raíces.

evolutionary [ˌiːvəˈluːʃnərɪ] *adj* evolutivo(va).

evolutionism [ˌiːvəˈluːʃənɪzm] *n* evolucionismo *m*.

evolutionist [ˌiːvəˈluːʃənɪst] *n* evolucionista *mf*.

evolve [ɪˈvɒlv] ◇ *vt* desarrollar. ◇ *vi* - **1.** BIOL evolucionar; **to ~ from** proceder de. - **2.** [develop] desarrollarse.

ewe [juː] *n* oveja *f*.

ewer [ˈjuːəʳ] *n* aguamanil *m*, jarra *f*.

ex [eks] ◇ *prep* COMM: **price ~ works** precio *m* de fábrica. ◇ *n inf* [former husband, wife] ex *mf*.

ex- [eks] *prefix* ex-.

exacerbate [ɪgˈzæsəbeɪt] *vt* exacerbar.

exacerbation [ɪgˌzæsəˈbeɪʃn] *n* exacerbación *f*.

exact [ɪgˈzækt] ◇ *adj* exacto(ta); **to be ~** para ser exacto. ◇ *vt*: **to ~ sthg (from)** exigir algo (de).

exacting [ɪgˈzæktɪŋ] *adj* - **1.** [job, work] arduo(dua). - **2.** [standards] severo(ra); [person] exigente.

exaction [ɪgˈzækʃn] *n* exacción *f*.

exactitude [ɪgˈzæktɪtjuːd] *n fml* exactitud *f*.

exactly [ɪgˈzæktlɪ] ◇ *adv* [precisely] exactamente; **it's ~ ten o'clock** son las diez en punto; **not ~** [not really] no precisamente; [as reply] no exactamente. ◇ *excl* ¡exacto!, ¡exactamente!

exactness [ɪgˈzæktnɪs] *n* exactitud *f*.

exaggerate [ɪgˈzædʒəreɪt] *vt & vi* exagerar.

exaggerated [ɪgˈzædʒəreɪtɪd] *adj* exagerado(da).

exaggeratedly [ɪgˈzædʒəreɪtɪdlɪ] *adv* exageradamente, de un modo exagerado.

exaggeration [ɪgˌzædʒəˈreɪʃn] *n* exageración *f*.

exalt [ɪgˈzɔːlt] *vt* - **1.** [praise highly] exaltar, ensalzar. - **2.** [in rank] exaltar, elevar.

exaltation [ˌegzɔːlˈteɪʃn] *n* - **1.** [praise] exaltación *f*. - **2.** [elation] júbilo *m*.

exalted [ɪgˈzɔːltɪd] *adj* [person, position] elevado(da).

exam [ɪgˈzæm] (*abbr of* **examination**) *n* examen *m*; **to take** OR **sit an ~** presentarse a un examen.

examination [ɪgˌzæmɪˈneɪʃn] *n* - **1.** = **exam**. - **2.** [inspection] inspección *f*, examen *m*. - **3.** MED reconocimiento *m*. - **4.** [consideration] estudio *m*. - **5.** JUR [interrogation] interrogatorio *m*.

examination board *n* tribunal *m* examinador.

examination paper *n Br* examen *m*, cuestionario *m* de examen.

examine [ɪgˈzæmɪn] *vt* - **1.** [gen] examinar. - **2.** MED reconocer. - **3.** [idea, proposal] estudiar, considerar. - **4.** JUR [witness] tomar declaración; [defendant] interrogar.

examinee [ɪgˌzæmɪˈniː] *n* candidato *m*, -ta *f*, examinando *m*, -da *f*.

examiner [ɪgˈzæmɪnəʳ] *n* examinador *m*, -ra *f*; **internal ~** examinador perteneciente al centro; **external ~** examinador independiente o externo.

examining body [ɪgˈzæmɪnɪŋ-] *n* tribunal *m* de examen.

example [ɪgˈzɑːmpl] *n* ejemplo *m*; **for ~** por ejemplo; **to follow sb's ~** seguir el ejemplo de alguien; **to set an ~** dar ejemplo; **to teach by ~** enseñar con el ejemplo ❏ **to make an ~ of sb** dar un castigo ejemplar a alguien.

exasperate [ɪgˈzæspəreɪt] *vt* exasperar, sacar de quicio.

exasperating [ɪgˈzæspəreɪtɪŋ] *adj* exasperante, irritante.

exasperatingly [ɪgˈzæspəreɪtɪŋlɪ] *adv*: **the service is ~ slow in this restaurant** en este restaurante el servicio es de una lentitud exasperante.

exasperation [ɪgˌzæspəˈreɪʃn] *n* exasperación *f*, irritación *f*.

excavate [ˈekskəveɪt] *vt* excavar.

excavation [ˌekskəˈveɪʃn] *n* excavación *f*.

excavator [ˈekskəˌveɪtəʳ] *n Br* [machine] excavadora *f*.

exceed [ɪkˈsiːd] *vt* - **1.** [amount, number] exceder, pasar. - **2.** [limit, expectations] rebasar.

exceedingly [ɪkˈsiːdɪŋlɪ] *adv* extremadamente.

excel [ɪkˈsel] (*pt & pp* **excelled**, *cont* **excelling**) ◇ *vi*: **to ~ (in** OR **at)** sobresalir (en); **to ~ o.s.** *Br* lucirse. ◇ *vt* superar, aventajar.

excellence [ˈeksələns] *n* excelencia *f*.

Excellency [ˈeksələnsɪ] (*pl* **Excellencies**) *n*: **Your/His ~** Su Excelencia.

excellent [ˈeksələnt] *adj* excelente.

excellently [ˈeksələntlɪ] *adv* excelentemente, de un modo excelente; **it was ~ done** estaba muy bien hecho.

except [ɪkˈsept] ◇ *prep*: **~ (for)** excepto, salvo. ◇ *conj* - **1.** [apart from] excepto, salvo. - **2.** [only]: **~ (that)** salvo que, sólo que. ◇ *vt*: **to ~ sb (from)** exceptuar OR excluir a alguien (de); **present company ~ed** sin incluir a los presentes.

excepted [ɪkˈseptɪd] *adj* exceptuando a, excepto.

excepting [ɪkˈseptɪŋ] *prep & conj* = **except**.

exception [ɪkˈsepʃn] *n* - **1.** [exclusion]: **~ (to)** excepción *f* (a); **with the ~ of** a excepción de; **without ~** sin excepción; **to make an ~** hacer una excepción ❏ **the ~ proves the rule** *proverb* la excepción confirma la regla *proverb*. - **2.** [offence]: **to take ~ to** ofenderse por.

exceptionable [ɪkˈsepʃnəbl] *adj* [objectionable] censurable, reprochable.

exceptional [ɪkˈsepʃənl] *adj* excepcional.

exceptionally [ɪkˈsepʃnəlɪ] *adv* excepcionalmente.

excerpt [ˈeksɜːpt] *n*: **~ (from)** extracto *m* (de).

excess [*n* ɪkˈses, *adj* ˈekses] ◇ *adj* excedente. ◇ *n* exceso *m*; **to ~** en exceso ❏ **in ~ of** superior a, por encima de. ◆ **excesses** *npl* excesos *mpl*.

excess baggage [ˈekses-] *n* exceso *m* de equipaje.

excess fare [ˈekses-] *n Br* suplemento *m*.

excessive [ɪkˈsesɪv] *adj* excesivo(va).

excessively [ɪkˈsesɪvlɪ] *adv* excesivamente.

excess luggage [ˈekses-] *n* = **excess baggage**.

exchange [ɪksˈtʃeɪndʒ] ◇ *n* - **1.** [gen] intercambio *m*; [of prisoners] canje *m*; **in ~ (for)** a cambio (de); **fair ~ is no robbery** *Br proverb* hoy por ti, mañana por mí *proverb*. - **2.** FIN cambio *m*. - **3.** [telephone exchange] central *f* telefónica. - **4.** *fml* [conversation]: **a heated ~** una acalorada discusión. ◇ *vt* [swap] intercambiar, cambiar; [prisoners] canjear; **to ~ sthg for sthg** cambiar algo por algo; **to ~ sthg with sb** intercambiar algo con alguien; **to ~ glances** mirarse; **to ~ views** intercambiar opiniones. ◇ *comp*: **~ student** alumno *m*, -na *f* de intercambio; **they are here on an ~ visit** están aquí en un programa de intercambio.

exchangeable [ɪksˈtʃeɪndʒəbl] *adj* canjeable.

exchange rate *n* FIN tipo *m* de cambio.

Exchequer [ɪksˈtʃekəʳ] *n Br*: **the ~** ≃ Hacienda *f*.

excise [ˈeksaɪz] ◇ *n* (U) impuestos *mpl* sobre el consumo interior. ◇ *vt* extirpar.

excise duties *npl* derechos *mpl* arancelarios.

exciseman ['eksaɪzmæn] (*pl* **excisemen** [-men]) *n Br* recaudador *m*, -ra *f* de impuestos.

excision [ek'sɪʒn] *n* excisión *f*, extirpación *f*.

excitability [ɪk,saɪtə'bɪləti] *n* nerviosismo *m*.

excitable [ɪk'saɪtəbl] *adj* excitable.

excitant [ɪk'saɪtənt] *adj* - **1.** [exciting] excitante. - **2.** [stimulating] estimulante.

excitation [eksɪ'teɪʃn] *n* excitación *f*.

excite [ɪk'saɪt] *vt* - **1.** [person] emocionar, excitar. - **2.** [suspicion, interest] despertar, suscitar. - **3.** BIOL, PHYS & PHYSIOL excitar.

excited [ɪk'saɪtɪd] *adj* [enthusiastic, eager] emocionado(da), entusiasmado(da); [agitated] excitado(da), agitado(da); **to get** ~ [become enthusiastic] emocionarse, entusiasmarse; [become agitated] excitarse.

excitedly [ɪk'saɪtɪdlɪ] *adv* [behave, watch] con excitación; [say] con entusiasmo; [wait] con nerviosismo.

excitement [ɪk'saɪtmənt] *n* emoción *f*.

exciter [ɪk'saɪtə'] *n* ELEC excitador *m*.

exciting [ɪk'saɪtɪŋ] *adj* emocionante, apasionante.

excl. (*written abbr of* **excluding**) sin incluir; ~ **taxes** sin incluir impuestos.

exclaim [ɪk'skleɪm] ◇ *vt* exclamar. ◇ *vi*: **to** ~ **(at)** exclamar (ante).

exclamation [eksklə'meɪʃn] *n* exclamación *f*.

exclamation mark *Br*, **exclamation point** *Am n* signo *m* de admiración.

exclamatory [ɪk'sklæmətrɪ] *adj* exclamatorio(ria), exclamativo(va).

exclude [ɪk'skluːd] *vt*: **to** ~ **sthg/sb (from)** excluir algo/a alguien (de).

excluding [ɪk'skluːdɪŋ] *prep* excepto, con excepción de.

exclusion [ɪk'skluːʒn] *n*: ~ **(from)** exclusión *f* (de) ❑ **to the** ~ **of** con exclusión de.

exclusion clause *n* cláusula *f* de exclusión.

exclusion zone *n* zona *f* de exclusión.

exclusive [ɪk'skluːsɪv] ◇ *adj* - **1.** [high-class] selecto(ta). - **2.** [sole] exclusivo(va); ~ **interview** entrevista *f* exclusiva; ~ **rights** derechos *mpl* exclusivos, exclusividad *f*. ◇ *n* [news story] exclusiva *f*.

◆ **exclusive of** *prep* excluyendo.

exclusively [ɪk'skluːsɪvlɪ] *adv* exclusivamente.

exclusiveness [ɪk'skluːsɪvnɪs], **exclusivity** [,eksklu'sɪvəti] *n* exclusividad *f*.

excommunicable [,ekskə'mjuːnɪkəbl] *adj* digno(na) de excomunicación.

excommunicate [,ekskə'mjuːnɪkeɪt] *vt* excomulgar.

excommunication ['ekskə,mjuːnɪ'keɪʃn] *n* excomunión *f*.

excoriate [eks'kɔːrɪeɪt] *vt fml* [censure, reprimand] reprochar, recriminar.

excoriation [eks,skɔːrɪ'eɪʃn] *n fml* excoriación *f*.

excrement ['ekskrɪmənt] *n* excremento *m*.

excrescence [ɪk'skresəns] *n* excrecencia *f*.

excrescent [ɪk'skresənt] *adj* saliente.

excrete [ɪk'skriːt] *vt* excretar.

excretion [ɪk'skriːʃn] *n* excreción *f*.

excretory [ɪk'skriːtərɪ] *adj* excretor(ra), excretorio(ria).

excruciating [ɪk'skruːʃɪeɪtɪŋ] *adj* insoportable.

excruciatingly [ɪk'skruːʃɪeɪtɪŋlɪ] *adv* [painful, boring] insoportablemente.

exculpate ['ekskʌlpeɪt] *vt fml* exculpar, disculpar.

exculpatory [eks'kʌlpətrɪ] *adj fml* justificante, que disculpa.

excursion [ɪk'skɜːʃn] *n* excursión *f*.

excursionist [ɪk'skɜːʃnɪst] *n* excursionista *mf*.

excursion ticket *n Br* RAIL billete *m* de tarifa reducida.

excursive [ɪk'skɜːsɪv] *adj* divagador(ra), digresivo(va).

excusable [ɪk'skjuːzəbl] *adj* perdonable, excusable.

excuse [*n* ɪk'skjuːs, *vb* ɪk'skjuːz] ◇ *n* excusa *f*; **to make an** ~ dar una excusa, excusarse; **to look for** ~**s** buscar excusas; **to make** ~**s for sb** justificar a alguien. ◇ *vt* - **1.** [gen]: **to** ~ **sb (for sthg/for doing sthg)** perdonar a alguien (por algo/por haber hecho algo); **to** ~ **o.s. (for doing sthg)** excusarse OR disculparse (por haber hecho algo). - **2.** [let off]: **to** ~ **sb (from)** dispensar a alguien (de). - **3.** *phr*: ~ **me** [to attract attention] oiga (por favor); [when coming past] ¿me deja pasar?; [apologizing] perdone; *Am* [pardon me?] ¿perdón?, ¿cómo?

excuse-me [ɪk'skjuːz-] *n* baile en el que se puede coger la pareja de otra persona para bailar con ella.

ex-directory *adj Br* que no figura en la guía telefónica.

exec [ɪg'zek] *abbr of* **executive**.

execrable ['eksɪkrəbl] *adj fml* execrable.

execrate ['eksɪkreɪt] *vt fml* execrar.

execration [,eksɪ'kreɪʃn] *n fml* execración *f*.

executant [ɪg'zekjutənt] *n* - **1.** *fml* [of an order] ejecutor *m*, -ra *f*. - **2.** MUS ejecutante *mf*.

execute ['eksɪkjuːt] *vt* [gen & COMPUT] ejecutar.

execution [,eksɪ'kjuːʃn] *n* ejecución *f*.

executioner [,eksɪ'kjuːʃnə'] *n* verdugo *m*.

executive [ɪg'zekjutɪv] ◇ *adj* - **1.** [decision-making] ejecutivo(va). - **2.** [for company executives] para OR de ejecutivos. ◇ *n* - **1.** [person] ejecutivo *m*, -va *f*. - **2.** [committee] ejecutiva *f*, órgano *m* ejecutivo. - **3.** POL: **the** ~ el ejecutivo.

executive agreement *n Am* acuerdo entre jefes de estado sin ratificación parlamentaria.

executive briefcase *n* maletín *m* de ejecutivo.

executive director *n* director ejecutivo *m*, directora ejecutiva *f*.

executive officer *n Am* - **1.** [in the navy] segundo comandante *m*. - **2.** [in the army] segundo jefe *m*.

executive session *n Am* sesión ejecutiva del senado.

executive toy *n* juego *m* de concentración (para ejecutivos).

executor [ɪg'zekjutə'] *n* albacea *m*, testamentario *m*.

executrix [ɪg'zekjutrɪks] (*pl* **executrixes** OR **executrices** [ɪg,zekju'traɪsiːz]) *n* albacea *f*, testamentaria *f*.

exegesis [,eksɪ'dʒiːsɪs] *n* exégesis *f inv*.

exemplar [ɪg'zemplə'] *n* ejemplo *m*.

exemplary [ɪg'zemplərɪ] *adj* [perfect] ejemplar.

exemplification [ɪg,zemplɪfɪ'keɪʃn] *n* ejemplificación *f*.

exemplify [ɪg'zemplɪfaɪ] (*pt & pp* **exemplified**) *vt* ejemplificar.

exempt [ɪg'zempt] ◇ *adj*: ~ **(from)** exento(ta) (de). ◇ *vt*: **to** ~ **sthg/sb (from)** eximir algo/a alguien (de).

exemption [ɪg'zempʃn] *n* exención *f*.

exercise ['eksəsaɪz] ◇ *n* - **1.** [gen] ejercicio *m*; **an** ~ **in** un ejercicio de; **to take** ~ hacer ejercicio. - **2.** MIL maniobra *f*. ◇ *vt* - **1.** [dog] llevar de paseo; [horse] entrenar. - **2.** *fml* [power, right] ejercer; [caution, restraint] mostrar. - **3.** [trouble]: **to** ~ **one's mind** preocuparle a uno. ◇ *vi* hacer ejercicio.

exercise bike *n* bicicleta *f* estática.

exercise book *n* cuaderno *m* de ejercicios.

exerciser ['eksəsaɪzə'] *n* - **1.** [piece of equipment] aparato *m* para hacer gimnasia. - **2.** = **exercise bike**.

exercise yard *n* [in prison] patio *m*.

exert [ɪg'zɜːt] *vt* ejercer; **to** ~ **o.s.** esforzarse.

exertion [ɪg'zɜːʃn] *n* esfuerzo *m*.

exeunt ['eksɪʌnt] *vi* THEATRE [in stage directions] hacer mutis; ~ **the Queen and her attendants** la reina y sus acompañantes salen OR se van.

exfoliate [eks'fəʊlɪeɪt] ◇ *vt* exfoliar. ◇ *vi* exfoliarse.

ex gratia [eks'greɪʃə] *adj Br* ex gratia.

exhalant [eks'heɪlənt] *adj* que exhala vapores OR líquidos.

exhalation [,eksə'leɪʃn] *n* exhalación *f*.

exhale [eks'heɪl] ◇ *vt* exhalar, despedir. ◇ *vi* espirar.

exhaust [ɪg'zɔːst] ◇ n - **1.** (U) [fumes] gases mpl de combustión. - **2.** = **exhaust pipe**. ◇ vt agotar.

exhausted [ɪg'zɔːstɪd] adj [person] agotado(da).

exhaustible [ɪg'zɔːstəbl] adj agotable.

exhausting [ɪg'zɔːstɪŋ] adj agotador(ra).

exhaustion [ɪg'zɔːstʃn] n agotamiento m.

exhaustive [ɪg'zɔːstɪv] adj exhaustivo(va).

exhaustively [ɪg'zɔːstɪvlɪ] adv exhaustivamente, de un modo exhaustivo.

exhaust pipe n tubo m de escape.

exhaust system n AUT escape m.

exhibit [ɪg'zɪbɪt] ◇ n - **1.** ART objeto m expuesto. - **2.** JUR prueba f (instrumental). - **3.** Am [exhibition] exposición f. ◇ vt - **1.** fml [feeling] mostrar, manifestar. - **2.** ART exponer. - **3.** [at trade fair] presentar. ◇ vi ART exponer.

exhibition [,eksɪ'bɪʃn] n - **1.** ART exposición f. - **2.** [of feeling] manifestación f, demostración f. - **3.** Br UNIV beca f. - **4.** phr: **to make an ~ of o.s.** Br ponerse en evidencia, hacer el ridículo.

exhibitionism [,eksɪ'bɪʃnɪzm] n exhibicionismo m.

exhibitionist [,eksɪ'bɪʃnɪst] n exhibicionista mf.

exhibitor [ɪg'zɪbɪtə'] n expositor m, -ra f.

exhilarant [ɪg'zɪlərənt] n estimulante m.

exhilarate [ɪg'zɪləreɪt] vt regocijar, alegrar.

exhilarated [ɪg'zɪləreɪtɪd] adj [mood, laugh] alborozado(da).

exhilarating [ɪg'zɪləreɪtɪŋ] adj estimulante.

exhilaration [ɪg,zɪlə'reɪʃn] n regocijo m, alegría f.

exhort [ɪg'zɔːt] vt fml: **to ~ sb to do sthg** exhortar a alguien a hacer algo.

exhortation [,egzɔː'teɪʃn] n fml exhortación f.

exhortative [ɪg'zɔːtətɪv], **exhortatory** [ɪg'zɔːtətrɪ] adj fml exhortativo(va).

exhumation [,ekshjuː'meɪʃn] n exhumación f.

exhume [eks'hjuːm] vt exhumar.

ex-husband n ex marido m.

exigency ['eksɪdʒənsɪ] (pl **exigencies**), **exigence** ['eksɪdʒəns] n fml - **1.** [demand] exigencia f. - **2.** [urgent situation] emergencia f.

exigent ['eksɪdʒənt] adj fml - **1.** [demanding] exigente. - **2.** [urgent] urgente.

exiguous [eg'zɪgjuəs] adj fml exiguo(gua).

exile ['eksaɪl] ◇ n - **1.** [condition] exilio m; **in ~** en el exilio; **to go into ~** exiliarse. - **2.** [person] exiliado m, -da f. ◇ vt: **to ~ sb (from/to)** exiliar a alguien (de/a).

exiled ['eksaɪld] adj exiliado(da).

exist [ɪg'zɪst] vi existir.

existence [ɪg'zɪstəns] n existencia f; **to be in ~** existir; **to come into ~** nacer.

existent [ɪg'zɪstənt] adj - **1.** [current] existente. - **2.** [having life] viviente.

existential [,egzɪ'stenʃl] adj existencial.

existentialism [,egzɪ'stenʃəlɪzm] n existencialismo m.

existentialist [,egzɪ'stenʃəlɪst] ◇ adj existencialista. ◇ n existencialista mf.

existing [ɪg'zɪstɪŋ] adj existente, actual.

exit ['eksɪt] ◇ n salida f; **to make one's ~** THEATRE hacer mutis; **'no ~'** 'sin salida'. ◇ vi - **1.** fml [gen] salir. - **2.** THEATRE hacer mutis.

exit poll n Br sondeo m electoral (a la salida de los colegios electorales).

exit visa n visado m de salida.

exobiology [,eksəubaɪ'ɒlədʒɪ] n exobiología f.

exodus ['eksədəs] n éxodo m.

◆ **Exodus** n [book] Éxodo m; [journey]: **the ~** el éxodo (de los israelitas de Egipto).

ex officio [eksə'fɪʃɪəʊ] adj & adv fml de oficio.

exogamy [ek'sɒgəmɪ] n exogamia f.

exogenous [ek'sɒdʒənəs] adj exógeno(na).

exonerate [ɪg'zɒnəreɪt] vt: **to ~ sb (from)** exonerar a alguien (de).

exoneration [ɪg,zɒnə'reɪʃn] n exoneración f.

exorbitant [ɪg'zɔːbɪtənt] adj [cost] excesivo(va); [demand, price] exorbitante.

exorbitantly [ɪg'zɔːbɪtəntlɪ] adv [priced] exageradamente, desorbitadamente.

exorcism ['eksɔːsɪzm] n exorcismo m.

exorcist ['eksɔːsɪst] n exorcista mf.

exorcize, -ise ['eksɔːsaɪz] vt exorcizar.

exoskeleton ['eksəʊ,skelɪtn] n dermatoesqueleto m.

exosphere ['eksəʊ,sfɪə'] n exosfera f.

exothermic [,eksəʊ'θɜːmɪk], **exothermal** [,eksəʊ'θɜːml] adj exotérmico(ca).

exotic [ɪg'zɒtɪk] adj exótico(ca).

exotica [ɪg'zɒtɪkə] npl objetos mpl exóticos.

exotically [ɪg'zɒtɪklɪ] adv [dressed, decorated] de un modo exótico, exóticamente; **~ perfumed** [flower] con un aroma exótico; [person] con un perfume exótico.

exoticism [ɪg'zɒtɪsɪzm] n exotismo m.

expand [ɪk'spænd] ◇ vt - **1.** [gen] extender, ampliar. - **2.** [equation] desarrollar. ◇ vi [gen] extenderse, ampliarse; [materials, fluids] expandirse, dilatarse.

◆ **expand (up)on** vt fus desarrollar.

expandable [ɪk'spændɪbl] adj expansible, dilatable.

expanded [ɪk'spændɪd] adj [metal, gas] dilatado(da); **~ polystyrene** poliestireno m expandido.

expanding universe theory [ɪk'spændɪŋ-] n: **the ~** la teoría de la expansión del universo OR del universo en expansión.

expanse [ɪk'spæns] n extensión f.

expansible [ɪk'spænsəbl] adj expansible.

expansion [ɪk'spænʃn] n - **1.** [gen] expansión f. - **2.** [of a town] ensanche m. - **3.** [of idea, subject] ampliación f. - **4.** [of gas, metal] expansión f, dilatación f.

expansionary [ɪk'spænʃnrɪ] adj expansionista, de expansión.

expansion bolt n perno m de expansión.

expansion card n COMPUT tarjeta f de expansión.

expansionism [ɪk'spænʃənɪzm] n expansionismo m.

expansionist [ɪk'spænʃənɪst] adj expansionista.

expansion slot n COMPUT ranura f de expansión.

expansive [ɪk'spænsɪv] adj [relaxed, talkative] expansivo(va).

expansively [ɪk'spænsɪvlɪ] adv [talk, gesture] de un modo expansivo OR comunicativo.

expansiveness [ɪk'spænsɪvnɪs] n expansibilidad f.

expatiate [eks'peɪʃɪeɪt] vi fml extenderse, explayarse.

expatriate [eks'pætrɪət] ◇ adj expatriado(da). ◇ n expatriado m, -da f.

expatriation [eks,pætrɪ'eɪʃn] n expatriación f.

expect [ɪk'spekt] ◇ vt - **1.** [gen] esperar; **to ~ sb to do sthg** esperar que alguien haga algo; **to ~ sthg (from sb)** esperar algo (de alguien); **as ~ed** como era de esperar. - **2.** [suppose] imaginarse, suponer; **I ~ so** supongo que sí. ◇ vi - **1.** [anticipate]: **to ~ to do sthg** esperar hacer algo. - **2.** [be pregnant]: **to be ~ing** estar embarazada OR en estado.

expectancy [ɪk'spektənsɪ] n - **1.** (U) [anticipation] expectación f. - **2.** → **life expectancy**.

expectant [ɪk'spektənt] adj [anticipating] expectante.

expectantly [ɪk'spektəntlɪ] adv con expectación.

expectant mother n futura madre f, mujer f embarazada.

expectation [,ekspek'teɪʃn] n esperanza f; **against all ~** OR **~s, contrary to all ~** OR **~s** contrariamente a lo que se esperaba; **to live up to/fall short of sb's ~s** estar/no estar a la altura de lo esperado.

expected [ɪk'spektɪd] adj esperado(da).

expectorant [ɪk'spektərənt] n expectorante m.

expectorate [ɪk'spektəreɪt] *vi* expectorar.

expediency [ɪk'spiːdjənsɪ] (*pl* **expediencies**), **expedience** [ɪk'spiːdjəns] *n fml* conveniencia *f*.

expedient [ɪk'spiːdjənt] *fml* ◇ *adj* conveniente, oportuno(na). ◇ *n* recurso *m*.

expedite ['ekspɪdaɪt] *vt fml* acelerar.

expedition [ˌekspɪ'dɪʃn] *n* - **1.** [journey] expedición *f*. - **2.** [outing] salida *f*.

expeditionary [ˌekspɪ'dɪʃnərɪ] *adj* expedicionario(ria).

expeditionary force *n* cuerpo *m* expedicionario.

expeditious [ˌekspɪ'dɪʃəs] *adj fml* expeditivo(va), expedito(ta).

expel [ɪk'spel] (*pt & pp* **expelled**, *cont* **expelling**) *vt* - **1.** [person]: **to ~ sb (from)** expulsar a alguien (de). - **2.** [gas, liquid]: **to ~ sthg (from)** expeler algo (de).

expend [ɪk'spend] *vt*: **to ~ sthg (on)** emplear algo (en).

expendability [ɪkˌspendə'bɪlətɪ] *n* [of people, workforce, equipment] prescindibilidad *f*; [of troops, spies] naturaleza *f* sacrificable.

expendable [ɪk'spendəbl] *adj* prescindible, reemplazable.

expenditure [ɪk'spendɪtʃə'] *n (U)* gasto *m*.

expense [ɪk'spens] *n (U)* gasto *m*; **to go to great ~ (to do sthg)** incurrir en grandes gastos (para hacer algo) ❏ **at the ~ of** [sacrificing] a costa de; **at sb's ~** *lit & fig* a costa de alguien.

◆ **expenses** *npl* COMM gastos *mpl*; **on ~s** en gastos; **to meet ~** hacer frente a los gastos; **all ~ paid** con todos los gastos pagados.

expense account *n* cuenta *f* de gastos.

expenses-paid *adj* [trip, holiday] con todos los gastos pagados.

expensive [ɪk'spensɪv] *adj* caro(ra).

expensively [ɪk'pensɪvlɪ] *adv* costosamente.

expensiveness [ɪk'spensɪvnɪs] *n* carestía *f*.

experience [ɪk'spɪərɪəns] ◇ *n* experiencia *f*; **to learn from ~** aprender por experiencia. ◇ *vt* - **1.** [undergo] experimentar; **to ~ difficulties** tener dificultades. - **2.** [feel] sentir.

experienced [ɪk'spɪərɪənst] *adj*: **~ (at** OR **in)** experimentado(da) (en).

experiential [ɪkspɪərɪ'enʃəl] *adj* experimental.

experiment [ɪk'sperɪmənt] ◇ *n* experimento *m*; **to carry out an ~** llevar a cabo un experimento. ◇ *vi*: **to ~ (with/on)** experimentar (con), hacer experimentos (con).

experimental [ɪkˌsperɪ'mentl] *adj* experimental.

experimentally [ɪkˌsperɪ'mentəlɪ] *adv* [by experimenting, as an experiment] experimentalmente.

experimentation [ɪkˌsperɪmen'teɪʃn] *n* experimentación *f*.

experimenter [ɪk'sperɪmentə'] *n* investigador *m*, -ra *f*.

expert ['ekspɜːt] ◇ *adj*: **~ (at sthg/at doing sthg)** experto(ta) (en algo/en hacer algo). ◇ *n* experto *m*, -ta *f*, especialista *mf*.

expertise [ˌekspɜː'tiːz] *n (U)* competencia *f*, aptitud *f*.

expertly ['ekspɜːtlɪ] *adv* de un modo experto, expertamente.

expertness ['ekspɜːtnɪs] *n* pericia *f*, habilidad *f*.

expert system *n* COMPUT sistema *m* experto.

expert witness *n* JUR perito *m*, -ta *f*, experto *m*, -ta *f*.

expiable ['ekspɪəbl] *adj* expiable.

expiate ['ekspɪeɪt] *vt* expiar.

expiation [ˌekspɪ'eɪʃn] *n* expiación *f*.

expire [ɪk'spaɪə'] *vi* - **1.** [licence, membership] caducar; [lease] vencer. - **2.** [exhale] espirar. - **3.** *literary* [die] expirar.

expiry [ɪk'spaɪərɪ] *n* [of licence] caducación *f*; [of lease] vencimiento *m*.

expiry date *n* fecha *f* de caducidad.

explain [ɪk'spleɪn] ◇ *vt*: **to ~ sthg (to sb)** explicar algo (a alguien); **to ~ o.s.** explicarse. ◇ *vi* explicar; **to ~ sthg about sthg** explicarle algo a alguien.

◆ **explain away** *vt sep* justificar.

explainable [ɪk'spleɪnəbl] *adj* explicable.

explanation [ˌeksplə'neɪʃn] *n*: **~ (for)** explicación *f* (de).

explanatory [ɪk'splænətrɪ] *adj* explicativo(va), aclaratorio(ria).

expletive [ɪk'spliːtɪv] *n fml* improperio *m*.

explicable [ɪk'splɪkəbl] *adj* explicable.

explicate ['eksplɪkeɪt] *vt fml* explicar.

explication [ˌeksplɪ'keɪʃn] *n fml* explicación *f*.

explicit [ɪk'splɪsɪt] *adj* explícito(ta).

explicitly [ɪk'splɪsɪtlɪ] *adv* de un modo explícito, explícitamente.

explode [ɪk'spləʊd] ◇ *vt* [bomb] hacer explotar; [building etc] volar; *fig* [theory] reventar. ◇ *vi lit & fig* estallar, explotar.

exploded [ɪk'spləʊdɪd] *adj* - **1.** [bomb, mine etc] que estalló; *fig* [theory] refutado(da); *fig* [myth] destruido(da). - **2.** [view, diagram] esquemático(ca).

exploded view *n* vista *f* esquemática.

exploit [*n* 'eksplɔɪt, *vb* ɪk'splɔɪt] ◇ *n* proeza *f*, hazaña *f*. ◇ *vt* explotar.

exploitable [ɪk'splɔɪtəbl] *adj* explotable.

exploitation [ˌeksplɔɪ'teɪʃn] *n (U)* explotación *f*.

Asking for explanations

¿Qué quieres decir (con eso)?
¿A qué te refieres exactamente?
¿Qué tiene eso que ver con (que)...?
¿Puedes ser un poco más claro? No me he enterado de nada.
Lo siento, pero no lo he entendido bien. ¿Lo puede explicar de nuevo?
¿Le importaría explicarlo una vez más?
¿Cómo ha dicho? No le he oído.
¿Qué entiende usted por eso?

▶ *more politely:*

¿Sería tan amable de repetir lo último que ha dicho?
¿Tendría usted la amabilidad de explicarse con mayor precisión?
¿Le importaría ser un poco más explícito?
Perdón, no le he entendido bien.
¿Podría precisar OR concretar más ese punto?
¿A qué hace referencia cuando dice que...?

▶ *more informally:*

¿A qué viene eso?
Pero, ¿qué dices?
No he entendido una palabra. ¿(Me) lo puedes repetir?
Estoy hecho un lío. ¿Por qué no me lo explicas otra vez?
Perdona, pero no he cogido lo último.
¿Qué?
¿Qué has dicho?
Como no me lo aclare/Como no te aclares...

Giving explanations

Lo que quiero OR intento decir es que...
Me refería a...
Pues es muy simple: ...
Voy a intentar ser un poco más claro.
Déjame que te explique.
La cuestión es que...
Lo diré de otra forma.
En otras palabras, ...

exploitative [ɪk'splɔɪtətɪv] *adj* explotador(ra).

exploiter [ɪk'splɔɪtə^r] *n* explotador *m*, -ra *f*.

exploration [,eksplə'reɪʃn] *n* [gen & MED] exploración *f*.

exploratory [ɪk'splɒrətrɪ] *adj* [operation, examination] exploratorio(ria); [talks] preparatorio(ria).

explore [ɪk'splɔː^r] *vt & vi lit & fig* explorar.

explorer [ɪk'splɔːrə^r] *n* - **1.** [person] explorador *m*, -ra *f*. - **2.** [instrument] sonda *f*.

explosion [ɪk'spləʊʒn] *n* explosión *f*.

explosive [ɪk'spləʊsɪv] ◇ *adj* explosivo(va). ◇ *n* explosivo *m*.

explosive device *n* artefacto *m* explosivo.

explosiveness [ɪk'spləʊsɪvnɪs] *n* carácter *m* explosivo.

exponent [ɪk'spəʊnənt] *n* - **1.** [supporter] partidario *m*, -ria *f*. - **2.** [expert] experto *m*, -ta *f*. - **3.** MATH exponente *m*.

exponential [,ekspə'nenʃl] *adj* - **1.** [growth] vertiginoso(sa). - **2.** MATH exponencial.

export [*n* 'ekspɔːt, *vb* ɪk'spɔːt] ◇ *n* - **1.** [act] exportación *f*. - **2.** [exported product] artículo *m* de exportación. ◇ *comp* de exportación. ◇ *vt* exportar.

◆ **exports** *npl* exportaciones *fpl*.

exportable [ɪk'spɔːtəbl] *adj* exportable.

exportation [,ekspɔː'teɪʃn] *n* exportación *f*.

exporter [ek'spɔːtə^r] *n* exportador *m*, -ra *f*.

export licence ['ekspɔːt-] *n Br* licencia *f* de exportación.

expose [ɪk'spəʊz] *vt lit & fig* descubrir; **to be ~d to sthg** estar OR verse expuesto(ta) a algo.

exposé [eks'pəʊzeɪ] *n* revelación *f*.

exposed [ɪk'spəʊzd] *adj* [land, house, position] expuesto(ta).

exposition [,ekspə'zɪʃn] *n* - **1.** *fml* [explanation] explicación *f*. - **2.** [exhibition] exposición *f*, feria *f*.

expositor [ɪk'spɒzɪtə^r] *n* expositor *m*, -ra *f*.

expostulate [ɪk'spɒstʃʊleɪt] *vi fml* objetar; **to ~ with sb** reconvenir a alguien.

expostulation [ɪk,spɒstʃʊ'leɪʃn] *n fml* reconvención *f*.

exposure [ɪk'spəʊʒə^r] *n* - **1.** [to light, radiation] exposición *f*. - **2.** MED hipotermia *f*. - **3.** [unmasking - of person] desenmascaramiento *m*; [- of corruption] revelación *f*. - **4.** PHOT [time] (tiempo *m* de) exposición *f*; [photograph] foto *f*, fotografía *f*. - **5.** [publicity] publicidad *f*. - **6.** [position of house] orientación *f*, situación *f*.

exposure meter *n* fotómetro *m*.

expound [ɪk'spaʊnd] *fml* ◇ *vt* exponer. ◇ *vi*: **to ~ on sthg** exponer algo.

express [ɪk'spres] ◇ *adj* - **1.** *Br* [letter, delivery] urgente. - **2.** [train, coach] expreso(sa), rápido(da). - **3.** *fml* [specific] expreso(sa), explícito(ta). ◇ *adv* urgente. ◇ *n* [train] expreso *m*; **the Express** PRESS *nombre abreviado del diario 'Daily Express'*. ◇ *vt* - **1.** [voice, convey] expresar; **to ~ o.s.** expresarse. - **2.** [show] mostrar, manifestar. - **3.** *fml* [juice] exprimir. - **4.** MATH expresar, representar.

expression [ɪk'spreʃn] *n* expresión *f*.

expressionism [ɪk'spreʃənɪzm] *n* expresionismo *m*.

expressionist [ɪk'spreʃənɪst] ◇ *adj* expresionista. ◇ *n* expresionista *mf*.

expressionistic [ɪk,spreʃə'nɪstɪk] *adj* ART expresionista.

expressionless [ɪk'spreʃənlɪs] *adj* inexpresivo(va).

expressive [ɪk'spresɪv] *adj* [full of feeling] expresivo(va); **to be ~ of sthg** ser indicativo de algo.

expressively [ɪk'spresɪvlɪ] *adv* de manera expresiva.

expressiveness [ɪk'spresɪvnɪs] *n* expresividad *f*.

expressly [ɪk'spreslɪ] *adv* [specifically] expresamente.

expressway [ɪk'spresweɪ] *n Am* autopista *f*.

expropriate [eks'prəʊprɪeɪt] *vt* expropiar.

expropriation [eks,prəʊprɪ'eɪʃn] *n* expropiación *f*.

expulsion [ɪk'spʌlʃn] *n*: **~ (from)** expulsión *f* (de).

expunge [ɪk'spʌndʒ] *vt fml* borrar.

expurgate ['ekspəgeɪt] *vt* expurgar.

expurgation [,ekspə'geɪʃn] *n* expurgación *f*.

exquisite [ɪk'skwɪzɪt] *adj* exquisito(ta).

exquisitely [ɪk'skwɪzɪtlɪ] *adv* de forma exquisita.

ex-serviceman *n Br* militar *m* retirado.

ex-servicewoman *n Br* militar *f* retirada.

ext. (*written abbr of* **extension**) ext., extn.; **~ 4174** ext. 4174.

extant [ek'stænt] *adj* existente.

extemporaneous [ɪk,stempə'reɪnjəs], **extemporary** [ɪk'stemprərɪ] *adj fml* improvisado(da).

extempore [ɪk'stempərɪ] *fml* ◇ *adj* improvisado(da). ◇ *adv* [speak] improvisadamente, de un modo improvisado.

extemporize, -ise [ɪk'stempəraɪz] *vt & vi fml* improvisar.

extend [ɪk'stend] ◇ *vt* - **1.** [gen] extender; [house] ampliar; [road, railway] prolongar; [visa] prorrogar. - **2.** [offer - welcome, help] brindar; [- credit] conceder; **to ~ an invitation to sb** hacer extensiva la invitación a alguien. - **3.** [stretch out] alargar, extender. ◇ *vi* - **1.** [become longer] extenderse. - **2.** [include]: **to ~ to sthg** incluir algo. - **3.** [from surface, object] sobresalir.

extendable [ɪk'stendəbl] *adj* [deadline, visa] prorrogable.

extended [ɪk'stendɪd] *adj* - **1.** [in time] prolongado(da). - **2.** [larger, wider] ampliado(da).

extended family *n*: **the ~** el clan familiar, la familia extendida.

extended-play *adj* [record] de larga duración.

extending [ɪk'stendɪŋ] *adj* [table, ladder] extensible.

extensible [ɪk'stensəbl] *adj* extensible.

extension [ɪk'stenʃn] *n* - **1.** [gen & TELEC] extensión *f*. - **2.** [to building] ampliación *f*. - **3.** [of visit] prolongación *f*; [of deadline, visa] prórroga *f*. - **4.** COMPUT: **filename ~** extensión *f* del nombre de fichero. - **5.** = **extension cable**.

extension cable *n* alargador *m*.

extension course *n programa de estudios universitarios nocturno o por correspondencia*.

extension ladder *n* escalera *f* extensible.

extension lead *n Br* = **extension cable**.

extensive [ɪk'stensɪv] *adj* [gen] extenso(sa); [changes] profundo(da); [negotiations] amplio(plia); **to make ~ use of** hacer amplio uso de.

extensively [ɪk'stensɪvlɪ] *adv* extensamente.

extent [ɪk'stent] *n* - **1.** [size] extensión *f*. - **2.** [of problem, damage] alcance *m*, extensión *f*. - **3.** [degree]: **to what ~...?** ¿hasta qué punto...?; **to the ~ that** [in that, in so far as] en la medida en que; [to the point where] hasta tal punto que; **to some/a certain ~** hasta cierto punto; **to a large** OR **great ~** en gran medida.

extenuate [ɪk'stenjʊeɪt] *vt fml* atenuar, mitigar.

extenuating circumstances [ɪk'stenjʊeɪtɪŋ-] *npl* circunstancias *fpl* atenuantes.

extenuation [ɪk,stenjʊ'eɪʃn] *n fml* atenuación *f*.

exterior [ɪk'stɪərɪə^r] ◇ *adj* exterior; **~ angle** MATH ángulo *m* exterior. ◇ *n* exterior *m*.

exterminate [ɪk'stɜːmɪneɪt] *vt* exterminar.

extermination [ɪk,stɜːmɪ'neɪʃn] *n* exterminio *m*.

exterminator [ɪk'stɜːmɪneɪtə^r] *n* exterminador *m*, -ra *f*.

external [ɪk'stɜːnl] *adj* externo(na).

◆ **externals** *npl* aspecto *m* exterior.

external ear *n* oído *m* externo.

externalize, -ise [ɪk'stɜːnəlaɪz] *vt* exteriorizar.

externally [ɪk'stɜːnəlɪ] *adv* por fuera; **'to be applied ~'** 'de uso tópico'.

extinct [ɪk'stɪŋkt] *adj* extinto(ta).

extinction [ɪk'stɪŋkʃn] *n* [of species] extinción *f*.

extinguish [ɪk'stɪŋgwɪʃ] *vt* [gen] extinguir; *fml* [cigarette] apagar.

extinguishable [ɪk'stɪŋgwɪʃəbl] *adj* extinguible.

extinguisher [ɪk'stɪŋgwɪʃə^r] *n* extintor *m*.

extirpate ['ekstəpeɪt] *vt* extirpar.

extn. = **ext.**

extol (*pt & pp* **extolled**, *cont* **extolling**), **extoll** *Am* [ɪk'stəʊl] *vt* [merits, values] ensalzar.

extort [ɪk'stɔːt] *vt*: **to ~ sthg from sb** [confession, promise] arrancar algo a alguien; [money] sacar algo a alguien.

extortion [ɪk'stɔːʃn] *n* extorsión *f*.

extortionate [ɪk'stɔːʃnət] *adj* desorbitado(da), exorbitante.

extortionately [ɪk'stɔːʃnətlɪ] *adv* de un modo desorbitado OR exorbitante.

extra ['ekstrə] ◇ *adj* [additional] extra *(inv)*, adicional; [spare] de más, de sobra; **take ~ care** pon sumo cuidado. ◇ *n* **- 1.** [addition] extra *m*. **- 2.** [additional charge] suplemento *m*. **- 3.** CINEMA & THEATRE extra *mf*. ◇ *adv* **- 1.** [in addition] extra; **to pay/charge ~** pagar/cobrar un suplemento. **- 2.** [extremely] excepcionalmente; **~ large** [size] extra grande; **~ strong** [kleenex etc] muy resistente.

extra- ['ekstrə] *prefix* extra-.

extract [*vb* ɪk'strækt, *n* 'ekstrækt] ◇ *n* **- 1.** [from book, piece of music] fragmento *m*. **- 2.** CHEM extracto *m*. ◇ *vt*: **to ~ sthg (from)** [gen] extraer algo (de); [confession] arrancar algo (de).

extraction [ɪk'strækʃn] *n* extracción *f*.

extractive [ɪk'stræktɪv] *adj* extractivo(va).

extractor [ɪk'stræktəʳ] *n Br* **- 1.** [for ventilation]: **~ (fan)** extractor *m* (de humos). **- 2.** CULIN [juice extractor]: **(juice) ~** exprimidor *m*.

extractor hood *n* [on stove] campana *f* extractora (de humos).

extracurricular [ˌekstrəkə'rɪkjʊləʳ] *adj* SCH extraescolar.

extraditable ['ekstrədaɪtəbl] *adj* sujeto(ta) a extradición.

extradite ['ekstrədaɪt] *vt*: **to ~ sb (from/to)** extraditar OR extradir a alguien (de/a).

extradition [ˌekstrə'dɪʃn] ◇ *n* extradición *f*. ◇ *comp* de extradición.

extramarital [ˌekstrə'mærɪtl] *adj* fuera del matrimonio.

extramural [ˌekstrə'mjʊərəl] *adj* UNIV [course, studies] *fuera de la universidad pero organizado por ella.*

extraneous [ɪk'streɪnjəs] *adj* **- 1.** [irrelevant] ajeno(na). **- 2.** [outside] externo(na).

extraordinarily [ɪk'strɔːdnrəlɪ] *adv* **- 1.** [as intensifier] extraordinariamente. **- 2.** [unusually] de un modo extraordinario OR insólito.

extraordinary [ɪk'strɔːdnrɪ] *adj* extraordinario(ria).

extraordinary general meeting *n* junta *f* (general) extraordinaria.

extrapolate [ɪk'stræpəleɪt] ◇ *vt* **- 1.** MATH: **to ~ sthg (from)** extrapolar algo (a partir de). **- 2.** [deduce]: **to ~ sthg (from)** deducir algo (a partir de). ◇ *vi* **- 1.** MATH: **to ~ from** extrapolar a partir de. **- 2.** [deduce]: **to ~ from** deducir a partir de.

extrapolation [ɪkˌstræpə'leɪʃn] *n* extrapolación *f*.

extrasensory perception ['ekstrəˌsensərɪ-] *n* percepción *f* extrasensorial.

extraterrestrial [ˌekstrətə'restrɪəl] *adj* extraterrestre.

extraterritorial ['ekstrəˌterɪ'tɔːrɪəl] *adj* extraterritorial.

extra time *n Br* FTBL prórroga *f*.

extravagance [ɪk'strævəgəns] *n* **- 1.** *(U)* [excessive spending] derroche *m*, despilfarro *m*. **- 2.** [luxury] lujo *m*.

extravagant [ɪk'strævəgənt] *adj* **- 1.** [wasteful] derrochador(ra). **- 2.** [expensive] caro(ra). **- 3.** [exaggerated] extravagante.

extravagantly [ɪk'strævəgəntlɪ] *adv* **- 1.** [wasteful]: **to live ~** vivir dispendiosamente o a lo grande; **an ~ furnished room** una habitación lujosamente amueblada. **- 2.** [exaggeratedly - behave, act, talk] de un modo extravagante, extravagantemente; [- praise] excesivamente; **~ worded claims** afirmaciones *fpl* expresadas de un modo exagerado.

extravaganza [ɪkˌstrævə'gænzə] *n* fastos *mpl*, espectáculo *público de enorme fastuosidad.*

extravert ['ekstrəvɜːt] *adj & n* = **extrovert.**

extreme [ɪk'striːm] ◇ *adj* extremo(ma). ◇ *n* [furthest limit] extremo *m*; **in the ~** en grado sumo, en extremo; **to go from one ~ to the other** pasar de un extremo al otro; **to take** OR **carry sthg to ~s** llevar algo al extremo; **to go to ~s** llegar a grandes extremos.

extremely [ɪk'striːmlɪ] *adv* [very] sumamente, extremadamente.

extreme unction *n* extremaunción *f.*

extremis [ɪk'striːmɪs] → **in extremis.**

extremism [ɪk'striːmɪzm] *n* extremismo *m.*

extremist [ɪk'striːmɪst] ◇ *adj* extremista. ◇ *n* extremista *mf.*

extremity [ɪk'stremətɪ] (*pl* **extremities**) *n* **- 1.** *fml* [extreme adversity] suma gravedad *f*. **- 2.** [extremeness] extremosidad *f*. **- 3.** *fml* [end] extremo *m*. **- 4.** [extreme measure] medida *f* extrema.

◆ **extremities** *npl* [of body] extremidades *fpl.*

extricate ['ekstrɪkeɪt] *vt*: **to ~ sthg from** lograr sacar algo de; **to ~ o.s. from** lograr salirse de.

extrinsic [ek'strɪnsɪk] *adj* extrínseco(ca).

extrovert ['ekstrəvɜːt] ◇ *adj* extrovertido(da). ◇ *n* extrovertido *m*, -da *f.*

extrude [ɪk'struːd] ◇ *vt* **- 1.** [plastic, metal] extrudir. **- 2.** [force out] expulsar. ◇ *vi* [protrude] sobresalir.

extruded [ɪk'struːdɪd] *adj* [metal, plastic] extrudido(da).

extrusion [ɪk'struːʒn] *n* **- 1.** [of plastic, metal] extrusión *f*. **- 2.** [of lava] efusión *f.*

exuberance [ɪg'zjuːbərəns] *n* exuberancia *f*, euforia *f.*

exuberant [ɪg'zjuːbərənt] *adj* exuberante, eufórico(ca).

exuberantly [ɪg'zjuːbərəntlɪ] *adv* de un modo exuberante, con exuberancia.

exude [ɪg'zjuːd] *vt lit & fig* rezumar.

exult [ɪg'zʌlt] *vi*: **to ~ (at** OR **in)** regocijarse OR alegrarse (por).

exultant [ɪg'zʌltənt] *adj* exultante, jubiloso(sa).

exultantly [ɪg'zʌltəntlɪ] *adv* de un modo exultante, con júbilo OR regocijo.

exultation [ˌegzʌl'teɪʃn] *n* exultación *f*, júbilo *m.*

ex-wife *n* ex mujer *f.*

eye [aɪ] (*cont* **eyeing** OR **eying**) ◇ *n* ojo *m*; **I saw it with my own (two) ~s** lo vi con mis propios ojos; **a trained ~** un ojo experto; **I saw it in his ~s** se lo vi en la cara ❑ **to be all ~s** no perder detalle; **as far as the ~ can see** hasta donde alcanza la vista; **before my/your** *etc* **(very) ~s** ante mis/tus *etc* propios ojos; **I couldn't believe my ~s** no me lo podía creer, no me podía creer lo que estaba viendo; **to be in the public ~** ser el centro de atención de todos, estar en el candelero; **to cast** OR **run one's ~ over sthg** echar un vistazo a algo; **to catch one's/sb's ~** llamar la atención de uno/alguien; **to clap** OR **lay** OR **set ~s on sb** poner la vista en alguien; **to close** OR **shut one's ~s to sthg** cerrar los ojos a algo; **to cry one's ~s out** llorar a lágrima viva; **to do sthg with one's ~s (wide) open** saber (uno) lo que se hace, saber uno a lo que va; **an ~ for an ~** ojo por ojo; **his ~s are too big for his stomach** come más con los ojos OR la vista que con la boca; **to feast one's ~s on sthg** regalarse la vista con algo; **to get/keep one's ~ in** *Br* acostumbrar el ojo a ver venir la bola; **to give sb the ~** [flirt] lanzar una mirada incitante a alguien; **to have an ~ for sthg** tener buen ojo para algo; **to have ~s in the back of one's head** *inf* tener ojos en la nuca; **he only has ~s for her** sólo tiene ojos para ella; **in my** *etc* **~s** a mi *etc* entender; **in the ~s of the law** a (los) ojos de la ley; **to keep one's ~s open for, to keep an ~ out for** estar atento(ta) a; **to keep one's ~'s peeled** OR **skinned** *inf* andarse con cien ojos; **to keep an ~ on sthg** echar un ojo a algo, vigilar algo; **to look sb in the ~** mirar a alguien a los ojos; **to make ~s at sb** echar miradas a, hacerle ojos a; **not to take one's ~s off sb** no quitarle los ojos de encima a alguien; **there is more to this**

than meets the ~ esto tiene más enjundia de lo que parece; **that's one in the** ~ **for him** *inf* ahora se va a tener que fastidiar (él); **to open sb's** ~**s (to sthg)** abrirle los ojos a alguien (sobre algo); **not to see** ~ **to** ~ **with sb** no ver las cosas de la misma forma que alguien; **to turn a blind** ~ **(to sthg)** hacer la vista gorda (a algo); **to be up to one's** ~**s in work** *Br* estar hasta arriba de trabajo. ◇ *vt* mirar.
◆ **with an eye to** *conj* con miras OR vistas a.
◆ **eye up** *vt sep Br* comerse con los ojos a.

eyeball ['aɪbɔːl] ◇ *n* globo *m* ocular. ◇ *vt Am inf* clavar los ojos en.

eye bank *n* banco *m* de ojos.

eyebath ['aɪbɑːθ] *n* lavaojos *m inv*, baño *m* ocular.

eyebolt ['aɪbəʊlt] *n* tornillo *m* OR perno *m* de ojo.

eyebrow ['aɪbraʊ] *n* ceja *f*; **to raise one's** ~**s** *fig* arquear las cejas.

eyebrow pencil *n* lápiz *m* de cejas.

eye-catching *adj* llamativo(va).

eye contact *n* cruce *m* de miradas, contacto *m* visual.

eyecup ['aɪkʌp] *n* lavaojos *m inv*.

-eyed [aɪd] *in cpds*: **blue** ~ de ojos azules; **one** ~ tuerto(ta); **wide** ~ con los ojos muy abiertos.

eyedropper ['aɪˌdrɒpər] *n* cuentagotas *m inv*.

eye drops *npl* colirio *m*, gotas *fpl* para los ojos.

eyeful ['aɪfʊl] *n inf* [look] vistazo *m*, ojeada *m*.

eyeglass ['aɪglɑːs] *n* [monocle] monóculo *m*.
◆ **eyeglasses** *npl Am* [spectacles] gafas *fpl*, anteojos *mpl Amér*.

eyehole ['aɪhəʊl] *n* - **1.** [peephole - in mask] agujero *m* para los ojos; [- in door, wall] mirilla *f*. - **2.** [eyelet] ojete *m*. - **3.** *inf* [eye socket] órbita *f* OR cuenca *f* del ojo.

eyelash ['aɪlæʃ] *n* pestaña *f*.

eyelet ['aɪlɪt] *n* ojete *m*.

eye-level *adj* a la altura de los ojos.

eyelid ['aɪlɪd] *n* párpado *m*; **she didn't bat an** ~ *inf fig* ni se inmutó.

eyeliner ['aɪˌlaɪnər] *n* lápiz *m* de ojos.

eye-opener *n inf* [revelation] revelación *f*; [surprise] sorpresa *f*.

eyepatch ['aɪpætʃ] *n* parche *m* (en el ojo).

eyepiece ['aɪpiːs] *n* ocular *m*.

eyeshade ['aɪʃeɪd] *n* visera *f*.

eye shadow *n* sombra *f* de ojos.

eyesight ['aɪsaɪt] *n* vista *f*.

eye socket *n* órbita *f* OR cuenca *f* del ojo.

eyesore ['aɪsɔːr] *n* horror *m*, monstruosidad *f*.

eyestalk ['aɪstɔːk] *n* pedúnculo *m* movible.

eyestrain ['aɪstreɪn] *n* vista *f* cansada.

eyetooth ['aɪtuːθ] (*pl* **eyeteeth** [-tiːθ]) *n* colmillo *m*; **to give one's eyeteeth for sthg/to do sthg** *fig* dar lo que fuera por algo/por hacer algo.

eyewash ['aɪwɒʃ] *n (U)* - **1.** *Br inf fig* [nonsense] disparates *mpl*, tonterías *fpl*. - **2.** MED colirio *m*.

eyewitness [aɪ'wɪtnɪs] *n* testigo *mf* ocular.

eyrie ['ɪərɪ], **aerie** ['eərɪ] *Am n* aguilera *f*.

Ezekiel [ɪ'ziːkɪəl] *n* Ezequiel *m*.

F

f¹ (*pl* **f's** OR **fs**), **F** (*pl* **F's** OR **Fs**) [ef] *n* [letter] f *f*, F *f*.
◆ **F** ◇ *n* MUS fa *m*. ◇ *adj* (*abbr of* **Fahrenheit**) F.

f² [ef] - **1.** *written abbr of* **fathom**. - **2.** (*written abbr of* **female**) H, M. - **3.** (*written abbr of* **feminine**) f.

FA (*abbr of* **Football Association**) *n* federación británica de fútbol, ≈ FEF *f*.

FAA (*abbr of* **Federal Aviation Administration**) *n* dirección federal estadounidense de aviación civil.

Fabian ['feɪbjən] ◇ *adj* contemporizador(ra). ◇ *n* fabianista *mf*, miembro *m* de la Sociedad Fabiana.

Fabian Society *n*: **the** ~ la Sociedad Fabiana, *asociación socialista británica*.

fable ['feɪbl] *n* [traditional story] fábula *f*.

fabled ['feɪbld] *adj* legendario(ria).

fabric ['fæbrɪk] *n* - **1.** [cloth] tela *f*, tejido *m*. - **2.** [of building, society] estructura *f*.

fabricate ['fæbrɪkeɪt] *vt* - **1.** [invent - story] inventar; [- evidence] falsear. - **2.** [manufacture] fabricar.

fabrication [ˌfæbrɪ'keɪʃn] *n* - **1.** [lying, lie] invención *f*. - **2.** [manufacture] fabricación *f*.

fabricator ['fæbrɪˌkeɪtər] *n pej* embustero *m*, -ra *f*.

fabric softener *n* suavizante *m* (para la ropa).

fabulist ['fæbjʊlɪst] *n* - **1.** [storyteller] fabulista *mf*. - **2.** [liar] embustero *m*, -ra *f*.

fabulous ['fæbjʊləs] *adj* fabuloso(sa).

fabulously ['fæbjʊləslɪ] *adv* fabulosamente, increíblemente.

facade [fə'sɑːd] *n* fachada *f*.

face [feɪs] ◇ *n* - **1.** [of person] cara *f*, rostro *m*; ~ **down/up** boca abajo/arriba; ~ **to** ~ cara a cara □ **to fall flat on one's** ~ *inf* [fall over] caer de bruces; [fail] fracasar; **to fly in the** ~ **of sthg** oponerse a algo; **to go** OR **turn red in the** ~ ponerse colorado(da); **guilt was written all over his** ~ tenía cara de culpable, se le veía la culpabilidad en la cara; **to keep a straight** ~ no inmutarse; **to laugh in sb's** ~ reírse de alguien en su cara; **to laugh in the** ~ **of death** desafiar a la muerte; **to look sb in the** ~ mirar a alguien a la cara; **to lose** ~ quedar mal; **to save** ~ salvar las apariencias; **to say sthg to sb's** ~ decir algo a alguien en su cara; **to show one's** ~ dejarse ver; **to wipe the grin** OR **smile off sb's** ~ borrarle a alguien la sonrisa de la cara. - **2.** [expression] semblante *m*, cara *f*; **her** ~ **fell** le cambió la cara; **a long** ~ una cara larga; **to make** OR **pull a** ~ [showing annoyance] poner cara larga; **to make** OR **pull (funny)** ~**s at sb** hacerle muecas a alguien; **to put on a brave** ~ poner al mal tiempo buena cara; **wipe that silly grin off your** ~! ¡deja de sonreír de esa forma tan estúpida! - **3.** [of cliff, mountain, coin] cara *f*; [of building] fachada *f*. - **4.** [of clock, watch] esfera *f*. - **5.** [appearance, nature] aspecto *m*. - **6.** [surface] superficie *f*; **the** ~ **of the earth** la faz de la tierra □ **on the** ~ **of it** a primera vista. - **7.** *Br inf* [impudence] cara *f* (dura). - **8.** MIN frente *m*, tajo *m*. - **9.** [typeface] tipo *m*, letra *f*. ◇ *vt* - **1.**

[point towards] mirar a; ~ **the wall** ponte cara a la pared, vuélvete hacia la pared. **- 2.** [confront, accept, deal with] hacer frente a, enfrentarse a; **the difficulties facing the EC** las dificultades a las que se enfrenta la CE; **to be ~d with sthg** enfrentarse con OR a algo; **let's ~ it** seamos sinceros, vamos a ver; **to ~ facts** hacer frente a los hechos. **- 3.** *inf* [cope with] aguantar, soportar. ◇ *vi* **- 1.** [be oriented]: **to ~ forwards/south** mirar hacia delante/al sur. **- 2.** *Am* MIL: **about ~!** ¡media vuelta!
◆ **face down** *adv* boca abajo.
◆ **face up** *adv* boca arriba.
◆ **in the face of** *prep* [in spite of] a pesar de.
◆ **face out** *vt sep Br* enfrentarse a, plantar cara a.
◆ **face up to** *vt fus* hacer frente a, enfrentarse a.
face card *n* figura *f* (*naipe*).
facecloth ['feɪsklɒθ] *n Br* toallita *f* (*para lavarse*).
face cream *n* crema *f* facial.
face flannel *n Br* toallita *f* (*para lavarse*).
faceless ['feɪslɪs] *adj* anónimo(ma), sin rostro.
face-lift *n* [on face] lifting *m*, estiramiento *m* de piel; *fig* [on building etc] rehabilitación *f* de fachada, lavado *m* de cara.
face mask *n* **- 1.** [cosmetic] mascarilla *f* facial. **- 2.** SPORT careta *f*.
face-off *n fig* confrontación *f*.
face pack *n* mascarilla *f* facial.
face powder *n* (*U*) polvos *mpl* para la cara.
face-saver *n*: **the new legislation is just a ~** la nueva legislación sólo sirve para salvar las apariencias.
face-saving *adj* para salvar las apariencias.
facet ['fæsɪt] *n* faceta *f*.
faceted ['fæsɪtɪd] *adj* con facetas.
facetious [fə'siːʃəs] *adj* guasón(ona).
facetiously [fə'siːʃəslɪ] *adv* en tono guasón.
facetiousness [fə'siːʃəsnɪs] *n* jocosidad *f*.
face-to-face *adj* cara a cara.
face towel *n* toalla *f* para la cara.
face value *n* [of coin, stamp] valor *m* nominal; **to take sthg at ~** *fig* tomarse algo literalmente.
facia ['feɪʃə] *n* = **fascia**.
facial ['feɪʃl] ◇ *adj* facial; [expression] de la cara. ◇ *n* limpieza *f* de cutis.
facially ['feɪʃəlɪ] *adv* en la cara.
facies ['feɪʃiːz] (*pl inv*) *n* facies *f* inv.
facile [*Br* 'fæsaɪl, *Am* 'fæsl] *adj fml & pej* [remark, analysis] superficial; [reply, solution] facilón(ona).
facilitate [fə'sɪlɪteɪt] *vt* facilitar.
facility [fə'sɪlətɪ] (*pl* **facilities**) *n* **- 1.** [ability]: **to have a ~ for sthg** tener facilidad para algo. **- 2.** [feature] dispositivo *m*.
◆ **facilities** *npl* [amenities] instalaciones *fpl*; [services] servicios *mpl*.
facing ['feɪsɪŋ] ◇ *adj* opuesto(ta). ◇ *n* **- 1.** CONSTR revestimiento *m*. **- 2.** SEWING guarnición *f*.
facsimile [fæk'sɪmɪlɪ] *n* facsímil *m*.
facsimile machine *n* = **fax machine**.
fact [fækt] *n* **- 1.** [piece of information] hecho *m*; **the ~ is** el hecho es que; **the ~ remains that...** no obstante...; **to know sthg for a ~** saber algo a ciencia cierta; **~s and figures** datos y cifras, información *f* detallada; **is that a ~?** ¿de verdad?; **the dry ~s** los hechos concretos. **- 2.** (*U*) [truth] realidad *f*; **~ and fiction** lo real y lo imaginario.
◆ **in fact** *conj & adv* de hecho, en realidad.
fact-finding *adj* de investigación.
faction ['fækʃn] *n* [group] facción *f*.
factional ['fækʃənl] *adj* [dispute] entre facciones.
factionalism ['fækʃənəlɪzm] *n* faccionalismo *m*.
factious ['fækʃəs] *adj* faccioso(sa).
factitious [fæk'tɪʃəs] *adj fml* facticio(cia).
fact of life *n* hecho *m* ineludible.

◆ **facts of life** *npl euph*: **to tell sb (about) the ~s of life** contar a alguien cómo nacen los niños.
factor ['fæktə'] *n* **- 1.** [gen] factor *m*. **- 2.** COMM [agent] agente *mf* comercial.
factorage ['fæktərɪdʒ] *n* comisión *f*, corretaje *m*.
factored ['fæktəd] *adj* factorializado(da).
factoring ['fæktərɪŋ] *n* **- 1.** [agency] agencia *f*, correduría *f*. **- 2.** [for debts] cobro *m* de morosos; [in export sales] factoring *m*, aseguración *f* de riesgo de cobro.
factorization [,fæktəraɪ'zeɪʃn] *n* división *m* en factores, factorización *f*.
factorize, -ise ['fæktəraɪz] *vt* dividir en factores.
factory ['fæktərɪ] (*pl* **factories**) ◇ *n* fábrica *f*. ◇ *comp*: ~ **inspector** inspector *m*, -ra *f* de (seguridad en el) trabajo; **on the ~ floor** entre los obreros (las obreras).
factory farm *n* granja *f* industrial.
factory farming *n* cría *f* intensiva de animales de granja.
factory ship *n* buque *m* factoría.
factotum [fæk'təʊtəm] (*pl* **factotums**) *n* factótum *m*.
fact sheet *n Br* hoja *f* informativa.
factual ['fæktʃʊəl] *adj* basado(da) en hechos reales.
factuality [,fækʃʊ'ælətɪ] *n* realidad *f*.
factually ['fæktʃʊəlɪ] *adv* basándose en hechos reales.
facultative ['fækltətɪv] *adj* facultativo(va), opcional.
faculty ['fækltɪ] (*pl* **faculties**) *n* **- 1.** [gen] facultad *f*. **- 2.** *Am* [in college]: **the ~** el profesorado.
FA Cup *n* ≃ Copa *f* del Rey.
fad [fæd] *n* [of person] capricho *m*; [of society] moda *f* pasajera.
faddish ['fædɪʃ] *adj* que sigue la moda.
faddy ['fædɪ] (*compar* **faddier**, *superl* **faddiest**) *adj inf pej* tiquismiquis (*inv*).
fade [feɪd] ◇ *vt* descolorar, desteñir. ◇ *vi* **- 1.** [jeans, curtains, paint] descolorarse, desteñirse; [flower] marchitarse. **- 2.** [light, sound, smile] irse apagando. **- 3.** [memory, feeling, hope] desvanecerse. ◇ *n* CINEMA & TV fundido *m*.
◆ **fade away** *vi* desvanecerse.
◆ **fade in** CINEMA & TV ◇ *vt sep* fundir. ◇ *vi* fundirse.
◆ **fade out** ◇ *vt sep* CINEMA & TV fundir en negro. ◇ *vi* **- 1.** [gen] desvanecerse. **- 2.** CINEMA & TV fundirse en negro.
faded ['feɪdɪd] *adj* descolorido(da), desteñido(da).
fade-in *n* CINEMA & TV fundido *m*.
fade-out *n* CINEMA & TV fundido *m* en negro.
fading ['feɪdɪŋ] *n* **- 1.** [of light, sound] disminución *f*. **- 2.** RADIO [of signal] fluctuación *f*.
faecal *Br*, **fecal** *Am* ['fiːkl] *adj* fecal.
faeces *Br*, **feces** *Am* ['fiːsiːz] *npl* heces *fpl*.
Faeroe ['feərəʊ] *n*: **the ~ Islands, the ~s** las islas Faroe.
Faeroese [,feərəʊ'iːz] ◇ *adj* de las islas Faroe. ◇ *n* [person] natural *o* habitante de las islas Faroe.
faff [fæf] ◆ **faff about, faff around** *vi Br inf* perder el tiempo, enredar.
fag [fæg] *n inf* **- 1.** *Br* [cigarette] pitillo *m*. **- 2.** *Br* [chore] lata *f*, rollo *m*. **- 3.** *Am pej* [homosexual] marica *m*, maricón *m*.
fag end *n Br inf* colilla *f*.
fagged out [,fægd-] *adj Br inf* molido(da), hecho(cha) polvo.
fagging ['fægɪŋ] *n Br pequeños trabajos realizados por un alumno joven en una escuela privada inglesa ('public school') para un alumno mayor.*
faggot ['fægət] *n* **- 1.** *Br* CULIN tipo de albóndiga. **- 2.** *Am inf pej* [homosexual] marica *m*, maricón *m*, joto *m Amér.* **- 3.** [of sticks] haz *m* de leña.
fagot *n Am* = **faggot** *n senses 1 and 3*.
Fahrenheit ['færənhaɪt] *adj* Fahrenheit (*inv*).
fail [feɪl] ◇ *vt* **- 1.** [exam, test, candidate] suspender. **- 2.** [not succeed]: **to ~ to do sthg** no lograr hacer algo. **- 3.** [neglect]: **to ~ to do sthg** no hacer algo. **- 4.** [let down] fallar. ◇ *vi* **- 1.** [not succeed] fracasar. **- 2.** [not pass exam] suspender. **- 3.** [stop functioning] fallar. **- 4.** [weaken] debi-

litarse. **- 5.** [go bankrupt] quebrar. **- 6.** [be insufficient]: **to** ~ **in one's duty** faltar al deber.
◆ **without fail** adv sin falta.

failed [feɪld] adj fracasado(da).

failing ['feɪlɪŋ] ◇ n [weakness] fallo m. ◇ prep a falta de; ~ **that** en su defecto.

fail-safe adj protegido(da) en caso de fallos.

failure ['feɪljər] n **- 1.** [lack of success, unsuccessful thing] fracaso m. **- 2.** [person] fracasado m, -da f. **- 3.** [in exam] suspenso m. **- 4.** [act of neglecting]: **her** ~ **to do it** el que no lo hiciera; ~ **to pay** incumplimiento en el pago. **- 5.** [breakdown, malfunction] avería f, fallo m. **- 6.** [of nerve, courage etc] pérdida f. **- 7.** [bankruptcy] quiebra f, bancarrota f.

faint [feɪnt] ◇ adj **- 1.** [weak, vague] débil, tenue; [outline] impreciso(sa); [memory, longing] vago(ga); [trace, hint, smell] ligero(ra), leve. **- 2.** [chance] reducido(da), mínimo(ma); **I haven't the** ~**est idea** no tengo ni la más remota idea. **- 3.** [dizzy] mareado(da). ◇ vi desmayarse. ◇ n desmayo; **to fall into a** ~ desmayarse.

faint-hearted adj pusilánime.

faintly ['feɪntlɪ] adv **- 1.** [smile, shine] débilmente; [recall] vagamente. **- 2.** [ludicrous, pathetic] ligeramente.

faintness ['feɪntnɪs] n (U) **- 1.** [dizziness] mareos mpl. **- 2.** [of image] imprecisión f. **- 3.** [of memory] vaguedad f; [of smell, sound] levedad f.

fair [feər] ◇ adj **- 1.** [just] justo(ta); **it's not** ~! ¡no hay derecho!; **as is only** ~ como es de justicia; **to give sb** ~ **warning** prevenir a alguien; **one's** ~ **share** lo que le corresponde a uno; **to be** ~... para ser justos... **- 2.** [quite large] considerable; **a** ~ **amount of...** una buena cantidad de..., bastante... **- 3.** [quite good] bastante bueno (bastante buena); '~ SCH' 'regular'; ~ **to middling** regular. **- 4.** [hair] rubio(bia). **- 5.** [skin, complexion] blanco(ca), claro(ra). **- 6.** [weather] bueno(na). **- 7.** literary [beautiful] bello(lla), hermoso(sa). ◇ n **- 1.** Br [funfair] parque m de atracciones. **- 2.** [trade fair] feria f. ◇ adv **- 1.** [fairly] limpio. **- 2.** [justly]: **to play** ~ jugar limpio ❑ ~ **and square** [hit] de lleno; [tell] lisa y llanamente. **- 3.** [directly] directamente, justo.
◆ **fair enough** adv Br inf está bien, vale.

fair copy n copia f en limpio.

fair game n: **to be** ~ **(for)** ser un blanco fácil (para).

fairground ['feəgraʊnd] n (recinto m del) parque m de atracciones.

fair-haired adj rubio(bia).

Fair Isle, Fairisle ['feəraɪl] ◇ adj tejido con motivos de diversos colores. ◇ n **- 1.** [sweater] jersey tejido con motivos de diversos colores. **- 2.** GEOGR isla Fair (en las islas Shetland).

fairly ['feəlɪ] adv **- 1.** [moderately] bastante. **- 2.** [justly] justamente, equitativamente. **- 3.** inf [as intensifier] realmente.

fair-minded adj justo(ta), equitativo(va).

fairness ['feənɪs] n [justness] justicia f; **in** ~ **(to)** para ser justos (con).

fair play n juego m limpio.

fair sex n: **the** ~ el sexo débil, el bello sexo.

fair-sized adj bastante grande.

fair-skinned adj de piel blanca.

fair-spoken adj literary bienhablado(da).

fair trade n intercambio comercial de acuerdo a normas preestablecidas.

fair-trade agreement n convenio comercial que basa los precios mínimos en normas establecidas por el fabricante.

fairway ['feəweɪ] n **- 1.** [in golf] calle f. **- 2.** NAUT canal m navegable.

fair-weather adj: ~ **friend** amigo m, -ga f en la prosperidad OR sólo en las maduras.

fairy ['feərɪ] (pl **fairies**) n **- 1.** [sprite] hada f. **- 2.** inf pej [homosexual] mariquita m, mariposón m.

fairy godmother n hada f madrina.

fairy lights npl Br bombillas fpl OR luces fpl de colores.

fairy queen n reina f de las hadas.

fairy tale, fairy story n **- 1.** LITER cuento m de hadas. **- 2.** [untruth] cuento m, patraña f.

fait accompli [feɪtə'kɒmplɪ] (pl **faits accomplis**) n hecho m consumado.

faith [feɪθ] n fe f; **to have** ~ **in sb** tener confianza OR fe en alguien; **to keep** ~ **with sb** cumplir la palabra dada a alguien; **in good/bad** ~ de buena/mala fe.

faithful ['feɪθfʊl] ◇ adj fiel. ◇ npl RELIG: **the** ~ los fieles.

faithfully ['feɪθfʊlɪ] adv fielmente; **Yours** ~ Br [in letter] le saluda atentamente.

faithfulness ['feɪθfʊlnɪs] n fidelidad f.

faith healer n persona que cura enfermedades mediante la fe religiosa.

faith healing n curación de enfermedades mediante la fe religiosa.

faithless ['feɪθlɪs] adj desleal.

fake [feɪk] ◇ adj falso(sa). ◇ n **- 1.** [object, painting] falsificación f. **- 2.** [person] impostor m, -ra f. ◇ vt **- 1.** [results, signature] falsificar. **- 2.** [illness, emotions] fingir. ◇ vi [pretend] fingir.

faker ['feɪkər] n fingidor m, -ra f.

fakir ['feɪˌkɪər] n faquir m.

Falangism [fæ'lændʒɪzm] n falangismo m.

Falangist [fæ'lændʒɪst] ◇ adj falangista. ◇ n falangista mf.

falcon ['fɔːlkən] n halcón m.

falconer ['fɔːlkənər] n cetrero m, -ra f.

falconry ['fɔːlkənrɪ] n cetrería f.

Falkland Islands ['fɔːlklənd-], **Falklands** ['fɔːkləndz] npl: **the** ~ las (islas) Malvinas; **the** ~ **War** la guerra de las Malvinas.

fall [fɔːl] (pt **fell** [fel], pp **fallen** ['fɔːln]) ◇ vi **- 1.** [gen] caer; **he fell off the chair** se cayó de la silla; **May Day** ~**s on a Tuesday this year** el día del Trabajo cae en martes este año; **to** ~ **to bits** OR **pieces** hacerse pedazos ❑ **to** ~ **flat** fig no causar el efecto deseado. **- 2.** [decrease] bajar, disminuir. **- 3.** [become]: **to** ~ **asleep** quedarse dormido(da), dormirse; **to** ~ **ill** ponerse enfermo(ma); **to** ~ **in love** enamorarse, encamotarse Amér; **to** ~ **open** caer abierto(ta); **to** ~ **short of** no llegar a; **to** ~ **silent** quedarse en silencio; **to** ~ **vacant** quedar libre ❑ **to** ~ **foul of sb** ponerse a mal con alguien; **to** ~ **foul of the law** tener problemas con la justicia. **- 4.** [belong, be classed]: **to** ~ **into/under** pertenecer a. **- 5.** MIL [city]: **to** ~ **(to)** caer (en manos de). **- 6.** Br POL [constituency]: **to** ~ **to sb/sthg** ir a parar a alguien/algo. **- 7.** [cover]: **to** ~ **on** OR **across** [light] iluminar; [shadow] oscurecer. **- 8.** [slope downwards] bajar, descender. ◇ n **- 1.** [gen] caída f; **to have a bad** ~ tener una mala caída, caer mal ❑ **to be riding for a** ~ estar jugándosela, estar buscándose la ruina. **- 2.** [of snow] nevada f. **- 3.** MIL [of city] caída f, derrota f. **- 4.** [decrease]: ~ **(in)** descenso m (de). **- 5.** Am [autumn] otoño m.
◆ **Fall** n RELIG: **the Fall** la Caída.
◆ **falls** npl cataratas fpl.
◆ **fall about** vi Br inf: **to** ~ **about (laughing)** partirse (de risa), troncharse.
◆ **fall apart** vi [book, chair] caerse a trozos, romperse; fig [country, person] desmoronarse.
◆ **fall away** vi **- 1.** [land] descender. **- 2.** [plaster] desprenderse, caerse.
◆ **fall back** vi [person, crowd] echarse atrás, retroceder.
◆ **fall back on** vt fus [resort to] recurrir a.
◆ **fall behind** vi **- 1.** [in race] quedarse atrás. **- 2.** [with rent, work] retrasarse.
◆ **fall down** vi **- 1.** [collapse] venirse abajo, derrumbarse. **- 2.** [fail] fallar; **he's been** ~**ing down on the job lately** últimamente no rinde como debería OR no está a la altura en su trabajo.
◆ **fall for** vt fus **- 1.** [fall in love with] enamorarse de. **- 2.** [trick, lie] tragarse.
◆ **fall in** vi **- 1.** [roof, ceiling] desplomarse, hundirse. **- 2.** MIL formar filas.
◆ **fall into** vt fus [begin]: **to** ~ **into conversation (with**

sb) trabar conversación (con alguien); **to ~ into a habit** caer en la costumbre.

◆ **fall in with** *vt fus* - **1.** [go along with] aceptar. - **2.** [meet] juntarse con, andar con.

◆ **fall off** *vi* - **1.** [branch, handle] desprenderse. - **2.** [demand, numbers] disminuir.

◆ **fall on** *vt fus* - **1.** [subj: eyes, gaze] posarse en. - **2.** [attack] caer OR lanzarse sobre. - **3.** [subj: duty] tocar a, corresponder a.

◆ **fall out** *vi* - **1.** [hair, tooth]: **his hair is ~ing out** se le está cayendo el pelo. - **2.** [friends] pelearse, discutir; **to ~ out with sb (over sthg)** pelearse con alguien (por algo). - **3.** MIL romper filas.

◆ **fall over** ◇ *vt fus* tropezar con; **to be ~ing over o.s. to do sthg** *inf fig* desvivirse por hacer algo. ◇ *vi* [person, chair etc] caer, caerse.

◆ **fall through** *vi* [plan, deal] fracasar.

◆ **fall to** *vt fus* - **1.** [be the duty of] tocar a, corresponder a; **it fell to me to do it** me tocó a mí hacerlo. - **2.** [start] empezar; **to ~ to doing sthg** empezar a hacer algo.

fallacious [fə'leɪʃəs] *adj fml* erróneo(a), falso(sa).

fallacy ['fæləsɪ] (*pl* **fallacies**) *n* concepto *m* erróneo, error *m*.

fallback ['fɔ:lbæk] *n* - **1.** [retreat] retirada *f*. - **2.** [reserve] reserva *f*.

fallen ['fɔ:ln] *pp* → **fall**.

fallen arches *npl* MED pies *mpl* planos.

fall guy *n Am inf* [scapegoat] cabeza *f* de turco.

fallibility [,fælə'bɪlətɪ] *n* falibilidad *f*.

fallible ['fæləbl] *adj* falible.

falling ['fɔ:lɪŋ] *adj* [decreasing] descendente, en descenso.

falling-off *n* disminución *f*; **a gradual ~ of interest/support** un descenso progresivo del interés/del apoyo.

falling star *n* estrella *f* fugaz.

fall-off *n* = **falling-off**.

fallopian tube [fə'ləupɪən-] *n* trompa *f* de Falopio.

fallout ['fɔ:laut] *n* [radiation] lluvia *f* radiactiva.

fallout shelter *n* refugio *m* atómico.

fallow ['fæləu] *adj* en barbecho; **to lie ~** quedar en barbecho.

fallow deer *n* gamo *m*.

false [fɔ:ls] *adj* [gen] falso(sa); [eyelashes, nose] postizo(za); **~ move** OR **step** paso *m* en falso; **~ pride** falso orgullo *m*.

false alarm *n* falsa alarma *f*.

false-hearted *adj literary* pérfido(da), traicionero(ra).

falsehood ['fɔ:lshud] *n fml* falsedad *f*.

falsely ['fɔ:lslɪ] *adv* falsamente.

falseness ['fɔ:lsnɪs] *n* falsedad *f*.

false pretenses *npl*: **under ~** mediante engaño.

false start *n* [in race] salida *f* nula; *fig* [in projet etc] comienzo *m* en falso.

false teeth *npl* dentadura *f* postiza.

falsetto [fɔ:l'setəu] (*pl* **falsettos**) ◇ *n* falsete *m*. ◇ *adv* con falsete.

falsie ['fɔ:lsɪ] *n inf* relleno *m* para sostén.

falsification [,fɔ:lsɪfɪ'keɪʃn] *n* falsificación *f*.

falsifier ['fɔ:lsɪfaɪə'] *n* falsificador *m*, -ra *f*.

falsify ['fɔ:lsɪfaɪ] (*pt & pp* **falsified**) *vt* [facts, accounts] falsificar.

falsity ['fɔ:lsətɪ] *n* falsedad *f*.

falter ['fɔ:ltə'] *vi* vacilar.

faltering ['fɔ:ltərɪŋ] *adj* [steps, voice] vacilante, titubeante.

fame [feɪm] *n* fama *f*.

famed [feɪmd] *adj* famoso(sa).

familial [fə'mɪlɪəl] *adj* familiar.

familiar [fə'mɪljə'] ◇ *adj* - **1.** [known] familiar, conocido(da); **that does not sound ~** (eso) no me suena; **your face looks ~** su cara me suena; **to be ~ to sb** serle familiar a alguien. - **2.** [conversant]: **~ with** familiarizado(da) con; **to be on ~ terms with sb** tener confianza con al-

guien. - **3.** *pej* [too informal - person] que se toma muchas confianzas; [- tone, manner] demasiado amistoso (demasiado amistosa). ◇ *n* - **1.** [friend] amigo íntimo *m*, amiga íntima *f*. - **2.** [spirit] *animal de compañía de una bruja o de una hechicera.*

familiarity [fə,mɪlɪ'ærətɪ] *n (U)* - **1.** [knowledge]: **~ with** conocimiento *m* de. - **2.** [normality] familiaridad *f*. - **3.** *pej* [excessive informality] familiaridades *fpl*, confianzas *fpl*; **~ breeds contempt** *proverb* donde hay confianza da asco *proverb.*

familiarize, -ise [fə'mɪljəraɪz] *vt*: **to ~ o.s./sb with sthg** familiarizarse/familiarizar a alguien con algo.

family ['fæmlɪ] (*pl* **families**) ◇ *n* familia *f*; **to be one of the ~** ser como de la familia; **to run in the ~** venir de familia. ◇ *comp* - **1.** [belonging to family] familiar; **~ reunion** reunión *f* de familia. - **2.** [suitable for all ages] para toda la familia.

family allowance *n Br subsidio familiar del gobierno por cada hijo, hoy denominado 'child benefit'.*

family business *n* negocio *m* familiar.

family circle *n* medio *m* OR círculo *m* familiar.

family credit *n (U) Br* ≈ prestación *f* OR ayuda *f* familiar.

family doctor *n* médico *m* de cabecera.

Family Income Supplement *n subsidio del gobierno para familias con ingresos reducidos, hoy denominado 'family credit'.*

family law *n* derecho *m* de familia.

family leave *n Am* baja *f* por paternidad/maternidad.

family life *n* vida *f* familiar.

family man *n* hombre *m* de familia.

family name *n* apellido *m*.

family planning *n* planificación *f* familiar.

family practice *n Am* medicina *f* general.

family practitioner *n Am* médico *m*, -ca *f* de cabecera.

family tree *n* árbol *m* genealógico.

famine ['fæmɪn] *n* hambruna *f*.

famished ['fæmɪʃt] *adj inf* [very hungry] muerto(ta) de hambre, famélico(ca).

famous ['feɪməs] *adj*: **~ (for)** famoso(sa) (por).

famously ['feɪməslɪ] *adv dated*: **to get on** OR **along ~ (with sb)** llevarse de maravilla (con alguien).

fan [fæn] (*pt & pp* **fanned**, *cont* **fanning**) ◇ *n* - **1.** [of paper, silk] abanico *m*. - **2.** [electric or mechanical] ventilador *m*. - **3.** [enthusiast] fan *mf*, admirador *m*, -ra *f*; [football fan] hincha *mf*. ◇ *vt* - **1.** [cool] abanicar; **to ~ o.s.** abanicarse. - **2.** [fire, feelings] avivar.

◆ **fan out** *vi* desplegarse en abanico.

fanatic [fə'nætɪk] *n* fanático *m*, -ca *f*.

fanatical [fə'nætɪkl] *adj* fanático(ca).

fanatically [fə'nætɪkəlɪ] *adv* con fanatismo, de un modo fanático.

fanaticism [fə'nætɪsɪzm] *n* fanatismo *m*.

fan belt *n* correa *f* del ventilador.

fancied ['fænsɪd] *adj* - **1.** [imagined] imaginario(ria). - **2.** SPORT [favoured] favorito(ta), preferido(da).

fancier ['fænsɪə'] *n* conocedor *m*, -ra *f*, aficionado *m*, -da *f*.

fanciful ['fænsɪful] *adj* - **1.** [odd] rocambolesco(ca). - **2.** [elaborate] extravagante.

fancifully ['fænsɪfulɪ] *adv* - **1.** [draw, write] con imaginación, de un modo imaginativo. - **2.** [act] de un modo caprichoso; [dress] de un modo extravagante.

fancily ['fænsɪlɪ] *adv* de un modo refinado OR elegante.

fanciness ['fænsɪnɪs] *n* refinamiento *m*, elegancia *f*.

fan club *n* club *m* de fans.

fancy ['fænsɪ] (*pt & pp* **fancied**, *pl* **fancies**, *compar* **fancier**, *superl* **fanciest**) ◇ *vt* - **1.** *inf* [feel like]: **I ~ a cup of tea/going to the cinema** me apetece un té/ir al cine. - **2.** *inf* [desire]: **do you ~ her?** ¿te gusta? ❏ **to ~ o.s.** tenérselo creído; **to ~ o.s. as sthg** dárselas de algo. - **3.** [imagine]: **~ meeting you here!** ¡qué casualidad encontrarte por aquí!;

~ **that!** ¡imagínate!, ¡mira por dónde! - **4.** *dated* [think] creer. ◇ *n* - **1.** [desire, liking] capricho *m*; **to take a** ~ **to** encapricharse con ❑ **to catch** OR **strike sb's** ~ metérsele a alguien por los ojos; **the idea tickled my** ~ la idea me hizo gracia OR me gustó. - **2.** *fml* [fantasy] fantasía *f.* ◇ *adj* - **1.** [elaborate] elaborado(da). - **2.** [expensive] de lujo, caro(ra). - **3.** *pej* [prices] exorbitante.

fancy dress *n (U)* disfraz *m.*

fancy-dress party *n* fiesta *f* de disfraces.

fancy-free *adj* despreocupado(da).

fancy goods *npl* artículos *mpl* de fantasía.

fancywork ['fænsɪwɜːk] *n* bordado *m.*

fanfare ['fænfeəʳ] *n* fanfarria *f.*

fang [fæŋ] *n* [of animal] colmillo *m*; [of snake] diente *m.*

fan heater *n* convector *m*, estufa *f* de aire.

fanlight ['fænlaɪt] *n* Br montante *m* en abanico.

fan mail *n (U)* cartas *fpl* de fans.

fanny ['fænɪ] *n* - **1.** *vulg* [female genitals] chocho *m.* - **2.** *Am inf* [buttocks] nalgas *fpl.*

fanny pack *n Am* riñonera *f.*

fantail ['fænteɪl] *n* - **1.** [pigeon] paloma *f* colipava. - **2.** [flycatcher] papamoscas *m inv.* - **3.** [fish] carpa *f* dorada.

fantasize, -ise ['fæntəsaɪz] *vi* fantasear; **to** ~ **about sthg/doing sthg** soñar con algo/con hacer algo.

fantastic [fæn'tæstɪk] *adj* - **1.** [gen] fantástico(ca), chévere *Amér.* - **2.** [exotic] exótico(ca).

fantastically [fæn'tæstɪklɪ] *adv* - **1.** [extremely] enormemente. - **2.** [exotically] de manera exótica.

fantasy ['fæntəsɪ] (*pl* **fantasies**) ◇ *n* fantasía *f.* ◇ *comp* imaginario(ria), de ensueño.

fanzine ['fænziːn] *n* fanzine *m.*

fao (*abbr of* **for the attention of**) a/a.

FAO (*abbr of* **Food and Agriculture Organization**) *n* FAO *f.*

FAQ (*abbr of* **free alongside quay**) muelle franco.

far [fɑːʳ] (*compar* **farther** ['fɑːðəʳ] OR **further** ['fɜːðəʳ], *superl* **farthest** ['fɑːðɪst] OR **furthest** ['fɜːðɪst]) ◇ *adv* - **1.** [in distance, time] lejos; **is it** ~? ¿está lejos?; **how** ~ **is it?** ¿a qué distancia está?; **how** ~ **is it to Prague?** ¿cuánto hay de aquí a Praga?; ~ **into the night** hasta muy avanzada la noche; **as** ~ **back as 1900** ya en 1900; ~ **from** lejos de; ~ **away** OR **off** [a long way away, a long time away] lejos; **farther on** más allá ❑ **as** ~ **as** hasta; ~ **and wide** por todas partes; **from** ~ **and wide** de todas partes; **so** ~ por ahora, hasta ahora. - **2.** [in degree or extent]: ~ **more/better/stronger** mucho más/mejor/más fuerte; **I wouldn't trust him very** ~ no me fiaría mucho de él; **how** ~ **have you got?** ¿hasta dónde has llegado?; **as** ~ **as I know** que yo sepa; **as** ~ **as I'm concerned** por OR en lo que a mí respecta; **as** ~ **as possible** en (la medida de) lo posible; **it's all right as** ~ **as it goes** para lo que es, no está mal; **he's not** ~ **wrong** OR **out** OR **off** no anda del todo descaminado ❑ ~ **and away, by** ~ con mucho; **to be** ~ **from well/happy** no estar nada bien/contento(ta); ~ **from it** en absoluto, todo lo contrario; ~ **be it from me to criticize** no me propongo criticar, nada más lejos de mi intención que criticar; **so** ~ hasta un cierto punto; **to be** ~ **gone** [drunk] ir muy cargado (muy cargada); [ill, mad, pregnant] estar en un estado muy avanzado; **so** ~ **so good** por OR hasta ahora todo va bien; **that young man will go** ~ ese muchacho llegará lejos; **£10 doesn't go** ~ **nowadays** hoy en día 10 libras no dan para mucho; **to go so** ~ **as to do sthg** llegar incluso a hacer algo; **to go too** ~ ir demasiado lejos; **this has gone** ~ **enough** esto ya ha ido demasiado lejos, hasta aquí hemos llegado; **to take** OR **carry sthg too far** llevar algo demasiado lejos, pasarse de la raya con algo. ◇ *adj* - **1.** [extreme] extremo(ma); **the** ~**-left/right** POL la extrema izquierda/derecha. - **2.** [more distant]: **on the** ~ **side of** del otro lado de; **at the** ~ **end of** al otro extremo de. - **3.** *literary* [remote] lejano(na).

farad ['færəd] *n* faradio *m*, farad *m.*

faraway ['fɑːrəweɪ] *adj* - **1.** [land etc] lejano(na). - **2.** [look, expression] ausente.

farce [fɑːs] *n lit & fig* farsa *f.*

farcical ['fɑːsɪkl] *adj* absurdo(da), grotesco(ca).

fare [feəʳ] ◇ *n* - **1.** [payment] (precio *m* del) billete *m*; [in taxi] tarifa *f*; [passenger] cliente *mf* (de taxi). - **2.** *(U) fml* [food] comida *f.* ◇ *comp*: ~ **dodger** pasajero *m*, -ra *f* sin billete (*por haberse colado*). ◇ *vi* [manage]: **she** ~**d well/badly** le fue bien/mal.

Far East *n*: **the** ~ el Extremo Oriente.

Far Eastern *adj* del Extremo Oriente.

fare stage *n Br* parada de autobús a partir de la cual se incrementa el precio del billete.

fare-thee-well *n Am inf*: **to a** ~ a la perfección.

farewell [feə'wel] ◇ *n* adiós *m*, despedida *f.* ◇ *excl literary* ¡vaya con Dios!

farfetched [fɑː'fetʃt] *adj* traído(da) por los pelos, inverosímil.

far-flung *adj* - **1.** [widespread] vasto(ta), extenso(sa). - **2.** [remote] remoto(ta), distante.

farm [fɑːm] ◇ *n* granja *f*, chacra *f Amér.* ◇ *comp* [machinery] agrícola. ◇ *vt* [land] cultivar; [livestock] criar. ◇ *vi* [grow crops] cultivar la tierra; [raise livestock] criar ganado.

◆ **farm out** *vt sep* - **1.** [work] encargar, mandar hacer. - **2.** [shop] traspasar.

farmer ['fɑːməʳ] *n* agricultor *m*, -ra *f*, granjero *m*, -ra *f*, chacarero *m*, -ra *f Amér.*

farmhand ['fɑːmhænd] *n* peón *m*, labriego *m*, -ga *f.*

farmhouse ['fɑːmhaʊs, *pl* -haʊzɪz] *n* granja *f*, caserío *m.*

farming ['fɑːmɪŋ] *(U) n* - **1.** [industry] agricultura *f.* - **2.** [act of crops] cultivo *m*; [- of animals] cría *f*, crianza *f.*

farm labourer *n* = **farmhand**.

farmland ['fɑːmlænd] *n (U)* tierras *fpl* de labranza.

farmstead ['fɑːmsted] *n Am* granja *f.*

farm worker *n* = **farmhand**.

farmyard ['fɑːmjɑːd] ◇ *n* corral *m.* ◇ *comp*: ~ **animal** animal *m* de corral.

Far North *n*: **the** ~ el Norte.

Faroe ['feərəʊ] *n* = **Faeroe**.

far-off *adj* lejano(na), remoto(ta).

far-out *adj inf* - **1.** [odd] raro(ra). - **2.** [excellent] fantástico(ca).

farrago [fə'rɑːgəʊ] (*pl* **farragoes**) *n pej* fárrago *m*, mezcolanza *f.*

far-reaching [-'riːtʃɪŋ] *adj* trascendental, de amplio alcance.

farrier ['færɪəʳ] *n* herrero *m*, -ra *f.*

farrow ['færəʊ] ◇ *n* lechigada *f* de cerdos. ◇ *vt & vi* parir.

Farsi [fɑː'siː] *n* persa *m* moderno.

farsighted [fɑː'saɪtɪd] *adj* - **1.** [gen] con visión de futuro. - **2.** *Am* [long-sighted] présbita, que ve mal de cerca.

farsightedness [fɑː'saɪtɪdnɪs] *n* - **1.** [of person] visión *f* de futuro, previsión *f*; [of act, decision] clarividencia *f.* - **2.** *Am* MED hipermetropía *f*, presbicia *f.*

fart [fɑːt] *v inf* ◇ *n* - **1.** [flatulence] pedo *m.* - **2.** [person] gilipuertas *mf inv.* ◇ *vi* tirarse un pedo.

◆ **fart about, fart around** *vi v inf* perder el tiempo en tonterías.

farther ['fɑːðəʳ] *compar* → **far**.

farthermost ['fɑːðəmaʊst] *adj* más lejano (más lejana).

farthest ['fɑːðɪst] *superl* → **far**.

farthing ['fɑːðɪŋ] *n antiguo* cuarto de penique.

FAS (*abbr of* **free alongside ship**) franco al costado.

fascia ['feɪʃə] *n* - **1.** [on shop] rótulo *m.* - **2.** AUT salpicadero *m.*

fascinate ['fæsɪneɪt] *vt* fascinar.

fascinating ['fæsɪneɪtɪŋ] *adj* fascinante.

fascinatingly ['fæsɪneɪtɪŋlɪ] *adv* de un modo fascinante.

fascination [ˌfæsɪˈneɪʃn] n fascinación f.

fascism [ˈfæʃɪzm] n fascismo m.

fascist [ˈfæʃɪst] ◇ adj fascista. ◇ n fascista mf.

fascistic [fəˈʃɪstɪk] adj fascista.

fashion [ˈfæʃn] ◇ n - **1.** [clothing, style, vogue] moda f; **in/out of** ~ de/pasado(da) de moda; **to come into** ~ ponerse de moda; **to go out of** ~ pasar de moda; **to set the** ~ dictar la moda. - **2.** [manner] manera f; **after a** ~ más o menos. ◇ vt fml [make] elaborar; fig [shape, influence] forjar.

fashionable [ˈfæʃnəbl] adj de moda.

fashionably [ˈfæʃnəblɪ] adv a la moda; **her hair is** ~ **short** lleva el pelo corto muy a la moda.

fashion-conscious adj que sigue la moda.

fashion designer n diseñador m, -ra f de modas.

fashion model n modelo mf.

fashion show n pase m OR desfile m de modelos.

fast [fɑːst] ◇ adj - **1.** [rapid] rápido(da); ~ **train** (tren m) rápido m. - **2.** [clock, watch] que adelanta. - **3.** [dye, colour] que no destiñe, sólido(da). - **4.** [firm]: ~ **friends** íntimos amigos mpl, íntimas amigas fpl. ◇ adv - **1.** [rapidly] deprisa, rápidamente. - **2.** [firmly]: **stuck** ~ bien pegado (bien pegada); ~ **asleep** profundamente dormido (profundamente dormida); **to hold** ~ **to sthg** [person, object] agarrarse fuerte a algo; [principles] mantenerse fiel a algo; **to make** ~ [tie] atar; [fix] sujetar ❑ **to play** ~ **and loose with** jugar con; **to stand** ~ mantenerse firme. ◇ n ayuno m. ◇ vi ayunar.

fast breeder reactor n reactor m (nuclear) rápido.

fasten [ˈfɑːsn] ◇ vt - **1.** [gen] sujetar; [clothes, belt] abrochar; **he** ~**ed his coat** se abrochó el abrigo. - **2.** [attach]: **to** ~ **sthg to sthg** fijar algo a algo. - **3.** [hands, teeth] apretar. ◇ vi: **to** ~ **on to sb/sthg** aferrarse a alguien/algo.

fastener [ˈfɑːsnəʳ] n [gen] cierre m, broche m; [zip] cremallera f.

fastening [ˈfɑːsnɪŋ] n [of door, window] cerrojo m, pestillo m.

fast food n (U) comida f rápida.

fast-forward ◇ n avance m rápido. ◇ vt & vi correr hacia adelante.

fastidious [fəˈstɪdɪəs] adj - **1.** [fussy about details] quisquilloso(sa). - **2.** [meticulous] meticuloso(sa). - **3.** [fussy about cleanliness] escrupuloso(sa).

fastidiously [fəˈstɪdɪəslɪ] adv meticulosamente.

fast lane n [on motorway] carril m rápido; **to live life in the** ~ fig llevar un frenético tren de vida.

fast-moving adj [film] de mucha acción; ~ **events** acontecimientos mpl que se suceden con rapidez.

fastness [ˈfɑːstnɪs] n - **1.** [firmness] firmeza f. - **2.** [of colour] firmeza f, solidez f. - **3.** [stronghold] fortaleza f.

fast-track adj de vía rápida.

fat [fæt] (compar **fatter**, superl **fattest**) ◇ adj - **1.** [gen] gordo(da); **to get** ~ engordar. - **2.** [meat] con mucha grasa. - **3.** [book, package] grueso(sa). - **4.** [profit, fee, cheque] abultado(da). - **5.** iro [small]: **a** ~ **lot of good** OR **use that was!** ¡pues sí que sirvió de mucho eso!; ~ **chance!** ¡las ganas!, ¡que te crees tú eso! ◇ n - **1.** [gen] grasa f; **to chew the** ~ fig conversar, parlotear; **to live off the** ~ **of the land** fig vivir a cuerpo de rey. - **2.** [for cooking] manteca f.

fatal [ˈfeɪtl] adj - **1.** [serious] fatal, funesto(ta). - **2.** [mortal] mortal.

fatalism [ˈfeɪtəlɪzm] n fatalismo m.

fatalist [ˈfeɪtəlɪst] n fatalista mf.

fatalistic [ˌfeɪtəˈlɪstɪk] adj fatalista.

fatality [fəˈtælətɪ] (pl **fatalities**) n - **1.** [accident victim] víctima f mortal, muerto m. - **2.** = fatalism.

fatally [ˈfeɪtəlɪ] adv - **1.** [seriously] gravemente. - **2.** [mortally] mortalmente.

fatback [ˈfætbæk] n tocino m.

fat cat n inf pez m gordo.

fate [feɪt] n - **1.** [destiny] destino m; **to seal sb's** ~ fig deter-

minar OR decidir el destino de alguien; **to tempt** ~ fig tentar a la suerte. - **2.** [result, end] final m, suerte f.

◆ **Fates** npl: **the Fates** las Parcas.

fated [ˈfeɪtɪd] adj predestinado(da); **to be** ~ **to do sthg** estar predestinado a hacer algo.

fateful [ˈfeɪtfʊl] adj fatídico(ca).

fat-free adj sin grasas.

fathead [ˈfæthed] n inf majadero m, -ra f, imbécil mf.

fatheaded [ˈfæthedɪd] adj inf imbécil.

father [ˈfɑːðəʳ] ◇ n lit & fig padre m; **like** ~ **like son** proverb de tal palo tal astilla proverb. ◇ vt engendrar.

◆ **Father** n - **1.** [priest] padre m. - **2.** [God] Padre m. - **3.** POL: **the Father of the House** el diputado más veterano del Parlamento británico.

Father Christmas n Br Papá m Noel.

father confessor n padre m OR director m espiritual.

father figure n figura f paterna; **he was a** ~ **for all the employees** era como un padre para todos los empleados.

fatherhood [ˈfɑːðəhʊd] n paternidad f.

father-in-law (pl **fathers-in-law** OR **father-in-laws**) n suegro m.

fatherland [ˈfɑːðəlænd] n (madre) patria f.

fatherless [ˈfɑːðəlɪs] adj - **1.** [without a father] sin padre. - **2.** [orphan] huérfano(na) de padre.

fatherly [ˈfɑːðəlɪ] adj paternal.

Father's Day n Día m del Padre.

Father Time n: (**Old**) ~ el Tiempo.

fathom [ˈfæðəm] ◇ n braza f. ◇ vt: **to** ~ **sthg/sb (out)** llegar a comprender algo/a alguien.

fathomless [ˈfæðəmlɪs] adj literary incomprensible.

fatigue [fəˈtiːg] ◇ n fatiga f; **metal** ~ fatiga del metal. ◇ vt fatigar.

◆ **fatigues** npl traje m de faena.

fatless [ˈfætlɪs] adj sin grasas.

fatness [ˈfætnɪs] n [of person] gordura f.

fatso [ˈfætsəʊ] (pl **fatsoes**) n inf pej gordo m, -da f.

fatten [ˈfætn] vt engordar.

◆ **fatten up** vt sep engordar, cebar.

fattening [ˈfætnɪŋ] adj que engorda.

fatty [ˈfætɪ] (compar **fattier**, superl **fattiest**, pl **fatties**) ◇ adj graso(sa). ◇ n inf pej gordinflón m, -ona f.

fatty acid n ácido m graso.

fatuous [ˈfætjʊəs] adj fatuo(tua), necio(cia).

fatuously [ˈfætjʊəslɪ] adv con fatuidad, neciamente.

fatwa [ˈfætwɑː] n pena f de muerte (dictada por un imán).

faucet [ˈfɔːsɪt] n Am grifo m.

fault [fɔːlt] ◇ n - **1.** [responsibility] culpa f; **it's all your/my** ~ es todo culpa tuya/mía; **through no** ~ **of my own** sin que la culpa sea mía; **to be at** ~ tener la culpa. - **2.** [mistake, imperfection] defecto m; **to find** ~ **with** encontrar defectos a ❑ **generous to a** ~ generoso(sa) en exceso. - **3.** GEOL falla f. - **4.** [in tennis] falta f. ◇ vt: **to** ~ **sb (on sthg)** criticar a alguien (en algo).

faultfinder [ˈfɔːltfaɪndəʳ] n pej criticón m, -ona f.

fault-finding pej ◇ adj criticón(ona). ◇ n crítica f.

faultily [ˈfɔːltɪlɪ] adv defectuosamente.

faultless [ˈfɔːltlɪs] adj perfecto(ta), impecable.

faulty [ˈfɔːltɪ] (compar **faultier**, superl **faultiest**) adj [machine, system] defectuoso(sa); [reasoning, logic] imperfecto(ta).

faun [fɔːn] n fauno m.

fauna [ˈfɔːnə] n fauna f.

Faunus [ˈfɔːnəs] n Fauno m.

Fauvism [ˈfəʊvɪzm] n fauvismo m.

faux pas [ˌfəʊˈpɑː] (pl inv [ˌfəʊˈpɑːz]) n metedura f de pata, plancha f.

favor etc Am = **favour** etc.

favorite etc Am = **favourite** etc.

favour Br, **favor** Am ['feɪvə'] ◊ n - **1.** [gen] favor m, gaucha-da f Amér; **in sb's** ~ a favor de alguien; **to be in/out of** ~ **(with)** ser/dejar de ser popular (con); **to do sb a** ~ hacerle un favor a alguien ❑ **are you going to buy it?** - **do me a** ~! inf ¿vas a comprarlo? - ¡ni loco! OR ¡ni hablar!; **to curry** ~ **with sb** tratar de congraciarse con alguien; **to find** ~ **with sb** caer en gracia a alguien; **to rule in sb's** ~ decidir a favor de alguien. - **2.** [favouritism] favoritismo m. - **3.** [small gift] pequeño obsequio m. ◊ vt - **1.** [prefer] decantar-se por, preferir. - **2.** [treat better, help] favorecer. - **3.** iro [honour]: **to** ~ **sb with sthg** honrar a alguien con algo.
◆ **in favour** adv [in agreement] a favor.
◆ **in favour of** prep - **1.** [in preference to] en favor de. - **2.** [in agreement with]: **to be in** ~ **of sthg/of doing sthg** es-tar a favor de algo/de hacer algo.

favourable Br, **favorable** Am ['feɪvrəbl] adj [positive] fa-vorable.

favourably Br, **favorably** Am ['feɪvrəblɪ] adv favorable-mente.

favoured Br, **favored** Am ['feɪvəd] adj [with special advan-tages] privilegiado(da), favorecido(da).

favourite Br, **favorite** Am ['feɪvrɪt] ◊ adj favorito(ta). ◊ n favorito m, -ta f.

favouritism Br, **favoritism** Am ['feɪvrɪtɪzm] n favoritis-mo m.

fawn [fɔːn] ◊ adj pajizo(za), beige (inv). ◊ n [animal] cer-vato m, cervatillo m. ◊ vi: **to** ~ **on sb** adular a alguien.

fawning ['fɔːnɪŋ] adj adulador(ra), servil.

fax [fæks] ◊ n fax m. ◊ vt - **1.** [send fax to] mandar un fax a. - **2.** [send by fax] enviar por fax.

fax machine n fax m.

fax message n fax m, telefax m.

fax number n número m de fax.

faze [feɪz] vt esp Am inf desconcertar, dejar fuera de juego.

FBI (abbr of **Federal Bureau of Investigation**) n FBI m.

FC (written abbr of **Football Club**) CF, FC.

FCC (abbr of **Federal Communications Commission**) n dirección federal estadounidense de medios audiovisuales.

FCO (abbr of **Foreign and Commonwealth Office**) n mi-nisterio británico de asuntos exteriores y relaciones con la Com-monwealth.

FD (abbr of **Fire Department**) n cuerpo de bomberos de EE UU.

FDA (abbr of **Food and Drug Administration**) n organis-mo estadounidense para el control de medicamentos y produc-tos alimentarios.

FE n abbr of **Further Education**.

fealty ['fiːəltɪ] (pl **fealties**) n fidelidad f, lealtad f.

fear [fɪə'] ◊ n - **1.** [gen] miedo m, temor m; **for** ~ **of** por miedo a; **to put the** ~ **of God into sb** fig dar un susto mor-tal OR de muerte a alguien. - **2.** [risk] peligro m; **will you tell him?** - **no** ~! inf fig ¿se lo dirás? - ¡ni hablar! OR ¡qué va! ◊ vt - **1.** [be afraid of] temer. - **2.** [anticipate] temerse; **to** ~ **(that)...** temerse que... ◊ vi [be afraid]: **to** ~ **for sb/sthg** temer por alguien/algo.

fearful ['fɪəful] adj - **1.** fml [frightened] temeroso(sa). - **2.** [frightening] terrible, pavoroso(sa). - **3.** inf dated [very great] tremendo(da), terrible.

fearfully ['fɪəfulɪ] adv - **1.** [look, say] con temor. - **2.** inf [as in-tensifier] terriblemente, tremendamente.

fearfulness ['fɪəfulnɪs] n temor m, miedo m.

fearless ['fɪəlɪs] adj valiente, intrépido(da).

fearlessly ['fɪəlɪslɪ] adv sin miedo.

fearlessness ['fɪəlɪsnɪs] n intrepidez f, audacia f.

fearsome ['fɪəsəm] adj terrible, espantoso(sa).

feasibility [ˌfiːzə'bɪlətɪ] n viabilidad f.

feasibility study n estudio m de viabilidad.

feasible ['fiːzəbl] adj factible, viable.

feast [fiːst] ◊ n - **1.** [meal] banquete m, festín m; **a** ~ **for the eyes** fig un regalo para los ojos. - **2.** RELIG festividad f. ◊ vi: **to** ~ **on** OR **off sthg** darse un banquete a base de algo.

feast day n día m festivo.

feasting ['fiːstɪŋ] n festín m.

feat [fiːt] n hazaña f.

feather ['feðə'] ◊ n [of bird] pluma f; [of arrow] pluma f; **you could have knocked me down with a** ~ fig me que-dé de piedra, casi me caigo de espaldas; **as light as a** ~ fig ligero(ra) como una pluma; **to show the white** ~ fig mos-trarse cobarde. ◊ comp [mattress] de plumas.

featherbed ['feðəbed] (pt & pp **featherbedded**, cont **featherbedding**) vi Am practicar el 'featherbedding'.

feather bed n colchón m de plumas.

featherbedding ['feðəbedɪŋ] n Am imposición sindical que exige del empresario la contratación de más obreros de los ne-cesarios o la limitación de la producción etc.

feather boa n boa f de plumas [prenda].

featherbrain ['feðəbreɪn] n inf cabeza mf de chorlito.

featherbrained ['feðəbreɪnd] adj [person] atontolina-do(da); [idea, scheme] disparatado(da).

feather duster n plumero m.

feathered ['feðəd] adj [arrow] emplumado(da); [hat] con plumas.

featherweight ['feðəweɪt] n [boxer] peso m pluma.

feathery ['feðərɪ] adj - **1.** [with feathers] plumoso(sa), plu-mado(da). - **2.** [light] ligero(ra), liviano(na).

feature ['fiːtʃə'] ◊ n - **1.** [characteristic] característica f. - **2.** [of face] rasgo m. - **3.** GEOGR accidente m geográfico. - **4.** [ar-ticle] artículo m de fondo. - **5.** RADIO & TV [programme] pro-

---

USAGE ▶ Fear

Being afraid

Tengo miedo de la oscuridad.
Me da miedo quedarme solo.
No soporto las cucarachas.
Siento pánico cada vez que se abre esa puerta.
Estoy aterrorizado.
Estoy muerto de miedo. [informal]
¡Qué horror!
Me dan escalofríos sólo de pensarlo
Se me ha puesto (la) carne de gallina. [informal]
Esto me pone los pelos de punta. [informal]
¡Menudo susto!

Being anxious about somebody

Últimamente me preocupa Juan.
Temo que le suceda algo malo.

Temo por su vida.
¿Tú crees que no le habrá pasado nada?
¡Quiera Dios que no le haya ocurrido nada malo!
Su estado es verdaderamente preocupante. [formal]
Estoy ansioso por saber qué le ha ocurrido.

Fearing that something might happen

Me da miedo que vuelva demasiado tarde.
Me temo lo peor.
No me gustaría pensar que ha tenido un accidente.
No quiero estar presente cuando se entere de la noticia.
Mi único miedo es que se haga daño.
Me pongo a temblar sólo de pensar que podría haberse caído.
No quiero ni pensar cuando vuelvan tus padres y vean lo que has hecho.

grama *m* especial. **- 6.** = **feature film**. ◇ *vt* [subj: film] tener como protagonista a; [subj: exhibition] tener como atracción principal a. ◇ *vi*: **to** ~ **(in)** aparecer OR figurar (en).

feature article *n* PRESS artículo *m* de fondo.

feature film *n* largometraje *m*.

feature-length *adj* de largo metraje; ~ **cartoon** largometraje *m* de dibujos animados.

featureless ['fiːtʃəlɪs] *adj* anodino(na).

features editor *n* cronista *mf*, redactor, -ra *f* de reportajes.

feature story *n* = **feature article**.

Feb. (*written abbr of* **February**) feb.

febrile ['fiːbraɪl] *adj* febril.

February ['februərɪ] *n* febrero *m*; *see also* **September**.

fecal *adj Am* = **faecal**.

feces *npl Am* = **faeces**.

feckless ['feklɪs] *adj* irresponsable.

fecund ['fiːkənd] *adj fml* fecundo(da).

fecundate ['fiːkən,deɪt] *vt fml* fecundar.

fecundity [fɪ'kʌndətɪ] *n fml* fecundidad *f*.

fed [fed] *pt & pp* → **feed**.

Fed [fed] ◇ *n inf* (*abbr of* **Federal Reserve Board**) órgano de control del banco central estadounidense. ◇ **- 1.** *written abbr of* **federal**. **- 2.** *written abbr of* **federation**.

federal ['fedrəl] *adj* federal.

◆ **Federal** *n Am* HIST soldado federal en la guerra civil de EE.UU.

Federal Bureau of Investigation *n* FBI *m*.

federalism ['fedrəlɪzm] *n* federalismo *m*.

federalist ['fedrəlɪst] ◇ *adj* federalista. ◇ *n* federalista *mf*.

federalize ['fedrəlaɪz] *vt* **- 1.** [unite in a federation] federar. **- 2.** [put under federal control] poner bajo control federal.

federally ['fedrəlɪ] *adv* [in US]: ~ **funded** financiado(da) por el gobierno.

Federal Republic of Germany *n*: **the** ~ la República Federal de Alemania.

Federal Reserve System *n* sistema bancario federal en EE.UU.

federate [*vb* 'fedəreɪt, *adj* 'fedərət] ◇ *vt* federar, confederar. ◇ *vi* federarse, confederarse. ◇ *adj* federado(da).

federation [,fedə'reɪʃn] *n* federación *f*.

federative ['fedərətɪv] *adj* federativo(va).

fedora [fɪ'dɔːrə] *n* sombrero *m* flexible de fieltro.

fed up *adj*: ~ **(with)** harto(ta) (de).

fee [fiː] *n* [to lawyer, doctor etc] honorarios *mpl*.

feeble ['fiːbəl] *adj* **- 1.** [weak] débil. **- 2.** [poor, silly] pobre, flojo(ja).

feebleminded [,fiːbəl'maɪndɪd] *adj* corto(ta) de entendederas.

feebleness ['fiːblnɪs] *n* (U) **- 1.** [weakness] debilidad *f*. **- 2.** [of excuse, joke] flojedad *f*.

feebly ['fiːblɪ] *adv* **- 1.** [weakly] débilmente. **- 2.** [ineffectively] de modo poco convincente.

feed [fiːd] (*pt & pp* **fed** [fed]) ◇ *vt* **- 1.** [gen] alimentar; [animal] dar de comer a; [breastfeed] amamantar, dar de mamar a; [bottlefeed] dar el biberón a. **- 2.** [put, insert]: **to** ~ **sthg into sthg** introducir algo en algo. **- 3.** THEATRE [give cue to] dar la réplica a. **- 4.** SPORT pasar a, dar pases a. ◇ *vi* comer; **to** ~ **on** OR **off sthg** *lit & fig* alimentarse de algo. ◇ *n* **- 1.** [meal] comida *f*. **- 2.** [animal food] pienso *m*. **- 3.** TECH alimentación *f*. ◇ *comp*: ~ **pipe** tubo *m* de alimentación; ~ **pump** bomba *f* de alimentación.

feedback ['fiːdbæk] *n* (U) **- 1.** [reaction] respuesta *f*, reacciones *fpl*. **- 2.** COMPUT & ELEC realimentación *f*; [on guitar etc] feedback *m*.

feedbag ['fiːdbæg] *n Am* morral *m*.

feeder ['fiːdə^r] ◇ *n* **- 1.** [baby]: **he's a messy** ~ se ensucia mucho al comer. **- 2.** [feeding device - for animal] alimentador *m*, cebador *m*; [- for machine] alimentador *m*. **- 3.** [river] afluente *m*; [road] ramal *m*. ◇ *comp*: ~ **primary school** es-

cuela primaria que envía a sus alumnos a una escuela secundaria; ~ **road** carretera *f* secundaria; ~ **route** línea *f* OR ruta *f* aérea secundaria.

feeding ['fiːdɪŋ] ◇ *n* alimentación *f*. ◇ *comp*: ~ **cup** MED vaso con pico para dar de beber a los enfermos o a los bebés; ~ **ground** OR **grounds** lugar donde los animales van a alimentarse; ~ **time** [for child, animal] hora *f* de comer.

feeding bottle *n Br* biberón *m*.

feedstuff ['fiːdstʌf] *n* [for pigs, chicken] pienso *m*; [for cattle] pasto *m*, forraje *m*.

feel [fiːl] (*pt & pp* **felt** [felt]) ◇ *vt* **- 1.** [touch] tocar. **- 2.** [sense, notice, experience] sentir; **I felt myself blushing** noté que me ponía colorado; **to** ~ **the cold** notar el frío. **- 3.** [believe] creer; **to** ~ **(that)** creer OR pensar que. **- 4.** *phr*: **not to** ~ **o.s.** no encontrarse bien; **to** ~ **one's way** [grope] andar a tientas; [be cautious] ir con (mucho) tiento; [in job] estar en periodo de rodaje. ◇ *vi* **- 1.** [have sensation]: **to** ~ **hot/cold/sleepy** tener calor/frío/sueño; **to** ~ **sick** marearse. **- 2.** [have emotion]: **to** ~ **safe/happy** sentirse seguro/feliz; **she** ~**s very strongly about it** tiene ideas muy firmes acerca de ello; **to** ~ **sure that...** tener la seguridad de que... ❑ **you're as old as you** ~ uno es viejo si se siente viejo. **- 3.** [seem - gen] parecer; [- to the touch] parecer (al tacto); **it** ~**s strange to be back** resulta raro estar de vuelta. **- 4.** [grope]: **to** ~ **for sthg** buscar algo a tientas. **- 5.** [be in mood]: **do you** ~ **like a drink/eating out?** ¿te apetece beber algo/comer fuera?, ¿te provoca beber algo/comer fuera? *Amér*; **I don't** ~ **like it** no me apetece; **whenever I** ~ **like it** cuando me apetezca; **to** ~ **up to sthg** encontrarse con ganas de hacer algo. ◇ *n* **- 1.** [sensation, touch] tacto *m*, sensación *f*; **to be rough/soft to the** ~ resultar áspero/suave al tacto; **to have a** ~ **(of sthg)** tocar (algo). **- 2.** [atmosphere] atmósfera *f*. **- 3.** *phr*: **to get the** ~ **of sthg** cogerle el truco OR tranquillo a algo; **to have a** ~ **for sthg** tener un don especial para algo.

◆ **feel for** *vt fus* [be sorry for] compadecerse de; **I** ~ **for her family** me da pena OR lástima su familia.

feeler ['fiːlə^r] *n* antena *f*; **to put out** ~**s** *fig* sondear.

feelgood ['fiːlgʊd] *adj inf*: **the** ~ **factor** el elemento que proporciona sensación de bienestar; **a** ~ **film** una película que levanta la moral, una película que te hace sentir bien.

feeling ['fiːlɪŋ] *n* **- 1.** [emotion] sentimiento *m*; **to say sthg with** ~ decir algo con mucho sentimiento. **- 2.** [sensation] sensación *f*. **- 3.** [intuition] presentimiento *m*; **I have a** OR **get the** ~ **(that)...** me da la sensación de que... **- 4.** [understanding] apreciación *f*, entendimiento *m*; **to have a** ~ **for sthg** saber apreciar algo.

◆ **feelings** *npl* sentimientos *mpl*; **to have no** ~**s** no tener sensibilidad, ser insensible; **to have strong** ~**s about sthg** tener ideas muy firmes sobre algo; **to hurt sb's** ~**s** herir los sentimientos de alguien; **to spare sb's** ~**s** no herir los sentimientos de alguien ❑ **no hard** ~**s?** ¿todo olvidado?

fee-paying *adj Br* de pago.

feet [fiːt] *pl* → **foot**.

feign [feɪn] *vt fml* fingir, aparentar.

feint [feɪnt] ◇ *n* finta *f*. ◇ *vi* fintar.

feint-ruled *adj Br* OR con rayas finas.

feisty ['faɪstɪ] (*compar* **feistier**, *superl* **feistiest**) *adj esp Am inf* con ganas de pelea, combativo(va).

feldspar ['feldspɑː^r] *n* feldespato *m*.

felicitation [fɪ,lɪsɪ'teɪʃn] *n fml* felicitación *f*.

felicitous [fɪ'lɪsɪtəs] *adj fml* afortunado(da).

felicity [fɪ'lɪsɪtɪ] *n fml* felicidad *f*.

feline ['fiːlaɪn] ◇ *adj* felino(na). ◇ *n fml* felino *m*.

fell [fel] ◇ *pt* → **fall**. ◇ *vt* **- 1.** [tree] talar. **- 2.** [person] derribar.

◆ **fells** *npl* GEOGR monte *m*.

fellatio [fe'leɪʃɪəʊ] *n* felación *m*.

feller ['felə^r] *n inf* tío *m*, tipo *m*.

fellow ['feləʊ] ◇ *adj*: ~ **students/prisoners** compañeros *mpl*, -ras *fpl* de clase/celda; ~ **citizen** conciudadano *m*, -na *f*;

~ **man** prójimo *m*, semejante *m*. ◇ *n* - **1.** *dated* [man] tipo *m*. - **2.** [comrade, peer] camarada *mf*, compañero *m*, -ra *f*. - **3.** [of society] miembro *mf*. - **4.** [of college] miembro *mf* del claustro de profesores; **research** ~ becario *m*, -ria *f* de investigación.

fellow feeling *n* compañerismo *m*, sentimiento *m* de solidaridad.

fellowship ['feləʊʃɪp] *n* - **1.** [comradeship] camaradería *f*. - **2.** [society] asociación *f*. - **3.** [of society or college] pertenencia *f*. - **4.** [grant] beca *f* de investigación.

fellow traveller *n* simpatizante *no afiliado del partido comunista*.

fell-walking *n* senderismo *m* (por montaña).

felon ['felən] *n* JUR criminal *mf*.

felonious [fɪ'ləʊnjəs] *adj fml* criminal, delictivo(va).

felony ['feləni] (*pl* **felonies**) *n* JUR delito *m* grave.

felt [felt] ◇ *pt & pp* → **feel**. ◇ *n* (U) fieltro *m*. ◇ *comp* de fieltro.

felt-tip (pen) *n* rotulador *m*.

fem [fem] (*abbr of* **feminine**) fem.

female ['fiːmeɪl] ◇ *adj* [animal, plant, connector] hembra; [figure, sex] femenino(na). ◇ *n* - **1.** [female animal] hembra *f*. - **2.** *pej* [woman] mujer *f*.

female impersonator *n* travestí *m* [en un espectáculo].

feminine ['femɪnɪn] ◇ *adj* femenino(na). ◇ *n* GRAMM femenino *m*.

femininity [femɪ'nɪnəti] *n* femineidad *f*.

feminism ['femɪnɪzm] *n* feminismo *m*.

feminist ['femɪnɪst] ◇ *n* feminista *mf*. ◇ *adj* feminista.

feminize, -ise ['femɪnaɪz] *vt* afeminar.

femur ['fiːməʳ] *n* fémur *m*.

fence [fens] ◇ *n* - **1.** [gen] valla *f*; **to be on opposite sides of the** ~ *fig* ver las cosas de modo opuesto; **to sit on the** ~ *fig* nadar entre dos aguas. - **2.** [in showjumping] valla *f*. - **3.** *v inf* [of stolen goods] perista *mf*. ◇ *vi* - **1.** SPORT practicar la esgrima. - **2.** [evade question] responder con evasivas. - **3.** *v inf* [handle stolen goods] hacer de perista. ◇ *vt* vallar, cercar.

◆ **fence in** *vt sep* - **1.** [property] cercar. - **2.** [animals] encerrar.

◆ **fence off** *vt sep* cerrar con una valla OR cerca.

fencer ['fensəʳ] *n* SPORT esgrimista *mf*.

fence-sitting *n* irresolución *f*.

fencing ['fensɪŋ] *n* - **1.** SPORT esgrima *f*. - **2.** [material] material *m* para cercas.

fend [fend] *vi*: **to** ~ **for o.s.** valerse por sí mismo (por sí misma).

◆ **fend off** *vt sep* [blows] defenderse de, desviar; [questions, reporters] eludir.

fender ['fendəʳ] *n* - **1.** [round fireplace] pantalla *f*, guardafuego *m*. - **2.** [on boat] defensa *f*. - **3.** *Am* [on car] guardabarros *m inv*; [on train] tope *m*.

fenestration [fenɪ'streɪʃn] *n* ventanaje *m*.

fennel ['fenl] *n* hinojo *m*.

fens [fenz] *npl Br* pantanal *m*, zona *f* pantanosa.

fenugreek ['fenjʊgriːk] *n* alholva *f*, fenogreco *m*.

feral ['fɪərəl] *adj* salvaje.

ferment [*vb* fə'ment, *n* 'fɜːment] ◇ *n* - **1.** [agent] fermento *m*; [fermentation] fermentación *f*. - **2.** *fig* [unrest] agitación *f*; **in** ~ en estado de agitación. ◇ *vi* fermentar.

fermentation [fɜːmən'teɪʃn] *n* fermentación *f*.

fermented [fə'mentɪd] *adj* fermentado(da).

fermi ['fɜːmi] *n* fermi *m*.

fermium ['fɜːmɪəm] *n* fermio *m*.

fern [fɜːn] *n* helecho *m*.

ferocious [fə'rəʊʃəs] *adj* [gen] feroz; [climate] riguroso(sa); [heat] intenso(sa), atroz.

ferociously [fə'rəʊʃəslɪ] *adv* ferozmente.

ferociousness [fə'rəʊʃəsnɪs], **ferocity** [fə'rɒsəti] *n* [gen] ferocidad *f*; [of climate] rigor *m*; [of heat] intensidad *f*.

ferret ['ferɪt] *n* hurón *m*.

◆ **ferret about**, **ferret around** *vi inf* rebuscar.

◆ **ferret out** *vt sep inf* conseguir descubrir.

ferric ['ferɪk] *adj* férrico(ca).

ferric oxide *n* óxido *m* férrico.

ferris wheel ['ferɪs-] *n esp Am* noria *f*.

ferrite ['feraɪt] *n* - **1.** CHEM ferrito *m*. - **2.** MIN ferrita *f*.

ferroconcrete [ˌferəʊ'kɒŋkriːt] *n* hormigón *m* armado.

ferromagnet [ˌferəʊ'mægnɪt] *n* substancia *f* ferromagnética.

ferromagnetic [ˌferəʊmæg'netɪk] *adj* ferromagnético(ca).

ferromanganese [ˌferəʊ'mæŋgəniːz] *n* ferromanganeso *m*.

ferrous ['ferəs] *adj* ferroso(sa).

ferruginous [fə'ruːdʒɪnəs] *adj* ferruginoso(sa).

ferrule ['feruːl] *n* [of umbrella, walking stick] virola *f*, contera *f*.

ferry ['feri] (*pl* **ferries**, *pt & pp* **ferried**) ◇ *n* [large, for cars] transbordador *m*, ferry *m*; [small] barca *f*. ◇ *vt* llevar, transportar; **to** ~ **sthg across** OR **over** llevar algo en barco; **to** ~ **people back and forth** llevar y traer a gente.

ferryboat ['feribəʊt] *n* = **ferry**.

ferryman ['ferimən] (*pl* **ferrymen** [-mən]) *n* barquero *m*.

fertile ['fɜːtaɪl] *adj* fértil.

fertility [fə'tɪləti] *n* fertilidad *f*.

fertility drug *n* estimulador *de la ovulación para mujeres estériles*.

fertilization [ˌfɜːtɪlaɪ'zeɪʃn] *n* - **1.** AGR fertilización *f*, abono *m*. - **2.** BIOL fecundación *f*.

fertilize, -ise ['fɜːtɪlaɪz] *vt* - **1.** AGR fertilizar, abonar. - **2.** BIOL fecundar.

fertilizer ['fɜːtɪlaɪzəʳ] *n* fertilizante *m*, abono *m*.

ferule ['feruːl] *n* = **ferrule**.

fervent ['fɜːvənt] *adj* [plea, tone] ferviente; [desire, belief] apasionado(da).

fervently ['fɜːvəntlɪ] *adv* [beg, desire] fervientemente; [speak] con fervor, con ardor; [believe] apasionadamente.

fervid ['fɜːvɪd] *adj literary* fervoroso(sa).

fervour *Br*, **fervor** *Am* ['fɜːvəʳ] *n* fervor *m*.

festal ['festl] *adj literary* festivo(va).

fester ['festəʳ] *vi lit & fig* enconarse.

festering ['festərɪŋ] *adj* [sore] purulento(ta).

festival ['festəvl] *n* - **1.** [event, celebration] festival *m*. - **2.** [holiday] día *m* festivo.

festive ['festɪv] *adj* festivo(va).

festive season *n*: **the** ~ las Navidades.

festivity [fes'tɪvəti] (*pl* **festivities**) *n* - **1.** [celebration] festividad *f*, fiesta *f*. - **2.** [merriment] regocijo *m*.

◆ **festivities** *npl* festividades *fpl*.

festoon [fe'stuːn] *vt* engalanar.

feta ['fetə] *n*: ~ **(cheese)** queso *m* feta.

fetal ['fiːtl] *adj* = **foetal**.

fetch [fetʃ] *vt* - **1.** [go and get] ir a buscar, traer. - **2.** *inf* [be sold for] venderse por, alcanzar. - **3.** *fml* [utter]: **to** ~ **a sigh** dar un suspiro. - **4.** [deal]: **to** ~ **sb a blow** asestarle un golpe a alguien.

◆ **fetch up** *inf* [end up] ir a parar.

fetching ['fetʃɪŋ] *adj* atractivo(va).

fete, fête [feɪt] ◇ *n* fiesta *f* benéfica. ◇ *vt* festejar, agasajar.

fetid ['fetɪd] *adj* fétido(da).

fetish ['fetɪʃ] *n* - **1.** PSYCH & RELIG fetiche *m*. - **2.** [mania] obsesión *f*, manía *f*.

fetishism ['fetɪʃɪzm] *n* fetichismo *m*.

fetishist ['fetɪʃɪst] *n* fetichista *mf*.

fetishistic [ˌfetɪ'ʃɪstɪk] *adj* fetichista.

fetlock ['fetlɒk] *n* espolón *m*.

fetter ['fetəʳ] *vt* encadenar, atar.

◆ **fetters** *npl* grilletes *mpl*.

fettle ['fetl] ◇ *n*: **in fine** ~ en plena forma. ◇ *n*: **in fine** ~ en plena forma. ◇ *vt Br* [mend] arreglar.

fetus ['fiːtəs] *n* = **foetus**.

feud [fjuːd] ◇ *n* desavenencia *f*, enfrentamiento *m* duradero. ◇ *vi* pelearse.

feudal ['fjuːdl] *adj* feudal.

feudalism ['fjuːdəlɪzm] *n* feudalismo *m*.

fever ['fiːvə^r] *n lit & fig* fiebre *f*; **to have a ~** tener fiebre.

fevered ['fiːvəd] *adj lit & fig* febril.

feverish ['fiːvərɪʃ] *adj lit & fig* febril.

fever pitch *n (U)* punto *m* álgido.

few [fjuː] ◇ *adj* pocos(cas); **a ~** algunos(nas); **a ~ more potatoes** algunas patatas más; **in the next ~ days/weeks** en los próximos días/las próximas semanas; **every ~ days/years** cada ciertos días/años ❏ **quite a ~**, **a good ~** bastantes; **~ and far between** escasos, contados. ◇ *pron* pocos *mpl*, -cas *fpl*; **a ~ (of them)** algunos *mpl*, -nas *fpl*; **the ~ who...** los pocos (las pocas) que...; **only a ~ (tan)** sólo unos pocos (unas pocas) ❏ **to have had a ~ (too many)** haber tomado unas cuantas copas de más.

fewer ['fjuːə^r] ◇ *adj* menos; **no ~ than** nada menos que. ◇ *pron* menos.

fewest ['fjuːɪst] *adj* menos.

fey [feɪ] *adj* [whimsical] fantasioso(sa).

fez [fez] *n* fez *m*.

FH *Br written abbr of* **fire hydrant**.

FHA (*abbr of* **Federal Housing Administration**) *n organismo estadounidense para la gestión de viviendas sociales.*

fiancé [fɪ'ɒnseɪ] *n* prometido *m*.

fiancée [fɪ'ɒnseɪ] *n* prometida *f*.

fiasco [fɪ'æskəʊ] (*Br pl* **fiascos**, *Am pl* **fiascoes**) *n* fiasco *m*.

fiat ['faɪæt] *n* - **1.** [decree] decreto *m* arbitrario. - **2.** [authorization] fíat *m*.

fib [fɪb] (*pt & pp* **fibbed**, *cont* **fibbing**) *inf* ◇ *n* bola *f*, trola *f*. ◇ *vi* decir bolas OR trolas.

fibber ['fɪbə^r] *n inf* bolero *m*, -ra *f*, trolero *m*, -ra *f*.

fibre *Br*, **fiber** *Am* ['faɪbə^r] *n* fibra *f*.

fibreboard *Br*, **fiberboard** *Am* ['faɪbəbɔːd] *n (U)* conglomerado *m*.

fibreglass *Br*, **fiberglass** *Am* ['faɪbəglɑːs] ◇ *n (U)* fibra *f* de vidrio. ◇ *comp* de fibra de vidrio.

fibre optic *adj* de fibra óptica.

◆ **fibre optics** *n (U)* fibra *f* óptica.

fibrillation [ˌfaɪbrɪ'leɪʃn] *n* fibrilación *f*.

fibroid ['faɪbrɔɪd] *n* fibroma *m*.

fibrosis [faɪ'brəʊsɪs] *n* fibrosis *f inv*.

fibrositis [ˌfaɪbrə'saɪtɪs] *n* fibrositis *f inv*.

fibrous ['faɪbrəs] *adj* fibroso(sa).

fibula ['fɪbjʊlə] (*pl* **fibulas** OR **fibulae** [-liː]) *n* peroné *m*.

FICA (*abbr of* **Federal Insurance Contributions Act**) *ley estadounidense de cotizaciones sociales.*

fickle ['fɪkl] *adj* voluble.

fiction ['fɪkʃn] ◇ *n* - **1.** [stories] (literatura *f* de) ficción *f*. - **2.** [fabrication] ficción *f*. ◇ *comp*: ~ **writer** escritor *m*, -ra *f* de obras de ficción.

fictional ['fɪkʃənl] *adj* - **1.** [literary] novelesco(ca). - **2.** [invented] ficticio(cia).

fictionalize, **-ise** ['fɪkʃənəlaɪz] *vt* novelar.

fictitious [fɪk'tɪʃəs] *adj* ficticio(cia).

fiddle ['fɪdl] ◇ *n* - **1.** [violin] violín *m*; **(as) fit as a ~** *fig* sano(na) como una manzana; **to play second ~ (to)** *fig* estar relegado(da) a un segundo plano (respecto a). - **2.** *Br inf* [fraud] timo *m*, fraude *m*. ◇ *vt Br inf* amañar, falsear. ◇ *vi* - **1.** [play around]: **to ~ (with sthg)** juguetear (con algo). - **2.** *phr*: **to ~ while Rome burns** perder el tiempo en tonterías en lugar de actuar.

◆ **fiddle about**, **fiddle around** *vi* - **1.** [play around]: **to ~ about (with sthg)** juguetear (con algo). - **2.** [waste time] perder el tiempo.

fiddler ['fɪdlə^r] *n* violinista *mf*.

fiddlesticks ['fɪdlstɪks] *excl inf dated* ¡tonterías!, ¡pamplinas!

fiddly ['fɪdlɪ] (*compar* **fiddlier**, *superl* **fiddliest**) *adj Br* [job] delicado(da); [gadget] intrincado(da).

fidelity [fɪ'delətɪ] *n* fidelidad *f*.

fidget ['fɪdʒɪt] ◇ *vi* moverse sin parar, no estarse quieto(ta); **to ~ with sthg** jugar con OR manosear algo. ◇ *n* - **1.** [restless person]: **don't be such a ~!** ¡estate quieto! - **2.** *phr*: **to have the ~s** no poder estarse quieto(ta).

fidgety ['fɪdʒɪtɪ] *adj inf* nervioso(sa), inquieto(ta).

fiducial [fɪ'djuːʃɪəl] *adj* fiduciario(ria).

fiduciary [fɪ'duːʃjərɪ] (*pl* **fiduciaries**) ◇ *adj* fiduciario(ria). ◇ *n* fiduciario *m*, -ria *f*.

fie [faɪ] *excl arch* ¡qué vergüenza!

fief [fiːf] *n* feudo *m*.

field [fiːld] ◇ *n* [gen & COMPUT] campo *m*; **in the ~** sobre el terreno; **to take the ~** SPORT salir al terreno de juego; **in the ~ of art/music** en el campo del arte/de la música; **~ of battle** campo *m* de batalla ❏ **to lead the ~** [in race] llevar la delantera; *fig* [in sales, area of study] estar OR ir en cabeza; **to play the ~** *inf* [romantically] andar de ligue por ahí. ◇ *vt* - **1.** [team, player] hacer jugar. - **2.** [in cricket, baseball] parar y devolver; **to ~ a question** *fig* contestar con habilidad una pregunta. ◇ *vi* [in cricket, baseball] parar y devolver la pelota.

field artillery *n* artillería *f* de campaña.

field day *n* SCH jornada *f* al aire libre; MIL día *m* de maniobras; **to have a ~** *fig* disfrutar de lo lindo.

fielder ['fiːldə^r] *n* jugador *m*, -ra *f* del equipo que no batea.

field event *n* prueba *f* de atletismo.

field glasses *npl* prismáticos *mpl*, gemelos *mpl*.

field goal *n* - **1.** [rugby, in US football] transformación *f* (*tras ensayo*). - **2.** [in basketball] canasta *f* de dos tantos.

field gun *n* cañón *m* de campaña.

field hand *n* jornalero *m*, -ra *f*.

field hockey *n Am* hockey *m* sobre hierba.

field hospital *n* hospital *m* de campaña.

field magnet *n* imán *m* inductor.

field marshal *n* mariscal *m* de campo.

field mouse *n* ratón *m* de campo.

field officer *n* MIL ≃ jefe *m* (*oficial superior*).

field of fire *n* ≃ campo *m* de tiro.

field of force *n* campo *m* de fuerza.

field of honour *n* - **1.** [scene of duel] campo *m* del honor. - **2.** [battlefield] campo *m* de batalla.

field of vision *n* ≃ campo *m* visual.

field study *n* estudio *m* de campo.

field-test *vt* [machine] probar.

field trials *npl* [for machine] ensayos *mpl* OR pruebas *fpl* de campo.

field trip *n* excursión *f* para hacer trabajo de campo.

fieldwork ['fiːldwɜːk] *n (U)* trabajo *m* de campo.

fieldworker ['fiːldwɜːkə^r] *n* investigador *m*, -ra *f* que hace trabajo de campo.

fiend [fiːnd] *n* - **1.** [cruel person] malvado *m*, -da *f*. - **2.** *inf* [fanatic] fanático *m*, -ca *f*. - **3.** [demon] demonio *m*, diablo *m*.

fiendish ['fiːndɪʃ] *adj* - **1.** [evil] malévolo(la), diabólico(ca). - **2.** *inf* [very difficult] endiablado(da).

fiendishly ['fiːndɪʃlɪ] *adv* - **1.** [cruelly] malévolamente, diabólicamente. - **2.** *inf* [extremely]: **~ difficult** endiabladamente difícil.

fiendishness ['fiːndɪʃnɪs] *n* malevolencia *f*, carácter *m* diabólico.

fierce [fɪəs] *adj* [gen] feroz; [temper] endiablado(da); [loyalty] ferviente; [heat] asfixiante.

fiercely ['fɪəslɪ] *adv* - **1.** [aggressively, ferociously] ferozmente. - **2.** [wildly] furiosamente. - **3.** [intensely] encarnizadamente, intensamente.

fierceness ['fɪəsnɪs] *n* ferocidad *f*.

fiery ['faɪərɪ] (*compar* **fierier**, *superl* **fieriest**) *adj* - **1.** [burning] ardiente. - **2.** [volatile - temper] endiablado(da); [-

speech] encendido(da), fogoso(sa); [- person] apasionado(da), vehemente. - **3.** [bright red] encendido(da).

fiery cross *n*: **the** ~ *la cruz en llamas, símbolo del Ku Klux Klan.*

fiesta [fɪ'estə] *n* fiesta *f*.

FIFA ['fiːfə] *(abbr of* **Fédération Internationale de Football Association)** *n* FIFA *f*.

fife [faɪf] *n* pífano *m*, flautín *m*.

fifteen [fɪf'tiːn] *num* quince; *see also* **six**.

fifteenth [fɪf'tiːnθ] *num* decimoquinto(ta); *see also* **sixth**.

fifth [fɪfθ] ◇ *num adj* quinto(ta); **Fifth Avenue** la quinta avenida; **the** ~ **of November** *aniversario de la conspiración católica encabezada por Guy Fawkes en 1605.* ◇ *num n* - **1.** [fraction] quinto *m*. - **2.** [in order] quinto *m*, -ta *f*. - **3.** MUS quinta *f*; *see also* **sixth**.

Fifth Amendment *n*: **the** ~ *quinta enmienda de la Constitución de EE UU que garantiza los derechos de las personas inculpadas por un delito.*

fifth column *n* quinta columna *f*.

fifth columnist *n* quintacolumnista *mf*.

fifthly ['fɪfθlɪ] *adv* en quinto lugar.

fiftieth ['fɪftɪəθ] *num* quincuagésimo(ma); *see also* **sixth**.

fifty ['fɪftɪ] *num* cincuenta; *see also* **sixty**.

fifty-fifty ◇ *adj* al cincuenta por ciento; **a** ~ **chance** unas posibilidades del cincuenta por ciento. ◇ *adv*: **to go** ~ ir a medias.

fig [fɪg] *n* - **1.** [fruit] higo *m*; **I don't give** OR **care a** ~ *fig* me importa un bledo OR un comino. - **2.** [tree]: ~ **(tree)** higuera *f*.

fight [faɪt] *(pt & pp* **fought** [fɔːt]) ◇ *n* - **1.** [fistfight, argument] pelea *f*; [battle] lucha *f*, contienda *f*; **to have a** ~ **(with)** pelearse (con) ❑ **to pick a** ~ **with sb** [physically] provocar a alguien, armar camorra con alguien; [verbally] buscar pelea con alguien; **to put up a** ~ oponer resistencia. - **2.** [struggle, effort] lucha *f*; ~ **against/for** luchacontrapor. - **3.** (*U*) [fighting spirit] combatividad *f*. ◇ *vt* [gen] luchar OR combatir contra; [battle, campaign] librar; [war] luchar en. ◇ *vi* - **1.** [in punch-up] pelearse; [in war] luchar. - **2.** *fig* [battle, struggle]: **to** ~ **(for/against)** luchar (por/contra). - **3.** [argue]: **to** ~ **(about** OR **over)** pelearse OR discutir (por). - **4.** *phr*: **to** ~ **shy of doing sthg** evitar tener que hacer algo por todos los medios; **to go down** ~**ing** luchar hasta el final.

◆ **fight back** ◇ *vt sep* reprimir, contener. ◇ *vi* defenderse.

◆ **fight off** *vt sep* - **1.** [deter] rechazar, deshacerse (por la fuerza) de. - **2.** [overcome] ahuyentar, sobreponerse a.

◆ **fight out** *vt sep*: **to** ~ **it out** verse las caras.

fightback ['faɪtbæk] *n* contraataque *m*.

fighter ['faɪtər] *n* - **1.** [plane] caza *m*, avión *m* de combate. - **2.** [soldier] combatiente *mf*. - **3.** [combative person] luchador *m*, -ra *f*. - **4.** [boxer] luchador *m*, -ra *f*, boxeador *m*, -ra *f*.

fighter-bomber *n* cazabombardero *m*.

fighter plane *n* = **fighter** *sense 1*.

fighting ['faɪtɪŋ] ◇ *n* (*U*) [punch-up] pelea *f*; [on streets, terraces] peleas *fpl*; [in war] combate *m*. ◇ *comp*: ~ **cock** gallo *m* de pelea; ~ **men** MIL combatientes *mpl* ❑ **to be** ~ **fit** estar en excelentes condiciones físicas; ~ **spirit** espíritu *m* de lucha OR combativo.

fighting chance *n*: **to have a** ~ **(of doing sthg)** tener una remota posibilidad (de hacer algo).

fig leaf *n* - **1.** BOT hoja *f* de higuera. - **2.** [on statue, in painting] hoja *f* de parra.

figment ['fɪgmənt] *n*: **a** ~ **of sb's imagination** un producto de la imaginación de alguien.

figuration [ˌfɪgə'reɪʃn] *n* MUS contrapunto *m* figurado.

figurative ['fɪgərətɪv] *adj* - **1.** [expression, sense] figurado(da). - **2.** ART figurativo(va).

figuratively ['fɪgərətɪvlɪ] *adv* figuradamente.

figure [*Br* 'fɪgər, *Am* 'fɪgjər] ◇ *n* - **1.** [statistic, number] cifra *f*; **to be in single/double** ~**s** no sobrepasar/sobrepasar la decena; **to be good at** ~**s** ser bueno(na) para los números; **in round** ~**s** en números redondos ❑ **to put a** ~ **on sthg** dar un número exacto de algo. - **2.** [shape of person, personality] figura *f*; **to keep one's** ~ guardar la línea ❑ **a fine** ~ **of a man/woman** un hombre/una mujer que tiene buen tipo; **to cut a fine** ~ ser elegante. - **3.** [diagram] figura *f*. - **4.** [character in novel, film etc] personaje *m*; ~ **of fun** objeto *m* de burla. - **5.** [in dancing] figura *f*, mudanza *f*. - **6.** [statuette] figura *f*, estatua *f*. ◇ *vt esp Am* [suppose] figurarse, suponer. ◇ *vi* - **1.** [feature] figurar. - **2.** *inf* [make sense] explicarse, entenderse; **that** ~**s!** [doesn't surprise me] ¡no me extraña!; [makes sense] ¡ahora se entiende! ❑ **go** ~**!** *Am* ¡quién se lo iba a imaginar!

◆ **figure on** *vt fus inf* [plan on] contar con.

◆ **figure out** *vt sep* [reason, motives] figurarse; [problem etc] resolver; **to** ~ **out how to do sthg** dar con la forma de hacer algo.

figured [*Br* 'fɪgəd, *Am* 'fɪgjərd] *adj* [decorated] decorado(da) con figuras; ~ **velvet** terciopelo *m* labrado OR estampado.

figure eight *n Am* = **figure of eight**.

figurehead [*Br* 'fɪgəhed, *Am* 'fɪgjərhed] *n* - **1.** [on ship] mascarón *m* de proa. - **2.** [leader without real power] testaferro *m*.

figure of eight *Br*, **figure eight** *Am n* forma *f* de ocho.

figure of speech *n* forma *f* de hablar.

figure skating *n* patinaje *m* artístico.

figurine [*Br* 'fɪgəriːn, *Am* ˌfɪgjə'riːn] *n* figurín *m*.

Fiji ['fiːdʒiː] *n* Fiyi.

Fijian [fiː'dʒiːən] ◇ *adj* fiyiano(na). ◇ *n* fiyiano *m*, -na *f*.

filament ['fɪləmənt] *n* filamento *m*.

filamentous [ˌfɪlə'mentəs] *adj* filamentoso(sa).

filbert ['fɪlbət] *n* - **1.** [tree] avellano *m*. - **2.** [nut] avellana *f*.

filch [fɪltʃ] *vt inf* birlar, mangar.

file [faɪl] ◇ *n* - **1.** [folder] carpeta *f*, archivador *m*; [for cards] fichero *m*. - **2.** [report] expediente *m*, dossier *m*; **on** ~, **on the** ~**s** archivado(da). - **3.** COMPUT fichero *m*. - **4.** [tool] lima *f*. - **5.** [line]: **in single** ~ en fila india. ◇ *comp*: ~ **copy** copia *f* para archivar. ◇ *vt* - **1.** [documents] archivar. - **2.** JUR [claim, lawsuit] presentar. - **3.** [shape, smoothe] limar. ◇ *vi* - **1.** [walk in single file] ir en fila; **to** ~ **by** [parade] desfilar; [in single file] pasar uno por uno; **to** ~ **in/out** entrar/salir en fila. - **2.** JUR: **to** ~ **for divorce** presentar demanda de divorcio.

file clerk *n Am* = **filing clerk**.

filename ['faɪlneɪm] *n* COMPUT nombre *m* de fichero.

filet *n Am* = **fillet**.

filial ['fɪljəl] *adj* filial.

filibuster ['fɪlɪbʌstər] POL ◇ *n* obstruccionismo *m*. ◇ *vi esp Am* pronunciar discursos obstruccionistas. ◇ *vt* [legislation] obstruir.

filibustering ['fɪlɪbʌstərɪŋ] *n* POL obstruccionismo *m*.

filigree ['fɪlɪgriː] ◇ *adj* de filigrana. ◇ *n* (*U*) filigrana *f*.

filing ['faɪlɪŋ] *n* [of documents] archivo *m* (*acción*).

filing cabinet *n* archivo *m*, fichero *m*.

filing clerk *Br*, **file clerk** *Am n* archivero *m*, -ra *f* (de oficina).

filings ['faɪlɪŋz] *npl* [of metal] limaduras *fpl*.

Filipino [ˌfɪlɪ'piːnəʊ] (*pl* **Filipinos**) ◇ *adj* filipino(na). ◇ *n* filipino *m*, -na *f*.

fill [fɪl] ◇ *vt* - **1.** [gen]: **to** ~ **sthg (with)** llenar algo (de); **wind** ~**ed the sails** el viento hinchó las velas. - **2.** [gap, hole, crack] rellenar; [tooth] empastar, calzar *Amér*. - **3.** [need, vacancy etc] cubrir. - **4.** COMM [order] despachar, ejecutar. ◇ *n*: **to eat one's** ~ comer hasta hartarse; **to have had one's** ~ **of sthg** estar hasta la coronilla de algo.

◆ **fill in** ◇ *vt sep* - **1.** [complete] rellenar. - **2.** [inform]: **to** ~ **sb in (on)** poner a alguien al corriente (de). ◇ *vt fus*: **to be** ~**ing in time** *fig* estar matando el tiempo. ◇ *vi* [substitute]: **to** ~ **in (for sb)** sustituir (a alguien).

◆ **fill out** ◇ *vt sep* [complete] rellenar. ◇ *vi* [get fatter] engordar.

◆ **fill up** ◇ *vt sep* llenar (hasta arriba). ◇ *vi* llenarse.

filled [fɪld] *adj* - **1.** [roll] relleno(na). - **2.** [with emotion]: ~ **with** lleno(na) de.

filler ['fɪlə'] *n* - **1.** [for cracks] masilla *f*. - **2.** PRESS artículo *m* de relleno. - **3.** LING: ~ **(word)** locución *f* expletiva, coletilla *f* de relleno.

filler cap *n Br* tapón *m* del depósito de gasolina.

fillet *Br*, **filet** *Am* ['fɪlɪt] ◇ *n* filete *m*. ◇ *vt* cortar en filetes.

fillet steak *n* solomillo *m*; **two pieces of** ~ dos filetes de solomillo.

fill-in *n inf* [person] sustituto *m*, -ta *f*; [thing] sustitutivo *m*.

filling ['fɪlɪŋ] ◇ *adj* [satisfying] que llena mucho. ◇ *n* - **1.** [in tooth] empaste *m*, calza *f Amér.* - **2.** [in cake, sandwich] relleno *m*.

filling station *n* estación *f* de servicio, gasolinera *f*.

fillip ['fɪlɪp] *n* estímulo *m*, aliciente *m*.

filly ['fɪlɪ] (*pl* **fillies**) *n* potranca *f*.

film [fɪlm] ◇ *n* - **1.** PHOT & CINEMA película *f*. - **2.** *(U)* [footage] escenas *fpl* filmadas. - **3.** [thin layer] película *f*, capa *f*; [in eyes] nube *f*. ◇ *vt & vi* filmar, rodar. ◇ *comp* [critic, producer] de cine; ~ **director** director *m*, -ra *f* de cine; ~ **festival** festival *m* de cine; **the** ~ **industry** la industria *f* cinematográfica; ~ **speed** PHOT sensibilidad *f* de (la) película.

film buff *n inf* cinéfilo *m*, -la *f*.

filmgoer ['fɪlmˌɡəʊə'] *n* aficionado *m*, -da *f* al cine, cinéfilo *m*, -la *f*; **she is a regular** ~ acostumbra a ir al cine.

filming ['fɪlmɪŋ] *n (U)* filmación *f*, rodaje *m*.

film library *n* filmoteca *f*.

film maker *n* cineasta *mf*.

filmset ['fɪlmset] (*pt & pp* **filmset**, *cont* **filmsetting**) *vt Br* fotocomponer.

film set *n* CINEMA plató *m*.

filmsetter ['fɪlmˌsetə'] *n Br* [machine] fotocomponedora *f*; [person] persona *f* encargada de la fotocomposición.

filmsetting ['fɪlmˌsetɪŋ] *n Br* fotocomposición *f*.

film star *n* estrella *f* de cine.

filmstrip ['fɪlmstrɪp] *n* serie *f* de diapositivas.

film studio *n* estudio *m* cinematográfico.

filmy ['fɪlmɪ] (*comp* **filmier**, *superl* **filmiest**) *adj* [gauzy] tenue, diáfano(na).

filo ['fiːləʊ] *n* CULIN: ~ **(pastry)** hojaldre muy fino típico de la pastelería griega.

Filofax® ['faɪləʊfæks] *n* agenda *f* (de hojas recambiables).

filter ['fɪltə'] ◇ *n* filtro *m*. ◇ *vt* [purify] filtrar. ◇ *vi* [people]: **to** ~ **in/out** ir entrando/saliendo.
◆ **filter out** *vt sep* [remove by filtering] filtrar.
◆ **filter through** *vi* filtrarse.

filter coffee *n* café *m* de filtro.

filter lane *n Br* carril *m* de giro.

filter paper *n* (papel *m* de) filtro *m*.

filter tip *n* [tip] filtro *m*, boquilla *f*; [cigarette] cigarrillo *m* con filtro OR emboquillado.

filter-tipped *adj* con filtro.

filth [fɪlθ] *n (U)* - **1.** [dirt] suciedad *f*, porquería *f*. - **2.** [obscenity] basura *f*, obscenidades *fpl*.

filthiness ['fɪlθɪnɪs] *n* - **1.** [dirtiness] suciedad *f*, porquería *f*. - **2.** [obscenity] obscenidad *f*.

filthy ['fɪlθɪ] (*compar* **filthier**, *superl* **filthiest**) ◇ *adj* - **1.** [very dirty] mugriento(ta), sucísimo(ma). - **2.** [obscene] obsceno(na). ◇ *adv*: ~ **rich** *fig* podrido(da) de dinero.

filtrate ['fɪltreɪt] *n* filtrado *m*.

filtration [fɪl'treɪʃn] *n* filtración *f*.

filtration plant *n* estación *f* depuradora.

Fimbra ['fɪmbrə] (*abbr of* **Financial Intermediaries, Managers and Brokers Regulatory Association**) *n asociación que regula la actividad de intermediarios financieros, managers y corredores de Bolsa.*

fin [fɪn] *n* - **1.** [on fish] aleta *f*. - **2.** *Am* [for swimmer] aleta *f*. - **3.** [of aircraft] plano *m* de deriva.

finagle [fɪ'neɪgl] *vt inf* agenciarse, conseguir.

final ['faɪnl] ◇ *adj* - **1.** [last] último(ma); **a ~-year student** un (una) estudiante de último curso. - **2.** [at end] final; ~ **score** resultado *m* final. - **3.** [definitive] definitivo(va); **you're not going, and that's** ~! ¡no vas y se acabó! ◇ *n* - **1.** SPORT final *f*. - **2.** PRESS última edición *f*.
◆ **finals** *npl* UNIV exámenes *mpl* finales.

final demand *n* último aviso *m*.

finale [fɪ'nɑːlɪ] *n* final *m*.

finalist ['faɪnəlɪst] *n* finalista *mf*.

finality [faɪ'nælətɪ] *n* irrevocabilidad *f*.

finalization [ˌfaɪnəlaɪ'zeɪʃn] *n* ultimación *f*.

finalize, -ise ['faɪnəlaɪz] *vt* ultimar.

finally ['faɪnəlɪ] *adv* - **1.** [at last] por fin, finalmente. - **2.** [lastly] finalmente, por último.

finance [*n* 'faɪnæns, *vb* faɪ'næns] ◇ *n (U)* - **1.** [money] fondos *mpl*. - **2.** [money management] finanzas *fpl*; **Minister/Ministry of Finance** ministro *m*, -tra *f*/Ministerio *m* de Finanzas. ◇ *vt* financiar.
◆ **finances** *npl* finanzas *fpl*.

finance bill ['faɪnæns-] *n* ley *f* de presupuestos.

finance company ['faɪnæns-] *n* sociedad *f* OR compañía *f* financiera.

finance director ['faɪnæns-] *n* director financiero *m*, directora financiera *f*.

financial [fɪ'nænʃl] *adj* financiero(ra); **the Financial Times** *periódico británico de información económica.*

financial adviser *n* asesor financiero *m*, asesora financiera *f*.

financially [fɪ'nænʃəlɪ] *adv* económicamente; **to be ~ independent** tener independencia económica.

financial services *npl* servicios *mpl* financieros.

financial year *n Br* [gen] ejercicio *m* financiero OR económico; [for tax purposes] año *m* fiscal.

financier [fɪ'nænsɪə'] *n Br* financiero *m*, -ra *f*, financista *mf Amér.*

financing [faɪ'nænsɪŋ] *n* financiación *f*.

finback ['fɪnbæk] *n* rorcual *m*, cachalote *m*.

finch [fɪntʃ] *n* pinzón *m*.

find [faɪnd] (*pt & pp* **found** [faʊnd]) ◇ *vt* - **1.** [gen] encontrar; **I ~ it difficult to believe that...** me resulta difícil de creer que...; **to ~ sb sthg** buscarle algo a alguien; **to ~ o.s.** encontrarse; **he'll ~ himself in serious trouble** se va a ver en un serio apuro; **he found himself wishing he'd never left Paris** empezó a desear no haberse ido nunca a París; **I found myself laughing hysterically** me di cuenta de que me estaba riendo como un loco; **to ~ one's way** encontrar el camino; **all found** incluyendo comidas y alojamiento. - **2.** [realize] darse cuenta de, descubrir; **I ~ that I get tired easily** encuentro que OR me doy cuenta de que me canso con facilidad. - **3.** JUR: **to be found guilty/not guilty (of)** ser declarado(da) culpable/inocente (de). ◇ *vi* JUR: **to ~ for/against sb** dictaminar a favor/en contra de alguien. ◇ *n* hallazgo *m*, descubrimiento *m*.
◆ **find out** ◇ *vi* informarse. ◇ *vt fus* - **1.** [fact] averiguar. - **2.** [truth] descubrir. ◇ *vt sep* [person] descubrir.

finder ['faɪndə'] *n* - **1.** PHOT visor *m*. - **2.** *phr*: **~s keepers (, losers weepers)** el que lo encuentra se lo queda.

finder's fee *n* comisión *f* de intermediario.

findings ['faɪndɪŋz] *npl* - **1.** [discovery, conclusion] resultados *mpl*, conclusiones *fpl*. - **2.** JUR fallo *m*.

fine [faɪn] ◇ *adj* - **1.** [excellent] magnífico(ca), excelente. - **2.** [perfectly satisfactory]: **it's/that's** ~ está bien, perfecto; **how are you?** -~ **thanks** ¿qué tal? -muy bien; **that's** ~ **by me** muy bien ❏ **you're a** ~ **one!** *inf iro* ¡qué tío!/¡qué tía! - **3.** [weather] bueno(na); **it will be** ~ **tomorrow** mañana hará buen día ❏ **one** ~ **day** uno de estos días, un día de estos. - **4.** [thin, smooth] fino(na). - **5.** [minute - detail, distinction] sutil; [- adjustment, tuning] milimétrico(ca). ◇ *adv* [very well] muy bien. ◇ *n* multa *f*. ◇ *vt* multar; **to ~ sb (for sthg/ for doing sthg)** multar a alguien (por algo/ por hacer algo).

fine art n (U) arte m.
♦ **fine arts** npl bellas artes fpl.
fine-drawn adj fig [distinction] sutil; [features] fino(na).
fine-grained adj [wood] de veta fina; [leather] de grano liso.
finely ['faɪnlɪ] adv - **1.** [thinly, smoothly] fino(na), en trocitos. - **2.** [accurately] con precisión.
fineness ['faɪnnɪs] n - **1.** [quality] excelencia f. - **2.** [thinness, smoothness] finura f. - **3.** [subtlety] sutileza f.
fine print n: **the** ~ la letra pequeña.
finery ['faɪnərɪ] n (U) galas fpl.
finesse [fɪ'nes] ◇ n - **1.** [skill] finura f, delicadeza f. - **2.** CARDS impasse m. ◇ vt lograr con engaños.
fine-tooth comb n: **to go over sthg with a** ~ fig examinar algo minuciosamente.
fine-tune vt poner a punto.
finger ['fɪŋgəʳ] ◇ n - **1.** [of hand, glove] dedo m; **to run one's** ~**s through** pasarse la mano por ❑ **to be all** ~**s and thumbs** ser un manazas; **to burn one's** ~**s, to get one's** ~**s burned** pillarse los dedos; **get** OR **pull your** ~ **out!** Br v inf ¡mueve el culo!, ¡espabila!; **to have a** ~ **in the pie** estar metido(da) OR pringado(da) en el asunto; **to have a** ~ **in every pie** estar metido(da) en todo, meter las manos en todo; **to have sticky** ~**s** fig tener la mano larga; **to keep one's** ~**s crossed** cruzar los dedos; **she didn't lay a** ~ **on him** no le tocó un pelo de la ropa; **he didn't lift a** ~ **to help** no movió un dedo para ayudar; **to point a** OR **the** ~ **at sb** señalar a alguien con el dedo; **to put one's** ~ **on sthg** acertar a identificar algo; **to put the** ~ **on sb** inf [inform against] chivarse de alguien; **to put two** ~**s up at sb** Br, **to give sb the** ~ Am v inf hacer un corte de mangas a alguien; **success/happiness/the suspect slipped through his** ~**s** el éxito/la felicidad/el sospechoso se le escapó de (entre) las manos; **to twist sb round one's little** ~ tener a alguien en el bote. - **2.** [quantity of liquid] dedo m. - **3.** [of land] lengua f. ◇ vt - **1.** [feel] acariciar con los dedos; pej [handle] tocar, manosear. - **2.** MUS marcar la digitación de. - **3.** inf [inform on] chivarse de.
fingerboard ['fɪŋgəbɔːd] n [of stringed instrument] diapasón m.
finger bowl n enjuague m (de mesa).
fingered ['fɪŋgəd] adj - **1.** [dirty, soiled] manoseado(da), toqueteado(da). - **2.** MUS digitado(da).
fingering ['fɪŋgərɪŋ] n MUS digitación f.
fingerless ['fɪŋgələs] adj: ~ **glove** mitón m.
fingermark ['fɪŋgəmɑːk] n huella f (de dedo), dedada f.
fingernail ['fɪŋgəneɪl] n uña f (de las manos).
finger paint n pintura f para pintar con los dedos.
fingerprint ['fɪŋgəprɪnt] ◇ n huella f dactilar OR digital; **to take sb's** ~**s** tomar las huellas dactilares OR digitales a alguien. ◇ comp: ~ **expert** experto m, -ta f en huellas dactilares, dactiloscopista mf. ◇ vt [person] tomar las huellas dactilares a alguien.
fingerprinting ['fɪŋgəprɪntɪŋ] n (U): **DNA** OR **genetic** ~ identificación f genética OR del ADN.
fingertip ['fɪŋgətɪp] n punta f OR yema f del dedo; **at one's** ~**s** fig al alcance de la mano; **to have a subject at one's** ~**s** saber un tema al dedillo.
finicky ['fɪnɪkɪ] adj pej [person] melindroso(sa); [task] minucioso(sa), delicado(da).
finish ['fɪnɪʃ] ◇ n - **1.** [end] final m; [of race] meta f, llegada f; **to be in at the** ~ fig ver OR presenciar el final; **to fight to the** ~ fig luchar hasta el final. - **2.** [surface texture] acabado m. ◇ vt - **1.** [gen]: **to** ~ **sthg/doing sthg** acabar algo/de hacer algo, terminar algo/de hacer algo. - **2.** [destroy] acabar con, liquidar. - **3.** [put finish on] acabar (con). ◇ vi acabar, terminar; **to** ~ **first/third** [in race] llegar en OR acabar en primer/tercer lugar.
♦ **finish off** vt sep - **1.** [work, letter] acabar OR terminar del todo. - **2.** [opponent] liquidar.
♦ **finish up** vi acabar, terminar.

♦ **finish with** vt fus [boyfriend etc] romper con.
finished ['fɪnɪʃt] adj - **1.** [ready, over] acabado(da), terminado(da). - **2.** [no longer interested]: **to be** ~ **with sthg** no querer tener nada que ver con algo. - **3.** inf [done for] acabado(da). - **4.** [perfectly done]: **a well** ~ **product** un producto muy bien acabado, un producto con buenos acabados.
finisher ['fɪnɪʃəʳ] n - **1.** SPORT participante mf que llega a la meta. - **2.** [IND - person] acabador m, -ra f; [- machine] acabadora f.
finishing line ['fɪnɪʃɪŋ-] n línea f de meta.
finishing school ['fɪnɪʃɪŋ-] n colegio privado donde se prepara a las alumnas de clase alta para entrar en sociedad.
finishing touch ['fɪnɪʃɪŋ-] n: **to put the** ~**es to sthg** fig dar el último toque a algo.
finite ['faɪnaɪt] adj - **1.** [limited] finito(ta). - **2.** GRAMM conjugado(da).
fink [fɪŋk] n Am inf - **1.** [strikebreaker] esquirol mf. - **2.** [informer] chivato m, -ta f, soplón m, -ona f. - **3.** [undesirable person] persona f odiosa.
Finland ['fɪnlənd] n Finlandia.
Finn [fɪn] n [person] finlandés m, -esa f.
Finnish ['fɪnɪʃ] ◇ adj finlandés(esa). ◇ n [language] finlandés m.
fiord [fjɔːd] n = **fjord**.
fir [fɜːʳ] n abeto m.
fire ['faɪəʳ] ◇ n - **1.** [gen] fuego m; **wood/coal** ~ fuego m de leña/de carbón; **on** ~ en llamas; **to catch** ~ incendiarse; **to open** ~ **(on sb)** abrir fuego (contra alguien); **to set** ~ **to sthg, to set sthg on** ~ prender fuego a ❑ **to come under** ~ ser blanco de ataques; **fight** ~ **with** ~ proverb a grandes males, grandes remedios proverb; **to go through** ~ **and water** ir contra viento y marea; **to hang** ~ paralizarse, esperar; **hold your** ~! ¡alto el fuego!; **to play with** ~ jugar con fuego. - **2.** [blaze] incendio m; **the Great Fire of London** el gran incendio de Londres de 1666 que destruyó gran parte de la ciudad. - **3.** Br [heater]: **(electric/gas)** ~ estufa f (eléctrica/de gas). ◇ vt - **1.** [gun, bullet] disparar; [rocket] lanzar; **to** ~ **a shot** disparar, hacer un disparo; **to** ~ **a gun at sb** disparar contra alguien. - **2.** [rap out]: **to** ~ **questions at sb** acribillar a preguntas a alguien. - **3.** [inspire] enardecer, inflamar; **to** ~ **sb with enthusiasm** llenar a alguien de entusiasmo. - **4.** [pottery] cocer. - **5.** [ignite] prenderle fuego a, encender; [add fuel to] alimentar. - **6.** esp Am [employee] despedir. ◇ vi - **1.** [shoot]: **to** ~ **(on** OR **at)** disparar (contra) ❑ ~ **away!** ¡adelante! - **2.** [ignite] encenderse. ◇ comp: ~ **appliance** Br coche m de bomberos; ~ **prevention** prevención f de incendios; ~ **prevention officer** persona encargada de las medidas de seguridad para la prevención de incendios.
fire alarm n alarma f antiincendios.
fire-and-brimstone adj [preacher, sermon] que amenaza con las llamas del infierno.
firearm ['faɪərɑːm] ◇ n arma f de fuego. ◇ comp: ~**s offence** JUR delito m por tenencia de armas.
fireball ['faɪəbɔːl] n bola f de fuego.
fireboat ['faɪəbəut] n barco equipado para la extinción de incendios.
firebomb ['faɪəbɒm] ◇ n bomba f incendiaria. ◇ vt lanzar bombas incendiarias a.
firebrand ['faɪəbrænd] n [agitator] agitador m, -ra f.
firebreak ['faɪəbreɪk] n cortafuego m.
fire brigade Br, **fire department** Am n cuerpo m de bomberos.
firebug ['faɪəbʌg] n inf pirómano m, -na f, incendiario m, -ria f.
fire chief n Am = **fire master**.
firecracker ['faɪəˌkrækəʳ] n petardo m.
fire curtain n THEATRE telón m metálico OR ignífugo.
fire-damaged [-ˌdæmɪdʒd] adj dañado(da) por las llamas.

firedamp ['faɪədæmp] *n* grisú *m*.

fire department *n Am* = **fire brigade**.

fire door *n* puerta *f* cortafuegos.

fire drill *n* simulacro *m* de incendio.

fire-eater *n* - **1.** [performer] tragafuegos *mf inv*. - **2.** *fig* [belligerent person] camorrista *mf*.

fire engine *n* coche *m* de bomberos.

fire escape *n* escalera *f* de incendios.

fire exit *n* salida *f* de emergencia OR de incendios.

fire extinguisher *n* extintor *m* (de incendios).

fire fighter *n* bombero *m*, -ra *f*.

fire-fighting ◇ *n* lucha *f* contra incendios. ◇ *comp* [equipment, techniques] contra incendios, para apagar incendios.

firefly ['faɪəflaɪ] (*pl* **fireflies**) *n* luciérnaga *f*.

fireguard ['faɪəgɑːd] *n* pantalla *f* (de chimenea).

fire hazard *n* peligro *m* de incendio.

fire hose *n* manguera *f* de incendios.

fire hydrant, fireplug *Am* ['faɪəplʌg] *n* boca *f* de incendio.

firelight ['faɪəlaɪt] *n* luz *f* del fuego.

firelighter ['faɪəlaɪtəʳ] *n* enciende-fuegos *m inv*, tea *f*.

fireman ['faɪəmən] (*pl* **firemen** [-mən]) *n* - **1.** [fire fighter] bombero *m*. - **2.** [stoker & RAIL] fogonero *m*.

fire master *Br*, **fire marshal** *Am*,, **fire chief** *Am n* jefe *m*, -fa *f* del cuerpo de bomberos.

firemen ['faɪəmən] *pl* → **fireman**.

fireplace ['faɪəpleɪs] *n* chimenea *f*.

fireplug *n Am* = **fire hydrant**.

firepower ['faɪəpaʊəʳ] *n* arsenal *m* armamentístico, potencia *f* de fuego.

fire practice *n* = **fire drill**.

fireproof ['faɪəpruːf] *adj* - **1.** [clothing, toys] incombustible, ininflamable. - **2.** [door, safe] a prueba de incendios.

fire-raiser *n Br* pirómano *m*, -na *f*, incendiario *m*, -ria *f*.

fire-raising [-'reɪzɪŋ] *n* provocación *f* de incendios, piromanía *f*.

fire regulations *npl* normativa *f* sobre incendios.

fire sale *n* liquidación *f* por incendio.

fire screen *n* = **fireguard**.

fire service *n Br* cuerpo *m* de bomberos.

fireside ['faɪəsaɪd] *n*: **by the** ~ al calor de la chimenea.

fire station *n* parque *m* de bomberos.

firetrap ['faɪətræp] *n* local sin suficientes medidas de seguridad contra incendios.

fire truck *n Am* coche *m* de bomberos.

fire walker *n* persona en trance que camina sobre brasas.

fire wall *n* muro *m* refractario.

fire warden *n* [in forest] guardabosques *mf inv*, guardabosque *mf*.

firewater ['faɪəwɔːtəʳ] *n inf* aguardiente *m*, licor *m* fuerte.

firewood ['faɪəwʊd] *n* leña *f*.

firework ['faɪəwɜːk] *n* fuego *m* de artificio.

◆ **fireworks** *npl* fuegos *mpl* artificiales OR de artificio; **there will be** ~**s** *fig* se va a armar la gorda.

firework display *n* espectáculo *m* pirotécnico.

firing ['faɪərɪŋ] ◇ *n* - **1.** (*U*) MIL disparos *mpl*, tiroteo *m*. - **2.** *inf* [dismissal] despido *m*. - **3.** [of piece of pottery] cocción *f*. ◇ *comp*: ~ **practice** prácticas *fpl* OR ejercicios *mpl* de tiro; ~ **range** campo *m* de tiro.

firing line *n* línea *f* de fuego.

firing pin *n* percutor *m*, percusor *m*.

firing squad *n* pelotón *m* de ejecución OR fusilamiento.

firm [fɜːm] ◇ *adj* - **1.** [gen] firme; **to stand** ~ mantenerse firme. - **2.** FIN [steady] estable. ◇ *n* [company] firma *f*, empresa *f*; [of lawyers] bufete *m*; [of consultants] gabinete *m*.

◆ **firm up** ◇ *vt sep* afianzar. ◇ *vi* afianzarse.

firmament ['fɜːməmənt] *n* firmamento *m*.

firmly ['fɜːmlɪ] *adv* firmemente.

firmness ['fɜːmnɪs] *n* firmeza *f*.

first [fɜːst] ◇ *adj* primero(ra); **for the** ~ **time** por primera vez ❑ **First Amendment** primera enmienda de la Constitución de EEUU que garantiza la libertad del individuo y, en particular, la libertad de expresión; ~ **thing (in the morning)** a primera hora (de la mañana); ~ **things** ~ lo primero es lo primero; **I don't know the** ~ **thing about it** no tengo ni la más remota idea del asunto. ◇ *adv* - **1.** [gen] primero; ~ **of all** en primer lugar; ~ **off** *inf* antes que OR de nada; ~ **and last** sobre todo, principalmente ❑ **to come** ~ [in race, competition] llegar primero; [have priority] ir antes, tener prioridad; **his career comes** ~ su carrera es lo primero; **we put safety** ~ para nosotros la seguridad ante todo, nosotros anteponemos la seguridad a todo lo demás. - **2.** [for the first time] por primera vez. ◇ *n* - **1.** [person] primero *m*, -ra *f*; **Charles the First** Carlos I; **to be the** ~ **to do sthg** ser el primero en hacer algo. - **2.** [unprecedented event] acontecimiento *m* sin precedentes. - **3.** *Br* UNIV ≃ sobresaliente *m*. - **4.** [first time]: **the** ~ **we heard/knew of it was when...** lo oímos/nos enteramos por primera vez cuando...

◆ **at first** *adv* al principio.

◆ **at first hand** *adv* de primera mano.

◆ **from the (very) first** *adv* desde el principio.

◆ **from first to last** *adv* de principio a fin.

first aid *n* (*U*) primeros auxilios *mpl*.

first-aider [-'eɪdəʳ] *n* socorrista *mf*.

first-aid kit *n* botiquín *m* de primeros auxilios.

first-aid post, first-aid station *Br n* puesto *m* de socorro.

first-born ◇ *adj* primogénito(ta). ◇ *n* primogénito *m*, -ta *f*.

first-class ◇ *adj* - **1.** [excellent] de primera clase. - **2.** *Br* UNIV: ~ **degree** ≃ sobresaliente *m*. - **3.** [ticket] de primera clase; [letter] mandado(da) por correo urgente. ◇ *adv* [travel] en primera (clase).

first-class mail *n* ≃ correo *m* urgente.

first cousin *n* primo *m*, -ma *f* carnal.

first-day cover *n* [for stamp collector] sobre cuyo sello va matasellado el día en que se puso en circulación.

first-degree *adj* - **1.** MED: ~ **burn** quemadura *f* de primer grado. - **2.** *Am* JUR: ~ **murder** homicidio *m* en primer grado.

first edition *n* primera edición *f*.

first floor *n* - **1.** *Br* [above ground level] primer piso *m*. - **2.** *Am* [at ground level] planta *f* baja.

first-foot *vt* SCOT: **to** ~ **sb** ser el primero en visitar a alguien el día de Año Nuevo, normalmente después de medianoche.

first form *n Br* SCH primer curso *m* de bachillerato.

first-former *n Br* SCH alumno *m*, -na *f* de primer curso de bachillerato.

first-generation *adj* de primera generación.

firsthand [fɜːst'hænd] ◇ *adj* de primera mano. ◇ *adv* directamente.

first lady *n* primera dama *f*.

first language *n* lengua *f* materna.

first lieutenant *n* ≃ teniente *mf*.

firstly ['fɜːstlɪ] *adv* en primer lugar.

first mate *n* segundo *m* de a bordo.

first name *n* nombre *m* de pila.

◆ **first-name** *adj*: **to be on first-name terms (with)** tutearse (con).

first night ◇ *n* noche *f* del estreno. ◇ *comp*: ~ **nerves** nervios *mpl* de la noche del estreno.

first offender *n* delincuente *mf* sin antecedentes penales.

first officer *n* = **first mate**.

first-past-the-post system *n Br* sistema *m* de mayoría simple.

first person *n* primera persona *f*.

first principle *n* principio *m* fundamental OR básico.

first-rate *adj* de primera.

first refusal *n* primera opción *f* de compra.

first-strike *adj* MIL [missile] de anticipación; **a ~ capability** un potencial nuclear suficiente para acabar con el armamento nuclear enemigo en un ataque inicial.

first-time *adj*: **~ (house) buyer** persona *f* que compra (una) casa por primera vez.

first violin *n* MUS [person, instrument] primer violín *m*.

First World *n* Primer Mundo *m*.

First World War *n*: **the ~** la primera guerra mundial.

firth [fɜ:θ] *n* estuario *m*.

firtree ['fɜ:tri:] *n* = **fir**.

FIS *n written abbr of* **Family Income Supplement**.

fiscal ['fɪskl] *adj* fiscal.

fiscal year *n Am* [gen] ejercicio *m* financiero OR económico; [for tax purposes] año *m* fiscal.

fish [fɪʃ] (*pl inv*) ◇ *n* - **1.** [animal] pez *m*; **to be a big ~ in a little pond** *fig* ser cabeza de ratón; **to be a little ~ in a big pond** *fig* no ser más que uno entre muchos; **to be like a ~ out of water** encontrarse fuera de lugar, no estar (uno) en su elemento; **to drink like a ~** *inf* beber como un cosaco; **there are plenty more ~ in the sea** no es la única persona en el mundo, con él/ella no se acaba el mundo. - **2.** *(U)* [food] pescado *m*; **to have other ~ to fry** tener otras cosas de que ocuparse; **neither ~ nor fowl** ni chicha ni limonada OR limoná. ◇ *vt* pescar en. ◇ *vi* - **1.** [for fish]: **to ~ (for sthg)** pescar (algo); **to go ~ing** ir de pesca OR a pescar. - **2.** [search, seek]: **to ~ for sthg** buscar algo.
◆ **fish out** *vt sep inf* [bring out] sacar.

fish and chips *npl* pescado *m* frito con patatas fritas.

fish and chip shop *n Br* tienda *f* de pescado frito con patatas fritas.

fish bait *n* cebo *m* para pescar, carnada *f*.

fishbone ['fɪʃbəʊn] *n* raspa *f*, espina *f* de pescado.

fishbowl ['fɪʃbəʊl] *n* pecera *f*.

fishcake ['fɪʃkeɪk] *n* pastelillo *m* de pescado.

fisher ['fɪʃə'] *n arch* [fisherman] pescador *m*.

fisherman ['fɪʃəmən] (*pl* **fishermen** [-mən]) *n* pescador *m*.

fishery ['fɪʃərɪ] (*pl* **fisheries**) *n* - **1.** [fishing ground] caladero *m*. - **2.** [industry] pesca *f*.

fish-eye lens *n* (objetivo *m* de) ojo *m* de pez.

fish factory *n* fábrica *f* de pescado.

fish farm *n* piscifactoría *f*.

fish farming *n* piscicultura *f*.

fish fingers *Br*, **fish sticks** *Am npl* palitos *mpl* de pescado.

fish hatchery *n* piscifactoría *f*, vivero *m*.

fish hawk *n* halieto *m*, pigargo *m*.

fishhook ['fɪʃhʊk] *n* anzuelo *m*.

fishing ['fɪʃɪŋ] *n* pesca *f*; **to go ~** ir de pesca.

fishing boat *n* barco *m* pesquero.

fishing ground *n* caladero *m*.

fishing line *n* sedal *m*.

fishing net *n* red *f* de pesca.

fishing rod *n* caña *f* de pescar.

fish market *n* lonja *f* (de pescado).

fishmonger ['fɪʃˌmʌŋɡə'] *n esp Br* pescadero *m*, -ra *f*; **~'s (shop)** pescadería *f*.

fishnet ['fɪʃnet] ◇ *n Am* [for catching fish] red *f* (de pesca). ◇ *comp*: **~ tights** medias *fpl* de malla.

fishpond ['fɪʃpɒnd] *n* estanque *m* con peces.

fish scale *n* escama *f*.

fish slice *n Br* paleta *f*, espátula *f*.

fish sticks *npl Am* = **fish fingers**.

fish tank *n* [in house] acuario *m*, pecera *f*; [on fish farm] vivero *m*.

fishwife ['fɪʃwaɪf] (*pl* **fishwives** [-waɪvz]) *n* - **1.** *pej* [coarse woman] verdulera *f*. - **2.** [seller] pescadera *f*.

fishy ['fɪʃɪ] (*compar* **fishier**, *superl* **fishiest**) *adj* - **1.** [smell, taste] a pescado. - **2.** [suspicious] sospechoso(sa).

fissile ['fɪsaɪl] *adj* fisible.

fission ['fɪʃn] *n* fisión *f*.

fissionable ['fɪʃnəbl] *adj* fisionable.

fission bomb *n* bomba *f* atómica.

fissure ['fɪʃə'] ◇ *n* fisura *f*. ◇ *vi* producirse una fisura.

fist [fɪst] *n* puño *m*; **to shake one's ~ at sb** amenazar a alguien con el puño.

fistfight ['fɪstfaɪt] *n* pelea *f* a puñetazos.

fistful ['fɪstfʊl] *n* puñado *m*.

fisticuffs ['fɪstɪkʌfs] *n (U) hum* pelea *f* a puñetazos.

fit [fɪt] (*pt & pp* **fitted**, *cont* **fitting**) ◇ *adj* - **1.** [suitable]: **~ (for sthg/to do sthg)** apto(ta) (para algo/para hacer algo); **to see** OR **think ~ to do sthg** creer conveniente hacer algo; **do as you think ~** haz lo que te parezca conveniente. - **2.** [healthy] en forma; **to keep/get ~** mantenerse/ponerse en forma. ◇ *n* - **1.** [of clothes, shoes etc]: **it's a good ~** le/te *etc* sienta OR va bien; **it's a tight ~** le/te *etc* va justo. - **2.** [bout, seizure] ataque *m*; **a ~ of anger/enthusiasm** un arranque de ira/entusiasmo ❏ **in ~s and starts** a trompicones; **to be in ~s (of laughter)** estar tronchándose (de risa); **he had a ~** *lit & fig* le dio un ataque. ◇ *vt* - **1.** [be correct size for] ir bien a, valer; **this ring does not ~ my finger** este anillo no me entra en el dedo. - **2.** [place]: **to ~ sthg into** encajar algo en. - **3.** [provide]: **to ~ sthg with** equipar algo con; **to have an alarm fitted** poner una alarma. - **4.** [be suitable for] adecuarse a, corresponder a; **what do you think ~s you for the job?** ¿por qué cree que está capacitado para este trabajo? - **5.** [for clothes]: **to be fitted for sthg** probarse algo. - **6.** [make suitable for] preparar, capacitar. ◇ *vi* - **1.** [clothes, shoes] estar bien de talla. - **2.** [when assembling etc]: **this bit ~s in here** esta pieza encaja aquí. - **3.** [have enough room] caber. - **4.** [correspond, match] concordar, encajar; **it all ~s (together) now** ahora está todo claro, ahora lo veo todo claro.
◆ **fit in** ◇ *vt sep* [accommodate] hacer un hueco a. ◇ *vi* - **1.** [person]: **to ~ in (with)** adaptarse (a). - **2.** [be compatible]: **it doesn't ~ in with our plans** no encaja con nuestros planes.
◆ **fit out** *vt sep* - **1.** [equip] equipar. - **2.** [ship] armar.

fitful ['fɪtfʊl] *adj* irregular, intermitente.

fitfully ['fɪtfʊlɪ] *adv* [work] a rachas; [attend] de un modo irregular; [sleep] a intervalos.

fitment ['fɪtmənt] *n* mueble *m*.

fitness ['fɪtnɪs] *(U)* ◇ *n* - **1.** [health] buen estado *m* físico, buena forma *f*. - **2.** [suitability]: **~ (for)** idoneidad *f* (para). ◇ *comp*: **~ centre** *Br* gimnasio *m*; **~ freak** *inf* fanático *m*, -ca *f* del ejercicio; **~ training** entrenamiento *m* físico.

fitted ['fɪtəd] *adj* - **1.** [suited]: **~ (for** OR **to)** idóneo(a) (para); **to be ~ to do sthg** ser idóneo para hacer algo. - **2.** [tailored] a medida. - **3.** *Br* [built-in] empotrado(da).

fitted carpet *n* moqueta *f*; **the house has ~s in every room** la casa tiene todas las habitaciones enmoquetadas.

fitted kitchen *n Br* cocina *f* de módulos.

fitter ['fɪtə'] *n* - **1.** [mechanic] mecánico *m*, -ca *f*. - **2.** [of clothes] probador *m*, -ra *f*.

fitting ['fɪtɪŋ] ◇ *adj fml* conveniente, adecuado(da). ◇ *n* - **1.** [part] accesorio *m*. - **2.** [for clothing] prueba *f*.
◆ **fittings** *npl* accesorios *mpl*.

fittingly ['fɪtɪŋlɪ] *adv* [dressed] convenientemente, adecuadamente; **~, the government has agreed to ratify the treaty** tal y como cabía esperar, el gobierno accedió a ratificar el tratado.

fitting room *n* probador *m*.

five [faɪv] *num* cinco; *see also* **six**.

five and dime *n Am* tienda que vende artículos varios y baratos, ≃ todo a cien *m*.

five-a-side *Br* SPORT ◇ *n* fútbol *m* sala, futbito *m*. ◇ *comp*: **~ football** fútbol *m* sala, futbito *m*.

five-day week *n* semana *f* inglesa.

fivefold ['faɪvfəʊld] *adj* [increase] quintuplicado(da).

fiver ['faɪvə'] *n Br inf (billete de) cinco libras.*

five-star *adj* [hotel] de cinco estrellas; [treatment] de primera.

five-year *adj* [plan] quinquenal.

fix [fɪks] ◇ *vt* - **1.** [gen] fijar; **to ~ sthg (to)** fijar algo (a). - **2.** [repair] arreglar, refaccionar *Amér*; **to ~ one's hair** arreglarse el pelo. - **3.** *inf* [rig] amañar. - **4.** *esp Am* [food, drink] preparar. - **5.** ART & PHOT fijar. - **6.** *inf* [settle a score with] ajustarle las cuentas a. ◇ *n* - **1.** *inf* [difficult situation]: **to be in a ~** estar en un aprieto. - **2.** *drugs sl* [injection] chute *m*, dosis *f inv*. - **3.** AERON & NAUT posición *f*.
◆ **fix on** *vt fus* [decide on] decidir.
◆ **fix up** *vt sep* - **1.** [provide]: **to ~ sb up with** proveer a alguien de. - **2.** [arrange] organizar, preparar.

fixate [ˈfɪkseɪt] *vt* PSYCH obsesionar.

fixation [fɪkˈseɪʃn] *n*: **~ (on OR about)** fijación *f* (con OR por).

fixative [ˈfɪksətɪv] *n* fijador *m*.

fixed [fɪkst] *adj* fijo(ja); **~ capital** FIN capital *m* fijo; **~ costs** FIN costos *mpl* fijos; **~ disk** COMPUT disco *m* duro.

fixed assets *npl* activo *m* inmovilizado.

fixed-point *adj* de coma decimal fija.

fixed-rate *adj*: **~ mortgage** hipoteca *f* de interés fijo.

fixer [ˈfɪksəʳ] *n* - **1.** *inf* [person] chanchullero *m*, -ra *f*. - **2.** PHOT fijador *m*.

fixings [ˈfɪksɪnz] *npl Am* CULIN guarnición *f*.

fixture [ˈfɪkstʃəʳ] ◇ *n* - **1.** [furniture] instalación *f* fija; **bathroom ~s** sanitarios *mpl*; **'~s and fittings £2,500'** 'instalaciones fijas y accesorios 2.500 libras'. - **2.** [permanent feature] rasgo *m* característico. - **3.** [sports event] encuentro *m*. ◇ *comp*: **~ list** SPORT calendario *m* de encuentros.

fizz [fɪz] ◇ *vi* burbujear. ◇ *n* [sound] burbujeo *m*.

fizziness [ˈfɪzɪnɪs] *n* [of drink] burbujeo *m*.

fizzle [ˈfɪzl] ◆ **fizzle out** *vi* - **1.** [firework, fire] apagarse. - **2.** *fig* [interest etc] disiparse.

fizzy [ˈfɪzɪ] (*compar* **fizzier**, *superl* **fizziest**) *adj* gaseoso(sa).

fjord [fjɔːd] *n* fiordo *m*.

FL *written abbr of* **Florida**.

flab [flæb] *n (U)* grasa *f*, michelines *mpl*; **to fight the ~** intentar perder peso.

flabbergasted [ˈflæbəɡɑːstɪd] *adj* pasmado(da), boquiabierto(ta).

flabbiness [ˈflæbɪnɪs] *n* flacidez *f*.

flabby [ˈflæbɪ] (*compar* **flabbier**, *superl* **flabbiest**) *adj* fofo(fa), gordo(da).

flaccid [ˈflæsɪd] *adj* fláccido(da).

flack [flæk] *n Am* agente *mf* de prensa.

flag [flæg] (*pt & pp* **flagged**, *cont* **flagging**) ◇ *n* - **1.** [banner] bandera *f*; **to fly the ~** *fig* defender la bandera; **to keep the ~ flying** *fig* mantener alto el pabellón; **to put out the ~s for sb** *fig* organizar una fiesta en honor de alguien; **to show the ~** *fig* hacer acto de presencia. - **2.** = **flagstone**. - **3.** BOT lirio *m* amarillo. ◇ *vi* decaer. ◇ *vt* [put marker on] marcar (con una señal).
◆ **flag down** *vt sep*: **to ~ sb down** hacer señales a alguien para que se detenga.

Flag Day *n* [in the US] *14 de junio, día de la bandera de Estados Unidos.*

flagellant [ˈflædʒələnt] *n* flagelante *mf*.

flagellate [ˈflædʒəleɪt] ◇ *vt* flagelar. ◇ *adj* BIOL flagelado(da).

flagellation [ˌflædʒɪˈleɪʃn] *n* flagelación *f*.

flagged [flæɡd] *adj* enlosado(da), embaldosado(da).

flagging [ˈflæɡɪn] ◇ *n* [on floor] enlosado *m*, embaldosado *m*. ◇ *adj* [enthusiasm, spirits] que decae; [conversation] que languidece.

flagman [ˈflæɡmən] (*pl* **flagmen** [-mən]) *n* [railway guard] guardavía *mf*.

flag of convenience *n* pabellón *m* de conveniencia.

flag of truce *n* bandera *f* blanca de tregua.

flagon [ˈflæɡən] *n* - **1.** [bottle] botellón *m*. - **2.** [jug] jarro *m*.

flagpole [ˈflæɡpəʊl] *n* asta *f* (de bandera).

flagrant [ˈfleɪɡrənt] *adj* flagrante.

flagrante delicto [fləˈɡræntɪdɪˈlɪktəʊ] *adv*: **to be caught in ~** ser cogido(da) en flagrante delito.

flagrantly [ˈfleɪɡrəntlɪ] *adv* [abuse, disregard, defy etc] de un modo flagrante.

flagship [ˈflæɡʃɪp] *n* - **1.** [ship] buque *m* insignia. - **2.** [main asset] modelo *m*, paradigma *m*.

flagstaff [ˈflæɡstɑːf] *n* mástil *m*, asta *f*.

flagstone [ˈflæɡstəʊn] *n* losa *f*.

flag-waving *n (U) inf* patriotería *f*.

flail [fleɪl] ◇ *vt* sacudir, agitar con violencia. ◇ *vi* agitarse con violencia. ◇ *n* AGR mayal *m*.

flair [fleəʳ] *n* don *m*; **to have a ~ for sthg** tener un don para algo.

flak [flæk] *n (U)* - **1.** [gunfire] fuego *m* antiaéreo. - **2.** *inf* [criticism] críticas *fpl*.

flake [fleɪk] ◇ *n* - **1.** [of skin] escama *f*; [of snow] copo *m*; [of paint] desconchón *m*. - **2.** *Am inf* [person] tío raro *m*, tía rara *f*. ◇ *vi* [skin] descamarse; [paint, plaster] descascarillarse, desconcharse. ◇ *vt* desmenuzar; **~d almonds** almendras *fpl* laminadas.
◆ **flake out** *vi inf* caer rendido(da).

flak jacket *n* chaleco *m* antibalas.

flaky [ˈfleɪkɪ] (*compar* **flakier**, *superl* **flakiest**) *adj* - **1.** [skin] con escamas; [paintwork] desconchado(da). - **2.** *Am inf* [person] raro(ra), extravagante.

flaky pastry *n* hojaldre *m*.

flambé [ˈflɑːmbeɪ] (*pt & pp* **flambéed**, *cont* **flambéing**) ◇ *adj* flameado(da). ◇ *vt* flamear.

flamboyance [flæmˈbɔɪəns] *n* - **1.** [of style, behaviour etc] extravagancia *f*. - **2.** [of clothes, design] vistosidad *f*.

flamboyancy [flæmˈbɔɪənsɪ] *n* - **1.** [of person] extravagancia *f*. - **2.** [of clothes, design] vistosidad *f*.

flamboyant [flæmˈbɔɪənt] *adj* - **1.** [person, behaviour] extravagante. - **2.** [clothes, design] vistoso(sa), llamativo(va). - **3.** ARCHIT flamígero(ra).

flame [fleɪm] ◇ *n* llama *f*; **in ~s** en llamas; **to burst into ~s** estallar en llamas ◻ **an old ~** un antiguo amor; **to be shot down in ~s** [plane] caer envuelto(ta) en llamas; *fig* [theory, idea] ser echado(da) por tierra. ◇ *vi* - **1.** [be on fire] llamear. - **2.** [redden] encenderse.
◆ **flame up** *fig* - **1.** [person] acalorarse, inflamarse. - **2.** [situation] estallar.

flamenco [fləˈmeŋkəʊ] ◇ *n* flamenco *m*. ◇ *comp* [dancer] de flamenco; **~ music** flamenco *m*.

flameproof [ˈfleɪmpruːf] *adj* ignífugo(ga).

flame-retardant *adj* resistente al fuego.

flame-thrower *n* lanzallamas *m inv*.

flaming [ˈfleɪmɪn] *adj* - **1.** [fire-coloured] llameante. - **2.** *Br* [very angry] acalorado(da). - **3.** *Br inf* [expressing annoyance] maldito(ta).

flamingo [fləˈmɪŋɡəʊ] (*pl* **flamingos** OR **flamingoes**) *n* flamenco *m*.

flammable [ˈflæməbl] *adj* inflamable.

flan [flæn] ◇ *n* tarta *f* (de fruta etc). ◇ *comp*: **~ case** fondo *m* de (la) tarta.

Flanders [ˈflɑːndəz] *n* Flandes *m*.

flange [flændʒ] *n* - **1.** [on pipe] pestaña *f*, reborde *m*. - **2.** [on rail] base *f*, patín *m*.

flank [flæŋk] ◇ *n* - **1.** [of animal] costado *m*, ijada *f*; **~ of beef** CULIN ijada *f* OR ijar *m* de vaca. - **2.** [of army] flanco *m*. ◇ *vt*: **to be ~ed by** estar flanqueado(da) por.

flanker [ˈflæŋkəʳ] *n* RUGBY ala *m*, delantero *m*.

flannel [ˈflænl] *n* - **1.** [fabric] franela *f*. - **2.** *Br* [facecloth] toallita *f* (de baño para lavarse). - **3.** *(U) Br inf* [empty words] palabrería *f*.
◆ **flannels** *npl* pantalones *mpl* de franela.

flannelette [ˌflænəˈlet] *n* muletón *m*. ◇ *comp* de muletón.

flap [flæp] (*pt & pp* **flapped**, *cont* **flapping**) ◇ *n* - **1.** [of skin] colgajo *m*; [of pocket, book, envelope] solapa *f*; [of shoe]

oreja *f*; [of aircraft] alerón *m*. **- 2.** *inf* [panic]: **to be in a** ~ estar histérico(ca). ◇ *vt* [gen] agitar; [wings] batir. ◇ *vi* [flag, skirt] ondear; [wings] aletear; [sail] gualdrapear.

flapjack ['flæpdʒæk] *n* **- 1.** *Br* [biscuit] torta *f* de avena. **- 2.** *Am* [pancake] torta *f*, crepe *f*.

flapper ['flæpə'] *n joven emancipada de los años veinte.*

flare [fleə'] ◇ *n* **- 1.** [signal] bengala *f*. **- 2.** [bright flame] llamarada *f*. **- 3.** [in clothes] vuelo *m*. ◇ *vi* **- 1.** [burn brightly]: **to** ~ **(up)** llamear. **- 2.** [intensify]: **to** ~ **(up)** estallar. **- 3.** [widen] acampanarse.

◆ **flares** *npl Br* pantalones *mpl* de campana.

flared [fleəd] *adj* acampanado(da).

flare gun *n* pistola *f* de bengalas.

flare-up *n* **- 1.** [of fire, light] llamarada *f*. **- 2.** *fig* [of anger, violence] estallido *m*.

flash [flæʃ] ◇ *adj* **- 1.** PHOT del flash; [photography] con flash. **- 2.** = **flashy**. ◇ *n* **- 1.** [of light] destello *m*; [of lightning] relámpago *m*, refucilo *m Amér*; **a** ~ **in the pan** *fig* un hecho aislado. **- 2.** PHOT flash *m*. **- 3.** [of genius, inspiration etc] momento *m*; [of anger] acceso *m*; **in a** ~ en un instante; **quick as a** ~ como un relámpago. **- 4.** [of news] flash *m* informativo. **- 5.** *Am inf* [flashlight] linterna *f* (eléctrica). ◇ *vt* **- 1.** [shine in specified direction] dirigir; [switch on briefly] encender intermitentemente. **- 2.** [send out] lanzar; **to** ~ **a smile at sb** dirigir una sonrisa a alguien. **- 3.** [show - picture, image] mostrar; [- information, news] emitir. ◇ *vi* **- 1.** [light] destellar. **- 2.** [eyes] brillar. **- 3.** [rush]: **to** ~ **by** OR **past** pasar como un rayo. **- 4.** [appear] aparecer; **it** ~ **ed across his mind that...** de pronto se le ocurrió que...

flashback ['flæʃbæk] *n* escena *f* retrospectiva, flashback *m*.

flashbulb ['flæʃbʌlb] *n* flash *m*.

flash card *n tarjeta en la que aparece una palabra o dibujo y que se emplea como material didáctico.*

flashcube ['flæʃkju:b] *n* flash *m* (en forma) de cubo.

flasher ['flæʃə'] *n* **- 1.** [light] indicador *m*. **- 2.** *Br inf* [man] exhibicionista *m*.

flash flood *n* inundación *f* repentina.

flashgun ['flæʃgʌn] *n* disparador *m* de flash.

flashiness ['flæʃɪnɪs] *n inf* chulería *f*; *pej* ostentación *f*.

flashing ['flæʃɪŋ] ◇ *adj* [indicator, torch, light] intermitente; ~ **light** [on police car] luz *f* giratoria (de destellos). ◇ *n* [on roof] tapajuntas *m inv*, cubrejuntas *m inv*.

flashlight ['flæʃlaɪt] *n* [torch] linterna *f* (eléctrica).

flash point *n* **- 1.** [moment] punto *m* álgido. **- 2.** [place] punto *m* conflictivo. **- 3.** CHEM punto *m* de inflamación.

flashy ['flæʃɪ] (*compar* **flashier**, *superl* **flashiest**) *adj inf* chulo(la); *pej* ostentoso(sa).

flask [flɑ:sk] *n* **- 1.** [thermos flask] termo *m*. **- 2.** [used in chemistry] matraz *m*. **- 3.** [hip flask] petaca *f*.

flat [flæt] (*compar* **flatter**, *superl* **flattest**) ◇ *adj* **- 1.** [surface, ground] llano(na), liso(sa); [feet] plano. **- 2.** [shoes] bajo(na). **- 3.** [tyre] desinflado(da), pinchado(da); **a** ~ **tyre** un pinchazo. **- 4.** [refusal, denial] rotundo(da); **and that's** ~! ¡y punto!, ¡y no hay más que hablar! **- 5.** [business, trade] flojo(ja); [voice, tone] monótono(na); [colour] soso(sa); [performance, writing] desangelado(da). **- 6.** MUS [lower than correct note] desafinado(da); [lower than stated note] bemol *(inv)*. **- 7.** [person]: **to feel** ~ tener la moral baja. **- 8.** [fare, price] único(ca). **- 9.** [beer, lemonade] sin gas, sin fuerza. **- 10.** [battery] descargado(da). ◇ *adv* **- 1.** [level]: **to lie** ~ estar totalmente extendido; **to fall** ~ [person] caerse de bruces; *fig* [joke] no hacer gracia. **- 2.** [absolutely]: ~ **broke** sin un duro. **- 3.** [of time]: **in five minutes** ~ en cinco minutos justos. **- 4.** MUS: **to sing/play** ~ desafinar. **- 5.** [categorically] rotundamente; **he turned the offer down** ~ no dudó en rechazar la oferta. ◇ *n* **- 1.** *Br* [apartment] piso *m*. **- 2.** MUS bemol *m*. **- 3.** [level plain] llanura *f*, llano *m*. **- 4.** THEATRE bastidor *m*. **- 5.** *inf* [flat tyre] pinchazo *m*. **- 6.** [of hand] palma *f*.

◆ **flat out** *adv* a toda velocidad.

flatbed ['flætbed] *n* camión *m* de carga plano, remolque *m* de plataforma.

flat-bed press *n* prensa *f* plana.

flatboat ['flætbəut] *n* chalana *f*, barca *f* chata.

flat cap *n Br* gorra *f* de tela.

flatcar ['flætkɑ:'] *n* vagón *m* de plataforma, batea *f*.

flat-chested [-'tʃestɪd] *adj* de poco pecho, plano(na).

flatfish ['flætfɪʃ] (*pl inv*) *n* pez *m* plano *(lenguado etc)*.

flat-footed *adj* [with flat feet] de pies planos.

flat-hunt *vi Br* buscar piso.

flatland ['flætlænd] *n* llano *m*, llanura *f*.

◆ **flatlands** *npl* llanuras *fpl*, pampa *f*.

flatlet ['flætlɪt] *n Br* apartamento *m*, pisito *m*.

flatly ['flætlɪ] *adv* **- 1.** [refuse, deny] de plano, rotundamente. **- 2.** [speak, perform] monótonamente.

flatmate ['flætmeɪt] *n Br* compañero *m*, -ra *f* de piso.

flatness ['flætnɪs] *n* [of surface, ground] lisura *f*.

flat racing *n (U)* carreras *fpl* de caballos sin obstáculos.

flat rate *n* tarifa *f* única.

flat-screen *adj* TV & COMPUT de pantalla plana.

flatten ['flætn] *vt* **- 1.** [surface, bumps] allanar, aplanar; [ground] allanar, nivelar; [paper] alisar; **to** ~ **sthg** pegarse a algo. **- 2.** [building, city] arrasar. **- 3.** *inf* [person, boxer] aplastar.

◆ **flatten out** ◇ *vi* allanarse, nivelarse. ◇ *vt sep* allanar.

flatter ['flætə'] *vt* **- 1.** [subj: person, report] adular, halagar; **to** ~ **o.s. (that)** congratularse de que, preciarse de que. **- 2.** [subj: clothes, colour, photograph] favorecer.

flatterer ['flætərə'] *n* adulador *m*, -ra *f*.

flattering ['flætərɪŋ] *adj* **- 1.** [remark, interest] halagador(ra). **- 2.** [clothes, colour, photograph] favorecedor(ra).

flattery ['flætərɪ] *n (U)* halagos *mpl*, adulación *f*.

flattie ['flætɪ] *n* zapato *m* plano OR bajo.

flat top *n inf* [haircut] corte *m* de pelo al cepillo.

flatulence ['flætjʊləns] *n* flatulencia *f*.

flatulent ['flætjʊlənt] *adj* flatulento(ta).

flatware ['flætweə'] *n (U) Am* **- 1.** [cutlery] cubiertos *mpl*. **- 2.** [plates] platos *mpl*.

flaunt [flɔ:nt] *vt* ostentar, hacer gala de.

flautist *Br* ['flɔ:tɪst], **flutist** *Am* ['flu:tɪst] *n* flautista *mf*.

flavor *etc Am* = **flavour** *etc*.

flavour *Br*, **flavor** *Am* ['fleɪvə'] ◇ *n* **- 1.** [taste] sabor *m*; **mint** ~ sabor a menta ▫ **to be** ~ **of the month** *fig* [in vogue] estar de moda. **- 2.** *fig* [atmosphere] aire *m*, toque *m*. ◇ *vt* condimentar.

flavourful *Br*, **flavorful** *Am* ['fleɪvəful] *adj* sabroso(sa).

flavouring *Br*, **flavoring** *Am* ['fleɪvərɪŋ] *n (U)* condimento *m*.

flavourless *Br*, **flavorless** *Am* ['fleɪvəlɪs] *adj* insípido(da), soso(sa).

flaw [flɔ:] *n* [in material, gem, character] defecto *m*; [in argument] fallo *m*, error *m*.

flawed [flɔ:d] *adj* [gen] imperfecto(ta), defectuoso(sa); [argument] fallido(da).

flawless ['flɔ:lɪs] *adj* impecable.

flax [flæks] *n* lino *m*.

flaxen ['flæksn] *adj* [hair] rubio(bia).

flay [fleɪ] *vt lit & fig* desollar.

flea [fli:] ◇ *n* pulga *f*; **to send sb away with a** ~ **in his/her ear** *fig* echar una regañina a alguien. ◇ *comp*: ~ **circus** circo *m* de pulgas amaestradas.

fleabite ['fli:baɪt] *n* **- 1.** [bite] picadura *f* de pulga. **- 2.** *fig* [trifle] nadería *f*, fruslería *f*.

flea-bitten *adj* **- 1.** [infested with fleas] infestado(da) de pulgas. **- 2.** *fig* [shabby] andrajoso(sa).

flea market *n* rastro *m*.

fleck [flek] ◇ *n* mota *f*. ◇ *vt*: ~ **ed with** salpicado(da) de.

fled [fled] *pt & pp* → **flee**.

fledg(e)ling ['fledʒlɪŋ] ◇ *adj* [new, young] novato(ta). ◇ *n* pajarito *m*.

flee [fliː] (*pt & pp* **fled** [fled]) ◇ *vt* huir de. ◇ *vi*: **to ~ (from/to)** huir (de/a).

fleece [fliːs] ◇ *n* - **1.** [of sheep] vellón *m.* - **2.** [lining material] muletón *m.* ◇ *vt inf* [cheat] desplumar.

fleecy ['fliːsɪ] *adj* lanudo(da).

fleet [fliːt] *n* - **1.** [of ships] flota *f.* - **2.** [of cars, buses] parque *m* (móvil). ◇ *adj literary* rápido(da), ligero(ra).

Fleet Air Arm *n*: **the ~** división aérea de la marina británica.

fleeting ['fliːtɪŋ] *adj* - **1.** [memory] fugaz. - **2.** [beauty, pleasure] efímero(ra), pasajero(ra).

fleetingly ['fliːtɪŋlɪ] *adv* [glimpse] fugazmente.

Fleet Street *n calle londinense que antiguamente fue el centro de la prensa inglesa y cuyo nombre todavía se utiliza para referirse a ésta.*

Fleming ['flemɪŋ] *n* flamenco *m*, -ca *f.*

Flemish ['flemɪʃ] ◇ *adj* flamenco(ca). ◇ *n* [language] flamenco *m.* ◇ *npl*: **the ~** los flamencos.

flesh [fleʃ] *n* - **1.** [of body] carne *f*; **in the ~** en persona; **to be one's (own) ~ and blood** [family] ser de la misma (carne y) sangre que uno; **it made my ~ creep** me puso la carne de gallina; **to press the ~** *inf fig* [shake hands] repartir apretones de manos. - **2.** [of fruit, vegetable] pulpa *f.*
◆ **flesh out** ◇ *vt sep* desarrollar. ◇ *vi* [person] engordar.

flesh-coloured *adj* [tights] (de) color carne *(inv).*

fleshpots ['fleʃpɒts] *npl hum & pej* antros *mpl* de perdición, nidos *mpl* de pecado.

flesh wound *n* herida *f* superficial.

fleshy ['fleʃɪ] (*compar* **fleshier**, *superl* **fleshiest**) *adj* [fat] gordo(da).

flew [fluː] *pt* → **fly.**

flex [fleks] ◇ *n* ELEC cable *m*, cordón *m.* ◇ *vt* flexionar.

flexibility [ˌfleksə'bɪlətɪ] *n* flexibilidad *f.*

flexible ['fleksəbl] *adj* flexible.

flexitime ['fleksɪtaɪm] *n (U)* horario *m* flexible.

flexor ['fleksəʳ] *n* músculo *m* flexor.

flick [flɪk] ◇ *n* - **1.** [of whip, towel] golpe *m* seco. - **2.** [with finger] capirotazo *m.* ◇ *vt* - **1.** [whip, towel] dar un golpe seco con. - **2.** [with finger] dar una toba a. - **3.** [switch] apretar, pulsar.
◆ **flicks** *npl inf*: **the ~s** el cine.
◆ **flick through** *vt fus* hojear rápidamente.

flicker ['flɪkəʳ] ◇ *n* - **1.** [of light] parpadeo *m.* - **2.** *fig* [glimmer]: **a ~ of hope** un rayo de esperanza; **a ~ of interest** un atisbo de interés. ◇ *vi* [eyes] parpadear; [flame] vacilar.

flick knife *n Br* navaja *f* automática.

flier ['flaɪəʳ] *n* - **1.** [pilot] aviador *m*, -ra *f.* - **2.** *esp Am* [advertising leaflet] folleto *m* publicitario.

flies [flaɪz] *npl* THEATRE telar *m.*

flight [flaɪt] *n* - **1.** [gen] vuelo *m*; **~ of fancy** OR **of the imagination** vuelo de la imaginación. - **2.** [of steps, stairs] tramo *m.* - **3.** [of birds] bandada *f*; **to be in the top ~** *fig* formar parte de la élite. - **4.** [escape] huida *f*, fuga *f*; **to put sb to ~** poner a alguien en fuga; **to take (to) ~** huir, fugarse.

flight attendant *n* auxiliar *mf* de vuelo, azafata *f.*

flight control *n* [place] torre *f* de control; [people] controladores *mpl* aéreos.

flight crew *n* tripulación *f* de vuelo.

flight deck *n* - **1.** [of aircraft carrier] cubierta *f* de despegue. - **2.** [of plane] cabina *f* del piloto.

flight engineer *n* mecánico *m*, -ca *f* de vuelo OR de a bordo.

flightiness ['flaɪtɪnɪs] *n* frivolidad *f*, ligereza *f.*

flightless ['flaɪtlɪs] *adj* [bird] incapaz de volar.

flight lieutenant *n* teniente del ejército del aire británico.

flight path *n* trayectoria *f* de vuelo.

flight recorder *n* registrador *m* de vuelo.

flight sergeant *n* sargento del ejército del aire británico.

flight simulator *n* simulador *m* de vuelo.

flighty ['flaɪtɪ] (*compar* **flightier**, *superl* **flightiest**) *adj* frívolo(la), veleidoso(sa).

flimflam ['flɪmflæm] *n inf* - **1.** [nonsense] tontería *f.* - **2.** [deception] engaño *m.*

flimsily ['flɪmzɪlɪ] *adv* [built, constructed] con poca solidez.

flimsiness ['flɪmzɪnɪs] *n* - **1.** [of dress, material] ligereza *f*, vaporosidad *f.* - **2.** [of structure] endeblez *f.* - **3.** [of excuse] pobreza *f.*

flimsy ['flɪmzɪ] (*compar* **flimsier**, *superl* **flimsiest**) ◇ *adj* - **1.** [dress, material] muy ligero (muy ligera). - **2.** [structure] endeble, poco sólido (poco sólida). - **3.** [excuse] flojo(ja), pobre. ◇ *n* [paper] papel *m* cebolla.

flinch [flɪntʃ] *vi* - **1.** [shudder] estremecerse; **without ~ing** sin pestañear. - **2.** [be reluctant]: **to ~ (from sthg)** retroceder (ante algo); **to ~ from doing sthg** tener reparo en hacer algo; **without ~ing** sin inmutarse.

fling [flɪŋ] (*pt & pp* **flung** [flʌŋ]) ◇ *n* - **1.** [irresponsible adventure]: **to have a ~** echar una cana al aire. - **2.** [affair] aventura *f* amorosa. ◇ *vt* arrojar; **he flung himself to the ground** se arrojó al suelo.
◆ **fling about** *vt sep* [arms] agitar.
◆ **fling out** *vt sep inf* deshacerse de, tirar.

flint [flɪnt] *n* - **1.** [rock] pedernal *m*, sílex *m.* - **2.** [in lighter] piedra *f.*

flintlock ['flɪntlɒk] *n* trabuco *m* de chispa.

flinty ['flɪntɪ] (*compar* **flintier**, *superl* **flintiest**) *adj* - **1.** [made of flint] de pedernal. - **2.** *fig* [unyielding] inflexible, duro(ra).

flip [flɪp] (*pt & pp* **flipped**, *cont* **flipping**) ◇ *vt* - **1.** [turn] dar la vuelta a; **to ~ sthg open** abrir algo de golpe. - **2.** [switch] pulsar. - **3.** [send through air] lanzar al aire. ◇ *vi inf* [become angry] mosquearse, ponerse hecho(cha) una furia. ◇ *n* - **1.** [of coin] papirotazo *m.* - **2.** [somersault] salto *m* mortal. ◇ *adj* = **flippant.**
◆ **flip through** *vt fus* hojear.

flip-flop *n* - **1.** [shoe] chancleta *f.* - **2.** ELECTRON biestable *m*, flip-flop *m.* - **3.** *Am inf* [reversal] cambio *m* brusco.

flippancy ['flɪpənsɪ] *n* frivolidad *f*, falta *f* de seriedad.

flippant ['flɪpənt] *adj* frívolo(la), poco serio (poco seria).

flippantly ['flɪpəntlɪ] *adv* frívolamente, con poca seriedad.

flipper ['flɪpəʳ] *n* aleta *f.*

flipping ['flɪpɪŋ] *Br inf* ◇ *adj* condenado(da), maldito(ta). ◇ *adv* absolutamente, sencillamente.

flip side *n* [of record] cara *f* B.

flirt [flɜːt] ◇ *n* [person] coqueto *m*, -ta *f.* ◇ *vi* - **1.** [with person]: **to ~ (with)** flirtear OR coquetear (con). - **2.** [with idea]: **to ~ with** acariciar, contemplar.

flirtation [flɜː'teɪʃn] *n* - **1.** [flirting] flirteo *m*, coqueteo *m.* - **2.** [love affair] amorío *m*, aventura *f.* - **3.** [brief interest]: **I had a brief ~ with the idea of going abroad** me pasó por la cabeza la idea de ir al extranjero.

flirtatious [flɜː'teɪʃəs] *adj* coqueto(ta).

flit [flɪt] (*pt & pp* **flitted**, *cont* **flitting**) *vi* - **1.** [bird] revolotear. - **2.** [expression, idea]: **to ~ through** pasar rápidamente por, cruzar.

flitter ['flɪtəʳ] *n, vt & vi* = **flutter.**

float [fləʊt] ◇ *n* - **1.** [for fishing line] corcho *m.* - **2.** [buoyant object] flotador *m.* - **3.** [in procession] carroza *f.* - **4.** [supply of change] cambio *m.* ◇ *vt* - **1.** [put on water] hacer flotar. - **2.** [idea, project] plantear, lanzar. - **3.** [launch - company] fundar; [- bonds, share issue] emitir. - **4.** [currency] dejar flotar OR fluctuar. ◇ *vi* - **1.** [on water] flotar. - **2.** [currency] fluctuar.

floatation [fləʊ'teɪʃn] *n* = **flotation.**

floating ['fləʊtɪŋ] *adj* flotante; **~ crane** grúa *f* flotante; **~ point** COMPUT coma *f* flotante.

floating rib *n* costilla *f* flotante OR falsa.

floating voter *n Br* votante indeciso *m*, votante indecisa *f.*

flock [flɒk] ◇ *n* - **1.** [of sheep] rebaño *m*; [of birds] bandada *f.* - **2.** *fig* [of people] multitud *f*, tropel *m.* - **3.** RELIG grey *f.* ◇ *vi*: **to ~ to** acudir en masa OR tropel a.

flock wallpaper *n* papel *m* de empapelar con relieve.
floe [fləʊ] *n* témpano *m*.
flog [flɒg] (*pt & pp* **flogged**, *cont* **flogging**) *vt* - **1.** [whip] azotar. - **2.** *Br inf* [sell] vender.
flogging ['flɒgɪŋ] *n* flagelación *f*.
flood [flʌd] ◇ *n* - **1.** [of water] inundación *f*. - **2.** [of letters, people] aluvión *m*, riada *f*. - **3.** [flood tide] pleamar *f*, mar *f* alta. - **4.** = **floodlight**. ◇ *vt lit & fig*: **to ~ sthg (with)** inundar algo (de). ◇ *vi* - **1.** [river] desbordarse. - **2.** [street, land] inundarse, anegarse. - **3.** [arrive in masses]: **to ~ in** [letters etc] llegar a montones; [people] entrar a raudales; **the memories came ~ing back** los recuerdos la embargaron de pronto.
◆ **Flood** *n*: **the Flood** el diluvio universal.
◆ **floods** *npl fig*: **to be in ~s of tears** llorar a mares.
flood barrier *n* dique *m* de contención.
flood-damaged *adj* dañado(da) por las inundaciones.
floodgate ['flʌdgeɪt] *n* compuerta *f* (de esclusa); **to open the ~s to** *fig* abrir paso a.
flooding ['flʌdɪŋ] *n (U)* inundación *f*.
floodlight ['flʌdlaɪt] *n* foco *m*.
floodlit ['flʌdlɪt] *adj* iluminado(da) con focos.
flood plain *n* terreno *m* aluvial OR de aluvión.
flood tide *n* pleamar *f*, marea *f* alta.
floor [flɔːʳ] ◇ *n* - **1.** [of room, forest] suelo *m*; [of club, disco] pista *f*; **to wipe the ~ with sb** *inf fig* humillar OR aplastar a alguien. - **2.** [of sea, valley] fondo *m*. - **3.** [of building] piso *m*, planta *f*. - **4.** [at meeting, debate]: **to give/have the ~** dar/tener la palabra; **to take the ~** tomar la palabra ❑ **to cross the ~** *fig* [in parliament] cambiar de chaqueta, practicar el transfuguismo; **to hold the ~** hacer uso de la palabra. - **5.** [of stock exchange] patio *m*, parqué *m*. ◇ *vt* - **1.** [knock down] derribar. - **2.** [baffle] desconcertar, dejar perplejo(ja). - **3.** [building, house] solar, poner suelo a.
floor area *n* [of room, office] superficie *f*.
floorboard ['flɔːbɔːd] *n* tabla *f* (del suelo).
floor cloth *n Br* trapo *m* del suelo.
floor covering *n* [linoleum, fitted carpet] revestimiento *m* de suelos; [rug] alfombra *f*.
floor exercise *n* [in gymnastics] ejercicio *m* OR prueba *f* de suelo.
flooring ['flɔːrɪŋ] ◇ *n* solería *f*, suelo *m*. ◇ *comp*: **~ tiles** baldosas *fpl*.
floor lamp *n Am* lámpara *f* de pie.
floor leader *n* POL líder de un partido en el Congreso de EE UU.
floor manager *n* - **1.** [in department store] jefe *m*, -fa *f* de planta OR de sección. - **2.** TV jefe *m*, -fa *f* de plató.
floor-mounted [-'maʊntɪd] *adj* [gear lever] en el suelo.
floor plan *n* plano *m* de piso.
floor polish *n* cera *f* para suelos.
floor polisher *n* [machine] enceradora *f*.
floor show *n* espectáculo *m* de cabaret.
floorspace ['flɔːspeɪs] *n* espacio *m*.
floor tile *n* baldosa *f*.
floorwalker ['flɔːˌwɔːkəʳ] *n esp Am* jefe *m*, -fa *f* de sección (en tiendas).
floozy ['fluːzɪ] (*pl* **floozies**) *n dated & pej* pelandusca *f*.
flop [flɒp] (*pt & pp* **flopped**, *cont* **flopping**) ◇ *n inf* [failure] fracaso *m*. ◇ *vi* - **1.** *inf* [fail] fracasar. - **2.** [fall] desplomarse; **to ~ into bed** dejarse caer en la cama.
flophouse ['flɒphaʊs, *pl* -haʊzɪz] *n Am inf* pensión *f* de mala muerte.
floppy ['flɒpɪ] (*compar* **floppier**, *superl* **floppiest**, *pl* **floppies**) ◇ *adj* caído(da), flojo(ja). ◇ *n* = **floppy disk**.
floppy disk *n* disco *m* flexible, disquete *m*.
flora ['flɔːrə] *n* flora *f*; **~ and fauna** flora y fauna.
◆ **Flora** *n* MYTH Flora *f*.
floral ['flɔːrəl] *adj* - **1.** [made of flowers] floral. - **2.** [patterned with flowers] de flores.

floral tribute *n* [gen] ofrenda *f* floral; [funeral wreath] corona *f* de flores.
Florence ['flɒrəns] *n* Florencia.
florescence [flɔː'resəns] *n* florescencia *f*, floración *f*.
floret ['flɒrɪt] *n* brote *m*, cogollo *m*.
florid ['flɒrɪd] *adj* - **1.** [red] rojizo(za). - **2.** [ornate] florido(da).
Florida ['flɒrɪdə] *n* Florida.
florin ['flɒrɪn] *n* florín *m*.
florist ['flɒrɪst] *n* florista *mf*; **~'s (shop)** floristería *f*.
floss [flɒs] ◇ *n (U)* - **1.** [silk] seda *f* floja. - **2.** [dental floss] (hilo *m* de) seda *f* dental. ◇ *vt*: **to ~ one's teeth** limpiarse los dientes con (hilo de) seda dental.
flotation [fləʊ'teɪʃn] *n* COMM [of shares] emisión *f*; [of company] lanzamiento *m*.
flotation rings *npl* flotadores *mpl*.
flotilla [flə'tɪlə] *n* flotilla *f*.
flotsam ['flɒtsəm] *n (U)*: **~ and jetsam** [in sea] restos *mpl* del naufragio; *fig* [people] desechos *mpl* de la humanidad.
flounce [flaʊns] ◇ *n* - **1.** [movement] desplante *m*, bufido *m*. - **2.** SEWING volante *m*. ◇ *vi* moverse con aire de indignación; **to ~ out** salir airadamente.
flounder ['flaʊndəʳ] (*pl inv* OR **flounders**) ◇ *n* platija *f*. ◇ *vi* - **1.** [move with difficulty] debatirse, forcejear. - **2.** [when speaking] titubear.
flour ['flaʊəʳ] ◇ *n* harina *f*. ◇ *vt* enharinar.
flourish ['flʌrɪʃ] ◇ *vi* florecer. ◇ *vt* agitar. ◇ *n* - **1.** [in lettering, design] rasgo *m*, floreo *m*; [in signature] rúbrica *f*; **to do sthg with a ~** hacer algo con una floritura. - **2.** MUS floreo *m*.
flourishing ['flʌrɪʃɪŋ] *adj* floreciente.
flourmill ['flaʊəmɪl] *n* molino *m* harinero.
floury ['flaʊərɪ] *adj* - **1.** [covered in flour - hands] cubierto(ta) de harina, enharinado(da); [- clothes] manchado(da) de harina. - **2.** [potatoes] harinoso(sa).
flout [flaʊt] *vt* incumplir, no obedecer.
flow [fləʊ] ◇ *n* [gen] flujo *m*; [of opinion] corriente *f*; **to be in full ~** *fig* [orator] haber cogido el hilo (del discurso). ◇ *vi* - **1.** [gen] fluir, correr; **the river ~s into the sea** el río desemboca en el mar; **to ~ together** [rivers] confluir. - **2.** [tide] subir, crecer. - **3.** [hair, clothes] ondear. - **4.** [result]: **to ~ from** emanar de.
flow chart, flow diagram *n* organigrama *m*.
flower ['flaʊəʳ] ◇ *n lit & fig* flor *f*; **in ~** en flor ❑ **~s of sulphur** CHEM flor *f* de azufre. ◇ *comp* de flores. ◇ *vi lit & fig* florecer.
flower arrangement *n* arreglo *m* floral.
flower arranging [-ə'reɪndʒɪŋ] *n (U)* arte *m* floral.
flowerbed ['flaʊəbed] *n* parterre *m*, arriate *m*, cantero *m* Amér.
flower child *n* hippy *mf* OR hippie *mf* de los sesenta.
flowered ['flaʊəd] *adj* de flores, floreado(da).
flower girl *n* - **1.** [selling flowers] florista *f*. - **2.** *Am & Scot* [at wedding] niña que lleva un ramo de flores en una boda, ≈ dama *f* de honor.
flowering ['flaʊərɪŋ] ◇ *adj* floreciente. ◇ *n* florecimiento *m*.
flower people *n* hippies *mpl* de los sesenta.
flowerpot ['flaʊəpɒt] *n* maceta *f*, tiesto *m*.
flower power *n* pacifismo propugnado por los hippies.
flower-seller *n* florista *mf*.
flower shop *n* floristería *f*.
flower show *n* exposición *f* de flores.
flowery ['flaʊərɪ] (*compar* **flowerier**, *superl* **floweriest**) *adj* - **1.** [patterned] de flores, floreado(da). - **2.** *pej* [elaborate] florido(da). - **3.** [sweet-smelling] con olor a flores.
flowing ['fləʊɪŋ] *adj* [movement, writing, style] fluido(da); [water] corriente; [hair, clothes] suelto(ta).
flown [fləʊn] *pp* → **fly**.

fl. oz., fl. OZ. *written abbr of* **fluid ounce**.

flu [fluː] *n* gripe *f*, gripa *f Amér*, **to have** ~ tener (la) gripe; **to get** OR **catch** ~ pillar la gripe.

fluctuate ['flʌktʃueɪt] *vi* fluctuar.

fluctuation [ˌflʌktʃu'eɪʃn] *n* fluctuación *f*.

flue [fluː] *n* - **1.** [chimney] humero *m*. - **2.** [for boiler] tubo *m* de caldera. - **3.** [of organ] caño *m*.

fluency ['fluːənsɪ] *n* soltura *f*, fluidez *f*; ~ **in French** dominio *m* del francés.

fluent ['fluːənt] *adj* - **1.** [in foreign language]: **to be** ~ **in French**, **to speak** ~ **French** dominar el francés. - **2.** [style] elocuente, fluido(da).

fluently ['fluːəntlɪ] *adv* con soltura; **to speak French** ~ dominar el francés.

fluff [flʌf] ◇ *n* pelusa *f* ❑ **a bit of** ~ *Br inf* [young woman] un bomboncito. ◇ *vt inf* [action, task] hacer mal; [words, lines] decir mal.

◆ **fluff up** *vt sep* [cushion, hair] ahuecar; [feathers] encrespar.

fluffiness ['flʌfɪnɪs] *n* - **1.** [frothiness] esponjosidad *f*. - **2.** [softness] blandura *f*.

fluffy ['flʌfɪ] *(compar* **fluffier**, *superl* **fluffiest**) *adj* - **1.** [jumper] de pelusa; [toy] de peluche. - **2.** [mousse, sponge] esponjoso(sa).

flugelhorn ['fluːgəlhɔːn] *n* bugle *m*.

fluid ['fluːɪd] ◇ *n* fluido *m*, líquido *m*. ◇ *adj* - **1.** [flowing] fluido(da). - **2.** [situation, opinion] incierto(ta).

fluidity [fluː'ɪdətɪ] *n* fluidez *f*.

fluid ounce *n* = 0,03 litre, onza *f* líquida.

fluke [fluːk] *n* - **1.** *inf* [piece of good luck] chiripa *f*; **by a** ~ por OR de chiripa. - **2.** [on anchor] uña *f*; [on whale's fail] aleta *f*. - **3.** [flounder] platija *f*. - **4.** [flatworm] trematodo *m*.

fluk(e)y ['fluːkɪ] *(compar* **flukier**, *superl* **flukiest**) *adj inf* de chorra OR chiripa, afortunado(da).

flummox ['flʌməks] *vt Br inf* desconcertar, confundir.

flung [flʌŋ] *pt & pp →* **fling**.

flunk [flʌŋk] *vt & vi esp Am inf* catear.

◆ **flunk out** *vi Am inf* [from college, university] ser expulsado(da) *(por malas notas)*.

flunkey *(pl* **flunkeys)**, **flunky** *(pl* **flunkies)** ['flʌŋkɪ] *n* [manservant] lacayo *m*; *pej* [assistant] pelotillero *m*, lacayo *m*.

fluor ['flʊər, 'fluːɔːr] *n* fluorita *f*.

fluoresce [fluəˈres] *vi* emitir luz fluorescente.

fluorescence [fluə'resəns] *n* fluorescencia *f*.

fluorescent [fluə'resənt] *adj* fluorescente; ~ **tube** tubo *m* fluorescente.

fluorescent light *n* luz *f* fluorescente.

fluoridate ['flʊərɪdeɪt] *vt* añadir fluoruro a.

fluoridation [ˌflʊərɪ'deɪʃn] *n* fluorización *f*.

fluoride ['flʊəraɪd] *n* fluoruro *m*.

fluorine ['flʊəriːn] *n* flúor *m*.

fluorocarbon [ˌfluərəʊ'kɑːbən] *n* fluorocarburo *m*.

fluoroscope ['fluərəˌskəʊp] *n* fluoroscopio *m*.

fluorspar ['fluəspaːr] *n* espato *m* flúor.

flurried ['flʌrɪd] *adj* nervioso(sa), desconcertado(da); **to get** ~ ponerse nervioso(sa), desconcertarse.

flurry ['flʌrɪ] *(pl* **flurries**, *pt & pp* **flurried**) ◇ *n* - **1.** [shower] ráfaga *f*; **snow flurries** nieve *f* ligera. - **2.** [burst] frenesí *m*. ◇ *vt* poner nervioso(sa), inquietar.

flush [flʌʃ] ◇ *adj* - **1.** [level]: ~ **with** nivelado(da) con; ~ **against** pegado(da) a. - **2.** *inf* [with plenty of money]: **to be** ~ estar forrado(da). - **3.** TYPO alineado(da) al margen. ◇ *n* - **1.** [of lavatory] cisterna *f*. - **2.** [blush] rubor *m*; **hot** ~**es** MED sofocos *mpl*. - **3.** [sudden feeling] arrebato *m*; **in the first** ~ **of youth** *literary* en la primera juventud. - **4.** [in card games] color *m*, flux *m (inv)*. ◇ *vt* - **1.** [with water]: **to** ~ **the toilet** tirar de la cadena. - **2.** [down toilet]: **to** ~ **sthg away** tirar algo al wáter. - **3.** [force out of hiding]: **to** ~ **sb out** hacer salir a alguien. ◇ *vi* [blush] ruborizarse.

flushed [flʌʃt] *adj* - **1.** [red-faced] encendido(da). - **2.** [excited]: ~ **(with)** enardecido(da) (por).

fluster ['flʌstər] ◇ *n*: **to get in a** ~ aturullarse. ◇ *vt* aturullar.

flustered ['flʌstəd] *adj* aturullado(da).

flute [fluːt] *n* - **1.** MUS flauta *f*. - **2.** ARCHIT [groove on column] estría *f*.

fluted ['fluːtɪd] *adj* acanalado(da).

fluting ['fluːtɪŋ] *n* ARCHIT acanaladura *f*.

flutist *n Am* = **flautist**.

flutter ['flʌtər] ◇ *n* - **1.** [of wings] aleteo *m*; [of eyelashes] pestañeo *m*. - **2.** [of heart] palpitación *f*. - **3.** *inf* [of excitement] arranque *m*; **to be in a** ~ estar nervioso(sa). - **4.** ELECTRON oscilación *f*. ◇ *vt* agitar; **to** ~ **one's eyelashes** parpadear. ◇ *vi* - **1.** [bird] aletear. - **2.** [flag, dress] ondear. - **3.** [heart] palpitar.

fluvial ['fluːvjəl] *adj* fluvial.

flux [flʌks] *n* - **1.** [change]: **to be in a state of** ~ cambiar constantemente. - **2.** MED flujo *m*. - **3.** [for metals] fundente *m*; [for minerals] castina *f*; [for deoxidizing] desoxidante *m*.

fly [flaɪ] *(pl* **flies**, *pt* **flew** [fluː], *pp* **flown** [fləʊn]) ◇ *n* - **1.** [insect] mosca *f*; **there are no flies on him** *inf fig* no se chupa el dedo, no es ningún tonto. - **2.** [in trousers] bragueta *f*. - **3.** [entrance to tent] toldo *m*. - **4.** [flywheel] volante *m (de motor)*. - **5.** [in American football] mosca *f*, mosquita *f*; **to live on the** ~ *Am inf fig* vivir de una manera acelerada OR a tope. ◇ *vt* - **1.** [plane] pilotar; [kite, model aircraft] hacer volar; **to** ~ **the Atlantic** cruzar el Atlántico en avión. - **2.** [passengers, supplies] transportar en avión. - **3.** [flag] ondear. ◇ *vi* - **1.** [bird, plane, person] volar; **time flies** el tiempo vuela; **I must** ~! ¡me voy volando!; **to** ~ **open** abrirse de golpe ❑ **to drop like flies** caer como moscas; **to** ~ **high** picar muy alto; **to go** ~**ing** *inf* caer aparatosamente; **to send sthg/sb** ~**ing**, **to knock sthg/sb** ~**ing** *inf* mandar algo/a alguien por los aires. - **2.** [pilot a plane] pilotar. - **3.** [travel by plane] ir en avión. - **4.** [rumours, stories] abundar. - **5.** [attack]: **to** ~ **at sb** arremeter contra alguien. - **6.** [flag] ondear.

◆ **fly away** *vi* irse volando.

◆ **fly in** ◇ *vt sep* traer (en avión). ◇ *vi* [person] llegar (en avión); [plane] aterrizar.

◆ **fly into** *vt fus*: **to** ~ **into a rage** OR **a temper** montar en cólera.

◆ **fly out** ◇ *vt sep* llevarse (en avión). ◇ *vi* irse (en avión).

flyaway ['flaɪəˌweɪ] *adj* - **1.** [hair] suelto(ta), lacio(cia). - **2.** [person] casquivano(na), frívolo(la); [idea] descabellado(da).

flyblown ['flaɪbləʊn] *adj* - **1.** [contaminated] infestado(da) de moscarda OR cresas. - **2.** *fig* [dirty] sucio(cia).

flyby *n Am* = **flypast**.

fly-by-night ◇ *adj* [business] dudoso(sa); **a** ~ **operation** *una operación poco duradera y digna de poca confianza*. ◇ *n* persona *f* que no es de fiar.

flycatcher ['flaɪˌkætʃər] *n* papamoscas *m inv Esp*, cazamoscas *m inv Amér*.

flyer ['flaɪər] *n* = **flier**.

fly-fishing *n* pesca *f* con mosca.

fly half *n Br* medio *m* apertura.

flying ['flaɪɪŋ] ◇ *adj* - **1.** [able to fly] volador(ra), volante. - **2.** [running]: **a** ~ **leap** OR **jump** un salto con carrerilla. - **3.** [school, instructor] de aviación. ◇ *n*: **I hate/love** ~ odio/me encanta ir en avión; **her hobby is** ~ es aficionada a la aviación.

flying boat *n* hidroavión *m*.

flying bomb *n* bomba *f* teledirigida.

flying buttress *n* arbotante *m*.

flying colours *npl*: **to pass (sthg) with** ~ salir airoso(sa) (de algo).

flying doctor *n* médico *que utiliza el avión para visitar a sus pacientes en zonas muy alejadas*.

Flying Dutchman *n*: **the** ~ [legend] el buque fantasma.

flying fish *n* pez *m* volador.

flying fox *n* panique *m*.

flying machine *n* aparato *m* volador.

flying officer *n Br* ≃ teniente *mf* de aviación.

flying picket *n* piquete de apoyo proveniente de otra fábrica o sindicato.

flying saucer *n* platillo *m* volante.

flying squad *n* brigada *f* volante.

◆ **Flying Squad** *n*: **the** ~ brigada policial británica para actuaciones de emergencia.

flying start *n*: **to get off to a** ~ empezar con muy buen pie.

flying visit *n* visita *f* relámpago.

flyleaf ['flaili:f] (*pl* **flyleaves** [-li:vz]) *n* (hoja *f* de) guarda *f*.

flyover ['flaɪˌəʊvəʳ] *n* - **1.** *Br* AUT paso *m* elevado. - **2.** *Am* = **flypast**.

flypaper ['flaɪˌpeɪpəʳ] *n* papel *m* matamoscas.

flypast *Br* ['flaɪˌpɑːst], **flyby** *Am* ['flaɪˌbaɪ], **flyover** *Am* ['flaɪˌəʊvəʳ] *n* desfile *m* aéreo.

flysheet ['flaɪʃiːt] *n* doble techo *m*.

flyspeck ['flaɪspek] *n* - **1.** [stain] mancha *f* de mosca. - **2.** *fig* [minute speck] puntito *m*.

fly spray *n* matamoscas *m inv* (en aerosol).

flyswat ['flaɪswɒt], **flyswatter** ['flaɪˌswɒtəʳ] *n* matamoscas *m inv*.

flytrap ['flaɪtræp] *n* - **1.** [plant] atrapamoscas *m inv*. - **2.** [device] mosquitera *f*, mosquero *m*.

flyweight ['flaɪweɪt] *n* peso *m* mosca.

flywheel ['flaɪwiːl] *n* volante *m* (de motor).

FM - **1.** (*abbr of* **frequency modulation**) FM *f*. - **2.** *abbr of* **field marshal**.

FMB (*abbr of* **Federal Maritime Board**) *n* organismo federal estadounidense de la marina mercante.

FMCS (*abbr of* **Federal Mediation and Conciliation Services**) *n* organismo estadounidense de arbitraje en conflictos laborales, ≃ IMAC *m*.

f-number *n* número *m* f, número indicador de la abertura relativa.

FO *n abbr of* **Foreign Office**.

foal [fəʊl] ◇ *n* potro *m*. ◇ *vi* [mare] parir.

foam [fəʊm] ◇ *n* - **1.** [bubbles] espuma *f*. - **2.** = **foam rubber**. ◇ *vi* hacer espuma; **to** ~ **at the mouth** echar espuma por la boca.

foam-backed *adj* con la parte trasera de espuma.

foaming ['fəʊmɪŋ] *adj* = **foamy**.

foam rubber *n* gomaespuma *f*.

foamy ['fəʊmɪ] (*compar* **foamier**, *superl* **foamiest**) *adj* espumoso(sa).

fob [fɒb] (*pt & pp* **fobbed**, *cont* **fobbing**) *n* - **1.** [pocket] bolsillo *m* del reloj. - **2.** [chain] leontina *f*, leopoldina *f*.

◆ **fob off** *vt sep*: **to** ~ **sb off (with sthg)** dar largas a alguien (con algo); **to** ~ **sthg off on sb** endosar a alguien algo.

FOB, f.o.b. (*abbr of* **free on board**) f.o.b.

fob watch *n* reloj *m* de bolsillo.

foc (*abbr of* **free of charge**) fco.

focal ['fəʊkl] *adj* [important] clave (*inv*).

focal length *n* distancia *f* focal.

focal point *n* punto *m* focal OR central.

foci ['fəʊsaɪ] *pl* → **focus**.

fo'c'sle ['fəʊksl] *n* = **forecastle**.

focus ['fəʊkəs] (*pl* **focuses** OR **foci** [-saɪ], *pt & pp* **focussed** OR **focused**, *cont* **focussing** OR **focusing**) ◇ *n* foco *m*; **to bring into** ~ enfocar; **in** ~ enfocado(da); **out of** ~ desenfocado(da) ❑ ~ **of attention** centro *m* de atención. ◇ *vt* - **1.** [eyes, lens, rays] enfocar. - **2.** [attention] fijar, centrar. ◇ *vi* - **1.** [eyes, lens]: **to** ~ **(on sthg)** enfocar (algo). - **2.** [attention]: **to** ~ **on sthg** centrarse en algo.

focused ['fəʊkəst] *adj*: **she's very** ~ tiene las ideas muy claras.

fodder ['fɒdəʳ] *n* forraje *m*.

foe [fəʊ] *n literary* enemigo *m*, -ga *f*.

FOE *n* - **1.** (*abbr of* **Friends of the Earth**) AT *mpl*. - **2.** (*abbr of* **Fraternal Order of Eagles**) organización benéfica estadounidense.

foetal ['fiːtl] *adj* fetal.

foetid ['fiːtɪd] *adj* = **fetid**.

foetus ['fiːtəs] *n* feto *m*.

fog [fɒg] (*pt & pp* **fogged**, *cont* **fogging**) ◇ *n* - **1.** [mist] niebla *f*. - **2.** [sea fog] bruma *f*. - **3.** *fig* [mental] confusión *f*, ofuscamiento *m*. - **4.** PHOT velado *m*, veladura *f*. ◇ *vt* - **1.** [glass, mirror] empañar. - **2.** PHOT [film] velar. - **3.** [confuse] confundir. ◇ *vi* - **1.** [glass, mirror]: **to** ~ **over** OR **up** empañarse. - **2.** PHOT velarse.

fog bank *n* banco *m* de niebla.

fogbound ['fɒgbaʊnd] *adj* inmovilizado(da) por la niebla.

fogey ['fəʊgɪ] *n* = **fogy**.

foggiest ['fɒgɪəst] *n inf*: **I haven't the** ~ **(idea)** no tengo la menor idea.

fogginess ['fɒgɪnɪs] *n* niebla *f*, nebulosidad *f*.

foggy ['fɒgɪ] (*compar* **foggier**, *superl* **foggiest**) *adj* [misty] brumoso(sa); [day] de niebla.

foghorn ['fɒghɔːn] *n* sirena *f* (de niebla); **a voice like a** ~ *fig* una voz atronadora OR estentórea.

fog lamp *n* faro *m* antiniebla.

fogy ['fəʊgɪ] (*pl* **fogies**) *n inf* carroza *mf*, carca *mf*.

foible ['fɔɪbl] *n* manía *f*.

foil [fɔɪl] ◇ *n* - **1.** (*U*) [metal sheet] papel *m* de aluminio OR de plata. - **2.** [contrast]: **a** ~ **to** OR **for** un contraste con. - **3.** [sword] florete *m*. ◇ *vt* frustrar.

foist [fɔɪst] *vt*: **to** ~ **sthg on sb** endosar algo a alguien.

fold [fəʊld] ◇ *vt* - **1.** [sheet, blanket] doblar; [chair, pram, wings] plegar; [umbrella] cerrar; **to** ~ **one's arms** cruzar los brazos. - **2.** [wrap] envolver. - **3.** CULIN [blend]: **to** ~ **sthg into sthg** incorporar algo a algo. ◇ *vi* - **1.** [table, chair etc] plegarse; [paper, map] doblarse. - **2.** *inf* [collapse] venirse abajo. - **3.** *inf* [business] quebrar. ◇ *n* - **1.** [in material, paper] pliegue *m*, doblez *m*. - **2.** [for animals] redil *m*, aprisco *m*. - **3.** *fig* [spiritual home]: **the** ~ el redil. - **4.** GEOL pliegue *m*.

◆ **fold down** *vt sep* [seat, tray] bajar.

◆ **fold in** *vt sep* CULIN incorporar.

◆ **fold up** ◇ *vt sep* - **1.** [bend] doblar. - **2.** [close up] plegar. ◇ *vi* - **1.** [bend] doblarse. - **2.** [close up] plegarse. - **3.** [collapse] venirse abajo.

foldaway ['fəʊldəˌweɪ] *adj* plegable.

folder ['fəʊldəʳ] *n* - **1.** [gen] carpeta *f*. - **2.** COMPUT carpeta *f*, directorio *m*. - **3.** [machine] plegadora *f*. - **4.** [circular] folleto *m*.

folding ['fəʊldɪŋ] *adj* [gen] plegable; [ladder] de tijera; ~ **camera** cámara *f* de fuelle; ~ **rule** regla *f* plegable.

fold-out *n* desplegable *m*.

foliage ['fəʊlɪdʒ] *n* follaje *m*.

foliate ['fəʊlɪeɪt] ◇ *vt* - **1.** [metals] batir. - **2.** [mirror] azogar. - **3.** [book pages] foliar. ◇ *vi* BOT echar hojas.

foliation [ˌfəʊlɪˈeɪʃn] *n* foliación *f*.

folio ['fəʊlɪəʊ] (*pl* **folios**) *n* - **1.** [of paper] folio *m*. - **2.** [book] infolio *m*.

folk [fəʊk] ◇ *adj* popular. ◇ *npl* [people] gente *f*; **country** ~ campesinos *mpl*. ◇ *n* = **folk music**.

◆ **folks** *npl inf* - **1.** [relatives] familia *f*. - **2.** [everyone] chicos *mpl*, -cas *fpl*. - **3.** [people] gente *f*; **the old** ~**s** los viejos.

folk dance *n* baile *m* folclórico.

folklore ['fəʊklɔːʳ] *n* folclore *m*.

folkloric ['fəʊkˌlɔːrɪk] *adj* folclórico(ca).

folk medicine *n* medicina *f* popular.

folk memory *n* tradición *f* OR acervo *m* popular.

folk music *n* [traditional] música *f* folclórica OR popular; [contemporary] (música *f*) folk *m*.

folk singer n cantante mf folk OR de música popular.

folk song n canción f popular.

folksy ['fəʊksɪ] (compar **folksier**, superl **folkiest**) adj Am inf [friendly] campechano(na).

folktale ['fəʊkteɪl] n cuento m tradicional.

follicle ['fɒlɪkl] n folículo m.

follow ['fɒləʊ] ◇ vt - **1.** [gen] seguir. - **2.** [understand] comprender. ◇ vi - **1.** [gen] seguir; **as ~s** como sigue; **the objectives are as ~s** los objetivos son los siguientes. - **2.** [be logical] ser lógico(ca); **it ~s that** se deduce que. - **3.** [understand] comprender.

◆ **follow through** vt sep [idea, plan] llevar a cabo OR a término.

◆ **follow up** vt sep examinar con más detalle; **to ~ sthg up with** proseguir algo con.

follower ['fɒləʊəʳ] n - **1.** [supporter] partidario m, -ria f, seguidor m, -ra f. - **2.** [disciple] seguidor m, -ra f. - **3.** [attendant] ayudante mf.

following ['fɒləʊɪŋ] ◇ adj siguiente. ◇ n [gen] partidarios mpl; [of team] afición f. ◇ prep tras.

follow-my-leader Br, **follow-the-leader** Am n: **to play ~** jugar a sigue al jefe.

follow-through n - **1.** [plan] terminación f. - **2.** [in ball games] acompañamiento m.

follow-up ◇ adj complementario(ria), de seguimiento. ◇ n - **1.** [service] seguimiento m. - **2.** [continuation] continuación f.

folly ['fɒlɪ] n (U) [foolishness] locura f.

◆ **follies** npl THEATRE revista f (teatral).

foment [fəʊ'ment] vt - **1.** fml [instigate] fomentar. - **2.** MED aplicar fomentos a.

fomentation [fəʊmen'teɪʃn] n fml fomentación f, fomento m.

fond [fɒnd] adj - **1.** [affectionate] afectuoso(sa), cariñoso(sa). - **2.** [having a liking]: **to be ~ of sb** tener cariño a alguien; **to be ~ of sthg/of doing sthg** ser aficionado(da) a algo/a hacer algo. - **3.** fml [naive, unrealistic] inocente.

fondant ['fɒndənt] n jarabe m OR pasta f de azúcar.

fondle ['fɒndl] vt acariciar.

fondly ['fɒndlɪ] adv - **1.** [affectionately] afectuosamente, con cariño. - **2.** [naively] inocentemente.

fondness ['fɒndnɪs] n - **1.** [affection]: ~ **(for)** cariño m (a). - **2.** [liking]: ~ **for** afición f a.

fondue ['fɒndjuː] ◇ n fondue f. ◇ comp: ~ **set** (juego m de) fondue f.

font [fɒnt] n - **1.** [in church] pila f bautismal. - **2.** TYPO fuente f; **hard/printer/screen ~** grupo m de caracteres impresos/de impresora/de pantalla.

food [fuːd] n comida f; **to be off one's ~** estar desganado(da) □ ~ **for thought** algo en qué pensar.

food chain n cadena f alimentaria.

food mixer n batidora f eléctrica.

food parcel n paquete m de víveres OR comida.

food poisoning n intoxicación f alimenticia.

food processor n robot m de cocina.

food stamp n Am cupón estatal canjeable por comida.

foodstuffs ['fuːdstʌfs] npl comestibles mpl.

fool [fuːl] ◇ n - **1.** [idiot] tonto m, -ta f, imbécil mf; **to act** OR **play the ~** hacer el tonto; **to be nobody's ~** no tener un pelo de tonto; **a ~ and his money are soon parted** proverb poco le dura el dinero al atolondrado; **to make a ~ of sb/of o.s.** poner a alguien/ponerse en ridículo; **more ~ you!** ¡allá tú!, ¡peor para ti!; **to play sb for a ~** tomar el pelo a alguien. - **2.** Br [dessert] mousse de fruta con nata. - **3.** [jester] bufón m. ◇ vt [deceive] engañar; [joke with] tomar el pelo a; **to ~ sb into doing sthg** embaucar a alguien para que haga algo. ◇ vi - **1.** [joke] bromear; **I'm only ~ing** es (una) broma; **no ~ing!** ¡no me digas! - **2.** pej [play]: **to ~ with sthg** jugar con algo.

◆ **fool about**, **fool around** vi - **1.** [behave foolishly]: **to ~**

about (with sthg) hacer el tonto (con algo). - **2.** [be unfaithful]: **to ~ about (with sb)** tontear (con alguien).

foolery ['fuːlərɪ] (pl **fooleries**) n [behaviour] payasadas fpl, bufonadas fpl.

foolhardiness ['fuːl,hɑːdɪnɪs] n temeridad f, imprudencia f.

foolhardy ['fuːl,hɑːdɪ] adj temerario(ria), imprudente.

foolish ['fuːlɪʃ] adj - **1.** [unwise] tonto(ta), estúpido(da). - **2.** [ridiculous] ridículo(la).

foolishly ['fuːlɪʃlɪ] adv tontamente, estúpidamente.

foolishness ['fuːlɪʃnɪs] n (U) necedad f.

foolproof ['fuːlpruːf] adj infalible.

foolscap ['fuːlzkæp] ◇ n (U) ≃ pliego m. ◇ comp: ~ **envelope** sobre m grande; ~ **pad** bloc m de tamaño pliego.

fool's errand n empresa f inútil.

fool's gold n pirita f.

foot [fʊt] (pl sense 1 **feet** [fiːt], pl sense 2 inv OR **feet**) ◇ n - **1.** [gen] pie m; [of bird, animal] pata f; **at my/his feet** a mis/sus pies; **to be on one's feet** estar de pie; **to get to one's feet** levantarse; **on ~** a pie, andando; **it's very muddy under ~** el terreno está muy embarrado □ **to be back on one's feet** haberse recuperado; **to be rushed off one's feet** andar muy atareado(da); **to fall** OR **land on one's feet** caer de pie; **to find one's feet** asentarse; **feet first** con los pies por delante; **to get a ~ in the door** abrir brecha, abrirse camino; **to have a ~ in both camps** jugar con dos barajas; **to have itchy feet** tener ganas de viajar; **to have one ~ in the grave** estar con un pie en la sepultura; **to have one's feet on the ground** tener los pies en la tierra; **my foot!** inf ¡tonterías!; **to put one's best ~ forward** adoptar una actitud positiva, hacer algo lo mejor que uno pueda; **to put one's feet up** descansar (con los pies en alto); **to put one's ~ down** ponerse firme; **to put one's ~ in it** Br, **to put one's ~ in one's mouth** Am inf meter la pata; **to run** OR **rush sb off her/his feet** dar mucho trabajo a alguien, no dejar respirar a alguien; **to set ~ in** poner los pies en; **to shoot o.s. in the ~** dar un traspié; **to stand on one's own two feet** valerse por sí mismo; **to start** OR **get off on the right/wrong ~** empezar con buen/mal pie; **to sweep sb off her/his feet** hacerle perder la cabeza a alguien; **to think on one's feet** ser persona de recursos, tener capacidad de respuesta. - **2.** [unit of measurement] = 30,48 cm, pie m; **to be five ~** OR **feet tall** ≃ medir 1,52. ◇ vt inf: **to ~ the bill (for sthg)** pagar la cuenta (de algo).

footage ['fʊtɪdʒ] n (U) - **1.** CINEMA [material filmed] secuencias fpl; [length] metraje m. - **2.** [length, area] medida de longitud o superficie expresada en pies.

foot-and-mouth disease n fiebre f aftosa, glosopeda f.

football ['fʊtbɔːl] n - **1.** [game - soccer] fútbol m; [- American football] fútbol m americano. - **2.** [ball] balón m.

football club n Br club m de fútbol.

footballer ['fʊtbɔːləʳ] n Br futbolista mf.

football fan n hincha mf (de fútbol), aficionado m, -da f al fútbol.

football field n Am campo m de fútbol americano.

football game n Am partido m de fútbol americano.

football ground n Br campo m de fútbol.

football hooligan n hincha mf (de fútbol).

Football League n: **the ~** asociación que engloba a la mayoría de los equipos de fútbol profesionales en Inglaterra.

football match n Br partido m de fútbol.

football player n = **footballer**.

football pools npl Br quinielas fpl.

football supporter Br n = **football fan**.

footbath ['fʊtbɑːθ, pl -bɑːðz] n baño m de pies.

footbrake ['fʊtbreɪk] n freno m de pie.

footbridge ['fʊtbrɪdʒ] n paso m elevado, pasarela f.

foot-dragging [-'drægɪŋ] n morosidad f.

footfall ['fʊtfɔːl] n pisada f.

foot fault n falta f de saque.

footgear ['fʊtgɪəʳ] n calzado m.

foothills ['fʊthɪlz] *npl* estribaciones *fpl*.

foothold ['fʊthəʊld] *n* punto *m* de apoyo para el pie; **to get a ~** [on mountain, rockface] encontrar un punto de apoyo; *fig* [in organization, company] afianzarse.

footing ['fʊtɪŋ] *n* - **1.** [foothold] equilibrio *m*; **to lose one's ~** perder el equilibrio. - **2.** [basis] nivel *m*; **on an equal ~ (with)** en pie de igualdad (con).

footless ['fʊtlɪs] *adj* [tights] sin pies.

footlights ['fʊtlaɪts] *npl* candilejas *fpl*.

footling ['fuːtlɪŋ] *adj dated & pej* nimio(mia).

footlocker ['fʊtˌlɒkəʳ] *n* baúl *m* pequeño.

footloose ['fʊtluːs] *adj*: **~ and fancy-free** libre como el viento.

footman ['fʊtmən] (*pl* **footmen** [-mən]) *n* lacayo *m*.

footmark ['fʊtmɑːk] *n* pisada *f*.

footmen ['fʊtmən] *pl* → **footman**.

footnote ['fʊtnəʊt] *n* nota *f* a pie de página.

footpad ['fʊtpæd] *n* [thief] bandolero *m*, salteador *m* de caminos.

foot passenger *n* [on car ferry] pasajero *m*, -ra *f* sin coche.

footpath ['fʊtpɑːθ, *pl* -pɑːðz] *n* senda *f*, camino *m*.

footplate ['fʊtpleɪt] *n Br* plataforma *f* (de locomotora).

footplateman ['fʊtpleɪtmən] (*pl* **footplatemen** [-mən]) *n Br* maquinista *m*.

foot-pound *n* pie *m* libra.

footprint ['fʊtprɪnt] *n* huella *f*, pisada *f*.

footrace ['fʊtreɪs] *n* carrera *f* pedestre.

footrest ['fʊtrest] *n* reposapiés *m inv*.

foot soldier *n* soldado *m* de infantería.

footsore ['fʊtsɔːʳ] *adj* con los pies doloridos.

footstep ['fʊtstep] *n* - **1.** [sound] paso *m*. - **2.** [footprint] huella *f*, pisada *f*; **to follow in sb's ~s** *fig* seguir los pasos de alguien.

footstool ['fʊtstuːl] *n* escabel *m*, reposapiés *m inv*.

footway ['fʊtweɪ] *n* paso *f* para peatones.

footwear ['fʊtweəʳ] *n* calzado *m*.

footwork ['fʊtwɜːk] *n* (U) juego *m* de piernas.

fop [fɒp] *n* petimetre *m*.

foppery ['fɒpərɪ] *n* afectación *f*.

foppish ['fɒpɪʃ] *adj* afectado(da).

for [fɔːʳ] ◇ *prep* - **1.** [indicating intention, destination, purpose] para; **this is ~ you** esto es para ti; **I'm going ~ the paper** voy (a) por el periódico; **the plane ~ Paris** [gen] el avión para OR de París; [in airport announcements] el avión con destino a París; **it's time ~ bed** es hora de irse a la cama; **we did it ~ a laugh** OR **~ fun** lo hicimos de broma OR por divertirnos; **to wait ~ a bus** esperar el autobús; **to go ~ a walk** ir a dar un paseo; **what's it ~?** ¿para qué es OR sirve? - **2.** [representing, on behalf of] por; **the MP ~ Barnsley** el diputado por Barnsley; **let me do it ~ you** deja que te lo haga yo; **he plays ~ England** juega en la selección inglesa; **to work ~** trabajar para. - **3.** [because of] por; **~ various reasons** por varias razones; **a prize ~ bravery** un premio a la valentía; **to jump ~ joy** dar saltos de alegría; **~ fear of failing** por miedo a fracasar. - **4.** [with regard to] para; **to be ready ~ sthg** estar listo para algo; **it's not ~ me to say** no me toca a mí decidir; **he looks young ~ his age** parece más joven de lo que es; **to feel sorry/glad ~ sb** sentirlo/alegrarse por alguien. - **5.** [indicating amount of time, space] para; **there's no time/room ~ it** no hay tiempo/sitio para eso. - **6.** [indicating period of time - during] durante; [- by, in time for] para; **she cried two hours** estuvo llorando (durante) dos horas; **I've lived here ~ three years** llevo tres años viviendo aquí, he vivido aquí (durante) tres años; **I've worked here ~ years** trabajo aquí desde hace años; **I'll do it ~ tomorrow** lo tendré hecho para mañana. - **7.** [indicating distance] en; **there were roadworks ~ 50 miles** había obras en 50 millas; **we walked ~ miles** anduvimos millas y millas. - **8.** [indicating particular occasion] para; **I got it ~ my birthday**

me lo regalaron para OR por mi cumpleaños; **it's scheduled ~ the 30th** está programado para el día 30; **~ the first time** por vez primera, por primera vez. - **9.** [indicating amount of money, price] por; **I bought/sold it ~ £10** lo compré/vendí por 10 libras; **they're 50p ~ ten** son a 50 peniques los diez. - **10.** [in favour of, in support of] a favor de, por; **is she ~ or against it?** ¿está a favor o en contra?; **to vote ~ sthg/sb** votar por algo/a alguien; **to be all ~ sthg** estar completamente a favor de algo. - **11.** [in ratios] por. - **12.** [indicating meaning]: **green is ~ go** el verde quiere decir adelante; **A ~ Alan** A de Alan; **what's the Greek ~ 'mother'?** ¿cómo se dice 'madre' en griego? □ **oh ~ a few days off/a holiday!** ¡lo que daría (yo) por unos días libres/unas vacaciones!; **you'll be ~ it if I catch you!** *inf* ¡como te coja, te vas a enterar!; **there's nothing ~ it but to...** no queda otro remedio que... ◇ *conj fml* [as, since] ya que.

◆ **for all** ◇ *prep* - **1.** [in spite of] a pesar de, pese a; **~ all your moaning** a pesar de lo mucho que te quejas. - **2.** [considering how little] para; **~ all the good it has done me** para lo que me ha servido. ◇ *conj*: **~ all he promised to do it, he never actually did** con todo lo que prometió que lo haría, al final nada; **~ all I care, she could be dead** por mí, como si se muere; **~ all I know** que yo sepa.

FOR (*abbr of* **free on rail**) franco en ferrocarril.

fora ['fɔːrə] *pl* → **forum**.

forage ['fɒrɪdʒ] ◇ *vi* [search]: **to ~ (for sthg)** buscar (algo). ◇ *n* - **1.** [search] búsqueda *f*. - **2.** [food] forraje *m*. ◇ *vt* [feed] dar forraje a.

forage cap *n* gorra *f* de faena.

forager ['fɒrɪdʒəʳ] *n* forrajeador *m*, -ra *f*.

foray ['fɒreɪ] *n lit & fig*: **~ (into)** incursión *f* (en).

forbad, forbade [fəˈbæd] *pt* → **forbid**.

forbear [fɔːˈbeəʳ] (*pt* **forbore** [-ˈbɔːʳ], *pp* **forborne** [-ˈbɔːn]) *fml* ◇ *vi* [abstain]: **to ~ from doing sthg** abstenerse de hacer algo. ◇ *vt* renunciar a.

forbearance [fɔːˈbeərəns] *n fml* - **1.** [patience] paciencia *f*. - **2.** [restraint] abstención *f*.

forbearing [fɔːˈbeərɪŋ] *adj* indulgente.

forbid [fəˈbɪd] (*pt* **forbade** OR **forbad** [-bæd], *pp* **forbid** OR **forbidden** [-ˈbɪdn], *cont* **forbidding**) *vt*: **to ~ sb (to do sthg)** prohibir a alguien (hacer algo) □ **God** OR **Heaven ~!** ¡no quiera Dios!

forbidden [fəˈbɪdn] *adj* prohibido(da).

forbidding [fəˈbɪdɪŋ] *adj* [building, landscape] inhóspito(ta); [person, expression] severo(ra), austero(ra).

forbore [fɔːˈbɔːʳ] *pt* → **forbear**.

forborne [fɔːˈbɔːn] *pp* → **forbear**.

force [fɔːs] ◇ *n* - **1.** [gen] fuerza *f*; **she's a ~ to be reckoned with** es una persona a tener en cuenta; **a powerful ~ for change** una dinámica de cambio; **~ of habit** la fuerza de la costumbre □ **by ~** a la fuerza; **in ~** [in large numbers] en masa, en gran número; [in operation] en vigor; **to be in/come into ~** estar/entrar en vigor; **to join ~s (with)** unirse (a). - **2.** [corps] cuerpo *m*. ◇ *vt* - **1.** [gen] forzar; **to ~ sb to do sthg** [gen] forzar a alguien a hacer algo; [subj: event, circumstances] obligar a alguien a hacer algo; **to ~ open** forzar, abrir a la fuerza; **to ~ one's way through/into** abrirse paso a la fuerza a través de/para entrar en. - **2.** [confession] obtener por la fuerza. - **3.** [flowers, plants] hacer crecer OR madurar temprano. - **4.** [impose] imponer; **to ~ sthg on** OR **upon sb** obligar a alguien a aceptar algo.

◆ **forces** *npl*: **the ~s** las fuerzas armadas.

◆ **by force of** *prep* a fuerza de.

◆ **force back** *vt sep* [crowd, enemy] hacer retroceder; [emotion, tears] contener, reprimir.

◆ **force down** *vt sep* - **1.** [food, drink] tragar a la fuerza. - **2.** [aircraft] obligar a aterrizar.

forced [fɔːst] *adj* forzado(da).

forced landing *n* aterrizaje *m* forzoso.

force-feed *vt* alimentar a la fuerza.

force field *n* campo *m* de fuerza.

forceful ['fɔːsfʊl] *adj* [person, impression] fuerte; [support, recommendation] enérgico(ca); [speech, idea, argument] contundente.

forcefully ['fɔːsfʊlı] *adv* enérgicamente.

force majeure [ˌfɔːsmæ'ʒɜːʳ] *n* fuerza *f* mayor.

forcemeat ['fɔːsmiːt] *n esp Br* (picadillo *m* de) relleno *m*.

forceps ['fɔːseps] ◇ *npl* fórceps *m inv*. ◇ *comp*: ~ **delivery** parto *m* con fórceps.

forcible ['fɔːsəbl] *adj* - **1.** [using physical force] por la fuerza; ~ **entry** JUR allanamiento *m* de morada. - **2.** [reminder, example, lesson] eficaz, vivo(va); [recommendation, argument] enérgico(ca).

forcibly ['fɔːsəblı] *adv* - **1.** [using physical force] por la fuerza. - **2.** [remind] vivamente; [express, argue, recommend] enérgicamente.

forcing house ['fɔːsɪŋ-] *n* maduradero *m*.

ford [fɔːd] ◇ *n* vado *m*. ◇ *vt* vadear.

fordable ['fɔːdəbl] *adj* vadeable.

fore [fɔːʳ] ◇ *adj* - **1.** NAUT de proa. - **2.** [front] delantero(ra). ◇ *n*: **to come to the** ~ empezar a destacar, emerger.

fore-and-aft *adj* NAUT que va de proa a popa.

forearm [*n* 'fɔːrɑːm, *vb* fɔːr'ɑːm] ◇ *n* antebrazo *m*. ◇ *vt* prepararse de antemano.

forebear ['fɔːbeəʳ] *n fml* antepasado *m*, -da *f*.

forebode [fɔː'bəʊd] *vt fml* presagiar.

foreboding [fɔː'bəʊdɪŋ] *n* - **1.** [presentiment] presagio *m*. - **2.** [apprehension] miedo *m*.

forecast ['fɔːkɑːst] (*pt & pp* forecast OR forecasted) ◇ *n* [prediction] predicción *f*, previsión *f*; [of weather] pronóstico *m*. ◇ *vt* [predict] predecir; [weather] pronosticar.

forecaster ['fɔːkɑːstəʳ] *n* [gen] analista *mf*, pronosticador *m*, -ra *f*; [of weather] meteorólogo *m*, -ga *f*.

forecasting ['fɔːkɑːstɪŋ] *n* pronosticación *f*, pronósticos *mpl*.

forecastle ['fəʊksl] *n* castillo *m* de proa.

foreclose [fɔː'kləʊz] ◇ *vi*: **to** ~ **on sb** privar a alguien del derecho a redimir su hipoteca. ◇ *vt* ejecutar.

foreclosure [fɔː'kləʊʒəʳ] *n* privación *f* del derecho a redimir una hipoteca.

forecourt ['fɔːkɔːt] ◇ *n* [gen] patio *m*; [of petrol station] parte *f* delantera. ◇ *comp*: ~ **prices** precios *mpl* (de la gasolina) en surtidor.

foredeck ['fɔːdek] *n* cubierta *f* de proa.

foredoom [fɔː'duːm] *vt literary* predestinar.

forefather ['fɔːˌfɑːðəz] *n* = **forebear**.

forefeet ['fɔːfiːt] *pl* → **forefoot**.

forefinger ['fɔːˌfɪŋɡəʳ] *n* (dedo *m*) índice *m*.

forefoot ['fɔːfʊt] (*pl* forefeet [-fiːt]) *n* pata *f* delantera.

forefront ['fɔːfrʌnt] *n*: **in** OR **at the** ~ **of** en OR a la vanguardia de.

foregather [fɔː'ɡæðəʳ] *vi* = **forgather**.

forego [fɔː'ɡəʊ] *vt* = **forgo**.

foregoing [fɔː'ɡəʊɪŋ] ◇ *adj* anterior, precedente. ◇ *n fml*: **the** ~ lo anteriormente dicho.

foregone conclusion ['fɔːɡɒn-] *n*: **it's a** ~ es un resultado inevitable.

foreground ['fɔːɡraʊnd] *n* primer plano *m*; **in the** ~ en primer plano.

forehand ['fɔːhænd] ◇ *n* [stroke] golpe *m* natural, drive *m*. ◇ *adj* directo(ta), derecho(cha); ~ **volley** volea *f* de drive.

forehead ['fɔːhed] *n* frente *f*.

foreign ['fɒrən] *adj* - **1.** [from abroad] extranjero(ra). - **2.** [external - policy, trade] exterior; [- correspondent, holiday] en el extranjero. - **3.** [unwanted, harmful] extraño(ña). - **4.** [alien, untypical]: ~ **(to sb/sthg)** ajeno(na) (a alguien/algo).

foreign affairs *npl* asuntos *mpl* exteriores.

foreign aid *n* ayuda *f* extranjera.

foreign body *n* cuerpo *m* extraño.

foreign competition *n* competencia *f* extranjera.

foreign correspondent *n* corresponsal *mf* en el extranjero.

foreign currency *n (U)* divisa *f*.

foreigner ['fɒrənəʳ] *n* extranjero *m*, -ra *f*.

foreign exchange *(U)* ◇ *n* divisas *fpl*. ◇ *comp*: ~ **markets/rates** mercados *mpl*/cambio *m* de divisas.

foreign investment *n (U)* inversión *f* extranjera.

Foreign Legion *n*: **the** ~ la legión extranjera.

foreign minister *n* ministro *m*, -tra *f* de Asuntos Exteriores.

Foreign Office *n Br*: **the** ~ el Ministerio de Asuntos Exteriores británico.

foreign policy *n* política *f* exterior.

Foreign Secretary *n Br* ministro *m*, -tra *f* de Asuntos Exteriores.

foreign service *n Am* cuerpo *m* diplomático.

foreknowledge [fɔː'nɒlɪdʒ] *n* presciencia *f*.

foreleg ['fɔːleg] *n* pata *f* delantera.

forelock ['fɔːlɒk] *n* mechón *m* de pelo; **to tug at** OR **touch one's** ~ *fig* hacer una reverencia.

foreman ['fɔːmən] (*pl* foremen [-mən]) *n* - **1.** [of workers] capataz *m*. - **2.** [of jury] presidente *m*.

foremast ['fɔːmɑːst] *n* palo *m* del trinquete.

foremen ['fɔːmən] *pl* → **foreman**.

forementioned [fɔː'menʃnd] *adj fml* anteriormente mencionado (anteriormente mencionada).

foremost ['fɔːməʊst] ◇ *adj* primero(ra). ◇ *adv*: **first and** ~ ante todo, por encima de todo.

forename ['fɔːneɪm] *n* nombre *m* (de pila).

forenoon ['fɔːnuːn] *n fml* mañana *f*.

forensic [fə'rensɪk] *adj* forense; ~ **evidence** pruebas *fpl* forenses.

forensic medicine *n* medicina *f* forense.

forensic science *n* medicina *f* forense.

foreordain [ˌfɔːrɔː'deɪn] *vt literary* predestinar, predeterminar.

forepaws ['fɔːpɔːz] *npl* garras *fpl* OR zarpas *fpl* delanteras.

foreplay ['fɔːpleɪ] *n (U)* juego *m* (erótico) preliminar.

forerunner ['fɔːˌrʌnəʳ] *n* [precursor] precursor *m*, -ra *f*.

foresaid ['fɔːsed] *adj fml* antedicho(cha), susodicho(cha).

foresee [fɔː'siː] (*pt* foresaw [-'sɔː], *pp* foreseen [-'siːn]) *vt* prever.

foreseeable [fɔː'siːəbl] *adj* previsible; **for/in the** ~ **future** en un futuro próximo.

foreseen [fɔː'siːn] *pp* → **foresee**.

foreshadow [fɔː'ʃædəʊ] *vt* presagiar.

foreshock ['fɔːʃɒk] *n* temblor de tierra leve que precede a un terremoto.

foreshorten [fɔː'ʃɔːtn] *vt* escorzar.

foreshortened [fɔː'ʃɔːtnd] *adj* en escorzo, escorzado(da).

foreshortening [fɔː'ʃɔːtnɪŋ] *n* escorzo *m*.

foresight ['fɔːsaɪt] *n (U)* previsión *f*.

foresighted [ˌfɔː'saɪtɪd] *adj* previsor(ra).

foreskin ['fɔːskɪn] *n* prepucio *m*.

forest ['fɒrɪst] ◇ *n* bosque *m*. ◇ *comp* forestal; ~ **fire** incendio *m* forestal.

forestall [fɔː'stɔːl] *vt* - **1.** [anticipate] anticiparse a. - **2.** [prevent] impedir, prevenir.

forestation [ˌfɒrɪ'steɪʃn] *n* repoblación *f* forestal.

forester ['fɒrɪstəʳ] *n* guardabosque *mf*, guarda *mf* forestal.

forestland ['fɒrɪstlænd] *n* zona *f* OR área *f* boscosa.

forest ranger *n* guardabosque *mf*, guarda *mf* forestal.

forestry ['fɒrɪstrɪ] *n* silvicultura *f*.

Forestry Commission *n Br*: **the** ~ la comisión británica del patrimonio forestal.

foreswore [fɔː'swɔːʳ] *pt* → **forswear**.

foresworn [fɔː'swɔːn] *pp* → **forswear**.
foretaste ['fɔːteɪst] *n* anticipo *m*, adelanto *m*.
foretell [fɔː'tel] (*pt & pp* **foretold** [-'təʊld]) *vt* predecir.
foretelling [fɔː'telɪŋ] *n* predicción *f*.
forethought ['fɔːθɔːt] *n* previsión *f*.
foretold [fɔː'təʊld] *pt & pp* → **foretell**.
forever [fə'revəʳ] *adv* - **1.** [eternally] para siempre. - **2.** *inf* [incessantly] siempre, continuamente. - **3.** *inf* [a long time]: **it took (us)** ~ nos llevó una eternidad.
forevermore [fə,revə'mɔːʳ] *adv* para siempre jamás.
forewarn [fɔː'wɔːn] *vt* prevenir, advertir; ~**ed is forearmed** *proverb* hombre prevenido vale por dos *proverb*.
foreword ['fɔːwɜːd] *n* prefacio *m*.
forfeit ['fɔːfɪt] ◇ *n* [gen] precio *m*; [in game] prenda *f*. ◇ *vt* renunciar a, perder.
◆ **forfeits** *n* [game] prendas *fpl*.
forfeiture ['fɔːfɪtʃəʳ] *n* pérdida *f*.
forgather [fɔː'gæðəʳ] *vi fml* congregarse.
forgave [fə'geɪv] *pt* → **forgive**.
forge [fɔːdʒ] ◇ *n* fragua *f*, forja *f*. ◇ *vt* - **1.** [gen] fraguar, forjar. - **2.** [falsify] falsificar.
◆ **forge ahead** *vi* hacer grandes progresos.
forger ['fɔːdʒəʳ] *n* falsificador *m*, -ra *f*.
forgery ['fɔːdʒərɪ] (*pl* **forgeries**) *n* falsificación *f*.
forget [fə'get] (*pt* **forgot** [-'gɒt], *pp* **forgotten** [-'gɒtn], *cont* **forgetting**) ◇ *vt* - **1.** [be unable to recall] olvidar; **to** ~ **(to do sthg)** olvidar (hacer algo); **I never** ~ **a face** nunca se me olvida una cara ❑ ~ **it!** [it doesn't matter] ¡no importa!, ¡no te preocupes!; [certainly not] ¡ni hablar!, ¡ni lo sueñes!; **to** ~ **o.s.** dejarse llevar por un impulso. - **2.** [leave behind] dejarse, olvidar. ◇ *vi*: **to** ~ **(about sthg)** olvidarse (de algo).
forgetful [fə'getfʊl] *adj* [absent-minded] olvidadizo(za), desmemoriado(da); [careless] negligente, descuidado(da).
forgetfulness [fə'getfʊlnɪs] *n* [absent-mindedness] olvido *m*, falta *f* de memoria; [carelessness] negligencia *f*, descuido *m*.
forget-me-not *n* nomeolvides *m inv*.
forging ['fɔːdʒɪŋ] *n* forjadura *f*, forja *f*.
forgivable [fə'gɪvəbl] *adj* perdonable.
forgivably [fə'gɪvəblɪ] *adv*: **she was, quite** ~, **rather annoyed with him**! estaba bastante enfadada con él, y con toda la razón.
forgive [fə'gɪv] (*pt* **forgave** [-'geɪv], *pp* **forgiven** [-'gɪvn]) *vt*: **to** ~ **sb (for sthg/for doing sthg)** perdonar a alguien (algo/por haber hecho algo).
forgiveable [fə'gɪvəbl] *adj* = **forgivable**.
forgiven [fə'gɪvn] *pp* → **forgive**.
forgiveness [fə'gɪvnɪs] *n* - **1.** [pardon] perdón *m*. - **2.** [tolerance] indulgencia *f*.
forgiving [fə'gɪvɪŋ] *adj* indulgente.
forgo [fɔː'gəʊ] (*pt* **forwent** [-'went], *pp* **forgone** [-'gɒn]) *vt* sacrificar, renunciar a.
forgot [fə'gɒt] *pt* → **forget**.
forgotten [fə'gɒtn] *pp* → **forget**.
fork [fɔːk] ◇ *n* - **1.** [for food] tenedor *m*. - **2.** [for gardening] horca *f*. - **3.** [in road etc] bifurcación *f*. - **4.** [on bicycle, motorbike] horquilla *f*. ◇ *vi* bifurcarse.
◆ **fork out** *inf* ◇ *vt fus*: **to** ~ **out money on** OR **for sthg** soltar pelas para algo. ◇ *vi*: **to** ~ **out for sthg** soltar pelas para algo.
forked [fɔːkt] *adj* - **1.** [tongue] hendido(da). - **2.** [river] dividido(da); [road] bifurcado(da).
forked lightning *n* relámpago *m* en zigzag.
forklift (truck) ['fɔːklɪft-] *n* carretilla *f* elevadora.
forlorn [fə'lɔːn] *adj* - **1.** [person, expression] consternado(da). - **2.** [place, landscape] desolado(da). - **3.** [hope, attempt] desesperado(da).
form [fɔːm] ◇ *n* - **1.** [shape, type] forma *f*; **in the** ~ **of** en

forma de; **to take the** ~ **of** consistir en. - **2.** [fitness]: **on** ~ *Br*, **in** ~ *Am* en forma; **off** ~ en baja forma. - **3.** [document] impreso *m*, formulario *m*, planilla *f Amér*. - **4.** [body, figure] figura *f*. - **5.** *Br* SCH [class] clase *f*. - **6.** [usual behaviour]: **true to** ~ como era de esperar. - **7.** [standard practice] procedimiento *m*. - **8.** *dated* [etiquette] formas *fpl*; **it's bad** ~ no se hace. - **9.** [mould] horma *f*, molde *m*. - **10.** GRAMM & LING forma *f*. - **11.** *Br* [bench] banco *m*. ◇ *vt* - **1.** [gen] formar; [plan] concebir; [impression, idea] formarse. - **2.** [model] moldear, modelar. ◇ *vi* formarse.
formal ['fɔːml] *adj* - **1.** [gen] formal; [education] convencional; [agreement, contract] formal. - **2.** [clothes, wedding, party] de etiqueta.
formaldehyde [fɔː'mældɪhaɪd] *n* formaldehído *m*.
formalism ['fɔːməlɪzm] *n* formalismo *m*.
formalist ['fɔːməlɪst] *n* formalista *mf*.
formality [fɔː'mælətɪ] (*pl* **formalities**) *n* formalidad *f*.
formalize, -ise ['fɔːməlaɪz] *vt* formalizar.
formally ['fɔːməlɪ] *adv* [gen] formalmente; [dressed] de etiqueta.
format ['fɔːmæt] (*pt & pp* **formatted**, *cont* **formatting**) ◇ *n* [gen & COMPUT] formato *m*; [of meeting] plan *m*. ◇ *vt* COMPUT formatear.
formation [fɔː'meɪʃn] *n* [gen] formación *f*; [of ideas, plans] creación *f*; **in battle** ~ en formación de combate.
formative ['fɔːmətɪv] *adj* formativo(va).
formatting ['fɔːmætɪŋ] *n* COMPUT formateado *m*.
former ['fɔːməʳ] ◇ *adj* - **1.** [previous] antiguo(gua); ~ **president Carter** el ex presidente Carter; **in** ~ **times** antiguamente. - **2.** [first of two] primero(ra). ◇ *n*: **the** ~ el primero (la primera)/los primeros (las primeras).
formerly ['fɔːməlɪ] *adv* antes, antiguamente.
form feed *n* salto *m* de página.
formfitting ['fɔːmfɪtɪŋ] *adj* ceñido(da), ajustado(da).
formic ['fɔːmɪk] *adj* fórmico(ca).
Formica® [fɔː'maɪkə] *n* formica® *f*.
formidable ['fɔːmɪdəbl] *adj* - **1.** [frightening] imponente, temible. - **2.** [impressive] formidable.
formidably ['fɔːmɪdəblɪ] *adv* terriblemente, tremendamente.
formless ['fɔːmlɪs] *adj* informe, sin forma.
form letter *n* circular *f*.
form of address *n* tratamiento *m*.
Formosa [fɔː'məʊsə] *n* Formosa.
formula ['fɔːmjʊlə] (*pl* **formulas** OR **formulae** [-liː]) *n* - **1.** [gen] fórmula *f*. - **2.** [babyfood] leche *f* maternizada.
formulate ['fɔːmjʊleɪt] *vt* formular.
formulation [,fɔːmjʊ'leɪʃn] *n* formulación *f*.
fornicate ['fɔːnɪkeɪt] *vi fml* fornicar.
fornication [,fɔːnɪ'keɪʃn] *n fml* fornicación *f*.
fornicator [,fɔːnɪ,keɪtəʳ] *n fml* fornicador *m*, -ra *f*.
forsake [fə'seɪk] (*pt* **forsook** [-'sʊk], *pp* **forsaken** [-'seɪkn]) *vt literary* abandonar.
forsaken [fə'seɪkn] *adj* abandonado(da).
forsook [fə'sʊk] *pt* → **forsake**.
forsooth [fə'suːθ] *adv arch* en verdad, de veras.
forswear [fɔː'sweəʳ] (*pt* **forswore** [-'swɔːʳ], *pp* **forsworn** [-'swɔːn]) ◇ *vt* - **1.** [renounce] abjurar de, renunciar solemnemente a. - **2.** [deny] renegar, repudiar; **to** ~ **o.s.** perjurar, jurar en falso. ◇ *vi* perjurar, jurar en falso.
forsythia [fɔː'saɪθjə] *n* forsitia *f*.
fort [fɔːt] *n* fuerte *m*, fortaleza *f*; **to hold the** ~ **(for sb)** *Br*, **to hold down the** ~ **(for sb)** *Am fig* quedarse al cargo (en lugar de alguien).
forte ['fɔːteɪ] *n* fuerte *m*.
forth [fɔːθ] *adv literary* - **1.** [outwards, onwards] hacia adelante; **to go** ~ irse. - **2.** [into future]: **from that day** ~ desde aquel día en adelante.
forthcoming [fɔːθ'kʌmɪŋ] *adj* - **1.** [election, book, events]

próximo(ma). - **2.** [help, information, answer] disponible; **no reply was** ~ no hubo respuesta. - **3.** [person] abierto(ta), amable; **he wasn't very** ~ no estuvo muy comunicativo.

forthright ['fɔ:θraɪt] adj [person, manner, opinions] directo(ta), franco(ca); [opposition] rotundo(da).

forthwith [,fɔ:θ'wɪθ] adv fml inmediatamente.

fortieth ['fɔ:tɪɪθ] ◇ num adj cuadragésimo(ma). ◇ num n - **1.** [in order] cuadragésimo m, -ma f. - **2.** [fraction] cuarentavo m; see also **sixth**.

fortification [,fɔ:tɪfɪ'keɪʃn] n fortificación f.

fortified wine ['fɔ:tɪfaɪd-] n vino m de alta graduación alcohólica.

fortifier ['fɔ:tɪ,faɪə'] n tónico m.

fortify ['fɔ:tɪfaɪ] (pt & pp **fortified**) vt - **1.** MIL fortificar. - **2.** [person, resolve] fortalecer. - **3.** [wine] encabezar; [food] enriquecer.

fortifying ['fɔ:tɪ,faɪŋ] adj fortificante.

fortitude ['fɔ:tɪtju:d] n fortaleza f, valor m.

fortnight ['fɔ:tnaɪt] n Br quincena f; **a** ~**'s holiday** quince días de vacaciones.

fortnightly ['fɔ:t,naɪtlɪ] (pl **fortnightlies**) ◇ adj quincenal. ◇ adv quincenalmente. ◇ n publicación f quincenal.

FORTRAN ['fɔ:træn] n FORTRAN m.

fortress ['fɔ:trɪs] n fortaleza f.

fortuitous [fɔ:'tju:ɪtəs] adj fml fortuito(ta), casual.

fortuity [fɔ:'tju:ɪtɪ] n fml carácter m fortuito, casualidad f.

Fortuna [fɔ:'tju:nə] n Fortuna f.

fortunate ['fɔ:tʃnət] adj afortunado(da); **it was** ~ **that you arrived on time** fue una suerte que llegaras a tiempo.

fortunately ['fɔ:tʃnətlɪ] adv afortunadamente.

fortune ['fɔ:tʃu:n] n - **1.** [money, luck] fortuna f; **to cost a** ~ inf costar un dineral. - **2.** [future]: **to tell sb's** ~ decir OR leer a alguien la buenaventura.
◆ **fortunes** npl [vicissitudes] vicisitudes fpl; [luck] suerte f.

fortune-hunter n [man] cazador m de dotes.

fortune-teller n adivino m, -na f.

fortune-telling n adivinación f.

forty ['fɔ:tɪ] num cuarenta; see also **sixty**.

forty-five n - **1.** [record] single m. - **2.** Am [pistol] pistola f del calibre cuarenta y cinco.

forum ['fɔ:rəm] (pl **forums** OR **fora** [-rə]) n lit & fig foro m.

forward ['fɔ:wəd] ◇ adj - **1.** [towards front - movement] hacia adelante; [- position etc] delantero(ra). - **2.** [towards future]: ~ **planning** planificación f anticipada. - **3.** COMM: ~ **buying/selling** compra f/venta f futura; ~ **delivery** entrega f futura. - **4.** [advanced]: **we're no further** ~ no hemos adelantado nada. - **5.** [impudent] atrevido(da). ◇ adv - **1.** [ahead] hacia adelante; **to go** OR **move** ~ avanzar. - **2.** [in time]: **to bring sthg** ~ adelantar algo; **to put a clock** ~ **(by 30 minutes)** adelantar un reloj (30 minutos). ◇ n SPORT delantero m, -ra f. ◇ vt - **1.** [send on] remitir, reenviar; **'please** ~**'** 'remítase al destinatario'. - **2.** fml [further] promover.

forwarder ['fɔ:wədə'] n agente mf de transportes.

forwarding ['fɔ:wədɪŋ] n - **1.** [sending] envío m, expedición f. - **2.** [service] servicio m de transporte.

forwarding address n nueva dirección f para reenvío de correo.

forward-looking adj progresista.

forwardness ['fɔ:wədnɪs] n [boldness] atrevimiento m.

forward roll n voltereta f hacia adelante.

forwards ['fɔ:wədz] adv = **forward**.

forwent [fɔ:'went] pt → **forgo**.

Fosbury flop ['tɒzbərɪ-] n estilo m Fosbury.

fossil ['fɒsl] ◇ n fósil m. ◇ adj fósil.

fossil fuel n combustible m fósil.

fossilize, -ise ['fɒsɪlaɪz] vi - **1.** [become a fossil] fosilizarse. - **2.** fig [become antiquated] volverse obsoleto(ta).

fossilized, -ised ['fɒsɪlaɪzd] adj fosilizado(da).

foster ['fɒstə'] ◇ adj adoptivo(va). ◇ vt - **1.** [child] acoger. - **2.** [idea, arts, relations] promover. - **3.** [hopes] abrigar. ◇ vi acoger a un niño dentro de la familia de uno.

foster child n menor mf en régimen de acogimiento familiar.

fostering ['fɒstərɪŋ] n JUR (régimen m de) acogida f (de un niño).

foster parents npl familia f de acogida.

fought [fɔ:t] pt & pp → **fight**.

foul [faʊl] ◇ adj - **1.** [unclean - smell] fétido(da); [- taste] asqueroso(sa); [- water, language] sucio(cia). - **2.** [very unpleasant] horrible. ◇ n falta f. ◇ vt - **1.** [make dirty] ensuciar. - **2.** SPORT cometer una falta contra OR sobre. - **3.** [obstruct] enredarse OR enmarañarse en. ◇ vi - **1.** [become entangled] enredarse, enmarañarse. - **2.** SPORT cometer una falta.
◆ **foul up** vt sep inf fastidiar, echar a perder.

foul line n línea que delimita las zonas prohibidas en los campos de juego.

foul-mouthed adj pej malhablado(da).

foul play n (U) - **1.** SPORT juego m sucio. - **2.** [criminal acts] actos mpl delictivos.

foul-smelling [-'smelɪŋ] adj hediondo(da), fétido(da).

foul-up n - **1.** inf [mix-up] lío m. - **2.** [mechanical difficulty] fallo m mecánico.

found [faʊnd] ◇ pt & pp → **find**. ◇ vt - **1.** [base]: **to** ~ **sthg (on)** fundar algo (en). - **2.** [establish] fundar. - **3.** [cast] fundir.

foundation [faʊn'deɪʃn] n - **1.** [organization, act of establishing] fundación f. - **2.** [basis] fundamento m, base f. - **3.** [make-up]: ~ **(cream)** (crema f) base f.
◆ **foundations** npl CONSTR cimientos mpl; **to lay the** ~**s** fig sentar las bases.

foundation course n curso m introductorio.

foundation stone n primera piedra f.

founder ['faʊndə'] ◇ n fundador m, -ra f. ◇ vi lit & fig hundirse, irse a pique.

founder member n miembro fundador m, miembro fundadora f.

founding ['faʊndɪŋ] n fundación f.

founding father n fundador m.
◆ **Founding Fathers** npl: **the Founding Fathers** los miembros de la convención constitucional norteamericana de 1787.

foundling ['faʊndlɪŋ] n fml niño abandonado m, niña abandonada f; ~ **hospital** inclusa f.

foundry ['faʊndrɪ] (pl **foundries**) n fundición f.

fount [faʊnt] n [origin] fuente f.

fountain ['faʊntɪn] n - **1.** [structure] fuente f. - **2.** [jet] chorro m.

fountainhead ['faʊntɪnhed] n - **1.** [spring] manantial m, cabecera f. - **2.** fig [source] fuente f.

fountain pen n (pluma f) estilográfica f.

four [fɔ:'] num cuatro; **on all** ~**s** a gatas; see also **six**.

four-colour adj de cuatro colores; ~ **printing process** TYPO cuatricromía f.

four-dimensional adj cuatridimensional, de cuatro dimensiones.

four-door adj de cuatro puertas.

four-engined adj cuatrimotor.

fourfold ['fɔ:fəʊld] ◇ adj cuádruple. ◇ adv cuatro veces.

four-footed adj cuadrúpedo(da), de cuatro patas.

four-four (time) n cuatro por cuatro m; **in** ~ en cuatro por cuatro.

four-handed adj a cuatro manos.

four-leaved clover n trébol m de cuatro hojas.

four-legged adj cuadrúpedo(da); **our** ~ **friends** hum nuestros amigos cuadrúpedos.

four-letter word n palabrota f, taco m.

four-ply adj [wool] de cuatro hebras; [wood] contrachapado(da) *(con cuatro capas).*

four-poster (bed) n cama f con dosel OR baldaquino.

fourscore [,fɔːˈskɔːʳ] adj *dated* ochenta.

foursome [ˈfɔːsəm] n grupo m de cuatro personas.

foursquare [,fɔːˈskweəʳ] ◇ adj - **1.** [square] cuadrado(da). - **2.** [firmly convinced] firme; [forthright] franco(ca), sincero(ra). ◇ adv francamente.

four-star ◇ adj [hotel] de cuatro estrellas. ◇ n: ~ **(petrol)** (gasolina f) súper f.

fourteen [,fɔːˈtiːn] num catorce; *see also* **six**.

fourteenth [,fɔːˈtiːnθ] ◇ num adj decimocuarto(ta). ◇ num n - **1.** [in order] decimocuarto m, -ta f. - **2.** [fraction] catorceavo m; *see also* **sixth**.

fourth [fɔːθ] ◇ num adj cuarto(ta). ◇ num n - **1.** [in order] cuarto m, -ta f. - **2.** MUS cuarta f; *see also* **sixth**.

fourth-class Am ◇ adj [mail] ordinario(ria). ◇ adv por correo ordinario.

fourth estate n: **the** ~ el cuarto poder, la prensa.

fourthly [ˈfɔːθlɪ] adv en cuarto lugar.

Fourth of July n: **the** ~ el cuatro de julio, día de la Independencia estadounidense.

Fourth World n: **the** ~ los países menos desarrollados del Tercer Mundo, especialmente en África y Asia.

four-way stop n Am cruce m *(de cuatro stops).*

four-wheel drive n tracción f en las cuatro ruedas.

fowl [faʊl] (pl inv OR **fowls**) n ave f de corral.

fowler [ˈfaʊləʳ] n cazador m, -ra f de aves.

fox [fɒks] ◇ n zorro m; **as sly as a** ~ fig astuto(ta) como un zorro. ◇ vt - **1.** [perplex] dejar perplejo(ja). - **2.** [outwit] embaucar, engañar.

fox cub n cachorro m de zorro.

foxed [fɒkst] adj [paper] manchado(da).

foxglove [ˈfɒksglʌv] n digital f, dedalera f.

foxhole [ˈfɒkshəʊl] n hoyo m para atrincherarse.

foxhound [ˈfɒkshaʊnd] n perro m raposero OR zorrero.

foxhunt [ˈfɒkshʌnt] n cacería f de zorros.

foxhunter [ˈfɒks,hʌntəʳ] n cazador m, -ra f de zorros.

foxhunting [ˈfɒks,hʌntɪŋ] n caza f del zorro.

fox terrier n foxterrier mf.

foxtrot [ˈfɒkstrɒt] n foxtrot m.

foxy [ˈfɒksɪ] (compar **foxier**, superl **foxiest**) adj - **1.** inf [sexy] cañón (inv), sexy. - **2.** [wily] taimado(da). - **3.** [colour] rojizo(za).

foyer [ˈfɔɪeɪ] n vestíbulo m.

FP n - **1.** (abbr of **former pupil**) AA mf. - **2.** abbr of **fireplug**.

FPA (abbr of **Family Planning Association**) n asociación para la planificación familiar.

fr. (abbr of **franc**) fr.

Fr. (written abbr of **Father**) P.

fracas [Br ˈfrækɑː, Am ˈfreɪkæs] (Br pl inv [-kɑːz] Am pl **fracases** [-kəsɪz]) n fml riña f, gresca f.

fraction [ˈfrækʃn] n - **1.** MATH quebrado m, fracción f. - **2.** [small part] fracción f; **can you lift it up a** ~? ¿puedes levantarlo un poquito?

fractional [ˈfrækʃənl] adj - **1.** MATH fraccionario(ria), fraccionado(da). - **2.** fig [tiny] minúsculo(la).

fractionally [ˈfrækʃnəlɪ] adv ligeramente.

fractionate [ˈfrækʃneɪt] vt fraccionar.

fractionation [,frækʃnˈeɪʃn] n fraccionamiento m.

fractionize, -ise [ˈfrækʃnaɪz] vt fraccionar.

fractious [ˈfrækʃəs] adj irritable.

fracture [ˈfræktʃəʳ] ◇ n fractura f. ◇ vt fracturar.

fragile [Br ˈfrædʒaɪl, Am ˈfrædʒl] adj frágil; **to feel** ~ no estar muy fino (muy fina).

fragility [frəˈdʒɪlətɪ] n fragilidad f.

fragment [n ˈfrægmənt, vb frægˈment] ◇ n - **1.** [of glass, text] fragmento m; [of paper, plastic] trozo m. - **2.** [of truth] atisbo m. ◇ vt fragmentar. ◇ vi fragmentarse.

fragmentary [ˈfrægməntrɪ] adj fragmentario(ria).

fragmentation [,frægmenˈteɪʃn] n [breaking] fragmentación f.

fragmentation bomb n bomba f de fragmentación.

fragmented [frægˈmentɪd] adj fragmentado(da).

fragrance [ˈfreɪgrəns] n fragancia f.

fragrant [ˈfreɪgrənt] adj fragante.

frail [freɪl] adj frágil.

frailness [ˈfreɪlnɪs] n = **frailty** sense 1.

frailty [ˈfreɪltɪ] (pl **frailties**) n - **1.** [frailness] fragilidad f. - **2.** [imperfection] flaqueza f, defecto m.

frame [freɪm] ◇ n - **1.** [of picture, door] marco m; [of glasses] montura f; [of chair, bed, house] armadura f; [of bicycle] cuadro m; [of boat] armazón m o f; [of car] chasis m inv, bastidor m. - **2.** [physique] cuerpo m. - **3.** CINEMA fotograma m. - **4.** [setting, background] marco m, fondo m. ◇ vt - **1.** [put in a frame] enmarcar. - **2.** [express] formular, expresar. - **3.** inf [with false evidence] tender una trampa a, amañar la culpabilidad de; **I've been** ~**d!** ¡me han tendido una trampa!, ¡es un montaje!

frame of mind n estado m de ánimo, humor m.

framer [ˈfreɪməʳ] n [frame maker] fabricante mf de marcos.

frame-up n inf montaje m *(para incriminar a alguien).*

framework [ˈfreɪmwɜːk] ◇ n - **1.** [physical structure] armazón m o f, esqueleto m. - **2.** [basis] marco m. ◇ comp: ~ **agreement** acuerdo m marco.

framing [ˈfreɪmɪŋ] n - **1.** [framework] armazón m o f, esqueleto m. - **2.** [frame] marco m.

franc [fræŋk] n franco m.

France [frɑːns] n Francia.

franchise [ˈfræntʃaɪz] ◇ n - **1.** POL sufragio m, derecho m de voto. - **2.** COMM concesión f, franquicia f. ◇ vt otorgar la concesión OR franquicia de.

franchisee [,fræntʃaɪˈziː] n concesionario m, -ria f.

franchisor [ˈfræntʃaɪzəʳ] n entidad f adjudicataria de una concesión.

Francis [ˈfrɑːnsɪs] n: **Saint** ~ **(of Assisi)** san Francisco (de Asís).

Franciscan [frænˈsɪskən] ◇ adj franciscano(na). ◇ n franciscano m, -na f.

francium [ˈfrænsɪəm] n francio m.

Franco- [ˈfræŋkəʊ] prefix franco-.

Francophile [ˈfræŋkəfaɪl] n francófilo m, -la f.

Francophobe [ˈfræŋkəfəʊb] n francófobo m, -ba f.

Franglais [ˈfrɒŋgleɪ] n francés plagado de anglicismos.

frank [fræŋk] ◇ adj franco(ca). ◇ vt franquear. ◇ n - **1.** [on letter] sello m OR franquicia f postal. - **2.** Am inf [sausage] salchicha f de Francfort.

Frankfurt [ˈfræŋkfət] n: ~ **(Am Main)** Francfort.

frankfurter [ˈfræŋkfɜːtəʳ] n salchicha f de Francfort.

frankincense [ˈfræŋkɪnsens] n incienso m.

franking machine [ˈfræŋkɪŋ-] n máquina f de franquear.

Frankish [ˈfræŋkɪʃ] ◇ adj franco(ca). ◇ n franco m.

frankly [ˈfræŋklɪ] adv francamente.

frankness [ˈfræŋknɪs] n franqueza f.

frantic [ˈfræntɪk] adj - **1.** [very busy] frenético(ca). - **2.** [distraught] desesperado(da).

frantically [ˈfræntɪklɪ] adv frenéticamente.

frappé, frappe [Br ˈfræpeɪ, Am fræˈpeɪ] n [drink] granizado m.

fraternal [frəˈtɜːnl] adj fraternal, fraterno(na); ~ **twins** gemelos bivitelinos mpl (gemelas bivitelinas fpl), mellizos mpl, -zas fpl.

fraternally [frəˈtɜːnəlɪ] adv de un modo fraternal.

fraternity [frəˈtɜːnətɪ] (pl **fraternities**) n - **1.** fml [community] gremio m, cofradía f. - **2.** [in American university] club m de estudiantes. - **3.** (U) fml [friendship] fraternidad f.

fraternity pin n Am UNIV insignia f de un club universitario.

fraternization [ˌfrætənaɪˈzeɪʃn] *n* fraternización *f*.

fraternize, -ise [ˈfrætənaɪz] *vi*: **to ~ (with)** fraternizar (con).

fratricide [ˈfrætrəsaɪd] *n* - **1.** [act] fratricidio *m*. - **2.** [person] fratricida *mf*.

fraud [frɔːd] *n* - **1.** [deceit] fraude *m*. - **2.** *pej* [impostor] farsante *mf*.

Fraud Squad *n Br*: **the ~** brigada policial británica especializada en el fraude comercial.

fraudulence [ˈfrɔːdjʊləns] *n* fraudulencia *f*.

fraudulent [ˈfrɔːdjʊlənt] *adj* fraudulento(ta).

fraught [frɔːt] *adj* - **1.** [full]: **~ with** lleno(na) OR cargado(da) de. - **2.** *Br* [very tense] tenso(sa).

fray [freɪ] ◇ *vt fig* [temper, nerves] crispar, poner de punta. ◇ *vi* - **1.** [sleeve, cuff] deshilacharse. - **2.** *fig* [temper, nerves] crisparse. ◇ *n literary*: **to enter the ~** saltar a la palestra.

frayed [freɪd] *adj* [sleeve, cuff] deshilachado(da).

frazzle [ˈfræzl] *inf* ◇ *vt* [exhaust] agotar. ◇ *n*: **worn to a ~** completamente rendido (completamente rendida).

frazzled [ˈfræzld] *adj inf* rendido(da).

FRB (*abbr of* **Federal Reserve Board**) *n órgano de control del banco central estadounidense*.

FRCP (*abbr of* **Fellow of the Royal College of Physicians**) *miembro del Royal College of Physicians, colegio británico de médicos*.

FRCS (*abbr of* **Fellow of the Royal College of Surgeons**) *miembro del Royal College of Surgeons, colegio británico de cirujanos*.

freak [friːk] ◇ *adj* imprevisible, inesperado(da). ◇ *n* - **1.** [strange creature - in appearance] monstruo *m*, fenómeno *m*; [- in behaviour] estrafalario *m*, -ria *f*. - **2.** [unusual event] anormalidad *f*. - **3.** *inf* [fanatic]: **film/ fitness ~** fanático *m*, -ca *f* del cine/ejercicio. - **4.** *v inf* [drug user] drogata *mf*; [hippie] hippie *mf*.

◆ **freak out** *inf* ◇ *vi* flipar, alucinar. ◇ *vt sep* flipar, alucinar.

freakish [ˈfriːkɪʃ] *adj* anormal, extraño(ña).

freak show *n* exposición *f* de monstruos (*en una feria*).

freaky [ˈfriːkɪ] (*compar* **freakier**, *superl* **freakiest**) *adj inf* raro(ra), extraño(ña).

freckle [ˈfrekl] ◇ *n* peca *f*. ◇ *vt* motear, salpicar. ◇ *vi* cubrirse de pecas.

freckled [ˈfrekld] *adj* pecoso(sa), lleno(na) de pecas.

Frederick [ˈfredrɪk] *n*: **~ the Great** Federico II el Grande.

free [friː] (*compar* **freer**, *superl* **freest**, *pt & pp* **freed**) ◇ *adj* - **1.** [gen]: **~ (from** OR **of)** libre (de); **to be ~ to do sthg** ser libre de hacer algo; **feel ~!** ¡adelante!, ¡cómo no!; **to go ~** salir libre; **they let the hostages go ~** dejaron en libertad a los rehenes; **under the amnesty over 500 political prisoners went ~** con la amnistía, más de 500 presos políticos fueron puestos en libertad; **to set ~** liberar; **it's a ~ country!** ¡estamos en democracia!; **feel ~!** ¡adelante!, ¡cómo no! - **2.** [not paid for] gratis (*inv*), gratuito(ta); **~ of charge** gratis (*inv*). - **3.** [unattached] suelto(ta). - **4.** [generous]: **to be ~ with sthg** no regatear algo. - **5.** *phr*: **~ and easy** [lacking ceremony] informal; [unworried] despreocupado(da); [friendly] cordial; **to make ~ with sthg** disponer de algo como si fuera de uno. ◇ *adv* - **1.** [without payment]: **(for) ~** gratis. - **2.** [unrestricted] libremente. - **3.** [loose]: **to pull/cut sthg ~** soltar algo tirando/cortando. ◇ *vt* - **1.** [release] liberar, libertar; **to ~ sb of sthg** librar a alguien de algo. - **2.** [make available] dejar libre. - **3.** [extricate - person] rescatar; [- one's arm etc] soltar; **to ~ o.s.** soltarse.

◆ **free up** *vt sep* liberar.

-free [friː] *in cpds*: **lead~** sin plomo; **trouble~** sin preocupaciones.

free agent *n* persona *f* independiente.

free association *n* asociación *f* libre.

freebase [ˈfriːbeɪs] *vi drugs sl* inhalar cocaína que ha sido purificada con éter.

freebie [ˈfriːbɪ] *n inf* regalito *m*.

freeboard [ˈfriːbɔːd] *n* obra *f* muerta.

freebooter [ˈfriːbuːtəʳ] *n* pirata *m*.

freeborn [ˈfriːbɔːn] *adj* nacido(da) libre.

freedman [ˈfriːdmən] (*pl* **freedmen** [-mən]) *n* manumiso *m*.

freedom [ˈfriːdəm] *n* libertad *f*; **~ from** liberación *f* de ❑ **to be given** OR **granted the ~ of the city** recibir la ciudadanía de honor.

freedom fighter *n* luchador *m*, -ra *f* por la libertad.

freedom of speech *n* libertad *f* de expresión.

freedom of the press *n* libertad *f* de prensa.

freedwoman [ˈfriːdˌwʊmən] (*pl* **freedwomen** [-ˌwɪmɪn]) *n* manumisa *f*.

free energy *n* energía *f* libre.

free enterprise *n* libre empresa *f*.

free-fall *n (U)* caída *f* libre.

free-floating *adj* indeciso(sa), no comprometido (no comprometida).

freefone [ˈfriːfəʊn] *n (U) Br* teléfono *m* OR número *m* gratuito.

free-for-all *n* refriega *f*.

free gift *n* obsequio *m*.

freehand [ˈfriːhænd] *adj & adv* a pulso.

freehanded [ˌfriːˈhændɪd] *adj* dadivoso(sa), generoso(sa).

freehold [ˈfriːhəʊld] ◇ *adv* en propiedad absoluta. ◇ *n* propiedad *f* absoluta.

freeholder [ˈfriːhəʊldəʳ] *n* propietario absoluto *m*, propietaria absoluta *f*.

free house *n* bar no controlado por una compañía cervecera.

freeing [ˈfriːɪŋ] *n* [of prisoner] liberación *f*; [of slave] manumisión *f*, liberación *f*.

free jazz *n* free jazz *m*, jazz *m* libre.

free kick *n* tiro *m* libre.

freelance [ˈfriːlɑːns] ◇ *adj* autónomo(ma). ◇ *adv* autónomamente, por libre. ◇ *n* (trabajador *m*) autónomo *m*, (trabajadora *f*) autónoma *f*. ◇ *vi* trabajar por libre OR por cuenta propia.

freelancer [ˈfriːlɑːnsəʳ] *n* = **freelance**.

free-living *adj* - **1.** [self-indulgent] vividor(ra). - **2.** BIOL independiente.

freeload [ˈfriːləʊd] *vi inf* pegar la gorra, vivir a costa de otros.

freeloader [ˈfriːləʊdəʳ] *n inf* gorrón *m*, -ona *f*.

free love *n* amor *m* libre.

freely [ˈfriːlɪ] *adv* - **1.** [readily - admit, confess] sin reparos; [- available] fácilmente. - **2.** [openly] abiertamente, francamente. - **3.** [without restrictions] libremente. - **4.** [generously] liberalmente.

freeman [ˈfriːmən] (*pl* **freemen** [-mən]) *n* ciudadano honorífico *m*, ciudadana honorífica *f*.

free-market economy *n* economía *f* de libre mercado.

Freemason [ˈfriːˌmeɪsn] *n* francmasón *m*, -ona *f*.

Freemasonry [ˈfriːˌmeɪsnrɪ] *n* francmasonería *f*.

freemen [ˈfriːmən] *pl* → **freeman**.

free on board *adj & adv* franco a bordo.

free pardon *n* JUR indulto *m*.

freephone [ˈfriːfəʊn] *n* = **freefone**.

free port *n* puerto *m* libre.

freepost [ˈfriːpəʊst] *n* franqueo *m* pagado.

free-range *adj* de granja.

free sample *n* muestra *f* gratuita.

freesia [ˈfriːzjə] *n* fresia *f*.

free speech *n* libertad *f* de expresión.

free spirit *n* inconformista *mf*, espíritu *m* libre.

free-spoken *adj* franco(ca).

freestanding [ˌfriːˈstændɪŋ] *adj* independiente.

freestyle [ˈfriːstaɪl] *n* [in swimming] estilo *m* libre.

freethinker [ˌfriː'θɪŋkəʳ] *n* librepensador *m*, -ra *f*.
free-thinking *adj* librepensador(ra).
free time *n* tiempo *m* libre.
Freetown ['friːtaʊn] *n* Freetown.
free trade *n* libre comercio *m*.
free verse *n* verso *m* libre.
free vote *n* voto *m* libre.
freeway ['friːweɪ] *n Am* autopista *f*.
freewheel [ˌfriː'wiːl] ◇ *vi* [on bicycle] ir sin pedalear; [in car] ir en punto muerto. ◇ *n* [on bicycle] piñón *m* libre.
freewheeling [ˌfriː'wiːlɪŋ] *adj inf fig* informal.
free will *n* libre albedrío *m*; **to do sthg of one's own ~** hacer algo por voluntad propia.
free world *n*: **the ~** el mundo libre.
freeze [friːz] (*pt* **froze** [frəʊz], *pp* **frozen** ['frəʊzn]) ◇ *vt* - **1.** [gen] helar. - **2.** [food, wages, prices] congelar. - **3.** [assets] bloquear. ◇ *vi* - **1.** [gen] helarse. - **2.** [food, wages, prices] congelarse. ◇ *v impers* METEOR helar. ◇ *n* - **1.** [cold weather] helada *f*. - **2.** [of wages, prices] congelación *f*.
◆ **freeze out** *vt sep Br inf* [exclude] excluir; [get rid of] deshacerse de.
◆ **freeze over** *vi* helarse.
◆ **freeze up** *vi* helarse.
freeze-dried *adj* liofilizado(da).
freeze-dry *vt* liofilizar.
freeze frame *n* - **1.** [photograph] fotograma *m*. - **2.** [on video] imagen *f* congelada.
freezer ['friːzəʳ] ◇ *n* congelador *m*. ◇ *comp*: ~ **compartment** compartimento *m* del congelador.
freezing ['friːzɪŋ] ◇ *adj* helado(da); **it's ~ in here** hace un frío espantoso aquí dentro. ◇ *n* = **freezing point**.
freezing point *n* punto *m* de congelación.
free zone *n* zona libre OR franca.
freight [freɪt] ◇ *n (U)* [goods] mercancías *fpl*, flete *m*. ◇ *vt* transportar, fletar.
freightage ['freɪtɪdʒ] *n* [transport] fletamento *m*, acarreo *m*; [goods transported] carga *f*, flete *m*; [charge] flete *m*.
freight car *n* vagón *m* de carga OR de mercancías.
freighter ['freɪtəʳ] *n* [ship] carguero *m*, buque *m* de carga.
Freightliner® ['freɪtˌlaɪnəʳ] *n* tren *m* de mercancías (de contenedores).
freight train *n* (tren *m* de) mercancías *m inv*.
frena ['friːnə] *pl* → **frenum**.
French [frentʃ] ◇ *adj* francés(esa). ◇ *n* [language] francés *m*. ◇ *npl*: **the ~** los franceses.
French bean *n* judía *f* verde.
French bread *n (U)* pan *m* de barra.
French Canadian ◇ *adj* francocanadiense. ◇ *n* francocanadiense *mf*.
French chalk *n (U)* jaboncillo *m*, jabón *m* de sastre.
French cricket *n juego infantil similar al críquet*.
French doors *npl Am* = **French windows**.
French dressing *n* - **1.** *Br* [vinaigrette] vinagreta *f*. - **2.** *Am* [with mayonnaise] ≃ salsa *f* rosa.
French fries, French fried potatoes *npl esp Am* patatas *fpl* fritas.
French horn *n* corno *m* francés.
French kiss ◇ *n* beso *m* en la boca con la lengua. ◇ *vt* besar en la boca con la lengua. ◇ *vi* besarse en la boca con la lengua.
French leave *n*: **to take ~** *Br inf* despedirse a la francesa.
French loaf *n* barra *f* de pan.
Frenchman ['frentʃmən] (*pl* **Frenchmen** [-mən]) *n* francés *m*.
French polish *n* barniz *m*.
◆ **French-polish** *vt* barnizar.
French Riviera *n*: **the ~** la Riviera francesa.
French-speaking *adj* francófono(na).

French stick *n Br* barra *f* de pan.
French toast *n esp Am* torrija *f*.
French windows *Br*, **French doors** *Am npl* puertas *fpl* de cristal que dan al exterior.
Frenchwoman ['frentʃˌwʊmən] (*pl* **Frenchwomen** [-ˌwɪmɪn]) *n* francesa *f*.
frenetic [frə'netɪk] *adj* frenético(ca).
frenetically [frə'netɪklɪ] *adv* frenéticamente, de un modo frenético.
frenum ['friːnəm] (*pl* **frenums** OR **frena** [-nə]) *n* frenillo *m*.
frenzied ['frenzɪd] *adj* [haste, activity] frenético(ca).
frenzy ['frenzɪ] (*pl* **frenzies**) *n* frenesí *m*; **a ~ of activity** una actividad febril.
frequence ['friːkwəns] *n* frecuencia *f*.
frequency ['friːkwənsɪ] (*pl* **frequencies**) *n* frecuencia *f*.
frequency distribution *n* distribución *f* de frecuencias.
frequency modulation *n* modulación *f* de frecuencia.
frequent [*adj* 'friːkwənt, *vb* frɪ'kwent] ◇ *adj* [gen] frecuente; [visitor] habitual. ◇ *vt* frecuentar.
frequenter [frɪ'kwentəʳ] *n* frecuentador *m*, -ra *f*.
frequently ['friːkwəntlɪ] *adv* a menudo, con frecuencia.
fresco ['freskəʊ] (*pl* **frescoes** OR **frescos**) *n* fresco *m*.
fresh [freʃ] ◇ *adj* - **1.** [gen] fresco(ca); [flavour, taste] refrescante; ~ **from** recién salido (recién salida) de. - **2.** [bread] del día. - **3.** [not canned] natural; [not frozen] fresco(ca). - **4.** [water] dulce. - **5.** [pot of tea, fighting, approach] nuevo(va); **to make a ~ start** empezar de nuevo. - **6.** [bright and pleasant] alegre. - **7.** *Am inf* [insolent] fresco(ca), descarado(da); **to get ~ with sb** ponerse chulo(la) con alguien. ◇ *adv* recién; **to be ~ out of sthg** *inf* haberse quedado OR acabar de quedarse sin algo.
freshen ['freʃn] ◇ *vt* [air] refrescar. ◇ *vi* [wind] soplar más fuerte.
◆ **freshen up** ◇ *vt sep* - **1.** [wash]: **to ~ o.s. up** lavarse un poco. - **2.** [smarten up] arreglar. ◇ *vi* [person] refrescarse, lavarse.
freshener ['freʃnəʳ] *n* - **1.** [tonic] tonificante *m*. - **2.** [purifier] ambientador *m*, purificador *m*.
fresher ['freʃəʳ] *n Br inf* = **freshman**.
freshet ['freʃɪt] *n* - **1.** [overflow] riada *f*. - **2.** [freshwater outlet] corriente *f* de agua dulce que penetra en el mar.
freshly ['freʃlɪ] *adv* recién.
freshman ['freʃmən] (*pl* **freshmen** [-mən]) *n* estudiante *mf* de primer curso.
freshness ['freʃnɪs] *n (U)* - **1.** [of food] buen estado *m*, frescura *f*. - **2.** [originality] novedad *f*, originalidad *f*. - **3.** [brightness] pulcritud *f*. - **4.** [refreshing quality] frescor *m*. - **5.** [energy] vigor *m*.
freshwater ['freʃˌwɔːtəʳ] *adj* de agua dulce.
fret [fret] (*pt & pp* **fretted**, *cont* **fretting**) ◇ *vi* preocuparse. ◇ *n* [on a guitar] traste *m*.
fretful ['fretfʊl] *adj* [baby] quejoso(sa); [night, sleep] agitado(da), inquieto(ta).
fretsaw ['fretsɔː] *n* segueta *f*, sierra *f* de calar.
fretwork ['fretwɜːk] *n* calado *m*.
Freudian slip ['frɔɪdɪən-] *n* lapsus *m inv*, desliz *m*.
FRG (*abbr of* **Federal Republic of Germany**) *n* RFA *f*.
Fri. (*written abbr of* **Friday**) viern.
friable ['fraɪəbl] *adj* friable, deleznable.
friar ['fraɪəʳ] *n* fraile *m*.
friary ['fraɪərɪ] (*pl* **friaries**) *n* monasterio *m*.
fricassee ['frɪkəsiː] ◇ *n* estofado *m*, fricasé *m*. ◇ *vt* estofar, hacer un fricasé de.
fricative ['frɪkətɪv] ◇ *adj* fricativo(va). ◇ *n* (consonante *f*) fricativa *f*.
friction ['frɪkʃn] *n* - **1.** PHYS fricción *f*. - **2.** [discord] fricción *f*, roces *mpl*.
frictionless ['frɪkʃənlɪs] *adj* sin fricción.
friction match *n* fósforo *m*, cerilla *f*.

friction tape *n* cinta *f* aislante.

Friday ['fraɪdɪ] *n* viernes *m inv; see also* **Saturday**.

fridge [frɪdʒ] *n esp Br* nevera *f*, frigorífico *m*.

fridge-freezer *n Br* combi *m*, nevera *f* congeladora.

fried [fraɪd] *adj* frito(ta); **(special)** ~ **rice** arroz *m* frito (cantonés).

friend [frend] *n* **- 1.** [close acquaintance] amigo *m*, -ga *f*, cuate *mf inv Amér*; **to be** ~**s** ser amigos; **to be** ~**s with sb** ser amigo de alguien; **to make** ~**s (with)** hacerse amigo (de), trabar amistad (con); **to be the best of** ~**s** ser muy amigos ❑ **a** ~ **in need is a** ~ **indeed** *proverb* en el peligro se conoce al amigo; **to have** ~**s in high places** tener influencias, estar bien relacionado (bien relacionada). **- 2.** [supporter - of cause] partidario *m*, -ria *f*; [- of country] aliado *m*, -da *f*.

friendless ['frendlɪs] *adj* sin amigos.

friendliness ['frendlɪnɪs] *n* amabilidad *f*.

friendly ['frendlɪ] *(compar* **friendlier**, *superl* **friendliest**, *pl* **friendlies**) ◇ *adj* **- 1.** [person] amable, simpático(ca); [attitude, manner, welcome] amistoso(sa); ~ **advice** consejo *m* de amigo, (ga *f* ❑ **to be** ~ **with sb** ser amigo(ga) de alguien. **- 2.** [nation] amigo(ga), aliado(da); ~ **fire** fuego *m* aliado. **- 3.** [argument, game] amistoso(sa). ◇ *n esp Br* partido *m* amistoso.

friendly society *n Br* mutua *f*, mutualidad *f*.

friendship ['frendʃɪp] *n* amistad *f*.

Friends of the Earth *n* Amigos *mpl* de la Tierra.

frier ['fraɪəʳ] *n* = **fryer**.

fries [fraɪz] *npl* = **French fries**.

Friesian (cow) ['friːzjən-] *n* vaca *f* holandesa.

frieze [friːz] *n* **- 1.** ARCHIT friso *m*. **- 2.** TEXTILES cenefa *f*.

frigate ['frɪgət] *n* fragata *f*.

fright [fraɪt] *n* **- 1.** [fear] miedo *m*; **to take** ~ espantarse, asustarse. **- 2.** [shock] susto *m*; **to give sb a** ~ darle un susto a alguien. **- 3.** *inf* [mess] esperpento *m*.

frighten ['fraɪtn] *vt* asustar; **to** ~ **sb into doing sthg** atemorizar a alguien para que haga algo.

◆ **frighten away, frighten off** *vt sep* espantar, ahuyentar.

frightened ['fraɪtnd] *adj* asustado(da); **to be** ~ **of sthg/of doing sthg** tener miedo a algo/a hacer algo.

frightener ['fraɪtnəʳ] *n inf*: **to put the** ~**s on sb** meterle a alguien el miedo en el cuerpo.

frightening ['fraɪtnɪŋ] *adj* aterrador(ra), espantoso(sa).

frighteningly ['fraɪtnɪŋlɪ] *adv* de un modo aterrador; **the story was** ~ **true to life** la historia era tan real que daba miedo.

frightful ['fraɪtfʊl] *adj* terrible, espantoso(sa).

frigid ['frɪdʒɪd] *adj* **- 1.** [sexually] frígido(da). **- 2.** GEOGR & METEOR glacial.

frigidity [frɪ'dʒɪdətɪ] *n* frigidez *f*.

frill [frɪl] *n* **- 1.** [decoration] volante *m*. **- 2.** *inf* [extra] adorno *m*, floritura *f*. **- 3.** CULIN guarnición *f* de papel. **- 4.** ZOOL gola *f*.

frilly ['frɪlɪ] *(compar* **frillier**, *superl* **frilliest**) *adj* con volantes.

fringe [frɪndʒ] *(cont* **fringeing**) ◇ *n* **- 1.** [decoration] flecos *mpl*. **- 2.** *Br* [of hair] flequillo *m*, cerquillo *m Amér*. **- 3.** [edge] periferia *f*; **on the** ~ OR ~**s** of en la periferia de; **on the** ~**s of the law** al margen de la ley. **- 4.** [extreme] margen *m*. ◇ *vt* [edge] bordear.

◆ **Fringe** *n* THEATRE: **the Fringe (festival)** *Br festival independiente que se celebra anualmente en Edimburgo de forma paralela y como alternativa al 'Edinburgh Festival'; gran punto de encuentro para el teatro experimental.*

fringe benefit *n* beneficio *m* complementario.

fringe group *n* grupo *m* marginal.

fringe theatre *n Br* teatro *m* experimental.

frippery ['frɪpərɪ] *(pl* **fripperies**) *n* **- 1.** [trifle] baratija *f*, fruslería *f*. **- 2.** [finery] perifollos *mpl*. **- 3.** [affected elegance] afectación *f*, cursilería *f*.

Frisbee® ['frɪzbɪ] *n* frisbee® *m*, plato *m* volador.

Frisian ['friːʒən] ◇ *adj* frisio(sia), frisón(ona). ◇ *n* **- 1.** [person] frisio *m*, -sia *f*, frisón *m*, -ona *f*. **- 2.** [language] frisio *m*, frisón *m*.

Frisian Islands *npl*: **the** ~ las islas Frisias.

frisk [frɪsk] ◇ *vt* cachear, registrar. ◇ *vi* retozar, brincar.

frisky ['frɪskɪ] *(compar* **friskier**, *superl* **friskiest**) *adj inf* retozón(ona), juguetón(ona).

fritter ['frɪtəʳ] *n* buñuelo *m*.

◆ **fritter away** *vt sep*: **to** ~ **money/time away on sthg** malgastar dinero/tiempo en algo.

frivolity [frɪ'vɒlətɪ] *(pl* **frivolities**) *n* frivolidad *f*.

frivolous ['frɪvələs] *adj* frívolo(la).

frizz [frɪz] ◇ *n* rizo *m*, bucle *m*. ◇ *vt* encrespar, ensortijar. ◇ *vi* encresparse, ensortijarse.

frizzle ['frɪzl] *vt* **- 1.** [fry] achicharrar. **- 2.** [scorch] quemar, retostar.

frizzly ['frɪzlɪ] *(compar* **frizzlier**, *superl* **frizzliest**) *adj* encrespado(da).

frizzy ['frɪzɪ] *(compar* **frizzier**, *superl* **frizziest**) *adj* crespo (pa), ensortijado(da).

frock [frɒk] *n* **- 1.** [dress] vestido *m*. **- 2.** RELIG hábito *m*, vestido *m* talar.

frog [frɒg] *n* [animal] rana *f*; **to have a** ~ **in one's throat** *fig* tener carraspera.

◆ **Frog** *n Br v inf* franchute *m*, -ta *f*, gabacho *m*, -cha *f*.

frog kick *n* patada *f* de rana.

frogman ['frɒgmən] *(pl* **frogmen** [-mən]) *n* hombre-rana *m*.

frogmarch ['frɒgmɑːtʃ] *vt* llevar por la fuerza.

frogmen ['frɒgmən] *pl* → **frogman**.

frogspawn ['frɒgspɔːn] *n (U)* huevas *fpl* de rana.

fro-ing ['frəʊɪŋ] → **to-ing and fro-ing**.

frolic ['frɒlɪk] *(pt & pp* **frolicked**, *cont* **frolicking**) ◇ *n* jugueteo *m*, juego *m* alegre. ◇ *vi* retozar, triscar.

frolicsome ['frɒlɪksəm] *adj literary* juguetón *m*, -ona *f*, travieso *m*, -sa *f*.

from [*weak form* frəm, *strong form* frɒm] *prep* **- 1.** [indicating source, origin, removal] de; **where are you** ~? ¿de dónde eres?; **I got a letter** ~ **her today** hoy me ha llegado una carta suya; **a flight** ~ **Paris** un vuelo de París; **to translate** ~ **Spanish into English** traducir del español al inglés; **he took a notebook** ~ **his pocket** sacó una libreta del bolsillo; **he's not back** ~ **work yet** no ha vuelto del trabajo aún; **to take sthg away** ~ **sb** quitarle algo a alguien; **tell her** ~ **me that...** dile de mi parte que... **- 2.** [indicating deduction]: **take 15 (away)** ~ **19** réstale 15 a 19; **to deduct sthg** ~ **sthg** deducir OR descontar algo de algo. **- 3.** [indicating escape, separation] de; **he ran away** ~ **home** huyó de casa. **- 4.** [indicating position] desde; **seen** ~ **above/below** visto desde arriba/abajo; **a light bulb hung** ~ **the ceiling** una bombilla colgaba del techo. **- 5.** [indicating distance] de; **it's 60 km** ~ **here** está a 60 km de aquí; **how far is London** ~ **here?** ¿a cuánto está Londres de aquí? **- 6.** [indicating material object is made out of] de; **it's made** ~ **wood/plastic** está hecho de madera/plástico. **- 7.** [starting at a particular time] desde; **closed** ~ **1 pm to 2 pm** cerrado de 13h a 14h; ~ **birth** de nacimiento; ~ **the moment I saw him** desde el momento en que lo vi. **- 8.** [indicating difference, change] de; **to be different** ~ ser diferente de; ~**... to do...** de... a; **the price went up** ~ **£100 to £150** el precio subió de 100 a 150 libras. **- 9.** [because of, as a result of] de; **to die** ~ **cold** morir de frío; **to suffer** ~ **cold/hunger** padecer frío/hambre. **- 10.** [on the evidence of] por; **to speak** ~ **personal experience** hablar por experiencia propia; **I could see** ~ **her face she was angry** se le notaba en la cara que estaba enfadada. **- 11.** [indicating lowest amount]: **prices range** ~ **£5 to £500** los precios oscilan entre 5 y 500 libras; **prices start** ~ **£50** los precios empiezan desde 50 libras; **it could take anything** ~ **15 to 20 weeks** podría llevar de 15 a 20 semanas.

frond [frɒnd] *n* fronda *f*.

front [frʌnt] ◇ *n* **- 1.** [gen] parte *f* delantera; [of house] fa-

chada *f*; [of shirt] pechera *f*; [of book] principio *m*; **at the ~ of the class** en la fila de delante; **at the ~ of the queue** al principio de la cola. **- 2.** METEOR, MIL & POL frente *m*; **a united ~** un frente común; **on all ~s** desde todos los frentes. **- 3.** [issue, area] terreno *m*; **on the domestic/employment ~** en el plano nacional/laboral. **- 4.** [seafront] paseo *m* marítimo. **- 5.** [outward appearance] fachada *f*; **to put on a ~** ponerse una máscara; **to be a ~ for sthg** ser una tapadera para algo ❏ **to put on a bold ~** hacer de tripas corazón. ◇ *adj* [gen] delantero(ra); [page, row] primero(ra). ◇ *vt* **- 1.** [be opposite] dar a. **- 2.** [lead] dirigir. **- 3.** CONSTR poner una fachada a. ◇ *vi* **- 1.** *Br* [face]: **to ~ onto** dar a. **- 2.** [cover]: **to ~ for sb/sthg** servir de fachada a alguien/algo.
◆ **in front** *adv* **- 1.** [further forward] delante. **- 2.** [winning] en cabeza.
◆ **in front of** *prep* delante de.
◆ **out front** *adv* fuera, afuera; **the car is parked out ~** el coche está estacionado fuera.

frontage ['frʌntɪdʒ] *n* fachada *f*.

frontage road *n Am* vía *f* de servicio.

frontal ['frʌntl] *adj* frontal.

frontbench [,frʌnt'bentʃ] *n Br* en la *Cámara de los Comunes, cada una de las dos filas de escaños ocupadas respectivamente por los ministros del Gobierno y los principales líderes de la oposición mayoritaria.*

frontbencher [,frʌnt'bentʃəʳ] *n Br diputado que se sienta en la primera fila de escaños reservada a ministros del Gobierno y líderes de la oposición.*

front desk *n* recepción *f*.

front door *n* puerta *f* principal.

front-end *adj* [initial] previo(via), inicial.

frontier [*Br* 'frʌn,tɪəʳ, *Am* frʌn'tɪəʳ] ◇ *n lit & fig* frontera *f*. ◇ *comp* [town, region] fronterizo(za).

frontiersman [*Br* 'frʌntɪəzmən, *Am* frʌn'tɪrzmən] (*pl* **frontiersmen** [-mən]) *n* colonizador *m*, explorador *m*.

frontispiece ['frʌntɪspiːs] *n* frontispicio *m*.

front line *n*: **the ~** la primera línea.
◆ **front-line** *adj* [troops] de primera línea.

front-loading *adj* [washing machine] de carga frontal.

front man *n* **- 1.** [representative, spokesman] portavoz *m*. **- 2.** TV [presenter] presentador *m*. **- 3.** *pej* [figurehead] testaferro *m*.

front money *n* depósito *m* OR pago *m* inicial, entrada *f*.

front office *n* comisión *f* ejecutiva.

front of house *n* THEATRE zona *f* del público.

front-page *adj* de primera página OR plana.

front room *n* sala *f* de estar.

front-runner *n* favorito *m*, -ta *f*.

frontward ['frʌntwəd] *adj & adv* al frente, hacia el frente.

front-wheel drive *n* [vehicle] vehículo *m* de tracción delantera.

frost [frɒst] ◇ *n* **- 1.** [layer of ice] escarcha *f*. **- 2.** [weather] helada *f*. ◇ *vi*: **to ~ over** OR **up** escarcharse, cubrirse de escarcha.

frostbite ['frɒstbaɪt] *n (U)* MED congelación *f*.

frostbitten ['frɒst,bɪtn] *adj* **- 1.** MED [hands, nose] congelado(da). **- 2.** [plant] quemado(da) por el hielo.

frosted ['frɒstɪd] *adj* **- 1.** [glass] esmerilado(da). **- 2.** *Am* CULIN escarchado(da).

frostily ['frɒstɪlɪ] *adv* con frialdad OR gelidez, de un modo glacial.

frosting ['frɒstɪŋ] *n Am* azúcar glaseado *m*, azúcar glaseada *f*.

frosty ['frɒstɪ] (*compar* **frostier**, *superl* **frostiest**) *adj* **- 1.** [very cold] helada *f*. **- 2.** [covered with frost] escarchado(da). **- 3.** *fig* [unfriendly] glacial.

froth [frɒθ] ◇ *n* **- 1.** [foam] espuma *f*. **- 2.** *(U)* [trivialities, empty talk] trivialidades *fpl*, palabras *fpl* vanas. ◇ *vi* hacer espuma.

frothy ['frɒθɪ] (*compar* **frothier**, *superl* **frothiest**) *adj* **- 1.** [liquid] espumoso(sa). **- 2.** [frivolous] frívolo(la), insustancial.

frown [fraun] ◇ *n* ceño *m*. ◇ *vi* fruncir el ceño; **to ~ at sb** mirar a alguien frunciendo el ceño. ◇ *comp*: **~ lines** arrugas *fpl* en el entrecejo.
◆ **frown (up)on** *vt fus* desaprobar.

frowning ['fraunɪŋ] *adj* ceñudo(da), ceñoso(sa).

frowsty ['frausti] (*compar* **frowstier**, *superl* **frowstiest**) *adj* que huele a cerrado.

frowsy ['frauzɪ] (*compar* **frowsier**, *superl* **frowsiest**) *adj* **- 1.** = **frowzy**. **- 2.** = **frowsty**.

frowzy ['frauzɪ] (*compar* **frowzier**, *superl* **frowziest**) *adj* **- 1.** [slovenly] desaseado(da), desaliñado(da); [unkempt] despeinado(da). **- 2.** = **frowsty**.

froze [frəuz] *pt* → **freeze**.

frozen ['frəuzn] ◇ *pp* → **freeze**. ◇ *adj* **- 1.** [gen] helado(da). **- 2.** [preserved] congelado(da); **~ food** congelados *mpl*. **- 3.** [prices, salaries] congelado(da); [assets, credit] bloqueado(da). **- 4.** *fig* [rigid]: **~ (with)** tieso(sa) (de).

frozen shoulder *n* hombro *m* congelado.

FRS *n* **- 1.** (*abbr of* **Fellow of the Royal Society**) *miembro de la Royal Society, organización británica para la investigación científica.* **- 2.** (*abbr of* **Federal Reserve System**) *banco central estadounidense.*

fructify ['frʌktɪfaɪ] (*pt & pp* **fructified**) *fml* ◇ *vi* fructificar. ◇ *vt* fertilizar, fecundar.

fructose ['frʌktəus] *n* fructosa *f*.

frugal ['fruːgl] *adj* frugal.

frugality [fruː'gælətɪ] *n* frugalidad *f*.

frugally ['fruːgəlɪ] *adv* [live] con sencillez OR frugalidad; [distribute, give] moderadamente, en pequeñas dosis.

fruit [fruːt] (*pl inv* OR **fruits**) ◇ *n* **- 1.** [food] fruta *f*; BOT fruto *m*. **- 2.** *fig* [result] fruto *m*; **to bear ~** dar fruto. **- 3.** *Am v inf pej* [male homosexual] maricón *m*. ◇ *comp* [made with fruit] de frutas; [producing fruit] frutal; **~ bowl** frutero *m*; **~ farmer** fruticultor *m*, -ra *f*. ◇ *vi* dar fruto.

fruit bat *n* murciélago *m* frugívoro OR frutero.

fruitcake ['fruːtkeɪk] *n* **- 1.** [cake] pastel *m* de frutas. **- 2.** *inf* [lunatic] chiflado *m*, -da *f*.

fruit cup *n* macedonia *f* (de frutas).

fruit drop *n* caramelo *m* de fruta.

fruiterer ['fruːtərəʳ] *n Br* frutero *m*, -ra *f*; **~'s (shop)** frutería *f*.

fruit fly *n* mosca *f* de los frutos OR del vinagre.

fruitful ['fruːtful] *adj* [successful] fructífero(ra).

fruitfully ['fruːtfulɪ] *adv* de un modo fructífero.

fruitfulness ['fruːtfulnɪs] *n* carácter *m* provechoso.

fruit gum *n Br* gominola *f* OR pastilla *f* de goma con sabor a fruta.

fruitiness ['fruːtɪnɪs] *n* [of wine - smell] olor *m* afrutado; [- taste] sabor *m* afrutado.

fruition [fruː'ɪʃn] *n*: **to come to ~** [plan] realizarse; [hope] cumplirse; **to bring to ~** realizar.

fruit juice *n* zumo *m* de fruta(s).

fruitless ['fruːtlɪs] *adj* infructuoso(sa).

fruit machine *n Br* máquina *f* tragaperras.

fruit salad *n* macedonia *f* (de frutas).

fruity ['fruːtɪ] (*compar* **fruitier**, *superl* **fruitiest**) *adj* [wine] afrutado(da).

frump [frʌmp] *n* **- 1.** [plain woman] mujer *f* mal vestida. **- 2.** [old-fashioned person] persona *f* chapada a la antigua.

frumpy ['frʌmpɪ] (*compar* **frumpier**, *superl* **frumpiest**), **frumpish** ['frʌmpɪʃ] *adj* chapado(da) a la antigua; **she wears ~ clothes** se viste fatal.

frusta ['frʌstə] *pl* → **frustum**.

frustrate [frʌ'streɪt] *vt* frustrar.

frustrated [frʌ'streɪtɪd] *adj* frustrado(da).

frustrating [frʌ'streɪtɪŋ] *adj* frustrante.

frustration [frʌ'streɪʃn] *n* frustración *f*.

frustum ['frʌstəm] (*pl* **frustums** OR **frusta** [-tə]) *n* tronco *m*.

fry [fraɪ] (*pt & pp* **fried**) ◇ *vt* [food] freír. ◇ *vi* **- 1.** [food]

freírse. - **2.** *fig* [person] achicharrarse. ◇ *n* (U) pececillos *mpl*.

fryer ['fraɪə'] *n* - **1.** [pan] sartén *f*; [for deep-frying] freidora *f*. - **2.** [chicken] pollo *m* para freír.

frying pan ['fraɪɪŋ-] *n* sartén *f*, paila *f Amér*; **to jump out of the ~ into the fire** *fig* salir de Guatemala y meterse en Guatepeor.

f-stop *n* posición *f* del número f *(en una cámara)*.

ft. *abbr of* **foot, feet**.

FT *(abbr of* **Financial Times***) n diario británico de información económica;* **the ~ index** *el índice bursátil del Financial Times.*

FTC *(abbr of* **Federal Trade Commission***) n organismo estadounidense encargado de hacer respetar la legislación sobre monopolios.*

fuchsia ['fjuːʃə] *n* fucsia *f*.

fuck [fʌk] *vulg* ◇ *vt* joder, follar, chingar *Amér*; **~ it!** ¡joder!; **~ me!** ¡joder!; **~ you!** [expressing contempt] ¡jódete!, ¡que te den por (el) culo!; [expressing annoyance] ¡vete a tomar por (el) culo! ◇ *vi* joder, follar, chingar *Amér*; **dont't ~ with me!** ¡no me jodas! ◇ *excl* ¡joder! ◇ *excl* ¡joder! ◇ *n* - **1.** [act] polvo *m*. - **2.** [sexual partner] polvo *m*. - **3.** *Am* [idiot] tonto *m*, -ta *f* del culo.

◆ **fuck about** *Br*, **fuck around** *vi vulg*: **to ~ about with sb** joder OR fastidiar a alguien. ◇ *vt sep* joder

◆ **fuck off** *vulg* ◇ *vi* largarse; **~ off!** ¡vete a tomar por (el) culo! ◇ *vt sep* joder.

◆ **fuck up** *vt sep vulg* [plan, project] joder, fastidiar.

fucked-up [fʌkt-] *adj vulg* - **1.** [damaged] jodido(da), estropeado(da). - **2.** [confused] hecho(cha) un taco. - **3.** [emotionally] hecho(cha) polvo.

fucking ['fʌkɪŋ] *adj vulg* - **1.** [to show anger]: **you ~ idiot!** ¡idiota de los cojones! - **2.** [for emphasis]: **where are my ~ keys?** ¿dónde coño están mis llaves?; **you must be ~ stupid** hay que ser gilipollas.

fuddle ['fʌdl] *vt* - **1.** [intoxicate] emborrachar. - **2.** [confuse] aturdir, confundir.

fuddled ['fʌdld] *adj* aturdido(da).

fuddy-duddy ['fʌdɪ,dʌdɪ] *(pl* **fuddy-duddies***) n inf* carcamal *mf*.

fudge [fʌdʒ] ◇ *n* (U) - **1.** [sweet] dulce de azúcar, leche y mantequilla. - **2.** [nonsense] tonterías *fpl*, disparates *mpl*. ◇ *vt inf* esquivar, eludir; **to ~ the issue** eludir la cuestión. ◇ *vi inf* eludir la cuestión.

fuel [fjuəl] *(Br pt & pp* **fuelled***, cont* **fuelling** *Am pt & pp* **fueled***, cont* **fueling***) ◇ n* combustible *m*; **to add ~ to the fire** OR **the flames** *fig* echar leña al fuego; **to be ~ for** *fig* dar pábulo a. ◇ *vt* - **1.** [supply with fuel] abastecer de combustible, alimentar. - **2.** [increase] exacerbar, agravar.

fuel cell *n* CHEM celda *f* electroquímica; ELEC pila *f* seca.

fuel-efficient *adj* que gasta poco combustible, económico(ca).

fuel injection *n* inyección *f* de combustible.

fuel oil *n* fuel oil *m*.

fuel pump *n* bomba *f* de combustible.

fuel tank *n* depósito *m* de gasolina.

fug [fʌg] *n Br* atmósfera *f* cargada OR viciada.

fugitive ['fjuːdʒətɪv] ◇ *n* fugitivo *m*, -va *f*. ◇ *adj* fugitivo(va).

fugue [fjuːg] *n* - **1.** MUS fuga *f*. - **2.** PSYCH amnesia *f* temporal.

Fuji ['fuːdʒɪ] *n*: **(Mount) ~** el (monte) Fuji Yama.

fulcrum ['fʊlkrəm] *(pl* **fulcrums** OR **fulcra** [-krə]*) n* fulcro *m*, punto *m* de apoyo.

fulfil *(pt & pp* **fulfilled***, cont* **fulfilling***)*, **fulfill** *Am* [fʊl'fɪl] *vt* [promise, duty, threat] cumplir; [hope, ambition] realizar, satisfacer; [obligation] cumplir con; [role] desempeñar; [requirement] satisfacer; **to ~ o.s.** realizarse.

fulfilled [fʊl'fɪld] *adj* [life] feliz, pleno(na); [person] satisfecho(cha), realizado(da).

fulfilling [fʊl'fɪlɪŋ] *adj* gratificante.

fulfilment, fulfillment *Am* [fʊl'fɪlmənt] *n* - **1.** [satisfaction] satisfacción *f*, realización *f* (de uno mismo). - **2.** [of promise, duty, threat] cumplimiento *m*; [of hope, ambition] realización *f*; [of role] desempeño *m*; [of requirement] satisfacción *f*.

full [fʊl] ◇ *adj* - **1.** [filled]: **~ (of)** lleno(na) (de); **I'm ~!** [after meal] ¡estoy lleno!, ¡no puedo más!; **~ to the brim** lleno hasta arriba, a rebosar □ **to be ~ of o.s.** creerse (uno) que es algo. - **2.** [complete - recovery, employment, control] pleno(na); [- name, price, fare] completo(ta); [- explanation, information] detallado(da); [- member, professor] numerario(ria); **a ~ dozen** una docena exacta; **he ran a ~ mile** corrió una milla entera; **in ~ bloom** en plena floración; **to take ~ advantage of sthg** aprovechar plenamente algo; **in the ~est sense of the word** en el más amplio sentido de la palabra; **in ~ view** a plena vista. - **3.** [volume, power etc] máximo(ma); **to get ~ marks** sacar un sobresaliente OR la máxima nota. - **4.** [sound, flavour] rico(ca). - **5.** [plump] grueso(sa). - **6.** [wide] holgado(da), amplio (plia). - **7.** [brother, sister] carnal. ◇ *adv* - **1.** [directly] justo, de lleno. - **2.** [very]: **to know sthg ~ well** saber algo perfectamente. - **3.** [at maximum] al máximo. ◇ *n*: **in ~** íntegramente; **to the ~** al máximo, completamente; **to live life to the ~** disfrutar de la vida al máximo.

fullback ['fʊlbæk] *n* (defensa *mf*) lateral *mf*.

full-blooded [-'blʌdɪd] *adj* - **1.** [pure-blooded] de pura raza. - **2.** [strong, complete] vigoroso(sa).

full-blown *adj* - **1.** *fig* [complete] auténtico(ca); [AIDS] desarrollado(da). - **2.** [flower] abierto(ta).

full board *n* pensión *f* completa.

full-bodied [-'bɒdɪd] *adj* de mucho cuerpo.

full-collision waiver *n* seguro *m* a todo riesgo.

full dress *n* (U) - **1.** [uniform] uniforme *m* de gala. - **2.** [evening clothes - of man] traje *m* de etiqueta; [- of woman] traje *m* de noche.

◆ **full-dress** *adj* de gala.

full-face *adj* de frente.

full-fashioned *adj Am* = **fully-fashioned**.

full-fledged *adj Am* = **fully-fledged**.

full-frontal *adj*: **a ~ picture** un desnudo frontal.

full-grown *adj* adulto(ta).

full house *n* - **1.** [at show, event] lleno *m*. - **2.** [in cards] full *m*.

full-length ◇ *adj* - **1.** [portrait, mirror] de cuerpo entero. - **2.** [dress] largo(ga). - **3.** [novel] extenso(sa); [film] de largo metraje. ◇ *adv* a lo largo, completamente.

full moon *n* luna *f* llena.

fullness ['fʊlnɪs] *n* [of voice] riqueza *f*; [of life] plenitud *f*; **in the ~ of time** a su debido tiempo.

full-page *adj* a toda página.

full-scale *adj* - **1.** [life-size] de tamaño natural. - **2.** [complete] a gran escala.

full-size(d) *adj* - **1.** [life-size] de tamaño natural. - **2.** [adult] adulto(ta). - **3.** *Am* AUT: **~ car** turismo *m*.

full stop ◇ *n* punto *m*; **to come to a ~** *fig* parar en seco. ◇ *adv Br* punto.

full time *n Br* SPORT final *m* del (tiempo reglamentario del) partido.

◆ **full-time** ◇ *adj* de jornada completa. ◇ *adv* a tiempo completo.

full-timer *n* empleado *m*, -da *f* a tiempo completo.

full up *adj* lleno(na).

fully ['fʊlɪ] *adv* - **1.** [completely] completamente. - **2.** [thoroughly] detalladamente. - **3.** [at least] por lo menos.

fully-fashioned *Br*, **full-fashioned** *Am* [-'fæʃnd] *adj* ajustado(da).

fully-fledged *Br*, **full-fledged** *Am adj fig* [lawyer, accountant] hecho y derecho (hecha y derecha); [member] de pleno derecho.

fulmar ['fʊlmə'] *n* fulmar *m*.

fulminate ['fʌlmɪneɪt] ◇ *vi fml*: **to ~ against sb/sthg** tronar contra alguien/algo. ◇ *n* fulminato *m*.
fulmination [ˌfʌlmɪ'neɪʃn] *n fml* fulminación *f*.
fulness ['fulnɪs] *n* = **fullness**.
fulsome ['fulsəm] *adj* exagerado(da), excesivo(va); **to be ~ in one's praise (of sb/sthg)** colmar de elogios (a alguien/algo).
fumble ['fʌmbl] ◇ *vt* perder, no agarrar bien; **to ~ one's way** ir a tientas. ◇ *vi* hurgar; **to ~ for sthg** [for key, light switch] buscar algo a tientas; [for words] buscar algo titubeando.
fumbler ['fʌmblə'] *n* torpe *mf*.
fume [fjuːm] *vi* [with anger] rabiar, echar humo.
◆ **fumes** *npl* [smoke] humo *m*; [vapour] vapor *m*, vaho *m*; [gas] gas *m*.
fumigate ['fjuːmɪgeɪt] *vt* fumigar.
fumigation [ˌfjuːmɪ'geɪʃn] *n* fumigación *f*.
fumigator ['fjuːmɪgeɪtə'] *n* fumigador *m*, -ra *f*.
fun [fʌn] ◇ *n* (U) **- 1.** [pleasure, amusement] diversión *f*; **what ~!** ¡qué divertido!; **parachuting/my uncle is great ~** el paracaidismo/mi tío es muy divertido; **to have ~** divertirse, pasarlo bien; **have ~!** ¡que te diviertas!; **for ~, for the ~ of it** por diversión; **to spoil the ~** aguar la fiesta; **to take all the ~ out of sthg** quitarle la gracia a algo ❑ **~ and games** *inf* [amusement] diversión *f*; [trouble] follón *m*. **- 2.** [playfulness]: **he's full of ~** es muy divertido; **in ~** en broma, bromeando; **to have a sense of ~** saber divertirse. **- 3.** [at sb else's expense]: **to make ~ of sb, to poke ~ at sb** reírse OR burlarse de alguien. ◇ *adj inf* divertido(da).
function ['fʌŋkʃn] ◇ *n* **- 1.** [gen & MATH] función *f*; **in one's ~ as** en calidad de, en capacidad de. **- 2.** [way of working] funcionamiento *m*. **- 3.** [formal social event] acto *m*, ceremonia *f*. ◇ *vi* funcionar; **to ~ as** hacer de, actuar como.
functional ['fʌŋkʃnəl] *adj* **- 1.** [practical] funcional; **~ illiterate** persona *f* de educación mínima. **- 2.** [operational] en funcionamiento.
functionalism ['fʌŋkʃnəlɪzm] *n* funcionalismo *m*.
functionary ['fʌŋkʃnərɪ] (*pl* **functionaries**) *n* funcionario *m*, -ria *f*.
functioning ['fʌŋkʃnɪŋ] *n* funcionamiento *m*.
function key *n* COMPUT tecla *f* de función.
function room *n* salón *m* de actos, sala *f* de recepciones.
fund [fʌnd] ◇ *n* fondo *m*. ◇ *vt* **- 1.** [provide money for] financiar. **- 2.** [debt] consolidar.
◆ **funds** *npl* fondos *mpl*.
fundamental [ˌfʌndə'mentl] *adj*: **~ (to)** fundamental (para).
◆ **fundamentals** *npl* fundamentos *mpl*.
fundamentalism [ˌfʌndə'mentəlɪzm] *n* fundamentalismo *m*, integrismo *m*.
fundamentalist [ˌfʌndə'mentəlɪst] *n* fundamentalista *mf*, integrista *mf*.
fundamentally [ˌfʌndə'mentəlɪ] *adv* fundamentalmente.
fundamental particle *n* partícula *f* elemental OR fundamental.
fundholder ['fʌndhəʊldə'] *n* centro sanitario que tiene independencia para crear y administrar su propio presupuesto dentro del sistema británico de sanidad pública.
funding ['fʌndɪŋ] *n* financiación *f*.
fundraiser ['fʌndˌreɪzə'] *n* **- 1.** [person] *persona que se dedica a recaudar fondos*. **- 2.** [event] *evento destinado a la recaudación de fondos*.
fund-raising [ˌ-reɪzɪŋ] ◇ *n* recaudación *f* de fondos. ◇ *comp* de OR para recaudación de fondos.
funeral ['fjuːnərəl] *n* [service] funeral *m*; [burial] entierro *m*; **it's** OR **that's your ~!** *inf fig* ¡eso es cosa tuya!
funeral director *n* director *m* de funeraria.
funeral home *n Am* = **funeral parlour**.
funeral march *n* marcha *f* fúnebre.
funeral parlour *Br*, **funeral home** *Am n* funeraria *f*.

funeral procession *n* cortejo *m* fúnebre.
funeral pyre *n* pira *f* funeraria.
funeral service *n* honras *fpl* fúnebres, exequias *fpl*.
funerary ['fjuːnərərɪ] *adj* funerario(ria).
funereal [fjuː'nɪərɪəl] *adj* fúnebre.
funfair ['fʌnfeə'] *n* parque *m* de atracciones.
fungal ['fʌŋgl] *adj* fúngico(ca).
fungi ['fʌŋgaɪ] *pl* → **fungus**.
fungicidal ['fʌndʒɪ,saɪdl] *adj* fungicida.
fungicide ['fʌndʒɪsaɪd] *n* fungicida *m*.
fungoid ['fʌŋgɔɪd] *adj* fungiforme.
fungous ['fʌŋgəs] *adj* **- 1.** BOT fungal, fungino(na). **- 2.** MED fungoso(sa), fungoide.
fungus ['fʌŋgəs] (*pl* **fungi** [-gaɪ] OR **funguses**) ◇ *n* hongo *m*. ◇ *comp*: **~ infection** infección *f* por hongos.
funicular (railway) [fjuː'nɪkjʊlə'-] *n* funicular *m*.
funk [fʌŋk] ◇ *n* (U) **- 1.** MUS (música *f*) funky *m*. **- 2.** *dated* [fear] canguelo *m*, mieditis *f*; [depression] depresión *f*. ◇ *vt* [be afraid] tener miedo a, amilanarse ante.
funky ['fʌŋkɪ] (*compar* **funkier**, *superl* **funkiest**) *adj* MUS funky (*inv*).
fun-loving *adj* amante de la diversión.
funnel ['fʌnl] (*Br pt & pp* **funnelled**, *cont* **funnelling** *Am pt & pp* **funneled**, *cont* **funneling**) ◇ *n* **- 1.** [for pouring] embudo *m*. **- 2.** [on ship] chimenea *f*. ◇ *vt* **- 1.** [liquid] pasar por un embudo. **- 2.** [money, food] canalizar. ◇ *vi* pasar.
funnies ['fʌnɪz] *npl*: **the ~** las tiras cómicas.
funnily ['fʌnɪlɪ] *adv* [strangely] de manera rara; **~ enough** curiosamente.
funny ['fʌnɪ] (*compar* **funnier**, *superl* **funniest**) *adj* **- 1.** [amusing] divertido(da), gracioso(sa); **that's not ~** no tiene gracia; **to try to be ~** hacerse el gracioso (la graciosa). **- 2.** [odd] raro(ra). **- 3.** [ill] pachucho(cha). **- 4.** [suspicious] sospechoso(sa).
funny bone *n* hueso *m* de la risa.
funny farm *n Am inf hum* casa *f* de locos.
fun run *n carrera atlética de fondo con fines benéficos*.
fur [fɜː'] *n* **- 1.** [on animal] pelaje *m*, pelo *m*; **her remark made the ~ fly** OR **set the ~ flying** *fig* con su comentario armó la de Dios es Cristo. **- 2.** [garment] prenda *f* de piel. **- 3.** [on tongue] sarro *m*, saburra *f*.
furbelow ['fɜːbɪləʊ] *n* perifollos *mpl*.
furbish ['fɜːbɪʃ] *vt* **- 1.** [polish] bruñir, pulir. **- 2.** [renovate] renovar, restaurar.
fur coat *n* abrigo *m* de piel OR pieles.
furious ['fjʊərɪəs] *adj* **- 1.** [very angry] furioso(sa). **- 2.** [frantic] frenético(ca).
furiously ['fjʊərɪəslɪ] *adv* **- 1.** [angrily] con furia. **- 2.** [frantically] frenéticamente.
furl [fɜːl] *vt* **- 1.** [roll up - flag, sails] enrollar; [- umbrella] plegar. **- 2.** [wings] recoger. **- 3.** NAUT aferrar.
furled [fɜːld] *adj* [flag, sails] enrollado(da); [umbrella] plegado(da).
furlong ['fɜːlɒŋ] *n* = 201,17 metros.
furlough ['fɜːləʊ] ◇ *n* MIL licencia *f*, permiso *m*; **to be on ~** estar de permiso. ◇ *vt* **- 1.** MIL dar licencia OR permiso a. **- 2.** *Am* [lay off] suspender temporalmente.
furnace ['fɜːnɪs] *n* horno *m*.
furnish ['fɜːnɪʃ] *vt* **- 1.** [fit out] amueblar. **- 2.** *fml* [provide - goods] proveer, suministrar; [- explanation] proporcionar; [- proof] aducir; [- opportunity] dar; **to ~ sb with sthg** proporcionar algo a alguien.
furnished ['fɜːnɪʃt] *adj* amueblado(da).
furnishings ['fɜːnɪʃɪŋz] *npl* **- 1.** [furniture] mobiliario *m*. **- 2.** *Am* [clothes] ropa *f*, prendas *fpl* de vestir; [accessories] complementos *mpl*.
furniture ['fɜːnɪtʃə'] ◇ *n* (U) **- 1.** [for house] muebles *mpl*, mobiliario *m*; **a piece of ~** un mueble ❑ **part of the ~** *inf fig* como de la familia. **- 2.** [accessories] accesorios *mpl*, aditamentos *mpl*. ◇ *comp* [store] de muebles.

furniture polish *n* cera *f* para muebles.

furniture van *n* camión *m* de mudanzas.

furore *Br* [fjʊ'rɔːrɪ], **furor** *Am* ['fjʊrər] *n* escándalo *m*.

furrier ['fʌrɪə'] *n* peletero *m*, -ra *f*.

furrow ['fʌrəʊ] *n* *lit & fig* surco *m*.

furrowed ['fʌrəʊd] *adj* - **1**. [field, land] arado(da). - **2**. [brow] fruncido(da), arrugado(da).

furry ['fɜːrɪ] (*compar* **furrier**, *superl* **furriest**) *adj* - **1**. [animal] peludo(da). - **2**. [tongue] sarroso(sa); [kettle, pipe] lleno(na) de sarro, sarroso(sa).

further ['fɜːðə'] ◇ *compar* → **far**. ◇ *adv* - **1**. [in distance] más lejos; **how much ~ is it?** ¿cuánto queda (de camino)?; **nothing could be ~ from the truth** nada más lejos de la verdad ❑ **~ on** más adelante. - **2**. [to a more advanced point]: **they decided not to take the matter any ~** decidieron no seguir adelante con el asunto; **I would go even ~ and say he's a genius** yo iría todavía más lejos y diría que es un genio ❑ **this mustn't go any ~** esto debe quedar entre nosotros. - **3**. [in degree, extent, time] más; **~ on/ back** más adelante/atrás. - **4**. [in addition] además. ◇ *adj* otro(tra); **until ~ notice** hasta nuevo aviso. ◇ *vt* promover, fomentar.

◆ **further to** *prep fml* con relación a.

furtherance ['fɜːðərəns] *n fml*: **in ~ of their policy** para favorecer su política.

further education *n* *Br* estudios postescolares no universitarios.

furthermore [,fɜːðə'mɔː'] *adv* es más.

furthermost ['fɜːðəməʊst] *adj* más lejano (más lejana).

furthest ['fɜːðɪst] ◇ *superl* → **far**. ◇ *adj* - **1**. [in distance] más lejano (más lejana). - **2**. [in degree, extent] extremo(ma). ◇ *adv* - **1**. [in distance] más lejos. - **2**. [to greatest degree, extent] más.

furtive ['fɜːtɪv] *adj* furtivo(va).

furtively ['fɜːtɪvlɪ] *adv* furtivamente.

fury ['fjʊərɪ] (*pl* **furies**) *n* furia *f*; **in a ~** furioso(sa).

◆ **Furies** *npl* MYTH: **the Furies** las (tres) Furias.

furze [fɜːz] *n* (*U*) aliaga *f*, aulaga *f*.

fuse *esp Br*, **fuze** *Am* [fjuːz] ◇ *n* - **1**. ELEC fusible *m*; **to blow a ~** *fig* enfurecerse, encolerizarse; **to have a short ~** *fig* tener malas pulgas. - **2**. [of bomb, firework - string] mecha *f*; [- device] espoleta *f*. ◇ *vt* fundir. ◇ *vi* - **1**. [gen & ELEC] fundirse. - **2**. [companies] fusionarse.

fuse-box *n* caja *f* de fusibles.

fused [fjuːzd] *adj* [fitted with a fuse] con fusible.

fuselage ['fjuːzəlɑːʒ] *n* fuselaje *m*.

fuse wire *n* alambre *m* de fusibles.

fusible ['fjuːzəbl] *adj* fusible.

fusilier [,fjuːzə'lɪə'] *n* fusilero *m*.

fusillade [,fjuːzə'leɪd] *n* descarga *f* de fusilería.

fusion ['fjuːʒn] *n* fusión *f*.

fusion bomb *n* bomba *f* termonuclear.

fusion reactor *n* reactor *m* nuclear (de fusión).

fuss [fʌs] ◇ *n* - **1**. [excitement, anxiety] jaleo *m*, alboroto *m*; **to make a ~** armar un escándalo. - **2**. (*U*) [complaints] protestas *fpl*. - **3**. *phr*: **to make a ~ of sb** *Br* hacer fiestas a alguien. ◇ *vi* apurarse, angustiarse.

◆ **fuss over** *vt fus* deshacerse por, mimar.

fussbudget *n* *Am* = **fusspot**.

fussily ['fʌsɪlɪ] *adv* - **1**. [fastidiously] de un modo quisquilloso; [nervously] con agitación. - **2**. [over-ornately] de un modo recargado.

fussiness ['fʌsɪnɪs] *n* - **1**. [fastidiousness] carácter *m* quisquilloso. - **2**. [ornateness] recargamiento *m*.

fusspot ['fʌspɒt], **fussbudget** *Am* ['fʌs,bʌdʒət] *n* *inf* tiquismiquis *mf inv*, quisquilloso *m*, -sa *f*.

fussy ['fʌsɪ] (*compar* **fussier**, *superl* **fussiest**) *adj* - **1**. [fastidious] delicado(da), quisquilloso(sa). - **2**. [overdecorated] recargado(da), aparatoso(sa).

fustian ['fʌstɪən] *n* - **1**. [fabric] fustán *m*. - **2**. *fig & literary* [bombast] grandilocuencia *f*, prosopopeya *f*.

fusty ['fʌstɪ] (*compar* **fustier**, *superl* **fustiest**) *adj* - **1**. [not fresh] con olor a cerrado. - **2**. [old-fashioned] anticuado(da), rancio(cia).

futile [*Br* 'fjuːtaɪl, *Am* 'fuːtl] *adj* inútil, vano(na).

futility [fjuː'tɪlətɪ] *n* inutilidad *f*.

futon ['fuːtɒn] *n* futón *m*.

future ['fjuːtʃə'] ◇ *n* - **1**. [gen] futuro *m*; **the house/car of the ~** la casa/el coche del futuro; **in ~** de ahora en adelante; **in the ~** en el futuro; **in the near ~** dentro de poco, en fecha próxima; **there's no ~ in it** no tiene ningún futuro. - **2**. GRAMM: **~ (tense)** futuro *m*. ◇ *adj* futuro(ra); **for ~ reference** para el futuro.

◆ **futures** *npl* COMM futuros *mpl*.

future perfect *n* futuro *m* perfecto OR anterior.

future shock *n* temor *m* ante el futuro OR progreso.

futurism ['fjuːtʃərɪzm] *n* futurismo *m*.

futurist ['fjuːtʃərɪst] *n* futurista *mf*.

futuristic [,fjuːtʃə'rɪstɪk] *adj* futurista.

futurity [fjuː'tjʊərətɪ] *n* futuridad *f*.

futurology [,fjuːtʃə'rɒlədʒɪ] *n* futurología *f*.

fuze *n*, *vt & vi Am* = **fuse**.

fuzz [fʌz] *n* - **1**. [hair] vello *m*. - **2**. *inf* [police]: **the ~** la poli.

fuzzy ['fʌzɪ] (*compar* **fuzzier**, *superl* **fuzziest**) *adj* - **1**. [hair] rizado(da), ensortijado(da). - **2**. [photo, image] borroso(sa). - **3**. [thoughts, mind] confuso(sa).

fwd. *written abbr of* **forward**.

f-word *n*: **the ~** forma eufemística utilizada para referirse a la palabra 'fuck'.

fwy *written abbr of* **freeway**.

FY *n abbr of* **fiscal year**.

FYI *written abbr of* **for your information**.

G

g¹ (*pl* **g's** OR **gs**), **G** (*pl* **G's** OR **Gs**) [dʒiː] *n* [letter] g *f*, G *f*.
◆ **G** *n* - **1.** MUS sol *m*. - **2.** (*written abbr of* **good**) B. - **3.** Am CINEMA (*written abbr of* **general (audience)**) *para todos los públicos*.

g² *n* - **1.** (*written abbr of* **gram**) g. *m*. - **2.** (*written abbr of* **gravity**) g *f*.

GA *written abbr of* **Georgia**.

gab [gæb] (*pt & pp* **gabbed**, *cont* **gabbing**) *inf* ◇ *n* (U) [chatter] parloteo *m*, palique *m*. ◇ *vi* parlotear, picotear.

gabardine [ˌgæbəˈdiːn] *n* [fabric coat] gabardina *f*.

gabble [ˈgæbl] ◇ *vt & vi* farfullar, balbucir. ◇ *n* farfulleo *m*.

gabbler [ˈgæblə'] *n* charlatán *m*, -ana *f*.

gabby [ˈgæbɪ] (*compar* **gabbier**, *superl* **gabbiest**) *adj inf* parlanchín(ina).

gaberdine [ˌgæbəˈdiːn] *n* = **gabardine**.

gable [ˈgeɪbl] *n* aguilón *m*.

gabled [ˈgeɪbld] *adj* [house, wall] conhastial OR aguilón; [roof] a dos aguas; [arch] con gablete.

gable-end *n* hastial *m*, aguilón *m*.

gable roof *n* tejado *m* a dos aguas.

Gabon [gæˈbɒn] *n* (el) Gabón.

Gabonese [ˌgæbʊˈniːz] ◇ *adj* gabonés(esa). ◇ *n* gabonés *m*, -esa *f*. ◇ *npl*: **the** ~ los gaboneses.

gad [gæd] (*pt & pp* **gadded**, *cont* **gadding**) ◆ **gad about** *vi inf* ir de parranda, parrandear.

gadabout [ˈgædəbaut] *n Br inf* parrandero *m*, -ra *f*, trotacalles *mf*.

gadfly [ˈgædflaɪ] (*pl* **gadflies**) *n* tábano *m*, moscardón *m*.

gadget [ˈgædʒɪt] *n* artilugio *m*, chisme *m*.

gadgetry [ˈgædʒɪtrɪ] *n* (U) artilugios *mpl*.

gadolinium [ˌgædəˈlɪnɪəm] *n* gadolinio *m*.

Gael [geɪl] *n*: **the** ~**s** pueblos de habla gaélica.

Gaelic [ˈgeɪlɪk] ◇ *adj* gaélico(ca). ◇ *n* [language] gaélico *m*.

gaff [gæf] *n* - **1.** [fishhook] garfio *m*, gancho *m*. - **2.** NAUT [spar] pico *m* de cangreja, cangrejo *m*. - **3.** *phr*: **to blow the** ~ *inf* descubrir el pastel.

gaffe [gæf] *n* metedura *f* de pata, patinazo *m*.

gaffer [ˈgæfə'] *n Br inf* - **1.** [boss] mandamás *m*. - **2.** [old man] viejo *m*.

gag [gæg] (*pt & pp* **gagged**, *cont* **gagging**) ◇ *n* - **1.** [for mouth] mordaza *f*. - **2.** *inf* [joke] chiste *m*. ◇ *vt* amordazar. ◇ *vi* [retch] tener arcadas.

gaga [ˈgɑːgɑː] *adj inf* - **1.** [senile] chocho(cha). - **2.** [crazy] majara.

gage *n & vt Am* = **gauge**.

gaggle [ˈgægl] *n* [of geese] bandada *f*; [of people] grupo *m*.

gaiety [ˈgeɪətɪ] *n* alegría *f*, regocijo *m*.

gaily [ˈgeɪlɪ] *adv* alegremente.

gain [geɪn] ◇ *n* - **1.** [profit] beneficio *m*, ganancia *f*. - **2.** [improvement] mejora *f*. - **3.** [increase] aumento *m*. - **4.** ELECTRON ganancia *f*, amplificación *f*. ◇ *vt* - **1.** [gen] ganar. - **2.** [subj: watch, clock] adelantar. ◇ *vi* - **1.** [advance]: **to** ~ **in** sthg ganar algo. - **2.** [benefit]: **to** ~ **(from** OR **by)** beneficiarse (de). - **3.** [watch, clock] adelantarse.
◆ **gain on** *vt fus* ganar terreno a, adelantar.

gainful [ˈgeɪnfʊl] *adj fml*: ~ **employment** trabajo *m* remunerado.

gainfully [ˈgeɪnfʊlɪ] *adv fml* provechosamente.

gainsay [geɪnˈseɪ] (*pt & pp* **gainsaid** [-ˈsed]) *vt fml* negar, contradecir.

gainst [geɪnst], **'gainst** [genst] *prep literary* = **against**.

gait [geɪt] *n* andares *mpl*.

gaiters [ˈgeɪtəz] *npl* polainas *fpl*.

gal [gæl] *n inf* [girl] muchacha *f*, chica *f*.

gal. *written abbr of* **gallon**.

gala [ˈgɑːlə] ◇ *n* - **1.** [celebration] fiesta *f*, celebración *f*. - **2.** *Br* [sporting event] concurso *m*, competición *f* deportiva. ◇ *comp* de gala.

galactic [gəˈlæktɪk] *adj* galáctico(ca).

Galapagos Islands [gəˈlæpəgəs-] *npl*: **the** ~ las islas Galápagos.

galaxy [ˈgæləksɪ] (*pl* **galaxies**) *n* galaxia *f*.

gale [geɪl] *n* - **1.** [wind] vendaval *m*; **force 9** ~ viento *m* de fuerza 9. - **2.** [outburst] explosión *f*. ◇ *comp*: ~ **warning** aviso *m* de temporal OR de tormenta.

gale force *n* viento *m* de fuerza 7 a 10.
◆ **gale-force** *adj*: **gale-force winds** temporal *m*.

Galicia [gəˈlɪʃɪə] *n* [in Spain] Galicia *f*.

Galician [gəˈlɪʃɪən] ◇ *adj* gallego(ga). ◇ *n* - **1.** [person] gallego *m*, -ga *f*. - **2.** [language] gallego *m*.

Galilean [ˌgælɪˈliːən] ◇ *adj* galileo(a). ◇ *n* galileo *m*, -a *f*.

Galilee [ˈgælɪliː] *n* Galilea; **the Sea of** ~ el lago Tiberíades.

gall [gɔːl] ◇ *n* - **1.** [nerve]: **to have the** ~ **to do** sthg tener el descaro de hacer algo. - **2.** PHYSIOL bilis *f inv*, hiel *f*. - **3.** [bitterness] amargura *f*, rencor *m*. - **4.** MED & VETER matadura *f*, rozadura *f*. - **5.** BOT agalla *f*. ◇ *vt* soliviantar, indignar.

gall. *written abbr of* **gallon**.

gallant [*adj sense 1* ˈgælənt, *adj sense 2* gəˈlænt, ˈgælənt, ˈgælənt] ◇ *adj* - **1.** [courageous] valiente, valeroso(sa). - **2.** [polite to women] galante. ◇ *n literary* galán *m*.

gallantly [ˈgæləntlɪ] *adv* - **1.** [bravely] valientemente. - **2.** [chivalrously] galantemente.

gallantry [ˈgæləntrɪ] *n* - **1.** [courage] valentía *f*, heroísmo *m*. - **2.** [politeness to women] galantería *f*.

gall bladder *n* vesícula *f* biliar.

galleon [ˈgælɪən] *n* galeón *m*.

galleria [ˌgæləˈrɪə] *n* galería *f* (en centro comercial).

gallery [ˈgælərɪ] (*pl* **galleries**) *n* - **1.** [for art] galería *f*. - **2.** [in courtroom, parliament] tribuna *f*. - **3.** [in theatre] gallinero *m*, paraíso *m*; **to play to the** ~ *fig* actuar para la galería, complacer al vulgo.

galley [ˈgælɪ] (*pl* **galleys**) *n* - **1.** [ship] galera *f*. - **2.** [kitchen] cocina *f*. - **3.** TYPO: ~ **(proof)** galerada *f*.

galley slave *n* [slave] galeote *m*; *fig* [drudge] esclavo *m*, -va *f*.

Gallic [ˈgælɪk] *adj* galo(la).

gallicism [ˈgælɪsɪzm] *n* galicismo *m*.

gallicize, -ise [ˈgælɪsaɪz] *vt* afrancesar.

gallinaceous [ˌgælɪˈneɪʃəs] *adj* gallináceo(a).

galling [ˈgɔːlɪŋ] *adj* indignante.

gallium ['gælɪəm] *n* galio *m*.

gallivant [gælɪ'vænt] *vi inf* ir de parranda, parrandear.

gallon ['gælən] *n* = 4,546 *litros*, galón *m*.

gallop ['gæləp] ◇ *n* galope *m*; **at a ~** al galope. ◇ *vi lit & fig* galopar. ◇ *vt* hacer galopar.
♦ **gallop through** *vt fus* hacer a toda prisa.

galloping ['gæləpɪŋ] *adj* [soaring] galopante.

Gallo-Roman [gæləʊ'rəʊmən] ◇ *adj* galorromano(na). ◇ *n* LING galorrománico *m*.

gallows ['gæləʊz] (*pl inv*) *n* horca *f*, patíbulo *m*.

gallows bird *n inf* carne *f* de horca.

gallows humour *n Br* humor *m* negro.

gallows tree *n* = **gallows**.

gallstone ['gɔːlstəʊn] *n* cálculo *m* biliar.

Gallup poll ['gæləp-] *n Br* sondeo *m* de opinión.

galop ['gæləp] *n* MUS galop *m*, galopa *f*.

galore [gə'lɔːʳ] *adj* en abundancia, a troche y moche.

galoshes [gə'lɒʃɪz] *npl* chanclos *mpl*.

galvanic [gæl'vænɪk] *adj* - **1.** ELEC galvánico(ca). - **2.** [convulsive] convulsivo(va). - **3.** [stimulating] estimulante.

galvanism ['gælvənɪzm] *n* galvanismo *m*.

galvanize, -ise ['gælvənaɪz] *vt* - **1.** TECH galvanizar. - **2.** [impel]: **to ~ sb into action** impulsar a alguien a la acción.

galvanized iron ['gælvənaɪzd-] *n* hierro *m* galvanizado.

galvanometer [gælvə'nɒmɪtəʳ] *n* galvanómetro *m*.

Gambia ['gæmbɪə] *n*: **(the) ~** Gambia.

Gambian ['gæmbɪən] ◇ *adj* gambiano(na). ◇ *n* gambiano *m*, -na *f*.

gambit ['gæmbɪt] *n* táctica *f*.

gamble ['gæmbl] ◇ *n* [calculated risk] riesgo *m*, empresa *f* arriesgada; **to take a ~** arriesgarse. ◇ *vi* - **1.** [bet] jugar; **to ~ on** [race etc] apostar a; [stock exchange] jugar a. - **2.** [take risk]: **to ~ on** contar de antemano con que.

gambler ['gæmbləʳ] *n* jugador *m*, -ra *f*.

gambling ['gæmblɪŋ] *n (U)* juego *m*.

gambling house *n* casa *f* de juego.

gambol ['gæmbl] (*Br pt & pp* **gambolled**, *cont* **gambolling**, *Am pt & pp* **gamboled**, *cont* **gamboling**) ◇ *vi* triscar, retozar. ◇ *n* brinco *m*, cabriola *f*.

gambrel ['gæmbrəl] *n* - **1.** [hock] corvejón *m*. - **2.** [butcher's hook] garabato *m*.

gambrel roof *n* tejado *m* a la holandesa (*de ángulo obtuso*).

game [geɪm] ◇ *n* - **1.** [gen] juego *m*; **~ of chance** juego *m* de azar. - **2.** [of football, rugby etc] partido *m*; [of snooker, chess, cards] partida *f*; TENNIS juego *m*; **~, set and match** juego, set y partido; **to have a ~ of...** echar un partido/una partida de... - **3.** [hunted animals] caza *f*. - **4.** *inf* [work] curro *m*, curre *m*. - **5.** *phr*: **to beat sb at their own ~** ganar a alguien la partida en su propio terreno; **to be on the ~** *Br v inf* hacer la calle; **the ~ is not worth the candle** la cosa no vale la pena; **the ~'s up** se acabó el juego; **to give the ~ away** dejar ver or enseñar las cartas; **to play ~s** andar con trucos; **to play sb's ~** hacer el juego a alguien; **to play the ~** jugar limpio; **two can play at that ~**! ¡ya las pagarás!, ¡donde las dan las toman! *proverb*; **what's your ~?** *inf* ¿a qué juegas?, ¿de qué vas? ◇ *adj* - **1.** [brave] valiente. - **2.** [willing]: **~ (for sthg/to do sthg)** dispuesto(ta) (a algo/a hacer algo); **I'm ~** yo me apunto.
♦ **games** ◇ *n (U)* [at school] deportes *mpl*. ◇ *npl* [sporting contest] juegos *mpl*.

game bird *n* ave *f* de caza.

gamecock ['geɪmkɒk] *n* gallo *m* de pelea.

game fish *n* pez *m* que se pesca por deporte.

game-fishing *n* pesca *f* deportiva.

game fowl *n* = **game bird**.

gamekeeper ['geɪmˌkiːpəʳ] *n* guarda *m* de caza.

gamely ['geɪmlɪ] *adv* - **1.** [bravely] con determinación. - **2.** [willingly] de buena gana.

game park *n* [in Africa] reserva *f* de animales, parque *m* natural.

game pie *n* pastel *m* de carne (de caza).

game plan *n* plan *m* OR estrategia *f* de juego.

game point *n* punto *m* de juego.

game reserve *n* coto *m* de caza.

games field *n* campo *m* de deportes OR deportivo.

game show *n* competición *f* deportiva.

gamesmanship ['geɪmzmənʃɪp] *n* falta *f* de deportividad.

gamete ['gæmiːt] *n* gameto *m*.

game theory *n* teoría *f* de juegos.

gametogenesis [gæmɪtəʊ'dʒenɪsɪs], **gametogeny** [gæmɪ'tɒdʒɪnɪ] *n* gametogénesis *f inv*, gametogenia *f*.

game warden *n* - **1.** [gamekeeper] guarda *m* de caza. - **2.** [in safari park] guarda *m* de un parque natural.

gamey ['geɪmɪ] (*compar* **gamier**, *superl* **gamiest**) *adj* = **gamy**.

gamine ['gæmiːn] *Br* ◇ *n* [impish girl] golfilla *f*; [tomboy] marimacho *f*. ◇ *adj* travieso(sa).

gaming ['geɪmɪŋ] *n (U) fml* juego *m*.

gaming laws *npl* ley *f* del juego.

gaming table *n* mesa *f* de juego.

gamma ['gæmə] *n* gamma *f*.

gamma globulin *n* gamma globulina *f*, globulina *f* gamma.

gamma rays *npl* rayos *mpl* gamma.

gammon ['gæmən] *n Br* [cut] jamón *m*; [meat] jamón *m* ahumado.

gammon steak *n Br* loncha *f* de jamón ahumado.

gammy ['gæmɪ] (*compar* **gammier**, *superl* **gammiest**) *adj Br inf* fastidiado(da); **to have a ~ leg** cojear.

gamogenesis [gæməʊ'dʒenɪsɪs] *n* gamogénesis *f inv*.

gamut ['gæmət] *n* gama *f*; **to run the ~ of sthg** recorrer toda la gama de algo.

gamy ['geɪmɪ] (*compar* **gamier**, *superl* **gamiest**) *adj* [meat] manido(da); [smell] fuerte.

gander ['gændəʳ] *n* - **1.** [male goose] ganso *m* (macho). - **2.** *Br inf* [look]: **to have** OR **to take a ~ at sthg** echar una ojeada a algo.

gang [gæŋ] *n* - **1.** [of criminals] banda *f*. - **2.** [of young people] pandilla *f*. - **3.** [of workmen] cuadrilla *f*, brigada *f*.
♦ **gang up** *vi inf*: **to ~ up (on sb)** confabularse (contra alguien).

gang-bang ['gæŋˌbæŋ] *n* violación de una mujer por parte de un grupo de individuos.

gangbuster ['gæŋˌbʌstəʳ] *n Am inf* funcionario que combate el crimen organizado.

ganger ['gæŋəʳ] *n Br* [foreman] capataz *m*.

Ganges ['gændʒiːz] *n*: **the (River) ~** el (río) Ganges.

gangland ['gæŋlænd] *n (U)* bajos fondos *mpl*, mundo *m* del hampa.

ganglia ['gæŋglɪə] *pl* → **ganglion**.

gangling ['gæŋglɪŋ] *adj* larguirucho(cha), desgarbado(da).

ganglion ['gæŋglɪən] (*pl* **ganglia** [-glɪə]) *n* ganglio *m*.

gangly ['gæŋglɪ] (*compar* **ganglier**, *superl* **gangliest**) *adj* = **gangling**.

gangplank ['gæŋplæŋk] *n* pasarela *f*, plancha *f*.

gangrene ['gæŋgriːn] ◇ *n* gangrena *f*. ◇ *vi* gangrenarse.

gangrenous ['gæŋgrɪnəs] *adj* gangrenoso(sa).

gang show *n* espectáculo de variedades organizado por niños exploradores.

gangster ['gæŋstəʳ] *n* gángster *m*.

gangue [gæŋ] *n* MIN ganga *f*.

gangway ['gæŋweɪ] ◇ *n* - **1.** *Br* [aisle] pasillo *m*. - **2.** = **gangplank**. - **3.** [passage] pasamano *m*, crujía *f*. ◇ *excl inf* ¡paso!

gannet ['gænɪt] (*pl inv* OR **gannets**) *n* [bird] alcatraz *m*.

gantry ['gæntrɪ] (*pl* **gantries**) *n* [for crane] pórtico *m*; **(launching)** ~ ASTRON torre *f* de lanzamiento; **(signal)** ~ RAIL puente *m* transversal de señales.

Ganymede ['gænɪmiːd] *n* MYTH Ganimedes *m*.

GAO (*abbr of* **General Accounting Office**) *n* oficina estadounidense de contabilidad.

gaol [dʒeɪl] *n æ vt Br* = **jail**.

gap [gæp] *n* - **1.** [empty space] hueco *m*; [in traffic, trees, clouds] claro *m*; [in text] espacio *m* en blanco; **to fill a** ~ *fig* compensar una deficiencia. - **2.** [interval] intervalo *m*. - **3.** *fig* [in knowledge, report] laguna *f*. - **4.** *fig* [great difference] desfase *m*; **to bridge the** ~ salvar las diferencias.

gape [geɪp] ◇ *vi* - **1.** [person] mirar boquiabierto(ta). - **2.** [hole, wound] estar muy abierto (muy abierta). ◇ *n* [stare] mirada *f* atónita.

gaping ['geɪpɪŋ] *adj* - **1.** [open-mouthed] boquiabierto(ta). - **2.** [wide-open] abierto(ta).

gappy ['gæpɪ] (*compar* **gappier**, *superl* **gappiest**) *adj* - **1.** [account, knowledge] con muchas lagunas. - **2.** [with spaces]: ~ **teeth** dientes *mpl* separados.

gap-toothed *adj* [with spaces between teeth] con los dientes separados; [with missing teeth] con dientes de menos.

gar [gɑːʳ] *n* sollo *m*, pez *m* agua.

garage [*n Br* 'gærɑːʒ, 'gærɪdʒ, *Am* gəˈrɑːʒ, *vb Br* 'gærɑːʒ, *Am* gəˈrɑːʒ] ◇ *n* - **1.** [for keeping car] garaje *m*. - **2.** *Br* [for fuel] gasolinera *f*. - **3.** [for car repair] taller *m*. - **4.** *Br* [for selling cars] concesionario *m* de automóviles. ◇ *vt* dejar en un garaje.

garage sale *n* venta de objetos usados expuestos en el garaje y el jardín de la casa.

garb [gɑːb] *n fml* atuendo *m*.

garbage ['gɑːbɪdʒ, *n esp Am* (U)] - **1.** [refuse] basura *f*. - **2.** *inf* [nonsense] chorradas *fpl*, tonterías *fpl*; ~ **in**, ~ **out** COMPUT falsa entrada, falsa salida.

garbage can *n Am* cubo *m* de la basura.

garbage chute *n Am* colector *m* de basuras.

garbage collector *n Am* basurero *m*, -ra *f*.

garbage disposal unit *n Am* triturador *m* de basuras.

garbage dump *n Am* vertedero *m*.

garbage man *n Am* = **garbage collector**.

garbage truck *n Am* camión *m* de la basura.

garble ['gɑːbl] *vt* - **1.** [distort] desvirtuar. - **2.** [scramble] mezclar.

garbled ['gɑːbld] *adj* confuso(sa).

garda ['gɑːdə] (*pl* **gardai** [-diː]) *n* policía *mf* (en la República de Irlanda).

garden ['gɑːdn] ◇ *n* [with flowers] jardín *m*; [with vegetables] huerto *m*, huerta *f*; **everything in the** ~ **is rosy** OR **lovely** *fig* todo es de color de rosa. ◇ *comp* de jardín; ~ **path** sendero *m* (en un jardín); ~ **plot** jardín *m*; ~ **produce** productos *mpl* de la huerta; ~ **shears** tijeras *fpl* de podar; ~ **shed** cobertizo *m* del jardín; ~ **wall** muro *m* del jardín ☐ **to lead sb down the** ~ **path** *fig* engañar a alguien. ◇ *vi* trabajar en el jardín.
◆ **gardens** *npl* jardines *mpl*.

garden centre *n* centro *m* de jardinería.

garden city *n Br* ciudad *f* jardín.

gardener ['gɑːdnəʳ] *n* jardinero *m*, -ra *f*.

garden flat *n* piso *m* en planta baja con jardín.

garden gnome *n* estatua pequeña que representa a un duende y sirve de adorno en los jardines.

gardenia [gɑːˈdiːnjə] *n* gardenia *f*.

gardening ['gɑːdnɪŋ] ◇ *n* jardinería *f*. ◇ *comp* de jardinería.

garden party *n* recepción *f* al aire libre.

garden suburb *n* barrio con numerosas zonas verdes y espacios abiertos.

garden-variety *adj Am* ordinario(ria), común.

gargantuan [gɑːˈgæntjʊən] *adj* pantagruélico(ca).

gargle ['gɑːgl] ◇ *vi* hacer gárgaras. ◇ *n* gargarismo *m*.

gargoyle ['gɑːgɔɪl] *n* gárgola *f*.

garibaldi [gærɪˈbɔːldɪ] *n Br* galleta con pasas.

garish ['geərɪʃ] *adj* chillón(ona), llamativo(va).

garishly ['geərɪʃlɪ] *adv*: ~ **dressed** vestido(da) de un modo llamativo OR chillón.

garishness ['geərɪʃnɪs] *n* aspecto *m* llamativo.

garland ['gɑːlənd] ◇ *n* - **1.** [of flowers] guirnalda *f*. - **2.** LITER [of poems] antología *f*. ◇ *vt* enguirnaldar.

garlic ['gɑːlɪk] *n* ajo *m*.

garlic bread *n* pan *m* de ajo.

garlic butter *n* mantequilla *f* de ajo.

garlicky ['gɑːlɪkɪ] *adj inf* [food] con mucho ajo; [breath] con olor a ajo.

garlic press *n* trituradora *f* de ajos.

garlic salt *n* sal *f* de ajo.

garlic sausage *n* salchicha *f* de ajo.

garment ['gɑːmənt] *n* prenda *f* (de vestir).

garner ['gɑːnəʳ] *vt fml* hacer acopio de.

garnet ['gɑːnɪt] *n* granate *m*.

garnish ['gɑːnɪʃ] ◇ *n* guarnición *f*. ◇ *vt* - **1.** CULIN guarnecer. - **2.** [decorate] adornar.

garnishing ['gɑːnɪʃɪŋ] *n* CULIN guarnición *f*; *fig* adorno *m*.

garnishment ['gɑːnɪʃmənt] *n* JUR [attachment] embargo *m*; [injunction] entredicho *m*.

garret ['gærət] *n* desván *m*, buhardilla *f*.

garrison ['gærɪsn] ◇ *n* guarnición *f*. ◇ *vt* - **1.** [town] guarnecer, proteger. - **2.** [troops] poner en guarnición.

garrison troops *npl* guarnición *f* (militar).

garrot(t)e [gəˈrɒt] ◇ *n* garrote *m*. ◇ *vt* agarrotar.

garrulous ['gærələs] *adj* parlanchín(ina), gárrulo(la).

garter ['gɑːtəʳ] *n* - **1.** [band round leg] liga *f*; **Knight of the Garter** Caballero *m* de la Orden de la Jarretera. - **2.** *Am* [suspender] liga *f*.

garter belt *n Am* portaligas *m inv*, liguero *m*.

gas [gæs] (*pl* **gases** OR **gasses**, *pt æ pp* **gassed**, *cont* **gassing**) ◇ *n* - **1.** CHEM gas *m*; [as anaesthetic] gas *m* anestésico. - **2.** *Am* [petrol] gasolina *f*; **to step on the** ~ *inf* pisar OR apretar el acelerador. - **3.** *inf* [amusement]: **the party was a real** ~ la fiesta fue la monda, nos lo pasamos pipa en la fiesta. - **4.** *Br inf* [chatter] cháchara *f*, palique *m*. ◇ *vt* asfixiar con gas. ◇ *vi* - **1.** *inf* [chatter] chacharear. - **2.** CHEM desprender OR despedir gas.
◆ **gas up** *vi Am inf* llenar el depósito.

gasbag ['gæsbæg] *n Br inf pej* parlanchín *m*, -ina *f*, charlatán *m*, -ana *f*.

gas bracket *n* aplique *m* de gas (*lámpara*).

gas burner *n* quemador *m* de gas.

gas chamber *n* cámara *f* de gas.

Gascon ['gæskən] ◇ *adj* gascón(ona). ◇ *n* gascón *m*, -ona *f*.

Gascony ['gæskənɪ] *n* Gascuña.

gas cooker *n Br* cocina *f* de gas.

gas cylinder *n* bombona *f* de gas.

gaseous ['gæsjəs] *adj* gaseoso(sa).

gas fire *n Br* estufa *f* de gas.

gas-fired *adj Br*: ~ **central heating** calefacción *f* central de gas.

gas fitter *n* técnico *m*, -ca *f* (de la compañía de gas).

gas gauge *n Am* indicador *m* del nivel de gasolina.

gash [gæʃ] ◇ *n* raja *f*, corte *m*. ◇ *vt* rajar, cortar.

gas heater *n* [radiator] radiador *m* de gas; [for water] calentador *m* de gas.

gasification [gæsɪfɪˈkeɪʃn] *n* gasificación *f*.

gasify ['gæsɪfaɪ] (*pt æ pp* **gasified**) ◇ *vt* gasificar. ◇ *vi* gasificarse.

gas jet *n* = **gas burner**.

gasket ['gæskɪt] *n* junta *f*.

gaslight ['gæslaɪt] *n* - **1.** [lamp] lámpara *f* de gas. - **2.** [lighting] luz *f* OR alumbrado *m* de gas.

gas lighter *n* [for cooker] encendedor *m*; [for cigarettes] mechero *m* (de gas).

gaslit ['gæslɪt] *adj* iluminado(da) con lámparas de gas.

gas main *n* tubería *f* principal de gas.

gasman ['gæsmæn] (*pl* **gasmen** [-men]) *n* hombre *m* del gas.

gas mantle *n* manguito *m* de incandescencia, camisa *f*.

gas mask *n* máscara *f* antigás.

gasmen ['gæsmen] *pl* → **gasman**.

gas meter *n* contador *m* del gas.

gas oil *n* gasoil *m*, gasóleo *m*.

gasoline ['gæsəli:n] *n* Am gasolina *f*.

gasometer [gæ'sɒmɪtə[r]] *n* gasómetro *m*.

gas oven *n* **- 1.** [for cooking] horno *m* de gas. **- 2.** = **gas chamber**.

gasp [gɑ:sp] ◇ *n* **- 1.** [when out of breath] resuello *m*, jadeo *m*. **- 2.** [of shock, surprise] grito *m* ahogado. ◇ *vi* **- 1.** [breathe quickly] resollar, jadear; **to ~ for breath** hacer esfuerzos para respirar. **- 2.** [in shock, surprise] ahogar un grito. ◇ *vt* decir con el aliento entrecortado.

gas pedal *n* Am acelerador *m*.

gasping ['gɑ:spɪŋ] *adj Br inf*: **to be ~ (for a drink)** estar muerto(ta) de sed.

gas pipe *n* tubería *f* de gas.

gas ring *n* [part of cooker] quemador *m*; [small cooker] hornillo *m* de gas.

gas station *n* Am gasolinera *f*, grifo *m* Amér.

gas stove *n* = **gas cooker**.

gassy ['gæsɪ] (*compar* **gassier**, *superl* **gassiest**) *adj pej* [drink] con mucho gas.

gas tank *n* Am depósito *m* de gasolina.

gas tap *n* llave *f* del gas.

gastric ['gæstrɪk] *adj* gástrico(ca).

gastric flu *n* (U) gripe *f* intestinal.

gastric juices *npl* jugos *mpl* gástricos.

gastric ulcer *n* úlcera *f* gástrica.

gastritis [gæs'traɪtɪs] *n* gastritis *f inv*.

gastroenteritis ['gæstrəʊˌentə'raɪtɪs] *n* (U) gastroenteritis *f inv*.

gastroenterology [gæstrəʊˌentə'rɒlədʒɪ] *n* gastroenterología *f*.

gastrointestinal [gæstrəʊɪn'testɪnl] *adj* gastrointestinal.

gastrology [gæs'trɒlədʒɪ] *n* gastrología *f*.

gastronome ['gæstrənəʊm] *n* gastrónomo *m*, -ma *f*.

gastronomic [gæstrə'nɒmɪk] *adj* gastronómico(ca).

gastronomy [gæs'trɒnəmɪ] *n* gastronomía *f*.

gastropod ['gæstrəpɒd] *n* gasterópodo *m*, gastrópodo *m*.

gasworks ['gæswɜːks] (*pl inv*) *n* fábrica *f* de gas.

gat [gæt] *n* canal *m*.

gate [geɪt] *n* **- 1.** [gen] puerta *f*; [metal] verja *f*; **to give sb the ~** Am inf fig poner a alguien de patitas en la calle. **- 2.** SPORT [takings] taquilla *f*; [attendance] entrada *f*.

gâteau ['gætəʊ] (*pl* **gâteaux** [-təʊz]) *n Br* tarta *f*.

gatecrash ['geɪtkræʃ] *inf* ◇ *vt* colarse de gorra en. ◇ *vi* colarse de gorra.

gatecrasher ['geɪtkræʃə[r]] *n inf* intruso *m*, -sa *f*.

gatefold ['geɪtfəʊld] *n* lámina *f* desplegable.

gatehouse ['geɪthaʊs, *pl* -haʊzɪz] *n* casa *f* del guarda.

gatekeeper ['geɪtˌki:pə[r]] *n* guarda *mf*.

gate-leg table *n* mesa *f* abatible OR plegable (de hojas).

gate money *n* recaudación *f*, taquilla *f*.

gatepost ['geɪtpəʊst] *n* poste *m*; **between you and me and the ~** Am inf fig que quede entre nosotros.

gateway ['geɪtweɪ] *n* **- 1.** [entrance] puerta *f*, pórtico *m*. **- 2.** [means of access]: **Leeds, ~ to the North** Leeds, ciudad de obligado paso hacia el norte.

gather ['gæðə[r]] ◇ *vt* **- 1.** [collect] recoger; [flowers] coger; **to ~ together** reunir. **- 2.** [speed, strength] ganar, cobrar. **- 3.** [understand]: **to ~ (that)** sacar en conclusión que. **- 4.** [cloth] fruncir. **- 5.** [embrace]: **to ~ sb into one's arms** estrechar a alguien entre sus brazos. ◇ *vi* [people, animals] reunirse; [clouds] acumularse.

◆ **gathers** *npl* SEWING frunces *mpl*, pliegues *mpl*.

◆ **gather round** *vi* apiñarse; **~ round!** ¡acérquense!

◆ **gather up** *vt sep* recoger.

gathering ['gæðərɪŋ] *n* **- 1.** [meeting] reunión *f*. **- 2.** [bringing together] recolección *f*.

GATT [gæt] (*abbr of* **General Agreement on Tariffs and Trade**) *n* GATT *m*.

gauche [gəʊʃ] *adj* torpe.

gaucho ['gaʊtʃəʊ] (*pl* **gauchos**) *n* gaucho *m*.

gaudily ['gɔːdɪlɪ] *adv* [dress] de un modo llamativo; [decorate] con colores chillones.

gaudy ['gɔːdɪ] (*compar* **gaudier**, *superl* **gaudiest**) *adj* chillón(ona), llamativo(va).

gauge, gage Am [geɪdʒ] ◇ *n* **- 1.** [for fuel, temperature] indicador *m*; [for width of tube, wire] calibrador *m*. **- 2.** [calibre] calibre *m*. **- 3.** RAIL ancho *m* de vía. ◇ *vt* lit & fig calibrar.

Gaul [gɔːl] *n* **- 1.** [country] la Galia. **- 2.** [person] galo *m*, -la *f*.

gaunt [gɔːnt] *adj* **- 1.** [person, face] enjuto(ta), enteco(ca). **- 2.** [building, landscape] adusto(ta).

gauntlet ['gɔːntlɪt] *n* guante *m*; **to run the ~ of sthg** fig exponerse a algo; **to take up the ~** fig recoger el guante; **to throw down the ~ (to sb)** fig arrojar el guante (a alguien).

gauss [gaʊs] (*pl inv*) *n* gauss *m*, gausio *m*.

gauze [gɔːz] *n* gasa *f*.

gavage ['gævɑːʒ] *n* alimentación *f* por sonda.

gave [geɪv] *pt* → **give**.

gavel ['gævl] *n* martillo *m*.

gavotte [gə'vɒt] *n* gavota *f*.

gawk [gɔːk] *inf* ◇ *vi* papar moscas; **to ~ at sthg/sb** mirar boquiabierto(ta) (algo/a alguien). ◇ *n* bobo *m*, -ba *f*.

gawkish ['gɔːkɪʃ] *adj* torpe.

gawky ['gɔːkɪ] (*compar* **gawkier**, *superl* **gawkiest**) *adj* desgarbado(da).

gawp [gɔːp] *vi* = **gawk**.

gay [geɪ] ◇ *adj* **- 1.** [homosexual] gay, homosexual. **- 2.** [cheerful, lively, bright] alegre. ◇ *n* gay *mf*.

Gay Liberation Movement *n*: **the ~** el Movimiento de Liberación Gay.

gayness ['geɪnɪs] *n* **- 1.** [merriment] alegría *f*. **- 2.** [brightness] vistosidad *f*.

Gaza Strip ['gɑːzə] *n*: **the ~** la franja de Gaza.

gaze [geɪz] ◇ *n* mirada *f* fija. ◇ *vi*: **to ~ (at sthg/sb)** mirar fijamente (algo/a alguien).

gazebo [gə'zi:bəʊ] (*pl* **gazebos**) *n* belvedere *m*.

gazelle [gə'zel] (*pl inv* OR **gazelles**) *n* gacela *f*.

gazette [gə'zet] *n* **- 1.** [newspaper] gaceta *f*. **- 2.** [official journal] gaceta *f*, boletín *m* oficial.

gazetteer [gæzɪ'tɪə[r]] *n* índice *m* geográfico.

gazump [gə'zʌmp] *vt Br inf*: **to ~ sb** acordar vender una casa a alguien y luego vendérsela a otro a un precio más alto.

GB (*abbr of* **Great Britain**) *n* GB.

GBH *n abbr of* **grievous bodily harm**.

GC (*abbr of* **George Cross**) *n* (titular de la) segunda condecoración británica en importancia.

GCE (*abbr of* **General Certificate of Education**) *n* **- 1.** [O level] antiguo examen final de enseñanza secundaria en Gran Bretaña para alumnos con buen rendimiento escolar. **- 2.** = **A level**.

GCH Br (*abbr of* **gas central heating**) cal. cent. por gas.

GCHQ (*abbr of* **Government Communications Headquarters**) *n* centro de recogida de información de los servicios secretos británicos.

GCSE (*abbr of* **General Certificate of Secondary Education**) *n* examen final de enseñanza secundaria en Gran Bretaña.

Gdns. written abbr of **Gardens**.

GDP (*abbr of* **gross domestic product**) *n* PIB *m*.

GDR (*abbr of* **German Democratic Republic**) *n* RDA *f*.

gear [gɪəʳ] ◇ *n* - **1.** [mechanism] engranaje *m*; [cogwheel] rueda *f* dentada. - **2.** [of car, bicycle] marcha *f*; **in** ~ con una marcha metida; **out of** ~ en punto muerto; **to put into** ~ engranar. - **3.** *(U)* [equipment, clothes] equipo *m*. - **4.** [personal belongings] efectos *mpl* personales. ◇ *vt* - **1.** [adapt]: **to** ~ **sthg to** orientar OR encaminar algo hacia; **to be** ~**ed to/towards sthg** estar dirigido OR encaminado a algo. - **2.** AUT & TECH engranar.
◆ **gear up** *vi*: **to** ~ **up for sthg/to do sthg** hacer preparativos para algo/para hacer algo.
gearbox ['gɪəbɒks] *n* caja *f* de cambios.
gear change *n* cambio *m* de marcha.
gearing ['gɪərɪŋ] *n* [assembly of gears] engranaje *m*.
gear lever, gear stick *Br*, **gear shift** *Am n* palanca *f* de cambios.
gear wheel *n* rueda *f* dentada.
gee [dʒi:] *excl Am inf* [expressing surprise, excitement]: ~ **(whiz)!** ¡caramba!, ¡jolines!
gee-gee ['dʒi:dʒi:] *n Br baby talk* caballito *m*.
geese [gi:s] *pl* → **goose**.
gee up ◇ *excl* ¡arre! ◇ *vt sep Br inf* arrear.
geezer ['gi:zəʳ] *n Br inf* tío *m*.
Geiger counter ['gaɪgəʳ] *n* contador *m* Geiger.
geisha (girl) ['geɪʃə] *n* geisha *f*.
gel [dʒel] *(pt & pp gelled, cont gelling)* ◇ *n* [for shower] gel *m*; [for hair] gomina *f*. ◇ *vi* - **1.** [thicken] aglutinarse. - **2.** [plan] cuajar; [idea, thought] tomar forma.
gelatin ['dʒelətɪn], **gelatine** [dʒelə'ti:n] *n* gelatina *f*.
gelatinous [dʒə'lætɪnəs] *adj* gelatinoso(sa).
gelation [dʒɪ'leɪʃn] *n* gelificación *f*.
geld [geld] *vt* castrar, capar.
gelding ['geldɪŋ] *n* caballo *m* castrado.
gelid ['dʒelɪd] *adj* gélido(da).
gelignite ['dʒelɪgnaɪt] *n* gelignita *f*.
gem [dʒem] *n lit & fig* joya *f*.
Gemini ['dʒemɪnaɪ] *n* Géminis *m inv*; **to be (a)** ~ ser Géminis.
gem(m)ology [dʒem'blədʒɪ] *n* gemología *f*.
gemstone ['dʒemstəʊn] *n* piedra *f* preciosa.
gen [dʒen] *(pt & pp genned, cont genning)* *Br inf n (U)* información *f*, detalles *mpl*.
◆ **gen up** *vi Br inf*: **to** ~ **up (on sthg)** informarse (sobre algo).
gen. - **1.** *(written abbr of general)* gral. - **2.** *(abbr of generally)* grlte.
Gen. *(written abbr of General)* Gral.
gendarme ['ʒɒndɑːm] *n* gendarme *m*.
gender ['dʒendəʳ] *n* género *m*.
gene [dʒi:n] *n* gene *m*, gen *m*.
genealogical [dʒi:njə'lɒdʒɪkl] *adj* genealógico(ca).
genealogical tree *n* árbol *m* genealógico.
genealogist [dʒi:nɪ'ælədʒɪst] *n* genealogista *mf*.
genealogy [dʒi:nɪ'ælədʒɪ] *(pl genealogies)* *n* genealogía *f*.
genera ['dʒenərə] *pl* → **genus**.
general ['dʒenərəl] ◇ *adj* general. ◇ *n* MIL general *m*.
◆ **in general** *adv* - **1.** [as a whole] en general. - **2.** [usually] por lo general.
general anaesthetic *n* anestesia *f* general.
general assembly *n* asamblea *f* legislativa *(en algunos estados de EE UU)*.
◆ **General Assembly** *n* [of United Nations] Asamblea *f* General.
general degree *n* UNIV licenciatura sin especialización de rango inferior a un 'honours degree'.
general delivery *n Am* lista *f* de correos.
general election *n* elecciones *fpl* generales.
general headquarters *n* cuartel *m* general.
general hospital *n* hospital *m* general.

generalist ['dʒenərəlɪst] *n* persona con amplios conocimientos en diversos campos.
generality [dʒenə'rælətɪ] *(pl generalities)* *n* generalidad *f*.
generalization [dʒenərəlaɪ'zeɪʃn] *n* generalización *f*.
generalize, -ise ['dʒenərəlaɪz] ◇ *vi*: **to** ~ **(about)** generalizar (sobre). ◇ *vt* generalizar.
general knowledge *n* cultura *f* general.
generally ['dʒenərəlɪ] *adv* en general; ~ **known** de OR por todos conocido; ~ **speaking** hablando en términos generales.
general manager *n* director *m*, -ra *f* general.
general meeting *n* asamblea *f* general.
General Post Office *n* - **1.** [in UK] antiguo servicio de correos británico. - **2.** [in US] servicio de correos estadounidense.
general practice *n* - **1.** [work] medicina *f* general. - **2.** [clinic] consulta *f*.
general practitioner *n* médico *m*, -ca *f* de cabecera.
general public *n*: **the** ~ el gran público.
general-purpose *adj* de uso general.
general store *n* tienda de pueblo en la que se venden artículos diversos.
general strike *n* huelga *f* general; **the General Strike** la huelga general en solidaridad con los mineros que tuvo lugar en Gran Bretaña en 1926.
General Studies *npl* SCH estudios de cultura general.
General Synod *n* sínodo *m* general de la Iglesia anglicana, órgano de gobierno de la Iglesia anglicana.
generate ['dʒenəreɪt] *vt* generar.
generation [dʒenə'reɪʃn] *n* generación *f*; **first/second** ~ de primera/segunda generación; **the younger** ~ los jóvenes.
generation gap *n* barrera *f* generacional.
generative ['dʒenərətɪv] *adj* generativo(va).
generator ['dʒenəreɪtəʳ] *n* generador *m*.
generatrix ['dʒenəreɪtrɪks] *(pl generatrices* [-trɪsi:z]) *n* generatriz *f*.
generic [dʒɪ'nerɪk] *adj* genérico(ca).
generically [dʒɪ'nerɪklɪ] *adv* genéricamente.
generosity [dʒenə'rɒsətɪ] *n* generosidad *f*.
generous ['dʒenərəs] *adj* [gen] generoso(sa); [cut of clothes] amplio(plia).
generously ['dʒenərəslɪ] *adv* generosamente.
genesis ['dʒenəsɪs] *(pl geneses* [-si:z]) *n* génesis *f inv*.
◆ **Genesis** *n* BIBLE Génesis *m*.
genetic [dʒɪ'netɪk] *adj* genético(ca).
◆ **genetics** *n (U)* genética *f*.
genetic code *n* código *m* genético.
genetic engineering *n* ingeniería *f* genética.
genetic fingerprinting *n* identificación *f* genética.
geneticist [dʒɪ'netɪsɪst] *n* genetista *mf*.
Geneva [dʒɪ'ni:və] *n* Ginebra; **Lake** ~ el lago Leman.
Geneva Convention *n*: **the** ~ la Convención de Ginebra.
Genevan [dʒɪ'ni:vn] ◇ *adj* ginebrino(na), ginebrés(esa). ◇ *n* ginebrino *m*, -na *f*, ginebrés *m*, -esa *f*.
genial ['dʒi:njəl] *adj* cordial, afable.
geniality ['dʒi:nɪ'ælətɪ] *n* cordialidad *f*, afabilidad *f*.
genially ['dʒi:njəlɪ] *adv* cordialmente, afablemente.
genie ['dʒi:nɪ] *(pl genies* OR **genii** [-nɪaɪ]) *n* genio *m*, duende *m*.
genital ['dʒenɪtl] *adj* genital.
◆ **genitals** *npl* genitales *mpl*.
genitalia [dʒenɪ'teɪlɪə] *npl* (órganos *mpl*) genitales *mpl*.
genitive ['dʒenɪtɪv] ◇ *n* genitivo *m*; **in the** ~ en genitivo. ◇ *adj* de genitivo; **the** ~ **case** el genitivo.
genito-urinary [dʒenɪtəʊ'jʊərɪnərɪ] *adj* genitourinario(ria).
genius ['dʒi:njəs] *(pl geniuses)* *n* genio *m*; ~ **for sthg/for doing sthg** don *m* para algo/para hacer algo.

Genoa ['dʒenəʊə] n Génova.

genocide ['dʒenəsaɪd] n genocidio m.

genotype ['dʒenəʊtaɪp] n genotipo m.

genre ['ʒɑ̃rə] n género m.

genre painting n pintura f de género (doméstico), pintura f costumbrista.

gent [dʒent] n inf caballero m.

◆ **gents** n Br [toilets] servicio m de caballeros.

genteel [dʒen'tiːl] adj fino(na), refinado(da).

gentian ['dʒenʃən] n genciana f.

gentile ['dʒentaɪl] ◇ adj gentil, no judío (no judía). ◇ n gentil mf.

gentility [dʒen'tɪlətɪ] n - 1. [gentry] nobleza f. - 2. [politeness] gentileza f, cortesía f. - 3. [obsessive refinement] remilgo m, cursilería f.

gentle ['dʒentl] ◇ adj - 1. [kind] tierno(na), dulce. - 2. [breeze, movement, slope] suave. - 3. [scolding] ligero(ra); [hint] sutil. - 4. arch [noble] noble. ◇ vt [horse] amansar.

gentlefolk ['dʒentlfəʊk] npl dated personas fpl de. buena familia.

gentleman ['dʒentlmən] (pl **gentlemen** [-mən]) n - 1. [well-behaved man] caballero m; ~'s **agreement** pacto m de caballeros. - 2. [man] señor m, caballero m.

gentleman farmer n persona de la clase alta británica que posee una finca rústica por placer más que por necesidad.

gentleman-in-waiting n Br gentilhombre m de cámara.

gentlemanly ['dʒentlmənlɪ] adj caballeroso(sa).

gentlemen ['dʒentlmən] pl → **gentleman**.

gentleness ['dʒentlnɪs] n - 1. [kindness] ternura f, dulzura f. - 2. [softness] suavidad f.

gentlewoman ['dʒentl,wʊmən] (pl **gentlewomen** [-,wɪmɪn]) n - 1. [of noble birth] dama f, señora f. - 2. [lady-in-waiting] dama f de compañía.

gently ['dʒentlɪ] adv - 1. [kindly] dulcemente, tiernamente. - 2. [softly, smoothly] suavemente. - 3. [carefully] con cuidado.

gentrify ['dʒentrɪfaɪ] (pt & pp **gentrified**) vt [suburb] subir de categoría.

gentry ['dʒentrɪ] n alta burguesía f.

genuflect ['dʒenjuːflekt] vi hacer una genuflexión.

genuflection [dʒenju:'flekʃn] n genuflexión f.

genuine ['dʒenjuɪn] adj - 1. [real] auténtico(ca), genuino(na). - 2. [sincere] sincero(ra).

genuinely ['dʒenjuɪnlɪ] adv - 1. [really] auténticamente. - 2. [sincerely] sinceramente.

genuineness ['dʒenjuɪnnɪs] n autenticidad f.

genus ['dʒiːnəs] (pl **genera** ['dʒenərə]) n género m.

geocentric [dʒi:əʊ'sentrɪk] adj geocéntrico(ca).

geode ['dʒiːəʊd] n geoda f.

geodesic [dʒi:əʊ'desɪk] adj geodésico(ca).

geodesy [dʒiː'bdɪsɪ] n geodesia f.

geographer [dʒɪ'bgrəfəʳ] n geógrafo m, -fa f.

geographic(al) [dʒɪə'græfɪk(l)] adj geográfico(ca).

geographically [dʒɪə'græfɪklɪ] adv geográficamente, desde el punto de vista geográfico.

geography [dʒɪ'bgrəfɪ] n geografía f.

geological [dʒɪə'lbdʒɪkl] adj geológico(ca); ~ **time** época f geológica.

geologist [dʒɪ'blədʒɪst] n geólogo m, -ga f.

geology [dʒɪ'blədʒɪ] n geología f.

geomagnetic [dʒi:əʊmæg'netɪk] adj geomagnético(ca).

geomancy ['dʒi:əʊ,mænsɪ] n geomancia f.

geometer [dʒɪ'bmɪtəʳ] n geómetra mf.

geometric(al) [dʒɪə'metrɪk(l)] adj geométrico(ca).

geometrically [dʒɪə'metrɪklɪ] adv geométricamente.

geometrician [dʒɪəʊmə'trɪʃn] n geómetra mf.

geometric progression n progresión f geométrica.

geometry [dʒɪ'bmətrɪ] n geometría f.

geomorphic [dʒi:əʊ'mɔːfɪk] adj geomórfico(ca).

geomorphology [dʒi:əʊmɔː'fblədʒɪ] n geomorfología f.

geophysical [dʒi:əʊ'fɪzɪkl] adj geofísico(ca).

geophysics [dʒi:əʊ'fɪzɪks] n geofísica f.

geopolitical [dʒi:əʊpə'lɪtɪkl] adj geopolítico(ca).

geopolitics [,dʒi:əʊ'pblətɪks] n (U) geopolítica f.

Geordie ['dʒɔːdɪ] ◇ adj de o relativo a Tyneside. ◇ n [person] natural o habitante de Tyneside.

George ['dʒɔːdʒ] n: **Saint** ~ san Jorge; **King** ~ **V** (el rey) Jorge V.

George Cross n Br ≃ medalla f al mérito civil.

Georgia ['dʒɔːdʒə] n [in US, in CIS] Georgia.

Georgian ['dʒɔːdʒən] adj GEOGR & HISTORY georgiano(na).

geoscience [dʒi:əʊ'saɪəns] n - 1. [particular] ciencia f relacionada con la Tierra. - 2. (U) [collectively] ciencias fpl de la Tierra.

geothermal [dʒi:əʊ'θɜːml] adj geotérmico(ca).

geotropism [dʒɪ'btrəpɪzm] n geotropismo m.

geranium [dʒɪ'reɪnjəm] (pl **geraniums**) n geranio m.

gerbil ['dʒɜːbɪl] n jerbo m, gerbo m.

geriatric [dʒerɪ'ætrɪk] ◇ adj - 1. [of old people] geriátrico(ca); ~ **hospital** (hospital m) geriátrico m; ~ **medicine** geriatría f; ~ **nurse** enfermero m, -ra f de geriatría; ~ **ward** servicio m de geriatría. - 2. pej [very old, inefficient] caduco(ca). ◇ n [patient] anciano m -na f.

◆ **geriatrics** n (U) geriatría f.

germ [dʒɜːm] n - 1. [causing disease] microbio m. - 2. BIOL & fig germen m.

German ['dʒɜːmən] ◇ adj alemán(ana). ◇ n - 1. [person] alemán m, -ana f. - 2. [language] alemán m.

germane [dʒɜː'meɪn] adj fml pertinente; ~ **to** relacionado(da) con, pertinente a.

Germanic [dʒɜː'mænɪk] adj germánico(ca).

Germanism ['dʒɜːmənɪzm] n - 1. [word, idiom] germanismo m. - 2. [custom] costumbre f alemana.

German measles n rubéola f.

Germanophile [dʒɜː'mænəfaɪl] n germanófilo m, -la f.

Germanophobe [dʒɜː'mænəfəʊb] n germanófobo(ba).

German shepherd (dog) n pastor m alemán.

Germany ['dʒɜːmənɪ] (pl **Germanies**) n Alemania.

germ cell n célula f embrionaria.

germ-free adj esterilizado(da), aséptico(ca).

germicide ['dʒɜːmɪsaɪd] n germicida m, bactericida m.

germinal ['dʒɜːmɪnl] adj germinal, embrionario(ria).

germinate ['dʒɜːmɪneɪt] vt & vi lit & fig germinar.

germination [dʒɜːmɪ'neɪʃn] n lit & fig germinación f.

germ warfare n guerra f bacteriológica.

Gerona [dʒə'rəʊnə] n Gerona.

gerontocracy [dʒerɒn'tɒkrəsɪ] (pl **gerontocracies**) n gerontocracia f.

gerontology [dʒerɒn'tɒlədʒɪ] n gerontología f.

gerrymander ['dʒerɪmændəʳ] vi dividir una entidad política injustamente en distritos electorales para dar ventaja a un partido.

gerrymandering ['dʒerɪmændərɪŋ] n división de una zona electoral de forma que se da ventaja a un partido frente a otros.

gerund ['dʒerənd] n gerundio m.

gerundive [dʒɪ'rʌndɪv] n gerundio m adjetivado.

Gestapo [ge'stɑːpəʊ] n Gestapo f.

gestate [dʒe'steɪt] vt lit & fig gestar.

gestation [dʒe'steɪʃn] n gestación f.

gestation period n lit & fig periodo m de gestación.

gesticulate [dʒe'stɪkjʊleɪt] vi gesticular.

gesticulation [dʒe,stɪkjʊ'leɪʃn] n gesticulación f.

gesture ['dʒestʃəʳ] ◇ n gesto m. ◇ vi: **to** ~ **to** OR **towards** sb hacer gestos a alguien. ◇ vt expresar con un ademán.

gesundheit [gə'zʊːnthaɪt] excl ¡Jesús!, ¡salud!

get [get] (*Br pt & pp* **got** [gɒt], *cont* **getting**, *Am pt* **got**, *pp* **gotten** ['gɒtn], *cont* **getting**) ◇ *vt* - **1.** [cause to do]: **to ~ sb to do sthg** hacer que alguien haga algo; **I'll ~ my sister to help** le pediré a mi hermana que ayude. - **2.** [cause to be done]: **to ~ sthg done** mandar hacer algo; **have you got the car fixed yet?** ¿te han arreglado ya el coche? - **3.** [cause to become]: **to ~ sthg ready** preparar algo; **to ~ sb pregnant** dejar a alguien embarazada ❑ **to ~ things going** poner las cosas en marcha. - **4.** [cause to move]: **can you ~ it through the gap?** ¿puedes meterlo por el hueco?; **I'll ~ you to the airport somehow** ya te llevaré yo al aeropuerto de alguna forma; **where will that ~ me?** ¿qué voy a conseguir yo con eso?; **to ~ sthg/sb out of sthg** conseguir sacar algo/a alguien de algo. - **5.** [bring, fetch] traer; **can I ~ you something to eat/drink?** ¿te traigo algo de comer/beber?; **could you ~ me the boss, please?** [when phoning] ¿me pones con el jefe?; **I'll ~ my coat** voy a por el abrigo. - **6.** [obtain] conseguir; **she got top marks** sacó las mejores notas. - **7.** [receive] recibir; **she ~s a good salary** gana un buen sueldo; **what did you ~ for your birthday?** ¿qué te regalaron para tu cumpleaños?; **she got five years for burglary** le cayeron cinco años por robo con allanamiento; **when did you ~ the news?** ¿cuándo recibiste la noticia? - **8.** [experience]: **do you ~ the feeling he doesn't like us?** ¿no te da la sensación de que no le gustamos?; **I ~ a thrill out of driving fast** encuentro emocionante lo de conducir deprisa; **I got the impression she was unhappy** me dio la impresión de que era infeliz; **to ~ a surprise/shock** llevarse una sorpresa/un susto. - **9.** [catch] coger, agarrar *Amér*; **he got cancer** contrajo cáncer; **I've got a cold** estoy resfriado. - **10.** [understand] entender; **I don't ~ it** *inf* no me aclaro, no lo entiendo; **he didn't seem to ~ the point** no pareció captar el sentido. - **11.** *inf* [annoy] poner negro(gra); **what really ~s me is his smugness** lo que me pone negro es lo engreído que es. - **12.** [find]: **you ~ a lot of artists here** hay mucho artista por aquí; *see also* **have.** ◇ *vi* - **1.** [become] ponerse; **to ~ angry** enfadarse; **to ~ dressed** vestirse; **to ~ ready** prepararse; **I'm getting cold/bored** me estoy enfriando/aburriendo; **it's getting late** se está haciendo tarde. - **2.** [arrive] llegar; **how do I ~ there?** ¿cómo se llega?; **I only got back yesterday** regresé justo ayer. - **3.** [eventually succeed]: **to ~ to do sthg** llegar a hacer algo; **I never got to know him/visit Moscow** nunca llegué a conocerle/visitar Moscú; **did you ~ to see him?** ¿conseguiste verlo?; **she got to enjoy the classes** acabaron gustándole las clases. - **4.** [progress] llegar; **how far have you got?** ¿cuánto llevas?, ¿hasta dónde has llegado?; **we only got as far as buying the paint** no llegamos más que a comprar la pintura; **I got to the point where I didn't care any more** llegó un punto en el que ya nada me importaba; **now we're getting somewhere** ahora sí que vamos por buen camino; **we're getting nowhere** así no llegamos a ninguna parte. ◇ *aux vb*: **to ~ excited** emocionarse; **I got beaten up** me dieron una paliza; **someone could ~ hurt** alguien podría hacerse daño; **let's ~going** OR **moving** vamos a ponernos en marcha.

◆ **get about, get around** *vi* - **1.** [move from place to place] salir a menudo. - **2.** [news etc] difundirse; *see also* **get around.**

◆ **get across** *vt sep*: **to ~ a message across** transmitir un mensaje; **to ~ sthg across to sb** hacerle comprender algo a alguien.

◆ **get ahead** *vi* [in life] abrirse camino.

◆ **get along** *vi* - **1.** [manage] arreglárselas, apañárselas. - **2.** [progress]: **how are you getting along?** ¿cómo te va? - **3.** [have a good relationship]: **to ~ along (with sb)** llevarse bien (con alguien).

◆ **get around** ◇ *vt fus* - **1.** [problem] solventar; [obstacle] sortear. - **2.** [persuade] ganarse a, convencer. ◇ *vi* - **1.** [news etc] difundirse. - **2.** [eventually do]: **to ~ around to (doing) sthg** sacar tiempo para (hacer) algo; *see also* **get about.**

◆ **get at** *vt fus* - **1.** [reach] llegar a, alcanzar; **he's determined to ~ at the truth** está decidido a descubrir la verdad. - **2.** [imply] referirse a; **what are you getting at?** ¿qué quieres decir con eso? - **3.** *inf* [criticize]: **stop getting at me!** ¡deja ya de meterte conmigo!

◆ **get away** *vi* - **1.** [leave] salir, irse. - **2.** [go on holiday]: **I really need to ~ away** necesito unas buenas vacaciones ❑ **to ~ away from it all** escapar de todo. - **3.** [escape] escaparse.

◆ **get away with** *vt fus* salir impune de; **she lets him ~ away with everything** se lo consiente todo.

◆ **get back** ◇ *vt sep* [recover, regain] recuperar. ◇ *vi* [move away] echarse atrás, apartarse.

◆ **get back at** *vt fus* vengarse de.

◆ **get back to** *vt fus* - **1.** [return to previous state, activity] volver a; **to ~ back to sleep/normal** volver a dormirse/a la normalidad; **to ~ back to work** volver a trabajar OR al trabajo. - **2.** *esp Am inf* [phone back]: **I'll ~ back to you later** te vuelvo a llamar más tarde.

◆ **get behind** *vi* quedarse atrás, retrasarse; **to ~ behind with work** ir retrasado(da) en el trabajo; **to ~ behind with the rent** atrasarse en el pago del alquiler.

◆ **get by** *vi* apañárselas, apañarse.

◆ **get down** *vt sep* - **1.** [depress] deprimir. - **2.** [fetch from higher level] bajar.

◆ **get down to** *vt fus*: **to ~ down to doing sthg** ponerse a hacer algo; **to ~ down to work** poner manos a la obra.

◆ **get in** ◇ *vi* - **1.** [enter] entrar. - **2.** [arrive] llegar. - **3.** [be elected] salir elegido(da). ◇ *vt sep* - **1.** [bring in - washing] entrar; [- harvest] recoger; [- provisions] aprovisionarse de. - **2.** [interject]: **to ~ a word in** decir algo.

◆ **get in on** *vi* apuntarse a.

◆ **get into** *vt fus* - **1.** [car] subir a. - **2.** [become involved in] entrar; **to ~ into an argument (with)** meterse en una discusión (con). - **3.** [enter into a particular situation, state]: **to ~ into a panic** OR **state** ponerse nerviosísimo(ma); **to ~ into trouble** meterse en líos; **to ~ into the habit of doing sthg** coger la costumbre de hacer algo. - **4.** [be accepted as a student at]: **she managed to ~ into Oxford** consiguió entrar en Oxford. - **5.** *inf* [affect]: **what's got into you?** ¿qué mosca te ha picado?

◆ **get in with** *vt fus* juntarse con.

◆ **get off** ◇ *vt sep* [remove] quitar. ◇ *vt fus* - **1.** [go away from] irse OR salirse de; **~ off my land!** ¡fuera de mis tierras!; **to ~ off the subject** dejar el OR apartarse del tema. - **2.** [train, bus etc] bajarse de. ◇ *vi* - **1.** [leave bus, train] bajarse, desembarcarse *Amér*. - **2.** [escape punishment] escaparse; **he got off lightly** salió bien librado. - **3.** [depart] irse, salir.

◆ **get off with** *vt fus Br inf* ligar con.

◆ **get on** ◇ *vt sep* [put on] ponerse. ◇ *vt fus* [bus, train, horse] subirse a, montarse en. ◇ *vi* - **1.** [enter bus, train] subirse, montarse. - **2.** [have good relationship] llevarse bien. - **3.** [progress]: **how are you getting on?** ¿cómo te va? - **4.** [proceed]: **to ~ on with sthg** seguir OR continuar con algo. - **5.** [be successful professionally] triunfar. - **6.** [grow old]: **he's getting on a bit** se está haciendo mayor.

◆ **get on for** *vt fus inf* [be approximately]: **it's getting on for five o'clock** casi son las cinco; **she's getting on for 65** ronda los 65.

◆ **get on to** *vt fus* - **1.** [begin talking about] ponerse a hablar de. - **2.** [contact] ponerse en contacto con.

◆ **get out** ◇ *vt sep* [object, prisoner] sacar; [stain etc] quitar; **she got a pen out of her bag** sacó un bolígrafo del bolso. ◇ *vi* - **1.** [leave car, bus, train] bajarse. - **2.** [become known] difundirse, filtrarse.

◆ **get out of** ◇ *vt fus* - **1.** [car etc] bajar de. - **2.** [escape from] escapar OR huir de. - **3.** [avoid] librarse de, eludir; **to ~ out of (doing) sthg** librarse de (hacer) algo. ◇ *vt sep* [cause to escape from]: **to ~ sb out of jail** ayudar a alguien a escapar de la cárcel.

◆ **get over** *vt fus* - **1.** [recover from] recuperarse de, reponerse de; **you'll ~ over it** ya se te pasará. - **2.** [overcome] superar. - **3.** [communicate] hacer comprender.

◆ **get over with** *vt sep*: **to ~ sthg over with** terminar con algo.

◆ **get round** *vt fus & vi* = **get around.**

◆ **get through** ◇ *vt fus* - **1.** [job, task] terminar, acabar. - **2.** [exam] pasar, aprobar. - **3.** [food, drink] consumir. - **4.** [unpleasant situation] sobrevivir a, aguantar. ◇ *vi* - **1.** [make oneself understood]: **to ~ through (to sb)** hacerse comprender (por alguien). - **2.** [on telephone]: **to ~ through (to sb)** conseguir comunicar (con alguien).

◆ **get to** *vt fus inf* [annoy] fastidiar, molestar.

◆ **get together** ◇ *vt sep* [project, demonstration] organizar, montar; [team] juntar; [report] preparar. ◇ *vi* juntarse, reunirse.

◆ **get up** ◇ *vi* levantarse. ◇ *vt fus* [petition etc] preparar, organizar.

◆ **get up to** *vt fus inf* hacer, montar; **I wonder what they're getting up to** me pregunto qué demonios estarán haciendo.

getaway ['getəweɪ] *n* fuga *f*, huida *f*; **to make one's ~** darse a la fuga.

getaway car *n* coche en que huyen los delincuentes de la escena del crimen.

Gethsemane [geθ'semənɪ] *n* Getsemaní.

get-together *n inf* reunión *f*.

getup ['getʌp] *n* - **1.** *inf* [outfit] indumentaria *f*, atuendo *m*. - **2.** [of book, product] diseño *m*.

get-up-and-go *n inf* brío *m*.

get-well card *n* tarjeta que se envía a una persona enferma deseándole que se mejore pronto.

gewgaw ['gjuːɡɔː] *n* baratija *f*, chuchería *f*.

geyser [*Br* 'giːzəʳ, *Am* 'ɡaɪzəʳ] *n* - **1.** [hot spring] géiser *m*. - **2.** *Br* [water heater] calentador *m* de agua.

Ghana ['ɡɑːnə] *n* Ghana.

Ghanaian [ɡɑː'neɪən] ◇ *adj* ghanés(esa). ◇ *n* ghanés *m*, -esa *f*.

ghastly ['ɡɑːstlɪ] (*compar* **ghastlier**, *superl* **ghastliest**) *adj* - **1.** *inf* [very bad, unpleasant] horrible, espantoso(sa). - **2.** [horrifying] horripilante. - **3.** [ill] fatal.

Ghent [ɡent] *n* Gante.

gherkin ['ɡɜːkɪn] *n* pepinillo *m*.

ghetto ['ɡetəu] (*pl* **ghettos** OR **ghettoes**) *n* gueto *m*.

ghetto blaster [-,blɑːstəʳ] *n* infradiocasete portátil de gran tamaño y potencia.

ghettoize, -ise ['ɡetəuaɪz] *vt* separar OR aislar como en un gueto.

ghost [ɡəust] ◇ *n* - **1.** [spirit] fantasma *m*; **he doesn't have a ~ of a chance** no tiene ni la más remota posibilidad; **the ~ of a smile** la sombra de una sonrisa; **to give up the ~** entregar el alma; **to lay a ~** enterrar el fantasma del pasado; **white as a ~** blanco(ca) como el papel. - **2.** [on TV screen] sombra *f*. - **3.** = **ghostwriter**. ◇ *vt* = **ghostwrite**.

ghostly ['ɡəustlɪ] (*compar* **ghostlier**, *superl* **ghostliest**) *adj* fantasmal.

ghost town *n* pueblo *m* fantasma OR abandonado.

ghostwrite ['ɡəustraɪt] (*pt* **ghostwrote** [-rəut], *pp* **ghostwritten** [-,rɪtn]) *vt & vi* escribir anónimamente para otras personas.

ghostwriter ['ɡəust,raɪtəʳ] *n* negro *m*, escritor anónimo que escribe un libro en lugar de su autor oficial.

ghostwritten ['ɡəust,rɪtn] *pp* → **ghostwrite**.

ghostwrote ['ɡəustrəut] *pt* → **ghostwrite**.

ghoul [ɡuːl] *n* - **1.** [spirit] espíritu *m* del mal. - **2.** *pej* [ghoulish person] persona *f* macabra.

ghoulish ['ɡuːlɪʃ] *adj* macabro(bra).

GHQ (*abbr of* **general headquarters**) *n* cuartel general.

GI (*abbr of* **government issue**) *n* soldado raso estadounidense.

giant ['dʒaɪənt] ◇ *adj* gigantesco(ca). ◇ *n* gigante *m*.

giantess ['dʒaɪəntes] *n* giganta *f*.

giantism ['dʒaɪəntɪzm] *n* = **gigantism**.

giantkiller ['dʒaɪənt,kɪləʳ] *n* SPORT matagigantes *m inv*.

giant panda *n* panda *m*.

giant sequoia *n* secuoya *f*, secoya *f*.

giant-size(d) *adj* de tamaño gigante.

giant star *n* estrella *f* de primera magnitud.

gibber ['dʒɪbəʳ] *vi* farfullar.

gibbering ['dʒɪbərɪŋ] *adj*: **I was a ~ wreck!** estaba hecho un manojo de nervios y no se me entendía nada; **he's a ~ idiot** es un imbécil de tomo y lomo.

gibberish ['dʒɪbərɪʃ] *n* galimatías *m inv*.

gibbet ['dʒɪbɪt] ◇ *n* horca *f*, patíbulo *m*. ◇ *vt* ahorcar.

gibbon ['ɡɪbən] *n* gibón *m*.

gibbous ['ɡɪbəs] *adj* - **1.** ASTRON: **~ moon** luna casi llena. - **2.** [hunchbacked] jorobado(da), giboso(sa).

gibe [dʒaɪb] ◇ *n* pulla *f*, sarcasmo *m*. ◇ *vi*: **to ~ (at)** mofarse (de).

giblets ['dʒɪblɪts] *npl* menudillos *mpl*.

Gibraltar [dʒɪ'brɔːltəʳ] *n* Gibraltar; **the Rock of ~** el Peñón.

giddily ['ɡɪdɪlɪ] *adv* - **1.** [dizzily] vertiginosamente. - **2.** [frivolously] frívolamente, con frivolidad.

giddiness ['ɡɪdɪnɪs] *n* - **1.** [dizziness] mareo *m*, vértigo *m*. - **2.** [frivolousness] frivolidad *f*, atolondramiento *m*.

giddy ['ɡɪdɪ] (*compar* **giddier**, *superl* **giddiest**) *adj* - **1.** [dizzy] mareado(da). - **2.** [lofty] vertiginoso(sa). - **3.** [frivolous] frívolo(la).

giddy up *excl* [to horse] ¡arre!

gift [ɡɪft] ◇ *n* - **1.** [present] regalo *m*, obsequio *m*. - **2.** [talent] don *m*; **to have a ~ for sth/for doing sth** tener un don especial para algo/para hacer algo ❏ **to have the ~ of the gab** tener un pico de oro. - **3.** [donation] donación *f*. ◇ *vt Am fml* regalar, obsequiar.

GIFT [ɡɪft] (*abbr of* **gamete in fallopian transfer**) *n* técnica de inseminación artificial.

gift certificate *n Am* = **gift token**.

gift coupon *n* = **gift token**.

gifted ['ɡɪftɪd] *adj* - **1.** [talented] con talento, dotado(da). - **2.** [extremely intelligent] superdotado(da).

gift horse *n*: **don't** OR **never look a ~ in the mouth** *proverb* a caballo regalado no le mires el diente *proverb*.

gift shop *n* tienda *f* de regalos.

gift token *Br*, **gift voucher** *Br*, **gift certificate** *Am n* vale *m* OR cupón *m* de regalo.

gift-wrap *vt* envolver para regalo.

gift-wrapped *adj* envuelto(ta) para regalo.

gift wrapping *n* papel *m* de OR para regalo.

gig [ɡɪɡ] *n* - **1.** *inf* [concert] concierto *m*, bolo *m*. - **2.** [carriage] calesa *f*. - **3.** [boat] falúa *f*.

gigabyte ['ɡɪɡəbaɪt] *n* COMPUT gigaocteto *m*.

gigantic [dʒaɪ'ɡæntɪk] *adj* gigantesco(ca).

gigantism [dʒaɪ'ɡæntɪzm] *n* gigantismo *m*.

giggle ['ɡɪɡl] ◇ *n* - **1.** [laugh] risita *f*, risa *f* tonta; **to get** OR **to have the ~s** entrarle a alguien la risa tonta. - **2.** *Br inf* [fun]: **it's a real ~** es super divertido; **to do sth for a ~** hacer algo para divertirse. ◇ *vi* [laugh] tener la risa tonta.

giggly ['ɡɪɡlɪ] (*compar* **gigglier**, *superl* **giggliest**), **giggling** ['ɡɪɡlɪŋ] *adj* con la risa tonta.

GIGO ['ɡaɪɡəu] (*abbr of* **garbage in, garbage out**) *n* información errónea genera resultados erróneos.

gigolo ['ʒɪɡələu] (*pl* **gigolos**) *n pej* gigoló *m*.

gigot ['dʒɪɡət] *n* pierna *f* de cordero.

gild [ɡɪld] (*pt* **gilded**, *pp* **gilded** OR **gilt** [ɡɪlt]) *vt* dorar.

gilding ['ɡɪldɪŋ] *n* doradura *f*, dorado *m*.

gill¹ [dʒɪl] *n* [unit of measurement] = 0,142 litros.

gill² [ɡɪl] *n* [of mushroom] lámina *f*.

◆ **gills** *npl* [of fish] agallas *fpl*; **to look green about** OR **around the ~s** *fig* tener mala cara.

gilt [ɡɪlt] ◇ *pp* → **gild**. ◇ *adj* dorado(da). ◇ *n* dorado *m*.

◆ **gilts** *npl* FIN valores *mpl* de máxima garantía.

gilt-edged *adj* FIN de máxima garantía.

gimbal ['dʒɪmbl] *n* suspensión *f* de cardán, soporte *m* cardánico.
◆ **gimbals** *npl* balancines *mpl* de la brújula.
gimcrack ['dʒɪmkræk] ◇ *adj* mal hecho (mal hecha). ◇ *n* baratija *f*, chuchería *f*.
gimlet ['gɪmlɪt] *n* [tool] barrena *f* de mano, taladro *m* pequeño.
gimlet-eyed *adj* con una mirada penetrante.
gimme ['gɪmɪ] *contr inf* = **give me**.
gimmick ['gɪmɪk] *n pej* artilugio *m* innecesario; **advertising ~** reclamo *m* publicitario.
gimmickry ['gɪmɪkrɪ] *n* (U) *pej* trucos *mpl*.
gimp [gɪmp] *n Am inf* [person] paticojo *m*, -ja *f*, rengo *m*, -ga *f*.
gimpy ['gɪmpɪ] *adj inf* cojo(ja).
gin [dʒɪn] *n* - **1.** [drink] ginebra *f*; **~ and tonic** gin-tonic *m*; **~ and it** ginebra *f* con martini. - **2.** [trap] trampa *f*. - **3.** [cotton gin] desmotadora *f*.
ginger ['dʒɪndʒəʳ] ◇ *adj Br* [hair] bermejo(ja); [cat] de color bermejo. ◇ *n* - **1.** [spice] jengibre *m*. - **2.** *inf* [liveliness] garra *f*, chispa *f*.
◆ **ginger up** *vt sep* avivar, animar.
ginger ale *n* [mixer] ginger-ale *m*.
ginger beer *n* [slightly alcoholic] refresco *m* de jengibre.
gingerbread ['dʒɪndʒəbred] *n* - **1.** [cake] pan *m* de jengibre. - **2.** [biscuit] galleta *f* de jengibre.
gingerbread man *n* figurilla *f* de galleta de jengibre.
ginger group *n Br* grupo *m* de presión.
ginger-haired *adj* pelirrojo(ja).
gingerly ['dʒɪndʒəlɪ] *adv* con mucho tiento.
ginger nut, **gingersnap** ['dʒɪndʒəsnæp] *n* galleta *f* de jengibre.
gingery ['dʒɪndʒərɪ] *adj* - **1.** [taste] que sabe a jengibre. - **2.** *fig* [remark] agudo(da), punzante.
gingham ['gɪŋəm] *n* guinga *f*.
gingivitis [dʒɪndʒɪ'vaɪtɪs] *n* gingivitis *f inv*.
gin palace *n Br* bar *m*, garito *m*.
gin rummy *n* gin rummy *m*.
ginseng ['dʒɪnseŋ] *n* ginseng *m*.
gipsy ['dʒɪpsɪ] (*pl* **gipsies**) ◇ *adj* gitano(na). ◇ *n Br* gitano *m*, -na *f*.
giraffe [dʒɪ'rɑːf] (*pl inv* OR **giraffes**) *n* jirafa *f*.
girandole ['dʒɪrəndəʊl] *n* - **1.** [candle holder] candelabro *m* (de pared). - **2.** [radiating structure] girándula *f*.
girasol ['dʒɪrəsɒl] *n* ópalo *m* girasol.
gird [gɜːd] (*pt & pp* **girded** OR **girt** [gɜːt]) *vt* → **loin**.
girder ['gɜːdəʳ] *n* viga *f*.
girdle ['gɜːdl] ◇ *n* [corset] faja *f*. ◇ *vt literary* rodear.
girl [gɜːl] *n* - **1.** [child] niña *f*. - **2.** [young woman] chica *f*, muchacha *f*. - **3.** [daughter] niña *f*, chica *f*. - **4.** *inf* [female friend]: **the ~s** las amigas, las chicas.
girl Friday *n* chica *f* para todo.
girlfriend ['gɜːlfrend] *n* - **1.** [female lover] novia *f*. - **2.** [female friend] amiga *f*.
girl guide *Br*, **girl scout** *n Am* [individual] exploradora *f*, scout *f*.
◆ **Girl Guides** *n* [organization]: **the Girl Guides** las exploradoras, las scouts.
girlhood ['gɜːlhʊd] *n* [as child] niñez *f*, infancia *f*; [as adolescent] adolescencia *f*.
girlie magazine ['gɜːlɪ-] *n inf* revista *f* de desnudos.
girlish ['gɜːlɪʃ] *adj* de niña.
girl scout *n Am* = **girl guide**.
giro ['dʒaɪrəʊ] (*pl* **giros**) *n Br* - **1.** (U) [system] giro *m*; **(bank) ~** giro *m* bancario; **National Giro** giro *m* postal. - **2.** [cheque]: **~ (cheque)** cheque *m* para giro bancario.
girosol ['dʒɪrəsɒl] *n* = **girasol**.
girt [gɜːt] *pt & pp* → **gird**.

girth [gɜːθ] ◇ *n* - **1.** [circumference] circunferencia *f*. - **2.** [of horse] cincha *f*. ◇ *vt* [horse] cinchar.
GIS (*abbr of* **geographic information system**) *n* sistema de información geográfica.
gismo ['gɪzməʊ] *n* = **gizmo**.
gist [dʒɪst] *n*: **the ~ of** lo esencial de; **to get the ~ (of sthg)** entender el sentido (de algo).
give [gɪv] (*pt* **gave** [geɪv], *pp* **given** ['gɪvn]) ◇ *vt* - **1.** [gen] dar; [time, effort] dedicar; [attention] prestar; **to ~ sb/sthg sthg, to ~ sthg to sb/sthg** dar algo a alguien/ algo; **to ~ a shrug** encogerse de hombros; **to ~ sthg aclean/shake** limpiar/agitar algo; **I ~ you the newlyweds** [in toast] brindo por los novios, propongo un brindis por los novios. - **2.** [as present]: **to ~ sb sthg, to ~ sthg to sb** regalar algo a alguien. - **3.** [hand over]: **to ~ sb sthg, to ~ sthg to sb** entregar OR dar algo a alguien. - **4.** *inf* [pay]: **to ~ sthg (for sthg)** dar OR pagar algo (por algo). - **5.** [declare]: **she gave her age as 45** dijo tener 45 años; **most respondents gave TV as their favourite entertainment** la mayoría de los encuestados afirmaba que la televisión era su pasatiempo favorito. - **6.** *phr*: **don't ~ me that!** *inf* ¡no me vengas con esas!; **~ it all you've got!** ¡ves a por todas!; **~ me jazz any day!** *inf* prefiero el jazz cien OR mil veces; **he's clever, I'll ~ him that** hay que admitir que es listo; **I am given to believe** OR **understand that...** *fml* tengo entendido que...; **I'd ~ anything** OR **my right arm to do that** daría cualquier cosa por hacer eso. ◇ *vi* - **1.** [contribute]: **please ~ generously** sean generosos. - **2.** [collapse, break] romperse, ceder. - **3.** *phr*: **what ~s?** *Am inf* ¿qué pasa? ◇ *n* [elasticity] elasticidad *f*.
◆ **give or take** *prep* más o menos; **in half an hour ~ or take five minutes** en más o menos media hora.
◆ **give away** *vt sep* - **1.** [as present] regalar. - **2.** [reveal] revelar, descubrir; **her accent gave her away** su acento la delataba. - **3.** [prize] entregar, hacer entrega de. - **4.** [bride] entregar al novio.
◆ **give back** *vt sep* [return] devolver, regresar *Amér*.
◆ **give in** ◇ *vi* - **1.** [admit defeat] rendirse, darse por vencido(da), transar *Amér*. - **2.** [agree unwillingly]: **to ~ in to sthg** ceder ante algo. ◇ *vt sep* [hand in] entregar.
◆ **give off** *vt fus* [produce, emit] despedir.
◆ **give onto** *vt fus* dar a.
◆ **give out** ◇ *vt sep* - **1.** [distribute] repartir, distribuir. - **2.** [emit - yell] dar, lanzar; [- signal] emitir. - **3.** [announce] anunciar. ◇ *vi* [supply, strength] agotarse, acabarse; [legs, machine] fallar.
◆ **give over** ◇ *vt sep* [dedicate]: **to be given over to sthg** dedicarse a algo. ◇ *vi Br inf* [stop]: **~ over!** ¡basta OR vale ya!
◆ **give up** ◇ *vt sep* - **1.** [stop] dejar de, abandonar; **to ~ up chocolate** dejar de comer chocolate. - **2.** [job] dejar, renunciar a. - **3.** [surrender]: **to ~ o.s. up (to sb)** rendirse (a alguien). - **4.** [devote]: **to ~ o.s. up to sthg** [to vice] abandonarse a algo; [to study, good works] entregarse a algo. ◇ *vi* rendirse, darse por vencido(da); **I ~ up!** ¡me rindo!
◆ **give up on** *vt fus* [abandon - task, puzzle] dejar por imposible; [- person] no poder con, dar como caso perdido.
give-and-take *n* toma y daca *m*.
giveaway ['gɪvəweɪ] ◇ *adj* - **1.** [tell-tale] revelador(ra). - **2.** [very cheap] de regalo. ◇ *n* [tell-tale sign] indicio *m*, signo *m* revelador.
given ['gɪvn] ◇ *pp* → **give**. ◇ *adj* - **1.** [set, fixed] dado(da); **at any ~ time** en un momento dado. - **2.** [prone]: **to be ~ to sthg/to doing sthg** ser dado(da) a algo/a hacer algo. ◇ *prep* [taking into account] dado(da); **~ time...** de haber tenido tiempo..., con tiempo... ▢ **~ that** dado que.
given name *n esp Am* nombre *m* de pila.
giver ['gɪvəʳ] *n* donante *mf*.
gizmo ['gɪzməʊ] (*pl* **gizmos**) *n Am* artilugio *m*, chisme *m*.
gizzard ['gɪzəd] *n* molleja *f*.
glacé ['glæseɪ] *adj* - **1.** [candied] escarchado(da). - **2.** [leather, silk] glaseado(da).

glacé cherry *n* cereza *f* escarchada OR confitada.

glacé icing *n* glaseado *m*.

glacial ['gleɪsjəl] *adj lit & fig* glacial.

glacier ['glæsjəʳ] *n* glaciar *m*.

glacis ['glæsɪs] *n* - **1.** [incline] cuesta *f*, glacis *m*. - **2.** [in fortifications] glacis *m inv*, explanada *f*.

glad [glæd] (*compar* **gladder**, *superl* **gladdest**) *adj* - **1.** [happy, pleased] alegre, contento(ta); **to be ~ about/that** alegrarse de/de que. - **2.** [willing]: **to be ~ to do sthg** hacer algo con gusto. - **3.** [grateful]: **to be ~ of sthg** agradecer algo. - **4.** *literary* [news, occasion] feliz.

gladden ['glædn] *vt literary* regocijar, llenar de gozo.

glade [gleɪd] *n literary* claro *m*.

glad hand *n inf* saludo *m* aspaventoso.

gladiator ['glædɪeɪtəʳ] *n* gladiador *m*.

gladiatorial [ˌglædɪə'tɔːrɪəl] *adj* de gladiadores.

gladiolus [ˌglædɪ'əʊləs] (*pl* **gladioli** [-laɪ] OR **gladioluses**) *n* gladiolo *m*, gladíolo *m*.

gladly ['glædlɪ] *adv* - **1.** [happily, eagerly] alegremente. - **2.** [willingly] con mucho gusto.

gladness ['glædnɪs] *n* alegría *f*, júbilo *m*.

glad rags *npl inf*: **to put one's ~ on** ponerse de punta en blanco.

gladsome ['glædsəm] *adj arch* contento(ta), alegre.

Gladstone bag ['glædstən-] *n* maleta *f* de mano.

glamor *n Am* = **glamour**.

glamorize, -ise ['glæməraɪz] *vt* hacer más atractivo (más atractiva).

glamorous ['glæmərəs] *adj* atractivo(va), lleno(na) de encanto.

glamorously ['glæmərəslɪ] *adv* de un modo brillante OR deslumbrante.

glamour *Br*, **glamor** *Am* ['glæməʳ] ◇ *n* encanto *m*, atractivo *m*. ◇ *comp*: **~ boy** guaperas *m inv*; **~ girl** chica *f* despampanante, belleza *f*.

glance [glɑːns] ◇ *n* [quick look] vistazo *m*, mirada *f*; **to cast** OR **take a ~ at sthg** echar un vistazo a algo □ **at a ~** de un vistazo; **at first ~** a primera vista. ◇ *vi* [look quickly]: **to ~ at sb** lanzar una mirada a alguien; **to ~ at sthg** echar una ojeada OR un vistazo a algo; **to ~ at** OR **through sthg** hojear algo.

◆ **glance off** *vt fus* rebotar en.

glancing ['glɑːnsɪŋ] *adj* de refilón, oblicuo(cua).

gland [glænd] *n* glándula *f*.

glandes ['glændiːz] *pl* → **glans**.

glandular ['glændjʊləʳ] *adj* glandular.

glandular fever *n* mononucleosis *f inv* infecciosa.

glans [glæns] (*pl* **glandes** ['glændiːz]) *n* glande *m*.

glare [gleəʳ] ◇ *n* - **1.** [scowl] mirada *f* asesina. - **2.** [blaze, dazzle] destello *m*, deslumbramiento *m*. - **3.** (*U*) *fig* [of publicity] foco *m*. ◇ *vi* - **1.** [scowl]: **to ~ (at sthg/sb)** mirar con furia (algo/a alguien). - **2.** [blaze, dazzle] deslumbrar.

glare ice *n Am* hielo *m* que refleja la luz.

glaring ['gleərɪŋ] *adj* - **1.** [very obvious] evidente. - **2.** [blazing, dazzling] deslumbrante.

glaringly ['gleərɪŋlɪ] *adv*: **it's ~ obvious** salta a la vista.

glary ['gleərɪ] (*compar* **glarier**, *superl* **glariest**) *adj* deslumbrante, resplandeciente.

glasnost ['glæznɒst] *n* glasnost *f*.

glass [glɑːs] ◇ *n* - **1.** [material] vidrio *m*, cristal *m*. - **2.** [drinking vessel, glassful] vaso *m*; [with stem] copa *f*. - **3.** (*U*) [glassware] cristalería *f*. - **4.** [telescope] catalejo *m*. - **5.** [barometer] barómetro *m*. ◇ *comp* de vidrio, de cristal.

◆ **glasses** *npl* [spectacles] gafas *fpl*.

glassblowing ['glɑːsˌbləʊɪŋ] *n* soplado *m* de vidrio.

glasscutter ['glɑːsˌkʌtəʳ] *n* - **1.** [person] cristalero *m*, -ra *f*, vidriero *m*, -ra *f*. - **2.** [implement] cortavidrio *m*, diamante *m*.

glass eye *n* ojo *m* de cristal.

glass fibre *n* (*U*) *Br* fibra *f* de vidrio.

glassful ['glɑːsfʊl] *n* vaso *m* (lleno).

glasshouse ['glɑːshaʊs, *pl* -haʊzɪz] *n Br* [greenhouse] invernadero *m*.

glassily ['glɑːsɪlɪ] *adv* con los ojos vidriosos.

glassmaking ['glæsˌmeɪkɪŋ] *n* fabricación *f* de cristal.

glasspaper ['glɑːsˌpeɪpəʳ] ◇ *n* papel *m* de lija. ◇ *vt* lijar con papel de lija.

glassware ['glɑːsweəʳ] *n* (*U*) cristalería *f*.

glass wool *n* lana *f* de vidrio.

glasswork ['glɑːswɜːk] *n* cristalería *f*, artículos *mpl* de cristal.

glassworks ['glɑːswɜːks] (*pl inv*) *n* fábrica *f* de vidrio OR de cristal.

glassy ['glɑːsɪ] (*compar* **glassier**, *superl* **glassiest**) *adj* - **1.** [smooth, shiny] cristalino(na). - **2.** [blank, lifeless] vidrioso(sa).

glassy-eyed *adj* con los ojos vidriosos.

Glaswegian [glæz'wiːdʒən] ◇ *adj* de o relativo a Glasgow. ◇ *n* [person] natural o habitante de Glasgow.

glaucoma [glɔː'kəʊmə] *n* glaucoma *m*.

glaze [gleɪz] ◇ *n* [on pottery] vidriado *m*; [on food] glaseado *m*; [on painting] barniz *m*. ◇ *vt* - **1.** [pottery] vidriar; [food] glasear; [painting] barnizar. - **2.** [window] poner cristales a.

◆ **glaze over** *vi* apagarse.

glazed [gleɪzd] *adj* - **1.** [dull, bored] vidrioso(sa). - **2.** [pottery] vidriado(da); [food] glaseado(da). - **3.** [door, window] acristalado(da).

glazier ['gleɪzjəʳ] *n* vidriero *m*, -ra *f*.

glazing ['gleɪzɪŋ] *n* - **1.** [glasswork] vidrería *f*. - **2.** [window glass] cristales *mpl*. - **3.** [glaze] barniz *m*.

GLC (*abbr of* **Greater London Council**) *n* antiguo ayuntamiento de Londres.

gleam [gliːm] ◇ *n* [of light] destello *m*; [of hope] rayo *m*. ◇ *vi* relucir.

gleaming ['gliːmɪŋ] *adj* reluciente.

glean [gliːn] *vt* - **1.** [gather] recoger. - **2.** AGR rastrojar.

gleanings ['gliːnɪŋz] *npl* cosecha *f*, acopio *m*.

glee [gliː] *n* - **1.** [joy, delight] alegría *f*, regocijo *m*. - **2.** MUS canción coral sin acompañamiento.

glee club *n Am* orfeón *m*.

gleeful ['gliːfʊl] *adj* alegre, jubiloso(sa).

gleefully ['gliːfʊlɪ] *adv* con alegría OR regocijo.

gleefulness ['gliːfʊlnɪs] *n* = **glee** *sense 1*.

glen [glen] *n Scot* cañada *f*.

glib [glɪb] (*compar* **glibber**, *superl* **glibbest**) *adj* - **1.** [person] de mucha labia. - **2.** [answer, excuse] fácil.

glibly ['glɪblɪ] *adv* con mucha labia.

glibness ['glɪbnɪs] *n* locuacidad *f*, labia *f*.

glide [glaɪd] ◇ *vi* - **1.** [move smoothly] deslizarse. - **2.** [fly] planear. - **3.** *fig* [time, weeks] pasar, transcurrir. ◇ *vt* hacer deslizar. ◇ *n* - **1.** [gen] deslizamiento *m*. - **2.** MUS ligadura *f*. - **3.** AERON planeo *m*.

glider ['glaɪdəʳ] *n* - **1.** [plane] planeador *m*. - **2.** *Am* [swing] columpio *m*.

gliding ['glaɪdɪŋ] *n* [sport] vuelo *m* sin motor.

glimmer ['glɪməʳ] ◇ *n* - **1.** [faint light] luz *f* tenue. - **2.** *fig* [trace, sign] atisbo *m*; [of hope] rayo *m*. ◇ *vi* brillar tenuemente.

glimpse [glɪmps] ◇ *n* - **1.** [look, sight] vislumbre *f*; **to catch a ~ of sthg/sb** entreveralgo/a alguien. - **2.** [idea, perception] asomo *m*, atisbo *m*. ◇ *vt* entrever, vislumbrar.

glint [glɪnt] ◇ *n* - **1.** [flash] destello *m*. - **2.** [in eyes] fulgor *m*. ◇ *vi* destellar.

glissade [glɪ'sɑːd] ◇ *vi* - **1.** [in climbing] bajar deslizándose. - **2.** DANCE deslizar un pie. ◇ *n* deslizamiento *m*.

glisten ['glɪsn] *vi* relucir, brillar.

glistening ['glɪsnɪŋ] *adj* reluciente.

glitch [glɪtʃ] *n Am inf* pequeño fallo *m* técnico.

glitter ['glɪtə'] ◇ *n* - **1.** [brightness] brillo *m*. - **2.** [decoration] lentejuelas *fpl*. ◇ *vi* relucir, brillar.

glitterati [glɪtə'rɑːtiː] *npl* famosos *mpl*, -sas *fpl*.

glittering ['glɪtərɪŋ] *adj* brillante, reluciente.

glittery ['glɪtərɪ] *adj* - **1.** [light] brillante, reluciente. - **2.** *pej* [jewellery] de oropel; [make-up, decor] llamativo(va).

glitzy ['glɪtsɪ] (*compar* **glitzier**, *superl* **glitziest**) *adj inf* [glamorous] deslumbrante.

gloaming ['gləʊmɪŋ] *n arch* crepúsculo *m*.

gloat [gləʊt] *vi*: **to ~ (over sthg)** regodearse (con algo).

gloating ['gləʊtɪŋ] *adj* [smile, look] satisfecho(cha), de regodeo.

glob [glɒb] *n* - **1.** [drop] gotita *f*. - **2.** [lump] grumo *m*, pegote *m*.

global ['gləʊbl] *adj* - **1.** [worldwide] mundial. - **2.** [overall] global.

globalize, -ise ['gləʊbəlaɪz] *vt* globalizar.

globally ['gləʊbəlɪ] *adv* - **1.** [overall] en términos globales. - **2.** [worldwide] mundialmente.

global village *n*: **the ~** la aldea global.

global warming *n* cambio *m* climático, calentamiento *m* mundial.

globe [gləʊb] *n* - **1.** [gen] globo *m*. - **2.** [spherical map] globo *m* (terráqueo).

globetrotter ['gləʊb,trɒtə'] *n inf* trotamundos *mf inv*.

globetrotting ['gləʊb,trɒtɪŋ] *n (U)* viajes *mpl* alrededor del mundo.

globular ['glɒbjʊlə'] *adj* globular.

globule ['glɒbjuːl] *n* glóbulo *m*.

globulin ['glɒbjʊlɪn] *n* globulina *f*.

glockenspiel ['glɒkənʃpiːl] *n* glockenspiel *m*.

gloom [gluːm] *n* - **1.** [darkness] penumbra *f*. - **2.** [unhappiness] tristeza *f*, melancolía *f*. - **3.** [pessimism] pesimismo *m*.

gloomily ['gluːmɪlɪ] *adv* con melancolía OR tristeza.

gloominess ['gluːmɪnɪs] *n* - **1.** [darkness] penumbra *f*. - **2.** [dreariness] carácter *m* lúgubre. - **3.** [unhappiness] tristeza *f*, melancolía *f*. - **4.** [pessimism] pesimismo *m*.

gloomy ['gluːmɪ] (*compar* **gloomier**, *superl* **gloomiest**) *adj* - **1.** [dark, cloudy] oscuro(ra). - **2.** [unhappy] triste, melancólico(ca). - **3.** [without hope - report, forecast] pesimista; [- situation, prospects] desalentador(ra).

glop [glɒp] *n inf* plasta *f*.

Gloria ['glɔːrɪə] *n* RELIG Gloria *m*.

glorification [glɔːrɪfɪ'keɪʃn] *n* glorificación *f*.

glorified ['glɔːrɪfaɪd] *adj pej* [jumped-up] con pretensiones; **she's just a ~ accountant** no es más que una vulgar contable.

glorify ['glɔːrɪfaɪ] (*pt & pp* **gloriified**) *vt* [overpraise] ensalzar.

glorious ['glɔːrɪəs] *adj* - **1.** [wonderful] magnífico(ca), espléndido(da). - **2.** [illustrious] glorioso(sa); **the Glorious Twelfth** [in Ireland] *celebración de la victoria de los protestantes contra los católicos en Irlanda (el 21 de julio de 1690)*.

gloriously ['glɔːrɪəslɪ] *adv* magníficamente, espléndidamente.

glory ['glɔːrɪ] (*pl* **glories**) *n* - **1.** [gen] gloria *f*; **to be in one's ~** *fig* estar en la gloria; **to cover o.s. with ~** *fig* cubrirse de gloria. - **2.** [beauty, splendour] esplendor *m*.
◆ **glories** *npl* [triumphs] éxitos *mpl*, triunfos *mpl*.
◆ **glory in** *vt fus* [relish] disfrutar de, regocijarse con.

glory hole *n* - **1.** *Br inf* [cupboard] trastero *m*; [untidy place] leonera *f*. - **2.** NAUT [locker, storeroom] pañol *m*.

Glos (*abbr of* **Gloucestershire**) *condado inglés*.

gloss [glɒs] ◇ *n* - **1.** [shine] lustre *m*, brillo *m*; **to take the ~ off sthg** *fig* quitarle el encanto a algo. - **2.** = **gloss paint**. - **3.** [explanation] glosa *f*. ◇ *vt* - **1.** [give gloss to] lustrar, pulir. - **2.** [explain, paraphrase] glosar.
◆ **gloss over** *vt fus* tocar muy por encima.

glossary ['glɒsərɪ] (*pl* **glossaries**) *n* glosario *m*.

glossiness ['glɒsɪnɪs] *n* brillo *m*, lustre *m*.

gloss paint *n* esmalte *m*.

glossy ['glɒsɪ] (*compar* **glossier**, *superl* **glossiest**) *adj* - **1.** [surface, varnish, hair] brillante, lustroso(sa). - **2.** [photo, brochure] de papel satinado.

glossy magazine *n* revista *f* lujosa a todo color.

glottal ['glɒtl] *adj* - **1.** ANAT glótico(ca). - **2.** LING glotal; **~ stop** oclusiva *f* glotal.

glottis ['glɒtɪs] *n* glotis *f inv*.

glove [glʌv] ◇ *n* guante *m*; **once the campaign started the ~s were off** *fig* en cuanto empezó la campaña, ya nadie se anduvo con paños calientes; **to fit like a ~** *fig* quedar como un guante. ◇ *comp*: **~ factory** guantería *f*; **~ maker** guantero *m*, -ra *f*; **~ shop** guantería *f*.

glove compartment *n* guantera *f*.

gloved [glʌvd] *adj* enguantado(da).

glove puppet *n Br* guiñol *m* (marioneta).

glover ['glʌvə'] *n* guantero *m*, -ra *f*.

glow [gləʊ] ◇ *n* - **1.** [light] brillo *m*, fulgor *m*. - **2.** [flush] rubor *m*. - **3.** [feeling] calor *m*, ardor *m*. ◇ *vi* - **1.** [gen] brillar. - **2.** [flush]: **to ~ (with)** [embarrassment] sonrojarse (de); [happiness, pleasure etc] estar rebosante (de).

glower ['glaʊə'] *vi*: **to ~ (at sthg/sb)** mirar con furia (algo/a alguien).

glowering ['glaʊərɪŋ] *adj* [expression, person] furioso(sa).

glowing ['gləʊɪŋ] *adj* - **1.** [very favourable] entusiasta. - **2.** [fire, embers] resplandeciente; [light] brillante; [colour] vivo(va); [face] radiante, resplandeciente.

glow-worm *n* luciérnaga *f*.

glucose ['gluːkəʊs] *n* glucosa *f*.

glue [gluː] (*cont* **glueing** OR **gluing**) ◇ *n* [paste] pegamento *m*; [for glueing wood, metal etc] cola *f*. ◇ *vt* [paste] pegar (con pegamento); [wood, metal etc] encolar; **to be ~d to sthg** *fig* [absorbed by] estar pegado(da) a algo.

glue-sniffer [-,snɪfə'] *n*: **to be a ~** esnifar pegamento.

glue-sniffing [-,snɪfɪŋ] *n* inhalación *f* de pegamento.

gluey ['gluːɪ] *adj* pegajoso(sa).

glum [glʌm] (*compar* **glummer**, *superl* **glummest**) *adj* [unhappy] tristón(ona), sombrío(a).

glumly ['glʌmlɪ] *adv* de un modo sombrío.

glumness ['glʌmnɪs] *n* [unhappiness] abatimiento *m*, tristeza *f*.

glut [glʌt] ◇ *n* exceso *m*, superabundancia *f*. ◇ *vt* - **1.** [with food]: **to ~ o.s. with** OR **on sthg** pegarse un atracón OR atracarse de algo. - **2.** [saturate]: **to ~ the market** inundar OR abarrotar el mercado.

glutei [glʊ'tiːaɪ] *pl* → **gluteus**.

gluten ['gluːtən] *n* gluten *m*.

gluten bread *n* pan *m* de gluten.

gluteus [glʊ'tiːəs] (*pl* **glutei** [-tiːaɪ]) *n* glúteo *m*.

glutinous ['gluːtɪnəs] *adj* pegajoso(sa), glutinoso(sa).

glutton ['glʌtn] *n* [greedy person] glotón *m*, -ona *f*; **to be a ~ for punishment** *fig* ser un masoquista.

gluttonous ['glʌtənəs] *adj* glotón(ona).

gluttony ['glʌtənɪ] *n* glotonería *f*, gula *f*.

glyceride ['glɪsəraɪd] *n* glicérido *m*.

glycerin ['glɪsərɪn], **glycerine** ['glɪsəriːn] *n* glicerina *f*.

glycerol ['glɪsərɒl] *n* glicerol *m*.

glycogen ['glaɪkəʊdʒən] *n* glicógeno *m*.

glycol ['glaɪkɒl] *n* glicol *m*, etilenglicol *m*.

glyph [glɪf] *n* glifo *m*.

gm (*written abbr of* **gram**) gr.

G-man *n Am inf* agente *mf* del FBI.

GMAT (*abbr of* **Graduate Management Admissions Test**) *n* examen de admisión al segundo ciclo de enseñanza superior en EE UU.

GMB *n* importante sindicato de obreros británicos.

GMT (*abbr of* **Greenwich Mean Time**) hora GMT del meridiano de Greenwich.

gnarl [nɑːl] *n* BOT nudo *m*.

gnarled [nɑːld] *adj* nudoso(sa).

gnash [næʃ] *vt*: **to ~ one's teeth** hacer rechinar los dientes.

gnat [næt] *n* mosquito *m*.

gnaw [nɔː] *vt* [chew] roer; **to ~ (away) at sb** corroer a alguien.

gnawing [ˈnɔːɪŋ] *adj* - **1.** [pain] martirizador(ra), atenazador(ra); [hunger] que corroe. - **2.** [anxiety, doubt] que corroe, atenazador(ra).

gneiss [naɪs] *n* gneis *m*.

gnome [nəʊm] *n* gnomo *m*.

gnomon [ˈnəʊmɒn] *n* gnomon *m*.

gnosis [ˈnəʊsɪs] *n* gnosis *f*.

gnostic [ˈnɒstɪk] *adj* gnóstico(ca).

Gnosticism [ˈnɒstɪsɪzm] *n* gnosticismo *m*.

GNP (*abbr of* **gross national product**) *n* PNB *m*.

gnu [nuː] (*pl inv* OR **gnus**) *n* ñu *m*.

go [gəʊ] (*pt* **went** [went], *pp* **gone** [gɒn], *pl* **goes**) ◇ *vi* - **1.** [move, travel, attend] ir; **he's gone to Portugal** se ha ido a Portugal; **we went by bus/train** fuimos en autobús/tren; **where are you ~ing?** ¿dónde vas?; **where does this path ~?** ¿a dónde lleva este camino?; **to ~ and do sthg** ir a hacer algo; **I'll ~ and see** voy a ver; **to ~ swimming/shopping** ir a nadar/de compras; **to ~ for a walk/run** ir a dar un paseo/a correr; **to ~ to church/school** ir a misa/la escuela; **to ~ to work** ir a trabajar ❑ **where do we ~ from here?** ¿y ahora qué? - **2.** [depart - person] irse, marcharse; [- bus] irse, salir; **I must ~, I have to ~** tengo que irme; **it's time we went** es hora de irse OR marcharse; **let's ~!** ¡vámonos!; **what time does the bus ~?** ¿a qué hora sale el autobús? - **3.** [pass] pasar; **the time went slowly/quickly** el tiempo pasaba lentamente/rápido. - **4.** [progress] ir; **to ~ well/badly** ir bien/mal; **how's it ~ing?** *inf* [how are you?] ¿qué tal? - **5.** [belong, fit] ir; **the plates ~ in the cupboard** los platos van en el armario; **it won't ~ into the suitcase** no cabe en la maleta. - **6.** [become] ponerse; **to ~ red** ponerse rojo(ja); **to ~ mad** volverse loco(ca); **to ~ blind** quedarse ciego(ga). - **7.** [be or remain in a particular state]: **we went in fear of our lives** temíamos por nuestras vidas; **to ~ naked** andar desnudo(da); **to ~ hungry** pasar hambre; **to ~ unpunished** salir impune. - **8.** [indicating intention, certainty, expectation]: **to be ~ing to do sthg** ir a hacer algo; **he said he was ~ing to be late** dijo que llegaría tarde; **I feel like I'm ~ing to be sick** me parece que voy a devolver; **it's ~ing to rain/snow** va a llover/nevar; **she's ~ing to have a baby** va a tener un niño; **what are you ~ing to do now?** ¿qué vas a hacer ahora? - **9.** [match, be compatible]: **to ~ (with)** ir bien (con); **this blouse goes well with the skirt** esta blusa va muy bien OR hace juego con la falda; **those colours don't really ~** la verdad es que esos colores no combinan bien. - **10.** [function, work] funcionar; **is the tape recorder still ~ing?** [still in working order] ¿funciona todavía el casete?; [still on] ¿está todavía encendido el casete? - **11.** [bell, alarm] sonar. - **12.** [when referring to saying, story or song] decir; **how does that song ~?** ¿cómo es OR dice esa canción?; **as the saying goes** como dice el refrán. - **13.** [stop working] estropearse; **the fuse must have gone** han debido de saltar los plomos. - **14.** [deteriorate]: **her sight/hearing is ~ing** está perdiendola vista/el oído. - **15.** [be spent]: **to ~ on** ir a parar a, gastarse en; **all my money goes on food and rent** todo el dinero se me va en comida y alquiler. - **16.** [be given]: **the prize/contract went to B. Jones** el premio/contrato le fue concedido a B. Jones; **going, going, gone!** a la una, a las dos y a las tres: ¡adjudicado! - **17.** [be disposed of]: **he'll have to ~** habrá que despedirle; **everything must ~!** ¡gran liquidación! - **18.** *inf* [in giving advice]: **now, don't ~ catching cold** y cuidado no cojas frío ¿eh?; **don't ~ telling everybody** no vayas contándolo por ahí. - **19.** *inf* [expressing irritation, surprise]: **now what's he gone and done?** ¿qué leches ha hecho ahora?; **she's gone and**

bought a new car! ¡ha ido y se ha comprado un coche nuevo!; **you've gone and done it now!** ¡ahora sí que la has hecho buena! - **20.** [in division]: **three into two won't ~** dos entre tres no cabe. - **21.** *phr*: **it just goes to show (that)...** eso demuestra OR prueba que... ◇ *vt* [make noise of] hacer; **the dog went 'woof'** el perro hizo '¡guau!'. ◇ *n* - **1.** [turn] turno *m*; **it's my ~** me toca a mí. - **2.** *inf* [attempt]: **to have a ~ at sthg** intentar OR probar algo; **have a ~!** ¡prueba!, ¡inténtalo! - **3.** *inf* [success]: **to make a ~ of sthg** tener éxito con OR en algo. - **4.** *phr*: **to have a ~ at sb** *inf* meterse con alguien; **to have sthg on the ~** estar metido(da) en algo; **to be on the ~** *inf* no parar, estar muy liado (muy liada).

◆ **to go** *adv* - **1.** [remaining]: **there are only three days to ~** sólo quedan tres días. - **2.** [to take away] para llevar.

◆ **go about** ◇ *vt fus* - **1.** [perform] hacer, realizar; **to ~ about one's business** ocuparse uno de sus asuntos. - **2.** [tackle]: **to ~ about doing sthg** apañárselas para hacer algo; **how do you intend ~ing about it?** ¿cómo piensas hacerlo? ◇ *vi* = **go around**.

◆ **go after** *vt fus* ira por OR detrás de.

◆ **go against** *vt fus* - **1.** [conflict with, be unfavourable to] ir en contra de. - **2.** [act contrary to] actuar en contra de.

◆ **go ahead** *vi* - **1.** [begin]: **to ~ ahead (with sthg)** seguir adelante (con algo); **~ ahead!** ¡adelante! - **2.** [take place] celebrarse.

◆ **go along** *vi* [proceed]: **as you ~ along** a medida que lo vayas haciendo; **he made it up as he went along** se lo inventaba sobre la marcha.

◆ **go along with** *vt fus* estar de acuerdo con; **he agreed to ~ along with our ideas** aceptó nuestras ideas sin demasiado entusiasmo.

◆ **go around** *vi* - **1.** *inf* [behave in a certain way]: **to ~ around doing sthg** ir por ahí haciendo algo. - **2.** [associate]: **to ~ around with sb** juntarse con alguien. - **3.** [joke, illness, story] correr (por ahí); **there's a rumour ~ing around about her** corren rumores acerca de ella.

◆ **go back on** *vt fus* [one's word, promise] faltar a.

◆ **go back to** *vt fus* - **1.** [return to activity] continuar OR seguir con; **to ~ back to sleep** volver a dormir. - **2.** [return to previous topic] volver a. - **3.** [date from] datar de, remontarse a.

◆ **go before** *vi* [precede] preceder; **we wanted to forget what had gone before** queríamos olvidar lo ocurrido.

◆ **go by** ◇ *vi* [time] pasar. ◇ *vt fus* - **1.** [be guided by] guiarse por. - **2.** [judge from]: **~ing by her accent, I'd say she was French** a juzgar por su acento yo diría que es francesa.

◆ **go down** ◇ *vi* - **1.** [prices etc] bajar. - **2.** [be accepted]: **to ~ down well/badly** tener una buena/mala acogida. - **3.** [sun] ponerse. - **4.** [tyre, balloon] deshincharse. - **5.** [be recorded]: **to ~ down in history as...** pasar a la historia como... ◇ *vt fus* bajar.

◆ **go down with** *vt fus inf* [illness] coger, pillar, agarrar *Amér*.

◆ **go for** *vt fus* - **1.** [choose] decidirse por, escoger. - **2.** [be attracted to]: **I don't really ~ for men like him** no me gustan mucho los hombres como él. - **3.** [attack] lanzarse sobre, atacar. - **4.** [try to obtain] ir a por. - **5.** [be valid] valer para; **does that ~ for me too?** ¿eso va por mí también?

◆ **go in** *vi* - **1.** [enter] entrar. - **2.** [sun] esconderse, meterse.

◆ **go in for** *vt fus* - **1.** [competition, exam] presentarse a. - **2.** [take up as a profession] dedicarse a. - **3.** *inf* [enjoy]: **he goes in for sports in a big way** hace un montón de deporte; **I don't really ~ in for classical music** no me va la música clásica.

◆ **go into** *vt fus* - **1.** [discuss, describe in detail] entrar en; **to ~ into details** entrar en detalles. - **2.** [investigate] investigar. - **3.** [take up as a profession] dedicarse a. - **4.** [be put into - subj: effort, money] invertirse; [- subj: work] emplearse; **a lot of hard work went into that book** se dedicó mucho trabajo a ese libro. - **5.** [begin]: **to ~ into a rage** ponerse frenético(ca); **to ~ into a dive** empezar a caer en picado.

◆ **go off** ◇ *vi* - **1.** [explode - bomb] estallar; [- gun] dispararse. - **2.** [alarm] saltar, sonar. - **3.** [go bad - food] echarse a perder, estropearse; [~ milk] cortarse. **- 4.** [lights, heating] apagarse. **- 5.** [happen]: **to ~ off (well/badly)** salir (bien/mal). ◊ *vt fus inf* [lose interest in] perder el gusto a OR el interés en.

◆ **go off with** *vt fus inf*: **he went off with his best friend's wife** se largó con la mujer de su mejor amigo.

◆ **go on** ◊ *vi* **- 1.** [take place] pasar, ocurrir. **- 2.** [continue]: **to ~ on (doing sthg)** seguir (haciendo algo); **I can't ~ on!** ¡no puedo más!; **shall I tell you:** **~ on** ¿te lo cuento? - venga, vale. **- 3.** [proceed to further activity]: **to ~ on to sthg/to do sthg** pasar a algo/a hacer algo. **- 4.** [proceed to another place]: **we went on to a nightclub afterwards** después nos fuimos a una discoteca. **- 5.** [time] pasar. **- 6.** [go in advance]: **you ~ on, I'll wait here** tú sigue OR continúa, yo te espero aquí. **- 7.** [heating etc] encenderse. **- 8.** [talk for too long]: **to ~ on (about)** no parar de hablar (de); **don't ~ on about it** déjalo ya, no sigas con eso. ◊ *vt fus* **- 1.** [be guided by] guiarse por. **- 2.** Am [approach] ir para; **he's ~ing on forty-five** va para OR va camino de los cuarenta y cinco. ◊ *excl* ¡venga! ¡vamos!; **~ on, treat yourself** ¡venga, hombre! ¡date el gusto!

◆ **go on at** *vt fus* [nag] dar la lata a.

◆ **go out** *vi* **- 1.** [leave house] salir; **to ~ out for a meal** cenar fuera. **- 2.** [as friends or lovers]: **to ~ out (with sb)** salir (con alguien), pololear (con alguien) *Amér.* **- 3.** [light, fire, cigarette] apagarse. **- 4.** [stop being fashionable] pasarse de moda.

◆ **go over** *vt fus* **- 1.** [examine] repasar. **- 2.** [repeat] repetir; **to ~ over sthg in one's mind** darle vueltas a algo.

◆ **go over to** *vt fus* **- 1.** [change to] cambiar OR pasar a. **- 2.** [change sides to] pasarse a; **to ~ over to the other side** pasarse al otro bando. **- 3.** RADIO & TV conectar con.

◆ **go round** *vi* **- 1.** [be enough for everyone]: **there's just enough to ~ round** hay lo justo para que alcance para todos. **- 2.** [revolve] girar, dar vueltas; *see also* **go around.**

◆ **go through** ◊ *vt fus* **- 1.** [experience] pasar por, experimentar. **- 2.** [spend] gastarse; [wear out] gastar; **the book went through eight editions in a month** se agotaron ocho ediciones del libro en un mes. **- 3.** [study, search through] registrar; **she went through his pockets** le registró los bolsillos. **- 4.** [read] examinar leyendo; [say out loud] enumerar, decir en alto; **I'll ~ through it again** lo voy a repetir. ◊ *vi* [bill, divorce etc] aprobarse.

◆ **go through with** *vt fus* llevar a cabo.

◆ **go towards** *vt fus* contribuir a.

◆ **go under** *vi lit & fig* hundirse.

◆ **go up** ◊ *vi* **- 1.** [prices, temperature, balloon] subir. **- 2.** [be built] levantarse, construirse. **- 3.** [explode] explotar, saltar por los aires. **- 4.** [burst into flames]: **to ~ up (in flames)** ser pasto de las llamas. **- 5.** [be uttered]: **a shout went up from amongst the crowd** unos gritos surgieron de entre la multitud. ◊ *vt fus* subir; **we went up the Eiffel Tower** subimos a la torre Eiffel.

◆ **go with** *vt fus* [be included with] ir con.

◆ **go without** ◊ *vt fus* prescindir de. ◊ *vi* apañárselas.

goad [gəʊd] ◊ *n* aguijada *f*, picana *f Amér.* ◊ *vt* **- 1.** [person] aguijonear, incitar; **to ~ sb into doing sthg** incitar a alguien a hacer algo. **- 2.** [cattle] aguijar, aguijonear.

go-ahead ◊ *adj* [dynamic] emprendedor(ra), dinámico(ca). ◊ *n (U)* [permission] luz *f* verde; **to give sb the ~ (for)** darle a alguien luz verde (para).

goal [gəʊl] *n* **- 1.** SPORT [area between goalposts] portería *f*, meta *f*, arco *m Amér*, [point scored] gol *m*; **to score a ~** marcar un gol. **- 2.** [aim] objetivo *m*, meta *f*.

goalie ['gəʊlɪ] *n inf* portero *m*, -ra *f*.

goalkeeper ['gəʊl,kiːpə'] *n* portero *m*, -ra *f*, guardameta *mf*, arquero *m*, -ra *f Amér.*

goalkeeping ['gəʊl,kiːpɪŋ] *n* juego *m* del guardameta OR portero; **we saw some great ~ on both sides** los dos guardametas OR porteros jugaron muy bien.

goal kick *n* saque *m* de puerta.

goalless ['gəʊllɪs] *adj*: **~ draw** empate *m* a cero.

goal line *n* línea *f* de meta.

goalminder ['gəʊl,maɪndə'] *n* guardameta *mf*, portero *m*, -ra *f*.

goalmouth ['gəʊl,maʊθ, *pl* -,maʊðz] *n* portería *f*, meta *f*, arco *m Amér.*

goalpost ['gəʊlpəʊst] *n* poste *m* (de la portería); **to move the ~s** *fig* cambiar las reglas del juego.

goalscorer ['gəʊl,skɔːrə'] *n* goleador(ra).

goat [gəʊt] *n* **- 1.** [animal] cabra *f*. **- 2.** *inf* [lecher]: **old ~** viejo *m* verde. **- 3.** *phr*: **to act the ~** *Br* hacer el ganso OR oso; **to get sb's ~** *inf* molestar OR enojar a alguien.

goatee [gəʊtiː] *n* perilla *f*.

goatherd ['gəʊthɜːd] *n* cabrero *m*, -ra *f*, guardacabras *mf inv.*

goatskin ['gəʊtskɪn] *n* **- 1.** [hide] piel *f* de cabra. **- 2.** [container] bota *f*.

gob [gɒb] (*pt & pp* **gobbed**, *cont* **gobbing**) ◊ *n* **- 1.** *Br v inf* [mouth] pico *m*. **- 2.** [lump - of mud, clay] pella *f*; [- of spittle] salivazo *m*. ◊ *vi* [spit] escupir.

gobble ['gɒbl] ◊ *vt* [food] engullir, tragar. ◊ *vi* [turkey] gluglutear. ◊ *n* gluglú *m.*

◆ **gobble down, gobble up** *vt sep* engullir, tragar.

gobbledygook ['gɒbldɪguːk] *n (U)* **- 1.** [incomprehensible language] jerga *f* incomprensible, jerigonza *f*. **- 2.** *inf* [nonsense] tonterías *fpl.*

gobbler ['gɒblə'] *n inf* [male turkey] pavo *m.*

go-between *n* intermediario *m*, -ria *f.*

Gobi ['gəʊbɪ] *n*: **the ~ Desert** el desierto de Gobi.

goblet ['gɒblɪt] *n* copa *f.*

goblin ['gɒblɪn] *n* duende *m.*

gobsmacked ['gɒbsmækt] *adj Br inf* boquiabierto(ta), alucinado(da).

gobstopper ['gɒb,stɒpə'] *n Br* caramelo redondo y grande que cambia de color a medida que se va chupando.

go-cart *n* **- 1.** = **go-kart.** **- 2.** Am [toy wagon] carrito *m* de juguete. **- 3.** Am [baby walker] andador *m*. **- 4.** Am [baby buggy] sillita *f* de niño.

god [gɒd] *n* dios *m.*

◆ **God** ◊ *n* Dios *m*; **for God's sake** ¡por el amor de Dios!; **God knows** sabe Dios; **God rest his soul** que Dios le tenga en su gloria; **God willing** si Dios quiere; **so help me God!** ¡lo juro por Dios!; **thank God** ¡gracias a Dios! ◊ *excl*: **(my) God!** ¡Dios (mío)!

◆ **gods** *npl Br inf*: **the ~s** THEATRE el gallinero.

godawful ['gɒd,ɔːful] *adj inf* horroroso(sa), fatal.

godchild ['gɒdtʃaɪld] (*pl* **godchildren** [-,tʃɪldrən]) *n* ahijado *m*, -da *f.*

goddam(n) ['gɒdæm] *esp Am* ◊ *adj* maldito(ta). ◊ *excl* ¡maldita sea!

goddaughter ['gɒd,dɔːtə'] *n* ahijada *f.*

goddess ['gɒdɪs] *n* diosa *f.*

godfather ['gɒd,faːðə'] *n* padrino *m.*

god-fearing *adj* temeroso(sa) de Dios, piadoso(sa).

godforsaken ['gɒdfə,seɪkn] *adj* dejado(da) de la mano de Dios.

godhead ['gɒdhed] *n* divinidad *f*; **the ~** Dios *m.*

godhood ['gɒdhʊd] *n* divinidad *f.*

godless ['gɒdlɪs] *adj* descreído(da).

godlike ['gɒdlaɪk] *adj* divino(na).

godliness ['gɒdlɪnɪs] *n* devoción *f*, piedad *f.*

godly ['gɒdlɪ] (*compar* **godlier**, *superl* **godliest**) *adj* **- 1.** [pious] piadoso(sa), pío(a). **- 2.** [divine] divino(na).

godmother ['gɒd,mʌðə'] *n* madrina *f.*

godparent ['gɒd,peərənt] *n* **- 1.** [godfather] padrino *m*. **- 2.** [godmother] madrina *f.*

◆ **godparents** *npl* padrinos *mpl.*

godsend ['gɒdsend] *n*: **to be a ~** venir como agua de mayo.

godson ['gɒdsʌn] *n* ahijado *m.*

Godspeed [gɒd'spiːd] *n* bienandanza *f*, buena suerte *f.*

goer ['gəʊə'] *n Br inf* **- 1.** [fast person] marchoso *m*, -sa *f*; [vehicle] bólido *m*; [animal] flecha *f*. **- 2.** [sexually active person]: **he's/she's a real** ~ le va la marcha.

goes [gəʊz] *v* → **go**.

gofer ['gəʊfə'] *n Am inf* recadero *m*, -ra *f*.

go-getter ['-getə'] *n* persona *f* emprendedora y ambiciosa.

goggle ['gɒgl] *vi*: **to** ~ **(at sthg/sb)** mirar con ojos desorbitados (algo/a alguien).

◆ **goggles** *npl* **- 1.** [for swimming] gafas *fpl* de natación; [for skiing] gafas *fpl* de esquí; [for welding] gafas *fpl* de protección. **- 2.** *inf* [glasses] gafas *fpl*.

goggle-eyed *adj* de ojos saltones.

goggly ['gɒglɪ] *adj*: **to have** ~ **eyes** tener los ojos saltones.

go-go dancer *n* (chica *f*) gogó *f*.

going ['gəʊɪŋ] ◇ *adj* **- 1.** *Br* [available] disponible; **is there any beer** ~? ¿no habrá una cervecita para mí?; **you have a lot** ~ **for you** *inf* tienes mucho futuro. **- 2.** [rate] actual; **what's the** ~ **rate for babysitting?** ¿cuánto se le paga a las canguros? ◇ *n* (U) **- 1.** [rate of advance] marcha *f*; **that's** OR **that was good** ~ ¡qué rápido! **- 2.** [conditions] condiciones *fpl*; **to be rough** OR **heavy** ~ hacerse pesado(da); **to be easy** ~ ser fácil; **while the** ~ **is good** ahora que las cosas van bien.

going concern *n* [company] empresa *f* rentable y en marcha.

going-over (*pl* **goings-over**) *n inf* **- 1.** [inspection] repaso *m*, inspección *f*. **- 2.** [beating] paliza *f*; [reprimand] repaso *m*, castigo *m*.

goings-on *npl inf* tejemanejes *mpl*.

goitre *Br*, **goiter** *Am* ['gɔɪtə'] *n* bocio *m*.

go-kart *n* kart *m*.

Golan Heights ['gəʊˌlæn-] *npl*: **the** ~ los altos del Golán.

gold [gəʊld] ◇ *adj* [gold-coloured] dorado(da); ~ **lettering** letras *fpl* doradas. ◇ *n* **- 1.** [gen] oro *m*; **to be as good as** ~ *fig* ser buenísimo(ma); **all that glitters is not** ~ *proverb* no es oro todo lo que reluce *proverb*. **- 2.** [medal] medalla *f* de oro, oro *m*. ◇ *comp* [made of gold] de oro.

gold braid *n* galón *m* de oro.

gold bullion ◇ *n* oro *m* en lingotes OR barras. ◇ *comp*: ~ **standard** patrón *m* oro en lingotes.

gold digger *n inf* [woman] cazafortunas *f inv*, mujer *f* vividora.

gold dust *n* oro *m* en polvo; **jobs are like** ~ **around here** *fig* por aquí los puestos de trabajo escasean.

golden ['gəʊldən] *adj* **- 1.** [made of gold] de oro. **- 2.** [gold-coloured] dorado(da).

golden age *n* edad *f* de oro.

◆ **Golden Age** *n* [in Spanish history] Siglo *m* de Oro.

golden anniversary *n* = **golden wedding**.

golden boy *n* chico *m* prometedor.

golden calf *n* becerro *m* de oro.

Golden Delicious (*pl inv*) *n* manzana *f* golden.

golden eagle *n* águila *f* real.

Golden Fleece *n*: **the** ~ el vellocino de oro.

golden girl *n* chica *f* prometedora.

golden handshake *n* gratificación cuantiosa que se recibe en el momento de la jubilación.

golden jubilee *n* bodas *fpl* de oro.

golden mean *n* justo medio *m*.

golden opportunity *n* ocasión *f* de oro.

golden retriever *n* tipo de perdiguero.

golden rule *n* regla *f* de oro.

golden section *n* sección *f* áurea.

golden syrup *n Br* melaza *f* refinada de caña.

golden wedding *n* bodas *fpl* de oro.

gold fever *n* fiebre *f* del oro.

goldfield ['gəʊldfiːld] *n* yacimiento *m* de oro.

gold-filled ['-fɪld] *adj* chapado(da) en oro.

goldfinch ['gəʊldfɪntʃ] *n* jilguero *m*, cardelina *f*.

goldfish ['gəʊldfɪʃ] (*pl inv*) *n* pez *m* de colores.

goldfish bowl *n* pecera *f*.

gold leaf *n* pan *m* de oro.

gold medal *n* medalla *f* de oro.

goldmine ['gəʊldmaɪn] *n lit & fig* mina *f* de oro.

gold plate *n* **- 1.** [utensils] orfebrería *f*, objetos *mpl* de oro. **- 2.** [plating] chapado *m* en oro.

gold-plated *adj* chapado(da) en oro.

gold point *n* punto *m* de oro.

gold-rimmed *adj*: ~ **spectacles** gafas *fpl* con (la) montura dorada.

gold rush *n* fiebre *f* del oro.

goldsmith ['gəʊldsmɪθ] *n* orfebre *mf*.

gold standard *n*: **the** ~ el patrón oro.

golf [gɒlf] ◇ *n* golf *m*. ◇ *vi* jugar al golf.

golf bag *n* bolsa *f* de golf.

golf ball *n* **- 1.** [for golf] pelota *f* de golf. **- 2.** [for typewriter] esfera *f* impresora.

golf cart *n* carrito *m* de golf.

golf club *n* **- 1.** [society, place] club *m* de golf. **- 2.** [stick] palo *m* de golf.

golf course *n* campo *m* de golf.

golfer ['gɒlfə'] *n* golfista *mf*.

golfing ['gɒlfɪŋ] *n* golf *m* (actividad).

golliwog ['gɒlɪwɒg] *n* muñeco *m* negro de trapo.

golly ['gɒlɪ] *excl inf dated* ¡caray!, ¡cáspita!

gollywog ['gɒlɪwɒg] *n* = **golliwog**.

goloshes [gə'lɒʃɪz] *npl* = **galoshes**.

gonad ['gəʊnæd] *n* gónada *f*.

gondola ['gɒndələ] *n* **- 1.** [boat, in supermarket] góndola *f*. **- 2.** [on balloon] góndola *f*, barquilla *f*.

gondolier [gɒndə'lɪə'] *n* gondolero *m*, -ra *f*.

gone [gɒn] ◇ *pp* → **go**. ◇ *adj* **- 1.** [past]: **those days are** ~ esos tiempos ya pasaron. **- 2.** *inf* [infatuated]: **to be** ~ **onsb/sthg** estar loco(ca) por alguien/algo. **- 3.** *euph* [dead] muerto(ta). **- 4.** *phr*: **to be far** ~ [ill] estar en muy mal estado; [drunk] estar muy bebido (muy bebida). ◇ *prep* [past]: **it was** ~ **six already** ya eran las seis pasadas.

goner ['gɒnə'] *n inf*: **to be a** ~ estar en las últimas.

gonfalon ['gɒnfələn] *n* gonfalón *m*, confalón *m*.

gong [gɒŋ] *n* gong *m*.

Gongorism ['gɒŋgəˌrɪzm] *n* gongorismo *m*.

gonna ['gɒnə] *contr inf* = **going to**.

gonococcus [gɒnəʊ'kɒkəs] (*pl* **gonococci** [-'kɒkaɪ]) *n* gonococo *m*.

gonorrh(o)ea [gɒnə'rɪə] *n* gonorrea *f*.

gonzo ['gɒnzəʊ] *adj Am inf* subjetivo(va), parcial.

goo [guː] *n inf* pegote *m*, pegajosidad *f*.

goober ['guːbə'] *n* cacahuete *m*, maní *m* Amér.

good [gʊd] (*compar* **better** ['betə'], *superl* **best** [best]) ◇ *adj* **- 1.** [gen] bueno(na); **it's** ~ **to see you** me alegro de verte; **she's** ~ **at it** se la da bien; **to be** ~ **with** saber manejárselas con; **she's** ~ **with her hands** es muy mañosa; **it's** ~ **for you** es bueno, es beneficioso; **this coat is** ~ **for another year** este abrigo sirve para otro año más; **to feel** ~ sentirse bien; **that feels** ~! ¡qué gusto!; **to feel** ~ **about sthg** no tener inconveniente en algo; **he doesn't feel** ~ **about leaving her alone** no le parece bien dejarla sola; **it's** ~ **that...** está bien que...; **to look** ~ [attractive] estar muy guapo (muy guapa); [appetizing, promising] tener buena pinta; **be** ~! ¡sé bueno!, ¡pórtate bien!; ~! ¡muy bien!, ¡estupendo! **- 2.** [kind] amable; **to be** ~ **to sb** ser amable con alguien; **to be** ~ **enough to do sthg** ser tan amable de hacer algo. **- 3.** [thorough] bueno(na); **give it a** ~ **shake** agítalo bien; **I had a** ~ **cry** lloré de lo lindo, me pegué una buena llantina; **to have a** ~ **look** mirar bien; **to have a** ~ **wash** lavarse bien. **- 4.** [ample, considerable] bueno(na); **a** ~ **hour** una hora larga; **a** ~ **20 metres** 20 metros por lo menos. **- 5.** [creditworthy] bueno(na), seguro(ra); **they are** ~ **for £500** tie-

nen crédito hasta 500 libras. - **6.** *phr* : ~ **and** *inf* del todo, totalmente; **I'll fix him** ~ **and proper** *inf* a ése lo voy a arreglar yo bien; **make sure the room's** ~ **and tidy** *inf* asegúrate de que el cuarto está bien ordenado; ~ **for you!** ¡muy bien!, ¡bien hecho!; **it's a** ~ **job** OR **thing (that)...** menos mal que...; **it's too** ~ **to be true** es demasiado bueno para ser verdad; **that's a** ~ **one!** ¡qué gracioso!; **to be** ~ **for nothing** no servir para nada, ser inútil; **to be too much of a** ~ **thing** ser demasiado; **to give as** ~ **as one gets** devolver todos los golpes; **to make** ~ [become successful] prosperar; **to make sthg** ~ reparar OR enmendar algo. ◇ *n* - **1.** *(U)* [benefit] bien *m*; **for the** ~ **of** por el bien de; **for your own** ~ por tu propio bien; **it will do him** ~ le hará bien. - **2.** [use] beneficio *m*, provecho *m*; **he's not much** ~ **as a teacher** como profesor no vale gran cosa; **I'm no** ~ **at drawing** no se me da bien el dibujo; **what's the** ~ **of...** ¿de OR para qué sirve...; **it's no** ~ no sirve para nada; **will this be any** ~? ¿servirá esto para algo? - **3.** [morally correct behaviour] el bien; **to be up to no** ~ estar tramando algo malo.
◆ **goods** *npl* - **1.** [COMM - for sale] productos *mpl*, artículos *mpl*; [- when transported] mercancías *fpl*; **to come up with** OR **deliver the** ~**s** *Br inf fig* cumplir (lo prometido). - **2.** ECON bienes *mpl*; ~**s and chattels** muebles y enseres *mpl*.
◆ **as good as** *adv* casi, prácticamente; **it's as** ~ **as new** está como nuevo; **to be as** ~ **as saying...** ser como OR lo mismo que decir que...
◆ **for good** *adv* [forever] para siempre.
◆ **good afternoon** *excl* ¡buenas tardes!
◆ **good day** *excl dated Austr* ¡buenas!, ¡buenos días!
◆ **good evening** *excl* [in the evening] ¡buenas tardes!; [at night] ¡buenas noches!
◆ **good morning** *excl* ¡buenos días!, ¡buen día! *Amér.*
◆ **good night** *excl* ¡buenas noches!
goodbye [ˌgʊdˈbaɪ] ◇ *excl* ¡adiós! ◇ *n* adiós *m*; **to say** ~ **(to sb)** despedirse (de alguien) □ **to kiss sthg** ~ *inf fig* decir adiós a algo, despedirse de algo. ◇ *comp*: ~ **kiss** beso *m* de despedida.
good-for-nothing ◇ *adj* inútil. ◇ *n* inútil *mf*.
Good Friday *n* Viernes *m* Santo.

good-hearted *adj* bondadoso(sa), de buen corazón.
good-humoured *adj* jovial.
good-looker *n inf* belleza *f*.
good-looking *adj* [person] guapo(pa).
good looks *npl* belleza *f*, atractivo *m*.
goodly [ˈgʊdlɪ] *adj dated* - **1.** [amount, size] grande, considerable. - **2.** [attractive] atractivo(va).
good-natured *adj* bondadoso(sa).
goodness [ˈgʊdnɪs] ◇ *n (U)* - **1.** [kindness] bondad *f*. - **2.** [nutritive quality] alimento *m*. ◇ *excl*: **(my)** ~! ¡Dios mío!; **for** ~' **sake!** ¡por Dios!; **thank** ~ ¡gracias a Dios!
good show *n Br inf dated*: ~! ¡así se hace!
good-sized *adj* bastante grande.
goods lift *n* montacargas *m inv*.
goods train *n Br* mercancías *m inv*.
goods wagon *n* vagón *m* de mercancías, furgón *m*.
goods yard *n* depósito *m* de mercancías.
good-tempered *adj* afable.
goodwill [ˌgʊdˈwɪl] *n* - **1.** [kind feelings] buena voluntad *f*. - **2.** COMM fondo *m* de comercio.
goody [ˈgʊdɪ] *(pl* **goodies)** *inf* ◇ *n* bueno *m*, -na *f*. ◇ *excl* ¡qué chupi!
◆ **goodies** *npl inf* - **1.** [delicious food] cosas *fpl* ricas. - **2.** [desirable objects] cosas *fpl* apetecibles.
goody-goody *(pl* **goody-goodies)** ◇ *adj inf pej*: **he's too** ~ es demasiado perfecto. ◇ *n* modelo *m* de virtudes.
gooey [ˈguːɪ] *(compar* **gooier,** *superl* **gooiest)** *adj inf* [sticky] pegajoso(sa); [cake, dessert] empalagoso(sa).
goof [guːf] *Am inf* ◇ *n* - **1.** [mistake] metedura *f* de pata. - **2.** [fool] bobo *m*, -ba *f*, simplón *m*, -ona *f*. ◇ *vi* meter la pata.
◆ **goof off** *vi Am inf* escaquearse.
goofy [ˈguːfɪ] *(compar* **goofier,** *superl* **goofiest)** *adj inf* [silly] bobo(ba), tonto(ta).
gook [guːk] *n Am inf* mugre *f*, suciedad *f*.
goon [guːn] *n inf* - **1.** [fool] tontorrón *m*, -ona *f*, tonto *m*, -ta *f*. - **2.** *Am* [hired thug] matón *m* a sueldo.

USAGE ▶ Goodbyes

Saying goodbye	Replies
▶ *when no future meeting has been planned:*	▶ *when no future meeting has been planned:*
Adiós.	Adiós.
Hasta luego/Hasta pronto.	Adiós, hasta luego.
Encantado (de haberte conocido).	Igualmente.
Ha sido un placer.	Lo mismo digo.
A ver si nos vemos de nuevo/más a menudo.	Será un placer (para mí).
Hasta la vista.	Adiós, hasta siempre.
Hasta más ver.	Adiós.
Ya nos veremos.	De acuerdo, adiós.
Ya te llamaré.	De acuerdo, hasta pronto.
Nos llamamos ¿eh?	Sin falta.
Cuídate.	Lo mismo digo, adiós.
Hasta siempre.	Adiós.
Ya sabéis dónde nos tenéis.	Gracias, hasta pronto.
Adiós y buen viaje.	Gracias. Hasta la vuelta.
Un beso. [*on the telephone*]	Otro a ti. Adiós [*on the telephone*]
Chao. [*informal*]	Chao. [*informal*]
▶ *when a meeting has been planned:*	▶ *when a meeting has been planned:*
Hasta luego.	Adiós, hasta luego.
Luego nos vemos.	De acuerdo. Hasta luego.
Hasta mañana/la semana que viene.	Adiós. Hasta entonces.
Adiós y no te olvides de lo de mañana.	Descuida. Hasta mañana.
▶ *when you go to sleep:*	▶ *when you go to sleep:*
Buenas noches.	Buenas noches.
Hasta mañana; que duermas bien OR que descanses.	Gracias. Igualmente.

goose [guːs] (*pl* **geese** [giːs]) *n* - **1.** [bird] ganso *m*, oca *f*; **to kill the ~ that lays the golden eggs** *fig* matar la gallina de los huevos de oro. - **2.** *inf* [person] ganso *m*, -sa *f*, pavo *m*, -va *f*.

gooseberry ['guzbəri] (*pl* **gooseberries**) *n* - **1.** [fruit] grosella *f* silvestre, uva *f* espina. - **2.** *esp Br inf* [third person]: **to play ~** hacer de carabina.

goosebumps *npl Am* = **gooseflesh**.

goose egg *n Am inf* [score] cerapio *m*, cero *m*.

goose fat *n* grasa *f* de oca.

gooseflesh ['guːsfleʃ] *n*, **goose pimples** *Br*, **goosebumps** *Am* ['guːsbʌmps] *npl* carne *f* OR piel *f* de gallina.

goosestep ['guːs,step] (*pt & pp* **goosestepped**, *cont* **goosestepping**) ◇ *n* paso *m* de ganso. ◇ *vi* marchar a paso de ganso.

GOP (*abbr of* **Grand Old Party**) *n Am* partido republicano estadounidense.

gopher ['gəufər] *n* taltuza *f*.

Gordian knot ['gɔːdjən-] *n* nudo *m* gordiano.

gore [gɔːr] ◇ *n* - **1.** *literary* [blood] sangre *f* (derramada). - **2.** [cloth] sesga *f*, nesga *f*. - **3.** [land] terreno *m* triangular. ◇ *vt* dar una cornada a, cornear.

gorge [gɔːdʒ] ◇ *n* cañón *m*, garganta *f*. ◇ *vt*: **to ~ o.s. on** OR **with** atracarse de. ◇ *vi* hartarse, saciarse.

gorgeous ['gɔːdʒəs] *adj* - **1.** [lovely] magnífico(ca), espléndido(da). - **2.** *inf* [good-looking]: **to be ~** estar como un tren.

gorget ['gɔːdʒɪt] *n* - **1.** [piece of armour] gorjal *m*. - **2.** ZOOL collar *m*.

gorilla [gə'rɪlə] *n* - **1.** ZOOL gorila *mf*. - **2.** *inf* [thug] matón *m*; [bodyguard] gorila *m*.

gormandize, -ise ['gɔːməndaɪz] *vi* glotonear, engullir.

gormless ['gɔːmlɪs] *adj Br inf* lerdo(da), memo(ma).

gorse [gɔːs] *n (U)* tojo *m*.

gory ['gɔːrɪ] (*compar* **gorier**, *superl* **goriest**) *adj* [death, scene] sangriento(ta); [details, film] escabroso(sa).

gosh [gɒʃ] *excl inf* ¡caray!

goshawk ['gɒshɔːk] *n* azor *m*.

gosling ['gɒzlɪŋ] *n* ansarino *m*.

go-slow *n Br* huelga *f* de celo.

gospel ['gɒspl] ◇ *n* - **1.** [doctrine] evangelio *m*. - **2.** [unquestionable truth]: **~ (truth)** la pura verdad. - **3.** MUS: **~ music** gospel *m*. ◇ *comp* espiritual negro, gospel (*inv*).
◆ **Gospel** *n* [in Bible] Evangelio *m*.

gossamer ['gɒsəmər] ◇ *n (U)* - **1.** [spider's thread] telaraña *f*. - **2.** [material] gasa *f*. ◇ *comp* muy fino (muy fina), muy delgado (muy delgada).

gossip ['gɒsɪp] ◇ *n* - **1.** [conversation] cotilleo *m*; **a piece of ~** un cotilleo, un chisme. - **2.** [person] cotilla *mf*, chismoso *m*, -sa *f*. ◇ *vi* cotillear.

gossip column *n* ecos *mpl* de sociedad.

gossip columnist *n* cronista *mf* (en la sección de ecos) de sociedad.

gossiping ['gɒsɪpɪŋ] ◇ *adj* cotilla, chismoso(sa). ◇ *n (U)* cotilleo *m*, chismorreo *m*.

gossipmonger ['gɒsɪp,mʌŋgər] *n* chismoso *m*, -sa *f*.

gossip writer *n* = **gossip columnist**.

gossipy ['gɒsɪpɪ] *adj inf* [person] cotilla, chismoso(sa); [letter] lleno(na) de cotilleos OR chismes.

got [gɒt] *pt & pp* → **get**.

Goth [gɒθ] *n*: **the ~s** los godos.

Gothic ['gɒθɪk] ◇ *adj* gótico(ca). ◇ *n* gótico *m*.

gotta ['gɒtə] *contr inf* = **got to**.

gotten ['gɒtn] *pp Am* → **get**.

gouache [gu'ɑːʃ] *n* aguada *f*.

gouge [gaudʒ] ◇ *n* gubia *f*. ◇ *vt* escoplear.
◆ **gouge out** *vt sep* [hole] excavar; [eyes] arrancar.

goulash ['guːlæʃ] *n* gulasch *m*, estofado *m*.

gourd [guəd] *n* calabaza *f*.

gourde [guəd] *n* gourde *f*.

gourmand ['guəmənd] *n* glotón *m*, -ona *f*.

gourmet ['guəmeɪ] ◇ *n* gastrónomo *m*, -ma *f*, gourmet *mf*. ◇ *comp* para gastrónomos.

gout [gaut] *n* gota *f*.

govern ['gʌvən] ◇ *vt* - **1.** POL gobernar. - **2.** [control] dictar, guiar. - **3.** GRAMM regir. ◇ *vi* POL gobernar.

governable ['gʌvnəbl] *adj* gobernable.

governance ['gʌvnəns] *n fml* gobernación *f*, gobierno *m*.

governess ['gʌvnɪs] *n* institutriz *f*.

governing ['gʌvnɪŋ] *adj* gobernante.

governing body *n* organismo *m* rector.

government ['gʌvnmənt] ◇ *n* - **1.** [of country] gobierno *m*. - **2.** [of company, organization] administración *f*, dirección *f*. ◇ *comp* gubernamental.

governmental [gʌvn'mentl] *adj* gubernamental.

government bonds *npl* bonos *mpl* del Tesoro OR del Estado, obligaciones *fpl* del Estado.

government health warning *n* advertencia de las autoridades sanitarias en los paquetes de cigarrillos acerca de los peligros del tabaco.

Government House *n Br* casa *f* del gobernador [en colonias británicas].

government issue ◇ *n* emisión *f* del Estado. ◇ *comp*: **~ uniform** uniforme *m* suministrado por el Estado.

government stock *n (U)* bonos *mpl* del Estado.

governor ['gʌvənər] *n* - **1.** POL gobernador *m*, -ra *f*. - **2.** [of prison] director *m*, -ra *f*; [of bank] gobernador *m*, -ra *f*; [of school] miembro del organismo rector de un colegio. - **3.** TECH regulador *m* automático.

governor-general (*pl* **governor-generals** OR **governors-general**) *n* gobernador *m*, -ra *f* general.

governorship ['gʌvənəʃɪp] *n* gobierno *m*.

govt (*written abbr of* **government**) gob.

gown [gaun] *n* - **1.** [dress] vestido *m*, traje *m*. - **2.** [of judge etc] toga *f*.

goy [gɔɪ] (*pl* **goys** OR **goyim** ['gɔɪɪm]) *n* persona no creyente o gentil para los judíos.

GP (*abbr of* **general practitioner**) *n* médico de cabecera.

GPMU (*abbr of* **Graphical, Paper and Media Union**) *n* sindicato británico de trabajadores de la industria del libro.

GPO (*abbr of* **General Post Office**) *n* - **1.** [in UK] antiguo servicio de correos británico. - **2.** [in US] servicio de correos estadounidense.

gr. *written abbr of* **gross**.

grab [græb] (*pt & pp* **grabbed**, *cont* **grabbing**) ◇ *vt* - **1.** [snatch away] arrebatar; [grip] agarrar, asir. - **2.** *inf* [quick meal]: **to ~ a bite (to eat)** comer algo por ahí. - **3.** *inf* [appeal to] seducir; **how does that ~ you?** ¿qué te parece? ◇ *vi*: **to ~ at sthg** intentar agarrar algo. ◇ *n* - **1.** [movement]: **to make a ~ at** OR **for sthg** intentar arrebatar/agarrar algo ❏ **to be up for ~s** *inf fig* estar disponible. - **2.** *Br* TECH cuchara *f* de dos mandíbulas.

grabby ['græbɪ] *adj inf pej* codicioso(sa).

grace [greɪs] ◇ *n* - **1.** *(U)* [elegance] elegancia *f*, gracia *f*. - **2.** [graciousness]: **to do sthg with good ~** hacer algo de buena gana; **to have the ~ to do sthg** tener la delicadeza de hacer algo. - **3.** *(U)* [delay] prórroga *f*. - **4.** [prayer] bendición *f* de la mesa; **to say ~** bendecir la mesa. - **5.** RELIG gracia *f*; **by the ~ of God** por la gracia de Dios ❏ **to fall from ~** RELIG perder la gracia; *fig* caer en desgracia; **there but for the ~ of God (go I)** le puede pasar a cualquiera. ◇ *vt fml* - **1.** [honour] honrar. - **2.** [decorate] adornar, embellecer.
◆ **Grace** *n* [term of address]: **Your Grace** [to Archbishop] Ilustrísima; [to Duke, Duchess] Excelencia.
◆ **Graces** *npl* MYTH: **the three Graces** las tres Gracias.

grace-and-favour *adj Br*: **~ residence** alojamiento de propiedad real ofrecido gratuitamente a aquella persona a quien el rey o la reina quiera rendir honores.

graceful ['greɪsful] *adj* - **1.** [beautiful] elegante. - **2.** [gracious] cortés.

gracefully ['greɪsfʊlɪ] *adv* [dance, move] con gracia, con elegancia.

gracefulness ['greɪsfʊlnɪs] *n* delicadeza *f*, gracia *f*.

graceless ['greɪslɪs] *adj* - **1.** [ugly] desagradable, feo(a). - **2.** [ill-mannered] descortés.

gracious ['greɪʃəs] ◇ *adj* - **1.** [polite] cortés. - **2.** [elegant] elegante. ◇ *excl*: **(good)** ~! ¡Dios mío!

graciously ['greɪʃəslɪ] *adv* - **1.** [politely] cortésmente. - **2.** [elegantly] elegantemente.

graciousness ['greɪʃəsnɪs] *n* - **1.** [politeness] cortesía *f*. - **2.** [elegance] elegancia *f*.

grad [græd] *n inf* - **1.** *(abbr of graduate)* [person with a degree] licenciado *m*, -da *f*, egresado *m*, -da *f Amér.* - **2.** *Am* [of high school] ≃ bachiller *mf*.

gradable ['greɪdəbl] *adj* - **1.** [capable of being graded] graduable. - **2.** LING susceptible de OR que admite gradación.

gradate [grə'deɪt] ◇ *vt* graduar. ◇ *vi* graduarse.

gradation [grə'deɪʃn] *n* gradación *f*.

grade [greɪd] ◇ *n* - **1.** [level, quality] clase *f*, calidad *f*; ~ **A eggs** huevos *mpl* de primera ❑ **to make the** ~ triunfar, tener éxito. - **2.** *Am* [class] curso *m*, clase *f*. - **3.** [mark] nota *f*. - **4.** MIL grado *m*. - **5.** *Am* [gradient] pendiente *f*. ◇ *vt* - **1.** [classify] clasificar. - **2.** [mark, assess] calificar. - **3.** [crossbreed] cruzar (para mejorar la raza). - **4.** [level] nivelar.

grade crossing *n Am* paso *m* a nivel.

grader ['greɪdə'] *n* - **1.** *Am* SCH [marker of exams] corrector *m*, -ra *f*; [member of a grade]: **fourth** ~ alumno *m*, -na *f* de cuarto. - **2.** [levelling machine] apisonadora *f*.

grade school ['græd ʒʊət-] *n Am* escuela *f* primaria.

gradient ['greɪdjənt] *n* - **1.** [degree of slope] pendiente *f*. - **2.** PHYSICS & MATHS gradiente *m*.

gradual ['grædʒʊəl] ◇ *adj* gradual. ◇ *n* RELIG gradual *m*.

gradualism ['grædʒʊəlɪzm] *n* avance *m* OR desarrollo *m* gradual.

gradually ['grædʒʊəlɪ] *adv* gradualmente.

gradualness ['grædʒʊəlnɪs] *n* carácter *m* gradual.

graduate [*n* 'grædʒʊət, *vb* 'grædʒʊeɪt] ◇ *n* - **1.** [person with a degree] licenciado *m*, -da *f*, egresado *m*, -da *f Amér.* - **2.** *Am* [of high school] ≃ bachiller *mf*. ◇ *comp Am* [postgraduate] posgraduado(da). ◇ *vi* - **1.** [with a degree]: **to** ~ **(from)** licenciarse (por), egresar (de) *Amér.* - **2.** *Am* [from high school]: **to** ~ **(from)** ≃ obtener el título de bachiller (en). - **3.** *fig* [progress]: **to** ~ **from sthg (to)** pasar de algo (a). ◇ *vt* - **1.** [calibrate] graduar. - **2.** *Am* SCH & UNIV graduar, diplomar.

graduated ['grædʒʊeɪtɪd] *adj* graduado(da).

graduate school ['grædʒʊət-] *n Am* escuela *f* de posgraduados.

graduate student ['grædʒʊət-] *n* licenciado *m*, -da *f*.

graduation [grædʒʊ'eɪʃn] ◇ *n* graduación *f*, egreso *m Amér.* ◇ *comp*: ~ **day** día *m* de la entrega de títulos.

Graeco-, **Greco-** *Am* [gri:kəʊ] *prefix* greco-.

Graeco-Roman, **Greco-Roman** *Am adj* grecorromano(na).

graffiti [grə'fi:tɪ] ◇ *n (U)* pintadas *fpl*; **piece of** ~ pintada *f*. ◇ *comp*: ~ **artist** pintor *m*, -ra *f* de graffiti.

graft [grɑ:ft] ◇ *n* - **1.** BOT & MED injerto *m*. - **2.** *Br inf* [hard work] curro *m* muy duro. - **3.** *Am inf* [corruption] chanchullos *mpl*, corruptelas *fpl*. ◇ *vt* - **1.** BOT & MED: **to** ~ **sthg (onto sthg)** injertar algo (en algo). - **2.** [idea, system]: **to** ~ **sthg (onto sthg)** implantar algo (en algo).

grafter ['grɑ:ftə'] *n* - **1.** BOT [instrument] navaja *f* OR cuchilla *f* de injertar. - **2.** *inf* [hard worker] currante *mf*. - **3.** *inf* [corrupt person] corrupto *m*, -ta *f*; [corrupt official] funcionario corrupto *m*, funcionaria corrupta *f*, concusionario *m*, -ria *f*.

grain [greɪn] ◇ *n* - **1.** [seed, granule] grano *m*. - **2.** *(U)* [crop] cereales *mpl*. - **3.** *fig* [small amount] pizca *f*. - **4.** [in wood, stone] veta *f*; [in leather] flor *f*; [in fabrics] hebra *f*; **to go against the** ~ *fig* ir a contrapelo. - **5.** *Br* [weight] grano *m*. ◇ *vt* - **1.** [granulate] granular. - **2.** [wood, stone] vetar; [leather] granelar. ◇ *vi* granularse, volverse granuloso(sa).

grain alcohol *n* alcohol *m* de grano.

grain elevator *n* silo *m* de cereales con elevador.

grainy ['greɪnɪ] *(compar* **grainier**, *superl* **grainiest)** *adj* - **1.** [granular] granular. - **2.** [veined] veteado(da).

gram [græm] *n* gramo *m*.

gram atom *n* átomo-gramo *m*.

gramineous [grə'mɪnɪəs] *adj* gramíneo(a).

grammar ['græmə'] *n* gramática *f*.

grammarian [grə'meərɪən] *n* gramático *m*, -ca *f*.

grammar school *n* - **1.** [in UK] *colegio subvencionado para mayores de once años con un programa de asignaturas tradicional.* - **2.** [in US] escuela *f* primaria.

grammatical [grə'mætɪkl] *adj* - **1.** [of grammar] gramatical. - **2.** [correct] gramaticalmente correcto (gramaticalmente correcta).

grammaticality [grə,mætɪ'kælətɪ] *n* gramaticalidad *f*, corrección *f* gramatical.

grammatically [grə'mætɪklɪ] *adv* gramaticalmente.

gramme [græm] *n Br* = **gram**.

gram molecule *n* molécula *f* gramo, mol *m*.

gramophone ['græməfəʊn] *dated* ◇ *n* gramófono *m*. ◇ *comp* de gramófono.

grampus ['græmpəs] *n* orca *f*.

gran [græn] *n Br inf* abuelita *f*, yaya *f*.

Granada [grə'nɑ:də] *n* Granada.

granary ['grænərɪ] *(pl* **granaries)** *n* granero *m*.

grand [grænd] ◇ *adj* - **1.** [impressive] monumental, grandioso(sa). - **2.** [ambitious] ambicioso(sa). - **3.** [important] distinguido(da). - **4.** *inf dated* [excellent] fenomenal. ◇ *n inf* [thousand pounds or dollars]: **a** ~ mil libras/dólares; **five** ~ cinco mil libras/dólares.

grandad ['grændæd] *n inf* abuelito *m*, yayo *m*.

grandaunt ['grænd,ɑ:nt] *n* tía *f* abuela.

Grand Canyon *n*: **the** ~ el Gran Cañón.

grandchild ['græntʃaɪld] *(pl* **grandchildren** [-tʃɪldrən]) *n* nieto *m*, -ta *f*.

granddad *n* = **grandad**.

granddaughter ['græn,dɔ:tə'] *n* nieta *f*.

grand duchess *n* gran duquesa *f*.

grand duchy *n* gran ducado *m*.

grand duke *n* gran duque *m*.

grandee [græn'di:] *n* grande *m*.

grandeur ['grændʒə'] *n* - **1.** [splendour] grandiosidad *f*, magnificencia *f*. - **2.** [status] grandeza *f*.

grandfather ['grænd,fɑ:ðə'] *n* abuelo *m*.

grandfather clock *n* reloj *m* con carillón, reloj *m* de caja.

grandiloquence [græn'dɪləkwəns] *n* grandilocuencia *f*, altisonancia *f*.

grandiloquent [græn'dɪləkwənt] *adj* grandilocuente, altisonante.

grandiose ['grændɪəʊz] *adj pej* [building, design] fastuoso(sa), ostentoso(sa); [plan] ambicioso(sa).

grand jury *n Am* jurado *m* de acusación.

grand larceny *n Am* robo *m* de mayor cuantía.

grandly ['grændlɪ] *adv* [behave, say] con grandeza OR grandiosidad; [live] a lo grande; [dress] de un modo suntuoso.

grandma ['grænmɑ:], **grandmama** ['grænmə,mɑ:] *n inf* abuelita *f*, yaya *f*, mamá *f* grande *Amér.*

Grand Master *n* [of masonic lodge] Gran Maestro *m*.

grandmother ['græn,mʌðə'] *n* abuela *f*.

Grand National *n*: **the** ~ *importante carrera anual de caballos que se celebra en Aintree.*

grandnephew ['græn,nefju:] *n* sobrino *m* nieto.

grandness ['grændnɪs] *n* [magnificence] grandiosidad *f*, magnificencia *f*.

grandniece ['grænni:s] *n* sobrina *f* nieta.

grand opera *n* (gran) ópera *f*.

grandpa ['grænpɑː], **grandpapa** ['grænpəpɑː] *n* = **grandad**.

grandparent ['græn,peərənt] *n* [grandfather] abuelo *m*; [grandmother] abuela *f*.
◆ **grandparents** *npl* abuelos *mpl*.

grand piano *n* piano *m* de cola.

grand prix [grɒn'priː] (*pl* **grands prix** [grɒn'priː]) *n* grand prix *m*, gran premio *m*.

grandsire ['græn,saɪəʳ] *n arch* abuelo *m*.

grand slam *n* SPORT [in tennis] gran slam *m*; [in rugby] gran chelem *f*.

grandson ['grænsʌn] *n* nieto *m*.

grandstand ['grændstænd] *n* tribuna *f*.

grandstand view *n*: **to have a ~ (of sthg)** estar en primera fila (para ver algo).

grand total *n* [total number] cantidad *f* total; [total sum, cost] importe *m* total; **that comes to a ~ of £ 536** asciende a un total de 536 libras.

grand tour *n*: **she went on** OR **did a ~ of Italy** hizo una gira por OR recorrió Italia; **the Grand Tour** el viaje por Europa.

granduncle ['grænd,ʌŋkl] *n* tío *m* abuelo.

grange [greɪndʒ] *n* - **1.** *Br* [country house] casa *f* solariega; [farmhouse] granja *f*. - **2.** *Am* [farm] granja *f*. - **3.** *arch* [granary] granero *m*.

granite ['grænɪt] *n* granito *m*.

granny ['grænɪ] (*pl* **grannies**) *n* = **grandma**.

granny dumping *n* abandono de una persona anciana que uno tiene a su cargo.

granny flat *n Br* alojamiento independiente que forma parte de una vivienda (concebido para un familiar anciano).

granny knot *n* nudo *m* mal hecho.

Granny Smith *n* manzana *f* Granny Smith OR verde.

granola [grə'nəʊlə] *n Am* muesli *m*.

grant [grɑːnt] ◇ *n* - **1.** [money given] subvención *f*; [for study] beca *f*. - **2.** JUR [transfer] cesión *f*, transferencia *f*. ◇ *vt* - **1.** [gen] conceder; [property] ceder, transferir. - **2.** [admit] admitir, aceptar; **I ~ (that)**... admito que...; **~ed, it's difficult but**... de acuerdo, es difícil, pero... □ **to take sthg/sbfor ~ed** no apreciar algo/a alguien en lo que vale; **it is taken for ~ed that**... se da por sentado que...

grantee [grɑːn'tiː] *n* - **1.** [of property] cesionario *m*, -ria *f*. - **2.** [of donation] donatario *m*, -ria *f*. - **3.** [of scholarship] becario *m*, -ria *f*.

grant-in-aid (*pl* **grants-in-aid**) *n* subvención *f*, subsidio *m*.

grant-maintained *adj* subvencionado(da) (por el Estado); **~ school** escuela *f* privada subvencionada.

grantor [grɑːn'tɔːʳ] *n* cesionista *mf*, otorgante *mf*.

granular ['grænjʊləʳ] *adj* granular.

granulate ['grænjʊleɪt] *vt* granular, granear.

granulated sugar ['grænjʊleɪtɪd-] *n* azúcar granulado *m*, azúcar granulada *f*.

granulation [grænjʊ'leɪʃn] *n* granulación *f*, granulado *m*.

granule ['grænjuːl] *n* gránulo *m*.

grape [greɪp] *n* uva *f*; **a bunch of ~s** un racimo de uvas.

grapefruit ['greɪpfruːt] (*pl inv* OR **grapefruits**) *n* pomelo *m*.

grape harvest *n* vendimia *f*.

grape picking *n* (U) vendimia *f*.

grapeshot ['greɪpʃɒt] *n* metralla *f*.

grapevine ['greɪpvaɪn] *n* - **1.** [plant] vid *f*; [against wall] parra *f*. - **2.** [information channel]: **I heard on the ~ that**... me ha dicho un pajarito que...

graph [grɑːf] ◇ *n* gráfica *f*. ◇ *vt* representar mediante un gráfico.

graphic ['græfɪk] *adj lit & fig* gráfico(ca).
◆ **graphics** *npl* [pictures] ilustraciones *fpl*; **computer ~s** gráficos *mpl*.

graphically ['græfɪklɪ] *adv* - **1.** MATH con un gráfico, gráficamente. - **2.** [vividly] de un modo muy gráfico.

graphic arts *npl* artes *fpl* gráficas.

graphic design *n* diseño *m* gráfico.

graphic designer *n* diseñador gráfico *m*, diseñadora gráfica *f*, grafista *mf*.

graphic equalizer *n* ecualizador *m*.

graphics card ['græfɪks-] *n* COMPUT tarjeta *f* gráfica.

graphite ['græfaɪt] *n* grafito *m*.

graphologist [græ'fɒlədʒɪst] *n* grafólogo *m*, -ga *f*.

graphology [græ'fɒlədʒɪ] *n* grafología *f*.

graph paper *n* (U) papel *m* cuadriculado.

grapnel ['græpnl] *n* = **grappling iron**.

grapple ['græpl] ◇ *n* - **1.** [iron shaft] garfio *m* de abordaje. - **2.** = **grappling iron**. ◇ *vt* - **1.** NAUT aferrar con un garfio. - **2.** *Am* [person] agarrar.
◆ **grapple with** *vt fus* - **1.** [person] forcejear con. - **2.** [problem] esforzarse por resolver.

grappling iron, **grappling hook** ['græplɪŋ-] *n* rezón *m*, anclote *m*.

grasp [grɑːsp] ◇ *n* - **1.** [grip] agarre *m*, asimiento *m*. - **2.** [power to achieve]: **in** OR **within sb's ~** al alcance de alguien; **beyond sb's ~** fuera del alcance de alguien. - **3.** [understanding] comprensión *f*; **to have a good ~ of sthg** dominar algo. ◇ *vt* - **1.** [grip, seize] agarrar, asir. - **2.** [understand] comprender. - **3.** [opportunity] aprovechar.
◆ **grasp at** *vt fus* - **1.** [attempt to seize] tratar de agarrar. - **2.** [accept eagerly] aprovechar.

grasping ['grɑːspɪŋ] *adj pej* avaro(ra), codicioso(sa).

grass [grɑːs] ◇ *n* - **1.** [plant] hierba *f*; [lawn] césped *m*; [pasture] pasto *m*; **'keep off the ~'** 'prohibido pisar el césped' □ **not to let the ~ grow under one's feet** no perder tiempo; **to put sb out to ~** retirar a alguien; **the ~ is always greener (on the other side of the fence)** *proverb* nunca está uno contento con lo que tiene. - **2.** *drugs sl* [marijuana] hierba *f*, maría *f*. ◇ *vt* - **1.** [seed with grass] sembrar de hierba. - **2.** *Am* [animals] pastar, apacentar. ◇ *vi Br crime sl*: **to ~ (on sb)** delatar (a alguien).

grass court *n* pista *f* de hierba.

grasshopper ['grɑːsˌhɒpəʳ] *n* saltamontes *m inv*; **to be knee-high to a ~** *fig* ser (apenas) un renacuajo.

grassland ['grɑːslænd] *n* pastos *mpl*, pastizal *m*.

grass roots ◇ *npl* bases *fpl*. ◇ *comp* de base.

grass skirt *n* prenda a modo de falda hecha de hojas y hierba común en las islas polinesias.

grass snake *n* culebra *f*.

grass widow *n* [divorced] divorciada *f*; [temporarily separated] mujer cuyo marido pasa largas temporadas fuera de casa.

grassy ['grɑːsɪ] (*compar* **grassier**, *superl* **grassiest**) *adj* cubierto(ta) de hierba.

grate [greɪt] ◇ *n* parrilla *f*, rejilla *f*. ◇ *vt* rallar. ◇ *vi* rechinar, chirriar; **to ~ on sb's nerves** *fig* poner a alguien los nervios de punta.

grateful ['greɪtfʊl] *adj* [gen] agradecido(da); [smile, letter] de agradecimiento; **to be ~ to sb (for sthg)** estar agradecido a alguien (por algo); **I'm very ~ to you** te lo agradezco mucho.

gratefully ['greɪtfʊlɪ] *adv* con agradecimiento.

grater ['greɪtəʳ] *n*: **cheese ~** rallador *m* de queso.

gratification [grætɪfɪ'keɪʃn] *n* satisfacción *f*.

gratify ['grætɪfaɪ] (*pt & pp* **gratified**) *vt* - **1.** [person]: **to be gratified** estar satisfecho(cha). - **2.** [wish] satisfacer.

gratifying ['grætɪfaɪɪŋ] *adj* gratificante, satisfactorio(ria).

grating ['greɪtɪŋ] ◇ *adj* - **1.** [sound voice] chirriante. - **2.** [irritating] molesto(ta). ◇ *n* [grille] reja *f*, enrejado *m*.

gratis ['grætɪs] *adj & adv* gratis.

gratitude ['grætɪtjuːd] *n*: **~ (to sb for)** agradecimiento *m* OR gratitud *f* (a alguien por).

gratuitous [grə'tjuːɪtəs] *adj* gratuito(ta).

gratuitously [grə'tjuːɪtəslɪ] *adv* [without good reason] de un modo gratuito.

gratuity [grə'tjuːətɪ] (*pl* **gratuities**) *n fml* [tip] propina *f*.

gravamen [grə'veɪmen] (*pl* **gravamina** [-mɪnə]) *n* - **1.** JUR [grievance] agravio *m*. - **2.** [grounds of accusation] fundamento *m*.

grave¹ [greɪv] ◇ *adj* grave. ◇ *n* [burial place] sepultura *f*, tumba *f*; [hole] fosa *f*; **he must be turning in his** ~! *fig* ¡si levantara la cabeza!; **it was as quiet as the** ~ *fig* reinaba un silencio sepulcral; **somebody has just walked over my** ~ me ha dado un escalofrío.

grave² [grɑːv] *adj* LING: **e** ~ **e** grave.

grave accent [grɑːv-] *n* acento *m* grave.

gravedigger ['greɪv,dɪgə'] *n* sepulturero *m*, -ra *f*.

gravel ['grævl] ◇ *n* - **1.** [rock fragments] grava *f*, gravilla *f*, pedregullo *m* *Amér*. - **2.** MED arenilla *f*. ◇ *comp* de grava OR gravilla.

gravelled *Br*, **graveled** *Am* ['grævld] *adj* cubierto(ta) de grava OR gravilla.

gravelly ['grævəlɪ] *adj* [voice] bronco(ca).

gravely ['greɪvlɪ] *adv* gravemente.

graven image ['greɪvn-] *n* ídolo *m*.

grave robber [greɪv-] *n* ladrón *m*, -ona *f* de cadáveres.

graveside ['greɪvsaɪd] *n*: **at sb's** ~ junto a la tumba de alguien.

gravestone ['greɪvstəʊn] *n* lápida *f* (sepulcral).

graveyard ['greɪvjɑːd] *n* cementerio *m*.

gravid ['grævɪd] *adj* grávida, embarazada.

gravitate ['grævɪteɪt] *vi* gravitar; **to** ~ **towards** *fig* [be attracted] verse atraído(da) por.

gravitation [grævɪ'teɪʃn] *n* gravitación *f*.

gravitational [grævɪ'teɪʃənl] *adj* de gravitación, gravitatorio(ria).

gravity ['grævətɪ] *n* - **1.** [seriousness] gravedad *f*. - **2.** [PHYSICS - force] gravedad *f*; [- phenomenon] gravitación *f*.

gravity feed *n* alimentación *f* por gravedad.

gravure [grə'vʊə'] *n* - **1.** TYPO impresión *f* en hueco. - **2.** [photogravure] fotograbado *m*.

gravy ['greɪvɪ] *n* - **1.** (*U*) [meat juice] salsa *f* OR jugo *m* de carne. - **2.** *Am* *v* *inf* [easy money] pasta *f* fácil.

gravy boat *n* salsera *f*.

gravy train *n* *inf*: **the** ~ el chollo del siglo.

gray *adj* & *n* *Am* = **grey**.

graying *adj* *Am* = **greying**.

grayscale *n* *Am* = **greyscale**.

graze [greɪz] ◇ *vt* - **1.** [feed on] pacer OR pastar en. - **2.** [cause to feed] apacentar. - **3.** [skin, knee etc] rasguñar. - **4.** [touch lightly] rozar. ◇ *vi* pacer, pastar. ◇ *n* rasguño *m*.

grazing ['greɪzɪŋ] ◇ *n* pastoreo *m*, apacentamiento *m*. ◇ *comp*: ~ **land** pasto *m*.

grease [griːs] ◇ *n* grasa *f*. ◇ *vt* engrasar.

grease gun *n* pistola *f* engrasadora.

grease monkey *n* *inf* mecánico *m*, -ca *f*.

greasepaint ['griːspeɪnt] *n* maquillaje *m* (de actores).

greaseproof paper ['griːspruːf-] *n* *Br* papel *m* de cera.

greasiness ['griːzɪnɪs] *n* lo grasiento.

greasy ['griːzɪ] (*compar* **greasier**, *superl* **greasiest**) *adj* [covered with grease] grasiento(ta); [food, substance, skin, hair] graso(sa); **the** ~ **pole** SPORT la cucaña.

great [greɪt] ◇ *adj* - **1.** [gen] grande; [heat] intenso(sa); **she's a** ~ **reader** es una lectora incansable; ~ **big** enorme; **you** ~ **big coward!** ¡pero qué cobardica eres! - **2.** *inf* [splendid] estupendo(da), fenomenal, chévere *Amér*, **we had a** ~ **time** lo pasamos en grande; ~! ¡estupendo!; **he's** ~ **at languages/telling jokes** es un hacha en los idiomas/contando chistes, los idiomas/los chistes se le dan fenomenal. ◇ *n* grande *mf*; **she's one of the all-time** ~**s** es una de las grandes (personalidades) de todos los tiempos.

great-aunt *n* tía *f* abuela.

Great Barrier Reef *n*: **the** ~ la Gran Barrera de Coral.

Great Bear *n*: **the** ~ la Osa Mayor.

Great Bear Lake *n* Gran Lago del Oso OR de los Osos.

Great Britain *n* Gran Bretaña.

greatcoat ['greɪtkəʊt] *n* gabán *m*.

Great Dane *n* gran danés *m*.

Great Divide *n* GEOGR: **the** ~ línea divisoria formada por las montañas Rocosas.

Greater *adj*: ~ **London/Manchester** área metropolitana de Londres/Manchester.

great-grandchild *n* bisnieto *m*, -ta *f*.

great-granddaughter *n* bisnieta *f*.

great-grandfather *n* bisabuelo *m*.

great-grandmother *n* bisabuela *f*.

great-grandparents *npl* bisabuelos *mpl*.

great-grandson *n* bisnieto *m*.

great-great-granddaughter *n* tataranieta *f*.

great-great-grandfather *n* tatarabuelo *m*.

great-great-grandmother *n* tatarabuela *f*.

great-great-grandparents *npl* tatarabuelos *mpl*.

great-great-grandson *n* tataranieto *m*.

great-hearted *adj* - **1.** [noble] de gran corazón, de alma noble. - **2.** [generous] generoso(sa), magnánimo(ma).

Great Lakes *npl*: **the** ~ los Grandes Lagos.

greatly ['greɪtlɪ] *adv* enormemente.

great-nephew *n* sobrino *m* nieto.

greatness ['greɪtnɪs] *n* grandeza *f*.

great-niece *n* sobrina *f* nieta.

Great Plains *npl*: **the** ~ las Grandes Llanuras (de Norteamérica).

Great Powers *npl*: **the** ~ las grandes potencias.

Great Spirit *n* Gran Espíritu *m*.

great tit *n* (paro *m*) carbonero *m*.

great-uncle *n* tío *m* abuelo.

Great Wall of China *n*: **the** ~ la muralla china.

Great War *n*: **the** ~ la guerra del 14, la primera guerra mundial.

greaves [griːvz] *npl* chicharrones *mpl*.

grebe [griːb] *n* somormujo *m*.

Grecian ['griːʃn] *adj* griego(ga).

Greco- ['griːkəʊ] *prefix* *Am* = **Graeco-**.

Greco-Roman *Am* *adj* = **Graeco-Roman**.

Greece [griːs] *n* Grecia.

greed [griːd] *n* (*U*): ~ (**for**) [food] glotonería *f* (con); [money] codicia *f* (de); [power] ambición *f* (de).

greedily ['griːdɪlɪ] *adv* con avidez.

greediness ['griːdɪnɪs] *n* = **greed**.

greedy ['griːdɪ] (*compar* **greedier**, *superl* **greediest**) *adj* - **1.** [for food] glotón(ona). - **2.** [for money, power]: ~ **for** codicioso(sa) OR ávido(da) de.

Greek [griːk] ◇ *adj* griego(ga); **the** ~ **Islands** las islas griegas. ◇ *n* - **1.** [person] griego *m*, -ga *f*. - **2.** [language] griego *m*; **ancient** ~ griego clásico; **modern** ~ griego moderno ❑ **it's all** ~ **to me** *inf* me suena a chino.

Greek Orthodox ◇ *n* ortodoxo griego *m*, ortodoxa griega *f*. ◇ *comp*: **the** ~ **Church** la Iglesia ortodoxa griega.

green [griːn] ◇ *adj* - **1.** [gen] verde. - **2.** *inf* [pale] pálido(da). - **3.** *inf* [inexperienced] novato(ta). - **4.** *inf* [jealous]: ~ (**with envy**) muerto(ta) de envidia. ◇ *n* - **1.** [colour] verde *m*; **in** ~ de verde. - **2.** [in village] terreno *m* comunal. - **3.** [in golf] green *m*.

◆ **Green** *n* POL verde *mf*, ecologista *mf*; **the Greens** los verdes.

◆ **greens** *npl* [vegetables] verduras *fpl*.

greenback ['griːnbæk] *n* *Am* *inf* billete de banco americano.

green bean *n* judía *f* verde, ejote *m* *Amér*.

green belt *n* *Br* cinturón *m* verde.

Green Beret *n* *Am* *inf*: **the** ~**s** los Boinas Verdes.

green card *n* - **1.** [in UK] carta *f* verde, seguro que cubre a conductores en el extranjero. - **2.** [in US] permiso *m* de trabajo.

Green Cross Code *n* en *Gran Bretaña, código de circulación básico para niños.*

greenery ['griːnəri] *n* follaje *m*, vegetación *f*.

green-eyed *adj* [colour of eyes] de ojos verdes; *fig* [jealous] envidioso(sa).

greenfield ['griːnfiːld] *comp*: ~ **site** terreno *m* rústico.

greenfinch ['griːnfɪntʃ] *n* verderón *m*.

green-fingered [-'fɪŋgəd] *adj Br* dotado(da) para la jardinería.

green fingers *npl Br* : **to have** ~ tener dotes para la jardinería.

greenfly ['griːnflaɪ] (*pl inv* OR **greenflies**) *n* pulgón *m*.

greengage ['griːngeɪdʒ] *n* ciruela *f* claudia.

greengrocer ['griːnˌgrəʊsəʳ] *n* verdulero *m*, -ra *f*; ~**'s (shop)** verdulería *f*.

Greenham Common ['griːnəm-] *n localidad del sur de Inglaterra que alberga una base aérea objeto de numerosas manifestaciones antinucleares.*

greenhorn ['griːnhɔːn] *n Am* - **1.** [newcomer] recién llegado *m*, recién llegada *f*. - **2.** [novice] novato *m*, -ta *f*.

greenhouse ['griːnhaʊs, *pl* -haʊzɪz] *n* invernadero *m*.

greenhouse effect *n*: **the** ~ el efecto invernadero.

greenish ['griːnɪʃ] *adj* verdoso(sa).

greenkeeper ['griːnˌkiːpəʳ] *n persona encargada del cuidado de un campo de golf.*

Greenland ['griːnlənd] *n* Groenlandia.

Greenlander ['griːnləndəʳ] *n* groenlandés *m*, -esa *f*.

green light *n fig* : **the** ~ la luz verde.

greenness ['griːnnɪs] *n* - **1.** [colour] verdor *m*. - **2.** [inexperience] inexperiencia *f*.

green onion *n Am* cebolleta *f*, cebollino *m*.

green paper *n* POL libro *m* verde.

Green Party *n*: **the** ~ los verdes, el Partido Verde.

green peas *npl* guisantes *mpl*.

green pepper *n* [spice] pimienta *f* verde.

greenroom ['griːnrʊm] *n* THEATRE & TV sala *f* de espera *(para los actores).*

green salad *n* ensalada *f* verde.

greenstuff ['griːnstʌf] *n* - **1.** (U) [vegetables] verduras *fpl*. - **2.** *Am inf* [money] pasta *f*, parné *m*.

greensward ['griːnswɔːd] *n arch* césped *m*.

green tea *n* té *m* verde.

green thumb *n Am*: **to have a** ~ tener dotes para la jardinería.

green-thumbed [-'θʌmd] *adj Am* dotado(da) para la jardinería.

green vegetables *npl* verduras *fpl*.

Greenwich Mean Time ['grenɪdʒ-] *n* hora *f* (del meridiano) de Greenwich.

greet [griːt] *vt* - **1.** [say hello to] saludar. - **2.** [receive] recibir. - **3.** [subj: sight, smell]: **he was ~ed by total chaos** se encontró con un auténtico caos.

greeting ['griːtɪŋ] *n* [on meeting] saludo *m*; [welcome] recibimiento *m*.
◆ **greetings** *npl*: **Christmas/birthday ~s!** ¡feliz Navidad/cumpleaños!; **~s from...** recuerdos de...

greetings card *Br*, **greeting card** *Am n* tarjeta *f* de felicitación.

gregarious [grɪ'geərɪəs] *adj* gregario(ria).

gregariousness [grɪ'geərɪəsnɪs] *n* gregarismo *m*.

Gregorian calendar [grɪ'gɔːrɪən-] *n*: **the** ~ el calendario gregoriano.

Gregorian chant [grɪ'gɔːrɪən-] *n* canto *m* gregoriano.

gremlin ['gremlɪn] *n inf* duende *m*.

Grenada [grə'neɪdə] *n* Granada *(estado de América Central).*

grenade [grə'neɪd] *n* [hand grenade] granada *f* (de mano).

Grenadian [grə'neɪdɪən] ◇ *adj* granadino(na). ◇ *n* granadino *m*, -na *f*.

grenadier [grenə'dɪəʳ] *n* granadero *m*.

Grenadier Guards *npl*: **the** ~ *popular regimiento de infantería de la Guardia Real británica.*

grenadine ['grenədiːn] *n* granadina *f*.

Gretna Green ['gretnə-] *n localidad escocesa donde antiguamente se celebraban matrimonios clandestinos sin los trámites administrativos normales.*

grew [gruː] *pt* → **grow**.

grey *Br*, **gray** *Am* [greɪ] ◇ *adj lit & fig* gris; **to go** ~ [greyhaired] echar canas, encanecer. ◇ *n* gris *m*; **in** ~ de gris.

grey area *n* tema *m* oscuro, área *f* difusa.

grey-haired *adj* canoso(sa).

greyhound ['greɪhaʊnd] *n* galgo *m*.

greying *Br*, **graying** *Am* ['greɪɪŋ] *adj* canoso(sa).

grey matter *n* (U) - **1.** MED materia *f* gris. - **2.** *inf* [brain power] cerebro *m*.

grey mullet *n* mújol *m*.

greyscale *Br*, **grayscale** *Am* ['greɪskeɪl] *n* COMPUT escala *f* de grises.

grey seal *n* foca *f* gris.

grey squirrel *n* ardilla *f* gris.

grey wolf *n* lobo *m* gris *(norteamericano).*

grid [grɪd] *n* - **1.** [grating] reja *f*, enrejado *m*. - **2.** [system of squares] cuadrícula *f*. - **3.** [network] red *f*. - **4.** [in cooking] parrilla *f*. - **5.** *Am* [football field] campo de fútbol americano. - **6.** THEATRE peine *m*.

griddle ['grɪdl] ◇ *n* plancha *f*. ◇ *vt* asar a la plancha.

griddlecake ['grɪdlkeɪk] *n* bollo *m* a la plancha.

gridiron ['grɪdaɪən] *n* - **1.** [in cooking] parrilla *f*. - **2.** *Am* [game] fútbol *m* americano; [field] campo de fútbol americano. - **3.** THEATRE peine *m*.

gridlock ['grɪdlɒk] *n Am* embotellamiento *m*, atasco *m*.

grid reference *n* sistema *m* de coordenadas (cartográficas).

grief [griːf] *n* (U) - **1.** [sorrow] dolor *m*, pesar *m*. - **2.** *inf* [trouble] problemas *mpl*. - **3.** *phr* : **to come to** ~ [person] sufrir un percance; [plans] irse al traste; **good ~!** ¡madre mía!

grief-stricken *adj* desconsolado(da), apesadumbrado(da).

grievance ['griːvns] *n* (motivo *m* de) queja *f*.

grieve [griːv] ◇ *vt fml*: **it ~s me to say it** me apena decirlo. ◇ *vi* - **1.** [express grief]: **to** ~ **(for)** llorar (por). - **2.** [feel grief] apenarse, afligirse.

grieving ['griːvɪŋ] *n* (U) aflicción *f*.

grievous ['griːvəs] *adj* - **1.** *fml* [grave, serious] grave. - **2.** [causing pain] doloroso(sa).

grievous bodily harm (U) *n* lesiones *fpl* graves.

grievously ['griːvəslɪ] *adv fml* gravemente.

griffin ['grɪfɪn], **griffon** ['grɪfn] *n* grifo *m*.

grill [grɪl] ◇ *n* - **1.** [of cooker] parrilla *f*. - **2.** [food] parrillada *f*. - **3.** = **grille**. ◇ *vt* - **1.** asar a la parrilla. - **2.** *inf* [interrogate] someter a un duro interrogatorio.

grille [grɪl] *n* [on radiator, machine] rejilla *f*; [on window, door] reja *f*.

grillroom ['grɪlrʊm] *n* asador *m*.

grilse [grɪls] *n salmón joven que vuelve al mar por primera vez.*

grim [grɪm] (*compar* **grimmer**, *superl* **grimmest**) *adj* - **1.** [expression] adusto(ta); [determination] inexorable. - **2.** [place, facts, prospects] descorazonador(ra), lúgubre.

grimace [grɪ'meɪs, 'grɪməs] ◇ *n* mueca *f*. ◇ *vi* hacer una mueca.

grime [graɪm] *n* mugre *f*.

grimly ['grɪmlɪ] *adv* - **1.** [resolutely] inexorablemente. - **2.** [mirthlessly] lúgubremente.

grimness ['grɪmnɪs] *n* - **1.** [relentlessness] inexorabilidad *f*. - **2.** [gloominess] aspecto *m* descorazonador OR lúgubre.

grimy ['graɪmɪ] (*compar* **grimier**, *superl* **grimiest**) *adj* mugriento(ta).

grin [grɪn] (*pt & pp* **grinned**, *cont* **grinning**) ◇ *n* sonrisa *f* (abierta). ◇ *vi*: **to ~ (at)** sonreír (a) ❑ **to ~ and bear it** *fig* poner al mal tiempo buena cara.

grind [graɪnd] (*pt & pp* **ground** [graʊnd]) ◇ *vt* - **1.** [coffee, corn, pepper] moler; [into powder] pulverizar. - **2.** *Am* [meat] picar. - **3.** [press]: **to ~ sthg into sthg** aplastar algo contra algo. - **4.** [rub together]: **to ~ one's teeth** hacer rechinar los dientes. - **5.** [knife] afilar, amolar; [lens] pulir; [glass, diamonds] esmerilar. ◇ *vi* - **1.** [scrape] rechinar, chirriar. - **2.** *Am inf* [work hard] currar. - **3.** *inf* [rotate the pelvis] menear las caderas. ◇ *n* - **1.** [hard, boring work] rutina *f*; **what a ~!** ¡qué lata!; **to get back to the ~** volver al trabajo. - **2.** *Am inf* [hard worker] currante *mf*.
◆ **grind down** *vt sep* - **1.** *fig* [oppress] oprimir, acogotar. - **2.** [pulverize] pulverizar.
◆ **grind up** *vt sep* pulverizar, hacer polvo.

grinder ['graɪndəʳ] *n* - **1.** [for coffee, pepper] molinillo *m*. - **2.** *Am* [for meat] picadora *f*. - **3.** [for knives] afiladora *f*. - **4.** [person who grinds knives etc] afilador *m*, -ra *f*. - **5.** [tooth] muela *f*.

grinding ['graɪndɪŋ] *adj* oprimente, agobiante.

gringo ['grɪŋgəʊ] (*pl* **gringos**) *n v inf* gringo *m*, -ga *f*.

grinning ['grɪnɪŋ] *adj* sonriente.

grip [grɪp] (*pt & pp* **gripped**, *cont* **gripping**) ◇ *n* - **1.** [grasp, hold]: **to have a ~ (on sthg/sb)** tener (algo/a alguien) bien agarrado (bien agarrada). - **2.** [handclasp] apretón *m*. - **3.** [control, domination]: **~ on** control *m* de, dominio *m* de; **in the ~ of sthg** en las garras de algo, dominado(da) por algo ❑ **to get a ~ on o.s.** calmarse, controlarse; **to get to ~s with** llegar a controlar; **to lose one's ~** perder el control. - **4.** [adhesion] sujeción *f*, adherencia *f*. - **5.** [understanding]: **to have a good ~ of sthg** dominar algo. - **6.** [handle] asidero *m*; [of tennis racket] mango *m*; [of weapon] empuñadura *f*. - **7.** [bag] bolsa *f* de viaje. - **8.** CINEMA maquinista *mf*. ◇ *vt* - **1.** [grasp] agarrar, asir; [hand] apretar; [weapon] empuñar. - **2.** [seize] apoderarse de.

gripe [graɪp] *inf* ◇ *n* [complaint] queja *f*. ◇ *vi*: **to ~ (about)** quejarse (de).
◆ **gripes** *npl* cólico *m*, retortijones *mpl* (de estómago).

gripping ['grɪpɪŋ] *adj* apasionante.

grisly ['grɪzlɪ] (*compar* **grislier**, *superl* **grisliest**) *adj* [horrible, macabre] espeluznante, horripilante.

grist [grɪst] *n*: **it's all ~ to the mill** *fig* todo vale OR sirve.

gristle ['grɪsl] *n* cartílago *m*, ternilla *f*.

gristly ['grɪslɪ] (*compar* **gristlier**, *superl* **gristliest**) *adj* cartilaginoso(sa).

grit [grɪt] (*pt & pp* **gritted**, *cont* **gritting**) ◇ *n* - **1.** [stones] grava *f*; [sand, dust] arena *f*. - **2.** *inf* [courage] valor *m*. ◇ *vt* cubrir de arena (*las calles*).
◆ **grits** *npl* *Am* granos *mpl* de maíz molidos.

gritter ['grɪtəʳ] *n* vehículo que cubre de arena o gravilla las carreteras en tiempos de heladas.

gritty ['grɪtɪ] (*compar* **grittier**, *superl* **grittiest**) *adj* - **1.** [stony] arenoso(sa). - **2.** *inf* [brave] valiente.

grizzled ['grɪzld] *adj* canoso(sa).

grizzly ['grɪzlɪ] (*compar* **grizzlier**, *superl* **grizzliest**, *pl* **grizzlies**) ◇ *n*: **~ (bear)** oso *m* pardo. ◇ *adj* grisáceo(a), pardusco(ca).

groan [grəʊn] ◇ *n* gemido *m*, quejido *m*. ◇ *vi* - **1.** [moan] gemir. - **2.** [creak] crujir.

groats [grəʊts] *npl* avena mondada y medio molida.

grocer ['grəʊsəʳ] *n* tendero *m*, -ra *f*, abarrotero *m*, -ra *f Amér*; **~'s (shop)** tienda *f* de comestibles OR ultramarinos, abarrotería *f Amér*.

grocery ['grəʊsərɪ] (*pl* **groceries**) *n* [shop] tienda *f* de comestibles OR ultramarinos, abarrotería *f Amér*.
◆ **groceries** *npl* [foods] comestibles *mpl*, abarrotes *mpl Amér*.

grog [grɒg] *n* grog *m*.

grogginess ['grɒgɪnɪs] *n* atontamiento *m*, mareo *m*.

groggy ['grɒgɪ] (*compar* **groggier**, *superl* **groggiest**) *adj* atontado(da), mareado(da).

---

groin [grɔɪn] *n* - **1.** ANAT ingle *f*. - **2.** ARCHIT arista *f*.

grommet ['grɒmɪt] *n* [metal eyelet] ojal *m* reforzado.

groom [gruːm] ◇ *n* - **1.** [of horses] mozo *m* de cuadra. - **2.** [bridegroom] novio *m*. ◇ *vt* - **1.** [brush] cepillar, almohazar. - **2.** [prepare]: **to ~ sb (for sthg)** preparar a alguien (para algo).

groomed [gruːmd] *adj* arreglado(da), aseado(da); **to be well-~** ir muy arreglado.

groomsman ['gruːmzmən] (*pl* **groomsmen** [-mən]) *n* padrino *m* de boda.

groove [gruːv] ◇ *n* [deep line] ranura *f*; [in record] surco *m*. ◇ *vt* [make a groove] hacer ranuras en, acanalar.

groovy ['gruːvɪ] (*compar* **groovier**, *superl* **grooviest**) *adj inf dated* [excellent] fenomenal, increíble.

grope [grəʊp] ◇ *vt* - **1.** *inf* [fondle] toquetear, meter mano a. - **2.** [try to find]: **to ~ one's way** andar a tientas. ◇ *vi*: **to ~ (about) for sthg** [object] buscar algo a tientas; [solution, remedy] buscar algo a ciegas.

gross [grəʊs] (*pl inv* OR **grosses**) ◇ *adj* - **1.** [total] bruto(ta). - **2.** *fml* [serious, inexcusable] grave, intolerable; **~ injustice** injusticia *f* notoria. - **3.** [coarse, vulgar] basto(ta), vulgar. - **4.** *inf* [obese] obeso(sa). - **5.** *inf* [disgusting] asqueroso(sa), repugnante. ◇ *n* gruesa *f*. ◇ *vt* ganar en bruto.
◆ **gross out** *vt sep Am inf* revolver el estómago a, dar asco a.

gross domestic product *n* producto *m* interior bruto.

grossly ['grəʊslɪ] *adv* [seriously] enormemente.

gross national product *n* producto *m* nacional bruto.

grossness ['grəʊsnɪs] *n* - **1.** [vulgarity] ordinariez *f*, grosería *f*. - **2.** [enormity] enormidad *f*.

grotesque [grəʊ'tesk] *adj* grotesco(ca).

grotesquery (*pl* **grotesqueries**), **grotesquerie** *n* - **1.** [condition] lo grotesco, carácter *m* grotesco. - **2.** [thing] cosa *f* grotesca.

grotto ['grɒtəʊ] (*pl* **grottoes** OR **grottos**) *n* gruta *f*.

grotty ['grɒtɪ] (*compar* **grottier**, *superl* **grottiest**) *adj Br inf* asqueroso(sa), cochambroso(sa).

grouch [graʊtʃ] *inf* ◇ *vi* gruñir, refunfuñar. ◇ *n* [person] gruñón *m*, -ona *f*.

grouchy ['graʊtʃɪ] (*compar* **grouchier**, *superl* **grouchiest**) *adj inf* refunfuñón(ona).

ground [graʊnd] ◇ *pt & pp* → **grind**. ◇ *n* - **1.** [surface of earth] suelo *m*, tierra *f*; **above/below ~** sobre/bajo tierra; **on the ~** en el suelo; **to burn sthg to the ~** reducir algo a cenizas. - **2.** [area of land] terreno *m*; SPORT campo *m*, terreno *m* de juego. - **3.** [subject area] campo *m*; **to cover a lot of ~** tratar muchos temas. - **4.** *Am* ELEC toma *f* de tierra. - **5.** [first coat of paint] primera capa *f*. - **6.** *phr*: **to be on firm ~** hablar con conocimiento de causa, saber de qué se habla; **to be thin on the ~** ser escaso(sa); **to break fresh** OR **new ~** abrir nuevas fronteras; **to cut the ~ from under sb's feet** pisar el terreno a alguien; **to gain/lose ~** ganar/ perder terreno; **to get sthg off the ~** poner algo en marcha; **to go to ~** esconderse, refugiarse; **to run sthg/sb to ~** dar con algo/alguien; **to stand one's ~** permanecer firme; **it suits him down to the ~** le va al pelo OR de perilla. ◇ *vt* - **1.** [base]: **to be ~ed on** OR **in sthg** basarse en algo. - **2.** [teach] enseñar; **to be well ~ed in sthg** ser versado(da) en algo, tener buenos conocimientos de algo. - **3.** [aircraft, pilot] obligar a permanecer en tierra. - **4.** [ship] hacer varar OR encallar. - **5.** *Am inf* [child] castigar sin salir. - **6.** *Am* ELEC: **to be ~ed** estar conectado(da) a tierra. ◇ *vi* varar, encallar. ◇ *adj* [coffee, spice] molido(da), encallar.
◆ **grounds** *npl* - **1.** [reason]: **~s (for sthg/for doing sthg)** motivos *mpl* (para algo/para hacer algo); **on the ~s of** por motivos de; **on the ~s that** aduciendo que, debido a que. - **2.** [around building] jardines *mpl*. - **3.** [of coffee] posos *mpl*. - **4.** [area] zona *f*.

ground control *n* control *m* de tierra.

ground cover *n* maleza *f*.

ground crew *n* personal *m* de tierra.

ground floor ◇ *n* planta *f* baja. ◇ *comp*: ~ **flat** bajo *m*, piso *m* en la planta baja.

ground glass *n* **- 1.** [glass] vidrio *m* esmerilado. **- 2.** [as abrasive] vidrio *m* pulverizado.

ground hog *n* marmota *f*.

ground-in *adj* incrustado(da), adherido(da).

grounding ['graʊndɪŋ] *n*: ~ **(in)** base *f* (de), conocimientos *mpl* básicos (de).

groundless ['graʊndlɪs] *adj* infundado(da), sin fundamento.

ground level *n*: **at** ~ a nivel del suelo.

groundling ['graʊndlɪŋ] *n* **- 1.** [ZOOL - plant] planta *f* rastrera; [- animal] animal *m* terrestre; [- fish] pez *m* que habita en el fondo del agua. **- 2.** THEATRE mosquetero *m*, -ra *f*.

groundnut ['graʊndnʌt] *n* cacahuete *m*.

ground plan *n* [of building] planta *f*.

ground rent *n* alquiler pagado al propietario de un terreno durante largo tiempo con el fin de edificar en un futuro.

ground rules *npl* reglas *fpl* básicas.

groundsel ['graʊnsl] *n* zuzón *m*, hierba *f* cana.

groundsheet ['graʊndʃiːt] *n* lona *f* impermeable (para camping etc).

groundsman ['graʊndzmən] (*pl* **groundsmen** [-mən]) *n Br* cuidador *m* del campo OR terreno de juego.

groundspeed ['graʊndspiːd] *n* velocidad *f* en tierra.

ground staff *n* **- 1.** [at sports ground] personal *m* al cargo de las instalaciones. **- 2.** *Br* = **ground crew**.

groundswell ['graʊndswel] *n* [of opinion etc] oleada *f*, ola *f*.

ground water *n* agua *f* subterránea.

groundwork ['graʊndwɜːk] *n* (U) trabajo *m* preliminar.

ground zero *n* **- 1.** [target] blanco *m* de un proyectil. **- 2.** [site] punto *m* cero.

group [gruːp] ◇ *n* grupo *m*. ◇ *vt* agrupar. ◇ *vi*: **to** ~ **(together)** agruparse.

group captain *n Br* ≃ coronel *m* (de aviación).

groupie ['gruːpɪ] *n inf* groupie *mf*, fan que persigue a su grupo de rock favorito en las giras.

grouping ['gruːpɪŋ] *n* agrupamiento *m*.

group practice *n* gabinete *m* médico.

group therapy *n* terapia *f* de grupo.

grouse [graʊs] (*pl inv* OR **grouses**) ◇ *n* **- 1.** [bird] urogallo *m*. **- 2.** *inf* [complaint] queja *f*. ◇ *vi inf* quejarse. ◇ *comp*: ~ **moor** coto *m* de caza de urogallos; ~ **shooting** caza *f* de urogallos.

grout [graʊt] ◇ *n* lechada *f*. ◇ *vt* rellenar OR acabar con argamasa, enlechar.

grove [grəʊv] *n* [of trees] arboleda *f*; **lemon** ~ limonar *m*.
◆ **Grove** *n* [in street names] nombre de ciertas calles británicas.

grovel ['grɒvl] (*Br pt & pp* **grovelled**, *cont* **grovelling**, *Am pt & pp* **groveled**, *cont* **groveling**) *vi lit & fig*: **to** ~ **(to)** arrastrarse (ante).

grow [grəʊ] (*pt* **grew** [gruː], *pp* **grown** [grəʊn]) ◇ *vi* **- 1.** [gen] crecer; **to** ~ **from** OR **out of sthg** ser el resultado de algo. **- 2.** [become] volverse, ponerse; **to** ~ **dark** oscurecer; **to** ~ **old** envejecer. **- 3.** [come]: **to** ~ **to do sthg** llegar a hacer algo. ◇ *vt* **- 1.** [plants] cultivar. **- 2.** [hair, beard] dejarse crecer.
◆ **grow apart** *vi* distanciarse.
◆ **grow into** *vt fus* **- 1.** [clothes, shoes] crecer lo suficiente para poder llevar. **- 2.** [become, turn into] hacerse, convertirse en.
◆ **grow on** *vt fus inf* gustar cada vez más.
◆ **grow out** *vi* [perm, dye] irse, desaparecer.
◆ **grow out of** *vt fus* **- 1.** [become too big for]: **he has grown out of his clothes** se le ha quedado pequeña la ropa. **- 2.** [habit etc] perder.
◆ **grow up** *vi* crecer; **I grew up in Chicago** me crié en Chicago; ~ **up!** ¡no seas niño!

grow bag *n* bolsa de plástico con abono en cuyo interior se cultiva una planta.

grower ['grəʊəʳ] *n* cultivador *m*, -ra *f*.

growing pains ['grəʊɪŋ-] *npl* **- 1.** [of children] dolores *mpl* del crecimiento. **- 2.** [of business, project] dificultades *fpl* iniciales del desarrollo.

growing season ['grəʊɪŋ-] *n* temporada *f* de crecimiento OR desarrollo.

growl [graʊl] ◇ *n* [of dog, person] gruñido *m*; [of engine, lion] rugido *m*. ◇ *vi* [dog, person] gruñir; [lion, engine] rugir.

grown [grəʊn] ◇ *pp* → **grow**. ◇ *adj* crecido(da), adulto(ta).

grown-up ◇ *adj* adulto(ta). ◇ *n* persona *f* mayor.

growth [grəʊθ] *n* **- 1.** [gen]: ~ **(of** OR **in)** crecimiento *m* (de). **- 2.** MED tumor *m*. **- 3.** [of grass] brote *m*; **two days'** ~ **of beard** una barba de dos días.

growth hormone *n* hormona *f* del crecimiento.

growth industry *n* industria *f* en expansión.

growth rate *n* tasa *f* de crecimiento.

GRSM (*written abbr of* **Graduate of the Royal Schools of Music**) *(titular de un)* diploma de las Royal Schools of Music, conservatorios británicos de música.

grub [grʌb] (*pt & pp* **grubbed**, *cont* **grubbing**) ◇ *n* **- 1.** [insect] larva *f*, gusano *m*. **- 2.** *inf* [food] manduca *f*, papeo *m*. ◇ *vi* **- 1.** [animal] escarbar. **- 2.** [rummage] hurgar.

grubby ['grʌbɪ] (*compar* **grubbier**, *superl* **grubbiest**) *adj* sucio(cia), mugriento(ta).

grubstake ['grʌbsteɪk] *n Am inf* préstamo concedido a un buscador de oro o a una empresa nueva a cambio de parte de las ganancias futuras.

grudge [grʌdʒ] ◇ *n* rencor *m*; **to bear sb a** ~, **to bear a** ~ **against sb** guardar rencor a alguien. ◇ *vt*: **to** ~ **sb sthg** conceder algo a alguien a regañadientes; **to** ~ **doing sthg** hacer algo a regañadientes.

grudging ['grʌdʒɪŋ] *adj* concedido(da) a regañadientes.

grudgingly ['grʌdʒɪŋlɪ] *adv* a regañadientes, de mala gana.

gruel [grʊəl] *n* gachas *f inv*, avenate *m*.

gruelling *Br*, **grueling** *Am* ['grʊəlɪŋ] *adj* agotador(ra).

gruesome ['gruːsəm] *adj* espantoso(sa), horripilante.

gruff [grʌf] *adj* **- 1.** [hoarse] bronco(ca). **- 2.** [rough, unfriendly] hosco(ca), brusco(ca).

gruffly ['grʌflɪ] *adv* **- 1.** [of manner] de un modo hosco OR brusco. **- 2.** [of speech, voice]: **to speak** ~ hablar con la voz bronca.

gruffness ['grʌfnɪs] *n* **- 1.** [of manner] brusquedad *f*. **- 2.** [of speech, voice] voz *f* bronca.

grumble ['grʌmbl] ◇ *n* **- 1.** [complaint] queja *f*. **- 2.** [of stomach] gruñido *m* (de tripas). ◇ *vi* **- 1.** [complain] quejarse, refunfuñar; **to** ~ **about sthg** quejarse de algo, refunfuñar por algo. **- 2.** [stomach] gruñir, hacer ruido.

grumbler ['grʌmbləʳ] *n* refunfuñón *m*, -ona *f*.

grumbling ['grʌmblɪŋ] *n* (U) **- 1.** [complaining] refunfuñeo *m*, quejas *fpl*. **- 2.** [of stomach] gruñidos *mpl* (de las tripas).

grummet ['grʌmɪt] *n* = **grommet**.

grump [grʌmp] *n inf* gruñón *m*, -ona *f*; **to have the** ~**s** *fig* estar de mala uva.

grumpy ['grʌmpɪ] (*compar* **grumpier**, *superl* **grumpiest**) *adj inf* gruñón(ona).

grunge [grʌndʒ] *n* MUS grunge *m*.

grunt [grʌnt] ◇ *n* **- 1.** [sound] gruñido *m*. **- 2.** *Am army sl* soldado *m* norteamericano de infantería. ◇ *vi* gruñir.

gryphon ['grɪfn] *n* = **griffin**.

g-spot *n* punto *m* G.

G-string *n* tanga *m*.

G-suit *n* traje para contrarrestar los efectos de la gravedad.

GU *written abbr of* **Guam**.

Guadeloupe [gwɑːdə'luːp] *n* Guadalupe.

guanaco [gwɑ'nɑːkəʊ] (*pl* **guanacos**) *n* guanaco *m*.

guano ['gwɑːnəʊ] (*pl* **guanos**) *n* guano *m*.

guarani ['gwɑːrənɪ] (*pl inv* OR **guaranis**) *n* guaraní *mf*.

guarantee [gærən'tiː] ◇ *n* **- 1.** [gen] garantía *f*; **under** ~ en periodo de garantía; **there is no** ~ **that...** no se puede garantizar que..., no hay garantías de que... **- 2.** [person] garante *mf.* ◇ *vt* garantizar.

guarantor [gærən'tɔ:ʳ] *n* garante *mf.*

guaranty ['gærəntɪ] *n* **- 1.** [agreement] garantía *f.* **- 2.** [guarantor] garante *mf.*

guard [ɡɑːd] ◇ *n* **- 1.** [person] guardia *mf*, rondín *m Amér.* **- 2.** [group of guards, operation] guardia *f*; **on** ~! [in fencing] ¡en guardia!; ~ **of honour** guardia de honor; **to be on/ stand** ~ estar de/hacer guardia ❑ **to be on (one's)** ~ **(against)** estar en guardia OR alerta (contra); **to catch sb off** ~ coger a alguien desprevenido(da); **to lower one's** ~ bajar la guardia. **- 3.** *Br* RAIL jefe *m* de tren. **- 4.** [protective device - for body] defensa *f*, protector *m*; [- for machine] cubierta *f* protectora. ◇ *vt* **- 1.** [protect, hide] guardar. **- 2.** [prevent from escaping] vigilar.
◆ **Guards** *npl* MIL [regiment]: **the Guards** la Guardia Real británica.
◆ **guard against** *vt fus* protegerse de OR contra.

guard dog *n* perro *m* guardián.

guard duty *n*: **to be on** ~ estar de guardia.

guarded ['ɡɑːdɪd] *adj* cauteloso(sa), discreto(ta).

guardedly ['ɡɑːdɪdlɪ] *adv* cautelosamente, con cautela.

guardhouse ['ɡɑːdhaʊs, *pl* -haʊzɪz] *n* MIL [for guards] cuerpo *m* de guardia; [for prisoners] cárcel *f* OR prisión *f* militar.

guardian ['ɡɑːdjən] *n* [of child] tutor *m*, -ra *f*; [protector] guardián *m*, -ana *f*, protector *m*, -ra *f*; **the Guardian** PRESS diario británico de calidad de tendencia izquierdista; **Guardian reader** lector del diario 'The Guardian', prototipo del británico de izquierdas con inquietudes intelectuales.

guardian angel *n* ángel *m* de la guarda, ángel *m* custodio.

guardianship ['ɡɑːdjənʃɪp] *n* tutela *f.*

guardrail ['ɡɑːdreɪl] *n Am* [on road] pretil *m.*

guardroom ['ɡɑːdrʊm] *n* = **guardhouse**.

guardsman ['ɡɑːdzmən] (*pl* **guardsmen** [-men]) *n* [in UK] guardia *m* (de la Guardia Real).

guard's van *n Br* furgón *m* de cola.

Guatemala [ɡwɑːtə'mɑːlə] *n* Guatemala.

Guatemalan [ɡwɑːtə'mɑːlən] ◇ *adj* guatemalteco(ca). ◇ *n* guatemalteco *m*, -ca *f.*

guava ['ɡwɑːvə] *n* guayaba *f.*

gubernatorial [ɡuːbənə'tɔːrɪəl] *adj Am* del gobernador.

guck [ɡʌk] *n inf* sustancia *f* fangosa OR viscosa.

guerilla [ɡə'rɪlə] *n* = **guerrilla**.

Guernsey ['ɡɜːnzɪ] *n* **- 1.** [place] Guernsey. **- 2.** [sweater] jersey *m* grueso de lana. **- 3.** [cow] *tipo de vaca.*

guerrilla [ɡə'rɪlə] *n* guerrillero *m*, -ra *f.*

guerrilla tactics *n (U)* táctica *f* guerrillera.

guerrilla warfare *n (U)* guerrilla *f*, guerra *f* de guerrillas.

guess [ɡes] ◇ *n* suposición *f*, conjetura *f*; **it is my** ~ **that he won't come** me imagino que no vendrá; **to take a** ~ intentar adivinar ❑ **it's anybody's** ~ vete a saber, ¡quién sabe! ◇ *vt* **- 1.** [attempt to answer] adivinar; ~ **what?** ¿sabes qué? **- 2.** [suppose] imaginarse, suponer; **I** ~ **so** me imagino que sí. ◇ *vi* [conjecture] suponer, conjeturar; **to** ~ **at sthg** tratar de adivinar algo ❑ **to keep sb** ~**ing** tener a alguien en la incertidumbre.

guesstimate ['ɡestɪmət] *n inf* cálculo *m* a bulto.

guesswork ['ɡeswɜːk] *n (U)* conjeturas *fpl*, suposiciones *fpl.*

guest [ɡest] *n* **- 1.** [at home] invitado *mf.* **- 2.** [at hotel] huésped *mf.* **- 3.** *phr* : **be my** ~! ¡claro!

guest book *n* libro *m* de oro.

guesthouse ['ɡesthaʊs, *pl* -haʊzɪz] *n* casa *f* de huéspedes.

guest list *n* lista *f* de invitados.

guest of honour *n* invitado *m*, -da *f* de honor.

guestroom ['ɡestrʊm] *n* cuarto *m* de los huéspedes.

guest speaker *n* conferenciante *mf (invitado por una organización, asociación etc).*

guest star *n* estrella *f* invitada.

guest worker *n* trabajador *m*, -ra *f* inmigrante.

guffaw [ɡʌ'fɔː] ◇ *n* risotada *f*, carcajada *f.* ◇ *vi* reírse a carcajadas.

Guiana [ɡaɪ'ænə] *n* (la) Guayana; **French** ~ la Guayana Francesa; **Dutch** ~ la Guayana Holandesa.

Guianan [ɡaɪ'ɑːnən] ◇ *adj* guayanés(esa). ◇ *n* guayanés *m*, -esa *f.*

guidance ['ɡaɪdəns] *n (U)* **- 1.** [help] orientación *f*, consejos *mpl.* **- 2.** [leadership] dirección *f*; **under the** ~ **of** bajo la dirección de.

guide [ɡaɪd] ◇ *n* **- 1.** [person] guía *mf.* **- 2.** [book] guía *f.* **- 3.** [machine part] guía *f.* ◇ *vt* **- 1.** [show by leading] guiar. **- 2.** [control] conducir, dirigir. **- 3.** [influence]: **to be** ~**d by** guiarse por.
◆ **Guide** *n* = **Girl Guide**.

guide book *n* guía *f.*

guided ['ɡaɪdɪd] *adj* con guía.

guided missile *n* misil *m* teledirigido.

guide dog *n* perro *m* lazarillo, perro *m* guía.

guided tour *n* visita *f* con guía OR guiada.

guidelines ['ɡaɪdlaɪnz] *npl* directrices *fpl.*

guidepost ['ɡaɪdpəʊst] *n* **- 1.** [post] poste *m* indicador. **- 2.** *fig* [sign] señal *f.*

guiding ['ɡaɪdɪŋ] *adj* [principle] rector(ra); ~ **star** guía *f.*

guild [ɡɪld] *n* **- 1.** [in Middle Ages] gremio *m.* **- 2.** [association] corporación *f.*

guilder ['ɡɪldəʳ] *n* florín *m* (holandés).

guildhall ['ɡɪldhɔːl] *n* sede de una corporación.

guildsman ['ɡɪldzmən] (*pl* **guildsmen** [-mən]) *n* gremial *m.*

guile [ɡaɪl] *n (U) literary* astucia *f.*

guileful ['ɡaɪlfʊl] *adj literary* astuto(ta).

guileless ['ɡaɪlɪs] *adj literary* inocente, candoroso(sa).

guillemot ['ɡɪlɪmɒt] *n* arao *m* común.

guillotine ['ɡɪlə̩tiːn] ◇ *n* **- 1.** [gen] guillotina *f.* **- 2.** *Br* POL estipulación de un tiempo determinado para debatir un proyecto de ley. ◇ *vt* guillotinar.

guilt [ɡɪlt] *n* **- 1.** [remorse] culpa *f.* **- 2.** JUR culpabilidad *f.*

guilt complex *n* complejo *m* de culpa.

guiltily ['ɡɪltɪlɪ] *adv* con aire de culpabilidad.

guiltless ['ɡɪltlɪs] *adj* inocente.

guilty ['ɡɪltɪ] (*compar* **guiltier**, *superl* **guiltiest**) *adj* **- 1.** [gen]: ~ **(of)** culpable (de); **to be found** ~**/not** ~ ser declarado culpable/inocente; **to have a** ~ **conscience** tener remordimientos. **- 2.** [secret, thought] que causa remordimiento.

guinea ['ɡɪnɪ] *n* guinea *f.*

Guinea ['ɡɪnɪ] *n* **- 1.** [coastal area] Guinea. **- 2.** [republic] Guinea-Conakry, República *f* de Guinea.

Guinea-Bissau [-bɪ'saʊ] *n* Guinea-Bissau.

guinea fowl *n* gallina *f* de Guinea.

guinea hen *n* gallina *f* pintada OR de Guinea.

Guinean ['ɡɪnɪən] ◇ *adj* guineano(na). ◇ *n* guineano *m*, -na *f.*

guinea pig *n lit & fig* conejillo *m* de Indias.

guise [ɡaɪz] *n fml* apariencia *f.*

guitar [ɡɪ'tɑːʳ] *n* guitarra *f.*

guitarist [ɡɪ'tɑːrɪst] *n* guitarrista *mf.*

Gujarati [ɡʊdʒə'rɑːtɪ] *n* gujarati *m.*

gulag [ɡuː'læɡ] *n* [department] Gulag *m*; [camp] gulag *m.*

gulch [ɡʌltʃ] *n Am* barranco *m.*

gulf [ɡʌlf] *n* **- 1.** [sea] golfo *m.* **- 2.** [chasm] sima *f*, abismo *m.* **- 3.** [big difference]: ~ **(between)** abismo *m* (entre).
◆ **Gulf** *n*: **the Gulf** el Golfo; **the Gulf of Aden** el golfo de Adén; **the Gulf of Bothnia** el golfo de Botnia; **the Gulf of California** el golfo de California; **the Gulf of Mexico** el golfo de México; **the Gulf of Siam** el golfo de Siam OR de Tailandia.

Gulf States *npl*: **the** ~ los países del Golfo.

Gulf Stream *n*: **the** ~ la corriente del Golfo.

Gulf War n: **the** ~ la guerra del Golfo.
gulfweed ['gʌlfwiːd] n sargazo m.
gull [gʌl] ◇ n [bird] gaviota f. ◇ vt literary & dated [cheat] engatusar, engañar.
gullet ['gʌlɪt] n esófago m.
gulley ['gʌlɪ] (pl **gulleys**) n = **gully**.
gullibility [gʌləˈbɪlətɪ] n credulidad f.
gullible ['gʌləbl] adj crédulo(la).
gully ['gʌlɪ] (pl **gullies**) n barranco m.
gulp [gʌlp] ◇ n trago m. ◇ vt [liquid] tragarse; [food] engullir. ◇ vi tragar saliva.
◆ **gulp down** vt sep [liquid] tragarse; [food] engullir.
gum [gʌm] (pt & pp **gummed**, cont **gumming**) ◇ n - **1.** [chewing gum] chicle m. - **2.** [adhesive] cola f, pegamento m. - **3.** ANAT encía f. - **4.** BOT [substance] goma f. ◇ vt pegar, engomar.
gum arabic n goma f arábiga.
gumbo ['gʌmbəʊ] (pl **gumbos**) n - **1.** [dish] sopa de verduras con carne o pescado, espesada con quingombó. - **2.** Am [okra] quingombó m.
gumboil ['gʌmbɔɪl] n flemón m.
gumboots ['gʌmbuts] npl Br botas fpl de agua OR de goma.
gumdrop ['gʌmdrɒp] n caramelito m OR pastilla f de goma.
gummy ['gʌmɪ] (compar **gummier**, superl **gummiest**) adj - **1.** [containing gum] gomoso(sa). - **2.** [sticky] pegajoso(sa). - **3.** [viscous] viscoso(sa).
gumption ['gʌmpʃn] n (U) inf - **1.** [common sense] seso m, sentido m común. - **2.** [determination] agallas fpl, coraje m.
gumshield ['gʌmʃiːld] n protector m (de dientes).
gumshoe ['gʌmʃuː] n Am crime sl sabueso m, polizonte mf.
gum tree n gomero m; **to be up a** ~ inf estar metido(da) en un lío.
gun [gʌn] (pt & pp **gunned**, cont **gunning**) ◇ n - **1.** [pistol] pistola f; [rifle] escopeta f, fusil m; [firearm] arma f de fuego; [cannon] cañón m; **to be going great** ~**s** inf fig [enterprise] funcionar a las mil maravillas; **to jump the** ~ fig adelantarse a los acontecimientos; **to stick to one's** ~**s** fig mantenerse en sus trece. - **2.** [tool] pistola f. - **3.** [hunter] cazador m, -ra f. - **4.** inf [gunman] pistolero m, -ra f. ◇ vt AUT: **to** ~ **the engine** acelerar a fondo.
◆ **gun down** vt sep abatir (a tiros).
◆ **gun for** vt fus andar a la caza de.
gunboat ['gʌnbəʊt] n lancha f cañonera, cañonero m.
gunboat diplomacy n diplomacia f intimidatoria OR de intimidación.
gun carriage n cureña f.
gun crew n dotación f de una batería.
gundog ['gʌndɒg] n perro m de caza.
gunfight ['gʌnfaɪt] n pelea f a tiros.
gunfire ['gʌnfaɪə'] n (U) [shooting] disparos mpl, tiroteo m; [of cannon] cañonazos mpl.
gunge [gʌndʒ] Br n = **gunk**.
gung-ho [gʌŋˈhəʊ] adj Br inf exageradamente entusiasta.
gunk [gʌŋk] n inf porquería f, guarrería f.
gun licence n licencia f de armas.
gun lobby n Am grupo de presión partidario del mantenimiento del libre uso de las armas de fuego.
gunman ['gʌnmən] (pl **gunmen** [-mən]) n pistolero m.
gunnel ['gʌnl] n = **gunwale**.
gunner ['gʌnə'] n artillero m.
gunnery officer ['gʌnərɪ-] n oficial m de artillería.
gunny ['gʌnɪ] n arpillera f, tela f de saco.
gunnysack ['gʌnɪsæk] n Am saco m de arpillera.
gunplay ['gʌnpleɪ] n Am tiroteo m.
gunpoint ['gʌnpɔɪnt] n: **at** ~ a punta de pistola.
gunpowder ['gʌn‚paʊdə'] n pólvora f.
gun room n [in house] sala f de armas; [on warship] sala f de suboficiales.

gunrunner ['gʌn‚rʌnə'] n traficante mf de armas.
gunrunning ['gʌn‚rʌnɪŋ] n tráfico m de armas.
gunship ['gʌnʃɪp] n [helicopter] helicóptero m de combate.
gunshot ['gʌnʃɒt] ◇ n - **1.** [shot] tiro m, disparo m. - **2.** [range]: **to be out of/within** ~ no estar/estar a tiro. ◇ comp: ~ **wound** balazo m, herida f de bala.
gun-shy adj asustadizo(za), espantadizo(za).
gunslinger ['gʌn‚slɪŋə'] n pistolero m, -ra f.
gunsmith ['gʌnsmɪθ] n armero m.
gunstock ['gʌnstɒk] n culata f.
gun turret n torreta f.
gunwale ['gʌnl] n regala f, borda f.
gurgle ['gɜːgl] ◇ vi - **1.** [water] gorgotear. - **2.** [baby] gorjear. ◇ n - **1.** [of water] gorgoteo m. - **2.** [of baby] gorjeo m.
Gurkha ['gɜːkə] n gurja m, gurkha m.
guru ['gʊruː] n lit & fig gurú m.
gush [gʌʃ] ◇ n - **1.** [of liquid, gas] chorro m. - **2.** [of emotion] efusión f. ◇ vt chorrear. ◇ vi - **1.** [flow out] chorrear, manar. - **2.** pej [enthuse] ser muy efusivo (muy efusiva).
gusher ['gʌʃə'] n [oil well] pozo m eruptivo.
gushing ['gʌʃɪŋ], **gushy** ['gʌʃɪ (compar **gushier**, superl **gushiest**) adj inf pej efusivo(va).
gusset ['gʌsɪt] n escudete m.
gust [gʌst] ◇ n ráfaga f, racha f. ◇ vi [wind] soplar racheado.
gustatory ['gʌstətrɪ] adj fml gustativo(va).
gusto ['gʌstəʊ] n: **with** ~ con deleite.
gusty ['gʌstɪ] (compar **gustier**, superl **gustiest**) adj [day] ventoso(sa); [wind] racheado(da).
gut [gʌt] (pt & pp **gutted**, cont **gutting**) ◇ n - **1.** MED intestino m. - **2.** [strong thread] sedal m. ◇ vt - **1.** [animal] destripar; [fish] limpiar. - **2.** [building etc] destruir el interior de.
◆ **guts** npl inf - **1.** [intestines] tripas fpl; **to hate sb's** ~**s** fig odiar a alguien a muerte. - **2.** [courage] agallas fpl.
gut feeling n presentimiento m.
gutless ['gʌtlɪs] adj sin agallas, cobarde.
gut reaction n primer impulso m.
gutsy ['gʌtsɪ] (compar **gutsier**, superl **gutsiest**) adj inf con agallas, atrevido(da).
gutta-percha [gʌtəˈpɜːtʃə] n gutapercha f.
gutter ['gʌtə'] ◇ n - **1.** [ditch] cuneta f. - **2.** [on roof] canalón m. ◇ vi [flame] parpadear; [candle] derretirse.
guttering ['gʌtərɪŋ] n (U) canalones mpl.
gutter press n pej prensa f amarilla OR sensacionalista.
guttersnipe ['gʌtəsnaɪp] n pej golfillo m, -lla f, pilluelo m, -la f.
guttural ['gʌtərəl] ◇ adj gutural. ◇ n gutural f.
guv [gʌv], **guv'nor** ['gʌvnə'] n Br inf jefe m.
guy [gaɪ] n - **1.** inf [man] tipo m, tío m, chavo m Amér. - **2.** Br [dummy] muñeco que se quema en Gran Bretaña la noche de Guy Fawkes. - **3.** [for tent] tirante m, cable m de retén.
Guyana [gaɪˈænə] n Guyana.
Guyanese [gaɪəˈniːz] adj guyanés(esa).
Guy Fawkes' Night [-ˈfɔːks-] n fiesta que se celebra el 5 de noviembre en Gran Bretaña con hogueras y fuegos artificiales para conmemorar el Aniversario de la Pólvora.
guy rope n viento m, cuerda f (de tienda de campaña).
guzzle ['gʌzl] ◇ vt [food] zamparse; [drink] soplarse. ◇ vi - **1.** [eat] zampar. - **2.** [drink] beber demasiado deprisa.
guzzler ['gʌzlə'] n tragón m, -ona f.
gym [dʒɪm] n inf - **1.** [gymnasium] gimnasio m. - **2.** [exercises] gimnasia f.
gymkhana [dʒɪmˈkɑːnə] n gincana f.
gymnasium [dʒɪmˈneɪzjəm] (pl **gymnasiums** OR **gymnasia** [-zɪə]) n gimnasio m.
gymnast ['dʒɪmnæst] n gimnasta mf.
gymnastic [dʒɪmˈnæstɪk] adj gimnástico(ca).
◆ **gymnastics** n (U) gimnasia f.

gymnosperm [ˈdʒɪmnəʊˌspɜːm] *n* gimnosperma *f*.

gym shoes *npl* zapatillas *fpl* de gimnasia.

gymslip [ˈdʒɪmˌslɪp] *n Br* bata *f* de colegio.

gynaecological *Br*, **gynecological** *Am* [ˌɡaɪnəkəˈlɒdʒɪkl] *adj* ginecológico(ca).

gynaecologist *Br*, **gynecologist** *Am* [ˌɡaɪnəˈkɒlədʒɪst] *n* ginecólogo *m*, -ga *f*.

gynaecology *Br*, **gynecology** *Am* [ˌɡaɪnəˈkɒlədʒɪ] *n* ginecología *f*.

gynecocracy [ˌdʒaɪnˈəkɒkrəsɪ] (*pl* **gynecocracies**) *n* ginecocracia *f*.

gyp [dʒɪp] (*pt & pp* **gypped**, *cont* **gypping**) *Am* ◇ *vt* timar, estafar. ◇ *n* tramposo *m*, -sa *f*.

gypsum [ˈdʒɪpsəm] *n* yeso *m*, sulfato *m* de calcio.

gypsy [ˈdʒɪpsɪ] (*pl* **gypsies**) *adj & n* = gipsy.

gyrate [dʒaɪˈreɪt] *vi* girar.

gyration [dʒaɪˈreɪʃn] *n* giro *m*, rotación *f*.

gyratory [ˈdʒaɪrətrɪ] *adj* giratorio(ria).

gyre [ˈdʒaɪə] *n literary* - **1.** [circle] círculo *m*; [spiral] espiral *f*. - **2.** [movement] giro *m*, rotación *f*.

gyrfalcon [ˈdʒɜːˌfɔːlkn] *n* gerifalte *m*.

gyro [ˈdʒaɪrəʊ] (*pl* **gyros**) *n* - **1.** = **gyroscope**. - **2.** = **gyrocompass**.

gyrocompass [ˈdʒaɪrəʊˌkʌmpəs] *n* brújula *f* giroscópica.

gyroplane [ˈdʒaɪrəʊpleɪn] *n* autogiro *m*.

gyroscope [ˈdʒaɪrəskəʊp] *n* giroscopio *m*.

H

h (*pl* **h's** OR **hs**), **H** (*pl* **H's** OR **Hs**) [eɪtʃ] *n* [letter] h *f*, H *f*.

ha [hɑː] *excl* ¡ah!

habeas corpus [ˌheɪbjəsˈkɔːpəs] *n* hábeas corpus *m*.

haberdasher [ˈhæbədæʃəʳ] *n* - **1.** *Br* [draper] mercero *m*, -ra *f*. - **2.** *Am* [men's outfitter] vendedor *m*, -ra *f* de artículos para caballeros.

haberdashery [ˈhæbədæʃərɪ] (*pl* **haberdasheries**) *n* - **1.** *Br* [shop] mercería *f*; [goods] artículos *mpl* de mercería. - **2.** *Am* [shop] tienda *f* de artículos para caballeros; [men's clothing] artículos *mpl* para caballeros.

habit [ˈhæbɪt] *n* - **1.** [custom] costumbre *f*, hábito *m*; **to be in the ~ of doing sthg** tener la costumbre de hacer algo; **to get into the ~ of doing sthg** adquirir OR coger la costumbre de hacer algo; **to make a ~ of sthg** tomar algo por costumbre; **to make a ~ of doing sthg** tener por costumbre hacer algo. - **2.** [garment] hábito *m*. - **3.** *inf* [addiction] vicio *m*, hábito *m*; **to kick the ~** dejar el vicio.

habitable [ˈhæbɪtəbl] *adj* habitable.

habitant [ˈhæbɪtənt] *n fml* habitante *mf*.

habitat [ˈhæbɪtæt] *n* hábitat *m*.

habitation [ˌhæbɪˈteɪʃn] *n* - **1.** [occupation] ocupación *f*, habitación *f*. - **2.** [house] morada *f*.

habit-forming [-ˌfɔːmɪŋ] *adj* que crea hábito.

habitual [həˈbɪtjʊəl] *adj* - **1.** [usual] habitual, acostumbrado(da). - **2.** [smoker, gambler] empedernido(da).

habitually [həˈbɪtjʊəlɪ] *adv* por costumbre, habitualmente.

habituate [həˈbɪtjʊeɪt] *vt fml*: **to ~ o.s./sb to sthg** habituarse/habituar a alguien a algo.

hack [hæk] ◇ *n* - **1.** *pej* [writer] escritorzuelo *m*, -la *f*; [journalist] gacetillero *m*, -ra *f*. - **2.** *Am inf* [taxi] taxi *m*. - **3.** [cut, blow] tajo *m*, hachazo *m*. - **4.** [nag] jamelgo *m*, penco *m*. - **5.** [cough] tos *f* seca. ◇ *vt* - **1.** [cut] cortar en tajos, acuchillar. - **2.** COMPUT piratear. ◇ *vi* - **1.** [cut] dar tajos OR hachazos; **to ~ at sthg** dar tajos OR hachazos a algo.

◆ **hack into** *vt fus* piratear.

◆ **hack through** *vt fus* [cut]: **to ~ (one's way) through sthg** abrirse paso por algo a hachazos.

hacker [ˈhækəʳ] *n* COMPUT pirata informático *m*, pirata informática *f*.

hackie [ˈhækɪ] *n Am inf* taxista *mf*.

hacking [ˈhækɪŋ] *n* COMPUT piratería *f* (informática).

hacking cough *n* tos *f* seca.

hacking jacket *n* chaqueta *f* de montar.

hackles [ˈhæklz] *npl* pelo o plumas del cuello de un animal; **to make sb's ~ rise** *fig* poner negro(gra) a alguien.

hackney cab, **hackney carriage** [ˈhæknɪ-] *n fml* [taxi] taxi *m*.

hackneyed [ˈhæknɪd] *adj pej* trillado(da).

hacksaw [ˈhæksɔː] *n* sierra *f* para metales.

hackwork [ˈhækwɜːk] *n* trabajo *m* pesado y rutinario.

had [*weak form* həd, *strong form* hæd] *pt & pp* → **have**.

haddock [ˈhædək] (*pl inv*) *n* abadejo *m*, eglefino *m*.

Hades [ˈheɪdiːz] *n* MYTH el Hades.

hadn't [ˈhædnt] *contr* = **had not**.

Hadrian [ˈheɪdrɪən] *n* Adriano *m*; **~'s Wall** el Muro de Adriano.

haematic *Br*, **hematic** *Am* [hiːˈmætɪk] *adj* hemático(ca).

haematologist *Br*, **hematologist** *Am* [ˌhiːməˈtɒlədʒɪst] *n* hematólogo *m*, -ga *f*.

haematology *Br*, **hematology** *Am* [ˌhiːməˈtɒlədʒɪ] *n* hematología *f*.

haematoma *Br* (*pl* **haematomas** OR **haematomata** [-mətə]), **hematoma** *Am* (*pl* **hematomas** OR **hematomata** [ˌhiːməˈtəʊmə]) *n* hematoma *m*.

haemodialysis *Br*, **hemodialysis** *Am* [ˌhiːməʊdaɪˈælɪsɪs] *n* hemodiálisis *f inv*.

haemoglobin *Br*, **hemoglobin** *Am* [ˌhiːməˈɡləʊbɪn] *n* hemoglobina *f*.

haemophilia *Br*, **hemophilia** *Am* [ˌhiːməˈfɪlɪə] *n* hemofilia *f*.

haemophiliac *Br*, **hemophiliac** *Am* [ˌhiːməˈfɪlɪæk] *n* hemofílico *m*, -ca *f*.

haemorrhage *Br*, **hemorrhage** *Am* [ˈhemərɪdʒ] ◇ *n* hemorragia *f*. ◇ *vi* tener una hemorragia.

haemorrhagic *Br*, **hemorrhagic** *Am* [ˌheməˈrædʒɪk] *adj* hemorrágico(ca).

haemorrhoidal *Br*, **hemorrhoidal** *Am* [ˈheməˌrɔɪdl] *adj* hemorroidal.

haemorrhoids *Br*, **hemorrhoids** *Am* [ˈhemərɔɪdz] *npl* hemorroides *fpl*.

hafnium ['hæfnɪəm] *n* hafnio *m*.

haft [hæft] *n* [of tool] mango *m*; [of weapon] cabo *m*.

hag [hæg] *n pej* bruja *f*, arpía *f*.

haggard ['hægəd] *adj* ojeroso(sa).

haggis ['hægɪs] *n* plato típico escocés hecho con las asaduras del cordero.

haggle ['hægl] *vi* - **1.** [bargain]: **to ~ (with sb over** OR **about sthg)** regatear (algo a alguien). - **2.** [argue over details] disputar, discutir.

haggler ['hæglə'] *n* regateador *m*, -ra *f*.

haggling ['hæglɪŋ] *n* regateo *m*.

hagiography [hægɪ'ɒgrəfɪ] *n* hagiografía *f*.

hagridden ['hæg,rɪdn] *adj literary* atormentado(da).

Hague [heɪg] *n*: **The ~** La Haya.

hail [heɪl] ◇ *n* - **1.** METEOR granizo *m*, pedrisco *m*. - **2.** *fig* [large number] lluvia *f*, aluvión *m*. ◇ *vt* - **1.** [call] llamar. - **2.** [acclaim]: **to ~ sb as sthg** aclamar a alguien algo; **to ~ sthg as sthg** ensalzar algo catalogándolo de algo. ◇ *v impers* granizar.

◆ **hail from** *vt fus* [person] ser de.

hail-fellow-well-met *adj dated & pej*: **he's very ~** es demasiado simpático.

Hail Mary *n* avemaría *f*.

hailstone ['heɪlstəʊn] *n* granizo *m*, piedra *f*.

hailstorm ['heɪlstɔːm] *n* granizada *f*.

hair [heə'] *n* - **1.** [gen] pelo *m*; **to do one's ~** arreglarse el pelo, peinarse; **to get one's ~ cut/done** cortarse/arreglarse el pelo; **to put up one's ~** recogerse el pelo ❑ **to get in sb's ~** *inf* sacar de quicio a alguien; **keep your ~ on!** *inf* ¡tranqui!, ¡no te pongas nervioso!; **to let one's ~ down** soltarse el pelo, desmadrarse; **to make sb's ~ stand on end** ponerle a alguien los pelos de punta; **not to touch** OR **harm a ~ on sb's head** no ponerle la mano encima a alguien; **to split ~s** hilar muy fino, rizar el rizo; **to tear one's ~ out** *inf* tirarse de los pelos. - **2.** [on person's skin] vello *m*; **to remove unwanted ~** [person] depilarse; [cream etc] depilar.

hairband ['heəbænd] *n* cinta *f* (para el pelo).

hairbreadth ['heəbretθ] *n* = **hair's breadth**.

hairbrush ['heəbrʌʃ] *n* cepillo *m* para el pelo.

hairclip ['heəklɪp] *n* pasador *m*.

hair clippers *npl* maquinilla *f* para cortar el pelo; **a pair of ~** una maquinilla para cortar el pelo.

hair conditioner *n* suavizante *m* para el pelo.

haircut ['heəkʌt] *n* corte *m* de pelo; **to get a ~** cortarse el pelo.

hairdo ['heəduː] (*pl* **hairdos**) *n inf* peinado *m*.

hairdresser ['heə,dresə'] *n* peluquero *m*, -ra *f*; **~'s (salon)** peluquería *f*.

hairdressing ['heə,dresɪŋ] ◇ *n* peluquería *f*. ◇ *comp* de peluquería; **~ salon** peluquería *f*.

hairdryer ['heə,draɪə'] *n* secador *m* (de pelo).

hair follicle *n* folículo *m* piloso.

hair gel *n* gomina *f*.

hairgrip ['heəgrɪp] *n Br* horquilla *f*.

hairiness ['heərɪnɪs] *n* vellosidad *f*.

hairless ['heəlɪs] *adj* [head] sin pelo; [face] lampiño(ña), barbilampiño(ña).

hairline ['heəlaɪn] *n* nacimiento *m* del pelo.

hairline crack *n* fisura *f* OR grieta *f* muy fina.

hairline fracture *n* fractura *f* muy fina.

hairnet ['heənet] *n* redecilla *f*.

hairpiece ['heəpiːs] *n* peluquín *m*, postizo *m*.

hairpin ['heəpɪn] *n* horquilla *f* de moño.

hairpin bend *n* curva *f* muy cerrada.

hair-raising [-,reɪzɪŋ] *adj* espeluznante.

hair remover *n* crema *f* depilatoria, depilatorio *m*.

hair-restorer *n* crecepelo *m*, loción *f* capilar.

hair's breadth *n*: **by a ~** por un pelo.

hair shirt *n* cilicio *m*.

hair slide *n Br* pasador *m*.

hair-splitting *n* (U) *pej* sutilezas *fpl*.

hairspray ['heəspreɪ] *n* laca *f* (para el pelo).

hairspring ['heəsprɪŋ] *n* [in clock] espiral *f*.

hairstyle ['heəstaɪl] *n* peinado *m*.

hairstylist ['heə,staɪlɪst] *n* peluquero *m*, -ra *f*.

hair-trigger *adj fig*: **to have a ~ temper** perder los estribos con facilidad.

hairy ['heərɪ] (*compar* **hairier**, *superl* **hairiest**) *adj* - **1.** [covered in hair] peludo(da). - **2.** *inf* [scary] espeluznante, espantoso(sa).

Haiti ['heɪtɪ] *n* Haití.

Haitian ['heɪʃn] ◇ *adj* haitiano(na). ◇ *n* haitiano *m*, -na *f*.

hake [heɪk] (*pl inv* OR **hakes**) *n* merluza *f*.

halal [hə'lɑːl] ◇ *adj* [meat] que ha sido sacrificado de acuerdo con la ley musulmana. ◇ *n* carne de animal sacrificado de acuerdo con la ley musulmana.

halberd ['hælbɜːd], **halbert** ['hælbɜːt] *n* alabarda *f*.

halcyon days ['hælsɪən-] *npl literary* días *mpl* idílicos.

hale [heɪl] *adj*: **~ and hearty** sano y fuerte (sana y fuerte).

half [*Br* hɑːf, *Am* hæf] (*pl senses 1 & 3* **halves** [*Br* hɑːvz, *Am* hævz], *pl senses 2 & 4* **halves** OR **halfs**) ◇ *adj* medio(dia); **~ a dozen/mile** media docena/milla; **~ an hour** media hora. ◇ *adv* - **1.** [gen] medio; **~ full/open** medio lleno/abierto; **~ finished** a medio terminar; **~ asleep** medio dormido ❑ **~ and ~** mitad y mitad; **not ~!** *Br inf* ¡y cómo!; **it isn't ~ hot** *inf* ¡vaya calor que hace!; **she can't ~ run fast!** ¡no veas cómo corre!; **it's not ~ bad** *inf* no está nada mal. - **2.** [by half]: **as big (as)** la mitad de grande (que); **to be ~ as big again (as sb/as sthg)** ser la mitad más grande (que alguien/algo). - **3.** [in telling the time]: **~ past nine, ~ after nine** *Am* las nueve y media; **~ nine** *inf* las nueve y media; **it's ~ past** son y media. ◇ *n* - **1.** [one of two parts] mitad *f*; **~ (of) the group** la mitad del grupo; **a pound/mile and a ~** una libra/milla y media; **by ~** en un cincuenta por ciento; **in ~** por la mitad, en dos ❑ **he doesn't do things by halves** no hace las cosas a medias; **to be too clever by ~** pasarse de listo(ta); **to go halves (with sb)** ir a medias (con alguien); **he's not ~ the man he used to be** no es ni sombra de lo que era; **that was a walk and a ~** *inf* esto es lo que yo llamo un buen paseo; **and that's not the ~ of it** *inf* y eso no es nada; **my better** OR **other ~** *hum* mi media naranja; **to see how the other ~ lives** *hum* ver cómo viven los otros. - **2.** [fraction, halfback, child's ticket] medio *m*. - **3.** [of sports match] tiempo *m*, mitad *f*; **the first/second ~** el primer/segundo tiempo. - **4.** [of beer] media pinta *f*. ◇ *pron* la mitad; **~ of it/them** la mitad.

half-a-crown *n Br* media corona *f*.

half-alive *adj* medio muerto (medio muerta).

halfback ['hɑːfbæk] *n* medio *m*, centrocampista *mf*.

half-baked [-'beɪkt] *adj* [scheme, proposal] descabalado(da).

half-blood *n* = **half-breed**.

half-blooded *adj* - **1.** [family relation] medio(dia). - **2.** [of mixed parents] mestizo(za). - **3.** [animal] cruzado(da).

half board *n* media pensión *f*.

half boot *n* bota *f* corta.

half-breed ◇ *adj* mestizo(za). ◇ *n* mestizo *m*, -za *f* (atención: el término 'half-breed' se considera racista).

half-brother *n* hermanastro *m*.

half-caste ◇ *adj* mestizo(za). ◇ *n* mestizo *m*, -za *f* (atención: el término 'half-caste' se considera racista).

half-circle *n* semicírculo *m*.

half cock *n*: **to go off (at) ~** fracasar por falta de preparación.

halfcocked [hɑːf'kɒkt] *adj inf* descabellado(da).

half-crazy *adj* medio loco (medio loca).

half-cup *adj*: **~ bra** sujetador *m* de media copa.

H
M

half-day *n* media jornada *f*.

half-dead *adj inf* medio muerto (medio muerta).

half dollar *n* medio dólar *m*, moneda *f* de cincuenta centavos.

half-dozen *n* media docena *f*; **a ~ eggs** media docena de huevos.

half-drowned ['draund] *adj* medio ahogado (medio ahogada).

half-eaten *adj* a medio comer.

half-fill *vt* [glass] llenar a medias.

half-full *adj* medio lleno (medio llena).

half-hardy *adj* BOT de exterior, semirresistente.

half-hearted *adj* poco entusiasta.

half-heartedly ['hɑːtɪdlɪ] *adv* sin entusiasmo.

half-hitch *n* nudo *m* simple.

half-holiday *n* medio día *m* de fiesta.

half hour *n* media hora *f*.

◆ **half-hour** *adj* = **half-hourly**.

half-hourly *adj* [intervals] de media hora.

half-joking *adj* medio en broma.

half-landing *n* [on staircase] rellano *m* (entre dos pisos).

half-length *adj* de medio cuerpo.

half-life *n* PHYS media vida *f*.

half-light *n* media luz *f*.

half-marathon *n* maratón de algo más de 21 km.

half-mast, half-staff *Am n*: **at ~** [flag] a media asta.

half measures *npl* medias tintas *fpl*, paños *mpl* calientes.

half-miler *n* [runner] corredor *m*, -ra *f* de la media milla.

half moon *n* media luna *f*.

half-naked *adj* medio desnudo (medio desnuda).

half note *n Am* MUS blanca *f*.

half-open *adj* medio abierto (medio abierta), entreabierto(ta).

half-pay *n* medio sueldo *m*, media paga *f*.

halfpenny ['heɪpnɪ] (*pl* **halfpennies** OR **halfpence** ['heɪpens]) *n* medio penique *m*.

half-pint ◇ *n* **- 1.** [measurement] media pinta *f*. **- 2.** *inf* [small person] enano *m*, -na *f*. ◇ *comp*: **a ~ glass** ≃ un vaso de caña.

half-price *adj* a mitad de precio.

◆ **half price** *adv* a mitad de precio.

half-rest *n Am* MUS pausa *f* de medio tiempo.

half-shut *adj* [eyes, door, window] entornado(da), entrecerrado(da).

half-sister *n* hermanastra *f*.

half-size ◇ *adj* [model] reducido(da). ◇ *n* [in shoes] medio número *m*; [in clothing] media talla *f*.

half-slip *n* combinación *f* de falda.

half-staff *n Am* = **half-mast**.

half-starved *adj* medio muerto (medio muerta) de hambre.

half step *n Am* MUS semitono *m*.

half term *n Br* breves vacaciones escolares a mitad de trimestre.

half-timbered ['tɪmbəd] *adj* [house] con entramado de madera.

half time *n (U)* descanso *m*.

half-title *n* anteportada *f*, portadilla *f*.

halftone ['hɑːftəun] *n* **- 1.** ART & PHOT grabado *m* reticulado. **- 2.** *Am* MUS semitono *m*.

half-track *n* vehículo *m* de oruga.

half-truth *n* verdad *f* a medias.

halfway [hɑːf'weɪ] ◇ *adj* intermedio(dia). ◇ *adv* **- 1.** [in space]: **I was ~ down the street** llevaba la mitad de la calle andada. **- 2.** [in time]: **the film was ~ through** la película iba por la mitad. **- 3.** *phr*: **to meet sb ~** llegar a un acuerdo con alguien (cediendo ambas partes).

halfway house *n* **- 1.** [stopping place] paradero *m* a mitad de camino. **- 2.** [rehabilitation centre] centro *m* de rehabilitación.

halfway line *n* SPORT línea *f* media OR medular.

half-wit *n* imbécil *mf*.

half-witted *adj* imbécil.

half-yearly *adj* semestral.

◆ **half yearly** *adv* semestralmente.

halibut ['hælɪbət] (*pl inv* OR **halibuts**) *n* halibut *m*.

halitosis [,hælɪ'təʊsɪs] *n* halitosis *f inv*.

hall [hɔːl] *n* **- 1.** [in house] vestíbulo *m*, recibidor *m*. **- 2.** [public building] sala *f*; **~ of fame** *fig* pléyade *m* de celebridades. **- 3.** *Br* UNIV residencia *f* universitaria, ≃ colegio *m* mayor; **to live in ~s** vivir en una residencia universitaria. **- 4.** [country house] mansión *f*, casa *f* solariega.

halleluja [,hælɪ'luːjə] *excl* ¡aleluya!

hallmark ['hɔːlmɑːk] *n* **- 1.** [typical feature] sello *m* distintivo. **- 2.** [on metal] contraste *m*.

hallo [hə'ləʊ] *excl* = **hello**.

hall of residence (*pl* **halls of residence**) *n Br* residencia *f* universitaria, ≃ colegio *m* mayor.

halloo [hə'luː] (*pt & pp* **hallooed**, *cont* **hallooing**) (*pl* **halloos**) HUNTING ◇ *excl* ¡sus!, ¡hala! ◇ *vi* gritar. ◇ *n* grito *m*, llamada *f*.

hallow ['hæləʊ] *vt fml* santificar.

hallowed ['hæləʊd] *adj* [respected] santificado(da), santo(ta); **~ ground** terreno *m* sagrado.

Hallowe'en [,hæləʊ'iːn] *n* fiesta celebrada la noche del 31 de octubre en la que los niños se disfrazan de fantasmas, brujas etc.

hall porter *n* [in hotel] portero *m*.

hallstand ['hɔːlstænd] *n* perchero *m*.

hallucinate [hə'luːsɪneɪt] *vi* alucinar.

hallucination [hə,luːsɪ'neɪʃn] *n* alucinación *f*.

hallucinatory [hə'luːsɪnətrɪ] *adj* alucinante.

hallucinogen [hə'luːsɪnədʒen] *n* alucinógeno *m*.

hallucinogenic [hə,luːsɪnə'dʒenɪk] *adj* alucinógeno(na).

hallway ['hɔːlweɪ] *n* [of house] entrada *f*, vestíbulo *m*; [corridor] pasillo *m*, corredor *m*.

halo ['heɪləʊ] (*pl* **haloes** OR **halos**) *n* halo *m*, aureola *f*.

halogen ['hælədʒen] ◇ *n* halógeno *m*. ◇ *comp* halógeno(na).

halt [hɔːlt] ◇ *n* [stop] alto *m*, parada *f*; [pause] interrupción *f*; **to come to a ~** [vehicle] pararse; [activity] interrumpirse □ **to call a ~ to** poner fin a; **to grind to a ~** [vehicle] ir parando lentamente; [process] paralizarse. ◇ *vt* [person] parar, detener; [development, activity] interrumpir. ◇ *vi* [person, train] pararse, detenerse; [development, activity] interrumpirse; **~!** ¡alto!

halter ['hɔːltə'] *n* [for horse] ronzal *m*, cabestro *m*, bozal *m* *Amér*.

halterneck ['hɔːltənek] *adj* escotado(da) por detrás.

halter top *n* blusa *f* sin espalda.

halting ['hɔːltɪŋ] *adj* vacilante.

haltingly ['hɔːltɪŋlɪ] *adv* [say, speak] de un modo vacilante, con indecisión.

halva(h) ['hælvɑː] *n* halva *f*, golosina a base de semillas de sésamo.

halve [*Br* hɑːv, *Am* hæv] *vt* **- 1.** [reduce by half] reducir a la mitad. **- 2.** [divide] partir en dos, partir por la mitad.

halves [*Br* hɑːvz, *Am* hævz] *pl* → **half**.

halyard ['hæljəd] *n* driza *f*.

ham [hæm] (*pt & pp* **hammed**, *cont* **hamming**) ◇ *n* **- 1.** [meat] jamón *m*. **- 2.** *pej* [actor] histrión *m*, comicastro *m*. **- 3.** [radio fanatic]: **(radio) ~** radioaficionado *m*, -da *f*. **- 4.** [of leg] corva *f*. ◇ *comp* [sandwich etc] de jamón. ◇ *vt*: **to ~ it up** sobreactuar.

ham acting *n* histrionismo *m*, sobreactuación *f*.

Hamburg ['hæmbɜːg] *n* Hamburgo.

hamburger ['hæmbɜːgə'] *n* **- 1.** [burger] hamburguesa *f*. **- 2.** *(U) Am* [mince] carne *f* picada.

ham-fisted [ˈfɪstɪd] *adj* torpe, desmañado(da).

hamlet [ˈhæmlɪt] *n* aldea *f*.

hammer [ˈhæməʳ] ◇ *n* - **1.** [gen & SPORT] martillo *m*; **the ~ and sickle** la hoz y el martillo ❏ **to come** OR **go under the ~** salir a subasta; **to go at it ~ and tongs** [argue] discutir acaloradamente - **2.** [of piano] martinete *m*. - **3.** [of gun] percutor *m*. ◇ *vt* - **1.** [with tool] martillear; **to ~ home** [nail] clavar a fondo; [point of view] machacar incansablemente. - **2.** [with fist] aporrear. - **3.** *inf* [defeat] dar una paliza a. ◇ *vi* - **1.** [with tool - metal] martillear; [- nail] clavar con el martillo. - **2.** [with fist]: **to ~ (on sthg)** aporrear (algo). - **3.** *phr*: **to ~ away at sthg** [task] trabajar con ahínco en algo; [problem, subject] machacar algo.

◆ **hammer into** *vt sep*: **to ~ sthg into sb** meter algo en la cabeza a alguien.

◆ **hammer out** ◇ *vt fus* [solution, agreement] alcanzar con esfuerzo. ◇ *vt sep* [dent] quitar a martillo.

hammer drill *n* perforadora *f* de percusión.

hammered [ˈhæməd] *adj* - **1.** [metal] repujado(da). - **2.** *inf* [drunk]: **to get ~** pillar una gorda.

hammerhead [ˈhæməhed] *n* [shark] pez *m* martillo.

hammering [ˈhæmərɪŋ] *n* - **1.** [noise] martilleo *m*. - **2.** *fig* [of heart] palpitación *f*; [of rain] tamborileo *m*. - **3.** *inf fig* [defeat] paliza *f*; **to give sb a ~** dar una paliza a alguien.

hammer lock *n* llave *f* al brazo.

hammock [ˈhæmək] *n* hamaca *f*, chinchorro *m Amér*.

hammy [ˈhæmɪ] (*compar* **hammier**, *superl* **hammiest**) *adj inf* histriónico(ca), exagerado(da).

hamper [ˈhæmpəʳ] ◇ *n* - **1.** [for food] cesta *f*, canasta *f*. - **2.** *Am* [for laundry] cesto *m* de la ropa sucia. ◇ *vt* obstaculizar.

hamster [ˈhæmstəʳ] *n* hámster *m*.

hamstring [ˈhæmstrɪŋ] (*pt & pp* **hamstrung** [-strʌŋ]) ◇ *n* tendón *m* de la corva. ◇ *vt* paralizar.

hand [hænd] ◇ *n* - **1.** [gen] mano *f*; **~s up!** [at gunpoint] ¡manos arriba!; [to pupils in class] levantad la mano; **to hold ~s** ir cogidos de la mano; **~ in ~** [people] (cogidos) de la mano; **to take sb by the ~** llevar a alguien de la mano ❏ **at the ~s of** a manos de; **by ~** a mano; **in the ~s of** en manos de; **to have sthg on one's ~s** tener (uno) algo en sus manos; **to ask for sb's ~ (in marriage)** pedir la mano de alguien; **to be in good** OR **safe ~s** estar en buenas manos; **to be ~ in glove** ser uña y carne; **to bite the ~ that feeds one** ser desagradecido(da); **to change ~s** cambiar de dueño; **to come to ~** estar a mano; **to fall into sb's ~s** caer en manos de alguien; **to fall into the wrong ~s** no caer en buenas manos; **to force sb's ~** apretarle las tuercas a alguien; **to get** OR **lay one's ~s on sthg** hacerse con algo; **to get** OR **lay one's ~s on sb** pillar a alguien; **to give sb a free ~** dar carta blanca a alguien; **to give** OR **lend sb a ~ (with)** echar una mano a alguien (con); **to go down on one's ~s and knees** arrodillarse; **to go ~ in ~** [things] ir de la mano; **~s off!** *inf* ¡nada de OR cuidadito con tocar!; **to have one's ~s full** estar muy ocupado (muy ocupada); **to have sb eating out of one's ~** tener a alguien en el bolsillo; **it's out of my ~s** está fuera de mi alcance; **to join ~s** ayudarse mutuamente; **to keep one's ~ in** no perder la práctica; **to live from ~ to mouth** vivir al día; **to make money ~ over fist** ganar dinero a espuertas; **many ~s make light work** *proverb* entre muchos se hace más llevadero el trabajo; **my ~s are tied** tengo las manos atadas; **not to do a ~'s turn** no dar ni golpe; **to overplay one's ~** extralimitarse; **to play into sb's ~s** hacerle el juego a alguien; **to show one's ~** revelar (uno) su intención, poner las cartas boca arriba; **to take matters into one's own ~s** hacerse cargo del asunto personalmente; **to take sthg off sb's ~s** quitarle a alguien algo (de las manos); **to throw in one's ~** tirar la toalla; **to throw up one's ~s** echarse OR llevarse las manos a la cabeza; **to turn one's ~ to sthg** ponerse manos a la obra con algo; **to try one's ~ at sthg** intentar hacer algo; **to wait on sb ~ and foot** traérselo todo en bandeja a alguien; **to wash one's ~s of sthg** lavarse las manos con respecto a algo; **to win ~s down** ganar de calle; **with a firm ~** con mano firme, con firmeza; **with his bare ~s** con sus propias manos. - **2.** [influence] intervención *f*, influencia *f*; **to have a ~ in sthg/in doing sthg** intervenir en algo/al hacer algo. - **3.** [worker - on farm] bracero *m*, peón *m*; [- on ship] tripulante *m*; **all ~s on deck!** todo el mundo a cubierta ❏ **to be an old ~ (at sthg)** ser perro viejo (en algo). - **4.** [of clock, watch] manecilla *f*, aguja *f*. - **5.** [handwriting] letra *f*; **in one's own ~** de su puño y letra. - **6.** [applause] aplauso *m*; **to give sb a big ~** darle un fuerte aplauso a alguien. - **7.** [measurement of horse] palmo *m* menor. ◇ *vt*: **to ~ sthg to sb, to ~ sb sthg** dar OR entregar algo a alguien ❏ **you have to ~ it to her** eso tienes que reconocérselo.

◆ **(close) at hand** *adv* cerca.

◆ **in hand** *adv* - **1.** [time, money]: **to have sthg in ~** tener algo disponible, andar sobrado de algo. - **2.** [problem, situation]: **to have/take sthg in ~** tener/poner algo bajo control; **the problem in ~** el problema que se está tratando; **to take sb in ~** hacerse cargo OR ocuparse de alguien.

◆ **off hand** *adv* = **offhand**.

◆ **on hand** *adv* al alcance de la mano.

◆ **on the other hand** *conj* por otra parte; **on the one ~... on the other ~** por una parte... por la otra.

◆ **out of hand** ◇ *adj*: **to get out of ~** [situation] hacerse incontrolable; [person] desmandarse. ◇ *adv* [completely] terminantemente; **to condemn sb out of ~** condenar a alguien sin más ni más.

◆ **to hand** *adv* a mano.

◆ **hand down** *vt sep* - **1.** [heirloom] dejar en herencia; [knowledge] transmitir. - **2.** [decision] hacer público(ca); [sentence] dictar.

◆ **hand in** *vt sep* [gen] entregar; [resignation] presentar.

◆ **hand on** *vt sep* pasar, hacer circular.

◆ **hand out** *vt sep* - **1.** [distribute] repartir, distribuir. - **2.** *inf* [punishment] dar, aplicar.

◆ **hand over** ◇ *vt sep* - **1.** [baton, money] entregar. - **2.** [responsibility, power] ceder. ◇ *vi*: **to ~ over (to)** dar paso (a).

◆ **hand round** *vt sep* repartir, distribuir.

handbag [ˈhændbæg] *n* bolso *m*.

handball [ˈhændbɔːl] *n* balonmano *m*.

handbasin [ˈhændbeɪsn] *n* lavabo *m*.

handbill [ˈhændbɪl] *n* panfleto *m*.

handbook [ˈhændbʊk] *n* manual *m*.

handbrake [ˈhændbreɪk] *n* freno *m* de mano.

handcar [ˈhændkɑːʳ] *n* cigüeña *f*, zorrilla *f*.

hand cart *n* carretilla *f*.

handclap [ˈhændklæp] *n*: **slow ~** aplauso lento y rítmico de protesta.

handclasp [ˈhændklɑːsp] *n* apretón *m* de manos.

handcrafted [ˈhændˌkrɑːftɪd] *adj* hecho(cha) a mano, de artesanía.

hand cream *n* crema *f* para las manos.

handcuff [ˈhændkʌf] *vt* esposar.

◆ **handcuffs** *npl* esposas *fpl*.

hand-drier *n* secador *m* de manos automático.

hand-drill *n* taladradora *f* manual.

handfeed [hændˈfiːd] (*pt & pp* **handfed** [-ˈfed]) *vt* dar de comer en la boca (*con la mano*).

handful [ˈhændfʊl] *n* - **1.** [gen] puñado *m*. - **2.** *inf* [uncontrollable person]: **to be a ~** ser un demonio.

hand grenade *n* granada *f* de mano.

handgrip [ˈhændgrɪp] *n* - **1.** [on racket] mango *m*; [on bicycle] puño *m*. - **2.** [handshake] apretón *m* de manos.

handgun [ˈhændgʌn] *n* pistola *f*.

hand-held *adj* [appliance] de mano; [camera] portátil.

handhold [ˈhændhəʊld] *n* agarradera *f*.

handicap [ˈhændɪkæp] (*pt & pp* **handicapped**, *cont* **handicapping**) ◇ *n* - **1.** [disability] incapacidad *f*, minusvalía *f*. - **2.** [disadvantage] desventaja *f*, obstáculo *m*. - **3.** SPORT hándicap *m*. ◇ *vt* - **1.** [impede] estorbar, obstaculizar. - **2.** SPORT asignar un hándicap a.

handicapped ['hændɪkæpt] ◇ *adj* minusválido(da). ◇ *npl*: **the** ~ los minusválidos.

handicraft ['hændɪkrɑːft] *n* [skill] trabajos *mpl* manuales, artesanía *f*.

handily ['hændɪlɪ] *adv* - **1.** [conveniently] convenientemente. - **2.** *Am* [easily] con facilidad.

handiwork ['hændɪwɜːk] *n (U)* [work, product] obra *f*.

handkerchief ['hæŋkətʃɪf] *n* pañuelo *m*.

hand-knitted *adj* tejido(da) a mano.

handle ['hændl] ◇ *n* [of door, window] tirador *m*, pomo *m*; [of tool] mango *m*; [of suitcase, cup, jug] asa *f*; [of cane, sword] puño *m*; [for cranking or winding] manivela *f*; **to fly off the** ~ *fig* perder los estribos. ◇ *vt* [gen] manejar; [order, complaint, application] encargarse de; [negotiations, takeover] conducir; [people] tratar; **they couldn't** ~ **so many requests** no pudieron con tantas solicitudes; '~ **with care!'** 'frágil' ❑ **too hot to** ~ delicado(da), espinoso(sa).

handlebars ['hændlbɑːz] *npl* manillar *m*.

handler ['hændləʳ] *n* - **1.** [of animal] guardián *m*, -ana *f*. - **2.** [baggage handler] mozo *m* de equipajes.

handling ['hændlɪŋ] *n* - **1.** [of tool, car] manejo *m*. - **2.** [of situation, person]: **my** ~ **of the problem** la forma en que he tratado el problema.

handling charges *npl* [at bank] gastos *mpl* de tramitación, comisión *f*.

hand lotion *n* crema *f* para las manos.

hand luggage *n Br* equipaje *m* de mano.

handmade [ˌhænd'meɪd] *adj* hecho(cha) a mano.

handmaid(en) ['hændmeɪd(n)] *n* - **1.** *arch* [servant] doncella *f*. - **2.** *fig & literary* [aid] ayuda *f*.

hand-me-down *inf* ◇ *n* prenda *f* usada. ◇ *adj* [clothes] heredado(da), usado(da).

hand organ *n* organillo *m*.

handout ['hændaut] *n* - **1.** [gift] donativo *m*. - **2.** [leaflet] hojas *fpl* (informativas).

handover ['hændəuvəʳ] *n* [of power] cesión *f*, transferencia *f*; [of prisoners, baton] entrega *f*.

hand-pick *vt* escoger, seleccionar.

handpicked [ˌhænd'pɪkt] *adj* cuidadosamente escogido (cuidadosamente escogida).

handrail ['hændreɪl] *n* pasamanos *m inv*, barandilla *f*.

handsaw ['hændsɔː] *n* serrucho *m*.

handset ['hændset] *n* auricular *m* (*de teléfono*); **to lift/replace the** ~ descolgar/colgar (el teléfono).

handsewn [ˌhænd'səun] *adj* cosido(da) a mano.

handshake ['hændʃeɪk] *n* apretón *m* de manos.

hand signal *n* señal *f* con la mano.

hands-off [ˌhændz'ɒf] *adj* [policy] de no intervención.

handsome ['hænsəm] *adj* - **1.** [man] guapo, atractivo. - **2.** *literary* [woman] bella. - **3.** [animal] hermoso(sa). - **4.** [reward, profit] considerable.

handsomely ['hænsəmlɪ] *adv* generosamente.

handsomeness ['hænsəmnɪs] *n* - **1.** [of man] belleza *f*. - **2.** *literary* [of woman] hermosura *f*, beldad *f*.

hands-on [ˌhændz'ɒn] *adj* práctico(ca).

handspring ['hændsprɪŋ] *n* voltereta *f* (*apoyándose en las manos*).

handstand ['hændstænd] *n* pino *m*.

handstitched [ˌhænd'stɪtʃt] *adj* cosido(da) a mano.

hand-to-hand *adj* cuerpo a cuerpo.

hand-to-mouth *adj* precario(ria).

◆ **hand to mouth** *adv* precariamente; **to live hand to mouth** vivir al día.

hand towel *n* toalla *f* para las manos.

handwash ['hændwɒʃ] ◇ *vt* lavar a mano. ◇ *n*: **to do a** ~ hacer una colada a mano.

handwork ['hændwɜːk] *n* trabajo *m* a mano.

handwrite ['hændraɪt] (*pt* **handwrote** [-rəut], *pp* **handwritten** [-ˌrɪtn]) *vt* escribir a mano.

handwriting ['hændˌraɪtɪŋ] ◇ *n* letra *f*. ◇ *comp*: ~ **expert** grafólogo *m*, -ga *f*.

handwritten ['hændˌrɪtn] ◇ *pp* → **handwrite**. ◇ *adj* escrito(ta) a mano.

handwrote ['hændrəut] *pt* → **handwrite**.

handy ['hændɪ] (*compar* **handier**, *superl* **handiest**) *adj inf* - **1.** [useful] práctico(ca); **to come in** ~ venir bien. - **2.** [skilful] mañoso(sa); **to be** ~ **with sthg** saber manejar algo. - **3.** [near] a mano, cerca; **to keep sthg** ~ tener algo a mano.

handyman ['hændɪmæn] (*pl* **handymen** [-men]) *n*: **a good** ~ un manitas.

hang [hæŋ] (*pt & pp vt senses 1, 3 & 4 & vi senses 1 & 3* **hung** [hʌŋ], *pt & pp vt & vi sense 2* **hung** OR **hanged**) ◇ *vt* - **1.** [fasten - gen] colgar; [- door] encajar, fijar; [- paintings in exhibition] exponer; [- game, meat] dejar colgado, manir. - **2.** [execute] ahorcar; **to** ~ **o.s.** ahorcarse; **to be hung, drawn and quartered** ser colgado, destripado y descuartizado ❑ **I'll be** ~**ed if I know** *Br inf* [dated] que me aspen si lo sé; ~ **it (all)!** *Br inf* [dated] ¡diantre!, ¡demonios! - **3.** [adorn] adornar, decorar; **to be hung with sthg** estar adornado(da) con algo. - **4.** *inf* [turn]: **to** ~ **a left/right** tirar a la izquierda/derecha. - **5.** *phr*: **to** ~ **one on sb** *Am inf* [punch] pegarle un trompazo a alguien; ~ **(on) in there!** *inf* ¡ánimo!, ¡aguanta ahí! ◇ *vi* - **1.** [be fastened] colgar, pender. - **2.** [be executed] ser ahorcado(da); **she can go** ~ *Br inf fig* [dated] por mí, que la zurzan. - **3.** [float] flotar. ◇ *n*: **to get the** ~ **of sthg** *inf* coger el tranquillo a algo; **he doesn't give a** ~ *Br inf* [dated] le importa un comino.

◆ **hang about, hang around** ◇ *vi* - **1.** [be idle, waste time] pasar el rato; **they didn't** ~ **about** se pusieron en marcha sin perder un minuto; **to** ~ **about** OR **around with sb** juntarse OR andar con alguien. - **2.** [wait] esperar; **to keep sb** ~**ing about** OR **around** tener a alguien esperando. ◇ *vt fus* andar rondando por.

◆ **hang back** *vi* quedarse atrás, rezagarse.

◆ **hang on** ◇ *vt fus* [depend on] depender de. ◇ *vi* - **1.** [keep hold]: **to** ~ **on (to)** agarrarse (a). - **2.** *inf* [continue waiting] esperar, aguardar; ~ **on (a minute)!** ¡espera un momento! - **3.** [persevere] resistir.

◆ **hang onto** *vt fus* - **1.** [keep hold of] agarrarse a. - **2.** [keep] quedarse con; [power] aferrarse a.

◆ **hang out** ◇ *vt sep* [washing] tender. ◇ *vi* - **1.** *inf* [spend time] moverse, pasar el rato. - **2.** *phr*: **to let it all** ~ **out** *inf* relajarse y disfrutar, soltarse la melena.

◆ **hang over** *vt fus* pender OR cernerse sobre; **I can't go out with the exams** ~**ing over me** no puedo salir con los exámenes a la vuelta de la esquina.

◆ **hang round** *vi* = **hang about**.

◆ **hang together** *vi* [alibi, argument] sostenerse, tenerse en pie.

◆ **hang up** ◇ *vt sep* colgar. ◇ *vi* colgar.

◆ **hang up on** *vt fus* colgar.

hangar ['hæŋəʳ] *n* hangar *m*.

hangdog ['hæŋdɒg] *adj* avergonzado(da).

hanger ['hæŋəʳ] *n* percha *f*.

hanger-on (*pl* **hangers-on**) *n* parásito *m*, -ta *f*.

hang-glide *vi* volar con ala delta.

hang glider *n* [apparatus] ala *f* delta.

hang gliding *n* vuelo *m* con ala delta.

hanging ['hæŋɪŋ] ◇ *adj* - **1.** [suspended] colgante, pendiente. - **2.** [judge, jury] implacable; [offence] que merece la horca. ◇ *n* - **1.** *(U)* [form of punishment] horca *f*. - **2.** [execution] ahorcamiento *m*. - **3.** [drapery] colgadura *f*.

◆ **hangings** *npl*: **wall** ~**s** colgaduras *fpl*.

hangman ['hæŋmən] (*pl* **hangmen** [-mən]) *n* verdugo *m*.

hangout ['hæŋaut] *n inf* sitio *m* favorito, lugar *m* predilecto.

hangover ['hæŋˌəuvəʳ] *n* - **1.** [from drinking] resaca *f*. - **2.** [from past]: ~ **(from)** vestigio *m* (de).

hang-up *n inf* complejo *m*.

hank [hæŋk] *n* madeja *f*.

hanker ['hæŋkəʳ] ◆ **hanker after, hanker for** *vt fus* anhelar.

hankering ['hæŋkərɪŋ] n: ~ **after** OR **for** anhelo m de.

hankie, hanky (pl **hankies**) ['hæŋkɪ] (abbr of **handkerchief**) n inf pañuelo m.

hanky-panky ['pæŋkɪ] n (U) inf - **1.** [sexual activity]: **they were having a bit of** ~ se estaban pegando el lote. - **2.** [mischief] trapicheos mpl.

Hanoi [hæ'nɔɪ] n Hanoi.

Hanover ['hænəvə'] n Hannover.

Hansard ['hænsɑːd] n actas oficiales de los debates del parlamento británico.

hansom (cab) ['hænsəm-] n cabriolé m.

Hants (abbr of **Hampshire**) condado inglés.

haphazard [ˌhæp'hæzəd] adj desordenado(da), caótico(ca).

haphazardly [ˌhæp'hæzədlɪ] adv desordenadamente, de cualquier manera.

hapless ['hæplɪs] adj literary desventurado(da), desgraciado(da).

happen ['hæpən] vi - **1.** [occur] pasar, ocurrir; **to** ~ **to sb** pasarle OR sucederle a alguien; **whatever** ~**s, no matter what** ~**s** pase lo que pase; **don't let it** ~ **again** que no vuelva a ocurrir; **as if nothing had** ~**ed** como si no hubiera pasado nada. - **2.** [chance]: **I** ~**ed to be looking out of the window...** dio la casualidad de que estaba mirando por la ventana...; **do you** ~ **to have a pen on you?** ¿no tendrás un bolígrafo por casualidad?; **if you** ~ **to see him** si por casualidad lo ves; **as it** ~**s...** da la casualidad de que...; **it (just) so** ~**ed that...** dio la casualidad de que...

happening ['hæpənɪŋ] n - **1.** [event] suceso m, acontecimiento m. - **2.** THEATRE happening m.

happenstance ['hæpənstæns] n Am casualidad f; **by** ~ por casualidad.

happily ['hæpɪlɪ] adv - **1.** [with pleasure] alegremente, felizmente; **to live** ~ vivir feliz; **to be** ~ **married** ser feliz en el matrimonio. - **2.** [fortunately] afortunadamente. - **3.** [appropriately] acertadamente.

happiness ['hæpɪnɪs] n [state] felicidad f; [feeling] alegría f.

happy ['hæpɪ] (compar **happier**, superl **happiest**) adj - **1.** [gen] contento(ta), feliz; **to be** ~ **with/about sthg** estar contento con algo; **to be** ~ **for sb** alegrarse por alguien; ~ **Christmas/birthday!** ¡feliz Navidad/cumpleaños!; ~ **ending** [in book, film] final m feliz; **to have a** ~ **ending** acabar bien. - **2.** [causing contentment] feliz, alegre. - **3.** [fortunate] feliz, oportuno(na). - **4.** [willing]: **to be** ~ **to do sthg** estar más que dispuesto(ta) a hacer algo; **I'd be** ~ **to do it** yo lo haría con gusto.

happy event n: **when's the** ~? ¿cuándo nacerá el niño?

happy families n [card game] juego m de las familias.

happy-go-lucky adj despreocupado(da).

happy hour n inf periodo de tiempo durante el cual se venden las bebidas a precio reducido en un bar.

happy medium n término m medio.

hara-kiri [ˌhærə'kiːrɪ] n haraquiri m.

harangue [hə'ræŋ] ◇ n arenga f. ◇ vt arengar.

Harare [hə'rɑːrɪ] n Harare.

harass ['hærəs] vt acosar.

harassed ['hærəst] adj agobiado(da).

harassment ['hærəsmənt] n acoso m; **police** ~ coacción f policial.

harbinger ['hɑːbɪndʒə'] n literary precursor m, heraldo m.

harbor n & vt Am = **harbour**.

harborage ['hɑːbərɪdʒ] n fondeadero m.

harbour Br, **harbor** Am ['hɑːbə'] ◇ n puerto m. ◇ vt - **1.** [feeling] abrigar; [resentment] guardar. - **2.** [person] dar refugio a, encubrir.

harbour master n capitán m de puerto.

hard [hɑːd] ◇ adj - **1.** [gen] duro(ra); [frost] fuerte; [drinker] empedernido(da); **to be** ~ **on sb/sthg** [subj: person] ser duro con alguien/algo; [subj: work, strain] perjudicar a alguien/algo; [subj: result] ser inmerecido para alguien/algo; ~ **water** agua f dura. - **2.** [difficult] difícil; **to be** ~ **to deal**

with presentar dificultades; **I find it** ~ **to believe that...** me cuesta creer que...; **to be** ~ **to please** ser muy exigente ❑ **to learn sthg the** ~ **way** aprender algo por experiencia OR de primera mano; **to play** ~ **to get** hacerse de rogar. - **3.** [push, kick etc] fuerte. - **4.** [fact, news] concreto(ta). - **5.** Br [extreme]: ~ **left/right** extrema izquierda/derecha. ◇ adv - **1.** [work, try, rain] mucho, intensamente; [look] bien, fijamente; [listen] atentamente; **to try one's** ~**est to do sthg** intentar por todos los medios hacer algo. - **2.** [push, kick] fuerte, con fuerza. - **3.** phr: **to be** ~ **at it** [working hard] darle duro, trabajar a tope; **to be** ~ **pushed** OR **put** OR **pressed to do sthg** vérselas y deseárselas para hacer algo; **to feel** ~ **done by** sentirse tratado(da) injustamente; **it will go** ~ **with you** lo vas a pasar muy mal; **to take sthg** ~ tomarse mal algo.

◆ **hard by** prep muy cerca de.

hard-and-fast adj estricto(ta), fijo(ja).

hardback ['hɑːdbæk] ◇ adj de pasta dura. ◇ n edición f en pasta dura.

hard-bitten ['bɪtən] adj duro(ra), curtido(da).

hardboard ['hɑːdbɔːd] n aglomerado m, madera f conglomerada.

hard-boiled ['bɔɪld] adj lit & fig duro(ra).

hardbound ['hɑːdbaʊnd] adj = **hardback**.

hard cash n dinero m contante y sonante.

hard cider n Am sidra f.

hard copy n COMPUT copia f impresa.

hard-core adj - **1.** [support] acérrimo(ma); [criminal] incorregible. - **2.** [pornography] duro(ra).

◆ **hard core** n [of group] núcleo m.

hard court n pista f de cemento OR de superficie dura.

hardcover ['hɑːdˌkʌvə'] adj = **hardback**.

hard currency n divisa f fuerte.

hard disk n COMPUT disco m duro.

hard drugs npl drogas fpl duras.

hard-earned ['ɜːnt] adj [money] ganado(da) con el sudor de la frente; [reputation] creado(da) a base de grandes esfuerzos; [victory, holiday, reward] bien merecido (bien merecida).

harden ['hɑːdn] ◇ vt - **1.** [gen] endurecer. - **2.** [resolve, opinion] reforzar. ◇ vi - **1.** [gen] endurecerse. - **2.** [resolve, opinion] reforzarse. - **3.** COMM [rise] subir; [become stable] estabilizarse.

hardened ['hɑːdnd] adj [criminal] habitual.

hardening ['hɑːdnɪŋ] n endurecimiento m.

hard-faced ['feɪst] adj caradura.

hard-fought ['fɔːt] adj [game, battle] reñido(da).

hard hat n inf - **1.** [helmet] casco m (protector). - **2.** Am [construction worker] obrero m, -ra f de la construcción.

◆ **hard-hat** adj Am inf relativo a las actitudes conservadoras de los obreros de la construcción.

hard-headed ['hedɪd] adj - **1.** [tough, shrewd] práctico(ca), realista. - **2.** Am [stubborn] testarudo(da).

hard-hearted adj insensible, sin corazón.

hard-hitting ['hɪtɪŋ] adj impactante.

hardiness ['hɑːdɪnɪs] n - **1.** [of person, animal] robustez f. - **2.** [of plant] resistencia f.

hard labour n (U) trabajos mpl forzados.

hard landing n aterrizaje m por impacto.

hard line n: **to take a** ~ **on sthg** seguir una tendencia de mano dura con algo.

◆ **hard-line** adj de línea dura.

◆ **hard lines** npl Br: ~**s!** ¡mala suerte!

hard-liner n partidario m, -ria f de la línea dura.

hardly ['hɑːdlɪ] adv apenas; **I'm** ~ **a communist, am I?** ¡pues sí que tengo yo mucho que ver con el comunismo!; **she's** ~ **likely to agree** difícilmente estará de acuerdo; ~ **ever/anything** casi nunca/nada.

hardness ['hɑːdnɪs] n - **1.** [firmness] dureza f. - **2.** [difficulty] dificultad f.

hard-nosed ['nəʊzd] *adj* contundente, decidido(da).

hard-packed ['-pækt] *adj* [snow, soil] apretado(da), compacto(ta).

hard palate *n* paladar *m* duro.

hard-pressed ['-prest], **hard-pushed** ['-pʊʃt] *adj*: **to be ~ for money/ideas/suggestions** andar escaso(sa) de dinero/ideas/propuestas; **to be ~ for time** tener poco tiempo; **to be ~ to do sthg** verse en apuros para (lograr) hacer algo.

hard rock *n* rock *m* duro.

hard sell *n* venta *f* agresiva.

hardship ['hɑːdʃɪp] ◇ *n* - **1.** *(U)* [difficult conditions] privaciones *fpl*, penurias *fpl*. - **2.** [difficult circumstance] infortunio *m*. ◇ *comp*: **~ allowance** *ayuda concedida a un estudiante que tiene graves problemas económicos.*

hard shoulder *n Br* AUT arcén *m*.

hardtop ['hɑːdtɒp] *n coche biplaza de capota dura.*

hard up *adj inf* sin blanca, sin un duro; **to be ~ for sthg** andar escaso(sa) de algo.

hardware ['hɑːdweəʳ] *(U) n* - **1.** [tools, equipment] artículos *mpl* de ferretería. - **2.** COMPUT hardware *m*, soporte *m* físico. - **3.** *v inf* [guns] armas *fpl*.

hardware shop, **hardware store** *n* ferretería *f*.

hardwearing [ˌhɑːdˈweərɪŋ] *adj Br* resistente, duradero(ra).

hard-won *adj* ganado(da) con mucha dificultad.

hardwood ['hɑːdwʊd] *n* [wood] madera *f* brava; [tree] árbol *m* de madera brava.

hardworking [ˌhɑːdˈwɜːkɪŋ] *adj* trabajador(ra).

hardy ['hɑːdɪ] (*compar* **hardier**, *superl* **hardiest**) *adj* - **1.** [person, animal] fuerte, robusto(ta). - **2.** [plant] resistente; **~ annual/perennial** planta *f* anual/vivaz. - **3.** [intrepid] temerario(ria), atrevido(da).

hare [heəʳ] ◇ *n* liebre *f*; **to raise** OR **start a ~** *Br fig* sacar un tema de conversación. ◇ *vi Br inf*: **to ~ off** echar a correr a toda pastilla.

harebrained ['heəˌbreɪnd] *adj inf* atolondrado(da).

harelip [heəˈlɪp] *n* labio *m* leporino.

harem [*Br* hɑːˈriːm, *Am* ˈhærəm] *n* harén *m*.

haricot (bean) ['hærɪkəʊ-] *n* judía *f* (blanca), alubia *f*.

hark [hɑːk] *vi literary* escuchar, prestar atención; **just ~ at him!** *Br inf* ¡será posible lo que dice!

◆ **hark back** *vi*: **to ~ back to sthg** volver a OR rememorar algo.

harken ['hɑːkn] *vi literary* escuchar.

harlequin ['hɑːlɪkwɪn] ◇ *n* arlequín *m*. ◇ *comp* de arlequín, arlequinesco(ca).

Harley Street ['hɑːlɪ-] *n calle londinense famosa por sus médicos especialistas.*

harlot ['hɑːlət] *n* ramera *f*.

harm [hɑːm] ◇ *n* daño *m*; **to do ~ to sthg/sb**, **to do sthg/sb ~** [physically] hacer daño a algo/alguien; *fig* perjudicar algo/a alguien; **to mean no ~ (by sthg)** no tener mala intención (al hacer algo); **there's no ~ in it** no hay nada malo en ello; **there's no ~ in trying/asking** no pasa nada por intentarlo/preguntar ❑ **to be out of ~'s way** estar a salvo; **to come to no ~** [person] salir sano y salvo (sana y salva); [thing] no dañarse; **to do more ~ than good** hacer más mal que bien. ◇ *vt* [gen] hacer daño a, dañar; [reputation, chances, interests] dañar.

harmful ['hɑːmfʊl] *adj*: **~ (to)** perjudicial OR dañino(na) (para).

harmless ['hɑːmlɪs] *adj* inofensivo(va).

harmlessly ['hɑːmlɪslɪ] *adv* sin causar daño.

harmonic [hɑːˈmɒnɪk] ◇ *adj* armónico(ca). ◇ *n* - **1.** MUS armónico *m*. - **2.** PHYSICS frecuencia *f* armónica.

◆ **harmonics** *n (U)* armonía *f*.

harmonica [hɑːˈmɒnɪkə] *n* armónica *f*.

harmonious [hɑːˈməʊnjəs] *adj* armonioso(sa).

harmoniously [hɑːˈməʊnjəslɪ] *adv* armoniosamente, con armonía.

harmonist ['hɑːmənɪst] *n* experto *m*, -ta *f* en armonía musical, armonista *mf*.

harmonium [hɑːˈməʊnjəm] (*pl* **harmoniums**) *n* armonio *m*.

harmonization [ˌhɑːmənaɪˈzeɪʃn] *n* armonización *f*.

harmonize, -ise ['hɑːmənaɪz] ◇ *vi*: **to ~ (with)** armonizar (con). ◇ *vt* armonizar.

harmonizer ['hɑːmənaɪzəʳ] *n* armonizador *m*, -ra *f*.

harmony ['hɑːmənɪ] (*pl* **harmonies**) *n* armonía *f*; **in ~ with** en armonía con.

harness ['hɑːnɪs] ◇ *n* - **1.** [for horse] arreos *mpl*, guarniciones *fpl*. - **2.** [for child] andadores *mpl*; [for climbing etc] harnés *m*, correaje *m*. ◇ *vt* - **1.** [horse] enjaezar, poner los arreos a. - **2.** [energy, resources] aprovechar.

harp [hɑːp] *n* arpa *f*.

◆ **harp on** *vi inf*: **to ~ on (about sthg)** dar la matraca (con algo).

harpist ['hɑːpɪst] *n* arpista *mf*.

harpoon [hɑːˈpuːn] ◇ *n* arpón *m*. ◇ *vt* arponear.

harpooner [hɑːˈpuːnəʳ] *n* arponero *m*, -ra *f*.

harpsichord ['hɑːpsɪkɔːd] *n* clavicordio *m*, clavicémbalo *m*.

harpsichordist ['hɑːpsɪkɔːdɪst] *n* clavicembalista *mf*.

harpy ['hɑːpɪ] (*pl* **harpies**) *n* arpía *f*.

harridan ['hærɪdn] *n* tarasca *f*, regañona *f*.

harried ['hærɪd] *adj* [person] acosado(da), hostigado(da); [expression, look] atormentado(da).

harrier ['hærɪəʳ] *n* - **1.** [dog] lebrel *m* OR sabueso *m* pequeño. - **2.** SPORT [runner] corredor *m*, -ra *f* a campo traviesa. - **3.** [bird] aguilucho *m*.

Harris tweed® ['hærɪs-] *n tejido de lana hecho a mano en la isla escocesa de Harris.*

harrow ['hærəʊ] ◇ *n* grada *f*. ◇ *vt* - **1.** AGR gradar. - **2.** *fig* [distress] atormentar.

Harrow ['hærəʊ] *n prestigiosa escuela privada para chicos situada en el noroeste de Londres.*

harrowing ['hærəʊɪŋ] *adj* horroroso(sa), pavoroso(sa).

harry ['hærɪ] (*pt & pp* **harried**) *vt* - **1.** [badger]: **to ~ sb (for sthg)** acosar a alguien (para obtener algo). - **2.** MIL hostigar.

harsh [hɑːʃ] *adj* - **1.** [life, conditions, winter] duro(ra). - **2.** [punishment, decision, person] severo(ra). - **3.** [texture, taste, voice] áspero(ra); [light, sound] violento(ta).

harshly ['hɑːʃlɪ] *adv* - **1.** [punish, criticize, treat] severamente, duramente. - **2.** [grate] ásperamente; [shine] violentamente.

harshness ['hɑːʃnɪs] *n* - **1.** [of life, conditions, winter] dureza *f*. - **2.** [of punishment, decision, person] severidad *f*. - **3.** [of texture, taste, voice] aspereza *f*; [of light, sound] violencia *f*.

hart [hɑːt] (*pl inv* OR **harts**) *n* venado *m*, ciervo *m*.

harum-scarum [ˌheərəmˈskeərəm] *adj inf* alocado(da).

harvest ['hɑːvɪst] ◇ *n* [gen] cosecha *f*, pizca *f Amér*; [of grapes] vendimia *f*. ◇ *vt* [gen] cosechar; [grapes] vendimiar.

harvester ['hɑːvɪstəʳ] *n* [machine] cosechadora *f*.

harvest festival *n festividad religiosa para celebrar la recogida de la cosecha.*

harvest home *n* - **1.** *Br* [supper] cena para celebrar la recogida de la cosecha. - **2.** [harvesting] recogida *f* de la cosecha.

harvest moon *n* luna *f* llena del equinoccio otoñal.

harvest supper *n en Gran Bretaña, cena que se celebra en un pueblo al acabar la recogida de la cosecha.*

has [*weak form* həz, *strong form* hæz] *3rd person sg* → **have**.

has-been ['hæzbiːn] *n inf pej* vieja gloria *f*.

hash [hæʃ] *n* - **1.** [food] picadillo *m* de carne. - **2.** *inf* [mess]: **to make a ~ of sthg** hacer algo fatal. - **3.** *drugs sl* [hashish] chocolate *m*, hachís *m*. - **4.** *phr*: **to settle sb's ~** *inf* acallar a alguien. ◇ *vt* CULIN picar.

◆ **hash up** *vt sep Br inf* [make a mess of] fastidiar, estropear.

hash browns *npl* patatas fritas con cebolla doradas en aceite muy caliente.

hashish ['hæʃiːʃ] *n* hachís *m*.

hasn't ['hæznt] = has not.

hasp [hɑːsp] *n* [for door] pestillo *m*; [for box] cierre *m*.

hassle ['hæsl] *inf* ◇ *n* - **1.** (U) [annoyance] rollo *m*, lío *m*; **it's a real** ~ es una lata. - **2.** [argument] trifulca *f*, jaleo *m*. ◇ *vt* dar la lata a.

hassock ['hæsək] *n* - **1.** [cushion] cojín *m*, almohadón *m*. - **2.** [of grass] mata *f* de hierba.

haste [heɪst] *n* prisa *f*; **to do sthg in** ~ hacer algo deprisa y corriendo; **to make** ~ *dated* darse prisa, apresurarse ❑ **more** ~ **less speed** *proverb* vísteme despacio que tengo prisa *proverb*.

hasten ['heɪsn] *fml* ◇ *vt* acelerar. ◇ *vi*: **to** ~ **(to do sthg)** apresurarse (a hacer algo).

hastily ['heɪstɪlɪ] *adv* - **1.** [quickly] deprisa, precipitadamente. - **2.** [rashly] a la ligera, sin reflexionar.

hasty ['heɪstɪ] (*compar* **hastier**, *superl* **hastiest**) *adj* - **1.** [quick] apresurado(da), precipitado(da). - **2.** [rash] irreflexivo(va).

hat [hæt] *n* sombrero *m*; **to be talking through one's** ~ *fig* no decir más que pamplinas; **keep it under your** ~ *fig* de esto ni palabra a nadie; **my** ~! *inf fig & dated* ¡naranjas de la China!, ¡a otro perro con ese hueso!; **that's old** ~ *fig* eso está más visto que el tebeo; **to pass the** ~ **round** *fig* pasar la gorra; **to take one's** ~ **off to sb** *fig* quitarse el sombrero ante alguien; **to throw one's** ~ **into the ring** *fig & POL* presentarse como candidato(ta).

hatband ['hætˌbænd] *n* cinta *f* del sombrero.

hatbox ['hætˌbɒks] *n* sombrerera *f*.

hatch [hætʃ] ◇ *vi* - **1.** [chick] romper el cascarón, salir del huevo. - **2.** [egg] romperse. ◇ *vt* - **1.** [chick, egg] empollar, incubar. - **2.** *fig* [scheme, plot] maquinar, tramar. - **3.** ART sombrear con rayas. ◇ *n* - **1.** [for serving food] ventanilla *f*; [in floor] trampilla *f*; [in roof] claraboya *f*. - **2.** NAUT escotilla *f*; **to batten down the** ~**es** NAUT cerrar las escotillas; *fig* [in crisis] prepararse (*para una crisis*). - **3.** [in dam, dike] compuerta *f*.

hatchback ['hætʃˌbæk] *n* coche *m* con puerta trasera.

hatchery ['hætʃərɪ] (*pl* **hatcheries**) *n* criadero *m*.

hatchet ['hætʃɪt] *n* hacha *f*; **to bury the** ~ *fig* hacer las paces.

hatchet job *n inf*: **to do a** ~ **on sb** despellejar a alguien.

hatchet man *n inf* [killer] matón *m*, asesino *m* profesional.

hatching ['hætʃɪŋ] *n* - **1.** [incubation] incubación *f*; [from egg] salida *f* del cascarón. - **2.** (U) ART sombreado *m*.

hatchway ['hætʃˌweɪ] *n* escotilla *f*.

hate [heɪt] ◇ *n* odio *m*. ◇ *vt* odiar; **to** ~ **doing sthg** odiar hacer algo; **I** ~ **to seem pernickety, but...** no es que quiera ser OR no quisiera parecer quisquillosa, pero...; **I** ~ **to bother you, but...** perdone que le moleste pero...

hateful ['heɪtful] *adj* odioso(sa).

Hatfields and McCoys ['hætfiːldz-] *npl Am*: **the** ~ nombres ficticios que representan a familias rivales.

hath [hæθ] *v arch* BIBLE = **has**.

hatmaker ['hætˌmeɪkər] *n* sombrerero *m*, -ra *f*.

hatpin ['hætpɪn] *n* alfiler *m* de sombrero.

hatred ['heɪtrɪd] *n* odio *m*.

hat stand *n* perchero *m*.

hatter ['hætər] *n* sombrerero *m*, -ra *f*; **as mad as a** ~ *fig* más loco (más loca) que una cabra.

hat trick *n* SPORT tres tantos marcados por un jugador en el mismo partido.

haughtily ['hɔːtɪlɪ] *adv* con altanería, de un modo altanero.

haughtiness ['hɔːtɪnɪs] *n* altanería *f*, altivez *f*.

haughty ['hɔːtɪ] (*compar* **haughtier**, *superl* **haughtiest**) *adj* altanero(ra), altivo(va).

haul [hɔːl] ◇ *n* - **1.** [of stolen goods] botín *m*; [of drugs] alijo *m*. - **2.** [distance]: **long** ~ largo camino *m*, largo trayecto *m*. - **3.** [pull] tirón *m*. - **4.** [of fish] redada *f*. ◇ *vt* - **1.** [pull] tirar de, arrastrar. - **2.** [by lorry] transportar.

haulage ['hɔːlɪdʒ] *n* [act] transporte *m*; [cost] flete *m*.

haulage contractor *n* transportista *mf*, contratista *mf* de transportes.

haulier *Br* ['hɔːljər], **hauler** *Am* ['hɔːlər] *n* transportista *mf*, contratista *mf* de transportes.

haunch [hɔːntʃ] *n* - **1.** [of person] asentaderas *fpl*; **to squat on one's** ~**es** ponerse en cuclillas. - **2.** [of animal] pernil *m*.

haunt [hɔːnt] ◇ *n* - **1.** [place] sitio *m* favorito, lugar *m* predilecto. - **2.** [refuge] guarida *f*. ◇ *vt* - **1.** [subj: ghost] aparecerse en. - **2.** [subj: memory, fear, problem] atormentar, obsesionar. - **3.** *inf* [frequent] rondar, frecuentar.

haunted ['hɔːntɪd] *adj* - **1.** [house, castle] encantado(da). - **2.** [look] atormentado(da).

haunting ['hɔːntɪŋ] *adj* obsesionante.

hautboy ['əʊtbɔɪ] *n arch* oboe *m*.

Havana [hə'vænə] *n* La Habana.

have [hæv] (*pt & pp* **had** [*weak form* had, *strong form* hæd]) ◇ *aux vb (to form perfect tenses)* haber; **to** ~ **eaten** haber comido; **I've been on holiday** he estado de vacaciones; **we've never met before** no nos conocemos; **he hasn't gone yet, has he?** no se habrá ido ya ¿no?; **no, he hasn't (done it)** no, no lo ha hecho; **yes, he has (done it)** sí, lo ha hecho; **I was out of breath, having run all the way** estaba sin aliento después de haber corrido todo el camino. ◇ *vt* - **1.** [possess, receive]: **to** ~ **(got)** tener; **I** ~ **no money, I haven't got any money** no tengo dinero; **he has big hands** tiene las manos grandes; **I've got things to do** tengo cosas que hacer; **I had a letter from her** tuve carta de ella; **she's got loads of imagination** tiene mucha imaginación; **do you** ~ **a car?**, ~ **you got a car?** ¿tienes coche? - **2.** [experience, suffer] tener; **I had an accident** tuve un accidente; **I had a nasty surprise** me llevé una desagradable sorpresa; **to** ~ **a cold** estar resfriado(da); **to** ~ **a good time** pasarlo bien. - **3.** *(referring to an action, instead of another verb)*: **it will** ~ **no effect** no tendrá ningún efecto; **to** ~ **a look** mirar, echar una mirada; **to** ~ **a walk** dar un paseo; **to** ~ **a swim** darse un baño, nadar; **to** ~ **breakfast** desayunar; **to** ~ **lunch** comer; **to** ~ **dinner** cenar; **to** ~ **a cigarette** fumarse un cigarro; **to** ~ **an operation** operarse. - **4.** [give birth to]: **to** ~ **a baby** tener un niño. - **5.** [cause to be done]: **to** ~ **sb do sthg** hacer que alguien haga algo; **she had me clean my teeth again** me hizo lavarme los dientes otra vez; **to** ~ **sthg done** hacer que se haga algo; **I'm having the house decorated** voy a contratar a alguien para que me decore la casa; **to** ~ **one's hair cut** (ir a) cortarse el pelo. - **6.** [be treated in a certain way]: **I had my car stolen** me robaron el coche. - **7.** *inf* [cheat]: **you've been had** te han timado. - **8.** *phr*: **to** ~ **it in for sb** tenerla tomada con alguien; **to** ~ **had it** [car, machine] estar para el arrastre; **these clothes** ~ **had it** esta ropa está para tirarla; **I've had it!** [expressing exhaustion] ¡no puedo más! ◇ *modal vb* [be obliged]: **to** ~ **(got) to do sthg** tener que hacer algo; **do you** ~ **to go?**, ~ **you got to go?** ¿tienes que irte?; **I've got to go to work** tengo que ir a trabajar.

◆ **haves** *npl*: **the** ~**s and** ~**-nots** los privilegiados y los desposeídos.

◆ **have off**, **have away** *vt sep Br v inf*: **to** ~ **it off with sb** tirarse a alguien.

◆ **have on** *vt sep* - **1.** [be wearing] llevar (puesto)(ta); **to** ~ **nothing on** no llevar nada encima OR puesto. - **2.** [tease] vacilar, tomar el pelo a. - **3.** [have to do]: **to** ~ **(got) a lot on** tener mucho que hacer; ~ **you got anything on on Friday?** ¿estás libre OR tienes algo que hacer el viernes?

◆ **have out** *vt sep* - **1.** [have removed]: **to** ~ **one's tonsils out** operarse de las amígdalas; **to** ~ **a tooth out** sacarse un diente. - **2.** [discuss frankly]: **to** ~ **it out with sb** hablar a las claras con alguien.

◆ **have up** *vt sep Br inf*: **to** ~ **sb up for sthg** meterle un puro OR llevar al juzgado a alguien por algo.

haven ['heɪvn] *n fig* refugio *m*, asilo *m*.

have-not *n* pobre *mf*.

haven't ['hævnt] *contr* = **have not**.

haversack ['hævəsæk] *n* mochila *f*, zurrón *m*.

havoc ['hævək] *n* (U) caos *m*, estragos *mpl*; **to play** ~ **with sthg** causar estragos en algo.

haw [hɔː] *n* BOT [berry] baya *f* del espino; [shrub] espino *m*.

Hawaii [həˈwaɪɪ] *n* Hawai.

Hawaiian [həˈwaɪɪən] ◇ *adj* hawaiano(na). ◇ *n* hawaiano *m*, -na *f*.

Hawaiian Standard Time *n* hora *f* oficial en Hawai.

hawk [hɔːk] ◇ *n* ZOOL & POL halcón *m*; **to watch sb like a ~** *fig* observar a alguien con ojos de lince. ◇ *vt* - **1.** [sell] pregonar, vender por las calles. - **2.** [cough up] esputar carraspeando. ◇ *vi* - **1.** [hunt] cazar con halcones. - **2.** [clear throat] carraspear.

hawker [ˈhɔːkəʳ] *n* vendedor *m*, -ra *f* ambulante, abonero *m*, -ra *f Amér*.

hawk-eyed *adj* - **1.** [keen-sighted] con vista de lince. - **2.** *fig* [vigilant] atento(ta), vigilante.

hawkish [ˈhɔːkɪʃ] *adj* POL militarista.

hawser [ˈhɔːzəʳ] *n* estacha *f*, guindaleza *f*.

hawthorn [ˈhɔːθɔːn] *n* espino *m*, majuelo *m*.

hay [heɪ] *n* heno *m*; **to hit the ~** *inf fig* irse a planchar la oreja; **make ~ while the sun shines** *proverb* la ocasión la pintan calva *proverb*.

haycock [ˈheɪkɒk] *n* almiar *m*, montón *m* de heno.

hay fever *n* (U) fiebre *f* del heno.

hayloft [ˈheɪlɒft] *n* henil *m*.

haymaker [ˈheɪmeɪkəʳ] *n* AGR [worker] segador *m*, -ra *f*; [machine] segadora *f*.

haymaking [ˈheɪmeɪkɪŋ] *n* siega *f* del heno.

haymow [ˈheɪmaʊ] *n* henil *m*.

hayrack [ˈheɪræk] *n* [in barn] pesebre *m*, comedero *m*; [on cart] adral *m*.

hayrick [ˈheɪrɪk] *n* = **haystack**.

hayseed [ˈheɪsiːd] *n Am* - **1.** [seed] semilla *f* de heno; [straw] tamo *m*. - **2.** *inf* [yokel] paleto *m*, -ta *f*, patán *m*.

haystack [ˈheɪstæk] *n* almiar *m*.

haywire [ˈheɪwaɪəʳ] *adj inf*: **to go ~** [person] volverse majara; [plan] liarse, embrollarse; [computer, TV etc] changarse.

hazard [ˈhæzəd] ◇ *n* - **1.** [danger, risk] riesgo *m*, peligro *m*. - **2.** [in golf] obstáculo *m*. ◇ *vt* [guess, suggestion] aventurar, atreverse a hacer.

hazardous [ˈhæzədəs] *adj* arriesgado(da), peligroso(sa).

hazard warning lights *npl Br* luces *fpl* de emergencia.

haze [heɪz] *n* - **1.** [mist] neblina *f*. - **2.** [confusion] confusión *f*, ofuscamiento *m*.

hazel [ˈheɪzl] ◇ *adj* color avellana *(inv)*. ◇ *n* [tree] avellano *m*.

hazelnut [ˈheɪzlnʌt] *n* avellana *f*.

haziness [ˈheɪzɪnɪs] *n* nebulosidad *f*.

hazy [ˈheɪzɪ] (*compar* **hazier**, *superl* **haziest**) *adj* - **1.** [misty] neblinoso(sa). - **2.** [vague] vago(ga), confuso(sa); **she's rather ~ about the details of what happened** no parece tener una idea muy clara de lo que ocurrió.

H-bomb *n* bomba *f* H.

h & c (*written abbr of* **hot and cold (water)**) c & f.

he [hiː] ◇ *pers pron* él; **~'s tall/happy** es alto/feliz; **~ loves fish** le encanta el pescado; **HE can't do it** él no puede hacerlo; **~ who** *fml* aquel que, el que; **there ~ is** allí está. ◇ *n inf*: **it's a ~** [animal] es macho; [baby] es (un) niño. ◇ *comp*: **~-goat** macho cabrío *m*; **~-bear** oso *m* macho.

HE - **1.** *abbr of* **high explosive**. - **2.** (*written abbr of* **His/Her Excellency**) S. Exc., S.E.

head [hed] ◇ *n* - **1.** ANAT & COMPUT cabeza *f*; **he's a ~ taller than his father** le saca la cabeza a su padre; **a** OR **per ~** por persona, por cabeza; **to win by a ~** [in horse racing] ganar por una cabeza; **from ~ to toe** OR **foot** de arriba abajo, de pies a cabeza; **to stand on one's ~** hacer el pino ❑ **~ of hair** cabellera *f* abundante; **to be banging one's ~ against a brick wall** predicar en el desierto; **to be off one's ~** *Br*, **to be out of one's ~** *Am* [mad] estar como una cabra; **to be/get out of one's ~** *inf* [drunk] estar/ponerse

como una cuba; [drugged] estar colocado(da)/colocarse; **to be (a bit / completely) over sb's ~** ser (un poco / demasiado) complicado(da) para alguien; **to be soft in the ~** estar mal de la sesera; **to bite** OR **snap sb's ~ off** soltar un bufido a alguien sin motivo; **the idea never entered my ~** nunca se me pasó por la cabeza; **to get one's ~ round sthg** *inf* conseguir entender algo; **to get sthg into sb's ~** *inf* meterle algo en la cabeza a alguien, hacerle comprender algo a alguien; **to give sb his/her ~** dejar hacer a alguien; **to go over sb's ~** [without consulting] saltarse a alguien, pasar por encima de alguien; **it went to her ~** se le subió a la cabeza; **to hang one's ~** agachar la cabeza; **to have one's ~ in the clouds** estar en las nubes; **to have one's ~ screwed on (the right way)** *inf* tener la cabeza bien puesta OR en su sitio; **to fall ~ over heels** [tumble] caer redondo(da) OR de cabeza; **to be ~ over heels in love with sb** estar locamente enamorado(da) de alguien; **my ~ is splitting** me va a estallar la cabeza; **~s will roll** van a rodar cabezas; **to hold one's ~ high** llevar la cabeza bien alta; **to keep/lose one's ~** no perder/perder la cabeza; **to keep one's ~ above water** mantenerse a flote, ir tirando; **to laugh one's ~ off** reír a mandíbula batiente; **I couldn't make ~ nor tail of it** aquello no tenía ni pies ni cabeza; **off the top of one's ~** así de repente, a bote pronto; **on your own ~ be it** tú verás lo que haces, la responsabilidad es tuya; **we put our ~s together** tratamos de resolverlo juntos; **to sing/shout one's ~ off** cantar/gritar a todo pulmón; **to snap sb's ~ off** *inf* morder a alguien; **took** OR **got it into his ~ to do it** se le metió en la cabeza (la idea de) hacerlo; **to turn sb's ~** subírsele a la cabeza a alguien; **to use one's ~** usar la cabeza OR el cerebro; **to worry one's ~ about** *inf* preocuparse por. - **2.** [mind, brain] talento *m*, aptitud *f*; **she has a ~ for figures** se le dan bien los números. - **3.** [top - gen] cabeza *f*; [- of bed] cabecera *f*; [- of arrow] punta *f*. - **4.** [of flower] cabezuela *f*; [of cabbage] cogollo *m*; [of garlic] cabeza *f*. - **5.** [leader] jefe *m*, -fa *f*. - **6.** [head teacher] director *m*, -ra *f* (de colegio). - **7.** [in tape recorder etc] cabeza *f*, cabezal *m*. - **8.** [on beer] espuma *f*. - **9.** [pressure]: **a ~ of steam** presión *f* de vapor. - **10.** [of livestock] cabeza *f* (de ganado). - **11.** [of drum] parche *m*. - **12.** [of ship] proa *f*. - **13.** *phr*: **to bring sthg to a ~** llevar algo a una situación crítica OR un punto crítico; **to come to a ~** llegar a un punto crítico. ◇ *vt* - **1.** [procession, convoy, list] encabezar. - **2.** [organization, delegation] dirigir. - **3.** FTBL cabecear. - **4.** [provide title for] poner título a, titular. ◇ *vi*: **to ~ north/for home** dirigirse hacia el norte/a casa; **to ~ back** regresar.

◆ **heads** *npl* [on coin] cara *f*; **~s or tails?** ¿cara o cruz?

◆ **head for** *vt fus* - **1.** [place] dirigirse a. - **2.** *fig* [trouble, disaster] ir camino a.

◆ **head off** *vt sep* - **1.** [intercept] interceptar. - **2.** *fig* [forestall] anticiparse a.

headache [ˈhedeɪk] *n* - **1.** MED dolor *m* de cabeza. - **2.** *fig* [problem] quebradero *m* de cabeza.

headband [ˈhedbænd] *n* cinta *f* (del pelo).

headboard [ˈhedbɔːd] *n* cabecero *m*.

head boy *n Br* [at school] *alumno delegado principal que suele representar a sus condiscípulos en actos escolares*.

headbutt [ˈhedbʌt] ◇ *n* cabezazo *m*. ◇ *vt* dar un cabezazo a.

headcheese [ˈhedtʃiːz] *n Am* queso *m* de cerdo, cabeza *f* de cerdo OR jabalí.

head cold *n* resfriado que provoca dolor de cabeza pero no tos.

head count *n* recuento *m* (de los asistentes).

headdress [ˈheddres] *n* tocado *m*.

headed [ˈhedɪd] *adj* [stationery] con membrete.

headed notepaper *n Br* papel *m* con membrete.

header [ˈhedəʳ] ◇ *n* - **1.** FTBL cabezazo *m*. - **2.** [headlong dive] salto *m* OR caída *f* de cabeza. - **3.** [brick] tizón *m*. ◇ *comp*: **~ block** COMPUT bloque *m* de inicio; **~ card** COMPUT ficha *f* de cabecera; **~ tank** *Br* AUT colector *m* base.

headfirst [ˌhedˈfɜːst] *adv* de cabeza.

headgear ['hedgɪə'] *n (U)* tocado *m*.

head girl *n Br* [in school] alumna delegada principal que suele representar a sus condiscípulas en actos escolares.

headhunt ['hedhʌnt] *vt* contratar.

headhunter ['hed,hʌntə'] *n* - **1**. [recruiter] cazatalentos *mf inv*. - **2**. [tribesman] cazador *m* de cabezas.

headiness ['hedɪnɪs] *n* - **1**. [of wine] efecto *m* embriagador; **the ~ of sudden success** la embriaguez producida por un éxito inesperado. - **2**. [excitement] exaltación *f*, excitación *f*.

heading ['hedɪŋ] *n* - **1**. [title] encabezamiento *m*; [section] apartado *m*. - **2**. [letterhead] membrete *m*. - **3**. AERON & NAUT rumbo *m*, derrotero *m*.

headlamp ['hedlæmp] *n Br* faro *m*.

headland ['hedlənd] *n* cabo *m*, promontorio *m*.

headless ['hedlɪs] *adj* - **1**. [decapitated] decapitado(da). - **2**. *fig* [without leader] sin cabeza OR jefe.

headlight ['hedlaɪt] *n* faro *m*.

headline ['hedlaɪn] *n* titular *m*; **to make the ~s** *fig* aparecer en primera plana.

♦ **headlines** *npl* [on TV, radio] titulares *mpl*, sumario *m* de (las principales) noticias.

headliner ['hedlaɪnə'] *n Am* estrella *f (artista)*.

headlock ['hedlɒk] *n* SPORT llave *f* de cabeza.

headlong ['hedlɒŋ] ◇ *adv* - **1**. [headfirst] de cabeza. - **2**. [quickly, unthinkingly] precipitadamente. ◇ *adj* - **1**. [headfirst] de cabeza. - **2**. [unthinking] precipitado(da).

headman ['hedmæn] (*pl* **headmen** [-men]) *n* jefe *m*.

headmaster [,hed'mɑːstə'] *n* director *m* (de colegio).

headmen ['hedmen] *pl* → **headman**.

headmistress [,hed'mɪstrɪs] *n* directora *f* (de colegio).

headmost ['hedməʊst] *adj* principal, más eminente.

head office *n* [of bank, office] oficina *f* central.

head-on ◇ *adj* de frente, frontal. ◇ *adv* de frente.

headphones ['hedfəʊnz] *npl* auriculares *mpl*.

headpiece ['hedpiːs] *n* [helmet] casco *m*.

head pin *n* bolo *m* delantero.

headquarter [,hed'kwɔːtə'] *vt* acuartelar.

headquarters [,hed'kwɔːtəz] *npl* - **1**. [of bank, office] (oficina *f*) central *f*, sede *f*. - **2**. MIL cuartel *m* general. - **3**. [of police] jefatura *f*.

headrest ['hedrest] *n* reposacabezas *m inv*.

head restraint *n Br* reposacabezas *m inv*.

headroom ['hedrʊm] *n (U)* [in car] espacio *m* entre la cabeza y el techo; [below bridge] altura *f* libre, gálibo *m*.

headscarf ['hedskɑːf] (*pl* **headscarves** [-skɑːvz] OR **headscarfs**) *n* pañuelo *m* (para la cabeza).

headset ['hedset] *n* auriculares *mpl* con micrófono.

headship ['hedʃɪp] *n* SCH dirección *f* (de colegio).

headshrinker ['hedˌʃrɪŋkə'] *n inf* [psychiatrist] psiquiatra *mf*.

headsman ['hedzmən] (*pl* **headsmen** [-mən]) *n* verdugo *m*.

headsquare ['hedskweə'] *n* pañuelo *m* (para la cabeza).

headstand ['hedstænd] *n* puntal *m*.

head start *n*: **~ (on** OR **over)** ventaja *f* (con respecto a).

headstone ['hedstəʊn] *n* lápida *f* mortuoria.

headstrong ['hedstrɒŋ] *adj* obstinado(da).

head teacher *n* director *m*, -ra *f* (de colegio).

head waiter *n* jefe *m* de rango OR de camareros.

headwaters ['hedˌwɔːtəz] *npl* cabecera *f* (de río).

headway ['hedweɪ] *n* - **1**. [progress]: **to make ~** avanzar, hacer progresos. - **2**. [headroom] altura *f* libre. - **3**. [between buses, trains] intervalo *m*.

headwind ['hedwɪnd] *n* viento *m* de proa.

headwork ['hedwɜːk] *n* trabajo *m* mental.

heady ['hedɪ] (*compar* **headier**, *superl* **headiest**) *adj* - **1**. [exciting] excitante, emocionante. - **2**. [causing giddiness - perfume, feeling] embriagador(ra); [- drink] fuerte, que se sube a la cabeza; [- wine] cabezón(ona), que se sube a la cabeza.

heal [hiːl] ◇ *vt* - **1**. [person] curar, sanar; [wound] cicatri-

zar. - **2**. *fig* [troubles, discord] remediar. ◇ *vi* [wound] cicatrizar; [person] curarse, sanar.

♦ **heal up** *vi* cicatrizarse.

healer ['hiːlə'] *n* curandero *m*, -ra *f*.

healing ['hiːlɪŋ] ◇ *adj* curativo(va). ◇ *n* curación *f*.

health [helθ] *n* - **1**. [gen] salud *f*; **to be in good/poor ~** estar bien/mal de salud; **(to your) good ~!** ¡(a tu) salud!; **to drink (to) sb's ~** brindar por alguien; **Department of Health** ≃ Ministerio *m* de Sanidad. - **2**. *fig* [of country, organization] buen estado *m*.

health centre *n* ambulatorio *m*, centro *m* de salud.

health-conscious *adj* consciente de los problemas relacionados con la salud.

health farm *n* centro *m* de salud.

health food *n* comida *f* dietética, alimentos *mpl* naturales.

health food shop *n* tienda *f* de dietética.

healthful ['helθfʊl] *adj dated & literary* saludable.

health hazard *n* riesgo *m* para la salud.

healthily ['helθɪlɪ] *adv* [eat, live] saludablemente, de un modo sano.

healthiness ['helθɪnɪs] *n* buena salud *f*.

health insurance *n* seguro *m* médico.

health risk *n* riesgo *m* para la salud.

Health Service *n* = **National Health Service**.

health spa *n* gimnasio *m*.

health visitor *n Br* enfermero *m*, -ra *f* visitante, *empleado del servicio de salud pública que visita a domicilio a ancianos, padres con niños en edad preescolar etc.*

healthy ['helθɪ] (*compar* **healthier**, *superl* **healthiest**) *adj* - **1**. [gen] sano(na), saludable. - **2**. [profit] pingüe. - **3**. [attitude, respect] natural, sano(na).

heap [hiːp] ◇ *n* - **1**. [pile] montón *m*, pila *f*, ruma *f Amér*; **in a ~** amontonado(da). - **2**. *inf* [old car] cacharro *m*, cafetera *f*. ◇ *vt* - **1**. [pile up]: **to ~ sthg (on** OR **onto sthg)** amontonar algo (sobre algo). - **2**. [give]: **to ~ sthg on sb** colmar a alguien de algo.

♦ **heaps** *npl inf* montones *mpl*, mogollón *m*.

heaped *Br* [hiːpt], **heaping** *Am* ['hiːpɪŋ] *adj* grande; **a ~ teaspoonful** una cucharadita colmada.

hear [hɪə'] (*pt & pp* **heard** [hɜːd]) ◇ *vt* - **1**. [gen] oír; **have you heard her sing?** ¿la has oído cantar?; **I'm happy to ~ that...** me alegro de saber que...; **we have already heard what happened** ya nos hemos enterado de lo que pasó; **I ~ (that)** me dicen que ❑ **we'll never ~ the end of it** no va a parar de recordárnoslo. - **2**. JUR ver. ◇ *vi* - **1**. [gen] oír; **did you ~ about her husband?** ¿te enteraste de lo de su marido?; **have you heard about that job yet?** ¿sabes ya algo del trabajo ese?; **to ~ from sb** tener noticias de alguien; **to make o.s. heard** hacerse oír. - **2**. *phr*: **to have heard of** haber oído hablar de; **he was never heard of again** nunca se supo más de él; **I won't ~ of it!** ¡de eso ni hablar!; **~! ~!** ¡sí, señor!

♦ **hear out** *vt sep* escuchar (sin interrumpir).

hearer ['hɪərə'] *n* oyente *mf*.

hearing ['hɪərɪŋ] *n* - **1**. [sense] oído *m*; **in** OR **within sb's ~** al alcance del oído de alguien ❑ **hard of ~** duro(ra) de oído. - **2**. JUR vista *f*; **to give sb a fair ~** *fig* dar a alguien la oportunidad de que se exprese.

hearing aid *n* audífono *m*.

hearken ['hɑːkn] *vi arch* escuchar.

hearsay ['hɪəseɪ] *n (U)* habladurías *fpl*.

hearse [hɜːs] *n* coche *m* fúnebre.

heart [hɑːt] *n* - **1**. [gen] corazón *m*; **from the ~** con toda sinceridad; **to have ~ trouble** andar mal del corazón; **to have a kind ~** tener buen corazón; **with all my ~** con todo mi corazón ❑ **after one's own ~** como le gusta a uno; **it's a subject close to my ~** es un tema que me apasiona; **from the bottom of my ~** de (todo) corazón; **his ~ isn't in it** no pone el corazón en ello; **in my ~ of ~s** en lo más profundo OR hondo de mi corazón; **my ~ leapt** me

dio un vuelco el corazón; **my ~ sank** se me cayó el alma a los pies, me llevé una gran desilusión; **to break sb's ~** romper OR partir el corazón a alguien; **to do sthg to one's ~'s content** hacer algo cuanto uno quiera; **eat your ~ out!** ¡anda, rabia!; **to harden** OR **steel one's ~** volverse insensible, endurecerse; **have a ~!** ¡ten piedad!; **to have a ~ of gold** tener un corazón de oro; **to have one's ~ in the right place** ser buena persona, tener buen corazón; **to have one's ~ in one's mouth** tener el corazón en un puño; **to lose one's ~ to sb** enamorarse de alguien; **to set one's ~ on sthg/on doing sthg** estar muy ilusionado (muy ilusionada) con algo/con hacer algo; **to take sthg to ~** tomarse algo a pecho; **to throw o.s. ~ and soul into sthg** entregarse a algo en cuerpo y alma; **to wear one's ~ on one's sleeve** mostrar (uno) sus sentimientos. - **2.** [courage] valor m, ánimo m; **I didn't have the ~** no tuve valor para decírselo; **to lose ~** descorazonarse; **to take ~** cobrar ánimo OR aliento ❑ **to be in good ~** estar bien de ánimo. - **3.** [centre - of issue, problem] quid m, meollo m; [- of city etc] centro m, corazón m; [- of lettuce, cabbage] cogollo m; **in the ~ of winter** en pleno invierno; **the ~ of the matter** el quid OR meollo de la cuestión.
◆ **hearts** npl [card suit] corazones mpl; **the six of ~s** el seis de corazones.
◆ **at heart** adv en el fondo.
◆ **by heart** adv de memoria.

heartache ['hɑːteɪk] n pena f, congoja f.

heart attack n infarto m, ataque m cardíaco.

heartbeat ['hɑːtbiːt] n latido m (del corazón).

heartbreak ['hɑːtbreɪk] n [sorrow] congoja f, pena f; [in love] mal m de amores.

heartbreaker ['hɑːtˌbreɪkəʳ] n rompecorazones mf inv.

heartbreaking ['hɑːtˌbreɪkɪŋ] adj desolador(ra).

heartbroken ['hɑːtˌbrəʊkn] adj desolado(da), abatido(da).

heartburn ['hɑːtbɜːn] n ardor m de estómago, acidez f.

heart condition n: **to have a ~** padecer del corazón.

heart disease n (U) enfermedades fpl cardíacas OR del corazón.

hearten ['hɑːtn] vt alentar, animar.

heartening ['hɑːtnɪŋ] adj alentador(ra).

heart failure n paro m cardíaco.

heartfelt ['hɑːtfelt] adj sincero(ra), de todo corazón.

hearth [hɑːθ] n hogar m.

hearthrug ['hɑːθrʌg] n alfombrilla f (que se pone delante de una chimenea).

hearthstone ['hɑːθstəʊn] n hogar m.

heartily ['hɑːtɪlɪ] adv - **1.** [enthusiastically - joke, laugh] de buena gana; [- say, thank, welcome] cordialmente; [- eat] con apetito. - **2.** [thoroughly]: **I ~ recommend it** te lo recomiendo encarecidamente; **to be ~ sick of sthg** estar más que harto(ta) de algo.

heartiness ['hɑːtɪnɪs] n - **1.** [of thanks, welcome] cordialidad f; [of agreement] franqueza f; [of appetite] intensidad f; [of dislike] profundidad f. - **2.** [enthusiasm] entusiasmo m.

heartland ['hɑːtlænd] n fig núcleo m, corazón m.

heartless ['hɑːtlɪs] adj cruel, inhumano(na).

heartrending ['hɑːtˌrendɪŋ] adj desgarrador(ra).

heart-searching [-ˌsɜːtʃɪŋ] n examen m de conciencia.

heart-shaped adj en OR con forma de corazón.

heartsick ['hɑːtsɪk] adj desconsolado(da).

heart-stopping adj terrorífico(ca).

heartstrings ['hɑːtstrɪŋz] npl fibra f sensible, sentimientos mpl.

heartthrob ['hɑːtθrɒb] n ídolo m.

heart-to-heart ◇ n charla f íntima. ◇ adj íntimo(ma).

heart transplant n transplante m de corazón.

heartwarming ['hɑːtˌwɔːmɪŋ] adj gratificante, grato(ta).

heartwood ['hɑːtwʊd] n duramen m.

hearty ['hɑːtɪ] (compar **heartier**, superl **heartiest**) adj - **1.** [laughter] bonachón(ona); [welcome, congratulations,

thanks] cordial; [person] fuertote(ta). - **2.** [meal] abundante; [appetite] bueno(na). - **3.** [dislike, distrust] profundo(da).

heat [hiːt] ◇ n - **1.** [gen] calor m; **in the ~ of the day** en lo más caluroso del día. - **2.** [specific temperature] temperatura f. - **3.** [heating] calefacción f. - **4.** fig [pressure] tensión f; **in the ~ of the battle** en el fragor OR calor de la batalla; **in the ~ of the moment** en el calor del momento ❑ **when the ~ is on** a la hora de la verdad. - **5.** [eliminating round] serie f, prueba f eliminatoria. - **6.** ZOOL: **on ~** Br, **in ~** Am en celo. - **7.** Am v inf [police]: **the ~** la poli, la pasma. ◇ vt calentar.
◆ **heat up** ◇ vt sep calentar. ◇ vi calentarse.

heat capacity n calor m específico.

heated ['hiːtɪd] adj - **1.** [person, argument, discussion] acalorado(da). - **2.** [air, water] caliente; [swimming pool] climatizado(da); [room] caldeado(da).

heatedly ['hiːtɪdlɪ] adv [debate, talk, argue] acaloradamente; [deny, refuse] vehementemente.

heater ['hiːtəʳ] n [for room] estufa f, calentador m; [for water] calentador m; [for car] calefacción f.

heat exchanger n cambiador m de calor.

heat exhaustion n extenuación f por el calor.

heath [hiːθ] n - **1.** [place] brezal m. - **2.** = **heather**.

heat haze n calima f, calina f.

heathen ['hiːðn] ◇ adj [pagan] pagano(na); [barbaric] salvaje. ◇ n [pagan] pagano m, -na f; [barbaric person] salvaje mf.

heathenish ['hiːðənɪʃ] adj pagano(na)

heather ['heðəʳ] n brezo m.

heating ['hiːtɪŋ] n calefacción f. ◇ comp [apparatus, appliance, system] de calefacción.

heating engineer n técnico m, -ca f de calefacción.

heat lightning n relámpago m de calor.

heatproof ['hiːtpruːf] adj refractario(ria), resistente al calor.

heat rash n sarpullido m (por el calor).

heat-resistant adj refractario(ria), resistente al calor.

heat-seeking [-ˌsiːkɪŋ] adj buscador(ra) de calor.

heat shield n protector m contra el calor.

heatstroke ['hiːtstrəʊk] n (U) insolación f.

heat treatment n tratamiento m térmico.

heat wave n ola f de calor.

heave [hiːv] (pt & pp vt all senses & vi senses 1-3 **heaved**, pt & pp vi sense 4 **hove** [həʊv]) ◇ vt - **1.** [pull] tirar de, arrastrar; [push] empujar; [lift] alzar (con mucho esfuerzo). - **2.** [utter painfully] exhalar, emitir. - **3.** inf [throw] tirar, lanzar. ◇ vi - **1.** [pull] tirar; [lift] alzar, izar. - **2.** [rise and fall - waves, sea] ondular; [- chest] palpitar. - **3.** [retch]: **my stomach ~d** tuve náuseas. - **4.** NAUT virar, moverse. ◇ n - **1.** [pull] tirón m; [push] empujón m. - **2.** [retching] náuseas fpl.
◆ **heaves** npl VETER huélfago m.
◆ **heave to** vi ponerse al pairo.

heave-ho n inf: **to give sb the ~** [subj: employer] poner de patitas en la calle a alguien; [subj: boyfriend, girlfriend] dar calabazas a alguien.

heaven ['hevn] n - **1.** [Paradise] cielo m; **to go to ~** ir al cielo ❑ **~ (alone) knows!** ¡sabe Dios!; **to move ~ and earth** mover cielo y tierra, remover Roma con Santiago. - **2.** [delightful thing] encanto m, delicia f; **the lake was ~** el lago era un paraíso OR una delicia.
◆ **heavens** npl: **the ~s** literary los cielos ❑ **(good) ~s!** ¡cielos!

heavenly ['hevnlɪ] adj - **1.** inf dated [delightful] divino(na). - **2.** literary [of the skies] celestial.

heavenly body n cuerpo m celeste.

heaven-sent adj providencial.

heavenward ['hevnwəd], **heavenwards** Br ['hevnwədz] adv hacia el cielo.

heavily ['hevɪlɪ] adv - **1.** [smoke, drink] mucho; [rain] con fuerza; **~ in debt** con muchas deudas; **they are ~ depen-**

dent on foreign trade depender en gran medida del comercio exterior. **- 2.** [solidly]: ~ **built** corpulento(ta). **- 3.** [breathe, sigh] profundamente. **- 4.** [sit, move, fall] pesadamente. **- 5.** [speak] pesarosamente.

heaviness ['hevinis] *n* **- 1.** [of fighting, traffic] intensidad *f*; [of casualties] gran número *m*. **- 2.** [of soil, mixture] densidad *f*. **- 3.** [of movement, breathing] pesadez *f*; [of blow] dureza *f*; [of object] peso *m*, pesadez *f*. **- 4.** [discomfort] pesadez *f*. **- 5.** [depression] decaimiento *m*.

heavy ['hevi] (*compar* **heavier**, *superl* **heaviest**, *pl* **heavies**) ◇ *adj* **- 1.** [gen] pesado(da); [solid] sólido(da); [stout] corpulento(ta); [meal, food] pesado(da), indigesto(ta); ~ **build** corpulencia *f*; **how** ~ **is it?** ¿cuánto pesa? ❑ ~ **seas** mar *f* gruesa, mar *m* borrascoso. **- 2.** [traffic, rain, fighting] intenso(sa); [expenses, losses] fuerte, importante; [fine] fuerte; [taxes] gravoso(sa), oneroso(sa); [casualties, damages] importante, enorme; [crop, dew] abundante; [investor] a gran escala; **to be a** ~ **sleeper** tener el sueño muy profundo; **to be a** ~ **smoker/drinker** ser un fumador/bebedor empedernido. **- 3.** [soil, mixture] denso(sa); [syrup, beard] espeso(sa); [sweater, paper, lips] grueso(sa). **- 4.** [blow] duro(ra). **- 5.** [schedule, day] apretado(da). **- 6.** [work] duro(ra); [task] arduo(dua), duro(ra); [news, responsibility] grave. **- 7.** [weather, air, day] cargado(da); [smell, scent] fuerte; [silence] profundo(da). **- 8.** [humour, irony, style] torpe, basto(ta). **- 9.** [role - difficult] serio(ria); [- dramatic] trágico(ca). **- 10.** [sad]: **with a** ~ **heart** con pesar, con el corazón oprimido. **- 11.** [laden] *literary*: ~ **with** cargado(da) de. ◇ *n* THEATRE villano *m*.

heavy breather *n persona que realiza llamadas telefónicas obscenas.*

heavy cream *n Am* nata *f* para montar.

heavy-duty *adj* [materials] resistente; [machinery] sólido(da), para grandes cargas; [cleanser] de uso industrial.

heavy goods vehicle *n Br* vehículo *m* (de transporte) pesado.

heavy-handed *adj* **- 1.** [clumsy] torpe, poco sutil. **- 2.** [harsh - person] duro(ra), severo(ra); [- action, policy] de mano dura.

heavyhearted [,hevi'hɑːtɪd] *adj* abatido(da), afligido(da).

heavy industry *n* industria *f* pesada.

heavy-laden *adj* **- 1.** [physically] muy cargado (muy cargada). **- 2.** [emotionally] agobiado(da).

heavy metal *n* MUS (música *f*) heavy *m*, heavy metal *m*.

heavy petting *n* (U) caricias *fpl* acaloradas.

heavy-set *adj* corpulento(ta).

heavy water *n* agua *f* pesada.

heavyweight ['heviweit] ◇ *adj* SPORT de los pesos pesados. ◇ *n* **- 1.** SPORT peso *m* pesado. **- 2.** *inf fig* [important person] pez *m* gordo, peso *m* pesado.

Hebrew ['hiːbruː] ◇ *adj* hebreo(a). ◇ *n* **- 1.** [person] hebreo *m*, -a *f*. **- 2.** [language] hebreo *m*.

Hebrides ['hebrɪdiːz] *npl*: **the** ~ las Hébridas.

hecatomb ['hekətuːm] *n* hecatombe *f*.

heck [hek] *n inf*: **what/where/why the ~...?** ¿qué/dónde/por qué demonios...?; **a ~ of a lot of** la mar de ❑ **for the ~ of it** por gusto, porque sí.

heckle ['hekl] *vt & vi* interrumpir con exabruptos.

heckler ['heklə^r] *n persona que interrumpe a un orador, cómico etc.*

hectare ['hekteə^r] *n* hectárea *f*.

hectic ['hektɪk] *adj* muy agitado (muy agitada), ajetreado(da).

hectogram ['hektəgræm] *n* hectogramo *m*.

hectolitre *Br*, **hectoliter** *Am* ['hektə,liːtə^r] *n* hectolitro *m*.

hectometre *Br*, **hectometer** *Am* ['hektə,miːtə^r] *n* hectómetro *m*.

hector ['hektə^r] ◇ *vt* intimidar con fanfarronadas, hostigar. ◇ *vi* fanfarronear.

Hector ['hektə^r] *n* Héctor *m*.

hectoring ['hektərɪŋ] ◇ *n* (U) hostigamiento *m*, acoso *m*. ◇ *adj* [behaviour] tiránico(ca); [tone, voice] imperioso(sa), autoritario(ria).

he'd [hiːd] *contr* = **he had**, **he would**.

hedge [hedʒ] ◇ *n* **- 1.** [shrubs] seto *m*. **- 2.** *fig* [protection] seguro *m*, salvaguarda *f*. **- 3.** [statement] evasiva *f*. ◇ *vt* **- 1.** [enclose] cercar con seto. **- 2.** [guard against loss] compensar, cubrir. ◇ *vi* **- 1.** [prevaricate] contestar con evasivas. **- 2.** [investor] hacer operaciones compensatorias; [gambler] hacer apuestas compensatorias.

hedgehog ['hedʒhɒg] *n* erizo *m*.

hedgehop ['hedʒhɒp] (*pt & pp* **hedgehopped**, *cont* **hedgehopping**) *vi* volar a ras de tierra.

hedgerow ['hedʒrəʊ] *n* seto *m* (en el campo).

hedonism ['hiːdənɪzm] *n* hedonismo *m*.

hedonist ['hiːdənɪst] *n* hedonista *mf*.

hedonistic [,hiːdə'nɪstɪk] *adj* hedonista.

heebie-jeebies [hiːbɪ'dʒiːbɪz] *npl inf*: **to have the** ~ estar hecho(cha) un manojo de nervios.

heed [hiːd] ◇ *n*: **to pay** ~ **to sb** hacer caso a alguien; **to take** ~ **of sthg** tener algo en cuenta. ◇ *vt fml* tener en cuenta.

heedful ['hiːdfʊl] *adj* atento(ta); **to be** ~ **of** prestar atención a.

heedless ['hiːdlɪs] *adj*: **to be** ~ **of sthg** no hacer caso de algo.

heedlessly ['hiːdlɪslɪ] *adv* **- 1.** [without thinking] a la ligera, sin preocuparse. **- 2.** [inconsiderately] de un modo descuidado.

hee-haw [,hiː'hɔː] ◇ *n* rebuzno *m*. ◇ *vi* rebuznar.

heel [hiːl] ◇ *n* **- 1.** [of foot] talón *m*; **to be on sb's ~s** ir pisándole los talones a alguien; **to bring sb to** ~ meter a alguien en vereda OR en cintura; **to cool one's ~s** estar esperando mucho rato; **to dig one's ~s in** mantenerse en sus trece; **to follow hard on the ~s (of)** ir inmediatamente a continuación (de); **to take to one's ~s** poner pies en polvorosa; **to turn on one's** ~ dar media vuelta. **- 2.** [of shoe] tacón *m*, taco *m Amér*; **to click one's ~s** taconear. **- 3.** [of hand, knife] talón *m*. **- 4.** [of bread] punta *f*. **- 5.** *v inf dated* [contemptible man] canalla *m*. **- 6.** [NAUT - of keel] talón *m*; [- of mast] pie *m*. **- 7.** [incline - of ship] escora *f*; [- of vehicle, tower] inclinación *f*. ◇ *vt* **- 1.** [boot, shoe] poner tacón a. **- 2.** SPORT [ball] dar de tacón a. ◇ *vi* [ship] escorarse; [vehicle, tower] inclinarse.

◆ **heels** *npl* [high-heeled shoes] zapatos *mpl* de tacón alto.

heel bar *n* taller *m* de reparación de zapatos en el acto.

heft [heft] *vt* **- 1.** [test weight of] sopesar. **- 2.** [lift] levantar, alzar.

hefty ['heftɪ] (*compar* **heftier**, *superl* **heftiest**) *adj inf* **- 1.** [person] fornido(da). **- 2.** [salary, fee, fine] considerable, cuantioso(sa). **- 3.** [object] pesado(da).

Hegelian [heɪ'giːljən] *adj* hegeliano(na).

hegemony [hɪ'gemənɪ] *n* hegemonía *f*.

Hegira ['hed-rə] *n* hégira *f*, héjira *f*.

heifer ['hefə^r] *n* vaquilla *f*.

height [haɪt] *n* **- 1.** [gen] altura *f*; [of person] estatura *f*; **5 metres in** ~ 5 metros de altura; **what** ~ **is it/are you?** ¿cuánto mide/mides?; **to gain/lose** ~ [subj: plane] ganar/perder altura. **- 2.** [zenith]: **the** ~ **of** [gen] el punto álgido de; [career] la cumbre de; [ignorance, bad taste] el colmo de. **- 3.** [high position] altura *f*.

◆ **heights** *npl* [high places] alturas *fpl*; **to be afraid of ~s** tener vértigo.

heighten ['haɪtn] ◇ *vt* **- 1.** [increase - effect, fear, pleasure] intensificar, aumentar; [- flavour] realzar, intensificar. **- 2.** [make higher] elevar. ◇ *vi* [fear, pleasure] intensificarse, aumentar.

heightened ['haɪtnd] *adj* **- 1.** [building, ceiling, shelf] elevado(da). **- 2.** [fear, pleasure] más intenso (más intensa); [colour] más vivo (más viva).

height of land *n Am* línea *f* divisoria de aguas.

heinous ['heməs] *adj fml* execrable, atroz.

heir [eə'] *n* heredero *m*.

heir apparent (*pl* **heirs apparent**) *n* heredero *m* forzoso.

heiress ['eərıs] *n* heredera *f*.

heirloom ['eəluːm] *n* reliquia *f* de familia.

heir presumptive (*pl* **heirs presumptive**) *n* heredero *m* presunto.

heist [haıst] *inf* ◇ *n* golpe *m*, robo *m*. ◇ *vt* atracar, robar.

held [held] *pt & pp* → **hold**.

helical ['helıkl] *adj* helicoidal.

helices ['helısiːz] *pl* → **helix**.

helicopter ['helıkɒptə'] *n* helicóptero *m*.

heliocentric [ˌhiːlıəʊ'sentrık] *adj* heliocéntrico(ca).

heliograph ['hiːlıəʊgrɑːf] *n* heliógrafo *m*.

Helios ['hiːlıɒs] *n* MYTH Helios *m*.

heliotrope ['heljətrəʊp] *n* BOT heliotropo *m*.

heliotropism [ˌhiːlıəʊ'trəʊpızm] *n* heliotropismo *m*.

helipad ['helıpæd] *n* helipuerto *m*.

heliport ['helıpɔːt] *n* helipuerto *m*.

helium ['hiːlıəm] *n* helio *m*.

helix ['hiːlıks] (*pl* **helixes** OR **helices** ['helısiːz]) *n* - **1.** ANAT & GEOM hélice *f*. - **2.** ARCHIT espiral *f*.

hell [hel] ◇ *n lit & fig* infierno *m*; **what/where/why the** ~...? *inf* ¿qué/dónde/por qué demonios...?; **one** or **a** ~ **of a mess** *inf* un lío de mil demonios; **one** or **a** ~ **of a nice guy** *inf* un tipo estupendo; **one** or **a** ~ **of a job** *inf* un trabajo de narices or de la leche; **a** ~ **of a lot (of)** *inf* un montón (de) ❑ **like** ~ *inf* [a lot] una barbaridad; [not at all so] ¡qué va!; **all** ~ **broke loose** *inf* se armó la gorda; **there'll be** ~ **to pay** *inf* se armará la de Dios; **come** ~ or **high water** *inf* contra viento y marea; **to do sthg for the** ~ **of it** *inf* hacer algo porque sí; **to get the** ~ **out (of)** *inf* salir echando leches (de); **to give sb** ~ *inf* hacérselas pasar canutas a alguien; **to go** ~ **for leather** ir a toda mecha; **to go through** ~ *inf* pasarlas negras; **go to** ~! *v inf* ¡vete al carajo!; **to** ~ **with...** *inf* ¡a la porra (con)...; **to play** ~ **with sthg** *inf* causar estragos en algo; **to raise** ~ *inf* armar una tremenda. ◇ *excl inf* ¡coño!

he'll [hiːl] *contr* = **he will**.

hell-bent *adj*: **to be** ~ **on sthg/on doing sthg** estar totalmente decidido (totalmente decidida) a hacer algo.

hellcat ['helkæt] *n* arpía *f*, bruja *f*.

Hellenic [he'liːnık] *adj* helénico(ca).

hellfire ['helfaıə'] *n* fuego *m* del infierno.

hellhole ['helhəʊl] *n inf* ratonera *f*, lugar *m* de mala muerte.

hellion ['heljən] *n Am inf* bribón *m*, -ona *f*.

hellish ['helıʃ] *adj inf* diabólico(ca), infernal.

hello [hə'ləʊ] *excl* - **1.** [as greeting] ¡hola!; **to say** ~ **to sb** saludar a alguien. - **2.** [on phone - when answering] ¡sí!, ¡dígame!, ¡bueno! *Amér*; [- when calling] ¡oiga! - **3.** [to attract attention] ¡oiga!

Hell's Angels *npl* ángeles *mpl* del infierno, *grupo de motoristas, en ocasiones violentos, popular en los años 60.*

helm [helm] *n lit & fig* timón *m*; **at the** ~ al timón; **to take the** ~ coger el timón.

helmet ['helmıt] *n* - **1.** [gen] casco *m*. - **2.** [medieval] yelmo *m*.

helmsman ['helmzmən] (*pl* **helmsmen** [-mən]) *n* NAUT timonel *m*.

help [help] ◇ *n* - **1.** [gen] ayuda *f*; **with the** ~ **of** con la ayuda de; **to be a** ~ ser una ayuda; **to be of** ~ ayudar; **to ask for** ~ pedir ayuda; **to be beyond** ~ no tener remedio. - **2.** (U) [emergency aid] socorro *m*, ayuda *f*. - **3.** (U) *Am* [employees] personal *m*. - **4.** [domestic aid] asistenta *f*. ◇ *vt* - **1.** [assist]: **to** ~ **sb (to) do sthg/with sthg** ayudar a alguien (a hacer algo/con algo); **can I** ~ **you?** [in shop, bank] ¿en qué puedo servirle?; **to** ~ **sb off/on with his/her coat** ayudar a alguien a quitarse/ponerse el abrigo. - **2.** [avoid]: **I can't** ~ **it/feeling sad** no puedo evitarlo/evitar que me dé pena; **it**

can't be ~**ed** ¡qué le vamos a hacer!; **not if I can** ~ **it** no si puedo evitarlo. - **3.** [with food, drink]: **to** ~ **o.s. (to sthg)** servirse (algo). - **4.** [save] socorrer, auxiliar; **to** ~ **sb in danger** auxiliar a alguien en peligro. - **5.** [relieve] aliviar, mitigar. ◇ *vi*: **to** ~ **(with)** ayudar (con) ❑ **every little** ~**s** *proverb* muchos pocos hacen un mucho *proverb*. ◇ *excl* ¡socorro!, ¡auxilio!

◆ **help out** ◇ *vt sep* echar una mano a. ◇ *vi* echar una mano.

helper ['helpə'] *n* - **1.** [gen] ayudante *mf*. - **2.** *Am* [for housework] asistenta *f*, mujer *f* OR señora *f* de la limpieza.

helpful ['helpfʊl] *adj* - **1.** [willing to help] servicial, atento(ta). - **2.** [providing assistance] útil.

helpfully ['helpfʊlı] *adv* servicialmente, atentamente.

helpfulness ['helpfʊlnıs] *n* - **1.** [of person] servicialidad *f*, solicitud *f*. - **2.** [of gadget, map etc] utilidad *f*.

helping ['helpıŋ] *n* ración *f*; **would you like a second** ~? ¿quiere repetir?

helping hand *n* ayuda *f*.

helpless ['helplıs] *adj* - **1.** [defenceless] indefenso(sa). - **2.** [powerless] impotente. - **3.** [without remedy] sin remedio.

helplessly ['helplıslı] *adv* - **1.** [unable to stop] sin poder parar. - **2.** [in a helpless manner] impotentemente.

helplessness ['helplısnıs] *n* - **1.** [defencelessness] desamparo *m*, indefensión *f*. - **2.** [powerlessness] impotencia *f*. - **3.** [incapability] incapacidad *f*.

helpline ['helplaın] *n* servicio *m* telefónico de ayuda.

helpmate ['helpmeıt] *n* - **1.** [companion] compañero *m*, -ra *f*. - **2.** [spouse] esposo *m*, -sa *f*.

Helsinki ['helsıŋkı] *n* Helsinki *m*.

helter-skelter [ˌheltə'skeltə'] *Br* ◇ *n* tobogán *m* gigante. ◇ *adv* atropelladamente. ◇ *adj* atropellado(da).

helve [helv] *n* mango *m*.

Helvetia [hel'viːʃə] *n* Helvecia.

Helvetian [hel'viːʃən] ◇ *adj* helvético(ca). ◇ *n* helvético *m*, -ca *f*.

hem [hem] (*pt & pp* **hemmed**, *cont* **hemming**) ◇ *n* dobladillo *m*. ◇ *vt* hacerle el dobladillo a. ◇ *excl* ¡ejem!

◆ **hem in** *vt sep* [house, people] rodear, cercar; [enemy] acorralar.

he-man ['hiːmæn] *n inf hum* tiarrón *m*.

hematic *etc Am* = **haematic** *etc*.

hemicycle ['hemıˌsaıkl] *n* - **1.** ARCHIT hemiciclo *m*, anfiteatro *m*. - **2.** GEOM semicírculo *m*.

hemiplegia [ˌhemı'pliːd–ə] *n* hemiplejia *f*.

hemiplegic [ˌhemı'pliːd–k] *adj* hemipléjico(ca).

hemisphere ['hemısfıə'] *n* - **1.** [of earth, brain] hemisferio *m*. - **2.** GEOM semiesfera *f*, hemisferio *m*.

hemispheric(al) [ˌhemı'sferık(l)] *adj* hemisférico(ca).

hemistich ['hemıstık] *n* hemistiquio *m*.

hemline ['hemlaın] *n* bajo *m* (de falda etc).

hemlock ['hemlɒk] *n* [plant, poison] cicuta *f*.

hemodialysis *etc Am* = **haemodialysis** *etc*.

hemp [hemp] *n* cáñamo *m*.

hemstitch ['hemstıtʃ] *n* vainica *f*.

hen [hen] *n* - **1.** [female chicken] gallina *f*. - **2.** [female bird] hembra *f*.

henbane ['henbeın] *n* beleño *m* negro.

hence [hens] *adv fml* - **1.** [therefore] por lo tanto, así pues. - **2.** [from now]: **five years** ~ de aquí a cinco años. - **3.** [from this source] de ahí; **she loves art,** ~ **her interest in colours** ama el arte, de ahí su interés por los colores.

henceforth [ˌhens'fɔːθ], **henceforward** [ˌhens'fɔːwəd] *adv fml* de ahora en adelante, en lo sucesivo.

henchman ['hentʃmən] (*pl* **henchmen** [-mən]) *n* - **1.** *pej* [right-hand man] esbirro *m*, secuaz *m*. - **2.** [trusted follower] hombre *m* de confianza.

hen coop *n* gallinero *m*.

hen house *n* gallinero *m*.

Henley ['henlɪ] *n* localidad de la ribera del Támesis en el condado de Oxford; ~ **Regatta** importante competición internacional de remo que se celebra en Henley.

henna ['henə] ◇ *n* henna *f*. ◇ *vt* teñir con henna.

hen party *n inf* - **1.** [gen] fiesta *f* de mujeres. - **2.** [before getting married] despedida *f* de soltera.

henpecked ['henpekt] *adj pej* calzonazos *(inv)*.

hepatic [hɪ'pætɪk] *adj* hepático(ca).

hepatitis [,hepə'taɪtɪs] *n* hepatitis *f inv*.

heptagon ['heptəgən] *n* heptágono *m*.

heptagonal [hep'tægənl] *adj* heptagonal.

heptameter [hep'tæmɪtəʳ] *n* heptámetro *m*.

heptathlon [hep'tæθlɒn] *n* heptatlón *m*.

her [hɜːʳ] ◇ *pers pron* - **1.** *(direct - unstressed)* la; *(- stressed)* ella; **I know** ~ la conozco; **I like** ~ me gusta; **it's** ~ es ella; **if I were** OR **was** ~ si (yo) fuera ella; **you can't expect** HER **to do it** no esperarás que ella lo haga. - **2.** [referring to ship, car etc] lo; **fill** ~ **up!** AUT ¡llénemelo!, ¡lléneme el depósito! - **3.** *(indirect - gen)* le; *(- with other third person pronouns)* se; **he sent** ~ **a letter** le mandó una carta; **we spoke to** ~ hablamos con ella; **I gave it to** ~ se lo di. - **4.** *(after prep, in comparisons etc)* ella; **I'm shorter than** ~ yo soy más bajo que ella. ◇ *poss adj* su, sus *(pl)*; ~ **coat** su abrigo; ~ **children** sus niños; ~ **name is Sarah** se llama Sarah; **it wasn't** HER **fault** no fue culpa suya OR su culpa; **she washed** ~ **hair** se lavó el pelo.

Heracles ['herəkliːz] *n* MYTH Heracles *m*.

herald ['herəld] ◇ *vt fml* - **1.** [signify, usher in] anunciar. - **2.** [proclaim] proclamar. ◇ *n* - **1.** [messenger] heraldo *m*. - **2.** [sign] anuncio *m*. - **3.** [forerunner] precursor *m*, -ra *f*.

heraldic [he'rældɪk] *adj* heráldico(ca).

heraldry ['herəldrɪ] *n* - **1.** [system, study] heráldica *f*. - **2.** [coat of arms] blasón *m*, escudo *m* de armas. - **3.** [pageantry] pompa *f* heráldica.

herb [hɜːb, *Am* ɜːrb] *n* hierba *f (aromática o medicinal)*.
♦ **herbs** *npl* CULIN finas hierbas *fpl*.

herbaceous [hɜː'beɪʃəs, *Am* ɜːr'beɪʃəs] *adj* herbáceo(a).

herbaceous border *n* arriate *m* de plantas perennes.

herbage ['hɜːbɪdʒ, *Am* 'ɜːrbɪdʒ] *n* herbaje *m*, pasto *m*.

herbal ['hɜːbl, *Am* 'ɜːrbl] *adj* a base de hierbas; ~ **tea** infusión *f*.

herbalist ['hɜːbəlɪst, *Am* 'ɜːrbəlɪst] *n* herbolario *m*, -ria *f*.

herbarium [hɜː'beərɪəm, *Am* ɜːr'beərɪəm] *(pl* **herbariums** OR **herbaria** [-rɪə]) *n* herbario *m*.

herb garden *n* jardín *m* de hierbas aromáticas.

herbicide ['hɜːbɪsaɪd, *Am* 'ɜːrbɪsaɪd] *n* herbicida *m*.

herbivore ['hɜːbɪvɔːʳ, *Am* 'ɜːrbɪvɔːʳ] *n* herbívoro *m*, -ra *f*.

herbivorous [hɜː'bɪvərəs, *Am* ɜːr'bɪvərəs] *adj* herbívoro(ra).

herb tea *n* infusión *f*.

herculean [hɜːkjʊ'liːən] *adj* hercúleo(a), enorme.

Hercules ['hɜːkjuliːz] *n* MYTH Hércules *m*.

herd [hɜːd] ◇ *n* - **1.** [of cattle, goats, sheep] manada *f*, rebaño *m*; [of wild animals] manada *f*. - **2.** *inf* [of people] muchedumbre *f*, multitud *f*. - **3.** *pej* [common people]: **the** ~ la plebe, la turba; **to follow the** ~ dejarse llevar por la masa. ◇ *vt* - **1.** [drive] llevar en manada; [look after] guardar, pastorear. - **2.** *fig* [push] conducir (en grupo) bruscamente.

herder ['hɜːdəʳ] *n* [of cattle] vaquero *m*, -ra *f*; [of sheep] pastor *m*, -ra *f*.

herdsman ['hɜːdzmən] *(pl* **herdsmen** [-mən]) *n* [of cattle] vaquero *m*.

here [hɪəʳ] ◇ *adv* - **1.** [gen] aquí; **ask the lady** ~ pregúntele a esta señora; ~ **he is/they are** aquí está/están; ~ **it is** aquí está; ~ **you are** [giving sthg] ¡toma!; ~ **is the book** aquí tienes el libro; ~ **are the keys** aquí tienes las llaves; ~ **and now** aquí y ahora; ~ **and there** aquí y allá; ~**, there and everywhere** *inf* por todas partes ❑ ~**'s to** [in toast] brindemos por; ~ **goes**, ~ **goes nothing** *Am* ¡vamos allá! - **2.** [at this moment] en este momento, ahora; [at that moment] entonces, en ese momento. ◇ *excl* - **1.** [at roll call] ¡presente! - **2.** [giving sthg] ¡toma! - **3.** [protesting]: ~! **what do you think you're doing!** ¡oye, pero qué haces!

hereabouts *Br* ['hɪərə,baʊts], **hereabout** *Am* ['hɪərə,baʊt] *adv* por aquí.

hereafter [,hɪər'ɑːftəʳ] ◇ *adv fml* [from now on] a partir de ahora, de ahora en adelante; [later on] más tarde. ◇ *n*: **the** ~ el más allá, la otra vida.

hereby [,hɪə'baɪ] *adv fml* - **1.** [in documents] por la presente. - **2.** [when speaking]: **I** ~ **declare you the winner** desde este momento te declaro vencedor.

hereditary [hɪ'redɪtrɪ] *adj* hereditario(ria).

heredity [hɪ'redətɪ] *n* herencia *f*.

herein [,hɪər'ɪn] *adv fml* - **1.** [in this respect] en esto. - **2.** [in this document] en la presente.

hereinafter [,hɪərɪn'ɑːftəʳ] *adv* JUR más adelante, a continuación.

hereof [,hɪər'ɒv] *adv fml* de esto, acerca de esto.

heresy ['herəsɪ] *(pl* **heresies**) *n* RELIG & *fig* herejía *f*.

heretic ['herətɪk] *n* - **1.** RELIG hereje *mf*. - **2.** *fig* [unorthodox thinker] rebelde *mf*, iconoclasta *mf*.

heretical [hɪ'retɪkl] *adj* herético(ca).

heretofore [,hɪətʊ'fɔːʳ] *adv arch* OR JUR hasta ahora.

hereupon [,hɪərə'pɒn] *adv fml* [at this moment] en este punto; [immediately after this] a continuación.

herewith [,hɪə'wɪð] *adv fml* [with letter]: **please find** ~... le mando adjunto...

heritable ['herɪtəbl] *adj* - **1.** BIOL hereditario(ria). - **2.** JUR heredable.

heritage ['herɪtɪdʒ] *n* patrimonio *m*.

heritage centre *n* edificio con museo en un lugar de interés histórico.

hermaphrodite [hɜː'mæfrədaɪt] ◇ *adj* hermafrodita. ◇ *n* hermafrodita *mf*.

Hermes ['hɜːmiːz] *n* MYTH Hermes *m*.

hermetic [hɜː'metɪk] *adj* hermético(ca).

hermetically [hɜː'metɪklɪ] *adv*: ~ **sealed** cerrado(da) herméticamente.

hermit ['hɜːmɪt] *n* ermitaño *m*, -ña *f*.

hermitage ['hɜːmɪtɪdʒ] *n* ermita *f*.

hernia ['hɜːnɪə] *n* hernia *f*.

hero ['hɪərəʊ] *(pl* **heroes**) *n* - **1.** [gen] héroe *m*. - **2.** [idol] ídolo *m*. - **3.** *Am* [sandwich] emparedado *m* grande.

Hero ['hɪərəʊ] *n* MYTH Hero *f*.

Herod ['herəd] *n* Herodes *m*.

Herodias [he'rəʊdɪæs] *n* Herodías *f*.

heroic [hɪ'rəʊɪk] *adj* heroico(ca).
♦ **heroics** [hɪ'rəʊɪks] *npl* [language] rimbombancia *f*; [behaviour] heroicidades *fpl*.

heroically [hɪ'rəʊɪklɪ] *adv* heroicamente, de un modo heroico.

heroin ['herəʊɪn] *n* heroína *f (droga)*.

heroine ['herəʊɪn] *n* heroína *f (mujer)*.

heroism ['herəʊɪzm] *n* heroísmo *m*.

heron ['herən] *(pl inv* OR **herons**) *n* garza *f*.

hero worship *n* veneración *f*.

herpes ['hɜːpiːz] *n* herpes *m inv*.

herring ['herɪŋ] *(pl inv* OR **herrings**) *n* arenque *m*.

herringbone ['herɪŋbəʊn] *n* - **1.** TEXTILES espiga *f*, espiguilla *f*. - **2.** CONSTR espinapez *m*.

herring gull *n* gaviota *f* argéntea.

hers [hɜːz] *poss pron* suyo (suya); **that money is** ~ ese dinero es suyo; **those keys are** ~ esas llaves son suyas; **it wasn't his fault, it was** HERS no fue culpa de él sino de ella; **a friend of** ~ un amigo suyo, un amigo de ella; **mine is good, but** ~ **is bad** el mío es bueno pero el suyo es malo.

herself [hɜː'self] *pron* - **1.** *(reflexive)* se; *(after prep)* sí misma; **with** ~ consigo misma; **she hurt** ~ se hizo daño; **by** ~ sola. - **2.** *(for emphasis)* ella misma; **she did it** ~ lo hizo ella sola; **she** ~ **wasn't certain** ella misma no estaba segura.

Herts. *(abbr of* **Hertfordshire***) condado inglés.*

hertz [hɜːts] *(pl inv) n* hercio *m.*

he's [hiːz] *contr* = **he is, he has**.

hesitance ['hezɪtəns], **hesitancy** ['hezɪtənsɪ] *n* indecisión *f*, vacilación *f.*

hesitant ['hezɪtənt] *adj* - **1.** [unsure of oneself] indeciso(sa), inseguro(ra). - **2.** [faltering, slow to appear] vacilante.

hesitantly ['hezɪtəntlɪ] *adv* [act, try] de un modo indeciso OR vacilante; [answer, speak] con voz vacilante OR indecisa.

hesitate ['hezɪteɪt] *vi* vacilar, dudar; **to ~ to do sthg** dudar en hacer algo; **he ~d to ask for help** no se decidía a pedir ayuda ❑ **he who ~s is lost** *proverb* camarón que se duerme, se lo lleva la corriente *proverb.*

hesitation [,hezɪ'teɪʃn] *n* vacilación *f*; **without ~** sin vacilar; **to have no ~ in doing sthg** no dudar en hacer algo.

hessian ['hesɪən] *n Br* arpillera *f.*

heterodox ['hetərədɒks] *adj* heterodoxo(xa).

heterodoxy ['hetərədɒksɪ] *(pl* **heterodoxies***) n* heterodoxia *f.*

heterodyne ['hetərədaɪn] *adj* heterodino(na).

heterogeneity [,hetərədʒɪ'niːɪtɪ] *n* heterogeneidad *f.*

heterogeneous [,hetərə'dʒiːnjəs] *adj* heterogéneo(a).

heteronym ['hetərənɪm] *n* heterónimo *m.*

heterosexual [,hetərə'sekʃʊəl] ◇ *adj* heterosexual. ◇ *n* heterosexual *mf.*

heterosexuality ['hetərə,sekʃʊ'ælətɪ] *n* heterosexualidad *f.*

het up [het-] *adj inf* hecho(cha) un manojo de nervios, nervioso(sa).

heuristic [hjʊə'rɪstɪk] *adj* heurístico(ca).

hew [hjuː] *(pt* **hewed***, pp* **hewed** OR **hewn** [hjuːn]) *vt literary* [tree, branch] talar; [figure, statue] tallar; [coal] hendir, partir.

HEW *(abbr of* **(Department of) Health, Education and Welfare***) n ministerio estadounidense de educación y sanidad pública.*

hewn [hjuːn] *pp* → **hew**.

hex [heks] ◇ *n* [curse] maleficio *m*, maldición *f.* ◇ *vt* embrujar, echar un maleficio sobre.

hexagon ['heksəgən] *n* hexágono *m.*

hexagonal [hek'sægənl] *adj* hexagonal.

hexagram ['heksəgræm] *n* hexagrama *m.*

hexahedron [,heksə'hedrən] *(pl* **hexahedrons** OR **hexahedra** [-drə]*) n* hexaedro *m.*

hexameter [hek'sæmɪtə'] *n* hexámetro *m.*

hey [heɪ] *excl* ¡eh!, ¡oye!, ¡che! *Amér.*

heyday ['heɪdeɪ] *n* - **1.** [of movement, organization] apogeo *m*, auge *m.* - **2.** [youth, prime] flor *f* de la vida.

hey presto *excl* ¡magia potagia!, ¡tachaaán!

HF *(abbr of* **high frequency***)* AF.

HGV ◇ *n abbr of* **heavy goods vehicle**. ◇ *comp*: **~ licence** carnet *m* de vehículo de gran tonelaje.

hi [haɪ] *excl inf* [hello] ¡hola!

HI *written abbr of* **Hawaii**.

hiatus [haɪ'eɪtəs] *(pl* **hiatuses***) n* - **1.** *fml* [pause] pausa *f.* - **2.** ANAT & LING hiato *m.* - **3.** [in manuscript] vacío *m*, laguna *f.*

hiatus hernia *n* hernia *f* de hiato.

hibernal [haɪ'bɜːnl] *adj literary* invernal.

hibernate ['haɪbəneɪt] *vi* hibernar.

hibernation [,haɪbə'neɪʃn] *n* hibernación *f.*

Hibernian [haɪ'bɜːnjən] ◇ *adj* hibérnico(ca), hibernés(esa). ◇ *n* hibérnico *m*, -ca *f*, hibernés *m*, -esa *f.*

hibiscus [hɪ'bɪskəs] *n* hibisco *m.*

hiccough, hiccup ['hɪkʌp] *(pt & pp* **hiccupped***, cont* **hiccupping***)* ◇ *n* - **1.** [caused by wind] hipo *m*; **to have ~s** tener hipo. - **2.** *fig* [difficulty] contratiempo *m.* ◇ *vi* hipar.

hick [hɪk] *n esp Am inf pej* paleto *m*, -ta *f*, palurdo *m*, -da *f.*

hickory ['hɪkərɪ] *(pl* **hickories***) n* nogal *m* americano.

hid [hɪd] *pt* → **hide**.

hidden ['hɪdn] ◇ *pp* → **hide**. ◇ *adj* oculto(ta).

hidden tax *n* impuesto *m* indirecto.

hide [haɪd] *(pt* **hid** [hɪd]*, pp* **hidden** ['hɪdn]*)* ◇ *vt* - **1.** [conceal - person, thing] esconder, ocultar; [- disappointment, dismay, fright] ocultar, disimular; **to ~ sthg (from sb)** [object] esconder algo (a alguien); [fact, truth] ocultar algo (a alguien). - **2.** [cover] tapar, ocultar. ◇ *vi* esconderse, ocultarse. ◇ *n* - **1.** [animal skin] piel *f*; **to tan sb's ~** *fig* darle una paliza a alguien; **not to see ~ nor hair of sb** *fig* no verle el pelo a alguien. - **2.** [for watching birds, animals] puesto *m.*

hide-and-seek *n* escondite *m.*

hideaway ['haɪdəweɪ] *n inf* escondite *m.*

hidebound ['haɪdbaʊnd] *adj pej* [person] de miras estrechas; [attitude, view] cerrado(da).

hideous ['hɪdɪəs] *adj* horrible, espantoso(sa).

hideously ['hɪdɪəslɪ] *adv* - **1.** [deformed, wounded] horriblemente, espantosamente. - **2.** *fig* [as intensifier] terriblemente, tremendamente.

hideout ['haɪdaʊt] *n* guarida *f*, escondrijo *m.*

hiding ['haɪdɪŋ] *n* - **1.** [concealment]: **to come out of ~** salir (uno) de su escondite; **to go into ~** esconderse; **in ~** escondido(da). - **2.** *inf* [beating, defeat]: **to give sb/get a (good) ~** darle a alguien/recibir una (buena) paliza.

hiding place *n* escondite *m.*

hierarch ['haɪərɑːk] *n* jerarca *m.*

hierarchic(al) [,haɪə'rɑːkɪk(l)] *adj* jerárquico(ca).

hierarchy ['haɪərɑːkɪ] *(pl* **hierarchies***) n* jerarquía *f.*

hieratic [,haɪə'rætɪk] *adj* hierático(ca).

hieroglyph ['haɪərəglɪf] *n* jeroglífico *m.*

hieroglyphic [,haɪərə'glɪfɪk] *adj* jeroglífico(ca).

◆ **hieroglyphics** *npl* jeroglíficos *mpl.*

hifalutin [,haɪfə'luːtɪn] *adj* = **highfalutin**.

hi-fi ['haɪfaɪ] *n* - **1.** [stereo system] equipo *m* de alta fidelidad. - **2.** *(U)* [high fidelity] alta fidelidad *f.*

higgledy-piggledy [,hɪgldɪ'pɪgldɪ] *inf* ◇ *adj* desordenado(da). ◇ *adv* de cualquier manera, a la buena de Dios.

high [haɪ] ◇ *adj* - **1.** [gen] alto(ta); [wind] fuerte; [altitude] grande; **it's 6 metres ~** mide 6 metros de alto OR altura; **how ~ is it?** ¿cuánto mide?; **temperatures in the ~ 20s** temperaturas cercanas a los 30 grados; **milk is ~ in calcium** la leche es rica en calcio; **to have a ~ opinion of** tener muy buen concepto de; **moments of ~ drama** momentos intensamente dramáticos; **it was ~ summer** era pleno verano. - **2.** [ideals, principles, tone] elevado(da). - **3.** [high-pitched] agudo(da); [note] alto(ta), agudo(da). - **4.** [complexion] colorado(da). - **5.** [river, tide] alto(ta), crecido(da). - **6.** *Br* [meat] pasado(da); [butter, cheese] echado(da) a perder. - **7.** *drugs sl* [drugged] flipado(da), colocado(da); **to get ~** colocarse. ◇ *adv* alto; **he threw the ball ~ in the air** lanzó la bola muy alto; **~er and ~er** más y más alto; **~ up** en lo alto ❑ **to leave sb ~ and dry** dejar a alguien en la estacada; **to look ~ and low for sthg/sb** buscar algo/a alguien por todas partes. ◇ *n* - **1.** [highest point] punto *m* álgido; **to reach a new ~** alcanzar un nuevo récord. - **2.** [high place]: **on ~** en las alturas. - **3.** [weather condition] zona *f* de altas presiones, anticiclón *m.* - **4.** *inf* [state of excitement] flipe *m*, gozada *f*; **to be on a ~** [happy] estar de muy buen humor; [intoxicated] estar colocado(da).

high altar *n* altar *m* mayor.

high-and-mighty *adj* altanero(ra), arrogante.

highball ['haɪbɔːl] *n Am* highball *m.*

high board *n* palanca *f.*

highborn ['haɪbɔːn] *adj* de noble cuna, de alta alcurnia.

highboy ['haɪbɔɪ] *n Am* cómoda *f* alta.

highbrow ['haɪbraʊ] ◇ *adj* culto(ta), intelectual. ◇ *n* intelectual *mf.*

high-cal *adj inf* alto(ta) en calorías.

high chair *n* trona *f*, silla *f* alta.

High Church ◇ *n* sector de la Iglesia anglicana que concede una gran importancia a la autoridad del sacerdote, a la liturgia etc. ◇ *adj* de tendencia conservadora dentro de la Iglesia anglicana.

high-class *adj* [superior] de (alta) categoría.

high-coloured *adj* colorado(da).

high command *n* alto mando *m*.

high commissioner *n* alto comisario *m*, alta comisaria *f*.

High Court *Br* ◇ *n* tribunal *m* supremo. ◇ *comp*: ~ **judge** juez *mf* del tribunal supremo.

high-density *adj* COMPUT de alta densidad.

high diving *n* saltos *mpl* de palanca.

higher ['haɪə'] *adj* [exam, qualification] superior.
◆ **Higher** *n*: **Higher (Grade)** en Escocia, examen realizado al final de la enseñanza secundaria.

higher degree *n* título *m* de estudios superiores.

higher education *n* enseñanza *f* superior.

higher mathematics *n (U)* matemáticas *fpl* superiores.

Higher National Diploma *n* diploma técnico superior en Gran Bretaña.

higher-up *n inf* superior *m*.

high explosive *n* explosivo *m* de gran potencia.

highfalutin [ˌhaɪfə'luːtɪn] *adj* pomposo(sa), pretencioso(sa).

high fashion *n* alta costura *f*.

high-fidelity *adj* de alta fidelidad.

high finance *n* altas finanzas *fpl*.

high-flier *n* persona ambiciosa y con un futuro prometedor.

high-flown *adj* - **1.** [ideas, plans] sublime. - **2.** [language, style] pomposo(sa), altisonante.

high-flying *adj* [ambitious] ambicioso(sa).

high frequency *n* alta frecuencia *f*.

high gear *n* AUT [fourth] cuarta *f* (velocidad *f*); [fifth] quinta *f* (velocidad *f*).

High German *n* alto alemán *m*.

high-grade *adj* de calidad superior.

high-handed *adj* [overbearing] despótico(ca), arbitrario(ria); [inconsiderate] arrogante.

high-hat (*pt & pp* **high-hatted**, *cont* **high-hatting**) ◇ *adj* desdeñoso(sa), engreído(da). ◇ *vt Am* tratar desdeñosamente a.

high-heeled ['hiːld] *adj* de tacón alto.

high heels *npl* [shoes] zapatos *mpl* de tacón alto.

high horse *n inf*: **to get on one's** ~ querer sentar cátedra.

high jinks *npl inf* [rambunctious play] jarana *f*, jolgorio *m*; [mischief] jugarreta *f*, travesura *f*.

high jump *n* salto *m* de altura; **you're** OR **you'll be for the** ~ *Br inf fig* te la vas a cargar.

high jumper *n* saltador *m*, -ra *f* de altura.

highland ['haɪlənd] ◇ *n* terreno *m* montañoso. ◇ *adj* de las montañas.
◆ **Highlands** *npl*: **the Highlands** [of Scotland] las Highlands, tierras altas del norte de Escocia.

Highland Clearances *npl* desplazamiento forzoso de la población del norte de Escocia durante los siglos XVIII y XIX a fin de convertir las tierras en pastos.

highlander ['haɪləndə'] *n* montañés *m*, -esa *f*.
◆ **Highlander** *n* natural o habitante de las 'Highlands' escocesas.

Highland fling *n* danza de las 'Highlands' escocesas.

Highland Games *npl* en Escocia, fiesta local al aire libre en la que se celebran concursos y pruebas deportivas.

high-level *adj* de alto nivel.

high life *n*: **the** ~ la buena vida.

highlight ['haɪlaɪt] ◇ *n* - **1.** [of event, occasion] punto *m* culminante. - **2.** ART & PHOT realce *m*. ◇ *vt* - **1.** [visually] subrayar, marcar. - **2.** [emphasize] destacar, resaltar. - **3.** ART & PHOT realzar, iluminar.
◆ **highlights** *npl* [in hair] reflejos *mpl*.

highlighter (pen) ['haɪlaɪtə'-] *n* rotulador *m*, marcador *m*.

highly ['haɪlɪ] *adv* - **1.** [very, extremely] muy, enormemente; ~ **unlikely** altamente OR extremadamente improbable. - **2.** [at good rate]: **a** ~ **paid job** un trabajo muy bien pagado. - **3.** [in important position]: ~ **placed** en un puesto importante. - **4.** [favourably]: **to speak** ~ **of sb** hablar muy bien de alguien; **to think** ~ **of sb** tener a alguien en mucha estima.

highly-strung *adj* tenso(sa), muy nervioso (muy nerviosa).

high mass *n* misa *f* mayor.

high-minded *adj* de moral excesivamente elevada, moralista.

high-necked [-nekt] *adj* de cuello alto.

Highness ['haɪnɪs] *n*: **His/Her/Your (Royal)** ~ Su Alteza *f* (Real); **their (Royal)** ~**es** Sus Altezas *fpl* (Reales).

high noon *n* pleno mediodía *m*; **at** ~ a mediodía.

high-octane *adj* súper *(inv)*, de calidad superior.

high-performance *adj* de alto rendimiento.

high-pitched *adj* - **1.** [voice, sound, note] agudo(da). - **2.** [roof] empinado(da). - **3.** [activity, excitement] frenético(ca); [argument] acalorado(da).

high point *n* [of occasion] momento *m* OR punto *m* culminante.

high-powered [-'pauəd] *adj* - **1.** [powerful] de gran potencia. - **2.** [prestigious - activity, place] prestigioso(sa); [- person] de altos vuelos. - **3.** [energetic] dinámico(ca).

high-pressure *adj* - **1.** [cylinder, gas etc] a alta presión. - **2.** METEOR [zone, area] de altas presiones. - **3.** [persuasive] perseverante.

high priest *n* RELIG sumo sacerdote *m*.

high priestess *n* suma sacerdotisa *f*.

high profile *n* notoriedad *f*; **to have a** ~ estar en un lugar OR una posición prominente.
◆ **high-profile** *adj* [job, position] prominente; [campaign] de gran impacto.

high-ranking *adj* - **1.** [in army etc] de alta graduación. - **2.** [in government]: ~ **official** alto cargo *m*.

high relief *n* alto relieve *m*.

high resolution *adj* COMPUT de alta resolución.

high-rise *adj*: ~ **building** edificio *m* de muchos pisos.

high-risk *adj* de alto riesgo.

high road *n* - **1.** [main road] carretera *f* principal. - **2.** *fig* [most direct route] camino *m* real, buen camino *m*; **the** ~ **to happines** el camino para hallar la felicidad.

high school ◇ *n* ≃ instituto *m* de bachillerato. ◇ *comp* [teacher] de instituto; ~ **diploma** ≃ título *m* de bachillerato.

high seas *npl*: **the** ~ alta mar.

high season *n* temporada *f* alta.

high sign *n Am* señal *f*.

high society *n* alta sociedad *f*.

high-sounding *adj* [ideas] rimbombante; [language, title] grandilocuente, altisonante.

high-speed *adj* de alta velocidad.

high-spirited *adj* - **1.** [person] animado(da); [activity, fun] alegre. - **2.** [horse] brioso(sa).

high spirits *npl* ánimo *m*, vitalidad *f*; **to be in** ~ estar animado(da).

high spot *n* punto *m* culminante.

high street *n Br* calle *f* mayor OR principal.
◆ **high-street** *comp Br*: **the high-street banks** los grandes bancos nacionales.

hightail ['haɪteɪl] *vt esp Am inf*: **to** ~ **it** pirárselas.

high tea *n Br* merienda *f* cena.

high tech *adj* de alta tecnología.

high technology *n* alta tecnología *f*.

high-tension *adj* de alta tensión.

high tide *n* - **1.** [of sea] marea *f* alta. - **2.** *fig* [of success] cima *f*, punto *m* culminante.

high-toned [-'təʊnd] *adj* - **1.** [superior] de alta categoría. - **2.** [pretentious] pretencioso(sa).

high treason *n* alta traición *f*.

high water *n* (*U*) marea *f* alta.

high-water mark *n* [of sea] marea *f* alta, pleamar *f*; [of river] crecida *f*, avenida *f*.

highway ['haɪweɪ] *n* - **1.** *Am* [main road between cities] autopista *f*. - **2.** *Br* [any main road] carretera *f*.

Highway Code *n Br*: **the** ~ el código de (la) circulación.

highwayman ['haɪweɪmən] (*pl* **highwaymen** [-mən]) *n* salteador *m* de caminos.

highway patrol *n* (patrulla *f* de) policía *f* de autopista.

highway robbery *n* asalto *m* (en carretera); **that's** ~! *inf fig* ¡es un robo a mano armada OR un timo!

high wire *n* alambre *m*, cuerda *f* floja.

hijack ['haɪdʒæk] ◇ *n* [of aircraft] secuestro *m* (aéreo). ◇ *vt* [aircraft] secuestrar; [train, car] asaltar.

hijacker ['haɪdʒækə'] *n* [of aircraft] secuestrador *m*, -ra *f*; [of train, car] asaltante *mf*.

hijacking ['haɪdʒækɪŋ] *n* [of aircraft] secuestro *m*; [of train, car] asalto *m*.

hike [haɪk] ◇ *n* - **1.** [long walk] excursión *f*, caminata *f*; **to go for** OR **on a** ~ ir de excursión. - **2.** [increase] subida *f*, aumento *m*. - **3.** *phr*: **take a** ~! *Am inf* ¡vete por ahí!, ¡anda y que te zurzan! ◇ *vi* [go for walk] ir de excursión, caminar. ◇ *vt* [price, rent] subir.

◆ **hike up** *vt sep* - **1.** [skirt, trousers] arremangarse; [dress] subirse. - **2.** [price, rent] subir.

hiker ['haɪkə'] *n* excursionista *mf*.

hiking ['haɪkɪŋ] *n* excursionismo *m*; **to go** ~ ir de excursión.

hilarious [hɪ'leərɪəs] *adj* desternillante.

hilariously [hɪ'leərɪəslɪ] *adv* de manera desternillante; **the film's** ~ **funny** es una película para desternillarse de risa.

hilarity [hɪ'lærətɪ] *n fml* hilaridad *f*.

hill [hɪl] *n* - **1.** [mound] colina *f*. - **2.** [slope] cuesta *f*. - **3.** [heap] montón *m*. - **4.** *phr*: **as old as the** ~**s** más viejo (más vieja) que Matusalén; **to be over the** ~ estar ya entrado (ya entrada) en años; **over** ~ **and dale**, **up** ~ **and down dale** por todas partes, acá y acullá.

hillbilly ['hɪl,bɪlɪ] (*pl* **hillbillies**) *n Am pej* palurdo *m*, -da *f* de las montañas.

hill farmer *n* granjero *m* montañés.

hillock ['hɪlək] *n* altozano *m*, collado *m*.

hillside ['hɪl,saɪd] *n* ladera *f*.

hill start *n* arranque *m* en cuesta.

hilltop ['hɪl,tɒp] ◇ *adj* en la cumbre de una colina. ◇ *n* cima *f*, cumbre *f* de una colina.

hill walker *n* senderista *mf*.

hill walking *n* senderismo *m*.

hilly ['hɪlɪ] (*compar* **hillier**, *superl* **hilliest**) *adj* montañoso(sa).

hilt [hɪlt] *n* puño *m*, empuñadura *f*; **to support/defend sb to the** ~ apoyar/defender a alguien sin reservas; **to be mortgaged to the** ~ tener una hipoteca enorme.

him [hɪm] *pers pron* - **1.** (*direct - unstressed*) lo, le; (*- stressed*) él; **I know** ~ lo OR le conozco; **I like** ~ me gusta; **it's** ~ es él; **if I were** OR **was** ~ si (yo) fuera él; **you can't expect** HIM **to do it** no esperarás que él lo haga. - **2.** (*indirect - gen*) le; (*- with other third person pronouns*) se; **she sent** ~ **a letter** le mandó una carta; **we spoke to** ~ hablamos con él; **I gave it to** ~ se lo di. - **3.** (*after prep, in comparisons etc*) él; **I'm shorter than** ~ yo soy más bajo que él.

Himalayan [,hɪmə'leɪən] *adj* himalayo(ya).

Himalayas [,hɪmə'leɪəz] *npl*: **the** ~ el Himalaya.

himself [hɪm'self] *pron* - **1.** (*reflexive*) se; (*after prep*) sí mismo; **with** ~ consigo mismo; **he hurt** ~ se hizo daño; **by** ~ solo. - **2.** (*for emphasis*) él mismo; **he did it** ~ lo hizo él solo; **he** ~ **couldn't believe it** él mismo no se lo podía creer; **he will go** ~ irá él en persona.

hind [haɪnd] (*pl inv* OR **hinds**) ◇ *adj* trasero(ra), posterior. ◇ *n* cierva *f*.

hinder ['hɪndə'] *vt* [gen] estorbar; [progress, talks, attempts] dificultar, entorpecer; **to** ~ **sb from doing sthg** impedir a alguien hacer algo.

Hindi ['hɪndɪ] *n* [language] hindi *m*.

hind leg *n* pata *f* trasera; **he could talk the** ~**s off a donkey** *fig* habla por los codos.

hindmost ['haɪndməʊst] *adj* - **1.** [last] postrero(ra). - **2.** [rear] trasero(ra), posterior.

hindquarters ['haɪndkwɔːtəz] *npl* cuartos *mpl* traseros.

hindrance ['hɪndrəns] *n* - **1.** [obstacle] obstáculo *m*, impedimento *m*; [person] estorbo *m*. - **2.** (*U*) [delay] interrupciones *fpl*, retrasos *mpl*.

hindsight ['haɪndsaɪt] *n*: **with the benefit of** ~ ahora que se sabe lo que pasó.

Hindu ['hɪnduː] (*pl* **Hindus**) ◇ *adj* hindú. ◇ *n* hindú *mf*.

Hinduism ['hɪnduːɪzm] *n* hinduismo *m*.

hinge [hɪndʒ] (*cont* **hingeing**) ◇ *n* [on door, window] bisagra *f*. ◇ *vt* poner bisagras a.

◆ **hinge (up)on** *vt fus* [depend on] depender de.

hinged [hɪndʒd] *adj* con bisagras.

hinny ['hɪnɪ] (*pl* **hinnies**) *n* burdégano *m*.

hint [hɪnt] ◇ *n* - **1.** [indication] indirecta *f*; **to drop a** ~ lanzar una indirecta; **to take the** ~ darse por aludido(da). - **2.** [piece of advice] consejo *m*, truco *m*. - **3.** [clue] pista *f*. - **4.** [small amount, suggestion] atisbo *m*, asomo *m*; [of colour] pizca *f*; **not a** ~ **of** ni rastro de. ◇ *vi*: **to** ~ **at sthg** insinuar algo. ◇ *vt*: **to** ~ **that** insinuar que.

hinterland ['hɪntəlænd] *n* [area around coast, river] interior *m*.

hip [hɪp] (*compar* **hipper**, *superl* **hippest**) ◇ *n* ANAT cadera *f*. ◇ *excl*: ~, ~, **hooray**! ¡hip, hip, hurra! ◇ *adj inf* [fashionable] moderno(na).

hipbath ['hɪpbɑːθ] *n* baño *m* de asiento.

hipbone ['hɪpbəʊn] *n* hueso *m* de la cadera.

hip flask *n* petaca *f*.

hip-hop *n* MUS hip-hop *m*.

hip joint *n* articulación *f* de la cadera.

hippie ['hɪpɪ] *n* hippie *mf*, hippy *mf*.

hippo ['hɪpəʊ] (*pl* **hippos**) *n inf* hipopótamo *m*.

Hippocratic oath [,hɪpə'krætɪk-] *n*: **the** ~ el juramento hipocrático.

hippodrome ['hɪpədrəʊm] *n* - **1.** [stadium] hipódromo *m*. - **2.** [theatre] teatro *m* de variedades.

hippopotamus [,hɪpə'pɒtəməs] (*pl* **hippopotamuses** OR **hippopotami** [-maɪ]) *n* hipopótamo *m*.

hippy ['hɪpɪ] (*pl* **hippies**) *n* = **hippie**.

hip replacement *n* [operation] implantación *f* de una prótesis de cadera.

hipsters ['hɪpstəz] *npl* pantalones *mpl* de cintura baja OR a la altura de la cadera.

hire ['haɪə'] ◇ *n* - **1.** (*U*) [of car, equipment] alquiler *m*; **for** [taxi] libre; **'boats for** ~' 'se alquilan barcos'; **on** ~ de alquiler. - **2.** [wages] sueldo *m*. ◇ *vt* - **1.** [rent] alquilar. - **2.** [employ] contratar.

◆ **hire out** *vt sep* [car, equipment] alquilar; [one's services] ofrecer.

hire car *n Br* coche *m* de alquiler.

hired ['haɪəd] *adj*: ~ **killer** asesino *m*, -na *f* a sueldo.

hired help *n Am* servicio *m* doméstico; **they have** ~ tienen asistenta.

hireling ['haɪəlɪŋ] *n pej* [menial] asalariado *m*, -da *f*; [illegal or immoral] mercenario *m*, -ria *f*.

hire purchase *n* (*U*) *Br* compra *f* a plazos; **to buy sthg on** ~ comprar algo a plazos.

hiring ['haɪərɪŋ] *n* - **1.** [of car] alquiler *m*. - **2.** [of employee] contratación *f*.

hirsute ['hɜːsjuːt] *adj fml* hirsuto(ta).

his [hɪz] ◇ *poss adj* su, sus *(pl)*; ~ **house** su casa; ~ **children** sus niños; ~ **name is Joe** se llama Joe; **it wasn't** HIS **fault** no fue culpa suya OR su culpa; **he washed** ~ **hair** se lavó el pelo. ◇ *poss pron* suyo (suya); **that money is** ~ ese dinero es suyo; **those keys are** ~ esas llaves son suyas; **it wasn't her fault, it was** HIS no fue culpa de ella sino de él; **a friend of** ~ un amigo suyo; **a friend of** él; **mine is good, but** ~ **is bad** el mío es bueno pero el suyo es malo.

Hispanic [hɪ'spænɪk] ◇ *adj* hispánico(ca). ◇ *n esp Am* hispano *m*, -na *f*.

Hispanicism [hɪ'spænɪsɪzm] *n* hispanismo *m*.

Hispanicist [hɪ'spænɪsɪst] *n* hispanista *mf*.

Hispano-American [hɪ'spænəʊ-] ◇ *adj* hispanoamericano(na). ◇ *n* hispanoamericano *m*, -na *f*.

Hispanophile [hɪ'spænəfaɪl] *n* hispanófilo *m*, -la *f*.

Hispanophobe [hɪ'spænəfəʊb] *n* hispanófobo *m*, -ba *f*.

hiss [hɪs] ◇ *n* - **1.** [of person] bisbiseo *m*, siseo *m*. - **2.** [of steam, gas, snake] silbido *m*. - **3.** [of cat] bufido *m*. - **4.** [of public] ≃ abucheo *m*. ◇ *vt* - **1.** [performance] ≃ silbar, ≃ pitar. - **2.** [say quietly] sisear. ◇ *vi* - **1.** [person] bisbisear, sisear. - **2.** [to express disapproval] ≃ silbar, ≃ pitar. - **3.** [steam, gas, snake] silbar.

histamine ['hɪstəmiːn] *n* histamina *f*.

histogram ['hɪstəgræm] *n* histograma *m*.

histologist [hɪs'tɒlədʒɪst] *n* histólogo *m*, -ga *f*.

histology [hɪ'stɒlədʒɪ] *n* histología *f*.

historian [hɪ'stɔːrɪən] *n* historiador *m*, -ra *f*.

historic [hɪ'stɒrɪk] *adj* [significant] histórico(ca); ~ **building** monumento *m* histórico.

historical [hɪ'stɒrɪkəl] *adj* histórico(ca).

historically [hɪ'stɒrɪklɪ] *adv* - **1.** [from historical viewpoint] desde el punto de vista histórico. - **2.** [traditionally] tradicionalmente, históricamente.

historiographer [,hɪstɔːrɪ'ɒgrəfə'] *n* historiógrafo *m*, -fa *f*.

historiography [hɪstɔːrɪ'ɒgrəfɪ] *n* historiografía *f*.

history ['hɪstərɪ] *(pl* **histories)** *n* - **1.** [gen] historia *f*; **to go down in** ~ *fig* pasar a la historia; **to make** ~ *fig* hacer historia. - **2.** [past record] historial *m*.

histrionic [,hɪstrɪ'ɒnɪk] *adj pej* histriónico(ca).

◆ **histrionics** [hɪstrɪ'ɒnɪks] *npl pej* teatro *m*, teatralidad *f*.

hit [hɪt] *(pt & pp inv, cont* **hitting)** ◇ *n* - **1.** [blow] golpe *m*. - **2.** [successful strike] impacto *m*; **to score a direct** ~ dar de lleno en el blanco. - **3.** [shot] tiro *m*. - **4.** [success] éxito *m*; **to be a** ~ **with sb** *fig* [person] caerle muy bien a alguien. ◇ *comp* de éxito; ~ **record** (disco *m* de) éxito *m*; ~ **single** OR **song** (tema *m* OR canción *f* de) éxito *m*. ◇ *vt* - **1.** [subj: person] pegar, golpear. - **2.** [crash into] chocar contra OR con. - **3.** [reach] alcanzar, llegar a; [bull's-eye, target] dar en. - **4.** [affect badly] afectar; **the hurricane** ~ **many cities** el huracán azotó muchas ciudades; **to be hard** ~ **by** verse gravemente afectado (gravemente afectada) por. - **5.** *fig* [occur to]: **the idea** ~ **me all of a sudden** la idea se me ocurrió de pronto.

◆ **hit back** *vi* [reply forcefully]: **to** ~ **back (at sb)** devolver la pelota (a alguien); **to** ~ **back (at sthg)** responder (a algo).

◆ **hit off** *vt sep* [in words, mimicry] imitar; **to** ~ **it off (with sb)** *fig* hacer buenas migas (con alguien).

◆ **hit on** *vt fus* - **1.** = **hit upon.** - **2.** *Am inf* [chat up] ligar con.

◆ **hit out** *vt fus*: **to** ~ **out at** [physically] tratar de golpear; [criticize] condenar.

◆ **hit upon** *vt fus* [think of] dar con.

hit-and-miss *adj* = **hit-or-miss.**

hit-and-run *adj* [driver] que se da a la fuga después de causar un accidente.

hitch [hɪtʃ] ◇ *n* - **1.** [problem, snag] obstáculo *m*, pega *f*; **to go off without a** ~ salir adelante sin dificultad. - **2.** *Am inf* MIL servicio *m* militar. - **3.** [knot] vuelta *f* de cabo. - **4.** [tug] tirón *m*. ◇ *vt* - **1.** [catch]: **to** ~ **a lift** conseguir que le lleven en coche a uno. - **2.** [fasten]: **to** ~ **sthg on** OR **onto sthg**

enganchar algo a algo. - **3.** [oxen] uncir. - **4.** *phr*: **to get** ~ **ed** *inf* casarse. ◇ *vi* [hitchhike] hacer autoestop.

◆ **hitch up** *vt sep* - **1.** [clothes] subirse. - **2.** [oxen] uncir; [horse] enganchar.

hitchhike ['hɪtʃhaɪk] ◇ *vi* hacer autoestop. ◇ *vt*: **to** ~ **one's way around Europe** recorrer Europa haciendo autoestop.

hitchhiker ['hɪtʃhaɪkə'] *n* autoestopista *mf*.

hitchhiking ['hɪtʃhaɪkɪŋ] *n* autoestop *m*.

hi-tech ['haɪtek] *adj* = **high tech.**

hither ['hɪðə'] *adv literary* hasta aquí, acá; ~ **and thither** acá y acullá.

hitherto [,hɪðə'tuː] *adv fml* hasta ahora.

hit list *n* lista *f* negra, lista *f* de futuras víctimas.

hit man *n* asesino *m* a sueldo.

hit-or-miss *adj* azaroso(sa), a la buena de Dios.

hit parade *n dated* lista *f* de éxitos.

HIV *(abbr of* **human immunodeficiency virus)** *n* VIH *m*, HIV *m*.

hive [haɪv] ◇ *n* [for bees] colmena *f*; **a** ~ **of activity** *fig* un enjambre, un centro de actividad. ◇ *vt* poner en colmenas. ◇ *vi fig* vivir apiñados(das).

◆ **hive off** *vt sep* [separate] transferir.

hives [haɪvz] *n (U)* MED urticaria *f*.

HIV-positive *adj* seropositivo(va).

hl *(written abbr of* **hectolitre)** hl.

HM *(abbr of* **His (or Her) Majesty)** SM.

HMG *(abbr of* **His (or Her) Majesty's Government)** expresión utilizada en documentos oficiales en Gran Bretaña.

HMI *(abbr of* **His (or Her) Majesty's Inspector)** *n* inspector de enseñanza en Gran Bretaña.

HMO *(abbr of* **health maintenance organization)** *n* organismo estadounidense de salud pública.

HMS *(abbr of* **His (or Her) Majesty's Ship)** buque de guerra británico.

HMSO *(abbr of* **His (or Her) Majesty's Stationery Office)** *n* servicio oficial de publicaciones en Gran Bretaña.

HNC *(abbr of* **Higher National Certificate)** *n* diploma técnico en Gran Bretaña.

HND *(abbr of* **Higher National Diploma)** *n* diploma técnico superior en Gran Bretaña.

ho [həʊ] *excl* [attracting attention] ¡eh!, ¡oiga!

hoagie ['həʊgɪ] *n Am inf* sandwich *m* OR emparedado *m* grande.

hoar [hɔː'] *n* = **hoarfrost.**

hoard [hɔːd] ◇ *n* [store] provisión *f*, reserva *f*. ◇ *vt* [collect, save] acumular, hacer acopio de; [food] acaparar. ◇ *vi* aprovisionarse bien.

hoarder ['hɔːdə] *n* [of goods] acaparador *m*, -ra *f*; [of money, riches] acumulador *m*, -ra *f*.

hoarding ['hɔːdɪŋ] *n* - **1.** *Br* [for advertisements, posters] valla *f* publicitaria. - **2.** *(U)* [of goods] acaparamiento *m*, acaparación *f*; [of money] atesoramiento *m*. - **3.** *Br* [fence] valla *f* provisional.

hoarfrost ['hɔː,frɒst] *n* escarcha *f*.

hoarse [hɔːs] *adj* - **1.** [voice] ronco(ca). - **2.** [person] afónico(ca).

hoarsely ['hɔːslɪ] *adv* con voz ronca.

hoarseness ['hɔːsnɪs] *n* - **1.** [of voice] ronquedad *f*. - **2.** [condition] ronquera *f*.

hoary ['hɔːrɪ] *(compar* **hoarier,** *superl* **hoariest)** *adj* - **1.** [hair, person] cano(na). - **2.** [problem, story] viejo(ja).

hoax [həʊks] ◇ *n* engaño *m*; ~ **call** falsa alarma *f* telefónica. ◇ *vt* engañar.

hoaxer ['həʊksə'] *n* bromista *mf*.

hob [hɒb] *n Br* [on cooker] encimera *f*; [by fireplace] repisa *f* interior (de la chimenea).

hobble ['hɒbl] ◇ *vi* [limp] cojear. ◇ *vt* [animal] trabar, manear. ◇ *n* - **1.** [limp] cojera *f*. - **2.** [for horse] traba *f*, maniota *f*.

hobble skirt *n* falda *f* (de) tubo.

hobby ['hɒbɪ] (*pl* **hobbies**) *n* [leisure activity] hobby *m*, pasatiempo *m*.

hobbyhorse ['hɒbɪhɔːs] *n* - **1.** [toy] caballo *m* de juguete. - **2.** [favourite topic] caballo *m* de batalla, tema *m* favorito.

hobgoblin [hɒb'gɒblɪn] *n* diablillo *m*, duende *m*.

hobnail ['hɒbneɪl] ◇ *n* tachuela *f*, clavo *m*. ◇ *comp*: ~ **boots** botas *fpl* con tachuelas.

hobnob ['hɒbnɒb] (*pt & pp* **hobnobbed**, *cont* **hobnobbing**) *vi*: **to** ~ **with sb** codearse con alguien.

hobo ['həʊbəʊ] (*pl* **hoboes** OR **hobos**) *n Am* - **1.** [tramp] vagabundo *m*, -da *f*. - **2.** [itinerant labourer] temporero *m*, -ra *f*.

Hobson's choice ['hɒbsnz-] *n*: **it's (a case of)** ~ no hay otra elección.

Ho Chi Minh City ['həʊtʃiːmɪn-] *n* Ho Chi Minh.

hock [hɒk] ◇ *n* - **1.** [wine] vino *m* blanco del Rin. - **2.** [joint] jarrete *m*, corvejón *m*. - **3.** *phr*: **in** ~ *inf* [in pawn] empeñado(da); [in debt] entrampado(da). ◇ *vt* [pawn] empeñar.

hockey ['hɒkɪ] ◇ *n* - **1.** [on grass] hockey *m* sobre hierba. - **2.** *Am* [ice hockey] hockey *m* sobre hielo. ◇ *comp*: ~ **stick** palo *m* de hockey.

hockshop ['hɒkʃɒp] *n inf* casa *f* de empeños.

hocus-pocus [,həʊkəs'pəʊkəs] *n* - **1.** (*U*) [trickery] camelo *m*, engaño *m*. - **2.** [of magician] truco *m*, pasapasa *m inv*.

hod [hɒd] *n* [for bricks] artesa *f*, gaveta *f*.

hod carrier *n* peón *m* de albañil.

hodgepodge *n Am* = **hotchpotch**.

hoe [həʊ] ◇ *n* azada *f*, azadón *m*. ◇ *vt* azadonar.

hoedown ['həʊdaʊn] *n Am* contradanza *f*.

hog [hɒg] (*pt & pp* **hogged**, *cont* **hogging**) ◇ *n lit & fig* cerdo *m*; **to go the whole** ~ *fig* a por todas, hacer la gracia completa; **to live high on** OR **off the** ~ *Am inf* nadar en la abundancia. ◇ *vt inf* [monopolize] acaparar.

hogan ['həʊgən] *n* choza típica de los indios navajos.

hoggish ['hɒgɪʃ] *adj* [greedy] acaparador(ra), egoísta; [gluttonous] glotón(ona).

Hogmanay ['hɒgməneɪ] *n denominación escocesa de la Nochevieja.*

hogshead ['hɒgzhed] *n* barril *m*, tonel *m*.

hogtie ['hɒgtaɪ] *vt Am*: **to be** ~**d** estar atado(da) de pies y manos.

hogwash ['hɒgwɒʃ] *n* (*U*) - **1.** *inf* [nonsense] disparates *mpl*. - **2.** [pigswill] bazofia *f*.

hogweed ['hɒgwiːd] *n* mala hierba *f*, planta *f* herbácea.

ho-hum *excl* ¡buf!

hoi polloi [,hɔɪpə'lɔɪ] *npl pej*: **the** ~ el populacho, las masas.

hoist [hɔɪst] ◇ *n* [pulley] polea *f*; [crane] grúa *f*; [lift] montacargas *m inv*. ◇ *vt* izar.

hoity-toity [,hɔɪtɪ'tɔɪtɪ] *adj inf pej* engreído(da), presumido(da).

hokey ['həʊkɪ] (*compar* **hokier**, *superl* **hokiest**) *adj Am* [corny] cursi; [trite] banal; [phoney] falso(sa).

hokum ['həʊkəm] *n Am inf* palabrería *f*.

hold [həʊld] (*pt & pp* **held** [held]) ◇ *vt* - **1.** [have hold of] tener cogido(da); [grasp] agarrar, coger; **to** ~ **one's nose** taparse la nariz. - **2.** [embrace] abrazar. - **3.** [keep in position, sustain, support] sostener, sujetar. - **4.** [keep in storage, set aside] guardar; **the commands are held in the memory** las órdenes están almacenadas en la memoria. - **5.** [delay, keep in check] detener, contener; **they held the plane another 30 minutes** retrasaron la salida del avión otros 30 minutos; **inflation has been held at the same level for several months** la inflación se ha mantenido al mismo nivel durante varios meses. - **6.** [as prisoner] detener; **to** ~ **sb prisoner/hostage** tener a alguien como prisionero/rehén; **the police held him for questioning** la policía lo detuvo para interrogarlo. - **7.** [have, possess - gen] poseer; [- post] ocupar; [- shares] tener, poseer. - **8.** [contain - gen] contener; [- fears] albergar, tener; [- promise] guardar; [- number of people] tener cabida para. - **9.** [conduct, stage - event] celebrar; [- conversation] mantener. - **10.** *fml* [consider] considerar; **to** ~ **(that)** mantener OR sostener que; **to** ~ **sb responsible for sthg** considerar a alguien responsable de algo; **to** ~ **sthg dear** apreciar mucho algo. - **11.** [on telephone]: **please** ~ **the line** no cuelgue por favor. - **12.** [attention, interest etc] mantener. - **13.** [continue without deviation] mantener, seguir; **we held our southerly course** seguimos rumbo al sur. - **14.** MIL ocupar, tener. - **15.** AUT: **to** ~ **the road** agarrarse bien al firme, tener buena adherencia. - **16.** *phr*: ~ **it** OR **everything!** ¡para!, ¡espera!; **there's no** ~**ing her** no hay quien la pare; **to** ~ **one's drink** OR **liquor** aguantar la bebida; **to** ~ **one's own** defenderse. ◇ *vi* - **1.** [luck, weather] mantenerse, continuar así; [promise, offer] seguir en pie; [argument, theory] valer, sostenerse; **to** ~ **good** [invitation, offer etc] seguir en pie; [argument, theory] valer; **to** ~ **still** OR **steady** estarse quieto(ta). - **2.** [nail, fastening] sujetarse. - **3.** [on phone] esperar. ◇ *n* - **1.** [grasp, grip]: **to have a firm** ~ **on sthg** tener algo bien agarrado; **to take** OR **lay** ~ **of sthg** agarrar algo ❑ **to get** ~ **of sthg** [obtain] hacerse con algo; **where did you get** ~ **of that idea?** ¿de dónde has sacado esa idea?; **to get** ~ **of sb** [find] localizar a alguien. - **2.** [of ship, aircraft] bodega *f*. - **3.** [control, influence] dominio *m*, control *m*; **get a** ~ **on yourself** contrólate; **to have a** ~ **over sb** tener gran influencia sobre alguien; **to take** ~ [fire] prender. - **4.** [in climbing] asidero *m*, punto *m* de apoyo. - **5.** MUS calderón *m*.
◆ **on hold** *adv* [on telephone] en línea de espera; **they've put the project on** ~ *fig* han aparcado el proyecto.
◆ **hold against** *vt sep*: **to** ~ **sthg against sb** *fig* tomarle a alguien algo en cuenta.
◆ **hold back** ◇ *vi* [hesitate] vacilar; **to** ~ **back from doing sthg** abstenerse de hacer algo. ◇ *vt sep* - **1.** [tears, anger] contener, reprimir. - **2.** [secret] ocultar, no revelar. - **3.** [person]: **to** ~ **sb back from doing sthg** impedir a alguien hacer algo.
◆ **hold down** *vt sep* - **1.** [job] conservar. - **2.** [keep at low level] contener. - **3.** [oppress] oprimir.
◆ **hold forth** *vi* soltar una arenga OR perorata.
◆ **hold in** *vt sep* - **1.** [stomach] contraer. - **2.** [emotions] contener, reprimir.
◆ **hold off** ◇ *vt sep* [fend off] mantener a distancia. ◇ *vi* no dejar de producirse.
◆ **hold on** *vi* - **1.** [wait] esperar; [on phone] no colgar. - **2.** [grip]: **to** ~ **on (to sthg)** agarrarse (a algo). - **3.** [keep possession]: **to** ~ **on to sthg** conservar OR retener algo.
◆ **hold onto** *vt fus* conservar, retener.
◆ **hold out** ◇ *vt sep* [hand, arms] extender, tender. ◇ *vt fus* [hope, promise] dar. ◇ *vi* - **1.** [last] durar. - **2.** [resist]: **to** ~ **out (against sthg/sb)** resistir (ante algo/a alguien).
◆ **hold out for** *vt fus* insistir en.
◆ **hold out on** *vt fus inf* tener secretos con, ocultar cosas a.
◆ **hold over** *vt sep* [postpone] suspender, aplazar.
◆ **hold to** ◇ *vt sep*: **I held him to his promise** le hice cumplir su promesa. ◇ *vt fus* [decision, promise] atenerse a, respetar.
◆ **hold together** ◇ *vt sep* mantener unido(da). ◇ *vi* mantenerse unido(da).
◆ **hold up** ◇ *vt sep* - **1.** [raise] levantar, alzar. - **2.** [delay] retrasar; **I was held up** me retrasé. - **3.** *inf* [rob] atracar, asaltar. ◇ *vi* [weather] durar; [clothes, equipment] aguantar.
◆ **hold with** *vt fus* [approve of] estar de acuerdo con, aprobar.

holdall ['həʊldɔːl] *n Br* bolsa *f* de viaje.

holder ['həʊldər] *n* - **1.** [container] soporte *m*; [for candle] candelero *m*; [for cigarette] boquilla *f*. - **2.** [owner] titular *mf*; [of ticket, record, title] poseedor *m*, -ra *f*.

holding ['həʊldɪŋ] ◇ *n* - **1.** [investment] participación *f*, acciones *fpl*. - **2.** [farm] propiedad *f*, terreno *m* de cultivo. ◇ *adj* [action, operation] de mantenimiento.
◆ **holdings** *npl* [property] propiedades *fpl*; [land] tierras *fpl*; [capital] valores *mpl* en cartera.

holding company *n* holding *m*.

holdover ['həʊld,əʊvər] *n Am persona que continúa en su puesto aun después de concluida su función.*

holdup ['həʊldʌp] *n* - **1.** [robbery] atraco *m* a mano armada. - **2.** [delay] retraso *m*.

hole [həʊl] ◇ *n* - **1.** [gen] agujero *m*; [in ground, road etc] hoyo *m*; [in clouds] claro *m*; **to wear a ~ in sthg** ir haciendo un agujero en algo ❑ **to get sb out of a ~** sacar a alguien de un apuro; **a ~ in the wall** *fig* una ratonera, un sitio enanísimo; **I need that like a ~ in the head** *inf* es lo último que necesito; **to make a ~ in** *fig* llevarse una buena tajada de; **money burns a ~ in my pocket** el dinero me quema en el bolsillo; **to pick ~s in sthg** [criticize] encontrar defectos en algo. - **2.** [in golf] hoyo *m*; **~ in one** hoyo en uno. - **3.** [horrible place] cuchitril *m*, madriguera *f*; [town] pueblo *m* de mala muerte. - **4.** *inf* [predicament] apuro *m*, aprieto *m*. ◇ *vt* [make hole in] agujerear.

◆ **hole up** *vi* [hide, take shelter] esconderse, refugiarse.

hole in the heart *n* malformación *f* cardíaca congénita.

◆ **hole-in-the-heart** *adj* [baby] azul, cianótico(ca).

holey ['həʊlɪ] *adj* agujereado(da).

holiday ['hɒlɪdeɪ] ◇ *n* - **1.** [vacation] vacaciones *fpl*; **to be/go on ~** estar/ir de vacaciones. - **2.** [public holiday] fiesta *f*, día *m* festivo. ◇ *vi Br* pasar las vacaciones.

holiday camp *n Br* colonia *f* veraniega.

holiday home *n Br* segunda residencia *f*, residencia *f* veraniega.

holidaymaker ['hɒlɪdeɪˌmeɪkəʳ] *n Br* turista *mf*.

holiday pay *n Br* sueldo *m* de vacaciones.

holiday resort *n Br* lugar *m* de veraneo.

holiday season *n* temporada *f* turística OR de vacaciones.

holier-than-thou ['həʊlɪəðən'ðaʊ] *adj pej* santurrón(ona).

holiness ['həʊlɪnɪs] *n* santidad *f*.

◆ **Holiness** *n* [in titles]: **His/Your Holiness** Su Santidad.

holism ['həʊlɪzm] *n* holismo *m*.

holistic [həʊ'lɪstɪk] *adj* holístico(ca).

holland ['hɒlənd] *n* [cloth] holanda *f*.

Holland ['hɒlənd] *n* Holanda *f*.

hollandaise sauce [ˌhɒlən'deɪz-] *n* salsa *f* holandesa.

holler ['hɒləʳ] ◇ *vt & vi esp Am inf* gritar. ◇ *n* grito *m*.

hollow ['hɒləʊ] ◇ *adj* - **1.** [not solid] hueco(ca). - **2.** [cheeks, eyes] hundido(da). - **3.** [resonant] sonoro(ra), resonante. - **4.** [false, meaningless] vano(na); [laugh] falso(sa). ◇ *n* - **1.** [in tree] hueco *m*; [in ground] depresión *f*, hondonada *f*. - **2.** *fig* [emptiness] vacío *m*.

◆ **hollow out** *vt sep* [make hollow] dejar hueco.

hollow-eyed *adj* de ojos hundidos.

hollowness ['hɒləʊnɪs] *n* - **1.** [of cheeks, eyes] hundimiento *m*. - **2.** [of sound] resonancia *f*. - **3.** [of laughter, promise] falsedad *f*.

holly ['hɒlɪ] *n* acebo *m*.

hollyhock ['hɒlɪhɒk] *n* malva *f* loca, malvarrosa *f*.

Hollywood ['hɒlɪwʊd] ◇ *n* [film industry] Hollywood *m*. ◇ *comp* de Hollywood.

holmium ['hɒlmɪəm] *n* holmio *m*.

holm oak [həʊm-] *n* encina *f*.

holocaust ['hɒləkɔːst] *n* holocausto *m*.

◆ **Holocaust** *n*: **the Holocaust** el Holocausto.

hologram ['hɒləgræm] *n* holograma *m*.

holograph ['hɒləgræf] *n* JUR ológrafo *m*, hológrafo *m*.

holography [hɒ'lɒgrəfɪ] *n* holografía *f*.

hols [hɒlz] (*abbr of* **holidays**) *npl Br inf* vacas *fpl*, vacaciones *fpl*.

Holstein ['hɒlstaɪn] *n Am* [cow] vaca *f* holandesa.

holster ['həʊlstəʳ] *n* pistolera *f*, funda *f* (de pistola).

holy ['həʊlɪ] (*compar* **holier**, *superl* **holiest**) *adj* - **1.** [sacred] sagrado(da); [water] bendito(ta). - **2.** [pure and good] santo(ta). - **3.** *phr*: **~ smoke!**, **~ mackerel!**, **~ cow!** *inf* ¡diablos!, ¡santo cielo!

Holy Ark *n* Arca *f* Sagrada.

Holy Bible *n*: **the ~** la Santa Biblia.

Holy City *n*: **the ~** la Ciudad Santa.

Holy Communion *n* Sagrada Comunión *f*.

holy day *n* RELIG fiesta *f* de guardar.

Holy Family *n*: **the ~** la Sagrada Familia.

Holy Father *n*: **the ~** el Santo Padre.

Holy Ghost *n*: **the ~** el Espíritu Santo.

Holy Grail *n*: **the ~** el Santo Grial.

Holy Land *n*: **the ~** Tierra Santa.

Holy Office *n* Santo Oficio *m*.

Holy of Holies *n*: **the ~** *lit & fig* el sanctasanctórum.

holy orders *npl* sagradas órdenes *fpl*; **to take ~** ordenarse (sacerdote).

Holy Roman Empire *n*: **the ~** el Sacro Imperio Romano.

Holy Rood *n*: **the ~** la Santa Cruz.

Holy Scripture *n* Sagrada Escritura *f*.

Holy See *n*: **the ~** la Santa Sede.

Holy Sepulchre *n*: **the ~** el Santo Sepulcro.

Holy Spirit *n*: **the ~** el Espíritu Santo.

Holy Synod *n*: **the ~** el Santo Sínodo.

Holy Trinity *n*: **the ~** la Santísima Trinidad.

holy war *n* guerra *f* santa.

Holy Week *n* Semana *f* Santa.

Holy Writ *n* Sagradas Escrituras *fpl*.

homage ['hɒmɪdʒ] *n* (U) *fml* homenaje *m*; **to pay ~ to** rendir homenaje a.

home [həʊm] ◇ *n* - **1.** [house, flat] casa *f*; **to make one's ~ somewhere** establecerse en algún sitio ❑ **it's a ~ from ~** *Br* OR **~ away from ~** *Am* para mí es como mi propia casa; **to bring sthg closer to ~** hacer que algo cobre una dimensión mucho más cercana; **let's look at a situation closer to** OR **nearer ~** veamos una situación que nos toca OR atañe muy de cerca. - **2.** [own country] tierra *f* (natal); [own city] ciudad *f* natal. - **3.** [family] hogar *m*; **to give sb a ~** darle un hogar a alguien; **to leave ~** independizarse, irse de casa; **he comes from a good/poor ~** viene de buena familia/de familia pobre ❑ **~ is where the heart is** *proverb* el hogar de uno está donde está su gente. - **4.** [place of birth] cuna *f*. - **5.** [institution] asilo *m*. ◇ *adj* - **1.** [not foreign] nacional; [market, policy] interior. - **2.** [in one's own home - cooking] casero(ra); [- life] familiar; [- improvements] en la casa. - **3.** SPORT de casa. ◇ *adv* - **1.** [to one's house] a casa; [at one's house] en casa; **it's nothing to write ~ about** *fig* no es nada del otro mundo. - **2.** *phr*: **to bring sthg ~ to sb** hacer que alguien se dé cuenta de algo; **to drive** OR **hammer sthg ~ to sb** hacer que alguien se dé perfecta cuenta de algo; **to hit** OR **strike ~** dar en el blanco; **to be ~ and dry** *Br* OR **~ free** *Am inf* tener el triunfo en el bolsillo.

◆ **at home** *adv* - **1.** [in one's house, flat] en casa. - **2.** [comfortable]: **at ~ (with)** a gusto (con) ❑ **to make o.s. at ~** acomodarse; **make yourself at ~** está usted en su casa. - **3.** [in one's own country] en mi país; **at ~ and abroad** dentro y fuera del país. - **4.** SPORT: **to play at ~** jugar en casa.

◆ **home in** *vi*: **to ~ in on sthg** dirigirse hacia algo; *fig* centrarse en algo.

home address *n* domicilio *m* particular.

home automation *n* automatización *f* doméstica.

home banking *n* (U) telebanco *m*, banco *m* en casa.

home base *n* base *f* meta; **to get to ~** *Am fig* alcanzar una meta.

homebody ['həʊmˌbɒdɪ] (*pl* **homebodies**) *n* persona *f* hogareña OR casera.

homebound ['həʊmbaʊnd] *adj* - **1.** [going home] de regreso a casa. - **2.** [confined to home] que tiene que quedarse en su casa; [of sick people] que guarda cama OR reposo.

home brew *n* (U) [beer] cerveza *f* casera.

homecoming ['həʊmˌkʌmɪŋ] *n* - **1.** [return] regreso *m* a casa. - **2.** *Am* SCH & UNIV recepción *f* para ex-alumnos.

home computer *n* ordenador *m* personal.

Home Counties *npl*: **the ~** *los condados de los alrededores de Londres*.

home country *n* país *m* natal; **the ~** la patria chica.

home economics n (U) economía f doméstica.

home economist n especialista mf en economía doméstica.

home fries npl Am patatas fpl salteadas.

home front n - **1.** [during war] frente m civil. - **2.** [at home]: **how are things on the** ~? ¿cómo van las cosas por casa?

home ground n - **1.** [familiar place]: **to be on** ~ estar en territorio conocido. - **2.** [familiar subject]: **to be on** ~ estar uno en su terreno. - **3.** SPORT campo m propio.

homegrown [,həʊm'grəʊn] adj [grown in one's garden] de cosecha propia; [not imported] de la tierra, del país.

Home Guard n: **the** ~ cuerpo civil del ejército británico formado por voluntarios durante la Segunda Guerra Mundial.

home help n Br asistente empleado por el ayuntamiento para ayudar en las tareas domésticas a enfermos y ancianos.

homeland ['həʊmlænd] n - **1.** [country of birth] tierra f natal, patria f. - **2.** [in South Africa] homeland m, territorio donde se confinaba a la población negra.

homeless ['həʊmlɪs] ◇ adj sin hogar, sin techo. ◇ npl: **the** ~ las personas sin hogar, los sin techo.

homelessness ['həʊmlɪsnəs] n: **the problem of** ~ el problema de los sin techo.

homeliness ['həʊmlɪnɪs] n - **1.** [simplicity] sencillez f. - **2.** [lack of beauty] fealdad f.

home loan n crédito m para reforma de vivienda.

home-loving adj casero(ra), hogareño(ña).

homely ['həʊmlɪ] adj - **1.** [simple] sencillo(lla). - **2.** [unattractive] feúcho(cha).

homemade [,həʊm'meɪd] adj [clothes] de fabricación casera; [food] casero(ra).

homemaker ['həʊm,meɪkə] n ama f de casa.

home movie n película f casera.

Home Office n [in UK]: **the** ~ el Ministerio del Interior británico.

homeopath ['həʊmɪəʊpæθ] n homeópata mf.

homeopathic [,həʊmɪəʊ'pæθɪk] adj homeopático(ca).

homeopathy [,həʊmɪ'ɒpəθɪ] n homeopatía f.

homeostasis [,həʊmɪəʊ'steɪsɪs] n homeóstasis f inv.

homeowner ['həʊm,əʊnə] n propietario m, -ria f de vivienda.

homer ['həʊmə] n - **1.** [in baseball] home run m, jonrón m Amér. - **2.** [homing pigeon] paloma f mensajera.

Homer ['həʊmə] n Homero m.

Homeric [həʊ'merɪk] adj homérico(ca).

home rule n autonomía f.

home run n Am home run m, jonrón Amér.

Home Secretary n [in UK]: **the** ~ el ministro de(l) Interior británico.

home-shopping n teletienda f.

homesick ['həʊmsɪk] adj nostálgico(ca); **to be** ~ tener morriña.

homesickness ['həʊm,sɪknɪs] n morriña f.

homespun ['həʊmspʌn] ◇ adj - **1.** fig [unsophisticated] pedestre, corriente. - **2.** [wool, cloth] tejido(da) en casa. ◇ n tela f tejida en casa.

homestead ['həʊmsted] ◇ n - **1.** [granja] granja f. - **2.** Am [home] hogar m, casa f. ◇ vt Am tomar posesión de.

home straight, home stretch n: **the** ~ SPORT & fig la recta final.

hometown ['həʊmtaʊn] n [large] ciudad f natal; [smaller] pueblo m natal.

home truth n: **to tell sb a few** ~s soltarle a alguien cuatro verdades OR frescas.

homeward ['həʊmwəd] ◇ adj de regreso OR vuelta (a casa). ◇ adv = **homewards**.

homeward-bound adj [commuters] de regreso a casa; [ship] de vuelta.

homewards ['həʊmwədz] adv hacia casa.

home waters npl [territorial] aguas fpl territoriales; [near home port] aguas fpl cercanas al puerto de amarre.

homework ['həʊmwɜːk] n (U) lit & fig deberes mpl.

homeworker ['həʊm,wɜːkə] n persona f que trabaja en casa.

homey ['həʊmɪ] adj Am confortable, agradable.

homicidal ['hɒmɪsaɪdl] adj homicida.

homicide ['hɒmɪsaɪd] n fml - **1.** [act] homicidio m. - **2.** [person] homicida mf.

homily ['hɒmɪlɪ] (pl **homilies**) n - **1.** [lecture] sermón m. - **2.** RELIG homilía f.

homing ['həʊmɪŋ] adj: ~ **instinct** querencia f; ~ **device** [on missile] sistema m de guiado pasivo; ~ **guidance systems** sistemas mpl de guiado pasivo; ~ **missile** misil m con guiado pasivo.

homing pigeon n paloma f mensajera.

hominid ['hɒmɪnɪd] ◇ n homínido m. ◇ adj homínido(da).

hominoid ['hɒmɪnɔɪd] adj hominoideo(dea).

hominy ['hɒmɪnɪ] n sémola f de maíz hervida.

hominy grits n Am maíz m molido grueso.

homo ['həʊməʊ] v inf pej ◇ n marica m. ◇ adj marica.

homoeopath etc ['həʊmɪəʊpæθ] = **homeopath** etc.

homoeroticism [,həʊməʊɪ'rɒtɪsɪzm], **homoerotism** [,həʊməʊ'erətɪzm] n homoerotismo m, homosexualidad f.

homogeneity [,hɒməʊdʒə'niːɪtɪ] n homogeneidad f.

homogeneous [,hɒmə'dʒiːnjəs] adj homogéneo(a).

homogenization [hə,mɒdʒənaɪ'zeɪʃən] n homogeneización f.

homogenize, -ise [hə'mɒdʒənaɪz] vt Br homogeneizar.

homogenous [hə'mɒdʒənɪs] adj = **homogeneous**.

homograph ['hɒməgrɑːf] n homógrafo m.

homologous [hɒ'mɒləgəs] adj homólogo(ga).

homologue ['hɒmələg] n - **1.** BIOL órgano m homólogo. - **2.** CHEM compuesto m homólogo.

homology [hɒ'mɒlədʒɪ] n homología f.

homonym ['hɒmənɪm] n homónimo m.

homophile ['hɒməfaɪl] n homosexual mf.

homophobe ['hɒməʊfəʊb] n homófobo m, -ba f.

homophobia [,həʊməʊ'fəʊbjə] n homofobia f.

homophobic [,həʊməʊ'fəʊbɪk] adj homofóbico(ca).

homophone ['hɒməfəʊn] n homófono m.

homophonic [,hɒmə'fɒnɪk] adj homófono(na).

homophony [hɒ'mɒfənɪ] (pl **homophonies**) n LING & MUS homofonía f.

homosexual [,hɒmə'sekʃʊəl] ◇ adj homosexual. ◇ n homosexual mf.

homosexuality [hɒmə,sekʃʊ'ælətɪ] n homosexualidad f.

homunculus [hɒ'mʌŋkjʊləs] n homúnculo m.

homy ['həʊmɪ] adj = **homey**.

Hon. - **1.** written abbr of **Honourable**. - **2.** abbr of **Honorary**.

honcho ['hɒntʃəʊ] n Am inf jefe m, caudillo m.

Honduran [hɒn'djʊərən] ◇ adj hondureño(ña). ◇ n hondureño m, -ña f.

Honduras [hɒn'djʊərəs] n Honduras.

hone [həʊn] ◇ vt - **1.** [sharpen] afilar. - **2.** [develop, refine - intellect, wit] afinar; [- style] pulir. ◇ n piedra f de afilar.

honest ['ɒnɪst] ◇ adj - **1.** [trustworthy, legal] honrado(da). - **2.** [frank] franco(ca), sincero(ra); **to be** ~... si he de ser franco... - **3.** [virtuous] decente. ◇ adv inf: **I didn't do it,** ~! ¡yo no lo hice, de verdad OR te lo juro!

honestly ['ɒnɪstlɪ] ◇ adv - **1.** [truthfully] honradamente. - **2.** [expressing sincerity] de verdad, en serio. ◇ excl [expressing impatience, disapproval] ¡será posible!

honest-to-goodness adj: **a cup of** ~ **English tea** una taza de auténtico té inglés.

honesty ['ɒnɪstɪ] n - **1.** [probity] honradez f, honestidad f; ~ **is the best policy** proverb antes se coge al mentiroso que al cojo proverb. - **2.** [sincerity] franqueza f, sinceridad f. - **3.** [truthfulness] veracidad f. - **4.** BOT lunaria f.

honey ['hʌnɪ] n - **1.** [food] miel f. - **2.** esp Am [form of address] cielo m, mi vida f. - **3.** phr : **a ~ of a** inf una maravilla de.

honeybee ['hʌnɪbiː] n abeja f (obrera).

honeycomb ['hʌnɪkəʊm] ◇ n - **1.** [in wax] panal m. - **2.** CONSTR panales mpl. - **3.** [in metallurgy] sopladura f. ◇ vt agujerear, acribillar.

honeydew melon ['hʌnɪdjuː-] n variedad de melón dulce.

honeyed ['hʌnɪd] adj meloso(sa).

honeymoon ['hʌnɪmuːn] ◇ n - **1.** [of newlyweds] luna f de miel. - **2.** fig [period of good relations] periodo m idílico. ◇ vi pasar la luna de miel.

honeymooner ['hʌnɪmuːnəʳ] n recién casado m, recién casada f.

honeypot ['hʌnɪpɒt] n [container] tarro m de miel; **to have one's fingers in the ~** inf fig ponerse las botas.

honeysuckle ['hʌnɪˌsʌkl] n madreselva f.

Hong Kong [ˌhɒŋ'kɒŋ] n Hong Kong.

honk [hɒŋk] ◇ vi - **1.** [motorist] tocar el claxon. - **2.** [goose] graznar. ◇ vt tocar. ◇ n - **1.** [of horn] bocinazo m. - **2.** [of goose] graznido m.

honky ['hɒŋkɪ] (pl **honkies**) n Am v inf término despectivo que designa a un blanco.

honky-tonk ['hɒŋkɪˌtɒŋk] n - **1.** MUS variedad del ragtime tocada en piano vertical. - **2.** Am inf [brothel] prostíbulo m; [nightclub, bar] tugurio m, garito m.

Honolulu [ˌhɒnə'luːluː] n Honolulú.

honor etc Am = **honour** etc.

honorarium [ˌɒnə'reərɪəm] (pl **honorariums** OR **honoraria** [-rɪə]) n honorarios mpl.

honorary [Br 'ɒnərərɪ, Am ɒnə'reərɪ] adj - **1.** [given as an honour] honorario(ria). - **2.** [unpaid] honorífico(ca).

honoree [ɒnə'riː] n homenajeado m, -da f.

honorific [ɒnə'rɪfɪk] ◇ adj honorífico(ca). ◇ n título m honorífico.

honor roll n Am lista f de honor.

honour Br, **honor** Am ['ɒnəʳ] ◇ n - **1.** [gen] honor m, honra f; **on my ~!** ¡palabra de honor!; **to be on one's ~ to do sthg** estar obligado(da) por el honor a hacer algo; **to consider it an ~ to do sthg** tener la honra OR el honor de hacer algo ❑ **in ~ of** en honor de. - **2.** [source of pride] honra f. ◇ vt - **1.** [promise, agreement] cumplir; [debt] satisfacer; [cheque] pagar, aceptar. - **2.** fml [bring honour to] honrar.
◆ **Honour** n [in titles]: **His/Her/Your Honour** Su Señoría.
◆ **honours** npl - **1.** [tokens of respect] honores mpl. - **2.** Br UNIV: **~s degree** licenciatura de cuatro años necesaria para acceder a un máster. - **3.** phr : **to do the ~s** hacer los honores de la casa.

honourable Br, **honorable** Am ['ɒnrəbl] adj - **1.** [proper] honroso(sa). - **2.** [morally upright] honorable.
◆ **Honourable** adj [in titles] Honorable; **the Honourable gentleman/lady** Su Señoría (el señor diputado/la señora diputada).

honourable mention n mención f honorífica.

honourably Br, **honorably** Am ['ɒnrəblɪ] adv [properly] honrosamente.

honour bound adj: **to be ~ to do sthg** estar obligado(da) moralmente a hacer algo.

honours list n Br lista de personas que reciben un título nobiliario de manos de la corona británica.

Hons. written abbr of **honours degree**.

Hon. Sec. written abbr of **honorary secretary**.

hooch [huːtʃ] n Am inf priva f, alcohol m.

hood [hʊd] n - **1.** [on cloak, jacket] capucha f; UNIV muceta f; **Little Red Riding Hood** Caperucita f Roja. - **2.** [of pram, convertible car] capota f; [of cooker, fireplace] campana f. - **3.** Am [car bonnet] capó m. - **4.** [of bird] cresta f; [for falcons] caperuza f, capirote m.

hooded ['hʊdɪd] adj - **1.** [wearing a hood] encapuchado(da). - **2.** [eyes] de grandes párpados. - **3.** [clothing] con capucha.

hooded crow n corneja f cenicienta.

hoodlum ['huːdləm] n Am inf matón m.

hoodoo ['huːduː] inf ◇ n Am cenizo m. ◇ vt gafar.

hoodwink ['hʊdwɪŋk] vt engañar, burlar.

hooey ['huːɪ] n (U) Am inf tonterías fpl, bobadas fpl.

hoof [huːf, hʊf] (pl **hoofs** OR **hooves** [huːvz]) ◇ n [of horse] casco m; [of cow etc] pezuña f. ◇ vt inf : **to ~ it** [go on foot] ir a pata; [dance] menear el esqueleto.

hoofed [huːft] adj con cascos.

hook [hʊk] ◇ n - **1.** [gen] gancho m; [for clothes] percha f; [for pictures] escarpia f; **off the ~** [phone] descolgado(da). - **2.** [in boxing] gancho m; **left/right** ~ gancho de izquierda/derecha. - **3.** [for catching fish] anzuelo m. - **4.** [fastener] corchete m. - **5.** phr : **by ~ or by crook** por las buenas o por las malas; **he swallowed the story,** ~, **line and sinker** inf se tragó el cuento; **to get sb off the** ~ sacar a alguien de un apuro; **to let sb off the** ~ liberar a alguien de su responsabilidad; **I'll let you off the ~ this time** por esta vez te lo paso. ◇ vt - **1.** [attach with hook] enganchar. - **2.** [person, prey] atrapar, coger. - **3.** [in boxing] dar un gancho a. - **4.** [fish] pescar, coger. - **5.** [arm, leg]: **he ~ed his leg around the chair** rodeó la pata de la silla con el pie. - **6.** inf [steal] mangar. - **7.** inf hum [marry] pescar, enganchar. ◇ vi [fasten] enganchar.
◆ **hook up** vt sep [trailer, boat] enganchar; [dress] abrochar; **to ~ sthg up to sthg** conectar algo a algo.

hookah ['hʊkə] n narguile m, pipa f turca.

hook and eye (pl **hooks and eyes**) n corchete m.

hooked [hʊkt] adj - **1.** [nose] aguileño(ña), ganchudo(da). - **2.** inf [addicted]: **to be ~ (on)** estar enganchado(da) (a). - **3.** [with a hook] con gancho.

hooker ['hʊkəʳ] n - **1.** Am inf [prostitute] puta f. - **2.** RUGBY talonador m, -ra f.

hookey ['hʊkɪ] n Am inf: **to play** ~ hacer novillos.

hook-nosed adj de nariz aguileña.

hookup ['hʊkʌp] n inf RADIO & TV conexión f.

hookworm ['hʊkwɜːm] n anquilostoma m.

hooky ['hʊkɪ] n = **hookey**.

hooligan ['huːlɪgən] n gamberro m.

hooliganism ['huːlɪgənɪzm] n gamberrismo m.

hoop [huːp] n aro m; **I had to jump through ~s to get the job** fig me las vi y me las deseé para conseguir el trabajo; **to put sb through the ~s** fig hacérselas pasar moradas a alguien.

hoop-la ['huːplɑː] n - **1.** (U) Br [game] juego de feria en que se intentan colar aros en los premios. - **2.** Am inf [fuss] alboroto m. - **3.** Am inf [noisy advertising] bombo m, propaganda f exagerada.

hoop skirt n miriñaque m.

hooray [hʊ'reɪ] excl = **hurray**.

Hooray Henry n Br niño m pijo OR bien.

hoot [huːt] ◇ n - **1.** [of owl] grito m, ululato m. - **2.** [of horn] bocinazo m. - **3.** [of laughter] risotada f, carcajada f. - **4.** Br inf [amusing thing]: **she's/it was a** ~ es/fue la monda. - **5.** inf [least bit]: **I don't give** OR **care a** ~ me importa un comino OR rábano. ◇ vi - **1.** [owl] ulular. - **2.** [horn] sonar. - **3.** inf [laugh] carcajearse, reírse a carcajadas. ◇ vt tocar.

hootenanny ['huːtnænɪ] (pl **hootenannies**) n Am reunión f en que se toca música folclórica.

hooter ['huːtəʳ] n - **1.** [horn] claxon m, bocina f. - **2.** Br inf [nose] napias fpl.

Hoover® ['huːvəʳ] n Br aspiradora f.
◆ **hoover** ◇ vt pasar la aspiradora por. ◇ vi pasar la aspiradora.

hoovering ['huːvrɪŋ] n Br : **to do the** ~ pasar la aspiradora.

hooves [huːvz] pl → **hoof**.

hop [hɒp] (pt & pp **hopped**, cont **hopping**) ◇ n - **1.** [of person] salto m a la pata coja; **the** ~, **skip** OR **step and jump** SPORT el triple salto. - **2.** [of bird etc] saltito m. - **3.** inf [trip] viaje m. - **4.** inf [dance] baile m. ◇ vi - **1.** [person] saltar a la pata coja. **- 2.** [bird etc] dar saltitos. **- 3.** *inf* [move nimbly]: **to ~ out of bed** saltar de la cama. ◇ *vt* **- 1.** *inf Am* [bus, train] subirse a. **- 2.** *phr* : ~ **it!** ¡largo!

◆ **hops** *npl* [for beer] lúpulo *m*.

hope [haup] ◇ *vi*: **to ~ (for sthg)** esperar (algo); **to ~ for the best** esperar que todo vaya bien ❑ **to ~ against ~** aferrarse a la esperanza. ◇ *vt*: **to ~ (that)** esperar que; **to ~ to do sthg** esperar hacer algo; **I ~ so** eso espero; **I ~ not** espero que no. ◇ *n* esperanza *f*; **to be beyond ~** no tener solución; **there's no ~ of that** eso no va a ser posible; **to have little ~ of doing sthg** tener pocas esperanzas de hacer algo; **to lose ~** perder la esperanza ❑ **in the ~ of** con la esperanza de; **to have high ~s (of sthg)** tener muchas esperanzas (en algo); **to live in ~** no perder la esperanza; **I don't hold out much ~** no tengo muchas esperanzas; **to pin one's ~s on sthg** poner uno todas sus esperanzas en algo; **to raise sb's ~s** dar esperanzas a alguien; **to raise one's ~s** hacerse ilusiones; **some ~!** *inf iro* ¡que te crees tú eso!, ¡las ganas!

hope chest *n Am* ajuar *m*.

hopeful [ˈhəupful] ◇ *adj* **- 1.** [optimistic] optimista; **to be ~ of sthg/of doing sthg** tener esperanzas de algo/hacer algo. **- 2.** [promising] prometedor(ra), esperanzador(ra). ◇ *n* aspirante *mf*.

hopefully [ˈhəupfəlɪ] *adv* **- 1.** [in a hopeful way] esperanzadamente. **- 2.** [with luck] con suerte.

hopefulness [ˈhəupfulnɪs] *n* **- 1.** [optimism] esperanza *f*. **- 2.** [promise] promesa *f*.

hopeless [ˈhəuplɪs] *adj* **- 1.** [despairing] desesperado(da). **- 2.** [impossible] imposible. **- 3.** *inf* [useless] inútil. **- 4.** [incurable] incurable; **~ case** caso *m* sin solución.

hopelessly [ˈhəuplɪslɪ] *adv* **- 1.** [despairingly] desesperadamente. **- 2.** [completely] totalmente.

hopelessness [ˈhəuplɪsnɪs] *n* **- 1.** [despair] desesperación *f*. **- 2.** [of position, situation] estado *m* desesperado. **- 3.** [pointlessness] inutilidad *f*.

hopfield [ˈhɒpfiːld] *n* campo *m* de lúpulos.

hopper [ˈhɒpəʳ] ◇ *n* [funnel] tolva *f*. ◇ *comp*: **~ car** RAIL vagón *m* tolva.

hopping [ˈhɒpɪŋ] *adv*: **to be ~ mad** estar echando chispas.

hopscotch [ˈhɒpskɒtʃ] *n* tejo *m*, rayuela *f*.

horde [hɔːd] *n* horda *f*.

◆ **hordes** *npl* multitud *f*.

horizon [həˈraɪzn] *n* [of sky] horizonte *m*; **on the ~** en el horizonte; *fig* a la vuelta de la esquina.

◆ **horizons** *npl* horizontes *mpl*.

horizontal [ˌhɒrɪˈzɒntl] ◇ *adj* horizontal. ◇ *n*: **the ~** la horizontal.

horizontally [ˌhɒrɪˈzɒntəlɪ] *adv* horizontalmente; **extend your arms ~** extiendan los brazos horizontalmente; **to move sb ~ (to)** ADMIN & COMM trasladar a alguien (a).

hormonal [hɔːˈməunl] *adj* hormonal.

hormone [ˈhɔːməun] *n* hormona *f*.

hormone replacement therapy *n* terapia *f* hormonal sustitutiva.

horn [hɔːn] ◇ *n* **- 1.** [of animal] cuerno *m*, cacho *m Amér*; **to lock ~s with** *fig* reñir con. **- 2.** MUS [instrument] trompa *f*; **to blow one's own ~** *fig* echarse flores, alabarse a sí mismo. **- 3.** [on car] claxon *m*, bocina *f*; [on ship] sirena *f*. ◇ *comp*: **~ section** sección *f* de viento.

◆ **horn in** *vi inf* [on conversation] meter baza en; [on deal] inmiscuirse.

hornbill [ˈhɔːnbɪl] *n* cálao *m*.

horned [ˈhɔːnd] *adj* con cuernos, encornado(da).

horned owl *n* búho *m*.

hornet [ˈhɔːnɪt] *n* avispón *m*.

hornless [ˈhɔːnlɪs] *adj* sin cuernos, mocho(cha).

Horn of Africa *n*: **the ~** el cuerno de África.

horn of plenty *n*: **the ~** el cuerno de la abundancia, la cornucopia.

hornpipe [ˈhɔːnpaɪp] *n* baile *m* de marineros.

horn-rimmed *adj* con montura de concha.

horny [ˈhɔːnɪ] (*compar* **hornier**, *superl* **horniest**) *adj* **- 1.** [scale, body, armour] córneo(a); [hand] calloso(sa). **- 2.** *v inf* [sexually excited] cachondo(da), caliente.

horology [hɒˈrɒlədʒɪ] *n* relojería *f*.

horoscope [ˈhɒrəskəup] *n* horóscopo *m*.

horrendous [hɒˈrendəs] *adj* horrendo(da).

horrendously [hɒˈrendəslɪ] *adv* de un modo horrendo, horriblemente.

horrible [ˈhɒrəbl] *adj* horrible.

horribly [ˈhɒrəblɪ] *adv* **- 1.** [horrifically] horriblemente. **- 2.** *inf* [very] terriblemente, tremendamente.

horrid [ˈhɒrɪd] *adj esp Br* [person] antipático(ca); [idea, place] horroroso(sa).

horridly [ˈhɒrɪdlɪ] *adv* [as intensifier] espantosamente.

horrific [hɒˈrɪfɪk] *adj* horrendo(da).

horrifically [hɒˈrɪfɪklɪ] *adv* **- 1.** [gruesomely] de un modo horrendo. **- 2.** [as intensifier]: **~ expensive** terriblemente caro.

horrify [ˈhɒrɪfaɪ] (*pt & pp* **horrified**) *vt* horrorizar.

horrifying [ˈhɒrɪfaɪɪŋ] *adj* horroroso(sa), horripilante.

horror [ˈhɒrəʳ] *n* horror *m*; **to my/his ~** para mi/su horror; **to have a ~ of sthg** tener horror a algo.

horror film *n* película *f* de terror OR de miedo.

horror story *n* **- 1.** [tale] cuento *m* de terror. **- 2.** *fig* [terrible thing]: **they told some real horror stories about the restaurants they'd seen** contaban cosas terribles de los restaurantes que habían visto.

horror-struck *adj* horrorizado(da).

hors d'oeuvre [ɔːˈdɜːvr] (*pl* **hors d'oeuvres**) *n* entremeses *mpl*.

horse [hɔːs] ◇ *n* **- 1.** [animal] caballo *m*; **as strong as a ~** fuerte como un toro; **to back the wrong ~** escoger mal; **don't look a gift ~ in the mouth** a caballo regalado no le mires el dentado; **to eat like a ~** comer como una mula OR un descosido; **to get on one's high ~** tener muchos humos; **hold your ~s!** *inf* ¡para el carro!, ¡espérate un momento!; **a ~ of a different colour** harina de otro costal; **(straight) from the ~'s mouth** de buena tinta. **- 2.** [trestle] caballete *m*, borriquetas *fpl*. **- 3.** SPORT [in gymnastics] potro *m*. **- 4.** *v inf* [heroin] caballo *m*, jaco *m*. ◇ *npl* MIL caballería *f*.

◆ **horse about, horse around** *Br vi inf* [noisily] jugar armando jaleo.

horseback [ˈhɔːsbæk] ◇ *adj*: **~ riding** equitación *f*. ◇ *n*: **on ~** a caballo.

horsebox *Br* [ˈhɔːsbɒks], **horsecar** *Am* [ˈhɔːskɑːʳ] *n* furgón *m* para el transporte de caballos.

horse brass *n* jaez *m* de latón.

horsecar *n Am* = **horsebox**.

horse chestnut *n* [nut] castaña *f* de Indias; **~ (tree)** castaño *m* de Indias.

horse-drawn *adj* tirado(da) por caballos.

horseflesh [ˈhɔːsfleʃ] *n* (*U*) *inf* **- 1.** [horses] caballos *mpl*. **- 2.** = **horsemeat**.

horsefly [ˈhɔːsflaɪ] (*pl* **horseflies**) *n* tábano *m*.

horsehair [ˈhɔːsheəʳ] *n* crin *f*.

horsehide [ˈhɔːshaɪd] *n* cuero *m* de caballo.

horseman [ˈhɔːsmən] (*pl* **horsemen** [-mən]) *n* **- 1.** [rider] jinete *m*. **- 2.** [breeder] criador *m* de caballos.

horsemanship [ˈhɔːsmənʃɪp] *n* equitación *f*.

horsemeat [ˈhɔːsmiːt] *n* carne *f* de caballo.

horsemen [ˈhɔːsmən] *pl* → **horseman**.

horse opera *n Am hum* película *f* del oeste, western *m*.

horseplay [ˈhɔːspleɪ] *n* pelea *f* en broma.

horsepower [ˈhɔːsˌpauəʳ] (*pl inv*) *n* potencia *f* en caballos.

horse racing *n* (*U*) carreras *fpl* de caballos.

horseradish [ˈhɔːsˌrædɪʃ] ◇ *n* rábano *m* picante OR silvestre. ◇ *comp*: **~ sauce** salsa *f* de rábano picante.

horse riding *n* equitación *f*; **to go** ~ montar a caballo.

horse sense *n inf* sentido *m* común.

horseshoe ['hɔːsʃuː] *n* herradura *f*.

horse show *n* concurso *m* hípico.

horse thief *n* cuatrero *m*, -ra *f*.

horse-trading *n fig & pej* negociación *f*, regateo *m*.

horse trials *npl* concurso *m* hípico.

horsewhip ['hɔːswɪp] (*pt & pp* **horsewhipped**, *cont* **horse-whipping**) ◇ *vt* azotar. ◇ *n* fusta *f*, látigo *m*.

horsewoman ['hɔːsˌwʊmən] (*pl* **horsewomen** [-ˌwɪmɪn]) *n* - **1.** [rider] amazona *f*, jinete *f*. - **2.** [breeder] criadora *f* de caballos.

horsey, horsy ['hɔːsɪ] (*compar* **horsier**, *superl* **horsiest**) *adj inf* - **1.** [horse-like] caballuno(na). - **2.** [fond of horses] aficionado(da) a los caballos.

hortatory ['hɔːtətrɪ], **hortative** ['hɔːtətɪv] *adj fml* exhortatorio(ria), exhortativo(va).

horticultural [ˌhɔːtɪˈkʌltʃərəl] *adj* hortícola.

horticulture ['hɔːtɪkʌltʃəˈ] *n* horticultura *f*.

horticulturist [ˌhɔːtɪˈkʌltʃərɪst] *n* horticultor *m*, -ra *f*.

hosanna [həʊˈzænə] ◇ *n* hosanna *m*. ◇ *excl* ¡hosanna!

hose [həʊz] ◇ *n* - **1.** [hosepipe] manguera *f*. - **2.** (U) [stockings] medias *fpl*; [socks] calcetines *mpl*. ◇ *vt* [irrigate] regar con manguera; [wash] limpiar con manguera.

◆ **hose down** *vt sep* limpiar con manguera.

hosepipe ['həʊzpaɪp] *n* manguera *f*.

hosier ['həʊzɪəˈ] *n* persona *f* que vende medias, calcetero *m*, -ra *f*.

hosiery ['həʊzɪərɪ] *n* (U) medias *fpl* y calcetines, calcetería *f*.

hospice ['hɒspɪs] *n* hospicio *m*.

hospitable [hɒˈspɪtəbl] *adj* hospitalario(ria).

hospitably [hɒˈspɪtəblɪ] *adv* de un modo hospitalario.

hospital ['hɒspɪtl] ◇ *n* hospital *m*, nosocomio *m Amér*. ◇ *comp*: ~ **care** tratamiento *m* hospitalario; ~ **doctor** médico *mf* de hospital; ~ **nurse** enfermero *m*, -ra *f* (de hospital).

hospitality [ˌhɒspɪˈtælətɪ] *n* hospitalidad *f*.

hospitality suite *n* bar *m* con barra libre *(en conferencias etc)*.

hospitalization [ˌhɒspɪtəˈlaɪzeɪʃn] *n* hospitalización *f*.

hospitalize, -ise ['hɒspɪtəlaɪz] *vt* hospitalizar.

hospital ship *n* buque *m* hospital.

hospital train *n* tren *m* hospital.

host [həʊst] ◇ *n* - **1.** [person, place, organization] anfitrión *m*, -ona *f*. - **2.** [compere] presentador *m*, -ra *f*. - **3.** [innkeeper] posadero *m*, -ra *f*, mesonero *m*, -ra *f*. - **4.** *literary* [large number]: **a** ~ **of** una multitud de. - **5.** RELIG hostia *f*. - **6.** BIOL & ZOOL huésped *m*. ◇ *comp*: ~ **country** país *m* anfitrión OR organizador. ◇ *vt* [show] presentar; [event] ser el anfitrión de.

hostage ['hɒstɪdʒ] *n* rehén *m*; **to be taken/held** ~ ser cogido(da) /mantenido(da) como rehén ❑ **a** ~ **to fortune** el juguete de la fortuna.

hostel ['hɒstl] *n* - **1.** [residence] albergue *m*. - **2.** *arch* [inn] hostería *f*.

hosteller *Br*, **hosteler** *Am* ['hɒstələˈ] *n* [youth] persona *f* que se aloja en albergues juveniles.

hostelling ['hɒstəlɪŋ] *n Br*: ~ **is popular with students** a los estudiantes les gusta alojarse en los albergues juveniles.

hostelry ['hɒstəlrɪ] (*pl* **hostelries**) *n hum* [pub] bar *m*.

hostess ['həʊstes] *n* - **1.** [at party] anfitriona *f*. - **2.** [in club etc] chica *f* de alterne. - **3.** [airhostess] azafata *f*, aeromoza *f Amér*.

hostile [*Br* 'hɒstaɪl, *Am* 'hɒstl] ◇ *adj* - **1.** [antagonistic, enemy]: ~ **(to)** hostil (hacia). - **2.** [unfavourable] adverso(sa), desfavorable. ◇ *n Am* enemigo *m*, -ga *f*.

hostility [hɒˈstɪlətɪ] *n* [antagonism] hostilidad *f*.

◆ **hostilities** *npl* hostilidades *fpl*.

hostler ['ɒsləˈ] *n* = **ostler**.

hot [hɒt] (*compar* **hotter**, *superl* **hottest**) (*pt & pp* **hotted**,

cont **hotting**) *adj* - **1.** [gen] caliente; **I'm** ~ tengo calor; **to get** ~ [thing] calentarse; [person] empezar a tener calor; **you're getting hot!** *fig* [in guessing game] ¡te quemas! ❑ **to be** OR **get (all)** ~ **and bothered about sthg** sofocarse OR sulfurarse por algo. - **2.** [weather, climate, day] caluroso(sa); [sun] abrasador(ra); **it's (very)** ~ hace (mucho) calor. - **3.** [spicy] picante, picoso(sa) *Amér*. - **4.** *inf* [expert]: ~ **on** OR **at** experto(ta) en. - **5.** [news] caliente, último(ma); **a** ~ **tip** una información de buena tinta. - **6.** [temper] vivo(va); [issue] candente, polémico(ca). - **7.** ELEC [wire] que lleva corriente. - **8.** [radioactive] radiactivo(va). - **9.** *inf* [sexually excited] caliente, cachondo(da). - **10.** *inf* [stolen] robado(da). - **11.** *Br inf* [fugitive] fugado(da). - **12.** *inf* [popular] famoso(sa). - **13.** MUS muy rítmico (muy rítmica).

◆ **hots** *npl inf*: **to have the** ~**s for sb** perder el culo por alguien.

◆ **hot up** *vi inf* animarse, calentarse.

hot air *n inf* palabrería *f*.

hot-air balloon *n* globo *m*, aeróstato *m*.

hotbed ['hɒtbed] *n* - **1.** [of crime, intrigue etc] semillero *m*. - **2.** [for seeds] almajara *f*.

hot-blooded *adj* de sangre caliente, fogoso(sa).

hotcake ['hɒtkeɪk] *n Am* torta *f*, crepe *f*.

hotchpotch *Br* ['hɒtʃpɒtʃ], **hodgepodge** *Am* ['hɒdʒpɒdʒ] *n inf* revoltijo *m*, batiburrillo *m*.

hot-cross bun *n* bollo con pasas y una cruz dibujada que se come en Semana Santa.

hot dog ◇ *n* perrito *m* caliente. ◇ *excl Am inf* ¡chachi!, ¡guay!

◆ **hot-dog** *vi* [in skiing, surfing] hacer acrobacias.

hotel [həʊˈtel] ◇ *n* hotel *m*. ◇ *comp* [gen] de hotel; [industry] hotelero(ra).

hotelier [həʊˈtelɪəˈ] *n* hotelero *m*, -ra *f*.

hotelkeeper [həʊˈtelˌkiːpəˈ] *n* hotelero *m*, -ra *f*.

hotel management *n* - **1.** [training] hostelería *f*. - **2.** [people] dirección *f* (de un hotel).

hotel manager *n* director *m*, -ra *f* de hotel.

hot flush *Br*, **hot flash** *Am n* sofoco *m*.

hotfoot ['hɒtˌfʊt] ◇ *adv literary* presto, raudamente. ◇ *vt inf*: **to** ~ **it** ir a toda mecha.

hot gospeller *n* predicador evangelista que sermonea de un modo muy exaltado.

hothead ['hɒthed] *n* cabeza *mf* loca, atolondrado *m*, -da *f*.

hotheaded [ˌhɒtˈhedɪd] *adj* irreflexivo(va).

hothouse ['hɒthaʊs, *pl* -haʊzɪz] ◇ *n* [greenhouse] invernadero *m*. ◇ *comp* de invernadero.

hot line *n* teléfono *m* rojo, línea *f* de emergencia.

hotly ['hɒtlɪ] *adv* - **1.** [passionately] acaloradamente. - **2.** [closely]: **we were** ~ **pursued** nos pisaban los talones.

hot pants *npl* shorts *mpl* (muy cortos y ajustados).

hot pepper *n* guindilla *f*, ají *m Amér*.

hotplate ['hɒtpleɪt] *n* [on stove] calentador *m*, fuego *m*; [portable] hornillo *m* (portátil), infiernillo *m*.

hotpot ['hɒtpɒt] *n Br* estofado de cordero típico de Lancashire.

hot potato *n inf fig* tema *m* espinoso.

hot rod *n* AUT bólido *m*.

hot seat *n inf* - **1.** [difficult situation]: **to be in the** ~ ser quien tiene que sacar las castañas del fuego. - **2.** *Am* [electric chair] silla *f* eléctrica.

hotshot ['hɒtʃɒt] *n inf* [expert] as *m*; [VIP] pez *m* gordo.

hot spot *n* - **1.** [exciting place] lugar *m* de moda. - **2.** POL zona *f* conflictiva, polvorín *m*.

hot spring *n* (manantial *m* de) aguas *fpl* termales.

hot-tempered *adj* iracundo(da).

Hottentot ['hɒtntɒt] ◇ *adj* hotentote(ta). ◇ *n* [person] hotentote *m*, -ta *f*.

hot water *n fig*: **to get into/be in** ~ meterse/estar en un berenjenal.

hot-water bottle *n* bolsa *f* de agua caliente.

hot-wire *vt inf*: **to ~ a car** poner un coche en marcha haciendo un puente.

houmous, houmus ['hʊmʊs] *n* = **hummus**.

hound [haʊnd] ◇ *n* - **1.** [dog] perro *m* de caza, sabueso *m*. - **2.** *pej & dated* [person] canalla *mf*. ◇ *vt* - **1.** [persecute] acosar. - **2.** [drive]: **to ~ sb out (of somewhere)** conseguir echar a alguien (de algún sitio) acosándolo.

houndstooth, hound's-tooth ['haʊndztuːθ] *n* TEXTILES pata *f* de gallo.

hour [aʊə'] *n* - **1.** [gen] hora *f*; **half an ~** media hora; **70 miles per** OR **an ~** 70 millas por hora; **at all ~s** a todas horas; **for ~s** durante horas; **~s and ~s** horas y horas; **to be up until all ~s** trasnochar □ **on the ~** cada hora en punto; **in the small ~s** a altas horas de la madrugada. - **2.** *literary* [important time] momento *m*.
◆ **hours** *npl* - **1.** [of business] horas *fpl*; **after ~s** fuera de horas. - **2.** [of person] horario *m*; **to keep late ~s** acostarse tarde.

hourglass ['aʊəglɑːs] *n* reloj *m* de arena.

hour hand *n* manecilla *f* de las horas, horario *m*.

hour-long *adj* de una hora.

hourly ['aʊəlɪ] ◇ *adj* - **1.** [happening every hour] de hora en hora, cada hora. - **2.** [per hour] por hora. - **3.** *fig* [continual] continuo(nua). ◇ *adv* - **1.** [every hour] cada hora. - **2.** [per hour] por hora; **to be paid ~** cobrar por horas. - **3.** *fig* [constantly] continuamente.

house [*n & adj* haʊs, *pl* 'haʊzɪz, *vb* haʊz] ◇ *n* - **1.** [gen] casa *f*; RELIG convento *m*; *Br* SCH residencia *f*, internado *m*; **the House of York** [family] la casa de York □ **it's on the ~** la casa invita, es cortesía de la casa; **to eat sb out of ~ and home** acabar con las existencias de alguien; **to keep ~** llevar una casa; **to keep open ~** tener la casa abierta a todo el mundo; **to put** OR **set one's ~ in order** poner las cosas en orden; **we got on** OR **along like a ~ on fire** nos llevamos de maravilla. - **2.** POL cámara *f*. - **3.** THEATRE auditorio *m*, audiencia *f*; **'full ~'** 'lleno', 'no hay localidades'; **a good ~** [big audience] mucho público □ **to bring the ~ down** *inf* ser un exitazo, ser muy aplaudido (muy aplaudida). - **4.** ASTROL casa *f*. - **5.** [in debates]: **this ~...** los participantes en este debate... ◇ *vt* [person, family] alojar; [department, library, office] albergar. ◇ *adj* - **1.** [within business] de la empresa. - **2.** [wine] de la casa.

house arrest *n*: **under ~** bajo arresto domiciliario.

houseboat ['haʊsbəʊt] *n* casa *f* flotante.

housebound ['haʊsbaʊnd] *adj* confinado(da) en casa.

housebreaker ['haʊs,breɪkə'] *n* ladrón *m*, -ona *f* (*de casas*).

housebreaking ['haʊs,breɪkɪŋ] *n* allanamiento *m* de morada.

housebroken ['haʊs,brəʊkn] *adj* Am [pet] bien enseñado (bien enseñada).

housecleaning ['haʊs,kliːnɪŋ] *n* limpieza *f* del hogar OR de la casa.

housecoat ['haʊskəʊt] *n* bata *f*.

house detective *n* responsable *mf* del servicio de seguridad (*en hotel etc*).

housefather ['haʊs,fɑːðə'] *n* director *m* de una residencia juvenil.

housefly ['haʊsflaɪ] (*pl* **houseflies**) *n* mosca *f* común.

houseful ['haʊsfʊl] *n*: **we've got a real ~ this weekend** tenemos la casa llena de gente este fin de semana.

houseguest ['haʊsgest] *n* huésped *m*, -da *f*.

household ['haʊshəʊld] ◇ *adj* - **1.** [domestic] doméstico(ca), de la casa; **~ bleach** lejía *f* doméstica. - **2.** [word, name] conocido(da) por todos. ◇ *n* hogar *m*, casa *f*.

household appliance *n* electrodoméstico *m*.

householder ['haʊs,həʊldə'] *n* [owner] propietario *m*, ria *f*, dueño *m*, -ña *f*; [tenant] inquilino *m*, -na *f*.

household gods *npl* HIST (dioses *mpl*) lares *mpl*.

household name *n*: **she's a ~** todo el mundo la conoce, es muy conocida.

household troops *npl* - **1.** [of head of state] guardia *f* personal. - **2.** HIST guardia *f* de palacio. - **3.** [in UK] Guardia *f* Real.

household word *n* = **household name**.

house-hunt *vi* buscar una vivienda.

househunting ['haʊs,hʌntɪŋ] *n* búsqueda *f* de vivienda.

house husband *n* amo *m* de casa.

housekeeper ['haʊs,kiːpə'] *n* ama *f* de llaves.

housekeeping ['haʊs,kiːpɪŋ] (*U*) *n* - **1.** [work] quehaceres *mpl* domésticos, tareas *fpl* domésticas. - **2.** [money]: **~ (money)** dinero *m* para los gastos de la casa.

house lights *npl* THEATRE luces *fpl* de (la) sala.

housemaid ['haʊsmeɪd] *n* criada *f*, empleada *f* doméstica.

houseman ['haʊsmən] (*pl* **housemen** [-mən]) *n* Br médico *m* interno (médica *f* interna).

house martin *n* avión *m* común (*ave*).

housemaster ['haʊs,mɑːstə'] *n* Br SCH profesor encargado de uno de los pabellones de un internado.

housemen ['haʊsmən] *pl* = **houseman**.

housemistress ['haʊs,mɪstrɪs] *n* Br SCH profesora encargada de uno de los pabellones de un internado.

housemother ['haʊs,mʌðə'] *n* directora *f* de una residencia juvenil.

house music *n* música *f* ácida OR house.

house of cards *n* *lit & fig* castillo *m* de naipes.

House of Commons *n* [in UK]: **the ~** la Cámara de los Comunes.

House of Lords *n* [in UK]: **the ~** la Cámara de los Lores.

House of Representatives *n* [in US]: **the ~** la Cámara de los Representantes.

house organ *n* publicación *f* interna.

house-owner *n* propietario *m*, -ria *f* (de vivienda).

housepainter ['haʊs,peɪntə'] *n* pintor *m*, -ra *f* de brocha gorda.

house party *n* - **1.** [social occasion] *fiesta que dura varios días en una casa de campo*. - **2.** [guests] invitados *mpl*.

house physician *n* Br [in hospital] médico *m* interno (médica *f* interna); [in hotel] médico *m*, -ca *f* de un hotel.

houseplant ['haʊsplɑːnt] *n* planta *f* de interior.

house-proud *adj* muy ama de su casa.

house-sit *vi*: **to ~ for sb** cuidar la casa de alguien durante su ausencia.

Houses of Parliament *n* [in UK]: **the ~** el Parlamento británico.

house sparrow *n* gorrión *m*.

house-to-house *adj* de casa en casa.

housetop ['haʊstɒp] *n* tejado *m*.

house trailer *n* Am roulotte *f*, caravana *f*.

house-trained *adj* Br: **is your dog ~?** ¿le habéis enseñado al perro dónde hacer sus necesidades?

housewarming (party) ['haʊs,wɔːmɪŋ-] *n* fiesta *f* de inauguración de una casa.

housewife ['haʊswaɪf] (*pl* **housewives** [-waɪvz]) *n* ama *f* de casa.

housewifely ['haʊs,waɪflɪ] *adj* doméstico(ca).

housewives ['haʊswaɪvz] *pl* → **housewife**.

housework ['haʊswɜːk] *n* (*U*) quehaceres *mpl* domésticos.

housing ['haʊzɪŋ] ◇ *n* - **1.** [houses] vivienda *f*; [act of accommodating] alojamiento *m*. - **2.** [covering] cubierta *f* protectora; AUT cárter *m*; **watch ~** caja *f* de reloj; **wheel ~** cubo *m* de rueda. - **3.** CONSTR empotramiento *m*. ◇ *comp* de la vivienda.

housing association *n* Br cooperativa *f* de viviendas.

housing benefit *n* (*U*) subsidio estatal para ayudar con el pago del alquiler y otros gastos.

housing development *n* urbanización *f*.

housing estate Br, **housing project** *n* Am urbanización generalmente de protección oficial, ≃ fraccionamiento *m* Amér.

housing list *n Br* lista de espera para solicitar una vivienda de protección oficial.

housing project *Am n* = **housing estate**.

housing scheme *n* - **1**. [plan] plan *m* municipal de la vivienda. - **2**. [houses] = **housing estate**.

hove [həʊv] *pt & pp* → **heave**.

hovel ['hɒvl] *n* casucha *f*, tugurio *m*.

hover ['hɒvəʳ] *vi* - **1**. [fly - bird, helicopter] cernerse; [- insect] revolotear; [- scent, smoke, balloon] flotar. - **2**. [linger] merodear; **to ~ round** rondar; **to ~ between life and death** debatirse entre la vida y la muerte. - **3**. [hesitate] debatirse, vacilar.

hovercraft ['hɒvəkrɑːft] (*pl inv* OR **hovercrafts**) *n* aerodeslizador *m*.

hoverport ['hɒvəpɔːt] *n* puerto *m* para aerodeslizadores.

hovertrain ['hɒvətreɪn] *n* aerotrén *m*.

how [haʊ] *adv* - **1**. [gen] cómo; **~ do you do it?** ¿cómo se hace?; **I found out ~ he did it** averigüé cómo lo hizo; **~ are you?** ¿cómo estás?; **~ do you do?** mucho gusto. - **2**. [referring to degree, amount]: **~ high is it?** ¿cuánto mide de alto?, ¿qué altura tiene?; **he asked ~ high it was** preguntó cuánto medía de alto; **~ expensive is it?** ¿es muy caro?; **~ long have you been waiting?** ¿cuánto llevas esperando?; **~ many people came?** ¿cuánta gente vino?; **~ old are you?** ¿qué edad OR cuántos años tienes? - **3**. [in exclamations] qué; **~ nice/awful!** ¡qué bonito/horrible!; **~ I wish I could!** ¡ojalá pudiera!; **~ can you say that?** ¿cómo puedes decir eso?
♦ **how about** *adv*: **~ about a drink?** ¿qué tal una copa?; **~ about you?** ¿qué te parece?, ¿y tú?
♦ **how much** ◇ *pron* cuánto(ta); **~ much does it cost?** ¿cuánto cuesta? ◇ *adj* cuánto(ta); **~ much bread?** ¿cuánto pan?

howbeit [ˌhaʊ'biːɪt] *conj arch* si bien.

howdy ['haʊdɪ] *excl Am inf* ¡hola!

however [haʊ'evəʳ] ◇ *adv* - **1**. [nevertheless] sin embargo, no obstante. - **2**. [no matter how]: **~ difficult it may be** por (muy) difícil que sea; **~ many times** OR **much I told her** por mucho que se lo dijera. - **3**. [how] cómo; **~ did you get it?** ¿cómo lo conseguiste? ◇ *conj* comoquiera que; **~ you want** como quieras.

howitzer ['haʊɪtsəʳ] *n* obús *m*.

howl [haʊl] ◇ *n* - **1**. [of animal] aullido *m*. - **2**. [of person - in pain, anger] alarido *m*, grito *m*; [- of laughter] carcajada *f*. - **3**. [of wind] bramido *m*, rugido *m*. ◇ *vi* - **1**. [animal] aullar. - **2**. [person - in pain, anger] gritar; [- with laughter] reírse a carcajadas. - **3**. [wind] bramar, rugir. ◇ *vt* gritar, decir a gritos.

howler ['haʊləʳ] *n inf* [mistake] error *m* garrafal; [in piece of writing] gazapo *m*.

howling ['haʊlɪŋ] *adj inf* [success] clamoroso(sa).

howsoever [ˌhaʊsəʊ'evəʳ] *adv* = **however** sense 2.

hoy [hɔɪ] *excl Br* [to people] ¡eh!; [to animals] ¡arre!

hp (*abbr of* **horsepower**) CV *m*, cv *m*.

HP *n* - **1**. *Br abbr of* **hire purchase**; **to buy sthg on ~** comprar algo a plazos. - **2**. = **hp**.

HQ *n abbr of* **headquarters**.

hr (*written abbr of* **hour**) h.

HRH (*abbr of* **His/Her Royal Highness**) S.A.R. *mf*.

HS (*abbr of* **high school**) Inst. *m*.

HST (*abbr of* **Hawaiian Standard Time**) hora oficial de Hawai.

ht *abbr of* **height**.

HT (*abbr of* **high tension**) AT *f*.

hub [hʌb] *n* - **1**. [of wheel] cubo *m*. - **2**. [of activity] centro *m*, eje *m*.

hub airport *n Am* aeropuerto *m* principal.

hubbub ['hʌbʌb] *n* alboroto *m*, barullo *m*.

hubby ['hʌbɪ] (*pl* **hubbies**) *n inf* maridito *m*.

hubcap ['hʌbkæp] *n* tapacubos *m inv*.

hubris ['hjuːbrɪs] *n* orgullo *m* desmedido.

huckleberry ['hʌklbərɪ] (*pl* **huckleberries**) *n* arándano *m*.

huckster ['hʌkstəʳ] *n* - **1**. [pedlar] vendedor *m*, -ra *f* ambulante, buhonero *m*. - **2**. *Am pej* [in advertising] agente *mf* de publicidad.

HUD (*abbr of* **Department of Housing and Urban Development**) *n* antiguo ministerio estadounidense de vivienda y desarrollo urbanístico.

huddle ['hʌdl] ◇ *vi* - **1**. [crouch, curl up] acurrucarse. - **2**. [cluster] apretarse unos contra otros, apiñarse. ◇ *n* piña *f*, grupo *m*; **to go into a ~** hacer un grupito aparte.

Hudson Bay ['hʌdsn-] *n* la bahía de Hudson.

Hudson River ['hʌdsn-] *n*: **the ~** el río Hudson.

hue [hjuː] *n* - **1**. [colour] tono *m*, matiz *m*. - **2**. *phr*: **~ and cry** [shouting] grito *m* de alarma; [public protest] clamor *m* popular, grito *m* de protesta.

huff [hʌf] ◇ *n*: **in a ~** enfadado(da), enojado(da). ◇ *vi*: **to ~ and puff** bufar, resoplar.

huffily ['hʌfɪlɪ] *adv* [reply] con tono enojado OR ofendido; [behave] con aire ofendido OR de enojo.

huffy ['hʌfɪ] (*compar* **huffier**, *superl* **huffiest**) *adj inf* - **1**. [offended] ofendido(da), enojado(da). - **2**. [touchy] susceptible, picajoso(sa).

hug [hʌg] (*pt & pp* **hugged**, *cont* **hugging**) ◇ *n* abrazo *m*; **to give sb a ~** abrazar a alguien, dar un abrazo a alguien. ◇ *vt* - **1**. [embrace, hold] abrazar; **to ~ sthg to o.s.** abrazar algo fuertemente. - **2**. *fig* [idea] aferrarse a. - **3**. [stay close to] ceñirse OR ir pegado(da) a.

huge [hjuːdʒ] *adj* enorme.

hugely ['hjuːdʒlɪ] *adv* enormemente.

hugeness ['hjuːdʒnɪs] *n* enormidad *f*.

huggermugger ['hʌgəmʌgəʳ] ◇ *adj* - **1**. [confused] confuso(sa). - **2**. [secret] secreto(ta). ◇ *n* [confusion] confusión *f*.

huh [hʌ] *excl* - **1**. [after questions] ¿eh? - **2**. [expressing surprise, asking to repeat] ¿eh?, ¿qué? - **3**. [expressing scorn] ¡ja!

hula ['huːlə], **hula-hula** *n* hula-hula *m*, hula *m*; **a ~ skirt** falda *f* de paja.

hulk [hʌlk] *n* - **1**. [of ship] casco *m* abandonado. - **2**. [person] tiarrón *m*, -ona *f*.

hulking ['hʌlkɪŋ] *adj* gigantesco(ca).

hull [hʌl] *n* - **1**. NAUT casco *m*. - **2**. [of peas, beans] vaina *f*; [of nut, grain] cáscara *f*. - **3**. [of strawberry] pedúnculo *m*. ◇ *vt* - **1**. [peas, beans] desvainar; [nuts, grains] descascarillar. - **2**. [strawberries] quitar el pedúnculo a.

hullabaloo [ˌhʌləbə'luː] *n inf* conmoción *f*, alboroto *m*.

hullo [hə'ləʊ] *excl* = **hello**.

hum [hʌm] (*pt & pp* **hummed**, *cont* **humming**) ◇ *vi* - **1**. [buzz] zumbar. - **2**. [sing] canturrear, tararear. - **3**. [be busy] bullir, hervir. - **4**. *phr*: **to ~ and haw** titubear, vacilar. ◇ *vt* tararear, canturrear. ◇ *n* (*U*) [buzzing] zumbido *m*; [of conversation] murmullo *m*. ◇ *excl* ¡ejem!

human ['hjuːmən] ◇ *adj* humano(na). ◇ *n*: **~ (being)** (ser *m*) humano *m*.

humane [hjuː'meɪn] *adj* humano(na), humanitario(ria).

humanely [hjuː'meɪnlɪ] *adv* humanamente.

human engineering *n* IND gestión *f* de relaciones humanas; [ergonomics] ergonomía *f*.

human error *n* error *m* humano.

human interest PRESS ◇ *n* interés *m* humano. ◇ *comp*: **~ story** reportaje *m* de interés humano.

humanism ['hjuːmənɪzm] *n* humanismo *m*.

humanist ['hjuːmənɪst] *n* humanista *mf*.

humanistic [ˌhjuːmə'nɪstɪk] *adj* humanista.

humanitarian [hjuːˌmænɪ'teərɪən] ◇ *adj* humanitario(ria). ◇ *n* luchador *m*, -ra *f* por la justicia social.

humanity [hjuː'mænətɪ] *n* humanidad *f*.
♦ **humanities** *npl*: **the humanities** las humanidades.

humanize, -ise ['hjuːmənaɪz] *vt* humanizar.

humankind [ˌhjuːmən'kaɪnd] *n* humanidad *f*, raza *f* humana.

humanly ['hjuːmənlɪ] *adv*: ~ **possible** humanamente posible.

human nature *n* la naturaleza humana.

humanoid ['hjuːmənɔɪd] ◇ *n* humanoide *mf*. ◇ *adj* humanoide.

human race *n*: **the** ~ la raza humana.

human resources *npl* recursos *mpl* humanos.

human rights ◇ *npl* derechos *mpl* humanos. ◇ *comp*: ~ **organization** organización *f* de defensa de los derechos humanos.

humble ['hʌmbl] ◇ *adj* humilde. ◇ *vt fml* humillar; **to** ~ **o.s.** humillarse.

humblebee ['hʌmblbiː] *n* = **bumblebee**.

humbleness ['hʌmblnɪs] *n* humildad *f*.

humble pie *n*: **to eat** ~ *fig* tragar, morder el polvo; **to force sb to eat** ~ *fig* humillar a alguien.

humbly ['hʌmblɪ] *adv* humildemente.

humbug ['hʌmbʌg] (*pt & pp* **humbugged**, *cont* **humbugging**) ◇ *n* - **1.** (*U*) *dated* [hypocrisy] farsa *f*, hipocresía *f*. - **2.** *Br* [sweet] caramelo *m* de menta. - **3.** (*U*) [nonsense] tonterías *fpl*. - **4.** [trickster] embaucador *m*, -ra *f*. ◇ *vt* embaucar, engañar.

humdinger [,hʌm'dɪŋəʳ] *n inf* - **1.** [person]: **she's a real** ~! ¡está de miedo! - **2.** [thing]: **they had a real** ~ **of a row** tuvieron una pelea de aúpa.

humdrum ['hʌmdrʌm] *adj* rutinario(ria), aburrido(da).

humectant [hjʊ'mektənt] *n* humectante *m*.

humerus ['hjuːmərəs] (*pl* **humeri** [-raɪ]) *n* húmero *m*.

humid ['hjuːmɪd] *adj* húmedo(da).

humidification [hjuː,mɪdɪfɪ'keɪʃn] *n* humedecimiento *m*, humectación *f*.

humidifier [hjuː'mɪdɪfaɪəʳ] *n* humidificador *m*.

humidify [hjuː'mɪdɪfaɪ] (*pt & pp* **humidified**) *vt* humedecer.

humidity [hjuː'mɪdətɪ] *n* humedad *f*.

humidor ['hjuːmɪdɔːʳ] *n* humectador *m* de tabaco.

humiliate [hjuː'mɪlɪeɪt] *vt* humillar.

humiliating [hjuː'mɪlɪeɪtɪŋ] *adj* humillante.

humiliatingly [hjuː'mɪlɪeɪtɪŋlɪ] *adv* de un modo humillante, humillantemente.

humiliation [hjuː,mɪlɪ'eɪʃn] *n* humillación *f*.

humility [hjuː'mɪlətɪ] *n* humildad *f*.

humming ['hʌmɪŋ] *n* [of bees] zumbido *m*; [of voice] murmullo *m*; [of air conditioner, traffic] ruido *m* monótono; [of tune] canturreo *m*, tarareo *m*.

hummingbird ['hʌmɪŋbɜːd] *n* colibrí *m*.

hummock ['hʌmək] *n* [mound] montículo *m*; [knoll] otero *m*.

hummus ['hʊmʊs] *n* humus *m*, paté *de garbanzos especiado*.

humor *n & vt Am* = **humour**.

humorist ['hjuːmərɪst] *n* humorista *mf*.

humorless *adj Am* = **humourless**.

humorous ['hjuːmərəs] *adj* humorístico(ca).

humorously ['hjuːmərəslɪ] *adv* con sentido del humor, en tono humorístico.

humour *Br*, **humor** *Am* ['hjuːməʳ] ◇ *n* - **1.** [sense of fun, mood] humor *m*; **in good/bad** ~ de buen/mal humor. - **2.** [funny side] gracia *f*. - **3.** MED humor *m*. ◇ *vt* seguir la corriente a, complacer.

humourless *Br*, **humorless** *Am* ['hjuːməlɪs] *adj* - **1.** [person] sin humor, solemne. - **2.** [book, situation, speech] sin gracia.

hump [hʌmp] ◇ *n* - **1.** [hill] montículo *m*. - **2.** [on back] joroba *f*, giba *f*, curca *f Amér*. - **3.** *phr*: **to be over the** ~ haber pasado lo peor. ◇ *vt* - **1.** *inf* [carry] acarrear, cargar con. - **2.** *v inf* [have sex with] echar un polvo con.

humpback ['hʌmpbæk] *n* - **1.** = **hunchback**. - **2.** = **humpback whale**.

humpbacked ['hʌmpbækt] *adj* = **hunchbacked**.

humpbacked bridge *n* puente *m* peraltado.

humpback whale *n* yubarta *f*.

humph [mm,hʌmf] *excl* ¡uh!, ¡puf!

humus ['hjuːməs] *n* humus *m inv*.

Hun [hʌn] *n* - **1.** HIST huno *m*, -na *f*. - **2.** *v inf dated & pej* [German] boche *m*, alemán *m*.

hunch [hʌntʃ] ◇ *n inf* [inkling] presentimiento *m*, corazonada *f*. ◇ *vt* encorvar. ◇ *vi* encorvarse.

hunchback ['hʌntʃbæk] *n* - **1.** [person] jorobado *m*, -da *f*. - **2.** [hump] joroba *f*.

hunchbacked ['hʌntʃbækt] *adj* jorobado(da).

hunched [hʌntʃt] *adj* encorvado(da).

hundred ['hʌndrəd] *num* cien; **a** OR **one** ~ cien; **a** OR **one** ~ **and eighty** ciento ochenta; **a** OR **one** ~ **per cent** cien por cien; **to live to be a** ~ llegar a cumplir cien años ❑ **a** ~ **times** *fig* cien OR mil veces; **to have a** ~ **and one things to do** tener mil cosas que hacer; *see also* **six**.

◆ **hundreds** *npl* cientos *mpl*, centenares *mpl*.

hundredfold ['hʌndrədfəʊld] *adj* céntuplo(pla).

hundredth ['hʌndrətθ] ◇ *num adj* centésimo(ma). ◇ *num n* - **1.** [fraction] centésimo *m*; **a** ~ **of a second** una centésima. - **2.** [in order] centésimo *m*, -ma *f*; *see also* **sixth**.

hundredweight ['hʌndrədweɪt] *n* [in UK] = 50,8 *kg*; [in US] = 45,3 *kg*.

hundred-year-old *adj* centenario(ria).

Hundred Years War *n*: **the** ~ la guerra de los Cien Años.

hung [hʌŋ] ◇ *pt & pp* → **hang**. ◇ *adj* JUR & POL sin mayoría.

Hungarian [hʌŋ'geərɪən] ◇ *adj* húngaro(ra). ◇ *n* - **1.** [person] húngaro *m*, -ra *f*. - **2.** [language] húngaro *m*.

Hungary ['hʌŋgərɪ] *n* Hungría.

hunger ['hʌŋgəʳ] *n* - **1.** [for food] hambre *f*. - **2.** *literary* [for change, power etc] sed *f*; ~ **for adventure/knowledge** sed de aventuras/aprender.

◆ **hunger after, hunger for** *vt fus literary* anhelar, ansiar.

hunger march *n* marcha de protesta realizada por parados.

hunger strike *n* huelga *f* de hambre; **to go on a** ~ hacer una huelga de hambre.

hung over *adj inf*: **to be** ~ tener resaca.

hungrily ['hʌŋgrəlɪ] *adv* [eat] con voracidad OR avidez; *fig* [read, listen] con avidez.

hungry ['hʌŋgrɪ] (*compar* **hungrier**, *superl* **hungriest**) *adj* - **1.** [for food] hambriento(ta); **to be/go** ~ tener/pasar hambre ❑ **this is** ~ **work!** ¡este trabajo despierta el apetito! - **2.** [eager]: **to be** ~ **for** estar ávido(da) de.

hung up *adj inf*: **to be** ~ **(on** OR **about)** tener fijación con; **he is** ~ **on his looks** el físico lo trae acomplejado.

hunk [hʌŋk] *n* - **1.** [large piece] pedazo *m*, trozo *m*. - **2.** *inf* [attractive man] tío *m* bueno, macizo *m*.

hunker ['hʌŋkəʳ] *vi*: **to** ~ **(down)** agacharse, ponerse en cuclillas.

hunky-dory [,hʌŋkɪ'dɔːrɪ] *adj inf*: **to be** ~ ir de perlas.

hunt [hʌnt] ◇ *n* - **1.** [of animals, birds] caza *f*, cacería *f*. - **2.** [for person, clue etc] busca *f*, búsqueda *f*. ◇ *vi* - **1.** [for animals, birds] cazar. - **2.** [for person, clue etc]: **to** ~ **(for sthg)** buscar (algo). ◇ *vt* - **1.** [animals, birds] cazar. - **2.** [person] perseguir.

◆ **hunt down** *vt sep* atrapar.

hunted ['hʌntɪd] *adj* acosado(da), acorralado(da); **he has a** ~ **look about him** tiene un aspecto atormentado.

hunter ['hʌntəʳ] *n* - **1.** [of animals, birds] cazador *m*, -ra *f*; [dog] perro *m* de caza; [horse] caballo *m* de caza. - **2.** [of things]: **bargain/autograph** ~ *persona que anda a la caza de gangas/autógrafos.*

hunter-gatherer *n* cazador-recolector *m*.

hunter-killer *adj* MIL de ataque.

hunting ['hʌntɪŋ] ◇ *n* - **1.** [of animals, birds] caza *f*; **to go** ~ ir de caza OR cacería. - **2.** *Br* [of foxes] caza *f* del zorro. - **3.** [search] búsqueda *f*. ◇ *comp* de caza.

hunting ground *n lit & fig* terreno *m* de caza.

hunting horn *n* cuerno *m* de caza.

hunting lodge *n* pabellón *m* de caza.

hunting season *n* temporada *f* de caza.

huntress ['hʌntrɪs] *n* cazadora *f*.

huntsman ['hʌntsmən] (*pl* **huntsmen** [-mən]) *n* - **1.** [hunter] cazador *m*. - **2.** [master of hounds] montero *m* mayor.

hurdle ['hɜːdl] ◇ *n* - **1.** [in race] valla *f*. - **2.** [obstacle] obstáculo *m*. ◇ *vt* - **1.** [in race] saltar. - **2.** [obstacle] vencer, salvar. ◇ *vi* saltar vallas.

hurdler ['hɜːdləʳ] *n* vallista *mf*.

hurdy-gurdy ['hɜːdɪˌgɜːdɪ] (*pl* **hurdy-gurdies**) *n* zanfoña *f*.

hurl [hɜːl] *vt* - **1.** [throw] lanzar, arrojar. - **2.** [shout] proferir, soltar.

hurling ['hɜːlɪŋ] *n* SPORT juego irlandés parecido al hockey sobre hierba.

hurly-burly ['hɜːlɪˌbɜːlɪ] *n* tumulto *m*, batahola *f*.

hurrah [hʊˈrɑː] *excl dated* ¡hurra!

hurray [hʊˈreɪ] ◇ *excl* ¡hurra! ◇ *n* hurra *m*.

hurricane ['hʌrɪkən,ˈhʌrɪkeɪn] *n* huracán *m*.

hurricane lamp *n* farol *m*.

hurried ['hʌrɪd] *adj* [hasty] apresurado(da), precipitado(da).

hurriedly ['hʌrɪdlɪ] *adv* apresuradamente, precipitadamente.

hurry ['hʌrɪ] (*pt & pp* **hurried**) ◇ *vt* [person] meter prisa a; [work, speech] apresurar. ◇ *vi*: **to ~ (to do sthg)** apresurarse (a hacer algo), darse prisa (en hacer algo). ◇ *n* prisa *f*; **to be in a ~** tener prisa; **to be in a ~ to do sthg** tener prisa por hacer algo; **to do sthg in a ~** hacer algo con prisas OR apresuradamente; **what's the ~?** ¿qué prisa hay OR tienes?, ¿a qué tanta prisa?; **there's no ~** no corre OR hay prisa ❑ **to be in no ~ to do sthg** [unwilling] no tener ningunas ganas de hacer algo; **she won't do that again in a ~** se lo pensará dos veces antes de volver a hacerlo.

◆ **hurry along** ◇ *vi* ir deprisa. ◇ *vt sep* [person] llevar rápidamente; [work] acelerar.

◆ **hurry on** *vi* apresurarse.

◆ **hurry up** ◇ *vi* darse prisa. ◇ *vt sep* meter prisa a.

hurry-scurry (*pt & pp* **hurry-scurried**) ◇ *vi* actuar precipitada y confusamente. ◇ *n* precipitación *f*, confusión *f*.

hurt [hɜːt] (*pt & pp* **inv**) ◇ *vt* - **1.** [physically - person] hacer daño a; [- one's leg, arm] hacerse daño en; **to ~ o.s.** hacerse daño, lastimarse. - **2.** [emotionally] herir; **to ~ sb's feelings** ofender a alguien, herir los sentimientos de alguien. - **3.** [harm] perjudicar, dañar; **high prices will ~ sales** los altos precios perjudicarán las ventas. ◇ *vi* - **1.** [gen] doler; **my head ~s** me duele la cabeza. - **2.** [cause physical pain, do harm] hacer daño. ◇ *adj* - **1.** [injured] herido(da); **to get ~** hacerse daño, lastimarse. - **2.** [offended] dolido(da), ofendido(da). ◇ *n* - **1.** *(U)* [emotional pain] dolor *m*. - **2.** [physical pain, harm] daño *m*; [injury] herida *f*.

hurtful ['hɜːtfʊl] *adj* [remark] hiriente; [memory, event] doloroso(sa).

hurtle ['hɜːtl] *vi*: **to ~ past** pasar como un rayo; **to ~ along** ir a toda velocidad.

husband ['hʌzbənd] ◇ *n* marido *m*. ◇ *vt* [resources, strength] economizar, ahorrar.

husbandman ['hʌzbəndmən] (*pl* **husbandmen** [-mən]) *n arch* labrador *m*, agricultor *m*.

husbandry ['hʌzbəndrɪ] *n fml* - **1.** [of animals] cría *f*; [of crops] agricultura *f*. - **2.** [thrift] ahorro *m*, economía *f*.

hush [hʌʃ] ◇ *n* silencio *m*. ◇ *excl* ¡silencio!, ¡a callar! ◇ *vt* - **1.** [silence] callar, hacer callar. - **2.** [appease] calmar, aquietar. ◇ *vi* - **1.** [be quiet] callarse. - **2.** [be still] aquietarse.

◆ **hush up** *vt* [affair, scandal] echar tierra a, encubrir; [witness] hacer callar.

hushed [hʌʃt] *adj* [whisper, voice] bajo(ja); [silence] profundo(da); **to speak in ~ tones** hablar en voz baja.

hush-hush *adj inf* secreto(ta).

hush money *n (U) inf* soborno *m* (*para pagar el silencio de alguien*).

husk [hʌsk] ◇ *n* [of seed, grain, nut] cáscara *f*, cascarilla *f*. ◇ *vt* quitar la cáscara a.

huskily ['hʌskɪlɪ] *adv* [speak] con voz ronca; [sing] con la voz tomada.

huskiness ['hʌskɪnɪs] *n* ronquedad *f*, ronquera *f*.

husky ['hʌskɪ] (*compar* **huskier**, *superl* **huskiest**) ◇ *adj* - **1.** [hoarse] ronco(ca). - **2.** [burly] fornido(da). ◇ *n* (perro *m*) samoyedo *m*, perro *m* esquimal.

hussar [hʊˈzɑːʳ] *n* húsar *m*.

hussy ['hʌsɪ] (*pl* **hussies**) *n dated* [shameless woman] pícara *f*.

hustings ['hʌstɪŋz] *npl Br* - **1.** [campaign] campaña *f* electoral. - **2.** [occasion for speeches] tribuna *f* pública.

hustle ['hʌsl] ◇ *vt* - **1.** [hurry] meter prisa a. - **2.** *Am* [persuade]: **to ~ sb into doing sthg** presionar a alguien para que haga algo. - **3.** [shove] empujar. - **4.** *Am inf* [swindle] timar, estafar. ◇ *vi* - **1.** *Br* [shove] abrirse paso a codazos. - **2.** [hurry] apresurarse. - **3.** *Am inf* [work hard] ajetrearse. - **4.** *Am inf* [engage in suspect activity] vivir de la estafa. - **5.** *Am v inf* [prostitute] hacer la calle, prostituirse. ◇ *n* - **1.** [hurried activity]: **~ (and bustle)** bullicio *m*, ajetreo *m*. - **2.** [hurry] prisa *f*. - **3.** *Am inf* [swindle] timo *m*, estafa *f*.

hustler ['hʌsləʳ] *n* - **1.** *inf* [dynamic person] buscavidas *mf inv*. - **2.** *Am v inf* [prostitute] puta *f*.

hut [hʌt] *n* - **1.** [rough house] cabaña *f*, choza *f*, jacal *m Amér*. - **2.** [shed] cobertizo *m*.

hutch [hʌtʃ] *n* [for rabbits] conejera *f*.

hyacinth ['haɪəsɪnθ] *n* - **1.** BOT & MIN jacinto *m*. - **2.** [colour] azul *m* purpúreo.

hyaena [haɪˈiːnə] *n* = **hyena**.

hybrid ['haɪbrɪd] ◇ *adj* híbrido(da). ◇ *n* híbrido *m*.

hybridization [ˌhaɪbrɪdaɪˈzeɪʃn] *n* hibridación *f*.

hydrangea [haɪˈdreɪndʒə] *n* hortensia *f*.

hydrant ['haɪdrənt] *n* [water pipe] boca *f* de riego; [for fire] boca *f* de incendio.

hydrate ['haɪdreɪt] ◇ *n* hidrato *m*. ◇ *vt* hidratar. ◇ *vi* hidratarse.

hydration [haɪˈdreɪʃn] *n* hidratación *f*.

hydraulic [haɪˈdrɔːlɪk] *adj* hidráulico(ca).

◆ **hydraulics** *n (U)* hidráulica *f*.

hydro ['haɪdrəʊ] *n Br* [spa] estación *f* termal, balneario *m*.

hydrocarbon [ˌhaɪdrəˈkɑːbən] *n* hidrocarburo *m*.

hydrocephalous [ˌhaɪdrəˈsefələs] *adj* hidrocéfalo(la), hidrocefálico(ca).

hydrocephalus [ˌhaɪdrəˈsefələs], **hydrocephaly** [ˌhaɪdrəˈsefəlɪ] *n* hidrocefalia *f*.

hydrochloric acid [ˌhaɪdrəˈklɒrɪk-] *n* ácido *m* clorhídrico.

hydrochloride [ˌhaɪdrəˈklɔːraɪd] *n* clorhidrato *m*.

hydrodynamics [ˌhaɪdrədəˈnæmɪks] *n (U)* hidrodinámica *f*.

hydroelectric [ˌhaɪdrəʊˈlektrɪk] *adj* hidroeléctrico(ca).

hydroelectricity [ˌhaɪdrəʊlekˈtrɪsətɪ] *n* hidroelectricidad *f*.

hydrofluoric acid [ˌhaɪdrəflʊˈɒrɪk-] *n* ácido *m* fluorhídrico.

hydrofoil ['haɪdrəfɔɪl] *n* embarcación *f* con hidroala.

hydrogen ['haɪdrədʒən] *n* hidrógeno *m*.

hydrogenate [haɪˈdrɒdʒəneɪt] *vt* hidrogenar.

hydrogen bomb *n* bomba *f* de hidrógeno.

hydrogen peroxide *n* agua *f* oxigenada, peróxido *m* de hidrógeno.

hydrology [haɪˈdrɒlədʒɪ] *n* hidrología *f*.

hydrolysis [haɪˈdrɒlɪsɪs] *n* hidrólisis *f inv*.

hydrolyze, -yse ['haɪdrəlaɪz] *vt* hidrolizar.

hydrometer [haɪˈdrɒmɪtəʳ] *n* hidrómetro *m*, densímetro *m*.

hydropathy [haɪˈdrɒpəθɪ] *n* hidropatía *f*.

hydrophobia [ˌhaɪdrəˈfəʊbjə] *n* [rabies] hidrofobia *f*.

hydrophobic [ˌhaɪdrəˈfəʊbɪk] *adj* - **1.** PSYCH hidrofóbico(ca). - **2.** CHEM hidrófobo(ba).

hydroplane ['haɪdrəpleɪn] *n* - **1.** [speedboat] hidroplano *m*. - **2.** [seaplane] hidroavión *m*.

hydroponics [ˌhaɪdrə'pɒnɪks] *n (U)* hidroponía *f*, acuicultivo *m*.

hydrosphere ['haɪdrəˌsfɪə'] *n* hidrosfera *f*.

hydrostatics [ˌhaɪdrə'stætɪks] *n (U)* hidrostática *f*.

hydrotherapy [ˌhaɪdrə'θerəpɪ] *n* hidroterapia *f*.

hydrotropism [haɪ'drɒtrəpɪzm] *n* hidrotropismo *m*.

hydrous ['haɪdrəs] *adj* CHEM hidratado(da).

hydroxide [haɪ'drɒksaɪd] *n* hidróxido *m*.

hyena [haɪ'iːnə] *n* hiena *f*.

hygiene ['haɪdʒiːn] *n* higiene *f*.

hygienic [haɪ'dʒiːnɪk] *adj* higiénico(ca).

hygienically [haɪ'dʒiːnɪklɪ] *adv* de un modo higiénico, con higiene.

hygienist [haɪ'dʒiːnɪst] *n* higienista *mf* dental.

hygrometer [haɪ'grɒmɪtə'] *n* higrómetro *m*.

hygroscopic [ˌhaɪgrə'skɒpɪk] *adj* higroscópico(ca).

hymen ['haɪmen] *n* ANAT himen *m*.

hymn [hɪm] ◇ *n* himno *m*. ◇ *vt* cantar un himno a la gloria de.

hymnal ['hɪmnəl], **hymn book** *n* libro *m* de himnos, himnario *m*.

hype [haɪp] *inf* ◇ *n* bombo *m*, publicidad *f* exagerada. ◇ *vt* dar mucho bombo a.

hyped up [haɪpt-] *adj inf* [person] hecho(cha) un manojo de nervios.

hyper ['haɪpə'] *adj inf* nervioso(sa), excitable.

hyperacidity [ˌhaɪpərə'sɪdətɪ] *n* hiperacidez *f*.

hyperactive [ˌhaɪpər'æktɪv] *adj* hiperactivo(va).

hyperactivity [ˌhaɪpəræk'tɪvətɪ] *n* hiperactividad *f*.

hyperbola [haɪ'pɜːbələ] *n* GEOM hipérbola *f*.

hyperbole [haɪ'pɜːbəlɪ] *n* hipérbole *f*.

hyperbolic(al) [ˌhaɪpə'bɒlɪk(l)] *adj* hiperbólico(ca).

hypercritical [ˌhaɪpə'krɪtɪkl] *adj* hipercrítico(ca).

hyperglycaemia *Br*, **hyperglycemia** *Am* [ˌhaɪpəglaɪ'siːmɪə] *n* hiperglucemia *f*.

hyperinflation [ˌhaɪpərɪn'fleɪʃn] *n* hiperinflación *f*.

hypermarket [ˌhaɪpə'mɑːkɪt] *n* hipermercado *m*.

hypersensitive [ˌhaɪpə'sensɪtɪv] *adj* hipersensible.

hypersensitivity ['haɪpəˌsensɪ'tɪvətɪ] *n* hipersensibilidad *f*.

hypertension [ˌhaɪpə'tenʃn] *n* hipertensión *f*.

hypertensive [ˌhaɪpə'tensɪv] *adj* hipertenso(sa).

hypertext ['haɪpətekst] *n* COMPUT hipertexto *m*.

hyperthermia [ˌhaɪpə'θɜːmɪə] *n* hipertermia *f*.

hyperthyroidism [ˌhaɪpə'θaɪrɔɪdɪzm] *n* hipertiroidismo *m*.

hypertrophy [haɪ'pɜːtrəfɪ] *n* hipertrofia *f*.

hyperventilate [ˌhaɪpə'ventɪleɪt] *vi* hiperventilar.

hyperventilation ['haɪpəˌventɪ'leɪʃn] *n* hiperventilación *f*.

hyphen ['haɪfn] ◇ *n* guión *m*. ◇ *vt* = **hyphenate**.

hyphenate ['haɪfəneɪt] *vt* separar con guión.

hyphenation [ˌhaɪfən'eɪʃn] *n* separación *f* con guión.

hypnosis [hɪp'nəʊsɪs] *n* hipnosis *f inv*; **under** ~ bajo los efectos de la hipnosis.

hypnotherapy [ˌhɪpnəʊ'θerəpɪ] *n* hipnoterapia *f*.

hypnotic [hɪp'nɒtɪk] ◇ *adj* hipnótico(ca). ◇ *n* [drug] hipnótico *m*; [person] hipnotizado *m*, -da *f*.

hypnotism ['hɪpnətɪzm] *n* hipnotismo *m*.

hypnotist ['hɪpnətɪst] *n* hipnotizador *m*, -ra *f*.

hypnotize, -ise ['hɪpnətaɪz] *vt* hipnotizar.

hypoallergenic ['haɪpəʊˌælə'dʒenɪk] *adj* hipoalergénico(ca).

hypocentre *Br*, **hypocenter** *Am* ['haɪpəʊˌsentə'] *n* - **1.** [of earthquake] hipocentro *m*. - **2.** [of nuclear explosion] punto *m* cero.

hypochondria [ˌhaɪpə'kɒndrɪə] *n* hipocondría *f*.

hypochondriac [ˌhaɪpə'kɒndrɪæk] *n* hipocondríaco *m*, -ca *f*.

hypocrisy [hɪ'pɒkrəsɪ] *n* hipocresía *f*.

hypocrite ['hɪpəkrɪt] *n* hipócrita *mf*.

hypocritical [ˌhɪpə'krɪtɪkl] *adj* hipócrita, falluto(ta) *Amér*.

hypodermis ['haɪpədɜːm] *n* = **hypodermis**.

hypodermic [ˌhaɪpə'dɜːmɪk] ◇ *adj* hipodérmico(ca). ◇ *n* - **1.** [syringe] (jeringuilla *f*) hipodérmica *f*. - **2.** [injection] (inyección *f*) hipodérmica *f*.

hypodermic needle *n* aguja *f* hipodérmica.

hypodermic syringe *n* jeringuilla *f* hipodérmica.

hypodermis [ˌhaɪpə'dɜːmɪs] *n* hipodermis *f inv*.

hypoglycaemia *Br*, **hypoglycemia** *Am* [ˌhaɪpəʊglaɪ'siːmɪə] *n* hipoglucemia *f*.

hypostasis [haɪ'pɒstəsɪs] *n* hipóstasis *f*.

hyposulphite *Br*, **hyposulfite** *Am* [ˌhaɪpə'sʌlfaɪt] *n* - **1.** CHEM hiposulfito *m*. - **2.** [sodium thiosulphate] tiosulfato *m* de sodio.

hypotension [ˌhaɪpəʊ'tenʃn] *n* hipotensión *f*.

hypotenuse [haɪ'pɒtənjuːz] *n* hipotenusa *f*.

hypothalamus [ˌhaɪpəʊ'θæləməs] *n* hipotálamo *m*.

hypothermia [ˌhaɪpəʊ'θɜːmɪə] *n* hipotermia *f*.

hypothesis [haɪ'pɒθɪsɪs] (*pl* **hypotheses** [-siːz]) *n* hipótesis *f inv*.

hypothesize, -ise [haɪ'pɒθɪsaɪz] ◇ *vt* hacer hipótesis sobre. ◇ *vi* hacer hipótesis.

hypothetical [ˌhaɪpə'θetɪkl] *adj* hipotético(ca).

hypothyroidism [ˌhaɪpə'θaɪrɔɪdɪzm] *n* hipotiroidismo *m*.

hyssop ['hɪsəp] *n* hisopo *m*.

USAGE ▶ Hypothetical situations

Spoken style

Si sales a la calle, cómprame el periódico.
Si no sales ahora mismo, llegarás tarde.
Si tuviera más dinero, lo compraría.
Si hubiera vivido más tiempo, se habría sorprendido de verte así.
De haberlo sabido, me habría quedado un rato más.
Vas a suspender este examen, a menos que te pongas a estudiar.
Como no renueves tu pasaporte, no vas a poder viajar a Estados Unidos.
En caso de duda, pregúntame.
Suponiendo OR dando por supuesto que hayan salido ya, llegarán aquí antes de las ocho.
A mí me da igual lo que haga con tal de que venga.
Mañana iremos a pasar el día al campo, siempre y cuando no se ponga a llover.

Estudiando un poco más, podrías aprobar este examen.
Digamos OR supongamos que viene este noche: ¿y qué?
Todo depende de si ha pasado la prueba o no.
De no ser por tu madre, no me dejarían quedarme a dormir en tu casa.

Written style

Se podrá hacer uso de estas instalaciones a condición de estar en posesión del carnet de socio.
(En caso) de no haber obtenido la calificación mínima, habrá de presentarse a un nuevo examen en septiembre.
En (el) caso de que se desee hacer una reclamación, este establecimiento cuenta con un libro de reclamaciones a disposición de los Sres. clientes.

hysterectomy [ˌhɪstəˈrektəmɪ] (*pl* **hysterectomies**) *n* histerectomía *f*.

hysteria [hɪsˈtɪərɪə] *n* histeria *f*.

hysteric [hɪsˈterɪk] *adj* = **hysterical** *sense 1*.

◆ **hysterics** *npl* - **1.** [panic, excitement] histeria *f*, histerismo *m*. - **2.** *inf* [fits of laughter]: **to have** ~**s** troncharse OR partirse de risa.

hysterical [hɪsˈterɪkl] *adj* - **1.** [frantic] histérico(ca). - **2.** *inf* [very funny] tronchante, desternillante.

HZ (*abbr of* **hertz**) Hz.

I

i (*pl* **i's** OR **is**), **I** (*pl* **I's** OR **Is**) [aɪ] *n* [letter] i *f*, I *f*.

I[1] [aɪ] *pers pron* yo; **I'm happy** soy feliz; **I'm leaving** me voy; **she and** ~ **were at college together** ella y yo fuimos juntos a la universidad; ~ **can't do it** yo no puedo hacer esto; **it is** ~ *fml* soy yo.

I[2] *written abbr of* **Island, Isle**.

IA *abbr of* **Iowa**.

IAEA (*abbr of* **International Atomic Energy Agency**) *n* AIEA *f*.

iambic [aɪˈæmbɪk] *adj* yámbico(ca).

IBA (*abbr of* **Independent Broadcasting Authority**) *n* organismo británico de regulación de las cadenas privadas de radio y televisión.

Iberia [aɪˈbɪərɪə] *n* Iberia, la península Ibérica.

Iberian [aɪˈbɪərɪən] ◇ *adj* ibérico(ca). ◇ *n* ibero *m*, -ra *f*.

Iberian peninsula *n*: **the** ~ la península Ibérica.

ibex [ˈaɪbeks] (*pl inv* OR **ibexes**) *n* íbice *m*, cabra *f* montés.

ibid (*abbr of* **ibidem**) ibid.

ibidem [ˈɪbɪdem] *adv* ibídem.

ibis [ˈaɪbɪs] (*pl inv* OR **ibises**) *n* ibis *f inv*.

Ibiza [ɪˈbiːθə] *n* Ibiza.

IBM-compatible *adj* compatible (con IBM).

i/c *written abbr of* **in charge**.

ICA (*abbr of* **Institute of Contemporary Arts**) *n* centro londinense de arte moderno.

Icarus [ˈɪkərəs] *n* MYTH Ícaro *m*.

ICBM (*abbr of* **intercontinental ballistic missile**) *n* ICBM *m*.

ICC *n* - **1.** (*abbr of* **International Chamber of Commerce**) CCI *f*. - **2.** (*abbr of* **Interstate Commerce Commission**) comité federal regulador del comercio interestatal en EE UU.

ice [aɪs] ◇ *n* - **1.** [frozen water] hielo *m*; **as cold as** ~ *fig* más frío (más fría) que el hielo; **to break the** ~ *fig* romper el hielo; **to cut no** ~ *inf fig* [person] ser un cero a la izquierda; [words, argument] no convencer, no surtir efecto; **to keep/put sthg on** ~ *fig* reservar/dejar algo para más adelante; **to walk** OR **to be on thin** ~ *fig* pisar terreno peligroso. - **2.** (*U*) *Am v inf* [diamonds] diamantes *mpl*. - **3.** *Br* [ice cream] helado *m*. - **4.** [on road] hielo transparente en el suelo. ◇ *vt* - **1.** [cake] glasear, alcorzar. - **2.** [chill] enfriar. ◇ *vi* helarse.

◆ **ice over, ice up** *vi* helarse.

ice age *n* era *f* glaciar.

ice axe *n* piolet *m*, piqueta *f*.

ice bag *n* bolsa *f* de hielo.

iceberg [ˈaɪsbɜːg] *n* - **1.** [mass of ice] iceberg *m*. - **2.** *inf* [cold person] témpano *m*.

iceberg lettuce *n* lechuga *f* iceberg.

ice blue ◇ *adj* azul claro (*inv*). ◇ *n* azul *m* claro.

iceboat [ˈaɪsbəʊt] *n* - **1.** [ice yacht] bote con patines y velas para usar sobre hielo. - **2.** = **icebreaker**.

icebound [ˈaɪsbaʊnd] *adj* bloqueado(da) por el hielo.

icebox [ˈaɪsbɒks] *n* - **1.** *Br* [in refrigerator] congelador *m*. - **2.** *Am* [refrigerator] nevera *f*, refrigerador *m*.

icebreaker [ˈaɪsˌbreɪkəʳ] *n* [ship] rompehielos *m inv*.

ice bucket *n* cubitera *f*, cubo *m* del hielo.

ice cap *n* casquete *m* polar.

ice-cold *adj* helado(da).

ice cream *n* helado *m*.

ice-cream cone, ice-cream cornet *n* cucurucho *m* OR barquillo *m* (de helado).

ice-cream parlour *n* heladería *f*.

ice-cream soda *n* soda *f* mezclada con helado.

ice cream van *n Br* furgoneta de venta de helados.

ice cube *n* cubito *m* de hielo.

iced [aɪst] *adj* - **1.** [cooled with ice] con hielo. - **2.** [covered in icing] glaseado(da).

ice dancing *n* patinaje *m* artístico por parejas.

icefield [ˈaɪsfiːld] *n* banquisa *f*, banco *m* de hielo.

ice floe *n* témpano *m* de hielo.

ice hockey *n* hockey *m* sobre hielo.

Iceland [ˈaɪslənd] *n* Islandia.

Icelander [ˈaɪsləndəʳ] *n* islandés *m*, -esa *f*.

Icelandic [aɪsˈlændɪk] ◇ *adj* islandés(esa). ◇ *n* [language] islandés *m*.

ice lolly *n Br* polo *m*.

iceman [ˈaɪsmæn] (*pl* **icemen** [-men]) *n Am* repartidor *m* de hielo.

ice pack *n* - **1.** [pack ice] banco *m* de hielo, banquisa *f*. - **2.** [ice bag] bolsa *f* de hielo.

ice pick *n* pico *m* para el hielo.

ice rink *n* pista *f* de (patinaje sobre) hielo.

ice show *n* espectáculo *m* sobre hielo.

ice skate *n* patín *m* de cuchilla.

◆ **ice-skate** *vi* patinar sobre hielo.

ice-skater *n* patinador *m*, -ra *f* sobre hielo.

ice-skating *n* patinaje *m* sobre hielo.

ice water *n Am* agua *f* helada.

ichthyology [ˌɪkθɪˈɒlədʒɪ] *n* ictiología *f*.

icicle [ˈaɪsɪkl] *n* carámbano *m*.

icily [ˈaɪsɪlɪ] *adv* [in unfriendly way] glacialmente, con mucha frialdad.

icing [ˈaɪsɪŋ] *n* glaseado *m*; **the** ~ **on the cake** *fig* la guinda.

icing sugar *n Br* azúcar *m* o *f* glas.

ICJ (*abbr of* **International Court of Justice**) *n* TIJ *m*.

icon ['aɪkɒn] *n* icono *m*.

iconoclasm [aɪ'kɒnəklæzm] *n* iconoclasia *f*.

iconoclast [aɪ'kɒnəklæst] *n* iconoclasta *mf*.

iconoclastic [aɪˌkɒnə'klæstɪk] *adj* iconoclasta.

iconography [aɪkɒ'nɒgrəfɪ] *n* iconografía *f*.

ICR (*abbr of* **Institute for Cancer Research**) *n* instituto estadounidense de investigación del cáncer.

ICU (*abbr of* **intensive care unit**) *n* UCI *f*.

icy ['aɪsɪ] (*compar* **icier**, *superl* **iciest**) *adj* - **1.** [gen] helado(da); [window, propeller] cubierto(ta) de hielo. - **2.** *fig* [unfriendly] glacial.

id [ɪd] *n* ello *m*, id *m*.

I'd [aɪd] *contr* = **I would**, **I had**.

ID *n* - **1.** (*abbr of* **identification**) ≃ DNI *m*. - **2.** *abbr of* **Idaho**.

Idaho ['aɪdəhəʊ] *n* Idaho.

ID card *n* = **identity card**.

IDD (*abbr of* **international direct dialling**) *sistema de llamadas telefónicas internacionales directas*.

idea [aɪ'dɪə] *n* - **1.** [gen] idea *f*; **to have an ~ of sthg** tener (alguna) idea de algo; **to have no ~** no tener ni idea; **I haven't the faintest** OR **slightest ~** no tengo ni la más remota OR la menor idea; **you've no ~ how difficult it's been** no te puedes hacer (una) idea de lo difícil que ha sido; **to get the ~** *inf* captar la idea, hacerse una idea; **to get an ~ of sthg** hacerse una idea de algo; **to put ~s into sb's head** meterle a alguien ideas en la cabeza; **the ~ is to...** la idea es... ❏ **to get an ~ into one's head** metérsele a uno una idea en la cabeza; **to get ~s** hacerse ilusiones; **that's the ~!** ¡eso es!; **the (very) ~!** ¡vaya idea!; **what's the big ~?** *inf* ¿a qué viene eso? - **2.** [intuition, feeling] sensación *f*, impresión *f*; **to get the ~ (that)...** tener la impresión de que...; **to have an ~ (that)...** tener la sensación de que...

ideal [aɪ'dɪəl] ◇ *adj*: **~ (for)** ideal (para). ◇ *n* ideal *m*.

idealism [aɪ'dɪəlɪzm] *n* idealismo *m*.

idealist [aɪ'dɪəlɪst] *n* idealista *mf*.

idealistic [aɪˌdɪə'lɪstɪk] *adj* idealista.

idealization [aɪˌdɪəlaɪ'zeɪʃn] *n* idealización *f*.

idealize, -ise [aɪ'dɪəlaɪz] *vt* idealizar.

ideally [aɪ'dɪəlɪ] *adv* - **1.** [perfectly] idealmente; [suited] perfectamente. - **2.** [preferably] preferiblemente, a ser posible.

identical [aɪ'dentɪkl] *adj* idéntico(ca).

identically [aɪ'dentɪklɪ] *adv* de un modo idéntico; **to be ~ dressed** ir vestidos(das) exactamente igual.

identical twins *npl* gemelos *mpl* idénticos (gemelas *fpl* idénticas).

identifiable [aɪ'dentɪfaɪəbl] *adj* identificable.

identification [aɪˌdentɪfɪ'keɪʃn] *n* - **1.** [gen]: **~ (with)** identificación *f* (con). - **2.** [documentation] documentación *f*.

identification card *n* carné *m* de identidad.

identification papers *npl* documentos *mpl* de identidad.

identification parade *n Br* = **identity parade**.

identifier [aɪ'dentɪfaɪə'] *n* identificador *m*.

identify [aɪ'dentɪfaɪ] (*pt & pp* **identified**) ◇ *vt* identificar; **to ~ sb with sthg** relacionar a alguien con algo. ◇ *vi*: **to ~ with sb/sthg** identificarse con alguien/algo.

Identikit picture® [aɪ'dentəkɪt-] *n* fotorrobot *f*.

identity [aɪ'dentətɪ] (*pl* **identities**) *n* identidad *f*.

identity card *n* carné *m* de identidad, cédula *f Amér*.

identity crisis *n* crisis *f inv* de identidad.

identity parade *n* rueda *f* de identificación.

ideogram ['ɪdɪəʊgræm], **ideograph** ['ɪdɪəʊgrɑːf] *n* ideograma *m*.

ideographic [ˌɪdɪəʊ'græfɪk] *adj* ideográfico(ca).

ideological [ˌaɪdɪə'lɒdʒɪkl] *adj* ideológico(ca).

ideologically [ˌaɪdɪə'lɒdʒɪklɪ] *adv* ideológicamente, desde un punto de vista ideológico; **~ sound** [idea, person] ideológicamente correcto (ideológicamente correcta).

ideologue ['aɪdɪəlɒg] *n* ideólogo *m*, -ga *f*.

ideology [ˌaɪdɪ'ɒlədʒɪ] (*pl* **ideologies**) *n* ideología *f*.

ides [aɪdz] *n* idus *mpl*.

idiocy ['ɪdɪəsɪ] *n* [stupidity] idiotez *f*, estupidez *f*.

idiom ['ɪdɪəm] *n* - **1.** [phrase] locución *f*, modismo *m*. - **2.** *fml* [style] lenguaje *m*.

idiomatic [ˌɪdɪə'mætɪk] *adj* idiomático(ca); **~ expression** modismo *m*.

idiomatically [ˌɪdɪə'mætɪklɪ] *adv* de un modo idiomático.

idiosyncrasy [ˌɪdɪə'sɪŋkrəsɪ] (*pl* **idiosyncrasies**) *n* rareza *f*, manía *f*.

idiosyncratic [ˌɪdɪəsɪŋ'krætɪk] *adj* peculiar, característico(ca).

idiot ['ɪdɪət] *n* [fool] idiota *mf*, boludo *m*, -da *f Amér*.

idiot board *n inf* teleapuntador *m*.

idiotic [ˌɪdɪ'ɒtɪk] *adj* idiota.

idiotically [ˌɪdɪ'ɒtɪklɪ] *adv* de un modo estúpido OR idiota; **he behaved ~** se ha portado como un estúpido OR idiota.

idiot-proof *inf* ◇ *adj* a prueba de tontos. ◇ *vt* diseñar a prueba de tontos.

idle ['aɪdl] ◇ *adj* - **1.** [lazy] perezoso(sa), vago(ga). - **2.** [not working - machine, factory] parado(da); [- person] desocupado(da), sin trabajo; [- moment] ocioso(sa), de ocio. - **3.** [rumour] infundado(da); [threat, boast] vano(na); [curiosity] que no viene a cuento; **~ gossip** cuentos *mpl*; **~ talk** palabras *fpl* vanas OR vacías. ◇ *vi* [engine] estar en punto muerto. ◇ *vt Am* [worker] dejar parado(da) a.

◆ **idle away** *vt sep* perder, desperdiciar.

idleness ['aɪdlnɪs] *n* - **1.** [laziness] pereza *f*, holgazanería *f*. - **2.** [inactivity] ociosidad *f*, desocupación *f*.

idler ['aɪdlə'] *n* vago *m*, -ga *f*, holgazán *m*, -ana *f*.

idly ['aɪdlɪ] *adv* - **1.** [lazily] sin hacer nada, haciendo el vago. - **2.** [without purpose] distraídamente.

idol ['aɪdl] *n* ídolo *m*.

idolater [aɪ'dɒlətə'] *n* idólatra *mf*.

idolatrous [aɪ'dɒlətrəs] *adj* idólatra.

idolatry [aɪ'dɒlətrɪ] *n* idolatría *f*.

idolize, -ise ['aɪdəlaɪz] *vt* idolatrar.

idyl(l) ['ɪdɪl] *n* idilio *m*.

idyllic [ɪ'dɪlɪk] *adj* idílico(ca).

i.e. (*abbr of* **id est**) i.e.

if [ɪf] ◇ *conj* - **1.** [gen] si; **~ I'd known, I'd have phoned you** si lo hubiera sabido OR de haberlo sabido, te habría llamado; **he doesn't look any slimmer; ~ anything, I'd say he's put on weight** no parece más delgado, si acaso OR en todo caso, yo diría que ha engordado; **I'll study later, ~ at all** estudiaré más tarde, si es que lo hago; **~ I were you** yo que tú, yo en tu lugar; **~ and when** si es que, siempre y cuando. - **2.** [though] aunque. ◇ *n*: **~s and buts** peros *mpl*, pegas *fpl*.

◆ **if not** *conj* por no decir.

◆ **if only** ◇ *conj* - **1.** [naming a reason] aunque sólo sea. - **2.** [expressing regret] si; **~ only I'd been quicker!** ¡ojalá hubiera sido más rápido! ◇ *excl* ¡ojalá!

◆ **if so** *conj* si es así, de ser así.

iffy ['ɪfɪ] (*compar* **iffier**, *superl* **iffiest**) *adj inf* dudoso(sa).

igloo ['ɪgluː] (*pl* **igloos**) *n* iglú *m*.

igneous ['ɪgnɪəs] *adj* ígneo(a).

ignite [ɪg'naɪt] ◇ *vt* encender. ◇ *vi* encenderse.

ignition [ɪg'nɪʃn] *n* - **1.** [act of igniting] ignición *f*. - **2.** [in car] encendido *m*; **to switch on the ~** arrancar (el motor).

ignition key *n* llave *f* de contacto.

ignition switch *n* interruptor *m* de encendido.

ignoble [ɪg'nəʊbl] *adj fml* innoble.

ignominious [ˌɪgnə'mɪnɪəs] *adj fml* ignominioso(sa).

ignominy ['ɪgnəmɪnɪ] *n* (U) *fml* ignominia *f*.

ignoramus [ˌɪgnə'reɪməs] (*pl* **ignoramuses**) *n* ignorante *mf*.

ignorance ['ɪgnərəns] *n* ignorancia *f*.

ignorant ['ɪgnərənt] *adj* - **1.** [uneducated, rude] ignorante.

- 2. *fml* [unaware] desconocedor(ra); **to be ~ of sthg** ignorar algo.

ignore [ɪg'nɔːʳ] *vt* **- 1.** [take no notice of] no hacer caso de, ignorar. **- 2.** [overlook] pasar por alto, ignorar.

iguana [ɪ'gwɑːnə] (*pl inv* OR **iguanas**) *n* iguana *f*.

ikon ['aɪkɒn] *n* = **icon**.

IL *written abbr of* **Illinois**.

ilea ['ɪlɪə] *pl* → **ileum**.

ILEA ['ɪlɪə] (*abbr of* **Inner London Education Authority**) *n antiguo organismo responsable de educación en Londres*.

ileum ['ɪlɪəm] (*pl* **ilea** [-lɪə]) *n* íleon *m*.

ilk [ɪlk] *n*: **of that ~** [of that sort] de ese tipo.

ill [ɪl] ◇ *adj* **- 1.** [unwell] enfermo(ma); **to feel ~** encontrarse mal; **to be taken** OR **to fall ~** caer OR ponerse enfermo. **- 2.** [bad] malo(la); **there were no ~ effects** no hubo consecuencias adversas. ◇ *adv* **- 1.** [badly] mal. **- 2.** *fml* [unfavourably]: **to speak/think ~ of sb** hablar/pensar mal de alguien.
♦ **ills** *npl* desgracias *fpl*, infortunios *mpl*.

ill. *written abbr of* **illustration**.

I'll [aɪl] *contr* = **I will**, **I shall**.

ill-advised *adj* [action] poco aconsejable; **to be ~ to do sthg** cometer una imprudencia al hacer algo.

ill-assorted *adj* [group, collection] dispar; [pair] incompatible.

illative [ɪ'leɪtɪv] ◇ *adj* ilativo(va). ◇ *n* conjunción *f* ilativa.

ill-bred *adj* maleducado(da).

ill-conceived [-kən'siːvd] *adj* mal ideado (mal ideada).

ill-considered *adj* poco meditado (poco meditada).

ill-defined [-dɪ'faɪnd] *adj* mal definido (mal definida).

ill-disposed [-dɪs'pəʊzd] *adj*: **to be ~ towards** tener una actitud poco propicia hacia.

illegal [ɪ'liːgl] *adj* ilegal.

illegal alien *n* inmigrante *mf* ilegal.

illegal entry *n* violación *f* de domicilio.

illegality [ɪliː'gælətɪ] (*pl* **illegalities**) *n* ilegalidad *f*.

illegally [ɪ'liːgəlɪ] *adv* ilegalmente.

illegibility [ɪledʒə'bɪlətɪ] *n* ilegibilidad *f*.

illegible [ɪ'ledʒəbl] *adj* ilegible.

illegitimacy [ɪlɪ'dʒɪtɪməsɪ] *n* ilegitimidad *f*.

illegitimate [ɪlɪ'dʒɪtɪmət] *adj* ilegítimo(ma).

illegitimately [ɪlɪ'dʒɪtɪmətlɪ] *adv* **- 1.** [outside marriage] fuera del matrimonio. **- 2.** [illegally] de un modo ilegítimo.

ill-equipped *adj*: **to be ~ to do sthg** estar mal preparado (mal preparada) para hacer algo.

ill-fated *adj* desafortunado(da).

ill feeling *n* resentimiento *m*.

ill-founded *adj* sin fundamento, infundado(da).

ill-gotten gains *npl* *fml & hum* ganancias *fpl* ilícitas.

ill health *n* mala salud *f*.

ill-humoured *adj* malhumorado(da).

illiberal [ɪ'lɪbərəl] *adj* intransigente, intolerante.

illicit [ɪ'lɪsɪt] *adj* ilícito(ta).

illicitly [ɪ'lɪsɪtlɪ] *adv* de manera ilícita.

ill-informed *adj* mal informado (mal informada).

Illinois [ɪlɪ'nɔɪ] *n* Illinois.

illiteracy [ɪ'lɪtərəsɪ] *n* analfabetismo *m*.

illiterate [ɪ'lɪtərət] ◇ *adj* **- 1.** [unable to read] analfabeto(ta). **- 2.** [uneducated] inculto(ta), ignorante. ◇ *n* analfabeto *m*, -ta *f*.

ill-judged [-dʒʌdʒd] *adj* [remark, attempt] imprudente, irreflexivo(va).

ill-mannered *adj* grosero(ra), descortés.

ill-natured [-neɪtʃəd] *adj* [person] malhumorado(da); [remark] malicioso(sa).

illness ['ɪlnɪs] *n* enfermedad *f*.

illogical [ɪ'lɒdʒɪkl] *adj* ilógico(ca).

illogicality [ɪlɒdʒɪ'kælətɪ] (*pl* **illogicalities**) *n* falta *f* de lógica.

illogically [ɪ'lɒdʒɪklɪ] *adv* de un modo ilógico.

ill-prepared *adj* mal preparado (mal preparada).

ill-starred [-staːd] *adj* [person] malaventurado(da), desafortunado(da); [day] nefasto(ta).

ill-suited *adj*: **~ (for)** poco adecuado (poco adecuada) (para).

ill-tempered *adj* malhumorado(da).

ill-timed [-taɪmd] *adj* inoportuno(na).

ill-treat *vt* maltratar.

ill-treatment *n* (*U*) malos tratos *mpl*.

illuminate [ɪ'luːmɪneɪt] *vt* **- 1.** [light up] iluminar. **- 2.** [explain] ilustrar, aclarar. **- 3.** [manuscript] miniar, iluminar.

illuminated [ɪ'luːmɪneɪtɪd] *adj* iluminado(da).

illuminating [ɪ'luːmɪneɪtɪŋ] *adj* esclarecedor(ra).

illumination [ɪluːmɪ'neɪʃn] *n* **- 1.** [lighting] alumbrado *m*, iluminación *f*. **- 2.** [of manuscript] miniatura *f*, iluminación *f*.
♦ **illuminations** *npl* *Br* iluminaciones *fpl*, alumbrado *m* decorativo.

ill-use [*vb* ɪl'juːz, *n* ɪl'juːs] *literary* ◇ *vt* maltratar. ◇ *n* maltrato *m*.

illusion [ɪ'luːʒn] *n* **- 1.** [gen] ilusión *f*; **to have no ~s about** no hacerse ilusiones sobre; **to be under the ~ that** creer equivocadamente que. **- 2.** [magic trick] truco *m* de ilusionismo.

illusionist [ɪ'luːʒənɪst] *n* ilusionista *mf*.

illusive [ɪ'luːsɪv] *adj* ilusivo(va).

illusory [ɪ'luːsərɪ] *adj* ilusorio(ria).

illustrate ['ɪləstreɪt] *vt* ilustrar.

illustration [ɪlə'streɪʃn] *n* ilustración *f*.

illustrative ['ɪləstrətɪv] *adj* ilustrativo(va); **to be ~ of sthg** ilustrar algo.

illustrator ['ɪləstreɪtəʳ] *n* ilustrador *m*, -ra *f*.

illustrious [ɪ'lʌstrɪəs] *adj fml* ilustre.

ill will *n* rencor *m*, animadversión *f*.

ill wind *n*: **it's an ~ (that blows nobody any good)** *proverb* no hay mal que por bien no venga *proverb*.

ILO (*abbr of* **International Labour Organization**) *n* OIT *f*.

ILWU (*abbr of* **International Longshoremen's and Warehousemen's Union**) *n sindicato internacional de trabajadores del sector portuario y de almacenes*.

I'm [aɪm] *contr* = **I am**.

image ['ɪmɪdʒ] *n* imagen *f*; **to be the ~ of sb** *fig* [exactly like] ser el vivo retrato de alguien.

imagery ['ɪmɪdʒrɪ] *n* (*U*) LITER & PSYCH imágenes *fpl*; ART imaginería *f*.

imaginable [ɪ'mædʒɪnəbl] *adj* imaginable.

imaginary [ɪ'mædʒɪnrɪ] *adj* imaginario(ria).

imaginary number *n* imaginaria *f*, número *m* imaginario.

imagination [ɪmædʒɪ'neɪʃn] *n* imaginación *f*.

imaginative [ɪ'mædʒɪnətɪv] *adj* imaginativo(va).

imaginatively [ɪ'mædʒɪnətɪvlɪ] *adv* imaginativamente, con imaginación.

imagine [ɪ'mædʒɪn] *vt* **- 1.** [gen] imaginar; **~ never having to work!** ¡imagina que nunca tuvieras que trabajar!; **~ (that)!** ¡imagínate! **- 2.** [suppose]: **to ~ (that)** imaginarse que.

imaginings [ɪ'mædʒɪnɪŋz] *npl literary* imaginaciones *fpl*.

imam [ɪ'mɑːm] *n* imán *m*.

imbalance [ɪm'bæləns] *n* desequilibrio *m*.

imbecile ['ɪmbɪsiːl] ◇ *n* imbécil *mf*. ◇ *adj* imbécil.

imbecility [ɪmbɪ'sɪlətɪ] *n* imbecilidad *f*.

imbibe [ɪm'baɪb] *vt* **- 1.** *fml & hum* [drink] ingerir, beber. **- 2.** *fig* [assimilate] absorber.

imbroglio [ɪm'brəʊlɪəʊ] (*pl* **imbroglios**) *n* embrollo *m*.

imbue [ɪm'bjuː] *vt*: **to be ~d with** imbuirse de.

IMF (*abbr of* **International Monetary Fund**) *n* FMI *m*.

imitate ['ɪmɪteɪt] *vt* imitar.

imitation [ˌɪmɪ'teɪʃn] ◇ *n* imitación *f*; **in** ~ **of** a imitación de. ◇ *adj* de imitación; ~ **jewellery** bisutería *f*; ~ **leather** cuero *m* sintético OR artificial.

imitative ['ɪmɪtətɪv] *adj* imitativo(va).

imitator ['ɪmɪteɪtə'] *n* imitador *m*, -ra *f*.

immaculate [ɪ'mækjʊlət] *adj* - **1.** [clean and tidy] inmaculado(da). - **2.** [impeccable] impecable, perfecto(ta); [taste] exquisito(ta). - **3.** [morally pure] puro(ra); **the Immaculate Conception** la Inmaculada Concepción.

immaculately [ɪ'mækjʊlətlɪ] *adv* - **1.** [cleanly, tidily] de manera inmaculada. - **2.** [impeccably] impecablemente, a la perfección.

immanence ['ɪmənəns] *n* inmanencia *f*.

immanent ['ɪmənənt] *adj* inmanente.

immaterial [ˌɪmə'tɪərɪəl] *adj* - **1.** [irrelevant, unimportant] irrelevante. - **2.** PHILOS inmaterial.

immature [ˌɪmə'tjʊə'] *adj* [gen] inmaduro(ra); [animal] joven.

immaturity [ˌɪmə'tjʊərətɪ] *n* - **1.** [lack of judgment] inmadurez *f*. - **2.** [youth] juventud *f*.

immeasurable [ɪ'meʒrəbl] *adj* inmenso(sa), inconmensurable.

immeasurably [ɪ'meʒrəblɪ] *adv* - **1.** [long, high] inmensamente, inconmensurablemente. - **2.** [as intensifier] infinitamente.

immediacy [ɪ'miːdjəsɪ] *n* inmediatez *f*.

immediate [ɪ'miːdjət] *adj* - **1.** [gen] inmediato(ta); **in the** ~ **future** en el futuro más cercano. - **2.** [family] directo(ta).

immediately [ɪ'miːdjətlɪ] ◇ *adv* - **1.** [at once] inmediatamente. - **2.** [directly] directamente. ◇ *conj* en cuanto, tan pronto como.

immemorial [ˌɪmɪ'mɔːrɪəl] *adj* inmemorial; **from time** ~ desde tiempos inmemoriales.

immense [ɪ'mens] *adj* inmenso(sa).

immensely [ɪ'menslɪ] *adv* inmensamente.

immensity [ɪ'mensətɪ] *n* inmensidad *f*.

immerse [ɪ'mɜːs] *vt* - **1.** [plunge]: **to** ~ **sthg in sthg** sumergir algo en algo. - **2.** *fig* [involve]: **to** ~ **o.s. in sthg** enfrascarse en algo.

immersion [ɪ'mɜːʃn] *n* - **1.** [in liquid] inmersión *f*. - **2.** *fig* [in reading, work] enfrascamiento *m*, inmersión *f*. - **3.** RELIG bautismo *m* por inmersión. - **4.** ASTRON inmersión *f*.

immersion heater *n* calentador *m* de inmersión.

immigrant ['ɪmɪgrənt] ◇ *n* inmigrante *mf*. ◇ *comp* inmigrante.

immigrate ['ɪmɪgreɪt] *vi* inmigrar.

immigration [ˌɪmɪ'greɪʃn] ◇ *n* - **1.** [act of immigrating] inmigración *f*. - **2.** [control section]: ~ **(control)** control *m* de inmigración. ◇ *comp* de inmigración; ~ **authorities** departamento *m* de inmigración; ~ **regulations** leyes *fpl* de inmigración.

imminence ['ɪmɪnəns] *n fml* inminencia *f*.

imminent ['ɪmɪnənt] *adj* inminente.

immobile [ɪ'məʊbaɪl] *adj* inmóvil.

immobility [ˌɪmə'bɪlətɪ] *n* inmovilidad *f*.

immobilization [ˌɪˌməʊbɪlaɪ'zeɪʃn] *n* inmovilización *f*.

immobilize, -ise [ɪ'məʊbɪlaɪz] *vt* inmovilizar.

immoderate [ɪ'mɒdərət] *adj* inmoderado(da).

immodest [ɪ'mɒdɪst] *adj* - **1.** [indecent] indecente, indecoroso(sa). - **2.** [vain] vanidoso(sa), inmodesto(ta).

immodestly [ɪ'mɒdɪstlɪ] *adv* - **1.** [indecently] indecentemente, impúdicamente. - **2.** [vainly] sin modestia, vanidosamente.

immodesty [ɪ'mɒdɪstɪ] *n* - **1.** [indecency] indecencia *f*. - **2.** [vanity] inmodestia *f*.

immolate ['ɪmə leɪt] *vt* inmolar.

immolation [ˌɪmə'leɪʃn] *n* inmolación *f*.

immoral [ɪ'mɒrəl] *adj* inmoral.

immorality [ˌɪmə'rælətɪ] *n* inmoralidad *f*.

immortal [ɪ'mɔːtl] ◇ *adj* inmortal. ◇ *n* - **1.** [god] dios *m* OR divinidad *f* inmortal. - **2.** [hero] inmortal *mf*.

immortality [ˌɪmɔː'tælətɪ] *n* inmortalidad *f*.

immortalize, -ise [ɪ'mɔːtəlaɪz] *vt* inmortalizar.

immovable [ɪ'muːvəbl] *adj* - **1.** [fixed] fijo(ja), inamovible. - **2.** [determined, decided] inconmovible, inflexible.

immune [ɪ'mjuːn] *adj* - **1.** [gen & MED]: ~ **(to)** inmune (a). - **2.** [exempt]: ~ **(from)** exento(ta) (de).

immune system *n* sistema *m* inmunológico.

immunity [ɪ'mjuːnətɪ] *n* - **1.** [gen & MED]: ~ **(to)** inmunidad *f* (a). - **2.** [exemption]: ~ **(from)** exención *f* (de).

immunization [ˌɪmjuːnaɪ'zeɪʃn] *n* inmunización *f*.

immunize, -ise ['ɪmjuːnaɪz] *vt*: **to** ~ **sb (against sthg)** inmunizar a alguien (contra algo).

immunodeficiency [ˌɪmjuːnəʊdɪ'fɪʃənsɪ] *n* inmunodeficiencia *f*.

immunogenetics [ˌɪmjuːnəʊdʒɪ'netɪks] *n* (*U*) inmunogenética *f*.

immunogenic [ˌɪmjuːnəʊ'dʒenɪk] *adj* inmunógeno(na), inmunizador(ra).

immunologist [ˌɪmjuːn'blədʒɪst] *n* especialista *mf* en inmunología.

immunology [ˌɪmjuːn'blədʒɪ] *n* inmunología *f*.

immunotherapy [ˌɪmjuːnəʊ'θerəpɪ] *n* inmunoterapia *f*.

immure [ɪ'mjʊə'] *vt fml* confinar.

immutability [ˌɪmuːtə'bɪlətɪ] *n* inmutabilidad *f*.

immutable [ɪ'mjuːtəbl] *adj fml* inmutable.

IMO (*abbr of* **International Maritime Organisation**) OMI *f*.

imp [ɪmp] *n* - **1.** [creature] duendecillo *m*. - **2.** [naughty child] diablillo *m*.

impact [*n* 'ɪmpækt, *vb* ɪm'pækt] ◇ *n* impacto *m*; **on** ~ al chocar OR estrellarse; **to make an** ~ **on** OR **upon** causar impacto en. ◇ *vt* - **1.** [collide with] chocar con. - **2.** [influence] influir en.

impacted [ɪm'pæktɪd] *adj* [tooth] impactado(da), incluido(da); ~ **fracture** impacción *f*, fractura *f* impactada.

impair [ɪm'peə'] *vt* [vision, hearing] dañar, debilitar; [ability, efficiency] mermar; [movement] entorpecer.

impaired [ɪm'peəd] *adj* dañado(da), debilitado(da); ~ **hearing/vision** problemas *mpl* de oído/de vista.

impairment [ɪm'peəmənt] *n* daño *m*, debilitamiento *m*.

impala [ɪm'pɑːlə] *n* impala *m*.

impale [ɪm'peɪl] *vt*: **to be** ~**d on sthg** quedar atravesado(da) en algo.

impalpable [ɪm'pælpəbl] *adj* [by touch] intangible, impalpable.

impanel *vt Am* = **empanel**.

impart [ɪm'pɑːt] *vt fml* - **1.** [information, knowledge]: **to** ~ **sthg (to sb)** comunicar algo (a alguien). - **2.** [feeling, quality]: **to** ~ **sthg (to sthg)** conferir algo (a algo).

impartial [ɪm'pɑːʃ l] *adj* imparcial.

impartiality [ɪmˌpɑːʃɪ'ælətɪ] *n* imparcialidad *f*.

impartially [ɪm'pɑːʃəlɪ] *adv* de un modo imparcial, con imparcialidad.

impassable [ɪm'pɑːsəbl] *adj* intransitable, impracticable.

impasse [æm'pɑːs] *n* impasse *m*, callejón *m* sin salida.

impassioned [ɪm'pæʃnd] *adj* apasionado(da).

impassive [ɪm'pæsɪv] *adj* impasible.

impassivity [ˌɪmpæ'sɪvətɪ] *n* impasibilidad *f*.

impatience [ɪm'peɪʃns] *n* impaciencia *f*.

impatient [ɪm'peɪʃnt] *adj* impaciente; **to be** ~ **to do sthg** estar impaciente por hacer algo; **to be** ~ **for sthg** esperar algo con impaciencia; **to be** ~ **with** no tener paciencia con; **to get** ~ impacientarse, perder la paciencia.

impatiently [ɪm'peɪʃntlɪ] *adv* impacientemente, con impaciencia.

impeach [ɪmˈpiːtʃ] *vt* - **1.** [president, official] destituir (por prevaricación). - **2.** *Br fml* [motives, honesty, character] poner en tela de juicio.

impeachable [ɪmˈpiːtʃəbl] *adj* impugnable.

impeachment [ɪmˈpiːtʃmənt] *n* [of president, official] destitución *f* (por prevaricación).

impeccable [ɪmˈpekəbl] *adj* impecable.

impeccably [ɪmˈpekəblɪ] *adv* impecablemente.

impecunious [ˌɪmpɪˈkjuːnjəs] *adj fml* indigente, menesteroso(sa).

impedance [ɪmˈpiːdəns] *n* impedancia *f*.

impede [ɪmˈpiːd] *vt* - **1.** [hinder] dificultar, entorpecer. - **2.** [obstruct] obstruir.

impediment [ɪmˈpedɪmənt] *n* - **1.** [obstacle] impedimento *m*, obstáculo *m*. - **2.** [disability] defecto *m*. - **3.** JUR impedimento *m*.

impedimenta [ɪmˌpedɪˈmentə] *npl* MIL impedimenta *f*.

impel [ɪmˈpel] (*pt & pp* **impelled**, *cont* **impelling**) *vt* - **1.** [compel, incite]: **to ~ sb to do sthg** impulsar OR impeler a alguien a hacer algo. - **2.** [propel] propulsar.

impend [ɪmˈpend] *vi* ser inminente.

impending [ɪmˈpendɪŋ] *adj* inminente.

impenetrability [ɪmˌpenɪtrəˈbɪlətɪ] *n* - **1.** [of wall, forest, fog] impenetrabilidad *f*. - **2.** [of jargon, system] lo incomprensible.

impenetrable [ɪmˈpenɪtrəbl] *adj* - **1.** [wall, forest, fog] impenetrable. - **2.** [jargon, system] incomprensible.

imperative [ɪmˈperətɪv] ⟡ *adj* - **1.** [essential] apremiante, imperativo(va). - **2.** GRAMM imperativo(va). ⟡ *n* imperativo *m*.

imperatively [ɪmˈperətɪvlɪ] *adv* de un modo imperativo.

imperceptible [ˌɪmpəˈseptəbl] *adj* imperceptible.

imperceptibly [ˌɪmpəˈseptəblɪ] *adv* imperceptiblemente, de un modo imperceptible.

imperfect [ɪmˈpɜːfɪkt] ⟡ *adj* - **1.** [not perfect] imperfecto(ta). - **2.** GRAMM imperfecto(ta). ⟡ *n* GRAMM: **~ (tense)** (pretérito *m*) imperfecto *m*.

imperfection [ˌɪmpəˈfekʃn] *n* imperfección *f*.

imperfective [ˌɪmpəˈfektɪv] ⟡ *adj* imperfectivo(va). ⟡ *n* aspecto *m* imperfectivo.

imperfectly [ɪmˈpɜːfɪktlɪ] *adv* de un modo imperfecto.

imperial [ɪmˈpɪərɪəl] *adj* - **1.** [of an empire or emperor] imperial. - **2.** [system of measurement]: **~ system** sistema *m* anglosajón de medidas; **~ pint** pinta *f* (inglesa). - **3.** [majestic] augusto(ta), señorial.

imperialism [ɪmˈpɪərɪəlɪzm] *n* imperialismo *m*.

imperialist [ɪmˈpɪərɪəlɪst] ⟡ *adj* imperialista. ⟡ *n* imperialista *mf*.

imperialistic [ɪmˌpɪərɪəˈlɪstɪk] *adj* imperialista.

imperil [ɪmˈperɪl] (*Br pt & pp* **imperilled**, *cont* **imperilling**, *Am pt & pp* **imperiled**, *cont* **imperiling**) *vt fml* poner en peligro.

imperious [ɪmˈpɪərɪəs] *adj* imperioso(sa).

imperishable [ɪmˈperɪʃəbl] *adj* imperecedero(ra).

impermanence [ɪmˈpɜːmənəns] *n* temporalidad *f*.

impermanent [ɪmˈpɜːmənənt] *adj* temporal.

impermeability [ɪmˌpɜːmɪəˈbɪlətɪ] *n* impermeabilidad *f*.

impermeable [ɪmˈpɜːmɪəbl] *adj* impermeable.

impermissible [ˌɪmpəˈmɪsəbl] *adj* no permisible, inadmisible.

impersonal [ɪmˈpɜːsnl] *adj* impersonal.

impersonally [ɪmˈpɜːsnəlɪ] *adv* de un modo impersonal.

impersonate [ɪmˈpɜːsəneɪt] *vt* - **1.** [pretend to be] hacerse pasar por. - **2.** [do impression of] imitar.

impersonation [ɪmˌpɜːsəˈneɪʃn] *n* - **1.** [pretending to be]: **charged with ~ of a policeman** acusado de hacerse pasar por policía. - **2.** [impression] imitación *f*; **to do ~s (of)** imitar (a), hacer imitaciones (de).

impersonator [ɪmˈpɜːsəneɪtə] *n* imitador *m*, -ra *f*.

impertinence [ɪmˈpɜːtɪnəns] *n* impertinencia *f*, insolencia *f*.

impertinent [ɪmˈpɜːtɪnənt] *adj* impertinente, insolente.

impertinently [ɪmˈpɜːtɪnəntlɪ] *adv* impertinentemente, con impertinencia.

imperturbable [ˌɪmpəˈtɜːbəbl] *adj* imperturbable.

impervious [ɪmˈpɜːvjəs] *adj* - **1.** [not influenced]: **~ to** insensible a. - **2.** [resistant]: **~ (to)** impermeable (a).

impetigo [ˌɪmpɪˈtaɪgəʊ] *n* impétigo *m*.

impetuosity [ɪmˌpetjʊˈɒsətɪ] *n* impetuosidad *f*.

impetuous [ɪmˈpetjʊəs] *adj* impetuoso(sa), irreflexivo(va).

impetus [ˈɪmpɪtəs] *n (U)* - **1.** [momentum] ímpetu *m*. - **2.** [stimulus] incentivo *m*, impulso *m*.

impiety [ɪmˈpaɪətɪ] (*pl* **impieties**) *n* impiedad *f*.

impinge [ɪmˈpɪndʒ] *vi*: **to ~ on sthg/sb** afectar algo/a alguien.

impious [ˈɪmpɪəs] *adj literary* impío(a).

impish [ˈɪmpɪʃ] *adj* travieso(sa).

implacable [ɪmˈplækəbl] *adj* implacable.

implant [*vb* ɪmˈplɑːnt, *n* ˈɪmplɑːnt] ⟡ *n* injerto *m*. ⟡ *vt* - **1.** [idea etc]: **to ~ sthg in** OR **into** inculcar algo en. - **2.** MED: **to ~ sthg in** OR **into** implantar algo en.

implantation [ˌɪmplɑːnˈteɪʃn] *n* - **1.** [of idea etc] inculcación *f*. - **2.** MED implantación *f*.

implausible [ɪmˈplɔːzəbl] *adj* inverosímil.

implement [*n* ˈɪmplɪmənt, *vb* ˈɪmplɪment] ⟡ *n* [tool] herramienta *f*, apero *m*; [for kitchen] utensilio *m*, enser *m*. ⟡ *vt* [policy, suggestion] llevar a cabo, poner en práctica; [plan, orders] ejecutar, llevar a cabo; [law] aplicar.

implementation [ˌɪmplɪmenˈteɪʃn] *n* [of policy, suggestion] puesta *f* en práctica; [of plan, orders] ejecución *f*; [of law] aplicación *f*.

implicate [ˈɪmplɪkeɪt] *vt*: **to ~ sb in** implicar OR involucrar a alguien en.

implication [ˌɪmplɪˈkeɪʃn] *n* - **1.** [involvement] implicación *f*, complicidad *f*. - **2.** [inference] insinuación *f*; **by ~** de forma indirecta. - **3.** [possible consequence] consecuencia *f*, repercusión *f*.

implicit [ɪmˈplɪsɪt] *adj* - **1.** [gen]: **~ (in)** implícito(ta) (en). - **2.** [complete - belief, trust] absoluto(ta); [- faith] incondicional.

implicitly [ɪmˈplɪsɪtlɪ] *adv* - **1.** [by inference] implícitamente. - **2.** [completely] incondicionalmente, ciegamente.

implied [ɪmˈplaɪd] *adj* implícito(ta).

implode [ɪmˈpləʊd] *vi* implosionar.

imploded [ɪmˈpləʊdɪd] *adj*: **~ consonant** consonante *f* implosiva.

implore [ɪmˈplɔː] *vt*: **to ~ sb (to do sthg)** suplicar a alguien (que haga algo).

imploringly [ɪmˈplɔːrɪŋlɪ] *adv*: **he looked at me ~** me dirigió una mirada suplicante.

implosion [ɪmˈpləʊʒn] *n* implosión *f*.

imply [ɪmˈplaɪ] (*pt & pp* **implied**) *vt* - **1.** [suggest] insinuar, dar a entender; **what are you ~ing?** ¿qué insinúa usted? - **2.** [involve] implicar, suponer; **that implies a good deal of work** eso significa OR implica mucho trabajo.

impolite [ˌɪmpəˈlaɪt] *adj* maleducado(da), descortés.

impolitely [ˌɪmpəˈlaɪtlɪ] *adv* maleducadamente, descortésmente.

impoliteness [ˌɪmpəˈlaɪtnɪs] *n* descortesía *f*.

impolitic [ɪmˈpɒlətɪk] *adj fml* inoportuno(na), inconveniente.

imponderable [ɪmˈpɒndrəbl] *adj* imponderable, inestimable.

◆ **imponderables** *npl* imponderables *mpl*.

import [*n* ˈɪmpɔːt, *vb* ɪmˈpɔːt] ⟡ *n* - **1.** [act of importing] importación *f*; [product] (artículo *m* de) importación *f*. - **2.** *fml* [meaning] sentido *m*, significado *m*. - **3.** *fml* [importance] trascendencia *f*, importancia *f*. ⟡ *comp* de importación; **~ duties** derechos *mpl* de aduana OR importación. ⟡ *vt* importar.

importable [ɪmˈpɔːtəbl] *adj* importable.

importance [ɪmˈpɔːtns] *n* importancia *f*; **to be of** ~ ser importante, tener importancia; **of the greatest** ~ de gran OR de la mayor importancia.

important [ɪmˈpɔːtnt] *adj*: ~ **(to)** importante (para); **it's not** ~ no importa.

importantly [ɪmˈpɔːtntlɪ] *adv*: **more** ~ lo que es aún más importante.

importation [ˌɪmpɔːˈteɪʃn] *n* importación *f*.

imported [ɪmˈpɔːtɪd] *adj* importado(da), de importación.

importer [ɪmˈpɔːtə'] *n* [person] importador *m*, -ra *f*; [country] país *m* importador.

import-export [ˈɪmpɔːt-] *n* importación-exportación *f*.

importunate [ɪmˈpɔːtjʊnət] *adj fml* importuno(na), fastidioso(sa).

importune [ɪmˈpɔːtjuːn] *vt fml* importunar.

importunity [ˌɪmpɔːˈtjuːnətɪ] (*pl* **importunities**) *n fml* importunación *f*, importunidad *f*.

impose [ɪmˈpəʊz] ◇ *vt*: **to** ~ **sthg (on)** imponer algo (a); **to** ~ **o.s.** imponerse. ◇ *vi*: **to** ~ **on sb** abusar de alguien, molestar a alguien; **he** ~**d upon her generosity** abusó de su generosidad.

imposing [ɪmˈpəʊzɪŋ] *adj* imponente, impresionante.

imposingly [ɪmˈpəʊzɪŋlɪ] *adv* de un modo imponente.

imposition [ˌɪmpəˈzɪʃn] *n* - **1.** [enforcement] imposición *f*. - **2.** [cause of trouble] molestia *f*. - **3.** TYPO imposición *f*.

impossibility [ɪmˌpɒsəˈbɪlətɪ] (*pl* **impossibilities**) *n* imposibilidad *f*.

impossible [ɪmˈpɒsəbl] ◇ *adj* - **1.** [gen] imposible; **to make it** ~ **for sb to do sthg** impedirle a alguien hacer algo. - **2.** [person, behaviour] inaguantable, insufrible. ◇ *n*: **to do the** ~ hacer lo imposible.

impossibly [ɪmˈpɒsəblɪ] *adv* - **1.** [extremely] increíblemente, extremadamente; **the film is** ~ **long** la película es excesivamente larga. - **2.** [unbearably] de un modo insoportable; **they behave** ~ son verdaderamente insoportables.

impostor, imposter *Am* [ɪmˈpɒstə'] *n* impostor *m*, -ra *f*.

imposture [ɪmˈpɒstʃə'] *n fml* impostura *f*.

impotence [ˈɪmpətəns] *n* impotencia *f*.

impotent [ˈɪmpətənt] *adj* impotente.

impound [ɪmˈpaʊnd] *vt* [gen] confiscar, incautarse; [car] llevar a un depósito (por infracción).

impoverish [ɪmˈpɒvərɪʃ] *vt* empobrecer.

impoverished [ɪmˈpɒvərɪʃt] *adj* [country, people, imagination] empobrecido(da).

impoverishment [ɪmˈpɒvərɪʃmənt] *n* empobrecimiento *m*.

impracticable [ɪmˈpræktɪkəbl] *adj* impracticable, irrealizable.

impractical [ɪmˈpræktɪkl] *adj* poco práctico(ca).

impracticality [ɪmˌpræktɪˈkælətɪ] *n* impracticabilidad *f*.

imprecation [ˌɪmprɪˈkeɪʃn] *n fml* imprecación *f*.

imprecise [ˌɪmprɪˈsaɪs] *adj* impreciso(sa).

imprecision [ˌɪmprɪˈsɪʒn] *n* imprecisión *f*.

impregnable [ɪmˈpregnəbl] *adj lit & fig* inexpugnable, impenetrable.

impregnate [ˈɪmpregneɪt] *vt* - **1.** [introduce substance into]: **to** ~ **sthg (with)** impregnar OR empapar algo (de). - **2.** *fml* [fertilize] fecundar.

impregnation [ˌɪmpregˈneɪʃn] *n* - **1.** [permeation] impregnación *f*. - **2.** *fml* [fertilization] fecundación *f*.

impresario [ˌɪmprɪˈsɑːrɪəʊ] (*pl* **impresarios**) *n* empresario *m*, -ria *f* (de espectáculos).

impress [*vb* ɪmˈpres, *n* ˈɪmpres] ◇ *vt* - **1.** [produce admiration in] impresionar, causar impresión a; **his sincerity** ~**ed me** me impresionó su sinceridad; **I was not** ~**ed** no me pareció gran cosa. - **2.** [stress]: **to** ~ **sthg on sb** hacer comprender a alguien la importancia de algo. - **3.** [print] imprimir; [stamp] estampar. ◇ *n* impresión *f*.

impression [ɪmˈpreʃn] *n* - **1.** [gen] impresión *f*; **to make an** ~ impresionar; **to make a good/bad** ~ causar una buena/mala impresión; **to be under the** ~ **that** tener la impresión de que. - **2.** [imitation] imitación *f*. - **3.** [mark, imprint] marca *f*, señal *f*. - **4.** [printing] impresión *f*; [edition] tirada *f*, edición *f*.

impressionable [ɪmˈpreʃnəbl] *adj* impresionable.

Impressionism [ɪmˈpreʃənɪzm] *n* impresionismo *m*.

impressionist [ɪmˈpreʃənɪst] *n* [entertainer] imitador *m*, -ra *f*.

◆ **Impressionist** ART ◇ *adj* impresionista. ◇ *n* impresionista *mf*.

impressionistic [ɪmˌpreʃəˈnɪstɪk] *adj* [vague] vago(ga), impreciso(sa).

impressive [ɪmˈpresɪv] *adj* impresionante.

impressively [ɪmˈpresɪvlɪ] *adv* de un modo impresionante.

imprimatur [ˌɪmprɪˈmeɪtə'] *n* - **1.** [licence to print] imprimátur *m*. - **2.** [official sanction] aprobación *f*, permiso *m* oficial.

imprint [ˈɪmprɪnt] *n* - **1.** [mark] huella *f*, impresión *f*. - **2.** [publisher's name] pie *m* de imprenta. - **3.** *fig* [effect, influence] imprenta *f*, sello *m*.

imprinted [ɪmˈprɪntɪd] *adj* - **1.** [marked] marcado(da). - **2.** *fig* [on mind, memory]: ~ **on** impreso(sa) OR grabado(da) en.

imprison [ɪmˈprɪzn] *vt* encarcelar.

imprisonment [ɪmˈprɪznmənt] *n* encarcelamiento *m*.

improbability [ɪmˌprɒbəˈbɪlətɪ] (*pl* **improbabilities**) *n* improbabilidad *f*.

improbable [ɪmˈprɒbəbl] *adj* [event] improbable; [story, excuse] inverosímil; [clothes, hat] estrafalario(ria); [contraption] extraño(ña).

impromptu [ɪmˈprɒmptjuː] ◇ *adj* improvisado(da). ◇ *adv* improvisadamente. ◇ *n* improvisación *f*.

improper [ɪmˈprɒpə'] *adj* - **1.** [unsuitable] impropio (pia). - **2.** [incorrect, illegal] indebido(da). - **3.** [rude] indecente, indecoroso(sa).

improperly [ɪmˈprɒpəlɪ] *adv* - **1.** [unsuitably] de un modo impropio OR indecente; **he was** ~ **dressed** no iba vestido adecuadamente. - **2.** [incorrectly] incorrectamente, indebidamente.

impropriety [ˌɪmprəˈpraɪətɪ] *n* - **1.** [unsuitability] impropiedad *f*. - **2.** [rudeness] indecencia *f*.

improvable [ɪmˈpruːvəbl] *adj* mejorable, perfectible.

improve [ɪmˈpruːv] ◇ *vi* [gen] mejorar; [patient] mejorar, mejorarse; **to** ~ **on** OR **upon sthg** mejorar algo. ◇ *vt* mejorar.

improved [ɪmˈpruːvd] *adj* mejorado(da).

improvement [ɪmˈpruːvmənt] *n* - **1.** [gen]: ~ **(in/on)** mejora *f* (en/con respecto a). - **2.** [to home] reforma *f*. - **3.** [in health] mejoría *f*.

improvidence [ɪmˈprɒvɪdəns] *n fml* imprevisión *f*.

improvident [ɪmˈprɒvɪdənt] *adj fml* - **1.** [unthrifty] gastador(ra). - **2.** [heedless] poco previsor (poco previsora).

improvisation [ˌɪmprəvaɪˈzeɪʃn] *n* improvisación *f*.

improvisatory [ˌɪmprəˈvaɪzeɪtrɪ] *adj* improvisador(ra), improvisado(da).

improvise [ˈɪmprəvaɪz] *vt & vi* improvisar.

imprudence [ɪmˈpruːdəns] *n* imprudencia *f*.

imprudent [ɪmˈpruːdənt] *adj* imprudente.

imprudently [ɪmˈpruːdəntlɪ] *adv* insolentemente, de un modo descarado.

impudence [ˈɪmpjʊdəns] *n* insolencia *f*, descaro *m*.

impudent [ˈɪmpjʊdənt] *adj* insolente, descarado(da).

impugn [ɪmˈpjuːn] *vt fml* impugnar.

impulse [ˈɪmpʌls] *n* [gen, ELEC & PHYSIOL] impulso *m*; **on** ~ sin pensar.

impulse buying *n* (U) compra *f* impulsiva OR irreflexiva.

impulsion [ɪmˈpʌlʃn] *n* impulsión *f*, impulso *m*.

impulsive [ɪmˈpʌlsɪv] *adj* impulsivo(va), irreflexivo(va).

impulsively [ɪmˈpʌlsɪvlɪ] *adv* de un modo impulsivo.

impunity [ɪmˈpjuːnətɪ] *n* impunidad *f*; **with** ~ impunemente.

impure [ɪmˈpjʊəʳ] *adj lit & fig* impuro(ra).

impurity [ɪmˈpjʊərətɪ] (*pl* **impurities**) *n* impureza *f*.

imputation [ˌɪmpjuːˈteɪʃn] *n fml* - **1.** [attribution] atribución *f*. - **2.** [accusation] imputación *f*.

impute [ɪmˈpjuːt] *vt fml* [attribute] imputar.

IMRO [ˈɪmrəʊ] (*abbr of* **Investment Management Regulatory Organization**) *n* organismo regulador de inversiones.

in [ɪn] ◇ *prep* - **1.** [indicating place, position] en; ~ **a box/the garden/the lake** en una caja/el jardín/el lago; ~ **Paris/Belgium/the country** en París/Bélgica/el campo; **that coat** ~ **the window** el abrigo del escaparate; **to be** ~ **hospital/prison** estar en el hospital/la cárcel; ~ **here/there** aquí/allí dentro. - **2.** [wearing] con; **she was still** ~ **her pyjamas** todavía estaba en pijama; **he was dressed** ~ **a suit** llevaba un traje. - **3.** [appearing in, included in] en; **there's a mistake** ~ **this paragraph** hay un error en este párrafo; **she's** ~ **today's paper** sale en el periódico de hoy. - **4.** [at a particular time]: **at four o'clock** ~ **the morning/afternoon** a las cuatro de la mañana/tarde; ~ **the morning** por la mañana; ~ **1992/May/the spring** en 1992/mayo/primavera. - **5.** [within] en; **he learned to type** ~ **two weeks** aprendió a escribir a máquina en dos semanas; **I'll be ready** ~ **five minutes** estoy listo en cinco minutos. - **6.** [during] desde hace; **it's my first decent meal** ~ **weeks** es la primera comida en condiciones que hago desde hace semanas. - **7.** [indicating situation, circumstances]: ~ **these circumstances** en estas circunstancias; **to live/die** ~ **poverty** vivir/morir en la pobreza; ~ **danger/difficulty** en peligro/dificultades; ~ **the sun** al sol; ~ **the rain** bajo la lluvia; **don't go out** ~ **this weather** no salgas con este tiempo; **a rise** ~ **prices** un aumento de los precios. - **8.** [indicating manner, condition] en; ~ **a loud/soft voice** en voz alta/baja; ~ **pencil/ink** a lápiz/bolígrafo. - **9.** [indicating emotional state] con; ~ **anger/joy** con enfado/alegría; ~ **my excitement I forgot the keys** con la emoción se me olvidaron las llaves. - **10.** [specifying area of activity]: **advances** ~ **medicine** avances en la medicina; **he's** ~ **computers** está metido en informática. - **11.** [showing quantity, age]: ~ **large/small quantities** en grandes/pequeñas cantidades; ~ **(their) thousands** a OR por millares; **she's** ~ **her sixties** andará por los sesenta. - **12.** [describing arrangement]: ~ **a line/circle** en línea/círculo; **to stand** ~ **twos** estar en pares OR parejas. - **13.** [as regards] en; ~ **these matters** en estos temas; **two metres** ~ **length/width** dos metros de largo/ancho; **a change** ~ **direction** un cambio de dirección. - **14.** [in ratios]: **one** ~ **ten** uno de cada diez; **five pence** ~ **the pound** cinco peniques por libra. - **15.** (*after superl*) de; **the best** ~ **the world** el mejor del mundo. - **16.** (+ *present participle*): ~ **doing sthg** al hacer algo. ◇ *adv* - **1.** [inside] dentro; **put the clothes** ~ mete la ropa (dentro); **to jump** ~ saltar adentro; **do come** ~ pasa por favor. - **2.** [at home, work]: **is Judith** ~? ¿está Judith?; **I'm staying** ~ **tonight** esta noche no salgo. - **3.** [of train, boat, plane]: **is the train** ~ **yet?** ¿ha llegado el tren? - **4.** [of tide]: **the tide's** ~ la marea está alta. - **5.** *phr*: **you're** ~ **for a surprise** te vas a llevar una sorpresa; **we're** ~ **for some bad weather** nos espera mal tiempo; **to be** ~ **on it** estar en el ajo; **to have it** ~ **for sb** tenerla tomada con alguien. ◇ *adj inf* de moda; **short skirts are** ~ **this year** las faldas cortas se llevan este año.
◆ **ins** *npl*: **the** ~**s and outs** los detalles, los pormenores.
◆ **in that** *conj* dado que, ya que.

in. *abbr of* **inch**.

IN *written abbr of* **Indiana**.

inability [ˌɪnəˈbɪlətɪ] *n*: ~ **(to do sthg)** incapacidad *f* (de hacer algo).

inaccessibility [ˈɪnækˌsesɪˈbɪlətɪ] *n* inaccesibilidad *f*.

inaccessible [ˌɪnəkˈsesəbl] *adj* inaccesible.

inaccuracy [ɪnˈækjʊrəsɪ] (*pl* **inaccuracies**) *n* - **1.** *(U)* [quality of being inaccurate] inexactitud *f*. - **2.** [imprecise statement] incorrección *f*, error *m*.

inaccurate [ɪnˈækjʊrət] *adj* incorrecto(ta), inexacto(ta).

inaccurately [ɪnˈækjʊrətlɪ] *adv* de un modo inexacto; **the events have been** ~ **reported** los hechos se han presentado de un modo inexacto.

inaction [ɪnˈækʃn] *n* pasividad *f*, inacción *f*.

inactive [ɪnˈæktɪv] *adj* inactivo(va).

inactivity [ˌɪnækˈtɪvətɪ] *n* inactividad *f*.

inadequacy [ɪnˈædɪkwəsɪ] (*pl* **inadequacies**) *n* [of thing, system] insuficiencia *f*; [of person] incapacidad *f*.

inadequate [ɪnˈædɪkwət] *adj* - **1.** [insufficient] insuficiente. - **2.** [person] incapaz.

inadequately [ɪnˈædɪkwətlɪ] *adv* [insufficiently] insuficientemente; [unsuitably] inadecuadamente.

inadmissible [ˌɪnədˈmɪsəbl] *adj* improcedente; ~ **evidence** pruebas *fpl* improcedentes.

inadvertence [ˌɪnədˈvɜːtəns] *n* - **1.** *fml* [lack of attention] inadvertencia *f*, falta *f* de atención. - **2.** [mistake] descuido *m*.

inadvertent [ˌɪnədˈvɜːtnt] *adj* accidental, fortuito(ta).

inadvertently [ˌɪnədˈvɜːtəntlɪ] *adv* sin querer, accidentalmente.

inadvisability [ˈɪnədˌvaɪzəˈbɪlətɪ] *n* inconveniencia *f*.

inadvisable [ˌɪnədˈvaɪzəbl] *adj* desaconsejable, poco aconsejable.

inalienable [ɪnˈeɪljənəbl] *adj* inalienable.

inalterable [ɪnˈɔːltərəbl] *adj* inalterable.

inane [ɪˈneɪn] *adj* necio(cia).

inanely [ɪˈneɪnlɪ] *adv* neciamente.

inanimate [ɪnˈænɪmət] *adj* inanimado(da).

inanition [ˌɪnəˈnɪʃn] *n* MED inanición *f*.

inanity [ɪˈnænətɪ] (*pl* **inanities**) *n* necedad *f*.

inapplicable [ˌɪnəˈplɪkəbl] *adj* inaplicable.

inappropriate [ˌɪnəˈprəʊprɪət] *adj* [remark, clothing] impropio(pia); [time] inoportuno(na); [equipment] inadecuado(da).

inappropriately [ˌɪnəˈprəʊprɪətlɪ] *adv* de un modo inadecuado; **she was** ~ **dressed** no iba vestida adecuadamente.

inappropriateness [ˌɪnəˈprəʊprɪətnɪs] *n* [of remark, clothing] impropiedad *f*; [of time] inoportunidad *f*; [of equipment] falta *f* de adecuación.

inapt [ɪnˈæpt] *adj fml* inapropiado(da).

inarticulate [ˌɪnɑːˈtɪkjʊlət] *adj* [person] incapaz de expresarse; [speech, explanation] mal pronunciado (mal pronunciada), mal expresado (mal expresada).

inartistic [ˌɪnɑːˈtɪstɪk] *adj* - **1.** [painting, drawing etc] sin valor artístico. - **2.** [person - lacking artistic taste] sin sensibilidad artística; [- unskilled] sin talento artístico.

inasmuch [ˌɪnəzˈmʌtʃ] ◆ **inasmuch as** *conj* [insofar as] en la medida en que.

inattention [ˌɪnəˈtenʃn] *n*: ~ **(to)** falta *f* de atención (a), desatención *f* (a).

inattentive [ˌɪnəˈtentɪv] *adj*: ~ **(to)** desatento(ta) (a).

inaudible [ɪˈnɔːdɪbl] *adj* inaudible.

inaudibly [ɪˈnɔːdɪblɪ] *adv* de un modo inaudible.

inaugural [ɪˈnɔːgjʊrəl] ◇ *adj* inaugural. ◇ *n Am* discurso *m* inaugural.

inaugurate [ɪˈnɔːgjʊreɪt] *vt* - **1.** [leader, president] investir (del cargo) a. - **2.** [building, system] inaugurar.

inauguration [ɪˌnɔːgjʊˈreɪʃn] *n* - **1.** [of leader, president] investidura *f*. - **2.** [of building, system] inauguración *f*.

inauspicious [ˌɪnɔːˈspɪʃəs] *adj fml* desfavorable, poco propicio (poco propicia).

in-between *adj* intermedio(dia).

inboard [ˈɪnbɔːd] *adj* interior.

inborn [ˌɪnˈbɔːn] *adj* innato(ta).

inbound ['ɪnbaʊnd] *adj Am* que se aproxima.

inbred [,ɪn'bred] *adj* - **1.** [closely related] consanguíneo(a), endogámico(ca). - **2.** [inborn] innato(ta).

inbreeding [ɪn'briːdɪŋ] *n* relaciones *fpl* de consanguinidad, endogamia *f*.

inbuilt ['ɪnbɪlt] *adj* [in person] innato(ta); [in thing] inherente.

inc. (*written abbr of* **inclusive**) inclus.; **12th-15th April** ~ 12-15 de abril inclus.

Inc. (*abbr of* **incorporated**) ≃ SA.

Inca ['ɪŋkə] *n* inca *mf*.

incalculable [ɪn'kælkjʊləbl] *adj* [very great] incalculable.

in camera [,ɪn'kæmərə] *adj & adv* a puerta cerrada.

Incan ['ɪŋkən] *adj* incaico(ca), incásico(ca).

incandescence [,ɪnkæn'desns] *n* incandescencia *f*.

incandescent [,ɪnkæn'desnt] *adj* incandescente.

incantation [,ɪnkæn'teɪʃn] *n* conjuro *m*, ensalmo *m*.

incantatory [ɪn'kæntətrɪ] *adj* mágico(ca).

incapability [ɪn,keɪpə'bɪlətɪ] *n* incapacidad *f*.

incapable [ɪn'keɪpəbl] *adj* - **1.** [unable]: **to be ~ of sthg/of doing sthg** ser incapaz de algo/de hacer algo. - **2.** [useless] incompetente.

incapacitate [,ɪnkə'pæsɪteɪt] *vt* incapacitar.

incapacitated [,ɪnkə'pæsɪ,teɪtɪd] *adj* incapacitado(da).

incapacity [,ɪnkə'pæsətɪ] *n*: ~ **(for)** incapacidad *f* (para).

in-car *adj* AUT: ~ **stereo** autorradio *m*.

incarcerate [ɪn'kɑːsəreɪt] *vt fml* encarcelar.

incarceration [ɪn,kɑːsə'reɪʃn] *n fml* encarcelamiento *m*.

incarnate [ɪn'kɑːneɪt] ◇ *adj*: **he's the devil** ~ es el mismísimo diablo. ◇ *vt* personificar, encarnar.

incarnation [ɪnkɑː'neɪʃn] *n* - **1.** [personification] personificación *f*, encarnación *f*. - **2.** [existence] encarnación *f*.
♦ **Incarnation** *n*: **the Incarnation** la Encarnación.

incautious [ɪn'kɔːʃəs] *adj* imprudente.

incendiary [ɪn'sendjərɪ] (*pl* **incendiaries**) ◇ *n* - **1.** [arsonist] incendiario *m*, -ria *f*, pirómano *m*, -na *f*. - **2.** *fig* [agitator] agitador *m*, -ra *f*, sedicioso *m*, -sa *f*. ◇ *adj lit & fig* incendiario(ria).

incendiary bomb *n* bomba *f* incendiaria.

incendiary device *n* artefacto *m* incendiario.

incense [*n* 'ɪnsens, *vb* ɪn'sens] ◇ *n* incienso *m*. ◇ *vt* sulfurar, indignar; **to be ~d by** OR **at sthg** indignarse por OR con algo.

incentive [ɪn'sentɪv] *n* incentivo *m*, aliciente *m*.

incentive bonus *n* prima *f* de incentivación.

incentive scheme *n* plan *m* de incentivos.

inception [ɪn'sepʃn] *n fml* inicio *m*, origen *m*.

inceptive [ɪn'septɪv] *adj* - **1.** [beginning] inicial. - **2.** LING incoativo(va).

incertitude [ɪn'sɜːtɪtjuːd] *n fml* incertidumbre *f*.

incessant [ɪn'sesnt] *adj* incesante, constante.

incessantly [ɪn'sesntlɪ] *adv* incesantemente, constantemente.

incest ['ɪnsest] *n* incesto *m*.

incestuous [ɪn'sestjʊəs] *adj* - **1.** [sexual] incestuoso(sa). - **2.** *fig* [too close] cerrado en sí mismo (cerrada en sí misma).

inch [ɪntʃ] ◇ *n = 2,5 cm*, pulgada *f*; **the car missed us by ~es** el coche nos pasó rozando ❑ **to be every ~...** ser todo un/toda una...; **give him an ~ and he'll take a yard** OR **a mile** *fig* dale la mano y te cogerá (hasta) el brazo; **not to give an ~** no ceder un ápice, no dar (uno) su brazo a torcer; ~ **by** ~ *fig* poco a poco; **to know every ~ of** *fig* conocer como la palma de la mano; **we'll have to fight every ~ of the way** *fig* habrá que luchar sin descanso; **within an ~ of sthg/doing sthg** *fig* a punto de algo/de hacer algo. ◇ *vt*: **to ~ one's way in/out** entrar/salir poco a poco. ◇ *vi* avanzar poco a poco.

inchoate [ɪn'kəʊeɪt] *adj fml* [incipient] incipiente.

inchoative [ɪn'kəʊeɪtɪv] *adj* - **1.** LING incoativo(va). - **2.** *fml* [incipient] incipiente, naciente.

inchworm ['ɪntʃwɜːm] *n* oruga *f* geómetra OR agrimensora.

incidence ['ɪnsɪdəns] *n* - **1.** [of disease, crime] índice *m*. - **2.** GEOM & PHYS incidencia *f*; **angle/point of** ~ ángulo *m*/punto *m* de incidencia.

incident ['ɪnsɪdənt] *n* incidente *m*, suceso *m*; **full of** ~ lleno(na) de incidentes OR incidencias; **without** ~ sin novedad.

incidental [,ɪnsɪ'dentl] *adj* - **1.** [minor] accesorio(ria), secundario(ria). - **2.** [related]: ~ **to** propio(pia) de, que acompaña a.
♦ **incidentals** *npl* (gastos *mpl*) imprevistos *mpl*.

incidentally [,ɪnsɪ'dentəlɪ] *adv* - **1.** [by the way] por cierto, a propósito. - **2.** [by chance] casualmente.

incidental music *n* música *f* de fondo.

incident room *n Br* [in police station] sala *f* de operaciones.

incinerate [ɪn'sɪnəreɪt] *vt* incinerar, quemar.

incineration [ɪn,sɪnə'reɪʃn] *n* incineración *f*.

incinerator [ɪn'sɪnəreɪtə'] *n* incinerador *m*.

incipient [ɪn'sɪpɪənt] *adj* incipiente.

incise [ɪn'saɪz] *vt* - **1.** BOT & MED cortar, hacer una incisión en. - **2.** ART grabar, tallar.

incision [ɪn'sɪʒn] *n* incisión *f*.

incisive [ɪn'saɪsɪv] *adj* [comment, person] incisivo(va); [mind] penetrante.

incisor [ɪn'saɪzə'] *n* incisivo *m*.

incite [ɪn'saɪt] *vt* incitar, provocar; **to ~ sb to do sthg** incitar a alguien a que haga algo.

incitement [ɪn'saɪtmənt] *n (U)*: ~ **(to sthg/to do sthg)** incitación *f* (a algo/a hacer algo), instigación *f* (a algo/a hacer algo).

incl. *written abbr of* **including**, **inclusive**.

inclemency [ɪn'klemənsɪ] *n fml* inclemencia *f*.

inclement [ɪn'klemənt] *adj fml* inclemente.

inclinable [ɪn'klaɪnəbl] *adj* inclinable.

inclination [,ɪnklɪ'neɪʃn] *n* - **1.** [liking, preference] inclinación *f*, propensión *f*. - **2.** [tendency]: ~ **to do sthg** tendencia *f* a hacer algo. - **3.** [slant, lean] inclinación *f*.

incline [*vb* ɪn'klaɪn, *n* 'ɪnklaɪn] ◇ *n* pendiente *f*, cuesta *f*. ◇ *vt* [head] inclinar, ladear. ◇ *vi* - **1.** [tend]: **she ~s to exaggerate/towards exaggeration** tiende a exagerar. - **2.** [lean, bend] inclinarse.

inclined [ɪn'klaɪnd] *adj* - **1.** [tending]: **to be ~ to sthg** ser propenso(sa) OR tener tendencia a algo; **to be ~ to do sthg** tener tendencia a hacer algo; **musically** ~ aficionado *m*, -da *f* a la música; **if you are so** ~ si le parece bien. - **2.** *fml* [wanting]: **to be ~ to do sthg** estar dispuesto(ta) a hacer algo. - **3.** [sloping] inclinado(da).

inclined plane *n* plano *m* inclinado.

inclose [ɪn'kləʊz] *vt* = **enclose**.

inclosure [ɪn'kləʊʒə'] *n* = **enclosure**.

include [ɪn'kluːd] *vt* - **1.** [gen] incluir. - **2.** [with letter] adjuntar.

included [ɪn'kluːdɪd] *adj* incluido(da); **they lost everything they had, their house** ~ perdieron todo lo que tenían, incluso OR incluida la casa.

including [ɪn'kluːdɪŋ] *prep* inclusive; **six died, ~ a child** murieron seis, incluido un niño.

inclusion [ɪn'kluːʒn] *n* inclusión *f*.

inclusive [ɪn'kluːsɪv] *adj* - **1.** [including everything] inclusivo(va); **one to nine** ~ uno a nueve inclusive. - **2.** [including all costs]: ~ **of VAT** con el IVA incluido; **£150** ~ 150 libras todo incluido.

inclusively [ɪn'kluːsɪvlɪ] *adv* inclusive.

incognito [,ɪnkɒg'niːtəʊ] *adv* de incógnito.

incoherence [,ɪnkəʊ'hɪərəns] *n* incoherencia *f*.

incoherent [,ɪnkəʊ'hɪərənt] *adj* incoherente, ininteligible.

incoherently [ˌɪnkəʊ'hɪərəntlɪ] *adv* de un modo incoherente, incoherentemente; **to mutter** ~ murmurar palabras incoherentes.

incombustible [ˌɪnkəm'bʌstəbl] *adj* incombustible, no inflamable.

income ['ɪŋkʌm] *n* [gen] ingresos *mpl*; [from property] renta *f*; [from investment] réditos *mpl*.

income bracket, **income group** *n* franja *f* OR nivel *m* de ingresos; **most people in this area belong to the lower/ higher** ~ la mayoría de las personas de esta zona tiene un nivel de ingresosbajo/elevado.

incomer ['ɪnˌkʌmə'] *n* recién llegado *m*, recién llegada *f*.

incomes policy *n Br* política *f* de rentas.

income support *n (U) Br subsidio para personas con ingresos muy bajos o desempleados sin derecho a subsidio de paro*, ≃ salario *m* social.

income tax *n* impuesto *m* sobre la renta.

incoming ['ɪnˌkʌmɪŋ] *adj* - **1.** [tide, wave] ascendente. - **2.** [plane] de llegada. - **3.** [government] entrante. - **4.** [mail] que llega de fuera; ~ **phone call** llamada *f* de fuera OR del exterior.

incommensurable [ˌɪnkə'menʃərəbl] *adj* inconmensurable.

incommensurate [ˌɪnkə'menʃərət] *adj* - **1.** [disproportionate] desproporcionado(da). - **2.** = **incommensurable**.

incommode [ˌɪnkə'məʊd] *vt fml* incomodar, molestar.

incommunicability [ɪnkəˌmjuːnɪkə'bɪlətɪ] *n* incomunicabilidad *f*.

incommunicable [ˌɪnkə'mjuːnɪkəbl] *adj* incomunicable.

incommunicado [ˌɪnkəmjuːnɪ'kɑːdəʊ] *adv* en aislamiento, incomunicado(da).

incomparable [ɪn'kɒmpərəbl] *adj* incomparable, sin par.

incomparably [ɪn'kɒmpərəblɪ] *adv* incomparablemente, infinitamente.

incompatibility ['ɪnkəmˌpætə'bɪlətɪ] *n* [gen] incompatibilidad *f*; [grounds for divorce] incompatibilidad *f* de caracteres.

incompatible [ˌɪnkəm'pætɪbl] *adj*: ~ **(with)** incompatible (con).

incompetence [ɪn'kɒmpɪtəns] *n* incompetencia *f*, incapacidad *f*.

incompetent [ɪn'kɒmpɪtənt] ◇ *adj* incompetente, incapaz. ◇ *n* incompetente *mf*.

incomplete [ˌɪnkəm'pliːt] *adj* incompleto(ta).

incompletely [ˌɪnkəm'pliːtlɪ] *adv* de un modo incompleto.

incompleteness [ˌɪnkəm'pliːtnɪs] *n* estado *m* incompleto.

incompliant [ˌɪnkəm'plaɪənt] *adj* - **1.** [inflexible] inflexible. - **2.** [disobedient] desobediente.

incomprehensible [ɪnkɒmprɪ'hensəbl] *adj* incomprensible.

incomprehension [ˌɪnkɒmprɪ'henʃn] *n* incomprensión *f*.

incompressible [ˌɪnkəm'presəbl] *adj* incomprimible.

inconceivable [ˌɪnkən'siːvəbl] *adj* inconcebible.

inconclusive [ˌɪnkən'kluːsɪv] *adj* [evidence, argument] poco convincente; [meeting, outcome] sin conclusión clara.

inconclusively [ˌɪnkən'kluːsɪvlɪ] *adv* sin conclusión clara; **the meeting ended** ~ al acabar la reunión no se había llegado a ninguna conclusión.

incongruent [ɪn'kɒŋgruənt] *adj* incongruente.

incongruity [ˌɪnkɒŋ'gruːɪtɪ] *(pl* **incongruities)** *n* incongruencia *f*.

incongruous [ɪn'kɒŋgruəs] *adj* incongruente.

inconsequence [ɪn'kɒnsɪkwəns] *n* inconsecuencia *f*.

inconsequential [ˌɪnkɒnsɪ'kwenʃl], **inconsequent** [ɪn'kɒnsɪkwənt] *adj* intrascendente, de poca importancia.

inconsiderable [ˌɪnkən'sɪdərəbl] *adj*: **not** ~ nada insignificante OR despreciable.

inconsiderate [ˌɪnkən'sɪdərət] *adj* desconsiderado(da).

inconsideration [ˌɪnkənˌsɪdə'reɪʃn] *n* desconsideración *f*.

inconsistency [ˌɪnkən'sɪstənsɪ] *(pl* **inconsistencies)** *n* - **1.**

[between theory and practice] inconsecuencia *f*; [between statements etc] falta *f* de correspondencia. - **2.** [contradictory point] contradicción *f*. - **3.** [irregularity] irregularidad *f*.

inconsistent [ˌɪnkən'sɪstənt] *adj* - **1.** [translation, statement]: ~ **(with)** falto(ta) de correspondencia (con). - **2.** [group, government, person] inconsecuente. - **3.** [erratic] irregular, desigual.

inconsolable [ˌɪnkən'səʊləbl] *adj* inconsolable.

inconsolably [ˌɪnkən'səʊləblɪ] *adv* con desconsuelo, de un modo desconsolado.

inconspicuous [ˌɪnkən'spɪkjʊəs] *adj* discreto(ta).

inconstancy [ɪn'kɒnstənsɪ] *n* - **1.** [of person] inconstancia *f*. - **2.** [of phenomenon] variabilidad *f*, inestabilidad *f*.

inconstant [ɪn'kɒnstənt] *adj* - **1.** [person] inconstante. - **2.** [weather] variable, inestable.

incontestable [ˌɪnkən'testəbl] *adj* incontestable.

incontinence [ɪn'kɒntɪnəns] *n* incontinencia *f*.

incontinent [ɪn'kɒntɪnənt] *adj* incontinente.

incontrovertible [ˌɪnkɒntrə'vɜːtəbl] *adj* incontrovertible.

inconvenience [ˌɪnkən'viːnjəns] ◇ *n* - **1.** [difficulty, discomfort] molestia *f*, incomodidad *f*. - **2.** [inconvenient thing] inconveniente *m*. ◇ *vt* incomodar, molestar.

inconvenient [ˌɪnkən'viːnjənt] *adj* [time] inoportuno(na); [position] incómodo(da); **that date is** ~ esa fecha no me viene bien.

inconveniently [ˌɪnkən'viːnjəntlɪ] *adv* - **1.** [happen, arrive] en un momento inoportuno. - **2.** [be situated] mal.

inconvertible [ˌɪnkən'vɜːtəbl] *adj* inconvertible.

incorporate [ɪn'kɔːpəreɪt] ◇ *vt* - **1.** [integrate]: **to** ~ **sthg/ sb (in)**, **to** ~ **sthg/sb (into)** incorporar algo/a alguien (en). - **2.** [include] incluir, comprender. - **3.** [business] constituir en sociedad. ◇ *vi* COMM [form a corporation] constituirse en sociedad; [merge] fusionarse.

incorporated [ɪn'kɔːpəreɪtɪd] *adj* COMM: ~ **company** sociedad *f* anónima.

incorporation [ɪnˌkɔːpə'reɪʃn] *n* - **1.** [integration] incorporación *f*. - **2.** COMM [of company] constitución *f* en sociedad anónima.

incorporeal [ˌɪnkɔː'pɔːrɪəl] *adj* incorpóreo(a).

incorrect [ˌɪnkə'rekt] *adj* - **1.** [wrong] incorrecto(ta), erróneo(a). - **2.** [improper] incorrecto(ta), inadecuado(da).

incorrectly [ˌɪnkə'rektlɪ] *adv* - **1.** [wrongly] incorrectamente, erróneamente; **I was** ~ **quoted** me citaron mal; **the illness was** ~ **diagnosed** se equivocaron al diagnosticar la enfermedad. - **2.** [improperly] de un modo incorrecto.

incorrectness [ˌɪnkə'rektnɪs] *n* incorrección *f*.

incorrigible [ɪn'kɒrɪdʒəbl] *adj* incorregible.

incorruptible [ˌɪnkə'rʌptəbl] *adj* incorruptible.

increase [*vb* ɪn'kriːs, *n* 'ɪnkriːs] ◇ *n*: ~ **(in)** [gen] aumento *m* (de); [in price] subida *f* (de); **to be on the** ~ ir en aumento. ◇ *vt* [gen] aumentar, incrementar; [price] subir. ◇ *vi* [gen] aumentar; [price] subir; **to** ~ **by 50%** subir un 50%; **to** ~ **in size/value/weight** aumentar de tamaño/valor/peso; **to** ~ **from 5% to 7%** aumentar de un 5% a un 7%.

increased [ɪn'kriːst] *adj* aumentado(da).

increasing [ɪn'kriːsɪŋ] *adj* creciente.

increasingly [ɪn'kriːsɪŋlɪ] *adv* cada vez más, más y más.

incredible [ɪn'kredəbl] *adj* increíble.

incredibly [ɪn'kredəblɪ] *adv* - **1.** [extremely] increíblemente. - **2.** [amazingly]: ~, **we were on time** aunque parezca increíble, llegamos a tiempo.

incredulity [ˌɪnkrɪ'djuːlətɪ] *n* incredulidad *f*.

incredulous [ɪn'kredjʊləs] *adj* incrédulo(la).

incredulously [ɪn'kredjʊləslɪ] *adv* con incredulidad.

increment ['ɪnkrɪmənt] *n* [increase] incremento *m*, aumento *m*; MATH incremento *m*.

incremental [ˌɪnkrɪ'mentl] *adj* de incremento.

incriminate [ɪn'krɪmɪneɪt] *vt* incriminar; **to** ~ **o.s.** incriminarse a sí mismo.

incriminating [ɪnˈkrɪmɪneɪtɪŋ] *adj* incriminatorio(ria); ~ **evidence** pruebas *fpl* incriminatorias.

incrimination [ɪnˌkrɪmɪˈneɪʃn] *n* incriminación *f*.

incriminatory [ɪnˈkrɪmɪnətrɪ] *adj* = **incriminating**.

incrust [ɪnˈkrʌst] *vt* = **encrust**.

incubate [ˈɪnkjubeɪt] ◇ *vt* [egg] incubar, empollar. ◇ *vi* - **1.** [egg] incubarse; [in incubator] incubar. - **2.** [infection] incubar. - **3.** *fig* [idea, plot] fomentar.

incubation [ˌɪnkjʊˈbeɪʃn] ◇ *n* incubación *f*. ◇ *comp*: ~ **period** periodo *m* de incubación.

incubator [ˈɪnkjubeɪtə'] *n* [for baby] incubadora *f*.

incubus [ˈɪnkjubəs] (*pl* **incubuses** OR **incubi** [-baɪ]) *n* - **1.** [demon] íncubo *m*. - **2.** *literary* [nightmare] pesadilla *f*.

inculcate [ˈɪnkʌlkeɪt] *vt fml*: **to ~ sthg in** OR **into** inculcar algo en.

inculpation [ˌɪnkʌlˈpeɪʃn] *n fml* inculpación *f*.

incumbency [ɪnˈkʌmbənsɪ] (*pl* **incumbencies**) *n* [office] mandato *m*, titularidad *f*.

incumbent [ɪnˈkʌmbənt] ◇ *adj* - **1.** *fml* [obligatory]: **to be ~ on** OR **upon sb to do sthg** incumbir a alguien hacer algo. - **2.** [in office] titular. ◇ *n* titular *mf*.

incur [ɪnˈkɜː'] (*pt & pp* **incurred**, *cont* **incurring**) *vt* [wrath, criticism] atraerse; [loss] contraer; [expenses] incurrir en.

incurable [ɪnˈkjʊərəbl] *adj lit & fig* incurable.

incurably [ɪnˈkjʊərəblɪ] *adv*: **to be ~ ill** tener una enfermedad incurable; **he is ~ lazy** *fig* es un perezoso empedernido.

incurious [ɪnˈkjʊərɪəs] *adj literary* indiferente, poco curioso (poco curiosa).

incursion [*Br* ɪnˈkɜːʃn, *Am* ɪnˈkɜːʒn] *n* incursión *f*.

indebted [ɪnˈdetɪd] *adj* - **1.** [grateful]: ~ **(to)** agradecido(da) (a). - **2.** [owing money]: ~ **(to)** endeudado(da) OR en deuda (con).

indebtedness [ɪnˈdetɪdnɪs] *n* - **1.** [for help] agradecimiento *m*. - **2.** [financial] endeudamiento *m*.

indecency [ɪnˈdiːsnsɪ] *n* indecencia *f*.

indecent [ɪnˈdiːsnt] *adj* - **1.** [improper] indecente. - **2.** [unreasonable, excessive] desmedido(da).

indecent assault *n* atentado *m* contra el pudor.

indecent exposure *n* exhibicionismo *m*.

indecently [ɪnˈdiːsntlɪ] *adv* indecentemente, de un modo indecente.

indecipherable [ˌɪndɪˈsaɪfərəbl] *adj* indescifrable.

indecision [ˌɪndɪˈsɪʒn] *n* indecisión *f*, irresolución *f*.

indecisive [ˌɪndɪˈsaɪsɪv] *adj* - **1.** [person] indeciso(sa), irresoluto(ta). - **2.** [result] no decisivo(va).

indecisively [ˌɪndɪˈsaɪsɪvlɪ] *adv* - **1.** [hesitatingly] con indecisión. - **2.** [inconclusively] de un modo poco concluyente.

indecisiveness [ˌɪndɪˈsaɪsɪvnɪs] *n* = **indecision**.

indeclinable [ˌɪndɪˈklaɪnəbl] *adj* indeclinable.

indecorous [ɪnˈdekərəs] *adj* indecoroso(sa).

indeed [ɪnˈdiːd] *adv* - **1.** [certainly] ciertamente, realmente; **are you coming? - ~ I am** ¿vienes? - por supuesto que sí. - **2.** [in fact] de hecho. - **3.** [for emphasis] realmente; **very big ~** grandísimo(ma); **very few ~** poquísimos(mas); **(that is) praise ~** es un gran elogio. - **4.** [to express surprise, disbelief]: ~? ¿de veras?; **did you ~?** ¿sí? ¡no me digas!

indefatigable [ˌɪndɪˈfætɪgəbl] *adj fml* infatigable, incansable.

indefensible [ˌɪndɪˈfensəbl] *adj* [position, view] insostenible, indefendible; [behaviour] inexcusable, imperdonable.

indefinable [ˌɪndɪˈfaɪnəbl] *adj* indefinible.

indefinite [ɪnˈdefɪnɪt] *adj* - **1.** [time, number] indefinido(da). - **2.** [answer, opinion] impreciso(sa).

indefinite article *n* artículo *m* indeterminado OR indefinido.

indefinitely [ɪnˈdefɪnətlɪ] *adv* - **1.** [for unfixed period] indefinidamente. - **2.** [imprecisely] de forma imprecisa.

indefinite pronoun *n* pronombre *m* indefinido.

indelibility [ɪnˌdeləˈbɪlətɪ] *n* indelebilidad *f*.

indelible [ɪnˈdeləbl] *adj* indeleble; ~ **marker** *Br* rotulador *m* indeleble OR permanente.

indelibly [ɪnˈdeləblɪ] *adv* de un modo indeleble.

indelicacy [ɪnˈdelɪkəsɪ] (*pl* **indelicacies**) *n* indelicadeza *f*, falta *f* de delicadeza.

indelicate [ɪnˈdelɪkət] *adj* poco delicado (poco delicada).

indemnification [ɪnˌdemnɪfɪˈkeɪʃn] *n* indemnización *f*.

indemnify [ɪnˈdemnɪfaɪ] (*pt & pp* **indemnified**) *vt* - **1.** [compensate]: **to ~ sb for** OR **against** indemnizar a alguien de OR por. - **2.** [insure] asegurar.

indemnity [ɪnˈdemnətɪ] *n* - **1.** [insurance] indemnidad *f*. - **2.** [compensation] indemnización *f*, compensación *f*.

indent [*vb* ɪnˈdent, *n* ˈɪndent] ◇ *vt* - **1.** [dent] mellar. - **2.** [text] sangrar. ◇ *n* - **1.** [notch] mella *f*, muesca *f*. - **2.** [in text] sangría *f*.

indentation [ˌɪndenˈteɪʃn] *n* - **1.** [dent] mella *f*, muesca *f*; [in coastline] hendidura *f*. - **2.** [in text] sangría *f*.

indented [ɪnˈdentɪd] *adj* - **1.** [edge] mellado(da); [coastline] accidentado(da). - **2.** [text] sangrado(da).

indenture [ɪnˈdentʃə'] ◇ *n* contrato *m* de aprendizaje. ◇ *vt* contratar como aprendiz.

independence [ˌɪndɪˈpendəns] *n* independencia *f*.

Independence Day *n* día *m* de la Independencia, *fiesta del 4 de julio en EE UU en conmemoración de la declaración de independencia de este país en 1776.*

independency [ˌɪndɪˈpendənsɪ] (*pl* **independencies**) *n* - **1.** [country] estado *m* independiente. - **2.** = **independence**.

independent [ˌɪndɪˈpendənt] ◇ *adj*: ~ **(of)** independiente (de); ~ **income** rentas *fpl*; **of ~ means** con recursos propios, adinerado(da). ◇ *n* POL independiente *mf*.

independently [ˌɪndɪˈpendəntlɪ] *adv* independientemente; ~ **of** aparte de, independientemente de.

independent school *n Br* colegio *m* privado.

in-depth *adj* a fondo, exhaustivo(va).

indescribable [ˌɪndɪˈskraɪbəbl] *adj* indescriptible.

indescribably [ˌɪndɪˈskraɪbəblɪ] *adv* indescriptiblemente.

indestructible [ˌɪndɪˈstrʌktəbl] *adj* indestructible.

indeterminable [ˌɪndɪˈtɜːmɪnəbl] *adj* indeterminable.

indeterminacy [ˌɪndɪˈtɜːmɪnəsɪ] *n* indeterminación *f*.

indeterminate [ˌɪndɪˈtɜːmɪnət] *adj* - **1.** [undetermined, indefinite] indeterminado(da). - **2.** [vague] impreciso(sa), vago(ga).

index [ˈɪndeks] (*pl senses 1, 2 & 7* **indexes**, *pl senses 3-6* **indices** [-dɪsiːz]) ◇ *n* - **1.** [in book, database] índice *m*. - **2.** [in library] registro *m*, catálogo *m*; [on index cards] fichero *m*. - **3.** ECON [value system] índice *m*. - **4.** [pointer on scale] indicador *m*. - **5.** *fig* [sign] indicio *m*, índice *m*. - **6.** MATH índice *m*. - **7.** TYPO manecilla *f*. ◇ *vt* poner índice a.

◆ **Index** *n* RELIG: **the Index** el Índice *m* (expurgatorio).

index card *n* ficha *f*.

index finger *n* [dedo *m*] índice *m*.

index-linked *adj* ligado(da) al coste de la vida.

index number *n* número *m* índice OR indicador.

India [ˈɪndjə] *n* (la) India.

India ink *n Am* = **Indian ink**.

Indian [ˈɪndjən] ◇ *adj* - **1.** [from India] indio(dia). - **2.** [from the Americas] indígena, indio(dia). ◇ *n* - **1.** [from India] indio *m*, -dia *f*. - **2.** [from the Americas] indio *m*, -dia *f*, indígena *mf*.

Indiana [ˌɪndɪˈænə] *n* Indiana.

Indian corn *n Am* maíz *m*.

Indian elephant *n* elefante *m* asiático OR indio.

Indian file *n*: **in ~** en fila india.

Indian ink *Br*, **India ink** *Am* *n* tinta *f* china.

Indian Ocean *n*: **the ~** el océano Índico.

Indian summer *n* veranillo *m* de San Martín.

india rubber *n* [material] caucho *m*; [eraser] goma *f* de borrar.

indicate ['ɪndɪkeɪt] ◇ vt - **1.** [show, point to] señalar, indicar. - **2.** [make clear] dejar claro. ◇ vi [when driving]: **to** ~ **left/right** indicar a la izquierda/derecha.

indication [ˌɪndɪ'keɪʃn] n indicio m, señal f; **she gave no** ~ **that she had seen me** no hizo ninguna señal de que me hubiera visto.

indicative [ɪn'dɪkətɪv] ◇ adj: ~ **of sthg** indicativo(va) de algo. ◇ n GRAMM indicativo m.

indicator ['ɪndɪkeɪtə'] n - **1.** [sign] indicador m; **arrivals/ departures** ~ **panel** m con el horario de llegadas/de salidas. - **2.** [on car] intermitente m.

indices ['ɪndɪsiːz] pl → **index**.

indict [ɪn'daɪt] vt: **to** ~ **sb (for)** acusar a alguien (de).

indictable [ɪn'daɪtəbl] adj procesable.

indictment [ɪn'daɪtmənt] n - **1.** JUR acusación f. - **2.** [criticism] crítica f severa.

indie ['ɪndɪ] adj Br inf independiente.

indifference [ɪn'dɪfrəns] n indiferencia f.

indifferent [ɪn'dɪfrənt] adj - **1.** [uninterested]: ~ **(to)** indiferente (a). - **2.** [mediocre] ordinario(ria), mediocre. - **3.** [unimportant] indiferente, insignificante.

indifferently [ɪn'dɪfrəntlɪ] adv - **1.** [unconcernedly] indiferentemente. - **2.** [neither well nor badly] de manera mediocre.

indigence ['ɪndɪdʒəns] n fml indigencia f.

indigenous [ɪn'dɪdʒɪnəs] adj indígena.

indigent ['ɪndɪdʒənt] adj fml indigente.

indigestible [ˌɪndɪ'dʒestəbl] adj lit & fig indigesto(ta), indigerible.

indigestion [ˌɪndɪ'dʒestʃn] n (U) indigestión f.

indignant [ɪn'dɪgnənt] adj: ~ **(at)** indignado(da) (por).

indignantly [ɪn'dɪgnəntlɪ] adv con indignación.

indignation [ˌɪndɪg'neɪʃn] n indignación f.

indignity [ɪn'dɪgnətɪ] (pl **indignities**) n indignidad f.

indigo ['ɪndɪgəʊ] ◇ adj (color) añil. ◇ n: ~ **(blue)** añil m.

indirect [ˌɪndɪ'rekt] adj indirecto(ta).

indirect costs npl gastos mpl generales OR indirectos.

indirect lighting n luz f OR iluminación f indirecta.

indirectly [ˌɪndɪ'rektlɪ] adv indirectamente.

indirect object n complemento m indirecto.

indirect question n interrogativa f indirecta.

indirect speech n estilo m indirecto.

indirect tax n impuesto m indirecto.

indirect taxation n (U) impuestos mpl indirectos.

indiscernible [ˌɪndɪ'sɜːnəbl] adj indiscernible.

indiscipline [ɪn'dɪsɪplɪn] n falta f de disciplina, indisciplina f.

indiscreet [ˌɪndɪ'skriːt] adj indiscreto(ta), imprudente.

indiscreetly [ˌɪndɪ'skriːtlɪ] adv con indiscreción, de un modo indiscreto.

indiscretion [ˌɪndɪ'skreʃn] n indiscreción f.

indiscriminate [ˌɪndɪ'skrɪmɪnət] adj indiscriminado(da); **an** ~ **reader** un lector sin criterio.

indiscriminately [ˌɪndɪ'skrɪmɪnətlɪ] adv indiscriminadamente.

indispensable [ˌɪndɪ'spensəbl] adj indispensable, imprescindible.

indisposed [ˌɪndɪ'spəʊzd] adj fml [unwell] indispuesto(ta).

indisposition [ˌɪndɪspə'zɪʃn] n fml indisposición f.

indisputable [ˌɪndɪ'spjuːtəbl] adj incuestionable.

indissoluble [ˌɪndɪ'sɒljʊbl] adj indisoluble.

indissolubly [ˌɪndɪ'sɒljʊblɪ] adv de un modo indisoluble, indisolublemente.

indistinct [ˌɪndɪ'stɪŋkt] adj [memory] confuso(sa); [words] imperceptible, indistinto(ta); [picture, marking] borroso(sa), indistinto(ta).

indistinctive [ˌɪndɪ'stɪŋktɪv] adj corriente.

indistinctly [ˌɪndɪ'stɪŋktlɪ] adv de un modo confuso.

indistinguishable [ˌɪndɪ'stɪŋgwɪʃəbl] adj: ~ **(from)** indistinguible (de).

indium ['ɪndɪəm] n indio m.

individual [ˌɪndɪ'vɪdʒʊəl] ◇ adj - **1.** [gen] individual. - **2.** [tuition] particular. - **3.** [approach, style] personal. ◇ n individuo m.

individualism [ˌɪndɪ'vɪdʒʊəlɪzm] n individualismo m.

individualist [ˌɪndɪ'vɪdʒʊəlɪst] n individualista mf.

individualistic ['ɪndɪˌvɪdʒʊə'lɪstɪk] adj individualista.

individuality ['ɪndɪˌvɪdʒʊ'ælətɪ] n individualidad f, personalidad f.

individualize, -ise [ˌɪndɪ'vɪdʒʊəlaɪz] vt individualizar.

individually [ˌɪndɪ'vɪdʒʊəlɪ] adv [separately] individualmente, por separado.

individuate [ˌɪndɪ'vɪdʒʊeɪt] vt individuar.

indivisibility [ˌɪndɪˌvɪzə'bɪlətɪ] n indivisibilidad f.

indivisible [ˌɪndɪ'vɪzəbl] adj indivisible.

Indochina [ˌɪndəʊ'tʃaɪnə] n Indochina.

Indochinese [ˌɪndəʊtʃaɪ'niːz] ◇ adj indochino(na). ◇ n indochino m, -na f.

indoctrinate [ɪn'dɒktrɪneɪt] vt adoctrinar.

indoctrination [ɪnˌdɒktrɪ'neɪʃn] n adoctrinamiento m.

Indo-European ['ɪndəʊjʊərə'piːən] adj indoeuropeo (a).

indolence ['ɪndələns] n indolencia f.

indolent ['ɪndələnt] adj indolente, perezoso(sa).

indomitable [ɪn'dɒmɪtəbl] adj indómito(ta), indomable.

Indonesia [ˌɪndə'niːzjə] n Indonesia.

Indonesian [ˌɪndə'niːzjən] ◇ adj indonesio(sia). ◇ n - **1.** [person] indonesio m, -sia f. - **2.** [language] indonesio m.

indoor ['ɪndɔː'] adj [gen] interior; [shoes] de andar por casa; [plant] de interior; [sports] en pista cubierta; ~ **swimming pool** piscina f cubierta.

indoors [ɪn'dɔːz] adv [gen] dentro; [at home] en casa.

indorse [ɪn'dɔːs] vt = **endorse**.

indrawn [ɪn'drɔːn] adj [air]: ~ **breath** aspiración f, inspiración f.

indubitable [ɪn'djuːbɪtəbl] adj fml indudable, indubitable.

USAGE ▶ Indignation

Expressing indignation about something	**Feeling indignant towards someone**
¡Esto es inadmisible!	¡Qué sinvergüenza!
¡Es una vergüenza que...!	¡Qué cara más dura! [informal]
Parece mentira que aún pasen estas cosas.	¡Es como para matarte! [informal]
¡Estoy harto!	
¡Esto no tiene nombre!	Pero, ¿quién se habrá creído que es?/¿tú qué te has creído?
¡Hasta ahí podíamos llegar!	Pero, ¡habrase visto qué descaro!
¡Pues no faltaba más! [ironic]	¡Pero cómo se atreve usted a decir eso!
¡Lo que faltaba! [ironic]	¡No me vengas con tonterías!
¡Esto es el colmo!	¡Ya está bien!, ¿no?
¡Esto ya pasa de la raya! [informal]	

indubitably [ɪnˈdjuːbɪtəblɪ] *adv fml* indudablemente, sin duda.

induce [ɪnˈdjuːs] *vt* **- 1.** [persuade]: **to ~ sb to do sthg** inducir OR persuadir a alguien a que haga algo. **- 2.** [labour, sleep, anger] provocar. **- 3.** ELEC inducir.

inducement [ɪnˈdjuːsmənt] *n* [incentive] incentivo *m*, aliciente *m*.

induct [ɪnˈdʌkt] *vt* **- 1.** [into office, post] instalar, instaurar. **- 2.** [into mystery, unknown field] iniciar. **- 3.** *Am* MIL reclutar. **- 4.** ELEC inducir.

inductance [ɪnˈdʌktəns] *n* inductancia *f*.

inductee [ˌɪndʌkˈtiː] *n* **- 1.** [new member] nuevo miembro *m*, nueva miembro *f*. **- 2.** *Am* MIL [recruit] recluta *mf*.

induction [ɪnˈdʌkʃn] *n* **- 1.** [into official position]: **~ (into)** introducción *f* OR inducción *f* (a). **- 2.** ELEC & MED inducción *f*. **- 3.** [introduction to job] introducción *f*. **- 4.** *Am* MIL incorporación *f* a filas. **- 5.** PHILOS inducción *f*.

induction coil *n* bobina *f* OR carrete *m* de inducción.

induction course *n* cursillo *m* introductorio, curso *m* de iniciación.

inductive [ɪnˈdʌktɪv] *adj* ELEC & PHILOS inductivo(va).

inductor [ɪnˈdʌktəʳ] *n* ELEC & CHEM inductor *m*.

indulge [ɪnˈdʌldʒ] ◇ *vt* **- 1.** [whim, passion] satisfacer. **- 2.** [child, person] consentir; **to ~ o.s.** darse un gusto, permitirse un lujo. ◇ *vi*: **to ~ in sthg** permitirse algo.

indulgence [ɪnˈdʌldʒəns] *n* **- 1.** [act of indulging] indulgencia *f*. **- 2.** [special treat] gratificación *f*, vicio *m*. **- 3.** RELIG indulgencia *f*.

indulgent [ɪnˈdʌldʒənt] *adj* indulgente.

indulgently [ɪnˈdʌldʒəntlɪ] *adv* con indulgencia, de un modo indulgente.

Indus [ˈɪndəs] *n*: **the (River) ~** el (río) Indus.

industrial [ɪnˈdʌstrɪəl] *adj* industrial; **~ espionage** espionaje *m* industrial; **~ worker** obrero *m*, -ra *f* de la industria.

industrial accident *n* accidente *m* laboral.

industrial action *n* movilizaciones *fpl*, huelga *f*; **to take ~** declararse en huelga.

industrial diamond *n* diamante *m* industrial.

industrial dispute *n* conflicto *m* laboral.

industrial estate *Br*, **industrial park** *Am n* polígono *m* industrial.

industrial injury *n* accidente *m* laboral.

industrialism [ɪnˈdʌstrɪəlɪzm] *n* industrialismo *m*.

industrialist [ɪnˈdʌstrɪəlɪst] *n* industrial *mf*.

industrialization [ɪnˌdʌstrɪəlarˈzeɪʃn] *n* industrialización *f*.

industrialize, -ise [ɪnˈdʌstrɪəlaɪz] ◇ *vt* industrializar. ◇ *vi* industrializarse.

industrial park *n Am* = **industrial estate**.

industrial relations *npl* relaciones *fpl* laborales.

Industrial Revolution *n*: **the ~** la revolución *f* industrial.

industrial school *n Am* escuela *f* de enseñanza técnica.

industrial tribunal *n* magistratura *f* del trabajo.

industrious [ɪnˈdʌstrɪəs] *adj* diligente, trabajador(ra).

industriousness [ɪnˈdʌstrɪəsnɪs] *n* [at work] diligencia *f*; [at school] aplicación *f*.

industry [ˈɪndəstrɪ] (*pl* **industries**) *n* **- 1.** [gen] industria *f*. **- 2.** [hard work] laboriosidad *f*.

inebriate [ɪˈniːbrɪeɪt] ◇ *vt fml* embriagar. ◇ *adj* ebrio (ebria). ◇ *n* ebrio *m*, ebria *f*.

inebriated [ɪˈniːbrɪeɪtɪd] *adj fml* ebrio (ebria).

inebriation [ɪˌniːbrɪˈeɪʃn] *n fml* embriaguez *f*, ebriedad *f*.

inedible [ɪnˈedɪbl] *adj* incomible, no comestible.

ineffable [ɪnˈefəbl] *adj* inefable.

ineffective [ˌɪnɪˈfektɪv] *adj* ineficaz, inútil.

ineffectively [ˌɪnɪˈfektɪvlɪ] *adv* infructuosamente, inútilmente.

ineffectual [ˌɪnɪˈfektʃʊəl] *adj* ineficaz, inútil.

inefficiency [ˌɪnɪˈfɪʃnsɪ] *n* ineficacia *f*.

inefficient [ˌɪnɪˈfɪʃnt] *adj* ineficaz, ineficiente.

inefficiently [ˌɪnɪˈfɪʃntlɪ] *adv* de un modo ineficaz, sin eficacia.

inelastic [ˌɪnɪˈlæstɪk] *adj* no elástico(ca), rígido(da), inelástico(ca).

inelasticity [ˌɪnɪlæsˈtɪsətɪ] *n* falta *f* de elasticidad.

inelegant [ɪnˈelɪgənt] *adj* poco elegante.

ineligibility [ɪnˌelɪdʒəˈbɪlətɪ] *n* ineligibilidad *f*.

ineligible [ɪnˈelɪdʒəbl] *adj*: **~ (for)** inelegible (para).

ineluctable [ˌɪnɪˈlʌktəbl] *adj fml* ineluctable.

inept [ɪˈnept] *adj* inepto(ta); **~ at** incapaz para.

ineptitude [ɪˈneptɪtjuːd] *n* ineptitud *f*, incompetencia *f*.

ineptly [ɪˈneptlɪ] *adv* con ineptitud.

ineptness [ɪˈneptnɪs] *n* = **ineptitude**.

inequality [ˌɪnɪˈkwɒlətɪ] (*pl* **inequalities**) *n* desigualdad *f*.

inequitable [ɪnˈekwɪtəbl] *adj fml* injusto(ta).

inequity [ɪnˈekwətɪ] (*pl* **inequities**) *n fml* injusticia *f*.

ineradicable [ˌɪnɪˈrædɪkəbl] *adj fml* inextirpable.

inert [ɪˈnɜːt] *adj* inerte.

inertia [ɪˈnɜːʃə] *n* inercia *f*.

inertial [ɪˈnɜːʃəl] *adj* inercial, de inercia.

inertia-reel seat belt *n* cinturón *m* de seguridad autotensable OR con retensor.

inertness [ɪˈnɜːtnɪs] *n* inercia *f*.

inescapable [ˌɪnɪˈskeɪpəbl] *adj* ineludible.

inescapably [ˌɪnɪˈskeɪpəblɪ] *adv* ineludiblemente.

inessential [ˌɪnɪˈsenʃl] *adj*: **~ (to)** innecesario(ria) (para).

inestimable [ɪnˈestɪməbl] *adj fml* inestimable.

inevitability [ɪnˌevɪtəˈbɪlətɪ] *n* inevitabilidad *f*.

inevitable [ɪnˈevɪtəbl] ◇ *adj* inevitable. ◇ *n*: **the ~** lo inevitable.

inevitably [ɪnˈevɪtəblɪ] *adv* inevitablemente.

inexact [ˌɪnɪgˈzækt] *adj* inexacto(ta).

inexactitude [ˌɪnɪgˈzæktɪtjuːd] *n* inexactitud *f*.

inexcusable [ˌɪnɪkˈskjuːzəbl] *adj* inexcusable, imperdonable.

inexcusably [ˌɪnɪkˈskjuːzəblɪ] *adv*: **~ rude** de una grosería imperdonable; **he behaved quite ~ at the party** su comportamiento en la fiesta es inexcusable.

inexhaustible [ˌɪnɪgˈzɔːstəbl] *adj* inagotable.

inexorable [ɪnˈeksərəbl] *adj* inexorable.

inexorably [ɪnˈeksərəblɪ] *adv* inexorablemente.

inexpensive [ˌɪnɪkˈspensɪv] *adj* económico(ca), barato(ta).

inexpensively [ˌɪnɪkˈspensɪvlɪ] *adv* [sell] a un precio reducido; [live] con pocos gastos.

inexperience [ˌɪnɪkˈspɪərɪəns] *n* inexperiencia *f*.

inexperienced [ˌɪnɪkˈspɪərɪənst] *adj* inexperto(ta).

inexpert [ɪnˈekspɜːt] *adj* inexperto(ta).

inexplicable [ˌɪnɪkˈsplɪkəbl] *adj* inexplicable.

inexplicably [ˌɪnɪkˈsplɪkəblɪ] *adv* inexplicablemente.

inexplicit [ˌɪnɪkˈsplɪsɪt] *adj* no explícito (no explícita), vago(ga).

inexpressible [ˌɪnɪkˈspresəbl] *adj* inexpresable, indecible.

inexpressive [ˌɪnɪkˈspresɪv] *adj* inexpresivo(va).

inextinguishable [ˌɪnɪkˈstɪŋgwɪʃəbl] *adj* inextinguible, inapagable.

in extremis [ˌɪnɪkˈstriːmɪs] *adv* in extremis.

inextricable [ˌɪnɪkˈstrɪkəbl] *adj* inextricable.

inextricably [ˌɪnɪkˈstrɪkəblɪ] *adv* indisolublemente, inseparablemente.

infallibility [ɪnˌfæləˈbɪlətɪ] *n* infalibilidad *f*.

infallible [ɪnˈfæləbl] *adj* infalible.

infamous [ˈɪnfəməs] *adj* infame.

infamy [ˈɪnfəmɪ] *n fml* infamia *f*.

infancy [ˈɪnfənsɪ] *n* **- 1.** [early childhood] primera infancia *f*;

to be in its ~ *fig* dar sus primeros pasos. **- 2.** JUR minoría *f* de edad.

infant ['ɪnfənt] *n* **- 1.** [baby] bebé *m.* **- 2.** [young child] niño pequeño *m*, niña pequeña *f.* **- 3.** *Br* SCH párvulo *entre los cinco y siete años de edad.* **- 4.** JUR menor *mf* de edad.

infanticide [ɪn'fæntɪsaɪd] *n* **- 1.** [act] infanticidio *m.* **- 2.** [person] infanticida *mf.*

infantile ['ɪnfəntaɪl] *adj* infantil.

infantile paralysis *n* parálisis *f inv* infantil.

infantilism [ɪn'fæntɪlɪzm] *n* infantilismo *m.*

infant mortality *n* mortalidad *f* infantil.

infant prodigy *n* niño *m*, -ña *f* prodigio.

infantry ['ɪnfəntrɪ] *n* infantería *f.*

infantryman ['ɪnfəntrɪmən] (*pl* **infantrymen** [-mən]) *n* soldado *m* de infantería.

infant school *n Br* colegio infantil *para niños de edades comprendidas entre los cinco y siete años.*

infarct [ɪn'fɑːkt] *n* infarto *m.*

infatuated [ɪn'fætjʊeɪtɪd] *adj:* ~ **(with)** encaprichado(da) (con).

infatuation [ɪn,fætjʊ'eɪʃn] *n:* ~ **(with)** encaprichamiento *m* (con).

infeasible [ɪn'fiːzəbl] *adj* no factible, impracticable.

infect [ɪn'fekt] *vt* **- 1.** [wound] infectar; **to** ~ **sb (with sthg)** contagiar a alguien (algo). **- 2.** *fig* [spread to] contagiar.

infected [ɪn'fektɪd] *adj:* ~ **(with)** [wound] infectado(da) (de); [patient] contagiado(da) (de).

infection [ɪn'fekʃn] *n* **- 1.** [disease] infección *f.* **- 2.** *(U)* [spreading of germs] contagio *m.*

infectious [ɪn'fekʃəs] *adj lit & fig* contagioso(sa).

infectious hepatitis *n (U)* hepatitis *f inv* infecciosa.

infectious mononucleosis *n (U)* mononucleosis *f inv* infecciosa.

infelicitous [ɪnfɪ'lɪsɪtəs] *adj literary* infeliz.

infelicity [ɪnfɪ'lɪsɪtɪ] *n fml* **- 1.** [blunder] desacierto *m.* **- 2.** [unsuitability] inoportunidad *f.*

infer [ɪn'fɜː'] (*pt & pp* **inferred**, *cont* **inferring**) *vt* **- 1.** [deduce]: **to** ~ **(that)** deducir OR inferir que; **to** ~ **sthg (from sthg)** deducir OR inferir algo (de algo). **- 2.** *inf* [imply] insinuar, sugerir.

inferable [ɪn'fɜːrəbl] *adj* que puede inferirse, deducible.

inference ['ɪnfərəns] *n* **- 1.** [conclusion] conclusión *f.* **- 2.** [deduction]: **by** ~ por deducción.

inferential [ɪnfə'renʃl] *adj* que se infiere, que se deduce.

inferior [ɪn'fɪərɪə'] *adj* **- 1.** [gen]: ~ **(to)** inferior (a). **- 2.** TYPO: ~ **character** subíndice *m.* **- 3.** BOT: ~ **ovary** ovario *m* ínfero. *n* [in status] inferior *mf.*

inferiority [ɪn,fɪərɪ'ɒrətɪ] *n* inferioridad *f.*

inferiority complex *n* complejo *m* de inferioridad.

infernal [ɪn'fɜːnl] *adj* **- 1.** *inf dated* [awful] infernal. **- 2.** [of hell] infernal.

inferno [ɪn'fɜːnəʊ] (*pl* **infernos**) *n* infierno *m.*

infertile [ɪn'fɜːtaɪl] *adj* estéril.

infertility [ɪnfə'tɪlətɪ] *n* esterilidad *f.*

infest [ɪn'fest] *vt* infestar, plagar.

infestation [ɪnfe'steɪʃn] *n* plaga *f.*

infested [ɪn'festɪd] *adj:* ~ **with** infestado(da) de.

infibulation [ɪn,fɪbjʊ'leɪʃn] *n* infibulación *f.*

infidel ['ɪnfɪdəl] *n* infiel *mf.* *adj* infiel, incrédulo(la).

infidelity [ɪnfɪ'delətɪ] *n* [of partner] infidelidad *f.*

infield ['ɪnfiːld] *n* **- 1.** [in cricket, baseball] cuadro *m* OR diamante *m* interior. **- 2.** [of race track] campo *m* interior.

infighting ['ɪnfaɪtɪŋ] *n (U)* disputas *fpl* internas.

infill ['ɪnfɪl] *vt* rellenar. *n* material *m* de relleno.

infiltrate ['ɪnfɪltreɪt] *vt* infiltrar. *vi:* **to** ~ **into sthg** infiltrarse en algo.

infiltration [ɪnfɪl'treɪʃn] *n* infiltración *f.*

infinite ['ɪnfɪnət] *adj* infinito(ta); **with** ~ **care** con muchísimo cuidado.

infinitely ['ɪnfɪnətlɪ] *adv* infinitamente.

infinitesimal [ɪnfɪnɪ'tesɪml] *adj* infinitesimal.

infinitive [ɪn'fɪnɪtɪv] *n* infinitivo *m.*

infinitude [ɪn'fɪnɪtjuːd] *n fml* infinitud *f.*

infinity [ɪn'fɪnətɪ] *n* infinito *m.*

infirm [ɪn'fɜːm] *adj* achacoso(sa). *npl:* **the** ~ los enfermos.

infirmary [ɪn'fɜːmərɪ] (*pl* **infirmaries**) *n* **- 1.** [hospital] hospital *m.* **- 2.** [room] enfermería *f.*

infirmity [ɪn'fɜːmətɪ] (*pl* **infirmities**) *n* **- 1.** [illness] dolencia *f.* **- 2.** [state] enfermedad *f.*

infix [*vb* ɪn'fɪks, *n* 'ɪnfɪks] *vt* **- 1.** [instil] inculcar, infundir. **- 2.** LING insertar como infijo. *n* LING infijo *m.*

inflame [ɪn'fleɪm] *vt* **- 1.** [arouse] inflamar, avivar. **- 2.** MED inflamar. *vi* **- 1.** [person] acalorarse. **- 2.** MED inflamarse.

inflamed [ɪn'fleɪmd] *adj* MED inflamado(da).

inflammable [ɪn'flæməbl] *adj* [burning easily] inflamable.

inflammation [ɪnflə'meɪʃn] *n* MED inflamación *f.*

inflammatory [ɪn'flæmətrɪ] *adj* **- 1.** [speech, propaganda] incendiario(ria). **- 2.** MED inflamatorio(ria).

inflatable [ɪn'fleɪtəbl] *adj* inflable, hinchable.

inflate [ɪn'fleɪt] *vt* **- 1.** [gen] inflar, hinchar. **- 2.** ECON inflar, aumentar.

inflated [ɪn'fleɪtɪd] *adj* **- 1.** [gen] inflado(da), hinchado(da). **- 2.** ECON [prices] inflacionístico(ca).

inflation [ɪn'fleɪʃn] *n* ECON inflación *f.*

inflationary [ɪn'fleɪʃnrɪ] *adj* ECON inflacionario(ria), inflacionista.

inflationist [ɪn'fleɪʃənɪst] *adj* inflacionista.

inflation-proof *adj* que no se ve afectado(da) por la inflación.

inflect [ɪn'flekt] *vt* **- 1.** LING [verb] conjugar; [noun, pronoun, adjective] declinar; ~**ed form** forma *f* flexionada. **- 2.** [tone, voice] dar una inflexión a. **- 3.** [curve] doblar, torcer. *vi* tomar desinencias.

inflection [ɪn'flekʃn] *n* inflexión *f.*

inflectional [ɪn'flekʃənl] *adj* inflexional.

inflexibility [ɪn,fleksə'bɪlətɪ] *n* inflexibilidad *f.*

inflexible [ɪn'fleksəbl] *adj* **- 1.** [material, person, attitude] inflexible. **- 2.** [decision, arrangement] fijo(ja).

inflexion [ɪn'flekʃn] *n Br* = **inflection**.

inflict [ɪn'flɪkt] *vt:* **to** ~ **sthg on sb** infligir algo a alguien.

infliction [ɪn'flɪkʃn] *n* **- 1.** [act] imposición *f.* **- 2.** [punishment] castigo *m.*

in-flight *adj* [services] a bordo; [refuelling] en vuelo; ~ **meals** comidas *fpl* servidas a bordo.

inflow ['ɪnfləʊ] *n* afluencia *f.*

influence ['ɪnflʊəns] *n:* ~ **(on** OR **over sb)** influencia *f* (sobre alguien); ~ **on sthg** influencia en algo; **under the** ~ **of** [person, group] bajo la influencia de; [alcohol, drugs] bajo los efectos de; **to have** ~ ser influyente; **a man of** ~ un hombre influyente; **to be an important** ~ **on** tener mucha influencia sobre. *vt* influir en; **to be easily** ~**d** dejarse influir fácilmente.

influential [ɪnflʊ'enʃl] *adj* influyente.

influenza [ɪnflʊ'enzə] *n fml* gripe *f.*

influx ['ɪnflʌks] *n* afluencia *f.*

info ['ɪnfəʊ] *n (U) inf* información *f.*

inform [ɪn'fɔːm] *vt:* **to** ~ **sb (of/about sthg)** informar a alguien (de/sobre algo); **to keep sb** ~**ed** tener a alguien al corriente.

◆ **inform on** *vt fus* delatar.

informal [ɪn'fɔːml] *adj* [gen] informal; [language] familiar.

informality [ɪnfɔː'mælətɪ] *n* [gen] informalidad *f*; [of language] familiaridad *f.*

informally [ɪn'fɔːmәlɪ] *adv* de manera informal.

informant [ɪn'fɔːmənt] *n* **- 1.** [informer] confidente *mf*, delator *m*, -ra *f.* **- 2.** [of researcher] fuente *f* de información (*persona*).

information [ˌɪnfəˈmeɪʃn] *n (U):* ~ **(on** OR **about)** información *f* OR datos *mpl* (sobre); **a piece of** ~ un dato; **for your** ~ para tu información.

information desk *n* (mostrador *m* de) información *f*.

information office *n* oficina *f* de información.

information retrieval *n* recuperación *f* OR búsqueda *f* de información.

information superhighway *n* autopista *f* de la información.

information technology *n* informática *f*.

information theory *n* teoría *f* de la información.

informative [ɪnˈfɔːmətɪv] *adj* informativo(va).

informed [ɪnˈfɔːmd] *adj* informado(da); ~ **guess** conjetura *f* bien fundada.

informer [ɪnˈfɔːməʳ] *n* confidente *mf*, delator *m*, -ra *f*.

infraction [ɪnˈfrækʃn] *n fml* infracción *f*, violación *f*.

infra dig [ˌɪnfrəˈdɪg] *adj inf* degradante.

infrangible [ɪnˈfrændʒəbl] *adj* infrangible.

infrared [ˌɪnfrəˈred] *adj* infrarrojo(ja).

infrastructure [ˈɪnfrəˌstrʌktʃəʳ] *n* infraestructura *f*.

infrequency [ɪnˈfriːkwənsɪ], **infrequence** [ɪnˈfriːkwəns] *n* poca frecuencia *f*.

infrequent [ɪnˈfriːkwənt] *adj* infrecuente.

infrequently [ɪnˈfriːkwəntlɪ] *adv* raramente, raras veces.

infringe [ɪnˈfrɪndʒ] *(cont* **infringeing)** ◇ *vt* infringir, vulnerar. ◇ *vi:* **to** ~ **on sthg** infringir OR vulnerar algo.

infringement [ɪnˈfrɪndʒmənt] *n* violación *f*, transgresión *f*.

infuriate [ɪnˈfjʊərɪeɪt] *vt* enfurecer, exasperar.

infuriating [ɪnˈfjʊərɪeɪtɪŋ] *adj* exasperante.

infuriatingly [ɪnˈfjʊərɪeɪtɪŋlɪ] *adv:* ~ **stubborn** de una tozudez exasperante.

infuse [ɪnˈfjuːz] ◇ *vt* **- 1.** [inspire]: **to** ~ **sb with sthg** infundir algo a alguien. **- 2.** CULIN hacer una infusión de. ◇ *vi* reposar *(una infusión).*

infusion [ɪnˈfjuːʒn] *n* infusión *f*.

ingenious [ɪnˈdʒiːnjəs] *adj* ingenioso(sa).

ingeniously [ɪnˈdʒiːnjəslɪ] *adv* ingeniosamente, de un modo ingenioso.

ingénue [ˈænʒeɪˈnjuː] *n* joven ingenua *f*.

ingenuity [ˌɪndʒɪˈnjuːətɪ] *n* ingenio *m*, inventiva *f*.

ingenuous [ɪnˈdʒenjʊəs] *adj* ingenuo(nua).

ingenuously [ɪnˈdʒenjʊəslɪ] *adv* ingenuamente, con ingenuidad.

ingest [ɪnˈdʒest] *vt fml* ingerir.

ingestion [ɪnˈdʒestʃn] *n fml* ingestión *f*.

inglenook [ˈɪŋglnʊk] *n* rincón *m* de la chimenea; ~ **fireplace** chimenea grande y antigua.

inglorious [ɪnˈglɔːrɪəs] *adj* [shameful] vergonzoso(sa).

ingoing [ˈɪnˌgəʊɪŋ] *adj* [tenant, president] entrante.

ingot [ˈɪŋgət] *n* lingote *m*.

ingrain [ˌɪnˈgreɪn] *vt* [instil] inculcar.

ingrained [ˌɪnˈgreɪnd] *adj* **- 1.** [ground in] incrustado(da); ~ **dirt** roña *f*. **- 2.** [deeply rooted] arraigado(da).

ingratiate [ɪnˈgreɪʃɪeɪt] *vt:* **to** ~ **o.s. with sb** congraciarse con alguien.

ingratiating [ɪnˈgreɪʃɪeɪtɪŋ] *adj* obsequioso(sa), lisonjero(ra).

ingratitude [ɪnˈgrætɪtjuːd] *n* ingratitud *f*.

ingredient [ɪnˈgriːdjənt] *n* ingrediente *m*.

in-group *n* grupo *m* de iniciados.

ingrowing [ˈɪnˌgrəʊɪŋ], **ingrown** [ˈɪnˌgrəʊn] *adj* encarnado(da).

ingrowth [ˈɪnˌgrəʊθ] *n* crecimiento *m* hacia adentro.

inhabit [ɪnˈhæbɪt] *vt* habitar.

inhabitable [ɪnˈhæbɪtəbl] *adj* habitable.

inhabitant [ɪnˈhæbɪtənt] *n* habitante *mf*.

inhabitation [ɪnˌhæbɪˈteɪʃn] *n* habitación *f*.

inhabited [ɪnˈhæbɪtɪd] *adj* habitado(da).

inhalation [ˌɪnhəˈleɪʃn] *n* inhalación *f*.

inhalator [ˈɪnhəleɪtəʳ] *n* = **inhaler**.

inhale [ɪnˈheɪl] ◇ *vt* inhalar. ◇ *vi* [gen] inspirar; [smoker] tragarse el humo.

inhaler [ɪnˈheɪləʳ] *n* MED inhalador *m*.

inhere [ɪnˈhɪəʳ] *vi fml* ser inherente.

inherence [ɪnˈhɪərəns, ɪnˈherəns], **inherency** [ɪnˈhɪərənsɪ, ɪnˈherənsɪ] *n fml* inherencia *f*.

inherent [ɪnˈhɪərənt, ɪnˈherənt] *adj:* ~ **(in)** inherente (a).

inherently [ɪnˈhɪərəntlɪ, ɪnˈherəntlɪ] *adv* intrínsecamente.

inherit [ɪnˈherɪt] ◇ *vt:* **to** ~ **sthg (from sb)** heredar algo (de alguien). ◇ *vi* heredar.

inheritable [ɪnˈherɪtəbl] *adj* heredable, transmisible.

inheritance [ɪnˈherɪtəns] *n* herencia *f*; **to claim sthg by right of** ~ reclamar algo haciendo valer el derecho de sucesión.

inheritance tax *n* impuesto *m* sobre sucesiones OR herencias.

inheritor [ɪnˈherɪtəʳ] *n* heredero *m*, -ra *f*.

inhibit [ɪnˈhɪbɪt] *vt* [restrict] impedir.

inhibited [ɪnˈhɪbɪtɪd] *adj* [repressed, reserved] cohibido(da), reservado(da).

inhibiting [ɪnˈhɪbɪtɪŋ] *adj* inhibidor(ra).

inhibition [ˌɪnhɪˈbɪʃn] *n* inhibición *f*.

inhibitive [ɪnˈhɪbɪtɪv] *adj* inhibitorio(ria).

inhibitor [ɪnˈhɪbɪtəʳ] *n* inhibidor *m*.

inhospitable [ˌɪnhɒˈspɪtəbl] *adj* **- 1.** [unwelcoming] inhospitalario(ria). **- 2.** [harsh] inhóspito(ta).

in-house ◇ *adj* [journal, report] de circulación interna; [staff] de plantilla; ~ **training** formación *f* a cargo de la empresa OR en la empresa. ◇ *adv* en la oficina.

inhuman [ɪnˈhjuːmən] *adj* **- 1.** [cruel] inhumano(na). **- 2.** [not human] infrahumano(na).

inhumane [ˌɪnhjuːˈmeɪn] *adj* inhumano(na).

inhumanity [ˌɪnhjuːˈmænətɪ] *n* **- 1.** [quality] falta *f* de humanidad, inhumanidad *f*. **- 2.** [act] atrocidad *f*, brutalidad *f*.

inhumation [ˌɪnhjuːˈmeɪʃn] *n fml* inhumación *f*.

inhume [ɪnˈhjuːm] *vt fml* inhumar.

inimical [ɪˈnɪmɪkl] *adj fml:* ~ **(to)** contrario(ria) (a), adverso(sa) (a).

inimitable [ɪˈnɪmɪtəbl] *adj* inimitable.

iniquitous [ɪˈnɪkwɪtəs] *adj fml* inicuo(cua).

iniquity [ɪˈnɪkwətɪ] *(pl* **iniquities)** *n fml* iniquidad *f*.

initial [ɪˈnɪʃl] *(Br pt & pp* **initialled,** *cont* **initialling,** *Am pt & pp* **initialed,** *cont* **initialing)** ◇ *adj* inicial. ◇ *vt* poner las iniciales a.

◆ **initials** *npl* [of person] iniciales *fpl*.

initialize, -ise [ɪˈnɪʃəlaɪz] *vt* COMPUT inicializar.

initially [ɪˈnɪʃəlɪ] *adv* inicialmente.

initiate [*vb* ɪˈnɪʃɪeɪt, *n* ɪˈnɪʃɪət] ◇ *vt* **- 1.** [person] iniciar; **to** ~ **sb into sthg** iniciar a alguien en algo. **- 2.** [talks, debate] iniciar. ◇ *n* iniciado *m*, -da *f*.

initiation [ɪˌnɪʃɪˈeɪʃn] ◇ *n* iniciación *f*. ◇ *comp:* ~ **ceremony** ceremonia *f* de iniciación, rito *m* iniciático.

initiative [ɪˈnɪʃətɪv] *n* iniciativa *f*; **to have/take the** ~ llevar/tomar la iniciativa; **to use one's** ~ hacer (uno) uso de su propia iniciativa; **on one's own** ~ por iniciativa propia.

initiator [ɪˈnɪʃɪeɪtəʳ] *n* iniciador *m*, -ra *f*.

inject [ɪnˈdʒekt] *vt* **- 1.** MED: **to** ~ **sb with sthg, to** ~ **sthg into sb** inyectar algo a alguien. **- 2.** [life, excitement etc]: **to** ~ **sthg into sthg** infundir algo a algo. **- 3.** [funds, capital]: **to** ~ **sthg into sthg** inyectar algo en OR a algo.

injection [ɪnˈdʒekʃn] ◇ *n* inyección *f*. ◇ *comp:* ~ **moulding** moldeo *m* por inyección.

injudicious [ˌɪndʒuːˈdɪʃəs] *adj fml* imprudente, poco juicioso (poco juiciosa).

injunction [ɪnˈdʒʌŋkʃn] *n* requerimiento *m* judicial, interdicto *m*.

injure ['ɪndʒəʳ] *vt* [gen] herir; [reputation] dañar; [chances] perjudicar; **to** ~ **o.s.** lesionarse, hacerse daño.

injured ['ɪndʒəd] ◇ *adj* [gen] herido(da); [reputation] dañado(da); **the** ~ **party** JUR la parte perjudicada. ◇ *npl*: **the** ~ los heridos.

injurious [ɪn'dʒʊərɪəs] *adj* - **1.** *fml* [detrimental]: ~ **(to)** pernicioso(sa) (para). - **2.** [offensive] injurioso(sa).

injury ['ɪndʒərɪ] (*pl* **injuries**) *n* - **1.** *(U)* [physical harm] lesiones *fpl*. - **2.** [wound] lesión *f*; **to do o.s. an** ~ hacerse daño. - **3.** [to pride, reputation] agravio *m*. - **4.** JUR daño *m*, perjuicio *m*.

injury time *n (U)* (tiempo *m* de) descuento *m*.

injustice [ɪn'dʒʌstɪs] *n* injusticia *f*; **to do sb an** ~ no hacerle justicia a alguien.

ink [ɪŋk] ◇ *n* tinta *f*. ◇ *comp* de tinta; ~ **drawing** dibujo *m* a tinta.

◆ **ink in** *vt sep* repasar con tinta.

inkblot ['ɪŋkblɒt] ◇ *n* mancha *f* de tinta. ◇ *comp*: ~ **test** prueba *f* Rorschach.

ink-jet printer *n* COMPUT impresora *f* de chorro de tinta.

inkling ['ɪŋklɪŋ] *n*: **to have an** ~ **of sthg** tener una vaga idea de algo; **to have an** ~ **that** tener la vaga idea de que.

inkpad ['ɪŋkpæd] *n* tampón *m*, almohadilla *f*.

ink pen *n* pluma *f* estilográfica.

inkpot ['ɪŋkpɒt] *n* tintero *m*.

inkstand ['ɪŋkstænd] *n* escribanía *f*.

inkwell ['ɪŋkwel] *n* tintero *m*.

inky ['ɪŋkɪ] (*compar* **inkier**, *superl* **inkiest**) *adj* - **1.** [ink-stained] manchado(da) de tinta. - **2.** [dark] negro(gra), oscuro(ra).

inlaid [ɪn'leɪd] *adj* incrustado(da); ~ **with** [jewels] con incrustaciones de.

inland [*adj* 'ɪnlənd, *adv* ɪn'lænd] ◇ *adj* - **1.** [not coastal] interior; ~ **waterways** vías *fpl* de navegación fluvial; ~ **navigation** navegación *f* fluvial. - **2.** *Br* [not foreign]: ~ **mail** correo *m* nacional. ◇ *adv* hacia el interior.

inlander ['ɪnləndəʳ] *n* habitante *mf* del interior.

Inland Revenue ['ɪnlənd-] *n Br*: **the** ~ ≃ Hacienda *f*.

in-laws *npl inf* suegros *mpl*.

inlay [*vb* 'ɪnleɪ, *n* ,ɪn'leɪ] (*pt & pp* **inlaid**) ◇ *n* incrustación *f*, taracea *f*. ◇ *vt* incrustar, taracear.

inlet ['ɪnlet] *n* - **1.** [stretch of water] entrante *m*. - **2.** [opening] entrada *f*, admisión *f*.

in-line *adj* en línea, en serie.

in loco parentis [ɪn,ləʊkəʊpə'rentɪs] *adv*: **to act** ~ actuar en nombre de los padres.

inmate ['ɪnmeɪt] *n* [of prison] preso *m*, -sa *f*; [of mental hospital] interno *m*, -na *f*.

in memoriam [,ɪnmɪ'mɔːrɪəm] *prep* [on gravestone] in memóriam.

inmost ['ɪnməʊst] *adj literary* [deepest] más íntimo (más íntima), más profundo (más profunda).

inn [ɪn] *n* [offering board and lodging] fonda *f*; [pub] pub decorado a la vieja usanza.

innards ['ɪnədz] *npl inf* tripas *fpl*.

innate [ɪ'neɪt] *adj* innato(ta).

inner ['ɪnəʳ] *adj* - **1.** [gen] interior. - **2.** [feelings] íntimo(ma); [fears, doubts, meaning] interno(na). - **3.** [privileged]: ~ **circle** esfera *f* de mayor influencia.

inner city ◇ *n* núcleo *m* urbano deprimido. ◇ *comp* de los núcleos urbanos deprimidos.

inner ear *n* oído *m* interno.

innermost ['ɪnəməʊst] *adj* = **inmost**.

inner tube *n* cámara *f* (de aire).

innings ['ɪnɪŋz] (*pl inv*) *n Br* [in cricket] entrada *f*, turno *m*; **to have had a good** ~ *fig* haber tenido una vida larga y provechosa.

innkeeper ['ɪn,kiːpəʳ] *n* posadero *m*, -ra *f*, mesonero *m*, -ra *f*.

innocence ['ɪnəsəns] *n* inocencia *f*.

innocent ['ɪnəsənt] ◇ *adj*: ~ **(of)** inocente (de). ◇ *n* [naive person] inocente *mf*.

innocently ['ɪnəsəntlɪ] *adv* inocentemente, con inocencia.

innocuous [ɪ'nɒkjʊəs] *adj* inocuo(cua), inofensivo(va).

innovate ['ɪnəveɪt] *vt & vi* innovar.

innovation [,ɪnə'veɪʃn] *n* innovación *f*.

innovative ['ɪnəvətɪv] *adj* innovador(ra).

innovator ['ɪnəveɪtəʳ] *n* innovador *m*, -ra *f*.

Inns of Court *n pl Br* JUR: **the** ~ *nombre genérico de cuatro asociaciones privadas de abogados cuyas sedes se encuentran en el barrio londinense del mismo nombre.*

innuendo [,ɪnjuː'endəʊ] (*pl* **innuendoes** OR **innuendos**) *n* - **1.** [individual remark] insinuación *f*, indirecta *f*. - **2.** *(U)* [style of speaking] insinuaciones *fpl*, indirectas *fpl*.

innumerable [ɪ'njuːmərəbl] *adj* innumerable.

innumerate [ɪ'njuːmərət] *adj* que no sabe realizar operaciones matemáticas elementales.

inobservance [,ɪnəb'zɜːvəns] *n* - **1.** [lack of attention] falta *f* de atención. - **2.** [of law, custom] inobservacia *f*.

inobservant [,ɪnəb'zɜːvənt] *adj* - **1.** [inattentive] desatento(ta), distraído(da). - **2.** [of law, custom] inobservante.

inoculant [ɪ'nɒkjʊlənt] *n* sustancia *f* que se inocula.

inoculate [ɪ'nɒkjʊleɪt] *vt*: **to** ~ **sb (against sthg)** vacunar a alguien (contra algo); **to** ~ **sb with sthg** inocular algo a alguien.

inoculation [ɪ,nɒkjʊ'leɪʃn] *n* vacuna *f*.

inodorous [ɪn'əʊdərəs] *adj* inodoro(ra).

inoffensive [,ɪnə'fensɪv] *adj* inofensivo(va).

inoperable [ɪn'ɒprəbl] *adj* - **1.** MED inoperable. - **2.** *fml* [unworkable] impracticable.

inoperative [ɪn'ɒprətɪv] *adj* - **1.** [rule, tax etc] en suspenso. - **2.** [machine] que no funciona.

inopportune [ɪn'ɒpətjuːn] *adj fml* inoportuno(na).

inordinate [ɪn'ɔːdɪnət] *adj* desmesurado(da), desmedido(da).

inordinately [ɪn'ɔːdɪnətlɪ] *adv* desmesuradamente, de forma desmedida.

inorganic [,ɪnɔː'gænɪk] *adj* inorgánico(ca).

in-patient *n* paciente interno *m*, paciente interna *f*.

inphase ['ɪn,feɪz] *adj* de la misma fase, en fase.

input ['ɪnpʊt] (*pt & pp* **input** OR **inputted**, *cont* **inputting**) ◇ *n* - **1.** [contribution] aportación *f*, contribución *f*. - **2.** COMPUT entrada *f*. ◇ *vt* COMPUT entrar.

input/output *n* COMPUT entrada/salida *f*.

inquest ['ɪnkwest] *n* investigación *f* judicial.

inquire [ɪn'kwaɪəʳ] ◇ *vi* [ask for information] informarse, pedir información; **to** ~ **about sthg** informarse de algo; '~ **within**' 'razón aquí'. ◇ *vt*: **to** ~ **when/if/how...** preguntar cuándo/si/cómo...

◆ **inquire after** *vt fus* preguntar por.

◆ **inquire into** *vt fus* investigar.

inquirer [ɪn'kwaɪərəʳ] *n* investigador *m*, -ra *f*.

inquiring [ɪn'kwaɪərɪŋ] *adj* - **1.** [mind] inquieto(ta), lleno(na) de curiosidad. - **2.** [look, tone] inquisitivo(va).

inquiringly [ɪn'kwaɪərɪŋlɪ] *adv* de un modo inquisitivo.

inquiry [*Br* ɪn'kwaɪərɪ, *Am* 'ɪnkwərɪ] (*pl* **inquiries**) *n* - **1.** [question] pregunta *f*; **'Inquiries'** 'Información'. - **2.** [investigation] investigación *f*; **to hold an** ~ **(into)** emprender una investigación (sobre).

inquiry desk *n* (mostrador *m* de) información *f*.

inquisition [,ɪnkwɪ'zɪʃn] *n* interrogatorio *m*.

◆ **Inquisition** *n*: **the Inquisition** la Inquisición.

inquisitive [ɪn'kwɪzətɪv] *adj* curioso(sa).

inquisitively [ɪn'kwɪzətɪvlɪ] *adv* [curiously] con curiosidad; *pej* [nosily] con indiscreción.

inquisitiveness [ɪn'kwɪzətɪvnɪs] *n* curiosidad *f*.

inquisitor [ɪn'kwɪzɪtəʳ] *n* HIST inquisidor *m*.

inroads ['ɪnrəʊdz] *npl*: **to make** ~ **into** [savings, supplies] mermar; [market, enemy territory] abrirse paso en.

inrush ['ɪnrʌʃ] *n* irrupción *f*.

insalubrious [ˌɪnsə'lu:brɪəs] *adj fml* [district, climate] insalubre.

insane [ɪn'seɪn] ◇ *adj* [mad] demente; *fig* [jealousy, person] loco(ca). ◇ *npl*: **the** ~ los enfermos mentales.

insanely [ɪn'seɪnlɪ] *adv* - **1.** [laugh, behave, talk] como un loco (como una loca), alocadamente. - **2.** [funny, rich] inmensamente; **he was** ~ **jealous** era celoso hasta un punto enfermizo.

insanitary [ɪn'sænɪtrɪ] *adj* insalubre, antihigiénico(ca).

insanity [ɪn'sænətɪ] *n* [madness] demencia *f*; *fig* [folly] locura *f*.

insatiable [ɪn'seɪʃəbl] *adj* insaciable.

inscribe [ɪn'skraɪb] *vt* - **1.** [engrave]: **to** ~ **sthg (on sthg)** inscribir algo (en algo); **she** ~**d the book with her name** inscribió su nombre en el libro. - **2.** [write]: **to** ~ **sthg in sthg** escribir algo en algo a modo de dedicatoria.

inscription [ɪn'skrɪpʃn] *n* - **1.** [engraved] inscripción *f*. - **2.** [written] dedicatoria *f*.

inscrutability [ɪnˌskru:tə'bɪlətɪ] *n* inescrutabilidad *f*.

inscrutable [ɪn'skru:təbl] *adj* inescrutable.

insect ['ɪnsekt] *n* insecto *m*.

insect bite *n* picadura *f* de insecto.

insecticide [ɪn'sektɪsaɪd] *n* insecticida *m*.

insectivorous [ˌɪnsek'tɪvərəs] *adj* insectívoro(ra).

insect repellent *n* loción *f* antiinsectos.

insecure [ˌɪnsɪ'kjʊər] *adj* - **1.** [not confident] inseguro(ra). - **2.** [not safe] poco seguro (poco segura).

insecurity [ˌɪnsɪ'kjʊərətɪ] *n* inseguridad *f*.

inseminate [ɪn'semɪneɪt] *vt* inseminar.

insemination [ɪnˌsemɪ'neɪʃn] *n* inseminación *f*.

inseminator [ɪn'semɪˌneɪtər] *n* inseminador *m*.

insensibility [ɪnˌsensə'bɪlətɪ] *n* - **1.** [unconsciousness] inconsciencia *f*. - **2.** [lack of feelings] insensibilidad *f*.

insensible [ɪn'sensəbl] *adj* - **1.** [unconscious] inconsciente. - **2.** [unaware]: **to be** ~ **of sthg** no ser consciente de algo. - **3.** [unable to feel]: **to be** ~ **to sthg** ser insensible a algo.

insensitive [ɪn'sensətɪv] *adj*: ~ **(to)** insensible (a).

insensitivity [ɪnˌsensə'tɪvətɪ] *n*: ~ **(to)** insensibilidad *f* (a).

insentient [ɪn'sentɪənt] *adj* inconsciente.

inseparability [ɪnˌseprə'bɪlətɪ] *n* inseparabilidad *f*.

inseparable [ɪn'seprəbl] *adj*: ~ **(from)** inseparable (de).

inseparably [ɪn'seprəblɪ] *adv* inseparablemente, de un modo inseparable.

insert [*vb* ɪn'sɜːt, *n* 'ɪnsɜːt] ◇ *vt*: **to** ~ **sthg (in** OR **into)** [hole] introducir algo (en); [text] insertar algo (en). ◇ *n* PRESS encarte *m*.

insertion [ɪn'sɜːʃn] *n* inserción *f*.

in-service training *n* Br formación *f* en horas de trabajo.

inset ['ɪnset] *n* - **1.** [in map, text] recuadro *m* (insertado en la esquina de otro de mayor tamaño). - **2.** [in newspaper, magazine] encarte *m*. - **3.** [in dress] entredós *m*.

inshore [*adj* 'ɪnʃɔːr, *adv* ɪn'ʃɔːr] ◇ *adj* costero(ra); ~ **wind** viento *m* del mar. ◇ *adv* hacia la orilla OR la costa.

inside [*prep & adv* ɪn'saɪd, *adj & n* 'ɪnsaɪd] ◇ *prep* dentro de; ~ **three months** en menos de tres meses. ◇ *adv* - **1.** [be, remain] dentro; [go, move etc] hacia dentro; *fig* [feel, hurt etc] interiormente; **blue outside and yellow** ~ azul por fuera y amarillo por dentro; **come** ~**!** ¡meteos dentro! - **2.** *prison sl* en chirona, en la cárcel. ◇ *adj* interior. ◇ *n* interior *m*; **from the** ~ desde dentro; **to overtake on the** ~ [driving on left] adelantar por la izquierda; [driving on right] adelantar por la derecha ☐ **someone on the** ~ *inf fig* alguien con acceso a información confidencial, alguien de dentro; ~ **out** [wrong way] al revés; **to know sthg** ~ **out** conocer algo de arriba abajo OR al dedillo.
◆ **insides** *npl inf* tripas *fpl*.
◆ **inside of** *prep* Am [building, object] dentro de.

inside information ['ɪnsaɪd-] *n (U)* información *f* confidencial.

inside job ['ɪnsaɪd-] *n inf* robo cometido con la ayuda de un empleado de la empresa o local allanados.

inside lane ['ɪnsaɪd-] *n* AUT [driving on left] carril *m* izquierdo; [driving on right] carril *m* de la derecha.

insider [ɪn'saɪdər] *n* persona *f* bien informada (dentro de una organización).

insider dealing, **insider trading** *n (U)* ST EX uso indebido de información privilegiada.

inside story ['ɪnsaɪd-] *n*: **one of the papers got the** ~ **on the scandal** un periódico consiguió información de primera mano sobre el escándalo.

insidious [ɪn'sɪdɪəs] *adj* insidioso(sa).

insidiousness [ɪn'sɪdɪəsnɪs] *n* insidia *f*.

insight ['ɪnsaɪt] *n* - **1.** *(U)* [power of understanding] perspicacia *f*, capacidad *f* de penetración. - **2.** [understanding] idea *f*.

insightful ['ɪnsaɪtful] *adj* perspicaz.

insignia [ɪn'sɪgnɪə] *(pl inv) n* insignias *fpl*.

insignificance [ˌɪnsɪg'nɪfɪkəns] *n* insignificancia *f*.

insignificant [ˌɪnsɪg'nɪfɪkənt] *adj* insignificante.

insincere [ˌɪnsɪn'sɪər] *adj* insincero(ra).

insincerely [ˌɪnsɪn'sɪəlɪ] *adv* de un modo poco sincero.

insincerity [ˌɪnsɪn'serətɪ] *n* insinceridad *f*.

insinuate [ɪn'sɪnjʊeɪt] *vt* - **1.** [imply]: **to** ~ **(that)** insinuar (que). - **2.** [introduce]: **to** ~ **o.s. into sthg** insinuarse en algo.

insinuating [ɪn'sɪnjʊˌeɪtɪŋ] *adj* insinuante, insinuador(ra).

insinuation [ɪnˌsɪnjʊ'eɪʃn] *n* insinuación *f*.

insipid [ɪn'sɪpɪd] *adj* soso(sa), insípido(da).

insist [ɪn'sɪst] ◇ *vt*: **to** ~ **that** insistir en que. ◇ *vi*: **to** ~ **(on doing sthg)** insistir (en hacer algo); **to** ~ **on sthg** exigir algo.

insistence [ɪn'sɪstəns] *n* insistencia *f*; ~ **on sthg/on doing sthg** empeño *m* en algo/en hacer algo.

insistent [ɪn'sɪstənt] *adj* - **1.** [determined] insistente; **to be** ~ **on sthg** insistir en algo. - **2.** [continual] persistente.

insistently [ɪn'sɪstəntlɪ] *adv* insistentemente, con insistencia.

in situ [ˌɪn'sɪtjuː] *adv* [repairs etc] a domicilio.

insofar [ˌɪnsəʊ'fɑːr] ◆ **insofar as** *conj* en la medida en que.

insole ['ɪnsəʊl] *n* plantilla *f*.

insolence ['ɪnsələns] *n* insolencia *f*.

insolent ['ɪnsələnt] *adj* insolente.

insolently ['ɪnsələntlɪ] *adv* con insolencia, de un modo insolente.

insolubility [ɪnˌsɒljʊ'bɪlətɪ] *n* insolubilidad *f*.

insoluble Br [ɪn'sɒljʊbl], **insolvable** Am [ɪn'sɒlvəbl] *adj* insoluble.

insolvency [ɪn'sɒlvənsɪ] *n* insolvencia *f*.

insolvent [ɪn'sɒlvənt] *adj* insolvente.

insomnia [ɪn'sɒmnɪə] *n* insomnio *m*.

insomniac [ɪn'sɒmnɪæk] *n* insomne *mf*.

insomuch [ˌɪnsəʊ'mʌtʃ] ◆ **insomuch as** *conj* en la medida en que.

insouciance [ɪn'suːsjəns] *n (U) fml* despreocupación *f*.

inspect [ɪn'spekt] *vt* - **1.** [gen] inspeccionar. - **2.** MIL pasar revista a.

inspection [ɪn'spekʃn] *n* - **1.** [gen] inspección *f*. - **2.** MIL revista *f*.

inspector [ɪn'spektər] *n* [gen] inspector *m*, -ra *f*; [on bus, train] revisor *m*, -ra *f*.

inspectorate [ɪn'spektərət] *n* [body of inspectors] cuerpo *m* de inspectores, inspección *f*; [duties] cargo *m* de inspector.

inspector general (*pl* **inspectors general**) *n* inspector *m*, -ra *f* general.

inspector of taxes *n* ≃ inspector *m*, -ra *f* de Hacienda.

inspiration [ˌɪnspə'reɪʃn] *n* - **1.** [gen] inspiración *f*. - **2.**

[source of inspiration]: ~ **(for)** fuente *f* de inspiración (para); **to be an ~ to sb** servir de inspiración OR de ejemplo a alguien.

inspirational [,ɪnspə'reɪʃənl] *adj* inspirador(ra).

inspire [ɪn'spaɪəʳ] *vt* - **1.** [stimulate, encourage]: **to ~ sb (to do sthg)** alentar OR animar a alguien (a hacer algo); **to be ~d by** estar inspirado(da) por. - **2.** [fill]: **to ~ sb with sthg, to ~ sthg in sb** inspirar algo a alguien.

inspired [ɪn'spaɪəd] *adj* inspirado(da); **to make an ~ guess** acertar OR adivinar por casualidad.

inspiring [ɪn'spaɪərɪŋ] *adj* [stimulating, exciting] inspirador(ra).

inst. (*abbr of* **instant**) cte.; **on the 4th ~** el 4 del cte.

instability [,ɪnstə'bɪlətɪ] *n* inestabilidad *f*.

install *Br*, **instal** *Am* [ɪn'stɔːl] *vt* - **1.** [gen & COMPUT] instalar. - **2.** [appoint]: **to ~ sb (as)** investir a alguien (con el cargo de). - **3.** [settle]: **to ~ o.s. in front of the fire** instalarse frente al fuego; **to ~ o.s. in an armchair** instalarse en un sillón.

installation [,ɪnstə'leɪʃn] *n* [gen & COMPUT] instalación *f*.

installment *n Am* = **instalment**.

installment plan *n Am* compra *f* a plazos.

instalment *Br*, **installment** *Am* [ɪn'stɔːlmənt] *n* - **1.** [payment] plazo *m*, abono *m* Amér; **in ~s** a plazos; **monthly ~** mensualidad *f*. - **2.** TV & RADIO episodio *m*; [of novel] entrega *f*.

instance ['ɪnstəns] *n* - **1.** [example, case] ejemplo *m*; **for ~** por ejemplo; **in the first ~** *fml* en primer lugar; **in this ~** en este caso. - **2.** *fml* [request]: **at the ~ of** a instancias de.

instant ['ɪnstənt] ◇ *adj* instantáneo(a); **~ coffee** café *m* instantáneo. ◇ *n* [moment] instante *m*; **at that** OR **the same ~** en aquel mismo instante; **the ~ (that)...** en cuanto...; **in an ~** en un instante; **this ~** ahora mismo.

instantaneous [,ɪnstən'teɪnjəs] *adj* instantáneo(a).

instantaneously [,ɪnstən'teɪnjəslɪ] *adv* instantáneamente, de (un) modo instantáneo.

instantly ['ɪnstəntlɪ] *adv* en el acto.

instant replay *n* repetición *f* de la jugada.

instate [ɪn'steɪt] *vt* instalar, establecer.

instead [ɪn'sted] *adv* en cambio; **I couldn't go; she went ~** no pude ir; ella fue en mi lugar.

◆ **instead of** *prep* en lugar de, en vez de.

instep ['ɪnstep] *n* [of foot] empeine *m*.

instigate ['ɪnstɪgeɪt] *vt* iniciar; **to ~ sb to do sthg** instigar a alguien a hacer algo.

instigation [,ɪnstɪ'geɪʃn] *n*: **at the ~ of** a instancias de.

instigator ['ɪnstɪgeɪtəʳ] *n* instigador *m*, -ra *f*.

instil *Br* (*pt & pp* **instilled**, *cont* **instilling**, **instill**) *Am* [ɪn'stɪl] *vt*: **to ~ sthg in** OR **into sb** inculcar OR infundir algo a alguien.

instinct ['ɪnstɪŋkt] *n* instinto *m*; **my first ~ was...** mi primer impulso fue...; **by ~** por instinto, instintivamente.

instinctive [ɪn'stɪŋktɪv] *adj* instintivo(va).

instinctively [ɪn'stɪŋktɪvlɪ] *adv* instintivamente.

institute ['ɪnstɪtjuːt] ◇ *n* instituto *m*. ◇ *vt* [proceedings] iniciar, entablar; [system] instituir.

institution [,ɪnstɪ'tjuːʃn] *n* - **1.** [gen] institución *f*. - **2.** [home - for children, old people] asilo *m*; [- for mentally handicapped] hospital *m* psiquiátrico.

institutional [,ɪnstɪ'tjuːʃənl] *adj* - **1.** [of organization] institucional; **~ care** atención *f* médica. - **2.** [food, life etc] típico(ca) de una institución benéfica.

institutionalism [,ɪnstɪ'tjuːʃənlɪzm] *n* institucionalismo *m*.

institutionalize, -ise [,ɪnstɪ'tjuːʃənəlaɪz] *vt* - **1.** [establish] institucionalizar. - **2.** [place in a home] meter en un asilo; [place in a hospital] meter en un hospital.

institutionalized [,ɪnstɪ'tjuːʃən,laɪdz] *adj* - **1.** *pej* [influenced by institutional life] *acostumbrado a la vida hospitalaria, carcelaria etc*. - **2.** [established] institucionalizado(da).

instruct [ɪn'strʌkt] *vt* - **1.** [tell, order]: **to ~ sb to do sthg** mandar OR ordenar a alguien que haga algo. - **2.** [teach]: **to ~ sb (in sthg)** instruir a alguien (en algo).

instruction [ɪn'strʌkʃn] *n* instrucción *f*.

◆ **instructions** *npl* [for use] instrucciones *fpl*.

instructional [ɪn'strʌkʃənl] *adj* de instrucción.

instruction manual *n* manual *m* de instrucciones.

instructive [ɪn'strʌktɪv] *adj* instructivo(va).

instructor [ɪn'strʌktəʳ] *n* - **1.** [gen] instructor *m*, -ra *f*. - **2.** [in skiing] monitor *m*, -ra *f*. - **3.** [in driving] profesor *m*, -ra *f*. - **4.** *Am* SCH profesor *m*, -ra *f*.

instructress [ɪn'strʌktrɪs] *n* - **1.** [gen] instructora *f*. - **2.** [in skiing] monitora *f*. - **3.** [in driving] profesora *f*.

instrument ['ɪnstrʊmənt] ◇ *n* instrumento *m*. ◇ *comp*: **~ error** error *m* por un fallo de los instrumentos.

instrumental [,ɪnstrʊ'mentl] ◇ *adj* - **1.** [important, helpful]: **to be ~ in sthg** jugar un papel fundamental en algo. - **2.** MUS instrumental. ◇ *n* pieza *f* instrumental.

instrumentalist [,ɪnstrʊ'mentəlɪst] *n* instrumentista *mf*.

instrumentation [,ɪnstrʊmen'teɪʃn] *n* instrumentación *f*.

instrument panel *n* tablero *m* de instrumentos.

insubordinate [,ɪnsə'bɔːdɪnət] *adj fml* insubordinado(da).

insubordination ['ɪnsə,bɔːdɪ'neɪʃn] *n fml* insubordinación *f*.

insubstantial [,ɪnsəb'stænʃl] *adj* [frame, structure] endeble; [meal] poco sustancioso(sa).

insufferable [ɪn'sʌfərəbl] *adj* insufrible.

insufficiency [,ɪnsə'fɪʃnsɪ] *n* insuficiencia *f*.

insufficient [,ɪnsə'fɪʃnt] *adj*: **~ (for)** insuficiente (para).

insufficiently [,ɪnsə'fɪʃntlɪ] *adv* de (un) modo insuficiente, insuficientemente.

insular ['ɪnsjʊləʳ] *adj* - **1.** [tradition, authorities] insular. - **2.** *fig & pej* [mentality] estrecho(cha) de miras.

insularity [,ɪnsjʊ'lærətɪ] *n* insularidad *f*.

insulate ['ɪnsjʊleɪt] *vt* aislar; **to ~ sb against** OR **from sthg** aislar a alguien de algo.

insulating tape ['ɪnsjʊleɪtɪŋ-] *n Br* cinta *f* aislante.

insulation [,ɪnsjʊ'leɪʃn] *n* [material, substance] aislamiento *m*.

insulator ['ɪnsjʊleɪtəʳ] *n* - **1.** [material] aislante *m*. - **2.** [device] aislador *m*.

insulin ['ɪnsjʊlɪn] *n* insulina *f*.

insult [*vb* ɪn'sʌlt, *n* 'ɪnsʌlt] ◇ *vt* [with words] insultar; [with actions] ofender. ◇ *n* [remark] insulto *m*; [action] ofensa *f*; **to add ~ to injury** *fig* para colmo, para más inri.

insulting [ɪn'sʌltɪŋ] *adj* [remark] insultante; [behaviour] ofensivo(va), insultante.

insultingly [ɪn'sʌltɪŋlɪ] *adv* [speak] con un tono insultante; [act] de un modo insultante.

insuperable [ɪn'suːprəbl] *adj fml* insalvable, insuperable.

insupportable [,ɪnsə'pɔːtəbl] *adj* - **1.** *fml* [intolerable] insoportable. - **2.** [unjustifiable] injustificable, indefendible.

insurable [ɪn'ʃɔːrəbl] *adj* asegurable.

insurance [ɪn'ʃɔːrəns] ◇ *n* - **1.** [against fire, accident, theft]: **~ (against)** seguro *m* (contra); **to take out ~** sacar(se) un seguro. - **2.** *fig* [safeguard, protection]: **~ (against)** prevención *f* (contra). ◇ *comp* de seguros; **~ company** compañía *f* de seguros.

insurance broker *n* agente *mf* de seguros.

insurance claim *n* reclamación *f* al seguro.

insurance policy *n* póliza *f* de seguros.

insurance premium *n* prima *f* (del seguro).

insure [ɪn'ʃɔːʳ] ◇ *vt* - **1.** [against fire, accident, theft]: **to ~ sthg/sb (against)** asegurar algo/a alguien (contra). - **2.** *Am* [make certain] asegurar. ◇ *vi* [prevent]: **to ~ (against)** prevenir OR prevenirse (contra).

insured [ɪn'ʃɔːd] ◇ *adj* - **1.** [against fire, accident, theft]: **~ (against** OR **for)** asegurado(da) (contra). - **2.** *Am* [certain] asegurado(da). ◇ *n*: **the ~** el asegurado (la asegurada).

insurer [ɪn'ʃɔːrəʳ] *n* asegurador *m*, -ra *f*.

insurgency [ɪn'sɜːdʒənsɪ] (*pl* **insurgencies**), **insurgence** [ɪn'sɜːdʒəns] *n* insurrección *f*, levantamiento *m*.

insurgent [ɪn'sɜːdʒənt] ◇ *n* insurgente *mf*. ◇ *adj* insurgente, insurrecto(ta).

insurmountable [ˌɪnsə'maʊntəbl] *adj* infranqueable, insuperable.

insurrection [ˌɪnsə'rekʃn] *n* insurrección *f*.

insurrectional [ˌɪnsə'rekʃənl] *adj* insurreccional.

insurrectionist [ˌɪnsə'rekʃnɪst] *n* insurrecto *m*, -ta *f*, insurgente *mf*.

intact [ɪn'tækt] *adj* intacto(ta).

intaglio [ɪn'tɑːlɪəʊ] (*pl* **intaglios**) *n* - **1.** [design] talla *f*. - **2.** [process] talladura *f*.

intake ['ɪnteɪk] ◇ *n* - **1.** [of food, drink] ingestión *f*; [of air] inspiración *f*; **oxygen** ~ aspiración *f* de oxígeno. - **2.** [in army] reclutamiento *m*; [in organization] número *m* de ingresos. - **3.** TECH [inlet] toma *f*; **air** ~ toma de aire. ◇ *comp*: ~ **class** *Br* curso *m* de ingreso.

intangibility [ɪnˌtændʒə'bɪlətɪ] *n* intangibilidad *f*.

intangible [ɪn'tændʒəbl] *adj* intangible; ~ **assets** bienes *mpl* inmateriales.

integer ['ɪntɪdʒəʳ] *n* (número *m*) entero *m*.

integral ['ɪntɪgrəl] ◇ *adj* - **1.** [essential] integrante, intrínseco(ca); **to be** ~ **to** ser parte integrante de. - **2.** [entire] entero(ra), íntegro(gra). - **3.** MATH integral. ◇ *n* MATH integral *f*.

integral calculus *n* cálculo *m* integral.

integrate ['ɪntɪgreɪt] ◇ *vi*: **to** ~ **(with** OR **into)** integrarse (en). ◇ *vt* - **1.** [gen]: **to** ~ **sthg/sb with sthg, to** ~**sthg/sb into sthg** integrar algo/a alguien en algo. - **2.** MATH integrar.

integrated ['ɪntɪgreɪtɪd] *adj* [mixed] integrado(da); ~ **neighborhood** *Am* barrio *m* multirracial; ~ **school** *Am* escuela donde se practica la integración racial; ~ **studies** SCH estudios *mpl* interdisciplinarios.

integrated circuit *n* circuito *m* integrado.

integration [ˌɪntɪ'greɪʃn] *n*: ~ **(with** OR **into)** integración *f* (en).

integrationist [ˌɪntɪ'greɪəʃnɪst] *n* integracionista *mf*.

integrity [ɪn'tegrətɪ] *n* integridad *f*.

intellect ['ɪntəlekt] *n* [mind, cleverness] intelecto *m*, inteligencia *f*.

intellectual [ˌɪntə'lektjʊəl] ◇ *adj* intelectual. ◇ *n* intelectual *mf*.

intellectualism [ˌɪntə'lektjʊəlɪzm] *n* intelectualismo *m*.

intellectualize, -ise [ˌɪntə'lektjʊəlaɪz] *vt* intelectualizar, dar tono intelectual a.

intellectually [ˌɪntə'lektjʊəlɪ] *adv* desde el punto de vista intelectual, intelectualmente.

intelligence [ɪn'telɪdʒəns] *n* (*U*) - **1.** [ability to think] inteligencia *f*. - **2.** [information service] servicios *mpl* secretos OR de espionaje. - **3.** [information] información *f* secreta.

intelligence officer *n* oficial *m* del servicio de espionaje.

intelligence quotient *n* coeficiente *m* de inteligencia.

intelligence service *n* POL servicio *m* secreto OR de espionaje.

intelligence test *n* test *m* de inteligencia.

intelligent [ɪn'telɪdʒənt] *adj* [clever] inteligente.

intelligent card *n* tarjeta *f* inteligente, tarjeta *f* con chip.

intelligently [ɪn'telɪdʒəntlɪ] *adv* inteligentemente.

intelligentsia [ɪnˌtelɪ'dʒentsɪə] *n*: **the** ~ la intelectualidad.

intelligibility [ɪnˌtelɪdʒə'bɪlətɪ] *n* inteligibilidad *f*.

intelligible [ɪn'telɪdʒəbl] *adj* inteligible.

intelligibly [ɪn'telɪdʒəblɪ] *adv* de un modo inteligible.

intemperance [ɪn'tempərəns] *n fml* intemperancia *f*, falta *f* de moderación.

intemperate [ɪn'tempərət] *adj fml* [remarks, climate] destemplado(da); [behaviour] inmoderado(da).

intend [ɪn'tend] *vt* pretender, proponerse; **later than I had** ~**ed** más tarde de lo que había pensado; **to be** ~**ed for/as sthg** [project, book] estar pensado(da) para/como algo; **to** ~ **doing** OR **to do sthg** tener la intención de OR pretender hacer algo; **to** ~ **no harm** no querer ofender (a nadie).

intendant [ɪn'tendənt] *n* intendente *m*.

intended [ɪn'tendɪd] *adj* pretendido(da).

intense [ɪn'tens] *adj* - **1.** [extreme, profound] intenso(sa). - **2.** [person] muy serio(ria).

intensely [ɪn'tenslɪ] *adv* - **1.** [boring, irritating] enormemente. - **2.** [suffer] intensamente; [dislike] profundamente.

intensification [ɪnˌtensɪfɪ'keɪʃn] *n* intensificación *f*.

intensifier [ɪn'tensɪfaɪəʳ] *n* - **1.** LING intensivo *m*, intensificador *m*. - **2.** PHOT reforzador *m*.

intensify [ɪn'tensɪfaɪ] (*pt & pp* **intensified**) ◇ *vt* intensificar. ◇ *vi* intensificarse.

intensity [ɪn'tensətɪ] *n* intensidad *f*.

intensive [ɪn'tensɪv] *adj* [concentrated] intensivo(va); ~ **security prison** *Am* cárcel *f* de máxima seguridad.

intensive care *n* (*U*): **(in)** ~ (en) cuidados *mpl* intensivos.

intensive care unit *n* unidad *f* de cuidados intensivos OR de vigilancia intensiva.

intensive farming *n* cultivo *m* intensivo.

intensively [ɪn'tensɪvlɪ] *adv* de un modo intensivo, intensivamente.

intent [ɪn'tent] ◇ *adj* - **1.** [absorbed] atento(ta). - **2.** [determined]: **to be** ~ **on** OR **upon doing sthg** estar empeñado(da) en hacer algo. ◇ *n fml* intención *f*; **to all** ~**s and purposes** para todos los efectos.

intention [ɪn'tenʃn] *n* intención *f*; **with the best (of)** ~**s** de buena fe.

intentional [ɪn'tenʃənl] *adj* deliberado(da), intencionado(da).

intentionally [ɪn'tenʃənəlɪ] *adv* deliberadamente, intencionadamente.

intently [ɪn'tentlɪ] *adv* atentamente.

inter [ɪn'tɜːʳ] (*pt & pp* **interred**, *cont* **interring**) *vt fml* sepultar.

interact [ˌɪntər'ækt] *vi* - **1.** [communicate, work together]: **to** ~ **(with sb)** comunicarse (con alguien). - **2.** [react]: **to** ~ **(with sthg)** interaccionar (con algo).

interaction [ˌɪntər'ækʃn] *n* interacción *f*.

interactive [ˌɪntər'æktɪv] *adj* COMPUT interactivo(va).

inter alia [ˌɪntər'eɪlɪə] *adv fml* entre otras cosas.

inter-American ['ɪntəʳ-] *adj* interamericano(na).

interbreed [ˌɪntə'briːd] (*pt & pp* **interbred** [-bred]) *vi* cruzarse.

intercalate [ɪn'tɜːkəleɪt] *vt* intercalar.

intercede [ˌɪntə'siːd] *vi*: **to** ~ **(with/for)** interceder (ante/por).

intercept [ˌɪntə'sept] *vt* interceptar.

intercepter [ˌɪntə'septəʳ] *n* = **interceptor**.

interception [ˌɪntə'sepʃn] *n* interceptación *f*.

interceptor [ˌɪntə'septəʳ] *n* [plane] interceptor *m*.

intercession [ˌɪntə'seʃn] *n* intercesión *f*, mediación *f*.

intercessor [ˌɪntə'sesəʳ] *n* intercesor *m*, -ra *f*.

interchange [*vb* ˌɪntə'tʃeɪndʒ, *n* 'ɪntətʃeɪndʒ] ◇ *n* - **1.** [exchange] intercambio *m*. - **2.** [on motorway] cruce *m*. ◇ *vt* intercambiar.

interchangeable [ˌɪntə'tʃeɪndʒəbl] *adj*: ~ **(with)** intercambiable (con).

intercity [ˌɪntə'sɪtɪ] *Br* ◇ *adj* interurbano(na), de largo recorrido. ◇ *n* red de trenes rápidos que conecta las principales ciudades británicas; **Intercity 125®** tren británico de alta velocidad.

intercollegiate [ˌɪntəkə'liːdʒɪət] *adj Am* [between universities] interuniversitario(ria).

intercom ['ɪntəkɒm] *n* [for block of flats] portero *m* automático; [within a building] interfono *m*.

intercommunicate [ˌɪntəkə'mjuːnɪkeɪt] *vi* comunicarse.

intercommunication ['ɪntəkə,mjuːnɪ'keɪʃn] *n* intercomunicación *f*.

interconnect [,ɪntəkə'nekt] *vi*: **to ~ (with)** interconectarse (con).

interconnected [,ɪntəkə'nektɪd] *adj* [events, facts] ligado(da), relacionado(da).

interconnection [,ɪntəkə'nekʃn] *n* conexión *f*, interconexión *f*.

intercontinental ['ɪntə,kɒntɪ'nentl] *adj* intercontinental.

intercontinental ballistic missile *n* misil *m* balístico intercontinental.

intercostal [,ɪntə'kɒstl] *adj* intercostal.

intercourse ['ɪntəkɔːs] *n (U)* **- 1.** [sexual intercourse] relaciones *fpl* sexuales, coito *m*. **- 2.** *fml* [communication] relaciones *fpl*.

interdenominational ['ɪntədɪ,nɒmɪ'neɪʃənl] *adj* interconfesional.

interdepartmental ['ɪntə,diːpɑːt'mentl] *adj* interdepartamental.

interdependence [,ɪntədɪ'pendəns] *n* interdependencia *f*.

interdependent [,ɪntədɪ'pendənt] *adj* interdependiente.

interdict ['ɪntədɪkt] *n* JUR & RELIG interdicto *m*.

interdiction [,ɪntə'dɪkʃn] *n* JUR & RELIG interdicción *f*.

interest ['ɪntrəst] ◇ *n* **- 1.** [gen & FIN]: **~ (in)** interés *m* (en OR por); **to be of ~** ser interesante; **that's of no ~** eso no tiene interés; **to have** OR **take an ~ in sthg** interesarse por algo ❑ **in the ~** OR **~s of** [in order to benefit] en interés de; [in order to achieve] en pro de; **it is in your own ~** OR **~s** es por tu propio bien; **to pay sthg back with ~** *fig* pagar algo con creces. **- 2.** [hobby] afición *f*. ◇ *vt* interesar; **to ~ sb in sthg** interesar a alguien en algo.

interested ['ɪntrestɪd] *adj* interesado(da); **the ~ parties** las partes interesadas; **to be ~ in sthg/in doing sthg** estar interesado en algo/en hacer algo.

interest-free *adj* libre de interés.

interesting ['ɪntrəstɪŋ] *adj* interesante.

interestingly ['ɪntrəstɪŋlɪ] *adv* de un modo interesante; **~ enough, they were out** curiosamente, habían salido.

interest rate *n* tipo *m* de interés.

interface [*n* 'ɪntəfeɪs, *vb* ,ɪntə'feɪs] ◇ *n* **- 1.** COMPUT interfaz *f*. **- 2.** [junction, boundary] zona *f* de interacción. ◇ *vt* COMPUT conectar mediante interfaz.

interfere [,ɪntə'fɪəʳ] *vi* **- 1.** [meddle]: **to ~ (with** OR **in sthg)** entrometerse OR interferir (en algo). **- 2.** [damage] interferir; **to ~ with sthg** [career, routine] interferir en algo; [work, performance] interrumpir algo.

interference [,ɪntə'fɪərəns] *n (U)* **- 1.** [meddling]: **~ (with** OR **in)** intromisión *f* OR interferencia *f* (en). **- 2.** [on radio, TV, telephone] interferencia *f*.

interfering [,ɪntə'fɪərɪŋ] *adj pej* entrometido(da).

interferon [,ɪntə'fɪərɒn] *n* interferona *f*.

intergalactic [,ɪntəgə'læktɪk] *adj* intergaláctico(ca).

intergovernmental ['ɪntəgʌvən'mentl] *adj* intergubernamental.

interim ['ɪntərɪm] ◇ *adj* [report] parcial; [measure] provisional; [government] interino(na); **~ payment** pago *m* a cuenta. ◇ *n*: **in the ~** entre tanto.

interior [ɪn'tɪərɪəʳ] ◇ *adj* **- 1.** [inner] interior. **- 2.** POL [minister, department] de(l) Interior; **Secretary/Department of the Interior** [in US] *ministro/ministerio responsable de la conservación y desarrollo de los recursos naturales en EE UU.* ◇ *n* interior *m*.

interior angle *n* MATH ángulo *m* interno.

interior decoration *n* = **interior design**.

interior decorator *n* diseñador *m*, -ra *f* de interiores.

interior design *n* diseño *m* de interiores.

interior designer *n* = **interior decorator**.

interiorize, -ise [ɪn'tɪərɪəraɪz] *vt* interiorizar.

interior monologue *n* monólogo *m* interior.

interject [,ɪntə'dʒekt] *fml* ◇ *vt* [add, interrupt] intercalar. ◇ *vi* interponer.

interjection [,ɪntə'dʒekʃn] *n* **- 1.** [remark] interrupción *f*. **- 2.** GRAMM interjección *f*.

interlace [,ɪntə'leɪs] ◇ *vt* entrelazar. ◇ *vi* entrelazarse.

interlard [,ɪntə'lɑːd] *vt* entreverar, salpicar.

interleaf ['ɪntəliːf] (*pl* **interleaves** [-liːvz]) *n* página *f* blanca intercalada, interfoliación *f*.

interleave [,ɪntə'liːv] *vt*: **to ~ sthg (with)** interfoliar algo (con).

interleaves ['ɪntəliːvz] *pl* → **interleaf**.

interlinear [,ɪntə'lɪnɪəʳ] *adj* interlineal.

interlining [,ɪntə'laɪnɪŋ] *n* entretela *f*.

interlock [,ɪntə'lɒk] ◇ *vi* [fingers] entrelazarse; [cogs] engranar. ◇ *vt*: **to ~ sthg (with)** [fingers] entrelazar algo (con); [cogs] engranar algo (con).

interlocutor [,ɪntə'lɒkjʊtəʳ] *n fml* interlocutor *m*, -ra *f*.

interlocutory [,ɪntə'lɒkjʊtrɪ] *adj fml* interlocutorio(ria).

interlope [,ɪntə'ləup] *vi* entrometerse.

interloper ['ɪntələupəʳ] *n* intruso *m*, -sa *f*.

interlude ['ɪntəluːd] *n* **- 1.** [pause] intervalo *m*. **- 2.** [interval] descanso *m*, intermedio *m*.

intermarriage [,ɪntə'mærɪdʒ] *n* [between different groups] matrimonio *m* mixto.

intermarry [,ɪntə'mærɪ] (*pt & pp* **intermarried**) *vi*: **to ~ (with)** casarse (con) *(parientes o personas de distinta raza, religión etc)*.

intermediary [,ɪntə'miːdjərɪ] (*pl* **intermediaries**) ◇ *n* intermediario *m*, -ria *f*, mediador *m*, -ra *f*. ◇ *adj* intermediario(ria).

intermediate [,ɪntə'miːdjət] *adj* intermedio(dia).

intermediation [,ɪntə,miːdɪ'eɪʃn] *n* mediación *f*.

intermediator [,ɪntə'miːdɪeɪtəʳ] *n* intermediario *m*, -ria *f*, mediador *m*, -ra *f*.

interment [ɪn't3ːmənt] *n fml* entierro *m*.

interminable [ɪn't3ːmɪnəbl] *adj* interminable.

interminably [ɪn't3ːmɪnəblɪ] *adv* interminablemente, de un modo interminable; **the discussions dragged on ~** las discusiones se alargaron de un modo interminable; **the play seemed ~ long** la obra se nos hizo interminable.

intermingle [,ɪntə'mɪŋgl] *vi*: **to ~ (with)** entremezclarse (con).

intermission [,ɪntə'mɪʃn] *n* [of film] descanso *m*; [of play, opera, ballet] entreacto *m*.

intermittent [,ɪntə'mɪtənt] *adj* intermitente.

intermittently [,ɪntə'mɪtəntlɪ] *adv* a intervalos, de un modo intermitente; **the journal has been published only ~** la revista ha salido intermitentemente.

intermix [,ɪntə'mɪks] ◇ *vt* entremezclar. ◇ *vi* entremezclarse.

intern [*vb* ɪn't3ːn, *n* 'ɪnt3ːn] ◇ *vt* recluir, internar. ◇ *n esp Am* médico interno residente *m*, médica interna residente *f*.

internal [ɪn't3ːnl] *adj* **- 1.** [gen] interno(na); **~ bleeding** hemorragia *f* interna; **~ examination** MED examen *m* interno; **~ injuries** lesiones *fpl* internas. **- 2.** [within a country] interior, nacional; **~ flight** vuelo *m* nacional; **~ trade** comercio *m* interior.

internal-combustion engine *n* motor *m* de combustión interna.

internalize, -ise [ɪn't3ːnəlaɪz] *vt* [values, behaviour] interiorizar.

internally [ɪn't3ːnəlɪ] *adv* **- 1.** [gen] internamente. **- 2.** [within a country] a nivel nacional, en el interior.

internal medicine *n* medicina *f* interna.

Internal Revenue *n Am*: **the ~** ≃ Hacienda *f*.

international [,ɪntə'næʃənl] ◇ *adj* internacional; **~ waters** aguas *fpl* internacionales. ◇ *n Br* SPORT **- 1.** [match] encuentro *m* internacional. **- 2.** [player] internacional *mf*.

International Date Line *n* línea *f* de cambio de fecha.

Internationale [ˌɪntənæʃə'nɑːl] *n*: **the** ~ la Internacional (*himno*).

internationalism [ˌɪntə'næʃnəlɪzm] *n* internacionalismo *m*.

internationalist [ˌɪntə'næʃnəlɪst] *n* internacionalista *mf*.

International Labour Organization *n* Organización *f* Internacional del Trabajo.

international law *n* derecho *m* internacional.

internationally [ˌɪntə'næʃnəlɪ] *adv* internacionalmente.

International Monetary Fund *n*: **the** ~ el Fondo Monetario Internacional.

international relations *npl* relaciones *fpl* internacionales.

internecine [*Br* ˌɪntə'niːsaɪn, *Am* ˌɪntər'niːsn] *adj fml* intestino(na).

internee [ˌɪntɜː'niː] *n* recluso *m*, -sa *f*, internado *m*, -da *f*.

Internet *n*: **(the)** ~ (la red) Internet *f*.

internist [ɪn'tɜːnɪst] *n Am* internista *mf*.

internment [ɪn'tɜːnmənt] ◇ *n* reclusión *f*, internamiento *m*. ◇ *comp*: ~ **camp** campo *m* de internamiento.

internship ['ɪntɜːnʃɪp] *n* - **1.** *Am* MED *periodo de aprendizaje de los médicos recién licenciados en condición de médicos internos residentes*, ≃ MIR *m*. - **2.** [with firm] periodo *m* de prácticas.

interoffice [ˌɪntər'ɒfɪs] *adj* interno(na), dentro de la misma empresa.

interpenetrate [ˌɪntə'penɪtreɪt] ◇ *vt* penetrar. ◇ *vi* compenetrarse.

interpersonal [ˌɪntə'pɜːsənl] *adj* interpersonal.

interplanetary [ˌɪntə'plænɪtrɪ] *adj* interplanetario(ria).

interplay ['ɪntəpleɪ] *n (U)*: ~ **(of/between)** interacción *f* (de/entre).

Interpol ['ɪntəpɒl] *n* Interpol *f*.

interpolate [ɪn'tɜːpəleɪt] *vt*: **to** ~ **sthg (into)** interpolar algo (en).

interpolation [ɪnˌtɜːpə'leɪʃn] *n* interpolación *f*.

interpose [ˌɪntə'pəʊz] *vt fml* interponer; **to** ~ **o.s.** interponerse.

interposer [ˌɪntə'pəʊzə'] *n fml* mediador(ra).

interposition [ˌɪntəpə'zɪʃn] *n fml* interposición *f*.

interpret [ɪn'tɜːprɪt] ◇ *vt* interpretar. ◇ *vi* hacer de intérprete.

interpretable [ɪn'tɜːprɪtəbl] *adj* interpretable.

interpretation [ɪnˌtɜːprɪ'teɪʃn] *n* interpretación *f*.

interpretative [ɪn'tɜːprɪtətɪv] *adj* interpretativo(va), aclaratorio(ria).

interpreted language [ɪn'tɜːprɪtɪd-] *n* COMPUT lenguaje *m* de programación interpretado.

interpreter [ɪn'tɜːprɪtə'] *n* [person] intérprete *mf*.

interpreting [ɪn'tɜːprɪtɪŋ] *n* [occupation] interpretación *f*.

interpretive [ɪn'tɜːprɪtɪv] *adj* = **interpretative**.

interracial [ˌɪntə'reɪʃl] *adj* interracial.

interregnum [ˌɪntə'regnəm] (*pl* **interregnums** OR **interregna** [-'regnə]) *n* interregno *m*.

interrelate [ˌɪntərɪ'leɪt] ◇ *vt* interrelacionar. ◇ *vi*: **to** ~ **(with)** interrelacionarse (con).

interrelated [ˌɪntərɪ'leɪtɪd] *adj* interrelacionado(da).

interrelation [ˌɪntərɪ'leɪʃn], **interrelationship** [ˌɪntərɪ'leɪʃnʃɪp] *n* interrelación *f*.

interrogate [ɪn'terəgeɪt] *vt* [gen & COMPUT] interrogar.

interrogation [ɪnˌterə'geɪʃn] *n* interrogatorio *m*.

interrogation mark *n Am* signo *m* de interrogación.

interrogative [ˌɪntə'rɒgətɪv] GRAMM ◇ *adj* interrogativo(va). ◇ *n* - **1.** [form]: **the** ~ la forma interrogativa. - **2.** [word] interrogativo *m*.

interrogator [ɪn'terəgeɪtə'] *n* interrogador *m*, -ra *f*.

interrogatory [ˌɪntə'rɒgətrɪ] *adj* interrogativo(va).

interrupt [ˌɪntə'rʌpt] *vt & vi* interrumpir.

interrupter [ˌɪntə'rʌptə'] *n* ELEC interruptor *m*.

interruption [ˌɪntə'rʌpʃn] *n* interrupción *f*.

interscholastic [ˌɪntəskə'læstɪk] *adj fml* interescolar.

intersect [ˌɪntə'sekt] ◇ *vi* cruzarse, cortarse. ◇ *vt* cruzar, cortar.

intersection [ˌɪntə'sekʃn] *n* - **1.** [act, point] intersección *f*, cruce *m*. - **2.** *esp Am* [crossroads] cruce *m*.

interspace [ˌɪntə'speɪs] ◇ *n* espacio *m* intermedio. ◇ *vt* espaciar.

intersperse [ˌɪntə'spɜːs] *vt*: **to be** ~**d with** OR **by** estar entremezclado(da) con.

interspersion [ˌɪntə'spɜːʃn] *n* intercalación *f*, entrevesado *m*.

interstate (highway) ['ɪntəsteɪt-] *n* autopista *f* interestatal.

interstellar [ˌɪntə'stelə'] *adj* interestelar, intersideral.

interstice [ɪn'tɜːstɪs] *n* intersticio *m*.

interstitial [ˌɪntə'stɪʃl] *adj* intersticial.

intertwine [ˌɪntə'twaɪn] ◇ *vt* entrelazar, entretejer. ◇ *vi* entrelazarse, entretejerse.

interurban [ˌɪntə'ɜːbn] *adj* interurbano(na).

interval ['ɪntəvl] *n* - **1.** [gen & MUS]: ~ **(between)** intervalo *m* (entre); **at** ~**s** [now and again] a ratos; [regularly] a intervalos; **at monthly/yearly** ~**s** a intervalos de un mes/un año; **at regular** ~**s** con regularidad; **sunny** ~**s** intervalos *mpl* de sol, claros *mpl*. - **2.** *Br* [at play, concert] intermedio *m*, descanso *m*.

interval ownership *n Am* multipropiedad *f*.

intervene [ˌɪntə'viːn] *vi* - **1.** [gen]: **to** ~ **(in)** intervenir (en). - **2.** [prevent thing from happening] interponerse. - **3.** [pass] transcurrir.

intervening [ˌɪntə'viːnɪŋ] *adj* [time] transcurrido(da); [space] intermedio(dia); **in the** ~ **period** en este intervalo de tiempo.

intervention [ˌɪntə'venʃn] *n* intervención *f*.

interventionism [ˌɪntə'venʃənɪzm] *n* intervencionismo *m*.

interventionist [ˌɪntə'venʃənɪst] ◇ *adj* intervencionista. ◇ *n* intervencionista *mf*.

interview ['ɪntəvjuː] ◇ *n* entrevista *f*. ◇ *vt* entrevistar.

interviewee [ˌɪntəvjuː'iː] *n* entrevistado *m*, -da *f*.

interviewer ['ɪntəvjuːə'] *n* entrevistador *m*, -ra *f*.

interwar [ˌɪntə'wɔː'] *adj*: **the** ~ **period** OR **years** el periodo de entreguerras.

interweave [ˌɪntə'wiːv] (*pt* **interwove** [-'wəʊv], *pp* **interwoven** [-'wəʊvn]) *fig* ◇ *vt* entretejer. ◇ *vi* entretejerse.

intestacy [ɪn'testəsɪ] *n* falta *f* de testamento.

intestate [ɪn'testeɪt] *adj*: **to die** ~ morir intestado(da).

intestinal [ɪn'testɪnl] *adj* intestinal.

intestine [ɪn'testɪn] *n* intestino *m*; **large/small** ~ intestino *m* grueso/delgado.

◆ **intestines** *npl* tripa *f*, intestinos *mpl*.

intimacy ['ɪntɪməsɪ] (*pl* **intimacies**) *n*: ~ **(between/with)** intimidad *f* (entre/con).

intimate [*adj & n* 'ɪntɪmət, *vb* 'ɪntɪmeɪt] ◇ *adj* - **1.** [gen] íntimo(ma); **to become** ~ **(with) sb** intimar (con) alguien. - **2.** *fml* [sexually]: **to be** ~ **with sb** tener relaciones íntimas con alguien. - **3.** [knowledge] profundo(da). ◇ *n fml* amigo íntimo *m*, amiga íntima *f*. ◇ *vt fml*: **to** ~ **(that)** dar a entender (que).

intimately ['ɪntɪmətlɪ] *adv* - **1.** [very closely] íntimamente. - **2.** [as close friends] en la intimidad. - **3.** [in detail] en profundidad, a fondo.

intimation [ˌɪntɪ'meɪʃn] *n fml* [sign] señal *f*, indicio *m*; [hint] insinuación *f*.

intimidate [ɪn'tɪmɪdeɪt] *vt* intimidar.

intimidating *adj* intimidante.

intimidation [ɪnˌtɪmɪ'deɪʃn] *n* intimidación *f*.

into ['ɪntʊ] *prep* - **1.** [inside] en; **to get** ~ **a car** subir a un coche; **to put sthg** ~ **sthg** meter algo en algo. - **2.** [against] con; **to bump/crash** ~ tropezar/chocar con. - **3.** [referring to change in condition etc]: **to turn** OR **develop** ~ convertirse en; **mix the ingredients** ~ **a paste** hacer una pasta con los ingredientes; **to translate sthg** ~ **Spanish** traducir algo al español. - **4.** [indicating result] para; **to trick/frighten sb** ~ **doing sthg** engañar/asustar a alguien para que haga algo. - **5.** [indicating lapse of time]: **the construction will last well** ~ **next year** la construcción durará hasta bien entrado el año próximo; **a week** ~ **her holiday and she's bored already** lleva una semana de vacaciones y ya está aburrida; **we worked** ~ **the night** se nos hizo de noche trabajando. - **6.** [concerning] en relación con; **research** ~ **electronics** investigación f en torno a la electrónica. - **7.** MATH: **to divide 4** ~ **8** dividir 8 entre 4. - **8.** inf [interested in]: **I'm** ~ **classical music** me va la música clásica.

intolerable [ɪn'tɒlrəbl] adj fml [position, conditions] intolerable; [boredom, pain] inaguantable.

intolerably [ɪn'tɒlrəblɪ] adv de un modo intolerable, insoportablemente.

intolerance [ɪn'tɒlərəns] n intolerancia f.

intolerant [ɪn'tɒlərənt] adj intolerante; **to be** ~ **of** ser intolerante con.

intolerantly [ɪn'tɒlərəntlɪ] adv con intolerancia.

intonation [ˌɪntə'neɪʃn] n entonación f.

intone [ɪn'təʊn] vt literary salmodiar.

intoxicant [ɪn'tɒksɪkənt] ◇ adj embriagador(ra). ◇ n [drink] bebida f alcohólica; [drug] estupefaciente m.

intoxicate [ɪn'tɒksɪkeɪt] vt - **1.** lit & fig embriagar. - **2.** MED intoxicar.

intoxicated [ɪn'tɒksɪkeɪtɪd] adj - **1.** [drunk] embriagado(da), ebrio (ebria). - **2.** fig [excited]: ~ **(by** OR **with)** ebrio (ebria) (de).

intoxicating [ɪn'tɒksɪkeɪtɪŋ] adj embriagador(ra).

intoxication [ɪnˌtɒksɪ'keɪʃn] n - **1.** [state] embriaguez f. - **2.** MED intoxicación f.

intractable [ɪn'træktəbl] adj fml - **1.** [stubborn] intratable. - **2.** [insoluble] inextricable, insoluble.

intramural [ˌɪntrə'mjʊərəl] adj SCH & UNIV [courses, sports] que tiene lugar dentro del recinto universitario o escolar.

intransigence [ɪn'trænzɪdʒəns] n intransigencia f.

intransigent [ɪn'trænzɪdʒənt] adj intransigente.

intransitive [ɪn'trænzətɪv] adj intransitivo(va).

intrastate [ˌɪntrə'steɪt] adj dentro de un mismo estado.

intrauterine [ˌɪntrə'juːtəraɪn] adj intrauterino(na).

intrauterine device n dispositivo m intrauterino.

intravenous [ˌɪntrə'viːnəs] adj intravenoso(sa).

intravenously [ˌɪntrə'viːnəslɪ] adv por vía intravenosa; **he's being fed** ~ lo alimentan por vía intravenosa; **to take drugs** ~ inyectarse droga.

in-tray n bandeja para cartas y documentos recién llegados a la oficina.

intrepid [ɪn'trepɪd] adj fml intrépido(da).

intrepidity [ˌɪntrə'pɪdətɪ] n fml intrepidez f.

intricacy ['ɪntrɪkəsɪ] (pl **intracacies**) n - **1.** [complexity] complejidad f, intrincamiento m. - **2.** [detail] entresijo m.

intricate ['ɪntrɪkət] adj intrincado(da), enrevesado(da).

intricately ['ɪntrɪkətlɪ] adv intrincadamente, de un modo intrincado.

intrigue [ɪn'triːg] ◇ n intriga f. ◇ vt intrigar. ◇ vi: **to** ~ **(against sb)** intrigar (contra alguien).

intriguer [ɪn'triːgə'] n intrigante mf.

intriguing [ɪn'triːgɪŋ] adj intrigante.

intriguingly [ɪn'triːgɪŋlɪ] adv curiosamente, de un modo intrigante.

intrinsic [ɪn'trɪnsɪk] adj intrínseco(ca).

intrinsically [ɪn'trɪnsɪklɪ] adv intrínsecamente.

intro ['ɪntrəʊ] (pl **intros**) n inf [of song] primeros compases mpl.

introduce [ˌɪntrə'djuːs] vt - **1.** [present] presentar; **to** ~ **sb (to sb)** presentar a alguien (a alguien); **to** ~ **o.s.** presentarse; **may I** ~... permítame que le presente a... - **2.** [bring in]: **to** ~ **sthg (to** OR **into)** introducir algo (en); **dandelions were** ~**d from Europe** el diente de león se introdujo desde Europa. - **3.** [show for first time]: **to** ~ **sb to sthg** iniciar a alguien en algo. - **4.** [signal beginning of] preludiar. - **5.** [laws, legislation] presentar.

introduction [ˌɪntrə'dʌkʃn] n - **1.** [gen]: ~ **(to sthg)** introducción f (a algo). - **2.** [of people]: ~ **(to sb)** presentación f (a alguien).

introductory [ˌɪntrə'dʌktrɪ] adj [chapter] introductorio(ria); [remarks] preliminar; [course] de introducción; ~ **offer** COMM oferta f de lanzamiento.

introspect [ˌɪntrə'spekt] vi hacer introspección.

introspection [ˌɪntrə'spekʃn] n introspección f.

introspective [ˌɪntrə'spektɪv] adj introspectivo(va).

introversion [ˌɪntrə'vɜːʃn] n introversión f.

introvert ['ɪntrəvɜːt] n introvertido m, -da f.

USAGE ▶ Introductions

Introducing oneself

Buenos días. Me llamo Jorge.
Hola, ¿qué tal?. (Yo) soy Jorge. [informal]
Permítame que me presente. Mi nombre es Jorge, tengo treinta años y vivo en Valencia. [formal]
Julia García, a su disposición. [very formal]

Introducing others

▶ in a formal situation:

Le presento a...
Quisiera OR permítame presentarle a Julia, mi directora de personal.
Tengo el gusto de presentarles a mi marido.
Es un placer OR un honor para mí poder contar hoy con la presencia entre nosotros del profesor Ramírez. [in a conference]
Señoras y señores, con ustedes... [in a show, TV programme etc]

▶ to people you know:

Me parece que no os conocéis: éste es Mario y ésta es Paloma.

Os voy a presentar: Mario, Paloma. Paloma, Mario.
Mario, te presento a César. César, éste es Mario.
Creo que ya os conocéis todos.
Creo que no conocías (aún) a Susana, mi cuñada.
Aquí tenéis a Pablo, de quien ya os había hablado.

▶ more informally:

Os conocéis ya todos, ¿no?
Aquí mi novia, aquí unos amigos.
Mira, mamá. Esta es Margarita.

Responding to introductions

Buenos días.
Hola, ¿qué tal? [informal]
Encantado(da).
Me alegro (mucho) de conocerle.
Es un placer.
El gusto es mío.
Mucho gusto OR tanto gusto (en conocerle).
He oído hablar tanto de ti/usted...
¿Qué hay? Me llamo Juan. [informal]
A su disposición. [very formal]
A sus pies, señora. [very formal]

introverted ['ɪntrəvɜːtɪd] *adj* introvertido(da).

intrude [ɪn'truːd] *vi*: **to ~ (on** OR **upon sb)** molestar OR importunar a alguien; **to ~ (on** OR **upon sthg)** inmiscuirse (en algo).

intruder [ɪn'truːdə'] *n* intruso *m*, -sa *f*.

intrusion [ɪn'truːʒn] *n* [into sb's business] intromisión *f*; [into a place] intrusión *f*.

intrusive [ɪn'truːsɪv] *adj* **- 1.** [person] entrometido(da); [presence] indeseado(da). **- 2.** LING: **~ consonant** consonante *f* de apoyo.

intuit [ɪn'tjuːɪt] *vt* intuir.

intuition [ˌɪntjuː'ɪʃn] *n* intuición *f*.

intuitive [ɪn'tjuːɪtɪv] *adj* intuitivo(va).

intuitively [ɪn'tjuːɪtɪvlɪ] *adv* intuitivamente, por intuición.

Inuit ['ɪnʊɪt] ◇ *adj* inuit *(inv)*. ◇ *n* inuit *mf inv*.

inundate ['ɪnʌndeɪt] *vt* **- 1.** [flood] inundar. **- 2.** [overwhelm] desbordar; **to be ~d with** verse desbordado(da) por.

inundation [ˌɪnʌn'deɪʃn] *n* inundación *f*.

inured [ɪ'njʊəd] *adj fml*: **to be/become ~ to sthg** estar habituado(da)/habituarse a algo.

invade [ɪn'veɪd] *vt* invadir; **to ~ sb's privacy** inmiscuirse en la vida privada de alguien.

invader [ɪn'veɪdə'] *n* invasor *m*, -ra *f*.

invading [ɪn'veɪdɪŋ] *adj* invasor(ra).

invaginate [ɪn'væd–neɪt] ◇ *vt* invaginar. ◇ *vi* invaginarse.

invalid [*n & adj* 'ɪnvəlɪd, *vb* 'ɪnvəliːd] ◇ *adj* **- 1.** [marriage, vote, ticket] nulo(la). **- 2.** [argument, result] que no es válido(da). ◇ *n* inválido *m*, -da *f*.

◆ **invalid out** *vt sep* MIL: **to be ~ed out (of)** ser licenciado(da) por invalidez (de).

invalidate [ɪn'vælɪdeɪt] *vt* [theory] refutar; [rule] invalidar; [marriage, election] anular, invalidar.

invalidation [ɪnˌvælɪ'deɪʃn] *n* invalidación *f*, anulación *f*.

invalid car, invalid carriage ['ɪnvəlɪd-] *n Br* coche *m* de inválido OR minusválido.

invalid chair ['ɪnvəlɪd-] *n* silla *f* de ruedas.

invalidity [ˌɪnvə'lɪdətɪ] *n* **- 1.** MED invalidez *f*. **- 2.** [of contract, agreement] falta *f* de validez, nulidad *f*. **- 3.** [of argument] carácter *m* inadmisible.

invaluable [ɪn'væljʊəbl] *adj*: **~ (to)** [information, advice] inestimable (para); [person] valiosísimo(ma) (para).

invariability [ɪnˌveərɪə'bɪlətɪ] *n* invariabilidad *f*.

invariable [ɪn'veərɪəbl] *adj* invariable.

invariably [ɪn'veərɪəblɪ] *adv* siempre, invariablemente.

invariant [ɪn'veərɪənt] ◇ *adj* invariable, constante. ◇ *n* invariante *m*.

invasion [ɪn'veɪʒn] *n* invasión *f*; **~ of sb's privacy** intromisión *f* en la vida privada de alguien.

invective [ɪn'vektɪv] *n (U) fml* invectivas *fpl*.

inveigh [ɪn'veɪ] *vi fml*: **to ~ against sthg/sb** vituperar algo/a alguien.

inveigle [ɪn'veɪgl] *vt*: **to ~ sb into doing sthg** embaucar a alguien para que haga algo.

invent [ɪn'vent] *vt* inventar.

invention [ɪn'venʃn] *n* **- 1.** [gen] invención *f*. **- 2.** [ability to invent] inventiva *f*.

inventive [ɪn'ventɪv] *adj* [person, mind] inventivo(va); [solution] ingenioso(sa).

inventiveness [ɪn'ventɪvnɪs] *n* inventiva *f*.

inventor [ɪn'ventə'] *n* inventor *m*, -ra *f*.

inventory ['ɪnvəntrɪ] (*pl* **inventories**, *pt & pp* **inventoried**) ◇ *n* **- 1.** [list] inventario *m*. **- 2.** *Am* [goods] existencias *fpl*. ◇ *vt* inventariar.

inventory control *n* control *m* de inventario.

inverse [ɪn'vɜːs] ◇ *adj* [proportion, relation] inverso(sa). ◇ *n* **- 1.** *fml* [opposite] antítesis *f inv*. **- 2.** MATH inverso *m*.

inversion [ɪn'vɜːʃn] *n* inversión *f*.

invert [*vb* ɪn'vɜːt, *n* 'ɪnvɜːt] ◇ *vt* **- 1.** *fml* [turn upside down] invertir. **- 2.** [sugar] someter a inversión. ◇ *n* invertido *m*, -da *f*.

invertebrate [ɪn'vɜːtɪbreɪt] ◇ *n* invertebrado *m*. ◇ *adj* invertebrado(da).

inverted commas [ɪn'vɜːtɪd-] *npl Br* comillas *fpl*; **in ~** entre comillas.

inverted snob [ɪn'vɜːtɪd-] *n* persona que finge que no le gustan las cosas caras o de buena calidad.

inverter, invertor [ɪn'vɜːtə'] *n* ELEC transformador *m*.

invest [ɪn'vest] ◇ *vt* **- 1.** [money, time, energy]: **to ~ sthg (in)** invertir algo (en). **- 2.** *fml* [endow]: **to ~ sb with** investir a alguien de. ◇ *vi lit & fig*: **to ~ (in)** invertir (en).

investigate [ɪn'vestɪgeɪt] ◇ *vt* investigar. ◇ *vi* investigar, hacer investigaciones.

investigation [ɪnˌvestɪ'geɪʃn] *n* [enquiry, examination]: **~ (into)** investigación *f* (en).

investigative [ɪn'vestɪgətɪv] *adj* de investigación.

investigator [ɪn'vestɪgeɪtə'] *n* investigador *m*, -ra *f*.

investigatory [ɪn'vestɪgeɪtərɪ] *adj* de investigación.

investiture [ɪn'vestɪtʃə'] *n* investidura *f*.

investment [ɪn'vestmənt] *n* inversión *f*.

investment analyst *n* analista financiero *m*, analista financiera *f*.

investment bank *n* banco *m* de inversiones.

investment trust *n* fondo *m* de inversiones.

investor [ɪn'vestə'] *n* inversor *m*, -ra *f*.

inveterate [ɪn'vetərət] *adj* [liar] incorregible; [reader, smoker] empedernido(da).

invidious [ɪn'vɪdɪəs] *adj* [task, role] desagradable; [comparison] odioso(sa).

invigilate [ɪn'vɪdʒɪleɪt] *vt & vi Br* vigilar *(en un examen)*.

invigilator [ɪn'vɪdʒɪleɪtə'] *n Br* vigilante *mf (en un examen)*.

invigorating [ɪn'vɪgəreɪtɪŋ] *adj* [bath] tonificante; [walk] vigorizante; [experience] estimulante.

invigoration [ɪnˌvɪgə'reɪʃn] *n* **- 1.** [strengthening] fortalecimiento *m*. **- 2.** [livening up] animación *f*.

invincibility [ɪnˌvɪnsɪ'bɪlətɪ] *n* invencibilidad *f*.

invincible [ɪn'vɪnsɪbl] *adj* **- 1.** [unbeatable] invencible. **- 2.** [unchangeable] inalterable, inamovible.

inviolable [ɪn'vaɪələbl] *adj* inviolable.

inviolate [ɪn'vaɪələt] *adj literary* inviolado(da).

invisibility [ɪnˌvɪzɪ'bɪlətɪ] *n* invisibilidad *f*.

invisible [ɪn'vɪzɪbl] *adj* invisible.

invisible assets *npl* activo *m* inmaterial.

invisible earnings *npl* ingresos *mpl* invisibles.

invisible exports *npl* exportaciones *fpl* invisibles.

invisible imports *npl* importaciones *fpl* invisibles.

invisible ink *n* tinta *f* simpática.

invisible mending *n* zurcido *m* invisible.

invitation [ˌɪnvɪ'teɪʃn] *n* invitación *f*; **an ~ to sthg/to do sthg** una invitación a algo/a hacer algo.

invite [*vb* ɪn'vaɪt, *n* 'ɪnvaɪt] ◇ *vt* **- 1.** [ask]: **to ~ sb (to sthg/to do sthg)** invitar a alguien (a algo/a hacer algo); **to ~ sb in/up** invitar a alguien a entrar/subir. **- 2.** [solicit] solicitar, pedir. **- 3.** [trouble, defeat, disaster] provocar, buscar. ◇ *n inf* invitación *f*.

inviting [ɪn'vaɪtɪŋ] *adj* tentador(ra).

in vitro fertilization [ˌɪnviːtrəʊ-] *n* fertilización *f* in vitro.

invocation [ˌɪnvə'keɪʃn] *n fml* invocación *f*.

invoice ['ɪnvɔɪs] ◇ *n* factura *f*; **as per ~** según factura. ◇ *vt* **- 1.** [send invoice to] mandar la factura a. **- 2.** [prepare invoice for] facturar.

invoke [ɪn'vəʊk] *vt* **- 1.** *fml* [quote as justification] invocar, acogerse a. **- 2.** [cause] suscitar.

involuntarily [ɪn'vɒləntrəlɪ] *adv* involuntariamente.

involuntary [ɪn'vɒləntrɪ] *adj* involuntario(ria).

involute ['ɪnvəluːt] *adj* **- 1.** *fml* [involved] complicado(da), intrincado(da). **- 2.** BOT involuto(ta).

involution [ˌɪnvəˈluːʃn] n **- 1.** fml [intricacy] complicación f, enredo m. **- 2.** MATH elevación f a una potencia.

involve [ɪnˈvɒlv] vt **- 1.** [entail, require]: **to ~ sthg/doing sthg** conllevar algo/hacer algo; **it ~s working weekends** supone OR implica trabajar los fines de semana. **- 2.** [concern, affect] afectar a; **to be ~d in sthg** [accident, crash] verse envuelto(ta) en algo. **- 3.** [make part of sthg]: **to ~ sb (in)** involucrar a alguien (en); **to ~ o.s. in** meterse en.

involved [ɪnˈvɒlvd] adj **- 1.** [complex] enrevesado(da), complicado(da). **- 2.** [participating]: **to be ~ in** estar metido(da) en. **- 3.** [in a relationship]: **to be/get ~ with sb** tener una relación con alguien.

involvement [ɪnˈvɒlvmənt] n [participation]: ~ **(in)** [crime] implicación f (en); [running sthg] participación f (en); [concern, enthusiasm]: ~ **(in)** compromiso m (con).

invulnerability [ɪnˌvʌlnərəˈbɪlətɪ] n invulnerabilidad f.

invulnerable [ɪnˈvʌlnərəbl] adj: **to be ~ (to)** ser invulnerable (a).

inward [ˈɪnwəd] ◇ adj **- 1.** [inner] interno(na). **- 2.** [towards the inside] hacia el interior. ◇ adv Am = **inwards**.

inward-looking adj **- 1.** [person] introvertido(da); [group] cerrado(da); [philosophy] introspectivo(va). **- 2.** pej [self-centred] egocéntrico(ca).

inwardly [ˈɪnwədlɪ] adv por dentro.

inwards [ˈɪnwədz], **inward** Am [ˈɪnwəd] adv hacia dentro.

in-your-face adj inf [attitude] directo(ta), descarado(da); [TV programme, music] fuerte, directo(ta); [lyrics, advertising] impactante.

I/O (written abbr of **input/output**) E/S, I/O.

IOC (abbr of **International Olympic Committee**) n COI m.

iodide [ˈaɪədaɪd] n yoduro m.

iodine [Br ˈaɪədiːn, Am ˈaɪədaɪn] n yodo m.

iodize, -ise [ˈaɪədaɪz] vt yodar.

IOM written abbr of **Isle of Man**.

ion [ˈaɪən] n ión m.

Ionian [aɪˈəʊnjən] ◇ adj jónico(ca). ◇ n **- 1.** [person] jónico m, -ca f. **- 2.** [language] jónico m.

Ionian Sea n: **the ~** el mar Jónico.

ionic [aɪˈɒnɪk] adj CHEM iónico(ca), de los iones.

Ionic [aɪˈɒnɪk] adj ARCHIT jónico(ca).

ionization [ˌaɪənaɪˈzeɪʃn] n ionización f.

ionization chamber n cámara f de ionización.

ionize, -ise [ˈaɪənaɪz] ◇ vt ionizar. ◇ vi ionizarse.

ionizer n ionizador m.

ionosphere [aɪˈɒnəsfɪəʳ] n ionosfera f.

iota [aɪˈəʊtə] n pizca f, ápice m; **not one ~ of truth** ni pizca de verdad.

IOU (abbr of **I owe you**) n pagaré m.

IOW written abbr of **Isle of Wight**.

Iowa [ˈaɪəʊə] n Iowa.

IPA (abbr of **International Phonetic Alphabet**) n AFI m.

IQ (abbr of **intelligence quotient**) ◇ n CI m; **to have a high/low ~** tener un coeficiente de inteligencia alto bajo. ◇ comp: ~ **test** test m de inteligencia.

USAGE ▶ Invitations

Written

▶ *invitations:*

Fernando Barrera Martínez y Mª Luisa Navarro de Barrera, y Mª del Carmen Jiménez de Prados, viuda de Carrascosa, se complacen en invitarle al enlace matrimonial de sus hijos Gerardo y Mª Luisa, que se celebrará D.m. (Dios mediante) el 11 de mayo a las seis de la tarde en la iglesia de Nª Sra. del Pilar, así como al convite que será ofrecido después, a partir de las ocho, en el Hotel Victoria. Se ruega confirmación.

Es motivo de gran alegría para mí enviarle esta invitación con ocasión del estreno de mi nueva obra *Las gaviotas de ayer*, acontecimiento que tendrá lugar el próximo día 25 de mayo a las 8 de la tarde. Espero contar con su asistencia.

El próximo 7 de octubre celebraré mi cumpleaños y estaría encantada de poder contar contigo. No falles, por favor. Gracias anticipadas por aceptar.

Mi esposo y yo estaríamos encantados de que viniera a pasar unos días con nosotros durante el mes de julio a la finca que poseemos en Cerceda. En caso de que decidiera venir, le ruego nos comunique en qué fechas lo haría.

▶ *replies:*

Deseamos agradecerles su amable invitación y felicitarles por el inminente enlace de sus hijos Gerardo y Mª Luisa. Asistiremos encantados a la ceremonia religiosa pero lamentamos no poder estar presentes en el posterior convite por motivo de un compromiso anterior.

Muchas gracias por su invitación. Será un honor para mí asistir al estreno de su obra.

Es muy amable de tu parte haberte acordado de mí para la celebración de tu próximo cumpleaños. Descuida. No faltaré.

Les agradezco enormemente su amabilidad al invitarme a pasar unos días con Vds., pero desgraciadamente me resultará imposible ya que por esas fechas debo viajar a Uruguay. Estaré encantado de aceptar su invitación en cualquier otra ocasión.

Spoken

▶ *invitations:*

¿Te gustaría venir al cine con nosotros?

¿Estás libre algún día de la semana que viene? Te invito a comer.

¿Te apetece un viajecito en barco?

Te invito a un café.

¿Te interesa ir a la ópera? Tengo dos entradas.

¿Qué? ¿Tomamos una copa?

▶ *replies:*

Encantada. Me gustaría mucho/Me gustaría pero ya he quedado.

Ah, vale. De acuerdo. Cuando quieras/Eres muy amable, pero no voy a poder.

Estupendo. Me apetece mucho ¿Cuándo?/Te lo agradezco mucho, pero lo de navegar no es lo mío.

Vale. Gracias/No tengo tiempo, lo siento. Lo dejamos para otro momento ¿eh?

No te digo que no, pero tengo que consultarlo. Te llamo después y te lo digo.

¿Por qué no? No tenemos nada mejor que hacer/No, no me apetece. Otro día.

IRA n - **1.** (abbr of **Irish Republican Army**) IRA m. - **2.** (abbr of **individual retirement account**) cuenta personal de jubilación.

Iran [ɪ'rɑːn] n (el) Irán.

Iranian [ɪ'reɪnjən] ◇ adj iraní. ◇ n [person] iraní mf.

Iraq [ɪ'rɑːk] n (el) Irak.

Iraqi [ɪ'rɑːkɪ] ◇ adj iraquí. ◇ n [person] iraquí mf.

irascible [ɪ'ræsəbl] adj irascible.

irate [aɪ'reɪt] adj iracundo(da), airado(da).

ire [ˈaɪəʳ] n literary ira f.

ireful [ˈaɪəful] adj literary iracundo(da).

Ireland [ˈaɪələnd] n Irlanda; **the Republic of** ~ la República de Irlanda.

iridescence [ɪrɪ'desəns] n iridiscencia f, irisación f.

iridescent [ɪrɪ'desənt] adj iridiscente.

iridium [ɪ'rɪdɪəm] n iridio m.

iris [ˈaɪərɪs] (pl **irises**) n - **1.** [flower] lirio m. - **2.** [of eye] iris m inv.

Irish [ˈaɪrɪʃ] ◇ adj irlandés(esa). ◇ n [language] irlandés m. ◇ npl [people]: **the** ~ los irlandeses.

Irish coffee n café m irlandés.

Irishman [ˈaɪrɪʃmən] (pl **Irishmen** [-mən]) n irlandés m.

Irish moss n musgo m de Irlanda.

Irish Sea n: **the** ~ el mar de Irlanda.

Irish setter n setter m irlandés.

Irish stew n estofado de carne y verdura.

Irish wolfhound n lebrel m irlandés.

Irishwoman [ˈaɪrɪʃwumən] (pl **Irishwomen** [-ˌwɪmɪn]) n irlandesa f.

irk [ɜːk] vt fastidiar.

irksome [ˈɜːksəm] adj fastidioso(sa).

IRN (abbr of **Independent Radio News**) n agencia británica de noticias para emisoras de radio privadas.

IRO (abbr of **International Refuge Organization**) n organización humanitaria estadounidense para refugiados.

iron [ˈaɪən] ◇ adj lit & fig de hierro. ◇ n - **1.** [metal] hierro m, fierro m Amér, **a will of** ~ una voluntad de hierro. - **2.** [for clothes] plancha f. - **3.** [golf club] hierro m. - **4.** phr: **to pump** ~ inf levantar pesas. ◇ vt planchar.
◆ **irons** npl grilletes mpl; **in** ~s encadenado(da).
◆ **iron out** vt sep fig [overcome] resolver.

Iron Age ◇ n: **the** ~ la Edad de Hierro. ◇ comp de la Edad de Hierro.

ironclad [ˈaɪənklæd] ◇ adj - **1.** [covered with iron] acorazado(da). - **2.** fig [strict] estricto(ta), riguroso(sa). ◇ n acorazado m.

Iron Curtain n: **the** ~ el telón de acero.

iron foundry n fundición f de hierro.

iron-grey adj gris oscuro.

iron horse n arch locomotora f, ferrocarril m.

ironic(al) [aɪ'rɒnɪk(l)] adj irónico(ca); **how** ~! ¡qué ironía!

ironically [aɪ'rɒnɪklɪ] adv irónicamente.

ironing [ˈaɪənɪŋ] n - **1.** [work] planchado m; **to do the** ~ planchar la ropa. - **2.** [clothes to be ironed] ropa f para planchar.

ironing board n tabla f de planchar.

ironist [ˈaɪrənɪst] n ironista mf.

Iron Lady n: **the** ~ la Dama de Hierro.

iron lung n pulmón m de acero OR artificial.

ironmonger [ˈaɪənˌmʌŋgəʳ] n Br ferretero m, -ra f; ~'s **(shop)** ferretería f, tlapalería f Amér.

ironmongery [ˈaɪənˌmʌŋgərɪ] n Br ferretería f.

iron ore n mineral m de hierro.

iron tablet n MED comprimido m de hierro.

ironware [ˈaɪənweəʳ] n ferretería f.

ironwork [ˈaɪənwɜːk] n herrajes mpl.
◆ **ironworks** n [where iron smelted] fundición f; [where iron cast] herrería f.

irony [ˈaɪrənɪ] (pl **ironies**) n ironía f; **the** ~ **of it is that...** lo curioso del caso es que...

irradiate [ɪ'reɪdɪeɪt] vt irradiar.

irradiation [ɪˌreɪdɪ'eɪʃn] n irradiación f.

irrational [ɪ'ræʃənl] adj irracional.

irrationality [ɪˌræʃə'nælətɪ] n irracionalidad f.

irreconcilable [ɪ'rekənsaɪləbl] adj [completely different] irreconciliable.

irrecoverable [ˌɪrɪ'kʌvərəbl] adj irrecuperable.

irredeemable [ˌɪrɪ'diːməbl] adj - **1.** fml [irreplaceable] irrecuperable. - **2.** fml [hopeless] irreparable, insalvable. - **3.** [share, bond] irredimible, no amortizable; [paper money] inconvertible, no convertible en moneda.

irredeemably [ˌɪrɪ'diːməblɪ] adv de un modo irremediable, irremediablemente.

irreducible [ˌɪrɪ'djuːsəbl] adj irreducible, irreductible.

irrefutable [ˌɪrɪ'fjuːtəbl] adj fml irrefutable.

irregular [ɪ'regjuləʳ] ◇ adj [gen & GRAMM] irregular. ◇ n - **1.** MIL soldado mf irregular. - **2.** Am COMM mercancía f imperfecta.

irregularity [ɪˌregjʊ'lærətɪ] (pl **irregularities**) n irregularidad f.

irregularly [ɪ'regjʊləlɪ] adv [at uneven intervals] de forma irregular.

irrelevance [ɪ'reləvəns], **irrelevancy** [ɪ'reləvənsɪ] (pl **irrelevancies**) n - **1.** [state of being irrelevant] irrelevancia f, falta f de pertinencia. - **2.** [something irrelevant]: **to be an** ~ ser algo sin importancia.

irrelevant [ɪ'reləvənt] adj irrelevante, que no viene al caso; **to be** ~ **to sthg** no tener nada que ver con algo.

irreligious [ˌɪrɪ'lɪdʒəs] adj irreligioso(sa).

irremediable [ˌɪrɪ'miːdjəbl] adj fml irremediable, irreparable.

irremissible [ˌɪrɪ'mɪsəbl] adj fml irremisible.

irreparable [ɪ'repərəbl] adj irreparable, irremediable; **to do** ~ **damage to sthg** causar daños irreparables en algo.

irreplaceable [ˌɪrɪ'pleɪsəbl] adj irreemplazable, insustituible.

irrepressible [ˌɪrɪ'presəbl] adj [enthusiasm] irreprimible; [person] imparable.

irreproachable [ˌɪrɪ'prəʊtʃəbl] adj irreprochable.

irresistible [ˌɪrɪ'zɪstəbl] adj irresistible.

irresistibly [ˌɪrɪ'zɪstəblɪ] adv de un modo irresistible, irresistiblemente.

irresolute [ɪ'rezəluːt] adj fml irresoluto(ta).

irresolution [ɪˌrezə'luːʃn], **irresoluteness** [ɪˌrezə'luːtnɪs] n fml irresolución f, indecisión f.

irresolvable [ˌɪrɪ'zɒlvəbl] adj irresoluble.

irrespective [ˌɪrɪ'spektɪv] ◆ **irrespective of** prep con independencia de.

irresponsibility [ˈɪrɪˌspɒnsə'bɪlətɪ] n irresponsabilidad f.

irresponsible [ˌɪrɪ'spɒnsəbl] adj irresponsable.

irretrievable [ˌɪrɪ'triːvəbl] adj [loss, harm, damage] irreparable; [object] irrecuperable.

irretrievably [ˌɪrɪ'triːvəblɪ] adv de un modo irreparable OR irremediable; **it's** ~ **lost** se ha perdido para siempre.

irreverence [ɪ'revərəns] n irreverencia f, falta f de respeto.

irreverent [ɪ'revərənt] adj irreverente, irrespetuoso(sa).

irreversible [ˌɪrɪ'vɜːsəbl] adj [judgment] irrevocable; [change] irreversible.

irrevocable [ɪ'revəkəbl] adj irrevocable.

irrevocably [ɪ'revəkəblɪ] adv de (un) modo irrevocable.

irrigate [ˈɪrɪgeɪt] vt [gen & MED] irrigar.

irrigation [ˌɪrɪ'geɪʃn] ◇ n [gen & MED] irrigación f. ◇ comp de riego; ~ **channel** canal m de riego.

irritability [ˌɪrɪtə'bɪlətɪ] n irritabilidad f.

irritable [ˈɪrɪtəbl] adj irritable.

irritableness [ˈɪrɪtəblnɪs] n irritabilidad f.

irritably ['ırıtəblı] *adv* con irritación.

irritant ['ırıtənt] ◇ *adj* irritante. ◇ *n* - **1.** [irritating situation] motivo *m* de irritación. - **2.** [substance] sustancia *f* irritante.

irritate ['ırıteıt] *vt* irritar.

irritating ['ırıteıtıŋ] *adj* irritante.

irritatingly ['ırıteıtıŋlı] *adv* de modo irritante, fastidiosamente.

irritation [ırı'teıʃn] *n* - **1.** [anger, soreness] irritación *f*. - **2.** [cause of anger] motivo *m* de irritación.

irrupt [ı'rʌpt] *vt fml* irrumpir.

irruption [ı'rʌpʃn] *n fml* irrupción *f*.

IRS (*abbr of* **Internal Revenue Service**) *n Am*: **the** ~ ≃ Hacienda *f*.

is [ız] *v* → **be**.

Isaiah [aı'zaıə] *n* Isaías *m*.

ISBN (*abbr of* **International Standard Book Number**) *n* ISBN *m*.

isinglass ['aızıŋglɑːs] *n* - **1.** CULIN cola *f* de pescado, colapez *f*. - **2.** MIN mica *f*.

Isis ['aısıs] *n* MYTH Isis *f*.

Islam ['ızlɑːm] *n* [religion] islam *m*, islamismo *m*.

Islamabad [ız'lɑːməbæd] *n* Islamabad.

Islamic [ız'læmık] *adj* islámico(ca).

island ['aılənd] *n* - **1.** [in water] isla *f*. - **2.** [in traffic] isleta *f*, refugio *m*.

islander ['aıləndə'] *n* isleño *m*, -ña *f*.

isle [aıl] *n* - **1.** [as part of name] isla *f*. - **2.** *literary* [island] ínsula *f*.

Isle of Man *n*: **the** ~ la isla de Man.

Isle of Wight [-waıt] *n*: **the** ~ la isla de Wight.

islet ['aılıt] *n* isleta *f*, islote *m*.

isn't ['ıznt] *contr* = **is not**.

ISO (*abbr of* **International Standards Organization**) *n* ISO *f*, *organización internacional de normalización*.

isobar ['aısəbɑː'] *n* isobara *f*.

isocline ['aısəʊˌklaın] *n* pliegue *m* isoclinal.

isogonic [ˌaısəʊ'gɒnık] *adj* isógono(na).

isolate ['aısəleıt] *vt* - **1.** [separate]: **to** ~ **sb (from)** [physically] aislar a alguien (de); [socially] marginar a alguien (de). - **2.** MED: **to** ~ **sb** poner a alguien en cuarentena. - **3.** CHEM & ELEC: **to** ~ **sthg (from)** aislar algo (de).

isolated ['aısəleıtıd] *adj* aislado(da).

isolation [aısə'leıʃn] *n* [solitariness] aislamiento *m*; **in** ~ aislado(da).

isolation hospital *n* hospital *m* de infecciosos.

isolationism [ˌaısə'leıʃənızm] *n* aislacionismo *m*.

isolationist [ˌaısə'leıʃənıst] *n* aislacionista *mf*.

isolation ward *n* pabellón *m* de aislamiento.

isomer ['aısəmə'] *n* isómero *m*.

isomerism [aı'sɒmərızm] *n* isomería *f*.

isometric [aısəʊ'metrık] *adj* isométrico(ca).
◆ **isometrics** *n* (U) ejercicios *mpl* isométricos.

isomorphic [aısə'mɔːfık] *adj* isomorfo(fa).

isomorphism [aısə'mɔːfızm] *n* isomorfismo *m*.

isosceles triangle [aı'sɒsiliːz-] *n* triángulo *m* isósceles.

isotherm ['aısəθɜːm] *n* isoterma *f*.

isotope ['aısətəʊp] *n* isótopo *m*.

I-spy *n* ≃ veo-veo *m*.

Israel ['ızreıəl] *n* Israel.

Israeli [ız'reılı] ◇ *adj* israelí. ◇ *n* israelí *mf*.

Israelite ['ızrəlaıt] ◇ *adj* israelita. ◇ israelita *mf*.

issuance ['ıʃuːəns] *n* emisión *f*.

issue ['ıʃuː] ◇ *n* - **1.** [important subject] cuestión *f*, tema *m*; **to avoid the** ~ eludir el tema; **to force the** ~ forzar una decisión; **to raise the** ~ plantear la cuestión; **to take** ~ **with sb/ sthg** estar en desacuerdo con alguien/algo ❏ **at** ~ en cuestión; **to make an** ~ **of sthg** darle demasiada importancia a

algo. - **2.** [of newspaper, magazine] número *m*, edición *f*. - **3.** [of stamps, shares, banknotes] emisión *f*. - **4.** *fml* [result, outcome] resultado *m*, consecuencia *f*. - **5.** *arch* JUR [progeny] descendencia *f*, progenie *f*; **to die without** ~ morir sin descendencia. ◇ *vt* - **1.** [decree] promulgar; [statement, warning] hacer público(ca). - **2.** [stamps, shares, banknotes] emitir, poner en circulación. - **3.** [passport, document]: **to** ~ **sthg to sb, to** ~ **sb with sthg** expedir algo a alguien. - **4.** [distribute] repartir, distribuir. ◇ *vi* - **1.** *fml*: **to** ~ **(from)** surgir (de). - **2.** [come or go out] salir. - **3.** [result, originate]: **to** ~ **from** resultar de.

issuer ['ıʃuːə'] *n* - **1.** [of document, note] otorgante *mf*, expedidor *m*, -ra *f*. - **2.** [of supplies] distribuidor *m*, -ra *f*.

Istanbul [ˌıstæn'bʊl] *n* Estambul.

ISTC (*abbr of* **Iron and Steels Confederation**) *n* sindicato británico de obreros de la siderurgia.

isthmus ['ısməs] *n* istmo *m*.

it [ıt] *pron* - **1.** [referring to specific thing or person - subj] él *m*, ella *f*; [- direct object] lo *m*, la *f*; [- indirect object] le; **did you find** ~? ¿lo encontraste?; **give** ~ **to me** dámelo; **he gave** ~ **a kick** le dio una patada; **I like** ~ me gusta; ~ **broke** se rompió; ~ **is in my hand** lo tengo en la mano. - **2.** *(with prepositions)* él *m*, ella *f*; [meaning 'this matter' etc] ello; **as if his life depended on** ~ como si le fuera la vida en ello; **give this bone to** ~ dale este hueso; **have you been to** ~ **before?** ¿has estado antes?; **he's good at** ~ se le da bien; **in** ~ dentro; **on** ~ encima; **to talk about** ~ hablar de ello; **under/beneath** ~ debajo; **beside** ~ al lado; **from/of** ~ de él/ella/ello; **over** ~ por encima. - **3.** *(impersonal use)*: ~ **was raining** llovía; ~ **is cold today** hace frío hoy; ~**'s two o'clock** son las dos; **who is** ~? - **it's Mary/me** ¿quién es? - soy Mary/yo; **what day is** ~? ¿a qué (día) estamos hoy?; ~**'s the children who worry me most** son los niños lo que más me preocupa.

I T *n abbr of* **information technology**.

Italian [ı'tæljən] ◇ *adj* italiano(na). ◇ *n* - **1.** [person] italiano *m*, -na *f*. - **2.** [language] italiano *m*.

Italianate [ı'tæljəneıt] *adj* de estilo italiano, italianizante.

italic [ı'tælık] *adj* cursiva.
◆ **italics** *npl* cursiva *f*.

italicize, -ise [ı'tælısaız] *vt* imprimir en cursiva.

Italo- *prefix*: ~ **German** Italo-germano (Italo-germana).

Italy ['ıtəlı] *n* Italia.

itch [ıtʃ] ◇ *n* - **1.** [physical irritation] picor *m*, picazón *f*. - **2.** *inf fig* [desire] comezón *f*, prurito *m*. ◇ *vi* - **1.** [be itchy - person] tener picazón; [- arm, leg etc] picar; **my ear** ~**es** me pica la oreja. - **2.** *fig* [be impatient]: **to be** ~**ing to do sthg** estar deseando hacer algo.

itchiness ['ıtʃınıs] *n* picazón *f*, comezón *f*.

itching ['ıtʃıŋ] *n* picor *m*, picazón *f*.

itching powder *n* polvos *mpl* picapica.

itchy ['ıtʃı] (*compar* **itchier**, *superl* **itchiest**) *adj* que pica.

it'd ['ıtəd] *contr* = **it would, it had**.

item ['aıtəm] *n* - **1.** [in collection] artículo *m*; [on list, agenda] asunto *m*, punto *m*; [in invoice, account] concepto *m*. - **2.** [article in newspaper] artículo *m*; **news** ~ noticia *f*. - **3.** *inf* [couple] pareja *f* estable.

itemization [aıtəmaı'zeıʃn] *n* enumeración *f*.

itemize, -ise ['aıtəmaız] *vt* detallar, desglosar.

itemized bill [aıtəmaızd-] *n* factura *f* detallada OR desglosada.

iteration [ˌıtə'reıʃn] *n* iteración *f*.

itinerant [ı'tınərənt] *adj* itinerante, ambulante; ~ **teacher** *Am* profesor *m*, -ra *f* suplente.

itinerary [aı'tınərərı] (*pl* **itineraries**) *n* itinerario *m*.

it'll [ıtl] *contr* = **it will**.

ITN (*abbr of* **Independent Television News**) *n* agencia de noticias para los canales de la 'Independent Broadcasting Authority'.

its [ıts] *poss adj* su, sus *(pl)*; **the dog broke** ~ **leg** el perro se rompió la pata.

it's [ɪts]*contr* = **it is, it has**.

itself [ɪt'self] *pron* - **1.** *(reflexive)* se; *(after prep)* sí mismo (sí misma); **by** ~ solo(la); **this record player turns** ~ **off automatically** este tocadiscos se apaga automáticamente; **with** ~ consigo mismo (consigo misma). - **2.** *(for emphasis):* **the town** ~ **is lovely** el pueblo en sí es bonito; **in** ~ en sí.

ITV *(abbr of* **Independent Television**) *n* ITV *f, canal privado de televisión en Gran Bretaña.*

IUCD *(abbr of* **intrauterine contraceptive device**) *n* DIU *m.*

IUD *(abbr of* **intrauterine device**) *n* DIU *m.*

I've [aɪv] *contr* = **I have**.

IVF *(abbr of* **in vitro fertilization**) *n* fertilización *f* in vitro.

Ivorian [aɪ'vɔːrɪən] ◇ *adj* marfileño(ña). ◇ *n* marfileño *m*, -ña *f.*

ivory ['aɪvərɪ] ◇ *adj* [ivory, coloured] de color marfil, marfileño(ña). ◇ *n* marfil *m.* ◇ *comp* de marfil.
◆ **ivories** *npl inf* [piano keys] teclas *fpl.*

Ivory Coast *n:* **the** ~ la Costa de Marfil.

ivory tower *n* torre *f* de marfil.

ivy ['aɪvɪ] *n* hiedra *f.*

Ivy League *n Am* grupo de ocho prestigiosas universidades del este de EE UU.

J

j (*pl* **j's** OR **js**), **J** (*pl* **J's** OR **Js**) [dʒeɪ] *n* [letter] j *f*, J *f.*

JA *(abbr of* **judge advocate**) *auditor de guerra.*

J/A *written abbr of* **joint account**.

jab [dʒæb] (*pt & pp* **jabbed**, *cont* **jabbing**) ◇ *n* - **1.** *Br inf* [injection] pinchazo *m.* - **2.** [prick] pinchazo *m*; [with elbow] codazo *m.* - **3.** [in boxing] golpe *m* corto. ◇ *vt:* **to** ~ **sthg into** clavar algo en; **to** ~ **sthg at** apuntarle algo a. ◇ *vi:* **to** ~ **at sthg/sb** intentar golpear algo/a alguien.

jabber ['dʒæbəʳ] ◇ *vt* farfullar. ◇ *vi* charlotear.

jacaranda [,dʒækə'rændə] *n* jacarandá *m.*

jacinth ['dʒæsɪnθ] *n* jacinto *m.*

jack [dʒæk] *n* - **1.** [device] gato *m.* - **2.** [playing card] ≃ sota *f.* - **3.** ELEC [socket] enchufe *m* hembra, toma *f* de corriente. - **4.** *phr:* **every man** ~ **(of them)** *Br inf* todo quisque.
◆ **jack in** *vt sep Br inf* mandar a paseo, dejar.
◆ **jack up** *vt sep* - **1.** [lift with a jack] levantar con gato. - **2.** *inf* [increase] subir.

jackal ['dʒækəl] *n* chacal *m.*

jackanapes ['dʒækəneɪps] *n* - **1.** [conceited person] mequetrefe *mf.* - **2.** [mischievous child] diablillo *m.*

jackass ['dʒækæs] *n* - **1.** [male donkey] asno *m*, burro *m.* - **2.** *inf* [imbecile] burro *m*, -rra *f*, tonto *m*, -ta *f.*

jackboot ['dʒækbuːt] *n* bota *f* alta OR de montar.

jackdaw ['dʒækdɔː] *n* grajilla *f.*

jacket ['dʒækɪt] *n* - **1.** [garment] chaqueta *f*, americana *f*, saco *m Amér.* - **2.** [potato skin] piel *f.* - **3.** [book cover] sobrecubierta *f.* - **4.** [of boiler] camisa *f.* - **5.** *Am* [of record] cubierta *f.*

jacket potato *n* patata *f* asada con piel.

jackhammer ['dʒæk,hæməʳ] *n Am* martillo *m* neumático.

jack-in-the-box *n* caja *f* sorpresa.

jack knife *n* navaja *f.*
◆ **jack-knife** *vi:* **the lorry jack-knifed** la parte delantera del camión derrapó.

jack-of-all-trades (*pl* **jacks-of-all-trades**) *n* persona que sabe un poco de todo.

jack-o'-lantern *n* lámpara hecha con una calabaza.

jack plug *n* (enchufe *m* de) clavija *f.*

jackpot ['dʒækpɒt] *n* (premio *m*) gordo *m*; **to hit the** ~ [prize] sacar el premio gordo; *fig* [success] tener gran éxito OR suerte.

jack rabbit *n* liebre *f* norteamericana.

Jack Russell [-'rʌsl] *n* especie pequeña de terrier de pelaje blanco.

jackscrew ['dʒækskruː] *n* gato *m* OR cric *m* de tornillo.

jackstraws ['dʒækstrɔːz] *n* juego *m* de las pajitas.

jack tar *n inf* marinero *m.*

Jack the Lad *n inf* vacilón *m*, macarrilla *m.*

Jack the Ripper *n* Jack el Destripador.

Jacobean [,dʒækə'bɪən] *adj* jacobita, de la época de Jacobo I.

Jacobin ['dʒækəbɪn] ◇ *adj* jacobino(na). ◇ *n* jacobino *m*, -na *f.*

Jacobite ['dʒækəbaɪt] ◇ *adj* jacobita. ◇ *n* jacobita *mf.*

Jacuzzi® [dʒə'kuːzɪ] *n* jacuzzi® *m.*

jade [dʒeɪd] ◇ *adj* [jade, coloured] jade *(inv).* ◇ *comp* de jade. ◇ *n* - **1.** [stone] jade *m.* - **2.** [colour] color *m* jade. - **3.** [horse] jamelgo *m*, rocín *m.*

jaded ['dʒeɪdɪd] *adj* [tired] agotado(da); [bored] hastiado(da).

jag [dʒæg] (*pt & pp* **jagged**, *cont* **jagging**) ◇ *n* - **1.** [sharp point] punta *f* saliente; [barb] púa *f.* - **2.** *Am inf* [party] juerga *f.* ◇ *vt* - **1.** [notch] dentar, mellar. - **2.** [cut unevenly] cortar desigualmente.

JAG *(abbr of* **Judge Advocate General**) *auditor general del ejército.*

jagged ['dʒægɪd] *adj* dentado(da).

jaggedness ['dʒægɪdnɪs] *n* melladura *f.*

jaguar [*Br* 'dʒægjʊəʳ, *Am* 'dʒægwɑːr] *n* jaguar *m.*

jail [dʒeɪl] ◇ *n* cárcel *f.* ◇ *vt* encarcelar.

jailbird ['dʒeɪlbɜːd] *n inf* preso *m*, -sa *f* reincidente.

jailbreak ['dʒeɪlbreɪk] *n* fuga *f*, evasión *f.*

jailer ['dʒeɪləʳ] *n* carcelero *m*, -ra *f.*

Jain [dʒaɪn] ◇ *adj* jainí. ◇ *n* jainí *mf.*

Jakarta [dʒə'kɑːtə] *n* Djakarta.

jalap ['dʒæləp] *n* jalapa *f.*

jalapeño [,hɑːlə'penjəʊ] *n* (chile *m*) jalapeño *m.*

jalopy [dʒə'lɒpɪ] (*pl* **jalopies**) *n inf* cacharro *m*, armatoste *m.*

jalousie ['ʒæluːziː] *n* celosía *f.*

jam [dʒæm] (*pt & pp* **jammed**, *cont* **jamming**) ◇ *n* - **1.** [preserve] mermelada *f.* - **2.** [traffic jam] embotellamiento *m*, atasco *m*. - **3.** *inf* [difficult situation]: **to get into/be in a ~** meterse/estar en un apuro; **to get sb out of a ~** sacar a alguien de un apuro OR aprieto. ◇ *vt* - **1.** [place roughly] meter a la fuerza; **to ~ the brakes on** pisar a fondo el freno. - **2.** [fix] sujetar; **~ the door shut** atranca la puerta. - **3.** [pack tightly] apiñar. - **4.** [fill] abarrotar, atestar; **to be jammed with** estar atestado(da) OR atiborrado(da) de. - **5.** TELEC bloquear. - **6.** [cause to stick] atascar. - **7.** RADIO interferir. ◇ *vi* - **1.** [stick - window, drawer] atascarse; [- gun] encasquillarse; [- brakes] agarrotarse. - **2.** MUS improvisar.

Jamaica [dʒə'meɪkə] *n* Jamaica.

Jamaican [dʒə'meɪkn] ◇ *adj* jamaicano(na). ◇ *n* jamaicano *m*, -na *f*.

jamb [dʒæm] *n* jamba *f*.

jambalaya [dʒæmbə'laɪə] *n* plato criollo con marisco, pollo y arroz.

jamboree [dʒæmbə'riː] *n* - **1.** [celebration] juerga *f*. - **2.** [gathering of scouts] reunión *f* de niños exploradores.

James [dʒeɪmz] *n* Jaime *m*, Jacobo *m*; **Saint ~** san Jaime.

jamjar ['dʒæmdʒɑːʳ] *n* tarro *m* OR pote *m* de mermelada.

jamming ['dʒæmɪŋ] *n* RADIO interferencia *f*.

jam-packed *adj inf* a tope, atestado(da).

jampot ['dʒæmpɒt] *n* = **jamjar**.

jam session *n* sesión improvisada de jazz o rock.

Jan. (*written abbr of* **January**) ene. *m*.

jangle ['dʒæŋgl] ◇ *n* tintineo *m*. ◇ *vt* - **1.** [bells, keys etc] hacer tintinear. - **2.** [upset]: **to ~ sb's nerves** irritar OR exacerbar a alguien. ◇ *vi* tintinear.

janissary ['dʒænɪsrɪ] (*pl* **janissaries**) *n* jenízaro *m*.

janitor ['dʒænɪtəʳ] *n Am & Scot* conserje *m*, portero *m*.

Jansenism ['dʒænsənɪzm] *n* jansenismo *m*.

January ['dʒænjʊərɪ] *n* enero *m*; *see also* **September**.

Jap [dʒæp] *n v inf offensive* japo *mf*.

japan [dʒə'pæn] *n* laca *f* japonesa, charol *m* japonés.

Japan [dʒə'pæn] *n* (el) Japón.

Japanese [dʒæpə'niːz] (*pl inv*) ◇ *adj* japonés(esa). ◇ *n* - **1.** [person] japonés *m*, -esa *f*. - **2.** [language] japonés *m*. ◇ *npl*: **the ~** los japoneses.

jape [dʒeɪp] *n dated* broma *f*.

japonica [dʒə'pɒnɪkə] *n* - **1.** [fruit] membrillo *m* japonés. - **2.** [camelia] camelia *f* japonesa.

jar [dʒɑːʳ] (*pt & pp* **jarred**, *cont* **jarring**) ◇ *n* - **1.** [container] tarro *m*. - **2.** [jolt] choque *m*, sacudida *f*. - **3.** *inf* [drink] copa *f*, copichuela *f*. ◇ *vt* [shake] sacudir. ◇ *vi* - **1.** [upset]: **to ~ on sb/on sb's nerves** poner los nervios de punta (a alguien). - **2.** [clash - opinions] discordar; [- colours] desentonar.

jardinière [ʒɑːdɪ'neəʳ] *n* jardinera *f*.

jarful ['dʒɑːfʊl] *n* tarro *m*.

jargon ['dʒɑːgən] *n* jerga *f*.

jarring ['dʒɑːrɪŋ] *adj* - **1.** [upsetting] crispante. - **2.** [clashing - opinions] discordante; [- colours] que desentonan.

Jarrow Marches ['dʒærəʊ'mɑːtʃɪz] *npl*: **the ~** marchas en huelga de hambre protagonizadas por los desempleados a mediados de los años 30, desde el noreste de Inglaterra hasta Londres, en protesta por su situación.

Jas. *written abbr of* **James**.

jasmine ['dʒæzmɪn] *n* jazmín *m*.

jasper ['dʒæspəʳ] *n* jaspe *m*.

jato ['dʒeɪtəʊ] *n* despegue *m* con ayuda de cohetes.

jaundice ['dʒɔːndɪs] *n* ictericia *f*.

jaundiced ['dʒɔːndɪst] *adj fig* [attitude, view] desencantado(da).

jaunt [dʒɔːnt] *n* excursión *f*.

jauntily ['dʒɔːntɪlɪ] *adv* [cheerfully] de un modo vivaz OR jovial; [in a sprightly way] de un modo desenvuelto, con desenvoltura.

jauntiness ['dʒɔːntɪnɪs] *n* desenvoltura *f*.

jaunty ['dʒɔːntɪ] (*compar* **jauntier**, *superl* **jauntiest**) *adj* [hat, wave] airoso(sa); [person] vivaz, desenvuelto(ta).

Java ['dʒɑːvə] *n* Java.

Javanese [dʒɑːvə'niːz] ◇ *adj* javanés(esa). ◇ *n* - **1.** [person] javanés *m*, -esa *f*. - **2.** [language] javanés *m*.

javelin ['dʒævlɪn] *n* jabalina *f*.

jaw [dʒɔː] ◇ *n* [of person] mandíbula *f*; [of animal] quijada *f*. ◇ *vi inf* cotorrear.
◆ **jaws** *npl* - **1.** [of animal] fauces *fpl*; **the ~s of death** las garras de la muerte. - **2.** [of tool] mandíbulas *fpl*.

jawbone ['dʒɔːbəʊn] *n* [of person] mandíbula *f*, maxilar *m*; [of animal] quijada *f*.

jawbreaker ['dʒɔːbreɪkəʳ] *n inf* - **1.** [tongue twister] trabalenguas *m inv*. - **2.** *Am* [hard sweet] caramelo *m* duro.

jawline ['dʒɔːlaɪn] *n* mentón *m*, mandíbula *f* (inferior); **a strong ~** un mentón prominente.

jay [dʒeɪ] *n* arrendajo *m*.

jaywalk ['dʒeɪwɔːk] *vi* cruzar la calle descuidadamente.

jaywalker ['dʒeɪwɔːkəʳ] *n* peatón *m*, -ona *f* imprudente. **jazz** [dʒæz] *n* - **1.** MUS jazz *m*. - **2.** *Am inf* [insincere talk] palabrería *f*. - **3.** *phr*: **and all that ~** *inf* y todo ese rollo.
◆ **jazz up** *vt sep inf* alegrar, avivar.

jazz band *n* conjunto *m* OR banda *f* de jazz.

jazzman ['dʒæzmæn] (*pl* **jazzmen** [-men]) *n* músico *mf* de jazz.

jazz singer *n* cantante *mf* de jazz.

jazzy ['dʒæzɪ] (*compar* **jazzier**, *superl* **jazziest**) *adj* - **1.** [bright] llamativo(va). - **2.** [music] de jazz, sincopado(da).

JCB® (*abbr of* **J.C. Bamford**) excavadora *f* móvil.

JCR (*abbr of* **junior common room**) *n* local de reunión de estudiantes.

JCS *n* (*abbr of* **Joint Chiefs of Staff**) ≃ Jemad *f*.

JD (*abbr of* **Justice Department**) *n* ministerio de justicia estadounidense.

jealous ['dʒeləs] *adj* - **1.** [envious]: **to be ~ (of)** tener celos OR estar celoso(sa) (de). - **2.** [possessive]: **to be ~ (of)** ser celoso(sa) (de).

jealously ['dʒeləslɪ] *adv* celosamente.

jealousy ['dʒeləsɪ] (*U*) *n* celos *mpl*.

jeans [dʒiːnz] *npl* vaqueros *mpl*, tejanos *mpl*, bluyines *mpl* *Amér*.

Jedda ['dʒedə] *n* Yedda.

jeep [dʒiːp] *n* jeep *m*, campero *m Amér*.

jeer [dʒɪəʳ] ◇ *vt* [boo] abuchear; [mock] mofarse de. ◇ *vi*: **to ~ (at sb)** [boo] abuchear (a alguien); [mock] mofarse (de alguien).
◆ **jeers** *npl* [booing] abucheo *m*; [mocking] burlas *fpl*.

jeering ['dʒɪərɪŋ] *adj* burlón(ona).

Jehovah [dʒɪ'həʊvə] *n* Jehová *m*.

Jehovah's Witness *n* testigo *mf* de Jehová.

jejuna [dʒɪ'dʒuːnə] *pl* → **jejunum**.

jejune [dʒɪ'dʒuːn] *adj literary* - **1.** [puerile] inmaduro(ra), pueril. - **2.** [dull] aburrido(da), insípido(da); [unrewarding] ingrato(ta).

jejunum [dʒɪ'dʒuːnəm] (*pl* **jejuna** [-nə]) *n* yeyuno *m*.

Jekyll and Hyde [dʒekɪlənd'haɪd] *n*: **he's a real ~** tiene un verdadero problema de doble personalidad.

jell [dʒel] *vi* = **gel**.

Jello® ['dʒeləʊ] *n Am* gelatina *f*, jalea *f*.

jelly ['dʒelɪ] (*pl* **jellies**) *n* - **1.** [dessert] gelatina *f*, jalea *f*; **my legs turned to ~** *fig* me temblaron las piernas. - **2.** [jam] mermelada *f*.

jelly baby *n Br* caramelo *m* en forma de muñeco.

jelly bean *n* gominola *f*.

jellyfish ['dʒelɪfɪʃ] (*pl inv* OR **jellyfishes**) *n* medusa *f*.

jelly roll *n Am* brazo *m* de gitano.

jemmy *Br* ['dʒemɪ] (*pl* **jemmies**), **jimmy** *Am* ['d–mɪ] (*pl* **jimmies**) *n* palanqueta *f*.

jennet ['dʒenɪt] *n* jaca *f*, jumenta *f*.

jenny ['dʒenɪ] (*pl* **jennies**) *n* - **1.** [female donkey] asna *f*, burra *f*; [female wren] hembra *f* del reyezuelo. **- 2.** [spinning jenny] jenny *f*, máquina *f* de hilar.

jeopardize, -ise ['dʒepədaɪz] *vt* poner en peligro, arriesgar.

jeopardy ['dʒepədɪ] *n*: **in** ~ en peligro.

Jerba ['dʒɜːbə] *n* = **Djerba**.

jeremiad [dʒerɪ'maɪəd] *n literary* jeremiada *f*.

Jeremiah [dʒerɪ'maɪə] *n* Jeremías *m*.

jerk [dʒɜːk] ◊ *n* **- 1.** [movement - of head] movimiento *m* brusco; [- of arm] tirón *m*; [- of vehicle] sacudida *f*. **- 2.** *v inf* [fool] gilipollas *mf*, idiota *mf*. **- 3.** [pull] tirón *m*. ◊ *vt* tirar bruscamente de; **he ~ed his head round** giró la cabeza bruscamente. ◊ *vi* [person] saltar; [vehicle] dar sacudidas.
◆ **jerk off** *vi vulg* hacerse una paja.

jerkily ['dʒɜːkɪlɪ] *adv* [person] a trompicones; [vehicle] a tirones, a sacudidas.

jerkin ['dʒɜːkɪn] *n* jubón *m*.

jerkwater ['dʒɜːkwɔːtə'] *adj Am inf* perdido(da), de mala muerte.

jerky ['dʒɜːkɪ] (*compar* **jerkier**, *superl* **jerkiest**) *adj* brusco(ca), espasmódico(ca).

jeroboam [dʒerə'bəʊəm] *n* botella de 3 litros de capacidad.

jerry-build ['dʒerɪ-] *vt* construir OR fabricar rápidamente y con mala calidad.

jerry-built ['dʒerɪ-] *adj* mal construido (mal construida).

jerry can ['dʒerɪ-] *n* bidón *m*, jerrycan *m*.

jersey ['dʒɜːzɪ] (*pl* **jerseys**) *n* **- 1.** [sweater] jersey *m*. **- 2.** [cloth] tejido *m* de punto.

Jersey ['dʒɜːzɪ] *n* **- 1.** [island] Jersey. **- 2.** [cow] vaca *f* de Jersey.

Jerusalem [dʒə'ruːsələm] *n* Jerusalén.

Jerusalem artichoke *n* aguaturma *f*, tupinambo *m*.

jess [dʒes] *n* pihuela *f* (que se ajusta a la pata del halcón).

jest [dʒest] ◊ *n*: **in** ~ en broma. ◊ *vi* bromear.

jester ['dʒestə'] *n* bufón *m*.

Jesuit ['dʒezjʊɪt] ◊ *adj* jesuita. ◊ *n* jesuita *m*.

jesuitical [dʒezjʊ'ɪtɪkl] *adj* jesuítico(ca).

Jesus (Christ) ['dʒiːzəs-] *n* Jesús *m*, Jesucristo *m*.

jet [dʒet] (*pt & pp* **jetted**, *cont* **jetting**) ◊ *n* **- 1.** [aircraft] reactor *m*, jet *m*. **- 2.** [stream] chorro *m*. **- 3.** [nozzle, outlet] boca *f*, boquilla *f*. **- 4.** MIN azabache *m*. ◊ *comp* [fighter, bomber] a reacción; ~ **plane** avión *m* de propulsión a reacción; ~ **propulsión** propulsión *f* a reacción. ◊ *vi* **- 1.** [travel by jet] volar en reactor; **he ~s around the world** está siempre viajando por el mundo en avión. **- 2.** [spurt] salir a chorro.

jet-black *adj* negro(gra) azabache.

jet engine *n* reactor *m*.

jetfoil ['dʒetfɔɪl] *n* hidroplano *m*.

jet lag *n* jet lag *m*, aturdimiento tras un largo viaje en avión.

jet-lagged [-lægd] *adj* con jet lag; **I'm still a bit** ~ todavía no me he repuesto del jet lag.

jetliner ['dʒetlaɪnə'] *n* avión *m* de pasajeros a reacción.

jet-propelled *adj* de propulsión a chorro.

jetsam ['dʒetsəm] *n* → **flotsam**.

jet set *n*: **the** ~ la jet-set, la jet.

jet stream *n* corriente *f* en chorro.

jettison ['dʒetɪsən] *vt* **- 1.** [cargo] deshacerse de. **- 2.** *fig* [ideas] desechar.

jetty ['dʒetɪ] (*pl* **jetties**) *n* embarcadero *m*, malecón *m*.

Jew [dʒuː] *n* judío *m*, -a *f*.

jewel ['dʒuːəl] ◊ *n* **- 1.** [gemstone] piedra *f* preciosa. **- 2.** [piece of jewellery] joya *f*. **- 3.** [in watch] rubí *m*. **- 4.** *fig* [person, thing] joya *f*. ◊ *comp* de joyas.

jeweled *adj Am* = **jewelled**.

jeweler *n Am* = **jeweller**.

jewelled *Br*, **jeweled** *Am* ['dʒuːəld] *adj* [bracelet, box] adornado(da) con joyas; [watch] con rubíes.

jeweller *Br*, **jeweler** *Am* ['dʒuːələ'] *n* joyero *m*, -ra *f*; ~**'s (shop)** joyería *f*.

jewellery *Br*, **jewelry** *Am* ['dʒuːəlrɪ] *n (U)* joyas *fpl*, alhajas *fpl*; **a piece of** ~ una joya.

Jewess ['dʒuːɪs] *n* judía *f*.

Jewish ['dʒuːɪʃ] *adj* judío(a).

Jewry ['dʒʊərɪ] *n* [Jews collectively] pueblo *m* judío.

jew's-harp *n* birimbao *m*.

Jezebel ['dʒezəbl] *n* BIBLE Jezabel *f*.

JFK *abbr of* **John Fitzgerald Kennedy International Airport**.

jib [dʒɪb] (*pt & pp* **jibbed**, *cont* **jibbing**) ◊ *n* **- 1.** [beam] aguilón *m*. **- 2.** [sail] foque *m*. ◊ *vi*: **to** ~ **at doing sthg** vacilar en hacer algo.

jibe [dʒaɪb] ◊ *n* = **gibe**. ◊ *vi* **- 1.** = **gibe**. **- 2.** *Am inf* [agree] concordar, estar de acuerdo.

Jibouti [dʒɪ'buːtɪ] *n* = **Djibouti**.

Jidda ['dʒɪdə] *n* = **Jedda**.

jiffy ['dʒɪfɪ] *n inf*: **in a** ~ en un santiamén.

Jiffy bag® *n* sobre *m* acolchado.

jig [dʒɪg] (*pt & pp* **jigged**, *cont* **jigging**) ◊ *n* **- 1.** [dance] giga *f*. **- 2.** TECH patrón *m*, guía *f*. ◊ *vi* danzar dando brincos.

jigger ['dʒɪgə'] *n* **- 1.** [spirits measure] medida *f*. **- 2.** *Br* [flea] nigua *f*. **- 3.** NAUT aparejuelo *m*. **- 4.** *Am inf* [gadget] chuchería *f*, chisme *m*.

jiggle ['dʒɪgl] *vt* menear.

jigsaw ['dʒɪgsɔː] *n* **- 1.** [puzzle]: ~ **(puzzle)** rompecabezas *m inv*, puzzle *m*. **- 2.** [tool] sierra *f* caladora OR de vaivén.

jihad [dʒɪ'hɑːd] *n* yihad *f*, guerra *f* santa.

jilt [dʒɪlt] *vt* dejar plantado(da).

jim crow [dʒɪm-] *n* HIST práctica sistemática de segregación racial.

jimjams ['dʒɪmdʒæmz] *npl Br inf* **- 1.** [jitters]: **to have the** ~ estar como un flan. **- 2.** [pyjamas] pijama *m*.

jimmy *n Am* = **jemmy**.

jingle ['dʒɪŋgl] ◊ *n* **- 1.** [sound] tintineo *m*. **- 2.** [for advertising] sintonía de anuncio publicitario, jingle *m*. ◊ *vi* tintinear.

jingo ['dʒɪŋgəʊ] *n inf dated*: **by** ~! ¡caramba!

jingoism ['dʒɪŋgəʊɪzm] *n* patriotería *f*, jingoísmo *m*.

jingoistic [dʒɪŋgəʊ'ɪstɪk] *adj* patriotero(ra), jingoísta.

jinx [dʒɪŋks] *n* gafe *m*.

jinxed [dʒɪŋkst] *adj* gafado(da).

jitterbug ['dʒɪtəbʌg] *n* baile popular de los años cuarenta.

jitters ['dʒɪtəz] *npl inf*: **to have the** ~ estar como un flan.

jittery ['dʒɪtərɪ] *adj inf*: **to be** ~ estar como un flan.

jiu-jitsu [dʒuː'dʒɪtsuː] *n* = **ju-jitsu**.

Jivaro ['hiːvərəʊ] ◊ *adj* jíbaro(ra). ◊ *n* jíbaro *m*, -ra *f*.

jive [dʒaɪv] ◊ *n* **- 1.** [dance] swing *m*. **- 2.** *Am inf* [glib talk] palabrería *f*. **- 3.** [slang]: ~ **(talk)** argot *m* (utilizado por los negros norteamericanos, sobre todo los músicos de jazz). ◊ *vt Am* [deceive, mislead] engatusar, embaucar. ◊ *vi* bailar el swing.

Jnr (*written abbr of* **Junior**) Jr.

job [dʒɒb] ◊ *n* **- 1.** [paid employment] trabajo *m*, empleo *m*; **to be out of a** ~ estar sin trabajo. **- 2.** [task] trabajo *m*; **to do a good** ~ hacer un buen trabajo; **to get a** ~ conseguir (un) trabajo OR empleo; **to lose one's** ~ perder el trabajo OR empleo; **to make a good** ~ **of sthg** hacer un buen trabajo con algo; **on the** ~ [working] en su puesto. **- 3.** [difficult task]: **we had a** ~ **doing it** nos costó trabajo hacerlo. **- 4.** [function] cometido *m*, deber *m*. **- 5.** *inf* [plastic surgery]: **she's had a nose** ~ se ha operado la nariz. **- 6.** *crime sl* [robbery] golpe *m*; **to pull a** ~ dar un golpe. **- 7.** *phr*: **to be on the** ~ *Br v inf* [having sex] estar en plena acción, estar echando un casquete; **to give sthg up as a bad** ~ dejar algo por imposible; ~**s for the boys** *Br* amiguismo *m*, enchufismo *m*; **that's just the** ~ *Br inf* eso me viene de perilla; **to make the best of a bad** ~ apañarse con lo que hay. ◊ *vi* [do piecework] trabajar a destajo; [work at odd jobs] trabajar en chapuzas.

Job [dʒəʊb] *n* Job *m*; **to be as poor as** ~ *fig* ser pobre como una rata.

job action *n* huelga *f* OR paro *m* laboral.

jobber ['dʒɒbəʳ] *n* [pieceworker] trabajador *m*, -ra *f* a destajo.

jobbing ['dʒɒbɪŋ] *adj Br* (que trabaja) a destajo.

job centre *n Br* oficina *f* de empleo.

job creation ◇ *n* creación *f* de empleo. ◇ *comp*: ~ **scheme** proyecto *m* de creación de empleo.

job description *n* descripción *f* de trabajo.

jobholder ['dʒɒb,həʊldəʳ] *n* empleado *m*, -da *f*.

job hunting *n* búsqueda *f* de trabajo; **to go/to be** ~ ir a buscar/estar buscando trabajo.

jobless ['dʒɒblɪs] ◇ *adj* desempleado(da). ◇ *npl*: **the** ~ los desempleados.

job lot *n* saldo *m*.

job printer *n* impresor *m* (de tarjetas, circulares etc).

job satisfaction *n* satisfacción *f* laboral.

job security *n* seguridad *f* laboral.

jobsharing ['dʒɒbʃeərɪŋ] *n (U)* empleo *m* compartido.

job title *n* (nombre *m* del) cargo *m*.

Joburg ['dʒəʊbɜːg] *n inf* Johanesburgo.

Jocasta [dʒəˈkæstə] *n* Yocasta *f*.

jockey ['dʒɒkɪ] (*pl* **jockeys**) ◇ *n* jockey *m*, jinete *m*. ◇ *vi*: **to** ~ **for position** competir por colocarse en mejor posición.

Jockey shorts® *npl* eslip *m*, calzoncillos *mpl*.

jockstrap ['dʒɒkstræp] *n* suspensorio *m*.

jocular ['dʒɒkjʊləʳ], **jocose** [dʒəˈkəʊs] *adj* **- 1.** [cheerful] bromista. **- 2.** [funny] jocoso(sa).

jocularity [dʒɒkjʊˈlærɪti] *n* jocosidad *f*, humor *m*.

jocularly ['dʒɒkjʊləlɪ] *adv* en tono jocoso.

jocund ['dʒɒkənd] *adj fml* jocundo(da), jovial.

jocundity [dʒəʊˈkʌndəti] *n fml* jocundidad *f*, jovialidad *f*.

jodhpurs ['dʒɒdpəz] *npl* pantalón *m* de montar.

Joe Public [dʒəʊ-] *n* el hombre de la calle.

Joe Six-pack [dʒəʊ-] *n Am inf* el americano medio.

jog [dʒɒg] (*pt & pp* **jogged**, *cont* **jogging**) ◇ *n* **- 1.** [run] trote *m*; **to go for a** ~ hacer footing. **- 2.** [push] empujoncito *m*, sacudida *f* ligera; [nudge] codazo *m*. ◇ *vt* golpear ligeramente; **to** ~ **sb's memory** refrescar la memoria a alguien. ◇ *vi* hacer footing.

jogger ['dʒɒgəʳ] *n* persona *f* que hace footing.

jogging ['dʒɒgɪŋ] ◇ *n* footing *m*; **to go** ~ hacer footing. ◇ *comp*: ~ **suit** chándal *m*.

joggle ['dʒɒgl] *vt* menear.

Johannesburg [dʒəˈhænɪsbɜːg] *n* Johanesburgo.

john [dʒɒn] *n Am inf* [toilet] wáter *m*.

John [dʒɒn] *n*: **Saint** ~ san Juan; **(Saint)** ~ **the Baptist** (san) Juan Bautista.

John Doe [-dəʊ] *n Am* el americano medio.

John Hancock [-ˈhænkɒk] *n Am inf* [signature] firma *f*.

johnny ['dʒɒnɪ] (*pl* **johnnies**) *n Br* **- 1.** *inf dated* [man] tipo *m*, gachó *m*. **- 2.** *Br* [condom]: **(rubber)** ~ condón *m*, goma *f*.

John o' Groats [-əˈgrəʊts] *n localidad de Escocia considerada como el punto más septentrional de la isla británica.*

join [dʒɔɪn] ◇ *n* juntura *f*. ◇ *vt* **- 1.** [unite] unir, juntar, empatar *Amér*; **to** ~ **together** juntar. **- 2.** [get together with] reunirse con; **I'll** ~ **you for lunch** os acompaño a almorzar. **- 3.** [become a member of - political party] afiliarse a; [- club] hacerse socio de; [- army] alistarse en. **- 4.** [take part in] unirse a; **to** ~ **a queue** *Br*, **to** ~ **a line** *Am* ponerse a la cola. ◇ *vi* **- 1.** [rivers] confluir; [edges, pieces] unirse, juntarse. **- 2.** [become a member - of political party] afiliarse; [- of club] hacerse socio(cia); [- of army] alistarse.

◆ **join in** *vt fus* participar en, tomar parte en. ◇ *vi* participar, tomar parte.

◆ **join up** *vi* MIL alistarse.

joiner ['dʒɔɪnəʳ] *n* carpintero *m*, -ra *f*.

joinery ['dʒɔɪnərɪ] *n* carpintería *f*.

joint [dʒɔɪnt] ◇ *adj* [responsibility] compartido(da); [effort] conjunto(ta); ~ **author** coautor *m*, -ra *f*; ~ **owner** copropietario *m*, -ria *f*. ◇ *n* **- 1.** ANAT articulación *f*; **out of** ~ dislocado(da). **- 2.** [place where things are joined] juntura *f*, junta *f*, empate *m Amér*. **- 3.** *Br* [of meat uncooked] corte *m* para asar; [- cooked] asado *m*. **- 4.** *inf pej* [place] antro *m*, garito *m*. **- 5.** *drugs sl* porro *m*. ◇ *vt* juntar, ensamblar.

joint account *n* cuenta *f* conjunta.

Joint Chiefs of Staff *npl*: **the** ~ la Junta de jefes de Estado Mayor.

jointed ['dʒɔɪntɪd] *adj* articulado(da).

join-the-dots *n (U) Br* pasatiempo que consiste en unir los puntos para completar un dibujo.

jointly ['dʒɔɪntlɪ] *adv* conjuntamente, en común.

joint ownership *n* copropiedad *f*.

joint-stock company *n* ≃ sociedad *f* anónima.

USAGE ▶ Job applications

Opening formulas

Estimado(da) Sr(a).:
Estimados Sres.:
Muy Sr. mío:

Starting the letter

En relación con/En contestación OR respuesta a/Tras la publicación de su anuncio aparecido en el semanario *Negocios* del 9 de este mes, me permito dirigirle la presente para solicitar el puesto de..

The main body of the letter

Estoy particularmente interesado en el puesto ofrecido por Vds., ya que creo que mi perfil profesional se ajusta perfectamente a las características propuestas. Como podrá comprobar por los documentos que adjunto, durante estos últimos tres años he desempeñado el cargo de... en varias empresas, y he adquirido una amplia experiencia en el campo comercial, por lo que creo contar con la capacidad necesaria para ocupar el puesto vacante.

En la actualidad trabajo como secretaria en la T.T.C.
Para mayor información al respecto podrán dirigirse a la siguiente dirección: ...
Les adjunto referencias de entidades y personas que testimonian mi capacidad y seriedad.

Finishing the letter

Estoy a su disposición para cualquier información que soliciten.
Me pongo a su entera disposición para una posible entrevista con Vds.
Quedo de antemano agradecido por su interés hacia mi solicitud.

Closing formulas

En espera de sus noticias, se despide atentamente, ...
Esperando que mi solicitud sea de su interés, reciban un cordial saludo.
Con la esperanza de que mi candidatura suscite su interés, les saluda atentamente.

joint venture *n* empresa *f* colectiva OR conjunta.

joist [dʒɔɪst] *n* vigueta *f*.

jojoba [həʊ'həʊbə] *n* jojoba *f*.

joke [dʒəʊk] ◇ *n* [funny story] chiste *m*; [funny action] broma *f*; **he can't take a** ~ no tiene sentido del humor; **to be a** ~ [person] ser un desastre; [situation] ser una broma; **not to get the** ~ no verle la gracia; **to go beyond a** ~ pasarse de castaño oscuro; **to tell** OR **make a** ~ contar un chiste; **to play a** ~ **on sb** gastar una broma a alguien ❑ **it's no** ~ [not easy] no es (nada) fácil. ◇ *vi* bromear; **I was only joking** era (en) broma; **you're joking** estás de broma; **to** ~ **about sthg/with sb** bromear acerca de algo/con alguien.

joker ['dʒəʊkəʳ] *n* **- 1.** [person] bromista *mf*. **- 2.** [playing card] comodín *m*. **- 3.** *v inf* [man] tío *m*, sujeto *m*.

joking ['dʒəʊkɪŋ] ◇ *adj* jocoso(sa). ◇ *n* (U) bromas *fpl*; ~ **apart** OR **aside** bromas aparte.

jokingly ['dʒəʊkɪŋlɪ] *adv* en broma.

jollity ['dʒɒlətɪ] *n* alegría *f*.

jolly ['dʒɒlɪ] (*compar* **jollier**, *superl* **jolliest**) ◇ *adj* [person, laugh] alegre; [time] divertido(da). ◇ *adv* *Br inf* muy; ~ **good!** ¡genial!

jolly boat *n* bote *m* auxiliar, esquife *m*.

Jolly Roger [-'rɒdʒəʳ] *n* bandera *f* pirata.

jolt [dʒəʊlt] ◇ *n lit & fig* sacudida *f*. ◇ *vt* **- 1.** [jerk] sacudir, zarandear. **- 2.** [shock] sacudir; **to** ~ **sb into doing sthg** acabar convenciendo a alguien para hacer algo. ◇ *vi* traquetear.

jolting ['dʒəʊltɪŋ] *n* traqueteo *m*.

Jonah ['dʒəʊnə] *n* Jonás *m*.

Joneses ['dʒəʊnzɪz] *npl inf*: **to keep up with the** ~ no ser menos que el vecino.

jonquil ['dʒɒŋkwɪl] *n* junquillo *m*.

Jordan ['dʒɔːdn] *n* Jordania; **the (River)** ~ el (río) Jordán.

jordan almond *n* **- 1.** [nut] almendra *f* española. **- 2.** [sugar-coated] almendra *f* confitada.

Jordanian [dʒɔː'deɪnjən] ◇ *adj* jordano(na). ◇ *n* jordano *m*, -na *f*.

Josephine ['dʒəʊzəfiːn] *n*: **the Empress** ~ la emperatriz Josefina.

josh [dʒɒʃ] *Am inf* ◇ *vt* burlarse de. ◇ *vi* bromear; **I was** ~**ing** iba en broma.

Joshua ['dʒɒʃʊə] *n* Josué *m*.

joss stick [dʒɒs-] *n* varita *f* de incienso.

jostle ['dʒɒsl] ◇ *vt* empujar, dar empujones a. ◇ *vi* empujar, dar empujones.

jot [dʒɒt] (*pt & pp* **jotted**, *cont* **jotting**) *n* pizca *f*; **I don't care a** ~ no me importa en lo más mínimo.

◆ **jot down** *vt sep* apuntar, anotar.

jotter ['dʒɒtəʳ] *n* bloc *m*.

jottings ['dʒɒtɪŋz] *npl* apuntes *mpl*, notas *fpl*.

joule [dʒuːl] *n* julio *m*.

jounce [dʒaʊns] ◇ *vt* sacudir, traquetear. ◇ *vi* dar tumbos.

journal ['dʒɜːnl] *n* **- 1.** [magazine] revista *f*, boletín *m*. **- 2.** [diary] diario *m*. **- 3.** TECH muñón *m*.

journalese [dʒɜːnə'liːz] *n pej* jerga *f* periodística.

journalism ['dʒɜːnəlɪzm] *n* periodismo *m*.

journalist ['dʒɜːnəlɪst] *n* periodista *mf*.

journalistic [dʒɜːnə'lɪstɪk] *adj* periodístico(ca).

journey ['dʒɜːnɪ] (*pl* **journeys**) ◇ *n* viaje *m*; **to go on a** ~ irse de viaje; **have a good** ~! ¡buen viaje! ◇ *vi fml* viajar.

journeyman ['dʒɜːnɪmən] (*pl* **journeymen** [-mən]) *n* [qualified apprentice] oficial *m*.

joust [dʒaʊst] ◇ *vi* justar. ◇ *n* justa *f*.

Jove [dʒəʊv] *n* MYTH Júpiter *m*.

jovial ['dʒəʊvjəl] *adj* jovial.

joviality [dʒəʊvɪ'ælətɪ] *n* jovialidad *f*, alegría *f*.

jowls [dʒaʊlz] *npl* carrillo *m*.

joy [dʒɔɪ] *n* **- 1.** [happiness] alegría *f*, regocijo *m*; **to cry/**

jump for ~ llorar/saltar de alegría. **- 2.** [cause of joy] placer *m*, deleite *m*.

Joycean ['dʒɔɪsɪən] *adj* de (James) Joyce.

joyful ['dʒɔɪfʊl] *adj* alegre.

joyfully ['dʒɔɪfʊlɪ] *adv* alegremente, con júbilo.

joyless ['dʒɔɪlɪs] *adj* sin alegría.

joylessness ['dʒɔɪlɪsnɪs] *n* tristeza *f*, abatimiento *m*.

joyous ['dʒɔɪəs] *adj* jubiloso(sa).

joyously ['dʒɔɪəslɪ] *adv* jubilosamente.

joyousness ['dʒɔɪəsnɪs] *n* alegría *f*, regocijo *m*.

joyride ['dʒɔɪraɪd] (*pt* **joyrode** [-rəʊd], *pp* **joyridden** [-rɪdn]) *vi* darse una vuelta en un coche robado.

joyrider ['dʒɔɪraɪdəʳ] *n* persona que se da una vuelta en un coche robado.

joyrode ['dʒɔɪrəʊd] *pt* → **joyride**.

joystick ['dʒɔɪstɪk] *n* [of aircraft] palanca *f* de mando; [for video games, computers] joystick *m*.

JP *n abbr of* **Justice of the Peace**.

Jr. *Am* (*written abbr of* **Junior**) jr.

JTPA (*abbr of* **Job Training Partnership Act**) *n* programa gubernamental de formación profesional en EE UU.

jubilance ['dʒuːbɪləns] *n* júbilo *m*, alborozo *m*.

jubilant ['dʒuːbɪlənt] *adj* [person] jubiloso(sa); [shout] alborozado(da).

jubilation [dʒuːbɪ'leɪʃn] *n* júbilo *m*, alborozo *m*.

jubilee ['dʒuːbɪliː] *n* aniversario *m*.

Judaea, Judea *Am* [dʒuː'dɪə] *n* Judea.

Judaeo-Christian, Judeo-Christian *Am* [dʒuː'diːəʊ-] *adj* judeocristiano(na).

Judah ['dʒuːdə] *n* Judá *m*.

Judaism ['dʒuːdeɪ,ɪzm] *n* judaísmo *m*.

Judaize, -ise ['dʒuːdeɪ,aɪz] *vi* judaizar, convertir al judaísmo.

judas ['dʒuːdəs] *n* [peephole] mirilla *f*.

Judas tree *n* árbol *m* de Judas, ciclamor *m*.

judder ['dʒʌdəʳ] *vi Br* vibrar.

Judea *n Am* = **Judaea**.

Judeo-Christian *adj Am* = **Judaeo-Christian**.

judge [dʒʌdʒ] ◇ *n* [gen & JUR] juez *mf*; **to be a good/bad** ~ **of character** tener buen/mal ojo para la gente. ◇ *vt* **- 1.** [gen & JUR] juzgar. **- 2.** [age, distance] calcular. ◇ *vi* juzgar; **to** ~ **from** OR **by**, judging from OR by a juzgar por.

judg(e)ment ['dʒʌdʒmənt] *n* **- 1.** JUR fallo *m*, sentencia *f*; **to pass** ~ **(on sb)** pronunciar sentencia (sobre alguien). **- 2.** [opinion] juicio *m*; **to pass** ~ **(on sb/sthg)** pronunciarse (sobre alguien/algo); **to reserve** ~ reservarse la opinión. **- 3.** [ability to form opinion] juicio *m*; **against my better** ~ en contra de lo que me dicta el juicio. **- 4.** [punishment] castigo *m*.

judg(e)mental [dʒʌdʒ'mentl] *adj pej* crítico(ca).

judgeship ['dʒʌdʒʃɪp] *n* judicatura *f*, magistratura *f*.

judicative [dʒuː'dɪkətɪv] *n* judicatura *f*.

judicial [dʒuː'dɪʃl] *adj* judicial.

judicially [dʒuː'dɪʃəlɪ] *adv* judicialmente.

judicial review *n Am* [of ruling] revisión de un dictamen judicial; [of law] revisión de la constitucionalidad de una ley.

judiciary [dʒuː'dɪʃərɪ] *n* **- 1.** [judicial authority]: **the** ~ el poder judicial. **- 2.** [judges collectively] judicatura *f*.

judicious [dʒuː'dɪʃəs] *adj* juicioso(sa).

judiciously [dʒuː'dɪʃəslɪ] *adv* con sensatez, de un modo juicioso.

judo ['dʒuːdəʊ] *n* judo *m*.

jug [dʒʌg] *n* **- 1.** [container] jarra *f*. **- 2.** *Br crime sl* [prison] chirona *f*, trena *f*.

jugful ['dʒʌgfʊl] *n* (contenido *m* de una) jarra *f*.

jugged hare [dʒʌgd-] *n* estofado *m* OR caldereta *f* de liebre.

juggernaut ['dʒʌgənɔːt] *n* [lorry] camión *m* grande.

juggle ['dʒʌgl] ◇ *vt* **- 1.** [throw] hacer juegos malabares con. **- 2.** [rearrange] jugar con. ◇ *vi* hacer juegos malabares.

juggler ['dʒʌglə'] *n* malabarista *mf*.

Jugoslavia [ju:gəʊ'slɑːvjə] *n* = **Yugoslavia**.

jugular (vein) ['dʒʌgjʊlə'-] *n* yugular *f*.

juice [dʒu:s] ◇ *n* - **1.** [from fruit, vegetables] zumo *m*, jugo *m*. - **2.** [from meat] jugo *m*. - **3.** *inf* [electricity] corriente *f*, electricidad *f*. ◇ *vt* [fruit] exprimir.
◆ **juices** *npl* [in stomach] jugos *mpl* gástricos.

juicer ['dʒu:sə'] *n* exprimidor *m* eléctrico.

juiciness ['dʒu:sɪnɪs] *n* jugosidad *f*.

juicy ['dʒu:sɪ] (*compar* **juicier**, *superl* **juiciest**) *adj* - **1.** [gen] jugoso(sa). - **2.** *inf* [scandalous] sabroso(sa), picante.

ju-jitsu [dʒu:'dʒɪtsu:] *n* jiu-jitsu *m*.

jujube ['dʒu:dʒu:b] *n* - **1.** [tree] azufaifo *m*, jinjolero *m*. - **2.** [fruit] azufaifa *f*, jinjol *m*.

jukebox ['dʒu:kbɒks] *n* máquina *f* de discos, gramola *f*.

Jul. (*written abbr of* **July**) jul.

julep ['dʒu:lɪp] *n* julepe *m*.

Julian calendar ['dʒu:ljən-] *n* calendario *m* juliano.

July [dʒu:'laɪ] *n* julio *m*; *see also* **September**.

jumble ['dʒʌmbl] ◇ *n* [mixture] revoltijo *m*. ◇ *vt*: **to ~ (up)** revolver.

jumble sale *n Br* rastrillo *m* benéfico.

jumbo ['dʒʌmbəʊ] (*pl* **jumbos**) ◇ *adj* muy grande, enorme. ◇ *n* [jumbo jet] jumbo *m*.

jumbo jet *n* jumbo *m*.

jumbo-sized *adj* gigante, de tamaño familiar.

jump [dʒʌmp] ◇ *n* - **1.** [act of jumping] salto *m*. - **2.** [fence in horsejumping] obstáculo *m*. - **3.** [rapid increase] incremento *m*, salto *m*. - **4.** [sudden movement] sobresalto *m*. - **5.** *phr* : **to keep one ~ ahead of sb** mantener la delantera con respecto a alguien. ◇ *vt* - **1.** [cross by jumping] saltar. - **2.** *inf* [attack] asaltar. - **3.** [omit, skip] saltar, pasar por alto. - **4.** *Am* [train, bus] colarse en. ◇ *vi* - **1.** [spring] saltar. - **2.** [make a sudden movement] sobresaltarse; **his heart ~ed** le dio un vuelco el corazón; **the noise made me ~** el ruido me sobresaltó. - **3.** [increase rapidly] dar un salto, aumentar de golpe. - **4.** [respond quickly] apresurarse, moverse; **when I give an order, I expect you to ~**! ¡cuando yo te ordene algo, tienes que actuar inmediatamente! ❑ **~ to it!** ¡rápido!, ¡hazlo ahora mismo!
◆ **jump at** *vt fus* no dejar escapar.

jumped-up ['dʒʌmpt-] *adj Br inf pej* creído(da), presuntuoso(sa).

jumper ['dʒʌmpə'] *n* - **1.** *Br* [pullover] jersey *m*, chompa *f* *Amér*. - **2.** *Am* [dress] pichi *m*.

jumper cables *npl Am* = **jump leads**.

jumpiness ['dʒʌmpɪnɪs] *n* nerviosismo *m*.

jumping bean ['dʒʌmpɪŋ-] *n* judía *f* saltarina *Esp*, frijol *m* brincador *Amér*.

jumping jack ['dʒʌmpɪŋ-] *n* [toy] títere *m*.

jumping-off point, jumping-off place ['dʒʌmpɪŋ-] *n* punto *m* de partida.

jump jet *n* avión *m* de despegue vertical.

jump leads *Br*, **jumper cables** *Am npl* cables *mpl* de empalme, puentes *mpl* (de batería).

jump rope *n Am* comba *f*.

jump seat *n Br* asiento *m* plegable.

jump-start *vt* arrancar empujando.

jumpsuit ['dʒʌmpsu:t] *n* mono *m*.

jumpy ['dʒʌmpɪ] (*compar* **jumpier**, *superl* **jumpiest**) *adj* inquieto(ta).

Jun, Jun. (*written abbr of* **June**) jun.

Jun., Junr *Am* (*written abbr of* **Junior**) jr.

junction ['dʒʌŋkʃn] *n* [of roads] cruce *m*; [of railway lines] empalme *m*.

junction box *n* caja *f* de empalmes.

juncture ['dʒʌŋktʃə'] *n fml*: **at this ~** en esta coyuntura.

June [dʒu:n] *n* junio *m*; *see also* **September**.

June beetle, June bug *n* escarabajo *m*.

jungle ['dʒʌŋgl] *n lit & fig* selva *f*.

jungle fever *n* (*U*) paludismo *m*.

jungle gym *n Am* barras de metal para que trepen los niños.

junior ['dʒu:njə'] ◇ *adj* - **1.** [officer] subalterno(na); [partner, member] de menor antigüedad, júnior (*inv*); **~ executive** ejecutivo *m*, -va *f* júnior. - **2.** *Am* [after name] júnior (*inv*), hijo(ja). ◇ *n* - **1.** [person of lower rank] subalterno *m*, -na *f*. - **2.** [younger person]: **he's my ~** soy mayor que él; **a man 10 years his ~** un hombre diez años menor que ella. - **3.** *Am* SCH & UNIV alumno de penúltimo año.

junior college *n Am* colegio universitario para los dos primeros años.

junior common room *n Br* UNIV sala *f* de estudiantes.

junior doctor *n* médico que lleva poco tiempo ejerciendo.

junior high school *n Am* ≃ instituto *m* de bachillerato (13-15 años).

Junior League *n* asociación de mujeres norteamericanas de derechas.

junior minister *n Br* subsecretario *m*, -ria *f*.

junior school *n Br* ≃ escuela *f* primaria.

juniper ['dʒu:nɪpə'] ◇ *n* enebro *m*. ◇ *comp*: **~ berry** enebrina *f*.

junk [dʒʌŋk] *inf* ◇ *n* - **1.** (*U*) [unwanted things] trastos *mpl*. - **2.** (*U*) *drugs sl* [heroin] caballo *m*. - **3.** [boat] junco *m*. ◇ *vt* *inf* tirar a la basura.

junket ['dʒʌŋkɪt] ◇ *n* - **1.** [pudding] dulce *m* de leche cuajada. - **2.** *inf pej* [trip] viaje lujoso pagado con dinero del Estado. - **3.** *inf* [festive occasion] festín *m*, banquete *m*. ◇ *vi inf pej* [travel] hacer un viaje lujoso pagado con dinero del Estado.

junk food *n* (*U*) *pej* comida *f* basura.

junkie ['dʒʌŋkɪ] *n* - **1.** *drugs sl* [addict] yonqui *mf*. - **2.** *inf* [devotee] adicto *m*, -ta *f*.

junk jewellery *n* (*U*) bisutería *f*.

junk mail *n* (*U*) *pej* propaganda *f* (por correo).

junkman ['dʒʌŋkmæn] (*pl* **junkmen** [-men]) *n Am* trapero *m*, chatarrero *m*.

junk shop *n* tienda *f* de objetos usados, cambalache *m* *Amér*.

junky ['dʒʌŋkɪ] *n* = **junkie**.

junkyard ['dʒʌŋkjɑːd] *n* depósito *m* de chatarra.

Juno ['dʒu:nəʊ] *n* MYTH Juno *f*.

junoesque [dʒu:nəʊ'esk] *adj* [woman] de una belleza imponente OR deslumbrante.

Junr *Am* = **Jun.**

junta [*Br* 'dʒʌntə, *Am* 'hʊntə] *n* junta *f* militar.

Jupiter ['dʒu:pɪtə'] *n* MYTH Júpiter *m*.

juridical [dʒʊə'rɪdɪkl] *adj* jurídico(ca).

jurisdiction [dʒʊərɪs'dɪkʃn] *n* jurisdicción *f*.

jurisdictional [dʒʊərɪs'dɪkʃənl] *adj* jurisdiccional.

jurisprudence [dʒʊərɪs'pru:dəns] *n* jurisprudencia *f*.

jurist ['dʒʊərɪst] *n* jurista *mf*.

juror ['dʒʊərə'] *n* jurado *m*.

jury ['dʒʊərɪ] (*pl* **juries**) *n* (miembro *mf* del) jurado *mf*.

jury box *n* tribuna *f* del jurado.

jury duty *n* deber cívico de formar parte de un jurado.

juryman ['dʒʊərɪmən] (*pl* **jurymen** [-mən]) *n* miembro *m* de un jurado.

jury service *n* servicio realizado como miembro de un jurado.

jurywoman ['dʒʊərɪwʊmən] (*pl* **jurywomen** [-wɪmɪn]) *n* (mujer *f*) miembro *f* de un jurado.

just [dʒʌst] ◇ *adv* - **1.** [recently]: **he has ~ left/moved** acaba de salir/mudarse; **a book ~ published** un libro recién publicado. - **2.** [at that moment]: **we were ~ leaving when...** justo íbamos a salir cuando...; **I'm ~ about to do it** voy a hacerlo ahora mismo; **I couldn't do it ~ then** no lo podía hacer en aquel momento; **~ as I was leaving** justo en el momento en que salía. - **3.** [only, simply] sólo, solamente; **they live ~ a few blocks from here** viven apenas a unas calles de aquí; **it can't ~ have disappeared**

no puede haber desaparecido así como así; **he told me to clear off**, ~ **like that** *inf* me dijo que me largara, así sin más; ~ **add water** añada un poco de agua; ~ **a minute** OR **moment** OR **second** un momento. - **4.** [almost not] apenas; **I (only)** ~ **did it** conseguí hacerlo por muy poco; ~ **in time** justo a tiempo. - **5.** [for emphasis]: **I** ~ **know it!** ¡estoy seguro!; ~ **look what you've done!** ¡mira lo que has hecho!; **it's** ~ **beautiful** es verdaderamente hermoso. - **6.** [exactly, precisely] exactamente, precisamente; ~ **what I need** justo lo que necesito; ~ **here/there** aquí/allí mismo; **it's** ~ **as if he were still alive** es lo mismo que si él estuviera vivo; **just as... as** tan... como, igual de... que; **you speak French** ~ **as well as I do** hablas francés igual de bien que yo; **don't come in** ~ **yet** no entréis todavía. - **7.** [in requests]: **could you** ~ **open your mouth?** ¿podrías abrir la boca un momento, por favor? - **8.** [possibly]: **it** ~ **might work** puede que funcione, podría funcionar. ◇ *adj* justo(ta).
◆ **just about** *adv* casi; **I'm** ~ **about fed up** ya estoy harto(ta).
◆ **just now** *adv* - **1.** [a short time ago] hace un momento. - **2.** [at this moment] justo ahora, ahora mismo.

justice ['dʒʌstɪs] *n* justicia *f*; **to bring sb to** ~ llevar a alguien ante los tribunales; **to do** ~ **to sthg** [to a job] estar a la altura de algo; [to a meal] hacerle los honores a algo ❑ **the Justice Department, the Department of Justice** [in US] ≃ el Ministerio de Justicia.

Justice of the Peace (*pl* **Justices of the Peace**) *n* juez *mf* de paz.

justifiable ['dʒʌstɪˌfaɪəbl] *adj* justificable.

justifiable homicide *n* ≃ homicidio *m* con eximente de defensa propia.

justifiably ['dʒʌstɪˌfaɪəblɪ] *adv* justificadamente.

justification [ˌdʒʌstɪfɪ'keɪʃn] *n* justificación *f*.

justify ['dʒʌstɪfaɪ] (*pt & pp* **justified**) *vt* - **1.** [gen]: **to** ~ **(sthg/doing sthg)** justificar (algo/el haber hecho algo). - **2.** TYPO justificar, alinear.

justly ['dʒʌstlɪ] *adv* justamente.

justness ['dʒʌstnɪs] *n* justicia *f*.

jut [dʒʌt] (*pt & pp* **jutted**, *cont* **jutting**) *vi*: **to** ~ **(out)** sobresalir.

jute [dʒuːt] *n* yute *m*.

Jutland ['dʒʌtlənd] *n* Jutlandia.

juvenescent [ˌdʒuːvə'nesənt] *adj fml* que rejuvenece, rejuvenecedor(ra).

juvenile ['dʒuːvənaɪl] ◇ *adj* - **1.** [young, for young people] juvenil; ~ **lead** THEATRE [male] galán *m* joven; [female] dama *f* joven; ~ **literature** literatura *f* juvenil. - **2.** [childish] infantil. ◇ *n fml* menor *mf* (de edad).

juvenile court *n* tribunal *m* (tutelar) de menores.

juvenile delinquency *n* delincuencia *f* juvenil.

juvenile delinquent *n* delincuente *mf* juvenil.

juvenility [ˌdʒuːvə'nɪlətɪ] *n fml* inmadurez *f*.

juxtapose [ˌdʒʌkstə'pəʊz] *vt*: **to** ~ **sthg (with)** yuxtaponer algo (a).

juxtaposition [ˌdʒʌkstəpə'zɪʃn] *n* yuxtaposición *f*.

K

k (*pl* **k's** OR **ks**), **K** (*pl* **K's** OR **Ks**) [keɪ] *n* [letter] k *f*, K *f*.
◆ **K** - **1.** (*abbr of* **kilobyte(s)**) K. - **2.** *written abbr of* **Knight**. - **3.** *abbr of* **thousand**; **he's on £30K** gana treinta mil libras.

Kabul ['kaːbl] *n* Kabul.

Kabylia [kə'bɪlɪə] *n* Cabilia, Kabylia.

Kabylian [kə'bɪlɪən] ◇ *adj* cabila, cabileño(ña). ◇ *n* - **1.** [person] cabila *mf*, cabileño *m*, -ña *f*. - **2.** [language] cabila *m*.

Kafkaesque [ˌkæfkə'esk] *adj* kafkiano(na).

kaftan ['kæftæn] *n* caftán *m*.

Kaiser ['kaɪzəʳ] *n* káiser *m*.

Kalahari Desert [ˌkælə'haːrɪ-] *n*: **the** ~ el desierto de Kalahari.

kale [keɪl] *n* col *f* rizada.

kaleidoscope [kə'laɪdəskəʊp] *n lit & fig* calidoscopio *m*, caleidoscopio *m*.

kaleidoscopic [kəˌlaɪdə'skɒpɪk] *adj* calidoscópico(ca), caleidoscópico(ca).

kame [keɪm] *n* morena *f*.

kamikaze [ˌkæmɪ'kaːzɪ] ◇ *n* kamikaze *m*. ◇ *comp*: ~ **pilot** kamikaze *m*.

Kampala [kæm'paːlə] *n* Kampala.

Kampuchea [ˌkæmpuː'tʃɪə] *n* Kampuchea, Camboya.

Kampuchean [ˌkæmpuː'tʃɪən] ◇ *adj* camboyano(na). ◇ *n* camboyano *m*, -na *f*.

kangaroo [ˌkæŋgə'ruː] *n* canguro *m*.

kangaroo court *n* tribunal *m* desautorizado.

Kansas ['kænzəs] *n* Kansas.

Kantian ['kæntɪən] *adj* kantiano(na).

kaolin ['keɪəlɪn] *n* caolín *m*.

kapok ['keɪpɒk] *n* capoc *m*.

kappa ['kæpə] *n* kappa *f*.

kaput [kə'pʊt] *adj inf* escacharrado(da).

karaoke [ˌkærɪ'əʊkɪ] *n* karaoke *m*.

karat ['kærət] *n Am* quilate *m*.

karate [kə'raːtɪ] ◇ *n* kárate *m*. ◇ *comp*: ~ **chop** golpe *m* de kárate.

karma ['kaːmə] *n* karma *m*.

kart [kaːt] *n* kart *m*.

karting ['kaːtɪŋ] *n* karting *m*.

Kashmir [kæʃ'mɪəʳ] *n* Cachemira.

Katar ['kætaːʳ] *n* = **Qatar**.

Katmandu [ˌkætmæn'duː] *n* Katmandú.

katydid ['keɪtɪdɪd] *n* saltamontes *m inv*.

kayak ['kaɪæk] *n* kayac *m*.

Kazakh [kæ'zæk] ◇ *adj* kazajio(a). ◇ *n* kazajio *m*, -a *f*.

Kazakhstan [ˌkæzæk'staːn] *n* (el) Kazajstán.

kazoo [kə'zuː] *n* kazoo *m*.

KB *n abbr of* **kilobyte**.

KC (*abbr of* **King's Counsel**) *abogado inglés de alto rango*.

kcal (*written abbr of* **kilocalorie**) kcal.

kd (*abbr of* **knocked down**) *derribado*.

kebab [kɪˈbæb] ◇ *n* pincho *m* moruno, kebab *m*. ◇ *comp*: ~ **house** *restaurante griego o turco*.

kedge [kedʒ] ◇ *n* ancla *f* pequeña. ◇ *vt* espiar con un ancla pequeña.

kedgeree [ˈkedʒəriː] *n (U) Br* plato de arroz, pescado y huevo duro.

keel [kiːl] *n* quilla *f*; **on an even** ~ *fig* en equilibrio estable.
◆ **keel over** *vi* [ship] zozobrar; [person] desplomarse.

keelboat [ˈkiːlbəʊt] *n* chalana *f* fluvial.

keelhaul [ˈkiːlhɔːl] *vt* hacer pasar por debajo de la quilla, como castigo.

keelson [ˈkelsən, ˈkiːlsən] *n* sobrequilla *f*.

keen [kiːn] ◇ *adj* - **1.** [enthusiastic] entusiasta; **to be** ~ **on sthg** ser aficionado(da) a algo; **she is** ~ **on you** tú le gustas; **to be** ~ **to do** OR **on doing sthg** tener ganas de hacer algo. - **2.** [intense - interest, desire] profundo(da); [- competition] reñido(da). - **3.** [sharp - sense of smell, hearing, vision] agudo(da); [- eye, ear] fino(na); [- mind] agudo(da), penetrante. ◇ *vi* [mourn] gemir, lamentarse.

keenly [ˈkiːnlɪ] *adv* - **1.** [intensely - interested] vivamente; [- contested] reñidamente. - **2.** [intently] atentamente.

keenness [ˈkiːnnɪs] *n* - **1.** [enthusiasm] entusiasmo *m*. - **2.** [of interest] intensidad *f*, viveza *f*; [of competition] lo reñido. - **3.** [sharpness] agudeza *f*.

keep [kiːp] (*pt & pp* **kept** [kept]) ◇ *vt* - **1.** [maintain in a particular place or state or position] mantener; **to** ~ **sb waiting/awake** tener a alguien esperando/despierto(ta); **to** ~ **sthg warm** mantener OR tener algo caliente; **she has a family to** ~ tiene una familia que mantener; **the weather kept us indoors** el mal tiempo no nos dejó salir de casa; **to** ~ **sthg going** [business] mantener algo en marcha; [conversation] mantener vivo(va) algo. - **2.** [retain] quedarse con; ~ **the change** quédese con la vuelta; **if that's your idea of a holiday, you can** ~ **it!** *inf* si a eso le llamas tú vacaciones, ya te las puedes guardar. - **3.** [put aside, store] guardar. - **4.** [prevent]: **to** ~ **sb/sthg from doing sthg** impedir a alguien/algo hacer algo. - **5.** [detain] detener; **what kept you?** ¿por qué llegas tan tarde? - **6.** [fulfil, observe - appointment] acudir a; [- promise, vow] cumplir, guardar. - **7.** [not disclose]: **to** ~ **sthg from sb** ocultar algo a alguien; **to** ~ **sthg to o.s.** no contarle algo a nadie. - **8.** [in writing - record, account] llevar; [- diary] escribir; [- note] tomar. - **9.** [own - animals] criar; [- shop] tener. - **10.** [celebrate]: **to** ~ **Christmas** celebrar la Navidad; **to** ~ **the Sabbath** guardar el sabbat. - **11.** *phr* : **they** ~ **themselves to themselves** no tienen mucho trato con nadie. ◇ *vi* - **1.** [remain] mantenerse; **to** ~ **quiet** callarse. - **2.** [continue]: **to** ~ **doing sthg** [repeatedly] no dejar de hacer algo; [without stopping] continuar OR seguir haciendo algo; **to** ~ **going** seguir adelante. - **3.** [continue in a particular direction] continuar, seguir; **to** ~ **left/right** circular por la izquierda/la derecha; **to** ~ **north/south** seguir hacia el norte/el sur. - **4.** [food] conservarse; *fig* [news]: **it'll** ~ luego te lo cuento. - **5.** [prevent o.s.]: **to** ~ **from doing sthg** abstenerse de hacer algo; **to** ~ **from laughing** contener la risa. - **6.** *Br* [be in a particular state of health] estar, andar; **how are you** ~**ing?** ¿qué tal estás? - **7.** *phr* : **to** ~ **to o.s.** ser muy reservado (muy reservada). ◇ *n* - **1.** [food, board etc] manutención *f*, sustento *m*; **to earn one's** ~ ganarse el pan. - **2.** [of castle] torreón *m*.
◆ **keeps** *n*: **for** ~ **s** para siempre.
◆ **keep at** *vt fus*: **to** ~ **at it** perseverar.
◆ **keep away** ◇ *vt sep* mantener alejado(da). ◇ *vi* mantenerse a distancia.
◆ **keep back** *vt sep* [information] ocultar; [money, salary] retener; **to be kept back after school** quedarse castigado(da) después de clase.
◆ **keep down** *vt sep* - **1.** [repress] contener. - **2.** [food] aguantar, retener.
◆ **keep in** *vt sep* no dejar salir, mantener dentro.
◆ **keep off** ◇ *vt fus*: **'**~ **off the grass'** 'prohibido pisar el césped'. ◇ *vt sep* [sun, rain] proteger de; [flies] espantar, ahuyentar. ◇ *vi* [rain, snow] cesar, parar.

◆ **keep on** ◇ *vi* - **1.** [continue]: **to** ~ **on doing sthg** [continue to do] continuar OR seguir haciendo algo; [do repeatedly] no dejar de hacer algo. - **2.** [talk incessantly]: **to** ~ **on (about)** seguir dale que te pego (con). ◇ *vt* [employee] no despedir, quedarse con.
◆ **keep on at** *vt fus Br* seguir dando la lata a.
◆ **keep out** ◇ *vt sep* no dejar pasar. ◇ *vi*: **'**~ **out'** 'prohibida la entrada'; **to** ~ **out of an argument** mantenerse al margen de una discusión.
◆ **keep to** ◇ *vt fus* - **1.** [follow] ceñirse a; ~ **to the path** seguir el sendero; **to** ~ **to the left/right** seguir por la izquierda/la derecha. - **2.** [stay in]: **to** ~ **to one's bed/room** quedarse en la cama/el cuarto. ◇ *vt sep* [limit] limitar a.
◆ **keep up** ◇ *vt sep* - **1.** [maintain] mantener; **you're doing well,** ~ **it up!** ¡lo estás haciendo muy bien, sigue así! - **2.** [prevent from going to bed] tener levantado(da). ◇ *vi* - **1.** [maintain pace, level etc] mantener el ritmo; **to** ~ **up with sb/sthg** seguir el ritmo de alguien/algo. - **2.** [stay in contact]: **to** ~ **up with sb** mantener contacto con alguien.

keeper [ˈkiːpə'] *n* guarda *mf*.

keep-fit *Br* ◇ *n (U)* ejercicios *mpl* de mantenimiento. ◇ *comp* [class, exercises] de mantenimiento; [enthusiast] de ejercicios de mantenimiento.

keeping [ˈkiːpɪŋ] *n* - **1.** [care]: **in sb's** ~ al cuidado de alguien; **in safe** ~ en lugar seguro. - **2.** [conformity, harmony]: **in/out of** ~ **(with)** en armonía/desacuerdo (con).

keepsake [ˈkiːpseɪk] *n* recuerdo *m*.

keg [keg] *n* barrilete *m*.

kelly-green [ˈkelɪ-] *adj Am* verde manzana *inv*.

kelp [kelp] *n* varec *m*, alga *f* marina.

kelvin [ˈkelvɪn] *n* kelvin *m*.

kempt [kempt] *adj* limpio(pia), arreglado(da).

ken [ken] *n*: **to be beyond one's** ~ resultar del todo incomprensible para uno.

kennel [ˈkenl] *n* - **1.** [for dog] caseta *f* del perro. - **2.** *Am* = **kennels**.
◆ **kennels** *npl Br* residencia *f* para perros.

Kentucky [kenˈtʌkɪ] *n* Kentucky.

Kenya [ˈkenjə] *n* Kenia.

Kenyan [ˈkenjən] ◇ *adj* keniano(na). ◇ *n* keniano *m*, -na *f*.

kepi [ˈkeɪpɪ] *n* quepis *m inv*.

kept [kept] *pt & pp* → **keep**.

keratin [ˈkerətɪn] *n* queratina *f*.

kerb [kɜːb] *n Br* bordillo *m*, cordón *m Amér*.

kerb crawler *n Br* conductor que busca prostitutas desde el coche.

kerb crawling *n* acción de conducir lentamente junto a la acera a la búsqueda de una prostituta.

kerbstone [ˈkɜːbstəʊn] *n Br* piedra *f* de bordillo.

kerb weight *n* tara *f*.

kerchief [ˈkɜːtʃɪf] *n dated* - **1.** [scarf] pañuelo *m* (de cabeza). - **2.** [handkerchief] pañuelo *m*.

kerf [kɜːf] *n* tajo ~, corte *m*.

kerfuffle [kəˈfʌfl] *n Br inf* follón *m*.

kermes [ˈkɜːmɪz] *n* kermés *f*, kermesse *f*.

kermis [ˈkɜːmɪs] *n* kermés *f*.

kern [kɜːn] *n* HIST soldado de infantería medieval de Irlanda o de Escocia.

kernel [ˈkɜːnl] *n* - **1.** [of nut, fruit] pepita *f*. - **2.** [of grain] grano *m*.

kerosene [ˈkerəsiːn] *n* queroseno *m*.

kestrel [ˈkestrəl] *n* cernícalo *m*.

ketch [ketʃ] *n* queche *m*.

ketchup, catchup *Am* [ˈketʃəp], **catsup** *Am* [ˈkætsəp] *n* ketchup *m*, catsup *m*.

ketone [ˈkiːtəʊn] *n* acetona *f*.

kettle [ˈketl] *n* tetera *f* para hervir, hervidor *m*; **that's another** OR **a different** ~ **of fish** *Br inf fig* eso es otro cantar; **this is a fine** OR **a pretty** ~ **of fish** *Br inf fig* esto es un berenjenal.

kettledrum ['ketldrʌm] *n* timbal *m*.

Kewpie® ['kjuːpɪ] *n* muñequita de mejillas encarnadas y ojos grandes.

key [kiː] ◇ *n* - **1.** [for lock] llave *f.* - **2.** [of typewriter, computer, piano] tecla *f*; [of wind instrument] llave *f*, pistón *m.* - **3.** [explanatory letter] clave *f.* - **4.** [solution, answer]: **the ~ (to)** la clave (de). - **5.** MUS [scale of notes] tono *m*; **in/off ~** afinado(da) /desafinado(da). ◇ *adj* clave *(inv)*.
◆ **key in** *vt sep* teclear.

key bar *n* [in shop] tienda *f* de copia de llaves en el acto.

keyboard ['kiːbɔːd] ◇ *n* teclado *m*. ◇ *vt* teclear. ◇ *comp*: ~ **instrument** instrumento *m* de teclado; ~ **operator** teclista *mf*.

keyboarder ['kiːbɔːdəʳ] *n* teclista *mf* (de ordenadores).

keycard ['kiːkɑːd] *n* tarjeta codificada que se usa para accionar un mecanismo.

keyed up [kiːd-] *adj* nervioso(sa).

keyhole ['kiːhəʊl] *n* ojo *m* de la cerradura.

keyhole surgery *n* [gen] cirugía *f* mínimamente invasiva; [with optical fibre] cirugía *f* endoscópica.

keying ['kiːɪŋ] *n* introducción *f* de datos, picado *m*.

key money *n* depósito *m*.

keynote ['kiːnəʊt] ◇ *n* núcleo *m* fundamental. ◇ *comp*: ~ **speech** discurso *m* que marca la tónica.

keypad ['kiːpæd] *n* teclado *m* (de teléfono, fax etc).

keypunch ['kiːpʌntʃ] *n Am* perforadora *f*.

key ring *n* llavero *m*.

key signature *n* MUS armadura *f*.

keystone ['kiːstəʊn] *n* - **1.** [stone] clave *f.* - **2.** [essential idea] piedra *f* angular.

keystroke ['kiːstrəʊk] *n* pulsación *f* (de tecla).

key word *n* (palabra *f*) clave *f*.

kg (*written abbr of* **kilogram**) kg.

KGB *n* KGB *m*.

khaki ['kɑːkɪ] ◇ *adj* caqui. ◇ *n* caqui *m*.

khan [kɑːn] *n* kan *m*.

khanate ['kɑːneɪt] *n* kanato *m*.

khedive [kɪ'diːv] *n* jedive *m*.

Khmer [kmeəʳ] ◇ *adj* jemer. ◇ *n* - **1.** [person] jemer *mf*; ~ **Rouge** jemer rojo. - **2.** [language] jemer *m*.

kibbutz [kɪ'bʊts] (*pl* **kibbutzim** [kɪbʊt'sɪm] OR **kibbutzes**) *n* kibutz *m*.

kibitz ['kɪbɪts] *vi Am inf* - **1.** [gen] meter cucharada. - **2.** [during card game] comentar una partida sin haber sido invitado.

kibosh ['kaɪbɒʃ] *n inf*: **to put the ~ on sthg** dar al traste con algo.

kick [kɪk] ◇ *n* - **1.** [from person] patada *f*, puntapié *m*; [from animal] coz *f*; **it was a real ~ in the teeth for him** *inf fig* fue un palo gordísimo para él, le sentó como un tiro. - **2.** *inf* [excitement]: **to do sthg for ~s** hacer algo para divertirse; **to get a ~ from sthg** disfrutar con algo. - **3.** *inf* [of drink]: **to have a ~** estar cantidad de fuerte. - **4.** [of gun] culatazo *m*. ◇ *vt* - **1.** [hit with foot] dar una patada OR un puntapié a. - **2.** *fig* [be angry with]: **I could have ~ed myself** estaba que me tiraba de los pelos. - **3.** *inf* [give up] dejar. ◇ *vi* - **1.** [person] dar patadas; [animal] dar coces, cocear. - **2.** [gun] dar un culatazo a.
◆ **kick about, kick around** *inf* ◇ *vi Br* andar rondando por ahí. ◇ *vt sep* - **1.** *fig* [idea] considerar, discurrir. - **2.** [mistreat] maltratar.
◆ **kick in** *vt sep inf* - **1.** [door] derribar a patadas. - **2.** [one's share] aportar.
◆ **kick off** ◇ *vi* - **1.** [in football] hacer el saque inicial. - **2.** *inf* [start activity] empezar. ◇ *vt sep inf* [start] poner en marcha, empezar.
◆ **kick out** *vt sep inf* echar, poner de patitas en la calle.
◆ **kick up** *vt fus inf* armar.

kickback ['kɪkbæk] *n* - **1.** [reaction] reacción *f.* - **2.** *inf* [payment] tajada *f Esp*, mordida *f Amér*, coima *f Amér*.

kicker ['kɪkəʳ] *n* coceador *m*, -ra *f*.

kickoff ['kɪkɒf] *n* saque *m* inicial.

kickstand ['kɪkstænd] *n* [on motorbike, bicycle] soporte *m*.

kick-start *vt* arrancar.

kid [kɪd] (*pt & pp* **kidded**, *cont* **kidding**) ◇ *n* - **1.** *inf* [child] crío *m*, -a *f*, chavalín *m*, -ina *f*; **that's ~'s stuff!** [fit for a child] eso es cosa de niños; [easily accomplished] eso lo hace cualquiera. - **2.** *inf* [young person] chico *m*, -ca *f*, chaval *m*, -la *f*, pibe *m*, -ba *f Amér*. - **3.** [young goat] cabrito *m.* - **4.** [leather] cabritilla *f*. ◇ *comp inf* [brother, sister] menor, pequeño(ña). ◇ *vt inf* - **1.** [tease] tomar el pelo a. - **2.** [delude]: **to ~ o.s.** hacerse ilusiones. ◇ *vi inf*: **to be kidding** estar de broma; **no kidding!** [honestly] ¡en serio!; [really] ¡no me digas!

kidder ['kɪdəʳ] *n inf* bromista *mf*.

kiddie, kiddy (*pl* **kiddies**) ['kɪdɪ] *n inf* crío *m*, -a *f*.

kid gloves *npl*: **to treat** OR **handle sb with ~** tratar a alguien con guante blanco.

kidnap ['kɪdnæp] (*Br pt & pp* **kidnapped**, *cont* **kidnapping**, *Am pt & pp* **kidnaped**, *cont* **kidnaping**) *vt* secuestrar, raptar, plagiar *Amér*.

kidnapper *Br*, **kidnaper** *Am* ['kɪdnæpəʳ] *n* secuestrador *m*, -ra *f*, raptor *m*, -ra *f*, plagiario *m*, -ria *f Amér*.

kidnapping *Br*, **kidnaping** *Am* ['kɪdnæpɪŋ] *n* secuestro *m*, rapto *m*, plagio *m Amér*.

kidney ['kɪdnɪ] (*pl* **kidneys**) ◇ *n* ANAT & CULIN riñón *m*. ◇ *comp*: ~ **specialist** nefrólogo *m*, -ga *f*.

kidney bean *n* judía *f* pinta.

kidney machine *n* riñón *m* artificial.

kidney stone *n* cálculo *m* renal.

kidskin ['kɪdskɪn] *n* cabritilla *f*.

Kilimanjaro [ˌkɪlɪmən'dʒɑːrəʊ] *n* Kilimanjaro.

kill [kɪl] ◇ *vt* - **1.** [gen] matar, ultimar *Amér*; **my feet are ~ing me!** ¡cómo me duelen los pies!; **I'll ~ you for this!** *hum* ¡ésta me la pagas!; **to ~ o.s.** suicidarse; **don't ~ yourself!** *iro* ¡cuidado, no vayas a herniarte! - **2.** *fig* [cause to end, fail] poner fin a. - **3.** [occupy]: **to ~ time** matar el tiempo. - **4.** *inf* [switch off] apagar. - **5.** *inf* [make laugh] hacer morir de risa; **I was killing myself laughing** me estaba tronchando de risa. ◇ *vi* matar; **to be dressed to ~** ir imponente. ◇ *n* - **1.** [killing] matanza *f*; **to be in at the ~** *fig* presenciar el momento álgido; **to move in for the ~** *fig* prepararse para asestar el golpe de gracia. - **2.** [dead animal] pieza *f*, presa *f*.
◆ **kill off** *vt sep* - **1.** [cause death of] exterminar. - **2.** *fig* [cause to end, fail] poner fin a.

killdeer ['kɪldɪəʳ] *n* ZOOL frailecillo *m* norteamericano.

killer ['kɪləʳ] *n* - **1.** [person, animal] asesino *m*, -na *f.* - **2.** [disease] enfermedad *f* mortal.

killer instinct *n fig*: **he's got the ~** es muy agresivo; **he lacks the ~** le falta agresividad.

killer whale *n* orca *f*.

killing ['kɪlɪŋ] ◇ *adj* - **1.** *inf* [very funny] para partirse, tronchante. - **2.** [tiring] agotador(ra). ◇ *n* asesinato *m*; **to make a ~** *inf fig* hacer (uno) su agosto, forrarse.

killjoy ['kɪldʒɔɪ] *n* aguafiestas *mf inv*.

kiln [kɪln] *n* horno *m*.

kilo ['kiːləʊ] (*pl* **kilos**) (*abbr of* **kilogram**) *n* kilo *m*.

kilo- ['kiːləʊ] *prefix* kilo-.

kilobaud ['kiːləʊˌbɔːd] *n* kilobaudio *m*.

kilobyte ['kɪləbaɪt] *n* kilobyte *m*.

kilocalorie ['kɪləˌkælərɪ] *n* kilocaloría *f*.

kilocycle ['kɪləˌsaɪkəl] *n* kilociclo *m*.

kilogram(me) ['kɪləgræm] *n* kilogramo *m*.

kilogram calorie *n* kilocaloría *f*.

kilohertz ['kɪləˌhɜːts] (*pl inv*) *n* kilohercio *m*.

kilojoule ['kɪləˌdʒuːl] *n* kilojulio *m*.

kilolitre *Br*, **kiloliter** *Am* ['kɪləˌliːtəʳ] *n* kilolitro *m*.

kilometre *Br*, **kilometer** *Am* ['kɪləˌmiːtəʳ, kɪ'lɒmɪtəʳ] *n* kilómetro *m*.

kilometric [ˌkɪlə'metrɪk] *adj* kilométrico(ca).

kilorad ['kɪləʊˌræd] *n* kilorad *m*.

kiloton ['kɪlə̯tʌn] *n* - **1.** PHYS kilotonelada *f.* - **2.** [explosive power] kilotón *m.*

kilowatt ['kɪlə̯wɒt] *n* kilovatio *m.*

kilowatt-hour *n* kilovatio *m* hora.

kilt [kɪlt] *n* falda *f* escocesa.

kilter ['kɪltəʳ] *n*: **to be out of** ~ estar averiado(da), no funcionar bien.

kimono [kɪ'məʊnəʊ] (*pl* **kimonos**) *n* kimono *m.*

kin [kɪn] → **kith**.

kinaesthesia, **kinesthesia** *Am* [ˌkɪnɪs'θiːzɪə] *n* quinestesia *f.*

kind [kaɪnd] ◊ *adj* [person, gesture] amable; [thought] considerado(da); **would you be so** ~ **as to...** ¿sería usted tan amable de... ◊ *n* tipo *m*, clase *f*; **we've been having all ~s of problems with the heating** hemos tenido todo tipo de problemas con la calefacción; **coffee of a** ~ un tipo de café que no es gran cosa; **I said nothing of the** ~ yo no dije nada de eso OR nada parecido; **a** ~ **of** una especie de; **I had a** ~ **of (a) feeling you'd come** me dio la impresión de que vendrías ❑ ~ **of** *Am inf* un poco; **I** ~ **of admire her** de alguna forma en cierto modo la admiro; **in** ~ [payment] en especie; **to repay sthg/sb in** ~ *fig* pagar algo/a alguien con la misma moneda; **she's not the marrying** ~ no es de las que se casan; **they're two of a** ~ son tal para cual.

kindergarten ['kɪndə̯gɑːtn] *n* jardín *m* de infancia.

kind-hearted *adj* bondadoso(sa).

kindheartedness [kaɪnd'hɑːtɪdnɪs] *n* bondad *f*, buen corazón *m.*

kindle ['kɪndl] ◊ *vt* - **1.** [fire] encender. - **2.** *fig* [idea, feeling] despertar. ◊ *vi* encenderse.

kindliness ['kaɪndlɪnɪs] *n* amabilidad *f.*

kindling ['kɪndlɪŋ] *n (U)* leña *f* menuda, astillas *fpl.*

kindly ['kaɪndlɪ] (*compar* **kindlier**, *superl* **kindliest**) ◊ *adj* amable, bondadoso(sa). ◊ *adv* - **1.** [gently, favourably] amablemente; **to look** ~ **on sthg/sb** mirar algo/a alguien con buenos ojos. - **2.** [please]: **will you** ~... ¿sería tan amable de... - **3.** *phr*: **not to take** ~ **to sthg** no tomarse algo bien.

kindness ['kaɪndnɪs] *n* - **1.** [gentleness] amabilidad *f.* - **2.** [helpful act] favor *m*; **to do sb a** ~ hacer un favor a alguien.

kindred ['kɪndrɪd] *adj* [similar] afín; ~ **spirit** alma *f* gemela.

kinematic [ˌkɪnɪ'mætɪk] *adj* cinemático(ca).
◆ **kinematics** *n (U)* cinemática *f.*

kinescope ['kɪnɪ̯skəʊp] *n* cinescopio *m.*

kinesiologist [kɪˌniːsɪ'blədʒɪst] *n* kinesiólogo *m*, -ga *f*, quinesiólogo *m*, -ga *f.*

kinesiology [kɪˌniːsɪ'blədʒɪ] *n* quinesiología *f.*

kinesthesia *n Am* = **kinaesthesia**.

kinetic [kɪ'netɪk] *adj* cinético(ca).
◆ **kinetics** *n (U)* cinética *f.*

kinetic art *n* arte *m* cinético.

kinetic energy *n* energía *f* cinética.

kinfolk(s) *npl Am* = **kinsfolk**.

king [kɪŋ] *n* - **1.** [monarch] rey *m*; **the** ~ **and queen** los reyes; **the Three Kings** los Reyes Magos ❑ **to live like a** ~ vivir a cuerpo de rey. - **2.** [in cards, chess] rey *m*; [in draughts] dama *f.*

kingbird ['kɪŋbɜːd] *n* tirano *m.*

king bolt *n* RAIL perno *m* pinzote.

King Charles spaniel *n* especie de spaniel enano de suave pelaje y morro respingón.

king cobra *n* cobra *f* real.

kingdom ['kɪŋdəm] *n* reino *m*; **the animal/vegetable/mineral** ~ el reino animal/vegetal/mineral ❑ **till** ~ **come** *fig* hasta el Día del Juicio Final; **to blow sb to** ~ **come** *fig* mandar a alguien de cabeza al otro mundo.

kingfisher ['kɪŋˌfɪʃəʳ] *n* martín *m* pescador.

kingliness ['kɪŋlɪnɪs] *n* majestuosidad *f.*

kingly ['kɪŋlɪ] (*compar* **kinglier**, *superl* **kingliest**) *adj* - **1.** [royal] real. - **2.** [majestic] majestuoso(sa).

kingmaker ['kɪŋˌmeɪkəʳ] *n fig* POL persona de gran poder e influencia, hombre *m* fuerte.

king penguin *n* pingüino *m* real.

kingpin ['kɪŋpɪn] *n* - **1.** TECH clavija *f* maestra. - **2.** *fig* [person] persona *f* clave.

king post *n* pendolón *m*, nabo *m.*

king prawn *n* langostino *m.*

King's Counsel *n* abogado inglés de alto rango.

King's English *n Br*: **the** ~ el inglés hablado con mayor corrección en Gran Bretaña.

King's evidence *n Br*: **to turn** ~ testificar un delincuente ante un tribunal en contra de otros a cambio de una reducción de condena.

kingship ['kɪŋʃɪp] *n* realeza *f.*

king-size(d) *adj* [cigarette] extra largo; [bed, pack] gigante.

kink [kɪŋk] *n* [in rope] retorcimiento *m*; [in hair] rizo *m.*

kinky ['kɪŋkɪ] (*compar* **kinkier**, *superl* **kinkiest**) *adj inf* morboso(sa), pervertido(da).

kinsfolk ['kɪnzfəʊk], **kinfolk(s)** *Am* ['kɪnfəʊk (s)] *npl* parientes *mpl.*

kinship ['kɪnʃɪp] *n* - **1.** [family relationship] parentesco *m.* - **2.** [closeness] afinidad *f.*

kinsman ['kɪnzmən] (*pl* **kinsmen** [-mən]) *n* pariente *m.*

kinswoman ['kɪnzˌwʊmən] (*pl* **kinswomen** [-ˌwɪmɪn]) *n* parienta *f.*

kiosk ['kiːɒsk] *n* - **1.** [small shop] quiosco *m*, kiosco *m.* - **2.** *Br* [telephone box] cabina *f* telefónica.

kip [kɪp] (*pt & pp* **kipped**, *cont* **kipping**) *Br inf* ◊ *n* cabezadita *f*, sueñecito *m.* ◊ *vi* sobar, dormir.

kipper ['kɪpəʳ] *n* arenque *m* ahumado.

kipper tie *n* corbata *f* ancha.

KIPS [kɪps] (*abbr of* **kilo instructions per second**) *n* COMPUT KIPS.

Kirghizstan [kɜːˈgɪˈstɑːn] *n* Kirguizistán.

Kirk [kɜːk] *n Scot*: **the** ~ la Iglesia de Escocia.

kirmess ['kɜːmɪs] *n* = **kermis**.

kirsch [kɪəʃ] *n* kirsch *m.*

kismet ['kɪzmɪt] *n* destino *m.*

kiss [kɪs] ◊ *n* beso *m*; **to blow sb a** ~ tirar un beso a alguien. ◊ *vt* besar; **to** ~ **sb goodbye** dar un beso de despedida a alguien ❑ **you can** ~ **your money goodbye!** *inf* ¡ya puedes despedirte de tu dinero! ◊ *vi* besarse.

kissagram ['kɪsəgræm] *n* besograma *m*, servicio utilizado con ocasión de un cumpleaños etc.

kiss curl *n Br* caracol *m* (rizo).

kisser ['kɪsəʳ] *n inf* [face, mouth] jeta *f.*

kiss-off *n inf* despido *m.*

kiss of life *n* [to resuscitate sb]: **the** ~ la respiración boca a boca.

kit [kɪt] (*pt & pp* **kitted**, *cont* **kitting**) *n* - **1.** [set] utensilios *mpl*, equipo *m.* - **2.** *Br* [clothes] equipo *m.* - **3.** [to be assembled] kit *m*, modelo *m* para armar.
◆ **kit out** *vt sep Br* equipar.

kit bag *n* macuto *m*, petate *m.*

kitchen ['kɪtʃɪn] *n* cocina *f.*

kitchen cabinet *n* - **1.** [furniture] armario *m* de cocina. - **2.** *Br* POL camarilla *f.*

kitchenette [ˌkɪtʃɪ'net] *n* cocina *f* pequeña.

kitchen foil *n* papel *m* de plata OR aluminio.

kitchen garden *n* huerto *m.*

kitchen police *n Am* servicio *m* de cocina.

kitchen sink ◊ *n* fregadero *m*; **everything but the** ~ *fig* todo menos las paredes. ◊ *comp*: ~ **drama** obra *f* de realismo social.

kitchen unit *n* módulo *m* OR armario *m* de cocina.

kitchenware ['kɪtʃɪnweəʳ] *n (U)* batería *f* de cocina.

kite [kaɪt] *n* - **1.** [toy] cometa *f*, papalote *m Amér*; **to fly a** ~ elevar una cometa. - **2.** [bird] milano *m.*

Kite mark *n Br* marchamo oficial de calidad.

kith [kɪθ] *n*: ~ **and kin** parientes *mpl* y amigos.

kitsch [kɪtʃ] ◇ *n* kitsch *m*, cursilería *f*. ◇ *adj* = **kitschy**.

kitschy ['kɪtʃɪ] (*compar* **kitschier**, *superl* **kitschiest**) *adj* cursi, kitsch.

kitten ['kɪtn] *n* gatito *m*; **he was having** ~**s** *Br inf fig* le entró el telele.

kittenish ['kɪtənɪʃ] *adj* juguetón(ona).

kitty ['kɪtɪ] (*pl* **kitties**) *n* [for bills, drinks] fondo *m* común; [in card games] bote *m*, puesta *f*.

kiwi ['kiːwiː] *n* - **1.** [bird] kiwi *m*. - **2.** *inf* [New Zealander] neozelandés *m*, -esa *f*.

kiwi fruit *n* kiwi *m*.

KKK *abbr of* **Ku Klux Klan**.

klaxon ['klæksn] *n* bocina *f*, claxon *m*.

Kleenex® ['kliːneks] *n* kleenex® *m*, pañuelo *m* de papel.

kleptomania [ˌkleptə'meɪnɪə] *n* cleptomanía *f*.

kleptomaniac [ˌkleptə'meɪnɪæk] *n* cleptómano *m*, -na *f*.

klieg light [kliːg-] *n Am* lámpara *f* de arco.

Klondike ['klɒndaɪk] *n*: **the** ~ **(River)** el río Klondike; **the** ~ **gold rush** la fiebre del oro (del Klondike).

klutz [klʌts] *n Am inf* [fool] tonto *m*, -ta *f*; [bungler] patoso *m*, -sa *f*.

km (*written abbr of* **kilometre**) km.

km/h (*written abbr of* **kilometres per hour**) km/h.

knack [næk] *n*: **it's easy once you've got the** ~ es fácil cuando le coges el tranquillo; **he has the** ~ **of appearing at the right moment** tiene el don de aparecer en el momento adecuado.

knacker ['nækə⁺] *Br* ◇ *n* [horse slaughterer] matarife *m*; ~**'s yard** matadero *m*. ◇ *vt inf* dejar hecho(cha) polvo.

knackered ['nækəd] *adj Br inf* hecho(cha) polvo.

knapsack ['næpsæk] *n* mochila *f*.

knave [neɪv] *n* - **1.** [playing card - in British pack] jota *f*; [- in Spanish pack] sota *f*. - **2.** *dated* [rogue] bribón *m*, -ona *f*, bellaco *m*, -ca *f*.

knavery ['neɪvərɪ] *n dated* bribonada *f*, bellaquería *f*.

knavish ['neɪvɪʃ] *adj dated* bribón(ona), bellaco(ca).

knead [niːd] *vt* [dough] amasar.

kneader ['niːdə⁺] *n* amasador *m*, -ra *f*.

knee [niː] *n* ANAT rodilla *f*; **to be on one's** ~**s** [kneeling] estar de rodillas; **to go down on one's** ~**s** ponerse de rodillas, arrodillarse ❑ **to bring sb to their** ~**s** hacer hincar la rodilla a alguien.

knee breeches *npl* calzones *mpl*.

kneecap ['niːkæp] *n* rótula *f*.

knee-deep *adj* [snow, water] que cubre hasta las rodillas; [person]: ~ **in water** con el agua hasta las rodillas.

knee-high *adj* que llega hasta las rodillas.

knee joint *n* articulación *f* de la rodilla.

kneel [niːl] (*Br pt & pp* **knelt** [nelt], *Am pt & pp* **kneeled** OR **knelt**) *vi* arrodillarse.

◆ **kneel down** *vi* arrodillarse.

knee-length *adj* hasta las rodillas.

knee pad *n* rodillera *f*.

knees-up *n Br inf* jolgorio *m*, juerga *f*.

knell [nel] *n* toque *m* de difuntos.

knelt [nelt] *pt & pp* → **kneel**.

knew [njuː] *pt* → **know**.

knickerbocker glory ['nɪkəbʊkə⁺-] *n* helado servido en una copa con fruta y nata.

knickerbockers ['nɪkəbʊkəz] *npl* bombachos *mpl*.

knickers ['nɪkəz] *npl* - **1.** *Br* [underwear] bragas *fpl*, calzonarios *mpl Amér.* - **2.** *Am* [knickerbockers] bombachos *mpl*.

knick-knack ['nɪknæk] *n* chuchería *f*, baratija *f*.

knife [naɪf] (*pl* **knives** [naɪvz]) ◇ *n* cuchillo *m*; **the air was so thick you could cut it with a** ~ *fig* el ambiente estaba muy tenso; **like a** ~ **through butter** *fig* como si fuera

mantequilla; **you really stuck the** ~ **in!** *inf fig* ¡te ensañaste bien!; **to turn** OR **twist the** ~ **(in the wound)** *fig* hurgar en la herida. ◇ *vt* acuchillar.

knife-edge *n* filo *m*.

knife-grinder *n* afilador *m*.

knife-point *n*: **at** ~ a punta de cuchillo OR navaja.

knife-rest *n* soporte para cuchillo que se pone en la mesa.

knifing ['naɪfɪŋ] *n* apuñalamiento *m*.

knight [naɪt] ◇ *n* - **1.** HIST caballero *m*; **a** ~ **in shining armour** *fig* [romantic hero] un príncipe azul; [saviour] un desfacedor de entuertos. - **2.** [knighted man] hombre con el título de 'Sir'. - **3.** [in chess] caballo *m*. ◇ *vt* conceder el título de 'Sir' a.

knight-errant (*pl* **knights-errant**) *n* caballero *m* andante.

knighthood ['naɪthʊd] *n* - **1.** [present-day title] título *m* de 'Sir'. - **2.** HIST título *m* de caballero.

knightly ['naɪtlɪ] *adj* caballeresco(ca).

knit [nɪt] (*pt & pp* **knit** OR **knitted**, *cont* **knitting**) ◇ *adj*: **closely** OR **tightly** ~ muy unido (muy unida). ◇ *vt* [make with wool] tejer, tricotar. ◇ *vi* - **1.** [with wool] hacer punto, tricotar. - **2.** [join] soldarse.

knitted ['nɪtɪd] *adj* de punto.

knitting ['nɪtɪŋ] *n* (U) - **1.** [activity] punto *m*. - **2.** [work produced] punto *m*, calceta *f*.

knitting machine *n* máquina *f* de tricotar, tricotosa *f*.

knitting needle *n* aguja *f* de hacer punto.

knitting pattern *n* patrón *m* de punto.

knitting wool *n* lana *f* de hacer punto.

knitwear ['nɪtweə⁺] *n* (U) género *m* OR ropa *f* de punto.

knives [naɪvz] *pl* → **knife**.

knob [nɒb] *n* - **1.** [on door, drawer, bedstead] pomo *m*; **the same to you with** ~**s on!** *Br inf fig* ¡y tú más! - **2.** [on TV, radio etc] botón *m*.

knobbly *Br* ['nɒblɪ] (*compar* **knobblier**, *superl* **knobbliest**), **knobby** *Am* ['nɒbɪ] (*compar* **knobbier**, *superl* **knobbiest**) *adj* nudoso(sa), con bultos; ~ **knees** rodillas *fpl* huesudas.

knock [nɒk] ◇ *n* - **1.** [hit] golpe *m*. - **2.** *inf* [piece of bad luck] revés *m*. - **3.** *inf* [criticism] crítica *f*. - **4.** AUT pistoneo *m*, golpeteo *m*. ◇ *vt* - **1.** [hit hard] golpear; **to** ~ **a nail into a wall** clavar un clavo en una pared; **he** ~**ed the lamp off the table** tiró la lámpara de la mesa; **to** ~ **one's head** darse en la cabeza; **to** ~ **sb/o.s. unconscious** dejar a alguien/quedarse inconsciente de un golpe. - **2.** [make by hitting] hacer, abrir; **to** ~ **a hole in a wall** abrir un agujero en una pared. - **3.** *inf* [criticize] cargarse, poner por los suelos. ◇ *vi* - **1.** [hit]: **to** ~ **against sth** chocar contra algo; **to** ~ **into sth** darse contra algo; **she** ~**ed into the desk** se dio contra OR con la mesa. - **2.** [on door]: **to** ~ **(at** OR **on)** llamar (a). - **3.** [car engine] traquetear.

◆ **knock about, knock around** *inf* ◇ *vt sep* - **1.** [beat up] zurrar. - **2.** [discuss] dar vueltas a, discutir. ◇ *vi* - **1.** [travel a lot] rodar. - **2.** [spend time]: **to** ~ **about with sb** andar con alguien.

◆ **knock back** *vt sep inf* pimplarse.

◆ **knock down** *vt sep* - **1.** [subj: car, driver] atropellar. - **2.** [building] derribar; [door] echar abajo. - **3.** [price] rebajar; **I** ~**ed him down to £500** me lo dejó en 500 libras.

◆ **knock off** ◇ *vt sep* - **1.** [lower price by]: **I'll** ~ **£5 off it** le haré un descuento de cinco libras. - **2.** *Br inf* [steal] mangar, birlar. - **3.** *inf* [finish quickly] despachar, terminar con. - **4.** *v inf* [murder] cargarse a. - **5.** *phr*: ~ **it off!** *inf* ¡vale ya! ◇ *vi inf* [stop working] parar de currar.

◆ **knock on** *Br inf* ◇ *vi*: **my dad's** ~**ing on a bit now** mi padre ya tiene unos añitos. ◇ *vt fus*: **he's** ~**ing on 60** anda por los 60.

◆ **knock out** *vt sep* - **1.** [subj: person, punch] dejar sin conocimiento; [subj: drug] dejar dormido(da) a. - **2.** [eliminate from competition] eliminar. - **3.** [put out of action] estropear, inutilizar.

◆ **knock over** *vt sep* - **1.** [thing] tirar, volcar, voltear *Amer*. - **2.** [person] hacer caer; [subj: car etc] atropellar.

◆ **knock together** *vt sep* = **knock up** *sense 1*.
◆ **knock up** ◇ *vt sep* - **1.** [make hurriedly] hacer deprisa. - **2.** *Br inf* [waken] dar un toque a, despertar. - **3.** *v inf* [make pregnant] preñar, dejar preñada. ◇ *vi* TENNIS pelotear.

knockabout ['nɒkəbaʊt] *adj* [rowdy] alborotado(ra).

knockdown ['nɒkdaʊn] *adj* - **1.** [blow] que derriba; [argument] demoledor(ra). - **2.** [easy to dismantle] desmontable.

knocker ['nɒkəʳ] *n* - **1.** [on door] aldaba *f*. - **2.** *inf* [critic] criticón *m*, -ona *f*.

◆ **knockers** *npl v inf* tetorras *fpl*.

knock-for-knock *adj* [in insurance]: ~ **agreement** acuerdo amistoso en el que, tras un accidente, cada compañía de seguros paga los daños de su asegurado.

knocking ['nɒkɪŋ] *n* - **1.** *(U)* [on door etc] golpes *mpl*. - **2.** *inf* [criticism] palos *mpl*, críticas *fpl*.

knock-kneed [-'niːd] *adj* patizambo(ba).

knock-knees *npl*: **to have** ~ ser patizambo(ba).

knock-on *n* RUGBY avant *m*.

knock-on effect *n Br* reacción *f* en cadena.

knockout ['nɒkaʊt] *n* - **1.** [in boxing] K.O. *m*. - **2.** *inf* [sensation]: **to be a** ~ ser sensacional OR genial.

knockout competition *n Br* competición *f* por el sistema de eliminación.

knock-up *n* TENNIS peloteo *m*.

knoll [nəʊl] *n* loma *f*, montículo *m*.

knot [nɒt] *(pt & pp* **knotted**, *cont* **knotting)** ◇ *n* - **1.** [gen] nudo *m*; **to tie/untie a** ~ hacer/deshacer un nudo ❑ **at a rate of** ~**s** *fig* a toda máquina; **to get tied up in** ~**s** *inf* enredarse, crearse dificultades; **to tie the** ~ casarse. - **2.** [of people] corrillo *m*. ◇ *vt* anudar.

knothole ['nɒθəʊl] *n* hueco *m* (que deja un nudo en la madera).

knotted ['nɒtɪd] *adj* anudado(da); **get** ~! *v inf fig* ¡anda y que te zurzan!

knotty ['nɒtɪ] *(compar* **knottier**, *superl* **knottiest)** *adj* [problem] intrincado(da).

know [nəʊ] *(pt* **knew** [njuː], *pp* **known** [nəʊn])** ◇ *vt* - **1.** [gen] saber; [language] saber hablar; **I** ~ **how you feel** comprendo cómo te sientes; **I've never known him to be late** nunca le he visto llegar tarde; **she's been known to steal** se sabe que ha robado alguna vez; **to** ~ **(that)** saber (que); **to** ~ **how to do sthg** saber hacer algo; **to get to** ~ **sthg** enterarse de algo; **to let sb** ~ **(about)** avisar a alguien (de); **to make sthg known** hacer saber algo ❑ **he's not an easy person to work with - don't I** ~ **it!** *inf* no es fácil trabajar con él - ¡dímelo a mí!; **to** ~ **a thing or two about** saber un poco de; **to** ~ **one's way around** *fig* conocerse bien el camino; **to** ~ **sthg backwards** saberse algo al dedillo; **not to** ~ **the first thing about** no saber ni papa de; **well, what do you** ~! *inf* ¡anda, mira!, ¡anda, qué sorpresa! - **2.** [be familiar with] conocer; **I don't** ~ **him to speak to** sólo lo conozco de vista; ~**ing him, he'll still be in bed** conociéndolo, estará todavía en la cama; **to get to** ~ **sb** llegar a conocer a alguien. - **3.** [recognise] reconocer; **I** ~ **a bargain when I see one** sé reconocer una ganga cuando la veo. - **4.** [call, nickname] conocer, llamar; **to be known as** ser conocido(da) como; **he's what is known as a whizz kid** él es lo que se conoce como (un) niño prodigio; **Ian White, known to his friends as 'Chalky'** Ian White, conocido por sus amigos como 'Chalky'. ◇ *vi* - **1.** [have knowledge] saber; **to** ~ **of** OR **about sthg** saber algo, estar enterado(da) de algo; **you** ~ [to emphasize] ¿sabes?; [to remind] ¡ya sabes!, ¡sí hombre!; **God** OR **Heaven** ~**s!** ¡sabe Dios!; **you never** ~ nunca se sabe; **there's no** ~**ing...** no hay modo de saber... ❑ **I** ~ **better** a mí no me engaña; **he should have known better** le está bien empleado; **she knew better than to insist** sabía que no debía insistir; **you** ~ **best** tú eres el que sabes; **not to** ~ **when one is well off** no saber la suerte que uno tiene. - **2.** [be knowledgeable]: **to** ~ **about sthg** saber de algo. ◇ *n*: **to be in the** ~ estar enterado(da).

knowable ['nəʊəbl] *adj* conocible.

know-all *n Br* sabelotodo *mf*, sabihondo *m*, -da *f*.

know-how *n* conocimientos *mpl*.

knowing ['nəʊɪŋ] *adj* cómplice.

knowingly ['nəʊɪŋlɪ] *adv* - **1.** [in knowing manner] con complicidad. - **2.** [intentionally] adrede.

know-it-all *n* = **know-all**.

knowledge ['nɒlɪdʒ] *n (U)* conocimiento *m*; **it's common** ~ **that** es de dominio común que; **it has come to my** ~ **that** ha llegado a mi conocimiento que; **to have no** ~ **of sthg** no tener conocimiento de algo; **without my** ~ sin saberlo yo; **to my** ~ que yo sepa, según tengo entendido; **to the best of my** ~ por lo que yo sé.

knowledgeable ['nɒlɪdʒəbl] *adj* entendido(da); **to be** ~ **about sthg** saber mucho de algo.

knowledgeably ['nɒlɪdʒəblɪ] *adv* de un modo erudito, con conocimiento; **he speaks very** ~ **about art** habla de arte con gran erudición.

known [nəʊn] ◇ *pp* → **know**. ◇ *adj* conocido(da).

know-nothing *n* ignorante *mf*.

knuckle ['nʌkl] *n* - **1.** ANAT nudillo *m*; **near the** ~ *fig* [joke, remark] que raya en la indecencia OR la vulgaridad. - **2.** [of meat] jarrete *m*.

◆ **knuckle down** *vi* ponerse seriamente a trabajar; **to** ~ **down to sthg/to doing sthg** dedicarse seriamente a algo/a hacer algo.

◆ **knuckle under** *vi* pasar por el aro.

knuckle-duster *n* puño *m* americano *Esp*, manopla *f Amér*.

knucklehead ['nʌklhed] *n* cabeza *m* de alcornoque.

knur [nɜːʳ] *n* BOT nudo *m*.

knurl [nɜːl] *n* [on coin] gráfila *f*, grafila *f*.

KO *(abbr of* **knock-out)** K.O. *m*.

koala (bear) [kəʊ'ɑːlə] *n* koala *m*.

kohl [kəʊl] *n* kohl *m*.

kohlrabi [kəʊl'rɑːbɪ] *n* colinabo *m*.

kola ['kəʊlə] *n* cola *f*.

kola nut *n* nuez *f* de cola.

kook [kuːk] *n Am inf* majara *mf*, majareta *mf*.

kooky ['kuːkɪ] *(compar* **kookier**, *superl* **kookiest)** *adj Am inf* majara, majareta.

kopeck ['kəʊpek] *n* copec *m*.

Koran [kɒ'rɑːn] *n*: **the** ~ el Corán.

Korea [kə'rɪə] *n* Corea; **the Democratic People's Republic of** ~ la República Democrática Popular de Corea.

Korean [kə'rɪən] ◇ *adj* coreano(na). ◇ *n* - **1.** [person] coreano *m*, -na *f*. - **2.** [language] coreano *m*.

kosher ['kəʊʃəʳ] *adj* - **1.** [meat] permitido por la religión judía, kosher. - **2.** *inf* [reputable] limpio(pia), legal.

kowtow [,kaʊ'taʊ] *vi*: **to** ~ **(to)** arrastrarse OR rebajarse (ante).

kph *(written abbr of* **kilometres per hour)** km/h.

kraft [krɑːft] *n* (papel *m*) kraft *m*.

Krakow ['krækɒv] *n* = **Crakow**.

K-ration *n* ración *f* militar.

Kremlin ['kremlɪn] *n*: **the** ~ el Kremlin.

krona ['krəʊnə] *(pl* **kronor** ['krəʊnə]) *n* corona *f* sueca.

krone ['krəʊnə] *(pl* **kroner** ['krəʊnə]) *n* corona *f* noruega.

kronor ['krəʊnə] *npl* → **krona**.

krugerrand ['kruːgərænd] *n* krugerrand *f*, moneda de oro de Sudáfrica.

krypton ['krɪptɒn] *n* criptón *m*.

KS *written abbr of* **Kansas**.

KT *written abbr of* **Knight**.

Kuala Lumpur [,kwɑːlə'lʊmpʊəʳ] *n* Kuala Lumpur.

kudos ['kjuːdɒs] *n* prestigio *m*, gloria *f*.

kudzu vine ['kʊdzuː-] *n* planta trepadora originaria de China y Japón.

Ku Klux Klan [,kuːklʌks'klæn] *n*: **the** ~ el Ku Klux Klan.

kümmel ['kʊməl] *n* cúmel *m*, kummel *m*.

kumquat [ˈkʌmkwɒt] *n* tipo de naranja china.
kung fu [ˌkʌŋˈfuː] *n* kung fu *m*.
Kurd [kɜːd] *n* kurdo *m*, -da *f*.
Kurdish [ˈkɜːdɪʃ] *adj* kurdo(da).
Kurdistan [ˌkɜːdɪˈstɑːn] *n* (el) Kurdistán.
Kuwait [kʊˈweɪt] *n* Kuwait.

Kuwaiti [kʊˈweɪtɪ] ◊ *adj* kuwaití. ◊ *n* kuwaití *mf*.
kW (*written abbr of* **kilowatt**) kw.
KY *written abbr of* **Kentucky**.
kymograph [ˈkaɪməgrɑːf] *n* quimógrafo *m*.
kyphosis [kaɪˈfəʊsɪs] *n* cifosis *f inv*.
Kyrie [ˈkɪrɪɪ] *n* kirie *m*.

L

l¹ (*pl* **l's** OR **ls**), **L** (*pl* **L's** OR **Ls**) [el] *n* [letter] l *f*, L *f*.
◆ **L** - **1.** *written abbr of* **lake**. - **2.** (*abbr of* **large**) G. - **3.** (*written abbr of* **left**) izq. - **4.** (*written abbr of* **learner**) L.
l² (*written abbr of* **litrem**) l.
la [lɑː] *n* MUS la *f*.
La *written abbr of* **Louisiana**.
LA - **1.** *written abbr of* **Los Angeles**. - **2.** *written abbr of* **Louisiana**.
lab [læb] *n & comp inf* = **laboratory**.
label [ˈleɪbl] (*Br pt & pp* **labelled**, *cont* **labelling**, *Am pt & pp* **labeled**, *cont* **labeling**) ◊ *n* - **1.** [identification] etiqueta *f*. - **2.** [of record] sello *m* discográfico, casa *f* discográfica. ◊ *vt* - **1.** [fix label to] etiquetar. - **2.** *usu pej* [describe]: **to ~ sb (as)** calificar OR etiquetar a alguien (de).
labia [ˈleɪbɪə] *pl* → **labium**.
labial [ˈleɪbjəl] *adj* labial.
labiate [ˈleɪbɪeɪt] *adj* labiado(da).
labium [ˈleɪbɪəm] (*pl* **labia** [-bɪə]) *n* labio *m*.
labor *etc Am* = **labour** *etc*.
laboratory [*Br* ləˈbɒrətrɪ, *Am* ˈlæbrətɔːrɪ] (*pl* **laboratories**) ◊ *n* laboratorio *m*. ◊ *comp* de laboratorio.
Labor Day [ˈleɪbər-] *n Am* Día *m* del Trabajador (*1 de septiembre*).
laborious [ləˈbɔːrɪəs] *adj* laborioso(sa).
laboriously [ləˈbɔːrɪəslɪ] *adv* laboriosamente, de un modo laborioso.
laboriousness [ləˈbɔːrɪəsnəs] *n* laboriosidad *f*.
labor union [ˈleɪbər-] *n Am* sindicato *m*.
labour *Br*, **labor** *Am* [ˈleɪbəʳ] ◊ *n* - **1.** [hard work] trabajo *m*. - **2.** [piece of work] esfuerzo *m*. - **3.** [workers, work carried out] mano *f* de obra. - **4.** [giving birth] parto *m*; **in ~** de parto. ◊ *comp* [dispute] laboral; [costs, shortage, supply] de mano de obra. ◊ *vt* insistir sobre. ◊ *vi* - **1.** [work hard] trabajar (duro). - **2.** [work with difficulty]: **to ~ at** OR **over** trabajar duro en. - **3.** [persist]: **to ~ under a delusion** ser víctima de una ilusión.
◆ **Labour** POL ◊ *adj* laborista. ◊ *n* (U) los laboristas.
labour camp *n* campo *m* de trabajo.
laboured *Br*, **labored** *Am* [ˈleɪbəd] *adj* [style] trabajoso(sa); [gait, breathing] penoso(sa), fatigoso(sa).
labourer *Br*, **laborer** *Am* [ˈleɪbərəʳ] *n* obrero *m*, -ra *f*.
labour exchange *n Br dated* bolsa *f* de trabajo, oficina *f* de empleo.
labour force *n* mano *f* de obra.
labour-intensive *adj* que emplea mucha mano de obra.
Labourite [ˈleɪbəraɪt] *n* [in UK] miembro *m* del Partido Laborista.

labour market *n* mercado *m* de trabajo.
labour of love *n* trabajo *m* hecho por amor al arte.
labour pains *npl* dolores *mpl* del parto.
Labour Party *n* [in UK]: **the ~** el Partido Laborista.
labour relations *npl* relaciones *fpl* laborales.
laboursaving *Br*, **laborsaving** *Am* [ˈleɪbəˌseɪvɪŋ] *adj* que ahorra trabajo.
labour supply *n* disponibilidad *f* de mano de obra.
Labrador [ˈlæbrədɔːʳ] *n* - **1.** [dog] (perro *m* de) terranova *m*, labrador *m*. - **2.** GEOGR Labrador.
laburnum [ləˈbɜːnəm] *n*: **~ (tree)** laburno *m*.
labyrinth [ˈlæbərɪnθ] *n* laberinto *m*.
labyrinthine [ˌlæbəˈrɪnθaɪn] *adj* laberíntico(ca).
lace [leɪs] ◊ *n* - **1.** [fabric] encaje *m*; [trim] puntilla *f*. - **2.** [shoelace] cordón *m*. ◊ *comp* de encaje. ◊ *vt* - **1.** [shoe, boot] atar. - **2.** [drink, food]: **coffee ~d with brandy** café con unas gotas de coñac.
◆ **lace up** *vt sep* atar.
lacemaking [ˈleɪsˌmeɪkɪŋ] *n* labor *f* de encaje.
lacerate [ˈlæsəreɪt] *vt* - **1.** [rip] lacerar. - **2.** *fig* [distress] angustiar, herir.
laceration [ˌlæsəˈreɪʃn] *n fml* laceración *f*.
lace-up ◊ *adj* de cordón. ◊ *n Br* zapato *m* de cordón.
lachrymal [ˈlækrɪml] *adj* lacrimal, lagrimal.
lachrymose [ˈlækrɪməʊs] *adj* lacrimoso(sa), lloroso(sa).
lacing [ˈleɪsɪŋ] *n* - **1.** [lace] cordón *m*; [braid] galón *m*. - **2.** [in drink] gotas *fpl*, chorrito *m*.
lack [læk] ◊ *n* falta *f*, carencia *f*; **for** OR **through ~ of** por falta de; **no ~ of** abundancia de. ◊ *vt* carecer de. ◊ *vi*: **to be ~ing in** carecer de; **to be ~ing** faltar.
lackadaisical [ˌlækəˈdeɪzɪkl] *adj pej* apático(ca), desganado(da).
lackaday [ˈlækədeɪ] *excl arch* ¡ay de mí!, ¡mal haya!
lackey [ˈlækɪ] (*pl* **lackeys**) *n pej* lacayo *m*.
lacking [ˈlækɪŋ] *adj* - **1.** [wanting] falto(ta) de; **~ in confidence** falto de confianza en sí mismo. - **2.** *inf euph* [stupid] retrasado(da).
lacklustre *Br*, **lackluster** *Am* [ˈlækˌlʌstəʳ] *adj pej* soso (sa), apagado(da).
laconic [ləˈkɒnɪk] *adj* lacónico(ca).
lacquer [ˈlækəʳ] ◊ *n* laca *f*. ◊ *vt* - **1.** [wood, metal] lacar, dar laca a. - **2.** [hair] poner laca en.
lacquered [ˈlækəd] *adj* lacado(da), laqueado(da).
lacquerware [ˈlækəweəʳ] *n* (U) objetos *mpl* lacados.
lacrimal [ˈlækrɪml] *adj* = **lachrymal**.
lacrimation [ˌlækrɪˈmeɪʃn] *n* lagrimeo *m*.

lacrosse [ləˈkrɒs] ◇ *n* lacrosse *m*. ◇ *comp*: ~ **stick** palo *m* de lacrosse.

lactase [ˈlækteɪz] *n* lactasa *f*.

lactate [*n* ˈlækteɪt, *vb* lækˈteɪt] ◇ *n* lactato *m*. ◇ *vi* lactar, secretar leche.

lactation [ˌlækˈteɪʃn] *n* lactación *f*, secreción *f* de leche.

lactic [ˈlæktɪk] *adj* láctico(ca).

lactic acid *n* ácido *m* láctico.

lactose [ˈlæktəʊs] *n* lactosa *f*.

lacuna [ləˈkjuːnə] (*pl* **lacunas** OR **lacunae** [-niː]) *n* laguna *f*.

lacy [ˈleɪsɪ] (*compar* **lacier**, *superl* **laciest**) *adj* de encaje.

lad [læd] *n* - **1.** *inf* [boy] chaval *m*, chavalo *m* *Amér*. - **2.** *Br inf* [rake]: **he's a bit of a** ~ es un ligón. - **3.** *Br* [stable boy] mozo *m* de cuadra.

ladder [ˈlædə^r] ◇ *n* - **1.** [for climbing] escalera *f*; **at the top of the** ~ *fig* en la cumbre. - **2.** *Br* [in tights] carrera *f*. ◇ *vt Br* [tights] hacerse una carrera en.

ladderproof [ˈlædəpruːf] *adj Br* indesmallable.

laddie [ˈlædɪ] *n* chaval *m*, chavalo *m* *Amér*.

lade [leɪd] (*pt* **laded**, *pp* **laden** [ˈleɪdn] OR **laded**) *vt* cargar.

laden [ˈleɪdn] *adj*: ~ **(with)** cargado(da) (de).

la-di-da [ˌlɑːdɪˈdɑː] *adj inf pej* cursi, afectado(da).

ladies *Br* [ˈleɪdɪz], **ladies' room** *Am* *n* lavabo *m* de señoras.

lading [ˈleɪdɪŋ] → **bill**.

ladle [ˈleɪdl] ◇ *n* cucharón *m*. ◇ *vt* servir con cucharón.

lady [ˈleɪdɪ] (*pl* **ladies**) ◇ *n* - **1.** [woman] señora *f*; **the** ~ **of the house** la señora de la casa. - **2.** [woman of high status] dama *f*. - **3.** *Am inf* [to address woman] señora *f*. ◇ *comp* mujer; ~ **doctor** doctora *f*.
◆ **Lady** *n* - **1.** [woman of noble rank] lady *f*. - **2.** RELIG: **Our Lady** Nuestra Señora *f*.

ladybird *Br* [ˈleɪdɪbɜːd], **ladybug** *Am* [ˈleɪdɪbʌg] *n* mariquita *f*.

Lady Day *n* [religious festival] fiesta *f* de la Anunciación.

ladyfinger [ˈleɪdɪˌfɪŋgə^r] *n* lengua *f* de gato, soletilla *f*.

ladyfriend [ˈleɪdɪfrend] *n dated* amiga *f*, novia *f*.

lady-in-waiting (*pl* **ladies-in-waiting**) *n* dama *f* de honor.

lady-killer *n inf* tenorio *m*, castigador *m*.

ladylike [ˈleɪdɪlaɪk] *adj* distinguido(da), elegante.

ladylove [ˈleɪdɪlʌv] *n literary*: **his** ~ su amada.

Lady Mayoress *n Br* alcaldesa *f*.

ladysfinger [ˈleɪdɪzˌfɪŋgə^r] *n* = **ladyfinger**.

Ladyship [ˈleɪdɪʃɪp] *n*: **her/your** ~ su señoría *f*.

lady's maid *n* doncella *f*.

lag [læg] (*pt* & *pp* **lagged**, *cont* **lagging**) ◇ *vi* - **1.** [move more slowly]: **to** ~ **(behind)** rezagarse. - **2.** [develop more slowly]: **to** ~ **(behind)** andar a la zaga. ◇ *vt* [boiler] revestir. ◇ *n* [timelag] retraso *m*, demora *f*.

lager [ˈlɑːgə^r] *n* cerveza *f* rubia.

lager lout *n Br* ≃ gamberro *m* de litrona.

laggard [ˈlægəd] *n* rezagado *m*, -da *f*, remolón *m*, -ona *f*.

lagging [ˈlægɪŋ] *n* revestimiento *m*.

lagoon [ləˈguːn] *n* laguna *f*.

Lagos [ˈleɪgɒs] *n* Lagos.

lah [lɑː] *n* = **la**.

lah-di-dah [ˌlɑːdɪˈdɑː] *adj* = **la-di-da**.

laic(al) [ˈleɪk(l)] *adj* laico(ca).

laicize, -ise [ˈleɪsaɪz] *vt* laicizar.

laid [leɪd] *pt* & *pp* → **lay**.

laid-back *adj inf* relajado(da), cachazudo(da).

lain [leɪn] *pp* → **lie**.

lair [leə^r] *n* guarida *f*.

laissez-faire [ˌleseɪˈfeə^r] ◇ *adj* no intervencionista. ◇ *n* política *f* económica de no intervencionismo.

laity [ˈleɪətɪ] *n* RELIG: **the** ~ los seglares, los legos.

lake [leɪk] *n* lago *m*; **go jump in the** ~! *inf fig* ¡vete a freír espárragos!

Lake District *n*: **the** ~ el Distrito de los Lagos al noroeste de Inglaterra.

Lake Geneva *n* lago *m* Leman.

Lakeland [ˈleɪklənd] *adj* del Distrito de los Lagos al noroeste de Inglaterra.

lakeside [ˈleɪksaɪd] *adj* a orillas del lago.

lam [læm] (*pt* & *pp* **lammed**, *cont* **lamming**) *inf* ◇ *vi* [beat] zurrar, dar una paliza a. ◇ *n Am* [escape] fuga *f*, escape *m*; **to take it on the** ~ *fig* largarse.

lama [ˈlɑːmə] (*pl* **lamas**) *n* lama *m*.

lamasery [ˈlɑːməsərɪ] (*pl* **lamaseries**) *n* lamasería *f*.

lamb [læm] *n* cordero *m*; **as gentle as a** ~ *fig* dócil como un cordero; **like** ~**s to the slaughter** *fig* como corderos que llevan al matadero.

lambada [læmˈbɑːdə] *n* lambada *f*.

lambast [læmˈbæst], **lambaste** [læmˈbeɪst] *vt* - **1.** [beat] vapulear. - **2.** [scold] regañar duramente. - **3.** [thrash] dar una paliza a.

lamb chop *n* chuleta *f* de cordero.

lambda [ˈlæmdə] *n* lambda *f*.

lambent [ˈlæmbənt] *adj* [glowing] de suave brillo OR luminosidad.

Lambeth Palace [ˈlæmbəθ-] *n* residencia londinense del arzobispo de Canterbury.

lambing [ˈlæmɪŋ] *n* época de nacimiento de las ovejas.

lambskin [ˈlæmskɪn] *n* piel *f* de cordero.

lambswool [ˈlæmzwʊl] ◇ *n* lana *f* de cordero. ◇ *comp* de lana de cordero.

lame [leɪm] *adj* - **1.** [person, horse] cojo(ja). - **2.** [excuse, argument] pobre.

lamé [ˈlɑːmeɪ] *n* lamé *m*.

lamebrain [ˈleɪmbreɪn] *n inf* tonto *m*, -ta *f*.

lame duck *n* - **1.** *fig* [person] inútil *mf*; [business] fracaso *m*. - **2.** *Am* [President] presidente *m* saliente.

lamella [ləˈmelə] (*pl* **lamellas** OR **lamellae** [-liː]) *n* - **1.** ZOOL lámina *f*. - **2.** BOT laminilla *f*, membrana *f*.

lamely [ˈleɪmlɪ] *adv* poco convincentemente.

lameness [ˈleɪmnɪs] *n* - **1.** [disability] cojera *f*. - **2.** [of excuse, argument] pobreza *f*.

lament [ləˈment] ◇ *n* lamento *m*. ◇ *vt* lamentar.

lamentable [ˈlæməntəbl] *adj* lamentable.

lamentation [ˌlæmenˈteɪʃn] *n* lamentación *f*.

lamented [ləˈmentɪd] *adj* llorado(da).

lamina [ˈlæmɪnə] (*pl* **laminas** OR **laminae** [-niː]) *n* - **1.** [plate] lámina *f*, hoja *f*. - **2.** BOT & ZOOL lámina *f*.

laminar flow [ˈlæmɪnə^r-] *n* flujo *m* OR régimen *m* laminar.

laminate [*n* ˈlæmɪnət, *vb* ˈlæmɪneɪt] ◇ *n* laminado *m*. ◇ *vt* laminar.

laminated [ˈlæmɪneɪtɪd] *adj* laminado(da).

lamination [ˌlæmɪˈneɪʃn] *n* laminación *f*, laminado *m*.

lamp [læmp] *n* lámpara *f*.

lampblack [ˈlæmpblæk] *n* negro *m* de humo.

lamplight [ˈlæmplaɪt] *n* luz *f* de la lámpara.

lamplighter [ˈlæmplaɪtə^r] *n* farolero *m*.

lampoon [læmˈpuːn] ◇ *n* pasquín *m*, sátira *f*. ◇ *vt* satirizar.

lampooner [læmˈpuːnə^r] *n* satirista *mf*.

lampoonist [læmˈpuːnɪst] *n* [satirist] persona *f* satírica; [in writings] autor *m*, -ra *f* de pasquines OR sátiras.

lamppost [ˈlæmppəʊst] *n* farola *f*, farol *m*.

lamprey [ˈlæmprɪ] *n* lamprea *f*.

lampshade [ˈlæmpʃeɪd] *n* pantalla *f*.

lampstand [ˈlæmpstænd] *n* pie *m* de lámpara.

Lancaster [ˈlæŋkəstə^r] *n* - **1.** GEOGR Lancaster. - **2.** HIST la Casa de Lancaster.

lance [lɑːns] ◇ *n* lanza *f*. ◇ *vt* abrir con lanceta.

lance corporal *n* cabo *m* interino, soldado *m* de primera.

lancer [ˈlɑːnsə^r] *n* lancero *m*.

lancet ['lɑːnsɪt] *n* lanceta *f*.

Lancs. (*written abbr of* **Lancashire**) *condado inglés*.

land [lænd] ◇ *n* - **1.** [gen] tierra *f*; **by** ~ por tierra; **on** ~ en tierra; **piece of** ~ terreno *m*, parcela *f* ❑ **to be in the** ~ **of the living** *hum* estar vivito(ta) y coleando; ~ **of plenty** tierra de abundancia; **to see how the** ~ **lies, to find out the lie** *Br* OR **lay** *Am* **of the** ~ *fig* tantear el terreno. - **2.** [property] tierras *fpl*, finca *f*. ◇ *vt* - **1.** [unload] desembarcar. - **2.** [fish] pescar. - **3.** *inf* [obtain] conseguir, pillar. - **4.** [plane] hacer aterrizar. - **5.** *inf* [place]: **to** ~ **sb in sthg** meter a alguien en algo; **to** ~ **sb with sb/sthg** cargar a alguien con alguien/algo. - **6.** [blow] dar, asestar. ◇ *vi* - **1.** [by plane] aterrizar, tomar tierra. - **2.** [fall] caer. - **3.** [from ship] desembarcar.

◆ **land up** *vi inf*: **to** ~ **up (in)** acabar (en).

landau ['lændɔː] *n* landó *m*.

land bank *n* banco *m* hipotecario.

land breeze *n* brisa *f* de tierra.

landed ['lændɪd] *adj* hacendado(da).

landed gentry *npl*: **the** ~ los terratenientes.

landfall ['lændfɔːl] *n* NAUT recalada *f*.

landfill ['lændfɪl] *n* enterramiento *m* de desperdicios.

land grant *n Am* concesión de tierras por parte del Gobierno.

landholder ['lænd,həʊldə'] *n* terrateniente *mf*.

landholding ['lænd,həʊldɪŋ] *n* tenencia *f* de tierras.

landing ['lændɪŋ] *n* - **1.** [at top of stairs] rellano *m*, descansillo *m*. - **2.** [of aeroplane] aterrizaje *m*; [on moon] alunizaje *m*. - **3.** [of person] desembarque *m*, desembarco *m*.

landing card *n* tarjeta *f* de desembarque.

landing craft *n* lancha *f* de desembarco.

landing deck *n* cubierta *f* de aterrizaje.

landing field *n* campo *m* de aterrizaje.

landing force *n* cuerpo *m* expedicionario.

landing gear *n (U)* tren *m* de aterrizaje.

landing net *n* salabardo *m*, redeña *f*.

landing stage *n* desembarcadero *m*.

landing strip *n* pista *f* de aterrizaje.

landlady ['lænd,leɪdɪ] (*pl* **landladies**) *n* casera *f*, patrona *f*.

landlocked ['lændlɒkt] *adj* sin acceso al mar.

landlord ['lændlɔːd] *n* - **1.** [of rented room or building] dueño *m*, casero *m*. - **2.** [of pub] patrón *m*.

landlubber ['lænd,lʌbə'] *n inf* marinero *m* de agua dulce.

landmark ['lændmɑːk] *n* - **1.** [prominent feature] punto *m* de referencia. - **2.** *fig* [in history] hito *m*, acontecimiento *m* decisivo.

landmass ['lændmæs] *n* zona *f* terrestre.

landmine ['lændmaɪn] *n* mina *f* de tierra.

land office *n Am* oficina *f* del catastro.

land-office business *n Am inf* negocio *m* de gran movimiento.

landowner ['lænd,əʊnə'] *n* terrateniente *mf*.

land-poor *adj* que no puede explotar sus tierras por carecer de recursos.

land reform *n* reforma *f* agraria.

land registry *n* catastro *m*, registro *m* de la propiedad.

Land Rover® *n* todoterreno *m*, Land Rover® *m*.

landscape ['lændskeɪp] ◇ *n* paisaje *m*. ◇ *vt* ajardinar.

landscape architect *n* arquitecto *m*, -ta *f* paisajista.

landscape gardener *n* (jardinero *m*) paisajista *m*, (jardinera *f*) paisajista *f*.

landscape gardening *n* jardinería *f* paisajista, paisajismo *m*.

landscaping ['lænd,skeɪpɪŋ] *n* jardinería *f* ornamental.

landscapist ['lænd,skeɪpɪst] *n* paisajista *mf*.

Land's End *n* punto más sudoccidental de Inglaterra en Cornualles.

landslide ['lændslaɪd] *n* - **1.** [of earth, rocks] desprendimiento *m* de tierras. - **2.** POL victoria *f* arrolladora OR aplastante.

landslip ['lændslɪp] *n* pequeño desprendimiento *m* de tierras.

landsman ['lændzmən] (*pl* **landsmen** [-mən]) *n* hombre *m* de tierra.

land tax *n* impuesto *m* catastral.

landward ['lændwəd] ◇ *adj* cercano(na) a la tierra; ~ **breeze** brisa *f* (que viene) del mar. ◇ *adv* = **landwards**.

landwards ['lændwədz] *adv* hacia la tierra.

lane [leɪn] *n* - **1.** [road in country] camino *m*. - **2.** [road in town] callejuela *f*, callejón *m*. - **3.** [for traffic] carril *m*; **'keep in** ~**'** cartel que prohíbe el cambio de carril. - **4.** [in swimming pool, race track] calle *f*. - **5.** [for shipping, aircraft] ruta *f*.

Lang *written abbr of* **language**.

language ['læŋgwɪdʒ] *n* - **1.** [gen] lengua *f*, idioma *m*; **to use bad** ~ decir palabrotas ❑ **to speak the same** ~ *lit & fig* hablar el mismo idioma. - **2.** [faculty or style of communication] lenguaje *m*. - **3.** COMPUT lenguaje *m*.

language laboratory *n* laboratorio *m* de idiomas.

languid ['læŋgwɪd] *adj* lánguido(da).

languidly ['læŋgwɪdlɪ] *adv* lánguidamente, con languidez.

languish ['læŋgwɪʃ] *vi* [in misery] languidecer; [in prison] pudrirse.

languishing ['læŋgwɪʃɪŋ] *adj* lánguido(da).

languor ['læŋgə'] *n literary* languidez *f*.

languorous ['læŋgərəs] *adj literary* lánguido(da).

lank [læŋk] *adj* lacio(cia).

lanky ['læŋkɪ] (*compar* **lankier**, *superl* **lankiest**) *adj* larguirucho(cha), desgarbado(da).

lanolin(e) ['lænəlɪn] *n* lanolina *f*.

lantern ['læntən] *n* - **1.** [light] farol *m*. - **2.** ARCHIT linterna *f*.

lanthanide ['lænθənaɪd] *n* lantánido *m*.

lanthanum ['lænθənəm] *n* lantano *m*.

lanyard ['lænjəd] *n* acollador *m*.

Lao [laʊ] *adj & n* = **Laotian**.

Laos ['laʊs] *n* Laos.

Laotian ['laʊʃn] ◇ *adj* laosiano(na). ◇ *n* - **1.** [person] laosiano *m*, -na *f*. - **2.** [language] laosiano *m*.

lap [læp] (*pt & pp* **lapped**, *cont* **lapping**) ◇ *n* - **1.** [of person] regazo *m*; **in the** ~ **of luxury** *fig* rodeado(da) de lujo; **to drop** OR **fall into one's** ~ *fig* caerle a uno del cielo. - **2.** [of race] vuelta *f*; [of journey] etapa *f*; **we're on the last** ~ *fig* ya nos queda poco. ◇ *vt* - **1.** [subj: animal] beber a lengüetadas. - **2.** [overtake in race] doblar. - **3.** [subj: waves] bañar, besar. ◇ *vi* [water, waves] romper con suavidad.

◆ **lap up** *vt sep* - **1.** [drink] beber a lengüetadas. - **2.** *fig* [compliments, lies] tragarse; [information] asimilar con avidez.

laparoscopy [,læpə'rɒskəpɪ] (*pl* **laparoscopies**) *n* laparoscopia *f*.

La Paz [læ'pæz] *n* La Paz.

lapdog ['læpdɒg] *n* [dog] perro *m* faldero.

lapel [lə'pel] *n* solapa *f*.

lap-held *adj* [typewriter, computer] portátil (que se puede poner encima de las rodillas).

lapidary ['læpɪdərɪ] *adj* lapidario(ria).

lapis lazuli [,læpɪs'læzjʊlaɪ] *n* lapislázuli *m*, lazulita *f*.

lap joint *n* junta *f* a media madera.

Lapland ['læplænd] *n* Laponia.

Laplander ['læplændə'] *n* lapón *m*, -ona *f*.

lap of honour *n* SPORT vuelta *f* de honor.

Lapp [læp] ◇ *adj* lapón(ona). ◇ *n* - **1.** [person] lapón *m*, -ona *f*. - **2.** [language] lapón *m*.

lapping ['læpɪŋ] *n* [of waves] chapoteo *m*.

lapse [læps] ◇ *n* - **1.** [failing] fallo *m*, lapsus *m inv*. - **2.** [in behaviour] desliz *m*. - **3.** [of time] lapso *m*, periodo *m*. ◇ *vi* - **1.** [membership] caducar; [treatment, agreement] cumplir, expirar. - **2.** [standards, quality] bajar momentáneamente; [tradition] extinguirse, desaparecer. - **3.** [subj: person]: **to** ~ **into silence** quedarse callado(da), callarse.

lapsed [læpst] *adj* [law] no vigente; [passport] caducado(da); **a ~ Catholic** un católico no practicante.
lap-top (computer) *n* COMPUT (pequeño) ordenador *m* portátil.
lapwing ['læpwɪŋ] *n* avefría *f*, quincineta *f*.
larboard ['lɑːbəd] ◇ *adj* de babor. ◇ *n* babor *m*.
larcenist ['lɑːsənɪst] *n* ladrón *m*, -ona *f*, ratero *m*, -ra *f*.
larcenous ['lɑːsənəs] *adj* culpable de hurto.
larceny ['lɑːsənɪ] *n (U)* hurto *m*, latrocinio *m*.
larch [lɑːtʃ] *n* alerce *m*.
lard [lɑːd] ◇ *n* manteca *f* de cerdo. ◇ *vt* lardar, lardear.
larder ['lɑːdə'] *n* despensa *f*.
large [lɑːdʒ] *adj* [gen] grande; [family] numeroso(sa); [sum] importante.
◆ **at large** *adv* **- 1.** [as a whole] en general. **- 2.** [escaped prisoner, animal] en libertad.
◆ **by and large** *adv* en general, por lo general.
large-hearted *adj* magnánimo(ma).
large intestine *n* intestino *m* grueso.
largely ['lɑːdʒlɪ] *adv* [mostly] en gran parte; [chiefly] principalmente.
large-minded *adj* de amplias miras.
largeness ['lɑːdʒnɪs] *n* **- 1.** [bulk] gran tamaño *m*. **- 2.** [vastness] amplitud *f*, extensión *f*.
larger-than-life ['lɑːdʒə'-] *adj* exageradamente arquetípico (exageradamente arquetípica).
large-scale *adj* a gran escala.
large-size(d) *adj* [clothes] de talla grande; [product] de tamaño grande OR familiar; [envelope] de formato grande.
largesse, **largess** *Am* [lɑː'dʒes] *n* generosidad *f*.
largish ['lɑːdʒɪʃ] *adj* más bien grande, bastante grande.
lariat ['lærɪət] *n* lazo *m* (*para ganado*).
lark [lɑːk] *n* **- 1.** [bird] alondra *f*. **- 2.** *inf* [joke] broma *f*; **for a ~** de broma.
◆ **lark about** *vi* hacer el gamberro.
larkspur ['lɑːkspɜː'] *n* espuela *f* de caballero, consólida *f* real.
larva ['lɑːvə] (*pl* **larvae** [-viː]) *n* larva *f*.
larval ['lɑːvl] *adj* larval.
laryngeal [ˌlærɪn'dʒiːəl, lə'rɪndʒɪəl] *adj* laríngeo(a).
laryngitis [ˌlærɪn'dʒaɪtɪs] *n (U)* laringitis *f inv*.
laryngology [ˌlærɪŋ'gɒlədʒɪ] *n* laringología *f*.
larynx ['lærɪŋks] *n* laringe *f*.
lasagna, **lasagne** [lə'zænjə] *n (U)* lasaña *f*.
lascivious [lə'sɪvɪəs] *adj* lascivo(va), lujurioso(sa).
lasciviously [lə'sɪvɪəslɪ] *adv* de un modo lascivo.
laser ['leɪzə'] *n* láser *m*.
laser beam *n* rayo *m* láser.
laser card *n* tarjeta *f* inteligente OR con chip.
laser printer *n* COMPUT impresora *f* láser.
laser show *n* juego *m* de luces láser.
lash [læʃ] ◇ *n* **- 1.** [eyelash] pestaña *f*. **- 2.** [blow with whip] latigazo *m*. ◇ *vt* **- 1.** *lit & fig* [whip] azotar. **- 2.** [tie]: **to ~ sth (to)** amarrar algo (a).
◆ **lash out** *vi* **- 1.** [physically]: **to ~ out** (at OR **against sb**) soltar un golpe (a alguien). **- 2.** *Br inf* [spend money]: **to ~ out (on sth)** derrochar el dinero (en algo).
lashing ['læʃɪŋ] *n* **- 1.** [with whip] azotaina *f*, tunda *f* de azotes. **- 2.** *fig* [scolding] fustigación *f*, regaño *m*. **- 3.** [rope] atadura *f*, amarradura *f*.
lass [læs] *n* chavala *f*, muchacha *f*.
lassie ['læsɪ] *n Scot & Ir* chavala *f*, muchacha *f*.
lassitude ['læsɪtjuːd] *n literary* lasitud *f*.
lasso [læ'suː] (*pl* **lassos**, *pt & pp* **lassoed**, *cont* **lassoing**) ◇ *n* lazo *m*. ◇ *vt* coger con lazo, lazar.
last [lɑːst] ◇ *adj* último(ma); ~ **month/Tuesday** el mes/martes pasado; **he's the ~ person I expected to see** él es la última persona que esperaba ver; **I'll get my money**

back **if it's the ~ thing I do** recuperaré el dinero aunque sea lo último que haga en mi vida; **I always clean my teeth ~ thing at night** siempre me cepillo los dientes antes de irme a la cama; ~ **but one** penúltimo(ma); ~ **but two** antepenúltimo(ma); ~ **night** anoche; **down to the ~ detail** hasta el último detalle. ◇ *adv* **- 1.** [most recently] por última vez. **- 2.** [finally, in final position] en último lugar; **he arrived** ~ llegó el último ❑; ~ **but not least** por último OR en último lugar, aunque no menos importante. ◇ *pron*: **she was the ~ to arrive** fue la última en llegar; **the year before** ~ no el año pasado, sino el anterior; **the ~ but one** el penúltimo (la penúltima); **the night before** ~ anteanoche; **the time before** ~ la vez anterior a la pasada; **to leave sthg till** ~ dejar algo para lo último. ◇ *n*: **the ~ I saw/ heard of him** la última vez que lo vi/que supe de él; **you haven't heard the ~ of this** esto no acaba aquí, esto no se queda así; **we drank the ~ of the wine** nos bebimos el vino que quedaba OR lo que quedaba de vino ❑ **to the ~** hasta el final, hasta el último momento; **to breathe one's** ~ *fml* expirar, exhalar el último suspiro. ◇ *vi* [gen] durar; [food] conservarse; **he won't ~ long** no va a durar mucho, no durará mucho. ◇ *vt*: **these shoes will ~ you a year** estos zapatos te van a durar un año; **a litre bottle ~s me for months** una botella de litro me dura meses.
◆ **at (long) last** *adv* por fin.
◆ **last out** ◇ *vt sep* [subj: person] aguantar; [subj: supplies etc] durar. ◇ *vi* **- 1.** [survive] aguantar, resistir. **- 2.** [be sufficient] durar.
last-ditch *adj* último y desesperado (última y desesperada).
lasting ['lɑːstɪŋ] *adj* [peace, effect] duradero(ra); [mistrust] profundo(da).
lastly ['lɑːstlɪ] *adv* **- 1.** [to conclude] por último, para finalizar. **- 2.** [at the end] al final.
last-minute *adj* de última hora.
last name *n* apellido *m*.
last post *n Br* **- 1.** [postal collection] última recogida *f*. **- 2.** MIL (toque *m* de) retreta *f*.
last rites *npl* últimos sacramentos *mpl*.
last straw *n*: **it was the ~** fue la gota que colmó el vaso.
Last Supper *n*: **the ~** la Última Cena.
last word *n* **- 1.** [last decision]: **to have the ~** tener la última palabra. **- 2.** [latest style] último grito *m*.
Las Vegas [ˌlæs'veɪgəs] *n* Las Vegas.
latch [lætʃ] ◇ *n* pestillo *m*; **the door is on the ~** la puerta no tiene echado el pestillo. ◇ *vt* echar el pestillo a.
◆ **latch onto** *vt fus inf* [person] pegarse OR engancharse a; [idea] pillar, coger el tranquillo a.
latchkey ['lætʃkiː] (*pl* **latchkeys**) *n* llavín *m*.
latchkey child *n* niño cuyos padres no están en casa cuando regresa de la escuela porque están trabajando.
latchstring ['lætʃstrɪŋ] *n* cadena *f* del pestillo.
late [leɪt] ◇ *adj* **- 1.** [not on time] con retraso; **we're ~** llegamos tarde; **the train's ~** el tren lleva retraso; **to be ~ (for)** llegar tarde (a); **to make sb ~** retrasar a alguien. **- 2.** [near end of]: **in the ~ afternoon** al final de la tarde; **in December** a finales de diciembre; **in the ~ 15th century** a finales del siglo XV; **she's in her ~ fifties** ronda los sesenta; **in the ~ sixties** a finales de la década de los sesenta; **it's getting ~** se está haciendo tarde. **- 3.** [later than normal] tardío(a); **we had a ~ breakfast** desayunamos tarde; **to stay up ~** quedarse levantado(da) hasta tarde. **- 4.** [former]: **the ~ president** el ex-presidente. **- 5.** [dead] difunto(ta). ◇ *adv* **- 1.** [not on time] tarde; ~ **in life** a una edad avanzada; **to work** ~ trabajar hasta tarde; **to go to bed** ~ acostarse tarde; **better ~ than never** más vale tarde que nunca. **- 2.** [near end of period]: ~ **in the day** al final del día; ~ **in August** a finales de agosto.
◆ **of late** *adv* últimamente, recientemente.
latecomer ['leɪtˌkʌmə'] *n* persona *f* que llega tarde.
lateen sail [lə'tiːn-] *n* vela *f* latina.
lately ['leɪtlɪ] *adv* últimamente, recientemente.

latency ['leɪtənsɪ] *n* estado *m* latente, latencia *f*.

lateness ['leɪtnɪs] *n (U)* retraso *m*.

late-night *adj* [late evening] nocturno(na), de noche; [after midnight] de madrugada; ~ **chemist's** farmacia *f* de guardia; ~ **opening** horario *m* nocturno.

latent ['leɪtənt] *adj* latente.

latent period *n* MED periodo *m* de incubación, latencia *f*.

later ['leɪtə'] ◇ *adj* - **1.** [date, edition] posterior. - **2.** [near end of]: **in** ~ **life** al final de su vida. ◇ *adv* [at a later time]: ~ **(on)** más tarde; **no** ~ **than** no más tarde que.

lateral ['lætərəl] *adj* lateral.

lateral thinking *n* razonamiento *m* OR enfoque *m* original.

latest ['leɪtɪst] ◇ *adj* [most recent] último(ma). ◇ *n* - **1.** [in time]: **at the** ~ a más tardar, como muy tarde; **the** ~ **in** lo último en. - **2.** [news] última noticia *f*; **what's the** ~ **on the strike?** ¿qué es lo último que se sabe de la huelga?

latex ['leɪteks] ◇ *n* látex *m*. ◇ *comp* de látex.

lath [lɑːθ] *n* listón *m*.

lathe [leɪð] ◇ *n* torno *m*. ◇ *comp*: ~ **operator** tornero *m*, -ra *f*.

lather ['lɑːðə'] ◇ *n* espuma *f* (de jabón); **to get o.s. into a** ~ *fig* ponerse histérico(ca). ◇ *vt* enjabonar. ◇ *vi* hacer espuma.

latifundium [ˌlætɪˈfʌndɪəm] (*pl* **latifundia** [-dɪə]) *n* latifundio *m*.

Latin ['lætɪn] ◇ *adj* - **1.** [temperament, blood] latino(na). - **2.** [studies] de latín. ◇ *n* [language] latín *m*.

Latin America *n* Latinoamérica *f*, América *f* Latina.

Latin American ◇ *adj* latinoamericano(na). ◇ *n* [person] latinoamericano *m*, -na *f*.

Latinate ['lætɪneɪt] *adj* latino(na), del latín.

Latinism ['lætɪnɪzm] *n* latinismo *m*.

Latinist ['lætɪnɪst] *n* latinista *mf*.

Latinize, -ise ['lætɪnaɪz] *vt & vi* latinizar.

Latino [læˈtiːnəʊ] (*pl* **Latinos**) *n Am* latino *m*, -na *f*.

Latin Quarter *n*: **the** ~ el barrio latino.

latish ['leɪtɪʃ] ◇ *adj*: **at a** ~ **hour** a una hora un poco avanzada. ◇ *adv* un poco tarde.

latitude ['lætɪtjuːd] *n* - **1.** GEOGR latitud *f*. - **2.** [freedom] libertad *f*.

latitudinal [ˌlætɪˈtjuːdɪnl] *adj* latitudinal.

latitudinarian [ˌlætɪtjuːdɪˈneərɪən] ◇ *adj* latitudinario(ria). ◇ *n* latitudinario *m*, -ria *f*.

latrine [ləˈtriːn] *n* letrina *f*.

latter ['lætə'] ◇ *adj* - **1.** [near to end] último(ma). - **2.** [second] segundo(da). ◇ *n*: **the** ~ éste *m*, -ta *f*.

latter-day *adj* moderno(na).

Latter-day Saint *n* mormón *m*, -ona *f*.

latterly ['lætəlɪ] *adv* últimamente, recientemente.

lattice ['lætɪs] *n* enrejado *m*, celosía *f*.

lattice window *n* ventana *f* de celosía.

latticework ['lætɪswɜːk] *n* enrejado *m*, celosía *f*.

Latvia ['lætvɪə] *n* Letonia.

Latvian ['lætvɪən] ◇ *adj* letón(ona). ◇ *n* - **1.** [person] letón *m*, -ona *f*. - **2.** [language] letón *m*.

laud [lɔːd] *vt fml & literary* loar, alabar.

laudable ['lɔːdəbl] *adj* loable.

laudanum ['lɔːdənəm] *n* láudano *m*.

laudatory ['lɔːdətrɪ] *adj* laudatorio(ria).

laugh [lɑːf] ◇ *n* - **1.** [sound] risa *f*; **to have the last** ~ ser el último en reírse. - **2.** *inf* [fun, joke]: **to have a** ~ reírse un rato; **to do sthg for** ~**s** OR **a** ~ hacer algo para divertirse; **good for a** ~ divertido(da); **he's a good** ~ es muy divertido ❏ **we laughed until we cried** se nos saltaban las lágrimas de tanto reír. ◇ *vi* reírse; **to** ~ **at sthg/sb** reírse de algo/alguien; **to make sb** ~ hacer reír a alguien; **to be nothing to** ~ **about** no ser cosa de risa. ◇ *vt* - **1.** [in amusement]: **to** ~ **o.s. silly** partirse OR mondarse de risa.

- **2.** [in ridicule]: **he was** ~**ed off the stage** abandonó el escenario a causa de las risas del público.

◆ **laugh at** *vt fus* [mock] reírse de.

◆ **laugh off** *vt sep* [dismiss] restar importancia a, tomarse a risa.

laughable ['lɑːfəbl] *adj pej* [absurd] ridículo(la), risible.

laughing ['lɑːfɪŋ] *adj* [eyes] risueño(ña); **it's no** ~ **matter** no es cosa de risa.

laughing gas *n* gas *m* hilarante.

laughing hyena *n* hiena *f* manchada.

laughingly ['lɑːfɪŋlɪ] *adv* - **1.** [cheerfully] riendo. - **2.** [inappropriately]: **this noise is** ~ **called folk music** a este ruido se atreven a llamarlo música folk.

laughing stock *n* hazmerreír *m*; **to make o.s. a** ~ ser el hazmerreír.

laughter ['lɑːftə'] *n (U)* risa *f*.

launch [lɔːntʃ] ◇ *n* - **1.** [of boat, ship] botadura *f*. - **2.** [of rocket, missile, product] lanzamiento *m*; [of book] publicación *f*. - **3.** [boat] lancha *f*. ◇ *vt* - **1.** [boat, ship] botar. - **2.** [missile, attack, product] lanzar; [book] publicar, sacar. - **3.** [strike] convocar; [company] fundar.

◆ **launch into** *vt fus* [attack] emprender; [lecture, explanation] enfrascarse en.

launcher ['lɔːntʃə'] *n* [for grenades] lanzagranadas *m inv*; [for rockets] lanzacohetes *m inv*.

launching ['lɔːntʃɪŋ] *n* - **1.** [of boat, ship] botadura *f*. - **2.** [of rocket, missile, product] lanzamiento *m*; [of book] publicación *f*.

launching ceremony *n* [of boat, ship] acto *m* OR ceremonia *f* de botadura.

launch(ing) pad *n* plataforma *f* de lanzamiento.

launch vehicle *n* sección propulsadora de proyectiles guiados.

launder ['lɔːndə'] *vt* - **1.** [wash] lavar; [wash and iron] lavar y planchar. - **2.** *fig* [money] blanquear.

laundered ['lɔːndəd] *adj* - **1.** [washed] lavado(da); [washed and ironed] lavado y planchado (lavada y planchada). - **2.** *fig* [money] blanqueado(da), procedente de blanqueo.

launderer ['lɔːndərə'] *n* lavandero *m*, -era *f*.

laund(e)rette [lɔːnˈdret], **Laundromat®** *Am* ['lɔːndrəmæt] *n* lavandería *f* (automática).

laundress ['lɔːndrɪs] *n* lavandera *f*.

Laundromat® *n Am* = **laund(e)rette**.

laundry ['lɔːndrɪ] (*pl* **laundries**) *n* - **1.** [clothes - about to be washed] colada *f*, ropa *f* sucia; [- newly washed] ropa *f* limpia; **to do the** ~ hacer la colada. - **2.** [business, room] lavandería *f*.

laundry basket *n* cesto *m* de la ropa sucia.

laundryman ['lɔːndrɪmən] (*pl* **laundrymen** [-mən]) *n* - **1.** [van-driver] repartidor *m* de lavandería. - **2.** [worker in laundry] lavandero *m*.

laureate ['lɔːrɪət] *n* → **poet laureate**.

laurel ['lɒrəl] *n* laurel *m*, lauro *m*.

◆ **laurels** *npl*: **to rest on one's** ~ dormirse en los laureles.

Lautro ['lautrəʊ] (*abbr of* **Life Assurance and Unit Trust Regulatory Organization**) *n* organismo británico que regula las compañías de seguros de vida y los fondos de inversión mobiliaria.

lava ['lɑːvə] *n* lava *f*.

lavabo [ləˈveɪbəʊ] (*pl* **lavaboes**) *n* RELIG lavatorio *m*.

lavage [læˈvɑːʒ] *n* MED lavado *m*.

lavatory ['lævətrɪ] (*pl* **lavatories**) *n Br* - **1.** [receptacle] wáter *m*. - **2.** [room] servicio *m*.

lavatory paper *n Br* papel *m* higiénico.

lavender ['lævəndə'] ◇ *adj* [colour] de color lavanda. ◇ *n* - **1.** [plant] lavanda *f*, espliego *m*. - **2.** [colour] color *m* lavanda.

lavish ['lævɪʃ] ◇ *adj* - **1.** [person] pródigo(ga); [gifts, portions] muy generoso (muy generosa); **to be** ~ **with** [praise] ser pródigo en; [money] ser desprendido(da) con. - **2.**

[sumptuous] espléndido(da), suntuoso(sa). ◇ *vt*: **to ~ sthg on** [praise, care] prodigar algo a; [time, money] gastar algo en.

lavishly ['lævɪʃlɪ] *adv* - **1.** [generously] generosamente. - **2.** [sumptuously] suntuosamente.

lavishness ['lævɪʃnɪs] *n* - **1.** [of person] prodigalidad *f*. - **2.** [of gifts, portions] generosidad *f*. - **3.** [sumptuousness] lujo *m*, esplendor *m*.

law [lɔː] ◇ *n* - **1.** [gen] ley *f*; **against the ~** contra la ley; **by ~** según la ley; **to break the ~** infringir OR violar la ley 🔲 **~ and order** el orden público; **the ~ of the jungle** la ley de la selva; **to be a ~ unto o.s.** dictar (uno) sus propias leyes. - **2.** [set of rules, study, profession] derecho *m*. - **3.** *inf* [police]: **the ~** la poli. - **4.** *phr*: **to keep on the right side of the ~** mantenerse dentro de la ley; **to lay down the ~** imponer OR dictar la ley; **to take the ~ into one's own hands** tomarse (uno) la justicia por su mano. ◇ *comp* [degree] en derecho; [student] de derecho; [firm] jurídico(ca).

law-abiding *adj* observante de la ley.

law-breaker *n* infractor *m*, -ra *f* de la ley.

law court *n* tribunal *m* de justicia.

law-enforcement *adj Am* encargado(da) de que se cumpla la ley; **~ officer** representante *mf* de la ley.

lawful ['lɔːfʊl] *adj fml* legal, lícito(ta).

lawfully ['lɔːfʊlɪ] *adv fml* legalmente, lícitamente.

lawfulness ['lɔːfʊlnɪs] *n fml* legalidad *f*.

lawgiver ['lɔːgɪvə'] *n* legislador *m*, -ra *f*.

lawless ['lɔːlɪs] *adj* - **1.** *fml* [illegal] ilegal, ilícito(ta). - **2.** [without laws] anárquico(ca).

lawlessness ['lɔːlɪsnɪs] *n* - **1.** *fml* [illegality] ilegalidad *f*. - **2.** [anarchy] anarquía *f*.

Law Lords *npl Br* JUR: **the ~** los miembros de la Cámara de los Lores que forman el Tribunal Supremo.

lawmaker ['lɔːmeɪkə'] *n* legislador *m*, -ra *f*.

lawmaking ['lɔːmeɪkɪŋ] *n* legislación *f*.

lawman ['lɔːmæn] (*pl* **lawmen** [-men]) *n Am* [policeman] policía *m*; [sheriff] sheriff *m*.

law merchant *n* derecho *m* mercantil.

lawn [lɔːn] *n* [grass] césped *m*.

lawn chair *n Am* silla *f* de jardín.

lawnmower ['lɔːn,məʊə'] *n* cortacésped *m o f*.

lawn party *n Am* recepción *f* al aire libre.

lawn tennis *n* tenis *m* sobre hierba.

lawrencium [lə'rensɪəm] *n* laurencio *m*.

Lawrentian [lə'renʃɪən] *adj* de D.H. Lawrence.

law school *n* facultad *f* de derecho.

Law Society *n Br*: **the ~** colegio profesional de abogados que vela por el cumplimiento de su código ético.

lawsuit ['lɔːsuːt] *n* pleito *m*.

lawyer ['lɔːjə'] *n* abogado *m*, -da *f*.

lax [læks] *adj* [discipline, morals] relajado(da); [person] negligente.

laxative ['læksətɪv] *n* laxante *m*.

laxity ['læksətɪ], **laxness** ['læksnɪs] *n* [of discipline, morals] relajamiento *m*, relajación *f*; [of person] negligencia *f*.

lay [leɪ] (*pt & pp* **laid** [leɪd]) ◇ *pt →* **lie**. ◇ *vt* - **1.** [put, place] colocar, poner. - **2.** [prepare]: **to ~ plans** hacer planes; **to ~ the table** poner la mesa; **to ~ a trap (for sb)** *fig* ponerle una trampa a alguien. - **3.** [put in position - bricks] poner; [- cable] tender; [- foundations] echar; [- carpet, tiles] instalar; [- wreath] colocar, poner. - **4.** [egg] poner. - **5.** [blame, curse] echar. - **6.** [accusation, claim] presentar, formular; **to ~ sthg before sb** [present] presentar algo a alguien. - **7.** [bet] apostar. - **8.** [dust] asentar. - **9.** [rumour] acallar. - **10.** [fine] imponer. - **11.** *vulg* [have sex with] tirarse a, acostarse con; **to get laid** echar un polvo. - **12.** *phr*: **to ~ sb low** derribar a alguien; **she's been laid low with flu** ha estado en cama con fiebre; **to ~ waste** arrasar. ◇ *vi* [bird] poner huevos; [fish] desovar. ◇ *adj* - **1.** [not clerical] laico(ca), seglar. - **2.** [untrained, unqualified] profano(na), lego (ga). ◇ *n* - **1.** *vulg*

[person]: **he's/she's a good ~** tiene un buen polvo. - **2.** [poem] cantar *m*.

◆ **lay about** *vt fus Br* agredir, arremeter contra.

◆ **lay aside** *vt sep* - **1.** [store for future - food] guardar; [- money] ahorrar. - **2.** [put away] dejar a un lado.

◆ **lay down** *vt sep* - **1.** [set out] imponer, dictar. - **2.** [put down - arms] deponer, entregar; [- tools] dejar. - **3.** [wine] reservar.

◆ **lay in** *vt sep* [stores] aprovisionarse de, abastecerse bien de.

◆ **lay into** *vt fus inf* arremeter contra.

◆ **lay off** ◇ *vt sep* [make redundant] despedir. ◇ *vt fus inf* - **1.** [leave in peace] dejar en paz. - **2.** [stop, give up]: **to ~ off doing sthg** dejar de hacer algo.

◆ **lay on** *vt sep* - **1.** *Br* [provide, supply] proveer; **they had transport laid on for us** tenían un vehículo preparado para nosotros. - **2.** *Am v inf* [tell]: **to ~ sthg on sb** soltarle algo a alguien. - **3.** *Am v inf* [give]: **to ~ sthg on sb** cargar a alguien con algo. - **4.** *phr*: **to ~ it on (thick)** *inf* exagerar, pasarse de la raya; **to ~ one on sb** *v inf* [punch] darle un castañazo a alguien.

◆ **lay out** *vt sep* - **1.** [arrange, spread out] disponer. - **2.** [plan, design] diseñar el trazado de. - **3.** [ideas, reasons] exponer, presentar. - **4.** [knock unconscious] dejar sin sentido. - **5.** *inf* [spend] gastar, dejarse. - **6.** [prepare for burial] amortajar.

◆ **lay over** *vi Am* hacer noche.

◆ **lay up** *vt sep* - **1.** [store] reservar, hacer acopio de; **you're just ~ing up trouble for yourself** no haces más que crearte problemas a la larga. - **2.** [confine to bed] hacer guardar cama a; **she's laid up with mumps** está en cama con paperas. - **3.** [ship] atracar.

layabout ['leɪəbaʊt] *n Br inf* holgazán *m*, -ana *f*, gandul *m*, -la *f*, atorrante *mf Amér*.

lay-by (*pl* **lay-bys**) *n Br* área *f* de descanso.

lay days *npl* plazo estipulado para la carga o descarga de un barco.

layer ['leɪə'] *n* - **1.** [of substance, material] capa *f*. - **2.** *fig* [level] nivel *m*.

layer cake *n* tarta *f* rellena.

layering ['leɪərɪŋ] *n* AGR acodadura *f*.

layette [leɪ'et] *n* canastilla *f* del bebé.

laying ['leɪɪŋ] ◇ *n* - **1.** [of egg] puesta *f*. - **2.** [of carpet, tiles] instalación *f*; [of cable] tendido *m*; [of mine, wreath] colocación *f*; [of foundations] colocación *f*; **~ on of hands** imposición *f* de manos. ◇ *adj*: **~ hen** gallina *f* ponedora.

layman ['leɪmən] (*pl* **laymen** [-mən]) *n* - **1.** [untrained, unqualified person] profano *m*, -na *f*, lego *m*, -ga *f*. - **2.** RELIG laico *m*, -ca *f*, seglar *mf*.

lay-off *n* [redundancy] despido *m*.

layout ['leɪaʊt] ◇ *n* - **1.** [of building, garden] trazado *m*, diseño *m*; [of text] presentación *f*, composición *f*. - **2.** TYPO maqueta *f*. ◇ *comp*: **~ artist** maquetista *mf*, maquetador *m*, -ra *f*.

layover ['leɪəʊvə'] *n Am* [gen] parada *f*; [of plane] escala *f*.

lay preacher *n* predicador laico *m*, predicadora laica *f*.

lay reader *n* lego autorizado a dirigir oficios religiosos.

lay-up *n Am* [in basketball] bandeja *f*.

lazaretto [,læzə'retəʊ] (*pl* **lazarettos**), **lazaret** [,læzə'ret] *n* [hospital] lazareto *m*.

Lazarus ['læzərəs] *n* Lázaro *m*.

laze [leɪz] *vi*: **to ~ (about** OR **around)** gandulear, holgazanear.

lazily ['leɪzɪlɪ] *adv* perezosamente.

laziness ['leɪzɪnɪs] *n* [idleness] pereza *f*.

lazulite ['læzjʊ,laɪt] *n* lazulita *f*, lazurita *f*.

lazurite ['læzjʊ,raɪt] *n* lazurita *f*, lapislázuli *f*.

lazy ['leɪzɪ] (*compar* **lazier**, *superl* **laziest**) *adj* - **1.** [person] perezoso(sa), vago(ga), atorrante *Amér*. - **2.** [stroll, gesture] lento(ta). - **3.** [afternoon] ocioso(sa).

lazybones ['leɪzɪbəʊnz] (*pl inv*) *n* gandul *m*, -la *f*, holgazán *m*, -ana *f*.

lazy eye *n*: **to have a** ~ tener un ojo vago.

lazy Susan ['su:zn] *n* bandeja *f* giratoria.

lb (*written abbr of* **pound**) lb.

LB *written abbr of* **Labrador**.

LBO (*abbr of* **leveraged buy-out**) *compra de una empresa financiada por créditos garantizados por los activos de la misma.*

lbw (*abbr of* **leg before wicket**) *protección ilegal de los palos con la pierna en cricket.*

lc (*written abbr of* **lower case**) cb.

LC (*abbr of* **Library of Congress**) *n biblioteca del Congreso de Estados Unidos.*

L/C *written abbr of* **letter of credit**.

LCD *n abbr of* **liquid crystal display**.

Ld *written abbr of* **Lord**.

L-driver *n Br conductor que lleva la L.*

LDS (*abbr of* **Licentiate in Dental Surgery**) (*titular de una*) *licenciatura superior de cirugía dental.*

lea [li:] *n literary* [meadow] prado *m*, pradera *f*.

LEA (*abbr of* **local education authority**) *n organismo responsable de educación en un área determinada de Gran Bretaña.*

leach [li:tʃ] ⋄ *vt* lixiviar. ⋄ *vi* lixiviarse.

lead¹ [li:d] (*pt & pp* **led** [led]) ⋄ *n* - **1.** [winning position] delantera *f*; **to be in** OR **have the** ~ llevar la delantera, ir en cabeza; **to go into** OR **take the** ~ tomar la delantera, adelantarse. - **2.** [amount ahead]: **to have a** ~ **of...** llevar una ventaja de... - **3.** [initiative, example] iniciativa *f*, ejemplo *m*; **to follow sb's** ~ seguir el ejemplo de alguien; **to take the** ~ [do sthg first] tomar la delantera; **to take one's** ~ **from sb** tomar ejemplo de alguien. - **4.** THEATRE [role] papel *m* principal; [actor] actor *m* principal; [actress] actriz *f* principal; **to play the** ~ hacer el papel principal. - **5.** [clue] pista *f*. - **6.** [for dog] correa *f*. - **7.** [wire, cable] cable *m*. - **8.** [in cards] mano *f*; **it's your** ~ tú eres mano. ⋄ *adj* [singer, actor] principal; [story in newspaper] más destacado (la más destacada). ⋄ *vt* - **1.** [be in front of] encabezar; **he led the runner-up by three minutes** le sacó (una ventaja de) tres minutos al subcampeón. - **2.** [take, guide, direct] conducir; **he led us upstairs/into the kitchen** nos llevó arriba/a la cocina; **to** ~ **an army into battle** iniciar el combate al mando de un ejército; **subsequent events led the country into war** los hechos posteriores llevaron OR condujeron al país a la guerra; **which** ~**s me to my second point...** lo cual me lleva al segundo punto de mi argumentación... ❏ **to be easily led** ser muy influenciable; **to** ~ **the way** enseñar el camino. - **3.** [be in charge of, take the lead in] estar al frente de, dirigir. - **4.** [life] llevar. - **5.** [cause]: **to** ~ **sb to do sthg** llevar a alguien a hacer algo; **we've been led to believe that...** se nos ha dado a entender que... ⋄ *vi* - **1.** [go]: **to** ~ **(to)** conducir OR llevar (a). - **2.** [give access to]: **to** ~ **(to** OR **into)** dar (a). - **3.** [be winning] ir en cabeza. - **4.** [to result]: **to** ~ **to** conducir a. - **5.** [in cards] salir, ser mano. - **6.** [in boxing] llevar la iniciativa. - **7.** [in dancing] llevar a la pareja. - **8.** *Br* [have as lead story]: **to** ~ **with sthg** tener algo en primera plana.

◆ **lead off** ⋄ *vt fus* [subj: door, room] comunicar con. ⋄ *vi* - **1.** [road, corridor]: **to** ~ **off (from)** salir (de). - **2.** [in card game, discussion] empezar.

◆ **lead on** *vt sep* [deceive] engañar, embaucar; [entice] seducir, tentar.

◆ **lead up to** *vt fus* - **1.** [build up to] conducir a, preceder. - **2.** [plan to introduce] apuntar a.

lead² [led] ⋄ *n* - **1.** [metal] plomo *m*. - **2.** [in pencil] mina *f*. ⋄ *comp* [made of or with lead] de plomo; ~ **oxide** óxido *m* de plomo; ~ **shot** perdigones *mpl*.

leaded ['ledɪd] *adj* - **1.** [petrol] con plomo. - **2.** [window] emplomado(da).

leaden ['ledn] *adj* - **1.** *literary* [dark grey] plomizo(za). - **2.** *literary* [heavy] pesado(da). - **3.** [very dull] muy soso (muy sosa), muy aburrido (muy aburrida).

leader ['li:dəʳ] *n* - **1.** [of party etc, in competition] líder *mf*;

the Leader of the House [in the Commons] ≈ portavoz *mf* del Gobierno en el Congreso; [in the Lords] ≈ portavoz *mf* del Gobierno en el Senado; **the Leader of the Opposition** el/la líder de la oposición. - **2.** *Br* [in newspaper] editorial *m*, artículo *m* de fondo.

leaderless ['li:dəlɪs] *adj* sin jefe.

leadership ['li:dəʃɪp] *n* (*U*) - **1.** [people in charge]: **the** ~ los líderes, los dirigentes. - **2.** [position of leader] liderazgo *m*, mando *m*. - **3.** [qualities of leader] autoridad *f*, dotes *fpl* de mando.

leader writer *n Br* editorialista *mf*.

lead-free [led-] *adj* sin plomo.

lead-in [li:d-] *n* - **1.** [introduction] introducción *f*. - **2.** [wire] bajada *f* de antena, entrada *f*.

leading¹ ['li:dɪŋ] *adj* - **1.** [athlete, writer] destacado(da). - **2.** [role] principal. - **3.** [at front] que va en cabeza.

leading² ['ledɪŋ] *n* TYPO interlineación *f*.

leading article ['li:dɪŋ-] *n Br* editorial *m*, artículo *m* de fondo.

leading edge ['li:dɪŋ-] *n* - **1.** AERON borde *m* de ataque. - **2.** *fig* [forefront] cabeza *f*.

leading lady ['li:dɪŋ-] *n* primera actriz *f*.

leading light ['li:dɪŋ-] *n* estrella *f*.

leading man ['li:dɪŋ-] *n* primer actor *m*.

leading question ['li:dɪŋ-] *n pregunta formulada de tal manera que sugiere una respuesta determinada.*

leading reins ['li:dɪŋ-] *npl Br* andadores *mpl*.

lead line [led-] *n* sonda *f*.

leadoff ['li:dɒf] *n* [opening move] comienzo *m*, principio *m*; [person] iniciador *m*, -ra *f*, persona *f* que comienza.

lead pencil [led-] *n* lápiz *m* de mina.

lead poisoning [led-] *n* saturnismo *m*.

lead time [li:d-] *n* COMM plazo *m* de entrega.

leaf [li:f] (*pl* **leaves** [li:vz]) *n* - **1.** [of tree, book] hoja *f*. - **2.** [of table] hoja *f* abatible. - **3.** *phr*: **to shake like a** ~ temblar como una hoja; **to turn over a new** ~ empezar una nueva vida, hacer borrón y cuenta nueva.

◆ **leaf through** *vt fus* hojear.

leafless ['li:flɪs] *adj* sin hojas.

leaflet ['li:flɪt] ⋄ *n* [small brochure] folleto *m*; [piece of paper] octavilla *f*. ⋄ *vt* repartir folletos en. ⋄ *comp*: ~ **drop** lanzamiento *m* de folletos desde un avión.

leaf mold *n* moho *m* OR añublo *m* de follaje.

leaf spring *n* ballesta *f*, muelle *m* de hojas.

leafstalk ['li:fstɔ:k] *n* pecíolo *m*.

leafy ['li:fɪ] (*compar* **leafier**, *superl* **leafiest**) *adj* [tree] frondoso(sa); [suburbs, street] ajardinado(da).

league [li:g] *n* [gen & SPORT] liga *f*; **to be in** ~ **with** [work with] estar confabulado(da) con.

league champion *n* campeón *m* de liga; **to become** ~**s** ganar el campeonato de liga.

league championship *n* campeonato *m* de liga.

League of Nations *n*: **the** ~ la Sociedad de Naciones.

leaguer ['li:gəʳ] *n Am miembro de una liga o de una asociación.*

league table *n* clasificación *f*.

leak [li:k] ⋄ *n* - **1.** [hole - in tank, bucket] agujero *m*; [- in roof] gotera *f*. - **2.** [escape] escape *m*, fuga *f*. - **3.** [disclosure] filtración *f*. - **4.** *phr*: **to take a** ~ [urinate] hacer aguas, orinar. ⋄ *vt* [make known] filtrar. ⋄ *vi* - **1.** [tank, bucket] tener un agujero; [roof] tener goteras. - **2.** [water, gas] salirse, escaparse; **to** ~ **(out) from** salirse de.

◆ **leak out** *vi* - **1.** [liquid] salirse, escaparse. - **2.** *fig* [secret, information] trascender, filtrarse.

leakage ['li:kɪdʒ] *n* fuga *f*, escape *m*.

leaky ['li:kɪ] (*compar* **leakier**, *superl* **leakiest**) *adj* [tank, bucket] con agujeros; [roof] con goteras.

lean [li:n] (*pt & pp* **leant** [lent] OR **leaned**) ⋄ *adj* - **1.** [person] delgado(da). - **2.** [meat] magro(gra), sin grasa. - **3.** [winter, year] de escasez. ⋄ *vt* [support, prop]: **to** ~ **sthg**

against apoyar algo contra. ◇ *vi* - **1.** [bend, slope] inclinarse. - **2.** [rest]: **to ~ on/against** apoyarse en/contra.
◆ **lean back** *vi* [against wall] recostarse; [in chair] reclinarse.
◆ **lean forward** *vi* inclinarse, echarse hacia adelante.
◆ **lean on** *vt fus* [depend] depender de.
◆ **lean over** *vi* inclinarse; **to ~ over backwards** *inf fig* esforzarse al máximo, hacer todo lo posible.
◆ **lean towards** *vt fus* inclinarse por.
leaning ['liːnɪŋ] *n*: **~ (towards)** inclinación *f* (hacia OR por).
Leaning Tower of Pisa *n*: **the ~** la torre de Pisa.
leant [lent] *pt & pp* → **lean**.
lean-to (*pl* **lean-tos**) *n* cobertizo *m*.
leap [liːp] (*pt & pp* **leapt** [lept] OR **leaped**) ◇ *n* salto *m*; **by ~s and bounds** *fig* a pasos agigantados, a grandes pasos. ◇ *vi* [gen] saltar; [prices] dispararse.
◆ **leap at** *vt fus* [chance, opportunity] no dejar escapar.
leapfrog ['liːpfrɒg] (*pt & pp* **leap-frogged**, *cont* **leapfrogging**) ◇ *n* pídola *f*. ◇ *vt fig* saltar.
leapt [lept] *pt & pp* → **leap**.
leap year *n* año *m* bisiesto.
learn [lɜːn] (*pt & pp* **learned** OR **learnt** [lɜːnt]) ◇ *vt* - **1.** [acquire knowledge of, memorize] aprender; **to ~ (how) to do sthg** aprender a hacer algo. - **2.** [hear]: **to ~ (that)** enterarse de que. ◇ *vi* - **1.** [acquire knowledge] aprender; **to ~ the hard way** pasar por un duro aprendizaje. - **2.** [hear]: **to ~ (of** OR **about)** enterarse (de).
learned ['lɜːnɪd] *adj* erudito(ta).
learner ['lɜːnəʳ] *n* principiante *mf*; **to be a quick ~** aprender rápidamente.
learner (driver) *n* conductor *m*, -ra *f* principiante OR en prácticas.
learning ['lɜːnɪŋ] *n* saber *m*, erudición *f*; **men of ~** eruditos *mpl*.
learning curve *n* ritmo *m* de aprendizaje.
learning disability *n* dificultad *f* de aprendizaje.
learning-disabled *adj* con problemas de aprendizaje.
learnt [lɜːnt] *pt & pp* → **learn**.
lease [liːs] ◇ *n* JUR contrato *m* de arrendamiento, arriendo *m*; **to give sb a new ~ of life** *Br* OR **on life** *Am fig* darle nueva vida a alguien. ◇ *vt* arrendar; **to ~ sthg from/to sb** arrendar algo de/a alguien.
leaseback ['liːsbæk] *n* arreglo por el que el comprador alquila lo comprado al vendedor.
leasehold ['liːshəʊld] ◇ *adj* arrendado(da). ◇ *adv* en arriendo.
leaseholder ['liːsˌhəʊldəʳ] *n* arrendatario *m*, -ria *f*.
leash [liːʃ] *n* [for dog] correa *f*.
leasing ['liːsɪŋ] *n* alquiler *m*, arrendamiento *m*.
least [liːst] (*superl of* **little**) ◇ *adj* - **1.** [smallest in amount, degree] menor; **he earns the ~ money** es el que menos dinero gana. - **2.** [slightest] más mínimo (más mínima); **I'm not the ~ bit interested** no estoy interesado lo más mínimo; **the ~ effort wears him out** el más pequeño OR mínimo esfuerzo lo agota. ◇ *pron* [smallest amount]: **the ~** lo menos; **it's the ~ (that) he can do** es lo menos que puede hacer; **that's the ~ of our worries** eso es lo de menos; □ **not in the ~** en absoluto; **to say the ~** por no decir otra cosa. ◇ *adv* [to the smallest amount, degree] menos.
◆ **at least** *adv* por lo menos, al menos; **at the very ~** como mínimo, como poco.
◆ **least of all** *adv* y menos (todavía).
◆ **not least** *adv fml* en especial.
least common denominator *n* = **lowest common denominator**.
leastwise ['liːstwaɪz] *adv Am inf* - **1.** [anyway] de todas maneras. - **2.** [at least] por lo menos, al menos.
◆ **eather** ['leðəʳ] ◇ *n* - **1.** [material] piel *f*, cuero *m*. - **2.** [for ⌐eaning] gamuza *f*. ◇ *comp* [jacket, trousers] de cuero; ⌐oes, bag] de piel.

leatherbound ['leðəbaʊnd] *adj* encuadernado(da) en piel.
leatherette [ˌleðəˈret] *n* polipiel *f*, skay *m*.
leatherneck ['leðənek] *n inf* soldado de infantería de marina en EE UU.
leathery ['leðərɪ] *adj* [meat] correoso(sa), duro(ra); [skin] curtido(da).
leave [liːv] (*pt & pp* **left** [left]) ◇ *vt* - **1.** [gen] dejar; **he left it to her to decide** dejó que ella decidiera; **~ it to me!** ¡déjalo de mi cuenta!; **nothing was left of the old city** no quedó nada en pie del casco viejo de la ciudad; **I was left with 50p** me quedé con tan sólo 50 peniques; **I left him to himself** lo dejé solo; **we left it at that** lo dejamos así □ **to ~ sb alone** dejar a alguien en paz; **it ~s me cold** me da igual, me trae al fresco; **to ~ go** OR **hold of sb/sthg** *inf* soltar algo/a alguien; **(you can) take it or ~ it** (o) lo tomas o lo dejas. - **2.** [go away from - house, room] salir de; [- wife, home] abandonar. - **3.** [do not take, forget] dejarse. - **4.** [bequeath]: **to ~ sb sthg, to ~ sthg to sb** dejarle algo a alguien. ◇ *vi* [bus, train, plane] salir; [person] irse, marcharse. ◇ *n* - **1.** [time off] permiso *m*; **to be on ~** estar de permiso. - **2.** *fml* [permission] permiso *m*, consentimiento *m*. - **3.** [farewell]: **to take one's ~** despedirse; **to have taken ~ of one's senses** *fig* haber perdido el juicio OR la razón.
◆ **leave behind** *vt sep* - **1.** [abandon] dejar. - **2.** [forget] dejarse. - **3.** [pass, outstrip] dejar atrás; **if you don't work harder, you'll get left behind** como no trabajes más te vas a quedar atrás.
◆ **leave off** ◇ *vt sep* - **1.** [omit] no incluir en. - **2.** [stop]: **to ~ off doing sthg** dejar de hacer algo. ◇ *vi*: **to carry on from where one left off** continuar donde uno lo había dejado; **~ off, will you!** *Br inf* ¡vale ya, hombre!
◆ **leave out** *vt sep* - **1.** [exclude] excluir; **to feel left out** sentirse excluido(da). - **2.** *phr*: **~ it out!** *Br v inf* ¡venga ya!
◆ **leave over** *vt sep*: **to be left over** quedar, sobrar.
leaven ['levn] ◇ *n* levadura *f*. ◇ *vt* - **1.** CULIN leudar. - **2.** *fig* [lighten] aligerar.
leavening ['levnɪŋ] *n* levadura *f*.
leave of absence *n* excedencia *f*.
leaves [liːvz] *pl* → **leaf**.
leave-taking *n* despedida *f*.
leaving ['liːvɪŋ] *n* partida *f*, salida *f*.
Lebanese [ˌlebəˈniːz] (*pl inv*) ◇ *adj* libanés(esa). ◇ *n* libanés *m*, -esa *f*. ◇ *npl*: **the ~** los libaneses.
Lebanon ['lebənən] *n*: **(the) ~** (el) Líbano.
lecher ['letʃəʳ] *n* libertino *m*, lujurioso *m*.
lecherous ['letʃərəs] *adj* lascivo(va), lujurioso(sa).
lechery ['letʃərɪ] *n* lascivia *f*, lujuria *f*.
lecithin ['lesɪθɪn] *n* lecitina *f*.
lectern ['lektən] *n* atril *m*.
lector ['lektəʳ] *n* - **1.** UNIV profesor universitario *m*, profesora universitaria *f*. - **2.** RELIG lector *m*.
lecture ['lektʃəʳ] ◇ *n* - **1.** [talk - at university] clase *f*; [- at conference] conferencia *f*; **to give a ~ (on)** [at university] dar una clase (sobre); [at conference] dar una conferencia (sobre). - **2.** [criticism, reprimand] sermón *m*. ◇ *vt* [scold] echar un sermón a. ◇ *vi* [give talk]: **to ~ (on/in)** [at university] dar una clase (de/en); [at conference] dar una conferencia (sobre/en).
lecture hall *n* [at university] aula *f*; [in conference centre] sala *f* de conferencias.
lecturer ['lektʃərəʳ] *n* profesor *m*, -ra *f* de universidad; **senior ~** profesor agregado *m*, profesora agregada *f*.
lecture room *n* aula *f* (de universidad).
lectureship ['lektʃəʃɪp] *n* UNIV cargo *m* de profesor universitario; **he got a ~ at the Oxford University** consiguió un puesto de profesor en la Universidad de Oxford; **senior ~** cargo *m* de profesor agregado, agregaduría *f*.
lecture theatre *n* [at university] aula *f*; [in conference centre] sala *f* de conferencias.
led [led] *pt & pp* → **lead**[1].
LED (*abbr of* **light-emitting diode**) ◇ *n* LED *m*. ◇ *comp*: **~ display** visualización *f* por LED.

ledge [ledʒ] *n* - **1.** [of window] alféizar *m*, antepecho *m*. - **2.** [of mountain] saliente *m*.

ledger ['ledʒə'] *n* libro *m* mayor.

lee [li:] *n* [shelter]: **in the ~ of** al abrigo de.

leech [li:tʃ] *n lit & fig* sanguijuela *f*.

leek [li:k] *n* puerro *m*.

leer [lɪə'] ◇ *n* mirada *f* lasciva. ◇ *vi*: **to ~ at sb** mirar lascivamente a alguien.

leery ['lɪərɪ] *adj inf* [suspicious, wary]: **to be ~ of** desconfiar de.

lees [li:z] *npl* sedimento *m* de un líquido.

leeward ['li:wəd] ◇ *adj* de sotavento. ◇ *n* sotavento *m*, banda *f* de sotavento.

Leeward Islands *npl*: **the ~** las islas de Sotavento.

leeway ['li:weɪ] *n* - **1.** [room to manoeuvre] libertad *f* (de acción OR movimiento). - **2.** [time lost]: **to make up ~** recuperar el tiempo perdido.

left [left] ◇ *adj* - **1.** [remaining]: **there's no wine ~** no queda vino. - **2.** [not right] izquierdo(da). - **3.** [in boxing] de izquierda. ◇ *adv* a la izquierda; **to turn ~** girar OR doblar a la izquierda. ◇ *n* - **1.** [location]: **on** OR **to the ~** a la izquierda; **'keep ~'** [on road signs] circulen por la izquierda. - **2.** [in boxing] golpe *m* de izquierda.
♦ **Left** *n* POL: **the Left** la izquierda.

left-footed [-'fʊtɪd] *adj* zurdo(da).

left-hand *adj* de la izquierda, izquierdo(da); **the ~ side** el lado izquierdo, la izquierda.

left-hand drive ◇ *adj* con el volante a la izquierda. ◇ *n* vehículo que tiene el volante a la izquierda.

left-handed [-'hændɪd] ◇ *adj* - **1.** [person] zurdo(da). - **2.** [implement] para zurdos. - **3.** *Am* [compliment] con doble sentido. ◇ *adv* con la (mano) izquierda.

left-hander [-'hændə'] *n* zurdo *m*, -da *f*.

leftism ['leftɪzm] *n* izquierdismo *m*.

Leftist ['leftɪst] POL ◇ *adj* izquierdista, de izquierdas. ◇ *n* izquierdista *mf*.

left luggage (office) *n Br* consigna *f*.

left-of-centre *adj* POL de centro izquierda.

leftover ['leftəʊvə'] *adj* sobrante.
♦ **leftovers** *npl* sobras *fpl*.

leftward ['leftwəd] ◇ *adj* hacia la izquierda. ◇ *adv Am* = **leftwards**.

leftwards ['leftwədz] *adv* hacia la izquierda.

left wing *n* POL izquierda *f*.
♦ **left-wing** *adj* POL de izquierdas, izquierdista.

left-winger *n* POL izquierdista *mf*.

lefty ['leftɪ] (*pl* **lefties**) *n* - **1.** *Br inf pej* POL izquierdoso *m*, -sa *f*. - **2.** *Am* [left-handed person] zurdo *m*, -da *f*.

leg [leg] (*pt & pp* **legged**, *cont* **legging**) ◇ *n* - **1.** [of person] pierna *f*, canilla *f Amér*; **to be on one's last ~s** *fig* estar en las últimas; **you don't have a ~ to stand on** no tienes en qué basarte; **to pull sb's ~** tomarle el pelo a alguien; **to stretch one's ~s** *fig* estirar las piernas. - **2.** [of animal] pata *f*. - **3.** [of trousers] pernera *f*, pierna *f*. - **4.** CULIN [of lamb, pork] pierna *f*; [of chicken] muslo *m*. - **5.** [of furniture] pata *f*. - **6.** [of journey] etapa *f*; [of tournament] fase *f*, manga *f*. ◇ *vt*: **to ~ it** *inf* [walk] ir a pata; [flee] poner pies en polvorosa, echar a correr.

legacy ['legəsɪ] (*pl* **legacies**) *n lit & fig* legado *m*.

legal ['li:gl] *adj* - **1.** [concerning the law] jurídico(ca), legal; **~ fees** honorarios *mpl* de abogado; **~ profession** abogacía *f*. - **2.** [lawful] legal, lícito(ta); **~ owner** propietario legítimo *m*, propietaria legítima *f*.

legal action *n* pleito *m*, demanda *f*; **to take ~ against sb** presentar una demanda contra alguien.

legal adviser *n* asesor jurídico *m*, asesora jurídica *f*.

legal age *n* mayoría *f* de edad; **of ~** mayor de edad.

legal aid *n* asistencia *f* de un abogado de oficio.

legal department *n* [in bank, company] departamento *m* jurídico.

legalese [,li:gə'li:z] *n* jerga *f* legal.

legal holiday *n Am* día *m* festivo oficial.

legalism ['li:gə,lɪzm] *n* legalismo *m*.

legalist ['li:gəlɪst] *n* legalista *mf*.

legalistic [,li:gə'lɪstɪk] *adj* legalista.

legality [li:'gælətɪ] *n* legalidad *f*.

legalization [,li:gəlar'zeɪʃn] *n* legalización *f*.

legalize, -ise ['li:gəlaɪz] *vt* legalizar.

legally ['li:gəlɪ] *adv* legalmente; **~ responsible** responsable ante la ley; **~ binding** con fuerza de ley.

legal pad *n Am* bloc de papel rayado de $8^1/_2$ por 14 *pulgadas*.

legal tender *n* moneda *f* de curso legal.

legate ['legɪt] *n* legado *m*.

legatee [,legə'ti:] *n* legatorio *m*, -ria *f*.

legation [lɪ'geɪʃn] *n* legación *f*.

legend ['ledʒənd] *n lit & fig* leyenda *f*; **a ~ in one's own lifetime** *fig* un mito viviente.

legendary ['ledʒəndrɪ] *adj* legendario(ria).

legerdemain [,ledʒədə'meɪn] *n* (U) juego *m* de manos.

leggings ['legɪŋz] *npl* mallas *fpl*, leggins *mpl*.

leggy ['legɪ] (*compar* **leggier**, *superl* **leggiest**) *adj* de piernas largas; **~ model** una modelo de largas y bonitas piernas.

Leghorn [,leg'hɔ:n] *n* Livorno.

legibility [,ledʒɪ'bɪlətɪ] *n* legibilidad *f*.

legible ['ledʒəbl] *adj* legible.

legibly ['ledʒəblɪ] *adv* de manera legible.

legion ['li:dʒən] ◇ *n lit & fig* legión *f*. ◇ *adj fml*: **to be ~** ser múltiples.

legionary ['li:dʒənərɪ] (*pl* **legionaries**) *n* legionario *m*.

legionnaire [,li:dʒə'neə'] *n* legionario *m*.

legionnaire's disease *n* legionella *f*, enfermedad *f* del legionario.

leg iron *n* MED aparato *m* ortopédico.

legislate ['ledʒɪsleɪt] *vi* legislar; **to ~ for/against** legislar a favor de/en contra de.

legislation [,ledʒɪs'leɪʃn] *n* legislación *f*.

legislative ['ledʒɪslətɪv] ◇ *adj* legislativo(va); **~ assembly** asamblea *f* legislativa. ◇ *n* (cuerpo *m* OR poder *m*) legislativo *m*.

legislator ['ledʒɪsleɪtə'] *n* legislador *m*, -ra *f*.

legislature ['ledʒɪsleɪtʃə'] *n* legislatura *f*.

legit [lə'dʒɪt] *adj inf* legítimo(ma).

legitimacy [lɪ'dʒɪtɪməsɪ] *n* legitimidad *f*.

legitimate [*adj* lɪ'dʒɪtɪmət, *vb* lɪ'dʒɪtɪmeɪt] ◇ *adj* legítimo(ma). ◇ *vt* legitimar.

legitimately [lɪ'dʒɪtɪmətlɪ] *adv* legítimamente.

legitimatize, -ise [lɪ'dʒɪtɪmətaɪz] *vt* = **legitimize**.

legitimization [lɪ,dʒɪtɪmar'zeɪʃn], **legitimatization** [lɪ,dʒɪtɪmətər'zeɪʃn] *n* legitimación *f*.

legitimize, -ise [lɪ'dʒɪtəmaɪz] *vt* legitimar.

legless ['leglɪs] *adj Br inf* [drunk] trompa (*inv*), como una cuba.

legroom ['legrʊm] *n* (U) sitio *m* para las piernas.

legume [le'gju:m] *n* legumbre *f*.

leguminous [le'gju:mɪnəs] *adj* leguminoso(sa).

leg-up *n*: **to give sb a ~** *lit* [lift] ayudar a alguien a subir; *fig* [assist] echar una mano a alguien.

leg-warmers [-,wɔ:məz] *npl* calentadores *mpl*.

legwork ['legwɜ:k] *n* (U): **to do the ~** encargarse del trabajo de campo.

lei [leɪ] *n* guirnalda *f* hawaiana de flores.

Leicester Square ['lestə'-] *n* céntrica plaza londinense famosa por sus salas de cine.

Leics (*abbr of* **Leicestershire**) condado inglés.

Leipzig ['laɪpzɪg] *n* Leipzig.

leisure [*Br* 'leʒə', *Am* 'li:ʒər] ◇ *n* ocio *m*, tiempo *m* libre; **do it at your ~** hazlo cuando tengas tiempo. ◇ *comp*: **~ industry** industria *f* del ocio.

leisure centre *n* centro *m* deportivo y cultural.

leisured [*Br* 'leʒəd, *Am* 'liːʒərd] *adj* ocioso(sa).

leisurely [*Br* 'leʒəlı, *Am* 'liːʒərlı] ◇ *adj* lento(ta). ◇ *adv* con calma, sin prisa.

leisure time *n* tiempo *m* libre, ocio *m*.

leitmotiv, leitmotif ['laɪtməʊˌtiːf] *n* leimotiv *m*.

lemma ['lemə] (*pl* **lemmas** OR **lemmata** [-mətə]) *n* lema *m*.

lemming ['lemɪŋ] *n* [animal] lemming *m*.

lemon ['lemən] *n* - **1.** [fruit] limón *m*. - **2.** [colour] amarillo *m* limón. - **3.** *Br inf* [awkward person] melón *m*, -ona *f*.

lemonade [ˌleməˈneɪd] *n* - **1.** *Br* [fizzy drink] gaseosa *f*. - **2.** [made with fresh lemons] limonada *f*.

lemon cheese, lemon curd *n Br* crema *f* de limón.

lemon juice *n* concentrado *m* de limón.

lemon sole *n* platija *f*.

lemon squash *n Br* limonada *f*.

lemon squeezer *n* exprimidor *m*, exprimelimones *m inv*.

lemon tea *n* té *m* con limón.

lempira [lemˈpɪərə] *n* lempira *f*.

lemur ['liːmər] *n* lémur *m*.

lend [lend] (*pt & pp* **lent** [lent]) *vt* - **1.** [loan] prestar, dejar; **to ~ sb sthg, to ~ sthg to sb** prestarle algo a alguien. - **2.** [offer]: **to ~ sthg (to sb)** prestar algo (a alguien); **to ~ itself to sthg** prestarse a algo. - **3.** [add]: **to ~ sthg to** prestar algo a.

lender ['lendər] *n* prestamista *mf*.

lending library ['lendɪŋ-] *n* biblioteca *f* pública.

lending rate ['lendɪŋ-] *n* tipo *m* de interés (en un crédito).

lend-lease *n* préstamo *m* y arriendo.

length [leŋθ] *n* - **1.** [measurement] longitud *f*, largo *m*; **what ~ is it?** ¿cuánto mide de largo?; **in ~** de largo. - **2.** [whole distance, size] extensión *f*; **throughout the ~ and breadth of** a lo largo y ancho de; **to run the ~ of** correr de un extremo a otro de. - **3.** [of swimming pool] largo *m*. - **4.** [piece - of string, wood] trozo *m* alargado; [- of cloth] largo *m*. - **5.** [duration] duración *f*. - **6.** *phr*: **to go to great ~s to do sthg** hacer lo imposible para hacer algo.
◆ **at length** *adv* - **1.** [eventually] por fin. - **2.** [in detail - speak] largo y tendido; [- discuss] con detenimiento.

lengthen ['leŋθən] ◇ *vt* alargar. ◇ *vi* alargarse.

lengthily ['leŋθɪlı] *adv* [gen] largamente, extensamente; [discuss, talk] largo y tendido.

lengthways ['leŋθweɪz], **lengthwise** ['leŋθwaɪz] *adv* a lo largo.

lengthy ['leŋθı] (*compar* **lengthier**, *superl* **lengthiest**) *adj* [stay, visit] extenso(sa), prolongado(da); [discussions, speech] prolijo(ja), prolongado(da).

leniency ['liːnjənsı] *n* indulgencia *f*.

lenient ['liːnjənt] *adj* indulgente.

leniently ['liːnjəntlı] *adv* con clemencia OR indulgencia; **the magistrate treated him ~** el magistrado lo trató con indulgencia.

Leningrad ['lenɪngræd] *n* Leningrado.

lens [lenz] *n* - **1.** [in glasses] lente *f*; [in camera] objetivo *m*. - **2.** [contact lens] lentilla *f*, lente *f* de contacto.

lens cap *n* tapa *f* del objetivo.

lens hood *n* parasol *m*.

lent [lent] *pt & pp* → **lend**.

Lent [lent] *n* Cuaresma *f*.

Lenten ['lentən] *adj* cuaresmal, de Cuaresma.

lentil ['lentıl] *n* lenteja *f*.

lento ['lentəʊ] (*pl* **lentos**) ◇ *adv* lentamente. ◇ *n* lento *m*.

Leo ['liːəʊ] *n* Leo *m*; **to be (a) ~** ser Leo.

leonine ['liːənaɪn] *adj* leonino(na).

leopard ['lepəd] *n* leopardo *m*; **a ~ cannot change its spots** *proverb* genio y figura hasta la sepultura *proverb*.

leopardess ['lepədıs] *n* leopardo *m* hembra.

leopard skin ◇ *n* piel *f* de leopardo. ◇ *adj* [coat, rug] de piel de leopardo.

leotard ['liːətɑːd] *n* malla *f* (de bailarín, artista de circo etc).

leper ['lepər] ◇ *n* leproso *m*, -sa *f*. ◇ *comp*: ~ **colony** leprosería *f*, lazareto *m*.

lepidopteran [ˌlepɪˈdɒptərən] (*pl* **lepidopterans** OR **lepidoptera** [-rə]) *n* lepidóptero *m*.

lepidopterist [ˌlepɪˈdɒptərɪst] *n* entomólogo que se ocupa del estudio de los lepidópteros.

lepidopterous [ˌlepɪˈdɒptərəs] *adj* lepidóptero(ra).

leprechaun ['leprəkɔːn] *n* gnomo *m*, duende *m*.

leprosy ['leprəsı] *n* lepra *f*.

leprous ['leprəs] *adj* leproso(sa).

lepton ['leptɒn] *n* leptón *m*.

lesbian ['lezbɪən] ◇ *adj* lesbiano(na). ◇ *n* lesbiana *f*.

lesbianism ['lezbɪənɪzm] *n* lesbianismo *m*.

lese majesty [ˌliːzˈmædʒɪstı] *n* delito *m* de lesa majestad.

lesion ['liːʒn] *n* lesión *f*.

Lesotho [ləˈsuːtuː] *n* Lesoto.

less [les] (*compar of* **little**) ◇ *adj* menos; **of ~ importance/value** de menor importancia/valor; **~... than** menos... que. ◇ *pron* menos; **the ~ you work, the ~ you earn** cuanto menos trabajas, menos ganas; **it costs ~ than you think** cuesta menos de lo que piensas ❑ **no ~ than** nada menos que. ◇ *adv* menos; **~ than five** menos de cinco; **you are being ~ than honest** no estás siendo nada honesto; **I'm not blaming anyone, much ~ you** no culpo a nadie y mucho menos a ti; **~ and ~** cada vez menos. ◇ *prep* [minus] menos.

lessee [leˈsiː] *n fml* [of land, business premises] arrendatario *m*, -ria *f*; [of house, flat] inquilino *m*, -na *f*.

lessen ['lesn] ◇ *vt* aminorar, reducir. ◇ *vi* aminorarse, reducirse.

lessening ['lesnɪŋ] *n* (*U*) [of cost, importance] reducción *f*, disminución *f*.

lesser ['lesər] *adj* menor; **to a ~ extent** OR **degree** en menor grado.

lesser-known *adj* menos conocido (menos conocida).

lesson ['lesn] *n* - **1.** [class] clase *f*; **to give/take ~s (in)** dar/recibir clases (de). - **2.** [warning experience] lección *f*; **to learn one's ~** escarmentar; **to teach sb a ~** darle una buena lección a alguien. - **3.** RELIG lección *f*, lectura *f*.

lessor [leˈsɔːr] *n fml* arrendador *m*, -ra *f*.

lest [lest] *conj fml* para que no; **~ we forget** no sea que nos olvidemos.

let [let] (*pt & pp* **let**, *cont* **letting**) ◇ *vt* - **1.** [allow]: **to ~ sb do sthg** dejar a alguien hacer algo; **~ me start by saying how pleased I am to be here** permítame que comience expresando mi satisfacción por estar aquí; **don't ~ me catch you in here again!** ¡que no te vuelva a coger aquí dentro otra vez!; **to ~ sb have sthg** dejar que alguien tenga algo; **to ~ sthg happen** dejar que algo ocurra; **she ~ her hair grow** se dejó crecer el pelo; **to ~ sb know sthg** avisar a alguien de algo ❑ **to ~ sb be** dejar en paz a alguien; **to ~ go of sthg/sb** soltar algo/a alguien; **~ me go!** **~ go of me!** ¡suéltame!; **to ~ sb go** *euph* [dismiss] despedir a alguien; **to ~ sthg/sb go** [release] liberar algo a alguien, soltar algo/a alguien; **to ~ o.s. go** [neglect o.s.] descuidarse, abandonarse; [relax] soltarse la melena; **we'll ~ it go at that** lo dejaremos así; **to ~ sb have it** *inf* enseñarle a alguien lo que es bueno. - **2.** [in verb forms]: **~'s go!** ¡vamos!; **~'s see** veamos; **~'s not** OR **don't ~'s have an argument** no discutamos, no vamos a discutir; **~ him wait!** ¡déjale que espere!; **~ the festivities begin!** ¡que comiencen las fiestas!; **~ x equal 17** si x es OR siendo x igual a 17. - **3.** [rent out - house, room] alquilar; [- land] arrendar; **'to ~'** 'se alquila'. ◇ *n* - **1.** [rental] contrato *m* de alquiler. - **2.** [in tennis, squash]: **~ (ball)** servicio *m* nulo, let *m*.
◆ **let alone** *conj* ni mucho menos.
◆ **let down** *vt sep* - **1.** [disappoint] fallar, defraudar. - **2.** [hair] dejar caer, soltar. - **3.** [dress, trousers] alargar, sacar los bajos a. - **4.** [deflate] desinflar.
◆ **let in** *vt sep* - **1.** [admit] dejar entrar; **to ~ o.s. in** entrar. - **2.** [leak] dejar pasar.

◆ **let in for** *vt sep*: **to ~ o.s. in for sthg** meterse en algo.

◆ **let in on** *vt sep*: **to ~ sb in on sthg** confiar OR revelar algo a alguien.

◆ **let into** *vt fus* - **1.** [allow to know]: **I'll ~ you into a secret** te voy a contar un secreto. - **2.** [inset] incrustar, empotrar; **the pipes are ~ into the wall** las tuberías van por dentro de la pared.

◆ **let off** *vt sep* - **1.** [allow to leave] dejar salir. - **2.** [excuse]: **to ~ sb off sthg** eximir a alguien de algo. - **3.** [not punish] perdonar. - **4.** [cause to explode - bomb] hacer estallar; [- gun] disparar. - **5.** [steam, liquid] soltar.

◆ **let on** *vi*: **to ~ on about sthg to sb** contar algo a alguien; **don't ~ on!** ¡no cuentes nada!

◆ **let out** *vt sep* - **1.** [allow to go out] dejar salir. - **2.** [groan, yell] soltar. - **3.** [dress, trousers] ensanchar. - **4.** [rent] alquilar, poner en alquiler.

◆ **let up** *vi* - **1.** [heat, rain - stop] cesar; [- diminish] disminuir. - **2.** [person] parar.

letdown ['letdaun] *n inf* chasco *m*, decepción *f*.

lethal ['li:θl] *adj* letal, mortífero(ra); **~ dose** dosis *f inv* mortal OR letal.

lethally ['li:θəlɪ] *adv* mortalmente.

lethargic [lə'θɑ:dʒɪk] *adj* [mood] letárgico(ca); [person] aletargado(da).

lethargy ['leθədʒɪ] *n* letargo *m*.

Lethe ['li:θɪ] *n* MYTH Leteo *m*, Lete *m*.

let-out *n Br* [excuse] pretexto *m*; [way out] salida *f*, escapatoria *f*.

Letraset® ['letrəset] *n* letraset® *m*.

let's [lets] *contr* = **let us**.

Lett [let] *n* letón *m*, -ona *f*.

letter ['letər] *n* - **1.** [written message] carta *f*; **by ~** por carta; **~ of introduction** carta de presentación. - **2.** [of alphabet] letra *f*; **to the ~** al pie de la letra; **the ~ of the law** la letra de la ley.

◆ **letters** *npl fml* letras *fpl*; **a man of ~s** un hombre de letras.

letter bomb *n* carta *f* bomba.

letterbox ['letəbɒks] *n Br* buzón *m*.

letter carrier *n* cartero *m*, -ra *f*, repartidor *m*, -ra *f* de cartas.

lettered ['letəd] *adj* - **1.** [literate] alfabetizado(da), que sabe leer y escribir. - **2.** [erudite] erudito(ta), culto(ta). - **3.** [marked with letters] rotulado(da).

letter file *n* carpeta *f*.

letterhead ['letəhed] *n* membrete *m*.

lettering ['letərɪŋ] *n (U)* [writing] letra *f*.

letter of credit *n* carta *f* de crédito.

letter opener *n* abrecartas *m inv*.

letter-perfect *adj Am* impecable.

USAGE ▶ Letter writing

Opening formulas

▶ *polite*:

Muy Sr. mío:
Distinguido Sr.:
Estimada amiga:
Querida amiga:
Señor/Señora:

▶ *friendly*:

Querido Paco:
Queridísima mamá:
Mi querida Anita:
Luisa: [*in a note*]

▶ *commercial*:

Estimado Sr.:
Estimado cliente:
Señores: [*if you are writing to a company*]

Starting a letter

▶ *polite*:

Me dirijo a Vd. para expresarle/agradecerle...
Quisiera comunicarle por la presente que...
Como ya tuve oportunidad de comunicarle en mi última carta...
Tengo el gusto de dirigirme a Vd. para expresarle...
Lamento (mucho) comunicarle que...
Le agradezco mucho su carta del 27 de marzo...
Le escribo desde París, adonde he tenido que trasladarme con urgencia...

▶ *friendly*:

Te escribo porque...
Te dirijo estas letras desde...
¿Qué tal te encuentras?
¿Cómo marcha todo por allí? [*informal*]
Sólo unas letras para decirte...
Perdona que no te haya escrito hasta ahora, pero es que he estado muy ocupado con el traslado.

Me ha alegrado mucho recibir tu carta del 12 de agosto...
Hace ya varios meses que no tengo noticias tuyas, y...

▶ *commercial*:

Adjunto les envío OR remito un cheque por valor de 150.000 pts...
Soy representante de la marca X y estoy especialmente interesado en ponerme en contacto con Vds. para...
Nos permitimos recordarle que el próximo 4 de julio vence el plazo...
Sírvase enviarme el pedido... [*formal*]
Les ruego me envíen el pedido...
En respuesta a su atenta carta del 27 de marzo, nos es grato comunicarle...
De conformidad con su orden de pedido 1234...

Finishing a letter

▶ *polite*:

Reciba un cordial saludo.
Atentamente les saluda, ...
Se despide atentamente, ...
Un cordial saludo de...
Le saluda cordialmente, su amigo...

▶ *friendly*:

(Recibe) un (fuerte) abrazo.
(Muchos) besos.
Besos a todos, y saluda a tus padres de mi parte.
Sin más que decirte, te envío un abrazo muy fuerte.
Espero tu respuesta. Hasta pronto.

▶ *commercial*:

Atentamente, ...
Sin otro particular, se despide atentamente...
Confiando en que este asunto pronto quedará solucionado, le reitera un cordial saludo...
Esperando que estas condiciones les convengan, reciban un atento saludo...
Con nuestro agradecimiento anticipado y en espera de su respuesta, les envía un cordial saludo...

letterpress ['letəpres] *n* impresión *f* tipográfica.
letter quality *n* COMPUT calidad *f* de impresión alta.
letters patent *npl* patente *f*.
letting ['letɪŋ] *n* [of house, property] alquiler *m*.
lettuce ['letɪs] *n* lechuga *f*.
letup ['letʌp] *n* tregua *f*, respiro *m*.
leucocyte ['luːkəsaɪt] *n* leucocito *m*.
leucoma ['luːkəʊmə] *n* leucoma *m*.
leuk(a)emia [luːˈkiːmɪə] *n* leucemia *f*.
leukoma ['luːkəʊmə] *n* = **leucoma**.
levant [lɪˈvænt] *n* tafilete *m*, marroquín *m*.
Levant [lɪˈvænt] *n*: **the** ~ el Oriente Medio.
levator [lɪˈveɪtəˈ] *n* - **1.** [muscle] músculo *m* elevador. - **2.** [instrument] elevador *m*, levantador *m*.
levee ['levi] *n* *Am* [embankment] dique *m*.
level ['levl] (*Br pt & pp* **levelled**, *cont* **levelling**, *Am pt & pp* **leveled**, *cont* **leveling**) ◇ *adj* - **1.** [equal in speed, score] igualado(da); [equal in height] nivelado(da); **to be** ~ **(with sthg)** estar al mismo nivel (que algo). - **2.** [flat - floor, field] liso(sa), llano(na); [- spoonful] raso(sa). - **3.** *phr*: **to do one's** ~ **best** hacer todo lo posible. ◇ *adv*: ~ **(with)** al mismo nivel OR altura (que); **to fly** ~ **with the ground** volar a ras de suelo; **to draw** ~ **with sb** llegar a la altura de alguien. ◇ *n* - **1.** [gen] nivel *m*; **at knee** ~ a la altura de la rodilla; **to be on a** ~ **(with)** estar al mismo nivel (que). - **2.** *Am* [spirit level] nivel *m* de burbuja de aire. - **3.** *phr*: **to be on the** ~ *inf* ir en serio. ◇ *vt* - **1.** [make flat] allanar, alisar. - **2.** [demolish - building] derribar; [- forest] arrasar. - **3.** [weapon]: **to** ~ **a gun at** apuntar a. - **4.** [accusation, criticism]: **to** ~ **sthg at** OR **against sb** dirigir algo a alguien.
◆ **level off, level out** *vi* - **1.** [stabilize, slow down] estabilizarse. - **2.** [ground] nivelarse; [plane] enderezarse.
◆ **level with** *vt fus inf* ser sincero(ra) con.
level crossing *n Br* paso *m* a nivel.
leveler *n Am* = **leveller**.
level-headed [-ˈhedɪd] *adj* sensato(ta), equilibrado(da).
leveling rod *n Am* = **levelling rod**.
leveller *Br*, **leveler** *Am* ['levələˈ] *n* igualitarista *mf*, nivelador *m*, -ra *f*.
Leveller ['levələˈ] *n*: **the** ~**s** HIST grupo político parlamentario de mediados del siglo XVII en Inglaterra que exigía radicales reformas sociales (libertad de culto etc).
levelling rod *Br*, **leveling rod** *Am* ['levəlɪŋ-] *n* jalón *m* de mira, mira *f* de nivelar.
levelness ['levəlnɪs] *n* - **1.** [evenness] nivel *m*. - **2.** [uniformity] uniformidad *f*.
level pegging *adj Br*: **to be** ~ estar igualado(da).
lever [*Br* 'liːvəˈ, *Am* 'liːvəˈ, 'levər] *n* - **1.** [handle, bar] palanca *f*. - **2.** *fig* [tactic] resorte *m*.
◆ **lever up** *vt sep* apalancar, levantar con una palanca.
leverage [*Br* 'liːvərɪdʒ, *Am* 'liːvərɪdʒ, 'levərɪdʒ] *n (U)* - **1.** [force] fuerza *f* de apalanque. - **2.** *fig* [influence] influencia *f*.
leveret ['levərɪt] *n* lebrato *m*.
leviable ['levɪəbl] *adj* imponible, recaudable.
leviathan [lɪˈvaɪəθn] *n* leviatán *m*.
levigate ['levɪgeɪt] *vt* - **1.** [pulverize] pulverizar. - **2.** [suspend in liquid] levigar. - **3.** [polish] pulir.
levitate ['levɪteɪt] *vi* levitar.
levitation [ˌlevɪˈteɪʃn] *n* levitación *f*.
Leviticus [lɪˈvɪtɪkəs] *n* el Levítico.
levity ['levɪtɪ] *n* ligereza *f*.
levy ['levi] (*pl* **levies**, *pt & pp* **levied**) ◇ *n*: ~ **(on)** [financial contribution] contribución *f* (a OR para); [tax] recaudación *f* OR impuesto *m* (sobre). ◇ *vt* recaudar.
lewd [ljuːd] *adj* [person, look] lascivo(va); [behaviour, song] obsceno(na); [joke] verde.
lewdness ['ljuːdnɪs] *n* [of person, behaviour] lascivia *f*, lujuria *f*; [of joke] lo impúdico OR procaz.
lexical ['leksɪkl] *adj* léxico(ca).

lexicographer [ˌleksɪˈkɒgrəfəˈ] *n* lexicógrafo *m*, -fa *f*.
lexicography [ˌleksɪˈkɒgrəfɪ] *n* lexicografía *f*.
lexicologist [ˌleksɪˈkɒlədʒɪst] *n* lexicólogo *m*, -ga *f*.
lexicology [ˌleksɪˈkɒlədʒɪ] *n* lexicología *f*.
lexicon ['leksɪkən] *n* - **1.** [dictionary] lexicón *m*. - **2.** [vocabulary] léxico *m*.
lexis ['leksɪs] *n* léxico *m*.
LI *written abbr of* **Long Island**.
liability [ˌlaɪəˈbɪlətɪ] (*pl* **liabilities**) *n* - **1.** [hindrance] estorbo *m*. - **2.** [legal responsibility]: ~ **(for)** responsabilidad *f* (de OR por).
◆ **liabilities** *npl* FIN pasivo *m*, deudas *fpl*.
liable ['laɪəbl] *adj* - **1.** [likely]: **that's** ~ **to happen** eso puede que ocurra. - **2.** [prone]: **to be** ~ **to** ser propenso(sa) a. - **3.** [legally responsible]: **to be** ~ **(for)** ser responsable (de); ~ **for military service** obligado(da) al servicio militar; ~ **to criminal charges** sujeto(ta) a cargos criminales.
liaise [lɪˈeɪz] *vi*: **to** ~ **with** estar en contacto con; **to** ~ **between** servir de enlace entre.
liaison [lɪˈeɪzɒn] *n* - **1.** [contact, cooperation]: ~ **(with/between)** relación *f* (con/entre), enlace *m* (con/entre). - **2.** [affair, relationship]: ~ **(with/between)** amorío *m* (con/entre).
liaison officer *n* MIL oficial *m* de enlace.
liana [lɪˈɑːnə] *n* bejuco *m*, liana *f*.
liar ['laɪəˈ] *n* mentiroso *m*, -sa *f*, embustero *m*, -ra *f*.
Lib. *abbr of* **Liberal**.
libation [laɪˈbeɪʃn] *n* - **1.** *literary* [offering] libación *f*. - **2.** *hum* [drink] bebida *f*.
Lib Dem [lɪbˈdem] *written abbr of* **Liberal Democrat**.
libel ['laɪbl] (*Br pt & pp* **libelled**, *cont* **libelling**, *Am pt & pp* **libeled**, *cont* **libeling**) ◇ *n* libelo *m*; **to sue for** ~ presentar pleito por difamación ❑ ~ **suit** pleito *m* por difamación. ◇ *vt* publicar un libelo contra.
libeller *Br*, **libeler** *Am* ['laɪbələˈ], **libelist** ['laɪbəlɪst] *n* difamador *m*, -ra *f*.
libellous *Br*, **libelous** *Am* ['laɪbələs] *adj* difamatorio(ria).
liberal ['lɪbərəl] ◇ *adj* - **1.** [tolerant] liberal. - **2.** [generous] generoso(sa). ◇ *n* liberal *mf*.
◆ **Liberal** POL ◇ *adj* liberal. ◇ *n* (miembro *m* del partido) liberal *mf*.
liberal arts *npl esp Am* letras *fpl*.
Liberal Democrat ◇ *adj* demócrata liberal. ◇ *n* (miembro *m* del partido) demócrata *mf* liberal.
liberalism ['lɪbərəlɪzm] *n* liberalismo *m*.
liberality [ˌlɪbəˈrælətɪ] *n* liberalidad *f*, generosidad *f*.
liberalization [ˌlɪbərəlaɪˈzeɪʃn] *n* liberalización *f*.
liberalize, -ise ['lɪbərəlaɪz] *vt* liberalizar.
liberally ['lɪbərəlɪ] *adv* generosamente; **a** ~ **spiced dish** un plato condimentado generosamente.
liberal-minded *adj* liberal.
Liberal Party *n*: **the** ~ el Partido Liberal.
liberate ['lɪbəreɪt] *vt* liberar.
liberation [ˌlɪbəˈreɪʃn] *n* liberación *f*.
liberation movement *n* movimiento *m* de liberación.
liberator ['lɪbəreɪtəˈ] *n* libertador *m*, -ra *f*.
Liberia [laɪˈbɪərɪə] *n* Liberia.
Liberian [laɪˈbɪərɪən] ◇ *adj* liberiano(na). ◇ *n* liberiano *m*, -na *f*.
libertarian [ˌlɪbəˈteərɪən] *n* libertario *m*, -ria *f*.
libertarianism [ˌlɪbəˈteərɪənɪzm] *n* libertarismo *m*.
libertine ['lɪbətiːn] *n* libertino *m*, -na *f*.
liberty ['lɪbətɪ] (*pl* **liberties**) *n* libertad *f*; **at** ~ en libertad; **to be at** ~ **to do sthg** ser libre de hacer algo; **to take the** ~ **of doing sthg** tomarse la libertad de hacer algo; **to take liberties (with sb)** tomarse demasiadas libertades (con alguien).
liberty cap *n* gorro *m* frigio.

libidinous [lɪˈbɪdɪnəs] *adj* libidinoso(sa).

libido [lɪˈbiːdəʊ] (*pl* **libidos**) *n* libido *f*.

Libra [ˈliːbrə] *n* Libra *f*; **to be (a)** ~ ser Libra.

librarian [laɪˈbreərɪən] *n* bibliotecario *m*, -ria *f*.

librarianship [laɪˈbreərɪənʃɪp] *n* biblioteconomía *f*.

library [ˈlaɪbrərɪ] (*pl* **libraries**) *n* - **1.** [public institution] biblioteca *f*. - **2.** [private collection] colección *f*.

library book *n* libro *m* de biblioteca.

library edition *n* edición *f* de lujo.

libration [laɪˈbreɪʃn] *n* libración *f*.

librettist [lɪˈbretɪst] *n* libretista *mf*.

libretto [lɪˈbretəʊ] (*pl* **librettos**) *n* libreto *m*.

Libya [ˈlɪbɪə] *n* Libia.

Libyan [ˈlɪbɪən] ◇ *adj* libio(bia). ◇ *n* libio *m*, -bia *f*.

Libyan Desert *n*: **the** ~ el desierto Líbico.

lice [laɪs] *pl* → **louse**.

licence [ˈlaɪsəns] ◇ *n* - **1.** [permit] permiso *m*, licencia *f*. - **2.** ADMIN & COMM [permission]: **under** ~ con autorización OR permiso oficial. - **3.** [liberty] libertad *f*. - **4.** [immoral behaviour] libertinaje *m*. ◇ *vt Am* = **license**.

licence number *n* [on vehicle] número *m* de matrícula; [on driving licence] número *m* del carné de conducir.

license [ˈlaɪsəns] ◇ *vt* [person, organization] dar licencia a; [activity] autorizar. ◇ *n Am* = **licence**.

licensed [ˈlaɪsənst] *adj* - **1.** [person]: **to be** ~ **to do sthg** estar autorizado(da) para hacer algo. - **2.** [object] registrado(da), con licencia. - **3.** *Br* [premises] autorizado(da) a vender alcohol.

licensed practical nurse *n Am* enfermero *m*, -ra *f*.

licensee [ˌlaɪsənˈsiː] *n* concesionario *m*, -ria *f*.

license plate *n Am* (placa *f* de) matrícula *f*.

licenser [ˈlaɪsənsər] *n* expedidor *m*, -ra *f* de un permiso.

licensing [ˈlaɪsənsɪŋ] *n* [of car] matriculación *f*; [of activity] autorización *f*; ~ **authority** organismo que tramita las licencias.

licensing hours *npl Br* horas en que un pub está autorizado a servir alcohol.

licensing laws *npl Br* leyes que controlan la venta de bebidas alcohólicas.

licentiate [laɪˈsenʃɪət] *n* licenciado *m*, -da *f*.

licentious [laɪˈsenʃəs] *adj fml & pej* licencioso(sa).

lichen [ˈlaɪkən] *n* liquen *m*.

licit [ˈlɪsɪt] *adj* lícito(ta).

lick [lɪk] ◇ *n* - **1.** [act of licking] lametón *m*, lametada *f*; **to give o.s. a** ~ **and a promise** *fig* lavarse por encima como los gatos. - **2.** *inf* [small amount]: **a** ~ **of paint** una mano de pintura. - **3.** *Br* [speed]: **at a tremendous** ~ a toda pastilla. ◇ *vt* - **1.** *lit & fig* lamer, lamber *Amér*; **to** ~ **one's lips** relamerse (los labios). - **2.** *inf* [defeat] dar una paliza a.

lickety-split [ˌlɪkətɪˈsplɪt] *adv Am inf* rapidísimamente, a gran velocidad.

licking [ˈlɪkɪŋ] *n inf* [beating] paliza *f*, tunda *f*; [defeat] paliza *f*, derrota *f*.

lickspittle [ˈlɪkˌspɪtl] *n* pelota *mf*.

licorice [ˈlɪkərɪs, ˈlɪkərɪʃ] *n* = **liquorice**.

lid [lɪd] *n* - **1.** [cover] tapa *f*, tapadera *f*. - **2.** [eyelid] párpado *m*. - **3.** *phr*: **to blow** OR **take the** ~ **off sthg** *inf* poner algo al descubierto; **to flip one's** ~ *inf* poner el grito en el cielo; **to put the** ~ **on sthg** *inf* dar al traste con algo.

lidless [ˈlɪdlɪs] *adj* - **1.** [container] sin tapa. - **2.** [eyes] sin párpados.

lido [ˈliːdəʊ] (*pl* **lidoes**) *n* - **1.** *Br* [swimming pool] piscina *f* (al aire libre). - **2.** [beach] playa *f*.

lie [laɪ] (*pt sense 1* **lied**, *pt senses 2-5* **lay** [leɪ], *pp sense 1* **lied**, *pp senses 2-5* **lain** [leɪn], *cont all senses* **lying**) ◇ *n* [falsehood] mentira *f*; **to tell** ~**s** contar mentiras, mentir; **to give the** ~ **to sthg** desmentir algo. ◇ *vi* - **1.** [tell lie] mentir; **to** ~ **to sb** mentirle a alguien; **she** ~**d about her age** mintió acerca de su edad. - **2.** [be horizontal, lie down] tumbarse, echar-

se; [be buried] yacer; **to be lying** estar tumbado(da); ~ **still!** ¡quédate tumbado!; **she lay awake for hours** estuvo echada sin dormir durante horas. - **3.** [be situated] hallarse; **snow lay on the ground** la nieve cubría el suelo; **a vast desert lay before us** un inmenso desierto se extendía ante nosotros. - **4.** [subj: solution, attraction] hallarse, encontrarse; **to** ~ **with** depender de, recaer sobre. - **5.** *phr*: **to** ~ **low** permanecer escondido(da).

◆ **lie about, lie around** *vi* estar OR andar tirado(da).

◆ **lie behind** *vt fus* estar detrás de, subyacer bajo.

◆ **lie down** *vi* tumbarse, echarse; **to take sthg lying down** aceptar algo sin rechistar.

◆ **lie in** *vi Br* quedarse en la cama hasta tarde.

◆ **lie off** *vi* bordear la costa.

◆ **lie to** *vi* estar al pairo.

◆ **lie up** *vi* [stay in bed] quedarse en cama.

Liechtenstein [ˈlɪktənstaɪn] *n* Liechtenstein.

lie detector *n* detector *m* de mentiras.

lie-down *n Br* siesta *f*; **to have a** ~ echarse un rato.

liege [liːdʒ] *arch* ◇ *adj*: ~ **lord** señor *m* feudal; ~ **man** vasallo *m*. ◇ *n* [lord] señor *m* feudal.

lie-in *n Br*: **to have a** ~ quedarse en la cama hasta tarde.

lien [ˈlɪən] *n* derecho *m* de retención.

lieu [ljuːluː] ◆ **in lieu** *adv* a cambio; **in** ~ **of** en lugar de.

Lieut. (*written abbr of* **lieutenant**) ≃ Tte.

lieutenancy [*Br* lefˈtenənsɪ, *Am* luːˈtenənsɪ] *n* tenientazgo *m*.

lieutenant [*Br* lefˈtenənt, *Am* luːˈtenənt] *n* teniente *m*.

lieutenant colonel *n* teniente *m* coronel.

lieutenant commander *n* capitán *m* de corbeta.

lieutenant general *n* teniente *m* general.

lieutenant governor *n* [in US] vicegobernador *m*, -ra *f*.

life [laɪf] (*pl* **lives** [laɪvz]) ◇ *n* - **1.** [gen] vida *f*; **hundreds of lives were lost** se perdieron miles de vidas, miles de personas perdieron la vida; **is there** ~ **on other planets?** ¿hay vida en otros planetas?; **city/army** ~ la vida en la urbe/el ejército; **there's more** ~ **in Sydney than in Wellington** Sydney tiene más vida que Wellington; **the good** ~ la buena vida; **for** ~ de por vida, para toda la vida; **in early/later** ~ al principio/final de su vida; **I've never been to hospital in my** ~ no he estado en un hospital en mi vida, en mi vida he estado en un hospital; **full of** ~ lleno(na) de vida OR vitalidad; **true to** ~ conforme a la realidad, verosímil; **to have** OR **lead a full** ~ llevar una vida plena; **to have the time of one's** ~ pasárselo como nunca; **it gave me the fright of my** ~ me dio un susto de aúpa; **to lose one's** ~ perder la vida; **to make** ~ **difficult for sb** complicarle la vida OR existencia a alguien; **to save sb's** ~ salvarle la vida a alguien ❑ **as large as** ~ en persona, en carne y hueso; **larger than** ~ fuera de lo común; **for dear** ~, **for one's** ~ con todas las fuerzas de uno; **that's** ~! ¡así es la vida!; **this is the** ~! ¡esto (sí que) es vida!; **run for your lives!** ¡echad a correr!; **for the** ~ **of me** *inf* por mucho que lo intento; **not on your** ~! *inf* ¡ni en sueños!, ¡de ninguna manera!; **to be the** ~ **and soul of the party** ser el alma de la fiesta; **to breathe** ~ **into sthg** infundir una nueva vida a algo; **to bring sthg to** ~ hacer que algo cobre vida; **to come to** ~ [thing] cobrar vida; [person] reanimarse de pronto; **to fight for one's** ~ luchar (uno) por su vida; **to lay down** OR **give one's** ~ entregar (uno) su vida; **to live** ~ **to the full** OR **fullest** *Am* vivir la vida al máximo OR a tope; **to risk** ~ **and limb** jugarse el pellejo; **to scare the** ~ **out of sb** pegarle a alguien un susto de muerte; **he started** ~ **as a delivery boy** empezó trabajando de repartidor; **to take sb's** ~ acabar con la vida de alguien; **to take one's own** ~ quitarse la vida; **to take one's** ~ **into one's own hands** jugarse la vida. - **2.** *inf* [life imprisonment] cadena *f* perpetua. - **3.** [period of usefulness - of battery] duración *f*; [- of machine, product] vida *f* útil; [- of project] duración *f*. - **4.** [biography] vida *f*, biografía *f*. - **5.** ART: **to draw from** ~ dibujar del natural. ◇ *comp* [member etc] vitalicio(cia).

life-and-death *adj* [situation] de vida o muerte; [struggle] a vida o muerte.

life annuity *n* renta *f* OR pensión *f* anual vitalicia.

life assurance *n* = **life insurance**.

life belt *n* flotador *m*, salvavidas *m inv*.

lifeblood ['laɪfblʌd] *n* [source of strength] alma *f*, sustento *m*.

lifeboat ['laɪfbəʊt] *n* [on a ship] bote *m* salvavidas; [on shore] lancha *f* de salvamento.

lifeboatman ['laɪfbəʊtmən] (*pl* **lifeboatmen** [-mən]) *n* socorrista *mf* de la lancha de salvamento.

life buoy *n* flotador *m*, salvavidas *m inv*.

life class *n* clase *f* de pintura del natural.

life cycle *n* ciclo *m* vital.

life drawing *n* dibujo *m* del natural.

life expectancy *n* expectativa *f* de vida.

life-form *n* forma *f* de vida.

life-giving *adj* vivificante, que da vida.

lifeguard ['laɪfgɑːd] *n* socorrista *mf*.

life history *n* ciclo *m* biológico, historia *f* del ciclo vital.

life imprisonment *n* cadena *f* perpetua.

life insurance *n* (U) seguro *m* de vida.

life jacket *n* chaleco *m* salvavidas.

lifeless ['laɪflɪs] *adj* - **1.** [dead] sin vida. - **2.** [listless] insulso(sa).

lifelike ['laɪflaɪk] *adj* realista, natural.

lifeline ['laɪflaɪn] *n* - **1.** [rope] cuerda *f* OR cable *m* (de salvamento). - **2.** [for divers] cordel *m* de señales. - **3.** *fig* [for survival] cordón *m* umbilical.

lifelong ['laɪflɒŋ] *adj* de toda la vida, de siempre.

life-or-death *adj* = **life-and-death**.

life peer *n* Br noble británico con título no hereditario.

life preserver *n* Am [life belt] flotador *m*, salvavidas *m inv*; [life jacket] chaleco *m* salvavidas.

lifer ['laɪfə^r] *n inf* condenado *m*, -da *f* a cadena perpetua.

life raft *n* balsa *f* salvavidas.

lifesaver ['laɪf,seɪvə^r] *n* - **1.** [person] socorrista *mf*. - **2.** *fig* [relief, help]: **it was a real** ~ me salvó la vida, me sacó de un gran apuro.

lifesaving ['laɪf,seɪvɪŋ] ◊ *adj* de salvamento. ◊ *n* salvamento *m*, socorrismo *m*.

life science *n*: **the** ~**s** las ciencias naturales.

life sentence *n* (condena *f* a) cadena *f* perpetua.

life-size(d) *adj* (de) tamaño natural.

lifespan ['laɪfspæn] *n* - **1.** [of person, animal, plant] vida *f*. - **2.** [of product, machine] vida *f*, duración *f*.

life story *n* biografía *f*; **she told me her** ~ me contó toda su vida.

lifestyle ['laɪfstaɪl] *n* estilo *m* OR modo *m* de vida.

life-support system *n* aparato *m* de respiración artificial.

life's work *n* = **life work**.

life-threatening *adj* [illness] que puede ser mortal.

lifetime ['laɪftaɪm] *n* vida *f*; **it won't happen during our** ~ no estaremos allí para verlo.

life vest *n* = **life jacket**.

life work *n* trabajo *m* de toda una vida.

lift [lɪft] ◊ *n* - **1.** [in car etc]: **to give sb a** ~ **(somewhere)** acercar OR llevar a alguien (a algún sitio). - **2.** Br [elevator] ascensor *m*, elevador *m* Amér. ◊ *vt* - **1.** [gen] levantar; **to** ~ **sthg down** bajar algo. - **2.** *inf* [plagiarize] copiar. - **3.** *inf* [steal] birlar, mangar. ◊ *vi* - **1.** [be able to be lifted] levantarse, alzarse. - **2.** [mist] despejarse, levantarse. - **3.** [rise] levantarse.

◆ **lift off** *vi* despegar.

◆ **lift up** *vt sep* alzar, levantar.

lifter ['lɪftə^r] *n* alzador *m*, -ra *f*, levantador *m*, -ra *f*.

lifting ['lɪftɪŋ] *n* - **1.** [of weight] levantamiento *m*; ~ **gear** torno *m* elevador; ~ **jack** gato *m*. - **2.** [of blockade, embargo] levantamiento *m*.

lift-off *n* despegue *m*.

lift shaft *n* Br caja *f* OR hueco *m* del ascensor.

ligament ['lɪɡəmənt] *n* ligamento *m*.

ligate ['laɪɡeɪt] *vt* ligar.

ligation [laɪˈɡeɪʃn] *n* ligadura *f*.

ligature ['lɪɡətʃə^r] *n* - **1.** [gen, MED & MUS] ligadura *f*. - **2.** TYPO ligado *m*.

light [laɪt] (*pt & pp* **lit** [lɪt] OR **lighted**) ◊ *adj* - **1.** [gen] ligero(ra); [rain] fino(na); [traffic] escaso(sa); ~**er than air** más ligero (más ligera) que el aire. - **2.** [not strenuous - duties, responsibilities] simple; [- work] suave; [- punishment] leve. - **3.** [bright] luminoso(sa), lleno(na) de luz; **it's growing** ~ se hace de día. - **4.** [colour] claro(ra). - **5.** *phr*: **to make** ~ **of sthg** no tomar algo en serio, restar importancia a algo. ◊ *n* - **1.** [brightness, source of light] luz *f*; **by the** ~ **of the moon** a la luz de la luna; **to hold sthg up to the** ~ sostener algo a contraluz; **to stand in sb's** ~ quitarle la luz a alguien; **to turn the** ~ **on/off** encender/apagar la luz. - **2.** [for cigarette, pipe] fuego *m*, lumbre *f*; **have you got a** ~? ¿tienes fuego?; **to give sb a** ~ darle fuego a alguien. - **3.** [perspective]: **in the** ~ **of** Br, **in** ~ **of** Am a la luz de. - **4.** *literary* [in eyes] brillo *m*. - **5.** [headlight] faro *m*. - **6.** [traffic light] semáforo *m*; **the** ~**s** el semáforo. - **7.** *phr*: **to bring to** ~ sacar a la luz; **to come to** ~ salir a la luz (pública); **to go out like a** ~ [fall asleep] caer redondo(da); **there's** ~ **at the end of the tunnel** se ve (la) luz al final del túnel; **to set** ~ **to** prender fuego a; **to see sthg/sb in a different** ~ ver algo/a alguien de otra manera distinta; **to see the** ~ verlo claro; **to see the** ~ **of day** ver la luz; **to throw** OR **cast** OR **shed** ~ **on** arrojar luz sobre. ◊ *vt* - **1.** [ignite] encender. - **2.** [illuminate] iluminar. ◊ *adv*: **to travel** ~ viajar ligero(ra) de equipaje.

◆ **light on, light upon** *vt fus* tropezar con.

◆ **light out** *vi* Am *inf* irse a escape.

◆ **light up** ◊ *vt sep* - **1.** [illuminate] iluminar. - **2.** [cigarette, pipe] encender. ◊ *vi* - **1.** [look happy] iluminarse, encenderse. - **2.** *inf* [start smoking] ponerse a fumar.

light aircraft (*pl inv*) *n* avión *m* de hélice.

light ale *n* Br tipo suave de cerveza rubia.

light bulb *n* bombilla *f*, foco *m* Amér.

light-coloured *adj* claro(ra), de color claro.

light cream *n* Am nata *f* líquida.

lighted ['laɪtɪd] *adj* - **1.** [illuminated] iluminado(da). - **2.** [on fire] encendido(da).

light-emitting diode [-ɪˈmɪtɪŋ-] *n* diodo *m* emisor de luz.

lighten ['laɪtn] ◊ *vt* - **1.** [make brighter - room] iluminar; [- hair] aclarar. - **2.** [make less heavy] aligerar. ◊ *vi* - **1.** [brighten] aclararse. - **2.** [become happier, more relaxed] alegrarse.

light entertainment *n* (U) RADIO & TV programas *mpl* de entretenimiento.

lighter ['laɪtə^r] *n* - **1.** [cigarette lighter] encendedor *m*, mechero *m*. - **2.** [barge] barcaza *f*, gabarra *f*.

light face *n* letra *f* fina.

light-fingered [-ˈfɪŋɡəd] *adj inf* [thieving] largo(ga) de uñas.

light fitting *n* portalámparas *m inv*.

light-footed [-ˈfʊtɪd] *adj* ligero(ra) de pies.

light-headed *adj* mareado(da).

light-hearted *adj* - **1.** [cheerful] alegre. - **2.** [amusing] frívolo(la).

light heavyweight *n* peso *m* semipesado.

lighthouse ['laɪthaʊs, *pl* -haʊzɪz] ◊ *n* faro *m*. ◊ *comp*: ~ **keeper** farero *m*, -ra *f*.

light industry *n* industria *f* ligera.

lighting ['laɪtɪŋ] ◊ *n* iluminación *f*; **street** ~ alumbrado *m* público. ◊ *comp*: ~ **effects** efectos *mpl* luminosos OR de luz; ~ **engineer** luminotécnico *m*, -ca *f*.

lighting-up time *n* hora *f* de encendido del alumbrado público.

lightly ['laɪtlɪ] *adv* - **1.** [gently] suavemente. - **2.** [slightly] ligeramente. - **3.** [casually] a la ligera; **to speak** ~ **of sthg/sb**

no hablar muy bien de algo/alguien; **to take sthg** ~ no dar importancia a algo. **- 4.** *phr*: **to get off** ~ salir bien parado (bien parada).

light meter *n* fotómetro *m*.

lightness ['laɪtnɪs] *n* **- 1.** [brightness] luminosidad *f*, claridad *f*. **- 2.** [in weight] ligereza *f*, poco peso *m*.

lightning ['laɪtnɪŋ] ◇ *n* (U) relámpago *m*; **to go like (greased)** ~ *fig* salir disparado(da), ir como una flecha. ◇ *adj* [raid, visit] relámpago *(inv)*.

lightning arrester *n* pararrayos *m inv*.

lightning bug *n Am* luciérnaga *f*.

lightning conductor *Br*, **lightning rod** *Am n* pararrayos *m inv*.

lightning strike *n Br* huelga *f* salvaje.

light opera *n* opereta *f*.

light pen *n* lápiz *m* óptico.

lightship ['laɪtʃɪp] *n* buque *m* faro.

light show *n* espectáculo *m* de luz.

lights-out *n* hora en que se apagan las luces.

light wave *n* onda *f* luminosa.

light weapons *npl* artillería *f* ligera.

lightweight ['laɪtweɪt] ◇ *adj* **- 1.** [object] ligero(ra). **- 2.** *fig* [person] de poca monta. ◇ *n* **- 1.** [boxer] peso *m* ligero. **- 2.** *fig* [person] figura *f* menor.

light year *n* año *m* luz.

ligneous ['lɪgnɪəs] *adj* leñoso(sa), lignario(ria).

lignin ['lɪgnɪn] *n* lignina *f*.

lignite ['lɪgnaɪt] *n* lignito *m*.

lignum vitae [,lɪgnəm'vaɪtɪ] *n* guayaco *m*, palo *m* santo.

likable ['laɪkəbl] *adj* simpático(ca).

like [laɪk] ◇ *prep* **- 1.** [gen] como; *(in questions or indirect questions)* cómo; **what did it taste** ~? ¿a qué sabía?; **what did it look** ~? ¿cómo era?; **she's nothing** ~ **her sister** no se parece en nada a su hermana; **tell me what it's** ~ dime cómo es; **what would it be** ~ **to live in a space station?** ¿cómo sería (lo de) vivir en una estación espacial?; **I'm useless at things** ~ **sewing** para cosas como coser soy un inútil; **something** ~ **£100** algo así como cien libras; **something** ~ **that** algo así, algo por el estilo ❑ **that's more** ~ **it!** ¡así está mucho mejor! **- 2.** [in the same way as] como, igual que; ~ **this/that** así. **- 3.** [typical of] propio(pia) OR típico(ca) de; **it's not** ~ **you to get angry** no es propio de ti el enfadarte tan fácilmente. ◇ *vt* **- 1.** [find pleasant, approve of]: **I** ~ **it/them** me gusta/gustan; **I** ~ **cheese** me gusta el queso; **he** ~**s swimming** OR **to swim** (a él) le gusta nadar; **how do you** ~ **my jacket?** ¿qué te parece mi chaqueta?; **how would you** ~ **to be kept waiting!** ¡a ti te gustaría que te hicieran esperar?; **well, I** ~ **that!** *iro* ¡mira qué gracia!, ¡mira qué bien!; ~ **it or not** me/te *etc* guste o no. **- 2.** [want] querer; **I don't** ~ **to bother her** no quiero molestarla; **do what you** ~ haz lo que te parezca; **would you** ~ **some more?** ¿quieres un poco más?; **I'd** ~ **to come to-morrow** querría OR me gustaría venir mañana; **I'd** ~ **you to come to dinner** me gustaría que vinieras a cenar; **I'd** ~ **a kilo of apples/the soup** póngame un kilo de manzanas/la sopa. ◇ *adj* [similar] semejante; [the same] igual. ◇ *n*: **and the** ~ y similares, y cosas por el estilo; **we'll never see his** ~ **again** no habrá otro como él; **I've never seen the** ~ **(of it)** nunca he visto nada igual. ◇ *adv Br inf*: **I felt disappointed,** ~ me sentí defraudado, ¿sabes? ◇ *conj inf* **- 1.** [as] como. **- 2.** [as if] como si.

◆ **likes** *npl* **- 1.** [things one likes] gustos *mpl*, preferencias *fpl*. **- 2.** *phr*: **the** ~**s of us/them** gente como nosotros/ellos.

◆ **(as) like as not**, **like enough** *adv* casi seguro, lo más seguro.

likeable ['laɪkəbl] *adj* = **likable**.

likelihood ['laɪklɪhʊd] *n* (U) probabilidad *f*; **in all** ~ con toda probabilidad.

likely ['laɪklɪ] ◇ *adj* **- 1.** [probable] probable; **rain is** ~ **in the east** es probable que llueva en el este; **he's** ~ **to come** es probable que venga; **a** ~ **story!** *iro* ¡puro cuento! **- 2.** [suitable] indicado(da). ◇ *adv* probablemente; **as** ~ **as not** probablemente, lo más seguro ❑ **would you do it again?** **- not** ~! *inf* ¿lo volverías a hacer? - ¡ni en broma! OR ¡qué va!

like-minded *adj* de igual parecer.

liken ['laɪkn] *vt*: **to** ~ **sthg/sb to** comparar algo/a alguien con.

likeness ['laɪknɪs] *n* **- 1.** [resemblance]: ~ **(to)** parecido *m* (con). **- 2.** [portrait] retrato *m*.

likewise ['laɪkwaɪz] *adv* **- 1.** [similarly] de la misma forma; **to do** ~ hacer lo mismo. **- 2.** [by the same token] del mismo modo.

USAGE ▶ Likes

How to express a liking for something

▶ *strong:*

Me encanta la pintura.
Adoro la música clásica.
Esto es fantástico.
Lo encuentro genial.
Es lo más maravilloso que he visto en mi vida.
Estoy encantado con mi nueva bicicleta.
Soy un apasionado de Buñuel.
¡Cómo me gusta el chocolate!
¡Qué bueno/bonito!

▶ *less strong:*

Me interesa mucho este modelo.
Me gustan mucho los conciertos de Madonna.
Hacía tiempo que no me había divertido tanto con una película.
Su último libro es muy interesante.
No hay nada como un buen baño caliente.
A mí lo que me va es el vino de Rioja. [*informal*]

▶ *weak:*

Tu trabajo me gusta bastante OR no me parece nada mal.

Está bastante bien.
Para ser de este director, no está (nada) mal la película.
Es interesante.
Se lo pasa uno bien leyendo este libro.

How to express a liking for people

▶ *strong:*

Me encanta Luisa.
Pedro me parece maravilloso.
Ella es atractiva.
Adoro a ese chico.
Estoy loco por mi novia. [*informal*]
¡Cómo me gusta Paula! ¡Es genial!
Estoy enamorado de tu hermana.
Es usted digno de mi más alta consideración. [*very formal*]

▶ *less strong:*

Me cae bien Pepe.
Tus amigos son muy majos. [*informal*]
Todo el que la conoce, la aprecia.
Me agrada mi profesor de griego.
Me parece muy simpático.
Le tengo mucha simpatía.

liking ['laɪkɪŋ] *n*: **to have a ~ for sthg** tener afición por OR a algo; **to take a ~ to sb** tomar OR coger cariño a alguien; **to be to sb's ~** ser del gusto de alguien; **for my/his** *etc* **~** para mi/su *etc* gusto.

lilac ['laɪlək] ◇ *adj* [colour] lila. ◇ *n* - **1.** [tree] lila *f*. - **2.** [colour] lila *m*.

Lilliputian [,lɪlɪ'pju:ʃn] *adj* liliputiense.

Lilo® ['laɪləʊ] (*pl* **Lilos**) *n Br* colchoneta *f*, colchón *m* hinchable.

lilt [lɪlt] *n* - **1.** [in voice] entonación *f*, deje *m*. - **2.** [in music] ritmo *m*.

lilting ['lɪltɪŋ] *adj* melodioso(sa).

lily ['lɪlɪ] (*pl* **lilies**) *n* lirio *m*, azucena *f*; **it would be gilding the ~** [adorn unnecessarily] (esto) sería rizar el rizo; *fig* [praise too much] sería dorar la píldora demasiado.

lily-livered [-'lɪvəd] *adj* cobarde.

lily of the valley (*pl* **lilies of the valley**) *n* lirio *m* de los valles.

lily pad *n* hoja *f* de nenúfar.

lily-white *adj* blanco(ca) como la nieve.

Lima ['li:mə] *n* Lima.

lima bean ['laɪmə-] *n* judía *f* blanca.

limb [lɪm] *n* - **1.** [of body] miembro *m*, extremidad *f*; **to tear sb ~ from ~** despedazar a alguien. - **2.** [of tree] rama *f*. - **3.** *phr*: **to be out on a ~** estar aislado(da).

limber ['lɪmbəʳ] *adj fml & literary* flexible.

◆ **limber up** *vi* calentar, desentumecerse.

limbo ['lɪmbəʊ] (*pl* **limbos**) *n* - **1.** *(U)* [uncertain state]: **to be in ~** estar en un estado de incertidumbre. - **2.** [dance]: **the ~** danza caribeña en la que se pasa por debajo de una barra con el cuerpo inclinado hacia atrás.

lime [laɪm] *n* - **1.** [fruit] lima *f*. - **2.** [drink]: **~ (juice)** lima *f*; **lager and ~** *cerveza rubia con un chorrito de sirope de lima*. - **3.** [linden tree] tilo *m*. - **4.** CHEM cal *f*.

limeade [laɪ'meɪd] *n* refresco *m* de lima.

lime cordial *n* concentrado de lima.

lime-green *adj* (de color) verde lima.

limekiln ['laɪmkɪln] *n* calera *f*, horno *m* de cal.

limelight ['laɪmlaɪt] *n*: **in the ~** en (el) candelero.

limerick ['lɪmərɪk] *n copla humorística de cinco versos.*

limestone ['laɪmstəʊn] *n (U)* (piedra *f*) caliza *f*.

limewater ['laɪm,wɔ:təʳ] *n* agua *f* de cal.

limey ['laɪmɪ] (*pl* **limeys**) *n Am inf término peyorativo que designa a un inglés.*

limit ['lɪmɪt] ◇ *n* - **1.** [gen] límite *m*; **off ~s** en zona prohibida; **within ~s** dentro de un límite; **to be over the ~** *Br* [driver] rebasar el índice de alcoholemia, haber bebido demasiado. - **2.** [test of patience]: **you're the ~!** *inf* ¡eres el colmo! ◇ *vt* limitar, restringir; **to ~ o.s.** limitarse a.

limitable ['lɪmɪtəbl] *adj* limitable.

limitation [,lɪmɪ'teɪʃn] *n* limitación *f*.

limited ['lɪmɪtɪd] *adj* [restricted] limitado(da); **to be ~ to** estar limitado a; **a ~ number** un número reducido; **~ success** éxito *m* relativo.

limited company *n* sociedad *f* limitada.

limited edition *n* edición *f* limitada.

limited liability *n* responsabilidad *f* limitada.

limited liability company *n* = **limited company**.

limited partnership *n* sociedad *f* en comandita.

limited war *n* guerra *f* táctica, guerra *f* de objetivos específicos.

limiting ['lɪmɪtɪŋ] *adj* limitativo(va), restrictivo(va).

limitless ['lɪmɪtlɪs] *adj* ilimitado(da).

limn [lɪm] *vt literary* [describe] describir; [paint] pintar; [draw] dibujar.

limo ['lɪməʊ] *n inf abbr of* **limousine**.

limousine ['lɪməzi:n] *n* limusina *f*.

limp [lɪmp] ◇ *adj* flojo(ja); **to let one's muscles go ~** destensar OR aflojar los músculos. ◇ *n* cojera *f*; **to walk with a ~** cojear. ◇ *vi* cojear.

limpet ['lɪmpɪt] *n* lapa *f*; **to hold on** OR **cling to sthg like a ~** *fig* pegarse a algo como una lapa.

limpet mine *n* mina *f* magnética, bomba *f* lapa.

limpid ['lɪmpɪd] *adj literary* límpido(da).

limply ['lɪmplɪ] *adv* lánguidamente.

limpness ['lɪmpnɪs] *n* - **1.** [flaccidity] flojedad *f*. - **2.** [weakness] flojera *f*, debilidad *f*.

limp-wristed [-'rɪstɪd] *adj pej* afeminado(da).

linage ['laɪnɪdʒ] *n* - **1.** [number of lines] número *m* de líneas. - **2.** [payment] pago *m* por líneas.

linchpin ['lɪntʃpɪn] *n fig* eje *m*.

Lincs. (*abbr of* **Lincolnshire**) *condado inglés.*

linctus ['lɪŋktəs] *n Br* jarabe *m* para la tos.

linden ['lɪndən] *n* tilo *m*.

line [laɪn] ◇ *n* - **1.** [gen] línea *f*; **to be in ~ (with sthg)** [aligned] estar en línea (con algo). - **2.** [row] fila *f*. - **3.** [queue] cola *f*; **to stand** OR **wait in ~** hacer cola; **to be in ~ for promotion** estar camino de un ascenso; **he is first in ~ for the throne** es el primero en la línea de sucesión al trono. - **4.** [course - direction] línea *f*; [- of action] camino *m*; **to walk in a straight ~** andar en línea recta; **what's his ~ of business?** ¿a qué negocios se dedica?; **that's more in Katy's ~** eso es más del estilo de Katy; **in the ~ of duty** en el cumplimiento del deber; **to be in the ~ of fire** estar en la línea de fuego; **let's try a different ~ of attack** vamos a probar otra forma de ataque; **I don't agree with his ~ of thinking** no estoy de acuerdo con su manera de pensar; **to follow the party ~** seguir las directrices del partido; **to take a tough/different ~ on sthg** tomar una postura dura/diferente acerca de algo; **the population is split along religious ~s** la población está dividida por motivos religiosos; **along the same ~s** por el estilo; **we seem to be thinking along the same ~s** parece que pensamos por el estilo OR de forma parecida. - **5.** [length - of rope] cuerda *f*; [- for fishing] sedal *m*; [- of wire] hilo *m*, cable *m*. - **6.** TELEC **(telephone) ~** línea *f* (telefónica); **I was on the ~ to Paris** estaba hablando con París, estaba llamando a París; **hold the ~, please** no cuelgue, por favor; **the ~ is busy** está comunicando; **it's a bad ~** hay interferencias. - **7.** [on page] línea *f*, renglón *m*; [of poem, song] verso *m*; **to drop sb a ~** *inf* [letter] mandar unas líneas a alguien. - **8.** [system of transport]: **(railway) ~** [track] vía *f* (férrea); [route] línea *f* (férrea); **shipping ~** [company] compañía *f* naviera; [route] ruta *f* marítima. - **9.** [wrinkle] arruga *f*. - **10.** [succession of kings etc] sucesión *f*. - **11.** [borderline] límite *m*, frontera *f*; **there's a fine ~ between helping and interfering** el límite entre ayudar e interferir es muy sutil. - **12.** COMM línea *f*. - **13.** [production line] línea *f*; **the new model will be coming off the ~ in May** el nuevo modelo saldrá en mayo. - **14.** *inf* [way of talking] historieta *f*, cuento *m*; **he gave me the usual ~ about his wife not understanding him** me contó lo típico de que su mujer no lo entendía. - **15.** *drugs sl* [of cocaine etc] raya *f*, tiro *m*. - **16.** *phr*: **along the ~** [during the process] en el proceso; **there's been a mistake somewhere along the ~** en algún momento se ha cometido un error; **all along the ~** [at every stage] en todo momento; **down the ~** [in the future] en el futuro; **to be on the right ~s** estar en el buen camino; **to bring sb into ~** llamar a alguien al orden; **to bring sthg into ~ with sthg** poner algo de acuerdo con algo; **to come to** OR **reach the end of the ~** *inf* llegar al límite; **to draw the ~** poner un límite; **to draw the ~ at sthg** no pasar por algo, negarse a algo; **to fall into ~** ponerse de acuerdo; **to get a ~ on sb/sthg** *inf* obtener información sobre alguien/algo; **to read between the ~s** leer entre líneas; **to take the ~ of least resistance** tomar el camino más corto OR fácil. ◇ *vt* - **1.** [form rows along] alinearse a lo largo de; **crowds ~d the street** la gente se apiñaba a los lados de la calle; **an avenue ~d with trees** una avenida bordeada de árboles. - **2.** [coat, curtains] forrar; [drawer] cubrir el interior de.

◆ **lines** *npl* - **1.** SCH *castigo consistente en escribir la misma frase gran número de veces.* - **2.** THEATRE papel *m.* - **3.** MIL. líneas *fpl.*

◆ **in line with** *prep* [consistent with] de acuerdo con; **the figures are more or less in ~ with what we'd expected** las cifras concuerdan más o menos con lo que esperábamos.

◆ **on line** *adv* - **1.** = **online.** - **2.** [in operation]: **to be on ~** estar en funcionamiento; **to come on ~** entrar en funcionamiento.

◆ **on the line** *adv*: **to be on the ~** estar en juego; **his reputation is on the ~** su reputación está en juego; **to lay OR put sthg on the ~** poner algo en juego ❏ **to lay it on the ~** *inf* ir al grano, poner las cosas claras.

◆ **out of line** *adv*: **to be out of ~** estar fuera de lugar; **it's out of ~ with company policy** no entra dentro de la política de la compañía; **to step out of ~** *fig* saltarse las reglas.

◆ **line up** ◇ *vt sep* - **1.** [make into a row or queue] alinear. - **2.** [arrange] programar, organizar. ◇ *vi* [form a queue] alinearse, ponerse en fila.

lineage ['lɪnɪɪdʒ] *n fml* linaje *m.*

lineal ['lɪnɪəl] *adj* en línea directa.

lineament ['lɪnɪəmənt] *n literary* lineamiento *m.*

◆ **lineaments** *npl literary* facciones *fpl.*

linear ['lɪnɪəʳ] *adj* lineal.

linear equation *n* ecuación *f* lineal OR de primer grado.

linear measure *n* medida *f* de longitud.

lined [laɪnd] *adj* - **1.** [paper] reglado(da), de rayas. - **2.** [wrinkled] arrugado(da). - **3.** [with inside lining] forrado(da).

line drawing *n* dibujo *m* lineal.

line feed *n* cambio *m* de renglón.

line judge *n* SPORT juez *mf* de línea.

lineman ['laɪnmən] (*pl* **linemen** [-mən]) *n* RAIL guardavía *m.*

linen ['lɪnɪn] ◇ *n* - **1.** [cloth] lino *m.* - **2.** [tablecloths, sheets] ropa *f* blanca OR de hilo. - **3.** *phr*: **to wash one's dirty ~ in public** *Br fig* sacar a relucir los trapos sucios. ◇ *comp* - **1.** [suit, napkins] de hilo. - **2.** [cupboard, drawer] de la ropa.

linen basket *n* cesta *f* de la ropa (sucia).

line of credit *n Am* límite *m* de crédito.

line of sight, line of vision *n* - **1.** PHYSICS línea *f* visual OR de mira. - **2.** ELECTRON vía *f* óptica, horizonte *m* óptico.

line printer *n* impresora *f* de línea.

liner ['laɪnəʳ] *n* [ship] transatlántico *m.*

linesman ['laɪnzmən] (*pl* **linesmen** [-mən]) *n* juez *mf* de línea.

lineup ['laɪnʌp] *n* - **1.** [of players, competitors] alineación *f.* - **2.** *Am* [identification parade] rueda *f* de identificación.

ling [lɪŋ] (*pl inv* OR **lings**) *n* [fish] abadejo *m.*

linger ['lɪŋgəʳ] *vi* - **1.** [remain - over activity] entretenerse; [- in a place] rezagarse. - **2.** [persist] persistir.

lingerie ['lænʒərɪ] *n* ropa *f* interior femenina.

lingering ['lɪŋgrɪŋ] *adj* [illness, hopes] persistente; [death] lento(ta); [kiss] largo(ga).

lingo ['lɪŋgəʊ] (*pl* **lingoes**) *n inf* [foreign language] idioma *m*; [jargon] jerga *f.*

lingua franca [,lɪŋgwə'fræŋkə] (*pl* **lingua francas** OR **linguae francae** ['lɪŋgwiː'fræŋkiː]) *n* lengua *f* franca.

linguist ['lɪŋgwɪst] *n* - **1.** [someone good at languages] persona *f* con facilidad para las lenguas. - **2.** [student or teacher] lingüista *mf.*

linguistic [lɪŋ'gwɪstɪk] *adj* lingüístico(ca).

linguistics [lɪŋ'gwɪstɪks] *n (U)* lingüística *f.*

liniment ['lɪnɪmənt] *n* linimento *m.*

lining ['laɪnɪŋ] *n* - **1.** [gen & AUT] forro *m.* - **2.** [of stomach, nose] paredes *fpl* interiores.

link [lɪŋk] ◇ *n* - **1.** [of chain] eslabón *m.* - **2.** [connection] conexión *f*, enlace *m*; **radio ~** radioenlace *m*; **rail ~** enlace ferroviario; **road ~** enlace *m* de carreteras; **telephone ~** conexión OR línea *f* telefónica; **~s (between/with)** lazos *mpl* (entre/con), vínculos *mpl* (entre/con). ◇ *vt* - **1.** [connect - cities] comunicar, enlazar; [- computers] conectar; [- facts] relacionar, asociar; **to ~ sthg with** OR **to** relacionar OR asociar algo con. - **2.** [arms] enlazar.

◆ **link up** *vt sep*: **to ~ sthg up (with)** conectar algo (con).

linkage ['lɪŋkɪdʒ] *n (U)* [relationships] conexión *f*, nexo *m* de unión.

linked [lɪŋkt] *n* - **1.** [connected - cities] unido(da); [- computers] conectado(da); [- facts] relacionado(da). - **2.** [arms] enlazado(da).

linking ['lɪŋkɪŋ] *n* - **1.** [connection] unión *f*, conexión *f.* - **2.** [coupling] acoplamiento *m.*

linkman ['lɪŋkmən] (*pl* **linkmen** [-mən]) *n* RADIO & TV locutor *m*, -ra *f* (*que anuncia los reportajes de los enviados especiales*).

link road *n* carretera *f* de enlace.

links [lɪŋks] (*pl inv*) *n* campo *m* de golf.

linkup ['lɪŋkʌp] *n* [of TV channels] conexión *f*; [of spaceships] acoplamiento *m*; **telephone/satellite ~** conexión *f* telefónica/por (vía) satélite.

linnet ['lɪnɪt] *n* pardillo *m.*

lino ['laɪnəʊ], **linoleum** [lɪ'nəʊljəm] *n* linóleo *m.*

Linotype® ['laɪnəʊtaɪp] *n* linotipia *f*, linotipo *m.*

linseed oil ['lɪnsiːd-] *n* aceite *m* de linaza.

lint [lɪnt] ◇ *n (U)* - **1.** [dressing] hilas *fpl.* - **2.** *Am* [fluff] pelusa *f.* ◇ *comp*: **~ bandage** (vendaje *m* de) hilas *fpl.*

lintel ['lɪntl] *n* dintel *m.*

linter ['lɪntəʳ] *n* máquina *f* desfibradora (*de algodón, lino*).

lion ['laɪən] *n* león *m*; **the ~'s share** *fig* la parte del león.

lion cub *n* cachorro *m* de león.

lioness ['laɪənes] *n* leona *f.*

lionhearted ['laɪən,hɑːtɪd] *adj* valeroso(sa), muy valiente.

lionize, -ise ['laɪənaɪz] *vt* encumbrar.

lion-tamer *n* domador *m*, -ra *f* de leones.

lip [lɪp] *n* - **1.** [of mouth] labio *m*; **to lick one's ~s** relamerse; **to smack one's ~s** hacer un chasquido con los labios ❏ **my ~s are sealed** soy una tumba; **to keep a stiff upper ~** mantener el tipo. - **2.** [of cup] borde *m*; [of jug] pico *m*. - **3.** *inf* [impertinence] insolencia *f*, impertinencia *f.*

lip gloss *n* brillo *m* de labios.

lipid, lipide ['lɪpɪd] *n* lípido *m.*

lipoma [lɪ'pəʊmə] *n* lipoma *m.*

liposuction ['lɪpəʊ,sʌkʃn] *n* liposucción *f.*

lip pencil *n* lápiz *m* para los labios.

lip-read ['lɪpriːd] (*pt & pp* **lip-read** ['lɪpred]) *vi* leer los labios.

lip-reading *n* lectura *f* de labios.

lip salve *n Br* vaselina® *f*, cacao *m.*

lip service *n*: **to pay ~ to sthg** defender algo sólo de boquilla.

lipstick ['lɪpstɪk] *n* - **1.** [container] lápiz *m* OR barra *f* de labios. - **2.** [substance] carmín *m*, lápiz *m* de labios.

liquefaction [,lɪkwɪ'fækʃn] *n* licuefacción *f.*

liquefier ['lɪkwɪ,faɪəʳ] *n* licuefactor *m.*

liquefy ['lɪkwɪfaɪ] (*pt & pp* **liquefied**) ◇ *vt* licuar. ◇ *vi* licuarse.

liqueur [lɪ'kjʊəʳ] *n* licor *m.*

liqueur glass *n* copa *f* de licor.

liquid ['lɪkwɪd] ◇ *adj* líquido(da). ◇ *n* líquido *m.*

liquid assets *npl* activo *m* disponible.

liquidate ['lɪkwɪdeɪt] *vt* - **1.** [debt, company, estate] liquidar; [assets] convertir en efectivo. - **2.** *inf* [kill] liquidar.

liquidation [,lɪkwɪ'deɪʃn] *n* liquidación *f.*

liquidator ['lɪkwɪdeɪtəʳ] *n* liquidador *m*, -ra *f.*

liquid crystal display *n* pantalla *f* de cristal líquido.

liquidity [lɪ'kwɪdətɪ] *n* - **1.** [having money] liquidez *f.* - **2.** [being liquid] condición *f* de líquido.

liquidize, -ise ['lɪkwɪdaɪz] *vt Br* licuar.

liquidizer ['lıkwıdaızə'] n Br licuadora f.

liquid measure n medida f para líquidos.

liquid paraffin n aceite m de parafina.

liquify ['lıkwıfaı] vt & vi = **liquefy**.

liquor ['lıkə'] n - **1.** (U) Am [alcohol] alcohol m, bebida f alcohólica ❑ **to be the worse for** ~ haber bebido más de la cuenta, estar borracho(cha); **to hold one's** ~ aguantar la bebida. - **2.** [broth] jugo m.

liquorice ['lıkərıs] n (U) regaliz m.

liquor store n Am tienda donde se venden bebidas alcohólicas para llevar.

lira ['lıərə] n lira f.

Lisbon ['lızbən] n Lisboa.

lisp [lısp] ◇ n ceceo m. ◇ vi cecear.

lissom(e) ['lısəm] adj literary grácil, esbelto(ta).

list [lıst] ◇ n - **1.** [gen] lista f. - **2.** NAUT escora f. ◇ vt - **1.** [in writing] hacer una lista de; **to be** ~**ed** figurar OR constar (en lista). - **2.** [in speech] enumerar. ◇ vi NAUT escorar.

◆ **lists** npl [for fighting] liza f, palestra f; **to enter the** ~ salir OR saltar a la palestra, entrar en liza.

listed building ['lıstıd-] n Br edificio declarado de interés histórico y artístico.

listed company ['lıstıd-] n Br sociedad f que se cotiza en bolsa.

listen ['lısn] vi - **1.** [give attention]: **to** ~ **(to sthg/sb)** escuchar (algo/a alguien); **to** ~ **for** estar atento(ta) a. - **2.** [heed advice]: **to** ~ **(to sb/sthg)** hacer caso (a alguien/de algo); **to** ~ **to reason** atender a razones.

◆ **listen in** vi - **1.** RADIO: **to** ~ **in (to a programme)** escuchar OR sintonizar (un programa en) una emisora. - **2.** [eavesdrop]: **to** ~ **in (on sthg)** escuchar (algo) a hurtadillas.

◆ **listen up** vi Am inf escuchar.

listener ['lısnə'] n - **1.** [person listening] oyente mf. - **2.** [to radio] radioyente m.

listening post ['lısnıŋ-] n puesto m de escucha.

listing ['lıstıŋ] n listado m.

◆ **listings** npl cartelera f.

listless ['lıstlıs] adj [lacking energy] apático(ca); [uninterested] indiferente.

listlessly ['lıstlıslı] adv [without energy] con apatía, sin energía; [without interest] con indiferencia OR desgana.

list price n precio m de catálogo.

lit [lıt] pt & pp → **light**.

litany ['lıtənı] (pl **litanies**) n lit & fig letanía f.

liter n Am = **litre**.

literacy ['lıtərəsı] n alfabetización f.

literal ['lıtərəl] adj literal.

literally ['lıtərəlı] adv literalmente; **to take sthg** ~ tomarse algo al pie de la letra.

literal-minded adj sin imaginación, prosaico(ca).

literary ['lıtərərı] adj - **1.** [gen] literario(ria). - **2.** [person] literato(ta).

literary agent n agente literario m, agente literaria f.

literary criticism n crítica f literaria.

literate ['lıtərət] adj - **1.** [able to read and write] alfabetizado(da). - **2.** [well-read] culto(ta), instruido(da).

literati ['lıtə'raːtı] npl fml literatos mpl.

literature ['lıtrətʃə'] n - **1.** [novels, plays, poetry] literatura f. - **2.** [books on a particular subject] publicaciones fpl, bibliografía f. - **3.** [printed information] documentación f, información f.

lithe [laıð] adj ágil.

lithium ['lıθıəm] n litio m.

lithograph ['lıθəgraːf] ◇ n litografía f. ◇ vt litografiar.

lithographer [lı'θɒgrəfə'] n litógrafo m, -fa f.

lithography [lı'θɒgrəfı] n litografía f.

lithosphere ['lıθəsfıə'] n litosfera f.

Lithuania [,lıθju'eınjə] n Lituania.

Lithuanian [,lıθju'eınjən] ◇ adj lituano(na). ◇ n - **1.** [person] lituano m, -na f. - **2.** [language] lituano m.

litigant ['lıtıgənt] n fml litigante mf, pleiteante mf.

litigate ['lıtıgeıt] vi fml litigar, pleitear.

litigation [,lıtı'geıʃn] n fml litigio m, pleito m.

litigator ['lıtıgeıtə'] n litigante mf.

litigious [lı'tıdʒəs] adj litigioso(sa).

litmus paper ['lıtməs-] n papel m de tornasol.

litmus test ['lıtməs-] n prueba f de acidez (con tornasol).

litre Br, **liter** Am ['liːtə'] n litro m.

litter ['lıtə'] ◇ n - **1.** [waste material] basura f. - **2.** [newborn animals] camada f. - **3.** [conveyance] litera f. ◇ vt: **to** ~ **sthg (with)** ensuciar algo (de); **papers** ~**ed the floor** los papeles estaban esparcidos por el suelo. ◇ vi Am [with rubbish]: **'no littering'** 'prohibido tirar OR arrojar basura'.

litterbag ['lıtəbæg] n bolsa f de basura.

litterbin ['lıtəbın] n Br papelera f.

litterlout Br ['lıtəlaut], **litterbug** ['lıtəbʌg] n persona que ensucia la vía pública.

litter tray n recipiente para los excrementos del gato.

little ['lıtl] (compar sense 3 **less** [les], superl sense 3 **least** [liːst]) ◇ adj - **1.** [small in size, younger] pequeño(ña); **my** ~ **sister** mi hermana pequeña OR menor; **a nice** ~ **garden** un jardincito muy majo. - **2.** [short in length] corto(ta); **a** ~ **while** un ratito. - **3.** [not much] poco(ca); **he speaks** ~ **English** habla poco inglés; **he speaks a** ~ **English** habla un poco de inglés. ◇ pron: **there's** ~ **one can say** no hay mucho que decir; **I see very** ~ **of him now** lo veo muy poco IR muy raramente; **a suit can cost as** ~ **as £50** un traje te puede costar (tan) sólo 50 libras; **what** ~ **food they had was stolen** les robaron la poca comida que tenían; **I understood very** ~ entendí muy poco ❑ **a** ~ un poco; **a** ~ **(bit)** un poco; **give me a** ~ **(bit)** dame un poco; **every** ~ **helps** muchos pocos hacen un mucho proverb. ◇ adv poco; ~ **by** ~ poco a poco; **he's** ~ **more than a child** es poco menos que un niño; **a room** ~ **bigger than a cupboard** una habitación apenas mayor que un armario; **we go there as** ~ **as possible** vamos allí lo menos posible; ~ **did she know that...** no sospechaba que...; **we were not a** ~ **surprised** estábamos bastante sorprendidos.

Little Bear n Osa f Menor.

Little Dipper n Am Osa f Menor.

Little Englander n inglés que cree en la independencia del antiguo imperio británico en el propio interés de Gran Bretaña.

little finger n dedo m meñique.

little-known adj poco conocido (poco conocida).

little people npl: **the** ~ [fairies] los duendecillos.

littoral ['lıtərəl] ◇ adj litoral. ◇ n litoral m.

liturgical [lı'tɜːdʒıkl] adj litúrgico(ca).

liturgist ['lıtədʒıst] n liturgista mf.

liturgy ['lıtədʒı] (pl **liturgies**) n [form of worship] liturgia f.

livable ['lıvəbl] adj inf - **1.** [inhabitable] habitable. - **2.** [bearable] soportable, tolerable.

live[1] [lıv] ◇ vi - **1.** [gen] vivir; **she** ~**d to (the age of) 100** vivió hasta los 100 (años); **he did not** ~ **to see his granddaughter** no llegó a vivir para (poder) ver a su nieta; **(for) as long as I** ~ mientras viva; **if you haven't been to New York, you haven't** ~**d!** si no has estado en Nueva York, no has estado en ninguna parte. - **2.** [continue to be alive] seguir viviendo, vivir; **long** ~ **the Queen!** ¡viva la reina! - **3.** phr: **to** ~ **and let** ~ vive y deja vivir; **you** ~ **and learn** vivir para ver, nunca te acostarás sin saber una cosa más proverb. ◇ vt llevar; **to** ~ **a quiet life** llevar una vida tranquila ❑ **to** ~ **it up** inf pegarse la gran vida.

◆ **live down** vt sep lograr hacer olvidar.

◆ **live for** vt fus vivir para; **she has nothing to** ~ **for** nada la empuja a vivir.

◆ **live in** vi [student] ser interno(na); [servant, nanny] residir OR vivir en la casa.

◆ **live off** vt fus [savings, land] vivir de; [person] vivir a costa de.

◆ **live on** ◇ *vt fus* - **1.** [money] vivir con OR de. - **2.** [food] vivir de, alimentarse de. ◇ *vi* [memory, feeling] permanecer, perdurar.

◆ **live out** ◇ *vt fus* [life] acabar; **he won't ~ out the month** no va a vivir hasta finales de mes. ◇ *vi* [student] residir OR vivir fuera.

◆ **live through** *vt fus* sobrevivir a.

◆ **live together** *vi* vivir juntos.

◆ **live up to** *vt fus* estar a la altura de.

◆ **live with** *vt fus* - **1.** [live in same house as] vivir con. - **2.** [accept] aceptar.

live² [laɪv] ◇ *adj* - **1.** [living] vivo(va); **a real ~ film star** una estrella de cine de verdad; **~ birth** parto *m* viable. - **2.** [burning] encendido(da). - **3.** [unexploded] sin explotar; [ammunition] real. - **4.** ELEC cargado(da). - **5.** [performance] en directo; **recorded before a ~ audience** grabado con público en directo. - **6.** [volcano] activo (va). - **7.** [yoghurt] en fermentación. ◇ *adv* [broadcast, perform] en directo, en vivo.

liveable ['lɪvəbl] *adj* = **livable**.

live-in ['lɪv-] *adj inf* [housekeeper] residente; **Jane has a ~ boyfriend** Jane vive con su novio.

livelihood ['laɪvlɪhʊd] *n* sustento *m*, medio *m* de vida.

liveliness ['laɪvlɪnɪs] *n* - **1.** [of person] vivacidad *f*, viveza *f*; [of debate] animación *f*. - **2.** [of mind] sagacidad *f*, agudeza *f*.

live load [laɪv-] *n* carga *f* móvil, carga *f* variable.

livelong ['lɪvlɒŋ] *adj literary*: **all the ~ day** todo el santo día.

lively ['laɪvlɪ] (*compar* **livelier**, *superl* **liveliest**) *adj* - **1.** [person, debate, time] animado(da). - **2.** [mind] agudo(da), perspicaz. - **3.** [colours] vivo(va), llamativo(va).

liven ['laɪvn] ◆ **liven up** ◇ *vt sep* animar. ◇ *vi* animarse.

live oak [laɪv-] *n* encina *f* OR roble *m* perenne.

liver ['lɪvə'] *n* hígado *m*.

liveried ['lɪvərɪd] *adj* con OR de librea.

liverish ['lɪvərɪʃ] *adj* - **1.** *inf* [ill] que padece del hígado. - **2.** [peevish] enojadizo(za).

Liverpudlian [,lɪvə'pʌdlɪən] ◇ *adj* de o relativo a Liverpool. ◇ *n* natural o habitante de Liverpool.

liver salts *npl* sal *f* de frutas.

liver sausage *Br*, **liverwurst** *Am* ['lɪvəwɜːst] *n* paté *m* de hígado en embutido.

liver spot *n* mancha *f* de vejez.

liverwurst *n Am* = **liver sausage**.

livery ['lɪvərɪ] (*pl* **liveries**) *n* [of servant] librea *f*; [of company] uniforme *m*.

livery stable *n* caballeriza *f*, cuadra *f* de caballos de alquiler.

lives [laɪvz] *pl* → **life**.

livestock ['laɪvstɒk] *n* ganado *m*.

live wire ['laɪv-] *n* - **1.** [wire] cable *m* cargado OR con corriente. - **2.** *inf* [person] puro nervio *mf*.

livid ['lɪvɪd] *adj* - **1.** [angry] furioso(sa). - **2.** [blue, grey] lívido(da).

living ['lɪvɪŋ] ◇ *adj* [relatives, language] vivo(va); [artist etc] contemporáneo(a). ◇ *n* - **1.** [means of earning money] medio *m* de vida; **what do you do for a ~?** ¿cómo te ganas la vida?; **to earn** OR **make a ~** ganarse la vida. - **2.** [lifestyle] vida *f*. ◇ *npl*: **the ~** los vivos.

living allowance *n* dietas *fpl*.

living conditions *npl* condiciones *fpl* de vida.

living dead *npl*: **the ~** los muertos vivientes.

living death *n* muerte *f* en vida.

living expenses *npl* gastos *mpl* de mantenimiento.

living quarters *npl* vivienda *f*, alojamiento *m*.

living room *n* cuarto *m* de estar, salón *m*.

living standards *npl* nivel *m* de vida.

living wage *n* salario *m* digno; **£400 a month isn't a ~** no se puede vivir con 400 libras al mes.

Livy ['lɪvɪ] *n* Tito Livio *m*.

lizard ['lɪzəd] *n* [small] lagartija *f*; [big] lagarto *m*.

llama ['lɑːmə] (*pl inv* OR **llamas**) *n* llama *f*.

LLB (*abbr of* **Bachelor of Laws**) *n* (titular de una) licenciatura de derecho.

LLD (*abbr of* **Doctor of Laws**) *n* (titular de un) doctorado de derecho.

LMT (*abbr of* **Local Mean Time**) hora local.

lo [ləʊ] *excl*: **~ and behold** ¡he aquí!

load [ləʊd] ◇ *n* - **1.** [something carried] carga *f*. - **2.** [amount of work]: **a heavy/light ~** mucho/poco trabajo. - **3.** [large amount]: **~s of** *inf* montones OR un montón de; **it was a ~ of rubbish** *inf* era una porquería. - **4.** ELEC carga *f*. - **5.** *phr*: **get a ~ of this!** *inf* ¡fíjate!, ¡mira esto!; **to take a ~ off one's feet** *inf* sentarse. - **6.** [gen & COMPUT]: **to ~ sthg/sb (with)** cargar algo/a alguien (de). - **2.** [camera, video recorder]: **he ~ed the camera with a film** cargó la cámara con una película.

◆ **load up** *vt sep & vi* cargar.

load-bearing *adj* [wall] maestro(tra).

loaded ['ləʊdɪd] *adj* - **1.** [question, statement] con doble sentido OR intención. - **2.** *inf* [rich] forrado(da). - **3.** *v inf* [drunk] trompa, borracho(cha).

loader ['ləʊdə'] *n* COMPUT programa *m* de carga, cargador *m*.

loading ['ləʊdɪŋ] *n* carga *f*.

loading bay *n* zona *f* de carga y descarga.

loading-platform *n* plataforma *f* de carga.

loadstar ['ləʊdstɑː'] *n* = **lodestar**.

loadstone ['ləʊdstəʊn] *n* = **lodestone**.

loaf [ləʊf] (*pl* **loaves** [ləʊvz]) ◇ *n* [of bread] (barra *f* de) pan *m*; **use your ~!** *Br inf* ¡utiliza la cabeza! ◇ *vi inf* haraganear, holgazanear.

loafer ['ləʊfə'] *n* - **1.** [shoe] mocasín *m*. - **2.** *inf* [person] haragán *m*, -ana *f*, holgazán *m*, -ana *f*.

loam [ləʊm] *n* marga *f*.

loan [ləʊn] ◇ *n* [something lent] préstamo *m*; [from bank] crédito *m*; **on ~** prestado(da). ◇ *vt* prestar; **to ~ sthg to sb, to ~ sb sthg** prestar algo a alguien.

loan account *n* cuenta *f* de crédito.

loan capital *n* capital *m* en préstamo.

loan shark *n inf pej* usurero *m*, -ra *f*.

loan word *n* préstamo *m*, extranjerismo *m*.

loath [ləʊθ] *adj*: **to be ~ to do sthg** ser reacio(cia) a hacer algo.

loathe [ləʊð] *vt*: **to ~ (doing sthg)** aborrecer OR detestar (hacer algo).

loathing ['ləʊðɪŋ] *n* aborrecimiento *m*, odio *m*.

loathsome ['ləʊðsəm] *adj* [smell] repugnante; [person, behaviour] odioso(sa), detestable.

loaves [ləʊvz] *pl* → **loaf**.

lob [lɒb] (*pt & pp* **lobbed**, *cont* **lobbing**) ◇ *n* TENNIS lob *m*. ◇ *vt* - **1.** [throw] lanzar. - **2.** TENNIS [ball] hacer un lob con, bombear; [opponent] hacer un lob a.

lobby ['lɒbɪ] (*pl* **lobbies**, *pt & pp* **lobbied**) ◇ *n* - **1.** [hall] vestíbulo *m*. - **2.** [pressure group] grupo *m* de presión, lobby *m*. ◇ *vt* ejercer presión (política) sobre.

lobbying ['lɒbɪɪŋ] *n (U)* presiones *fpl* de carácter político.

lobbyist ['lɒbɪɪst] *n* miembro *mf* de un lobby.

lobe [ləʊb] *n* lóbulo *m*.

lobed [ləʊbd] *adj* lobulado(da).

lobelia [lə'biːljə] *n* lobelia *f*.

lobotomy [lə'bɒtəmɪ] (*pl* **lobotomies**) *n* lobotomía *f*.

lobster ['lɒbstə'] *n* [with large pincers] bogavante *m*; [spiny lobster] langosta *f*.

lobsterpot ['lɒbstəpɒt] *n* nasa *f*.

lobule ['lɒbjuːl] *n* lóbulo *m*.

local ['ləʊkl] ◇ *adj* local. ◇ *n inf* - **1.** [person]: **the ~s** [in village] los lugareños; [in town] los vecinos del lugar. - **2.** *Br* [pub] bar *m* del barrio. - **3.** *Am* [bus, train] ómnibus *m*.

local anaesthetic *n* anestesia *f* local.

local area network *n* COMPUT red *f* de área local.

local authority *n Br* autoridad *f* local.

local call *n* llamada *f* local.

local colour *n* color *m* local.

local derby *n Br* derby *m* (local).

locale [ləʊˈkɑːl] *n fml* lugar *m*, emplazamiento *m*.

local education authority *n* organismo responsable de enseñanza en una zona determinada de Gran Bretaña, ≃ consejería *f* de educación.

local government ◇ *n* gobierno *m* municipal. ◇ *comp*: ~ **elections** elecciones *fpl* municipales; ~ **official** funcionario *m*, -ria *f* municipal.

localism [ˈləʊkəlɪzm] *n* - **1.** [idiom] localismo *m*. - **2.** [custom] regionalismo *m*.

locality [ləˈkælətɪ] (*pl* **localities**) *n* localidad *f*.

localize, -ise [ˈləʊkəlaɪz] *vt* localizar.

localized, -ised [ˈləʊkəlaɪzd] *adj* localizado(da).

locally [ˈləʊkəlɪ] *adv* - **1.** [on local basis] localmente, en el lugar. - **2.** [nearby] cerca, por la zona.

local time *n* hora *f* local.

locate [*Br* ləʊˈkeɪt, *Am* ˈləʊkeɪt] ◇ *vt* - **1.** [find] localizar. - **2.** [situate] situar, ubicar; **to be conveniently** ~**ed** estar bien situado (bien situada). ◇ *vi Am* [settle] establecerse.

location [ləʊˈkeɪʃn] *n* - **1.** [place] localización *f*, situación *f*. - **2.** CINEMA: **on** ~ en exteriores.

locative [ˈlɒkətɪv] ◇ *adj* locativo(va). ◇ *n* locativo *m*.

loc. cit. (*abbr of* **loco citato**) loc. cit.

loch [lɒk, lɒx] *n Scot* lago *m*.

lochia [ˈlɒkɪə] *npl* loquios *mpl*.

lock [lɒk] ◇ *n* - **1.** [of door] cerradura *f*; [of bicycle] candado *m*, chapa *f Amér*; **under** ~ **and key** bajo siete llaves, bajo llave. - **2.** [on canal] esclusa *f*. - **3.** AUT [steering lock] ángulo *m* de giro. - **4.** *literary* [of hair] mechón *m*. - **5.** *phr*: ~, **stock and barrel** por completo. ◇ *vt* - **1.** [with key] cerrar con llave; [with padlock] cerrar con candado. - **2.** [keep safely] poner bajo llave. - **3.** [immobilize] bloquear. - **4.** [hold firmly]: **to be** ~**ed in an embrace** estar abrazados(das) fuertemente; **to be** ~**ed in combat** estar enzarzados(das) en una lucha. ◇ *vi* - **1.** [with key] cerrarse con llave; [with padlock] cerrarse con candado. - **2.** [become immobilized] bloquearse.

◆ **locks** *npl literary* cabellos *mpl*.

◆ **lock in** *vt sep* encerrar.

◆ **lock out** *vt sep* - **1.** [accidentally] dejar fuera al cerrar accidentalmente la puerta; **to** ~ **o.s. out** quedarse fuera (*por olvidarse la llave dentro*). - **2.** [deliberately] dejar fuera a. - **3.** [workers] dejar sin trabajo por cierre patronal.

◆ **lock up** ◇ *vt sep* - **1.** [person - in prison] encerrar; [- in asylum] internar. - **2.** [house] cerrar (con llave). - **3.** [valuables] guardar bajo llave. ◇ *vi* cerrar (con llave).

lockable [ˈlɒkəbl] *adj* bloqueable.

lockage [ˈlɒkɪdʒ] *n* [toll] portazgo *m* de esclusa.

locker [ˈlɒkəʳ] *n* taquilla *f*, armario *m*.

locker room *n Am* vestuario *m* con taquillas.

locket [ˈlɒkɪt] *n* guardapelo *m*.

lock gate *n* compuerta *f* OR puerta *f* de esclusa.

locking [ˈlɒkɪŋ] *adj* [door] de cerradura; [briefcase] de cierre.

lockjaw [ˈlɒkdʒɔː] *n* tétanos *m*.

lock keeper *n* guardián *m*, -ana *f* de una esclusa.

locknut [ˈlɒknʌt] *n* contratuerca *f*, tuerca *f* de seguridad.

lockout [ˈlɒkaʊt] *n* cierre *m* patronal, lockout *m*.

locksmith [ˈlɒksmɪθ] *n* cerrajero *m*, -ra *f*.

lock step *n* marcha *f* cerrada.

lockup [ˈlɒkʌp] *n* - **1.** [prison] calabozo *m*, prisión *f*. - **2.** *Br* [garage] garaje *m*.

loco [ˈləʊkəʊ] (*pl* **locos**) *inf* ◇ *adj Am* loco(ca). ◇ *n Br* [locomotive] locomotora *f*.

locomotion [ˌləʊkəˈməʊʃn] *n* locomoción *f*.

locomotive [ˌləʊkəˈməʊtɪv] *n* locomotora *f*.

locomotor [ˌləʊkəˈməʊtəʳ] *adj* locomotor(triz).

locoweed [ˈləʊkəʊwiːd] *n* especie de astrágalo.

locum [ˈləʊkəm] (*pl* **locums**) *n* interino *m*, -na *f*.

locus [ˈləʊkəs] *n* - **1.** [place] lugar *m*, localidad *f*. - **2.** GEOM lugar *m* geométrico. - **3.** BIOL locus *m inv*, posición *f* de un gen.

locust [ˈləʊkəst] *n* - **1.** [insect] langosta *f*. - **2.** BOT = **locust tree**.

locust tree *n* - **1.** [false acacia] robinia *f*, falsa acacia *f*. - **2.** [carob tree] algarrobo *m*.

locution [ləˈkjuːʃn] *n* locución *f*.

lode [ləʊd] *n* veta *f*, filón *m*.

lodestar [ˈləʊdstɑːʳ] *n* estrella *f* polar.

lodestone [ˈləʊdstəʊn] *n* magnetita *f*, piedra *f* imán.

lodge [lɒdʒ] ◇ *n* - **1.** [caretaker's etc room] portería *f*. - **2.** [of manor house] casa *f* del guarda. - **3.** [of freemasons] logia *f*. - **4.** [for hunting] refugio *m* de caza. ◇ *vi* - **1.** [stay]: **to** ~ **(with sb)** alojarse (con alguien). - **2.** [become stuck] alojarse. - **3.** *fig* [in mind] grabarse (en la mente). ◇ *vt* - **1.** *fml* [register] presentar. - **2.** [house] alojar, hospedar.

lodger [ˈlɒdʒəʳ] *n* huésped *mf*.

lodging [ˈlɒdʒɪŋ] → **board**.

◆ **lodgings** *npl* habitación *f* amueblada (*en alquiler*).

lodging house *n* casa *f* de huéspedes.

loft [lɒft] ◇ *n* [in house] desván *m*, entretecho *m Amér*; [for hay] pajar *m*. ◇ *comp*: ~ **conversion** buhardillas *fpl* habilitadas OR acondicionadas.

loftiness [ˈlɒftɪnɪs] *n* - **1.** [nobility] nobleza *f*. - **2.** *pej* [arrogance] arrogancia *f*, altanería *f*. - **3.** *literary* [height] elevación *f*, altura *f*.

lofty [ˈlɒftɪ] (*compar* **loftier**, *superl* **loftiest**) *adj* - **1.** [noble] noble, elevado(da). - **2.** *pej* [arrogant] arrogante, altanero(ra). - **3.** *literary* [high] elevado(da), alto(ta).

log [lɒg] (*pt & pp* **logged**, *cont* **logging**) ◇ *n* - **1.** [of wood] tronco *m*; **to sleep like a** ~ dormir como un tronco. - **2.** [logbook - of ship] diario *m* de a bordo; [- of plane] diario *m* de vuelo. - **3.** [logarithm] logaritmo *m*. ◇ *vt* - **1.** [information] anotar. - **2.** [trees] aserrar; [land] talar los árboles de. - **3.** [hours] acumular; [miles] recorrer.

◆ **log in** *vi* COMPUT entrar (en el sistema).

◆ **log out** *vi* COMPUT salir (del sistema).

loganberry [ˈləʊgənbərɪ] (*pl* **loganberries**) *n* zarza *f* frambuesa.

logarithm [ˈlɒgərɪðm] *n* logaritmo *m*.

logbook [ˈlɒgbʊk] *n* - **1.** [of ship] diario *m* de a bordo; [of plane] diario *m* de vuelo. - **2.** [of car] documentación *f*.

log cabin *n* cabaña *f*.

loge [ləʊʒ] *n* - **1.** [box] palco *m*. - **2.** [balcony] galería *f*.

log fire *n* fuego *m* (de leña).

logger [ˈlɒgəʳ] *n* - **1.** *Am* [lumberjack] leñador *m*, -ra *f*. - **2.** *Br* [tractor] cargadora *f* de troncos.

loggerheads [ˈlɒgəhedz] *npl*: **to be at** ~ estar a matar.

loggia [ˈləʊdʒə] *n* logia *f*.

logging [ˈlɒgɪŋ] *n* explotación *f* forestal.

logic [ˈlɒdʒɪk] *n* lógica *f*.

logical [ˈlɒdʒɪkl] *adj* lógico(ca).

logically [ˈlɒdʒɪklɪ] *adv* - **1.** [gen] lógicamente. - **2.** [reasonably, sensibly] razonablemente, sensatamente.

logic circuit *n* circuito *m* lógico.

logician [ləˈdʒɪʃn] *n* lógico *m*, -ca *f*.

logistical [ləˈdʒɪstɪkl] *adj* logístico(ca).

logistically [ləˈdʒɪstɪklɪ] *adv* desde el punto de vista logístico.

logistics [ləˈdʒɪstɪks] *npl* logística *f*.

logjam [ˈlɒgdʒæm] *n esp Am* atolladero *m*.

lognormal [ˌlɒgˈnɔːml] *adj* relativo a la función logarítmica de distribución normal.

logo [ˈləʊgəʊ] (*pl* **logos**) *n* logo *m*, logotipo *m*.

logogram ['lɒgəgræm] *n* signo *m* taquigráfico.

logotype ['lɒgətaɪp] *n* logotipo *m*.

logroll ['lɒgrəʊl] *Am* ◇ *vt* conseguir la aprobación de. ◇ *vi* darse ayuda recíproca.

logrolling ['lɒgrəʊlɪŋ] *n* (U) *Am* acción de alabar o respaldar el trabajo de alguien para recibir después el mismo trato.

logy ['ləʊgɪ] *adj Am inf* atontado(da), mareado(da).

loin [lɔɪn] *n* lomo *m*.

◆ **loins** *npl* ijada *f*, ijar *m*; **to gird one's ~s** *fig* prepararse para la batalla.

loincloth ['lɔɪnkləʊθ] *n* taparrabos *m inv*.

loiter ['lɔɪtər] *vi* [for bad purpose] merodear; [hang around] vagar.

loiterer ['lɔɪtərər] *n* [for bad purpose] merodeador *m*, -ra *f*.

loll [lɒl] *vi* - **1.** [sit, lie about] repantigarse. - **2.** [hang down] colgar; **his head was ~ing down** cabeceaba.

lollipop ['lɒlɪpɒp] *n* pirulí *m*.

lollipop lady *n Br* mujer encargada de parar el tráfico en un paso de cebra para que crucen los niños.

lollipop man *n Br* hombre encargado de parar el tráfico en un paso de cebra para que crucen los niños.

lollop ['lɒləp] *vi* [person] moverse torpemente; [animal] galopar.

lolly ['lɒlɪ] (*pl* **lollies**) *n inf* - **1.** [lollipop] pirulí *m*. - **2.** *Br* [ice lolly] polo *m*. - **3.** *Br* [money] pasta *f*.

Lombard ['lɒmbəd] ◇ *adj* lombardo(da). ◇ *n* lombardo *m*, -da *f*.

Lombardy ['lɒmbədɪ] *n* Lombardía.

London ['lʌndən] *n* Londres.

Londonderry [,lʌndən'derɪ] *n* Londonderry.

Londoner ['lʌndənər] *n* londinense *mf*.

London Regional Transport *n* empresa pública responsable del transporte público londinense.

London School of Economics *n* facultad londinense de ciencias políticas y económicas.

London Transport *n* = **London Regional Transport**.

lone [ləʊn] *adj* solitario(ria).

loneliness ['ləʊnlɪnɪs] *n* soledad *f*.

lonely ['ləʊnlɪ] (*compar* **lonelier**, *superl* **loneliest**) *adj* - **1.** [person] solo(la). - **2.** [time, childhood] solitario(ria). - **3.** [place] solitario(ria), aislado(da).

lonely hearts *adj*: **~ club** club *m* de corazones solitarios; **~ column** anuncios *mpl* de contactos.

lone parent *n Br* [man] padre *m* soltero; [woman] madre *f* soltera.

loner ['ləʊnər] *n* solitario *m*, -ria *f*.

lonesome ['ləʊnsəm] *adj Am inf* - **1.** [person] solo(la). - **2.** [place] solitario(ria).

lone wolf *n* = **loner**.

long [lɒŋ] ◇ *adj* largo(ga); **two days ~** de dos días de duración; **how ~ was the meeting?** ¿cuánto duró la reunión?; **her five-year-~ battle with the authorities** su batalla de cinco años contra las autoridades; **to have a ~ memory** tener buena memoria; **the days are getting ~er** los días se están haciendo más largos; **it's been a ~ two months** han sido dos meses muy largos; **I've had a ~ day** ha sido un día muy largo; **the table is 2 m ~** la mesa mide OR tiene 2 m de largo; **the journey is 50 km ~** el viaje es de 50 km; **the book is 500 pages ~** el libro tiene 500 páginas; **how ~ is the journey?** ¿cuánto hay de viaje?; **how ~ is the pool?** ¿cuánto mide la piscina?; **it's a ~ way to the beach** la playa está bastante lejos; **we took the ~ way round** tomamos el camino más largo; **to be ~ on sthg** *inf* andar bien sobrado(da) de algo; **his speeches are ~ on rhetoric, but short on substance** sus discursos tienen mucha retórica y poca sustancia. ◇ *adv* mucho tiempo; **people live ~er nowadays** la gente hoy en día vive más tiempo OR más años; **~ before you were born** mucho antes de que nacieras; **it has ~ been known that...** se sabe desde hace tiempo que...; **~ may our partnership continue!** ¡que nuestra so-

ciedad dure muchos años!; **~ ago** hace mucho (tiempo); **as ~ ago as 1937** allá por 1937; **all day ~** todo el día; **all week ~** toda la semana; **how ~ will it take?** ¿cuánto se tarda?; **how ~ will you be?** ¿cuánto tardarás?; **how ~ have you been waiting?** ¿cuánto tiempo llevas esperando?; **I'm no ~er young** ya no soy joven; **I can't wait any ~er** no puedo esperar más ❏ **so ~!** *inf* ¡hasta luego OR pronto!; **before ~** pronto; **for ~** mucho tiempo. ◇ *n*: **the ~ and the short of it is that...** en pocas palabras lo que pasa es que... ◇ *vt*: **to ~ to do sthg** desear ardientemente hacer algo; **I was ~ing to tell her the truth** estaba deseando contarle la verdad.

◆ **as long as** *conj* - **1.** [in time] mientras; **stay as ~ as you like** quédate el tiempo que quieras; **it could take as ~ as a week** podría tardar hasta una semana. - **2.** [providing]: **I'll do it as ~ as I get paid for it** lo haré siempre que me paguen; **I'd love to come, as ~ as that's all right with you** me encantaría ir, siempre que no os importe.

◆ **so long as** *conj* = **as long as** *sense 2.*

◆ **long for** *vt fus* desear ardientemente; **I was ~ing for a cup of tea** estaba deseando tomarme un té, me moría por un té.

long. (*written abbr of* **longitude**) long.

long-awaited [-ə'weɪtɪd] *adj* tan esperado (tan esperada).

longboat ['lɒŋbəʊt] *n* chalupa *f*, lancha *f*.

longbow ['lɒŋbəʊ] *n* arco *m*.

long-distance *adj* [runner] de fondo; [lorry driver] para distancias grandes.

long-distance call *n* conferencia *f* (telefónica).

long division *n* división *f* no abreviada.

long-drawn-out *adj* interminable.

long drink *n* bebida que resulta de la mezcla de alcohol y un refresco, tipo cuba libre.

long-eared *adj* orejudo(da), de orejas grandes.

longed-for ['lɒŋd-] *adj* ansiado(da).

long-established *adj* [tradition] enraizado(da), ancestral.

longevity [lɒn'dʒevətɪ] *n* longevidad *f*.

long-forgotten *adj* olvidado(da) desde hace tiempo; **a ~ tradition** una tradición que cayó en el olvido OR en desuso.

longhair ['lɒŋheər] *n inf* - **1.** [intellectual] intelectual *mf* progre. - **2.** [hippie] melenudo *m*, -da *f*.

longhaired [,lɒŋheəd] *adj* de pelo largo.

longhand ['lɒŋhænd] *n* escritura *f* a mano.

long-haul *adj* de larga distancia.

longing ['lɒŋɪŋ] ◇ *adj* anhelante. ◇ *n* - **1.** [desire] anhelo *m*, deseo *m*; [nostalgia] nostalgia *f*, añoranza *f*. - **2.** [strong wish]: **(a) ~ (for)** (un) ansia *f* (de).

longingly ['lɒŋɪŋlɪ] *adv* de manera anhelante.

longish ['lɒŋɪʃ] *adj* bastante largo (bastante larga).

Long Island *n* Long Island.

longitude ['lɒndʒɪtjuːd] *n* longitud *f*.

longitudinal [,lɒndʒɪ'tjuːdɪnl] *adj* longitudinal.

long johns *npl* calzones *mpl* largos.

long jump *n* salto *m* de longitud.

long jumper *n Br* saltador *m*, -ra *f* de longitud.

long-lasting *adj* duradero(ra).

long-legged *adj* [person] de piernas largas; [animal] de patas largas.

long-life *adj* de larga duración.

long-lived [-lɪvd] *adj* - **1.** [person] longevo(va), de larga vida; [thing] duradero(ra). - **2.** *fig* [persistent] persistente.

long-lost *adj* desaparecido(da) hace tiempo.

long-playing record *n* disco *m* de larga duración.

long-range *adj* - **1.** [missile, bomber] de largo alcance. - **2.** [plan, forecast] a largo plazo.

long-running *adj* [TV programme] en antena mucho tiempo; [play] en cartelera mucho tiempo; [dispute] que dura desde tiempo inmemorial.

longshoreman ['lɒŋʃɔːmən] (*pl* **longshoremen** [-mən]) *n Am* estibador *m*.

long shot *n* posibilidad *f* remota; **not by a** ~ ni mucho menos.

longsighted [ˌlɒŋ'saɪtɪd] *adj* - **1.** MED présbita. - **2.** *fig* [well-judged] previsor(ra), perspicaz.

long-sleeved *adj* de manga larga.

long-standing *adj* antiguo(gua).

longsuffering [ˌlɒŋ'sʌfrɪŋ] *adj* sufrido(da).

long suit *n* - **1.** [in cards] palo *m* fuerte. - **2.** *fig* [strength] punto *m* fuerte.

long term *n*: **in the** ~ a largo plazo.

◆ **long-term** *adj* a largo plazo.

long-time *adj* antiguo(gua), viejo(ja).

long ton *n* = 1016 kg, tonelada *f* larga OR inglesa.

long vacation *n Br* vacaciones *fpl* de verano.

long view *n* previsiones *fpl* a largo plazo.

long wave *n (U)* onda *f* larga.

longways ['lɒŋweɪz] *adv* a lo largo, longitudinalmente.

longwearing [ˌlɒŋ'weərɪŋ] *adj Am* resistente, duradero(ra).

long weekend *n* fin *m* de semana largo, puente *m*.

longwinded [ˌlɒŋ'wɪndɪd] *adj* prolijo(ja).

longwise ['lɒŋwaɪz] *adv* = **longways**.

Lonsdale Belt ['lɒnzdeɪl-] *n* máximo título en el boxeo profesional británico.

loo [luː] (*pl* **loos**) *Br inf* ◇ *n* retrete *m*, wáter *m*. ◇ *comp*: ~ **roll** rollo *m* de papel higiénico.

loofa(h) ['luːfə] *n* esponja *f* vegetal.

look [lʊk] ◇ *n* - **1.** [with eyes] mirada *f*; **to give sthg a** ~ echar una ojeada a algo; **she gave me an angry/a questioning** ~ me dirigió una mirada de enfado/interrogativa, me miró enfadada/inquisitiva; **to give sb a dirty** ~ mirar a alguien con malos ojos; **to take** OR **have a** ~ **(at sthg)** echar una mirada OR ojeada (a algo) ❑ **to take a long, hard** ~ **at sthg** [with eyes] estudiar detenidamente algo; *fig* mirar algo en profundidad, considerar algo con detenimiento. - **2.** [search]: **to have a** ~ **(for sthg)** buscar (algo). - **3.** [appearance] aspecto *m*; **by the** ~ OR ~**s of it, it has been here for ages** parece que hace años que está aquí; **I don't like the** ~ **of it** esto no tiene buena pinta. - **4.** [in fashion] moda *f*, estilo *m*. ◇ *vi* - **1.** [with eyes]: **to** ~ **(at sthg/sb)** mirar (algo/a alguien); **she** ~**ed along the corridor/down the list** miró por el pasillo/en la lista. - **2.** [search] buscar. - **3.** [building, window]: **to** ~ **(out) onto** dar a; **to** ~ **north/west** dar al norte/oeste. - **4.** [have stated appearance] verse; [seem] parecer; **he** ~**s pale** está pálido; **he** ~**s as if he hasn't slept** tiene pinta de no haber dormido; **it** ~**s like rain** OR **as if it will rain** parece que va a llover; **I must have** ~**ed a fool** debo (de) haber quedado como un imbécil; **it'll** ~ **bad if I don't contribute** quedaría mal OR no quedaría bien que no contribuyera; **she** ~**s about 40** debe (de) tener unos 40 años; **you're** ~**ing better** se te ve mejor, tienes mejor aspecto; **she** ~**s like her mother** se parece a su madre. - **5.** [intend]: **to be** ~**ing to do sthg** estar pensando en hacer algo. - **6.** *phr*: ~ **before you leap** *proverb* piénsalo dos veces antes de hacer algo; ~ **sharp** OR **smart** OR **lively** *Br! inf* ¡date prisa!, ¡espabila! ◇ *vt* - **1.** [in commands] mirar; ~ **who's talking!** ¡mira quién habla! - **2.** [appear]: **to** ~ **one's age** representar la edad que se tiene; **to** ~ **one's best** vestir elegantemente. ◇ *excl*: ~!, ~ **here!** ¡mira!, ¡oye!

◆ **looks** *npl* belleza *f*; **she's got her mother's** ~**s** ha heredado la belleza de su madre, es igual de guapa que su madre.

◆ **look after** *vt fus* - **1.** [take care of] cuidar; **to** ~ **after o.s.** cuidarse. - **2.** [be responsible for] encargarse de.

◆ **look at** *vt fus* - **1.** [see, glance at] mirar; [examine] examinar, aguaitar *Amér*; **it's not much to** ~ **at** no es que sea muy bonito. - **2.** [judge] estudiar.

◆ **look back** *vi* [reminisce] recordar; **it seems funny** ~**ing back on it** lo pienso ahora y me parece divertido; **she's never** ~**ed back** no ha dejado de prosperar.

◆ **look down on** *vt fus* [condescend to] despreciar.

◆ **look for** *vt fus* buscar.

◆ **look forward to** *vt fus* esperar (con ilusión); **I'm not** ~**ing forward to the operation** no me hace ninguna gracia pensar que tengo que operarme; ~**ing forward to seeing you** a la espera de volverte a ver.

◆ **look in** *vi* [visit] pasarse, hacer una visita; **to** ~ **in on sb** pasar por casa de alguien.

◆ **look into** *vt fus* [problem, possibility] estudiar; [issue] investigar.'

◆ **look on** ◇ *vt fus* = **look upon**. ◇ *vi* mirar, observar.

◆ **look out** *vi* [be careful] tener cuidado; ~ **out!** ¡cuidado!

◆ **look out for** *vt fus* - **1.** [be on watch for] estar atento(ta) a. - **2.** *phr*: **to** ~ **out for o.s.** *inf* mirar por uno mismo.

◆ **look over** *vt fus* [glance at] mirar, echar un vistazo a; [examine] examinar, repasar.

◆ **look round** ◇ *vt fus* [shop] echar un vistazo; [castle, town] visitar. ◇ *vi* - **1.** [look back] volver la cabeza. - **2.** [look at surroundings] dar una vuelta.

◆ **look through** *vt fus* - **1.** [look at briefly - book, paper] hojear; [- collection, pile] echar un vistazo a. - **2.** [check] revisar.

◆ **look to** *vt fus* - **1.** [depend on] recurrir a. - **2.** [attend to] encargarse de.

◆ **look up** ◇ *vt sep* - **1.** [in book] buscar. - **2.** [person] ir a ver a, visitar a. ◇ *vi* - **1.** [improve] mejorar. - **2.** [raise one's eyes] mirar hacia arriba.

◆ **look upon** *vt fus*: **to** ~ **upon sthg/sb as** considerar algo/a alguien como.

◆ **look up to** *vt fus* respetar, admirar.

look-alike *n* doble *mf*, sosia *m*.

looker ['lʊkə'] *n inf* bombón *m*.

looker-on (*pl* **lookers-on**) *n* espectador *m*, -ra *f*.

look-in *n Br inf*: **to get a** ~ [chance to win] tener la posibilidad (de ganar); [chance to participate] tener la oportunidad (de participar).

looking glass ['lʊkɪŋ-] *n dated* espejo *m*.

lookout ['lʊkaʊt] *n* - **1.** [place] puesto *m* de observación, atalaya *f*. - **2.** [person] guardia *mf*, centinela *mf*. - **3.** [search]: **to be on the** ~ **for** estar al acecho de. - **4.** *Br inf* [problem] asunto *m*, problema *m*; **that's your/his** ~! ¡eso es asunto tuyo/suyo!

look-up table *n* COMPUT tabla *f* de consulta.

loom [luːm] ◇ *n* telar *m*; **hand/power** ~ telar *m* manual/mecánico. ◇ *vi* - **1.** [rise up] surgir OR aparecer amenazante. - **2.** *fig* [be imminent] cernerse, ser inminente; **to** ~ **large** ser agobiante.

◆ **loom up** *vi* divisarse sombríamente.

LOOM [luːm] (*abbr of* **Loyal Order of the Moose**) *n* organización benéfica estadounidense.

looming ['luːmɪŋ] *adj* inminente.

loon [luːn] *n* - **1.** *inf* [simpleton] bobo *m*, -ba *f*. - **2.** *Am* ZOOL colimbo *m*.

loony ['luːnɪ] (*compar* **loonier**, *superl* **looniest**, *pl* **loonies**) *inf* ◇ *adj* majara, chiflado(da). ◇ *n* majara *mf*, chiflado *m*, -da *f*.

loony bin *n inf hum* manicomio *m*.

loony left *n pej* POL: **the** ~ término popular utilizado para referirse a la extrema izquierda del Partido Laborista británico.

loop [luːp] ◇ *n* - **1.** [shape] lazo *m*. - **2.** [contraceptive] espiral *f*. - **3.** COMPUT bucle *m*. - **4.** ELEC circuito *m* cerrado. ◇ *vt* - **1.** [string, rope etc]: **to** ~ **sthg round sthg** pasar algo alrededor de algo. - **2.** AERON: **to** ~ **the** ~ rizar el rizo. ◇ *vi* hacer un lazo.

loopey ['luːpɪ] *adj* = **loopy**.

loophole ['luːphəʊl] *n* laguna *f*.

loopy ['luːpɪ] (*compar* **loopier**, *superl* **loopiest**) *adj inf* [crazy] chalado(da), majara.

loo roll *n Br inf* rollo *m* de papel higiénico.

loose [luːs] ◇ *adj* - **1.** [not firmly fixed] flojo(ja); **to come** ~ aflojarse. - **2.** [free, unattached] suelto(ta); **to set** OR **turn** ~ soltar. - **3.** [paper, sweets, hair] suelto(ta). - **4.** [clothes, fit] holgado(da). - **5.** *dated* [promiscuous] promiscuo(cua); **a** ~ **woman** una mujer de vida alegre. - **6.** [translation] poco exacto (poco exacta), impreciso(sa). **- 7.** [association] no muy estrecho (no muy estrecha). **- 8.** *Am inf* [relaxed]: **to stay** OR **hang** ~ seguir tranqui. **- 9.** [with mucus]: ~ **cough** tos *f* húmeda OR expectorante. ◇ *n (U)*: **to be on the** ~ andar suelto(ta). ◇ *vt* **- 1.** [release] soltar, poner en libertad. **- 2.** [shoot] disparar.

loose change *n* (dinero *m*) suelto *m*, sencillo *m* *Amér.*

loose cover *n Br* [for armchair, sofa] funda *f*.

loose end *n* cabo *m* suelto; **to be at a** ~ *Br*, **to be at** ~**s** *Am* estar desocupado(da); **to tie up the** ~**s** atar los cabos sueltos.

loose-fitting *adj* amplio(plia), holgado(da).

loose-leaf *adj* de hojas sueltas.

loose-leaf binder *n* carpeta *f* de hojas sueltas.

loose-limbed *adj* ágil.

loosely ['luːslɪ] *adv* **- 1.** [not firmly] holgadamente, sin apretar. **- 2.** [inexactly] vagamente; **it can be** ~ **translated as...** se puede traducir más o menos por...

loosen ['luːsn] ◇ *vt* aflojar. ◇ *vi* aflojarse.

◆ **loosen up** *vi* **- 1.** [before game, race] desentumecerse. **- 2.** *inf* [relax] relajarse. **- 3.** [get less severe] ser menos riguroso (menos rigurosa).

looseness ['luːsnɪs] *n* **- 1.** [of screw, nail, clothing] holgura *f*. **- 2.** [of translation] inexactitud *f*, imprecisión *f*.

loosening ['luːsnɪŋ] *n* **- 1.** [slackening] relajamiento *m*, aflojamiento *m*. **- 2.** [of bowels] laxación *f*.

loose-tongued *adj*: **to be** ~ hablar siempre más de la cuenta, ser un indiscreto (una indiscreta).

loot [luːt] ◇ *n* botín *m*. ◇ *vt* saquear. ◇ *vi* entregarse al saqueo.

looter ['luːtə^r] *n* saqueador *m*, -ra *f*.

looting ['luːtɪŋ] *n* saqueo *m*.

lop [lɒp] (*pt & pp* **lopped**, *cont* **lopping**) *vt* podar.

◆ **lop off** *vt sep* cortar.

lope [ləʊp] *vi* andar con paso largo y ligero.

lop-eared *adj* de orejas gachas OR caídas.

lop-sided *adj* **- 1.** [uneven] ladeado(da), torcido(da). **- 2.** *fig* [biased] desequilibrado(da).

loquacious [lə'kweɪʃəs] *adj fml* locuaz.

loquacity [lə'kwæsətɪ] *n fml* locuacidad *f*.

lord [lɔːd] ◇ *n Br* [master] señor *m*; [nobleman] noble *m*; **the** ~**s of industry** los magnates de la industria; **drunk as a** ~ borracho(cha) como una cuba. ◇ *vt*: **to** ~ **it over sb** dominar a alguien.

◆ **Lord** *n* **- 1.** RELIG: **the Lord** [God] el Señor; **good Lord!** *Br* ¡Dios mío! **- 2.** [in titles] lord *m*; [as form of address]: **my Lord** [bishop] su Ilustrísima; [judge] su Señoría.

◆ **Lords** *npl Br* POL: **the Lords** la Cámara de los Lores.

Lord Advocate *n* ≃ fiscal *mf* general del Estado [en Escocia].

Lord Chancellor *n Br* presidente de la Cámara de los Lores y responsable de Justicia en Inglaterra y Gales.

Lord Chief Justice *n* juez de alto rango que depende del 'Lord Chancellor' y preside el tribunal supremo en Inglaterra.

Lord Lieutenant *n* representante del rey o la reina en un condado.

lordly ['lɔːdlɪ] (*compar* **lordlier**, *superl* **lordliest**) *adj* **- 1.** [noble] señorial, noble. **- 2.** *pej* [arrogant] arrogante, altivo(va).

Lord Mayor *n Br* alcalde *m*.

lordosis [lɔː'dəʊsɪs] *n* lordosis *f inv*.

Lord Privy Seal *n*: **the** ~ miembro destacado del Gobierno británico que no está al frente de ningún Ministerio.

Lord's [lɔːdz] *n* campo de críquet londinense, uno de los más importantes de Gran Bretaña.

Lord's Day *n*: **the** ~ el Día del Señor.

Lordship ['lɔːdʃɪp] *n*: **your/his** ~ su Señoría *f*.

Lord's Prayer *n*: **the** ~ el Padrenuestro.

Lords Spiritual *npl* dignatarios de la Iglesia anglicana miembros de la Cámara de los Lores.

Lords Temporal *npl* miembros laicos de la Cámara de los Lores.

lore [lɔː^r] *n (U)* saber *m* OR tradición *f* popular.

lorgnette [lɔː'njet] *n* impertinentes *mpl*.

lorn [lɔːn] *adj literary* **- 1.** [bereft] desprovisto(ta). **- 2.** [forlorn] abandonado(da), desamparado(da).

Lorraine [lɒˈreɪn] *n* Lorena.

lorry ['lɒrɪ] (*pl* **lorries**) ◇ *n Br* camión *m*; **it fell off the back of a** ~ *inf* es mercancía robada. ◇ *comp*: ~ **park** (zona *f* de) estacionamiento *m* OR aparcamiento *m* de camiones.

lorry driver *n Br* camionero *m*, -ra *f*.

lorry-load *n Br* carga *f*.

Los Angeles [lɒsˈændʒɪliːz] *n* Los Angeles.

lose [luːz] (*pt & pp* **lost** [lɒst]) ◇ *vt* **- 1.** [gen] perder; **to** ~ **one's way** perderse; **to** ~ **o.s. in sthg** sumirse OR perderse en algo; **to** ~ **sight of sthg/sb** *lit & fig* perder de vista algo/a alguien; **to** ~ **interest/patience** perder (el) interés/la paciencia. **- 2.** [subj: clock, watch] atrasarse. **- 3.** [cause to lose] costar, hacer perder; **his arrogance lost him his job** su arrogancia le costó el empleo. ◇ *vi* **- 1.** [fail to win] perder; **to** ~ **to sb** perder con alguien. **- 2.** [clock, watch] atrasarse.

◆ **lose out** *vi* salir perdiendo; **to** ~ **out on sthg** salir perdiendo en algo.

loser ['luːzə^r] *n* **- 1.** [of competition] perdedor *m*, -ra *f*; **to be a good/bad** ~ saber/no saber perder. **- 2.** *inf pej* [unsuccessful person] desgraciado *m*, -da *f*.

losing ['luːzɪŋ] *adj* vencido(da), derrotado(da).

loss [lɒs] *n* **- 1.** [gen] pérdida *f*; ~ **of life** muertes *fpl*; **to make a** ~ sufrir pérdidas, perder; **to sell sthg at a** ~ vender algo por menos de lo que costó; **it's your** ~! ¡tú sales perdiendo! **- 2.** [failure to win] derrota *f*. **- 3.** *phr*: **to be at a** ~ **to explain sthg** no saber cómo explicar algo; **to cut one's** ~**es** ahorrarse problemas cortando por lo sano.

loss adjuster *n* perito *m*, -ta *f* tasador de seguros.

loss leader *n* COMM artículo *m* de reclamo.

lossmaker ['lɒsmeɪkə^r] *n* negocio *m* que no es rentable OR que tiene pérdidas.

loss ratio *n* ratio *f* OR coeficiente *m* de pérdidas.

lost [lɒst] ◇ *pt & pp* → **lose**. ◇ *adj* **- 1.** [unable to find way] perdido(da); **to get** ~ perderse; **a** ~ **soul** un alma perdida ❏ **to be/feel** ~ **without sthg/sb** estar perdido(da) sin algo/alguien; **get** ~! *inf* ¡vete a la porra! **- 2.** [that cannot be found] extraviado(da), perdido(da); **a** ~ **art** un arte olvidado. **- 3.** [ineffective]: **to be** ~ **on sb** no surtir efecto en alguien. **- 4.** [opportunity] desaprovechado(da). **- 5.** *fig* [engrossed] absorto(ta); ~ **in thought** absorto en sus pensamientos.

lost-and-found office *n Am* oficina *f* de objetos perdidos.

lost cause *n* causa *f* perdida.

lost property *n (U)* objetos *mpl* perdidos.

lost property office *n Br* oficina *f* de objetos perdidos.

lot [lɒt] *n* **- 1.** [large amount]: **a** ~ **of**, ~**s of** mucho(cha); **a** ~ **of people** mucha gente, muchas personas; **a** ~ **of problems** muchos problemas; **the** ~ todo. **- 2.** [group, set] grupo *m*. **- 3.** *inf* [group of people] panda *f*, pandilla *f*. **- 4.** [destiny] destino *m*, suerte *f*. **- 5.** *Am* [of land] terreno *m*; [car park] aparcamiento *m*. **- 6.** [at auction] partida *f*, lote *m*. **- 7.** *Am* [film studio] estudio *m*. **- 8.** *phr*: **to draw** ~**s** echar a suertes.

◆ **a lot** ◇ *adv* mucho. ◇ *pron* mucho; **there's not a** ~ **you can do about it** no se puede hacer gran cosa.

Lot [lɒt] *n* Lot *m*.

loth [ləʊθ] *adj* = **loath**.

Lothario [lə'θɑːrɪəʊ] (*pl* **Lotharios**) *n* tenorio *m*.

Lothian Region ['ləʊðjən-] *n* región al sudeste de Escocia.

lotion ['ləʊʃn] *n* loción *f*.

lottery ['lɒtərɪ] (*pl* **lotteries**) ◇ *n* lotería *f*. ◇ *comp*: ~ **ticket** billete *m* de lotería.

lotto ['lɒtəʊ] *n* juego casero similar al bingo.

lotus [ˈləʊtəs] *n* loto *m*.

lotus-eater *n* - **1.** MYTH lotófago *m*, -ga *f*. - **2.** *fig* [dreamer] persona *f* indolente.

lotus position *n* posición *f* de loto.

loud [laʊd] ◇ *adj* - **1.** [voice, music] alto(ta); [bang] fuerte; [person] ruidoso(sa). - **2.** [emphatic]: **to be ~ in one's criticism of** ser enérgico(ca) en la crítica de. - **3.** [too bright] chillón(ona), llamativo(va). ◇ *adv* alto, fuerte; **~ and clear** alto y claro; **out ~** en voz alta.

louden [ˈlaʊdn] *vi* intensificarse, volverse más fuerte.

loudhailer [ˌlaʊdˈheɪləʳ] *n Br* megáfono *m*.

loudly [ˈlaʊdlɪ] *adv* - **1.** [shout] a voz en grito; [talk] en voz alta. - **2.** [gaudily] con colores chillones OR llamativos.

loudmouth [ˈlaʊdmaʊθ, *pl* -maʊðz] *n inf* bocazas *mf inv*.

loudness [ˈlaʊdnɪs] *n* fuerza *f*, intensidad *f*.

loudspeaker [ˌlaʊdˈspiːkəʳ] *n* altavoz *m*, altoparlante *m* Amér.

Louisiana [luːˌiːzɪˈænə] *n* Luisiana.

lounge [laʊndʒ] (*cont* **loungeing**) ◇ *n* - **1.** [in house] salón *m*. - **2.** [in airport] sala *f* de espera. - **3.** *Br* [lounge bar] salón-bar *m*. ◇ *vi* repantigarse.

◆ **lounge about, lounge around** *vi* holgazanear.

lounge bar *n Br* salón-bar *m*.

lounge car *n Am* coche *m* salón.

lounge chair *n* tumbona *f*.

lounge suit *n Br* traje *m*.

lour [ˈlaʊəʳ] *vi* = **lower²**.

louring [ˈlaʊərɪŋ] *adj* = **lowering**.

louse [laʊs] (*pl sense 1* **lice** [laɪs], *pl sense 2* **louses**) *n* - **1.** [insect] piojo *m*. - **2.** *inf pej* [person] canalla *mf*.

◆ **louse up** *vt sep Am v inf* jorobar, fastidiar.

lousy [ˈlaʊzɪ] (*compar* **lousier**, *superl* **lousiest**) *adj inf* - **1.** [poor-quality] fatal, pésimo(ma). - **2.** [ill]: **to feel ~** sentirse fatal. - **3.** *inf* [wealthy]: **to be ~ with money** estar podrido(da) de dinero.

lout [laʊt] *n* gamberro *m*.

loutish [ˈlaʊtɪʃ] *adj* [behaviour] grosero(ra); [manners] basto(ta).

louvre *Br*, **louver** *Am* [ˈluːvəʳ] *n* persiana *f*.

lovable [ˈlʌvəbl] *adj* encantador(ra), adorable.

lovage [ˈlʌvɪdʒ] *n* ligustro *m*, alheña *f*.

lovat [ˈlʌvət] *n* color verde azulado o amarillento característico de los tejidos de lana y tweed.

love [lʌv] ◇ *n* - **1.** [gen] amor *m*; **to be in ~ (with)** estar enamorado(da) (de); **to fall in ~** enamorarse; **give her my ~** dale un abrazo de mi parte; **~ from** [at end of letter] un abrazo de; **a ~-hate relationship** una relación de amor y odio; **to make ~** hacer el amor; **~ at first sight** amor a primera vista, flechazo *m* ❏ **not for ~ nor money** por nada del mundo; **there is no ~ lost between them** se llevan a matar. - **2.** [liking, interest] pasión *f*; **a ~ of** OR **for** una pasión por. - **3.** *inf* [form of address] cariño *mf*. - **4.** TENNIS **30 :** 30 a nada. ◇ *vt* - **1.** [feel affection for] querer, amar. - **2.** [like]: **I ~ football** me encanta el fútbol; **I ~ going to** OR **to go to the theatre** me encanta ir al teatro.

loveable [ˈlʌvəbl] *adj* = **lovable**.

love affair *n* aventura *f* (amorosa).

love apple *n arch* tomate *m*.

lovebird [ˈlʌvbɜːd] *n* ZOOL periquito *m*.

lovebite [ˈlʌvbaɪt] *n* moratón *m*, mordisco *m* (*por un beso*).

love child *n* hijo *m* natural, hija natural *f*.

loved ones [lʌvd] *npl* seres *mpl* queridos.

love feast *n* ágape *m*.

love knot *n* lazo *m* (símbolo del amor entre dos personas).

loveless [ˈlʌvlɪs] *adj* sin amor.

love letter *n* carta *f* de amor.

love life *n* vida *f* amorosa.

loveliness [ˈlʌvlɪnɪs] *n* belleza *f*, hermosura *f*.

lovelorn [ˈlʌvlɔːn] *adj* herido(da) de amor, con mal de amores.

lovely [ˈlʌvlɪ] (*compar* **lovelier**, *superl* **loveliest**) *adj* - **1.** [beautiful - person] encantador(ra); [- dress, place] precioso(sa). - **2.** [pleasant] estupendo(da).

lovemaking [ˈlʌvˌmeɪkɪŋ] *n (U)* relaciones *fpl* sexuales.

love match *n* matrimonio *m* por amor.

love nest *n* nido *m* de amor.

love potion *n* filtro *m* amoroso.

lover [ˈlʌvəʳ] *n* - **1.** [sexual partner] amante *mf*. - **2.** [enthusiast] amante *mf*, apasionado *m*, -da *f*.

love scene *n* escena *f* de amor.

love seat *n* confidente *m*.

lovesick [ˈlʌvsɪk] *adj* enfermo(ma) de amor (no correspondido).

lovesickness [ˈlʌvˌsɪknɪs] *n* mal *m* de amores.

love song *n* canción *f* de amor.

love story *n* historia *f* de amor.

love token *n* prueba *f* de amor.

loving [ˈlʌvɪŋ] *adj* cariñoso(sa), afectuoso(sa).

loving cup *n* copa *f* de la amistad.

loving kindness *n literary* cariño *m*.

lovingly [ˈlʌvɪŋlɪ] *adv* cariñosamente, afectuosamente.

low [ləʊ] ◇ *adj* - **1.** [gen] bajo(ja); **cook on a ~ heat** cocinar a fuego lento; **~ in calories** bajo en calorías; **in the ~ twenties** 20 y algo; **keep your voice ~** baja la voz; **morale is very ~** la moral está por los suelos; **a ~ trick** una mala jugada. - **2.** [little remaining] escaso(sa); **to be ~ on sthg** andar escaso de algo. - **3.** [unfavourable - opinion] malo(la); [- esteem] poco(ca). - **4.** [dim] tenue. - **5.** [dress, neckline] escotado(da). - **6.** [depressed] deprimido(da). ◇ *adv* - **1.** [gen] bajo; **~ paid** mal pagado (mal pagada). - **2.** [speak] en voz baja. - **3.** [in price]: **to buy ~** comprar barato OR a bajo precio. ◇ *n* - **1.** [low point] punto *m* más bajo. - **2.** METEOR área *f* de bajas presiones. - **3.** *Am* [first gear] primera *f*. - **4.** *literary* [of cattle] mugido *m*. ◇ *vi literary* mugir.

low-alcohol *adj* bajo(ja) en alcohol.

lowborn [ˌləʊˈbɔːn] *adj literary* de humilde cuna, plebeyo(ya).

lowboy [ˈləʊbɔɪ] *n Am* cómoda *f* baja.

lowbred [ˌləʊˈbred] *adj* grosero(ra), vulgar.

lowbrow [ˈləʊbraʊ] *adj* PRESS & TV para las masas.

low-budget *adj* de bajo presupuesto.

low-cal *adj inf* light *(inv)*, bajo(ja) en calorías.

low-calorie *adj* light *(inv)*, bajo(ja) en calorías.

Low Church *n* corriente evangélica de la Iglesia anglicana.

low comedy *n* farsa *f*, astracanada *f*.

low-cost *adj* barato(ta), de bajo costo.

Low Countries *npl*: **the ~** los Países Bajos.

low-cut *adj* escotado(da).

low-down *inf* ◇ *adj* bajo(ja), sucio(cia). ◇ *n*: **to give sb the ~ (on sthg)** dar los detalles concretos (sobre algo) a alguien.

lower¹ [ˈləʊəʳ] ◇ *adj* inferior. ◇ *vt* - **1.** [gen] bajar; [flag] arriar; **to ~ one's eyes** bajar la mirada; **to ~ o.s. to do sthg** rebajarse a hacer algo. - **2.** [reduce] reducir.

lower² [ˈlaʊəʳ] *vi* - **1.** [be dark] estar oscuro(ra). - **2.** [frown]: **to ~ at sb** fruncir el ceño a alguien.

lower-case [ˈləʊəʳ-] *adj* de caja baja, minúscula.

Lower Chamber [ˈləʊəʳ-] *n* POL Cámara *f* Baja.

lower class [ˈləʊəʳ-] *n*: **the ~** OR **-es** las clases bajas.

lowerclassman [ˌləʊəˈklɑːsmən] (*pl* **lowerclassmen** [-mən]) *n Am* estudiante de primer o segundo curso.

lower deck [ˈləʊəʳ-] *n*: **the ~** la cubierta inferior.

Lower House [ˈləʊəʳ-] *n* Cámara *f* Baja.

lowering [ˈlaʊərɪŋ] *adj* [sky] encapotado(da), amenazador(ra).

lower middle class [ˈləʊəʳ-] *n*: **the ~** la clase media baja.

lowermost [ˈləʊəməʊst] *adj* más bajo (más baja).

Lower Saxony [ˈləʊəʳ-] *n* la Baja Sajonia.

lower sixth ['ləʊə'] *n*: **the** ~ penúltimo curso del bachillerato inglés.

lower world ['ləʊə'-] *n* - **1.** [earth] tierra *f*. - **2.** [hell] infiernos *mpl*.

lowest common denominator ['ləʊɪst-] *n* mínimo común denominador *m*.

low-fat *adj* bajo(ja) en grasas.

low-flying *adj* de vuelo bajo OR rasante.

low frequency *n* baja frecuencia *f*.

low gear *n Am* primera *f* (velocidad).

Low German *n* bajo alemán *m*.

low-grade *adj* de calidad inferior, de baja calidad.

low-heeled *adj* de tacón bajo.

lowing ['ləʊɪŋ] *n* mugido *m*.

low-key *adj* discreto(ta).

lowland ['ləʊlənd] *n* tierra *f* baja.
♦ **Lowlands** *npl*: **the** ~ [of Scotland] las Tierras Bajas (de Escocia).

low-level *adj* - **1.** [rank] de grado inferior, subalterno(na). - **2.** ELEC de baja intensidad.

low-level language *n* COMPUT lenguaje *m* de bajo nivel.

lowlife ['ləʊlaɪf] (*pl* **lowlifes**) *n inf* hampón *m*, maleante *mf*.

lowliness ['ləʊlɪnɪs] *n* humildad *f*.

low-loader *n Br* vehículo con plataforma de carga baja.

lowly ['ləʊlɪ] (*compar* **lowlier**, *superl* **lowliest**) *adj* humilde.

low-lying *adj* bajo(ja).

Low Mass *n* misa *f* hablada.

low-minded *adj* grosero(ra), vulgar.

low-necked *adj* escotado(da).

lowness ['ləʊnɪs] *n* - **1.** [shortness] falta *f* de altura. - **2.** [meanness] bajeza *f*, vileza *f*.

low-paid *adj* mal pagado (mal pagada).

low-pitched *adj* - **1.** [voice, note] grave, bajo(ja). - **2.** [roof] poco inclinado (poco inclinada).

low-pressure *adj* de baja presión.

low-priced *adj* barato(ta), de bajo precio.

low profile *n*: **to keep a** ~ mantenerse en segundo plano.

low-ranking *adj* de baja graduación.

low relief *n* bajo relieve *m*, bajorrelieve *m*.

low-rise *adj* bajo(ja), de planta y piso.

low season *n* temporada *f* baja.

low-spirited *adj* abatido(da), desalentado(da).

low-tar *adj* [cigarette] bajo(ja) en alquitrán.

low-tech *adj* rudimentario(ria).

low-tension *adj* de baja tensión, de bajo voltaje.

low tide *n* marea *f* baja.

low water *n* - **1.** [in river, lake] nivel *m* mínimo. - **2.** [low tide] marea *f* baja.

lox [lɒks] *n Am* salmón *m* ahumado.

loyal ['lɔɪəl] *adj* leal, fiel.

loyalism ['lɔɪəlɪzm] *n* lealtad *f* al gobierno.

loyalist ['lɔɪəlɪst] *n* leal *mf* al gobierno.

loyalty ['lɔɪəltɪ] (*pl* **loyalties**) *n* lealtad *f*, fidelidad *f*.

lozenge ['lɒzɪndʒ] *n* - **1.** [tablet] tableta *f*, pastilla *f*. - **2.** [shape] rombo *m*.

LP (*abbr of* **long-playing record**) *n* LP *m*.

L-plate *n Br* placa *f* L (de prácticas).

LPN (*abbr of* **licensed practical nurse**) *n* ≃ ATS *mf*.

LRAM (*abbr of* **Licentiate of the Royal Academy of Music**) *n* (titular de un) diploma de la Royal Academy of Music.

LRT *n abbr of* **London Regional Transport**.

LSAT (*abbr of* **Law School Admissions Test**) *n* examen de acceso a los estudios de derecho en EE UU.

lsd, £.s.d. *n* = LSD *sense* 2.

LSD *n* - **1.** (*abbr of* **lysergic acid diethylamide**) LSD *m*. - **2.** (*written abbr of* **pounds, shillings and pence, Latin librae,** **solidi, denarii**) sistema monetario usado en Gran Bretaña hasta 1971.

LSE (*abbr of* **London School of Economics**) *n* escuela londinense de ciencias políticas y económicas.

LSO *n abbr of* **London Symphony Orchestra**.

Lt. (*written abbr of* **lieutenant**) ≃ Tte.

LT (*abbr of* **low tension**) *n* BT.

Ltd, ltd (*written abbr of* **limited**) S.L., SL.

lubber ['lʌbə'] *n* palurdo *m*, -da *f*.

lube [lu:b] *n* (aceite *m*) lubricante *m*.

lubricant ['lu:brɪkənt] *n* lubricante *m*.

lubricate ['lu:brɪkeɪt] *vt* lubricar, engrasar.

lubrication [,lu:brɪ'keɪʃn] *n* lubricación *f*, engrase *m*.

lubricator ['lu:brɪkeɪtə'] *n* lubricante *m*, lubrificante *m*.

lubricious [lu:'brɪʃəs] *adj literary* lúbrico(ca), lujurioso(sa).

lubricity [lu:'brɪsətɪ] *n fml* [lewdness] lubricidad *f*.

lucent ['lu:sənt] *adj* luminoso(sa), brillante.

lucid ['lu:sɪd] *adj* - **1.** [clear] claro(ra). - **2.** [clear-headed] lúcido(da).

lucidity [lu:'sɪdətɪ] *n* lucidez *f*.

lucidly ['lu:sɪdlɪ] *adv* claramente, lúcidamente.

Lucifer ['lu:sɪfə'] *n* Lucifer *m*.

luck [lʌk] *n* suerte *f*, bolada *f Amér*; **just my** ~! ¡qué suerte la mía!; **good/bad** ~ [good, bad fortune] buena/mala suerte; **good** ~! [said to express best wishes] ¡buena suerte!; **bad** OR **hard** ~! ¡mala suerte!; **no such** ~! ¡ojalá!, ¡no caerá esa breva!; **to be in** ~ estar de suerte; **to be out of** ~ no tener suerte, no estar de suerte; **to try one's** ~ **at sthg** probar suerte a OR con algo; **as** ~ **would have it...** la suerte quiso que...; **to push one's** ~ tentar OR desafiar a la suerte; **with (any)** ~ con un poco de suerte ☐ **your** ~ **is in** estás de suerte; **to have the** ~ **of the devil** OR **the devil's own** ~ tener una suerte loca OR de mil demonios; **it's the** ~ **of the draw** es cuestión de suerte.
♦ **luck out** *vi Am inf* tener potra.

luckily ['lʌkɪlɪ] *adv* afortunadamente.

luckless ['lʌklɪs] *adj* desafortunado(da), sin suerte.

lucky ['lʌkɪ] (*compar* **luckier**, *superl* **luckiest**) *adj* - **1.** [fortunate - person] afortunado(da), con suerte; [- event] oportuno(na); **to be** ~ [person] tener suerte; **it was** ~ **that...** menos mal que...; ~ **you!** ¡qué suerte tienes! - **2.** [bringing good luck] que trae buena suerte; ~ **number** número *m* de la buena suerte.

lucky dip *n Br* caja *f* de las sorpresas.

lucrative ['lu:krətɪv] *adj* lucrativo(va).

lucre ['lu:kə'] *n hum & pej* lucro *m*, ganancia *f*.

Lucretius [lu:'kri:ʃəs] *n* Lucrecio *m*.

Luddite ['lʌdaɪt] ◇ *adj* ludita, relativo a un movimiento obrero británico de principios del siglo XIX que pretendía destruir la nueva maquinaria industrial, considerada causante del desempleo. ◇ *n* ludita *mf*.

ludicrous ['lu:dɪkrəs] *adj* absurdo(da), ridículo(la).

ludicrously ['lu:dɪkrəslɪ] *adv* ridículamente.

ludo ['lu:dəʊ] *n Br* parchís *m*.

Ludwig ['lʊdvɪg] *n*: ~ **of Bavaria** Luis *m* de Baviera.

luff [lʌf] *vi* orzar.

lug [lʌg] (*pt & pp* **lugged**, *cont* **lugging**) *vt inf* arrastrar, tirar con dificultad de.

luggage ['lʌgɪdʒ] *n Br* equipaje *m*; **a piece of** ~ una maleta.

luggage handler *n* mozo *m* de equipajes.

luggage rack *n Br* [of car] baca *f*, portaequipajes *m inv*; [in train] redecilla *f*.

luggage trolley *n Br* carrito *m* (portaequipajes).

luggage van *n Br* furgón *m* de equipajes.

lugsail ['lʌgseɪl] *n* vela *f* al tercio.

lugubrious [lʊ'gu:brɪəs] *adj fml* lúgubre.

lukewarm ['lu:kwɔ:m] *adj* - **1.** [tepid] tibio(bia), templado(da). - **2.** [unenthusiastic] indiferente, desapasionado(da)

lull [lʌl] ◇ n: ~ **(in)** [activity] respiro m OR pausa f (en); [fighting] tregua f (en); **the ~ before the storm** fig la calma que precede a la tormenta. ◇ vt: **to ~ sb into a false sense of security** infundir una sensación de falsa seguridad a alguien; **to ~ sb to sleep** adormecer OR hacer dormir a alguien.

lullaby ['lʌləbaɪ] (pl **lullabies**) n nana f, canción f de cuna.

lumbago [lʌm'beɪgəʊ] n (U) lumbago m.

lumbar ['lʌmbəʳ] adj lumbar; ~ **puncture** punción f lumbar.

lumber ['lʌmbəʳ] ◇ n (U) - **1.** Am [timber] maderos mpl. - **2.** Br [bric-a-brac] trastos mpl. ◇ vi moverse pesadamente.

◆ **lumber with** vt sep Br inf: **to ~ sb with sthg** cargar a alguien con algo.

lumberer ['lʌmbərəʳ] n Am - **1.** [woodcutter] leñador m, -ra f. - **2.** [wood dealer] maderero m, -ra f.

lumbering ['lʌmbərɪŋ] ◇ adj torpe, pesado(da). ◇ n Am explotación f forestal, industria f maderera.

lumberjack ['lʌmbədʒæk] n leñador m, -ra f.

lumber-jacket n chaqueta f de leñador.

lumberman ['lʌmbəmən] (pl **lumbermen** [-mən]) n Am leñador m, maderero m.

lumbermill ['lʌmbəˌmɪl] n Am aserradero m, serrería f.

lumber-room n Br cuarto m trastero.

lumberyard ['lʌmbəjɑːd] n Am almacén m de madera.

lumen ['luːmɪn] (pl **lumens** OR **lumina** [-mɪnə]) n lumen m.

luminance ['luːmɪnəns] n luminancia f.

luminary ['luːmɪnəri] (pl **luminaries**) n fml [celebrity] lumbrera f.

luminescence [ˌluːmɪ'nesəns] n luminiscencia f.

luminescent [ˌluːmɪ'nesənt] adj luminiscente.

luminosity [ˌluːmɪ'nɒsəti] n luminosidad f.

luminous ['luːmɪnəs] adj luminoso(sa).

lummox ['lʌməks] n inf patán m, bodoque m.

lump [lʌmp] ◇ n - **1.** [of coal, earth] trozo m; [of sugar] terrón m; [in sauce] grumo m. - **2.** [on body] bulto m. - **3.** fig [in throat] nudo m. ◇ vt: **to ~ sthg together** [things] amontonar algo; [people, beliefs] agrupar OR juntar algo ❑ **to ~ it** inf aguantarse; **she'll have to like it or ~ it** si no le gusta, que se aguante.

lumpectomy [ˌlʌm'pektəmi] (pl **lumpectomies**) n extirpación f de un tumor de pecho.

lumpish ['lʌmpɪʃ] adj - **1.** [clumsy] torpe. - **2.** [dullwitted] estúpido(da).

lump labour n Br mano f de obra ilegal.

lump sugar n azúcar m o f en terrones.

lump sum n suma f OR cantidad f global.

lumpy ['lʌmpi] (compar **lumpier**, superl **lumpiest**) adj [sauce] grumoso(sa); [mattress] lleno(na) de bultos.

lunacy ['luːnəsi] n locura f.

lunar ['luːnəʳ] adj lunar.

lunar landing n alunizaje m.

lunar module n módulo m lunar.

lunar month n mes m lunar.

lunar year n año m lunar.

lunatic ['luːnətɪk] ◇ adj pej demencial. ◇ n - **1.** pej [fool] idiota mf. - **2.** [insane person] loco m, -ca f.

lunatic asylum n manicomio m.

lunatic fringe n grupúsculo m extremista.

lunation [luː'neɪʃn] n lunación f.

lunch [lʌntʃ] ◇ n comida f, almuerzo m; **to have ~** comer, almorzar ❑ **to be out to ~** inf fig estar chiflado(da). ◇ vi almorzar, comer.

lunchbox ['lʌntʃbɒks], **lunchpail** Am ['lʌntʃpeɪl] n tartera f, fiambrera f.

luncheon ['lʌntʃən] n fml comida f, almuerzo m.

luncheonette [ˌlʌntʃə'net] n Am cafetería f.

luncheon meat n carne de cerdo troceada en lata.

luncheon voucher n Br tíquet m restaurante.

lunch hour n hora f del almuerzo.

lunchpail n Am = **lunchbox**.

lunchroom ['lʌntʃrʊm] n comedor m.

lunchtime ['lʌntʃtaɪm] n hora f del almuerzo.

lung [lʌŋ] ◇ n pulmón m. ◇ comp: ~ **specialist** neumólogo m, -ga f.

lung cancer n cáncer m de pulmón.

lunge [lʌndʒ] (cont **lungeing**) ◇ n - **1.** [sudden movement] arremetida f, embestida f. - **2.** [in fencing] estocada f. ◇ vi lanzarse, abalanzarse; **to ~ at sb** arremeter contra alguien.

lungful ['lʌŋfʊl] n: **take a ~ of air** respira hondo.

lunisolar [ˌluːnɪ'səʊləʳ] adj lunisolar.

lupin Br ['luːpɪn], **lupine** Am ['luːpaɪn] n altramuz m, lupino m.

lupus ['luːpəs] n lupus m inv.

lurch [lɜːtʃ] ◇ n [of boat] bandazo m; [of person] tumbo m; **to leave sb in the ~** fig dejar a alguien en la estacada. ◇ vi [boat] dar bandazos; [person] tambalearse.

lure [ljʊəʳ] ◇ n - **1.** [attraction] fascinación f, atracción f. - **2.** [bait] cebo m, carnada f. ◇ vt atraer OR convencer con engaños.

lurid ['ljʊərɪd] adj - **1.** [brightly coloured] chillón(ona). - **2.** [shockingly unpleasant] espeluznante.

lurk [lɜːk] vi - **1.** [person] estar al acecho. - **2.** [memory, danger, fear] ocultarse.

lurking ['lɜːkɪŋ] adj que sigue rondando.

Lusaka [luː'sɑːkə] n Lusaka.

luscious ['lʌʃəs] adj lit & fig apetitoso(sa).

lush [lʌʃ] ◇ adj - **1.** [luxuriant] exuberante. - **2.** inf [rich] lujoso(sa). ◇ n Am inf [drunkard] borracho m, -cha f.

lushness ['lʌʃnɪs] n [of vegetation] exuberancia f.

lust [lʌst] n - **1.** [sexual desire] lujuria f. - **2.** [strong desire]: ~ **for sthg** ansia f de algo.

◆ **lust after, lust for** vt fus - **1.** [be greedy for] codiciar. - **2.** [desire sexually] desear.

luster n Am = **lustre**.

lusterless adj Am = **lustreless**.

lustful ['lʌstfʊl] adj lascivo(va).

lustre Br, **luster** Am ['lʌstəʳ] n [brightness] lustre m.

lustreless Br, **lusterless** Am ['lʌstəlɪs] adj deslustrado(da), sin brillo.

lustrous ['lʌstrəs] adj [glowing] lustroso(sa), brillante; [eyes] brillante.

lustrum ['lʌstrəm] n lustro m, quinquenio m.

lusty ['lʌsti] (compar **lustier**, superl **lustiest**) adj vigoroso(sa), fuerte.

lutanist ['luːtənɪst] n tañedor m, -ra f de laúd.

lute [luːt] n laúd m.

lutecium [luː'tiːʃəm] n = **lutetium**.

lutenist ['luːtənɪst] n = **lutanist**.

lutetium [luː'tiːʃəm] n lutecio m.

Lutheran ['luːθərən] ◇ adj luterano(na). ◇ n luterano m, -na f.

luv [lʌv] n Br inf rey m, reina f; **what do you want, ~?** ¿qué quieres, rey?

lux [lʌks] (pl inv) n lux m.

Luxembourg ['lʌksəmbɜːg] n Luxemburgo.

luxuriance [lʌg'ʒʊərɪəns] n - **1.** [of vegetation] exuberancia f. - **2.** [lushness] suntuosidad f.

luxuriant [lʌg'ʒʊərɪənt] adj exuberante, abundante.

luxuriate [lʌg'ʒʊərɪeɪt] vi: **to ~ (in)** deleitarse (con).

luxurious [lʌg'ʒʊərɪəs] adj - **1.** [expensive] lujoso(sa). - **2.** [pleasurable] voluptuoso(sa).

luxury ['lʌkʃəri] (pl **luxuries**) ◇ n lujo m; **to live in ~** vivir espléndidamente. ◇ comp de lujo.

luxury goods npl artículos mpl de lujo.

LV written abbr of **luncheon voucher**.

LW (*abbr of* **long wave**) *n* OL *f*.

LWT (*abbr of* **London Weekend Television**) *cadena británica independiente de televisión.*

lyceum [laɪˈsɪəm] *n* - **1.** [public building] auditorio *m*, liceo *m*. - **2.** *Am* [cultural organization] ateneo *m*.

lychee [ˌlaɪˈtʃiː] *n* lichi *m*.

Lycra® [ˈlaɪkrə] ◇ *n* lycra® *f*. ◇ *comp* de lycra®.

lyddite [ˈlɪddaɪt] *n* lidita *f*.

lye [laɪ] *n* - **1.** [gen] lejía *f*. - **2.** CHEM [sodium hydroxide] hidróxido *m* de sodio; [potassium hydroxide] hidróxido *m* de potasio.

lying [ˈlaɪɪŋ] ◇ *adj* - **1.** [dishonest] mentiroso(sa), falso(sa). - **2.** [reclining] tendido(da), acostado(da). ◇ *n (U)* mentiras *fpl*.

lying-in *n* parto *m*.

lymph [lɪmf] *n* linfa *f*.

lymphatic [lɪmˈfætɪk] *adj* linfático(ca).

lymph gland, **lymph node** *n* glándula *f* linfática.

lymphocyte [ˈlɪmfəsaɪt] *n* linfocito *m*.

lymphoma [lɪmˈfəʊmə] (*pl* **lymphomas** OR **lymphomata** [-mətə]) *n* linfoma *m*.

lynch [lɪntʃ] *vt* linchar.

lynching [ˈlɪntʃɪŋ] *n* linchamiento *m*.

lynch law *n* linchamiento *m*.

lynx [lɪŋks] (*pl inv* OR **lynxes**) *n* lince *m*.

lynx-eyed *adj literary* con ojos de lince.

lyre [ˈlaɪəʳ] *n* lira *f*.

lyrebird [ˈlaɪəbɜːd] *n* ave *f* lira.

lyric [ˈlɪrɪk] ◇ *adj* lírico(ca). ◇ *n* [poem] poema *m* lírico. ◆ **lyrics** [ˈlɪrɪks] *npl* letra *f*.

lyrical [ˈlɪrɪkl] *adj* - **1.** [poetic] lírico(ca). - **2.** [enthusiastic] entusiasmado(da).

lyricism [ˈlɪrɪsɪzm] *n* lirismo *m*.

lyricist [ˈlɪrɪsɪst] *n* letrista *mf*.

lyrist [ˈlɪrɪst] *n* [lyre player] tañedor *m*, -ra *f* de lira.

lysergic acid diethylamide [laɪˈsɜːdʒɪk-] *n* dietilamida *f* de ácido lisérgico.

m¹ (*pl* **m's** OR **ms**), **M** (*pl* **M's** OR **Ms**) [em] *n* [letter] m *f*, M *f*.
◆ **M** - **1.** *written abbr of* **motorway**. - **2.** (*written abbr of* **medium**) M.

m² - **1.** (*written abbr of* **metre**) m. - **2.** (*written abbr of* **million**) m. - **3.** *written abbr of* **mile**.

ma [mɑː] *n esp Am inf* mamá *f*.

MA *n* - **1.** *abbr of* **Master of Arts**. - **2.** (*abbr of* **military academy**) *academia militar.* - **3.** *written abbr of* **Massachusetts**.

ma'am [mæm] *n* señora *f*.

Maastricht [ˈmɑːstrɪkt] *n* Maastricht.

mac [mæk] (*abbr of* **mackintosh**) *n Br inf* [coat] impermeable *m*.

macabre [məˈkɑːbrə] *adj* macabro(bra).

macadam [məˈkædəm] *n* macadam *m*, macadán *m*.

macadamia nut [ˌmækəˈdeɪmɪə-] *n* nuez *f* de macadamia.

macadamize, **-ise** [məˈkædəmaɪz] *vt* macadamizar, pavimentar con macadán.

Macao [məˈkaʊ] *n* Macao.

macaque [məˈkɑːk] *n* macaco *m*.

macaroni [ˌmækəˈrəʊnɪ] *n (U)* macarrones *mpl*.

macaroni cheese *n* macarrones *mpl* al gratén.

macaroon [ˌmækəˈruːn] *n* mostachón *m*, macarrón *m*.

macaw [məˈkɔː] *n* guacamayo *m*.

mace [meɪs] *n* - **1.** [ornamental rod] maza *f*. - **2.** [spice] macis *f inv*.

Mace® [meɪs] *n* gas *m* lacrimógeno en aerosol.

mace bearer *n* macero *m*, -ra *f*.

Macedonia [ˌmæsɪˈdəʊnjə] *n* Macedonia.

Macedonian [ˌmæsɪˈdəʊnjən] ◇ *adj* macedonio(nia). ◇ *n* macedonio *m*, -nia *f*.

macerate [ˈmæsəreɪt] ◇ *vt* macerar. ◇ *vi* macerarse.

maceration [ˌmæsəˈreɪʃn] *n* maceración *f*.

Mach [mæk] *n* número *m* de Mach.

machete [məˈʃetɪ] *n* machete *m*.

Machiavellian [ˌmækɪəˈvelɪən] *adj* maquiavélico(ca).

machinable [məˈʃiːnəbl] *adj* labrable, trabajable.

machinate [ˈmækɪneɪt] *vt & vi* maquinar, complotar.

machinations [ˌmækɪˈneɪʃnz] *npl* maquinaciones *fpl*.

machine [məˈʃiːn] ◇ *n* - **1.** [power-driven device] máquina *f*. - **2.** [organization] aparato *m*. - **3.** *fig & pej* [person] máquina *f*, autómata *m*. - **4.** [aircraft] aparato *m*. ◇ *comp*: **the ~ age** la era de las máquinas. ◇ *vt* - **1.** SEWING coser a máquina. - **2.** TECH hacer con una máquina.

machine code *n* COMPUT código *m* máquina.

machine-finished *adj* [paper] satinado(da); [clothes] acabado(da) a máquina.

machinegun [məˈʃiːngʌn] (*pt & pp* **machinegunned**, *cont* **machinegunning**) ◇ *n* ametralladora *f*. ◇ *vt* ametrallar.

machine-gunner *n* ametrallador *m*.

machine intelligence *n* inteligencia *f* artificial.

machine language *n* COMPUT lenguaje *m* máquina.

machine-made *adj* hecho(cha) a máquina.

machine operator *n* operador *m*, -ra *f*, maquinista *mf*.

machine pistol *n* pistola *f* ametralladora OR automática.

machine-readable *adj* COMPUT legible por máquina.

machinery [məˈʃiːnərɪ] *n lit & fig* maquinaria *f*.

machine shop *n* taller *m* de máquinas.

machine-stitch ◇ *n* punto *m* de máquina. ◇ *vt* coser a máquina.

machine tool *n* máquina *f* herramienta.

machine translation *n* traducción *f* automática.

machine-washable *adj* lavable a máquina.

machinist [məˈʃiːnɪst] *n* operario *m*, -ria *f* (de máquina).

machismo [məˈtʃɪzməʊ, məˈkɪzməʊ] *n* machismo *m*.

macho [ˈmætʃəʊ] *adj inf* macho.

macintosh ['mækɪntɒʃ] *n* = **mackintosh**.

mackerel ['mækrəl] (*pl inv* OR **mackerels**) *n* caballa *f*.

mackerel sky *n* cielo *m* aborregado.

mackinaw ['mækɪnɔː] *n Am* [coat] chaquetón *m* de paño grueso.

mackintosh ['mækɪntɒʃ] *n Br* impermeable *m*.

macramé [mə'krɑːmɪ] *n* macramé *m*.

macro ['mækrəʊ] (*abbr of* **macroinstruction**) *n* COMPUT macro *f*.

macrobiotic [,mækrəʊbaɪ'ɒtɪk] *adj* macrobiótico(ca).

macroclimate ['mækrəʊ,klaɪmət] *n* macroclima *m*.

macrocode ['mækrəʊkəʊd] *n* macrocodificación *f*, macrocódigo *m*.

macrocosm ['mækrəʊkɒzm] *n* macrocosmo *m*.

macrocosmic [,mækrəʊ'kɒzmɪk] *adj* macrocósmico(ca).

macroeconomics ['mækrəʊ,iːkə'nɒmɪks] *n (U)* macroeconomía *f*.

macromolecule [,mækrəʊ'mɒlɪkjuːl] *n* macromolécula *f*.

macron ['mækrɒn] *n* TYPO diacrítico utilizado en algunas lenguas para marcar las vocales largas consistente en una pequeña línea horizontal.

macroscopic [,mækrəʊ'skɒpɪk] *adj* macroscópico(ca).

macrostructure ['mækrəʊ,strʌktʃəʳ] *n* macroestructura *f*.

mad [mæd] (*compar* **madder**, *superl* **maddest**) *adj* - **1.** [gen] loco(ca); [attempt, idea] disparatado(da), descabellado(da); **to be ~ about sb/sthg** estar loco(ca) por alguien/algo; **to go ~** volverse loco(ca). - **2.** [furious] furioso(sa), enfadado(da); **to be ~ at sb** estar furioso(sa) con alguien; **to get ~** enfadarse, enojarse; **to make sb ~** hacer que alguien se enfade. - **3.** [hectic] desenfrenado(da); **like ~** como loco.

Madagascan [,mædə'gæskn] ◇ *adj* malgache. ◇ *n* - **1.** [person] malgache *mf*. - **2.** [language] malgache *m*.

Madagascar [,mædə'gæskəʳ] *n* Madagascar.

madam ['mædəm] *n* - **1.** [form of address] señora *f*. - **2.** [in brothel] patrona *f*.

madcap ['mædkæp] *adj* descabellado(da), disparatado(da).

mad cow disease *n* mal *m* de las vacas locas, encefalopatía *f* espongiforme bovina.

madden ['mædn] *vt* volver loco(ca), exasperar.

maddening ['mædnɪŋ] *adj* enloquecedor(ra).

maddeningly ['mædnɪŋlɪ] *adv* exasperantemente; **~ slow** terriblemente lento.

made [meɪd] *pt & pp* → **make**.

-made [meɪd] *in cpds*: **French~** fabricado(da) en Francia.

Madeira [mə'dɪərə] *n* - **1.** [wine] madeira *m*, madera *m*. - **2.** GEOGR Madeira.

made-to-measure *adj* hecho(cha) a (la) medida.

made-to-order *adj* hecho(cha) por encargo.

made-up *adj* - **1.** [with make-up - face, person] maquillado(da); [- lips, eyes] pintado(da). - **2.** [prepared] (ya) preparado(da). - **3.** [invented] inventado(da).

madhouse ['mædhaʊs, *pl* -haʊzɪz] *n* manicomio *m*.

madly ['mædlɪ] *adv* [frantically] enloquecidamente; **~ in love** locamente enamorado (locamente enamorada).

madman ['mædmən] (*pl* **madmen** [-mən]) *n* loco *m*.

madness ['mædnɪs] *n* locura *f*.

Madonna [mə'dɒnə] *n* - **1.** RELIG: **the ~** la Virgen. - **2.** ART madona *f*; **~ and Child** Virgen con Niño.

madras [mə'drɑːs] *n* - **1.** [fabric] madrás *m*. - **2.** [scarf] pañuelo grande de colores brillantes.

Madrid [mə'drɪd] *n* Madrid.

madrigal ['mædrɪgl] *n* madrigal *m*.

madwoman ['mæd,wʊmən] (*pl* **madwomen** [-,wɪmɪn]) *n* loca *f*.

maelstrom ['meɪlstrɒm] *n* - **1.** [whirlpool] remolino *m*. - **2.** *fig* [situation] torbellino *m*, vorágine *f*.

maestro ['maɪstrəʊ] (*pl* **maestros** OR **maestri** [-trɪ]) *n* maestro *m*.

Mafia [*Br* 'mæfɪə, *Am* 'mɑːfɪə] *n*: **the ~** la mafia.

mafioso [*Br* ,mæfɪ'əʊsəʊ, *Am* ,mɑːfɪ'əʊsəʊ] (*pl* **mafiosi** [-siː]) *n* mafioso *m*.

mag [mæg] (*abbr of* **magazine**) *n inf* revista *f*.

magazine [,mægə'ziːn] *n* - **1.** [periodical] revista *f*. - **2.** [news programme] magazín *m*. - **3.** [on a gun, revolver] recámara *f*; [for pistol, rifle] cargador *m*. - **4.** MIL [ammunition storehouse] polvorín *m*. - **5.** PHOT carga *f*, depósito *m* (de la película).

magenta [mə'dʒentə] ◇ *adj* magenta *(inv)*. ◇ *n* magenta *m*.

maggot ['mægət] *n* gusano *m*, cresa *f*.

Maghreb ['mɑːgrəb] *n*: **the ~** el Magreb.

magi ['meɪdʒaɪ] *pl* → **magus**.

Magi ['meɪdʒaɪ] *npl*: **the ~** los Reyes Magos.

magic ['mædʒɪk] ◇ *adj* - **1.** [gen] mágico(ca); **~ spell** hechizo *m*. - **2.** [referring to conjuring] de magia. - **3.** *inf* [marvellous] fantástico(ca). ◇ *n* magia *f*; **as if by ~** como por arte de magia.

magical ['mædʒɪkl] *adj lit & fig* mágico(ca).

magically ['mædʒɪklɪ] *adv* por arte de magia, mágicamente.

magic carpet *n* alfombra *f* mágica.

magic eye *n Br* célula *f* fotoeléctrica.

magician [mə'dʒɪʃn] *n* - **1.** [conjuror] ilusionista *mf*, prestidigitador *m*, -ra *f*. - **2.** [wizard] mago *m*.

magic lantern *n* linterna *f* mágica.

magic mushroom *n inf* seta *f* alucinógena, hongo *m* alucinógeno.

magic number *n* PHYS número *m* mágico.

magic square *n* MATH cuadrado *m* mágico.

magic wand *n* varita *f* mágica.

magisterial [,mædʒɪ'stɪərɪəl] *adj* - **1.** *fml* [authoritative] magistral. - **2.** JUR de magistrado(da).

magistracy ['mædʒɪstrəsɪ] (*pl* **magistracies**) *n* - **1.** [position] magistratura *f*. - **2.** [district] jurisdicción *f* del magistrado.

magistral [mə'dʒɪstrəl] *adj* magistral.

magistrate ['mædʒɪstreɪt] *n* magistrado *m*, -da *f*.

magistrates' court *n Br* juzgado *m* de primera instancia.

magma ['mægmə] *n* magma *m*.

Magna Carta ['mægnə'kɑːtə] *n*: **the ~** la Carta Magna.

magna cum laude [,mægnəkʊm'laʊdeɪ] *adv* con honores.

magnanimity [,mægnə'nɪmətɪ] *n* magnanimidad *f*.

magnanimous [mæg'nænɪməs] *adj* magnánimo(ma).

magnate ['mægneɪt] *n* magnate *m*.

magnesia [mæg'niːʃə] *n* magnesia *f*.

magnesium [mæg'niːzɪəm] *n* magnesio *m*.

magnet ['mægnɪt] *n* imán *m*.

magnetic [mæg'netɪk] *adj* - **1.** [attracting iron] magnético(ca). - **2.** *fig* [appealingly forceful] atrayente, carismático(ca).

magnetic compass *n* brújula *f* magnética.

magnetic disk *n* disco *m* magnético.

magnetic field *n* campo *m* magnético.

magnetic flux *n* flujo *m* magnético.

magnetic needle *n* aguja *f* magnética.

magnetic north *n* norte *m* magnético.

magnetic pole *n* - **1.** PHYS polo *m* del imán. - **2.** GEOL polo *m* magnético.

magnetic recording *n* grabación *f* magnética.

magnetic storm *n* tormenta *f* magnética.

magnetic tape *n* cinta *f* magnetofónica.

magnetism ['mægnɪtɪzm] *n lit & fig* magnetismo *m*.

magnetization [,mægnɪtaɪ'zeɪʃn] *n* magnetización *f*, imantación *f*.

magnetize, -ise ['mægnɪtaɪz] *vt* - **1.** [make magnetic] imantar, magnetizar. - **2.** *fig* [charm] fascinar, magnetizar.

magneto [mæg'niːtəʊ] (*pl* **magnetos**) *n* magneto *f*, generador *m* eléctrico.

magnetomotive force [mægniːtəʊ'məʊtɪv-] *n* fuerza *f* magnetomotriz.

magnetosphere [mæg'niːtəʊˌsfɪəʳ] *n* magnetoesfera *f*, esfera *f* magnética.

magnification [ˌmægnɪfɪ'keɪʃn] *n* - **1.** [process] ampliación *f*. - **2.** [degree of enlargement] aumento *m*.

magnificence [mæg'nɪfɪsəns] *n* grandiosidad *f*, esplendor *m*.

magnificent [mæg'nɪfɪsənt] *adj* [building, splendour] grandioso(sa); [idea, book, game] magnífico(ca).

magnifier ['mægnɪˌfaɪəʳ] *n* [magnifying glass] lente *f* de aumento, lupa *f*.

magnify ['mægnɪfaɪ] (*pt & pp* **magnified**) *vt* - **1.** [in vision] aumentar. - **2.** [in the mind] exagerar.

magnifying glass ['mægnɪfaɪɪŋ-] *n* lupa *f*, lente *f* de aumento.

magnitude ['mægnɪtjuːd] *n* magnitud *f*.

magnolia [mæg'nəʊljə] *n* - **1.** [tree] magnolio *m*. - **2.** [flower] magnolia *f*.

magnum ['mægnəm] (*pl* **magnums**) *n* magnum *f*, *botella de 1,5 litros de capacidad*.

magnum opus *n* obra *f* magna.

magpie ['mægpaɪ] *n* urraca *f*.

magus ['meɪgəs] (*pl* **magi** [-dʒaɪ]) *n* sacerdote zoroástrico.

Magyar ['mægjɑː] *adj* magiar. *n* magiar *mf*.

maharaja(h) [ˌmɑːhə'rɑːdʒə] *n* maharajá *m*.

maharani [ˌmɑːhə'rɑːniː] *n* maharaní *f*.

maharishi [ˌmɑːhə'riːʃi] *n* maharishi *m*.

mahatma [mə'hɑːtmə] *n* mahatma *m*.

mahogany [mə'hɒgənɪ] *n* - **1.** [wood, tree] caoba *f*. - **2.** [colour] caoba *m*. *adj* - **1.** [colour] de color caoba. - **2.** [made of mahogany] de caoba.

Mahometan [mə'hɒmɪtn] *dated* *adj* mahometano(na). *n* mahometano *m*, -na *f*.

maid [meɪd] *n* [in hotel] camarera *f*; [domestic] criada *f*, recamarera *f* *Amér*, china *f* *Amér*.

maiden ['meɪdn] *adj* inaugural. *n* *literary* doncella *f*.

maiden aunt *n* tía *f* soltera.

maidenhead ['meɪdnhed] *n* *literary* - **1.** [hymen] himen *m*. - **2.** [virginity] virginidad *f*, doncellez *f*.

maiden name *n* nombre *m* de soltera.

maiden speech *n* POL discurso *m* inaugural.

maid-in-waiting (*pl* **maids-in-waiting**) *n* dama *f* de compañía.

maid of honour (*pl* **maids of honour**) *n* dama *f* de honor.

maidservant ['meɪdˌsɜːvənt] *n* criada *f*, sirvienta *f*.

mail [meɪl] *n* - **1.** [letters, parcels received] correspondencia *f*. - **2.** [system] correo *m*; **by ~** por correo. - **3.** (*U*) [armour] malla *f*. *vt esp Am* [send] mandar por correo; [put in mail box] echar al buzón.

mailbag ['meɪlbæg] *n* saca *f* de correspondencia.

mail bomb *n Am* [letter] carta *f* bomba; [parcel] paquete *m* bomba.

mailbox ['meɪlbɒks] *n Am* buzón *m*.

mail carrier *n Am* cartero *m*, -ra *f*.

mail clerk *n Am* empleado *m*, -da *f* de correos.

mailcoach ['meɪlkəʊtʃ] *n* RAIL vagón *m* correo; [horse-drawn] coche *m* correo, diligencia *f*.

mail drop *n Am* buzón *m*.

mailing ['meɪlɪŋ] *n* mailing *m*.

mailing list *n* lista *f* de distribución de publicidad OR información.

mailman ['meɪlmən] (*pl* **mailmen** [-mən]) *n Am* cartero *m*.

mail order *n* pedido *m* por correo.

mail-order firm, mail-order house *n* empresa *f* de venta por correo.

mailshot ['meɪlʃɒt] *n* folleto *m* de publicidad (por correo).

mail train *n* tren *m* correo.

mail truck *n Am* furgoneta *f* postal.

mail van *n Br* - **1.** AUT furgoneta *f* postal. - **2.** RAIL vagón *m* postal.

maim [meɪm] *vt* mutilar.

main [meɪn] *adj* principal; **the ~ thing** lo principal, lo más importante. *n* - **1.** [pipe] tubería *f* principal; [wire] cable *m* principal. - **2.** NAUT [mainmast] palo *m* mayor.
◆ **mains** *npl*: **the ~s** [gas, water] la tubería principal; [electricity] la red eléctrica; **to work on ~s** funcionar conectado(da) a la red.
◆ **in the main** *adv* por lo general.

main course *n* plato *m* fuerte.

main deck *n* NAUT cubierta *f* principal.

maindenhood ['meɪdnhʊd] *n* virginidad *f*, doncellez *f*.

Maine [meɪn] *n* Maine.

mainframe (computer) ['meɪnfreɪm-] *n* unidad *f* central, ordenador *m* central.

mainland ['meɪnlənd] *adj* continental; **~ Spain** la Península. *n*: **the ~** el continente.

mainlander ['meɪnləndəʳ] *n* habitante *mf* del continente.

main line *n* RAIL línea *f* principal.
◆ **mainline** *adj* de una línea principal. *vt & vi drugs sl* chutarse, pincharse.

mainly ['meɪnlɪ] *adv* principalmente.

main road *n* carretera *f* principal.

main royalmast [-'rɔɪəlmɑːst] *n* palo *m* mayor.

mainsail ['meɪnseɪl, 'meɪnsəl] *n* vela *f* mayor.

mains-operated *adj* alimentado(da) por la red.

mainspring ['meɪnsprɪŋ] *n* - **1.** TECH muelle *m* real. - **2.** *fig* [motivating force] causa *f* principal, fuerza *f* motriz.

mainstay ['meɪnsteɪ] *n* fundamento *m*, base *f*.

mainstream ['meɪnstriːm] *adj* [gen] predominante; [taste] corriente; [political party] convencional. *n*: **the ~** la tendencia general.

main street *n* calle *f* mayor OR principal.

maintain [meɪn'teɪn] *vt* - **1.** [gen] mantener. - **2.** [support, provide for] sostener, sustentar. - **3.** [assert]: **to ~ (that)** sostener que.

maintainable [meɪn'teɪnəbl] *adj* [attitude, opinion, position] sostenible, defendible.

maintenance ['meɪntənəns] *n* - **1.** [gen] mantenimiento *m*. - **2.** [money] pensión *f* alimenticia. *comp*: **~ man** encargado *m* de mantenimiento; **~ staff** personal *m* de mantenimiento OR de servicio.

maintenance allowance *n* [for student] beca *f* de manutención; [for businessman] dietas *fpl*.

maintenance-free *adj* sin necesidad de mantenimiento.

maintenance order *n Br* JUR orden *f* de pensión alimenticia.

maintenance staff *n* personal *m* de mantenimiento OR servicio.

Mainz [maɪnts] *n* Maguncia.

maisonette [ˌmeɪzə'net] *n* dúplex *m inv*.

maize [meɪz] *n* maíz *m*.

Maj. (*written abbr of* **Major**) ≃ Cte.

majestic [mə'dʒestɪk] *adj* majestuoso(sa).

majestically [mə'dʒestɪklɪ] *adv* majestuosamente.

majesty ['mædʒəstɪ] (*pl* **majesties**) *n* [grandeur] majestad *f*.
◆ **Majesty** *n*: **His/Her/Your Majesty** Su Majestad.

major ['meɪdʒəʳ] *adj* - **1.** [important] principal. - **2.** MUS mayor. *n* - **1.** MIL comandante *m*. - **2.** *Am* UNIV especialidad *f*. *vi Am*: **to ~ in** especializarse en.

Majorca [mə'dʒɔːkə, mə'jɔːkə] *n* Mallorca.

Majorcan [mə'dʒɔːkn, mə'jɔːkn] *adj* mallorquín(ina). *n* mallorquín *m*, -ina *f*.

majorette [ˌmeɪdʒə'ret] *n* majorette *f*.

major general *n* general *m* de división.

majority [mə'dʒɒrəti] (*pl* **majorities**) *n* mayoría *f*; **in a** OR **the** ~ en una OR la mayoría; **the great** OR **the vast** ~ la gran OR inmensa mayoría.

majority leader *n* dirigente *mf* de la mayoría parlamentaria.

majority rule *n* gobierno *m* de la mayoría.

majority shareholder *n* accionista *mf* principal.

major league *n Am* liga *f* principal, primera división *f*.

major suit *n* palo *m* de favor *(en bridge)*.

make [meɪk] (*pt & pp* **made** [meɪd]) ◇ *vt* - **1.** [produce] hacer; **it made a lot of noise** hizo mucho ruido; **she** ~**s her own clothes** se hace su propia ropa. - **2.** [perform] hacer; **to** ~ **a decision** tomar una decisión; **to** ~ **a mistake** cometer un error; **to** ~ **a speech** pronunciar OR dar un discurso. - **3.** [cause to be, cause to do] hacer; **it made him angry** hizo que se enfadara; **it** ~**s me seem fatter** me hace parecer más gordo; **it** ~**s me sick** me pone enfermo; **we were made to wait in the hall** nos hicieron esperar en el vestíbulo; **you made me jump!** ¡vaya susto que me has dado!; **to** ~ **sb happy** hacer a alguien feliz; **to** ~ **sb sad** entristecer a alguien; **to** ~ **o.s. heard** hacerse oír □ **don't** ~ **me laugh!** ¡no me hagas reír! - **4.** [force]: **to** ~ **sb do sthg** hacer que alguien haga algo, obligar a alguien a hacer algo; **they made the hostages lie on the ground** hicieron tumbarse en el suelo a los rehenes. - **5.** [construct]: **to be made of sthg** estar hecho(cha) de algo; **it's made of wood/metal** está hecho de madera/metal; **made in Spain** fabricado en España; **what's it made of?** ¿de qué está hecho? - **6.** [add up to] hacer, ser; **2 and 2** ~ **4** 2 y 2 hacen OR son 4. - **7.** [calculate] calcular; **I** ~ **it 50/six o'clock** calculo que serán 50/las seis; **what time do you** ~ **it?** ¿qué hora tienes? - **8.** [earn] ganar; **she** ~**s £20,000 a year** gana 20.000 libras al año; **to** ~ **a profit** obtener beneficios; **to** ~ **a loss** sufrir pérdidas. - **9.** [have the right qualities for] ser; **she'd** ~ **a good doctor** seguro que sería una buena doctora; **books** ~ **excellent presents** los libros son un regalo excelente. - **10.** [reach] llegar a. - **11.** [cause to be a success]: **she really** ~**s the play** ella es la que de verdad levanta la obra. - **12.** [friend, enemy] hacer; **to** ~ **friends with sb** hacerse amigo de alguien. - **13.** *phr*: **to have it made** tenerlo hecho, tener el éxito asegurado; **to** ~ **do with sthg** apañarse OR arreglarse con algo; **to** ~ **it** [arrive in time] conseguir llegar a tiempo; [be a success] alcanzar el éxito; [be able to attend] venir/ir; **to** ~ **much of** dar mucha importancia a. ◇ *n* - **1.** [brand] marca; **what** ~ **is your car?** ¿de qué marca es tu coche? - **2.** *phr*: **to be on the** ~ *v inf pej* [act dishonestly, selfishly] barrer siempre para dentro.

◆ **make for** *vt fus* - **1.** [move towards] dirigirse a OR hacia. - **2.** [contribute to] posibilitar, contribuir a.

◆ **make of** *vt sep* - **1.** [understand] entender; **what do you** ~ **of this note?** ¿qué entiendes tú por esta nota? - **2.** [have opinion of] opinar de.

◆ **make off** *vi* darse a la fuga.

◆ **make off with** *vt fus inf* birlar.

◆ **make out** ◇ *vt sep* - **1.** *inf* [see] distinguir; [hear] entender, oír. - **2.** *inf* [understand - word, number] descifrar; [- person, attitude] comprender. - **3.** [fill out - form] rellenar, cumplimentar; [- cheque, receipt] extender; [- list] hacer. ◇ *vt fus inf* [pretend] fingir, pretender; **she** ~**s out she's tough** se las da de dura.

◆ **make up** ◇ *vt sep* - **1.** [compose, constitute] componer, constituir. - **2.** [invent] inventar. - **3.** [apply cosmetics to] maquillar; **to** ~ **o.s. up** maquillarse. - **4.** [parcel, prescription, bed] preparar, hacer. - **5.** [make complete - amount] completar; [- difference] cubrir. - **6.** *phr*: **to** ~ **it up (with sb)** hacer las paces (con alguien). ◇ *vi* [become friends again]: **to** ~ **up (with sb)** hacer las paces (con alguien).

◆ **make up for** *vt fus* compensar; **to** ~ **up for lost time** recuperar el tiempo perdido.

◆ **make up to** *vt sep*: **to** ~ **it up to sb (for sthg)** recompensar a alguien (por algo).

make-believe ◇ *n* invención *f*. ◇ *adj* fingido(da), inventado(da).

maker ['meɪkə'] *n* [of film, programme] creador *m*, -ra *f*; [of product] fabricante *mf*.

◆ **Maker** *n* RELIG Hacedor *m*.

makeshift ['meɪkʃɪft] *adj* [temporary] provisional; [improvized] improvisado(da).

make-up ◇ *n* - **1.** [cosmetics] maquillaje *m*; **eye** ~ maquillaje de ojos. - **2.** [person's character] carácter *m*. - **3.** [structure] estructura *f*; [of team] composición *f*. - **4.** TYPO compaginación *f*, ajuste *m*. ◇ *comp*: ~ **artist** maquillador *m*, -ra *f*; ~ **bag** neceser *m*; ~ **remover** loción *f* OR leche *f* desmaquilladora.

makeweight ['meɪkweɪt] *n lit & fig* contrapeso *m*.

making ['meɪkɪŋ] *n* [of product] fabricación *f*; [of film] rodaje *m*; [of decision] toma *f*; **to be the** ~ **of sb/sthg** ser la causa del éxito de alguien/algo; **this is history in the** ~ esto pasará a la historia; **your problems are of your own** ~ tus problemas te los has buscado tú mismo □ **to have the** ~**s of** tener madera de.

malachite ['mæləkaɪt] *n* malaquita *f*.

maladapted [,mælə'dæptɪd] *adj* inadaptado(da).

maladjusted [,mælə'dʒʌstɪd] *adj* - **1.** [phychologically, socially] inadaptado(da). - **2.** [engine, TV picture] desajustado(da).

maladjustment [,mælə'dʒʌstmənt] *n* - **1.** [psychological, social] inadaptación *f*. - **2.** [of engine, TV etc] desajuste *m*, ajuste *m* defectuoso.

maladminister [,mæləd'mɪnɪstə'] *vt* administrar mal.

maladroit [,mæləd'drɔɪt] *adj* - **1.** [clumsy] desmañado(da), torpe. - **2.** [tactless] carente de tacto.

malady ['mælədɪ] (*pl* **maladies**) *n literary* mal *m*, enfermedad *f*.

malaise [mæ'leɪz] *n fml* malestar *m*.

malapropism ['mæləprɒpɪzm] *n* lapsus *m inv* (linguae).

malaria [mə'leərɪə] *n* malaria *f*.

malarkey [mə'lɑːkɪ] *n* (U) *inf* bobadas *fpl*, insensateces *fpl*.

Malawi [mə'lɑːwɪ] *n* Malaui.

Malawian [mə'lɑːwɪən] ◇ *adj* malauita. ◇ *n* malauita *mf*.

Malay [mə'leɪ] ◇ *adj* malayo(ya). ◇ *n* - **1.** [person] malayo *m*, -ya *f*. - **2.** [language] malayo *m*.

Malaya [mə'leɪə] *n* Malaya.

Malayan [mə'leɪən] ◇ *adj* malayo(ya). ◇ *n* malayo *m*, -ya *f*.

Malay Peninsula *n*: **the** ~ la península de Malaca.

Malaysia [mə'leɪzɪə] *n* Malaisia.

Malaysian [mə'leɪzɪən] ◇ *adj* malaisio(sia). ◇ *n* malaisio *m*, -sia *f*.

malcontent ['mælkən,tent] *n* malcontento *m*, -ta *f*.

Maldives ['mɔːldaɪvz] *npl*: **the** ~ las Maldivas.

Maldivian [mɔːl'dɪvɪən] ◇ *adj* maldivo(va). ◇ *n* maldivo *m*, -va *f*.

male [meɪl] ◇ *adj* - **1.** [animal] macho. - **2.** [human] masculino(na), varón; **the** ~ **sex** el sexo masculino □ ~ **voice choir** coro *m* masculino. - **3.** [concerning men] masculino(na), del hombre. - **4.** TECH macho. ◇ *n* - **1.** [animal] macho *m*. - **2.** [human] varón *m*.

male chauvinism *n* machismo *m*.

male chauvinist (pig) *n* machista *m*.

malediction [,mælɪ'dɪkʃn] *n fml* maldición *f*.

malefactor ['mælɪfæktə'] *n fml* malhechor *m*.

malefic [mə'lefɪk] *adj* [literary] maléfico(ca).

maleficent [mə'lefɪsnt] *adj literary* maléfico(ca).

male nurse *n* enfermero *m*.

malevolence [mə'levələns] *n* malevolencia *f*.

malevolent [mə'levələnt] *adj* malévolo(la).

malfeasance [mæl'fiːzns] *n fml* ilegalidad *f*.

malformation [,mælfɔː'meɪʃn] *n* malformación *f*.

malformed [mæl'fɔːmd] *adj* malformado(da).

malfunction [mæl'fʌŋkʃn] ◇ *n* funcionamiento *m* defectuoso. ◇ *vi* funcionar mal.

Mali ['mɑːlɪ] *n* Malí.

Malian ['mɑːlɪən] ◇ *adj* maliense. ◇ *n* maliense *mf*.

malice ['mælɪs] *n* malicia *f*; **with ~ aforethought** JUR con premeditación.

malicious [mə'lɪʃəs] *adj* malicioso(sa), malévolo(la).

malicious damage *Br*, **malicious mischief** *Am n* (U) daños *mpl* intencionados.

malign [mə'laɪn] ◇ *adj* maligno(na), perjudicial. ◇ *vt fml* difamar, hablar mal de.

malignancy [mə'lɪgnənsɪ] (*pl* **malignancies**) *n* [gen & MED] malignidad *f*.

malignant [mə'lɪgnənt] *adj* - **1.** *fml* [full of hate] malvado(da). - **2.** MED maligno(na).

malignity [mə'lɪgnətɪ] *n* = **malignancy**.

malinger [mə'lɪŋgəʳ] *vi pej* fingirse enfermo(ma).

malingerer [mə'lɪŋgərəʳ] *n pej* enfermo fingido *m*, enferma fingida *f*.

mall [mɔːl] *n esp Am*: **(shopping) ~** centro *m* comercial peatonal.

mallard ['mælɑːd] *n*: **~ (duck)** ánade *m* real.

malleability [,mælɪə'bɪlətɪ] *n* maleabilidad *f*.

malleable ['mælɪəbl] *adj lit & fig* maleable.

mallet ['mælɪt] *n* mazo *m*.

mallow ['mæləʊ] *n* BOT malva *f*.

malmsey ['mɑːmzɪ] *n* malvasía *f* (vino).

malnourished [,mæl'nʌrɪʃt] *adj* malnutrido(da).

malnutrition [,mælnjuː'trɪʃn] *n* malnutrición *f*.

malodorous [mæl'əʊdərəs] *adj fml* maloliente, hediondo(da).

malpractice [,mæl'præktɪs] *n* (U) JUR negligencia *f*.

malt [mɔːlt] *n* - **1.** [grain] malta *f*. - **2.** [whisky] whisky *m* de malta.

Malta ['mɔːltə] *n* Malta.

malted milk ['mɔːltɪd-] *n* leche *f* malteada.

Maltese [,mɔːl'tiːz] (*pl inv*) ◇ *adj* maltés(esa). ◇ *n* - **1.** [person] maltés *m*, -esa *f*. - **2.** [language] maltés *m*.

maltose ['mɔːltəʊz] *n* maltosa *f*.

maltreat [,mæl'triːt] *vt* maltratar.

maltreatment [,mæl'triːtmənt] *n* malos tratos *mpl*.

malt whisky *n* whisky *m* de malta.

malty ['mɔːltɪ] (*compar* **maltier**, *superl* **maltiest**) *adj* [in smell] que huele a malta; [in taste] que sabe a malta.

mam [mæm] *n inf* mamá *f*.

mama [*Br* mə'mɑː, *Am* 'mʊmə] *n* mamá *f*.

mamba ['mæmbə] *n* mamba *f*.

mambo ['mæmbəʊ] (*pl* **mambos**) *n* mambo *m*.

mamma ['mɑːmə] *n* = **mama**.

mammal ['mæml] *n* mamífero *m*.

mammalian [mə'meɪljən] ◇ *adj* mamífero(ra). ◇ *n* mamífero *m*.

mammary ['mæmərɪ] *adj* mamario(ria).

mammary gland *n* glándula *f* mamaria.

mammography [mæm'mɒgrəfɪ] *n* mamografía *f*.

Mammon ['mæmən] *n* becerro *m* de oro.

mammoth ['mæməθ] ◇ *adj* descomunal, gigante. ◇ *n* mamut *m*.

mammy ['mæmɪ] (*pl* **mammies**) *n inf* - **1.** [mother] mamá *f*, mamita *f*. - **2.** *Am dated & pej* [black nanny] niñera *f* negra.

man [mæn] (*pl* **men** [men]) (*pt & pp* **manned**, *cont* **manning**) ◇ *n* - **1.** [gen] hombre *m*; **to be a ~ of one's word** ser (un) hombre de palabra; **to be ~ enough to do sthg** ser lo suficientemente hombre para hacer algo; **to be one's own ~** [be independent] no depender de nadie; [think independently] ser una persona con gran libertad de criterio, hacer lo que uno piensa; **every ~ for himself** sálvese quien pueda; **to make a ~ of sb** hacer de alguien un hombre; **the ~ in the street** el hombre de la calle, el ciudadano de a pie; **~'s best friend** [dog] el mejor amigo del hombre; **to a ~** unánimemente; **a ~ of the world** un hombre de

mundo; **as one ~** todos a una, como un solo hombre; **one ~'s meat is another ~'s poison** *proverb* sobre gustos no hay nada escrito *proverb*, lo bueno para unos no es bueno para todos; **to take sthg like a ~** aceptar algo con entereza; **to talk ~ to ~** hablar de hombre a hombre. - **2.** [servant] criado *m*, sirviente *m*. - **3.** [chess, draughts] pieza *f*. ◇ *vt* [gen] manejar; [ship, plane] tripular; **manned 24 hours a day** [telephone] en servicio las 24 horas del día.

man-about-town (*pl* **men-about-town**) *n* hombre *m* de mundo.

manacle ['mænəkl] *vt* [handcuff] esposar, poner esposas a.
◆ **manacles** *npl* esposas *fpl*, grilletes *mpl*.

manage ['mænɪdʒ] ◇ *vi* - **1.** [cope] poder; **can you ~?** ¿puedes?, ¿te ayudo? - **2.** [survive] arreglárselas, apañárselas; **to ~ without...** apañarse sin... ◇ *vt* - **1.** [succeed]: **to ~ to do sthg** conseguir hacer algo. - **2.** [company] dirigir, llevar; [money] administrar, manejar; [actor, singer] representar; [team] entrenar; [time] organizar. - **3.** [cope with] poder con; **can you ~ that box?** ¿puedes con la caja? - **4.** [be available for]: **I can only ~ an hour tonight** sólo dispongo de una hora esta noche.

manageable ['mænɪdʒəbl] *adj* [task] factible, posible; [children] dominable; [inflation, rate] controlable.

management ['mænɪdʒmənt] *n* - **1.** [control, running] gestión *f*. - **2.** [people in control] dirección *f*.

management buyout *n Br* compra de una empresa por sus administradores.

management consultant *n* asesor *m*, -ra *f* en gestión de empresas.

management studies *n* (U) estudios *mpl* de administración OR de gestión de empresas.

manager ['mænɪdʒəʳ] *n* - **1.** [of company] director *m*, -ra *f*; [of shop] jefe *m*, -fa *f*; [of singer, actor, boxer] manager *mf*. - **2.** SPORT entrenador *m*, -ra *f*.

manageress [,mænɪdʒə'res] *n Br* [of company] directora *f*; [of shop] jefa *f*.

managerial [,mænɪ'dʒɛrɪəl] *adj* directivo(va).

managing director ['mænɪdʒɪŋ-] *n* director *m*, -ra *f* gerente.

managing editor ['mænɪdʒɪŋ-] *n* jefe *m*, -fa *f* de redacción.

Managua [mə'nægwə] *n* Managua.

man-at-arms (*pl* **men-at-arms**) *n* soldado *m* (especialmente de caballería).

manatee [,mænə'tiː] *n* manatí *m*, vaca *f* marina.

manchineel [,mæntʃɪ'niːl] *n* manzanillo *m*.

Manchurian [mæn'tʃʊərɪən] ◇ *adj* manchuriano(na). ◇ *n* [person] manchuriano *m*, -na *f*.

Mancunian [mæŋ'kjuːnjən] ◇ *adj* de o relativo a Manchester. ◇ *n* natural o habitante de Manchester.

mandamus [mæn'deɪməs] *n* mandamiento *m*, orden *f* judicial.

mandarin ['mændərɪn] *n* - **1.** [fruit] mandarina *f*. - **2.** [civil servant] mandarín *m*, -ina *f*, persona *f* demasiado influyente.

mandate [*n* 'mændeɪt, *vt* ,mæn'deɪt] ◇ *n* - **1.** [elected right or authority] mandato *m*. - **2.** [task] misión *f*. ◇ *vt* [territory] colocar bajo mandato.

mandatory ['mændətrɪ] *adj* obligatorio(ria).

man-day *n Br* día-hombre *m*.

mandible ['mændɪbl] *n* mandíbula *f*.

mandolin ['mændəlɪn] *n* mandolina *f*.

mandrake ['mændreɪk] *n* mandrágora *f*.

mandrill ['mændrɪl] *n* mandril *m*.

mane [meɪn] *n* [of horse] crin *f*; [of lion] melena *f*.

man-eater *n* - **1.** [animal] animal *m* que come carne humana. - **2.** [cannibal] caníbal *mf*, antropófago *m*, -ga *f*.

man-eating *adj* que come carne humana.

maneuver *etc Am* = **manoeuvre** *etc*.

man Friday *n* [servant] criado *m* fiel.
◆ **Man Friday** *n* Viernes *m*.

manful ['mænfʊl] *adj* [courageous] esforzado(da), valiente.

manfully ['mænfʊlɪ] *adv* esforzadamente, valientemente.

manganate ['mæŋgəneɪt] n manganato m.

manganese ['mæŋgəniːz] n manganeso m.

mange [meɪndʒ] n sarna f.

mangel-wurzel ['mæŋgl,wɜːzl] n remolacha f forrajera.

manger ['meɪndʒəʳ] n pesebre m, comedero m.

mangetout (pea) ['mãʒtuː-] n Br guisante m mollar.

mangle ['mæŋgl] ◇ vt [crush] aplastar; [tear to pieces] despedazar. ◇ n planchadora f de rodillos.

mango ['mæŋgəʊ] (pl **mangoes** OR **mangos**) n mango m.

mangrove ['mæŋgrəʊv] ◇ n mangle m. ◇ comp: ~ **swamp** manglar m.

mangy ['meɪndʒɪ] (compar **mangier**, superl **mangiest**) adj [animal] sarnoso(sa); [carpet, coat] gastado(da), ajado(da).

manhandle ['mæn,hændl] vt [person] maltratar.

manhole ['mænhəʊl] ◇ n boca f (del alcantarillado). ◇ comp: ~ **cover** tapa f de registro, tapadera f de alcantarilla.

manhood ['mænhʊd] n - **1.** [state] madurez f, virilidad f. - **2.** [time] edad f viril OR adulta.

man-hour ['mæn,aʊəʳ] n hora f de trabajo (realizada por una persona).

manhunt ['mænhʌnt] n búsqueda f (de un delincuente).

mania ['meɪnjə] n - **1.** [excessive liking]: ~ **(for)** manía f (por). - **2.** PSYCH manía f.

maniac ['meɪnɪæk] n - **1.** [madman] maniaco m, -ca f. - **2.** [fanatic] fanático m, -ca f.

maniacal [mə'naɪəkl] adj - **1.** [crazy] loco(ca). - **2.** PSYCH maniaco(ca), maníaco(ca).

manic ['mænɪk] adj maniaco(ca), maníaco(ca).

manic-depressive ◇ adj maniacodepresivo(va). ◇ n maniacodepresivo m, -va f.

manicure ['mænɪ,kjʊəʳ] ◇ n manicura f. ◇ vt: **to** ~ **sb** hacerle la manicura a alguien; **to** ~ **one's nails** arreglarse las uñas.

manicurist ['mænɪ,kjʊərɪst] n manicuro m, -ra f.

manifest ['mænɪfest] fml ◇ adj manifiesto(ta), evidente. ◇ vt manifestar.

manifestation [,mænɪfes'teɪʃn] n fml manifestación f.

manifestly ['mænɪfestlɪ] adv fml evidentemente, claramente.

manifesto [,mænɪ'festəʊ] (pl **manifestos** OR **manifestoes**) n manifiesto m.

manifold ['mænɪfəʊld] ◇ adj literary múltiple. ◇ n AUT colector m; **inlet/exhaust** ~ colector m de admisión/de escape.

manikin ['mænɪkɪn] n [dwarf] enano m.

manil(l)a [mə'nɪlə] adj manila (inv).

Manila [mə'nɪlə] n Manila.

Manila hemp n abacá f, cáñamo m de Manila.

manioc ['mænɪɒk] n mandioca f, yuca f.

manipulate [mə'nɪpjʊleɪt] vt - **1.** [control for personal benefit] manipular. - **2.** [machine] manejar; [controls, lever] accionar.

manipulation [mə,nɪpjʊ'leɪʃn] n - **1.** [control for personal benefit] manipulación f. - **2.** [of machine] manejo m, operación f; [of controls, lever] accionamiento m.

manipulative [mə'nɪpjʊlətɪv] adj manipulador(ra).

manipulator [mə'nɪpjʊleɪtəʳ] n manipulador m, -ra f.

Manitoba [,mænɪ'təʊbə] n Manitoba.

mankind [mæn'kaɪnd] n la humanidad, el género humano.

manky ['mæŋkɪ] (compar **mankier**, superl **mankiest**) adj Br inf [worthless] asqueroso(sa); [dirty] chungo(ga).

manlike ['mænlaɪk] adj - **1.** [virile] varonil. - **2.** [woman] hombruno(na).

manliness ['mænlɪnɪs] n carácter m varonil, hombría f.

manly ['mænlɪ] (compar **manlier**, superl **manliest**) adj varonil, viril.

man-made adj [environment, problem, disaster] producido(da) por el hombre; [fibre] artificial.

man management n gestión f de recursos humanos OR de personal.

manna ['mænə] n maná m.

manned [mænd] adj tripulado(da).

mannequin ['mænɪkɪn] n dated maniquí mf.

manner ['mænəʳ] n - **1.** [method] manera f, forma f; **in a** ~ **of speaking** por así decirlo. - **2.** [bearing, attitude] comportamiento m; **to the** ~ **born** fig nacido(da) para ello. - **3.** [type, sort] tipo m, clase f; **all** ~ **of** toda clase OR todo tipo de. - **4.** [style] manera f, estilo m; **in the** ~ **of** a la manera de, al estilo de.

◆ **manners** npl modales mpl; **it's good/bad** ~**s to do sthg** es de buena/mala educación hacer algo.

mannered ['mænəd] adj fml afectado(da), amanerado(da).

mannerism ['mænərɪzm] n costumbre f (típica de uno).

◆ **Mannerism** n ART manierismo m.

mannerly ['mænəlɪ] adj de buenos modales, educado(da).

mannikin ['mænɪkɪn] n = **manikin**.

mannish ['mænɪʃ] adj [woman] hombruno(na).

manoeuvrability Br, **maneuverability** Am [mə,nuːvrə'bɪlətɪ] n maniobrabilidad f.

manoeuvrable Br, **maneuverable** Am [mə'nuːvrəbl] adj manejable.

manoeuvre Br, **maneuver** Am [mə'nuːvəʳ] ◇ n lit & fig maniobra f. ◇ vt maniobrar, manejar. ◇ vi maniobrar.

◆ **manoeuvres** npl MIL maniobras fpl.

man of letters n fml literato m, hombre m de letras.

man-of-war [,mænə'wɔːʳ] (pl **men-of-war** [,men-]) n buque m de guerra.

manor ['mænəʳ] n [house] casa f solariega.

manorial [mə'nɔːrɪəl] adj señorial.

manpower ['mæn,paʊəʳ] n [manual workers] mano f de obra; [white-collar workers] personal m.

mansard (roof) ['mænsɑːd-] n mansarda f.

manse [mæns] n rectoría f.

manservant ['mænsɜːvənt] (pl **menservants** ['mensɜːvənts]) n dated criado m, sirviente m, mucamo m Amér.

mansion ['mænʃn] n [manor] casa f solariega; [big house] casa f grande.

man-size(d) adj de gran tamaño, muy grande.

manslaughter ['mæn,slɔːtəʳ] n homicidio m involuntario.

manta ['mæntə] n chal m, capa f de algodón rústica.

manta ray n manta f, mantarraya f.

mantel ['mæntl] n - **1.** [shelf] repisa f (de la chimenea). - **2.** [ornamental facing] manto m (de la chimenea).

mantelpiece ['mæntlpiːs] n repisa f (de la chimenea).

mantilla [mæn'tɪlə] n mantilla f.

mantis ['mæntɪs] n mantis f inv religiosa.

mantissa [mæn'tɪsə] n mantisa f.

mantle ['mæntl] n - **1.** [layer, covering] capa f. - **2.** [of leadership, high office] manto m. - **3.** GEOL & ZOOL manto m. - **4.** [casing] camisa f.

man-to-man adj de hombre a hombre.

mantrap ['mæntræp] n cepo m.

manual ['mænjʊəl] ◇ adj manual; ~ **labour** trabajo m manual. ◇ n - **1.** [handbook] manual m. - **2.** [of organ] teclado m.

manual alphabet n alfabeto m dactilológico OR de sordomudos.

manually ['mænjʊəlɪ] adv manualmente, a mano.

manual training n formación f técnica.

manual worker n obrero m, -ra f.

manufacture [,mænjʊ'fæktʃəʳ] ◇ n [production] manufacturación f, fabricación f. ◇ vt - **1.** [make] manufacturar, fabricar. - **2.** [invent] inventar.

◆ **manufactures** npl productos mpl manufacturados.

manufactured [,mænjʊ'fæktʃəd] adj manufacturado(da), fabricado(da); ~ **goods** productos mpl manufacturados.

manufacturer [ˌmænjʊˈfæktʃərəʳ] *n* fabricante *mf*.

manufacturing [ˌmænjʊˈfæktʃərɪŋ] ◇ *n* manufacturación *f*, fabricación *f*. ◇ *adj* manufacturero(ra).

manufacturing industries *npl* industrias *fpl* manufactureras.

manumission [ˌmænjʊˈmɪʃn] *n* manumisión *f*.

manumit [ˌmænjʊˈmɪt] (*pt & pp* **manumitted**, *cont* **manumitting**) *vt* manumitir, emancipar.

manure [məˈnjʊəʳ] ◇ *n* estiércol *m*, abono *m*; **liquid** ~ estiércol *m* líquido, purín *m*. ◇ *vt* estercolar, abonar.

manuscript [ˈmænjʊskrɪpt] *n* - **1.** [gen] manuscrito *m*. - **2.** [in exam] hoja *f* de examen.

manuscript paper *n* [for music] papel *m* pautado.

Manx [mæŋks] ◇ *adj* de o relativo a la isla de Man. ◇ *n* [language] lengua de la isla de Man.

Manx cat *n* variedad de gato de pelo corto y sin cola originario de la isla de Man.

Manxman [ˈmæŋksmən] (*pl* **Manxmen**) *n* hombre natural o habitante de la isla de Man.

Manxwoman [ˈmæŋksˌwʊmən] (*pl* **Manxwomen**) *n* mujer natural o habitante de la isla de Man.

many [ˈmenɪ] (*compar* **more** [mɔːʳ], *superl* **most** [məʊst]) ◇ *adj* muchos(chas); ~ **people** muchas personas, muchagente; ~ **a student has asked that question** muchos alumnos han hecho esa pregunta; ~'**s the time** muchas veces; **how** ~? ¿cuántos?(tas?); **I wonder how** ~ **people went** me pregunto cuánta gente fue; **too** ~ demasiados(das); **there weren't too** ~ **students** no había muchos estudiantes; **as** ~... **as** tantos(tas)... como; **there were twice as** ~ **children as adults** había dos veces más niños que adultos; **we read eleven scripts in as** ~ **days** leímos once guiones en igual número de **or** en otros tantos días; **as** ~ **as 50 people will come** vendrán hasta 50 personas; **so** ~ tantos(tas); **I've never seen so** ~ **people** nunca había visto tanta gente; **a good or great** ~ muchísimos(mas). ◇ *pron* muchos(chas).

Maoism [ˈmaʊɪzm] *n* maoísmo *m*.

Maoist [ˈmaʊɪst] ◇ *adj* maoísta. ◇ *n* maoísta *mf*.

Maori [ˈmaʊrɪ] ◇ *adj* maorí. ◇ *n* maorí *mf*.

map [mæp] (*pt & pp* **mapped**, *cont* **mapping**) ◇ *n* mapa *m*; **to put sthg on the** ~ *fig* dar fama a algo, dar a conocer algo; **to wipe sthg off the** ~ *fig* borrar algo del mapa. ◇ *vt* - **1.** [make map of] trazar un mapa de. - **2.** MATH: **to** ~ **sthg onto sthg** representar algo en algo.
◆ **map out** *vt sep* planear, planificar.

maple [ˈmeɪpl] *n* arce *m*.

maple leaf *n* hoja *f* de arce.

maple sugar *n* azúcar *m* o *f* de arce.

maple syrup *n* jarabe *m* de arce.

mapmaker [ˈmæpˌmeɪkəʳ] *n* cartógrafo *m*, -fa *f*.

mapmaking [ˈmæpˌmeɪkɪŋ] *n* cartografía *f*.

mapping [ˈmæpɪŋ] *n* MATH aplicación *f*, correspondencia *f*.

map reading *n* interpretación *f* **or** lectura *f* de mapas.

Maputo [məˈpuːtəʊ] *n* Maputo.

mar [mɑːʳ] (*pt & pp* **marred**, *cont* **marring**) *vt* deslucir.

Mar. (*abbr of* **March**) mar.

marabou [ˈmærəbuː] *n* marabú *m*.

maraca [məˈrækə] *n* maraca *f*.

maraschino [ˌmærəˈskiːnəʊ] (*pl* **maraschinos**) *n* marrasquino *m*; ~ **cherry** guinda *f* al marrasquino.

marathon [ˈmærəθn] ◇ *adj* maratoniano(na). ◇ *n* maratón *m*. ◇ *comp*: ~ **runner** corredor *m*, -ra *f* de maratón.

maraud [məˈrɔːd] *vi* merodear.

marauder [məˈrɔːdəʳ] *n* merodeador *m*, -ra *f*.

marauding [məˈrɔːdɪŋ] *adj* - **1.** [human] merodeador(ra). - **2.** [animal] depredador(ra).

marble [ˈmɑːbl] *n* - **1.** [stone] mármol *m*. - **2.** [for game] canica *f*, bolita *f Amér*. - **3.** *phr*: **he's lost his** ~**s** *inf* se le ha aflojado **or** le falta un tornillo.

◆ **marbles** *n* (*U*) [game] canicas *fpl*.

marble cake *n* pastel *m* mármol, *pastel elaborado con masa de aspecto jaspeado similar al mármol*.

marbled [ˈmɑːbld] *adj* jaspeado(da), veteado(da).

marbling [ˈmɑːblɪŋ] *n* marmoración *f*.

marc [mɑːk] *n* - **1.** [pulpy residue] orujo *m*. - **2.** [brandy] aguardiente *m* (de orujo).

march [mɑːtʃ] ◇ *n* - **1.** MIL & MUS marcha *f*; **on the** ~ en marcha. - **2.** [of demonstrators] manifestación *f*. - **3.** [steady progress] avance *m*, progreso *m*. - **4.** *phr*: **to steal a** ~ **on sb** *Br* tomar la delantera a alguien. - **5.** (*usu pl*) [frontier] marca *f*; **the Welsh Marches** la marca galesa. ◇ *vi* - **1.** [in formation] marchar. - **2.** [in protest] hacer una manifestación, manifestarse. - **3.** [speedily]: **to** ~ **out** salir enfadado(da); **to** ~ **up to sb** abordar a alguien decididamente. ◇ *vt* llevar por la fuerza.

March [mɑːtʃ] *n* marzo *m*; *see also* **September**.

marcher [ˈmɑːtʃəʳ] *n* [protester] manifestante *mf*.

March hare *n* liebre *f* en celo; **mad as a** ~ loco(ca) como una cabra.

marching [ˈmɑːtʃɪŋ] ◇ *n* marcha *f*. ◇ *adj* en movimiento acompasado.

marching orders *npl*: **to give sb his/her** ~ expulsar a alguien.

marchioness [ˈmɑːʃənes] *n* marquesa *f*.

march-past *n* desfile *m*.

Mardi Gras [ˌmɑːdɪˈgrɑː] *n* Martes *m* de Carnaval.

mare [meəʳ] *n* yegua *f*.

mare's nest *n* - **1.** [hoax] camelo *m*, engaño *f*. - **2.** [complicated situation] lío *m*, berenjenal *m*.

marg. *abbr of* **margarine**.

margarine [ˌmɑːdʒəˈriːn, ˌmɑːgəˈriːn] *n* margarina *f*.

margarita [ˌmɑːgəˈriːtə] *n* margarita *f*.

marge [mɑːdʒ] *n inf* margarina *f*.

margin [ˈmɑːdʒɪn] *n* - **1.** [gen] margen *m*. - **2.** [of desert, forest] límite *m*, lindero *m*.

marginal [ˈmɑːdʒɪnl] *adj* - **1.** [unimportant] marginal. - **2.** *Br* POL: ~ **seat or constituency** escaño susceptible de ser perdido en las elecciones por tener una mayoría escasa.

marginalia [ˌmɑːdʒɪˈneɪlɪə] *npl* notas *fpl* marginales, apostillas *fpl*.

marginalize, -ise [ˈmɑːdʒɪnəlaɪz] *vt* marginar.

marginally [ˈmɑːdʒɪnəlɪ] *adv* ligeramente.

margin release *n* liberador *m* de márgenes.

margrave [ˈmɑːgreɪv] *n* margrave *m*.

marguerite [ˌmɑːgəˈriːt] *n* margarita *f*.

Marian [ˈmeərɪən] *adj* mariano(na), marista.

mariculture [ˈmærɪˌkʌltʃəʳ] *n* cultivo o crianza de organismos marinos (en su propio medio).

marigold [ˈmærɪgəʊld] *n* caléndula *f*.

marihuana, marijuana [ˌmærɪˈwɑːnə] *n* marihuana *f*.

marina [məˈriːnə] *n* puerto *m* deportivo.

marinade [ˌmærɪˈneɪd] ◇ *n* [for fish] marinada *f*; [for meat] adobo *m*. ◇ *vt & vi* = **marinate**.

marinate [ˈmærɪneɪt] *vt & vi* [fish] marinar; [meat] adobar.

marine [məˈriːn] ◇ *adj* marino(na). ◇ *n* soldado *m* de infantería de marina.

marine biology *n* biología *f* marina.

marine engineer *n* ingeniero *m*, -ra *f* naval.

marine insurance *n* seguro *m* marítimo.

mariner [ˈmærɪnəʳ] *n literary* marinero *m*, marino *m*.

marionette [ˌmærɪəˈnet] *n* marioneta *f*, títere *m*.

marital [ˈmærɪtl] *adj* marital, matrimonial.

marital status *n* estado *m* civil.

maritime [ˈmærɪtaɪm] *adj* marítimo(ma).

Maritime Provinces, Maritimes *npl*: **the** ~ las provincias Marítimas.

marjoram [ˈmɑːdʒərəm] *n* mejorana *f*.

mark [mɑːk] ◇ *n* - **1.** [stain] mancha *f*. - **2.** [written symbol - on paper] marca *f*; [- in the sand] señal *f*. - **3.** [in exam] nota *f*; **to get good** ~**s** sacar buenas notas ❏ **no** ~**s for guessing the answer!** ¡adivinar la respuesta no puntúa! - **4.** [stage, level]: **above the billion** ~ por encima del billón; **once past the halfway** ~ una vez llegado a medio camino. - **5.** [sign - of respect] señal *f*; [- of illness, old age] huella *f*; **as a** ~ **of my esteem/ friendship** como prueba de mi afecto/amistad, en señal de mi afecto/amistad. - **6.** [currency] marco *m*. - **7.** SPORT: **on your** ~**s, get set, go!** ¡en sus marcas, preparados, listos, ya! - **8.** [target] blanco *m*. - **9.** *phr*: **to be quick/slow off the** ~ reaccionar rápido/tarde; **to be up to the** ~ estar a la altura (requerida); **to make one's** ~ dejar huella, distinguirse; **to overstep the** ~ pasarse de la raya; **wide of the** ~ lejos de la verdad; **the years she spent in prison have left their** ~ los años que pasó en la cárcel han dejado (su) huella OR han dejado huella en ella. ◇ *vt* - **1.** [stain] manchar. - **2.** [label] señalar. - **3.** [exam, essay] puntuar, calificar. - **4.** [identify - place] señalar; [- beginning, end] marcar. - **5.** [commemorate] conmemorar, celebrar. - **6.** [characterize] caracterizar. - **7.** [pay attention to]: **(you)** ~ **my words!** presta atención a OR fíjate en lo que digo; ~ **her expression** *Br dated* observa su expresión. - **8.** *Br* [in football etc] marcar. ◇ *vi* [become stained] mancharse; [become scratched] rayarse.
- ◆ **mark down** *vt sep* - **1.** COMM [price] rebajar; [goods] bajar el precio de. - **2.** [downgrade] bajar la nota a. - **3.** [write] apuntar, anotar.
- ◆ **mark off** *vt sep* - **1.** [cross off] tachar. - **2.** [separate off] demarcar, delimitar.
- ◆ **mark out** *vt sep* - **1.** [area] marcar. - **2.** [distinguish] distinguir.
- ◆ **mark up** *vt sep* COMM [price] subir; [goods] subir el precio de.

Mark [mɑːk] *n* Marcos *m*; **the Gospel According to (Saint)** ~ el Evangelio según san Marcos.

markdown ['mɑːkdaun] *n* rebaja *f*, reducción *f* de precio.

marked [mɑːkt] *adj* - **1.** [improvement] notable; [difference] marcado(da), acusado(da). - **2.** [bearing a mark] marcado(da); **a** ~ **man** un hombre señalado OR fichado.

markedly ['mɑːkɪdlɪ] *adv* [better] sensiblemente; [worse] acusadamente; [different] marcadamente.

marker ['mɑːkə] *n* [sign] señal *f*.

marker pen *n* rotulador *m*.

market ['mɑːkɪt] ◇ *n* mercado *m*; **on the** ~ a la venta; **to be in the** ~ **for sthg** querer comprar algo; **to find a ready** ~ tener fácil salida; **to play the** ~ jugar a la bolsa; **to put sthg on the** ~ poner en venta algo; **to come on to the** ~ entrar en el mercado; **to flood the** ~ **with sthg** inundar el mercado de OR con algo; **there is no** ~ **for...** no hay demanda de... ◇ *vt* comercializar. ◇ *vi Am* [shop]: **to go** ~**ing** ir a hacer la compra.

marketable ['mɑːkɪtəbl] *adj* comercializable, vendible.

market analysis *n* análisis *m* de mercado.

market day *n* (día *m* de) mercado *m*.

market economy *n* economía *f* de mercado.

marketeer [ˌmɑːkə'tɪə] *n* - **1.** [dealer]: **black** ~ traficante *mf*. - **2.** *Br* POL: **pro-**~ partidario *m*, -ria *f* del Mercado Común; **anti-**~ contrario *m*, -ria *f* al Mercado Común.

marketer ['mɑːkɪtə] *n* - **1.** [seller] vendedor *m*, -ra *f*. - **2.** [of new product] introductor(ra).

market forces *npl* tendencias *fpl* de mercado.

market garden *n esp Br* [small] huerto *m*; [large] huerta *f*.

market gardening *n esp Br* horticultura *f*.

marketing ['mɑːkɪtɪŋ] ◇ *n* [branch of business] marketing *m*, estudio *m* de mercado; [process] comercialización *f*. ◇ *comp*: ~ **director** director *m*, -ra *f* comercial.

market leader *n* líder *mf* del mercado.

marketplace ['mɑːkɪtpleɪs] *n lit & fig* mercado *m*.

market price *n* precio *m* corriente OR de mercado.

market research *n* estudio *m* de mercado.

market share *n* cuota *f* de mercado, participación *f* en el mercado.

market stall *n* puesto *m* (del mercado).

market town *n* población *f* con mercado.

market value *n* valor *m* actual OR en venta.

marking ['mɑːkɪŋ] *n* [of exams etc] corrección *f*.
- ◆ **markings** *npl* - **1.** [of flower, animal] pintas *fpl*, manchas *fpl*. - **2.** [on road] señales *fpl*.

marksman ['mɑːksmən] (*pl* **marksmen** [-mən]) *n* tirador *m*.

marksmanship ['mɑːksmənʃɪp] *n* puntería *f*.

marksmen ['mɑːksmən] *pl* → **marksman**.

markswoman ['mɑːksˌwumən] (*pl* **markswomen** [-ˌwɪmɪn]) *n* tiradora *f*.

markup ['mɑːkʌp] *n* subida *f*, aumento *m*.

marl [mɑːl] *n* marga *f*.

marlin ['mɑːlɪn] *n* aguja *f* (de mar).

marmalade ['mɑːməleɪd] ◇ *n* mermelada *f* (de cítricos). ◇ *comp*: ~ **orange** naranja *f* amarga.

marmoreal [mɑː'mɔːrɪəl] *adj literary* marmóreo(a).

marmoset ['mɑːməzet] *n* tití *m*.

marmot ['mɑːmət] *n* marmota *f*.

maroon [mə'ruːn] *adj* granate.

marooned [mə'ruːnd] *adj* incomunicado(da), aislado(da).

marque [mɑːk] *n* [brand] marca *f*.

marquee [mɑː'kiː] *n* - **1.** *Br* [tent] carpa *f*, toldo *m* grande. - **2.** *Am* [canopy at hotel, theatre] marquesina *f*.

Marquesas Islands [mɑː'keɪsæs-] *npl*: **the** ~ las islas Marquesas.

marquess ['mɑːkwɪs] *n* = **marquis**.

marquetry ['mɑːkɪtrɪ] *n* marquetería *f*.

marquis ['mɑːkwɪs] *n* marqués *m*.

marquise [mɑː'kiːz] *n* - **1.** [marchioness] marquesa *f*. - **2.** [gemstone] talla *f* elíptica.

marriage ['mærɪdʒ] *n* - **1.** [act] boda *f*. - **2.** [state, institution] matrimonio *m*; **to be related by** ~ tener parentesco político; **to take sb in** ~ contraer matrimonio con alguien.

marriageable ['mærɪdʒəbl] *adj* casadero(ra), núbil; **of age** en edad de casarse.

marriage bureau *n Br* agencia *f* matrimonial.

marriage certificate *n* certificado *m* de matrimonio.

marriage guidance *n* asesoría *f* matrimonial.

marriage guidance counsellor *n* consejero *m*, -ra *f* matrimonial.

marriage licence *n* licencia *f* matrimonial.

marriage of convenience *n* matrimonio *m* de conveniencia.

married ['mærɪd] *adj* - **1.** [wedded] casado(da); **to be a** ~ **man** estar casado ❏ ~ **couple** matrimonio *m*. - **2.** [of marriage] matrimonial, de casado(da); ~ **name** apellido *m* de casada.

marrow ['mærəu] *n* - **1.** *Br* [vegetable] calabacín *m* grande. - **2.** [in bones] médula *f*.

marrowbone ['mærəubəun] *n* hueso *m* de caña OR tuétano.

marry ['mærɪ] (*pt & pp* **married**) ◇ *vt* [subj: priest] casar; [become spouse of] casarse con; **to get married** casarse. ◇ *vi* casarse; **to** ~ **into** emparentar con; **to** ~ **beneath o.s.** casarse con alguien de clase inferior, malcasarse.
- ◆ **marry off** *vt sep* casar.

Mars [mɑːz] *n* Marte *m*.

Marseille, Marseilles [mɑː'seɪ] *n* Marsella.

marsh [mɑːʃ] *n* - **1.** [area of land] zona *f* pantanosa. - **2.** [type of land] pantano *m*.

marshal ['mɑːʃl] (*Br pt & pp* **marshalled**, *cont* **marshalling**, *Am pt & pp* **marshaled**, *cont* **marshaling**) ◇ *n* - **1.** MIL mariscal *m*. - **2.** [steward] oficial *mf*, miembro *mf* del servicio de orden. - **3.** *Am* [police officer] jefe *m*, -fa *f* de policía; [fire chief] jefe *m*, -fa *f* de bomberos. ◇ *vt* [people] dirigir, conducir; [thoughts] ordenar; [troops] formar.

marshalling yard ['mɑːʃəlɪŋ-] n estación f de clasificación de trenes.

Marshall Plan ['mɑːʃl-] n: **the** ~ el Plan Marshall.

marsh gas n gas m de los pantanos, metano m.

marshland ['mɑːʃlænd] n tierra f pantanosa.

marshmallow [Br mɑːʃ'mæləʊ, Am 'mɑrʃˌmeləʊ] n - **1.** [sweet] esponja f, golosina de merengue blando. - **2.** [substance] malvavisco m.

marshy ['mɑːʃi] (compar **marshier**, superl **marshiest**) adj pantanoso(sa).

Marston Moor ['mɑːstən'mɔːr] n importante batalla, en 1644, en la que Cromwell venció a los realistas.

marsupia [mɑː'sjuːpɪə] pl → **marsupium**.

marsupial [mɑː'suːpjəl] n marsupial m.

marsupium [mɑː'suːpɪəm] (pl **marsupia** [-pɪə]) n marsupio m, bolsa f (marsupial).

mart [mɑːt] n [market] mercado m.

marten ['mɑːtɪn] n marta f.

Martha ['mɑːθə] n Marta f.

martial ['mɑːʃl] adj [music, discipline] militar.

martial arts npl artes fpl marciales.

martial law n ley f marcial.

Martian ['mɑːʃn] ◇ adj marciano(na). ◇ n marciano m, -na f.

martin ['mɑːtɪn] n avión m.

martinet [ˌmɑːtɪ'net] n déspota mf, persona f autoritaria.

martingale ['mɑːtɪŋgeɪl] n - **1.** [for horse] gamarra f, amarra f. - **2.** NAUT moco m del bauprés.

martini [mɑː'tiːnɪ] n martini m.

Martinique [ˌmɑːtɪ'niːk] n (la) Martinica.

martyr ['mɑːtə] n mártir mf.

martyrdom ['mɑːtədəm] n martirio m.

martyred ['mɑːtəd] adj de mártir.

martyrize, -ise ['mɑːtəraɪz] vt martirizar.

marvel ['mɑːvl] (Br pt & pp **marvelled**, cont **marvelling**, Am pt & pp **marveled**, cont **marveling**) ◇ n maravilla f; **it's a** ~ **he managed** es un milagro que haya podido. ◇ vt maravillarse, sorprenderse. ◇ vi: **to** ~ **(at)** maravillarse OR asombrarse (ante).

marvellous Br, **marvelous** Am ['mɑːvələs] adj maravilloso(sa).

marvellously Br, **marvelously** Am ['mɑːvələslɪ] adv maravillosamente, de maravilla.

Marxism ['mɑːksɪzm] n marxismo m.

Marxist ['mɑːksɪst] ◇ adj marxista. ◇ n marxista mf.

Mary ['meərɪ] n María f.

Maryland ['merələnd] n Maryland.

marzipan ['mɑːzɪpæn] n mazapán m.

mascara [mæs'kɑːrə] n rímel m, máscara f.

mascot ['mæskət] n mascota f.

masculine ['mæskjʊlɪn] adj [gen] masculino(na); [woman, appearance] hombruno(na).

masculinity [ˌmæskjʊ'lɪnɪtɪ] n masculinidad f.

mash [mæʃ] ◇ vt - **1.** CULIN hacer un puré de. - **2.** [crush] machacar, majar. ◇ n - **1.** [for animals] frangollo m, puchada f. - **2.** [for brewing] malta f remojada OR empastada. - **3.** Br inf [mashed potatoes] puré m de patatas.

MASH [mæʃ] (abbr of **mobile army surgical hospital**) n hospital militar estadounidense de campaña.

mashed potatoes [mæʃt-] npl puré m de patatas.

masher ['mæʃə] n [utensil] majador m.

mask [mɑːsk] ◇ n lit & fig máscara f. ◇ vt - **1.** [to hide] enmascarar. - **2.** [cover up] ocultar, disfrazar.

masked [mɑːskt] adj enmascarado(da).

masked ball n baile m de máscaras OR de disfraces.

masking ['mɑːskɪŋ] n PSYCH enmascaramiento m.

masking tape n cinta f adhesiva.

masochism ['mæsəkɪzm] n masoquismo m.

masochist ['mæsəkɪst] n masoquista mf.

masochistic [ˌmæsə'kɪstɪk] adj masoquista.

mason ['meɪsn] n [stonemason] cantero m.

◆ **Mason** n [Freemason] masón m.

masonic, Masonic [mə'sɒnɪk] adj masónico(ca).

masonry ['meɪsnrɪ] n [stones] albañilería f.

◆ **Masonry** n [Freemasonry] masonería f, francmasonería f.

masque [mɑːsk] n THEATRE espectáculo m alegórico de corte.

masquerade [ˌmæskə'reɪd] vi: **to** ~ **as** hacerse pasar por; **he** ~**d under the name of...** se identificó bajo el nombre de...

masquerader [ˌmæskə'reɪdə] n [pretender] farsante mf, impostor m, -ra f.

mass [mæs] ◇ n - **1.** [gen] masa f. - **2.** [large amount] cantidad f, montón m; **she's a** ~ **of bruises** tiene un montón de cardenales. - **3.** [majority] mayoría f, mayor parte f. ◇ adj [unemployment] masivo(va); [communication] multitudinario(ria), de masas; ~ **consumption** consumo m masivo; ~ **culture** cultura f popular OR de masas; ~ **evacuation** evacuación f en masa; ~ **grave** fosa f común; ~ **hysteria** histeria f colectiva. ◇ vt agrupar, concentrar. ◇ vi agruparse, concentrarse.

◆ **Mass** n [religious ceremony] misa f; **to hear/say Mass** oír/decir misa.

◆ **masses** npl - **1.** [common people]: **the** ~**es** las masas. - **2.** inf [lots] montones mpl.

Massachusetts [ˌmæsə'tʃuːsɪts] n Massachusetts.

massacre 'mæsəkə' ◇ n matanza f, masacre f. ◇ vt - **1.** [kill] asesinar en masa, masacrar. - **2.** inf [defeat] dar un palizón a.

massage [Br 'mæsɑːʒ, Am mə'sɑːʒ] ◇ n masaje m. ◇ vt dar masajes a.

massage parlour n - **1.** [for massage] salón m de masajes. - **2.** euphemism [brothel] burdel m.

masseur [Br mæ'sɜːr, Am mæ'svər] n masajista m.

masseuse [Br mæ'sɜːz, Am mæ'suːz] n masajista f.

massive ['mæsɪv] adj [gen] enorme; [majority] aplastante.

massively ['mæsɪvlɪ] adv enormemente.

mass-market adj para un mercado masivo.

mass media n OR npl: **the** ~ los medios de comunicación de masas.

mass number n número m de masa.

mass-produce vt producir OR fabricar en serie.

mass production n producción f OR fabricación f en serie.

mast [mɑːst] n - **1.** [on boat] mástil m. - **2.** RADIO & TV poste m, torre f.

mastectomy [mæs'tektəmɪ] (pl **mastectomies**) n mastectomía f.

master ['mɑːstə] ◇ n - **1.** [of people, animals] amo m, dueño m; [of house] señor m. - **2.** fig [of situation] dueño m, -ña f. - **3.** Br [teacher - primary school] maestro m; [- secondary school] profesor m. - **4.** [expert] maestro m. - **5.** ART gran maestro m. - **6.** NAUT [captain] capitán m. - **7.** [original copy] original m. ◇ adj maestro(tra). ◇ vt - **1.** [situation] dominar, controlar; [difficulty] vencer, superar. - **2.** [technique, language etc] dominar.

◆ **Master** n fml & dated [boy's title] señorito m.

master-at-arms (pl **masters-at-arms**) n sargento m de marina.

master bedroom n dormitorio m principal.

master disk n COMPUT disco m maestro.

masterful ['mɑːstəfʊl] adj autoritario(ria), dominante.

master key n llave f maestra.

masterly ['mɑːstəlɪ] adj magistral.

mastermind ['mɑːstəmaɪnd] ◇ n cerebro m. ◇ vt ser el cerebro de, dirigir.

◆ **Mastermind** n concurso televisivo británico en el que los *participantes deben contestar preguntas sobre cultura general.*

Master of Arts (*pl* **Masters of Arts**) *n* - **1.** [degree] maestría *f* OR máster *m* en Letras. - **2.** [person] licenciado *m*, -da *f* con un máster en Letras.

master of ceremonies (*pl* **masters of ceremonies**) *n* maestro *m* de ceremonias.

Master of Science (*pl* **Masters of Science**) *n* - **1.** [degree] maestría *f* OR máster *m* en Ciencias. - **2.** [person] licenciado *m*, -da *f* con un máster en Ciencias.

Master of the Rolls *n* presidente del tribunal de apelación de Gran Bretaña.

masterpiece ['mɑːstəpiːs] *n lit & fig* obra *f* maestra.

master plan *n* plan *m* maestro.

master race *n* raza *f* superior.

master's (degree) *n* maestría *f*, máster *m*.

mastership ['mɑːstəʃɪp] *n* [skill] maestría *f*, destreza *f*.

masterstroke ['mɑːstəstrəʊk] *n* golpe *m* maestro.

master switch *n* interruptor *m* general.

masterwork ['mɑːstəwɜːk] *n* obra *f* maestra.

mastery ['mɑːstərɪ] *n* dominio *m*.

masthead ['mɑːsthed] *n* - **1.** NAUT tope *m*. - **2.** PRESS cabecera *f*.

mastic ['mæstɪk] *n* masilla *f*.

masticate ['mæstɪkeɪt] *fml vt & vi* masticar.

mastication [,mæstɪ'keɪʃn] *n fml* masticación *f*.

mastiff ['mæstɪf] *n* mastín *m*.

mastitis [mæ'staɪtɪs] *n* mastitis *f inv*.

mastodon ['mæstədɒn] *n* mastodonte *m*.

mastoid ['mæstɔɪd] ◇ *adj* mastoideo(dea), mastoidal. ◇ *n* - **1.** ANAT mastoides *f inv*, apófisis *f inv* mastoidea. - **2.** MED mastoiditis *f inv*.

masturbate ['mæstəbeɪt] ◇ *vi* masturbarse. ◇ *vt* masturbar.

masturbation [,mæstə'beɪʃn] *n* masturbación *f*.

mat [mæt] ◇ *n* - **1.** [beer mat] posavasos *m inv*; [tablemat] salvamanteles *m inv*. - **2.** [doormat] felpudo *m*; [rug] alfombrilla *f*; [in gym] colchoneta *f*. ◇ *vi* [tangle] enmarañarse.

matador ['mætədɔː'] *n* matador *m*.

match [mætʃ] ◇ *n* - **1.** [game] partido *m*; [in boxing] combate *m*. - **2.** [for lighting] cerilla *f*, cerillo *m* Amér. - **3.** [equal]: **to be no ~ for** no poder competir con; **to meet one's ~** encontrar (uno) la horma de su zapato, hallar un rival digno de uno. - **4.** [combination] juego *m*, conjunto *m*; **to be a good ~** hacer juego. - **5.** [marriage] matrimonio *m*; **to make a ~** arreglar una boda; **to be a good ~** ser un buen partido. ◇ *vt* - **1.** [be the same as] coincidir con. - **2.** [pair off]: **to ~ sthg (to)** emparejar algo (con). - **3.** [be equal with] competir con, rivalizar con. - **4.** [go well with] hacer juego con. - **5.** [oppose] oponer; **he ~ed his strength against his friend's** opuso su fuerza a la de su amigo. ◇ *vi* - **1.** [be the same] coincidir. - **2.** [go together well] hacer juego.

matchbox ['mætʃbɒks] *n* caja *f* de cerillas.

matched [mætʃt] *adj*: **to be well ~** [well suited] hacer buena pareja; [equal in strength] estar igualado(da).

matching ['mætʃɪŋ] *adj* a juego, que combina bien.

matchless ['mætʃlɪs] *adj literary* incomparable, sin par.

matchmaker ['mætʃ,meɪkə'] *n* casamentero *m*, -ra *f*, celestina *f*.

match play *n* GOLF partido de golf entre dos equipos.

match point *n* TENNIS pelota *f* OR punto *m* de partido.

matchstick ['mætʃstɪk] *n* cerilla *f*.

mate[1] [meɪt] ◇ *n* - **1.** *inf* [friend] amigo *m*, -ga *f*, compañero *m*, -ra *f*, compa *mf Amér*. - **2.** *Br inf* [term of address] colega *mf*. - **3.** [of animal] macho *m*, hembra *f*. - **4.** NAUT: **(first) ~** (primer) oficial *m*. ◇ *vi* [animals]: **to ~ (with)** aparearse (con). ◇ *vt* - **1.** ZOOL aparear. - **2.** [in chess] dar (jaque) mate a.

mate[2], **maté** ['mæteɪ] *n* mate *m*.

material [mə'tɪərɪəl] ◇ *adj* - **1.** [physical] material. - **2.** [important] sustancial. ◇ *n* - **1.** [substance] material *m*. - **2.**
[type of substance] materia *f*. - **3.** [fabric] tela *f*, tejido *m*. - **4.** [type of fabric] tejido *m*. - **5.** (U) [ideas, information] información *f*, documentación *f*.
◆ **materials** *npl*: **building ~s** materiales *mpl* de construcción; **writing ~s** objetos *mpl* de escritorio; **cleaning ~s** productos *mpl* de limpieza.

materialism [mə'tɪərɪəlɪzm] *n* materialismo *m*.

materialist [mə'tɪərɪəlɪst] *n* materialista *mf*.

materialistic [mə,tɪərɪə'lɪstɪk] *adj* materialista.

materiality [mə,tɪərɪ'ælətɪ] *n* materialidad *f*.

materialize, -ise [mə'tɪərɪəlaɪz] *vi* - **1.** [happen] materializarse, producirse. - **2.** [appear] aparecer, presentarse.

materially [mə'tɪərɪəlɪ] *adv* - **1.** [physically] materialmente. - **2.** [significantly, importantly] esencialmente.

materiel, matériel [mə,tɪərɪ'el] *n* (U) MIL. material *m* bélico, suministros *mpl* y pertrechos.

maternal [mə'tɜːnl] *adj* [gen] maternal; [grandparent] materno(na).

maternity [mə'tɜːnətɪ] *n* maternidad *f*.

maternity benefit *n* (U) subsidio *m* de maternidad.

maternity dress *n* vestido *m* premamá.

maternity hospital *n* hospital *m* de maternidad.

maternity leave *n* baja *f* por maternidad.

maternity ward *n* sala *f* de maternidad.

math *n & comp Am* = **maths**.

mathematical [,mæθə'mætɪkl] *adj* matemático(ca); **he's very ~** es muy bueno para las matemáticas.

mathematician [,mæθəmə'tɪʃn] *n* matemático *m*, -ca *f*.

mathematics [,mæθə'mætɪks] *n* (U) matemáticas *fpl*.

maths *Br* [mæθs], **math** *Am* [mæθ] (*abbr of* **mathematics**) *inf* ◇ *n* (U) mates *fpl*. ◇ *comp* de matemáticas.

maths coprocessor [-kəʊ'prəʊsesə'] *n* COMPUT coprocesador *m* matemático.

matinée ['mætɪ,neɪ] *n* [at cinema] primera sesión *f*; [at theatre] función *f* de tarde, vermú *f Amér*.

matinée jacket *n Br* abrigo *m* corto de niño.

mating ['meɪtɪŋ] *n* apareamiento *m*.

mating call *n* reclamo *m*.

mating season *n* época *f* de celo.

matins ['mætɪnz] *n* (U) maitines *mpl*.

matriarch ['meɪtrɪɑːk] *n* matriarca *f*.

matriarchal [meɪtrɪ'ɑːkl] *adj* matriarcal.

matriarchy ['meɪtrɪɑːkɪ] (*pl* **matriarchies**) *n* matriarcado *m*.

matrices ['meɪtrɪsiːz] *pl* → **matrix**.

matricide ['mætrɪsaɪd] *n* - **1.** [act] matricidio *m*. - **2.** [person] matricida *mf*.

matriculate [mə'trɪkjʊleɪt] *vi* matricularse.

matriculation [mə,trɪkjʊ'leɪʃn] ◇ *n* matrícula *f*. ◇ *comp*: **~ fee** (tasas *fpl* de) matrícula *f*.

matrilineal [,mætrɪ'lɪnɪəl] *adj* matrilineal.

matrimonial [,mætrɪ'məʊnjəl] *adj* matrimonial.

matrimony ['mætrɪmənɪ, *Am* 'mætrɪməʊnɪ] *n* (U) matrimonio *m*.

matrix ['meɪtrɪks] (*pl* **matrices** [-trɪsiːz] OR **matrixes**) *n* matriz *f*.

matron ['meɪtrən] *n* - **1.** *Br dated* [in hospital] enfermera *f* jefe. - **2.** [in school] ama *f* de llaves. - **3.** *Am* [in prison] funcionaria *f* de prisiones, carcelera *f*.

matronly ['meɪtrənlɪ] *adj euph* corpulenta y de edad madura.

matron of honour (*pl* **matrons of honour**) *n* madrina *f* de boda.

matt *Br*, **matte** *Am* [mæt] *adj* mate.

matted ['mætɪd] *adj* enmarañado(da).

matter ['mætə'] ◇ *n* - **1.** [question, situation] asunto *m*; **a ~ of life and death** un asunto de vida o muerte; **a ~ of opinion** una cuestión de opiniones; **the fact** OR **truth of the**

~ **is (that)**... la verdad es que...; **that's another** OR **a different** ~ eso es otra cuestión OR cosa; **as a ~ of course** automáticamente; **as a ~ of principle** por principio; **within a ~ of hours** en cuestión de horas; **it's a ~ of time** es cuestión de tiempo; **as ~s stand** tal y como están las cosas; **to make ~s worse** para colmo de desgracias; **it's no laughing** ~ no es cosa de risa. - **2.** [trouble, cause of pain]: **what's the ~ (with it/her)?** ¿qué (le) pasa?; **something's the ~ with my car** algo le pasa a mi coche; **no ~!** ¡no importa!; **nothing's the ~** no pasa nada; **as if nothing were the** ~ como si tal cosa, como si no hubiera sucedido nada. - **3.** PHYS materia *f*. - **4.** (U) [material] material *m*; **printed ~** impresos *mpl*. ◇ *vi* [be important] importar; **it doesn't ~** no importa.

◆ **as a matter of fact** *adv* en realidad.

◆ **for that matter** *adv* de hecho.

◆ **no matter** *adv*: **no ~ how hard I try** por mucho que lo intente; **no ~ what he does** haga lo que haga; **we must win, no ~ what** tenemos que ganar como sea.

Matterhorn ['mætəhɔːn] *n*: **the ~** el monte Cervino.

matter-of-fact *adj* pragmático(ca).

matting ['mætɪŋ] *n* estera *f*.

mattins ['mætɪnz] *n* = **matins**.

mattock ['mætək] *n* azadón *m*.

mattress ['mætrɪs] *n* colchón *m*.

maturate ['mætjʊreɪt] *vt & vi* madurar.

maturation [,mætjʊ'reɪʃn] *n* maduración *f*.

mature [mə'tjʊəʳ] ◇ *adj* - **1.** [person, wine] maduro(ra); [cheese] curado(da). - **2.** FIN pagadero(ra), vencido(da). ◇ *vi* - **1.** [person, wine] madurar; [cheese] curarse. - **2.** FIN ser pagadero(ra), vencer.

mature student *n Br* UNIV estudiante *mf* en edad adulta.

maturity [mə'tjʊərəti] *n* - **1.** [gen] madurez *f*; **to reach ~** llegar a OR alcanzar la madurez. - **2.** FIN vencimiento *m*.

maudlin ['mɔːdlɪn] *adj* [tearful] llorón(ona); [sentimental] sensiblero(ra).

maul [mɔːl] *vt* - **1.** [savage] herir gravemente. - **2.** *inf* [handle clumsily] maltratar.

Maundy Thursday ['mɔːndɪ] *n* RELIG Jueves *m* Santo.

Mauritania [,mɒrɪ'teɪnjə] *n* Mauritania.

Mauritanian [,mɒrɪ'teɪnjən] ◇ *adj* mauritano(na). ◇ *n* mauritano *m*, -na *f*.

Mauritian [mə'rɪʃn] ◇ *adj* mauriciano(na). ◇ *n* mauriciano *m*, -na *f*.

Mauritius [mə'rɪʃəs] *n* (la) isla Mauricio, Mauricio.

mausoleum [,mɔːsə'lɪəm] (*pl* **mausoleums**) *n* mausoleo *m*.

mauve [məʊv] ◇ *adj* malva. ◇ *n* malva *m*.

maverick ['mævərɪk] *n* - **1.** [person] inconformista *mf*. - **2.** [calf] res *f* sin marcar.

maw [mɔː] *n* [of cow] cuajar *m*; [of bird] buche *m*; [of lion] fauces *fpl*, *fig* [opening] fauces *fpl*.

mawkish ['mɔːkɪʃ] *adj* - **1.** [sentimental] sensiblero(ra). - **2.** [sickening] repugnante, nauseabundo(da).

max. (*written abbr of* **maximum**) máx.

maxilla [mæk'sɪlə] (*pl* **maxillae** [-liː]) *n* ANAT maxilar *m* superior.

maxim ['mæksɪm] (*pl* **maxims**) *n* máxima *f*.

maxima ['mæksɪmə] *pl* → **maximum**.

maximal ['mæksɪml] *adj* máximo(ma).

maximalist ['mæksɪməlɪst] *n* maximalista *mf*.

maximization [,mæksɪmaɪ'zeɪʃn] *n* maximización *f*.

maximize, -ise ['mæksɪmaɪz] *vt* maximizar.

maximum ['mæksɪməm] (*pl* **maxima** [-mə] OR **maximums**) ◇ *adj* máximo(ma). ◇ *n* máximo *m*; **a ~ of** un máximo de.

maxwell ['mækswel] *n* maxwel *m*.

may [meɪ] ◇ *modal vb* poder; **the coast ~ be seen** se puede ver la costa; **I ~ come, I ~ not** puede que venga, puede que no; **it ~ be done in two different ways** puede ha-

cerse de dos maneras (distintas); **it ~ be cheap, but it's good** puede que sea barato, pero es bueno; **~ all your dreams come true!** ¡que todos tus sueños se hagan realidad!; **~ I come in?** ¿se puede (pasar)?; **~ I?** ¿me permite?; **we ~ as well go home** más vale que nos vayamos a casa; **you ~ like it** puede OR es posible que te guste; **you ~ well ask!** ¡buena pregunta!; **you ~ well be right** puede que tengas razón❏; **be that as it ~** aunque así sea; **that is as ~ be** puede que así sea; **come what ~** pase lo que pase; *see also* **might**. ◇ *n* - **1.** [hawthorn] majuelo *m*, espino *m*. - **2.** [flowers]: **~ (blossom)** flores *fpl* de espino.

May [meɪ] *n* mayo *m*; *see also* **September**.

Maya ['maɪə] *n*: **the ~** los mayas.

Mayan ['maɪən] ◇ *adj* maya. ◇ *n* - **1.** [person] maya *mf*. - **2.** [language] maya *m*.

maybe ['meɪbiː] *adv* - **1.** [perhaps] quizás, tal vez; **~ she'll come** tal vez venga. - **2.** [approximately] más o menos.

mayday ['meɪdeɪ] *n* señal *f* de socorro.

May Day *n* Primero *m* de Mayo, día *m* del Trabajador.

mayflower ['meɪflaʊəʳ] *n Br* [hawthorn] espino *m*.

mayfly ['meɪflaɪ] (*pl* **mayflies**) *n* cachipolla *f*, efímera *f*.

mayhap ['meɪhæp] *adv arch* quizás, tal vez.

mayhem ['meɪhem] *n* - **1.** [disorder] alboroto *m*, jaleo *m*. - **2.** JUR mutilación *f* criminal.

mayn't [meɪnt] *contr* = **may not**.

mayonnaise [,meɪə'neɪz] *n* mayonesa *f*.

mayor [meəʳ] *n* alcalde *m*, -esa *f*.

mayoralty ['meərəltɪ] *n* alcaldía *f*.

mayoress ['meərɪs] *n* alcaldesa *f*.

maypole ['meɪpəʊl] *n* mayo *m* (*palo adornado*).

may've ['meɪəv] *contr* = **may have**.

maze [meɪz] *n lit & fig* laberinto *m*.

MB - **1.** (*written abbr of* **megabyte**) MB *m*. - **2.** *written abbr of* **Manitoba**.

MBA (*abbr of* **Master of Business Administration**) *n* (*titular de un*) *título postuniversitario de Empresariales de unos dos años de duración*.

MBBS (*abbr of* **Bachelor of Medicine and Surgery**) *n* (*titular de una*) *licenciatura de Medicina y Cirugía*.

MBE (*abbr of* **Member of the Order of the British Empire**) *n* (*titular de una*) *distinción honorífica británica*.

MBO (*abbr of* **management buy-out**) *n* *compra de una empresa por parte de sus administradores*.

MC *n abbr of* **master of ceremonies**.

MCAT (*abbr of* **Medical College Admissions Test**) *n* *examen de acceso a los estudios de medicina en EE UU*.

MCC (*abbr of* **Marylebone Cricket Club**) *n* *famoso club londinense de cricket*.

McCarthyism [mə'kɑːθɪɪzm] *n* macartismo *m*, *movimiento anticomunista de los años cuarenta y cincuenta que desencadenó una caza de brujas entre personajes de la vida pública estadounidense*.

McCoy [mə'kɔɪ] *n inf*: **it's the real ~** es auténtico(ca).

MCP *n inf abbr of* **male chauvinist pig**.

MD *n* - **1.** *written abbr of* **Doctor of Medicine**. - **2.** *written abbr of* **managing director**. - **3.** *written abbr of* **Maryland**.

MDT (*abbr of* **Mountain Daylight Time**) *hora de verano de los estados de las montañas Rocosas*.

me [miː] *pers pron* - **1.** (*direct, indirect*) me; **can you see/hear ~?** ¿me ves/oyes?; **it's ~** soy yo; **they spoke to ~** hablaron conmigo; **she gave it to ~** me lo dio; **give it to ~!** ¡dámelo! - **2.** (*stressed*): **you can't expect** ME **to do it** no esperarás que lo haga yo. - **3.** (*after prep*) mí; **they went with/without ~** fueron conmigo/sin mí. - **4.** (*in comparisons*) yo; **she's shorter than ~** (ella) es más baja que yo.

ME ◇ *n* - **1.** (*abbr of* **myalgic encephalomyelitis**) encefalomielitis miálgica. - **2.** (*abbr of* **medical examiner**) médico forense. ◇ *written abbr of* **Maine**.

mead [miːd] *n* aguamiel *f*.

meadow ['medəʊ] n prado m, pradera f.

meadowlark ['medəʊlɑːk] n sabanero m, triguero m.

meagre Br, **meager** Am ['miːgəʳ] adj miserable, escaso(sa).

meagreness Br, **meagerness** Am ['miːgənɪs] n escasez f.

meal [miːl] n comida f; **to go (out) for a** ~ salir a comer fuera ❏ **to make a** ~ **of sthg** Br fig & pej recrearse en algo.

meals on wheels npl Br servicio domiciliario de comidas preparadas para ancianos y necesitados.

meal ticket n - **1.** Am [card] tíquet m restaurante. - **2.** inf [source of income] sustento m, fuente f de ingresos.

mealtime ['miːltaɪm] n hora f de la comida; **at** ~**s** en la hora de la comida.

mealy ['miːlɪ] (compar **mealier**, superl **mealiest**) adj - **1.** [floury] harinoso(sa); [containing meal] de harina; [sprinkled with meal] enharinado(da). - **2.** [pale] pálido(da).

mealy-mouthed ['maʊðd] adj pej evasivo(va).

mean [miːn] (pt & pp **meant** [ment]) ◇ vt - **1.** [signify] significar, querer decir; **it** ~**s nothing to me** no significa nada para mí. - **2.** [have in mind] querer decir, referirse a; **what do you** ~? ¿qué quieres decir?; **do you** ~ **me?** ¿se refiere usted a mí?; **does the name Bolton** ~ **anything to you?** ¿te sugiere OR te dice algo el nombre de Bolton? - **3.** [intend] pretender; **to** ~ **to do sthg** tener la intención de OR querer hacer algo; **I meant to phone you earlier** iba a llamarte antes; **I didn't** ~ **to do it** no era mi intención OR no pretendía hacerlo; **to be meant for** estar destinado(da) a; **the dig wasn't meant for you** la pulla no iba dirigida a ti; **they were meant for each other** estaban hechos el uno para el otro; **to be meant to do sthg** deber hacer algo; **that's not meant to be there** esto no debería estar allí; **it was meant to be a joke** era solamente una broma; **I meant it to be a surprise** yo quería que fuera una sorpresa, se suponía que era una sorpresa; **it's meant to be good for arthritis** se supone que es bueno para la artritis ❏ **to** ~ **well** tener buenas intenciones. - **4.** [be serious about]: **I** ~ **it** hablo OR lo digo en serio; **she** ~**s what she says** habla OR lo dice en serio. - **5.** [be important, matter] significar, suponer. - **6.** [entail] suponer, implicar. - **7.** phr: **I** ~ quiero decir, o sea. ◇ adj - **1.** [miserly] tacaño(ña), amarrete (inv) Amér; **to be** ~ **with** ser tacaño con. - **2.** [unkind] mezquino(na), malo(la); **to be** ~ **to sb** ser malo con alguien; **I feel** ~ **about not inviting her** me parece OR me sabe mal no invitarla. - **3.** [average] medio(dia). - **4.** iro: **he's no** ~ **singer** [excellent] es un cantante de primera; **it's no** ~ **task** [difficult, challenging] es una tarea muy difícil. - **5.** inf [excellent] chachi (inv), genial; **he plays a** ~ **game of...** juega maravillosamente a..., es un fenómeno en... - **6.** [lowly] pobre, humilde. ◇ n [average] promedio m; MATH media f; see also **means**.

meander [mɪ'ændəʳ] ◇ vi - **1.** [river, road] serpentear. - **2.** [walk aimlessly] vagar; [write, speak aimlessly] divagar. ◇ n meandro m.

meaning ['miːnɪŋ] ◇ n - **1.** [of a word etc] significado m; **what's the** ~ **of...?** ¿qué significa...?, ¿qué quiere decir...? - **2.** [significance] intención f, sentido m; **customs now empty of all** ~ costumbres ya carentes de todo sentido; **full of** ~ cargado(da) de intención OR sentido. - **3.** [purpose, point] propósito m, razón f de ser. ◇ adj significativo(va), expresivo(va).

meaningful ['miːnɪŋfʊl] adj - **1.** [expressive] significativo(va). - **2.** [profound] profundo(da).

meaningless ['miːnɪŋlɪs] adj - **1.** [without meaning, purpose] sin sentido. - **2.** [irrelevant, unimportant] irrelevante.

meanness ['miːnnɪs] n - **1.** [stinginess] tacañería f. - **2.** [unkindness] mezquindad f. - **3.** literary [of birth] humildad f.

means [miːnz] ◇ n [method, way] medio m; **we have no** ~ **of doing it** no tenemos manera de hacerlo; **a** ~ **to an end** un medio para alcanzar un objetivo; **by** ~ **of** por medio de; **by any** ~ del modo que sea, como sea ❏ **by fair or foul** por las buenas o por las malas; **the end justifies the** ~ el fin justifica los medios. ◇ npl [money] recursos mpl, medios mpl; **a man of** ~ un hombre de dinero ❏ **to live beyond one's** ~ gastar más de lo que uno tiene.

◆ **by all means** adv por supuesto.

◆ **by no means** adv fml en absoluto, de ningún modo.

means test n esp Br evaluación f sobre los ingresos económicos.

meant [ment] pt & pp → **mean**.

meantime ['miːn,taɪm] ◇ n: **in the** ~ mientras tanto. ◇ adv entretanto, mientras tanto.

meanwhile ['miːn,waɪl] adv mientras tanto, entretanto.

measles ['miːzlz] n: **(the)** ~ sarampión m.

measly ['miːzlɪ] (compar **measlier**, superl **measliest**) adj inf raquítico(ca).

measurable ['meʒərəbl] adj [significant] notable, sensible.

measurably ['meʒərəblɪ] adv notablemente, sensiblemente.

measure ['meʒəʳ] ◇ n - **1.** [step, action] medida f; **to take drastic** ~**s** tomar medidas drásticas. - **2.** [measurement] medida f; **a generosity knowing no** ~ una generosidad desmedida OR sin límite; **to be beyond** ~ [without limit] no tener límite, ser inconmensurable ❏ **to take the** ~ **of sb** calibrar a alguien, formarse una opinión de alguien. - **3.** [degree]: **a** ~ **of** cierto grado de; **in large** ~ en gran medida OR parte; **in some** ~ hasta cierto punto; **and for good** ~ y encima, y además. - **4.** [of alcohol] medida f. - **5.** [indication, sign]: **a** ~ **of** una muestra de. - **6.** [device, container] medida f. - **7.** LITER metro m, medida f. - **8.** MUS compás m. ◇ vt [object] medir; [damage, impact etc] determinar, juzgar. ◇ vi medir.

◆ **measure off** vt sep medir (un largo de).

◆ **measure out** vt sep medir (una cantidad de).

◆ **measure up** vi dar la talla; **to** ~ **up to** estar a la altura de.

measured ['meʒəd] adj [tone] mesurado(da), moderado(da); [step] contado(da).

measureless ['meʒəlɪs] adj inmensurable, inconmensurable.

measurement ['meʒəmənt] n medida f.

measurer ['meʒərəʳ] n medidor m, -ra f.

measuring jug n jarra f graduada.

measuring tape ['meʒərɪŋ-] n cinta f métrica, metro m.

meat [miːt] n - **1.** [food] carne f; **cold** ~ fiambre m. - **2.** [substance, core] sustancia f.

meatball ['miːtbɔːl] n albóndiga f.

meatless ['miːtlɪs] adj sin carne.

meat loaf n rollo m de carne picada.

meat market n carnicería f.

meat pie n Br pastel m de carne.

meaty ['miːtɪ] (compar **meatier**, superl **meatiest**) adj - **1.** fig [rich in ideas] sustancioso(sa). - **2.** [taste] a carne; [meal] con mucha carne.

Mecca ['mekə] n GEOGR La Meca; fig meca f.

mechanic [mɪ'kænɪk] n mecánico m, -ca f.

◆ **mechanics** ◇ n (U) [study] mecánica f. ◇ npl fig mecanismos mpl.

mechanical [mɪ'kænɪkl] adj - **1.** [worked by machinery, routine] mecánico(ca). - **2.** [good at mechanics] dotado(da) por la mecánica.

mechanical drawing n dibujo m mecánico.

mechanical engineering n ingeniería f mecánica, mecánica f industrial.

mechanism ['mekənɪzm] n lit & fig mecanismo m.

mechanist ['mekənɪst] n mecanicista mf.

mechanistic [,mekə'nɪstɪk] adj mecanicista.

mechanization [,mekənaɪ'zeɪʃn] n mecanización f.

mechanize, -ise ['mekənaɪz] ◇ vt mecanizar. ◇ vi mecanizarse.

MEd [,em'ed] (abbr of **Master of Education**) n (titular de un) título postuniversitario de Pedagogía de unos dos años de duración.

medal ['medl] n medalla f.

medalist n Am = **medallist**.

medallion [mɪˈdæljən] *n* medallón *m*.

medallion man *n* macarra *m*.

medallist *Br*, **medalist** *Am* [ˈmedəlɪst] *n* ganador *m*, -ra *f* de una medalla.

meddle [ˈmedl] *vi*: **to ~ (in)** entrometerse OR interferir (en); **to ~ with sthg** manosear algo.

meddler [ˈmedləʳ] *n* metomentodo *mf*, entrometido *m*, -da *f*.

meddlesome [ˈmedlsəm] *adj* entrometido(da), metete *Amér*.

media [ˈmiːdjə] ◇ *pl* → **medium**. ◇ *n or npl*: **the ~** los medios de comunicación.

mediaeval *etc* [ˌmedɪˈiːvl] = **medieval** *etc*.

media event *n* montaje de los medios de difusión.

median [ˈmiːdjən] ◇ *adj* [gen] mediano(na); [value] medio(dia). ◇ *n* - **1.** *Am* [of road] mediana *f*. - **2.** GEOM mediana *f*.

mediate [ˈmiːdɪeɪt] ◇ *vt* [agreement, peace] negociar; [dispute] servir de mediador(ra) en. ◇ *vi*: **to ~ (for/between)** mediar (por/entre).

mediation [ˌmiːdɪˈeɪʃn] *n* mediación *f*.

mediator [ˈmiːdɪeɪtəʳ] *n* mediador *m*, -ra *f*.

medic [ˈmedɪk] *n inf* - **1.** [medical student] estudiante *mf* de medicina. - **2.** [doctor] médico *m*, -ca *f*.

Medicaid [ˈmedɪkeɪd] *n Am* sistema estatal de ayuda médica.

medical [ˈmedɪkl] ◇ *adj* médico(ca); **the ~ profession** [job] la medicina; [doctors collectively] los facultativos, el colectivo médico; **~ treatment** tratamiento *m* médico. ◇ *n* reconocimiento *m* médico, chequeo *m*.

medical certificate *n* - **1.** [result of medical exam] certificado *m* médico. - **2.** [for sickness] parte *m* OR notificación *f* de baja médica.

medical examiner *n Am* médico *m*, -ca *f* forense.

medical insurance *n* seguro *m* médico.

medical student *n* estudiante *mf* de medicina.

medicament [mɪˈdɪkəmənt] *n fml* medicamento *m*.

Medicare [ˈmedɪkeəʳ] *n Am* ayuda médica estatal para ancianos.

medicate [ˈmedɪkeɪt] *vt* medicar.

medicated [ˈmedɪkeɪtɪd] *adj* medicinal.

medication [ˌmedɪˈkeɪʃn] *n* medicación *f*.

medicinal [meˈdɪsɪnl] *adj* medicinal.

medicine [ˈmedsɪn] *n* - **1.** [treatment of illness] medicina *f*; **Doctor of Medicine** UNIV doctor *m*, -ra *f* en Medicina. - **2.** [substance] medicina *f*, medicamento *m*; **to take one's ~** *Br fig* atenerse a las consecuencias.

medicine man *n* chamán *m*, hechicero *m*.

medieval [ˌmedɪˈiːvl] *adj* medieval.

medievalism [ˌmedɪˈiːvəlɪzm] *n* medievalismo *m*.

medievalist [ˌmedɪˈiːvəlɪst] *n* medievalista *mf*.

mediocre [ˌmiːdɪˈəʊkəʳ] *adj* mediocre.

mediocrity [ˌmiːdɪˈɒkrətɪ] *n* mediocridad *f*.

meditate [ˈmedɪteɪt] *vi*: **to ~ (on** OR **upon)** meditar OR reflexionar (sobre).

meditation [ˌmedɪˈteɪʃn] *n* meditación *f*.

meditative [ˈmedɪtətɪv] *adj* meditabundo(da).

Mediterranean [ˌmedɪtəˈreɪnjən] ◇ *n* - **1.** [sea]: **the ~ (Sea)** el (mar) Mediterráneo. - **2.** [person] mediterráneo *m*, -a *f*. ◇ *adj* mediterráneo(a).

Mediterranean fever *n* fiebre *f* de Malta, fiebre *f* del Mediterráneo.

medium [ˈmiːdjəm] (*pl sense 1* **media** [-djə], *pl sense 2* **mediums**, *pl senses 3-5* **media** OR **mediums**) ◇ *adj* - **1.** [gen] mediano(na). - **2.** CULIN al punto. ◇ *n* - **1.** [way of communicating] medio *m*. - **2.** [spiritualist] médium *mf*. - **3.** BIOL & PHYS medio *m*; **culture ~** medio de cultivo. - **4.** [middle course] término *m* medio; **the happy ~** el justo medio. - **5.** [in art] medio *m* artístico OR de expresión.

medium-dry *adj* semiseco(ca).

medium of exchange *n* FIN medio *m* de cambio OR pago.

medium-sized *adj* de tamaño mediano.

medium wave *n* onda *f* media.

medley [ˈmedlɪ] (*pl* **medleys**) *n* - **1.** [mixture] mezcla *f*, amalgama *f*. - **2.** [selection of music] popurrí *m*. - **3.** [in swimming] (prueba *f* de) estilos *mpl*.

medulla [mɪˈdʌlə] *n* médula *f*.

meek [miːk] *adj* sumiso(sa), dócil.

meekly [ˈmiːklɪ] *adv* sumisamente, dócilmente.

meerschaum [ˈmɪəʃəm] *n* - **1.** [pipe] pipa *f* de espuma de mar. - **2.** [mineral] espuma *f* de mar.

meet [miːt] (*pt & pp* **met** [met]) ◇ *vt* - **1.** [by chance] encontrarse con; [for first time, come across] conocer; [by arrangement, for a purpose] reunirse con; **the Pope met the President yesterday** el Papa se reunió OR se entrevistó ayer con el presidente; **(I'm very) glad** OR **pleased to ~ you** encantado(da) de conocerle, mucho gusto en conocerle. - **2.** [go to meet - person] ir/venir a buscar; [- train, bus]: **I met the eight o'clock train to pick up my son** fui a buscar a mi hijo (que venía) en el tren de las ocho. - **3.** [heed, demand, requirements] satisfacer. - **4.** [problem, challenge] hacer frente a. - **5.** [costs, debts] pagar. - **6.** [come up against] encontrarse con. - **7.** [hit, touch] darse OR chocar contra. - **8.** [face]: **her eyes met his** sus ojos se encontraron con los de él; **a strange sight met his eyes** se topó con una extraña visión. - **9.** [join] juntarse OR unirse con. ◇ *vi* - **1.** [by chance] encontrarse; [by arrangement] verse, quedar; [for a purpose] reunirse; **the board ~s tonight** la junta se reúne esta noche. - **2.** [get to know sb] conocerse; **we have met before** nos hemos visto antes, nos conocemos de antes. - **3.** [hit in collision] chocar; [touch] tocar. - **4.** [exchange glances]: **their eyes met** sus miradas se cruzaron. - **5.** [roads etc] juntarse, unirse. - **6.** [teams, opponents, armies]

USAGE ▶ Arranging to meet someone

Suggesting a meeting

Me encantaría volver a verla.
Oye, tenemos que volver a vernos, ¿eh? [*informal*]
Podemos vernos un día de éstos, si usted quiere.
¿Qué te parece si quedamos para otro día?
¿A qué hora estarás libre esta noche?
¿Cuándo le vendría a usted bien una nueva entrevista? [*formal*]

Arranging a time and place

¿Le parece bien mañana a las ocho?
¿Le conviene esa hora?
¿Qué tal (te viene) el sábado? ¿A las cinco y media te va bien? [*informal*]

¿Qué me dices del jueves a primera hora?
¿Tienes algún plan para el jueves próximo?
¿Cenamos juntos pasado mañana en mi casa?
Venga usted el jueves a las seis.
Podemos quedar donde siempre.
Podríamos concertar una cita para el martes a esta misma hora. [*formal*]

Concluding

Bueno, pues hasta el martes, entonces.
De acuerdo. No faltaré.
Desde luego. Allí estaré.
Pues no se hable más. El martes sin falta a las ocho. [*informal*]

enfrentarse. - **7.** *phr* : **to make ends** ~ llegar a final de mes. ◇ *n Am* [meeting] encuentro *m*.
◆ **meet up** *vi*: **to** ~ **up (with sb)** quedarse en verse (con alguien).
◆ **meet with** *vt fus* - **1.** [refusal, disappointment] recibir; **to** ~ **with success** tener éxito; **to** ~ **with failure** fracasar. - **2.** *Am* [by arrangement] reunirse con.
meeting ['miːtɪŋ] *n* - **1.** [for discussions, business] reunión *f*; **to call/hold a** ~ convocar/mantener una reunión. - **2.** [by chance, in sport] encuentro *m*; [by arrangement] cita *f*; [formal] entrevista *f*; **to have a** ~ **with sb** tener una entrevista OR entrevistarse con alguien ❏ **a** ~ **of minds** una compenetración perfecta. - **3.** [people at meeting]: **the** ~ la asamblea. - **4.** POL [rally] mitin *m*. - **5.** RELIG congregación *f*.
meetinghouse ['miːtɪŋhaʊs, *pl* -haʊzɪz] *n* RELIG templo *m*.
meeting place *n* lugar *m* de reunión.
meeting point *n* punto *m* de encuentro.
mega- ['megə] *prefix* - **1.** [in measurements] mega-. - **2.** *inf* [very big] super-.
megabit ['megəbɪt] *n* megabit *m*.
megabyte ['megəbaɪt] *n* megaocteto *m*.
megacycle ['megə͵saɪkl] *n* megaciclo *m*.
megahertz ['megəhɜːts] *n* megahercio *m*.
megalith ['megəlɪθ] *n* megalito *m*.
megalomania [͵megələˈmeɪnjə] *n* megalomanía *f*.
megalomaniac [͵megələˈmeɪnɪæk] *n* megalómano *m*, -na *f*.
megalopolis [͵megəˈlɒpəlɪs] *n* megalópolis *f inv*.
megaphone ['megəfəʊn] *n* megáfono *m*.
megaton ['megətʌn] *n* megatón *m*.
megawatt ['megəwɒt] *n* megavatio *m*.
meiosis [maɪˈəʊsɪs] (*pl* **meioses** [-siːz]) *n* - **1.** BIOL meiosis *f inv*. - **2.** [in rhetoric] lítote *f*.
melamine ['meləmiːn] *n* melamina *f*.
melancholia [͵melənˈkəʊljə] *n* melancolía *f*.
melancholic [͵melənˈkɒlɪk] *adj* melancólico(ca).
melancholy ['melənkəlɪ] ◇ *adj* [person, mood] melancólico(ca); [truth, facts, news] triste, sombrío(a). ◇ *n* melancolía *f*.
melanin ['melənɪn] *n* melanina *f*.
melanism ['melənɪzm] *n* melanismo *m*, melanosis *f inv*.
melanoma [͵meləˈnəʊmə] (*pl* **melanomas** OR **melanomata**) *n* melanoma *m*.
Melba toast ['melbə] *n* tostada de pan muy delgada.
meld [meld] *vt Am* [merge] fusionar.
melee, mêlée ['meleɪ] *n* tumulto *m*, melé *f*.
meliorate ['miːljəreɪt] *fml* ◇ *vt* mejorar. ◇ *vi* mejorarse, progresar.
melioration [͵miːljəˈreɪʃn] *n fml* mejoramiento *m*.
mellifluous [meˈlɪflʊəs] *adj fml* melifluo(a).
mellow ['meləʊ] ◇ *adj* - **1.** [sound, colour, light] suave; [wine] añejo(ja). - **2.** [fruit] maduro(ra). - **3.** [person, mood] tranquilo(la), sereno(na). - **4.** *Am inf* [relaxed] tranqui. - **5.** *inf* [tipsy] achispado(da). ◇ *vt*: **to be** ~**ed by** [age] estar apaciguado(da) por; [alcohol] sentirse relajado(da) por. ◇ *vi* - **1.** [sound, colour, light] suavizarse. - **2.** [person - with age] ablandarse; [- with alcohol] achisparse. - **3.** [fruit] madurar. - **4.** [wine] añejarse.
melodeon [mɪˈləʊdɪən] *n* melodeón *m*, melodina *f*.
melodic [mɪˈlɒdɪk] *adj* melódico(ca); ~ **line** melodía *f*.
melodious [mɪˈləʊdjəs] *adj* melodioso(sa).
melodrama ['melədrɑːmə] *n* melodrama *m*.
melodramatic [͵melədrəˈmætɪk] *adj* melodramático(ca).
melody ['melədɪ] (*pl* **melodies**) *n* melodía *f*.
melon ['melən] *n* melón *m*.
melt [melt] ◇ *vt* - **1.** [make liquid] derretir; [metal] fundir. - **2.** *fig* [soften] ablandar. ◇ *vi* - **1.** [become liquid] derretirse; [metal] fundirse; [sugar, jelly] disolverse, diluirse. - **2.** [blend] fundirse. - **3.** *fig* [soften] ablandarse. - **4.** [disappear]:

to ~ **into the crowd** desaparecer entre la multitud; **to** ~ **away** [savings] esfumarse; [anger] desvanecerse.
◆ **melt down** *vt sep* fundir.
meltdown ['meltdaʊn] *n* - **1.** [act of melting] fusión *f*. - **2.** [incident] fuga *f* radiactiva.
melting point ['meltɪŋ-] *n* punto *m* de fusión.
melting pot ['meltɪŋ-] *n fig* crisol *m*.
member ['membə'] ◇ *n* - **1.** [of social group] miembro *mf*. - **2.** [of party, union] afiliado *m*, -da *f*, miembro *mf*; [of organization, club] socio *m*, -cia *f*; '~**s only**' 'sólo socios'; **a** ~ **of the public** el hombre de la calle. - **3.** ANAT, GRAMM & MATH miembro *m*; **(male)** ~ ANAT miembro *m* (viril). ◇ *comp* miembro; ~ **country** país *m* miembro.
Member of Congress (*pl* **Members of Congress**) *n* miembro *mf* del Congreso *(de EE UU)*.
Member of Parliament (*pl* **Members of Parliament**) *n* [in UK] diputado *m*, -da *f* *(del Parlamento británico)*.
membership ['membəʃɪp] *n* - **1.** [of party, union] afiliación *f*; [of club] calidad *f* de miembro OR socio. - **2.** [number of members] número *m* de socios. - **3.** [people themselves]: **the** ~ [of organization] los miembros; [of club] los socios.
membership card *n* carné *m* OR carnet *m* de socio *m*, -cia *f*.
membership fee *n* [of party, union] cuota *f* de afiliación; [of club] cuota *f* de socio.
membrane ['membreɪn] *n* membrana *f*.
membranous ['membrənəs] *adj* membranoso(sa).
memento [mɪˈmentəʊ] (*pl* **mementos**) *n* recuerdo *m*.
memo ['meməʊ] (*pl* **memos**) *n* memorándum *m*.
memoir ['memwɑː'] *n* - **1.** [biography] biografía *f*. - **2.** [essay, monograph] memoria *f*.
◆ **memoirs** *npl* memorias *fpl*.
memo pad *n* bloc *m* de notas.
memorabilia [͵memərəˈbɪlɪə] *npl* objetos personales de una celebridad.
memorable ['memərəbl] *adj* memorable.
memorandum [͵meməˈrændəm] (*pl* **memoranda** [-də] OR **memorandums**) *n fml* memorándum *m*.
memorial [mɪˈmɔːrɪəl] ◇ *adj* conmemorativo(va); ~ **service** oficio *m* conmemorativo. ◇ *n* - **1.** [monument] monumento *m* conmemorativo. - **2.** [petition] petición *f*, memorial *m*.
Memorial Day *n Am* en EE UU, día conmemorativo de los caídos por la patria.
memorialize, -ise [mɪˈmɔːrɪəlaɪz] *vt* conmemorar.
memorize, -ise ['meməraɪz] *vt* memorizar, aprender de memoria.
memory ['memərɪ] (*pl* **memories**) *n* - **1.** [faculty] memoria *f*; **from** ~ de memoria; **to have a good/bad** ~ tener buena/mala memoria; **to have a short** ~ tener poca memoria; **to lose one's** ~ perder la memoria ❏ **if my** ~ **serves me well** si mal no recuerdo, si la memoria no me falla. - **2.** [thing or things remembered] recuerdo *m*; **childhood memories** recuerdos de niñez OR de la infancia; **within living** ~ que se recuerda; **to keep sb's** ~ **alive** mantener vivo el recuerdo de alguien; **to search one's** ~ intentar recordar; **in** ~ **of** en memoria de. - **3.** COMPUT memoria *f*.
memory card *n* COMPUT tarjeta *f* de expansión de memoria.
memory lane *n*: **a trip down** ~ un viaje en el tiempo.
men [men] *pl* → **man**.
menace ['menəs] ◇ *n* - **1.** [threat] amenaza *f*; [danger] peligro *m*. - **2.** [threatening quality]: **with** ~ de modo amenazador. - **3.** *inf* [nuisance, pest] pesadez *f*, lata *f*. ◇ *vt* amenazar.
menacing ['menəsɪŋ] *adj* amenazador(ra).
menacingly ['menəsɪŋlɪ] *adv* amenazadoramente.
menagerie [mɪˈnædʒərɪ] *n* reserva *f* particular de animales.
mend [mend] ◇ *vt* - **1.** [shoes, toy, broken vase] arreglar; [socks] zurcir; [clothes] remendar; [machine, television]

arreglar, reparar. - **2.** [rectify] remediar; **to ~ one's ways** enmendarse. ◇ *vi* - **1.** [patient] curar, sanar. - **2.** [weather] mejorar. ◇ *n* - **1.** [darn] zurcido *m*; [patch] remiendo *m*. - **2.** *phr:* **to be on the ~** sentirse mejor, ir recuperándose.

mendacious [men'deɪʃəs] *adj fml* mendaz, falaz.

mendacity [men'dæsətɪ] *n fml* mendacidad *f*.

mendelevium [,mendɪ'liːvɪəm] *n* mendelevio *m*.

Mendelian [men'diːljən] *adj* mendeliano(na).

mendicant ['mendɪkənt] ◇ *n* - **1.** *fml* [beggar] mendigo *m*, -ga *f*. - **2.** RELIG mendicante *mf*. ◇ *adj* mendicante.

mending ['mendɪŋ] *n:* **to do the ~** zurcir OR remendar la ropa.

menfolk ['menfəʊk] *npl* hombres *mpl*.

menial ['miːnjəl] ◇ *adj* servil, bajo(ja). ◇ *n* [servant] criado *m*, -da *f*, sirviente *m*, -ta *f*.

meninges [mɪ'nɪndʒiːz] *npl* meninges *fpl*.

meningitis [,menɪn'dʒaɪtɪs] *n (U)* meningitis *f*.

Mennonite ['menənaɪt] *n* menonita *mf*.

men-of-war [,menə'wɔːʳ] *pl* → **man-of-war**.

menopause ['menəpɔːz] *n:* **the ~** la menopausia.

Menorah [mɪ'nɔːrə] *n* menora *f*, menorah *f*.

menorrhagia [,menɔː'reɪd-ə] *n* menorragia *f*.

menservants ['mensɜːvənts] *pl* → **manservant**.

menses ['mensiːz] *(pl inv)* *n* menstruo *m*, menstruación *f*.

men's room *n Am:* **the ~** los servicios de caballeros.

menstrual ['menstrʊəl] *adj* menstrual.

menstruate ['menstrʊeɪt] *vi* menstruar, tener la menstruación.

menstruation [,menstrʊ'eɪʃn] *n* menstruación *f*.

mensurable ['menʃərəbl] *adj* mensurable.

mensuration [,menʃə'reɪʃn] *n* medición *f*.

menswear ['menzweəʳ] *n* ropa *f* de caballeros.

mental ['mentl] *adj* - **1.** [gen] mental. - **2.** *v inf* [crazy] chalado(da).

mental age *n* edad *f* mental.

mental block *n:* **to have a ~ about** tener bloqueo mental respecto a.

mental hospital *n* hospital *m* psiquiátrico, loquería *f Amér.*

mentality [men'tælətɪ] *n* mentalidad *f*.

mentally ['mentəlɪ] *adv* mentalmente; **to be ~ ill/retarded** ser un enfermo (una enferma)/un retrasado (una retrasada) mental.

mentally handicapped *npl:* **the ~** los disminuidos psíquicos.

◆ **mentally-handicapped** *adj* disminuido psíquico (disminuida psíquica).

mental note *n:* **to make a ~ to do sthg** tomar nota mentalmente de hacer algo.

mental retardation *n* retraso *m* mental.

menthol ['menθɒl] *n* mentol *m*.

mentholated ['menθəleɪtɪd] *adj* mentolado(da).

mention ['menʃn] ◇ *vt:* **to ~ sthg (to)** mencionar algo (a) ❏ **not to ~** sin mencionar, además de; **don't ~ it!** ¡de nada!, ¡no hay de qué! ◇ *n* mención *f*; **to make ~ of** hacer mención de; **not worthy of ~** sin importancia.

mentor ['mentɔːʳ] *n fml* mentor *m*, -ra *f*.

◆ **Mentor** *n* LITER Mentor *m*.

menu ['menjuː] *n* - **1.** [in restaurant] carta *f*. - **2.** COMPUT menú *m*.

menu-driven *adj* COMPUT guiado(da) por menús.

meow *n & vi Am* = **miaow**.

MEP *(abbr of* **Member of the European Parliament)** *n* eurodiputado *m*, -da *f*.

mercantile ['mɜːkəntaɪl] *adj* mercantil.

mercantilism ['mɜːkəntɪlɪzm] *n* mercantilismo *m*.

mercantilist ['mɜːkəntɪlɪst] *n* mercantilista *mf*.

mercenary ['mɜːsɪnrɪ] *(pl* **mercenaries)** ◇ *adj* - **1.** MIL mercenario(ria). - **2.** *pej* [selfish] interesado(da). ◇ *n* mercenario *m*, -ria *f*.

mercer ['mɜːsəʳ] *n Br* mercero *m*, -ra *f*.

merchandise ['mɜːtʃəndaɪz] ◇ *n (U)* mercancías *fpl*, géneros *mpl*. ◇ *vt* comercializar.

merchandiser ['mɜːtʃən,daɪzəʳ] *n* promotor *m*, -ra *f* de ventas.

merchandising *n (U)* productos *mpl* de promoción.

merchant ['mɜːtʃənt] ◇ *adj* [seaman, ship] mercante. ◇ *n* - **1.** [trader] comerciante *mf*, negociante *mf*. - **2.** [shopkeeper] tendero *m*, -ra *f*, vendedor *m*, -ra *f*.

merchant bank *n Br* banco *m* comercial.

merchantman ['mɜːtʃəntmən] *(pl* **merchantmen** [-mən]) *n* [ship] buque *m* mercante.

merchant navy *Br,* **merchant marine** *Am n* marina *f* mercante.

merciful ['mɜːsɪfʊl] *adj* - **1.** [showing mercy] compasivo(va), misericordioso(sa). - **2.** [fortunate] afortunado(da).

mercifully ['mɜːsɪfʊlɪ] *adv* - **1.** [fortunately] afortunadamente, por suerte. - **2.** [with clemency] compasivamente, misericordiosamente.

merciless ['mɜːsɪlɪs] *adj* implacable, despiadado(da).

mercilessly ['mɜːsɪlɪslɪ] *adv* implacablemente, despiadadamente.

mercurate ['mɜːkjʊreɪt] *vt* tratar OR combinar con mercurio.

mercurial [mɜː'kjʊərɪəl] *adj* - **1.** *literary* [changeable] voluble, variable. - **2.** CHEM mercurial, mercúrico(ca).

mercuric [mɜː'kjʊrɪk] *adj* mercúrico(ica).

mercurochrome [mɜː'kjʊərəkrəʊm] *n* mercurocromo *m*.

mercury ['mɜːkjʊrɪ] *n* MYTH & ASTRON mercurio *m*.

Mercury ['mɜːkjʊrɪ] *n* Mercurio *m*.

mercy ['mɜːsɪ] *(pl* **mercies)** *n* - **1.** [kindness, pity] compasión *f*, misericordia *f*; **to have ~ on sb** tener compasión OR misericordia de alguien; **to show ~ to sb** demostrar compasión hacia alguien ❏ **at the ~ of** *fig* a merced de. - **2.** [blessing] suerte *f*; **we must be thankful for small mercies** y menos mal, porque podría haber sido mucho peor.

mercy killing *n* eutanasia *f*.

mere [mɪəʳ] ◇ *adj* simple, mero(ra); **she's a ~ child** no es más que una niña. ◇ *n* laguna *f*.

merely ['mɪəlɪ] *adv* simplemente, sólo; **I ~ told him the truth** sólo le dije la verdad; **not ~ a lie, but perjury** no simplemente una mentira, sino falso testimonio; **she's ~ an assistant** no es más que una ayudante.

meretricious [,merɪ'trɪʃəs] *adj fml* [impression, argument, excitement] ilusorio(ria); [ornamentation, design] llamativo(va), chillón(ona).

merganser [mɜː'gænsəʳ] *n* mergo *m*.

merge [mɜːdʒ] ◇ *vt* - **1.** [gen] mezclar. - **2.** COMM & COMPUT fusionar. ◇ *vi* - **1.** [join, combine]: **to ~ (with)** [company] fusionarse (con); [roads, branches] unirse OR converger (con). - **2.** [colours] fundirse, mezclarse; **to ~ into** confundirse con. - **3.** *Am* [on highway] incorporarse a la autopista. ◇ *n* COMPUT fusión *f*.

merge lane *n Am* [on highway] carril *m* de aceleración.

merger ['mɜːdʒəʳ] *n* fusión *f*; **~s and acquisitions** fusiones y adquisiciones.

meridian [mə'rɪdɪən] ◇ *n* meridiano *m*. ◇ *adj* meridiano(na).

meridional [mə'rɪdɪənl] *adj* meridiano(na), meridional.

meringue [mə'ræŋ] *n* merengue *m*.

merino [mə'riːnəʊ] *adj* [wool] merino(na); [jumper, scarf] de lana merina.

merit ['merɪt] ◇ *n* mérito *m*; **a book of great ~** un libro de enorme mérito. ◇ *vt* merecer, ser digno(na) de.

◆ **merits** *npl* ventajas *fpl*; **to discuss the ~s of** sopesar las ventajas de; **to judge sthg on its ~s** evaluar OR juzgar algo según sus méritos.

meritocracy [,merɪ'tɒkrəsɪ] *(pl* **meritocracies)** *n* meritocracia *f*.

meritorious [,merɪ'tɔːrɪəs] *adj* meritorio(ria).

merlin ['mɜːlɪn] n esmerejón m.

Merlin ['mɜːlɪn] n Merlín m; ~ **the Wizard** Merlín el mago.

mermaid ['mɜːmeɪd] n sirena f.

merman ['mɜːmæn] (pl **mermen** [-men]) n tritón m.

merrily ['merɪlɪ] adv - **1.** [gen] alegremente. - **2.** literary [burn, sparkle] resplandecientemente.

merriment ['merɪmənt] n alegría f, diversión f.

merry ['merɪ] (compar **merrier**, superl **merriest**) adj - **1.** [gen] alegre; **to make** ~ divertirse; **the more the merrier** cuantos más mejor. - **2.** [party] animado(da); **Merry Christmas!** ¡feliz Navidad! - **3.** inf [tipsy] alegre, achispado(da).

merry-go-round n - **1.** [in amusement park] tiovivo m, calesita f Amér. - **2.** fig [whirl] torbellino m.

merrymaking ['merɪˌmeɪkɪŋ] n (U) literary diversión f, juerga f.

mescal ['meskæl] n - **1.** [BOT - peyote] peyote m; [- agave] mezcal m. - **2.** [alcohol] mezcal m.

mescaline ['meskəliːn], **mescalin** ['meskəlɪn] n mescalina f.

mesh [meʃ] ◇ n - **1.** [of net] malla f. - **2.** [of sieve] red f, tela f metálica. - **3.** [fabric] malla f; **fine-~ stockings** medias de malla fina. - **4.** fig [trap] redes fpl. - **5.** TECH [of gears] engranaje m; **to be out of/in** ~ estar desengranado(da)/engranado(da). ◇ vi - **1.** [fit together] encajar. - **2.** TECH [gears] engranar.

meshwork ['meʃwɜːk] n retículo m, red f.

mesmerism ['mezmərɪzm] n - **1.** [hypnotism] hipnotismo m, hipnosis f inv. - **2.** [Mesmer's doctrine] mesmerismo m.

mesmerize, -ise ['mezməraɪz] vt - **1.** [entrance]: **to be ~d (by)** estar fascinado(da) (por). - **2.** [hypnotise] hipnotizar.

mesoderm ['mesəʊdɜːm] n mesodermo m.

mesomorph ['mesəʊmɔːf] n mesomorfo m.

meson ['miːzɒn] n CHEM & PHYS mesón m.

mesosphere ['mesəʊˌsfɪə'] n mesosfera f.

mesquite [me'skiːt] n mezquite m.

mess [mes] n - **1.** [untidy state] desorden m, entrevero m Amér; **I look a real** ~ tengo una pinta horrible; **to be a** ~ estar en desorden; **the house was a** ~ la casa era un desorden. - **2.** [muddle, problematic situation] lío m; **to get o.s. into a** ~ meterse en un lío; **to make a** ~ **of sthg** [spoil] estropear algo. - **3.** MIL [room] comedor m; [food] rancho m.
◆ **mess about, mess around** inf ◇ vt sep fastidiar. ◇ vi - **1.** [waste time] pasar el rato; [fool around] matar el tiempo, hacer el tonto. - **2.** [interfere]: **to ~ about with sthg** toquetear OR manosear algo; **to ~ about with sb** [have an affair] tener un lío con alguien.
◆ **mess up** vt sep inf - **1.** [clothes] ensuciar; [room, papers] desordenar. - **2.** [plan, evening] echar a perder.
◆ **mess with** vt fus inf meterse con.

message ['mesɪdʒ] n - **1.** [piece of information] recado m, mensaje m. - **2.** [of book etc] mensaje m. - **3.** phr : **to get the** ~ inf cogerlo, entenderlo.

messenger ['mesɪndʒə'] n mensajero m, -ra f; **by** ~ por mensajero.

mess hall n comedor m.

messiah [mɪ'saɪə] n mesías m inv.
◆ **Messiah** n: **the Messiah** el Mesías.

messianic [ˌmesɪ'ænɪk] adj mesiánico(ca).

messianism [me'saɪənɪzm] n mesianismo m.

mess kit n efectos de cocina y mesa de campaña.

messmate ['mesmeɪt] n MIL compañero m, -ra f de rancho.

Messrs ['mesəz] (abbr of **messieurs**) Sres.

messy ['mesɪ] (compar **messier**, superl **messiest**) adj - **1.** [dirty] sucio(cia); [untidy] desordenado(da). - **2.** inf [complicated, confused] complicado(da), enredado(da). - **3.** [badly done] caótico(ca), confuso(sa).

met [met] pt & pp → **meet**.

Met [met] (abbr of **Metropolitan Opera**) n: **the** ~ el (teatro de la ópera) Metropolitan de Nueva York.

metabolic [ˌmetə'bɒlɪk] adj metabólico(ca).

metabolism [mɪ'tæbəlɪzm] n metabolismo m.

metabolize, -ise [mɪ'tæbəlaɪz] vt metabolizar.

metaethics [ˌmetə'eθɪks] n (U) metaética f.

metagenesis [ˌmetə'dʒenɪsɪs] n metagénesis f inv.

metal ['metl] (Br pt & pp **metalled**, cont **metalling**, Am pt & pp **metaled**, cont **metaling**) ◇ n metal m. ◇ comp de metal, metálico(ca). ◇ vt - **1.** [cover with metal] metalizar, cubrir con metal. - **2.** [road] engravar, empedrar.

metalinguistics [ˌmetəlɪŋ'gwɪstɪks] n (U) metalingüística f.

metallic [mɪ'tælɪk] adj - **1.** [gen] metálico(ca). - **2.** [paint, finish] metalizado(da).

metallography [ˌmetə'lɒgrəfɪ] n metalografía f.

metalloid ['metəlɔɪd] ◇ adj metaloideo(dea). ◇ n metaloide m.

metallurgist [me'tælədʒɪst] n metalúrgico m, -ca f.

metallurgy [me'tælədʒɪ] n metalurgia f.

metalwork ['metəlwɜːk] n - **1.** [craft] metalistería f. - **2.** [objects] objetos mpl de metal.

metalworker ['metəlˌwɜːkə'] n metalista m.

metamorphic [ˌmetə'mɔːfɪk] adj metamórfico(ca).

metamorphism [ˌmetə'mɔːfɪzm] n metamorfismo m.

metamorphose [ˌmetə'mɔːfəʊz] ◇ vi fml: **to ~ (into)** transformarse OR metamorfosearse (en). ◇ vt transformar, metamorfosear.

metamorphosis [ˌmetə'mɔːfəsɪs, ˌmetəmɔː'fəʊsɪs] (pl **metamorphoses** [-siːz]) n lit & fig metamorfosis f inv.

metamorphous [ˌmetə'mɔːfəs] adj = **metamorphic**.

metaphor ['metəfə'] n metáfora f.

metaphorical [ˌmetə'fɒrɪkl] adj metafórico(ca).

metaphrase ['metəfreɪz] n metafrasis f inv, traducción f literal.

metaphysical [ˌmetə'fɪzɪkl] adj [in philosophy] metafísico(ca).

metaphysics [ˌmetə'fɪzɪks] n metafísica f.

metastasis [me'tæstəsɪs] (pl **metastases** [-siːz]) n metástasis f inv.

metatarsal [ˌmetə'tɑːsl] adj metatarsiano(na).

metatarsus [ˌmetə'tɑːsəs] (pl **metatarsi** [-saɪ]) n metatarso m.

mete [miːt] ◆ **mete out** vt sep: **to ~ sthg out to sb** imponer algo a alguien.

metempsychosis [ˌmetəmsaɪ'kəʊsɪs] n metempsicosis f inv.

meteor ['miːtɪə'] n bólido m, estrella f fugaz.

meteoric [ˌmiːtɪ'ɒrɪk] adj - **1.** fig [fast] meteórico(ca), vertiginoso(sa). - **2.** ASTRON meteórico(ca).

meteorite ['miːtjəraɪt] n meteorito m.

meteoroid ['miːtjərɔɪd] n aerolito m, meteorito m.

meteorological [ˌmiːtjərə'lɒdʒɪkl] adj meteorológico(ca).

meteorologist [ˌmiːtjə'rɒlədʒɪst] n meteorólogo m, -ga f.

meteorology [ˌmiːtjə'rɒlədʒɪ] n meteorología f.

meteor shower n lluvia f de estrellas (fugaces).

meter ['miːtə'] ◇ n - **1.** [device] contador m. - **2.** Am = **metre**. ◇ vt [measure] medir.

methadone ['meθədəʊn] n metadona f.

methamphetamine [ˌmeθæm'fetəmɪn] n metanfetamina f.

methane ['miːθeɪn] n metano m.

method ['meθəd] n método m; ~ **of payment** modo m de pago.
◆ **Method** THEATRE ◇ n método m. ◇ comp: **Method actor/actress** actor m/actriz f de método.

methodical [mɪ'θɒdɪkl] adj metódico(ca).

methodically [mɪ'θɒdɪklɪ] adv metódicamente.

Methodism ['meθədɪzm] n metodismo m.

Methodist ['meθədɪst] ◇ adj metodista. ◇ n metodista mf.

methodize, -ise ['meθədaɪz] vt metodizar, sistematizar.

methodological [ˌmeθədə'lɒdʒɪkl] adj metodológico(ca).

methodology [ˌmeθəˈdɒlədʒɪ] (*pl* **methodologies**) *n fml* metodología *f*.

meths [meθs] *n Br inf* alcohol *m* de quemar, alcohol *m* metilado OR desnaturalizado.

methyl ['meθɪl] *n* metilo *m*.

methylated spirits ['meθɪleɪtɪd-] *n* alcohol *m* de quemar, alcohol *m* metilado OR desnaturalizado.

methyl chloride *n* cloruro *m* de metilo.

meticulous [mɪˈtɪkjʊləs] *adj* meticuloso(sa), minucioso(sa).

meticulously [mɪˈtɪkjʊləslɪ] *adv* meticulosamente, minuciosamente.

meticulousness [mɪˈtɪkjʊləsnɪs] *n* meticulosidad *f*, minuciosidad *f*.

métier ['metɪeɪ] *n fml* oficio *m*.

Met Office [met-] (*abbr of* **Meteorological Office**) *n* instituto británico de meteorología.

metonymy [mɪˈtɒnɪmɪ] *n* metonimia *f*.

metre *Br*, **meter** *Am* ['miːtəʳ] *n* - **1.** [measurement] metro *m*. - **2.** LITER metro *m*. - **3.** MUS tiempo *m*, compás *m*.

metric ['metrɪk] *adj* métrico(ca).

metrical ['metrɪkl] *adj* LITER métrico(ca).

metrically ['metrɪklɪ] *adv* - **1.** LITER métricamente. - **2.** MATH según el sistema métrico.

metrication [ˌmetrɪˈkeɪʃn] *n Br* adopción *f* del sistema métrico decimal.

metric system *n*: **the** ~ el sistema métrico.

metric ton *n* tonelada *f* métrica.

metro ['metrəʊ] (*pl* **metros**) *n* metro *m* (*especialmente de París*).

metrology [meˈtrɒlədʒɪ] *n* metrología *f*.

metronome ['metrənəʊm] *n* metrónomo *m*.

metropolis [mɪˈtrɒpəlɪs] (*pl* **metropolises** [-iːz]) *n* metrópoli *f*.

metropolitan [ˌmetrəˈpɒlɪtn] ◇ *adj* [of a metropolis] metropolitano(na). ◇ *n* RELIG metropolitano *m*.

Metropolitan Police *npl* policía de Londres.

mettle ['metl] *n* valor *m*; **to be on one's** ~ estar dispuesto(ta) a dar lo mejor de sí; **to show** OR **prove one's** ~ mostrar el valor de uno; **to put sb on their** ~ poner a prueba a alguien.

mettlesome ['metlsəm] *adj literary* valiente, brioso(sa).

mew [mjuː] *n & vi* = **miaow**.

mewl [mjuːl] *vi* lloriquear, gimotear.

mews [mjuːz] (*pl inv*) *n Br* callejuela de antiguas caballerizas convertidas en viviendas de lujo.

Mexican ['meksɪkn] ◇ *adj* mexicano(na), mejicano(na). ◇ *n* mexicano *m*, -na *f*, mejicano *m*, -na *f*.

Mexican War *n*: **the** ~ la guerra de México OR de Méjico.

Mexico ['meksɪkəʊ] *n* México, Méjico.

Mexico City *n* México DF, Méjico DF.

mezzanine ['metsəniːn] *n* - **1.** [floor] entresuelo *m*. - **2.** *Am* [in theatre] primer palco *m* OR piso *m*.

mezzo-soprano ['medzəʊ-] (*pl* **mezzo-sopranos**) *n* mezzo-soprano *f*.

mezzotint ['medzəʊtɪnt] *n* grabado a buril con media tinta sobre cobre o acero.

MFA (*abbr of* **Master of Fine Arts**) *n* (*titular de un*) *título postuniversitario de Bellas Artes de unos dos años de duración*.

mfr *written abbr of* **manufacturer**.

mg (*written abbr of* **milligram**) mg.

Mgr - **1.** (*written abbr of* **Monseigneur, Monsignor**) Mons. - **2.** *written abbr of* **manager**.

MHR (*abbr of* **Member of the House of Representatives**) *n* diputado de la Cámara de Representantes en EE UU.

MHz (*written abbr of* **megahertz**) MHz.

mi [miː] *n* MUS mi *m*.

MI *adj written abbr of* **Michigan**.

MI5 (*abbr of* **Military Intelligence 5**) *n* organismo británico de contraespionaje.

MI6 (*abbr of* **Military Intelligence 6**) *n* organismo británico de espionaje.

MIA (*abbr of* **missing in action**) *desaparecido en combate*.

miaow *Br*, **meow** *Am* [miːˈaʊ] ◇ *n* maullido *m*. ◇ *vi* maullar.

miasma [mɪˈæzmə] *n literary* miasma *m*.

mica ['maɪkə] *n* mica *f*.

Micah ['maɪkə] *n* Miqueas *m*.

mice [maɪs] *pl* → **mouse**.

Mich. *written abbr of* **Michigan**.

Michael ['maɪkl] *n*: **Saint** ~ san Miguel.

Michaelmas daisy ['maɪklməs-] *n* margarita *f* de otoño.

Michigan ['mɪʃɪgən] *n* Michigan.

mickey ['mɪkɪ] *n*: **to take the** ~ **out of sb** *Br inf* tomar el pelo a alguien.

Mickey Finn *n v inf* bebida alcohólica con alguna droga.

Mickey Mouse ◇ *n* Mickey Mouse *m*, el ratón Mickey. ◇ *adj inf* [trivial] de pacotilla, de tres al cuarto.

MICR (*abbr of* **magnetic ink character recognition**) *n* MICR.

micro ['maɪkrəʊ] (*pl* **micros**) *n* microordenador *m*, microcomputadora *f*.

micro- *prefix* micro-.

microanalysis [ˌmaɪkrəʊəˈnæləsɪs] *n* microanálisis *m inv*.

microbe ['maɪkrəʊb] *n* microbio *m*.

microbicide [maɪˈkrɒbɪsaɪd] *n* microbicida *m*, bactericida *m*.

microbiologist [ˌmaɪkrəʊbaɪˈɒlədʒɪst] *n* microbiólogo *m*, -ga *f*.

microbiology [ˌmaɪkrəʊbaɪˈɒlədʒɪ] *n* microbiología *f*.

microbus ['maɪkrəʊbʌs] *n* microbús *m*.

microcephaly [ˌmaɪkrəʊˈsefəlɪ] *n* microcefalia *f*.

microchemistry [ˌmaɪkrəʊˈkemɪstrɪ] *n* microquímica *f*.

microchip ['maɪkrəʊtʃɪp] *n* microchip *m*.

microcircuit ['maɪkrəʊˌsɜːkɪt] *n* microcircuito *m*.

microcomputer [ˌmaɪkrəʊkəmˈpjuːtəʳ] *n* microordenador *m*.

microcosm ['maɪkrəʊˌkɒzm] *n* microcosmos *m*.

microdot ['maɪkrəʊdɒt] *n* micropunto *m*.

microeconomics ['maɪkrəʊˌiːkəˈnɒmɪks] *n (U)* microeconomía *f*.

microelectronics ['maɪkrəʊɪˌlekˈtrɒnɪks] *n (U)* microelectrónica *f*.

microfiche ['maɪkrəʊfiːʃ] (*pl inv* OR **microfiches**) *n* microficha *f*.

microfilm ['maɪkrəʊfɪlm] ◇ *n* microfilm *m*. ◇ *vt* microfilmar.

micrography [maɪˈkrɒgrəfɪ] *n* micrografía *f*.

microlight ['maɪkrəlaɪt] *n* ultraligero *m*.

micromesh ['maɪkrəʊmeʃ] *n* malla *f* (para medias).

micrometer [maɪˈkrɒmiːtəʳ] *n* [device] micrómetro *m*.

micrometry [maɪˈkrɒmətrɪ] *n* micrometría *f*.

micron ['maɪkrɒn] *n* micra *f*, micrón *m*.

Micronesia [ˌmaɪkrəˈniːzjə] *n* Micronesia.

Micronesian [ˌmaɪkrəˈniːzjən] ◇ *adj* micronesio(sia). ◇ *n* micronesio *m*, -sia *f*.

microorganism [ˌmaɪkrəʊˈɔːgənɪzm] *n* microorganismo *m*.

microphone ['maɪkrəfəʊn] *n* micrófono *m*.

microprocessor ['maɪkrəʊˌprəʊsesəʳ] *n* microprocesador *m*.

microscope ['maɪkrəskəʊp] *n* microscopio *m*; **to look at sthg under the** ~ *fig* mirar algo con lupa.

microscopic [ˌmaɪkrəˈskɒpɪk] *adj lit & fig* microscópico(ca).

microscopically [ˌmaɪkrəˈskɒpɪklɪ] *adv* [examine] a través del microscopio, microscópicamente; ~ **small** microscópico(ca).

microscopy [maɪˈkrɒskəpɪ] *n* microscopia *f*, microscopía *f*.

microsecond ['maɪkrəʊˌsekənd] *n* microsegundo *m*.

microsurgery [ˌmaɪkrəʊ'sɜːdʒərɪ] *n* microcirugía *f*.
microwave (oven) ['maɪkrəʊweɪv-] *n* (horno *m*) microondas *m inv*.
micturate ['mɪktjʊəreɪt] *vi fml* orinar.
mid [mɪd] *prep literary* [amid] en medio de, entre.
mid- [mɪd] *prefix* medio(dia); **(in)** ~**morning** a media mañana; **(in)** ~**August** a mediados de agosto; **(in)** ~**winter** en pleno invierno; **she's in her** ~**twenties** tiene unos 25 años.
midair [mɪd'eəʳ] ◇ *adj* en el aire. ◇ *n*: **in** ~ en el aire.
Midas ['maɪdəs] *n* Midas *m*.
mid-Atlantic *adj* [accent] americanizado(da).
midbrain ['mɪdbreɪn] *n* mesencéfalo *m*.
midcourse ['mɪdkɔːs] *n*: **in** ~ a mitad de curso.
midday ['mɪddeɪ] ◇ *n* mediodía *m*. ◇ *comp* del mediodía.
midden ['mɪdn] *n* [dung heap] muladar *m*, estercolero *m*.
middle ['mɪdl] ◇ *adj* **- 1.** [in the center] del medio, de en medio. **- 2.** [in time]: **she's in her** ~ **twenties** tiene unos 25 años. **- 3.** [average] medio(dia); [intermediate] intermedio(dia). ◇ *n* **- 1.** [of room, town etc] medio *m*, centro *m*; **right in the** ~ **of the book** justo a la mitad del libro; **in the** ~ **(of)** en el medio OR centro (de); **in the** ~ **of the month/the 19th century** a mediados del mes/del siglo XIX; **to be in the** ~ **of doing sthg** estar haciendo algo; **in the** ~ **of the night** en plena noche ❑ **in the** ~ **of nowhere** en el quinto pino. **- 2.** [waist] cintura *f*. ◇ *vt* **- 1.** FTBL centrar. **- 2.** NAUT doblar por la mitad OR en dos.
middle age *n* madurez *f*.
middle-aged *adj* de mediana edad.
Middle Ages *npl*: **the** ~ la Edad Media.
Middle American ◇ *n* **- 1.** GEOGR americano *m*, -na *f* de la llanura central de EE UU. **- 2.** *fig* americano medio, americana media *f*. ◇ *adj* **- 1.** GEOGR de la llanura central de EE UU. **- 2.** *fig* del americano medio (americana media).
middlebrow ['mɪdlbraʊ] ◇ *n* persona *f* de cultura media. ◇ *adj* **- 1.** [reader, audience] medio(dia). **- 2.** [programmes] para un público medio.
middle-class *adj* de clase media.
middle classes *npl*: **the** ~ la clase media.
middle distance *n*: **in the** ~ en segundo plano OR término.
◆ **middle-distance** *adj* SPORT de medio fondo.
middle ear *n* ANAT oído *m* medio.
Middle East *n*: **the** ~ el Oriente Medio.
Middle Eastern *adj* del Oriente Medio.
Middle English *n* LING inglés *m* medio *(entre los años 1100 y 1450 aproximadamente)*.
middle finger *n* dedo *m* medio OR del corazón.
middle ground *n* **- 1.** [in picture] segundo término *m* OR plano. **- 2.** *fig* [point of view] terreno *m* neutral.
middleman ['mɪdlmæn] *(pl* **middlemen** [-men]*) n* intermediario *m*.
middle management *n (U)* cuadros *mpl* OR mandos *mpl* intermedios.
middlemen ['mɪdlmen] *pl →* **middleman**.
middlemost ['mɪdlməʊst] *adj* = **midmost**.
middle name *n* segundo nombre *m (en un nombre compuesto)*.
middle-of-the-road *adj* moderado(da).
middle school *n Br* escuela para niños de 9 a 13 años.
middleweight ['mɪdlweɪt] *n* peso *m* medio.
middling ['mɪdlɪŋ] *adj* regular, mediano(na).
Middx *(abbr of* **Middlesex)** antiguo condado inglés.
middy ['mɪdɪ] *(pl* **middies)** *n* [blouse] marinera *f*.
Mideast [ˌmɪd'iːst] *n Am*: **the** ~ el Oriente Medio.
midfield [ˌmɪd'fiːld] *n* FTBL medio campo *m*.
midge [mɪdʒ] *n* [tipo *m* de] mosquito *m*.
midget ['mɪdʒɪt] ◇ *n* [dwarf] enano *m*, -na *f*. ◇ *adj* enano(na), en miniatura.

midi ['mɪdɪ] *n* [skirt] (falda *f*) midi *f*.
midi system *n* minicadena *f*.
midland ['mɪdlənd] *adj* del interior, del centro.
Midlands ['mɪdləndz] *npl*: **the** ~ la región central de Inglaterra.
midlife ['mɪdlaɪf] *n* la cincuentena, la madurez.
midlife crisis *n*: **he's having** OR **going through a** ~ está pasando por OR atravesando la crisis de los cincuenta.
midmost ['mɪdməʊst] *adj* central.
midnight ['mɪdnaɪt] ◇ *n* medianoche *f*; **at** ~ a medianoche. ◇ *comp* de medianoche; **to burn the** ~ **oil** *fig* quedarse trabajando hasta muy tarde por la noche.
midnight feast *n* pequeño festín nocturno a escondidas.
midnight sun *n* sol *m* de medianoche.
midpoint ['mɪdpɔɪnt] *n* punto *m* medio.
midrib ['mɪdrɪb] *n* nervio *m* central.
midriff ['mɪdrɪf] *n* diafragma *m*.
midsection ['mɪdˌsekʃn] *n* sección *f* media.
midshipman ['mɪdʃɪpmən] *(pl* **midshipmen** [-mən]*) n* guardiamarina *m*.
midships ['mɪdʃɪps] *adv* en medio del barco.
midst [mɪdst] *n* **- 1.** [in space]: **in the** ~ **of** *literary* en medio de; **in our** ~ entre nosotros. **- 2.** [in time]: **in the** ~ **of** en medio de; **in the** ~ **of war** en plena guerra.
midstream [ˌmɪd'striːm] *n* **- 1.** [of river]: **in** ~ en medio de la corriente. **- 2.** *fig* [when talking]: **in** ~ en medio de la conversación.
midsummer ['mɪdˌsʌməʳ] *n* pleno verano *m*.
Midsummer Day *n* día *m* de San Juan *(24 de junio)*.
midsummer madness *n* locura *f* de verano.
midterm [mɪd'tɜːm] *n* **- 1.** SCH & UNIV mitad *f* del trimestre. **- 2.** POL mitad *f* del mandato.
midtown ['mɪdtaʊn] *n Am* centro *m* de una ciudad.
midway [*adv* ˌmɪd'weɪ, *adj* 'mɪdweɪ] ◇ *adv* **- 1.** [in space]: ~ **(between)** a medio camino (entre). **- 2.** [in time]: ~ **(through)** a la mitad (de). ◇ *adj*: ~ **point** [in time] punto *m* intermedio; [in space, negotiations] mitad *f* del camino.
midweek [*adv* ˌmɪd'wiːk, *adj* 'mɪdwiːk] ◇ *adj* de entre semana. ◇ *adv* entre semana.
Midwest [ˌmɪd'west] *n*: **the** ~ la llanura central de EE UU.
Midwestern [ˌmɪd'westən] *adj* de o relativo a la llanura central de EE UU.
midwife ['mɪdwaɪf] *(pl* **midwives** [-waɪvz]*) n* comadrona *f*, partera *f*.
midwifery ['mɪdˌwɪfərɪ] *n* obstetricia *f*.
midwinter [ˌmɪd'wɪntəʳ] *n* [middle of the winter] pleno invierno *m*; [winter solstice] solsticio *m* de invierno.
midwives ['mɪdwaɪvz] *pl →* **midwife**.
midyear [mɪd'jɪəʳ] *n* mitad *f* del año.
◆ **midyears** *npl Am* UNIV ≃ (exámenes *mpl*) parciales *mpl* de febrero.
mien [miːn] *n literary* [bearing] porte *m*; [expression] semblante *m*.
miffed [mɪft] *adj inf* molesto(ta), fastidiado(da).
might [maɪt] ◇ *modal vb* **- 1.** [expressing possibility]: **he** ~ **be armed** podría estar armado; **I** ~ **do it** puede que OR quizás lo haga; **we** ~ **have been killed, had we not been careful** si no hubiéramos tenido cuidado, podríamos haber muerto. **- 2.** [expressing suggestion]: **you** ~ **have told me!** ¡podrías habérmelo dicho!; **it** ~ **be better to wait** quizás sea mejor esperar; **we** ~ **as well go home** más valdría que nos fuéramos a casa; **he's regretting it now, as well he** ~ ahora se arrepiente de ello, y con razón. **- 3.** *fml* [asking permission]: **he asked if he** ~ **leave the room** pidió permiso para salir. **- 4.** [expressing concession]: **you** ~ **well be right, but...** puede que tengas razón, pero... **- 5.** *phr*: **I** ~ **have known** OR **guessed** podría haberlo sospechado. ◇ *n (U)* fuerza *f*, poder *m*; **with all her** ~ con todas sus fuerzas ❑ **with** ~ **and main** *dated* con todas las fuerzas de uno.

mightily ['maɪtɪlɪ] *adv* - **1.** [with vigour] poderosamente, con fuerza. - **2.** [extremely] enormemente, extremadamente.

mightn't ['maɪtənt] *contr* = **might not**.

might've ['maɪtəv] *contr* = **might have**.

mighty ['maɪtɪ] (*compar* **mightier**, *superl* **mightiest**) ◇ *adj* - **1.** [strong] fuerte; [powerful] poderoso(sa). - **2.** [very large] enorme. - **3.** [impressive] imponente. ◇ *adv esp Am* muy.

migraine ['mi:greɪn, 'maɪgreɪn] *n* jaqueca *f*, migraña *f*.

migrant ['maɪgrənt] ◇ *adj* - **1.** [bird] migratorio(ria); [animal] trashumante. - **2.** [workers] emigrante. ◇ *n* - **1.** [bird] ave *f* migratoria; [animal] animal *m* trashumante. - **2.** [person] emigrante *mf*.

migrate [*Br* maɪ'greɪt, *Am* 'maɪgreɪt] *vi* emigrar.

migration [maɪ'greɪʃn] *n* emigración *f*.

migratory ['maɪgrətrɪ] *adj* migratorio(ria).

mike [maɪk] (*abbr of* **microphone**) *n inf* micro *m*.

mil [mɪl] *n* - **1.** [unit of length] milésima *f* de pulgada. - **2.** [thousand] mil *m*.

milady [mɪ'leɪdɪ] (*pl* **miladies**) *n* señora *f*, milady *f*.

Milanese [ˌmɪlə'niːz] ◇ *adj* milanés(esa). ◇ *n* milanés *m*, -esa *f*.

milch cow ['mɪltʃ-] *n* vaca *f* lechera.

mild [maɪld] ◇ *adj* - **1.** [taste, disinfectant, wind] suave; [effect, surprise, illness] leve; [sedative, cigarettes] flojo(ja), suave. - **2.** [person, nature] apacible; [tone of voice] sosegado(da), sereno(na); [manners] suave, moderado(da). - **3.** [climate] templado(da). - **4.** [punishment, criticism] leve. ◇ *n* tipo de cerveza ligera.

mildew ['mɪldjuː] ◇ *n* [gen] moho *m*; [on plants] añublo *m*. ◇ *vi* [gen] enmohecer; [plants] añublarse.

mildewed ['mɪldjuːd] *adj* [cereals, flowers] cubierto(ta) de añublo; [vines] cubierto(ta) de mildíu; [paper, leather, food] mohoso(sa), enmohecido(da).

mildly ['maɪldlɪ] *adv* - **1.** [gen] ligeramente, levemente; **to put it** ~ por no decir más. - **2.** [talk] suavemente.

mild-mannered *adj* apacible, sosegado(da).

mildness ['maɪldnɪs] *n* [of voice, manner, person] suavidad *f*, serenidad *f*; [of reproach, illness] levedad *f*; [of nature, character] apacibilidad *f*; [of climate] benignidad *f*.

mile [maɪl] *n* milla *f*; **we could see for** ~s la vista nos alcanzaba a ver mucho; **we had walked for** ~s habíamos andado muchísimo; **this is** ~s **better** esto es muchísimo mejor ❑ **to be** ~s **away** *fig* estar en la luna; **it stands** OR **sticks out a** ~ se ve a la legua.

mileage ['maɪlɪdʒ] *n* - **1.** [distance] distancia *f* en millas. - **2.** [miles travelled] recorrido *m* en millas. - **3.** *inf fig* [usefulness] rendimiento *m*, utilidad *f*; **to get a lot of** ~ **out of sthg** sacarle mucho partido a algo.

mileage allowance *n* pago *m* por millas recorridas.

mileometer [maɪ'lɒmɪtə'] *n* cuentamillas *m inv*, ≃ cuentakilómetros *m inv*.

milepost ['maɪlpəʊst] *n* ≃ mojón *m*.

miler ['maɪlə'] *n* corredor *m*, -ra *f* de la milla.

milestone ['maɪlstəʊn] *n* - **1.** [marker stone] mojón *m*, hito *m*. - **2.** *fig* [event] hito *m*; **to be a** ~ marcar un hito.

milieu [*Br* 'miːljɜː, *Am* miː'ljuː] (*pl* **milieus** OR **milieux** [-ljɜː]) *n* entorno *m*, (medio) ambiente *m*.

militancy ['mɪlɪtənsɪ] *n* militancia *f*.

militant ['mɪlɪtənt] ◇ *adj* militante. ◇ *n* militante *mf*.

militarism ['mɪlɪtərɪzm] *n* militarismo *m*.

militarist ['mɪlɪtərɪst] *n* militarista *mf*.

militaristic [ˌmɪlɪtə'rɪstɪk] *adj* militarista.

militarize, -ise ['mɪlɪtəraɪz] *vt* militarizar.

militarized zone ['mɪlɪtəraɪzd-] *n* zona *f* militar.

military ['mɪlɪtrɪ] ◇ *adj* militar; **a** ~ **man** un militar. ◇ *n*: **the** ~ los militares, las fuerzas armadas.

military academy *n* academia *f* militar.

military attaché *n* agregado *m* militar.

military band *n* banda *f* militar.

military intelligence *n* servicio *m* de inteligencia OR espionaje militar.

military police *n* policía *f* militar.

military policeman *n* policía *m* militar.

military service *n* servicio *m* militar.

militate ['mɪlɪteɪt] *vi fml*: **to** ~ **against sthg** ir en contra de algo, influir negativamente.

militia [mɪ'lɪʃə] *n* milicia *f*.

militiaman [mɪ'lɪʃəmən] (*pl* **militiamen** [-mən]) *n* miliciano *m*.

milk [mɪlk] ◇ *n* leche *f*; **it's no use crying over spilt** ~ *fig* a lo hecho, pecho *proverb*; **a land flowing with** ~ **and honey** Jauja *f*, un paraíso terrenal; **the** ~ **of human kindness** *fig* la flor de la bondad. ◇ *comp* - **1.** [gen] de leche. - **2.** [products] lácteo(a). ◇ *vt* - **1.** [cow etc] ordeñar. - **2.** [use to own ends] sacar todo el jugo a; **they** ~**ed him for every penny he had** le chuparon hasta el último centavo; ❑ **to** ~ **sthg/sb dry** exprimir algo/a alguien como una naranja. - **3.** [snake] sacar el veneno a. ◇ *vi* dar leche.

milk bar *n* cafetería *f*.

milk chocolate ◇ *n* chocolate *m* con leche. ◇ *comp* de chocolate con leche.

milker ['mɪlkə'] *n* - **1.** [cow]: **a good** ~ una buena vaca lechera. - **2.** [dairy hand] ordeñador *m*, -ra *f*. - **3.** [machine] ordeñadora *f* (mecánica).

milk fever *n* - **1.** MED fiebre *f* láctea. - **2.** [of animals] fiebre *f* de leche OR del parto.

milk float *Br*, **milk truck** *n Am* vehículo distribuidor de leche.

milking ['mɪlkɪŋ] *n* ordeño *m*.

milking machine *n* ordeñadora *f* (mecánica).

milking stool *n* taburete *m* de ordeñar.

milk loaf *n* pan *m* dulce OR de leche.

milkmaid ['mɪlkmeɪd] *n* lechera *f*, ordeñadora *f*.

milkman ['mɪlkmən] (*pl* **milkmen** [-mən]) *n* lechero *m*.

Milk of Magnesia® *n* leche *f* de magnesia.

milk powder *n* leche *f* en polvo.

milk pudding *n* postre *m* de leche.

milk round *n Br* [by milkman] recorrido *m* del lechero.

milk run *n* - **1.** AERON vuelo *m* habitual OR de rigor. - **2.** [journey] trayecto *n* habitual OR de rigor.

milk shake *n* batido *m*.

milksop ['mɪlksɒp] *n* gallina *m*, cobardica *m*.

milk sugar *n* lactosa *f*.

milk tooth *n* diente *m* de leche.

milk train *n* primer tren de la mañana.

milk truck *n Am* = **milk float**.

milkweed ['mɪlkwiːd] *n* algodoncillo *m*.

milky ['mɪlkɪ] (*compar* **milkier**, *superl* **milkiest**) *adj* - **1.** *Br* [with milk] con mucha leche. - **2.** [pale white] lechoso(sa), pálido(da). - **3.** [cloudy] turbio(bia).

Milky Way *n*: **the** ~ la Vía Láctea.

mill [mɪl] ◇ *n* - **1.** [flourmill] molino *m*. - **2.** [factory] fábrica *f*; **steel** ~ acerería *f*, fábrica *f* de acero. - **3.** [grinder] molinillo *m*. - **4.** TECH [for coins] prensa *f*; [for metal] fresadora *f*. - **5.** *phr*: **to go through the** ~ [learn] curtirse, coger tablas; [suffer] pasarlas negras. ◇ *vt* - **1.** [grain] moler. - **2.** [metal - shape] tornear; [- cut] fresar; [- roll] laminar. - **3.** [coin] acanalar.

◆ **mill about**, **mill around** *vi* arremolinarse.

milldam ['mɪldæm] *n* presa *f* de molino.

millenarian [ˌmɪlɪ'neərɪən], **millenary** [mɪ'lenərɪ] ◇ *adj* milenario(ria). ◇ *n* RELIG milenario *m*, -ria *f*.

millennia [mɪ'lenɪə] *pl* → **millennium**.

millennial [mɪ'lenɪəl] *adj* milenario(ria), del milenio.

millennium [mɪ'lenɪəm] (*pl* **millennia** [-nɪə]) *n* milenio *m*.

millepede ['mɪlɪpiːd] *n* = **millipede**.

miller ['mɪlə'] *n* molinero *m*, -ra *f*.

millesimal [mɪˈlesɪməl] *adj* milésimo(ma).

millet [ˈmɪlɪt] *n* mijo *m*.

milli- [ˈmɪlɪ] *prefix* mili-.

milliard [ˈmɪljɑːd] *n Br dated* mil millones.

millibar [ˈmɪlɪbɑːˈ] *n* milibar *m*.

milligram(me) [ˈmɪlɪɡræm] *n* miligramo *m*.

millilitre *Br*, **milliliter** *Am* [ˈmɪlɪˌliːtəˈ] *n* mililitro *m*.

millimetre *Br*, **millimeter** *Am* [ˈmɪlɪˌmiːtəˈ] *n* milímetro *m*.

milliner [ˈmɪlɪnəˈ] *n* sombrerero *m*.

millinery [ˈmɪlɪnrɪ] *n* sombrerería *f* (de señoras).

milling [ˈmɪlɪŋ] *n* molienda *f*.

milling machine *n* fresadora *f*.

million [ˈmɪljən] *n* millón *m*; **a ~, ~s of** *fig* millones de.

millionaire [ˌmɪljəˈneəˈ] *n* millonario *m*.

millionairess [ˌmɪljəˈneərɪs] *n* millonaria *f*.

millionth [ˈmɪljənθ] *n* millonésimo *m*.

millipede [ˈmɪlɪpiːd] *n* miriápodo *m*.

millisecond [ˈmɪlɪˌsekənd] *n* milésima *f* de segundo.

millpond [ˈmɪlpɒnd] *n* represa *f* de molino.

millrace [ˈmɪlreɪs] *n* saetín *m*, canal *m* de molino.

millstone [ˈmɪlstəʊn] *n* piedra *f* de molino, muela *f*; **a ~ round one's neck** *fig* una cruz, una pesada carga.

millstream [ˈmɪlstriːm] *n* corriente *f* de agua del saetín.

millwheel [ˈmɪlwiːl] *n* rueda *f* de molino.

milo [ˈmaɪləʊ] (*pl* **milos**) *n* especie de sorgo.

milometer [maɪˈlɒmɪtəˈ] *n* = **mileometer**.

milord [mɪˈlɔːd] *n* milord *m*.

milquetoast [ˈmɪlktəʊst] *n Am* tímido *m*, -da *f*.

milt [mɪlt] *n* lecha *f*.

mime [maɪm] ◇ *n* **- 1.** [acting] mímica *f*, pantomima *f*. **- 2.** [act] imitación *f* a base de gestos. **- 3.** [actor] mimo *m*. ◇ *vt* **- 1.** [express in gestures] describir con gestos. **- 2.** [derisively] remedar. ◇ *vi* hacer mímica.

mimeograph [ˈmɪmɪəɡrɑːf] *n* **- 1.** [machine] mimeógrafo *m*. **- 2.** [copy] copia *f* hecha con el mimeógrafo.

mimesis [mɪˈmiːsɪs] *n* BIOL mimetismo *m*.

mimetic [mɪˈmetɪk] *adj* mimético(ca).

mimic [ˈmɪmɪk] (*pt & pp* **mimicked**, *cont* **mimicking**) ◇ *n* imitador *m*, -ra *f*. ◇ *vt* **- 1.** [gestures] imitar; [satirically] remedar, parodiar. **- 2.** BIOL mimetizar. ◇ *adj* [make-believe] simulado(da).

mimicry [ˈmɪmɪkrɪ] *n* **- 1.** [imitation] imitación *f*. **- 2.** THEATRE mímica *f*. **- 3.** BIOL mimetismo *m*.

mimosa [mɪˈməʊzə] *n* mimosa *f*.

min. - 1. (*written abbr of* **minute**) min. **- 2.** (*written abbr of* **minimum**) mín.

Min. *written abbr of* **ministry**.

minaret [mɪnəˈret] *n* alminar *m*, minarete *m*.

minatory [ˈmɪnətrɪ] *adj fml* amenazante.

mince [mɪns] ◇ *n Br* [meat] carne *f* picada. ◇ *vt* CULIN picar. ◇ *vi* [walk] andar de manera afectada.

mincemeat [ˈmɪnsmiːt] *n* **- 1.** [fruit] *mezcla de fruta confitada y especias*. **- 2.** *Am* [minced meat] carne *f* picada. **- 3.** *phr*: **to make ~ of sb** hacer picadillo a alguien.

mince pie *n* pastellino *m* de fruta confitada.

mincer [ˈmɪnsəˈ] *n* máquina *f* de picar carne.

mincing [ˈmɪnsɪŋ] *adj* remilgado(da).

mind [maɪnd] ◇ *n* **- 1.** [gen] mente *f*; **state of ~** estado *m* de ánimo; **the power of ~ over matter** el poder de la mente sobre la materia; **the great ~s of the century** los mayores cerebros del siglo; **to come into** OR **to cross sb's ~** pasársele a alguien por la cabeza; **to concentrate one's ~** hacer que uno se concentre; **to get sb/sthg out of one's ~** dejar de pensar en alguien/algo; **to have sthg on one's ~** estar preocupado(da) por algo; **to have a quick/dull ~** tener la mente despierta/embotada; **to keep an open ~** tener una actitud abierta; **to put** OR **set sb's ~ at rest** tranquilizar a alguien; **to take sb's ~ off sthg** hacer olvidar algo a alguien; **that was a load** OR **weight off my ~** me quité un peso de encima ☐ **great ~s think alike!** *proverb* ¿ves? ahí estamos de acuerdo; **to be in one's right ~** estar (uno) en sus cabales, estar bien de la cabeza; **to be of sound ~** estar (uno) en su sano juicio; **to be/go out of one's ~** haber perdido/perder el juicio; **to broaden one's ~** ampliar los horizontes de uno; **to have sthg at the back of one's ~** tener algo en la cabeza; **to make one's ~ up** decidirse; **to set one's ~ on doing sthg** proponerse OR estar resuelto(ta) a hacer algo; **to turn sthg over in one's ~** meditar sobre algo, darle vueltas a algo. **- 2.** [attention] atención *f*; **to put one's ~ to sthg** poner empeño en algo; **keep your ~ on the job** concéntrate en tu trabajo. **- 3.** [opinion]: **to change one's ~** cambiar de opinión; **to my ~** en mi opinión ☐ **to be of one** OR **the same ~** estar de acuerdo; **to be in two ~s about sthg** no estar seguro(ra) de algo; **to give sb a piece of one's ~** cantarle las cuarenta a alguien, decirle a alguien cuatro verdades (bien dichas); **to know one's own ~** saber lo que uno quiere; **to speak one's ~** hablar sin rodeos. **- 4.** [memory] memoria *f*; **my ~ has gone blank** se me ha quedado la mente en blanco; **to bear sthg in ~** tener presente algo; **to bring** OR **call sthg to ~** recordar algo; **to cast one's ~ back** echar la mente OR mirada atrás; **to come to ~** venirle (a uno) a la mente; **to put sb in ~ of sthg** recordar a alguien algo; **it slipped my ~** se me olvidó. **- 5.** [intention]: **nothing could be further from my ~** nada más lejos de mi intención; **to be of a ~ to do sthg** estar dispuesto(ta) a hacer algo; **to have sthg in ~** tener algo en mente; **to have a ~ to do sthg** estar pensando en hacer algo; **I've a good ~** OR **half a ~ to tell her what I think** estoy pensando en OR me dan ganas de decirle lo que pienso. ◇ *vi* **- 1.** [be bothered]: **do you ~?** ¿te importa?; **I don't ~...** no me importa... ☐ **never ~** [don't worry] no te preocupes; [it's not important] no importa. **- 2.** [be careful]: **~ out!** *Br* ¡cuidado! ◇ *vt* **- 1.** [be bothered about, dislike]: **do you ~ if I leave?** ¿te importa si me voy?; **would you ~ turning out the light, please?** ¿te importaría apagar la luz, por favor?; **I don't ~ waiting** no me importa esperar; **I wouldn't a...** no me vendría mal un... **- 2.** [pay attention to] tener cuidado con; **~ your head!** ¡cuidado con la cabeza!; **'~ the step'** 'cuidado con el escalón'. **- 3.** [take care of] cuidar.

◆ **mind you** *adv*: **he's a bit deaf; ~ you, he is old** está un poco sordo; te advierto que es ya mayor.

mind-bending [-bendɪŋ] *adj inf* embrollado(da).

mind-blowing *adj inf* increíble, flipante.

mind-boggling *adj* increíble, alucinante.

minded [ˈmaɪndɪd] *adj fml* [willing] dispuesto(ta).

-minded [ˌmaɪndɪd] *in cpds*: **commercially~** de mentalidad comercial; **my parents are very money~** mis padres sólo piensan en el dinero.

minder [ˈmaɪndəˈ] *n Br inf* [bodyguard] guardaespaldas *mf*.

mindful [ˈmaɪndfʊl] *adj*: **~ of** consciente de.

mindless [ˈmaɪndlɪs] *adj* **- 1.** [stupid] absurdo(da), sin sentido. **- 2.** [not requiring thought] aburrido(da).

mind reader *n* persona *f* que adivina los pensamientos.

mind reading *n* lectura *f* OR adivinación *f* del pensamiento.

mindset [ˈmaɪndset] *n* predisposición *f*.

mind's eye *n*: **in one's ~** en la mente (de uno).

mine[1] [maɪn] *poss pron* mío (mía); **a friend of ~** un amigo mío; **his car hit ~** su coche chocó contra el mío; **it wasn't your fault, it was** MINE la culpa no fue tuya sino MÍA; **that money is ~** ese dinero es mío.

mine[2] [maɪn] ◇ *n* mina *f*; **a ~ of information** una mina de información. ◇ *vt* **- 1.** [coal] extraer. **- 2.** MIL minar.

mine detector *n* detector *m* de minas.

minefield [ˈmaɪnfiːld] *n lit & fig* campo *m* de minas.

minehunter [ˈmaɪnˌhʌntəˈ] *n* NAUT dragaminas *m inv*.

minelayer [ˈmaɪnˌleɪəˈ] *n* minador *m*.

miner [ˈmaɪnəˈ] *n* minero *m*, -ra *f*.

mineral ['mɪnərəl] ◇ *adj* mineral. ◇ *n* mineral *m*.

mineralize, -ise ['mɪnərəlaɪz] *vt* - **1**. [petrify] petrificar, fosilizar. - **2**. [impregnate with minerals] mineralizar.

mineralogical [,mɪnərə'lɒdʒɪkl] *adj* mineralógico(ca).

mineralogist [,mɪnə'rælədʒɪst] *n* mineralogista *mf*.

mineralogy [,mɪnə'rælədʒɪ] *n* mineralogía *f*.

mineral oil *n* aceite *m* mineral.

mineral ore *n* mineral *m*, mena *f*.

mineral water *n* agua *f* mineral.

mineshaft ['maɪnʃɑːft] *n* pozo *m* minero.

minestrone [,mɪnɪ'strəʊnɪ] *n* (sopa *f*) minestrone *f*.

minesweeper ['maɪn,swiːpəʳ] *n* dragaminas *m inv*.

mineworker ['maɪn,wɜːkəʳ] *n* minero *m*, -ra *f*.

mingle ['mɪŋgl] ◇ *vt*: **to ~ sthg with** mezclar algo con. ◇ *vi* - **1**. [combine]: **to ~ (with)** mezclarse (con); **he ~d with the crowd** se mezcló con OR entre la multitud. - **2**. [socially]: **to ~ (with)** alternar (con).

mingy ['mɪndʒɪ] (*compar* **mingier**, *superl* **mingiest**) *adj* Br *inf* [person] tacaño(ña), roñoso(sa); [portion, quantity] mísero(ra), parco(ca).

mini ['mɪnɪ] *n* [skirt] minifalda *f*.

miniature ['mɪnətʃəʳ] ◇ *adj* en miniatura. ◇ *n* - **1**. [painting] miniatura *f*. - **2**. [of alcohol] botellín de licor en miniatura. - **3**. [small scale]: **in ~** en miniatura.

miniaturist ['mɪnətʃərɪst] *n* miniaturista *mf*.

miniaturize, -ise ['mɪnətʃəraɪz] *vt* miniaturizar.

minibike ['mɪnɪ,baɪk] *n* pequeña motocicleta *f*.

minibus ['mɪnɪbʌs] (*pl* **minibuses**) *n* microbús *m*, micro *m Amér*.

minicab ['mɪnɪkæb] *n* Br *taxi que se puede pedir por teléfono, pero no se puede parar en la calle*.

minicomputer [,mɪnɪkəm'pjuːtəʳ] *n* miniordenador *m*.

minidress ['mɪnɪdres] *n* vestido *m* corto.

minim ['mɪnɪm] *n* - **1**. Br MUS blanca *f*. - **2**. [measure] ≈ 0,5 ml.

minima ['mɪnɪmə] *pl* → **minimum**.

minimal ['mɪnɪml] *adj* mínimo(ma); **~ art** arte *m* minimalista; **~ pair** LING par *m* mínimo.

minimalize, -ise ['mɪnɪməlaɪz] *vt* minimizar.

minimally ['mɪnɪməlɪ] *adv* mínimamente, escasamente.

minimarket ['mɪnɪ,mɑːkɪt], **minimart** ['mɪnɪmɑːt] *n* pequeño supermercado *m*.

minimize, -ise ['mɪnɪ,maɪz] *vt* minimizar.

minimum ['mɪnɪməm] (*pl* **minimums** OR **minima** [-mə]) ◇ *adj* mínimo(ma). ◇ *n* mínimo *m*.

minimum lending rate *n* tipo *m* de descuento oficial.

minimum wage *n* salario *m* mínimo.

mining ['maɪnɪŋ] ◇ *n* - **1**. MIN minería *f*. - **2**. MIL minado *m*. ◇ *adj* minero(ra).

mining engineer *n* ingeniero *m*, -ra *f* de minas.

minion ['mɪnjən] *n hum* & *pej* lacayo *m*.

minipill ['mɪnɪpɪl] *n* minipíldora *f*.

miniscule ['mɪnɪskjuːl] *adj* minúsculo(la).

miniseries ['mɪnɪ,sɪərɪːz] (*pl inv*) *n* miniserie *f*.

miniskirt ['mɪnɪskɜːt] *n* minifalda *f*.

minister ['mɪnɪstəʳ] *n* - **1**. POL: **~ (for)** ministro *m*, -tra *f* (de); **the Minister of Employment** el ministro de Trabajo. - **2**. RELIG pastor *m*, -ra *f*.

◆ **minister to** *vt fus* - **1**. [provide care for] atender a. - **2**. RELIG oficiar de pastor en.

ministerial [,mɪnɪ'stɪərɪəl] *adj* - **1**. POL ministerial. - **2**. RELIG pastoral.

minister of state *n*: **~ (for)** ministro *m*, -tra *f* de Estado (para).

minister plenipotentiary *n* ministro plenipotenciario *m*, ministra plenipotenciaria *f*.

ministrant ['mɪnɪstrənt] *n* ministrante *mf*.

ministration [,mɪnɪ'streɪʃn] *n* RELIG ministerio *m*.

◆ **ministrations** *npl fml* [aid] ayuda *f*, atenciones *fpl*.

ministry ['mɪnɪstrɪ] (*pl* **ministries**) *n* - **1**. POL ministerio *m*; **Ministry of Defence** Ministerio de Defensa. - **2**. RELIG: **the ~** el clero, el sacerdocio; **to enter** OR **join the ~** hacerse sacerdote.

minium ['mɪnɪəm] *n* minio *m*.

mink [mɪŋk] (*pl inv*) *n* [animal, fur] visón *m*.

mink coat *n* abrigo *m* de visón.

Minnesota [,mɪnɪ'səʊtə] *n* Minnesota.

minnow ['mɪnəʊ] *n* pececillo *m* (de agua dulce).

minor ['maɪnəʳ] ◇ *adj* - **1**. [injury, illness] leve; [accident, operation] pequeño(ña); **~ offence** delito *m* menor OR leve. - **2**. [interest, importance] escaso(sa). - **3**. [repairs, alteration, disagreement] pequeño(ña). - **4**. [road, issue, problem] secundario(ria), menor. - **5**. MUS menor; **in C ~** MUS en do menor; **in a ~ key** en tono menor; **~ third** tercera *f* menor. ◇ *n* - **1**. [in age] menor *mf* (de edad). - **2**. *Am* UNIV asignatura *f* secundaria. ◇ *vi Am* UNIV: **she ~ed in Spanish** estudió español como asignatura secundaria.

Minorca [mɪ'nɔːkə] *n* Menorca.

Minorite ['maɪnəraɪt] *n* minorita *m*, fraile *m* franciscano.

minority [maɪ'nɒrətɪ] (*pl* **minorities**) ◇ *n* - **1**. [small group] minoría *f*; **to be in a** OR **the ~** ser minoría, estar en minoría. - **2**. JUR minoría *f* (de edad). ◇ *comp*: **~ group** minoría *f*, grupo *m* minoritario.

minority government *n* gobierno *m* minoritario.

minority leader *n* dirigente *mf* de la minoría parlamentaria.

minor league *adj* [second-rate] de segunda fila, de segundo orden.

minor orders *npl* RELIG órdenes *fpl* menores.

minor premise *n* premisa *f* menor.

minster ['mɪnstəʳ] *n* [cathedral] catedral *f*; [abbey church] iglesia *f* de un monasterio.

minstrel ['mɪnstrəl] *n* juglar *m*.

minstrel gallery *n* pórtico *m*.

minstrel show *n* *función teatral con música y danza en la que los actores llevan el rostro maquillado de negro*.

mint [mɪnt] ◇ *n* - **1**. [herb] menta *f*, hierbabuena *f*. - **2**. [peppermint] pastilla *f* de menta. - **3**. [for coins]: **the ~** la Casa de la Moneda. - **4**. *inf fig* [fortune] dineral *m*, fortuna *f*; **to make a ~** hacer una fortuna. ◇ *adj* [stamps, coins] nuevo(va), sin usar; **in ~ condition** en perfecto estado, como nuevo(va). ◇ *vt lit* & *fig* acuñar.

mintage ['mɪntɪdʒ] *n* - **1**. [act of minting] acuñación *f*. - **2**. [coins] moneda *f* acuñada.

mint julep *n* mint julep *m*, *cóctel consistente en una mezcla de bourbon, azúcar y limón, macerada en hierbabuena y vertida sobre hielo muy picado*.

mint sauce *n* salsa *f* de menta.

mint tea *n* té *m* de menta.

minuend ['mɪnjʊend] *n* minuendo *m*.

minuet [,mɪnjʊ'et] *n* minué *m*.

minus ['maɪnəs] (*pl* **minuses**) ◇ *prep* - **1**. MATH [less]: **4 ~ 2 is 2** 4 menos 2 son 2. - **2**. [in temperatures]: **it's ~ 5° today** estamos a 5° bajo cero hoy. - **3**. *inf* [without] sin; **I got my wallet back ~ the money** me devolvieron la cartera sin el dinero. ◇ *adj* MATH [less than zero] negativo(va). ◇ *n* - **1**. MATH signo *m* (de) menos. - **2**. [disadvantage] pega *f*, desventaja *f*.

minuscule ['mɪnəskjuːl] ◇ *adj* minúsculo(la). ◇ *n* minúscula *f*.

minus sign *n* signo *m* (de) menos.

minute¹ ['mɪnɪt] ◇ *n* minuto *m*; **the ~ he arrives** en cuanto llegue; **just a ~!** ¡un momento!; **in a ~** enseguida; **Mum, I can't find it - all right, in a ~** mamá, no lo encuentro - bueno, ya voy yo ❑ **at any ~** en cualquier momento; **any ~ now** de un momento a otro; **at the last ~** en el último minuto OR momento; **this ~** ahora mismo; **up to the ~** [news] de última hora; [technology] punta *(inv)*; **up**

until the last ~ hasta el último momento; **wait a** ~ espera un momento. ◇ *vt* [record] hacer que conste en acta, levantar acta de.

◆ **minutes** *npl* acta *f*; **to take** ~**s** levantar OR tomar acta.

minute² [maɪˈnjuːt] *adj* - **1.** [tiny] diminuto(ta); [errors, difference, improvement] insignificante, mínimo(ma). - **2.** [precise] minucioso(sa).

minute hand [ˈmɪnɪt-] *n* minutero *m*.

minutely [maɪˈnjuːtlɪ] *adv* - **1.** [carefully] minuciosamente; [in detail] detalladamente. - **2.** [fold] en trozos pequeños; [move] ligeramente, imperceptiblemente.

Minuteman [ˈmɪnɪtmæn] (*pl* **Minutemen** [-men]) *n* miliciano en la guerra de la Independencia de EE UU.

minute steak [ˈmɪnɪt-] *n* filete *m*.

minutiae [maɪˈnjuːʃɪaɪ] *npl* minucias *fpl*; **the** ~ **of daily life** los pequeños detalles de la vida diaria.

minx [mɪŋks] *n* joven *f* coqueta OR descarada.

miracle [ˈmɪrəkl] *n lit & fig* milagro *m*.

miracle play *n* auto *m* sacramental.

miracle worker *n* milagrero *m*, -ra *f*, hacedor *m*, -ra *f* de milagros.

miraculous [mɪˈrækjʊləs] *adj* milagroso(sa).

miraculously [mɪˈrækjʊləslɪ] *adv* milagrosamente.

mirage [mɪˈrɑːʒ] *n lit & fig* espejismo *m*.

mire [maɪəʳ] ◇ *n* [mud] fango *m*, lodo *m*; [muddy place] lodazal *m*. ◇ *vt*: **to be** ~**d in** [debt, difficulty] verse ahogado(da) por; [mud] estar encenagado(da) en.

mirror [ˈmɪrəʳ] ◇ *n* espejo *m*; **the play is a** ~ **of society** la obra es un reflejo de la sociedad. ◇ *vt* reflejar.

mirror image *n* reflejo *m* a la inversa.

mirth [mɜːθ] *n* regocijo *m*, risa *f*.

mirthful [ˈmɜːθfʊl] *adj literary* alegre, jovial.

mirthless [ˈmɜːθlɪs] *adj literary* triste, sombrío(a).

miry [ˈmaɪərɪ] (*compar* **mirier**, *superl* **miriest**) *adj* cenagoso(sa), fangoso(sa).

misadventure [ˌmɪsədˈventʃəʳ] *n* desgracia *f*, desventura *f*; **death by** ~ JUR muerte *f* accidental.

misadvise [ˌmɪsədˈvaɪz] *vt* aconsejar mal.

misaligned [ˌmɪsəˈlaɪnd] *adj* mal alineado (mal alineada), desalineado(da).

misalignment [ˌmɪsəˈlaɪnmənt] *n* desalineación *f*.

misalliance [ˌmɪsəˈlaɪəns] *n* mal casamiento *m*.

misanthrope [ˈmɪsənθrəʊp] *n* misántropo *m*, -pa *f*.

misanthropic [ˌmɪsənˈθrɒpɪk] *adj* misantrópico(ca).

misanthropist [mɪˈsænθrəpɪst] *n* misántropo *m*, -pa *f*.

misanthropy [mɪˈsænθrəpɪ] *n* misantropía *f*.

misapplication [ˈmɪsˌæplɪˈkeɪʃn] *n* abuso *m*, mala aplicación *f*.

misapply [ˌmɪsəˈplaɪ] (*pt & pp* **misapplied**) *vt* aplicar mal.

misapprehend [ˈmɪsˌæprɪˈhend] *vt* malentender.

misapprehension [ˈmɪsˌæprɪˈhenʃn] *n* - **1.** [misunderstanding] malentendido *m*. - **2.** [mistaken belief] creencia *f* errónea; **to be under a** ~ estar equivocado(da).

misappropriate [ˌmɪsəˈprəʊprɪeɪt] *vt* malversar.

misappropriation [ˈmɪsəprəʊprɪˈeɪʃn] *n*: ~ **(of)** malversación *f* (de).

misbegotten [ˌmɪsbɪˈgɒtn] *adj fml* - **1.** [plan] mal concebido (mal concebida). - **2.** [child] ilegítimo(ma), bastardo(da).

misbehave [ˌmɪsbɪˈheɪv] *vi* portarse mal.

misbehaviour *Br*, **misbehavior** *Am* [ˌmɪsbɪˈheɪvjəʳ] *n* mal comportamiento *m*, mala conducta *f*.

misbelief [ˌmɪsbɪˈliːf] *n* creencia *f* errónea OR falsa.

misc *written abbr of* **miscellaneous**.

miscalculate [ˌmɪsˈkælkjʊleɪt] *vt & vi* calcular mal.

miscalculation [ˌmɪskælkjʊˈleɪʃn] *n* - **1.** (*U*) [poor judgment] cálculos *mpl* erróneos. - **2.** [mistake] error *m* de cálculo.

miscall [ˌmɪsˈkɔːl] *vt* llamar equivocadamente.

miscarriage [ˌmɪsˈkærɪdʒ] *n* - **1.** [at birth] aborto *m* (natural).

- **2.** [failure]: ~ **of justice** error *m* judicial. - **3.** *Br* [of mail, cargo] extravío *m*, pérdida *f*.

miscarry [ˌmɪsˈkærɪ] (*pt & pp* **miscarried**) *vi* - **1.** [woman] tener un aborto (natural). - **2.** [plan] fracasar; [hopes] malograrse, frustrarse. - **3.** *Br* [mail, cargo] extraviarse, perderse.

miscast [ˌmɪsˈkɑːst] *vt* CINEMA & THEATRE [actor] dar un papel poco apropiado a; [play] hacer mal el reparto de.

miscegenation [ˌmɪsɪdʒɪˈneɪʃn] *n fml* mestizaje *m*.

miscellaneous [ˌmɪsəˈleɪnɪəs] *adj* diverso(sa); ~ **expenses** gastos *mpl* diversos OR varios.

miscellany [*Br* mɪˈselənɪ, *Am* ˈmɪsəleɪnɪ] (*pl* **miscellanies**) *n* miscelánea *f*.

mischance [ˌmɪsˈtʃɑːns] *n* - **1.** [piece of bad luck] infortunio *m*, desgracia *f*. - **2.** [bad luck] mala suerte *f*; **by** ~ por desgracia.

mischief [ˈmɪstʃɪf] *n* (*U*) - **1.** [playfulness] picardía *f*, malicia *f*. - **2.** [naughty behaviour] travesuras *fpl*, diabluras *fpl*. - **3.** [harm] daño *m*; **to do o.s. a** ~ hacerse daño.

mischief-maker *n* revoltoso *m*, -sa *f*.

mischievous [ˈmɪstʃɪvəs] *adj* - **1.** [playful] lleno(na) de picardía OR malicia, malicioso(sa). - **2.** [naughty] travieso(sa). - **3.** [harmful] dañino(na).

mischievously [ˈmɪstʃɪvəslɪ] *adv* [playfully, naughtily] con picardía, maliciosamente; [nastily] con maldad, malintencionadamente.

miscible [ˈmɪsɪbl] *adj* miscible, mezclable.

misclassification [ˌmɪsˌklæsɪfɪˈkeɪʃn] *n* clasificación *f* incorrecta.

misclassify [ˌmɪsˈklæsɪfaɪ] (*pt & pp* **misclassified**) *vt* clasificar incorrectamente.

misconceived [ˌmɪskənˈsiːvd] *adj* mal concebido (mal concebida).

misconception [ˌmɪskənˈsepʃn] *n* concepto *m* erróneo, idea *f* falsa.

misconduct [*n* ˌmɪsˈkɒndʌkt, *vb* ˌmɪskənˈdʌkt] ◇ *n* - **1.** [bad behaviour] mala conducta *f*; **professional** ~ mala conducta profesional, conducta poco profesional. - **2.** [adultery] adulterio *m*. - **3.** [bad management] mala administración *f*. ◇ *vt* [business] administrar mal.

misconstruction [ˌmɪskənˈstrʌkʃn] *n* - **1.** [gen] mala interpretación *f*. - **2.** GRAMM mala construcción *f*.

misconstrue [ˌmɪskənˈstruː] *vt fml* malinterpretar.

miscount [*vb* ˌmɪsˈkaʊnt, *n* ˈmɪskaʊnt] ◇ *vt & vi* contar mal. ◇ *n* recuento *m* erróneo.

miscreant [ˈmɪskrɪənt] *n literary* [villain] malhechor *m*, -ra *f*.

misdate [ˌmɪsˈdeɪt] *vt* fechar mal, poner mal la fecha en.

misdeal [ˌmɪsˈdiːl] (*pt & pp* **misdealt** [-ˈdelt]) ◇ *vt & vi* repartir mal. ◇ *n* reparto *m* erróneo.

misdeed [ˌmɪsˈdiːd] *n literary* fechoría *f*, delito *m*.

misdemeanour *Br*, **misdemeanor** *Am* [ˌmɪsdɪˈmiːnəʳ] *n fml* delito *m* menor, infracción *f*.

misdiagnose [ˌmɪsˈdaɪəgnəʊz] *vt* diagnosticar incorrectamente.

misdiagnosis [ˌmɪsdaɪəgˈnəʊsɪs] *n* diagnóstico *m* incorrecto.

misdirect [ˌmɪsdɪˈrekt] *vt* - **1.** [letter] poner mal las señas a. - **2.** [traveller] dirigir mal. - **3.** [efforts, talent] encaminar OR encauzar mal. - **4.** JUR [jury] dar instrucciones erróneas a.

misdirected [ˌmɪsdɪˈrektɪd] *adj* [efforts, talent] mal encaminado (mal encaminada); [letter] con la dirección equivocada.

misdirection [ˌmɪsdɪˈrekʃn] *n* - **1.** [of traveller] mala dirección *f*, información *f* errónea. - **2.** [of efforts, talent] mal encauzamiento *m*. - **3.** JUR [of jury] instrucciones *fpl* erróneas.

misdoing [ˌmɪsˈduːɪŋ] *n* mala acción *f*.

misemploy [ˌmɪsɪmˈplɔɪ] *vt fml* emplear OR utilizar mal.

miser [ˈmaɪzəʳ] *n* avaro *m*, -ra *f*.

miserable [ˈmɪzrəbl] *adj* - **1.** [unhappy] infeliz, triste. - **2.** [wretched, poor, inadequate] miserable. - **3.** [weather] horrible. - **4.** [pathetic] lamentable.

miserably ['mɪzrəblɪ] *adv* - **1.** [unhappily] tristemente. - **2.** [wretchedly, poorly] miserablemente. - **3.** [pathetically] lamentablemente.

miserliness ['maɪzəlɪnɪs] *n* mezquindad *f*, avaricia *f*.

miserly ['maɪzəlɪ] *adj* miserable, mezquino(na).

misery ['mɪzərɪ] (*pl* **miseries**) *n* - **1.** [unhappiness] desdicha *f*, tristeza *f*. - **2.** [wretchedness] miseria *f*. - **3.** *Br inf* [gloomy person] jeremías *m*.

misestimate [ˌmɪs'estɪmeɪt] *vt* estimar erróneamente, calcular mal.

misfeasance [ˌmɪs'fiːzəns] *n* ejecución *f* ilegal de un procedimiento lícito.

misfile [ˌmɪs'faɪl] *vt* archivar mal.

misfire [ˌmɪs'faɪəʳ] *vi* - **1.** [gun] encasquillarse. - **2.** [car engine] no arrancar, fallar. - **3.** [plan] fracasar, fallar.

misfit ['mɪsfɪt] *n* inadaptado *m*, -da *f*.

misfortune [mɪs'fɔːtʃən] *n* - **1.** [bad luck] mala suerte *f*, desgracia *f*. - **2.** [piece of bad luck] desgracia *f*, infortunio *m*.

misgivings [mɪs'gɪvɪŋz] *npl* recelo *m*, recelos *mpl*.

misgovern [mɪs'gʌvən] *vt* [country] desgobernar, gobernar mal; [affairs] gestionar mal.

misgovernment [mɪs'gʌvənmənt] *n* [of country] desgobierno *m*, mal gobierno *m*; [of affairs] mala gestión *f*, mala administración *f*.

misguidance [mɪs'gaɪdəns] *n* mal consejo *m*, mala influencia *f*.

misguided [mɪs'gaɪdɪd] *adj* [person] descaminado(da); [attempt] equivocado(da).

mishandle [mɪs'hændl] *vt* - **1.** [person, animal] maltratar. - **2.** [affair] llevar mal.

mishap ['mɪshæp] *n* percance *m*, contratiempo *m*; **without ~** sin problemas.

mishear [ˌmɪs'hɪəʳ] (*pt & pp* **misheard** [-'hɜːd]) *vt & vi* oír mal.

mishit [*vb* ˌmɪs'hɪt, *n* 'mɪshɪt] (*pt & pp* **mishit**) ◇ *vt* SPORT [ball] golpear mal. ◇ *vi* errar OR marrar el golpe. ◇ *n* mal golpe *m*, golpe *m* fallido.

mishmash ['mɪʃmæʃ] *n inf* revoltijo *m*, batiburrillo *m*.

misidentify [ˌmɪsaɪ'dentɪfaɪ] (*pt & pp* **misidentified**) *vt* identificar mal OR erróneamente.

misinform [ˌmɪsɪn'fɔːm] *vt* [unintentionally] malinformar; [intentionally] desinformar.

misinformation [ˌmɪsɪnfə'meɪʃn] *n* [unintentional] información *f* errónea; [intentional] desinformación *f*.

misinterpret [ˌmɪsɪn'tɜːprɪt] *vt* malinterpretar.

misinterpretation ['mɪsɪnˌtɜːprɪ'teɪʃn] *n* mala interpretación *f*.

misjudge [ˌmɪs'dʒʌdʒ] *vt* - **1.** [guess wrongly] calcular mal. - **2.** [appraise wrongly] juzgar mal.

misjudg(e)ment [ˌmɪs'dʒʌdʒmənt] *n* - **1.** [poor judgment] estimación *f* equivocada. - **2.** [error of judgment] error *m* de juicio.

miskick [*vb* ˌmɪs'kɪk, *n* 'mɪskɪk] ◇ *vt* SPORT: **he ~ed the ball** le dio mal al balón. ◇ *vi* chutar mal. ◇ *n* mal disparo *m*, disparo *m* fallido.

mislabel [ˌmɪs'leɪbl] (*Br pt & pp* **mislabelled**, *cont* **mislabelling**, *Am pt & pp* **mislabeled**, *cont* **mislabeling**) *vt* clasificar OR calificar mal.

mislay [ˌmɪs'leɪ] (*pt & pp* **mislaid** [-'leɪd]) *vt* extraviar, perder.

mislead [ˌmɪs'liːd] (*pt & pp* **misled** [-'led]) *vt* engañar.

misleading [ˌmɪs'liːdɪŋ] *adj* engañoso(sa).

misled [ˌmɪs'led] *pt & pp* → **mislead**.

mismanage [ˌmɪs'mænɪdʒ] *vt* manejar OR llevar mal.

mismanagement [ˌmɪs'mænɪdʒmənt] *n* mala administración *f*, mala gestión *f*.

mismarriage [ˌmɪs'mærɪdʒ] *n* matrimonio *m* desacertado.

mismatch [*vb* ˌmɪs'mætʃ, *n* 'mɪsmætʃ] ◇ *vt*: **to be ~ed** [people] hacer mala pareja; [colours, people] no pegar. ◇ *n* mal emparejamiento *m*.

misname [ˌmɪs'neɪm] *vt* llamar erróneamente.

misnomer [ˌmɪs'nəʊməʳ] *n* término *m* equivocado.

misogynist [mɪ'sɒdʒɪnɪst] *n* misógino *m*, -na *f*.

misogyny [mɪ'sɒdʒɪnɪ] *n* misoginia *f*.

misplace [ˌmɪs'pleɪs] *vt* - **1.** [mislay] extraviar, perder. - **2.** [put in the wrong place] colocar mal. - **3.** [trust, confidence] otorgar indebidamente.

misplaced [ˌmɪs'pleɪst] *adj* [trust, confidence] indebidamente otorgado (indebidamente otorgada).

misplay [ˌmɪs'pleɪ] *vt* jugar mal.

misprint [*n* 'mɪsprɪnt, *vb* ˌmɪs'prɪnt] ◇ *n* errata *f*, error *m* de imprenta. ◇ *vt* imprimir mal.

mispronounce [ˌmɪsprə'naʊns] *vt* pronunciar mal.

mispronunciation ['mɪsprəˌnʌnsɪ'eɪʃn] *n* mala pronunciación *f*, error *m* de pronunciación.

misquotation [ˌmɪskwəʊ'teɪʃn] *n* cita *f* incorrecta.

misquote [ˌmɪs'kwəʊt] *vt* citar incorrectamente.

misread [ˌmɪs'riːd] (*pt & pp* **misread** [-'red]) *vt* - **1.** [read wrongly] leer mal. - **2.** [misinterpret] malinterpretar.

misrepresent ['mɪsˌreprɪ'zent] *vt* [person] dar una imagen equivocada de; [words] tergiversar.

misrepresentation ['mɪsˌreprɪzen'teɪʃn] *n* - **1.** (*U*) [wrong interpretation] mala interpretación *f*. - **2.** [false account] tergiversación *f*.

misrule [ˌmɪs'ruːl] ◇ *n* - **1.** [misgovernment] mal gobierno *m*, desgobierno *m*. - **2.** [anarchy] desorden *m*, caos *m*. ◇ *vt* desgobernar, gobernal mal.

miss [mɪs] ◇ *vt* - **1.** [fail to see - TV programme, film] perderse; [- error, person in crowd] no ver; **she ~ed a name in typing the list** se saltó un nombre al pasar la lista a máquina; **you can't ~ it** enseguida se ve, no tiene pérdida. - **2.** [shot] fallar; [ball] no dar a; **to ~ the target** no dar en el blanco. - **3.** [feel absence of] echar de menos OR en falta. - **4.** [opportunity] perder, dejar pasar; [turning] pasarse. - **5.** [train, bus, plane] perder. - **6.** [appointment] faltar a, no asistir a. - **7.** [avoid] evitar; **I just ~ed being run over** no me atropellaron por muy poco. ◇ *vi* fallar. ◇ *n* - **1.** [failure to hit] fallo *m*. - **2.** *phr*: **to give sthg a ~** *inf* pasar de algo.

♦ **miss out** ◇ *vt sep* pasar por alto. ◇ *vi*: **to ~ out (on sthg)** perderse (algo).

Miss [mɪs] *n* señorita *f*.

missal ['mɪsl] *n* misal *m*.

misshapen [ˌmɪs'ʃeɪpn] *adj* deformado(da), deforme.

missile [*Br* 'mɪsaɪl, *Am* 'mɪsəl] *n* - **1.** [weapon] misil *m*. - **2.** [thrown object] proyectil *m*.

missile carrier *n* portamisiles *m inv*.

missile launcher *n* lanzamisiles *m inv*.

missil(e)ry ['mɪsəlrɪ] *n* - **1.** [missiles] cohetes *mpl* teledirigidos. - **2.** [science] ciencia *f* de la construcción y utilización de cohetes teledirigidos.

missing ['mɪsɪŋ] *adj* - **1.** [lost] perdido(da), extraviado(da). - **2.** [not present] que falta; **to be ~** faltar. - **3.** MIL [soldier]: **~ (in action)** desaparecido(da) (en combate).

missing link *n* eslabón *m* perdido.

missing person *n* desaparecido *m*, -da *f*.

mission ['mɪʃn] *n* misión *f*.

missionary ['mɪʃənrɪ] (*pl* **missionaries**) ◇ *n* misionero *m*, -ra *f*. ◇ *adj* misionero(ra); **~ society** sociedad *f* misionera; **~ work** trabajo *m* en las misiones.

missionary position *n* postura *f* del misionero.

mission control *n* centro *m* de control.

mission controller *n* responsable *mf* del centro de control.

mission statement *n* declaración *f* de misión (empresarial).

missis ['mɪsɪz] *n* = **missus**.

Mississippi [ˌmɪsɪ'sɪpɪ] *n* - **1.** [river]: **the ~ (River)** el (río) Misisipí. - **2.** [state] Misisipí.

missive ['mɪsɪv] *n* misiva *f*.

Missouri [mɪ'zʊərɪ] *n* - **1**. [river]: **the ~ (river)** el (río) Missouri. - **2**. [state] Missouri.

misspell [ˌmɪs'spel] (*pt & pp* **misspelt** ['-spelt] OR **misspelled** ['-spelt]) *vt* escribir con faltas de ortografía.

misspelling [ˌmɪs'spelɪŋ] *n* falta *f* de ortografía.

misspelt [ˌmɪs'spelt] *pt & pp* → **misspell**.

misspend [ˌmɪs'spend] (*pt & pp* **misspent** ['-spent]) *vt* malgastar.

misstate [ˌmɪs'steɪt] *vt* [case, argument] exponer mal; [truth] deformar, tergiversar.

misstatement [ˌmɪs'steɪtmənt] *n* [report] declaración *f* falsa OR errónea; [mistake] inexactitud *f*.

missus [ˈmɪsɪz] *n Br inf* - **1**. [wife] parienta *f*, señora *f*. - **2**. [woman] señora *f*.

missy [ˈmɪsɪ] (*pl* **missies**) *n dated* jovencita *f*, señorita *f*.

mist [mɪst] *n* - **1**. [fog] neblina *f*; [at sea] bruma *f*; **in the ~s of time** en la noche de los tiempos. - **2**. [haze] calina *f*. - **3**. [vapour - on window, glasses] vaho *m*; [- from spray] vapor *m*.

◆ **mist over, mist up** *vi* [windows, spectacles] empañarse; [eyes] llenarse de lágrimas.

mistakable [mɪ'steɪkəbl] *adj* fácil de confundir, equívoco(ca).

mistake [mɪ'steɪk] (*pt* **mistook** [mɪ'stʊk], *pp* **mistaken** ['-steɪkn]) ◇ *n* error *m*, equivocación *f*; **there must be some ~** debe de haber un error; **to make a ~** equivocarse, cometer un error; **by ~** por error. ◇ *vt* - **1**. [misunderstand] entender mal. - **2**. [fail to recognize]: **to ~ sthg/sb for** confundir algo/a alguien con; **there's no mistaking...** es inconfundible.

mistaken [mɪ'steɪkn] ◇ *pp* → **mistake**. ◇ *adj* equivocado(da); **to be ~ about sb/sthg** estar equivocado respecto a alguien/algo; **if I'm not ~** si no me equivoco.

mistaken identity *n*: **a case of ~** un caso de identificación errónea.

mistakenly [mɪ'steɪknlɪ] *adv* equivocadamente.

mister ['mɪstə'] *n inf* amigo *m*; **hey, ~!** ¡eh, oiga!

◆ **Mister** *n* señor *m*.

mistime [ˌmɪs'taɪm] *vt* hacer a destiempo, calcular mal.

mistle thrush [ˈmɪsl-] *n* zorzal *m*, tordo *m* mayor.

mistletoe [ˈmɪsltəʊ] *n* muérdago *m*.

mistook [mɪ'stʊk] *pt* → **mistake**.

mistral [ˈmɪstrl] *n* mistral *m*.

mistranslate [ˌmɪstræns'leɪt] *vt & vi* traducir mal.

mistranslation [ˌmɪstræns'leɪʃn] *n* traducción *f* equivocada.

mistreat [ˌmɪs'triːt] *vt* maltratar.

mistreatment [ˌmɪs'triːtmənt] *n (U)* malos tratos *mpl*.

mistress [ˈmɪstrɪs] *n* - **1**. [woman in control] señora *f*; **~ of the situation** dueña *f* de la situación. - **2**. [female lover] amante *f*, querida *f*. - **3**. *Br* [school teacher - primary] maestra *f*, señorita *f*; [- secondary] profesora *f*. - **4**. [owner] dueña *f*.

mistrial [ˈmɪstraɪəl] *n* juicio *m* nulo.

mistrust [ˌmɪs'trʌst] ◇ *n* desconfianza *f*, recelo *m*. ◇ *vt* desconfiar de.

mistrustful [ˌmɪs'trʌstfʊl] *adj* desconfiado(da), receloso(sa); **to be ~ of** desconfiar de.

misty [ˈmɪstɪ] (*compar* **mistier**, *superl* **mistiest**) *adj* - **1**. [gen] neblinoso(sa); [at sea] brumoso(sa). - **2**. [window, eyes] empañado(da). - **3**. *fig* [idea, memory] vago(ga), confuso(sa).

mistype [ˌmɪs'taɪp] ◇ *vt* mecanografiar mal. ◇ *n* error *m* mecanográfico.

misunderstand [ˌmɪsʌndə'stænd] (*pt & pp* **misunderstood** ['-stʊd]) *vt & vi* entender OR comprender mal.

misunderstanding [ˌmɪsʌndə'stændɪŋ] *n* - **1**. [misapprehension] malentendido *m*; **there's been some ~** ha habido un error OR malentendido. - **2**. *euph* [quarrel] desacuerdo *m*, disputa *f*.

misunderstood [ˌmɪsʌndə'stʊd] *pt & pp* → **misunderstand**.

misuse [*vb* ˌmɪs'juːz, *n* ˌmɪs'juːs] ◇ *n* uso *m* indebido. ◇ *vt* - **1**. [gen] hacer uso indebido de. - **2**. [ill-treat] maltratar, abusar de.

MIT (*abbr of* **Massachusetts Institute of Technology**) *n* principal instituto de investigación tecnológica en EE UU.

mite [maɪt] *n* - **1**. [insect] ácaro *m*, insecto *m* diminuto. - **2**. *inf* [small amount]: **a ~** un pelín, una pizca. - **3**. [small child] criatura *f*. - **4**. [coin] monedilla *f*; [sum of money] suma *f* ínfima.

miter *n Am* = **mitre**.

mitigate ['mɪtɪɡeɪt] *vt fml* mitigar, atenuar.

mitigating ['mɪtɪɡeɪtɪŋ] *adj fml*: **~ circumstances** circunstancias *fpl* atenuantes.

mitigation [ˌmɪtɪ'ɡeɪʃn] *n fml* - **1**. [gen] mitigación *f*, atenuación *f*. - **2**. JUR descargo *m*, atenuante *m*.

mitosis [maɪ'təʊsɪs] *n* mitosis *f inv*.

mitre *Br*, **miter** *Am* ['maɪtə'] ◇ *n* - **1**. [hat] mitra *f*. - **2**. [joint] inglete *m*. ◇ *vt* [join] ingletear, unir a inglete.

mitre block, mitre box *n* caja *f* de ingletes OR de cortar al sesgo.

mitre square *n* escuadra *f* de inglete, falsa escuadra *f*.

mitt [mɪt] *n* - **1**. = **mitten**. - **2**. [boxing glove] guante *m* de boxeo; [baseball glove] guante *m* de béisbol. - **3**. *inf* [hand] manaza *f*, zarpa *f*.

mitten ['mɪtn] *n* [with fingers joined] manopla *f*; [with cut-off fingers] mitón *m*.

mix [mɪks] ◇ *vt* - **1**. [gen]: **to ~ sthg (with)** mezclar algo (con). - **2**. [prepare - cocktail, medicine] preparar; [- cement, plaster] amasar, mezclar. - **3**. *phr*: **to ~ it** *Br inf* [fight] llegar a las manos. ◇ *vi* - **1**. [substances] mezclarse; [activities] ir bien juntos(tas); **these colours don't ~** estos colores no pegan. - **2**. [socially]: **to ~ with** alternar OR salir con. ◇ *n* - **1**. [gen] mezcla *f*. - **2**. CULIN [for cakes etc] masa *f*.

◆ **mix in** *vt sep* agregar.

◆ **mix up** *vt sep* - **1**. [confuse] confundir. - **2**. [disorder] mezclar. - **3**. [involve] involucrar; **to ~ sb up in sthg** meter a alguien en algo.

mixed [mɪkst] *adj* - **1**. [of different kinds] surtido(da), variado(da); **the weather was ~** el tiempo fue muy variable; **to have ~ feelings about** tener sentimientos encontrados acerca de, no estar seguro de; **~ salad** ensalada *f* mixta. - **2**. [of different sexes, races] mixto(ta).

mixed-ability *adj Br* de varios niveles.

mixed bag *n inf* surtido *m* muy variado.

mixed blessing *n* bendición *f* a medias.

mixed doubles *n (U)* dobles *mpl* mixtos.

mixed economy *n* economía *f* mixta.

mixed grill *n* parrillada *f* mixta.

mixed marriage *n* matrimonio *m* mixto.

mixed-media *adj* multimedia (*inv*), multidifusión.

mixed metaphor *n* combinación *f* de metáforas.

mixed school *n* escuela *f* mixta, colegio *m* mixto.

mixed up *adj* - **1**. [confused] confuso(sa), confundido(da). - **2**. [involved]: **~ in** [fight, crime] involucrado(da) en.

mixer ['mɪksə'] *n* - **1**. [for food] batidora *f*; [for cement] hormigonera *f*. - **2**. [non-alcoholic drink] *bebida no alcohólica para mezclar con bebidas alcohólicas*. - **3**. CINEMA, ELECTRON & MUS mezclador *m*. - **4**. [sociable person]: **to be a good/poor ~** ser muy/poco sociable.

mixer tap *n Br* (grifo *m*) monobloc *m*, monomando *m*.

mixing ['mɪksɪŋ] ◇ *n* - **1**. [gen] mezcla *f*. - **2**. CINEMA, ELECTRON & MUS mezclas *fpl*. ◇ *comp*: **~ desk** mesa *f* de mezclas.

mixing bowl *n* cuenco *m* (para mezclar).

mixture ['mɪkstʃə'] *n* - **1**. [gen] mezcla *f*; [of sweets] surtido *m*. - **2**. PHARM mixtura *f*, mezcla *f*.

mix-up *n inf* lío *m*, confusión *f*.

mizzenmast ['mɪznmɑːst] *n* palo *m* de mesana.

mk, MK *written abbr of* **mark**.

mkt *written abbr of* **market**.

ml (*written abbr of* **millilitre**) ml.

MLitt [em'lɪt] (*abbr of* **Master of Literature, Master of Letters**) *n* (*titular de un*) *título postuniversitario de unos dos años de duración en el campo de las humanidades.*

MLR *n abbr of* **minimum lending rate**.

mm (*written abbr of* **millimetre**) mm.

MN ◇ *n abbr of* **Merchant Navy**. ◇ *written abbr of* **Minnesota**.

mnemonic [nɪ'mɒnɪk] ◇ *n* frase *f* mnemotécnica. ◇ *adj* mnemotécnico(ca).

◆ **mnemonics** *n (U)* mnemotecnia *f*.

mo, mo' [məʊ] *n inf* momento *m*, instante *m*; **(I) won't be a** ~ no tardo nada.

m.o. *written abbr of* **money order**.

MO ◇ *n* - **1.** (*abbr of* **medical officer**) oficial médico. - **2.** (*abbr of* **modus operandi**) *modus operandi*. ◇ *abbr of* **Missouri**.

moan [məʊn] ◇ *n* - **1.** [of pain, sadness] gemido *m*, quejido *m*. - **2.** *inf* [complaint] queja *f*. ◇ *vi* - **1.** [in pain, sadness] gemir. - **2.** *inf* [complain]: **to** ~ **(about)** quejarse (de).

moaner ['məʊnə'] *n inf* gruñón *m*, -ona *f*, quejica *mf*.

moaning ['məʊnɪŋ] *n (U)* [complaining] quejas *fpl*.

moat [məʊt] *n* foso *m*.

mob [mɒb] (*pt & pp* **mobbed**, *cont* **mobbing**) ◇ *n* - **1.** [crowd] muchedumbre *f*; [disorderly crowd] turba *f*. - **2.** *pej* [common people]: **the** ~ el populacho, la plebe. - **3.** *inf* [bunch, clique] pandilla *f*. - **4.** [of criminals] banda *f*; **the Mob** la mafia. ◇ *vt* agolparse en torno a, asediar.

mob cap *n* cofia *f*.

mobile ['məʊbaɪl] ◇ *adj* - **1.** [able to move] móvil. - **2.** [able to travel]: **to be** ~ poder viajar. ◇ *n* móvil *m*.

mobile home *n* caravana *f*.

mobile library *n* biblioteca *f* móvil OR ambulante.

mobile phone *n* teléfono *m* móvil OR portátil.

mobile shop *n* tienda *f* ambulante (*camión*).

mobility [mə'bɪlətɪ] *n* [gen] movilidad *f*.

mobility allowance *n Br* ayuda económica que reciben los minusválidos para poder viajar.

mobilization [,məʊbɪlaɪ'zeɪʃn] *n* movilización *f*.

mobilize, -ise ['məʊbɪlaɪz] ◇ *vt* movilizar. ◇ *vi* movilizarse.

mob rule *n* ley *f* de la calle.

mobster ['mɒbstə'] *n inf* gángster *m*.

moccasin ['mɒkəsɪn] *n* mocasín *m*.

mocha ['mɒkə] *n* moca *f*.

mock [mɒk] ◇ *adj* - **1.** [feigned] fingido(da), simulado(da). - **2.** [as practice]: ~ **exam** simulacro *m* de examen. - **3.** [imitation] falso(sa). ◇ *n* - **1.** *inf* [examination] simulacro *m* de examen. - **2.** *phr*: **to make a** ~ **of sthg/sb** poner en ridículo OR en evidencia algo/a alguien. ◇ *vt* [deride] burlarse de. ◇ *vi* burlarse.

mocker ['mɒkə'] *n* burlón *m*, -ona *f*.

mockers ['mɒkəz] *npl Br inf*: **to put the** ~ **on sthg** echar a perder algo, fastidiar algo.

mockery ['mɒkərɪ] *n* - **1.** [derision] burla *f*. - **2.** [travesty] farsa *f*, burla *f*; **to make a** ~ **of sthg** poner en ridículo algo.

mock-heroic *adj* épico-burlesco(ca).

mocking ['mɒkɪŋ] *adj* burlón(ona).

mockingbird ['mɒkɪŋbɜːd] *n* sinsonte *m*.

mock orange *n* jeringuilla *f*, celinda *f*.

mock turtleneck *n* jersey *m* de cuello largo OR vuelto.

mock-up *n* maqueta *f* de tamaño natural.

mod [mɒd] *n Br* mod *mf*, aficionado a la música soul inglesa de los años 60.

MOD *n abbr of* **Ministry of Defence**

modal ['məʊdl] *adj* modal.

modality [mə'dælətɪ] (*pl* **modalities**) *n* modalidad *f*.

mod cons [-kɒnz] (*abbr of* **modern conveniences**) *npl Br inf*: **all** ~ con todas las comodidades.

mod [mɒd] *n* - **1.** [gen] modo *m*. - **2.** COMPUT función *f*, modalidad *f*; **access control** ~ modalidad de acceso/de control.

model ['mɒdl] (*Br pt & pp* **modelled**, *cont* **modelling**, *Am pt & pp* **modeled**, *cont* **modeling**) ◇ *n* - **1.** [gen] modelo *m*. - **2.** [small copy] maqueta *f*. - **3.** [for painter, in fashion] modelo *mf*. ◇ *adj* - **1.** [exemplary] modelo (*inv*). - **2.** [reduced-scale] en miniatura; ~ **aeroplane** aeromodelo *m*, maqueta *f* de avión; ~ **car** [toy] coche *m* (en) miniatura. ◇ *vt* - **1.** [shape] modelar. - **2.** [wear] lucir (en pase de modelos). - **3.** [copy]: **to** ~ **o.s. on sb** tener a alguien como modelo. ◇ *vi* trabajar de modelo.

modelling *Br*, **modeling** *Am* ['mɒdəlɪŋ] *n* - **1.** [building models] modelismo *m*; [as a hobby] construcción *f* de maquetas. - **2.** [in fashion shows] profesión *f* de modelo; **to make a career in** ~ hacerse OR llegar a ser modelo profesional. - **3.** [shaping] modelado *m*.

modem ['məʊdem] *n* COMPUT módem *m*.

moderate [*adj & n* 'mɒdərət, *vb* 'mɒdəreɪt] ◇ *adj* moderado(da). ◇ *n* POL moderado *m*, -da *f*. ◇ *vt* moderar. ◇ *vi* - **1.** [lessen] moderarse. - **2.** [preside] actuar de moderador(ra).

moderately ['mɒdərətlɪ] *adv* moderadamente.

moderation [,mɒdə'reɪʃn] *n* moderación *f*; **in** ~ con moderación.

moderator ['mɒdəreɪtə'] *n* - **1.** [of exam] moderador *m*, -ra *f*. - **2.** [mediator] mediador *m*, -ra *f*.

modern ['mɒdən] ◇ *adj* moderno(na). ◇ *n* [person] moderno *m*, -na *f*.

modern-day *adj* de nuestros días.

modernism ['mɒdənɪzm] *n* modernismo *m*.

modernist ['mɒdənɪst] ◇ *adj* modernista. ◇ *n* modernista *mf*.

modernistic [,mɒdə'nɪstɪk] *adj* modernista.

modernity [mɒ'dɜːnətɪ] *n* modernidad *f*.

modernization [,mɒdənaɪ'zeɪʃn] *n* modernización *f*.

modernize, -ise ['mɒdənaɪz] ◇ *vt* modernizar. ◇ *vi* modernizarse.

modern languages *npl* lenguas *fpl* modernas.

modest ['mɒdɪst] *adj* - **1.** [gen] modesto(ta). - **2.** [improvement] ligero(ra); [price] módico(ca). - **3.** [decorous] recatado(da), pudoroso(sa).

modestly ['mɒdɪstlɪ] *adv* - **1.** [gen] modestamente. - **2.** [improve] ligeramente.

modesty ['mɒdɪstɪ] *n* - **1.** [gen] modestia *f*. - **2.** [decorum] recato *m*, pudor *m*.

modicum ['mɒdɪkəm] *n fml*: **a** ~ **of** un mínimo de.

modifiable ['mɒdɪfaɪəbl] *adj* modificable.

modification [,mɒdɪfɪ'keɪʃn] *n* modificación *f*.

modifier ['mɒdɪfaɪə'] *n* GRAMM modificador *m*.

modify ['mɒdɪfaɪ] (*pt & pp* **modified**) *vt* modificar.

modish ['məʊdɪʃ] *adj* de moda.

modiste [məʊ'diːst] *n* modisto *m*, -ta *f*.

modular ['mɒdjʊlə'] *adj* modular; ~ **furniture** muebles *mpl* por módulos.

modulate ['mɒdjʊleɪt] *vt* modular.

modulated ['mɒdjʊleɪtɪd] *adj* modulado(da).

modulation [,mɒdjʊ'leɪʃn] *n* modulación *f*.

modulator ['mɒdjʊleɪtə'] *n* ELECTRON modulador *m*.

module ['mɒdjuːl] *n* módulo *m*.

modulus ['mɒdjʊləs] (*pl* **moduli** [-laɪ]) *n* módulo *m*, coeficiente *m*.

modus operandi ['məʊdəsˌɒpə'rændiː] *n fml & literary* modus operandi *m*, método *m* de trabajo.

modus vivendi ['məʊdəsvɪ'vendiː] *n fml & literary* - **1.** [compromise] pacto *m*, arreglo *m*. - **2.** [way of life] modus vivendi *m*.

Mogadishu [,mɒgə'dɪʃuː] *n* Mogadiscio.

moggie, moggy ['mɒgɪ] (*pl* **moggies**) *n Br inf* minino *m*.

mogul ['məʊgl] *n* - **1.** [magnate] magnate *mf*. - **2.** [on ski slope] montículo *m* de nieve.

MOH (*abbr of* **Medical Officer of Health**) *n jefe de sanidad municipal.*

mohair ['məʊheə'] ◇ *n* mohair *m.* ◇ *comp* de mohair.

Mohammedan [mə'hæmɪdn] ◇ *adj* mahometano(na). ◇ *n* mahometano *m,* -na *f.*

Mohawk ['məʊhɔːk] *n* [person] mohawk *mf.*

Mohican [məʊ'hiːkən, 'məʊɪkən] *n* [person] mohicano *m,* -na *f.*

moiré ['mwɑːreɪ] *n* muaré *m,* moaré *m.*

moist [mɔɪst] *adj* húmedo(da).

moisten ['mɔɪsn] ◇ *vt* humedecer. ◇ *vi* humedecerse.

moistness ['mɔɪstnɪs], **moisture** ['mɔɪstʃə'] *n* humedad *f.*

moisture proof *adj* [clothing, shoes] impermeable; [watch, container] estanco(ca), hermético(ca); [finish, sealant] hidrófugo(ga).

moisturize, -ise ['mɔɪstʃəraɪz] *vt* [skin] hidratar; [air] humedecer.

moisturizer ['mɔɪstʃəraɪzə'] *n* (crema *f*) hidratante *f.*

molar ['məʊlə'] ◇ *n* muela *f.* ◇ *adj* molar.

molasses [mə'læsɪz] *n (U)* melaza *f.*

mold *etc Am* = **mould** *etc.*

Moldavia [mɒl'deɪvjə] *n:* **the Republic of** ~ la República de Moldavia.

Moldavian [mɒl'deɪvjən] ◇ *adj* moldavo(va). ◇ *n* moldavo *m,* -va *f.*

mole [məʊl] *n* - **1.** [animal, spy] topo *m.* - **2.** [spot] lunar *m.* - **3.** [breakwater] malecón *m,* rompeolas *m inv.* - **4.** [unit of substance] mol *m,* molécula *f* gramo.

molecular [mə'lekjʊlə'] *adj* molecular.

molecular weight *n* peso *m* molecular.

molecule ['mɒlɪkjuːl] *n* molécula *f.*

molehill ['məʊlhɪl] *n* topera *f.*

moleskin ['məʊlskɪn] *n* piel *f* de topo.

molest [mə'lest] *vt* - **1.** [attack sexually] acosar OR agredir sexualmente. - **2.** [attack] atacar. - **3.** [bother] molestar.

molester [mə'lestə'] *n:* **child** ~ pervertidor *m,* -ra *f* de menores.

moll [mɒl] *n inf* querida *f* de un gángster.

mollify ['mɒlɪfaɪ] (*pt & pp* **mollified**) *vt fml* apaciguar.

mollusc, mollusk *Am* ['mɒləsk] *n* molusco *m.*

mollycoddle ['mɒlɪˌkɒdl] *vt inf* mimar.

Molotov cocktail ['mɒlətɒf-] *n* cóctel *m* molotov.

molt *vt & vi Am* = **moult**.

molten ['məʊltn] *adj* fundido(da), derretido(da).

molybdenum [mə'lɪbdənəm] *n* molibdeno *m.*

mom [mɒm] *n Am inf* mamá *f.*

moment ['məʊmənt] *n* - **1.** [gen & PHYS] momento *m;* **the man of the** ~ el hombre del momento; ~ **of truth** momento OR hora *f* de la verdad; **at any** ~ de un momento a otro; **at the** ~ en este momento; **at the last** ~ en el último momento; **for the** ~ de momento; **for one** ~ por un momento; **from that** ~ **on** desde aquel OR ese momento, a partir de aquel OR ese momento; **in a** ~ dentro de unos momentos, en un instante; **just a** ~!, **wait a** ~! ¡un momento!, ¡aguarda!; **not for a** ~! ¡ni en sueños!, ¡en absoluto!; **this very** ~ ahora mismo; **until the last** ~ hasta el último momento; **the film has its** ~s la película tiene sus momentos. - **2.** *fml* [import, consequence] trascendencia *f,* importancia *f.*

momentarily [*Br* 'məʊməntərɪlɪ, *Am* ˌməʊmən'terɪlɪ] *adv* - **1.** [for a short time] momentáneamente. - **2.** *Am* [soon] pronto, de un momento a otro.

momentary ['məʊməntrɪ] *adj* momentáneo(a).

momentous [mə'mentəs] *adj* trascendental.

momentum [mə'mentəm] *n (U)* - **1.** PHYS momento *m.* - **2.** *fig* [speed, force] ímpetu *m,* impulso *m;* **to gather** ~ cobrar intensidad.

momma ['mɒmə], **mommy** ['mɒmɪ] *n Am* mamá *f.*

Mon. (*written abbr of* **Monday**) lun.

Monacan ['mɒnəkən] *adj & n* = **Monegasque**.

Monaco ['mɒnəkəʊ] *n* Mónaco.

monad ['məʊnæd] *n* mónada *f.*

Mona Lisa [ˌməʊnə'liːzə] *n:* **'The** ~' 'la Gioconda', 'la Mona Lisa'.

monarch ['mɒnək] *n* monarca *mf.*

monarchical [mə'nɑːkɪkl] *adj* monárquico(ca).

monarchism ['mɒnəkɪzm] *n* monarquismo *m.*

monarchist ['mɒnəkɪst] ◇ *n* monárquico *m,* -ca *f.* ◇ *adj* monárquico(ca).

monarchy ['mɒnəkɪ] (*pl* **monarchies**) *n* - **1.** [gen] monarquía *f.* - **2.** [royal family]: **the** ~ la familia real.

monastery ['mɒnəstrɪ] (*pl* **monasteries**) *n* monasterio *m.*

monastic [mə'næstɪk] *adj* monástico(ca).

monasticism [mə'næstɪsɪzm] *n* monacato *m,* monaquismo *m.*

monatomic [ˌmɒnə'tɒmɪk] *adj* monoatómico(ca).

monaural [mɒ'nɔːrəl] *adj* monaural, monoaural.

Monday ['mʌndɪ] *n* lunes *m inv; see also* **Saturday**.

Monegasque [ˌmɒnɪ'gæsk] ◇ *adj* monegasco(ca). ◇ *n* monegasco *m,* -ca *f.*

monetarism ['mʌnɪtərɪzm] *n* monetarismo *m.*

monetarist ['mʌnɪtərɪst] *n* monetarista *mf.*

monetary ['mʌnɪtrɪ] *adj* monetario(ria).

monetize, -ise ['mʌnɪtaɪz] *vt* monetizar.

money ['mʌnɪ] *n* dinero *m,* plata *f Amér;* **to make** ~ [person] hacer dinero; [business, investment] dar dinero ❑ ~ **in hand** dinero contante; ~ **doesn't grow on trees** el dinero no cae del cielo OR no crece en los árboles; ~ **for old rope** dinero fácil; ~ **is the root of all evil** *proverb* el dinero es la causa de todos los males; ~ **talks** poderoso caballero es don Dinero *proverb;* **not for all the** ~ **in the world** ni por todo el oro del mundo; **put your** ~ **where your mouth is** predica con el ejemplo, menos hablar y más actuar; **to be in the** ~ *inf* estar forrado(da); **to be made of** ~ *inf* ser millonario(ria); **to be rolling in** ~ *inf* nadar en dinero; **to earn good** ~ tener un buen sueldo; **to get one's** ~**'s worth** sacarle provecho al dinero de uno; **to have** ~ **to burn** estar cargado(da) de dinero; **to make** ~ **hand over fist** ganar dinero a espuertas, ganar un dineral; **to put** ~ **on sthg** [horse etc] apostar por algo; **to throw good** ~ **after bad** tirar el dinero.

moneybags ['mʌnɪbægz] (*pl inv*) *n inf* ricachón *m,* -ona *f.*

money belt *n* cinturón *m* monedero.

moneybox ['mʌnɪbɒks] *n* hucha *f.*

money changer *n* - **1.** [person] cambista *mf.* - **2.** *Am* [machine] máquina *f* expendedora de cambio.

moneyed ['mʌnɪd] *adj fml* adinerado(da).

moneylender ['mʌnɪˌlendə'] *n* prestamista *mf.*

moneymaker ['mʌnɪˌmeɪkə'] *n* mina *f* (de dinero).

moneymaking ['mʌnɪˌmeɪkɪŋ] *adj* lucrativo(va), para hacer dinero.

money market *n* mercado *m* monetario.

money of account *n* moneda *f* imaginaria.

money-off *adj:* ~ **coupon** vale *m* de descuento.

money order *n* giro *m* postal.

money spider *n* araña *f* de la suerte.

money-spinner *n esp Br inf* mina *f* (de dinero).

money supply *n* volumen *m* de moneda.

mongol ['mɒŋgəl] *offensive* ◇ *adj* mongólico(ca). ◇ *n* mongólico *m,* -ca *f.*

◆ **Mongol** *adj & n* = **Mongolian**.

Mongolia [mɒŋ'gəʊlɪə] *n* Mongolia.

Mongolian [mɒŋ'gəʊlɪən] ◇ *adj* mongol(la). ◇ *n* - **1.** [person] mongol *m,* -la *f.* - **2.** [language] mongol *m.*

mongolism ['mɒŋgəlɪzm] *n offensive* mongolismo *m.*

mongoloid ['mɒŋgəlɔɪd] *offensive* ◇ *adj* mongoloide. ◇ *n* mongoloide *mf.*

mongoose ['mɒŋguːs] (*pl* **mongooses**) *n* mangosta *f*.
mongrel ['mʌŋgrəl] ◇ *n* perro *m* cruzado OR sin pedigrí. ◇ *adj* [dog] cruzado(da); [other animal] híbrido(da).
mongrelize, -ise ['mʌŋgrəlaɪz] *vt* hibridar, mestizar.
monicker ['mɒnɪkə'] *n* = **moniker**.
monied ['mʌnɪd] *adj* = **moneyed**.
moniker ['mɒnɪkə'] *n inf* [name] nombre *m*; [nickname] mote *m*, apodo *m*.
moniliform [mɒ'nɪlɪfɔːm] *adj* moniliforme.
monism ['mɒnɪzm] *n* monismo *m*.
monitor ['mɒnɪtə'] ◇ *n* [gen & COMPUT] monitor *m*. ◇ *vt* **- 1.** [check] controlar, hacer un seguimiento de. **- 2.** [listen in to] escuchar.
monitoring station ['mɒnɪtərɪŋ-] *n* estación *f* de escucha.
monitory ['mɒnɪtərɪ] *adj fml* admonitorio(ria), amonestador(ra).
monk [mʌŋk] *n* monje *m*.
monkey ['mʌŋkɪ] (*pl* **monkeys**) *n* **- 1.** [animal] mono *m*. **- 2.** *inf* [scamp] mico *m*, tunante *m*, -ta *f*. **- 3.** *phr*: **to make a ~ out of sb** tomar el pelo a alguien; **I don't give a ~'s** me importa un pimiento.
◆ **monkey about** *Br*, **monkey around** *vi inf* **- 1.** [play the fool] hacer el mono OR el payaso. **- 2.** [tamper]: **to ~ about** OR **around with sthg** manosear algo, andar jugando con algo.
monkey business *n (U) inf* [suspect activity] chanchulleo *m*; [mischief] diabluras *fpl*.
monkey jacket *n* cazadora *f*.
monkey nut *n* cacahuete *m*.
monkey-puzzle *n*: ~ **(tree)** araucaria *f*.
monkey suit *n inf* traje *m* de etiqueta.
monkey wrench *n* llave *f* inglesa.
monkhood ['mʌŋkhʊd] *n* [institution, way of life] monacato *m*.
monkish ['mʌŋkɪʃ] *adj* monástico(ca), monacal.
mono ['mɒnəʊ] ◇ *adj* monoaural, mono *(inv)*. ◇ *n* **- 1.** [sound] *inf* sonido *m* monoaural. **- 2.** *Am inf* [glandular fever] mononucleosis *f inv* infecciosa.
monochromatic [ˌmɒnəkrə'mætɪk] *adj* monocromático(ca).
monochrome ['mɒnəkrəʊm] *adj* monocromo(ma).
monocle ['mɒnəkl] *n* monóculo *m*.
monocled ['mɒnəkld] *adj* con monóculo.
monocotyledon [ˌmɒnəʊˌkɒtɪ'liːdn] *n* monocotiledón *m*.
monocracy [mɒ'nɒkrəsɪ] *n* autocracia *f*.
monocular [mɒ'nɒkjʊlə'] *adj* monocular.
monocyte ['mɒnəsaɪt] *n* monocito *m*.
monody ['mɒnədɪ] *n* MUS monodia *f*.
monogamist [mɒ'nɒgəmɪst] *n* monógamo *m*, -ma *f*.
monogamous [mɒ'nɒgəməs] *adj* monógamo(ma).
monogamy [mɒ'nɒgəmɪ] *n* monogamia *f*.
monogram ['mɒnəgræm] (*pt & pp* **monogrammed**, *cont* **monogramming**) ◇ *n* monograma *m*, iniciales *fpl*. ◇ *vt* marcar con iniciales.
monogrammed ['mɒnəgræmd] *adj* bordado(da) con iniciales.
monograph ['mɒnəgrɑːf] *n* monografía *f*.
monolingual [ˌmɒnə'lɪŋgwəl] *adj* monolingüe.
monolith ['mɒnəlɪθ] *n* monolito *m*.
monolithic [ˌmɒnə'lɪθɪk] *adj* monolítico(ca).
monologue, monolog *Am* ['mɒnəlɒg] *n* monólogo *m*.
monomania [ˌmɒnə'meɪnjə] *n* monomanía *f*.
monomaniac [ˌmɒnə'meɪnɪæk] ◇ *adj* monomaníaco(ca). ◇ *n* monomaníaco *m*, -ca *f*.
monomorphic [ˌmɒnəʊ'mɔːfɪk] *adj* **- 1.** CHEM monomórfico(ca). **- 2.** ZOOL monomorfo(fa).
mononucleosis ['mɒnəʊˌnjuːklɪ'əʊsɪs] *n* mononucleosis *f inv* infecciosa.

monophobia [ˌmɒnəʊ'fəʊbɪə] *n* monofobia *f*.
monoplane ['mɒnəpleɪn] *n* monoplano *m*.
monopolist [mə'nɒpəlɪst] *n* monopolizador *m*, -ra *f*.
monopolistic [ˌmənɒpə'lɪstɪk] *adj* monopolizador(ra).
monopolization [ˌmənɒpəlaɪ'zeɪʃn] *n* monopolización *f*.
monopolize, -ise [mə'nɒpəlaɪz] *vt* monopolizar.
monopolizer [mə'nɒpəˌlaɪzə'] *n* monopolizador *m*, -ra *f*.
monopoly [mə'nɒpəlɪ] (*pl* **monopolies**) *n*: ~ **(on** OR **of)** monopolio *m* (de); **state ~** monopolio del Estado ▭ **the Monopolies and Mergers Commission** *Br la organización que investiga la posible conversión en monopolio de ciertas empresas.*
monorail ['mɒnəreɪl] *n* monorraíl *m*.
monosemic [ˌmɒnəʊ'siːmɪk] *adj* monosémico(ca).
monosodium glutamate [ˌmɒnə'səʊdjəm-] *n* glutamato *m* monosódico.
monosyllabic [ˌmɒnəsɪ'læbɪk] *adj* monosilábico(ca).
monosyllable ['mɒnəˌsɪləbl] *n* monosílabo *m*.
monotheism ['mɒnəθiːˌɪzm] *n* monoteísmo *m*.
monotone ['mɒnətəʊn] ◇ *n* tono *m* monocorde; **in a ~** con voz monótona. ◇ *adj* monótono(na), monocorde.
monotonous [mə'nɒtənəs] *adj* monótono(na).
monotonously [mə'nɒtənəslɪ] *adv* de forma monótona.
monotony [mə'nɒtənɪ] *n* monotonía *f*.
monotype ['mɒnətaɪp] *n* ART & BIOL monotipo *m*.
monovalent [ˌmɒnəʊ'veɪlənt] *adj* monovalente.
monoxide [mɒ'nɒksaɪd] *n* monóxido *m*.
Monrovia [mən'rəʊvɪə] *n* Monrovia.
Monsignor [mɒn'siːnjə'] *n* monseñor *m*.
monsoon [mɒn'suːn] ◇ *n* lluvias *fpl* monzónicas, monzón *m*. ◇ *comp*: ~ **season** (estación *f* de) los monzones.
monster ['mɒnstə'] ◇ *n* **- 1.** [imaginary creature, cruel person] monstruo *m*. **- 2.** [very large thing] mastodonte *m*. ◇ *adj* [very big] gigantesco(ca), enorme.
monstrance ['mɒnstrəns] *n* custodia *f*.
monstrosity [mɒn'strɒsətɪ] (*pl* **monstrosities**) *n* monstruosidad *f*.
monstrous ['mɒnstrəs] *adj* **- 1.** [very unfair, frightening, ugly] monstruoso(sa). **- 2.** [very large] gigantesco(ca).
monstrously ['mɒnstrəslɪ] *adv* terriblemente, enormemente.
montage ['mɒntɑːʒ] *n* ART & CINEMA montaje *m*.
Montana [mɒn'tænə] *n* Montana.
Mont Blanc [ˌmɒm'blɒŋ] *n* Mont Blanc.
Monte Carlo [ˌmɒntɪ'kɑːləʊ] *n* Montecarlo.
Montenegro [ˌmɒntɪ'niːgrəʊ] *n* Montenegro.
Montevideo [ˌmɒntɪvɪ'deɪəʊ] *n* Montevideo.
month [mʌnθ] *n* mes *m*; **it will take him a ~ of Sundays** *fig* tardará siglos en hacerlo; **never in a ~ of Sundays** *fig* nunca jamás.
monthly ['mʌnθlɪ] (*pl* **monthlies**) ◇ *adj* mensual. ◇ *adv* mensualmente. ◇ *n* revista *f* mensual.
Montreal [ˌmɒntrɪ'ɔːl] *n* Montreal.
monument ['mɒnjumənt] *n* monumento *m*.
monumental [ˌmɒnju'mentl] *adj* **- 1.** [gen] monumental. **- 2.** [error] descomunal.
monumentally [ˌmɒnju'mentəlɪ] *adv* **- 1.** [build] monumentalmente. **- 2.** [extremely] enormemente, extremadamente.
moo [muː] (*pl* **moos**) ◇ *n* mugido *m*. ◇ *vi* mugir.
mooch [muːtʃ] ◇ *vi Br inf* deambular. ◇ *vt Am* **- 1.** [sponge] gorronear. **- 2.** [steal] birlar, mangar.
◆ **mooch about, mooch around** *vi inf* deambular.
moocher ['muːtʃə'] *n Am* **- 1.** [sponger] gorrón(ona). **- 2.** [robber] mangante *mf*, ratero *m*, -ra *f*.
mood [muːd] ◇ *n* **- 1.** [of individual] humor *m*; [of public, voters] disposición *f*; **to be in no ~ to do sthg** no estar de humor para hacer algo; **to be in the ~ for** tener ganas de; **in a (bad) ~** de mal humor; **he's in one of his ~s** está de

un humor de perros; **in a good** ~ de buen humor. **- 2.** GRAMM modo *m*. ◇ *comp*: ~ **swings** cambios *mpl* de humor.

moodily ['muːdɪlɪ] *adv* [behave] malhumoradamente; [talk, reply] melancólicamente.

moodiness ['muːdɪnɪs] *n* **- 1.** [changeability] humor *m* variable. **- 2.** [bad mood] mal humor *m*.

mood music *n* música *f* atmosférica OR ambiental.

moody ['muːdɪ] (*compar* **moodier**, *superl* **moodiest**) *adj pej* **- 1.** [changeable] de humor variable. **- 2.** [bad-tempered] malhumorado(da), irritable.

moon [muːn] *n* luna *f*; **once in a blue** ~ *fig* de higos a brevas, de Pascuas a Ramos; **to be over the** ~ *inf fig* estar dando saltos de alegría; **to cry for the** ~ *fig* pedir la luna; **to promise sb the** ~ **(and the stars)** *fig* prometerle a alguien el oro y el moro.
◆ **moon about** *Br*, **moon around** *vi inf* estar en la luna, mirar a las musarañas.
◆ **moon over** *vt fus inf*: **to** ~ **over sb** suspirar por alguien.

moonbeam ['muːnbiːm] *n* rayo *m* de luna.

moonboots ['muːnbuːts] *npl* botas *fpl* de après-ski, descansos *mpl*.

moon buggy *n* vehículo *m* lunar.

mooncalf ['muːnkɑːf] (*pl* **mooncalves** [-kɑːvz]) *n* bobalicón *m*, -ona *f*, idiota *mf*.

moon-faced *adj* de cara redonda.

moon landing *n* alunizaje *m*.

moonless ['muːnlɪs] *adj* sin luna.

moonlight ['muːnlaɪt] (*pt & pp* **moonlighted**) ◇ *n* luz *f* de la luna; **in the** ~ a la luz de la luna. ◇ *vi inf* estar pluriempleado(da).

moonlighter ['muːnlaɪtə'] *n inf* pluriempleado *m*, -da *f*.

moonlight flit *n Br inf*: **to do a** ~ largarse de noche y a hurtadillas.

moonlighting ['muːnlaɪtɪŋ] *n inf* pluriempleo *m*.

moonlit ['muːnlɪt] *adj* [night] de luna; [landscape] iluminado(da) por la luna.

moonscape ['muːnskeɪp] *n* paisaje *m* lunar.

moonshine ['muːnʃaɪn] *n* **- 1.** [moonlight] luz *f* de la luna. **- 2.** *inf* [foolishness] pamplinas *fpl*. **- 3.** *Am* [illegally made spirits] alcohol *m* destilado ilegalmente.

moon shot *n* viaje *m* a la luna.

moonstone ['muːnstəʊn] *n* labradorita *f*, piedra *f* de la luna.

moonstruck ['muːnstrʌk] *adj* **- 1.** *inf* [mad] chiflado(da), chalado(da). **- 2.** [dreamy] distraído(da), en la luna.

moon walk *n* paseo *m* lunar (exploratorio).

moony ['muːnɪ] (*compar* **moonier**, *superl* **mooniest**) *adj Br inf* en la luna.

moor [mɔː', mʊə'] ◇ *n esp Br* páramo *m*, brezal *m*. ◇ *vt* amarrar. ◇ *vi* echar las amarras.

Moor [mɔː', mʊə'] *n* moro *m*, -ra *f*.

moorage ['mɔːrɪdʒ, 'mʊərɪdʒ] *n* **- 1.** [place] amarradero *m*. **- 2.** [charge] amarraje *m*.

moorhen ['mɔːhen, 'mʊəhen] *n* **- 1.** [waterfowl] polla *f* de agua. **- 2.** [female grouse] *tipo de lagópodo*.

mooring ['mɔːrɪŋ, 'mʊərɪŋ] *n* [act] amarre *m*.
◆ **moorings** *npl* [ropes, chains] amarras *fpl*; [place] amarradero *m*.

Moorish ['mɔːrɪʃ, 'mʊərɪʃ] *adj* moro(ra), morisco(ca).

moorland ['mɔːlənd, 'mʊələnd] *n esp Br* páramo *m*, brezal *m*.

moose [muːs] (*pl inv*) *n* [North American] alce *m*.

moot [muːt] *vt* proponer.

moot point *n* cuestión *f* discutible.

mop [mɒp] (*pt & pp* **mopped**, *cont* **mopping**) ◇ *n* **- 1.** [for cleaning] fregona *f*. **- 2.** *inf* [of hair] pelambrera *f*, greñas *fpl*, chasca *f Amér*. ◇ *vt* **- 1.** [clean with mop] fregar, pasar la fregona por. **- 2.** [dry with cloth] enjugar.
◆ **mop up** *vt sep* [clean up] limpiar.

mope [məʊp] *vi pej* estar deprimido(da).
◆ **mope about**, **mope around** *vi pej* vagar como un alma en pena.

moped ['məʊped] *n* ciclomotor *m*, motoneta *f Amér*.

moppet ['mɒpɪt] *n* niño *m*, nene *m*.

mopping-up operation ['mɒpɪŋ-] *n* operación *f* de limpieza.

moquette [mɒ'ket] *n* moqueta *f*.

moraine [mɒ'reɪn] *n* morrena *f*.

moral ['mɒrəl] ◇ *adj* moral; ~ **support** apoyo *m* moral; ~ **victory** victoria *f* moral □ ~ **philosophy** ética *f*, moral *f*. ◇ *n* [lesson] moraleja *f*.
◆ **morals** *npl* [principles] moral *f*, principios *mpl* morales.

morale [mə'rɑːl] *n* (*U*) moral *f*, estado *m* de ánimo.

moralism ['mɒrəlɪzm] *n* [moralizing] moralización *f*.

moralist ['mɒrəlɪst] *n* moralista *mf*.

moralistic [ˌmɒrə'lɪstɪk] *adj pej* moralista.

morality [mə'rælɪtɪ] (*pl* **moralities**) *n* **- 1.** [gen] moralidad *f*. **- 2.** [system of principles] moral *f*. **- 3.** THEATRE: ~ **(play)** moralidades *fpl*, drama *m* alegórico.

moralize, **-ise** ['mɒrəlaɪz] *vi pej*: **to** ~ **(about** OR **on)** moralizar (sobre).

morally ['mɒrəlɪ] *adv* moralmente.

Moral Majority *n grupo de presión ultraconservador apoyado por las iglesias fundamentalistas en EE UU.*

morass [mə'ræs] *n* **- 1.** [marsh] cenagal *m*. **- 2.** *fig* [mess] embrollo *m*, lío *m*.

moratorium [ˌmɒrə'tɔːrɪəm] (*pl* **moratoria** [-rɪə]) *n fml*: ~ **(on)** moratoria *f* (para).

Moravia [mə'reɪvjə] *n* Moravia.

Moravian [mə'reɪvjən] ◇ *adj* moravo(va). ◇ *n* moravo *m*, -va *f*.

moray ['mɒreɪ] *n*: ~ **(eel)** morena *f*.

morbid ['mɔːbɪd] *adj* morboso(sa); ~ **anatomy** MED anatomía *f* patológica.

morbidity [mɔː'bɪdətɪ] *n* **- 1.** [gen] morbosidad *f*. **- 2.** MED: ~ **(rate)** morbilidad *f*.

mordant ['mɔːdənt] *adj* mordaz, punzante.

more [mɔː'] ◇ *adv* **- 1.** *(with adjectives and adverbs)* más; ~ **important (than)** más importante (que); ~ **quickly/often (than)** más rápido/a menudo (que). **- 2.** [to a greater degree] más; **she's** ~ **like a mother to me than a sister** para mí ella es más una madre que una hermana; **we were** ~ **hurt than angry** más que enfadados estábamos heridos. **- 3.** [another time]: **once/twice** ~ una vez/dos veces más. ◇ *adj* más; **have some** ~ **tea** toma un poco más de té; **I finished two** ~ **chapters today** acabé otros dos capítulos hoy; ~ **food than drink** más comida que bebida; ~ **than 70 people died** murieron más de 70 personas; **there are** ~ **trains in the morning** hay más trenes por la mañana. ◇ *pron* más; ~ **than five** más de cinco; **he's got** ~ **than I have** él tiene más que yo; **there's** ~ **if you want it** hay más si quieres; **there's no** ~ **(left)** no queda nada (más) □ **what** ~ **do you want?** ¿qué más quieres?; **(and) what's** ~ (y lo que) es más.
◆ **any more** *adv*: **not... any** ~ ya no...
◆ **more and more** *adv, adj & pron* cada vez más.
◆ **more or less** *adv* más o menos; **she** ~ **or less suggested I had stolen it** lo que vino a decir es que yo lo había robado.

moreish ['mɔːrɪʃ] *adj Br inf* apetitoso(sa); **these biscuits are very** ~ con estas galletas, cuantas más comes más ganas tienes de comer.

morel [mɒ'rel] *n* morilla *f*, cagarria *f*.

morello [mə'reləʊ] (*pl* **morellos**) *n*: ~ **(cherry)** guinda *f*.

moreover [mɔː'rəʊvə'] *adv fml* además, es más.

mores ['mɔːreɪz] *npl fml* usos *mpl*, costumbres *fpl*.

morganatic [ˌmɔːgə'nætɪk] *adj* morganático(ca).

morgue [mɔːg] *n* **- 1.** [mortuary] depósito *m* de cadáveres. **- 2.** *inf* PRESS archivo *m*.

MORI ['mɒrɪ] (*abbr of* **Market & Opinion Research Insti-**

tute) *n* empresa británica especializada en encuestas de opinión.

moribund ['mɒrɪbʌnd] *adj fml* agonizante *fig*.

Mormon ['mɔːmən] *n* mormón *m*, -ona *f*.

Mormonism ['mɔːmənɪzm] *n* mormonismo *m*.

morn [mɔːn] *n literary* [morning] mañana *f*.

morning ['mɔːnɪŋ] *n* - **1.** [first part of day] mañana *f*; **in the** ~ por la mañana; **six o'clock in the** ~ las seis de la mañana. - **2.** [between midnight and dawn] madrugada *f*. - **3.** [tomorrow morning]: **in the** ~ mañana por la mañana. - **4.** *literary* [beginning] albores *mpl*, principio *m*.
◆ **mornings** *adv Am* por la mañana.

morning-after pill *n* píldora *f* abortiva.

morning coat *n* chaqué *m*.

morning dress *n esp Br* traje *m* de etiqueta.

morning glory *n* dondiego *m* de día, campanilla *f*.

Morning Prayer *n* oficio *m* matinal.

morning room *n* salita *f*, sala *f* de estar.

morning sickness *n (U)* náuseas *fpl* del embarazo.

morning star *n* lucero *m* del alba.

Moroccan [məˈrɒkən] ◇ *adj* marroquí. ◇ *n* marroquí *mf*.

Morocco [məˈrɒkəʊ] *n* Marruecos.
◆ **morocco** *n* marroquí *m*, tafilete *m*.

moron ['mɔːrɒn] *n* - **1.** *inf* [stupid person] imbécil *mf*, idiota *mf*. - **2.** *dated* [mentally retarded person] retrasado *m*, -da *f* mental.

moronic [məˈrɒnɪk] *adj* imbécil, idiota.

morose [məˈrəʊs] *adj* malhumorado(da).

morpheme ['mɔːfiːm] *n* morfema *m*.

morphine ['mɔːfiːn] ◇ *n* morfina *f*. ◇ *comp*: ~ **addict** morfinómano *m*, -na *f*.

morphological [ˌmɔːfəˈlɒdʒɪkl] *adj* BIOL & LING morfológico(ca).

morphology [ˌmɔːˈfɒlədʒɪ] *n* BIOL & LING morfología *f*.

morris dancer ['mɒrɪs-] *n* bailarín de la danza tradicional inglesa 'morris dancing'.

morris dancing ['mɒrɪs-] *n (U)* baile regional inglés cuyos bailarines llevan campanillas cosidas a la ropa.

morris man ['mɒrɪs-] *n* = **morris dancer**.

morrow ['mɒrəʊ] *n literary* [next day] día *m* siguiente; [future] mañana *m*, porvenir *m*.

Morse (code) [mɔːs-] *n* (alfabeto *m*) Morse *m*.

morsel ['mɔːsl] *n* bocado *m*.

mortal ['mɔːtl] ◇ *adj* - **1.** [gen] mortal. - **2.** [fear] horrible, espantoso(sa). ◇ *n* mortal *mf*.

mortality [mɔːˈtælətɪ] *n* mortalidad *f*.

mortality rate *n* tasa *f* de mortalidad.

mortally ['mɔːtəlɪ] *adv* - **1.** [fatally] mortalmente, de muerte. - **2.** [deeply] profundamente.

mortal sin *n* pecado *m* mortal.

mortar ['mɔːtəʳ] *n* - **1.** [cement mixture] argamasa *f*. - **2.** [gun, bowl] mortero *m*, molcajete *m Amér*.

mortarboard ['mɔːtəbɔːd] *n* - **1.** SCH & UNIV birrete *m*. - **2.** CONSTR esparavel *m*.

mortgage ['mɔːgɪdʒ] ◇ *n* hipoteca *f*; **to pay off a** ~ liquidar una hipoteca; **to take out a** ~ conseguir una hipoteca. ◇ *vt* hipotecar.

mortgagee [ˌmɔːgɪˈdʒiː] *n* acreedor hipotecario *m*, acreedora hipotecaria *f*.

mortgage rate *n* tipo *m* de interés hipotecario.

mortgagor [ˌmɔːgɪˈdʒɔːʳ] *n* deudor hipotecario *m*, deudora hipotecaria *f*.

mortice ['mɔːtɪs] *n* = **mortise**.

mortician [mɔːˈtɪʃn] *n Am* director *m*, -ra *f* de funeraria.

mortification [ˌmɔːtɪfɪˈkeɪʃn] *n* - **1.** [humiliation] vergüenza *f*, humillación *f*. - **2.** RELIG mortificación *f*, tormento *m*.

mortified ['mɔːtɪfaɪd] *adj* muerto(ta) de vergüenza.

mortify ['mɔːtɪfaɪ] (*pt & pp* **mortified**) *vt* - **1.** [humiliate] avergonzar, humillar. - **2.** RELIG mortificar, dar tormento a.

mortifying ['mɔːtɪˌfaɪɪŋ] *adj* bochornoso(sa).

mortise ['mɔːtɪs] *n* mortaja *f*, muesca *f*.

mortise lock *n* cerradura *f* embutida.

mortmain ['mɔːtmeɪn] *n* manos *fpl* muertas.

mortuary ['mɔːtʃʊərɪ] (*pl* **mortuaries**) *n* depósito *m* de cadáveres, tanatorio *m*.

mosaic [məˈzeɪɪk] *n* mosaico *m*.

Mosaic [məʊˈzeɪɪk] *adj* RELIG mosaico(ca).

Moscow ['mɒskəʊ] *n* Moscú.

Moses ['məʊzɪz] *n* Moisés *m*.

Moses basket *n* moisés *m*.

mosey ['məʊzɪ] *vi Am inf* [stroll] deambular; [leave] largarse.

Moslem ['mɒzləm] *adj & n* = **Muslim**.

mosque [mɒsk] *n* mezquita *f*.

mosquito [məˈskiːtəʊ] (*pl* **mosquitoes** OR **mosquitos**) *n* mosquito *m*, zancudo *m Amér*.

mosquito net *n* mosquitera *f*.

moss [mɒs] *n* musgo *m*.

mossback ['mɒsbæk] *n Am inf* retrógrado(da), anticuado(da).

mossy ['mɒsɪ] (*compar* **mossier**, *superl* **mossiest**) *adj* cubierto(ta) de musgo.

most [məʊst] (*superl of many*) ◇ *adj* - **1.** [the majority of] la mayoría de; ~ **people** la mayoría de la gente. - **2.** [largest amount of]: **(the)** ~ más; **who has got (the)** ~ **money?** ¿quién es el que tiene más dinero?; **the film that aroused the** ~ **interest** la película que suscitó (el) mayor interés. ◇ *pron* - **1.** [the majority]: ~ **(of)** la mayoría (de); ~ **of the time** la mayor parte del tiempo. - **2.** [largest amount]: **(the)** ~ lo más, lo máximo; **at** ~ como mucho, todo lo más. - **3.** *phr*: **to make the** ~ **of sthg** sacarle el mayor partido a algo. ◇ *adv* - **1.** [to the greatest extent]: **(the)** ~ el/la/lo más; **what I like** ~ lo que más me gusta. - **2.** *fml* [very] muy; ~ **certainly** con toda seguridad. - **3.** *Am* [almost] casi.

most-favoured nation *n* nación *f* más favorecida; **this country has** ~ **status** este país se beneficia del régimen de nación más favorecida.

mostly ['məʊstlɪ] *adv* - **1.** [in the main part] principalmente; **the task is** ~ **done** la tarea está hecha en su mayor parte. - **2.** [usually] mayoritariamente, normalmente.

MOT (*abbr of* **Ministry of Transport test**) *n* ≈ ITV *f*; **to have one's car** ~'**d** ≈ pasar la ITV.

mote [məʊt] *n literary* mota *f*.

motel [məʊˈtel] *n* motel *m*.

motet [məʊˈtet] *n* motete *m*.

moth [mɒθ] *n* ZOOL mariposa *f* nocturna; [in clothes] polilla *f*.

mothball ['mɒθbɔːl] ◇ *n* bola *f* de naftalina. ◇ *vt* [project] aparcar indefinidamente.

moth-eaten *adj lit & fig* apolillado(da).

mother ['mʌðəʳ] ◇ *n* - **1.** [parent] madre *f*. - **2.** *fml* [as term of address] madre *f*. - **3.** RELIG [woman in authority] (madre *f*) superiora *f*. - **4.** [original cause, source] madre *f*, causa *f*; **there was the** ~ **of all rows** *inf fig* se armó un follón de padre y muy señor mío. ◇ *adj* - **1.** [motherly] maternal, materno(na). - **2.** [as parent]: ~ **hen** gallina *f* madre, mamá *f* gallina. ◇ *vt* - **1.** *usu pej* [spoil] mimar. - **2.** [give birth to] dar a luz.

motherboard ['mʌðəbɔːd] *n* COMPUT placa *f* de base.

mother cell *n* célula *f* madre.

mother country *n* madre patria *f*.

mother figure *n* figura *f* materna.

motherfucker ['mʌðəˌfʌkəʳ] *n Am vulg* [person] hijo *m*, -ja *f* de puta, hijoputa *m*, hijaputa *f*; [thing] putada *f*.

motherhood ['mʌðəhʊd] *n* maternidad *f*.

Mothering Sunday ['mʌðərɪŋ-] *n* día *m* de la Madre.

mother-in-law (*pl* **mothers-in-law** OR **mother-in-laws**) *n* suegra *f*.

motherland ['mʌðəlænd] *n* [country of ancestors] madre *f* patria; [country of birth] patria *f*, tierra *f* natal.

motherless ['mʌðəlɪs] *adj* sin madre, huérfano(na) de madre.

motherly ['mʌðəlɪ] *adj* maternal.

Mother Nature *n* madre *f* naturaleza.

mother-of-pearl ◇ *n* nácar *m*. ◇ *comp* de nácar.

Mother's day *n* día *m* de la Madre.

mother ship *n* buque *m* nodriza.

mother superior *n* madre *f* superiora.

mother-to-be (*pl* **mothers-to-be**) *n* futura madre *f*.

mother tongue *n* lengua *f* materna.

mother wit *n* sentido *m* común.

mothproof ['mɒθpruːf] ◇ *adj* a prueba de polillas. ◇ *vt* aplicar un tratamiento antipolillas a.

mothy ['mɒθɪ] (*compar* **mothier**, *superl* **mothiest**) *adj* apolillado(da), lleno(na) de polillas.

motif [məʊ'tiːf] *n* en ART & MUS motivo *m*.

motile [*Br* 'məʊtaɪl, *Am* 'məʊtl] *adj* móvil, movible.

motion ['məʊʃn] ◇ *n* - **1.** [movement] movimiento *m*; **to set sthg in** ~ poner algo en marcha. - **2.** [gesture] movimiento *m*, gesto *m*; **to go through the** ~**s (of doing sthg)** *fig* (hacer algo para) cubrir el expediente. - **3.** [proposal] moción *f*. - **4.** JUR [application] pedimento *m*. - **5.** MED [faeces] deposición *f*. ◇ *vt*: **to** ~ **sb to do sthg** indicar a alguien con un gesto que haga algo. ◇ *vi*: **to** ~ **to sb** hacer una señal (con la mano) a alguien.

motionless ['məʊʃənlɪs] *adj* inmóvil.

motion picture *n Am* película *f*.

motion sickness *n* mareo *m* (*al viajar*).

motivate ['məʊtɪveɪt] *vt* motivar.

motivated ['məʊtɪveɪtɪd] *adj* motivado(da).

motivation [ˌməʊtɪ'veɪʃn] *n* motivación *f*.

motivational [ˌməʊtɪ'veɪʃənl] *adj* motivador(ra).

motivational research *n* estudios *mpl* de motivación.

motive ['məʊtɪv] ◇ *n* [gen] motivo *m*; [for crime] móvil *m*. ◇ *adj* motor (motora o motriz).

motiveless ['məʊtɪvlɪs] *adj* inmotivado(da), sin motivo; **an apparently** ~ **murder** un asesinato sin móvil aparente.

motley ['mɒtlɪ] *adj pej* variopinto(ta), abigarrado(da); ~ **crew** grupo *m* (de gente) de lo más variopinto.

motocross ['məʊtəkrɒs] *n* motocross *m*.

motoneuron [ˌməʊtəʊ'njʊərɒn] *n* motoneurona *f*, neurona *f* motora.

motor ['məʊtə'] ◇ *adj* - **1.** *Br* [industry, accident] automovilístico(ca). - **2.** [equipped with motor] con motor, a motor. - **3.** PHYSIOL motor (motora o motriz). ◇ *n* - **1.** [engine] motor *m*. - **2.** *Br inf* [car] coche *m*, automóvil *m*. ◇ *vi dated* viajar en coche.

Motorail® ['məʊtəreɪl] *n Br* ≃ Autoexpress® *m*.

motorbike ['məʊtəbaɪk] *n* moto *f*.

motorboat ['məʊtəbəʊt] *n* lancha *f* motora.

motorcade ['məʊtəkeɪd] *n* caravana *f* de coches.

motorcar ['məʊtəkɑː'] *n* automóvil *m*.

motor coach *n* autocar *m*.

motor cop *n Am inf* motorista *mf* de la policía.

motorcycle ['məʊtəˌsaɪkl] ◇ *n* motocicleta *f*. ◇ *vi* ir en motocicleta.

motorcyclist ['məʊtəˌsaɪklɪst] *n* motociclista *mf*.

motor home *n Am* autocaravana *f*.

motoring ['məʊtərɪŋ] ◇ *adj Br* automovilístico(ca); ~ **offence** infracción *f* de tráfico. ◇ *n dated* automovilismo *m*.

motor inn *n Am* motel *m*, hotel *m* con estacionamiento.

motorist ['məʊtərɪst] *n* automovilista *mf*, conductor *m*, -ra *f*.

motorize, -ise ['məʊtəraɪz] *vt* motorizar.

motor launch *n* lancha *f* motora.

motor lodge *n Am* motel *m*.

motor mechanic *n* mecánico *m*, -ca *f*.

motor neurone disease *n* afección *f* de las neuronas motoras.

motor racing *n* automovilismo *m* deportivo.

motor scooter *n* Vespa® *f*, escúter *m*.

motor vehicle *n* vehículo *m* motorizado OR de motor.

motorway ['məʊtəweɪ] *Br* ◇ *n* autopista *f*. ◇ *comp* de autopista.

mottle ['mɒtl] *vt* motear, jaspear.

mottled ['mɒtld] *adj* con manchas, moteado(da).

motto ['mɒtəʊ] (*pl* **mottos** OR **mottoes**) *n* lema *m*.

mould, mold *Am* [məʊld] ◇ *n* - **1.** [mildew] moho *m*. - **2.** [hollow form] molde *m*; [moulded item] vaciado *m*, molde *m*; [model, prototype] modelo *m*, patrón *m*. - **3.** *fig* [pattern] patrón *m*, molde *m*; **to break the** ~ *fig* romper todos los moldes; **when they made him they broke the** ~ cuando lo hicieron rompieron el molde. - **4.** [soil] mantillo *m*, humus *m inv*. ◇ *vt* - **1.** [statue, vase] moldear; [clay, mud] moldear. - **2.** *fig* [person, opinion, character] moldear. ◇ *vi* [become mouldy] enmohecerse.

moulder, molder *Am* ['məʊldə'] *vi* - **1.** [house, beams] desmoronarse. - **2.** [corpse, compost] descomponerse. - **3.** [bread] enmohecerse. - **4.** *fig* [person, economy, institution] languidecer, decaer.

moulding, molding *Am* ['məʊldɪŋ] *n* - **1.** [decoration] moldura *f*. - **2.** [moulded object] vaciado *m*, objeto *m* sacado de un molde.

mouldy (*compar* **mouldier**, *superl* **mouldiest**), **moldy** *Am* (*compar* **moldier**, *superl* **moldiest**) ['məʊldɪ] *adj* mohoso(sa).

moult, molt *Am* [məʊlt] ◇ *vt* mudar. ◇ *vi* [bird] mudar la pluma; [dog] mudar el pelo. ◇ *n* muda *f*.

mound [maʊnd] *n* - **1.** [small hill] montículo *m*. - **2.** [untidy pile] montón *m*.

mount [maʊnt] ◇ *n* - **1.** [support] montura *f*, soporte *m*; [for photograph] marco *m*; [for jewel] engaste *m*; [for object under microscope] portaobjeto *m*. - **2.** [mountain] monte *m*. - **3.** [horse] montura *f*. ◇ *vt* - **1.** [horse, bike] subirse a, montar en. - **2.** [stage, throne] subir a. - **3.** *fml* [hill, steps] subir. - **4.** [attack] lanzar; **to** ~ **guard over sthg/sb** montar guardia para vigilar algo/a alguien. - **5.** [exhibition, campaign] montar. - **6.** [mate with] montar, cubrir. - **7.** [jewel] engastar; [photograph] enmarcar; [stamps] pegar, fijar. ◇ *vi* - **1.** [increase] aumentar. - **2.** [climb on horse] montar.

mountain ['maʊntɪn] *n lit & fig* montaña *f*; **butter** ~ ECON los enormes excedentes comunitarios de mantequilla; **to make a** ~ **out of a molehill** hacer una montaña de un grano de arena; **to move** ~**s** mover montañas, conseguir lo imposible.

mountain ash *n* serbal *m*.

mountain bike *n* bicicleta *f* de montaña, mountain bike *f*.

mountain cat *n* [lynx] lince *m*; [puma] puma *m*.

Mountain Daylight Time *n* hora *f* de verano de los estados de las montañas Rocosas.

mountaineer [ˌmaʊntɪ'nɪə'] *n* montañero *m*, -ra *f*, andinista *mf Amér.*

mountaineering [ˌmaʊntɪ'nɪərɪŋ] *n* montañismo *m*, andinismo *m Amér.*

mountain goat *n* cabra *f* montés.

mountain laurel *n* kalmia *f*.

mountain lion *n* puma *m*.

mountainous ['maʊntɪnəs] *adj* montañoso(sa).

mountain pass *n* puerto *m* de montaña, desfiladero *m*.

mountain range *n* cordillera *f*, cadena *f* montañosa.

mountain rescue *n* rescate *m* de montaña.

mountain sheep *n* musmón *m*.

mountain sickness *n* mal *m* de montaña, soroche *m Amér.*

mountainside ['maʊntɪnsaɪd] *n* ladera *f* OR falda *f* de una montaña.

Mountain (Standard) Time *n* hora *f* oficial de los estados de las montañas Rocosas.

mountain top *n* cima *f* OR cumbre *f* de una montaña.

mountebank ['maʊntɪbæŋk] *n arch* saltabancos *mf inv*, charlatán *m*, -ana *f*.

mounted ['maʊntɪd] *adj* montado(da); **the ~ police** la policía montada; **~ policeman** miembro *m* de la policía montada.

Mountie ['maʊntɪ] *n inf* miembro *m de la policía montada del Canadá.*

mounting ['maʊntɪŋ] *adj* [pressure, anxiety] creciente.

mourn [mɔːn] ◇ *vt* [person] llorar por; [thing] lamentarse de. ◇ *vi* [feel grief] afligirse; [be in mourning] estar de luto; **to ~ for sb** llorar la muerte de alguien.

mourner ['mɔːnəʳ] *n* doliente *mf*.

mournful ['mɔːnfʊl] *adj* [face, voice] afligido(da), lúgubre; [sound] lastimero(ra).

mournfulness ['mɔːnfʊlnɪs] *n* aflicción *f*, melancolía *f*.

mourning ['mɔːnɪŋ] *n* luto *m*; **in ~** de luto.

mourning dove *n especie de paloma torcaz.*

mouse [maʊs] (*pl* **mice** [maɪs]) ◇ *n* - **1.** ZOOL & COMPUT ratón *m*; **to be as quiet as a ~** *fig* no hacer el menor ruido, no decir ni mu. - **2.** [shy person] persona *f* tímida. ◇ *vi* [cat] cazar ratones.

mousehole ['maʊshəʊl] *n* ratonera *f*.

mouser ['maʊsəʳ] *n* [cat] gato *m* ratonero.

mousetrap ['maʊstræp] *n* ratonera *f*.

mousey ['maʊsɪ] *adj* = **mousy**.

moussaka [muːˈsɑːkə] *n* moussaka *f*, *plato griego a base de berenjenas y carne picada.*

mousse [muːs] *n* - **1.** [food] mousse *f*; **chocolate ~** mousse de chocolate. - **2.** [for hair] espuma *f*.

moustache *Br* [məˈstɑːʃ], **mustache** *Am* ['mʌstæʃ] *n* bigote *m*.

mousy ['maʊsɪ] (*compar* **mousier**, *superl* **mousiest**) *adj pej* - **1.** [shy] tímido(da). - **2.** [in colour] pardusco(ca).

mouth [*n* maʊθ, *vb* maʊð] ◇ *n* - **1.** [of person] boca *f*; **she has nine ~s to feed** tiene nueve bocas que alimentar ❑ **not to open one's ~** no decir esta boca es mía; **to be down in the ~** estar por los suelos, andar alicaído(da); **to have a big ~** *inf* ser un/una bocazas; **you and your big ~!** *inf* ¡qué bocazas eres!;: **to keep one's ~ shut** *inf* callarse, no abrir la boca; **to make sb's ~ water** hacerle la boca agua a alguien; **to shoot one's ~ off** *v inf* irse de la lengua, hablar más de la cuenta. - **2.** [of river] desembocadura *f*; [of cave, hole, bottle] boca *f*. ◇ *vt* - **1.** [silently] articular con los labios *(sin hablar)*. - **2.** [pompously] decir de forma afectada; [mechanically] recitar.

◆ **mouth off** *vi inf* [be insolent] hablar con descaro.

mouthful ['maʊθfʊl] *n* - **1.** [of food] bocado *m*; [of drink] trago *m*; [of smoke] bocanada *f*. - **2.** *inf* [difficult word] trabalenguas *m inv*. - **3.** *Am* [important remark]: **you said a ~!** ¡muy bien dicho!

mouthorgan ['maʊθˌɔːgən] *n* armónica *f*, rondín *m Amér.*

mouthpiece ['maʊθpiːs] *n* - **1.** [of telephone] micrófono *m*. - **2.** [of musical instrument] boquilla *f*, embocadura *f*. - **3.** [spokesperson] portavoz *mf*.

mouth-to-mouth *adj*: **~ resuscitation** (respiración *f*) boca a boca *m*.

mouth ulcer *n* llaga *f* en la boca.

mouthwash ['maʊθwɒʃ] *n* elixir *m* bucal.

mouth-watering *adj* muy apetitoso (muy apetitosa).

mouthy ['maʊðɪ] (*compar* **mouthier**, *superl* **mouthiest**) *adj inf* fanfarrón(ona), ampuloso(sa).

movability [ˌmuːvəˈbɪlətɪ] *n* movilidad *f*.

movable ['muːvəbl] *adj* movible, móvil; **~ feast** RELIG fiesta *f* movible; **~ property** JUR bienes *mpl* muebles.

◆ **movables** *npl* JUR bienes *mpl* muebles.

move [muːv] ◇ *n* - **1.** [movement] movimiento *m*; **a ~ towards** un paso hacia; **a ~ away from** un alejamiento de; **on the ~** [travelling around] viajando; [beginning to move] en marcha ❑ **to get a ~ on** *inf* espabilarse, darse prisa; **to make a ~** *inf* [start to leave] empezar a (pensar en) irse. - **2.** [change - of house] mudanza *f*; [- of job] cambio *m*. - **3.** [in board game] jugada *f*; **it's your ~** mueves tú. - **4.** [course of action] medida *f*; **she made the first ~** ella dio el primer paso. ◇ *vt* - **1.** [shift] mover; **troops are being ~d into the area** hay movimientos de tropas hacia la zona; **we've ~d the couch into the spare room** hemos pasado el sofá al cuarto de (los) invitados. - **2.** [change - house] mudarse de; [- job] cambiar de. - **3.** [affect] conmover. - **4.** [in debate] proponer. - **5.** [cause]: **to ~ sb to do sthg** mover OR llevar a alguien a hacer algo. - **6.** [sell] vender. - **7.** *phr*: **~ it!** *inf* ¡espabila!, ¡muévete! ◇ *vi* - **1.** [gen] moverse; [events] cambiar; **to get moving** *inf* *fig* ponerse en marcha; **to get things moving** *inf* *fig* poner las cosas en marcha. - **2.** [change house] mudarse; [change job] cambiar de trabajo. - **3.** [act] actuar, entrar en acción. - **4.** [in board game] mover, jugar. - **5.** [sell] salir, venderse. - **6.** *inf* [go fast] correr.

◆ **move about** *vi* - **1.** [fidget] ir de aquí para allá. - **2.** [travel] viajar.

◆ **move along** ◇ *vt sep* hacer circular. ◇ *vi* - **1.** [move towards front or back] hacerse a un lado, correrse. - **2.** [move away] circular; **~ along, please!** ¡circulen!

◆ **move around** *vi* = **move about**.

◆ **move away** *vi* [leave] marcharse.

◆ **move in** ◇ *vt sep* [troops] mandar. ◇ *vi* - **1.** [to new house] instalarse. - **2.** [take control] tomar el mando; [attack] atacar.

◆ **move off** *vi* salir, ponerse en marcha.

◆ **move on** ◇ *vt sep* hacer circular. ◇ *vi* - **1.** [go away] reanudar la marcha. - **2.** [progress] avanzar, cambiar; **to ~ on (to a different subject)** pasar a otro tema.

◆ **move out** ◇ *vt sep* [troops] retirar. ◇ *vi* mudarse.

◆ **move over** *vi* hacer sitio, correrse.

◆ **move up** *vi* [on bench etc] hacer sitio, correrse.

moveable ['muːvəbl] *adj* = **movable**.

movement ['muːvmənt] *n* - **1.** [gen & MUS] movimiento *m*; **freedom of ~** libertad *f* de circulación; **liberation ~** movimiento *m* de liberación. - **2.** [transportation] transporte *m*. - **3.** [mechanism of watch, clock] mecanismo *m*. - **4.** MED [faeces] evacuación *f*; **to have a (bowel) ~** hacer de vientre.

mover ['muːvəʳ] *n* [of proposal, motion] promotor *m*, -ra *f*.

◆ **movers** *npl Am* [removal firm] agencia *f* de mudanzas.

movie ['muːvɪ] *n esp Am* película *f*.

◆ **movies** *npl*: **the ~** el cine.

movie camera *n* cámara *f* cinematográfica.

moviegoer ['muːvɪˌgəʊəʳ] *n Am* persona *f* que va mucho al cine.

movie house *n* = **movie theater**.

moviemaker ['muːvɪˌmeɪkəʳ] *n Am* cineasta *mf*.

movie star *n Am* estrella *f* de cine.

movie theater *n Am* cine *m*.

moving ['muːvɪŋ] *adj* - **1.** [touching] conmovedor(ra). - **2.** [not fixed] móvil; **~ parts** piezas *fpl* móviles. - **3.** [in motion] en movimiento; [car] en marcha; **~ target** blanco *m* móvil. - **4.** [motivating] motor (motora o motriz). - **5.** [for moving house] de mudanza.

moving pavement *n Br* plataforma *f* móvil, tapiz *m* deslizante.

moving picture *n Am dated* película *f*.

moving staircase *n* escalera *f* mecánica.

mow [maʊ] (*pt* **mowed**, *pp* **mowed** OR **mown** [məʊn]) *vt* [grass, lawn] cortar; [corn] segar.

◆ **mow down** *vt sep* acribillar.

mower ['məʊəʳ] *n* - **1.** [for lawn] cortacésped *m o f*; [for hay] segadora *f*. - **2.** [person] segador *m*, -ra *f*.

mowing ['məʊɪŋ] *n* AGR siega *f*; **~ machine** segadora *f*.

mown [məʊn] *pp* → **mow**.

moxie ['mɒksɪ] *n Am inf* - **1.** [courage] coraje *m*. - **2.** [vigour] energía *f*, brío *m*.

Mozambican [ˌməʊzæmˈbiːkn] ◇ *adj* mozambiqueño(ña). ◇ *n* mozambiqueño *m*, -ña *f*.

Mozambique [ˌməʊzæmˈbiːk] *n* Mozambique.

Mozarab [məʊˈzærəb] *n* mozárabe *mf*.

mozetta [məʊˈzetə] *n* muceta *f*.

MP *n* - **1.** *(abbr of* **Military Police)** PM *f.* - **2.** *Br abbr of* **Member of Parliament**. - **3.** *(abbr of* **Mounted Police)** la policía montada del Canadá.

mpg *(abbr of* **miles per gallon)** millas/galón; **it does 35** ~ consume 35 millas/galón.

mph *(abbr of* **miles per hour)** mph.

MPhil [‚em'fɪl] *(abbr of* **Master of Philosophy)** *n (titular de un)* título universitario de unos dos años de duración en el campo de la medicina.

MPS *(abbr of* **Member of the Pharmaceutical Society)** *n* miembro de la Pharmaceutical Society, sociedad británica de farmacéuticos.

Mr ['mɪstə'] *n* Sr.; ~ **Jones** el Sr. Jones.

MRC *(abbr of* **Medical Research Council)** *n* principal organismo gubernamental para la investigación en el campo de las humanidades.

MRCP *(abbr of* **Member of the Royal College of Physicians)** *n* miembro del Royal College of Physicians, colegio británico de médicos.

MRCS *(abbr of* **Member of the Royal College of Surgeons)** *n* miembro del Royal College of Surgeons, colegio británico de cirujanos.

MRCVS *(abbr of* **Member of the Royal College of Veterinary Surgeons)** *n* miembro del Royal College of Veterinary Surgeons, colegio británico de veterinarios.

MRP *(abbr of* **manufacturer's recommended price)** precio recomendado por el fabricante, ≃ PVP *m.*

Mr Right *n inf* el príncipe azul, el hombre ideal; **she's waiting for** ~ está esperando a su príncipe azul OR al hombre de sus sueños.

Mrs ['mɪsɪz] *n* Sra.; ~ **Jones** la Sra. Jones.

Mrs Mop *n Br inf* [cleaner] mujer *f* de la limpieza.

ms. *(abbr of* **manuscript)** *n* ms.

Ms [məz] *n* abreviatura utilizada delante de un apellido de mujer cuando no se quiere especificar si está casada o no.

MS ◇ *n* - **1.** *(abbr of* **manuscript)** Ms. - **2.** *(abbr of* **Master of Science)** *(titular de un)* título postuniversitario de unos dos años de duración en el campo de las ciencias. ◇ *abbr of* **Mississippi**.

MS, ms *n abbr of* **multiple sclerosis**.

MSA *(abbr of* **Master of Science in Agriculture)** *n (titular de un)* título postuniversitario de agricultura de unos dos años de duración.

MSB *(abbr of* **most significant bit/byte)** *n* MSB.

MSc *(abbr of* **Master of Science)** *n (titular de un)* título postuniversitario de unos dos años de duración en el campo de las ciencias.

MSC *(abbr of* **Manpower Services Commission)** *n* antiguo organismo gubernamental de empleo en Gran Bretaña.

MSF *n abbr of* **Manufacturing Science and Finance**.

MSG *n abbr of* **monosodium glutamate**.

Msgr *(written abbr of* **Monsignor)** Msr.

MST *(abbr of* **Mountain Standard Time)** hora oficial de los estados de las montañas Rocosas.

MSW *(abbr of* **Master of Social Work)** *n (titular de un)* título postuniversitario de trabajo social de unos dos años de duración.

Mt *(written abbr of* **mount)** mte.

MT ◇ *n (abbr of* **machine translation)** traducción automática. ◇ *written abbr of* **Montana**.

mu [mjuː] *n* my *f.*

much [mʌtʃ] *(compar* **more** [mɔː'], *superl* **most** [məʊst]) ◇ *adj* mucho(cha); **there isn't** ~ **rice left** no queda mucho arroz; **as** ~ **time as...** tanto tiempo como...; **how** ~ **money?** ¿cuánto dinero?; **so** ~ tanto(ta); **there was that** ~ **food, we thought we'd never finish** había tanta comida que pensamos que nunca las acabaríamos; **too** ~ demasiado(da); **how** ~**...?** ¿cuánto(ta)...?; **how** ~ **time?** ¿cuánto tiempo? ◇ *pron:* **have you got** ~? ¿tienes mucho?; ~ **of the crop was lost** se perdió gran parte de la cosecha; **I**

don't see ~ **of him** no lo veo mucho; **I don't think** ~ **of it** no me parece gran cosa; **three times as** ~ tres veces más; **as** ~ **as** tanto como; **it was as** ~ **as I could do to keep a straight face** no pude hacer más OR fue todo lo que pude hacer para mantenerme serio; **as** ~ **as to say** como si dijera; **too** ~ demasiado; **how** ~? ¿cuánto?; **this isn't** ~ **of a party** esta fiesta no es nada del otro mundo; **it hasn't been** ~ **of a holiday** de vacaciones han tenido bien poco; **at so** ~ **a metre** a tanto el metro; **so** ~ **for** tanto con; **I thought as** ~ ya me lo imaginaba; **to do as** ~ hacer otro tanto, hacer lo mismo; **I said as** ~ **to him yesterday** eso mismo le dije yo ayer ❑ **it's not up to** ~ *inf* no es precisamente una maravilla; **to make** ~ **of sthg** darle mucha importancia a algo; **the defence made** ~ **of the witness's criminal record** la defensa explotó OR aprovechó a fondo los antecedentes penales del testigo. ◇ *adv* mucho; **I don't go out** ~ no salgo mucho; ~ **too cold** demasiado frío; **a** ~ **criticized decision** una decisión muy criticada; ~ **the same as yesterday** prácticamente igual que ayer; **so** ~ tanto; **so** ~ **the better** tanto mejor; **thank you very** ~ muchas gracias; **as** ~ **as** tanto como; **he is as** ~ **to blame as her** él tiene tanta culpa como ella, él es tan culpable como ella; **he is not so** ~ **stupid as lazy** más que tonto es vago; **too** ~ demasiado; **without so** ~ **as...** sin siquiera...; **if you so** ~ **as breathe a word of this...** como se te ocurra decir una sola palabra de esto...

◆ **much as** *conj:* ~ **as (I like him)** por mucho OR más que (me guste).

muchness ['mʌtʃnɪs] *n:* **to be much of a** ~ venir a ser lo mismo.

mucilage ['mjuːsɪlɪdʒ] *n* - **1.** BOT mucílago *m.* - **2.** [adhesive] goma *f* de pegar *(especialmente de origen vegetal).*

muck [mʌk] *n (U) inf* - **1.** [dirt] mugre *f*, porquería *f.* - **2.** [manure] estiércol *m.*

◆ **muck about, muck around** *Br inf* ◇ *vt sep* hacer perder el tiempo. ◇ *vi* hacer el indio OR tonto.

◆ **muck in** *vi Br inf* arrimar el hombro.

◆ **muck out** *vt sep* limpiar.

◆ **muck up** *vt sep* - **1.** *Br inf* [ruin] fastidiar, echar a perder. - **2.** [dirty] ensuciar.

mucker ['mʌkə'] *n Br* [pal] colega *mf*, amiguete *m*, -ta *f.*

muckheap ['mʌkhiːp] *n Br inf* estercolero *m.*

muckrake ['mʌkreɪt] *vi* descubrir OR revelar escándalos.

muckraker ['mʌkreɪkə'] *n* periodista *mf* sensacionalista.

muckraking ['mʌkreɪkɪŋ] *n* sensacionalismo *m*, periodismo *m* del cotilleo.

mucky ['mʌkɪ] *(compar* **muckier**, *superl* **muckiest)** *adj* guarro(rra).

mucous ['mjuːkəs] *adj* mucoso(sa).

mucous membrane *n* (membrana *f*) mucosa *f.*

mucus ['mjuːkəs] *n* mucosidad *f.*

mud [mʌd] *n* barro *m*, lodo *m*; **to be as clear as** ~ *fig & hum* no estar nada claro; **to throw** OR **sling** ~ **at sb** *fig* poner a alguien por los suelos OR como un trapo.

mudbath ['mʌdbɑːθ] *n* baño *m* de lodo.

muddle ['mʌdl] ◇ *n* - **1.** [disorder] desorden; **to be in a** ~ estar desordenado(da). - **2.** [confusion] lío *m*, confusión *f*; **to be in a** ~ estar hecho(cha) un lío. ◇ *vt* - **1.** [put into disorder - papers] desordenar; [- dates, facts] confundir. - **2.** [confuse] liar, confundir.

◆ **muddle along** *vi* apañárselas más o menos.

◆ **muddle through** *vi* arreglárselas.

◆ **muddle up** *vt sep* = **muddle**.

muddle-headed *adj* [plan, idea, speech] confuso(sa); [person] incapaz de pensar con claridad.

muddler ['mʌdlə'] *n* persona *f* desorganizada.

muddy ['mʌdɪ] *(compar* **muddier**, *superl* **muddiest**, *pt & pp* **muddied)** ◇ *adj* - **1.** [floor, boots etc] embarrado(da), lleno(na) de barro; [river] cenagoso(sa). - **2.** [in colour] marrón. - **3.** *fig* [complexion, flavour] terroso(sa); [drink, liquid] turbio(bia); [thinking, ideas] turbio(bia), confuso(sa). ◇ *vt* - **1.** *fig* [issue, situation] embrollar. - **2.** [floor, boots, hands] embarrar, llenar de barro; [river] encenagar.

mudflap ['mʌdflæp] *n* alfombra *f* salpicadero.

mudflat ['mʌdflæt] *n* marisma *f*.

mudguard ['mʌdgɑːd] *n* guardabarros *m inv*, tapabarro *m Amér*.

mud hut *n* choza *f* de barro OR adobe.

mudlark ['mʌdlɑːk] *n literary* galopín *m*, pícaro *m*.

mudpack ['mʌdpæk] *n* mascarilla *f* facial (de barro).

mud pie *n* pastel *m* de barro.

mudslinger ['mʌdˌslɪŋəʳ] *n* calumniador *m*, -ra *f*.

mudslinging ['mʌdˌslɪŋɪŋ] *n (U) fig* insultos *mpl*, improperios *mpl*.

muesli ['mjuːzlɪ] *n Br* muesli *m*.

muezzin [muː'ezɪn] *n* almuecín *m*, almuédano *m*.

muff [mʌf] ⋄ *n* - **1.** [for hands] manguito *m*. - **2.** [bungled attempt] chapucería *f*, chapuza *f*. ⋄ *vt inf* [catch] fallar; [chance] dejar escapar.

muffin ['mʌfɪn] *n* - **1.** *Br* [bread roll] panecillo *m*. - **2.** *Am* [cake] *especie de mollete que se come caliente*.

muffle ['mʌfl] *vt* [sound] amortiguar, apagar.

muffled ['mʌfld] *adj* - **1.** [sound] apagado(da). - **2.** [wrapped up warmly]: ~ **(up)** abrigado(da), tapado(da).

muffler ['mʌfləʳ] *n* - **1.** *Am* [for car] silenciador *m*. - **2.** *dated* [scarf] bufanda *f*.

mufti ['mʌftɪ] *n dated* ropa *f* OR traje *m* de paisano.

mug [mʌg] (*pt & pp* **mugged**, *cont* **mugging**) ⋄ *n* - **1.** [cup] taza *f* (alta). - **2.** *inf* [fool] primo *m*, -ma *f*. - **3.** *v inf* [face] jeta *f*. - **4.** *Am inf* [thug] matón *m*, macarra *m*. ⋄ *vt* asaltar, atracar.

mugful ['mʌgful] *n* [of tea, coffee] taza *f* (llena); [of beer] jarra *f* (llena).

mugger ['mʌgəʳ] *n* atracador *m*, -ra *f*.

mugging ['mʌgɪŋ] *n* [single attack] atraco *m*; [series of attacks] atracos *mpl*.

muggins ['mʌgɪnz] (*pl inv* OR **mugginses**) *n Br inf* tonto *m*, -ta *f*, primo *m*, -ma *f*; **I suppose** ~ **will have to go** supongo que le toca ir a mi menda.

muggy ['mʌgɪ] (*compar* **muggier**, *superl* **muggiest**) *adj* bochornoso(sa).

mugshot ['mʌgʃʊt] *n inf* foto *f* (hecha por la policía).

mujaheddin [ˌmuːdʒəheˈdiːn] *npl* muyahedin *mpl*, muyahidin *mpl*.

mulatto [mjuːˈlætəʊ] (*pl* **mulatos** OR **mulatoes**) *n* mulato *m*, -ta *f*.

mulberry ['mʌlbərɪ] (*pl* **mulberries**) *n* - **1.** [tree] morera *f*, moral *m*. - **2.** [fruit] mora *f*. - **3.** [colour] (color *m*) morado *m*.

mulch [mʌltʃ] AGR ⋄ *n* mulch *m*. ⋄ *vt* cubrir con mulch.

mule [mjuːl] *n* - **1.** [animal - female] mula *f*; [- male] mulo *m*; **(as) stubborn as a** ~ *fig* tozudo(da) OR terco(ca) como una mula. - **2.** TECH máquina *f* de hilar. - **3.** [slipper] pantufla *f*, chinela *f*.

muleteer [ˌmjuːlɪˈtɪəʳ] *n* mulero *m*.

mulish ['mjuːlɪʃ] *adj* terco(ca), tozudo(da).

mull [mʌl] *vt* [wine, beer] *calentar con azúcar y especias*.

◆ **mull over** *vt sep* reflexionar sobre.

mullah ['mʌlə] *n* mulá *m*.

mulled [mʌld] *adj*: ~ **wine** *vino caliente con azúcar y especias*.

mullein ['mʌlɪn] *n* gordolobo *m*, barbasco *m*.

mullet ['mʌlɪt] (*pl inv* OR **mullets**) *n*: **grey** ~ mújol *m*; **red** ~ salmonete *m*.

mulligatawny [ˌmʌlɪgəˈtɔːnɪ] *n* sopa con especias.

mullion ['mʌlɪən] *n* parteluz *m*, mainel *m*; ~ **window** ajimez *m*, ventana *f* con parteluz.

mullioned ['mʌlɪənd] *adj* dividido(da) con parteluces.

multi- ['mʌltɪ] *prefix* multi-.

multicellular [ˌmʌltɪˈseljʊləʳ] *adj* multicelular, pluricelular.

multichannel [ˌmʌltɪˈtʃænl] *adj* multicanal.

multicoloured *Br*, **multicolored** *Am* ['mʌltɪˌkʌləd] *adj* multicolor.

multicultural [ˌmʌltɪˈkʌltʃərəl] *adj* multicultural.

multidimensional [ˌmʌltɪdaɪˈmenʃənl] *adj* multidimensional.

multiethnic [ˌmʌltɪˈeθnɪk] *adj* multiétnico(ca), multirracial.

multifaceted [ˌmʌltɪˈfæsɪtɪd] *adj* polifacético(ca).

multifarious [ˌmʌltɪˈfeərɪəs] *adj* [gen] múltiple.

multiform ['mʌltɪfɔːm] *adj* multiforme.

multilateral [ˌmʌltɪˈlætərəl] *adj* multilateral.

multilingual [ˌmʌltɪˈlɪŋgwəl] *adj* plurilingüe, multilingüe.

multimedia [ˌmʌltɪˈmiːdjə] *adj* COMPUT multimedia *(inv)*, de multidifusión.

multimillionaire ['mʌltɪˌmɪljəˈneəʳ] *n* multimillonario *m*, -ria *f*.

multinational [ˌmʌltɪˈnæʃənl] ⋄ *adj* multinacional. ⋄ *n* multinacional *f*.

multiparty ['mʌltɪˌpɑːtɪ] *adj* pluripartidista; **the** ~ **system** el pluripartidismo, el sistema pluripartidista.

multiple ['mʌltɪpl] ⋄ *adj* - **1.** [gen] múltiple. - **2.** MATH múltiplo(pla). ⋄ *n* múltiplo *m*.

multiple-choice *adj* tipo test *(inv)*.

multiple crash *n* colisión *f* múltiple OR en cadena.

multiple injuries *npl* heridas *fpl* múltiples.

multiple sclerosis *n* esclerosis *f inv* múltiple.

multiple shop, **multiple store** *n* cadena *f* de almacenes.

multiplex ['mʌltɪpleks] *adj* TELEC múltiplex *(inv)*.

multiplex cinema *n* (cine *m*) multisalas *m inv*.

multiplicand [ˌmʌltɪplɪˈkænd] *n* multiplicando *m*.

multiplication [ˌmʌltɪplɪˈkeɪʃn] *n* multiplicación *f*.

multiplication sign *n* signo *m* de multiplicación.

multiplication table *n* tabla *f* de multiplicar.

multiplicity [ˌmʌltɪˈplɪsətɪ] *n* multiplicidad *f*.

multiplier [ˈmʌltɪplaɪəʳ] *n* ECON & MATH multiplicador *m*.

multiply ['mʌltɪplaɪ] (*pt & pp* **multiplied**) ⋄ *vt* multiplicar. ⋄ *vi* - **1.** MATH multiplicar. - **2.** [increase, breed] multiplicarse.

multipurpose [ˌmʌltɪˈpɜːpəs] *adj* multiuso *(inv)*.

multiracial [ˌmʌltɪˈreɪʃl] *adj* multirracial.

multistage ['mʌltɪsteɪdʒ] *adj* de varias etapas.

multistorey *Br*, **multistory** *Am* [ˌmʌltɪˈstɔːrɪ] ⋄ *adj* de varias plantas. ⋄ *n*: ~ **(car park)** aparcamiento *m* de varias plantas.

multitrack [ˌmʌltɪˈtræk] *adj* multipista.

multitude ['mʌltɪtjuːd] *n* multitud *f*; **it covers a** ~ **of sins** *fig* puede tener múltiples interpretaciones, puede interpretarse de muchas maneras.

multitudinous [ˌmʌltɪˈtjuːdɪnəs] *adj* múltiples, innumerables.

multiuser [ˌmʌltɪˈjuːzəʳ] *adj* multiusuario.

multivalent [ˌmʌltɪˈveɪlənt] *adj* - **1.** CHEM polivalente. - **2.** BIOL multivalente, polivalente.

mum [mʌm] *inf* ⋄ *n Br* mamá *f*. ⋄ *adj*: **to keep** ~ no decir ni pío, mantener la boca cerrada.

mumble ['mʌmbl] ⋄ *vt* mascullar, decir entre dientes. ⋄ *vi* musitar, hablar entre dientes. ⋄ *n* farfulleo *m*.

mumbo jumbo [ˌmʌmbəʊˈdʒʌmbəʊ] *n pej* galimatías *m inv*.

mummer ['mʌməʳ] *n* mimo *m*.

mummery ['mʌmərɪ] *n* pantomima *f*.

mummification [ˌmʌmɪfɪˈkeɪʃn] *n* momificación *f*.

mummify ['mʌmɪfaɪ] (*pt & pp* **mummified**) ⋄ *vt* momificar. ⋄ *vi* momificarse.

mummy ['mʌmɪ] (*pl* **mummies**) *n* - **1.** *Br inf* [mother] mamá *f*, mami *f*. - **2.** [preserved body] momia *f*.

mumps [mʌmps] *n (U)* paperas *fpl*.

munch [mʌntʃ] *vt & vi* masticar.

munchies ['mʌntʃɪz] *npl Br inf*: **to have the** ~ tener un poquillo de hambre, tener gusa.

mundane [mʌnˈdeɪn] *adj* trivial.

mung bean [mʌŋ-] *n* tipo de legumbre procedente de Asia.

municipal [mjuːˈnɪsɪpl] *adj* municipal.

municipality [mjuːˌnɪsɪˈpælɪt] (*pl* **municipalities**) *n* municipio *m*.

municipalize, -ise [mjuːˈnɪsɪpəlaɪz] *vt* municipalizar.

munificence [mjuːˈnɪfɪsəns] *n fml* munificencia *f*.

munificent [mjuːˈnɪfɪsənt] *adj fml* munífico(ca), dadivoso(sa).

munitions [mjuːˈnɪʃnz] ◇ *npl* municiones *fpl*. ◇ *comp*: ~ **dump** polvorín *m*, depósito *m* de municiones.

muon [ˈmjuːɒn] *n* muón *m*.

mural [ˈmjuːərəl] ◇ *n* mural *m*. ◇ *adj* mural.

murder [ˈmɜːdə*] ◇ *n* - **1.** [killing] asesinato *m*; **to get away with** ~ *fig* hacer lo que a uno le viene en gana; **to scream** OR **shout blue** ~ *fig* poner el grito en el cielo. - **2.** *inf fig* [difficult or unpleasant experience] calvario *m*, suplicio *m*; **to go through** ~ pasarlas moradas. ◇ *vt* - **1.** [kill] asesinar. - **2.** *fig* [language, play] destrozar, masacrar. ◇ *comp*: ~ **trial** juicio *m* por asesinato; ~ **weapon** arma *f* del crimen.

murderer [ˈmɜːdərə*] *n* asesino *m*.

murderess [ˈmɜːdərɪs] *n* asesina *f*.

murderous [ˈmɜːdərəs] *adj* - **1.** [gen] asesino(na). - **2.** *inf* [hellish] diabólico(ca), infernal.

murk [mɜːk] *n* oscuridad *f*, lobreguez *f*.

murky [ˈmɜːkɪ] (*compar* **murkier**, *superl* **murkiest**) *adj* - **1.** [water, past] turbio(bia). - **2.** [night, street] sombrío(a), lúgubre.

murmur [ˈmɜːmə*] ◇ *n* - **1.** [low sound] murmullo *m*; **without a** ~ *fig* sin rechistar. - **2.** MED [of heart] soplo *m*. ◇ *vt & vi* murmurar.

Murphy bed [ˈmɜːfɪ-] *n Am* cama *f* plegable.

Mururoa Atoll [ˈmuru,rəuəˈætɒl] *n* el atolón de Mururoa.

MusB [ˈmʌzbiː], **MusBac** [ˈmʌzbæk] *written abbr of* **Bachelor of Music**.

muscat [ˈmʌskət] *n* uva *f* moscatel.

muscatel [ˌmʌskəˈtel] *n* [wine] moscatel *m*; [grape] uva *f* moscatel.

muscle [ˈmʌsl] *n* - **1.** MED músculo *m*; **don't move a** ~! *fig* ¡no muevas ni un pelo! - **2.** *fig* [power] poder *m*; **to flex one's** ~**s** *fig* sacar músculo.
◆ **muscle in** *vi* entrometerse.

muscle-bound *adj* - **1.** [muscular] musculoso(sa). - **2.** [rigid] agarrotado(da).

muscleman [ˈmʌslmæn] (*pl* **musclemen** [-men]) *n* forzudo *m*.

muscly [ˈmʌslɪ] *adj* musculoso(sa).

Muscovite [ˈmʌskəvaɪt] ◇ *adj* moscovita. ◇ *n* moscovita *mf*.

muscular [ˈmʌskjulə*] *adj* - **1.** [of muscles] muscular. - **2.** [strong] musculoso(sa).

muscular dystrophy *n* distrofia *f* muscular.

MusD [ˈmʌzdiː], **MusDoc** [ˈmʌzdɒk] *written abbr of* **Doctor of Music**.

muse [mjuːz] ◇ *n* musa *f*. ◇ *vi* meditar, reflexionar.

museum [mjuːˈziːəm] *n* museo *m*.

museum piece *n lit & fig* pieza *f* de museo.

mush [mʌʃ] *n inf* - **1.** [gunge] pasta *f*, masa *f* blandengue. - **2.** [drivel] sensiblería *f*. - **3.** *Am* [porridge] papilla *f* OR gachas *fpl* de maíz.

mushroom [ˈmʌʃrum] ◇ *n* - **1.** BOT seta *f*, hongo *m*, callampa *f Amér*. - **2.** CULIN champiñón *m*; [wild] seta *f*. ◇ *vi* extenderse rápidamente, crecer como hongos.

mushroom cloud *n* hongo *m* nuclear.

mushrooming [ˈmʌʃruːmɪŋ] *n* - **1.** [mushroom picking] recolecta *f* de setas/champiñones. - **2.** [sudden growth] crecimiento *m* desmesurado OR repentino.

mushy [ˈmʌʃɪ] (*compar* **mushier**, *superl* **mushiest**) *adj* - **1.** [very soft] blandengue. - **2.** [over-sentimental] sensiblero(ra).

mushy peas *npl* puré *m* de guisantes.

music [ˈmjuːzɪk] *n* música *f*; **to set to** ~ poner música a ❑ **to be** ~ **to sb's ears** *fig* sonarle a alguien a música celestial, ser lo que alguien quiere escuchar; **to face the** ~ *inf fig* apechugar con las consecuencias, plantarle cara a la situación.

musical [ˈmjuːzɪkl] ◇ *adj* - **1.** [gen] musical. - **2.** [talented in music] con talento para la música. ◇ *n* musical *m*.

musical box *Br*, **music box** *Am n* caja *f* de música.

musical chairs *n (U)* juego *m* de las sillas.

musical comedy *n* (comedia *f*) musical *m*.

musical instrument *n* instrumento *m* musical.

musicality [ˌmjuːzɪˈkælətɪ] *n* musicalidad *f*.

musically [ˈmjuːzɪklɪ] *adv* [in a musical way] musicalmente; [from a musical viewpoint] musicalmente, desde un punto de vista musical.

music box *n Am* = **musical box**.

music case *n* cajón *m* de música, musiquero *m*.

music centre *n* cadena *f* (musical), equipo *m* de (música).

music hall *n* - **1.** *Br* [entertainment] teatro *m* de variedades OR de revista. - **2.** [theatre] auditorio *m*, sala *f* de conciertos.

musician [mjuːˈzɪʃn] *n* músico *m*, -ca *f*.

music-lover *n* melómano *m*, -na *f*.

musicology [ˌmjuːzɪˈkɒlədʒɪ] *n* musicología *f*.

music stand *n* atril *m*.

musing [ˈmjuːzɪŋ] ◇ *n* meditación *f*, contemplación *f*. ◇ *adj* meditativo(va), contemplativo(va).

musk [mʌsk] *n* almizcle *m*.

musk deer *n* almizclero *m*.

musket [ˈmʌskɪt] *n* mosquete *m*.

musketeer [ˌmʌskɪˈtɪə*] *n* mosquetero *m*.

musketry [ˈmʌskɪtrɪ] *n* mosquetería *f*.

muskrat [ˈmʌskræt] *n* - **1.** [animal] rata *f* almizclada. - **2.** [fur] piel *f* de rata almizclada.

musk rose *n* rosa *f* almizcleña.

musky [ˈmʌskɪ] (*compar* **muskier**, *superl* **muskiest**) *adj* almizcleño(ña).

Muslim [ˈmuzlɪm] ◇ *adj* musulmán(ana). ◇ *n* musulmán *m*, -ana *f*.

muslin [ˈmʌzlɪn] *n* muselina *f*.

musquash [ˈmʌskwɒʃ] *n* = **muskrat**.

muss [mʌs] *vt Am inf* [clothes] arrugar; **to** ~ **sb's hair** despeinar a alguien.

mussel [ˈmʌsl] ◇ *n* mejillón *m*, choro *m Amér*. ◇ *comp*: ~ **bed** criadero *m* de mejillones; ~ **farm** vivero *m* de mejillones.

must [weak form məs, məst, strong form mʌst] ◇ *aux vb* - **1.** [have to, intend to] deber, tener que; **I** ~ **go** tengo que OR debo irme; **if you** ~ **know, he's asked me out to dinner** ya que tanto te interesa saberlo, te diré que me ha invitado a cenar; ~ **you be so rude?** ¿es que tienes que ser así de maleducado?; **you mustn't smoke** no deberías fumar. - **2.** [as suggestion] tener que; **you** ~ **come and see us** tienes que venir a vernos. - **3.** [to express likelihood] deber (de); **it** ~ **be true** debe (de) ser verdad; **they** ~ **have known** deben (de) haberlo sabido. ◇ *n inf*: **a** ~ algo imprescindible; **the film is a** ~ no puedes perderte la película.

mustache *n Am* = **moustache**.

mustachio [məˈstɑːʃɪəu] (*pl* **mustachios**) *n* mostacho *m*, bigote *m*.

mustachioed [məˈstɑːʃɪəud] *adj* bigotudo(da).

mustang [ˈmʌstæŋ] *n* mustango *m*.

mustard [ˈmʌstəd] *n* mostaza *f*; ~ **and cress** *Br* brotes *mpl* de mostaza y berro ❑ **as keen as** ~ [enthusiastic] lleno(na) de entusiasno; [clever] muy espabilado (muy espabilada); **to cut the** ~ *Am inf* dar la talla.

mustard gas *n* gas *m* mostaza.

mustard plaster *n* sinapismo *m*, cataplasma *f* de mostaza.

muster [ˈmʌstə*] ◇ *vt* - **1.** [gather] reunir; **to** ~ **the courage to do sthg** armarse de valor para hacer algo. - **2.** [take roll-call] pasar lista a. ◇ *vi* [subj: soldiers] formar; [subj: volunteers] reunirse. ◇ *n* - **1.** MIL revista *f*; **to pass** ~ *Br fig* recibir el visto bueno. - **2.** [assembly] reunión *f*.

◆ **muster up** *vt fus* [strength, support] reunir; [courage] armarse de.

mustn't [mʌsnt] *contr* = **must no**.

must've [ˈmʌstəv] *contr* = **must have**.

musty [ˈmʌsti] (*compar* **mustier**, *superl* **mustiest**) *adj* - **1.** [room] que huele a cerrado; [book] que huele a viejo. - **2.** *fig* [old-fashioned] anticuado(da).

mutable [ˈmjuːtəbl] *adj* variable, mudable.

mutant [ˈmjuːtənt] ◇ *adj* mutante. ◇ *n* mutante *mf*.

mutate [mjuːˈteɪt] *vi*: **to** ~ **(into)** mutarse (en).

mutation [mjuːˈteɪʃn] *n* mutación *f*.

mute [mjuːt] ◇ *adj* - **1.** MED & LING mudo(da). - **2.** [silent] callado(da), mudo(da). ◇ *n* - **1.** MED mudo *m*, -da *f*. - **2.** MUS sordina *f*. ◇ *vt* [noise, sound] amortiguar; [colour] atenuar, apagar.

muted [ˈmjuːtɪd] *adj* - **1.** [not bright] apagado(da). - **2.** [subdued] contenido(da). - **3.** [not loud] sordo(da).

mute swan *n* cisne *m* común OR mudo.

mutilate [ˈmjuːtɪleɪt] *vt* mutilar.

mutilation [ˌmjuːtɪˈleɪʃn] *n* mutilación *f*.

mutineer [ˌmjuːtɪˈnɪəʳ] *n* amotinado *m*, -da *f*.

mutinous [ˈmjuːtɪnəs] *adj* rebelde.

mutiny [ˈmjuːtɪni] (*pl* **mutinies**, *pt & pp* **mutinied**) ◇ *n* motín *m*. ◇ *vi* amotinarse.

mutt [mʌt] *n inf* - **1.** [fool] tonto *m*, -ta *f*, bobo *m*, -ba *f*. - **2.** *Am* [dog] chucho *m*.

mutter [ˈmʌtəʳ] ◇ *vt* musitar, mascullar. ◇ *vi* murmurar; **to** ~ **to sb** gruñirle a alguien; **to** ~ **to o.s.** refunfuñar. ◇ *n* murmullo *m*.

muttering [ˈmʌtərɪŋ] *n* murmullo *m*.

mutton [ˈmʌtn] *n* (carne *f* de) carnero *m*; ~ **dressed as lamb** *fig Br* mujer madura vestida de jovencita.

muttonchops [ˌmʌtənˈtʃɒps], **muttonchop whiskers** [ˌmʌtənˈtʃɒp-] *npl* patillas *fpl* (muy pobladas).

mutual [ˈmjuːtʃʊəl] *adj* - **1.** [reciprocal] mutuo(tua). - **2.** [common] común.

mutual fund *n Am* sociedad *f* de inversión colectiva.

mutually [ˈmjuːtʃʊəli] *adv* mutuamente; ~ **exclusive** que se anulan entre sí.

Muzak® [ˈmjuːzæk] *n* ≃ hilo *m* musical®.

muzzle [ˈmʌzl] ◇ *n* - **1.** [animal's nose and jaws] hocico *m*, morro *m*. - **2.** [wire guard] bozal *m*. - **3.** [of gun] boca *f*. - **4.** *fig* [censorship] mordaza *f*. ◇ *vt* - **1.** [put muzzle on] poner bozal a. - **2.** *fig* [silence] amordazar, silenciar.

muzzy [ˈmʌzi] (*compar* **muzzier**, *superl* **muzziest**) *adj* [head] embotado(da); [memory] borroso(sa).

MVP (*abbr of* **most valuable player**) *jugador más valioso*.

MW (*written abbr of* **medium wave**) OM *f*.

my [maɪ] *poss adj* - **1.** [gen] mi, mis (*pl*); ~ **house/sister** mi casa/hermana; ~ **children** mis hijos; ~ **name is Sarah** me llamo Sarah; **it wasn't** MY **fault** no fue culpa mía OR mi culpa; **I washed** ~ **hair** me lavé el pelo. - **2.** [in titles]: ~ **Lord** milord; ~ **Lady** milady.

Myanmar [ˌmaɪænˈmɑːʳ] *n* (Unión *f* de) Myanmar, *antigua Birmania*.

mycology [maɪˈkɒlədʒi] *n* micología *f*.

mynah (bird) [ˈmaɪnə-] *n* minae *m*.

myopia [maɪˈəʊpjə] *n* MED miopía *f*.

myopic [maɪˈɒpɪk] *adj* miope.

myriad [ˈmɪrɪəd] *literary* ◇ *adj* innumerables. ◇ *n* miríada *f*.

myrrh [mɜːʳ] *n* mirra *f*.

myrtle [ˈmɜːtl] *n* mirto *m*, arrayán *m*.

myself [maɪˈself] *pron* - **1.** (*reflexive*) me; (*after prep*) mí mismo(ma); **I was talking to** ~ hablaba solo; **with** ~ conmigo mismo. - **2.** (*for emphasis*) yo mismo(ma); **I did it** ~ lo hice yo solo(la).

mysterious [mɪˈstɪərɪəs] *adj* misterioso(sa); **to be** ~ **about sthg** andarse con misterios sobre algo.

mysteriously [mɪˈstɪərɪəsli] *adv* misteriosamente.

mystery [ˈmɪstəri] (*pl* **mysteries**) ◇ *adj* misterioso(sa). ◇ *n* misterio *m*; **it's a** ~ **to me how/why/what...** no logro explicarme cómo/por qué/qué...

mystery play *n* auto *m* sacramental, misterio *m*.

mystery story *n* historia *f* policiaca, novela *f* de intriga.

mystery tour *n* viaje *m* sorpresa.

mystic [ˈmɪstɪk] ◇ *adj* místico(ca). ◇ *n* místico *m*, -ca *f*.

mystical [ˈmɪstɪkl] *adj* místico(ca).

mysticism [ˈmɪstɪsɪzm] *n* misticismo *m*.

mystification [ˌmɪstɪfɪˈkeɪʃn] *n* desconcierto *m*, perplejidad *f*.

mystified [ˈmɪstɪfaɪd] *adj* desconcertado(da), perplejo(ja).

mystify [ˈmɪstɪfaɪ] (*pt & pp* **mystified**) *vt* desconcertar, dejar perplejo(ja).

mystifying [ˈmɪstɪfaɪɪŋ] *adj* desconcertante.

mystique [mɪˈstiːk] *n* misterio *m*.

myth [mɪθ] *n* mito *m*.

mythic [ˈmɪθɪk] *adj* [like a myth] mítico(ca).

mythical [ˈmɪθɪkl] *adj* - **1.** [imaginary] mítico(ca). - **2.** [untrue] falso(sa).

mythological [ˌmɪθəˈlɒdʒɪkl] *adj* mitológico(ca).

mythologist [mɪˈθɒlədʒɪst] *n* mitologista *mf*, mitólogo *m*, -ga *f*.

mythology [mɪˈθɒlədʒi] (*pl* **mythologies**) *n* - **1.** [collection of myths] mitología *f*. - **2.** [set of false beliefs] mito *m*.

mythomania [ˌmɪθəˈmeɪnjə] *n* mitomanía *f*.

myxomatosis [ˌmɪksəməˈtəʊsɪs] *n* mixomatosis *f inv*.

N

n (*pl* **n's** OR **ns**), **N** (*pl* **N's** OR **Ns**) [en] *n* [letter] n *f*, N *f*.
◆ **N** (*written abbr of* **north**) N.

n/a, N/A (*written abbr of* **not applicable**) no interesa.

NA (*abbr of* **Narcotics Anonymous**) *n* organización estadounidense de ayuda a los toxicómanos.

NAACP (*abbr of* **National Association for the Advancement of Colored People**) *n* organización estadounidense de ayuda a la gente de color.

NAAFI ['næfɪ] (*abbr of* **Navy, Army & Air Force Institute**) *n* organización gubernamental encargada del aprovisionamiento de las fuerzas armadas británicas.

nab [næb] (*pt & pp* **nabbed**, *cont* **nabbing**) *vt inf* - **1.** [arrest] pillar, echar el guante a. - **2.** [get quickly] coger.

nabob ['neɪbɒb] *n* nabab *m*.

nacelle [næ'sel] *n* AERON barquilla *f*.

nachos ['nɑːtʃəʊz] *npl* nachos *mpl*, tortitas de maíz.

nacre ['neɪkə'] *n* nácar *m*.

nacreous ['neɪkrɪəs] *adj* nacáreo(a).

NACU (*abbr of* **National Association of Colleges and Universities**) *n* asociación estadounidense de centros de enseñanza superior.

nadir ['neɪdɪə'] *n* - **1.** ASTRON nadir *m*. - **2.** *fig* [low point] punto *m* más bajo.

naff [næf] *adj Br inf* [behaviour] tonto(ta); [film, story] hortera.

nag [næg] (*pt & pp* **nagged**, *cont* **nagging**) ◇ *vt* dar la lata a. ◇ *vi* - **1.** [person]: **to ~ (at sb)** dar la lata OR fastidiar (a alguien). - **2.** [thought, doubt]: **to ~ at sb** consumir OR corroer a alguien. ◇ *n inf* - **1.** [person] quejica *mf*. - **2.** [horse] jamelgo *m*, rocín *m*.

nagging ['nægɪŋ] *adj* - **1.** [thought, doubt] incesante, persistente. - **2.** [person] gruñón(ona).

naiad ['naɪæd] *n* náyade *f*.

nail [neɪl] ◇ *n* - **1.** [for fastening] clavo *m*; **to hit the ~ on the head** dar en el clavo. - **2.** [of finger, toe] uña *f*; **to bite one's ~s** comerse OR morderse las uñas - **1.** *phr*: **to be (as) hard as ~s** [emotionally] tener el corazón de piedra; [physically] ser duro(ra) como una roca OR como el diamante; **to pay on the ~** pagar a tocateja. ◇ *vt* - **1.** [attach]: **to ~ sthg to sthg** clavar algo en OR a algo. - **2.** *inf* [catch, trap] coger, atrapar. - **3.** *inf* [expose - lie] descubrir; [- rumour] desmentir.
◆ **nail down** *vt sep* - **1.** [fasten] clavar. - **2.** [person]: **I couldn't ~ him down** no pude hacerle concretar. - **3.** [details, date, agreement] establecer OR fijar de forma definitiva, concretar.
◆ **nail up** *vt sep* clavar.

nail-biting *adj* emocionantísimo(ma), lleno(na) de suspense.

nailbrush ['neɪlbrʌʃ] *n* cepillo *m* de uñas.

nail clippers *npl* cortaúñas *m inv*.

nail file *n* lima *f* de uñas.

nail polish *n* esmalte *m* para las uñas OR de uñas.

nail scissors *npl* tijeras *fpl* para las uñas.

nail varnish *n* esmalte *m* para las uñas.

nail varnish remover *n* quitaesmaltes *m inv*.

nainsook ['neɪnsʊk] *n* nansú *m*.

Nairobi [naɪ'rəʊbɪ] *n* Nairobi.

naive, naïve [naɪ'iːv] *adj* ingenuo(nua).

naively, naïvely [naɪ'iːvlɪ] *adv* ingenuamente.

naivety, naïvety [naɪ'iːvtɪ] *n* ingenuidad *f*.

naked ['neɪkɪd] *adj* - **1.** [gen] desnudo(da), calato(ta) *Amér*; **~ flame** llama *f* sin protección. - **2.** [blatant hostility] abierto(ta); [- greed] manifiesto(ta); [- facts] sin tapujos. - **3.** [unaided]: **with the ~ eye** a simple vista.

nakedness ['neɪkɪdnɪs] *n* desnudez *f*.

NALGO ['nælgəʊ] (*abbr of* **National and Local Government Officers' Association**) *n* antiguo sindicato de funcionarios británicos.

Nam [næm] (*abbr of* **Vietnam**) *n Am* Vietnam.

NAM (*abbr of* **National Association of Manufacturers**) *n* organización de empresarios estadounidenses.

namby-pamby [ˌnæmbɪ'pæmbɪ] (*pl* **namby-pambies**) *inf* ◇ *adj* soso(sa). ◇ *n* soso *m*, -sa *f*.

name [neɪm] ◇ *n* - **1.** [gen] nombre *m*; [surname] apellido *m*; **a big ~ in politics** un nombre importante OR una celebridad en el mundo de la política; **what's your ~?** ¿cómo te llamas?; **my ~ is John** me llamo John; **by ~** por el nombre; **to go by the ~ of** conocerse OR ser conocido por el nombre de; **is there anyone by the ~ of...?** ¿hay alguien que se llame...?; **in sb's ~** a nombre de alguien; **in the ~ of** en nombre de; **to put one's ~ down for** [car, transfer etc] pedir, solicitar; [school, course] apuntarse a; **to take sb's ~ and address** apuntar el nombre y la dirección de alguien; **what ~ shall I say** ¿de parte de quién? ❏ **in ~ only** sólo de nombre; **to call sb ~s** llamar de todo a alguien; **his is a ~ to conjure with** es por gordo OR un personaje importante; **money is the ~ of the game** el dinero es lo que cuenta. - **2.** [reputation] nombre *m*, reputación *f*; **to have a bad ~** tener mal nombre OR mala reputación; **to have a good ~** tener buen nombre OR buena fama ❏ **to make a ~ for o.s.** hacerse un nombre. ◇ *comp* [brand, product] conocido(da). ◇ *vt* - **1.** [christen] poner nombre a; **we ~d her Mary** la llamamos Mary; **to ~ sb after sb** *Br*, **to ~ sb for sb** *Am* poner a alguien el nombre de alguien. - **2.** [identify] nombrar; **she ~d her assailant** dio el nombre del agresor. - **3.** [date, price] poner, decir; **have you ~d the day yet?** ¿habéis decidido ya la fecha de la boda? - **4.** [appoint] nombrar. - **5.** [mention] nombrar, mencionar; **you ~ it, we've got it** tenemos de todo.

name-calling *n* (*U*) insultos *mpl*.

name day *n* santo *m*, onomástica *f*.

namedropping ['neɪmdrɒpɪŋ] *n*: **he loves ~** le encanta alardear mencionando nombres de gente que conoce o a la que ha leído.

nameless ['neɪmlɪs] *adj* - **1.** [unknown - person, author] anónimo(ma); [- disease] desconocido(da). - **2.** [indescribable] indescriptible.

namely ['neɪmlɪ] *adv* a saber.

nameplate ['neɪmpleɪt] *n* placa *f* con el nombre.

namesake ['neɪmseɪk] *n* tocayo *m*, -ya *f*.

nametape ['neɪmteɪp] *n* cinta *f* con el nombre [que se cose en la ropa].

Namibia [nə'mɪbɪə] *n* Namibia.

Namibian [nə'mɪbɪən] ◇ *adj* namibio(bia). ◇ *n* namibio *m*, -bia *f*.

naming ['neɪmɪŋ] *n* - **1.** [gen] atribución *f* de un nombre; [of ship] bautismo *m*. - **2.** [citing] mención *f*. - **3.** [appointment] nombramiento *m*.

nan(a) ['næn(ə)] *n Br inf* yaya *f*, abuelita *f*.

nan bread [nɑːn-] *n (U)* pan indio sin levadura.

nancy ['nænsɪ] (*pl* **nancies**) *n v inf*: ~ **(boy)** marica *m*, mariquita *m*.

nankeen [næŋ'kiːn] *n* nanquín *m*, mahón *m*.

nanny ['nænɪ] (*pl* **nannies**) *n* niñera *f*.

nanny goat *n* cabra *f*.

nanosecond ['nænəʊ,sekənd] *n* nanosegundo *m*.

nap [næp] (*pt & pp* **napped**, *cont* **napping**) ◇ *n* - **1.** [sleep] siesta *f*; **to take** OR **have a** ~ echarse la siesta. - **2.** TEXTILES lanilla *f*, pelusa *f*. ◇ *vi* dormir la siesta; **we were caught napping** *inf fig* nos pilló desprevenidos.

NAPA (*abbr of* **National Association of Performing Artists**) *n* sindicato estadounidense de gente del mundo del espectáculo.

napalm ['neɪpɑːm] ◇ *n* napalm *m*. ◇ *comp* de napalm; ~ **bomb** bomba *f* de napalm. ◇ *vt* quemar con napalm.

nape [neɪp] *n*: ~ **of the neck** nuca *f*.

naphtha ['næfθə] *n* nafta *f*.

naphthalene ['næfθəliːn] *n* naftalina *f*.

naphthol ['næfθɒl] *n* naftol *m*.

napkin ['næpkɪn] *n* servilleta *f*.

napkin ring *n* servilletero *m*, aro *m*.

napoleon [nə'pəʊljən] *n* - **1.** [coin] napoleón *m*. - **2.** *Am* CULIN milhojas *m inv*.

Napoleon [nə'pəʊljən] *n*: ~ **Bonaparte** Napoleón Bonaparte.

Napoleonic [nəpəʊlɪ'ɒnɪk] *adj* napoleónico(ca).

nappy ['næpɪ] (*pl* **nappies**) *n Br* pañal *m*.

nappy liner *n* parte desechable de un pañal de gasa.

nappy rash *n* irritación *f* de las nalgas (en bebés); **babies often get** ~ los bebés tienen a menudo el culito irritado.

narc [nɑːk] *n Am inf* agente *mf* de la brigada de estupefacientes, estupa *mf*.

narcissi [nɑː'sɪsaɪ] *pl* → **narcissus**.

narcissism ['nɑːsɪsɪzm] *n* narcisismo *m*.

narcissistic [ˌnɑːsɪ'sɪstɪk] *adj* narcisista.

narcissus [nɑː'sɪsəs] (*pl* **narcissuses** OR **narcissi** [-'sɪsaɪ]) *n* narciso *m*.

narcolepsy ['nɑːkəlepsɪ] *n* narcolepsia *f*.

narcosis [nɑː'kəʊsɪs] *n* narcosis *f inv*.

narcotic [nɑː'kɒtɪk] ◇ *n* narcótico *m*. ◇ *adj* narcótico(ca).

narcotize, -ise ['nɑːkətaɪz] *vt* narcotizar.

narc squad *n Am inf* estupas *mpl*, brigada *f* de estupefacientes.

nard [nɑːd] *n* nardo *m*.

nark [nɑːk] *Br inf* ◇ *n* [police informer] soplón *m*, -ona *f*. ◇ *vt* cabrear.

narked [nɑːkt] *adj Br inf* cabreado(da), de mala uva.

narky ['nɑːkɪ] (*compar* **narkier**, *superl* **narkiest**) *adj Br inf* de mala uva.

narrate [*Br* nə'reɪt, *Am* 'næreɪt] *vt* narrar.

narration [*Br* nə'reɪʃn, *Am* næ'reɪʃn] *n* narración *f*.

narrative ['nærətɪv] ◇ *adj* narrativo(va). ◇ *n* - **1.** [account] narración *f*. - **2.** [art of narrating] narrativa *f*.

narrator [*Br* nə'reɪtəʳ, *Am* 'næreɪtəʳ] *n* narrador *m*, -ra *f*.

narrow ['nærəʊ] ◇ *adj* - **1.** [not wide] estrecho(cha). - **2.** [limited] estrecho(cha) de miras; **in the ~est sense of the word** en el sentido más estricto de la palabra. - **3.** [victory, defeat] por un estrecho margen; [escape, miss] por muy poco, por los pelos; [advantage, majority] escaso(sa), pe-

queño(ña). - **4.** [in phonetics]: ~ **transcription** transcripción *f* estricta. ◇ *vt* - **1.** [eyes] entornar. - **2.** [gap, choice] reducir. ◇ *vi* - **1.** [become less wide] estrecharse. - **2.** [eyes] entornarse. - **3.** [gap] acortarse, reducirse.

◆ **narrow down** *vt sep* reducir.

narrow-band *adj* de banda estrecha.

narrow boat *n* barcaza *f* (estrecha).

narrow gauge *n* RAIL vía *f* estrecha.

◆ **narrow-gauge** *adj* RAIL de vía estrecha.

narrowly ['nærəʊlɪ] *adv* - **1.** [barely] por muy poco. - **2.** [closely] minuciosamente. - **3.** *fml* [strictly] estrictamente, rigurosamente.

narrow-minded *adj* estrecho(cha) de miras.

narrow-mindedness [-'maɪndɪdnɪs] *n* estrechez *f* de miras.

narrowness ['nærəʊnɪs] *n* [lack of width] estrechez *f*.

narthex ['nɑːθeks] *n* nártex *m inv*.

narwal, narwhal ['nɑːwəl] *n* narwal *m*.

nary ['neərɪ] *adv*: ~ **a/an** ningún(una).

NAS (*abbr of* **National Academy of Sciences**) *n* organismo estadounidense que fomenta la investigación científica.

NAS/UWT (*abbr of* **National Association of Schoolmasters/Union of Women Teachers**) *n* sindicato británico de profesores.

NASA ['næsə] (*abbr of* **National Aeronautics and Space Administration**) *n* NASA *f*.

nasal ['neɪzl] ◇ *adj* nasal. ◇ *n* LING nasal *f*.

nasalize, -ise ['neɪzəlaɪz] *vt* nasalizar.

nasally ['neɪzəlɪ] *adv* nasalmente.

nascent ['neɪsənt] *adj fml* naciente.

nastily ['nɑːstɪlɪ] *adv* - **1.** [unkindly] con mala intención. - **2.** [painfully]: **he fell** ~ tuvo una caída muy mala.

nastiness ['nɑːstɪnɪs] *n* - **1.** [unkindness] mala intención *f*. - **2.** [painfulness]: **the** ~ **(of)** lo doloroso (de).

nasturtium [nəs'tɜːʃəm] (*pl* **nasturtiums**) *n* capuchina *f*.

nasty ['nɑːstɪ] (*compar* **nastier**, *superl* **nastiest**) *adj* - **1.** [unkind] malintencionado(da); **to be** ~ **to sb** portarse mal con alguien, tratar mal a alguien; **to turn** ~ [person] ponerse violento(ta). - **2.** [smell, taste, feeling] desagradable; [weather, job] horrible; **cheap and** ~ barato(ta) y de mal gusto; **to turn** ~ [weather] ponerse feo. - **3.** [problem, decision] peliagudo(da), que se las trae; **to turn** ~ [situation] ponerse feo(a). - **4.** [injury, disease] doloroso(sa), grave; [fall] malo(la).

natal ['neɪtl] *adj* natal.

Natal [nə'tæl] *n* Natal.

nation ['neɪʃn] *n* nación *f*.

national ['næʃənl] ◇ *adj* nacional. ◇ *n* súbdito *m*, -ta *f*.

national anthem *n* himno *m* nacional.

National Council for Civil Liberties *n* organización independiente británica para la defensa de los derechos del ciudadano.

national debt *n* deuda *f* pública.

national dress *n* traje *m* típico (de un país).

National Front *n*: **the** ~ partido político minoritario de extrema derecha en Gran Bretaña.

national government *n* gobierno *m* de coalición OR de concentración.

national grid *n Br* red nacional de tendido eléctrico.

National Guard *n Am*: **the** ~ la Guardia Nacional estadounidense.

National Health Service *n Br*: **the** ~ organismo gestor de la salud pública, ≃ el Insalud.

National Heritage Minister *n* ministro de cultura y deportes británico.

national hunt *n*: ~ **(racing)** carrera de caballos de obstáculos.

national income *n* renta *f* nacional.

National Insurance *n Br* ≃ Seguridad *f* Social; ~ **contributions** cotizaciones *fpl* a la Seguridad Social.

nationalism ['næʃnəlɪzm] *n* nacionalismo *m*.
nationalist ['næʃnəlɪst] ◇ *adj* nacionalista. ◇ *n* nacionalista *mf*.
nationalistic [ˌnæʃnə'lɪstɪk] *adj* nacionalista.
nationality [ˌnæʃə'næləti] (*pl* **nationalities**) *n* nacionalidad *f*.
nationalization [ˌnæʃnəlaɪ'zeɪʃn] *n* nacionalización *f*.
nationalize, -ise ['næʃnəlaɪz] *vt* nacionalizar.
nationalized ['næʃnəlaɪzd] *adj* nacionalizado(da).
National Lottery *n* [in UK] ≃ Lotería *f* Primitiva.
nationally ['næʃnəli] *adv* nacionalmente.
national monument *n* monumento *m* nacional.
national park *n* parque *m* nacional.
national service *n Br* MIL servicio *m* militar.
national socialism *n* HIST nacionalsocialismo *m*.
national socialist HIST ◇ *adj* nacionalsocialista. ◇ *n* nacionalsocialista *mf*.
National Trust *n Br:* **the** ~ *organización británica encargada de la preservación de edificios históricos y lugares de interés,* ≃ el Patrimonio Nacional; ~ **property** ≃ propiedad *f* del Patrimonio Nacional.
nationhood ['neɪʃənhʊd] *n* condición *f* de nación.
nation-state *n* nación-Estado *f*, Estado-nación *m*.
nationwide ['neɪʃənwaɪd] ◇ *adj* a escala nacional, por todo el país. ◇ *adv* [travel] por todo el país; [broadcast] a todo el país.
native ['neɪtɪv] ◇ *adj* - **1**. [country, area] natal. - **2**. [speaker] nativo(va); ~ **language** lengua *f* materna. - **3**. [plant, animal, customs]: ~ **(to)** originario(ria) (de). - **4**. [product, resources] del país. - **5**. [innate, inborn] natural, innato(ta). - **6**. [ore, silver] nativo(va). ◇ *n* natural *mf*, nativo *m*, -va *f*; **to be a ~ of** ser natural de ❏ **to go ~** adoptar las costumbres locales OR del lugar.
Native American *n* indio americano *m*, india americana *f*.
native-born *adj* de nacimiento.
native speaker *n* hablante nativo *m*, hablante nativa *f*; **a ~ of French/German, a French/German ~** una persona de lengua materna francesa/alemana, un hablante nativo de francés/de alemán.
nativism ['neɪtɪvɪzm] *n* - **1**. *Am* POL nacionalismo *m*. - **2**. PHILOS nativismo *m*.
Nativity [nə'tɪvəti] *n:* **the** ~ la Natividad.
nativity play *n* obra teatral sobre la Natividad.
NATO ['neɪtəʊ] (*abbr of* **North Atlantic Treaty Organization**) *n* OTAN *f*.
natter ['nætə] *Br inf* ◇ *n:* **to have a ~** charlar. ◇ *vi* charlar.
natty ['næti] (*compar* **nattier,** *superl* **nattiest**) *adj inf* [smart] chulo(la), elegante.
natural ['nætʃrəl] ◇ *adj* - **1**. [gen & MUS] natural; **to die of ~ causes** morir por causas naturales. - **2**. [comedian, musician] nato(ta). ◇ *n* [person]: **to be a ~** tener talento natural.
natural childbirth *n* parto *m* natural.
natural gas *n* gas *m* natural.
natural history *n* historia *f* natural.
naturalism ['nætʃrəlɪzm] *n* naturalismo *m*.
naturalist ['nætʃrəlɪst] *n* naturalista *mf*.
naturalistic [ˌnætʃrə'lɪstɪk] *adj* naturalista.
naturalize, -ise ['nætʃrəlaɪz] ◇ *vt* - **1**. [person, citizen] naturalizar; **to be ~d** naturalizarse. - **2**. [plant, animal] adaptar. ◇ *vi* [plant, animal] adaptarse.
naturally ['nætʃrəli] *adv* - **1**. [as expected, understandably] naturalmente. - **2**. [unaffectedly] con naturalidad. - **3**. [instinctively] por naturaleza; **to come ~ to sb** ser innato(ta) en alguien; **to do what comes ~** comportarse con naturalidad. - **4**. [in nature] de forma natural, en la naturaleza.
naturalness ['nætʃrəlnɪs] *n* naturalidad *f*.
natural resources *npl* recursos *mpl* naturales.

natural science *n* ciencias *fpl* naturales.
natural selection *n* selección *f* natural.
natural wastage *n* (U) (reducción *f* de plantilla por) amortización *f* de vacantes.
nature ['neɪtʃə] *n* - **1**. (U) [animals, plants etc] la naturaleza; **to draw/paint from ~** dibujar/pintar del natural. - **2**. [morally correct behaviour]: **against ~** contra natura. - **3**. [type] naturaleza *f*; **information of a confidential ~** información de índole OR naturaleza confidencial ❏ **to be in the ~ of things** ser natural. - **4**. [disposition] modo *m* de ser, carácter *m*; **by ~** por naturaleza; **to be in sb's ~** ser propio de alguien.
◆ **in the nature of** *prep* una especie de, algo así como.
nature lover *n* amante *mf* de la naturaleza.
nature reserve *n* reserva *f* natural.
nature study *n* ciencias *fpl* naturales.
nature trail *n* senda especialmente señalizada para la observación del entorno natural.
naturism ['neɪtʃərɪzm] *n* naturismo *m*.
naturist ['neɪtʃərɪst] *n* naturista *mf*.
naught [nɔːt] *n* - **1**. = **nought**. - **2**. *literary* [nothing] nada *f*; **to come to ~** quedar en nada.
naughtily ['nɔːtɪli] *adv* - **1**. [mischievously] con malicia. - **2**. [suggestively] con picardía, pícaramente.
naughtiness ['nɔːtɪnɪs] *n* - **1**. [bad behaviour] mal comportamiento *m*. - **2**. [rudeness] picardía *f*, atrevimiento *m*.
naughty ['nɔːti] (*compar* **naughtier,** *superl* **naughtiest**) *adj* - **1**. [badly behaved] travieso(sa), malo(la). - **2**. [rude] verde, atrevido(da).
nausea ['nɔːsjə] *n* náusea *f*.
nauseate ['nɔːsɪeɪt] *vt lit & fig* dar náuseas a.
nauseating ['nɔːsɪeɪtɪŋ] *adj lit & fig* nauseabundo(da).
nauseatingly ['nɔːsɪeɪtɪŋli] *adv* asquerosamente.
nauseous [*Br* 'nɔːsjəs, *Am* 'nɔːʃəs] *adj* - **1**. [sick]: **to feel ~** sentir náuseas. - **2**. *fig* [revolting] nauseabundo(da).
nautical ['nɔːtɪkl] *adj* náutico(ca), marítimo(ma).
nautical mile *n* milla *f* marina.
nautilus ['nɔːtɪləs] (*pl* **nautiluses** OR **nautili** [-laɪ]) *n* nautilo *m*.
naval ['neɪvl] *adj* naval; ~ **base** base *f* naval.
naval architect *n* ingeniero *m*(ra) *f* naval.
naval architecture *n* ingeniería *f* naval.
naval officer *n* oficial *mf* de marina.
nave [neɪv] *n* - **1**. [of church] nave *f*. - **2**. [hub] cubo *m* (de rueda).
navel ['neɪvl] *n* ombligo *m*.
navigable ['nævɪgəbl] *adj* navegable.
navigate ['nævɪgeɪt] ◇ *vt* - **1**. [steer] pilotar, gobernar. - **2**. [travel safely across] surcar, navegar por. ◇ *vi* [in plane, ship] dirigir, gobernar; [in car] guiar, dirigir.
navigation [ˌnævɪ'geɪʃn] *n* - **1**. [act, skill of navigating] gobierno *m*. - **2**. *Am* [shipping] navegación *f*.
navigator ['nævɪgeɪtə] *n* oficial *mf* de navegación, navegante *mf*.
navvy ['nævi] (*pl* **navvies**) *n Br inf* peón *m* caminero.
navy ['neɪvi] (*pl* **navies**) ◇ *n* - **1**. [warships] armada *f*, marina *f*. - **2**. [colour] azul *m* marino. ◇ *adj* [in colour] azul marino *(inv)*.
navy bean *n* judía *f* blanca.
navy blue ◇ *adj* azul marino *(inv)*. ◇ *n* azul *m* marino.
navy yard *n* astillero *m*.
nay [neɪ] ◇ *adv literary* mejor dicho, más bien. ◇ *n* voto *m* en contra.
Nazarene [ˌnæzə'riːn] *n* nazareno *m*, -na *f*.
Nazareth ['næzərəθ] *n* Nazaret.
Nazi ['nɑːtsɪ] (*pl* **Nazis**) ◇ *adj* nazi. ◇ *n* nazi *mf*.
Nazism ['nɑːtsɪzm] *n* nazismo *m*.
NB - 1. (*abbr of* **nota bene**) N.B. - **2**. *written abbr of* **New Brunswick**.

NBA n - 1. (abbr of **National Basketball Association**) NBA f. - 2. (abbr of **National Boxing Association**) federación de boxeo estadounidense.

NBC (abbr of **National Broadcasting Company**) n NBC f, cadena de televisión estadounidense.

NBS (abbr of **National Bureau of Standards**) n organismo estadounidense de normalización de unidades de medida.

NC - 1. (abbr of **no charge**) gratis. - 2. written abbr of **North Carolina**.

NCC (abbr of **Nature Conservancy Council**) n instituto británico para la conservación de la naturaleza, ≃ Icona m.

NCCL (abbr of **National Council for Civil Liberties**) n organización independiente británica para la defensa de los derechos del ciudadano.

NCO n abbr of **noncommissioned officer**.

NCU (abbr of **National Communications Union**) n sindicato británico de trabajadores del sector de telecomunicaciones.

ND written abbr of **North Dakota**.

NE - 1. written abbr of **Nebraska**. - 2. written abbr of **New England**. - 3. (written abbr of **north-east**) NE.

Neanderthal [nɪˈændətɑːl] ◇ adj - 1. [in anthropology] de Neanderthal. - 2. [uncivilized] grosero(ra). ◇ n hombre m de Neanderthal.

Neanderthal man n hombre m de Neanderthal.

Neapolitan [ˌnɪəˈpɒlɪtn] ◇ adj napolitano(na). ◇ n napolitano m, -na f.

neap tide n marea f muerta.

near [nɪəʳ] ◇ adj - 1. [close in distance, time] cerca; **in the ~ future** en un futuro próximo; **£60,000 or ~est offer** 60.000 libras a negociar. - 2. [related] cercano(na), próximo(ma); **the ~est thing to...** lo más parecido a.... - 3. [almost happened]: **it was ~ chaos** fue casi un caos; **he found himself in ~ darkness** se encontró en una oscuridad casi total; **it was a ~ thing** poco le faltó. ◇ adv - 1. [close in distance, time] cerca; **to come ~ to doing sthg** estar a punto de hacer algo; **nowhere ~** ni de lejos, ni mucho menos ▢ **to draw** OR **come ~** acercarse. - 2. [almost] casi; **~ enough** más o menos. - 3. phr: **as ~ as makes no difference** prácticamente, poco más o menos; **£50 or as ~ as dammit** inf 50 libras poco más o menos. ◇ prep - 1. [close in position]: **~ (to)** cerca de. - 2. [close in time]: **(to)** casi; **~ the end** casi al final; **~er the time** cuando se acerque la fecha. - 3. [on the point of]: **~ (to)** al borde de. - 4. [similar to]: **~ (to)** cerca de; **it's ~ (to) the truth** se acerca a la verdad. ◇ vt acercarse OR aproximarse a. ◇ vi acercarse, aproximarse.

near- [nɪəʳ] in cpds: **~perfect** prácticamente perfecto; **~ complete** prácticamente completo.

nearby [adj 'nɪəbaɪ, adv ˌnɪəˈbaɪ] ◇ adj cercano(na). ◇ adv cerca.

Near East n: **the ~** el Oriente Próximo.

nearly [ˈnɪəlɪ] adv casi; **I ~ fell** casi me caigo; **very ~** casi casi ▢ **not ~** ni con mucho, ni mucho menos.

near miss n - 1. [nearly a hit]: **to be a ~** fallar por poco. - 2. [nearly a collision] incidente m aéreo (sin colisión).

nearness [ˈnɪənɪs] n proximidad f, cercanía f.

nearside [ˈnɪəsaɪd] ◇ adj - 1. [right] del lado izquierdo. - 2. [left] del lado derecho. ◇ n - 1. [right] lado m izquierdo. - 2. [left] lado m derecho.

nearsighted [ˌnɪəˈsaɪtɪd] adj Am miope, corto(ta) de vista.

neat [niːt] adj - 1. [tidy, precise - gen] pulcro(cra); [- room, house] arreglado(da); [- handwriting, work] esmerado(da). - 2. [smart] arreglado(da), pulcro(cra). - 3. [skilful] hábil. - 4. [undiluted] solo(la). - 5. Am inf [very good] guay, de buten (inv).

neaten [ˈniːtn] vt - 1. [room, house] ordenar, arreglar. - 2. [clothing, hair] arreglar.

'neath, neath [niːθ] prep literary = **beneath**.

neatly [ˈniːtlɪ] adv - 1. [tidily, smartly] con pulcritud. - 2. [skilfully] hábilmente.

neatness [ˈniːtnɪs] n pulcritud f.

neat's foot oil n aceite m de pata de vaca.

Nebraska [nɪˈbræskə] n Nebraska.

nebula [ˈnebjʊlə] (pl **nebulas** OR **nebulae** [-liː]) n nebulosa f.

nebular [ˈnebjʊləʳ] adj nebular.

nebulous [ˈnebjʊləs] adj fml nebuloso(sa).

NEC (abbr of **National Exhibition Centre**) n gran complejo para ferias y exposiciones de Birmingham, Gran Bretaña.

necessarily [ˌnesəˈserɪlɪ] adv necesariamente, por fuerza; **not ~** no necesariamente.

necessary [ˈnesəsrɪ] ◇ adj - 1. [required] necesario(ria); **if ~** si es necesario. - 2. [inevitable] inevitable. ◇ n Br inf: **to do the ~** hacer lo necesario.

necessitate [nɪˈsesɪteɪt] vt fml requerir, exigir.

necessitous [nɪˈsesɪtəs] adj fml necesitado(da), pobre.

necessity [nɪˈsesətɪ] (pl **necessities**) n necesidad f; **of ~** por fuerza, por necesidad; **out of ~** por necesidad; **~ is the mother of invention** proverb la necesidad es la madre del ingenio OR aviva el ingenio proverb.
◆ **necessities** npl artículos mpl de primera necesidad; **the bare necessities of life** las cosas que son imprescindibles en la vida.

neck [nek] ◇ n - 1. [of person] cuello m; [of animal] pescuezo m, cuello m; **to be up to one's ~ (in sthg)** estar hasta el cuello (de algo); **to break one's ~** lit desnucarse, romperse el cuello; inf fig [make great effort] dejarse la piel; **to breathe down sb's ~** estar encima de alguien; **to get it in the ~** inf llevarse una buena (bronca); **to risk one's ~** jugarse el pellejo; **to save one's ~** salvar el pellejo; **to stick one's ~ out** jugarse el tipo; **he was thrown out ~ and crop** OR **on his ~** Br le pusieron de patitas en la calle; **to wring sb's ~** retorcerle el pescuezo a alguien. - 2. [of shirt, dress] cuello m; [of bottle] cuello m, gollete m; [of violin] mástil m. - 3. SPORT: **to win by a ~** ganar por una cabeza ▢ **to be ~ and ~** andar OR ir parejos(jas). - 4. GEOGR [- peninsula] istmo m; [- strait] estrecho m; **in this ~ of the woods** fig por estos parajes OR lares. ◇ vi inf besuquearse.

neckband [ˈnekbænd] n tirilla f, adorno m del escote.

neckerchief [ˈnekətʃɪf] (pl **neckerchiefs** OR **neckerchieves** [-tʃiːvz]) n pañuelo m de cuello.

necking [ˈnekɪŋ] n inf besuqueo m.

necklace [ˈneklɪs] n collar m.

neckline [ˈneklaɪn] n escote m.

necktie [ˈnektaɪ] Am n corbata f. ◇ comp: **~ party** inf linchamiento m.

necrological [ˌnekrəˈlɒdʒɪkl] adj necrológico(ca).

necrology [neˈkrɒlədʒɪ] n necrología f.

necromancy [ˈnekrəmænsɪ] n nigromancia f.

necrophilia [ˌnekrəˈfɪlɪə] n necrofilia f.

necropolis [neˈkrɒpəlɪs] n necrópolis f inv.

necrosis [neˈkrəʊsɪs] (pl **necroses** [-siːz]) n necrosis f inv.

nectar [ˈnektəʳ] n néctar m.

nectarine [ˈnektərɪn] n nectarina f.

NEDC (abbr of **National Economic Development Council**) n antigua organización gubernamental británica que fomentaba los contactos con sindicatos y organizaciones empresariales.

neddy [ˈnedɪ] (pl **neddies**) n Br inf borrico m.

Neddy [ˈnedɪ] n inf nombre con el que se conocía popularmente al NEDC.

née [neɪ] adj de soltera; **Mrs Jane Doe, ~ Smith** la señora Jane Doe, Smith de soltera.

need [niːd] ◇ n: **~ (for sthg/to do sthg)** necesidad f (de algo/de hacer algo); **in his hour of ~, no one helped him** cuando más falta le hacía OR más lo necesitaba, nadie le ayudó; **to be in** OR **have ~ of sthg** necesitar algo; **he was in ~ of rest** le hacía falta descansar; **to have no ~ of** no necesitar; **there's no ~ for you to cry** no hace falta que llores; **to feel the ~ to do sthg** sentir la necesidad de hacer algo ❑ **if** ~ **be** si hace falta; **in** ~ necesitado(da). ◇ *vt* - **1.** [require] necesitar; **I** ~ **a haircut** me hace falta un corte de pelo; **I** ~ **a drink/shower** necesito una copa/una ducha; **it's just what I** ~ es justo lo que necesito OR me hace falta; **that's all we** ~! *iro* ¡lo que (nos) faltaba!; **who** ~**s money anyway?** de todos modos ¿quién quiere OR a quién le hace falta el dinero?; **there are still a few points that** ~ **to be made** hay todavía algunas cuestiones que deberían mencionarse; **she** ~**s to be told** es necesario decírselo, hay que decírselo; **you only** ~**ed to ask** no tenías más que pedirlo. - **2.** [be obliged]: **to** ~ **to do sthg** tener que hacer algo. ◇ *modal vb*: **you needn't wait** no hace falta que esperes; ~ **we go?** ¿tenemos que irnos?; **it** ~ **not happen** no tiene por qué ser así; **you needn't have come** no hacía falta que vinieras; **I needn't have bothered** no sé para qué. ♦ **needs** ◇ *npl* necesidades *fpl*. ◇ *adv*: **if** ~**s must** si es menester.

needful ['niːdfʊl] *adj fml* necesario(ria), requerido(da).

neediness ['niːdɪnɪs] *n* necesidad *f*, indigencia *f*.

needle ['niːdl] ◇ *n* aguja *f*; **to get the** ~ *inf fig* mosquearse; **to give sb the** ~ *inf fig* meterse con alguien, poner nervioso(sa) OR chinchar a alguien; **it's like looking for a** ~ **in a haystack** *fig* es como buscar una aguja en un pajar. ◇ *vt inf* [tease, annoy] pinchar.

needlecord ['niːdlkɔːd] *n* pana *f* fina.

needlecraft ['niːdlkrɑːft] *n* costura *f*.

needlefish ['niːdlfɪʃ] (*pl inv* OR **needlefishes**) *n* aguja *f* (pez).

needlepoint ['niːdlpɔɪnt] *n* encaje *m* de aguja.

needle-sharp *adj* [point] acerado(da); [eyes] de lince; [mind] agudo(da), perspicaz.

needless ['niːdlɪs] *adj* innecesario(ria); ~ **to say...** ni que decir tiene que..., está de más decir que....

needlessly ['niːdlɪslɪ] *adv* innecesariamente.

needle valve *n* válvula *f* de aguja.

needlewoman ['niːdl,wʊmən] (*pl* **needlewomen** [-,wɪmɪn]) *n* costurera *f*.

needlework ['niːdlwɜːk] *n* - **1.** [embroidery] bordado *m*. - **2.** (U) [activity] costura *f*.

needling ['niːdlɪŋ] *n* guasa *f*, chirigota *f*.

needn't ['niːdnt] *contr* = **need not**.

needy ['niːdɪ] (*compar* **needier**, *superl* **neediest**) ◇ *adj* necesitado(da). ◇ *npl*: **the** ~ los necesitados.

ne'er [neəʳ] *adv literary* = **never**.

ne'er-do-well *n* inútil *mf*.

nefarious [nɪ'feərɪəs] *adj fml* execrable, infame.

nefariousness [nɪ'feərɪəsnɪs] *n fml* infamia *f*.

negate [nɪ'geɪt] *vt fml* - **1.** [nullify] anular, invalidar. - **2.** [deny] negar.

negation [nɪ'geɪʃn] *n fml* invalidación *f*, anulación *f*.

negative ['negətɪv] ◇ *adj* negativo(va); ~ **earth** toma *f* de tierra negativa. ◇ *n* - **1.** PHOT negativo *m*. - **2.** LING partícula *f* negativa, negación *f*; **to answer in the** ~ decir que no, responder con una negativa.

negative equity *n* diferencia negativa entre el valor actual de mercado de una propiedad y la cantidad en que está hipotecada.

negatively ['negətɪvlɪ] *adv* negativamente.

negativeness ['negətɪvnɪs] *n* negación *f*.

negative sign *n* signo *m* menos.

negativism ['negətɪvɪzm] *n* negativismo *m*.

neglect [nɪ'glekt] ◇ *n* [of garden, work] descuido *m*, desatención *f*; [of duty] incumplimiento *m*, negligencia *f*; **a state of** ~ un estado de abandono; **through** ~ por negligencia. ◇ *vt* - **1.** [ignore] desatender. - **2.** [duty, work] no cumplir con; **to** ~ **to do sthg** dejar de hacer algo, olvidar hacer algo.

neglected [nɪ'glektɪd] *adj* desatendido(da).

neglectful [nɪ'glektfʊl] *adj* descuidado(da), negligente; **to be** ~ **of sthg/sb** desatender algo/a alguien.

neglectfully [nɪ'glektfʊlɪ] *adv* descuidadamente, con negligencia.

negligee ['neglɪʒeɪ] *n* salto *m* de cama.

negligence ['neglɪdʒəns] *n* negligencia *f*.

negligent ['neglɪdʒənt] *adj* negligente.

negligently ['neglɪdʒəntlɪ] *adv* con negligencia.

negligible ['neglɪdʒəbl] *adj* insignificante.

negotiability [nɪ,gəʊʃjə'bɪlətɪ] *f* negociabilidad *f*.

negotiable [nɪ'gəʊʃjəbl] *adj* negociable.

negotiate [nɪ'gəʊʃɪeɪt] ◇ *vt* - **1.** [obtain through negotiation] negociar. - **2.** [obstacle] salvar, franquear; [hill] remontar, superar; [bend] tomar. ◇ *vi*: **to** ~ **(with sb for sthg)** negociar (con alguien algo).

negotiating table [nɪ'gəʊʃɪeɪtɪŋ-] *n* mesa *f* de negociaciones.

negotiation [nɪ,gəʊʃɪ'eɪʃn] *n* negociación. ♦ **negotiations** *npl* negociaciones *fpl*; **to enter into/break off** ~**s (with sb)** entablar/romper negociaciones (con alguien).

negotiator [nɪ'gəʊʃɪeɪtəʳ] *n* negociador *m*, -ra *f*.

Negress ['niːgrɪs] *n* negra *f*.

negritude ['negrɪtjuːd] *n* negritud *f*.

Negro ['niːgrəʊ] (*pl* **Negroes**) ◇ *adj* negro(gra). ◇ *n* negro *m*, -gra *f*.

negroid ['niːgrɔɪd] *adj* negroide.

Negro spiritual *n* espiritual *m* negro.

Nehemiah [,niːɪ'maɪə] *n* Nehemías.

neigh [neɪ] ◇ *vi* relinchar. ◇ *n* relincho *m*.

neighbor *etc Am* = **neighbour** *etc*.

neighbour *Br*, **neighbor** *Am* ['neɪbəʳ] *n* - **1.** [person who lives near another] vecino *m*, -na *f*. - **2.** [fellow man] prójimo *m*. ♦ **neighbour on** *vt fus* [adjoin] estar contiguo(gua) a.

neighbourhood *Br*, **neighborhood** *Am* ['neɪbəhʊd] *n* - **1.** [of town] barrio *m*, vecindad *f*; **in the** ~ **(of)** en la zona (de). - **2.** [approximate figure]: **in the** ~ **of** alrededor de.

neighbourhood watch *n Br* vigilancia de un barrio llevada a cabo por los vecinos.

neighbouring *Br*, **neighboring** *Am* ['neɪbərɪŋ] *adj* vecino(na).

neighbourliness *Br*, **neighborliness** *Am* ['neɪbəlɪnɪs] *n* buena vecindad *f*.

neighbourly *Br*, **neighborly** *Am* ['neɪbəlɪ] *adj* de buen vecino, de buena vecina; **to be** ~ ser un buen vecino.

neither [*Br* 'naɪðəʳ, *esp Am* 'niːðəʳ] ◇ *adv*: **I don't drink!** - **me** ~ ¡no bebo! - yo tampoco; **the food was** ~ **good nor bad** la comida no era ni buena ni mala; ❑ **to be** ~ **here nor there** no tener nada que ver. ◇ *pron* ninguno(na); ~ **of us/them** ninguno de nosotros/ellos; ~ **of them fits** ninguno me está bien, ni uno ni otro me está bien. ◇ *adj*: ~ **cup is blue** ninguna de las dos tazas es azul. ◇ *conj*: ~... **nor...** ni... ni...; **she could** ~ **eat nor sleep** no podía ni comer ni dormir.

nematode ['nemətəʊd] *n* nematodo *m*.

nem con [,nem'kɒn] *adv* unánimemente, por unanimidad.

nemesis ['neməsɪs] *n literary* - **1.** [punishment] justo castigo *m*, némesis *f inv*. - **2.** [rival] rival *mf*.

neo- ['niːəʊ-] *prefix* neo-.

neoclassical [,niːəʊ'klæsɪkl] *adj* neoclásico(ca).

neoclassicism [,niːəʊ'klæsɪsɪzm] *n* neoclasicismo *m*.

neocolonial [,niːəʊkə'ləʊnɪəl] *adj* neocolonial.

neocolonialism [,niːəʊkə'ləʊnɪəlɪzm] *n* neocolonialismo *m*.

neofascism [,niːəʊ'fæʃɪzm] *n* neofascismo *m*.

neofascist [,niːəʊ'fæʃɪst] ◇ *adj* neofascista. ◇ *n* neofascista *mf*.

neolithic [,niːə'lɪθɪk] *adj* neolítico(ca).

neologism [niː'ɒlədʒɪzm] *n* neologismo *m*.

neon ['niːɒn] *n* neón *m*.

neon light *n* lámpara *f* OR luz *f* de neón.

neon sign *n* letrero *m* de neón.

neophyte ['niːəfaɪt] *n* neófito *m*, -ta *f*.

neoplasm ['niːəʊplæzm] *n* neoplasma *m*, neoplasia *f*.

neoprene ['nɪəpriːn] *n* neopreno *m*.

Nepal [nɪ'pɔːl] *n* (el) Nepal.

Nepalese [nepə'liːz] *(pl inv)* ◇ *adj* nepalés(esa). ◇ *n* [person] nepalés *m*, -esa *f*.

Nepali [nɪ'pɔːlɪ] *n* [language] nepalés *m*, nepalí *m*.

nepenthe [nɪ'penθiː] *n* MYTH nepente *m*.

nephew ['nefjuː] *n* sobrino *m*.

nephritic [nɪ'frɪtɪk] *adj* nefrítico(ca).

nephritis [nɪ'fraɪtɪs] *n* nefritis *f inv*.

nepotism ['nepətɪzm] *n* nepotismo *m*.

Neptune ['neptjuːn] *n* Neptuno *m*.

neptunium [nep'tjuːnɪəm] *n* neptunio *m*.

nerd [nɜːd] *n* payaso *m*, -sa *f*, zampabollos *mf inv*.

nerve [nɜːv] ◇ *n* - **1.** ANAT & BOT nervio *m*; **to strain every ~ (to do sthg)** *fig* esforzarse al máximo (por hacer algo). - **2.** [courage] valor *m*; **to keep one's ~** mantener la calma, no perder los nervios; **to lose one's ~** echarse atrás, perder el valor. - **3.** [cheek] cara *f*; **to have the ~ to do sthg** tener la cara de hacer algo. ◇ *vt fml* animar.
◆ **nerves** *npl* nervios *mpl*; **to get on sb's ~s** sacar de quicio OR poner los nervios de punta a alguien; **to have ~s of steel** tener nervios de acero.

nerve cell *n* célula *f* nerviosa, neurona *f*.

nerve centre *n* - **1.** ANAT centro *m* nervioso. - **2.** *fig* [headquarters] punto *m* OR centro *m* neurálgico.

nerve fibre *n* fibra *f* nerviosa.

nerve gas *n* gas *m* nervioso.

nerveless ['nɜːvlɪs] *adj* [calm] sin nervios, tranquilo(la).

nerve-racking [-ˌrækɪŋ] *adj* crispante, angustioso(sa).

nervous ['nɜːvəs] *adj* - **1.** ANAT nervioso(sa). - **2.** [apprehensive] inquieto(ta), nervioso(sa); **to be ~ of sthg/of doing sthg** tener miedo a algo/a hacer algo; **to be ~ about sthg** estar inquieto por algo; **to get ~** ponerse nervioso; **it makes me ~** me pone nervioso. - **3.** [highly strung] nervioso(sa), tenso(sa).

nervous breakdown *n* crisis *f inv* nerviosa.

nervously ['nɜːvəslɪ] *adv* con nerviosismo, nerviosamente.

nervousness ['nɜːvəsnɪs] *n* nerviosismo *m*.

nervous system *n* sistema *m* nervioso.

nervous wreck *n* manojo *m* de nervios.

nervy ['nɜːvɪ] *(compar* **nervier**, *superl* **nerviest)** *adj* - **1.** *inf* [nervous] nervioso(sa). - **2.** *Am* [cheeky] descarado(da).

Ness [nes] *n*: **Loch ~** el lago Ness; **the Loch~ monster** el monstruo del lago Ness.

Nessie ['nesɪ] *n* apelativo popular del monstruo del lago Ness.

nest [nest] ◇ *n* - **1.** [for birds etc] nido *m*; [nestful] nidada *f*; **ant's ~** hormiguero *m*; **wasps' ~** avispero *m* ❏ **to feather one's ~** *fig* hacer (uno) su agosto (a costa de los demás); **to leave the ~** *fig* irse a vivir por su cuenta. - **2.** [of boxes, drawers] juego *m*; **~ of tables** mesas *fpl* nido. - **3.** *fig* [for brigands, machine guns] nido *m*. ◇ *vi* anidar. ◇ *vt* - **1.** [animal, bird] servir de nido a. - **2.** [tables, boxes] encajar.

nest box *n* [in henhouse] ponedero *m*; [in birdhouse] nidal *m*.

nest egg *n* ahorros *mpl*.

nesting ['nestɪŋ] *n* nidificación *f*.

nesting box *n* = **nest box**.

nestle ['nesl] ◇ *vi* - **1.** [settle snugly - in chair] arrellanarse; [- in bed] acurrucarse; **to ~ (up) against** arrimarse a, apretarse contra. - **2.** [be situated] estar situado(da) OR emplazado(da). ◇ *vt*: **to be ~d among** estar situado(da) entre.

nestling ['neslɪŋ] *n* pajarito *m*.

net [net] *(pt & pp* **netted**, *cont* **netting)** ◇ *adj* - **1.** [weight, price, loss] neto(ta). - **2.** [final] final. ◇ *n* - **1.** [gen] red *f*. - **2.** [fabric] tul *m*, malla *f*. - **3.** [in football, hockey] red *f*, mallas *fpl*. - **4.** [income, profit, weight] neto *m*. ◇ *vt* - **1.** [catch] coger con red. - **2.** [acquire] embolsarse. - **3.** [gain as profit - subj: person] obtener un beneficio neto de; [- subj: deal] reportar un beneficio neto de.

netball ['netbɔːl] *n deporte parecido al baloncesto femenino*.

net curtains *npl* visillos *mpl*.

nether ['neðə'] *adj literary* inferior.

Netherlander ['neðələndə'] *n* holandés *m*, -sa *f*.

Netherlands ['neðələndz] *npl*: **the ~** los Países Bajos.

nethermost ['neðəməʊst] *adj literary* más bajo, más baja.

netherworld ['neðəwɜːld] *n literary* - **1.** [Hades] reino *m* de los muertos. - **2.** [hell] infierno *m*.

net profit *n* beneficio *m* neto.

net revenue *n Am* facturación *f*.

nett [net] = **net**. *adj sense 1, n sense 4, vt sense 3*.

netting ['netɪŋ] *n* red *f*, malla *f*.

nettle ['netl] ◇ *n* ortiga *f*; **to grasp the ~** *fig* coger el toro por los cuernos. ◇ *vt* irritar, molestar.

nettled ['netld] *adj* irritado(da), molesto(ta).

nettle rash *n* urticaria *f*.

nettlesome ['netlsəm] *adj literary* irritante, molesto(ta).

network ['netwɜːk] ◇ *n* - **1.** [gen & COMPUT] red *f*. - **2.** RADIO & TV [station] cadena *f*. - **3.** [of streets]: **road ~** red *f* de carreteras. ◇ *vt* - **1.** RADIO & TV [broadcast] emitir en toda la cadena. - **2.** COMPUT conectar a la red. ◇ *vi* [establish business contacts] hacer OR establecer contactos.

networking ['netwɜːkɪŋ] *n* [gen & COMM] creación *f* de una red de contactos; COMPUT conexión *f* de redes.

network TV *n* red *f* de (cadenas de) televisión.

neural ['njʊərəl] *adj* de los nervios.

neuralgia [njʊə'rældʒə] *n* neuralgia *f*.

neuralgic [njʊə'rældʒɪk] *adj* neurálgico(ca).

neurasthenia [ˌnjʊərəs'θiːnjə] *n* neurastenia *f*.

neuritis [njʊə'raɪtɪs] *n* neuritis *f inv*.

neurological [ˌnjʊərə'lɒdʒɪkl] *adj* neurológico(ca).

neurologist [njʊə'rɒlədʒɪst] *n* neurólogo *m*, -ga *f*.

neurology [ˌnjʊə'rɒlədʒɪ] *n* neurología *f*.

neuron ['njʊərɒn], **neurone** ['njʊərəʊn] *n* neurona *f*.

neuropathy [ˌnjʊə'rɒpəθɪ] *n* neuropatía *f*.

neurosis [ˌnjʊə'rəʊsɪs] *(pl* **neuroses** [-siːz]) *n* neurosis *f inv*.

neurosurgeon ['njʊərəʊˌsɜːdʒən] *n* neurocirujano *m*, -na *f*.

neurosurgery [ˌnjʊərəʊ'sɜːdʒərɪ] *n* neurocirugía *f*.

neurotic [njʊə'rɒtɪk] ◇ *adj* neurótico(ca). ◇ *n* neurótico *m*, -ca *f*.

neuter ['njuːtə'] ◇ *adj* neutro(tra). ◇ *n* - **1.** GRAMM neutro *m*. - **2.** VETER animal *m* castrado. ◇ *vt* castrar.

neutral ['njuːtrəl] ◇ *adj* - **1.** [gen] neutro(tra); [shoe cream] incoloro(ra). - **2.** [non - allied] neutral. - **3.** [unexpressive] inexpresivo(va). ◇ *n* - **1.** AUT punto *m* muerto. - **2.** [country] país *m* neutral; [person] persona *f* neutral.

neutralism ['njuːtrəlɪzm] *n* neutralismo *m*.

neutrality [njuː'trælətɪ] *n* neutralidad *f*.

neutralization [ˌnjuːtrəlaɪ'zeɪʃn] *n* neutralización *f*.

neutralize, -ise ['njuːtrəlaɪz] *vt* neutralizar.

neutral spirits *n* (U) *Am* alcohol *m* etílico.

neutron ['njuːtrɒn] *n* neutrón *m*.

neutron bomb *n* bomba *f* de neutrones.

Nevada [nɪ'vɑːdə] *n* Nevada.

never ['nevə'] *adv* - **1.** [at no time] nunca, jamás; **~ again** nunca más; **~ before** nunca (en la vida); **~ ever** nunca jamás, nunca en la vida; **well I ~**! ¡vaya!, ¡caramba! - **2.** *inf* [as negative] no; **you ~ did!** ¡no (me digas)!; **that will ~ do!** ¡es inadmisible OR intolerable!, ¡eso no basta!

never-ending *adj* interminable, inacabable.

nevermore [ˌnevə'mɔː'] *adv literary* nunca más.

never-never *n Br inf*: **on the ~** a plazos.

never-never land *n* país *m* de ensueños, Jauja.

nevertheless [,nevəðə'les] *adv* sin embargo, no obstante.

new [njuː] *adj* [gen] nuevo(va); [baby] recién nacido, recién nacida; **to be ~ to sthg** ser nuevo(va) en algo; **to be ~ to sb** ser desconocido(da) OR nuevo(va) para alguien; **everything's still very ~ to me here** aquí todo me resulta muy nuevo todavía ❑ **it's as good as ~** está como nuevo; **to feel like a ~ man/woman** sentirse como nuevo/nueva, sentirse otro/otra; **that's nothing ~** ¿y que tiene eso de nuevo?; **what's ~?** ¿qué hay (de nuevo)?, ¿(hola) qué tal?

new- [njuː] *in cpds*: **~won freedom** libertad *f* recién adquirida; **~built** recién construido.

New Age *n* movimiento que gira en torno a las ciencias ocultas, medicinas alternativas, religiones orientales etc.

New Age traveller *n* persona sin domicilio fijo que suele vivir en una rulot y dentro de una comunidad al margen de las convenciones sociales.

new blood *n* fig sangre *f* OR savia *f* nueva.

newborn ['njuːbɔːn] ◇ *adj* recién nacido, recién nacida. ◇ *npl*: **the ~** los recién nacidos.

new boy *n* novato *m*, chico *m* nuevo.

new broom *n* renovador *m*, -ra *f*.

New Brunswick *n* New Brunswick.

New Caledonia *n* Nueva Caledonia.

New Caledonian ◇ *adj* neocaledonio(nia). ◇ *n* neocaledonio *m*, -nia *f*.

newcomer ['njuː,kʌmə'] *n*: **~ (to)** recién llegado *m*, recién llegada *f* (a).

New Delhi *n* Nueva Delhi.

newel ['njuːəl] *n* nabo *m*, eje *m*.

newel post *n* poste *m* de una escalera.

New England *n* Nueva Inglaterra.

New Englander ['-ɪŋləndə'] *n* natural o habitante de Nueva Inglaterra.

newfangled ['njuːfæŋgld] *adj* inf pej novedoso(sa).

new-found *adj* [gen] recién descubierto, recién descubierta; [friend] reciente.

Newfoundland ['njuːfəndlənd] *n* Terranova.

Newfoundlander ['njuːfəndləndə'] *n* natural o habitante de Terranova.

new girl *n* [gen] chica *f* nueva, novata *f*; [in office, team] chica *f* nueva.

New Guinea *n* Nueva Guinea.

New Hampshire ['-hæmpʃə'] *n* New Hampshire.

New Hebrides *npl*: **the ~** las Nuevas Hébridas.

New Jersey *n* Nueva Jersey.

new-laid *adj* Br : **a ~ egg** un huevo recién puesto OR muy fresco.

newly ['njuːlɪ] *adv* recién.

newlyweds ['njuːlɪwedz] *npl* recién casados *mpl*.

New Mexico *n* Nuevo Méjico.

new moon *n* luna *f* nueva.

new-mown *adj* Br recién cortado (recién cortada).

newness ['njuːnɪs] *n* novedad *f*.

New Orleans ['-ɔːlɪənz] *n* Nueva Orleans.

New Quebec *n* New Quebec.

new rich *npl* nuevos ricos *mpl*.

news *n* (U) [information] noticias *fpl*; **a piece of ~s** una noticia; **local ~s** noticias *fpl* de la ciudad; **the ~s** las noticias; **that's good ~s** ¡qué buena noticia! ❑ **have I got ~s for you!** ¡tengo noticias para ti!; **that's ~s to me** me coge de nuevas; **to be bad ~s** [person, thing] no traer más que problemas; **to break the ~ to sb** dar la noticia a alguien; **no ~s is good ~s** proverb si no hay noticias no es mala señal.

news agency *n* agencia *f* de noticias.

newsagent Br ['njuːzˌeɪdʒənt], **newsdealer** Am ['njuːzˌdiːlə'] *n* [person] vendedor *m*, -ra *f* de periódicos; **~'s (shop)** ≃ quiosco *m* de periódicos.

news analyst *n* Am comentarista *mf*.

newsboy ['njuːzbɔɪ] *n* [in street] vendedor *m* de periódicos; [delivery boy] repartidor *m* de periódicos.

news bulletin *n* boletín *m* de noticias.

newscast ['njuːzkɑːst] *n* TV telediario *m*; RADIO noticiario *m*, diario *m* hablado.

newscaster ['njuːzkɑːstə'] *n* presentador *m*, -ra *f*, locutor *m*, -ra *f*.

news conference *n* rueda *f* OR conferencia *f* de prensa.

newsdealer *n* Am = **newsagent**.

news desk *n* (mesa *f* de) redacción *f*.

news editor *n* redactor *m*, ra *f* (de noticias).

newsflash ['njuːzflæʃ] *n* flash *m* informativo, noticia *f* de última hora.

news headlines *npl* titulares *mpl*.

newshound ['njuːzhaʊnd] *n* sabueso *m* de la prensa.

news item *n* noticia *f*, información *f*.

newsletter ['njuːzˌletə'] *n* boletín *m*, hoja *f* informativa.

newsman ['njuːzmən] (*pl* **newsmen** [-mən]) *n* periodista *m*, reportero *m*.

New South Wales *n* Nueva Gales del Sur.

newspaper ['njuːzˌpeɪpə'] ◇ *n* - **1.** [publication, company] periódico *m*, diario *m*. - **2.** [paper] papel *m* de periódico. ◇ *comp* [article, report] periodístico(ca); **~ reporter** reportero *m*, -ra *f*, periodista *mf*.

newspaper clipping, **newspaper cutting** *n* recorte *m* de prensa.

newspaperman ['njuːzˌpeɪpəmæn] (*pl* **newspapermen** [-men]) *n* periodista *mf*.

newspaper rack *n* revistero *m*.

newspaperwoman ['njuːzˌpeɪpəˌwʊmən] (*pl* **newspaperwomen** [-ˌwɪmɪn]) *n* periodista *f*.

newspeak ['njuːspiːk] *n* neolengua *f*, jerga *f* burocrática.

newsprint ['njuːzprɪnt] *n* papel *m* prensa.

newsreader ['njuːzˌriːdə'] *n* presentador *m*, -ra *f*, locutor *m*, -ra *f*.

newsreel ['njuːzriːl] *n* noticiario *m* cinematográfico.

news release *n* comunicado *m* de prensa.

newsroom ['njuːzruːm] *n* (sala *f* de) redacción *f*.

newssheet ['njuːzʃiːt] *n* boletín *m*, hoja *f* informativa.

newsstand ['njuːzstænd] *n* puesto *m* OR quiosco *m* de periódicos.

news value *n* interés *m* periodístico.

newsvendor ['njuːzˌvendə'] *n* vendedor *m*, -ra *f* de periódicos, vendedor callejero *m*, vendedora callejera *f* de periódicos.

newsworthy ['njuːzˌwɜːðɪ] *adj* de interés periodístico.

newsy ['njuːzɪ] (*compar* **newsier**, *superl* **newsiest**) *adj* [letter] lleno(na) de noticias OR novedades.

newt [njuːt] *n* tritón *m*.

new technology *n* nueva tecnología *f*.

New Testament *n*: **the ~** el Nuevo Testamento.

newton ['njuːtn] *n* newton *m*, neutonio *m*.

Newtonian [njuːˈtəʊnjən] *adj* newtoniano(na).

new town *n* Br nueva localidad creada con financiación gubernamental con el objetivo de absorber parte del exceso de población de una gran ciudad.

new wave *n* nueva ola *f*.

New World *n*: **the ~** el Nuevo Mundo.

New Year *n* Año *m* Nuevo; **Happy ~!** ¡Feliz Año Nuevo!; **to see in the ~** celebrar el Año Nuevo.

New Year's Day *n* día *m* de Año Nuevo.

New Year's Eve *n* Nochevieja *f*.

New Year's Honours *n*: **the ~** lista de personas que reciben un título nobiliario de manos de la corona británica el día de Año Nuevo.

New York *n* - **1.** [city]: **~ (City)** Nueva York. - **2.** [state]: **~ (State)** (el estado de) Nueva York.

New Yorker [ˈjɔːkəʳ] *n* neoyorquino *m*, -na *f*.

New Zealand [ˈziːlənd] *n* Nueva Zelanda.

New Zealander [ˈziːləndəʳ] *n* neozelandés *m*, -esa *f*.

next [nekst] ◇ *adj* - **1.** [in time] próximo(ma); **the ~ day** el día siguiente; **~ Tuesday/year** el martes/el año que viene; **~ week** la semana próxima OR que viene; **the ~ week** los próximos siete días. - **2.** [in space - page, person in queue] siguiente; [- room] de al lado; **who's ~?** ¿a quién le toca? ❏ **I can take a joke as well as the ~ person, but...** puedo aguantar una broma como el que más OR como cualquiera, pero...; **as good as the ~ man** tan bueno como cualquiera; **(the) ~ thing I knew, I was lying on the ground** de repente OR de buenas a primeras, estaba tirado en el suelo. ◇ *pron* el siguiente, la siguiente; **the day after ~** pasado mañana; **the week after ~** la semana que viene no, la otra; **from one day to the ~** de un día para otro; **from one moment to the ~** al (poco) rato. ◇ *adv* - **1.** [afterwards] después; **what** OR **whatever ~?** ¿y ahora, qué? - **2.** [again] de nuevo. - **3.** [with superlatives]: **~ best/biggest** *etc* el segundo mejor/más grande *etc*. ◇ *prep Am* al lado de, junto a.
♦ **next to** *prep* al lado de, junto a; **~ to nothing** casi nada.

next door *adv* (en la casa de) al lado.
♦ **next-door** *adj*: **next-door neighbour** vecino *m*, -na *f* de al lado.

next of kin *n* pariente más cercano *m*, pariente más cercana *f*.

nexus [ˈneksəs] (*pl inv* OR **nexuses**) *n* nexo *m*.

NF ◇ *n abbr of* **National Front**. ◇ *written abbr of* **Newfoundland**.

NFL (*abbr of* **National Football League**) *n* federación estadounidense de fútbol americano.

NFU (*abbr of* **National Farmers' Union**) *n* asociación británica de agricultores.

NG *abbr of* **National Guard**.

NGO (*abbr of* **non-governmental organization**) *n* ONG *f*.

NH *written abbr of* **New Hampshire**.

NHL (*abbr of* **National Hockey League**) *n* federación estadounidense de hockey sobre hielo.

NHS *n abbr of* **National Health Service**.

NI ◇ *n abbr of* **National Insurance**. ◇ *written abbr of* **Northern Ireland**.

niacin [ˈnaɪəsɪn] *n* niacina *f*, ácido *m* nicotínico.

Niagara [naɪˈægərə] *n*: **~ Falls** las cataratas del Niágara.

nib [nɪb] *n* - **1.** [of fountain pen] plumilla *f*. - **2.** [of ballpoint] punta *f*.

nibble [ˈnɪbl] ◇ *n* - **1.** [morsel] mordisquito *m*, bocadito *m*. - **2.** [snack] pinchito *m*, aperitivo *m*. - **3.** *fig* [offer] oferta *f*. ◇ *vi*: **to ~ at sthg** mordisquear algo.
♦ **nibbles** *npl* [at party] cosas *fpl* para picar, aperitivos *mpl*.

nibs [nɪbz] *n Br inf hum*: **his ~** su señoría, el señor.

Nicaragua [ˌnɪkəˈrægjuə] *n* Nicaragua.

Nicaraguan [ˌnɪkəˈrægjuən] ◇ *adj* nicaragüense. ◇ *n* nicaragüense *mf*.

nice [naɪs] ◇ *adj* - **1.** [attractive] bonito(ta); [good] bueno(na). - **2.** [kind] amable; [pleasant, friendly] agradable, simpático(ca), dije *Amér*; **to be ~ to sb** ser agradable con alguien; **to have a ~ time** pasarlo bien. - **3.** [expressing aproval]: **~ one!** ¡bravo!, ¡muy bien! - **4.** [respectable] respetable, decente; **that's not ~** eso no se hace. - **5.** *phr*: **that's a ~ thing to say!** *iro* vaya, ¡muy amable! OR ¡muchas gracias! ◇ *adv* - **1.** [well] bien; **that smells ~** eso huele bien. - **2.** [with 'and']: **it's ~ and warm in here** aquí se está bien calentito; **~ and early** bien tempranito.

nice-looking *adj* [person] atractivo(va), guapo(pa); [car, room] bonito(ta).

nicely [ˈnaɪslɪ] *adv* - **1.** [well, attractively] bien. - **2.** [politely] educadamente, con educación. - **3.** [satisfactorily] bien; **that will do ~** esto irá de perlas; **he's getting on ~** va muy bien.

niceness [ˈnaɪsnɪs] *n* [of person] amabilidad *f*.

nicety [ˈnaɪsətɪ] (*pl* **niceties**) *n* detalle *m*.

niche [niːʃ] *n* - **1.** [in wall] nicho *m*, hornacina *f*. - **2.** [suitable place, job etc] buena posición *f*; **to find one's ~ in life** encontrar (uno) su lugar en la vida. - **3.** [in market] hueco *m*.

Nicholas [ˈnɪkələs] *n*: **Saint ~** san Nicolás.

nick [nɪk] ◇ *n* - **1.** [cut] cortecito *m*; [notch] muesca *f*. - **2.** *Br inf* [jail]: **the ~** el trullo, la trena. - **3.** *Br inf* [condition]: **in good/bad ~** en buenas/malas condiciones. - **4.** *phr*: **in the ~ of time** justo a tiempo. ◇ *vt* - **1.** [cut] cortar; [make notch in] mellar. - **2.** *Br inf* [steal] birlar, mangar. - **3.** *Br inf* [arrest] trincar, pillar.

Nick [nɪk] *n*: **Old ~** Pedro Botero, el demonio.

nickel [ˈnɪkl] *n* - **1.** [metal] níquel *m*. - **2.** *Am* [coin] moneda *f* de cinco centavos.

nickel-and-dime store *n Am* baratillo *m*, ≈ todo a cien *m*.

nickelodeon [ˌnɪklˈəʊdɪən] *n* - **1.** *Am* [jukebox] máquina *f* de discos. - **2.** *dated* [cinema] cine *m*.

nickel-plated *adj* niquelado(da).

nickel-plating *n* niquelado *m*.

nickel silver *n* alpaca *f*, plata *f* alemana.

nick-nack [ˈnɪknæk] *n* = **knick-knack**.

nickname [ˈnɪkneɪm] ◇ *n* apodo *m*. ◇ *vt* apodar.

Nicosia [ˌnɪkəˈsiːə] *n* Nicosia.

nicotine [ˈnɪkətiːn] *n* nicotina *f*.

nicotine patch *n* parche *m* (nicotínico OR de nicotina).

niece [niːs] *n* sobrina *f*.

Nietzschean [ˈniːtʃɪən] *adj* nietzscheano(na).

niff [nɪf] *Br inf* ◇ *n* mal olor *m*, tufo *m*. ◇ *vi* apestar.

niffy [ˈnɪfɪ] (*compar* **niffier**, *superl* **niffiest**) *adj Br inf* apestoso(sa), maloliente.

nifty [ˈnɪftɪ] (*compar* **niftier**, *superl* **niftiest**) *adj inf* - **1.** [effective] apañado(da). - **2.** [very good] formidable, estupendo(da).

Niger [*sense 1* niːˈʒeəʳ, *sense 2* ˈnaɪdʒəʳ] *n* - **1.** [country] Níger. - **2.** [river]: **the (River) ~** el (río) Níger.

Nigeria [naɪˈdʒɪərɪə] *n* Nigeria.

Nigerian [naɪˈdʒɪərɪən] ◇ *adj* nigeriano(na). ◇ *n* nigeriano *m*, -na *f*.

Nigerien [niːˈʒeərɪən] ◇ *adj* nigerino(na). ◇ *n* nigerino *m*, -na *f*.

niggard [ˈnɪgəd] *n* avaro *m*, -ra *f*, tacaño *m*, -ña *f*.

niggardliness [ˈnɪgədlɪnɪs] *n* avaricia *f*, tacañería *f*.

niggardly [ˈnɪgədlɪ] *adj* [person] avaro(ra), tacaño(ña); [gift, amount] miserable.

nigger [ˈnɪgəʳ] *n* término racista para designar a una persona de raza negra.

niggle [ˈnɪgl] ◇ *n* [worry] duda *f* (insignificante). ◇ *vt* - **1.** [worry] inquietar. - **2.** [criticize] meterse con, criticar. ◇ *vi* - **1.** [worry]: **it ~d at me all day** le di vueltas todo el día. - **2.** [criticize] criticar, quejarse. - **3.** [fuss over details] pararse en pequeñeces, reparar en minucias.

niggling [ˈnɪglɪŋ] *adj* [person] puntilloso(sa), meticuloso(sa); [detail] insignificante.

niggly [ˈnɪglɪ] (*compar* **nigglier**, *superl* **niggliest**) *adj inf* quisquilloso(sa), puntilloso(sa).

nigh [naɪ] *literary* ◇ *adv* [near] cerca; **well ~** [almost] casi. ◇ *adj* próximo(ma). ◇ *prep* cerca de.

night [naɪt] *n* - **1.** [late] noche *f*; [evening] tarde *f*; **to stay out all ~** trasnochar; **all ~ long** toda la noche; **deep** OR **far** OR **late into the ~** hasta altas horas de la noche; **last ~** anoche, ayer por la noche; **tomorrow/Monday ~** mañana/el lunes por la noche; **the ~ before last** anteanoche; **at ~** por la noche, de noche; **in the ~** por la noche; **~ and day**, **day and ~** noche y día, día y noche; **to be up all ~** no acostarse en toda la noche; **to have a bad ~** pasar una mala noche, dormir mal; **to have an early/a late ~** irse a dormir pronto/tarde; **to have a ~ out** salir por la noche; **to stay** OR **spend the ~** pasar la noche, pernoctar; **to stay up**

late at ~ trasnochar ❑ **it'll be all right on the** ~ todo irá bien, ya verás; **to make a** ~ **of it** *inf* pasarse la noche de juerga; **the** ~ **is young** la noche es joven. **- 2.** *fig* [darkness] oscuridad *f.* **- 3.** THEATRE: **gala** ~ noche *f* de gala.
♦ **nights** *adv* **- 1.** *Am* [at night] por las noches. **- 2.** *Br* [nightshift]: **to work** ~**s** hacer el turno de noche.

night bird *n* **- 1.** ZOOL ave *f* nocturna. **- 2.** *fig* [person] noctámbulo *m*, -la *f*, trasnochador *m*, -ra *f*.

night blindness *n* ceguera *f* nocturna.

nightcap ['naɪtkæp] *n* **- 1.** [drink] bebida que se toma antes de ir a dormir. **- 2.** [hat] gorro *m* de dormir.

nightclothes ['naɪtkləʊðz] *npl* ropa *f* de dormir.

nightclub ['naɪtklʌb] *n* club *m* nocturno.

nightclubbing ['naɪtklʌbɪŋ] *n*: **to go** ~ ir de copas.

nightdress ['naɪtdres] *n* camisón *m*, dormilona *f Amér.*

night editor *n* redactor *m*, -ra *f* de cierre (de edición).

nightfall ['naɪtfɔːl] *n* anochecer *m*.

nightgown ['naɪtgaʊn] *n* camisón *m*, dormilona *f Amér.*

nighthawk ['naɪthɔːk] *n* **- 1.** ZOOL chotacabras *m inv.* **- 2.** = **night owl**.

nightie ['naɪtɪ] *n inf* camisón *m*.

nightingale ['naɪtɪŋgeɪl] *n* ruiseñor *m*.

nightjar ['naɪtdʒɑːʳ] *n* chotacabras *m inv.*

night letter *n Am* telegrama de tarifa reducida que se entrega la mañana siguiente.

nightlife ['naɪtlaɪf] *n* vida *f* nocturna.

nightlight ['naɪtlaɪt] *n* lucecita *f (que se deja encendida durante la noche).*

nightlong ['naɪtlɒŋ] ◇ *adj* que dura toda la noche. ◇ *adv* durante toda la noche.

nightly ['naɪtlɪ] ◇ *adj* nocturno(na), de cada noche. ◇ *adv* cada noche, todas las noches.

nightmare ['naɪtmeəʳ] *n lit & fig* pesadilla *f.*

nightmarish ['naɪtmeərɪʃ] *adj* horripilante, de pesadilla.

night-night *excl inf* ¡buenas noches!, ¡hasta mañana!

night nurse *n* enfermero *m*, -ra *f* de noche.

night owl *n fig* noctámbulo *m*, -la *f.*

night porter *n* recepcionista *mf* (del turno) de noche.

night safe *n* caja *f* fuerte *(en la pared exterior de un banco).*

night school *n (U)* escuela *f* nocturna.

nightshade ['naɪtʃeɪd] *n* hierba *f* mora, solano *m.*

night shift *n* turno *m* de noche.

nightshirt ['naɪtʃɜːt] *n* camisa *f* de dormir (masculina).

night soil *n* estiércol *m (de excrementos humanos).*

nightspot ['naɪtspɒt] *n* club *m* nocturno.

nightstick ['naɪtstɪk] *n Am* porra *f.*

night storage heater *n* acumulador *m* (de calor).

nighttime ['naɪttaɪm] *n* noche *f;* **at** ~ de noche.

night vision *n* visión *f* nocturna.

night watchman *n* vigilante *m* nocturno, nochero *m Amér.*

nightwear ['naɪtweəʳ] *n* ropa *f* de dormir.

nighty ['naɪtɪ] *n* = **nightie**.

nihilism ['naɪɪlɪzm] *n* nihilismo *m.*

nihilist ['naɪɪlɪst] *n* nihilista *mf.*

nihilistic [ˌnaɪɪ'lɪstɪk] *adj* nihilista.

Nike ['naɪkiː] *n* MYTH Niké *f.*

nil [nɪl] *n* **- 1.** [nothing] nada *f.* **- 2.** *Br* SPORT cero *m.*

Nile [naɪl] *n*: **the (River)** ~ *Br*, **the** ~ **River** *Am* el Nilo.

nimbi ['nɪmbaɪ] *pl* → **nimbus**.

nimble ['nɪmbl] *adj* **- 1.** [person, fingers] ágil. **- 2.** [mind] rápido(da).

nimbly ['nɪmblɪ] *adv* ágilmente, con agilidad.

nimbostratus [ˌnɪmbəʊ'streɪtəs] *n* nimboestrato *m.*

nimbus ['nɪmbəs] *(pl* **nimbi** [-baɪ] OR **nimbuses)** *n* **- 1.** METEOR nimbo *m.* **- 2.** [halo] nimbo *m*, aureola *f.*

nincompoop ['nɪŋkəmpuːp] *n inf* majadero *m*, -ra *f*, necio *m*, -cia *f.*

nine [naɪn] *num* nueve; ~ **times out of ten** el noventa por ciento de las veces ❑ **to be dressed up to the** ~**s** ir de punta en blanco; *see also* **six**.

ninefold ['naɪnfəʊld] ◇ *adj* multiplicado(da) por nueve. ◇ *adv* nueve veces, por nueve; **to increase** ~ multiplicar(se) por nueve.

ninepin ['naɪnpɪn] *n* bolo *m;* **to go down like** ~**s** *fig* caer como moscas.
♦ **ninepins** *n* [game] bolos *mpl.*

nineteen [ˌnaɪn'tiːn] *num* diecinueve; **they were talking** ~ **to the dozen** *Br fig* hablaban por los codos; *see also* **six**.

nineteenth [ˌnaɪn'tiːnθ] ◇ *num adj* decimonoveno(na); **the** ~ **hole** *hum* [in golf] el bar. ◇ *num n* **- 1.** [fraction] decimonoveno *m.* **- 2.** [in order] decimonoveno *m*, -na *f; see also* **sixth**.

ninetieth ['naɪntɪəθ] ◇ *num adj* nonagésimo(ma). ◇ *num n* **- 1.** [fraction] nonagésimo *m.* **- 2.** [in order] nonagésimo *m*, -ma *f; see also* **sixth**.

nine-to-five ◇ *adv* de nueve de la mañana a cinco de la tarde; **to work** ~ trabajar de nueve a cinco, tener horario de oficina. ◇ *adj* [job] rutinario *m*(ria) *f;* [mentality, attitude] de oficinista, de chupatintas.

ninety ['naɪntɪ] *num* noventa; *see also* **sixty**.

ninny ['nɪnɪ] *(pl* **ninnies)** *n inf* tonto *m*, -ta *f*, bobo *m*, -ba *f.*

ninth [naɪnθ] ◇ *num adj* noveno(na). ◇ *num n* **- 1.** [fraction] noveno *m.* **- 2.** [in order] noveno *m*, -na *f; see also* **sixth**.

nip [nɪp] *(pt & pp* **nipped,** *cont* **nipping)** ◇ *n* **- 1.** [pinch] pellizco *m;* [bite] mordisco *m.* **- 2.** [of drink] trago *m.* **- 3.** [in taste] sabor *m* picante. **- 4.** *phr:* **there's a** ~ **in the air** hace fresco; **to be** ~ **and tuck** estar muy igualados(das). ◇ *vt* [pinch] pellizcar; [bite] mordisquear. ◇ *vi inf* [dash]: **to** ~ **out** salir un momento.
♦ **nip off** *vt sep* cortar.

nipper ['nɪpəʳ] *n* **- 1.** *Br inf* [child] chiquillo *m*, chaval *m*, chigüín *m Amér.* **- 2.** [of crab, lobster] pinza *f.*
♦ **nippers** *npl* [tool] pinzas *fpl*, tenazas *fpl.*

nipple ['nɪpl] *n* **- 1.** [of woman] pezón *m;* [of man] tetilla *f.* **- 2.** [of baby's bottle] tetilla *f*, tetina *f.*

nippy ['nɪpɪ] *(compar* **nippier,** *superl* **nippiest)** *adj* **- 1.** [cold] fresco(ca); **it's a bit** ~ **this morning** hace fresquito esta mañana. **- 2.** [quick] rápido(da).

nirvana [ˌnɪə'vɑːnə] *n* nirvana *m.*

Nissen hut ['nɪsn-] *n* refugio *m* militar.

nit [nɪt] *n* **- 1.** [in hair] liendre *f.* **- 2.** *Br inf* [idiot] idiota *mf*, imbécil *mf.*

niter *n Am* = **nitre**.

nitpick ['nɪtpɪk] *vi inf* pararse en nimiedades.

nitpicking ['nɪtpɪkɪŋ] *inf* ◇ *adj* puñetero(ra). ◇ *n (U)* nimiedades *fpl.*

nitrate ['naɪtreɪt] *n* nitrato *m.*

nitre *Br*, **niter** *Am* ['naɪtəʳ] *n* nitro *m*, nitrato *m* potásico.

nitric ['naɪtrɪk] *adj* nítrico(ca).

nitric acid *n* ácido *m* nítrico.

nitrification [ˌnaɪtrɪfɪ'keɪʃn] *n* nitrificación *f.*

nitrite ['naɪtraɪt] *n* nitrito *m.*

nitrogen ['naɪtrədʒən] *n* nitrógeno *m.*

nitroglycerin(e) [*Br* ˌnɪtrəʊ'glɪsərɪːn, *Am* ˌnaɪtrəʊ'glɪsərɪn] *n* nitroglicerina *f.*

nitrous ['naɪtrəs] *adj* nitroso(sa).

nitty-gritty [ˌnɪtɪ'grɪtɪ] *n inf:* **to get down to the** ~ ir al grano, ir al meollo (del asunto).

nitwit ['nɪtwɪt] *n inf* idiota *mf*, imbécil *mf.*

nix [nɪks] *Am inf* ◇ *n* [nothing] nada *f.* ◇ *adv* no. ◇ *vt* [say no to] decir (que) no a; ~ **it!** ¡no lo hagas!

NJ *written abbr of* **New Jersey**.

NLF *(abbr of* **National Liberation Front)** *n* FLN *m.*

NLQ *(abbr of* **near letter quality)** *de calidad correspondencia.*

NLRB (*abbr of* **National Labor Relations Board**) *n* organismo estadounidense para arbitraje laboral, ≃ IMAC *m*.

NM *written abbr of* **New Mexico**.

no [nəʊ] (*pl* **noes**) ◇ *adv* no; **you're** ~ **better than me** tú no eres mejor que yo; **whether you wish it or** ~ *literary* te plazca o no. ◇ *adj* no; **I have** ~ **time** no tengo tiempo; **that's** ~ **excuse** esa no es excusa que valga; **there are** ~ **taxis** no hay taxis; **he's** ~ **fool** no es ningún tonto; **she's** ~ **friend of mine** no es amiga mía; **it's** ~ **trouble** no es molestia ninguna, no me cuesta nada; **we'll be there in** ~ **time** enseguida llegamos; ~ **smoking/parking/cameras** prohibido fumar/aparcar/hacer fotos; ~ **questions asked** absoluta reserva; **there's** ~ **denying it** es innegable; **there's** ~ **pleasing her** no está contenta con nada. ◇ *n* no *m*; **he/she won't take** ~ **for an answer** no acepta una respuesta negativa; **the noes have it** se rechaza la propuesta.

No., no. (*written abbr of* **number**) n.°

no-account *adj Am inf* inútil.

Noah ['nəʊə] *n* Noé.

Noah's ark *n* el arca de Noé.

nob [nɒb] *n inf* - **1.** [head] coco *m*, cocorota *f*. - **2.** *Br* [wealthy person] ricachón *m* (-ona *f*).

nobble ['nɒbl] *vt Br inf* - **1.** [racehorse] drogar. - **2.** [bribe] sobornar. - **3.** [detain] coger por banda y dar la lata a.

Nobel prize [nəʊ'bel-] *n* premio *m* Nobel.

nobility [nə'bɪlətɪ] *n* nobleza *f*.

noble ['nəʊbl] ◇ *adj* - **1.** [gen] noble; **the** ~ **art** OR **science** el boxeo. - **2.** [statue, monument] grandioso(sa). - **3.** CHEM [- metal] noble; [- gas] inerte. ◇ *n* noble *mf*.

nobleman ['nəʊblmən] (*pl* **noblemen** [-mən]) *n* noble *m*.

noble-minded *adj* magnánimo(ma), noble.

nobleness ['nəʊblnɪs] *n* nobleza *f*.

noblewoman ['nəʊbl,wʊmən] (*pl* **noblewomen** [-,wɪmɪn]) *n* noble *f*.

nobly ['nəʊblɪ] *adv* noblemente, con generosidad.

nobody ['nəʊbədɪ] (*pl* **nobodies**) ◇ *pron* nadie. ◇ *n pej* don nadie *m*.

no-claim(s) bonus *n* bonificación *f* por ausencia de siniestralidad.

noctambulism [nɒk'tæmbjuːlɪzm] *n* noctambulismo *m*.

nocturnal [nɒk'tɜːnl] *adj* nocturno(na).

nocturne ['nɒktɜːn] *n* MUS nocturno *m*.

nod [nɒd] (*pt & pp* **nodded**, *cont* **nodding**) ◇ *n* inclinación *f* de cabeza; **to give sb a** ~ [in greeting] saludar a alguien con una inclinación de cabeza ❏ **a** ~ **is as good as a wink (to a blind man)** *proverb* a buen entendedor pocas palabras bastan *proverb*; **to get the** ~ *inf* obtener la aprobación; **to give the** ~ *inf* asentir. ◇ *vt*: **to** ~ **one's head** [in agreement] asentir con la cabeza; [as greeting] saludar con la cabeza. ◇ *vi* - **1.** [in agreement] asentir con la cabeza. - **2.** [to indicate sthg] indicar con la cabeza. - **3.** [as greeting] saludar con la cabeza. - **4.** [doze] dar cabezadas. - **5.** *fig* [flowers, trees] balancearse, inclinarse.
◆ **nod off** *vi inf* dormirse, quedarse dormido(da).

nodal ['nəʊdl] *adj* nodal.

nodding ['nɒdɪŋ] *adj Br*: **to have a** ~ **acquaintance with sb** conocer a alguien de vista; **a** ~ **acquaintance with marketing techniques** *fig* nociones básicas de las técnicas de marketing.

noddle ['nɒdl] *n inf* mollera *f*, coco *m*.

noddy ['nɒdɪ] *adj Br inf*: **he's got a** ~ **job** tiene un trabajo tranquilo.

node [nəʊd] *n* - **1.** MATH & BOT nudo *m*. - **2.** ASTRON, MED & PHYS nodo *m*.

nodular ['nɒdjʊləʳ] *adj* nodular.

nodule ['nɒdjuːl] *n* nódulo *m*.

Noel, Noël [nəʊ'el] *n literary* [Christmas] Navidad *f*.

no-frills *adj* sencillo(lla), sin florituras.

noggin ['nɒgɪn] *n* - **1.** [measure] cuarto *m* de pinta, = 0,142

litros. - **2.** *inf* [drink] tacita *f*. - **3.** *inf* [head] coco *m*, mollera *f*.

no-go area *n Br* zona *f* (de entrada) prohibida.

no-good *inf* ◇ *adj* inútil. ◇ *n* inútil *mf*.

no-hoper [-'həʊpəʳ] *n inf* fracasado *m*, -da *f*.

nohow ['nəʊhaʊ] *adv inf* de ninguna manera, de ningún modo.

noise [nɔɪz] *n* ruido *m*; **to make a** ~ armar OR hacer ruido ❏ **to make all the right** ~**s** decir lo que se espera de uno; **to make a (lot of)** ~ **about sthg** armar un escándalo por algo.

noiseless ['nɔɪzlɪs] *adj* silencioso(sa).

noiselessly ['nɔɪzlɪslɪ] *adv* silenciosamente, sin hacer ruido.

noisemaker ['nɔɪzmeɪkəʳ] *n Am* [rattle] matraca *f*.

noisily ['nɔɪzɪlɪ] *adv* ruidosamente, haciendo ruido.

noisiness ['nɔɪzɪnɪs] *n* ruido *m*.

noisome ['nɔɪsəm] *adj literary* [foul] fétido(da); [harmful] nocivo(va).

noisy ['nɔɪzɪ] (*compar* **noisier**, *superl* **noisiest**) *adj* ruidoso(sa).

nomad ['nəʊmæd] *n* nómada *mf*.

nomadic [nəʊ'mædɪk] *adj* nómada.

no-man's-land *n* tierra *f* de nadie.

nom de plume [nɒmdə'pluːm] *n* pseudónimo *m*.

nomenclature [*Br* nəʊ'menklətʃəʳ, *Am* 'nəʊmənkleɪtʃər] *n* nomenclatura *f*.

nominal ['nɒmɪnl] *adj* - **1.** [in name only] nominal. - **2.** [shares] nominativo(va). - **3.** [negligible] insignificante.

nominalization [,nɒmɪnəlaɪ'zeɪʃn] *n* nominalización *f*.

nominally ['nɒmɪnəlɪ] *adv* nominalmente.

nominate ['nɒmɪneɪt] *vt* - **1.** [propose]: **to** ~ **sb (for/as)** proponer a alguien (para/como). - **2.** [appoint]: **to** ~ **sb (to sthg)** nombrar a alguien (algo).

nomination [,nɒmɪ'neɪʃn] *n* - **1.** [proposal] nominación *f*. - **2.** [appointment]: ~ **(to sthg)** nombramiento *m* (a algo).

nominative ['nɒmɪnətɪv] GRAMM ◇ *n* nominativo *m*; **in the** ~ en nominativo. ◇ *adj* nominativo(va); **the** ~ **case** el (caso) nominativo.

nominator ['nɒmɪneɪtəʳ] *n* presentador *m*, -ra *f* de una candidatura.

nominee [,nɒmɪ'niː] *n* nominado *m*, -da *f*.

non- [nɒn] *prefix* no.

nonacademic [,nɒnækə'demɪk] *adj* - **1.** SCH extraescolar; UNIV extraacadémico(ca). - **2.** [staff] no docente. - **3.** [course] práctico(ca), técnico(ca).

nonacceptance [,nɒnək'septəns] *n* rechazo *m*, no aceptación *f*.

nonaddictive [,nɒnə'dɪktɪv] *adj* que no crea adicción.

nonadmission [,nɒnəd'mɪʃn] *n* rechazo *m*, no admisión *f*.

nonaffiliated [,nɒnə'fɪlɪeɪtɪd] *adj* independiente, no afiliado(da).

nonage ['nəʊnɪdʒ] *n* JUR minoría *f* de edad.

nonagenarian [,nəʊnədʒɪ'neərɪən] ◇ *adj* nonagenario(ria). ◇ *n* nonagenario *m*, -ria *f*.

nonaggression [,nɒnə'greʃn] ◇ *n* no agresión *f*. ◇ *comp*: ~ **pact** pacto *m* de no agresión.

nonalcoholic [,nɒnælkə'hɒlɪk] *adj* sin alcohol.

nonaligned [,nɒnə'laɪnd] *adj* no alineado(da).

nonalignment [,nɒnə'laɪnmənt] *n* no alineamiento *m*.

nonappearance [,nɒnə'pɪərəns] *n* JUR no comparecencia *f*.

nonarrival [,nɒnə'raɪvl] *n* ausencia *f*.

nonattendance [,nɒnə'tendəns] *n* ausencia *f*.

nonavailability ['nɒnəveɪlə'bɪlətɪ] *n* no disponibilidad *f*.

nonbeliever [,nɒnbɪ'liːvəʳ] *n* no creyente *mf*.

nonbinding [,nɒn'baɪndɪŋ] *adj* no vinculante.

nonbreakable [,nɒn'breɪkəbl] *adj* irrompible.

nonce [nɒns] *n literary*: **for the** ~ por el momento.

nonce word *n* palabra *f* inventada para la ocasión.

nonchalance [Br ˈnɒnʃələns, Am ˌnɒnʃəˈlɑːns] n indiferencia f, imperturbabilidad f.

nonchalant [Br ˈnɒnʃələnt, Am ˌnɒnʃəˈlɑːnt] adj indiferente, imperturbable.

nonchalantly [Br ˈnɒnʃələntlɪ, Am ˌnɒnʃəˈlɑːntlɪ] adv con indiferencia.

noncom [ˈnɒnkɒm] n suboficial mf.

noncombatant [Br ˌnɒnˈkɒmbətənt, Am ˌnɒnkəmˈbætənt] ◇ adj no combatiente. ◇ n no combatiente mf.

noncombustible [ˌnɒnkəmˈbʌstəbl] adj incombustible.

noncommissioned officer [ˌnɒnkəˈmɪʃnd-] n suboficial mf.

noncommittal [ˌnɒnkəˈmɪtl] adj que no compromete a nada, evasivo(va).

noncompetitive [ˌnɒnkəmˈpetɪtɪv] adj no competitivo(va).

noncompliance [ˌnɒnkəmˈplaɪəns] n incumplimiento m.

non compos mentis [ˈnɒnˌkɒmpɒsˈmentɪs] adj que no está en posesión de sus facultades mentales.

nonconductor [ˌnɒnkənˈdʌktəʳ] n aislante m.

nonconformist [ˌnɒnkənˈfɔːmɪst] ◇ adj inconformista. ◇ n inconformista mf.

nonconformity [ˌnɒnkənˈfɔːmətɪ] n inconformismo m.

noncontributory [ˌnɒnkənˈtrɪbjʊtərɪ] adj no contributivo, no contributiva.

noncooperation [ˈnɒnkəʊˌɒpəˈreɪʃn] n no cooperación f.

noncustodial sentence [ˌnɒnkʌsˈtəʊdjəl] n pena f no privativa de libertad.

non-dairy adj que no contiene productos lácteos; ~ **cream** nata f líquida vegetal.

non-dazzle adj antideslumbrante.

nondeductible [ˌnɒndɪˈdʌktəbl] adj no deducible.

nondelivery [ˌnɒndɪˈlɪvərɪ] n: **in the event of** ~ de no realizarse la entrega.

nondenominational [ˌnɒndɪnɒmɪˈneɪʃənl] adj aconfesional.

nondescript [Br ˈnɒndɪskrɪpt, Am ˌnɒndɪˈskrɪpt] adj anodino(na), soso(sa).

nondestructive [ˌnɒndɪˈstrʌktɪv] adj no destructivo(va).

nondiscrimination [ˌnɒndɪskrɪmɪˈneɪʃn] n ausencia f de discriminación.

nondrinker [nɒnˈdrɪŋkəʳ] n persona f que no bebe (alcohol).

nondrip [nɒnˈdrɪp] adj que no gotea.

nondriver [nɒnˈdraɪvəʳ] n persona f que no sabe conducir.

none [nʌn] ◇ pron - **1.** [not any] nada; **there is** ~ **left** no queda nada; **it's** ~ **of your business** no es asunto tuyo; **I'll have** ~ **of your nonsense** no voy a aguantar tus tonterías. - **2.** [not one] ninguno(na); ~ **of us/the books** ninguno de nosotros/de los libros; **I had** ~ no tenía ninguno. ◇ adv: **I'm** ~ **the worse/better** no me ha perjudicado/ayudado en nada; **I'm** ~ **the wiser** no he entendido nada. ◆ **none but** adv: **we use** ~ **but the finest ingredients** no utilizamos más que OR utilizamos sólo los mejores ingredientes. ◆ **none too** adv no demasiado; **it was** ~ **too soon** ya era hora.

nonentity [nɒnˈentətɪ] (pl **nonentities**) n cero m a la izquierda, nulidad f.

nonessential [ˌnɒnɪˈsenʃl] adj no esencial.

nonesuch [ˈnʌnsʌtʃ] n literary [person] persona f sin igual OR sin par; [thing] cosa f sin igual OR sin par.

nonetheless [ˌnʌnðəˈles] adv sin embargo, no obstante.

non-event n fracaso m.

nonexecutive director [ˌnɒnɪgˈzekjʊtɪv-] n director no ejecutivo m, directora no ejecutiva f.

nonexistence [ˌnɒnɪgˈzɪstəns] n inexistencia f.

nonexistent [ˌnɒnɪgˈzɪstənt] adj inexistente.

nonfat [ˈnɒnfæt] adj sin grasas.

nonfattening [nɒnˈfætnɪŋ] adj que no engorda.

nonfiction [nɒnˈfɪkʃn] n no ficción f.

nonfigurative [nɒnˈfɪgjʊrətɪv] adj no figurado(da).

nonflammable [nɒnˈflæməbl] adj ininflamable.

non-habit-forming [-ˌfɔːmɪŋ] adj que no crea adicción.

nonhuman [ˌnɒnˈhjuːmən] adj no humano(na).

noninfectious [ˌnɒnɪnˈfekʃəs] adj no infeccioso(sa).

noninflammable [ˌnɒnɪnˈflæməbl] adj ininflamable.

noninterference [ˌnɒnˌɪntəˈfɪərəns] n, **nonintervention** [ˌnɒnˌɪntəˈvenʃn] n no intervención f.

noninterventionist [ˌnɒnˌɪntəˈvenʃənɪst] adj no intervencionista, de no intervención.

noninvolvement [ˌnɒnɪnˈvɒlvmənt] n - **1.** [not being involved] no implicación f. - **2.** [not intervening] no intervención f.

non-iron adj que no necesita plancha.

nonjudg(e)mental [ˌnɒndʒʌdʒˈmentl] adj objetivo(va), imparcial.

nonmalignant [ˌnɒnməˈlɪgnənt] adj no maligno, no maligna.

non-member n no miembro m, no socio m.

nonmetal [nɒnˈmetl] n metaloide m.

nonmetallic [ˌnɒnmɪˈtælɪk] adj no metálico(ca).

non-native adj: ~ **speaker** hablante extranjero m, hablante extranjera f.

non-negotiable adj no negociable.

no-no n inf: **going out with sb from work is a** ~ ni se te ocurra salir con alguien del trabajo.

nonobservance [ˌnɒnəbˈzɜːvəns] n [of rules] inobservancia f; [of treaty] incumplimiento m.

no-nonsense adj práctico(ca).

nonoperational [ˌnɒnɒpəˈreɪʃənl] adj [machine, factory] que no es operativo, que no es operativa; [forces] no operacional.

nonpareil [ˈnɒnpərəl] n literary [person] persona f sin igual OR sin par; [thing] cosa f sin igual OR sin par.

nonparticipant [ˌnɒnpɑːˈtɪsɪpənt] n no participante.

nonparticipation [ˌnɒnpɑːtɪsəˈpeɪʃn] n no participación f.

nonpartisan [ˈnɒnpɑːtɪˈzæn] adj imparcial, independiente.

nonparty [ˌnɒnˈpɑːtɪ] adj independiente.

nonpayment [ˌnɒnˈpeɪmənt] n impago m.

nonperson [ˌnɒnˈpɜːsən] n persona f cuya existencia no se reconoce.

nonplussed, nonplused Am [ˌnɒnˈplʌst] adj perplejo(ja).

nonpractising [ˌnɒnˈpræktɪsɪŋ] adj no practicante.

nonproductive [ˌnɒnprəˈdʌktɪv] adj ECON improductivo(va).

non-profit-making Br, **non-profit** Am adj sin fines lucrativos.

nonproliferation [ˈnɒnprəˌlɪfəˈreɪʃn] n no proliferación f.

nonrenewable [ˌnɒnrɪˈnjuːəbl] adj [natural resources] no renovable; [contract] no prorrogable.

nonresident [ˌnɒnˈrezɪdənt] n - **1.** [of country] no residente mf. - **2.** [of hotel]: **open to** ~**s** abierto al público.

nonresistance [ˌnɒnrɪˈzɪstəns] n pasividad f.

nonresistant [ˌnɒnrɪˈzɪstənt] adj no resistente.

nonrestrictive [ˌnɒnrɪˈstrɪktɪv] adj - **1.** [gen] sin restricciones. - **2.** GRAMM explicativo(va).

nonreturnable [ˌnɒnrɪˈtɜːnəbl] adj no retornable, sin retorno.

nonscheduled [Br ˌnɒnˈʃedjuːld, Am ˌnɒnˈskedʒʊld] adj [flight] no regular.

nonsectarian [ˌnɒnsekˈteərɪən] adj no sectario, no sectaria.

nonsense [ˈnɒnsəns] ◇ n (U) - **1.** [gen] tonterías fpl, bobadas fpl; **to talk** ~ decir tonterías; **what** ~! ¡qué tontería!; **a piece of** ~ un disparate; **it is** ~ **to suggest that...** es absurdo sugerir que...; **stop this** ~ **at once!** ¡dejaros de tonterías ahora mismo!; **to make (a)** ~ **of sthg** dar al traste con algo. - **2.** [incomprehensible words] galimatías m inv; **it's** ~ **to me** me es incomprensible. ◇ excl ¡tonterías!, ¡bobadas!

nonsensical [nɒn'sensɪkl] *adj* disparatado(da), absurdo(da).

non sequitur [ˌnɒn'sekwɪtəʳ] *n* incoherencia *f*, incongruencia *f*.

nonsexist [ˌnɒn'seksɪst] ◇ *adj* no sexista. ◇ *n* no sexista *mf*.

nonshrink [nɒn'ʃrɪŋk] *adj* que no encoge.

nonskid [ˌnɒn'skɪd] *adj* antideslizante.

nonslip [ˌnɒn'slɪp] *adj* antideslizante.

nonsmoker [nɒn'sməʊkəʳ] *n* no fumador *m*, no fumadora *f*.

nonsmoking [ˌnɒn'sməʊkɪŋ] *adj* de no fumadores.

nonspecific urethritis [ˌnɒnspɪˌsɪfɪk-] *n (U)* uretritis *f inv* simple OR no específica.

nonstandard [ˌnɒn'stændəd] *adj* - **1.** LING considerado incorrecto, considerada incorrecta. - **2.** [product, size, shape etc] especial, fuera de lo normal.

nonstarter [ˌnɒn'stɑːtəʳ] *n Br* - **1.** *inf* [plan]: **to be a** ~ estar condenado(da) al fracaso. - **2.** [in race] *caballo participante en una carrera que no toma la salida.*

nonstick [ˌnɒn'stɪk] *adj* antiadherente.

nonstop [ˌnɒn'stɒp] ◇ *adj* [activity, rain] continuo(nua), incesante; [flight] sin escalas; [train] directo(ta). ◇ *adv* sin parar.

nontaxable [ˌnɒn'tæksəbl] *adj* no imponible.

nontoxic [ˌnɒn'tɒksɪk] *adj* no tóxico, no tóxica.

nontransferable [ˌnɒntræns'fɜːrəbl] *adj* intransferible.

non-U *adj Br dated* poco refinado (poco refinada).

nonunion [ˌnɒn'juːnjən] *adj* [worker, labour] no sindicado, no sindicada; [firm] que no emplea miembros de un sindicato.

nonviolence [ˌnɒn'vaɪələns] *n* no violencia *f*.

nonviolent [ˌnɒn'vaɪələnt] *adj* no violento, no violenta, pacífico(ca).

nonvoter [ˌnɒn'vəʊtəʳ] *n* persona *f* que no vota.

nonvoting [ˌnɒn'vəʊtɪŋ] *adj* - **1.** [person] sin voto. - **2.** FIN [shares] sin derecho a voto.

nonwhite [ˌnɒn'waɪt] ◇ *adj* que no es de raza blanca. ◇ *n* persona *f* que no es de raza blanca.

noodle ['nuːdl] *n inf* - **1.** [fool] gil *mf*, papanatas *mf inv*. - **2.** *Am* [head] coco *m*, mollera *f*.
◆ **noodles** *npl* CULIN tallarines *mpl*; [for soup] fideos *mpl*.

nook [nʊk] *n* - **1.** [of room] rincón *m*, recoveco *m*. - **2.** *literary* [secluded spot] recoveco *m*, escondrijo *m*; **every** ~ **and cranny** todos los recovecos.

nookie, nooky ['nʊkɪ] *n inf hum*: **a bit of** ~ un revolcón, un polvete.

noon [nuːn] ◇ *n* mediodía *m*. ◇ *comp* [break, heat, sun] de mediodía.

noonday ['nuːndeɪ] ◇ *n* mediodía *m*. ◇ *comp* de mediodía.

no one, no-one *pron* = **nobody**.

noontime ['nuːntaɪm] *n* mediodía *m*.

noose [nuːs] ◇ *n* - **1.** [loop] nudo *m* corredizo; [for hanging] soga *f*, dogal *m*. - **2.** [snare] trampa *f*. ◇ *vt* - **1.** [rope] hacer un nudo corredizo a. - **2.** [snare] coger con un lazo.

nope [nəʊp] *adv inf* no.

no-place *adv Am* = **nowhere**.

no-quibble guarantee *n* garantía *f* total.

nor [nɔːʳ] *conj* - **1.** → **neither**. - **2.** [and not] ni; **I don't smoke -** ~ **do I** no fumo - yo tampoco; **I don't know,** ~ **do I care** ni lo sé, ni me importa.

Nordic ['nɔːdɪk] *adj* nórdico(ca).

Norf (*written abbr of* **Norfolk**) *condado inglés.*

norm [nɔːm] *n* norma *f*; **the** ~ lo normal.

normal ['nɔːml] ◇ *adj* normal. ◇ *n* - **1.** [gen] normalidad *f*, nivel *m* normal; **to return to** ~ volver a la normalidad. - **2.** GEOM normal *f*, perpendicular *f*.

normality [nɔː'mælətɪ], **normalcy** *Am* ['nɔːməlsɪ] *n* normalidad *f*.

normalization [ˌnɔːməlaɪˈzeɪʃn] *n* normalización *f*.

normalize, -ise ['nɔːməlaɪz] ◇ *vt* normalizar. ◇ *vi* normalizarse.

normally ['nɔːməlɪ] *adv* normalmente.

Norman ['nɔːmən] ◇ *adj* GEOGR & HIST normando(da). ◇ *n* normando *m*, -da *f*.

Norman Conquest *n* HIST: **the** ~ la invasión OR la conquista de los normandos.

Normandy ['nɔːməndɪ] *n* Normandía.

normative ['nɔːmətɪv] *adj* normativo(va).

Norse [nɔːs] ◇ *adj* - **1.** [Scandinavian] nórdico(ca), escandinavo(va). - **2.** [Norwegian] noruego(ga). ◇ *npl*: **the** ~ [Scandinavians] los nórdicos OR escandinavos; [Norwegians] los noruegos; [Vikings] los vikingos. ◇ *n*: **Old** ~ LING nórdico *m* antiguo.

Norseman ['nɔːsmən] (*pl* **Norsemen**) *n* vikingo *m*.

north [nɔːθ] ◇ *n* - **1.** [direction] norte *m*. - **2.** [region]: **the North** el norte; **the far** ~ el Polo Norte; **North and South** POL el Norte y el Sur. ◇ *adj* del norte; **North London** el norte de Londres. ◇ *adv*: ~ **(of)** al norte (de).

North Africa *n* África del Norte.

North African ◇ *adj* norteafricano(na). ◇ *n* norteafricano *m*, -na *f*.

North America *n* Norteamérica.

North American ◇ *adj* norteamericano(na). ◇ *n* norteamericano *m*, -na *f*.

Northants (*abbr of* **Northamptonshire**) *condado inglés.*

northbound ['nɔːθbaʊnd] *adj* (con) dirección (al) norte.

North Carolina *n* Carolina del Norte.

north-countryman *n* inglés *m* del norte.

Northd (*written abbr of* **Northumberland**) *condado inglés.*

North Dakota *n* Dakota del Norte.

northeast [ˌnɔːθ'iːst] ◇ *n* - **1.** [direction] noreste *m*. - **2.** [region]: **the Northeast** el noreste. ◇ *adj* del noreste. ◇ *adv*: ~ **(of)** al noreste (de).

northeaster [ˌnɔːθ'iːstəʳ] *n* (viento *m* del) noreste *m*.

northeasterly [ˌnɔːθ'iːstəlɪ] ◇ *adj* del noreste; **in a** ~ **direction** hacia el noreste. ◇ *adv* al noreste.

northeastern [ˌnɔːθ'iːstən] *adj* del noreste.

northeastwards [ˌnɔːθ'iːstwədz] *adv* hacia el noreste.

northerly ['nɔːðəlɪ] (*pl* **northerlies**) ◇ *adj* del norte; **in a** ~ **direction** hacia el norte. ◇ *adv* al norte. ◇ *n* (viento *m* del) norte *m*.

northern ['nɔːðən] *adj* del norte, norteño(ña).

Northerner ['nɔːðənəʳ] *n* norteño *m*, -ña *f*.

northern hemisphere *n* hemisferio *m* norte.

Northern Ireland *n* Irlanda del Norte.

Northern Lights *npl*: **the** ~ la aurora boreal.

northernmost ['nɔːðənməʊst] *adj* más septentrional OR al norte.

Northern Territory *n* (el) Territorio del Norte.

north-facing *adj* orientado(da) al norte.

North Korea *n* Corea del Norte.

North Korean ◇ *adj* norcoreano(na). ◇ *n* norcoreano *m*, -na *f*.

north-northeast ◇ *n* nornoreste *m*. ◇ *adj* (del) nornoreste. ◇ *adv* al nornoreste.

north-northwest ◇ *n* nornoroeste *m*. ◇ *adj* (del) nornoroeste. ◇ *adv* al nornoroeste.

North Pole *n*: **the** ~ el polo norte.

North Rhine-Westphalia *n* Renania del Norte-Westfalia.

North Sea ◇ *n*: **the** ~ el Mar del Norte. ◇ *comp* [fishing] en el Mar del Norte; [oil, oilrig] del Mar del Norte.

North Star *n*: **the** ~ la estrella Polar.

Northumbrian [nɔː'θʌmbrɪən] *adj* GEOGR de Northumberland.

North Vietnam *n* Vietnam del Norte.

North Vietnamese ◇ *adj* norvietnamita. ◇ *n* norvietnamita *mf*.

northward ['nɔːθwəd] ◇ *adj* hacia el norte. ◇ *adv* = **northwards**.

northwards ['nɔːθwədz] *adv* hacia el norte.

northwest [,nɔːθ'west] ◇ *n* - **1.** [direction] noroeste *m*. - **2.** [region]: **the Northwest** el noroeste. ◇ *adj* del noroeste. ◇ *adv*: ~ **(of)** al noroeste (de).

northwester [,nɔːθ'westəʳ] *n* viento *m* del noroeste.

northwesterly [,nɔːθ'westəli] ◇ *adj* del noroeste; **in a ~ direction** hacia el noroeste. ◇ *adv* al noroeste.

northwestern [,nɔːθ'westən] *adj* del noroeste.

Northwest Passage *n* Paso *m* del Noroeste.

Northwest Territories *npl*: **the** ~ los territorios del Noroeste.

northwestwards [,nɔːθ'westwədz] *adv* hacia el noroeste.

North Yemen *n* (el) Yemen del Norte.

Norway ['nɔːweɪ] *n* Noruega.

Norwegian [nɔː'wiːdʒən] ◇ *adj* noruego(ga). ◇ *n* - **1.** [person] noruego *m*, -ga *f*. - **2.** [language] noruego *m*.

Nos., nos. (*written abbr of* **numbers**) n.

nose [nəʊz] ◇ *n* - **1.** [of person] nariz *f*; [of animal] hocico *m*; [of plane, car] morro *m*; [of boat] proa *f*, nariz *f*; **to blow one's** ~ sonarse (la nariz); **to win by a** ~ SPORT ganar por un pelo ❑ **under one's** ~ delante de las narices de uno; **to be as plain as the** ~ **on one's face** *inf* estar más claro que el agua; **not to be able to see further than (the end of) one's** ~ no ver (uno) más allá de sus narices; **to cut off one's** ~ **to spite one's face** *salir uno perjudicado al intentar perjudicar a otro*; **to follow one's** ~ seguir recto; **he gets up my** ~ *inf* me saca de quicio; **to keep one's** ~ **clean** *inf* no meterse en líos; **to keep one's** ~ **out of sthg** no meter las narices en algo; **to lead sb by the** ~ manejar a alguien al antojo de uno; **to look down one's** ~ **at sb/sthg** mirar por encima del hombro a alguien/algo; **on the** ~ exacto; **to pay through the** ~ pagar un dineral; **to poke OR stick one's** ~ **in** *inf* meter las narices; **to put sb's** ~ **out of joint** dejar a alguien con un palmo de narices; **to rub sb's** ~ **in sthg** restregar OR refregar algo a alguien (por las narices), dar a alguien en las narices con algo; **to thumb one's** ~ **at sb** reírse OR burlarse de alguien en sus propias barbas; **to turn up one's** ~ **at sthg** hacerle ascos a algo. - **2.** [sense of smell] olfato *m*; **to have a** ~ **for sthg** *fig* tener olfato para algo. - **3.** [of wine] aroma *m*, boca *f*. ◇ *vt* - **1.** [smell] olfatear. - **2.** [nuzzle] empujar con el hocico. ◇ *vi* - **1.** [advance with care] avanzar con cuidado. - **2.** *inf* [snoop] husmear.

◆ **nose about, nose around** *vi* curiosear.

nosebag ['nəʊzbæg] *n* morral *m*.

noseband ['nəʊzbænd] *n* muserola *f*, sobarba *f*.

nosebleed ['nəʊzbliːd] *n* hemorragia *f* nasal.

nosecone ['nəʊzkəʊn] *n* morro *m*.

nosedive ['nəʊzdaɪv] ◇ *n* [of plane] picado *m*. ◇ *vi lit & fig* bajar en picado.

nose drops *npl* gotas *fpl* nasales.

nosegay ['nəʊzgeɪ] *n literary* ramillete *m* de flores.

nose job *n inf* operación *f* de cirugía estética en la nariz.

nose ring *n* aro *m* para la nariz.

nosey ['nəʊzɪ] *adj* = **nosy**.

nosh [nɒʃ] *n Br inf* manduca *f*, papeo *m*.

no-show *n* [for flight, voyage] *pasajero que no utiliza su reserva sin cancelarla*; [for show] *espectador que, habiendo reservado entrada, no acude a un espectáculo.*

nosh-up *n Br inf* comilona *f*.

nostalgia [nɒ'stældʒə] *n*: ~ **(for)** nostalgia *f* (de).

nostalgic [nɒ'stældʒɪk] *adj* nostálgico(ca).

nostril ['nɒstrɪl] *n* ventana *f* de la nariz.

nostrum ['nɒstrəm] *n* panacea *f*.

nosy ['nəʊzɪ] (*compar* **nosier**, *superl* **nosiest**) *adj* fisgón(ona), curioso(sa).

not [nɒt] *adv* no; **this is** ~ **the first time** no es la primera vez; **it's green, isn't it?** es verde, ¿no?; **are you coming or** ~? ¿vienes o no?; **I hope/think** ~ espero/creo que no;

if ~ si no, en caso contrario; **of course** ~! ¡claro que no!; ~ **a chance** de ninguna manera; ~ **even a...** ni siquiera un, una...; ~ **all** OR **every** no todos(das); ~ **one** ni uno; ~ **always** no siempre; ~ **any more** ya no; ~ **likely!** ¡lo dudo!; ~ **yet** todavía no ❑ ~ **that...** no es que...; ~ **at all** [no] en absoluto; [to acknowledge thanks] de nada; ~ **me!** ¡yo no!

notability [,nəʊtə'bɪlətɪ] *n* notabilidad *f*.

notable ['nəʊtəbl] ◇ *adj* notable; **to be** ~ **for sthg** destacar por algo; **it is** ~ **that...** es de destacar que.... ◇ *n* notable *mf*, personaje *m*.

notably ['nəʊtəblɪ] *adv* - **1.** [in particular] especialmente. - **2.** [noticeably] notablemente, marcadamente.

notarize, -ise ['nəʊtəraɪz] *vt* certificar ante notario.

notary ['nəʊtərɪ] (*pl* **notaries**) *n*: ~ **(public)** notario *m*, -ria *f*.

notation [nəʊ'teɪʃn] *n* - **1.** [sign, system] notación *f*; **musical** ~ notación OR escritura *f* musical; **mathematical** ~ signos *mpl* matemáticos. - **2.** *Am* [jotting] nota *f*, anotación *f*.

notch [nɒtʃ] ◇ *n* - **1.** [cut] muesca *f*. - **2.** *fig* [on scale] punto *m*. - **3.** *Am* [gorge] desfiladero *m*. ◇ *vt* [cut] hacer una muesca en.

◆ **notch up** *vt fus* apuntarse.

note [nəʊt] ◇ *n* - **1.** [gen] nota *f*; **to make a** ~ **of** tomar nota de; **to take** ~ **of sthg** tener algo presente ❑ **to compare** ~**s** cambiar impresiones; **worthy of** ~ digno de mención. - **2.** [paper money] billete *m*. - **3.** [tone] tono *m*; **to strike a false** ~ *fig* desentonar. - **4.** [importance]: **of** ~ de importancia, notable; **a writer of** ~ un escritor de renombre; **nothing of** ~ **happened** no ocurrió nada reseñable OR de importancia. - **5.** MUS [- tone, symbol] nota *f*; *Br* [- piano key] tecla *f*; **to strike the right/wrong** ~ *fig* dar/no dar con el tono adecuado. - **6.** [promissory note] pagaré *m*. ◇ *vt* - **1.** [observe] notar, advertir; ~ **what happens next** fíjense en lo que ocurre después. - **2.** [mention] mencionar, señalar.

◆ **notes** *npl* [written record] apuntes *mpl*; [in book] notas *fpl*; **to take** ~**s** tomar apuntes.

◆ **note down** *vt sep* anotar, apuntar.

notebook ['nəʊtbʊk] *n* - **1.** [for taking notes] libreta *f*, cuaderno *m*. - **2.** COMPUT: ~ **(computer)** ordenador *m* portátil.

noted ['nəʊtɪd] *adj* señalado(da), destacado(da); **to be** ~ **for** distinguirse por.

notelet ['nəʊtlɪt] *n Br* tarjeta *f* (postal).

note of hand *n* COMM pagaré *m*.

notepad ['nəʊtpæd] *n* bloc *m* de notas.

notepaper ['nəʊtpeɪpəʳ] *n* papel *m* de escribir OR de cartas.

noteworthy ['nəʊtwɜːðɪ] (*compar* **noteworthier**, *superl* **noteworthiest**) *adj* digno(na) de mención, significativo(va).

nothing ['nʌθɪŋ] ◇ *pron* nada; **they're always fighting over** ~ siempre se están peleando por tonterías; **I've got** ~ **to do** no tengo nada que hacer; **to have** ~ **to do with** no tener nada que ver con; **there's** ~ **funny about it** yo no le veo la gracia, no tiene ninguna gracia; **what a physique! Charles Atlas has got** ~ **on you!** *inf* ¡vaya físico! no tienes nada que envidiar a Charles Atlas; **there's** ~ **in it** [it's untrue] es falso; **there's** ~ **to it** es facilísimo; ~ **else** nada más; ~ **much** no mucho ❑ **for** ~ [free] gratis; [for no purpose] en vano, en balde; **to build up a business from** ~ sacar un negocio adelante desde cero; **he's** ~ **if not generous** otra cosa no será pero desde luego generoso sí que es; ~ **but** tan sólo; **there's** ~ **for it (but to do sthg)** *Br* no hay más remedio (que hacer algo); ~ **doing** *inf* ¡ni hablar!, ¡qué va!; **to come to** ~ quedar en nada; **to say** ~ **of...** [not to mention] y no digamos ya...; **she thinks** ~ **of spending £50 on a meal** se gasta 50 libras en una comida como si nada OR como si tal cosa; **think** ~ **of it!** ¡no hay de qué! ◇ *adv*: ~ **less than** nada menos que; **it was** ~ **less than miraculous/a miracle** fue poco menos que milagroso/un milagro, fue simplemente milagroso/un milagro ❑ **to be** ~ **like sb/sthg** no parecerse en nada a alguien/algo; **I'm** ~ **like finished** no he terminado ni mucho menos.

nothingness [ˈnʌθɪŋnɪs] *n* nada *f*.

notice [ˈnəʊtɪs] ⬦ *n* - **1.** [on wall, door] letrero *m*, cartel *m*; [in newspaper] anuncio *m*. - **2.** [attention] atención *f*; **to bring a matter to sb's** ~ poner un asunto en conocimiento de alguien; **to come to sb's** ~ llegar al conocimiento de alguien; **to escape sb's** ~ pasarle inadvertido OR escapársele a alguien ❑ **to take** ~ **(of)** hacer caso (de), prestar atención (a); **to take no** ~ **(of)** no hacer caso (de); **he/she** *etc* **didn't take a blind bit of** ~ no hizo ni el más mínimo caso. - **3.** [warning] aviso *m*; ~ **of receipt** acuse *m* de recibo; **at short** ~ casi sin previo aviso; **at a moment's** ~ de un momento a otro; **to give sb a week's** ~ avisar a alguien con una semana de antelación; ~ **is hereby given that...** por la presente se notifica que...; **until further** ~ hasta nuevo aviso; **without previous** OR **prior** ~ sin previo aviso. - **4.** [at work]: **to be given one's** ~ ser despedido(da); **to hand in one's** ~ presentar la dimisión. - **5.** [review] crítica *f*, reseña *f*. ⬦ *vt* [sense, smell] notar; [see] fijarse en OR reparar en, ver; **to** ~ **sb doing sthg** fijarse en alguien que está haciendo algo.

noticeable [ˈnəʊtɪsəbl] *adj* notable; **it is barely** ~ casi no se nota.

noticeably [ˈnəʊtɪsəblɪ] *adv* notablemente.

notice board *n* tablón *m* de anuncios.

notifiable [ˈnəʊtɪfaɪəbl] *adj* de declaración obligatoria.

notification [ˌnəʊtɪfɪˈkeɪʃn] *n* notificación *f*.

notify [ˈnəʊtɪfaɪ] (*pt & pp* **notified**) *vt* notificar; **to** ~ **sb of sthg** notificar OR comunicar algo a alguien.

notion [ˈnəʊʃn] *n* - **1.** [concept] noción *f*; **I haven't the slightest** ~ no tengo la menor OR la más mínima idea. - **2.** [opinion] opinión *f*, creencia *f*. - **3.** [whim] capricho *m*. ✦ **notions** *npl Am* artículos *mpl* de mercería.

notional [ˈnəʊʃənl] *adj* hipotético(ca); ~ **grammar** gramática *f* nocional.

notoriety [ˌnəʊtəˈraɪətɪ] *n* mala fama *f*.

notorious [nəʊˈtɔːrɪəs] *adj* desgraciadamente notorio, desgraciadamente notoria, tristemente célebre; **to be** ~ **for sthg** ser muy conocido(da) por algo.

notoriously [nəʊˈtɔːrɪəslɪ] *adv* notoriamente.

notoriousness [nəʊˈtɔːrɪəsnɪs] *n* mala fama *f*.

Notts (*abbr of* **Nottinghamshire**) condado inglés.

notwithstanding [ˌnɒtwɪθˈstændɪŋ] *fml* ⬦ *prep* a pesar de. ⬦ *adv* sin embargo, no obstante.

nougat [ˈnuːgaː] *n* dulce hecho a base de nueces y frutas.

nought [nɔːt] *num* cero; ~**s and crosses** las tres en raya.

noun [naʊn] *n* nombre *m*, sustantivo *m*.

noun phrase *n* sintagma *m* nominal.

nourish [ˈnʌrɪʃ] *vt* - **1.** [feed] nutrir, alimentar. - **2.** [entertain] alimentar, albergar.

nourishing [ˈnʌrɪʃɪŋ] *adj* nutritivo(va), rico(ca).

nourishment [ˈnʌrɪʃmənt] *n* alimento *m*, sustento *m*.

nous [naʊs] *n* - **1.** *Br inf* [common sense] entendederas *fpl*, sentido *m* común. - **2.** PHILOS pensamiento *m*, intelecto *m*.

nouveau riche [ˌnuːvəʊˈriːʃ] *npl*: **the** ~ los nuevos ricos.

Nov. (*written abbr of* **November**) nov.

nova [ˈnəʊvə] (*pl* **novas** OR **novae** [-viː]) *n* nova *f*.

Nova Scotia [ˌnəʊvəˈskəʊʃə] *n* Nueva Escocia.

Nova Scotian [ˌnəʊvəˈskəʊʃn] ⬦ *adj* neoescocés(esa). ⬦ *n* neoescocés *m*, -esa *f*.

novel [ˈnɒvl] ⬦ *adj* original. ⬦ *n* novela *f*.

novelette [ˌnɒvəˈlet] *n* - **1.** [short novel] novela *f* corta. - **2.** *pej* [love story] novelita *f* rosa.

novelist [ˈnɒvəlɪst] *n* novelista *mf*.

novelistic [ˌnɒvəˈlɪstɪk] *adj* novelístico(ca).

novella [nəˈvelə] (*pl* **novellas** OR **novelle** [-leɪ]) *n* novela *f* corta.

novelty [ˈnɒvltɪ] (*pl* **novelties**) *n* - **1.** [gen] novedad *f*; ~ **value** valor *m* de la novedad. - **2.** [cheap object] baratija *f* (poco útil).

November [nəˈvembər] *n* noviembre *m*; *see also* **September**.

novice [ˈnɒvɪs] *n* - **1.** [inexperienced person] principiante *mf*, novato *m*, -ta *f*. - **2.** RELIG novicio *m*, -cia *f*.

novitiate [nəˈvɪʃɪət] *n* - **1.** [gen] periodo *m* de aprendizaje. - **2.** RELIG noviciado *m*.

Novocaine [ˈnəʊvəkeɪn] *n* novocaína *f*.

now [naʊ] ⬦ *adv* - **1.** [at this time, at once] ahora; **do it** ~ hazlo ahora, ahora mismo; **right** ~ ahora mismo; **between** ~ **and next Monday** de aquí al lunes; **he's been away for two weeks** ~ lleva dos semanas fuera; **any day** ~ cualquier día de éstos; **any time** ~ en cualquier momento ❑ **for** ~ por ahora, por el momento; ~ **and then** OR **again** de vez en cuando; ~ **or never** ahora o nunca. - **2.** [at a particular time in the past] entonces. - **3.** [to introduce statement] vamos a ver; ~ **then, who's first?** bueno, (vamos) a ver, ¿quién va primero?; ~, ~, **don't cry** vamos, vamos, OR venga, venga, no llores. ⬦ *conj*: ~ **(that)** ahora que, ya que. ⬦ *n* ahora; **in a few years from** ~ dentro de OR de aquí a unos años, en unos cuantos años; **every** ~ **and then** de vez en cuando; **from** ~ **on** a partir de ahora; **they should be here by** ~ ya deberían estar aquí; **up until** ~ hasta ahora.

NOW [naʊ] (*abbr of* **National Organization for Women**) *n principal organización estadounidense contra la discriminación sexual.*

nowadays [ˈnaʊədeɪz] *adv* hoy en día, actualmente.

nowhere *Br* [ˈnəʊweər], **no-place** *Am adv* en ninguna parte; **he is** ~ **to be found** no se le encuentra por ninguna parte; ~ **in the world** en ninguna parte del mundo; ~ **else** en ninguna otra parte; **to appear out of** OR **from** ~ salir de la nada; **to be getting** ~ no estar avanzando nada, no ir a ninguna parte; **you're going** ~ tú no vas a ninguna parte, tú no te mueves de aquí ❑ **(to be)** ~ **near (as... as...)** (no ser) ni mucho menos (tan... como...); **this is getting us** ~ esto no nos lleva a nada.

no-win situation *n situación en la que se haga lo que se haga se sale perdiendo.*

noxious [ˈnɒkʃəs] *adj* nocivo(va).

nozzle [ˈnɒzl] *n* boquilla *f*.

NP *n abbr of* **notary public**.

nr *written abbr of* **near**.

NS *written abbr of* **Nova Scotia**.

NSC (*abbr of* **National Security Council**) *n consejo federal estadounidense para la coordinación de la política exterior y de defensa.*

NSF ⬦ *n* (*abbr of* **National Science Foundation**) *fundación estadounidense para la investigación científica.* ⬦ *written abbr of* **not sufficient funds**.

NSPCC (*abbr of* **National Society for the Prevention of Cruelty to Children**) *n organización benéfica para la prevención de malos tratos a los niños.*

NSU *n written abbr of* **nonspecific urethritis**.

NSW *n abbr of* **New South Wales**.

NT *n* - **1.** (*abbr of* **New Testament**) N.T. *m*. - **2.** *abbr of* **National Trust**.

nth [enθ] *adj* - **1.** *inf* [umpteenth]: **to the** ~ **degree** al máximo; **for the** ~ **time** por enésima vez. - **2.** MATH enésimo(ma); **ten to the** ~ **power** diez elevado a la enésima potencia.

nuance [njuːˈɑːns] *n* matiz *m*.

nub [nʌb] *n* - **1.** [crux]: **the** ~ el quid, la clave. - **2.** [lump] protuberancia *f*.

Nubia [ˈnjuːbjə] *n* Nubia.

Nubian Desert [ˈnjuːbjən-] *n*: **the** ~ el desierto de Nubia.

nubile [*Br* ˈnjuːbaɪl, *Am* ˈnuːbəl] *adj fml or hum* núbil.

nuclear [ˈnjuːklɪər] *adj* nuclear.

nuclear bomb *n* bomba *f* atómica.

nuclear disarmament *n* desarme *m* nuclear.

nuclear energy *n* energía *f* nuclear.

nuclear family *n* familia *f* nuclear.

nuclear fission *n* fisión *f* nuclear.

nuclear-free zone *n* zona *f* libre de energía nuclear.

nuclear fusion *n* fusión *f* nuclear.

nuclear physics *n* física *f* nuclear.

nuclear Non-Proliferation Treaty *n* tratado *m* de no proliferación nuclear.

nuclear power *n* energía *f* nuclear.

nuclear-powered *adj* nuclear, atómico(ca).

nuclear power station *n* central *f* nuclear.

nuclear reaction *n* reacción *f* nuclear.

nuclear reactor *n* reactor *m* nuclear.

nuclear testing *npl* pruebas *fpl* nucleares.

nuclear war *n* guerra *f* nuclear.

nuclear weapons *npl* armas *fpl* nucleares.

nuclear winter *n* invierno *m* nuclear.

nuclei ['nju:klɪaɪ] *pl* → **nucleus**.

nucleonics [ˌnju:klɪ'ɒnɪks] *n (U)* nucleónica *f*.

nucleus ['nju:klɪəs] (*pl* **nuclei** [-klɪaɪ]) *n lit & fig* núcleo *m*.

NUCPS (*abbr of* **National Union of Civil and Public Servants**) *n* sindicato británico de funcionarios.

nude [nju:d] ◇ *adj* desnudo(da). ◇ *n* ART desnudo *m*; **in the** ~ desnudo(da), en cueros.

nudge [nʌdʒ] ◇ *n* - **1.** [with elbow] codazo *m*. - **2.** *fig* [to encourage] empujón *m*. ◇ *vt* - **1.** [with elbow] dar un codazo a. - **2.** *fig* [to encourage] empujar, impulsar.

nudism ['nju:dɪzm] *n* nudismo *m*.

nudist ['nju:dɪst] ◇ *adj* nudista; ~ **colony/beach** colonia *f*/playa *f* nudista. ◇ *n* nudista *mf*.

nudity ['nju:dətɪ] *n* desnudez *f*.

nugatory ['nju:gətrɪ] *adj fml* - **1.** [trifling] insignificante, trivial. - **2.** [ineffective] ineficaz.

nugget ['nʌgɪt] *n* - **1.** [of gold] pepita *f*. - **2.** *fig* [valuable piece]: ~**s of wisdom** gotas *fpl* de sabiduría.

nuisance ['nju:sns] *n* [thing] fastidio *m*, molestia *f*; [person] pesado *m*, -da *f*; **that rubbish dump is a public** ~ ese vertedero es un peligro público; **to make a** ~ **of o.s.** dar la lata; **what a** ~! ¡qué lata!

NUJ (*abbr of* **National Union of Journalists**) *n* sindicato británico de periodistas.

nuke [nju:k] *inf* ◇ *n* bomba *f* atómica. ◇ *vt* atacar con arma nuclear.

null [nʌl] *adj* - **1.** [gen & JUR] nulo(la); ~ **and void** nulo(la) y sin efecto. - **2.** [insignificant] insignificante. - **3.** MATH: ~ **set** conjunto *m* vacío.

nullification [ˌnʌlɪfɪ'keɪʃn] *n* anulación *f*.

nullify ['nʌlɪfaɪ] (*pt & pp* **nullified**) *vt* anular.

nullity ['nʌlətɪ] (*pl* **nullities**) *n* - **1.** JUR nulidad *f*. - **2.** [person] nulidad *f*.

NUM (*abbr of* **National Union of Mineworkers**) *n* sindicato británico de mineros.

numb [nʌm] ◇ *adj* [gen] entumecido(da), insensible; [leg, hand] dormido(da); **to be** ~ **with cold** estar helado(da) de frío; **to be** ~ **with fear** estar paralizado(da) de miedo. ◇ *vt* entumecer.

number ['nʌmbəʳ] ◇ *n* - **1.** [gen & TELEC] número *m*; **she is good at** ~**s** se le dan bien los números; **few** OR **small in** ~ pocos(cas), poco numerosos, poco numerosas; **without** ~ sin número, innumerables ❑ **a** ~ **of** varios(rias); **any** ~ **of** la mar de; **to do** OR **pull a** ~ **on sb** *inf* jugársela a alguien; **to do sthg by** ~**s** hacer algo mecánicamente; **I've got your** ~ *inf* te tengo calado, sé de qué vas; **your** ~ **is up** *inf* te llegó la hora. - **2.** [of car] matrícula *f*. - **3.** *inf* [item of clothing] modelo *m*, modelito *m*. - **4.** *inf* [person] gachó *m*, -chí *f*, menda *mf*. - **5.** *inf* [thing]: **she used to drive a little red** ~ tenía un cochecito super majo. - **6.** *inf* [job]: **a cushy** ~ un chollo. - **7.** [of magazine, newspaper] número *m*. - **8.** GRAMM número *m*. - **9.** [song] tema *m*; [act] número *m*. ◇ *vt* - **1.** [amount to] ascender a. - **2.** [give a number to] numerar. - **3.**

[include]: **to be** ~**ed among** figurar entre. - **4.** [count] contar; **his days are** ~**ed** tiene los días contados; *see* USAGE *overleaf.*

◆ **Numbers** *n* (*with sing vb*) BIBLE Números *m*.

number-crunching [-krʌntʃɪŋ] *n inf* cálculo *m* a gran escala.

numbering ['nʌmbərɪŋ] *n* - **1.** [counting] enumeración *f*. - **2.** [of pages] numeración *f*.

numberless ['nʌmbəlɪs] *adj* incontables, innumerables.

number one ◇ *adj* principal, número uno. ◇ *n* - **1.** [priority] lo más importante. - **2.** *inf* [oneself] uno mismo, una misma; **to look after** ~ ir (uno) a lo suyo.

numberplate ['nʌmbəpleɪt] *n* matrícula *f* (de vehículo).

numbers game *n Am* lotería *f* ilegal OR clandestina.

number shop *n Am* establecimiento *m* de lotería ilegal.

Number Ten *n* el número 10 de Downing Street, residencia oficial del primer ministro británico.

numbness ['nʌmnɪs] *n* - **1.** [with cold] entumecimiento *m*. - **2.** *fig* [with shock, fear] parálisis *f inv*.

numbskull ['nʌmskʌl] *n* = **numskull**.

numen ['nju:mən] (*pl* **numina** [-mɪnə]) *n* numen *m*.

numeracy ['nju:mərəsɪ] *n Br* conocimiento *m* básico de aritmética.

numeral ['nju:mərəl] *n* número *m*, cifra *f*.

numerate ['nju:mərət] *adj Br* competente en aritmética.

numeration ['nju:mə'reɪʃn] *n* numeración *f*.

numerator ['nju:məreɪtəʳ] *n* MATH numerador *m*.

numerical [nju:'merɪkl] *adj* numérico(ca).

numerical control *n* control *m* numérico.

numerically [nju:'merɪklɪ] *adv* numéricamente.

numeric keypad [nju:'merɪk-] *n* COMPUT teclado *m* numérico.

numerology [ˌnju:mə'rɒlədʒɪ] *n* aritmomancia *f*.

numerous ['nju:mərəs] *adj* numeroso(sa).

numina ['nju:mɪnə] *pl* → **numen**.

numinous ['nju:mɪnəs] *adj* terrible, sobrecogedor(ra).

numismatic [ˌnju:mɪz'mætɪk] *adj* numismático(ca).

◆ **numismatics** *n (U)* numismática *f*.

numskull ['nʌmskʌl] *n inf* imbécil *mf*, mentecato *m*, -ta *f*.

nun [nʌn] *n* monja *f*.

nuncio ['nʌnsɪəʊ] (*pl* **nuncios**) *n* nuncio *m* (apostólico).

nunnery ['nʌnərɪ] (*pl* **nunneries**) *n* convento *m* de monjas.

NUPE ['nju:pɪ] (*abbr of* **National Union of Public Employees**) *n* antiguo sindicato británico que acogía principalmente a empleados de las administraciones locales.

nuptial ['nʌpʃl] *adj fml* nupcial.

◆ **nuptials** *npl literary* nupcias *fpl*, boda *f*.

NURMTW (*abbr of* **National Union of Rail, Maritime and Transport Workers**) *n* sindicato británico del sector de transporte.

nurse [nɜ:s] ◇ *n* - **1.** MED enfermero *m*, -ra *f*; **student** ~ estudiante *mf* de enfermería. - **2.** [nanny] niñera *f*. - **3.** [wet nurse] nodriza *f*, ama *f* de leche. ◇ *vt* - **1.** [care for] cuidar, atender. - **2.** [try to cure] curarse. - **3.** [grudge, hope] abrigar. - **4.** [subj: mother] criar, amamantar. ◇ *vi* MED ser enfermero(a).

nursemaid ['nɜ:smeɪd] *n* niñera *f*; **to play** ~ **to sb** llevar a alguien de la mano.

nursery ['nɜ:sərɪ] (*pl* **nurseries**) ◇ *adj* pre-escolar. ◇ *n* - **1.** [at home] cuarto *m* de los niños. - **2.** [away from home] guardería *f*. - **3.** [for plants] semillero *m*, vivero *m*.

nurserymaid ['nɜ:srɪmeɪd] *n* = **nursemaid**.

nurseryman ['nɜ:srɪmən] (*pl* **nurserymen** [-mən]) *n* AGR encargado *m* de un vivero.

nursery nurse *n Br* [at school] niñera *f*; [in hospital] enfermera *f* puericultora.

nursery rhyme *n* poema *m* OR canción *f* infantil.

nursery school *n* parvulario *m*, escuela *f* de párvulos.

nursery school teacher *n* maestro *m*, -tra *f* de preescolar.

nursery slopes *npl* pista *f* para principiantes.

nursing ['nɜːsɪŋ] *n* - **1.** [profession] profesión *f* de enfermero. - **2.** [of patient] asistencia *f*, cuidado *m*. - **3.** [breast - feeding] lactancia *f*.

nursing auxiliary *n* auxiliar *mf* de clínica.

nursing home *n* [for old people] clínica *f* de reposo (privada); [for childbirth] clínica *f* (privada) de maternidad.

nursing mother *n* madre *f* lactante.

nursing officer *n Br* enfermero *m*, -ra *f* jefe.

nursling ['nɜːslɪŋ] *n* niño *m* de pecho.

nurture ['nɜːtʃəʳ] ◇ *vt* - **1.** [bring up] criar. - **2.** [plan, feelings] alimentar. - **3.** [nourish] nutrir, alimentar. ◇ *n* - **1.** [upbringing] crianza *f*. - **2.** [food] alimento *m*.

NUS (*abbr of* **National Union of Students**) *n* sindicato nacional de estudiantes en *Gran Bretaña*.

nut [nʌt] *n* - **1.** [to eat] nuez *f*, fruto *m* seco; **a hard** OR **tough ~ to crack** *inf fig* un hueso duro de roer. - **2.** [of metal] tuerca *f*; **the ~s and bolts** *fig* lo esencial, lo básico; **to learn the ~s and bolts of a department/business** aprender el funcionamiento de un departamento/negocio. - **3.** *inf* [mad person] chiflado *m*, -da *f*, loco *m*, -ca *f*. - **4.** *inf* [enthusiast] maniático *m*, -ca *f*. - **5.** *inf* [head] coco *m*, cocorota *f*; **she's off her ~** *Br* está mal del coco; **to do one's ~** poner el grito en el cielo.
◆ **nuts** ◇ *adj Am inf*: **to be ~s** estar chalado(da); **to go ~s** volverse majara; **to be ~s about sthg/sb** estar loco(ca) por algo/alguien; **to drive sb ~s** volver loco a alguien. ◇ *npl v inf* [testicles] huevos *mpl*. ◇ *excl Am inf* ¡maldita sea!

NUT (*abbr of* **National Union of Teachers**) *n* sindicato británico de profesores.

nut-brown *adj* - **1.** [complexion] moreno(na). - **2.** [hair] castaño(ña). - **3.** [ale] tostado(da).

USAGE ▶ Numbers

Multiples/fractions/decimals

3,425	tres coma cuatrocientos veinticinco [in Spanish, the decimal point is represented by a comma]
6,666	seis coma seis periódico
6.512	seis mil quinientos doce [in Spanish, the thousands column is separated from the hundreds column by a full stop, except for years]
2/3	dos tercios
1/16	un dieciseisavo
3^2	tres al cuadrado
2^3	dos al cubo
3x12	tres (multiplicado) por doce
12:6	doce (dividido) entre seis

Percentages

50%	cincuenta por ciento
5,2%	cinco coma dos por ciento

Measurements

1,40 m	un metro cuarenta
1,4 m	un metro cuarenta
3,250 kg	tres kilos doscientos cincuenta (gramos), tres kilos y cuarto
$3^1/_2$ kg	tres kilos y medio
6,5 km	seis coma cinco kilómetros, seis kilómetros y medio
50 km/h	cincuenta kilómetros por hora
4x4 m	cuatro metros por cuatro
30°C	treinta grados centígrados
60°F	sesenta grados Fahrenheit

Prices

240 pta.	doscientas cuarenta pesetas
24,5 pta.	veinticuatro (pesetas) con cincuenta (céntimos)
2.500.000 pta.	dos millones quinientas mil pesetas, dos millones y medio de pesetas.

Dates

1892	mil ochocientos noventa y dos
56 a.C.	cincuenta y seis antes de Cristo OR Jesucristo
siglo IV d.C.	siglo cuarto después de Cristo
4 de marzo de 1994	cuatro de marzo de mil novecientos noventa y cuatro
9-2-95	nueve del dos del noventa y cinco

Telephone numbers

22-15-00	veintidós quince cero cero
221 30 12	dos veintiuno treinta doce
(926) 40.02.40	nueve dos seis OR novecientos veintiséis cuarenta cero dos cuarenta.

Time

6h 12' 14"	seis horas, doce minutos, catorce segundos [*formal*]
4:15	las cuatro y quince, las cuatro y cuarto
14:30	las catorce treinta [*formal*], las dos y media
8:50	las ocho cincuenta, las nueve menos diez
10:00	las diez en punto

nutcase ['nʌtkeɪs] *n inf* pirado *m*, -da *f*, loco *m*, -ca *f*.

nutcracker ['nʌtˌkrækə^r] *n*, **nutcrackers** ['nʌtˌkrækəz] *npl* cascanueces *m inv*.

nuthouse ['nʌthaʊs, *pl* -haʊzɪz] *n inf* casa *f* de locos, manicomio *m*.

nutmeg ['nʌtmeg] *n* nuez *f* moscada.

nutria ['njuːtrɪə] *n* castor *m* del Plata.

nutrient ['njuːtrɪənt] ◇ *n* elemento *m* nutritivo. ◇ *adj* nutritivo(va).

nutriment ['njuːtrɪmənt] *n* alimento *m* nutritivo.

nutrition [njuːˈtrɪʃn] *n* nutrición *f*, alimentación *f*.

nutritional [njuːˈtrɪʃənl] *adj* nutritivo(va).

nutritionist [njuːˈtrɪʃənɪst] *n* dietista *mf*.

nutritious [njuːˈtrɪʃəs] *adj* nutritivo(va), rico(ca).

nutritive ['njuːtrətɪv] *adj* nutritivo(va).

nutshell ['nʌtʃel] *n* cáscara *f* (de nuez); **in a ~** *fig* en una palabra.

nutter ['nʌtə^r] *n Br inf* chiflado *m*, -da *f*, loco *m*, -ca *f*.

nutty ['nʌtɪ] *(compar* **nuttier**, *superl* **nuttiest**) *adj* - **1**. [con-taining nuts] con nueces; [flavour] con sabor a nuez. - **2**. *inf* [crazy] chalado(da), majara.

nuzzle ['nʌzl] ◇ *vt* [subj: animal] rozar con el hocico. ◇ *vi*: **to ~ (up) against** arrimarse a.

NV *written abbr of* **Nevada**.

NVQ *(written abbr of* **National Vocational Qualification***) n* ≃ título *m* de formación profesional.

NW *(written abbr of* **north-west***) NO.

NWT *abbr of* **Northwest Territories**.

NY *abbr of* **New York**.

NYC *abbr of* **New York City**.

nylon ['naɪlɒn] ◇ *n* nylon *m*. ◇ *comp* de nylon.
◆ **nylons** *npl dated* medias *fpl* de nylon.

nymph [nɪmf] *n* ninfa *f*.

nymphet ['nɪmfət] *n hum* ninfa *f*, pimpollo *m*.

nymphomania [ˌnɪmfəˈmeɪnɪə] *n* ninfomanía *f*.

nymphomaniac [ˌnɪmfəˈmeɪnɪæk] *n* ninfómana *f*.

NYSE *(abbr of* **New York Stock Exchange***) n* la Bolsa de Nueva York.

NZ *abbr of* **New Zealand**.

o *(pl* **o's** OR **os**), **O** *(pl* **O's** OR **Os**) [əʊ] *n* - **1**. [letter] o *f*, O *f*. - **2**. [zero] cero *m*.

oaf [əʊf] *n* zoquete *mf*, lerdo *m*, -da *f*.

oafish ['əʊfɪʃ] *adj* zoquete, lerdo(da).

oak [əʊk] ◇ *n* roble *m*. ◇ *comp* de roble.

oak apple *n* agalla *f*.

oaken ['əʊkn] *adj literary* de roble.

oakum ['əʊkəm] *n* estopa *f*, malacuenda *f*.

OAP *n abbr of* **old age pensioner**.

oar [ɔː^r] *n* remo *m*; **to put** OR **stick one's ~ in** *fig* entrometerse.

oarlock ['ɔːlɒk] *n Am* [rowlock] escálamo *m*, tolete *m*.

oarsman ['ɔːzmən] *(pl* **oarsmen** [-mən]*) n* remero *m*.

oarsmanship ['ɔːzmənʃɪp] *n (U)* dominio *m* del remo.

oarsmen ['ɔːzmən] *pl* → **oarsman**.

oarswoman ['ɔːzˌwʊmən] *(pl* **oarswomen** [-ˌwɪmɪn]*) n* remera *f*.

OAS *(abbr of* **Organization of American States***) n* OEA *f*.

oasis [əʊˈeɪsɪs] *(pl* **oases** [-siːz]*) n lit & fig* oasis *m inv*.

oatcake ['əʊtkeɪk] *n* galleta *f* de avena.

oatflakes ['əʊtfleɪks] *npl* copos *mpl* de avena.

oath [əʊθ, *pl* əʊðz] *n* - **1**. [promise] juramento *m*; **on** OR **under ~** bajo juramento; **to swear** OR **take an ~** prestar juramento. - **2**. [swearword] palabrota *f*.

oatmeal ['əʊtmiːl] ◇ *n* [flour] harina *f* de avena; [flakes] copos *mpl* de avena. ◇ *comp* de avena.

oats [əʊts] *npl* [grain] avena *f*; **to get one's ~** *inf fig* comerse un rosco.

OAU *(abbr of* **Organization of African Unity***) n* OUA *f*.

OB *n abbr of* **outside broadcast**.

Obadiah [ˌəʊbəˈdaɪə] *n* Abdías *m*.

obbligato [ˌɒblɪˈgɑːtəʊ] *(pl* **obbligatos** OR **obbligati** [-tiː]*) n* obligado *m*.

obduracy ['ɒbdjʊrəsɪ] *n fml* - **1**. [obstinacy] obstinación *f*. - **2**. [hardheartedness] insensibilidad *f*. - **3**. [inflexibility] inflexibilidad *f*.

obdurate ['ɒbdjʊrət] *adj* - **1**. *fml* [obstinate] obstinado(da). - **2**. [hardhearted] insensible. - **3**. [inflexible] inflexible.

OBE *(abbr of* **Order of the British Empire***) n (titular de una) distinción honorífica británica*.

obedience [əˈbiːdjəns] *n*: **~ (to sb)** obediencia *f* (a alguien).

obedient [əˈbiːdjənt] *adj* obediente.

obediently [əˈbiːdjəntlɪ] *adv* obedientemente.

obeisance [əʊˈbeɪsns] *n literary* - **1**. [attitude] homenaje *m*; **to pay ~ to sb/sthg** rendir homenaje a alguien/algo. - **2**. [gesture] reverencia *f*, cortesía *f*.

obelisk ['ɒbəlɪsk] *n* obelisco *m*.

obese [əʊˈbiːs] *adj fml* obeso(sa).

obesity [əʊˈbiːsətɪ] *n* obesidad *f*.

obey [əˈbeɪ] *vt & vi* obedecer.

obfuscate ['ɒbfʌskeɪt] *vt fml* [issue] oscurecer; [mind, person] ofuscar.

obfuscation [ˌɒbfʌsˈkeɪʃn] *n* [of issue] oscurecimiento *m*; [of mind, person] ofuscación *f*.

obit ['ɒbɪt, 'əʊbɪt] *n* obituario *m*, necrología *f*.

obituary [əˈbɪtʃʊərɪ] *(pl* **obituaries***) n* nota *f* necrológica, necrología *f*.

object [*n* 'ɒbdʒɪkt, *vb* əbˈdʒekt] ◇ *n* - **1**. [gen] objeto *m*; **to be an ~ of ridicule** ser objeto OR blanco de burlas; **money is no ~** el dinero es lo de menos, cueste lo que cueste. - **2**. [aim] objeto *m*, propósito *m*; **that would defeat the ~** eso sería contraproducente. - **3**. GRAMM complemento *m*. ◇ *vt* objetar. ◇ *vi*: **to ~ (to sthg/to doing sthg)** oponerse (a algo/a hacer algo).

objectification [əb,dʒektɪfɪ'keɪʃn] *n* objetivación *f*.

objectify [əb'dʒektɪfaɪ] (*pt & pp* **objectified**) *vt* objetivar.

objection [əb'dʒekʃn] *n* - **1.** [argument against] objeción *f*, reparo *m*; **my only ~ is that the budget is too small** el único inconveniente que veo es que el presupuesto es escaso; **to have no ~ (to sthg/to doing sthg)** no tener inconveniente (en algo/en hacer algo); **to make** OR **raise an ~** hacer una objeción, poner un reparo. - **2.** JUR protesta *f*; **~!** ¡protesto!; **~ overruled!** no se admite la protesta, no ha lugar.

objectionable [əb'dʒekʃnəbl] *adj* [person] desagradable; [behaviour] reprobable, censurable; [language] vulgar, ofensivo(va); [idea] intolerable.

objective [əb'dʒektɪv] ◇ *adj* objetivo(va); **to be ~ about** ser objetivo con OR respecto a. ◇ *n* objetivo *m*.

objectively [əb'dʒektɪvlɪ] *adv* objetivamente.

objectivism [əb'dʒektɪvɪzm] *n* objetivismo *m*.

objectivity [,ɒbdʒek'tɪvətɪ] *n* objetividad *f*.

object lens ['ɒbdʒɪkt-] *n* objetivo *m*.

object lesson ['ɒbdʒɪkt-] *n*: **an ~ in sthg** un perfecto ejemplo de algo.

objector [əb'dʒektəʳ] *n* objetante *mf*.

objurgate ['ɒbdʒəɡeɪt] *vt fml* reprender, increpar.

oblate ['ɒbleɪt] *adj* GEOM achatado(da) (por los polos).

oblation [ə'bleɪʃn] *n* RELIG [ceremony] oblación *f*; [thing offered] oblata *f*.

obligate ['ɒblɪgeɪt] *vt fml*: **to ~ sb to do sthg** obligar a alguien a hacer algo; **to be/feel ~d to do sthg** estar/sentirse obligado(da) a hacer algo.

obligation [,ɒblɪ'ɡeɪʃn] *n* - **1.** [compulsion] obligación *f*; **to be under an ~ to do sthg** tener la obligación de hacer algo; **to be under an ~ to sb** estar en deuda con alguien, tener mucho que agradecerle a alguien; **without ~** sin compromiso. - **2.** [duty] deber *m*, obligación *f*; **to meet one's ~s** cumplir (uno) con su deber OR obligación.

obligatory [ə'blɪɡətrɪ] *adj* obligatorio(ria).

oblige [ə'blaɪdʒ] ◇ *vt* - **1.** [force]: **to ~ sb to do sthg** obligar a alguien a hacer algo; **to be ~d to do sthg** verse obligado(da) a hacer algo. - **2.** *fml* [do a favour to] hacer un favor a; **to be ~d to sb (for sthg)** estarle muy agradecido(da) a alguien (por algo); **much ~d!** ¡muy agradecido!; **could you ~ me by putting out your pipe?** ¿serías tan amable de apagar la pipa? ◇ *vi* hacer el favor.

obligee [,ɒblɪ'dʒiː] *n* acreedor *m*, -ra *f*.

obliging [ə'blaɪdʒɪŋ] *adj* servicial, atento(ta).

obligingly [ə'blaɪdʒɪŋlɪ] *adv* atentamente, amablemente; **the letter you ~ sent me** la carta que tan amablemente me ha enviado.

obligor [,ɒblɪ'ɡɔːʳ] *n* deudor *m*, -ra *f*.

oblique [ə'bliːk] ◇ *adj* - **1.** [indirect] indirecto(ta). - **2.** [slanting] oblicuo(cua). ◇ *n* - **1.** TYPO barra *f*. - **2.** GEOM línea *f* oblicua.

obliquely [ə'bliːklɪ] *adv* indirectamente.

obliqueness [ə'bliːknɪs] *n* - **1.** [indirectness] carácter *m* indirecto. - **2.** [sloping angle] oblicuidad *f*.

obliterate [ə'blɪtəreɪt] *vt* - **1.** [destroy] arrasar. - **2.** [cover] ocultar, tapar.

obliteration [ə,blɪtə'reɪʃn] *n* - **1.** [destruction] arrasamiento *m*. - **2.** [covering] ocultamiento *m*.

oblivion [ə'blɪvɪən] *n* - **1.** [being forgotten] olvido *m*; **to fall** OR **sink** OR **lapse into ~** sumirse en el olvido; **to consign sthg/sb to ~** relegar algo/a alguien al olvido. - **2.** [unconsciousness] inconsciencia *f*.

oblivious [ə'blɪvɪəs] *adj* inconsciente; **to be ~ to** OR **of sthg** no ser consciente de algo.

oblong ['ɒblɒŋ] ◇ *adj* rectangular, oblongo(ga). ◇ *n* rectángulo *m*.

obloquy ['ɒbləkwɪ] *n* (*U*) *fml* - **1.** [abuse] vituperios *mpl*, injurias *fpl*. - **2.** [disgrace] ignominia *f*, deshonra *f*.

obnoxious [əb'nɒkʃəs] *adj* repugnante, detestable.

o.b.o. (*abbr of* **or best offer**) *o la mejor oferta.*

oboe ['əʊbəʊ] *n* oboe *m*.

oboist ['əʊbəʊɪst] *n* oboe *m*, oboísta *mf*.

obscene [əb'siːn] *adj* obsceno(na), indecente; **~ language** groserías *fpl*, malas palabras *fpl*.

obscenely [əb'siːnlɪ] *adv* de un modo obsceno; **he's ~ rich** *fig* es asquerosamente rico.

obscenity [əb'senətɪ] (*pl* **obscenities**) *n* obscenidad *f*.

obscurantism [,ɒbskjʊə'ræntɪzm] *n fml* oscurantismo *m*.

obscurantist [,ɒbskjʊə'ræntɪst] *fml* ◇ *adj* oscurantista. ◇ *n* oscurantista *mf*.

obscure [əb'skjʊəʳ] ◇ *adj lit & fig* oscuro(ra). ◇ *vt* - **1.** [make difficult to understand] oscurecer. - **2.** [hide] ocultar, esconder. - **3.** [darken] oscurecer.

obscurely [əb'skjʊəlɪ] *adv* oscuramente.

obscurity [əb'skjʊərətɪ] *n lit & fig* oscuridad *f*.

obsequies ['ɒbsɪkwɪz] *npl fml* exequias *fpl*, funeral *m*.

obsequious [əb'siːkwɪəs] *adj fml & pej* servil.

observable [əb'zɜːvəbl] *adj* visible, observable.

observably [əb'zɜːvəblɪ] *adv* visiblemente.

observance [əb'zɜːvəns] *n* observancia *f*, cumplimiento *m*.

observant [əb'zɜːvnt] *adj* observador(ra).

observation [,ɒbzə'veɪʃn] *n* - **1.** [by police] vigilancia *f*; [by doctor] observación *f*; **to be under ~** [patient] estar en observación; **to escape ~** pasar desapercibido(da). - **2.** [comment] observación *f*, comentario *m*.

observational [,ɒbzə'veɪʃənl] *adj* de observación.

observation post *n* puesto *m* de observación.

observatory [əb'zɜːvətrɪ] (*pl* **observatories**) *n* observatorio *m*.

observe [əb'zɜːv] *vt* - **1.** [gen] observar; [silence] guardar; [custom] mantener. - **2.** [obey] cumplir con, observar.

Asking if you have to do something

¿Quieres que cierre la ventana?
¿Tengo que bajar a la compra?
¿Debo llevar corbata a la fiesta?
¿Hay que apagar todas las máquinas?
¿Hace falta que vengamos mañana?
¿Hoy no tengo que recoger al niño?
No es necesario que firme, ¿verdad?

Saying that somebody has to do something

Tienes que llegar a las diez en punto
Debes llamar en cuanto llegues.
Envíeme un informe cada semana.
(Para entrar en la obra) es obligatorio el uso de casco.

Se ruega silencio/puntualidad. [*in a sign*]
Es menester que nos ayuden. [*formal*]
Tu obligación es estar aquí a las ocho.
Necesitaría una contestación lo antes posible. [*tentatively*]
Es imprescindible que el coche esté disponible a las ocho. [*resolutely*]

Saying that somebody does not have to do something

No es necesario que vayas a la fiesta.
No tienes que comprar nada si no quieres.
Nadie te obliga a quedarte.
No es obligatorio llevar corbata.
No hace falta que reserves tan pronto.

observer [əb'zɜːvəʳ] *n* observador *m*, -ra *f*.
obsess [əb'ses] *vt* obsesionar; **to be ~ed by** OR **with** estar obsesionado(da) con.
obsession [əb'seʃn] *n* obsesión *f*, idea *f* fija.
obsessional [əb'seʃənl] *adj* obsesivo(va).
obsessive [əb'sesɪv] *adj* obsesivo(va).
obsessively [əb'sesɪvlɪ] *adv* obsesivamente, de modo obsesivo; **he's ~ cautious** es de una prudencia obsesiva.
obsidian [ɒb'sɪdɪən] *n* obsidiana *f*.
obsolesce [ˌɒbsə'les] *vi* volverse obsoleto(ta), caer en desuso.
obsolescence [ˌɒbsə'lesns] *n* obsolescencia *f*, caída *f* en desuso; **planned** OR **built-in ~** obsolescencia *f* planificada OR calculada.
obsolescent [ˌɒbsə'lesnt] *adj* obsolescente, que está cayendo en desuso.
obsolete ['ɒbsəliːt] *adj* obsoleto(ta).
obstacle ['ɒbstəkl] *n* - **1.** [object] obstáculo *m*. - **2.** [difficulty] estorbo *m*, impedimento *m*.
obstacle course, obstacle race *n* carrera *f* de obstáculos.
obstetric [ɒb'stetrɪk] *adj* obstétrico(ca).
◆ **obstetrics** *n (U)* obstetricia *f*.
obstetrician [ˌɒbstə'trɪʃn] *n* tocólogo *m*, -ga *f*, obstetra *mf*.
obstinacy ['ɒbstɪnəsɪ] *n* - **1.** [stubbornness] terquedad *f*, obstinación *f*. - **2.** [persistence] tenacidad *f*.
obstinate ['ɒbstənət] *adj* - **1.** [stubborn] obstinado(da), terco(ca). - **2.** [persistent] tenaz.
obstinately ['ɒbstənətlɪ] *adv* [stubbornly] obstinadamente, tercamente.
obstreperous [əb'strepərəs] *adj fml & hum* [unruly] desmandado(da).
obstruct [əb'strʌkt] *vt* - **1.** [block] obstruir, bloquear. - **2.** [hinder] estorbar, entorpecer.
obstruction [əb'strʌkʃn] *n* [gen] obstrucción *f*; [in road] obstáculo *m*.
obstructionism [əb'strʌkʃənɪzm] *n* obstruccionismo *m*.
obstructionist [əb'strʌkʃənɪst] *n* obstruccionista *mf*.
obstructive [əb'strʌktɪv] *adj* obstructor(ra).
obtain [əb'teɪn] ◇ *vt* obtener, conseguir. ◇ *vi fml* [prevail] prevalecer.
obtainable [əb'teɪnəbl] *adj* que se puede conseguir, asequible.
obtrude [əb'truːd] ◇ *vt* - **1.** [impose] imponer, introducir a la fuerza. - **2.** [thrust out] sacar. ◇ *vi* manifestarse.
obtrusion [əb'truːʒn] *n fml* [meddling] entrometimiento *m*.
obtrusive [əb'truːsɪv] *adj* [smell] penetrante; [colour] chillón(ona); [person] entrometido(da).
obtrusively [əb'truːsɪvlɪ] *adv* entrometidamente, indiscretamente.
obtuse [əb'tjuːs] *adj lit & fig* obtuso(sa).
obverse ['ɒbvɜːs] *n* - **1.** [front side] anverso *m*. - **2.** [opposite]: **the ~ is also true** también se puede decir lo contrario; **the ~ of** la otra cara de.
obviate ['ɒbvɪeɪt] *vt fml* evitar, obviar.
obvious ['ɒbvɪəs] ◇ *adj* obvio(via), evidente; **the ~ solution** la solución más indicada; **to be very ~** ser muy obvio (muy obvia), saltar a la vista. ◇ *n*: **to state the ~** afirmar lo obvio OR lo evidente.
obviously ['ɒbvɪəslɪ] *adv* - **1.** [of course] evidentemente, obviamente; **~ not** claro que no. - **2.** [clearly] claramente, obviamente; **he's ~ lying** está claro que miente.
obviousness ['ɒbvɪəsnɪs] *n* obviedad *f*, lo evidente.
ocarina [ˌɒkə'riːnə] *n* ocarina *f*.
OCAS (*abbr of* **Organization of Central American States**) *n* ODECA *f*.
occasion [ə'keɪʒn] ◇ *n* - **1.** [circumstance, time] vez *f*, ocasión *f*; **as the ~ requires** según el caso, según se necesite; **on one ~** una vez, en una ocasión; **on several ~s** varias veces, en varias ocasiones; **should the ~ arise** [in case of

need] llegado el momento, de ser el caso; [if there is opportunity] si se presenta la ocasión; **on ~** *fml* de vez en cuando; **to rise to the ~** ponerse a la altura de las circunstancias. - **2.** [important event] acontecimiento *m*; **on the ~ of** con ocasión OR motivo de. - **3.** *fml* [reason, cause] motivo *m*, ocasión *f*. ◇ *vt fml* [cause] ocasionar, causar.
occasional [ə'keɪʒənl] *adj* [trip, drink] poco frecuente, esporádico(ca); [showers] ocasional; **to have an ~ cigarette** fumarse un cigarrillo de vez en cuando; **to receive an ~ letter** recibir alguna que otra carta.
occasionally [ə'keɪʒnəlɪ] *adv* de vez en cuando.
occasional table *n* mesita *f* (auxiliar).
Occident ['ɒksɪdənt] *n*: **the ~** Occidente.
occidental [ˌɒksɪ'dentl] ◇ *adj* occidental. ◇ *n* occidental *mf*.
Occidentalism [ˌɒksɪ'dentəlɪzm] *n* occidentalismo *m*.
occipita [ɒk'sɪpɪtə] *pl* → **occiput**.
occipital [ɒk'sɪpɪtl] *adj* occipital.
occiput ['ɒksɪpʌt] (*pl* **occiputs** OR **occipita** [ɒk'sɪpɪtə]) *n* occipucio *m*.
occlude [ɒ'kluːd] *vt* - **1.** MED ocluir. - **2.** [obstruct] obstruir, tapar.
occluded front [ɒ'kluːdɪd-] *n* METEOR oclusión *f*.
occlusion [ɒ'kluːʒn] *n* - **1.** MED oclusión *f*. - **2.** [obstruction] obstrucción *f*.
occlusive [ɒ'kluːsɪv] ◇ *adj* oclusivo(va). ◇ *n* LING oclusiva *f*.
occult [ɒ'kʌlt] ◇ *adj* oculto(ta). ◇ *n*: **the ~** lo oculto.
occultation [ˌɒkʌl'teɪʃn] *n* ocultación *f*.
occultism ['ɒkʌltɪzm] *n* ocultismo *m*.
occupancy ['ɒkjupənsɪ] *n* ocupación *f*.
occupant ['ɒkjupənt] *n* - **1.** [of building, room] inquilino *m*, -na *f*. - **2.** [of chair, vehicle] ocupante *mf*.
occupation [ˌɒkju'peɪʃn] *n* - **1.** [job] empleo *m*, ocupación *f*. - **2.** [pastime] pasatiempo *m*. - **3.** [of country, building] ocupación *f*.
occupational [ˌɒkju'peɪʃənl] *adj* laboral; **~ disease** enfermedad *f* laboral.
occupational hazard *n*: **~s** gajes *mpl* del oficio.
occupational pension *Br* ◇ *n* pensión *f* de jubilación (de la empresa). ◇ *comp*: **~ scheme** plan *m* de pensiones (de la empresa).
occupational therapist *n* terapeuta *mf* ocupacional.
occupational therapy *n* terapia *f* ocupacional.
occupied ['ɒkjupaɪd] *adj* [country, town] ocupado(da).
occupier ['ɒkjupaɪəʳ] *n* [tenant] inquilino *m*, -na *f*.
occupy ['ɒkjupaɪ] (*pt & pp* **occupied**) *vt* - **1.** [gen] ocupar. - **2.** [live in] habitar. - **3.** [entertain]: **to ~ o.s.** entretenerse.
occur [ə'kɜːʳ] (*pt & pp* **occurred**, *cont* **occurring**) *vi* - **1.** [happen] ocurrir, suceder. - **2.** [be present] encontrarse, existir. - **3.** [thought, idea]: **to ~ to sb** ocurrírsele a alguien; **it ~s to me that...** se me ocurre que...
occurrence [ə'kʌrəns] *n* - **1.** [event] acontecimiento *m*; **it's an unusual ~** es algo poco usual; **to be an everyday ~** ocurrir OR suceder todos los días. - **2.** [coming about] existencia *f*, aparición *f*.
ocean ['əuʃn] *n* océano *m*; *Am* [sea] mar *m* o *f*; **~s of** *fig* un montón OR una montaña de.
oceanarium [ˌəuʃə'neərɪəm] (*pl* **oceanariums** OR **oceanaria** [-rɪə]) *n* acuario grande con agua de mar.
ocean bed, ocean floor *n* lecho *m* marino.
oceanfront ['əuʃnfrʌnt] *Am n* paseo *m* marítimo. ◇ *comp* [apartment, property etc] junto al mar.
oceangoing ['əuʃnˌgəuɪŋ] *adj* de alta mar.
Oceania [ˌəuʃɪ'ɑːnɪə] *n* Oceanía.
Oceanian [ˌəuʃɪ'ɑːnɪən] ◇ *adj* oceánico(ca). ◇ *n* oceánico *m*, -ca *f*.
oceanic [ˌəuʃɪ'ænɪk] *adj* oceánico(ca).
ocean liner *n* transatlántico *m*.

oceanography [ˌəʊʃəˈnɒgrəfɪ] n oceanografía f.

ocelot [ˈəʊsɪlɒt] n ocelote m.

och [ɒx] excl Scot & Ir ¡ah!; ~ **aye!** ¡ah, sí!, ¡pues claro!

ocher adj Am = **ochre**.

ochre Br, **ocher** Am [ˈəʊkəʳ] adj ocre.

o'clock [əˈklɒk] adv: **it's one** ~ es la una; **it's two/three** ~ son las dos/las tres; **at one/two** ~ a la una/las dos.

OCR n COMPUT - **1.** (abbr of **optical character reader**) LOC m. - **2.** (abbr of **optical character recognition**) ROC m.

Oct. (abbr of **October**) oct.

octagon [ˈɒktəgən] n octágono m.

octagonal [ɒkˈtægənl] adj octagonal.

octahedron [ˌɒktəˈhiːdrən] (pl **octahedrons** OR **octahedra** [-drə]) n octaedro m.

octal [ˈɒktl] ◇ adj octal. ◇ n octal m.

octameter [ɒkˈtæmɪtəʳ] n LITER verso m de ocho pies métricos.

octane [ˈɒkteɪn] n octano m.

octane number, **octane rating** n octanaje m.

octant [ˈɒktənt] n octante m.

octave [ˈɒktɪv] n octava f.

octavo [ɒkˈteɪvəʊ] (pl **octavos**) n [sheet of paper] hoja f en octavo; [book] libro m en octavo.

octet [ɒkˈtet] n octeto m.

October [ɒkˈtəʊbəʳ] n octubre m; see also **September**.

October Revolution n: **the** ~ la revolución de octubre.

octogenarian [ˌɒktəʊdʒɪˈneərɪən] n octogenario m, -ria f.

octopus [ˈɒktəpəs] (pl **octopuses** OR **octopi** [-paɪ]) n pulpo m.

octosyllabic [ˌɒktəʊsɪˈlæbɪk] adj octosílabo(ba), octosilábico(ca).

octuple [ˈɒktjuːpl] ◇ adj óctuplo(pla), óctuple. ◇ vt octuplicar.

ocular [ˈɒkjʊləʳ] adj ocular.

oculist [ˈɒkjʊlɪst] n oculista mf.

OD - **1.** written abbr of **overdose**. - **2.** written abbr of **overdrawn**.

odalisk, **odalisque** [ˈəʊdəlɪsk] n odalisca f.

odd [ɒd] adj - **1.** [strange] raro(ra), extraño(ña). - **2.** [not part of pair] sin pareja, suelto(ta). - **3.** [number] impar. - **4.** inf [leftover] sobrante. - **5.** inf [occasional]: **I play the** ~ **game** juego alguna que otra vez; **at** ~ **intervals** de rato en rato, cada cierto tiempo. - **6.** inf [approximately]: **30** ~ **years** 30 y tantos OR y pico años. - **7.** phr: **the** ~ **one** OR **man** OR **woman out** la excepción.

◆ **odds** npl - **1.** [likelihood]: **the** ~**s** [gen] las probabilidades; [in betting] las apuestas; **the** ~**s are that...** lo más probable es que...; **the** ~**s are against it** no es muy probable; **against all** ~**s** contra viento y marea; **against the** ~**s** contra (todo) pronóstico. - **2.** [bits]: ~**s and ends** chismes mpl, cosillas fpl. - **3.** phr: **to be at** ~**s with sthg** no concordar con algo; **to be at** ~**s with sb** estar reñido(da) con alguien.

oddball [ˈɒdbɔːl] n inf chiflado m, -da f, chalado m, -da f.

oddity [ˈɒdɪtɪ] (pl **oddities**) n rareza f.

odd-job man Br, **odd jobber** Am n hombre m que hace chapuzas.

odd jobs npl chapuzas fpl.

oddly [ˈɒdlɪ] adv extrañamente; ~ **enough** aunque parezca mentira.

oddments [ˈɒdmənts] npl retales mpl.

odds-on adj inf: **the** ~ **favourite** el favorito indiscutible; **it's** ~ **that...** fijo que...

ode [əʊd] n oda f

odious [ˈəʊdjəs] adj odioso(sa), detestable.

odium [ˈəʊdjəm] n fml - **1.** [hatred] odio m, rencor m. - **2.** [disgrace] oprobio m, deshonra f.

odometer [əʊˈdɒmɪtəʳ] n cuentakilómetros m inv.

odontology [ˌɒdɒnˈtɒlədʒɪ] n odontología f.

odor n Am = **odour**.

odoriferous [ˌəʊdəˈrɪfərəs] adj fml odorífero(ra), odorífico(ca).

odorless adj Am = **odourless**.

odorous [ˈəʊdərəs] adj - **1.** [fragant] fragante, perfumado(da). - **2.** [malodorous] maloliente, pestilente.

odour Br, **odor** Am [ˈəʊdəʳ] n - **1.** [gen] olor m; [of perfume] fragancia f. - **2.** phr: **to be in good/bad** ~ **with sb** Br fml estar a bien/a mal con alguien.

odourless Br, **odorless** Am [ˈəʊdəlɪs] adj inodoro(ra).

Odysseus [əˈdiːsɪəs] n Odiseo m, Ulises m.

odyssey [ˈɒdɪsɪ] (pl **odysseys**) n literary odisea f.

OECD (abbr of **Organization for Economic Cooperation and Development**) n OCDE f.

oedema Br, **edema** Am [iːˈdiːmə] n edema m.

Oedipus complex [ˈiːdɪpəs-] n complejo m de Edipo.

oenology Br, **enology** Am [iːˈnɒlədʒɪ] n enología f.

o'er [ˈəʊəʳ] literary prep & adv = **over**.

oesophagus Br, **esophagus** Am [ɪˈsɒfəgəs] n esófago m.

oestrogen Br, **estrogen** Am [ˈiːstrədʒən] n estrógeno m.

oestrous Br, **estrus** Am [ˈiːstrəs] ◇ adj en celo; ~ **cycle** ciclo m de celo. ◇ n estro m.

of [weak form əv, strong form ɒv] prep - **1.** [gen] de; **both** ~ **us** nosotros dos; **the cover** ~ **a book** la portada de un libro; **to die** ~ **sthg** morir de algo; **the King** ~ **England** el rey de Inglaterra. - **2.** [expressing quantity, amount, referring to container] de; **a cup** ~ **coffee** un café, una taza de café; **a litre** ~ **petrol** un litro de gasolina; **thousands** ~ **people** miles de personas; **an increase** ~ **6%** un incremento del 6%. - **3.** [indicating age, time] de; **a child** ~ **five** un niño de cinco (años); **the night** ~ **the disaster** la noche del desastre; **the 12th** ~ **February** el 12 de febrero. - **4.** [made from] de; **to be made** ~ **sthg** estar hecho de algo; **a dress** ~ **silk** un vestido de seda. - **5.** [with emotions, opinions]: **fear** ~ **ghosts** miedo a los fantasmas; **it was very kind** ~ **you** fue muy amable de OR por tu parte; **love** ~ **good food** amor por la buena mesa.

off [ɒf] ◇ adv - **1.** [away]: **to drive** ~ alejarse conduciendo; **to turn** ~ **(the road)** salir de la carretera; **I'm** ~**!** ¡me voy! - **2.** [at a distance]: **it's two days** ~ quedan dos días; **that's a long time** ~ aún queda mucho para eso; **it's ten miles** ~ está a diez millas; **far** ~ lejos. - **3.** [so as to remove]: **to take** ~ [gen] quitar; [one's clothes] quitarse; **to cut** ~ cortar; **could you help me** ~ **with my coat?** ¿me ayudas a quitarme el abrigo? - **4.** [so as to complete]: **to finish** ~ terminar, acabar; **to kill** ~ rematar. - **5.** [not at work] libre, de vacaciones; **a day** ~ un día libre; **time** ~ tiempo m libre. - **6.** [so as to separate]: **to fence** ~ vallar; **to wall** ~ tapiar. - **7.** [discounted]: **£10** ~ 10 libras de descuento. - **8.** [having money]: **to be well/badly** ~ andar bien/mal de dinero. ◇ prep - **1.** [away from]: **to get** ~ **sthg** bajarse de algo; **to keep** ~ **sthg** mantenerse alejado(da) de algo; **'keep** ~ **the grass'** 'prohibido pisar el césped'. - **2.** [close to]: **just** ~ **the coast** muy cerca de la costa; **it's** ~ **Oxford Street** está al lado de Oxford Street. - **3.** [removed from]: **to cut a slice** ~ **sthg** cortar un pedazo de algo; **take your hands** ~ **me!** ¡quítame las manos de encima! - **4.** [not attending]: **to be** ~ **work/duty** no estar trabajando/de servicio. - **5.** inf [no longer wanting or taking]: **she's** ~ **coffee/her food** no le apetece café/comer; **she's** ~ **antibiotics now** ya ha dejado de tomar antibióticos. - **6.** [deducted from]: **there's 10%** ~ **the price** hay un 10% de rebaja sobre el precio. - **7.** inf [from]: **I bought it** ~ **him** se lo compré a él. - **8.** [by means of]: **it runs** ~ **gas/electricity** funciona con gas/electricidad. ◇ adj - **1.** [gone bad - meat, cheese] pasado(da), estropeado(da); [- milk] cortado(da). - **2.** [not operating] apagado(da). - **3.** [cancelled] suspendido(da). - **4.** inf [offhand] brusco(ca), descortés. - **5.** [not being served]: **ice cream's** ~ **today** hoy no hay helado.

offal [ˈɒfl] n (U) asaduras fpl.

off-balance adv [not standing firmly] en equilibrio precario; **to throw** OR **knock sb** ~ literal hacer perder el equilibrio a alguien; fig [unprepared] coger a alguien desprevenido(da).

offbeat ['ɒfbiːt] ◇ *adj inf* original, poco convencional. ◇ *n* MUS tiempo *m* débil.

off-Broadway *adj* que se presenta fuera de Broadway.

off-centre *Br*, **off-center** *Am* ◇ *adj* descentrado(da). ◇ *adv* a un lado, cerca del centro.

off-chance *n*: **on the** ~ por si acaso.

off colour *adj* **- 1.** *Br* [ill] indispuesto(ta). **- 2.** [indecent] subido(da) de tono, de mal gusto.

offcut ['ɒfkʌt] *n* [of fabric] retazo *m*; [of wood] trozo *m* suelto.

off-day *n inf* mal día *m*.

off duty *adj* fuera de servicio.

offence *Br*, **offense** *Am* [ə'fens] *n* **- 1.** [crime] delito *m*; **second** ~ reincidencia *f*. **- 2.** [cause of upset] ofensa *f*; **to give** ~ ofender; **to take** ~ ofenderse; **no** ~ **meant** no te lo tomes a mal.

offend [ə'fend] ◇ *vt* ofender; **to be** ~**ed at** OR **by sthg** ofenderse por algo, tomar a mal algo; **please don't be** ~**ed** por favor, no se vaya a ofender. ◇ *vi* **- 1.** [contravene]: **to** ~ **against sthg** infringir algo. **- 2.** [commit a crime] cometer un delito.

offended [ə'fendɪd] *adj* ofendido(da).

offender [ə'fendəʳ] *n* **- 1.** [criminal] delincuente *mf*. **- 2.** [culprit] culpable *mf*.

offending [ə'fendɪŋ] *adj* [object] enojoso(sa); [word, statement] ofensivo(va).

offense [*sense 2* 'ɒfens] *n Am* **- 1.** = **offence**. **- 2.** SPORT ataque *m*.

offensive [ə'fensɪv] ◇ *adj* **- 1.** [remark, behaviour] ofensivo(va); [smell] repugnante. **- 2.** [aggressive] atacante. ◇ *n* **- 1.** MIL ofensiva *f*. **- 2.** *fig* [attack]: **to go on** OR **take the** ~ tomar la ofensiva.

offensively [ə'fensɪvlɪ] *adv* **- 1.** [behave, speak] de un modo ofensivo, injuriosamente. **- 2.** MIL & SPORT a la ofensiva, al ataque.

offensiveness [ə'fensɪvnɪs] *n*: **the** ~ **of** lo ofensivo de.

offensive weapon *n* arma *f* ofensiva OR de ataque.

offer ['ɒfəʳ] ◇ *n* oferta *f*; **on** ~ [available] disponible; [at a special price] de oferta. ◇ *vt* ofrecer; **to** ~ **sthg to sb**, **to** ~ **sb sthg** ofrecer algo a alguien; **to** ~ **to do sthg** ofrecerse a hacer algo. ◇ *vi* ofrecerse.

OFFER ['ɒfəʳ] (*abbr of* **Office of Electricity Regulation**) *n organismo británico regulador de las compañías regionales de electricidad.*

offerer ['ɒfərəʳ] *n* oferente *mf*.

offering ['ɒfərɪŋ] *n* **- 1.** [thing offered] ofrecimiento *m*; [gift] regalo *m*. **- 2.** [sacrifice] ofrenda *f*.

offertory ['ɒfətrɪ] (*pl* **offertories**) *n* **- 1.** [prayers, ritual] ofertorio *m*. **- 2.** [collection] colecta *f*.

off-guard *adj* desprevenido(da).

offhand [,ɒf'hænd] ◇ *adj* brusco(ca), descortés; **to be** ~ **about sthg** no tomar algo en serio. ◇ *adv* de improviso; **I can't recall** ~ no recuerdo en este momento.

offhandedly [,ɒf'hændɪdlɪ] *adv* **- 1.** [nonchalantly] de modo informal, con informalidad. **- 2.** [with abruptness] bruscamente, sin miramientos.

off-hour *n* hora *f* de poco tráfico.

office ['ɒfɪs] *n* **- 1.** [gen] oficina *f*; [department] sección *f*, departamento *m*; *Am* [of doctor] consultorio *m*, consulta *f*; [of lawyer] bufete *m*. **- 2.** [room] despacho *m*, oficina *f*. **- 3.** [position of authority] cargo *m*; **in** ~ [political party] en el poder; [person] en el cargo; **to hold** ~ [political party] estar en el poder; [person] ocupar un cargo; **to leave** ~ renunciar a un cargo; **to take** ~ [political party] subir al poder; [person] asumir el cargo.

◆ **offices** *npl* [help, actions]: **through the good** ~**s of** gracias a los buenos oficios OR al buen hacer de.

office automation *n* ofimática *f*.

office block *n* bloque *m* de oficinas.

office boy *n* chico *m* de los recados, ordenanza *m*.

office building *n* edificio *m* de oficinas.

officeholder ['ɒfɪs,həʊldəʳ] *n* alto cargo *m* gubernamental.

office hours *npl* horas *fpl* de oficina.

office junior *n Br* subalterno *m*, -na *f*.

Office of Fair Trading *n organismo gubernamental regulador de la competencia en Gran Bretaña.*

officer ['ɒfɪsəʳ] *n* **- 1.** MIL oficial *mf*. **- 2.** [in organization] director *m*, -ra *f*. **- 3.** [in police force] agente *mf* de policía.

office supplies *npl* material *m* OR artículos *mpl* de oficina.

office work *n* trabajo *m* de oficina.

office worker *n* oficinista *mf*.

official [ə'fɪʃl] ◇ *adj* oficial. ◇ *n* [of union] delegado *m*, -da *f*; [of government] funcionario *m*, -ria *f*.

officialdom [ə'fɪʃəldəm] *n* burocracia *f*.

officialese [ə,fɪʃə'liːz] *n pej* lenguaje *m* burocrático.

officially [ə'fɪʃəlɪ] *adv* oficialmente.

official receiver *n* síndico *m*, depositario *m*, -ria *f* judicial.

Official Secrets Act *n ley británica sobre secretos de estado.*

officiant [ə'fɪʃɪənt] *n* oficiante *m*.

Making an offer	Accepting an offer	Declining an offer
¿Puedo ayudarle OR serle útil en algo?	Sí, gracias ¿Podría ayudarme a subir este paquete?	No se moleste usted. Puedo yo solo.
¿Quieres que te eche una mano? [*informal*]	De acuerdo, me viene muy bien. [*informal*]	Deja, ya me las apaño yo. [*informal*]
¿Le apetece una copa de coñac?	Con mucho gusto.	Gracias, pero no me apetece. Últimamente tengo el estómago algo delicado.
¿Nos tomamos algo antes de volver a casa? ¿Qué tal un martini?	Bueno, ¿por qué no?	No, gracias. Tal vez otro día.
¿Puedo ofrecerle algo de beber? ¿Ha probado usted este licor?	Sí, muchas gracias. Tomaré mejor un coñac.	No lo tome usted a mal, pero no bebo.
¿No quiere un poco más de sopa?	Bueno, pues sí, gracias. Está muy buena.	No, no. Está bien así, gracias.
Puede pasar la noche aquí, si lo desea.	Es muy amable de su parte. Espero no molestarle demasiado.	Me gustaría mucho, pero no me va a ser posible.
Me gustaría hacerle una oferta. Le propongo lo siguiente:	Su oferta es muy interesante. Le prometo tenerla en consideración.	No me interesa, lo siento. Su propuesta es inaceptable.
Si le apetece cualquier cosa, no dude en pedirlo.	Es usted muy amable. Póngame algo sin alcohol.	No se preocupe. No quiero nada.

officiate [ə'fɪʃɪeɪt] vi: **to ~ (at)** oficiar (en).

officious [ə'fɪʃəs] adj pej celoso(sa) en el cumplimiento del deber, oficioso(sa).

officiousness [ə'fɪʃəsnɪs] n celo m excesivo en el cumplimiento del deber, oficiosidad f.

offing ['ɒfɪŋ] n: **to be in the ~** estar al caer OR a la vista.

offish ['ɒfɪʃ] adj inf esquivo(va), reservado(da).

off-key ◇ adj - **1.** MUS desafinado(da). - **2.** fig [remark] fuera de tono. ◇ adv desafinadamente.

off-licence n Br tienda donde se venden bebidas alcohólicas para llevar.

off limits adj prohibido(da).

off-line adj COMPUT desconectado(da).

offload [ɒf'ləʊd] vt: **to ~ sthg onto sb** echarle a alguien algo encima.

off-peak ◇ adj [electricity, phone call, travel] de tarifa reducida; [period] económico(ca). ◇ adv en las horas de tarifa reducida.

off-piste adj & adv SPORT fuera de pista.

offprint ['ɒfprɪnt] n separata f.

off-putting adj repelente, chocante.

off-road vehicle n (vehículo m) todoterreno m.

off sales npl Br venta de bebidas alcohólicas para llevar.

offscreen [adj 'ɒfskriːn, adv ɒf'skriːn] ◇ adj CINEMA & TV fuera de pantalla, que no es visible para el espectador. ◇ adv [in private life] en privado.

off season n: **the ~** la temporada baja.

◆ **off-season** adj de temporada baja.

offset ['ɒfset] (pt & pp **offset**, cont **offsetting**) ◇ vt compensar, contrarrestar. ◇ n TYPO offset m.

offset press n offset m, prensa f rotativa.

offshoot ['ɒfʃuːt] n vástago m, retoño m.

offshore ['ɒfʃɔːʳ] ◇ adj - **1.** [wind] costero(ra). - **2.** [fishing] de bajura; [oil rig] marítimo(ma). - **3.** [banking] en bancos extranjeros. ◇ adv mar adentro, cerca de la costa; **two miles ~** a dos millas de la costa.

offside [adj & adv ˌɒf'saɪd, n 'ɒfsaɪd] ◇ adj - **1.** [part of vehicle - right-hand drive] izquierdo(da); [- left-hand drive] derecho(cha). - **2.** SPORT fuera de juego. ◇ adv SPORT fuera de juego. ◇ n [of vehicle - right-hand drive] lado m izquierdo; [- left-hand drive] lado m derecho.

offspring ['ɒfsprɪŋ] ◇ n - **1.** fml & hum [of people] descendiente mf. - **2.** [of animals] crías fpl. ◇ npl [children] descendencia f, prole f.

offstage [adv ˌɒf'steɪdʒ, adj 'ɒfsteɪdʒ] adj & adv entre bastidores.

off-street adj: **~ parking** aparcamiento situado fuera de la vía pública.

off-the-cuff ◇ adj improvisado(da). ◇ adv improvisadamente.

off-the-peg adj Br confeccionado(da).

off-the-rack adj de confección.

off-the-record ◇ adj extraoficial, oficioso(sa). ◇ adv extraoficialmente, oficiosamente.

off-the-wall adj descabelado(da), extravagante.

off-white adj blancuzco(ca).

OFGAS ['ɒfgæs] (abbr of **Office of Gas Supply**) n organismo británico regulador del suministro de gas.

oft [ɒft] adv literary frecuentemente, a menudo.

OFT n abbr of **Office of Fair Trading**.

OFTEL ['ɒftel] (abbr of **Office of Telecommunications**) n organismo gubernamental británico para la supervisión de los servicios de telecomunicaciones.

often ['ɒfn, 'ɒftn] adv [many times] a menudo, con frecuencia; **how ~ do you go?** ¿cada cuánto OR con qué frecuencia vas?; **I don't ~ see him** no lo veo mucho; **as ~ as you like** siempre que OR tantas veces como quieras; **not very ~** pocas veces; **so ~** tan a menudo, con tanta frecuencia; **too ~** con demasiada frecuencia, demasiado a menudo.

◆ **as often as not** adv con frecuencia, muchas veces.

◆ **every so often** adv cada cierto tiempo.

◆ **more often than not** adv la mayoría de las veces.

oftentimes ['ɒfəntaɪmz], **ofttimes** ['ɒftaɪmz] adv arch frecuentemente, a menudo.

OFWAT ['ɒfwɒt] (abbr of **Office of Water Supply**) n organismo gubernamental británico para la supervisión del suministro de agua.

ogee ['əʊdʒiː] n cimacio m, gola f.

ogive ['əʊdʒaɪv] n - **1.** ARCHIT ojiva f. - **2.** MATH distribución f de frecuencia.

ogle ['əʊgl] vt pej comerse con los ojos.

ogre ['əʊgəʳ] n ogro m.

oh [əʊ] excl - **1.** [to introduce comment] ¡ah!; **~ really?** ¿de verdad? - **2.** [expressing hesitation] mmm... - **3.** [expressing joy, surprise, fear] ¡oh!; **~ no!** ¡no!; **~ no you don't!** ¡de eso nada!

OH written abbr of **Ohio**.

Ohio [əʊ'haɪəʊ] n Ohio.

ohm [əʊm] n ohmio m.

OHMS (written abbr of **On His/Her Majesty's Service**) expresión que indica el carácter oficial de un documento en Gran Bretaña.

oho [ə'həʊ] excl ¡oh!, ¡ah!

oil [ɔɪl] ◇ n - **1.** [gen] aceite m; **~ of lavender/turpentine** esencia f de lavanda/de trementina ❑ **to pour ~ on troubled waters** poner paz, tranquilizar los ánimos. - **2.** [petroleum] petróleo m; **to strike ~** encontrar petróleo. ◇ vt engrasar, lubricar.

◆ **oils** npl ART: **to paint in ~s** pintar al óleo.

oil burner n caldera f de petróleo.

oilcan ['ɔɪlkæn] n [for lubricating] aceitera f; [for motor oil] lata f de aceite.

oil change n cambio m de aceite.

oilcloth ['ɔɪlklɒθ] n hule m.

oil drum n bidón m de petróleo.

oiled [ɔɪld] adj - **1.** [lubricated] lubricado(da), aceitado(da). - **2.** inf [drunk]: **well ~** borracho(cha) como una cuba.

oiler ['ɔɪləʳ] n - **1.** [person] lubricador m, -ra f, engrasador m, -ra f. - **2.** [can] aceitera f. - **3.** [well] pozo m petrolífero.

oilfield ['ɔɪlfiːld] n yacimiento m petrolífero.

oil filter n filtro m del aceite.

oil-fired [-faɪəd] adj de fuel-oil.

oil gauge n indicador m del nivel de aceite.

oil industry n: **the ~** la industria petrolífera.

oil lamp n [burning oil] lámpara f de aceite, candil m; [burning paraffin] lámpara f de petróleo, quinqué m.

oilman ['ɔɪlmən] (pl **oilmen** [-mən]) n [businessman] magnate m del petróleo; [worker] trabajador m (del sector) petrolero.

oil paint n pintura f al óleo.

oil painting n (pintura f al) óleo m; **she's no ~** fig no es ninguna belleza.

oil-producing adj productor(ra) de petróleo.

oil refinery n refinería f (de petróleo).

oilrig ['ɔɪlrɪg] n plataforma f petrolífera.

oil shale n pizarra f OR esquisto m bituminoso.

oilskins ['ɔɪlskɪnz] npl [gen] prenda f de hule; [coat] impermeable m, chubasquero m.

oil slick n marea f negra.

oil spill n - **1.** [event] vertido m accidental de petróleo. - **2.** = **oil slick**.

oilstone ['ɔɪlstəʊn] n piedra f de asentar, afiladera f.

oil stove n Br [using paraffin, kerosene] estufa f de petróleo.

oil tanker n - **1.** [ship] petrolero m. - **2.** [lorry] camión m cisterna.

oil terminal n terminal f petrolera.

oil well n pozo m petrolífero OR de petróleo.

oily ['ɔɪlɪ] (*compar* **oilier**, *superl* **oiliest**) *adj* - **1.** [food] aceitoso(sa); [rag, cloth] grasiento(ta). - **2.** *pej* [smarmy] pegajoso(sa), empalagoso(sa).

oink [ɔɪŋk] *n* onomatopeya del gruñido del cerdo.

ointment ['ɔɪntmənt] *n* pomada *f*, ungüento *m*.

oiro (*written abbr of* **offers in the region of**): ~ £100 ofertas en torno a las 100 libras.

OK[1] [əʊ'keɪ] (*pl* **OKs**, *pt & pp* **OKed**, *cont* **OKing**) *inf* ◇ *adj*: **I'm** ~ estoy bien; **is that** ~ **with you?** ¿te parece bien?; **it was** ~, **I suppose** bueno, no estuvo mal; **are you** ~ **for time/money?** ¿andas bien de tiempo/dinero? ◇ *n*: **to give (sb) the** ~ dar el visto bueno (a alguien). ◇ *excl* - **1.** [gen] vale, de acuerdo. - **2.** [to introduce new topic] bien, vale. ◇ *vt* aprobar, dar el visto bueno a.

OK[2] *written abbr of* **Oklahoma**.

okapi [əʊ'kɑːpɪ] (*pl inv* OR **okapis**) *n* okapi *m*.

okay [əʊ'keɪ] *adj, n, excl & vt* = **OK**.

okeydoke(y) [əʊkɪ'dəʊk(ɪ)] *excl inf* ¡vale!

Okie ['əʊkɪ] *n Am v inf* trabajador agrícola de *Oklahoma*.

Oklahoma [əʊklə'həʊmə] *n* Oklahoma.

okra ['əʊkrə] *n* quingombó *m*.

old [əʊld] ◇ *adj* - **1.** [gen] viejo(ja); **how** ~ **are you?** ¿cuántos años tienes?, ¿qué edad tienes?; **I'm 20 years** ~ tengo 20 años; **a group of 14-year-**~ **schoolchildren** un grupo de escolares de 14 años; **to be** ~ **enough to do sthg** tener ya edad de hacer algo; **he's** ~ **enough to be my father** podría ser mi padre; **she's** ~**er than me** es mayor que yo; **my** ~**er sister** mi hermana mayor. - **2.** [former] antiguo(gua); **in the** ~ **days** antiguamente, en el pasado. - **3.** *inf* [as intensifier]: **any** ~ **thing** cualquier cosa; **any** ~ **how** de cualquier manera. ◇ *npl*: **the** ~ los ancianos.
◆ **of old** *adv literary*: **in days of** ~ antaño.

old age *n* vejez *f*.

old age pension *n Br* jubilación *f*, pensión *f*.

old age pensioner *n Br* pensionista *mf*, jubilado *m*, -da *f*.

Old Bailey *n*: **the** ~ el juzgado criminal central de Inglaterra.

Old Bill *npl Br*: **the** ~ la poli, la pasma.

old boy *n Br* - **1.** [ex-pupil] ex alumno *m*, antiguo alumno *m*. - **2.** *inf* [old man] viejo *m*. - **3.** *inf dated* [form of address] viejo amigo *m*.

old country *n* madre patria *f*, terruño *m*.

olde [əʊld, 'əʊldɪ] *adj* [in name of inn, shop] antiguo(gua).

olden ['əʊldn] *adj*: **in the** ~ **days** antaño.

Old English *n* inglés *m* antiguo.

Old English sheepdog *n* pastor *m* inglés, bobtail *m*.

old-fashioned [-'fæʃnd] *adj* - **1.** [outmoded] pasado(da) de moda, anticuado(da); [person] chapado(da) a la antigua. - **2.** [traditional] anticuado(da), tradicional. - **3.** [quizzical]: **to give sb an** ~ **look** mirar a alguien con extrañeza.

old flame *n* antiguo amor *m*.

old girl *n Br* - **1.** [ex-pupil] ex alumna *f*, antigua alumna *f*. - **2.** *inf* [old woman] vieja *f*. - **3.** *inf dated* [form of address] vieja amiga *f*.

old guard *n* vieja guardia *f*.

old hand *n* [experienced person] experto *m*, -ta *f*; [veteran] veterano *m*, -na *f*; **to be an** ~ **at sthg** ser experto en algo.

old hat *adj inf pej*: **to be** ~ estar pasado(da) de moda OR anticuado(da).

oldie ['əʊldɪ] *n inf* - **1.** [show] vieja gloria *f*; [pop song] viejo éxito *m*. - **2.** [old person] viejecito *m*, -ta *f*.

old lady *n inf* - **1.** [wife] parienta *f Esp*, vieja *f Amér*. - **2.** [mother] vieja *f*.

old-line *adj Am* - **1.** [conservative] conservador(ra), chapado(da) a la antigua. - **2.** [traditional] tradicional.

old maid *n pej* [spinster] solterona *f*.

old man *n inf* - **1.** [husband] marido *m*, viejo *m Amér*. - **2.** [father] viejo *m*. - **3.** [man in authority] jefe *m*, patrón *m*.

old master *n* - **1.** [painter] antiguo maestro *m* de la pintura. - **2.** [painting] antigua obra *f* maestra de la pintura.

old people's home *n* residencia *f* OR hogar *m* de ancianos.

old school *n* vieja escuela *f*.

old school tie *n Br* - **1.** [garment] corbata *f* del uniforme del colegio. - **2.** *fig & pej* [set of values] conjunto de valores y actitudes mantenidos por los ex alumnos de ciertos colegios privados británicos.

old stager *n* veterano *m*, -na *f*.

oldster ['əʊldstə[r]] *n inf* abuelo *m*, -la *f*, viejo *m*, -ja *f*.

Old Testament *n*: **the** ~ el Antiguo Testamento.

old-time *adj* de antaño, antiguo(gua).

old-timer *n* - **1.** [veteran] veterano *m*, -na *f*. - **2.** *esp Am* [old man] viejo *m*, -ja *f*.

old wives' tale *n* cuento *m* de viejas.

old woman *n inf* - **1.** [wife] parienta *f*. - **2.** [mother] vieja *f*. - **3.** *fig & pej* [fussy person]: **he's such an** ~ parece una vieja, tiene cosas de vieja.

Old World *n*: **the** ~ el Viejo Mundo, el mundo antiguo.

oleaginous [əʊlɪ'ædʒɪnəs] *adj* oleaginoso(sa).

oleander [əʊlɪ'ændə[r]] *n* adelfa *f*, baladre *m*.

olein ['əʊlɪɪn] *n* oleína *f*.

oleo ['əʊlɪəʊ] *n* margarina *f*.

oleomargarine [ˌɒlɪəʊ'mɑːdʒəriːn] *n* oleomargarina *f*.

O level *n Br* ≃ Bachillerato *m*, ≃ BUP *m*.

olfactory [ɒl'fæktərɪ] *adj* olfativo(va), olfatorio(ria).

oligarch ['ɒlɪgɑːk] *n* oligarca *mf*.

oligarchic(al) [ɒlɪ'gɑːkɪk(l)] *adj* oligárquico(ca).

oligarchy ['ɒlɪgɑːkɪ] (*pl* **oligarchies**) *n* oligarquía *f*.

oligopoly [ɒlɪ'gɒpəlɪ] *n* oligopolio *m*.

olive ['ɒlɪv] ◇ *adj* [colour] verde oliva (*inv*). ◇ *n* [fruit] aceituna *f*, oliva *f*; ~ (**tree**) olivo *m*.

olive branch *n* rama *f* de olivo; **to hold out an** OR **the** ~ **to sb** *fig* hacer una propuesta de paz a alguien.

olive drab *n Am* - **1.** [colour] caqui *m*, verde *m* oliva. - **2.** [cloth] tela *f* caqui.

olive green *adj* verde oliva (*inv*).

olive grove *n* olivar *m*.

olive oil *n* aceite *m* de oliva.

Olympia [ə'lɪmpɪə] *n* Olimpia.

Olympiad [ə'lɪmpɪæd] *n* olimpiada *f*.

Olympian [ə'lɪmpɪən] ◇ *adj lit & fig* olímpico(ca). ◇ *n* - **1.** MYTH dios *m*, -sa *f* del Olimpo. - **2.** *Am* SPORT participante *mf* en los Juegos Olímpicos.

Olympic [ə'lɪmpɪk] *adj* olímpico(ca).
◆ **Olympics** *npl*: **the** ~**s** los Juegos Olímpicos.

Olympic Games *npl*: **the** ~ los Juegos Olímpicos.

Olympus [əʊ'lɪmpəs] *n*: (**Mount**) ~ el (monte) Olimpo.

OM (*abbr of* **Order of Merit**) *n* (titular de una) distinción honorífica británica.

O & M (*abbr of* **organisation and method**) *n* organización y método.

Oman [əʊ'mɑːn] *n* Omán.

Omani [əʊ'mɑːnɪ] ◇ *adj* omaní. ◇ *n* omaní *mf*.

OMB (*abbr of* **Office of Management and Budget**) *n* organismo estadounidense de asesoramiento al presidente en materia presupuestaria.

ombudsman ['ɒmbʊdzmən] (*pl* **ombudsmen** [-mən]) *n* ≃ Defensor *m* del Pueblo.

omega ['əʊmɪgə] *n* omega *f*.

omelet(te) ['ɒmlɪt] *n* tortilla *f*.

omen ['əʊmen] *n* presagio *m*, agüero *m*.

omicron [əʊ'maɪkrɒn] *n* ómicron *f*.

ominous ['ɒmɪnəs] *adj* siniestro(tra), de mal agüero.

ominously ['ɒmɪnəslɪ] *adv* siniestramente, amenazadoramente.

omissible [ə'mɪsəbl] *adj* que se puede omitir.

omission [ə'mɪʃn] *n* - **1.** [thing left out] olvido *m*, descuido *m*. - **2.** [act of omitting] omisión *f*.

omit [ə'mɪt] (*pt & pp* **omitted**, *cont* **omitting**) *vt* omitir; **to ~ to do sthg** olvidar hacer algo.

omnibus ['ɒmnɪbəs] *n* - **1.** [book] antología *f*. - **2.** *Br* RADIO & TV *programa que emite varios capítulos seguidos*. - **3.** *dated* [bus] ómnibus *m*.

omnidirectional [ˌɒmnɪdɪ'rekʃənl] *adj* omnidireccional.

omnipotence [ɒm'nɪpətəns] *n fml* omnipotencia *f*.

omnipotent [ɒm'nɪpətənt] *adj fml* omnipotente.

omnipresence [ˌɒmnɪ'prezəns] *n* omnipresencia *f*.

omnipresent [ˌɒmnɪ'prezənt] *adj fml* omnipresente.

omnirange ['ɒmnɪˌreɪndʒ] *n* radiofaro *m* omnidireccional.

omniscience [ɒm'nɪsɪəns] *n* omnisciencia *f*.

omniscient [ɒm'nɪsɪənt] *adj fml* omnisciente.

omnivore ['ɒmnɪvɔː'] *n* omnívoro *m*, -ra *f*.

omnivorous [ɒm'nɪvərəs] *adj* omnívoro(ra).

OMOV (*abbr of* **one member one vote**) *n* sufragio *m* individual, *sistema de votación 'un miembro, un voto'*.

on [ɒn] ◇ *prep* - **1.** [indicating position - gen] en; [- on top of] sobre, en; **~ a chair** en OR sobre una silla; **~ the wall/ground** en la pared/el suelo; **he was lying ~ his side/back** estaba tumbado de costado/de espaldas; **I haven't got any money ~** me no llevo encima de dinero encima; **she had a strange look ~ her face** su rostro tenía un extraño aspecto; **to stand ~ one leg** ponerse a la pata coja; **~ the left/right** a la izquierda/derecha. - **2.** [indicating means]: **it runs ~ diesel** funciona con gasoil; **he lives ~ fruit** vive (a base) de fruta; **to hurt o.s. ~ sthg** hacerse daño con algo; **~ TV/the radio** en la tele/la radio; **she's ~ the telephone** está al teléfono. - **3.** [indicating mode of transport]: **to travel ~ a bus/train/ship** viajar en autobús/tren/barco; **I was ~ the bus** iba en el autobús; **to get ~ a bus/train/ship** subirse a un autobús/tren/barco; **~ foot** a pie. - **4.** [indicating time, activity]: **~ Thursday** el jueves; **~ my birthday** el día de mi cumpleaños; **~ the 10th of February** el 10 de febrero; **~ my return**, **~ returning** al volver; **~ business/holiday** de negocios/vacaciones; **~ nightshift** en turno de noche. - **5.** [concerning] sobre, acerca de; **a book ~ astronomy** un libro acerca de OR sobre astronomía. - **6.** [indicating membership]: **to be ~ a committee** estar en un comité. - **7.** [indicating influence] en, sobre; **the impact ~ the environment** el impacto en OR sobre el medio ambiente. - **8.** [using, supported by]: **to be ~ social security** cobrar dinero de la seguridad social; **he's ~ tranquillizers** está tomando tranquilizantes; **to be ~ drugs** [addicted] drogarse. - **9.** [earning]: **she's ~ £25,000 a year** gana 25.000 libras al año; **to be ~ a low income** tener bajos ingresos. - **10.** [obtained from]: **interest ~ investments** intereses de OR por inversiones; **a tax ~ alcohol** un impuesto sobre el alcohol. - **11.** [referring to musical instrument] con; **~ the violin** con el violín; **~ the piano** al piano. - **12.** *inf* [paid by]: **the drinks are ~ me** yo pago las copas, a las copas invito yo. ◇ *adv* - **1.** [indicating covering, clothing]: **put the lid ~** pon la tapa; **put your coat ~** ponte el abrigo; **what did she have ~?** ¿qué llevaba puesto? - **2.** [taking place]: **when the war was ~** cuando la guerra. - **3.** [being shown]: **what's ~ at the cinema?** ¿qué echan OR ponen en el cine? - **4.** [working - machine] funcionando; [- radio, TV, light] encendido(da); [- tap] abierto(ta); [- brakes] puesto(ta); **turn the power ~** pulse el botón de encendido. - **5.** [indicating continuing action]: **we talked/worked ~ into the night** seguimos hablando/trabajando hasta bien entrada la noche; **he kept ~ walking** siguió caminando. - **6.** [forward]: **send my mail ~ (to me)** reenvíame el correo ☐ **later ~** más tarde, después; **earlier ~** con anterioridad, antes. - **7.** [with mode of transport]: **the train stopped and we all got ~** paró el tren y todos nos subimos. - **8.** *inf* [referring to behaviour]: **it's just not ~!** ¡es una pasada! - **9.** *inf*: **to be** OR **go ~ at sb (to do sthg)** darle la tabarra a alguien (para que haga algo).

◆ **from... on** *adv*: **from now ~** de ahora en adelante; **from that moment/time ~** desde aquel momento/aquella vez.

◆ **on about** *adv inf*: **to be** OR **go ~ about sthg** dar la tabarra con algo.

◆ **on and on** *adv*: **to go ~ and ~ about sthg** dar la tabarra con algo; **she chattered ~ and ~** no paraba de charlar.

◆ **on and off** *adv* de vez en cuando.

◆ **on to, onto** (*only written as* **onto** *for senses 4 and 5*) *prep* - **1.** [to a position on top of] encima de, sobre; **she jumped ~ to the chair** saltó encima de OR sobre la silla. - **2.** [to a position on a vehicle]: **to get ~ to a bus/train/plane** subirse a un autobús/tren/avión. - **3.** [to a position attached to] a; **stick the photo ~ to the page** pega la foto en la hoja. - **4.** [aware of wrongdoing]: **to be onto sb** andar detrás de alguien. - **5.** [into contact with]: **get onto the factory** ponte en contacto con la fábrica.

ON *written abbr of* **Ontario**.

onanism ['əʊnənɪzm] *n* onanismo *m*.

onboard [ɒn'bɔːd] *adj* de a bordo.

ONC (*abbr of* **Ordinary National Certificate**) *n titulación técnica de enseñanza secundaria en Gran Bretaña*.

once [wʌns] ◇ *adv* - **1.** [on one occasion] una vez; **~ a week** una vez a la semana; **~ again** OR **more** otra vez; **for ~** por una vez; **~ and for all** de una vez por todas; **~ or twice** alguna que otra vez; **~ in a while** de vez en cuando. - **2.** [previously] en otro tiempo, antiguamente; **~ upon a time** érase una vez. ◇ *conj* una vez que; **~ you have done it** una vez que lo hayas hecho. ◇ *n*: **(just) this ~** sólo por esta vez.

◆ **at once** *adv* - **1.** [immediately] enseguida, inmediatamente. - **2.** [at the same time] a la vez, al mismo tiempo; **all at ~** de repente, de golpe.

once-over *n inf*: **to give sthg the ~** echar un vistazo a algo.

oncologist [ɒŋ'kɒlədʒɪst] *n* oncólogo *m*, -ga *f*.

oncology [ɒŋ'kɒlədʒɪ] *n* oncología *f*.

oncoming ['ɒnˌkʌmɪŋ] *adj* [traffic] que viene en dirección contraria; [danger, event] venidero(ra).

OND (*abbr of* **Ordinary National Diploma**) *n titulación superior que se obtiene tras dos años de formación técnica en Gran Bretaña*.

one [wʌn] ◇ *num* - **1.** [the number 1] un (una); **I only want ~** sólo quiero uno; **~ hundred** cien; **~ thousand** mil; **~ fifth** un quinto, una quinta parte; **~ of my friends** uno de mis amigos; **on page a hundred and ~** en la página ciento uno; **(number) ~** el uno; **to arrive in ~s and twos** llegar poco a poco OR con cuentagotas; **to be** OR **have ~ up on sb** aventajar a alguien. ◇ *adj* - **1.** [only] único(ca); **it's her ~ ambition** es su única ambición. - **2.** [indefinite]: **~ day we went to Athens** un día fuimos a Atenas; **~ of these days** un día de éstos. - **3.** *inf* [as intensifier]: **~ hell of a bang/racket** una explosión/un jaleo de mil demonios. ◇ *pron* - **1.** [referring to a particular thing or person] uno (una); **I want the red ~** yo quiero el rojo; **the ~ with the blond hair** la del pelo rubio; **which ~ do you want?** ¿cuál quieres?; **this ~** éste (ésta); **that ~** ése (ésa); **she's the ~ I told you about** es (ésa) de la que te hablé; **I'm not** OR **I've never been ~ to gossip but...** yo no soy de ésos que van por ahí cotilleando, pero... - **2.** *fml* [you, anyone] uno (una); **to do ~'s duty** cumplir uno con su deber. - **3.** *inf* [blow] tortazo *m*, galleta *f*; **she really thumped him ~** le dio un galletón que no veas.

◆ **at one** *adv*: **to be at ~ with** estar completamente de acuerdo con.

◆ **for one** *adv* por lo menos, por mi/tu *etc* parte; **I for ~ remain unconvinced** yo, por lo menos OR por mi parte, sigo poco convencido.

one-act *adj*: **~ play** obra *f* de un (solo) acto.

one-armed *adj* manco(ca); **a ~ man** un manco.

one-armed bandit *n* (máquina *f*) tragaperras *f inv*.

one-dimensional *adj* unidimensional.

one-eyed *adj* tuerto(ta).

one-handed *adj* [shot, catch] (hecho(cha)) con una sola mano.

one-horse *adj inf*: **~ town** pueblo *m* de mala muerte, pueblucho.

one-legged *adj* cojo(ja); **a ~ man** un cojo, un hombre con una sola pierna.

one-liner *n* chiste *m* breve.

one-man *adj* [vehicle, canoe] monoplaza; [job] para una sola persona; [expedition] en solitario; **~ show** [by artist] exposición *f* individual; [by performer] espectáculo *m* en solitario.

one-man band *n* **- 1.** [musician] hombre *m* orquesta. **- 2.** [business, operation] aventura *f* en solitario.

oneness ['wʌnnɪs] *n (U)* unidad *f*.

one-night stand *n* **- 1.** [performance] representación *f* única. **- 2.** *inf* [sexual relationship] ligue *m* de una noche.

one-off *inf* ◇ *adj* único(ca). ◇ *n* caso *m* excepcional.

one-on-one *adj Am* = **one-to-one**.

one-parent family *n* familia *f* monoparental.

one-party *adj* POL unipartidista, de partido único.

one-piece *adj* de una pieza.

one-room *adj* de una (sola) habitación.

onerous ['ɒnərəs] *adj* oneroso(sa), pesado(da).

oneself [wʌn'self] *pron* **- 1.** *(reflexive, after prep)* uno mismo (una misma); **to buy presents for ~** hacerse regalos a sí mismo. **- 2.** *(for emphasis)*: **by ~** solo(la).

one-shot *adj Am* único(ca).

one-sided *adj* **- 1.** [unequal] desigual. **- 2.** [biased] parcial.

one-stop *adj* [shop, service] completo(ta).

one-time *adj* [former] antiguo(gua).

one-to-one *Br*, **one-on-one** *Am adj* **- 1.** [relationship, discussion] entre dos; [tuition] individual. **- 2.** [comparison] exacto(ta).

one-track *adj* **- 1.** RAIL de una sola vía, de vía única. **- 2.** [obsessed with one thing]: **to have a ~ mind** siempre estar pensando en lo mismo.

one-up (*pt & pp* **one-upped**, *cont* **one-upping**) *vt Am inf* aventajar a.

one-upmanship ['ʌpmənʃɪp] *n necesidad de estar siempre por encima de los demás.*

one-way *adj* **- 1.** [street] de dirección única, de sentido único. **- 2.** [ticket] de ida.

ongoing ['ɒnɡəʊɪŋ] *adj* actual, en curso.

onion ['ʌnjən] *n* cebolla *f*.

onion dome *n* ARCHIT cúpula *f* bizantina.

onionskin ['ʌnjənskɪn] *n* papel *m* cebolla.

online ['ɒnlaɪn] *adj & adv* COMPUT en línea.

onlooker ['ɒn,lʊkəʳ] *n* espectador *m*, -ra *f*.

only ['əʊnlɪ] ◇ *adj* único(ca); **to be an ~ child** ser hijo único (hija única). ◇ *adv* sólo, solamente; **I ~ wish I could!** ¡ojalá pudiera!; **I was ~ too willing to help** estaba encantado de poder ayudar; **it's ~ natural** es completamente normal; **she called me ~ last month** no hace más de un mes que me llamó; **they received a pay rise ~ to be laid off a month later** primero les suben el sueldo y sólo un mes más tarde van y los despiden; **you ~ have to ask** no tienes más que pedirlo; **not ~... but** no sólo... sino; **~ too** muy, de veras; **I was ~ too aware of my shortcomings** conocía de sobra mis defectos ❑ **~ just** apenas. ◇ *conj* sólo OR solamente que; **I would go, ~ I'm too tired** iría, lo que pasa es que estoy muy cansado; **go if you like ~ be careful** vete si quieres, pero ten cuidado.

o.n.o., ono *(abbr of* **or near(est) offer)** *o la oferta más cercana a dicha cantidad.*

on-off *adj* **- 1.** ELEC: **~ button** interruptor *m* de puesta en marcha. **- 2.** [intermittent]: **they have a very ~ relationship** tienen una relación muy inestable.

onomatopoeia ['ɒnə,mætə'piːə] *n* onomatopeya *f*.

onomatopoeic ['ɒnə,mætə'piːɪk], **onomatopoetic** ['ɒnə,mætəʊ'etɪk] *adj* onomatopéyico(ca).

onrush ['ɒn,rʌʃ] *n* avalancha *f*.

on-screen *adj & adv* COMPUT en pantalla.

onset ['ɒn,set] *n* comienzo *m*.

onshore ['ɒn'ʃɔːʳ] ◇ *adj* **- 1.** [wind] procedente del mar. **- 2.** [oil production] en tierra firme. ◇ *adv* **- 1.** [blow] hacia la tierra. **- 2.** [produce oil] en tierra firme.

onside [ɒn'saɪd] *adj & adv* SPORT en posición legal OR correcta.

on-site *adj* in situ.

onslaught ['ɒn,slɔːt] *n lit & fig* acometida *f*, embestida *f*.

on-stage ◇ *adj* situado(da) OR que ocurre en un escenario. ◇ *adv* en un escenario, en escena.

Ont. *written abbr of* **Ontario**.

Ontario [ɒn'teərɪəʊ] *n* Ontario.

on-the-job *adj* en el trabajo, práctico(ca).

on-the-spot *adj* en el acto.

onto ['ɒntuː] *prep* = **on to**.

ontogeny [ɒn'tɒdʒənɪ] *n* ontogenia *f*, ontogénesis *f inv*.

ontological [ɒntə'lɒdʒɪkl] *adj* ontológico(ca).

ontology [ɒn'tɒlədʒɪ] *n* ontología *f*.

onus ['əʊnəs] *n* responsabilidad *f*; **the ~ is on you** en ti recae la responsabilidad.

onward ['ɒnwəd] ◇ *adj* [in time] progresivo(va); [in space] hacia delante. ◇ *adv* = **onwards**.

onwards ['ɒnwədz] *adv* [in space] adelante, hacia delante; **from now/then ~** de ahora/allí en adelante.

onyx ['ɒnɪks] *n* ónice *m*.

oocyte ['əʊəsaɪt] *n* ovocito *m*, oocito *m*.

oodles ['uːdlz] *npl inf* montones *mpl*.

oof [uːf] *excl inf* ¡ay!

oogenesis [əʊə'dʒenɪsɪs] *n* oogénesis *f inv*.

ooh [uː] *excl inf* ¡oh!

oompah ['uːmpɑː] *n* tatachán *m*.

oomph [umf] *n inf* **- 1.** [energy] vitalidad *f*, energía *f*. **- 2.** [sex appeal] atractivo *m* sexual.

oops [ups, uːps] *excl inf* ¡uy!, ¡ay!

ooze [uːz] ◇ *vt* [exude] rezumar; *fig* [confidence, charm etc] rebosar. ◇ *vi*: **to ~ (from** OR **out of)** rezumar (de); **to ~ with sthg** *fig* rebosar OR irradiar algo. ◇ *n* cieno *m*.

oozy ['uːzɪ] *(compar* **oozier**, *superl* **ooziest)** *adj* **- 1.** [dripping] que rezuma, húmedo(da). **- 2.** [slimy] cenagoso(sa), legamoso(sa).

opacity [ə'pæsətɪ] *n* **- 1.** [non-transparency] opacidad *f*. **- 2.** *fig* [obscurity] obscuridad *f*.

opal ['əʊpl] *n* ópalo *m*.

opalesce [,əʊpə'les] *vi* emitir reflejos opalescentes.

opalescence [,əʊpə'lesns] *n* opalescencia *f*.

opalescent [,əʊpə'lesnt] *adj* opalescente, opalino(na).

opaque [əʊ'peɪk] *adj* **- 1.** [not transparent] opaco(ca). **- 2.** *fig* [obscure] oscuro(ra).

op art [ɒp-] *n* arte *m* óptico, op art *m*.

OPEC ['əʊpek] *(abbr of* **Organization of Petroleum Exporting Countries)** *n* OPEP *f*.

open ['əʊpn] ◇ *adj* **- 1.** [gen] abierto(ta); [curtains] descorrido(da); [view, road] despejado(da); **he kicked the door ~** abrió la puerta de una patada; **the book fell ~ at page 82** el libro se cayó y quedó abierto por la página 82; **in the ~ air** al aire libre. **- 2.** [receptive]: **to be ~ to** [ideas, suggestions] estar abierto(ta) a; [blame, question] prestarse a; **I don't want to go, but I'm ~ to persuasion** no quiero ir, pero me puedes convencer; **to lay o.s. ~ to criticism** quedar expuesto(ta) a las críticas. **- 3.** [frank] sincero(ra), franco(ca). **- 4.** [car] descubierto(ta); **~ fire** chimenea *f*. **- 5.** [choice, chance]: **to be ~ to sb** estar disponible para alguien; **membership is ~ to anyone over 18** se admiten socios sin restricciones desde los 18 años. **- 6.** [undecided] sin decidir; **the election is still wide ~** no hay nada decidido en las elecciones; **he wanted to leave the date ~** quería dejar la fecha abierta. **- 7.** *Br* [cheque] al portador. **- 8.** MUS [string] no pisado (no pisada). ◇ *n*: **in the ~** [fresh air] al aire libre; **to bring sthg out into the ~** *fig* sacar a la luz algo. ◇ *vt* **- 1.** [gen] abrir; **to ~ fire** abrir fuego. **- 2.** [inaugurate] inaugurar. ◇ *vi* **- 1.** [door, flower] abrirse. **- 2.** [shop, office] abrir. **- 3.** [event, play] dar comienzo; **we ~ed with a list of complaints** comenzamos con una lista de quejas; **the play ~ed in Boston** la obra se estrenó en Boston.

◆ **open on to** *vt fus* dar a.

◆ **open out** *vi* [flower, parachute, sofa bed] abrirse; [view] extenderse.

◆ **open up** ◇ *vt sep* abrir. ◇ *vi* **- 1.** [become available] surgir. **- 2.** [for business] abrir. **- 3.** [unlock door] abrir. **- 4.** [start firing] abrir fuego. **- 5.** [speak freely] abrirse, hablar sin miedo.

open-air *adj* al aire libre.

open-and-shut *adj* obvio(via); **it's an ~ case** está clarísimo.

opencast ['əʊpnkɑːst] *adj* a cielo abierto.

open day *n* jornada de puertas abiertas en un colegio, universidad etc.

open door *n* **- 1.** [free access] libre acceso *m*. **- 2.** [equal right] igualdad *f* de derechos.

◆ **open-door** *adj* [policy] de puertas abiertas.

open-end *adj* [contract] sin límite fijo, abierto(ta).

open-ended *adj* abierto(ta).

open-end investment company *n* fondo *m* mutualista.

opener ['əʊpnə[r]] *n* **- 1.** [tool] abridor *m*; [for tins] abrelatas *m inv*; [for bottles] abrebotellas *m inv*. **- 2.** [first song, act etc] primera actuación *f*, primer acto *m* OR número *m*. **- 3.** *phr* : **for ~s** *Br inf* para empezar, de entrada.

open-eyed *adj* **- 1.** [in surprise] con los ojos abiertos. **- 2.** [alert] alerta, vigilante.

open-faced sandwich *n Am* = **open sandwich**.

open-handed *adj* generoso(sa).

openhearted [əʊpn'hɑːtɪd] *adj* franco(ca), sincero(ra).

open-heart surgery *n* cirugía *f* a corazón abierto.

open house *n* **- 1.** *Am* [party] fiesta *f* de puertas abiertas. **- 2.** *phr*: **to keep ~** *Br* tener la casa abierta a todo el mundo.

opening ['əʊpnɪŋ] ◇ *adj* inicial. ◇ *n* **- 1.** [beginning] comienzo *m*, principio *m*. **- 2.** [gap - in fence] abertura *f*; [- in clouds] claro *m*. **- 3.** [opportunity] oportunidad *f*, ocasión *f*; **~ for** oportunidad para. **- 4.** [job vacancy] puesto *m* vacante. **- 5.** [for business - of film, play] estreno *m*; [- of exhibition] inauguración *f*; [- of shop] apertura *f*, inauguración *f*. **- 6.** [in chess] apertura *f*. **- 7.** *Am* [clearing] clavo *m*.

opening ceremony *n* acto *m* de inauguración, ceremonia *f* de apertura.

opening day *n* [first day] primer día *m*; [inauguration] inauguración *f*.

opening hours *npl* horario *m* (de apertura).

opening night *n* noche *f* del estreno.

opening price *n* ST EX cotización *f* inicial.

opening time *n Br* hora *f* de abrir.

open letter *n* carta *f* abierta.

openly ['əʊpənlɪ] *adv* abiertamente.

open market *n* mercado *m* abierto.

open marriage *n* matrimonio *m* abierto, pareja *f* abierta.

open-minded *adj* sin prejuicios.

open-mouthed [-'maʊðd] ◇ *adj* boquiabierto(ta). ◇ *adv*: **to watch ~** mirar boquiabierto(ta).

open-necked *adj* con el cuello abierto.

openness ['əʊpənnɪs] *n* [frankness] franqueza *f*.

open-plan *adj* de plan abierto, sin tabiques; **~ kitchen** cocina *f* americana; **~ office** oficina *f* diáfana.

open prison *n* prisión *f* de régimen abierto.

open sandwich, open-faced sandwich *Am n* bocadillo con sólo un trozo de pan.

open season *n* temporada *f* (abierta).

open secret *n* secreto *m* a voces.

open sesame ◇ *excl* ¡ábrete sésamo! ◇ *n Br* camino *m* seguro.

open shop *n* lugar de trabajo donde los empleados no necesitan pertenecer a un sindicato obrero.

open stack *n* existencias *fpl* reponibles.

Open University *n Br* : **the ~** ≃ la Universidad Nacional de Educación a Distancia.

open verdict *n* JUR fallo en que no se da la causa de la muerte.

opera ['ɒpərə] ◇ *pl fml →* **opus.** ◇ *n* ópera *f*.

operable ['ɒprəbl] *adj* MED operable.

opera glasses *npl* gemelos *mpl* (de teatro).

operagoer ['ɒprəgəʊə[r]] *n* aficionado *m*, -da *f* a la ópera.

opera hat *n Br* clac *m*, sombrero *m* de muelles.

opera house *n* (teatro *m* de la) ópera *f*.

operant ['ɒpərənt] ◇ *adj* operante. ◇ *n* operario *m*, -ria *f*.

opera singer *n* cantante *mf* de ópera.

operate ['ɒpəreɪt] ◇ *vt* **- 1.** [machine] hacer funcionar. **- 2.** [business, system] dirigir. ◇ *vi* **- 1.** [carry out trade, business] operar, actuar. **- 2.** [function] funcionar. **- 3.** MED: **to ~ (on sb/sthg)** operar (a alguien/de algo).

operatic [ɒpə'rætɪk] *adj* de ópera, operístico(ca).

operating ['ɒpəreɪtɪŋ] *adj* COMM [profit, expenses] de explotación; [costs] de mantenimiento.

operating instructions *npl* instrucciones *fpl* (de uso OR manejo).

operating room *n Am* = **operating theatre**.

operating system *n* COMPUT sistema *m* operativo.

operating table *n* mesa *f* de operaciones.

operating theatre *Br*, **operating room** *Am n* quirófano *m*, sala *f* de operaciones.

operation [ɒpə'reɪʃn] *n* **- 1.** [planned activity - police, rescue, business] operación *f*; [- military] maniobra *f*. **- 2.** [of business] administración *f*. **- 3.** [of machine] funcionamiento *m*; **to be in ~** [machine] funcionar; [law, system] estar en vigor; **to come** OR **go into ~** [law, system] entrar en vigor. **- 4.** MED operación *f*, intervención *f* quirúrgica; **to have an ~ (for/on)** operarse (de); **to perform an ~ on sb** operar a alguien. **- 5.** MATH & COMPUT operación *f*.

◆ **operations** *npl* COMM operaciones *fpl*.

operational [ɒpə'reɪʃənl] *adj* **- 1.** [ready for use] operacional, en estado de funcionamiento. **- 2.** [concerning an operation] de operaciones.

operations room *n* centro *m* de operaciones OR de control.

operative ['ɒprətɪv] ◇ *adj* **- 1.** [law, system] en vigor, vigente. **- 2.** MED operatorio(ria). ◇ *n* **- 1.** [worker] operario *m*, -ria *f*. **- 2.** *Am* [secret agent] agente secreto *m*, agente secreta *f*; [detective] detective privado *m*, detective privada *f*.

operator ['ɒpəreɪtə[r]] *n* **- 1.** TELEC operador *m*, -ra *f*, telefonista *mf*. **- 2.** [employee] operario *m*, -ria *f*. **- 3.** [person in charge] encargado *m*, -da *f*. **- 4.** MATH operador *m*. **- 5.** *Am* [in bus] conductor *m*, -ra *f*.

operetta [ɒpə'retə] *n* opereta *f*.

ophidian [əʊ'fɪdɪən] ◇ *adj* ofidio(dia). ◇ *n* ofidio *m*.

ophthalmia [ɒf'θælmɪə] *n* oftalmia *f*.

ophthalmic [ɒf'θælmɪk] *adj* oftálmico(ca).

ophthalmic optician *n* óptico *m*, -ca *f*.

ophthalmologist [ɒfθæl'mɒlədʒɪst] *n* oftalmólogo *m*, -ga *f*, oculista *mf*.

ophthalmology [ɒfθæl'mɒlədʒɪ] *n* oftalmología *f*.

opiate ['əʊpɪət] ◇ *adj* opiado(da). ◇ *n* opiato *m*.

opine [əʊ'paɪn] *vt fml & literary* juzgar, opinar.

opinion [ə'pɪnjən] *n* opinión *f*; **to ask sb's ~** preguntar a alguien qué opina; **to be of the ~ that** opinar OR creer que; **in my ~** a mi juicio, en mi opinión; **to form an ~ of sb/ sthg** hacerse una opinión de alguien/algo; **to get a second ~** consultar a otra persona; **to have a high/low ~ of sb** tener buena/mala opinión de alguien.

opinionated [ə'pɪnjəneɪtɪd] *adj pej* terco(ca).

opinion poll *n* sondeo *m*, encuesta *f*.

opium ['əupjəm] ◇ *n* opio *m*. ◇ *comp*: ~ **addict** opiómano *m*, -na *f*.

opium den *n* fumadero *m* de opio.

opium poppy *n* adormidera *f*.

opossum [ə'pɒsəm] (*pl inv* OR **opossums**) *n* [American] zarigüeya *f*; [Australian] oposum *m*.

opponent [ə'pəunənt] *n* - **1**. POL adversario *m*, -ria *f*. - **2**. SPORT contrincante *mf*, adversario *m*, -ria *f*.

opportune ['ɒpətjuːn] *adj* oportuno(na).

opportunism [ˌɒpə'tjuːnɪzm] *n* oportunismo *m*.

opportunist [ˌɒpə'tjuːnɪst] *n* oportunista *mf*.

opportunistic [ˌɒpətjuː'nɪstɪk] *adj* oportunista.

opportunity [ˌɒpə'tjuːnəti] (*pl* **opportunities**) *n* oportunidad *f*, ocasión *f*, chance *f* Amér; **to take the** ~ **to do** OR **of doing sthg** aprovechar la ocasión de OR para hacer algo.

opportunity cost *n* ECON coste *m* de oportunidad.

opposable [ə'pəuzəbl] *adj* oponible.

oppose [ə'pəuz] *vt* oponerse a.

opposed [ə'pəuzd] *adj* opuesto(ta); **to be** ~ **to** oponerse a; **as** ~ **to** en vez de, en lugar de; **I like beer as** ~ **to wine** me gusta la cerveza y no el vino.

opposing [ə'pəuzɪŋ] *adj* - **1**. [teams] contrario(ria); [armies] enemigo(ga). - **2**. [views] contrario(ria), opuesto(ta).

opposite ['ɒpəzɪt] ◇ *adj* - **1**. [facing] de enfrente. - **2**. [very different]: ~ **(to)** opuesto(ta) OR contrario(ria) (a); **in the** ~ **direction** en dirección contraria. - **3**. BOT & MATH opuesto(ta). ◇ *adv* enfrente de; **they sat** ~ **each other** se sentaron uno frente al otro; **to play** ~ **sb** actuar con alguien. ◇ *n* contrario *m*; **Janet and John are complete** ~**s** Janet y John son totalmente diferentes.

opposite number *n* homólogo *m*, -ga *f*, equivalente *mf*.

opposite sex *n*: **the** ~ el sexo opuesto.

opposition [ˌɒpə'zɪʃn] *n* - **1**. [gen] oposición *f*. - **2**. [opposing team] oponentes *mfpl*.

◆ **Opposition** *n Br* POL: **the Opposition** la oposición.

oppress [ə'pres] *vt* - **1**. [persecute] oprimir. - **2**. [depress] agobiar, deprimir.

oppressed [ə'prest] ◇ *adj* oprimido(da). ◇ *npl*: **the** ~ los oprimidos.

oppression [ə'preʃn] *n* opresión *f*.

oppressive [ə'presɪv] *adj* - **1**. [unjust] tiránico(ca), opresi-vo(va). - **2**. [stifling] agobiante, sofocante. - **3**. [causing unease] opresivo(va), agobiante.

oppressively [ə'presɪvlɪ] *adv* de (un) modo opresivo OR agobiante; **it was** ~ **hot** hacía un calor sofocante.

oppressor [ə'presə'] *n* opresor *m*, -ra *f*.

opprobrious [ə'prəubrɪəs] *adj fml* oprobioso(sa), infa-mante.

opprobrium [ə'prəubrɪəm] *n fml* oprobio *m*.

opt [ɒpt] ◇ *vt*: **to** ~ **to do sthg** optar por OR elegir hacer algo. ◇ *vi*: **to** ~ **for sthg** optar por OR elegir algo.

◆ **opt in** *vi*: **to** ~ **in (to sthg)** optar por participar (en algo).

◆ **opt out** *vi*: **to** ~ **out (of sthg)** [gen] decidir no tomar parte (en algo); [subj: hospital, school] optar por un sistema de gestión autónomo; [pension scheme] optar por un plan de pensiones alternativo.

optic(al) ['ɒptɪk(l)] *adj* óptico(ca).

optical character reader *n* COMPUT lector *m* óptico de caracteres.

optical character recognition *n* COMPUT reconocimiento *m* óptico de caracteres.

optical fibre *n* fibra *f* óptica.

optical illusion *n* ilusión *f* óptica.

optician [ɒp'tɪʃn] *n* óptico *m*, -ca *f*; ~**'s (shop)** óptica *f*.

optics ['ɒptɪks] *n* (*U*) óptica *f*.

optimal ['ɒptɪml] *adj* óptimo(ma).

optimism ['ɒptɪmɪzm] *n* optimismo *m*.

optimist ['ɒptɪmɪst] *n* optimista *mf*.

optimistic [ˌɒptɪ'mɪstɪk] *adj* optimista; **to be** ~ **about** ser optimista respecto a.

optimistically [ˌɒptɪ'mɪstɪklɪ] *adv* con optimismo.

optimize, -ise ['ɒptɪmaɪz] *vt* optimizar.

optimum ['ɒptɪməm] *adj* óptimo(ma).

option ['ɒpʃn] *n* opción *f*; **to have the** ~ **to do** OR **of doing sthg** tener la opción OR la posibilidad de hacer algo; **I have no** ~ **but to resign** no me queda OR no tengo más remedio que dimitir, no me queda OR no tengo otra alter-nativa sino dimitir.

optional ['ɒpʃənl] *adj* facultativo(va), optativo(va); ~ **extra** extra *m* opcional.

optionally ['ɒpʃənəlɪ] *adv* opcionalmente, facultativa-mente.

USAGE ▶   Opinions

Giving one's opinion

▶ *written/spoken:*

(A mí) me parece que...
(Yo) creo que...
En OR por lo que a mí respecta, ...
En mi (modesta) opinión, yo creo que...
A mi juicio, ...
Tengo la impresión de que...
Personalmente, querría decir que...

▶ *spoken:*

¿Quieres saber mi opinión? Creo que...
Yo, al menos, lo veo de este modo:
Por mi parte, no hay inconveniente.
Lo que yo digo es que...
Si quieres saber lo que pienso...
Tal y como yo lo veo, supongo que...
Para serte sincero, te diré que...
Digan lo que digan, a mí me parece que...

Asking for someone's opinion

¿(A ti) qué te parece?
¿Qué opinas tú sobre todo esto?
¿Qué opinión te merece mi propuesta?
¿Tienes alguna idea al respecto?
¿Estáis de acuerdo?
¿Qué pensáis al respecto?
Me gustaría conocer vuestra opinión.
¿Tú cómo lo ves? [*informal*]

▶ *in a meeting:*

¿Algún comentario?
¿Alguien desea expresar su opinión al respecto?
Si alguno de los presentes desea hacer algún comen-tario, puede levantar la mano.
¿Tienen ustedes algo más que añadir?

Avoiding giving an opinion

Prefiero no opinar.
Preferiría no pronunciarme por ninguna de las dos op-ciones.
No tengo nada que añadir a lo dicho.
Aún no tengo una opinión formada sobre este asunto.
No estoy en posición de (poder) opinar.
Es difícil de decir.
Sin comentarios. [*to a journalist*]
No sabe/No contesta. [*in an opinion poll*]

optometrist [ɒp'tɒmətrɪst] *n* optómetra *mf*.

optometry [ɒp'tɒmətri] *n* optometría *f*.

opt-out clause *n* cláusula *f* de exclusión voluntaria OR de no participación.

opulence ['ɒpjʊləns] *n* opulencia *f*.

opulent ['ɒpjʊlənt] *adj* opulento(ta).

opus ['əʊpəs] (*pl* **opuses** OR **opera** ['ɒpərə]) *n* MUS opus *m inv*, obra *f*.

or [ɔːʳ] *conj* - **1.** [gen] o; *(before 'o' or 'ho' u);* ~ **(else)** o de lo contrario, si no; **he must be okay** ~ **he wouldn't be eating** debe estar bien, si no no comería; **hurry up** ~ **they'll leave** apresúrate OR apúrate que se van. - **2.** *(after negative)*: **he cannot read** ~ **write** no sabe ni leer ni escribir.
◆ **or so** *adv* más o menos; **thirty** ~ **so** unos treinta, treinta más o menos.

OR *abbr of* **Oregon**.

oracle ['ɒrəkl] *n* oráculo *m*.

oracular [ɒ'rækjʊləʳ] *adj* profético(ca).

oral ['ɔːrəl] ◇ *adj* - **1.** [spoken] oral; ~ **exam** examen *m* oral; ~ **literature/tradition** literatura *f*/tradición *f* oral. - **2.** [relating to the mouth] bucal; ~ **sex** sexo *m* oral. - **3.** [contraceptive, vaccine] oral. ◇ *n* examen *m* oral.

oral hygiene *n* higiene *f* bucal.

orally ['ɔːrəli] *adv* - **1.** [in spoken form] oralmente. - **2.** [via the mouth] por vía oral.

orange ['ɒrɪndʒ] ◇ *adj* naranja. ◇ *n* - **1.** [fruit] naranja *f*. - **2.** [colour] color *m* naranja. ◇ *comp*: ~ **juice** zumo *m* de naranja; ~ **tree** naranjo *m*.

orangeade [ɒrɪndʒ'eɪd] *n* naranjada *f*.

orange blossom *n (U)* azahar *m*.

Orange Lodge *n* asociación *f* de orangistas.

Orangeman ['ɒrɪndʒmən] (*pl* **Orangemen** [-mən]) *n Br* orangista *m*.

orange peel *n* - **1.** [rind] piel *f* de naranja. - **2.** *fig* [cellulite] celulitis *f inv*.

orangery ['ɒrɪndʒəri] (*pl* **orangeries**) *n* invernadero *m* de naranjos.

Orangewoman ['ɒrɪndʒwʊmən] (*pl* **Orangewomen** [-wɪmɪn]) *n* orangista *f*.

orangewood ['ɒrɪndʒwʊd] *n* madera *f* de naranjo.

orangutang [ɔːræŋuːtæn] *n* orangután *m*.

orate [ɔː'reɪt] *vi fml* declamar.

oration [ɔː'reɪʃn] *n fml* discurso *m*.

orator ['ɒrətəʳ] *n* orador *m*, -ra *f*.

oratorical [ɒrə'tɒrɪkl] *adj* oratorio(ria).

oratorio [ɒrə'tɔːrɪəʊ] (*pl* **oratorios**) *n* oratorio *m*.

oratory ['ɒrətri] *n* oratoria *f*.

orb [ɔːb] *n* esfera *f*.

orbit ['ɔːbɪt] ◇ *n* órbita *f*; **to be in/go into** ~ **(around)** estar/entrar en órbita (alrededor de); **to put sthg into** ~ **(around)** poner algo en órbita (alrededor de). ◇ *vt* girar alrededor de.

orbital ['ɔːbɪtl] *adj* orbital; ~ **motorway** *Br* autopista *f* de circunvalación.

Orcadian [ɔː'keɪdjən] ◇ *adj* de las islas Orcadas. ◇ *n* natural *o* habitante de las islas Orcadas.

orchard ['ɔːtʃəd] *n* huerto *m*.

orchestra ['ɔːkɪstrə] *n* orquesta *f*.

orchestral [ɔː'kestrəl] *adj* orquestal; ~ **music** música *f* orquestal.

orchestra pit *n* foso *m* (de la orquesta).

orchestrate ['ɔːkɪstreɪt] *vt* MUS & *fig* orquestar.

orchestration [ɔːke'streɪʃn] *n* MUS & *fig* orquestación *f*.

orchid ['ɔːkɪd] *n* orquídea *f*.

ordain [ɔː'deɪn] *vt* - **1.** *fml* [decree] decretar, ordenar. - **2.** RELIG: **to be** ~**ed** ordenarse (sacerdote).

ordainment [ɔː'deɪnmənt] *n* ordenación *f*, ordenamiento *m*.

ordeal [ɔː'diːl] *n* calvario *m*, experiencia *f* terrible.

order ['ɔːdəʳ] ◇ *n* - **1.** [instruction] orden *f*; **to give/take** ~**s** dar/recibir órdenes; **to be under** ~**s to do sthg** tener órdenes de hacer algo; **by** ~ **of** por orden de. - **2.** COMM [request] pedido *m*; **to be on** ~ estar pedido(da); **to** ~ por encargo; **to place an** ~ **for sthg** hacer un pedido de algo; **can I take your** ~? [in restaurant] ¿les tomo nota? - **3.** [sequence, discipline, system] orden *m*; **in** ~ en orden; **in** ~ **of importance** por orden de importancia; **in the wrong** ~ en desorden, desordenado(da); **the books are out of** ~ los libros están desordenados; **in** ~ **of appearance** THEATRE & CINEMA por orden de aparición; **to keep** ~ mantener el orden; **to keep sb in** ~ no dejar que alguien se desmande; **to call sb to** ~ [in meeting] llamar al orden a alguien; **to be ruled out of** ~ ser declarado(da) improcedente. - **4.** [fitness for use]: **in working** ~ en funcionamiento; **'out of** ~' 'no funciona'; **to be out of** ~ [not working] estar estropeado(da); [incorrect behaviour] ser improcedente; **in** ~ [correct] en regla. - **5.** RELIG orden *f*. - **6.** *Am* [portion] ración *f*. ◇ *vt* - **1.** [command]: **to** ~ **sb (to do sthg)** ordenar a alguien (que haga algo); **to** ~ **that** ordenar que. - **2.** [drink, taxi] pedir. - **3.** COM encargar. - **4.** [put in order] ordenar. ◇ *vi* pedir.
◆ **orders** *npl* RELIG: **(holy)** ~**s** órdenes *fpl* sagradas.
◆ **in the order of** *Br*, **on the order of** *Am prep* del orden de.
◆ **in order that** *conj* para que.
◆ **in order to** *conj* para.
◆ **on the order of** *prep Am* = **in the order of**.
◆ **order about, order around** *vt sep* mangonear.

order blank *n* orden *f* de pedido.

order book *n* libro *m* de pedidos.

orderer ['ɔːdərəʳ] *n* ordenador *m*, -ra *f*.

Polite

Si son tan amables, pónganse a un lado.
¿Es OR sería mucha molestia que me abriera usted esa puerta?
¿Podría usted cerrar la puerta, por favor?
¿Quiere usted pasar? El doctor le está esperando.
¿Sería usted tan amable de dejar de hacer ruido?
¿Haría usted el favor de apartarse?
¿Le importaría acercarme ese vaso?
Siéntese, por favor.

More direct

Haga el favor de callarse.
No se mueva usted de aquí.
No vayáis por ahí.

En cuanto llegues, me llamas.
Le ordeno que no vuelva a aparecer por aquí.
Baje de ahí, es una orden.
¡Qué se vayan!
Antes de entrar, dejen salir. [*in a sign*]
Ceda el paso. [*on the road*]

Blunt

No se te ocurra volver por aquí.
Vas a irte ahora mismo, ¿me oyes?
¡(He dicho) que os calléis!
¡Tú te callas!
¡Deja de molestar!, ¿entendido?
¡Silencio! ¡Ni una palabra más!
¡Fuera de aquí!

order form *n* hoja *f* de pedido.

orderliness ['ɔːdəlɪnɪs] *n* - **1.** [of room, desk] orden *m*. - **2.** [of person, lifestyle, behaviour] disciplina *f*.

orderly ['ɔːdəlɪ] (*pl* **orderlies**) ◇ *adj* [person, crowd] obediente; [room] pacífico(ca), ordenado(da), en orden. ◇ *n* - **1.** [in hospital] auxiliar *mf* sanitario. - **2.** MIL ordenanza *m*.

order number *n* número *m* de pedido.

order of the day *n* - **1.** [prescribed activities] orden *m* del día. - **2.** *inf* [norm] norma *f*, costumbre *f*; **to be the** ~ estar a la orden del día.

ordinal ['ɔːdɪnl] ◇ *adj* ordinal. ◇ *n* ordinal *m*.

ordinal number *n* número *m* ordinal.

ordinance ['ɔːdɪnəns] *n* ordenanza *f*, decreto *m*.

ordinarily ['ɔːdənrəlɪ, *Am* ,ɔːrdn'erəlɪ] *adv* de ordinario, generalmente.

ordinary ['ɔːdənrɪ] ◇ *adj* - **1.** [normal] corriente, normal; **the** ~ **Englishman** el inglés medio; **this is no** ~ **typewriter** ésta no es una máquina de escribir cualquiera. - **2.** *pej* [unexceptional] mediocre, ordinario(ria). ◇ *n* - **1.** RELIG ordinario *m*. - **2.** *phr*: **out of the** ~ fuera de lo común.

ordinary degree *n Br* ≃ licenciatura *f* con aprobado.

ordinary level *n Br* ≃ Bachillerato *m*, ≃ BUP *m*.

ordinary seaman *n Br* marinero *m*.

ordinary shares *npl Br* FIN acciones *fpl* ordinarias.

ordinate ['ɔːdənət] *n* ordenada *f*.

ordination [,ɔːdɪ'neɪʃn] *n* ordenación *f*.

ordnance ['ɔːdnəns] *n (U)* - **1.** [military supplies] pertrechos *mpl* de guerra. - **2.** [artillery] artillería *f*.

ordnance corps *n* servicio *m* de armamento y material.

ordnance factory *n* fábrica *f* de artillería.

Ordnance Survey ◇ *n Br*: **the** ~ servicio oficial de topografía y cartografía. ◇ *comp*: ~ **map** mapa tipográfico oficial, muy exacto y detallado, popular entre los excursionistas, ≃ mapa *m* del Servicio Geográfico del Ejército.

ordure ['ɔːdjuə'] *n (U) fml* heces *fpl*, excrementos *mpl*.

ore [ɔː'] *n* mineral *m*.

oregano [*Br* ,ɒrɪ'gɑːnəʊ, *Am* ə'regənəʊ] *n* orégano *m*.

Oregon ['ɒrɪgən] *n* Oregón.

organ ['ɔːgən] *n* órgano *m*.

organdie, organdy *Am* ['ɔːgəndɪ] *n* organdí *m*.

organ grinder *n* organillero *m*, -ra *f*.

organic [ɔː'gænɪk] *adj* - **1.** [gen] orgánico(ca). - **2.** [food, product] biológico(ca), natural.

organically [ɔː'gænɪklɪ] *adv* orgánicamente; ~ **grown** de cultivo biológico natural.

organic chemistry *n* química *f* orgánica.

organic farming *n* agricultura *f* biológica.

organism ['ɔːgənɪzm] *n* organismo *m*.

organist ['ɔːgənɪst] *n* organista *mf*.

organization [,ɔːgənaɪ'zeɪʃn] *n* organización *f*; ~ **and method** IND organización y método.

organizational [,ɔːgənaɪ'zeɪʃnl] *adj* organizativo(va).

organization chart *n* organigrama *m*.

organize, -ise ['ɔːgənaɪz] ◇ *vt* organizar. ◇ *vi* organizarse, sindicarse.

organized ['ɔːgənaɪzd] *adj* organizado(da).

organized crime *n* crimen *m* organizado.

organized labour *n (U)* obreros *mpl* sindicados.

organizer ['ɔːgənaɪzə'] *n* organizador *m*, -ra *f*.

organ loft *n* tribuna *f* OR galería *f* del órgano.

organ stop *n* registro *m* del órgano.

organ transplant *n* trasplante *m* de órganos.

organza [ɔː'gænzə] *n* organza *f*.

orgasm ['ɔːgæzm] *n* orgasmo *m*.

orgasmic [ɔː'gæzmɪk] *adj* orgásmico(ca).

orgiastic [,ɔːdʒɪ'æstɪk] *adj* orgiástico(ca).

orgy ['ɔːdʒɪ] (*pl* **orgies**) *n lit & fig* orgía *f*.

orient *vt esp Am* = **orientate**.

Orient ['ɔːrɪənt] *n*: **the** ~ el Oriente.

oriental [,ɔːrɪ'entl] ◇ *adj* oriental. ◇ *n* oriental *mf (atención: el término 'oriental' se considera racista)*.

orientalism [,ɔːrɪ'entəlɪzm] *n* orientalismo *m*.

orientalist [,ɔːrɪ'entəlɪst] *n* orientalista *mf*.

oriental rug *n* alfombra *f* oriental.

orientate ['ɔːrɪənteɪt], **orient** *esp Am* ['ɔːrɪənt] *vt* orientar; **to** ~ **o.s.** orientarse.

orientation [,ɔːrɪən'teɪʃn] *n* orientación *f*.

oriented ['ɔːrɪəntɪd] *adj* orientado(da).

-oriented ['ɔːrɪəntɪd] *in cpds*: **ours is a money~ society** nuestra sociedad vive por y para el dinero; **pupil~ teaching** enseñanza *f* centrada en las necesidades del alumno.

orienteer [,ɔːrɪən'tɪə'] *n* orientador *m*, -ra *f*.

orienteering [,ɔːrɪən'tɪərɪŋ] *n* deporte *m* de orientación, orienteering *m*.

orifice ['ɒrɪfɪs] *n* orificio *m*.

origami [,ɒrɪ'gɑːmɪ] *n* papiroflexia *f*.

origin ['ɒrɪdʒɪn] *n* origen *m*; **country of** ~ país *m* de origen. ◆ **origins** *npl* origen *m*.

original [ə'rɪdʒənl] ◇ *adj* original; **the** ~ **owner** el primer propietario. ◇ *n* original *m*.

originality [ə,rɪdʒə'nælətɪ] *n* originalidad *f*.

originally [ə'rɪdʒənəlɪ] *adv* - **1.** [at first] originariamente. - **2.** [with originality] originalmente.

original sin *n* pecado *m* original.

originate [ə'rɪdʒəneɪt] ◇ *vt* originar, producir. ◇ *vi*: **to** ~ **(in)** nacer OR surgir (de); **to** ~ **from** nacer OR surgir de.

origination [ə,rɪdʒə'neɪʃn] *n (U)* origen *m*, creación *f*.

originator [ə'rɪdʒəneɪtə'] *n* autor *m*, -ra *f*, inventor *m*, -ra *f*.

Orinoco [,ɒrɪ'nəʊkəʊ] *n*: **the (River)** ~ el (río) Orinoco.

oriole ['ɔːrɪəʊl] *n* oropéndola *f*, oriol *m*.

orison ['ɒrɪzən] *n literary* oración *f*, plegaria *f*.

Orkney Islands ['ɔːknɪ-], **Orkneys** ['ɔːknɪz] *npl*: **the** ~ las Orcadas.

Orlon® ['ɔːlɒn] *n* orlón *m, tipo de fibra o tejido acrílico*.

ormolu ['ɔːməluː] ◇ *n* similor *m*. ◇ *comp* [clock] de similor.

ornament [*n* 'ɔːnəmənt, *vb* 'ɔːnəmənt] ◇ *n* adorno *m*. ◇ *vt* adornar, ornamentar.

ornamental [,ɔːnə'mentl] *adj* ornamental, decorativo(va).

ornamentation [,ɔːnəmen'teɪʃn] *n* ornamentación *f*, adorno *m*.

ornate [ɔː'neɪt] *adj* [style] recargado(da); [decoration, vase] muy vistoso (muy vistosa).

ornately [ɔː'neɪtlɪ] *adv* vistosamente.

ornery ['ɔːnərɪ] *adj Am inf* borde.

ornithologist [,ɔːnɪ'θɒlədʒɪst] *n* ornitólogo *m*, -ga *f*.

ornithology [,ɔːnɪ'θɒlədʒɪ] *n* ornitología *f*.

orotund ['ɒrətʌnd] *adj literary* - **1.** [voice] sonoro(ra). - **2.** [speech, writing] pomposo(sa), bombástico(ca).

orphan ['ɔːfn] ◇ *n* huérfano *m*, -na *f*. ◇ *vt*: **to be** ~**ed** quedarse huérfano(na).

orphanage ['ɔːfənɪdʒ] *n* orfelinato *m*, orfanato *m*.

orthodontics [,ɔːθə'dɒntɪks] *n (U)* ortodoncia *f*.

orthodontist [,ɔːθə'dɒntɪst] *n* ortodontista *mf*.

orthodox ['ɔːθədɒks] *adj* ortodoxo(xa).

Orthodox Church *n*: **the** ~ la Iglesia ortodoxa.

orthodoxy ['ɔːθədɒksɪ] *n* ortodoxia *f*.

orthogenesis [,ɔːθə'dʒenɪsɪs] *n* ortogénesis *f inv*.

orthogonal [ɔː'θɒgənl] *adj* ortogonal.

orthographic(al) [,ɔːθə'græfɪk(l)] *adj* ortográfico(ca).

orthography [ɔː'θɒgrəfɪ] *n* ortografía *f*.

orthopaedic [,ɔːθə'piːdɪk] *adj* ortopédico(ca); ~ **surgeon** cirujano ortopédico *m*, cirujana ortopédica *f*. ◆ **orthopaedics** *n (U)* ortopedia *f*.

orthopaedist [,ɔːθə'piːdɪst] *n* ortopedista *mf*.

orthopedic *etc* [ˌɔːθəˈpiːdɪk] = **orthopaedic** *etc*.

OS *n* - **1.** *written abbr of* **Ordnance Survey**. - **2.** *written abbr of* **outsize**.

O/S *n written abbr of* **out of stock**.

Oscar ['ɒskəʳ] *n* CINEMA óscar *m*.

oscillate ['ɒsɪleɪt] *vi lit & fig*: **to ~ (between)** oscilar (entre).

oscillation [ˌɒsɪˈleɪʃn] *n* oscilación *f*.

oscillator ['ɒsɪleɪtəʳ] *n* oscilador *m*.

oscilloscope [ɒˈsɪləskəʊp] *n* osciloscopio *m*.

osculate ['ɒskjʊleɪt] *Br hum* ◇ *vt* besar. ◇ *vi* besarse.

osculation [ˌɒskjʊˈleɪʃn] *n* GEOM osculación *f*.

OSD (*abbr of* **optical scanning device**) *n* LO *m*.

OSHA (*abbr of* **Occupational Safety and Health Administration**) *n* organismo estadounidense de seguridad e higiene laborales.

osier ['əʊzɪəʳ] *n* mimbre *m*.

Oslo ['ɒzləʊ] *n* Oslo.

osmium ['ɒzmɪəm] *n* osmio *m*.

osmose ['ɒzməʊs] *vi* difundirse por ósmosis.

osmosis [ɒzˈməʊsɪs] *n* ósmosis *f inv*.

osprey ['ɒsprɪ] (*pl* **ospreys**) *n* quebrantahuesos *m inv*.

osseous ['ɒsɪəs] *adj* óseo(a).

ossify ['ɒsɪfaɪ] (*pt & pp* **ossified**) ◇ *vt* osificar. ◇ *vi* osificarse.

ossuary ['ɒsjʊərɪ] (*pl* **ossuaries**) *n* osario *m*, osar *m*.

osteitis [ˌɒstɪˈaɪtɪs] *n* osteítis *f inv*.

Ostend [ɒsˈtend] *n* Ostende.

ostensible [ɒˈstensəbl] *adj* aparente.

ostensibly [ɒˈstensəblɪ] *adv* aparentemente.

ostensive [ɒˈstensɪv] *adj* ostensivo(va), demostrativo(va).

ostentation [ˌɒstənˈteɪʃn] *n* ostentación *f*.

ostentatious [ˌɒstənˈteɪʃəs] *adj* - **1.** [lifestyle, wealth] ostentoso(sa). - **2.** [person] ostentativo(va). - **3.** [behaviour] ostensible.

ostentatiously [ˌɒstənˈteɪʃəslɪ] *adv* ostentosamente.

osteoarthritis [ˌɒstɪəʊɑːˈθraɪtɪs] *n* osteoartritis *f inv*.

osteopath ['ɒstɪəpæθ] *n* osteópata *mf*.

osteopathy [ˌɒstɪˈɒpəθɪ] *n* osteopatía *f*.

ostler ['ɒsləʳ] *n Br arch* mozo *m* de cuadra.

ostracism ['ɒstrəsɪzm] *n* [of colleague etc] marginación *f*, ostracismo *m*; POL ostracismo *m*.

ostracize, -ise ['ɒstrəsaɪz] *vt* [colleague etc] marginar, hacer el vacío a; POL condenar al ostracismo.

ostrich ['ɒstrɪtʃ] *n* avestruz *m*.

OT *n* - **1.** (*abbr of* **Old Testament**) A.T. *m*. - **2.** *written abbr of* **occupational therapy**.

OTC (*abbr of* **Officer Training Corps**) *n* unidad de formación de oficiales del ejército británico.

OTE (*abbr of* **on target earnings**) *n* beneficios según objetivos.

other ['ʌðəʳ] ◇ *adj* otro (otra); **the ~ one** el otro (la otra); **the ~ day** el otro día. ◇ *pron* - **1.** [different one]: **~s** otros (otras). - **2.** [remaining, alternative one]: **the ~** el otro (la otra); **the ~s** los otros (las otras), los demás (las demás); **one after the ~** uno tras otro; **one or ~** uno u otro; **to be none ~ than** no ser otro (otra) sino.
◆ **something or other** *pron* una cosa u otra.
◆ **somehow or other** *adv* de una u otra forma.
◆ **other than** *conj* [apart from, except] excepto, salvo.

other-directed *adj* dictado(da) por otro, ajeno(na).

otherness ['ʌðənɪs] *n* [difference] diferencia *f*; [strangeness] rareza *f*.

otherwise ['ʌðəwaɪz] ◇ *adv* - **1.** [or else] si no, de lo contrario. - **2.** [apart from that] por lo demás. - **3.** [differently] de otra manera; **deliberately or ~** adrede o no ❑ **to be ~ engaged** tener otros compromisos. ◇ *conj* sino, de lo contrario.

other world *n*: **the ~** el otro mundo, el más allá.

otherworldly [ˌʌðəˈwɜːldlɪ] *adj* espiritual, poco realista.

otiose ['əʊtɪəʊs] *adj fml* ocioso(sa), inútil.

OTT (*abbr of* **over the top**) *adj Br inf*: **it's a bit ~** eso es pasarse un poco de la raya.

Ottawa ['ɒtəwə] *n* Ottawa.

otter ['ɒtəʳ] *n* nutria *f*.

ottoman ['ɒtəmən] *n* - **1.** [seat] otomana *f*. - **2.** [fabric] otomán *m*.

OU *n abbr of* **Open University**.

ouch [aʊtʃ] *excl* ¡ay!

ought [ɔːt] *aux vb* deber; **you ~ to go/to be nicer** deberías irte/ser más amable; **you ~ to have been there; it was great fun** tendrías que OR deberías haber estado allí; fue muy divertido; **she ~ to pass the exam** tiene probabilidades de aprobar el examen.

oughtn't [ɔːtnt] *contr* = **ought not**.

Ouija board® ['wiːdʒə] *n* tablero de la ouija para hacer espiritismo.

ounce [aʊns] *n* - **1.** [unit of measurement] = 28,35g, ≈ onza *f*. - **2.** *fig* [small amount] pizca *f*.

our ['aʊəʳ] *poss adj* nuestro(tra), nuestros(tras) (*pl*); **~ money** nuestro dinero; **~ house** nuestra casa; **~ children** nuestros hijos; **it wasn't** OUR **fault** no fue culpa nuestra OR nuestra culpa; **we washed ~ hair** nos lavamos el pelo.

Our Father *n* [prayer] padrenuestro *m*.

Our Lady *n* Nuestra Señora *f*, la Virgen.

ours ['aʊəz] *poss pron* nuestro(tra); **that money is ~** ese dinero es nuestro; **those keys are ~** esas llaves son nuestras; **it wasn't their fault, it was** OURS no fue culpa suya sino nuestra; **a friend of ~** un amigo nuestro; **their car hit ~** su coche chocó contra el nuestro.

ourself [aʊəˈself] *pron fml* [regal or editorial plural] nos.

ourselves [aʊəˈselvz] *pron pl* - **1.** (*reflexive*) nos *mfpl*; (*after prep*) nosotros *mpl* (nosotras *fpl*). - **2.** (*for emphasis*) nosotros mismos *mpl* (nosotras mismas *fpl*); **we did it by ~** lo hicimos nosotros solos.

oust [aʊst] *vt fml*: **to ~ sb (from)** [job] desbancar a alguien (de); [land] desalojar a alguien (de).

ouster ['aʊstəʳ] *n Am* [from country] expulsión *f*; [from office] destitución *f*.

out [aʊt] *adv* - **1.** [not in container, building] fuera; **he poured the water ~** sirvió el agua; **~ here/there** aquí/allí fuera; **~ you go!** ¡hala, afuera!; **I'm going ~ for a walk** voy a salir a dar un paseo; **they ran ~** salieron corriendo; **we all went ~** todos salimos fuera. - **2.** [away from home, office] fuera; **an afternoon ~** una tarde fuera; **don't stay ~ too late** no estés fuera hasta muy tarde; **John's ~ at the moment** John está fuera ahora mismo. - **3.** [extinguished] apagado(da); **the fire went ~** el fuego se apagó. - **4.** [of tides]: **the tide had gone ~** la marea estaba baja. - **5.** [out of fashion] pasado(da) de moda. - **6.** [published, released] publicado(da); **they've a new record ~** han sacado un nuevo disco. - **7.** [in flower] en flor; **the blossom's ~ already** ya ha florecido. - **8.** [visible]: **the moon's ~** ha salido la luna. - **9.** *inf* [on strike] en huelga. - **10.** [not possible]: **sorry, that's ~** lo siento, pero eso no se puede hacer. - **11.** [determined]: **to be ~ to do sthg** estar decidido(da) a hacer algo.
◆ **out of** *prep* - **1.** [away from, outside] fuera de; **I was ~ of the country** estaba fuera del país; **to go ~ of the room** salir de la habitación. - **2.** [indicating cause] por; **~ of spite/love** por rencor/amor. - **3.** [indicating origin, source] de; **a page ~ of a book** una página de un libro; **to drink ~ of a glass** beber del vaso; **to get information ~ of sb** sacar información a alguien. - **4.** [without] sin; **we're ~ of sugar** estamos sin azúcar, se nos ha acabado el azúcar. - **5.** [made from] de; **it's made ~ of plastic** está hecho de plástico. - **6.** [using] de; **we can pay for it ~ of petty cash** podemos pagarlo con el dinero para gastos. - **7.** [sheltered from] a resguardo de; **we're ~ of the wind here** aquí estamos resguardados del viento. - **8.** [to indicate proportion]: **one ~ of ten people** una de cada diez personas; **ten ~ of ten**

[mark] diez de OR sobre diez. - **9.** *phr*: **I'm ~ of here!** *Am inf* ¡yo me largo!

outage ['aʊtɪdʒ] *n Am* [power cut] apagón *m*, corte *m* de corriente.

out-and-out *adj* [disgrace, lie] infame; [liar, crook] redomado(da).

outasight ['aʊtəsaɪt] *adj Am inf dated* fenomenal, genial.

outback ['aʊtbæk] *n*: **the ~** los llanos del interior de Australia.

outbalance [aʊt'bæləns] *vt lit & fig* pesar más que.

outbid [aʊt'bɪd] (*pt & pp* **outbid**, *cont* **outbidding**) *vt*: **to ~ sb (for)** pujar más alto que alguien (por).

outboard (motor) ['aʊtbɔːd-] *n* (motor *m*) fueraborda *m*.

outbound ['aʊtbaʊnd] *adj* [train, flight] de ida; [traffic] de salida.

outbreak ['aʊtbreɪk] *n* [of war] comienzo *m*; [of crime] ola *f*; [of illness] oleada *f*, epidemia *f*; [of spots] erupción *f*.

outbuildings ['aʊtbɪldɪŋz] *npl* dependencias *fpl*.

outburst ['aʊtbɜːst] *n* - **1.** [sudden expression of emotion] explosión *f*, arranque *m*. - **2.** [sudden occurrence] estallido *m*.

outcast ['aʊtkɑːst] *n* marginado *m*, -da *f*, paria *mf*.

outclass [aʊt'klɑːs] *vt* aventajar en OR con mucho.

outcome ['aʊtkʌm] *n* resultado *m*.

outcrop ['aʊtkrɒp] *n* afloramiento *m*.

outcry ['aʊtkraɪ] (*pl* **outcries**) *n* protestas *fpl*.

outdated [aʊt'deɪtɪd] *adj* anticuado(da), pasado(da) de moda.

outdid [aʊt'dɪd] *pt* → **outdo**.

outdistance [aʊt'dɪstəns] *vt lit & fig* dejar atrás.

outdo [aʊt'duː] (*pt* **outdid** [-'dɪd], *pp* **outdone** [-'dʌn]) *vt* aventajar, superar.

outdoor ['aʊtdɔːʳ] *adj* [life, swimming pool] al aire libre; [clothes] de calle.

outdoors [aʊt'dɔːz] *adv* al aire libre; **let's eat ~** vamos a comer fuera.

outdoorsman [aʊt'dɔːzmən] (*pl* **outdoorsmen** [-mən]) *n* hombre que gusta del aire libre, la pesca o la caza.

outer ['aʊtəʳ] *adj* exterior, externo(na); **Outer London** las afueras de Londres.

outer ear *n* oído *m* externo.

Outer Mongolia *n* Mongolia Exterior.

outermost ['aʊtəməʊst] *adj* [layer] más exterior; [place, planet] más remoto (más remota).

outer space *n* espacio *m* exterior.

outface [aʊt'feɪs] *vt* - **1.** [confront] desafiar. - **2.** [stare down] hacer bajar la vista.

outfield ['aʊtfiːld] *n* SPORT - **1.** [part of field] campo *m* externo. - **2.** [players] jugadores *mpl* externos.

outfit ['aʊtfɪt] *n* - **1.** [clothes] conjunto *m*, traje *m*. - **2.** *inf* [organization] grupo *m*, equipo *m*.

outfitter ['aʊtfɪtəʳ] *n Br* [shop]: **school ~** OR **~'s** tienda *f* de ropa escolar; **(gentlemen's) ~** OR **~'s** tienda *f* de ropa de caballero.

outflank [aʊt'flæŋk] *vt* - **1.** MIL sorprender por la retaguardia. - **2.** *fig* [in argument, business] superar.

outflow ['aʊtfləʊ] *n* flujo *m* externo.

outfox [aʊt'fɒks] *vt* ganar en astucia, burlar.

outgo [aʊt'gəʊ] (*pt* **outwent** [-'went], *pp* **outgone** [-'gɒn]) *vt* - **1.** [exceed] exceder. - **2.** [surpass] sobrepasar, aventajar.

outgoing ['aʊtgəʊɪŋ] *adj* - **1.** [chairman] saliente. - **2.** [train] de salida. - **3.** [sociable] extrovertido(da), abierto(ta).

♦ **outgoings** *npl Br* gastos *mpl*.

outgone [aʊt'gɒn] *pp* → **outgo**.

outgrow [aʊt'grəʊ] (*pt* **outgrew** [-'gruː], *pp* **outgrown** [-'grəʊn]) *vt* - **1.** [grow too big for]: **he has ~n his shirts** las camisas se le han quedado pequeñas. - **2.** [grow too old for] ser demasiado mayor para.

outgrowth ['aʊtgrəʊθ] *n* - **1.** [offshoot] brote *m*. - **2.** *fig* [consequence] resultado *m*, consecuencia *f*.

outguess [aʊt'ges] *vt* - **1.** [anticipate] anticipar. - **2.** [outwit] ser más listo (más lista) que.

outgun [aʊt'gʌn] (*pt & pp* **outgunned**, *cont* **outgunning**) *vt* MIL tener mayor capacidad armamentística que; *fig* derrotar, vencer.

outhouse ['aʊthaʊs, *pl* -haʊzɪz] *n* dependencia *f*.

outing ['aʊtɪŋ] *n* - **1.** [trip] excursión *f*. - **2.** [of homosexuals] revelación de la condición homosexual de un personaje célebre.

outlandish [aʊt'lændɪʃ] *adj* extravagante, estrafalario(ria).

outlands ['aʊtlændz] *npl* regiones *fpl* más apartadas del país.

outlast [aʊt'lɑːst] *vt* sobrevivir a, durar más tiempo que.

outlaw ['aʊtlɔː] ◇ *n* proscrito *m*, -ta *f*. ◇ *vt* - **1.** [make illegal] ilegalizar. - **2.** [declare an outlaw] proscribir, declarar fuera de la ley.

outlay ['aʊtleɪ] *n* desembolso *m*, inversión *f*.

outlet ['aʊtlet] *n* - **1.** [for emotions] salida *f*, desahogo *m*. - **2.** [for water] desagüe *m*; [for gas] salida *f*. - **3.** [shop] punto *m* de venta. - **4.** *Am* ELEC toma *f* de corriente.

outline ['aʊtlaɪn] ◇ *n* - **1.** [brief description] esbozo *m*, resumen *m*; **in ~** en líneas generales. - **2.** [silhouette] contorno *m*; **~ map** mapa *m* mudo. ◇ *vt* - **1.** [describe briefly] esbozar, resumir. - **2.** [silhouette]: **to be ~d against** perfilarse contra.

outlive [aʊt'lɪv] *vt* - **1.** [subj: person] sobrevivir a. - **2.** [subj: idea, object] durar más tiempo que.

outlook ['aʊtlʊk] *n* - **1.** [attitude, disposition] enfoque *m*, actitud *f*. - **2.** [prospect] perspectiva *f* (de futuro). **outlying** ['aʊtlaɪɪŋ] *adj* [remote] lejano(na), remoto(ta); [on edge of town] periférico(ca); **the ~ suburbs** las afueras.

outmanoeuvre *Br*, **outmaneuver** *Am* [aʊtmə'nuːvəʳ] *vt* superar estratégicamente.

outmoded [aʊt'məʊdəd] *adj* anticuado(da), pasado(da) de moda.

outmost ['aʊtməʊst] *adj* = **outermost**.

outnumber [aʊt'nʌmbəʳ] *vt* exceder en número; **we were ~ed three to one** eran tres veces más que nosotros.

out-of-bounds *adj* - **1.** [barred] prohibido(da); **~ to civilians** acceso *m* prohibido a civiles. - **2.** *Am* SPORT fuera (del terreno de juego).

out-of-court *adj*: **~ settlement** acuerdo *m* amistoso OR extrajudicial.

out-of-date *adj* - **1.** [clothes, belief] anticuado(da), pasado(da) de moda. - **2.** [passport, season ticket] caducado(da).

out-of-doors ◇ *adv* = **outdoors**. ◇ *adj* = **outdoor**.

out-of-pocket expenses *npl* gastos *mpl* varios.

out-of-the-ordinary *adj* extraordinario(ria).

out-of-the-way *adj* - **1.** [far away] remoto(ta), aislado(da). - **2.** [unusual] poco común.

out-of-work *adj* en paro.

outpace [aʊt'peɪs] *vt lit & fig* dejar atrás.

outpatient ['aʊtpeɪʃnt] *n* paciente externo *m*, paciente externa *f*.

outplacement ['aʊtpleɪsmənt] *n* asistencia que algunas empresas ofrecen a sus empleados para ayudarles a encontrar otro empleo en caso de despido.

outplay [aʊt'pleɪ] *vt* superar, jugar mejor que.

outpost ['aʊtpəʊst] *n* puesto *m* avanzado.

outpouring ['aʊtpɔːrɪŋ] *n literary* efusión *f*.

output ['aʊtpʊt] ◇ *n* - **1.** [production] producción *f*, rendimiento *m*. - **2.** [COMPUT - printing out] salida *f*; [- printout] impresión *f*. - **3.** ELEC potencia *f* (de salida). ◇ *vt* COMPUT imprimir.

outrage ['aʊtreɪdʒ] ◇ *n* - **1.** [anger] indignación *f*. - **2.** [atrocity] atrocidad *f*, escándalo *m*; **an ~ against** un atentado contra, un atropello a. ◇ *vt* ultrajar, atropellar.

outraged ['aʊtreɪdʒd] *adj* indignado(da).

outrageous [aʊt'reɪdʒəs] *adj* - **1.** [offensive, shocking] indignante, escandaloso(sa). - **2.** [very unusual] extravagante.

outrageously [aʊt'reɪdʒəslɪ] *adv* **- 1.** [scandalously] escandalosamente. **- 2.** [atrociously] terriblemente; **we have been treated** ~ nos han tratado fatal. **- 3.** [extravagantly] con extravagancia, de un modo extravagante; **this shop is** ~ **expensive** en esta tienda los precios son abusivos.

outran [aʊt'ræn] *pt* → **outrun**.

outrank [aʊt'ræŋk] *vt* ser de categoría superior a.

outreach [*vb* aʊt'riːtʃ, *n* 'aʊtriːtʃ] ◇ *vt* **- 1.** [exceed] superar. **- 2.** [stretch out] alargar, extender. ◇ *n* ADMIN servicio de detección de necesidades y asistencia social a personas que, aun no habiéndolo solicitado, se considera que lo necesitan.

outrider ['aʊt,raɪdə'] *n* [on motorcyle] escolta *m* en moto; [on horse] escolta *m* a caballo.

outrigger ['aʊt,rɪgə'] *n* batanga *f*, flotador *m* lateral.

outright [*adj* 'aʊtraɪt, *adv* aʊt'raɪt] ◇ *adj* **- 1.** [categoric] categórico(ca). **- 2.** [total - disaster] completo(ta); [- victory, winner] indiscutible. ◇ *adv* **- 1.** [ask] abiertamente; [deny] francamente, categóricamente. **- 2.** [win, ban] totalmente; [be killed] completamente, en el acto.

outrun [aʊt'rʌn] (*pt* **outran** [-'ræn], *pp* **outrun**, *cont* **outrunning**) *vt* correr más que.

outsell [aʊt'sel] (*pt & pp* **outsold** [-'səʊld]) *vt* vender más que.

outset ['aʊtset] *n*: **at the** ~ al principio; **from the** ~ desde el principio.

outshine [aʊt'ʃaɪn] (*pt & pp* **outshone** [-'ʃɒn]) *vt fig* eclipsar.

outshoot [aʊt'ʃuːt] (*pt & pp* **outshot** [-'ʃɒt]) *vt* disparar mejor que.

outside [*adv* aʊt'saɪd, *adj* 'aʊtsaɪd, *prep & n* aʊt'saɪd, 'aʊtsaɪd] ◇ *adj* **- 1.** [gen] exterior; ~ **influence** influencia *f* externa. **- 2.** [opinion, criticism] independiente. **- 3.** [chance] remoto(ta). **- 4.** [maximum] máximo(ma). ◇ *adv* fuera; **to go/run/look** ~ ir/correr/mirar fuera. ◇ *prep* fuera de; **we live half an hour** ~ **London** vivimos a media hora de Londres; ~ **office hours** fuera del horario de oficina. ◇ *n* **- 1.** [exterior] exterior *m*; **from the** ~ desde fuera; **on the** ~ por fuera. **- 2.** [limit]: **at the** ~ a lo sumo.
♦ **outside of** *prep Am* [apart from] aparte de.

outside broadcast ['aʊtsaɪd-] *n Br* RADIO & TV emisión *f* desde exteriores.

outside lane ['aʊtsaɪd-] *n* carril *m* de adelantamiento.

outside line ['aʊtsaɪd-] *n* línea *f* exterior.

outsider [aʊt'saɪdə'] *n* **- 1.** [stranger] forastero *m*, -ra *f*, desconocido *m*, -da *f*. **- 2.** [in horse race] caballo que no es uno de los favoritos.

outsize ['aʊtsaɪz] ◇ *adj* **- 1.** [bigger than usual] enorme. **- 2.** [clothes] de talla muy grande. ◇ *n* talla *f* especial OR muy grande.

outsized ['aʊtsaɪzd] *adj* enorme.

outskirts ['aʊtskɜːts] *npl*: **the** ~ las afueras.

outsmart [aʊt'smɑːt] *vt* ser más listo (más lista) que.

outsold [aʊt'səʊld] *pt & pp* → **outsell**.

outspend [aʊt'spend] (*pt & pp* **outspent** [-'spent]) *vt* gastar más que.

outspoken [aʊt'spəʊkn] *adj* abierto(ta), franco(ca); **to be** ~ no tener pelos en la lengua.

outspokenness [aʊt'spəʊkənnɪs] *n* franqueza *f*.

outspread [aʊt'spred] *adj* extendido(da), desplegado(da).

outstanding [aʊt'stændɪŋ] *adj* **- 1.** [excellent] destacado(da). **- 2.** [not paid, unfinished] pendiente.

outstandingly [aʊt'stændɪŋlɪ] *adv* extraordinariamente, excepcionalmente.

outstare [aʊt'steə'] *vt* hacer bajar la vista.

outstation ['aʊtsteɪʃn] *n* **- 1.** [in colony, isolated region] puesto *m* avanzado. **- 2.** RADIO estación *f* exterior OR satélite.

outstay [aʊt'steɪ] *vt*: **to** ~ **one's welcome** quedarse más tiempo de lo debido.

outstretch [aʊt'stretʃ] *vt* extender.

outstretched [aʊt'stretʃt] *adj* extendido(da).

outstrip [aʊt'strɪp] (*pt & pp* **outstripped**, *cont* **outstripping**) *vt lit & fig* aventajar, dejar atrás.

out-take *n* CINEMA & TV descarte *m*.

outtalk [aʊt'tɔːk] *vt* **- 1.** [outdo] ganar hablando. **- 2.** [talk more than] hablar más que.

out-tray *n* cubeta o bandeja de asuntos ya resueltos.

outvote [aʊt'vəʊt] *vt*: **to be** ~**d** perder en una votación.

outward ['aʊtwəd] ◇ *adj* **- 1.** [journey] de ida. **- 2.** [composure, sympathy] aparente. **- 3.** [sign, proof] visible, exterior. ◇ *adv Am* = **outwards**.

outward bound course *n* curso de adiestramiento en deportes de aventura y actividades al aire libre.

outwardly ['aʊtwədlɪ] *adv* [apparently] aparentemente, de cara al exterior.

outwards *Br* ['aʊtwədz], **outward** *Am* ['aʊtwəd] *adv* hacia fuera.

outwear [aʊt'weə'] (*pt* **outwore** [-'wɔː'], *pp* **outworn** [-'wɔːn]) *vt* **- 1.** [wear out] gastar, desgastar. **- 2.** [outlast] durar más que. **- 3.** [outgrow] dejar atrás.

outweigh [aʊt'weɪ] *vt* pesar más que.

outwent [aʊt'went] *pt* → **outgo**.

outwit [aʊt'wɪt] (*pt & pp* **outwitted**, *cont* **outwitting**) *vt* ser más listo (más lista) que.

outwore [aʊt'wɔː'] *pt* → **outwear**.

outworker ['aʊt,wɜːkə'] *n* colaborador externo *m*, colaboradora externa *f*.

outworn [aʊt'wɔːn] *pp* → **outwear**.

ova ['əʊvə] *pl* → **ovum**.

oval ['əʊvl] ◇ *adj* oval, ovalado(da). ◇ *n* óvalo *m*.
♦ **Oval** *n*: **the Oval** *famoso campo de críquet londinense*.

Oval Office *n*: **the** ~ el Despacho Oval, *oficina que tiene el presidente de EE UU en la Casa Blanca*.

ovarian [əʊ'veəriən] *adj* [gen] ovárico(ca); [cancer] de ovarios.

ovary ['əʊvəri] (*pl* **ovaries**) *n* ovario *m*.

ovate ['əʊveɪt] *adj* aovado(da), ovoide.

ovation [əʊ'veɪʃn] *n* ovación *f*.

oven ['ʌvn] *n* horno *m*.

ovenable ['ʌvnəbl] *adj* apto(ta) para el horno.

oven glove *n* guante *m* para el horno.

ovenproof ['ʌvnpruːf] *adj* refractario(ria).

oven-ready *adj* listo(ta) para meter al horno.

ovenware ['ʌvnweə'] *n* (U) utensilios *mpl* para el horno.

over [əʊvə'] ◇ *prep* **- 1.** [directly above, on top of] encima de; **a fog hung** ~ **the river** una espesa niebla flotaba sobre el río; **put your coat** ~ **the chair** pon el abrigo encima de la silla. **- 2.** [to cover] sobre; **she wore a veil** ~ **her face** un velo le cubría el rostro. **- 3.** [on other side of] al otro lado de; **he lives** ~ **the road** vive enfrente. **- 4.** [across surface of] por encima de; **they sailed** ~ **the ocean** cruzaron el océano en barco. **- 5.** [more than] más de; ~ **and above** además de. **- 6.** [senior to] por encima de. **- 7.** [with regard to] por; **an argument** ~ **methods** una discusión sobre los métodos; **a fight** ~ **a woman** una pelea por una mujer. **- 8.** [during] durante; ~ **the weekend** (en) el fin de semana. **- 9.** [recovered from]: **are you** ~ **your bout of flu?** ¿se te ha pasado ya la gripe?; **he's** ~ **the shock now** ya se ha recuperado del susto. **- 10.** [divided by]: **eight** ~ **two** ocho entre dos. ◇ *adv* **- 1.** [distance away]: ~ **here** aquí; ~ **there** [gen] allí; [vaguer] allá; ~ **in Australia** allá en Australia. **- 2.** [across]: **to cross** ~ cruzar; **to go** ~ ir. **- 3.** [down]: **to fall** ~ caerse; **to push** ~ empujar, tirar. **- 4.** [round]: **to turn sthg** ~ dar la vuelta a algo; **to roll** ~ darse la vuelta. **- 5.** [more] más. **- 6.** [remaining]: **to be (left)** ~ quedar, sobrar. **- 7.** [at sb's house]: ~ **at Mum's** en casa de mamá; **invite them** ~ invítalos a casa. **- 8.** RADIO: ~ **(and out)!** ¡cambio (y corto)! **- 9.** [involving repetitions]: **(all)** ~ **again** otra vez desde el principio; ~ **and** ~ **(again)** una y otra vez; **count your cards** ~ *Am* cuenta tus cartas otra vez, vuelve a contar tus cartas; **she won the tournament five times** ~ ganó el torneo en cinco ocasiones. ◇ *adj* [finished] terminado(da); **I'm glad that's** ~ **with!** *inf* ¡menos mal que ya se ha terminado! ◇ *n* en críquet, serie de seis lanzamientos de un mismo jugador.

◆ **all over** ◇ *prep* por todo (por toda). ◇ *adv* **- 1.** [everywhere] por todas partes. **- 2.** [in every respect]: **that's him all** ~! es típico de él. ◇ *adj* [finished] terminado(da), acabado(da).

over- [ˈəʊvəʳ] *prefix* sobre-, super-.

overabundance [ˌəʊvərəˈbʌndəns] *n* superabundancia *f.*

overabundant [ˌəʊvərəˈbʌndənt] *adj* superabundante.

overachieve [ˌəʊvərəˈtʃiːv] *vi* lograr resultados mejores que los esperados.

overachiever [ˌəʊvərəˈtʃiːvəʳ] *n* persona que logra resultados superiores a los esperados.

overact [ˌəʊvərˈækt] *vi pej* [in play] sobreactuar, exagerar.

overactive [ˌəʊvərˈæktɪv] *adj* demasiado activo (demasiado activa).

overage [ˈəʊvərɪdʒ] *n Am* [surplus] excedente *m.*

over-age *adj* [too old] demasiado mayor.

overall [*adv* ˌəʊvərˈɔːl, *adj & n* ˈəʊvərɔːl] ◇ *adj* [general] global, total. ◇ *adv* en conjunto, en general. ◇ *n* **- 1.** [protective coat] guardapolvo *m*, bata *f.* **- 2.** *Am* [for work] mono *m.*
◆ **overalls** *npl* **- 1.** *Br* [for work] mono *m.* **- 2.** *Am* [dungarees] pantalones *mpl* de peto.

overambitious [ˌəʊvəræmˈbɪʃəs] *adj* demasiado ambicioso (demasiado ambiciosa).

overanxious [ˌəʊvərˈæŋkʃəs] *adj* demasiado preocupado (demasiado preocupada).

overarch [ˌəʊvərˈɑːtʃ] *vt* arquearse sobre.

overarm [ˈəʊvərɑːm] *adj & adv* por encima del hombro.

overate [ˌəʊvərˈet, ˌəʊvərˈeɪt] *pt* → **overeat.**

overawe [ˌəʊvərˈɔː] *vt* intimidar.

overbalance [ˌəʊvəˈbæləns] *vi* perder el equilibrio.

overbear [ˌəʊvəˈbeəʳ] (*pt* **overbore** [ˈbɔːʳ], *pp* **overborne** [ˈbɔːn]) *vt* **- 1.** [crush] oprimir. **- 2.** [dominate] dominar.

overbearing [ˌəʊvəˈbeərɪŋ] *adj pej* despótico(ca).

overbid [*vb* ˌəʊvəˈbɪd, *n* ˈəʊvəbɪd] (*pt & pt* **overbid,** *cont* **overbidding**) ◇ *vt* hacer una mejor oferta que. ◇ *vi* ofrecer más que otro. ◇ *n* oferta *f* mayor.

overbite [ˈəʊvəbaɪt] *n* oclusión defectuosa de los dientes superiores.

overblown [ˌəʊvəˈbləʊn] *adj pej* exagerado(da).

overboard [ˈəʊvəbɔːd] *adv*: **to fall** ~ caer al agua OR por la borda; **man** ~! ¡hombre al agua! ❑ **to go** ~ **(about sb/ sthg)** *inf* [be over-enthusiastic] ponerse como loco(ca) (con alguien/algo); **to throw sthg** ~ *inf* desechar algo.

overbook [ˌəʊvəˈbʊk] *vi* hacer overbooking.

overbooking [ˌəʊvəˈbʊkɪŋ] *n* sobrecontratación *f,* overbooking *m.*

overbore [ˌəʊvəˈbɔːʳ] *pt* → **overbear.**

overborne [ˌəʊvəˈbɔːn] *pp* → **overbear.**

overbuild [ˌəʊvəˈbɪld] (*pt & pp* **overbuilt** [ˈbɪlt]) *vt & vi* sobreedificar.

overburden [ˌəʊvəˈbɜːdn] *vt*: **to be** ~**ed with sthg** estar sobrecargado(da) de algo.

overcame [ˌəʊvəˈkeɪm] *pt* → **overcome.**

overcapitalize, -ise [ˌəʊvəˈkæpɪtəlaɪz] *vt & vi* FIN sobrecapitalizar.

overcast [ˈəʊvəkɑːst] *adj* cubierto(ta), nublado(da).

overcautious [ˌəʊvəˈkɔːʃəs] *adj* demasiado cauteloso (demasiado cautelosa).

overcharge [ˌəʊvəˈtʃɑːdʒ] ◇ *vt*: **to** ~ **sb (for sthg)** cobrar a alguien en exceso (por algo). ◇ *vi*: **to** ~ **(for sthg)** cobrar en exceso (por algo).

overcloud [ˌəʊvəˈklaʊd] ◇ *vt*: **the sky became** ~**ed** el cielo se cubrió de nubes. ◇ *vi* cubrirse, nublarse.

overcoat [ˈəʊvəkəʊt] *n* abrigo *m.*

overcome [ˌəʊvəˈkʌm] (*pt* **overcame** [ˈkeɪm], *pp* **overcome**) *vt* **- 1.** [deal with] vencer, superar. **- 2.** [overwhelm]: **to be** ~ **(by** OR **with)** [fear, grief, emotion] estar abrumado(da) (por); [smoke, fumes] estar asfixiado(da) (por).

overcompensate [ˌəʊvəˈkɒmpənseɪt] *vi*: **to** ~ **(for sthg)** compensar en exceso (por algo).

overcompensation [ˈəʊvəˌkɒmpənˈseɪʃn] *n* sobrecompensación *f.*

overcomplicated [ˌəʊvəˈkɒmplɪkeɪtɪd] *adj* excesivamente complicado (excesivamente complicada).

overconfidence [ˌəʊvəˈkɒnfɪdəns] *n* **- 1.** [arrogance] presunción *f,* arrogancia *f.* **- 2.** [trust] exceso *m* de confianza.

overconfident [ˌəʊvəˈkɒnfɪdənt] *adj* **- 1.** [arrogant] presuntuoso(sa), arrogante. **- 2.** [trusting] demasiado confiado (demasiado confiada).

overcook [ˌəʊvəˈkʊk] *vt* hacer demasiado.

overcrowd [ˌəʊvəˈkraʊd] *vt* atestar, sobrellenar.

overcrowded [ˌəʊvəˈkraʊdɪd] *adj* [room] atestado(da) de gente; [country] superpoblado(da).

overcrowding [ˌəʊvəˈkraʊdɪŋ] *n* [of country] superpoblación *f;* [of prison] hacinamiento *m.*

overdevelop [ˌəʊvədɪˈveləp] *vt* **- 1.** [gen] desarrollar en exceso. **- 2.** PHOT revelar en exceso.

overdeveloped [ˌəʊvədɪˈveləpt] *adj* **- 1.** PHOT sobreprocesado(da). **- 2.** [too high, too big] excesivo(va), superdesarrollado(da).

overdevelopment [ˌəʊvədɪˈveləpmənt] *n* superdesarrollo *m.*

overdo [ˌəʊvəˈduː] (*pt* **overdid** [ˈdɪd], *pp* **overdone** [ˈdʌn]) *vt* **- 1.** *pej* [exaggerate] exagerar. **- 2.** [do too much]: **I've been overdoing it** OR **things at work** he estado trabajando más de la cuenta; **to** ~ **it** pasarse. **- 3.** [overcook] hacer demasiado.

overdone [ˌəʊvəˈdʌn] ◇ *pp* → **overdo.** ◇ *adj* muy hecho (muy hecha).

overdose [*n* ˈəʊvədəʊs, *vb* ˌəʊvəˈdəʊs] ◇ *n* sobredosis *f inv.* ◇ *vi*: **to** ~ **on** tomar una sobredosis de.

overdraft [ˈəʊvədrɑːft] ◇ *n* [sum owed] saldo *m* deudor; [loan arranged] (giro *m* OR crédito *m* en) descubierto *m.* ◇ *comp*: ~ **facilities** permiso *m* de crédito al descubierto.

overdraw [ˌəʊvəˈdrɔː] (*pt* **overdrew** [ˈdruː], *pp* **overdrawn** [ˈdrɔːn]) *vt* [account] dejar en descubierto OR con saldo deudor.

overdrawn [ˌəʊvəˈdrɔːn] *adj*: **to be** ~ [account] tener un saldo deudor; [person] tener un descubierto, estar en descubierto.

overdress [ˌəʊvəˈdres] *vi* trajearse.

overdressed [ˌəʊvəˈdrest] *adj* demasiado trajeado (demasiado trajeada); **I felt** ~ **in my dinner suit** me sentía demasiado elegante vistiendo el traje de etiqueta.

overdrew [ˌəʊvəˈdruː] *pt* → **overdraw.**

overdrive [ˈəʊvədraɪv] *n fig*: **to go into** ~ ir a marchas forzadas.

overdue [ˌəʊvəˈdjuː] *adj* **- 1.** [late]: **to be** ~ [train] ir con retraso; [library book] haber caducado el plazo de préstamo; **I'm** ~ **(for) a bit of luck** va siendo hora de tener un poco de suerte. **- 2.** [awaited]: **(long)** ~ [largamente) esperado ((largamente) esperada), ansiado(da). **- 3.** [unpaid] vencido(da) y sin pagar.

overeager [ˌəʊvərˈiːgəʳ] *adj* demasiado ansioso (demasiado ansiosa).

over easy *adj Am* [egg] frito por ambos lados.

overeat [ˌəʊvərˈiːt] (*pt* **overate** [ˈet, ˈeɪt], *pp* **overeaten** [ˈiːtn]) *vi* comer con exceso, atracarse.

overeating [ˌəʊvərˈiːtɪŋ] *n* [habitual] sobrealimentación *f.*

overelaborate [ˌəʊvərɪˈlæbərɪt] *adj* [dress, style, ornamentation] recargado(da); [explanation, excuse] demasiado rebuscado (demasiado rebuscada); [description] muy complicado (muy complicada).

overemotional [ˌəʊvərɪˈməʊʃənl] *adj* demasiado emotivo (demasiado emotiva).

overemphasis [ˌəʊvərˈemfəsɪs] *n* énfasis *m inv* exagerado.

overemphasize, -ise [ˌəʊvərˈemfəsaɪz] *vt* poner demasiado énfasis en.

overenthusiastic [ˌəʊvərɪnˌθjuːzɪˈæstɪk] *adj* demasiado entusiasta.

overestimate [ˌəʊvərˈestɪmeɪt] *vt* sobreestimar.

overestimation [ˌəʊvərˌestɪˈmeɪʃn] *n* estimación *f* exagerada.

overexaggerate [ˌəʊvərɪgˈzædʒəreɪt] *vt* exagerar.

overexcite [ˌəʊvərɪkˈsaɪt] *vt* sobreexcitar.

overexcited [ˌəʊvərɪkˈsaɪtɪd] *adj* sobreexcitado(da).

overexcitement [ˌəʊvərɪkˈsaɪtmənt] *n* sobreexcitación *f.*

overexert [ˌəʊvərɪgˈzɜːt] *vt* esforzar demasiado; **to ~ o.s.** esforzarse demasiado.

overexertion [ˌəʊvərɪgˈzɜːʃn] *n* esfuerzo *m* excesivo.

overexpose [ˌəʊvərɪkˈspəʊz] *vt* PHOT sobreexponer.

overexposure [ˌəʊvərɪkˈspəʊʒəʳ] *n* PHOT sobreexposición *f.*

overextend [ˌəʊvərɪkˈstend] *vt* [expand too much] extender demasiado; [widen too much] ampliar demasiado.

overfamiliar [ˌəʊvəfəˈmɪljəʳ] *adj* - **1.** [too intimate, disrespectful] demasiado familiar. - **2.** [conversant]: **I'm not ~ with the system** no conozco demasiado el sistema.

overfamiliarity [ˈəʊvəfəˌmɪlɪˈærəti] *n* familiaridad *f* excesiva.

overfeed [ˌəʊvəˈfiːd] (*pt & pp* **overfed** [-ˈfed]) *vt* sobrealimentar.

overfill [ˌəʊvəˈfɪl] *vt* llenar demasiado.

overflew [ˌəʊvəˈfluː] *pt →* **overfly.**

overflow [*vb* ˌəʊvəˈfləʊ, *n* ˈəʊvəfləʊ] ◇ *vi* - **1.** [spill over] rebosar; [river] desbordarse. - **2.** [go beyond limits]: **to ~ (into)** rebosar (hacia). - **3.** [be very full]: **to be ~ing (with)** rebosar (de); **full to ~ing** lleno a rebosar. ◇ *vt* desbordarse de, salir de. ◇ *n* [pipe] cañería *f* de desagüe.

overflown [ˌəʊvəˈfləʊn] *pp →* **overfly.**

overflow pipe [ˈəʊvəfləʊ-] *n* cañería *f* de desagüe, rebosadero *m.*

overfly [ˌəʊvəˈflaɪ] (*pt* **overflew** [-ˈfluː], *pp* **overflown** [-ˈfləʊn]) *vt* sobrevolar.

overfond [ˌəʊvəˈfɒnd] *adj*: **she's not ~ of children** no le gustan demasiado los niños.

overfull [ˌəʊvəˈfʊl] *adj* demasiado lleno (demasiado llena).

overgenerous [ˌəʊvəˈdʒenərəs] *adj* [person, act] demasiado generoso (demasiado generosa); [portion] excesivo(va).

overgraze [ˌəʊvəˈgreɪz] *vt* apacentar excesivamente.

overgrew [ˌəʊvəˈgruː] *pt →* **overgrow.**

overground [ˈəʊvəgraʊnd] ◇ *adj* exterior, sobre el suelo. ◇ *adv* por encima del suelo; **the line goes ~ when it reaches the suburbs** al llegar a las zonas suburbanas la línea sale a la superficie.

overgrow [ˌəʊvəˈgrəʊ] (*pt* **overgrew** [-ˈgruː], *pp* **overgrown** [-ˈgrəʊn]) *vt* cubrir.

overgrown [ˌəʊvəˈgrəʊn] *adj* cubierto(ta) de matojos.

overgrowth [ˈəʊvəgrəʊθ] *n* vegetación *f* frondosa, tapiz *m* de vegetación.

overhand [ˈəʊvəhænd] *adj & adv* = **overarm.**

overhang [*vb* ˌəʊvəˈhæŋ, *n* ˈəʊvəhæŋ] (*pt & pp* **overhung** [-ˈhʌŋ]) ◇ *n* saliente *m.* ◇ *vt* sobresalir por encima de. ◇ *vi* sobresalir.

overhanging [ˌəʊvəˈhæŋɪŋ] *adj* - **1.** [cliff, ledge, balcony] voladizo(za), sobresaliente. - **2.** *fig* [threat] inminente.

overhaul [*n* ˈəʊvəhɔːl, *vb* ˌəʊvəˈhɔːl] ◇ *n* - **1.** [of car, machine] revisión *f.* - **2.** [of method, system] repaso *m* general. ◇ *vt* revisar.

overhead [*adv* ˌəʊvəˈhed, *adj & n* ˈəʊvəhed] ◇ *adj* - **1.** [cable] aéreo(a); [railway] elevado(da). - **2.** COMM: **~ costs** gastos *mpl* generales. ◇ *adv* por lo alto, por encima. ◇ *n Am* (U) gastos *mpl* generales.

◆ **overheads** *npl* gastos *mpl* generales.

overhead door [ˈəʊvəhed-] *n* puerta *f* basculante.

overhead projector [ˈəʊvəhed-] *n* retroproyector *m.*

overhear [ˌəʊvəˈhɪəʳ] (*pt & pp* **overheard** [-ˈhɜːd]) *vt* oír por casualidad.

overheat [ˌəʊvəˈhiːt] ◇ *vt* recalentar. ◇ *vi* recalentarse.

overheated [ˌəʊvəˈhiːtɪd] *adj* - **1.** [too hot - room] demasiado caldeado (demasiado caldeada); [- engine] recalentado(da), sobrecalentado(da). - **2.** *fig* [angry] exaltado(da), acalorado(da).

overheating [ˌəʊvəˈhiːtɪŋ] *n* calefacción *f* excesiva.

overhung [ˌəʊvəˈhʌŋ] *pt & pp →* **overhang.**

overimpress [ˌəʊvərɪmˈpres] *vt*: **she wasn't ~ed by the film** la película no le impresionó demasiado.

overindulge [ˌəʊvərɪnˈdʌldʒ] ◇ *vt* mimar excesivamente. ◇ *vi*: **to ~ (in sthg)** abusar (de algo).

overindulgence [ˌəʊvərɪnˈdʌldʒəns] *n* - **1.** [in food and drink] exceso *m*, abuso *m*. - **2.** [towards person] exceso *m* de mimo, consentimiento *m* excesivo.

overindulgent [ˌəʊvərɪnˈdʌldʒənt] *adj* [towards person] demasiado indulgente; [towards children] que mima demasiado a sus hijos.

overjoyed [ˌəʊvəˈdʒɔɪd] *adj*: **to be ~ (at sthg)** estar encantado(da) (con algo).

overkill [ˈəʊvəkɪl] *n* - **1.** *fig* [excessive action] exageración *f*, exceso *m*. - **2.** MIL capacidad *f* excesiva de represalia nuclear.

overladen [ˌəʊvəˈleɪdn] ◇ *pp →* **overload.** ◇ *adj* sobrecargado(da).

overlaid [ˌəʊvəˈleɪd] *pt & pp →* **overlay.**

overlain [ˌəʊvəˈleɪn] *pp →* **overlie.**

overland [ˈəʊvəlænd] ◇ *adj* terrestre. ◇ *adv* por tierra.

overlap [*vb* ˌəʊvəˈlæp, *n* ˈəʊvəlæp] (*pt & pp* **overlapped**, *cont* **overlapping**) ◇ *n* - **1.** [similarity] coincidencia *f*. - **2.** [overlapping part, amount] superposición *f*. ◇ *vt* - **1.** [cover] superponerse a. - **2.** [be similar to] coincidir en parte con. ◇ *vi* - **1.** [cover each other] superponerse. - **2.** [be similar]: **to ~ (with sthg)** coincidir en parte (en algo).

overlay [ˌəʊvəˈleɪ] (*pt & pp* **overlaid** [-ˈleɪd]) ◇ *pt →* **overlie.** ◇ *vt*: **to be overlaid with** estar revestido(da) de.

overleaf [ˌəʊvəˈliːf] *adv* al dorso, a la vuelta.

overleap [ˌəʊvəˈliːp] (*pt & pp* **overleapt** [-ˈlept] OR **overleaped**) *vt* saltar sobre, saltar por encima.

overlie [ˌəʊvəˈlaɪ] (*pt* **overlay** [ˈleɪ], *pp* **overlain** [-ˈleɪn], *cont* **overlying**) *vt* yacer sobre.

overload [*vb* ˌəʊvəˈləʊd, *n* ˈəʊvələʊd] (*pp* **overloaded** OR **overladen** [-ˈleɪdn]) ◇ *vt* sobrecargar; **to be ~ed (with sthg)** estar sobrecargado(da) (de algo). ◇ *n* sobrecarga *f.*

overlong [ˌəʊvəˈlɒŋ] ◇ *adj* demasiado largo (demasiado larga). ◇ *adv* demasiado tiempo.

overlook [ˌəʊvəˈlʊk] *vt* - **1.** [look over] mirar OR dar a. - **2.** [disregard, miss] pasar por alto, no considerar. - **3.** [forgive] perdonar.

overlord [ˈəʊvəlɔːd] *n fml* señor *m.*

overly [ˈəʊvəlɪ] *adv* demasiado.

overman [ˈəʊvəmən] (*pl* **overmen** [-mən]) *n* capataz *m.*

overmanned [ˌəʊvəˈmænd] *adj* [factory, production line] con excesiva mano de obra.

overmanning [ˌəʊvəˈmænɪŋ] *n* exceso *m* de mano de obra.

overmen [ˈəʊvəmən] *pl →* **overman.**

overmuch [ˌəʊvəˈmʌtʃ] *fml* ◇ *adj* demasiado(da), excesivo(va). ◇ *adv* demasiado, excesivamente.

overnice [ˌəʊvəˈnaɪs] *adj* [distinction] demasiado sutil; [person] puntilloso(sa).

overnight [*adv* ˌəʊvəˈnaɪt, *adj* ˈəʊvənaɪt] ◇ *adj* - **1.** [for all of night] de noche, nocturno(na). - **2.** [for a night's stay] para una noche; **~ bag** bolso *m* de viaje. - **3.** [very sudden] súbito(ta), de la noche a la mañana. ◇ *adv* - **1.** [for all of night] durante la noche. - **2.** [very suddenly] de la noche a la mañana.

overoptimistic [ˌəʊvərˌɒptɪˈmɪstɪk] *adj* demasiado optimista.

overpaid [ˌəʊvəˈpeɪd] ◇ *pt & pp →* **overpay.** ◇ *adj* pagado(da) en exceso.

overparticular *adj* quisquilloso(sa).

overpass ['əʊvəpɑːs] *n Am* paso *m* elevado.

overpay [ˌəʊvə'peɪ] (*pt & pp* **overpaid** ['-peɪd]) *vt* pagar en exceso.

overpayment [ˌəʊvə'peɪmənt] *n* pago *m* excesivo.

overplay [ˌəʊvə'pleɪ] *vt* exagerar.

overpopulated [ˌəʊvə'pɒpjʊleɪtɪd] *adj* superpoblado(da).

overpopulation ['əʊvəˌpɒpjʊ'leɪʃn] *n* superpoblación *f*.

overpower [ˌəʊvə'paʊə'] *vt* - **1.** [in fight] vencer, subyugar. - **2.** *fig* [overwhelm] sobreponerse a, vencer.

overpowering [ˌəʊvə'paʊərɪŋ] *adj* arrollador(ra), abrumador(ra).

overpraise [ˌəʊvə'preɪz] *vt* alabar demasiado.

overpriced [ˌəʊvə'praɪst] *adj* de precio excesivo.

overprint [*vb* ˌəʊvə'prɪnt, *n* 'əʊvəprɪnt] ◇ *vt* sobreimprimir. ◇ *n* [on paper] sobreimpresión *f*; [on stamp] sobrecarga *f*.

overproduce [ˌəʊvəprə'djuːs] *vt* producir en exceso, sobrepasarse en la producción de.

overproduction [ˌəʊvəprə'dʌkʃn] *n* exceso *m* de producción, superproducción *f*.

overprotect [ˌəʊvəprə'tekt] *vt* proteger excesivamente.

overprotective [ˌəʊvəprə'tektɪv] *adj* que protege excesivamente.

overpublicize, -ise [ˌəʊvə'pʌblɪsaɪz] *vt* dar demasiada publicidad a.

overqualified [ˌəʊvə'kwɒlɪfaɪd] *adj* excesivamente preparado (excesivamente preparada).

overran [ˌəʊvə'ræn] *pt* → **overrun**.

overrate [ˌəʊvə'reɪt] *vt* supervalorar, sobreestimar.

overrated [ˌəʊvə'reɪtɪd] *adj* sobreestimado(da).

overreach [ˌəʊvə'riːtʃ] *vt*: **to ~ o.s.** extralimitarse, ir demasiado lejos.

overreact [ˌəʊvərɪ'ækt] *vi*: **to ~ (to sthg)** reaccionar de manera exagerada (ante algo).

overreaction [ˌəʊvərɪ'rækʃn] *n* [gen] reacción *f* desproporcionada; [panic] pánico *m*.

overridable [ˌəʊvə'raɪdəbl] *adj* COMPUT anulable, invalidable.

override [ˌəʊvə'raɪd] (*pt* **overrode** ['-rəʊd], *pp* **overridden** ['-rɪdn]) *vt* - **1.** [be more important than] predominar sobre. - **2.** [overrule] desautorizar.

overriding [ˌəʊvə'raɪdɪŋ] *adj* predominante.

overripe [ˌəʊvə'raɪp] *adj* pasado(da), demasiado maduro (demasiado madura).

overrode [ˌəʊvə'rəʊd] *pt* → **override**.

overrule [ˌəʊvə'ruːl] *vt* [person] desautorizar; [decision] anular; [request] denegar.

overrun [ˌəʊvə'rʌn] (*pt* **overran** ['-ræn], *pp* **overrun**, *cont* **overrunning**) ◇ *vt* - **1.** MIL [enemy, army] apabullar, arrasar; [country] ocupar, invadir. - **2.** *fig* [cover]: **to be ~ with** estar invadido(da) de. - **3.** [time limit] rebasar, durar más de. ◇ *vi* rebasar el tiempo previsto.

oversaw [ˌəʊvə'sɔː] *pt* → **oversee**.

overscrupulous [ˌəʊvə'skruːpjʊləs] *adj* [morally] demasiado escrupuloso (demasiado escrupulosa); [in detail] puntilloso(sa).

overseas [*adv* ˌəʊvə'siːz, *adj* 'əʊvəsiːz] ◇ *adj* - **1.** [in or to foreign countries - market] exterior; [- sales, aid] al extranjero; [- network, branches] en el extranjero. - **2.** [from abroad] extranjero(ra). ◇ *adv* [go, travel] al extranjero; [study, live] en el extranjero.

oversee [ˌəʊvə'siː] (*pt* **oversaw** ['-sɔː], *pp* **overseen** ['-siːn]) *vt* supervisar.

overseer ['əʊvəˌsiːə'] *n* supervisor *m*, -ra *f*.

oversell [ˌəʊvə'sel] (*pt & pp* **oversold** ['-səʊld]) *vt* [sell too much] vender por encima de la capacidad de producción.

oversensitive [ˌəʊvə'sensɪtɪv] *adj* hipersensible.

oversexed [ˌəʊvə'sekst] *adj* sexualmente insaciable.

overshadow [ˌəʊvə'ʃædəʊ] *vt* - **1.** [be taller than] ensombrecer, eclipsar. - **2.** [be more important than]: **to be ~ed by**

ser eclipsado(da) por. - **3.** [mar]: **to be ~ed by sthg** ser ensombrecido(da) por algo.

overshoe ['əʊvəʃuː] *n* chanclo *m*, bota *f* de agua.

overshoot [ˌəʊvə'ʃuːt] (*pt & pp* **overshot** ['-ʃɒt]) *vt* [go past] pasarse.

overshot ['əʊvəʃɒt] *adj* saliente.

oversight ['əʊvəsaɪt] *n* descuido *m*.

oversimplification ['əʊvəˌsɪmplɪfɪ'keɪʃn] *n* simplificación *f* excesiva.

oversimplify [ˌəʊvə'sɪmplɪfaɪ] (*pt & pp* **oversimplified**) *vt & vi* simplificar demasiado.

oversize(d) [ˌəʊvə'saɪz(d)] *adj* - **1.** [too big] demasiado grande. - **2.** [clothes] de talla especial, de las tallas más grandes.

overskirt ['əʊvəskɜːt] *n* sobrefalda *f*.

oversleep [ˌəʊvə'sliːp] (*pt & pp* **overslept** ['-slept]) *vi* no despertarse a tiempo, quedarse dormido(da).

oversold [ˌəʊvə'səʊld] *pt* → **oversell**.

overspend [ˌəʊvə'spend] (*pt & pp* **overspent** ['-spent]) ◇ *vi* gastar más de la cuenta. ◇ *vt* gastar más de.

overspill ['əʊvəspɪl] *n* exceso *m* de población.

overstaffed [ˌəʊvə'stɑːft] *adj* con exceso de empleados.

overstate [ˌəʊvə'steɪt] *vt* exagerar.

overstatement [ˌəʊvə'steɪtmənt] *n* exageración *f*.

overstay [ˌəʊvə'steɪ] *vt*: **to ~ one's welcome** quedarse más tiempo de lo debido.

overstep [ˌəʊvə'step] (*pt & pp* **overstepped**, *cont* **overstepping**) *vt* pasar de.

overstock [ˌəʊvə'stɒk] *vt* abarrotar.

overstocked [ˌəʊvə'stɒkt] *adj* - **1.** [warehouse] con demasiadas existencias; [market] saturado(da). - **2.** [farm] abarrotado(da); [river] lleno(na) de peces.

overstrike [*n* 'əʊvəstraɪk, *vb* ˌəʊvə'straɪk] (*pt & pp* **overstruck** ['-strʌk]) COMPUT ◇ *n* superposición *f*. ◇ *vt* superponer.

overstuff [ˌəʊvə'stʌf] *vt* rellenar abundantemente.

oversubscribed [ˌəʊvəsəb'skraɪbd] *adj* ST EX: **the share issue was ~** la demanda de acciones superó la oferta; **the school trip is ~** hay demasiados alumnos inscritos para la excursión.

oversupply [ˌəʊvəsə'plaɪ] (*pt & pp* **oversupplied**) *vt* suministrar en exceso; **to be oversupplied with sthg** tener un exceso de algo.

overt ['əʊvɜːt] *adj* abierto(ta), evidente.

overtake [ˌəʊvə'teɪk] (*pt* **overtook** ['-tʊk], *pp* **overtaken** ['-teɪkn]) ◇ *vt* - **1.** AUT adelantar. - **2.** [subj: event] sorprender, coger de improviso. - **3.** [subj: emotion] abrumar, apabullar; **to be overtaken by grief** sucumbir al dolor; **to be overtaken by sleep** ser vencido(da) por el sueño. ◇ *vi* AUT adelantar.

overtaking [ˌəʊvə'teɪkɪŋ] *n* adelantamiento *m*; **'no ~'** 'prohibido adelantar'.

overtax [ˌəʊvə'tæks] *vt* - **1.** [people] imponer impuestos excesivos a; [goods] gravar en exceso. - **2.** [strain] agotar.

over-the-counter *adj* - **1.** [drug] que se despacha sin receta médica. - **2.** FIN [stock] que se vende fuera de la bolsa.

overthrow [*vb* ˌəʊvə'θrəʊ, *n* 'əʊvəθrəʊ] (*pt* **overthrew** ['-θruː], *pp* **overthrown** ['-θrəʊn]) ◇ *n* [of government] derrocamiento *m*, derrumbamiento *m*. ◇ *vt* - **1.** [oust] derrocar. - **2.** [idea, standard] echar abajo.

overtime ['əʊvətaɪm] ◇ *n (U)* - **1.** [extra work] horas *fpl* extra. - **2.** *Am* SPORT (tiempo *m* de) descuento *m*. ◇ *adv*: **to work ~** trabajar horas extra.

overtly [əʊ'vɜːtlɪ] *adv* abiertamente, públicamente.

overtone ['əʊvətəʊn] *n* MUS armónico *m*.
◆ **overtones** *npl* tono *m*, matiz *m*.

overtook [ˌəʊvə'tʊk] *pt* → **overtake**.

overture ['əʊvəˌtjʊə'] *n* MUS obertura *f*.
◆ **overtures** *npl*: **to make ~s to sb** hacer una propuesta a alguien.

overturn [əʊvə'tɜːn] ◇ *vt* - **1.** [turn over] volcar. - **2.** [overrule] rechazar. - **3.** [overthrow] derrocar, derrumbar. ◇ *vi* [vehicle] volcar; [boat] zozobrar.

overuse [*vb* ,əʊvə'juːz, *n* ,əʊvə'juːs] ◇ *vt* usar demasiado. ◇ *n* abuso *m*, uso *m* OR empleo *m* excesivo.

overvalue [,əʊvə'væljuː] *vt* sobreestimar, supervalorar.

overview ['əʊvəvjuː] *n* visión *f* general OR de conjunto.

overweening [,əʊvə'wiːnɪŋ] *adj* desmesurado(da).

overweight [,əʊvə'weɪt] *adj* grueso(sa), gordo(da).

overwhelm [,əʊvə'welm] *vt* - **1.** [make helpless] abrumar. - **2.** [defeat] aplastar, arrollar; **we were ~ed by letters** las cartas nos llegaban a montones; **to be ~ed with joy** rebosar de alegría.

overwhelming [,əʊvə'welmɪŋ] *adj* - **1.** [despair, kindness] abrumador(ra). - **2.** [defeat, majority] contundente, aplastante.

overwhelmingly [,əʊvə'welmɪŋlɪ] *adv* abrumadoramente.

overwind [,əʊvə'waɪnd] (*pt & pp* **overwound** [-'waʊnd]) *vt* [clock, watch] saltar la cuerda a OR de.

overwork [*vb* ,əʊvə'wɜːk, *n* 'əʊvəwɜːk] ◇ *n* trabajo *m* excesivo. ◇ *vt* - **1.** [give too much work to] hacer trabajar demasiado; **to be ~ed** haber trabajado demasiado. - **2.** [overuse] usar demasiado. ◇ *vi* trabajar demasiado.

overwound [,əʊvə'waʊnd] *pt & pp* → **overwind**.

overwrite [,əʊvə'raɪt] (*pt* **overwrote** [-'rəʊt], *pp* **overwritten** [-'rɪtn]) *vt* escribir encima de.

overwrought [,əʊvə'rɔːt] *adj fml* nerviosísimo(ma), sobreexcitado(da).

overzealous [,əʊvə'zeləs] *adj* demasiado entusiasta.

oviduct ['əʊvɪdʌkt] *n* oviducto *m*.

oviparous [əʊ'vɪpərəs] *adj* ovíparo(ra).

ovoid ['əʊvɔɪd] *adj* ovoide.

ovulate ['ɒvjʊleɪt] *vi* ovular.

ovulation [,ɒvjʊ'leɪʃn] *n* ovulación *f*.

ovule ['ɒvjuːl] *n* óvulo *m*.

ovum ['əʊvəm] (*pl* **ova** [-ə]) *n* óvulo *m*.

ow [aʊ] *excl* ¡ay!

owe [əʊ] *vt*: **to ~ sthg to sb, to ~ sb sthg** deber algo a alguien; **you ~ me an explanation** me debes una explicación; **to ~ it to o.s.** tenérselo merecido; **you ~ it to yourself to try again** merece la pena que lo vuelvas a intentar ❏ **I ~ you one!** ¡te debo una!

owing ['əʊɪŋ] *adj* que se debe.
◆ **owing to** *prep* debido a, por causa de.

owl [aʊl] *n* búho *m*, lechuza *f*, tecolote *m Amér*.

owlet ['aʊlɪt] *n* mochuelo *m*.

owlish ['aʊlɪʃ] *adj* semejante a una lechuza.

own [əʊn] ◇ *adj*: **my/your/his** *etc* ~ **car** mi/tu/su *etc* propio coche; **it's your ~ fault** es culpa tuya, la culpa es toda tuya. ◇ *pron*: **my** ~ el mío (la mía); **his/her** ~ el suyo (la suya); **a house of my/his** ~ mi/su propia casa; **my time is not my** ~ no soy dueño de mi tiempo; **I haven't a single thing I can call my** ~ no tengo ni una sola cosa que pueda decir que sea mía; **on one's** ~ solo(la); **she left the company and set up on her** ~ dejó la empresa y se estableció por su cuenta; **you're on your** ~ **now!** ¡ahora tendrás que apañártelas solo! ❏ **to come into one's** ~ demostrar lo que uno vale; **to get one's** ~ **back** *inf* tomarse la revancha, desquitarse; **to hold one's** ~ [against attack] mantenerse firme, saberse defender; [in competition, comparison] mantenerse al nivel OR a la altura. ◇ *vt* - **1.** [possess] poseer, tener; **they walked in as if they ~ed the place** *fig* entraron como Pedro por su casa. - **2.** *literary* [admit] reconocer, confesar.

◆ **own up** *vi*: **to ~ up (to sthg)** confesar (algo).

own brand *n* COMM marca *f* propia (del comerciante).

owner ['əʊnəʳ] *n* propietario *m*, -ria *f*.

owner-occupied *adj* ocupado(da) por el propietario.

owner-occupier *n esp Br* persona que ha comprado la vivienda en la que habita.

ownership ['əʊnəʃɪp] *n* propiedad *f*.

own goal *n esp Br* - **1.** FTBL gol *m* en propia meta OR puerta, autogol *m*. - **2.** *Br fig* [foolish mistake] metedura *f* de pata.

ownsome ['əʊnsəm], **owny-o** ['əʊnɪəʊ] *n Br inf*: **(all) on one's** ~ más solo que la una.

ox [ɒks] (*pl* **oxen** ['ɒksn]) *n* buey *m*; **as strong as an** ~ *fig* fuerte como un toro OR un roble.

oxblood ['ɒksblʌd] ◇ *n* [colour] rojo *m* magenta, rojo *m* oscuro. ◇ *adj* rojo magenta, rojo oscuro.

oxbow ['ɒksbəʊ] *n* - **1.** [for ox] collera *f* de yugo. - **2.** [of river] recodo *m* de un río, meandro *m*.

Oxbridge ['ɒksbrɪdʒ] *n (U)* las universidades de Oxford y Cambridge.

oxcart ['ɒkskaːt] *n* carro *m* de bueyes.

oxen ['ɒksn] *pl* → **ox**.

oxeye ['ɒksaɪ] *n* ojo *m* de buey.

Oxfam ['ɒksfæm] *n* sociedad benéfica de ayuda a países subdesarrollados.

oxford ['ɒksfəd] *n* - **1.** [shoe] zapato bajo con cordones. - **2.** [cloth] tela de algodón.

Oxford bags *npl* [trousers] pantalón ancho muy de moda en los años 20.

Oxford Street *n* una de las principales calles londinenses, famosa por sus comercios.

oxidant ['ɒksɪdənt] *n* oxidante *m*.

oxidation [,ɒksɪ'deɪʃn] *n* oxidación *f*.

oxide ['ɒksaɪd] *n* óxido *m*.

oxidize, -ise ['ɒksɪdaɪz] *vi* oxidarse.

Oxon (*abbr of* **Oxfordshire**) condado inglés.

Oxon. (*abbr of* **Oxoniensis**) de o relativo a Oxford, especialmente a su universidad.

Oxonian [ɒk'səʊnjən] ◇ *adj* de Oxford. ◇ *n* [student] estudiante *mf* de Oxford; [townsperson] *natural* OR *habitante de Oxford*.

oxtail soup ['ɒksteɪl-] *n* sopa *f* de rabo de buey.

ox tongue *n* lengua *f* de buey.

oxyacetylene [,ɒksɪə'setiliːn] ◇ *n* oxiacetileno *m*. ◇ *comp* oxiacetilénico(ca); ~ **torch** soplete *m* (oxiacetilénico).

oxygen ['ɒksɪdʒən] *n* oxígeno *m*.

oxygenate ['ɒksɪdʒəneɪt] *vt* oxigenar.

oxygenation [,ɒksɪdʒə'neɪʃn] *n* oxigenación *f*.

oxygen mask *n* máscara *f* de oxígeno.

oxygen tent *n* tienda *f* de oxígeno.

oxymoron [,ɒksɪ'mɔːrɒn] *n* oxímoron *m*.

oyez [əʊ'jes] *excl arch* ¡oíd!, ¡atención!

oyster ['ɔɪstəʳ] *n* ostra *f*.

oyster bed *n* vivero *m* OR criadero *m* de ostras.

oystercatcher ['ɔɪstəkætʃəʳ] *n* ostrero *m*, -ra *f*.

oysterman ['ɔɪstəmən] (*pl* **oystermen** [-mən]) *n Am* - **1.** [person] ostricultor *m*, ostrero *m*. - **2.** [ship] barco *m* ostrero.

oz. *written abbr of* **ounce**.

ozone ['əʊzəʊn] *n* ozono *m*.

ozone-friendly *adj* que no daña a la capa de ozono.

ozone layer *n* capa *f* de ozono.

ozonosphere [əʊ'zəʊnəsfɪəʳ] *n* ozonosfera *f*.

P

p¹ (*pl* **p's** OR **ps**), **P** (*pl* **P's** OR **Ps**) [piː] *n* [letter] p *f*, P *f*; **to mind one's p's and q's** *Br fig* tener cuidado con lo que uno hace.

◆ **P - 1.** *written abbr of* **president**. **- 2.** (*written abbr of* **prince**) P.

p² - **1.** (*written abbr of* **page**) p. - **2.** *abbr of* **penny, pence**.

pa [pɑː] *n esp Am inf* papá *m*.

p.a. (*written abbr of* **per annum**) p.a.

PA ◇ *n* - **1.** *Br abbr of* **personal assistant**. - **2.** *written abbr of* **public-address system**. - **3.** *written abbr of* **Press Association**. ◇ *written abbr of* **Pennsylvania**.

PABX (*abbr of* **private automatic branch exchange**) *n* centralita automática.

PAC (*abbr of* **political action committee**) *n* comité estadounidense de acción política.

pace [peɪs] ◇ *n* - **1.** [speed] paso *m*, ritmo *m*; **at one's own ~** al ritmo de uno ❑ **to keep ~ (with sthg)** [change, events] mantenerse al corriente (de algo); **to keep ~ (with sb)** llevar el mismo paso (que alguien); **to make** OR **set the ~** SPORT marcar el paso OR el ritmo; *fig* [set example] marcar la pauta. - **2.** [step] paso *m*; **to put sb through his/her ~s** *Br fig* poner a alguien a prueba. ◇ *vt* - **1.** [stride across] pasearse por. - **2.** [set the speed for] marcar el paso OR el ritmo de; **to ~ o.s.** coger el ritmo. - **3.** [measure with paces]: **to ~ (off** OR **out)** medir en pasos, medir los pasos de. ◇ *vi*: **to ~ (up and down)** pasearse de un lado a otro.

pacemaker ['peɪs,meɪkəʳ] *n* - **1.** MED marcapasos *m inv*. - **2.** [in race] liebre *f*.

pacer ['peɪsəʳ] *n* [in race] liebre *f*.

pacesetter ['peɪs,setəʳ] *n Am* liebre *f*.

pachyderm ['pækɪdɜːm] *n* paquidermo *m*.

pacific [pəˈsɪfɪk] *adj fml* pacífico(ca).

◆ **Pacific** [pəˈsɪfɪk] ◇ *adj* del Pacífico. ◇ *n*: **the Pacific (Ocean)** el (océano) Pacífico.

pacification [,pæsɪfɪˈkeɪʃn] *n fml* - **1.** [calming] apaciguamiento *m*. - **2.** [bringing of peace] pacificación *f*.

Pacific Daylight Time *n* hora de verano de la costa oeste de EE UU.

Pacific Islands *npl*: **the ~** las islas del Pacífico.

Pacific Rim *n*: **the ~** término utilizado para designar los países de las costas del Pacífico y en particular los más industrializados de Asia.

Pacific (Standard) Time *n* hora oficial de la costa oeste de EE UU.

pacifier ['pæsɪfaɪəʳ] *n Am* [for child] chupete *m*.

pacifism ['pæsɪfɪzm] *n* pacifismo *m*.

pacifist ['pæsɪfɪst] *n* pacifista *mf*.

pacify ['pæsɪfaɪ] (*pt & pp* **pacified**) *vt* - **1.** [person, mob] calmar, apaciguar. - **2.** [country, area] pacificar.

pack [pæk] ◇ *n* - **1.** [bundle] lío *m*, fardo *m*; [rucksack] mochila *f*. - **2.** *esp Am* [packet] paquete *m*. - **3.** [of cards] baraja *f*. - **4.** [of dogs] jauría *f*; [of wolves] manada *f*; *pej* [of people] banda *f*. - **5.** RUGBY delanteros *mpl*. - **6.** MED compresa *f*. - **7.** [face pack] mascarilla *f* facial. - **8.** *phr*: **a ~ of lies** una sarta de mentiras. ◇ *vt* - **1.** [for journey - bags, suitcase] hacer; [- clothes etc] meter (en la maleta). - **2.** [put in parcel] empaquetar; [put in container] envasar. - **3.** [fill] llenar, abarrotar; **to be ~ed into** estar apretujados(das) dentro de. - **4.** [jury, voting panel] llenar de partidarios. - **5.** [compact] apretar, prensar. ◇ *vi* hacer las maletas, hacer el equipaje.

◆ **pack in** *inf* ◇ *vt sep Br* [stop] dejar; **~ it in!** *inf* ¡déjalo!, ¡ya basta! ◇ *vi* parar.

◆ **pack off** *vt sep inf* enviar, mandar.

◆ **pack up** ◇ *vt sep* - **1.** [for journey] meter en la maleta. - **2.** *Br inf* [stop] dejar. ◇ *vi* - **1.** [for journey] hacer las maletas. - **2.** *inf* [finish work] terminar de currar. - **3.** *Br inf* [break down] escacharrarse. - **4.** *inf* [stop] parar.

package ['pækɪdʒ] ◇ *n* [gen & COMPUT] paquete *m*. ◇ *vt* [wrap up] envasar.

package deal *n* convenio *m* OR acuerdo *m* global.

package holiday *n* paquete *m* turístico, vacaciones *fpl* con todo incluido.

packager ['pækɪdʒəʳ] *n* - **1.** [person packaging] empaquetador *m*, -ra *f*. - **2.** COMM productora *f* independiente.

package store *n Am* tienda *f* de vinos y licores.

package tour *n* paquete *m* turístico, vacaciones *fpl* con todo incluido.

packaging ['pækɪdʒɪŋ] *n* [wrapping] envasado *m*.

pack animal *n* animal *m* de carga.

packed [pækt] *adj*: **~ (with)** repleto(ta) (de).

packed lunch *n Br* almuerzo preparado de antemano que se lleva uno al colegio, la oficina etc.

packed-out *adj Br inf* a tope, de bote en bote.

packer ['pækəʳ] *n* embalador *m*, -ra *f*, empaquetador *m*, -ra *f*.

packet ['pækɪt] *n* - **1.** [gen] paquete *m*; [of crisps, sweets] bolsa *f*. - **2.** *Br inf* [lot of money] dineral *m*; **to make a ~** ganar un dineral.

packhorse ['pækhɔːs] *n* caballo *m* de carga.

pack ice *n* (*U*) banco *m* de hielo.

packing ['pækɪŋ] *n* - **1.** [protective material] embalaje *m*. - **2.** [for journey]: **to do the ~** hacer el equipaje.

packing case *n* cajón *m* de embalaje.

pack rat *n* animal roedor de América del Norte.

packsaddle ['pæk,sædl] *n* albarda *f*.

pack train *n* reata *f* de animales de carga.

pact [pækt] *n* pacto *m*.

pad [pæd] (*pt & pp* **padded**, *cont* **padding**) ◇ *n* - **1.** [of material] almohadillado *m*. - **2.** [shin pad] espinillera *f*. - **3.** [shoulder pad] hombrera *f*. - **4.** [of paper] bloc *m*, cuaderno *m*. - **5.** SPACE [launch pad] plataforma *f* (de lanzamiento). - **6.** [of cat, dog] almohadilla *f*. - **7.** *inf dated* [home] nido *m*, casa *f*. - **8.** [for absorbing liquid, polishing etc] tampón *m*. ◇ *vt* acolchar, rellenar. ◇ *vi* [walk softly] andar con suavidad.

◆ **pad out** *vt sep* [fill out] meter paja en.

padded ['pædɪd] *adj* [shoulders] con hombreras; [chair] acolchado(da); [bra] con relleno.

padded cell *n* celda *f* acolchada.

padding ['pædɪŋ] *n* (*U*) - **1.** [in jacket, chair] relleno *m*. - **2.** [in speech] paja *f*.

paddle ['pædl] ◇ *n* - **1.** [for canoe, dinghy] pala *f*, canalete *m*. - **2.** [walk in sea] paseo *m* por la orilla. - **3.** [of turtle, seal] aleta *f*. - **4.** [of water wheel] paleta *f*, álabe *m*. - **5.** [for mixing, beating clothes etc] paleta *f*. ◇ *vt* - **1**. [boat] remar; **to ~ a canoe** remar. - **2**. *Am inf* [spank] zurrar, dar unos azotes a. ◇ *vi* - **1**. [in canoe] remar. - **2**. [duck] chapotear. - **3**. [walk in sea] pasear por la orilla.

paddle boat, paddle steamer *n* vapor *m* de paletas OR ruedas.

paddle wheel *n* rueda *f* de paletas.

paddling pool ['pædlɪŋ-] *n Br* - **1**. [in park] piscina *f* infantil. - **2**. [inflatable] piscina *f* inflable.

paddock ['pædək] *n* - **1**. [small field] potrero *m*, corral *m*. - **2**. [at racecourse] explanada *f* de ensillado, paddock *m*.

paddy ['pædɪ] (*pl* **paddies**) *n*: ~ **(field)** arrozal *m*.

paddy wagon ['pædɪ-] *n Am* [Black Maria] coche *m* celular, furgón *m* policial.

padlock ['pædlɒk] ◇ *n* candado *m*. ◇ *vt* cerrar con candado.

padre ['pɑːdrɪ] *n* padre *m*, capellán *m* militar.

paean ['piːən] *n literary* peán *m*.

paederast ['pedəræst] *n* = **pederast**.

paediatric [,piːdɪˈætrɪk] *adj* = **pediatric**.

paediatrician [,piːdɪəˈtrɪʃn] *n* = **pediatrician**.

paediatrics [,piːdɪˈætrɪks] *n* = **pediatrics**.

paedophile ['piːdəʊ,faɪl] *n* = **pedophile**.

paella [paɪˈelə] *n* paella *f*.

paeony ['piːənɪ] *n* = **peony**.

pagan ['peɪgən] ◇ *adj* pagano(na). ◇ *n* pagano *m*, -na *f*.

paganism ['peɪgənɪzm] *n* paganismo *m*.

page [peɪdʒ] ◇ *n* - **1**. [of book, newspaper] página *f*. - **2**. [at court, at wedding] paje *m*; [in hotel] botones *m inv*. ◇ *vt* - **1**. [in hotel, airport] llamar por megafonía. - **2**. [paginate] paginar.

pageant ['pædʒənt] *n* procesión *f*, desfile *m*.

pageantry ['pædʒəntrɪ] *n* boato *m*, pompa *f*.

page boy *n* - **1**. *Br* [at wedding] paje *m*. - **2**. [hairstyle] peinado *m* estilo paje.

pager ['peɪdʒəʳ] *n* busca *m*, buscapersonas *m inv*.

paginate ['pædʒɪneɪt] *vt* paginar.

pagination [,pædʒɪˈneɪʃn] *n* paginación *f*.

pagoda [pəˈgəʊdə] *n* pagoda *f*.

paid [peɪd] ◇ *pt & pp* → **pay**. ◇ *adj* - **1**. [holiday, leave] pagado(da); [work, staff] remunerado(da); **badly/well ~** mal/bien pagado. - **2**. *phr*: **to put ~ to sthg** poner fin a algo, acabar con algo.

paid-up *adj Br* que ha pagado cuota.

pail [peɪl] *n* cubo *m*.

pain [peɪn] ◇ *n* - **1**. [ache] dolor *m*; **to be in ~** dolerse, sufrir dolor. - **2**. [mental suffering] pena *f*, sufrimiento *m*. - **3**. *inf* [annoyance - person] pesado *m*, -da *f*; [- thing] pesadez *f*; **a ~ in the neck** *fig* [person] un pesado (una pesada); [thing] una lata, un latazo. - **4**. JUR: **on ~ of** so pena de, bajo pena de. ◇ *vt fml*: **to ~ sb (to do sthg)** dolerle a alguien (hacer algo).

◆ **pains** *npl* [effort, care] esfuerzos *mpl*; **to be at ~s to do sthg** afanarse por hacer algo; **to take ~s to do sthg** esforzarse en hacer algo; **he got absolutely nothing for his ~s** tantas molestias y no obtuvo nada de nada.

pained [peɪnd] *adj* apenado(da).

painful ['peɪnfʊl] *adj* [back, eyes] dolorido(da); [injury, exercise, memory] doloroso(sa); **my shoes are ~** los zapatos me hacen daño.

painfully ['peɪnfʊlɪ] *adv* - **1**. [causing pain] dolorosamente. - **2**. [extremely] terriblemente.

painkiller ['peɪn,kɪləʳ] *n* analgésico *m*, calmante *m*.

painkilling ['peɪn,kɪlɪŋ] *adj* analgésico(ca), calmante; **to give sb a ~ injection** inyectarle un calmante OR analgésico a alguien.

painless ['peɪnlɪs] *adj* - **1**. [physically] indoloro(ra). - **2**. [emotionally] sencillo(lla), sin complicaciones.

painlessly ['peɪnlɪslɪ] *adv* - **1**. [without physical pain] sin dolor. - **2**. [without emotional pain] sin complicaciones.

pain relief *n* analgesia *f*, alivio *m* del dolor.

painstaking ['peɪnz,teɪkɪŋ] *adj* meticuloso(sa), minucioso(sa).

painstakingly ['peɪnz,teɪkɪŋlɪ] *adv* meticulosamente, minuciosamente.

paint [peɪnt] ◇ *n* pintura *f*. ◇ *vt* pintar; **to ~ the ceiling white** pintar el techo de blanco; **to ~ one's lips** pintarse los labios. ◇ *vi* pintar.

paintbox ['peɪntbɒks] *n* ART caja *f* de acuarelas.

paintbrush ['peɪntbrʌʃ] *n* - **1**. ART pincel *m*. - **2**. [of decorator] brocha *f*.

painted ['peɪntɪd] *adj* pintado(da).

painter ['peɪntəʳ] *n* pintor *m*, -ra *f*; **~ and decorator** pintor *m*, -ra *f* (de paredes).

painting ['peɪntɪŋ] *n* - **1**. [picture] cuadro *m*, pintura *f*. - **2**. *(U)* [art form, trade] pintura *f*.

paint pot *n Br* bote *m* de pintura.

paint stripper *n* quitapinturas *m inv*.

paintwork ['peɪntwɜːk] *n (U)* pintura *f*.

pair [peəʳ] *n* - **1**. [of shoes, socks, wings] par *m*; [of aces] pareja *f*. - **2**. [two-part object]: **a ~ of scissors** unas tijeras; **a ~ of trousers** unos pantalones; **a ~ of compasses** un compás. - **3**. [of people] pareja *f*; **in ~s** de dos en dos.

◆ **pair off** ◇ *vt sep* emparejar. ◇ *vi* emparejarse.

paisley (pattern) ['peɪzlɪ-] ◇ *n (U)* cachemira *f (dibujo de una tela)*. ◇ *comp* de cachemira.

pajamas *n esp Am* = **pyjamas**.

Paki ['pækɪ] *n Br v inf* término racista que designa a un paquistaní.

Pakistan [*Br* ,pɑːkɪˈstɑːn, *Am* ˈpækɪstæn] *n* (el) Paquistán.

Pakistani [*Br* ,pɑːkɪˈstɑːnɪ, *Am* ,pækɪˈstænɪ] ◇ *adj* paquistaní. ◇ *n* paquistaní *mf*.

pal [pæl] (*pt & pp* **palled**, *cont* **palling**) *n inf* - **1**. [friend] amiguete *m*, -ta *f*, colega *mf*. - **2**. [as term of address] tío *m*, -a *f*.

◆ **pal up** *vi Br inf*: **to ~ up with** hacerse amiguete de.

PAL [pæl] (*abbr of* **phase alternation line**) *n* PAL *m*.

palace ['pælɪs] *n* palacio *m*.

Palace of Westminster *n*: **the ~** el Palacio de Westminster *(sede del Parlamento británico)*.

paladin ['pælədɪn] *n* paladín *m*.

palaeontology *Br*, **paleontology** *Am* [,pælɒnˈtɒlədʒɪ] *n* paleontología *f*.

palanquin [,pælənˈkiːn] *n* palanquín *m*.

palatable ['pælətəbl] *adj* - **1**. [pleasant to taste] sabroso(sa). - **2**. [acceptable] aceptable, admisible.

palatal ['pælətl] ◇ *adj* - **1**. ANAT del paladar. - **2**. LING palatal. ◇ *n* (sonido *m*) palatal *f*.

palate ['pælət] *n* paladar *m*.

palatial [pəˈleɪʃl] *adj* señorial, fastuoso(sa).

palatinate [pəˈlætɪnət] *n* palatinado *m*.

palatine ['pælətaɪn] *adj* palatino(na).

palaver [pəˈlɑːvəʳ] *n inf* - **1**. [talk] palabrería *f*. - **2**. [fuss] follón *m*, lío *m*.

pale [peɪl] ◇ *adj* - **1**. [colour, clothes, paint] claro(ra); [light] tenue. - **2**. [person] pálido(da). ◇ *vi* palidecer. ◇ *n* [wooden post] estaca *f*; [fence] cerca *f*, empalizada *f*; **to be beyond the ~** *fig* pasar de castaño oscuro.

pale ale *n Br* tipo de cerveza rubia.

paleface ['peɪlfeɪs] *n pej & hum* rostro *mf* pálido.

palefaced ['peɪlfeɪst] *adj* pálido(da).

paleness ['peɪlnɪs] *n* [lack of brightness] palidez *f*.

paleography [,pælɪˈɒgrəfɪ] *n* paleografía *f*.

Paleolithic [,pælɪəʊˈlɪθɪk] ◇ *adj* paleolítico(ca). ◇ *n* paleolítico *m*.

paleontology *n Am* = **palaeontology**.

Palestine ['pæləstaɪn] *n* Palestina.

Palestine Liberation Organization *n* Organización *f* para la Liberación de Palestina.

Palestinian [,pælə'stɪnɪən] ◇ *adj* palestino(na). ◇ *n* [person] palestino *m*, -na *f*.

palette ['pælət] *n* - **1.** [board] paleta *f*. - **2.** [range of colours] gama *f* de colores.

palette knife *n* espátula *f*.

palfrey ['pɔːlfrɪ] *n arch* palafrén *m*.

palimony ['pælɪmənɪ] *n pensión alimenticia pagada al examante.*

palimpsest ['pælɪmpsest] *n* palimpsesto *m*.

palindrome ['pælɪndrəʊm] *n* palíndromo *m*.

paling ['peɪlɪŋ] *n* [stake] estaca *f*; [fence] cerca *f*, empalizada *f*.

◆ **palings** *npl* cerca *f*, empalizada *f*.

palisade [,pælɪ'seɪd] *n* [fence] estacada *f*, cerca *f*.

◆ **palisades** *npl Am* [cliffs] acantilado *m*, risco *m*.

pall [pɔːl] ◇ *n* - **1.** [of smoke] nube *f*, cortina *f*. - **2.** *Am* [coffin] féretro *m*. - **3.** [cloth] paño *m* mortuorio. - **4.** *phr* : **to cast a ~ over sthg** producir un efecto deprimente en algo. ◇ *vi* cansar, hacerse pesado(da).

pallbearer ['pɔːl,beərə'] *n* portador *m*, -ra *f* del féretro.

pallet ['pælɪt] *n* plataforma *f* de carga.

palliate ['pælɪeɪt] *vt fml* - **1.** [pain, disease] paliar. - **2.** [problem, offence] atenuar.

palliative ['pælɪətɪv] *n fml* paliativo *m*.

pallid ['pælɪd] *adj literary* pálido(da).

pallor ['pælə'] *n literary* palidez *f*.

pally ['pælɪ] (*compar* **pallier**, *superl* **palliest**) *adj inf* : **to be ~ with sb** ser amiguete de alguien.

palm [pɑːm] *n* - **1.** [tree] palmera *f*. - **2.** [of hand] palma *f*; **he had them in the ~ of his hand** *fig* los tenía en el bolsillo OR en el bote; **to grease sb's ~** *fig* untar (la mano) a alguien; **to read sb's ~** *fig* leerle la mano a alguien.

◆ **palm off** *vt sep inf* : **to ~ sthg off on sb** endosar OR encasquetar algo a alguien; **to ~ sb off with** despachar a alguien con; **to ~ sthg off as** hacer pasar algo por.

palmate ['pælmeɪt] *adj* palmeado(da).

palmist ['pɑːmɪst] *n* quiromántico *m*, -ca *f*.

palmistry ['pɑːmɪstrɪ] *n* quiromancia *f*.

palm oil *n* aceite *m* de palma.

Palm Sunday *n* Domingo *m* de Ramos.

palm tree *n* palmera *f*.

palmy ['pɑːmɪ] (*compar* **palmier**, *superl* **palmiest**) *adj* - **1.** [prosperous] próspero(ra). - **2.** [beach, coast] lleno(na) de palmeras.

palomino [,pælə'miːnəʊ] (*pl* **palominos**) *n* palomino *m*.

palp [pælp] *n* palpo *m*.

palpable ['pælpəbl] *adj* palpable.

palpably ['pælpəblɪ] *adv* evidentemente.

palpate ['pælpeɪt] *vt* palpar.

palpitate ['pælpɪteɪt] *vi* - **1.** [beat quickly] palpitar. - **2.** *fml* [tremble]: **to ~ (with)** estremecerse (de).

palpitations [,pælpɪ'teɪʃnz] *npl* palpitaciones *fpl*.

palsied ['pɔːlzɪd] *adj* - **1.** [paralyzed] paralítico(ca). - **2.** [shaking, trembling] tembloroso(sa).

palsy ['pɔːlzɪ] *n* perlesía *f*.

palsy-walsy [,pælzɪ'wælzɪ] *adj inf* íntimo(ma).

paltry ['pɔːltrɪ] (*compar* **paltrier**, *superl* **paltriest**) *adj* mísero(ra).

pampas ['pæmpəz] *n* : **the ~** la Pampa.

pampas grass ['pæmpəs-] *n* cortadera *f*.

pamper ['pæmpə'] *vt* mimar.

pamphlet ['pæmflɪt] ◇ *n* [political] panfleto *m*; [publicity, information] folleto *m*. ◇ *vi* repartir panfletos.

pamphleteer [,pæmflə'tɪə'] *n* POL panfletista *mf*.

Pamplona [pæm'pləʊnə] *n* Pamplona *f*.

pan [pæn] (*pt & pp* **panned**, *cont* **panning**) ◇ *n* - **1.** [saucepan] cazuela *f*, cacerola *f*; [frying pan] sartén *f*. - **2.** *Am* [for bread, cakes etc] molde *m*. - **3.** *Br* [toilet bowl] taza *f* (del wá-

ter). ◇ *vt inf* [criticize] poner por los suelos. ◇ *vi* - **1.** [for gold] cribar. - **2.** CINEMA tomar vistas panorámicas.

◆ **pan out** *vi Br inf* salir bien, resultar.

panacea [,pænə'sɪə] *n* : **a ~ (for)** la panacea (de).

panache [pə'næʃ] *n* garbo *m*, donaire *m*.

Pan-African ◇ *adj* panafricano(na). ◇ *n* partidario *m*, -ria *f* del panafricanismo.

Panama ['pænəmɑː] *n* Panamá.

Panama Canal *n* : **the ~** el canal de Panamá.

Panama City *n* Ciudad de Panamá.

panama (hat) *n* panamá *m*.

Panamanian [,pænə'meɪnjən] ◇ *adj* panameño(ña). ◇ *n* panameño *m*, -ña *f*.

Pan-American *adj* panamericano(na).

Pan-American Highway *n* : **the ~** la panamericana.

Pan-Arab *adj* panárabe.

panatella [,pænə'telə] *n* purito *m*, panatela *m*.

pancake ['pænkeɪk] ◇ *n* torta *f*, crepe *f*; **(as) flat as a ~** *fig* liso(sa) como la palma de la mano. ◇ *comp* : **~ make-up** maquillaje *m* en tarro.

Pancake Day *n Br* ≈ Martes *m inv* de Carnaval.

pancake roll *n* rollito *m* de primavera.

Pancake Tuesday *n* = **Pancake Day**.

panchromatic [pænkrəʊ'mætɪk] *adj* pancromático(ca).

pancreas ['pæŋkrɪəs] *n* páncreas *m inv*.

panda ['pændə] (*pl inv* OR **pandas**) *n* panda *m*.

Panda car *n Br* coche *m* patrulla.

pandemic [pæn'demɪk] ◇ *adj* - **1.** MED pandémico(ca). - **2.** [general] general. ◇ *n* MED pandemia *f*.

pandemonium [,pændɪ'məʊnjəm] *n* pandemónium *m*, jaleo *m*.

pander ['pændə'] *vi* : **to ~ to** complacer a.

pandit ['pændɪt] *n* [wise man] lumbrera *f*, experto *m*, -ta *f*; [term of address] *título concedido a algunos hombres sabios en la India.*

Pandora [pæn'dɔːrə] *n* : **~'s box** la caja de Pandora.

pane [peɪn] *n* (hoja *f* de) cristal *m*.

panegyric [,pænɪ'dʒɪrɪk] *n* panegírico *m*.

panel ['pænl] *n* - **1.** [group of people] equipo *m*; [in debates] mesa *f*. - **2.** [flat piece of material] panel *m*. - **3.** [for controls, dials etc] tablero *m*, panel *m*.

panel discussion *n* debate *m* (entre expertos).

panel game *n Br* programa *m* concurso de equipos.

panelling *Br*, **paneling** *Am* ['pænəlɪŋ] *n (U)* [on a ceiling] artesonado *m*; [on a wall] paneles *mpl*.

panellist *Br*, **panelist** *Am* ['pænəlɪst] *n* integrante *mf* (de un equipo).

panel pin *n Br* puntilla *f*, espiga *f* (*clavo*).

panel truck *n* furgoneta *f* OR camioneta *f* de reparto.

pan-fries *npl Am* patatas *fpl* fritas.

pan-fry *vt Am* freír; **pan-fried eggs** huevos *mpl* fritos.

pang [pæŋ] *n* punzada *f*.

panhandle ['pæn,hændl] *vi Am inf* mendigar, pedir.

panhandler ['pæn,hændlə'] *n Am inf* mendigo *m*, -ga *f*, pordiosero *m*, -ra *f*.

Panhellenic [pænhe'lenɪk] *adj* panhelénico(ca).

panic ['pænɪk] (*pt & pp* **panicked**, *cont* **panicking**) ◇ *n* pánico *m*; **to be in a ~** estar aterrorizado(da). ◇ *vi* aterrarse, aterrorizarse; **don't ~!** ¡que no cunda el pánico!

panic button *n* : **to hit the ~** *inf* ser presa del pánico.

panic buying *n (U)* compras *fpl* de última hora.

panicky ['pænɪkɪ] *adj* [person] aterrado(da), nervioso(sa); [feeling] aterrador(ra), de pánico; **to get ~** entrarle pánico a uno.

panicmonger ['pænɪk,mʌŋgə'] *n* propagador *m*, -ra *f* del pánico, persona *f* que siembra el pánico.

panic stations *n inf* : **it was ~** fue una verdadera locura.

panic-stricken *adj* preso(sa) OR víctima del pánico.

pannier ['pænɪə'] *n* [on horse] alforja *f*; [on bicycle, sb's back] cesta *f*.

panoply ['pænəplɪ] *n fml* pompa *f*.

panorama [,pænə'rɑːmə] *n* panorama *m*, vista *f*.

panoramic [,pænə'ræmɪk] *adj* panorámico(ca).

panpipes ['pænpaɪps] *npl* flauta *f* de Pan, siringa *f*.

pansy ['pænzɪ] (*pl* **pansies**) *n* - **1.** [flower] pensamiento *m*. - **2.** *inf pej* [man] marica *m*.

pant [pænt] ◇ *vi* jadear. ◇ *n* jadeo *m*.
◆ **pant for** *vt fus* suspirar por, anhelar.

pantaloons [,pæntə'luːnz] *npl* pantalones *mpl* bombachos.

pantdress ['pæntdres] *n Am* vestido con falda pantalón.

pantechnicon [pæn'teknɪkən] *n Br* - **1.** [van] camión *m* de mudanzas. - **2.** [warehouse] guardamuebles *m inv*.

pantheism ['pænθiːɪzm] *n* panteísmo *m*.

pantheist ['pænθiːɪst] *n* panteísta *mf*.

pantheon ['pænθɪən] *n* panteón *m*.

panther ['pænθə'] (*pl inv* OR **panthers**) *n* pantera *f*.

panties ['pæntɪz] *npl inf* bragas *fpl*.

pantihose ['pæntɪhəʊz] *npl* = **panty hose**.

panting ['pæntɪŋ] ◇ *adj* jadeante. ◇ *n* jadeo *m*.

panto ['pæntəʊ] (*pl* **pantos**) *n Br inf* = **pantomime**.

pantograph ['pæntəgrɑːf] *n* pantógrafo *m*.

pantomime ['pæntəmaɪm] *n Br obra musical humorística para niños celebrada en Navidad.*

pantomime dame *n Br personaje femenino grotesco de las pantomimas británicas interpretado por un actor masculino.*

pantry ['pæntrɪ] (*pl* **pantries**) *n* despensa *f*.

pants [pænts] *npl* - **1.** *Br* [underpants] calzoncillos *mpl*. - **2.** *Am* [trousers] pantalones *mpl*; **to be caught with one's** ~ **down** *inf fig* ser sorprendido(da) en una posición embarazosa; **he bores the** ~ **off me** *fig* me aburre muchísimo.

pantsuit ['pæntsuːt] *n Am* traje *m* pantalón.

panty girdle *n* faja *f* pantalón.

panty hose ['pæntɪhəʊz] *npl Am* medias *fpl*.

pantywaist ['pæntɪweɪst] *n Am inf* mariquita *m*.

pap [pæp] *n* - **1.** [mush] papilla *f*. - **2.** *(U) fig* [drivel] tonterías *fpl*.

papa [pə'pɑː] *n* papá *m*.

papacy ['peɪpəsɪ] (*pl* **papacies**) *n* papado *m*, pontificado *m*.

papadum ['pæpədəm] *n* = **popadum**.

papal ['peɪpl] *adj* papal, pontificio(cia).

paparazzi [,pæpə'rætsɪ] *npl usu pej* paparazzi *mpl*, *periodistas que asedian a los famosos.*

papaw [pə'pɔː] *n* - **1.** = **papaya**. - **2.** [custard apple] chirimoya *f*.

papaya [pə'paɪə] *n* papaya *f*.

paper ['peɪpə'] ◇ *n* - **1.** *(U)* [material] papel *m*; **it's not worth the** ~ **it's written on** es papel mojado; **piece of** ~ [sheet] hoja *f* de papel; [scrap] trozo *m* de papel; **on** ~ [written down] por escrito; [in theory] sobre el papel. - **2.** [newspaper] periódico *m*; **the** ~**s** la prensa diaria, los periódicos. - **3.** [in exam] examen *m*. - **4.** [essay - gen] estudio *m*, ensayo *m*; [- for conference] ponencia *f*. ◇ *adj* - **1.** [made of paper] de papel. - **2.** *fig* [hypothetical] teórico(ca). ◇ *vt* empapelar.
◆ **papers** *npl* - **1.** [official documents] documentación *f*. - **2.** [collected information] documentos *mpl*. - **3.** [ship's papers] patente *f* de navegación.
◆ **paper over** *vt fus fig* disimular.

paperback ['peɪpəbæk] *n* libro *m* en rústica; **in** ~ en rústica. ◇ *comp*: ~ **(book)** libro *m* en rústica.

paperbacked ['peɪpəbækt] *adj* en rústica.

paper bag *n* bolsa *f* de papel.

paperboard ['peɪpəbɔːd] *n* cartón *m*.

paperbound ['peɪpəbaʊnd] *adj* en rústica.

paperboy ['peɪpəbɔɪ] *n* repartidor *m* de periódicos.

paper chase *n juego en el que unos participantes han de perseguir y atrapar a otros que van dejando un rastro de papelitos.*

paper clip *n* clip *m*.

paper currency *n (U)* billetes *mpl* de banco.

paper cutter *n* guillotina *f*, cortapapeles *m inv*.

papergirl ['peɪpəgɜːl] *n* repartidora *f* de periódicos.

paper handkerchief *n* pañuelo *m* de papel, klínex *m inv*.

paperhanger ['peɪpə,hæŋə'] *n* empapelador *m*, -ra *f*.

paper knife *n* abrecartas *m inv*, cortapapeles *m inv*.

paperless ['peɪpəlɪs] *adj* [electronic-communication, record-keeping] informático(ca); **the** ~ **office** la oficina informatizada.

papermill ['peɪpəmɪl] *n* fábrica *f* de papel, papelera *f*.

paper money *n (U)* papel *m* moneda.

paper round *n*: **to do a** ~ hacer el reparto de periódicos a domicilio.

paper shop *n Br* quiosco *m* de periódicos.

paper-thin *adj* finísimo(ma), delgadísimo(ma).

paper tiger *n* tigre *m* de papel.

paperweight ['peɪpəweɪt] *n* pisapapeles *m inv*.

paperwork ['peɪpəwɜːk] *n* papeleo *m*.

papery ['peɪpərɪ] *adj* [thin and dry] parecido(da) al papel; [skin] apergaminado(da).

papier-mâché [,pæpɪer'mæʃeɪ] ◇ *n* cartón *m* piedra. ◇ *comp* de cartón piedra.

papilla [pə'pɪlə] (*pl* **papillae** [-liː]) *n* papila *f*.

papist ['peɪpɪst] *n pej* papista *mf*.

papoose [pə'puːs] *n* niño indio norteamericano *m*, niña india norteamericana *f*.

pappy ['pæpɪ] (*compar* **pappier**, *superl* **pappiest**) *adj* [doughy] pastoso(sa); [mushy] blando(da).

paprika ['pæprɪkə] *n* pimentón *m*.

Pap test *n* frotis *m inv* vaginal.

Papua ['pæpjʊə] *n* Papúa.

Papuan ['pæpjʊən] ◇ *adj* papú, papúa. ◇ *n* papú *mf*, papúa *mf*.

Papua New Guinea *n* Papúa Nueva Guinea.

papyrus [pə'paɪərəs] (*pl* **papyruses** OR **papyri** [-raɪ]) *n* papiro *m*.

par [pɑː'] *n* - **1.** [parity]: **on a** ~ **with** al mismo nivel que. - **2.** GOLF par *m*; **under/over** ~ bajo/sobre par. - **3.** [good health]: **below** OR **under** ~ pachucho(cha). - **4.** FIN [face value] valor *m* nominal; **to buy at** ~ comprar a la par. - **5.** *phr*: **that's** ~ **for the course** eso es lo normal.

para [pɑː'] *n Br* paraca *mf (del ejército)*.

parable ['pærəbl] *n* parábola *f*.

parabola [pə'ræbələ] *n* parábola *f*.

parabolic [,pærə'bɒlɪk] *adj* parabólico(ca).

paracetamol [,pærə'siːtəmɒl] *n* paracetamol *m*.

parachute ['pærəʃuːt] ◇ *n* paracaídas *m inv*. ◇ *vi* saltar en paracaídas. ◇ *comp*: ~ **drop** OR **landing** lanzamiento *m* en paracaídas; ~ **jump** salto *m* en paracaídas.

parachutist ['pærəʃuːtɪst] *n* paracaidista *mf*.

parade [pə'reɪd] ◇ *n* - **1.** [procession] desfile *m*; **on** ~ MIL pasando revista. - **2.** *Br* [street of shops] *zona de tiendas*. - **3.** [show, ostentation] ostentación *f*, alarde *m*. ◇ *vt* - **1.** [soldiers] hacer desfilar; [criminals, captives] pasear. - **2.** [trophy, medal] pasear. - **3.** *fig* [flaunt] exhibir, hacer alarde de. ◇ *vi* - **1.** [march] desfilar. - **2.** [walk about] pasearse, caminar.

parade ground *n* plaza *f* de armas.

paradigm ['pærədaɪm] *n* paradigma *m*.

paradigmatic [,pærədɪg'mætɪk] *adj* paradigmático(ca).

paradise ['pærədaɪs] *n fig* paraíso *m*.
◆ **Paradise** *n* [Heaven] el Paraíso.

paradox ['pærədɒks] *n* paradoja *f*.

paradoxical [,pærə'dɒksɪkl] *adj* paradójico(ca).

paradoxically [,pærə'dɒksɪklɪ] *adv* paradójicamente.

paraffin ['pærəfɪn] *n* - **1.** [paraffin wax] parafina *f*. - **2.** *Br* [fuel] queroseno *m*, petróleo *m*.

paraffin wax *n* parafina *f*.

paragliding ['pærəglaɪdɪŋ] *n* vuelo *m* en parapente; **to go ~** volar OR lanzarse en parapente.

paragon ['pærəgən] *n* dechado *m*.

paragraph ['pærəgrɑːf] ◇ *n* párrafo *m*, acápite *m* *Amér.* ◇ *vt* dividir en párrafos.

Paraguay ['pærəgwaɪ] *n* (el) Paraguay.

Paraguayan [,pærə'gwaɪən] ◇ *adj* paraguayo(ya). ◇ *n* paraguayo *m*, -ya *f*.

parakeet ['pærəkiːt] *n* periquito *m*.

parallax ['pærəlæks] *n* paralaje *m*.

parallel ['pærəlel] ◇ *adj*: **~ (to** OR **with)** paralelo(la) (a); **~ computer** ordenador *m* paralelo; **~ printer** impresora *f* en paralelo. ◇ *n* **- 1.** [parallel line, surface] paralela *f*. **- 2.** [something, someone similar]: **to have no ~** no tener precedente. **- 3.** [similarity] semejanza *f*, paralelo *m*; **to draw a ~ between** establecer un paralelo entre, comparar. **- 4.** GEOGR paralelo *m*. ◇ *vt* ser equiparable a.

parallel bars *npl* paralelas *fpl*.

parallelepiped [,pærə,lelə'paɪped] *n* paralelepípedo *m*.

parallelism ['pærəlelɪzm] *n* paralelismo *m*.

parallelogram [,pærə'leləgræm] *n* paralelogramo *m*.

parallel port *n* COMPUT puerto *m* paralelo.

paralysation *Br*, **-yzation** *Am* [,pærəlaɪ'zeɪʃn] *n* paralización *f*.

paralyse *Br*, **-yze** *Am* ['pærəlaɪz] *vt lit & fig* paralizar.

paralysed *Br*, **-yzed** *Am* ['pærəlaɪzd] *adj lit & fig* paralizado(da).

paralyser *Br*, **-yzer** *Am* ['pærəlaɪzər] *n* paralizador *m*.

paralysis [pə'rælɪsɪs] (*pl* **paralyses** [-siːz]) *n* parálisis *f inv*.

paralytic [,pærə'lɪtɪk] ◇ *adj* **- 1.** MED paralítico(ca). **- 2.** *Br inf* [drunk]: **to be ~** estar como una cuba. ◇ *n* paralítico *m*, -ca *f*.

paramecium [,pærə'miːsɪəm] (*pl* **paramecia** [-sɪə]) *n* paramecio *m*.

paramedic [,pærə'medɪk] *n esp Am* auxiliar sanitario *m*, auxiliar sanitaria *f*.

paramedical [,pærə'medɪkl] *adj esp Am* de auxiliar sanitario.

parameter [pə'ræmɪtər] *n* parámetro *m*.

paramilitary [,pærə'mɪlɪtrɪ] *adj* paramilitar.

paramount ['pærəmaʊnt] *adj* vital, fundamental; **of ~ importance** de suma importancia.

paramour ['pærə,mʊər] *n arch & hum* amante *mf*.

paranoia [,pærə'nɔɪə] *n* paranoia *f*.

paranoiac [,pærə'nɔɪæk] ◇ *adj* paranoico(ca). ◇ *n* paranoico *m*, -ca *f*.

paranoid ['pærənɔɪd] *adj* paranoico(ca).

paranormal [,pærə'nɔːml] *adj* paranormal.

parapet ['pærəpɪt] *n* parapeto *m*.

paraphernalia [,pærəfə'neɪljə] *n* parafernalia *f*.

paraphrase ['pærəfreɪz] ◇ *n* paráfrasis *f inv*. ◇ *vt* parafrasear.

paraplegia [,pærə'pliːdʒə] *n* paraplejía *f*.

paraplegic [,pærə'pliːdʒɪk] ◇ *adj* parapléjico(ca). ◇ *n* parapléjico *m*, -ca *f*.

parapsychology [,pærəsaɪ'kɒlədʒɪ] *n* parapsicología *f*.

Paraquat® ['pærəkwɒt] *n* tipo de herbicida.

parasite ['pærəsaɪt] *n* parásito *m*, -ta *f*.

parasitic [,pærə'sɪtɪk] *adj* parásito(ta).

parasitism ['pærəsaɪ,tɪzm] *n* parasitismo *m*.

parasitology [,pærəsaɪ'tɒlədʒɪ] *n* parasitología *f*.

parasol ['pærəsɒl] *n* sombrilla *f*.

paratroop ['pærətruːp] *comp* de paracaidistas.

◆ **paratroops** ['pærətruːps] *npl* tropas *fpl* paracaidistas.

paratrooper ['pærətruːpər] *n* paracaidista *mf* (del ejército).

parboil ['pɑːbɔɪl] *vt* cocer a medias.

parcel ['pɑːsl] (*Br pt & pp* **parcelled**, *cont* **parcelling**, *Am pt & pp* **parceled**, *cont* **parceling**) ◇ *n* **- 1.** [package] paquete *m*, encomienda *f Amér.* **- 2.** [portion of land] parcela *f*. ◇ *vt* empaquetar.

◆ **parcel out** *vt sep* **- 1.** [gen] repartir en lotes OR porciones. **- 2.** [land] parcelar.

◆ **parcel up** *vt sep* empaquetar.

parcel bomb *n* paquete *m* bomba.

parcel post *n* (servicio *m* de) paquete *m* postal.

parched [pɑːtʃt] *adj* **- 1.** [land] abrasado(da); [plant] agostado(da). **- 2.** [throat, mouth] seco(ca); [lips] cortado(da), reseco(ca). **- 3.** *inf* [very thirsty] seco(ca).

parchment ['pɑːtʃmənt] *n* [paper] pergamino *m*.

pardon ['pɑːdn] ◇ *n* **- 1.** JUR perdón *m*, indulto *m*. **- 2.** [forgiveness] perdón *m*; **I beg your ~**? [showing surprise, asking for repetition] ¿perdón?, ¿cómo (dice)?; **I beg your ~** [to apologize] le ruego me disculpe, perdón. ◇ *vt* **- 1.** [forgive]: **to ~ sb (for sthg)** perdonar a alguien (por algo); **~**? ¿perdón?, ¿cómo (dice)?; **~ me** [touching sb accidentally, belching] perdón, discúlpeme; [excuse me] con permiso. **- 2.** JUR indultar.

pardonable ['pɑːdnəbl] *adj* perdonable.

pardoner ['pɑːdnər] *n* vendedor *m* de indulgencias.

pare [peər] *vt* [apple] pelar; [fingernails] cortar.

◆ **pare down** *vt sep* recortar.

paregoric [,pærə'gɒrɪk] *n* elixir *m* paregórico.

parent ['peərənt] *n* [father] padre *m*; [mother] madre *f*.

◆ **parents** *npl* padres *mpl*.

parentage ['peərəntɪdʒ] *n* (U) origen *m*, ascendencia *f*.

parental [pə'rentl] *adj* [paternal] paterno(na); [maternal] materno(na); [of both parents] de los padres.

parental leave *n Br* [for mother] baja *f* por maternidad; [for father] baja *f* por paternidad.

parent company *n* compañía *f* OR casa *f* madre.

parenthesis [pə'renθɪsɪs] (*pl* **parentheses** [-siːz]) *n* paréntesis *m inv*; **in ~** entre paréntesis.

parenthetical [,pærən'θetɪkl] *adj* parentético(ca), al margen.

parenthetically [,pærən'θetɪklɪ] *adv* entre paréntesis.

parenthood ['peərənthʊd] *n* [fatherhood] paternidad *f*; [motherhood] maternidad *f*.

parenting ['peərəntɪŋ] *n* crianza *f*.

parent-teacher association *n* asociación *f* de maestros y padres de alumnos.

paresis [pə'riːsɪs] *n* paresia *f*.

par excellence [pɑːr'eksəlɑːns] *adj* por excelencia.

parfait [pɑː'feɪ] *n* postre helado a base de huevos, nata y fruta.

parhelion [pɑː'hiːljən] (*pl* **parhelia** [-ljə]) *n* parhelio *m*.

pariah [pə'raɪə] *n pej* marginado *m*, -da *f*, paria *mf*.

parietal [pə'raɪtl] *adj* parietal.

parimutuel [,pærɪ'mjuːtjʊəl] *n* **- 1.** [system] sistema *m* de apuestas mutuas. **- 2.** [machine] totalizador *m*.

paring knife ['peərɪŋ-] *n* cuchillo *m* para mondar.

parings ['peərɪŋz] *npl* [of fruit, vegetables] peladuras *fpl*, mondaduras *fpl*.

Paris ['pærɪs] *n* París.

parish ['pærɪʃ] *n* **- 1.** [of church] parroquia *f*. **- 2.** *Br* [area of local government] municipio *m*.

parish church *n* iglesia *f* parroquial.

parish clerk *n* pertiguero *m*.

parish council *n Br* ≃ consejo *m* parroquial OR municipal.

parishioner [pə'rɪʃənər] *n* parroquiano *m*, -na *f*.

parish priest *n* **- 1.** [Catholic] párroco *m*. **- 2.** [Protestant] pastor *m* (protestante).

parish-pump *adj Br pej* [issue] de interés local; [outlook, mentality, quarrel] pueblerino(na).

parish register *n* registro *m* parroquial.

parish school *n* escuela *f* municipal.

Parisian [pə'rɪzjən] ◇ *adj* parisino(na). ◇ *n* parisino *m*, -na *f*.

parity ['pærətɪ] *n* **- 1.** [equality]: **~ (with/between)** igualdad *f* (con/entre). **- 2.** ECON & FIN paridad *f*.

park [pɑːk] ◇ n - **1.** [land] parque m. - **2.** Am [stadium] estadio m. ◇ comp: ~ **bench** banco m público. ◇ vt & vi aparcar, parquear Amér.

parka ['pɑːkə] n parka f.

park-and-ride n (sistema m de) aparcamientos mpl disuasorios.

parking ['pɑːkɪŋ] n aparcamiento m; '**no** ~' 'prohibido aparcar'.

parking attendant n [in car park] vigilante mf del aparcamiento; [at hotel] guardacoches mf.

parking brake n Am freno m de mano.

parking garage n Am aparcamiento m (en edificio).

parking light n Am luz f de estacionamiento.

parking lot n Am aparcamiento m (al aire libre).

parking meter n parquímetro m.

parking place n aparcamiento m.

parking ticket n multa f por aparcamiento indebido.

Parkinson's disease ['pɑːkɪnsnz-] n enfermedad f de Parkinson.

park keeper n Br guarda mf del parque.

parkland ['pɑːklænd] n (U) parque m.

parkway ['pɑːkweɪ] n Am avenida f.

parky ['pɑːkɪ] (compar **parkier**, superl **parkiest**) adj Br inf fresco(ca).

parlance ['pɑːləns] n: **in common/legal** etc ~ en el habla común/legal etc, en el lenguaje común/legal etc.

parlay ['pɑːlɪ] vt Am - **1.** [bet] apostar en un pároli. - **2.** fig [talent] explotar.

parley ['pɑːlɪ] ◇ n parlamento m, negociaciones fpl. ◇ vi parlamentar, negociar.

parliament ['pɑːləmənt] n - **1.** [assembly, institution] parlamento m; **to get into** ~ ser elegido diputado. - **2.** [session] legislatura f.

parliamentarian [ˌpɑːləmən'teərɪən] n parlamentario m, -ria f.

parliamentary [ˌpɑːlə'mentərɪ] adj parlamentario(ria); ~ **candidate** candidato m, -ta f en las elecciones legislativas; ~ **elections** elecciones fpl legislativas OR al Parlamento.

parliamentary private secretary n diputado británico que ejerce de asesor personal de un ministro y de enlace con otros diputados.

parliamentary privilege n inmunidad f parlamentaria.

parlor n Am = **parlour**.

parlor car ['pɑːrlər-] n Am RAIL coche m salón.

parlormaid n Am = **parlourmaid**.

parlour Br, **parlor** Am ['pɑːlə] n dated salón m.

parlour game n juego m de salón.

parlourmaid Br, **parlormaid** Am ['pɑːləmeɪd] n camarera f.

parlous ['pɑːləs] adj fml precario(ria).

Parma ['pɑːmə] n Parma.

Parma ham n jamón m de Parma.

Parmesan (cheese) [ˌpɑːmɪ'zæn-] n (queso m) parmesano m.

Parnassus [pɑː'næsəs] n el Parnaso.

parochial [pə'rəʊkjəl] adj pej de miras estrechas.

parochialism [pə'rəʊkjəlɪzm] n pej estrechez f de miras, mentalidad f pueblerina OR provinciana.

parochial school n colegio m religioso.

parodist ['pærədɪst] n parodista mf.

parody ['pærədɪ] (pl **parodies**, pt & pp **parodied**) ◇ n parodia f. ◇ vt parodiar.

parole [pə'rəʊl] ◇ n - **1.** JUR libertad f condicional (bajo palabra); **on** ~ en libertad condicional. - **2.** Am MIL [password] santo m y seña, contraseña f. ◇ vt poner en libertad condicional.

parolee [pəˌrəʊ'liː] n convicto m, -ta f en libertad condicional.

parotid (gland) [pə'rɒtɪd-] n parótida f.

paroxysm ['pærəksɪzm] n - **1.** [of anger, laughter] acceso m. - **2.** MED ataque m.

parquet ['pɑːkeɪ] n parqué m.

parquetry ['pɑːkɪtrɪ] n parqué m.

parricide ['pærɪsaɪd] n - **1.** [act] parricidio m. - **2.** [person] parricida mf.

parrot ['pærət] ◇ n loro m, papagayo m. ◇ vt pej repetir como un loro.

parrot fashion adv como un loro.

parry ['pærɪ] (pt & pp **parried**, pl **parries**) ◇ vt - **1.** [blow] parar; [attack] desviar. - **2.** [question] eludir. ◇ n parada f, quite m.

parse [pɑːz] vt analizar gramaticalmente.

Parsee, Parsi [ˌpɑː'siː] ◇ adj parsi. ◇ n parsi mf.

parsimonious [ˌpɑːsɪ'məʊnjəs] adj fml & pej mezquino(na), tacaño(ña).

parsimony ['pɑːsɪmənɪ] n fml & pej mezquindad f, tacañería f.

parsing ['pɑːzɪŋ] n análisis m gramatical.

parsley ['pɑːslɪ] ◇ n perejil m. ◇ comp: ~ **sauce** salsa f verde.

parsnip ['pɑːsnɪp] n chirivía f, pastinaca f.

parson ['pɑːsn] n [gen] párroco m; [Protestant] pastor m (protestante).

parsonage ['pɑːsnɪdʒ] n rectoría f, casa f parroquial.

parson's nose n Br rabadilla f (del pollo).

part [pɑːt] ◇ n - **1.** [gen] parte f; **she lives in a different** ~ **of town** vive en otra parte de la ciudad; ~ **of me strongly agrees with them** yo, en parte, estoy totalmente de acuerdo con ellos; **we've finished the hardest** ~ hemos acabado la parte más difícil OR lo más difícil; **I haven't told you the best** ~ **yet** aún no te he contado lo mejor; **to be (a)** ~ **of sthg** formar parte de algo; **in** ~ en parte; **the best** OR **better** ~ **of** la mayor parte de; **for the most** ~ en su mayoría ❑ ~ **and parcel of** parte integrante de. - **2.** [component] pieza f. - **3.** THEATRE papel m; **to look the** ~ fig parecerlo, dar el papel. - **4.** [involvement]: ~ **(in)** participación f (en); **to play an important** ~ **(in)** desempeñar OR tener un papel importante (en); **to take** ~ **(in)** tomar parte (en); **to want no** ~ **in** no querer tener nada que ver con; **for my/his** ~ por mi/su parte; **on my/his** ~ por mi/su parte; **to take sb's** ~ ponerse de parte de alguien ❑ **to take sthg in good** ~ tomarse algo bien. - **5.** Am [hair parting] raya f. ◇ adv en parte. ◇ vt - **1.** [separate - gen] apartar; [- lips, curtains] abrir. - **2.** [hair] peinar con raya. ◇ vi - **1.** [leave one another] separarse. - **2.** [lips, curtains] abrirse.
◆ **parts** npl [place] tierras fpl, pagos mpl.
◆ **part with** vt fus desprenderse de, separarse de.

partake [pɑː'teɪk] (pt **partook** [-'tʊk], pp **partaken** [-'teɪkn]) vi fml: **to** ~ **of** [wine] beber de; [food] comer de.

parted ['pɑːtɪd] adj - **1.** [divided] dividido(da). - **2.** [separated] separado(da). - **3.** BOT partido(da).

part exchange n sistema de pagar parte de algo con un artículo usado; **in** ~ como parte del pago.

parthenogenesis [ˌpɑːθɪnəʊ'dʒenɪsɪs] n partenogénesis f inv.

partial ['pɑːʃl] adj - **1.** [incomplete, biased] parcial. - **2.** [fond]: ~ **to** amigo(ga) de, aficionado(da) a.

partial eclipse n eclipse m parcial.

partial fraction n fracción f parcial.

partiality [ˌpɑːʃɪ'ælətɪ] n - **1.** [bias] parcialidad f. - **2.** [fondness]: ~ **for** afición f a.

partially ['pɑːʃəlɪ] adv parcialmente, en parte.

partially sighted ◇ adj ciego(ga) parcial. ◇ npl: **the** ~ los ciegos parciales.

participant [pɑː'tɪsɪpənt] n participante mf.

participate [pɑː'tɪsɪpeɪt] vi: **to** ~ **(in)** participar (en).

participation [pɑːˌtɪsɪ'peɪʃn] n participación f.

participator [pɑː'tɪsɪˌpeɪtə] n participante mf.

participatory [paːˌtɪsɪˈpeɪtəri] *adj* participativo(va).
participial [ˌpɑːtɪˈsɪpɪəl] *adj* participial.
participle [ˈpɑːtɪsɪpl] *n* participio *m*.
particle [ˈpɑːtɪkl] *n* partícula *f*.
particle board *n* aglomerado *m*, conglomerado *m*.
particle physics *n (U)* física *f* de partículas.
particular [pəˈtɪkjʊləʳ] *adj* - **1.** [specific, unique] especial, en concreto OR particular. - **2.** [extra, greater] especial. - **3.** [fussy] exigente; **to be ~ about sthg** darle mucha importancia a algo.
◆ **particulars** *npl* [of person] datos *mpl*; [of thing] detalles *mpl*.
◆ **in particular** *adv* en particular, en especial.
particularity [pəˌtɪkjʊˈlærəti] (*pl* **particularities**) *n fml* - **1.** [fussiness] escrupulosidad *f*. - **2.** [detail] pormenor *m*, detalle *m*.
particularize, -ise [pəˈtɪkjʊləraɪz] *vt fml* detallar.
particularly [pəˈtɪkjʊləli] *adv* especialmente.
parting [ˈpɑːtɪŋ] *n* - **1.** [separation] despedida *f*; **we came to a ~ of the ways** *fig* llegó el momento de despedirnos OR de separarnos. - **2.** *Br* [in hair] raya *f*.
parting shot *n*: **to deliver a ~** lanzar un último comentario antes de marcharse.
partisan [ˌpɑːtɪˈzæn] ◇ *adj* partidista. ◇ *n* [freedom fighter] partisano *m*, -na *f*.
partisanship [ˌpɑːtɪˈzænʃɪp] *n* partidismo *m*.
partition [pɑːˈtɪʃn] ◇ *n* - **1.** [wall] tabique *m*; [screen] separación *f*. - **2.** [of a country] división *f*. ◇ *vt* - **1.** [room] dividir con tabiques. - **2.** [country] dividir.
partition wall *n* tabique *m*.
partly [ˈpɑːtli] *adv* en parte.
partner [ˈpɑːtnəʳ] ◇ *n* - **1.** [spouse, lover] pareja *f*. - **2.** [in an activity] compañero *m*, -ra *f*. - **3.** [in a business] socio *m*, -cia *f*. - **4.** [in crime] cómplice *mf*. - **5.** [ally] colega *mf*. ◇ *vt* ir de pareja de OR con.
partnership [ˈpɑːtnəʃɪp] *n* - **1.** [relationship] asociación *f*; **to go into ~ (with)** asociarse (con). - **2.** [business] sociedad *f*.
part of speech *n* categoría *f* gramatical, parte *f* de la oración.
partook [pɑːˈtʊk] *pt* → **partake**.
part payment *n* pago *m* a cuenta; **I received £500 in ~ for the car** recibí 500 libras como pago a cuenta del coche.
partridge [ˈpɑːtrɪdʒ] *n* perdiz *f*.
part-time ◇ *adj* a tiempo parcial, de media jornada. ◇ *adv* a tiempo parcial.
part-timer *n* trabajador *m*, -ra *f* a tiempo parcial.
parturient [pɑːˈtjʊərɪənt] *adj* parturienta.
parturition [ˌpɑːtjʊˈrɪʃn] *n* parto *m*.
partway [ˈpɑːtweɪ] *adv* hasta cierto punto, en parte.
part work *n Br*: **they published it as a ~** lo publicaron por fascículos.
party [ˈpɑːti] (*pl* **parties**) ◇ *n* - **1.** POL partido *m*. - **2.** [social gathering] fiesta *f*; **to have** OR **give** OR **throw a ~** dar una fiesta. - **3.** [group] grupo *m*. - **4.** JUR parte *f*; **the guilty ~** la parte culpable, el culpable (la culpable). - **5.** [involved person]: **to be a ~ to** participar en. ◇ *comp* - **1.** [atmosphere, clothes] de fiesta. - **2.** POL [leadership, funds] del partido; ~ **loyalties** lealtades *fpl* partidistas. ◇ *vi inf* irse de juerga.
partying [ˈpɑːtɪŋ] *n*: **she's a great one for ~** *inf* le encanta ir de fiesta.
party line *n* - **1.** POL línea *f* (política) del partido. - **2.** TELEC línea *f* (telefónica) compartida.
party piece *n inf* número favorito que alguien suele ejecutar siempre para entretener a la gente en fiestas etc.
party political *adj* [issue] de partido.
party political broadcast *n Br* espacio *m* electoral.
party politics *n (U)* política *f* del partidismo.
party pooper *n inf* aguafiestas *mf inv*.
party wall *n* pared *f* medianera.

par value *n* valor *m* nominal.
parvenu [ˈpɑːvənjuː] *n* advenedizo *m*.
parvenue [ˌpɑːvəˈnjuː] *n* advenediza *f*.
paschal [ˈpæskl], **Paschal** [ˈpæskl] *adj* pascual.
pasha [ˈpæʃə] *n Am inf* pachá *m*.
pass [pɑːs] ◇ *n* - **1.** [document, permit] pase *m*; **travel ~** tarjeta *f* OR abono *m* de transportes. - **2.** *Br* [successful result] aprobado *m*. - **3.** [state of affairs] situación *f* crítica; **what has brought things to this ~?** ¿qué ha ocasionado esta situación? ❑ **things have come to a pretty** OR **fine** OR **sorry ~** las cosas se han puesto muy mal. - **4.** [route between mountains] vía *f*, desfiladero *m*. - **5.** SPORT pase *m*. - **6.** [by aircraft] parada *f*. - **7.** *phr*: **to make a ~ at sb** intentar ligar con alguien. ◇ *vt* - **1.** [gen] pasar; **to ~ sthg (to sb), to ~ (sb) sthg** pasar OR pasarle algo (a alguien); **~ the string through the hole** pase la cuerda por el agujero. - **2.** [move past - thing] pasar por (delante de); [- person] pasar delante de; **to ~ sb in the street** cruzarse con alguien en la calle. - **3.** AUT adelantar. - **4.** [exceed] sobrepasar. - **5.** [exam, candidate, law] aprobar; **to ~ sthg fit (for)** dar algo por bueno (para). - **6.** [opinion, judgement] formular; [sentence] dictar. ◇ *vi* - **1.** [gen] pasar; **to let sthg ~** dejar pasar algo, no hacer caso de algo. - **2.** AUT adelantar. - **3.** [in exam] pasar, aprobar. - **4.** [occur] transcurrir; **to ~ unnoticed** pasar desapercibido(da); **to come to ~** *fml* ocurrir, acontecer.
◆ **pass around** *vt sep* = **pass round**.
◆ **pass as** *vt fus* pasar por.
◆ **pass away** *vi* fallecer, pasar a mejor vida.
◆ **pass by** ◇ *vt sep* [subj: people] hacer caso omiso a; [subj: events, life] pasar desapercibido(da) a. ◇ *vi* pasar cerca.
◆ **pass down** *vt sep* pasar, transmitir.
◆ **pass for** *vt fus* = **pass as**.
◆ **pass off** *vt sep*: **to ~ sthg/sb off as sthg** hacer pasar algo/a alguien por algo. ◇ *vi* [take place] transcurrir, tener lugar.
◆ **pass on** ◇ *vt sep*: **to ~ sthg on (to)** pasar algo (a). ◇ *vi* - **1.** [move on] continuar; **to ~ on to the next subject** pasar al siguiente tema. - **2.** = **pass away**.
◆ **pass out** *vi* - **1.** [faint] desmayarse. - **2.** *Br* MIL graduarse.
◆ **pass over** *vt fus* hacer caso omiso de, pasar por alto.
◆ **pass round** *vt sep* ir pasando, pasar.
◆ **pass to** *vt fus* [be left to] pasar a.
◆ **pass through** *vi*: **to be ~ing through** estar de paso.
◆ **pass up** *vt sep* dejar pasar OR escapar.
passable [ˈpɑːsəbl] *adj* - **1.** [satisfactory] pasable, aceptable. - **2.** [not blocked] transitable.
passably [ˈpɑːsəbli] *adv* aceptablemente.
passage [ˈpæsɪdʒ] *n* - **1.** [corridor - between houses] pasadizo *m*, pasaje *m*; [- between rooms] pasillo *m*. - **2.** [clear path] paso *m*, hueco *m*. - **3.** MED conducto *m*, tubo *m*. - **4.** [of music, speech] pasaje *m*. - **5.** *fml* [of vehicle, person, time] paso *m*. - **6.** POL [of bill] aprobación *f*. - **7.** [sea journey] travesía *f*.
passageway [ˈpæsɪdʒweɪ] *n* [between houses] pasadizo *m*, pasaje *m*; [between rooms] pasillo *m*.
passbook [ˈpɑːsbʊk] *n* ≃ cartilla *f* OR libreta *f* de banco.
pass degree *n* licenciatura *f* con aprobado.
passé [*Br* ˈpæseɪ, *Am* pæˈseɪ] *adj pej* pasado(da) de moda, desfasado(da).
passel [ˈpæsl] *n Am inf* montón *m*.
passenger [ˈpæsɪndʒəʳ] *n* pasajero *m*, -ra *f*.
passenger coach *Br*, **passenger car** *Am n* RAIL vagón *m* de pasajeros.
passenger ferry *n* transbordador *m* OR ferry *m* de pasajeros.
passenger list *n* lista *f* de pasajeros.
passenger seat *n* AUT [in front] asiento *m* del pasajero OR copiloto; [in back] asiento *m* trasero.
passenger train *n* tren *m* de pasajeros.
passe-partout [ˌpæspəˈtuː] *n* - **1.** [mounting] paspartú *m*. - **2.** = **passkey**.

passerby [ˌpɑːsə'baɪ] (pl **passersby** [ˌpɑːsəz'baɪ]) n transeúnte mf.

passim ['pæsɪm] adv passim.

passing ['pɑːsɪŋ] ◇ adj - **1.** [fad] pasajero(ra); [remark] de pasada. - **2.** [going by]: **a ~ motorist** un conductor que pasaba por allí. ◇ n - **1.** [of time] paso m, transcurso m. - **2.** euph [death] fallecimiento m.
◆ **in passing** adv de pasada.

passing lane n AUT carril m de adelantamiento.

passing place n lugar m de paso.

passing shot n [across opponent] golpe m ganador, passing shot m cruzado; [along opponent's side] golpe m ganador, passing shot m paralelo.

passion ['pæʃn] n: ~ **(for)** pasión f (por).
◆ **Passion** n: **the Passion** la Pasión.

passionate ['pæʃənət] adj apasionado(da).

passionately ['pæʃənətlɪ] adv apasionadamente.

passionflower ['pæʃn,flaʊə'] n pasionaria f.

passionfruit ['pæʃn,fruːt] n granadilla f.

passionless ['pæʃənlɪs] adj desapasionado(da).

Passion play n auto m de la Pasión.

Passion Week n Semana f Santa OR de Pasión.

passive ['pæsɪv] ◇ adj pasivo(va). ◇ n: **the ~** la pasiva.

passively ['pæsɪvlɪ] adv con pasividad.

passiveness ['pæsɪvnɪs] n pasividad f.

passive resistance n resistencia f pasiva.

passive smoker n fumador pasivo m, fumadora pasiva f.

passive smoking n inhalación involuntaria del humo del tabaco por parte de un no fumador.

passivity [pæ'sɪvɪtɪ] n pasividad f.

passkey ['pɑːskiː] n - **1.** [particular] llave f. - **2.** [universal] llave f maestra.

pass mark n SCH aprobado m.

Passover ['pɑːsˌəʊvə'] n: **(the)** ~ (la) Pascua judía.

passport ['pɑːspɔːt] n pasaporte m; ~ **to sthg** fig pasaporte a algo.

passport control n control m de pasaportes.

passport photo(graph) n fotografía f de tamaño pasaporte.

pass-the-parcel n Br juego en el que los participantes se van pasando un paquete con muchos envoltorios que contiene un regalo; el que quita el último envoltorio se queda el regalo.

password ['pɑːswɜːd] n [gen & COMPUT] contraseña f.

past [pɑːst] ◇ adj - **1.** [former] anterior. - **2.** [most recent] pasado(da); **over the ~ week** durante la última semana. - **3.** [finished] terminado(da); **our problems are ~** se han acabado los problemas. ◇ adv - **1.** [telling the time]: **it's ten ~** son y diez. - **2.** [beyond, in front] por delante; **to walk/run ~** pasar andando/corriendo. - **3.** [ago]: **three years ~** hace tres años, tres años atrás. ◇ n - **1.** [time]: **the ~** el pasado ❑ **to live in the ~** vivir en el pasado; **to be/become a thing of the ~** haber pasado/pasar a la historia. - **2.** [personal history] pasado m; **a man with a ~** un hombre con un pasado. ◇ prep - **1.** [telling the time]: **it's five/half/a quarter ~ ten** son las diez y cinco/media/cuarto; **it's ~ midnight** es pasada la medianoche, son más de las doce. - **2.** [alongside, in front of] por delante de. - **3.** [beyond] más allá de; **he's ~ 60** tiene más de 60; **it's ~ the bank** está pasado el banco ❑ **to be ~ it** inf estar para el arrastre; **I wouldn't put it ~ him** inf tratándose de él no me extrañaría un pelo.

pasta ['pæstə] n (U) pasta f.

paste [peɪst] ◇ n - **1.** [smooth mixture] pasta f. - **2.** [food] paté m, pasta f. - **3.** [glue] engrudo m. - **4.** [jewellery] bisutería f. ◇ vt [labels, stamps] pegar; [surface] engomar, engrudar.

pasteboard ['peɪstbɔːd] n cartón m.

pastel ['pæstl, pæ'stel] ◇ adj pastel (inv). ◇ n - **1.** [colour] color m pastel. - **2.** ART [crayon, drawing] pastel m.

paste-up n TYPO maqueta f.

pasteurization [ˌpɑːstʃəraɪ'zeɪʃn] n pasteurización f.

pasteurize, -ise ['pɑːstʃəraɪz] vt pasteurizar.

pasteurized ['pɑːstʃəraɪzd] adj - **1.** [milk, beer] pasteurizado(da). - **2.** pej [version, description] descafeinado(da), edulcorado(da).

pastiche [pæ'stiːʃ] n - **1.** [imitation] imitación f. - **2.** [mixture] pastiche m.

pastille ['pæstɪl] n pastilla f.

pastime ['pɑːstaɪm] n pasatiempo m, afición f.

pasting ['peɪstɪŋ] n inf paliza f.

past master n maestro m, -tra f, experto m, -ta f.

pastor ['pɑːstə'] n RELIG pastor m.

pastoral ['pɑːstərəl] adj - **1.** RELIG pastoral; ~ **staff** báculo m pastoral. - **2.** [of the country] pastoril, bucólico(ca); ~ **land** tierra f de pastos.

pastorate ['pɑːstərɪt] n dignidad y duración del cargo de pastor.

past participle n participio m pasado.

past perfect n (pretérito m) pluscuamperfecto m.

pastrami [pə'strɑːmɪ] n embutido de ternera ahumada.

pastry ['peɪstrɪ] (pl **pastries**) n - **1.** [mixture] pasta f. - **2.** [cake] pastel m.

pastry board n tabla f de amasar.

pastry brush n pincel m de repostería.

pastry case n cubierta f de pasta.

pastry cook n pastelero m -ra, repostero m -ra.

pastry shell n molde m de pasta.

past tense n: **the ~** el pasado.

pasturage ['pɑːstjʊrɪdʒ] n pasturaje m.

pasture ['pɑːstʃə'] n pasto m; **to put sb out to ~** fig & hum retirar OR jubilar a alguien.

pastureland ['pɑːstʃələænd] n pasto m, prado m.

pasty¹ ['peɪstɪ] (compar **pastier**, superl **pastiest**) adj pálido(da).

pasty² [pæstɪ] (pl **pasties**) n Br empanada f.

pasty-faced ['peɪstɪ-] adj pálido(da).

pat [pæt] (compar **patter**, superl **pattest**, pt & pp **patted**, cont **patting**) ◇ adj preparado(da), ensayado(da). ◇ n - **1.** [gen] golpecito m; [to dog] caricia f; [on back, hand] palmadita f; **to give sb a ~ on the back** fig felicitar a alguien. - **2.** [of butter etc] porción f. ◇ vt [gen] golpear ligeramente; [dog] acariciar; [back, hand] dar palmaditas a; **to ~ sb on the back** fig felicitar a alguien; **to ~ o.s. on the back** fig congratularse. ◇ adv - **1.** [exactly]: **to have sthg down ~** saberse algo al dedillo OR de pe a pa. - **2.** Am [unbending]: **to stand ~** mantenerse firme.

Patagonia [ˌpætə'gəʊnjə] n (la) Patagonia.

Patagonian [ˌpætə'gəʊnjən] ◇ adj patagónico(ca). ◇ n patagón m, -ona f.

patch [pætʃ] ◇ n - **1.** [for mending] remiendo m; [to cover eye] parche m. - **2.** [part of surface] área f. - **3.** [area of land] bancal m, parcela f; **cabbage/strawberry ~** parcela f de coles/de fresas. - **4.** [period of time] periodo m. - **5.** phr: **not to be a ~ on** inf no igualar ni con mucho a; **to go through a bad OR rough OR sticky ~** pasar por momentos difíciles, atravesar una mala racha. ◇ vt remendar.
◆ **patch together** vt sep [government, team] formar a duras penas; [agreement, solution] alcanzar a duras penas.
◆ **patch up** vt sep - **1.** [mend] reparar. - **2.** [resolve - quarrel] resolver; [- relationship] salvar.

patch pocket n bolsillo m de parche.

patchwork ['pætʃwɜːk] ◇ adj de trozos de distintos colores y formas. ◇ n fig [of fields] mosaico m.

patchy ['pætʃɪ] (compar **patchier**, superl **patchiest**) adj - **1.** [uneven - fog, sunshine] irregular; [- colour] desigual. - **2.** [incomplete] deficiente, incompleto(ta). - **3.** [good in parts] irregular.

pate [peɪt] n arch & hum cabeza f.

pâte [pɑːt] *n* barro *m* para hacer cerámica.

pâté ['pæteɪ] *n* paté *m*.

patella [pəˈtelə] (*pl* **patellas** OR **patellae** [-liː]) *n* rótula *f*.

patency ['peɪtənsɪ] *n* evidencia *f*.

patent [*Br* 'peɪtənt, *Am* 'pætənt] ◇ *adj* [obvious] patente, evidente. ◇ *n* patente *f*; ~ **pending** patente pendiente. ◇ *vt* patentar.

patented [*Br* 'peɪtəntɪd, *Am* 'pætəntɪd] *adj* patentado(da).

patentee [*Br* ,peɪtən'tiː, *Am* ,pætən'tiː] *n* poseedor *m*, -ra *f* de una patente.

patent leather *n* charol *m*.

patently [*Br* 'peɪtəntlɪ, *Am* 'pætəntlɪ] *adv* evidentemente, patentemente; **to be** ~ **obvious** saltar a la vista.

patent medicine *n* especialidad *f* farmacéutica, específico *m*.

Patent Office *n*: **the** ~ ≃ el Registro de Patentes y Marcas.

patent right *n* derecho *m* de patente.

pater ['peɪtəʳ] *n Br dated* padre *m*.

paterfamilias [,peɪtəfə'mɪliæs] (*pl inv*) *n fml & hum* - **1**. [father] padre *m*. - **2**. HIST paterfamilias *m inv*.

paternal [pə'tɜːnl] *adj* [love, attitude] paternal; [grandmother, grandfather] paterno(na).

paternalism [pə'tɜːnəlɪzm] *n* paternalismo *m*.

paternalistic [pə,tɜːnə'lɪstɪk] *adj* paternalista.

paternally [pə'tɜːnəlɪ] *adv* paternalmente.

paternity [pə'tɜːnətɪ] *n* paternidad *f*.

paternity leave *n* permiso *m* por paternidad.

paternity suit *n* litigio *m* de paternidad.

paternity test *n* prueba *f* de paternidad.

paternoster [,pætə'nɒstəʳ] *n* [rosary bead] diez *m*, paternóster *m*.

path [pɑːθ] *n* - **1**. [track, way ahead] camino *m*; **our** ~**s had crossed before** *fig* nuestros caminos se habían cruzado anteriormente. - **2**. [trajectory - of bullet] trayectoria *f*; [- of flight] rumbo *m*. - **3**. [course of action] curso *m*.

pathetic [pə'θetɪk] *adj* - **1**. [causing pity] patético(ca), lastimoso(sa). - **2**. *pej* [attempt, person] inútil, infeliz; [actor, film] malísimo(ma).

pathetically [pə'θetɪklɪ] *adv* - **1**. [causing pity] patéticamente. - **2**. [uselessly] lastimosamente.

pathetic fallacy *n* prosopopeya *f*.

pathfinder ['pɑːθ,faɪndəʳ] *n* - **1**. [explorer] explorador *m*, -ra *f*. - **2**. [pioneer] pionero *m*, -ra *f*.

pathless ['pɑːθlɪs] *adj* [unexplored] inexplorado(da).

pathogen ['pæθədʒen] *n* agente *m* OR microbio *m* patógeno.

pathogenesis [,pæθə'dʒenɪsɪs] *n* patogénesis *f inv*, patogenia *f*.

pathogenic [,pæθə'dʒenɪk] *adj* patógeno(na).

pathological [,pæθə'lɒdʒɪkl] *adj* patológico(ca).

pathologist [pə'θɒlədʒɪst] *n* patólogo *m*, -ga *f*.

pathology [pə'θɒlədʒɪ] *n* patología *f*.

pathos ['peɪθɒs] *n* patetismo *m*.

pathway ['pɑːθweɪ] *n* camino *m*, sendero *m*.

patience ['peɪʃns] *n* - **1**. [quality] paciencia *f*; **to try sb's** ~ poner a prueba la paciencia de alguien. - **2**. [card game] solitario *m*.

patient ['peɪʃnt] ◇ *adj* paciente; **to be** ~ **with sb** tener paciencia con alguien. ◇ *n* paciente *mf*.

patiently ['peɪʃntlɪ] *adv* pacientemente.

patina ['pætɪnə] *n* pátina *f*.

patio ['pætɪəʊ] (*pl* **patios**) ◇ *n* patio *m*. ◇ *comp*: ~ **furniture** muebles *mpl* de jardín.

patio doors *npl* puertas de cristal que dan a un patio.

patisserie [pə'tiːsərɪ] *n* pastelería *f*.

Patna rice ['pætnə-] *n* tipo de arroz largo procedente de la India.

patois ['pætwɑː] (*pl inv* ['pætwɑːz]) *n* dialecto *m*.

patriarch ['peɪtrɪɑːk] *n* [head of family] patriarca *m*.

patriarchal [,peɪtrɪ'ɑːkl] *adj* patriarcal.

patriarchy ['peɪtrɪɑːkɪ] (*pl* **patriarchies**) *n* patriarcado *m*.

patrician [pə'trɪʃn] *n* patricio *m*, -cia *f*.

patricide ['pætrɪsaɪd] *n* - **1**. [act] parricidio *m*. - **2**. [person] parricida *mf*.

patrimony [*Br* 'pætrɪmənɪ, *Am* 'pætrɪməʊnɪ] *n fml* patrimonio *m*.

patriot [*Br* 'pætrɪət, *Am* 'peɪtrɪət] *n* patriota *mf*.

patriotic [*Br* ,pætrɪ'ɒtɪk, *Am* ,peɪtrɪ'ɒtɪk] *adj* patriótico(ca).

patriotically [*Br* ,pætrɪ'ɒtɪklɪ, *Am* ,peɪtrɪ'ɒtɪklɪ] *adv* patrióticamente.

patriotism [*Br* 'pætrɪətɪzm, *Am* 'peɪtrɪətɪzm] *n* patriotismo *m*.

patrol [pə'trəʊl] (*pt & pp* **patrolled**, *cont* **patrolling**) ◇ *n* patrulla *f*; **on** ~ de patrulla. ◇ *vt* patrullar.

patrol boat *n* NAUT (lancha *f*) patrullera *f*, patrullero *m*.

patrol car *n* coche *m* patrulla.

patrol leader *n* jefe *m* de patrulla.

patrolman [pə'trəʊlmən] (*pl* **patrolmen** [-mən]) *n Am* policía *m*, guardia *m*.

patrol wagon *n Am* coche *m* celular.

patrolwoman [pə'trəʊl,wʊmən] (*pl* **patrolwomen** [-,wɪmɪn]) *n* (mujer *f*) policía *f*, guardia *f*.

patron ['peɪtrən] *n* - **1**. [of arts] mecenas *mf inv*. - **2**. *Br* [of charity, campaign] patrocinador *m*, -ra *f*. - **3**. *fml* [customer] cliente *mf*.

patronage ['peɪtrənɪdʒ] *n* - **1**. [support, sponsorship] patrocinio *m*; [of arts] mecenazgo *m*. - **2**. COMM clientela *f*. - **3**. POL clientelismo *m*, influencia *f* política.

patronize, -ise ['pætrənaɪz] *vt* - **1**. [talk down to] tratar con aire paternalista OR condescendiente. - **2**. *fml* [back financially] patrocinar. - **3**. [business] ser cliente de, frecuentar.

patronizing ['pætrənaɪzɪŋ] *adj pej* paternalista, condescendiente.

patron saint *n* santo patrón *m*, santa patrona *f*.

patronymic [,pætrə'nɪmɪk] *n* patronímico *m*.

patsy ['pætsɪ] (*pl* **patsies**) *n Am v inf* pelele *m*, pringado *m*, -da *f*.

patten ['pætn] *n* chanclo *m*, zueco *m*.

patter ['pætəʳ] ◇ *n* - **1**. [of raindrops] repiqueteo *m*; [of feet] golpeteo *m*, pasitos *mpl*. - **2**. [sales talk] charlatanería *f*. ◇ *vi* [dog, feet] corretear; [rain] repiquetear.

pattern ['pætən] ◇ *n* - **1**. [design] dibujo *m*, diseño *m*. - **2**. [of life, work] estructura *f*; [of illness, events] desarrollo *m*, evolución *f*. - **3**. [for sewing, knitting] patrón *m*. - **4**. [model] modelo *m*; **to set a** ~ **for** marcar la pauta para. ◇ *vt* - **1**. [ornament] adornar con diseños OR dibujos; [fabrics] estampar. - **2**. [copy]: **to** ~ **o.s. on** OR **after sb** imitar el ejemplo de alguien.

patterned ['pætənd] *adj* estampado(da).

patty ['pætɪ] (*pl* **patties**) *n* - **1**. [pasty] empanada *f*. - **2**. *Am* [hamburger] hamburguesa *f*.

paucity ['pɔːsətɪ] *n fml* escasez *f*.

paunch [pɔːntʃ] *n* barriga *f*, panza *f*.

paunchy ['pɔːntʃɪ] (*compar* **paunchier**, *superl* **paunchiest**) *adj* barrigón(ona).

pauper ['pɔːpəʳ] *n* pobre *mf*, indigente *mf*.

pauperism ['pɔːpərɪzm] *n* indigencia *f*, pauperismo *m*.

pauperize, -ise ['pɔːpəraɪz] *vt* empobrecer, depauperar.

pause [pɔːz] ◇ *n* pausa *f*; **to give sb** ~ *fig* dar que pensar OR hacer preocuparse a alguien. ◇ *vi* - **1**. [stop speaking] hacer una pausa. - **2**. [stop moving, doing sthg] detenerse.

pavan(e) [pə'vɑːn] *n* pavana *f*.

pave [peɪv] *vt* pavimentar; **to** ~ **the way for** *fig* preparar el terreno para.

paved [peɪvd] *adj* pavimentado(da).

pavement ['peɪvmənt] *n* - **1**. *Br* [at side of road] acera *f*, andén *m Amér*. - **2**. *Am* [roadway] calzada *f*.

pavement artist *n Br* artista callejero que dibuja en las aceras.

pavement café *n* café-terraza *m*.

pavilion [pə'vɪljən] *n* - **1.** *Br* [at sports field] vestuarios *mpl*; (cricket) ~ pabellón adyacente a un campo de críquet en el que se encuentran los vestuarios y el bar. - **2.** [at exhibition] pabellón *m*.

paving ['peɪvɪŋ] *n (U)* pavimento *m*.

paving stone *n* losa *f*.

pavlova [pæv'ləʊvə] *n* pastel *m* de nata y merengue.

Pavlovian [pæv'ləʊvɪən] *adj* pavloviano(na).

paw [pɔː] ◇ *n* [foot] pata *f*; [claw] zarpa *f*, garra *f*. ◇ *vt* - **1.** [subj: animal] dar zarpazos a; **to ~ the ground** piafar. - **2.** *pej* [subj: person] manosear, sobar.

pawl [pɔːl] *n* trinquete *m*.

pawn [pɔːn] ◇ *n* - **1.** [chesspiece] peón *m*. - **2.** [unimportant person] marioneta *f*. - **3.** [at pawnbroker's]: **in ~** en empeño. ◇ *vt* empeñar.

pawnbroker ['pɔːn,brəʊkə'] *n* prestamista *mf*.

pawnshop ['pɔːnʃɒp] *n* casa *f* de empeños, monte *m* de piedad.

pawn ticket *n* recibo *m* OR papeleta *f* de (la casa de) empeños.

pawpaw ['pɔːpɔː] *n* papaya *f*.

pay [peɪ] (*pt & pp* **paid** [peɪd]) ◇ *vt* - **1.** [gen] pagar; **to ~ sb for sthg** pagar a alguien por algo; **he paid £20 for it** pagó 20 libras por ello ❑ **to ~ one's way** costearse uno sus propios gastos. - **2.** *Br* [put into bank account]: **to ~ sthg into** ingresar algo en; **he paid in his wages** ingresó su sueldo. - **3.** [be profitable to] ser rentable a. - **4.** [be advantageous to] ser provechoso(sa) a; **it will ~ you not to say anything** más te vale no decir nada. - **5.** [compliment, visit] hacer; [respects] ofrecer; [attention] prestar; [homage] rendir. - **6.** [yield] rendir, rentar. ◇ *vi* - **1.** [gen] pagar; **to ~ for sthg** pagar algo; **you get what you ~ for** uno recibe acorde con lo que paga; **the ticket ~s for itself after two trips** el billete trae cuenta OR se amortiza a partir de los dos viajes ❑ **to ~ dearly for sthg** pagar caro (por) algo; **you'll ~ for this!** ¡ésta me la pagas!; **he paid for his mistake with his life** pagó el error con su vida, el error le costó la vida. - **2.** [be profitable] ser rentable; **crime doesn't ~** no hay crimen sin castigo. ◇ *n* paga *f*.

◆ **pay back** *vt sep* - **1.** [money] devolver, reembolsar. - **2.** [revenge oneself]: **to ~ sb back (for sthg)** hacer pagar a alguien (por algo).

◆ **pay off** ◇ *vt sep* - **1.** [debt] liquidar, saldar. - **2.** [dismiss] despedir con indemnización. - **3.** [bribe] comprar, pagar. ◇ *vi* salir bien, tener éxito.

◆ **pay out** ◇ *vt sep* - **1.** [spend] pagar, desembolsar. - **2.** [rope] soltar. ◇ *vi* [spend money] pagar.

◆ **pay up** *vi* pagar.

payable ['peɪəbl] *adj* - **1.** [to be paid] pagadero(ra). - **2.** [on cheque]: **~ to** a favor de.

paybed ['peɪbed] *n Br* cama utilizada por un paciente de pago en un hospital público.

paycheck ['peɪtʃek] *n Am* paga *f*.

payday ['peɪdeɪ] *n* día *m* de paga.

pay dirt *n Am inf* - **1.** [earth] tierra *f* rica en mineral. - **2.** [discovery] filón *m*, hallazgo *m*.

PAYE (*abbr of* **pay as you earn**) *n* en el Reino Unido, sistema de retención fiscal de parte del sueldo del trabajador por la empresa.

payee [peɪ'iː] *n* beneficiario *m*, -ria *f*.

pay envelope *n Am* sobre *m* de paga.

payer ['peɪə'] *n* pagador *m*, -ra *f*.

paying guest ['peɪŋ-] *n* huésped *mf* de pago.

paying-in-book ['peɪŋ-] *n* libreta *f* de ingresos.

paying-in-slip ['peɪŋ-] *n* hoja *f* de ingreso.

payload ['peɪləʊd] *n* - **1.** [gen] carga *f* útil. - **2.** [explosive in missile] carga *f* explosiva.

paymaster ['peɪ,mɑːstə'] *n* (oficial *m*) pagador *m*.

paymaster general *n* [in UK] ministro encargado de pagar a los empleados de la Administración en el Reino Unido.

payment ['peɪmənt] *n* pago *m*.

payoff ['peɪɒf] *n* - **1.** [result] resultado *m*. - **2.** *Br* [redundancy payment] indemnización *f* (por despido). - **3.** *inf* [bribe] soborno *m*, coima *f Amér*, mordida *f Amér*.

payola [peɪ'əʊlə] *n esp Am inf* soborno *m*, propina *f*.

payout ['peɪaʊt] *n inf* reparto *m* de dinero.

pay packet *n Br* - **1.** [envelope] sobre *m* de paga. - **2.** [wages] paga *f*.

pay phone, pay station *Am n* teléfono *m* público.

pay rise *n* aumento *m* de sueldo.

payroll ['peɪrəʊl] *n* nómina *f*.

payslip ['peɪslɪp] *n Br* hoja *f* de paga.

pay station *n Am* = **pay phone**.

pay television *n* emisión *f* codificada para abonados, cadena *f* OR canal *m* de pago.

PBS (*abbr of* **Public Broadcasting Service**) *n* organismo americano de producción audiovisual.

PBX (*abbr of* **private branch exchange**) *n* ≈ centralita *f*.

pc ◇ *n* (*written abbr of* **per cent**) p.c.

p/c *written abbr of* **petty cash**.

PC ◇ *n* - **1.** (*abbr of* **personal computer**) PC *m*. - **2.** *abbr of* **police constable**. - **3.** *written abbr of* **privy councillor**. ◇ *adj abbr of* **politically correct**.

PCB (*abbr of* **printed circuit board**) *n* PCB *m*.

PCV (*abbr of* **passenger carrying vehicle**) *n* VSP *m*.

pd *written abbr of* **paid**.

PD *abbr of* **police department**.

pdq (*abbr of* **pretty damn quick**) *adv inf* superrápido.

PDSA (*abbr of* **People's Dispensary for Sick Animals**) *n* organización benéfica británica que ofrece tratamiento veterinario gratuito.

PDT (*abbr of* **Pacific Daylight Time**) hora de verano de la costa oeste de EE UU.

PE (*abbr of* **physical education**) *n* EF *f*.

pea [piː] *n* guisante *m*, arveja *f Amér*; **as like as two ~s in a pod** *fig* (parecidos(das)) como dos gotas de agua.

peace [piːs] *n* - **1.** [gen] paz *f*; **to be at ~ (with)** estar en paz (con); **~ be with you!** la paz sea con vosotros/contigo. - **2.** [quiet] calma *f*, tranquilidad *f*; **~ and quiet** paz y tranquilidad; **to hold** OR **keep one's ~** guardar silencio ❑ **~ of mind** tranquilidad *f* (de espíritu). - **3.** [freedom from disagreement] orden *m*; **to make (one's) ~ (with)** hacer las paces (con). - **4.** [law and order] orden *m* público; **to keep the ~** mantener el orden.

peaceable ['piːsəbl] *adj* [not aggressive] pacífico(ca).

peaceably ['piːsəblɪ] *adv* [agree] pacíficamente; [live] en paz.

Peace Corps *n* organización estadounidense para la cooperación con los países en vías de desarrollo.

peace dividend *n* dividendo *m* de paz.

peaceful ['piːsfʊl] *adj* - **1.** [quiet, calm] tranquilo(la). - **2.** [not aggressive] pacífico(ca).

peacefully ['piːsfʊlɪ] *adv* - **1.** [quietly, calmly] tranquilamente. - **2.** [without aggression] pacíficamente.

peacefulness ['piːsfʊlnɪs] *n* - **1.** [quietness] tranquilidad *f*. - **2.** [calmness] sosiego *m*, paz *f*.

peacekeeper ['piːs,kiːpə'] *n* [soldier] soldado *m* de las fuerzas de pacificación; [of United Nations] casco *mf* azul.

peacekeeping force ['piːs,kiːpɪŋ-] *n* fuerzas *fpl* de pacificación.

peace-loving *adj* pacífico(ca), amante de la paz.

peacemaker ['piːs,meɪkə'] *n* pacificador *m*, -ra *f*, conciliador *m*, -ra *f*.

peace offensive *n* ofensiva *f* de paz.

peace offering *n inf* ofrenda *f* de paz.

peace officer *n* agente *mf* del orden público.

peace pipe *n* pipa *f* de la paz.

peacetime ['pi:staɪm] *n* (*U*) tiempos *mpl* de paz.

peace treaty *n* tratado *m* de paz.

peach [pi:tʃ] ◇ *adj* [in colour] de color melocotón. ◇ *n* - **1.** [fruit] melocotón *m*. - **2.** [colour] color *m* melocotón. - **3.** *inf* [expressing approval] apogeo *m*; [maximum] tope *m*. **- 3.** *inf* [expressing approval]: **a ~ of a shot** un chut soberbio; **thanks, you're a ~!** ¡gracias, eres un encanto! ◇ *comp* de melocotón.

Peach Melba *n* copa *f* (de helado) Melba.

peachy ['pi:tʃɪ] (*compar* **peachier**, *superl* **peachiest**) *adj* *inf* [excellent] estupendo(da), perfecto(ta).

peacock ['pi:kɒk] *n* pavo *m* real.

pea green *n* verde *m* claro.

◆ **pea-green** *adj* verde claro.

peahen ['pi:hen] *n* pava *f* real.

peak [pi:k] ◇ *n* - **1.** [mountain top] pico *m*, cima *f*. - **2.** [highest point] apogeo *m*; [maximum] tope *m*, máximo *m*. - **3.** [of cap] visera *f*. ◇ *adj* [season] alto(ta); [condition] perfecto(ta). ◇ *vi* alcanzar el máximo.

peaked [pi:kt] *adj* [cap] con visera.

peak hour *n* hora *f* punta.

peak period *n* [of electricity etc] periodo *m* de tarifa máxima; [of traffic] horas *fpl* punta.

peak rate *n* tarifa *f* máxima.

peaky ['pi:kɪ] (*compar* **peakier**, *superl* **peakiest**) *adj* *Br inf* pachucho(cha).

peal [pi:l] ◇ *n* [of bells] repique *m*; **~ (of laughter)** carcajada *f*; **~ (of thunder)** trueno *m*. ◇ *vi* repicar.

peanut ['pi:nʌt] *n* cacahuete *m*, maní *m* *Amér.*

◆ **peanuts** *n* (*U*) *inf* miseria *f*; **to work for ~s** trabajar por nada OR por una miseria.

peanut butter *n* manteca *f* de cacahuete.

pear [peəʳ] *n* pera *f*.

pearl [pɜːl] *n* perla *f*; **to cast ~s before swine** *fig* echar margaritas a los cerdos.

pearl barley *n* cebada *f* perlada.

pearl diver *n* buscador *m*, -ra *f* OR pescador *m*, -ra *f* de perlas.

pearl grey *n* gris *m* perla.

◆ **pearl-grey** *adj inv* gris perla *(inv)*.

pearly ['pɜ:lɪ] (*compar* **pearlier**, *superl* **pearliest**) *adj* nacarado(da).

Pearly Gates *n inf*: **the ~** las puertas del Paraíso.

pear-shaped *adj* en forma de pera.

peasant ['peznt] *n* - **1.** [in countryside] campesino *m*, -na *f*, guajiro *m*, -ra *f* *Amér.* - **2.** *pej* [ignorant person] paleto *m*, -ta *f*, palurdo *m*, -da *f*.

peasant farmer *n* campesino *m*, -na *f*.

peasantry ['pezntrɪ] *n*: **the ~** los campesinos.

Peasant's Revolt *n Br* HIST: **the ~** *revuelta campesina de 1381 en Inglaterra que vio suprimidos todos sus logros tras el asesinato de su instigador, Wat Tyler.*

pease pudding [pi:z-] *n* puré de guisantes secos servido con jamón.

peashooter ['pi:ˌʃu:təʳ] *n* cerbatana *f*.

pea souper [-'su:pəʳ] *n* [fog] niebla *f* espesa y amarillenta.

peat [pi:t] *n* turba *f*.

peat bog *n* turbera *f*.

peat moss *n* - **1.** BOT musgo *m* de pantano. - **2.** AGR turba *f*.

peaty ['pi:tɪ] (*compar* **peatier**, *superl* **peatiest**) *adj* [soil] con mucha turba; [whisky] con sabor a turba; [smell] a turba.

pebble ['pebl] ◇ *n* guijarro *m*. ◇ *comp*: **~ beach** playa *f* de guijarros; **~ glasses** gafas *fpl* de culo de vaso. ◇ *vt* [road, path] pavimentar con guijarros.

pebbledash ['pebldæʃ] *n Br* enguijarrado *m*.

pebbly ['peblɪ] (*compar* **pebblier**, *superl* **pebbliest**) *adj* guijarroso(sa).

pecan (nut) [pɪ'kæn-] *n* pacana *f*.

peccadillo [ˌpekə'dɪləʊ] (*pl* **peccadillos** OR **peccadilloes**) *n* pecadillo *m*, desliz *m*.

peccary ['pekərɪ] (*pl* **peccaries**) *n* pecarí *m*, saíno *m*.

peck [pek] ◇ *n* - **1.** [with beak] picotazo *m*. - **2.** [kiss] besito *m*. - **3.** [measure] = 9,1 *litros*, ≃ dos celemines. ◇ *vt* - **1.** [with beak] picotear. - **2.** [kiss] dar un besito a. ◇ *vi* picotear.

pecker ['pekəʳ] *n* - **1.** *Br inf* [spirits]: **keep your ~ up!** ¡ánimo!, ¡venga, alegra esa cara! - **2.** *Am v inf* [penis] polla *f Esp*, pichula *f Amér.*

pecking order ['pekɪŋ-] *n* jerarquía *f*.

peckish ['pekɪʃ] *adj Br inf*: **to feel ~** estar algo hambriento(ta).

pectin ['pektɪn] *n* pectina *f*.

pectoral ['pektərəl] ◇ *adj* pectoral. ◇ *n* - **1.** [muscle] músculo *m* pectoral. - **2.** MIL peto *m*.

peculate ['pekjʊleɪt] *vt fml* malversar, desfalcar.

peculiar [pɪ'kju:ljəʳ] *adj* - **1.** [odd] singular, extraño(ña). - **2.** [slightly ill] raro(ra), indispuesto(ta). - **3.** [characteristic]: **to be ~ to** ser propio(pia) de.

peculiarity [pɪˌkju:lɪ'ærətɪ] (*pl* **peculiarities**) *n* - **1.** [eccentricity] extravagancia *f*, manía *f*. - **2.** [characteristic] peculiaridad *f*. - **3.** [oddness] rareza *f*.

peculiarly [pɪ'kju:lɪəlɪ] *adv* - **1.** [especially] particularmente. - **2.** [oddly] de una manera extraña. - **3.** [characteristically] peculiarmente, característicamente.

pecuniary [pɪ'kju:nɪərɪ] *adj* pecuniario(ria).

pedagogic(al) [ˌpedə'gɒdʒɪk(l)] *adj* pedagógico(ca).

pedagogue ['pedəgɒg] *n fml* pedagogo *m*, -ga *f*.

pedagogy ['pedəgɒdʒɪ] *n fml* pedagogía *f*.

pedal ['pedl] (*Br pt & pp* **pedalled**, *cont* **pedalling**, *Am pt & pp* **pedaled**, *cont* **pedaling**) ◇ *n* pedal *m*. ◇ *vi* pedalear.

pedal bin *n* cubo *m* de basura con pedal.

pedal boat *n* patín *m*, hidropedal *m*.

pedal car *n* coche *m* de pedales.

pedalo ['pedələʊ] *n Br* patín *m*.

pedal pushers *npl* pantalones que llegan sólo hasta la pantorrilla.

pedant ['pedənt] *n* puntilloso *m*, -sa *f*.

pedantic [pɪ'dæntɪk] *adj* puntilloso(sa).

pedantry ['pedəntrɪ] *n* excesiva minuciosidad *f*.

peddle ['pedl] *vt* - **1.** [drugs] traficar con; [wares] vender de puerta en puerta. - **2.** [rumours] divulgar, difundir.

peddler ['pedləʳ] *n* - **1.** [drug dealer] traficante *mf* (de drogas). - **2.** *Am* = **pedlar.**

peddling ['pedlɪŋ] *n* [of drugs] tráfico *m*.

pederast ['pedəræst] *n* pederasta *m*.

pederasty ['pedəræstɪ] *n* pederastia *f*.

pedestal ['pedɪstl] ◇ *n* pedestal *m*; **to put sb on a ~** *fig* poner a alguien en un pedestal. ◇ *comp*: **~ basin** lavabo *m* de pie; **~ desk** mesa *f* de despacho; **~ table** velador *m*.

pedestrian [pɪ'destrɪən] ◇ *adj pej* mediocre. ◇ *n* peatón *m*. ◇ *comp* [street, area] peatonal; **~ overpass** paso *m* elevado (*para peatones*).

pedestrian crossing *n Br* paso *m* de peatones.

pedestrianization [pəˌdestrɪənaɪ'zeɪʃn] *n* transformación *f* en zona peatonal.

pedestrianize, -ise [pə'destrɪənaɪz] *vt* peatonizar, convertir en zona peatonal.

pedestrian precinct *Br*, **pedestrian zone** *Am n* zona *f* peatonal.

pediatric [ˌpi:dɪ'ætrɪk] *adj* pediátrico(ca).

pediatrician [ˌpi:dɪə'trɪʃn] *n* pediatra *mf*.

pediatrics [ˌpi:dɪ'ætrɪks] *n* (*U*) pediatría *f*.

pedicure [ˌpedɪˌkjʊəʳ] *n* pedicura *f*.

pedigree ['pedɪgri:] ◇ *adj* de raza. ◇ *n* - **1.** [of animal] pedigrí *m*. - **2.** [of person] linaje *m*.

pediment ['pedɪmənt] n frontispicio m, frontón m.

pedlar Br, **peddler** Am ['pedləʳ] n vendedor m, -ra f ambulante.

pedology [pɪ'dɒlədʒɪ] n - **1.** MED puericultura f, paidología f. - **2.** GEOL edafología f, pedología f.

pedometer [pɪ'dɒmɪtəʳ] n podómetro m, cuentapasos m inv.

pedophile ['piːdəʊˌfaɪl] n pedófilo m, -la f, paidófilo m, -la f.

pedophilia [ˌpiːdəʊ'fɪlɪə] n pedofilia f, paidofilia f.

peduncle [pɪ'dʌŋkl] n pedúnculo m.

pee [piː] inf ◇ n pis m; **to go for a** ~ ir a hacer (un) pis. ◇ vi hacer pis, mear.

peek [piːk] inf ◇ n mirada f, ojeada f. ◇ vi mirar a hurtadillas.

peekaboo ['piːkəbuː] ◇ excl ¡cucú! ◇ n: **to play** ~ jugar a hacer cucú.

peel [piːl] ◇ n [gen] piel f; [of orange, lemon] corteza f; [once removed] mondaduras fpl. ◇ vt pelar, mondar. ◇ vi [walls, paint] desconcharse; [wallpaper] despegarse; [skin, nose] desprenderse, pelarse, despellejarse.
◆ **peel off** ◇ vt sep - **1.** [label] despegar; [cover] quitar. - **2.** [clothes] quitarse. ◇ vi AERON salirse de la formación.

peeler ['piːləʳ] n mondador m.

peelings ['piːlɪŋz] npl peladuras fpl.

peep [piːp] ◇ n - **1.** [look] mirada f furtiva, ojeada f. - **2.** inf [sound] pío m; **I don't want to hear a** ~ **out of you!** inf ¡no digas ni pío! ◇ vi [look] mirar furtivamente.
◆ **peep out** vi asomar.

peepbo ['piːpˌbəʊ] excl & n = **peekaboo.**

peeper ['piːpəʳ] n [peeping Tom] mirón m, voyeur m.
◆ **peepers** npl inf [eyes] ojos mpl.

peephole ['piːphəʊl] n mirilla f.

peeping Tom [ˌpiːpɪŋ'tɒm] n mirón m, voyeur m.

peep show n - **1.** [machine] mundonuevo m, cosmorama m. - **2.** [erotic entertainment] peep show m.

peep sight n alza f de mirilla.

peep-toe(d) shoes npl zapatos mpl abiertos (por la puntera).

peer [pɪəʳ] ◇ n - **1.** [noble] par m; ~ **of the realm** par del reino. - **2.** [equal] igual m. ◇ vi mirar con atención.

peerage ['pɪərɪdʒ] n - **1.** [rank] rango m de par. - **2.** [group]: **the** ~ la nobleza.

peeress ['pɪərɪs] n paresa f.

peer group n grupo generacional o social.

peerless ['pɪəlɪs] adj sin par, sin igual.

peer pressure n presión ejercida por el grupo generacional o social al que uno pertenece.

peeve [piːv] vt inf irritar, poner de mal humor.

peeved [piːvd] adj inf fastidiado(da), disgustado(da).

peevish ['piːvɪʃ] adj malhumorado(da).

peevishness ['piːvɪʃnɪs] n malhumor m, mal humor m.

peg [peg] (pt & pp **pegged,** cont **pegging**) ◇ n - **1.** [hook] gancho m. - **2.** [for washing line] pinza f. - **3.** [on tent] estaca f. - **4.** [on string instrument] clavija f. - **5.** phr: **to be a square** ~ **in a round hole** estar como pez fuera del agua, no encajar; **to bring or take sb down a** ~ bajar los humos a alguien. ◇ vt [prices] fijar, estabilizar.
◆ **peg away** vi Br inf currar; **to** ~ **away at** machacar, afanarse en.
◆ **peg down** vt sep [fasten] sujetar con estacas.
◆ **peg out** vi Br inf estirar la pata.

pegboard ['pegbɔːd] n tablero vertical con agujeros donde se depositan clavijas.

peg leg n pata f de palo.

PEI n written abbr of **Prince Edward Island.**

pejorative [pɪ'dʒɒrətɪv] adj peyorativo(va), despectivo(va).

peke [piːk] n inf (perro m) pequinés m.

Pekinese [ˌpiːkə'niːz] (pl sense 1 inv, pl sense 2 inv OR **Pekineses**) ◇ adj pequinés(esa). ◇ n - **1.** [person] pequinés m, -esa f. - **2.** [dog] pequinés m.

Peking [ˌpiː'kɪŋ] n Pekín.

Pekingese [ˌpiːkɪŋ'iːz] adj & n = **Pekinese.**

pelagic [pe'lædʒɪk] adj pelágico(ca).

pelican ['pelɪkən] (pl inv OR **pelicans**) n pelícano m.

pelican crossing n Br paso de peatones con semáforo accionado por el usuario.

pellagra [pə'lægrə] n pelagra f.

pellet ['pelɪt] n - **1.** [small ball] bolita f. - **2.** [for gun] perdigón m.

pellicle ['pelɪkl] n película f.

pell-mell [ˌpel'mel] adv atropelladamente.

pellucid [pe'luːsɪd] adj transparente.

pelmet ['pelmɪt] n Br [of wood] galería f; [of cloth] guardamalleta f.

Peloponnese [ˌpeləpə'niːz] npl: **the** ~ el Peloponeso.

pelota [pə'lɒtə] n pelota f vasca.

pelt [pelt] ◇ n - **1.** [animal skin] piel f. - **2.** [speed]: **(at) full** ~ a toda pastilla, a todo meter. ◇ vt: **to** ~ **sb with sthg** acribillar a alguien con algo, arrojar algo a alguien. ◇ vi - **1.** [rain] llover a cántaros. - **2.** [run very fast] correr a toda pastilla.

pelves ['pelviːz] pl → **pelvis.**

pelvic ['pelvɪk] adj pélvico(ca).

pelvis ['pelvɪs] (pl **pelvises** OR **pelves** [-viːz]) n pelvis f.

pen [pen] (pt & pp **penned,** cont **penning**) ◇ n - **1.** [ballpoint] bolígrafo m, lapicera f Amér; [fountain pen] pluma f; [felt-tip] rotulador m; **the** ~ **is mightier than the sword** proverb la pluma es más poderosa que la espada; **to put** ~ **to paper** ponerse a escribir. - **2.** [enclosure] redil m, corral m. - **3.** Am inf [jail] trena f, chirona f. - **4.** [for submarines] refugio m. ◇ vt - **1.** literary [write] escribir. - **2.** [enclose] encerrar.
◆ **pen in** vt sep encerrar.

penal ['piːnl] adj penal.

penal code n código m penal.

penal colony n (colonia f) penal m.

penalization [ˌpiːnəlar'zeɪʃn] n - **1.** [gen & SPORT] penalización f. - **2.** [JUR - fine] multa f; [- imprisonment] condena f.

penalize ['piːnəlaɪz], **penalizeise** vt - **1.** [gen] penalizar; SPORT penalizar, castigar. - **2.** [JUR - with fine] multar; [- with imprisonment] condenar. - **3.** [put at a disadvantage] perjudicar.

penal servitude n trabajos mpl forzados.

penal settlement n colonia f penal.

penalty ['penltɪ] (pl **penalties**) n - **1.** [punishment] pena f; **under** ~ **of** so pena de, bajo pena de; **to pay the** ~ **(for sthg)** fig pagar las consecuencias (de algo). - **2.** [fine] multa f. - **3.** SPORT penalty m; RUGBY golpe m de castigo.

penalty area, penalty box n Br FTBL área f de castigo.

penalty clause n cláusula f penal.

penalty goal n RUGBY gol m de penalty.

penalty kick n penalty m.

penalty points npl - **1.** [in quiz, game] (puntos mpl de) penalización f. - **2.** [for drivers] puntos de penalización en el sistema de permiso de conducir por puntos.

penance ['penəns] n penitencia f.

pen-and-ink adj a pluma.

pence [pens] Br pl → **penny.**

penchant [Br pãʃã, Am 'pentʃənt] n: **to have a** ~ **for** tener debilidad por.

pencil ['pensl] (Br pt & pp **pencilled,** cont **pencilling,** Am pt & pp **penciled,** cont **penciling**) ◇ n - **1.** [writing instrument] lápiz m, lapicero m; **in** ~ a lápiz. - **2.** [ray]: ~ **of light** haz m de luz. ◇ vt - **1.** [write] escribir a lápiz. - **2.** [sketch] esbozar a lápiz.
◆ **pencil in** vt sep apuntar.

pencil box, pencil case n estuche m, plumier m.

pencil pusher n inf chupatintas mf inv.

pencil sharpener n sacapuntas m inv.

pendant ['pendənt] ◇ *n* [jewel on chain] colgante *m*. ◇ *adj* = **pendent**.

pendent ['pendənt] *adj* - **1.** [suspended] pendiente, colgante. - **2.** [projecting] sobresaliente.

pending ['pendɪŋ] *fml* ◇ *adj* - **1.** [about to happen] inminente. - **2.** [waiting to be dealt with] pendiente. ◇ *prep* a la espera de.

pending tray *n Br* bandeja *f* OR cajón *m* de asuntos pendientes.

pendular ['pendjʊləʳ] *adj* pendular.

pendulous ['pendjʊləs] *adj* colgante, pendiente.

pendulum ['pendjʊləm] (*pl* **pendulums**) *n* [of clock] péndulo *m*.

Penelope [pə'neləpɪ] *n* Penélope *f*.

penetrability [,penɪtrə'bɪlətɪ] *n* penetrabilidad *f*.

penetrable ['penɪtrəbl] *adj* penetrable.

penetrant ['penɪtrənt] *adj* penetrante.

penetrate ['penɪtreɪt] ◇ *vt* - **1.** [barrier] salvar, atravesar; [jungle, crowd] adentrarse en, introducirse en; [subj: wind, rain, sharp object] penetrar en. - **2.** [infiltrate] infiltrarse en. - **3.** [understand] entender, descubrir. - **4.** [affect deeply] conmover. ◇ *vi inf* [be understood] hacer mella.

penetrating ['penɪtreɪtɪŋ] *adj* - **1.** [gen] penetrante. - **2.** [sound] penetrante, agudo(da).

penetratingly ['penɪtreɪtɪŋlɪ] *adv* - **1.** [loudly]: **to scream ~** gritar de un modo penetrante. - **2.** *fig* de un modo penetrante; **she looked at him ~** ella le dirigió una mirada penetrante.

penetration [,penɪ'treɪʃn] *n* - **1.** [act of penetrating] penetración *f*. - **2.** *fml* [insight] agudeza *f*, perspicacia *f*.

penetrative ['penɪtrətɪv] *adj* penetrante.

pen friend *n* amigo *m*, -ga *f* por correspondencia.

penguin ['peŋgwɪn] *n* pingüino *m*.

penholder ['pen,həʊldəʳ] *n* portaplumas *m inv*.

penicillia [,penɪ'sɪlɪə] *pl* → **penicillium**.

penicillin [,penɪ'sɪlɪn] *n* penicilina *f*.

penicillium [,penɪ'sɪlɪəm] (*pl* **penicilliums** OR **penicillia** [-'sɪlɪə]) *n* penicillium *m*.

penile ['piːnaɪl] *adj* fálico(ca).

peninsula [pə'nɪnsjʊlə] (*pl* **peninsulas**) *n* península *f*.

peninsular [pə'nɪnsjʊləʳ] *adj* peninsular.

◆ **Peninsular** *adj*: **the Peninsular War** la guerra de la Independencia (española).

penis ['piːnɪs] (*pl* **penises**) *n* pene *m*.

penis envy *n* envidia *f* del pene.

penitence ['penɪtəns] *n* penitencia *f*.

penitent ['penɪtənt] ◇ *adj fml* penitente. ◇ *n* RELIG penitente *mf*.

penitential [,penɪ'tenʃl] *adj* penitencial.

penitentiary [,penɪ'tenʃərɪ] (*pl* **penitentiaries**) *n Am* penitenciaría *f*.

penitently ['penɪtəntlɪ] *adv* [say] compungidamente; [submit, kneel] arrepentidamente, penitentemente.

penknife ['pennaɪf] (*pl* **penknives** [-naɪvz]) *n* navaja *f*, chaveta *f* Amér.

penlight ['penlaɪt] *n* linterna pequeña con forma de estilográfica.

penman ['penmən] (*pl* **penmen** [-mən]) *n* - **1.** [scribe] calígrafo *m*. - **2.** [author] escritor *m*.

penmanship ['penmənʃɪp] *n* caligrafía *f*.

penmen ['penmən] *pl* → **penman**.

pen name *n* seudónimo *m*.

pennant ['penənt] *n* - **1.** [small flag] banderín *m*. - **2.** [banner] pendón *m*, gallardete *m*.

penniless ['penɪlɪs] *adj* sin dinero.

Pennines ['penaɪnz] *npl*: **the ~** los Peninos.

pennon ['penən] *n* - **1.** [on lance] pendón *m*, grímpola *f*. - **2.** [on ship] banderín *m*.

Pennsylvania [,pensɪl'veɪnjə] *n* Pensilvania.

penny ['penɪ] (*pl sense 1* **pennies**, *pl sense 2* **pence** [pens]) *n* - **1.** [coin] *Br* penique *m*, *Am* centavo *m*. - **2.** *Br* [value] penique *m*. - **3.** *phr*: **a ~ for your thoughts** ¿en qué estás pensando?; **as I listened, the ~ dropped** *Br inf* mientras le escuchaba, caí en la cuenta; **to cost a pretty ~** costar un ojo de la cara; **not to have a ~ to one's name** no tener un céntimo; **in for a ~, in for a pound** de perdidos al río; **to pinch pennies** andar con tacañerías, escatimar gastos; **to spend a ~** *Br inf* ir al wáter; **to turn up like a bad ~** salir hasta en la sopa; **two** OR **ten a ~** *Br inf* a porrillo; **people like him are two** OR **ten a ~** el mundo está lleno de gente como él.

penny arcade *n Am* sala *f* de juegos.

Penny Black *n* primer sello de correos británico emitido en 1840.

penny-farthing *n Br* biciclo *m*, velocípedo *m*.

penny loafers *npl Am* mocasines *mpl*.

penny-pinching [-,pɪntʃɪŋ] ◇ *adj* tacaño(ña), mezquino(na). ◇ *n* tacañería *f*, miseria *f*.

pennyweight ['penweɪt] *n Br* = 1,56 gramos.

penny whistle *n* caramillo *m*.

penny-wise *adj*: **to be ~ and pound-foolish** hacer economías de chicha y nabo.

pennyworth ['penwɜːθ, 'penəθ] *n Br* - **1.** *dated* [amount a penny will buy]: **a ~ of sweets** un penique de caramelos. - **2.** *inf fig* [small quantity] pizca *f*.

penology [piː'nɒlədʒɪ] *n* penología *f*.

pen pal *n inf* amigo *m*, -ga *f* por correspondencia.

pen pusher *n pej* chupatintas *mf inv*.

pension ['penʃn] *n* - **1.** *Br* [gen] pensión *f*. - **2.** [disability pension] subsidio *m*.

◆ **pension off** *vt sep* jubilar.

pensionable ['penʃənəbl] *adj* [age] de jubilación; [job] con derecho a pensión.

pension book *n Br* libreta *f* de pensiones.

pensioned ['penʃənd] *adj* jubilado(da), retirado(da).

pensioner ['penʃənəʳ] *n Br* pensionista *mf*.

pension fund *n* fondo *m* de pensiones.

pension plan, pension scheme *n* plan *m* de pensiones.

pensive ['pensɪv] *adj* pensativo(va).

pensively ['pensɪvlɪ] *adv* pensativamente.

pensiveness ['pensɪvnɪs] *n* aire *m* meditabundo.

pentacle ['pentəkl] *n* pentáculo *m*.

pentad ['pentæd] *n* grupo *m* de cinco.

pentagon ['pentəgən] *n* pentágono *m*.

◆ **Pentagon** *n Am*: **the Pentagon** el Pentágono, sede del ministerio de defensa estadounidense.

pentagonal [pen'tægənl] *adj* pentagonal.

pentagram ['pentəgræm] *n* estrella *f* de cinco puntas.

pentahedron [,pentə'hiːdrən] (*pl* **pentahedrons** OR **pentahedra** [-drə]) *n* pentaedro *m*.

pentameter [pen'tæmɪtəʳ] *n* pentámetro *m*.

pentane ['penteɪn] *n* pentano *m*.

pentathlete [pen'tæθliːt] *n* atleta *mf* de pentatlón.

pentathlon [pen'tæθlɒn] (*pl* **pentathlons**) *n* pentatlón *m*.

Pentecost ['pentɪkɒst] *n* Pentecostés *m*.

Pentecostalist [,pentɪ'kɒstəlɪst] ◇ *adj* pentecostista. ◇ *n* pentecostista *mf*.

penthouse ['penthaʊs, *pl* -haʊzɪz] *n* - **1.** [apartment] ático *m*. - **2.** [for machinery] cobertizo *m* de maquinaria.

pent up [pent-] *adj* reprimido(da).

penult ['penʌlt], **penultima** [pɪ'nʌltɪmə] *n* penúltima sílaba *f*.

penultimate [pe'nʌltɪmət] *adj* penúltimo(ma).

penumbra [pɪ'nʌmbrə] *n* penumbra *f*.

penurious [pɪ'njʊərɪəs] *adj fml* [very poor] indigente.

penury ['penjʊrɪ] *n fml* penuria *f*, miseria *f*.

peon ['pi:ɒn] *n* [labourer] peón *m*, bracero *m*.

peonage ['pi:ənɪdʒ], **peonism** ['pi:ənɪzm] *n* - **1.** [condition] condición *f* de peón. - **2.** [system] *sistema de pago de deudas por medio del trabajo*.

peony ['pi:ənɪ] (*pl* **peonies**) *n* peonía *f*.

people ['pi:pl] ◇ *n* [nation, race] pueblo *m*. ◇ *npl* - **1.** [gen] gente *f*; [individuals] personas *fpl*; **a table for eight** ~ una mesa para ocho personas; **rich/blind** ~ los ricos/ciegos; **many/most** ~ **disagree** mucha gente/la mayoría de la gente no está de acuerdo; **it's Meg of all** ~ es nada menos que Meg, ¡anda, pero si es Meg!; **you of all** ~ **should know that** tú más OR mejor que nadie deberías saberlo; **really, some** ~! ¡desde luego!, hay gente para todo; ~ **say that…** dice la gente que… - **2.** [inhabitants] habitantes *mpl*. - **3.** POL: **the** ~ el pueblo. - **4.** [family] familia *f*, gente *f*. ◇ *vt* poblar; **to be** ~**d by** OR **with** estar poblado(da) de.

People's Republic of China *n*: **the** ~ la República Popular China.

pep [pep] (*pt & pp* **pepped**, *cont* **pepping**) *n inf* vitalidad *f*.
◆ **pep up** *vt sep* animar.

PEP [pep] (*abbr of* **personal equity plan**) *n plan personal de inversión*.

peplum ['pepləm] *n* peplo *m*.

pepper ['pepər] ◇ *n* - **1.** [spice] pimienta *f*; **black/white** ~ pimienta negra/blanca. - **2.** [vegetable] pimiento *m*; **red/green** ~ pimiento rojo/verde. ◇ *vt* - **1.** [season] sazonar con pimienta. - **2.** [enliven] salpicar. - **3.** [pelt] acribillar.

pepper-and-salt *adj* entrecano(na).

pepperbox *n Am* = **pepper pot**.

peppercorn ['pepəkɔːn] *n* - **1.** CULIN grano *m* de pimienta. - **2.** [trifle] bagatela *f*.

peppercorn rent *n Br* alquiler *m* muy bajo.

peppered ['pepəd] *adj* - **1.** [with mistakes, statistics]: ~ **(with)** salpicado(da) (de). - **2.** [with bullets]: ~ **(with)** acribillado(da) (de).

pepper mill *n* molinillo *m* de pimienta.

peppermint ['pepəmɪnt] *n* - **1.** [sweet] pastilla *f* de menta. - **2.** [herb] menta *f*.

pepper pot *Br*, **pepperbox** *Am* ['pepəbɒks] *n* pimentero *m*.

peppery ['pepərɪ] *adj* - **1.** [spicy] picante. - **2.** [irritable] irascible, de mal humor. - **3.** [stinging] mordaz, picante.

pep pill *n inf* estimulante *m*.

peppy ['pepɪ] (*compar* **peppier**, *superl* **peppiest**) *adj inf* lleno(na) de vida, vivaz.

pepsin ['pepsɪn] *n* pepsina *f*.

pep talk *n inf* palabras *fpl* de ánimo; **to give sb a** ~ animar a alguien.

peptic ulcer ['peptɪk-] *n* úlcera *f* de estómago.

per [pɜːr] *prep* [expressing rate, ratio] por; ~ **hour/kilo/person** por hora/kilo/persona; ~ **day** al día; **as** ~ **instructions** de acuerdo con OR según las instrucciones; **as** ~ **usual** como de costumbre.

perambulate [pəˈræmbjʊleɪt] *fml* ◇ *vt* deambular por, recorrer. ◇ *vi* deambular, pasearse.

perambulator [pəˈræmbjʊˌleɪtər] *n Br fml* cochecito *m* de niño.

per annum [pərˈænəm] *adv* al OR por año.

P-E ratio (*abbr of* **price-earnings ratio**) *n* índice *m* de beneficio.

percale [pəˈkeɪl] *n* percal *m*.

per capita [pəˈkæpɪtə] ◇ *adj* per cápita. ◇ *adv* por cabeza.

perceive [pəˈsiːv] *vt* - **1.** [notice] percibir, apreciar. - **2.** [understand, realize] advertir, apreciar. - **3.** [see]: **to** ~ **sthg/sb as** ver algo/a alguien como.

per cent [pəˈsent] ◇ *adv* por ciento. ◇ *n* tanto *m* por ciento; **sixty** ~ **of the members** el sesenta por ciento de los socios; **at 5** ~ **interest** con un interés del 5 por ciento.

percentage [pəˈsentɪdʒ] ◇ *n* - **1.** [proportion] porcentaje *m*; **a** ~ **of the profits** un tanto por ciento de las ganancias.

- **2.** *inf* [advantage] provecho *m*, ventaja *f*. ◇ *comp* porcentual; ~ **point** punto *m* porcentual.

percentile [pəˈsentaɪl] *n* percentila *f*.

percept ['pɜːsept] *n* percepción *f*.

perceptible [pəˈseptəbl] *adj* perceptible, apreciable.

perceptibly [pəˈseptəblɪ] *adv* [diminish, change] sensiblemente; [move] perceptiblemente.

perception [pəˈsepʃn] *n* - **1.** [act of seeing] percepción *f*. - **2.** [insight] perspicacia *f*. - **3.** [opinion] idea *f*.

perceptive [pəˈseptɪv] *adj* perspicaz.

perceptively [pəˈseptɪvlɪ] *adv* sagazmente.

perceptivity [ˌpɜːsepˈtɪvətɪ] *n* perceptividad *f*.

perceptual [pəˈseptjʊəl] *adj* de percepción, sensorial.

perch [pɜːtʃ] (*pl sense 3 only inv* OR **perches**) ◇ *n* - **1.** [for bird] percha *f*, vara *f*. - **2.** [high position] posición *f* elevada. - **3.** [fish] perca *f*. - **4.** *phr*: **I knocked her from** OR **off her** yo la puse en su sitio, yo le bajé los humos. ◇ *vi*: **to** ~ **(on)** [bird] posarse (en); [person] sentarse (en). ◇ *vt* colocar en un sitio elevado.

perchance [pəˈtʃɑːns] *adv literary* quizás, acaso.

percipient [pəˈsɪpɪənt] *adj fml* perspicaz.

percolate ['pɜːkəleɪt] *vi* - **1.** [coffee] filtrarse. - **2.** [ideas, information] filtrarse. - **3.** *Am inf* [become lively] animarse, avivarse.

percolation [ˌpɜːkəˈleɪʃn] *n* filtración *f*, filtrado *m*.

percolator ['pɜːkəleɪtər] *n* percolador *m*.

percuss [pəˈkʌs] *vt* percutir.

percussion [pəˈkʌʃn] *n* MUS percusión *f*; **the** ~ la percusión.

percussion cap *n* pistón *m*, cápsula *f* fulminante.

percussion instrument *n* instrumento *m* de percusión.

percussionist [pəˈkʌʃənɪst] *n* percusionista *mf*.

percussive [pəˈkʌsɪv] *adj* percutiente, de percusión.

per diem [ˌpɜːˈdiːem] ◇ *n* dieta *f*. ◇ *comp* diario(ria). ◇ *adv* diariamente.

perdition [pəˈdɪʃn] *n* perdición *f*.

perdurable [pəˈdjʊərəbl] *adj fml* perdurable.

peregrinate ['perɪgrɪneɪt] *vi* peregrinar.

peregrination [ˌperɪgrɪˈneɪʃn] *n*, **peregrinations** [ˌperɪgrɪˈneɪʃnz] *npl lit & hum* peregrinación *m*, peregrinaciones *mpl*.

peregrine falcon ['perɪgrɪn-] *n* halcón *m* peregrino.

peremptorily [pəˈremptrəlɪ] *adv* de modo perentorio, imperiosamente.

peremptory [pəˈremptərɪ] *adj* perentorio(ria).

perennial [pəˈrenjəl] ◇ *adj* [gen & BOT] perenne. ◇ *n* BOT planta *f* perenne.

perestroika [ˌperəˈstrɔɪkə] *n* perestroika *f*.

perfect [*adj & n* 'pɜːfɪkt, *vb* pəˈfekt] ◇ *adj* - **1.** [gen] perfecto(ta); **he's a** ~ **stranger to me** me es completamente desconocido; **it makes** ~ **sense** es totalmente lógico. - **2.** MATH, GRAMM & MUS perfecto(ta). ◇ *n* GRAMM: **the** ~ **(tense)** el perfecto. ◇ *vt* perfeccionar.

perfect competition *n* ECON competencia *f* perfecta.

perfectibility [pəˌfektəˈbɪlətɪ] *n* perfectibilidad *f*.

perfectible [pəˈfektəbl] *adj* perfectible.

perfection [pəˈfekʃn] *n* - **1.** [state, quality] perfección *f*; **to** ~ a la perfección. - **2.** [action] perfeccionamiento *m*.

perfectionism [pəˈfekʃənɪzm] *n* perfeccionismo *m*.

perfectionist [pəˈfekʃənɪst] *n* perfeccionista *mf*.

perfectly ['pɜːfɪktlɪ] *adv* - **1.** [for emphasis] absolutamente; ~ **well** perfectamente bien. - **2.** [to perfection] perfectamente.

perfidious [pəˈfɪdɪəs] *adj* pérfido(da).

perfidy ['pɜːfɪdɪ] *n* perfidia *f*.

perforate ['pɜːfəreɪt] *vt* perforar.

perforated ['pɜːfəreɪtɪd] *adj* perforado(da).

perforation [ˌpɜːfəˈreɪʃn] *n* [in paper] perforación *f*.

perforator ['pɜːfəˌreɪtər] *n* [machine] perforadora *f*.

perforce [pə'fɔːs] *adv literary* forzosamente, por fuerza.

perform [pə'fɔːm] ◇ *vt* - **1.** [carry out] llevar a cabo, realizar. - **2.** [music, dance] interpretar; [play] representar. ◇ *vi* - **1.** [function - car, machine] funcionar; [- person, team] desenvolverse. - **2.** [in front of audience] actuar.

performance [pə'fɔːməns] *n* - **1.** [carrying out] realización *f*, ejecución *f*; **in the ~ of his duties** en el ejercicio de sus funciones. - **2.** [show] representación *f*. - **3.** [of actor, singer etc] interpretación *f*, actuación *f*. - **4.** [of car, engine] rendimiento *m*. - **5.** LING actuación *f*.

performance appraisal *n* [system] evaluación *f* de rendimiento.

performance art *n* arte *m* teatral.

performance car *n* coche *m* de máximo rendimiento.

performance-related *adj* [pay, bonus] según rendimiento.

performance test *n* PSYCH prueba *f* de rendimiento manual.

performer [pə'fɔːməʳ] *n* [actor, singer etc] intérprete *mf*.

performing [pə'fɔːmɪŋ] *adj* [bear, dog etc] amaestrado(da).

performing arts *npl*: **the ~** las artes teatrales.

performing rights *npl* THEATRE derechos *mpl* de representación; MUS derechos *mpl* de interpretación.

perfume [*n* 'pɜːfjuːm, *vb* pə'fjuːm] ◇ *n* perfume *m*. ◇ *vt* perfumar. ◇ *comp*: **~ spray** atomizador *m*.

perfumed [*Br* 'pɜːfjuːmd, *Am* pərˈfjuːmd] *adj* perfumado(da).

perfumery [pə'fjuːmərɪ] (*pl* **perfumeries**) *n* perfumería *f*.

perfunctory [pə'fʌŋktərɪ] *adj* superficial, hecho(cha) a la ligera.

perfuse [pə'fjuːz] *vt* - **1.** [suffuse] inundar, bañar. - **2.** [diffuse] introducir, hacer penetrar.

perfusion [pə'fjuːʒn] *n* perfusión *f*.

pergola ['pɜːgələ] *n* pérgola *f*.

perhaps [pə'hæps] *adv* - **1.** [maybe] quizás, quizá; **~ she'll do it** quizás (ella) lo haga; **~ so/not** tal vez sí/no. - **2.** [in polite requests, suggestions, remarks]: **~ you could help?** ¿te importaría ayudar?; **~ you should start again** ¿por qué no empiezas de nuevo?

pericardium [perɪ'kɑːdjəm] *n* pericardio *m*.

pericranium [perɪ'kreɪnɪəm] *n* pericráneo *m*.

peridotite [perɪ'dəʊtaɪt] *n* peridotita *f*.

perigee ['perɪdʒiː] *n* perigeo *m*.

perihelion [perɪ'hiːljən] (*pl* **perihelia** [-ljə]) *n* perihelio *m*.

peril ['perɪl] *n literary* peligro *m*; **in ~** en peligro; **at one's ~** a su propio riesgo.

perilous ['perələs] *adj literary* peligroso(sa).

perilously ['perələslɪ] *adv literary* peligrosamente.

perimeter [pə'rɪmɪtəʳ] ◇ *n* perímetro *m*. ◇ *comp*: **~ fence** OR **wall** cerca *f*.

period ['pɪərɪəd] ◇ *n* - **1.** [of time] periodo *m*, período *m*. - **2.** HIST época *f*; **during that ~** por aquella época, por aquel entonces. - **3.** ASTRON, PHYSICS & GEOL periodo *m*, período *m*. - **4.** SCH clase *f*, hora *f*. - **5.** [menstruation] periodo *m*. - **6.** *Am* [full stop] punto *m*. ◇ *comp* de época.

periodic [pɪərɪ'ɒdɪk] *adj* periódico(ca).

periodical [pɪərɪ'ɒdɪkl] ◇ *adj* = **periodic**. ◇ *n* [magazine] revista *f*, publicación *f* periódica.

periodically [pɪərɪ'ɒdɪklɪ] *adv* periódicamente.

periodicity [pɪərɪə'dɪsətɪ] *n* periodicidad *f*.

periodic law *n* ley *f* periódica.

periodic table *n* tabla *f* periódica.

periodontal [perɪə'dɒntl] *adj* periodontal.

period pains *npl* dolores *mpl* menstruales.

period piece *n* obra *f* de época.

periosteum [perɪ'ɒstɪəm] *n* periostio *m*.

peripatetic [perɪpə'tetɪk] *adj* ambulante, itinerante.

peripheral [pə'rɪfərəl] ◇ *adj* - **1.** [of little importance] mar-

ginal. - **2.** [at edge] periférico(ca). ◇ *n* COMPUT periférico *m*.

periphery [pə'rɪfərɪ] (*pl* **peripheries**) *n* - **1.** [edge] periferia *f*. - **2.** [unimportant area] márgenes *mpl*.

periphrasis [pə'rɪfrəsɪs] (*pl* **periphrases** [-siːz]) *n* perífrasis *f inv*.

periphrastic [perɪ'fræstɪk] *adj* perifrástico(ca).

periscope ['perɪskəʊp] *n* periscopio *m*.

perish ['perɪʃ] *vi* - **1.** [die] perecer. - **2.** [decay] deteriorarse.

perishable ['perɪʃəbl] *adj* perecedero(ra).

◆ **perishables** *npl* productos *mpl* perecederos.

perished ['perɪʃt] *adj Br inf* [cold] helado(da).

perisher ['perɪʃəʳ] *n Br inf* pícaro(ra), bribón(ona).

perishing ['perɪʃɪŋ] *adj Br inf* - **1.** [cold]: **it's ~ (cold)** hace un frío que pela. - **2.** [damn] condenado(da).

peristalsis [perɪ'stælsɪs] (*pl* **peristalses** [-siːz]) *n* movimientos *mpl* peristálticos, perístoles *fpl*.

peristyle ['perɪstaɪl] *n* peristilo *m*.

peritoneum [perɪtə'niːəm] *n* peritoneo *m*.

peritonitis [perɪtə'naɪtɪs] *n* peritonitis *f inv*.

periwig ['perɪwɪg] *n* peluca *f*.

periwinkle ['perɪ,wɪŋkl] *n* - **1.** ZOOL bígaro *m*. - **2.** BOT vincapervinca *f*.

perjure ['pɜːdʒəʳ] *vt* JUR: **to ~ o.s.** perjurarse.

perjured ['pɜːdʒəd] *adj*: **~ evidence** falso testimonio *m*.

perjurer ['pɜːdʒərəʳ] *n* perjuro *m*, -ra *f*.

perjurious [pɜː'dʒʊərɪəs] *adj* perjuro(ra).

perjury ['pɜːdʒərɪ] *n* JUR perjurio *m*; **to commit ~** jurar en falso, perjurar.

perk [pɜːk] *n inf* extra *m*, beneficio *m* adicional.

◆ **perk up** *inf* ◇ *vi* animarse. ◇ *vt* - **1.** [cheer up] animar. - **2.** [make smarter] adornar, engalanar.

perky ['pɜːkɪ] (*compar* **perkier**, *superl* **perkiest**) *adj inf* alegre, animado(da).

perm [pɜːm] ◇ *n* permanente *f*. ◇ *vt*: **to have one's hair ~ed** hacerse la permanente.

permafrost ['pɜːməfrɒst] *n* permafrost *m*, pergelisuelo *m*.

permanence ['pɜːmənəns] *n* permanencia *f*.

permanency ['pɜːmənənsɪ] *n* - **1.** = **permanence**. - **2.** [something permanent] cosa *f* permanente.

permanent ['pɜːmənənt] ◇ *adj* - **1.** [gen] permanente; [job, address] fijo(ja). - **2.** [continuous, constant] constante. ◇ *n Am* [perm] permanente *f*.

permanent ink *n* tinta *f* permanente OR indeleble.

permanently ['pɜːmənəntlɪ] *adv* permanentemente.

permanent press *n* planchado *m* permanente.

permanent tooth *n* diente *m* permanente.

Permanent Undersecretary *n Br* ≈ subsecretario *m*, -ria *f* permanente.

permanent wave *n* permanente *f*.

permanent way *n Br* vía *f* férrea.

permanganate [pɜː'mæŋgəneɪt] *n* permanganato *m*.

permeability [pɜːmjə'bɪlətɪ] *n* permeabilidad *f*.

permeable ['pɜːmjəbl] *adj* permeable.

permeate ['pɜːmɪeɪt] *vt* impregnar.

permissible [pə'mɪsəbl] *adj* permisible.

permission [pə'mɪʃn] *n*: **~ (to do sthg)** permiso *m* (para hacer algo); *see* USAGE *overleaf*.

permissive [pə'mɪsɪv] *adj* permisivo(va); **the ~ society** la sociedad permisiva.

permissively [pə'mɪsɪvlɪ] *adv* permisivamente, con permisividad.

permissiveness [pə'mɪsɪvnɪs] *n* permisividad *f*.

permit [*vb* pə'mɪt, *n* 'pɜːmɪt] (*pt & pp* **permitted**, *cont* **permitting**) ◇ *vt* permitir; **to ~ sb sthg/to do sthg** permitir a alguien algo/hacer algo; **to be permitted** estar permitido(da), permitirse; **swimming is not permitted here** aquí no se permite nadar. ◇ *n* permiso *m*. ◇ *vi* permitir; **if circumstances ~** si las circunstancias lo permiten; **weather permitting** si el tiempo lo permite.

permutation [ˌpɜːmjuːˈteɪʃn] *n* permutación *f*.
permute [pəˈmjuːt] *vt* permutar.
pernicious [pəˈnɪʃəs] *adj fml* pernicioso(sa).
pernicious anaemia *n* anemia *f* perniciosa.
pernickety [pəˈnɪkətɪ] *adj inf* quisquilloso(sa).
perorate [ˈperəreɪt] *vi fml* perorar.
peroration [ˌperəˈreɪʃn] *n fml* peroración *f*.
peroxide [pəˈrɒksaɪd] ◇ *n* - **1.** CHEM peróxido *m*. - **2.** [hydrogen peroxide] peróxido *m* de hidrógeno, agua *f* oxigenada. ◇ *vt* [bleach] descolorar, aclarar con agua oxigenada.
peroxide blonde *n* rubia *f* teñida.
perpendicular [ˌpɜːpənˈdɪkjʊləʳ] ◇ *adj* - **1.** MATH: ~ **(to)** perpendicular (a). - **2.** [upright] vertical. ◇ *n* MATH perpendicular *f*.
perpendicularity [ˌpɜːpənˌdɪkjʊˈlærətɪ] *n* perpendicularidad *f*.
perpetrate [ˈpɜːpɪtreɪt] *vt fml* perpetrar.
perpetration [ˌpɜːpɪˈtreɪʃn] *n fml* perpetración *f*.
perpetrator [ˈpɜːpɪtreɪtəʳ] *n fml* perpetrador *m*, -ra *f*, autor *m*, -ra *f*.
perpetual [pəˈpetʃʊəl] *adj* - **1.** *pej* [constant] constante. - **2.** [everlasting] perpetuo(tua).
perpetual calendar *n* calendario *m* perpetuo.
perpetually [pəˈpetʃʊəlɪ] *adv* - **1.** *pej* [constantly] continuamente, constantemente. - **2.** [for ever] perpetuamente.
perpetual motion *n* movimiento *m* continuo.
perpetuate [pəˈpetʃʊeɪt] *vt* perpetuar.
perpetuation [pəˌpetʃʊˈeɪʃn] *n* perpetuación *f*.
perpetuity [ˌpɜːpɪˈtjuːətɪ] *n fml*: **in** ~ a perpetuidad.
perplex [pəˈpleks] *vt* confundir, dejar perplejo(ja).
perplexed [pəˈplekst] *adj* perplejo(ja).

perplexing [pəˈpleksɪŋ] *adj* desconcertante.
perplexity [pəˈpleksətɪ] *n* perplejidad *f*.
perquisite [ˈpɜːkwɪzɪt] *n fml* beneficio *m* adicional.
per se [pɜːˈseɪ] *adv* en sí.
persecute [ˈpɜːsɪkjuːt] *vt* perseguir.
persecution [ˌpɜːsɪˈkjuːʃn] *n* persecución *f*.
persecution complex *n* manía *f* persecutoria.
persecutor [ˈpɜːsɪkjuːtəʳ] *n* perseguidor *m*, -ra *f*.
Perseus [ˈpɜːsjuːs] *n* MYTH Perseo *m*.
perseverance [ˌpɜːsɪˈvɪərəns] *n* perseverancia *f*.
persevere [ˌpɜːsɪˈvɪəʳ] *vi*: **to** ~ **(with sthg/in doing sthg)** perseverar (en algo/en hacer algo).
persevering [ˌpɜːsɪˈvɪərɪŋ] *adj* perseverante, tenaz.
Persia [ˈpɜːʃə] *n* Persia.
Persian [ˈpɜːʃn] ◇ *adj* persa. ◇ *n* [language] persa *m*.
Persian carpet *n* alfombra *f* persa.
Persian cat *n* gato *m* persa.
Persian Gulf *n*: **the** ~ el golfo Pérsico.
persimmon [pəˈsɪmən] *n* caqui *m*.
persist [pəˈsɪst] *vi* - **1.** [problem, rain] persistir. - **2.** [person]: **to** ~ **in doing sthg** empeñarse en hacer algo.
persistence [pəˈsɪstəns] *n* - **1.** [continuation] persistencia *f*. - **2.** [determination] perseverancia *f*.
persistent [pəˈsɪstənt] *adj* - **1.** [constant] continuo(nua); ~ **offender** reicidente *mf*, delincuente *mf* habitual. - **2.** [determined] persistente.
persistently [pəˈsɪstəntlɪ] *adv* - **1.** [constantly] continuamente. - **2.** [determinedly] con persistencia, persistentemente.
persnickety [pəˈsnɪkɪtɪ] *adj Am inf* quisquilloso(sa).
person [ˈpɜːsn] (*pl* **people** [ˈpiːpl] OR **persons** *fml*) *n* - **1.**

USAGE ▶ Permission

Asking permission	**Giving permission**	**Refusing permission**
¿Puedo OR podría hablar con usted un momento?	Sí, ¿cómo no?	Ahora mismo no me es posible.
¿Me permite que le haga una pregunta?	Por supuesto/Desde luego.	Lo siento, pero tengo mucha prisa.
¿Te importa si lo intento de nuevo?	Muy bien, inténtalo.	Qué más quisiera yo, pero no puede ser.
¿Te molesta que cierre la ventana?	No, ciérrala.	Ni se te ocurra, hace mucho calor.
Voy a salir un momento, ¿vale? OR ¿de acuerdo?	No hay problema.	Eso ni pensarlo.
¿No te importa que llame un momento por teléfono?	Pues no faltaba más. Estás en tu casa.	Perdona, pero eso no va a ser posible.
¿Se puede?/¿Puedo pasar?/Con permiso.	Adelante.	Espere un momento, por favor.
¿Puede venir también Juan a la fiesta?	Claro que sí.	Me encantaría, pero es imposible.
Venga, ¿por qué no me dejas ir? [with insistence]	Vale, bueno. [*informal*]	He dicho que no y es no. [*informal*]
¿Se puede fumar aquí?	Puede usted hacerlo si quiere.	No, no puede ser. Está prohibido.
▶ *more tentatively:*	▶ *more tentatively:*	▶ *more tentatively:*
Hoy tendría que salir un poco antes. ¿Cree usted que eso sería posible?	Sí, no creo que haya ningún problema.	Ha elegido usted el peor día para ello.
¿Habría alguna posibilidad de que hoy pudiera llegar media hora más tarde?	Por mi parte no hay (ningún) problema.	Hoy me viene francamente mal.
¿De verdad quieres que vaya? Me gustaría quedarme.	Está bien, quédate si quieres.	Lo siento, pero tienes que ir.
▶ *in writing:*	▶ *in writing:*	▶ *in writing:*
Me permito dirigirme a usted para solicitarle permiso para ir a verle.	Es un placer para mí comunicarle que puede usted venir cuando guste.	Lamentándolo mucho, tengo que comunicarle que no me es posible recibirle.

[man, woman] persona *f*; **in ~** en persona; **in the ~ of** en la persona de. - **2.** [body]: **about one's ~** en su cuerpo. - **3.** GRAMM persona *f*; **in the first** ell primera persona.

persona [pə'səʊnə] (*pl* **personas** OR **personae** [-ni:]) *n* imagen *f*.

personable ['pɜːsnəbl] *adj* agradable.

personae [pə'səʊni:] *pl* → **persona**.

personage ['pɜːsənɪdʒ] *n fml* personaje *m*.

personal ['pɜːsnəl] ◇ *adj* - **1.** [gen] personal. - **2.** [private] privado(da). - **3.** *pej* [rude] ofensivo(va); **to be ~** hacer alusiones personales. - **4.** [in person] en persona; **to make a ~ appearance** presentarse en persona. ◇ *n Am* anuncio *m* personal (por palabras).

personal account *n* cuenta *f* personal.

personal ad *n* anuncio *m* personal (por palabras).

personal allowance *n* [regular payment] renta *f* personal; [in tax] desgravación *f* personal.

personal assistant *n* secretario *m*, -ria *f* de dirección.

personal call *n* llamada *f* particular.

personal column *n* sección *f* de anuncios personales.

personal computer *n* ordenador *m* personal.

personal effects *npl* efectos *mpl* personales.

personal estate *n* patrimonio *m* personal.

personal hygiene *n* higiene *f* personal.

personality [pɜːsə'nælətɪ] (*pl* **personalities**) *n* - **1.** [character] personalidad *f*. - **2.** [celebrity] personaje *m*, personalidad *f*.

personality cult *n* culto *m* a la personalidad.

personality disorder *n* trastorno *m* de la personalidad.

personality test *n* test *m* de personalidad.

personality type *n* tipo *m* de personalidad.

personalize, -ise ['pɜːsənəlaɪz] *vt* personalizar.

personalized ['pɜːsənəlaɪzd] *adj* personalizado(da).

personally ['pɜːsnəlɪ] *adv* personalmente; **to take sthg ~** tomarse algo como algo personal.

personal organizer *n* agenda *f* (personal).

personal pension plan *n* plan *m* de jubilación personalizado.

personal pronoun *n* pronombre *m* personal.

personal property *n* (*U*) bienes *mpl* muebles.

personal stereo *n* walkman® *m inv*.

personalty ['pɜːsənəltɪ] (*pl* **personalties**) *n* bienes *mpl* muebles.

persona non grata [pə'səʊnənɒn'grɑːtə] (*pl* **personae non gratae** [pə'səʊni:nɒn'grɑːti:]) *n* persona *f* no grata.

personate ['pɜːsəneɪt] *vt* - **1.** [act the part of] encarnar el papel de. - **2.** [impersonate] hacerse pasar por.

personification [pəsɒnɪfɪ'keɪʃn] *n* personificación *f*; **to be the ~ of evil** ser el mal personificado.

personify [pə'sɒnɪfaɪ] (*pt & pp* **personified**) *vt* personificar.

personnel [pɜːsə'nel] ◇ *n* (*U*) [department] personal *m*. ◇ *npl* [staff] personal *m*.

personnel carrier *n* vehículo *m* de transporte de tropas, camión *m* blindado.

personnel department *n* departamento *m* de personal.

personnel officer *n* jefe *m*, -fa *f* de personal.

person-to-person *adj esp Am* de persona a persona.

perspective [pə'spektɪv] ◇ *n* perspectiva *f*; **to get sthg in ~** *fig* poner algo en perspectiva. ◇ *adj* [drawing] en perspectiva.

Perspex® ['pɜːspeks] *n Br* ≃ plexiglás *m*.

perspicacious [pɜːspɪ'keɪʃəs] *adj fml* perspicaz.

perspicacity [pɜːspɪ'kæsətɪ] *n fml* perspicacia *f*.

perspicuity [pɜːspɪ'kjuːətɪ] *n fml* perspicuidad *f*, claridad *f*.

perspicuous [pə'spɪkjʊəs] *adj fml* perspicuo(cua), claro(ra).

perspiration [pɜːspə'reɪʃn] *n* transpiración *f*.

perspire [pə'spaɪə'] *vi* transpirar.

persuadable [pə'sweɪdəbl] *adj* fácil de persuadir.

persuade [pə'sweɪd] *vt*: **to ~ sb (of sthg/to do sthg)** persuadir a alguien (de algo/a hacer algo); **to ~ sb that** convencer a alguien (de) que.

persuasion [pə'sweɪʒn] *n* - **1.** [act of persuading] persuasión *f*. - **2.** [belief] creencia *f*.

persuasive [pə'sweɪsɪv] *adj* persuasivo(va).

persuasively [pə'sweɪsɪvlɪ] *adv* de modo persuasivo.

persuasiveness [pə'sweɪsɪvnəs] *n* persuasión *f*.

pert [pɜːt] *adj* - **1.** [saucy] vivaracho(cha). - **2.** [jaunty] alegre, gracioso(sa).

pertain [pə'teɪn] *vi fml*: **~ing to** relacionado(da) con.

pertinacious [pɜːtɪ'neɪʃəs] *adj fml* - **1.** [tenacious] pertinaz. - **2.** [obstinate] porfiado(da).

pertinacity [pɜːtɪ'næsətɪ] *n fml* pertinacia *f*.

pertinence ['pɜːtɪnəns] *n* pertinencia *f*, relevancia *f*.

pertinent ['pɜːtɪnənt] *adj* pertinente, relevante.

perturb [pə'tɜːb] *vt* - **1.** *fml* [disturb] perturbar, inquietar. - **2.** ASTRON & PHYSICS perturbar.

perturbation [pɜːtə'beɪʃn] *n* - **1.** *fml* [worry] perturbación *f*, inquietud *f*. - **2.** ASTRON & PHYSICS perturbación *f*.

perturbed [pə'tɜːbd] *adj fml* perturbado(da), inquieto(ta).

perturbing [pə'tɜːbɪŋ] *adj fml* perturbador(ra), inquietante.

pertussis [pə'tʌsɪs] *n* MED tos *f* ferina OR convulsiva.

Peru [pə'ruː] *n* (el) Perú.

peruke [pə'ruːk] *n* peluquín *m*, peluca *f*.

perusal [pə'ruːzl] *n* [careful reading] lectura *f* detenida; [brief reading] lectura *f* por encima.

peruse [pə'ruːz] *vt* [read carefully] leer detenidamente; [browse through] leer por encima.

USAGE ▶   Persuasion

Persuading someone to do something

Venga, vamos todos a bañarnos, ¿vale? OR ¿de acuerdo?

Anda, ¿por qué no te sientas aquí a mi lado?

Hazme caso, te lo pido por favor.

No estaría mal que te acercases un momento a casa y cogieras las llaves.

Te prometo que si vienes te va a gustar.

¿Seguro que no vas a salir? Lástima, con el día tan bueno que hace...

¿Cómo podría convencerte de que eso sería lo mejor para ti?

Si yo fuera tú, lo haría sin dudarlo un momento.

Persuading someone not to do something

No vayas allí, por favor; es peligroso.

No se te ocurra acercarte al enchufe.

Sería preferible que hoy no salieses; tienes algo de fiebre.

Yo en tu lugar me lo pensaría dos veces antes de hacerlo.

¿Para qué os vais a ir? Hay camas de sobra.

Te suplico que no vengas esta noche. Es por tu bien.

Allá tú, pero no creo que vaya a salir bien.

In a shop (persuading someone to buy something)

Me parece que este vestido le sienta muy bien; le hace a usted muchísimo más joven.

Puede usted tenerlo en su casa durante una semana, y si no queda satisfecho le devolvemos su dinero.

Pruébelo, y le aseguro que no podrá pasar sin él.

Es seda importada. Y fíjese qué precio. Es una ganga.

Peruvian [pə'ruːvjən] ◇ *adj* peruano(na). ◇ *n* [person] pe‑ ruano *m*, -na *f*.

perv [pɜːv] *n Br inf* pervertido(da) (sexual).

pervade [pə'veɪd] *vt* [permeate] impregnar; [spread through] invadir, extenderse por.

pervasive [pə'veɪsɪv] *adj* dominante, penetrante.

pervasiveness [pə'veɪsɪvnɪs] *n* capacidad *f* de penetración.

perverse [pə'vɜːs] *adj* [delight, enjoyment] perverso(sa); [contrary] puñetero(ra).

perversely [pə'vɜːslɪ] *adv* [contrarily, ironically] paradójica‑ mente, irónicamente.

perverseness [pə'vɜːsnɪs] *n* [stubbornness] terquedad *f*, obstinación *f*; [unreasonableness, contrariness] puñetería *f*.

perversion [*Br* pə'vɜːʃn, *Am* pə'vɜːrʒn] *n* - **1.** [sexual devia‑ tion] perversión *f*. - **2.** [of justice, truth] tergiversación *f*.

perversity [pə'vɜːsətɪ] *n* [contrariness] puñetería *f*.

pervert [*vb* pə'vɜːt, *n* 'pɜːvɜːt] ◇ *n* pervertido *m*, -da *f*. ◇ *vt* - **1.** [course of justice] tergiversar. - **2.** [corrupt sexually] per‑ vertir. - **3.** [misuse] abusar de.

perverted [pə'vɜːtɪd] *adj* - **1.** [sexually deviant] pervertí‑ do(da). - **2.** [twisted] torcido(da).

pervious ['pɜːvjəs] *adj* permeable.

peseta [pə'seɪtə] *n* peseta *f*.

pesky ['peskɪ] (*compar* **peskier**, *superl* **peskiest**) *adj Am inf* molesto(ta), latoso(sa).

peso ['peɪsəʊ] (*pl* **pesos**) *n* peso *m*.

pessary ['pesərɪ] (*pl* **pessaries**) *n* pesario *m*.

pessimism ['pesɪmɪzm] *n* pesimismo *m*.

pessimist ['pesɪmɪst] *n* pesimista *mf*.

pessimistic [,pesɪ'mɪstɪk] *adj* pesimista.

pest [pest] ◇ *n* - **1.** [insect] insecto *m* nocivo; [animal] ani‑ mal *m* nocivo. - **2.** *inf* [annoying person] pesado *m*, -da *f*; [an‑ noying thing] lata *f*. ◇ *comp*: ~ **control** lucha *f* contra las plagas.

pester ['pestər] *vt* dar la lata a, cargosear *Amér*; **to ~ sb for sthg** dar la lata OR importunar a alguien para obtener algo.

pesticide ['pestɪsaɪd] *n* pesticida *m*.

pestiferous [pe'stɪfərəs] *adj* - **1.** [irritating] molesto(ta). - **2.** [bringing disease] pestífero(ra), pestilente.

pestilence ['pestɪləns] *n* pestilencia *f*, peste *f*.

pestilent ['pestɪlənt], **pestilential** [,pestɪ'lenʃəl] *adj* - **1.** [an‑ noying] latoso(sa), molesto(ta). - **2.** [causing epidemic] pes‑ tífero(ra), pestilente.

pestle ['pesl] ◇ *n* mano *f* (de mortero). ◇ *vt* majar.

pet [pet] (*pt & pp* **petted**, *cont* **petting**) ◇ *adj* - **1.** [subject, theory] preferido(da); ~ **hate** gran fobia *f*. - **2.** [animal] do‑ mesticado(da), doméstico(ca). ◇ *n* - **1.** [domestic animal] animal *m* doméstico. - **2.** [favourite person] preferido *m*, -da *f*, favorito *m*, -ta *f*. - **3.** [show of bad temper] rabieta *f*. ◇ *comp*: ~ **food** comida *f* para animales (domésticos). ◇ *vt* - **1.** [caress] acariciar. - **2.** [pamper] mimar. ◇ *vi* besuquearse.

petal ['petl] *n* pétalo *m*.

petard [pə'tɑːd] *n* petardo *m*.

Pete [piːt] *n*: **for ~'s sake!** *inf* ¡por el amor de Dios!

peter ['piːtər] ◆ **peter out** *vi* [supplies, interest] agotarse; [path] desaparecer.

pethidine ['peθɪdiːn] *n* tipo de analgésico.

petiole ['petɪəʊl] *n* pecíolo *m*, peciolo *m*.

petit bourgeois ['petɪ-] (*pl* **petits bourgeois** ['petɪ-]) ◇ *adj* pequeñoburgués(sa). ◇ *n* pequeñoburgués *m*, -sa *f*.

petite [pə'tiːt] *adj* [woman] chiquita.

petite bourgeoisie *n* pequeña burguesía *f*.

petit four ['petɪ'fɔː] (*pl* **petits fours** ['petɪ'fɔːz]) *n* dulce de bizcocho cubierto de alcorza.

petition [pɪ'tɪʃn] ◇ *n* petición *f*; **to file a ~** presentar una petición. ◇ *vt* presentar una petición a. ◇ *vi* - **1.** [cam‑ paign]: **to ~ for sthg** solicitar algo; **to ~ against sthg** pre‑ sentar una petición contra algo. - **2.** JUR: **to ~ for divorce** pedir el divorcio.

petitioner [pɪ'tɪʃənər] *n* solicitante *mf*.

Petition of Right *n Br* HIST: **the ~** la Petición de Derechos de 1628, *petición del parlamento inglés a Carlos I para la limi‑ tación de las prerrogativas reales.*

petit jury ['petɪ-] *n* jurado compuesto por doce personas.

pet name *n* nombre *m* cariñoso.

Petri dish ['piːtrɪ-] *n* platillo *m* OR cápsula *f* de Petri.

petrifaction [,petrɪ'fækʃn], **petrification** [,petrɪfɪ'keɪʃn] *n* petrificación *f*, fosilización *f*.

petrified ['petrɪfaɪd] *adj* [terrified] petrificado(da).

petrify ['petrɪfaɪ] (*pt & pp* **petrified**) *vt* [terrify] petrificar.

petrochemical [,petrəʊ'kemɪkl] *adj* petroquímico(ca).

petrodollar ['petrəʊ,dɒlər] *n* petrodólar *m*.

petrol ['petrəl] *n Br* gasolina *f*, nafta *f* *Amér*.

petrolatum [,petrə'leɪtəm] *n Am* vaselina *f*.

petrol bomb *n Br* cóctel *m* molotov.

petrol can *n Br* lata *f* de gasolina.

petrol cap *n Br* tapón *m* del depósito (de la gasolina).

petrol-driven *adj Br* de gasolina.

petrol engine *n Br* motor *m* de gasolina.

petroleum [pɪ'trəʊljəm] *n* petróleo *m*.

petroleum jelly *n Br* vaselina *f*.

petrol gauge *n Br* indicador *m* del nivel de gasolina.

petrology [pe'trɒlədʒɪ] *n* petrología *f*.

petrol pump *n Br* surtidor *m* de gasolina, bomba *f* *Amér*.

petrol station *n Br* gasolinera *f*, grifo *m* *Amér*.

petrol tank *n Br* depósito *m* de gasolina.

petrol tanker *n Br* - **1.** [lorry] camión *m* cisterna. - **2.** [ship] petrolero *m*.

petropolitics [,petrəʊ'pɒlɪtɪks] *n* (*U*) manipulación de la pro‑ ducción y venta del petróleo con ciertas finalidades económicas y políticas.

petrous ['petrəs] *adj* - **1.** [stony] pétreo(a), pedregoso(sa). - **2.** ANAT petroso(sa).

pet shop *n* tienda *f* de animales domésticos, pajarería *f*.

petticoat ['petɪkəʊt] ◇ *n* - **1.** [underskirt] enaguas *fpl*, ena‑ gua *f*, fustán *m* *Amér*; [full-length] combinación *f*. - **2.** *inf* [woman] gachí *f*, mujer *f*. ◇ *comp inf* [by women]: ~ **gov‑ ernment** gobierno *m* de mujeres.

pettifogger ['petɪfɒgər] *n* - **1.** [lawyer] picapleitos *mf inv*. - **2.** [quibbler] quisquilloso *m*, -sa *f*.

pettifogging ['petɪfɒgɪŋ] *adj* - **1.** [petty - person] mezqui‑ no(na); [- details] insignificante. - **2.** [dishonest] oscuro(ra), turbio(bia).

pettiness ['petɪnɪs] *n* [small-mindedness] mezquindad *f*.

petting ['petɪŋ] *n* besuqueo *m*.

petting zoo *n Am* zoológico o parte de un zoológico donde los niños pueden acariciar a los animales.

pettish ['petɪʃ] *adj* enrabietado(da), malhumorado(da).

petty ['petɪ] (*compar* **pettier**, *superl* **pettiest**) *adj* - **1.** [small‑ minded] mezquino(na). - **2.** [trivial] insignificante.

petty bourgeois *adj & n* = **petit bourgeois**.

petty cash *n* dinero *m* para gastos menores.

petty larceny *n* hurto *m* menor, ratería *f*.

petty-minded *adj* mezquino(na).

petty officer *n* sargento *m* de la marina.

petulance ['petjʊləns], **petulancy** ['petjʊlənsɪ] *n* irritabili‑ dad *f*, susceptibilidad *f*.

petulant ['petjʊlənt] *adj* cascarrabias (*inv*).

petunia [pə'tjuːnjə] *n* petunia *f*.

pew [pjuː] *n* banco *m*.

pewter ['pjuːtər] *n* - **1.** [alloy] peltre *m*. - **2.** [utensils] utensi‑ lios *mpl* de peltre.

peyote [peɪ'əʊtɪ] *m* peyote *m*.

pfennig ['fenɪg] (*pl* **pfennigs** OR **pfennige** [-nɪgə]) *n* pfen‑ nig *m*, céntimo *m* alemán.

PG (*abbr of* **parental guidance**) para menores acompaña‑ dos.

PGA (*abbr of* **Professional Golfers' Association**) *n* asociación de golfistas profesionales.

p & h (*abbr of* **postage and handling**) *n Am* gastos *mpl* de envío.

PH *n* - **1.** (*abbr of* **Purple Heart**) (*titular de una*) *distinción honorífica que otorga el gobierno estadounidense a soldados heridos en combate.* - **2.** (*abbr of* **potential of hydrogen**) PH.

PHA (*abbr of* **Public Housing Administration**) *n* organismo estadounidense encargado de proveer alojamiento para personas necesitadas.

Phaedra ['fiːdrə] *n* MYTH Fedra *f*.

Phaëthon ['feɪəθən] *n* MYTH Faetón *m*.

phaeton ['feɪtn] *n* faetón *m*.

phage [feɪdʒ] *n* bacteriófago *m*.

phagocyte ['fægəsaɪt] *n* fagocito *m*.

phalanx ['fælæŋks] (*pl* **phalanxes** OR **phalanges** [-lænˈdʒiːz]) *n* falange *f*.

phalli ['fælaɪ] *pl* → **phallus**.

phallic ['fælɪk] *adj* fálico(ca); ~ **symbol** símbolo *m* fálico.

phallus ['fæləs] (*pl* **phalluses** OR **phalli** [-laɪ]) *n* falo *m*.

phantasm ['fæntæzm] *n* - **1.** [phantom] fantasma *m*. - **2.** [illusion] ilusión *f*.

phantasmagoria [ˌfæntæzməˈgɔːrɪə] *n* fantasmagoría *f*.

phantasmagoric(al) [ˌfæntæzməˈgɒrɪk(l)] *adj* fantasmagórico(ca).

phantasmal [fænˈtæzml] *adj* fantasmal.

phantom ['fæntəm] ◇ *adj* ilusorio(ria). ◇ *n* [ghost] fantasma *m*.

phantom pregnancy *n* embarazo *m* psicológico.

pharaoh ['feərəʊ] *n* faraón *m*.

pharisaic(al) [ˌfærɪˈseɪk(l)] *adj* farisaico(ca).

Pharisee ['færɪsiː] *n* fariseo *m*, -a *f*.

pharmaceutical [ˌfɑːməˈsjuːtɪkl] *adj* farmacéutico(ca).
 ◆ **pharmaceuticals** *npl* productos *mpl* farmacéuticos.

pharmaceutics [ˌfɑːməˈsjuːtɪks] *n* (*U*) [science] farmacia *f*.

pharmacist ['fɑːməsɪst] *n* farmacéutico *m*, -ca *f*.

pharmacological [ˌfɑːməkəˈlɒdʒɪkl] *adj* farmacológico(ca).

pharmacologist [ˌfɑːməˈkɒlədʒɪst] *n* farmacólogo *m*, -ga *f*.

pharmacology [ˌfɑːməˈkɒlədʒɪ] *n* farmacología *f*.

pharmacopoeia [ˌfɑːməkəˈpiːə] *n* farmacopea *f*.

pharmacy ['fɑːməsɪ] (*pl* **pharmacies**) *n* [shop] farmacia *f*.

pharyngeal [ˌfærɪnˈdʒiːəl], **pharyngal** [fəˈrɪŋgl] *adj* faríngeo(a).

pharynges ['færɪndʒiːz] *pl* → **pharynx**.

pharyngitis [ˌfærɪnˈdʒaɪtɪs] *n* faringitis *f inv*.

pharynx ['færɪŋks] (*pl* **pharynxes** OR **pharynges** [fæˈrɪndʒiːz]) *n* faringe *f*.

phase [feɪz] ◇ *n* fase *f*; **in** ~ ELEC & PHYSICS en fase; **out of** ~ ELEC & PHYSICS desfasado(da). ◇ *vt* - **1.** [plan in phases] escalonar. - **2.** ELEC & PHYSICS poner en fase.
 ◆ **phase in** *vt sep* introducir progresivamente.
 ◆ **phase out** *vt sep* retirar progresivamente.

phased [feɪzd] *adj* [withdrawal, development] escalonado(da), progresivo(va).

phaseout ['feɪzaʊt] *n* eliminación *f* gradual.

PhD (*abbr of* **Doctor of Philosophy**) *n* (*titular de un*) *doctorado en el campo de las humanidades.*

pheasant ['feznt] (*pl inv* OR **pheasants**) *n* faisán *m*.

phenix *n Am* = **phoenix**.

phenobarbitone *Br* [ˌfiːnəʊˈbɑːbɪtəʊn], **phenobarbital** *Am* [ˌfiːnəʊˈbɑːrbɪtl] *n* fenobarbital *m*.

phenol ['fiːnɒl] *n* fenol *m*, ácido *m* fénico.

phenomena [fɪˈnɒmɪnə] *pl* → **phenomenon**.

phenomenal [fɪˈnɒmɪnl] *adj* fenomenal.

phenomenalism [fɪˈnɒmɪnəˌlɪzm] *n* fenomenalismo *m*.

phenomenally [fɪˈnɒmɪnəlɪ] *adv* fenomenalmente.

phenomenological [fɪˌnɒmɪnəˈlɒdʒɪkl] *adj* fenomenológico(ca).

phenomenology [fɪˌnɒmɪˈnɒlədʒɪ] *n* fenomenología *f*.

phenomenon [fɪˈnɒmɪnən] (*pl* **phenomena** [-nə]) *n lit & fig* fenómeno *m*.

phenotype ['fiːnəʊtaɪp] *n* fenotipo *m*.

phenyl ['fiːnl] *n* fenilo *m*.

phew [fjuː] *excl* ¡puf!

phi [faɪ] *n* fi *f*, phi *f*.

phial ['faɪəl] *n* frasco *m* (pequeño).

Phi Beta Kappa ['faɪˌbeɪtəˈkæpə] *n* sociedad estadounidense de estudiantes universitarios de grandes méritos académicos.

Philadelphia [ˌfɪləˈdelfjə] *n* Filadelfia.

Philadelphia lawyer *n Am inf* abogado muy astuto *m*, abogada muy astuta *f*.

philander [fɪˈlændər] *vi* galantear, ser mujeriego.

philanderer [fɪˈlændərər] *n* tenorio *m*.

philandering [fɪˈlændərɪŋ] *n* flirteo *m*, galanteo *m*.

philanthropic [ˌfɪlənˈθrɒpɪk] *adj* filantrópico(ca).

philanthropist [fɪˈlænθrəpɪst] *n* filántropo *m*, -pa *f*.

philanthropy [fɪˈlænθrəpɪ] *n* filantropía *f*.

philatelist [fɪˈlætəlɪst] *n* filatélico *m*, -ca *f*, filatelista *mf*.

philately [fɪˈlætəlɪ] *n* filatelia *f*.

philharmonic [ˌfɪlɑːˈmɒnɪk] ◇ *adj* filarmónico(ca). ◇ *n* [orchestra] filarmónica *f*.

Philippine ['fɪlɪpiːn] *adj* filipino(na); **the ~ Islands** las Filipinas.
 ◆ **Philippines** *npl*: **the ~s** las Filipinas.

philistine [*Br* 'fɪlɪstaɪn, *Am* 'fɪlɪstiːn] ◇ *n* [boor] inculto *m*, -ta *f*. ◇ *adj* inculto(ta).
 ◆ **Philistine** *n* HIST filisteo *m*, -a *f*.

philistinism ['fɪlɪstɪnɪzm] *n* incultura *f*.

Phillips® ['fɪlɪps] *comp*: ~ **screw** tornillo *m* de cabeza en cruz; ~ **screwdriver** destornillador *m* de cabeza en cruz.

philodendron [ˌfɪləˈdendrən] (*pl* **philodendrons** OR **philodendra** [-drə]) *n* filodendro *m*.

philological [ˌfɪləˈlɒdʒɪkl] *adj* filológico(ca).

philologist [fɪˈlɒlədʒɪst] *n* filólogo *m*, -ga *f*.

philology [fɪˈlɒlədʒɪ] *n* filología *f*.

philosopher [fɪˈlɒsəfər] *n* filósofo *m*, -fa *f*.

philosopher's stone *n* piedra *f* filosofal.

philosophical [ˌfɪləˈsɒfɪkl] *adj* filosófico(ca).

philosophically [ˌfɪləˈsɒfɪklɪ] *adv* filosóficamente.

philosophize, -ise [fɪˈlɒsəfaɪz] *vi* filosofar.

philosophizer [fɪˈlɒsəˌfaɪzər] *n* filosofador *m*, -ra *f*.

philosophy [fɪˈlɒsəfɪ] (*pl* **philosophies**) *n* filosofía *f*.

philtre *Br*, **philter** *Am* ['fɪltər] *n* poción *f*, filtro *m*.

phlebitis [flɪˈbaɪtɪs] *n* flebitis *f inv*.

phlebotomy [flɪˈbɒtəmɪ] (*pl* **phlebotomies**) *n* flebotomía *f*.

phlegm [flem] *n* - **1.** [mucus] flema *f*. - **2.** [humour] flema *f*, serenidad *f*.

phlegmatic [flegˈmætɪk] *adj* flemático(ca).

phlegmatically [flegˈmætɪklɪ] *adv* de modo flemático, flemáticamente.

phloem ['fləʊəm] *n* floema *m*, líber *m*.

phlox [flɒks] (*pl inv* OR **phloxes**) *n* flox *m*.

Phnom Penh [ˌnɒmˈpen] *n* = **Pnom Penh**.

phobia ['fəʊbjə] *n* fobia *f*; **to have a ~ about sthg** tener fobia a algo.

phobic ['fəʊbɪk] ◇ *adj* fóbico(ca). ◇ *n* persona *f* que padece una fobia.

Phoenicia [fɪˈnɪʃɪə] *n* Fenicia.

Phoenician [fɪˈnɪʃɪən] ◇ *adj* fenicio(cia). ◇ *n* - **1.** [person] fenicio *m*, -cia *f*. - **2.** [language] fenicio *m*.

phoenix, phenix *Am* ['fiːnɪks] *n* fénix *m*.

phone [fəʊn] ◇ *n* - **1.** [telephone] teléfono *m*; **to be on the** ~ [speaking] estar al teléfono; *Br* [connected to network] tener teléfono. - **2.** LING fonema *m*. ◇ *comp* telefónico(ca). ◇ *vt & vi* telefonear, llamar.

◆ **phone up** *vt sep & vi* llamar.

phone book *n* guía *f* telefónica.

phone booth *n* teléfono *m* público.

phone box *n Br* cabina *f* telefónica.

phone call *n* llamada *f* (telefónica); **to make a** ~ hacer una llamada.

phonecard [ˈfəʊnkɑːd] *n* tarjeta *f* telefónica.

phone-in *n* RADIO & TV programa *m* a micrófono abierto.

phone line *n* - **1.** [wire] cable *m* de teléfonos. - **2.** [connection] línea *f* telefónica.

phoneme [ˈfəʊniːm] *n* fonema *m*.

phone number *n* número *m* de teléfono.

phone-tapping [-ˌtæpɪŋ] *n* interceptación *f* telefónica.

phonetic [fəˈnetɪk] *adj* fonético(ca).

phonetically [fəˈnetɪklɪ] *adv* fonéticamente.

phonetic alphabet *n* alfabeto *m* fonético.

phonetician [ˌfəʊnɪˈtɪʃn] *n* fonetista *mf*.

phonetics [fəˈnetɪks] *n* (U) fonética *f*.

phoney *Br*, **phony** *Am* [ˈfəʊnɪ] *(compar* **phonier**, *superl* **phoniest**, *pl* **phonies**) ◇ *adj inf* falso(sa). ◇ *n* farsante *mf*.

phoney war *n* estado de guerra sin confrontación armada.

phonic [ˈfəʊnɪk] *adj* fónico(ca).

phonogram [ˈfəʊnəgræm] *n* fonograma *m*.

phonograph [ˈfəʊnəgrɑːf] *n* fonógrafo *m*.

phonography [fəʊˈnɒɡrəfɪ] *n* fonografía *f*.

phonological [ˌfəʊnəˈlɒdʒɪkl] *adj* fonológico(ca).

phonologist [fəʊˈnɒlədʒɪst] *n* fonólogo *m*, -ga *f*.

phonology [fəʊˈnɒlədʒɪ] *n* fonología *f*.

phony *adj Am* = **phoney**.

phooey [ˈfuːɪ] *excl* ¡puf!

phosphate [ˈfɒsfeɪt] *n* fosfato *m*.

phosphine [ˈfɒsfiːn] *n* fosfina *f*.

phosphor [ˈfɒsfə] *n* sustancia *f* fosforescente.

phosphoresce [ˌfɒsfəˈres] *vi* fosforecer.

phosphorescence [ˌfɒsfəˈresns] *n* fosforescencia *f*.

phosphorescent [ˌfɒsfəˈresnt] *adj* fosforescente.

phosphoric [fɒsˈfɒrɪk] *adj* fosfórico(ca).

phosphorism [ˈfɒsfərɪzm] *n* fosforismo *m*, intoxicación *f* por fósforo.

phosphorus [ˈfɒsfərəs] *n* fósforo *m*.

photo [ˈfəʊtəʊ] *n* foto *f*; **to take a** ~ **(of)** sacar una foto (de).

photo album *n* álbum *m* de fotos.

photocall [ˈfəʊtəʊkɔːl] *n* cita de una persona famosa con la prensa para que le saquen fotos.

photocell [ˈfəʊtəʊsel] *n* fotocélula *f*, célula *f* fotoeléctrica.

photochemical [ˌfəʊtəʊˈkemɪkl] *adj* fotoquímico(ca).

photochemistry [ˌfəʊtəʊˈkemɪstrɪ] *n* fotoquímica *f*.

photocompose [ˌfəʊtəʊkəmˈpəʊz] *vt* fotocomponer.

photocomposition [ˈfəʊtəʊˌkɒmpəˈzɪʃn] *n* fotocomposición *f*.

photocopier [ˈfəʊtəʊˌkɒpɪə] *n* fotocopiadora *f*.

photocopy [ˈfəʊtəʊˌkɒpɪ] *(pl* **photocopies**, *pt & pp* **photocopied**) ◇ *n* fotocopia *f*. ◇ *vt* fotocopiar.

photocopying [ˈfəʊtəʊˌkɒpɪɪŋ] *n* (U) fotocopiado *m*, fotocopias *fpl*; **there's some** ~ **to do** hay que hacer algunas fotocopias.

photoelectric(al) [ˌfəʊtəʊɪˈlektrɪk(l)] *adj* fotoeléctrico(ca).

photoelectric cell *n* célula *f* fotoeléctrica, fotocélula *f*.

photoelectron [ˌfəʊtəʊɪˈlektrɒn] *n* fotoelectrón *m*.

photoengrave [ˌfəʊtəʊɪnˈgreɪv] *vt* fotograbar.

photoengraving [ˌfəʊtəʊɪnˈgreɪvɪŋ] *n* fotograbado *m*.

photo finish *n* - **1.** SPORT foto-finish *f*, *final de carrera reñido decidido por foto*. - **2.** [close contest] competencia *f* muy reñida.

Photofit® [ˈfəʊtəʊfɪt] *n*: ~ **(picture)** fotorrobot *f*.

photoflash [ˈfəʊtəʊˌflæʃ] *n* flash *m*.

photogenic [ˌfəʊtəʊˈdʒenɪk] *adj* - **1.** [person] fotogénico(ca). - **2.** BIOL fotógeno(na).

photograph [ˈfəʊtəgrɑːf] ◇ *n* fotografía *f*; **to take a** ~ **(of)** sacar una fotografía (de). ◇ *vt* fotografiar. ◇ *vi*: **to** ~ **well** salir bien en las fotografías.

photograph album *n* álbum *m* de fotos.

photographer [fəˈtɒɡrəfə] *n* fotógrafo *m*, -fa *f*.

photographic [ˌfəʊtəˈgræfɪk] *adj* fotográfico(ca); ~ **library** archivo *m* fotográfico, fototeca *f*.

photographically [ˌfəʊtəˈgræfɪklɪ] *adv* fotográficamente.

photographic memory *n* memoria *f* fotográfica.

photography [fəˈtɒɡrəfɪ] *(U) n* fotografía *f*.

photogravure [ˌfəʊtəʊɡrəˈvjʊə] *n* fotograbado *m*.

photojournalism [ˌfəʊtəʊˈdʒɜːnəlɪzm] *n* periodismo *m* fotográfico.

photokinesis [ˌfəʊtəʊkaɪˈniːsɪs] *n* fotocinesis *f inv*.

photolithography [ˌfəʊtəʊlɪˈθɒɡrəfɪ] *n* fotolitografía *f*.

photolysis [fəʊˈtɒlɪsɪs] *n* fotólisis *f inv*.

photomap [ˈfəʊtəʊmæp] *(pt & pp* **photomapped**, *cont* **photomapping)** ◇ *n* mapa *m* fotográfico, fotoplano *m*. ◇ *vt* realizar mapas fotográficos de.

photomechanical [ˌfəʊtəʊmɪˈkænɪkl] *adj* fotomecánico(ca).

photometer [fəʊˈtɒmɪtə] *n* fotómetro *m*.

photometry [fəʊˈtɒmɪtrɪ] *n* fotometría *f*.

photomontage [ˌfəʊtəʊmɒnˈtɑːʒ] *n* fotomontaje *m*, montaje *m* fotográfico.

photon [ˈfəʊtɒn] *n* fotón *m*.

photonovel [ˈfəʊtəˌnɒvl] *n* fotonovela *f*.

photo-offset *n* offset *m*.

photo opportunity *n* oportunidad de ofrecer una imagen favorable mediante una foto.

photorealism [ˌfəʊtəʊˈrɪəlɪzm] *n* hiperrealismo *m*, realismo *m* fotográfico.

photoreconnaissance [ˌfəʊtəʊrɪˈkɒnɪsns] *n* reconocimiento *m* aéreo fotográfico.

photosensitive [ˌfəʊtəʊˈsensɪtɪv] *adj* fotosensible.

photoset [ˈfəʊtəʊset] *(pt & pp* **photoset**, *cont* **photosetting)** *vt* fotocomponer.

photosphere [ˈfəʊtəʊsfɪə] *n* fotosfera *f*.

Photostat® [ˈfəʊtəʊstæt] *(pt & pp* **photostatted**, *cont* **photostatting)** *n* fotostato *m*.

◆ **photostat** *vt* fotocopiar.

photosynthesis [ˌfəʊtəʊˈsɪnθəsɪs] *n* fotosíntesis *f*.

phototelegraph [ˌfəʊtəʊˈtelɪgræf] *vt* fototelegrafiar.

phototropism [ˌfəʊtəʊˈtrəʊpɪzm] *n* - **1.** BOT fototropismo *m*. - **2.** CHEM fototropía *f*.

phototype [ˈfəʊtəʊtaɪp] ◇ *n* - **1.** [process] fototipia *f*. - **2.** [print] fototipia *f*. ◇ *vt* hacer una fototipia de.

phototypesetting [ˌfəʊtəʊˈtaɪpsetɪŋ] *n* fotocomposición *f*.

photovoltaic [ˌfəʊtəʊvɒlˈteɪɪk] *adj* fotovoltaico(ca).

phrasal verb [ˈfreɪzl-] *n* verbo *m* con partícula (*preposición o adverbio).*

phrase [freɪz] ◇ *n* - **1.** [group of words] locución *f*, frase *f*. - **2.** [expression] expresión *f*. - **3.** MUS frase *f*. ◇ *vt* - **1.** [apology, refusal] expresar; [letter] redactar. - **2.** MUS frasear.

phrasebook [ˈfreɪzbʊk] *n* libro *m* de frases.

phraseology [ˌfreɪzɪˈɒlədʒɪ] *n* fraseología *f*.

phrasing [ˈfreɪzɪŋ] *n* - **1.** [wording] estilo *m*, lenguaje *m*. - **2.** MUS fraseo *m*.

phrenology [frɪˈnɒlədʒɪ] *n* frenología *f*.

phthisis [ˈθaɪsɪs] *n* tisis *f inv*.

phut [fʌt] *inf* ◇ *n*: **the engine made a** ~ **and stopped** el motor hizo puf y se paró. ◇ *adv*: **to go** ~ *fig* escacharrarse.

phyla [ˈfaɪlə] *pl* → **phylum**.

phylactery [frɪˈlæktərɪ] *(pl* **phylacteries)** *n* filacteria *f*.

phylloxera [frɪˈlɒksərə] *n* filoxera *f*.

phylogeny [faɪˈlɒdʒənɪ] *n* filogenia *f*.

phylum [ˈfaɪləm] (*pl* **phyla** [-lə]) *n* - **1.** BIOL filum *m*, filo *m*. - **2.** LING filo *m*.

physiatrics [ˌfɪzɪˈætrɪks] *n Am* fisioterapia *f*, fisiatría *f*.

physic [ˈfɪzɪk] *n arch* medicamento *m*.

physical [ˈfɪzɪkl] ◇ *adj* físico(ca). ◇ *n* [examination] examen *m* médico.

physical chemistry *n* fisicoquímica *f*.

physical education *n* educación *f* física.

physical examination *n* examen *m* médico.

physical geography *n* geografía *f* física.

physical handicap *n* minusvalía *f*, incapacidad *f* física.

physical jerks *npl Br hum* gimnasia *f*, ejercicios *mpl* físicos.

physically [ˈfɪzɪklɪ] *adv* físicamente.

physically handicapped ◇ *adj* minusválido(da). ◇ *npl*: **the** ~ los minusválidos.

physical medicine *n* quinesiología *f*, kinesiología *f*.

physical science *n* (U) ciencias *fpl* físicas.

physical therapist *n* fisioterapeuta *mf*.

physical therapy *n* fisioterapia *f*.

physical training *n* preparación *f* física.

physician [fɪˈzɪʃn] *n* médico *mf*.

physicist [ˈfɪzɪsɪst] *n* físico *m*, -ca *f*.

physics [ˈfɪzɪks] *n* (U) física *f*.

physio [ˈfɪzɪəʊ] (*pl* **physios**) *n Br inf* - **1.** (*abbr of* **physiotherapist**) fisioterapeuta *mf*. - **2.** (*abbr of* **physiotherapy**) fisioterapia *f*.

physiognomy [ˌfɪzɪˈɒnəmɪ] (*pl* **physiognomies**) *n fml* fisionomía *f*.

physiological [ˌfɪzɪəˈlɒdʒɪkl] *adj* fisiológico(ca).

physiology [ˌfɪzɪˈɒlədʒɪ] *n* fisiología *f*.

physiotherapist [ˌfɪzɪəʊˈθerəpɪst] *n* fisioterapeuta *mf*.

physiotherapy [ˌfɪzɪəʊˈθerəpɪ] *n* fisioterapia *f*.

physique [fɪˈziːk] *n* físico *m*.

phytology [faɪˈtɒlədʒɪ] *n* fitología *f*.

pi [paɪ] *n* pi *f*.

pianism [ˈpiːənɪzm] *n* arte *m* de tocar el piano.

pianist [ˈpɪənɪst] *n* pianista *mf*.

pianistic [ˌpiːəˈnɪstɪk] *adj* pianístico(ca).

piano [pɪˈænəʊ] (*pl* **pianos**) ◇ *n* [instrument] piano *m*. ◇ *comp* [lesson, stool, teacher] de piano; [music, duet] para piano; [lid, leg] del piano; ~ **player** pianista *mf*.

piano accordion *n* acordeón-piano *m*.

piano bar *n* piano bar *m*.

pianoforte [pɪˌænəʊˈfɔːtɪ] *n* pianoforte *m*.

Pianola® [pɪəˈnəʊlə] *n* pianola *f*.

piano roll *n* rodillo *m* perforado (de pianola).

piastre, piaster [pɪˈæstəʳ] *n* piastra *f*.

piazza [pɪˈætsə] *n* [square] plaza *f*.

pic [pɪk] (*pl* **pics** OR **pix** [pɪks]) *n inf* [photograph] foto *f*; [picture] ilustración *f*.

pica [ˈpaɪkə] *n* - **1.** TYPO pica *f*. - **2.** MED & VETER pica *f*, malacia *f*.

picador [ˈpɪkədɔːʳ] *n* picador *m*.

Picardy [ˈpɪkədɪ] *n* la Picardía.

picaresque [ˌpɪkəˈresk] *adj* picaresco(ca).

picayune [ˌpɪkəˈjuːn] *Am* ◇ *adj inf* - **1.** [of small value] insignificante. - **2.** [petty] mezquino(na). ◇ *n* moneda de cinco centavos; **it's not worth a** ~ *fig* no vale un pepino.

piccalilli [ˈpɪkəˈlɪlɪ] *n* salsa amarilla picante con coliflor etc.

piccaninny [ˈpɪkəˈnɪnɪ] (*pl* **piccaninnies**) *n v inf dated* negrito *m*, -ta *f*, término racista para designar a un niño de raza negra.

piccolo [ˈpɪkələʊ] (*pl* **piccolos**) *n* flautín *m*.

pick [pɪk] ◇ *n* - **1.** [tool] piqueta *f*. - **2.** [selection]: **take your** ~ escoge el que quieras; **you can have your** ~ **of them** puedes escoger entre ellos. - **3.** [best]: **the** ~ **of** lo

mejor de. ◇ *vt* - **1.** [team, winner] seleccionar; [time, book, dress] elegir; **to** ~ **one's way across** OR **through** andar con tiento por. - **2.** [fruit, flowers] coger. - **3.** [remove]: **to** ~ **sth off sthg** quitar algo de algo. - **4.** [nose] hurgarse; [teeth] mondarse. - **5.** [provoke]: **to** ~ **a fight/quarrel (with)** buscar pelea/bronca (con). - **6.** [lock] forzar (con ganzúa). - **7.** [string of guitar, violin] puntear, pulsar. ◇ *vi*: **he can afford to** ~ **and choose** tiene donde elegir.

◆ **pick at** *vt fus* picar, picotear.

◆ **pick off** *vt sep* [shoot] matar de un solo tiro.

◆ **pick on** *vt fus* - **1.** [victimize] meterse con. - **2.** [choose] elegir, escoger.

◆ **pick out** *vt sep* - **1.** [recognize] reconocer, identificar. - **2.** [select] escoger, elegir. - **3.** [highlight, accentuate] resaltar. - **4.** [tune] tocar de oídas.

◆ **pick up** ◇ *vt sep* - **1.** [gen] recoger; [phone] coger; **to** ~ **o.s. up** levantarse □ **to** ~ **up the pieces** *fig* volver a la normalidad. - **2.** [buy, acquire] adquirir; **to** ~ **up speed** [car] acelerar. - **3.** [learn] aprender. - **4.** [subj: police]: **to** ~ **sb up for sthg** coger a alguien por algo. - **5.** *inf* [approach] ligar con. - **6.** RADIO & TELEC captar, recibir. - **7.** [start again] reanudar. - **8.** [pay] pagar. - **9.** [criticize]: **to** ~ **sb up on sthg** corregir OR contradecir a alguien en algo. ◇ *vi* - **1.** [improve] mejorar. - **2.** [start again] proseguir. - **3.** [notice]: **to** ~ **up on sthg** darse cuenta de algo, reparar en algo.

pickaninny [ˌpɪkəˈnɪnɪ] *n* = **piccaninny**.

pickaxe *Br*, **pickax** *Am* [ˈpɪkæks] *n* piqueta *f*.

picked [pɪkt] *adj* escogido(da), selecto(ta).

picker [ˈpɪkəʳ] *n* [person, tool] recolector *m*, -ra *f*; [of cotton] recogedor *m*, -ra *f*.

pickerel [ˈpɪkərəl] *n* pez norteamericano parecido al lucio.

picket [ˈpɪkɪt] ◇ *n* - **1.** [strikers] piquete *m*. - **2.** [stake] estaca *f*. - **3.** MIL piquete *m*. ◇ *vt* [factory] formar piquetes en.

picket fence *n* cerca *f* de estacas.

picketing [ˈpɪkətɪŋ] *n* (U) piquetes *mpl*.

picket line *n* piquete *m* (de huelga).

picking [ˈpɪkɪŋ] *n* - **1.** [harvest] cosecha *f*, recolección *f*. - **2.** [selection] selección *f*.

◆ **pickings** *npl*: **easy/rich** ~ dinero *m* fácil/a raudales.

pickle [ˈpɪkl] ◇ *n* - **1.** [vinegar preserve] encurtido *m*; [sweet vegetable sauce] *salsa espesa agridulce con trozos de cebolla etc*. - **2.** *inf* [difficult situation]: **to be in a** ~ estar en un lío. - **3.** [marinade] salmuera *f*, escabeche *m*. ◇ *vt* encurtir, escabechar.

pickled [ˈpɪkld] *adj* - **1.** [food] encurtido(da) en escabeche; ~ **herring** arenque *m* en escabeche. - **2.** *inf* [drunk] bebido(da).

pickling [ˈpɪklɪŋ] *n* encurtido *m*.

picklock [ˈpɪklɒk] *n* - **1.** [thief] ladrón *m* de ganzúa, ratero *m*. - **2.** [tool] ganzúa *f*.

pick-me-up *n inf* tónico *m*, reconstituyente *m*.

pickpocket [ˈpɪkpɒkɪt] *n* carterista *mf*.

pickproof [ˈpɪkpruːf] *adj* a prueba de robos.

pick-up *n* - **1.** [of record player] fonocaptor *m*. - **2.** [truck] camioneta *f*, furgoneta *f*. - **3.** *inf* [casual acquaintance] ligue *m*. - **4.** [act of collecting] recogida *f*. - **5.** *Am* [acceleration] arrancada *f*, poder *m* de aceleración. - **6.** [improvement] mejora *f*. - **7.** *inf* [arrest] arresto *m*, detención *f*. - **8.** RADIO & TV [reception] recepción *f*.

pick-up truck *n* camioneta *f*, furgoneta *f*.

picky [ˈpɪkɪ] (*compar* **pickier**, *superl* **pickiest**) *adj* quisquilloso(sa).

picnic [ˈpɪknɪk] (*pt & pp* **picnicked**, *cont* **picnicking**) ◇ *n* comida *f* campestre, picnic *m*; **to go on a** ~ ir de merienda al campo □ **to be no** ~ *inf* no ser moco de pavo, no ser fácil. ◇ *vi* ir de merienda al campo.

picnic basket, **picnic hamper** *n* cesta *f* de la comida.

picnicker [ˈpɪknɪkəʳ] *n* excursionista *mf*.

picric acid [ˈpɪkrɪk-] *n* ácido *m* pícrico.

Pict [pɪkt] *n*: **the** ~**s** los Pictos.

Pictish [ˈpɪktɪʃ] ◇ *adj* picto(ta). ◇ *n* [language] picto *m*.

pictogram ['pɪktəgræm] *n* pictograma *m*.
pictograph ['pɪktəgrɑːf] *n* pictografía *f*.
pictorial [pɪk'tɔːrɪəl] *adj* - **1.** [illustrated] ilustrado(da). - **2.** [expressed by pictures] pictórico(ca).
picture ['pɪktʃəʳ] ◇ *n* - **1.** [painting] cuadro *m*; [drawing] dibujo *m*. - **2.** [photograph] foto *f*; **to take a** ~ sacar una foto. - **3.** [on TV] imagen *f*. - **4.** [cinema film] película *f*. - **5.** [in mind] idea *f*, imagen *f*. - **6.** [situation] situación *f*. - **7.** [epitome]: **the** ~ **of** la imagen de. - **8.** *phr*: **to be in/out of the** ~ estar/no estar en el ajo; **the big** ~ una visión de conjunto; **to change the whole** ~ cambiarlo todo; **to come into the** ~ aparecer; **her face was a real** ~ **when she heard the news!** ¡vaya cara que puso cuando se enteró de la noticia!; **to get the** ~ *inf* entenderlo; **to give sb the whole** ~ dar a alguien una idea general; **to look pretty as a** ~ estar hecho(cha) una monada; **to paint a rosy** ~ **of sthg** pintar algo de color de rosa, pintar un cuadro muy optimista de algo; **to put sb in the** ~ poner a alguien al corriente. ◇ *vt* - **1.** [in mind] imaginarse; **to** ~ **sb as sthg** imaginarse a alguien de OR como algo; **I can't** ~ **him as a salesman** no me lo imagino de vendedor. - **2.** [in photograph]: **to be** ~**d** aparecer en la foto. - **3.** [in painting] pintar; [in drawing] dibujar.
◆ **pictures** *npl Br*: **the** ~**s** el cine.
picture book *n* libro *m* ilustrado.
picture card *n* [in card games] figura *f*.
picture frame *n* marco *m*.
picture hat *n* pamela *f*.
picture house *n Br dated* cinematógrafo *m*, cine *m*.
picture library *n* archivo *m* de imágenes.
picture postcard *n dated* tarjeta *f* postal.
◆ **picture-postcard** *adj* [view] de (tarjeta) postal.
picture rail *n* moldura *f* para colgar cuadros.
picture research *n* investigación *f* fotográfica OR iconográfica.
picturesque [pɪktʃə'resk] *adj* pintoresco(ca).
picture window *n* ventanal *m*.
picture writing *n* pictografía *f*.
piddle ['pɪdl] *vi inf* [urinate] hacer pipí OR pis.
◆ **piddle away** *vt fus inf* [use aimlessly] emplear en tonterías.
piddling ['pɪdlɪŋ] *adj inf pej* de poca monta.
pidgin ['pɪdʒɪn] ◇ *n* lengua *f* macarrónica. ◇ *comp* macarrónico(ca).
pidgin English *n* lengua franca basada en el inglés.
pie [paɪ] *n* [sweet] tarta *f* (cubierta de hojaldre); [savoury] empanada *f*, pastel *m*; **to be as easy as** ~ *inf fig* ser pan comido, estar chupado(da); **to eat humble** ~ [for something said] tragarse (uno) sus palabras; [for something done] tragarse (uno) su orgullo; ~ **in the sky** *fig* castillos en el aire; **I want my piece of the** ~ quiero mi parte del pastel.
piebald ['paɪbɔːld] ◇ *adj* pío(a). ◇ *n* caballo *m* pío.
piece [piːs] *n* - **1.** [individual part or portion] trozo *m*, pedazo *m*; **in** ~**s** [shattered] en pedazos; [unassembled] desarmado(da), desmontado(da); ~ **by** ~ [bit by bit] pedazo a OR por pedazo; [part by part] pieza *f* por pieza; **to come to** ~**s** deshacerse; **to be smashed to** ~**s** ser destrozado(da); **to take sthg to** ~**s** desmontar algo □ **in** ~**s** [shattered] en pedazos; **in one** ~ [intact] intacto(ta); [unharmed] sano y salvo (sana y salva); **to go to** ~**s** *fig* venirse abajo. - **2.** *(with uncountable noun)* [individual object]: ~ **of advice** consejo *m*; ~ **of clothing** prenda *f* de vestir; ~ **of furniture** mueble *m*; ~ **of luck** golpe *m* de suerte; ~ **of news** noticia *f*; ~ **of work** [object] pieza *f*; **he's a nasty** ~ **of work** *inf* es un elemento de cuidado. - **3.** [in board game] pieza *f*. - **4.** [valuable or interesting object, composition, play] pieza *f*. - **5.** [of journalism] artículo *m*. - **6.** [coin] moneda *f*. - **7.** *inf* [gun] arma *f*. - **8.** *phr*: **to pick up the** ~**s** hacer que las cosas vuelvan a la normalidad; **to say** OR **state one's** ~ decir lo que uno piensa.
◆ **piece together** *vt sep* [discover] componer.

pièce de résistance [pjesdərezɪs'tãs] (*pl* **pièces de résistance** ['pjesdərezɪs'tãs]) *n* - **1.** [of meal] plato *m* principal. - **2.** *fig* [main event] plato *m* fuerte.
piece goods *npl* géneros *mpl*, telas *fpl* que se venden por yardas.
piecemeal ['piːsmiːl] ◇ *adj* poco sistemático (poco sistemática). ◇ *adv* gradualmente, por etapas.
piece of eight *n* peso *m (moneda)*.
piece rate *n* tarifa *f* a destajo; **to be on** ~ trabajar a destajo.
piecework ['piːswɜːk] *n (U)* trabajo *m* a destajo.
pieceworker ['piːswɜːkəʳ] *n* trabajador *m*, -ra *f* a destajo, destajista *mf*.
pie chart *n* gráfico *m* circular OR de sectores.
piecrust ['paɪkrʌst] *n* pasta *f*, masa *f* (que cubre un pastel).
pied [paɪd] *adj* [gen] abigarrado(da), de varios colores; [animal] pío(a), manchado(da).
pied-a-terre [pjeɪtɑː'teə] (*pl* **pieds-a-terre** [pjeɪtɑː'teə]) *n* apeadero *m (casa)*.
Piedmont ['piːdmənt] *n* (el) Piamonte.
Piedmontese [piːdmən'tiːz] ◇ *adj* piamontés(esa). ◇ *n* piamontés *m*, -esa *f*.
Pied Piper (of Hamelin) [-'hæmlɪn] *n* el flautista de Hamelín.
pie-eyed *adj inf* como una cuba.
pie plate *n Am* tartera *f*, molde *m* de pastelería.
pier [pɪəʳ] *n* - **1.** [at seaside] *paseo marítimo en un malecón*. - **2.** [pillar - of bridge] pila *f*; [- of arch] pilar *m*. - **3.** [between windows] entreventana *f*. - **4.** [buttress] contrafuerte *m*.
pierce [pɪəs] *vt* - **1.** [subj: bullet, needle] perforar; **to have one's ears** ~**d** hacerse agujeros en las orejas. - **2.** [subj: voice, scream] romper.
pierced [pɪəst] *adj* perforado(da).
piercing ['pɪəsɪŋ] *adj* - **1.** [scream] desgarrador(ra); [sound, voice] agudo(da). - **2.** [wind] cortante. - **3.** [look, eyes] penetrante.
piercingly ['pɪəsɪŋlɪ] *adv*: **the wind is** ~ **cold** el viento es de un frío que corta; **a** ~ **loud scream** un grito agudo OR penetrante.
pierhead ['pɪəhed] *n* punta *f* del muelle.
pietà [pɪe'tɑː] *n* piedad *f*.
pietism ['paɪətɪzm] *n* pietismo *m*.
piety ['paɪətɪ] *n* piedad *f*.
piezoelectricity [piːzəʊ,ɪlek'trɪsətɪ] *n* piezoelectricidad *f*.
piffle ['pɪfl] *n (U) inf* tonterías *fpl*, disparates *mpl*.
piffling ['pɪflɪŋ] *adj inf* ridículo(la).
pig [pɪg] (*pt & pp* **pigged**, *cont* **pigging**) ◇ *n* - **1.** [animal] cerdo *m*, puerco *m*, chancho *m Amér*; **to buy a** ~ **in a poke** *fig* comprar algo sin saber exactamente qué es; **to make a (right)** ~**'s ear of sthg** hacer una (auténtica) chapuza con algo; ~**s might fly!** ¡cuando las ranas críen pelos! - **2.** *inf pej* [greedy eater] tragón *m*, -ona *f*, comilón *m*, -ona *f*; **to make a** ~ **of o.s.** darse un atracón. - **3.** *inf pej* [unkind person] cerdo *m*, -da *f*. - **4.** *inf pej* [police officer] poli *mf*, madero *m Esp*, paco *m*, -ca *f Amér*. ◇ *vt*: **to** ~ **it** *inf fig* vivir como cerdos.
◆ **pig out** *vi inf* darse un atracón.
pigeon ['pɪdʒɪn] (*pl inv* OR **pigeons**) *n* - **1.** ZOOL paloma *f*. - **2.** *inf* [dupe] primo *m*, -ma *f*, bobalicón *m*, -ona *f*.
pigeon-breasted [-,brestɪd], **pigeon-chested** [-,tʃestɪd] *adj*: **to be** ~ tener el pecho salido OR hacia afuera.
pigeonhole ['pɪdʒɪnhəʊl] ◇ *n* [compartment] casilla *f*. ◇ *vt* [classify] encasillar.
pigeon-toed *adj* patituerto(ta).
piggery ['pɪgərɪ] (*pl* **piggeries**) *n* AGR porqueriza *f*, chiquero *m*.
piggish ['pɪgɪʃ] *adj inf* - **1.** [dirty] cochino(na). - **2.** [eating too much] cerdo(da).
piggy ['pɪgɪ] (*compar* **piggier**, *superl* **piggiest**, *pl* **piggies**) ◇ *adj* - **1.** [greedy] glotón(na). - **2.** [eyes] de cerdito. ◇ *n inf*

cerdito *m*; **to be** OR **play** ~ **in the middle** ser el tercero en discordia.

piggyback ['pɪgɪbæk] ◇ ⟨⟩ ··· **glve sb a** ~ llevar a alguien a cuestas ⟨⟩ ··· **- 1.** [on the back] a cuestas, a hombros. **- 2.** RAIL en vagón plataforma.

piggybank ['pɪgɪbæŋk] *n* hucha *f* con forma de cerdito.

pigheaded [,pɪg'hedɪd] *adj* cabezota.

pig iron *n* arrabio *m*, hierro *m* en lingotes.

piglet ['pɪglɪt] *n* cerdito *m*, cochinillo *m*.

pigment [*n* 'pɪgmənt, *vb* pɪg'ment] ◇ *n* pigmento *m*. ◇ *vt* pigmentar.

pigmentation [,pɪgmən'teɪʃn] *n* pigmentación *f*.

pigmy ['pɪgmɪ] *adj & n* = **pygmy**.

pigpen *n Am* = **pigsty**.

pigskin ['pɪgskɪn] ◇ *n* **- 1.** [leather] piel *f* de cerdo. **- 2.** *Am inf* [football] balón *m* de fútbol americano. ◇ *comp* de piel de cerdo.

pigsty ['pɪgstaɪ] (*pl* **pigsties**), **pigpen** *Am* ['pɪgpen] *n lit & fig* pocilga *f*.

pigswill ['pɪgswɪl] *n* bazofia *f*.

pigtail ['pɪgteɪl] *n* [plaited] trenza *f*; [loose] coleta *f*.

pike [paɪk] (*pl sense 1 only inv* OR **pikes**) *n* **- 1.** [fish] lucio *m*. **- 2.** [weapon] pica *f*. **- 3.** [turnpike] carretera *f* de peaje. **- 4.** *Br* [hill] pico *m*, monte *m*. **- 5.** [sharp point] punta *f*.

piker ['paɪkə'] *n Am inf* tacaño *m*, -ña *f*.

pikestaff ['paɪkstɑːf] *n*: **to be as plain as a** ~ estar más claro que el agua.

pilaster [pɪ'læstə'] *n* pilastra *f*.

pilau [pɪ'laʊ] *n* plato oriental a base de arroz.

pilchard ['pɪltʃəd] *n* sardina *f*.

pile [paɪl] ◇ *n* **- 1.** [heap] montón *m*, ruma *f Amér*; **a** ~ OR ~**s of** un montón de. **- 2.** [neat stack] pila *f*. **- 3.** [of carpet, fabric] pelo *m*. **- 4.** [funeral pyre] pira *f*. **- 5.** *inf* [fortune]: **to make a** ~ hacer fortuna. **- 6.** [nuclear reactor] pila *f* atómica. **- 7.** ELEC pila *f*. **- 8.** CONSTR [as foundation] pilote *m*. ◇ *vt* apilar, amontonar; **a plate** ~**d with food** un plato colmado de comida.

◆ **piles** *npl* MED hemorroides *fpl*, almorranas *fpl*.

◆ **pile in** *vi inf* entrar en tropel.

◆ **pile into** *vt fus inf* amontonarse OR meterse en.

◆ **pile on** *vt sep inf*: **to** ~ **it on** exagerar, pasarse de la raya.

◆ **pile out** *vi inf*: **to** ~ **out (of)** salir en tropel (de).

◆ **pile up** ◇ *vt sep* apilar, amontonar. ◇ *vi* **- 1.** [form a heap] apilarse, amontonarse. **- 2.** [mount up] acumularse.

pile driver *n* martinete *m*.

pileup ['paɪlʌp] *n* accidente *m* en cadena.

pilfer ['pɪlfə'] ◇ *vt* sisar. ◇ *vi*: **to** ~ **(from)** sisar (de).

pilferage ['pɪlfərɪdʒ] *n* ratería *f*, sisa *f*.

pilgrim ['pɪlgrɪm] *n* peregrino *m*, -na *f*.

pilgrimage ['pɪlgrɪmɪdʒ] *n* peregrinación *f*; **to go on** OR **make a** ~ ir en peregrinación.

Pilgrim Fathers *npl*: **the** ~ *primer grupo de emigrantes puritanos ingleses que a bordo del Mayflower llegaron a América y fundaron la colonia de Plymouth.*

piling ['paɪlɪŋ] *n* **- 1.** [foundation] cimentación *f* con pilotes. **- 2.** [piles] conjunto *m* de pilotes, pilotaje *m*.

pill [pɪl] ◇ *n* **- 1.** MED píldora *f*, pastilla *f*; **a bitter** ~ *fig* un mal trago; **to sugar the** ~ *fig* dorar la píldora. **- 2.** [contraceptive]: **the** ~ la píldora (anticonceptiva); **to be on the** ~ tomar la píldora. **- 3.** *inf* [person] pelmazo *m*, -za *f*. ◇ *vt inf* rechazar. ◇ *vi* [cloth, wool] formar pelotillas OR bolitas.

pillage ['pɪlɪdʒ] ◇ *n* pillaje *m*, saqueo *m*. ◇ *vt* saquear, pillar.

pillager ['pɪlɪdʒə'] *n* saqueador *m*, -ra *f*, pillador *m*, -ra *f*.

pillar ['pɪlə'] *n lit & fig* pilar *m*; **to be a** ~ **of strength** *fig* mostrar gran fortaleza; **from** ~ **to post** *fig* de la Ceca a la Meca.

pillar box *n Br* buzón *m*.

pillar-box red *adj Br* rojo vivo (*inv*).

pillared ['pɪləd] *adj* con pilares OR columnas.

pillbox ['pɪlbɒks] *n* **- 1.** [box for pills] cajita *f* para pastillas. **- 2.** MIL fortín *m*. **- 3.** [hat] *pequeño sombrero de mujer sin ala.*

pillion ['pɪljən] *n* asiento *m* trasero; **to ride** ~ ir en el asiento trasero (*de una moto*).

pillock ['pɪlək] *n Br inf* gilipollas *mf inv*.

pillory ['pɪlərɪ] (*pl* **pillories**, *pt & pp* **pilloried**) ◇ *n* picota *f*. ◇ *vt* poner en ridículo.

pillow ['pɪləʊ] ◇ *n* **- 1.** [for bed] almohada *f*. **- 2.** *Am* [on sofa, chair] cojín *m*. ◇ *vt* apoyar en una almohada; **to** ~ **one's head on sthg** reposar la cabeza en algo.

pillowcase ['pɪləʊkeɪs] *n* funda *f* de almohada.

pillow fight *n* guerra *f* de almohadas.

pillowslip ['pɪləʊslɪp] *n* = **pillowcase**.

pillow talk *n* (*U*) conversación *f* en la cama OR de alcoba.

pilot ['paɪlət] ◇ *n* **- 1.** AERON & SPACE piloto *mf*. **- 2.** TV programa *m* piloto. **- 3.** [NAUT - helmsman] piloto *mf*, timonel *m*; [- in port] práctico *m*. **- 4.** [leader] guía *mf*, director *m*, -ra *f*. **- 5.** [on tool] guía *f*. **- 6.** RAIL quitapiedras *m inv*. **- 7.** [of stove] piloto *m*. ◇ *comp* [project, programme] piloto (*inv*), de prueba. ◇ *vt* **- 1.** AERON & SPACE pilotar. **- 2.** [person] conducir, guiar; [scheme, plan] llevar personalmente a la práctica.

pilotage ['paɪlətɪdʒ] *n* AERON & NAUT pilotaje *m*.

pilot burner *n* = **pilot light** *sense 1*.

pilot fish *n* pez *m* piloto.

pilot house *n* timonera *f*, cabina *f* del piloto.

piloting ['paɪlətɪŋ] *n* **- 1.** AERON & NAUT [occupation] pilotaje *m*. **- 2.** NAUT [coastal navigation] navegación *f* por señales OR sondeo.

pilot light *n* **- 1.** [in gas burner] piloto *m*. **- 2.** [on electrical apparatus] piloto *m*, luz *f* indicadora.

pilot scheme *n* proyecto *m* piloto.

pilot study *n* estudio *m* piloto.

pimento [pɪ'mentəʊ] (*pl inv* OR **pimentos**) *n* pimiento *m* morrón.

pimp [pɪmp] *inf* ◇ *n* chulo *m*, padrote *m Amér*. ◇ *vi* alcahuetear, ejercer de chulo.

pimpernel ['pɪmpənel] *n* murajes *mpl*, pimpinela *f*.

pimple ['pɪmpl] *n* grano *m*.

pimply ['pɪmplɪ] (*compar* **pimplier**, *superl* **pimpliest**) *adj* cubierto(ta) de granos.

pin [pɪn] (*pt & pp* **pinned**, *cont* **pinning**) ◇ *n* **- 1.** [for sewing] alfiler *m*; ~**s and needles** *fig* hormigueo *m*; **to be on** ~**s and needles** *Am fig* estar en ascuas; **you could have heard a** ~ **drop** no se oía el vuelo de una mosca. **- 2.** [drawing pin] chincheta *f*. **- 3.** [safety pin] imperdible *m*. **- 4.** [of electric plug] polo *m*. **- 5.** TECH clavija *f*. **- 6.** [in grenade] percutor *m*. **- 7.** *Am* [brooch] broche *m*. **- 8.** [for tie, hat] alfiler *m*. **- 9.** [in bowling] bolo *m*. **- 10.** NAUT [belaying pin] cabilla *f*. **- 11.** MUS [peg] clavija *f*. **- 12.** *inf* [leg]: **to be unsteady on one's** ~**s** flaquearle a uno las piernas. ◇ *vt* **- 1.** [fasten]: **to** ~ **sthg to** OR **on** [notice] clavar con alfileres algo en; [medal, piece of cloth] prender algo en. **- 2.** [trap]: **to** ~ **sb against** OR **to** inmovilizar a alguien contra. **- 3.** [apportion]: **to** ~ **sthg on** OR **upon sb** endosar algo a alguien.

◆ **pin down** *vt sep* **- 1.** [identify] determinar, identificar. **- 2.** [force to make a decision]: **to** ~ **sb down (to)** obligar a alguien a comprometerse (a).

◆ **pin up** *vt sep* **- 1.** [fasten with pins] clavar. **- 2.** [raise with pins] prender con alfileres.

PIN [pɪn] (*abbr of* **personal identification number**) *n*: ~ **(number)** PIN *m*, número *m* secreto (de identificación personal).

pinafore ['pɪnəfɔː'] *n* **- 1.** [apron] delantal *m*. **- 2.** *Br* [dress] pichi *m*.

pinball ['pɪnbɔːl] *n* millón *m*, flíper *m*.

pinball machine *n* máquina *f* de millón OR flíper.

pince-nez ['pæns,neɪ] (*pl inv*) *n* quevedos *mpl*.

pincer ['pɪnsə'] *n* [of crab, lobster etc] pinza *f*.

◆ **pincers** *npl* [tool] tenazas *fpl*.

pincer movement *n* movimiento *m* de tenazas.

pinch [pɪntʃ] ◇ *n* - **1.** [nip] pellizco *m*; **to feel the** ~ *fig* tener que apretarse el cinturón. - **2.** [of seasoning] pizca *f*; [of snuff] pulgarada *f*, polvo *m*. - **3.** *inf* [arrest] detención *f*, arresto *m*. ◇ *vt* - **1.** [nip] pellizcar. - **2.** *inf* [steal] mangar. - **3.** [catch] cogerse, pillarse; **she** ~**ed her finger in the drawer** se cogió OR pilló el dedo con el cajón. - **4.** [subj: shoes] apretar. ◇ *vi* - **1.** [shoes] apretar (a uno). - **2.** [economize]: **to** ~ **and scrape** escatimar.

◆ **at a pinch** *Br*, **in a pinch** *Am adv* si no hay más remedio.

◆ **pinch off** *vt sep* quitar con los dedos.

pinched [pɪntʃt] *adj* [thin, pale] demacrado(da); ~ **with** [cold] aterido(da) de; [hunger] muerto de ◻ **to be** ~ **for time/money** ir corto(ta) de tiempo/dinero.

pinch-hit *vi* - **1.** [in baseball] sustituir a otro bateador. - **2.** *Am inf* [act as substitute] sustituir a otro(tra) en una emergencia.

pinchpenny [ˈpɪntʃpeni] (*pl* **pinchpennies**) ◇ *adj* mísero(ra). ◇ *n* tacaño *m*, -ña *f*.

pin curl *n* rizo *m* sujetado con horquillas.

pincushion [ˈpɪnˌkʊʃn] *n* acerico *m*.

pine [paɪn] ◇ *n* pino *m*. ◇ *comp* de pino. ◇ *vi*: **to** ~ **for** suspirar por.

◆ **pine away** *vi* morirse de pena.

pineal [ˈpɪnɪəl] *adj* ANAT pineal.

pineapple [ˈpaɪnˌæpl] *n* piña *f*, ananá *m Amér*.

pinecone [ˈpaɪnkəʊn] *n* piña *f*.

pine kernel *n* piñón *m*.

pine marten *n* marta *f*.

pine needle *n* aguja *f* de pino.

pine nut *n* = **pine kernel**.

pine tar *n* brea *f* de pino.

pinetree [ˈpaɪntriː] *n* pino *m*.

pinewood [ˈpaɪnwʊd] *n* - **1.** [forest] pinar *m*. - **2.** [material] madera *f* de pino.

piney [ˈpaɪnɪ] *adj* = **piny**.

pinfeather [ˈpɪnˌfeðəʳ] *n* cañón *m*.

ping [pɪŋ] ◇ *n* [of bell] tilín *m*; [of metal] sonido *m* metálico. ◇ *vi* producir un sonido metálico.

pinger [ˈpɪŋəʳ] *n* (reloj *m*) avisador *m*.

Ping-Pong® [ˈpɪŋˌpɒŋ] *n* ping-pong® *m*.

pinhead [ˈpɪnhed] *n* - **1.** [head of a pin] cabeza *f* de alfiler. - **2.** *inf* [stupid person] tonto *m*, -ta *f*, bobo *m*, -ba *f*.

pinhole [ˈpɪnhəʊl] *n* agujero *m* de alfiler.

pinhole camera *n* estenoscopio *m*.

pinion [ˈpɪnjən] ◇ *n* - **1.** TECH piñón *m*. - **2.** *literary* [wing] ala *f*. ◇ *vt* [tie up] maniatar; [hold down] inmovilizar.

pink [pɪŋk] ◇ *adj* - **1.** [in colour] rosa. - **2.** *inf* [leftist] rojillo(lla), izquierdoso(sa). ◇ *n* - **1.** [colour] rosa *m*; **in the** ~ *fig* rebosante de salud. - **2.** [flower] clavel *m*.

pinkeye [ˈpɪŋkaɪ] *n* conjuntivitis *f inv* aguda.

pink gin *n Br* ginebra *f* con angostura.

pinkie [ˈpɪŋkɪ] *n Am & Scot* dedo *m* meñique.

pinking [ˈpɪŋkɪŋ] *n Br* AUT picado *m*.

pinking scissors, **pinking shears** *npl* tijeras *fpl* dentadas.

pinkish [ˈpɪŋkɪʃ] *adj* - **1.** [in colour] rosáceo(a). - **2.** *inf* [in doctrine] rojillo(lla), izquierdoso(sa).

pinko [ˈpɪŋkəʊ] (*pl* **pinkos**) *n inf pej* rojillo *m*, -lla *f*.

pinky [ˈpɪŋkɪ] (*pl* **pinkies**) *n* = **pinkie**.

pin money *n dinero adicional para gastos menores*.

pinnace [ˈpɪnɪs] *n* - **1.** [sailing boat] pinaza *f*. - **2.** [small ship] chalupa *f* OR bote *m* de motor.

pinnacle [ˈpɪnəkl] *n* - **1.** [high point] cumbre *f*, cúspide *f*. - **2.** [mountain peak, spire] pináculo *m*, cima *f*.

pinnate [ˈpɪneɪt] *adj* BOT pinnado(da).

pinny [ˈpɪnɪ] (*pl* **pinnies**) *n inf* delantal *m*.

pinoc(h)le [ˈpiːnʌkl] *n juego de naipes*.

pinpoint [ˈpɪnpɔɪnt] ◇ *vt* - **1.** [identify] determinar, identificar. - **2.** [point out] señalar. ◇ *adj* - **1.** [precise] preciso(sa), exacto(ta). - **2.** [very small] minúsculo(la).

pinprick [ˈpɪnprɪk] *n* - **1.** [mark, hole] marca *f* de pinchazo. - **2.** [slight irritation] pequeña molestia *f*.

pinstriped [ˈpɪnstraɪpt] *adj* a rayas.

pinstripes [ˈpɪnstraɪps] *npl* traje *m* de rayas.

pint [paɪnt] *n* - **1.** [unit of measurement] *Br* = 0,568 *litros*; *Am* = 0,473 *litros*, ≈ pinta *f*. - **2.** *Br* [beer]: **to go for a** ~ salir a tomar una caña; **they went out for a** ~ salieron a tomar una caña.

pintable [ˈpɪnteɪbl] *n Br* máquina *f* de millón OR flíper *m*.

pinto [ˈpɪntəʊ] (*pl* **pintos** OR **pintoes**) *Am* ◇ *adj* pinto(ta). ◇ *n* caballo *m* pío.

pinto bean *n* judía *f* pinta, frijol *m* moteado.

pint-size(d) *adj inf* enano(na), muy pequeño (muy pequeña).

pinup [ˈpɪnʌp] *n* [of model] *(póster de) mujer medio desnuda*; [of film star etc] *(póster de) una atractiva estrella del pop, del cine etc*.

pinwheel [ˈpɪnwiːl] *n* - **1.** *Am* [toy] molinillo *m*. - **2.** [firework] girándula *f*, rueda *f* de fuegos artificiales.

piny [ˈpaɪnɪ] (*compar* **pinier**, *superl* **piniest**) *adj* [smell] a pino.

pion [ˈpaɪɒn] *n* pión *m*.

pioneer [ˌpaɪəˈnɪəʳ] ◇ *n* - **1.** [settler, innovator] pionero *m*, -ra *f*. - **2.** MIL zapador *m*, -ra *f*. ◇ *comp* [work, research] pionero(ra), innovador(ra). ◇ *vt* iniciar, introducir. ◇ *vi* marcar nuevos rumbos.

pioneering [ˌpaɪəˈnɪərɪŋ] *adj* pionero(ra), innovador(ra).

pious [ˈpaɪəs] *adj* - **1.** [religious] piadoso(sa). - **2.** *pej* [sanctimonious] mojigato(ta).

piously [ˈpaɪəslɪ] *adv pej* piadosamente, devotamente.

pip [pɪp] (*pt & pp* **pipped**, *cont* **pipping**) ◇ *n* - **1.** [seed] pepita *f*. - **2.** *Br* [bleep] señal *f*. - **3.** [on playing card, domino] punto *m*. - **4.** VETER moquillo *m*. - **5.** *inf* [minor ailment] malestar *m*. - **6.** *Br* MIL estrella *f*. ◇ *vt* [eggshell] romper. ◇ *vi* piar.

pipe [paɪp] ◇ *n* - **1.** [for gas, water] tubería *f*; [piece of piping] tubo *m*. - **2.** [for smoking] pipa *f*; **to smoke a** ~ fumar en pipa ◻ **put that in your** ~ **and smoke it!** *inf fig* ¡chúpate ésa! - **3.** [MUS - wind instrument] caramillo *m*; [- boatswain's whistle] pito *m*, silbato *m*; [- on organ] tubo *m*, cañón *m*. - **4.** [birdcall] canto *m*, silbido *m*. - **5.** *Am inf* [easy task] chollo *m*, tarea *f* fácil. - **6.** ANAT tubo *m*. - **7.** GEOL chimenea *f*. ◇ *vt* - **1.** [transport via pipes] conducir por tuberías. - **2.** [say] decir con voz de pito. - **3.** MUS [tune] tocar. - **4.** NAUT: **to** ~ **sb aboard** tocar el pito OR el silbato para recibir a alguien a bordo. - **5.** SEWING ribetear, poner ribetes a. ◇ *vi* [MUS - on bagpipes] tocar la gaita; [- on simple pipe] tocar el caramillo.

◆ **pipes** *npl* MUS gaita *f*.

◆ **pipe down** *vi inf* cerrar la boca.

◆ **pipe up** *vi inf*: **to** ~ **up with a suggestion** saltar con una sugerencia.

pipeclay [ˈpaɪpkleɪ] *n* greda *f*.

pipe cleaner *n* limpiapipas *m inv*.

piped music [paɪpt-] *n Br* hilo *m* musical®.

pipe dream *n* sueño *m* imposible, castillos *mpl* en el aire.

pipefitting [ˈpaɪpˌfɪtɪŋ] *n* - **1.** [act] instalación *f* de tuberías. - **2.** [section of pipe] acoplamiento *m* OR accesorio *m* de tuberías.

pipeline [ˈpaɪplaɪn] *n* [for gas] gasoducto *m*; [for oil] oleoducto *m*; [for water] tuberías *fpl*; **to be in the** ~ *fig* estar en trámites.

pipe organ *n* órgano *m*.

piper [ˈpaɪpəʳ] *n* - **1.** [of bagpipes] gaitero *m*, -ra *f*. - **2.** [of simple pipe] flautista *mf*; **to pay the** ~ *fig* ser quien paga.

pipette *Br*, **pipet** *Am* [pɪˈpet] *n* pipeta *f*.

pipe wrench *n* llave *f* para tubos.

piping ['paɪpɪŋ] ◇ *n (U)* - **1.** [system of pipes] tuberías *fpl*, cañerías *fpl*. - **2.** SEWING ribetes *mpl*. ◇ *adj*: **a ~ voi**... una voz aguda.
piping bag *n* ... manga *f* de pastelería.
piping hot *adj* humeante, calentito(ta).
pipit ['pɪpɪt] *n* bisbita *f*.
pippin ['pɪpɪn] *n* [apple] (manzana *f*) reineta *f*.
pipsqueak ['pɪpskwiːk] *n pej* fantoche *mf*, mequetrefe *mf*.
piquancy ['piːkənsɪ] *n* - **1.** [interest] picante *m*, morbo *m*. - **2.** [taste] (sabor *m*) picante *m*.
piquant ['piːkənt] *adj* - **1.** [food] picante. - **2.** [story] intrigante; [situation] que suscita un placer mordaz.
pique [piːk] ◇ *n* resentimiento *m*; **a fit of ~** un arrebato de despecho. ◇ *vt* - **1.** [vex] picar, molestar. - **2.** [arouse] despertar.
piqued [piːkt] *adj* [resentful] resentido(da), ofendido(da).
piracy ['paɪrəsɪ] *n* - **1.** [at sea] piratería *f*; **air ~** piratería aérea. - **2.** [illegal copying] reproducción *f* pirata.
Piraeus [paɪˈriːəs] *n* El Pireo.
piranha [pɪˈrɑːnə] *n* piraña *f*.
pirate ['paɪrət] ◇ *n* - **1.** [sailor] pirata *mf*. - **2.** [illegal copy] edición *f* pirata; *adj* [gen & COMPUT] pirata *(inv)*. ◇ *vt* piratear, hacer una edición pirata de.
pirate radio *n Br* radio *f* pirata.
piratical [paɪˈrætɪkl] *adj* pirático(ca), de pirata.
pirogue [pɪˈrəʊg] *n* piragua *f*.
pirouette [ˌpɪruˈet] ◇ *n* pirueta *f*. ◇ *vi* hacer piruetas.
Pisa ['piːzə] *n* Pisa.
piscatorial [ˌpɪskəˈtɔːrɪəl], **piscatory** ['pɪskətrɪ] *adj* piscatorio(ria).
Pisces ['paɪsiːz] *n* Piscis *m inv*; **to be (a) ~** ser Piscis.
piscine ['pɪsaɪn] *adj* - **1.** [of fish] de peces. - **2.** [like a fish] pisciforme.
piss [pɪs] *vulg* ◇ *n* - **1.** [urine] meada *f*. - **2.** [act of urinating]: **to have a ~** mear. - **3.** *phr*: **to go on the ~** empinar el codo, pimplar; **to take the ~ out of** cachondearse de. ◇ *vt*: **to ~ o.s. (laughing)** mearse (de risa). ◇ *vi* mear.
◆ **piss down** *v impers Br vulg* llover a cántaros.
◆ **piss off** *vulg* ◇ *vt sep* cabrear. ◇ *vi Br* irse a la mierda.
pissed [pɪst] *adj vulg* - **1.** *Br* [drunk] pedo *(inv)*, cocido(da). - **2.** *Am* [annoyed] molesto(ta), irritado(da).
pissed off *adj vulg*: **to be** OR **to feel ~** estar cabreado(da).
pisshead ['pɪshed] *n vulg* - **1.** *Br* [drunkard] borrachín(ina). - **2.** *Am* [mean person] cerdo *m*, -da *f*, cabrito *m*; [bore] plasta *mf*, pelmazo *m*, -za *f*.
piss-poor *adj vulg* [very bad] de mierda.
piss-take *n vulg* [mockery] cachondeo *m*, vacile *m*; [of book, film] parodia *f*.
piss-up *n Br vulg*: **to go on** OR **have a ~** irse a pillar una cogorza OR melopea.
pistachio [pɪˈstɑːʃɪəʊ] *(pl* **pistachios)** *n* pistacho *m*.
piste [piːst] *n* pista *f* de esquí.
pistil ['pɪstɪl] *n* pistilo *m*.
pistol ['pɪstl] *n* pistola *f*.
pistol grip *n* [of tool, camera] empuñadura *f*, asidero *m*.
pistol-whip *vt Am* golpear con la culata de una pistola.
piston ['pɪstən] *n* pistón *m*, émbolo *m*.
piston rod *n* biela *f*.
pit [pɪt] *(pt & pp* **pitted,** *cont* **pitting)** ◇ *n* - **1.** [large hole] hoyo *m*. - **2.** [small hole - in metal, glass] señal *f*, marca *f*; [- on face] picadura *f*. - **3.** [for orchestra] foso *m* de la orquesta. - **4.** [mine] mina *f*. - **5.** [quarry] cantera *f*. - **6.** *Am* [of fruit] hueso *m*. - **7.** [in cockfighting] reñidero *m*, gallera *f*. - **8.** *Am* ST EX sección de la Bolsa dedicada a una sola mercancía. - **9.** *phr*: **the ~ of one's stomach** las entrañas. ◇ *vt* - **1.** [oppose]: **to be pitted against** ser enfrentado(da) con; **to ~ one's wits against** medirse con. - **2.** [mark] llenar de hoyos; [subj: disease] llenar de picaduras. - **3.** *Am* [fruit] deshuesar.
◆ **pits** *npl* - **1.** [in motor racing]: **the ~s** los boxes. - **2.** *inf* [awful]: **it's the ~s** está fatal.

pita [ˈpiːtə] *n* pita *f*, agave *m*.
pit-a-pat [ˌpɪtəˈpæt] *n, vi & adv* = **pitter-patter**.
pit bull terrier *n* pit bulterrier *m*.
pitch [pɪtʃ] ◇ *n* - **1.** SPORT campo *m*. - **2.** MUS tono *m*. - **3.** [level, degree] grado *m*, punto *m*; **to reach a fever ~** llegar a un punto culminante OR álgido; **to work at a feverish ~** trabajar a un ritmo febril. - **4.** [act of throwing] lanzamiento *m*, tiro *m*. - **5.** [selling place] puesto *m*. - **6.** *inf* [sales talk] labia *f* de comerciante. - **7.** [of a roof] pendiente *f*, inclinación *f*. - **8.** [pitching motion] tumbo *m*, bandazo *m*. - **9.** [of screw, propeller, gearwheel] paso *m*. - **10.** [sticky substance] pez *f*, brea *f*; [resin] resina *f*. ◇ *vt* - **1.** [throw] lanzar, arrojar; **to be ~ed into a situation** encontrarse de la noche a la mañana en una situación. - **2.** [speech] dar un tono a; [price] establecer un precio para. - **3.** [tent] montar, poner. - **4.** [MUS - a tune] entonar; [- an instrument] ajustar el tono de. ◇ *vi* - **1.** [ball] tocar el suelo; **to ~ forwards** [person] precipitarse hacia delante. - **2.** [ship, plane] dar un bandazo. - **3.** [in baseball] lanzar; **to be in there ~ing** *Am inf fig* estar ahí bregando do OR al pie del cañón. - **4.** [slope] inclinarse.
◆ **pitch in** *vi* ponerse manos a la obra.
◆ **pitch into** *vt fus inf* meterse con, arremeter contra.
pitch-black *adj* negro(gra) como boca de lobo.
pitchblende ['pɪtʃblend] *n* pecblenda *f*, pechblenda *f*.
pitch-dark *adj* oscuro(ra) como boca de lobo.
pitched [pɪtʃt] *adj* [sloping] inclinado(da), pendiente.
pitched battle *n* HIST batalla *f* campal; *fig* [bitter struggle] lucha *f* encarnizada.
pitcher ['pɪtʃə'] *n Am* - **1.** [jug] cántaro *m*, jarro *m*. - **2.** [in baseball] lanzador *m*, pitcher *m*.
pitchfork ['pɪtʃfɔːk] ◇ *n* horca *f*. ◇ *vt* levantar con la horca.
pitch pine *n* pino *m* de tea.
pitch pipe *n* diapasón *m*.
piteous ['pɪtɪəs] *adj* lastimero(ra).
piteously ['pɪtɪəslɪ] *adv* lastimeramente.
pitfall ['pɪtfɔːl] *n* - **1.** [danger] peligro *m*, escollo *m*. - **2.** [in hunting] trampa *f*, armadijo *m*.
pith [pɪθ] *n* - **1.** [in citrus fruit] parte blanca de la piel de un cítrico. - **2.** [crux] meollo *m*. - **3.** [in stem] médula *f*.
pithead ['pɪthed] ◇ *n* bocamina *f*. ◇ *comp*: **~ ballot** votación *f* de mineros.
pithecanthropus [ˌpɪθɪkænˈθrəʊpəs] *n* pitecántropo *m*.
pith helmet *n* salacot *m*.
pithy ['pɪθɪ] *(compar* **pithier,** *superl* **pithiest)** *adj* conciso(sa) y contundente.
pitiable ['pɪtɪəbl] *adj* - **1.** [arousing pity] lastimoso(sa). - **2.** [arousing contempt] lamentable.
pitiably ['pɪtɪəblɪ] *adv* - **1.** [touchingly] lastimosamente, penosamente. - **2.** [contemptibly] de un modo lamentable.
pitiful ['pɪtɪful] *adj* [condition, excuse, effort] lamentable; [person, appearance] lastimoso(sa).
pitifully ['pɪtɪfulɪ] *adv*: **she looks ~ thin** está tan delgada que da pena; **a ~ poor excuse** una excusa lamentable.
pitiless ['pɪtɪlɪs] *adj* [person] despiadado(da), cruel; [weather] deplorable.
pitilessly ['pɪtɪlɪslɪ] *adv* despiadadamente.
pitman ['pɪtmən] *(pl* **pitmen** [-mən]) *n* minero *m*.
pit pony *n Br* tipo de poni que antiguamente hacía de animal de carga en las minas británicas.
pit prop *n* puntal *m*.
pit stop *n* [in motor racing] parada *f* en boxes.
pitta bread ['pɪtə-] *n* tipo de pan sin levadura que se puede rellenar con carne, ensalada etc.
pittance ['pɪtəns] *n* miseria *f*.
pitted ['pɪtɪd] *adj* - **1.** [marked]: **~ with** picado(da) de. - **2.** [with holes] hoyoso(sa). - **3.** [olives, cherries] sin hueso, deshuesado(da).
pitter-patter ['pɪtəˌpætə'] ◇ *n* - **1.** [tapping] golpeteo *m*. - **2.** [of rain] repiqueteo *m*, tamborileo *m*. ◇ *vi* - **1.** [tap] golpe-

tear. **- 2.** [rain] repiquetear, tamborilear. ◇ *adv*: **to go ~** [heart] latir rápidamente.

pituitary [pɪ'tjuɪtrɪ] (*pl* **pituitaries**) ◇ *n*: **~ (gland)** glándula *f* pituitaria; **~ (extract)** extracto *m* pituitario. ◇ *adj* pituitario(ria).

pit viper *n* crótalo *m*.

pity ['pɪtɪ] (*pt & pp* **pitied**) ◇ *n* [compassion] compasión *f*; [shame] pena *f*, lástima *f*; **what a ~!** ¡qué pena!; **to take** OR **have ~ on** compadecerse de; **more's the ~** por desgracia. ◇ *vt* compadecerse de, sentir pena por.

pitying ['pɪtɪɪŋ] *adj* compasivo(va).

pityingly ['pɪtɪŋlɪ] *adv* compasivamente.

pivot ['pɪvət] ◇ *n* **- 1.** TECH pivote *m*, eje *m*; *fig* [central point] eje *m*. **- 2.** SPORT [turn] pivote *m*. ◇ *vt* **- 1.** [mount] montar sobre un pivote. **- 2.** [turn] hacer girar. ◇ *vi*: **to ~ (on)** girar (sobre).

pivotal ['pɪvətl] *adj* [crucial] fundamental, cardinal.

pix [pɪks] *pl* → **pic**.

pixel ['pɪksl] *n* COMPUT & TV punto *m* luminoso, elemento *m* de imagen digital.

pixie, pixy (*pl* **pixies**) ['pɪksɪ] ◇ *n* duendecillo *m*. ◇ *comp*: **~ hat** capuchón *m*, capirote *m*.

pixilated ['pɪksɪ,leɪtɪd] *adj Am inf* chiflado(da).

pizza ['piːtsə] *n* pizza *f*.

pizzazz [pɪ'zæz] *n inf* vitalidad *f*, energía *f*.

pizzeria [,piːtsə'rɪə] *n* pizzería *f*.

pizzicato [,pɪtsɪ'kɑːtəʊ] *n* pizzicato *m*.

pl (*written abbr of* **plural**) pl.

Pl. *written abbr of* **Place**.

P & L (*abbr of* **profit and loss**) *n* ganancias y pérdidas *fpl*.

placable ['plækəbl] *adj* aplacable.

placard ['plækɑːd] *n* pancarta *f*.

placate [plə'keɪt] *vt* aplacar, apaciguar.

placating [plə'keɪtɪŋ] *adj* apaciguador(ra).

placatory [plə'keɪtərɪ] *adj* apaciguador(ra).

place [pleɪs] ◇ *n* **- 1.** [gen] lugar *m*, sitio *m*; **in ~s** en algunas zonas; **the paint is still wet in ~s** hay zonas en que la pintura todavía está fresca; **to be in the right ~ at the right time** estar en el momento y lugar adecuados ❑ **~ of birth** lugar de nacimiento; **~ of business** [office] despacho *m*; [shop] comercio *m*; **~ of residence** domicilio *m*; **~ of safety order** *orden judicial por la que un menor queda bajo tutela del Estado*; **~ of work** lugar de trabajo; **to go ~s** *inf* [travel] viajar, ver mundo; [be successful] triunfar, llegar muy lejos; **that girl is going ~s** *inf* esta chica va a llegar muy lejos. **- 2.** [proper position] sitio *m*; **to fall into ~** *fig* encajar; **to know one's ~** saber guardar las distancias; **to put sb in their ~** poner a alguien en su sitio. **- 3.** [suitable occasion, time] momento *m*. **- 4.** [home] casa *f*. **- 5.** [specific seat] asiento *m*; THEATRE localidad *f*; **to change ~s with sb** [exchange seats] cambiarse de sitio con alguien, cambiar el sitio a alguien; [exchange roles, situations] cambiarse por OR con alguien. **- 6.** [setting at table] cubierto *m*. **- 7.** [on course, at university] plaza *f*. **- 8.** [on committee, in team] puesto *m*. **- 9.** [role, function] papel *m*; **to have an important ~ in** desempeñar un papel importante en; **it's not my ~ to question it** no es de mi incumbencia cuestionarlo. **- 10.** [rank] lugar *m*, posición *f*; **to have friends in high ~s** tener amigos influyentes. **- 11.** [in book] página *f*; [in speech] momento *m*; **to lose one's ~** no saber (uno) dónde estaba. **- 12.** [instance]: **in the first ~** [from the start] desde el principio; **in the first ~... and in the second ~...** [firstly, secondly] en primer lugar... y en segundo lugar... **- 13.** *phr*: **to take ~** tener lugar; **to take the ~ of** sustituir a. ◇ *vt* **- 1.** [position, put] colocar, poner; **to be well ~d to do sthg** estar en buena posición para hacer algo. **- 2.** [lay, apportion]: **to ~ the blame on** echar la culpa a; **to ~ pressure on** ejercer presión sobre. **- 3.** [identify]: **I recognize the face, but I can't ~ her** me suena su cara, pero no sé de qué. **- 4.** [bet, order etc] hacer. **- 5.** [in horse racing]: **to be ~d** llegar entre los tres primeros. ◇ *vi Am* [in racing] clasificarse entre los tres primeros.

◆ **all over the place** *adv* por todas partes.

◆ **in place** *adv* **- 1.** [in proper position] en su sitio. **- 2.** [established, set up] en marcha OR funcionamiento.

◆ **in place of** *prep* en lugar de, en vez de.

◆ **out of place** *adv* **- 1.** [in wrong position]: **to be out of ~** no estar en su sitio. **- 2.** [inappropriate, unsuitable] fuera de lugar; **to feel out of ~** sentirse desplazado(da).

placebo [plə'siːbəʊ] (*pl* **placebos** OR **placeboes**) *n* placebo *m*.

place card *n* tarjeta *f* (*de colocación de los invitados*).

placed [pleɪst] *adj* situado(da).

placekick ['pleɪskɪk] *n* tiro *m* libre.

place mat *n* mantel *m* individual.

placement ['pleɪsmənt] *n* colocación *f*.

placenta [plə'sentə] (*pl* **placentas** OR **placentae** [-tiː]) *n* placenta *f*.

placer ['pleɪsəʳ] *n* MIN **- 1.** [bank] placer *m*, banco *m* de arena. **- 2.** [deposit] yacimiento *m* aurífero.

placer mining *n* explotación *f* de placeres.

place setting *n* cubierto *m*.

placid ['plæsɪd] *adj* **- 1.** [even-tempered] apacible, afable. **- 2.** [peaceful] plácido(da).

placidity [plə'sɪdətɪ] *n* placidez *f*, apacibilidad *f*.

placidly ['plæsɪdlɪ] *adv* plácidamente, apaciblemente.

placing ['pleɪsɪŋ] *n* [act of putting] colocación *f*; [situation, position] situación *f*, localización *f*; [arrangement] disposición *f*.

plagiarism ['pleɪdʒərɪzm] *n* plagio *m*.

plagiarist ['pleɪdʒərɪst] *n* plagiario *m*, -ria *f*.

plagiarize, -ise ['pleɪdʒəraɪz] *vt* plagiar.

plague [pleɪg] ◇ *n* **- 1.** [attack of disease] peste *f*. **- 2.** [disease]: **(the) ~** la peste ❑ **to avoid sb/sthg like the ~** huir de alguien/algo como de la peste. **- 3.** [of rats, insects] plaga *f*. **- 4.** [nuisance] molestia *f*, fastidio *m*. ◇ *vt*: **to ~ sb with** [complaints, requests] acosar a alguien con; [questions] coser a alguien a; **to be ~d by doubts** verse atormentado(da) por las dudas.

plaguesome ['pleɪgsəm] *adj dated* [annoying] fastidioso(sa), pesado(da).

plaice [pleɪs] (*pl inv*) *n* platija *f*.

plaid [plæd] *n* **- 1.** [cloth] tejido *m* escocés. **- 2.** [scarf] manta *f* escocesa.

Plaid Cymru [,plaɪd'kʌmrɪ] *n Br* POL *partido nacionalista galés.*

plain [pleɪn] ◇ *adj* **- 1.** [not patterned] liso(sa). **- 2.** [simple - gen] sencillo(lla); [- yoghurt] natural. **- 3.** [clear] evidente, claro(ra); **to make sthg ~ to sb** dejar algo bien claro a alguien. **- 4.** [speaking, statement] franco(ca). **- 5.** [absolute, utter] total, auténtico(ca). **- 6.** [not pretty] sin atractivo. ◇ *adv* **- 1.** *inf* [utterly] completamente. **- 2.** [bluntly] claro, sin rodeos; **he spoke ~ to me** me habló claro. ◇ *n* GEOGR llanura *f*, planicie *f*.

◆ **plains** *npl* llanuras *fpl*, planicies *fpl*.

plain chocolate *n Br* chocolate *m* sin leche.

plain-clothes *adj* vestido(da) de paisano.

plainclothesman [,pleɪn'kləʊzmən] (*pl* **plainclothesmen** [-mən]) *n* policía *m* vestido de paisano.

plain flour *n Br* harina *f* (sin levadura).

plainly ['pleɪnlɪ] *adv* **- 1.** [upset, angry] evidentemente. **- 2.** [visible, audible] claramente. **- 3.** [frankly] francamente. **- 4.** [simply] sencillamente.

plainness ['pleɪnnɪs] *n* **- 1.** [of appearance] falta *f* de atractivo. **- 2.** [obviousness] claridad *f*, evidencia *f*. **- 3.** [frankness] franqueza *f*. **- 4.** [simplicity] sencillez *f*.

plain sailing *n*: **it's ~** es coser y cantar.

plainsman ['pleɪnzmən] (*pl* **plainsmen** [-mən]) *n* llanero *m*.

plainsong ['pleɪnsɒŋ] *n* canto *m* llano OR gregoriano.

plainspoken [,pleɪn'spəʊkn] *adj* franco(ca).

plaint [pleɪnt] *n* **- 1.** *literary* queja *f*. **- 2.** JUR querella *f*, demanda *f*.

plaintiff ['pleɪntɪf] *n* demandante *mf*, querellante *mf*.

plaintive ['pleɪntɪv] *adj* quejumbroso(sa), lastimero(ra).

plait [plæt] ◇ *n* trenza *f*. ◇ *vt* trenzar.

plan [plæn] (*pt & pp* **planned**, *cont* **planning**) ◇ *n* - **1**. [strategy] plan *m*, proyecto *m*; **five-year** ~ COMM plan quinquenal; **flight/career** ~ plan de vuelo/estudios; **to go according to** ~ salir según lo previsto. - **2**. [intention] intención *f*; **our** ~ **is to wait** tenemos la intención de esperar. - **3**. [of story, essay] esquema *m*. - **4**. [of building etc] plano *m*. ◇ *vt* - **1**. [organize] planear, organizar. - **2**. [career, future] planificar; **to** ~ **to do sthg** tener la intención de hacer algo; **it wasn't planned** no estaba previsto. - **3**. [design, devise] trazar un esquema OR boceto de. ◇ *vi* hacer planes OR proyectos; **to** ~ **for sthg** prever algo.
♦ **plans** *npl* planes *mpl*; **to change one's** ~**s** cambiar de idea OR de planes; **to have** ~**s for** tener planes para; **to make** ~**s** hacer planes.
♦ **plan on** *vt fus* - **1**. [intend]: **to** ~ **on doing sthg** pensar hacer algo. - **2**. [expect] contar con.
♦ **plan out** *vt sep* planear.

planar ['pleɪnəʳ] *adj* - **1**. [of a plane] plano(na). - **2**. [flat] aplanado(da).

plane [pleɪn] ◇ *n* - **1**. [aircraft] avión *m*; **to travel by** ~ viajar en avión. - **2**. GEOM [flat surface] plano *m*. - **3**. *fig* [level] nivel *m*, plano *m*. - **4**. [tool] cepillo *m*. - **5**. [tree] plátano *m*. ◇ *comp*: ~ **crash** accidente *m* de aviación. ◇ *adj* plano(na). ◇ *vt* cepillar. ◇ *vi* [glide] planear.

plane angle *n* ángulo *m* plano OR rectilíneo.

plane geometry *n* geometría *f* plana.

planer ['pleɪnəʳ] *n* - **1**. [for wood] cepilladora *f*. - **2**. [for metal] alisadora *f*.

planet ['plænɪt] *n* planeta *m*.

planetarium [,plænɪ'teərɪəm] (*pl* **planetariums** OR **planetaria** [-rɪə]) *n* planetario *m*.

planetary ['plænɪtrɪ] *adj* planetario(ria).

planetoid ['plænɪtɔɪd] *adj* planetoide *m*, asteroide *m*.

plane tree *n* plátano *m*.

planet wheel *n* rueda *f* planetaria.

plangent ['plændʒənt] *adj literary* plañidero(ra).

plank [plæŋk] ◇ *n* - **1**. [piece of wood] tablón *m*, tabla *f*. - **2**. POL [main policy] punto *m* fundamental. ◇ *vt* [floor, room] entarimar, entablar.

planking ['plæŋkɪŋ] *n* - **1**. [platform] entarimado *m*, tablado *m*. - **2**. [planks] entablado *m*.

plankton ['plæŋktən] *n* plancton *m*.

planned [plænd] *adj* [crime] planeado(da); [economy] planificado(da); ~ **parenthood** paternidad *f*/maternidad *f* planificada.

planner ['plænəʳ] *n* - **1**. [gen] planificador *m*, -ra *f*. - **2**. [town planner] urbanista *mf*.

planning ['plænɪŋ] *n* - **1**. [gen] planificación *f*. - **2**. [town planning] urbanismo *m*.

planning permission *n* licencia *f* de obras.

planoconcave [,pleɪnəʊ'kɒnkeɪv] *adj* plano-cóncavo (plano-cóncava).

planoconvex [,pleɪnəʊ'kɒnveks] *adj* plano-convexo (plano-convexa).

plan of action *n* plan *m* de acción.

plant [plɑːnt] ◇ *n* - **1**. BOT planta *f*. - **2**. [factory] planta *f*, fábrica *f*. - **3**. [heavy machinery] maquinaria *f*. - **4**. *inf* [false evidence] prueba *f* falsa (*para incriminar a alguien*). - **5**. *inf* [spy] espía *mf*. ◇ *comp*: ~ **food** abono *m* OR fertilizante *m* (para las plantas). ◇ *vt* - **1**. [seed, tree, vegetable]: **to** ~ **sthg (in)** plantar algo (en). - **2**. [field, garden]: **to** ~ **sthg with** sembrar algo de. - **3**. [kiss, chair] colocar. - **4**. [bomb, bug] colocar secretamente; **to** ~ **sthg on sb** [drugs, weapon] endosar algo a alguien. - **5**. [spy] apostar. - **6**. [idea, doubt] infundir, inculcar. - **7**. [blow, kick] asestar.
♦ **plant out** *vt sep* trasplantar.

plantain ['plæntɪn] *n* - **1**. [wild plant] llantén *m*. - **2**. [tropical plant, fruit] plátano *m*, banano *m*.

plantation [plæn'teɪʃn] *n* plantación *f*.

planter ['plɑːntəʳ] *n* - **1**. [farmer] plantador *m*, -ra *f*. - **2**. [container] macetero *m*.

plant kingdom *n*: **the** ~ el reino vegetal.

plant life *n* vida *f* vegetal, flora *f*.

plant pot *n* maceta *f*, tiesto *m*.

plaque [plɑːk] *n* - **1**. [on wall, monument] placa *f*. - **2**. [in dentistry]: **(dental)** ~ placa *f* (dental).

plash [plæʃ] ◇ *n* chapoteo *m*. ◇ *vi* chapotear.

plasma ['plæzmə] *n* plasma *m*.

plaster ['plɑːstəʳ] ◇ *n* - **1**. [for wall, ceiling] yeso *m*. - **2**. [for broken bones] escayola *f*; **in** ~ escayolado(da). - **3**. *Br* [bandage] tirita® *f*, esparadrapo *m*. ◇ *vt* - **1**. [wall, ceiling] enyesar. - **2**. [cover]: **to** ~ **sthg (with)** cubrir algo (de). - **3**. [smear] untar. - **4**. *inf* [defeat heavily] aplastar, arrollar.

plasterboard ['plɑːstəbɔːd] *n* pladur® *m*.

plaster cast *n* - **1**. [for broken bones] escayola *f*. - **2**. [model, statue] vaciado *m* en yeso.

plastered ['plɑːstəd] *adj inf* [drunk] cocido(da), borracho(cha).

plasterer ['plɑːstərəʳ] *n* yesero *m*, -ra *f*.

plastering ['plɑːstərɪŋ] *n* enyesado *m*.

plaster of Paris *n* escayola *f*.

plasterwork ['plɑːstəwɜːk] *n* (U) CONSTR yesería *f*, enyesado *m*.

plastic ['plæstɪk] ◇ *adj* - **1**. [made from plastic] de plástico. - **2**. [malleable] plástico(ca), dúctil. - **3**. *pej* [artificial] de plástico, artificial. ◇ *n* - **1**. [material] plástico *m*. - **2**. (U) *inf* [credit cards] plástico *m*, tarjetas *fpl* de crédito.

plastic bullet *n* bala *f* de goma.

plastic explosive *n* (explosivo *m*) plástico *m*.

Plasticine® ['plæstɪsiːn] *n Br* ≃ plastilina® *f*.

plasticity [plæs'tɪsətɪ] *n* plasticidad *f*.

plasticize, -ise ['plæstɪsaɪz] *vt* plastificar.

plasticizer ['plæstɪ,saɪzəʳ] *n* plastificante *m*.

plastic money *n* (U) tarjetas *fpl* de crédito.

plastic surgeon *n* cirujano plástico *m*, cirujana plástica *f*.

plastic surgery *n* cirugía *f* plástica.

plastic wrap *n Am* (film *m* de) plástico *m* autoadherente.

plastron ['plæstrən] *n* ZOOL peto *m*, concha *f* interior.

plate [pleɪt] ◇ *n* - **1**. [dish, plateful] plato *m*; **to hand sthg on a** ~ **to sb** *fig* ponerle algo a alguien en bandeja de plata; **to have a lot on one's** ~ *fig* [be busy] estar hasta el cuello de trabajo. - **2**. [on machinery, wall, door] placa *f*. - **3**. (U) [metal covering]: **gold/silver** ~ chapa *f* de oro/plata. - **4**. [illustration] lámina *f*. - **5**. [in dentistry] dentadura *f* postiza. - **6**. PHOT placa *f*. - **7**. TYPO estereotipo *m*, plancha *f*. - **8**. [SPORT - trophy] copa *f*, trofeo *m*; [- in baseball] base *f* del bateador. - **9**. [tableware] vajilla *f*. - **10**. [for church collection] platillo *m*, bandeja *f*. - **11**. [of beef] falda *f*. - **12**. ANAT & ZOOL lámina *f*. - **13**. [ELEC - anode] ánodo *m*, placa *f*; [- electrode] electrodo *m*. ◇ *vt* - **1**. [coat with metal]: **to be** ~**d (with)** estar chapado(da) (en OR de). - **2**. [armour] blindar. - **3**. TYPO hacer un estereotipo de.

Plate [pleɪt] *n*: **the River** ~ el río de la Plata.

plate armour *n* armadura *f* metálica.

plateau ['plætəʊ] (*pl* **plateaus** OR **plateaux** [-təʊz]) *n* - **1**. [high, flat land] meseta *f*. - **2**. *fig* [steady level] estado *m* estacionario.

plated ['pleɪtɪd] *adj* chapado(da).

plateful ['pleɪtfʊl] *n* plato *m*.

plate glass *n* vidrio *m* cilindrado.

platelet ['pleɪtlɪt] *n* plaqueta *f*.

platen ['plætn] *n* - **1**. [on typewriter] rodillo *m*. - **2**. [in printing press] platina *f*.

plater ['pleɪtəʳ] *n* - **1**. [person] chapista *mf*. - **2**. [horse] penco *m*, jamelgo *m*.

plate rack *n* escurreplatos *m inv*.

platewarmer ['pleɪt,wɔːməʳ] *n* calientaplatos *m inv*.

platform ['plætfɔːm] *n* - **1.** [gen] plataforma *f*; [stage] estrado *m*; [at meeting] tribuna *f*. - **2.** RAIL andén *m*. - **3.** POL programa *m* electoral. - **4.** [of bus] en *los autobuses londinenses, parte trasera abierta por donde entran y salen los pasajeros.*

platform car *n* batea *f*, vagón *m* de plataforma.

platform scale *n* báscula *f*, romana *f* de plataforma.

platform shoes *npl* zapatos *mpl* de plataforma.

platform soles *npl* suelas *fpl* de plataforma.

platform ticket *n* Br billete *m* de andén.

plating ['pleɪtɪŋ] *n* [gen] chapado *m*, baño *m*; [in gold] dorado *m*; [in silver] plateado *m*; [in nickel] niquelado *m*.

platinum ['plætɪnəm] ◇ *adj* [colour] platino *(inv)*. ◇ *n* platino *m*. ◇ *comp* [made of platinum] de platino.

platinum blonde *n* rubia *f* platino.

platitude ['plætɪtjuːd] *n* tópico *m*, cliché *m*.

platonic [plə'tɒnɪk] *adj* platónico(ca).

Platonism ['pleɪtənɪzm] *n* platonismo *m*.

platoon [plə'tuːn] *n* pelotón *m*.

platter ['plætəʳ] *n* - **1.** [dish] fuente *f*. - **2.** Am inf [record] disco *m*.

platypus ['plætɪpəs] (*pl* **platypuses**) *n* ornitorrinco *m*.

plaudits ['plɔːdɪts] *npl* aplausos *mpl*.

plausibility [ˌplɔːzə'bɪlətɪ] *n* plausibilidad *f*.

plausible ['plɔːzəbl] *adj* plausible, admisible.

plausibly ['plɔːzəblɪ] *adv* plausiblemente.

play [pleɪ] ◇ *n* - **1.** (U) [amusement] juego *m*; **at ~** jugando. - **2.** [piece of drama] obra *f*. - **3.** SPORT: **out of/in ~** fuera de/en juego. - **4.** [consideration]: **to come into ~** entrar en juego; **to bring sthg into ~** poner algo en juego. - **5.** [game]: **~ on words** juego *m* de palabras. - **6.** TECH juego *m*. - **7.** [move, manoeuvre] jugada *f*; **to make a ~ for sthg** ir a por algo, procurar hacerse con algo; **she made a ~ for my boyfriend** intentó ligarse a mi novio. ◇ *vt* - **1.** [game, sport] jugar a; **do you ~ any sports?** ¿practicas algún deporte?; **squash is ~ed indoors** el squash se juega en pista cubierta. - **2.** [play game against]: **to ~ sb (at sthg)** jugar contra alguien (a algo). - **3.** [card] jugar; [chess piece] mover. - **4.** [perform for amusement]: **to ~ a joke on** gastar una broma a; **to ~ a dirty trick on** jugar una mala pasada a. - **5.** [part, character] representar; **to ~ a part OR role in** *fig* desempeñar un papel en; **to ~ the fool** hacer el tonto. - **6.** [instrument, tune] tocar; [record, cassette] poner. - **7.** *phr*: **to ~ it safe** actuar sobre seguro; **to ~ it cool** comportarse con calma. ◇ *vi* - **1.** [gen]: **to ~ (with/against)** jugar (con/contra); **to ~ for sb/a team** jugar para alguien/con un equipo; **to ~ to win** jugar a ganar □ **to ~ dirty** jugar sucio. - **2.** [act]: **to ~ in sthg** actuar en algo. - **3.** [MUS - person] tocar; [- music] sonar. - **4.** [film, show]: **a good film is ~ing next week** la semana próxima dan OR echan una buena película; **the same show has been ~ing there for five years** llevan cinco años representando el mismo espectáculo. - **5.** [feign]: **to ~ dead** hacerse el muerto (la muerta); **to ~ dumb** hacerse el tonto (la tonta). - **6.** *literary* [light, sunshine] rielar; **a smile ~ed on OR about OR over his lips** en sus labios se dibujó una sonrisa.

◆ **play about, play around** *vi* - **1.** [have fun] retozar, juguetear; [frolic] retozar. - **2.** [fiddle with, tamper with]: **to ~ about with sthg** jugar con algo, manipular algo. - **3.** [have affair]: **to ~ about with sb** tener un lío (amoroso) con alguien.

◆ **play along** *vi*: **to ~ along (with)** seguir la corriente (a).

◆ **play around** *vi* = **play about**.

◆ **play at** *vt fus* jugar a; **what do you think you're ~ing at?** ¿(se puede saber) a qué juegas?

◆ **play back** *vt sep* volver a poner.

◆ **play down** *vt sep* quitar importancia a.

◆ **play off** ◇ *vt sep*: **to ~ sthg/sb off against** oponer algo/a alguien contra. ◇ *vi* jugar un partido de desempate.

◆ **play out** *vt sep* - **1.** [finish] acabar. - **2.** [exhaust] agotar.

◆ **play on** *vt fus* aprovecharse de.

◆ **play up** ◇ *vt sep* - **1.** [emphasize] hacer resaltar, realzar. - **2.** Br inf [bother] fastidiar, dar guerra a; **my back is ~ing**

me up tengo la espalda fastidiada, la espalda me está dando guerra; **don't let the kids ~ you up** no dejes que los críos te den guerra OR la lata. ◇ *vi* [machine, part of body, child] dar guerra.

◆ **play upon** *vt fus* = **play on**.

◆ **play up to** *vt fus* adular, halagar.

playable ['pleɪəbl] *adj* [pitch] en condiciones para jugar.

play-act *vi* fingir, hacer comedia.

play-acting *n* - **1.** [pretence] farsa *f*, comedia *f*. - **2.** [acting in play] teatro *m*, interpretación *f*. - **3.** [function]: **~ head** cabezal *m*, cabeza *f* reproductora.

playback ['pleɪbæk] *n* - **1.** (U) [of a tape] reproducción *f*. - **2.** [sound] play-back *m*, sonido *m* pregrabado.

playbill ['pleɪbɪl] *n* cartel *m* anunciador.

playboy ['pleɪbɔɪ] *n* playboy *m*, fifí *m* Amér.

Play-Doh® ['pleɪdəʊ] *n* ≃ plastilina® *f*.

player ['pleɪəʳ] *n* - **1.** [of sport, game] jugador *m*, -ra *f*. - **2.** MUS músico *m*, -ca *f*, intérprete *mf*. - **3.** THEATRE actor *m*, actriz *f*. - **4.** Am [important participant] principal protagonista *mf*.

player piano *n* pianola *f*, piano *m* mecánico.

playfellow ['pleɪˌfeləʊ] *n* compañero *m*, -ra *f* de juego.

playful ['pleɪfʊl] *adj* - **1.** [full of fun] juguetón(ona). - **2.** [humorous] humorístico(ca).

playfully ['pleɪfʊlɪ] *adv* de manera juguetona.

playfulness ['pleɪfʊlnɪs] *n* carácter *m* juguetón.

playgoer ['pleɪˌgəʊəʳ] *n* aficionado *m*, -da *f* al teatro.

playground ['pleɪgraʊnd] *n* patio *m* de recreo.

playgroup ['pleɪgruːp] *n* jardín *m* de infancia, guardería *f*.

playhouse ['pleɪhaʊs, *pl* -haʊzɪz] *n* - **1.** [for children] *casita de juguete del tamaño de un niño.* - **2.** [theatre] teatro *m*.

playing ['pleɪɪŋ] *n* MUS: **the pianist's ~ was excellent** la interpretación del pianista fue excelente; **guitar ~ is becoming more popular** tocar la guitarra es cada vez más popular.

playing card *n* naipe *m*, carta *f*.

playing field *n* campo *m* de juego.

playlist ['pleɪlɪst] *n* Br lista de éxitos que pone un discjockey en *la radio.*

playmate ['pleɪmeɪt] *n* compañero *m*, -ra *f* de juego.

play-off *n* partido *m* de desempate.

playpen ['pleɪpen] *n* parque *m* (de niños) *(tipo cuna).*

playroom ['pleɪrʊm] *n* cuarto *m* de los juguetes.

playschool ['pleɪskuːl] *n* jardín *m* de infancia, guardería *f*.

plaything ['pleɪθɪŋ] *n lit & fig* juguete *m*.

playtime ['pleɪtaɪm] *n* recreo *m*.

playwright ['pleɪraɪt] *n* autor *m*, -ra *f* de teatro, dramaturgo *m*, -ga *f*.

plaza ['plɑːzə] *n* - **1.** [public square] plaza *f*. - **2.** [building complex] centro *m* comercial. - **3.** Am [parking area] área *f* de estacionamiento.

plc *written abbr of* **public limited company**.

plea [pliː] *n* - **1.** [appeal] súplica *f*, petición *f*; **to make a ~ for leniency** suplicar OR implorar clemencia. - **2.** JUR declaración por parte del acusado de culpabilidad o inocencia. - **3.** [excuse] pretexto *m*.

plea bargaining *n sistema por el cual el acusado se declara culpable de un delito menos grave quedándole anulada la imputación de otro mayor.*

plead [pliːd] (*pt & pp* **pleaded** OR **pled** [pled]) ◇ *vt* - **1.** JUR [one's cause] defender; **to ~ guilty/not guilty** declararse culpable/inocente; **to ~ insanity** alegar desequilibrio mental. - **2.** [give as excuse] pretender. ◇ *vi* - **1.** [beg]: **to ~ (with sb to do sthg)** rogar OR implorar (a alguien que haga algo); **to ~ for sthg** rogar algo. - **2.** JUR declarar.

pleading ['pliːdɪŋ] ◇ *adj* de súplica, implorante. ◇ *n* (U) súplicas *fpl*.

pleasant ['pleznt] *adj* - **1.** [smell, taste, view] agradable; [surprise, news] grato(ta). - **2.** [person, smile, face] simpático(ca), dije Amér.

pleasantly ['plezntlɪ] *adv* [smile, say] agradablemente; [be surprised] gratamente.

pleasantness ['plezntnɪs] *n* carácter *m* agradable.

pleasantry ['plezntrɪ] (*pl* **pleasantries**) *n*: **to exchange pleasantries** intercambiar cumplidos.

please [pliːz] ⋄ *vt* complacer, agradar; **you can't ~ everybody/es** imposible contentar or complacer a todos; **to be easy/hard to ~** ser poco/muy exigente; **he always ~s himself** él siempre hace lo que le da la gana; **~ yourself!** ¡como quieras! ⋄ *vi* - **1.** [give satisfaction] satisfacer, agradar; **to be eager to ~** tener muchas ganas de dar una buena impresión. - **2.** [think appropriate]: **to do as one ~s** hacer como a uno le parezca; **if you ~** [polite request] si no le importa; [expressing surprise, indignation etc] ¡figúrate! ⋄ *adv* por favor; **'~ do not open the window'** 'mantengan cerrada la ventana'; **~ be seated** tomen asiento, por favor.

pleased [pliːzd] *adj*: **to be ~ (about/with)** estar contento(ta) (por/con); **~ to meet you!** ¡encantado(da) de conocerle!, ¡mucho gusto!; **to be ~ with o.s.** estar muy satisfecho de sí mismo (muy satisfecha de sí misma).

pleasing ['pliːzɪŋ] *adj* agradable, grato(ta).

pleasingly ['pliːzɪŋlɪ] *adv* agradablemente.

pleasurable ['pleʒərəbl] *adj* agradable, grato(ta).

pleasure ['pleʒə'] ⋄ *n* - **1.** [feeling of happiness] gusto *m*; **to take ~ in sthg** disfrutar haciendo algo; **with ~** con gusto. - **2.** [enjoyment] diversión *f*; **for ~** por diversión or para divertirse. - **3.** [delight] placer *m*; **it's one of my few ~s in life** es uno de los pocos placeres que tengo en la vida; **it's a ~ to talk to him** da gusto hablar con él; **it's a ~, my ~** no hay de qué; **it is my ~ to introduce to you...** tengo el placer or gusto de presentarles... ⋄ *comp* [cruise, trip] de placer; [yacht] de recreo.

pleasure boat *n* barco *m* or embarcación *f* de recreo.

pleasure-seeker *n* hedonista *mf*.

pleat [pliːt] ⋄ *n* pliegue *m*. ⋄ *vt* plisar, hacer pliegues en.

pleated ['pliːtɪd] *adj* plisado(da).

pleb [pleb] *n pej* - **1.** [plebeian] plebeyo *m*, -ya *f*. - **2.** *Br inf* [vulgar person] ordinario *m*, -ria *f*.

plebeian [plɪ'biːən] ⋄ *adj* - **1.** HIST plebeyo(ya). - **2.** *pej* [vulgar] ordinario(ria), vulgar. ⋄ *n* HIST plebeyo *m*, -ya *f*.

plebiscite ['plebɪsaɪt] *n* plebiscito *m*.

plectrum ['plektrəm] (*pl* **plectrums**) *n* púa *f*, plectro *m*.

pled [pled] *pt & pp* → **plead**.

pledge [pledʒ] ⋄ *n* - **1.** [promise] promesa *f*. - **2.** [token] señal *f*, prenda *f*; **to put** OR **leave sthg in ~** empeñar algo, dejar algo en prenda. - **3.** [of abstinence]: **to take the ~** jurar abstenerse de la bebida. ⋄ *vt* - **1.** [promise] prometer. - **2.** [make promise]: **to ~ sb to sthg** hacer jurar a alguien algo; **to be ~d to do sthg** haber prometido hacer algo; **to ~ o.s. to** comprometerse a. - **3.** [pawn] empeñar.

pledg(e)or [pledʒ'ɔːʳ] *n* prendador *m*, -ra *f*.

plenary ['pliːnərɪ] *adj* plenario(ria); **~ powers** plenos poderes *mpl*, poderes *mpl* plenarios.

plenary session *n* sesión *f* plenaria.

plenipotentiary [ˌplenɪpə'tenʃərɪ] (*pl* **plenipotentiaries**) ⋄ *adj fml* plenipotenciario(ria). ⋄ *n* plenipotenciario *m*, -ria *f*.

plenitude ['plenɪtjuːd] *n fml* plenitud *f*.

plenteous ['plentjəs] *adj literary* copioso(sa), abundante.

plentiful ['plentɪful] *adj* abundante.

plentifully ['plentɪfulɪ] *adv* copiosamente, abundantemente.

plenty ['plentɪ] ⋄ *n* (U) abundancia *f*. ⋄ *pron*: **we've got ~** tenemos de sobra; **~ of** mucho(cha); **~ of reasons** muchas razones; **~ of time** tiempo de sobra. ⋄ *adv Am* [very] muy.

pleonasm ['pliːənæzm] *n* pleonasmo *m*.

plethora ['pleθərə] *n* plétora *f*.

plethoric [ple'θɒrɪk] *adj* pletórico(ca).

pleurisy ['pluərəsɪ] *n* pleuresía *f*.

Plexiglas® ['pleksɪɡlɑːs] *n Am* plexiglás® *m*.

plexus ['pleksəs] (*pl inv* OR **plexuses**) *n* - **1.** ANAT plexo *m*. - **2.** [network] entramado *m*, red *f*.

pliability [ˌplaɪə'bɪlətɪ] *n* flexibilidad *f*.

pliable ['plaɪəbl] *adj* flexible.

pliancy ['plaɪənsɪ] *n* flexibilidad *f*.

pliant ['plaɪənt] *adj* = **pliable**.

plicate ['plaɪkeɪt] *adj* plegado(da).

pliers ['plaɪəz] *npl* tenazas *fpl*, alicates *mpl*.

plight [plaɪt] *n* grave situación *f*.

plimsoll ['plɪmsəl] *n Br* playera *f*, zapato *m* de tenis.

Plimsoll line *n* línea *f* de máxima carga.

plinth [plɪnθ] *n* - **1.** [for statue] peana *f*; [for pillar] plinto *m*. - **2.** [base block] zócalo *m*.

PLO (*abbr of* **Palestine Liberation Organization**) *n* OLP *f*.

plod [plɒd] (*pt & pp* **plodded**, *cont* **plodding**) *vi* - **1.** [walk slowly] caminar con paso cansino. - **2.** [work slowly] llevar a cabo un trabajo pesado; **to ~ away at sthg** perseverar en algo.

plodder ['plɒdəʳ] *n pej* persona mediocre pero voluntariosa en el trabajo.

plodding ['plɒdɪŋ] *adj* [walk, pace] cansino(na), pesado(da); [rhythm, style] lento(ta), pesado(da); [worker] lento(ta) pero constante.

plonk [plɒŋk] *n* (U) *Br inf* [wine] vino *m* peleón.

♦ **plonk down** *vt sep inf* dejar caer.

plop [plɒp] (*pt & pp* **plopped**, *cont* **plopping**) ⋄ *n* paf *m*. ⋄ *vi* hacer paf. ⋄ *vt* dejar caer con un paf.

plot [plɒt] (*pt & pp* **plotted**, *cont* **plotting**) ⋄ *n* - **1.** [plan] complot *m*, conspiración *f*. - **2.** [story] argumento *m*, trama *f*. - **3.** [of land] parcela *f*; [for burial] cuadro *m*. - **4.** *Am* [house plan] plano *m* básico, plano *m* inicial. ⋄ *vt* - **1.** [plan] tramar, urdir. - **2.** [course, position] trazar. - **3.** [graph, curve] trazar; [points] marcar; [equation] representar gráficamente. ⋄ *vi*: **to ~ (to do sthg)** tramar (hacer algo); **to ~ against** conspirar contra.

plotter ['plɒtəʳ] *n* [schemer] conspirador *m*, -ra *f*.

plotting ['plɒtɪŋ] *n* (U) - **1.** [conspiring] conspiración *f*. - **2.** MATH representación *f* gráfica.

plough *Br*, **plow** *Am* [plaʊ] ⋄ *n* arado *m*. ⋄ *vt* - **1.** [land] arar. - **2.** [furrow] surcar, hacer surcos en. ⋄ *vi* arar la tierra.

♦ **plough back** *vt sep* [profits] reinvertir.

♦ **plough into** ⋄ *vt sep* [invest] invertir. ⋄ *vt fus* [hit] chocar contra.

♦ **plough on** *vi* continuar trabajosamente.

♦ **plough through** *vt fus* - **1.** [novel, report] leer con dificultad. - **2.** [crowd] abrirse paso a través de. - **3.** [waves] surcar.

♦ **plough under** *vt sep* [crops, stubble] enterrar.

♦ **plough up** *vt sep* arar.

ploughable ['plaʊəbl] *adj* arable.

ploughboy *Br*, **plowboy** *Am* ['plaʊbɔɪ] *n* - **1.** [worker] yuguero *m*, yuntero *m*. - **2.** [country boy] joven *m* campesino, mozo *m* del campo.

ploughing *Br*, **plowing** *Am* ['plaʊɪŋ] *n* labranza *f*.

ploughland *Br*, **plowland** *Am* ['plaʊlænd] *n* tierra *f* de labranza.

ploughman *Br* (*pl* **ploughmen** [-mən]), **plowman** *Am* (*pl* **plowmen** [-mən]) ['plaʊmən] *n* arriero *m*, labrador *m*.

ploughman's ['plaʊmənz] (*pl inv*) *n Br*: **~ (lunch)** queso, cebolletas y ensalada con pan.

ploughmen ['plaʊmən] *pl* → **ploughman**.

ploughshare *Br*, **plowshare** *Am* ['plaʊʃeəʳ] *n* reja *f* del arado.

plover ['plʌvəʳ] *n* chorlito *m*.

plow *etc Am* = **plough** *etc*.

ploy [plɔɪ] *n* táctica *f*, estratagema *f*.

PLR (*abbr of* **Public Lending Right**) *n* derechos de autor en concepto de las obras prestadas por las bibliotecas.

pluck [plʌk] ◇ *vt* - **1.** [fruit, flower] coger. - **2.** [pull sharply] arrancar. - **3.** [bird] desplumar. - **4.** [eyebrows] depilar. - **5.** [instrument] puntear. ◇ *n* - **1.** *dated* [courage] valor *m*, ánimo *m*. - **2.** [tug] tirón *m*.

◆ **pluck up** *vt fus*: **to ~ up the courage to do sthg** armarse de valor para hacer algo.

pluckily ['plʌkɪlɪ] *adv* valientemente.

plucky ['plʌkɪ] (*compar* **pluckier**, *superl* **pluckiest**) *adj dated* valiente.

plug [plʌg] (*pt & pp* **plugged**, *cont* **plugging**) ◇ *n* - **1.** ELEC enchufe *m*, clavija *f*. - **2.** [for bath or sink] tapón *m*; **to pull the ~ on sb/sthg** *fig* acabar con alguien/algo; **this will pull the ~ on our competitors** esto parará los pies a nuestros competidores; **this pulls the ~ on the whole operation** esto echa por tierra toda la operación. - **3.** *inf* [favourable mention] publicidad *f*. - **4.** [spark plug] bujía *f*. - **5.** *Am* [fire hydrant] boca *f* de incendio. - **6.** [of tobacco] mascada *f*, andullo *m*. - **7.** *inf* [gunshot] balazo *m*. - **8.** *Am* [horse] jamelgo *m*, penco *m*. ◇ *vt* - **1.** [hole, leak] tapar, taponar. - **2.** *inf* [mention favourably] dar publicidad a. - **3.** [insert]: **to ~ sthg into sthg** poner algo en algo. - **4.** *inf* [shoot] pegar un tiro a, meter plomo a.

◆ **plug away** *vi inf* trabajar duro OR a tope; **to ~ away at sthg** trabajar duro OR a tope en algo.

◆ **plug in** *vt sep* enchufar.

plugged [plʌgd] *adj* [blocked nose, ear] taponado(da).

plughole ['plʌghəʊl] *n* desagüe *m*.

plug-in *adj* con enchufe para la red.

plug-ugly *adj inf* más feo (más fea) que Picio, muy feo (muy fea).

plum [plʌm] ◇ *adj* - **1.** [colour] de color ciruela. - **2.** [choice]: **~ job** chollo *m*. ◇ *n* [fruit] ciruela *f*; **~ (tree)** ciruelo *m*.

plumage ['pluːmɪdʒ] *n* plumaje *m*.

plumb [plʌm] ◇ *n* plomada *f*; **to be out of** OR **off ~** no estar a plomo. ◇ *adj* - **1.** [vertical] a plomo, vertical. - **2.** *Am inf* [utter] completo(ta). ◇ *adv* - **1.** *Br* [exactly]: **~ in the middle** justo en medio. - **2.** *Am* [completely] completamente, por completo. - **3.** [vertically] a plomo, verticalmente. ◇ *vt* sondar; **to ~ the depths of** alcanzar las cotas más bajas de.

◆ **plumb in** *vt sep Br* instalar.

plumb bob *n* plomada *f*, plomo *m*.

plumber ['plʌmə^r] *n* fontanero *m*, -ra *f*, plomero *m*, -ra *f Amér*.

plumbing ['plʌmɪŋ] *n (U)* - **1.** [fittings] tubería *f*. - **2.** [work] fontanería *f*.

plumb line *n* (hilo *m* de) plomada *f*.

plumb rule *n* nivel *m*.

plume [pluːm] ◇ *n* - **1.** [feather] pluma *f*. - **2.** [decoration, of smoke] penacho *m*. ◇ *vt* [preen] arreglarse (con el pico); **to ~ o.s. on sthg** *fig* vanagloriarse de algo.

plumed [pluːmd] *adj* - **1.** [hat, helmet] con plumas, emplumado(da). - **2.** [bird]: **brightly ~ peacocks** pavos reales de vistoso plumaje.

plummet ['plʌmɪt] ◇ *vi* caer en picado. ◇ *n* plomo *m*.

plummy ['plʌmɪ] (*compar* **plummier**, *superl* **plummiest**) *adj Br inf pej* [accent, voice] afectado(da).

plump [plʌmp] ◇ *adj* - **1.** [person] regordete(ta), rollizo(za). - **2.** [chicken, fruit] gordo(da), orondo(da). - **3.** [direct] rotundo(da), sin rodeos. ◇ *adv* - **1.** [with an impact] con un ruido sordo. - **2.** [straight down] a plomo. - **3.** [directly] rotundamente, sin rodeos. ◇ *vt* - **1.** [drop] dejar caer a plomo. - **2.** [pillow, cushion] ahuecar. ◇ *vi* caer OR dejarse caer a plomo.

◆ **plump for** *vt fus* optar OR decidirse por.

◆ **plump up** *vt sep* ahuecar.

plumpness ['plʌmpnɪs] *n* gordura *f*.

plum pudding *n* budín navideño con pasas.

plunder ['plʌndə^r] ◇ *n* - **1.** [stealing, raiding] saqueo *m*, pillaje *m*. - **2.** [stolen goods] botín *m*. ◇ *vt* saquear.

plunderer ['plʌndərə^r] *n* saqueador *m*, -ra *f*.

plundering ['plʌndərɪŋ] ◇ *n* saqueo *m*, pillaje *m*. ◇ *adj* saqueador(ra).

plunge [plʌndʒ] ◇ *n* - **1.** [decrease] caída *f* vertiginosa. - **2.** [fall, dive] chapuzón *m*, zambullida *f*; **to take the ~** *fig* dar el paso decisivo. ◇ *vt* - **1.** [knife etc]: **to ~ sthg into** hundir algo en. - **2.** [into darkness, water]: **to ~ sthg into** sumergir algo en; **the news ~d us into despondency** la noticia nos sumió en la desesperación. ◇ *vi* - **1.** [dive] hundirse, zambullirse. - **2.** [decrease] bajar vertiginosamente. - **3.** [go headlong] precipitarse. - **4.** [start, embark upon]: **to ~ into sthg** meterse de cabeza en algo.

plunger ['plʌndʒə^r] *n* - **1.** [for blocked pipes] desatascador *m*. - **2.** [piston] émbolo *m*.

plunging ['plʌndʒɪŋ] *adj* escotado(da).

plunk [plʌŋk] ◇ *n* - **1.** [twang] punteo *m*. - **2.** [hollow sound] ruido *m* sordo. - **3.** *inf* [blow] golpe *m* seco. ◇ *vt* - **1.** MUS puntear. - **2.** *inf* [drop] dejar caer a plomo. ◇ *vi* hacer un ruido sordo. ◇ *adv* - **1.** [with a thud] con un ruido sordo. - **2.** *inf* [exactly] justo, exactamente.

◆ **plunk down** ◇ *vt sep* dejar caer a plomo. ◇ *vi* caer OR dejarse caer a plomo.

pluperfect [,pluː'pɜːfɪkt] *n*: **~ (tense)** (pretérito *m*) pluscuamperfecto *m*.

plural ['plʊərəl] ◇ *adj* [gen] plural. ◇ *n* plural *m*.

pluralism ['plʊərəlɪzm] *n* pluralismo *m*.

pluralist ['plʊərəlɪst] *n* pluralista *mf*.

pluralistic [,plʊərə'lɪstɪk] *adj* pluralista.

plurality [plʊə'rælətɪ] *n* - **1.** [large number] pluralidad *f*. - **2.** *Am* [majority] mayoría *f*.

pluralize, -ise ['plʊərəlaɪz] ◇ *vt* pluralizar. ◇ *vi* pasar al plural, convertirse en plural.

plus [plʌs] (*pl* **pluses** OR **plusses**) ◇ *adj* - **1.** [or more]: **35-~ 35** o más. - **2.** [in marks]: **B-~** ≃ notable *m* alto. ◇ *n* - **1.** MATH [sign] signo *m* más. - **2.** *inf* [bonus] ventaja *f*. ◇ *prep* más. ◇ *conj* además.

plus fours *npl* (pantalones *mpl*) bombachos *mpl*.

plush [plʌʃ] ◇ *adj* lujoso(sa). ◇ *n* felpa *f*.

plushy ['plʌʃɪ] (*compar* **plushier**, *superl* **plushiest**) *adj* = **plush**.

plus sign *n* signo *m* más.

Pluto ['pluːtəʊ] *n* [planet] Plutón *m*.

plutocracy [pluː'tɒkrəsɪ] (*pl* **plutocracies**) *n* plutocracia *f*.

plutocrat ['pluːtəkræt] *n* plutócrata *mf*.

plutocratic [,pluːtə'krætɪk] *adj* plutocrático(ca).

plutonium [pluː'təʊnɪəm] *n* plutonio *m*.

pluvial ['pluːvjəl] *adj* pluvial.

pluviometer [,pluːvɪ'ɒmɪtə^r] *n* pluviómetro *m*.

ply [plaɪ] (*pt & pp* **plied**) ◇ *n* [of wood] número *m* de capas; [of wool, rope] número *m* de cabos. ◇ *vt* - **1.** [trade] ejercer. - **2.** [supply, provide]: **to ~ sb with sthg** [questions] acosar a alguien con algo; [food, drink] no parar de ofrecer a alguien algo. - **3.** [wield] manejar. - **4.** [travel] hacer el trayecto de. ◇ *vi* navegar.

plywood ['plaɪwʊd] *n* contrachapado *m*.

p.m., pm (*abbr of* **post meridiem**): **at 3 ~** a las tres de la tarde; **at 11 ~** a las once de la noche.

PM *n abbr of* **prime minister**.

PMT, PMS (*abbr of* **premenstrual tension, premenstrual syndrome**) *n* TPM *f*, SPM *m*.

pneumatic [nju:'mætɪk] *adj* - **1.** [pump, lift] de aire comprimido. - **2.** [tyre, chair] neumático(ca).

◆ **pneumatics** *n (U)* neumática *f*.

pneumatic drill *n* martillo *m* neumático.

pneumococcus [,nju:məʊ'kɒkəs] (*pl* **pneumococci** [-'kɒksaɪ]) *n* neumococo *m*.

pneumonia [nju:'məʊnjə] *n (U)* pulmonía *f*.

pneumonic [nju:'mɒnɪk] *adj* neumónico(ca).

Pnom Penh [,nɒm'pen] *n* Pnom Penh.

Po [pəʊ] *n*: **the (River)** ~ el (río) Po.

PO *n abbr of* **Post Office**.

PO, po *n abbr of* **postal order**.

POA (*abbr of* **Prison Officers' Association**) *n* sindicato británico de empleados de prisiones.

poach [pəʊtʃ] ◇ *vt* - **1.** [game] cazar en vedado; [fish] pescar en vedado. - **2.** *fig* [recruit]: **he was ~ed by the competition** lo cazó la competencia. - **3.** CULIN [salmon] hervir; [egg] escalfar; **~ed egg** huevo *m* escalfado. ◇ *vi* [for game] cazar en vedado; [for fish] pescar en vedado.

poacher ['pəʊtʃə'] *n* [hunter] cazador furtivo *m*, cazadora furtiva *f*; [fisherman] pescador furtivo *m*, pescadora furtiva *f*.

poaching ['pəʊtʃɪŋ] *n* [for game] caza *f* furtiva; [for fish] pesca *f* furtiva.

POB, PO Box (*abbr of* **Post Office Box**) *n* apdo. *m* (de correos).

pock [pɒk] *n* [pustule] pústula *f*.

pocket ['pɒkɪt] ◇ *n* - **1.** [in clothes] bolsillo *m*; **to put one's hand in one's** ~ meter la mano en el bolsillo □ **to be £10 out of** ~ salir perdiendo 10 libras; **to dip into one's** ~ sacar dinero del bolsillo, echar mano al bolsillo; **to have sb in one's** ~ tener a alguien en el bolsillo; **to line one's ~s** forrarse; **to live in each other's ~s** vivir continuamente pegado el uno al otro; **to pick sb's** ~ vaciar a alguien el bolsillo. - **2.** [in car door etc] bolsa *f*, bolsillo *m*. - **3.** [of resistance] foco *m*; [of air] bolsa *f*. - **4.** [on billiard or pool table] tronera *f*, agujero *m*. - **5.** ZOOL bolsa *f* (marsupial). - **6.** [of gas, oil] bolsa *f*; [of ore] filón *m*. ◇ *vt* - **1.** [place in pocket] meterse en el bolsillo. - **2.** [steal] birlar. - **3.** [in billiards] meter en la tronera OR el agujero. ◇ *adj* de bolsillo.

pocket battleship *n* acorazado *m* de bolsillo.

pocket billiards *n* (U) billar *m* americano OR de agujeros.

pocketbook ['pɒkɪtbʊk] *n* - **1.** [notebook] libreta *f*. - **2.** *Am* [handbag] bolso *m*.

pocket calculator *n* calculadora *f* de bolsillo.

pocket edition *n* edición *f* de bolsillo.

pocketful ['pɒkɪtfʊl] *n* bolsillo *m*.

pocket-handkerchief *n* pañuelo *m*.

pocketknife ['pɒkɪtnaɪf] (*pl* **pocket-knives** [-naɪvz]) *n* navaja *f* (de bolsillo).

pocket money *n* propina *f*, dinero *m* para gastar.

pocket-sized *adj* de bolsillo.

pocket veto *n Am* veto *m* indirecto (*por parte del presidente o gobernador en EE UU*).

pockmark ['pɒkmɑːk] *n* marca *f* OR señal *f* (en la cara).

pockmarked ['pɒkmɑːkt] *adj* [face] picado(da) de viruelas; [surface] acribillado(da); **~ with rust** picado por el óxido.

pod [pɒd] ◇ *n* - **1.** [of plants] vaina *f*. - **2.** [of spacecraft] módulo *m* espacial. - **3.** ZOOL cardumen *m*. - **4.** [TECH - groove] ranura *f*; [- socket] cabezal *m*, mandril *m*. ◇ *vt* desvainar. ◇ *vi* producir vainas.

podgy ['pɒdʒɪ] (*compar* **podgier**, *superl* **podgiest**) *adj inf* gordinflón(ona).

podia ['pəʊdɪə] *pl* → **podium**.

podiatrist [pə'daɪətrɪst] *n Am* podólogo *m*, -ga *f*, pedicuro *m*, -ra *f*, podiatra *mf Amér*.

podiatry [pə'daɪətrɪ] *n Am* podología *f*, podiatría *f Amér*.

podium ['pəʊdɪəm] (*pl* **podiums** OR **podia** [-dɪə]) *n* podio *m*.

POE *n written abbr of* **port of entry**.

poem ['pəʊɪm] *n* poema *m*, poesía *f*.

poet ['pəʊɪt] *n* poeta *mf*.

poetaster [ˌpəʊɪ'tæstə'] *n pej* poetastro *m*.

poetess ['pəʊɪtɪs] *n* poetisa *f*.

poetic [pəʊ'etɪk] *adj* poético(ca).

◆ **poetics** *n* - **1.** (U) [criticism] poética *f*. - **2.** [treatise] (arte *f*) poética *f*.

poetical [pəʊ'etɪkl] *adj* - **1.** [of a poem] poético(ca). - **2.** [idealized] idealizado(da).

poetically [pəʊ'etɪklɪ] *adv* poéticamente.

poetic justice *n*: **it was** ~ **that he was sacked too** se llevó su merecido con el despido.

poetic licence *n* licencia *f* poética.

poet laureate *n* poeta laureado *m*, poeta laureada *f*.

poetry ['pəʊɪtrɪ] *n* poesía *f*.

po-faced ['pəʊfeɪst] *adj Br inf* con cara de pocos amigos, con aire adusto OR severo.

pogo stick ['pəʊgəʊ-] *n* palo provisto de un muelle para dar saltos.

pogrom ['pɒgrəm] *n* pogromo *m*.

poignancy ['pɔɪnjənsɪ] *n* - **1.** [sadness] patetismo *m*. - **2.** [intensity] intensidad *f*.

poignant ['pɔɪnjənt] *adj* - **1.** [sad] patético(ca), conmovedor(ra). - **2.** [intense] agudo(da), intenso(sa). - **3.** [cutting] mordaz.

poignantly ['pɔɪnjəntlɪ] *adv* patéticamente, de modo conmovedor.

poinsettia [pɔɪn'setɪə] *n* flor *f* de Pascua.

point [pɔɪnt] ◇ *n* - **1.** [gen] punto *m*; **at that** ~ en aquel momento; **at the** ~ **of death** en el momento de morir; **he was jealous to the** ~ **of madness** estaba celoso hasta tal punto que rayaba en la locura; **there comes a** ~ **when...** llega un punto OR momento en que...; **to win/lead on ~s** [in contest] ganar/aventajar por puntos □ **a sore** ~ *fig* un asunto espinoso OR delicado; **to score ~s off sb** quedar por encima de alguien, demostrar que uno es más listo (más lista) que alguien. - **2.** [tip] punta *f*; **at the** ~ **of a gun** a punta de pistola. - **3.** [detail, argument]: **they explained it** ~ **by** ~ lo explicaron punto por punto; **I see OR take your** ~ te entiendo, tienes razón; ~ **taken!** ¡de acuerdo!; **to make a** ~ hacer una observación; **to make one's** ~ explicar la postura de uno; **to have a** ~ tener razón; **to prove one's** ~ demostrar que uno tiene razón. - **4.** [main idea]: **the** ~ **is...** lo fundamental OR más importante es...; **to miss the** ~ **of** no coger la idea de; **to get OR come to the** ~ ir al grano; **to keep OR stick to the** ~ no divagar, no salirse del tema; **that's just the** ~, **that's the whole** ~ ¡eso es! ¡ahí está!; **it's beside the** ~ no viene al caso; **to the** ~ relevante, concreto(ta). - **5.** [feature] cualidad *f*; **he has his good ~s** tiene sus cosas buenas; **weak/strong** ~ punto *m* débil/fuerte. - **6.** [purpose] sentido *m*; **what's the** ~? ¿para qué?; **there's no** ~ **in it** no tiene sentido. - **7.** [decimal point] coma *f*; **two** ~ **six** dos coma seis. - **8.** *Br* [power point] toma *f* de corriente. - **9.** [promontory] punta *f*. - **10.** FIN entero *m*. - **11.** *phr*: **in** ~ **of fact** de hecho; **to make a** ~ **of doing sthg** poner empeño en hacer algo; **to stretch a** ~ tener un poquito de manga ancha. ◇ *vt* - **1.** [aim, direct]: **he ~ed the boat out to sea** enfiló el barco hacia alta mar; **to** ~ **a gun at sthg/sb** apuntar a algo/alguien con una pistola; **to** ~ **one's finger at sthg/sb** señalar algo/a alguien con el dedo; **to** ~ **the way** indicar el camino a seguir. - **2.** CONSTR rellenar las juntas de. ◇ *vi* - **1.** [indicate with finger]: **to** ~ **at sthg/sb, to** ~ **to sthg/sb** señalar algo/a alguien con el dedo. - **2.** [hands of clock etc]: **to** ~ **north/to ten o'clock** indicar el norte/las diez. - **3.** [be directed, face] apuntar a; **hold the gun with the barrel ~ing down** sujeta el arma con el cañón (mirando) hacia abajo. - **4.** *fig* [suggest]: **everything ~s to her guilt** todo indica que ella es la culpable.

◆ **points** *npl* - **1.** *Br* RAIL agujas *fpl*. - **2.** [for ballet] puntas *fpl*. - **3.** AUT platinos *mpl*, contactos *mpl*.

◆ **up to a point** *adv* hasta cierto punto.

◆ **on the point of** *prep*: **to be on the** ~ **of doing sthg** estar a punto de hacer algo.

◆ **point out** *vt sep* [person, object, fact] señalar, indicar; [mistake] hacer notar.

◆ **point up** *vt sep* poner de relieve.

point-blank ◇ *adj* - **1.** [refusal etc] categórico(ca). - **2.** [close-range] a quemarropa. ◇ *adv* - **1.** [refuse, deny] categóricamente. - **2.** [at close range] a quemarropa, a bocajarro.

point duty *n Br* control *m* de tráfico en un cruce.

pointed ['pɔɪntɪd] *adj* - **1.** [sharp, angular] en punta, puntiagudo(da). - **2.** [cutting, incisive] intencionado(da). - **3.** [conspicuous] conspicuo(cua), obvio(via).

pointedly ['pɔɪntɪdlɪ] *adv* intencionadamente.

pointer ['pɔɪntəʳ] *n* - **1.** [piece of advice] consejo *m*. - **2.** [needle] aguja *f*. - **3.** [for map, blackboard] puntero *m*. - **4.** COMPUT puntero *m*. - **5.** [dog] pointer *m*, perro *m* de muestra.

pointillism ['pɔɪntɪlɪzm] *n* puntillismo *m*.

pointing ['pɔɪntɪŋ] *n* [on wall] rejuntado *m*.

pointless ['pɔɪntlɪs] *adj* sin sentido, inútil.

pointlessly ['pɔɪntlɪslɪ] *adv* [gen] inútilmente, en vano; [hurt, murder, vandalize] sin motivo, gratuitamente.

point of honour *n* cuestión *f* de honor.

point of no return *n* punto *m* de no retorno.

point of order (*pl* **points of order**) *n*: **to raise a ~** hacer una moción sobre el acatamiento de las normas.

point of reference *n* punto *m* de referencia.

point of sale (*pl* **points of sale**) *n* punto *m* de venta.

◆ **point-of-sale** *adj*: **~ advertising** publicidad *f* en el punto de venta.

point of view (*pl* **points of view**) *n* - **1.** [opinion] punto *m* de vista. - **2.** [aspect, perspective] perspectiva *f*.

pointsman ['pɔɪntsmən] (*pl* **pointsmen** [-mən]) *n Br* RAIL guardagujas *m inv*.

point-to-point *n Br carrera de caballos por el campo señalizada con banderines*.

pointy ['pɔɪntɪ] (*compar* **pointier**, *superl* **pointiest**) *adj* puntiagudo(da).

poise [pɔɪz] ◇ *n* - **1.** [self-assurance] aplomo *m*, serenidad *f*; [elegance] elegancia *f*. - **2.** [bearing] porte *m*. - **3.** [balance] equilibrio *m*. ◇ *vt* poner en equilibrio.

poised [pɔɪzd] *adj* - **1.** [ready]: **to be ~ to do sthg** estar listo(ta) para hacer algo; **to be ~ for sthg** estar preparado(da) para algo. - **2.** [calm and dignified] sereno(na).

poison ['pɔɪzn] ◇ *n* veneno *m*. ◇ *vt* - **1.** [gen - intentionally] envenenar; [- unintentionally] intoxicar. - **2.** [environment] contaminar. - **3.** *fig* [spoil, corrupt] corromper. ◇ *comp*: **~ gland** glándula *f* del veneno.

poisoner ['pɔɪznəʳ] *n* envenenador *m*, -ra *f*.

poison gas *n* gas *m* tóxico OR venenoso.

poisoning ['pɔɪznɪŋ] *n* - **1.** [intentional] envenenamiento *m*; [unintentional] intoxicación *f*. - **2.** [of environment] contaminación *f*.

poison ivy *n* hiedra *f* venenosa.

poison oak *n* zumaque *m* venenoso.

poisonous ['pɔɪznəs] *adj* - **1.** [substance, gas] tóxico(ca). - **2.** [snake] venenoso(sa). - **3.** *fig* [influence] pernicioso(sa); [rumours] malintencionado(da).

poison-pen letter *n* anónimo *m* ofensivo.

poison sumac [-'suːmæk] *n* zumaque *m* venenoso.

poke [pəʊk] ◇ *n* [blow] golpe *m*; [push] empujón *m*; [with elbow] codazo *m*. ◇ *vt* - **1.** [with finger, stick] empujar; [with elbow] dar un codazo a; [fire] atizar; **to ~ sb in the eye** meter el dedo en el ojo a alguien. - **2.** [push, stuff]: **to ~ sthg into** meter algo en. - **3.** [stretch]: **he ~d his head round the door** asomó la cabeza por la puerta. ◇ *vi* - **1.** [protrude]: **to ~ out of sthg** sobresalir por algo. - **2.** [prod]: **his elbow was poking into my back** me estaba clavando el codo en la espalda.

◆ **poke about**, **poke around** *vi inf* fisgonear, hurgar.

◆ **poke along** *vi Am* caminar lentamente.

◆ **poke at** *vt fus* dar golpecitos a.

poker ['pəʊkəʳ] *n* - **1.** [game] póquer *m*, póker *m*. - **2.** [for fire] atizador *m*; **as stiff as a ~** *fig* más tieso(sa) que un palo.

poker dice ◇ *n* [game] póquer *m* de dados. ◇ *npl* [set of dice] dados *mpl* de póquer.

poker-faced *adj* con cara inexpresiva OR de póquer.

pokey ['pəʊkɪ] *n inf* prisión *f*, cárcel *f*.

poky ['pəʊkɪ] (*comp* **pokier**, *superl* **pokiest**) *adj* - **1.** *pej* [cramped]: **a ~ little room** un cuartucho. - **2.** *Am* [slow] lerdo(da).

Poland ['pəʊlənd] *n* Polonia.

polar ['pəʊləʳ] *adj* polar.

polar bear *n* oso *m* polar.

polar cap *n* casquete *m* polar.

polar circle *n* círculo *m* polar.

polar coordinate *n* coordenada *f* polar.

polarity [pəʊ'lærətɪ] *n* polaridad *f*.

polarization [ˌpəʊləraɪ'zeɪʃn] *n* polarización *f*.

polarize, -ise ['pəʊləraɪz] *vt* polarizar.

polar lights *npl*: **the ~** la aurora boreal.

Polaroid® ['pəʊlərɔɪd] *n* - **1.** [camera] polaroid® *f*. - **2.** [photograph] fotografía *f* polaroid.

◆ **Polaroids®** *npl* gafas *fpl* de sol (de polaroid).

pole [pəʊl] *n* - **1.** [rod, post] palo *m*. - **2.** ELEC & GEOGR polo *m*; **to be ~s apart** *fig* ser polos opuestos.

Pole [pəʊl] *n* polaco *m*, -ca *f*.

poleaxe *Br*, **poleax** *Am* ['pəʊlæks] *n* alabarda *f*, hacha *f* de mango largo.

poleaxed ['pəʊlækst] *adj* atolondrado(da).

pole bean *n* judía *f* trepadora.

polecat ['pəʊlkæt] *n* - **1.** [European, African] turón *m*. - **2.** *Am* [skunk] mofeta *f*, zorrillo *m* *Amér*.

polemic [pə'lemɪk] *n* polémica *f*.

◆ **polemics** *n* (U) polémica *f*, arte *m* de polemizar.

polemical [pə'lemɪkl] *adj* polémico(ca).

polemicist [pə'lemɪsɪst] *n* polemista *mf*.

pole position *n* posición *f* de cabeza.

Pole Star *n*: **the ~** la Estrella Polar.

pole vault *n*: **the ~** el salto con pértiga.

◆ **pole-vault** *vi* saltar con pértiga.

pole-vaulter [-ˌvɔːltəʳ] *n* saltador *m*, -ra *f* con pértiga.

police [pə'liːs] ◇ *npl* - **1.** [police force]: **the ~** la policía. - **2.** [policemen, policewomen] policías *mfpl*. ◇ *vt* - **1.** [subj: police officers] mantener el orden en, vigilar. - **2.** [subj: army, international organization] vigilar, supervisar. - **3.** *Am* MIL [clean] limpiar. ◇ *comp*: **Police Complaints Board** ≈ organismo de control y vigilancia de las actuaciones policiales, ≈ comité *m* de régimen disciplinario.

police academy *n Am* academia *f* de policía.

police action *n* MIL intervención *f*, operación *m* militar sin declaración de guerra.

police car *n* coche *m* patrulla.

police cell *n* calabozo *m* OR celda *f* de comisaría.

police chief *n* ≈ jefe *m*, -fa *f* de policía.

police commissioner *n Am* comisario *m*, -ria *f* (de policía).

police constable *n Br* policía *mf*.

police court *n* juzgado *m* de primera instancia.

police department *n Am* jefatura *f* de policía.

police dog *n* perro *m* policía.

Police Federation *n*: **the ~** sindicato británico de policía.

police force *n* cuerpo *m* de policía.

police inspector *n* inspector *m*, -ra *f* de policía.

policeman [pə'liːsmən] (*pl* **policemen** [-mən]) *n* policía *m*.

police officer *n* agente *m* de la policía.

police record *n*: **(to have a) ~** (tener) antecedentes *mpl* policiales.

police sergeant *n* ≈ sargento *mf* (de policía).

police state *n* estado *m* policial.

police station *n* comisaría *f* (de policía).

police wagon *n Am* furgón *m* policial OR celular, coche *m* celular.

policewoman [pə'liːsˌwʊmən] (*pl* **policewomen** [-ˌwɪmɪn]) *n* (mujer *f*) policía *f*.

policy ['pɒləsɪ] (*pl* **policies**) *n* - **1.** [plan, practice] política *f*; **~ on política de; it's not our ~ to do this** no tenemos por norma hacer esto; **the best ~ is to say nothing** la mejor táctica es no decir nada. - **2.** [document, agreement] póliza *f*.

policy-holder n asegurado m, -da f.

polio ['pəʊliəʊ] n polio f.

poliomyelitis [,pəʊliəʊmaiə'laitis] n poliomielitis f inv.

polish ['pɒliʃ] ◇ n - **1.** [for floor] cera f; [for shoes] betún m; [for window] limpiacristales m inv; [for nails] esmalte m; [for metals] (líquido m) abrillantador m. - **2.** [shine] brillo m, lustre m. - **3.** fig [refinement] refinamiento m. ◇ vt [floor] encerar; [shoes, window, car] limpiar; [cutlery, silver, glasses] sacar brillo a.

◆ **polish off** vt sep inf [food] zamparse; [job] despachar.

Polish ['pəʊliʃ] ◇ adj polaco(ca). ◇ n [language] polaco m. ◇ npl: **the** ~ los polacos.

polished ['pɒliʃt] adj - **1.** [person, manner] refinado(da). - **2.** [performance, speech] esmerado(da); [style] pulido(da). - **3.** [surface] pulido(da); [shoes, metals] brillante, reluciente.

polisher ['pɒliʃəʳ] n - **1.** [person] pulidor m, -ra f. - **2.** [floor-polishing machine] enceradora f.

Politburo ['pɒlit,bjʊərəʊ] n politburó m.

polite [pə'lait] adj educado(da), cortés; ~ **society** gente f educada.

politely [pə'laitli] adv educadamente, con cortesía.

politeness [pə'laitnis] n educación f, cortesía f.

politic ['pɒlətik] adj fml oportuno(na), conveniente.

political [pə'litikl] adj - **1.** [concerning politics] político(ca). - **2.** [interested in politics] interesado(da) en política.

political asylum n asilo m político.

political football n tema m candente, arma f arrojadiza (con fines partidistas).

political geography n geografía f política.

politically [pə'litikli] adv políticamente.

politically correct adj políticamente correcto (políticamente correcta).

political prisoner n preso político m, presa política f.

political science n (U) ciencia f política.

politician [,pɒli'tiʃn] n político m, -ca f.

politicization [pə,litisar'zeiʃn] n politización f.

politicize, -ise [pə'litisaiz] vt politizar.

politick ['pɒlətik] vi pej politiquear.

politicking ['pɒlətikiŋ] n pej politiqueo m electoralista.

politico [pə'litikəʊ] (pl **politicos** OR **politicoes**) n inf pej politicastro m, -tra f, politiquero m, -ra f.

politics ['pɒlətiks] ◇ n (U) - **1.** [gen] política f; **to talk** ~ hablar de política. - **2.** [field of study] ciencias fpl políticas. ◇ npl - **1.** [personal beliefs] ideas fpl políticas. - **2.** [of a group, area] política f.

polity ['pɒləti] (pl **polities**) n fml - **1.** [form of government] gobierno m, forma f de gobierno. - **2.** [nation] estado m.

polka ['pɒlkə] n polca f.

polka dot n lunar m (en un vestido).

poll [pəʊl] ◇ n [vote] votación f; [of opinion] encuesta f. ◇ vt - **1.** [people] sondear. - **2.** [votes] obtener.

◆ **polls** npl: **the** ~**s** las elecciones, los comicios; **to go to the** ~**s** acudir a las urnas.

pollard ['pɒləd] ◇ n - **1.** BOT árbol m desmochado. - **2.** ZOOL animal m descornado. ◇ vt - **1.** BOT desmochar. - **2.** ZOOL descornar.

pollen ['pɒlən] n polen m.

pollen count n índice m de polen en el aire.

pollinate ['pɒləneit] vt polinizar.

pollination [,pɒli'neiʃn] n polinización f.

polling ['pəʊliŋ] n (U) [votes] votación f.

polling booth n cabina f electoral.

polling day n Br día m de elecciones.

polling station Br, **polling place** Am n mesa f OR centro m electoral.

polliwog ['pɒliwɒg] n Am renacuajo m.

pollster ['pəʊlstəʳ] n encuestador m, -ra f, entrevistador m, -ra f.

poll tax n impuesto sobre las personas adultas.

◆ **Poll Tax** n Br : **the Poll Tax** ≃ la contribución urbana.

pollutant [pə'luːtnt] n contaminante m.

pollute [pə'luːt] vt contaminar.

polluter [pə'luːtəʳ] n contaminador m, -ra f.

pollution [pə'luːʃn] (U) n - **1.** [process of polluting] contaminación f. - **2.** [impurities] substancias fpl contaminantes.

Pollyanna [,pɒli'ænə] n persona de un optimismo extremo.

pollywog ['pɒliwɒg] n = **polliwog**.

polo ['pəʊləʊ] n polo m.

polonaise [,pɒlə'neiz] n polonesa f.

polo neck Br n - **1.** [neck] cuello m alto. - **2.** [jumper] jersey m de cuello alto.

◆ **polo-neck** adj de cuello alto.

polonium [pə'ləʊniəm] n polonio m.

polo shirt n polo m.

poltergeist ['pɒltəgaist] n espíritu que habita una casa, produciendo ruidos y moviendo objetos.

poltroon [pɒl'truːn] n arch cobarde mf.

poly ['pɒli] (pl **polys**) n Br inf abbr of **polytechnic**.

polyandrous [,pɒli'ændrəs] adj poliandro(dra).

polyandry ['pɒliændri] n poliandria f.

polyanthus [,pɒli'ænθəs] (pl **polyanthuses** OR **polyanthi** [-θai]) n prímula f.

poly bag n Br inf bolsa f de plástico.

polychromatic [,pɒlikrəʊ'mætik] adj polícromo(ma).

polychrome ['pɒlikrəʊm] ◇ adj policromado(da). ◇ n objeto m policromado.

polyclinic [,pɒli'klinik] n policlínica f, policlínico m.

polyester [,pɒli'estəʳ] n poliéster m.

polyethylene n Am = **polythene**.

polygamist [pə'ligəmist] n polígamo m, -ma f.

polygamous [pə'ligəməs] adj polígamo(ma).

polygamy [pə'ligəmi] n poligamia f.

polyglot ['pɒliglɒt] ◇ adj políglota(ta). ◇ n - **1.** [person] polígloto m, -ta f. - **2.** [Bible] biblia f políglota.

polygon ['pɒligɒn] n polígono m.

polygonal [pɒ'ligənl] adj poligonal.

polygraph ['pɒligraːf] n detector m de mentiras.

polyhedron [,pɒli'hiːdrən] (pl **polyhedrons** OR **polyhedra** [-drə]) n poliedro m.

polymath ['pɒlimæθ] n erudito polifacético m, erudita polifacética f.

polymer ['pɒliməʳ] n polímero m.

polymerization [,pɒliməraɪ'zeiʃn] n polimerización f.

polymerize, -ise ['pɒliməraiz] vt polimerizar.

polymorphic [,pɒli'mɔːfik] adj = **polymorphous**.

polymorphism [,pɒli'mɔːfizm] n polimorfismo m.

polymorphous [,pɒli'mɔːfəs] adj polimorfo(fa).

Polynesia [,pɒli'niːzjə] n Polinesia; **French** ~ la Polinesia francesa.

Polynesian [,pɒli'niːzjən] ◇ adj polinesio(sia). ◇ n - **1.** [person] polinesio m, -sia f. - **2.** [language] polinesio m.

polynomial [,pɒli'nəʊmjəl] ◇ adj polinómico(ca). ◇ n polinomio m.

polyp ['pɒlip] n MED pólipo m.

polyphonic [,pɒli'fɒnik] adj polifónico(ca).

polyphony [pə'lifəni] n polifonía f.

polypropylene [,pɒli'prəʊpəliːn] n polipropileno m.

polystyrene [,pɒli'stairiːn] ◇ n poliestireno m. ◇ comp: ~ **tiles** losetas fpl de poliestireno.

polysyllabic [,pɒlisi'læbik] adj polisílabo(ba).

polysyllable ['pɒli,siləbl] n palabra f polisílaba, polisílabo m.

polytechnic [,pɒli'teknik] n Br politécnico m, escuela f politécnica.

polytheism ['pɒliθiːizm] n politeísmo m.

polythene Br [ˈpɒlɪθiːn], **polyethylene** Am [ˌpɒlɪˈeθɪliːn] n polietileno m, politeno m.

polythene bag n Br bolsa f de plástico.

polyunsaturated [ˌpɒlɪʌnˈsætʃəreɪtɪd] adj poliinsaturado(da).

polyurethane [ˌpɒlɪˈjʊərəθeɪn] n poliuretano m.

polyvalent [ˌpɒlɪˈveɪlənt] adj polivalente.

polyvinyl [ˌpɒlɪˈvaɪnɪl] n polivinilo m.

polyvinyl chloride n cloruro m de polivinilo.

pom [pɒm] n Austr inf término peyorativo que designa a un británico.

pomace [ˈpʌmɪs] n - 1. [pulp] pulpa f de manzana. - 2. [residue] bagazo m.

pomade [pəˈmeɪd] ◇ n pomada f (cosmético). ◇ vt untar con pomada.

pomander [pəˈmændəʳ] n bola f de loza perfumada.

pomegranate [ˈpɒmɪˌɡrænɪt] n granada f.

pommel [ˈpɒml] n - 1. [on saddle] perilla f. - 2. [on sword] pomo m.

pomp [pɒmp] n pompa f; ~ **and circumstance** pompa f, boato m.

pompadour [ˈpɒmpəˌdʊəʳ] n peinado m estilo Pompadour, copete m.

Pompeii [pɒmˈpeɪiː] n Pompeya.

Pompeiian [pɒmˈpeɪən] ◇ adj pompeyano(na). ◇ n pompeyano m, -na f.

pompom [ˈpɒmpɒm] n borla f, pompón m.

pomposity [pɒmˈpɒsəti] n pomposidad f.

pompous [ˈpɒmpəs] adj - 1. [self-important] presumido(da), pretencioso(sa). - 2. [style] pomposo(sa); [building] ostentoso(sa).

pompously [ˈpɒmpəsli] adv con pretenciosidad, de manera pretenciosa.

ponce [pɒns] n Br v inf pej - 1. [effeminate man] afeminado m, maricón m. - 2. [pimp] chulo m, macarra m.

poncey [ˈpɒnsi] adj Br inf pej mariquita, afeminado(da).

poncho [ˈpɒntʃəʊ] (pl **ponchos**) n poncho m, ruana f Amér.

poncy [ˈpɒnsi] adj = **poncey**.

pond [pɒnd] n estanque m.

ponder [ˈpɒndəʳ] ◇ vt considerar. ◇ vi: to ~ (on OR over) reflexionar OR meditar (sobre).

ponderable [ˈpɒndərəbl] adj ponderable.

ponderous [ˈpɒndərəs] adj - 1. [speech, book] pesado(da). - 2. [building] aparatoso(sa). - 3. [movement, gait] lento(ta) y torpe.

pond lily n nenúfar m.

pone [pəʊn] n Am pan m de maíz, arepa f.

pong [pɒŋ] Br inf ◇ n peste f. ◇ vi apestar.

poniard [ˈpɒnjəd] n puñal m, daga f.

pontiff [ˈpɒntɪf] n pontífice m.

pontifical [pɒnˈtɪfɪkl] adj - 1. RELIG pontifical, pontificio(cia). - 2. [pompous] pretencioso(sa).

pontificate [pɒnˈtɪfɪkeɪt] vi pej: to ~ (about OR on) pontificar (sobre).

Pontius Pilate [ˈpɒntjəs-] n Poncio Pilato m, Pilatos m.

pontoon [pɒnˈtuːn] n - 1. [bridge] pontón m. - 2. Br [game] veintiuna f.

pontoon bridge n pontón m flotante.

pony [ˈpəʊni] (pl **ponies**) n - 1. [small horse] poni m. - 2. [glass] copa f de licor.

pony express n sistema de correos norteamericano a base de jinetes y una red de postas que nació en 1860 y fue desapareciendo con el advenimiento del telégrafo.

ponytail [ˈpəʊniteɪl] n coleta f (de caballo).

pony-trekking [-ˌtrekɪŋ] n (U) excursión f en poni.

pooch [puːtʃ] n Am inf chucho m.

poodle [ˈpuːdl] n caniche m.

poof [puf] n Br v inf pej maricón m.

poofy [ˈpufi] (compar **poofier**, superl **poofiest**) adj Br v inf pej mariquita, afeminado(da).

pooh [puː] excl [said in scorn] ¡bah!; [said in disgust] ¡puaj!

pooh-pooh vt inf despreciar, desdeñar.

pool [puːl] ◇ n - 1. [of water, blood, ink] charco m. - 2. [pond] estanque m. - 3. [swimming pool] piscina f. - 4. [of light] foco m. - 5. COMM [fund] fondos mpl comunes. - 6. [of people, things]: **typing** ~ servicio m de mecanografía; **car** ~ parque m de automóviles. - 7. [game] billar m americano; **to shoot** ~ jugar al billar americano. - 8. [in card games] banca f. ◇ vt [resources, funds] juntar; [knowledge] poner en común.

◆ **pools** Br ◇ npl: **the** ~**s** las quinielas. ◇ comp: ~**s coupon** boleto m, impreso m de quiniela.

pool hall n [salón m de] billar m, billares mpl.

pool party n Am fiesta f en una piscina privada.

poolroom [ˈpuːlˌruːm] n sala f de billar.

poop [puːp] n NAUT - 1. [stern] popa f. - 2. [deck]: ~ **(deck)** toldilla f.

pooped [puːpt] adj Am inf: ~ **(out)** hecho(cha) polvo.

pooper-scooper [ˈpuːpəˌskuːpəʳ] n instrumento para recoger los excrementos caninos de zonas públicas.

poor [pʊəʳ] ◇ adj - 1. [gen] pobre; ~ **old John!** ¡el pobre de John!; ~ **thing!** ¡el/la pobre!; ~ **you!** ¡pobre de ti! - 2. [quality, result] malo(la); **I was always very** ~ **at maths** siempre se me dieron mal las matemáticas; **to be in** ~ **health** estar enfermo(ma). ◇ npl: **the** ~ los pobres.

poor box n cepillo m (en iglesia).

poorhouse [ˈpʊəhaʊs, pl -haʊzɪz] n asilo m para pobres.

poor law n HIST ley f de asistencia pública.

poorly [ˈpʊəli] ◇ adj Br pachucho(cha). ◇ adv mal.

poorness [ˈpʊənɪs] n [inadequacy, inferiority] inferioridad f.

poor relation n fig pariente m pobre.

poor white n [in southern US] blanco pobre m, blanca pobre f.

pop [pɒp] (pt & pp **popped**, cont **popping**) ◇ n - 1. [music] (música f) pop m. - 2. (U) inf [fizzy drink] gaseosa f. - 3. esp Am inf [father] papá m. - 4. [sound] pequeña explosión f; [of cork] taponazo m; **to go** ~ explotar. ◇ vt - 1. [balloon, bubble] pinchar. - 2. [put quickly]: **to** ~ **sthg into** meter algo en; **he popped his head round the door** asomó la cabeza por la puerta. - 3. drugs sl [consume]: **to** ~ **pills** meterse pastillas. ◇ vi - 1. [balloon] explotar, reventar; [cork, button] saltar. - 2. [eyes] saltarse, salirse de las órbitas. - 3. inf [go quickly]: **I'm just popping round to the shop** voy un momento a la tienda.

◆ **pop in** vi inf entrar un momento.

◆ **pop off** vi inf - 1. [leave] salir disparado(da). - 2. [die] diñarla.

◆ **pop out** vi inf salir un momento.

◆ **pop over** vi Br inf pasar a ver.

◆ **pop up** vi inf aparecer de repente.

popadum [ˈpɒpədəm] n tipo de pan indio muy delgado y frito en aceite.

pop art n pop art m.

pop concert n concierto m de música pop.

popcorn [ˈpɒpkɔːn] n palomitas fpl (de maíz).

pope [pəʊp] n papa m.

popedom [ˈpəʊpdəm] n papado m.

popemobile [ˈpəʊpməbiːl] n inf papamóvil m.

popery [ˈpəʊpəri] n pej papismo m.

pop-eyed adj inf [with bulging eyes] de ojos saltones; [surprised] sorprendido(da), asombrado(da).

pop group n grupo m (de música) pop.

popgun [ˈpɒpɡʌn] n pistola f de aire comprimido (de juguete).

popinjay [ˈpɒpɪndʒeɪ] n petimetre m, lechugino m.

popish [ˈpəʊpɪʃ] adj pej papista.

poplar [ˈpɒpləʳ] n álamo m.

poplin [ˈpɒplɪn] n popelín m, popelina f.

pop music *n* música *f* pop.

popover ['pɒp₁əʊvə'] *n* - **1.** [garment] pichi *m*. - **2.** *Am* CULIN empanadilla *f*.

poppa ['paːpə] *n Am inf* papá *m*.

popper ['pɒpə'] *n* - **1.** *Br* [on clothes] automático *m*, corchete *m*. - **2.** *drugs sl* [amyl nitrite capsule] nitrato *m* de amilo, popper *m*. - **3.** *Am* [for making popcorn] tostadora *f* de maíz.

pop psychology *n* psicología *f* popular.

poppy ['pɒpɪ] (*pl* **poppies**) *n* [flower] amapola *f*; [opium poppy] adormidera *f*.

poppycock ['pɒpɪkɒk] *n* (*U*) *inf* bobadas *fpl*, tonterías *fpl*.

Poppy Day *n Br* Jornada de conmemoración durante la cual la gente lleva una amapola de papel en la solapa en recuerdo de los soldados británicos fallecidos en las guerras mundiales.

pops [pɒps] *n Am inf* [addressing father] papá *m*; [addressing old man] abuelo *m*.

Popsicle® ['pɒpsɪkl] *n Am* polo *m*.

pop singer *n* cantante *mf* pop.

populace ['pɒpjʊləs] *n*: **the** ~ [masses] el populacho; [people] el pueblo.

popular ['pɒpjʊlə'] *adj* - **1.** [gen] popular; [person] estimado(da). - **2.** [belief, attitude, discontent] generalizado(da), común; **by** ~ **demand** a petición popular OR del público. - **3.** [newspaper, politics] para las masas.

popular front *n* frente *m* popular.

popularity [₁pɒpjʊ'lærətɪ] *n* popularidad *f*.

popularization [₁pɒpjʊləraɪ'zeɪʃn] *n* - **1.** [of trend, activity] popularización *f*. - **2.** [of science, philosophy] vulgarización *f*.

popularize, -ise ['pɒpjʊləraɪz] *vt* - **1.** [make popular] popularizar. - **2.** [simplify] vulgarizar.

popularizer ['pɒpjʊləraɪzə'] *n* [of fashion, ideas] promotor *m*, -ra *f*.

popularly ['pɒpjʊləlɪ] *adv* - **1.** [unofficially]: ~ **known as** conocido(da) popularmente como. - **2.** [believed] generalmente.

populate ['pɒpjʊleɪt] *vt* poblar.

populated ['pɒpjʊ₁leɪtɪd] *adj* poblado(da).

population [₁pɒpjʊ'leɪʃn] *n* población *f*.

population explosion *n* explosión *f* demográfica.

populism ['pɒpjʊlɪzm] *n* populismo *m*.

populist ['pɒpjʊlɪst] *n* populista *mf*.

populous ['pɒpjʊləs] *adj* populoso(sa).

pop-up *adj* - **1.** [toaster] automático(ca). - **2.** [book] desplegable.

porcelain ['pɔːsəlɪn] *n* porcelana *f*.

porch [pɔːtʃ] *n* - **1.** [entrance] porche *m*, pórtico *m*. - **2.** *Am* [verandah] terraza *f*.

porcine ['pɔːsaɪn] *adj* porcino(na).

porcupine ['pɔːkjʊpaɪn] *n* puerco *m* espín.

pore [pɔː'] *n* poro *m*.

♦ **pore over** *vt fus* estudiar esmeradamente.

pork [pɔːk] *n* carne *f* de cerdo.

pork barrel *n Am inf* proyecto gubernamental que beneficia a los electores de un legislador.

pork chop *n* chuleta *f* de cerdo.

porker ['pɔːkə'] *n* cebón *m*.

pork pie *n* empanada *f* de carne de cerdo.

pork scratchings *npl* cortezas *fpl* (de cerdo).

porky ['pɔːkɪ] (*compar* **porkier**, *superl* **porkiest**) *adj inf* [fat] gordo(da).

porn [pɔːn] (*abbr of* **pornography**) *n inf* porno *m*; **hard/soft** ~ porno duro/blando.

pornographer [pɔː'nɒgrəfə'] *n* pornógrafo *m*, -fa *f*.

pornographic [₁pɔːnə'græfɪk] *adj* pornográfico(ca).

pornography [pɔː'nɒgrəfɪ] *n* pornografía *f*.

porosity [pɔː'rɒsɪtɪ] *n* porosidad *f*.

porous ['pɔːrəs] *adj* poroso(sa).

porphyry ['pɔːfɪrɪ] *n* pórfiro *m*.

porpoise ['pɔːpəs] *n* marsopa *f*.

porridge ['pɒrɪdʒ] *n* papilla *f* OR gachas *fpl* de avena.

porridge oats *npl* copos *mpl* de avena.

porringer ['pɒrɪndʒə'] *n* plato *m* hondo con asa.

port [pɔːt] ◇ *n* - **1.** [coastal town, harbour] puerto *m*; **any** ~ **in a storm** *fig* en el peligro cualquier refugio es bueno. - **2.** NAUT [left-hand side] babor *m*; **to** ~ a babor. - **3.** [wine] oporto *m*. - **4.** COMPUT puerto *m*. - **5.** = **porthole**. - **6.** MIL [for gun] tronera *f*, cañonera *f*. - **7.** TECH [in engine] orificio *m*. ◇ *comp* - **1.** [relating to a port] portuario(ria). - **2.** NAUT [right-hand] a babor.

portable ['pɔːtəbl] *adj* portátil; ~ **pension** pensión *f* transferible.

Portacrib® ['pɔːtə₁krɪb] *n Am* moisés *m inv*, cuco *m*.

portage ['pɔːtɪdʒ] *n* porte *m*, transporte *m*.

Portakabin® ['pɔːtə₁kæbɪn] *n* [gen] barracón *m*, caseta *f* prefabricada.

portal ['pɔːtl] *n literary* pórtico *m*.

portal vein *n* vena *f* porta.

Port-au-Prince ['pɔːtəʊ'prɪns] *n* Puerto Príncipe.

portcullis [pɔːt'kʌlɪs] *n* rastrillo *m*.

portend [pɔː'tend] *vt literary* presagiar, augurar.

portent ['pɔːtənt] *n literary* presagio *m*, augurio *m*.

portentous [pɔː'tentəs] *adj literary* [ominous] de mal agüero.

porter ['pɔːtə'] *n* - **1.** *Br* [in block of flats] portero *m*, -ra *f*; [in public building, hotel] conserje *mf*. - **2.** [for luggage] mozo *m*. - **3.** *Am* [on train] empleado *m*, -da *f* de coche cama. - **4.** [beer] cerveza *f* negra.

porterhouse (steak) ['pɔːtəhaʊs-] *n* filete *m* OR bistec *m* de ternera de primera.

portfolio [₁pɔːt'fəʊljəʊ] (*pl* **portfolios**) *n* - **1.** ART, FIN & POL cartera *f*; **minister without** ~ ministro *m*, -tra *f* sin cartera. - **2.** [sample of work] carpeta *f*.

porthole ['pɔːthəʊl] *n* portilla *f*.

portico ['pɔːtɪkəʊ] (*pl* **porticos** OR **porticoes**) *n* pórtico *m*.

portion ['pɔːʃn] *n* - **1.** [part, section] porción *f*. - **2.** [of chips, vegetables etc] ración *f*.

Portland cement ['pɔːtlənd-] *n* cemento *m* portland.

portliness ['pɔːtlɪnɪs] *n* corpulencia *f*.

portly ['pɔːtlɪ] (*compar* **portlier**, *superl* **portliest**) *adj* corpulento(ta).

portmanteau [pɔːt'mæntəʊ] (*pl* **portmanteaus** OR **portmanteaux** [-təʊz]) *n Br* portamanteo *m*, maleta *f*.

portmanteau word *n* palabra *f* compuesta por acronimia OR por fusión.

port of call *n* - **1.** NAUT puerto *m* de escala. - **2.** *fig* [on journey] escala *f*, parada *f*.

port of entry *n* puerto *m* de entrada.

port of registry *n* puerto *m* de amarre OR de matrícula.

Port of Spain *n* Puerto España.

portrait ['pɔːtreɪt] ◇ *n* retrato *m*. ◇ *comp*: ~ **gallery** galería *f* de retratos; ~ **painter** retratista *mf*; ~ **painting** arte *m* del retrato; ~ **photograph** retrato *m* (fotográfico); ~ **photographer** fotógrafo *m*, -fa *f* retratista.

portraitist ['pɔːtreɪtɪst] *n* retratista *mf*.

portraiture ['pɔːtrɪtʃə'] *n* pintura *f* de retratos.

portray [pɔː'treɪ] *vt* - **1.** [in a play, film] representar. - **2.** [describe] describir. - **3.** [paint] retratar.

portrayal [pɔː'treɪəl] *n* - **1.** [in a play, film] representación *f*. - **2.** [painting, photograph] retrato *m*. - **3.** [description] descripción *f*.

portrayer [pɔː'treɪə'] *n* retratista *mf*.

Portugal ['pɔːtʃʊgl] *n* Portugal.

Portuguese [₁pɔːtʃʊ'giːz] ◇ *adj* portugués(esa). ◇ *n* [language] portugués *m*. ◇ *npl*: **the** ~ los portugueses.

Portuguese man-of-war *n* medusa *f* venenosa.

pose [pəʊz] ◇ *n* - **1.** [position, stance] postura *f*. - **2.** *pej* [pretence, affectation] pose *f*. ◇ *vt* - **1.** [problem, threat] presentar. - **2.** [question] formular. ◇ *vi* - **1.** [model] posar. - **2.** *pej* [behave affectedly] adoptar una pose. - **3.** [pretend to be]: **to** ~ **as sb/sthg** fingir ser alguien/algo.

poser ['pəʊzə'] *n* - **1.** *pej* [person] presumido *m*, -da *f*. - **2.** *inf* [hard question] pregunta *f* difícil.

poseur [pəʊ'zɜ:'] *n pej* presumido *m*, -da *f*.

posh [pɒʃ] *adj inf* - **1.** [hotel, area etc] de lujo, elegante. - **2.** *Br* [person, accent] afectado(da).

posit ['pɒzɪt] *vt fml* proponer.

position [pə'zɪʃn] ◇ *n* - **1.** [gen] posición *f*; **in the off** ~ en posición de cerrado, apagado(da); **in a sitting** ~ sentado(da); **in a standing** ~ de pie, parado(da) *Amér*. - **2.** [right place] sitio *m*, lugar *m*; **in** ~ en su sitio. - **3.** [status] rango *m*. - **4.** [job] puesto *m*. - **5.** [in a race, competition] lugar *m*; **to jostle** OR **manoeuvre for** ~ *lit & fig* competir por colocarse en mejor posición. - **6.** [state, situation] situación *f*; **to be in a/no** ~ **to do sthg** estar/no estar en condiciones de hacer algo. - **7.** [stance, opinion]: ~ **on** opinión *f* respecto a. ◇ *vt* colocar; **to** ~ **o.s.** colocarse.

positive ['pɒzətɪv] ◇ *adj* - **1.** [gen] positivo(va). - **2.** [sure]: **to be** ~ **(about)** estar seguro(ra) (de). - **3.** [optimistic, confident]: **to be** ~ **(about)** ser optimista (respecto a). - **4.** [definite - action] decisivo(va); [- decision] categórico(ca). - **5.** [irrefutable - evidence, fact] irrefutable, evidente; [- proof] concluyente. - **6.** [for emphasis] auténtico(ca), total. ◇ *n* - **1.** GRAMM grado *m* positivo. - **2.** PHOT positivo *m*. - **3.** ELEC polo *m* positivo.

positive discrimination *n* discriminación *f* positiva.

positively ['pɒzətɪvlɪ] *adv* - **1.** [optimistically] positivamente. - **2.** [definitely] decisivamente. - **3.** [favourably] favorablemente. - **4.** [irrefutably] irrefutablemente. - **5.** [for emphasis] realmente.

positiveness ['pɒzətɪvnɪs] *n* [certainty] certeza *f*, seguridad *f*.

positive vetting [-'vetɪŋ] *n Br* investigación completa a la que es sometido un aspirante a un cargo público relacionado con la seguridad nacional.

positivism ['pɒzɪtɪvɪzm] *n* positivismo *m*.

positron ['pɒzɪtrɒn] *n* positrón *m*.

poss [pɒs] *adj inf* posible.

posse ['pɒsɪ] *n Am* - **1.** [to pursue criminal] grupo *m* de hombres a caballo. - **2.** *inf* [group] grupo *m*.

possess [pə'zes] *vt* - **1.** [gen] poseer. - **2.** [subj: emotion] adueñarse de; **what** ~**ed him to do it?** ¿qué le empujó a hacerlo?

possessed [pə'zest] *adj* - **1.** [mad] poseso(sa), poseído(da). - **2.** *fml & literary*: **to be** ~ **of sthg** [gen] poseer OR atesorar algo; [be blessed with] estar dotado(da) de.

possession [pə'zeʃn] *n* posesión *f*; **to have sthg in one's** ~, **to be in** ~ **of sthg** tener (posesión de) algo; **to be in full** ~ **of one's faculties** estar (uno) en posesión OR tener (uno) pleno dominio de sus facultades; **to come into** ~ **of sthg** hacerse con algo; **to get** OR **take** ~ **of sthg** tomar posesión OR apoderarse de algo ❑ ~ **is nine points** OR **parts** OR **tenths of the law** en un litigio de propiedad la posesión es lo que más cuenta.
◆ **possessions** *npl* bienes *mpl*.

possessive [pə'zesɪv] ◇ *adj* - **1.** [gen] posesivo(va). - **2.** *pej* [selfish] egoísta. - **3.** GRAMM posesivo(va); ~ **adjective/pronoun** adjetivo *m*/pronombre *m* posesivo. ◇ *n* GRAMM posesivo *m*.

possessively [pə'zesɪvlɪ] *adv* - **1.** [clingingly] posesivamente. - **2.** [selfishly] egoístamente.

possessiveness [pə'zesɪvnɪs] *n* posesividad *f*.

possessor [pə'zesə'] *n fml* poseedor *m*, -ra *f*.

possibility [,pɒsə'bɪlətɪ] (*pl* **possibilities**) *n* posibilidad *f*; **to be a** ~ ser posible; **to have possibilities** ser prometedor(ra).

possible ['pɒsəbl] ◇ *adj* - **1.** [gen] posible; **it's** ~ **that** she'll come es posible que venga; **as soon as** ~ cuanto antes; **as much as** ~ todo lo posible; **if** ~ si es posible, de ser posible. - **2.** [viable] viable, factible. ◇ *n* candidato *m*, -ta *f*.

possibly ['pɒsəblɪ] *adv* - **1.** [perhaps] posiblemente, quizás. - **2.** [within one's power]: **I'll do all I** ~ **can** haré todo lo que pueda; **could you** ~ **help me?** ¿te importaría ayudarme? - **3.** [to show surprise]: **how could he** ~ **do that?** ¿cómo es posible que hiciera eso? - **4.** [for emphasis]: **I can't** ~ **do it** no puedo hacerlo de ninguna manera.

possum ['pɒsəm] (*pl inv* OR **possums**) *n Am* zarigüeya *f*; **to play** ~ *fig* hacerse el muerto.

post [pəʊst] ◇ *n* - **1.** [service]: **the** ~ el correo; **by** ~ por correo; **in the** ~ en el correo; **first/last** ~ primera/última recogida (de correo). - **2.** *(U)* [letters etc] cartas *fpl*. - **3.** [delivery] reparto *m*. - **4.** *Br* [collection] colecta *f*. - **5.** [pole] poste *m*. - **6.** [position, job] puesto *m*; **to take up one's** ~ ocupar (uno) su puesto, empezar a trabajar. - **7.** MIL puesto *m*. - **8.** *phr*: **as deaf as a** ~ sordo(da) como una tapia; **to pip sb at the** ~ ganar a alguien por los pelos. ◇ *vt* - **1.** [by mail] echar al correo; **to** ~ **sthg to sb** mandarle algo a alguien por correo. - **2.** [transfer] enviar, destinar. - **3.** [guard] apostar. - **4.** [on bulletin board] pegar, fijar. - **5.** [announce] anunciar; **to** ~ **sthg/sb as missing** dar algo/a alguien por desaparecido(da). - **6.** *Am* [issue]: **to** ~ **bail** conceder OR dar la fianza. - **7.** *phr*: **to keep sb** ~**ed** mantener a alguien al tanto.

post- [pəʊst] *prefix* pos-.

postage ['pəʊstɪdʒ] *n* franqueo *m*, porte *m*; ~ **and packing** gastos *mpl* de envío.

postage meter *n Am* máquina *f* de franquear.

postage stamp *n fml* sello *m*.

postal ['pəʊstl] *adj* postal.

postal card *n Am* = **postcard**.

postal order *n* giro *m* postal.

postal service *n* servicio *m* de correos.

postbag ['pəʊstbæg] *n* - **1.** *Br* [bag] saco *m* postal. - **2.** *inf* [letters received] cartas *fpl*.

post-bellum [-'beləm] *adj* de la posguerra.

postbox ['pəʊstbɒks] *n Br* buzón *m*.

postcard ['pəʊstkɑːd], **postal card** *Am n* (tarjeta *f*) postal *f*.

post chaise [-ʃeɪz] *n* silla *f* de posta.

postcode ['pəʊstkəʊd] *n Br* código *m* postal.

postcolonial [,pəʊstkə'ləʊnɪəl] *adj* de después de la época colonial.

postdate [,pəʊst'deɪt] *vt* poner posfecha a.

postdoctoral [,pəʊst'dɒktərəl], **postdoctorate** [,pəʊst'dɒktərət] *adj* UNIV posdoctoral.

poster ['pəʊstə'] *n* cartel *m*, póster *m*.

poste restante [,pəʊst'restɑːnt] *n esp Br* lista *f* de correos.

posterior [pɒ'stɪərɪə'] ◇ *adj* posterior, trasero(ra). ◇ *n hum* trasero *m*.

posterity [pɒ'sterətɪ] *n* posteridad *f*.

poster paint *n* aguada *f*.

Post Exchange *n* [in US] economato *m* (*militar*).

post-free *adj esp Br* libre de gastos de envío, porte pagado *(inv)*.

postgraduate [,pəʊst'grædʒʊət] ◇ *adj* posgraduado(da). ◇ *n* posgraduado *m*, -da *f*.

posthaste [,pəʊst'heɪst] *adv dated* rápidamente, a toda prisa.

posthole ['pəʊsthəʊl] *n* agujero *m* para poste.

post horn *n* bocina *f* del coche de correos.

post house *n* posta *f* (del correo) *(casa)*.

posthumous ['pɒstjʊməs] *adj* póstumo(ma).

posthumously ['pɒstjʊməslɪ] *adv* póstumamente.

posthypnotic suggestion [,pəʊsthɪp'nɒtɪk-] *n* sugestión *f* poshipnótica.

postil(l)ion [pɒ'stɪljən] *n* postillón *m*.

postimpressionism [,pəʊstɪm'preʃnɪzm] *n* postimpresionismo *m*.

postimpressionist [ˌpəʊstɪm'preʃnɪst] ◇ *n* postimpresionista *mf.* ◇ *adj* postimpresionista.

post-industrial *adj* postindustrial.

posting ['pəʊstɪŋ] *n* destino *m*.

postman ['pəʊstmən] (*pl* **postmen** [-mən]) *n* cartero *m*.

postman's knock *n* juego infantil en el que uno hace de cartero que entrega una carta y a cambio recibe un beso.

postmark ['pəʊstmɑːk] ◇ *n* matasellos *m inv*. ◇ *vt* matasellar.

postmaster ['pəʊstˌmɑːstəʳ] *n* administrador *m* de correos.

Postmaster General (*pl* **Postmasters General**) *n* ≃ director *m* general de Correos.

postmen ['pəʊstmən] *pl* → **postman**.

postmeridian [ˌpəʊstmə'rɪdɪən] *adj* posmeridiano(na).

postmistress ['pəʊstˌmɪstrɪs] *n* administradora *f* de correos.

post-modern *adj* posmoderno(na).

post-modernism *n* posmodernismo *m*.

post-modernist ◇ *n* posmodernista *mf.* ◇ *adj* posmodernista.

postmortem [ˌpəʊst'mɔːtəm] ◇ *adj* post-mórtem (*inv*). ◇ *n* - **1.** [autopsy]: ~ (**examination**) autopsia *f*. - **2.** *fig* [analysis] reflexión *f* autocrítica retrospectiva.

postnasal [ˌpəʊst'neɪzl] *adj* posnasal.

postnatal [ˌpəʊst'neɪtl] *adj* posnatal, posparto (*inv*).

post office *n* - **1.** [organization]: **the Post Office** ≃ Correos *m inv*. - **2.** [building] oficina *f* de correos; ~ **and general stores** pequeño comercio local de ultramarinos que también alberga la oficina de correos.

post office box *n* apartado *m* de correos, casilla *f* de correos *Amér*.

post office savings *n Br* ≃ Caja *f* Postal de Ahorros.

postoperative [ˌpəʊst'ɒpərətɪv] *adj* postoperatorio(ria).

postpaid [ˌpəʊst'peɪd] *adj* libre de gastos de envío, porte pagado (*inv*).

postpartum [ˌpəʊst'pɑːtəm] *adj* posparto.

postpone [ˌpəʊst'pəʊn] *vt* posponer.

postponement [ˌpəʊst'pəʊnmənt] *n* aplazamiento *m*.

postprandial [ˌpəʊst'prændɪəl] *adj fml* de sobremesa.

postscript ['pəʊsskrɪpt] *n* [additional message] posdata *f*, postdata *f*; *fig* [additional information] nota *f* final.

postulate [*vb* 'pɒstjuleɪt, *n* 'pɒstjulət] ◇ *n* postulado *m*. ◇ *vt* postular.

postulation [ˌpɒstju'leɪʃn] *n* postulación *f*.

posture ['pɒstʃəʳ] ◇ *n lit & fig* postura *f*; ~ **on sthg** postura hacia algo. ◇ *vi pej* adoptar poses.

posturer ['pɒstʃərəʳ] *n* actor *m*, -triz *f*, impostor *m*, -ra *f*.

posturing ['pɒstʃərɪŋ] *n* fingimiento *m*.

postviral syndrome [ˌpəʊst'vaɪərl-] *n* síndrome *m* posviral.

postwar [ˌpəʊst'wɔːʳ] *adj* de (la) posguerra; ~ **period** posguerra *f*.

posy ['pəʊzɪ] (*pl* **posies**) *n* ramillete *m*.

pot [pɒt] (*pt & pp* **potted**, *cont* **potting**) ◇ *n* - **1.** [for cooking] olla *f*; ~**s and pans** cacerolas *fpl* y sartenes, cacharros *mpl* de cocina. - **2.** [for tea] tetera *f*; [for coffee] cafetera *f*; **to make a** ~ **of tea/coffee** hacer té/café. - **3.** [for paint] bote *m*; [for jam] tarro *m*. - **4.** [flowerpot] maceta *f*, tiesto *m*. - **5.** *drugs sl* [cannabis] maría *f*, hierba *f*. - **6.** [in gambling games] platillo *m*, puesta *f*. - **7.** *Am* [kitty] fondo *m* común. - **8.** = **potshot**. - **9.** = **potbelly** *sense 1*. - **10.** *phr*: **to go to** ~ irse al traste; **to have** ~**s of money** *inf* estar forrado(da). ◇ *vt* - **1.** [plant] plantar (en una maceta). - **2.** [in billiards etc] meter.

potable ['pəʊtəbl] *adj* potable.

potash ['pɒtæʃ] *n* potasa *f*.

potassic [pə'tæsɪk] *adj* potásico(ca).

potassium [pə'tæsɪəm] *n* potasio *m*.

potato [pə'teɪtəʊ] (*pl* **potatoes**) *n* patata *f*.

potato beetle *n* escarabajo *m* de la patata.

potato blight *n* plaga *f* de la patata.

potato crisps *Br*, **potato chips** *Am n* patatas *fpl* fritas (de bolsa).

potato masher *n* utensilio para machacar la patata y hacer puré.

potato peeler *n* pelapatatas *m inv*.

potato soup *n* crema *f* de patata.

pot-bellied *adj* - **1.** [from overeating] barrigón(ona), barrigudo(da), guatón(ona) *Amér*. - **2.** [from malnutrition] con el vientre hinchado.

potbelly ['pɒtˌbelɪ] (*pl* **potbellies**) *n* - **1.** [stomach] panza *f*, barriga *f*. - **2.** *Am* [stove] salamandra *f*.

potboiler ['pɒtˌbɔɪləʳ] *n* obra con fin comercial y escaso valor artístico.

potbound ['pɒtbaʊnd] *adj* que necesita ser replantado(da).

potency ['pəʊtnsɪ] *n* [gen] potencia *f*; [of argument] fuerza *f*.

potent ['pəʊtnt] *adj* - **1.** [powerful, influential] poderoso(sa). - **2.** [drink, drug] fuerte. - **3.** [sexually capable] potente.

potentate ['pəʊtnteɪt] *n* potentado *m*, -da *f*.

potential [pə'tenʃl] ◇ *adj* potencial, posible. ◇ *n* - **1.** (*U*) [of person] potencial *m*; **to have** ~ prometer, tener posibilidades. - **2.** ELEC potencia *f*, voltaje *m*.

potential energy *n* energía *f* potencial.

potentiality [pəˌtenʃɪ'ælətɪ] (*pl* **potentialities**) *n* potencialidad *f*.

potentially [pə'tenʃəlɪ] *adv* en potencia.

potful ['pɒtfʊl] *n* olla *f*.

pothead ['pɒthed] *n drugs sl* [user of cannabis] porrero *m*, -ra *f*, porreta *mf*.

pother ['pɒðəʳ] *n* confusión *f*, lío *m*.

potholder ['pɒtˌhəʊldəʳ] *n* agarrador *m* para utensilios calientes.

pothole ['pɒthəʊl] *n* - **1.** [in road] bache *m*. - **2.** [underground] cueva *f*.

potholer ['pɒtˌhəʊləʳ] *n Br* espeleólogo *m*, -ga *f*.

potholing ['pɒtˌhəʊlɪŋ] *n Br* espeleología *f*.

pothook ['pɒthʊk] *n* garabato *m*.

potion ['pəʊʃn] *n* poción *f*.

potlatch ['pɒtlætʃ] *n* fiesta entre los indios del noroeste norteamericano en la que el anfitrión ofrece y recibe regalos.

potluck [ˌpɒt'lʌk] *n*: **to take** ~ [gen] elegir a ojo; [at meal] conformarse con lo que haya.

pot plant *n* planta *f* de interior.

potpourri [ˌpəʊ'pʊərɪ] *n* (*U*) [dried flowers] popurrí *m* (aromático).

potroast ['pɒtrəʊst] *vt* estofar.

pot roast *n* estofado *m* de carne.

potsherd ['pɒtʃɜːd] *n* fragmento *m* arqueológico de cerámica.

potshot ['pɒtʃɒt] *n*: **to take a** ~ (**at sthg/sb**) disparar (a algo/alguien) sin apuntar.

pottage ['pɒtɪdʒ] *n* sopa *f*, potaje *m*.

potted ['pɒtɪd] *adj* - **1.** [plant] en tiesto. - **2.** [meat, fish] en conserva. - **3.** *Br fig* [biography, history] resumido(da).

potter ['pɒtəʳ] *n* alfarero *m*, -ra *f*, ceramista *mf*.

◆ **potter about, potter around** *vi Br* entretenerse.

Potteries ['pɒtərɪz] *npl*: **the** ~ parte de Staffordshire conocida por su industria alfarera.

potter's field *n Am* fosa *f* común.

potter's wheel *n* torno *m* de alfarero.

pottery ['pɒtərɪ] (*pl* **potteries**) *n* - **1.** [gen] cerámica *f*, alfarería *f*. - **2.** [factory] fábrica *f* de cerámica.

potting ['pɒtɪŋ] *n* (*U*) - **1.** AGR transplante *m*. - **2.** [pottery] alfarería *f*.

potting compost *n* abono *m* para plantas interiores.

potting shed *n* cobertizo *m* (del jardín).

potty ['pɒtɪ] (compar **pottier**, superl **pottiest**, pl **potties**) Br inf ◇ adj [person] chalado(da); **to be ~ about** estar chalado por. ◇ n orinal m.

potty-train vt: **to ~ a child** enseñar a un niño a utilizar el orinal.

potty-trained adj que ya no lleva pañales.

pouch [paʊtʃ] n - 1. [small bag] bolsa f pequeña; [for tobacco] petaca f. - 2. [on animal's body] bolsa f (abdominal). - 3. Am [diplomatic pouch] valija f diplomática.

pouffe [puːf] n Br [seat] puf m.

poultice ['pəʊltɪs] n cataplasma f, emplasto m.

poultry ['pəʊltrɪ] ◇ n [meat] carne f de ave. ◇ npl [birds] aves fpl de corral.

poultry farm n granja f avícola.

poultry farmer n avicultor m, -ra f.

poultry farming n avicultura f.

pounce [paʊns] vi - 1. [leap]: **to ~ (on** OR **upon)** abalanzarse (sobre). - 2. fig [comment immediately]: **he's quick to ~ on** OR **upon the slightest error** siempre está a la que salta con el más mínimo error.

pound [paʊnd] ◇ n - 1. [unit of money, weight] libra f; **the ~** la libra (esterlina). - 2. [for cars] depósito m (de coches); [for dogs] perrera f. ◇ vt - 1. [hammer on] golpear, aporrear. - 2. [pulverize] machacar. ◇ vi - 1. [hammer]: **to ~ on sthg** golpear OR aporrear algo. - 2. [beat, throb] palpitar.

poundal ['paʊndl] n poundal m.

pound cake n pastel preparado con muchos huevos y mucha manteca en proporción a la cantidad de harina utilizada.

pounding ['paʊndɪŋ] n - 1. (U) [hammering] golpes mpl, aporreamiento m. - 2. [beating, throbbing] palpitación f. - 3. fig: **to get** OR **take a ~** [team] recibir una soberana paliza; [city] verse sometido a un feroz bombardeo.

pound of flesh n fig deuda f cobrada sin escrúpulos.

pound sterling n libra f esterlina.

pour [pɔːʳ] ◇ vt - 1. [cause to flow]: **to ~ sthg (into)** echar OR verter algo (en); **to ~ sb a drink, to ~ a drink for sb** servirle una copa a alguien. - 2. fig: **to ~ money into sthg** invertir mucho dinero en algo. ◇ vi - 1. [liquid] chorrear; [smoke] salir a borbotones. - 2. fig [rush]: **to ~ in/out** entrar/salir en manada. ◇ v impers [rain hard] llover a cántaros.

◆ **pour in** vi llegar a raudales.

◆ **pour out** vt sep - 1. [empty] echar, vaciar. - 2. [serve] servir. - 3. fig [reveal]: **to ~ out one's feelings** OR **heart (to sb)** desahogarse (con alguien).

pouring ['pɔːrɪŋ] adj [rain] torrencial.

pout [paʊt] ◇ n [showing displeasure] puchero m, mohín m; [being provocative] gesto m provocador (de los labios). ◇ vi [showing displeasure] hacer pucheros; [being provocative] fruncir los labios provocativamente.

poverty ['pɒvətɪ] n lit & fig pobreza f; **to live in ~** vivir en la miseria.

poverty line n umbral m de la pobreza.

poverty-stricken adj necesitado(da).

poverty trap n Br situación del que gana menos trabajando que en el paro, porque sus ingresos superan por poco el nivel mínimo de contribución fiscal.

pow [paʊ] excl inf ¡pum!, ¡pumba!

POW n abbr of **prisoner of war**.

powder ['paʊdəʳ] ◇ n - 1. [gen] polvo m. - 2. [make-up] polvos mpl. - 3. [gunpowder] pólvora f. ◇ vt poner polvos en; **to ~ o.s.** empolvarse, darse polvos.

powder blue n azul m pastel.

◆ **powder-blue** adj azul pastel (inv).

powder compact n polvera f.

powdered ['paʊdəd] adj - 1. [in powder form] en polvo. - 2. [covered in powder] empolvado(da).

powdered sugar n Am azúcar m o f glasé.

powder flask n polvorín m, cebador m.

powder horn n chifle m, cuerno m para la pólvora.

powder keg n - 1. [cask] tonel m OR barril m de pólvora. - 2. fig [situation] polvorín m.

powder puff n borla f.

powder room n servicios mpl de señoras, tocador m.

powdery ['paʊdərɪ] adj [snow] en polvo; [cake etc] harinoso(sa).

power ['paʊəʳ] ◇ n - 1. (U) [authority, control] poder m; **to have ~ over sb** tener poder sobre alguien; **to come to/ take ~** llegar al/hacerse con el poder; **to be in ~** estar en el poder. - 2. [ability] facultad f; **his ~s of concentration** su capacidad de concentración; **it isn't within my ~ to do it** no está dentro de mis posibilidades hacerlo. - 3. [legal authority] autoridad f, competencia f; **to have the ~ to do sthg** tener autoridad para hacer algo. - 4. [physical or military strength] fuerza f. - 5. [energy] energía f. - 6. [electricity] corriente f; **to turn the ~ on/off** dar/cortar la corriente. - 7. [powerful nation, person, group] potencia f; **the ~s that be** el orden establecido. - 8. MATH potencia f. ◇ vt propulsar, impulsar; **to be ~ed by** funcionar con.

power-assisted adj asistido(da).

power base n zona f de mayor respaldo político.

powerboat ['paʊəbəʊt] ◇ n (lancha f) motora f. ◇ comp: **~ racing** carreras fpl de (lanchas) motoras, motonáutica f.

power brake n servofreno m.

power broker n fuerza f política influyente.

power cut n apagón m, corte m de corriente.

power dive n picado m con motor en marcha.

◆ **power-dive** vi hacer un picado con el motor en marcha.

power drill n - 1. [portable drill] taladradora f eléctrica, taladro m eléctrico. - 2. [large drill] perforadora f mecánica.

power failure n corte m de corriente.

powerful ['paʊəfʊl] adj - 1. [gen] poderoso(sa). - 2. [blow, voice, drug] potente. - 3. [speech, film] conmovedor(ra).

powerfully ['paʊəfʊlɪ] adv poderosamente; **he's ~ built** es muy fornido.

powerhouse ['paʊəhaʊs, pl -haʊzɪz] n fig fuente f generadora.

powerless ['paʊəlɪs] adj - 1. [helpless] impotente. - 2. [unable]: **to be ~ to do sthg** no poder hacer algo.

powerlessness ['paʊəlɪsnɪs] n impotencia f.

power line n cable m del tendido eléctrico.

power of attorney n poder m, procuración f.

power pack n alimentador m OR transformador m de corriente.

power plant n central f eléctrica.

power point n Br toma f (de corriente).

power politics n (U) política f de fuerza.

power-sharing n repartición f de poder.

power shovel n pala f mecánica, excavadora f.

power station n central f eléctrica.

power steering n dirección f asistida.

power supply n suministro m de energía.

power tool n herramienta f eléctrica.

power unit n grupo m electrógeno.

power worker n trabajador m, -ra f de una central eléctrica.

powwow ['paʊwaʊ] ◇ n - 1. [of American Indians] asamblea f. - 2. hum [meeting] conferencia f. ◇ vi hum conferenciar.

pox [pɒks] n [smallpox] viruela f.

poxy ['pɒksɪ] (compar **poxier**, superl **poxiest**) adj - 1. MED sifilítico(ca). - 2. Br inf [lousy] asqueroso(sa).

pp (written abbr of **per procurationem**) p.p.

p & p abbr of **postage and packing**.

PPE n written abbr of **philosophy, politics and economics**.

ppm (abbr of **parts per million**) npl p.p.m.

PPS n - 1. written abbr of **parliamentary private secretary**. - 2. (abbr of **post postscriptum**) PPD.

ppsi *written abbr of* **pounds per square inch**.

PQ *written abbr of* **Province of Quebec**.

Pr. (*written abbr of* **Prince**) P.

PR ◇ *n* - **1.** *abbr of* **proportional representation**. - **2.** *abbr of* **public relations**. ◇ *written abbr of* **Puerto Rico**.

practicability [ˌpræktɪkəˈbɪlətɪ] *n* viabilidad *f*.

practicable [ˈpræktɪkəbl] *adj* viable, factible.

practical [ˈpræktɪkl] ◇ *adj* - **1.** [gen] práctico(ca); **for all ~ purposes** prácticamente, a fin de cuentas. - **2.** [skilled with hands] hábil, mañoso(sa). ◇ *n* práctica *f*.

practicality [ˌpræktɪˈkælətɪ] *n* viabilidad *f*.

◆ **practicalities** *npl* aspectos *mpl* prácticos.

practical joke *n* broma *f* pesada.

practical joker *n* bromista *mf*.

practically [ˈpræktɪklɪ] *adv* - **1.** [in a practical way] de manera práctica. - **2.** [almost] prácticamente, casi.

practical nurse *n* enfermero *m*, -ra *f* sin título (*pero autorizado para ejercer*).

practice, practise *Am* [ˈpræktɪs] *n* - **1.** [training, training session] práctica *f*; SPORT entrenamiento *m*; MUS ensayo *m*; **I'm out of ~** me falta práctica ❑ **~ makes perfect** *proverb* la práctica hace al maestro. - **2.** [reality]: **to put sthg into ~** llevar algo a la práctica; **in ~** [in fact] en la práctica. - **3.** [habit, regular activity] costumbre *f*; **to make a ~ of sthg** hacer algo por norma, hacer de algo un hábito; **to make a ~ of doing sthg** tener OR tomar por costumbre hacer algo. - **4.** [of profession] ejercicio *m*. - **5.** [business - of doctor] consulta *f*; [- of lawyer] bufete *m*, despacho *m*.

practiced *n Am* = **practised**.

practicing *adj Am* = **practising**.

practise, practice *Am* [ˈpræktɪs] ◇ *vt* - **1.** SPORT entrenar; MUS & THEATRE ensayar. - **2.** [religion, fairness, safe sex] practicar; **to ~ what one preaches** *fig* predicar con el ejemplo. - **3.** [medicine, law] ejercer. ◇ *vi* - **1.** [train - gen] practicar. - SPORT entrenarse. - **2.** [as doctor] practicar; [as lawyer] ejercer.

practised, practiced *Am* [ˈpræktɪst] *adj* experto(ta); **to be ~ at doing sthg** ser un experto en hacer algo.

practising, practicing *Am* [ˈpræktɪsɪŋ] *adj* - **1.** [Catholic, Jew etc] practicante. - **2.** [doctor, lawyer] en ejercicio. - **3.** [homosexual] activo(va).

practitioner [prækˈtɪʃnəʳ] *n* profesional *mf*; **medical ~** médico *m*, -ca *f*.

praetorian [prɪˈtɔːrɪən] *adj* pretoriano(na).

pragmatic [prægˈmætɪk] *adj* pragmático(ca).

◆ **pragmatics** *n* (U) LING pragmática *f*.

pragmatism [ˈprægmətɪzm] *n* pragmatismo *m*.

pragmatist [ˈprægmətɪst] *n* pragmatista *mf*.

Prague [prɑːg] *n* Praga.

prairie [ˈpreərɪ] *n* pradera *f*, prado *m*.

prairie dog *n* perro *m* OR marmota *f* de las praderas.

prairie schooner *n Am* carromato de los pioneros americanos.

praise [preɪz] ◇ *n* (U) elogio *m*, alabanza *f*; **to sing sb's ~s** *fig* cantar alabanzas de alguien. ◇ *vt* elogiar, alabar.

praiser [ˈpreɪzəʳ] *n* alabador *m*, -ra *f*.

praiseworthy [ˈpreɪzˌwɜːðɪ] *adj* digno(na) de elogio, encomiable.

praline [ˈprɑːliːn] *n* praliné *m*.

pram [præm] *n* cochecito *m* de niño.

PRAM [præm] (*abbr of* **programmable random access memory**) *n* RAM *f* programable.

prance [prɑːns] *vi* - **1.** [person] ir dando brincos. - **2.** [horse] hacer cabriolas.

prang [præŋ] *Br inf dated* ◇ *n* leñazo *m*, galleta *f*. ◇ *vt* estrellar.

prank [præŋk] *n* diablura *f*, travesura *f*; **to play a ~ on sb** gastarle una broma pesada a alguien.

prankish [ˈpræŋkɪʃ] *adj* bromista, pícaro(ra).

prankster [ˈpræŋkstəʳ] *n* bromista *mf*.

praseodymium [ˌpreɪzɪəʊˈdɪmɪəm] *n* praseodimio *m*.

prat [præt] *n Br inf* gilipuertas *mfinv*.

prate [preɪt] *vi dated & pej* parlotear.

pratfall [ˈprætfɔːl] *n Am inf* caída *f* de culo.

prattle [ˈprætl] *pej* ◇ *n* cháchara *f*. ◇ *vi* estar de cháchara; **to ~ on about sthg** rajar sobre algo.

prawn [prɔːn] *n* gamba *f*.

prawn cocktail *n* cóctel *m* de gambas.

prawn cracker *n* pan *m* de gambas.

praxis [ˈpræksɪs] (*pl* **praxes** [-siːz]) *n* praxis *f*, práctica *f*.

pray [preɪ] *vi* rezar, orar; **to ~ to sb** rogar a alguien; **to ~ for sthg/for sthg to happen** *lit & fig* rogar algo/que pase algo.

prayer [preəʳ] *n* - **1.** RELIG oración *f*; **to say one's ~s** decir uno sus oraciones. - **2.** *fig* [strong hope] ruego *m*, súplica *f*.

◆ **prayers** *npl* [service] oraciones *fpl*.

prayer beads *npl* rosario *m*.

prayer book *n* misal *m*, devocionario *m*.

prayerful [ˈpreəfʊl] *adj* devoto(ta).

prayer mat *n* alfombra *f* OR tapiz *m* de rezar.

prayer meeting *n* reunión de fieles para rezar.

prayer wheel *n* rodillo *m* de oraciones (*utilizado por los budistas del Tíbet para rezar*).

praying mantis [ˈpreɪɪŋ-] *n* mantis *f inv* religiosa.

pre- [priː] *prefix* pre-.

preach [priːtʃ] ◇ *vt* [gen] predicar; [sermon] dar. ◇ *vi* - **1.** RELIG: **to ~ (to)** predicar (a) ❑ **to ~ to the converted** *fig* intentar convencer a alguien de algo de lo que ya está convencido. - **2.** *pej* [pontificate]: **to ~ (at)** sermonear (a).

preacher [ˈpriːtʃəʳ] *n* predicador *m*, -ra *f*.

preaching [ˈpriːtʃɪŋ] *n* (U) [sermon] predicación *f*; *pej* [moralizing] sermoneo *m*.

preachy [ˈpriːtʃɪ] (*compar* **preachier**, *superl* **preachiest**) *adj pej* sermoneador(ra).

preadolescence [priːædəˈlesəns] *n* preadolescencia *f*.

preamble [priːˈæmbl] *n* preámbulo *m*.

preamplifier [priːˈæmplɪfaɪəʳ] *n* preamplificador *m*.

prearrange [ˌpriːəˈreɪndʒ] *vt* organizar de antemano; **~d signal** señal *f* convenida.

preassigned [ˌpriːəˈsaɪnd] *adj* asignado(da) de antemano.

prebend [ˈprebənd] *n* prebenda *f*.

Precambrian [ˌpriːˈkæmbrɪən] ◇ *adj* precámbrico(ca), precambriano(na). ◇ *n*: **the ~** la era precámbrica.

precarious [prɪˈkeərɪəs] *adj* precario(ria).

precariously [prɪˈkeərɪəslɪ] *adv* precariamente.

precariousness [prɪˈkeərɪəsnɪs] *n* precariedad *f*.

precast [ˌpriːˈkɑːst] *adj*: **~ concrete** hormigón *m* en bloques.

precaution [prɪˈkɔːʃn] *n* precaución *f*; **as a ~ (against)** como precaución (contra); **to take ~s** tomar precauciones.

precautionary [prɪˈkɔːʃənərɪ] *adj* preventivo(va).

precautious [prɪˈkɔːʃəs] *adj* cauteloso(sa), precavido(da).

precede [prɪˈsiːd] *vt* preceder.

precedence [ˈpresɪdəns] *n*: **to take ~ over** tener prioridad sobre.

precedent [ˈpresɪdənt] *n* precedente *m*; **to set a ~** sentar precedente.

preceding [prɪˈsiːdɪŋ] *adj* anterior, precedente.

precentor [prɪˈsentəʳ] *n* chantre *m*.

precept [ˈpriːsept] *n* precepto *m*.

preceptor [prɪˈseptəʳ] *n* preceptor *m*.

precession [prɪˈseʃn] *n* - **1.** [precedence] precedencia *f*. - **2.** ASTRON precesión *f*.

precinct [ˈpriːsɪŋkt] *n* - **1.** *Br* [shopping area] zona *f* comercial. - **2.** *Am* [district] distrito *m*.

◆ **precincts** *npl* recinto *m*.

preciosity [ˌpresɪ'bsətɪ] *n* preciosismo *m*.
precious ['preʃəs] *adj* **- 1.** [gen] precioso(sa); ~ **little** muy poco. **- 2.** [memories, possessions] preciado(da). **- 3.** *pej* [affected] afectado(da).
precious metal *n* metal *m* precioso.
precious stone *n* piedra *f* preciosa.
precipice ['presɪpɪs] *n lit & fig* precipicio *m*.
precipitance [prɪ'sɪpɪtəns], **precipitancy** [prɪ'sɪpɪtənsɪ] *n fml* precipitación *f*.
precipitant [prɪ'sɪpɪtənt] ◇ *adj* precipitado(da), atropellado(da). ◇ *n* precipitante *m*.
precipitate [*vb & n* prɪ'sɪpɪteɪt, *adj* prɪ'sɪpɪtət] ◇ *adj fml* precipitado(da). ◇ *n* precipitado *m*. ◇ *vt* precipitar.
precipitately [prɪ'sɪpɪtətlɪ] *adv* precipitadamente.
precipitation [prɪˌsɪpɪ'teɪʃn] *n* precipitación *f*.
precipitous [prɪ'sɪpɪtəs] *adj* **- 1.** [very steep] escarpado(da). **- 2.** [hasty] precipitado(da).
precipitously [prɪ'sɪpɪtəslɪ] *adv* **- 1.** [steeply] en picado, abruptamente. **- 2.** [hastily] precipitadamente.
précis [*Br* 'preɪsɪː, *Am* 'preɪsɪ] ◇ *n* resumen *m*. ◇ *vt* resumir.
precise [prɪ'saɪs] *adj* preciso(sa), exacto(ta); **to be** ~ para ser precisos.
precisely [prɪ'saɪslɪ] *adv* **- 1.** [with accuracy] exactamente. **- 2.** [exactly, literally] precisamente; **at 4 o'clock** ~ a las cuatro en punto. **- 3.** [as confirmation]: ~! ¡eso es!, ¡exactamente!
preciseness [prɪ'saɪsnɪs] *n* precisión *f*.
precision [prɪ'sɪʒn] ◇ *n* precisión *f*. ◇ *comp* de precisión.
preclude [prɪ'kluːd] *vt fml* [possibility] excluir; **to** ~ **sthg/sb from doing sthg** impedir que algo/alguien haga algo.
precocious [prɪ'kəʊʃəs] *adj* precoz.
precocity [prɪ'kɒsətɪ] *n* precocidad *f*.
precognition [ˌpriːkɒg'nɪʃn] *n* precognición *f*.
pre-colonial *adj* precolonial.
pre-Columbian [ˌpriːkə'lʌmbɪən] *adj* precolombino(na).
preconceive [ˌpriːkən'siːv] *vt* preconcebir.
preconceived [ˌpriːkən'siːvd] *adj* preconcebido(da).
preconception [ˌpriːkən'sepʃn] *n* idea *f* preconcebida.
precondition [ˌpriːkən'dɪʃn] *n*: ~ **(for)** requisito *m* previo (para).
precooked [ˌpriː'kʊkt] *adj* precocinado(da).
precool [priː'kuːl] *vt* enfriar previamente.
precursor [ˌpriː'kɜːsəʳ] *n fml* precursor *m*, -ra *f*; **to be a** ~ **of** OR **to sthg** ser el precursor de algo.
precursory [ˌpriː'kɜːsərɪ] *adj* **- 1.** [preliminary] preliminar. **- 2.** [anticipatory] precursor(ra).
predacious, predaceous [prɪ'deɪʃəs] *adj* predatorio(ria), de rapiña.
predate [priː'deɪt] *vt* preceder.
predator ['predətəʳ] *n* depredador *m*, -ra *f*; *fig* buitre *m*.
predatory ['predətrɪ] *adj* depredador(ra); *fig* rapaz, rapiñero(ra).
predecease [ˌpriːdɪ'siːs] *vt fml* morir antes que.
predecessor ['priːdɪsesəʳ] *n* antecesor *m*, -ra *f*.
predestinate [priː'destɪneɪt] *vt* = **predestine**.
predestination [priːˌdestɪ'neɪʃn] *n* predestinación *f*.
predestine [ˌpriː'destɪn] *vt*: **to be** ~**d to sthg/to do sthg** estar predestinado(da) a algo/a hacer algo.
predetermination ['priːdɪˌtɜːmɪ'neɪʃn] *n* predeterminación *f*.
predetermine [ˌpriːdɪ'tɜːmɪn] *vt* predeterminar.
predetermined [ˌpriːdɪ'tɜːmɪnd] *adj* predeterminado(da).
predicable ['predɪkəbl] *adj* predicable.
predicament [prɪ'dɪkəmənt] *n* apuro *m*, aprieto *m*.
predicate [*vb* 'predɪkeɪt, *n & adj* 'predɪkət] ◇ *n* **- 1.** *fml* [state] aseverar, afirmar. **- 2.** [base]: **to be** ~**d on** estar basado(da) en. ◇ *n* predicado *m*. ◇ *adj* predicativo(va).
predication [ˌpredɪ'keɪʃn] *n* **- 1.** *fml* [assertion] aseveración *f*, afirmación *f*. **- 2.** [in logic] predicación *f*.

predicative [prɪ'dɪkətɪv] *adj* predicativo(va).
predict [prɪ'dɪkt] *vt* predecir, pronosticar.
predictability [prɪˌdɪktə'bɪlətɪ] *n* carácter *m* previsible.
predictable [prɪ'dɪktəbl] *adj* **- 1.** [result etc] previsible. **- 2.** [film, book, person] poco original.
predictably [prɪ'dɪktəblɪ] *adv* como era de esperar.
prediction [prɪ'dɪkʃn] *n* predicción *f*, pronóstico *m*.
predictive [prɪ'dɪktɪv] *adj* profético(ca).
predictor [prɪ'dɪktəʳ] *n* indicador *m*.
predigested [ˌpriːdaɪ'dʒestɪd] *adj* [food] predigerido(da); *fig* [information] simplificado(da).
predilection [ˌpriːdɪ'lekʃn] *n*: ~ **(for)** predilección *f* (por).
predispose [ˌpriːdɪs'pəʊz] *vt*: **to be** ~**d to sthg/to do sthg** [by nature] estar predispuesto(ta) a algo/a hacer algo.
predisposition ['priːˌdɪspə'zɪʃn] *n*: ~ **to sthg** towards sthg predisposición *f* hacia OR propensión *f* a algo; ~ **to do sthg** tendencia *f* a hacer algo.
predominance [prɪ'dɒmɪnəns] *n* predominio *m*.
predominant [prɪ'dɒmɪnənt] *adj* predominante.
predominantly [prɪ'dɒmɪnəntlɪ] *adv* fundamentalmente.
predominate [prɪ'dɒmɪneɪt] *vi* predominar.
preeminence [prɪ'emɪnəns] *n* preeminencia *f*.
preeminent [prɪ'emɪnənt] *adj* preeminente.
preeminently [ˌpriː'emɪnəntlɪ] *adv* preeminentemente, preponderantemente.
preempt [prɪ'empt] *vt* **- 1.** [make ineffective] adelantarse a. **- 2.** [acquire] apropiarse de.
preemption [prɪ'empʃn] *n* JUR **- 1.** [right] derecho *m* preferente de compra. **- 2.** [purchase] adquisición *f* por derecho preferente de compra.
preemptive [prɪ'emptɪv] *adj* preventivo(va).
preemptive strike *n* ataque *m* preventivo.
preen [priːn] *vt* **- 1.** [subj: bird] arreglar (con el pico). **- 2.** *fig* [subj: person]: **to** ~ **o.s.** acicalarse.
preestablish [ˌpriːəs'tæblɪʃ] *vt* preestablecer.
preexist [ˌpriːɪg'zɪst] *vi* existir antes.
preexistence [ˌpriːɪg'zɪstəns] *n* preexistencia *f*.
prefab ['priːfæb] *n inf* casa *f* prefabricada.
prefabricate [ˌpriː'fæbrɪkeɪt] *vt* prefabricar; ~**d houses** casas *fpl* prefabricadas.
preface ['prefɪs] ◇ *n*: ~ **(to)** prólogo *m* OR prefacio *m* (a). ◇ *vt*: **to** ~ **sthg with sthg/by doing sthg** introducir algo con algo/haciendo algo.
prefaded [priː'feɪdɪd] *adj* [fabric] lavado(da), desteñido(da).
prefatory ['prefətrɪ] *adj* introductorio(ria).
prefect ['priːfekt] *n* **- 1.** *Br* [pupil] delegado *m*, -da *f* de curso. **- 2.** POL prefecto *m*.
prefer [prɪ'fɜːʳ] (*pt & pp* **preferred**, *cont* **preferring**) *vt* **- 1.** [like better]: **to** ~ **sthg (to)** preferir algo (a); **to** ~ **to do sthg** preferir hacer algo. **- 2.** JUR: **to** ~ **charges** presentar OR formular cargos.
preferability [ˌprefrə'bɪlətɪ] *n* carácter *m* preferible OR preferente.
preferable ['prefrəbl] *adj*: **to be** ~ **(to)** ser preferible (a).
preferably ['prefrəblɪ] *adv* preferentemente.
preference ['prefərəns] *n*: ~ **(for)** preferencia *f* (por); **to give sb** ~, **to give** ~ **to sb** dar preferencia a alguien.
preference shares *Br npl*, **preferred stock** *Am* [prɪ'fɜːrd-] *n (U)* acciones *fpl* preferentes.
preferential [ˌprefə'renʃl] *adj* preferente.
preferment [prɪ'fɜːmənt] *n fml* ascenso *m*.
preferred [prɪ'fɜːd] *adj* preferido(da).
preferred stock *n Am* = **preference shares**.
prefiguration [priːˌfɪgə'reɪʃn] *n* prefiguración *f*.
prefigure [priː'fɪgəʳ] *vt* anunciar, prefigurar.
prefix ['priːfɪks] *n* prefijo *m*.
preflight ['priːflaɪt] *adj* previo(via) al vuelo; ~ **checks** comprobaciones *fpl* previas al vuelo.

preggers ['pregəz] *adj inf*: **she's** ~ está preñada.
pregnancy ['pregnənsı] (*pl* **pregnancies**) *n* embarazo *m*.
pregnancy test *n* prueba *f* del embarazo.
pregnant ['pregnənt] *adj* - **1.** [carrying unborn baby - woman] embarazada; [- female animal] preñada. - **2.** *fig* [significant] significativo(va); ~ **with** cargado(da) de.
preheat [ˌpriːˈhiːt] *vt* precalentar.
preheated [ˌpriːˈhiːtɪd] *adj* precalentado(da).
prehensile [prɪˈhensaɪl] *adj* prensil.
prehistoric [ˌpriːhɪˈstɒrɪk] *adj* prehistórico(ca).
prehistory [ˌpriːˈhɪstərɪ] *n* prehistoria *f*.
preignition [ˌpriːɪgˈnɪʃn] *n* preencendido *m*.
pre-industrial *adj* preindustrial.
prejudge [ˌpriːˈdʒʌdʒ] *vt* prejuzgar, juzgar de antemano.
prejudice ['predʒʊdɪs] ◇ *n* - **1.** [bias]: ~ **(against)** prejuicio *m* (contra); ~ **in favour of** predisposición *f* a favor de. - **2.** [detriment] perjuicio *m*, menoscabo *m*. ◇ *vt* - **1.** [bias]: **to** ~ **sb (in favour of/against)** predisponer a alguien (a favor de/en contra de). - **2.** [harm] perjudicar.
prejudiced ['predʒʊdɪst] *adj* parcial; **to be** ~ **in favour of/against** estar predispuesto(ta) a favor de/en contra de.
prejudicial [ˌpredʒʊˈdɪʃl] *adj*: ~ **(to)** perjudicial (para).
prelacy ['preləsı] (*pl* **prelacies**) *n* prelacía *f*.
prelate ['prelɪt] *n* prelado *m*.
preliminary [prɪˈlɪmɪnərɪ] (*pl* **preliminaries**) *adj* preliminar; ~ **investigation** JUR instrucción *f*.
◆ **preliminaries** *npl* preliminares *mpl*.
prelims ['priːlɪmz] *npl* Br [exams] exámenes *mpl* preliminares.
preliterate [ˌpriːˈlɪtərɪt] *adj* sin lenguaje escrito.
prelude ['preljuːd] ◇ *n* - **1.** [event]: ~ **(to)** preludio *m* (a). - **2.** MUS preludio *m*. ◇ *vt* preludiar.
premarital [ˌpriːˈmærɪtl] *adj* prematrimonial.
premature ['preməˌtjʊəʳ] *adj* prematuro(ra).
prematurely ['preməˌtjʊəlɪ] *adv* antes de tiempo.
premed ['priːmed] *inf* ◇ *adj* preparatorio(ria) para el ingreso en la Facultad de Medicina. ◇ *n* [student] estudiante *mf* que se prepara para el ingreso en la Facultad de Medicina.
premedical [ˌpriːˈmedɪkl] *adj* preparatorio(ria) para el ingreso en la Facultad de Medicina.
premedication [ˌpriːmedɪˈkeɪʃn] *n* medicación *f* previa a la anestesia.
premeditate [ˌpriːˈmedɪteɪt] *vt* premeditar.
premeditated [ˌpriːˈmedɪteɪtɪd] *adj* premeditado(da).
premeditation [ˌpriːmedɪˈteɪʃn] *n* premeditación *f*.
premenstrual syndrome, premenstrual tension [priːˈmenstrʊəl-] *n* síndrome *m* premenstrual.
premier ['premjəʳ] ◇ *adj* primero(ra). ◇ *n* primer ministro *m*, primera ministra *f*.

premiere ['premɪeəʳ] ◇ *n* estreno *m*. ◇ *vt* estrenar.
Premier League *n* Br FTBL en Inglaterra, máxima división futbolística administrativamente independiente de las demás.
premiership ['premjəʃɪp] *n* presidencia *f* del Gobierno.
premise ['premɪs] ◇ *n* premisa *f*; **on the** ~ **that** con la idea de que. ◇ *vt fml* sentar como premisa.
◆ **premises** *npl* - **1.** [place] local *m*; **on the** ~**s** en el local. - **2.** JUR artículos *mpl* preliminares.
premium ['priːmjəm] ◇ *n* prima *f*; **at a** ~ [above usual value] por encima de su valor; [in great demand] muy solicitado (muy solicitada); **to put** OR **place a high** ~ **on sthg** dar gran importancia a algo. ◇ *adj* [beef, ice cream] de primera calidad; [rate, rent] elevado(da).
premium bond *n* Br boleto numerado emitido por el Estado que autoriza a participar en sorteos mensuales de dinero hasta su amortización.
premolar [ˌpriːˈməʊləʳ] ◇ *adj* premolar. ◇ *n* premolar *m*.
premonition [ˌpreməˈnɪʃn] *n* premonición *f*.
prenatal [ˌpriːˈneɪtl] *adj Am* prenatal.
preoccupation [priːˌɒkjʊˈpeɪʃn] *n*: ~ **(with)** preocupación *f* (por).
preoccupied [priːˈɒkjʊpaɪd] *adj*: ~ **(with)** preocupado(da) (por).
preoccupy [priːˈɒkjʊpaɪ] (*pt & pp* **preoccupied**) *vt* preocupar.
preop ['priːɒp] (*abbr of* **preoperative**) *inf* ◇ *adj* preoperatorio(ria). ◇ *n* examen *m* preoperatorio.
preordain [ˌpriːɔːˈdeɪn] *vt* predeterminar; **to be** ~**ed to do sthg** estar predestinado(da) a hacer algo.
prep [prep] *inf* ◇ *n (U) Br* tarea *f*, deberes *mpl*; **to do one's** ~ hacer los deberes. ◇ *vi Am* estudiar en un colegio privado.
prepack [ˌpriːˈpæk], **prepackage** [ˌpriːˈpækɪdʒ] *vt* empaquetar; **the fruit is all** ~**ed** la fruta viene toda empaquetada.
prepacked [ˌpriːˈpækt] *adj* empaquetado(da).
prepaid [*pt & pp* priːˈpeɪd, *adj* ˈpriːpeɪd] ◇ *pt & pp* → **prepay**. ◇ *adj* [post paid] pagado(da) por adelantado.
preparation [ˌprepəˈreɪʃn] *n* - **1.** [act of preparing] preparación *f*; **in** ~ **for** en preparación para. - **2.** [prepared mixture] preparado *m*.
◆ **preparations** *npl* preparativos *mpl*; **to make** ~**s for** hacer los preparativos para.
preparative [prɪˈpærətɪv] *adj* preparativo(va), preparatorio(ria).
preparatory [prɪˈpærətrɪ] *adj* preparatorio(ria), preliminar; ~ **to** *fml* con anterioridad a.
preparatory school *n* [in UK] colegio privado para niños de 7 a 12 años; [in US] colegio privado que prepara a sus alumnos para estudios superiores.

USAGE ▶ Preferences

For things

De todos los sombreros que he visto, éste es el que más me ha gustado.
Entre el cine y la televisión, me quedo con el cine.
Para mí no hay ninguna duda: prefiero el verde.
¡Dónde va a parar! Éste es muchísimo mejor. [*informal*]
Siempre he preferido quedarme en casa a estar dando vueltas por ahí sin saber dónde ir.
Donde esté un buen helado, que se quite todo lo demás. [*informal*]

▶ *less strong:*

El cine me gusta, pero prefiero una buena obra de teatro.
Me gusta más salir los días de diario. Los fines de semana hay demasiada gente.

Si tengo que escoger, me quedo con el rojo.
No sé por cuál decidirme. Tal vez el rojo me sienta mejor, ¿no?

For people

No hay duda de que Enrique vale mucho más que Antonio.
Me caen bien todos, pero especialmente Ricardo. Es el más simpático.
Siempre es preferible una persona discreta, ¿no crees?

▶ *less strong:*

A mí me resulta más atractiva María que Beatriz, aunque las dos son muy guapas.
Si tengo que decidirme por alguno, puede que Pedro sea más de mi agrado.

prepare [prɪ'peəʳ] ◇ *vt* preparar; **to ~ o.s.** prepararse. ◇ *vi*: **to ~ for sthg/to do sthg** prepararse para algo/para hacer algo.

prepared [prɪ'peəd] *adj* - **1.** [gen] preparado(da); **to be ~ for sthg** estar preparado para algo. - **2.** [willing]: **to be ~ to do sthg** estar dispuesto(ta) a hacer algo.

preparedness [prɪ'peədnɪs] *n* preparación *f*.

prepay [,pri:'peɪ] (*pt & pp* **prepaid** [-'peɪd]) *vt* pagar por adelantado OR anticipado.

prepayment [,pri:'peɪmənt] *n* pago *m* adelantado OR anticipado.

preponderance [prɪ'pɒndərəns] *n* predominio *m*.

preponderant [prɪ'pɒndərənt] *adj* predominante, preponderante.

preponderantly [prɪ'pɒndərəntlɪ] *adv* mayoritariamente.

preponderate [prɪ'pɒndəreɪt] *vi* preponderar, predominar; **to ~ over sthg** prevalecer sobre algo.

preposition [,prepə'zɪʃn] *n* preposición *f*.

prepositional [,prepə'zɪʃnl] *adj* preposicional; **~ phrase** locución *f* preposicional.

prepositionally [,prepə'zɪʃnlɪ] *adv* preposicionalmente.

prepossess [,pri:pə'zes] *vt* - **1.** [preoccupy] obsesionar, preocupar. - **2.** [influence] predisponer. - **3.** [make favourable impression] impresionar (favorablemente).

prepossessing [,pri:pə'zesɪŋ] *adj* atractivo(va), agradable.

preposterous [prɪ'pɒstərəs] *adj* absurdo(da).

preposterously [prɪ'pɒstərəslɪ] *adv* absurdamente.

preppy ['prepɪ] (*pl* **preppies**) *Am inf* ◇ *adj* pijo(ja). ◇ *n* pijo *m*, -ja *f*, niño *m*, -ña *f* bien.

preprandial [,pri:'prændɪəl] *adj literary & hum* [drink] aperitivo(va).

preprogrammed [,pri:'prəʊgræmd] *adj* preprogramado(da).

prep school *n inf abbr of* **preparatory school**.

prepubescence [,pri:pju:'besəns] *n* prepubescencia *f*.

prepubescent [,pri:pju:'besənt] *adj* anterior a la pubertad.

prepuce ['pri:pju:s] *n* prepucio *m*.

Pre-Raphaelite [,pri:'ræfəlaɪt] ◇ *adj* prerrafaelista. ◇ *n* prerrafaelista *mf*.

prerecord [,pri:rɪ'kɔːd] *vt* pregrabar.

prerecorded [,pri:rɪ'kɔːdɪd] *adj* pregrabado(da).

prerelease [,pri:rɪ'li:s] ◇ *n* [of film] preestreno *m*; [of record] promoción *f*. ◇ *vt* [film] preestrenar; [record] promocionar.

prerequisite [,pri:'rekwɪzɪt] ◇ *n*: **~ (for)** requisito *m* (para). ◇ *adj* previo(via), requerido(da) de antemano.

prerogative [prɪ'rɒgətɪv] *n* prerrogativa *f*.

presage ['presɪdʒ] *fml* ◇ *vt* presagiar. ◇ *n* presagio.

presbyter ['prezbɪtəʳ] *n* presbítero *m*.

Presbyterian [,prezbɪ'tɪərɪən] ◇ *adj* presbiteriano(na). ◇ *n* presbiteriano *m*, -na *f*.

presbytery ['prezbɪtrɪ] (*pl* **presbyteries**) *n* [residence, part of church] presbiterio *m*.

preschool [,pri:'sku:l] ◇ *adj* preescolar. ◇ *n Am* parvulario *m*, escuela *f* de párvulos.

prescience ['presɪəns] *n fml* presciencia *f*.

prescient ['presɪənt] *adj fml* presciente.

prescribe [prɪ'skraɪb] *vt* - **1.** MED recetar. - **2.** [order] ordenar, mandar. - **3.** JUR prescribir.

prescript ['pri:skrɪpt] *n* norma *f*, regla *f*.

prescription [prɪ'skrɪpʃn] *n* receta *f*; **on ~** con receta médica.

prescription charge *n Br precio fijo por el coste de los medicamentos recetados por médicos de la Seguridad Social*.

prescription drug *n* medicamento *m* sólo expendido con receta médica.

prescriptive [prɪ'skrɪptɪv] *adj* [gen] preceptivo(va); [grammar] normativo(va).

presence ['prezns] *n* presencia *f*; **to be in sb's ~** OR **in the ~ of sb** estar en presencia de alguien; **to have ~** tener presencia.

presence of mind *n* presencia *f* de ánimo, aplomo *m*.

present [*n & adj* 'preznt, *vb* prɪ'zent] ◇ *adj* - **1.** [current] actual; **at the ~ time** actualmente. - **2.** [in attendance] presente; **to be ~ at sthg** [attend] asistir OR acudir a algo, estar presente en algo; [witness] presenciar algo; **those ~** los presentes. ◇ *n* - **1.** [current time]: **the ~** el presente; **up to the ~** hasta el momento, hasta ahora ❏ **at ~** actualmente, en la actualidad; **for the ~** de momento, por ahora. - **2.** LING: **~ (tense)** (tiempo *m*) presente *m*. - **3.** [gift] regalo *m*; **to make sb a ~ of sthg** regalarle algo a alguien. ◇ *vt* - **1.** [gen] presentar; **to ~ sb with sthg, to ~ sthg to sb** [challenge, opportunity] representar algo para alguien; **to ~ o.s.** [arrive] presentarse. - **2.** *fml* [introduce] presentar; **to ~ sb to sb** presentar a alguien a alguien. - **3.** [give]: **to ~ sb with sthg, to ~ sthg to sb** [as present] obsequiar algo a alguien; [at ceremony] entregar algo a alguien. - **4.** [play etc] representar. - **5.** MIL.: **~ arms!** ¡presenten armas!

◆ **presents** ['preznts] *npl* JUR: **by these ~** por la presente.

presentable [prɪ'zentəbl] *adj* presentable; **to make o.s. ~** arreglarse.

presentation [,prezn'teɪʃn] *n* - **1.** [gen] presentación *f*. - **2.** [ceremony] entrega *f*. - **3.** [performance] representación *f*.

presentation ceremony *n* ceremonia *f* de entrega.

presentation copy *n* ejemplar *m* gratuito.

present day ['preznt-] *n*: **the ~** el presente.

◆ **present-day** *adj* actual, de hoy en día.

presenter [prɪ'zentəʳ] *n Br* presentador *m*, -ra *f*.

presentiment [prɪ'zentɪmənt] *n fml* presentimiento *m*.

presently ['prezntlɪ] *adv* - **1.** [soon] dentro de poco. - **2.** [now] actualmente, ahora.

present participle [,preznt-] *n* participio *m* presente.

present perfect [,preznt-] *n* pretérito *m* perfecto.

present tense [,preznt-] *n* (tiempo *m*) presente *m*.

preservable [prɪ'zɜːvəbl] *adj* conservable.

preservation [,prezə'veɪʃn] *n* preservación *f*, conservación *f*.

preservationist [,prezə'veɪʃənɪst] *n persona dedicada a la conservación de monumentos históricos*.

preservation order *n esp Br* orden *f* de protección.

preservative [prɪ'zɜːvətɪv] *n* conservante *m*.

preserve [prɪ'zɜːv] ◇ *vt* conservar. ◇ *n* - **1.** [jam] mermelada *f*. - **2.** [in hunting] coto *m* de caza. - **3.** *fig* [province, privilege] terreno *m*.

◆ **preserves** *npl* [jam] mermelada *f*; [vegetables] conserva *f*.

preserved [prɪ'zɜːvd] *adj* conservado(da).

preserver [prɪ'zɜːvəʳ] *n* preservador *m*, -ra *f*.

preset [,pri:'set] (*pt & pp* **preset**, *cont* **presetting**) *vt* programar.

preshrunk [,pri:'ʃrʌŋk] *adj* lavado(da) de antemano.

preside [prɪ'zaɪd] *vi*: **to ~ (over** OR **at sthg)** presidir (algo).

presidency ['prezɪdənsɪ] (*pl* **presidencies**) *n* presidencia *f*.

president ['prezɪdənt] *n* presidente *m*, -ta *f*.

President-elect *n* el presidente electo (la presidenta electa).

presidential [,prezɪ'denʃl] *adj* presidencial.

presidia [prɪ'sɪdɪə] *pl* → **presidium**.

presiding officer [prɪ'zaɪdɪŋ-] *n Br* presidente *m*, -ta *f* de mesa (electoral).

presidium [prɪ'sɪdɪəm] (*pl* **presidiums** OR **presidia** [-dɪə]) *n* presidium *m*.

press [pres] ◇ *n* - **1.** [push]: **to give sthg a ~** apretar algo; **at the ~ of a button** apretando un botón, con apretar un botón. - **2.** [newspapers, reporters]: **the ~** la prensa ❏ **to get a good/bad ~** tener buena/mala prensa. - **3.** [machine, device] prensa *f*; [printing press] prensa *f*, imprenta *f*; [for tennis racket] tensor *m*; **to go to ~** pasar a la imprenta, entrar en prensa ❏ **hot off the ~** de última hora. - **4.** [crowd]

multitud f, muchedumbre f. ◇ vt - **1.** [gen] apretar; **he ~ed the lid shut** cerró apretando la tapa; **I ~ed myself against the wall** me eché contra OR me arrimé a la pared; **she ~ed a ~ite into my hand** me puso un billete en la mano apretándola; **to ~ sthg against sthg** apretar algo contra algo. - **2.** [grapes, flowers] prensar. - **3.** [iron] planchar. - **4.** [urge]: **to ~ sb (to do sthg** OR **into doing sthg)** presionar a alguien (para que haga algo); **to ~ sb for sthg** presionar a alguien en busca de algo. - **5.** [force]: **to ~ sthg on** OR **upon sb** obligar a alguien a aceptar algo; **I was ~ed into signing the contract** me obligaron a firmar el contrato; **to ~ one's attentions on sb** colmar de atenciones a alguien en exceso. - **6.** [plead, put forward] insistir en; **to ~ charges against sb** JUR demandar a alguien; **to ~ (home) an advantage** aprovechar la ventaja. - **7.** [manufacture in mould] prensar; [record] imprimir. - **8.** [enlist by force] levar, reclutar por la fuerza. ◇ vi - **1.** [gen]: **to ~ (on sthg)** apretar (algo); **her problems ~ed on her mind** la agobiaban los problemas. - **2.** [crowd]: **they ~ed into the room** se apiñaron en el cuarto; **to ~ forward** empujar hacia adelante.

◆ **press for** vt fus exigir, reclamar.

◆ **press on** vi [continue] proseguir, continuar; **to ~ on (with)** proseguir (con).

press agency n agencia f de prensa.

press agent n agente mf de prensa.

Press Association n: **the ~** principal agencia de prensa británica dedicada a información nacional.

press baron n Br magnate m de la prensa.

press box n cabina f OR tribuna f de prensa.

press button n botón m, llamador m.

press conference n rueda f de prensa.

press corps n Am: **the ~** la prensa.

Press Council n: **the ~** organismo independiente que vela por el cumplimiento del código ético en la prensa británica.

press cutting n Br recorte m de prensa.

pressed [prest] adj: **to be ~ (for time/money)** andar escaso(sa) (de tiempo/de dinero).

press fastener n Br automático m.

press gallery n tribuna f de prensa.

pressgang ['presgæn] ◇ n grupo de hombres que antiguamente obligaban a otros a enrolarse en la marina. ◇ vt Br: **to ~ sb into doing sthg** obligar a alguien a hacer algo.

pressing ['presin] ◇ adj - **1.** [urgent] apremiante, urgente. - **2.** [insistent] insistente. ◇ n - **1.** [of fruit, record] prensado m. - **2.** [ironing] planchado m.

pressman ['presmæn] (pl **pressmen** [-men]) n Br inf [journalist] periodista m.

press officer n jefe m, -fa f de prensa.

press-on adj adhesivo(va).

press release n comunicado m de prensa.

pressroom ['presrum] n taller m de imprenta.

press run n tirada f.

press secretary n secretario m, -ria f de prensa.

press-stud n Br automático m.

press-up n Br flexión f, fondo m.

pressure ['preʃə'] ◇ n presión f; **he acted under financial ~** actuó bajo presiones económicas; **to bring ~ to bear on sb** presionar a alguien; **to put ~ on sb (to do sthg)** presionar a alguien (para que haga algo); **to be under ~** estar OR verse presionado(da); **she's under a lot of ~ just now** tiene muchas presiones. ◇ vt: **to ~ sb to do** OR **into doing sthg** presionar a alguien para que haga algo.

pressure cabin n cabina f presurizada.

pressure-cook vt cocinar (con olla) a presión.

pressure cooker n olla f a presión, olla f exprés.

pressure gauge n manómetro m.

pressure group n grupo m de presión.

pressure suit n traje m presurizado.

pressurization [,preʃərai'zeiʃn] n presurización f.

pressurize, -ise ['preʃəraiz] vt - **1.** TECH presurizar. - **2.** Br [force]: **to ~ sb to do** OR **into doing sthg** presionar a alguien para que haga algo.

Prestel® ['prestel] n Br servicio público de videotexto ofrecido por la compañía telefónica británica British Telecom.

prestige [pre'stiːʒ] ◇ n prestigio m. ◇ comp de prestigio.

prestigious [pre'stidʒəs] adj prestigioso(sa).

presto ['prestəu] adv presto.

prestressed concrete [,priː'strest-] n hormigón m pretensado.

presumable [pri'zjuːməbl] adj presumible.

presumably [pri'zjuːməbli] adv es de suponer; **~ you've read it** es de suponer OR supongo que lo has leído.

presume [pri'zjuːm] vt - **1.** [suppose] suponer; **to ~ that** suponer que, imaginar que; **he is ~d dead** se le ha dado por muerto. - **2.** [dare]: **to ~ to do sthg** tener el atrevimiento de hacer algo.

◆ **presume on** vt fus abusar de.

presuming [pri'zjuːmin] adj presumido(da), presuntuoso(sa).

presumption [pri'zʌmpʃn] n - **1.** [assumption] suposición f; [of innocence] presunción f. - **2.** (U) [audacity] presunción f, osadía f.

presumptive [pri'zʌmptiv] adj; [proof] presumible, presuntivo(va).

presumptuous [pri'zʌmptʃuəs] adj presuntuoso(sa).

presuppose [,priːsə'pəuz] vt presuponer.

presupposition [,priːsʌpə'ziʃn] n presuposición f.

pretax [,priː'tæks] adj bruto(ta).

pretence, pretense Am [pri'tens] n - **1.** [false display] fingimiento m, simulación f; **to make a ~ of doing sthg** fingir hacer algo. - **2.** [pretext] pretexto m; **under false ~s** con engaños, con falsos pretextos; **under** OR **on the ~ of** con OR bajo el pretexto de. - **3.** [claim] pretensión f; **to make no ~ to sthg** no pretender tener algo. - **4.** (U) [arrogance] ostentación f, pretenciosidad f.

pretend [pri'tend] ◇ vt - **1.** [make believe]: **let's ~ that...** vamos a hacer como que... - **2.** [claim] pretender. - **3.** [feign] fingir, simular; **to ~ to do sthg** fingir hacer algo; **he ~ed that he was insane** fingió que estaba loco, hizo como que estaba loco. ◇ vi fingir, simular; **to be just ~ing** estar jugando OR de broma.

pretended [pri'tendid] adj - **1.** [reputed] presunto(ta), supuesto(ta). - **2.** [feigned] falso(sa), fingido(da).

pretender [pri'tendə'] n - **1.** [to throne] pretendiente mf; [to title, right] aspirante mf. - **2.** [impostor] impostor m, -ra f.

pretense n Am = **pretence**.

pretension [pri'tenʃn] n pretensión f; **to have ~s to sthg** tener pretensiones de algo.

pretentious [pri'tenʃəs] adj pretencioso(sa).

pretentiously [pri'tenʃəsli] adv de forma pretenciosa.

pretentiousness [pri'tenʃəsnis] n pretenciosidad f.

preterite, preterit Am ['pretərət] n pretérito m.

preternatural [,priːtə'nætʃrəl] adj sobrenatural.

pretest [,priː'test] vt hacer una prueba preliminar de.

pretext ['priːtekst] n pretexto m; **on** OR **under the ~ that.../of doing sthg** con el pretexto de que.../de estar haciendo algo.

Pretoria [pri'tɔːriə] n Pretoria.

prettify ['pritifai] (pt & pp **prettified**) vt embellecer.

prettily ['pritili] adv de una forma bonita.

prettiness ['pritinis] n belleza f.

pretty ['priti] (compar **prettier**, superl **prettiest**) ◇ adj - **1.** [attractive] bonito(ta); pej [boy] guapito. - **2.** iro [not nice] bonito(ta); **a ~ mess** un buen lío. ◇ adv inf - **1.** [quite] bastante; **~ much** más o menos; **~ well** [almost] casi. - **2.** phr: **to be sitting ~** tener una buena posición, tenerlo fácil.

pretty-pretty adj inf pej [person] muy mono (muy mona); [dress, painting] cursi, cursilón(ona).

pretzel ['pretsl] *n* galleta *f* salada.

prevail [prɪ'veɪl] *vi* - **1.** [be widespread] predominar, imperar. - **2.** [triumph]: **to ~ (over)** prevalecer (sobre). - **3.** [persuade]: **to ~ on** OR **upon sb to do sthg** persuadir a alguien para que haga algo.

prevailing [prɪ'veɪlɪŋ] *adj* predominante.

prevalence ['prevələns] *n* predominio *m*.

prevalent ['prevələnt] *adj* predominante, imperante.

prevaricate [prɪ'værɪkeɪt] *vi* andarse con evasivas.

prevarication [prɪ,værɪ'keɪʃn] *n fml* evasivas *fpl*.

prevent [prɪ'vent] *vt* impedir; [event, illness, accident] evitar; **to ~ sthg (from) happening** impedir OR evitar que algo ocurra; **to ~ sb (from) doing sthg** impedir a alguien que haga algo.

preventable [prɪ'ventəbl] *adj* evitable.

preventative [prɪ'ventətɪv] *adj* = **preventive**.

prevention [prɪ'venʃn] *n* prevención *f*; **~ is better than cure** *proverb* más vale prevenir que curar *proverb*.

Prevention of Terrorism Act *n*: **the ~** *ley británica antiterrorista aprobada en 1989 que permite la detención de sospechosos.*

preventive [prɪ'ventɪv] *adj* preventivo(va).

preventive detention *n Br* JUR ≃ pena *f* de prisión mayor.

preview ['priːvjuː] ◇ *n* [of film, exhibition] preestreno *m*; [of TV programme] avance *m*. ◇ *vt* [film, show] hacer el preestreno de; [TV programme] dar un avance de.

previous ['priːvjəs] *adj* - **1.** [gen] previo(via), anterior; **the ~ week/president** la semana/el presidente anterior; **~ convictions** antecedentes *mpl* penales. - **2.** *Br inf* [premature - decision, judgement] acelerado(da); [- person] precipitado(da).

♦ **previous to** *prep fml* antes de.

previously ['priːvjəslɪ] *adv* - **1.** [formerly] anteriormente. - **2.** [before]: **two years ~** dos años antes.

prewar [,priː'wɔːʳ] *adj* de preguerra.

prewash ['priːwɒʃ] ◇ *n* prelavado *m*. ◇ *vt* hacer un prelavado con.

prey [preɪ] *n* presa *f*, víctima *f*; **to fall ~ to** ser víctima de.

♦ **prey on** *vt fus* - **1.** [hunt] cazar, alimentarse de. - **2.** [trouble]: **to ~ on sb's mind** atormentar a alguien. - **3.** *fig* [exploit] aprovecharse de. - **4.** *fig* [make a victim of] escoger como víctima a.

price [praɪs] ◇ *n* - **1.** [gen] precio *m*; **to go up/down in ~** subir/bajar de precio; **to put a ~ on sthg** poner precio a algo; **to be a small ~ to pay for sthg** suponer poco a cambio de algo □ **at any ~** a toda costa, a cualquier precio; **at a ~** a un alto precio; **~ is no object** no importa el precio; **to pay the ~ for sthg** pagar el precio de algo; **to pay a high ~ for sthg** pagar algo caro. - **2.** ST EX cotización *f*. ◇ *vt* poner precio a; **to be ~d at** tener un precio de, costar; **to ~ o.s.** OR **one's goods out of the market** perder clientela por tener precios excesivos.

price control *n* control *m* de precios.

price cut *n* recorte *m* de precios, rebaja *f*.

price-cutting *n (U)* reducción *f* de precios.

price-fixing [-fɪksɪŋ] *n (U)* fijación *f* de precios.

price index *n* índice *m* de precios.

priceless ['praɪslɪs] *adj* - **1.** [jewels, friendship] que no tiene precio, inestimable. - **2.** *inf dated* [funny] divertidísimo(ma).

price list *n* lista *f* OR tarifa *f* de precios.

price-rigging *n* manipulación *f* de precios.

price tag *n* - **1.** [label] etiqueta *f* (del precio). - **2.** *fig* [value] precio *m*.

price war *n* guerra *f* de precios.

pricey ['praɪsɪ] *(compar* **pricier***, superl* **priciest***) adj* caro(ra).

prick [prɪk] ◇ *n* - **1.** [wound] pinchazo *m*; [from insect] picadura *f*. - **2.** *vulg* [penis] polla *f*, pinga *f* *Amér*. - **3.** *vulg* [stupid person] gilipollas *mf inv*. - **4.** *fig* [of jealousy, curiosity] punzada *f*, aguijón *m*; **~s of conscience** remordimientos *mpl*.
◇ *vt* - **1.** [jab, pierce] pinchar; [sting] picar. - **2.** [subj: jeal-

ousy, curiosity] picar; [subj: conscience] remorder. ◇ *vi* [hurt] picar.

♦ **prick up** *vt fus*: **to ~ up one's ears** [subj: animal] levantar las orejas; [subj: person] aguzar el oído.

pricker ['prɪkəʳ] *n Am* [thorn] espina *f*, púa *f*.

pricking ['prɪkɪŋ] *n* picor *m*, hormigueo *m*; **the ~s of conscience** remordimientos *mpl*.

prickle ['prɪkl] ◇ *n* - **1.** [on rose, cactus] espina *f*, pincho *m*; [on hedgehog, porcupine] púa *f*. - **2.** [sensation - on skin] picor *m*; [- of fear, pleasure] comezón *f*. ◇ *vi* [skin] picar. ◇ *vt* - **1.** [prick] pinchar. - **2.** [tingle] picar.

prickly ['prɪklɪ] *(compar* **pricklier***, superl* **prickliest***) adj* - **1.** [plant, bush] espinoso(sa); [beard] pinchudo(da); [clothes] que pica. - **2.** *fig* [person, character] susceptible, enojadizo(za); [subject, topic] espinoso(sa).

prickly heat *n (U)* sarpullido por causa del calor.

prickly pear *n* [fruit] higo *m* chumbo; [cactus] chumbera *f*.

pride [praɪd] ◇ *n* - **1.** [gen] orgullo *m*; **they are the ~ of their country** son el orgullo de su país; **to take ~ in sthg/in doing sthg** enorgullecerse de algo/de hacer algo; **to take ~ in one's work** esmerarse (uno) en su trabajo; **~ and joy** orgullo □ **to have ~ of place** ocupar el lugar de honor; **to swallow one's ~** tragarse el orgullo; **~ comes** OR **goes before a fall** *proverb* al que al cielo escupe en la cara le cae *proverb*. - **2.** [of lions] manada *f*. ◇ *vt*: **to ~ o.s. on sthg** enorgullecerse de algo.

priedieu [priː'djɜː] *n* reclinatorio *m*.

prier ['praɪəʳ] *n pej* fisgón *m*, -ona *f*.

priest [priːst] *n* sacerdote *m*.

priestess ['priːstɪs] *n* sacerdotisa *f*.

priesthood ['priːsthʊd] *n* - **1.** [position, office]: **the ~** el sacerdocio. - **2.** [priests collectively]: **the ~** el clero.

priestly ['priːstlɪ] *(compar* **priestlier***, superl* **priestliest***) adj* sacerdotal.

prig [prɪg] *n Br* mojigato *m*, -ta *f*.

priggish ['prɪgɪʃ] *adj Br* mojigato(ta).

prim [prɪm] *(compar* **primmer***, superl* **primmest***) adj* - **1.** [affectedly proper] remilgado(da). - **2.** [neat] arreglado(da).

prima ballerina [,priːmə-] *n* primera bailarina *f*.

primacy ['praɪməsɪ] *n* prioridad *f*, primacía *f*.

prima donna [,priːmə'dɒnə] *(pl* **prima donnas***) n* - **1.** [female singer] prima donna *f*. - **2.** *pej* [self-important person]: **to be a ~** ir de estrella.

primaeval [praɪ'miːvl] *adj* = **primeval**.

prima facie [praɪmə'feɪʃiː] *adj* a primera vista; **~ evidence** prueba *f* presunta, presunción *f* de hecho.

primal ['praɪml] *adj* - **1.** [original] primario(ria). - **2.** [most important] primordial.

primarily [*Br* 'praɪmərɪlɪ, *Am* praɪ'merəlɪ] *adv* principalmente.

primary ['praɪmərɪ] *(pl* **primaries***) ◇ adj* - **1.** [main] principal. - **2.** SCH primario(ria). - **3.** CHEM, ELEC & GEOL primario(ria). ◇ *n* - **1.** *Am* POL primarias *fpl*, elecciones *para designar a los candidatos a la presidencia de EE UU*. - **2.** = **primary colour**.

primary accent *n* acento *m* primario OR principal.

primary colour *n* color *m* primario.

primary education *n* enseñanza *f* primaria.

primary election *n* = **primary** *sense 1*.

primary school *n* escuela *f* primaria; **~ teacher** maestro *m*, -tra *f* (de escuela).

primate ['praɪmeɪt] *n* - **1.** ZOOL primate *m*. - **2.** RELIG primado *m*; **Primate of all England** *título oficial del arzobispo de Canterbury*.

prime [praɪm] ◇ *adj* - **1.** [main] primero(ra), principal; **of ~ importance** de la mayor OR de suma importancia. - **2.** [excellent] excelente; [quality] primero(ra); [cut, beef] de primera. ◇ *n*: **in one's ~** en la flor de la vida; **to be past one's ~** haber pasado la plenitud; **he was cut off in his ~** la muerte se lo llevó en la flor de la vida. ◇ *vt* - **1.** [inform]:

to ~ sb about sthg preparar a alguien a fondo para algo. - **2.** [surface] preparar. - **3.** [gun, pump] cebar. - **4.** *inf* [with drink]: **he was well ~d** iba un poco alegre.

prime meridian *n* primer meridiano *m*.

prime minister *n* primer ministro *m*, primera ministra *f*.

prime ministership, prime ministry *n* cargo *m* de primer ministro; **during her ~** mientras ostentó el cargo de primera ministra.

prime mover *n* - **1.** PHYS & *fig* fuerza *f* motriz. - **2.** PHILOS causa *f* primera.

prime number *n* número *m* primo.

primer ['praɪməʳ] *n* - **1.** [paint] imprimación *f*. - **2.** [textbook] cartilla *f*.

prime rate *n* tipo *m* de interés preferencial.

prime time *n (U)* hora *f* de mayor audiencia.

◆ **prime-time** *adj* de mayor audiencia.

primeval [praɪˈmiːvl] *adj* - **1.** [ancient] primitivo(va); **~ forest** bosque *m* virgen. - **2.** [fears, emotions] atávico(ca).

primitive ['prɪmɪtɪv] ◇ *adj* - **1.** [tribe, species etc] primitivo(va). - **2.** [accommodation, sense of humour] rudimentario(ria). ◇ - **1.** [primitive person] hombre *m* primitivo. - **2.** [artist] primitivista *mf*.

primitivism ['prɪmɪtɪvɪzm] *n* primitivismo *m*.

primly ['prɪmlɪ] *adv* remilgadamente; **she sat ~ in the corner** se sentó remilgadamente en la esquina.

primness ['prɪmnɪs] *n* [of person] remilgo *m*, mojigatería *f*; [of dress] atildamiento *m*.

primogenitor [ˌpraɪməʊˈdʒenɪtəʳ] *n* predecesor *m*, -ra *f*.

primogeniture [ˌpraɪməʊˈdʒenɪtʃəʳ] *n* primogenitura *f*.

primordial [praɪˈmɔːdjəl] *adj fml* primordial.

primp [prɪmp] ◇ *vi* acicalarse, emperifollarse. ◇ *vt*: **to ~ o.s.** acicalarse, emperifollarse.

primrose ['prɪmrəʊz] ◇ *n* - **1.** [plant] primavera *f*, prímula *f*. - **2.** [colour] amarillo *m* pálido. ◇ *adj*: **~ (yellow)** amarillo *m* pálido.

primrose path *n fig* camino *m* de rosas.

primula ['prɪmjʊlə] *(pl* **primulas** OR **primulae** [-liː]*)* *n* primavera *f*, prímula *f*.

Primus stove® ['praɪməs-] *n* hornillo *m* de camping.

prince [prɪns] *n* príncipe *m*; **Prince of Wales** príncipe de Gales.

Prince Charming *n hum* príncipe *m* azul.

prince consort *n* príncipe *m* consorte.

princedom ['prɪnsdəm] *n* principado *m*.

Prince Edward Island *n* isla *f* Príncipe Eduardo.

princeling ['prɪnslɪŋ] *n* principito *m*.

princely ['prɪnslɪ] *(compar* **princelier***, superl* **princeliest***) adj* - **1.** [of a prince] principesco(ca). - **2.** [magnificent] magnífico(ca); **a ~ sum** una bonita cantidad de dinero.

princess [prɪnˈses] *n* princesa *f*; **Princess Royal** princesa real.

principal ['prɪnsəpl] ◇ *adj* principal. ◇ *n* - **1.** SCH director *m*, -ra *f*. - **2.** [performer] primera figura *f*. - **3.** [JUR - of crime] autor *m*, -ra *f*; [- employing agent] principal *m*. - **4.** FIN principal *m*.

principal boy *n protagonista masculino de una pantomima interpretado tradicionalmente por una mujer.*

principal clause *n* oración *f* principal.

principality [ˌprɪnsɪˈpælətɪ] *(pl* **principalities***) n* principado *m*.

principally ['prɪnsəplɪ] *adv* principalmente, sobre todo.

principle ['prɪnsəpl] *n* - **1.** [gen] principio *m*; **in ~** en principio. - **2.** *(U)* [integrity] principios *mpl*; **a man/woman of ~** un hombre/una mujer de principios; **on ~, as a matter of ~** por principio.

principled ['prɪnsəpld] *adj* de principios.

print [prɪnt] ◇ *n* - **1.** *(U)* [type] caracteres *mpl* (de imprenta); **in ~** [available] disponible; [in printed characters] en letra impresa; **to be out of ~** estar agotado(da). - **2.** [piece of

artwork] grabado *m*. - **3.** [reproduction] reproducción *f*. - **4.** [photograph] fotografía *f*, positivo *m*. - **5.** [fabric] estampado *m*. - **6.** [of foot, thumb etc] huella *f*. ◇ *vt* - **1.** TYPO imprimir; [book, newspaper] imprimir, tirar; **~ed in** impreso(sa) en. - **2.** [publish] publicar. - **3.** [cloth etc] estampar. - **4.** [write in block letters] escribir con letra de imprenta. - **5.** PHOT positivar, sacar. - **6.** [mark] imprimir, marcar; *fig* [in memory] imprimir, grabar. ◇ *vi* TYPO imprimir.

◆ **print out** *vt sep* COMPUT imprimir.

printable ['prɪntəbl] *adj* publicable.

printed ['prɪntɪd] *adj* - **1.** [gen] impreso(sa); **the ~ word** la letra impresa. - **2.** [notepaper] con membrete.

printed circuit *n* circuito *m* impreso.

printed matter *n (U)* impresos *mpl*.

printer ['prɪntəʳ] *n* - **1.** [person] impresor *m*, -ra *f*; [firm] imprenta *f*. - **2.** [machine] impresora *f*.

printing ['prɪntɪŋ] *n* - **1.** *(U)* [act of printing] impresión *f*. - **2.** [trade] imprenta *f*. - **3.** [copies printed] tirada *f*, tiraje *m*. - **4.** [handwriting] letra *f* de imprenta.

printing ink *n* tinta *f* de imprenta.

printing press *n* prensa *f (máquina)*.

printmaking ['prɪntˌmeɪkɪŋ] *n* grabado *m*, estampado *m*.

printout ['prɪntaʊt] *n* COMPUT salida *f* de impresora.

print shop *n* imprenta *f*.

prior ['praɪəʳ] ◇ *adj* - **1.** [previous] anterior, previo(via). - **2.** [more important] preferente. ◇ *n* [monk] prior *m*.

◆ **prior to** *prep* antes de.

prioress ['praɪərɪs] *n* priora *f*.

prioritize, -ise [praɪˈɒrɪtaɪz] *vt* dar prioridad a.

priority [praɪˈɒrətɪ] *(pl* **priorities***)* ◇ *adj* prioritario(ria). ◇ *n* prioridad *f*; **to have** OR **take ~ (over)** tener prioridad (sobre); **to have top ~** tener absoluta prioridad.

◆ **priorities** *npl* prioridades *fpl*.

priory ['praɪərɪ] *(pl* **priories***) n* priorato *m*.

prise [praɪz], **pry** *Am* [praɪ] *vt*: **to ~ sthg open/away** abrir/separar algo haciendo palanca.

prism ['prɪzm] *n* prisma *m*.

prismatic [prɪzˈmætɪk] *adj* prismático(ca).

prison ['prɪzn] ◇ *n* cárcel *f*, prisión *f*; **to put sb in ~** meter a alguien en la cárcel. ◇ *comp*: **~ sentence** pena *f* de prisión.

prison camp *n* campamento *m* OR campo *m* de prisioneros.

prison colony *n* colonia *f* de presidiarios.

prisoner ['prɪznəʳ] *n* - **1.** [convict] preso *m*, -sa *f*. - **2.** [captive] prisionero *m*, -ra *f*; **to be taken ~** ser hecho prisionero.

prisoner of conscience *(pl* **prisoners of conscience***) n* preso político *m*, presa política *f*.

prisoner of war *(pl* **prisoners of war***) n* prisionero *m*, -ra *f* de guerra.

prison officer *n* funcionario *m*, -ria *f* de prisiones.

prison van *n* furgón *m* celular.

prissy ['prɪsɪ] *(compar* **prissier***, superl* **prissiest***) adj* remilgado(da).

pristine ['prɪstiːn] *adj* prístino(na).

prithee ['prɪðɪ] *excl arch* ¡te lo ruego!, ¡por favor!

privacy [*Br* 'prɪvəsɪ, *Am* 'praɪvəsɪ] *n* - **1.** [seclusion, private life] intimidad *f*; **not to have any ~** carecer de intimidad OR vida privada. - **2.** [secrecy] secreto *m*.

private ['praɪvɪt] ◇ *adj* - **1.** [gen] privado(da); [class] particular; [telephone call, belongings] personal; **a ~ citizen** un particular. - **2.** [thoughts, plans] secreto(ta). - **3.** [secluded] solitario(ria), retirado(da). - **4.** [unsociable] reservado(da). ◇ *n* - **1.** [soldier] soldado *m* raso. - **2.** [secret]: **(to do sthg) in ~** (hacer algo) en privado.

◆ **privates** *npl inf* partes *fpl* (pudendas OR íntimas).

private bar *n Br en ciertos pubs, bar elegante con precios más altos que los del 'public bar'.*

private company *n* empresa *f* privada.
private detective *n* detective *mf* privado.
private enterprise *n (U)* empresa *f* privada.
privateer [ˌpraɪvəˈtɪəʳ] *n* corsario *m*.
private eye *n* detective *mf* privado.
private hotel *n* ≃ hotel *m* familiar.
private house *n* casa *f* particular.
private income *n Br* renta *f* personal.
private investigator *n* detective *mf* privado.
private life *n* vida *f* privada; **in (his)** ~ en su vida privada, en la intimidad.
privately [ˈpraɪvɪtlɪ] *adv* - **1.** [not by the state] de forma privada; ~ **owned** de propiedad privada. - **2.** [confidentially] en privado. - **3.** [secretly] secretamente; [personally] en el fuero interno de uno.
private means *npl* rentas *fpl*; **a man of** ~ un hombre que vive de las OR de sus rentas.
private member's bill *n Br* proyecto de ley presentado por un diputado sin cargo en el Gobierno.
private parts *npl inf* partes *fpl* (pudendas OR íntimas).
private patient *n* paciente *mf* de una consulta privada.
private practice *n Br* ejercicio *m* privado de la medicina.
private property *n* propiedad *f* privada.
private road *n* camino *m* particular.
private school *n* escuela *f* privada, colegio *m* privado.
private secretary *n* - **1.** COMM secretario *m*, -ria *f* particular OR personal. - **2.** *Br* POL secretario *m*, -ria *f*, alto funcionario que desempeña el cargo de ayudante de un ministro.
private sector *n*: **the** ~ el sector privado.
private view *n* ART inauguración *f* con invitación.
privation [praɪˈveɪʃn] *n* privación *f*.
privatization [ˌpraɪvɪtaɪˈzeɪʃn] *n* privatización *f*.
privatize, -ise [ˈpraɪvɪtaɪz] *vt* privatizar.
privet [ˈprɪvɪt] ◇ *n* alheña *f*. ◇ *comp*: ~ **hedge** seto *m* de alheñas.
privilege [ˈprɪvɪlɪdʒ] ◇ *n* privilegio *m*; **to have the** ~ **of** tener el honor OR privilegio de. ◇ *vt* privilegiar; **to be** ~**d to do sthg** tener el privilegio de hacer algo.
privileged [ˈprɪvɪlɪdʒd] *adj* privilegiado(da); ~ **communication** JUR comunicación *f* confidencial.
privy [ˈprɪvɪ] (*pl* **privies**) ◇ *adj*: **to be** ~ **to sthg** estar enterado(da) de algo. ◇ *n arch & hum* [toilet] excusado *m*, letrina *f*.
Privy Council *n Br*: **the** ~ en Gran Bretaña, consejo privado que asesora al monarca en circunstancias excepcionales.
Privy Councillor *n* miembro del consejo privado del monarca en Gran Bretaña.
Privy Purse *n*: **the** ~ presupuesto aprobado por el Parlamento de Gran Bretaña y destinado a cubrir los gastos del monarca.
Privy Seal *n*: **the** ~ pequeño sello real para ciertos documentos.
prize [praɪz] ◇ *adj* - **1.** [outstanding] de primera. - **2.** [prizewinning] premiado(da). - **3.** *inf* [complete]: **a** ~ **idiot** un perfecto idiota. ◇ *n* - **1.** [for merit, in game] premio *m*. - **2.** NAUT presa *f*. ◇ *vt*: **to be** ~**d** ser apreciado(da).
prize day *n Br* (día *m* de la) entrega *f* de premios.
prize draw *n* sorteo *m*.
prizefight [ˈpraɪzfaɪt] *n* combate *m* de boxeo profesional.
prizefighter [ˈpraɪzfaɪtəʳ] *n* boxeador *m* profesional.
prize-giving *n Br* entrega *f* de premios.
prize money *n* premio *m* en metálico.
prize ring *n* ring *m*, cuadrilátero *m*.
prizewinner [ˈpraɪzwɪnəʳ] *n* premiado *m*, -da *f*.
prizewinning [ˈpraɪzwɪnɪŋ] *adj* [novel, entry] premiado(da); [ticket, number, contestant] ganador(ra).
pro [prəʊ] (*pl* **pros**) ◇ *n* - **1.** *inf* [professional] profesional *mf*. - **2.** [advantage]: **the** ~**s and cons** los pros y los contras. ◇ *prep* a favor de.

pro- [prəʊ] *prefix* pro-.
PRO (*abbr of* **public relations officer**) *n* jefe de relaciones públicas.
proactive [ˌprəʊˈæktɪv] *adj* [in business]: **to be** ~ tener iniciativa.
pro-am [ˈprəʊˈæm] ◇ *adj* de profesionales y amateurs. ◇ *n* competición mixta de profesionales y amateurs.
probability [ˌprɒbəˈbɪlətɪ] (*pl* **probabilities**) *n* probabilidad *f*; **in all** ~ **they'll win** es muy probable que ganen.
probable [ˈprɒbəbl] *adj* probable.
probably [ˈprɒbəblɪ] *adv* probablemente.
probate [ˈprəʊbeɪt] ◇ *n* JUR legalización *f* de un testamento. ◇ *vt Am* legalizar (un testamento).
probate court *n* tribunal *m* sucesorio.
probation [prəˈbeɪʃn] *n* - **1.** [of prisoner] libertad *f* condicional; **to put sb on** ~ poner a alguien en libertad condicional. - **2.** [trial period] periodo *m* de prueba; **to be on** ~ estar en periodo de prueba.
probationary [prəˈbeɪʃnrɪ] *adj* - **1.** [teacher, nurse] en periodo de prueba. - **2.** [period] de prueba.
probationer [prəˈbeɪʃnəʳ] *n* - **1.** [employee] empleado *m*, -da *f* a prueba. - **2.** [offender] persona *f* en libertad condicional.
probation officer *n* encargado de vigilar a los que están en libertad condicional.
probative [ˈprəʊbətɪv], **probatory** [ˈprəʊbətrɪ] *adj* probatorio(ria).
probe [prəʊb] ◇ *n* - **1.** [investigation]: ~ **(into)** investigación *f* (sobre). - **2.** MED & SPACE sonda *f*. ◇ *vt* - **1.** [investigate] investigar. - **2.** [with tool] sondar; [with finger, stick] hurgar en. ◇ *vi*: **to** ~ **for sthg** investigar para encontrar algo; **to** ~ **into sthg** explorar OR investigar algo.
probing [ˈprəʊbɪŋ] *adj* inquisitivo(va).
probity [ˈprəʊbətɪ] *n fml* probidad *f*.
problem [ˈprɒbləm] ◇ *n* problema *m*; **I have a bit of a** ~ **taking her seriously** me cuesta tomarla en serio; **no** ~! *inf* ¡por supuesto!, ¡desde luego!; **to have a drink** ~ tener problemas con la bebida. ◇ *comp* problemático(ca), difícil.
problematic(al) [ˌprɒbləˈmætɪk(l)] *adj* problemático(ca), difícil.
problem-solving [-ˌsɒlvɪŋ] *n* resolución *f* de problemas.
proboscis [prəʊˈbɒsɪs] (*pl* **proboscises** OR **proboscides** [-sɪdiːz]) *n* - **1.** ZOOL trompa *f*; [of insect] probóscide *f*. - **2.** *hum* [nose] trompa *f*, napia *f*.
procedural [prəˈsiːdʒərəl] *adj* de procedimiento.
procedure [prəˈsiːdʒəʳ] *n* procedimiento *m*.
proceed [prəˈsiːd] ◇ *vi* - **1.** [continue]: **to** ~ **(with sthg)** proseguir (con algo). - **2.** *fml* [advance] avanzar. - **3.** *fml* [act] proceder, actuar; **how should I** ~? ¿cómo he de actuar?; ~ **with caution** actúen con prudencia. - **4.** [originate]: **to** ~ **from** proceder de. ◇ *vt* [do subsequently]: **to** ~ **to do sthg** proceder a hacer algo.
◆ **proceeds** *npl* ganancias *fpl*, beneficios *mpl*.
◆ **proceed against** *vt fus fml* entablar proceso contra, proceder contra.
proceeding [prəˈsiːdɪŋ] *n* [course of action] procedimiento *m*.
◆ **proceedings** *npl* - **1.** [minutes, records] actas *fpl*. - **2.** [series of events] acto *m*. - **3.** [legal action] proceso *m*; **start** ~ **against sb** entablar un proceso contra alguien.
process [ˈprəʊses] ◇ *n* - **1.** [gen] proceso *m*; **the manufacturing/learning** ~ el proceso de fabricación/ aprendizaje; **in the** ~ en el intento; **to be in the** ~ **of doing sthg** estar en vías de hacer algo. - **2.** [JUR - legal action] proceso *m*; [- summons] citación *f*. - **3.** BIOL apéndice *m*, protuberancia *f*. ◇ *vt* - **1.** [gen & COMPUT] procesar; [raw materials] transformar, procesar; [food, toxic waste] tratar, procesar. - **2.** [application, order, cheque] tramitar. - **3.** PHOT revelar.
processed [ˈprəʊsest] *adj* [food] tratado(da).
processed cheese *n* queso *m* en lonchas OR para sandwiches.

processing ['prəʊsesɪŋ] ◇ *n* - **1.** [gen & COMPUT] procesamiento *m*; [of raw materials] transformación *f*, procesamiento *m*; [of food, toxic waste] tratamiento *m*, procesamiento *m*. - **2.** [of applications etc] tramitación *f*. - **3.** PHOT revelado *m*. ◇ *comp*: ~ **plant** planta *f* de tratamiento de residuos.

procession [prə'seʃn] *n* [gen] desfile *m*; [religious] procesión *f*.

processional [prə'seʃənl] ◇ *adj* procesional. ◇ *n* RELIG [hymn] himno *m* procesionario; [book] procesionario *m*.

processor ['prəʊsesə'] *n* - **1.** COMPUT unidad *f* central (de procesamiento). - **2.** CULIN procesador *m*.

pro-choice ['prəʊ'tʃɔɪs] *adj* en favor del derecho de la mujer a decidir en materia de aborto.

proclaim [prə'kleɪm] *vt* [gen] proclamar; [law] promulgar.

proclamation [,prɒklə'meɪʃn] *n* [gen] proclamación *f*; [of law] promulgación *f*.

proclivity [prə'klɪvətɪ] (*pl* **proclivities**) *n fml*: ~ **(to** OR **towards)** propensión *f* OR tendencia *f* (a).

proconsul [,prəʊ'kɒnsəl] *n* procónsul *m*.

procrastinate [prə'kræstɪneɪt] *vi* andarse con dilaciones.

procrastination [prə,kræstɪ'neɪʃn] *n (U)* dilaciones *fpl*; ~ **is the thief of time** *proverb* no dejes para mañana lo que puedas hacer hoy *proverb*.

procreate ['prəʊkrɪeɪt] *vi* procrear.

procreation [,prəʊkrɪ'eɪʃn] *n* procreación *f*.

procreative [,prəʊkrɪ'eɪtɪv] *adj* procreador(ra).

Procrustean [prəʊ'krʌstɪən] *adj* tiránico(ca), despótico(ca).

proctology [prɒk'tɒlədʒɪ] *n* proctología *f*.

proctor ['prɒktə'] ◇ *n* - **1.** UNIV [in UK] *persona encargada de velar por la disciplina.* - **2.** *Am* [invigilator] vigilante *mf* (en un examen). ◇ *vt & vi Am* vigilar (en un examen).

procumbent [prəʊ'kʌmbənt] *adj* rastrero(ra).

procurator fiscal ['prɒkjʊ,reɪtə'] *n Scot* ≃ fiscal *mf*.

procure [prə'kjʊə'] ◇ *vt* - **1.** [obtain] obtener, conseguir. - **2.** JUR prostituir. ◇ *vi* JUR dedicarse al proxenetismo.

procurement [prə'kjʊəmənt] *n* obtención *f*.

procurer [prə'kjʊərə'] *n* JUR proxeneta *m*.

procuring [prə'kjʊərɪŋ] *n* - **1.** [acquisition] obtención *f*, consecución *f*. - **2.** JUR proxenetismo *m*.

prod [prɒd] (*pt & pp* **prodded**, *cont* **prodding**) ◇ *n* - **1.** [push, poke] golpecito *m*, empujoncito *m*. - **2.** fig [reminder] toque *m*, aviso *m*. ◇ *vt* - **1.** [push, poke] dar golpecitos a. - **2.** fig [remind, prompt]: **to ~ sb (into doing sthg)** darle un toque a alguien (para que haga algo).

prodigal ['prɒdɪgl] *adj* [son, daughter] pródigo(ga).

prodigious [prə'dɪdʒəs] *adj* prodigioso(sa).

prodigy ['prɒdɪdʒɪ] (*pl* **prodigies**) *n* [person] prodigio *m*.

produce [*vb* prə'djuːs, *n* 'prɒdjuːs] ◇ *n (U)* productos *mpl* agrícolas; '~ **of France'** 'producto de Francia'. ◇ *vt* - **1.** [gen] producir; [offspring, flowers] engendrar. - **2.** [evidence, argument] presentar. - **3.** [bring out] mostrar, enseñar. - **4.** THEATRE poner en escena. - **5.** [GEOM - line] prolongar; [- area, volume] ampliar. ◇ *vi* producir.

producer [prə'djuːsə'] *n* - **1.** [gen] productor *m*, -ra *f*. - **2.** THEATRE director *m*, -ra *f* de escena.

product ['prɒdʌkt] *n* producto *m*; **to be a ~ of** ser el resultado OR producto de.

production [prə'dʌkʃn] *n* - **1.** [gen] producción *f*; **to put/go into ~** empezar a fabricar/fabricarse. - **2.** *(U)* THEATRE puesta *f* en escena.

production line *n* cadena *f* de producción.

production manager *n* - **1.** THEATRE director *m*, -ra *f* de producción. - **2.** [in factory] jefe *m*, -fa *f* de producción.

production platform *n* plataforma *f* de producción.

productive [prə'dʌktɪv] *adj* - **1.** [efficient] productivo(va). - **2.** [rewarding] provechoso(sa). - **3.** [fertile] fértil, fructífero(ra).

productively [prə'dʌktɪvlɪ] *adv* - **1.** [efficiently] de manera productiva. - **2.** [rewardingly] de manera provechosa.

productivity [,prɒdʌk'tɪvətɪ] *n* productividad *f*.

productivity deal *n* acuerdo *m* sobre la productividad.

proem ['prəʊem] *n* proemio *m*.

prof [prɒf] (*abbr of* **professor**) *n inf* profe *mf*.

Prof. (*written abbr of* **Professor**) Catedr.

profanation [,prɒfə'neɪʃn] *n* profanación *f*.

profane [prə'feɪn] ◇ *adj* - **1.** [disrespectful] obsceno(na), soez. - **2.** [secular, uninitiated] profano(na). ◇ *vt* profanar.

profanity [prə'fænətɪ] (*pl* **profanities**) *n* - **1.** [of language, behaviour] obscenidad *f*, indecencia *f*. - **2.** [word] palabrota *f*, taco *m*.

profess [prə'fes] *vt* - **1.** [claim]: **to ~ (to do sthg)** pretender (hacer algo). - **2.** [declare] declarar. - **3.** RELIG profesar.

professed [prə'fest] *adj* - **1.** [avowed] declarado(da). - **2.** [supposed] pretendido(da). - **3.** RELIG profeso(sa).

professedly [prə'fesɪdlɪ] *adv* - **1.** [avowedly]: **she has ~ killed three people** ha confesado haber matado a tres personas. - **2.** [allegedly] pretendidamente, supuestamente; **he came here ~ to help me** supuestamente venía a ayudarme.

profession [prə'feʃn] *n* - **1.** [career, body of people] profesión *f*; **the legal ~** la abogacía; **by ~** de profesión. - **2.** [declaration] profesión *f*, declaración *f*.

professional [prə'feʃənl] ◇ *adj* profesional. ◇ *n* profesional *mf*, profesionista *mf Amér*.

professional foul *n* falta *f* profesional.

professionalism [prə'feʃnəlɪzm] *n* profesionalismo *m*.

professionally [prə'feʃnəlɪ] *adv* - **1.** [for a profession]: **to be ~ trained/qualified** tener una formación/un título profesional. - **2.** [not as amateur] profesionalmente; **to play ~** SPORT ser un jugador (una jugadora) profesional. - **3.** [skilfully] de manera profesional.

professor [prə'fesə'] *n* - **1.** *Br* [head of department] catedrático *m*, -ca *f*. - **2.** *Am & Can* [lecturer] profesor *m*, -ra *f* (de universidad).

professorial [,prɒfɪ'sɔːrɪəl] *adj* profesoral.

professorship [prə'fesəʃɪp] *n* - **1.** *Br* [position of head of department] cátedra *f*. - **2.** *Am & Can* [lectureship] profesorado *m*, cargo de profesor de universidad.

proffer ['prɒfə'] *vt*: **to ~ sthg (to)** ofrecer algo (a).

proficiency [prə'fɪʃənsɪ] *n*: ~ **(in)** competencia *f* (en).

proficient [prə'fɪʃənt] *adj*: ~ **(in** OR **at)** competente (en).

proficiently [prə'fɪʃəntlɪ] *adv* competentemente, de modo competente; **she speaks French ~** habla francés con fluidez.

profile ['prəʊfaɪl] *n* perfil *m*; **high ~** notoriedad *f*; **in ~** de perfil ❑ **to keep a low ~** mantenerse en segundo plano.

profit ['prɒfɪt] ◇ *n* - **1.** [financial gain] beneficio *m*, ganancia *f*; **to make a ~** [person] sacar un beneficio; [business] dar dinero; **to sell sthg at a ~** vender algo con beneficios; **to show a ~** reportar beneficios. - **2.** [advantage] provecho *m*. ◇ *vi*: **to ~ (from** OR **by)** sacar provecho (de).

profitability [,prɒfɪtə'bɪlətɪ] *n* rentabilidad *f*.

profitable ['prɒfɪtəbl] *adj* - **1.** [making a profit] rentable. - **2.** [beneficial] provechoso(sa).

profitably ['prɒfɪtəblɪ] *adv* - **1.** [at a profit] con beneficios. - **2.** [spend time] de manera provechosa.

profiteer [,prɒfɪ'tɪə'] ◇ *n pej* especulador *m*, -ra *f*, logrero *m*, -ra *f*. ◇ *vi* especular.

profiteering [,prɒfɪ'tɪərɪŋ] *n* especulación *f*.

profitless ['prɒfɪtlɪs] *adj* - **1.** COMM improductivo(va). - **2.** *fml* [without benefit] poco provechoso (poco provechosa), inútil.

profit-making ◇ *adj* con fines lucrativos. ◇ *n* obtención *f* de beneficios.

profit margin *n* margen *m* de beneficios.

profit motive *n* afán *m* de lucro.

profit sharing *n* participación *f* en los beneficios.

profligacy ['prɒflɪgəsɪ] *n fml* - **1.** [extravagance] prodigalidad *f*, derroche *m*. - **2.** [dissoluteness] libertinaje *m*.

profligate ['prɒflɪgɪt] ◇ *adj* - **1.** [extravagant] derrochador(ra). - **2.** [immoral] libertino(na). ◇ *n fml* - **1.** [dissolute person] libertino *m*, -na *f*. - **2.** [spendthrift] manirroto *m*, -ta *f*.

pro forma [,prəʊ'fɔːmə] *adj* proforma.

profound [prə'faʊnd] *adj* profundo(da).

profoundly [prə'faʊndlɪ] *adv* profundamente.

profundity [prə'fʌndətɪ] (*pl* **profundities**) *n fml* profundidad *f*.

profuse [prə'fjuːs] *adj* - **1.** [abundant] profuso(sa). - **2.** [generous] pródigo(ga); **he was ~ in his compliments** se prodigaba en cumplidos.

profusely [prə'fjuːslɪ] *adv* profusamente.

profusion [prə'fjuːʒn] *n* profusión *f*.

progenitor [prəʊ'dʒenɪtə'] *n fml* - **1.** [ancestor] antepasado *m*, -da *f*. - **2.** [originator] progenitor *m*, padre *m*.

progeny ['prɒdʒənɪ] (*pl* **progenies**) *n* progenie *f*.

progesterone [prə'dʒestərəʊn] *n* progesterona *f*.

prognosis [prɒg'nəʊsɪs] (*pl* **prognoses** [-siːz]) *n* pronóstico *m*.

prognostic [prɒg'nɒstɪk] *n* - **1.** MED pronóstico *m*. - **2.** *fml* [sign, forecast] augurio *m*.

prognostication [prɒg,nɒstɪ'keɪʃn] *n* pronóstico *m*.

program ['prəʊgræm] (*pt & pp* **programmed** OR **programed**, *cont* **programming** OR **programing**) ◇ *n* - **1.** COMPUT programa *m*. - **2.** *Am* = **programme**. ◇ *vt* - **1.** COMPUT programar. - **2.** *Am* = **programme**. ◇ *vi* COMPUT programar.

programer *n Am* = **programmer**.

programmable [prəʊ'græməbl] *adj* programable.

programme *Br*, **program** *Am* ['prəʊgræm] ◇ *n* programa *m*. ◇ *vt*: **to ~ sthg (to do sthg)** programar algo (para que haga algo).

programmed learning ['prəʊgræmd-] *n* enseñanza *f* programada.

programme music *n* música *f* de programa.

programme notes *npl* THEATRE notas *fpl* del programa (de mano).

programmer *Br*, **programer** *Am* ['prəʊgræmə'] *n* COMPUT programador *m*, -ra *f*.

programming ['prəʊgræmɪŋ] *n* programación *f*.

programming language *n* lenguaje *m* de programación.

progress [*n* 'prəʊgres, 'prɒgres, *vb* prə'gres] ◇ *n* - **1.** [gen] progreso *m*; **in ~** en curso; **to make ~** hacer progresos. - **2.** [forward movement] avance *m*. ◇ *vi* - **1.** [gen] progresar; [pupil etc] hacer progresos. - **2.** [move forward] avanzar. - **3.** [move on]: **to ~ to sthg** pasar a algo.

progression [prə'greʃn] *n* - **1.** [development] evolución *f*. - **2.** [series] sucesión *f*. - **3.** MATH & MUS progresión *f*.

progressive [prə'gresɪv] ◇ *adj* - **1.** [enlightened] progresista. - **2.** [gradual] progresivo(va). - **3.** GRAMM & MED progresivo(va). ◇ *n* POL progresista *mf*.

progressively [prə'gresɪvlɪ] *adv* progresivamente.

progress report *n* [on work, project] informe *m* sobre el desarrollo del trabajo; [on patient] parte *m* médico.

prohibit [prə'hɪbɪt] *vt* prohibir; **to ~ sb from doing sthg** prohibirle a alguien hacer algo.

prohibition [,prəʊɪ'bɪʃn] *n* prohibición *f*.

◆ **Prohibition** *n Am* HIST la ley seca, la prohibición.

prohibitionist [,prəʊɪ'bɪʃənɪst] *n* prohibicionista *mf*.

prohibitive [prə'hɪbətɪv] *adj* prohibitivo(va).

prohibitively [prə'hɪbətɪvlɪ] *adv*: **~ expensive** a un precio prohibitivo.

project [*n* 'prɒdʒekt, *vb* prə'dʒekt] ◇ *n* - **1.** [plan, idea] proyecto *m*. - **2.** SCH: **~ (on)** estudio *m* OR trabajo *m* (sobre). ◇ *vt* - **1.** [gen] proyectar; **try to ~ yourself into the future** intenta imaginarte en el futuro. - **2.** [statistic, costs] calcular, estimar. - **3.** [company, person] dar una imagen de; [image] proyectar. ◇ *vi* PSYCH proyectarse.

projected [prə'dʒektɪd] *adj* - **1.** [planned] planeado(da); **they are opposed to the ~ building scheme** se oponen al proyecto de construcción. - **2.** [forecast] previsto(ta).

projectile [prə'dʒektaɪl] *n* proyectil *m*.

projecting [prə'dʒektɪŋ] *adj* [roof, balcony etc] saliente, salidizo(za).

projection [prə'dʒekʃn] *n* - **1.** [gen] proyección *f*. - **2.** [protrusion] saliente *m*. - **3.** [estimate] cálculo *m*, estimación *f*.

projectionist [prə'dʒekʃənɪst] *n* operador *m*, -ra *f*, proyeccionista *mf*.

projection room *n* cabina *f* de proyecciones.

project manager ['prɒdʒekt-] *n* [gen] jefe *m*, -fa *f* de proyecto; CONSTR jefe *m*, -fa *f* de obra.

projector [prə'dʒektə'] *n* proyector *m*.

prole [prəʊl] *inf pej* ◇ *adj* proletario(ria). ◇ *n* proletario *m*, -ria *f*.

proletarian [,prəʊlɪ'teərɪən] ◇ *adj* proletario(ria). ◇ *n* proletario *m*, -ria *f*.

proletariat [,prəʊlɪ'teərɪət] *n* proletariado *m*.

pro-life ['prəʊ'laɪf] *adj* antiabortista, pro-vida.

proliferate [prə'lɪfəreɪt] *vi* proliferar.

proliferation [prə,lɪfə'reɪʃn] *n* proliferación *f*.

prolific [prə'lɪfɪk] *adj* prolífico(ca).

prolix ['prəʊlɪks] *adj fml* prolijo(ja).

prologue, prolog *Am* ['prəʊlɒg] *n* prólogo *m*; **to be the** OR **a ~ to sthg** *fig* ser el prólogo a algo.

prolong [prə'lɒŋ] *vt* prolongar.

prolongation [,prəʊlɒŋ'geɪʃn] *n* prolongación *f*.

prolonged [prə'lɒŋd] *adj* prolongado(da).

prom [prɒm] *n* - **1.** *written abbr of* **promenade concert**. - **2.** *Br inf* (*abbr of* **promenade**) [road by sea] paseo *m* marítimo. - **3.** *Am* [ball] baile *m* de gala (en la escuela).

◆ **proms** *npl inf* festival anual de conciertos de música clásica celebrado en el Royal Albert Hall de Londres.

promenade [,prɒmə'nɑːd] ◇ *n* - **1.** *Br* [by sea] paseo *m* marítimo. - **2.** *fml* [walk] paseo *m*. ◇ *vi fml* pasear. ◇ *vt fml* pasear, sacar a dar un paseo.

promenade concert *n Br* concierto sinfónico en donde parte del público está de pie.

promenade deck *n* cubierta *f* de paseo.

Promethean [prə'miːθjən] *adj* prometeico(ca).

Prometheus [prə'miːθɪəs] *n* MYTH Prometeo *m*.

promethium [prə'miːθɪəm] *n* prometio *m*.

prominence ['prɒmɪnəns] *n* - **1.** [importance] importancia *f*. - **2.** [conspicuousness] prominencia *f*.

USAGE ▶ Prohibition

No pases ahora; se está cambiando.
Aquí no se puede cantar.
Si quieres fumar, tienes que irte a otra habitación.
¿No ha visto usted que está prohibido aparcar en esta esquina?
Te prohíbo que lo vuelvas a hacer, ¿entendido?
Hazme caso y no entres ahí.
Ni se te ocurra acercarte a ese perro.

▶ *more formally:*
Me es imposible permitirle entrar aquí. Lo siento, pero no depende de mí.
No debe usted ir allí bajo ningún pretexto.
Queda terminantemente prohibido subir al vagón en marcha.
'Prohibido el paso'.
'No fumar, bajo multa de cinco mil pesetas'.

prominent ['prɒmɪnənt] *adj* - **1.** [important] destacado(da), importante. - **2.** [conspicuous] prominente.

prominently ['prɒmɪnəntlɪ] *adv* de forma destacada.

promiscuity [ˌprɒmɪ'skjuːətɪ] *n* promiscuidad *f*.

promiscuous [prɒ'mɪskjʊəs] *adj* promiscuo(cua).

promise ['prɒmɪs] ◇ *n* promesa *f*; **to break one's** ~ romper (uno) su promesa, faltar (uno) a su palabra; **to keep one's** ~ mantener OR cumplir (uno) su promesa; **to make (sb) a** ~ hacer una promesa (a alguien); **to show** ~ prometer, ser prometedor(ra). ◇ *vt*: **to** ~ **(to do sthg)** prometer (hacer algo); **to** ~ **sb sthg** prometer a alguien algo. ◇ *vi*: **I** ~ te lo prometo.

Promised Land ['prɒmɪst-] *n* BIBLE & *fig*: **the** ~ la Tierra Prometida.

promising ['prɒmɪsɪŋ] *adj* prometedor(ra).

promisingly ['prɒmɪsɪŋlɪ] *adv* de un modo prometedor.

promisor ['prɒmɪsəʳ] *n* prometedor *m*, -ra *f*.

promissory note ['prɒmɪsərɪ-] *n* pagaré *m*.

promo ['prəʊməʊ] (*pl* **promos**) (*abbr of* **promotion**) *n inf* film *m* promocional.

promontory ['prɒməntrɪ] (*pl* **promontories**) *n* promontorio *m*.

promotable [prə'məʊtəbl] *adj* promocionable, digno(na) de ascenso.

promote [prə'məʊt] *vt* - **1.** [foster] fomentar, promover. - **2.** [push, advertise] promocionar. - **3.** [in job]: **to** ~ **sb (to sthg)** ascender a alguien (a algo). - **4.** SPORT: **to be** ~**d** subir.

promoter [prə'məʊtəʳ] *n* - **1.** [organizer] organizador *m*, -ra *f*. - **2.** [supporter] promotor *m*, -ra *f*.

promotion [prə'məʊʃn] *n* - **1.** [in job] ascenso *m*; **to get** OR **be given** ~ conseguir un ascenso. - **2.** [advertising] promoción *f*. - **3.** [campaign] campaña *f* de promoción. - **4.** [fostering] fomento *m*. - **5.** SPORT ascenso *m*.

promotional [prə'məʊʃənl] *adj* [material] promocional, publicitario(ria).

prompt [prɒmpt] ◇ *adj* - **1.** [quick] rápido(da), inmediato(ta). - **2.** [punctual] puntual. ◇ *adv* en punto. ◇ *vt* - **1.** [motivate]: **to** ~ **sb (to do sthg)** inducir OR impulsar a alguien (a hacer algo). - **2.** [encourage]: **to** ~ **sb (to do sthg)** animar a alguien (a hacer algo). - **3.** THEATRE apuntar. ◇ *n* THEATRE [line] apunte *m*.

prompter ['prɒmptəʳ] *n* apuntador *m*, -ra *f*.

prompting ['prɒmptɪŋ] *n* - **1.** [persuasion] persuasión *f*, incitación *f*; **she needed no** ~ no se hizo de rogar; **at his mother's** ~, **he wrote a letter of thanks** a instancias de su madre, escribió una carta de agradecimiento. - **2.** THEATRE: **some actors need frequent** ~ algunos necesitan acudir al apuntador con frecuencia.

promptly ['prɒmptlɪ] *adv* - **1.** [reply, react, pay] inmediatamente, rápidamente. - **2.** [arrive, leave] puntualmente.

promptness ['prɒmptnɪs] *n* - **1.** [of reply, reaction, payment] rapidez *f*. - **2.** [of arrival, departure] puntualidad *f*.

promulgate ['prɒmlgeɪt] *vt* promulgar.

promulgation [ˌprɒml'geɪʃn] *n* promulgación *f*.

promulgator ['prɒmlgeɪtəʳ] *n* promulgador *m*, -ra *f*.

prone [prəʊn] *adj* - **1.** [susceptible]: **to be** ~ **to sthg/to do sthg** ser propenso(sa) a algo/a hacer algo. - **2.** [lying flat] boca abajo.

prong [prɒŋ] *n* diente *m*, punta *f*.

pronged [prɒŋd] *adj* dentado(da).

pronghorn ['prɒŋhɔːn] (*pl inv* OR **pronghorns**) *n* ciervo *m* norteamericano.

pronominal [prə'nɒmɪnl] *adj* pronominal.

pronoun ['prəʊnaʊn] *n* pronombre *m*.

pronounce [prə'naʊns] ◇ *vt* - **1.** [gen] pronunciar. - **2.** [declare] declarar; **to** ~ **sentence** dictar sentencia. ◇ *vi*: **to** ~ **on sthg** pronunciarse sobre algo.

pronounced [prə'naʊnst] *adj* pronunciado(da), marcado(da).

pronouncement [prə'naʊnsmənt] *n* declaración *f*.

pronouncing dictionary [prə'naʊnsɪŋ-] *n* diccionario *m* fonético.

pronto ['prɒntəʊ] *adv inf* en el acto, inmediatamente.

pronunciation [prəˌnʌnsɪ'eɪʃn] *n* pronunciación *f*.

proof [pruːf] ◇ *n* - **1.** [gen & TYPO] prueba *f*; **the** ~ **of the pudding is in the eating** *proverb* por la muestra se conoce el paño *proverb*; ~ **of purchase** ticket *m* de compra. - **2.** [of alcohol]: **to be 10%** ~ tener 10 grados. ◇ *adj* [secure]: ~ **against** a prueba de.

proof positive *n* prueba *f* concluyente.

proofread ['pruːfriːd] (*pt & pp* **proofread** [-red]) *vt* corregir las pruebas (de imprenta) de.

proofreader ['pruːfˌriːdəʳ] *n* corrector *m*, -ra *f* de pruebas.

proofreading ['pruːfˌriːdɪŋ] *n* corrección *f* de pruebas.

prop [prɒp] (*pt & pp* **propped**, *cont* **propping**) ◇ *n* - **1.** [physical support] puntal *m*, apoyo *m*; [in pit] entibo *m*. - **2.** *fig* [supporting thing, person] sostén *m*. - **3.** RUGBY pilar *m*. - **4.** *inf* [propeller] hélice *f*. ◇ *vt* - **1.** [lean]: **to** ~ **sthg on** OR **against sthg** apoyar algo contra algo. - **2.** [wall, tunnel] apuntalar; [in pit] entibar; **to** ~ **sthg open** mantener algo abierto.

◆ **props** *npl* accesorios *mpl*, atrezzo *m*.

◆ **prop up** *vt sep* - **1.** [physically support] apuntalar. - **2.** *fig* [sustain] apoyar, sostener.

Prop. *written abbr of* **proprietor**.

propaganda [ˌprɒpə'gændə] *n* propaganda *f*.

propagandist [ˌprɒpə'gændɪst] *n* propagandista *mf*.

propagandistic [ˌprɒpəgæn'dɪstɪk] *adj* propagandístico(ca).

propagandize, -ise [ˌprɒpə'gændaɪz] ◇ *vt* hacer propaganda de. ◇ *vi* hacer propaganda.

propagate ['prɒpəgeɪt] ◇ *vt* propagar. ◇ *vi* propagarse.

propagation [ˌprɒpə'geɪʃn] *n* propagación *f*.

propagator ['prɒpəgeɪtəʳ] *n* - **1.** [gen] propagador *m*, -ra *f*. - **2.** BOT & AGR semillero *m*.

propane ['prəʊpeɪn] *n* propano *m*.

propel [prə'pel] (*pt & pp* **propelled**, *cont* **propelling**) *vt* propulsar, impulsar.

propellant, propellent [prə'pelənt] ◇ *n* [for rocket] propulsor *m*; [for gun] carga *f* de proyección. ◇ *adj* propulsor(ra).

propeller [prə'peləʳ] *n* hélice *f*.

propelling pencil [prə'pelɪŋ-] *n Br* portaminas *m inv*.

propensity [prə'pensətɪ] (*pl* **propensities**) *n fml*: ~ **(for** OR **towards sthg)** propensión *f* (a algo); **to have a** ~ **to do sthg** tener propensión a hacer algo.

proper ['prɒpəʳ] *adj* - **1.** [real] de verdad. - **2.** [correct - gen] correcto(ta); [- time, place, equipment] adecuado(da), apropiado(da); **to do the** ~ **thing** OR **what is** ~ hacer lo que es debido or correcto. - **3.** [as emphasis]: **a** ~ **idiot** *inf* un perfecto idiota. - **4.** (*after noun*) [itself] mismo(ma); **he lives outside the city** ~ vive fuera de lo que es la ciudad en sí OR misma. - **5.** *fml* [characteristic]: ~ **to** propio(pia) de.

properly ['prɒpəlɪ] *adv* - **1.** [satisfactorily, correctly] bien. - **2.** [decently] correctamente. - **3.** [strictly] propiamente; ~ **speaking** propiamente dicho (propiamente dicha).

proper noun, proper name *n* nombre *m* propio.

propertied ['prɒpətɪd] *adj fml* adinerado(da); **a** ~ **gentleman** un hombre de posición.

property ['prɒpətɪ] (*pl* **properties**) *n* - **1.** [gen] propiedad *f*; **a man of** ~ un hombre de posibles. - **2.** [estate] finca *f*. - **3.** *fml* [house] inmueble *m*.

property developer *n* empresa *f* constructora.

property man *n* THEATRE encargado *m* de atrezzo.

property mistress *n* THEATRE encargada *f* de atrezzo.

property owner *n* propietario *m*, -ria *f* de un inmueble.

property tax *n* impuesto *m* sobre los bienes raíces.

prophecy ['prɒfɪsɪ] (*pl* **prophecies**) *n* profecía *f*.

prophesy ['prɒfɪsaɪ] (*pt & pp* **prophesied**) *vt* profetizar.

prophet ['prɒfɪt] *n* profeta *mf*.

prophetess ['prɒfɪtɪs] *n* profetisa *f*.
prophetic [prə'fetɪk] *adj* profético(ca).
prophetically [prə'fetɪklɪ] *adv* proféticamente.
prophylactic [ˌprɒfɪ'læktɪk] ◇ *adj* profiláctico(ca). ◇ *n* - **1.** [drug] medicamento *m* profiláctico. - **2.** [condom] preservativo *m*, profiláctico *m*.
prophylaxis [ˌprɒfɪ'læksɪs] *n* profilaxis *f inv*.
propinquity [prə'pɪŋkwətɪ] *n fml* - **1.** [in space, time] proximidad *f*. - **2.** [in kinship] cercanía *f* (de parentesco).
propitiate [prə'pɪʃɪeɪt] *vt* aplacar, propiciar.
propitiation [prəˌpɪʃɪ'eɪʃn] *n fml* aplacamiento *m*, apaciguamiento *m*.
propitiatory [prə'pɪʃɪətrɪ] *adj* propiciatorio(ria).
propitious [prə'pɪʃəs] *adj fml* propicio(cia).
proponent [prə'pəʊnənt] *n* partidario *m*, -ria *f*, defensor *m*, -ra *f*.
proportion [prə'pɔːʃn] *n* - **1.** [part] parte *f*. - **2.** [ratio, comparison] proporción *f*; **in** ~ en proporción; **in** ~ **to** en proporción a; **out of** ~ desproporcionado(da); **out of all** ~ **(to)** totalmente desproporcionado (totalmente desproporcionada) (con relación a); **to get things out of** ~ *fig* sacar las cosas (fuera) de quicio; **sense of** ~ *fig* sentido *m* de la medida.
proportional [prə'pɔːʃənl] *adj*: ~ **(to)** proporcional (a), en proporción (a).
proportionally [prə'pɔːʃnəlɪ] *adv* proporcionalmente.
proportional representation *n* representación *f* proporcional.
proportionate [prə'pɔːʃnət] *adj*: ~ **(to)** proporcional (a).
proportionately [prə'pɔːʃnətlɪ] *adv* proporcionadamente, en proporción.
proposal [prə'pəʊzl] *n* - **1.** [plan, suggestion] propuesta *f*. - **2.** [offer of marriage] proposición *f*.
propose [prə'pəʊz] ◇ *vt* - **1.** [suggest] proponer; [motion] presentar. - **2.** [intend]: **to** ~ **doing** OR **to do sthg** tener la intención de hacer algo. ◇ *vi* - **1.** [make offer of marriage] declararse; **to** ~ **to sb** pedir la mano de alguien. - **2.** *phr*: **man** ~**s, God disposes** *proverb* el hombre propone y Dios dispone *proverb*.
proposed [prə'pəʊzd] *adj* propuesto(ta).
proposer [prə'pəʊzə'] *n* - **1.** [of motion] proponente *mf*, autor *m*, -ra *f*. - **2.** [of candidate] padrino *m*, madrina *f*.
proposition [ˌprɒpə'zɪʃn] ◇ *n* - **1.** [statement of theory] proposición *f*. - **2.** [suggestion] propuesta *f*; **to make sb a** ~ hacer una propuesta a alguien. ◇ *vt* hacer proposiciones deshonestas a.
propound [prə'paʊnd] *vt fml* exponer, plantear.
proprietary [prə'praɪətrɪ] *adj fml* - **1.** [brand name] registrado(da). - **2.** [possessive] posesivo(va).
proprietor [prə'praɪətə'] *n* propietario *m*, -ria *f*.
proprietorship [prə'praɪətəʃɪp] *n* (derecho *m* de) propiedad *f*.
proprietress [prə'praɪətrɪs] *n* propietaria *f*.
propriety [prə'praɪətɪ] *n* (U) *fml* - **1.** [moral correctness] propiedad *f*. - **2.** [rightness] conveniencia *f*, oportunidad *f*.
◆ **proprieties** *npl* convenciones *fpl*.
propulsion [prə'pʌlʃn] *n* propulsión *f*.
propyl ['prəʊpɪl] *n* propilo *m*.
propylene ['prɒpɪliːn] *n* propileno *m*.
pro rata [ˌprəʊ'rɑːtə] *adj & adv* a prorrata.
prorate ['prəʊreɪt] *vt* prorratear.
prosaic [prəʊ'zeɪɪk] *adj* prosaico(ca).
prosaically [prəʊ'zeɪɪklɪ] *adv* prosaicamente.
Pros. Atty *written abbr of* **prosecuting attorney**.
proscenium [prə'siːnjəm] (*pl* **proscenia** [-nɪə] OR **prosceniums**) *n*: ~ **(arch)** proscenio *m*.
proscribe [prəʊ'skraɪb] *vt fml* proscribir.
proscriber [prəʊ'skraɪbə'] *n* proscriptor *m*, -ra *f*.
proscription [prəʊ'skrɪpʃn] *n fml* proscripción *f*.

prose [prəʊz] ◇ *n* - **1.** (U) LITER prosa *f*. - **2.** SCH traducción *f* inversa. ◇ *comp* en prosa.
prosecute ['prɒsɪkjuːt] ◇ *vt* - **1.** JUR procesar, enjuiciar; **to be** ~**d for** ser procesado(da) por. - **2.** *fml* [pursue] profundizar en. ◇ *vi* - **1.** [bring a charge] entablar una acción judicial. - **2.** [represent in court] representar al demandante.
prosecuting attorney ['prɒsɪkjuːtɪŋ-] *n Am* ≃ fiscal *mf*.
prosecution [ˌprɒsɪ'kjuːʃn] *n* - **1.** [act of charging, criminal charge] procesamiento *m*. - **2.** [lawyers]: **the** ~ la acusación (pública).
prosecutor ['prɒsɪkjuːtə'] *n esp Am* [lawyer] fiscal *mf*; [person bringing case] demandante *mf*, querellante *mf*.
proselyte ['prɒsəlaɪt] *n fml* prosélito *m*, -ta *f*.
proselytism ['prɒsəlɪtɪzm] *n* proselitismo *m*.
proselytize, -ise ['prɒsəlɪtaɪz] *vi fml* hacer proselitismo.
prose poem *n* poema *m* en prosa.
prosody ['prɒsədɪ] *n* prosodia *f*, métrica *f*.
prospect [*n* 'prɒspekt, *vb* prə'spekt] ◇ *n* - **1.** [impending event, situation] perspectiva *f*. - **2.** [possibility] posibilidad *f*; **there's little** ~ **of that happening** hay pocas posibilidades de que eso ocurra. - **3.** [customer] posible cliente *m*, posible clienta *f*; [candidate] posible candidato *m*, posible candidata *f*. - **4.** [view] vista *f*, panorámica *f*. ◇ *vi*: **to** ~ **(for)** hacer prospecciones (de).
◆ **prospects** *npl* [chances of success]: ~**s (for)** perspectivas *fpl* OR expectativas *fpl* (de); **to have** ~**s** tener futuro OR porvenir.
prospecting [prə'spektɪŋ] *n* (U) prospecciones *fpl*.
prospective [prə'spektɪv] *adj* - **1.** [possible] posible. - **2.** [future] futuro(ra).
prospector [prə'spektə'] *n* prospector *m*, -ra *f*.
prospectus [prə'spektəs] (*pl* **prospectuses**) *n* prospecto *m*, folleto *m* informativo.
prosper ['prɒspə'] *vi* prosperar.
prosperity [prɒ'sperətɪ] *n* prosperidad *f*.
prosperous ['prɒspərəs] *adj* próspero(ra).
prostate (gland) ['prɒsteɪt-] *n* próstata *f*.
prosthesis [prɒs'θiːsɪs] (*pl* **prostheses** [-siːz]) *n* prótesis *f inv*.
prosthetic [prɒs'θetɪk] *adj* protésico(ca).
prostitute ['prɒstɪtjuːt] ◇ *n* prostituta *f*; **male** ~ prostituto *m*. ◇ *vt lit & fig* prostituir; **to** ~ **o.s.** prostituirse.
prostitution [ˌprɒstɪ'tjuːʃn] *n* prostitución *f*.
prostrate [*adj* 'prɒstreɪt, *vb* prɒ'streɪt] ◇ *adj* postrado(da). ◇ *vt*: **to** ~ **o.s. (before sb)** postrarse (ante alguien).
prostration [prɒ'streɪʃn] *n* postración *f*.
prostyle ['prəʊstaɪl] *adj* próstilo(la).
prosy ['prəʊzɪ] (*compar* **prosier**, *superl* **prosiest**) *adj* [dull] tedioso(sa), aburrido(da).
protactinium [ˌprəʊtæk'tɪnɪəm] *n* protactinio *m*.
protagonist [prə'tægənɪst] *n* - **1.** *fml* [supporter] partidario *m*, -ria *f*, defensor *m*, -ra *f*. - **2.** [main character] protagonista *mf*.
protean [prəʊ'tiːən] *adj literary* proteico(ca).
protect [prə'tekt] *vt*: **to** ~ **sthg/sb (against/from)** proteger algo/a alguien (contra/de).
protected [prə'tektɪd] *adj* protegido(da); ~ **species** especie *f* protegida.
protection [prə'tekʃn] *n*: ~ **(against/from)** protección *f* (contra/de).
protectionism [prə'tekʃənɪzm] *n* proteccionismo *m*.
protectionist [prə'tekʃənɪst] *adj* proteccionista.
protection money *n* dinero *m* pagado a cambio de protección.
protection racket *n* chantaje *m*, extorsión *f* (*ofreciendo protección a cambio de dinero*).
protective [prə'tektɪv] *adj* protector(ra); **to feel** ~ **towards sb** tener sentimientos protectores hacia alguien.
protective custody *n* detención *f* preventiva.

protectively [prə'tektɪvlɪ] *adv* [behave, act] de modo protector, protectoramente; [speak] con tono protector.

protectiveness [prə'tektɪvnɪs] *n* sentimiento *m* protector.

protector [prə'tektə'] *n* protector *m*, -ra *f*.

protectorate [prə'tektərət] *n* protectorado *m*.

◆ **Protectorate** *n* HIST: **the** ~ el Protectorado.

protégé ['prəʊtɪˌʒeɪ] *n* protegido *m*.

protégée ['prəʊtɪˌʒeɪ] *n* protegida *f*.

protein ['prəʊtiːn] *n* proteína *f*.

pro tem [ˌprəʊ'tem], **pro tempore** ['prəʊ'tempərɪ] ◇ *adv* temporalmente. ◇ *adj* temporal.

protest [*n* 'prəʊtest, *vb* prə'test] ◇ *n* - **1.** [gen] protesta *f*; **to do sthg under** ~ hacer (uno) algo contra su voluntad. - **2.** COMM & JUR protesto *m*. ◇ *vt* - **1.** [state] manifestar, aseverar. - **2.** *Am* [oppose] protestar en contra de. ◇ *vi*: **to** ~ (**about/against/at**) protestar (por/en contra de/por).

Protestant ['prɒtɪstənt] ◇ *adj* protestante; **the** ~ (**work**) **ethic** la ética protestante (del trabajo). ◇ *n* protestante *mf*.

Protestantism ['prɒtɪstəntɪzm] *n* protestantismo *m*.

protestation [ˌprɒte'steɪʃn] *n* fml proclamación *f*.

protester [prə'testə'] *n* manifestante *mf*.

protest march ['prəʊtest-] *n* manifestación *f*.

protocol ['prəʊtəkɒl] *n* protocolo *m*.

protomorphic [ˌprəʊtəʊ'mɔːfɪk] *adj* protomórfico(ca).

proton ['prəʊtɒn] *n* protón *m*.

protoplasm ['prəʊtəplæzm] *n* protoplasma *m*.

prototype ['prəʊtətaɪp] *n* prototipo *m*.

protozoan [ˌprəʊtə'zəʊən] (*pl* **protozoans** OR **protozoa** [-'zəʊə]) *n* protozoo *m*.

protract [prə'trækt] *vt* prolongar.

protracted [prə'træktɪd] *adj* prolongado(da).

protractile [prə'træktaɪl] *adj* protáctil.

protraction [prə'trækʃn] *n* prolongación *f*.

protractor [prə'træktə'] *n* - **1.** GEOM transportador *m*. - **2.** ANAT músculo *m* extensor.

protrude [prə'truːd] ◇ *vi*: **to** ~ (**from**) sobresalir (de). ◇ *vt* sacar.

protruding [prə'truːdɪŋ] *adj* [ledge] saliente; [chin] prominente; [ribs] marcado(da); [eyes] saltones; [teeth] salidos, protuberantes; [belly] protuberante.

protrusion [prə'truːʒn] *n* [ledge] saliente *m*.

protrusive [prə'truːsɪv] *adj* sobresaliente, saliente.

protuberance [prə'tjuːbərəns] *n* protuberancia *f*.

protuberant [prə'tjuːbərənt] *adj* fml protuberante.

proud [praʊd] ◇ *adj* - **1.** [gen]: ~ (**of**) orgulloso(sa) (de); **we are** ~ **to present this concert** tenemos el honor de presentarles este concierto. - **2.** *pej* [arrogant] soberbio(bia), arrogante. - **3.** *literary* [stately - tree, mountain, bearing] grandioso(sa), majestuoso(sa); [- stallion] brioso(sa). ◇ *adv inf*: **to do sb** ~ [entertain lavishly] tratar a alguien a cuerpo de rey; [honour] honrar a alguien.

proudly ['praʊdlɪ] *adv* - **1.** [with satisfaction] orgullosamente. - **2.** *pej* [arrogantly] arrogantemente.

Proustian ['pruːstjən] *adj* proustiano(na).

provable ['pruːvəbl] *adj* demostrable.

prove [pruːv] (*pp* **proved** OR **proven** ['pruːvn]) ◇ *vt* - **1.** [show to be true] probar, demostrar; **events** ~**d her right** los acontecimientos le dieron la razón; **I** ~**d him wrong** demostré que estaba equivocado. - **2.** [show oneself to be]: **to** ~ (**to be**) **sthg** demostrar (ser) algo; **to** ~ **o.s. to be sthg** resultar ser algo; **to** ~ **o.s.** demostrar (uno) sus cualidades. - **3.** MATH hacer la prueba a, comprobar. ◇ *vi* [turn out] resultar; **it** ~**d difficult** resultó difícil.

proven ['pruːvn] ◇ *pp* → **prove**. ◇ *adj* probado(da); **a verdict of not** ~ *Scot* un auto de sobreseimiento por falta de pruebas.

provenance ['prɒvənəns] *n* procedencia *f*, origen *m*.

Provençal [ˌprɒvɒn'sɑːl] ◇ *adj* provenzal. ◇ *n* - **1.** [person] provenzal *mf*. - **2.** [language] provenzal *m*.

Provence [prɒ'vɑːns] *n* Provenza.

provender ['prɒvɪndə'] *n* fml - **1.** [fodder] forraje *m*. - **2.** [food] comida *f*.

proverb ['prɒvɜːb] *n* refrán *m*, proverbio *m*.

proverbial [prə'vɜːbjəl] *adj* proverbial.

proverbially [prə'vɜːbjəlɪ] *adv* proverbialmente, notoriamente.

provide [prə'vaɪd] *vt* proporcionar, proveer; **to** ~ **sb with sthg** proporcionar a alguien algo; **to** ~ **sthg for sb** ofrecer algo a alguien.

◆ **provide for** *vt fus* - **1.** [support] mantener. - **2.** fml [make arrangements for] prevenir, tomar medidas para. - **3.** [subj: contract, law] estipular, disponer.

provided [prə'vaɪdɪd] ◆ **provided (that)** *conj* con tal (de) que, a condición de que.

providence ['prɒvɪdəns] *n* providencia *f*.

provident ['prɒvɪdənt] *adj* [foresighted] previsor(ra); [thrifty] ahorrativo(va).

providential [ˌprɒvɪ'denʃl] *adj fml* providencial.

providently ['prɒvɪdəntlɪ] *adv* precavidamente, prevenidamente.

provident society *n Br* mutua *f*, mutualidad *f*.

provider [prə'vaɪdə'] *n* proveedor *m*, -ra *f*.

providing [prə'vaɪdɪŋ] ◆ **providing (that)** *conj* = **provided**.

province ['prɒvɪns] *n* - **1.** [part of country, diocese] provincia *f*. - **2.** [field - of activity] campo *m*, esfera *f*; [- of responsibility] competencia *f*.

◆ **provinces** *npl*: **in the** ~**s** en provincias.

provincial [prə'vɪnʃl] ◇ *adj* - **1.** [of a province] provincial. - **2.** *pej* [narrow-minded] provinciano(na). ◇ *n* - **1.** *pej* [narrow-minded person] provinciano *m*, -na *f*. - **2.** RELIG provincial *m*.

provincialism [prə'vɪnʃəlɪzm] *n pej* provincianismo *m*.

proving ground ['pruːvɪŋ-] *n* campo *m* de pruebas.

provision [prə'vɪʒn] ◇ *n* - **1.** [act of supplying, supply] suministro *m*. - **2.** (U) [arrangement]: **to make** ~ **for** [eventuality, future] tomar medidas para; [one's family] asegurar el porvenir de. - **3.** [in agreement, law] disposición *f*, cláusula *f*. ◇ *vt* abastecer, proveer.

◆ **provisions** *npl* [supplies] provisiones *fpl*, víveres *mpl*.

provisional [prə'vɪʒənl] *adj* provisional.

Provisional IRA *n*: **the** ~ el IRA Provisional.

provisional licence *n Br* carné *m* de conducir provisional.

provisionally [prə'vɪʒnəlɪ] *adv* provisionalmente.

proviso [prə'vaɪzəʊ] (*pl* **provisos**) *n* condición *f*; **with the** ~ **that...** con la condición de que...

provisory [prə'vaɪzərɪ] *adj* [conditional] condicional.

Provo ['prəʊvəʊ] (*pl* **Provos**) (*abbr of* **Provisional**) *n inf*: **the** ~**s** los provisionales del IRA.

provocation [ˌprɒvə'keɪʃn] *n* provocación *f*.

provocative [prə'vɒkətɪv] *adj* - **1.** [controversial] provocador(ra). - **2.** [sexy] provocativo(va).

provocatively [prə'vɒkətɪvlɪ] *adv* - **1.** [controversially] provocadoramente. - **2.** [sexily] provocativamente.

provoke [prə'vəʊk] *vt* provocar; **to** ~ **sb to do sthg** incitar a alguien a que haga algo.

provoking [prə'vəʊkɪŋ] *adj* [person, behaviour] provocador(ra); [situation] fastidioso(sa), irritante.

provost ['prɒvəst] *n* - **1.** *Br* [head of college] rector *m*, -ra *f*. - **2.** *Scot* [head of town council] ≃ alcalde *m*, -desa *f*.

prow [praʊ] *n* proa *f*.

prowess ['praʊɪs] *n* (U) fml proezas *fpl*.

prowl [praʊl] ◇ *n*: **on the** ~ merodeando. ◇ *vt* merodear por. ◇ *vi* merodear.

prowl car *n Am* coche *m* patrulla.

prowler ['praʊlə'] *n* merodeador *m*, -ra *f*.

proximate ['prɒksɪmɪt] *adj* próximo(ma).

proximity [prɒk'sɪmətɪ] *n fml* proximidad *f*; **in close** ~ **to** muy cerca de; **in the** ~ **of** en las proximidades de.

proxy ['prɒksɪ] (*pl* **proxies**) *n* [person] representante *mf*, apoderado *m*, -da *f*; [authorization] poder *m*; **by** ~ por poderes.

proxy vote *n* voto *m* por poderes.

Prozac® ['prəʊzæk] *n* Prozac® *m*.

prude [pruːd] *n* mojigato *m*, -ta *f*.

prudence ['pruːdns] *n fml* prudencia *f*.

prudent ['pruːdnt] *adj* prudente.

prudential [prʊ'denʃl] *adj* prudencial.

prudently ['pruːdntlɪ] *adv* prudentemente.

prudery ['pruːdərɪ] *n* mojigatería *f*, gazmoñería *f*.

prudish ['pruːdɪʃ] *adj* mojigato(ta).

prune [pruːn] ◇ *n* - **1**. [fruit] ciruela *f* pasa. - **2**. *Br inf* [fool] bobo *m*, -ba *f*. ◇ *vt* - **1**. [hedge, tree] podar. - **2**. *fig* [text] acortar, aligerar; [budget] recortar.

pruning ['pruːnɪŋ] *n* - **1**. [of hedge, tree] poda *f*; [of branches] poda *f*. - **2**. *fig* [of budget, staff] recorte *m*.

pruning hook *n* podadera *f*.

pruning knife *n* podadera *f*.

prurient ['prʊərɪənt] *adj fml* lascivo(va).

Prussia ['prʌʃə] *n* Prusia.

Prussian ['prʌʃn] ◇ *adj* prusiano(na). ◇ *n* prusiano *m*, -na *f*.

prussic acid ['prʌsɪk-] *n* ácido *m* prúsico.

pry [praɪ] (*pt & pp* **pried**) ◇ *vi* fisgonear, curiosear; **to** ~ **into sthg** entrometerse en algo. ◇ *vt Am* = **prise**.

prying ['praɪɪŋ] *adj* fisgón(ona), entrometido(da).

PS (*abbr of* **postscript**) *n* P.D.

psalm [sɑːm] *n* salmo *m*.

◆ **Psalms** *npl*: **(the Book of) Psalms** (el libro de los) Salmos.

psalmbook ['sɑːmbʊk] *n* salterio *m*.

psalmist ['sɑːmɪst] *n* salmista *mf*.

psalmody ['sælmədɪ] *n* salmodia *f*.

Psalter ['sɔːltə'] *n* salterio *m*.

PSBR *n written abbr of* **public sector borrowing requirement**.

pseud [sjuːd] *n Br inf* intelectualoide *mf*.

pseudo ['sjuːdəʊ] *adj inf* falso(sa).

pseudo- ['sjuːdəʊ] *prefix* pseudo-, seudo-.

pseudonym ['sjuːdənɪm] *n* pseudónimo *m*, seudónimo *m*.

pseudonymous [sjuː'dɒnɪməs] *adj* pseudónimo(ma), seudónimo(ma).

pseudoscience [sjuːdəʊ'saɪens] *n* pseudociencia *f*, seudociencia *f*.

psi (*abbr of* **pounds per square inch**) *libras por pulgada cuadrada*.

psilocybin [ˌsɪlə'saɪbɪn] *n* silocibina *f*.

psoriasis [sʊ'raɪəsɪs] *n* soriasis *f inv*.

psst [pst] *excl* ¡pss!

PST (*abbr of* **Pacific Standard Time**) *hora oficial de la costa oeste de EE UU*.

PSV *n written abbr of* **public service vehicle**.

psych [saɪk] ◆ **psych up** *vt sep inf* mentalizar; **to** ~ **o.s. up (for sthg)** mentalizarse (para algo).

psyche ['saɪkɪ] *n* psique *f*.

psychedelia [ˌsaɪkə'diːlɪə] *n* psicodelia *f*.

psychedelic [ˌsaɪkɪ'delɪk] *adj* psicodélico(ca).

psychiatric [ˌsaɪkɪ'ætrɪk] *adj* psiquiátrico(ca).

psychiatric nurse *n* enfermero psiquiátrico *m*, enfermera psiquiátrica *f*.

psychiatrist [saɪ'kaɪətrɪst] *n* psiquiatra *mf*.

psychiatry [saɪ'kaɪətrɪ] *n* psiquiatría *f*.

psychic ['saɪkɪk] ◇ *adj* - **1**. [clairvoyant] clarividente. - **2**. [mental] psíquico(ca). ◇ *n* médium *mf*.

psycho ['saɪkəʊ] (*pl* **psychos**) *inf* ◇ *n* psicópata *mf*. ◇ *adj* psicopático(ca).

psychoanalyse, -yze *Am* [ˌsaɪkəʊ'ænəlaɪz] *vt* psicoanalizar.

psychoanalysis [ˌsaɪkəʊə'næləsɪs] *n* psicoanálisis *m inv*.

psychoanalyst [ˌsaɪkəʊ'ænəlɪst] *n* psicoanalista *mf*.

psychoanalytic(al) [ˌsaɪkəʊæn̪ə'lɪtɪkl] *adj* psicoanalítico(ca).

psychodrama ['saɪkəʊˌdrɑːmə] *n* psicodrama *m*.

psychological [ˌsaɪkə'lɒdʒɪkl] *adj* psicológico(ca).

psychological block *n* bloqueo *m* psicológico.

psychologically [ˌsaɪkə'lɒdʒɪklɪ] *adv* psicológicamente.

psychological warfare *n (U)* guerra *f* psicológica.

psychologist [saɪ'kɒlədʒɪst] *n* psicólogo *m*, -ga *f*.

psychology [saɪ'kɒlədʒɪ] *n* psicología *f*.

psychometrics [ˌsaɪkə'metrɪks] *n (U)* psicometría *f*.

psychopath ['saɪkəpæθ] *n* psicópata *mf*.

psychopathic [ˌsaɪkə'pæθɪk] *adj* [person] psicópata; [disorder, personality] psicopático(ca).

psychopathology [ˌsaɪkəʊpə'θɒlədʒɪ] *n* psicopatología *f*.

psychopathy [saɪ'kɒpəθɪ] *n* psicopatía *f*.

psychosis [saɪ'kəʊsɪs] (*pl* **psychoses** [-siːz]) *n* psicosis *f inv*.

psychosomatic [ˌsaɪkəʊsə'mætɪk] *adj* psicosomático(ca).

psychotherapist [ˌsaɪkəʊ'θerəpɪst] *n* psicoterapeuta *mf*.

psychotherapy [ˌsaɪkəʊ'θerəpɪ] *n* psicoterapia *f*.

psychotic [saɪ'kɒtɪk] ◇ *adj* psicótico(ca). ◇ *n* psicótico *m*, -ca *f*.

pt - **1**. *written abbr of* **pint**. - **2**. TYPO *written abbr of* **point**.

Pt. (*written abbr of* **Point**) [on map] Pta.

PT *n written abbr of* **physical training**.

PTA (*abbr of* **parent-teacher association**) *n* asociación de padres de alumnos, ≃ APA *f*.

ptarmigan ['tɑːmɪgən] (*pl inv* OR **ptarmigans**) *n* perdiz *f* blanca OR nival.

Pte. *written abbr of* **Private**.

pterodactyl [ˌterə'dæktɪl] *n* pterodáctilo *m*.

PTO ◇ *n Am* (*abbr of* **parent-teacher organization**) asociación de padres de alumnos, ≃ APA. ◇ (*abbr of* **please turn over**) sigue.

Ptolemy ['tɒləmɪ] *n* Tolomeo *m*.

ptomaine poisoning ['təʊmeɪn-] *n* envenenamiento *m* por tomaína.

PTV - **1**. (*abbr of* **pay television**) televisión de pago. - **2**. *written abbr of* **public television**.

pub [pʌb] (*abbr of* **public house**) *n* pub *m* (británico).

pub. *written abbr of* **published**.

pub-crawl *n Br*: **to go on a** ~ ir de bar en bar.

puberty ['pjuːbətɪ] *n* pubertad *f*.

pubes ['pjuːbiːz] (*pl inv*) ◇ *pl* → **pubis**. ◇ *n* [region, bones] pubis *m inv*; [hair] vello *m* púbico.

pubescence [pjuː'besns] *n* pubescencia *f*.

pubescent [pjuː'besnt] *adj* pubescente.

pubic ['pjuːbɪk] *adj* púbico(ca); ~ **hair** vello *m* púbico.

pubis ['pjuːbɪs] (*pl* **pubes** [-biːz]) *n* pubis *m inv*.

public ['pʌblɪk] ◇ *adj* público(ca); **to be** ~ **knowledge** ser del dominio público; **to make sthg** ~ hacer público algo; **to go** ~ COMM constituirse en sociedad anónima (con cotización en Bolsa). ◇ *n* público *m*; **in** ~ en público.

public access channel *n Am* canal de televisión por cable al que pueden tener acceso los particulares para realizar sus propios programas.

public-address system *n* (sistema *m* de) megafonía *f*.

publican ['pʌblɪkən] *n Br* patrón *m*, -ona *f* de un 'pub'.

public assistance *n Am* beneficencia *f* pública.

publication [ˌpʌblɪ'keɪʃn] *n* publicación *f*.

public bar *n Br* en ciertos bares y hoteles, bar de sencilla decoración con precios más bajos que los del 'saloon bar'.

public baths *npl* baños *mpl* públicos.

public company *n* sociedad *f* anónima (con cotización en Bolsa).

public convenience *n Br* aseos *mpl* públicos.

public defender *n* [in US] abogado defensor *m*, abogada defensora *f* de oficio OR del Estado.

public domain *n* dominio *m* público.

public domain software *n* software *m* de gran consumo.

public enemy *n* enemigo *m* público.

public footpath *n* *Br* sendero *m* público.

public gallery *n* tribuna *f* OR galería *f* del público.

public health *n* salud *f* pública; **~ hazard** peligro *m* para la salud pública; **~ inspector** inspector *m*, -ra *f* de sanidad; **the ~ authorities** las autoridades sanitarias.

public holiday *n* fiesta *f* nacional.

public house *n* *Br fml* pub *m* (británico).

public housing *n* (U) *Am* viviendas *fpl* sociales OR de protección oficial.

public inquiry *n* investigación *f* oficial; **to hold a ~** emprender una investigación oficial.

publicist ['pʌblɪsɪst] *n* publicista *mf*.

publicity [pʌb'lɪsɪtɪ] ◇ *n* publicidad *f*. ◇ *comp* publicitario(ria).

publicity stunt *n* truco *m* publicitario.

publicize, -ise ['pʌblɪsaɪz] *vt* divulgar.

public lavatory *n* *Br* aseos *mpl* públicos.

public library *n* biblioteca *f* pública.

public limited company *n* sociedad *f* anónima (con cotización en Bolsa).

publicly ['pʌblɪklɪ] *adv* públicamente.

public money *n* (U) fondos *mpl* públicos.

public nuisance *n* - **1.** [act] alteración *f* del orden público; **the pub's late opening hours were creating a ~** el horario de apertura del pub perturbaba el descanso de los vecinos. - **2.** [person] persona que altera el orden público.

public office *n* cargo *m* público.

public official *n* funcionario *m*, -ria *f*.

public opinion *n* (U) opinión *f* pública.

public ownership *n* propiedad *f* del Estado.

public prosecutor *n* fiscal *mf* del Estado.

public purse *n*: **the ~** el Tesoro (público).

Public Record Office *n* Archivos *mpl* Nacionales.

public relations ◇ *n* relaciones *fpl* públicas. ◇ *comp*: **~ exercise** operación *f* de relaciones públicas.

public relations officer *n* agente *mf* de relaciones públicas.

public school *n* - **1.** *Br* [private school] colegio *m* privado. - **2.** *Am* [state school] escuela *f* pública.

public schoolboy *n* *Br* alumno *m* de un colegio privado.

public schoolgirl *n* *Br* alumna *f* de un colegio privado.

public sector *n* sector *m* público.

public sector borrowing requirement *n* requerimientos *mpl* de préstamos del sector público.

public servant *n* funcionario *m*, -ria *f*.

public service *n* *Br* - **1.** [civil service] funcionariado *m*, función *f* pública. - **2.** [amenity] servicio *m* público.

◆ **public-service** *adj*: **a public-service message** OR **announcement** RADIO & TV un comunicado.

Public-Service Commission *n* *Am* comisión que regula el funcionamiento de las empresas privadas que prestan servicios públicos.

public-service corporation *n* *Am* empresa privada que presta un servicio público.

public service vehicle *n* *Br* vehículo *m* de servicio público.

public speaker *n* orador *m*, -ra *f*.

public speaking *n* oratoria *f*, arte *m* de hablar en público.

public spending *n* (U) gasto *m* público.

public spirit *n* civismo *m*.

public-spirited *adj* con sentido cívico.

public television *n* *Am* televisión *f* pública.

public transport *n* transporte *m* público.

public utility *n* - **1.** [amenity] servicio *m* público. - **2.** *Am* [company] empresa privada que proporciona un servicio público bajo supervisión gubernamental.

public works *npl* obras *fpl* públicas.

publish ['pʌblɪʃ] ◇ *vt* - **1.** [gen] publicar; **~ed by** publicado(da) OR editado(da) por. - **2.** [make known] hacer público(ca). ◇ *vi* publicar.

publishable ['pʌblɪʃəbl] *adj* publicable.

publisher ['pʌblɪʃəʳ] *n* [person] editor *m*, -ra *f*; [firm] editorial *f*.

publishing ['pʌblɪʃɪŋ] *n* (U) industria *f* OR sector *m* editorial.

publishing company, **publishing house** *n* (casa *f*) editorial *f*.

pub lunch *n* almuerzo servido en un 'pub'.

puce [pjuːs] *adj* de color morado oscuro.

puck [pʌk] *n* disco *m* (en hockey sobre hielo).

pucker ['pʌkəʳ] ◇ *vt* fruncir, arrugar. ◇ *vi* fruncirse, arrugarse. ◇ *n* arruga *f*.

◆ **pucker up** *vi* = **pucker**.

puckish ['pʌkɪʃ] *adj* travieso(sa), juguetón(ona).

pudding ['pudɪŋ] *n* - **1.** [sweet] budín *m*, pudin *m*; [savoury] pastel *m*. - **2.** (U) *Br* [course] postre *m*.

pudding basin, **pudding bowl** *n* *Br* budinera *f*.

pudding stone *n* GEOL pudinga *f*.

puddle ['pʌdl] ◇ *n* charco *m*. ◇ *vt* [clay] mezclar, amasar.

puddling ['pʌdlɪŋ] *n* pudelado *m*.

pudendum [pjuː'dendəm] *n*, **pudenda** [pjuː'dendə] *npl fml* partes *fpl* pudendas.

pudgy ['pʌdʒɪ] *adj* = **podgy**.

Pueblo ['pwebləu] *n* [person] pueblo *mf*, miembro de alguna de las tribus amerindias que viven en pueblos al sudoeste de EE UU.

puerile ['pjuəraɪl] *adj fml* pueril.

puerperal [pjuː'ɜːpərəl] *adj* puerperal.

Puerto Rican [,pwɜːtəʊ'riːkən] ◇ *adj* puertorriqueño(ña). ◇ *n* puertorriqueño *m*, -ña *f*.

Puerto Rico [,pwɜːtəʊ'riːkəʊ] *n* Puerto Rico.

puff [pʌf] ◇ *n* - **1.** [of cigarette, pipe] calada *f*, chupada *f*, pitada *f Amér*. - **2.** [gasp] jadeo *m*, resoplido *m*. - **3.** [of air] soplo *m*; [of smoke] bocanada *f*; [of wind] soplido *m*. - **4.** [for make-up] borla *f*. - **5.** [pastry] buñuelo *m*. - **6.** *inf* [exaggerated praise] bombo *m*. ◇ *vt* - **1.** [smoke] dar caladas a, pitar *Amér*. - **2.** [emit, expel] soplar, echar bocanadas de. ◇ *vi* - **1.** [smoke]: **to ~ at** OR **on** dar caladas a. - **2.** [pant] jadear, resoplar. - **3.** [blow] soplar.

◆ **puff out** *vt sep* [cheeks, chest] hinchar; [feathers] ahuecar.

◆ **puff up** *vi* hincharse. ◇ *vt sep* hinchar.

puff adder *n* especie de víbora silbadora africana.

puffball ['pʌfbɔːl] *n* bejín *m*, pedo *m* de lobo.

puffed [pʌft] *adj Br inf* [out of breath]: **~ (out)** jadeante.

puffed sleeve *n* manga *f* ablusada.

puffed-up *adj* - **1.** [swollen] hinchado(da). - **2.** [conceited] engreído(da).

puffer ['pʌfəʳ] *n* [fish] pez *m* globo, pez *m* erizo.

puffery ['pʌfərɪ] *n* bombo *m*, propaganda *f*.

puffin ['pʌfɪn] *n* frailecillo *m*.

puffiness ['pʌfɪnɪs] *n* hinchazón *f*.

puff pastry, **puff paste** *Am n* hojaldre *m*.

puff sleeve *n* = **puffed sleeve**.

puffy ['pʌfɪ] (compar **puffier**, superl **puffiest**) *adj* hinchado(da).

pug [pʌg] *n* [dog] doguillo *m*.

pugilism ['pjuːdʒɪlɪzm] *n* literary pugilismo *m*.

pugilist ['pjuːdʒɪlɪst] *n* literary púgil *m*, pugilista *m*.

pugnacious [pʌg'neɪʃəs] *adj fml* pugnaz, belicoso(sa).

pugnacity [pʌg'næsətɪ] *n fml* pugnacidad *f*, belicosidad *f*.

pug nose *n* nariz *f* respingona.

pug-nosed [-nəʊzd] *adj* [face, person] de nariz respingona; **to be** ~ tener la nariz respingona.

puke [pjuːk] *v inf* ◇ *vi* devolver, echar la papilla. ◇ *n* papilla *f*, vomitona *f*.

pukka ['pʌkə] *adj Br dated & hum* - **1.** [genuine] auténtico(ca), genuino(na). - **2.** [done well] correcto(ta); [excellent] excelente, de primera. - **3.** [socially acceptable] como Dios manda, correcto(ta).

pulchritude ['pʌlkrɪtjuːd] *n fml* belleza *f*.

pule [pjuːl] *vi* gimotear, quejarse.

pull [pʊl] ◇ *vt* - **1.** [gen] tirar de; [trigger] apretar; **I ~ed the drawer open** abrí el cajón tirando de él; ~ **the knot tight** aprieta bien el nudo; **he ~ed the sheets off the bed** quitó las sábanas de la cama ❑ **to ~ sthg to bits OR pieces** poner algo por los suelos, destrozar algo; ~ **the other one (it's got bells on)!** *Br inf* ¡venga ya!, ¡a otro perro con ese hueso! - **2.** [tooth, cork] sacar, extraer. - **3.** [muscle] sufrir un tirón en. - **4.** [attract] atraer. - **5.** [gun] sacar y apuntar. - **6.** *inf* [bring off] marcarse, hacer; **to ~ a fast one on sb** jugarle una mala pasada a alguien. - **7.** [rowing boat] hacer avanzar remando. - **8.** [in golf]: **to ~ a shot** lanzar un tiro muy desviado. - **9.** TYPO [proofs] sacar, tirar. ◇ *vi* - **1.** [gen] tirar. - **2.** [row] remar. - **3.** [go, move]: **he ~ed into the right-hand lane** se metió en el carril de la derecha; **the truck ~ed up the slope** el camión avanzaba cuesta arriba. ◇ *n* - **1.** [tug with hand] tirón *m*. - **2.** [of machine, gravity, current] fuerza *f*. - **3.** *(U)* [influence] influencia *f*. - **4.** [climb] subida *f*. - **5.** [at cigarette, pipe] chupada *f*; [at bottle] trago *m*, tiento *m*; **to take a ~ at** OR **on** [cigarette] dar una calada a; [bottle] dar un tiento a.

◆ **pull ahead** *vi*: **to ~ ahead (of)** adelantar (a).

◆ **pull apart** *vt sep* - **1.** [machine etc] desmontar. - **2.** [essay, theory] echar por tierra.

◆ **pull around** *vt sep* [make turn] dar la vuelta a.

◆ **pull at** *vt fus* - **1.** [tug] dar tirones de. - **2.** [cigarette, pipe] dar una chupada a; [bottle] dar un tiento a.

◆ **pull away** *vi* - **1.** [from roadside] alejarse (de la acera). - **2.** [in race] despegarse.

◆ **pull back** *vi* retroceder, retirarse.

◆ **pull down** *vt sep* - **1.** [building] derribar. - **2.** *Am* = **pull in** *vt sep sense 2)*.

◆ **pull in** ◇ *vi* [train] pararse (en el andén); [car] parar. ◇ *vt sep* - **1.** [attract] atraer. - **2.** *inf* [earn] sacar, ganar. - **3.** *inf* [arrest] detener. - **4.** [stomach] contraer, encoger.

◆ **pull off** *vt sep* - **1.** [clothes] quitarse rápidamente. - **2.** [succeed in] conseguir llevar a cabo.

◆ **pull on** *vt sep* [clothes] ponerse. ◇ *vt fus* = **pull at** *sense 2*.

◆ **pull out** ◇ *vt sep* - **1.** [tooth, nail] sacar; [weeds] arrancar, quitar. - **2.** [troops, contestant] retirar. ◇ *vi* - **1.** [vehicle] alejarse (de la acera); [train] salir; **a truck ~ed out in front of me** un camión se me puso delante. - **2.** [withdraw] retirarse. - **3.** AERON: **to ~ out of a dive** nivelarse tras descender. - **4.** [recover]: **to ~ out of a recession** salir de una recesión.

◆ **pull over** *vi* AUT hacerse a un lado.

◆ **pull through** ◇ *vi* recobrarse, reponerse. ◇ *vt sep* ayudar a salir OR recuperarse de.

◆ **pull to** *vt sep* [shut] cerrar.

◆ **pull together** ◇ *vt sep*: **to ~ o.s. together** calmarse, serenarse. ◇ *vi fig* cooperar, aunar fuerzas.

◆ **pull up** ◇ *vt sep* - **1.** [move closer] acercar. - **2.** [weeds] arrancar, quitar; [floorboards] levantar, quitar. - **3.** [stop]: **to ~ sb up short** parar a alguien en seco. - **4.** *Br inf* [rebuke] regañar, reñir. ◇ *vi* - **1.** [stop] parar, detenerse. - **2.** [draw level] ponerse a la misma altura.

pullback ['pʊlbæk] *n* MIL retirada *f*.

pulldown ['pʊldaʊn] *adj* [bench, counter] plegable; ~ **menu** COMPUT menú *m* desplegable OR de bajada; ~ **seat** asiento *m* plegable OR abatible.

pullet ['pʊlɪt] *n* polla *f* (de menos de un año).

pulley ['pʊlɪ] (*pl* **pulleys**) *n* polea *f*.

pull-in *n Br* [café] café *m* OR restaurante *m* de carretera.

Pullman ['pʊlmən] (*pl* **Pullmans**) *n* - **1.** [sleeping car]: ~ **(carriage** OR **car)** coche *m* cama, coche *m* pullman. - **2.** [train] tren *m* expreso [con literas].

pullout ['pʊlaʊt] ◇ *n* - **1.** [magazine supplement] suplemento *m*. - **2.** MIL retirada *f*. - **3.** AERON restablecimiento *m*. ◇ *adj*: ~ **bed** cama *f* plegable *(en armario)*.

pullover ['pʊlˌəʊvəʳ] *n* jersey *m*.

pull tab *n* [on can] anilla *f*.

pullulate ['pʌljʊleɪt] *vi fml* pulular.

pull-up *n* - **1.** SPORT ejercicio *m* de tracción *(en anillas o barras paralelas)*; **to do ~s** hacer ejercicios de barra, anillas etc. - **2.** *Br* = **pull-in**.

pulmonary ['pʌlmənərɪ] *adj* pulmonar.

pulp [pʌlp] ◇ *adj* [novel etc] de pacotilla. ◇ *n* - **1.** [soft mass] papilla *f*. - **2.** [of fruit] pulpa *f*. - **3.** [of wood] pasta *f* de papel. ◇ *vt* [books] reducir a pasta de papel.

pulpit ['pʊlpɪt] *n* púlpito *m*.

pulpwood ['pʌlpwʊd] *n* madera *f* para pasta de papel.

pulpy ['pʌlpɪ] (*compar* **pulpier**, *superl* **pulpiest**) *adj* - **1.** [fruit, tissue] carnoso(sa), pulposo(sa). - **2.** *inf pej* [novel, magazine] sensacionalista.

pulsar ['pʌlsɑːʳ] *n* púlsar *m*.

pulsate [pʌl'seɪt] *vi* [heart] palpitar, latir; [music, room] vibrar.

pulsation [pʌl'seɪʃn] *n* [of heart] latido *m*; [of arteries] pulsación *f*.

pulse [pʌls] ◇ *n* - **1.** [in body - heart rate] pulso *m*; [- single throb] pulsación *f*, latido *m*; **to take sb's ~** tomarle el pulso a alguien. - **2.** TECH impulso *m*. - **3.** [vibration] vibración *f*. - **4.** BOT [plant] (planta *f*) leguminosa *f*. ◇ *vi* [blood, vein] latir; [music, room] vibrar.

◆ **pulses** *npl* [food] legumbres *fpl*.

pulsejet ['pʌlsdʒet] *n* pulsorreactor *m*.

pulverize, -ise ['pʌlvəraɪz] *vt lit & fig* pulverizar.

puma ['pjuːmə] (*pl inv* OR **pumas**) *n* puma *m*.

pumice (stone) ['pʌmɪs-] *n* piedra *f* pómez.

pummel ['pʌml] (*Br pt & pp* **pummelled**, *cont* **pummelling**, *Am pt & pp* **pummeled**, *cont* **pummeling**) *vt* aporrear.

pump [pʌmp] ◇ *n* - **1.** [machine] bomba *f*. - **2.** [for petrol] surtidor *m*. ◇ *vt* - **1.** [convey by pumping] bombear. - **2.** *inf* [invest]: **to ~ money into sthg** meter dinero en algo. - **3.** *inf* [interrogate] sonsacar; **to ~ sb for information** sonsacarle información a alguien. - **4.** [move up and down] mover de arriba abajo. ◇ *vi* [heart] latir.

◆ **pumps** *npl* [shoes] zapatillas *fpl* de tenis.

◆ **pump out** *vt sep* [liquid, gas] bombear.

◆ **pump up** *vt sep* inflar.

pumped(up) ['pʌmpt(ʌp)] *adj Am inf* [excited] supercontento(ta como unas castañuelas; [before race, match] mentalizado(da.

pumpernickel ['pʌmpənɪkl] *n* pan *m* integral de centeno.

pumping ['pʌmpɪŋ] *n* bombeo *m*.

pumping station *n* [building] estación *f* de bombeo; [machinery] maquinaria *f* de bombeo.

pumpkin ['pʌmpkɪn] *n* calabaza *f*.

pumpkin pie *n pastel de calabaza que constituye el postre tradicional de la cena de acción de gracias en EE UU.*

pump room *n* pabellón *m* de hidroterapia.

pun [pʌn] (*pt & pp* **punned**, *cont* **punning**) ◇ *n* juego *m* de palabras. ◇ *vi* hacer juegos de palabras.

punch [pʌntʃ] ◇ *n* - **1.** [blow] puñetazo *m*; **to pack a hard ~** tener un puño de hierro, pegar duro; **to pull one's ~es** [boxer] no pegar a fondo; *fig* [hold back] andarse con paños calientes. - **2.** [for holes - in leather etc] punzón *m*; [- in tickets] máquina *f* para picar billetes; [- in paper] perforadora *f*. - **3.** [drink] ponche *m*. - **4.** [effectiveness - in boxing] pegada *f*; [- of speech, cartoon, play] garra *f*, fuerza *f*. ◇ *vt* - **1.** [hit] dar un puñetazo a, trompear *Amér*. - **2.** [ticket] picar; [metal, leather] taladrar, perforar. - **3.** [hole] perforar.

◆ **punch in** *vi Am* fichar (a la entrada).

◆ **punch out** *vi Am* fichar (a la salida).

Punch-and-Judy show *n* teatro de guiñol para niños con personajes arquetípicos y representado normalmente en la playa.

punch bag ['pʌntʃ,bæg], **punch ball**, **punching bag** *Am* ['pʌntʃɪŋ-] *n* punching ball *m*.

punch bowl *n* ponchera *f*.

punch-drunk *adj* grogui.

punch(ed) card [pʌntʃ(t)-] *n* tarjeta *f* perforada.

punching bag *n Am* = **punch bag**.

punch line *n* remate *m* (de un chiste).

punch press *n* prensa *f* troqueladora.

punch-up *n Br inf* pelea *f*.

punchy ['pʌntʃi] (*compar* **punchier**, *superl* **punchiest**) *adj inf* efectista, resultón(ona).

punctilious [pʌŋk'tɪliəs] *adj fml* puntilloso(sa).

punctual ['pʌŋktʃuəl] *adj* puntual.

punctuality [pʌŋktʃu'æləti] *n* puntualidad *f*.

punctually ['pʌŋktʃuəli] *adv* puntualmente.

punctuate ['pʌŋktʃueɪt] *vt* - **1**. GRAMM puntuar. - **2**. [interrupt]: **to be ~d by** OR **with** ser interrumpido(da) por.

punctuation [pʌŋktʃu'eɪʃn] *n* puntuación *f*.

punctuation mark *n* signo *m* de puntuación.

puncture ['pʌŋktʃəʳ] ◇ *n* [in tyre, ball, balloon] pinchazo *m*; [in skin] punción *f*. ◇ *vt* - **1**. [tyre, ball, balloon] pinchar, ponchar *Amér*. [skin] hacer una punción en. - **2**. [perforate] perforar. - **3**. *fig* [pride, self-esteem] rebajar. ◇ *comp*: **~ repair kit** juego *m* de reparación de pinchazos.

puncture wound *n* punción *f*.

pundit ['pʌndɪt] *n* lumbrera *f*, experto *m*, -ta *f*.

pungency ['pʌndʒənsɪ] *n* - **1**. [of smell] fuerza *f*; [of taste] picante *m*. - **2**. *fig* [of wit, remark] mordacidad *f*.

pungent ['pʌndʒənt] *adj* - **1**. [smell] penetrante, fuerte; [taste] picante. - **2**. *fig* [wit, remark] mordaz.

Punic ['pjuːnɪk] *adj* púnico(ca); **the ~ Wars** las guerras púnicas.

punish ['pʌnɪʃ] *vt*: **to ~ sb (for sthg/for doing sthg)** castigar a alguien (por algo/por haber hecho algo).

punishable ['pʌnɪʃəbl] *adj* castigable, sancionable.

punishing ['pʌnɪʃɪŋ] *adj* trabajoso(sa), penoso(sa).

punishment ['pʌnɪʃmənt] *n* - **1**. [for crime] castigo *m*; **to make the ~ fit the crime** administrar un justo castigo acorde con el delito. - **2**. [severe treatment]: **to take a lot of ~** sufrir estragos.

punitive ['pjuːnətɪv] *adj* punitivo(va).

Punjab [pʌn'dʒɑːb] *n*: **the ~** el Punjab.

Punjabi [pʌn'dʒɑːbɪ] ◇ *adj* punjabí. ◇ *n* - **1**. [person] punjabí *mf*. - **2**. [language] punjabí *m*.

punk [pʌŋk] ◇ *adj* - **1**. [music, fashion] punk. - **2**. *Am inf* [worthless] sin mérito. ◇ *n* - **1**. [music]: **~ (rock)** punk *m*. - **2**. [person]: **~ (rocker)** punk *mf*, punki *mf*. - **3**. *Am inf* [lout] gamberro *m*.

punnet ['pʌnɪt] *n Br* cajita *f* (para fresas etc).

punster ['pʌnstəʳ] *n* aficionado *m*, -da *f* a los juegos de palabras.

punt [pʌnt] ◇ *n* - **1**. [boat] batea *f*. - **2**. SPORT [kick] patada *f* (sin dejar botar), despeje *m*. ◇ *vt* - **1**. [boat] conducir (con pértiga). - **2**. SPORT [ball] dar una patada a (sin dejar botar), despejar. ◇ *vi* [in boat] navegar en batea.

punter ['pʌntəʳ] *n Br* - **1**. [gambler] apostante *mf*. - **2**. *inf* [customer] cliente *m*, -ta *f*, parroquiano *m*, -na *f*.

punty ['pʌntɪ] (*pl* **punties**) *n* puntel *m*.

puny ['pjuːnɪ] (*compar* **punier**, *superl* **puniest**) *adj* [person, limbs] enclenque, raquítico(ca); [effort] penoso(sa), lamentable.

pup [pʌp] (*pt & pp* **pupped**, *cont* **pupping**) ◇ *n* - **1**. [young dog] cachorro *m*. - **2**. [young seal, otter] cría *f*. - **3**. *inf* [youth] mocoso *m*, -sa *f*. ◇ *vi* parir cachorros.

pupa ['pjuːpə] (*pl* **pupas** OR **pupae** [-piː]) *n* crisálida *f*.

pupil ['pjuːpl] *n* - **1**. [student] alumno *m*, -na *f*. - **2**. [follower] pupilo *m*, -la *f*. - **3**. [of eye] pupila *f*.

puppet ['pʌpɪt] *n lit & fig* títere *m*.

puppeteer [pʌpɪ'tɪəʳ] *n* titiritero *m*, -ra *f*.

puppet government *n* gobierno *m* títere.

puppetry ['pʌpɪtrɪ] *n* arte *m* del titiritero.

puppet show *n* teatro *m* de títeres.

puppy ['pʌpɪ] (*pl* **puppies**) *n* cachorro *m*.

puppy fat *n inf* gordura *f* infantil.

puppy love *n* amor *m* de adolescentes OR de juventud.

pup tent *n* pequeña tienda *f* de campaña.

purblind ['pɜːblaɪnd] *adj* cegato(ta).

purchase ['pɜːtʃəs] ◇ *n* - **1**. *fml* [act of buying, thing bought] compra *f*, adquisición *f*. - **2**. [grip] asidero *m*, agarre *m*. ◇ *vt fml* comprar, adquirir.

purchase order *n* orden *f* de compra.

purchase price *n* precio *m* de compra.

purchaser ['pɜːtʃəsəʳ] *n* comprador *m*, -ra *f*.

purchase tax *n Br* impuesto *m* sobre la venta.

purchasing power ['pɜːtʃəsɪŋ-] *n* poder *m* adquisitivo.

purdah ['pɜːdə] *n* práctica musulmana de mantener a las mujeres alejadas del contacto con los hombres.

pure [pjʊəʳ] *adj* puro(ra).

purebred ['pjʊəbred] *adj* de pura sangre.

puree ['pjʊəreɪ] ◇ *n* puré *m*. ◇ *vt* hacer puré.

purely ['pjʊəlɪ] *adv* puramente.

pureness ['pjʊənɪs] *n* pureza *f*.

purgation [pɜː'geɪʃn] *n* purgación *f*.

purgative ['pɜːgətɪv] ◇ *n* purgante *m*. ◇ *adj* purgativo(va), purgante.

purgatory ['pɜːgətrɪ] *n (U) hum* [suffering] purgatorio *m*.
◆ **Purgatory** *n* [place] Purgatorio *m*.

purge [pɜːdʒ] ◇ *n* - **1**. POL purga *f*. - **2**. MED purga *f*, purgante *m*. ◇ *vt*: **to ~ sthg (of)** purgar algo (de).

purification [pjʊərɪfɪ'keɪʃn] *n* [gen] purificación *f*; [of water, oil] depuración *f*.

purifier ['pjʊərɪfaɪəʳ] *n* [for water] depurador *m*; [for air, atmosphere] purificador *m*.

purify ['pjʊərɪfaɪ] (*pt & pp* **purified**) *vt* [gen] purificar; [water, oil] depurar.

purism ['pjʊərɪzm] *n* purismo *m*.

purist ['pjʊərɪst] *n* purista *mf*.

puritan ['pjʊərɪtən] ◇ *adj* puritano(na). ◇ *n* puritano *m*, -na *f*.

puritanical [pjʊərɪ'tænɪkl] *adj pej* puritano(na).

purity ['pjʊərətɪ] *n* pureza *f*.

purl [pɜːl] ◇ *n (U)*: **~ (stitch)** punto *m* del revés. ◇ *vt & vi* tejer con punto del revés.

purlieus ['pɜːljuːz] *npl literary* inmediaciones *fpl*, alrededores *mpl*.

purloin [pɜː'lɔɪn] *vt fml & hum* hurtar.

purple ['pɜːpl] ◇ *adj* - **1**. [in colour] morado(da). - **2**. [prose] recargado(da). ◇ *n* - **1**. [colour] (color *m*) morado *m*. - **2**. [dye, cloth] púrpura *f*.

purple patch, **purple passage** *n* pasaje *m* grandilocuente (en un texto).

purport [*vb* pə'pɔːt, *n* 'pɜːpɔːt] *fml* ◇ *vi*: **to ~ to do/be sthg** pretender hacer/ser algo. ◇ *n* significación *f*.

purported [pə'pɔːtɪd] *adj* supuesto(ta).

purportedly [pə'pɔːtɪdlɪ] *adv fml* pretendidamente.

purpose ['pɜːpəs] *n* - **1**. [gen] propósito *m*; **for tax ~s** a efectos fiscales; **for the ~ of** con el objeto de; **for the ~s of** a efectos de; **for all practical ~s** a fin de cuentas, prácticamente a todos los efectos; **to good ~** de manera eficaz, con buen fin; **to have a ~ in life** tener una meta en la vida; **to little ~** para poco; **to no ~** en vano; **it will serve the ~** servirá para el caso; **it serves no ~** carece de sentido; **~ of visit** objeto *m* de la visita. - **2**. [determination] resolución *f*;

to have a sense of ~ haber encontrado un sentido a la vida. ◇ *vt literary* proponerse, tener intención de.

◆ **on purpose** *adv* a propósito, adrede.

purpose-built *adj* especialmente construido (especialmente construida).

purposeful ['pɜːpəsful] *adj* resuelto(ta), decidido(da).

purposefully ['pɜːpəsfulɪ] *adv* [for a reason] intencionadamente; [determinedly] resueltamente.

purposeless ['pɜːpəslɪs] *adj* - **1.** [life] sin objetivo. - **2.** [act] inútil. - **3.** [violence] gratuito(ta).

purposely ['pɜːpəslɪ] *adv* adrede, intencionadamente.

purposive ['pɜːpəsɪv] *adj* intencional, deliberado(da).

purr [pɜːʳ] ◇ *n* - **1.** [of cat] ronroneo *m*. - **2.** [of engine] zumbido *m*. ◇ *vi* - **1.** [cat, person] ronronear. - **2.** [engine, machine] zumbar.

purse [pɜːs] ◇ *n* - **1.** [for money] monedero *m*. - **2.** *Am* [handbag] bolso *m*. - **3.** SPORT [prize money] bolsa *f*. ◇ *vt* fruncir (con desagrado).

purser ['pɜːsəʳ] *n* contador *m*, -ra *f*.

purse snatcher *n Am* ladrón *m*, -ona *f* que roba dando el tirón.

purse strings *npl*: **to hold the** ~ administrar el dinero.

pursuance [pə'sjuəns] *n fml* cumplimiento *m*, ejecución *f*.

pursuant [pə'sjuənt] ◆ **pursuant to** *prep fml* según, de acuerdo con.

pursue [pə'sjuː] *vt* - **1.** [follow] perseguir. - **2.** *fml* [policy] llevar a cabo; [aim, pleasure etc] ir en pos de, buscar; [topic, question] profundizar en; [hobby, studies] dedicarse a.

pursuer [pə'sjuːəʳ] *n* perseguidor *m*, -ra *f*.

pursuit [pə'sjuːt] *n* - **1.** (*U*) *fml* [attempt to achieve] búsqueda *f*. - **2.** [chase] persecución *f*; **in** ~ **of** en persecución de; **in hot** ~ (**of**) pisando los talones a. - **3.** [occupation, activity] ocupación *f*; **leisure** ~ pasatiempo *m*. - **4.** SPORT [cycle race] persecución *f*.

purulence ['pjʊərʊləns] *n* purulencia *f*.

purulent ['pjʊərʊlənt] *adj* purulento(ta).

purvey [pə'veɪ] *vt fml* proveer, abastecer.

purveyance [pə'veɪəns] *n* abastecimiento *m*, suministro *m*.

purveyor [pə'veɪəʳ] *n fml* proveedor *m*, -ra *f*.

purview ['pɜːvjuː] *n* - **1.** *fml* [scope] ámbito *m*, alcance *m*. - **2.** JUR alcance *m* de un estatuto.

pus [pʌs] *n* pus *m*.

push [pʊʃ] ◇ *vt* - **1.** [shove] empujar; **to** ~ **sthg into sthg** meter algo en algo; **to** ~ **sthg open/shut** abrir/cerrar algo empujándolo; **to** ~ **sb out of the way** apartar a alguien de un empujón; **to** ~ **one's way** abrirse paso a empujones. - **2.** [press] apretar, pulsar. - **3.** [encourage]: **to** ~ **sb** (**to do sthg**) empujar a alguien (a hacer algo). - **4.** [force]: **to** ~ **sb** (**into doing sthg**) obligar a alguien (a hacer algo); **to** ~ **o.s.** obligarse; **their coach doesn't** ~ **them hard enough** su entrenador no les exige lo suficiente; **I won't be** ~**ed!** ¡a mí nadie me obliga!; **when I** ~**ed her, she admitted it** cuando le apreté las tuercas terminó reconociéndolo; **it will** ~ **inflation higher** hará que suba aún más la inflación; **I'll try to arrive by 7 p.m. but it's** ~**ing it a bit** *inf* intentaré estar allí antes de las 7 de la tarde, pero va a ser un poco justo. - **5.** *inf* [promote] promocionar. - **6.** *drugs sl* pasar, vender. - **7.** *inf* [approach]: **to be** ~**ing 40** tener casi 40 años; **it's** ~**ing five** son casi las cinco. ◇ *vi* - **1.** [press forward] empujar; [on button] apretar, pulsar. - **2.** [move past]: **to** ~ **through** abrirse paso (a empujones) entre; **somebody** ~**ed past me** alguien pasó a mi lado empujando. ◇ *n lit & fig* empujón *m*; **at the** ~ **of a button** con apretar un botón; **a sales** ~ una campaña de ventas ❑ **at a** ~ *inf* en un apuro; **when it comes to the** ~ llegado el momento, cuando llegue el momento; **to give sb the** ~ *inf* [end relationship] dar calabazas a alguien; [from job] dar la patada a alguien.

◆ **push about** *vt sep* = **push around**.

◆ **push ahead** *vi*: **to** ~ **ahead** (**with sthg**) seguir adelante sin parar (con algo).

◆ **push along** *vi inf* pirarse, largarse.

◆ **push around** *vt sep inf* [bully] mangonear.

◆ **push aside** *vt sep* [reject] dejar a un lado.

◆ **push down** *vt sep* [knock over] tirar, hacer caer.

◆ **push for** *vt fus* [demand] reclamar.

◆ **push forward** *vi* - **1.** [advance] avanzar. - **2.** = **push ahead**.

◆ **push in** *vi* [in queue] colarse.

◆ **push off** *vi inf* [go away] largarse.

◆ **push on** *vi* seguir adelante sin parar.

◆ **push out** *vt sep* echar.

◆ **push over** *vt sep* volcar.

◆ **push through** *vt sep* [law etc] conseguir que se apruebe.

◆ **push up** *vt sep* [prices] hacer subir.

pushbike ['pʊʃbaɪk] *n Br inf* bici *f*.

push button *n* botón *m*, pulsador *m*.

◆ **push-button** *adj* de botón.

pushcart ['pʊʃkɑːt] *n* carrito *m*.

pushchair ['pʊʃtʃeəʳ] *n Br* silla *f* (de paseo).

pushed [pʊʃt] *adj inf*: **to be** ~ **for sthg** andar corto(ta) de algo; **to be hard** ~ **to do sthg** tenerlo difícil para hacer algo.

pusher ['pʊʃəʳ] *n inf* [drug dealer] camello *m*.

pushover ['pʊʃ,əʊvəʳ] ◇ *n* - **1.** *inf* [easy thing]: **it's a** ~ está chupado. - **2.** [dupe] pelele *m*. ◇ *comp*: ~ **try** [in rugby] ensayo *m* colectivo (*por empuje de los delanteros*).

pushpin ['pʊʃpɪn] *n Am* chincheta *f*.

pushrod ['pʊʃrɒd] *n* AUT varilla *f* (de empuje) de la válvula.

push-start *vt* arrancar empujando.

push-up *n* flexión *f*, fondo *m*.

pushy ['pʊʃɪ] (*compar* **pushier**, *superl* **pushiest**) *adj pej* agresivo(va), insistente.

pusillanimity [,pjuːsɪlə'nɪmətɪ] *n* pusilanimidad *f*.

pusillanimous [,pjuːsɪ'lænɪməs] *adj fml* pusilánime.

puss [pʊs] *n inf* [cat] gatito *m*, minino *m*.

pussy ['pʊsɪ] (*pl* **pussies**) *n* - **1.** *inf* ~ (**cat**) gatito *m*, minino *m*. - **2.** *vulg* [female sex organs] coño *m*, concha *f Amér*.

pussyfoot ['pʊsɪfʊt] *vi inf* andarse con tiento, titubear.

pussy willow *n* sauce *m* blanco.

pustulant ['pʌstjʊlənt] *adj* que causa pústulas.

pustular ['pʌstjʊləʳ] *adj* pustuloso(sa).

pustulation [,pʌstjʊ'leɪʃn] *n* pustulación *f*.

pustule ['pʌstjuːl] *n* pústula *f*.

put [pʊt] (*pt & pp* **put**, *cont* **putting**) *vt* - **1.** [gen] poner; ~ **sthg into sthg** meter algo en algo; **he** ~ **his fist through the window** atravesó la ventana con el puño; **I've** ~ **you in the spare bedroom** te he puesto en la habitación de (los) invitados; **I didn't know where to** ~ **myself** *fig* no sabía donde meterme. - **2.** [place exactly] colocar. - **3.** [in prison etc] meter; **to** ~ **the children to bed** acostar a los niños. - **4.** [express] expresar, formular; **how shall I** ~ **it?** ¿cómo lo diría yo? - **5.** [question] hacer; **to** ~ **it to sb that...** sugerir o insinuar a alguien que... - **6.** [estimate]: **to** ~ **sthg at** calcular algo en. - **7.** [invest]: **to** ~ **money/a lot of time into sthg** invertir dinero/mucho tiempo en algo. - **8.** [apply]: **to** ~ **pressure on** presionar a; **it** ~**s the responsibility on us** eso hace que la responsabilidad caiga sobre nosotros.

◆ **put about** ◇ *vt sep inf* [gossip, rumour] hacer correr; **to** ~ **it about that...** andar diciendo que... ◇ *vi* NAUT cambiar de rumbo.

◆ **put across** *vt sep* transmitir.

◆ **put aside** *vt sep* - **1.** [money] ahorrar. - **2.** [book, work, differences] dejar a un lado.

◆ **put away** *vt sep* - **1.** [tidy away] poner en su sitio, guardar. - **2.** *inf* [lock up] encerrar. - **3.** *inf* [eat] zamparse; [drink] pimplarse.

◆ **put back** *vt sep* - **1.** [replace] volver a poner en su sitio. - **2.** [postpone] aplazar. - **3.** [clock, watch] atrasar. - **4.** *inf* [drink] pimplarse.

◆ **put by** *vt sep* [save] ahorrar.

◆ **put down** *vt sep* - **1.** [lay down] dejar *(encima de algún sitio)*; [phone] colgar; **it's one of those books you just can't ~ down** es uno de esos libros que se leen de un tirón. - **2.** [quell] sofocar, reprimir. - **3.** *inf* [criticize]: **to ~ sb down** poner mal a alguien. - **4.** *Br* [animal] matar *(a un animal que es viejo o está enfermo)*. - **5.** [write down] apuntar; **she ~ us down as Mr and Mrs Smith** nos apuntó como Sr. y Sra. Smith; **to ~ sb down for sthg** apuntar a alguien a OR para algo; **to ~ o.s. down for sthg** apuntarse a OR para algo. - **6.** [passengers] dejar. - **7.** [wine] reservar. - **8.** [as deposit] hacer un desembolso inicial de.

◆ **put down to** *vt sep* achacar a.

◆ **put forth** *vt fus* - **1.** *literary* [blossom, shoots] hacer brotar, dar. - **2.** *fml* [proposal] presentar.

◆ **put forward** *vt sep* - **1.** [plan, theory, name] proponer, presentar; [proposal] someter. - **2.** [clock, meeting, event] adelantar.

◆ **put in** ◇ *vt sep* - **1.** [time] dedicar. - **2.** [submit] presentar. - **3.** [interject] intercalar. - **4.** [instal] instalar. - **5.** [plant] plantar. ◇ *vi* NAUT hacer escala.

◆ **put in for** *vt fus* solicitar.

◆ **put off** *vt sep* - **1.** [postpone] posponer, aplazar. - **2.** [cause to wait] hacer esperar. - **3.** [discourage] disuadir, desanimar. - **4.** [distract] distraer, despistar. - **5.** [cause to dislike]: **to ~ sb off sthg** hacer que le pasen a alguien las ganas de algo; **it ~ me off my dinner** me quitó las ganas de cenar.

◆ **put on** *vt sep* - **1.** [wear] ponerse. - **2.** [show, play] representar; [exhibition] hacer. - **3.** [gain]: **to ~ on weight** engordar; **I've ~ on 10 kilos** he engordado 10 kilos. - **4.** [radio, light] poner, encender; **to ~ on the brakes** frenar, poner el freno. - **5.** [record, tape] poner. - **6.** [start cooking] empezar a hacer OR cocinar. - **7.** [bet] apostar por. - **8.** [add] añadir. - **9.** [feign] fingir. - **10.** *inf* [tease]: **to ~ sb on** tomar el pelo a alguien.

◆ **put onto** *vt sep* [tell about]: **to ~ sb onto sthg/sb** dirigir a alguien a algo/alguien.

◆ **put out** ◇ *vt sep* - **1.** [place outside] sacar. - **2.** [make public] hacer público. - **3.** [extinguish] apagar. - **4.** [switch off] quitar, apagar. - **5.** [prepare, lay out in readiness] sacar. - **6.** [extend - hand, leg] extender; [- tongue] sacar. - **7.** *inf* [injure] dislocar. - **8.** [upset]: **to be ~ out** estar enfadado(da). - **9.** [inconvenience] causar molestias a; **to ~ o.s. out** molestarse. - **10.** [sprout] echar, dar. - **11.** [make unconscious] dejar sin sentido a. - **12.** [subcontract] subcontratar. ◇ *vi* NAUT hacerse a la mar, zarpar.

◆ **put over** *vt sep* = **put across**.

◆ **put over on** *vt sep phr*: **to ~ one over on sb** *inf* pegársela a alguien, engañar a alguien.

◆ **put through** *vt sep* - **1.** TELEC [call] poner; **to ~ sb through to sb** poner a alguien con alguien. - **2.** [cause to suffer]: **to ~ sb through sthg** hacer pasar a alguien por algo. - **3.** [pay for]: **he ~ himself through college** (él) se pagó sus estudios universitarios.

◆ **put together** *vt sep* - **1.** [machine, tool] ensamblar; [team] reunir; [report] elaborar. - **2.** [combine] mezclar; **she's more trouble than the rest of them ~ together** ella sola es más problemática que todos los demás juntos. - **3.** [organize] organizar.

◆ **put up** ◇ *vt sep* - **1.** [build] construir. - **2.** [umbrella] abrir; [flag] izar. - **3.** [poster] fijar; [painting] pegar, colgar. - **4.** [money] poner. - **5.** [candidate] proponer. - **6.** [increase] subir, aumentar. - **7.** [provide accommodation for] alojar, hospedar. ◇ *vt fus* [resistance] ofrecer; **to ~ up a fight** resistir.

◆ **put upon** *vt fus Br* molestar.

◆ **put up to** *vt sep*: **to ~ sb up to sthg** incitar a alguien a hacer algo.

◆ **put up with** *vt fus* aguantar, soportar.

putative ['pjuːtətɪv] *adj fml* putativo(va).

put-down *n inf* corte *m*, desaire *m*.

put-off *n Am inf* [excuse] pretexto *m*.

put-on ◇ *adj* simulado(da), fingido(da). ◇ *n inf* - **1.** [pretence] engaño *m*. - **2.** [hoax] patraña *f*, cuento *m*. - **3.** *Am* [charlatan] farsante *mf*.

putrefaction [ˌpjuːtrɪˈfækʃn] *n* putrefacción *f*.

putrefy ['pjuːtrɪfaɪ] *(pt & pp* **putrefied)** ◇ *vi* pudrirse. ◇ *vt* pudrir.

putrescent [pjuːˈtresnt] *adj fml* pútrido(da), putrescente.

putrid ['pjuːtrɪd] *adj* putrefacto(ta).

putsch [pʊtʃ] *n* golpe *m* de estado.

putt [pʌt] ◇ *n* putt *m*, tiro *m* al hoyo. ◇ *vt & vi* tirar al hoyo.

puttee ['pʌti] *n* polaina *f*.

putter ['pʌtə ̍] *n* [club] putt *m*, palo de golf para golpes cortos.

◆ **putter about, putter around** *vi fus Am* entretenerse haciendo algo.

putting green ['pʌtɪŋ-] *n* minigolf *m* (sin obstáculos).

putty ['pʌtɪ] *n* masilla *f*; **Max is ~ in her hands** *fig* tiene a Max en el bolsillo, hace lo que quiere con Max.

putty knife *n* espátula *f* (para masilla).

put-up job *n inf* amaño *m*.

put-upon *adj inf* utilizado(da).

put-you-up *n Br* plegatín *m*, sofá *m* cama.

puzzle ['pʌzl] ◇ *n* - **1.** [toy, game] rompecabezas *m inv*. - **2.** [mystery] misterio *m*, enigma *m*. ◇ *vt* dejar perplejo, desconcertar. ◇ *vi*: **to ~ over sthg** romperse la cabeza con algo.

◆ **puzzle out** *vt sep* descifrar, resolver.

puzzle book *n* [gen] libro *m* de pasatiempos; [of crosswords] libro *m* de crucigramas.

puzzled ['pʌzld] *adj* desconcertado(da), perplejo(ja).

puzzlement ['pʌzlmənt] *n* perplejidad *f*, desconcierto *m*.

puzzler ['pʌzlə ̍] *n inf* enigma *m*, misterio *m*.

puzzling ['pʌzlɪŋ] *adj* desconcertante.

PVC *(abbr of* **polyvinyl chloride)** *n* PVC *m*.

Pvt. *(abbr of* **Private)** soldado *m* raso.

pw *(written abbr of* **per week)** *a* la semana.

PWR *(abbr of* **pressurized-water reactor)** *n* reactor de agua a presión.

PX *(abbr of* **post exchange)** *n Am* economato militar.

pygmy ['pɪgmɪ] *(pl* **pigmies)** ◇ *adj* pigmeo(a). ◇ *n* [small person] pigmeo *m*, -a *f*.

◆ **Pygmy** *n* [of Africa] pigmeo *m*, -a *f*.

pyjama [pəˈdʒɑːmə] *comp* del pijama.

◆ **pyjamas** [pəˈdʒɑːməz] *npl* pijama *m*.

pylon ['paɪlən] *n* - **1.** ELEC torre *f* (de conducción eléctrica). - **2.** ARCHEOL pilón *m*. - **3.** AERON [to guide pilots] torre *f* marcadora del curso del vuelo.

pyorrhea [ˌpaɪəˈrɪə] *n* piorrea *f*.

pyramid ['pɪrəmɪd] *n* - **1.** [structure] pirámide *f*. - **2.** [pile] montón *m*, pila *f*.

pyramid selling *n* estructura *f* de ventas piramidal.

pyre ['paɪə ̍] *n* pira *f*.

Pyrenean [ˌpɪrəˈniːən] *adj* pirenaico(ca).

Pyrenees [ˌpɪrəˈniːz] *npl*: **the ~** los Pirineos.

pyrethrin [paɪˈriːθrɪn] *n* piretrina *f*.

pyretic [paɪˈretɪk] *adj* pirético(ca).

Pyrex® ['paɪreks] ◇ *n* pírex® *m*. ◇ *comp* de pírex.

pyrite [paɪˈraɪt], **pyrites** [paɪˈraɪtiːz] *n* pirita *f*.

pyrography [paɪˈrɒgrəfɪ] *n* pirografía *f*, pirograbado *m*.

pyrolysis [paɪˈrɒlɪsɪs] *n* pirolisis *f inv*.

pyromancy ['paɪrəʊmænsɪ] *n* piromancia *f*.

pyromania [ˌpaɪrəˈmeɪnɪə] *n* piromanía *f*.

pyromaniac [ˌpaɪrəˈmeɪnɪæk] *n* pirómano *m*, -na *f*.

pyrotechnics [ˌpaɪrəʊˈtekniks] ◇ *n* [skill] demostración *f* de habilidad extraordinaria. ◇ *npl* [show] fuegos *mpl* artificiales.

Pyrrhic victory ['pɪrɪk] *n* victoria *f* pírrica.

Pythagorean [paɪˌθægəˈriːən] *adj* pitagórico(ca).

python ['paɪθn] *(pl inv* OR **pythons)** *n* pitón *m*.

◆ **Python** *n* Pitón *m*.

pythoness ['paɪθəˌnes] *n* pitonisa *f*.

pyx [pɪks] *n* - **1.** [coin chest] urna *f*. - **2.** RELIG píxide *f*, copón *m*.

pyxis ['pɪksɪs] *(pl* **pyxides** [-sɪdiːz]) *n* BOT píxide *m*.

Q

q (*pl* **q's** OR **qs**), **Q** (*pl* **Q's** OR **Qs**) [kjuː] *n* [letter] q *f*, Q *f*.

Qatar [ˈkætɑːʳ] *n* Qatar.

QC *n written abbr of* **Queen's Counsel**.

QED (*abbr of* **quod erat demonstrandum**) Q.E.D.

QM *n written abbr of* **quartermaster**.

q.t., QT (*abbr of* **quiet**) *inf*: **I did it on the** ~ lo hice en secreto.

Q-tip® *n Am* bastoncillo *m* de algodón.

qty (*written abbr of* **quantity**) cdad.

quack [kwæk] ◊ *n* - **1.** [noise] graznido *m* (*de pato*). - **2.** *inf* [doctor] matasanos *m inv*. ◊ *vi* graznar (*el pato*).

quackery [ˈkwækərɪ] *n pej* curanderismo *m*.

quad [kwɒd] ◊ *n written abbr of* **quadrangle**. ◊ *adj* cuadrienal.

quadrangle [ˈkwɒdræŋgl] *n* - **1.** [figure] cuadrángulo *m*. - **2.** [courtyard] patio *m*.

quadrangular [kwɒˈdræŋgjʊləʳ] *adj* cuadrangular.

quadrant [ˈkwɒdrənt] *n* cuadrante *m*.

quadraphonic [ˌkwɒdrəˈfɒnɪk] *adj* cuadrafónico(ca).

quadratic equation [kwɒˈdrætɪk-] *n* ecuación *f* cuadrática.

quadrature [ˈkwɒdrətʃəʳ] *n* cuadratura *f*.

quadriceps [ˈkwɒdrɪseps] *n* cuádriceps *m inv*.

quadrilateral [ˌkwɒdrɪˈlætərəl] ◊ *adj* cuadrilátero(ra). ◊ *n* cuadrilátero *m*.

quadrille [kwəˈdrɪl] *n* cuadrilla *f* (*baile*).

quadrillion [kwɒˈdrɪlˈjən] *n* [in UK] cuatrillón *m*; [in US] mil billones *mpl*.

quadripartite [ˌkwɒdrɪˈpɑːtaɪt] *adj* cuatripartito(ta).

quadriplegia [ˌkwɒdrɪˈpliːdʒə] *n* tetraplejía *f*.

quadriplegic [ˌkwɒdrɪˈpliːʒɪk] ◊ *adj* tetrapléjico(ca). ◊ *n* tetrapléjico *m*, -ca *f*.

quadrivalent [ˌkwɒdrɪˈveɪlənt] *adj* tetravalente.

quadroon [kwɒˈdruːn] *n* cuarterón *m*, -ona *f*.

quadruped [ˈkwɒdrʊped] *n* cuadrúpedo *m*.

quadruple [kwɒˈdruːpl] ◊ *adj* cuatro veces mayor. ◊ *n* cuádruple *m*, cuádruplo *m*. ◊ *vt* cuadruplicar. ◊ *vi* cuadruplicarse.

quadruplets [ˈkwɒdrʊplɪts, kwɒˈdruːplɪts] *npl* cuatrillizos *mpl*, -zas *fpl*.

quadruplicate [kwɒˈdruːplɪkət] ◊ *adj* cuadruplicado (da). ◊ *n*: **in** ~ por cuadruplicado.

quads [kwɒdz] *npl inf* cuatrillizos *mpl*, -zas *fpl*.

quaff [kwɒf] *vt dated* echarse al coleto.

quaggy [ˈkwægɪ] (*compar* **quaggier**, *superl* **quaggiest**) *adj* [muddy] pantanoso(sa), cenagoso(sa).

quagmire [ˈkwægmaɪəʳ] *n* - **1.** [boggy ground] lodazal *m*, cenagal *m*. - **2.** *fig* [predicament] atolladero *m*.

quail [kweɪl] (*pl inv* OR **quails**) ◊ *n* codorniz *f*. ◊ *vi literary* amedrentarse, acobardarse.

quaint [kweɪnt] *adj* - **1.** [picturesque] pintoresco(ca). - **2.** [odd] singular, extraño(ña).

quaintly [ˈkweɪntlɪ] *adv* - **1.** [picturesquely] de un modo pintoresco; [in an old-fashioned way]: **they dress very** ~ visten a la antigua. - **2.** [oddly] singularmente, estrambóticamente.

quaintness [ˈkweɪntnɪs] *n* - **1.** [picturesqueness] carácter *m* pintoresco. - **2.** [oddness] singularidad *f*, rareza *f*.

quake [kweɪk] ◊ *n inf* terremoto *m*. ◊ *vi* temblar, estremecerse.

Quaker [ˈkweɪkəʳ] *n* cuáquero *m*, -ra *f*.

qualification [ˌkwɒlɪfɪˈkeɪʃn] *n* - **1.** [examination, certificate] título *m*, titulación *f*. - **2.** [ability, skill] aptitud *f*. - **3.** [qualifying statement] salvedad *f*, modificación *f*. - **4.** [becoming qualified] obtención *f* del título.

qualified [ˈkwɒlɪfaɪd] *adj* - **1.** [trained] cualificado(da), titulado(da); **to be** ~ **to do sthg** estar cualificado para hacer algo. - **2.** [limited] limitado(da). - **3.** [able, competent] capacitado(da).

qualifier [ˈkwɒlɪfaɪəʳ] *n* - **1.** SPORT [person] clasificado *m*, -da *f*; [contest] (prueba *f*) eliminatoria *f*. - **2.** GRAMM modificador *m*.

qualify [ˈkwɒlɪfaɪ] (*pt & pp* **qualified**) ◊ *vt* - **1.** [modify] modificar, atenuar. - **2.** [entitle]: **to** ~ **sb to do sthg** capacitar a alguien para hacer algo. - **3.** [describe] calificar, caracterizar. - **4.** GRAMM modificar. ◊ *vi* - **1.** [pass exams] sacar el título; **to** ~ **as** sacar el título de. - **2.** [be entitled]: **to** ~ **(for)** tener derecho (a). - **3.** SPORT clasificarse.

qualifying [ˈkwɒlɪfaɪɪŋ] *adj* - **1.** [modifying] calificativo(va). - **2.** [in sport, exam] eliminatorio(ria); ~ **round** eliminatoria *f*.

qualitative [ˈkwɒlɪtətɪv] *adj* cualitativo(va).

qualitative analysis *n* análisis *m inv* cualitativo.

quality [ˈkwɒlətɪ] (*pl* **qualities**) ◊ *n* - **1.** [standard, nature] calidad *f*. - **2.** [characteristic] cualidad *f*. - **3.** [high standard, excellence] calidad *f*. - **4.** *arch* [high social status] categoría *f*, postín *m*. ◊ *comp* de calidad.

quality control *n* control *m* de calidad.

quality press *n Br*: **the** ~ la prensa de calidad.

quality time *n (U)* tiempo que uno reserva para disfrutar de la familia, los amigos etc y alejarse de las preocupaciones laborales y domésticas.

qualms [kwɑːmz] *npl* [scruples] remordimientos *mpl*, escrúpulos *mpl*; [misgivings] dudas *fpl*, incertidumbre; **to have no** ~ **about doing sthg** no tener reparos OR no vacilar en hacer algo.

quandary [ˈkwɒndərɪ] (*pl* **quandries**) *n*: **to be in a** ~ **about** OR **over sthg** estar en un dilema sobre algo.

quango [ˈkwæŋgəʊ] (*pl* **quangos**) (*abbr of* **quasiautonomous non-governmental organization**) *n Br* organismo autónomo de la Administración.

quanta [ˈkwɒntə] *pl* → **quantum**.

quantifiable [kwɒntɪˈfaɪəbl] *adj* cuantificable.

quantifier [ˈkwɒntɪfaɪəʳ] *n* cuantificador *m*.

quantify [ˈkwɒntɪfaɪ] (*pt & pp* **quantified**) *vt* cuantificar.

quantitative [ˈkwɒntɪtətɪv] *adj* cuantitativo(va).

quantitative analysis *n* análisis *m inv* cuantitativo.

quantity [ˈkwɒntətɪ] (*pl* **quantities**) *n* cantidad *f*; **in** ~ en (gran) cantidad; **unknown** ~ incógnita *f*.

quantity surveying *n* cálculo y control de los costes y materiales necesarios para la realización de una obra.

quantity surveyor *n* aparejador *m*, -ra *f*.

quantum [ˈkwɒntəm] (*pl* **quanta** [-tə]) *n* cuanto *m*, quántum *m*.

quantum leap *n fml* enorme salto *m* adelante.

quantum mechanics *n (U)* mecánica *f* cuántica.

quantum theory *n*: **the** ~ la (teoría) cuántica.

quarantine [ˈkwɒrəntiːn] ◇ *n* cuarentena *f*; **to be in** ~ estar en cuarentena. ◇ *vt* poner en cuarentena.

quark [kwɑːk] *n* - **1.** PHYSICS quark *m*, cuark *m*. - **2.** CULIN quark®.

quarrel [ˈkwɒrəl] (*Br pt & pp* **quarrelled**, *cont* **quarrelling**, *Am pt & pp* **quarreled**, *cont* **quarreling**) ◇ *n* pelea *f*, disputa *f*; **to have no** ~ **with sb/sthg** no tener nada en contra de alguien/algo. ◇ *vi* pelearse, reñir; **to** ~ **with sb** pelearse con alguien; **to** ~ **with sthg** no estar de acuerdo con algo; **to** ~ **over sthg** pelearse OR discutir por algo.

quarreler [ˈkwɒrələʳ] *n* pendenciero(ra).

quarrelling *Br*, **quarreling** *Am* [ˈkwɒrəlɪŋ] *n (U)* disputas *fpl*.

quarrelsome [ˈkwɒrəlsəm] *adj* pendenciero(ra).

quarry [ˈkwɒrɪ] (*pl* **quarries**, *pt & pp* **quarried**) ◇ *n* - **1.** [place] cantera *f*. - **2.** [prey] presa *f*. ◇ *vt* - **1.** [sand, slate, marble etc] extraer. - **2.** [land, mountain] excavar. ◇ *vi*: **to** ~ **for sthg** explotar una cantera de algo.

quarrying [ˈkwɒrɪɪŋ] *n* - **1.** [of sand, slate, marble etc] extracción *f*. - **2.** [of land, mountain] explotación *f*.

quarryman [ˈkwɒrɪmən] (*pl* **quarrymen** [-mən]) *n* cantero *m*.

quarry tile *n* baldosa *f* de barro cocido.

quart [kwɔːt] *n* cuarto *m* de galón.

quarter [ˈkwɔːtəʳ] ◇ *n* - **1.** [fraction] cuarto *m*, cuarta parte *f*; **a** ~ **of the students** la cuarta parte de los alumnos; **an hour and a** ~ una hora y cuarto; **a** ~ **of a mile** un cuarto de milla. - **2.** [in telling time]: ~ **past two** *Br*, ~ **after two** *Am* las dos y cuarto; ~ **to two** *Br*, ~ **of two** *Am* las dos menos cuarto. - **3.** [of year] trimestre *m*. - **4.** *Am* [coin] cuarto *m* de dólar, moneda *f* de 25 centavos. - **5.** [four ounces] cuatro onzas *fpl*, cuarto *m* de libra. - **6.** [area in town] barrio *m*. - **7.** [group of people] lugar *m*, parte *f*; **in some** ~**s this has been heavily criticized** en algunos sectores ha sido duramente criticado. - **8.** [direction] dirección *f*; **from all** ~**s** de todas partes. - **9.** GEOM & NAUT cuadrante *m*. - **10.** SPORT [period] cuarto *m*, tiempo *m*. - **11.** [part of butchered animal] cuarto *m*. - **12.** *literary* [mercy] cuartel *m*; **to give sb no** ~ no dar a alguien tregua ni cuartel. ◇ *adj*: **a** ~ **hour/century/pound** un cuarto de hora/siglo/libra. ◇ *vt* - **1.** [divide into four] dividir en cuatro. - **2.** [lodge] alojar. - **3.** MIL acantonar.
◆ **quarters** *npl* [rooms] residencia *f*, alojamiento *m*.
◆ **at close quarters** *adv* muy de cerca.

quarterback [ˈkwɔːtəbæk] *n Am* jugador de fútbol americano que lanza la pelota en las jugadas ofensivas.

quartercentenary [ˌkwɔːtəˈsentʃʊrɪ] (*pl* **quartercentenaries**) *n* cuarto centenario *m*.

quarter day *n Br* día *m* de pagos trimestrales.

quarterdeck [ˈkwɔːtədek] *n* alcázar *m*.

quarterfinal [ˌkwɔːtəˈfaɪnl] *n* cuarto *m* de final.

quarter-hour *adj* cada cuarto de hora.

quarter-hourly *adj & adv* cada cuarto de hora.

quarter light *n Br* ventanilla *f* de un coche (para ventilación).

quarterly [ˈkwɔːtəlɪ] (*pl* **quarterlies**) ◇ *adj* trimestral. ◇ *adv* trimestralmente. ◇ *n* publicación *f* trimestral.

quartermaster [ˈkwɔːtəˌmɑːstəʳ] *n* - **1.** [in army] oficial *m* de intendencia. - **2.** [in navy] cabo *m* de mar.

quarter note *n Am* MUS negra *f*.

quarter section *n Am* cuarto *m* de una milla cuadrada.

quarter sessions *npl* audiencia *f* trimestral.

quarterstaff [ˈkwɔːtəstɑːf] (*pl* **quarterstaffs** OR **quarterstaves** [-steɪvz]) *n* vara *f*, garrocha *f*.

quarter tone *n* MUS cuarto *m* de tono.

quartet [kwɔːˈtet] *n* cuarteto *m*.

quartile [ˈkwɔːtaɪl] *n* cuartila *f*, cuartil *m*.

quarto [ˈkwɔːtəʊ] (*pl* **quartos**) *n* [sheet of paper] hoja *f* en cuarto; [book] libro *m* en cuarto.

quartz [kwɔːts] *n* cuarzo *m*.

quartz crystal *n* cristal *m* de cuarzo OR roca.

quartzite [ˈkwɔːtsaɪt] *n* cuarcita *f*.

quartz lamp *n* lámpara *f* de cuarzo.

quartz watch *n* reloj *m* de cuarzo.

quasar [ˈkweɪzɑːʳ] *n* quásar *m*, cuásar *m*.

quash [kwɒʃ] *vt* - **1.** [reject] anular, invalidar. - **2.** [quell] reprimir, sofocar.

quasi- [ˈkweɪzaɪ, ˈkwɑːzɪ] *prefix* cuasi-.

quassia [ˈkwɒʃə] *n* cuasia *f*.

quaternary [kwəˈtɜːnərɪ] ◇ *adj* cuaternario(ria). ◇ *n* grupo *m* de cuatro.
◆ **Quaternary** GEOL ◇ *adj* cuaternario(ria). ◇ *n*: **the Quaternary** el (periodo) cuaternario.

quatrain [ˈkwɒtreɪn] *n* cuarteto *m* (*estrofa*).

quatrefoil [ˈkætrəfɔɪl] *n* ARCHIT cuatrifolio *m*.

quaver [ˈkweɪvəʳ] ◇ *n* - **1.** MUS [note] corchea *f*. - **2.** [in voice] trémolo *m*. ◇ *vi* [voice] temblar; [person] hablar con voz trémula.

quavering [ˈkweɪvərɪŋ] *adj* trémulo(la).

quay [kiː] *n* muelle *m*.

quayside [ˈkiːsaɪd] *n* muelle *m*.

queasiness [ˈkwiːzɪnɪs] *n (U)* - **1.** [nausea] mareo *m*, náusea *f*. - **2.** [uneasiness] inquietud *f*.

queasy [ˈkwiːzɪ] (*compar* **queasier**, *superl* **queasiest**) *adj* - **1.** [nauseous] mareado(da); [stomach] revuelto(ta). - **2.** [uneasy] inquieto(ta), intranquilo(la).

Quebec [kwɪˈbek] *n* Quebec.

Quebecer, **Quebecker** [kwɪˈbekəʳ] *n* quebequés *m*, -esa *f*.

Québecois [kebeˈkwɑː] *n* quebequés *m*, -esa *f*.

queen [kwiːn] *n* - **1.** [gen] reina *f*. - **2.** [playing card] dama *f*, reina *f*. - **3.** [in chess] reina *f*. - **4.** *v inf pej* [homosexual] marica *m*, mariquita *m*. ◇ *vt phr*: **to** ~ **it** *Br inf* darse aires.

Queen Anne's lace *n* zanahoria *f* silvestre, dauco *m*.

queen consort (*pl* **queens consort**) *n* reina *f* consorte.

queenly [ˈkwiːnlɪ] (*compar* **queenlier**, *superl* **queenliest**) *adj* regio(gia), majestuoso(sa).

Queen Mother *n*: **the** ~ la reina madre.

queen regent *n* reina *f* regente.

Queens [kwiːnz] *n* Queens, *barrio neoyorquino en Long Island*.

Queen's Counsel *n Br* abogado inglés de alto rango.

queen's English *n Br*: **the** ~ el inglés hablado con mayor corrección en Gran Bretaña.

queen's evidence *n Br*: **to turn** ~ testificar un delincuente ante un tribunal en contra de otros a cambio de una reducción de condena.

Queen's Speech *n* [in UK] discurso inaugural preparado por el Gobierno, que la reina pronuncia su apertura anual del Parlamento y en el que se indica el programa político del año.

queer [kwɪəʳ] ◇ *adj* - **1.** [odd] raro(ra), extraño(ña). - **2.** [suspicious] sospechoso(sa). - **3.** *inf* [queasy]: **to feel** ~ no sentirse bien. - **4.** *inf* [crazy] tocado(da), chiflado(da). - **5.** *inf pej* [homosexual] marica. - **6.** *Am inf* [counterfeit] falso(sa). ◇ *n inf pej* marica *m*, maricón *m*, joto *m Amér*. ◇ *vt inf*: **to** ~ **sb's pitch** fastidiar a alguien.

queer-bashing [-ˌbæʃɪŋ] *n Br pej* persecución *f* de homosexuales.

queerly [ˈkwɪəlɪ] *adv* de un modo extraño.

queerness [ˈkwɪənɪs] *n* [oddness] rareza *f*, extrañeza *f*.

queer street *n Br*: **to be in** ~ *inf dated* estar con el agua al cuello.

quell [kwel] *vt* - **1.** [rebellion] sofocar, reprimir. - **2.** [feelings] dominar, contener.

quench [kwentʃ] *vt* [fire, thirst] apagar.

quenchable [ˈkwentʃəbl] *adj* apagable.

quern [kwɜːn] *n* molinillo *m* de mano.

querulous ['kwerʊləs] *adj fml* quejumbroso(sa).

querulously ['kwerʊləslɪ] *adv* quejumbrosamente.

query ['kwɪərɪ] (*pl* **queries**, *pt & pp* **queried**) ⋄ *n* - **1.** [question] pregunta *f*; [doubt] duda *f*. - **2.** *Br* [question mark] signo *m* de interrogación. ⋄ *vt* - **1.** [express doubt about] poner en duda. - **2.** [ask] preguntar. - **3.** *Am* [interrogate] interrogar.

quest [kwest] *literary* ⋄ *n*: ~ **(for)** búsqueda *f* (de); **in ~ of** en busca de. ⋄ *vi* buscar.

question ['kwestʃn] ⋄ *n* - **1.** [query, problem in exam] pregunta *f*; **to ask (sb) a** ~ hacer una pregunta (a alguien); **to put a** ~ **to sb** plantearle una pregunta a alguien. - **2.** [doubt] duda *f*; **there is no** ~ **about its validity** no hay duda alguna acerca de su validez; **to bring** OR **call sthg into** ~ poner algo en duda ❏ **without** ~ sin duda; **beyond** ~ fuera de toda duda; **open to** ~ debatible. - **3.** [issue, matter] cuestión *f*, asunto *m*; [problem] problema *m*. - **4.** *phr*: **to beg the** ~ [assume something proved] dar por hecho lo que está sin probar; [evade the issue] eludir la cuestión; **it's out of the** ~ **that he should come with us, there's no** ~ **of his coming with us** está claro que no puede venir con nosotros; **to pop the** ~ *inf* pedir la mano de alguien. ⋄ *vt* - **1.** [interrogate] interrogar. - **2.** [express doubt about] cuestionar.

◆ **in question** *adv*: **the matter in** ~ el asunto en cuestión.

questionable ['kwestʃənəbl] *adj* [gen] cuestionable; [taste] dudoso(sa).

questionably ['kwestʃənəblɪ] *adv* cuestionablemente.

questioner ['kwestʃənəʳ] *n* interrogador *m*, -ra *f*.

questioning ['kwestʃənɪŋ] ⋄ *adj* de interrogación, interrogativo(va). ⋄ *n* interrogatorio *m*.

questioningly ['kwestʃənɪŋlɪ] *adv* con aire interrogativo.

question mark *n* - **1.** [symbol] (signo *m* de) interrogación *f*. - **2.** *fig* [doubt] interrogante *m*.

question master *esp Br*, **quizmaster** *esp Am* ['kwɪzˌmɑːstəʳ] *n* presentador *m*, -ra *f* de un concurso.

questionnaire [ˌkwestʃə'neəʳ] *n* cuestionario *m*.

question time *n Br* POL ruegos *mpl* y preguntas (*en el Parlamento*); **Prime Minister's** ~ *comparecencia dos veces por semana del primer ministro británico en el Parlamento para responder a las preguntas de los diputados.*

quetzal ['ketsəl] (*pl* **quetzals** OR **quetzales** [-'sɑːles]) *n* ZOOL & FIN quetzal *m*.

queue [kjuː] *Br* ⋄ *n* cola *f*; **to jump the** ~ colarse. ⋄ *vi*: **to** ~ **(for sthg)** hacer cola (para algo).

◆ **queue up** *vi Br* = **queue**.

queue-jump *vi Br* colarse.

queue-jumper *n Br* persona *f* que se cuela.

quibble ['kwɪbl] *pej* ⋄ *n* queja *f* OR pega *f* insignificante. ⋄ *vi* quejarse por tonterías; **to** ~ **over** OR **about** quejarse tontamente por OR de.

quibbler ['kwɪbləʳ] *n pej* quisquilloso *m*, -sa *f*.

quibbling ['kwɪblɪŋ] ⋄ *adj* quisquilloso(sa). ⋄ *n* nimiedad *f*, quisquilla *f*.

quiche [kiːʃ] *n* quiche *f*.

quick [kwɪk] ⋄ *adj* - **1.** [gen] rápido(da); [reply] pronto(ta); **be** ~! ¡date prisa! ❏ **to have a** ~ **one** *inf* tomar una copa rápida. - **2.** [clever - person] espabilado(da); [- wit] agudo(da); [- mind] despierto(ta). - **3.** [hasty]: **a** ~ **temper** un genio vivo; **to be** ~ **to take offence** ofenderse por nada. ⋄ *n Br* [of fingernail] carne *f* viva; **to cut sb to the** ~ herir a alguien en lo más profundo. ⋄ *npl arch* [living]: **the** ~ **and the dead** los vivos y los muertos. ⋄ *adv* rápidamente.

quick- [kwɪk] *in cpds*: ~**dry** OR ~**drying paint** pintura *f* de secado rápido; ~**setting cement** cemento *m* rápido.

quick assets *npl* activo *m* disponible.

quick-change artist *n* transformista *mf*.

quicken ['kwɪkn] ⋄ *vt* - **1.** [hasten] acelerar; **to** ~ **one's pace** apretar OR apresurar el paso. - **2.** [stimulate] despertar, estimular; [revive] resucitar, reavivar. ⋄ *vi* - **1.** [accelerate] acelerarse, apresurarse. - **2.** [revive] resucitar, reavivarse. - **3.** [foetus] comenzar a moverse.

quickening ['kwɪknɪŋ] *n* aceleración *f*.

quickfire ['kwɪkfaɪəʳ] *adj*: **a series of** ~ **questions** un bombardeo OR una batería de preguntas rápidas.

quick-freeze (*pt* **quick-froze**, *pp* **quick-frozen**) *vt* congelar rápidamente.

quickie ['kwɪkɪ] *n inf* - **1.** [gen] cosa *f* hecha rápidamente. - **2.** [sex] polvo *m* rápido. - **3.** [drink] copa *f* rápida.

quicklime ['kwɪklaɪm] *n* cal *f* viva.

quickly ['kwɪklɪ] *adv* - **1.** [rapidly] rápidamente, deprisa. - **2.** [without delay] rápidamente, enseguida.

quickness ['kwɪknɪs] *n* - **1.** [gen] rapidez *f*. - **2.** [cleverness - of person] inteligencia *f* viva; [- of wit] agudeza *f*; [- of mind] vivacidad *f*. - **3.** [of temper] viveza *f*.

quicksand ['kwɪksænd] *n* arenas *fpl* movedizas.

quickset ['kwɪkset] *adj Br*: ~ **hedge** seto *m* vivo.

quicksilver ['kwɪkˌsɪlvəʳ] *n* azogue *m*, mercurio *m*.

quickstep ['kwɪkstep] *n* baile de salón de pasos rápidos.

quick-tempered *adj* de genio vivo.

quick time *n* paso *m* ligero.

quick-witted *adj* agudo(da).

quid [kwɪd] (*pl sense 1 inv*) *n* - **1.** *Br inf* libra *f* (esterlina). - **2.** [tobacco] mascada *f*.

quiddity ['kwɪdətɪ] (*pl* **quiddities**) *n* quid *m*, esencia *f*.

quid pro quo [ˌkwɪdprəʊ'kwəʊ] (*pl* **quid pro quos**) *n* compensación *f*.

quiescent [kwaɪ'esnt] *adj fml* inactivo(va), en reposo.

quiet ['kwaɪət] ⋄ *adj* - **1.** [silent - gen] silencioso(sa); [- room, place] tranquilo(la); **be** ~! ¡cállate!; **in a** ~ **voice** en voz baja; **to keep sb** ~ hacer callar a alguien; **to keep** ~ **about sthg** guardar silencio sobre algo. - **2.** [not talkative] callado(da). - **3.** [tranquil, uneventful] tranquilo(la); **business is** ~ el negocio está un poco flojo OR apagado; **anything for a** ~ **life!** *inf* ¡lo que sea con tal de que me dejes/ me dejen *etc* en paz! - **4.** [wedding etc] íntimo(ma). - **5.** [colours] discreto(ta), apagado(da). ⋄ *n* tranquilidad *f*, silencio *m*; **on the** ~ [in secrecy] a escondidas. ⋄ *vt* [calm] tranquilizar, calmar; [silence] hacer callar.

◆ **quiet down** *Am* ⋄ *vt sep* calmar, tranquilizar. ⋄ *vi* calmarse, tranquilizarse.

quieten ['kwaɪətn] *vt* calmar, tranquilizar.

◆ **quieten down** ⋄ *vt sep* calmar, tranquilizar. ⋄ *vi* calmarse, tranquilizarse.

quietly ['kwaɪətlɪ] *adv* - **1.** [without noise] silenciosamente, sin hacer ruido; **to speak** ~ hablar en voz baja. - **2.** [without moving] sin moverse. - **3.** [without excitement] tranquilamente. - **4.** [without fuss] discretamente.

quietness ['kwaɪətnɪs] *n* - **1.** [lack of noise] silencio *m*. - **2.** [lack of movement] quietud *f*, tranquilidad *f*.

quietude ['kwaɪətjuːd] *n literary* quietud *f*.

quietus [kwaɪ'iːtəs] *n* - **1.** *literary* [death] muerte *f*, fin *m*. - **2.** JUR [settlement of debt] finiquito *m*.

quiff [kwɪf] *n Br* copete *m*, tupé *m*.

quill [kwɪl] *n* - **1.** [feather] pluma *f*; [shaft of feather] cañón *m*. - **2.** [of hedgehog, porcupine] púa *f*. - **3.** [pen] pluma *f*.

quill pen *n* pluma *f*.

quilt [kwɪlt] *n* edredón *m*.

quilted ['kwɪltɪd] *adj* acolchado(da).

quilting ['kwɪltɪŋ] *n* acolchado *m*.

quince [kwɪns] *n* membrillo *m*.

quincentenary [ˌkwɪnsen'tiːnərɪ] *n* quinto centenario *m*.

quincentennial [ˌkwɪnsen'tenɪəl] ⋄ *n* quinto centenario *m*. ⋄ *adj* quingentésimo(ma).

quinine [kwɪ'niːn] *n* quinina *f*.

quinine water *n* agua *f* de quina.

quinquennia [kwɪŋ'kwenɪə] *pl* → **quinquennium**.

quinquennial [kwɪŋ'kwenɪəl] ◇ *adj* quinquenal. ◇ *n* quinquenio *m*.

quinquennium [kwɪŋ'kwenɪəm] (*pl* **quinquenniums** OR **quinquennia** [-nɪə]) *n* quinquenio *m*.

quins *Br* [kwɪnz], **quints** *Am* [kwɪnts] *npl inf* quintillizos *mpl*, -zas *fpl*.

quinsy ['kwɪnzɪ] *n* angina *f*, amigdalitis *f inv*.

quintal ['kwɪntl] *n* quintal *m*.

quintessence [kwɪn'tesns] *n* quintaesencia *f*.

quintessential [kwɪntə'senʃl] *adj* puro(ra).

quintet [kwɪn'tet] *n* quinteto *m*.

quintile ['kwɪntaɪl] *n* aspecto *m* quintal.

quintillion [kwɪn'tɪljən] *n* - **1.** [in UK] quintillón *m*. - **2.** [in US] trillón *m*.

quints *npl Am* = **quins**.

quintuple [kwɪn'tjuːpl] ◇ *adj* quíntuple. ◇ *vt* quintuplicar. ◇ *vi* quintuplicarse.

quintuplets ['kwɪntjʊplɪts, kwɪn'tjuːplɪts] *npl* quintillizos *mpl*, -zas *fpl*.

quip [kwɪp] (*pt & pp* **quipped**, *cont* **quipping**) ◇ *n* [witticism] ocurrencia *f*, salida *f*; [gibe] pulla *f*. ◇ *vi* bromear.

quire ['kwaɪəʳ] *n* mano *f* de papel *(conjunto de cinco cuadernillos)*.

quirk [kwɜːk] *n* - **1.** [habit] manía *f*, rareza *f*. - **2.** [strange event] extraña coincidencia *f*; ~ **of fate** capricho *m* del destino.

quirky ['kwɜːkɪ] (*compar* **quirkier**, *superl* **quirkiest**) *adj* peculiar, singular.

quirt [kwɜːrt] *n Am* cuarta *f*, fusta *f*.

quisling ['kwɪzlɪŋ] *n pej* colaboracionista *mf*.

quit [kwɪt] (*Br pt & pp* **quit** OR **quitted**, *cont* **quitting**, *Am pt & pp* **quit**, *cont* **quitting**) ◇ *vt* - **1.** [give up, stop]: **to ~ doing sthg** dejar de hacer algo; **to ~ one's job** dejar el trabajo. - **2.** [leave] salir de, irse de; **I normally ~ work at five** suelo salir de trabajar a las cinco. ◇ *vi* - **1.** [resign] dimitir; [give up] desistir, abandonar. - **2.** *Am* [leave] irse. ◇ *adj*: **to be ~ of** estar libre de, librarse de.

quitclaim ['kwɪtˌkleɪm] *n* renuncia *f*.

quite [kwaɪt] *adv* - **1.** [completely] totalmente, completamente; **it is ~ true** es completamente OR absolutamente cierto; **I ~ understand** lo entiendo perfectamente; **that's ~ enough!** ¡eso es más que suficiente! - **2.** [fairly] bastante; **~ a lot of people** bastante gente; **~ a while** un buen rato. - **3.** [after negative]: **it's not ~ big enough** no es todo lo grande que tendría que ser; **I don't ~ understand/know** no entiendo/sé muy bien; **it is not ~ finished** no está del todo terminado; **it is not ~ what I need** no es exactamente lo que necesito. - **4.** [to emphasize]: **~ a...** todo un (toda una)... - **5.** [to express agreement]: **~ (so)!** ¡efectivamente!, ¡desde luego!

Quito ['kiːtəʊ] *n* Quito.

quits [kwɪts] *adj inf*: **to be ~ (with sb)** estar en paz (con al-

guien); **to call it ~** [financially] quedar en paz; [in fight, argument] dejarlo así.

quittance ['kwɪtəns] *n* FIN & JUR quitanza *f*.

quitter ['kwɪtəʳ] *n inf pej*: **she's not a ~** no es de las que abandonan.

quiver ['kwɪvəʳ] ◇ *n* - **1.** [shiver] temblor *m*, estremecimiento *m*. - **2.** [for arrows] carcaj *m*, aljaba *f*. ◇ *vi* temblar, estremecerse.

quivering ['kwɪvərɪŋ] *adj* tembloroso(sa).

qui vive [kiː'viːv] *n Br*: **on the ~** alerta, ojo avizor.

Quixote ['kwɪksət] *n*: **Don ~** Don Quijote.

quixotic [kwɪk'sɒtɪk] *adj literary* quijotesco(ca).

quiz [kwɪz] (*pl* **quizzes**, *pt & pp* **quizzed**, *cont* **quizzing**) ◇ *n* - **1.** [gen] concurso *m*. - **2.** *Am* SCH control *m*, examen *m*. ◇ *comp*: **~ programme** OR **show** (programa *m*) concurso *m*. ◇ *vt* - **1.** [question]: **to ~ sb (about)** interrogar a alguien (sobre). - **2.** *Am* SCH hacer un control a, examinar.

quizmaster *n esp Am* = **question master**.

quizzical ['kwɪzɪkl] *adj* [smile] burlón(ona); [look, glance] interrogativo(va), perplejo(ja).

quizzically ['kwɪzɪklɪ] *adv* - **1.** [smile] burlonamente. - **2.** [look, glance] con perplejidad, con aire interrogativo.

quoin [kɔɪn] *n* [cornerstone] piedra *f* angular.

quoit [kɔɪt] *n* [ring] herrón *m*, aro *m*.

◆ **quoits** *n* [game] hito *m*, juego de los aros.

Quonset hut ['kwɒnsɪt-] *n Am* refugio *m* militar.

quorate ['kwɔːreɪt] *adj Br* donde hay quórum.

Quorn® [kwɔːn] *n proteína vegetal utilizada en cocina como sustituto de la carne*, ≈ seitán *m*.

quorum ['kwɔːrəm] *n* quórum *m*.

quota ['kwəʊtə] *n* cuota *f*.

quotable ['kwəʊtəbl] *adj* - **1.** [worth quoting] digno(na) de citarse. - **2.** [on the record] reproducible, oficial. - **3.** ST EX cotizable.

quotation [kwəʊ'teɪʃn] *n* - **1.** [citation] cita *f*. - **2.** COMM presupuesto *m*. - **3.** ST EX cotización *f*.

quotation marks *npl* comillas *fpl*.

quote [kwəʊt] ◇ *n* - **1.** [citation] cita *f*. - **2.** COMM presupuesto *m*. ◇ *vt* - **1.** [cite] citar. - **2.** [figures, example, price] dar; **he ~d a price of £100** fijó un precio de 100 libras. - **3.** ST EX cotizar. ◇ *vi* - **1.** [cite]: **to ~ (from)** citar (de); **and I ~...** y cito (sus palabras) textualmente... - **2.** COMM: **to ~ for** dar un presupuesto por.

◆ **quotes** *npl inf* comillas *fpl*; **in ~s** entre comillas.

quoted company ['kwəʊtɪd-] *n Br* compañía *f* cotizada en la Bolsa.

quoth [kwəʊθ] *vt arch*: **'nay', ~ the king** 'no', dijo el rey.

quotidian [kwɒ'tɪdɪən] *adj fml* cotidiano(na).

quotient ['kwəʊʃnt] *n* cociente *m*.

qv (*abbr of* **quod vide**) v.

qwerty keyboard ['kwɜːtɪ-] *n Br* teclado estándar inglés para una máquina de escribir o un ordenador.

R

r (*pl* **r's** OR **rs**), **R** (*pl* **R's** OR **Rs**) [ɑːʳ] *n* [letter] r *f*, R *f*.
◆ **R** - **1.** (*written abbr of* **right**) dcha. - **2.** *written abbr of* **River**.
- **3.** (*written abbr of* **Réaumur**) R. - **4.** *Am* (*abbr of* **restricted**) no
recomendada para menores. - **5.** *Am written abbr of* **Republican**. - **6.** *Br* (*abbr of* **Rex**) Rex. - **7.** *Br* (*abbr of* **Regina**) Regina.
- **8.** (*written abbr of* **radius**) r, R. - **9.** (*written abbr of* **road**) Ctra.
- **10.** *written abbr of* **registered (trademark)**.
RA *n written abbr of* **Royal Academy of Arts**.
RAAF [ræf] (*abbr of* **Royal Australian Air Force**) *n* fuerzas
aéreas australianas.
Rabat [rəˈbɑːt] *n* Rabat.
rabbi [ˈræbaɪ] *n* rabino *m*.
rabbinical [rəˈbɪnɪkl] *adj* rabínico(ca).
rabbit [ˈræbɪt] *n* conejo *m*.
◆ **rabbit on** *vi inf* [talk] parlotear; **he's been ~ing on**
about his money problems ha estado dando la tabarra
acerca de sus problemas de dinero.
rabbit burrow, rabbit hole *n* madriguera *f (de conejos)*.
rabbit hutch *n* conejera *f*.
rabbit punch *n* colleja *f*, golpe *m* en la nuca.
rabbit warren *n* madriguera *f (de conejos)*.
rabble [ˈræbl] *n* [mob] chusma *f*, populacho *m*.
rabble-rouser *n* demagogo *m*, -ga *f*.
rabble-rousing *adj* que agita a las masas.
Rabelaisian [ˌræbəˈleɪzɪən] *adj* rabelesiano(na).
rabid [ˈræbɪd, ˈreɪbɪd] *adj* - **1.** [infected with rabies] rabioso(sa). - **2.** *pej* [fanatical] fanático(ca).
rabies [ˈreɪbiːz] *n* rabia *f*.
RAC (*abbr of* **Royal Automobile Club**) *n* asociación británica del automóvil, ≃ RACE *m*.
raccoon [rəˈkuːn] *n* mapache *m*.
race [reɪs] ◇ *n* - **1.** *lit & fig* [competition] carrera *f*; **the ~s**
las carreras ❑ **a ~ against time** OR **the clock** una carrera
contrarreloj. - **2.** [people, descent] raza *f*. - **3.** *literary* [of life,
sun, moon] curso *m*. - **4.** [current] corriente *f*. ◇ *vt* - **1.** [compete against] competir con; **they ~d each other to the**
door echaron una carrera hasta la puerta. - **2.** [cars, pigeons] hacer carreras de; [horses] hacer correr. ◇ *vi* - **1.**
[rush] ir corriendo. - **2.** [beat fast] acelerarse. - **3.** [compete]
correr, echar carreras. - **4.** [engine] acelerar al máximo.
race car *n Am* = **racing car**.
race card *n* programa *m* de carreras.
racecourse [ˈreɪskɔːs] *n* - **1.** [for horses] hipódromo *m*. - **2.**
Am [for cars, motorbikes] circuito *m*, autódromo *m*.
race driver *n Am* = **racing driver**.
racegoer [ˈreɪsˌgəʊəʳ] *n* aficionado *m*, -da *f* a las carreras (de
caballos).
racehorse [ˈreɪshɔːs] *n* caballo *m* de carreras.
raceme [ˈræsiːm] *n* racimo *m*.
race meeting *n* concurso *m* hípico.
racer [ˈreɪsəʳ] *n* [person] corredor *m*, -ra *f*.
race relations *npl* relaciones *fpl* interraciales.
race riot *n* disturbio *m* racial.
racetrack [ˈreɪstræk], **raceway** *Am* [ˈreɪsweɪ] *n* [for horses]
hipódromo *m*; [for cars] circuito *m*, autódromo *m*; [for runners] pista *f* (de carreras).

raceway [ˈreɪsweɪ] *n Am* - **1.** = **racetrack**. - **2.** [millrace] saetín *m*.
Rachmanism [ˈrækmənɪzm] *n* presión que ejerce un propietario sobre los inquilinos para desalojarlos.
racial [ˈreɪʃl] *adj* racial.
racial discrimination *n* discriminación *f* racial.
racialism [ˈreɪʃəlɪzm] *n* = **racism**.
racialist [ˈreɪʃəlɪst] *adj & n* = **racist**.
racially [ˈreɪʃəlɪ] *adv* racialmente.
racing [ˈreɪsɪŋ] *n* carreras *fpl*; **motor** ~ carreras de coches.
racing car *Br*, **race car** *Am n* coche *m* de carreras.
racing cyclist *n* ciclista *mf* de carreras.
racing driver *Br*, **race driver** *Am n* piloto *mf* de carreras.
racing pigeon *n* paloma *f* mensajera (de competición).
racism [ˈreɪsɪzm] *n* racismo *m*.
racist [ˈreɪsɪst] ◇ *adj* racista. ◇ *n* racista *mf*.
rack [ræk] ◇ *n* - **1.** [for plates] escurreplatos *m inv*; [for
clothes] percha *f*; [for magazines] revistero *m*; [for bottles]
botellero *m*. - **2.** [for luggage] portaequipajes *m inv*. - **3.** HIST
[instrument of torture] potro *m*; **to be on the** ~ *fig* estar
atormentado(da). - **4.** TECH: ~ **and pinion** cremallera *f* y piñón. - **5.** *phr*: **to go to** ~ **and ruin** venirse abajo. ◇ *vt*: **to**
be ~**ed by** OR **with** *literary* estar transido(da) de; **to** ~
one's brains *Br* devanarse los sesos.
◆ **rack up** *vt sep Am inf* [points] acumular.
racket [ˈrækɪt] *n* - **1.** [noise] jaleo *m*, alboroto *m*, guachafita *f*
Amér. - **2.** [swindle] estafa *f*, timo *m*. - **3.** [illegal activity] negocio *m* sucio. - **4.** SPORT raqueta *f*. - **5.** [snowshoe] raqueta *f*.
◆ **rackets** *n* [game] frontenis *m*.
racketeer [ˌrækəˈtɪəʳ] ◇ *n* persona *f* envuelta en negocios
sucios. ◇ *vi* hacer negocios sucios.
racketeering [ˌrækəˈtɪərɪŋ] *n pej* estafa *f*, timo *m*.
rackety [ˈrækɪtɪ] *adj* ruidoso(sa).
racking [ˈrækɪŋ] *adj* [pain] atroz, desgarrador(ra).
rack railway *n* ferrocarril *m* de cremallera.
rack rent *n Br* alquiler *m* exagerado OR abusivo.
raconteur [ˌrækɒnˈtɜːʳ] *n* persona que sabe contar anécdotas.
racoon [rəˈkuːn] *n* = **raccoon**.
racquet [ˈrækɪt] *n* = **racket** *sense 4*.
racquetball [ˈrækɪtbɔːl] *n* frontenis *m*.
racy [ˈreɪsɪ] (*compar* **racier**, *superl* **raciest**) *adj* entretenido(da) y picante.
rad [ræd] *n* rad *m*.
RADA [ˈrɑːdə] (*abbr of* **Royal Academy of Dramatic Art**)
n academia británica de arte dramático.
radar [ˈreɪdɑːʳ] *n* radar *m*.
radarscope [ˈreɪdɑːskəʊp] *n* pantalla *f* de radar.
radar trap *n* radar para controlar la velocidad de los automóviles.
raddled [ˈrædld] *adj* devastado(da).
radial [ˈreɪdjəl] ◇ *adj* radial. ◇ *n*: ~ **(tyre)** neumático *m* radial.
radial engine *n* motor *m* en estrella.
radian [ˈreɪdjən] *n* radián *m*.

radiance ['reɪdjəns] n - **1.** [of face, smile] lo radiante. - **2.** literary [brilliance] resplandor m. - **3.** PHYS radiación f.

radiant ['reɪdjənt] adj - **1.** [happy] radiante. - **2.** literary [brilliant] resplandeciente. - **3.** TECH por radiación.

radiant energy n energía f radiante.

radiant heat n calor m por radiación.

radiantly ['reɪdjəntlɪ] adv [shine, glow] de un modo resplandeciente; [smile] de un modo radiante.

radiate ['reɪdɪeɪt] ◇ vt lit & fig irradiar. ◇ vi - **1.** [be emitted] ser irradiado(da). - **2.** [spread from centre] salir, extenderse.

radiation [ˌreɪdɪ'eɪʃn] n radiación f.

radiation sickness n enfermedad f causada por la radiación.

radiation therapy n radioterapia f.

radiator ['reɪdɪeɪtə'] n radiador m.

radiator grille n calandra f.

radical ['rædɪkl] ◇ adj radical. ◇ n POL radical mf.

radicalism ['rædɪkəlɪzm] n radicalismo m.

radicalize, -ise ['rædɪkəlaɪz] vt radicalizar.

radically ['rædɪklɪ] adv radicalmente.

radical sign n MATH radical m.

radicchio [ræ'diːkɪəu] n achicoria f morada (para ensaladas).

radices ['reɪdɪsiːz] pl → **radix**.

radicle ['rædɪkl] n radícula f.

radii ['reɪdɪaɪ] pl → **radius**.

radio ['reɪdɪəu] (pl **radios**) ◇ n radio f, radio m Amér. ◇ comp de radio, radiofónico(ca). ◇ vt mandar un mensaje por radio a.

radioactive [ˌreɪdɪəu'æktɪv] adj radiactivo(va).

radioactive waste n (U) residuos mpl radiactivos.

radioactivity [ˌreɪdɪəuæk'tɪvətɪ] n radiactividad f.

radio alarm (clock) n radiodespertador m.

radio astronomy n radioastronomía f.

radio beacon n radiofaro m.

radio car n coche m con receptor de radio.

radiocarbon [ˌreɪdɪəu'kɑːbən] n radiocarbono m, carbono m 14.

radiocarbon dating n datación f por carbono 14.

radio cassette n radiocasete m.

radiocommunication ['reɪdɪəukəˌmjuːnɪ'keɪʃn] n radiocomunicación f.

radio compass n radiocompás m.

radio control n radiocontrol m, teledirección f.

radio-controlled adj teledirigido(da).

radioelement [ˌreɪdɪəu'elɪmənt] n radioelemento m.

radio frequency n radiofrecuencia f.

radiogram ['reɪdɪəugræm] n - **1.** Br dated [radio and record player] radiogramola f. - **2.** [message] radiograma m. - **3.** = **radiograph**.

radiograph ['reɪdɪəugrɑːf] n radiografía f.

radiographer [ˌreɪdɪ'bgrəfə'] n radiógrafo m, -fa f.

radiography [ˌreɪdɪ'bgrəfɪ] n radiografía f.

radio ham n radioaficionado m, -da f.

radioisotope [ˌreɪdɪəu'aɪsətəup] n radioisótopo m.

radiologist [ˌreɪdɪ'blədʒɪst] n radiólogo m, -ga f.

radiology [ˌreɪdɪ'blədʒɪ] n radiología f.

radiometer [ˌreɪdɪ'bmɪtə'] n radiómetro m.

radio microphone n micrófono m sin cable OR inalámbrico.

radio navigation n radionavegación f.

radio network n red f de emisoras.

radio operator n radiotelegrafista mf.

radiopager ['reɪdɪəuˌpeɪdʒə'] n busca m, buscapersonas m inv.

radiopaging ['reɪdɪəuˌpeɪdʒɪŋ] n localización f por busca.

radiophone ['reɪdɪəufəun] n = **radiotelephone**.

radio receiver n radiorreceptor m.

radioscopy [ˌreɪdɪ'bskəpɪ] n radioscopia f.

radio set n aparato m de radio.

radiosonde ['reɪdɪəusɒnd] n radiosonda f.

radio spectrum n radioespectro m.

radio station n emisora f.

radio taxi n radiotaxi m.

radiotelephone [ˌreɪdɪəu'telɪfəun] n radioteléfono m.

radio telescope n radiotelescopio m.

radiotherapist [ˌreɪdɪəu'θerəpɪst] n radioterapeuta mf.

radiotherapy [ˌreɪdɪəu'θerəpɪ] n radioterapia f.

radio transmitter n radiotransmisor m.

radio wave n onda f hertziana OR radioeléctrica.

radish ['rædɪʃ] n rábano m.

radium ['reɪdɪəm] n radio m.

radium therapy n radioterapia f.

radius ['reɪdɪəs] (pl **radii** [-dɪaɪ]) n [gen & ANAT] radio m.

radix ['reɪdɪks] (pl **radices** [-dɪsiːz] OR **radixes**) n - **1.** MATH base f, raíz f. - **2.** BOT raíz f.

radon ['reɪdɒn] n radón m.

RAF n written abbr of **Royal Air Force**.

raffia ['ræfɪə] n rafia f.

raffish ['ræfɪʃ] adj disoluto(ta) pero con encanto.

raffle ['ræfl] ◇ n rifa f, sorteo m. ◇ comp: ~ **ticket** boleto m. ◇ vt rifar, sortear.

raft [rɑːft] ◇ n - **1.** [craft] balsa f; [inflatable] lancha f neumática. - **2.** [large number]: **a ~ of policies** POL un montón de disposiciones. ◇ vt transportar en balsa. ◇ vi ir en balsa; **to go ~ing** SPORT hacer rafting.

rafter ['rɑːftə'] n par m (de armadura de tejado).

rag [ræg] (pt & pp **ragged**, cont **ragging**) ◇ n - **1.** [piece of cloth] trapo m, harapo m; **it was like a red ~ to a bull** fig era una provocación total. - **2.** pej [newspaper] periodicucho m. - **3.** MUS ragtime m. - **4.** = **rag week**. ◇ vt dated [tease] tomar el pelo a.
◆ **rags** npl [clothes] trapos mpl, pingos mpl; **from ~s to riches** fig de la pobreza a la riqueza.

ragamuffin ['rægəˌmʌfɪn] n golfillo m, galopín m.

rag-and-bone man n trapero m.

ragbag ['rægbæg] n pej batiburrillo m.

rag doll n muñeca f de trapo.

rage [reɪdʒ] ◇ n - **1.** [anger] rabia f, ira f; **to fly into a ~** montar en cólera. - **2.** inf [fashion]: **the ~** la moda; **it's all the ~** es la última moda, hace furor. - **3.** [of sea, elements] furia f. ◇ vi - **1.** [behave angrily] estar furioso(sa). - **2.** [subj: storm, sea] enfurecerse; [subj: disease, fire] hacer estragos; [subj: argument, controversy] continuar con violencia.

ragga ['rægə], **raggamuffin** ['rægəˌmʌfɪn] n MUS raggamuffin m, ragga m.

ragged ['rægɪd] adj - **1.** [wearing torn clothes] andrajoso(sa), harapiento(ta). - **2.** [torn] hecho(cha) jirones. - **3.** [uneven - line, beard] desigual; [- cliff, rocks] recortado(da); [- edge] mellado(da). - **4.** [poor -quality] desigual. - **5.** phr: **to run sb ~** hacer sudar la gota gorda a alguien.

raging ['reɪdʒɪŋ] adj terrible.

raglan sleeve ['ræglən-] n manga f raglán.

ragman ['rægmən] (pl **ragmen** [-mən]) n = **rag-and-bone man**.

ragout ['ræguː] n ragú m.

ragtag ['rægtæg] n Br: **the ~ and bobtail** la chusma.

ragtime ['rægtaɪm] n ragtime m.

rag trade n inf: **the ~** la industria de la confección.

ragweed ['rægwiːd] n ambrosía f.

rag week n Br semana en que los universitarios organizan diversas actividades con fines benéficos.

raid [reɪd] ◇ n - **1.** [attack] incursión f. - **2.** [forced entry - by robbers] asalto m; [- by police] redada f. - **3.** ST EX maniobra f bajista. ◇ vt - **1.** [attack] atacar por sorpresa. - **2.** [subj: robbers] asaltar; [subj: police] hacer una redada en.

raider ['reɪdə'] n - 1. [attacker] invasor m, -ra f. - 2. [thief] ladrón m, -ona f, asaltante mf.

raiding party ['reɪdɪŋ-] n comando m de asalto.

rail [reɪl] ◇ n - 1. [on staircase, balcony, bridge etc] baranda f, barandilla f. - 2. [bar] barra f; **towel** ~ toallero m. - 3. [of railway line] carril m, riel m; **to go off the** ~**s** (train) descarrilar; fig [person] perder el norte OR la cabeza. - 4. (U) [form of transport] ferrocarril m; **by** ~ por ferrocarril. - 5. [bird] rascón m. ◇ comp ferroviario(ria). ◇ vi fml [complain]: **to** ~ **against** despotricar contra.

◆ **rail off** vt sep cercar con una barrera.

railcar ['reɪlkɑː'] n automotor m, autovía m.

railcard ['reɪlkɑːd] n Br tarjeta que permite algunos descuentos al viajar en tren.

railhead ['reɪlhed] n cabeza f de línea.

railing ['reɪlɪŋ] n - 1. [upright bar] reja f. - 2. [on balcony, bridge] baranda f, barandilla f. - 3. = **railings**.

◆ **railings** npl [fence] verja f.

raillery ['reɪlərɪ] n (U) fml burla f.

railroad car Am n = **railway carriage**.

Railtrack ['reɪltræk] n organismo gestor de la vía férrea en Gran Bretaña.

railway Br ['reɪlweɪ], **railroad** Am ['reɪlrəʊd] n - 1. [company] ferrocarril m. - 2. [route] línea f de ferrocarril. - 3. [track] vía f férrea.

railway carriage Br, **railroad car** Am n vagón m, coche m (de tren).

railway crossing n Br paso m a nivel.

railway embankment n Br terraplén m.

railway engine n locomotora f.

railway line n línea f de ferrocarril.

railwayman ['reɪlweɪmən] (pl **railwaymen** [-mən]) n Br ferroviario m.

railway station n estación f de ferrocarril.

railway track n vía f férrea.

railway yard n Br cochera f.

raiment ['reɪmənt] n (U) literary vestimenta f, atuendo m.

rain [reɪn] ◇ n lluvia f; **it looks like** ~ parece que va a llover; **in the** ~ bajo la lluvia □ **come** ~ **or shine** pase lo que pase. ◇ v impers METEOR llover; **it never** ~**s but it pours** proverb las desgracias nunca vienen solas proverb. ◇ vi caer.

◆ **rains** npl: **the** ~**s** (la época de) las lluvias.

◆ **rain down** vi llover.

◆ **rain off** Br, **rain out** Am vt sep interrumpir a causa de la lluvia.

rainbow ['reɪnbəʊ] n arco m iris; **to chase** ~**s** fig hacerse OR forjarse ilusiones.

rainbow trout n trucha f arco iris.

rain check n esp Am entrada para asistir más tarde a un espectáculo suspendido por la lluvia; **I'll take a** ~ **(on that)** inf fig no lo quiero ahora, pero igual me apunto la próxima vez.

rain cloud n nubarrón m, nube f de lluvia.

raincoat ['reɪnkəʊt] n impermeable m.

rain dance n danza f de la lluvia.

raindrop ['reɪndrɒp] n gota f de lluvia.

rainfall ['reɪnfɔːl] n [amount of rain] pluviosidad f.

rain forest n bosque m tropical.

rain gauge n pluviómetro m.

rainmaker ['reɪnˌmeɪkə'] n persona que puede atraer la lluvia por medios mágicos o artificiales.

rainproof ['reɪnpruːf] adj impermeable.

rainstorm ['reɪnstɔːm] n temporal m de lluvia.

rainwater ['reɪnˌwɔːtə'] n agua f de lluvia.

rainwear ['reɪnweə'] n (U) prendas fpl para la lluvia.

rainy ['reɪnɪ] (compar **rainier**, superl **rainiest**) adj lluvioso(sa); ~ **season** estación f de las lluvias.

raise [reɪz] ◇ vt - 1. [lift up] levantar; [flag] izar; **to** ~ **o.s.** levantarse. - 2. [increase] aumentar; **to** ~ **one's voice** le-

vantar la voz. - 3. [improve] elevar. - 4. [obtain - from donations] recaudar; [- by selling, borrowing] conseguir, reunir. - 5. [memory, thoughts] traer, evocar; [doubts] levantar. - 6. [bring up, breed] criar. - 7. [crops] cultivar. - 8. [mention] plantear, formular. - 9. [build] levantar, erigir. - 10. [collect together - support] hacer acopio de; [- army] reclutar. - 11. [make, produce - shout, cheer] dar, emitir; [- smile] poner. - 12. [ban, siege] levantar. - 13. [make radio contact with] comunicar con. - 14. CULIN [dough] hacer subir. - 15. MATH elevar (a una potencia). - 16. NAUT: **to** ~ **land** divisar OR avistar tierra. ◇ n Am aumento m, subida f.

raised [reɪzd] adj [pattern] en relieve.

raisin ['reɪzn] n pasa f.

raising agent ['reɪzɪŋ-] n levadura f.

Raj [rɑːdʒ] n: **the** ~ el imperio británico en la India (antes de 1947).

rajah ['rɑːdʒə] n rajá m.

rake [reɪk] ◇ n - 1. [implement] rastrillo m. - 2. dated & literary [immoral man] libertino m, calavera m. - 3. [slope] inclinación f. ◇ vt - 1. [smooth] rastrillar. - 2. [gather] recoger con el rastrillo. - 3. fig [sweep, search] rastrear, barrer. - 4. [with gunfire] ametrallar, barrer. ◇ vi - 1. [search] hurgar, revolver. - 2. [slope] inclinarse.

◆ **rake in** vt sep inf amasar.

◆ **rake off** vt sep inf [share of profits] embolsarse.

◆ **rake up** vt sep - 1. [gossip, scandal] sacar a relucir. - 2. [people, money] reunir.

raked [reɪkt] adj [inclined] inclinado(da).

rake-off n inf tajada f, comisión f.

rakish ['reɪkɪʃ] adj - 1. [dissolute] libertino(na), disoluto(ta). - 2. [jaunty] ladeado(da).

rally ['rælɪ] (pl **rallies**, pt & pp **rallied**) ◇ n - 1. [meeting] mitin m, reunión f. - 2. [car race] rally m. - 3. [in tennis etc] peloteo m. - 4. [recovery - from illness] mejoría f; [- on stock exchange] recuperación f. ◇ vt reunir. ◇ vi - 1. [come together] reunirse. - 2. [recover] recuperarse.

◆ **rally round** ◇ vt fus formar una piña con. ◇ vi inf formar una piña.

rallycross ['rælɪkrɒs] n autocross m.

rallying ['rælɪŋ] n rally m.

rallying cry n grito m de guerra.

rallying point n punto m de encuentro.

ram [ræm] (pt & pp **rammed**, cont **ramming**) ◇ n - 1. [animal] carnero m. - 2. [battering ram] ariete m. - 3. TECH [piston] émbolo m; [flattening tool] pisón m. ◇ vt - 1. [crash into] chocar con OR contra. - 2. [force] embutir, apretar. - 3. phr: **to** ~ **sthg home** dejar algo bien claro.

RAM [ræm] (abbr of **random access memory**) n COMPUT RAM f.

Ramadan [ˌræmə'dæn] n ramadán m.

ramble ['ræmbl] ◇ n paseo m por el campo. ◇ vi - 1. [walk] pasear. - 2. [talk] divagar.

◆ **ramble on** vi divagar sin parar.

rambler ['ræmblə'] n - 1. [walker] excursionista mf. - 2. BOT rosal m trepador.

rambling ['ræmblɪŋ] adj - 1. [building, house] laberíntico(ca); [town] desparramado(da). - 2. [speech, writing] confuso(sa), incoherente. - 3. [plant] trepador(ra); ~ **rose** rosal m trepador.

rambunctious [ræm'bʌŋkʃəs] adj alborotador(ra).

RAMC (abbr of **Royal Army Medical Corps**) n cuerpo médico de las fuerzas armadas británicas.

ramekin ['ræmɪkɪn] n recipiente m individual para el horno.

Rameses ['ræmɪsiːz] n Ramsés m.

ramification [ˌræmɪfɪ'keɪʃn] n ramificación f.

ramify ['ræmɪfaɪ] (pt & pp **ramified**) ◇ vt ramificar. ◇ vi ramificarse.

ramjet ['ræmdʒet] n estatorreactor m.

ramp [ræmp] n - 1. [slope] rampa f. - 2. [in road & AUT] rompecoches m inv.

rampage [ræm'peɪdʒ] ◇ n: **hooligans went on the ~ through the town centre** los gamberros destrozaron todo lo que encontraron a su paso en el centro de la ciudad. ◇ vi desbandarse, salir a la desbandada.

rampant ['ræmpənt] adj - **1.** [unrestrained] desenfrenado(da). - **2.** [exuberant] exuberante, abundante. - **3.** HERALDRY rampante.

ramparts ['ræmpɑːts] npl murallas fpl.

ramraider ['ræm,reɪdə'] n Am persona que atraca tiendas embistiendo contra el escaparate con un coche.

ramrod ['ræmrɒd] n baqueta f; **to stand as stiff as a ~** fig estar más tieso que un palo OR una vela.

ramshackle ['ræm,ʃækl] adj destartalado(da).

ran [ræn] pt → **run**.

RAN (abbr of **Royal Australian Navy**) n armada australiana.

ranch [rɑːntʃ] ◇ n rancho m. ◇ vi llevar un rancho.

rancher ['rɑːntʃə'] n ranchero m, -ra f.

ranch house n Am - **1.** [house on ranch] casa f en un rancho. - **2.** [ranch-style house] casa f de una sola planta.

ranching ['rɑːntʃɪŋ] n explotación f de un rancho.

ranchman ['rɑːntʃmæn] (pl **ranchmen** [-men]) n ranchero m.

rancid ['rænsɪd] adj rancio(cia).

rancor n Am = **rancour**.

rancorous ['ræŋkərəs] adj rencoroso(sa).

rancour Br, **rancor** Am ['ræŋkə'] n rencor m.

rand [rænd] (pl inv) n [money] rand m.

random ['rændəm] ◇ adj fortuito(ta), hecho(cha) al azar. ◇ n: **at ~** al azar.

random access memory n COMPUT memoria f de acceso aleatorio.

randomize, -ise ['rændəmaɪz] vt experimentar de manera aleatoria.

randomly ['rændəmlɪ] adv al azar.

randomness ['rændəmnɪs] n lo fortuito.

random variable n variable f casual OR aleatoria.

R and R (abbr of **rest and recreation**) n Am permiso militar.

randy ['rændɪ] (compar **randier**, superl **randiest**) adj inf cachondo(da), caliente.

rang [ræŋ] pt → **ring**.

range [reɪndʒ] (cont **rangeing**) ◇ n - **1.** [of missile, telescope, signal] alcance m, radio m de acción; [of ship, plane] autonomía f; **to be out of/within ~** estar fuera del/al alcance; **at close** OR **short ~** de cerca. - **2.** [variety] variedad f, gama f; [of prices, salaries] escala f. - **3.** [of mountains] sierra f, cordillera f. - **4.** [shooting area] campo m de tiro. - **5.** [of voice, instrument] registro m. - **6.** [scope - gen] campo m, esfera f; [- of knowledge] extensión f, amplitud f. - **7.** [for livestock] terreno m de pasto, pradera f. - **8.** [cooker] fogón m, cocina f. - **9.** [row, line] hilera f, fila f. - **10.** BIOL [habitat] hábitat m. ◇ vt - **1.** [put in rows] alinear. - **2.** [roam] recorrer. - **3.** [classify] ordenar, clasificar. - **4.** [aim - gun] apuntar; [- telescope] enfocar. - **5.** [align]: **to ~ o.s. against/with sb** ponerse en contra de/de parte de alguien. ◇ vi - **1.** [vary]: **to ~ from... to..., to ~ between... and...** oscilar OR fluctuar entre... y... - **2.** [deal with, include]: **to ~ over sthg** comprender algo. - **3.** [roam] rondar.

rangefinder ['reɪndʒ,faɪndə'] n telémetro m.

rangeland ['reɪndʒlænd] n praderas fpl.

ranger ['reɪndʒə'] n - **1.** [in park, forest] guardabosques mf inv. - **2.** Am [lawman] ≃ policía mf. - **3.** Am MIL (miembro m de un) comando m.

Rangoon [ræŋ'guːn] n Rangún.

rangy ['reɪndʒɪ] (compar **rangier**, superl **rangiest**) adj - **1.** [long-limbed] zancudo(da). - **2.** [roomy] espacioso(sa).

rank [ræŋk] ◇ adj - **1.** [utter, absolute - bad luck, outsider] absoluto(ta); [- disgrace, injustice] flagrante. - **2.** [foul] maloliente, pestilente; [food] rancio(cia). - **3.** [vegetation, weeds] tupido(da). ◇ n - **1.** [position, grade] grado m, gra-

duación f; **to pull ~** abusar de su autoridad. - **2.** [social class] clase f, categoría f; **the ~ and file** POL las bases (del partido); MIL los soldados rasos, los reclutas. - **3.** [row] fila f, hilera f; **to break ~s** romper filas; **to close ~s** cerrar filas. - **4.** [quality] clase f, categoría f. ◇ vt - **1.** [class]: **to be ~ed** estar clasificado(da). - **2.** Am [outrank] ser de más alta graduación que. - **3.** [in rows] alinear. ◇ vi: **she ~ed first** se clasificó la primera; **to ~ as** estar considerado(da) (como); **to ~ among** encontrarse OR figurar entre; **to ~ above** ser superior a; **to ~ high** ocupar una alta posición.
◆ **ranks** npl - MIL: **the ~s** los soldados rasos. - **2.** fig [members] filas fpl; **to join the ~s of** pasar a engrosar las filas de.

ranker ['ræŋkə'] n MIL [private] soldado m raso; [officer] oficial m patatero.

ranking ['ræŋkɪŋ] ◇ n clasificación f. ◇ adj Am de alta graduación.

rankle ['ræŋkl] vi doler.

ransack ['rænsæk] vt - **1.** [search] registrar a fondo. - **2.** [plunder] saquear.

ransom ['rænsəm] ◇ n rescate m; **to hold sb to ~** lit tener secuestrado(da) a alguien; fig hacer chantaje a alguien. ◇ vt pagar el rescate de.

rant [rænt] vi despotricar, vociferar.

ranter ['ræntə'] n orador(ra) rimbombante.

ranting ['ræntɪŋ] n despotrique m.

rap [ræp] (pt & pp **rapped**, cont **rapping**) ◇ n - **1.** [knock] golpecito m; **on the knuckles** rapapolvo m. - **2.** [type of music] rap m. - **3.** inf [least bit] bledo m, comino m; **I don't give a ~** me importa un bledo. - **4.** Am inf [chat] charla f. - **5.** phr: **to beat the ~** Am v inf librarse de una condena; **to take the ~** inf pagar el pato. ◇ vt - **1.** [strike] dar golpecitos en. - **2.** [in newspaper headlines] criticar. ◇ vi - **1.** [knock]: **to ~ on sthg** dar golpecitos en algo. - **2.** [sing rap music] cantar rap. - **3.** Am inf [chat] charlar.

rapacious [rə'peɪʃəs] adj fml [greedy] rapaz, codicioso(sa).

rapaciousness [rə'peɪʃəsnɪs], **rapacity** [rə'pæsəti] n fml rapacidad f, codicia f.

rape [reɪp] ◇ n - **1.** [crime] violación f. - **2.** [of countryside etc] destrucción f. - **3.** BOT colza f. ◇ vt violar.

rape oil n aceite m de colza.

rapeseed ['reɪpsiːd] n semilla f de colza.

rapid ['ræpɪd] adj rápido(da).
◆ **rapids** npl rápidos mpl; **to shoot the ~s** salvar los rápidos.

rapid-fire adj - **1.** MIL [gun] de tiro rápido. - **2.** fig [questions, jokes] lanzado uno tras otro (lanzada una tras otra).

rapidity [rə'pɪdəti] n rapidez f.

rapidly ['ræpɪdlɪ] adv rápidamente.

rapidness ['ræpɪdnɪs] n = **rapidity**.

rapid transit n Am sistema rápido de transporte urbano.

rapier ['reɪpjə'] n estoque m, espadín m.

rapine ['ræpaɪn] n literary rapiña f, saqueo m.

rapist ['reɪpɪst] n violador m, -ra f.

rapper ['ræpə'] n rapper mf, intérprete mf de rap.

rapport [ræ'pɔː'] n compenetración f; **to have a ~ with sb** compenetrarse con alguien.

rapprochement [,ræprɒʃ'mā] n acercamiento m.

rapscallion [ræp'skæljən] n dated pillastre m, -tra f, galopín m.

rapt [ræpt] adj absorto(ta), ensimismado(da).

raptor ['ræptə'] n ave f de rapiña.

rapture ['ræptʃə'] n arrebato m, arrobamiento m; **to go into ~s over** OR **about** deshacerse en elogios a.

rapturous ['ræptʃərəs] adj [applause, welcome] muy entusiasta; [gaze] extasiado(da).

rapturously ['ræptʃərəslɪ] adv [watch] de un modo embelesado OR extasiado; [praise, applaud] con entusiasmo.

rare [reə'] adj - **1.** [scarce] poco común, raro(ra). - **2.** [infrequent] poco frecuente, raro(ra). - **3.** [exceptional] raro(ra), excepcional. - **4.** CULIN poco hecho (poco hecha). - **5.** [air, atmosphere] enrarecido(da).

rarebit ['reəbɪt] *n* [Welsh rarebit] *tostada cubierta de queso fundido.*

rare earth *n* tierra *f* rara, lantánido *m*.

rarefaction [,reərɪ'fækʃn] *n* rarefacción *f*, enrarecimiento *m*.

rarefied ['reərɪfaɪd] *adj* - **1.** [exalted] exclusivo(va), refinado(da). - **2.** [lacking in oxygen] enrarecido(da).

rarefy ['reərɪfaɪ] (*pt & pp* **rarefied**) ◇ *vt* enrarecer. ◇ *vi* enrarecerse.

rarely ['reəlɪ] *adv* raras veces, raramente.

rareness ['reənɪs] *n* - **1.** [scarcity] rareza *f*. - **2.** [infrequency] infrecuencia *f*.

raring ['reərɪŋ] *adj*: **to be ~ to go** estar ansioso(sa) OR impaciente por empezar.

rarity ['reərətɪ] (*pl* **rarities**) *n* rareza *f*.

rascal ['rɑːskl] *n* pícaro *m*, -ra *f*, tunante *m*, -ta *f*.

rascally ['rɑːskəlɪ] *adv* [person] pícaro(ra), bribón(ona); [deed] pícaro(ra).

rash [ræʃ] ◇ *adj* precipitado(da). ◇ *n* - **1.** MED erupción *f* (cutánea), sarpullido *m*, jiote *m* *Amér*. - **2.** [spate] aluvión *m*, ola *f*.

rasher ['ræʃəʳ] *n* loncha *f*.

rashly ['ræʃlɪ] *adv* precipitadamente.

rashness ['ræʃnɪs] *n* precipitación *f*, impetuosidad *f*.

rasp [rɑːsp] ◇ *n* - **1.** [harsh sound] chirrido *m*. - **2.** [file] escofina *f*. ◇ *vi* [subj: person] hablar con voz áspera y estridente; [subj: voice] tener un sonido áspero y estridente. ◇ *vt* - **1.** [scrape] raspar. - **2.** [file] escofinar. - **3.** [say] decir con voz áspera y estridente.

raspberry ['rɑːzbərɪ] (*pl* **raspberries**) *n* - **1.** [fruit] frambuesa *f*. - **2.** [rude sound] pedorreta *f*.

rasping ['rɑːspɪŋ] *adj* = **rasping**.

Rasputin [ræs'pjuːtɪn] *n* Rasputín *m*.

raspy ['ræspɪ] (*compar* **raspier**, *superl* **raspiest**) *adj* = **rasping**.

rasta ['ræstə] *n inf* rasta *mf*.

rastafarian [,ræstə'feərɪən] *n* rastafari *mf*.

rat [ræt] (*pt & pp* **ratted**, *cont* **ratting**) *n* - **1.** [animal] rata *f*; **to smell a ~** *fig* olerse que hay gato encerrado. - **2.** *pej* [person] canalla *mf*; **you dirty ~!** ¡maldito canalla!

◆ **rat on** *vt fus inf* [inform on] delatar.

ratable value ['reɪtəbl-] *n Br* valor *m* catastral.

ratafia [,rætə'fɪə] *n* - **1.** [liqueur] ratafía *f*. - **2.** [biscuit]: **~ (biscuit)** macarrón *m*, mostachón *m*.

rat-arsed ['rætɑːst] *adj Br v inf* cogorza, ajumado(da).

rat-a-tat(-tat) ['rætə,tæt('tæt)] *n* toc-toc *m*.

ratbag ['rætbæg] *n Br v inf pej* granuja *mf*.

ratcatcher ['ræt,kætʃəʳ] *n* [gen] exterminador *m*, -ra *f* de ratas; [official] técnico *mf* especializado en desratización.

ratchet ['rætʃɪt] *n* trinquete *m*.

rate [reɪt] ◇ *n* - **1.** [speed] velocidad *f*; **at this ~** a este paso. - **2.** [of birth, death] índice *m*; [of unemployment, inflation] tasa *f*. - **3.** [price] tarifa *f*, precio *m*; [of interest, taxation] tipo *m*. ◇ *vt* - **1.** [consider]: **to ~ sthg/sb (as/among)** considerar algo a alguien (como/entre). - **2.** [deserve] merecer. - **3.** *inf* [have high opinion of] valorar (en mucho). - **4.** *Br* [fix ratable value of] tasar el valor catastral de. ◇ *vi*: **to ~ high** ocupar una alta posición.

◆ **rates** *npl Br* ≈ contribución *f* urbana.

◆ **at any rate** *adv* - **1.** [at least] al menos. - **2.** [anyway] de todos modos.

rateable value ['reɪtəbl] *n* = **ratable value**.

rate of exchange *n* (tipo *m* de) cambio *m*.

rate of return *n* tasa *f* de rendimiento.

ratepayer ['reɪt,peɪəʳ] *n Br* contribuyente *mf*.

rather ['rɑːðəʳ] ◇ *adv* - **1.** [to quite a large extent] bastante; **I ~ thought so** eso es lo que pensaba. - **2.** [to a limited extent] algo; **he's ~ like you** se parece (en) algo a ti. - **3.** [as

preference]: **I would ~ wait** preferiría esperar; **I'd ~ not mejor que no ❑ ~ you than me!** ¡no quisiera estar en tu lugar! - **4.** [more exactly]: **or ~...** o más bien..., o mejor dicho... - **5.** [on the contrary]: **(but) ~...** (sino) más bien OR por el contrario... ◇ *excl Br dated*: **cold, isn't it? - ~!** hace frío ¿no? - ¡ni que lo digas!

◆ **rather than** *conj* antes que.

ratification [,rætɪfɪ'keɪʃn] *n* ratificación *f*.

ratify ['rætɪfaɪ] (*pt & pp* **ratified**) *vt* ratificar.

rating ['reɪtɪŋ] *n* - **1.** [standing] clasificación *f*, posición *f*. - **2.** *Br* [sailor] marinero *m*.

◆ **ratings** *npl* índices *mpl* de audiencia.

ratio ['reɪʃɪəʊ] (*pl* **ratios**) *n* - **1.** [gen] proporción *f*, relación *f*. - **2.** MATH razón *f*.

ratiocinate [,rætɪ'ɒsɪneɪt] *vi fml* raciocinar.

ratiocination [,rætɪɒsɪ'neɪʃn] *n fml* razonamiento *m*, raciocinio *m*.

ration ['ræʃn, *Am* 'reɪʃn] ◇ *n* ración *f*. ◇ *vt* racionar. ◇ *comp*: **~ book** cartilla *f* OR talonario *m* de racionamiento; **~ card** cartilla *f* de racionamiento.

◆ **rations** *npl* víveres *mpl*.

◆ **ration out** *vt sep* racionar, repartir en raciones.

rational ['ræʃənl] *adj* racional.

rationale [,ræʃə'nɑːl] *n* - **1.** [underlying reason] lógica *f*, razones *fpl*. - **2.** [exposition] exposición *f* razonada.

rationalism ['ræʃənəlɪzm] *n* racionalismo *m*.

rationalist ['ræʃənəlɪst] ◇ *adj* racionalista. ◇ *n* racionalista *mf*.

rationalistic [,ræʃənə'lɪstɪk] *adj* racionalista.

rationality [,ræʃə'nælətɪ] *n* racionalidad *f*.

rationalization [,ræʃənəlaɪ'zeɪʃn] *n* racionalización *f*.

rationalize, -ise ['ræʃənəlaɪz] *vt* racionalizar.

rationally ['ræʃənəlɪ] *adv* racionalmente, de un modo racional.

rationing ['ræʃənɪŋ] *n* racionamiento *m*.

ratlin(e) ['rætlɪn] *n* flechaste *m*.

rat race *n* mundo despiadamente competitivo de los negocios.

rats [ræts] *excl inf & hum* ¡caramba!

ratsbane ['rætsbeɪn] *n* raticida *m*, matarratas *m inv*.

rattan [rə'tæn] *n* rota *f*, junco *m* de Indias.

rat-tat-tat [,rættæt'tæt] *n* = **rat-a-tat(-tat)**.

rattle ['rætl] ◇ *n* - **1.** [of engine, metal] ruido *m*, traqueteo *m*; [of glass, keys] tintineo *m*; [of typewriter] repiqueteo *m*; [of gunfire] tableteo *m*, traqueteo *m*; [of door, window] vibración *f*. - **2.** [for baby] sonajero *m*. - **3.** [for sports fan] carraca *f*. - **4.** [of rattlesnake] cascabel *m*. ◇ *vt* - **1.** [make rattle] hacer sonar; [dice] agitar; [door, window] hacer vibrar. - **2.** [unsettle] desconcertar. ◇ *vi* [typewriter, hailstones] repiquetear, golpetear; [gunfire] tabletear; [car, engine] traquetear; [glass, keys] tintinear; [door, window] vibrar.

◆ **rattle off** *vt sep* [names, speech, poem] decir de corrido; [piece of work] despachar.

◆ **rattle on** *vi*: **to ~ on (about)** hablar sin parar (sobre).

◆ **rattle through** *vt fus* acabar en un santiamén.

rattlebrained ['rætlbreɪnd] *adj* casquivano(na), ligero(ra) de cascos.

rattlesnake ['rætlsneɪk], **rattler** *Am* ['rætlər] *n* serpiente *f* de cascabel.

rat trap *n* - **1.** [device] ratonera *f*. - **2.** *Am fig* [building] pocilga *f*.

ratty ['rætɪ] (*compar* **rattier**, *superl* **rattiest**) *adj inf* - **1.** *Br* [in bad mood] picajoso(sa), irritable. - **2.** *Am* [in bad condition - person] desastrado(da); [- thing] destartalado(da).

raucous ['rɔːkəs] *adj* ronco(ca) y estridente.

raucously ['rɔːkəslɪ] *adv* - **1.** [noisily] con estridencia. - **2.** [hoarsely] con la voz ronca.

raunchiness ['rɔːntʃɪnɪs] *n* sensualidad *f*.

raunchy ['rɔːntʃɪ] (*compar* **raunchier**, *superl* **raunchiest**) *adj* - **1.** [sexy] sexy (inv). - **2.** *Am* [slovenly] sucio(cia).

ravage ['rævɪdʒ] *vt* estragar, asolar.
◆ **ravages** *npl* estragos *mpl*.
ravaged ['rævɪdʒd] *adj* asolado(da), devastado(da).
rave [reɪv] ◇ *adj* muy entusiasta. ◇ *n Br inf* [party] fiesta multitudinaria y maratoniana organizada en un local grande con música ácida o bakalao. ◇ *vi* - **1.** [talk angrily]: **to ~ at sb** increpar a alguien; **to ~ against sb/sthg** despotricar contra alguien/algo. - **2.** [talk enthusiastically]: **to ~ about sthg** deshacerse en alabanzas sobre algo. - **3.** [talk irrationally] desvariar, delirar.
◆ **rave up** *vt sep Br inf dated*: **to ~ it up** divertirse de lo lindo.
ravel *Br* ['rævl] (*pt & pp* **ravelled**, *cont* **ravelling**, *Am pt & pp* **raveled**, *cont* **raveling**) ◇ *vt* [entangle] enredar, enmarañar. ◇ *vi* [tangle up] enredarse, enmarañarse.
raven ['reɪvn] ◇ *adj* negro azabache *(inv)*. ◇ *n* cuervo *m*.
ravenous ['rævənəs] *adj* [person, animal] famélico(ca), hambriento(ta); [appetite] voraz.
ravenously ['rævənəslɪ] *adv* vorazmente, con voracidad; **to be ~ hungry** tener un hambre canina.
raver ['reɪvəʳ] *n Br inf* juergista *mf*, parrandero *m*, -ra *f*.
rave-up *n Br inf* juerga *f*.
ravine [rə'viːn] *n* barranco *m*.
raving ['reɪvɪŋ] *adj* - **1.** [lunatic] de atar. - **2.** [as intensifier]: **a ~ beauty** una beldad; **a ~ success** un éxito impresionante.
◆ **ravings** *npl* desvaríos *mpl*.
ravioli [,rævɪ'əʊlɪ] *n (U)* raviolis *mpl*.
ravish ['rævɪʃ] *vt* - **1.** [delight] embelesar. - **2.** *arch & literary* [rape] violar; [abduct] raptar.
ravishing ['rævɪʃɪŋ] *adj* [sight, beauty] de ensueño; [person] bellísimo(ma).
ravishingly ['rævɪʃɪŋlɪ] *adv* de un modo fascinante; [as intensifier]: **~ beautiful** de una belleza deslumbrante.
raw [rɔː] ◇ *adj* - **1.** [uncooked] crudo(da). - **2.** [untreated] en bruto, sin refinar; [cotton] en rama; [sugar] sin refinar; [leather, silk] crudo(da); [spirits] puro(ra); [plaster] fresco(ca). - **3.** [wound] en carne viva. - **4.** [inexperienced] novato(ta), inexperto(ta). - **5.** [weather, wind] crudo(da), frío(a). - **6.** [data, statistics] sin procesar. - **7.** *Am* [rude, coarse] grosero(ra). ◇ *n phr*: **in the ~** [in original state] en estado natural; *inf* [naked] en cueros.
rawboned ['rɔːbəʊnd] *adj* enjuto(ta).
raw deal *n*: **to get a ~** recibir un trato injusto.
rawhide ['rɔːhaɪd] *n* [skin] cuero *m* crudo OR sin curtir.
raw material *n* materia *f* prima.
rawness ['rɔːnɪs] *n* - **1.** [natural state] estado *m* natural. - **2.** [soreness] irritación *f*. - **3.** [inexperience] inexperiencia *f*. - **4.** [of weather] rigor *m*, inclemencia *f*. - **5.** [frankness] crudeza *f*. - **6.** *Am* [coarseness] tosquedad *f*, grosería *f*.
ray [reɪ] *n* - **1.** [beam] rayo *m*. - **2.** *fig* [glimmer]: **~ of hope** resquicio *m* OR rayo *m* de esperanza. - **3.** [fish] raya *f*.
ray gun *n* pistola *f* que emite rayos.
rayon ['reɪɒn] ◇ *adj* de rayón. ◇ *n* rayón *m*.
raze [reɪz] *vt* destruir por completo, arrasar.
razor ['reɪzəʳ] *n* [wet shaver] navaja *f* (de afeitar); [electric machine] maquinilla *f* de afeitar.
razorback ['reɪzəbæk] *n* - **1.** [whale] rorcual *m*. - **2.** *Am* [pig] cerdo *m* salvaje.
razor blade *n* hoja *f* OR cuchilla *f* de afeitar.
razor cut *n* [hairstyle] corte *m* de pelo a navaja.
◆ **razor-cut** *vt* [hair] cortar a navaja.
razor-sharp *adj* - **1.** [very sharp] muy afilado (muy afilada). - **2.** *fig* [very quick] muy agudo (muy aguda).
razor wire *n (U)* alambre *m* de púas.
razz [ræz] *vt Am inf* tomar el pelo a, burlarse de.
razzle ['ræzl] *n Br inf*: **to go on the ~** irse de juerga.
razzmatazz ['ræzmə'tæz], **razzle-dazzle** *n inf* revuelo *m*.
R & B *n written abbr of* **rhythm and blues**.

RC *written abbr of* **Roman Catholic**.
RCA *(abbr of* **Royal College of Art***) n* escuela londinense de bellas artes.
RCAF *(abbr of* **Royal Canadian Air Force***) n* fuerzas aéreas canadienses.
RCMP *(abbr of* **Royal Canadian Mounted Police***) n* policía montada de Canadá.
RCN *n* - **1.** *(abbr of* **Royal College of Nursing***)* sindicato británico de enfermeras. - **2.** *(abbr of* **Royal Canadian Navy***)* armada canadiense.
Rd *written abbr of* **road**.
R & D *(abbr of* **research and development***) n* I + D *f*.
RDC *(abbr of* **rural district council***) n* ayuntamiento de un municipio rural en Gran Bretaña.
re[1] [reɪ] *n* MUS re *m*.
re[2] [riː] *prep* con referencia a.
RE *n* - **1.** *written abbr of* **religious education**. - **2.** *written abbr of* **Royal Engineers**.
reach [riːtʃ] ◇ *n* alcance *m*; **he has a long ~** tiene los brazos largos; **within (sb's) ~** [easily touched] al alcance (de alguien); [easily travelled to] a poca distancia (de alguien); **out of** OR **beyond sb's ~** fuera del alcance de alguien; **'keep out of the ~ of children'** 'manténgase fuera del alcance de los niños'. ◇ *vt* - **1.** [gen] alcanzar, llegar a; **to ~ an agreement/a decision** llegar a un acuerdo/una decisión. - **2.** [arrive at] llegar a; **the letter ~ed me yesterday** la carta me llegó ayer. - **3.** [be able to touch] alcanzar. - **4.** [contact] localizar, contactar con. - **5.** [pass, hand] alcanzar, pasar. ◇ *vi*: **I can barely ~** apenas llego; **the policeman ~ed for his gun** el policía echó mano de la pistola; **to ~ across** alargar la mano; **to ~ down** agacharse.
◆ **reaches** *npl* [of river] tramo *m* recto; **upper/lower ~es** parte *f* alta/baja.
◆ **reach out** ◇ *vt sep* [arm, hand] alargar, extender. ◇ *vi* alargar OR extender la mano.
◆ **reach up** *vi* - **1.** [raise arm] alzar el brazo. - **2.** [rise]: **to ~ up to** llegar a OR hasta.
reachable ['riːtʃəbl] *adj* - **1.** [place] accesible. - **2.** [person, organization] localizable; **he's ~ by phone** se le puede contactar por teléfono.
reach-me-down *n Br inf* prenda heredada de un hermano mayor.
react [rɪ'ækt] *vi* - **1.** [respond]: **to ~ (to)** reaccionar (a OR ante). - **2.** [rebel]: **to ~ against** reaccionar en contra de. - **3.** CHEM: **to ~ with** reaccionar con. - **4.** MED: **to ~ to sthg** sufrir una reacción por algo.
reactance [rɪ'æktəns] *n* reactancia *f*.
reactant [rɪ'æktənt] *n* agente *m* reactor.
reaction [rɪ'ækʃn] *n*: **~ (to/against)** reacción *f* (a/contra).
reactionary [rɪ'ækʃənrɪ] ◇ *adj* reaccionario(ria). ◇ *n* reaccionario *m*, -ria *f*.
reaction time *n* tiempo *m* de reacción.
reactivate [rɪ'æktɪveɪt] *vt* reactivar.
reactive [rɪ'æktɪv] *adj* reactivo(va).
reactor [rɪ'æktəʳ] *n* reactor *m*.
read [riːd] (*pt & pp* **read** [red]) ◇ *vt* - **1.** [gen] leer; **I can't ~ your writing** no entiendo tu letra; **one could ~ disappointment in her eyes** se adivinaba la decepción en su mirada. - **2.** [subj: sign, words] poner, decir. - **3.** [interpret] interpretar. - **4.** [subj: thermometer, meter etc] marcar. - **5.** *Br* UNIV estudiar, cursar. - **6.** RADIO recibir, captar; **I'm ~ing you loud and clear** te recibo bien. - **7.** [proofs] corregir, leer. ◇ *vi* - **1.** [person] leer; **to ~ about sthg** leer acerca de algo. - **2.** [read aloud]: **to ~ (to sb)** leerle (a alguien). - **3.** [piece of writing] leerse; **the letter ~s as follows** la carta dice lo siguiente OR reza así. - **4.** [thermometer, meter etc] marcar. ◇ *n* lectura *f*; **to be a good ~** ser una lectura amena.
◆ **read into** *vt sep*: **he ~ a different meaning into it** él le atribuyó un sentido distinto; **I wouldn't ~ too much into it** no le des demasiada importancia.

◆ **read off** *vt sep* [rapidly] leer de un tirón; [aloud] leer en voz alta.

◆ **read out** *vt sep* - **1.** [aloud] leer en voz alta. - **2.** *Am* [expel] expulsar.

◆ **read over** *vt sep* releer, repasar.

◆ **read through** *vt sep* leer de cabo a rabo.

◆ **read up on** *vt fus* leer OR documentarse sobre.

readability [ˌriːdəˈbɪlətɪ] *n* [of handwriting] legibilidad *f*; [of book etc] amenidad *f*.

readable [ˈriːdəbl] *adj* - **1.** [book, magazine] ameno(na), que se lee con agrado. - **2.** [handwriting] legible.

readdress [ˌriːəˈdres] *vt* reexpedir.

reader [ˈriːdə°] *n* - **1.** [person who reads] lector *m*, -ra *f*; **I'm not much of a** ~ no me gusta mucho la lectura. - **2.** COMPUT lector *m*. - **3.** [reading book] libro *m* de lecturas; [anthology] antología *f*. - **4.** *Br* UNIV ≃ profesor numerario *m*, profesora numeraria *f*. - **5.** *Am* UNIV *profesor ayudante que corrige exámenes*.

readership [ˈriːdəʃɪp] *n* [total number of readers] lectores *mpl*.

readily [ˈredɪlɪ] *adv* - **1.** [willingly] de buena gana, de buen grado. - **2.** [easily] fácilmente, enseguida.

readiness [ˈredɪnɪs] *n* - **1.** [preparation]: **to be in a state of** ~ estar preparado(da). - **2.** [willingness]: ~ **(to do sthg)** buena disposición *f* (para hacer algo).

reading [ˈriːdɪŋ] *n* - **1.** [gen] lectura *f*. - **2.** [recital] recital *m*. - **3.** [of thermometer, meter] lectura *f*; **to take a** ~ hacer una lectura. - **4.** [of bill] debate *m*.

reading age *n Br* nivel *m* de lectura; **she has a** ~ **of 11** su nivel de lectura corresponde al de una niña de once años.

reading glass *n* [magnifying glass] lupa *f*.

◆ **reading glasses** *npl* [spectacles] gafas *fpl* para leer OR de lectura.

reading lamp *n* flexo *m*.

reading light *n* lámpara *f* para leer.

reading public *n*: **the** ~ el público lector, los lectores.

reading room *n* sala *f* de lectura.

readjust [ˌriːəˈdʒʌst] ⋄ *vt* reajustar, ajustar. ⋄ *vi*: **to** ~ **(to)** volverse a adaptar (a).

readjustment [ˌriːəˈdʒʌstmənt] *n* reajuste *m*.

readmit [ˌriːədˈmɪt] *vt* readmitir.

readout [ˈriːdaʊt] *n* COMPUT [on screen] texto *m* en pantalla; [on paper] salida *f* de impresora, texto *m* impreso.

read-through [ˈriːd-] *n* leída *f*.

readvertise [ˌriːˈædvətaɪz] ⋄ *vt* repetir un anuncio de. ⋄ *vi* repetir un anuncio.

readvertisement [ˌriːədˈvɜːtɪsmənt] *n* repetición *f* de un anuncio.

ready [ˈredɪ] (*pt & pp* **readied**) ⋄ *adj* - **1.** [prepared] listo(ta), preparado(da); **to be** ~ **for sthg/to do sthg** estar listo para algo/para hacer algo; **to get** ~ [prepare oneself] prepararse; [smarten oneself up] arreglarse; **to get sthg** ~ preparar algo; **to make** ~ **for sthg** *fml* prepararse para algo ❏ ~, **steady, go!** ¡preparados, listos, ya OR fuera! - **2.** [willing]: **to be** ~ **to do sthg** estar dispuesto(ta) a hacer algo. - **3.** [in need of]: **to be** ~ **for sthg** necesitar algo. - **4.** [likely]: **to be** ~ **to do sthg** estar a punto de hacer algo. - **5.** [smile] pronto(ta); [wit] agudo(da), vivo(va); [answer] rápido(da). ⋄ *vt* preparar.

◆ **at the ready** *adj* [gen] listo(ta), preparado(da); MIL en posición de disparar.

ready cash *n* dinero *m* contante.

ready-cooked *adj* precocinado(da).

ready-made *adj* - **1.** [products] hecho(cha); [clothes] confeccionado(da). - **2.** *fig* [excuse etc] a la medida.

ready-mix *adj* [cake] preparado(da); [concrete] ya mezclado (ya mezclada).

ready money *n* dinero *m* contante.

ready reckoner *n* baremo *m*.

ready-to-wear *adj* confeccionado(da).

reaffirm [ˌriːəˈfɜːm] *vt* reafirmar.

reaffirmation [ˌriːəfəˈmeɪʃn] *n* reafirmación *f*.

reafforest [ˌriːəˈfɒrɪst] *vt* repoblar con árboles.

reafforestation [ˈriːəfɒrɪˈsteɪʃn] *n* repoblación *f* forestal.

reagent [riːˈeɪdʒənt] *n* reactivo *m*.

real [rɪəl] ⋄ *adj* - **1.** [not imagined, actual] real; **in** ~ **life** en la vida real; **his** ~ **reason** sus verdaderos motivos; **the** ~ **thing** lo auténtico; **this isn't a joke, it's the** ~ **thing** esto no va en broma, va en serio; **for** ~ de verdad; **in** ~ **terms** en términos reales. - **2.** [genuine, proper] auténtico(ca). - **3.** MATH & PHYS real. ⋄ *adv Am* muy.

real ale *n Br* cerveza *f* hecha a la manera tradicional.

real estate *n esp Am* bienes *mpl* inmuebles OR raíces, propiedad *f* inmobiliaria.

realign [ˌriːəˈlaɪn] *vt* volver a alinear, reagrupar.

realignment [ˌriːəˈlaɪnmənt] *n* nueva alineación *f*, reagrupamiento *m*.

realism [ˈrɪəlɪzm] *n* realismo *m*.

realist [ˈrɪəlɪst] *n* realista *mf*.

realistic [ˌrɪəˈlɪstɪk] *adj* realista; **to be** ~ **about** ser realista acerca de.

realistically [ˌrɪəˈlɪstɪklɪ] *adv* - **1.** [reasonably] de manera realista. - **2.** [accurately] con realismo.

reality [rɪˈælətɪ] (*pl* **realities**) *n* realidad *f*; **in** ~ en realidad.

realizable [ˈrɪəlaɪzəbl] *adj* [gen & FIN] realizable.

realization [ˌrɪəlaɪˈzeɪʃn] *n* - **1.** [recognition] comprensión *f*. - **2.** [achievement] consecución *f*, logro *m*.

realize, -ise [ˈrɪəlaɪz] *vt* - **1.** [become aware of] darse cuenta de. - **2.** [produce, achieve] realizar, hacer realidad; **to** ~ **a dream** hacer realidad un sueño. - **3.** [FIN - profit] obtener, sacar; [- assets] realizar.

real-life *adj* verídico(ca), de la vida real; **the** ~ **drama of her battle against illness** el auténtico drama de su lucha contra la enfermedad.

reallocate [ˌriːˈæləkeɪt] *vt* redistribuir.

really [ˈrɪəlɪ] ⋄ *adv* - **1.** [for emphasis] de verdad, verdaderamente; ~ **good** buenísimo; ~ **bad** malísimo. - **2.** [actually, honestly] realmente, en realidad. - **3.** [to sound less negative] en realidad. ⋄ *excl* - **1.** [expressing doubt]: ~? [in affirmatives] ¿ah sí?; [in negatives] ¿ah no? - **2.** [expressing surprise, disbelief]: ~? ¿de verdad?, ¿seguro? - **3.** [expressing anger]: ~! ¡hay que ver!

realm [relm] *n* - **1.** [field] campo *m*, esfera *f*; **within the** ~**s of possibility** dentro de lo posible. - **2.** [kingdom] reino *m*.

real number *n* número *m* real.

real property *n* (*U*) bienes *mpl* raíces OR inmuebles.

real tennis *n forma primitiva del tenis jugada en una pista cubierta.*

real-time *adj* COMPUT en tiempo real.

realtor [ˈrɪəltə°] *n Am* agente inmobiliario *m*, agente inmobiliaria *f*.

realty [ˈrɪəltɪ] *n* (*U*) *Am* propiedad *f* inmobiliaria, bienes *mpl* inmuebles OR raíces.

ream [riːm] *n* [of paper] resma *f*.

◆ **reams** *npl* montones *mpl*.

reanimate [ˌriːˈænɪmeɪt] *vt* reanimar.

reanimation [ˌriːænɪˈmeɪʃn] *n* reanimación *f*.

reap [riːp] ⋄ *vt* - **1.** [crop] segar. - **2.** *fig* [benefit, reward] cosechar. ⋄ *vi* cosechar.

reaper [ˈriːpə°] *n* - **1.** [person] segador *m*, -ra *f*. - **2.** [machine] segadora *f*.

reaping [ˈriːpɪŋ] *adj*: ~ **machine** segadora *f*.

reappear [ˌriːəˈpɪə°] *vi* reaparecer.

reappearance [ˌriːəˈpɪərəns] *n* reaparición *f*.

reapply [ˌriːəˈplaɪ] (*pt & pp* **reapplied**) *vi*: **to** ~ **(for)** volver a presentar una solicitud (para).

reappoint [ˌriːəˈpɔɪnt] *vt* nombrar de nuevo.

reappointment [ˌriːəˈpɔɪntmənt] *n* nuevo nombramiento *m*.

reapportion [ˌriːəˈpɔːʃn] *vt* repartir de nuevo.

reappraisal [ˌriːəˈpreɪzl] *n* revaluación *f*.

reappraise [ˌriːəˈpreɪz] *vt* replantear, reexaminar.

rear [rɪəʳ] ◇ *adj* trasero(ra), de atrás. ◇ *n* - **1.** [back] parte *f* trasera OR de atrás; [of bus] fondo *m*; [of army, fleet] retaguardia *f*; **to be at the** ~ estar al final ❑ **to bring up the** ~ cerrar la marcha. - **2.** *inf* [bottom] trasero *m*. ◇ *vt* - **1.** [children, animals] criar; [plants] cultivar. - **2.** [head, legs] alzar, erguir. ◇ *vi* - **1.** [horse]: **to** ~ **(up)** encabritarse. - **2.** [mountain, skyscraper]: **to** ~ **(up)** elevarse, erguirse.

rear admiral *n* contraalmirante *m*.

rear-engined *adj* con motor trasero.

rearguard [ˈrɪəgɑːd] *n* retaguardia *f*.

rearguard action *n*: **to fight a** ~ MIL atacar desde la retaguardia; *fig* emprender una última tentativa.

rearing [ˈrɪərɪŋ] *n* - **1.** [of children] crianza *f*. - **2.** [of animals] cría *f*.

rear light *n* luz *f* trasera, calavera *f* *Amér*.

rearm [riːˈɑːm] ◇ *vt* rearmar. ◇ *vi* rearmarse.

rearmament [riˈɑːməmənt] *n* rearme *m*.

rearmost [ˈrɪəməʊst] *adj* último(ma).

rear-mounted *adj* trasero(ra).

rearrange [ˌriːəˈreɪndʒ] *vt* - **1.** [room, furniture] colocar de otro modo; [system, plans] reorganizar. - **2.** [meeting] volver a concertar.

rearrangement [ˌriːəˈreɪndʒmənt] *n* - **1.** [reorganization] reorganización *f*. - **2.** [rescheduling] nueva concertación *f*.

rearview mirror [ˈrɪəvjuː-] *n* (espejo *m*) retrovisor *m*.

rearward [ˈrɪəwəd] ◇ *adj* [part, end] último(ma); [motion] hacia atrás. ◇ *adv* = **rearwards**.

rearwards [ˈrɪəwədz] *adv* hacia atrás.

rear-wheel drive *n* AUT tracción *f* trasera.

rear window *n* luneta *f* trasera.

reason [ˈriːzn] ◇ *n* - **1.** [cause, justification]: ~ **(for)** razón *f* (para); **I have my** ~**s for doing it this way** tengo mis motivos para hacerlo así; **the** ~ **(why) they refused** la razón por la cual se negaron, el porqué de que se negaran; **to have** ~ **to do sthg** tener motivo OR motivos para hacer algo; **all the more** ~ **to try again** razón de más para volver a intentarlo ❑ **by** ~ **of** en virtud de, a causa de; **for some** ~ por alguna razón; **for** ~**s of space/national security** por razones de espacio/de seguridad nacional; **for no** ~ sin ningún motivo; **with** ~ con razón. - **2.** *(U)* [rationality, good sense] razón *f*, sensatez *f*; **it stands to** ~ es razonable; **to listen to** ~ avenirse a razones. ◇ *vt* & *vi* razonar.
◆ **within reason** *adv* dentro de los límites de lo razonable.
◆ **reason out** *vt sep* resolver.
◆ **reason with** *vt fus* razonar con.

reasonable [ˈriːznəbl] *adj* razonable.

reasonably [ˈriːznəblɪ] *adv* razonablemente.

reasoned [ˈriːznd] *adj* razonado(da).

reasoner [ˈriːznəʳ] *n* razonador *m*, -ra *f*.

reasoning [ˈriːznɪŋ] *n* razonamiento *m*.

reassemble [ˌriːəˈsembl] ◇ *vt* - **1.** [reconstruct] volver a montar. - **2.** [regroup] reagrupar. ◇ *vi* reagruparse, volver a reunirse.

reassert [ˌriːəˈsɜːt] *vt* [authority] reafirmar, afianzar; **you'll have to** ~ **yourself** tendrás que volver a imponer tu autoridad.

reassess [ˌriːəˈses] *vt* - **1.** [position, opinion] revaluar, reconsiderar. - **2.** [tax] revisar.

reassessment [ˌriːəˈsesmənt] *n* - **1.** [of position, opinion] revaluación *f*. - **2.** [of tax] revisión *f*.

reassurance [ˌriːəˈʃɔːrəns] *n* - **1.** *(U)* [comfort] palabras *fpl* tranquilizadoras. - **2.** [promise] promesa *f*, compromiso *m*. - **3.** FIN reaseguro *m*.

reassure [ˌriːəˈʃɔːʳ] *vt* - **1.** [restore confidence to] tranquilizar. - **2.** FIN reasegurar.

reassuring [ˌriːəˈʃɔːrɪŋ] *adj* tranquilizador(ra).

reassuringly [ˌriːəˈʃɔːrɪŋlɪ] *adv* de un modo tranquilizador; [as intensifier]: ~ **simple** de lo más sencillo.

reawake [ˌriːəˈweɪk] (*pt* **reawoke** [-ˈwəʊk] OR **reawaked**, *pp* **reawoken** [-ˈwəʊkn] OR **reawaked**) *vi* volver a despertar.

reawaken [ˌriːəˈweɪkn] *vt* - **1.** [sleeper] volver a despertar. - **2.** [interest, concern] renacer.

reawakening [ˌriːəˈweɪkɪŋ] *n* - **1.** [of sleeper] despertar *m*. - **2.** [of interest, concern] despertar *m*, resurgimiento *m*.

reawoke [ˌriːəˈwəʊk] *pt* → **reawake**.

reawoken [ˌriːəˈwəʊkn] *pp* → **reawake**.

rebarbative [rɪˈbɑːbətɪv] *adj* *fml* repugnante, repelente.

rebate [ˈriːbeɪt] *n* devolución *f*, bonificación *f*.

rebel [*n* & *adj* ˈrebl, *vb* rɪˈbel] (*pt* & *pp* **rebelled**, *cont* **rebelling**) ◇ *n* rebelde *mf*. ◇ *adj* [soldiers, territory] rebelde; [camp, attack] de los rebeldes. ◇ *vi*: **to** ~ **(against)** rebelarse (contra), alebrestarse (contra) *Amér*.

rebellion [rɪˈbeljən] *n* rebelión *f*.

rebellious [rɪˈbeljəs] *adj* rebelde.

rebelliousness [rɪˈbeljəsnəs] *n* rebeldía *f*.

rebirth [ˌriːˈbɜːθ] *n* renacimiento *m*.

reboot [riːˈbuːt] *vt* [computer] reiniciar; [programme] volver a arrancar.

reborn [ˌriːˈbɔːn] *adj* renacido(da); **to be** ~ renacer.

rebound [*n* ˈriːbaʊnd, *vb* rɪˈbaʊnd] ◇ *n* rebote *m*; **to catch a ball on the** ~ coger una pelota de rebote; **to marry on the** ~ casarse por despecho. ◇ *vi* - **1.** [ball] rebotar. - **2.** [action]: **to** ~ **on** OR **upon sb** volverse contra alguien.

rebroadcast [ˌriːˈbrɔːdkɑːst] ◇ *n* retransmisión *f*. ◇ *vt* retransmitir.

rebuff [rɪˈbʌf] ◇ *n* [snub] desaire *m*; [refusal] negativa *f*. ◇ *vt* [snub] desairar; [refuse] rechazar.

rebuild [ˌriːˈbɪld] *vt* reconstruir.

rebuilding [ˌriːˈbɪldɪŋ] *n* reconstrucción *f*.

rebuke [rɪˈbjuːk] ◇ *n* reprimenda *f*, reprobación *f*. ◇ *vt*: **to** ~ **sb (for)** reprender a alguien (por).

rebus [ˈriːbəs] (*pl* **rebuses**) *n* jeroglífico *m*.

rebut [riːˈbʌt] (*pt* & *pp* **rebutted**, *cont* **rebutting**) *vt* rebatir, refutar.

rebuttal [riːˈbʌtl] *n* refutación *f*.

rec. *written abbr of* **received**.

recalcitrant [rɪˈkælsɪtrənt] *adj* recalcitrante.

recall [rɪˈkɔːl] ◇ *n* - **1.** [memory] memoria *f*. - **2.** [of ambassador] retiro *m*, vuelta *f*; [of faulty product] retiro *m* del mercado; MIL toque *m* de llamada. ◇ *vt* - **1.** [remember] recordar, acordarse de. - **2.** [evoke, bring to mind] recordar, traer a la memoria. - **3.** [ambassador] retirar, hacer volver; [faulty product] retirar del mercado; MIL llamar, hacer volver.
◆ **beyond recall** *adj* inalterable.

recant [rɪˈkænt] ◇ *vt* [statement, opinion] retractarse de; [religion] renegar de. ◇ *vi* [deny statement] retractarse; [deny religion] renegar de la fe.

recap [ˈriːkæp] (*pt* & *pp* **recapped**, *cont* **recapping**) *inf* ◇ *n* resumen *m*, recapitulación *f*. ◇ *vt* - **1.** [summarize] recapitular, resumir. - **2.** *Am* [tyre] recauchutar. ◇ *vi* recapitular, resumir.

recapitalize, -ise [riːˈkæpɪtəlaɪz] *vt* volver a capitalizar.

recapitulate [ˌriːkəˈpɪtjʊleɪt] *vt* & *vi* recapitular, resumir.

recapitulation [ˈriːkəpɪtjʊˈleɪʃn] *n* recapitulación *f*.

recapture [ˌriːˈkæptʃəʳ] ◇ *n* - **1.** MIL reconquista *f*. - **2.** *Am* FIN recobro *m*. ◇ *vt* - **1.** [experience again] revivir, volver a experimentar. - **2.** MIL [regain] reconquistar, volver a tomar. - **3.** [catch again] volver a capturar. - **4.** *Am* FIN recobrar.

recast [ˌriːˈkɑːst] (*pt* & *pp* **recast**) *vt* - **1.** [redraft] reorganizar. - **2.** [play] cambiar el reparto de; [actor] cambiar de papel a. - **3.** [bell, medal] refundir.

recce [ˈrekɪ] (*pt* & *pp* **recced** OR **recceed**) ◇ *vt* *inf* MIL reconocer. ◇ *vi* hacer un reconocimiento. ◇ *n* reconocimiento *m*; **to go on a** ~ MIL ir a hacer un reconocimiento; [gen] ir a echar un vistazo.

recd, rec'd *written abbr of* **received**.

recede [rɪ'siːd] *vi* - **1.** [person, car] alejarse; [coastline] retroceder. - **2.** [light] apagarse; [colour] difuminarse. - **3.** *fig* [disappear] esfumarse. - **4.** [hairline]: **his hair is receding** empieza a tener entradas.

receding [rɪ'siːdɪŋ] *adj* [chin] metida hacia dentro; ~ **hairline** entradas *fpl*.

receipt [rɪ'siːt] *n* recibo *m*; **to acknowledge** ~ acusar recibo; **on** ~ **of** al recibo de.
◆ **receipts** *npl* recaudación *f*.

receivable [rɪ'siːvəbl] *adj* - **1.** [able to be received] admisible. - **2.** [liable for payment] por cobrar, a cobrar.

receive [rɪ'siːv] ◇ *vt* - **1.** [gen] recibir; [salary, damages] percibir, cobrar. - **2.** [reaction] tener; [injury, setback] sufrir. - **3.** [greet] acoger, recibir; **to be well/badly** ~**d** tener una buena/mala acogida. - **4.** [into club, organization] admitir, aceptar. - **5.** [stolen goods] receptar, ocultar. ◇ *vi* [in tennis etc] restar.

received [rɪ'siːvd] *adj*: ~ **idea/opinion** idea *f*/opinión *f* extendida; ~ **wisdom** creencia *f* popular.

Received Pronunciation *n* *Br* pronunciación estándar del inglés británico.

Received Standard *n* *Am* pronunciación estándar del inglés norteamericano.

receiver [rɪ'siːvə'] *n* - **1.** [of telephone] auricular *m*. - **2.** [radio, TV set] receptor *m*. - **3.** [criminal] receptador *m*, -ra *f*, perista *mf*. - **4.** FIN síndico *m*, -ca *f*, administrador *m*, -ra *f* de quiebras.

receivership [rɪ'siːvəʃɪp] *n*: **to go into** ~ ir a la bancarrota.

receiving [rɪ'siːvɪŋ] ◇ *adj* [office] de recepción; [country] anfitrión(ona). ◇ *n* [of stolen property] receptación *f* de objetos robados.

receiving end *n*: **to be on the** ~ **(of)** ser la víctima (de).

recension [rɪ'senʃn] *n* [revision] reseña *f*, recensión *f*; [text] texto *m* reseñado OR recensionado.

recent ['riːsnt] *adj* reciente.

recently ['riːsntlɪ] *adv* recientemente; **until** ~ hasta hace muy poco.

receptacle [rɪ'septəkl] *n* - **1.** [container] receptáculo *m*. - **2.** *Am* ELEC toma *f* de corriente, enchufe *m* (hembra).

reception [rɪ'sepʃn] *n* recepción *f*.

reception centre *n* centro *m* de acogida.

reception class *n* *Br* primer curso *m* de primaria.

reception committee *n* comité *m* de recepción.

reception desk *n* recepción *f*.

receptionist [rɪ'sepʃənɪst] *n* recepcionista *mf*.

reception room *n* sala *f* de estar, salón *m*.

receptive [rɪ'septɪv] *adj* receptivo(va); **to be** ~ **to sthg** estar abierto(ta) a algo.

receptiveness [rɪ'septɪvnɪs], **receptivity** [ˌresep'tɪvətɪ] *n* receptividad *f*.

receptor [rɪ'septə'] *n* receptor *m*.

recertification [riːˌsɜːtɪfɪ'keɪʃn] *n* renovación *f* de certificación.

recess [*n* rɪ'ses, 'riːses, *vb* rɪ'ses] ◇ *n* - **1.** [vacation] periodo *m* vacacional; **to be in** ~ estar clausurado(da); **to go into** ~ suspender las sesiones. - **2.** [alcove] nicho *m*, hueco *m*. - **3.** *Am* SCH recreo *m*. ◇ *vi* [subj: Congress] suspender la sesión.
◆ **recesses** *npl* [of mind, heart] recovecos *mpl*; [of building] escondrijos *mpl*.

recessed [rɪ'sest] *adj* empotrado(da).

recession [rɪ'seʃn] *n* ECON recesión *f*.

recessionary [rɪ'seʃənrɪ] *adj* recesivo(va).

recessive [rɪ'sesɪv] *adj* BIOL recesivo(va).

recharge [ˌriːtʃɑːdʒ] *vt* recargar.

rechargeable [ˌriːtʃɑːdʒəbl] *adj* recargable.

recidivism [rɪ'sɪdɪvɪzm] *n* reincidencia *f*.

recidivist [rɪ'sɪdɪvɪst] ◇ *adj* reincidente. ◇ *n* reincidente *mf*.

recipe ['resɪpɪ] *n* CULIN & *fig* receta *f*.

recipient [rɪ'sɪpɪənt] *n* [of letter] destinatario *m*, -ria *f*; [of cheque] beneficiario *m*, -ria *f*.

reciprocal [rɪ'sɪprəkl] ◇ *adj* recíproco(ca). ◇ *n* MATH número *m* recíproco.

reciprocate [rɪ'sɪprəkeɪt] ◇ *vt* devolver. ◇ *vi* corresponder.

reciprocating engine [rɪ'sɪprəkeɪtɪŋ-] *n* motor *m* alternativo.

reciprocation [rɪˌsɪprə'keɪʃn] *n* reciprocidad *f*.

reciprocity [ˌresɪ'prɒsətɪ] *n* reciprocidad *f*.

recision [rɪ'sɪʒn] *n* rescisión *f*.

recital [rɪ'saɪtl] *n* - **1.** [of music, poetry] recital *m*. - **2.** *fml* [narrative] narración *f*, relato *m*.

recitation [ˌresɪ'teɪʃn] *n* recitación *f*.

recitative [ˌresɪtə'tiːv] *n* recitado *m*.

recite [rɪ'saɪt] *vt* - **1.** [poem] recitar. - **2.** [list] enumerar.

reckless ['reklɪs] *adj* imprudente, temerario(ria); ~ **driving** conducción *f* temeraria.

recklessly ['reklɪslɪ] *adv* [rashly] imprudentemente; [thoughtlessly] de un modo irreflexivo; [fearlessly] con temeridad; **to spend money** ~ derrochar el dinero; **he drives very** ~ conduce de un modo temerario.

recklessness ['reklɪsnɪs] *n* imprudencia *f*, temeridad *f*.

reckon ['rekn] ◇ *vt* - **1.** *inf* [think]: **to** ~ **(that)** pensar que, suponer que. - **2.** [consider, judge]: **to be** ~**ed to be sthg** ser considerado(da) algo. - **3.** [expect]: **to** ~ **to do sthg** esperar hacer algo. - **4.** [calculate] calcular. ◇ *vi* [calculate] calcular.
◆ **reckon in** *vt sep* *Br* incluir, contar.
◆ **reckon on** *vt fus* contar con.
◆ **reckon up** *vt sep* [bill, total, cost] calcular. ◇ *vi* ajustar las cuentas; **to** ~ **up with sb** ajustar las cuentas con alguien.
◆ **reckon with** *vt fus* - **1.** [expect] contar con. - **2.** [face, deal with]: **he/she** *etc* **is a force to be** ~**ed with** es alguien a tener muy en cuenta.
◆ **reckon without** *vt fus* no contar con.

reckoner ['rekənə'] *n* [table] tabla *f*.

reckoning ['rekənɪŋ] *n* - **1.** [calculation] cálculo *m*; **by my** ~ según mis cálculos. - **2.** NAUT cálculo *m* de posición.

reclaim [rɪ'kleɪm] ◇ *vt* - **1.** [claim back] reclamar. - **2.** [recover]: **to** ~ **land from the sea** ganarle tierra al mar. - **3.** [salvage] recuperar; [recycle] reciclar. - **4.** *literary* [sinner, drunkard] reformar, enmendar. ◇ *n*: **to be beyond** OR **past** ~ ser irrecuperable.

reclamation [ˌreklə'meɪʃn] *n* [of land] conversión *f* en terreno utilizable.

reclassify [ˌriː'klæsɪfaɪ] (*pt & pp* **reclassified**) volver a clasificar.

recline [rɪ'klaɪn] *vi* reclinarse.

reclining [rɪ'klaɪnɪŋ] *adj* reclinable.

recluse [rɪ'kluːs] *n* solitario *m*, -ria *f*.

reclusive [rɪ'kluːsɪv] *adj* solitario(ria), retraído(da).

recognition [ˌrekəg'nɪʃn] *n* reconocimiento *m*; **beyond** OR **out of all** ~ de modo irreconocible; **in** ~ **of** en reconocimiento a.

recognizable ['rekəgnaɪzəbl] *adj* reconocible.

recognizably ['rekəgnaɪzəblɪ] *adv* de un modo reconocible, claramente.

recognizance [rɪ'kɒgnɪzəns] *n* JUR fianza *f*.

recognize, -ise ['rekəgnaɪz] *vt* - **1.** [gen] reconocer. - **2.** *Am* [in debate] dar la palabra a.

recognized ['rekəgnaɪzd] *adj* [gen] reconocido(da); [official] oficial; **she's a** ~ **authority on medieval history** es una autoridad reconocida en historia medieval.

recoil [*vb* rɪ'kɔɪl, *n* 'riːkɔɪl] ◇ *vi* - **1.** [draw back] retroceder, echarse atrás. - **2.** *fig* [shrink from]: **to** ~ **from** OR **at sthg** [truth, bad news] esquivar OR rehuir algo; [idea, suggestion] estremecerse ante algo. - **3.** [gun] dar un culatazo OR retroceso; [cannon] retroceder. ◇ *n* [of gun] retroceso *m*, culatazo *m*; [of cannon] retroceso *m*.

recollect [ˌrekəˈlekt] *vt* recordar.

recollection [ˌrekəˈlekʃn] *n* recuerdo *m*; **I have no ~ of it** no lo recuerdo; **to the best of my ~** que yo sepa, que yo recuerde.

recombinant DNA [riːˈkɒmbɪnənt-] *n* ADN *m* preparado en laboratorio.

recombination [ˌriːkɒmbɪˈneɪʃn] *n* formación en la descendencia de combinaciones genéticas inexistentes en los padres.

recommence [ˌriːkəˈmens] *vt & vi* volver a empezar, recomenzar.

recommend [ˌrekəˈmend] *vt* recomendar; **to ~ sb for a job** recomendar a alguien para un trabajo.

recommendable [ˌrekəˈmendəbl] *adj* recomendable.

recommendation [ˌrekəmenˈdeɪʃn] *n* recomendación *f*.

recommended retail price [ˌrekəˈmendɪd-] *n* precio *m* recomendado.

recompense [ˈrekəmpens] ◇ *n* - **1.** [compensation]: **~ (for)** compensación *f* OR indemnización *f* (por). - **2.** [reward] recompensa *f*. ◇ *vt* - **1.** [reward]: **to ~ sb (for)** compensar a alguien (por). - **2.** [compensate] compensar, indemnizar.

recompose [ˌriːkəmˈpəʊz] *vt* - **1.** [text] reescribir, recomponer; [print] volver a componer. - **2.** [calm]: **to ~ o.s.** calmarse, tranquilizarse.

reconcilable [ˈrekənsaɪləbl] *adj* [opinions] conciliable, compatible; [people] compatible.

reconcile [ˈrekənsaɪl] *vt* - **1.** [ideas, principles] conciliar; **to ~ sthg with** hacer compatible algo con. - **2.** [people] reconciliar; **to be ~d with sb** reconciliarse con alguien. - **3.** [resign]: **to ~ o.s. to** resignarse a.

reconciliation [ˌrekənsɪlɪˈeɪʃn] *n* - **1.** [between ideas, principles] conciliación *f*. - **2.** [between people] reconciliación *f*.

recondite [ˈrekəndaɪt] *adj fml* abstruso(sa).

recondition [ˌriːkənˈdɪʃn] *vt* revisar, reparar.

reconditioned [ˌriːkənˈdɪʃnd] *adj* revisado(da), reparado(da).

reconfirm [ˌriːkənˈfɜːm] *vt* [booking] confirmar; [opinion, decision] reafirmar.

reconnaissance [rɪˈkɒnɪsəns] ◇ *n* reconocimiento *m*. ◇ *comp*: **~ flight** vuelo *m* de reconocimiento.

reconnect [ˌriːkəˈnekt] *vt* volver a conectar.

reconnoitre *Br*, **reconnoiter** *Am* [ˌrekəˈnɔɪtəʳ] ◇ *vt* reconocer. ◇ *vi* hacer un reconocimiento.

reconquer [ˌriːˈkɒŋkəʳ] *vt* reconquistar.

reconsider [ˌriːkənˈsɪdəʳ] *vt & vi* reconsiderar.

reconsideration [ˈriːkənˌsɪdəˈreɪʃn] *n* reconsideración *f*.

reconstitute [ˌriːˈkɒnstɪtjuːt] *vt* - **1.** [re-form] reconstituir. - **2.** [dried food] poner en remojo.

reconstituted [ˌriːˈkɒnstɪtjuːtɪd] *adj* [re-formed] reconstituido(da).

reconstruct [ˌriːkənˈstrʌkt] *vt* - **1.** [building, crime] reconstruir. - **2.** [system, policy] rehacer.

reconstruction [ˌriːkənˈstrʌkʃn] *n* reconstrucción *f*.

reconvene [ˌriːkənˈviːn] *vt* convocar de nuevo.

record [*n & adj* ˈrekɔːd, *vb* rɪˈkɔːd] ◇ *n* - **1.** [of event, piece of information] registro *m*, anotación *f*; [of experiences] relación *f*, relato *m*; **we have no ~ of it** no tenemos constancia de ello; **on ~** [on file] archivado(da); [ever recorded] de que se tiene constancia; **it was the coldest day on ~** fue el día más frío del que se tiene constancia OR que se recuerda; **to go/be on ~ as saying that...** declarar/haber declarado públicamente que...; **to make a ~ of sthg** registrar algo; **for the ~** para que así conste; **off the ~** [statement, negotiations] confidencial. - **2.** [vinyl disc] disco *m*. - **3.** [best achievement] récord *m*; SPORT plusmarca *m*, récord *m*; **to break the ~** batir el récord; **to hold the ~** tener OR ostentar el récord; **the speed ~** tener OR ostentar el récord de velocidad; **to set a**

~ establecer un récord. - **4.** [history] historial *m*; [of soldier, employee] hoja *f* de servicios; **criminal ~** antecedentes *mpl* penales; **school ~** expediente *m* académico ❏ **to have a clean ~** no tener antecedentes penales. - **5.** *phr*: **to set** OR **put the ~ straight** dejar las cosas bien claras. ◇ *vt* - **1.** [write down] anotar, tomar nota de; [in archives] registrar, consignar. - **2.** [put on tape] grabar. - **3.** [provide testimony of] dejar constancia de. - **4.** [subj: thermometer, barometer] marcar, indicar. ◇ *vi* [on tape, video] grabar. ◇ *adj* récord *(inv)*; **in ~ time** en un tiempo récord; **in ~ numbers** en cantidades sin precedentes.

◆ **records** *npl* [of government, police, hospital] archivos *mpl*; [of history] anales *mpl*; [of conference, learned society] actas *fpl*.

record-breaker [ˈrekɔːd-] *n* plusmarquista *mf*.

record-breaking [ˈrekɔːd-] *adj* que rompe todos los récords.

record deck [ˈrekɔːd-] *n* plato *m* (de tocadiscos).

recorded [rɪˈkɔːdɪd] *adj* - **1.** [music, message, tape] grabado(da); [programme] grabado(da) (para transmitir en diferido); [broadcast] grabado(da) en diferido. - **2.** [fact] documentado(da); [history] escrito(ta), documentado(da); [votes] registrado(da); **throughout ~ history** a lo largo de toda la historia documentada.

recorded delivery *n* correo *m* certificado.

recorder [rɪˈkɔːdəʳ] *n* - **1.** [machine] grabadora *f*. - **2.** [musical instrument] flauta *f* dulce. - **3.** *Br* JUR ≃ juez *mf* municipal.

record holder [ˈrekɔːd-] *n* plusmarquista *mf*.

recording [rɪˈkɔːdɪŋ] *n* grabación *f*.

recording head *n* cabezal *m*, cabeza *f* grabadora.

recording session *n* (sesión *f* de) grabación *f*.

recording studio *n* estudio *m* de grabación.

record library [ˈrekɔːd-] *n* fonoteca *f*, discoteca *f*.

record player [ˈrekɔːd-] *n* tocadiscos *m inv*.

record token [ˈrekɔːd-] *n* vale *m* para comprar discos.

recount [rɪˈkaʊnt] *vt* [narrate] narrar.

re-count [*vb* ˌriːˈkaʊnt, *n* ˈriːkaʊnt] ◇ *vt* [count again] volver a contar. ◇ *n* recuento *m*.

recoup [rɪˈkuːp] *vt* - **1.** [losses, cost etc] recuperar. - **2.** [from taxes] deducir, descontar.

recourse [rɪˈkɔːs] *n fml* recurso *m*; **to have ~ to** recurrir a.

recover [rɪˈkʌvəʳ] ◇ *vt* - **1.** [retrieve, recoup] recuperar. - **2.** [calm, strength etc] recobrar; **to ~ o.s.** reponerse. ◇ *vi*: **to ~ (from)** recuperarse (de).

re-cover [ˌriːˈkʌvəʳ] *vt* recubrir.

recoverable [rɪˈkʌvrəbl] *adj* FIN recuperable.

recovery [rɪˈkʌvərɪ] (*pl* **recoveries**) *n* recuperación *f*.

recovery room *n* sala *f* de recuperación.

recovery vehicle *n Br* vehículo *m* de asistencia en carretera.

recreate [ˌriːkrɪˈeɪt] *vt* [reproduce] recrear.

recreation [ˌrekrɪˈeɪʃn] *n* [leisure] esparcimiento *m*, recreo *m*.

recreational [ˌrekrɪˈeɪʃənl] *adj* de recreo.

recreational vehicle *n Am* = **RV**.

recreation ground *n* parque *m*, área *f* de recreo.

recreation room *n* - **1.** [in public building] sala *f* de recreo. - **2.** *Am* [in house] sala *f* de juegos.

recrimination [rɪˌkrɪmɪˈneɪʃn] *n* recriminación *f*.

recriminatory [rɪˈkrɪmɪnətrɪ], **recriminative** [rɪˈkrɪmɪnətɪv] *adj* recriminador(ra), recriminatorio(ria).

recrudescence [ˌriːkruːˈdesns] *n fml* recrudecimiento *m*.

recrudescent [ˌriːkruːˈdesnt] *adj fml* recrudescente.

recruit [rɪˈkruːt] ◇ *n* - **1.** MIL recluta *mf*. - **2.** [new member - gen] nuevo miembro *m*; [- of club, society] nuevo socio *m*; [- of company] nuevo empleado *m*. ◇ *vt* - **1.** MIL reclutar. - **2.** [employ] contratar; [find] reclutar; **to ~ sb (for sthg/to do sthg)** reclutar a alguien (para algo/para hacer algo). ◇ *vi* buscar empleados nuevos.

recruiter [rɪˈkruːtəʳ] *n* reclutador *m*, -ra *f*.

recruitment [rɪˈkruːtmənt] *n* [gen] reclutamiento *m*; [of staff] contratación *f*.

rectal [ˈrektəl] *adj* rectal.

rectangle [ˈrektæŋgl] *n* rectángulo *m*.

rectangular [rekˈtæŋgjuləʳ] *adj* rectangular.

rectifiable [ˈrektɪfaɪəbl] *adj* rectificable.

rectification [ˌrektɪfɪˈkeɪʃn] *n fml* rectificación *f*.

rectifier [ˈrektɪfaɪəʳ] *n* ELEC rectificador *m*.

rectify [ˈrektɪfaɪ] (*pt & pp* **rectified**) *vt* rectificar.

rectilinear [ˌrektɪˈlɪnɪəʳ] *adj* rectilíneo(a).

rectitude [ˈrektɪtjuːd] *n fml* rectitud *f*.

recto [ˈrektəu] (*pl* **rectos**) *n* TYPO recto *m*.

rector [ˈrektəʳ] *n* - **1.** [priest] párroco *m*. - **2.** *Scot* [head - of school] director *m*, -ra *f*; [- of college, university] rector *m*, -ra *f*.

rectory [ˈrektərɪ] (*pl* **rectories**) *n* rectoría *f*.

rectum [ˈrektəm] (*pl* **rectums**) *n* recto *m*.

recumbent [rɪˈkʌmbənt] *adj literary* recostado(da); **~ figure** figura *f* yacente.

recuperate [rɪˈkuːpəreɪt] *vi fml:* **to ~ (from)** recuperarse (de).

recuperation [rɪˌkuːpəˈreɪʃn] *n* recuperación *f*.

recuperative [rɪˈkuːpərətɪv] *adj* recuperativo(va).

recur [rɪˈkɜːʳ] (*pt & pp* **recurred**, *cont* **recurring**) *vi* - **1.** [happen again] repetirse, volver a producirse. - **2.** MATH ser periódico(ca). - **3.** MED reproducirse.

recurrence [rɪˈkʌrəns] *n* - **1.** [gen] repetición *f*. - **2.** MED reproducción *f*.

recurrent [rɪˈkʌrənt] *adj* - **1.** [gen] que se repite, periódico(ca); **~ expenses** [gen] gastos *mpl* fijos; COMM gastos *mpl* generales. - **2.** ANAT & MED recurrente.

recurring [rɪˈkɜːrɪŋ] *adj* - **1.** [often repeated] que se repite, periódico(ca). - **2.** MATH: **3.3** → 3,3 periódico.

recursive [rɪˈkɜːsɪv] *adj* recursivo(va).

recurve [rɪˈkɜːv] *vt* doblar hacia atrás.

recyclable [ˌriːˈsaɪkləbl] *adj* reciclable.

recycle [ˌriːˈsaɪkl] *vt* reciclar.

recycled [ˌriːˈsaɪkld] *adj* [materials] reciclado(da).

recycling [ˌriːˈsaɪklɪŋ] *n* reciclaje *m*, reciclado *m*.

red [red] (*compar* **redder**, *superl* **reddest**) ◇ *adj* [gen] rojo(ja); [hair] pelirrojo(ja); [wine] tinto; [skin] rojo(ja), colorado(da); **to go** OR **turn ~** ponerse rojo OR colorado. ◇ *n* [colour] rojo *m*; **to be in the ~** *inf* estar en números rojos; **to see ~** ponerse hecho(cha) una furia.

◆ **Red** *pej & POL* ◇ *adj* rojo(ja). ◇ *n* rojo *m*, -ja *f*.

redact [rɪˈdækt] *vt* redactar.

red admiral *n* ZOOL vanesa *f* atalanta.

red alert *n:* **(to be on) ~** (estar en) alerta *f* roja.

red ant *n* hormiga *f* roja.

Red Army *n* Ejército *m* rojo.

red beet *n Am* remolacha *f*.

redbird [ˈredbɜːd] *n* cardenal *m* de cresta roja.

red blood cell *n* glóbulo *m* rojo.

red-blooded *adj hum* viril.

redbreast [ˈredbrest] *n* petirrojo *m*.

red-brick *adj Br* - **1.** [building] de ladrillo rojo. - **2.** UNIV: **the ~ universities** *las universidades británicas construidas a finales del siglo XIX*.

redcap [ˈredkæp] *n* - **1.** *Br inf* MIL policía *m* militar. - **2.** *Am* RAIL maletero *m*, mozo *m* de equipajes.

red card *n* FTBL: **to show sb the ~** mostrarle a alguien (la) tarjeta roja.

red carpet *n:* **to roll out the ~ for sb** recibir a alguien con todos los honores.

◆ **red-carpet** *adj:* **to give sb the red-carpet treatment** dispensar a alguien un gran recibimiento.

red cent *n Am inf:* **it's not worth a ~** no vale un céntimo.

Red China *n inf* China *f* comunista.

redcoat [ˈredkəut] *n Br* HIST soldado *m* inglés.

red corpuscle *n* glóbulo *m* rojo, hematíe *m*.

Red Crescent *n:* **the ~** la Media Luna Roja.

Red Cross *n:* **the ~** la Cruz Roja.

redcurrant [ˈredkʌrənt] *n* - **1.** [fruit] grosella *f*. - **2.** [bush] grosellero *m*.

red deer *n* ciervo *m*.

redden [ˈredn] ◇ *vt* [make red] teñir de rojo. ◇ *vi* [flush] enrojecer, ruborizarse.

reddish [ˈredɪʃ] *adj* rojizo(za).

redecorate [ˌriːˈdekəreɪt] *vt & vi* [repaint] volver a pintar; [re-wallpaper] volver a empapelar.

redecoration [riːˌdekəˈreɪʃn] *n* [with paint] cambio *m* de pintura; [with wallpaper] cambio *m* de papel pintado.

redeem [rɪˈdiːm] *vt* - **1.** [save, rescue] salvar, rescatar; RELIG redimir; **he ~ed himself for his mistake** reparó su error. - **2.** *fml* [at pawnbroker's] desempeñar, redimir. - **3.** [bonds, shares] hacer efectivo(va). - **4.** *fml* [promise, pledge] cumplir.

redeemer [rɪˈdiːməʳ] *n* RELIG & *fig* redentor *m*, -ra *f*.

redeeming [rɪˈdiːmɪŋ] *adj:* **his only ~ feature** lo único que lo salva.

redefine [ˌriːdɪˈfaɪn] *vt* volver a definir.

redemption [rɪˈdempʃn] *n* - **1.** RELIG redención *f*; **beyond** OR **past ~** *fig* que no tiene remedio, irremediable. - **2.** [from pawn] desempeño *m*.

Red Ensign *n pabellón de la marina mercante británica*.

redeploy [ˌriːdɪˈplɔɪ] *vt* reorganizar.

redeployment [ˌriːdɪˈplɔɪmənt] *n* reorganización *f*, redistribución *f*.

redesign [ˌriːdɪˈzaɪn] *vt* - **1.** [replan, redraw] diseñar de nuevo. - **2.** [rethink] elaborar de nuevo.

redevelop [ˌriːdɪˈveləp] *vt* reconstruir, volver a urbanizar.

redevelopment [ˌriːdɪˈveləpmənt] *n* reconstrucción *f*.

redeye [ˈredaɪ] *n Am inf* [night flight] vuelo *m* nocturno.

red-eyed *adj* con los ojos enrojecidos.

red-faced *adj* - **1.** [flushed] rojo(ja), colorado(da). - **2.** [with embarrassment] rojo(ja) de vergüenza.

red flag *n* [gen & POL] bandera *f* roja.

◆ **Red Flag** *n:* **the Red Flag** *himno del partido laboralista británico*.

red fox *n* zorro *m* rojo.

red giant *n* estrella *f* gigante.

red grouse *n* urogallo *m* de Escocia, lagópodo *m* escocés.

Red Guard *n* Guardia *f* Roja.

red-haired *adj* pelirrojo(ja).

red-handed *adj:* **to catch sb ~** coger a alguien con las manos en la masa.

redhead [ˈredhed] *n* pelirrojo *m*, -ja *f*.

red-headed *adj* = **red-haired**.

red heat *n:* **to bring** OR **raise a metal to ~** calentar un metal al rojo vivo.

red herring *n fig* [unhelpful clue] pista *f* falsa; [means of distracting attention] ardid *m* para distraer la atención.

red-hot *adj* - [metal, person, passion] al rojo (vivo); [zeal] ardiente, fervoroso(sa).

red-hot poker *n* BOT tritoma *m*.

redial [ˌriːˈdaɪəl] ◇ *vt:* **to ~ a number** volver a marcar un número. ◇ *n:* **automatic ~** (sistema *m* de) repetición *f* automática de llamada.

redid [ˌriːˈdɪd] *pt →* **redo**.

Red Indian ◇ *adj* piel roja. ◇ *n* piel roja *mf (atención: el término 'Red Indian' se considera racista)*.

redirect [ˌriːdɪˈrekt] *vt* - **1.** [retarget] redirigir. - **2.** [send elsewhere] enviar a otro lugar; [mail] enviar a nueva dirección; [traffic] reconducir. - **3.** [forward] reexpedir.

rediscount [riːˈdɪskaunt] *vt* volver a descontar.

rediscover [ˌriːdɪˈskʌvəʳ] *vt* - **1.** [re-experience] volver a descubrir, redescubrir. **- 2.** [make popular, famous again]: **to be ~ed** ser descubierto(ta) de nuevo, ser redescubierto(ta).

rediscovery [ˌriːdɪˈskʌvrɪ] (*pl* **rediscoveries**) *n* redescubrimiento *m*.

redistribute [ˌriːdɪˈstrɪbjuːt] *vt* redistribuir.

redistribution [ˈriːdɪstrɪˈbjuːʃn] *n* redistribución *f*.

red-letter day *n* día *m* señalado OR memorable.

red light *n* [traffic signal] semáforo *m* (en) rojo; **to go through a ~** *Br*, **to run a ~** *Am* saltarse un semáforo en rojo.

red-light district *n* barrio *m* chino, barrios *mpl* bajos.

red meat *n* carne *f* roja.

redneck [ˈrednek] *n Am inf pej* sureño reaccionario y racista de baja extracción social.

redness [ˈrednɪs] *n* rojez *f*.

redo [ˌriːˈduː] (*pt* **redid** [-ˈdɪd], *pp* **redone** [-ˈdʌn]) *vt* **- 1.** [do again] volver a hacer, rehacer. **- 2.** *inf* [redecorate - with paint] volver a pintar; [- with wallpaper] volver a empapelar.

redolent [ˈredələnt] *adj literary* **- 1.** [reminiscent]: **~ of** evocador(ra) de. **- 2.** [smelling]: **~ of** que huele a, con olor a.

redone [ˌriːˈdʌn] *pp* → **redo**.

redouble [ˌriːˈdʌbl] *vt*: **to ~ one's efforts (to do sthg)** redoblar esfuerzos (para hacer algo).

redoubt [rɪˈdaʊt] *n* MIL & *fig* reducto *m*.

redoubtable [rɪˈdaʊtəbl] *adj fml* imponente.

redound [rɪˈdaʊnd] *vi fml*: **to ~ to sb's advantage** redundar en beneficio de alguien.

red pepper *n* **- 1.** [spice] (pimienta *f* de) cayena *f*. **- 2.** [vegetable] pimiento *m* rojo.

redraft [ˌriːˈdrɑːft] *vt* volver a redactar.

redraw [ˌriːˈdrɔː] (*pt* **redrew** [-ˈdruː], *pp* **redrawn** [-ˈdrɔːn]) *vt* volver a dibujar.

redress [rɪˈdres] *fml* ◊ *n* (*U*) reparación *f*, desagravio *m*. ◊ *vt* [grievance, errors] reparar; [situation] enmendar; **to ~ the balance (between)** equilibrar la balanza (entre).

redrew [ˌriːˈdruː] *pt* → **redraw**.

Red Sea *n*: **the ~** el mar Rojo.

red setter *n* setter *m* irlandés.

redshank [ˈredʃæŋk] *n* archibebé *m*.

redskin [ˈredskɪn] *n v inf dated* piel roja *mf* (atención: el término 'redskin' se considera racista).

red snapper *n* guachinango *m*, pagro *m*.

Red Square *n* la plaza Roja.

red squirrel *n* ardilla *f* roja.

red tape *n fig* papeleo *m*.

reduce [rɪˈdjuːs] ◊ *vt* **- 1.** [gen] reducir; **to be ~d to doing sthg** verse rebajado(da) OR forzado(da) a hacer algo; **to be ~d to** verse sumido(da) OR hundido(da) en. **- 2.** [price, goods] rebajar. **- 3.** *dated* MIL [conquer] conquistar, tomar. ◊ *vi Am* [diet] (intentar) adelgazar.

reduced [rɪˈdjuːst] *adj* **- 1.** [smaller] reducido(da). **- 2.** [poorer]: **in ~ circumstances** venido(da) a menos.

reducible [rɪˈdjuːsəbl] *adj* reducible.

reduction [rɪˈdʌkʃn] *n* **- 1.** [gen]: **~ (in)** reducción *f* (de). **- 2.** COMM: **~ (of)** descuento *m* OR rebaja *f* (de).

reductionism [rɪˈdʌkʃənɪzm] *n* reduccionismo *m*.

reductive [rɪˈdʌktɪv] *adj* reductor(ra).

redundancy [rɪˈdʌndənsɪ] (*pl* **redundancies**) *n* **- 1.** *Br* [job loss] despido *m*. **- 2.** [unemployment] desempleo *m*.

redundancy payment *n Br* indemnización *f* (por despido).

redundant [rɪˈdʌndənt] *adj* **- 1.** *Br* [jobless]: **to be made ~** perder el empleo. **- 2.** [not required - equipment, factory] innecesario(ria); [- comment] redundante.

reduplicate [rɪˈdjuːplɪkeɪt] *vt fml* **- 1.** [repeat] redoblar, reduplicar. **- 2.** LING reduplicar.

reduplication [rɪˌdjuːplɪˈkeɪʃn] *n fml* **- 1.** [repetition] redoblamiento *m*. **- 2.** LING reduplicación *f*.

redwing [ˈredwɪŋ] *n Br* malvís *m*, tordo *m* alirrojo.

redwood [ˈredwʊd] *n*: **~ (tree)** secuoya *f*, secoya *f*.

re-echo [riːˈekəʊ] ◊ *vt* repetir. ◊ *vi* resonar.

reed [riːd] ◊ *n* **- 1.** [plant] carrizo *m*, cañavera *f*. **- 2.** [of musical instrument] lengüeta *f*. ◊ *comp* [chair, mat] de carrizo.

reed instrument *n* instrumento *m* de lengüeta.

reedit [ˌriːˈedɪt] *vt* reeditar.

reed organ *n* armonio *m*.

reed pipe *n* caramillo *m*.

re-educate [riːˈedʒʊkeɪt] *vt* reeducar.

reedy [ˈriːdɪ] (*compar* **reedier**, *superl* **reediest**) *adj* [voice] agudo(da), chillón(ona).

reef [riːf] *n* arrecife *m*.

reefer [ˈriːfəʳ] *n* **- 1.** [garment]: **~ (jacket)** chaquetón *m*. **- 2.** *inf dated* [marihuana cigarette] porro *m*.

reef knot *n* nudo *m* de envergue OR de rizos.

reek [riːk] ◊ *n* hedor *m*. ◊ *vi*: **to ~ (of)** apestar (a).

reel [riːl] ◊ *n* **- 1.** [of cotton, film, on fishing rod] carrete *m*. **- 2.** [dance] baile escocés o irlandés de ritmo muy vivo. ◊ *vi* **- 1.** [stagger] tambalearse, hacer eses. **- 2.** [brain, mind] dar vueltas. **- 3.** [be stunned]: **to ~ from sthg** quedarse atónito(ta) por algo. ◊ *vt* enrollar.
◆ **reel in** *vt sep* **- 1.** [fish, fishing line] sacar enrollando el carrete (*en pesca*). **- 2.** [cable, rope etc] cobrar, enrollar.
◆ **reel off** *vt sep* recitar al OR de corrido.

re-elect [ˌriːɪˈlekt] *vt*: **to ~ sb (as)** reelegir a alguien (como).

re-election [ˌriːɪˈlekʃn] *n* reelección *f*.

reel-to-reel *adj* [system, tape recorder] de bobina.

re-embark [ˌriːɪmˈbɑːk] *vi & vt* reembarcar.

re-emerge [ˌriːɪˈmɜːdʒ] *vi* [new facts] resurgir; [idea, clue] reaparecer; [problem, question] volver a surgir OR plantearse; [from hiding, tunnel] salir, reaparecer.

re-emergence [ˌriːɪˈmɜːdʒəns] *n* reaparición *f*.

re-emphasize [riːˈemfəsaɪz] *vt* recalcar OR subrayar de nuevo.

re-employ [ˌriːɪmˈplɔɪ] *vt* [materials] volver a emplear, reutilizar; [workers] volver a emplear OR contratar.

re-enact [ˌriːɪˈnækt] *vt* [play, scene] representar de nuevo; [event, crime] reconstruir.

re-enactment [ˌriːɪˈnæktmənt] *n* **- 1.** [of scene, crime] reconstrucción *f*. **- 2.** [of regulation, legislation] puesta *f* en vigor (*de una ley antigua*).

re-engage [ˌriːɪnˈɡeɪdʒ] *vt* **- 1.** [troops] reenganchar; [employee] volver a contratar. **- 2.** [mechanism] volver a engranar; **to ~ the clutch** volver a pisar el embrague.

re-enlist [ˌriːɪnˈlɪst] ◊ *vt* reenganchar. ◊ *vi* reengancharse.

re-enter [riːˈentəʳ] *vt* volver a entrar en.

re-entry [riːˈentrɪ] *n* reingreso *m*, nueva entrada *f*.

re-equip [ˌriːɪˈkwɪp] *vt* volver a equipar.

re-establish [ˌriːɪˈstæblɪʃ] *vt* restablecer.

re-evaluate [ˌriːɪˈvæljʊeɪt] *vt* volver a evaluar.

re-evaluation [ˌriːɪˌvæljʊeɪʃn] *n* segunda evaluación *f*.

re-examination [ˈriːɪɡzæmɪˈneɪʃn] *n* [reconsideration] reexamen *m*; JUR nuevo interrogatorio *m*.

reexamine [ˌriːɪɡˈzæmɪn] *vt* [reconsider] examinar de nuevo, reexaminar; JUR volver a interrogar.

re-export [*n* ˌriːˈekspɔːt, *vb* ˌriːekˈspɔːt] COMM ◊ *n* **- 1.** [act of exporting] reexportación *f*. **- 2.** [goods exported] mercancía *f* reexportada. ◊ *vt* reexportar.

ref [ref] *n* **- 1.** (*abbr of* **referee**) *inf* SPORT árbitro *m*. **- 2.** (*written abbr of* **reference**) ADMIN ref.

refashion [ˌriːˈfæʃn] *vt* [object] rehacer; [image] reconstruir.

refectory [rɪˈfektərɪ] (*pl* **refectories**) *n* refectorio *m*.

refer [rɪˈfɜːʳ] (*pt & pp* **referred**, *cont* **referring**) *vt* **- 1.** [send, direct]: **to ~ sb to** [to place] enviar a alguien a; [to source of information] remitir a alguien a. **- 2.** [report, submit]: **to ~ sthg to** remitir algo a.
◆ **refer to** *vt fus* **- 1.** [mention, speak about] referirse a. **- 2.** [consult] consultar. **- 3.** [apply to] aplicarse OR dirigirse a.

referee [,refə'riː] ◇ *n* - **1.** SPORT árbitro *m*. - **2.** *Br* [for job application] *persona que recomienda a alguien para un trabajo*. ◇ *vt & vi* SPORT arbitrar.

reference ['refrəns] *n* - **1.** [mention] referencia *f*, alusión *f*; **to make** ~ **to** hacer referencia a; **with** ~ **to** *fml* con referencia a, en relación con. - **2.** *(U)* [for advice, information]: ~ **(to)** consulta *f* (a); **for future** ~ para consultas futuras. - **3.** [for job - letter] referencias *fpl*; [- person] *persona que recomienda a alguien para un trabajo*. - **4.** [in code, catalogue] referencia *f*; [on map] referencia *f*, coordenadas *fpl*; [footnote] referencia *f*, nota *f*.

reference book *n* libro *m* de consulta.

reference library *n* biblioteca *f* de consulta.

reference number *n* número *m* de referencia.

referendum [,refə'rendəm] *(pl* **referendums** OR **referenda** [-də]*)* *n* referéndum *m*.

referential [,refə'renʃl] *adj* referencial.

referral [rɪ'fɜːrəl] *n (U)* *fml* remisión *f*; **the doctor gave me a** ~ **to hospital** el médico me mandó al hospital.

refill [*n* 'riːfɪl, *vb* ,riː'fɪl] ◇ *n* - **1.** *inf* [drink]: **would you like a** ~**?** ¿te apetece otra copa? - **2.** [for pen, notebook] recambio *m*; [for lighter] carga *f*. ◇ *vt* volver a llenar, rellenar.

refillable [,riː'fɪləbl] *adj* [bottle] rellenable; [pen, lighter] recargable.

refine [rɪ'faɪn] *vt* - **1.** [oil, food] refinar; [metals, ore] purificar; [by distillation] depurar. - **2.** [plan, speech] pulir.

refined [rɪ'faɪnd] *adj* - **1.** [oil, food] refinado(da); [metals, ore] purificado(da); [by distillation] depurado(da). - **2.** [equipment, theory] perfeccionado(da). - **3.** [person, style, taste] refinado(da).

refinement [rɪ'faɪnmənt] *n* - **1.** [improvement]: ~ **(on)** mejora *f* (de). - **2.** *(U)* [gentility] refinamiento *m*. - **3.** [of oil, food] refinación *f*, refinado *m*; [of metals, ore] purificación *f*; [by distillation] depuración *f*.

refiner [rɪ'faɪnə'] *n* [of oil, sugar, metal] refinador *m*, -ra *f*.

refinery [rɪ'faɪnərɪ] *(pl* **refineries***)* *n* refinería *f*.

refinish [riː'fɪnɪʃ] *vt* - **1.** [put new finish on] dar un acabado nuevo a. - **2.** [varnish] barnizar.

refit [*n* 'riːfɪt, *vb* ,riː'fɪt] *(pt & pp* **refitted**, *cont* **refitting***)* ◇ *n* [of ship] reacondicionamiento *m*. ◇ *vt* [ship] reacondicionar.

reflate [,riː'fleɪt] ECON ◇ *vt* reflacionar. ◇ *vi* reflacionarse.

reflation [,riː'fleɪʃn] *n* ECON reflación *f*.

reflationary [,riː'fleɪʃənrɪ] *adj* ECON reflacionario(ria).

reflect [rɪ'flekt] ◇ *vt* - **1.** [gen] reflejar; **to be** ~**ed in** reflejarse en. - **2.** [think, consider]: **to** ~ **that...** considerar que... ◇ *vi* [think]: **to** ~ **(on** OR **upon)** reflexionar (sobre).
◆ **reflect on, reflect upon** *vt fus*: **to** ~ **well/badly on** dar una imagen positiva/negativa de.

reflecting telescope [rɪ'flektɪŋ-] *n* telescopio *m* (reflector), reflector *m*.

reflection [rɪ'flekʃn] *n* - **1.** [gen] reflejo *m*. - **2.** [criticism]: ~ **on** crítica *f* de. - **3.** *(U)* [thinking] reflexión *f*; **on** ~ pensándolo bien. - **4.** [thought]: ~**s (on)** reflexiones *fpl* (sobre).

reflective [rɪ'flektɪv] *adj* - **1.** [thoughtful] reflexivo(va). - **2.** [shiny] reflectante.

reflectivity [,riːflek'tɪvətɪ] *n* capacidad *f* reflectora.

reflector [rɪ'flektə'] *n* [gen] reflector *m*; AUT catafaro *m*, (dispositivo *m*) reflectante *m*.

reflex ['riːfleks] *n* - **1.** PHYSIOL: ~ **(action)** (acto *m*) reflejo *m*. - **2.** = **reflex camera**.
◆ **reflexes** *npl* reflejos *mpl*.

reflex camera *n* cámara *f* réflex.

reflexion [rɪ'flekʃn] *n Br* = **reflection**.

reflexive [rɪ'fleksɪv] *adj* GRAMM reflexivo(va).

reflexively [rɪ'fleksɪvlɪ] *adv* GRAMM [in meaning] con significado reflexivo; [in form] con forma reflexiva.

reflexive verb *n* verbo *m* reflexivo.

reflexology [,riːflek'sɒlədʒɪ] *n* reflexoterapia *f*.

refloat [,riː'fləʊt] ◇ *vt* NAUT & *fig* reflotar, poner a flote. ◇ *vi* salir a flote.

reflux [,riː'flʌks] *n* reflujo *m*.

reforest [,riː'fɒrɪst] *vt esp Am* = **reafforest**.

reforestation [riː,fɒrɪ'steɪʃn] *n esp Am* = **reafforestation**.

reform [rɪ'fɔːm] ◇ *n* reforma *f*. ◇ *vt* reformar. ◇ *vi* reformarse.

re-form [riː'fɔːm] ◇ *vt* formar de nuevo. ◇ *vi* formarse de nuevo.

reformat [,riː'fɔːmæt] *(pt & pp* **reformatted**, *cont* **reformatting***)* *vt* COMPUT formatear de nuevo.

reformation [,refə'meɪʃn] *n* reforma *f*.
◆ **Reformation** *n*: **the Reformation** la Reforma.

reformative [rɪ'fɔːmətɪv] *adj* [concerning reform] reformista; [reforming] reformador(ra).

reformatory [rɪ'fɔːmətrɪ] ◇ *n Am* reformatorio *m*, centro *m* de menores. ◇ *adj* reformatorio(ria).

reformed [rɪ'fɔːmd] *adj* [better behaved] reformado(da).

reformer [rɪ'fɔːmə'] *n* reformador *m*, -ra *f*.

reformism [rɪ'fɔːmɪzm] *n* reformismo *m*.

reformist [rɪ'fɔːmɪst] ◇ *adj* reformista. ◇ *n* reformista *mf*.

reform school *n Am* reformatorio *m*, centro *m* de menores.

refract [rɪ'frækt] ◇ *vt* refractar. ◇ *vi* refractarse.

refracting [rɪ'fræktɪŋ] *adj* [material, prism] refringente, refractante; [angle] de refracción.

refracting telescope *n* telescopio *m* de refracción, catalejo *m*.

refraction [rɪ'frækʃn] *n* refracción *f*.

refractive [rɪ'fræktɪv] *adj* refringente, refractante.

refractive index *n* índice *m* de refracción.

refractor [rɪ'fræktə'] *n* refractor *m*.

refractory [rɪ'fræktərɪ] *adj* - **1.** *fml* [person] refractario(ria), rebelde; [animal] indócil, desobediente. - **2.** PHYS & TECH refractario(ria). - **3.** MED intratable.

refrain [rɪ'freɪn] ◇ *n* [chorus] estribillo *m*. ◇ *vi fml*: **to** ~ **from doing sthg** abstenerse de hacer algo.

refreeze [,riː'friːz] *(pt* **refroze** [-'frəʊz], *pp* **refrozen** [-'frəʊzn]*)* *vt* [ice, ice-cream] volver a poner en el congelador; [food] volver a congelar.

refresh [rɪ'freʃ] *vt* refrescar; **to** ~ **sb's memory** refrescarle la memoria a alguien.

refreshed [rɪ'freʃt] *adj* descansado(da), vigorizado(da).

refresher course [rɪ'freʃə'-] *n* cursillo *m* de reciclaje OR repaso.

refreshing [rɪ'freʃɪŋ] *adj* [change, swim, drink] refrescante; [sleep] reparador(ra); [exercise] vigorizante; [honesty] alentador(ra).

refreshingly [rɪ'freʃɪŋlɪ] *adv*: **it's** ~ **different** es un cambio agradable.

refreshments [rɪ'freʃmənts] *npl* refrigerio *m*.

refried beans [,riː'fraɪd-] *npl* judías *fpl* refritas *Esp*, frijoles *mpl* refritos *Amér*.

refrigerant [rɪ'frɪdʒərənt] *n* refrigerante *m*.

refrigerate [rɪ'frɪdʒəreɪt] *vt* refrigerar.

refrigeration [rɪ,frɪdʒə'reɪʃn] *n* refrigeración *f*; **industrial** ~ frío *m* industrial.

refrigerator [rɪ'frɪdʒəreɪtə'] *n* frigorífico *m*, refrigerador *m*.

refroze [,riː'frəʊz] *pt* → **refreeze**.

refrozen [,riː'frəʊzn] *pp* → **refreeze**.

refuel [,riː'fjʊəl] *(Br pt & pp* **refuelled**, *cont* **refuelling**, *Am pt & pp* **refueled**, *cont* **refueling***)* ◇ *vt* llenar de carburante. ◇ *vi* repostar.

refuelling *Br*, **refueling** *Am* [,riː'fjʊəlɪŋ] ◇ *n* repostado *m*. ◇ *comp* [boom, tanker] de reabastecimiento; **to make a** ~ **stop** AERON realizar una escala técnica.

refuge ['refjuːdʒ] *n* refugio *m*; **to seek** OR **take** ~**(in)** *fig* buscar refugio (en).

refugee [,refjʊ'dʒiː] *n* refugiado *m*, -da *f*.

refugee camp *n* campamento *m* de refugiados.

refulgent [rɪ'fʌldʒənt] *adj literary* refulgente.

refund [n 'riːfʌnd, vb rɪ'fʌnd] ◇ n reembolso m. ◇ vt: **to ~ sthg to sb, to ~ sb sthg** reembolsar algo a alguien.
refundable [riːˈfʌndəbl] adj reembolsable.
refurbish [ˌriːˈfɜːbɪʃ] vt [building] restaurar; [office, shop] renovar.
refurbishment [ˌriːˈfɜːbɪʃmənt] n [of building] restauración f; [of office, shop] renovación f.
refurnish [ˌriːˈfɜːnɪʃ] vt volver a amueblar.
refusal [rɪˈfjuːzl] n - **1**. [disagreement, saying no]: ~ **(to do sthg)** negativa f (a hacer algo). - **2**. [withholding, denial] denegación f; **to meet with a ~** ser rechazado (da). - **3**. COMM opción f. - **4**. SPORT [in show jumping] rehúse m.
refuse[1] [rɪˈfjuːz] ◇ vt - **1**. [withhold, deny]: **to ~ sb sthg, to ~ sthg to sb** denegar a alguien algo; **to ~ to do sthg** negarse a hacer algo. - **2**. [decline, reject] rechazar. ◇ vi negarse, decir que no.
refuse[2] ['refjuːs] n [rubbish] basura f, desperdicios mpl.
refuse bin ['refjuːs-] n Br cubo m de basura.
refuse chute ['refjuːs-] n Br colector m de basura.
refuse collection ['refjuːs-] n recogida f de basuras.
refuse collector ['refjuːs-] n basurero m, -ra f.
refuse disposal ['refjuːs-] n Br tratamiento m de basuras.
refuse dump ['refjuːs-] n vertedero m (de basuras).
refutable ['refjutəbl] adj refutable, rebatible.
refutation [ˌrefjuˈteɪʃn] n fml refutación f.
refute [rɪˈfjuːt] vt fml refutar.
reg. (abbr of **registered**): ~ **trademark** marca f registrada.
regain [rɪˈgeɪn] vt [leadership, first place] recuperar; [health, composure] recobrar.
regal ['riːgl] adj [of king, queen] regio(gia); fig [person, banquet, decor] majestuoso(sa).
regale [rɪˈgeɪl] vt: **to ~ sb with** entretener a alguien con.
regalia [rɪˈgeɪljə] n (U) fml ropaje m, vestiduras fpl.
regally ['riːgəlɪ] adv con majestuosidad, de un modo majestuoso.
regard [rɪˈgɑːd] ◇ n - **1**. fml [respect, esteem]: ~ **(for)** estima f OR respeto m (por), consideración f (por); **to hold sthg/sb in high ~** tener algo/a alguien en gran estima; **to have ~ for sb** [respect] respetar; [care for] tomar en consideración; **without ~ to** sin tomar en consideración. - **2**. [aspect]: **in this/that ~** a este/ese respecto. - **3**. fml [gaze] mirada f. ◇ vt - **1**. [consider]: **to ~ o.s. as sthg** considerarse algo; **to ~ sthg/sb as** considerar algo/a alguien como; **to ~ sb/sthg with** ver a alguien/algo con; **to be highly ~ed** estar muy bien considerado. - **2**. fml [look at] mirar. - **3**. [heed] tener en cuenta, prestar atención a.
◆ **regards** npl - **1**. [in greetings] recuerdos mpl; **to give/send one's ~s to sb** dar/mandar recuerdos a alguien. - **2**. [in letters] un saludo cordial, cordialmente; **(with) best ~s, Peter** saludos cordiales OR un saludo cordial de Peter.
◆ **as regards** prep en cuanto a, por lo que se refiere a.
◆ **in regard to, with regard to** prep respecto a, en cuanto a.
regarding [rɪˈgɑːdɪŋ] prep respecto a, en cuanto a; **questions ~ management** cuestiones fpl relativas a la gestión.

regardless [rɪˈgɑːdlɪs] adv a pesar de todo.
◆ **regardless of** prep sin tener en cuenta; ~ **of the cost** cueste lo que cueste.
regatta [rɪˈgætə] n regata f.
regd. = **reg.**
regency ['riːdʒənsɪ] (pl **regencies**) n regencia f.
◆ **Regency** adj del estilo regencia.
regenerate [vb rɪˈdʒenəreɪt, adj rɪˈdʒenərət] ◇ vt regenerar. ◇ vi regenerarse. ◇ adj regenerado(da).
regeneration [rɪˌdʒenəˈreɪʃn] n regeneración f.
regenerative [rɪˈdʒenərətɪv] adj regenerador(ra).
regent ['riːdʒənt] ◇ adj [sovereign] regente. ◇ n - **1**. [ruler] regente mf. - **2**. Am UNIV miembro de la junta directiva de una universidad.
reggae ['regeɪ] n reggae m.
regicide ['redʒɪsaɪd] n - **1**. [act] regicidio m. - **2**. [person] regicida mf.
regime [reɪˈʒiːm] n régimen m.
regiment [n 'redʒɪmənt, vb 'redʒɪment] ◇ n MIL regimiento m. ◇ vt controlar, ser muy estricto (muy estricta) con.
regimental [ˌredʒɪˈmentl] adj MIL del regimiento.
regimentation [ˌredʒɪmenˈteɪʃn] n control m estricto, reglamentación f estricta.
regimented ['redʒɪmentɪd] adj pej [life, workers] estrictamente controlado (estrictamente controlada); [garden, rows] ordenado(da) en filas.
region ['riːdʒən] n región f; **in the ~ of** alrededor de.
regional ['riːdʒənl] adj regional.
regional council n [in Scotland] organismo que gobierna una región escocesa, ≃ diputación f provincial.
regional development n desarrollo m regional; ~ **corporation** Br organismo para el desarrollo regional.
regionalism ['riːdʒənəlɪzm] n regionalismo m.
regionalize, -ise ['riːdʒənəlaɪz] vt regionalizar.
regionally ['riːdʒnəlɪ] adv a nivel regional.
register ['redʒɪstər] ◇ n - **1**. [of electors etc] registro m; [at school] lista f; **to call the ~** pasar lista; **the ~ of births, marriages and deaths** el registro civil. - **2**. [in heating or cooling system] regulador m. - **3**. TYPO, MUS & LING registro m. ◇ vt - **1**. [record - gen] registrar; [- car, student] matricular. - **2**. [express] mostrar, reflejar. - **3**. fml [complaint, protest] presentar. - **4**. [show on scale, gauge] marcar. - **5**. FIN [gain, loss] experimentar. - **6**. [letter, parcel] certificar. ◇ vi - **1**. [be put on official list]: **to ~ (as/for)** inscribirse (como/para). - **2**. [book in - at hotel] registrarse; [- at conference] inscribirse. - **3**. inf [be noticed]: **I told him but it didn't seem to ~** se lo dije, pero no pareció que lo captara.
registered ['redʒɪstəd] adj - **1**. [officially listed] inscrito(ta) oficialmente. - **2**. [letter, parcel] certificado(da).
registered childminder n niñera f diplomada.
registered company n sociedad f registrada.
registered disabled adj Br: **to be ~** tener un carné de invalidez.
registered mail n Am = **registered post**.

USAGE ▶ Refusals

Polite

Lo siento, pero eso no está en mi mano.
Lamentándolo mucho, tengo que decir que no.
Me es imposible, ¡qué más quisiera yo!
Me temo que no voy a poder ayudarte.
Me encantaría poder echarte una mano, pero no me es posible.
Me veo en la obligación de negarle el permiso que me ha solicitado.
Si pudiera hacer algo por usted, no dude que haría lo que estuviera en mi mano, pero...

Blunt

¡Ni una palabra más! ¡No hay nada más que hablar al respecto!
¡De eso nada! ¡De ningún modo!
¡He dicho que no y es no!
¡Pues no faltaba más! ¡Desde luego que no!
¡Qué te lo crees tú! ¡Ni hablar! [informal]
No pienso hacerlo, ¿te enteras? [informal]

[see also: **Invitations, Offers**]

registered nurse *n* enfermera *f* diplomada.

registered post *Br*, **registered mail** *Am n* correo *m* certificado.

registered trademark *n* marca *f* registrada.

register office *n* = **registry office**.

registrant ['redʒɪstrənt] *n* persona que se inscribe o se matricula.

registrar [,redʒɪ'strɑːʳ] *n* - **1.** [keeper of records] jefe *m*, -fa *f* del registro civil, registrador *m*, -ra *f* oficial. - **2.** UNIV secretario *m*, -ria *f* general. - **3.** [doctor] médico *m*, -ca *f* de hospital.

registration [,redʒɪ'streɪʃn] *n* - **1.** [gen] registro *m*; [student] matrícula *f*. - **2.** AUT = **registration number**.

registration document *n* documentos *mpl* de matriculación.

registration fee *n* derechos *mpl* de inscripción, matrícula *f*.

registration number *n* número *m* de matrícula.

registry ['redʒɪstrɪ] (*pl* **registries**) *n* - **1.** [office] registro *m*. - **2.** NAUT matrícula *f*.

registry office *n* registro *m* civil.

regnant ['regnənt] *adj* - **1.** [reigning] reinante. - **2.** [prevalent] predominante.

regress [rɪ'gres] *vi*: **to ~ (to)** sufrir un retroceso.

regression [rɪ'greʃn] *n* regresión *f*.

regressive [rɪ'gresɪv] *adj* regresivo(va).

regret [rɪ'gret] (*pt & pp* **regretted**, *cont* **retretting**) ◇ *n* - **1.** *fml* [sorrow] pesar *m*. - **2.** [sad feeling]: **I've no ~s about it** no lo lamento en absoluto, no me arrepiento de ello; **he sends his ~s** [apologies] manda sus excusas. ◇ *vt* [be sorry about]: **to ~ sthg/doing sthg** lamentar algo/haber hecho algo; **we ~ to announce...** lamentamos comunicar...

regretful [rɪ'gretful] *adj* [person] pesaroso(sa); [smile, look] de arrepentimiento.

regretfully [rɪ'gretfulɪ] *adv* con pesar; **~, we have to announce...** lamentamos tener que anunciar...

regrettable [rɪ'gretəbl] *adj fml* lamentable.

regrettably [rɪ'gretəblɪ] *adv* lamentablemente.

regroup [,riː'gruːp] *vi* reagruparse.

regt (*abbr of* **regiment**) regto.

regular ['regjuləʳ] ◇ *adj* - **1.** [gen] regular; **to make ~ use of sthg** emplear OR usar algo con regularidad. - **2.** [customer] habitual, asiduo(dua). - **3.** [time, place] habitual, acostumbrado(da); [problem] usual, normal. - **4.** *Am inf* [pleasant] legal, decente. - **5.** *Am* [size, product] normal. ◇ *n* - **1.** [customer] cliente *mf* habitual. - **2.** MIL regular *m*.

regular army *n* ejército *m* regular.

regularity [,regju'lærətɪ] *n* regularidad *f*.

regularize, -ise ['regjuləraɪz] *vt* regularizar.

regularly ['regjuləlɪ] *adv* - **1.** [gen] con regularidad. - **2.** [equally spaced] de manera uniforme.

regulate ['regjuleɪt] *vt* [control, adjust] regular; [with rules] reglamentar.

regulation [,regju'leɪʃn] ◇ *adj* [standard] reglamentario(ria). ◇ *n* - **1.** [rule] regla *f*, norma *f*. - **2.** (*U*) [control] regulación *f*.

regulative ['regjulətɪv] *adj* = **regulatory**.

regulator ['regjuleɪtəʳ] *n* [device] regulador *m*.

regulatory ['regjulətrɪ] *adj* regulativo(va), regulador(ra).

regurgitate [rɪ'gɜːdʒɪteɪt] ◇ *vt* - **1.** [bring up] regurgitar. - **2.** *fig & pej* [repeat] repetir maquinalmente. ◇ *vi* regurgitar.

regurgitation [rɪ,gɜːdʒɪ'teɪʃn] *n* regurgitación *f*.

rehabilitate [,riːə'bɪlɪteɪt] *vt* rehabilitar.

rehabilitation ['riːəbɪlɪ'teɪʃn] *n* rehabilitación *f*.

rehabilitation centre *n* [for work training] centro *m* de formación; [for drug addicts] centro *m* de rehabilitación.

rehash [*vb*,riː'hæʃ, *n*'riːhæʃ] *inf pej* ◇ *vt* hacer un refrito de. ◇ *n* refrito *m*.

rehear [,riː'hɪəʳ] (*pt & pp* **reheard** [-'hɜːd]) *vt* JUR revisar.

rehearing [,riː'hɪərɪŋ] *n* JUR revisión *f*.

rehearsal [rɪ'hɜːsl] *n* ensayo *m*.

rehearse [rɪ'hɜːs] ◇ *vt* - **1.** MUS, THEATRE & TV ensayar. - **2.** *fml* [recount] recitar. ◇ *vi*: **to ~ (for)** ensayar (para).

reheat [,riː'hiːt] *vt* recalentar.

rehouse [,riː'haʊz] *vt* dar una nueva vivienda a, realojar.

reign [reɪn] *lit & fig* ◇ *n* reinado *m*; **~ of terror** régimen *m* del terror. ◇ *vi*: **to ~ (over)** reinar (sobre).

reigning ['reɪnɪŋ] *adj* actual.

reimbursable [,riːɪm'bɜːsəbl] *adj* reembolsable.

reimburse [,riːɪm'bɜːs] *vt*: **to ~ sb (for sthg)** reembolsar a alguien (algo).

reimbursement [,riːɪm'bɜːsmənt] *n fml*: **~ (for)** reembolso *m* (de OR por).

reimport [*vb* ,riːɪm'pɔːt, *n* ,riːˈɪmpɔːt] ◇ *vt* reimportar. ◇ *n* reimportación *f*.

rein [reɪn] *n fig*: **to give (a) free ~ to sb, to give sb free ~** dar rienda suelta a alguien; **to keep a tight ~ on sthg/sb** tener muy controlado (muy controlada) algo/a alguien.
◆ **reins** *npl* - **1.** [for horse] riendas *fpl*; **to take the ~s of government** *fig* tomar las riendas del gobierno. - **2.** [for child] andadores *mpl*.
◆ **rein back** ◇ *vi* tirar de las riendas. ◇ *vt sep* detener, frenar.
◆ **rein in** *vt sep* [horse] refrenar.

reincarnation [,riːɪnkɑː'neɪʃn] *n* reencarnación *f*.

reindeer ['reɪn,dɪəʳ] (*pl inv*) *n* reno *m*.

reinfect [,riːɪn'fekt] *vt* volver a infectar.

reinfection [,riːɪn'fekʃn] *n* reinfección *f*.

reinforce [,riːɪn'fɔːs] *vt* reforzar.

reinforced concrete [,riːɪn'fɔːst-] *n* cemento *m* OR hormigón *m* armado.

reinforcement [,riːɪn'fɔːsmənt] *n* refuerzo *m*.
◆ **reinforcements** *npl* refuerzos *mpl*.

reinstate [,riːɪn'steɪt] *vt* - **1.** [give job back to] restituir OR reintegrar en su puesto a. - **2.** [bring back] restablecer.

reinstatement [,riːɪn'steɪtmənt] *n* [of worker] rehabilitación *f (laboral)*.

reinsurance [,riːɪn'ʃɔːrəns] *n* reaseguro *m*.

reinsure [,riːɪn'ʃɔːʳ] *vt* reasegurar.

reintegrate [,riː'ɪntɪgreɪt] *vt* reintegrar.

reintegration ['riː,ɪntɪ'greɪʃn] *n* reintegración *f*.

reinterpret [,riːɪn'tɜːprɪt] *vt* interpretar de nuevo, reinterpretar.

reintroduce ['riː,ɪntrə'djuːs] *vt* reintroducir.

USAGE ▶ Regrets

Siento mucho que no hayas podido venir.

Desgraciadamente, ya es demasiado tarde.

¡Qué pena OR es una pena que te hayan suspendido!

Es una lástima que no esté en casa.

Si por lo menos no hubiese llegado tan tarde...

¡Qué le vamos a hacer! Ya es inútil lamentarse.

¡Qué razón tenías cuando decías que esto iba a acabar mal!

▶ *written style:*

Lamentamos mucho comunicarle que, por motivos ajenos a nuestra voluntad, ha sido suspendida la reunión que iba a tener lugar el próximo día 6.

Pedimos excusas a todos los lectores de nuestra publicación por las dificultades surgidas en la distribución del pasado número.

reintroduction [ˌriːˌɪntrəˈdʌkʃn] n reintroducción f.
reinvest [ˌriːɪnˈvest] vt reinvertir.
reinvestment [ˌriːɪnˈvestmənt] n reinversión f.
reinvigorate [ˌriːɪnˈvɪgəreɪt] vt revigorizar.
reissue [riːˈɪʃuː] ◇ n reedición f, reimpresión f. ◇ vt [gen] reeditar, reimprimir; [film] reestrenar, reponer.
reiterate [riːˈɪtəˌreɪt] vt fml reiterar.
reiteration [riːˌɪtəˈreɪʃn] n fml reiteración f.
reject [n ˈriːdʒekt, vt rɪˈdʒekt] ◇ n desecho m; ~s artículos mpl defectuosos. ◇ vt rechazar.
rejection [rɪˈdʒekʃn] n rechazo m.
rejig [ˌriːˈdʒɪg] (pt & pp **rejigged**, cont **rejigging**) vt Br inf modificar OR alterar un poco.
rejoice [rɪˈdʒɔɪs] vi: **to ~ (at** OR **in)** alegrarse OR regocijarse (con).
rejoicing [rɪˈdʒɔɪsɪŋ] n: ~ **(at** OR **over)** regocijo m (por).
rejoin[1] [ˌriːˈdʒɔɪn] vt - **1.** [go back to] volver (a encontrarse) con. - **2.** [club] volver a hacerse socio(cia) de; [army] volver a alistarse en.
rejoin[2] [rɪˈdʒɔɪn] vt [reply] replicar.
rejoinder [rɪˈdʒɔɪndəʳ] n réplica f.
rejuvenate [rɪˈdʒuːvəneɪt] vt rejuvenecer.
rejuvenation [rɪˌdʒuːvəˈneɪʃn] n renovación f.
rekindle [ˌriːˈkɪndl] vt fig reavivar.
relabel [ˌriːˈleɪbl] vt volver a etiquetar.
relaid [ˈriːleɪd] pt & pp → **relay**.
relapse [rɪˈlæps] ◇ n recaída f; **to have a ~** tener una recaída. ◇ vi - **1.** [go back]: **to ~ into** volver a caer en. - **2.** MED recaer.
relate [rɪˈleɪt] ◇ vt - **1.** [connect]: **to ~ sthg (to)** relacionar algo (con). - **2.** [tell] contar, relatar. ◇ vi - **1.** [be connected]: **to ~ to** estar relacionado(da) con. - **2.** [concern]: **to ~** referirse a. - **3.** [empathize]: **to ~ (to sb)** tener mucho en común (con alguien).
♦ **relating to** prep concerniente OR referente a.
related [rɪˈleɪtɪd] adj - **1.** [in same family] emparentado(da); **to be ~ to sb** ser pariente de alguien. - **2.** [connected] relacionado(da).
-related [rɪˈleɪtɪd] in cpds: **performance~ bonus** prima f de rendimiento.
relation [rɪˈleɪʃn] n - **1.** [connection]: ~ **(to/between)** relación f (con/entre); **to bear no ~ to** no tener nada que ver con; **in ~ to** [state, size] en relación a; [position] respecto a. - **2.** [family member] pariente mf, familiar mf. - **3.** fml [account] relación f.
♦ **relations** npl [family, race, industrial] relaciones fpl.
relational [rɪˈleɪʃənl] adj COMPUT relacional.
relational database n COMPUT base f de datos relacional.
relationship [rɪˈleɪʃnʃɪp] n - **1.** [gen] relación f; **a good ~** buenas relaciones. - **2.** [kinship] (relación f de) parentesco m.
relative [ˈrelətɪv] ◇ adj relativo(va). ◇ n pariente mf, familiar mf.
♦ **relative to** prep fml con relación a.
relative clause n oración f de relativo.
relative humidity n humedad f relativa.
relatively [ˈrelətɪvlɪ] adv relativamente.
relative pronoun n pronombre m relativo.
relativism [ˈrelətɪvɪzm] n relativismo m.
relativist [ˈrelətɪvɪst] ◇ adj relativista. ◇ n relativista mf.
relativity [ˌreləˈtɪvətɪ] n relatividad f.
relax [rɪˈlæks] ◇ vt - **1.** [gen] relajar. - **2.** [grip] aflojar. ◇ vi - **1.** [gen] relajarse; ~! ¡cálmate! - **2.** [loosen] aflojarse.
relaxant [rɪˈlæksənt] MED ~ n relajante m. ◇ adj relajante.
relaxation [ˌriːlækˈseɪʃn] n - **1.** [recreation] relajación f, esparcimiento m. - **2.** [of muscles, discipline] relajación f, relajamiento m.
relaxed [rɪˈlækst] adj [gen] relajado(da); [person] tranquilo(la); [atmosphere] desenfadado(da).
relaxing [rɪˈlæksɪŋ] adj relajante.

relay [ˈriːleɪ] (pt & pp senses 1 & 2 **relayed**, pt & pp sense 3 **relaid** [-leɪd]) ◇ n - **1.** SPORT: ~ **(race)** carrera f de relevos. - **2.** [team - of athletes] relevo m; [- of horses] posta f; [- of workers] relevo m, turno m; **in ~s** por turnos. - **3.** RADIO & TV [-broadcast] retransmisión f; [- transmitter] repetidor m. - **4.** ELEC & TECH relevador m, relé m. ◇ vt - **1.** [broadcast] retransmitir. - **2.** [repeat]: **to ~ sthg (to)** transmitir algo (a). - **3.** [lay again] volver a poner.
relearn [ˌriːˈlɜːn] (Br pt & pp **relearned** OR **relearnt** [-ˈlɜːnt], Am pt & pp **relearned**) vt volver a aprender.
release [rɪˈliːs] ◇ n - **1.** [setting free] puesta f en libertad, liberación f. - **2.** [relief] liberación f. - **3.** [statement] comunicado m. - **4.** [emitting - of gas] escape m; [- of heat, pressure] emisión f. - **5.** [issuing - of film] estreno m; [- of record] edición f; **on ~** en pantalla. - **6.** [new film] estreno m; [new record] grabación f, disco m. - **7.** [control mechanism] disparador m. ◇ vt - **1.** [set free]: **to ~ sb (from)** liberar a alguien (de); **to be ~d** ser puesto(ta) en libertad. - **2.** [lift restriction on]: **to ~ sb from** descargar OR liberar a alguien de. - **3.** [funds, resources] entregar. - **4.** [let go - rope, person, brake, lever] soltar; [- grip] aflojar; [- mechanism, trigger] disparar. - **5.** [gas, heat] despedir, emitir. - **6.** [issue - film] estrenar; [- record] sacar; [- statement] hacer público(ca).
relegate [ˈrelɪgeɪt] vt - **1.** [demote]: **to ~ sthg/sb (to)** relegar algo/a alguien (a). - **2.** Br FTBL: **to be ~d** descender (a una división inferior).
relegation [ˌrelɪˈgeɪʃn] n - **1.** [demotion]: ~ **(to)** relegación f (a). - **2.** Br FTBL: ~ **(to)** descenso m (a).
relent [rɪˈlent] vi [person] ablandarse; [wind, storm] remitir, aminorar.
relentless [rɪˈlentlɪs] adj implacable, despiadado(da).
relentlessly [rɪˈlentlɪslɪ] adv implacable, despiadadamente.
relevance [ˈreləvəns] n: ~ **(to** OR **for)** relevancia f OR pertinencia f (para).
relevant [ˈreləvənt] adj - **1.** [connected]: ~ **(to)** relacionado(da) (con), pertinente (a). - **2.** [important]: ~ **(to)** importante OR relevante (para). - **3.** [appropriate] pertinente, oportuno(na).
reliability [rɪˌlaɪəˈbɪlətɪ] n - **1.** [gen] fiabilidad f. - **2.** [of information, source] carácter m fidedigno.
reliable [rɪˈlaɪəbl] adj - **1.** [gen] de fiar, fiable. - **2.** [information, source] fidedigno(na).
reliably [rɪˈlaɪəblɪ] adv - **1.** [gen] sin fallar. - **2.** [correctly]: **to be ~ informed about sthg** saber algo de fuentes fidedignas.
reliance [rɪˈlaɪəns] n: ~ **(on)** dependencia f (de OR respecto de).
reliant [rɪˈlaɪənt] adj: **to be ~ on sb/sthg** depender de alguien/algo.
relic [ˈrelɪk] n - **1.** [gen] reliquia f. - **2.** [custom still in use] vestigio m.
relief [rɪˈliːf] n - **1.** [comfort] alivio m; **what a ~!** ¡qué alivio!; **she sighed with ~** suspiró aliviada. - **2.** [for poor, refugees] ayuda f (benéfica); **famine ~** ayuda alimentaria. - **3.** (U) Am [social security] subsidio m; **to be on ~** recibir un subsidio. - **4.** [of guard, team] relevo m. - **5.** ART & GEOGR relieve m; **in ~** en relieve.
relief convoy n convoy m de ayuda humanitaria.
relief map n mapa m en relieve.
relief printing n impresión f en relieve.
relief road n esp Br desvío m.
relief work n ayuda f humanitaria.
relief worker n miembro de una organización humanitaria que trabaja sobre el terreno.
relieve [rɪˈliːv] vt - **1.** [lessen - anxiety, pain] aliviar; [- boredom, gloom] disipar. - **2.** [aid] auxiliar, socorrer. - **3.** [guard, worker] relevar. - **4.** [take away from]: **to ~ sb of sthg** liberar a alguien de algo. - **5.** euph [urinate]: **to ~ o.s.** hacer (uno) sus necesidades.
relieved [rɪˈliːvd] adj aliviado(da).

religion [rɪˈlɪdʒn] *n* religión *f*.

religious [rɪˈlɪdʒəs] *adj* religioso(sa).

religious education, religious instruction *n* educación *f* religiosa, religión *f*.

religiously [rɪˈlɪdʒəslɪ] *adv* religiosamente.

reline [ˌriːˈlaɪn] *vt* [cupboard, skirt] volver a forrar; [brakes] cambiar el forro de.

relinquish [rɪˈlɪŋkwɪʃ] *vt* [power, claim] renunciar a; [hold] soltar.

reliquary [ˈrelɪkwərɪ] (*pl* **reliquaries**) *n* relicario *m*.

relish [ˈrelɪʃ] ◇ *n* - **1.** [enjoyment]: **with (great)** ~ con (gran) deleite. - **2.** [pickle] *salsa rojiza agridulce con pepinillo etc.* ◇ *vt* disfrutar con; **to** ~ **the thought** OR **idea** OR **prospect of doing sthg** disfrutar de antemano con la idea de hacer algo; **I don't** ~ **the idea** OR **prospect** la idea no me hace ninguna gracia.

relive [ˌriːˈlɪv] *vt* revivir.

reload [ˌriːˈləʊd] *vt* recargar.

relocate [ˌriːləʊˈkeɪt] ◇ *vt* trasladar. ◇ *vi* trasladarse, establecerse en otro lugar.

relocation [ˌriːləʊˈkeɪʃn] *n* traslado *m*.

relocation expenses *npl* gastos *mpl* de traslado.

reluctance [rɪˈlʌktəns] *n* - **1.** [unwillingness] desgana *f*; **with** ~ de (muy) mala gana. - **2.** PHYS reluctancia *f*.

reluctant [rɪˈlʌktənt] *adj* reacio(cia); **to be** ~ **to do sthg** estar poco dispuesto (poco dispuesta) a hacer algo, ser reacio a hacer algo.

reluctantly [rɪˈlʌktəntlɪ] *adv* con desgana.

rely [rɪˈlaɪ] (*pt & pp* **relied**) ◆ **rely on** *vt fus* - **1.** [count on] contar con; **to** ~ **on sb/sthg to do sthg** estar seguro de que alguien/algo hará algo. - **2.** [be dependent on]: **to** ~ **on sb/sthg for sthg** depender de alguien/algo para algo.

REM (*abbr of* **rapid eye movement**) *n* REM *m*.

remade [ˌriːˈmeɪd] *pt & pp* → **remake**.

remain [rɪˈmeɪn] ◇ *vt* continuar como; **to** ~ **the same** continuar siendo igual. ◇ *vi* - **1.** [stay] quedarse, permanecer. - **2.** [survive] quedar, continuar. - **3.** [be left] quedar; **to** ~ **to be done/proved** quedar por hacer/probar; **that** ~**s to be seen** eso hay OR habrá que verlo; **it** ~**s to be seen whether...** aún está por ver OR queda por ver si...; **the fact** ~**s that...** el hecho es que..., no deja de ser cierto que...

◆ **remains** *npl* - **1.** [gen] restos *mpl*. - **2.** [corpse] restos *mpl* (mortales).

remainder [rɪˈmeɪndəʳ] ◇ *n* - **1.** [rest]: **the** ~ [gen] el resto; [people] el resto, los demás. - **2.** MATH resto *m*. - **3.** [unsold product] saldo *m*; [unsold book] restos *mpl* de edición. ◇ *vt* COMM vender a precio de saldo.

remaining [rɪˈmeɪnɪŋ] *adj* que queda, restante.

remake [*n* ˈriːmeɪk, *vb* ˌriːˈmeɪk] (*pt & pp* **remade** [ˈmeɪd]) CINEMA ◇ *n* remake *m*, nueva versión *f*. ◇ *vt* hacer un remake OR una nueva versión de.

remand [rɪˈmɑːnd] JUR ◇ *n* remisión *f*; **on** ~ detenido(da) en espera de juicio. ◇ *vt* remitir; **to be** ~**ed in custody** estar bajo custodia.

remand centre *n Br* centro *m* de prisión preventiva.

remand home *n Br* centro donde se ingresa a delincuentes juveniles hasta su comparecencia ante un tribunal.

remark [rɪˈmɑːk] ◇ *n* [comment] comentario *m*; **to make a** ~ **about** hacer un comentario sobre. ◇ *vt* - **1.** [comment]: **to** ~ **(that)** comentar que. - **2.** *fml* [notice] observar, advertir. ◇ *vi*: **to** ~ **on** hacer comentarios OR una observación sobre.

remarkable [rɪˈmɑːkəbl] *adj* excepcional, extraordinario(ria).

remarkably [rɪˈmɑːkəblɪ] *adv* [extremely] excepcionalmente, extraordinariamente; [surprisingly] sorprendentemente.

remarriage [ˌriːˈmærɪdʒ] *n* segundas nupcias *fpl*, segundo casamiento *m*.

remarry [ˌriːˈmærɪ] (*pt & pp* **remarried**) *vi* volverse a casar.

remaster [ˌriːmɑːˈstɑːʳ] *vt*: **digitally** ~**ed** en grabación digital.

rematch [ˈriːmætʃ] *n* desquite *m*.

remediable [rɪˈmiːdjəbl] *adj fml* remediable.

remedial [rɪˈmiːdjəl] *adj* - **1.** SCH [class, teacher] de recuperación; [pupil] atrasado(da). - **2.** [corrective] correctivo(va).

remedy [ˈremədɪ] (*pl* **remedies**, *pt & pp* **remedied**) ◇ *n* - **1.** *lit & fig* [cure]: ~ **(for)** remedio *m* (para). - **2.** *Br* JUR recurso *m*. ◇ *vt* remediar, poner remedio a.

remember [rɪˈmembəʳ] ◇ *vt* - **1.** [gen] recordar, acordarse de; ~ **that his eyesight is poor** ten presente que tiene la vista mal; **to** ~ **to do sthg** acordarse de hacer algo; **to** ~ **doing sthg** recordar OR acordarse de haber hecho algo; **to** ~ **sb in one's will** acordarse de alguien en el testamento. - **2.** [as greeting]: **to** ~ **sb to sb** dar recuerdos a alguien de parte de alguien; ~ **me to your mother** dale recuerdos a tu madre de mi parte. - **3.** [give tip or present to] dar algo a. ◇ *vi* - **1.** [gen] recordar, acordarse; **as far as I can** ~ si mal no recuerdo. - **2.** [not forget] acordarse.

remembrance [rɪˈmembrəns] ◇ *n* - **1.** *fml* [commemoration]: **in** ~ **of** en conmemoración de. - **2.** *dated* [memory, keepsake] recuerdo *m*. ◇ *comp*: ~ **service** (ceremonia *f* de) conmemoración *f*.

Remembrance Day *n* en Gran Bretaña, *día en conmemoración por los caídos en las dos guerras mundiales.*

remilitarize, -ise [ˌriːˈmɪlɪtəraɪz] *vt* remilitarizar.

remind [rɪˈmaɪnd] *vt*: **to** ~ **sb (about sthg/to do sthg)** recordar a alguien (algo/que haga algo); **she** ~**s me of my sister** me recuerda a mi hermana; **that** ~**s me!** ¡a propósito!

reminder [rɪˈmaɪndəʳ] *n* - **1.** [to jog memory] recordatorio *m*, recuerdo *m*. - **2.** [letter, note] notificación *f*, aviso *m*.

reminisce [ˌremɪˈnɪs] *vi*: **to** ~ **(about sthg)** rememorar (algo).

reminiscences [ˌremɪˈnɪsnsəz] *npl* recuerdos *mpl*, reminiscencias *fpl*.

reminiscent [ˌremɪˈnɪsnt] *adj* [suggestive]: ~ **of** evocador(ra) de, que recuerda a.

remiss [rɪˈmɪs] *adj* negligente, remiso(sa); **it was** ~ **of me** fue una negligencia por mi parte.

remission [rɪˈmɪʃn] *n* (U) - **1.** JUR reducción *f* de condena. - **2.** MED remisión *f*.

remit[1] [rɪˈmɪt] (*pt & pp* **remitted**, *cont* **remitting**) *vt* - **1.** [money] remitir. - **2.** JUR [case] remitir a un tribunal inferior.

remit[2] [ˈriːmɪt] *n* [responsibility] misión *f*.

remittance [rɪˈmɪtns] *n* [payment] giro *m*.

remittent [rɪˈmɪtnt] *adj* MED remitente.

remnant [ˈremnənt] *n* - **1.** [remaining part] resto *m*. - **2.** [of cloth] retal *m*. - **3.** [trace] vestigio *m*.

remodel [ˌriːˈmɒdl] (*Br pt & pp* **remodelled**, *cont* **remodelling**, *Am pt & pp* **remodeled**, *cont* **remodeling**) *vt* remodelar, reformar.

remold *n & vt Am* = **remould**.

remonstrance [rɪˈmɒnstrəns] *n fml* protesta *f*.

remonstrate [ˈremənstreɪt] *vi fml* [protest]: **to** ~ **with sb about sthg** censurar a alguien algo.

remorse [rɪˈmɔːs] *n* (U) remordimiento *m*.

remorseful [rɪˈmɔːsfʊl] *adj* lleno(na) de remordimiento.

remorsefully [rɪˈmɔːsfʊlɪ] *adv* con remordimiento.

remorseless [rɪˈmɔːslɪs] *adj* - **1.** [pitiless] despiadado(da). - **2.** [unstoppable] implacable.

remorselessly [rɪˈmɔːslɪslɪ] *adv* - **1.** [pitilessly] de forma despiadada. - **2.** [unstoppably] implacablemente.

remortgage [ˌriːˈmɔːgɪdʒ] *vt* [house, property] volver a hipotecar.

remote [rɪˈməʊt] *adj* - **1.** [place, time, possibility] remoto(ta). - **2.** [from reality etc]: ~ **(from)** apartado(da) OR alejado(da) (de). - **3.** [aloof] distante.

remote control *n* mando *m* a distancia.

remote-controlled *adj* teledirigido(da).

remotely [rɪ'məʊtlɪ] *adv* - **1.** [in the slightest]: **not** ~ ni remotamente, en lo más mínimo. - **2.** [far off] en un lugar remoto, muy lejos.

remoteness [rɪ'məʊtnɪs] *n* - **1.** [of place] lejanía *f*. - **2.** [of person] distanciamiento *m*. - **3.** [of subject] obscuridad *f*.

remould *Br*, **remold** *Am* ['ri:məʊld] *n* neumático *m* recauchutado.

remount [,ri:'maʊnt] *vt* - **1.** [horse] volver a montar en. - **2.** [photo] volver a enmarcar; [gem] volver a engarzar.

removable [rɪ'mu:vəbl] *adj* - **1.** [stain] que se puede quitar. - **2.** [detachable] extraíble, separable.

removal [rɪ'mu:vl] *n* - **1.** (*U*) [act of removing] separación *f*, extracción *f*; [of threat, clause] supresión *f*; [of stain] eliminación *f*; MED [of organ, tumour] extirpación *f*. - **2.** *Br* [change of house] mudanza *f*. - **3.** [transfer] traslado *m*. - **4.** [dismissal] despido *m*; [from office] destitución *f*.

removal man *n Br* encargado *m* de mudanzas.

removal van *n Br* camión *m* de mudanzas.

remove [rɪ'mu:v] ◇ *vt* - **1.** [take away, clean away]: **to** ~ **sthg (from)** quitar algo (de). - **2.** [take off] quitarse, sacarse. - **3.** [from a job, post]: **to** ~ **sb (from)** [employee] despedir a alguien (de); [official] destituir a alguien (de). - **4.** [problem] eliminar, resolver; [suspicion] disipar. - **5.** [take out] sacar, extraer; MED [organ, tumour] extirpar. - **6.** [transfer] trasladar. ◇ *n* [distance] distancia *f*.

removed [rɪ'mu:vd] *adj* - **1.** [distant]: **to be far** ~ **from** estar bien lejos de. - **2.** [in kinship]: **first cousin once** ~ primo segundo *m*, prima segunda *f*.

remover [rɪ'mu:və'] *n*: **stain** ~ quitamanchas *m inv*; **paint** ~ quitapinturas *m inv*.

remunerate [rɪ'mju:nəreɪt] *vt fml* remunerar.

remuneration [rɪ,mju:nə'reɪʃn] *n fml* remuneración *f*.

remunerative [rɪ'mju:nərətɪv] *adj fml* remunerativo(va).

renaissance [rə'neɪsns] *n* renacimiento *m*.
◆ **Renaissance** ◇ *n*: **the** ~ el Renacimiento. ◇ *comp* renacentista.

Renaissance man *n* hombre *m* renacentista.

renal ['ri:nl] *adj* renal.

rename [,ri:'neɪm] *vt* poner un nombre nuevo a.

renascent [rɪ'næsnt] *adj fml* renaciente.

renationalize, -ise [ri:'næʃnəlaɪz] *vt* volver a nacionalizar.

rend [rend] (*pt & pp* **rent** [rent]) *vt lit & fig* desgarrar.

render ['rendə'] *vt* - **1.** [make]: **to** ~ **sthg useless** hacer OR volver algo inútil; **to** ~ **sb speechless** dejar a alguien boquiabierto. - **2.** [give - help, service] prestar, dar; [- homage] rendir; [- judgment, verdict] emitir, pronunciar; [- report, statement] presentar, someter. - **3.** [perform] interpretar. - **4.** [convey, depict] describir, reflejar. - **5.** [translate] traducir. - **6.** CULIN derretir. - **7.** CONSTR enlucir, dar una capa de enlucido a.

rendering ['rendərɪŋ] *n* - **1.** [performance] interpretación *f*. - **2.** CONSTR enlucido *m*.

rendezvous ['rɒndɪvu:] (*pl inv* ['rɒndɪvu:z]) ◇ *n* - **1.** [meeting] cita *f*. - **2.** [place] lugar *m* de reunión. ◇ *vi* reunirse.

rendition [ren'dɪʃn] *n* - **1.** [performance] interpretación *f*. - **2.** [translation] traducción *f*.

renegade ['renɪgeɪd] ◇ *adj* renegado(da). ◇ *n* renegado *m*, -da *f*.

renege [rɪ'ni:g] *vi fml*: **to** ~ **on sthg** incumplir algo.

renegotiate [,ri:nɪ'gəʊʃɪeɪt] ◇ *vt* renegociar. ◇ *vi* reiniciar las negociaciones.

renew [rɪ'nju:] *vt* - **1.** [attempt, attack] reemprender. - **2.** [relationship] reanudar, renovar. - **3.** [licence, contract] renovar. - **4.** [strength, interest] reavivar. - **5.** [supplies] reponer.

renewable [rɪ'nju:əbl] *adj* renovable.

renewal [rɪ'nju:əl] *n* - **1.** [of an activity] reanudación *f*. - **2.** [of a contract, licence etc] renovación *f*.

renewed [rɪ'nju:d] *adj* [confidence, hope] renovado(da);

[vigour, force] nuevo(va), renovado(da); **with** ~ **enthusiasm** con nuevo OR renovado entusiasmo; ~ **outbreaks of fighting** el recrudecimiento de los combates.

renin ['ri:nɪn] *n* renina *f*.

rennet ['renɪt] *n* cuajo *m*.

renominate [ri:'nɒmɪneɪt] *vt* volver a nominar OR nombrar.

renomination [ri:,nɒmɪ'neɪʃn] *n* nueva nominación *f*.

renounce [rɪ'naʊns] *vt* renunciar a.

renovate ['renəveɪt] *vt* reformar, renovar.

renovation [,renə'veɪʃn] *n* reforma *f*, renovación *f*.

renown [rɪ'naʊn] *n* renombre *m*.

renowned [rɪ'naʊnd] *adj*: ~ **(for)** célebre (por).

rent [rent] ◇ *pt & pp* → **rend**. ◇ *n* - **1.** [for flat, building] alquiler *m*; [for farm, land] arriendo *m*, arrendamiento *m*; **'for** ~**'** 'se alquila'. - **2.** ECON renta *f*, ingresos *mpl*. - **3.** [tear] rasgón *m*, rasgadura *f*. ◇ *vt* [flat, building] alquilar, rentar *Amér*; [farm, land] arrendar.
◆ **rent out** *vt sep* [flat, building] alquilar.

rental ['rentl] ◇ *adj* de alquiler; ~ **charge** [for telephone] cuotas *fpl* de abono; [for car] precio *m* del alquiler. ◇ *n* - **1.** [amount to be paid] alquiler *m*. - **2.** *Am* [rented property] propiedad *f* alquilada.

rental library *n Am* biblioteca *f* de préstamo.

rent book *n libro que registra la fecha y el pago de alquiler por parte de un inquilino*.

rent boy *n Br inf* chapero *m*.

rent collector *n* cobrador *m*, -ra *f* del alquiler.

rent control *n Am* control *m* de alquileres (*por parte del Gobierno*).

rented ['rentɪd] *adj* alquilado(da).

rent-free ◇ *adj* exento(ta) de alquiler. ◇ *adv* sin pagar alquiler.

rent rebate *n devolución oficial por pago excesivo de alquiler*.

renumber [,ri:'nʌmbə'] *vt* volver a numerar.

renunciation [rɪ,nʌnsɪ'eɪʃn] *n* renuncia *f*.

reoccupy [,ri:'ɒkjʊpaɪ] (*pt & pp* **reoccupied**) *vt* volver a ocupar.

reoccurrence [,ri:ə'kʌrəns] *n* repetición *f*.

reopen [,ri:'əʊpn] ◇ *vt* - **1.** [gen] volver a abrir. - **2.** [court case] rever. - **3.** [talks, debate] reanudar, reabrir. ◇ *vi* - **1.** [gen] volver a abrir. - **2.** [talks, debate] reanudarse, volverse a iniciar. - **3.** [wound] volverse a abrir.

reopening [,ri:'əʊpnɪŋ] *n* [of shop] reapertura *f*; [of negotiations] reanudación *f*.

reorder [*vb* ,ri:'ɔ:də', *n* 'ri:ɔ:də'] ◇ *vt* - **1.** COMM volver a hacer un pedido de, hacer un nuevo pedido de. - **2.** [rearrange] volver a ordenar, reorganizar. ◇ *n* COMM nuevo pedido *m*.

reorganization ['ri:,ɔ:gənaɪ'zeɪʃn] *n* reorganización *f*.

reorganize, -ise [,ri:'ɔ:gənaɪz] ◇ *vt* reorganizar. ◇ *vi* reorganizarse.

reorientation [ri:,ɔ:rɪen'teɪʃn] *n* reorientación *f*, nueva orientación *f*.

rep [rep] *n* - **1.** *written abbr of* **representative**. - **2.** *written abbr of* **repertory**. - **3.** *written abbr of* **repertory company**.

Rep. *Am* - **1.** *written abbr of* **Representative**. - **2.** *written abbr of* **Republican**.

repack [,ri:'pæk] *vt* [goods] volver a embalar; [suitcase] volver a hacer.

repackage [,ri:'pækɪdʒ] *vt* - **1.** [goods] volver a embalar. - **2.** *Am* [public image] renovar.

repaid [ri:'peɪd] *pt & pp* → **repay**.

repaint [,ri:'peɪnt] *vt* repintar.

repair [rɪ'peə'] ◇ *n* reparación *f*, refacción *f* *Amér*; **in good/bad** ~ en buen/mal estado; **it's beyond** ~ no tiene arreglo; **'closed for** ~**s'** 'cerrado por reformas'; **to be under** ~ estar en reparación. ◇ *vt* reparar, refaccionar *Amér*. ◇ *vi fml & hum* ir, acudir; **let us** ~ **to bed** vayamos a acostarnos.

repairer [rɪ'peərə'] *n* reparador *m*, -ra *f*.

repair kit n caja de herramientas de una bicicleta.

repairman [rɪ'peəmən] (pl **repairmen** [-mən]) n técnico m.

repaper [,riː'peɪpəʳ] vt volver a empapelar.

reparable ['repərəbl] adj reparable.

reparation [,repə'reɪʃn] n fml reparación f.

◆ **reparations** npl indemnizaciones fpl.

reparatory [rɪ'pærətrɪ], **reparative** [rɪ'pærətɪv] adj reparador(ra).

repartee [,repɑː'tiː] n intercambio m de réplicas ingeniosas.

repast [rɪ'pɑːst] n fml comida f.

repatriate [vb ,riː'pætrɪeɪt, n riː'pætrɪət] ◇ vt repatriar. ◇ n repatriado(da).

repatriation [,riːpætrɪ'eɪʃn] n repatriación f.

repay [riː'peɪ] (pt & pp **repaid** [-'peɪd]) vt - 1. [money] devolver; [debt, creditor] pagar; to ~ **sb sthg, to ~ sthg to sb** devolver a alguien algo. - 2. [efforts, help] compensar, pagar.

repayable [riː'peɪəbl] adj reembolsable, reintegrable.

repayment [riː'peɪmənt] n - 1. [act of paying back] devolución f, reembolso m; [of debt] pago m, liquidación f. - 2. [for efforts, help] recompensa f. - 3. [sum] pago m.

repeal [rɪ'piːl] ◇ n revocación f, abrogación f. ◇ vt revocar, abrogar.

repeat [rɪ'piːt] ◇ vt - 1. [gen] repetir; to ~ **o.s.** repetirse. - 2. RADIO & TV volver a emitir, reponer. ◇ vi - 1. [say again] repetir; ~ **after me** repite conmigo. - 2. [recur] repetirse. - 3. [subj: food] repetirse. - 4. Am POL votar más de una vez. ◇ n - 1. RADIO & TV reposición f. - 2. MUS repetición f.

repeat broadcast n repetición f, reposición f.

repeated [rɪ'piːtɪd] adj repetido(da).

repeatedly [rɪ'piːtɪdlɪ] adv repetidamente.

repeater [rɪ'piːtəʳ] n - 1. [clock] reloj m de repetición. - 2. [gun] fusil m de repetición. - 3. ELEC repetidor m. - 4. Am SCH repetidor m, -ra f. - 5. Am POL elector que vota más de una vez en las mismas elecciones.

repeating [rɪ'piːtɪŋ] adj [gun] de repetición.

repeating decimal n fracción f decimal periódica.

repeat performance n THEATRE reposición f; **we don't want a ~ of last year's chaos** fig no queremos que se repita el caos del año pasado.

repel [rɪ'pel] (pt & pp **repelled**, cont **repelling**) vt repeler.

repellent [rɪ'pelənt] ◇ adj repelente. ◇ n espray m antiinsectos.

repent [rɪ'pent] ◇ vt arrepentirse de. ◇ vi: to ~ **(of)** arrepentirse (de).

repentance [rɪ'pentəns] n arrepentimiento m.

repentant [rɪ'pentənt] adj [person] arrepentido(da); [smile] de arrepentimiento.

repercussions [,riːpə'kʌʃnz] npl repercusiones fpl.

repertoire ['repətwɑːʳ] n repertorio m.

repertory ['repətrɪ] n repertorio m.

repertory company n compañía f de repertorio.

repetition [,repɪ'tɪʃn] n repetición f.

repetitious [,repɪ'tɪʃəs], **repetitive** [rɪ'petɪtɪv] adj repetitivo(va).

rephrase [,riː'freɪz] vt [question] hacer con otras palabras; [statement] decir con otras palabras.

replace [rɪ'pleɪs] vt - 1. [take the place of] sustituir, reemplazar. - 2. [change for something else]: to ~ **sthg (with)** cambiar OR reemplazar algo (por). - 3. [change for somebody else]: to ~ **sb (with)** sustituir OR reemplazar a alguien (por). - 4. [supply another]: to ~ **sthg** dar otro(tra). - 5. [put back] poner en su sitio.

replaceable [rɪ'pleɪsəbl] adj reemplazable, sustituible.

replacement [rɪ'pleɪsmənt] ◇ n - 1. [act of substituting] sustitución f. - 2. [act of putting back] reposición f. - 3. [something new]: ~ **(for)** sustituto m, -ta f (para). - 4. [somebody new]: ~ **(for)** sustituto m, -ta f OR suplente mf (de). ◇ comp: ~ **part** pieza f de recambio OR de repuesto; ~ **teacher** profesor m, -ra f suplente, sustituto m, -ta f.

replant [,riː'plɑːnt] n replantar.

replay [n 'riːpleɪ, vb ,riː'pleɪ] ◇ n - 1. SPORT repetición f (de un partido). - 2. TV repetición f. ◇ vt - 1. [match, game] volver a jugar. - 2. [film, tape] volver a poner.

replenish [rɪ'plenɪʃ] vt fml - 1. [cellar, stocks]: to ~ **sthg (with)** reaprovisionar OR reponer algo (de). - 2. [glass] rellenar.

replenishment [rɪ'plenɪʃmənt] n reabastecimiento m.

replete [rɪ'pliːt] adj fml repleto(ta).

repletion [rɪ'pliːʃn] n fml saciedad f.

replica ['replɪkə] n réplica f.

replicate ['replɪkeɪt] vt fml reproducir exactamente.

replication [,replɪ'keɪʃn] n fml - 1. [process] reproducción f exacta. - 2. [copy] réplica f.

reply [rɪ'plaɪ] (pl **replies**, pt & pp **replied**) ◇ n: ~ **(to)** respuesta f (a); **in ~ (to)** en respuesta (a). ◇ vt responder, contestar. ◇ vi: to ~ **(to sb/sthg)** responder (a alguien/algo).

reply coupon n cupón m de respuesta.

reply-paid adj con porte pagado.

report [rɪ'pɔːt] ◇ n - 1. [gen] informe m, reporte m Amér. - 2. PRESS & TV reportaje m. - 3. Br SCH boletín m de evaluación OR de notas. - 4. [rumour, allegation] rumor m; **according to ~s** según los rumores. - 5. JUR recopilación f de decisiones. - 6. fml [repute] fama f, reputación f. - 7. [of explosion, shot] detonación f, estampido m. ◇ vt - 1. [say, make known]: to ~ **that** informar que, reportar que Amér; to ~ **sthg (to)** informar de algo (a); **it is ~ed that...** se dice que... - 2. [complain about]: to ~ **sb (to sb for sthg)** denunciar a alguien (a alguien por algo), reportar a alguien (a alguien por algo) Amér; **she ~ed him to the police** lo denunció a la policía. - 3. [give account of] presentar un informe sobre. ◇ vi - 1. [give account]: to ~ **on** [gen & PRESS] informar sobre; ADMIN presentar un informe sobre; **he ~s for the 'Times'** es reportero del 'Times'. - 2. [present oneself]: to ~ **to sb/for sthg** presentarse a alguien/para algo, reportarse a alguien/para algo Amér.

◆ **report back** vi: to ~ **back (to sb)** presentar un informe (a alguien).

reportage [,repɔː'tɑːʒ] n (U) reportaje m.

report card n boletín m de evaluación OR de notas.

reported [rɪ'pɔːtɪd] adj: **there have been ~ sightings of dolphins off the coast** varios testigos afirman haber visto delfines cerca de la costa.

reportedly [rɪ'pɔːtɪdlɪ] adv según se afirma.

reported speech n estilo m indirecto.

reporter [rɪ'pɔːtəʳ] n - 1. PRESS, RADIO & TV reportero m, -ra f. - 2. JUR relator m, -ra f.

repose [rɪ'pəʊz] n literary reposo m.

repository [rɪ'pɒzɪtrɪ] (pl **repositories**) n - 1. [store] depósito m, almacén m. - 2. [person] depositario m, -ria f.

repossess [,riːpə'zes] vt requisar la posesión de, embargar por impago.

repossession [,riːpə'zeʃn] n lanzamiento m, embargo m por impago.

repossession order n orden f de requisición, orden f de embargo por impago.

reprehensible [,reprɪ'hensəbl] adj fml reprensible.

reprehensibly [,reprɪ'hensəblɪ] adv de un modo reprensible.

represent [,reprɪ'zent] vt - 1. [gen] representar; [person, country] representar a; **to be well OR strongly ~ed** estar bien representado(da). - 2. [describe]: to ~ **sthg/sb as** describir algo/a alguien como.

representation [,reprɪzen'teɪʃn] n representación f.

◆ **representations** npl fml: **to make ~s to** presentar una queja a.

representational [,reprɪzen'teɪʃənl] adj [gen] representativo(va); ART figurativo(va).

representative [,reprɪ'zentətɪv] ◇ adj: ~ **(of)** representativo(va) (de). ◇ n representante mf.

repress [rɪ'pres] *vt* reprimir.

repressed [rɪ'prest] *adj* reprimido(da).

repression [rɪ'preʃn] *n* represión *f*.

repressive [rɪ'presɪv] *adj* represivo(va).

repressiveness [rɪ'presɪvnɪs] *n* represión *f*, lo represivo.

repressor [rɪ'presəʳ] *n* represor *m*, -ra *f*.

reprieve [rɪ'priːv] ◇ *n* - **1.** [delay] tregua *f*, respiro *m* (temporal). - **2.** [of death sentence] indulto *m*. ◇ *vt* - **1.** [prisoner] indultar. - **2.** *fig* [give respite to] dar una tregua a.

reprimand ['reprɪmɑːnd] ◇ *n* reprensión *f*. ◇ *vt* reprender.

reprint [*vb* ,riː'prɪnt, *n* 'riːprɪnt] ◇ *n* reimpresión *f*. ◇ *vt* reimprimir.

reprisal [rɪ'praɪzl] *n* represalia *f*.

reprise [rɪ'priːz] *n* MUS repetición *f*.

reproach [rɪ'prəʊtʃ] ◇ *n* reproche *m*; **to be above** OR **beyond** ~ ser intachable. ◇ *vt*: **to** ~ **sb (for** OR **with sthg)** reprochar a alguien (algo).

reproachful [rɪ'prəʊtʃful] *adj* de reproche.

reproachfully [rɪ'prəʊtʃfʊlɪ] *adv* con reproche, de manera reprobatoria; **to look at sb** ~ mirar a alguien con reproche.

reprobate ['reprəbeɪt] *hum* ◇ *n* libertino *m*, -na *f*. ◇ *adj* libertino(na).

reprocess [,riː'prəʊses] *vt* volver a tratar.

reprocessing [,riː'prəʊsesɪŋ] *n* regeneración *f*, reutilización *f*; **nuclear** ~ regeneración de residuos nucleares.

reproduce [,riːprə'djuːs] ◇ *vt* reproducir. ◇ *vi* BIOL reproducirse.

reproduction [,riːprə'dʌkʃn] ◇ *n* reproducción *f*. ◇ *comp*: ~ **furniture** muebles *mpl* antiguos de imitación.

reproductive [,riːprə'dʌktɪv] *adj* reproductor(ra).

reprogram [,riː'prəʊgræm] (*pt & pp* **reprogramed** OR **reprogrammed**, *cont* **reprograming** OR **reprogramming**) *vt* volver a programar.

REPROM [,riː'prɒm] (*abbr of* **reprogrammable read only memory**) *n* COMPUT REPROM *f*.

reproof [rɪ'pruːf] *n* - **1.** [words of blame] reprobación *f*. - **2.** [disapproval] reproche *m*.

reproval [rɪ'pruːvl] *n* reprobación *f*.

reprove [rɪ'pruːv] *vt*: **to** ~ **sb (for)** reprobar a alguien (por).

reproving [rɪ'pruːvɪŋ] *adj* de reprobación, reprobatorio(ria).

reptile ['reptaɪl] *n* reptil *m*.

reptile house *n* terrario *m*, terrarium *m*.

reptilian [rep'tɪlɪən] ◇ *adj* reptil. ◇ *n* reptil *m*.

Repub. *Am written abbr of* **Republican**.

republic [rɪ'pʌblɪk] *n* república *f*.

republican [rɪ'pʌblɪkən] ◇ *adj* republicano(na). ◇ *n* republicano *m*, -na *f*.

◆ **Republican** ◇ *adj* - **1.** [in US] republicano(na); **the Republican Party** el Partido Republicano. - **2.** [in Northern Ireland] independentista. ◇ *n* - **1.** [in US] republicano *m*, -na *f*. - **2.** [in Northern Ireland] independentista *mf*.

republicanism [rɪ'pʌblɪkənɪzm] *n* republicanismo *m*.

republication ['riː,pʌblɪ'keɪʃn] *n* [of book] reedición *f*.

Republic of Ireland *n*: **the** ~ la República de Irlanda.

repudiate [rɪ'pjuːdɪeɪt] *vt fml* repudiar.

repudiation [rɪ,pjuːdɪ'eɪʃn] *n fml* repulsa *f*.

repugnance [rɪ'pʌgnəns] *n fml* repugnancia *f*.

repugnant [rɪ'pʌgnənt] *adj fml*: **to be** ~ **(to sb)** repugnar (a alguien).

repulse [rɪ'pʌls] ◇ *vt* rechazar. ◇ *n* MIL repulsión *f*; [rejection] rechazo *m*.

repulsion [rɪ'pʌlʃn] *n* repulsión *f*.

repulsive [rɪ'pʌlsɪv] *adj* repulsivo(va).

repulsively [rɪ'pʌlsɪvlɪ] *adv* de un modo repugnante; ~ **ugly** de una fealdad repugnante.

reputable ['repjʊtəbl] *adj* de buena fama OR reputación.

reputation [,repjʊ'teɪʃn] *n* reputación *f*; **to have a** ~ **for sthg/for being sthg** tener fama de algo/de ser algo.

repute [rɪ'pjuːt] *n fml*: **of good/ill** ~ de buena/mala fama; **of** ~ de reputación.

reputed [rɪ'pjuːtɪd] *adj* reputado(da); **to be** ~ **to be/do sthg** tener fama de ser/hacer algo.

reputedly [rɪ'pjuːtɪdlɪ] *adv* según se dice.

reqd *written abbr of* **required**.

request [rɪ'kwest] ◇ *n*: ~ **(for)** petición *f* (de); **on** ~ a petición del interesado; **at sb's** ~ a petición de alguien; **by popular** ~ a petición popular. ◇ *vt* solicitar, pedir; **to** ~ **sb to do sthg** rogar a alguien que haga algo.

request programme *n* programa *m* de peticiones del oyente.

request stop *n Br* parada *f* discrecional.

requiem (mass) ['rekwɪəm-] *n* (misa *f* de) réquiem *m*.

require [rɪ'kwaɪəʳ] *vt* necesitar, requerir; **to** ~ **sb to do sthg** exigir a alguien que haga algo.

required [rɪ'kwaɪəd] *adj* necesario(ria).

requirement [rɪ'kwaɪəmənt] *n* - **1.** [condition, prerequisite] requisito *m*. - **2.** [necessity] necesidad *f*.

USAGE ▶ Requests

Making requests

¿Podría usted ayudarme?
¿Puedes/quieres echarme una mano?
Haz el favor de cerrar la puerta.
¿Sería mucho pedir OR demasiado pedir que bajaras a comprarme una cajetilla?
¿No te importa pasar primero por casa y recogerme?
¿Me da fuego?
No vayas a olvidarte de regar las plantas.
¿Sería usted tan amable de acercarme ese vaso? [*formal*]
¿Tienes un par de zapatillas viejas por ahí para dejarme?
Me gustaría que leyeras esto, a ver qué te parece.

▶ *written style:*

'Se ruega a los Sres. Clientes que...'
En relación con su oferta, les ruego se sirvan remitirnos los artículos de la nota de pedido incluida más abajo.
Antes de rellenar este formulario, léanse con atención las instrucciones al dorso.

Replying to requests

Sí, con mucho gusto/No puedo, lo siento.
Sí, por supuesto/Ahora no puedo, lo siento.
De acuerdo/¿Por qué no la cierras tú?
Ahora mismo/No tengas cara. Ve tú. [*informal*]

Claro que no/No me viene bien.
Claro. Cómo no/Lo siento, no fumo.
Descuida. Lo haré/No sé si voy a poder.
¡Cómo no! ¡No faltaba más!

Puede que sí. Ahora las busco/Creo que no, lo siento.

¿A ver? Dámelo/Mira, ahora no tengo tiempo.

requisite ['rekwɪzɪt] *adj fml* que se requiere, preciso(sa).
requisition [,rekwɪ'zɪʃn] ◇ *vt* requisar. ◇ *n* MIL. requisa *f*, requisición *f*.
requital [rɪ'kwaɪtl] *n literary* compensación *f*.
requite [rɪ'kwaɪt] *vt fml* [pay back, return] corresponder a.
reran [,riː'ræn] *pt* → **rerun**.
reread [,riː'riːd] (*pt & pp* **reread** ['-red]) *vt* releer.
rerecord [,riːrɪ'kɔːd] *vt* volver a grabar.
rerelease [,riːrɪ'liːs] ◇ *vt* [film] reponer, reestrenar; [record] reeditar. ◇ *n* [film] reposición *f*, reestreno *m*; [record] reedición *f*.
reroof [,riː'ruːf] *vt* volver a techar, poner un nuevo techo a.
reroute [,riː'ruːt] *vt* desviar.
rerun [*n* 'riːrʌn, *vb* ,riː'rʌn] (*pt* **reran** ['-ræn], *pp* **rerun**, *cont* **rerunning**) ◇ *n* - **1.** [film] reestreno *m*, reposición *f*; [programme] reposición *f*. - **2.** [repeated situation] repetición *f*. ◇ *vt* - **1.** [race] volver a correr. - **2.** [film] reestrenar, reponer; [programme] reponer. - **3.** [tape] volver a poner.
resale ['riːseɪl] *n* reventa *f*.
resale price maintenance *n Br* FIN mantenimiento *m* del precio de reventa.
resat [,riː'sæt] *pt & pp* → **resit**.
reschedule [*Br* ,riː'ʃedjuːl, *Am* ,riː'skedʒul] *vt* FIN reprogramar.
rescind [rɪ'sɪnd] *vt* JUR [contract] rescindir; [law] revocar; [judgment, agreement] anular.
rescission [rɪ'sɪʒn] *n* rescisión *f*.
rescue ['reskjuː] ◇ *n* rescate *m*; **to go** OR **come to sb's** ~ ir OR acudir al rescate de alguien. ◇ *vt*: **to** ~ **sb/sthg (from)** rescatar a alguien/algo (de).
rescue operation *n* operación *f* de rescate OR de salvamento.
rescuer ['reskjuə'] *n* rescatador *m*, -ra *f*.
rescue team *n* equipo *m* de salvamento OR de rescate.
rescue worker *n* miembro *mf* de un equipo de rescate.
reseal [,riː'siːl] *vt* volver a cerrar.
resealable [,riː'siːləbl] *adj* que se puede volver a cerrar.
research [rɪ'sɜːtʃ] ◇ *n* (U): ~ **(on** OR **into)** investigación *f* (de OR sobre); ~ **and development** investigación y desarrollo. ◇ *vt* investigar, hacer una investigación sobre. ◇ *vi*: **to** ~ **(into)** hacer una investigación (sobre).
researcher [rɪ'sɜːtʃə'] *n* investigador *m*, -ra *f*.
research student *n estudiante de posgrado que se dedica a la investigación.*
research work *n (U)* investigaciones *fpl*, trabajos *mpl* de investigación.
research worker *n* investigador *m*, -ra *f*.
reseat [,riː'siːt] *vt* - **1.** [person - sit again] hacer que se vuelva a sentar; [- change place] cambiar de sitio; **to** ~ **o.s.** [sit down] volver a sentarse; [change place] cambiarse de sitio. - **2.** [chair] poner un asiento nuevo a; [trousers] poner unos fondillos nuevos a. - **3.** MECH [valve] rectificar.
resell [,riː'sel] (*pt & pp* **resold** ['-səʊld]) *vt* volver a vender, revender.
resemblance [rɪ'zembləns] *n* parecido *m*, semejanza *f*; **to bear a strong** ~ **to** tener un gran parecido con.
resemble [rɪ'zembl] *vt* parecerse a, asemejarse a.
resent [rɪ'zent] *vt* resentirse de, tomarse a mal.
resentful [rɪ'zentful] *adj* resentido(da).
resentfully [rɪ'zentfuli] *adv* con resentimiento.
resentment [rɪ'zentmənt] *n* resentimiento *m*.
reservation [,rezə'veɪʃn] *n* - **1.** [booking] reserva *f*. - **2.** [uncertainty]: **without** ~ sin reserva. - **3.** *Am* [for Native Americans] reserva *f*.
◆ **reservations** *npl* [doubts] reservas *fpl*; **to have** ~ **about sthg** tener (uno) sus reservas acerca de algo.
reserve [rɪ'zɜːv] ◇ *n* - **1.** [gen] reserva *f*; **in** ~ en reserva. - **2.** SPORT reserva *mf*, suplente *mf*. - **3.** MIL reserva *f*. ◇ *comp* - **1.** FIN [funds, currency, bank] de reserva. - **2.** SPORT [team,

goalkeeper] reserva. ◇ *vt* - **1.** [save, book] reservar. - **2.** [retain]: **to** ~ **the right to do sthg** reservarse el derecho a hacer algo; **to** ~ **(one's) judgment about sthg** reservarse la opinión acerca de algo.
reserve bank *n* banco de reserva federal estadounidense.
reserve currency *n* (U) divisas *fpl* de reserva.
reserved [rɪ'zɜːvd] *adj* reservado(da).
reservedly [rɪ'zɜːvɪdlɪ] *adv* con reserva, de un modo reservado.
reserve price *n Br* precio *m* mínimo.
reserve team *n Br* equipo *m* de reserva OR suplente.
reservist [rɪ'zɜːvɪst] *n* reservista *mf*.
reservoir ['rezəvwɑː'] *n* - **1.** [lake] pantano *m*, embalse *m*. - **2.** [large supply] cantera *f*.
reset [,riː'set] (*pt & pp* **reset**, *cont* **resetting**) ◇ *vt* - **1.** [clock] poner en hora; [meter, controls, computer] reinicializar. - **2.** [bone] (volver a) encajar. - **3.** [jewel] volver a engastar. ◇ *vi* COMPUT reinicializar.
resettle [,riː'setl] ◇ *vt* reasentar, volver a establecer. ◇ *vi* reasentarse, volver a establecerse.
resettlement [,riː'setlmənt] *n* - **1.** [of land] repoblación *f*, nueva colonización *f*. - **2.** [of people] reasentamiento *m*.
reshape [,riː'ʃeɪp] *vt* [policy, thinking] reformar, rehacer.
reshuffle [,riː'ʃʌfl] ◇ *n* remodelación *f*; **cabinet** ~ remodelación del gabinete. ◇ *vt* remodelar.
reside [rɪ'zaɪd] *vi fml* - **1.** [live] residir. - **2.** [be found]: **to** ~ **in** residir en.
residence ['rezɪdəns] *n* - **1.** [house] residencia *f*. - **2.** [state of residing]: **to be in** ~ **(at)** residir (a); **to take up** ~ instalarse; **writer/artist in** ~ escritor o artista que reside en una universidad durante un periodo determinado.
residence permit *n* permiso *m* de residencia.
residency ['rezɪdənsɪ] (*pl* **residencies**) *n* - **1.** *fml* [home] residencia *f*. - **2.** *Am* MED ≃ residencia *f*.
resident ['rezɪdənt] ◇ *adj* - **1.** [settled, living] residente. - **2.** [on-site, live-in] que vive en su lugar de trabajo. ◇ *n* - **1.** [inhabitant] residente *mf*. - **2.** *Am* MED ≃ médico *mf* interno residente.
residential [,rezɪ'denʃl] *adj* - **1.** [live-in] en régimen de internado. - **2.** [district] residencial.
residential area *n* zona *f* residencial.
residential care *n* asistencia *f* OR atención *f* social en centros residenciales.
residents' association *n* ≃ asociación *f* de vecinos.
residua [rɪ'zɪdjuə] *pl* → **residuum**.
residual [rɪ'zɪdjuəl] *adj* residual.
residue ['rezɪdjuː] *n* residuo *m*.
residuum [rɪ'zɪdjuəm] (*pl* **residua** [-djuə]) *n fml* residuo *m*.
resign [rɪ'zaɪn] ◇ *vt* - **1.** [give up] dimitir de, renunciar a. - **2.** [reconcile]: **to** ~ **o.s. to sthg** resignarse a algo. ◇ *vi* [quit]: **to** ~ **(from)** dimitir (de).
resignation [,rezɪg'neɪʃn] *n* - **1.** [from job] dimisión *f*. - **2.** [calm acceptance] resignación *f*.
resigned [rɪ'zaɪnd] *adj*: ~ **(to)** resignado(da) (a).
resilience [rɪ'zɪlɪəns] *n* - **1.** [of person] capacidad *f* de recuperación. - **2.** [of rubber] elasticidad *f*.
resilient [rɪ'zɪlɪənt] *adj* - **1.** [person] resistente, fuerte. - **2.** [rubber] elástico(ca).
resin ['rezɪn] *n* resina *f*.
resinous ['rezɪnəs] *adj* resinoso(sa).
resist [rɪ'zɪst] ◇ *vt* - **1.** [change] resistir, oponerse a. - **2.** [enemy] resistir a. - **3.** [temptation] resistir; **I couldn't** ~ **asking him about his wife** no pude resistirme y le pregunté por su esposa. ◇ *vi* resistir.
resistance [rɪ'zɪstəns] *n*: ~ **(to)** resistencia *f* (a).
resistant [rɪ'zɪstənt] *adj* - **1.** [opposed]: ~ **to sthg** que se resiste a algo. - **2.** [immune]: ~ **(to sthg)** resistente (a algo).
-resistant [rɪ'zɪstənt] *in cpds*: **heat**~ refractario(ria), calorífugo(ga); **water**~ resistente al agua, impermeable; **flame**~ ignífugo(ga).

resistible [rɪˈzɪstəbl] *adj* resistible.

resistor [rɪˈzɪstəʳ] *n* ELEC reóstato *m*.

resit [*vb*ˌriːˈsɪt, *n* ˈriːsɪt] (*pt & pp* **resat** [-ˈsæt], *cont* **resitting**) ◇ *n Br* (examen *m* de) repesca *f*. ◇ *vt* volver a presentarse a.

resold [ˌriːˈsəʊld] *pt & pp* → **resell**.

resole [ˌriːˈsəʊl] *vt* poner una suela nueva a.

resolute [ˈrezəluːt] *adj* - **1**. [determined] resuelto(ta), determinado(da). - **2**. [steadfast] firme.

resolutely [ˈrezəluːtlɪ] *adv* con resolución, resueltamente.

resolution [ˌrezəˈluːʃn] *n* - **1**. [gen] resolución *f*. - **2**. [vow, promise] propósito *m*.

resolvable [rɪˈzɒlvəbl] *adj* resoluble, soluble.

resolve [rɪˈzɒlv] ◇ *n* (U) resolución *f*. ◇ *vt* - **1**. [vow, promise]: **to ~ that** resolver que; **to ~ to do sthg** resolver hacer algo. - **2**. [solve] resolver.

resolved [rɪˈzɒlvd] *adj* resuelto(ta).

resolvent [rɪˈzɒlvənt] ◇ *adj* - **1**. CHEM solvente, disolvente. - **2**. MED resolutivo(va). ◇ *n* MED resolutivo *m*.

resonance [ˈrezənəns] *n* resonancia *f*.

resonant [ˈrezənənt] *adj* resonante.

resonate [ˈrezəneɪt] *vi* resonar.

resonator [ˈrezəneɪtəʳ] *n* resonador *m*.

resorption [rɪˈsɔːpʃn] *n* resorción *f*.

resort [rɪˈzɔːt] *n* - **1**. [for holidays] lugar *m* de vacaciones. - **2**. [solution]: **as a** OR **in the last ~** como último recurso.
◆ **resort to** *vt fus* recurrir a.

resound [rɪˈzaʊnd] *vi* - **1**. [noise] resonar, retumbar. - **2**. [place]: **the room ~ed with laughter** la risa resonaba por la habitación.

resounding [rɪˈzaʊndɪŋ] *adj* - **1**. [loud - noise, knock] retumbante; [- crash] estruendoso(sa). - **2**. [very great] clamoroso(sa), resonante.

resoundingly [rɪˈzaʊndɪŋlɪ] *adv* - **1**. [loudly] estruendosamente. - **2**. [unequivocally - win] rotundamente, clamorosamente; [- criticize, condemn] con severidad.

resource [rɪˈsɔːs] *n* recurso *m*.

resource centre *n* SCH & UNIV centro *m* de recursos.

resourceful [rɪˈsɔːsfʊl] *adj* de recursos.

resourcefully [rɪˈsɔːsfʊlɪ] *adv* con ingenio, de un modo ingenioso.

resourcefulness [rɪˈsɔːsfʊlnɪs] *n* (U) recursos *mpl*, inventiva *f*.

respect [rɪˈspekt] ◇ *n* - **1**. [gen]: **~ (for)** respeto *m* (por); **with ~** con respeto; **to command ~** hacerse respetar. - **2**. [aspect] aspecto *m*; **in this ~** a este respecto; **in that ~** en cuanto a esto; **in other ~s** por lo demás, por otra parte. ◇ *vt* [admire] respetar; **to ~ sb for sthg** respetar a alguien por algo.
◆ **respects** *npl*: **to pay one's ~s (to)** presentar uno sus respetos (a); **to pay one's last ~s (to)** rendir el último homenaje (a).
◆ **with respect to** *prep* con respecto a.

respectability [rɪˌspektəˈbɪlətɪ] *n* respetabilidad *f*.

respectable [rɪˈspektəbl] *adj* - **1**. [socially proper, worthy] respetable. - **2**. *inf* [fair - result, performance] bastante bueno (bastante buena); [- amount, wage] respetable; **I play a ~ game of golf** juego al golf bastante bien, el golf no se me da nada mal.

respectably [rɪˈspektəblɪ] *adv* [correctly] de manera respetable.

respected [rɪˈspektɪd] *adj* respetado(da).

respecter [rɪˈspektəʳ] *n*: **she is no ~ of tradition** no es de las que respetan la tradición; **disease is no ~ of class** la enfermedad no sabe de clases sociales.

respectful [rɪˈspektfʊl] *adj* respetuoso(sa).

respectfully [rɪˈspektfʊlɪ] *adv* respetuosamente.

respecting [rɪˈspektɪŋ] *prep fml* respecto a, en cuanto a.

respective [rɪˈspektɪv] *adj* respectivo(va).

respectively [rɪˈspektɪvlɪ] *adv* respectivamente.

respiration [ˌrespəˈreɪʃn] *n* respiración *f*.

respirator [ˈrespəreɪtəʳ] *n* - **1**. [mask] careta *f* antigás. - **2**. [machine] respirador *m*.

respiratory [*Br* rɪˈspɪrətrɪ, *Am* ˈrespərətɔːrɪ] *adj* respiratorio(ria).

respiratory system *n* sistema *m* respiratorio.

respire [rɪˈspaɪəʳ] *vi* respirar.

respite [ˈrespaɪt] *n* - **1**. [lull] respiro *m*. - **2**. [delay] aplazamiento *m*.

respite care *n* (U) ingreso temporal de enfermos o disminuidos físicos en un centro médico para relevar a sus familiares.

resplendent [rɪˈsplendənt] *adj* resplandeciente.

resplendently [rɪˈsplendəntlɪ] *adv* [dress, decorate] de un modo fastuoso; [shine] de un modo resplandeciente.

respond [rɪˈspɒnd] ◇ *vt* responder. ◇ *vi*: **to ~ (to)** responder (a); **to ~ by doing sthg** responder haciendo algo.

respondent [rɪˈspɒndənt] *n* - **1**. JUR demandado *m*, -da *f*. - **2**. [in opinion poll] encuestado *m*, -da *f*; **10% of the ~s** el 10% de los encuestados.

response [rɪˈspɒns] *n* - **1**. [reply] respuesta *f*; **in ~** en respuesta. - **2**. [reaction] respuesta *f*; [to appeal, proposal] respuesta *f*, acogida *f*. - **3**. MED reacción *f*. - **4**. RELIG contestación *f*.

responsibility [rɪˌspɒnsəˈbɪlətɪ] (*pl* **responsibilities**) *n*: **~ (for)** responsabilidad *f* (de); **that's not my ~** eso no es asunto mío; **to have a ~ to sb** ser responsable ante alguien; **to assume** OR **take ~ for** asumir la responsabilidad de; **on one's own ~** bajo su propia responsabilidad.

responsible [rɪˈspɒnsəbl] *adj* - **1**. [gen] responsable; **~ (for)** responsable (de). - **2**. [answerable]: **~ to sb** responsable ante alguien. - **3**. [job, position] de responsabilidad.

responsibly [rɪˈspɒnsəblɪ] *adv* de manera responsable.

responsive [rɪˈspɒnsɪv] *adj* - **1**. [quick to react] que responde muy bien. - **2**. [aware]: **~ (to)** sensible OR perceptivo(va) (a).

responsively [rɪˈspɒnsɪvlɪ] *adv* con sensibilidad.

responsiveness [rɪˈspɒnsɪvnɪs] *n* - **1**. [of person] sensibilidad *f*. - **2**. [of brakes, controls] capacidad *f* de respuesta.

respray [*vb* ˌriːˈspreɪ, *n* ˈriːspreɪ] ◇ *n*: **to give sthg a ~** volver a pintar algo (con pistola). ◇ *vt* volver a pintar (con pistola).

rest [rest] ◇ *n* - **1**. [remainder]: **the ~ (of)** el resto (de); **he went in while the ~ of us waited outside** él entró y los demás nos quedamos fuera ❑ **and all the ~ of it** y todo eso, y todo esto. - **2**. [relaxation, break] descanso *m*; **at ~** [relaxed] relajado(da); [not moving] en reposo; *euph* [dead] descansando en paz; **to have a ~** descansar ❑ **and recuperation** *Am* MIL permiso *m*; *hum* [holiday] vacaciones *fpl*. - **3**. [support - for feet] descanso *m*; [- for head] respaldo *m*; [- for snooker cue] *utensilio para reposar el taco de billar en los tiros largos*. - **4**. MUS pausa *f*, silencio *m*. - **5**. [in poetry] cesura *f*. - **6**. *phr*: **to come to ~** pararse; **give it a ~!** *inf* ¡déjalo ya!, ¡vale ya!; **to lay sb to ~** *euph* [bury] enterrar los restos mortales de alguien; **to lay** OR **put sthg to ~** [idea, rumour] acabar con algo. ◇ *vt* - **1**. [relax] descansar. - **2**. [support] apoyar, descansar. ◇ *vi* - **1**. [relax, be still] descansar; **to let sthg ~** *fig* olvidarse de algo, dejar algo en paz. - **2**. [depend]: **to ~ on** OR **upon** depender de. - **3**. [duty, responsibility]: **to ~ with sb** pesar sobre alguien. - **4**. [be supported] apoyarse, descansar. - **5**. *literary* [eyes]: **to ~ on** pararse OR clavarse en. - **6**. *phr*: **~ assured that...** tenga la seguridad de que...

rest area *n Am & Austr* área *f* de descanso (en la autopista).

restart [*vb* ˌriːˈstɑːt, *n* ˈriːstɑːt] ◇ *n* nuevo comienzo *m*. ◇ *vt* [vehicle] (volver a) poner en marcha. ◇ *vi* - **1**. [play, film] empezar de nuevo. - **2**. [vehicle] (volver a) arrancar.

restate [ˌriːˈsteɪt] *vt* - **1**. [repeat] volver a exponer. - **2**. [reaffirm] reafirmar. - **3**. [formulate differently] reformular, replantear.

restatement [ˌriːˈsteɪtmənt] *n* - **1**. [repetition] repetición *f*. - **2**. [reaffirmation] reafirmación *f*. - **3**. [different formulation] reformulación *f*, replanteamiento *m*.

restaurant ['restərɒnt] *n* restaurante *m*.

restaurant car *n Br* coche *m* OR vagón *m* restaurante.

restaurateur [,restɒrə'tɜːʳ] *n* restaurador *m*, -ra *f*.

rest cure *n* cura *f* de reposo.

rested ['restɪd] *adj* descansado(da).

restful ['restfʊl] *adj* tranquilo(la), apacible.

rest home *n* [for the elderly] asilo *m* de ancianos; [for the sick] casa *f* de reposo.

resting ['restɪŋ] *adj* BOT latente.

resting place *n* última morada *f*.

restitute ['restɪtjuːt] *vt* restituir.

restitution [,restɪ'tjuːʃn] *n fml* restitución *f*.

restive ['restɪv] *adj* intranquilo(la), inquieto(ta).

restless ['restlɪs] *adj* - **1.** [bored, dissatisfied] impaciente, desasosegado(da). - **2.** [fidgety] inquieto(ta), agitado(da). - **3.** [sleepless] en blanco, agitado(da).

restlessly ['restlɪslɪ] *adv* [nervously, impatiently] con impaciencia, con desasosiego.

restlessness ['restlɪsnɪs] *n* - **1.** [fidgeting, nervousness] inquietud *f*, agitación *f*. - **2.** [impatience] impaciencia *f*.

restock [,riː'stɒk] ◇ *vt* [shop, cupboard] reabastecer, reaprovisionar; [lake, river] repoblar. ◇ *vi* reponer las existencias.

restoration [,restə'reɪʃn] *n* restauración *f*.

restorative [rɪ'stɒrətɪv] *adj fml* reconstituyente.

restore [rɪ'stɔːʳ] *vt* - **1.** [reestablish] restablecer; **to ~ sb to sthg** restaurar a alguien en algo; **to ~ sthg to sthg** volver a poner algo en algo. - **2.** [renovate] restaurar. - **3.** [give back] devolver.

restorer [rɪ'stɔːrəʳ] *n* - **1.** [person] restaurador *m*, -ra *f*. - **2.** [substance]: **hair ~** crecepelo *m*.

restrain [rɪ'streɪn] *vt* controlar; **to ~ o.s. from doing sthg** contenerse para no hacer algo.

restrained [rɪ'streɪnd] *adj* comedido(da).

restraint [rɪ'streɪnt] *n* - **1.** [rule, check] restricción *f*, limitación *f*. - **2.** (U) [control] control *m*.

restrict [rɪ'strɪkt] *vt* [limit] restringir, limitar; **to ~ sthg/sb to** restringir algo/a alguien a; **to ~ o.s. to sthg** limitarse a algo.

restricted [rɪ'strɪktɪd] *adj* - **1.** [limited, small] restringido(da), limitado(da); **~ area** zona *f* de velocidad limitada. - **2.** [classified, not public] secreto(ta).

restriction [rɪ'strɪkʃn] *n* restricción *f*; **~s on** restricciones en OR de.

restrictive [rɪ'strɪktɪv] *adj* restrictivo(va).

restrictive practices *npl* prácticas *fpl* restrictivas.

restring [,riː'strɪŋ] (*pt & pp* **restrung** [-'strʌŋ]) *vt* [bow] cambiar la cuerda de; [musical instrument, tennis racket] cambiar las cuerdas de, volver a encordar; [beads] volver a ensartar OR enhebrar.

rest room *n Am* servicios *mpl*, aseos *mpl*.

restructure [,riː'strʌktʃəʳ] *vt* reestructurar.

restrung [,riː'strʌŋ] *pt & pp* → **restring**.

rest stop *n Am* área *f* de descanso (*en la autopista*).

restyle [,riː'staɪl] *vt* [car] cambiar el diseño de; [hair, clothes] cambiar el estilo de; [magazine] cambiar la presentación de.

result [rɪ'zʌlt] ◇ *n* resultado *m*; **as a ~** como resultado. ◇ *vi* - **1.** [cause]: **to ~ (in sthg)** tener como resultado (algo). - **2.** [be caused]: **to ~ (from)** resultar (de).

resultant [rɪ'zʌltənt] *adj fml* resultante.

resume [rɪ'zjuːm] ◇ *vt* - **1.** [start again] reanudar. - **2.** *fml* [return to] volver a. ◇ *vi* volver a empezar, continuar.

résumé ['rezjuːmeɪ] *n* - **1.** [summary] resumen *m*. - **2.** *Am* [of career, qualifications] currículum *m* (vitae), currículo *m*.

resumption [rɪ'zʌmpʃn] *n* reanudación *f*.

resurface [,riː'sɜːfɪs] ◇ *vt* pavimentar de nuevo. ◇ *vi* - **1.** [diver, miner] volver a salir a la superficie. - **2.** [violence, rivalries] resurgir.

resurge [rɪ'sɜːdʒ] *vi* resurgir.

resurgence [rɪ'sɜːdʒəns] *n* resurgimiento *m*.

resurgent [rɪ'sɜːdʒənt] *adj* renaciente.

resurrect [,rezə'rekt] *vt* resucitar.

resurrection [,rezə'rekʃn] *n* resurrección *f*.

◆ **Resurrection** *n*: **the Resurrection** la Resurrección.

resuscitate [rɪ'sʌsɪteɪt] *vt* resucitar, revivir.

resuscitation [rɪ,sʌsɪ'teɪʃn] *n* resucitación *f*.

resuscitative [rɪ'sʌsɪtətɪv] *adj* resucitador(ra).

resuscitator [rɪ'sʌsɪteɪtəʳ] *n* aparato *m* OR equipo *m* de reanimación.

retail ['riːteɪl] ◇ *adj* [shop] minorista; **~ goods** artículos *mpl* vendidos al por mayor. ◇ *adv* al por menor, al detalle. ◇ *n* venta *f* al por menor OR al detalle. ◇ *vt* [sell] vender al por menor. ◇ *vi* [goods] venderse al por menor OR al detalle; **they ~ at £10 each** se venden a 10 libras cada uno.

retail bank *n* banco *m* privado ordinario.

retailer ['riːteɪləʳ] *n* minorista *mf*, detallista *mf*.

retailing ['riːteɪlɪŋ] *n* venta *f* al por menor OR al detalle.

retail outlet *n* punto *m* de venta.

retail price *n* precio *m* de venta al público.

retail price index *n Br* índice *m* de precios al consumo.

retail trade *n* comercio *m* al por menor.

retain [rɪ'teɪn] *vt* - **1.** [gen] retener. - **2.** [lawyer] contratar.

retainable [rɪ'teɪnəbl] *adj* conservable.

retainer [rɪ'teɪnəʳ] *n* - **1.** [fee] anticipo *m*. - **2.** [servant] criado *m*, -da *f* (*con muchos años de servicio en una familia*).

retaining fee [rɪ'teɪnɪŋ-] *n* anticipo *m* (de honorario).

retaining wall [rɪ'teɪnɪŋ-] *n* muro *m* de contención.

retainment [rɪ'teɪnmənt] *n* retención *f*.

retake [*vb* ,riː'teɪk, *n* 'riːteɪk] ◇ *vt* - **1.** [town, fortress] volver a tomar, recuperar. - **2.** [exam] volver a presentarse a. - **3.** CINEMA volver a rodar. ◇ *n* [exam]: **to do a ~** volver a examinarse.

retaliate [rɪ'tælɪeɪt] *vi* desquitarse, tomar represalias.

retaliation [rɪ,tælɪ'eɪʃn] *n* (U) represalias *fpl*.

retaliatory [rɪ'tælɪətrɪ], **retaliative** [rɪ'tælɪətɪv] *adj* vengativo(va); **a ~ attack** un ataque como represalia.

retard [rɪ'tɑːd] *vt fml & SCIENCE* retardar, retrasar.

retardant [rɪ'tɑːdnt] *adj fml & SCIENCE* retardador(ra), retardatario(ria).

retardate [rɪ'tɑːdeɪt] *n* retrasado *m*, -da *f*, atrasado *m*, -da *f* mental.

retardation [,riːtɑː'deɪʃn] *n* - **1.** [gen] atraso *m*, retraso *m*. - **2.** MED retraso *m* mental.

retarded [rɪ'tɑːdɪd] *adj* retrasado(da).

retch [retʃ] *vi* tener náuseas.

retd *written abbr of* **retired**.

retell [,riː'tel] (*pt & pp* **retold** [-'təʊld]) *vt* volver a contar, contar de nuevo.

retelling [,riː'telɪŋ] *n* nueva narración *f*.

retention [rɪ'tenʃn] *n* retención *f*.

retentive [rɪ'tentɪv] *adj* retentivo(va).

rethink [*vb* ,riː'θɪŋk, *n* 'riː'θɪŋk] (*pt & pp* **rethought** [-'θɔːt]) ◇ *n*: **to have a ~** volver a pensar, reconsiderar. ◇ *vt & vi* volver a pensar, reconsiderar.

reticence ['retɪsəns] *n* reticencia *f*.

reticent ['retɪsənt] *adj* reticente, reservado(da).

reticula [rɪ'tɪkjʊlə] *pl* → **reticulum**.

reticular [rɪ'tɪkjʊə] *adj* reticular.

reticule ['retɪkjuːl] *n* ridículo *m*, bolso *m* pequeño.

reticulum [rɪ'tɪkjʊləm] (*pl* **reticula** [-lə]) *n* retículo *m*.

retina ['retɪnə] (*pl* **retinas** OR **retinae** [-niː]) *n* retina *f*.

retinitis [,retɪ'naɪtɪs] *n* retinitis *f inv*.

retinue ['retɪnjuː] *n* séquito *m*, comitiva *f*.

retire [rɪ'taɪəʳ] ◇ *vi* - **1.** [from work] jubilarse. - **2.** *fml* [to another place, to bed] retirarse. ◇ *vt* [employee] jubilar.

retired [rɪ'taɪəd] *adj* jubilado(da).

retiree [ˌrɪtaɪə'riː] *n Am* jubilado *m*, -da *f*.

retirement [rɪ'taɪəmənt] *n* jubilación *f*, retiro *m*.

retirement age *n* edad *f* de jubilación.

retirement pay *n* pensión *f* de jubilación.

retirement pension *n* pensión *f* de jubilación.

retirement plan *n Am* plan *m* de pensiones.

retiring [rɪ'taɪərɪŋ] *adj* - **1.** [shy] retraído(da), tímido(da). - **2.** [about to retire from work] que está a punto de jubilarse.

retold [ˌriː'təʊld] *pt & pp* → **retell**.

retool [ˌriː'tuːl] *vt* - **1.** IND reequipar, equipar de nuevo. - **2.** *Am inf* [reorganize] reorganizar.

retort [rɪ'tɔːt] ◇ *n* - **1.** [sharp reply] réplica *f*. - **2.** CHEM retorta *f*. ◇ *vt*: **to ~ (that)** replicar (que).

retouch [ˌriː'tʌtʃ] *vt* retocar.

retrace [rɪ'treɪs] *vt*: **to ~ one's steps** desandar lo andado.

retract [rɪ'trækt] ◇ *vt* - **1.** [withdraw, take back] retractarse de. - **2.** [claws] meter, retraer. ◇ *vi* [subj: claws] meterse, retraerse; [subj: wheels] replegarse.

retractable [rɪ'træktəbl] *adj* [pencil] retráctil; [wheels] replegable.

retractile [rɪ'træktaɪl] *adj* retráctil.

retraction [rɪ'trækʃn] *n* [of statement] retractación *f*.

retractor [rɪ'træktəʳ] *n* - **1.** ANAT músculo *m* retractor. - **2.** MED retractor *m*.

retrain [ˌriː'treɪn] ◇ *vt* reciclar. ◇ *vi* reciclarse.

retraining [ˌriː'treɪnɪŋ] *n* reciclaje *m*.

retread ['riːtred] *n* neumático *m* recauchutado.

retreat [rɪ'triːt] ◇ *n* - **1.** MIL: **~ (from)** retirada *f* (de) □ **to beat a (hasty) ~** *fig* marcharse a toda prisa. - **2.** [backing down]: **~ (from)** abandono *m* (de). - **3.** [peaceful place] refugio *m*. - **4.** RELIG retiro *m*. ◇ *vi* [move away]: **to ~ (from)** [gen] retirarse (de); [from a person] apartarse (de).

retrench [riː'trentʃ] *fml* ◇ *vt* [costs, expenses] reducir, disminuir. ◇ *vi* reducir gastos.

retrenchment [riː'trentʃmənt] *n fml* reducción *f* de gastos.

retrial [ˌriː'traɪəl] *n* nuevo juicio *m*.

retribution [ˌretrɪ'bjuːʃn] *n* castigo *m* merecido.

retributive [rɪ'trɪbjʊtɪv] *adj* [involving punishment] punitivo(va), de castigo; [avenging] vengador(ra).

retrievable [rɪ'triːvəbl] *adj* recuperable.

retrieval [rɪ'triːvl] *n* COMPUT recuperación *f*.

retrieve [rɪ'triːv] *vt* - **1.** [get back] recobrar. - **2.** COMPUT recuperar. - **3.** [situation] salvar.

retriever [rɪ'triːvəʳ] *n* perro *m* cobrador.

retro ['retrəʊ] *adj* retro.

retroactive [ˌretrəʊ'æktɪv] *adj fml* retroactivo(va).

retrocede [ˌretrəʊ'siːd] *vi* retroceder.

retroflexed ['retrəʊflekst] *adj* LING & ANAT retroflejo(ja).

retrograde ['retrəgreɪd] *adj fml* [gen] retrógrado(da); [step] hacia atrás.

retrogress ['retrəgres] *vi fml* - **1.** [degenerate] degenerar, deteriorarse. - **2.** [move backwards] retroceder.

retrogression [ˌretrə'greʃn] *n fml* regresión *f*, retroceso *m*.

retrogressive [ˌretrə'gresɪv] *adj fml* retrógrado(da).

retrorocket ['retrəʊˌrɒkɪt] *n* retrocohete *m*.

retrospect ['retrəspekt] *n*: **in ~** retrospectivamente, mirando hacia atrás.

retrospection [ˌretrə'spekʃn] *n fml* retrospección *f*.

retrospective [ˌretrə'spektɪv] ◇ *adj* - **1.** *fml* [gen] retrospectivo(va). - **2.** [law, pay rise] con efecto retroactivo. ◇ *n* exposición *f* retrospectiva.

retrospectively [ˌretrə'spektɪvlɪ] *adv* - **1.** *fml* [gen] retrospectivamente. - **2.** [introduce law, pay rise] de forma retroactiva.

retry [ˌriː'traɪ] (*pt & pp* **retried**) *vt* [case] revisar, rever; [person] volver a juzgar.

retune [ˌriː'tjuːn] ◇ *vt* - **1.** MUS volver a afinar. - **2.** RADIO ajustar. ◇ *vi* RADIO: **to ~ to medium wave** sintonizar con onda media.

return [rɪ'tɜːn] ◇ *n* - **1.** (U) [arrival back] vuelta *f*, regreso *m*; **~ to** vuelta a; **on my/her/our** *etc* **~** a mi/su/nuestra *etc* vuelta. - **2.** [in tennis] resto *m*. - **3.** *Br* [ticket] billete *m* de ida y vuelta. - **4.** [profit] ganancia *f*, rédito *m*. - **5.** [giving back] devolución *f*; **by ~ (of post)** *Br* a vuelta de correo. ◇ *comp* [journey] de vuelta, de regreso. ◇ *vt* - **1.** [book, visit, compliment] devolver. - **2.** [reciprocate] corresponder a. - **3.** [replace] volver a poner en su sitio. - **4.** JUR [verdict] pronunciar. - **5.** POL [candidate] elegir. - **6.** SPORT [ball, serve] devolver, restar. ◇ *vi*: **to ~ (from/to)** volver (de/a), regresar (de/a).

◆ **returns** *npl* - **1.** COMM rendimiento *m*, réditos *mpl*. - **2.** *phr*: **many happy ~s (of the day)!** ¡y que cumplas muchos más!

◆ **in return** *adv* en recompensa.

◆ **in return for** *prep* en recompensa por.

return (key) *n* COMPUT tecla *f* de retorno de carro.

returnable [rɪ'tɜːnəbl] *adj* retornable.

returnee [rɪˌtɜːˈniː] *n* retornado *m*, -da *f*.

returner [rɪ'tɜːnəʳ] *n* [person returning to work] persona *que* se reincorpora al trabajo tras un periodo de baja voluntaria.

returning officer [rɪ'tɜːnɪŋ-] *n Br* oficial encargado de organizar las elecciones al Parlamento en su distrito electoral y que anuncia oficialmente los resultados de éstas.

return match *n* partido *m* de vuelta.

return ticket *n Br* billete *m* de ida y vuelta.

reunification [ˌriːjuːnɪfɪ'keɪʃn] *n* reunificación *f*.

reunify [ˌriː'juːnɪfaɪ] (*pt & pp* **reunified**) *vt* reunificar.

reunion [ˌriː'juːnjən] *n* reunión *f*.

Reunion [ˌriː'juːnjən] *n*: **~ (Island)** (isla *f*) Reunión.

reunite [ˌriːjuː'naɪt] *vt* - **1.** [people]: **to be ~d with** volver a encontrarse OR verse con. - **2.** [factions, parts] reunir.

reupholster [ˌriːʌp'həʊlstəʳ] *vt* tapizar de nuevo.

reusable [ˌriː'juːzəbl] *adj* reutilizable.

reuse [*n* riː'juːs, *vt* ˌriː'juːz] ◇ *n* reutilización *f*. ◇ *vt* reutilizar.

rev [rev] (*pt & pp* **revved**, *cont* **revving**) *inf* ◇ *n* (*abbr of* **revolution**) revolución *f* (motriz). ◇ *vt*: **to ~ sthg (up)** acelerar algo. ◇ *vi*: **to ~ (up)** acelerar el motor.

Rev (*abbr of* **Reverend**) *n* R., Revdo.

revalidate [ˌriː'vælɪdeɪt] *vt* revalidar.

revaluate [ˌriː'væljʊeɪt] *vt* revaluar.

revaluation [ˌriːvæljuː'eɪʃn] *n* - **1.** [of currency] revalorización *f*. - **2.** [of property] revaluación *f*.

revalue [ˌriː'væljuː] *vt* - **1.** [currency] revalorizar. - **2.** [property] revaluar.

revamp [ˌriː'væmp] *vt inf* renovar.

revanchist [rɪ'væntʃɪst] ◇ *adj* revanchista. ◇ *n* revanchista *mf*.

rev counter *n* contador *m* de revoluciones.

Revd (*abbr of* **Reverend**) *n* = **Rev**.

reveal [rɪ'viːl] *vt* revelar.

revealing [rɪ'viːlɪŋ] *adj* - **1.** [significant] revelador(ra). - **2.** *inf* [dress, costume] atrevido(da); [neckline] escotado(da).

revealingly [rɪ'viːlɪŋlɪ] *adv* - **1.** [significantly]: **~, not one of them speaks a foreign language** el hecho de que ninguno de ellos hable un idioma extranjero es bastante revelador. - **2.** [exposing the body]: **a ~ short dress** un vestido corto que lo enseña todo.

reveille [*Br* rɪ'vælɪ, *Am* 'revəlɪ] *n* (toque *m* de) diana *f*.

revel ['revl] (*Br pt & pp* **revelled**, *cont* **revelling**, *Am pt & pp* **reveled**, *cont* **reveling**) *vi*: **to ~ in** deleitarse en.

◆ **revels** *npl* fiestas *fpl*, festejos *mpl*.

revelation [ˌrevə'leɪʃn] *n* revelación *f*.

reveller *Br*, **reveler** *Am* ['revələʳ] *n* juerguista *mf*.

revelry ['revəlrɪ] *n* (U) juerga *f*.

revenge [rɪ'vendʒ] ◇ *n* venganza *f*; **to take ~ (on sb)** vengarse (de OR en alguien). ◇ *comp* por venganza. ◇ *vt* vengar; **to ~ o.s. on sb/sthg** vengarse uno de OR en alguien/en algo.

revengeful [rɪ'vendʒful] *adj* vengativo(va).

revenger [rɪ'vendʒəʳ] *n* vengador *m*, -ra *f*.

revenue ['revənjuː] *n* ingresos *mpl*.

reverberate [rɪ'vɜːbəreɪt] *vi* - **1.** [reecho] resonar, retumbar. - **2.** [have repercussions] repercutir.

reverberations [rɪ,vɜːbə'reɪʃnz] *npl* - **1.** [echoes] reverberación *f.* - **2.** [repercussions] repercusiones *fpl*.

revere [rɪ'vɪəʳ] *vt fml* venerar, reverenciar.

reverence ['revərəns] *n fml* reverencia *f*.

Reverend ['revərənd] *n* reverendo *m*.

Reverend Mother *n* reverenda madre *f*.

reverent ['revərənt] *adj* reverente.

reverential [,revə'renʃl] *adj fml* reverencial.

reverently ['revərəntlı] *adv* con reverencia, de un modo reverencial.

reverie ['revərı] *n fml* ensueño *m*.

revers [rɪ'vɪəʳ] (*pl inv* [rɪ'vɪəz]) *n* solapa *f*.

reversal [rɪ'vɜːsl] *n* - **1.** [turning around] cambio *m* total. - **2.** [ill fortune] contratiempo *m*, revés *m*.

reverse [rɪ'vɜːs] ◇ *adj* inverso(sa). ◇ *n* - **1.** AUT: ~ (gear) marcha *f* atrás; **to be in** ~ tener puesta la marcha atrás; **to go into** ~ ir a la baja. - **2.** [opposite]: **the** ~ lo contrario. - **3.** [opposite side, back]: **the** ~ [gen] el revés; [of coin] el reverso; [of piece of paper] el dorso. ◇ *vt* - **1.** AUT dar marcha atrás a. - **2.** [change usual order] invertir. - **3.** [change to opposite] cambiar completamente. - **4.** Br TELEC: **to** ~ **the charges** llamar a cobro revertido. ◇ *vi* AUT dar marcha atrás.

reverse-charge call *n* Br llamada *f* a cobro revertido.

reversibility [rɪ,vɜːsə'bɪlətı] *n* reversibilidad *f*.

reversible [rɪ'vɜːsəbl] *adj* reversible.

reversing light [rɪ'vɜːsɪŋ-] *n* Br luz *f* de marcha atrás.

reversion [rɪ'vɜːʃn] *n* reversión *f*.

reversionary [rɪ'vɜːʃənrı], **reversional** [rɪ'vɜːʃənl] *adj* de reversión, reversionario(ria).

reversioner [rɪ'vɜːʃənəʳ] *n* persona que tiene derecho de reversión.

revert [rɪ'vɜːt] *vi*: **to** ~ **to** volver a.

revest [riː'vest] *vt* reinstalar, restablecer.

revetment [rɪ'vetmənt] *n* [facing] revestimiento *m*.

review [rɪ'vjuː] ◇ *n* - **1.** [examination] revisión *f*, repaso *m*; **to come under** ~ ser revisado(da); **under** ~ bajo revisión. - **2.** [critique] crítica *f*, reseña *f.* - **3.** MIL [inspection] revista *f*. - **4.** Am [study] repaso *m*. ◇ *vt* - **1.** [reexamine] revisar. - **2.** [consider] reconsiderar. - **3.** [write an article on] reseñar. - **4.** Am [study again] repasar.

review board *n* comisión *f* de estudio.

review copy *n* ejemplar *m* para la prensa.

reviewer [rɪ'vjuːəʳ] *n* crítico *m*, -ca *f*, reseñador *m*, -ra *f*.

revile [rɪ'vaɪl] *vt literary* injuriar.

revise [rɪ'vaɪz] ◇ *vt* - **1.** [reconsider] revisar. - **2.** [rewrite] modificar, corregir. - **3.** Br [study] repasar. ◇ *vi* Br: **to** ~ **(for sthg)** repasar (para algo).

revised [rɪ'vaɪzd] *adj* revisado(da).

reviser [rɪ'vaɪzəʳ] *n* - **1.** [gen] revisor *m*, -ra *f.* - **2.** TYPO corrector *m*, -ra *f*.

revision [rɪ'vɪʒn] *n* - **1.** [alteration] corrección *f*, modificación *f.* - **2.** Br [study] repaso *m*.

revisionism [rɪ'vɪʒnɪzm] *n* revisionismo *m*.

revisionist [rɪ'vɪʒnɪst] ◇ *adj* revisionista. ◇ *n* revisionista *mf*.

revisit [,riː'vɪzɪt] *vt* volver a visitar.

revisory [rɪ'vaɪzrı] *adj* revisor(ra).

revitalization [riː,vaɪtəlaɪ'zeɪʃn] *n* revitalización *f*.

revitalize, -ise [,riː'vaɪtəlaɪz] *vt* revivificar.

revival [rɪ'vaɪvl] *n* - **1.** [of patient] reanimación *f*; [of economy, trade] reactivación *f.* - **2.** [of interest, style] renacimiento *m*; [of custom] restablecimiento *m.* - **3.** [of play, TV series] reposición *f*, reestreno *m.* - **4.** [religious reawakening] despertar *m* religioso. - **5.** [religious meeting] asamblea *f* evangelista.

revivalism [rɪ'vaɪvəlɪzm] *n* evangelismo *m*.

revivalist [rɪ'vaɪvəlɪst] *n* evangelista *mf*.

revival meeting *n* = **revival** sense 5.

revive [rɪ'vaɪv] ◇ *vt* - **1.** [person, plant] resucitar; [economy] reactivar. - **2.** [tradition, memories] restablecer. - **3.** [play, TV series] reponer. ◇ *vi* [person, plant, economy] reponerse.

revivify [riː'vɪvɪfaɪ] (*pt & pp* **revivified**) *vt* revivificar.

revocable [rɪ'vəʊkəbl] *adj* revocable.

revocation [,revə'keɪʃn] *n* revocación *f*.

revoke [rɪ'vəʊk] *vt fml* revocar.

revolt [rɪ'vəʊlt] ◇ *n* rebelión *f*, sublevación *f*. ◇ *vt* repugnar. ◇ *vi*: **to** ~ **(against)** rebelarse OR sublevarse (contra).

revolting [rɪ'vəʊltɪŋ] *adj* repugnante, asqueroso(sa).

revoltingly [rɪ'vəʊltɪŋlı] *adv* - **1.** [disgustingly] de un modo repugnante OR asqueroso, con repugnancia OR asco; **he's** ~ **ugly** es de una fealdad repugnante. - **2.** [as intensifier]: **she's so** ~ **clever** ¡es tan inteligente que da asco!

revolution [,revə'luːʃn] *n* revolución *f*; ~ **in sthg** revolución en OR de algo.

revolutionary [,revə'luːʃnərı] (*pl* **revolutionaries**) ◇ *adj* revolucionario(ria). ◇ *n* revolucionario *m*, -ria *f*.

revolutionist [,revə'luːʃənɪst] *n* revolucionario *m*, -ria *f*.

revolutionize, -ise [,revə'luːʃənaɪz] *vt* revolucionar.

revolve [rɪ'vɒlv] *vi* [go round] dar vueltas, girar; **to** ~ **around** OR **round** *lit & fig* girar en torno a.

revolver [rɪ'vɒlvəʳ] *n* revólver *m*.

revolving [rɪ'vɒlvɪŋ] *adj* giratorio(ria).

revolving door *n* puerta *f* giratoria.

revue [rɪ'vjuː] *n* revista *f* (teatral).

revulsion [rɪ'vʌlʃn] *n* asco *m*, repugnancia *f*.

reward [rɪ'wɔːd] ◇ *n* recompensa *f*, premio *m*. ◇ *vt*: **to** ~ **sb (for/with)** recompensar a alguien (por/con).

rewarding [rɪ'wɔːdɪŋ] *adj* gratificador(ra).

rewind [*vb* ,riː'waɪnd, *n* 'riːwaɪnd] (*pt & pp* **rewound** [-'waʊnd]) ◇ *vt* rebobinar. ◇ *n* rebobinado *m*.

rewire [,riː'waɪəʳ] *vt* cambiar la instalación eléctrica de.

reword [,riː'wɜːd] *vt* expresar de otra forma.

rework [,riː'wɜːk] *vt* rehacer.

reworking [,riː'wɜːkɪŋ] *n* adaptación *f*; **the film is a** ~ **of the 'doppelgänger' theme** la película es una adaptación del tema del doble.

rewound [,riː'waʊnd] *pt & pp* → **rewind**.

rewrite [*vb* ,riː'raɪt, *n* 'riːraɪt] (*pt* **rewrote** [-'rəʊt], *pp* **rewritten** [-'rɪtn]) ◇ *vt* volver a escribir, rehacer. ◇ *n*: **to do a** ~ **of sthg** escribir de nuevo algo, volver a escribir algo.

REX (*abbr of* **real-time executive routine**) *n* programa en tiempo real.

Reykjavik ['rekjəvɪk] *n* Reikiavik.

rezone [,riː'zəʊn] *vt* Am dividir en nuevas zonas.

RFC (*abbr of* **Rugby Football Club**) *n* club de rugby.

RGN (*abbr of* **registered general nurse**) *n* Br enfermero diplomado *m*, enfermera diplomada *f*.

Rh (*written abbr of* **rhesus**) Rh.

rhapsodic [ræp'sɒdɪk] *adj* rapsódico(ca).

rhapsodize, -ise ['ræpsədaɪz] *vi*: **to** ~ **about sthg** poner algo por las nubes.

rhapsody ['ræpsədı] (*pl* **rhapsodies**) *n* - **1.** MUS rapsodia *f*. - **2.** [strong approval] entusiasmo *m*; **to go into rhapsodies about** OR **over sthg** poner algo por las nubes.

rhea ['riːə] *n* ñandú *m*.

Rhenish ['riːnɪʃ] ◇ *adj* renano(na). ◇ *n* [wine] vino *m* del Rin.

rhenium ['riːnɪəm] *n* renio *m*.

rheostat ['riːəstæt] *n* reóstato *m*.

Rhesus ['riːsəs] *n*: ~ **positive/negative** Rhesus positivo/negativo.

rhesus monkey *n* macaco *m* de la India.

rhetoric ['retərɪk] *n* retórica *f*.

rhetorical [rɪ'tɒrɪkl] *adj* retórico(ca).

rhetorically [rɪ'tɒrɪklɪ] *adv* de un modo retórico; **'who knows?', she asked** ~ ¿quién sabe? -preguntó sin esperar una respuesta.

rhetorical question *n* pregunta *f* retórica.

rhetorician [,retə'rɪʃn] *n* retórico *m*, -ca *f*.

rheum [ruːm] *n arch* [in eyes] legaña *f*; [in nose] mucosidad *f*.

rheumatic [ruː'mætɪk] *adj* reumático(ca).

♦ **rheumatics** *npl inf* reúma *m* o *f*, reumatismo *m*.

rheumatic fever *n* fiebre *f* reumática.

rheumatism ['ruːmətɪzm] *n* reumatismo *m*.

rheumatoid ['ruːmətɔɪd] *adj* reumatoideo(a).

rheumatoid arthritis *n* reúma *m* articular.

rheumy ['ruːmɪ] (*compar* **rheumier**, *superl* **rheumiest**) *adj* legañoso(sa).

Rhine [raɪn] *n*: **the (River)** ~ el Rin.

Rhineland ['raɪnlænd] *n* Renania.

Rhineland-Palatinate *n* Renania-Palatinado.

rhinestone ['raɪnstəʊn] *n* diamante *m* falso.

rhinitis [raɪ'naɪtɪs] *n* rinitis *f inv*.

rhino ['raɪnəʊ] (*pl inv* OR **rhinos**), **rhinoceros** (*pl inv* OR **rhinoceroses** [raɪ'nɒsərəs]) *n* rinoceronte *m*.

rhinology [raɪ'nɒlədʒɪ] *n* rinología *f*.

rhizome ['raɪzəʊm] *n* rizoma *m*.

Rh-negative *adj* Rh negativo(va).

rho [rəʊ] *n* rho *f*.

Rhode Island [rəʊd-] *n* Rhode Island.

Rhodes [rəʊdz] *n* Rodas.

Rhodesia [rəʊ'diːʃə] *n* Rodesia.

Rhodesian [rəʊ'diːʃn] ♦ *adj* rodesio(sia). ♦ *n* rodesio *m*, -sia *f*.

rhodium ['rəʊdɪəm] *n* rodio *m*.

rhododendron [,rəʊdə'dendrən] *n* rododendro *m*.

rhombi ['rɒmbaɪ] *pl* → **rhombus**.

rhombic ['rɒmbɪk] *adj* - **1.** GEOM rómbico(ca), rombal. - **2.** GEOL ortorrómbico(ca).

rhomboid ['rɒmbɔɪd] ♦ *n* romboide *m*. ♦ *adj* romboidal.

rhombus ['rɒmbəs] (*pl* **rhombuses** OR **rhombi** [-baɪ]) *n* rombo *m*.

Rhône [rəʊn] *n*: **the (River)** ~ el (río) Ródano.

Rh-positive *adj* Rh positivo(va).

rhubarb ['ruːbɑːb] *n* ruibarbo *m*.

rhyme [raɪm] ♦ *n* - **1.** [gen] rima *f*. - **2.** [poem] poesía *f*, versos *mpl*; **in** ~ en verso. - **3.** *phr*: **without** ~ **or reason** a tontas y a locas, sin ton ni son. ♦ *vi*: **to** ~ **(with)** rimar (con).

rhymed [raɪmd] *adj* rimado(da).

rhymester ['raɪmstər], **rhymer** ['raɪmər] *n pej* rimador *m*, -ra *f*.

rhyming slang ['raɪmɪŋ-] *n Br* rasgo del argot del este de Londres, que consiste en rimar dos palabras que dan el significado de una tercera.

rhythm ['rɪðm] *n* ritmo *m*.

rhythm and blues *n* rhythm and blues *m*.

rhythm guitar *n* guitarra *f* rítmica.

rhythmic(al) ['rɪðmɪk(l)] *adj* rítmico(ca).

rhythmically ['rɪðmɪklɪ] *adv* de un modo rítmico, rítmicamente.

rhythm method *n* método *m* (de) Ogino.

RI *n* - **1.** *written abbr of* **religious instruction**. - **2.** *written abbr of* **Rhode Island**.

rib [rɪb] (*pt & pp* **ribbed**, *cont* **ribbing**) ♦ *n* - **1.** ANAT costilla *f*. - **2.** [of umbrella] varilla *f*; [of arch, leaf] nervio *m*; [of ship's hull] cuaderna *f*; [of aircraft] costilla *f*; [in knitting] cordoncillo *m*. ♦ *vt inf* [tease] tomar el pelo a.

RIBA (*abbr of* **Royal Institute of British Architects**) *n* colegio británico de arquitectos.

ribald ['rɪbəld] *adj* escabroso(sa), verde.

ribbed [rɪbd] *adj* [garment] de canalé.

ribbing ['rɪbɪŋ] *n* - **1.** (U) [of garment] cordoncillos *mpl*. - **2.** *inf* [teasing] broma *f*, tomadura *f* de pelo.

ribbon ['rɪbən] *n* cinta *f*.

rib cage *n* caja *f* torácica.

riboflavin [,raɪbəʊ'fleɪvɪn] *n* riboflavina *f*.

ribonucleic acid [,raɪbəʊnjuː'kliːɪk-] *n* ácido *m* ribonucleico.

ribosome ['raɪbəsəʊm] *n* ribosoma *m*.

rice [raɪs] ♦ *n* arroz *m*. ♦ *vt Am* [sieve] pasar por el pasapuré.

rice bowl *n* - **1.** [bowl] cuenco *m* de arroz. - **2.** *fig* [region] zona *f* arrocera.

rice field *n* arrozal *m*.

rice paper *n* papel *m* de arroz.

rice pudding *n* arroz *m* con leche.

ricer ['raɪsər] *n Am* pasapuré *m*.

rice wine *n* licor *m* de arroz, sake *m*.

rich [rɪtʃ] ♦ *adj* - **1.** [gen] rico(ca); **to become** OR **get** OR **grow** ~ hacerse rico(ca). - **2.** [full]: **to be** ~ **in** abundar en. - **3.** [fertile] fértil. - **4.** [indigestible] pesado(da). - **5.** [vibrant - sound] sonoro(ra); [- colour] brillante. - **6.** [sumptuous] suntuoso(sa). ♦ *npl*: **the** ~ los ricos.

♦ **riches** *npl* - **1.** [natural resources] riquezas *fpl*. - **2.** [wealth] riqueza *f*.

-rich [rɪtʃ] *in cpds*: **vitamin**~ **foods** alimentos *mpl* ricos en vitaminas.

Richard ['rɪtʃəd] *n*: ~ **the Lionheart** Ricardo Corazón de León.

richly ['rɪtʃlɪ] *adv* - **1.** [well] ricamente; ~ **deserved** bien merecido (bien merecida). - **2.** [plentifully] copiosamente, abundantemente. - **3.** [sumptuously] suntuosamente.

richness ['rɪtʃnɪs] *n* - **1.** [gen] riqueza *f*. - **2.** [fertility] fertilidad *f*. - **3.** [indigestibility] pesadez *f*. - **4.** [vibrancy - of sound] sonoridad *f*; [- of colour] brillantez *f*. - **5.** [sumptuousness] suntuosidad *f*.

Richter scale ['rɪktə-] *n*: **the** ~ la escala Richter.

rick [rɪk] *n* - **1.** [of hay] almiar *m*. - **2.** [in ankle, back] esguince *m*.

rickets ['rɪkɪts] *n* raquitismo *m*.

rickety ['rɪkətɪ] *adj* tambaleante, desvencijado(da).

rickshaw ['rɪkʃɔː] *n* jinrikisha *f*.

ricochet ['rɪkəʃeɪ] (*pt & pp* **ricocheted** [-ʃeɪd] OR **ricochetted** [-ʃetɪd], *cont* **ricocheting** OR **ricochetting**) ♦ *n* rebote *m*. ♦ *vi*: **to** ~ **(off sthg)** rebotar (de algo).

rictus ['rɪktəs] *n literary* rictus *m inv*, mueca *f*.

rid [rɪd] (*pt* **rid** OR **ridded**, *pp* **rid**, *cont* **ridding**) ♦ *adj*: **to be** ~ **of** estar libre de. ♦ *vt*: **to** ~ **sthg/sb of** librar algo/a alguien de; **to** ~ **o.s. of** librarse uno de; **to get** ~ **of** deshacerse de.

riddance ['rɪdəns] *n inf*: **good** ~! ¡adiós y viento fresco!

ridden ['rɪdn] *pp* → **ride**.

riddle ['rɪdl] ♦ *n* - **1.** [verbal puzzle] acertijo *m*, adivinanza *f*; **to speak** OR **talk in** ~**s** hablar en clave. - **2.** [mystery] enigma *m*. ♦ *vt* [pierce] acribillar.

riddled ['rɪdld] *adj*: **to be** ~ **with** [errors] estar plagado(da) de; **to be** ~ **with bullets** estar acribillado(da) a balazos.

ride [raɪd] (*pt* **rode** [rəʊd], *pp* **ridden** ['rɪdn]) ♦ *n* - **1.** [trip] paseo *m*; **to go for a** ~ [on horseback] darse un paseo a caballo; [on bike] darse un paseo en bicicleta; [in car] darse una vuelta en coche; **it's a long bus** ~ hay un buen paseo en autobús, es un trayecto largo en autobús ❑ **to take sb for a** ~ *inf fig* embaucar a alguien. - **2.** [quality of travel]: **this type of suspension gives a smoother** ~ este tipo de suspensión hace que el viaje sea mucho más cómodo; **it looks as if we're in for a bumpy** ~ *inf fig* me da que las vamos a pasar canutas. - **3.** *Am* [lift in car]: **can you give me a** ~ **to the station?** ¿me puedes llevar a la estación? - **4.** [in fairground - attraction] atracción f, aparato m; [- turn] vuelta f. - **5.** [bridle path] camino m de herradura. ◇ vt - **1.** [horse] montar a; **they rode their horses across the river** cruzaron el río a caballo. - **2.** [bicycle, motorbike] montar en; **he rode his bike to the station** fue a la estación en bici. - **3.** Am [bus, train] ir en; [elevator] subir/bajar en; [fairground attraction] montar en. - **4.** [distance] recorrer. - **5.** [sea, waves] surcar. - **6.** Am [nag] regañar, reñir. - **7.** Am [tease] burlarse de, ridiculizar. - **8.** Am [control] dominar. - **9.** Am [give lift to]: **I'll ~ you home** te llevo a casa. ◇ vi - **1.** [on horseback] montar a caballo; **she rode over to see me** vino a verme a caballo. - **2.** [on bicycle] ir en bici; [on motorbike] ir en moto. - **3.** [in car]: **we rode to London in a jeep** fuimos a Londres en jeep. - **4.** [float, sail] navegar; **to ~ at anchor** flotar anclado(da). - **5.** [be sustained] apoyarse; **she was riding on a wave of popularity** se hallaba en la cresta de la ola ❑ **to be riding high** estar en plena forma, estar (uno) en su mejor momento. - **6.** phr: **to let sthg ~** dejar pasar algo.

◆ **ride down** vt sep - **1.** [knock over] arrollar, atropellar. - **2.** [overtake] adelantar.

◆ **ride on** vt fus [depend] depender de.

◆ **ride out** vt fus aguantar, soportar.

◆ **ride up** vi subirse.

rider ['raɪdə'] n - **1.** [on horseback] jinete m, amazona f. - **2.** [on bicycle] ciclista mf; [on motorbike] motorista mf. - **3.** JUR cláusula f adicional.

ridership ['raɪdəʃɪp] n Am número m de viajeros.

ridge [rɪdʒ] n - **1.** [on mountain] cresta f. - **2.** [on flat surface] rugosidad f.

ridgepole ['rɪdʒpəʊl] n cumbrera f, barra f superior (de la tienda).

ridge tent n tienda f de campaña de caballete OR canadiense.

ridicule ['rɪdɪkjuːl] ◇ n (U) burlas fpl; **to hold sb up to ~** poner a alguien en ridículo. ◇ vt ridiculizar.

ridiculous [rɪ'dɪkjʊləs] adj ridículo(la), absurdo(da).

ridiculously [rɪ'dɪkjʊləslɪ] adv ridículamente.

riding ['raɪdɪŋ] ◇ n equitación f. ◇ comp de equitación.

riding breeches npl pantalones mpl de montar.

riding crop n fusta f.

riding habit n traje m de montar.

riding school n escuela f de equitación.

rife [raɪf] adj extendido(da); **to be ~ with** estar lleno(na) de.

riff [rɪf] n MUS frase f repetida, riff m.

riffle ['rɪfl] vt [cards] peinar.

◆ **riffle through** vt fus - **1.** [papers, files] pasar rápidamente. - **2.** [book, magazine] hojear rápidamente.

riffraff ['rɪfræf] n gentuza f.

rifle ['raɪfl] ◇ n rifle m, fusil m. ◇ vt [bag, drawer, house] desvalijar.

◆ **rifle through** vt fus revolver.

rifleman ['raɪflmən] (pl **riflemen** [-mən]) n fusilero m.

rifle range n campo m de tiro.

riflery ['raɪflrɪ] n tiro m al blanco (con rifle).

rifling ['raɪflɪŋ] n rayado m.

rift [rɪft] n - **1.** GEOL hendedura f, grieta f. - **2.** [quarrel] desavenencia f. - **3.** POL: **~ between/in** escisión f entre/en.

Rift Valley n: **the ~** el Rift Valley.

rig [rɪg] (pt & pp **rigged**, cont **rigging**) ◇ n - **1.** [oil rig - onshore] torre f de perforación; [- offshore] plataforma f petrolífera. - **2.** Am inf [truck] camión m. - **3.** NAUT aparejo m. - **4.** inf [clothes] traje m, vestimenta f. ◇ vt - **1.** [falsify] amañar, falsificar; **the fight was rigged** el combate estaba amañado. - **2.** NAUT aparejar. - **3.** [equip] equipar.

◆ **rig out** vt sep: **to be rigged out as/in** vestirse de/con.

◆ **rig up** vt sep construir, armar.

rigadoon [ˌrɪgə'duːn] n rigodón m.

rigger ['rɪgə'] n NAUT aparejador m, -ra f.

rigging ['rɪgɪŋ] n cordaje m.

right [raɪt] ◇ adj - **1.** [correct] correcto(ta), bueno(na); **he didn't give me the ~ change** no me dio bien el cambio; **the station clock is ~** el reloj de la estación va bien; **have you got the ~ time?** ¿tienes la hora buena?; **are we going in the ~ direction?** ¿vamos bien por aquí?; **to be ~ (about)** tener razón (respecto a); **you were ~ to tell me** hiciste bien en decírmelo; **I was ~ in thinking he was an actor** llevaba yo razón al pensar que era actor; **I owe you £5, ~?** te debo 5 libras ¿no?; **I'll meet you outside the theatre, ~?** nos vemos OR te veo a la salida del teatro ¿vale?; **that's ~** eso es, eso mismo; **I got his name/the spelling ~** no me equivoqué con su nombre/la ortografía; **he never gets anything ~** nunca le salen bien las cosas; **get it ~!** ¡hazlo bien!; **how ~ you are!** ¡qué razón tienes!; **to put sb ~ (about sb /sthg)** sacar a alguien de su error (respecto a alguien/a algo); **to put** OR **set sthg ~** arreglar algo. - **2.** [satisfactory] bien; **does this translation look ~ to you?** ¿te parece que esta traducción está bien?; **there's something not quite ~ with the motor** hay algo que no va del todo bien en el motor; **my knee doesn't feel ~** me molesta la rodilla ❑ **to come ~** inf arreglarse. - **3.** [fair, just] justo(ta); [morally correct] apropiado(da); **it's not ~ to treat them like that** no es justo tratarlos así; **it is only ~ and proper for the father to be present** lo suyo es que el padre esté presente; **I only want to do what is ~** sólo quiero hacer lo que está bien; **to do the ~ thing** hacer lo que es debido, hacer lo que hay que hacer. - **4.** [most suitable] adecuado(da), idóneo(a); **the ~ approach** el planteamiento más adecuado; **the ~ time to act** el momento oportuno de actuar; **the colour is just ~** el color es perfecto OR el idóneo; **that chair is just ~ for the bedroom** esa silla es exactamente lo que hace falta para el dormitorio; **the ~ person for the job** la persona idónea OR adecuada para el trabajo; **teaching isn't ~ for you** lo tuyo no es la enseñanza. - **5.** [indicating social status] importante, de postín; **she took care to be seen in all the ~ places** procuraba ser vista en los sitios más selectos; **to know the ~ people** conocer a la gente que hay que conocer, conocer a gente importante. - **6.** [uppermost]: **~ side** cara f anterior OR de arriba. - **7.** [on right-hand side] derecho(cha). - **8.** Br inf [complete] puro(ra), perfecto(ta). - **9.** [in boxing] de derecha. ◇ n - **1.** (U) [moral correctness] bien m; **to be in the ~** tener razón; **to know ~ from wrong** saber distinguir lo bueno de lo malo OR el bien del mal ❑ **to put** OR **set sthg to ~s** arreglar algo. - **2.** [entitlement, claim] derecho m; **the ~ to vote** el derecho al voto; **to have a** OR **the ~ to do sthg** tener derecho a hacer algo; **you have every ~ to be angry** tienes todo el derecho a enfadarte; **what gives you the ~ to...** ¿con qué derecho...; **to exercise one's ~s** hacer valer (uno) sus derechos; **to be within one's ~s** estar uno en su derecho; **all ~s reserved** reservados todos los derechos; **as of ~** por derecho propio, por el hecho de serlo; **by ~s** en justicia; **in one's own ~** por propio derecho; **in its own ~** de por sí. - **3.** [right-hand side] derecha f. - **4.** [in boxing] derechazo m. ◇ adv - **1.** [correctly] bien, correctamente; **if I remember ~** si mal no recuerdo; **I can't do anything ~** nada me sale bien; **to get sthg ~** [do] hacer algo bien; [understand] entender algo bien ❑ **to do ~ by sb** portarse bien con alguien. - **2.** [to right-hand side] a la derecha; **to turn ~** girar a la derecha; **~ and left**, **~ left and centre** fig a diestro y siniestro. - **3.** [emphatic use]: **~ here** aquí mismo; **~ at the top** arriba del todo; **~ in the middle** justo en el medio; **the light is shining ~ in my eyes** la luz me da justo en los ojos; **~ to the end** hasta el final mismo. - **4.** [immediately]: **I'll be ~ back** ahora mismo vuelvo; **~ before/after (sthg)** justo antes/después (de algo) ❑ **~ now** ahora mismo, ahorita Amér; **~ away**, **~ off** Am enseguida, luego Amér; **~ then and there** en el acto. - **5.** [in answer] muy bien, vale; **come tomorrow, ~ you are!** ven mañana - ¡vale! ◇ vt - **1.** [correct] corregir, rectificar. - **2.** [make upright] enderezar. ◇ excl ¡bien!

◆ **Right** n POL: **the Right** la derecha.

right-about turn n media vuelta f.

right angle n ángulo m recto; **at ~s (to)** en ángulo recto (con).

right-angled adj [hook, turn] en ángulo recto.

right-angled triangle adj Br triángulo m rectángulo.

righten ['raɪtn] vt enderezar.

righteous ['raɪtʃəs] adj [anger] justo(ta); [person] honrado(da).

righteously ['raɪtʃəslɪ] adv [virtuously] honradamente, con rectitud.

righteousness ['raɪtʃəsnɪs] n honradez f, rectitud f.

right field n [in baseball] parte f derecha del campo.

right-footed [-'fʊtɪd] adj diestro(tra), que usa el pie derecho.

rightful ['raɪtfʊl] adj justo(ta), legítimo(ma).

rightfully ['raɪtfʊlɪ] adv legítimamente, justamente.

right-hand adj derecho(cha); **the ~ side** el lado derecho, la derecha.

right-hand drive adj que se conduce por la derecha.

right-handed adj diestro(tra).

right-hander [-'hændə'] n - 1. [person] diestro m, -tra f. - 2. [blow] derechazo m, golpe m de derecha.

right-hand man n brazo m derecho.

Right Honourable adj Br su Señoría, su Excelencia, tratamiento dado a altos funcionarios del Estado o a nobles.

rightism ['raɪtɪzm] n derechismo m.

rightist ['raɪtɪst] n derechista mf.

rightly ['raɪtlɪ] adv - 1. [correctly] correctamente. - 2. [appropriately] debidamente, bien. - 3. [morally] justamente, con razón; **~ or wrongly** con razón o sin ella, mal que bien.

right-minded adj sensato(ta).

rightness ['raɪtnɪs] n corrección f.

righto ['raɪtəʊ] excl inf ¡vale!

right-of-centre adj de centro derecha.

right of search n derecho m de inspección.

right of way n - 1. AUT prioridad f. - 2. [access] derecho m de paso.

right-on adj inf pej progre.

Right Reverend adj Br: **the ~ James Brown** [Protestant] el reverendísimo obispo James Brown; [Catholic] monseñor James Brown.

rights issue n emisión f de derechos de suscripción.

right-thinking adj sensato(ta).

right-to-life adj antiabortista, en contra del aborto.

right-to-work law n Am ley que permite al obrero no estar afiliado a un sindicato.

right triangle n Am triángulo m rectángulo.

right whale n ballena f del sur.

right wing n: **the ~** la derecha.

◆ **right-wing** adj de derechas, derechista.

right-winger n derechista mf.

rigid ['rɪdʒɪd] adj - 1. [stiff] rígido(da). - 2. [harsh, unbending] inflexible.

rigidity [rɪ'dʒɪdətɪ] n - 1. [stiffness] rigidez f. - 2. [harshness] severidad f, inflexibilidad f.

rigidly ['rɪdʒɪdlɪ] adv - 1. [without moving] rígidamente. - 2. [strictly] inflexiblemente, severamente.

rigmarole ['rɪgmərəʊl] n inf pej - 1. [process] ritual m. - 2. [story] galimatías m inv.

rigor n Am = rigour.

rigor mortis [ˌrɪgə'mɔːtɪs] n rigor m mortis.

rigorous ['rɪgərəs] adj riguroso(sa).

rigorously ['rɪgərəslɪ] adv rigurosamente.

rigorousness ['rɪgərəsnɪs] n rigurosidad f.

rigour Br, **rigor** Am ['rɪgə'] n [firmness] rigor m, severidad f.

◆ **rigours** npl [severe conditions] dureza f, rigor m.

rig-out n Br inf atuendo m.

rile [raɪl] vt irritar, sacar de quicio.

Riley ['raɪlɪ] n: **to live the life of ~** inf vivir como un pachá, darse la gran vida.

rill [rɪl] n literary [brook] riachuelo m.

rim [rɪm] (pt & pp **rimmed**, cont **rimming**) ◇ n - 1. [of container] borde m. - 2. [of spectacles] montura f. - 3. [of wheel] llanta f. ◇ vt bordear.

rime [raɪm] n escarcha f.

rimless ['rɪmlɪs] adj [spectacles] sin montura.

-rimmed [rɪmd] in cpds: **gold/steel~ spectacles** gafas fpl con montura de oro/de acero.

rind [raɪnd] n corteza f.

ring [rɪŋ] (vt senses 1 & 2 & vi pt **rang** [ræŋ], pp **rung** [rʌŋ], vt senses 3 & 4 only pt & pp **ringed**) ◇ n - 1. [telephone call]: **to give sb a ~** llamar a alguien (por teléfono). - 2. [sound of doorbell] timbrazo m, llamada f. - 3. [quality]: **it has a familiar ~ me** suena (familiar). - 4. [metal hoop] aro m; [for curtains] anilla f. - 5. [on finger] anillo m. - 6. [circle - of trees] círculo m; [- of people] corro m; **to run ~s around sb** fig dar cien vueltas a alguien. - 7. [for boxing] cuadrilátero m. - 8. [illegal group] cartel m. ◇ vt - 1. Br [phone] llamar por teléfono, telefonear. - 2. [bell] tocar. - 3. [draw a circle round] señalar con un círculo. - 4. [surround] cercar, rodear; **to be ~ed with** estar rodeado(da) de. ◇ vi - 1. Br [phone] llamar por teléfono, telefonear. - 2. [bell] sonar; [at a door] tocar el timbre. - 3. [to attract attention]: **to ~ (for)** llamar (para). - 4. [resound]: **to ~ with** resonar con. - 5. phr: **to ~ true** sonar convincente.

◆ **ring back** vt sep & vi Br volver a llamar.

◆ **ring off** vi Br colgar.

◆ **ring out** vi [sound] sonar.

◆ **ring up** vt sep Br llamar (por teléfono).

ring-a-ring-a-roses n canción que cantan los niños formando un corro, ≈ el corro de la patata.

ring binder n carpeta f de anillas.

ringbolt ['rɪŋbəʊlt] n armella f, cáncamo m.

ringed [rɪŋd] adj [bird] anillado(da).

ringer ['rɪŋə'] n: **to be a dead ~ for sb** ser el vivo retrato de alguien.

ring finger n (dedo m) anular m.

ringing ['rɪŋɪŋ] ◇ adj resonante, sonoro(ra). ◇ n [of bell] repique m, tañido m; [of telephone] timbre m; [in ears] zumbido m.

ringing tone n tono m de llamada.

ringleader ['rɪŋˌliːdə'] n cabecilla mf.

ringlet ['rɪŋlɪt] n rizo m, tirabuzón m.

ringmaster ['rɪŋˌmaːstə'] n director m de circo, jefe m de pista.

ring-pull n Br anilla f (de una lata).

ring road n Br carretera f de circunvalación.

ringside ['rɪŋsaɪd] ◇ n: **the ~** espacio inmediato al cuadrilátero o a la pista de circo. ◇ comp de primera fila; **to have a ~ seat** fig ser testimonio (involuntario) de algo.

ringway ['rɪŋweɪ] n Br carretera f de circunvalación.

ringworm ['rɪŋwɜːm] n tiña f.

rink [rɪŋk] n pista f.

rinky-dink ['rɪŋkɪdɪŋk] adj inf anticuado(da).

rinse [rɪns] ◇ n [of dishes, vegetables] enjuague m; [of clothes] aclarado m. ◇ vt - 1. [dishes, vegetables] enjuagar; [clothes] aclarar. - 2. [wash out]: **to ~ one's mouth out** enjuagarse la boca.

Rio (de Janeiro) ['riːəʊ(dədʒə'nɪərəʊ)] n Río (de Janeiro).

Rio Grande [ˌriːəʊ'grændɪ] n: **the ~** el río Bravo.

Rio Negro [ˌriːəʊ'neɪgrəʊ] n: **the ~** el río Negro.

riot ['raɪət] ◇ n - 1. [civil disturbance] disturbio m; **to run ~** desbocarse. - 2. inf [funny occasion, person]: **to be a ~** ser divertidísimo(ma). - 3. [profusion]: **a ~ of colour** una explosión OR un derroche de colores. ◇ vi amotinarse.

riot act n ley f de orden público; **to read the ~** inf echar un rapapolvo OR leer la cartilla a alguien; **she read me the ~** me echó un buen rapapolvo.

rioter ['raɪətə'] n amotinado m, -da f.

rioting ['raɪətɪŋ] n (U) disturbios mpl.

riotous ['raɪətəs] adj - **1.** [exuberant, noisy] ruidoso(sa); [living] desenfrenado(da). - **2.** [mob] alborotado(da).

riotously ['raɪətəslɪ] adv - **1.** [seditiously] de un modo sedicioso. - **2.** [noisily] ruidosamente. - **3.** [as intensifier]: **it's ~ funny** inf es para morirse de risa.

riot police npl brigada f antidisturbios.

riot shield n escudo m antidisturbios.

rip [rɪp] (pt & pp **ripped**, cont **ripping**) ◇ n rasgón m. ◇ vt - **1.** [tear] rasgar, desgarrar; **to ~ sthg open** abrir algo de un tirón OR rasgándolo. - **2.** [remove violently] quitar de un tirón. ◇ vi - **1.** [tear] rasgarse, romperse. - **2.** phr: **to let ~ at sb** soltar una bronca a alguien; **let it ~!** [in car] ¡pisa el acelerador!, ¡más rápido!

♦ **rip off** vt sep - **1.** inf [person] timar. - **2.** inf [product, idea] copiar. - **3.** [tear off] arrancar, quitar.

♦ **rip out** vt sep arrancar.

♦ **rip up** vt sep hacer pedazos.

RIP (abbr of **rest in peace**) RIP.

riparian [rɪ'peərɪən] adj fml ribereño(ña).

ripcord ['rɪpkɔːd] n cabo m de desgarre.

ripe [raɪp] adj maduro(ra); **to live to a ~ old age** alcanzar una avanzada edad ❑ **to be ~ (for sthg)** estar listo(ta) (para algo); **when the time is ~** en su momento, cuando llegue el momento.

ripen ['raɪpn] vt & vi madurar.

ripeness ['raɪpnɪs] n madurez f.

rip-off n - **1.** inf [swindle] estafa f. - **2.** [copy] plagio m.

riposte [Br rɪ'pɒst, Am rɪ'pəʊst] ◇ n - **1.** [retort] réplica f. - **2.** FENCING respuesta f. ◇ vi replicar.

ripping ['rɪpɪŋ] adj inf dated estupendo(da), excelente.

ripple ['rɪpl] ◇ n - **1.** [in water] onda f, rizo m. - **2.** [of laughter, applause] murmullo m. ◇ vt rizar.

ripple effect n reacción f en cadena.

rip-roaring adj inf [party] bullicioso(sa); [success] apoteósico(ca).

ripsaw ['rɪpsɔː] n serrucho m de cortar al hilo.

riptide ['rɪptaɪd] n corriente f turbulenta.

rise [raɪz] (pt **rose** [rəʊz], pp **risen** ['rɪzn]) ◇ n - **1.** [increase] ascenso m, subida f. - **2.** Br [increase in salary] aumento m. - **3.** [to fame etc] subida f; **~ and fall** [of empire etc] grandeza y decadencia. - **4.** phr: **to give ~ to sthg** dar origen a algo. ◇ vi - **1.** [gen] elevarse; **to ~ to the surface** salir a la superficie; **to ~ from the dead** RELIG resucitar de entre los muertos. - **2.** [sun, moon] salir; [river] nacer; [wind] levantarse. - **3.** [price, wage, temperature] subir. - **4.** [stand up, get out of bed] levantarse; **to ~ to one's feet** ponerse de pie, levantarse ❑ **~ and shine!** ¡arriba!, ¡levántate! - **5.** [street, ground] subir. - **6.** [respond]: **to ~ to** reaccionar ante; **to ~ to a challenge** aceptar un reto. - **7.** [rebel] sublevarse. - **8.** [move up in status] ascender; **to ~ to power/fame** ascender al poder/a la gloria.

♦ **rise above** vt fus [obstacle, fear] superar.

♦ **rise up** vi literary [rebel] sublevarse, alzarse en armas.

riser ['raɪzə'] n: **early ~** madrugador m, -ra f; **late ~** persona que se levanta tarde.

risible ['rɪzəbl] adj fml risible.

rising ['raɪzɪŋ] ◇ adj - **1.** [sloping upwards] ascendente. - **2.** [increasing] creciente. - **3.** [increasingly successful] prometedor(ra). ◇ n rebelión f, sublevación f.

rising damp n humedad f.

risk [rɪsk] ◇ n [gen] riesgo m; [danger] peligro m; **to run the ~ of sthg/of doing sthg** correr el riesgo de algo/de hacer algo; **to take a ~** arriesgarse ❑ **at your own ~** bajo tu cuenta y riesgo; **at ~** en peligro; **at the ~ of** a riesgo de. ◇ vt - **1.** [put in danger] arriesgar. - **2.** [take the chance of]: **to ~ doing sthg** exponerse a hacer algo.

risk capital n capital m de riesgo.

riskiness ['rɪskɪnɪs] n riesgo m, peligro m.

risk-taking n toma f de riesgos.

risky ['rɪskɪ] (compar **riskier**, superl **riskiest**) adj peligroso(sa), arriesgado(da).

risotto [rɪ'zɒtəʊ] (pl **risottos**) n arroz guisado con pollo o verduras etc.

risqué ['riːskeɪ] adj verde, subido(da) de tono.

rissole ['rɪsəʊl] n Br especie de albóndiga de carne o verduras.

rite [raɪt] n rito m.

rite of passage n ceremonia f de iniciación.

ritual ['rɪtʃʊəl] ◇ adj ritual. ◇ n ritual m.

ritualistic [,rɪtʃʊə'lɪstɪk] adj ritualista.

ritualize, -ise ['rɪtʃʊəlaɪz] vt hacer un ritual de.

ritually ['rɪtʃʊəlɪ] adv de un modo ritual.

ritzy ['rɪtsɪ] (comp **ritzier**, superl **ritziest**) adj inf lujoso(sa), de postín.

rival ['raɪvl] (Br pt & pp **rivalled**, cont **rivalling**, Am pt & pp **rivaled**, cont **rivaling**) ◇ adj rival, opuesto(ta). ◇ n rival mf, competidor m, -ra f. ◇ vt rivalizar OR competir con.

rivalry ['raɪvlrɪ] n rivalidad f, competencia f.

rive [raɪv] (pp **rived** OR **riven** ['rɪvn]) vt literary hender, rajar.

riven ['rɪvn] adj [country, community] escindido(da); [tree] tronchado(da); [heart] partido(da).

river ['rɪvə'] n río m; **to be up the ~** Am inf [in prison] estar en el talego OR en la trena; **to sell sb down the ~** inf fig jugársela OR traicionar a alguien.

river bank n orilla f OR margen f del río.

river basin n cuenca f fluvial OR del río.

riverbed ['rɪvəbed] n cauce m OR lecho m del río.

riverboat ['rɪvə,bəʊt] n barco m, embarcación f de río.

riverside ['rɪvəsaɪd] n: **the ~** la ribera OR orilla del río.

rivet ['rɪvɪt] ◇ n remache m. ◇ vt - **1.** [fasten] remachar. - **2.** fig [fascinate]: **to be ~ed by sthg** estar fascinado(da) con algo.

riveter ['rɪvɪtə'] n - **1.** [person] remachador m, -ra f. - **2.** [machine] remachadora f.

riveting ['rɪvɪtɪŋ] adj fascinante.

Riviera [,rɪvɪ'eərə] n: **the French ~** la Riviera francesa; **the Italian ~** la Riviera italiana.

rivulet ['rɪvjʊlɪt] n literary arroyo m, riachuelo m.

Riyadh ['riːæd] n Riad.

RMSD (abbr of **Royal Mail Special Delivery**) adv sección del servicio de correos británico encargado de entregas especiales.

RMT (abbr of **National Union of Rail, Maritime and Transport Workers**) n sindicato británico de trabajadores del sector de transportes.

RN n - **1.** written abbr of **Royal Navy**. - **2.** written abbr of **registered nurse**.

RNA (abbr of **ribonucleic acid**) n ARN m.

RNLI (abbr of **Royal National Lifeboat Institution**) n organización de voluntarios que ofrece un servicio de rescate marítimo en Gran Bretaña e Irlanda.

RNZAF (abbr of **Royal New Zealand Air Force**) n fuerzas aéreas neozelandesas.

RNZN (abbr of **Royal New Zealand Navy**) n armada neozelandesa.

roach [rəʊtʃ] (pl sense 1 inv OR **roaches**) n - **1.** [European fish] gobio m. - **2.** Am inf [cockroach] cucaracha f. - **3.** drugs sl [of marihuana cigarette] pava f, colilla f.

road [rəʊd] n [minor] camino m; [major] carretera f; [street] calle f; **by ~** por la carretera ❑ **on the ~ to** en el camino hacia; **to be on the ~ to** fig estar en camino de; **to be off the ~** [car] estar en el taller; **to hit the ~** inf largarse, pirarse; **one for the ~** inf la última copa.

road agent n Am salteador m, -ra f de caminos, bandolero m, -ra f.

road atlas n guía f de carreteras.

roadblock ['rəʊdblɒk] n control m.

road-fund licence n Br ≃ impuesto m de circulación.

road hog *n inf pej* conductor rápido y negligente.

roadholding ['rəud,həuldıŋ] *n* agarre *m*.

roadhouse ['rəudhaus, *pl* -hauzız] *n* taberna o sala de baile en un camino rural.

roadie ['rəudı] *n inf* encargado del transporte y montaje de un equipo musical en gira.

road manager *n* manager *mf* de una gira.

road map *n* mapa *m* de carreteras.

road racing *n* carrera *f* de automóviles (en carretera).

road roller *n* apisonadora *f*.

road runner *n* correcaminos *m inv*.

road safety *n* seguridad *f* en carretera.

road sense *n* buen instinto *m* en la carretera.

roadshow ['rəudʃəu] *n* programa radiofónico transmitido en directo desde un lugar de veraneo por un disc-jockey en gira.

roadside ['rəudsaıd] ◇ *n*: **the** ~ el borde de la carretera. ◇ *comp* al borde de la carretera.

road sign *n* señal *f* de carretera.

roadstead ['rəudsted] *n* rada *f*, fondeadero *m*.

roadster ['rəudstə'] *n* biplaza *m* OR cupé *m* sin capota.

roadsweeper ['rəud,swi:pə'] *n* camión *m* limpiacarreteras.

road tax *n* impuesto *m* de circulación.

road test *n* prueba *f* en carretera.

◆ **road-test** *vt* probar en carretera.

road transport *n* transporte *m* por carretera.

road-user *n* automovilista *mf*, usuario *m*, -ria *f* de carreteras.

roadway ['rəudweı] *n* calzada *f*.

road works *npl* obras *fpl* (de carretera).

roadworthiness ['rəud,wɜ:ðınıs] *n* estado *m* general (de vehículo).

roadworthy ['rəud,wɜ:ðı] *adj* apto(ta) para circular.

roam [rəum] ◇ *vt* vagar por. ◇ *vi* vagar.

roaming ['rəumıŋ] ◇ *adj* vagabundo(da), errante. ◇ *n* vagabundeo *m*.

roan [rəun] *n* caballo *m* ruano OR roano.

roar [rɔ:'] ◇ *vi* [make a loud noise] rugir; [of sea, wind] bramar; **to** ~ **with laughter** reírse a carcajadas. ◇ *vt* rugir, decir a voces. ◇ *n* - **1.** [of traffic] fragor *m*, estruendo *m*; [of wind, sea] bramido *m*. - **2.** [of lion, person] rugido *m*; [of crowd] clamor *m*.

roaring ['rɔ:rıŋ] ◇ *adj* - **1.** [loud] clamoroso(sa), fragoroso(sa). - **2.** [fire] espectacular. - **3.** [as emphasis]: **a** ~ **success** un éxito clamoroso; **to do a** ~ **trade** hacer un gran negocio. ◇ *adv inf*: ~ **drunk** borracho(cha) como una cuba.

roast [rəust] ◇ *adj* asado(da). ◇ *n* asado *m*. ◇ *vt* - **1.** [potatoes, meat] asar. - **2.** [nuts, coffee beans] tostar. ◇ *vi* - **1.** [meat] asarse. - **2.** *fig* [person] achicharrarse, asarse.

roast beef *n* rosbif *m*.

roaster ['rəustə'] *n* [animal] pieza *f* de carne para asar.

roasting ['rəustıŋ] ◇ *adj inf* achicharrante. ◇ *adv inf*: **it's** ~ **hot** hace un calor que achicharra. ◇ *n* - **1.** [of meat] asado *m*; [of coffee] tostado *m*, torrefacción *f*. - **2.** *Br inf fig* [harsh criticism]: **to give sb a** ~ echarle a alguien un buen rapapolvo.

roasting spit *n* asador *m* (varilla).

roasting tin *n* bandeja *f* de asar.

rob [rɒb] (*pt & pp* **robbed**, *cont* **robbing**) *vt* robar; **to** ~ **sb of sthg** *lit & fig* robar a alguien algo ▫ **to** ~ **Peter to pay Paul** desnudar a un santo para vestir a otro.

robber ['rɒbə'] *n* ladrón *m*, -ona *f*.

robbery ['rɒbərı] (*pl* **robberies**) *n* robo *m*.

robe [rəub] *n* - **1.** [towelling] albornoz *m*; *Am* [loose garment] bata *f*. - **2.** [of student] toga *f*. - **3.** [of priest] sotana *f*.

robin ['rɒbın] *n* - **1.** [European] petirrojo *m*. - **2.** [American] tordo *m* norteamericano, ceoán *m*.

Robin Hood *n* Robin Hood, Robín de los bosques.

robot ['rəubɒt] *n* robot *m*.

robotic [rəu'bɒtık] *adj* robótico(ca).

robotics [rəu'bɒtıks] *n* (U) robótica *f*.

robust [rəu'bʌst] *adj* robusto(ta), fuerte.

robustly [rəu'bʌstlı] *adv* robustamente, fuertemente.

rock [rɒk] ◇ *n* - **1.** (U) [substance] roca *f*. - **2.** [boulder] peñasco *m*. - **3.** *Am* [pebble] guijarro *m*. - **4.** [music] rock *m*. - **5.** *Br* [sweet] palo *m* de caramelo. - **6.** *v inf* [diamond] pedrusco *m*, diamante *m*. ◇ *comp* de rock. ◇ *vt* - **1.** [cause to move] mecer, balancear. - **2.** [shock] sacudir. ◇ *vi* mecerse, balancearse.

◆ **Rock** *n inf* [Gibraltar]: **the Rock** el Peñón.

◆ **on the rocks** *adv* - **1.** [drink] con hielo. - **2.** [marriage, relationship] que va mal.

rockabilly ['rɒkə,bılı] *n* rockabilly *m*.

rock and roll *n* rock and roll *m*.

rock bottom *n* el fondo; **to hit** ~ tocar fondo.

◆ **rock-bottom** *adj*: **rock-bottom prices** precios muy bajos.

rock cake *n Br* bizcocho con frutos secos.

rock candy *n Am* palo *m* de caramelo.

rock climber *n* escalador *m*, -ra *f* (de rocas).

rock-climbing *n* escalada *f* (de rocas).

rock crystal *n* cristal *m* de roca.

rock dash *n Am* enguijarrado *m*.

rock dove *n* paloma *f*, zorita *f*.

rocker ['rɒkə'] *n* - **1.** [rocking chair] mecedora *f*. - **2.** [of cradle, chair] arco *m*; **he's off his** ~ *inf fig* le falta un tornillo.

rocker arm *n* balancín *m*.

rockery ['rɒkərı] (*pl* **rockeries**) *n* jardín *m* con rocalla.

rocket ['rɒkıt] ◇ *n* - **1.** [device, vehicle] cohete *m*; **to go off like a** ~ salir disparado(da). - **2.** *inf* [reprimand]: **to get a** ~ recibir un buen rapapolvo. ◇ *vi* subir rápidamente.

rocket engine *n* motor *m* de cohete o reacción.

rocket launcher *n* lanzacohetes *m inv*.

rocketry ['rɒkıtrı] *n* cohetería *f*.

rock face *n* pared *f* de roca.

rockfall ['rɒkfɔ:l] *n* deslizamiento *m* de montaña.

rockfish ['rɒkfıʃ] (*pl inv* OR **rockfishes**) *n* pescado *m* de roca.

rock garden *n* jardín *m* con rocalla.

rock-hard *adj* duro(ra) como una piedra.

Rockies ['rɒkız] *npl*: **the** ~ las Rocosas.

rocking ['rɒkıŋ] ◇ *adj* oscilante. ◇ *n* balanceo *m*.

rocking chair *n* mecedora *f*.

rocking horse *n* caballo *m* de balancín.

rock music *n* música *f* rock.

rock'n'roll [,rɒkn'rəul] *n* = **rock and roll**.

rock pool *n* charca *f* entre las rocas en la playa.

rock salt *n* sal *f* gema.

rock wool *n* lana *f* mineral.

rocky ['rɒkı] (*compar* **rockier**, *superl* **rockiest**) *adj* - **1.** [full of rocks] rocoso(sa). - **2.** [unsteady] inestable.

Rocky Mountains *npl*: **the** ~ las montañas Rocosas.

rococo [rə'kəukəu] *adj* rococó.

rod [rɒd] *n* - **1.** [wooden] vara *f*; [metal] barra *f*; [for fishing] caña *f*; ~ **and line** caña *f* de pescar ▫ **to rule with a** ~ **of iron** gobernar con mano de hierro; **spare the** ~ **and spoil the child** *proverb* quien bien te quiere te hará llorar *proverb*. - **2.** [piston rod] biela *f*. - **3.** [in eye] bastoncillo *m*, bastón *m*. - **4.** *Am v inf* [gun] pistolón *m*, pipa *f Esp*.

rode [rəud] *pt* → **ride**.

rodent ['rəudənt] *n* roedor *m*.

rodeo ['rəudıəu] (*pl* **rodeos**) *n* rodeo *m*.

Rodeo Drive *n* lujosa calle comercial de Hollywood.

roe [rəu] *n* hueva *f*.

roebuck ['rəubʌk] *n* corzo *m* (macho).

roe deer n corzo m.

roentgen ['rɒntjən] n roentgen m.

rogatory ['rɒgətrɪ] adj rogatorio(ria).

roger ['rɒdʒəʳ] excl ¡recibido!

rogue [rəʊg] ◇ adj - **1.** [animal] solitario y peligroso (solitaria y peligrosa). - **2.** fig [person] rebelde. ◇ n - **1.** [likeable rascal] picaruelo m, -la f. - **2.** dated [dishonest person] bellaco m, -ca f.

rogues' gallery n archivo m fotográfico de delincuentes.

roguish ['rəʊgɪʃ] adj picaruelo(la), travieso(sa).

roil [rɔɪl] vt [muddy] enturbiar.

roisterous ['rɔɪstərəs] adj jaranero(ra), de jarana.

role [rəʊl] n THEATRE & fig papel m.

role model n modelo m a imitar, modelo m de conducta.

role playing n (U) juego m de roles, representación f de papeles.

roll [rəʊl] ◇ n - **1.** [gen] rollo m; [of paper, banknotes] fajo m; [of cloth] pieza f; [of fat, flesh] michelín m. - **2.** [of bread] panecillo m. - **3.** [movement - of car, ship, plane] balanceo m; [- of sea] oleaje m; [- of hips, shoulders] meneo m; [- of dice] tirada f; **to have a ~ in the hay** darse un revolcón. - **4.** [list] lista f; [payroll] nómina f; **to call the ~** pasar lista; **to be on the ~** [of club] ser miembro; Br [of school] estar matriculado(da), ser alumno(na) del centro; **~ of honour** MIL lista f de honor; SCH cuadro m de honor. - **5.** [of drums] redoble m; [of thunder] retumbo m. ◇ vt - **1.** [turn over] hacer rodar; [push along] empujar; **he ~ed the clay into a long sausage** hizo una salchicha muy larga con la arcilla; **to ~ one's eyes** poner los ojos en blanco; **to ~ one's hips/shoulders** menear las caderas/los hombros. - **2.** [roll up] enrollar; **to ~ o.s. into a ball** hacerse un ovillo; **(all) ~ed into one** todo en uno. - **3.** [cigarette] liar. - **4.** [flatten - grass] apisonar, aplastar; [- pastry, dough] extender (con el rodillo); [- gold, metal] laminar. - **5.** Am inf [rob] desplumar. ◇ vi - **1.** [ball, barrel] rodar; **to ~ in the mud** revolcarse en el barro; **the ball ~ed under the car/down the slope** la pelota fue rodando hasta debajo del coche/cuesta abajo; **tears ~ed down his face** las lágrimas le resbalaban por la cara. - **2.** [vehicle, time] ir, avanzar; [time] pasar; **the days ~ed by** pasaban los días. - **3.** [ship, plane] balancearse. - **4.** [thunder] retumbar; [drum] redoblar. - **5.** [machine, camera] ponerse en marcha; **to get sthg ~ing** inf poner algo en marcha; **to get** OR **start things ~ing** inf poner las cosas en marcha.

◆ **roll about, roll around** vi: **to ~ about** OR **around (on)** rodar (por); **to ~ about with laughter** revolcarse de risa.

◆ **roll back** vt sep - **1.** Am [prices] bajar. - **2.** [enemy] hacer retroceder.

◆ **roll in** vi [money, crowds] inf llegar a raudales.

◆ **roll on** vi Br inf: **~ on Friday!** ¡a ver si llega (ya) el viernes!

◆ **roll out** vt sep - **1.** [map, carpet] desenrollar. - **2.** [pastry] extender (con el rodillo).

◆ **roll over** vi darse la vuelta.

◆ **roll up** ◇ vt sep - **1.** [make into roll] enrollar. - **2.** [sleeves] remangarse. ◇ vi - **1.** [vehicle] llegar. - **2.** inf [person] presentarse, aparecer.

roll bar n barra f antivolcamiento.

roll call n: **to take the ~** pasar lista.

roll collar n cuello m vuelto OR de cisne.

rolled [rəʊld] adj - **1.** [paper, carpet] enrollado(da). - **2.** [iron, steel] laminado(da). - **3.** [tobacco] liado(da); **~ oats** copos mpl de avena.

rolled gold n oro m laminado.

rolled-up adj enrollado(da).

roller ['rəʊləʳ] n - **1.** [cylinder] rodillo m. - **2.** [curler] rulo m. - **3.** [small wheel] ruedecilla f. - **4.** [wave] ola f grande.

roller bearing n cojinete m de rodillos.

roller blades npl patines mpl en línea.

roller blind n persiana f enrollable.

roller coaster n montaña f rusa.

roller disco n discoteca donde se baila con patines de ruedas.

roller skate n patín m de ruedas.

◆ **roller-skate** vi ir en patines.

roller-skating n patinaje m sobre ruedas.

roller towel n toalla f de rodillo.

rollicking ['rɒlɪkɪŋ] adj: **we had a ~ good time** lo pasamos en grande.

rolling ['rəʊlɪŋ] adj - **1.** [undulating] ondulante. - **2.** phr: **to be ~ in it** inf nadar en la abundancia.

rolling mill n taller m de laminación.

rolling pin n rodillo m (de cocina).

rolling stock n material m rodante.

rolling stone n [person] trotamundos mf inv; **a ~ gathers no moss** proverb piedra movediza nunca moho cobija proverb.

rollmop ['rɒlmɒp] n pincho m de arenque en escabeche.

rollneck(ed) ['rəʊlnek(t)] adj de cuello de cisne.

roll of honour n lista f de honor.

roll-on adj [deodorant etc] de bola.

roll-on roll-off adj Br de carga OR transbordo horizontal.

rollover ['rəʊləʊvəʳ] n [in car] vuelta f de campana.

rolltop ['rəʊltɒp] n: **~ (desk)** escritorio m de tapa corrediza.

roll-up ◇ adj [map] enrollable. ◇ n Br inf cigarrillo m liado a mano.

roly-poly [,rəʊlɪ'pəʊlɪ] (pl **roly-polies**) ◇ n Br: **~ (pudding)** dulce compuesto de mermelada y masa pastelera enrolladas. ◇ adj inf [plump] rechoncho(cha), regordete(ta).

ROM [rɒm] (abbr of **read only memory**) n ROM f.

romaine lettuce [rəʊ'meɪn] n Am lechuga f (de hoja larga).

Roman ['rəʊmən] ◇ adj romano(na). ◇ n romano m, -na f; **the Epistle of Saint Paul to the ~s** la Epístola de san Pablo a los romanos.

Roman alphabet n alfabeto m latino.

Roman Britain n periodo de dominación romana en Gran Bretaña desde el siglo I a. JC. hasta el IV d. JC.

Roman calendar n calendario m romano.

Roman candle n tipo de fuego artificial.

Roman Catholic ◇ adj católico (romano) (católica (romana)). ◇ n católico (romano) m, católica (romana) f.

romance [rəʊ'mæns] ◇ n - **1.** [romantic quality] lo romántico. - **2.** [love affair] amorío m. - **3.** [in fiction - modern] novela f romántica; [- medieval] libro m de caballerías, romance m. ◇ comp: **~ writer** escritor m, -ra f de novelas románticas.

Romance language n lengua f romance OR románica.

Roman Empire n: **the ~** el Imperio Romano.

Romanesque [,rəʊmə'nesk] adj románico(ca).

Romani ['rəʊmənɪ] adj & n = **Romany**.

Romania [ruː'meɪnjə] n Rumania f.

Romanian [ruː'meɪnjən] ◇ adj rumano(na). ◇ n - **1.** [person] rumano m, -na f. - **2.** [language] rumano m.

Romanic [rəʊ'mænɪk] ◇ adj romano(na). ◇ n LING lenguas fpl romances OR románicas.

Roman nose n nariz f aguileña.

Roman numerals npl números mpl romanos.

Romans(c)h [rəʊ'mænʃ] ◇ adj romanche. ◇ n romanche m.

romantic [rəʊ'mæntɪk] adj romántico(ca).

◆ **Romantic** adj ART, LITER & MUS romántico(ca).

romanticism [rəʊ'mæntɪsɪzm] n romanticismo m.

romanticize, -ise [rəʊ'mæntɪsaɪz] ◇ vt poner una nota romántica en. ◇ vi soñar despierto, fantasear.

Romany ['rəʊmənɪ] (pl **Romanies**) ◇ adj gitano(na), romaní. ◇ n - **1.** [person] romaní mf, gitano m, -na f. - **2.** [language - gen] lengua f gitana; [- in Spain] caló m.

Rome [rəʊm] n Roma f; **all roads lead to ~** proverb todos los caminos llevan a Roma *proverb*; ~ **wasn't built in a day** *proverb* no se ganó Zamora en una hora *proverb*; **when in ~ do as the Romans do** *proverb* donde fueres haz lo que vieres *proverb*.

Romeo ['rəʊmɪəʊ] *n* Romeo *m*.

Romish ['rəʊmɪʃ] *adj pej* papista.

romp [rɒmp] ◇ *n* retozo *m*, jugueteo *m*. ◇ *vi* retozar, juguetear; **to ~ home** *inf fig* [in horse race etc] ganar con facilidad.

rompers ['rɒmpəz] *npl*, **romper suit** ['rɒmpə-] *n* pelele *m*.

rondo ['rɒndəʊ] (*pl* **rondos**) *n* MUS rondó *m*.

röntgen ['rɒntjən] *n* = **roentgen**.

rood [ruːd] *n* [crucifix] crucifijo *m*.

roof [ruːf] ◇ *n* - **1.** [of building] tejado *m*; [of vehicle] techo *m*; **under the same ~** bajo el mismo techo; **under one's ~** en la casa de uno; **to go through** OR **hit the ~** *fig* [person] subirse por las paredes; [prices] dispararse, ponerse por las nubes; **to have a ~ over one's head** tener cobijo; **to raise the ~** armar un ruido ensordecedor. - **2.** [of mouth] paladar *m*. ◇ *vt* techar.

-roofed [ruːft] *in cpds*: **flat ~ warehouses** almacenes *fpl* de techo plano or con azoteas.

roofer ['ruːfə'] *n* techador *m*, -ra *f*.

roof garden *n* azotea o terraza con flores y plantas.

roofing ['ruːfɪŋ] *n* materiales *mpl* para techar, techumbre *f*.

roofing felt *n* cartón *m* embreado de techumbres.

roofless ['ruːflɪs] *adj* sin techo.

roof light *n* - **1.** AUT luz *f* en el techo. - **2.** [window] tragaluz *m*, claraboya *f*.

roof rack *n* baca *f*, portaequipajes *m inv*, parrilla *f Amér*.

rooftop ['ruːftɒp] *n* tejado *m*.

rooftree ['ruːftriː] *n* cumbrera *f*.

rook [rʊk] ◇ *n* - **1.** [bird] grajo *m*. - **2.** [chess piece] torre *f*. ◇ *vt inf* timar.

rookie ['rʊkɪ] *n Am inf* novato *m*, -ta *f*.

room [ruːm, rʊm] ◇ *n* - **1.** [in house, building] habitación *f*; **~ and board** pensión *f* completa. - **2.** [for conferences etc] sala *f*. - **3.** [bedroom] habitación *f*, cuarto *m*, ambiente *m* *Amér*. - **4.** (*U*) [space] sitio *m*, espacio *m*; **to make ~ for** hacer sitio para; **to take up ~** ocupar sitio. - **5.** [opportunity, possibility]: **~ for improvement** posibilidad *f* de mejora; **~ to** OR **for manoeuvre** espacio *m* para maniobrar ❑ **there isn't ~ to swing a cat** *Br* no cabe ni un alfiler. ◇ *vi* alojarse, hospedarse; **to ~ with sb** compartir la habitación con alguien.

◆ **rooms** *npl dated* alojamiento *m*.

-roomed [ruːmd] *in cpds*: **a five~ flat** un piso de cinco habitaciones.

roomer ['ruːmə'] *n Am* huésped *mf*, huésped *m*, -da *f*.

roomful ['ruːmfʊl] *n* habitación *f* llena, cuarto *m* lleno; **a ~ of people** un cuarto lleno de gente.

rooming house ['ruːmɪŋ-] *n Am* casa *f* de huéspedes, pensión *f*.

roommate ['ruːmmeɪt] *n* compañero *m*, -ra *f* de habitación.

room service *n* servicio *m* de habitación.

room temperature *n* temperatura *f* ambiente.

roomy ['ruːmɪ] (*compar* **roomier**, *superl* **roomiest**) *adj* espacioso(sa), amplio(plia).

roost [ruːst] ◇ *n* percha *f*, palo *m*; **to rule the ~** *fig* llevar el cotarro. ◇ *vi* [bird] dormir (en una percha); **his misdeeds came home to ~** acabó pagando por sus fechorías.

rooster ['ruːstə'] *n* gallo *m*.

root [ruːt] ◇ *n* - **1.** BOT & *fig* raíz *f*; **to be at the ~ of sthg** ser la raíz de algo; **to get to the ~ of sthg** llegar OR ir a la raíz de algo; **to pull up by the ~s** arrancar de raíz; **to take ~** *lit & fig* arraigar ❑ **to put down ~s** [person] echar raíces, radicarse. - **2.** [of tooth, hair] raíz *f*. - **3.** MATH raíz *f*. ◇ *adj* [fundamental] de raíz. ◇ *vi* - **1.** [pig etc] hozar; [person] hurgar, escarbar. - **2.** [plant] echar raíces, arraigar.

◆ **roots** *npl* [origins] raíces *fpl*.

◆ **root about**, **root around** *vi fus* [animal] hurgar con el hocico; [person] hurgar; **to ~ about for sthg** hurgar en busca de algo.

◆ **root for** *vt fus Am inf* apoyar a.

◆ **root out** *vt sep* [eradicate] desarraigar, arrancar de raíz.

◆ **root up** *vt sep* [plant] arrancar de raíz; [subj: pigs] desenterrar.

root beer *n Am* cerveza sin alcohol hecha de extractos vegetales.

root canal *n* canal *m* radicular.

root cellar *n* bodega en la que se guardan legumbres.

root crop *n* tubérculos *mpl*.

rooted ['ruːtɪd] *adj*: **to be ~ to the spot** quedarse clavado(da) en el sitio.

root ginger *n* (tallo *m* de) jengibre *m*.

root hair *n* pelo *m* absorbente.

rootless ['ruːtlɪs] *adj* desarraigado(da).

rootstock ['ruːtstɒk] *n* rizoma *m*.

root vegetable *n* tubérculo *m*.

rope [rəʊp] ◇ *n* - **1.** [thin] cuerda *f*, cabuya *f Amér*; [thick] soga *f*; NAUT maroma *f*, cable *m*; **to give sb more ~** *fig* dar mayor libertad de movimientos a alguien; **to know the ~s** *fig* saber de qué va el asunto; **to learn the ~s** *fig* ponerse al tanto; **to show** OR **teach sb the ~s** *fig* poner a alguien al tanto. - **2.** [of pearls] sarta *f*; [of onions] ristra *f*. ◇ *vt* - **1.** [tie] atar con cuerda. - **2.** *Am* [lasso] coger con lazo.

◆ **rope in** *vt sep inf* arrastrar OR enganchar a.

◆ **rope off** *vt sep* acordonar.

◆ **rope up** ◇ *vi fus* encordarse. ◇ *vt sep* - **1.** [parcel] atar con una cuerda. - **2.** [climbers] poner una cuerda de seguridad a.

rope ladder *n* escalera *f* de cuerda, escala *f*.

rope trick *n* truco de prestidigitación que se realiza con una cuerda.

rope walk *n* cordelería *f*.

ropewalker ['rəʊp,wɔːkə'] *n* funámbulo *m*, -la *f*.

rop(e)y ['rəʊpɪ] (*compar* **ropier**, *superl* **ropiest**) *adj Br inf* - **1.** [poor-quality] malo(la). - **2.** [unwell] malucho(cha).

ro-ro ['rəʊrəʊ] *n* = **roll-on roll-off**.

rorqual ['rɔːkwəl] *n* rorcual *m*.

rosary ['rəʊzərɪ] (*pl* **rosaries**) *n* rosario *m*.

rose [rəʊz] ◇ *pt* → **rise**. ◇ *n* - **1.** [flower] rosa *f*; [bush] rosal *m*. - **2.** [on hosepipe, watering can] roseta *f*. - **3.** *phr*: **to come up ~s** salir a pedir de boca. ◇ *adj* [pink] rosa, color de rosa.

rosé ['rəʊzeɪ] *n* rosado *m*.

roseate ['rəʊzɪət] *adj literary* rosado(da).

rosebed ['rəʊzbed] *n* rosaleda *f*.

Rose Bowl [rəʊz-] *n*: **the ~** partido de fútbol universitario que se juega el día de Año Nuevo en Pasadena, California.

rosebud ['rəʊzbʌd] *n* capullo *m* de rosa.

rose bush *n* rosal *m*.

rose-coloured *adj* rosa, rosado(da); **to see things through ~ spectacles** *fig* ver las cosas OR verlo todo de color de rosa.

rose fever *n* fiebre *f* de primavera.

rose garden *n* rosaleda *f*.

rose hip ◇ *n* escaramujo *m*. ◇ *comp*: **~ syrup** jarabe *m* de escaramujo.

rosemary ['rəʊzmərɪ] *n* romero *m*.

rose of Sharon [-'ʃærən] *n* rosa *f* de Siria.

rose quartz *n* diamante *m* rosa.

rose-tinted *adj* rosa, rosado(da).

rose tree *n* rosal *m*.

rosette [rəʊ'zet] *n* - **1.** [badge] escarapela *f*. - **2.** BOT roseta *f*.

rosewater ['rəʊz,wɔːtə'] *n* agua *f* de rosas.

rose window *n* rosetón *m*.

rosewood ['rəʊzwʊd] *n* palisandro *m*.

Rosicrucian [,rəʊzɪ'kruːʃn] ◇ *adj* rosacruz. ◇ *n* rosacruz *mf*.

rosin ['rɒzɪn] *n* colofonía *f*.

ROSPA ['rɒspə] (*abbr of* **Royal Society for the Prevention of Accidents**) *n* organización británica para la prevención de accidentes.

roster ['rɒstə*r*] *n* lista *f*.

rostrum ['rɒstrəm] (*pl* **rostrums** OR **rostra** [-trə]) *n* tribuna *f*.

rosy ['rəʊzɪ] (*compar* **rosier**, *superl* **rosiest**) *adj* - **1**. [pink] sonrosado(da). - **2**. [hopeful] prometedor(ra).

rot [rɒt] (*pt & pp* **rotted**, *cont* **rotting**) ◇ *n* - **1**. [of wood, food] podredumbre *f*; [in society, organization] putrefacción *f*, decadencia *f*. - **2**. (U) *Br dated* [nonsense] tonterías *fpl*, bobadas *fpl*. ◇ *vt* pudrir, corromper. ◇ *vi* pudrirse, corromperse.
♦ **rot away** *vi* pudrirse, descomponerse.

rota ['rəʊtə] *n* lista *f* (de turnos).

Rotarian [rəʊ'teərɪən] *n* rotario *m*, -ria *f*.

rotary ['rəʊtərɪ] ◇ *adj* giratorio(ria), rotativo(va). ◇ *n Am* [roundabout] glorieta *f*, cruce *m* de circulación giratoria.

Rotary Club *n*: **the** ~ la Sociedad Rotaria.

rotary engine *n* motor *m* rotativo.

rotary plough *n* arado *m* rotatorio.

rotary tiller *n Am* roturadora *f*.

rotate [rəʊ'teɪt] ◇ *vt* - **1**. [turn] hacer girar, dar vueltas a. - **2**. [jobs] alternar; [crops] cultivar en rotación. ◇ *vi* - **1**. [turn] girar, dar vueltas. - **2**. [jobs] alternarse; [crops] cultivarse en rotación.

rotating [rəʊ'teɪtɪŋ] *adj* - **1**. *lit* giratorio(ria). - **2**. AGR: **crops** cultivos *mpl* en rotación.

rotation [rəʊ'teɪʃn] *n* - **1**. [gen] rotación *f*. - **2**. [of jobs] turno *m*; **in** ~ por turno OR turnos.

rotator [rəʊ'teɪtə*r*] *n* - **1**. TECH parte *f* OR pieza *f* rotatoria. - **2**. ANAT músculo *m* rotatorio.

rotavate ['rəʊtəveɪt] *vt* = **rotovate**.

rote [rəʊt] *n*: **by** ~ de memoria.

rote learning *n* aprendizaje *m* de memoria.

rotgut ['rɒtgʌt] *n inf* matarratas *m inv*, licor *m* de mala calidad.

rotisserie [rəʊ'tɪsərɪ] *n* asador *m*.

rotogravure [ˌrəʊtəgrə'vjʊə*r*] *n* huecograbado *m*.

rotor ['rəʊtə*r*] *n* rotor *m*.

rotovate ['rəʊtəveɪt] *vt* arar con motocultor.

Rotovator® ['rəʊtəveɪtə*r*] *n Br* motocultor *m*.

rotten ['rɒtn] *adj* - **1**. [decayed] podrido(da). - **2**. *inf* [poor-quality] malísimo(ma), fatal. - **3**. *inf* [unpleasant] despreciable. - **4**. *inf* [unwell]: **to feel** ~ sentirse fatal OR muy mal. - **5**. *inf* [unhappy]: **to feel** ~ **(about)** sentirse mal (por).

rotter ['rɒtə*r*] *n Br inf dated* sinvergüenza *mf*, canalla *mf*.

rotting ['rɒtɪŋ] *adj* que se está pudriendo, medio podrido (medio podrida).

rotund [rəʊ'tʌnd] *adj fml* regordete(ta).

rotunda [rəʊ'tʌndə] *n* rotonda *f*.

rouble ['ruːbl] *n* rublo *m*.

roué ['ruːeɪ] *n literary* libertino *m*, calavera *m*.

rouge [ruːʒ] *n* colorete *m*.

rough [rʌf] ◇ *adj* - **1**. [not smooth - surface, skin] áspero(ra); [- ground, road] desigual. - **2**. [not gentle, brutal] bruto(ta). - **3**. [crude, not refined - person, manner] grosero(ra), tosco(ca); [- shelter] precario(ria); [- food, living conditions] simple; ~ **and ready** tosco. - **4**. [approximate - plan] a grandes rasgos; [- estimate, translation] aproximado(da); ~ **draft** borrador *m*; ~ **sketch** boceto *m*; **at a** ~ **guess** a ojo de buen cubero. - **5**. [unpleasant] duro(ra), difícil; **to be** ~ **on sb** [situation] ser una mala suerte para alguien; **to give sb a** ~ **time** hacer pasar un mal rato a alguien; **to have a** ~ **time** [period] pasar una temporada muy mala; [moment] pasar un mal rato. - **6**. [wind] violento(ta); [sea] picado(da); [weather, day] tormentoso(sa), borrascoso(sa), embravecido(da); **to get** ~ picarse. - **7**. [wine, voice] áspero(ra). - **8**.

[violent - area] peligroso(sa); [- person] violento(ta). - **9**. [tired, ill]: **to look/feel** ~ tener un aspecto/sentirse fatal. ◇ *adv*: **to sleep** ~ dormir al raso; **to play** ~ jugar duro ❑ **to cut up** ~ ponerse hecho(cha) una fiera. ◇ *n* - **1**. GOLF: **the** ~ el rough. - **2**. [undetailed form]: **in** ~ en borrador. - **3**. [in jewellery]: **in the** ~ en bruto. - **4**. *phr*: **to take the** ~ **with the smooth** estar a las duras y a las maduras. ◇ *vt phr*: **to** ~ **it** vivir sin comodidades.
♦ **rough out** *vt sep* esbozar, bosquejar.
♦ **rough up** *vt sep* - **1**. [hair] erizar, levantar. - **2**. *inf* [person] darle una paliza a.

roughage ['rʌfɪdʒ] *n* (U) fibra *f*.

rough-and-tumble *n* (U) riña *f*.

roughcast ['rʌfkɑːst] *n* mortero *m* grueso.

rough diamond *n Br fig* diamante *m* en bruto.

rough-dry ◇ *vt* secar sin planchar. ◇ *adj* seco y listo para planchar (seca y lista para planchar).

roughen ['rʌfn] *vt* poner áspero(ra).

rough-hewn *adj* desbastado(da).

roughhouse ['rʌfhaʊs] *inf dated* ◇ *n* jaleo *m*, trifulca *f*. ◇ *vi* armar jaleo, armar una trifulca.

rough justice *n* injusticia *f*.

roughly ['rʌflɪ] *adv* - **1**. [approximately] más o menos. - **2**. [not gently] brutalmente. - **3**. [crudely] toscamente.

roughneck ['rʌfnek] *n* - **1**. [oilworker] *trabajador en una explotación petrolífera*. - **2**. *Am inf* [ruffian] matón *m*, duro *m*.

roughness ['rʌfnɪs] *n* - **1**. [lack of smoothness] aspereza *f*. - **2**. [lack of gentleness] brutalidad *f*.

roughrider ['rʌfˌraɪdə*r*] *n* domador *m*, -ra *f* de caballos.

roughshod ['rʌfʃɒd] *adv*: **to ride** ~ **over sthg/sb** tratar algo/a alguien sin contemplaciones.

rough sleeper *n* [homeless person] persona *f* sin hogar OR sin techo.

roulette [ruː'let] *n* ruleta *f*.

Roumania [ruː'meɪnjə] *n* = **Romania**.

round [raʊnd] ◇ *adj* redondo(da); **in** ~ **figures** en números redondos. ◇ *prep* - **1**. [surrounding] alrededor de. - **2**. [near] cerca de; ~ **here** por aquí. - **3**. [all over] por todo(da); **she looked** ~ **the room** miró por toda la habitación; **we walked** ~ **the town** caminamos por la ciudad. - **4**. [in circular movement]: ~ **(and** ~**)** alrededor de. - **5**. [in measurements]: **she's 30 inches** ~ **the waist** mide 30 pulgadas de cintura. - **6**. [at or to the other side of]: **they were waiting** ~ **the corner** esperaban a la vuelta de la esquina; **to drive** ~ **the corner** doblar la esquina; **to go** ~ **sthg** rodear algo. - **7**. [so as to avoid]: **he drove** ~ **the pothole** condujo esquivando el bache; **there must be a way** ~ **the problem** debe de haber alguna forma de evitar el problema. ◇ *adv* - **1**. [on all sides]: **to sit** ~ **in a circle** sentarse formando un círculo ❑ **all** ~ por todos lados. - **2**. [near]: ~ **about** alrededor, en las proximidades. - **3**. [all over]: **to travel** ~ viajar por ahí; **to have a look** ~ echar una mirada. - **4**. [in circular movement]: **to go** OR **spin** ~ girar; **turn the wheel right** ~ OR **all the way** ~ gira el volante todo lo que puedas ❑ ~ **(and** ~**)** en redondo. - **5**. [so as to face a different way] al revés; **she glanced** ~ **to see if they were following her** miró hacia atrás para ver si la seguían; **which way** ~ **does it go?** ¿de qué lado se pone?; **the wrong way** ~ del revés, al revés. - **6**. [from one person to another] de uno a otro; **I'll be sending a list** ~ mandaré una lista para todos. - **7**. [in measurements] en redondo. - **8**. [to the other side] al otro lado; **to go** ~ dar un rodeo. - **9**. [at or to nearby place]: **he came** ~ **to see us** vino a vernos; **I'm going** ~ **to the shop** voy un momento a la tienda. ◇ *n* - **1**. [of talks, drinks] ronda *f*; **his life is one long** ~ **of parties** su vida es una serie interminable de fiestas; **a** ~ **of applause** una salva de aplausos. - **2**. [in championship] vuelta *f*. - **3**. [of doctor] visita *f*; [of milkman, postman] recorrido *m*; **a paper/milk** ~ un reparto de periódicos/leche. - **4**. [of ammunition] cartucho *m*. - **5**. [in boxing] asalto *m*. - **6**. [in golf] vuelta *f*, round *m*. - **7**. [slice - of beef] rueda *f*, tajada *f*; [- of bread] rebanada *f*, tajada *f*. - **8**. [routine]: **the daily** ~ la rutina diaria. - **9**. [in cards] vuelta *f*. - **10.** MUS canon *m*. - **11.** THEATRE: **theatre in the** ~ teatro *m* circular. ◇ *vt* doblar.

◆ **rounds** *npl* [of doctor] visitas *fpl*; [of postman] recorrido *m*; **to do** OR **go the** ~**s** *fig* [joke, rumour] divulgarse; [illness] estar rodando.

◆ **round about** *prep* aproximadamente; ~ **about half past four** a eso de las cuatro y media; ~ **about £10** unas 10 libras.

◆ **round down** *vt sep* redondear (a la baja).

◆ **round off** *vt sep* - **1.** [finish] terminar. - **2.** [figure] redondear.

◆ **round on** *vt fus* revolverse contra.

◆ **round up** *vt sep* - **1.** [gather together] reunir. - **2.** MATH redondear.

roundabout ['raʊndəbaʊt] ◇ *adj* indirecto(ta); **to take a** ~ **route** dar un rodeo; **to talk in a** ~ **way** andar con rodeos. ◇ *n Br* - **1.** [on road] glorieta *f*, cruce *m* de circulación giratoria. - **2.** [at fairground] tiovivo *m*, caballitos *mpl*. - **3.** [at playground] *plataforma giratoria para que los niños la empujen y monten en ella*.

rounded ['raʊndɪd] *adj* redondeado(da).

roundel ['raʊndl] *n* - **1.** LITER rondel *m*, rondó *m*. - **2.** AERON *distintivo en forma de círculo en los aviones militares*. - **3.** [window] ojo *m* de buey; [panel, medal] medallón *m*.

rounders ['raʊndəz] *n Br juego parecido al béisbol*.

round-eyed *adj lit* de ojos redondos; *fig* [surprised] con los ojos como platos.

round-faced *adj* de rostro redondeado.

Roundhead ['raʊndhed] *n seguidor de Oliver Cromwell en la guerra civil inglesa del siglo XVII*.

roundhouse ['raʊndhaʊs, *pl* -haʊzɪz] *n* - **1.** RAIL depósito *m* de locomotoras. - **2.** *Am* [punch] gancho *m*.

roundish ['raʊndɪʃ] *adj* más bien redondo (más bien redonda), redondeado(da).

roundly ['raʊndlɪ] *adv* rotundamente, terminantemente.

roundness ['raʊndnɪs] *n* redondez *f*.

round robin *n* - **1.** [petition] memorial *m* firmado en círculo, nota *f* de protesta colectiva. - **2.** *Am* [tournament] torneo *m*.

round-shouldered *adj* cargado(da) de espaldas.

roundsman ['raʊndzmən] (*pl* **roundsmen** [-mən]) *n Br* repartidor *m*, -ra *f*.

round table *n* mesa *f* redonda.

◆ **round-table** *adj* en igualdad de condiciones.

◆ **Round Table** *n*: **the Round Table** la Tabla Redonda.

round the clock *adv* (durante) las 24 horas del día.

◆ **round-the-clock** *adj* continuo(nua), 24 horas al día.

round trip *n* viaje *m* de ida y vuelta.

◆ **round-trip** *adj Am* de ida y vuelta.

roundup ['raʊndʌp] *n* [summary] resumen *m*.

rouse [raʊz] *vt* - **1.** *fml* [wake up] despertar. - **2.** [impel]: **to** ~ **sb/o.s. to do sthg** animar a alguien/animarse a hacer algo. - **3.** [excite] excitar. - **4.** [give rise to] suscitar.

·**rousing** ['raʊzɪŋ] *adj* [speech] conmovedor(ra); [cheer] entusiasta.

roust [raʊst] *vt* despertar.

roustabout ['raʊstəbaʊt] *n Am* [wharf labourer] estibador *m*; [labourer] peón *m*.

rout [raʊt] ◇ *n* derrota *f* aplastante. ◇ *vt* derrotar, aplastar.

◆ **rout about** *vi* hurgar.

route [*Br* ruːt, *Am* raʊt] ◇ *n* - **1.** [gen] ruta *f*; [of bus] línea *f*, recorrido *m*; [of ship] rumbo *m*. - **2.** *Am* [for deliveries] recorrido *m*, itinerario *m*. ◇ *vt* [gen] dirigir; [goods] enviar.

route map *n* plano *m* (del camino).

route march *n* marcha *f* de entrenamiento.

routine [ruːˈtiːn] ◇ *adj* rutinario(ria). ◇ *n* rutina *f*.

routinely [ruːˈtiːnlɪ] *adv* rutinariamente.

roux [ruː] (*pl inv*) *n* base de harina y mantequilla con que se hace la salsa rubia.

rove [rəʊv] *literary* ◇ *vt* vagar por. ◇ *vi*: **to** ~ **around** vagar.

rover ['rəʊvə^r] *n* vagabundo *m*, -da *f*.

roving ['rəʊvɪŋ] *adj* volante, itinerante; **he has a** ~ **eye for the girls** *fig* se le van los ojos detrás de las chicas.

row[1] [rəʊ] ◇ *n* - **1.** [line] fila *f*, hilera *f*; **in a** ~ en fila. - **2.** [succession] serie *f*; **three in a** ~ tres seguidos. - **3.** [in boat]: **to go for a** ~ dar un paseo en barca. ◇ *vt* - **1.** [boat]: **we** ~**ed the boat to the shore** fuimos remando con la barca hasta la orilla. - **2.** [people, things] llevar en bote. ◇ *vi* remar; **she** ~**ed across the Channel** cruzó el Canal de la Mancha remando.

row[2] [raʊ] ◇ *n* - **1.** [quarrel] pelea *f*, bronca *f*. - **2.** *inf* [noise] jaleo *m*, escándalo *m*. ◇ *vi* [quarrel] reñir, pelearse.

rowan ['raʊən, 'rəʊən] *n* [tree] serbal *m*, serba *f*.

rowboat *n Am* = **rowing boat**.

rowdiness ['raʊdɪnɪs] *n* alboroto *m*, ruido *m*.

rowdy ['raʊdɪ] (*compar* **rowdier**, *superl* **rowdiest**, *pl* **rowdies**) ◇ *adj* [noisy] ruidoso(sa); [quarrelsome] pendenciero(ra). ◇ *n* camorrista *mf*, pendenciero *m*, -ra *f*.

rowel ['raʊəl] *n* rodaja *f* (de la espuela).

rower ['rəʊə^r] *n* remero *m*, -ra *f*.

row house [rəʊ-] *n Am* casa *f* adosada.

rowing ['rəʊɪŋ] *n* remo *m*.

rowing boat, **rowboat** *Am* ['rəʊbəʊt] *n* bote *m* de remo.

rowing machine *n* máquina *f* de remar.

rowlock ['rɒlək] *n Br* escálamo *m*, tolete *m*.

royal ['rɔɪəl] ◇ *adj* real. ◇ *n inf* miembro *m* de la familia real; **the Royals** *inf* la familia real.

Royal Academy (of Arts) *n academia británica de Bellas Artes*.

Royal Air Force *n*: **the** ~ las Fuerzas Aéreas de Gran Bretaña.

Royal Ascot *n competición hípica que se celebra en Ascot todos los años, a la que acuden los miembros de la familia real y la alta sociedad británica*.

royal assent *n sanción real de una ley, tras ser aprobada ésta por el Parlamento*.

royal blue *adj* azul marino *(inv)*.

Royal Enclosure *n área reservada para la familia real y sus allegados en Ascot*.

Royal Engineers *npl cuerpo de ingenieros del ejército británico*.

royal family *n* familia *f* real.

Royal Household *n*: **the** ~ la casa real.

royal icing *n Br* CULIN *glaseado duro y blanco de azúcar en polvo y clara de huevo*.

Royal Institution *n academia británica de las ciencias*.

royalist ['rɔɪəlɪst] *n* monárquico *m*, -ca *f*.

royal jelly *n* jalea *f* real.

royally ['rɔɪəlɪ] *adv* regiamente, magníficamente.

Royal Mail *n Br*: **the** ~ ≃ Correos *m*.

Royal Marines *npl Br*: **the** ~ la Infantería de Marina de Gran Bretaña.

Royal Navy *n*: **the** ~ la Armada de Gran Bretaña.

royal palm *n* palma *f* real, palmiche *m*.

Royal Society *n* sociedad británica de las ciencias, la más veterana de ellas.

royalty ['rɔɪəltɪ] *n* realeza *f*.

◆ **royalties** *npl* derechos *mpl* de autor, royalties *mpl*.

Royal Ulster Constabulary *n fuerzas de seguridad del Gobierno británico en Irlanda del Norte*.

RP *(abbr of* **received pronunciation**) *n pronunciación estándar del inglés*.

RPI *(abbr of* **retail price index**) *n* IPC *m*.

rpm *(abbr of* **revolutions per minute**) r.p.m. *fpl*.

RR *(abbr of* **railroad**) FC.

RRP *n written abbr of* **recommended retail price**.

RSA *(abbr of* **Royal Society of Arts**) *n sociedad británica para el fomento de las artes, la producción industrial y el comercio*.

RSC (*abbr of* **Royal Shakespeare Company**) *n* compañía de teatro británica.

RSI (*abbr of* **repetitive strain injury**) *n* lesión muscular producida, por ejemplo, por el trabajo continuado tecleando en un ordenador.

RSPB (*abbr of* **Royal Society for the Protection of Birds**) *n* sociedad británica para la protección de las aves en su medio ambiente natural.

RSPCA (*abbr of* **Royal Society for the Prevention of Cruelty to Animals**) *n* sociedad británica protectora de animales, ≃ SPA *f*.

RST (*abbr of* **Royal Shakespeare Theatre**) *n* teatro británico especializado en la obra de Shakespeare.

RSVP (*abbr of* **répondez s'il vous plaît**) s.r.c.

Rt Hon (*written abbr of* **Right Honourable**) su Sría.

Rt Rev (*written abbr of* **Right Reverend**) muy Rdo.

RU (*abbr of* **Rugby Union**) *n* SPORT rugby de aficionado jugado con equipos de 15 jugadores.

rub [rʌb] (*pt & pp* **rubbed**, *cont* **rubbing**) ◇ *vt*: **to ~ sthg (against** OR **on)** frotar algo (en OR contra); **to ~ sthg on** OR **onto** frotar algo en; **to ~ sthg in** OR **into** frotar algo en ❑ **to ~ it in** *inf* insistir, machacar; **to ~ sb up the wrong way** *Br*, **to ~ sb the wrong way** *Am* sacar a alguien de quicio. ◇ *vi*: **to ~ (against sthg)** rozar (algo); **to ~ (together)** rozarse. ◇ *n* - **1.** [rubbing] frotamiento *m*. - **2.** [massage] fricción *f*, friega *f*.

◆ **rub along** *vi Br inf* - **1.** [manage] arreglárselas, ir tirando. - **2.** [get on] llevarse bien; **they ~ along (together)** se llevan bastante bien.

◆ **rub away** ◇ *vt sep* - **1.** [stain] quitar frotando; [writing] borrar; **the inscription has been rubbed away** la inscripción se ha borrado. - **2.** [tears, sweat] enjugar. ◇ *vi* desaparecer al frotar.

◆ **rub down** *vt sep* - **1.** [body] secar; **to ~ o.s. down** secarse. - **2.** [horse] almohazar.

◆ **rub off** ◇ *vt sep* quitar frotando. ◇ *vi* quitarse frotando.

◆ **rub off on** *vt fus* [subj: quality] influir en.

◆ **rub out** *vt sep* - **1.** [erase] borrar. - **2.** *Am v inf* [kill] liquidar, cargarse.

◆ **rub up** ◇ *vi* [animal] rozarse. ◇ *vt sep* [polish] pulir, lustrar.

rubber ['rʌbə'] ◇ *adj* de goma, de caucho. ◇ *n* - **1.** [substance] goma *f*, caucho *m*. - **2.** *Br* [eraser] goma *f* de borrar. - **3.** *Am inf* [condom] goma *f*. - **4.** [in bridge] partida *f*. - **5.** *Am* [overshoe] chanclo *m*.

rubber band *n* gomita *f*, goma *f*.

rubber boot *n Am* bota *f* de agua.

rubber cheque *n inf fig* talón *m* sin fondos.

rubber dinghy *n* lancha *f* neumática.

rubberize, -ise ['rʌbəraɪz] *vt* encauchar.

rubberneck ['rʌbənek] *vi Am inf* curiosear.

rubber plant *n* ficus *m inv*.

rubber ring *n* flotador *m*.

rubber stamp *n* estampilla *f*.

◆ **rubber-stamp** *vt* aprobar oficialmente.

rubber tree *n* árbol *m* de caucho, árbol *m* gomero.

rubbery ['rʌbərɪ] *adj* elástico(ca), que parece de goma.

rubbing ['rʌbɪŋ] *n* dibujo o impresión que se obtiene al frotar un papel, que cubre una superficie labrada, con carbón, ceras etc.

rubbish ['rʌbɪʃ] ◇ *n (U)* - **1.** [refuse] basura *f*. - **2.** *inf fig* [worthless matter] porquería *f*; **it was** ~ fue una porquería. - **3.** *inf* [nonsense] tonterías *fpl*, babosadas *fpl Amér*. ◇ *vt inf* poner por los suelos.

rubbish bin *n Br* cubo *m* de la basura.

rubbish chute *n Br* [in building] colector *m* de basuras; [at building site] vertedor *m* de escombros.

rubbish dump *n Br* vertedero *m*, basurero *m*.

rubbish heap *n Br* [in garden] montón *m* de detrito; [public] vertedero *m*, basurero *m*.

rubbishy ['rʌbɪʃɪ] *adj inf* de mala calidad.

rubble ['rʌbl] *n (U)* escombros *mpl*.

rubdown ['rʌbdaʊn] *n* fricción *f*, friega *f*.

rube [ru:b] *n Am inf* patán *m*, palurdo *m*, -da *f*.

rubella [ru:'belə] *n* rubéola *f*.

rubeola [ru:'bi:ələ] *n* sarampión *m*.

Rubicon ['ru:bɪkən] *n* Rubicón; **to cross** OR **pass the** ~ *fig* cruzar el Rubicón.

rubicund ['ru:bɪkənd] *adj* rubicundo(da).

rubidium [ru:'bɪdɪəm] *n* rubidio *m*.

ruble ['ru:bl] *n* = **rouble**.

rubric ['ru:brɪk] *n* - **1.** [on examination paper] instrucciones *fpl*. - **2.** RELIG rúbrica *f*.

ruby ['ru:bɪ] (*pl* **rubies**) *n* rubí *m*.

ruby port *n* oporto *m* rojo oscuro.

ruby wedding (anniversary) *n* cuadragésimo aniversario *m* de boda.

RUC *n written abbr of* **Royal Ulster Constabulary**.

ruched [ru:ʃt] *adj* fruncido(da).

ruck [rʌk] *n* - **1.** *inf* [fight] trifulca *f*, cisco *m*. - **2.** RUGBY melé *f* espontánea.

◆ **ruck up** *vi* arrugarse.

rucksack ['rʌksæk] *n* mochila *f*.

ruckus ['rʌkəs] *n inf* trifulca *f*, jaleo *m*.

ructions ['rʌkʃnz] *npl inf* bronca *f*, lío *m*.

rudder ['rʌdə'] *n* timón *m*.

ruddy ['rʌdɪ] (*compar* **ruddier**, *superl* **ruddiest**) *adj* - **1.** [reddish] rojizo(za). - **2.** *Br dated* [for emphasis] condenado(da), maldito(ta).

rude [ru:d] *adj* - **1.** [impolite - person, manners, word] grosero(ra), liso(sa) *Amér*; [- joke] verde; **to make** ~ **remarks** decir groserías. - **2.** [shocking] violento(ta), brusco(ca). - **3.** *literary* [rough and ready] tosco(ca).

rudely ['ru:dlɪ] *adv* - **1.** [impolitely] groseramente. - **2.** [shockingly] bruscamente, violentamente.

rudeness ['ru:dnɪs] *n* grosería *f*.

rudimentary [,ru:dɪ'mentərɪ] *adj* rudimentario(ria).

rudiments ['ru:dɪmənts] *npl* rudimentos *mpl*, nociones *fpl* básicas.

rue [ru:] ◇ *vt* lamentar, arrepentirse de. ◇ *n* BOT ruda *f*.

rueful ['ru:fʊl] *adj* arrepentido(da).

ruefully ['ru:fʊlɪ] *adv* [sadly] con tristeza OR pesar; [regretfully] con arrepentimiento.

ruff [rʌf] *n* [on clothes] gola *f*; [of animal] collarín *m*.

ruffed grouse [rʌft-] *n* bonasa *f* americana.

ruffian ['rʌfjən] *n* rufián *m*.

ruffle ['rʌfl] ◇ *vt* - **1.** [hair] revolver, despeinar; [water] perturbar, agitar; [feathers] encrespar. - **2.** [composure, nerves] enervar, encrespar; **to get ~d** enervarse, encresparse. ◇ *n* [on garment] volante *m*.

ruffled ['rʌfld] *adj* - **1.** [flustered] turbado(da). - **2.** [rumpled - sheets] arrugado(da); [- hair] revuelto(ta), alborotado(da). - **3.** [decorated with frill] con chorrera.

rufous ['ru:fəs] *adj* bermejo(ja).

rug [rʌg] *n* - **1.** [carpet] alfombra *f*; **to pull the** ~ **(out) from under sb's feet** *fig* dejar a alguien en la estacada. - **2.** [blanket] manta *f* de viaje.

rugby ['rʌgbɪ] ◇ *n* rugby *m*. ◇ *comp* [ball, match, team] de rugby.

Rugby League *n* rugby *m* a trece.

rugby tackle *n* placaje *m*.

◆ **rugby-tackle** *vt* hacer un placaje a.

Rugby Union *n* rugby *m* a quince.

rugged ['rʌgɪd] *adj* - **1.** [wild, inhospitable] escabroso(sa), accidentado(da). - **2.** [sturdy] fuerte. - **3.** [roughly handsome] duro y atractivo (dura y atractiva).

ruggedness ['rʌgɪdnɪs] *n* [of landscape, terrain] escabrosidad *f*.

rugger ['rʌgəʳ] *n Br inf* rugby *m*.

ruin ['ruːɪn] ◇ *n* ruina *f*; **to go to** OR **fall into** ~ quedarse en ruinas □ **to be sb's** ~ *fig* ser la ruina de alguien. ◇ *vt* - **1.** [destroy] arruinar, estropear. - **2.** [bankrupt] arruinar.
◆ **in ruin(s)** *adv* en ruinas.

ruination [ruːɪ'neɪʃn] *n* ruina *f*.

ruined ['ruːɪnd] *adj* - **1.** [house] en ruinas. - **2.** [reputation, health] arruinado(da); [clothes] estropeado(da). - **3.** [financially] arruinado(da).

ruinous ['ruːɪnəs] *adj* [expensive] ruinoso(sa).

ruinously ['ruːɪnəslɪ] *adv* de un modo ruinoso; ~ **expensive** excesivamente caro.

rule [ruːl] ◇ *n* - **1.** [regulation, guideline] regla *f*, norma *f*; ~**s of the road** normas *fpl* de tráfico OR circulación; **to make it a** ~ **to do sthg** hacer algo por norma □ **to bend the** ~**s** hacer una pequeña excepción (con las normas); **to play by the** ~**s** obrar como es debido. - **2.** [norm]: **the** ~ la regla, la norma □ **as a** ~ por regla general. - **3.** [government] dominio *m*. - **4.** [ruler] regla *f*. - **5.** TYPO raya *f*, filete *m*. ◇ *vt* - **1.** *fml* [control] regir. - **2.** [govern] gobernar. - **3.** [decide]: **to** ~ **that** decidir OR ordenar que. ◇ *vi* - **1.** [give decision] decidir, fallar. - **2.** [be paramount] regir, ser primordial. - **3.** [govern] gobernar. - **4.** *phr*: **Chelsea** ~**s OK!** *inf* ¡viva el Chelsea!
◆ **rule out** *vt sep* descartar.

rulebook ['ruːlbʊk] *n* [set of rules]: **the** ~ el libro de reglamento.

ruled [ruːld] *adj* rayado(da).

ruler ['ruːləʳ] *n* - **1.** [for measurement] regla *f*. - **2.** [monarch] soberano *m*, -na *f*.

ruling ['ruːlɪŋ] ◇ *adj* - **1.** [monarch, party] en el poder. - **2.** [passion] dominante, predominante. ◇ *n* fallo *m*, decisión *f*.

rum [rʌm] (*compar* **rummer**, *superl* **rummest**) ◇ *n* ron *m*. ◇ *adj Br inf dated* extraño(ña), raro(ra).

Rumania [ruː'meɪnjə] *n* = **Romania**.

Rumanian [ruː'meɪnjən] *adj & n* = **Romanian**.

rumba ['rʌmbə] *n* rumba *f*.

rum baba *n* (bizcocho *m*) borracho *m* de ron.

rumble ['rʌmbl] ◇ *n* - **1.** [gen] estruendo *m*; [of stomach] ruido *m*. - **2.** *Am inf* [fight] riña *f* callejera. ◇ *vt Br inf dated* calar. ◇ *vi* [gen] retumbar; [stomach] hacer ruido.
◆ **rumble on** *vi* [person] hablar sin parar; [conversation, debate] no terminar nunca; **the dispute's been rumbling on for weeks now** el conflicto dura desde hace semanas.

rumble seat *n Am* asiento *m* trasero descubierto.

rumbling ['rʌmblɪŋ] *n* [of thunder, traffic, cannons] estruendo *m*; [of stomach] ruido *m*, borborigmo *m*.
◆ **rumblings** *npl* [of discontent] rumores *mpl*; [omens] presagios *mpl*.

rumbustious [rʌm'bʌstʃəs] *adj Br* bullicioso(sa).

rumen ['ruːmen] (*pl* **rumens** OR **rumina** [-mɪnə]) *n* herbario *m*.

ruminant ['ruːmɪnənt] *n* rumiante *m*.

ruminate ['ruːmɪneɪt] *vi fml*: **to** ~ **(about** OR **on sthg)** rumiar (algo).

rumination [ruːmɪ'neɪʃn] *n* - **1.** *fml* [thought] reflexión *f*. - **2.** ZOOL rumia *f*.

ruminative ['ruːmɪnətɪv] *adj* [person] pensativo(va), meditabundo(da); [look, mood] pensativo(va).

rummage ['rʌmɪdʒ] *vi*: **to** ~ **(about** OR **around)** hurgar, rebuscar.

rummage sale *n Am* venta de objetos usados con fines benéficos.

rummy ['rʌmɪ] *n* rum *m*.

rumour *Br*, **rumor** *Am* ['ruːməʳ] *n* rumor *m*.

rumoured *Br*, **rumored** *Am* ['ruːməd] *adj*: **to be** ~ rumorearse; **she is** ~ **to be very rich** se rumorea que es muy rica.

rumourmonger *Br*, **rumormonger** *Am* ['ruːmə,mʌŋgəʳ] *n* chismoso *m*, -sa *f*.

rump [rʌmp] *n* - **1.** [of animal] grupa *f*, ancas *fpl*. - **2.** *inf* [of person] trasero *m*, culo *m*. - **3.** [of organization, political party] los incondicionales *mpl*.

rumple ['rʌmpl] *vt* [clothes] arrugar; [hair] revolver, despeinar.

rump steak *n* filete *m* de lomo de vaca.

rumpus ['rʌmpəs] *n inf* lío *m*, jaleo *m*, despiole *m Amér*.

rumpus room *n Am* cuarto *m* de juegos.

run [rʌn] (*pt* **ran** [ræn], *pp* **run**, *cont* **running**) ◇ *n* - **1.** [on foot] carrera *f*; **to go for a** ~ ir a correr; **at a** ~ corriendo, a la carrera; **on the** ~ en fuga; **to break into a** ~ echar a correr □ **to give sb the** ~ **of the house** poner la casa a disposición de alguien; **to give sb a** ~ **for his/her money** hacer sudar a alguien; **you've had a good** ~ **for your money** te ha ido muy bien y no te puedes quejar; **to make a** ~ **for it** tratar de fugarse. - **2.** [journey - in car] paseo *m* OR vuelta *f* en coche; [- in plane, ship] viaje *m*; [- for smuggling] viaje *m*. - **3.** [route] recorrido *m*, trayecto *m*. - **4.** [series - of wins, disasters] serie *f*; [- of luck] racha *f*. - **5.** THEATRE: **the play had a 6-week** ~ la obra estuvo en cartelera 6 semanas. - **6.** [great demand]: ~ **on sthg** gran demanda de algo; **a** ~ **on the banks** una retirada masiva del dinero depositado en los bancos; **there was a** ~ **on the dollar** hubo una fuerte presión sobre el dólar. - **7.** [in manufacturing] serie *f*; [in printing] tirada *f*. - **8.** [general tendency] dirección *f*, curso *m*; **the** ~ **of events** el curso de los acontecimientos; **in the ordinary** ~ **of things** normalmente; **the average** OR **ordinary** ~ **of students** la mayoría de los estudiantes. - **9.** [enclosure] corral *m*. - **10.** MUS carrerilla *f*. - **11.** [in cards] escalera *f*. - **12.** [in tights] carrera *f*. - **13.** [in cricket, baseball] carrera *f*. - **14.** [for skiing etc] pista *f*. - **15.** [term]: **in the short/long** ~ a corto/largo plazo. ◇ *vt* - **1.** [on foot] correr. - **2.** [manage - business] dirigir, administrar; [- shop, restaurant] llevar, regentar; [- office] llevar, dirigir; [- life, event] organizar. - **3.** [organize, lay on - service] prestar; [- train, bus] encargar, preparar. - **4.** [operate - computer program, machine, film] poner; [- experiment] montar; **you can** ~ **it off the mains** puedes conectarlo a la red. - **5.** [car etc] hacer funcionar; **it's cheap to** ~ es barato de mantener. - **6.** [tap] abrir; **to** ~ **a bath** llenar la bañera. - **7.** [publish] publicar. - **8.** *inf* [transport by car] llevar. - **9.** [drive] conducir; **he ran the car into a ditch** se metió con el coche en una zanja. - **10.** [move]: **to** ~ **sthg along** OR **over** pasar algo por. - **11.** [smuggle] pasar de contrabando. ◇ *vi* - **1.** [on foot] correr; **they ran out of the house** salieron de la casa corriendo; **I didn't expect her to go running to the press with her story** no esperaba que se fuera corriendo a contarle su historia a la prensa; **don't come running to me with your problems** no vengas corriendo a contarme tus problemas; **he turned and ran** se volvió y salió corriendo □ **to** ~ **for it** echar a correr. - **2.** [follow a direction] seguir; **the railway line** ~**s through a valley/alongside the river** la línea férrea atraviesa un valle/va junto al río; **a fence running around the building** una valla que rodea el edificio. - **3.** *esp Am* [in election]: **to** ~ **(for)** presentarse como candidato(ta) (a). - **4.** [factory, machine] funcionar; [engine, car] marchar, andar; **the tape recorder was still running** el magnetófono seguía funcionando; **leave the engine running** deja el motor en marcha; **the new system is up and running** el nuevo sistema se halla en pleno funcionamiento OR está totalmente en marcha; **to** ~ **on** OR **off sthg** funcionar con algo; **to** ~ **smoothly** ir bien. - **5.** [bus, train] ir; **some bus lines** ~ **all night** algunas líneas de autobús funcionan OR circulan toda la noche. - **6.** [flow] correr; **the Jari** ~**s into the Amazon** el Jari desemboca en el Amazonas; **her mascara had** ~ se le había corrido el rímel; **to** ~ **dry** secarse, quedarse sin agua. - **7.** [tap] gotear; [nose] moquear; [eyes] llorar. - **8.** [butter, ice cream, wax] derretirse; [cheese] fundirse. - **9.** [colour] desteñir. - **10.** [pass, go] pasar; **the same thought kept running through my mind** no paraba de pasárseme por la cabeza la misma idea; **her eyes ran down the list** fue mirando la lista hasta abajo. - **11.** [continue to be] seguir. - **12.** [remain valid] ser válido(da). - **13.** [tights] soltarse, correrse. - **14.** [song, story, argument] decir, rezar. - **15.** [tide] subir. - **16.** NAUT: **to ~ (before the wind)** navegar con el viento en popa. - **17.** *phr*: **feelings were running high** la gente estaba indignada; **to be running late** ir con retraso.

◆ **runs** *npl inf*: **to have the ~s** tener diarrea.

◆ **run about** *vi* = **run around**.

◆ **run across** *vt fus* [meet] encontrarse con.

◆ **run after** *vt fus lit & fig* andar (corriendo) detrás de, perseguir.

◆ **run along** *vi dated*: ~ **along now!** ¡vete!, ¡anda ya!

◆ **run around** *vi* - **1.** [be busy] andar corriendo de un lado para otro. - **2.** [be unfaithful] ser infiel, tener un lío.

◆ **run away** *vi* - **1.** [flee]: **to ~ away (from)** huir OR fugarse (de). - **2.** *fig* [avoid]: **to ~ away from** [responsibility, subject] evadir; [thought] evitar.

◆ **run away with** *vt fus*: **he lets his enthusiasm ~ away with him** se deja llevar por el entusiasmo.

◆ **run by** *vt sep inf*: **to ~ sthg by sb** presentar algo a alguien; ~ **that by me again** repítemelo.

◆ **run down** ◇ *vt sep* - **1.** [in vehicle] atropellar. - **2.** [criticize] hablar mal de. - **3.** [allow to decline] debilitar. - **4.** [track down] dar con, encontrar. ◇ *vi* [battery] acabarse; [clock] pararse; [project, business] debilitarse, perder energía.

◆ **run in** ◇ *vi Br*: **'running in'** 'en rodaje'. ◇ *vt sep* - **1.** *Br* [car, engine] hacer el rodaje a. - **2.** *inf* [arrest] meter en la cárcel, detener, arrestar.

◆ **run into** *vt fus* - **1.** [problem] encontrar; [person] tropezarse con; **to ~ into debt** endeudarse. - **2.** [in vehicle] chocar con. - **3.** [blend with]: **to ~ into each other** mezclarse. - **4.** [amount to] ascender a.

◆ **run off** ◇ *vt sep* - **1.** [print] imprimir; [copies] hacer, imprimir. - **2.** [excess weight] adelgazar corriendo. ◇ *vi*: **to ~ off (with)** fugarse (con).

◆ **run on** *vi* - **1.** [continue] continuar. - **2.** *inf* [talk] enrollarse, hablar por los codos. - **3.** TYPO unir líneas.

◆ **run out** ◇ *vi* - **1.** [become used up] acabarse; **time is running out** se acaba el tiempo. - **2.** [expire] caducar. ◇ *vt sep* - **1.** [cable, rope] soltar poco a poco. - **2.** [in cricket]: **to ~ a batsman out** eliminar a un bateador.

◆ **run out of** *vt fus* quedarse sin; **we've ~ out of food** se nos ha acabado la comida; **I'm running out of ideas/excuses** se me están acabando las ideas/las disculpas.

◆ **run out on** *vt fus inf* abandonar, dejar.

◆ **run over** ◇ *vt sep* [pedestrian, animal] atropellar. ◇ *vt fus* [practise] ensayar, practicar. ◇ *vi* [overflow] desbordarse, rebosar.

◆ **run through** ◇ *vt fus* - **1.** [be present in] recorrer, atravesar. - **2.** [practise] ensayar, practicar. - **3.** [read through] echar un vistazo a. - **4.** [squander] despilfarrar. ◇ *vt sep*: **to ~ sb through** traspasar a alguien.

◆ **run to** *vt fus* - **1.** [amount to] ascender a. - **2.** [be able to afford] permitirse. - **3.** *phr*: **to ~ to fat** engordar.

◆ **run up** *vt fus* - **1.** [amass] incurrir en, contraer. - **2.** [flag] izar.

◆ **run up against** *vt fus* tropezar con.

runabout ['rʌnəbaut] *n inf* [car] coche *m* pequeño.

run-around *n inf*: **to give sb the ~** traer a alguien al retortero.

runaway ['rʌnəweɪ] ◇ *adj* - **1.** [gen] fugitivo(va); [horse] desbocado(da); [train] fuera de control; [inflation] desenfrenado(da), galopante. - **2.** [victory] fácil. ◇ *n* fugitivo *m*, -va *f*.

rundown ['rʌndaun] *n* - **1.** [report] informe *m*, resumen *m*. - **2.** [decline] desmantelamiento *m* gradual.

◆ **run-down** *adj* - **1.** [dilapidated] en ruinas, en decadencia. - **2.** [tired] agotado(da).

rune [ruːn] *n* runa *f*.

rung [rʌŋ] ◇ *pp* → **ring**. ◇ *n lit & fig* peldaño *m*.

run-in *n inf* altercado *m*, disputa *f*.

runnel ['rʌnl] *n* arroyuelo *m*.

runner ['rʌnəʳ] *n* - **1.** [athlete] corredor *m*, -ra *f*. - **2.** [smuggler] traficante *mf*, contrabandista *mf*. - **3.** [on skate] cuchilla *f*; [on sledge] carril *m*, patín *m*; [of drawer, sliding seat] carril

m, guía *f*. - **4.** [for stairs] alfombra *f*; [for hall] alfombra *f* de pasillo.

runner bean *n Br* judía *f* escarlata.

runner-up (*pl* **runners-up**) *n* subcampeón *m*, -ona *f*.

running ['rʌnɪŋ] ◇ *adj* - **1.** [continuous] continuo(nua). - **2.** [consecutive] seguidos(das). - **3.** [water] corriente. - **4.** [sore] supurante. - **5.** [knot] corredizo(za). ◇ *n* - **1.** [act of running] el correr; **to go ~** hacer footing. - **2.** SPORT carreras *fpl*. - **3.** [management] dirección *f*, organización *f*. - **4.** [operation] funcionamiento *m*. - **5.** *phr*: **to make the ~** ir en cabeza; **to be in/out of the ~ (for sthg)** tener/no tener posibilidades (de algo). ◇ *comp* [shoes] de correr; [track] de atletismo.

running battle *n* lucha *f* continua.

running board *n* estribo *m*.

running commentary *n* comentario *m* en directo.

running costs *npl* gastos *mpl* corrientes (de mantenimiento).

running gear *n* RAIL mecanismo *m* de locomotora.

running jump *n* salto *m* con carrerilla; **(go) take a ~** *inf fig* ¡vete a freír espárragos!

running light *n* NAUT luz *f* de posición.

running mate *n Am* candidato *m*, -ta *f* a vicepresidencia.

running repairs *npl* reparación *f* temporal.

running start *n* salida *f* lanzada.

running total *n* suma *f* total actualizada.

runny ['rʌnɪ] (*compar* **runnier**, *superl* **runniest**) *adj* - **1.** [food] derretido(da). - **2.** [nose] que moquea; [eyes] lloroso(a).

run-off *n* [race] carrera *f* de desempate.

run-of-the-mill *adj* normal y corriente.

run-on *n* TYPO texto *m* seguido.

runt [rʌnt] *n* - **1.** [animal] cría *f* más pequeña y débil. - **2.** *pej* [person] renacuajo *m*.

run-through *n* ensayo *m*.

run-up *n* - **1.** [preceding time] periodo *m* previo; **the ~ to the elections** el periodo preelectoral. - **2.** *Am* [increase] aumento *m*, subida *f*. - **3.** SPORT carrerilla *f*.

runway ['rʌnweɪ] *n* pista *f*.

rupee [ruː'piː] *n* rupia *f*.

rupture ['rʌptʃəʳ] ◇ *n* - **1.** MED hernia *f*. - **2.** [of relationship] ruptura *f*. ◇ *vt* - **1.** MED herniar. - **2.** [split] romper. ◇ *vi* MED herniarse.

rural ['rʊərəl] *adj* rural.

rural free delivery *n Am* distribución gratuita del correo en las regiones rurales.

ruralize, -ise ['rʊərəlaɪz] ◇ *vt* volver rústico(ca). ◇ *vi* volverse rústico(ca).

ruse [ruːz] *n* ardid *m*.

rush [rʌʃ] ◇ *n* - **1.** [hurry] prisa *f*; **to be in a ~** tener prisa; **there's no ~** no hay prisa. - **2.** [burst of activity]: ~ **(for OR on sthg)** avalancha *f* (en busca de algo); **there was a ~ to stock up on sugar** hubo una fiebre repentina por almacenar azúcar. - **3.** [busy period] hora *f* punta. - **4.** [surge - of air] ráfaga *f*; [- of water] torrente *m*; [- mental] arrebato *m*; **to make a ~ for sthg** ir en desbandada hacia algo. ◇ *vt* - **1.** [hurry] acelerar, apresurar; **don't ~ me!** ¡no me metas prisa!; **to ~ sb into doing sthg** apresurar a alguien para que haga algo. - **2.** [send quickly] llevar rápidamente. - **3.** [attack suddenly] atacar repentinamente. ◇ *vi* - **1.** [hurry] ir deprisa, correr; **to ~ into sthg** meterse de cabeza en algo; **to ~ in/out/past** entrar/salir/pasar corriendo. - **2.** [surge] correr, precipitarse; **blood ~ed to her face** se puso colorada, se sonrojó.

◆ **rushes** *npl* - **1.** BOT juncos *mpl*. - **2.** CINEMA primeras pruebas *fpl*.

◆ **rush about**, **rush around** *vi* correr por todas partes.

◆ **rush through** *vt sep* [job] hacer deprisa y corriendo, despachar rápidamente.

◆ **rush up** ◇ *vi* acercarse corriendo. ◇ *vt sep* enviar urgentemente; **troops were ~ed up as reinforcements** enviaron urgentemente tropas de refuerzo.

rushed [rʌʃt] *adj* atareado(da).

rush hour *n* hora *f* punta.

rushing ['rʌʃɪŋ] ◇ *n* precipitación *f*. ◇ *adj* impetuoso(sa).

rush job *n* trabajo *m* precipitado.

rush mat *n* esterilla *f*.

rusk [rʌsk] *n* galleta que se da a los niños pequeños para que se acostumbren a masticar.

russet ['rʌsɪt] *adj* rojizo(za).

Russia ['rʌʃə] *n* Rusia.

Russian ['rʌʃn] ◇ *adj* ruso(sa). ◇ *n* - **1.** [person] ruso *m*, -sa *f*. - **2.** [language] ruso *m*.

Russian roulette *n* ruleta *f* rusa.

Russky ['rʌskɪ] (*pl* **Russkies**) *n inf* término despectivo para designar a una persona de nacionalidad rusa.

rust [rʌst] *n* [on metal] moho *m*, óxido *m*; [on plants] roya *f*, tizón *m*.
◆ **rust up** ◇ *vi* oxidarse; **the hinges have ~ed up** las bisagras se han oxidado. ◇ *vi* oxidarse.

Rust Belt *n* estados del norte de EE UU donde el otrora pujante sector industrial se encuentra en decadencia.

rusted ['rʌstɪd] *adj* oxidado(da).

rustic ['rʌstɪk] *adj* rústico(ca).

rusticity [rʌ'stɪsətɪ] *n* rusticidad *f*.

rustiness ['rʌstɪnɪs] *n* oxidación *f*, moho *m*.

rustle ['rʌsl] ◇ *n* [of wind, leaves] susurro *m*; [of paper] crujido *m*. ◇ *vt* - **1.** [paper] hacer crujir. - **2.** *Am* [cattle] robar. ◇ *vi* [wind, leaves] susurrar; [paper] crujir.
◆ **rustle up** *vt sep inf* [meal] hacer rápidamente, improvisar.

rustler ['rʌslər] *n* cuatrero *m*, -ra *f*, ladrón *m*, -na *f* de ganado.

rustling ['rʌslɪŋ] *n* - **1.** [of wind, leaves] susurro *m*; [of dress, silk] roce *m*, frufrú *m*; [of paper] crujido *m*. - **2.** [of cattle] robo *m* de ganado; **horse** ~ robo *m* de caballos.

rustproof ['rʌstpruːf], **rust-resistant** *adj* inoxidable.

rusty ['rʌstɪ] (*compar* **rustier**, *superl* **rustiest**) *adj lit & fig* oxidado(da); **my French is a bit** ~ tengo el francés un poco oxidado.

rut [rʌt] *n* [track] rodada *f*; **to get into/be in a** ~ *fig* caer/estar metido en una rutina.

rutabaga [ˌruːtə'beɪɡə] *n Am* nabo *m* sueco.

ruthenium [ruː'θiːnɪəm] *n* rutenio *m*.

ruthless ['ruːθlɪs] *adj* despiadado(da).

ruthlessly ['ruːθlɪslɪ] *adv* despiadadamente.

ruthlessness ['ruːθlɪsnɪs] *n* crueldad *f*.

rutted ['rʌtɪd] *adj* lleno(na) de baches; **a badly ~ road** una carretera en muy mal estado.

rutty ['rʌtɪ] (*compar* **ruttier**, *superl* **ruttiest**) *adj* lleno(na) de baches.

RV *n* - **1.** (*abbr of* **revised version**) traducción de la Biblia al inglés redactada a finales del siglo XIX. - **2.** *Am* (*abbr of* **recreational vehicle**) casa-remolque *f*.

Rwanda [rʊ'ændə] *n* Ruanda.

Rwandan [rʊ'ændən] ◇ *adj* ruandés(esa). ◇ *n* ruandés *m*, -esa *f*.

rye [raɪ] *n* - **1.** [grain] centeno *m*. - **2.** [bread] pan *m* de centeno. - **3.** = **rye whiskey**.

rye bread *n* pan *m* de centeno.

rye grass *n* ballico *m*.

rye whiskey *n* whisky *m* de centeno.

S

s (*pl* **ss** OR **s's**), **S** (*pl* **Ss** OR **S's**) [es] *n* [letter] s *f*, S *f*.
◆ **S** (*written abbr of* **south**) S.

SA - **1.** *written abbr of* **South Africa**. - **2.** *written abbr of* **South America**.

Sabbath ['sæbəθ] *n*: **the** ~ [for Christians] el domingo; [for Jews] el sábado.

sabbatical [sə'bætɪkl] ◇ *n* [year] año *m* sabático; **on** ~ de sabático. ◇ *adj* sabático(ca).

saber *n Am* = **sabre**.

sable ['seɪbl] *n* [animal, fur] marta *f* cebellina.

sabot ['sæbəʊ] *n* zueco *m*.

sabotage ['sæbətɑːʒ] ◇ *n* sabotaje *m*. ◇ *vt* sabotear.

saboteur [ˌsæbə'tɜːr] *n* saboteador *m*, -ra *f*.

sabra ['sæbrə] *n Am inf* judío nacido en Israel.

sabre *Br*, **saber** *Am* ['seɪbər] *n* sable *m*.

sabre-rattling *n* rumor *m* de sables, demostración amenazante de fuerza militar.

sabre-toothed tiger *n* macairodo *m*.

sac [sæk] *n* ANAT & BOT saco *m*.

saccharin ['sækərɪn] *n* sacarina *f*.

saccharine ['sækərɪn] *adj pej* empalagoso(sa).

sacerdotal [ˌsæsə'dəʊtl] *adj* sacerdotal.

sachem ['seɪtʃəm] *n* jefe *m* indio norteamericano.

sachet ['sæʃeɪ] *n* bolsita *f*.

sack [sæk] ◇ *n* - **1.** [bag] saco *m*. - **2.** *Br inf* [dismissal]: **to get** OR **be given the** ~ ser despedido(da). - **3.** [plundering] saqueo *m*. - **4.** *inf* [bed] catre *m*, piltra *f*; **to hit the** ~ meterse en el catre. ◇ *vt* - **1.** *Br inf* [from job] echar, remover *Amér*. - **2.** [plunder] saquear. - **3.** [in American football]: **to** ~ **the quarterback** conseguir placar al 'quarterback' antes de que lance.

sackcloth ['sækklɒθ] *n* - **1.** [cloth] tela *f* de saco, arpillera *f*. - **2.** [garment] sayal *m*.

sackful ['sækfʊl] *n* saco *m*.

sacking ['sækɪŋ] *n* - **1.** [fabric] arpillera *f*. - **2.** [dismissal] despido *m*. - **3.** [plundering] saqueo *m*.

sacra ['seɪkrə] *pl* → **sacrum**.

sacral ['seɪkrəl] *adj* ANAT & RELIG sacro(cra).

sacrament ['sækrəmənt] *n* sacramento *m*.

sacramental [ˌsækrə'mentl] *adj* sacramental.

sacred ['seɪkrɪd] *adj lit & fig* sagrado(da); **nothing is** ~ **any more** *fig* ya no se respeta nada.

sacred cow *n* vaca *f* sagrada.

Sacred Heart *n* RELIG Sagrado Corazón *m*.

sacred music *n* música *f* sacra.

sacredness ['seɪkrɪdnɪs] *n* lo sagrado.

sacrifice ['sækrɪfaɪs] RELIG & *fig* ◇ *n* sacrificio *m*. ◇ *vt* sacrificar; **to ~ o.s.** sacrificarse.

sacrificial [ˌsækrɪ'fɪʃl] *adj* sacrificatorio(ria), de sacrificio.

sacrilege ['sækrɪlɪdʒ] *n* RELIG & *fig* sacrilegio *m*.

sacrilegious [ˌsækrɪ'lɪdʒəs] *adj* sacrílego(ga).

sacristan ['sækrɪstn] *n* sacristán *m*, -na *f*.

sacristy ['sækrɪstɪ] (*pl* **sacristies**) *n* sacristía *f*.

sacroiliac [ˌseɪkrəʊ'ɪlɪæk] *adj* sacroilíaco(ca).

sacrosanct ['sækrəʊsæŋkt] *adj* sacrosanto(ta).

sacrum ['seɪkrəm] (*pl* **sacra** [-krə]) *n* sacro *m*.

sad [sæd] (*compar* **sadder**, *superl* **saddest**) *adj* triste; **~ to say** la triste verdad es que, desgraciadamente.

SAD *n written abbr of* **seasonal affective disorder**.

sadden ['sædn] *vt* entristecer.

saddle ['sædl] ◇ *n* - **1.** [for horse] silla *f* (de montar); **to be in the ~** *lit & fig* llevar las riendas. - **2.** [of bicycle, motorcycle] sillín *m*, asiento *m*. - **3.** GEOGR puerto *m*, paso *m*. - **4.** [of lamb, mutton] cuarto *m* trasero. ◇ *vt* - **1.** [horse] ensillar. - **2.** *fig* [burden]: **to ~ sb with sthg** cargar a alguien con algo. ◆ **saddle up** *vt fus & vi* ensillar.

saddlebacked ['sædlbækt] *adj* [horse] ensillado(da).

saddlebag ['sædlbæg] *n* alforja *f*.

saddle blanket *n* sudadero *m*.

saddle horse *n* caballo *m* de monta.

saddler ['sædlə[r]] *n* talabartero *m*, -ra *f*, guarnicionero *m*, -ra *f*.

saddle roof *n* tejado *m* a dos aguas.

saddlery ['sædlərɪ] (*pl* **saddleries**) *n* talabartería *f*, guarnicionería *f*.

saddle soap *n* producto para limpiar y suavizar el cuero.

saddle sore *n* [on rider] rozaduras producidas por la silla de montar.

◆ **saddle-sore** *adj*: **he was saddle-sore** tenía rozaduras de tanto montar a caballo.

saddle stitch *n* - **1.** [in sewing] punto *m*. - **2.** TYPO *puntada en el pliegue de las hojas para encuadernar un libro*.

Sadducee ['sædjusiː] ◇ *adj* saduceo(a). ◇ *n* saduceo *m*, -a *f*.

sadism ['seɪdɪzm] *n* sadismo *m*.

sadist ['seɪdɪst] *n* sádico *m*, -ca *f*.

sadistic [sə'dɪstɪk] *adj* sádico(ca).

sadistically [sə'dɪstɪklɪ] *adv* sádicamente.

sadly ['sædlɪ] *adv* - **1.** [unhappily] tristemente. - **2.** [unfortunately] lamentablemente.

sadness ['sædnɪs] *n* tristeza *f*.

sadomasochism [ˌseɪdəʊ'mæsəkɪzm] *n* sadomasoquismo *m*.

sadomasochist [ˌseɪdəʊ'mæsəkɪst] *n* sadomasoquista *mf*.

sad sack *n Am inf* desgraciado(da).

s.a.e., **sae** *n written abbr of* **stamped addressed envelope**.

safari [sə'fɑːrɪ] *n* safari *m*; **to go on ~** ir de safari.

safari jacket *n* sahariana *f*.

safari park *n* safari *m*, reserva *f* de animales.

safari suit *n* sahariana *f*.

safe [seɪf] ◇ *adj* - **1.** [gen] seguro(ra); **is it ~ for small children?** ¿no es peligroso para (los) niños pequeños?; **your secret is ~ with me** seré una tumba, te guardaré el secreto; **to be ~ from** estar a salvo de □ **~ and sound** sano y salvo (sana y salva); **to play (it) ~** actuar con precaución, ser precavido(da); **better ~ than sorry** más vale prevenir que curar. - **2.** [without harm] feliz, sin contratiempos. - **3.** [not causing disagreement]: **it's ~ to say that...** se puede afirmar con seguridad que... □ **to be on the ~ side** para mayor seguridad. - **4.** [reliable] digno(na) de confianza; **in ~ hands** en buenas manos. ◇ *n* caja *f* (fuerte OR de caudales).

safebreaker ['seɪfˌbreɪkə[r]], **safecracker** *Am* ['seɪfˌkrækə[r]] *n* ladrón *m*, -ona *f* de cajas.

safe-conduct [-'kɒndʌkt] *n* salvoconducto *m*.

safecracker *n Am* = **safebreaker**.

safe-deposit box *n* caja *f* de seguridad.

safeguard ['seɪfgɑːd] ◇ *n* salvaguardia *f*, protección *f*; **~ against sthg** protección contra algo. ◇ *vt*: **to ~ sthg/sb (against sthg)** salvaguardar OR proteger algo/a alguien (contra algo).

safe house *n* piso *m* franco.

safekeeping [ˌseɪf'kiːpɪŋ] *n* protección *f*.

safely ['seɪflɪ] *adv* - **1.** [with no danger] sin peligro, con seguridad. - **2.** [not in danger] seguramente. - **3.** [unharmed] sin novedad. - **4.** [for certain]: **I can ~ say that** puedo decir con toda confianza que.

safeness ['seɪfnɪs] *n* seguridad *f*.

safe seat *n Br* POL *escaño que tradicionalmente ocupa siempre un diputado del mismo partido*.

safe sex *n* sexo *m* sin riesgo.

safety ['seɪftɪ] ◇ *n* seguridad *f*; **to get to** OR **reach ~** ponerse a salvo □ **there's ~ in numbers** cuantos más seamos, mejor. ◇ *comp* de seguridad.

safety belt *n* cinturón *m* de seguridad.

safety catch *n* seguro *m*.

safety chain *n* cadena *f* de seguridad.

safety circuit *n* circuito *m* de seguridad.

safety curtain *n* telón *m* de seguridad.

safety-deposit box *n* = **safe-deposit box**.

safety-first *adj* [campaign, measures] de seguridad; [investment, shares] seguro(ra).

safety glass *n* vidrio *m* de seguridad OR inastillable.

safety helmet *n* casco *m* de protección OR seguridad.

safety island *n Am* refugio *m*.

safety lamp *n* lámpara *f* de (la) seguridad.

safety match *n* cerilla *f* de seguridad.

safety net *n* - **1.** [in circus] red *f* de seguridad. - **2.** *fig* [means of protection] protección *f*.

safety officer *n* responsable *mf* de seguridad.

safety pin *n* imperdible *m*, seguro *m* *Amér*.

safety razor *n* maquinilla *f* de afeitar.

safety regulations *npl* normas *fpl* de seguridad.

safety valve *n* - **1.** TECH válvula *f* de seguridad. - **2.** *fig* [for emotions] válvula *f* de escape.

safflower ['sæflaʊə[r]] *n* alazor *m*, cártamo *m*.

saffron ['sæfrən] *n* - **1.** [spice] azafrán *m*. - **2.** [colour] color *m* azafrán.

sag [sæg] (*pt & pp* **sagged**, *cont* **sagging**) *vi* - **1.** [sink downwards] hundirse; [ceiling, shelf] combarse. - **2.** *fig* [lessen] bajar, decrecer.

saga ['sɑːgə] *n* - **1.** LITER saga *f*. - **2.** *pej* [drawn-out account] historia *f*.

sagacious [sə'geɪʃəs] *adj fml* sagaz.

sagacity [sə'gæsətɪ] *n fml* sagacidad *f*.

sage [seɪdʒ] ◇ *adj* sabio(bia). ◇ *n* - **1.** [herb] salvia *f*. - **2.** [wise man] sabio *m*.

sagebrush ['seɪdʒbrʌʃ] *n* artemisa *f*, artemisia *f*.

sagging ['sægɪŋ] *adj* - **1.** [floor] hundido(da). - **2.** [ceiling, shelf] combado(da); [hemline] que cuelga; [breasts] caído(da). - **3.** [prices, demand] decreciente; [spirits] decaído(da), abatido(da).

saggy ['sægɪ] (*compar* **saggier**, *superl* **saggiest**) *adj* [bed] hundido(da); [breasts] caído(da).

Sagittarius [ˌsædʒɪ'teərɪəs] *n* Sagitario *m*; **to be (a) ~** ser Sagitario.

Sahara [sə'hɑːrə] *n*: **the ~ (Desert)** el (desierto del) Sáhara.

Saharan [sə'hɑːrən] ◇ *adj* saharaui, sahariano(na). ◇ *n* saharaui *mf*.

sahib ['sɑːɪb] n señor m.

said [sed] ◇ pt & pp → **say**. ◇ adj fml susodicho(cha), antedicho(cha).

sail [seɪl] ◇ n - **1.** [of boat] vela f; **to set ~** zarpar; **in full ~** a toda vela; **under ~** a vela. - **2.** [journey by boat] paseo m en barco de vela. - **3.** [of windmill] brazo m, aspa f. ◇ vt - **1.** [boat, ship] gobernar. - **2.** [sea] cruzar. ◇ vi - **1.** [travel by boat] navegar; **to ~ round the world** dar la vuelta al mundo en un barco de vela. - **2.** [move]: **the ship ~ed across the ocean** el barco cruzó el océano. - **3.** [leave by boat] zarpar. - **4.** [move quickly] volar.

◆ **sail into** vt fus inf [attack] arremeter contra.

◆ **sail through** vt fus hacer con facilidad.

sailboard ['seɪlbɔːd] n tabla f de windsurf.

sailboarder ['seɪlˌbɔːdəʳ] n windsurfista mf.

sailboarding ['seɪlˌbɔːdɪŋ] n windsurf m.

sailboat n Am = **sailing boat**.

sailcloth ['seɪlklɒθ] n lona f.

sailfish ['seɪlfɪʃ] (pl inv OR **sailfishes**) n pez m vela.

sailing ['seɪlɪŋ] n - **1.** (U) SPORT vela f. - **2.** [trip by ship] travesía f. - **3.** [departure] salida f.

sailing boat Br, **sailboat** Am ['seɪlbəʊt] n barco m de vela.

sailing dinghy n barco m pequeño de vela.

sailing ship n (buque m) velero m.

sailmaker ['seɪlˌmeɪkəʳ] n velero m, -ra f.

sailor ['seɪləʳ] n marinero m, -ra f, marino m, -na f; **to be a good ~** no marearse.

sailor suit n traje m de marinero.

sailplane ['seɪlpleɪn] n planeador m.

saint [seɪnt] n RELIG & fig santo m, -ta f.

Saint David's Day n fiesta nacional galesa en honor de su patrón, Saint David, el 1 de marzo.

sainted ['seɪntɪd] adj santo(ta).

Saint Helena [-ɪˈliːnə] n Santa Elena.

sainthood ['seɪnthʊd] n santidad f.

Saint Lawrence [-ˈlɒrəns] n: **the ~ (River)** el (río) San Lorenzo.

Saint Lucia [-ˈluːʃə] n Santa Lucía.

saintly ['seɪntlɪ] (compar **saintlier**, superl **saintliest**) adj santo(ta), piadoso(sa).

Saint Petersburg [-ˈpiːtəzbɜːg] n San Petersburgo.

saint's day n [of person] santo m, día m onomástico.

saith [seθ] v arch → **say**.

sake¹ [seɪk] n: **for the ~ of** por (el bien de); **for the ~ of completeness** para que no falte nada; **for your own ~** por tu propio bien; **to argue for the ~ of arguing** discutir por discutir; **for God's** OR **heaven's ~** ¡por el amor de Dios!

sake² ['sɑːkɪ] n [drink] sake m.

sal [sæl] n sal f.

salability [ˌseɪləˈbɪlətɪ] n posibilidad f de venta.

salable, saleable ['seɪləbl] adj vendible, fácil de vender.

salacious [səˈleɪʃəs] adj fml salaz, morboso(sa).

salad ['sæləd] n ensalada f.

salad bar n - **1.** [restaurant] restaurante donde se comen ensaladas. - **2.** Br [area] bufé m de ensaladas.

salad bowl n ensaladera f.

salad cream n Br salsa parecida a la mahonesa para aderezar la ensalada.

salad days npl inf dated años mpl mozos, días mpl de juventud.

salad dressing n aliño m (para la ensalada).

salad oil n aceite m (para ensaladas).

salad servers npl cubiertos mpl para servir la ensalada.

salamander ['sæləˌmændəʳ] n salamandra f.

salami [səˈlɑːmɪ] n salami m.

salaried ['sælərɪd] adj [person] asalariado(da), con un sueldo fijo; [job] remunerado(da) con un sueldo fijo.

salary ['sælərɪ] (pl **salaries**) n sueldo m.

salary earner n asalariado m, -da f.

salary scale n banda f salarial.

sale [seɪl] n - **1.** [gen] venta f; **on ~** en venta; **(up) for ~** en venta; **'for ~'** 'se vende'. - **2.** [at reduced prices] liquidación f, saldo m.

◆ **sales** ◇ npl - **1.** ECON ventas fpl. - **2.** [at reduced prices]: **the ~s** las rebajas. ◇ comp de venta.

saleability [ˌseɪləˈbɪlətɪ] n = **salability**.

saleable ['seɪləbl] adj = **salable**.

sale of work n mercadillo para recaudar fondos.

sale price n precio m de saldo.

saleroom Br ['seɪlrʊm], **salesroom** Am ['seɪlzrʊm] n [for auctions] sala f de subastas.

sales assistant, salesclerk Am ['seɪlzklɜːrk] n dependiente m, -ta f.

sales check n Am factura f.

salesclerk n Am = **sales assistant**.

sales conference n conferencia f de ventas.

sales drive n promoción f de ventas.

sales force n personal m de ventas.

salesgirl ['seɪlzgɜːl] n dependienta f.

salesman ['seɪlzmən] (pl **salesmen** [-mən]) n [in shop] dependiente m, vendedor m; [travelling] viajante m.

salesmanship ['seɪlzmənʃɪp] n arte m de vender.

salesmen ['seɪlzmən] pl → **salesman**.

salesperson ['seɪlzˌpɜːsn] (pl **salespeople** [-ˌpiːpl]) n - **1.** [shop assistant] dependiente m, -ta f, vendedor m, -ra f. - **2.** [sales representative] representante mf.

sales pitch n cháchara f publicitaria.

sales rep n inf representante mf.

sales representative n representante mf.

salesroom n - **1.** [for displaying goods] sala f de exposición. - **2.** Am = **saleroom**.

sales slip n Am [receipt] recibo m.

sales talk n cameleo m (de vendedor).

sales tax n impuesto m de venta.

sales team n personal m de ventas.

saleswoman ['seɪlzˌwʊmən] (pl **saleswomen** [-ˌwɪmɪn]) n [in shop] dependienta f, vendedora f; [travelling] viajante f.

salic ['sælɪk] adj sálico(ca).

salicylate [səˈlɪsɪleɪt] n salicilato m.

salience ['seɪljəns], **saliency** ['seɪljənsɪ] n fml prominencia f.

salient ['seɪljənt] adj fml sobresaliente.

saliferous [sæˈlɪfərəs] adj salífero(ra).

saline ['seɪlaɪn] adj salino(na).

salinize, -ise ['seɪlɪnaɪz] vt salinizar, tratar con sal.

saliva [səˈlaɪvə] n saliva f.

salivary ['sælɪvərɪ] adj salival, salivar.

salivary gland n glándula f salival OR salivar.

salivate ['sælɪveɪt] vi salivar.

sallow ['sæləʊ] adj cetrino(na), amarillento(ta).

sally ['sælɪ] (pl **sallies**, pt & pp **sallied**) n - **1.** [clever remark] salida f. - **2.** MIL salida f.

◆ **sally forth** vi hum & literary salir resueltamente.

salmon ['sæmən] (pl inv OR **salmons**) n salmón m.

salmonella [ˌsælməˈnelə] n salmonelosis f inv.

salmon pink ◇ adj rosa salmón. ◇ n color m rosa salmón.

salmon trout n trucha f asalmonada.

Salome [səˈləʊmɪ] n Salomé f.

salon ['sælɒn] n salón m.

saloon [səˈluːn] n - **1.** Br [car]: **~ (car)** turismo m, (coche m) utilitario m. - **2.** Am [bar] bar m. - **3.** Br [in pub]: **~ (bar)** en ciertos pubs y hoteles, bar elegante con precios más altos que los del 'public bar'. - **4.** [in ship] salón m.

saloonkeeper [səˈluːnˌkiːpəʳ] n tabernero m, -ra f, cantinero m, -ra f.

salopettes [ˌsæləˈpets] *npl* pantalones *mpl* de peto para esquiar.

salsa [ˈsælsə] *n* - **1.** MUS salsa *f.* - **2.** CULIN salsa *f* picante OR brava.

salsify [ˈsælsɪfaɪ] *n* salsifí *m.*

salt [sɔːlt, sɒlt] ◇ *n* sal *f*; **to be worth one's** ~ *fig* valer mucho; **any doctor worth his** ~ **knows that...** cualquier médico que se precie sabe que...; **to rub** ~ **into the wounds, he said...** por si fuera poco, encima dijo...; **the** ~ **of the earth** la sal de la tierra; **to take sthg with a pinch of** ~ considerar algo con cierta reserva. ◇ *comp* salado(da). ◇ *vt* [food] salar; [roads] echar sal en.
   ◆ **salts** *npl* - **1.** MED sales *fpl* minerales. - **2.** [smelling salts] sales *fpl* aromáticas; **like a dose of** ~**s** *fig* rápidamente.
   ◆ **salt away** *vt sep inf* ahorrar, guardar.
   ◆ **salt down** *vt sep* salar, conservar en sal.

SALT [sɔːlt, sɒlt] (*abbr of* **Strategic Arms Limitation Talks/Treaty**) *n* SALT *fpl.*

saltbox [ˈsɔːltbɒks] *n Am* casa de dos plantas con tejado en pendiente en la parte trasera.

salt cellar *Br,* **salt shaker** *Am n* salero *m.*

salted [ˈsɔːltɪd] *adj* salado(da), con sal.

salt flat *n* salina *f.*

salt-free *adj* sin sal.

salt lake *n* lago *m* salado OR de agua salada.

saltlick [ˈsɔːltlɪk] *n* salegar *m.*

salt marsh *n* salina *f.*

salt mine *n* mina *f* de sal.

saltpan [ˈsɔːltpæn] *n* salina *f.*

saltpetre *Br,* **saltpeter** *Am* [ˌsɔːltˈpiːtəʳ] *n* salitre *m.*

salt pork *n* tocino *m* salado, saladillo *m.*

salt shaker *n Am* = **salt cellar.**

salt tax *n* HIST gabela *f.*

saltwater [ˈsɔːltˌwɔːtəʳ] ◇ *n* agua *f* de mar, agua *f* salada. ◇ *adj* de agua salada.

saltworks [ˈsɔːltwɜːks] (*pl inv*) *n* salinas *fpl*, refinería *f* de sal.

salty [ˈsɔːltɪ] (*compar* **saltier**, *superl* **saltiest**) *adj* salado(da), salobre.

salubrious [səˈluːbrɪəs] *adj fml* salubre, sano(na).

salutary [ˈsæljʊtrɪ] *adj* saludable.

salutation [ˌsæljʊˈteɪʃn] *n fml* saludo *m.*

salutatory [səˈluːtətrɪ] *adj fml* de saludo.

salute [səˈluːt] ◇ *n* - **1.** [with hand] saludo *m.* - **2.** MIL [firing of guns] salva *f*, saludo *m*; **a twenty-one gun** ~ una salva de veintiún cañonazos. - **3.** [formal acknowledgement] homenaje *m.* ◇ *vt* - **1.** MIL [with hand] saludar. - **2.** [acknowledge formally] reconocer. ◇ *vi* saludar.

salvable [ˈsælvəbl] *adj* salvable.

Salvador [ˈsælvədɔːʳ] *n* Salvador.

Salvadorean, Salvadorian [ˌsælvəˈdɔːrɪən] ◇ *adj* salvadoreño(ña)). ◇ *n* salvadoreño *m*, -ña *f.*

salvage [ˈsælvɪdʒ] ◇ *n* (U) - **1.** [rescue of ship] salvamento *m.* - **2.** [property rescued] objetos *mpl* recuperados OR rescatados. ◇ *vt lit & fig:* **to** ~ **sthg (from)** salvar algo (de).

salvageable [ˈsælvɪdʒəbl] *adj* salvable.

salvager [ˈsælvɪdʒəʳ] *n* salvador *m*, -ra *f.*

salvage vessel *n* nave *f* de salvamento.

salvation [sælˈveɪʃn] *n* salvación *f.*

Salvation Army *n:* **the** ~ el Ejército de Salvación.

salvationist [sælˈveɪʃənɪst] *n* - **1.** [member of evangelical sect] evangelista *mf.* - **2.** [member of Salvation Army] miembro *mf* del Ejército de Salvación.

salve [sælv, saːv] ◇ *vt:* **to** ~ **one's conscience (by doing sthg)** apaciguar la conciencia (haciendo algo). ◇ *n* - **1.** [ointment] ungüento *m*, pomada *f.* - **2.** *fig* [comfort] bálsamo *m.*

salver [ˈsælvəʳ] *n* bandeja *f* (metálica).

salvia [ˈsælvɪə] *n* salvia *f.*

salvo [ˈsælvəʊ] (*pl* **salvos** OR **salvoes**) *n* [of guns, missiles] salva *f.*

SAM [sæm] (*abbr of* **surface-to air missile**) SAM *m*, misil *m* tierra-aire.

Samaritan [səˈmærɪtn] *n:* **good** ~ buena persona *f*, buen samaritano *m*, buena samaritana *f.*
   ◆ **Samaritans** *npl* ≈ teléfono *m* de la esperanza.

samarium [səˈmeərɪəm] *n* samario *m.*

samba [ˈsæmbə] *n* samba *f.*

same [seɪm] ◇ *adj* mismo(ma); **the** ~ **colour as his** el mismo color que el suyo □ **at the** ~ **time** [simultaneously] al mismo tiempo; [yet] aun así; **one and the** ~ el mismo (la misma). ◇ *pron:* **the** ~ el mismo (la misma); **she did the** ~ hizo lo mismo; **everything is the** ~ todo sigue igual; **the ingredients are the** ~ los ingredientes son los mismos OR iguales; **I'll have the** ~ **(again)** tomaré lo mismo (que antes); **the** ~ **to you!** [in friendship] ¡igualmente!; [in anger] ¡lo mismo digo!, ¡te deseo lo mismo!; ~ **here!** ¡lo mismo digo! □ **all** OR **just the** ~ [nevertheless, anyway] de todos modos; **it's all the** ~ **to me** me da igual; **it's not the** ~ no es lo mismo. ◇ *adv:* **the** ~ lo mismo.

same-day *adj* COMM [processing, delivery] inmediato(ta), en el mismo día.

sameness [ˈseɪmnɪs] *n* uniformidad *f.*

samey [ˈseɪmɪ] *adj Br inf pej* monótono(na), aburrido(da).

Samoa [səˈməʊə] *n* Samoa; **American** ~ Samoa Oriental.

Samoan [səˈməʊən] ◇ *adj* samoano(na). ◇ *n* samoano *m*, -na *f.*

samosa [səˈməʊsə] *n* especie de empanadilla rellena de carne, verdura etc típica de la cocina india.

samovar [ˈsæməvaːʳ] *n* samovar *m.*

sampan [ˈsæmpæn] *n* sampán *m.*

sample [ˈsaːmpl] ◇ *n* muestra *f.* ◇ *vt* - **1.** [food, wine, attractions] probar. - **2.** MUS samplear.

sampler [ˈsaːmpləʳ] *n* SEWING dechado *m.*

sampling [ˈsaːmplɪŋ] *n* muestreo *m.*

samurai [ˈsæmʊraɪ] (*pl inv* OR **samurais**) *n* samurái *m.*

sanative [ˈsænətɪv] *adj* sanativo(va).

sanatorium [ˌsænəˈtɔːrɪəm] (*pl* **sanatoriums** OR **sanatoria** [-rɪə]), **sanitarium** *Am* [ˌsænɪˈteərɪəm] (*pl* **sanitariums** OR **sanitaria** [-rɪə]) *n* sanatorio *m.*

sanctification [ˌsæŋktɪfɪˈkeɪʃn] *n* santificación *f.*

sanctifier [ˈsæŋktɪfaɪə] *n* santificador *m*, -ra *f.*

sanctify [ˈsæŋktɪfaɪ] (*pt & pp* **sanctified**) *vt* - **1.** RELIG santificar. - **2.** [approve] aprobar.

sanctimonious [ˌsæŋktɪˈməʊnjəs] *adj pej* santurrón(ona).

sanctimony [ˈsæŋktɪmənɪ] *n pej* santurronería *f*, mojigatería *f.*

sanction [ˈsæŋkʃn] ◇ *n* sanción *f.* ◇ *vt* sancionar.
   ◆ **sanctions** *npl* sanciones *fpl.*

sanctity [ˈsæŋktətɪ] *n* santidad *f.*

sanctuary [ˈsæŋktʃʊərɪ] (*pl* **sanctuaries**) *n* - **1.** [for birds, wildlife] reserva *f.* - **2.** [refuge] refugio *m.* - **3.** [holy place] santuario *m.*

sanctum [ˈsæŋktəm] (*pl* **sanctums**) *n* [private place] lugar *m* sagrado, espacio *m* privado.

sand [sænd] ◇ *n* arena *f.* ◇ *vt* [with sandpaper] lijar.
   ◆ **sands** *npl* arenas *fpl.*
   ◆ **sand down** *vt sep* lijar.

sandal [ˈsændl] *n* sandalia *f.*

sandalwood [ˈsændlwʊd] *n* sándalo *m.*

sandbag [ˈsændbæg] (*pt & pp* **sandbagged**) ◇ *n* saco *m* de arena. ◇ *vt* - **1.** [shore up] reforzar con sacos de arena; [protect] proteger con sacos de arena. - **2.** *inf* [hit] noquear. - **3.** *Am inf* [coerce]: **to** ~ **sb into doing sthg** forzar a alguien a hacer algo.

sandbank [ˈsændbæŋk] *n* banco *m* de arena.

sandbar [ˈsændbaːʳ] *n* banco *m* de arena.

sandblast [ˈsændblaːst] *vt* limpiar con chorro de arena.

sandblaster ['sænd,blɑːstəʳ] *n* limpiadora *f* de chorro de arena.

sandblasting ['sænd,blɑːstɪŋ] *n* limpieza *f* con chorro de arena.

sandbox *n Am* = **sandpit**.

sandcastle ['sænd,kɑːsl] *n* castillo *m* de arena.

sand dune *n* duna *f*.

sander ['sændəʳ] *n* lijadora *f*.

sand fly *n* jején *m*.

sandhopper ['sænd,hɒpəʳ] *n* pulga *f* de mar.

sanding ['sændɪŋ] *n* [of wood, plaster] lijado *m*.

Sandinista [,sændɪ'niːstə] ◇ *adj* sandinista. ◇ *n* sandinista *mf*.

sandlot ['sændlɒt] *n Am* solar *m*, baldío *m*.

sandman ['sændmæn] *n* personaje de cuento que adormece a los niños.

sand martin *n* avión *m* zapador (*ave*).

sandpaper ['sænd,peɪpəʳ] ◇ *n (U)* papel *m* de lija. ◇ *vt* lijar.

sandpie ['sændpaɪ] *n* flan *m* de arena (*en la playa*).

sandpiper ['sænd,paɪpəʳ] *n* aguzanieves *f inv*.

sandpit *Br* ['sændpɪt], **sandbox** *Am* ['sændbɒks] *n* cuadro *m* de arena.

sandshoe ['sændʃuː] *n Br* playera *f*.

sandstone ['sændstəʊn] *n* piedra *f* arenisca.

sandstorm ['sændstɔːm] *n* tormenta *f* de arena.

sand trap *n Am* GOLF búnker *m*.

sandwich ['sænwɪdʒ] ◇ *n* [made with roll etc] bocadillo *m*; [made with sliced bread] sandwich *m*. ◇ *vt fig* apretujar; **he ~ed me in between two other appointments** me metió en un hueco que tenía entre otras dos citas.

sandwich bar *n Br* sandwichería *f*.

sandwich board *n* cartelón *m* (de hombre anuncio).

sandwich cake *n Br* pastel *m* relleno.

sandwich course *n Br* curso de enseñanza superior que incluye un periodo de prácticas en empresas etc.

sandwich loaf *n* pan *m* de molde.

sandwich man *n* hombre *m* anuncio.

sandy ['sændɪ] (*compar* **sandier**, *superl* **sandiest**) *adj* - **1.** [covered in sand] arenoso(sa). - **2.** [sand-coloured] rojizo(za).

sand yacht *n* triciclo *m* a vela.

sane [seɪn] *adj* - **1.** [not mad] cuerdo(da). - **2.** [sensible] prudente, sensato(ta).

sang [sæŋ] *pt* → **sing**.

sangfroid [sɒŋ'frwɑː] *n* sangre *f* fría.

sangria [sæŋ'griːə] *n* sangría *f*.

sanguinary ['sæŋgwɪnərɪ] *adj fml* - **1.** [bloodthirsty] sanguinario(ria). - **2.** [with much bloodshed] sangriento(ta).

sanguine ['sæŋgwɪn] *adj* optimista.

sanitarium *n Am* = **sanatorium**.

sanitary ['sænɪtrɪ] *adj* - **1.** [connected with health] sanitario(ria). - **2.** [clean, hygienic] higiénico(ca).

sanitary engineer *n* técnico *m*, -ca *f* en Salud Pública.

sanitary inspector *n dated* [in UK] inspector *m*, -ra *f* de sanidad.

sanitary towel, **sanitary napkin** *Am n* [disposable] compresa *f* (higiénica); [made of cloth] paño *m* (higiénico).

sanitation [,sænɪ'teɪʃn] *n* sanidad *f*, higiene *f*.

sanitation worker *n Am* basurero *m*, -ra *f*.

sanitize, -ise ['sænɪtaɪz] *vt* - **1.** [disinfect] desinfectar. - **2.** *fig* [expurgate] descafeinar.

sanity ['sænɪtɪ] *n* - **1.** [saneness] cordura *f*. - **2.** [good sense] sensatez *f*, prudencia *f*.

sank [sæŋk] *pt* → **sink**.

San Marino [,sænmə'riːnəʊ] *n* San Marino.

sans [sænz] *prep arch* sin.

San Salvador [sæn'sælvədɔːʳ] *n* San Salvador.

San Sebastian [,sænsə'bæstɪən] *n* San Sebastián.

Sanskrit ['sænskrɪt] *n* sánscrito *m*.

Santa (Claus) ['sæntə(klɔːz)] *n* Papá *m* Noel.

Sao Paulo [,saʊ'paʊləʊ] *n* Sao Paulo.

sap [sæp] (*pt & pp* **sapped**, *cont* **sapping**) ◇ *n* - **1.** [of plant] savia *f*. - **2.** *Am inf* [gullible person] primo *m*, -ma *f*. ◇ *vt* [weaken] minar, agotar.

sapient ['seɪpjənt] *adj literary* sapiente.

sapless ['sæplɪs] *adj* [dry] sin savia.

sapling ['sæplɪŋ] *n* árbol *m* nuevo, arbolito *m*.

sapodilla [,sæpə'dɪlə] *n* zapote *m*.

saponaceous [,sæpə'neɪʃəs] *adj* saponáceo(a).

saponification [səpɒnɪfɪ'keɪʃn] *n* saponificación *f*.

sapper ['sæpəʳ] *n* zapador *m*.

Sapphic ['sæfɪk] *adj* sáfico(ca).

sapphire ['sæfaɪəʳ] *n* zafiro *m*.

sappy ['sæpɪ] (*compar* **sappier**, *superl* **sappiest**) *adj Am inf* - **1.** [stupid] tontuelo(la). - **2.** [mawkish] sensiblero(ra).

saprophyte ['sæprəʊfaɪt] *n* saprófito *m*.

sapwood ['sæpwʊd] *n* albura *f*.

saraband(e) ['særəbænd] *n* zarabanda *f*.

Saragossa [,særə'gɒsə] *n* Zaragoza.

Sarajevo [,særə'jeɪvəʊ] *n* Sarajevo.

Saran® [sə'ræn] *n Am* Saran® *m*, resina termoplástica utilizada para elaborar fibras, revestimientos etc.

Saran wrap® *n Am* (film *m* de) plástico *m* autoadherente.

sarape [sə'rɑːpɪ] *n* = **serape**.

sarcasm ['sɑːkæzm] *n* sarcasmo *m*.

sarcastic [sɑː'kæstɪk] *adj* sarcástico(ca).

sarcastically [sɑː'kæstɪklɪ] *adv* sarcásticamente, en un tono sarcástico.

sarcoma [sɑː'kəʊmə] (*pl* **sarcomas** OR **sarcomata** [-mətə]) *n* sarcoma *m*.

sarcophagus [sɑː'kɒfəgəs] (*pl* **sarcophagi** [-gaɪ] OR **sarcophaguses**) *n* sarcófago *m*.

sardine [sɑː'diːn] *n* sardina *f*; **to be packed in like ~s** *fig* estar apiñados como sardinas en lata.

Sardinia [sɑː'dɪnjə] *n* Cerdeña.

Sardinian [sɑː'dɪnjən] ◇ *adj* sardo(da). ◇ *n* - **1.** [person] sardo *m*, -da *f*. - **2.** [language] sardo *m*.

sardonic [sɑː'dɒnɪk] *adj* sardónico(ca).

sardonically [sɑː'dɒnɪklɪ] *adv* sardónicamente, de un modo sardónico.

sargasso [sɑː'gæsəʊ] *n* sargazo *m*.

Sargasso Sea *n*: **the ~** el mar de los Sargazos.

sari ['sɑːrɪ] *n* sari *m*.

Sark [sɑːk] *n* (isla *f* de) Sark.

sarky ['sɑːkɪ] (*compar* **sarkier**, *superl* **sarkiest**) *adj Br inf* sarcástico(ca).

sarong [sə'rɒŋ] *n* prenda de vestir malaya que se lleva como falda anudada a la cintura o bajo los brazos.

sarsaparilla [,sɑːspə'rɪlə] *n* zarzaparrilla *f*.

sartorial [sɑː'tɔːrɪəl] *adj fml* en el vestir.

SAS (*abbr of* **Special Air Service**) *n* unidad especial del ejército británico encargada de operaciones de sabotaje.

SASE *n written abbr of* **self-addressed stamped envelope**.

sash [sæʃ] *n* faja *f*.

sashay ['sæʃeɪ] *vi Am inf* pavonearse.

sash cord *n* cuerda *f* de ventana de guillotina.

sash window *n* ventana *f* de guillotina.

Saskatchewan [sæs'kætʃɪwən] *n* Saskatchewan.

sass [sæs] *Am inf* ◇ *n* descaro *m*, frescura *f*. ◇ *vt* hablar con descaro OR frescura a.

sassafras ['sæsəfræs] *n* sasafrás *m*.

Sassenach ['sæsənæk] *n Scot inf* término despectivo utilizado por los escoceses para designar a un inglés.

sassy ['sæsɪ] (*compar* **sassier**, *superl* **sassiest**) *adj Am inf* descarado(da), fresco(ca).

sat [sæt] *pt & pp* → **sit**.

Sat. *(written abbr of* **Saturday**) sáb.

SAT *n* **- 1.** *(abbr of* **Standard Assessment Task**) *examen de aptitud que se realiza a los siete, once y catorce años en Inglaterra y Gales.* **- 2.** *(abbr of* **Scholastic Aptitude Test**) *examen de ingreso en la universidad en EE UU.*

Satan ['seɪtn] *n* Satanás *m*, Satán *m*.

satanic [sə'tænɪk] *adj* satánico(ca).

satanism ['seɪtənɪzm] *n* satanismo *m*.

satanist ['seɪtənɪst] ◇ *adj* satánico(ca). ◇ *n* practicante *mf* del satanismo.

satchel ['sætʃəl] *n* cartera *f*.

sate [seɪt] *vt fml* saciar.

sated ['seɪtɪd] *adj fml*: ~ **(with)** saciado(da) (de).

sateen [sæ'tiːn] *n* satén *m*.

satellite ['sætəlaɪt] ◇ *n lit & fig* satélite *m*. ◇ *comp* **- 1.** [link, broadcast] por satélite. **- 2.** [nation, state] satélite.

satellite dish *n* (antena *f*) parabólica *f*.

satellite TV *n* televisión *f* (por) satélite.

satiable ['seɪʃɪəbl] *adj fml* saciable.

satiate ['seɪʃɪeɪt] *vt fml* saciar, hartar.

satiation [seɪʃɪ'eɪʃn], **satiety** [sə'taɪətɪ] *n fml* saciedad *f*.

satin ['sætɪn] ◇ *n* satén *m*, raso *m*. ◇ *comp* de satén, de raso.

satinwood ['sætɪnwʊd] *n* limoncillo *m* *(árbol, madera)*.

satiny ['sætɪnɪ] *adj* satinado(da).

satire ['sætaɪə'] *n* sátira *f*.

satirical [sə'tɪrɪkl] *adj* satírico(ca).

satirically [sə'tɪrɪklɪ] *adv* satíricamente, de forma satírica.

satirist ['sætərɪst] *n* escritor satírico *m*, escritora satírica *f*.

satirize, -ise ['sætəraɪz] *vt* satirizar.

satisfaction [sætɪs'fækʃn] *n* satisfacción *f*; **to do sthg to sb's** ~ hacer algo a la satisfacción OR al gusto de alguien.

satisfactorily [sætɪs'fæktərəlɪ] *adv* de un modo satisfactorio, satisfactoriamente.

satisfactory [sætɪs'fæktərɪ] *adj* satisfactorio(ria).

satisfiable ['sætɪsˌfaɪəbl] *adj* que puede satisfacerse.

satisfied ['sætɪsfaɪd] *adj* satisfecho(cha); **to be** ~ **with sthg** estar satisfecho con algo; **to be** ~ **that** estar convencido(da) de que.

satisfy ['sætɪsfaɪ] *(pt & pp* **satisfied)** *vt* **- 1.** [gen] satisfacer. **- 2.** [convince] convencer; **to** ~ **sb that** convencer a alguien de que; **to** ~ **o.s. that** convencerse de que.

satisfying ['sætɪsfaɪɪŋ] *adj* [gen] agradable; satisfactorio(ria); [meal] sustancioso(sa); [argument] convincente, satisfactorio(ria).

satrap ['sætrəp] *n* sátrapa *m*.

satsuma [sæt'suːmə] *n* satsuma *f*, *tipo de mandarina*.

saturant ['sætʃərənt] ◇ *adj* saturante, saturativo(va). ◇ *n* sustancia *f* saturativa.

saturate ['sætʃəreɪt] *vt* **- 1.** [drench]: **to** ~ **sthg (with)** empapar algo (de). **- 2.** [fill completely]: **to** ~ **sthg (with)** saturar algo (de).

saturated fat ['sætʃəreɪtɪd-] *n* grasa *f* saturada.

saturation [sætʃə'reɪʃn] ◇ *n* saturación *f*. ◇ *comp*: ~ **coverage** TV cobertura *f* exhaustiva.

saturation bombing *n* bombardeo *m* por OR de saturación.

saturation point *n*: **to reach** ~ llegar al punto de saturación.

Saturday ['sætədɪ] ◇ *n* sábado *m*; **what day is it? - it's** ~ ¿a qué estamos hoy? - estamos a sábado; **are you going** ~? *inf* ¿te vas el sábado?; **see you** ~! *inf* ¡hasta el sábado!; **on** ~ el sábado; **on** ~**s** los sábados; **last** ~ el sábado pasado; **this** ~ este sábado, el sábado que viene; **next** ~ el sábado de la semana que viene; **every** ~ todos los sábados; **every other** ~ un sábado sí y otro no; **the** ~ **before** el sábado anterior; **the** ~ **after next** no este sábado sino el siguiente; **the** ~ **before last** hace dos sábados; ~ **week, a week on** ~ del sábado en ocho días; **to work** ~**s** trabajar

los sábados. ◇ *comp* del sábado; ~ **morning/afternoon/ evening/night** la mañana/tarde/noche del sábado; **a** ~ **job** un trabajo los sábados.

Saturn ['sætən] *n* Saturno *m*.

saturnalia [sætə'neɪljə] *(pl inv* OR **saturnalias)** *n literary* bacanal *f*, orgía *f*.

saturnine ['sætənaɪn] *adj literary* taciturno(na), saturnino(na).

satyr ['sætə'] *n* sátiro *m*.

satyriasis [sætə'raɪəsɪs] *n* satiriasis *f inv*.

sauce [sɔːs] *n* **- 1.** CULIN salsa *f*. **- 2.** *Br inf* [cheek] frescura *f*, descaro *m*.

sauce boat *n* salsera *f*.

saucepan ['sɔːspən] *n* [with two handles] cacerola *f*; [with one long handle] cazo *m*.

saucer ['sɔːsə'] *n* platillo *m*.

saucy ['sɔːsɪ] *(compar* **saucier,** *superl* **sauciest)** *adj inf* descarado(da), fresco(ca).

Saudi Arabia ['saʊdɪ-] *n* Arabia Saudí.

Saudi (Arabian) ['saʊdɪ-] ◇ *adj* saudí, saudita. ◇ *n* [person] saudí *mf*, saudita *mf*.

sauerkraut ['saʊəkraʊt] *n* choucroute *f*, chucrut *m*.

Saul [sɔːl] *n* Saúl *m*.

sauna ['sɔːnə] *n* sauna *f*.

saunter ['sɔːntə'] *vi* pasearse (tranquilamente).

saurian ['sɔːrɪən] *n* saurio *m*.

sausage ['sɒsɪdʒ] *n* salchicha *f*; **not a** ~! *Br inf fig* ¡nada de nada!

sausage dog *n Br hum* perro *m* salchicha.

sausage meat *n* carne *f* de salchicha.

sausage roll *n Br* salchicha envuelta en masa de hojaldre.

sauté [*Br* 'saʊteɪ, *Am* saʊ'teɪ] *(pt & pp* **sautéed** OR **sautéd)** ◇ *adj* salteado(da). ◇ *vt* saltear.

savable ['seɪvəbl] *adj* salvable.

savage ['sævɪdʒ] ◇ *adj* [cruel, fierce] feroz, salvaje. ◇ *n pej* salvaje *mf*. ◇ *vt* **- 1.** [subj: animal] embestir, atacar. **- 2.** [subj: person] atacar con ferocidad.

savagely ['sævɪdʒlɪ] *adv* salvajemente, brutalmente.

savageness ['sævɪdʒnɪs] *n* = **savagery** *sense 1*.

savagery ['sævɪdʒrɪ] *n* **- 1.** [brutality] ferocidad *f*, brutalidad *f*. **- 2.** [primitive state] salvajismo *m*, estado *m* salvaje.

savanna(h) [sə'vænə] *n* sabana *f*.

savant ['sævənt] *n fml* sabio *m*, -bia *f*.

save [seɪv] ◇ *vt* **- 1.** [rescue] salvar, rescatar; **to** ~ **sb from sthg** salvar a alguien de algo; **to** ~ **sb's life** salvarle la vida a alguien; **God** ~ **the King/Queen** Dios salve al rey/a la reina. **- 2.** [not spend or consume - time, money, energy] ahorrar; [- food, strength] guardar, reservar. **- 3.** [avoid] evitar; **to** ~ **sb from doing sthg** evitar a alguien (el) hacer algo. **- 4.** SPORT parar. **- 5.** COMPUT guardar. ◇ *vi* ahorrar; **to** ~ **on sthg** ahorrar algo. ◇ *n* SPORT parada *f*. ◇ *prep fml*: ~ **(for)** excepto.

◆ **save up** *vi* ahorrar.

saveable ['seɪvəbl] *adj* = **savable**.

save-all *n* apuracabos *m inv*.

save-as-you-earn *n Br* forma de ahorro en que la contribución mensual origina rédito libre de impuestos.

saveloy ['sævəlɔɪ] *n Br* salchicha ahumada muy sazonada.

saver ['seɪvə'] *n* **- 1.** [thing that prevents wastage]: **a time** ~ algo que ahorra tiempo. **- 2.** FIN ahorrador *m*, -ra *f*.

Save the Children Fund *n* organismo internacional de ayuda a la infancia.

saving ['seɪvɪŋ] ◇ *n* [thrift, money saved] ahorro *m*. ◇ *prep fml* salvo, con excepción hecha de.

◆ **savings** *npl* ahorros *mpl*.

saving grace *n* lo único positivo.

savings account *n* cuenta *f* de ahorros.

savings and loan association *n Am* sociedad *f* de préstamos inmobiliarios.

savings bank *n* ≃ caja *f* de ahorros.
savings bond *n Am* bono *m* de ahorros.
savings book *n Br* libreta *f* OR cartilla *f* de ahorros.
savings stamp *n Br* cupón *m* de ahorro.
saviour *Br*, **savior** *Am* [ˈseɪvjəʳ] *n* salvador *m*, -ra *f*.
◆ **Saviour** *n*: **the Saviour** el Salvador.
savoir-faire [ˌsævwɑːˈfeəʳ] *n* tacto *m*, don *m* de gentes.
savor *n Am* = **savour**.
savory [ˈseɪvərɪ] *n* - **1.** BOT ajedrea *f*. - **2.** *Am* = **savoury**.
savour *Br*, **savor** *Am* [ˈseɪvəʳ] *vt lit & fig* saborear.
savoury *Br* (*pl* **savouries**), **savory** *Am* (*pl* **savories**) [ˈseɪvərɪ] ◇ *adj* - **1.** [not sweet] salado(da). - **2.** [respectable, pleasant] respetable, agradable. ◇ *n* comida *f* de aperitivo.
Savoy [səˈvɔɪ] ◇ *adj* saboyano(na). ◇ *n* Saboya.
savoy cabbage *n* col *f* rizada OR de Milán.
savvy [ˈsævɪ] (*compar* **savvier**, *superl* **savviest**, *pt & pp* **savvied**) *inf* ◇ *n* (*U*) - **1.** [good sense] sentido *m* común. - **2.** [know-how] conocimientos *mpl*. ◇ *adj Am* con sentido común, práctico(ca). ◇ *vi* entender, comprender.
saw [sɔː] (*Br pt* **sawed**, *pp* **sawn** [sɔːn], *Am pt & pp* **sawed**) ◇ *pt* → **see**. ◇ *n* sierra *f*. ◇ *vt* serrar.
◆ **saw down** *vt sep* [tree] talar.
◆ **saw off** *vt sep* serrar, cortar con una sierra.
◆ **saw up** *vt sep* cortar en trozos con una sierra.
sawbuck [ˈsɔːbʌk] *n Am* - **1.** = **sawhorse**. - **2.** *inf* [ten dollar bill] billete *m* de diez dólares.
sawdust [ˈsɔːdʌst] *n* serrín *m*.
sawed-off shotgun *n Am* = **sawn-off shotgun**.
sawfish [ˈsɔːfɪʃ] *n* pez *m* sierra.
sawhorse [ˈsɔːhɔːs], **sawbuck** *Am* [ˈsɔːbʌk] *n* burro *m*, borriquete *m*.
sawmill [ˈsɔːmɪl] *n* aserradero *m*.
sawn [sɔːn] *pp Br* → **saw**.
sawn-off shotgun *Br*, **sawed-off shotgun** *Am* [ˈsɔːd-] *n* arma *f* de cañones recortados.
sawtoothed [ˈsɔːtuːθt] *adj* serrado(da).
sawyer [ˈsɔːjəʳ] *n* serrador *m*, -ra *f*, aserrador *m*, -ra *f*.
sax [sæks] *n inf* saxo *m*.
saxhorn [ˈsækshɔːn] *n* bombardino *m*.
saxifrage [ˈsæksɪfrɪdʒ] *n* saxífraga *f*.
Saxon [ˈsæksn] ◇ *adj* sajón(ona). ◇ *n* sajón *m*, -ona *f*.
Saxony [ˈsæksənɪ] *n* Sajonia.
saxophone [ˈsæksəfəʊn] *n* saxofón *m*.
saxophonist [*Br* sækˈsɒfənɪst, *Am* ˈsæksəfəʊnɪst] *n* saxofón *mf*.
say [seɪ] (*pt & pp* **said** [sed]) ◇ *vt* [gen] decir; **to ~ sthg again** repetir algo; **to ~ to o.s.** decirse a uno mismo; **to ~ yes** decir que sí; **he's said to be good** se dice que es bueno; (**let's**) **~ you were to win** pongamos que ganaras; **what do you ~?** [eliciting opinion] ¿qué te parece? ❑ **to ~ nothing of** sin mencionar; **enough said!** ¡no me digas más!; **it has a lot to be said for it** tiene mucho a su favor; **it's easier said than done** del dicho al hecho hay mucho OR un gran trecho *proverb*; **it would be difficult, not to ~ impossible** sería difícil, por no decir imposible; **I'll ~ this for him/her...** hay que decir OR admitir que él/ella...; **no sooner said than done** dicho y hecho; **~ no more!** ¡no me digas más!, ¡ni una palabra más!; **she didn't have much to ~ for herself** era muy reservada; **that goes without ~ing** ni que decir tiene; **there's no ~ing what might happen** sabe Dios OR vete a saber lo que podría pasar; **when all is said and done** al fin y al cabo; **you can ~ that again** *inf* ¡y que lo digas!, ¡ya lo creo!; **you said it!** *inf* ¡tú lo has dicho! ◇ *vi* - **1.** [gen] decir; **as they ~** como se suele decir; **so to ~** por así decirlo ❑ **I'll ~!** ¡ya lo creo!; **you don't ~!** ¡no me digas! - **2.** [clock, meter] marcar. ◇ *n*: **to have a/no ~ in sthg** tener/no tener voz y voto en algo; **let me have my ~** déjame decir lo que pienso. ◇ *adv* - **1.** [approximately] aproximadamente; **there were, ~, one hundred people present** había aproximadamente cien personas presentes. - **2.** [for example] por ejemplo; **a stringed instrument, ~, a violin** un instrumento de cuerda, como por ejemplo un violín OR pongamos (por caso) un violín. ◇ *excl Am inf* ¡oye!, ¡oiga!
◆ **that is to say** *adv* es decir.
SAYE *n written abbr of* **save as you earn**.
saying [ˈseɪɪŋ] *n* dicho *m*.
say-so *n inf* - **1.** [assertion]: **I won't believe it just on his ~** no me lo voy a creer sólo porque él lo diga. - **2.** [permission] aprobación *f*.
SBA (*abbr of* **Small Business Administration**) *n* organismo gubernamental estadounidense de ayuda a la pequeña empresa.
s/c *written abbr of* **self-contained**.
SC ◇ *n written abbr of* **supreme court**. ◇ *written abbr of* **South Carolina**.
scab [skæb] *n* - **1.** MED costra *f*. - **2.** *pej* [non-striker] esquirol *m*.
scabbard [ˈskæbəd] *n* vaina *f*, funda *f*.
scabby [ˈskæbɪ] (*compar* **scabbier**, *superl* **scabbiest**) *adj* costroso(sa).
scabies [ˈskeɪbiːz] *n* (*U*) sarna *f*.
scabrous [ˈskeɪbrəs] *adj literary* escabroso(sa).
scads [skædz] *npl Am inf* montones *mpl*.
scaffold [ˈskæfəʊld] *n* - **1.** [around building] andamio *m*. - **2.** [for execution] cadalso *m*, patíbulo *m*.
scaffolding [ˈskæfəldɪŋ] *n* (*U*) andamios *mpl*, andamiaje *m*.
scalar [ˈskeɪləʳ] ◇ *adj* escalar. ◇ *n* número *m* escalar.
scalawag *n Am* = **scallywag**.
scald [skɔːld] ◇ *n* escaldadura *f*. ◇ *vt* - **1.** [hands, skin] escaldar. - **2.** CULIN [milk] calentar casi hasta el hervor; [vegetables] escaldar.
scalding [ˈskɔːldɪŋ] *adj* hirviendo.
scale [skeɪl] ◇ *n* - **1.** [gen] escala *f*. - **2.** [size, extent] tamaño *m*, escala *f*; **to ~** a escala. - **3.** [of fish, snake] escama *f*. - **4.** *Am* [for weighing food] balanza *f*; [for weighing person] báscula *f*. - **5.** (*U*) [in kettle, pipe] sarro *m*. - **6.** [scale pan] platillo *m* (de la balanza). ◇ *vt* - **1.** [climb] escalar. - **2.** [remove scales from] escamar.
◆ **scales** *npl* - **1.** [for weighing food] balanza *f*. - **2.** [for weighing person] báscula *f*. - **3.** *phr*: **to tip the ~s** *fig* inclinarse la balanza a favor de alguien.
◆ **scale down** *vt fus* reducir.
◆ **scale off** *vi* [paint] descascarillarse, descascararse.
◆ **scale up** *vt sep* aumentar a escala.
scaled [skeɪld] *adj* [kettle, pipe] con sarro, sarroso(sa).
scale diagram *n* diagrama *m* en escala.
scale drawing *n* dibujo *m* (hecho) a escala.
scale model *n* maqueta *f*.
scalene [ˈskeɪliːn] *adj* escaleno.
scaling [ˈskeɪlɪŋ] *n* [adjustment] ajuste *m*.
scallion [ˈskæljən] *n* - **1.** *Am* [spring onion] cebolleta *f*. - **2.** [shallot] chalota *f*, chalote *m*.
scallop [ˈskɒləp] ◇ *n* ZOOL vieira *f*. ◇ *vt* - **1.** [decorate edge of] festonear. - **2.** CULIN guisar al gratén.
scalloped [ˈskɒləpt] *adj* - **1.** CULIN: **~ potatoes** patatas *fpl* al gratén. - **2.** SEWING [edge, hem] festoneado(da).
scallywag *Br* [ˈskælɪwæg], **scalawag** *Am* [ˈskæləwæg] *n inf* bribón *m*, -ona *f*, tunante *m*, -ta *f*.
scalp [skælp] ◇ *n* cuero *m* cabelludo. ◇ *vt* - **1.** [person, animal] escalpar. - **2.** *Am inf* [tickets] revender; [stocks, bonds] especular con OR en.
scalpel [ˈskælpəl] *n* bisturí *m*.
scalper [ˈskælpəʳ] *n Am* [tout] revendedor *m*, -ra *f*.
scaly [ˈskeɪlɪ] (*compar* **scalier**, *superl* **scaliest**) *adj* escamoso(sa).
scam [skæm] *n inf* estratagema *f*.
scamp [skæmp] *n inf* bribón *m*, -ona *f*, tunante *m*, -ta *f*.
scamper [ˈskæmpəʳ] *vi* correr.

◆ **scamper about** *vi* corretear.

scampi ['skæmpɪ] *n (U)*: **(breaded)** ~ gambas *fpl* con gabardina.

scan [skæn] *(pt & pp* **scanned**, *cont* **scanning**) ◇ *n* exploración *f* ultrasónica. ◇ *vt* - **1.** [examine carefully] examinar. - **2.** [glance at] dar un vistazo a. - **3.** ELECTRON & TV registrar. - **4.** COMPUT hacer un escáner de. ◇ *vi* - **1.** [line of poetry] estar bien medido (bien medida). - **2.** COMPUT hacer un escáner.

scandal ['skændl] *n* - **1.** [scandalous event, outrage] escándalo *m*. - **2.** [scandalous talk] habladurías *fpl*.

scandalize, -ise ['skændəlaɪz] *vt* escandalizar.

scandalmonger ['skændl,mʌŋgəʳ] *n pej* murmurador *m*, -ra *f*, propagador *m*, -ra *f* de escándalos.

scandalous ['skændələs] *adj* escandaloso(sa).

scandalously ['skændələslɪ] *adv* - **1.** [act] escandalosamente, de un modo escandaloso. - **2.** [speak, write] de un modo difamatorio.

Scandinavia [,skændɪ'neɪvjə] *n* Escandinavia.

Scandinavian [,skændɪ'neɪvjən] ◇ *adj* escandinavo(va). ◇ *n* [person] escandinavo *m*, -va *f*.

scandium ['skændɪəm] *n* escandio *m*.

scanner ['skænəʳ] *n* COMPUT & MED escáner *m*.

scanning ['skænɪŋ] *n* exploración *f*.

scansion ['skænʃn] *n* escansión *f*.

scant [skænt] *adj* escaso(sa).

scantily ['skæntɪlɪ] *adv* escasamente; ~ **dressed** ligero (ligera) de ropa.

scantiness ['skæntɪnɪs] *n* escasez *f*.

scanty ['skæntɪ] *(compar* **scantier**, *superl* **scantiest)** *adj* [amount, resources] escaso(sa); [dress] ligero(ra); [meal] insuficiente.

scapegoat ['skeɪpgəʊt] *n* cabeza *f* de turco.

scapula ['skæpjʊlə] *n* MED escápula *f*, omoplato *m*.

scapular ['skæpjʊləʳ] ◇ *adj* escapular. ◇ *n* - **1.** ZOOL pluma *f* escapular. - **2.** RELIG escapulario *m*.

scar [skɑːʳ] *(pt & pp* **scarred**, *cont* **scarring**) ◇ *n* - **1.** [physical] cicatriz *f*. - **2.** *fig* [emotional] señal *f*. ◇ *vt* - **1.** [physically] dejar una cicatriz en. - **2.** *fig* [emotionally] marcar.

◆ **scar over** *vi* [form scar] quedar cicatriz; [close up] cicatrizar.

scarab ['skærəb] *n* escarabajo *m*.

scarce ['skeəs] *adj* escaso(sa); **to become** ~ escasear ❏ **to make o.s.** ~ esfumarse, quitarse de en medio.

scarcely ['skeəslɪ] *adv* apenas; ~ **anyone/ever** casi nadie/ nunca.

scarcity ['skeəsətɪ] *n* escasez *f*.

scarcity value *n* valor *m* elevado debido a la escasez.

scare [skeəʳ] ◇ *n* - **1.** [sudden fear] susto *m*, sobresalto *m*. - **2.** [public fear] temor *m*. ◇ *vt* asustar, sobresaltar.

◆ **scare away, scare off** *vt sep* ahuyentar.

◆ **scare up** *vt sep Am inf* [gen] juntar, reunir; [meal] improvisar.

scarecrow ['skeəkrəʊ] *n* espantapájaros *m inv*.

scared ['skeəd] *adj* - **1.** [frightened] asustado(da); **to be** ~ **(of sthg)** tener miedo (de algo) ❏ **to be** ~ **stiff** OR **to death** estar muerto(ta) de miedo. - **2.** [worried] **to be** ~ **that** tener miedo de que.

scaredy cat ['skeədɪ-] *n inf* miedica *mf*.

scaremonger ['skeə,mʌŋgəʳ] *n pej* alarmista *mf*.

scarey ['skeərɪ] *adj* = **scary**.

scarf [skɑːf] *(pl* **scarfs** OR **scarves** [skɑːvz])* *n* - **1.** [long scarf - of wool] bufanda *f*; [- of silk etc] fular *m*, foulard *m*. - **2.** [headscarf, neckerchief] pañuelo *m*.

scarfskin ['skɑːfskɪn] *n* epidermis *f inv*.

scarification [,skeərɪfɪ'keɪʃn] *n* escarificación *f*.

scarify ['skeərɪfaɪ] *(pt & pp* **scarified)** *vt* - **1.** [skin, topsoil] escarificar. - **2.** *literary* [criticize] criticar severamente, censurar.

scarlatina [,skɑːlə'tiːnə] *n* MED escarlatina *f*.

scarlet ['skɑːlət] ◇ *adj* color escarlata. ◇ *n* escarlata *f*.

scarlet fever *n* escarlatina *f*.

scarlet pimpernel *n* BOT murajes *mpl*.

scarp [skɑːp] *n* escarpa *f*.

scarper ['skɑːpəʳ] *vi Br inf* largarse.

scar tissue *n* tejido *m* cicatrizador.

scarves [skɑːvz] *pl* → **scarf**.

scary ['skeərɪ] *(compar* **scarier**, *superl* **scariest)** *adj inf* espeluznante.

scat [skæt] *vi inf* largarse; ~! ¡lárgate!, ¡vete!

scathing ['skeɪðɪŋ] *adj* mordaz; **to be** ~ **about sthg/sb** criticar duramente algo/a alguien.

scathingly ['skeɪðɪŋlɪ] *adv* [retort, criticize] de un modo mordaz, con mordacidad.

scatological [,skætə'lɒdʒɪkl] *adj* escatológico(ca).

scatology [skæ'tɒlədʒɪ] *n* escatología *f*.

scatter ['skætəʳ] ◇ *vt* esparcir, desparramar. ◇ *vi* dispersarse. ◇ *n* [in statistics] dispersión *f*.

◆ **scatter about** *Br*, **scatter around** *vt sep* esparcir, desparramar.

scatterbrain ['skætəbreɪn] *n inf* cabeza *mf* de chorlito.

scatterbrained ['skætəbreɪnd] *adj inf* atolondrado(da).

scatter cushion *n* cojín *m*.

scattered ['skætəd] *adj* disperso(sa).

scattering ['skætərɪŋ] *n*: **a** ~ **of snow** un poco de nieve; **a** ~ **of phone calls** unas cuantas llamadas.

scatty ['skætɪ] *(compar* **scattier**, *superl* **scattiest)** *adj Br inf* atolondrado(da).

scavenge ['skævɪndʒ] ◇ *vt* - **1.** [subj: animal]: **to** ~ **food** buscar carroña. - **2.** [subj: person] rebuscar entre las basuras. ◇ *vi* - **1.** [animal]: **to** ~ **for food** buscar carroña. - **2.** [person]: **to** ~ **for sthg** rebuscar algo.

scavenger ['skævɪndʒəʳ] *n* - **1.** [animal] carroñero *m*, -ra *f*. - **2.** [person] persona *f* que rebusca en las basuras.

SCE *(abbr of* **Scottish Certificate of Education)** *n* título de *enseñanza secundaria en Escocia*.

scenario [sɪ'nɑːrɪəʊ] *(pl* **scenarios)** *n* - **1.** [possible situation] situación *f* hipotética. - **2.** [of film, play] resumen *m* del argumento.

scene [siːn] *n* - **1.** [gen] escena *f*; **behind the** ~**s** entre bastidores. - **2.** [painting of place] panorama *m*, paisaje *m*. - **3.** [location] sitio *m*; **on the** ~ en el sitio; **a change of** ~ un cambio de ambiente OR de aires; **it's not my** ~ *inf* no es lo mío ❏ **to come on the** ~ aparecer (en escena). - **4.** [show of emotion] jaleo *m*, escándalo *m*; **to make a** ~ montar una escena. - **5.** *phr*: **to set the** ~ [for person] describir la escena; [for event] crear el ambiente propicio.

scene change *n* cambio *m* de decorado.

scenery ['siːnərɪ] *n (U)* - **1.** [of countryside] paisaje *m*. - **2.** THEATRE decorado *m*.

sceneshifter ['siːn,ʃɪftəʳ] *n* tramoyista *mf*.

scenic ['siːnɪk] *adj* [view] pintoresco(ca); [tour] turístico(ca).

scenic railway *n* - **1.** [for tourists] tren *m* de recreo *(pequeño)*. - **2.** [in fairground] montaña *f* rusa.

scenic route *n* ruta *f* turística.

scent [sent] ◇ *n* - **1.** [smell - of flowers] fragancia *f*; [- of animal] rastro *m*. - **2.** *fig* [track] pista *f*; **to put on** OR **throw sb off the** ~ despistar a alguien. - **3.** [perfume] perfume *m*. ◇ *vt* - **1.** [subj: animal] olfatear, husmear. - **2.** *fig* [subj: person] percibir.

scented ['sentɪd] *adj* perfumado(da).

scentless ['sentlɪs] *adj* [odourless - substance] inodoro(ra); [- flower] sin aroma OR fragancia.

scepter *n Am* = **sceptre**.

sceptic *Br*, **skeptic** *Am* ['skeptɪk] *n* escéptico *m*, -ca *f*.

sceptical *Br*, **skeptical** *Am* ['skeptɪkl] *adj* escéptico(ca); **to be** ~ **about** tener muchas dudas acerca de.

scepticism *Br*, **skepticism** *Am* ['skeptɪsɪzm] *n* escepticismo *m*.

sceptre *Br*, **scepter** *Am* ['septə⁷] *n* cetro *m*.
SCF (*abbr of* **Save the Children Fund**) *n* organización caritativa internacional que trabaja por el bienestar de los niños.
schedule [*Br* 'ʃedjuːl, *Am* 'skedʒʊl] ◇ *n* **- 1.** [plan] programa *m*, plan *m*; **(according) to** ~ según lo previsto; **on** ~ sin retraso; **ahead of** ~ con adelanto; **behind** ~ con retraso. **- 2.** [of prices, contents] lista *f*; [of times] horario *m*. ◇ *vt*: **to** ~ **sthg (for)** fijar algo (para).
scheduled building [*Br* 'ʃedjuːld-, *Am* 'skedʒʊld-] *n Br* edificio *m* catalogado.
scheduled flight [*Br* 'ʃedjuːld-, *Am* 'skedʒʊld-] *n* vuelo *m* regular.
scheduled territories [*Br* 'ʃedjuːld-, *Am* 'skedʒʊld-] *npl*: **the** ~ zona *f* de la libra esterlina.
schema ['skiːmə] (*pl* **schemata** [-mətə]) *n* TECH [diagram] esquema *m*.
schematic [skɪ'mætɪk] *adj* esquemático(ca).
scheme [skiːm] ◇ *n* **- 1.** [plan] plano *m*, proyecto *m*. **- 2.** *pej* [dishonest plan] intriga *f*, treta *f*. **- 3.** [arrangement, decoration - of room] disposición *f*; [- of colours] combinación *f*. **- 4.** *phr*: **the** ~ **of things** el orden de las cosas. ◇ *vi pej*: **to** ~ **(to do sthg)** intrigar (para hacer algo).
schemer ['skiːmə⁷] *n pej* intrigante *mf*.
scheming ['skiːmɪŋ] *adj pej* intrigante.
schilling ['ʃɪlɪŋ] *n* chelín *m*.
schism ['sɪzm,'skɪzm] *n* cisma *m*.
schismatic [sɪz'mætɪk, skɪz'mætɪk] *adj* cismático(ca).
schist [ʃist] *n* esquisto *m*.
schistosomiasis [ˌʃistəsəʊ'maɪəsɪs] *n* esquistosomiasis *f inv*.
schizo ['skɪtsəʊ] (*pl* **schizos**) *n v inf* esquizofrénico *m*, -ca *f*.
schizoid ['skɪtsɔɪd] *adj* esquizoide.
schizophrenia [ˌskɪtsə'friːnjə] *n* esquizofrenia *f*.
schizophrenic [ˌskɪtsə'frenɪk] ◇ *adj* esquizofrénico(ca). ◇ *n* esquizofrénico *m*, -ca *f*.
schizy ['skɪtsɪ] (*compar* **schizier**, *superl* **schiziest**) *adj inf* chiflado(da), loco(ca).
schlepp [ʃlep] *Am inf* ◇ *vt* arrastrar. ◇ *vi*: **to** ~ **(around)** arrastrarse de un sitio a otro.
schmal(t)z [ʃmɔːlts] *n inf* sensiblería *f*.
schmuck [ʃmʌk] *n Am inf* tonto *m*, -ta *f*.
schnapps [ʃnæps] *n* ≃ aguardiente *m*.
schnorkel ['ʃnɔːkl] *n Br* = **snorkel**.
scholar ['skɒlə⁷] *n* **- 1.** [expert] erudito *m*, -ta *f*. **- 2.** *dated* [student] alumno *m*, -na *f*. **- 3.** [holder of scholarship] becario *m*, -ria *f*.
scholarly ['skɒləlɪ] *adj* erudito(ta).
scholarship ['skɒləʃɪp] ◇ *n* **- 1.** [grant] beca *f*. **- 2.** [learning] erudición *f*. ◇ *comp*: ~ **student** OR **holder** becario *m*, -ria *f*.
scholastic [skə'læstɪk] *adj* **- 1.** *fml* [ability, record] escolar. **- 2.** PHILOS escolástico(ca).
scholasticism [skə'læstɪsɪzm] *n* escolasticismo *m*.
school [skuːl] ◇ *n* **- 1.** [gen] colegio *m*, escuela *f*; [for driving, art] escuela *f*; [for medicine, law] facultad *f*; **of the old** ~ de la vieja escuela. **- 2.** *Am* [university] universidad *f*. **- 3.** [group of fish, dolphins] banco *m*. ◇ *vt fml* **- 1.** [educate] educar, enseñar. **- 2.** [train] disciplinar; **to** ~ **o.s.** disciplinarse.
school age *n* edad *f* escolar.
schoolbag ['skuːlbæg] *n* cartera *f*.
schoolbook ['skuːlbʊk] *n* libro *m* de texto.
schoolboy ['skuːlbɔɪ] *n* colegial *m*, escolar *m*.
school bus *n* autobús *m* escolar.
schoolchild ['skuːltʃaɪld] (*pl* **schoolchildren** [-ˌtʃɪldrən]) *n* colegial *m*, -la *f*, alumno *m*, -na *f*.
school day *n* ≃ jornada *f* escolar.
◆ **schooldays** ['skuːldeɪz] *npl* años *mpl* de colegio.
school dinner *n* comida *f* del colegio.
school district *n Am* autoridad local de EE UU con competencias en materia de enseñanza primaria y secundaria.

schooled [skuːld] *adj* educado(da), instruido(da).
school fees *npl* gastos *mpl* de escolaridad.
school friend *n* amigo *m*, -ga *f* del colegio.
schoolgirl ['skuːlɡɜːl] *n* colegiala *f*, escolar *f*.
school governor *n* miembro del consejo escolar.
school holiday *n* día *m* de fiesta escolar; **during the** ~**s** durante las vacaciones escolares.
school hours *npl* horas *fpl* lectivas; **in** ~ en horas lectivas; **out of** ~ fuera de horas lectivas.
schoolhouse ['skuːlhaʊs, *pl* -haʊzɪz] *n* colegio *m*, escuela *f*.
schooling ['skuːlɪŋ] *n* educación *f* escolar.
schoolkid ['skuːlkɪd] *n inf* colegial *m*, -la *f*, alumno *m*, -na *f*.
school-leaver [-ˌliːvə⁷] *n Br* joven que ha terminado la enseñanza obligatoria.
school-leaving age [-'liːvɪŋ-] *n* edad de finalización de la enseñanza obligatoria.
schoolmarm ['skuːlmɑːm] *n Am* maestra *f* rural.
schoolmarmish ['skuːlmɑːmɪʃ] *adj Br inf pej*: **she's very** ~ parece una institutriz.
schoolmaster ['skuːlˌmɑːstə⁷] *n dated* [at primary school] maestro *m*; [at secondary school] profesor *m*.
schoolmate ['skuːlmeɪt] *n* compañero *m*, -ra *f* de escuela.
schoolmistress ['skuːlˌmɪstrɪs] *n dated* [at primary school] maestra *f*; [at secondary school] profesora *f*.
school of thought *n* escuela *f* de pensamiento.
school report *n* informe *m* escolar.
schoolroom ['skuːlrʊm] *n dated* clase *f*, aula *f*.
schoolteacher ['skuːlˌtiːtʃə⁷] *n* [at primary school] maestro *m*, -tra *f*; [at secondary school] profesor *m*, -ra *f*.
schoolteaching ['skuːlˌtiːtʃɪŋ] *n* enseñanza *f*.
schooltime ['skuːltaɪm] *n* [school hours] horas *fpl* lectivas; [outside holidays] año *m* escolar.
school uniform *n* uniforme *m* escolar.
schoolwork ['skuːlwɜːk] *n* (*U*) trabajo *m* escolar.
school year *n* año *m* escolar.
schooner ['skuːnə⁷] *n* **- 1.** [ship] goleta *f*. **- 2.** *Br* [sherry glass] copa *f* larga (para jerez).
schuss [ʃʊs] ◇ *n* descenso *m* en línea recta (esquiando). ◇ *vi* descender en línea recta (esquiando).
schwa [ʃwɑː] *n* schwa *f*, sonido vocálico central átono.
sciatic [saɪ'ætɪk] *adj* ciático(ca).
sciatica [saɪ'ætɪkə] *n* ciática *f*.
science ['saɪəns] ◇ *n* ciencia *f*. ◇ *comp* de ciencias.
science fiction *n* ciencia *f* ficción.
science park *n* área de investigación científica promovida por empresas.
scientific [ˌsaɪən'tɪfɪk] *adj* científico(ca).
scientifically [ˌsaɪən'tɪfɪklɪ] *adv* científicamente.
scientific method *n* método *m* OR procedimiento *m* científico.
scientist ['saɪəntɪst] *n* científico *m*, -ca *f*.
Scientology® [ˌsaɪən'tɒlədʒɪ] *n* cienciología *f*.
sci-fi [ˌsaɪ'faɪ] (*abbr of* **science fiction**) *n inf* ciencia *f* ficción.
Scilly Isles ['sɪlɪ-], **Scillies** ['sɪlɪz] *npl*: **the** ~ las islas Sorlinga.
scimitar ['sɪmɪtə⁷] *n* cimitarra *f*.
scintilla [sɪn'tɪlə] *n* vestigio *m*, huella *f*.
scintillate ['sɪntɪleɪt] *vi literary* [sparkle] chispear; [twinkle] centellear.
scintillating ['sɪntɪleɪtɪŋ] *adj* brillante, chispeante.
scintillation [ˌsɪntɪ'leɪʃn] *n* **- 1.** PHYS centelleo *m*. **- 2.** ASTRON titilación *f*.
scion ['saɪən] *n* **- 1.** BOT púa *f*, vástago *m*. **- 2.** *literary* [descendant] vástago *m*, descendiente *mf*.
scission ['sɪʃn] *n* escisión *f*.
scissors ['sɪzəz] *npl* tijeras *fpl*; **a pair of** ~ unas tijeras.
scissors jump *n* salto *m* de tijera.

scissors kick *n* tijereta *f*.

scleroma [sklɪə'rəumə] (*pl* **scleromata** [-mətə]) *n* esclerema *f*.

sclerosis [sklə'rəusɪs] → **multiple sclerosis**.

sclerotic [sklə'rɒtɪk] *adj* esclerótico(ca).

scoff [skɒf] ◇ *vt Br inf* zamparse, tragarse. ◇ *vi*: **to ~ (at sb/sthg)** mofarse OR burlarse (de alguien/de algo).

scoffer ['skɒfə'] *n* mofador *m*, -ra *f*, burlón *m*, -ona *f*.

scoffing ['skɒfɪŋ] ◇ *n* mofa *f*, burla *f*. ◇ *adj* burlón(ona), sarcástico(ca).

scofflaw ['skɒflɔ:] *n Am* persona *f* que burla la ley.

scold [skəuld] ◇ *vt* regañar, reñir. ◇ *n dated* [person] regañón *m*, -ona *f*.

scolding ['skəuldɪŋ] *n* regañina *f*, regaño *m*; **to give sb a ~** regañar a alguien.

sconce [skɒns] *n* - **1.** [wall bracket] candelabro *m* de pared. - **2.** [fortification] fortín *m*.

scone [skɒn] *n* bollo tomado con té a la hora de la merienda.

scoop [sku:p] ◇ *n* - **1.** [utensil - for sugar] cucharita *f* plana; [- for ice cream] pinzas *fpl* (de helado); [- for flour] paleta *f*. - **2.** [amount - of sugar] cucharilla *f*; [- of ice cream] bola *f*. - **3.** PRESS exclusiva *f*. ◇ *vt* - **1.** [with hands] recoger. - **2.** [with utensil] recoger con cucharilla.

◆ **scoop out** *vt sep* [with spoon] sacar con cuchara; [with hands] escarbar.

◆ **scoop up** *vt sep* [with spoon] sacar con cuchara; [with hands] levantar, coger.

scooper ['sku:pə'] *n* - **1.** [tool] gubia *f*. - **2.** [bird] avoceta *f*.

scoop neck *n* escote *m*.

scoot [sku:t] *vi inf* ir pitando.

scooter ['sku:tə'] *n* - **1.** [toy] patinete *m*. - **2.** [motorcycle] escúter *m*, Vespa® *f*, motoneta *f Amér*.

scope [skəup] *n (U)* - **1.** [opportunity] posibilidades *fpl*. - **2.** [range] alcance *m*.

scorch [skɔ:tʃ] ◇ *vt* - **1.** [dress, meat] chamuscar; [face, skin] quemar. - **2.** [dry out] secar. ◇ *vi* [burn - dress, meat] chamuscarse; [- face, skin] quemarse.

scorched earth policy [skɔ:tʃt-] *n* política *f* de tierra quemada.

scorcher ['skɔ:tʃə'] *n inf* día *m* abrasador.

scorching ['skɔ:tʃɪŋ] *adj inf* abrasador(ra).

score [skɔ:'] ◇ *n* - **1.** [in test] calificación *f*, nota *f*; [in competition] puntuación *f*. - **2.** SPORT resultado *m*; **what's the ~?** ¿cómo van?; **to keep (the) ~** llevar el tanteo, apuntar los tantos ❑ **to know the ~** *inf fig* saber de qué va la cosa, saber lo que pasa. - **3.** *dated* [twenty] veintena *f*. - **4.** MUS [written copy] partitura *f*; [for film, play] música *f* original. - **5.** [subject]: **on that ~** a ese respecto, por lo que se refiere a eso. - **6.** [scratch] raya *f*, muesca *f*. - **7.** *phr*: **to settle old ~s** ajustar cuentas. ◇ *vt* - **1.** SPORT marcar; **a touchdown ~s six points** un ensayo vale seis puntos. - **2.** [success, victory] obtener. - **3.** [cut] grabar. - **4.** MUS [orchestrate] orquestar; [arrange] arreglar. ◇ *vi* - **1.** SPORT [team, player] marcar; [scorekeeper] llevar el tanteo. - **2.** [in test etc] obtener una puntuación. - **3.** [win in an argument]: **to ~ over sb** aventajar a alguien. - **4.** *v inf* [sexually]: **to ~ (with sb)** hacérselo (con alguien). - **5.** *drugs sl* pillar (droga).

◆ **scores** *npl* [large number]: **~s (of)** montones *mpl* (de).

◆ **score out** *vt sep Br* tachar.

scoreboard ['skɔ:bɔ:d] *n* tanteador *m*, marcador *m*.

scorecard ['skɔ:kɑ:d] *n* GOLF tarjeta *f* (para los resultados).

score draw *n* FTBL empate *m*.

scorekeeper ['skɔ:ki:pə'] *n* tanteador *m*, -ra *f*.

scoreless ['skɔ:lɪs] *adj* sin tantos.

scoreline ['skɔ:laɪn] *n* tanteo *m*, resultado *m*.

scorer ['skɔ:rə'] *n* - **1.** [official] tanteador *m*, -ra *f*. - **2.** [player - in football] goleador *m*, -ra *f*; [- in other sports] marcador *m*, -ra *f*.

scoresheet ['skɔ:ʃi:t] *n* tanteador *m*, hoja *f* de tanteo.

scoring ['skɔ:rɪŋ] *n* - **1.** SPORT tanteo *m*. - **2.** [scratching] ra-

yado *m*. - **3.** MUS [orchestration] orquestación *f*; [arrangement] arreglo *m*.

scorn [skɔ:n] ◇ *n* menosprecio *m*, desdén *m*; **to pour ~ on sthg/sb** despreciar algo/a alguien. ◇ *vt* menospreciar, desdeñar.

scornful ['skɔ:nful] *adj* despectivo(va), de desdén; **to be ~ of sthg** desdeñar algo.

scornfully ['skɔ:nfulɪ] *adv* con desprecio OR desdén.

Scorpio ['skɔ:pɪəu] (*pl* **Scorpios**) *n* Escorpión *m*; **to be (a) ~** ser Escorpión.

scorpion ['skɔ:pjən] *n* escorpión *m*, alacrán *m*.

Scot [skɒt] *n* escocés *m*, -esa *f*.

scotch [skɒtʃ] *vt* [rumour] poner fin a, desmentir; [idea] desechar.

Scotch [skɒtʃ] ◇ *adj* escocés(esa). ◇ *n* - **1.** = **Scotch whisky**. - **2.** = **Scotch tape**.

Scotch broth *n* caldo escocés hecho a base de verduras, carne y cebada.

Scotch egg *n Br* bola de fiambre de salchicha rebozada con huevo duro en el centro.

Scotch mist *n* llovizna *f*.

Scotch tape® *n Am* cinta *f* adhesiva, ≃ celo *m*.

Scotch whisky *n* whisky *m* escocés.

scot-free *adj inf*: **to get off ~** salir impune.

Scotland ['skɒtlənd] *n* Escocia.

Scotland Yard *n* sede central de la policía londinense. Por extensión, ésta última.

Scots [skɒts] ◇ *adj* escocés(esa). ◇ *n* [dialect] escocés *m*.

Scotsman ['skɒtsmən] (*pl* **Scotsmen** [-mən]) *n* escocés *m*; **the ~** PRESS uno de los principales diarios escoceses de calidad.

Scotswoman ['skɒtswumən] (*pl* **Scotswomen** [-,wɪmɪn]) *n* escocesa *f*.

scottie ['skɒtɪ] *n* = **Scottish terrier**.

Scottish ['skɒtɪʃ] *adj* escocés(esa).

Scottish National Party *n*: **the ~** el Partido Nacionalista Escocés.

Scottish terrier, scotty ['skɒtɪ] (*pl* **scotties**) *n* terrier *m* escocés.

scoundrel ['skaundrəl] *n dated* sinvergüenza *m*, canalla *m*.

scour ['skauə'] *vt* - **1.** [clean] fregar, restregar. - **2.** [search] registrar, batir. - **3.** GEOL derrubiar.

scourer ['skauərə'] *n* estropajo *m*.

scourge [skɜ:dʒ] ◇ *n* - **1.** [cause of suffering] azote *m*. - **2.** [critic] castigador *m*, -ra *f*. ◇ *vt* [whip] azotar, fustigar.

scouring pad ['skauərɪŋ-] *n* estropajo *m*.

scouring powder ['skauərɪŋ-] *n* polvos *mpl* detergentes.

Scouse [skaus] *n inf* - **1.** [person] persona procedente de Liverpool. - **2.** [accent] dialecto de las personas procedentes de Liverpool.

scout [skaut] ◇ *n* - **1.** MIL explorador *m*. - **2.** [talent scout] cazatalentos *mf inv*. ◇ *vt* [reconnaître] explorar, reconocer.

◆ **Scout** *n* [boy scout] explorador *m*.

◆ **scout around** *vi*: **to ~ around (for)** buscar.

scout car *n* vehículo *m* de reconocimiento.

Scouting ['skautɪŋ] *n (U)* escultismo *m*.

scoutmaster ['skaut,mɑ:stə'] *n* jefe *m* de exploradores.

scow [skau] *n* chalana *f*.

scowl [skaul] ◇ *n* ceño *m* fruncido. ◇ *vi* fruncir el ceño; **to ~ at sb** mirar con ceño a alguien.

scowling ['skaulɪŋ] *adj* [face] ceñudo(da).

SCR (*abbr of* **senior common room**) *n Br* sala de profesores.

scrabble ['skræbl] *vi* - **1.** [scramble, scrape] escarbar; **to ~ up/down** subir/bajar escarbando. - **2.** [feel around] palpar en busca de algo; **to ~ around for sthg** hurgar en busca de algo.

Scrabble® ['skræbl] *n* Scrabble® *m*.

scrag [skræg] (*pt & pp* **scragged**, *cont* **scragging**) ◇ *n* - **1.**

[person] persona *f* esquelética; [animal] animal *m* esquelético. **- 2.** *inf* [neck] pescuezo *m*, cogote *m*. **- 3.** *Br* CULIN: ~ **(end)** pescuezo *m* (de ternera o cordero). ◇ *vt inf* retorcer el pescuezo a.

scraggly ['skrægli] (*compar* **scragglier**, *superl* **scraggliest**) *adj Am inf* **- 1.** [unkempt] desaseado(da). **- 2.** [sparse] ralo(la).

scraggy ['skrægi] (*compar* **scraggier**, *superl* **scraggiest**) *adj inf* flaco(ca).

scram [skræm] (*pt & pp* **scrammed**, *cont* **scramming**) *vi inf* largarse.

scramble ['skræmbl] ◇ *n* **- 1.** [rush] pelea *f*. **- 2.** AERON & MIL despegue *m*. ◇ *vi* **- 1.** [climb] trepar. **- 2.** [move clumsily]: **to ~ to one's feet** levantarse rápidamente y tambaleándose; **to ~ out of the way** apartarse atropelladamente. **- 3.** AERON & MIL despegar. ◇ *vt* RADIO & TELEC distorsionar.

scrambled eggs ['skræmbld-] *npl* huevos *mpl* revueltos.

scrambler ['skræmblə^r] *n* RADIO & TELEC distorsionador *m* (de frecuencias).

scrambling ['skræmblɪŋ] *n Br* SPORT trial *m*.

scrap [skræp] (*pt & pp* **scrapped**, *cont* **scrapping**) ◇ *n* **- 1.** [small piece] trozo *m*, pedazo *m*; **it won't make a ~ of difference** *fig* no lo cambiará en lo más mínimo. **- 2.** [metal] chatarra *f*. **- 3.** *inf* [fight, quarrel] pelotera *f*. ◇ *vt* **- 1.** [discard] desechar, descartar. **- 2.** [machine] desmontar; [ship] desguazar. ◇ *vi inf* pelearse, tener una pelotera.

◆ **scraps** *npl* [food] sobras *fpl*.

scrapbook ['skræpbʊk] *n* álbum *m* de recortes.

scrap dealer *n* chatarrero *m*, -ra *f*.

scrape [skreɪp] ◇ *n* **- 1.** [noise] chirrido *m*. **- 2.** *inf dated* [difficult situation] apuro *m*, lío *m*. ◇ *vt* **- 1.** [remove]: **to ~ sthg off sthg** quitar algo de algo (raspando). **- 2.** [vegetables] raspar. **- 3.** [car, bumper, glass] rayar; [knee, elbow, skin] rasguñar, arañar. ◇ *vi* **- 1.** [rub]: **to ~ against/on sthg** rozar contra/en algo. **- 2.** [save money] economizar.

◆ **scrape away** ◇ *vt sep* quitar raspando. ◇ *vi* raspar; **to ~ away at a violin** rascar el violín.

◆ **scrape along, scrape by** *vi* [survive] ir tirando, arreglárselas.

◆ **scrape in** *vi* [in election] ganar por muy poco; **I just ~d in as the doors were closing** conseguí entrar justo cuando las puertas se cerraban.

◆ **scrape through** *vt fus* [exam] aprobar por los pelos.

◆ **scrape together, scrape up** *vt sep* [money] juntar (a duras penas).

scraper ['skreɪpə^r] *n* raspador *m*.

scrap heap *n* montón *m* de chatarra; **to end up on the ~** *fig* [idea, plan] ir a parar al cubo de basura; [person] quedar arrinconado(da).

scrapings ['skreɪpɪŋz] *npl* raspaduras *fpl*.

scrap merchant *n Br* chatarrero *m*, -ra *f*.

scrap metal *n* chatarra *f*.

scrap paper *Br*, **scratch paper** *Am* *n* (U) papel *m* usado.

scrappy ['skræpi] (*compar* **scrappier**, *superl* **scrappiest**) *adj pej* deshilvanado(da), fragmentario(ria).

scrapyard ['skræpjɑːd] *n* [gen] depósito *m* de chatarra; [for cars] cementerio *m* de coches.

scratch [skrætʃ] ◇ *n* **- 1.** [wound] arañazo *m*, rasguño *m*. **- 2.** [mark] raya *f*, surco *m*. **- 3.** [SPORT - horse, player] retirar; [- game, race] suspender, cancelar. **- 4.** *phr*: **to be up to ~** estar a la altura requerida; **to do sthg from ~** hacer algo partiendo desde el principio. ◇ *vt* **- 1.** [wound] arañar, rasguñar. **- 2.** [mark] rayar; **he ~ed his name on the table** grabó su nombre en la mesa. **- 3.** [rub] rascar; **to ~ o.s.** rascarse ❑ **you ~ my back and I'll ~ yours** hoy por ti, mañana por mí. ◇ *vi* **- 1.** [make mark]: **to ~ at/against sthg** arañar algo. **- 2.** [rub] rascarse. **- 3.** [hen] escarbar. **- 4.** [pen] chirriar. ◇ *adj* **- 1.** [improvised] improvisado(da). **- 2.** [haphazard] al azar.

◆ **scratch off** *vt sep* quitar rascando.

◆ **scratch together** *vt sep Br inf* [team] reunir con dificultad; [sum of money] juntar a duras penas.

◆ **scratch up** *vt sep* **- 1.** [dig up] desenterrar. **- 2.** *Br inf* [money] reunir con dificultades.

scratch mark *n* arañazo *m*, rasguño *m*.

scratchpad ['skrætʃpæd] *n Am* bloc *m* de notas.

scratch paper *n Am* = **scrap paper**.

scratchy ['skrætʃi] (*compar* **scratchier**, *superl* **scratchiest**) *adj* **- 1.** [record] rayado(da); [sound] que chirría. **- 2.** [material] áspero(ra); [pen] que raspa.

scrawl [skrɔːl] ◇ *n* garabatos *mpl*. ◇ *vt* garabatear.

scrawny ['skrɔːni] (*compar* **scrawnier**, *superl* **scrawniest**) *adj* flaco(ca).

scream [skriːm] ◇ *n* **- 1.** [cry, shout] grito *m*, chillido *m*; **~s of laughter** carcajadas *fpl*. **- 2.** [noise] chirrido *m*. **- 3.** *inf* [funny person]: **she's a ~** es la monda. ◇ *vt* vociferar. ◇ *vi* **- 1.** [person] gritar, chillar. **- 2.** [tyres] chirriar; [jet] silbar.

screamer ['skriːmə^r] *n* **- 1.** [person] chillón *m*, -ona *f*, gritón *m*, -ona *f*. **- 2.** *Am inf* [headline] titular *m* sensacionalista.

screaming ['skriːmɪŋ] ◇ *n* gritos *mpl*. ◇ *adj* [colour, clothes] chillón(ona), llamativo(va); [sound] estridente.

scree [skriː] *n* montón de piedras desprendidas de la ladera de una montaña.

screech [skriːtʃ] ◇ *n* **- 1.** [of person] chillido *m*; [of bird] chirrido *m*. **- 2.** [of car, tyres] chirrido *m*, rechinar *m*. ◇ *vt* gritar. ◇ *vi* **- 1.** [person, bird] chillar. **- 2.** [car, tyres] chirriar, rechinar.

screech owl *n* lechuza *f*.

screed [skriːd] *n* **- 1.** [essay, story] escrito *m* largo; [letter] carta *f* larga; [speech] discurso *m* largo. **- 2.** CONSTR [level] renglón *m*; [depth guide] maestra *f*; [plaster] yeso *m* para revocar.

screen [skriːn] ◇ *n* **- 1.** TV, CINEMA & COMPUT pantalla *f*. **- 2.** [panel] biombo *m*. ◇ *vt* **- 1.** [show in cinema] proyectar. **- 2.** [broadcast on TV] emitir. **- 3.** [shield]: **to ~ sthg/sb (from)** proteger algo/a alguien (de). **- 4.** [candidate, patient] examinar; **to ~ sb for sthg** hacer un chequeo a alguien para algo.

◆ **screen off** *vt sep* separar mediante un biombo.

screen door *n* puerta *f* de tela metálica.

screen dump *n* COMPUT volcado *m* de pantalla.

screen idol *n* héroe *m*, heroína *f* de la pantalla.

screening ['skriːnɪŋ] *n* **- 1.** [of film] proyección *f*. **- 2.** [of TV programme] emisión *f*. **- 3.** [for security] examen *m*, investigación *f*. **- 4.** MED [examination] chequeo *m*.

screenplay ['skriːnpleɪ] *n* guión *m*.

screen print *n* serigrafía *f*.

screen saver *n* COMPUT sistema para proteger la pantalla.

screen test *n* prueba *f* cinematográfica.

screenwriter ['skriːn‚raɪtə^r] *n* guionista *mf*.

screw [skruː] ◇ *n* **- 1.** [for fastening] tornillo *m*. **- 2.** [propeller] hélice *f*. **- 3.** *crime sl* [prison guard] madero *m*. **- 4.** *phr*: **he has a ~ loose** *inf fig* le falta un tornillo; **to put the ~s on sb** *inf fig* apretarle las clavijas OR las tuercas a alguien. ◇ *vt* **- 1.** [fix]: **to ~ sthg to** atornillar algo a. **- 2.** [twist] enroscar. **- 3.** *vulg* [have sex with] follar, coger *Amér*. **- 4.** *inf* [obtain]: **to ~ sthg out of sb** arrancarle OR sacarle algo a alguien. **- 5.** *v inf* [cheat] estafar. ◇ *vi* **- 1.** [bolt, lid]: **to ~ on to sthg** enroscarse a algo. **- 2.** *vulg* [have sex] follar, coger *Amér*.

◆ **screw around** *vi* **- 1.** *Am v inf* [waste time] vaguear, hacer el ganso. **- 2.** *vulg* [have casual sex] follar con cualquiera.

◆ **screw down** ◇ *vt sep* atornillar. ◇ *vi* atornillarse.

◆ **screw up** *vt sep* **- 1.** [sheet of paper etc] arrugar. **- 2.** [eyes] entornar; [face] arrugar. **- 3.** *v inf* [ruin] jorobar.

screwball ['skruːbɔːl] *n Am* [person] cabeza *mf* loca.

screwdriver ['skruː‚draɪvə^r] *n* destornillador *m*, desarmador *m Amér*.

screwed-up [skruːd-] *adj inf*: **to be ~** estar hecho(cha) polvo.

screw thread *n* rosca *f* (de tornillo), filete *m*.

screw top *n* [of bottle] tapón *m* de rosca; [of jar] tapa *f* de rosca.

◆ **screwtop** *adj* [bottle] con tapón de rosca; [jar] con tapa de rosca.

screw-up *n inf* cagada *f.*

screwy ['skruːɪ] (*compar* **screwier**, *superl* **screwiest**) *adj Am inf* pirado(da), chalado(da).

scribble ['skrɪbl] ◇ *n* garabato *m.* ◇ *vt & vi* garabatear.

◆ **scribble down** *vt sep* [address, number] anotar rápidamente.

◆ **scribble out** *vt sep* - **1.** [cross out] tachar. - **2.** [write] anotar rápidamente.

scribbler ['skrɪblə'] *n Br pej* [author] escritorzuelo *m*, -la *f.*

scribbling pad ['skrɪblɪŋ-] *n* bloc *m* de notas.

scribe [skraɪb] ◇ *n fml* amanuense *mf.* ◇ *vt* grabar con punzón.

scriber ['skraɪbə'] *n* punzón *m.*

scrim [skrɪm] *n* lienzo *m* ligero de algodón o lino.

scrimp [skrɪmp] *vi*: **to ~ and save (to do sthg)** apretarse el cinturón (para hacer algo).

scrimshaw ['skrɪmʃɔː] *n arte de tallar conchas, marfil* etc.

scrip [skrɪp] *n* - **1.** FIN título *m* provisional de propiedad. - **2.** [of paper] trozo *m* OR pedazo *m* de papel.

script [skrɪpt] ◇ *n* - **1.** [of play, film etc] guión *m.* - **2.** [system of writing] caligrafía *f.* - **3.** [handwriting] letra *f.* ◇ *vt* hacer el guión de.

scripted ['skrɪptɪd] *adj* con guión.

script girl *n* script *f*, anotadora *f.*

scriptural ['skrɪptʃərəl] *adj* bíblico(ca).

Scriptures ['skrɪptʃəz] *npl*: **the ~** las Sagradas Escrituras.

scriptwriter ['skrɪpt,raɪtə'] *n* guionista *mf.*

scrod [skrɒd] *n* bacalao *m.*

scrofula ['skrɒfjʊlə] *n* escrófula *f.*

scroll [skrəʊl] ◇ *n* - **1.** [of parchment] rollo *m* de pergamino. - **2.** [on column, woodwork] voluta *f.* ◇ *vt* COMPUT desplazar.

◆ **scroll down** *vi* COMPUT desplazarse hacia abajo.

◆ **scroll up** *vi* COMPUT desplazarse hacia arriba.

scroll bar *n* COMPUT barra *f* de desplazamiento.

scrollwork ['skrəʊlwɜːk] *n (U)* volutas *fpl.*

scrooge [skruːdʒ] *n inf pej* ruin *mf*, tacaño *m*, -ña *f.*

◆ **Scrooge** *n* personaje de Dickens que personifica la avaricia.

scrotum ['skrəʊtəm] (*pl* **scrota** [-tə] OR **scrotums**) *n* escroto *m.*

scrounge [skraʊndʒ] *inf* ◇ *vt* gorrear, gorronear. ◇ *vi*: **to ~ (off sb)** *Br* gorrear OR gorronear (de alguien).

scrounger ['skraʊndʒə'] *n inf* gorrón *m*, -ona *f.*

scrub [skrʌb] (*pt & pp* **scrubbed**, *cont* **scrubbing**) ◇ *n* - **1.** [rub] restregón *m*, fregado *m.* - **2.** [undergrowth] maleza *f.* ◇ *vt* - **1.** [wash, clean] restregar. - **2.** *inf* [cancel] anular, cancelar.

scrubber ['skrʌbə'] *n* - **1.** [person who scrubs] fregón *m*, -ona *f.* - **2.** [for gases] depurador *m.* - **3.** *Br v inf* [female prostitute] fulana *f.*

scrubbing ['skrʌbɪŋ] *n* fregado *m.*

scrubbing brush *Br*, **scrub brush** *Am n* cepillo *m* de fregar.

scrubby ['skrʌbɪ] (*compar* **scrubbier**, *superl* **scrubbiest**) *adj* - **1.** [land] cubierto(ta) de maleza. - **2.** [tree] achaparrado(da); [vegetation] de monte bajo.

scrubland ['skrʌblænd] *n* matorral *m*, monte *m* bajo.

scrub pine *n* pino *m.*

scrubwoman ['skrʌb,wʊmən] (*pl* **scrubwomen** [-,wɪmɪn]) *n Am* criada *f*, señora *f* de la limpieza.

scruff [skrʌf] *n*: **by the ~ of the neck** por el pescuezo.

scruffily ['skrʌfɪlɪ] *adv*: **~ dressed** andrajoso(sa).

scruffy ['skrʌfɪ] (*compar* **scruffier**, *superl* **scruffiest**) *adj* [person] dejado(da); [clothes] andrajoso(sa); [room] desordenado(da).

scrum [skrʌm] (*pt & pp* **scrummed**, *cont* **scrumming**) ◇ *n* - **1.** RUGBY melé *f.* - **2.** [brawl] refriega *f.* ◇ *vi* hacer una melé.

◆ **scrum down** *vi insep* hacer una melé; **~ down!** [as instruction] ¡melé!

scrummage ['skrʌmɪdʒ] *n* = **scrum** *sense 1.*

scrump [skrʌmp] *Br inf* ◇ *vi*: **to go ~ing (for apples)** ir a robar manzanas. ◇ *vt* [apples] robar.

scrumptious ['skrʌmpʃəs] *adj inf* riquísimo(ma).

scrumpy ['skrʌmpɪ] *n* sidra seca y fuerte que se elabora en el sudoeste de Inglaterra.

scrunch [skrʌntʃ] *inf* ◇ *vt* estrujar. ◇ *vi* crujir. ◇ *n* crujido *m.*

scruples ['skruːplz] *npl* escrúpulos *mpl.*

scrupulous ['skruːpjʊləs] *adj* escrupuloso(sa).

scrupulously ['skruːpjʊləslɪ] *adv* - **1.** [fairly] escrupulosamente. - **2.** [thoroughly] completamente, totalmente.

scrutineer [,skruːtɪ'nɪə'] *n Br* POL escrutador *m*, -ra *f.*

scrutinize, -ise ['skruːtɪnaɪz] *vt* escudriñar.

scrutiny ['skruːtɪnɪ] *n (U)* escrutinio *m*, examen *m*; **to be/come under ~** estar siendo examinado(da) minuciosamente.

scuba dive ['skjuːbə-] *vi* hacer submarinismo.

scuba diver ['skjuːbə-] *n* submarinista *mf.*

scuba diving ['skjuːbə-] *n* submarinismo *m*, buceo *m* con botellas de oxígeno.

scud [skʌd] (*pt & pp* **scudded**, *cont* **scudding**) *vi literary* deslizarse rápidamente.

scuff [skʌf] ◇ *vt* - **1.** [drag] arrastrar. - **2.** [damage - shoes] pelar; [- furniture, floor] rayar. ◇ *n*: **~ (mark)** rozadura *f.*

scuffle ['skʌfl] ◇ *n* refriega *f.* ◇ *vi*: **to ~ (with sb)** pelearse (con alguien).

scull [skʌl] ◇ *n* - **1.** [oar] remo *m.* - **2.** [boat] barca *f* de remos. ◇ *vi* remar.

scullery ['skʌlərɪ] (*pl* **sculleries**) *n* trascocina *f*, fregadero *m.*

scullery maid *n Br* fregona *f (mujer).*

sculpt [skʌlpt] *vt* esculpir.

sculptor ['skʌlptə'] *n* escultor *m*, -ra *f.*

sculptress ['skʌlptrɪs] *n* escultora *f.*

sculptural ['skʌlptʃərəl] *adj* escultural.

sculpture ['skʌlptʃə'] ◇ *n* escultura *f.* ◇ *vt* esculpir.

scum [skʌm] *n* - **1.** [froth] espuma *f.* - **2.** *v inf pej* [worthless person] escoria *f.*

scumbag ['skʌmbæg] *n v inf* mamón *m*, -ona *f.*

scummy ['skʌmɪ] (*compar* **scummier**, *superl* **scummiest**) *adj* - **1.** [liquid] espumoso(sa). - **2.** *v inf* [person] mamón(ona).

scupper ['skʌpə'] *vt* NAUT & *fig* hundir.

scurf [skɜːf] *n* caspa *f.*

scurrilous ['skʌrələs] *adj fml* injurioso(sa), difamatorio(ria).

scurry ['skʌrɪ] (*pt & pp* **scurried**) *vi*: **to ~ off** OR **away** escabullirse.

scurvy ['skɜːvɪ] *n* escorbuto *m.*

scutter ['skʌtə'] *vi Br* correr.

scuttle ['skʌtl] ◇ *n* cubo *m* del carbón, carbonera *f.* ◇ *vi* [rush]: **to ~ off** OR **away** escabullirse. ◇ *vt* NAUT barrenar, dar barreno a.

scythe [saɪð] ◇ *n* guadaña *f.* ◇ *vt* guadañar, segar.

SD *written abbr of* **South Dakota**.

SDI (*abbr of* **Strategic Defense Initiative**) *n* IDE *f.*

SDLP (*abbr of* **Social Democratic and Labour Party**) *n* partido político norirlandés que defiende la integración pacífica en la República de Irlanda.

SDP (*abbr of* **Social Democratic Party**) *n* partido político británico formado como escisión centrista del Partido Laborista.

SDRS (*abbr of* **special drawing rights**) *npl* DEG *mpl.*

SE (*written abbr of* **south-east**) SE.

sea [siː] ◇ *n* - **1.** [not land] mar *m o f*; **at ~** en el mar; **by ~** en barco; **by the ~** a orillas del mar; **out to ~** [sail, swim] mar adentro; [look] hacia el mar; **to go to ~** hacerse marinero(ra); **to put to ~** hacerse a la mar, zarpar; **~ and air search** operación *f* de búsqueda por mar y aire. - **2.** [not ocean] mar *m*. **- 3.** *fig* [large number] mar *m*; **a ~ of troubles** un mar de problemas. **- 4.** *phr*: **to be all at ~** estar totalmente perdido (totalmente perdida). ◇ *comp* de mar.

◆ **seas** *npl*: **the ~s** los mares.

sea air *n* aire *m* del mar.

sea anchor *n* ancla *f* flotante.

sea anemone *n* anémona *f* de mar.

seabed ['si:bed] *n*: **the ~** el lecho marino.

seabird ['si:bɜːd] *n* ave *f* marina.

seaboard ['si:bɔːd] *n* litoral *m*.

seaborne ['si:bɔːn] *adj* por mar, marítimo(ma).

sea bream *n* besugo *m*.

sea breeze *n* brisa *f* marina.

sea captain *n* capitán *m* de marina mercante.

sea change *n fig* cambio *m* radical OR profundo.

sea coast *n* litoral *m*, costa *f*.

sea cow *n* manatí *m*, vaca *f* marina.

sea dog *n* **- 1.** [seal] foca *f*. **- 2.** *literary & hum* [sailor] lobo *m* de mar.

seafarer ['si:ˌfeərəʳ] *n literary* marinero *m*.

seafaring ['si:ˌfeərɪŋ] *adj* marinero(ra).

seafloor ['si:flɔːʳ] *n* fondo *m* del mar.

seafood ['si:fu:d] *n (U)* marisco *m*.

sea fowl *n* ave *f* marina.

seafront ['si:frʌnt] *n* paseo *m* marítimo.

seagoing ['si:ˌgəʊɪŋ] *adj* de alta mar.

seagull ['si:gʌl] *n* gaviota *f*.

seahorse ['si:hɔːs] *n* caballo *m* de mar.

seal [si:l] (*pl inv* OR **seals**) ◇ *n* **- 1.** [animal] foca *f*. **- 2.** [official mark] sello *m*; **~ of approval** aprobación *f*, visto *m* bueno ❑ **to put** OR **set the ~ on sthg** sellar algo. **- 3.** [on bottle, meter] precinto *m*; [on letter] sello *m*. **- 4.** TECH sello *m*. ◇ *vt* **- 1.** [envelope] sellar, cerrar. **- 2.** [opening, tube, crack] tapar, cerrar.

◆ **seal off** *vt sep* [entrance, exit] cerrar; [area] acordonar.

sealable ['si:ləbl] *adj* precintable.

sea lane *n* ruta *f* marítima.

sealant ['si:lənt] *n* [of document, bottle] sello *m*; [for leaks, wood] aislante *m*.

sealed [si:ld] *adj* [document] sellado(da); [envelope] cerrado(da); [orders] secreto(ta); [jar] cerrado(da) herméticamente; [mineshaft] bloqueado(da); [joint] sellado(da), hermético(ca).

sealed-beam *adj*: **~ headlight** faro *m* de haz concentrado.

sea legs *npl*: **to find** OR **get one's ~** acostumbrarse a ir en barco (sin marearse).

sealer ['si:ləʳ] *n* **- 1.** [hunter] cazador *m*, -ra *f* de focas; [ship] barco *m* para la caza de focas. **- 2.** [paint, varnish] tapaporos *m inv*.

sea level *n* nivel *m* del mar; **height above ~** altura *f* sobre el nivel del mar.

sealing wax ['si:lɪŋ-] *n* lacre *m*.

sea lion (*pl inv* OR **sea lions**) *n* león *m* marino.

seal ring *n* sello *m*.

sealskin ['si:lskɪn] *n* piel *f* de foca.

seam [si:m] *n* **- 1.** SEWING costura *f*; **to be bursting at the ~s** *fig* estar a tope. **- 2.** [of coal] veta *f*.

seaman ['si:mən] (*pl* **seamen** [-mən]) *n* marinero *m*.

seamanship ['si:mənʃɪp] *n* náutica *f*.

seam bowler *n* [in cricket] *jugador que hace que la pelota bote por la costura para desviarla*.

seamed [si:md] *adj* [furrowed] surcado(da); **the rock was ~ with quartz** la roca tenía vetas OR estaba veteada de cuarzo.

seamen ['si:mən] *pl* → **seaman**.

sea mile *n* milla *f* marina.

sea mist *n* bruma *f*.

seamless ['si:mlɪs] *adj* **- 1.** SEWING sin costura. **- 2.** *fig* [faultless] perfecto(ta).

seamstress ['semstrɪs] *n* costurera *f*.

seamy ['si:mɪ] (*compar* **seamier**, *superl* **seamiest**) *adj* sórdido(da).

séance ['seɪɑːns] *n* sesión *f* de espiritismo.

Sea of Tranquillity *n*: **the ~** el mar de la Tranquilidad.

sea otter *n* nutria *f* de mar.

seaplane ['si:pleɪn] *n* hidroavión *m*.

seaport ['si:pɔːt] *n* puerto *m* de mar.

sea power *n* **- 1.** [country] potencia *f* naval. **- 2.** [navy] fuerza *f* OR poderío *m* naval.

sear [sɪəʳ] ◇ *vt* [wither] marchitar. ◇ *n* [burn] quemadura *f*.

search [sɜːtʃ] ◇ *n* [gen] búsqueda *f*; [of room, drawer] registro *m*; [of person] cacheo *m*; [of ship] visita *f*; **~ for sthg** búsqueda de algo ❑ **in ~ of** en busca de. ◇ *vt* [gen] registrar; **to ~ sthg for sthg** buscar algo en algo; **to ~ one's mind** hacer memoria. ❑ **~ me!** *inf* ¡yo qué sé! ◇ *vi*: **to ~ (for sthg/sb)** buscar (algo/a alguien).

◆ **search out** *vt sep* encontrar, descubrir.

searcher ['sɜːtʃəʳ] *n* buscador *m*, -ra *f*.

searching ['sɜːtʃɪŋ] *adj* [question] agudo(da); [look] penetrante.

searchingly ['sɜːtʃɪŋlɪ] *adv* [look] de un modo penetrante; [examine] minuciosamente; [question] con agudeza.

searchlight ['sɜːtʃlaɪt] *n* reflector *m*, proyector *m*.

search party *n* equipo *m* de búsqueda.

search warrant *n* orden *f* de registro.

searing ['sɪərɪŋ] *adj* **- 1.** [pain] punzante; [heat] abrasador(ra). **- 2.** [criticism] acerado(da).

Sears Roebuck® [ˌsɪəzˈrəʊbʌk] *n cadena estadounidense de grandes almacenes*.

sea salt *n* sal *f* marina.

seascape ['si:skeɪp] *n* **- 1.** [view] vista *f* marina OR al mar. **- 2.** [painting] marina *f*.

sea serpent *n* serpiente *f* de mar.

sea shanty *n* saloma *f*, canción *f* marinera.

seashell ['si:ʃel] *n* concha *f* (marina).

seashore ['si:ʃɔːʳ] *n*: **the ~** la orilla del mar.

seasick ['si:sɪk] *adj* mareado(da).

seasickness ['si:sɪknɪs] *n* mareo *m* (*causado por los viajes en barco*).

seaside ['si:saɪd] *n*: **the ~** la playa.

seaside resort *n* lugar *m* de veraneo (en la playa).

sea snake *n* serpiente *f* marina OR de mar.

season ['si:zn] ◇ *n* **- 1.** [of year] estación *f*. **- 2.** [particular period] época *f*, periodo *m*; **Season's greetings** Feliz Navidad. **- 3.** [of holiday] temporada *f*; **out of ~** fuera de temporada. **- 4.** [of food]: **out of/in ~** fuera de/de estación. **- 5.** [of talks, films] temporada *f*. **- 6.** [mating season] época *f* de celo; **to be in ~** estar en celo. ◇ *vt* **- 1.** [food] sazonar, condimentar. **- 2.** [wood] secar.

seasonable ['si:znəbl] *adj* **- 1.** [weather] propio(pia) de la estación. **- 2.** [clothing] de temporada. **- 3.** [opportune] oportuno(na).

seasonal ['si:zənl] *adj* [work] temporal; [change] estacional.

seasonal affective disorder *n* alteraciones *fpl* estacionales del humor.

seasonally ['si:znəlɪ] *adv* según la estación; **~ adjusted statistics** estadísticas que tienen en cuenta las variaciones estacionales.

seasonal worker *n* temporero *m*, -ra *f*.

seasoned ['si:znd] *adj* [experienced] veterano(na).

seasoning ['si:znɪŋ] *n* **- 1.** [for food] condimento *m*. **- 2.** [of wood] secado *m*.

season ticket ◇ *n* abono *m*. ◇ *comp*: **~ holder** abonado *m*, -da *f*.

seat [si:t] ◇ *n* **- 1.** [gen] asiento *m*; [of bicycle] sillín *m*; **take**

a ~ tome asiento. - **2.** [of trousers, skirt] trasero *m*; [of chair] asiento *m*; [buttocks] trasero *m*; **by the** ~ **of one's pants** *inf fig* por intuición. - **3.** POL [in parliament] escaño *m*. - **4.** [for event] localidad *f*, entrada *f*; **I've got two** ~**s for the game** tengo dos entradas para el partido. - **5.** [centre - of learning] centro *m*; [- of government] sede *f*. ◇ *vt* - **1.** [sit down] sentar; **be** ~**ed!** ¡siéntese!; **to** ~ **o.s.** sentarse. - **2.** [subj: building, vehicle] tener cabida para.

seat belt *n* cinturón *m* de seguridad.

seated ['siːtɪd] *adj* sentado(da).

-seater ['siːtəʳ] *in cpds*: **a two**~ **car** un coche de dos plazas.

seating ['siːtɪŋ] ◇ *n (U)* [capacity] asientos *mpl*. ◇ *comp*: ~ **capacity** cabida *f*; ~ **plan** distribución *f* de asientos.

SEATO ['siːtəu] *(abbr of* **Southeast Asia Treaty Organization)** *n* OTSEA *f*.

sea trout *n* trucha *f* de mar.

sea urchin *n* erizo *m* de mar.

seawall ['siːwɔːl] *n* dique *m*.

seaward ['siːwəd] ◇ *adj* que da al mar. ◇ *adv* hacia el mar.

seawater ['siːˌwɔːtəʳ] *n* agua *f* de mar.

seaway ['siːweɪ] *n* ruta *f* OR vía *f* marítima.

seaweed ['siːwiːd] *n (U)* alga *f* marina, huiro *m* Amér.

seaworthy ['siːˌwɜːðɪ] *adj* en condiciones de navegar.

sebaceous [sɪ'beɪʃəs] *adj* sebáceo(a).

Sebastian [sɪ'bæstjən] *n*: **Saint** ~ san Sebastián.

seborrhea, seborrhoea *Br* [ˌsebə'riːə] *n* seborrea *f*.

sebum ['siːbəm] *n* sebo *m*.

sec. *(abbr of* **second)** seg.

SEC *(abbr of* **Securities and Exchange Commission)** *n* organismo gubernamental estadounidense que regula las transacciones bursátiles.

secant ['siːkənt] *n* secante *f*.

secateurs [ˌsekə'tɜːz] *npl Br* podadera *f*.

secede [sɪ'siːd] *vi*: **to** ~ **(from sthg)** separarse (de algo).

secession [sɪ'seʃn] *n* secesión *f*.

secessionist [sɪ'seʃnɪst] *n* secesionista *mf*.

seclude [sɪ'kluːd] *vt* apartar.

secluded [sɪ'kluːdɪd] *adj* apartado(da).

seclusion [sɪ'kluːʒn] *n* aislamiento *m*.

second[1] ['sekənd] ◇ *n* - **1.** [gen] segundo *m*; **just** OR **half a** ~! ¡un momento!, ¡un segundo! - **2.** *Br* UNIV ≃ licenciatura *f* con notable. - **3.** [in boxing] cuidador *m*, segundo *m*; [in duel] padrino *m*. - **4.** [gear] segunda *f*. ◇ *num* segundo(da); **every** ~ **student/book** uno de cada dos estudiantes/libros; **a** ~ **chance** otra oportunidad; ~ **only to** después de; **as a violinist he's** ~ **only to his teacher** como violinista sólo le supera su maestro; **to be** ~ **to none** no tener igual, ser inigualable; *see also* **sixth**. ◇ *vt* secundar; **I'll** ~ **that!** ¡estoy totalmente de acuerdo!
◆ **seconds** *npl* - **1.** COMM artículos *mpl* defectuosos. - **2.** [of food]: **to have** ~**s** repetir *(en una comida)*.

second[2] [sɪ'kɒnd] *vt Br* [employee] trasladar temporalmente.

secondary ['sekəndrɪ] *adj* - **1.** [SCH - school] secundario(ria); [- education] medio(dia); [- teacher] de enseñanza media. - **2.** [less important]: **to be** ~ **to** ser secundario(ria) a.

secondary education *n* enseñanza *f* media OR secundaria.

secondary modern *n Br escuela de formación profesional.*

secondary picketing *n (U)* piquetes *mpl* de solidaridad.

secondary school *n* escuela *f* de enseñanza media; ~ **teacher** ≃ profesor *m*, -ra *f* de instituto OR de enseñanza media.

secondary stress *n* acento *m* secundario.

second best ['sekənd-] *adj* segundo(da) (mejor).

second chamber ['sekənd-] *n* - **1.** [gen] Cámara *f* Alta. - **2.** [in UK] Cámara *f* de los Lores. - **3.** [in US] Senado *m*.

second childhood ['sekənd-] *n* segunda infancia *f*; **to be in one's** ~ chochear.

second-class ['sekənd-] *adj* - **1.** [gen] de segunda clase. - **2.** *Br* UNIV *nota global de licenciatura equivalente a un notable o un aprobado alto.*

second-class citizen ['sekənd-] *n* ciudadano *m*, -na *f* de segunda categoría.

Second Coming ['sekənd-] *n* la segunda venida de Cristo.

second cousin ['sekənd-] *n* primo segundo *m*, prima segunda *f*.

second-degree burn ['sekənd-] *n* quemadura *f* de segundo grado.

seconder ['sekəndəʳ] *n* persona *f* que secunda una moción.

second floor ['sekənd-] *n Br* segundo piso *m*; *Am* primer piso *m*.

second-generation ['sekənd-] *adj* de segunda generación.

second-guess ['sekənd-] *vt inf* juzgar a posteriori.

second-hand ['sekənd-] ◇ *adj* - **1.** [goods, information] de segunda mano. - **2.** [shop] de artículos de segunda mano. ◇ *adv* - **1.** [not new] de segunda mano. - **2.** *fig* [indirectly]: **to hear sthg** ~ enterarse de algo por terceros.

second hand ['sekənd-] *n* [of clock] segundero *m*.

second-in-command ['sekənd-] *n* segundo *m*, -da *f* en jefe.

second lieutenant ['sekənd-] *n* alférez *mf*.

secondly ['sekəndlɪ] *adv* en segundo lugar.

secondment [sɪ'kɒndmənt] *n Br* traslado *m* temporal.

second name ['sekənd-] *n* apellido *m*.

second nature ['sekənd-] *n (U)*: **to be** ~ **to sb** ser OR resultar algo natural para alguien.

second opinion ['sekənd-] *n*: **to ask for a** ~ consultar con otra persona.

second-rate ['sekənd-] *adj pej* de segunda categoría, mediocre.

second sight ['sekənd-] *n* clarividencia *f*; **to have** ~ ser clarividente, tener clarividencia.

second-string ['sekənd-] *adj Am* SPORT suplente.

second thought ['sekənd-] *n*: **to have** ~**s about sthg** tener dudas acerca de algo; **on** ~**s** *Br*, **on** ~ *Am* pensándolo bien.

secrecy ['siːkrəsɪ] *n (U)* secreto *m*; **to be sworn to** ~ haber jurado guardar secreto.

secret ['siːkrɪt] ◇ *adj* secreto(ta). ◇ *n* secreto *m*; **to keep a** ~ guardar un secreto ❑ **in** ~ en secreto.

secret agent *n* agente *mf* secreto.

secretarial [ˌsekrə'teərɪəl] *adj* [course, training] de secretariado; [staff] de secretaría, administrativo(va).

secretariat [ˌsekrə'teərɪət] *n* secretariado *m*.

secretary [*Br* 'sekrətrɪ, *Am* 'sekrəˌterɪ] *(pl* **secretaries)** *n* - **1.** [gen] secretario *m*, -ria *f*. - **2.** POL [minister] ministro *m*, -tra *f*.

secretary bird *n* ZOOL serpentario *m*, secretario *m*.

secretary-general *(pl* **secretaries-general)** *n* secretario *m*, -ria *f* general.

Secretary of Defense *n* POL ministro *m*, -tra *f* de Defensa.

Secretary of State *n* - **1.** [in UK]: ~ **(for)** ministro *m*, -tra *f* (de); ~ **for Defence** ministro de Defensa. - **2.** [in US] ministro *m*, -tra *f* de Asuntos Exteriores.

secrete [sɪ'kriːt] *vt* - **1.** [produce] secretar, segregar. - **2.** *fml* [hide] esconder, ocultar.

secretion [sɪ'kriːʃn] *n* secreción *f*.

secretive ['siːkrətɪv] *adj* [person] reservado(da); [organization] secreto(ta).

secretively ['siːkrətɪvlɪ] *adv* muy en secreto.

secretly ['siːkrɪtlɪ] *adv* [hope, think] secretamente; [tell] en secreto.

secretory [sɪ'kriːtərɪ] *adj* secretor(ra), secretorio(ria).

secret police *n* policía *f* secreta.

secret service *n* [in UK] servicio *m* secreto; [in US] *departamento del Gobierno de EE UU que se encarga de la protección del presidente y el vicepresidente del país y de sus familias.*

sect [sekt] *n* secta *f*.

sectarian [sek'teərɪən] *adj* sectario(ria).

sectarianism [sek'teərɪənɪzm] n sectarismo m.

section ['sekʃn] ◇ n sección f. ◇ vt seccionar.

◆ **section off** vt sep dividir.

sectional ['sekʃənl] adj [furniture] desmontable, modular.

sectionalism ['sekʃənəlɪzm] n regionalismo m, localismo m.

sectionalize, -ise ['sekʃənəlaɪz] vt dividir en regiones.

sector ['sektə'] n sector m.

secular ['sekjulə'] adj [education, life] laico(ca), secular; [music] profano(na).

secularism ['sekjulərɪzm] n laicismo m.

secularize, -ise ['sekjuləraɪz] vt secularizar.

secure [sɪ'kjuə'] ◇ adj - 1. [gen] seguro(ra). - 2. [house, building] protegido(da), seguro(ra). ◇ vt - 1. [obtain] conseguir, obtener. - 2. [make safe] proteger. - 3. [fasten] cerrar bien.

securely [sɪ'kjuəlɪ] adv [fixed, locked] firmemente.

security [sɪ'kjuərətɪ] (pl **securities**) ◇ n - 1. [gen] seguridad f. - 2. [legal protection] - **of tenure** cargo m vitalicio. - 3. [for loan] garantía f. ◇ comp de seguridad.

◆ **securities** npl FIN valores mpl, títulos mpl.

security blanket n manta u otro objeto al que el niño se aferra para sentirse protegido.

Security Council n: **the** ~ el Consejo de Seguridad.

security forces npl fuerzas fpl de seguridad.

security guard n guardia mf jurado OR de seguridad.

security leak n filtración f de información relativa a la seguridad.

security officer n [on ship] oficial m encargado de seguridad; [in firm] de seguridad; [inspector] inspector m, -ra f de seguridad.

security police n fuerzas fpl de seguridad.

security risk n persona f de dudosa lealtad.

secy (written abbr of **secretary**) sec.

sedan [sɪ'dæn] n Am (coche m) utilitario m, berlina f.

sedan chair n silla f de manos.

sedate [sɪ'deɪt] ◇ adj sosegado(da), calmado(da). ◇ vt sedar.

sedately [sɪ'deɪtlɪ] adv sosegadamente.

sedation [sɪ'deɪʃn] n (U) sedación f; **under** ~ bajo los efectos de los sedantes OR calmantes.

sedative ['sedətɪv] ◇ adj sedante. ◇ n sedante m, calmante m.

sedentary ['sedntrɪ] adj sedentario(ria).

sedge [sedʒ] n juncia f.

sediment ['sedɪmənt] n sedimento m.

sedimentary [sedɪ'mentərɪ] adj sedimentario(ria).

sedimentation [sedɪmen'teɪʃn] n sedimentación f.

sedition [sɪ'dɪʃn] n sedición f.

seditious [sɪ'dɪʃəs] adj sedicioso(sa).

seduce [sɪ'djuːs] vt: **to** ~ **sb (into doing sthg)** seducir a alguien (para que haga algo).

seducer [sɪ'djuːsə'] n seductor m, -ra f.

seduction [sɪ'dʌkʃn] n seducción f.

seductive [sɪ'dʌktɪv] adj seductor(ra).

seductively [sɪ'dʌktɪvlɪ] adv de un modo seductor, seductoramente.

seductress [sɪ'dʌktrɪs] n seductora f.

sedulous ['sedjuləs] adj fml diligente, afanoso(sa).

sedulousness ['sedjuləsnɪs] n fml diligencia f, asiduidad f.

see [siː] (pt **saw** [sɔː], pp **seen** [siːn]) ◇ vt - 1. [gen] ver; **there wasn't a car to be seen** no se veía un solo coche; **I'll** ~ **if he's in his room** voy a ver si está en su habitación; **I** ~ **what you mean** entiendo OR ya veo lo que quieres decir; **we** ~ **things differently** vemos las cosas de diferente forma; **what can she possibly** ~ **in him?** ¿pero qué es lo que ve en él?; **I can't** ~ **him getting married** no lo veo casado; **as I** ~ **it** tal y como yo lo veo; **below/p 10** véase más abajo/pág. 10 ❏ **to** ~ **things** ver visiones; **could you**

~ **your way (clear) to lending me £20?** ¿me podrías prestar 20 libras?; **I'll be glad to** ~ **the back of him** me voy a quedar a gusto cuando lo pierda de vista. - **2.** [friend, doctor] ir a ver, visitar; ~ **you soon/later/tomorrow!** ¡hasta pronto/luego/mañana!; ~ **you!** ¡hasta luego!, ¡chau! Amér. - **3.** [receive visit] ver, atender; **the doctor will** ~ **you now** el doctor le recibirá ahora; **she's too ill to** ~ **anyone** está demasiado enferma para ver a nadie. - **4.** [to door etc] acompañar. - **5.** [make sure]: ~ **you bring it back** acuérdate de devolverlo; **to** ~ **that...** encargarse de que... - **6.** [go out with] salir con; **I'm not** ~**ing him any more** ya no salgo con él. - **7.** [witness] ver, presenciar; **this old house has seen some changes** esta vieja casa ha conocido unos cuantos cambios; **the 1980s saw a decline in manufacturing industry** los 80 vieron un declive de la industria manufacturera. - **8.** [in poker] ver. ◇ vi [gen] ver; [understand] entender; **to** ~ **into the future** ver el futuro; **for all to** ~ a la vista de todos OR de todo el mundo; **let's** ~, **let me** ~ vamos a ver, veamos; **you** ~... verás, es que...; **I** ~ ya veo ❏ ~**ing is believing** proverb hay que verlo para creerlo. ◇ n [of bishop] sede f.

◆ **seeing as, seeing that** prep inf como.

◆ **see about** vt fus - **1.** [arrange] encargarse de. - **2.** [consider further]: **we'll** ~ **about that** ya veremos.

◆ **see in** vt sep [celebrate] celebrar.

◆ **see off** vt sep - **1.** [say goodbye to] despedir. - **2.** Br [chase away] ahuyentar.

◆ **see out** vt sep - **1.** [accompany to door] acompañar hasta la puerta; **can you** ~ **yourself out?** ¿sabrá salir sin que la acompañe? - **2.** [last]: **we've got enough food to** ~ **the week out** tenemos comida suficiente para toda la semana.

◆ **see over, see round** vt fus visitar, inspeccionar.

◆ **see through** ◇ vt fus [person] ver claramente las intenciones de; **I can** ~ **through her excuses** ya me conozco sus excusas. ◇ vt sep - **1.** [support]: **to** ~ **sb through sthg** ayudar a alguien a pasar algo. - **2.** [finish]: **to** ~ **sthg through** llevar algo a cabo.

◆ **see to** vt fus ocuparse de; **I'll** ~ **to it that...** ya me encargaré de que...

seed [siːd] ◇ n - **1.** [of plant] semilla f; **to go** OR **run to** ~ [plant] granar; fig [person] echarse a perder, estropearse. - **2.** Am [of fruit, tomatoes] pepita f. - **3.** SPORT cabeza mf de serie. ◇ vt - **1.** [garden, field] sembrar. - **2.** [fruit] despepitar. - **3.** [clouds] sembrar con yoduro potásico. - **4.** SPORT nombrar cabeza de serie. ◇ vi [plant] granar.

◆ **seeds** npl fig [of doubt] semilla f; [of idea] germen m; **to sow the** ~**s of** sembrar el germen de.

seedbed ['siːdbed] n lit & fig semillero m.

seedbox ['siːdbɒks] n semillero m.

seedcake ['siːdkeɪk] n tarta f de carvi.

seedcorn ['siːdkɔːn] ◇ n trigo m de siembra. ◇ comp: ~ **investments** inversiones fpl para el futuro.

seeder ['siːdə'], **seeding machine** ['siːdɪŋ-] n sembradora f.

seedless ['siːdlɪs] adj sin pepitas.

seedling ['siːdlɪŋ] n plantón m.

seed merchant n comerciante mf de semillas.

seed money n capital m inicial.

seed pearl n aljófar m.

seedpod ['siːdpɒd] n vaina f, cápsula f.

seed potato n patata f de siembra.

seedy ['siːdɪ] (compar **seedier**, superl **seediest**) adj [room, area] sórdido(da); [person] desaliñado(da).

seeing eye (dog) ['siːɪŋ-] n Am perro m lazarillo, perro m guía.

seek [siːk] (pt & pp **sought** [sɔːt]) fml ◇ vt - **1.** [look for, try to obtain] buscar. - **2.** [ask for] solicitar. - **3.** [try]: **to** ~ **to do sthg** procurar hacer algo. ◇ vi - **1.** [look for]: **to** ~ **for sthg** buscar algo. - **2.** [ask for]: **to** ~ **for sthg** solicitar algo.

◆ **seek out** vt sep buscar.

seeker ['siːkə'] n buscador m, -ra f.

-seeker ['siːkə'] in cpds: **peace** ~ persona f que promueve la paz.

seem [siːm] ◇ *vi* parecer; **it** ~**s (to be) good** parece (que es) bueno; **I can't** ~ **to do it** no puedo hacerlo (por mucho que lo intente); **I** ~ **to remember that...** creo recordar que...; **what** ~**s to be the trouble?** ¿qué pasa?, ¿cuál es el problema? ◇ *v impers:* **it** ~**s (that)** parece que; **so it** ~**s, so it would** ~ eso parece.

seeming ['siːmɪŋ] *adj fml* aparente.

seemingly ['siːmɪŋlɪ] *adv* aparentemente.

seemly ['siːmlɪ] (*compar* **seemlier,** *superl* **seemliest**) *adj dated* decoroso(sa).

seen [siːn] *pp* → **see**.

seep [siːp] *vi* rezumar, filtrarse.

◆ **seep away** *vi* escurrirse.

◆ **seep in** *vi* filtrarse.

◆ **seep out** *vi* [liquid] rezumar; [gas] esparcirse.

seepage ['siːpɪdʒ] *n* filtración *f.*

seer ['sɪəʳ] *n* vidente *mf,* adivino *m,* -na *f.*

seersucker ['sɪəˌsʌkəʳ] *n* sirsaca *f.*

seesaw ['siːsɔː] *n* balancín *m,* subibaja *m.*

seethe [siːð] *vi* **- 1.** [person] rabiar; **to be seething with anger** hervir de ira. **- 2.** [place]: **to be seething with** estar a rebosar de. **- 3.** [liquid] hervir, borbotar.

seething ['siːðɪŋ] *adj* [angry] rabioso(sa).

see-through *adj* transparente.

segment ['segmənt] *n* **- 1.** [proportion, section] segmento *m.* **- 2.** [of fruit] gajo *m.*

segmentary ['segmentərɪ] *adj* segmentario(ria).

segmentation [ˌsegmen'teɪʃn] *n* segmentación *f.*

segmented [seg'mentɪd] *adj* segmentado(da).

segregate ['segrɪgeɪt] *vt* segregar.

segregation [ˌsegrɪ'geɪʃn] *n* segregación *f.*

segregationist [ˌsegrɪ'geɪʃnɪst] *n* segregacionista *mf.*

Seine [seɪn] *n:* **the (River)** ~ el (río) Sena.

seine (net) ['seɪn(ˌnet)] *n* red *f* de cerco.

seism ['saɪzəm] *n* seísmo *m,* sismo *m.*

seismic ['saɪzmɪk] *adj* sísmico(ca).

seismograph ['saɪzməgrɑːf] *n* sismógrafo *m.*

seismology [saɪz'mɒlədʒɪ] *n* sismología *f.*

seismometer [saɪz'mɒmɪtəʳ] *n* sismómetro *m.*

seizable ['siːzəbl] *adj* JUR embargable.

seize [siːz] *vt* **- 1.** [grab] agarrar, coger. **- 2.** [control, power, town] tomar, hacerse con. **- 3.** [arrest] detener; [confiscate] incautarse de. **- 4.** [take advantage of] aprovechar. **- 5.** [overcome] apoderarse de; **to be** ~**d with** [fear, panic] ser presa de; **he was** ~**d with a desire to run away** le entraron ganas de huir.

◆ **seize on** *vt fus* = **seize upon.**

◆ **seize up** *vi* agarrotarse.

◆ **seize upon** *vt fus* valerse de.

seizing ['siːzɪŋ] *n* NAUT trinca *f,* ligadura *f.*

seizure ['siːʒəʳ] *n* **- 1.** MED ataque *m.* **- 2.** [taking, capturing] toma *f.* **- 3.** [of goods, property] incautación *f;* [of person] detención *f.*

seldom ['seldəm] *adv* raramente.

select [sɪ'lekt] ◇ *adj* selecto(ta). ◇ *vt* [gen] elegir, escoger; [team] seleccionar.

select committee *n* comité *m* de investigación.

selected [sɪ'lektɪd] *adj* escogido(da).

selectee [sɪˌlek'tiː] *n Am* [gen] elegido *m,* -da *f;* [for military service] recluta *m.*

selection [sɪ'lekʃn] *n* **- 1.** [gen] selección *f.* **- 2.** [fact of being selected] elección *f.* **- 3.** [in shop] surtido *m.*

selective [sɪ'lektɪv] *adj* selectivo(va).

selectively [sɪ'lektɪvlɪ] *adv* selectivamente.

selective service *n Am* servicio *m* militar obligatorio (selectivo).

selectivity [sɪlek'tɪvətɪ] *n* selectividad *f.*

selectman [sɪ'lektmən] (*pl* **selectmen** [-mən]) *n* [in US] concejal *m,* -la *f.*

selector [sɪ'lektəʳ] *n* **- 1.** [gen *&* SPORT] seleccionador *m,* -ra *f.* **- 2.** TELEC *&* TV selector *m.*

selenium [sɪ'liːnɪəm] *n* selenio *m.*

self [self] (*pl* **selves** [selvz]) *n* uno mismo *m,* una misma *f;* **my better** ~ mi lado bueno; **her true** ~ **was revealed** se manifestó su verdadera personalidad; **he's his old** ~ **again** vuelve a ser el mismo de antes; **the** ~ el yo.

self- [self] *prefix* auto-.

self-absorbed *adj* ensimismado(da).

self-abuse *n pej & dated* [masturbation] masturbación *f.*

self-acting *adj* automático(ca).

self-addressed envelope *n* sobre *con la dirección de uno mismo.*

self-addressed stamped envelope *n Am* sobre *franqueado con la dirección de uno mismo.*

self-adhesive *adj* autoadhesivo(va).

self-aggrandizement *n* exaltación *f* de sí mismo, sí misma *f.*

self-appointed *adj pej* por nombramiento propio.

self-assembly *adj Br* desmontable.

self-assertion *n* carácter *m* seguro y dominante.

self-assertive *adj* que se impone ante los demás.

self-assurance *n* confianza *f* en sí mismo, sí misma *f.*

self-assured *adj* seguro de sí mismo (segura de sí misma).

self-aware *adj* consciente de su propia personalidad.

self-awareness *n* conciencia *f* de uno mismo.

self-catering *adj* sin servicio de comidas.

self-centred *adj* egocéntrico(ca).

self-cleaning *adj* autolimpiable.

self-closing *adj* de cierre automático.

self-coloured *adj Br* unicolor.

self-command *n fml* autocontrol *m,* dominio *m* de sí mismo, sí misma *f.*

self-complacent *adj* engreído(da).

self-composed *adj* dueño de sí mismo (dueña de sí misma).

self-composure *n* calma *f,* sangre *f* fría; **to keep/lose one's** ~ mantener/perder la calma.

self-confessed *adj* confeso(sa).

self-confidence *n* confianza *f* en sí mismo, sí misma *f.*

self-confident *adj* [person] seguro de sí mismo (segura de sí misma); [attitude, remark] lleno(na) de seguridad.

self-confidently *adv* con seguridad.

self-congratulatory *adj* satisfecho consigo mismo (satisfecha consigo misma), autocomplaciente.

self-conscious *adj* cohibido(da).

self-consciously *adv* con timidez.

self-consciousness *n* timidez *f.*

self-contained *adj* autosuficiente.

self-contempt *n* autodesprecio *m.*

self-content *adj* satisfecho de sí mismo (satisfecha de sí misma).

self-contradictory *adj* que se contradice a sí mismo (sí misma), contradictorio en sí mismo (contradictoria en sí misma).

self-control *n* autocontrol *m.*

self-controlled *adj* sereno(na).

self-correcting *adj* con corrector.

self-critical *adj* autocrítico(ca).

self-criticism *n* autocrítica *f.*

self-deception *n* engaño *m* de sí mismo, sí misma *f.*

self-defeating [-dɪ'fiːtɪŋ] *adj* contraproducente.

self-defence *n* defensa *f* propia, autodefensa *f;* **in** ~ en defensa propia.

self-denial *n* abnegación *f.*

self-deprecating *adj:* **to be** ~ despreciarse a sí mismo (sí misma).

self-destruct ◇ *adj* autodestructor(ra). ◇ *vi* autodestruirse.

self-destruction *n* autodestrucción *f*.

self-destructive *adj* autodestructivo(va).

self-determination *n* autodeterminación *f*.

self-discipline *n* autodisciplina *f*.

self-disciplined *adj* [self-controlled] con dominio de sí mismo (sí misma); [well-behaved] autodisciplinado(da).

self-doubt *n* inseguridad *f*, falta *f* de confianza en uno mismo, una misma *f*.

self-drive *adj Br* alquilado(da) sin chófer.

self-educated *adj* autodidacta.

self-effacing *adj* humilde.

self-employed *adj* autónomo(ma), que trabaja por cuenta propia.

self-esteem *n* amor *m* propio.

self-evident *adj* evidente, patente.

self-examination *n* examen *m* de conciencia.

self-explanatory *adj* evidente, que queda muy claro (muy clara).

self-expression *n* autoexpresión *f*.

self-focusing [-ˈfəʊkəsɪŋ] *adj* con enfoque automático.

self-fulfilling prophecy *n* profecía *f* que llega a cumplirse, predicción *f* determinante.

self-governing *adj* autónomo(ma).

self-government *n* autogobierno *m*.

self-gratification *n* satisfacción *f* de los deseos propios.

self-help ◇ *n (U)* ayuda *f* propia. ◇ *comp:* ~ **group** grupo *m* de apoyo mutuo; ~ **guide** guía *f* práctica.

self-image *n* imagen *f* de sí mismo, sí misma *f*.

self-importance *n pej* engreimiento *m*, presunción *f*.

self-important *adj pej* engreído(da).

self-imposed [-ɪmˈpəʊzd] *adj* autoimpuesto(ta).

self-improvement *n* superación *f* propia.

self-incrimination *n* autoincriminación *f*.

self-induced *adj* autoprovocado(da), que uno se hace a sí mismo.

self-indulgence *n pej* desenfreno *m*.

self-indulgent *adj pej* que se permite excesos.

self-inflicted [-ɪnˈflɪktɪd] *adj* autoinfligido(da).

self-interest *n pej (U)* interés *m* propio.

self-interested *adj pej* interesado(da), que actúa movido por intereses personales.

selfish [ˈselfɪʃ] *adj* egoísta.

selfishness [ˈselfɪʃnɪs] *n* egoísmo *m*.

self-justification *n* autojustificación *f*.

self-justifying [-ˌdʒʌstɪˌfaɪɪŋ] *adj* que se justifica a sí mismo (sí misma).

self-knowledge *n* conocimiento *m* de sí mismo, sí misma *f*.

selfless [ˈselflɪs] *adj* desinteresado(da).

self-loading *adj* autocargador(ra), de autocarga.

self-locking *adj* de cierre automático.

self-love *n* egoísmo *m*.

self-made *adj* que ha triunfado por su propio esfuerzo.

self-mockery *n* burla *f* de sí mismo, sí misma *f*.

self-opinionated *adj pej* que siempre tiene que decir la suya.

self-perpetuating [-pəˈpetʃʊeɪtɪŋ] *adj* que se perpetúa a sí mismo (sí misma).

self-pity *n* lástima *f* de sí mismo, sí misma *f*, autocompasión *f*.

self-pitying *adj* que siente lástima de sí mismo (sí misma).

self-portrait *n* autorretrato *m*.

self-possessed *adj* dueño de sí mismo (dueña de sí misma).

self-possession *n* aplomo *m*, sangre *f* fría.

self-preservation *n* instinto *m* de conservación.

self-proclaimed *adj pej* autodenominado(da), supuesto(ta).

self-propelled *adj* autopropulsado(da).

self-raising flour *Br*, **self-rising flour** *Am n* harina *f* con levadura.

self-realization *n* autorrealización *f*.

self-regard *n (U)* - **1.** *pej* [self-interest] interés *m* propio. - **2.** [self-respect] propia estima *f*.

self-regulating [-ˈregjʊleɪtɪŋ] *adj* autorregulador(ra).

self-reliance *n* independencia *f*, confianza *f* en sí mismo, sí misma *f*.

self-reliant *adj* independiente.

self-reproach *n* remordimiento *m*.

self-respect *n* amor *m* propio.

self-respecting [-rɪˈspektɪŋ] *adj* que se precie, digno(na).

self-restraint *n* dominio *m* de sí mismo, sí misma *f*.

self-righteous *adj pej* santurrón(ona).

self-righteousness *n pej* santurronería *f*.

self-righting [-ˈraɪtɪŋ] *adj* que no puede zozobrar.

self-rising flour *n Am* = **self-raising flour**.

self-rule *n* autogobierno *m*.

self-sacrifice *n* abnegación *f*.

selfsame [ˈselfseɪm] *adj* mismísimo(ma).

self-satisfaction *n pej* autocomplacencia *f*.

self-satisfied *adj pej* [person] satisfecho de sí mismo (satisfecha de sí misma); [smile] lleno(na) de suficiencia.

self-sealing *adj* [envelope] autoadhesivo(va).

self-seeking [-ˈsiːkɪŋ] *pej* ◇ *adj* interesado(da), egoísta. ◇ *n* propio interés *m*, egoísmo *m*.

self-service ◇ *n* autoservicio *m*. ◇ *comp* de autoservicio; ~ **restaurant** (restaurante *m*) autoservicio *m*; ~ **shop** (tienda *f* de) autoservicio *m*.

self-serving *adj* egoísta.

self-starter *n* - **1.** AUT arranque *m* automático. - **2.** [person] emprendedor *m*, -ra *f*.

self-styled [-ˈstaɪld] *adj pej* autodenominado(da), supuesto(ta).

self-sufficiency *n* autosuficiencia *f*; POL: **(economic)** ~ autarquía *f*.

self-sufficient *adj:* ~ **(in)** autosuficiente (en).

self-support *n* independencia *f* económica.

self-supporting *adj* [business, industry] económicamente independiente.

self-sustaining *adj* que se mantiene por sus propios medios.

self-taught *adj* autodidacta.

self-test *n* COMPUT self-test *m*.

self-will *n* obstinación *f*.

self-willed *adj* obstinado(da).

self-winding [-ˈwaɪndɪŋ] *adj* de cuerda automática.

sell [sel] (*pt & pp* **sold** [səʊld]) ◇ *vt* - **1.** [gen] vender; **to** ~ **sthg to sb, to** ~ **sb sthg** vender algo a alguien; **to** ~ **sthg for** vender algo por. - **2.** [encourage sale of] hacer vender. - **3.** *fig* [make acceptable, desirable]: **I'm not really sold on it** no estoy convencido(da) de ello; **to** ~ **o.s.** venderse. - **4.** *phr:* **to** ~ **sb short** infravalorar OR subestimar a alguien; **to** ~ **o.s. short** no saber venderse. ◇ *vi* - **1.** [exchange for money] vender. - **2.** [be bought]: **to** ~ **(for** OR **at)** venderse (a).

◆ **sell off** *vt sep* liquidar.

◆ **sell out** ◇ *vt sep* [performance]: **the concert was sold out** se agotaron las localidades para el concierto. ◇ *vi* - **1.** [shop]: **to** ~ **out (of sthg)** agotar las existencias (de algo). - **2.** [be disloyal, unprincipled] venderse.

◆ **sell up** *vi* venderlo todo.

sell-by date *n Br* fecha *f* de caducidad.

seller [ˈselər] *n* vendedor *m*, -ra *f*.

seller's market *n* mercado *m* de demanda OR favorable al vendedor.

selling ['selɪŋ] n (U) venta f.

selling point n punto m fuerte, atractivo m comercial.

selling price n precio m de venta.

selloff ['selɒf] n [gen] venta f, liquidación f; [of shares] liquidación f.

Sellotape® ['seləteɪp] n Br ≃ celo m, cinta f adhesiva.

◆ **sellotape** vt pegar con cinta adhesiva.

sell-out n - **1.** [performance, match] lleno m. - **2.** inf [betrayal] puñalada f trapera, traición f.

seltzer ['seltsər] n Am agua f de seltz.

selvage, selvedge ['selvɪdʒ] n orillo m.

selves [selvz] pl → **self**.

semantic [sɪ'mæntɪk] adj semántico(ca).

◆ **semantics** n (U) semántica f.

semantically [sɪ'mæntɪklɪ] adv desde el punto de vista semántico, semánticamente.

semaphore ['semǝfɔːr] n (U) sistema m de señalización por semáforos de brazo OR paletas.

semblance ['semblǝns] n fml apariencia f.

semen ['siːmen] n semen m.

semester [sɪ'mestər] n semestre m.

semi ['semɪ] n - **1.** Br inf (abbr of **semidetached house**) casa f adosada. - **2.** Am written abbr of **semitrailer**.

semi- ['semɪ] prefix semi-.

semiannual [ˌsemɪ'ænjʊǝl] adj semestral.

semiarid [ˌsemɪ'ærɪd] adj semiárido(da).

semiautomatic [ˌsemɪ,ɔːtǝ'mætɪk] adj semiautomático(ca).

semicircle ['semɪ,sɜːkl] n semicírculo m.

semicircular [ˌsemɪ'sɜːkjʊlǝr] adj semicircular.

semicolon [ˌsemɪ'kǝʊlǝn] n punto y coma m.

semiconductor [ˌsemɪkǝn'dʌktǝr] n semiconductor m.

semiconscious [ˌsemɪ'kɒnʃǝs] adj semiconsciente.

semiconsonant [ˌsemɪ'kɒnsǝnǝnt] n semiconsonante f.

semidetached [ˌsemɪdɪ'tætʃt] ◇ adj adosado(da). ◇ n Br casa f adosada (a otra).

semifinal [ˌsemɪ'faɪnl] n semifinal f.

semifinalist [ˌsemɪ'faɪnǝlɪst] n semifinalista mf.

semiliterate [ˌsemɪ'lɪtǝrǝt] adj medio analfabeto (medio analfabeta).

semimonthly [ˌsemɪ'mʌnθlɪ] adj bimensual, quincenal.

seminal ['semɪnl] adj - **1.** [of semen] seminal. - **2.** [influential] muy influyente.

seminar ['semɪnɑːr] n seminario m.

seminarian [ˌsemɪ'neǝrɪǝn] n - **1.** [in college] estudiante mf que asiste a un seminario. - **2.** RELIG seminarista m.

seminary ['semɪnǝrɪ] (pl **seminaries**) n RELIG seminario m.

semiology [ˌsemɪ'blǝdʒɪ] n semiología f.

semiotics [ˌsemɪ'btɪks] n (U) semiótica f.

semiprecious ['semɪ,preʃǝs] adj semiprecioso(sa).

semiretired [ˌsemɪrɪ'taɪǝd] adj semirretirado(da).

semiskilled [ˌsemɪ'skɪld] adj semicualificado(da).

semi-skimmed adj semidesnatado(da).

semitone ['semɪtǝʊn] n semitono m.

semitrailer ['semɪ,treɪlǝr] n - **1.** [trailer] remolque m. - **2.** Am [lorry] camión m articulado.

semitransparent [ˌsemɪtræns'pærǝnt] adj semitransparente.

semitropical [ˌsemɪ'trɒpɪkl] adj subtropical.

semiweekly [ˌsemɪ'wiːklɪ] adj bisemanal.

semiyearly [ˌsemɪ'jɪǝlɪ] adj semestral.

semolina [ˌsemǝ'liːnǝ] n sémola f.

sempiternal [ˌsempɪ'tɜːnl] adj literary sempiterno(na).

Sen. - **1.** written abbr of **senator**. - **2.** written abbr of **Senior**.

SEN (abbr of **State Enrolled Nurse**) n enfermero diplomado.

Senate ['senɪt] n POL: **the (United States)** ~ el Senado (de los Estados Unidos).

senator ['senǝtǝr] n senador m, -ra f.

senatorial [ˌsenǝ'tɔːrɪǝl] adj senatorial.

send [send] (pt & pp **sent** [sent]) ◇ vt - **1.** [gen] mandar, enviar; **she ~s her regards** te/os manda saludos; **I sent my luggage by train** mandé el equipaje por tren; **to ~ sb sthg, to ~ sthg to sb** mandar a alguien algo; **to ~ sb (to)** enviar OR mandar a alguien (a); **she sent her daughter for the meat** mandó a su hija a por la carne; **it's Mr Roper - ~ him in!** es el Sr. Roper - dígale que pase ❑ **to ~ sb packing** inf mandar a alguien con la música a otra parte, mandar a alguien a paseo. - **2.** [propel, cause to go] lanzar; **I sent the cup flying** le di un golpe a la taza y salió volando; **the blow sent him across the room** el golpe lo mandó volando al otro lado de la habitación; **a sudden downpour sent us running for shelter** un repentino aguacero hizo que corriéramos en busca de abrigo; **to ~ sb mad** volver loco(ca) a alguien; **to ~ sb to sleep** hacer que alguien se duerma. - **3.** inf dated [into raptures] chiflar, deleitar. ◇ vi [send message] avisar, mandar un mensaje; **he sent to say he could not come** avisó diciendo que no podría venir.

◆ **send away for** vt fus = **send off for**.

◆ **send back** vt sep [return] devolver.

◆ **send down** vt sep - **1.** [send to prison] encarcelar. - **2.** Br [from university] expulsar.

◆ **send for** vt fus - **1.** [person] mandar llamar a. - **2.** [goods, information] pedir, encargar.

◆ **send in** vt sep mandar, enviar.

◆ **send off** vt sep - **1.** [by post] mandar (por correo). - **2.** SPORT expulsar.

◆ **send off for** vt fus [goods, information] pedir, encargar.

◆ **send on** vt sep [mail] remitir, reexpedir.

◆ **send out** vt sep - **1.** [mail] enviar. - **2.** [leaves] echar; [light, heat] emitir; [smell] despedir.

◆ **send up** vt sep - **1.** Br inf [imitate] parodiar, satirizar. - **2.** Am [send to prison] encarcelar.

sender ['sendǝr] n remitente mf.

send-off n despedida f.

send-up n Br inf parodia f, sátira f.

Seneca ['senɪkǝ] n Séneca m.

Senegal [ˌsenɪ'gɔːl] n (el) Senegal.

Senegalese [ˌsenɪgǝ'liːz] ◇ adj senegalés(esa). ◇ npl: **the ~** los senegaleses.

senescent [sɪ'nesnt] adj fml senescente.

senile ['siːnaɪl] adj senil; ~ **decay** decadencia f senil.

senile dementia n demencia f senil.

senility [sɪ'nɪlǝtɪ] n senilidad f.

senior ['siːnjǝr] ◇ adj - **1.** [highest-ranking] superior, de rango superior. - **2.** [higher-ranking]: **~ to sb** superior a alguien. - **3.** SCH [pupil] mayor; [class, common room] de los mayores; **~ year** Am último curso de la enseñanza secundaria y de la universidad en EE UU. ◇ n - **1.** [older person]: **I'm five years his ~** le llevo cinco años; **she's my ~** es mayor que yo. - **2.** SCH mayor mf.

◆ **Senior** adj: **John Brown Senior** John Brown padre.

senior citizen n ciudadano m, -na f de la tercera edad.

Senior Common Room n Br UNIV sala f de profesores.

senior high school n Am ≃ instituto m de bachillerato (16-18 años).

seniority [ˌsiːnɪ'brǝtɪ] n - **1.** [degree of importance] categoría f. - **2.** [length of service] antigüedad f.

Senior Service n Br la armada británica.

senna ['senǝ] n casia f, sena f.

sensation [sen'seɪʃn] n sensación f.

sensational [sen'seɪʃǝnl] adj - **1.** [gen] sensacional. - **2.** pej [sensationalist] sensacionalista.

sensationalism [sen'seɪʃnǝlɪzm] n pej sensacionalismo m.

sensationalist [sen'seɪʃnǝlɪst] adj pej sensacionalista.

sensationalize, -ise [sen'seɪʃnǝlaɪz] vt pej hacer una crónica sensacionalista de.

sensationally [sen'seɪʃnǝlɪ] adv de un modo sensacional; **we found this ~ good restaurant** inf hemos descubierto un restaurante sensacional.

sense [sens] ◇ *n* - **1.** [faculty, meaning] sentido *m*; **to make ~** [have meaning] tener sentido; **to make ~ of sthg** entender algo; **in every ~ of the word** en todos los sentidos; **in a ~** en cierto sentido. - **2.** [feeling - of guilt, terror] sentimiento *m*; [- of urgency] sensación *f*; [- of honour, duty] sentido *m*; **I lost all ~ of time** perdí la noción del tiempo; **a ~ of right and wrong** noción *f* del bien y del mal; **out of a ~ of duty** por cumplido, para cumplir. - **3.** [natural ability]: **business ~** talento *m* para los negocios; **dress ~** gusto *m* en el vestir; **~ of humour/style** sentido *m* del humor/estilo. - **4.** [wisdom, reason] juicio *m*, sentido *m* común; **to have the ~ to do sthg** tener la cordura de hacer algo; **to make ~** [be sensible] ser sensato(ta); **to talk ~** hablar con sentido común; **there's no OR little ~ in arguing** no tiene sentido discutir. - **5.** *phr*: **to bring sb to his/her ~s** hacer entrar en razón a alguien; **to come to one's ~s** [see reason] entrar en razón. ◇ *vt* sentir, percibir; **to ~ (that)** percibir OR sentir que.

senseless ['senslɪs] *adj* - **1.** [stupid] sin sentido. - **2.** [unconscious] inconsciente.

senselessly ['senslɪslɪ] *adv* de un modo absurdo.

sense organ *n* órgano *m* sensorial.

sensibilities [ˌsensə'bɪlətɪz] *npl* [delicate feelings] sensibilidad *f (sing)*.

sensible ['sensəbl] *adj* - **1.** [person, decision] sensato(ta), razonable; [clothes] práctico(ca). - **2.** *dated & fml* [aware]: **to be ~ of** percatarse OR darse cuenta de.

sensibly ['sensəblɪ] *adv* sensatamente.

sensitive ['sensɪtɪv] *adj* - **1.** [understanding]: **~ (to)** comprensivo(va) (hacia). - **2.** [easily hurt, touchy]: **~ (to/about)** susceptible (a/acerca de). - **3.** [controversial] delicado(da). - **4.** [easily damaged, tender]: **~ (to)** sensible (a). - **5.** [instrument, device] sensible.

sensitively ['sensɪtɪvlɪ] *adv* sensiblemente.

sensitivity [ˌsensɪ'tɪvətɪ] *n* - **1.** [understanding] comprensión *f*. - **2.** [of eyes, skin] sensibilidad *f*.

sensitize, -ise ['sensɪtaɪz] *vt* sensibilizar.

sensor ['sensəʳ] *n* sensor *m*.

sensory ['sensərɪ] *adj* sensorial, sensorio(ria).

sensual ['sensjʊəl] *adj* sensual.

sensuality [ˌsensjʊ'ælətɪ] *n* sensualidad *f*.

sensuous ['sensjʊəs] *adj* sensual.

sensuously ['sensjʊəslɪ] *adv* con sensualidad OR voluptuosidad.

sensuousness ['sensjʊəsnɪs] *n* sensualidad *f*.

sent [sent] *pt & pp* → **send**.

sentence ['sentəns] ◇ *n* - **1.** [group of words] frase *f*, oración *f*. - **2.** JUR sentencia *f*; **to pass ~ on sb** dictar sentencia sobre el caso de alguien; **under ~ of death** condenado(da) a muerte. ◇ *vt*: **to ~ sb (to)** condenar a alguien (a). ◇ *comp*: **~ structure** estructura *f* de la oración.

sententious [sen'tenʃəs] *adj pej* sentencioso(sa).

sentience ['sentɪəns] *n* - **1.** [counsciousness] conciencia *f*. - **2.** [feeling] capacidad *f* de sentir.

sentient ['sentɪənt] *adj* sensible.

sentiment ['sentɪmənt] *n* - **1.** [feeling] sentimiento *m*. - **2.** [opinion] opinión *f*. - **3.** *pej* [emotion, tenderness] sentimentalismo *m*.

sentimental [ˌsentɪ'mentl] *adj* sentimental.

sentimentalism [ˌsentɪ'mentəlɪzm] *n* sentimentalismo *m*.

sentimentalist [ˌsentɪ'mentəlɪst] *n* sentimental *mf*.

sentimentality [ˌsentɪmen'tælətɪ] *n pej* sentimentalismo *m*.

sentimentalize, -ise [ˌsentɪ'mentəlaɪz] ◇ *vt pej* tratar con sentimentalismo. ◇ *vi*: **to ~ (about OR over)** ponerse sentimental (con).

sentimentally [ˌsentɪ'mentəlɪ] *adv* sentimentalmente, de un modo sentimental.

sentinel ['sentɪnl] *n* HIST centinela *m*.

sentry ['sentrɪ] (*pl* **sentries**) *n* centinela *m*.

sentry box *n* garita *f* (de centinela).

sentry duty *n* MIL guardia *f*; **to be on ~** estar de guardia.

Seoul [səʊl] *n* Seúl.

sepal ['sepəl] *n* sépalo *m*.

separable ['seprəbl] *adj*: **~ (from)** separable (de).

separate [*adj & n* 'seprət, *vb* 'sepəreɪt] ◇ *adj* - **1.** [not joined, apart]: **~ (from)** separado(da) (de). - **2.** [individual, distinct] distinto(ta); **they went their ~ ways** [after meeting] cada uno se fue por su lado. ◇ *vt* - **1.** [keep or move apart]: **to ~ sthg/sb (from)** separar algo/a alguien (de). - **2.** [distinguish]: **to ~ sthg/sb from** diferenciar algo/a alguien de. - **3.** [divide]: **to ~ sthg/sb into** dividir algo/a alguien en. ◇ *vi* - **1.** [gen]: **to ~ (from)** separarse (de). - **2.** [divide]: **to ~ (into)** dividirse (en).

◆ **separates** *npl Br* piezas *fpl* de vestir *(que combinan)*.

◆ **separate out** *vi* separarse.

separated ['sepəreɪtɪd] *adj* separado(da).

separately ['seprətlɪ] *adv* - **1.** [on one's own] independientemente. - **2.** [one by one] separadamente, por separado.

separateness ['seprətnɪs] *n* septicemia *f*.

separation [ˌsepə'reɪʃn] *n* separación *f*.

separation allowance *n* - **1.** MIL prestación mensual que el ejército paga a la mujer de un soldado. - **2.** [alimony] pensión *f* alimenticia.

separatism ['seprətɪzm] *n* separatismo *m*.

separatist ['seprətɪst] *n* separatista *mf*.

sepia ['siːpjə] ◇ *adj* sepia, de color sepia. ◇ *n* - **1.** [paint, ink] sepia *f*. - **2.** [colour] sepia *m*.

sepoy ['siːpɔɪ] *n* cipayo *m*.

Sept. (*written abbr of* **September**) sep.

septa ['septə] *pl* → **septum**.

September [sep'tembəʳ] ◇ *n* septiembre *m*, setiembre *m*; **when are you going? - ~** ¿cuándo te vas? - en septiembre; **one of the hottest ~s on record** uno de los septiembres más calurosos que se recuerdan; **1 ~ 1996** [in letters etc] 1 de septiembre de 1996; **by/in ~** para/en septiembre; **last/this/next ~** en septiembre del año pasado/de este año/del año que viene; **every ~** todos los años en septiembre; **during ~** en septiembre, durante el mes de septiembre; **at the beginning/end of ~** a principios/finales de septiembre; **in the middle of ~** a mediados de septiembre. ◇ *comp* de septiembre; **I've got a ~ birthday** cumplo (los) años en septiembre.

septennial [sep'tenjəl] *adj* septenal.

septet [sep'tet] *n* septeto *m*.

septic ['septɪk] *adj* séptico(ca); **to go ~** infectarse.

septicaemia *Br*, **septicemia** *Am* [ˌseptɪ'siːmɪə] *n* septicemia *f*.

septic poisoning *n* septicemia *f*.

septic tank *n* fosa *f* séptica.

septuagenarian [ˌseptjʊədʒɪ'neərɪən] ◇ *adj* septuagenario(ria). ◇ *n* septuagenario *m*, -ria *f*.

septum ['septəm] (*pl* **septa** [-tə]) *n* septo *m*, séptum *m*.

septuplet [sep'tjuːplɪt] *n* - **1.** [baby] septillizo *m*, -za *f*. - **2.** MUS septillo *m*.

sepulchre *Br*, **sepulcher** *Am* ['sepəlkəʳ] *n literary* sepulcro *m*.

sepulcral [sɪ'pʌlkrl] *adj literary* sepulcral.

sepulture ['sepəltʃəʳ] *n literary* sepultura *f*.

sequel ['siːkwəl] *n* - **1.** [book, film]: **~ (to)** continuación *f* (de). - **2.** [consequence]: **~ (to)** secuela *f* (de).

sequence ['siːkwəns] ◇ *n* - **1.** [series] sucesión *f*. - **2.** [order, of film] secuencia *f*; **in ~** en secuencia. ◇ *vt* ordenar en serie.

sequent ['siːkwənt] *adj* - **1.** [following] subsiguiente, consecutivo(va). - **2.** [resulting] consecuente, subsecuente.

sequential [sɪ'kwenʃl] *adj* consecutivo(va).

sequentially [sɪ'kwenʃəlɪ] *adv* [follow, happen] consecutivamente.

sequester [sɪ'kwestəʳ] *vt* JUR embargar, secuestrar.

sequestered [sɪ'kwestəd] *adj literary* [place] retirado(da), aislado(da); **to lead a ~ life** llevar una vida solitaria.

sequestrate [sɪ'kwestreɪt] *vt* = **sequester**.

sequestration [ˌsiːkwe'streɪʃn] *n* embargo *m*, secuestro *m*.

sequin ['siːkwɪn] *n* lentejuela *f*.

sequined ['siːkwɪnd] *adj* con lentejuelas.

sequoia [sɪ'kwɔɪə] *n* secuoya *f*, secoya *f*.

sera ['sɪərə] *pl* → **serum**.

seraglio [se'rɑːlɪəʊ] (*pl* **seraglios**) *n* serrallo *m*, harén *m*.

serape [sə'rɑːpɪ] *n* sarape *m*.

seraph ['seræf] (*pl* **seraphs** OR **seraphim** [-fɪm]) *n* serafín *m*.

Serb [sɜːb] *adj & n* = **Serbian**.

Serbia ['sɜːbjə] *n* Serbia.

Serbian ['sɜːbjən] ◇ *adj* serbio(bia). ◇ *n* - **1**. [person] serbio *m*, -bia *f*. - **2**. [dialect] serbio *m*.

Serbo-Croat [ˌsɜːbəʊ'krəʊæt], **Serbo-Croatian** [ˌsɜːbəʊkrəʊ'eɪʃn] ◇ *adj* serbocroata. ◇ *n* [language] serbocroata *m*.

sere [sɪər] *adj arch* marchito(ta).

serenade [ˌserə'neɪd] ◇ *n* serenata *f*. ◇ *vt* dar una serenata a.

serendipity [ˌserən'dɪpətɪ] *n literary* facultad de realizar afortunados hallazgos por casualidad.

serene [sɪ'riːn] *adj* sereno(na).

serenely [sɪ'riːnlɪ] *adv* serenamente.

serenity [sɪ'renətɪ] *n* serenidad *f*.

serf [sɜːf] *n* HIST siervo *m*, -va *f* (de la gleba).

serfdom ['sɜːfdəm] *n* servidumbre *f* (de la gleba).

serge [sɜːdʒ] *n* sarga *f*.

sergeant ['sɑːdʒənt] *n* - **1**. MIL sargento *m*. - **2**. [in police force] ≃ subinspector *m*, -ra *f* de policía.

sergeant major *n* sargento *m* mayor.

serial ['sɪərɪəl] ◇ *n* serial *m*. ◇ *adj* [order] consecutivo(va).

serialization [ˌsɪərɪəlaɪ'zeɪʃn] *n* [of book] publicación *f* por fascículos OR entregas; [of play, film] adaptación *f* a una serie.

serialize, -ise ['sɪərɪəlaɪz] *vt* publicar por entregas.

serial killer *n* asesino *m*, -na *f* en serie.

serial killing *n*: ~s asesinatos *mpl* en serie.

serially ['sɪərɪəlɪ] *adv* - **1**. MATH en serie. - **2**. PRESS por entregas, por fascículos.

serial number *n* número *m* de serie.

serial port *n* puerto *m* serie.

serial rights *npl* derechos *mpl* de publicación por entregas.

sericulture ['sɪərɪˌkʌltʃər] *n* sericultura *f*.

series ['sɪəriːz] (*pl inv*) *n* - **1**. [gen] serie *f*; **in** ~ ELEC en serie. - **2**. [of concerts, lectures] ciclo *m*.

seriocomic [ˌsɪərɪəʊ'kɒmɪk] *adj* tragicómico(ca).

serious ['sɪərɪəs] *adj* - **1**. [gen] serio(ria); **are you** ~? ¿hablas en serio? ❑ **to get** ~ **about sb** ir en serio con alguien. - **2**. [very bad] grave.

seriously ['sɪərɪəslɪ] *adv* - **1**. [honestly] en serio. - **2**. [very badly] gravemente. - **3**. [in a considered, earnest, solemn manner] seriamente. - **4**. *phr*: **to take sthg/sb** ~ tomar algo/a alguien en serio.

serious-minded *adj* serio(ria).

seriousness ['sɪərɪəsnɪs] *n* - **1**. [gravity] gravedad *f*. - **2**. [honesty]: **in all** ~ seriamente. - **3**. [solemnity] seriedad *f*.

sermon ['sɜːmən] *n* RELIG & *pej* sermón *m*.

sermonize, -ise ['sɜːmənaɪz] *vt & vi* sermonear.

serous ['sɪərəs] *adj* seroso(sa).

serpent ['sɜːpənt] *n literary* serpiente *f*, sierpe *f*.

serpentine ['sɜːpəntaɪn] ◇ *adj literary* [winding] serpenteante. ◇ *n* MIN serpentina *f*.

SERPS [sɜːps] (*abbr of* **State Earnings-Related Pension Scheme**) *n* sistema británico de pensiones contributivas del Estado.

serrated [sɪ'reɪtɪd] *adj* serrado(da), dentado(da).

serration [sɪ'reɪʃn] *n* borde *m* dentado.

serried ['serɪd] *adj* apretado(da); **in** ~ **ranks** en filas cerradas.

serum ['sɪərəm] (*pl* **serums** OR **sera** [-rə]) *n* suero *m*.

serval ['sɜːvl] *n* (gato *m*) serval *m*.

servant ['sɜːvənt] *n* sirviente *m*, -ta *f*.

servant girl *n* criada *f*, sirvienta *f*.

serve [sɜːv] ◇ *vt* - **1**. [work for] servir; **if my memory** ~**s me right** si la memoria no me falla, si mal no recuerdo. - **2**. [have effect]: **to** ~ **to do sthg** servir para hacer algo. - **3**. [fulfil]: **to** ~ **a purpose** cumplir un propósito. - **4**. [provide for] abastecer; **the town is** ~**d by three motorways** la ciudad tiene tres autopistas. - **5**. [food, drink]: **to** ~ **sthg to sb, to** ~ **sb sthg** servir algo a alguien. - **6**. [in shop, bar etc] despachar, servir; **are you being** ~**d?** ¿les atienden? - **7**. JUR: **to** ~ **sb with sthg, to** ~ **sthg on sb** entregar a alguien algo. - **8**. [prison sentence] cumplir; [apprenticeship] hacer; [term of office] ejercer. - **9**. SPORT servir, sacar. - **10**. *phr*: **that** ~**s you right!** ¡bien merecido lo tienes!; **first come first** ~**d** se da prioridad al primero (la primera) que llegue. ◇ *vi* - **1**. [work, give food or drink] servir. - **2**. [function]: **to** ~ **as** servir de. - **3**. [in shop, bar etc] despachar. - **4**. SPORT sacar. ◇ *n* saque *m*.

◆ **serve out** *vt sep* - **1**. [food] servir. - **2**. [period of office] agotar; [prison sentence] cumplir por entero.

◆ **serve up** *vt sep* = **serve out** *sense 1*.

server ['sɜːvər] *n* COMPUT servidor *m*.

servery ['sɜːvərɪ] (*pl* **serveries**) *n* [hatch] ventanilla *f*; [counter] mostrador *m*.

service ['sɜːvɪs] ◇ *n* - **1**. [gen] servicio *m*; **in** ~ en funcionamiento; **out of** ~ fuera de servicio; **at your** ~ a su disposición, a sus órdenes; **to bring into** ~ [machine] poner en servicio; **to take sb into one's** ~ emplear a alguien. - **2**. [mechanical check] revisión *f*. - **3**. RELIG oficio *m*, servicio *m*. - **4**. [of plates etc] servicio *m*, juego *m*. - **5**. SPORT saque *m*. - **6**. *fml* [use]: **to be of** ~ **(to sb)** servir (a alguien). ◇ *comp* - **1**. [entrance, hatch] de servicio. - **2**. MIL militar, de las fuerzas armadas; ~ **record** hoja *f* de servicios. ◇ *vt* - **1**. [car, machine] revisar. - **2**. FIN [debt] pagar los intereses de.

◆ **services** *npl* - **1**. [on motorway] área *f* de servicio. - **2**. [armed forces]: **the** ~**s** las fuerzas armadas. - **3**. [efforts, work] servicios *mpl*; **for** ~**s rendered** por (los) servicios prestados.

serviceable ['sɜːvɪsəbl] *adj* útil, práctico(ca).

service area *n* área *f* de servicio.

service charge *n* servicio *m*.

service game *n* TENNIS juego *en que se tiene el servicio*.

service industries *npl* industrias *fpl* de servicios.

service lift *n* montacargas *m inv*.

service line *n* SPORT línea *f* de saque.

serviceman ['sɜːvɪsmən] (*pl* **servicemen** [-mən]) *n* militar *m*.

service road *n* [behind shops, factory] vía de acceso reservada para los repartidores; [on motorway] vía *f* de servicio.

service station *n* estación *f* de servicio.

servicewoman ['sɜːvɪsˌwʊmən] (*pl* **servicewomen** [-ˌwɪmɪn]) *n* militar *f*.

serviette [ˌsɜːvɪ'et] *n* servilleta *f*.

serviette ring *n* servilletero *m*.

servile ['sɜːvaɪl] *adj* servil.

servility [sɜː'vɪlətɪ] *n* servilismo *m*.

serving ['sɜːvɪŋ] ◇ *adj* de servir. ◇ *n* porción *f*.

servitude ['sɜːvɪtjuːd] *n literary* servidumbre *f*.

servomechanism ['sɜːvəʊˌmekənɪzm] *n* servosistema *m*, servomecanismo *m*.

servomotor ['sɜːvəʊˌməʊtər] *n* servomotor *m*.

sesame ['sesəmɪ] *n* sésamo *m*.

sesame seed *n* semilla *f* de sésamo.

sesquicentennial [ˌseskwɪsen'tenɪəl] *adj* sesquicentenario(ria).

session ['seʃn] *n* - **1.** [gen] sesión *f*; **in** ~ en sesión. - **2.** *Am* [school term] trimestre *m*.

sestet [ses'tet] *n* sexteto *m*.

set [set] (*pt & pp* **set**, *cont* **setting**) ◇ *adj* - **1.** [fixed expression, amount] fijo(ja); [- pattern, method] establecido(da); ~ **phrase** frase hecha. - **2.** *Br* SCH [text etc] asignado(da). - **3.** [ready, prepared]: ~ **(for sthg/to do sthg)** listo(ta) (para algo/para hacer algo); **house prices are** ~ **to rise steeply** el precio de la vivienda va a dispararse. - **4.** [determined]: **to be** ~ **on sthg/doing sthg** estar empeñado(da) en algo/hacer algo. - **5.** *phr*: **to be** ~ **in one's ways** tener costumbres muy arraigadas. ◇ *n* - **1.** [collection - gen] juego *m*; [- of stamps, characteristics, instructions] serie *f*; **they've detected two** ~**s of fingerprints** han detectado dos tipos OR grupos de huellas. - **2.** [TV, radio] aparato *m*. - **3.** THEATRE decorado *m*; CINEMA plató *m*. - **4.** TENNIS set *m*. - **5.** [social group] grupo *m*, círculo *m*; **the smart** ~ la gente elegante. - **6.** MATH conjunto *m*. - **7.** [posture] postura *f*, porte *m*. - **8.** [of wind, current] dirección *f*. - **9.** [hairdo] marcado *m*, peinado *m*. ◇ *vt* - **1.** [position, place] poner, colocar; **the house is** ~ **back from the road** la casa está a cierta distancia de la calle; **the castle is** ~ **on a hilltop** el castillo está situado en la cima de una colina. - **2.** [fix, insert]: **to** ~ **sthg in** OR **into** montar algo en; **a brooch** ~ **with pearls** un broche con incrustaciones de perlas. - **3.** [cause to be or start]: **to** ~ **free** poner en libertad; **to** ~ **fire to sthg** prender fuego a; **to** ~ **sthg in motion** poner algo en marcha; **to** ~ **sb's mind at rest** tranquilizar a alguien; **to** ~ **sb thinking** hacer pensar a alguien; **they** ~ **him to cleaning windows** lo pusieron a limpiar ventanas. - **4.** [trap, table, homework] poner. - **5.** [alarm, meter] poner. - **6.** [time, wage, target] fijar. - **7.** [example] dar; [precedent] sentar; [trend] imponer, dictar. - **8.** [face] compungir; [jaw] apretar. - **9.** MED [bones, leg] componer. - **10.** [yoghurt, jelly] cuajar; [concrete] endurecer, solidificar. - **11.** [arrange]: **to** ~ **sthg to music** poner música a algo. - **12.** [book, play, film] situar, ambientar; **the story is** ~ **in Tokyo/the 1960s** la historia se desarrolla en Tokio/los 60. - **13.** [hair] marcar. - **14.** TYPO componer. ◇ *vi* - **1.** [sun] ponerse. - **2.** [jelly] cuajarse; [glue, cement] secarse, solidificarse. - **3.** [start]: **to** ~ **to work** ponerse a trabajar. - **4.** [hen] empollar.
◆ **set about** *vt fus* [task] comenzar; [problem] atacar; **to** ~ **about doing sthg** ponerse a hacer algo.
◆ **set against** *vt sep* - **1.** [lessen effect of] contrarrestar con. - **2.** [cause to oppose] enemistar con.
◆ **set ahead** *vt sep Am* [clock] adelantar.
◆ **set apart** *vt sep*: **to** ~ **sthg/sb apart from** distinguir algo/a alguien de.
◆ **set aside** *vt sep* - **1.** [keep, save] reservar. - **2.** [enmity, differences] dejar de lado.
◆ **set back** *vt sep* - **1.** [delay] retrasar. - **2.** *inf* [cost]: **this book** ~ **me back £10** este libro me costó 10 libras.
◆ **set down** *vt sep* - **1.** [write down] poner por escrito. - **2.** [drop off] dejar.
◆ **set forth** *fml* ◇ *vt sep* exponer. ◇ *vi* ponerse en camino.
◆ **set in** *vi* [depression] afianzarse; [winter, infection] comenzar.
◆ **set off** ◇ *vt sep* - **1.** [initiate, cause] provocar. - **2.** [bomb] hacer estallar. ◇ *vi* ponerse en camino.
◆ **set on** ◇ *vt sep*: **he** ~ **the dogs on them** les echó OR azuzó (a) los perros. ◇ *vt fus dated* asaltar.
◆ **set out** ◇ *vt sep* - **1.** [arrange] disponer. - **2.** [explain] exponer. ◇ *vi* - **1.** [on journey] ponerse en camino. - **2.** [intend]: **to** ~ **out to do sthg** proponerse hacer algo.
◆ **set to** *vi* - **1.** [begin working] poner manos a la obra. - **2.** [start fighting] llegar a las manos.
◆ **set up** ◇ *vt sep* - **1.** [business] poner, montar; [committee, organization] crear; [procedure] establecer; [interview, meeting] organizar; **to** ~ **o.s. up** establecerse; **to** ~ **up house** OR **home** instalarse; **with the inheritance he was** ~ **up for life** con la herencia tenía el porvenir asegurado. - **2.** [statue, roadblock] levantar. - **3.** [cause, produce] provocar. - **4.** [prepare for use] preparar. - **5.** *inf* [frame] tender una trampa a. ◇ *vi* [establish o.s.] establecerse.
◆ **set upon** *vt fus* = **set on**.

setaside ['setəsaɪd] *n* abandono *m* OR retirada *f* de tierras, *plan de la CEE por el que se pone una tierra en barbecho para reducir la producción.*

setback ['setbæk] *n* revés *m*, contratiempo *m*.

set designer *n* escenógrafo *m*, -fa *f*.

set menu *n* menú *m* del día.

setoff ['setɒf] *n* - **1.** [decoration] realce *m*. - **2.** *Am* [of debt] compensación *f*. - **3.** [counterbalance] contrapeso *m*.

set piece *n* ART & LITER obra *f* de tema clásico.

setscrew ['setskruː] *n* tornillo *m* de fijación.

setsquare ['setskweə^r] *n Br* escuadra *f*, cartabón *m*.

sett [set] *n* - **1.** [for paving] adoquín *m*. - **2.** [of badger] tejonera *f*.

settee [se'tiː] *n* sofá *m*.

setter ['setə^r] *n* [dog] setter *m*.

set theory *n* teoría *f* de (los) conjuntos.

setting ['setɪŋ] *n* - **1.** [surroundings] escenario *m*. - **2.** [of dial, control] posición *f*. - **3.** [of book, play, film] ambientación *f*. - **4.** MUS [of poem, play] musicalización *f*. - **5.** [of sun] puesta *f*. - **6.** [of gem] engastadura *f*, engarce *m*.

setting lotion *n* fijador *m* (para el pelo).

setting-up *n* [of company, organization] creación *f*, fundación *f*; [of enquiry] iniciación *f*, apertura *f*.

settle ['setl] ◇ *vt* - **1.** [conclude, decide] resolver; **that** ~**s it** no hay más que hablar. - **2.** [agree on - date] fijar; [- plan] decidir, acordar. - **3.** [pay] ajustar, saldar. - **4.** [make o.s. comfortable]: **to** ~ **o.s.** acomodarse, sentarse cómodamente. - **5.** [colonize] colonizar, poblar. - **6.** [calm - nerves] tranquilizar; [- stomach] asentar. - **7.** [dust] asentar. - **8.** JUR: **to** ~ **sthg on sb** asignar algo a alguien. ◇ *vi* - **1.** [stop travelling] instalarse. - **2.** [make o.s. comfortable] acomodarse; **to** ~ **into a job/routine** acostumbrarse a un trabajo/una rutina. - **3.** [dust, sediment] depositarse, posarse; [snow] cuajar. - **4.** [calm down - person, nerves] calmarse; [- conditions, weather] estabilizarse; [- stomach] asentarse. - **5.** [bird etc]: **to** ~ **on** posarse en. - **6.** [building, contents] asentarse. - **7.** [spread] envolver, invadir; **night/an eerie calm** ~**d over the village** la noche/una calma misteriosa invadió la aldea. - **8.** [reach an agreement] llegar a un acuerdo.
◆ **settle down** *vi* - **1.** [concentrate on]: **to** ~ **down to doing sthg** ponerse a hacer algo; **to** ~ **down to sthg** concentrarse en algo; **to** ~ **down (for sthg)** prepararse (para algo). - **2.** [become respectable] sentar la cabeza. - **3.** [calm oneself] calmarse.
◆ **settle for** *vt fus* conformarse con.
◆ **settle in** *vi* [in new home] instalarse; [in new job] adaptarse.
◆ **settle on** *vt fus* [choose] decidirse por.
◆ **settle up** *vi*: **to** ~ **up (with sb)** ajustar las cuentas (con alguien).

settled ['setld] *adj* [unchanging] estable.

settlement ['setlmənt] *n* - **1.** [of settlers] asentamiento *m*. - **2.** [agreement] acuerdo *m*; **to reach a** ~ llegar a un acuerdo. - **3.** [village] poblado *m*.

settler ['setlə^r] *n* colono *m*.

settling ['setlɪŋ] *n* - **1.** [of question, problem, dispute] solución *f*. - **2.** [of account, debt] liquidación *f*. - **3.** [of contents] asentamiento *m*. - **4.** [of country] colonización *f*.

set-to *n inf* pelea *f*.

set-up *n inf* - **1.** [system, organization] sistema *m*. - **2.** [frame, trap] trampa *f*, lazo *m*.

seven ['sevn] *num* siete; *see also* **six**.

sevenfold ['sevnfəʊld] ◇ *adj* séptuplo(pla). ◇ *adv* siete veces.

seven seas *npl*: **the** ~ los siete mares; **to sail the** ~ surcar los siete mares.

seventeen [ˌsevn'tiːn] *num* diecisiete; *see also* **six**.

seventh ['sevnθ] *num* séptimo(ma); *see also* **sixth**.

seventh heaven *n*: **to be in (one's)** ~ estar en el séptimo cielo.

seventieth ['sevntjəθ] *num* septuagésimo(ma); *see also* **sixth**.

seventy ['sevntɪ] *num* setenta; *see also* **sixty**.

seventy-eight *n* [record] disco *m* de 78 r.p.m.

seven-year itch *n hum* crisis *f* a los siete años de matrimonio.

sever ['sevəʳ] *vt* - **1.** [cut through] cortar. - **2.** [finish completely] romper.

severable ['sevrəbl] *adj* - **1.** [separable] separable. - **2.** JUR divisible.

several ['sevrəl] ◇ *adj* varios(rias). ◇ *pron* varios *mpl*, -rias *fpl*.

severally ['sevrəlɪ] *adv fml* por separado, individualmente.

severance ['sevrəns] *n fml* ruptura *f*.

severance pay *n* despido *m*.

severe [sɪ'vɪəʳ] *adj* [gen] severo(ra); [pain] fuerte, agudo(da).

severely [sɪ'vɪəlɪ] *adv* - **1.** [badly] gravemente. - **2.** [sternly] severamente, con severidad.

severity [sɪ'verətɪ] *n* [gen] gravedad *f*; [of shortage, problem] severidad *f*.

Seville [sə'vɪl] *n* Sevilla.

sew [səʊ] (*Br pp* **sewn** [səʊn], *Am pp* **sewed** OR **sewn**) *vt & vi* coser.
◆ **sew up** *vt sep* - **1.** [cloth] coser. - **2.** *inf* [arrange, fix]: **to have sthg sewn up** [deal, election etc] tener algo atado y bien atado; [market] tener algo controlado(da).

sewage ['suːɪdʒ] ◇ *n* (*U*) aguas *fpl* residuales. ◇ *comp* de aguas residuales; **the ~ system** el alcantarillado; **~ disposal** depuración *f* de aguas residuales.

sewage farm *n* estación *f* depuradora.

sewer ['suəʳ] *n* alcantarilla *f*, cloaca *f*.

sewerage ['suərɪdʒ] *n* alcantarillado *m*.

sewer rat *n* rata *f* de alcantarilla.

sewing ['səʊɪŋ] *n* (*U*) - **1.** [activity] labor *f* de costura. - **2.** [items] costura *f*.

sewing basket *n* cesta *f* de la costura, costurero *m*.

sewing circle *n* grupo *m* de costureras.

sewing machine *n* máquina *f* de coser.

sewn [səʊn] *pp* → **sew**.

sex [seks] ◇ *n* sexo *m*; **to have ~** tener relaciones sexuales. ◇ *comp* sexual; **~ drive** deseo *m* sexual, libido *f*.

sexagenarian [ˌseksədʒɪ'neərɪən] ◇ *adj* sexagenario(ria). ◇ *n* sexagenario *m*, -ria *f*.

sex appeal *n* atractivo *m*, sex appeal *m*.

sex change *n* cambio *m* de sexo; **to have a ~** cambiar de sexo.

sexed [sekst] *adj* BIOL & ZOOL sexuado(da); **to be highly ~** [person] tener una libido muy fuerte.

sex education *n* educación *f* sexual.

sexennial [sek'senɪəl] *adj* [duration] que dura seis años; [interval] que ocurre cada seis años.

sexily ['seksɪlɪ] *adv* con sensualidad.

sexism ['seksɪzm] *n* sexismo *m*.

sexist ['seksɪst] ◇ *adj* sexista. ◇ *n* sexista *mf*.

sex kitten *n inf* gatita *f*.

sexless ['sekslɪs] *adj* asexual, asexuado(da).

sex life *n* vida *f* sexual.

sex-mad *adj inf*: **he's/she's ~** está obsesionado(da) por el sexo.

sex maniac *n* maníaco *m*, -ca *f* sexual.

sex object *n* objeto *m* sexual.

sex offender *n* autor *m*, -ra *f* de un delito sexual.

sexologist [sek'sɒlədʒɪst] *n* sexólogo *m*, -ga *f*.

sexology [sek'sɒlədʒɪ] *n* sexología *f*.

sex organ *n* órgano *m* sexual OR genital.

sexpot ['sekspɒt] *n inf hum* tío *m*, -a *f* sexi.

sex shop *n* sex shop *m*.

sex-starved *adj hum* frustrado(da) sexualmente.

sex symbol *n* símbolo *m* sexual, sex symbol *mf*.

sextant ['sekstənt] *n* sextante *m*.

sextet [seks'tet] *n* sexteto *m*.

sex therapist *n* sexólogo *m*, -ga *f*.

sexton ['sekstən] *n* sacristán *m*.

sextuple ['sekstjʊpl] ◇ *adj* séxtuplo(pla). ◇ *vt* sextuplicar.

sextuplet ['sekstjʊplɪt] *n* sextillizo *m*, -za *f*.

sexual ['sekʃʊəl] *adj* sexual.

sexual abuse *n* abusos *mpl* deshonestos.

sexual assault *n* agresión *f* sexual.

sexual harassment *n* acoso *m* sexual.

sexual intercourse *n* (*U*) relaciones *fpl* sexuales.

sexuality [ˌsekʃʊ'ælətɪ] *n* sexualidad *f*.

sexually ['sekʃʊəlɪ] *adv*: **~ transmitted disease** enfermedad *f* de transmisión sexual.

sexual politics *n* (*U*) conjunto de ideas y problemas concernientes a los derechos de la mujer, los homosexuales etc.

sexy ['seksɪ] (*compar* **sexier**, *superl* **sexiest**) *adj inf* sexi (*inv*).

Seychelles [seɪ'ʃelz] *npl*: **the ~** las islas Seychelles.

SF, sf *n written abbr of* **science fiction**.

SFO (*abbr of* **Serious Fraud Office**) *n* departamento de policía que investiga delitos económicos.

SG (*abbr of* **Surgeon General**) *n* responsable de sanidad pública en EE UU.

Sgt (*written abbr of* **sergeant**) ≃ sarg.

sh [ʃ] *excl* ¡chis!, ¡chitón!

shabbily ['ʃæbɪlɪ] *adv* - **1.** [dressed] andrajosamente; [furnished] pobremente. - **2.** [behave, treat] con mezquindad; **I think she's been very ~ treated** creo que la han tratado de un modo muy mezquino.

shabbiness ['ʃæbɪnɪs] *n* - **1.** [of house] aspecto *m* abandonado, mal estado *m*. - **2.** [of person] dejadez *f*, aspecto *m* andrajoso.

shabby ['ʃæbɪ] (*compar* **shabbier**, *superl* **shabbiest**) *adj* - **1.** [clothes, briefcase] desastrado(da); [street] de aspecto abandonado. - **2.** [person] andrajoso(sa). - **3.** [treatment etc] mezquino(na).

shack [ʃæk] *n* chabola *f*.
◆ **shack up** *vi inf*: **to ~ up with sb** vivir con alguien.

shackle ['ʃækl] *vt* - **1.** [enchain] poner grilletes a. - **2.** *literary* [restrict] restringir.
◆ **shackles** *npl* - **1.** [metal rings] grilletes *mpl*, grillos *mpl*. - **2.** *literary* [restrictions] trabas *fpl*.

shad [ʃæd] (*pl inv* OR **shads**) *n* sábalo *m*.

shade [ʃeɪd] ◇ *n* - **1.** (*U*) [shadow] sombra *f*. - **2.** [lampshade] pantalla *f*. - **3.** [of colour, meaning] matiz *m*. - **4.** *Am* [on window] persiana *f*. - **5.** [small amount]: **a ~** una pizca, un poquito. - **6.** *phr*: **to put sb in the ~** eclipsar OR hacer sombra a alguien. ◇ *vt* [from light] sombrear, dar sombra a; **to ~ one's eyes** protegerse del sol con la mano. ◇ *vi*: **to ~ into sthg** fundirse con algo.
◆ **shades** *npl inf* [sunglasses] gafas *fpl* de sol.
◆ **shade in** *vt sep* [background] sombrear; [with colour] colorear.

shadiness ['ʃeɪdɪnɪs] *n* - **1.** [shade] sombra *f*. - **2.** *inf* [dishonesty] lo turbio.

shading ['ʃeɪdɪŋ] *n* sombreado *m*.

shadow ['ʃædəʊ] ◇ *n* - **1.** [dark shape, form] sombra *f*. - **2.** [darkness] oscuridad *f*. - **3.** *phr*: **to be a ~ of one's former self** ser una sombra de lo que uno era; **to cast a ~ on** OR **over sthg** oscurecer OR ensombrecer algo; **there's not a ~** OR **the ~ of a doubt** no hay la menor duda. ◇ *adj Br* POL en la sombra. ◇ *vt* [follow secretly] seguir los pasos a OR la pista de.

shadowbox ['ʃædəʊˌbɒks] *vi* entrenarse con un púgil imaginario.

shadow-boxing *n* SPORT en boxeo, entrenamiento *m* con un adversario imaginario; **let's stop all this ~ and get**

down to business *fig* basta ya de rodeos y vayamos al grano.

shadow cabinet *n* gobierno *m* en la sombra, *directiva del principal partido de la oposición en Gran Bretaña.*

shadowy ['ʃædəʊɪ] *adj* - **1.** [dark] sombrío(a). - **2.** [hard to see] vago(ga). - **3.** [unknown, sinister] oscuro(ra).

shady ['ʃeɪdɪ] (*compar* **shadier**, *superl* **shadiest**) *adj* - **1.** [sheltered from sun] sombreado(da). - **2.** [providing shade] que da sombra. - **3.** *inf* [dishonest - businessman] dudoso(sa), sospechoso(sa); [- deal] turbio(bia).

shaft [ʃɑːft] ◇ *n* - **1.** [vertical passage] pozo *m*. - **2.** [of propellor etc] eje *m*. - **3.** [of light] rayo *m*. - **4.** [of spear] asta *f*; [of arrow] astil *m*; [of feather] cañón *m*; [of bone] caña *f*. - **5.** [of axe, hammer] mango *m*, astil *m*. - **6.** *phr*: **to get the** ~ *Am v inf* salir mal parado (mal parada), llevarse un buen varapalo. ◇ *vt v inf* - **1.** [dupe] engañar, timar. - **2.** *Am* [treat unfairly] tratar a palos. - **3.** [cheat]: **to get** ~**ed** salir mal parado (mal parada), llevarse un buen varapalo.

shag [ʃæg] *n* [tobacco] picadura *f*.

shaggy ['ʃægɪ] (*compar* **shaggier**, *superl* **shaggiest**) *adj* [dog] peludo(da).

shaggy-dog story *n* chiste largo y pesado.

shah [ʃɑː] *n* sha *m*, sah *m*.

shake [ʃeɪk] (*pt* **shook** [ʃʊk], *pp* **shaken** ['ʃeɪkn]) ◇ *vt* - **1.** [move vigorously] sacudir, remecer *Amér*; **to** ~ **sb's hand** dar OR estrechar la mano a alguien; **to** ~ **hands** darse OR estrecharse la mano; **to** ~ **one's head** [in refusal] negar con la cabeza; [in disbelief] mover la cabeza mostrando incredulidad; **to** ~ **one's fist at sb** amenazar a alguien con el puño. - **2.** [shock] trastornar, conmocionar; **he was badly shaken by the news** la noticia le afectó muchísimo. - **3.** [undermine] quebrantar, hacer flaquear. ◇ *vi* temblar. ◇ *n* - **1.** [of bottle etc] sacudida *f*; [of head in disbelief] movimiento *m* de la cabeza mostrando incredulidad; [of head in disagreement] negación *f* con la cabeza; **give it a good** ~ [bottle] agítalo(la) bien; [carpet, tablecloth] sacúdelo(la) bien. - **2.** *inf* [moment] periquete *m*, instante *m*; **in two** ~**s** en un periquete, en un santiamén. - **3.** *Am inf* [earthquake] temblor *m* de tierra. - **4.** *Am inf* [milkshake] batido *m*. - **5.** MUS trino *m*.

◆ **shakes** *npl inf* - **1.** [nervous shaking]: **to have the** ~**s** tener escalofríos. - **2.** *phr*: **to be no great** ~**s** no valer gran cosa.

◆ **shake down** *vt sep Am inf* - **1.** [rob] chantajear, hacer chantaje a. - **2.** [search] registrar.

◆ **shake off** *vt sep* - **1.** [pursuer] deshacerse de; [cold] quitarse de encima; [illness] superar. - **2.** [dust, snow] sacudir.

◆ **shake out** *vt sep* [tablecloth, rug] sacudir.

◆ **shake up** *vt sep* - **1.** [bottle] agitar. - **2.** [person] quebrantar, hacer flaquear. - **3.** [organization] reestructurar, reorganizar.

shakedown ['ʃeɪkdaʊn] *n Am inf* - **1.** [extortion] chantaje *m*, extorsión *f*. - **2.** [search] registro *m*.

shaken ['ʃeɪkn] *pp* → **shake**.

shakeout ['ʃeɪkaʊt] *n* FIN ligera recesión *f*.

shaker ['ʃeɪkə^r] *n* - **1.** [for cocktails] coctelera *f*. - **2.** [for salt] salero *m*; [for pepper] pimentero *m*.

Shakespearean [ʃeɪk'spɪərɪən] *adj* shakespeariano(na).

shake-up *n inf* reestructuración *f*, reorganización *f*.

shakily ['ʃeɪkɪlɪ] *adv* - **1.** [unsteadily - walk] con paso inseguro; [- write] con mano temblorosa; [- speak] con voz temblorosa. - **2.** [uncertainly] de un modo vacilante.

shako ['ʃækəʊ] (*pl* **shakos** OR **shakoes**) *n* chacó *m*.

shaky ['ʃeɪkɪ] (*compar* **shakier**, *superl* **shakiest**) *adj* - **1.** [weak, nervous] tembloroso(sa). - **2.** [unconfident, insecure - start] incierto(ta); [- argument] poco sólido (poco sólida); [- finances] precario(ria).

shale [ʃeɪl] *n* esquisto *m*.

shall [weak form ʃəl, strong form ʃæl] *aux vb* - **1.** (*1st person sg & 1st person pl*) [to express future tense]: **we** ~ **be there tomorrow** mañana estaremos ahí; **I shan't be home till ten** no estaré en casa hasta las diez. - **2.** (*esp 1st person sg & 1st person*

pl) [in suggestions, questions]: ~ **we go for a walk?** ¿vamos a dar una vuelta?; ~ **I give her a ring?** ¿la llamo?; **I'll do that,** ~ **I?** hago esto, ¿vale? - **3.** [will definitely]: **we** ~ **overcome!** ¡venceremos! - **4.** [in orders]: **you** ~ **do as I tell you!** ¡harás lo que yo te diga!; **no one** ~ **leave until I say so** que nadie salga hasta que yo lo diga.

shallot [ʃə'lɒt] *n* chalote *m*, chalota *f*.

shallow ['ʃæləʊ] *adj* - **1.** [water, soil, stream] poco profundo (poco profunda); [dish] llano(na). - **2.** *pej* [superficial] superficial.

◆ **shallows** *npl* bajío *m*, bajos *mpl*.

shallowness ['ʃæləʊnɪs] *n* - **1.** [of water, soil, stream] poca profundidad *f*. - **2.** *pej* [superficiality] superficialidad *f*.

shalt [ʃælt] *v* (*2nd person sg*) *arch* → **shall**.

sham [ʃæm] (*pt & pp* **shammed**, *cont* **shamming**) ◇ *adj* fingido(da), simulado(da). ◇ *n* - **1.** [pretence] farsa *f*. - **2.** [impostor] impostor *m*, -ra *f*. ◇ *vi* fingir, simular.

shaman ['ʃæmən] *n* chamán *m*.

shamble ['ʃæmbl] *vi* andar arrastrando los pies.

shambles ['ʃæmblz] *n* desbarajuste *m*, follón *m*; **in a** ~ patas arriba.

shambolic [ʃæm'bɒlɪk] *adj Br* caótico(ca).

shame [ʃeɪm] ◇ *n* - **1.** (U) [remorse] vergüenza *f*, pena *f Amér*. - **2.** [dishonour] deshonra; **to bring** ~ **on** OR **upon sb** deshonrar a alguien; ~ **on you!** ¡debería darte vergüenza!, ¡qué vergüenza! ❑ **to put sb to** ~ dejar en evidencia a alguien. - **3.** [pity]: **what a** ~! ¡qué pena OR lástima!; **it's a** ~ es una pena OR lástima. ◇ *vt* - **1.** [fill with shame] avergonzar. - **2.** [force by making ashamed]: **to** ~ **sb into doing sthg** conseguir que alguien haga algo avergonzándole.

shamefaced [ʃeɪm'feɪst] *adj* avergonzado(da).

shamefacedly [ʃeɪm'feɪstlɪ] *adv* con vergüenza, avergonzadamente.

shameful ['ʃeɪmfʊl] *adj* vergonzoso(sa).

shamefully ['ʃeɪmfʊlɪ] *adv* de un modo vergonzoso; **he was** ~ **ignorant about the issue** su desconocimiento del tema era vergonzoso.

shamefulness ['ʃeɪmfʊlnɪs] *n* vergüenza *f*.

shameless ['ʃeɪmlɪs] *adj* desvergonzado(da).

shamelessly ['ʃeɪmlɪslɪ] *adv* de un modo desvergonzado, desvergonzadamente; **to lie** ~ mentir descaradamente; **they were walking about quite** ~ **with nothing on** se paseaban desnudos con el mayor descaro.

shaming ['ʃeɪmɪŋ] *adj* humillante.

shammy ['ʃæmɪ] (*pl* **shammies**) *n inf* gamuza *f*.

shampoo [ʃæm'puː] (*pl* **shampoos**, *pt & pp* **shampooed**, *cont* **shampooing**) ◇ *n* - **1.** [liquid] champú *m*. - **2.** [act of shampooing] lavado *m* (con champú); ~ **and set** lavado *m* y marcado. ◇ *vt* lavar (con champú).

shamrock ['ʃæmrɒk] *n* trébol *m*.

shandy ['ʃændɪ] (*pl* **shandies**) *n* cerveza *f* con gaseosa, clara *f*.

shanghai [ʃæŋ'haɪ] *vt* - **1.** [kidnap] *embriagar a alguien para llevárselo como marinero*. - **2.** *inf* [force]: **to** ~ **sb into doing sthg** obligar a alguien a hacer algo por la fuerza.

shank [ʃæŋk] *n* - **1.** [of pin, key] tija *f*; [of anchor] caña *f*. - **2.** ANAT espinilla *f*; [of horse] caña *f*, canilla *f*.

shan't [ʃɑːnt] *contr* = **shall not**.

shanty ['ʃæntɪ] (*pl* **shanties**) *n* chabola *f*.

shantytown ['ʃæntɪtaʊn] *n* barrio *m* de chabolas, cantegril *m Amér*.

shape [ʃeɪp] ◇ *n* - **1.** [outer form] forma *f*; **to knock sthg out of** ~ deformar algo. - **2.** [definite form, silhouette] figura *f*. - **3.** [structure] configuración *f*; **to take** ~ tomar forma. - **4.** [guise]: **in the** ~ **of** en forma de; **in any** ~ **or form** de ninguna manera. - **5.** [form, health]: **to be in good/bad** ~ [person] estar/no estar en forma; [business etc] estar en buen/mal estado; **to be in no** ~ **to do sthg** no estar en condiciones de hacer algo; **to get into** ~ ponerse en forma; **to keep o.s.** OR **stay in** ~ mantenerse en forma ❑ **to lick**

OR **knock sb into** ~ poner a alguien a punto. ◇ *vt* - **1.** [mould]: **to ~ sthg (into)** dar a algo forma (de). - **2.** [cause to develop] desarrollar.

◆ **shape up** *vi* - **1.** [develop] desarrollarse. - **2.** *Am* [get fit again] ponerse en condiciones.

SHAPE [ʃeɪp] (*abbr of* **Supreme Headquarters Allied Powers, Europe**) *n* cuartel general de las potencias aliadas en Europa.

-shaped [ʃeɪpt] *in cpds*: **egg/star~** en forma de huevo/estrella.

shapeless [ˈʃeɪplɪs] *adj* sin forma.

shapeliness [ˈʃeɪplɪnɪs] *n* [of legs] curva *f*; [of figure] formas *fpl* bien proporcionadas.

shapely [ˈʃeɪplɪ] (*compar* **shapelier**, *superl* **shapeliest**) *adj* bien hecho (bien hecha).

shaper [ˈʃeɪpəʳ] *n* - **1.** [gen] moldeador *m*. - **2.** [in metalworking] embutidora *f*.

shard [ʃɑːd] *n* [of glass] esquirla *f*; [of cup, vase] fragmento *m*.

share [ʃeəʳ] ◇ *n* - **1.** [portion]: ~ **(of** OR **in)** parte *f* (de); **to go ~s in sthg** ir a partes iguales en algo. - **2.** [contribution, quota]: **to have/do one's ~ of sthg** tener/hacer la parte que a uno le toca de algo; **we've had our fair ~ of bad luck** hemos tenido bastante mala suerte. ◇ *vt* - **1.** [gen]: **to ~ sthg (with)** compartir algo (con). - **2.** [reveal]: **to ~ sthg (with)** revelar algo (a). ◇ *vi* compartir; **to ~ in sthg** compartir algo.

◆ **shares** *npl* FIN acciones *fpl*.

◆ **share out** *vt sep* repartir, distribuir.

share capital *n* capital *m* social.

share certificate *n* certificado *m* de acciones.

sharecropper [ˈʃeəˌkrɒpəʳ] *n* aparcero *m*, -ra *f*.

shared line [ʃeəd-] *n* TELEC línea *f* compartida.

shareholder [ˈʃeəˌhəʊldəʳ] *n* accionista *mf*.

share index *n* índice *m* de cotización.

share option *n* opción *f* sobre acciones.

share-out *n* reparto *m*.

sharer [ˈʃeərəʳ] *n* partícipe *mf*.

shareware [ˈʃeəweəʳ] *n* COMPUT shareware *m*.

sharing [ˈʃeərɪŋ] ◇ *adj* [person] que comparte cosas. ◇ *n* [of money, power] reparto *m*.

shark [ʃɑːk] (*pl inv* OR **sharks**) *n* tiburón *m*; *fig* estafador *m*, -ra *f*.

sharkskin [ˈʃɑːkskɪn] *n* piel *f* de tiburón.

sharp [ʃɑːp] ◇ *adj* - **1.** [not blunt] afilado(da). - **2.** [well-defined - outline] definido(da); [- photograph] nítido(da); [- contrast] marcado(da). - **3.** [intelligent, keen - person] listo(ta), filoso(sa) *Amér*; [- eyesight] penetrante; [- hearing] fino(na); [- intelligence] vivo(va). - **4.** [abrupt, sudden] brusco(ca), repentino(na). - **5.** [knock, blow] seco(ca). - **6.** [angry, severe] cortante. - **7.** [piercing, acute - sound, cry, pain] agudo(da); [- cold, wind] penetrante. - **8.** [bitter] ácido(da). - **9.** MUS en tono demasiado alto, desafinado(da). ◇ *adv* - **1.** [punctually] en punto. - **2.** [quickly, suddenly] bruscamente. - **3.** MUS demasiado alto, desafinadamente. ◇ *n* MUS sostenido *m*.

sharpen [ˈʃɑːpn] ◇ *vt* - **1.** [make sharp] afilar; [pencil] sacar punta a. - **2.** [make keener, quicker, greater] agudizar. - **3.** [make angrier]: **to ~ one's voice** hablar con tono de enfado. ◇ *vi* - **1.** [gen] agudizarse. - **2.** [become angrier]: **his voice ~ed** se le notaba el enfado en la voz.

sharp end *n Br fig*: **to be at the ~ of sthg** llevar a las espaldas todo el peso de algo.

sharpener [ˈʃɑːpnəʳ] *n* [for pencils] sacapuntas *m inv*; [for knives] afilador *m*.

sharper [ˈʃɑːpəʳ] *n* estafador *m*, -ra *f*.

sharp-eyed *adj* - **1.** [with insight] perspicaz. - **2.** [with good eyes] que tiene ojos de lince.

sharpish [ˈʃɑːpɪʃ] *adv Br inf* [quickly] pronto.

sharply [ˈʃɑːplɪ] *adv* - **1.** [distinctly] claramente. - **2.** [suddenly] repentinamente. - **3.** [harshly] duramente.

sharpness [ˈʃɑːpnɪs] *n* - **1.** [of point, blade] lo afilado, agudeza *f*. - **2.** [of image] nitidez *f*. - **3.** [of intelligence, eyesight, hearing] agudeza *f*. - **4.** [harshness, severity] dureza *f*, aspereza *f*. - **5.** [loudness, painfulness] agudeza *f*. - **6.** [of pain, cold] intensidad *f*. - **7.** [bitterness] acritud *f*. **sharpshooter** [ˈʃɑːpˌʃuːtəʳ] *n* tirador *m*, -ra *f* de primera.

sharp-sighted *adj* - **1.** [having good sight] que tiene ojos de lince. - **2.** [observant] observador(ra).

sharp-tempered *adj* irritable, colérico(ca).

sharp-tongued [-ˈtʌŋd] *adj* de lengua afilada.

sharp-witted [-ˈwɪtɪd] *adj* agudo(da).

shat [ʃæt] *pt & pp* → **shit**.

shatter [ˈʃætəʳ] ◇ *vt* - **1.** [smash] hacer añicos. - **2.** [hopes etc] destruir, echar por tierra. - **3.** [shock, upset]: **to be ~ed (by)** quedar destrozado(da) (por). ◇ *vi* hacerse añicos, romperse en pedazos.

shattered [ˈʃætəd] *adj* - **1.** [shocked, upset] destrozado(da). - **2.** *Br inf* [very tired] hecho(cha) polvo.

shattering [ˈʃætərɪŋ] *adj* - **1.** [shocking, upsetting] terrible. - **2.** *Br inf* [tiring] agotador(ra).

shatterproof [ˈʃætəpruːf] *adj*: **~ glass** vidrio *m* inastillable.

shave [ʃeɪv] ◇ *n* afeitado *m*; **to have a ~** afeitarse □ **it was a close ~** nos salvamos por los pelos. ◇ *vt* - **1.** [face, body] afeitar. - **2.** [cut pieces off] raspar. ◇ *vi* afeitarse.

◆ **shave off** *vt sep* afeitar.

shaven [ˈʃeɪvn] *adj* rapado(da).

shaver [ˈʃeɪvəʳ] *n* maquinilla *f* (de afeitar) eléctrica.

shaving brush [ˈʃeɪvɪŋ-] *n* brocha *f* de afeitar.

shaving cream [ˈʃeɪvɪŋ-] *n* crema *f* de afeitar.

shaving foam [ˈʃeɪvɪŋ-] *n* espuma *f* de afeitar.

shavings [ˈʃeɪvɪŋz] *npl* virutas *fpl*.

shaving soap [ˈʃeɪvɪŋ-] *n* jabón *m* de afeitar.

shaving stick [ˈʃeɪvɪŋ-] *n* barra *f* de jabón de afeitar.

shawl [ʃɔːl] *n* chal *m*.

she [ʃiː] ◇ *pers pron* - **1.** [referring to woman, girl, animal] ella; **~'s tall** es alta; **~ loves fish** le encanta el pescado; **~ can't do it** ella no puede hacerlo; **there ~ is** allí está. - **2.** [referring to boat, car, country]: **~'s a fine ship** es un buen barco. ◇ *n*: **it's a ~** [animal] es hembra; [baby] es (una) niña. ◇ *comp*: **~-elephant** elefanta *f*; **~-bear** osa *f*.

sheaf [ʃiːf] (*pl* **sheaves** [ʃiːvz]) *n* - **1.** [of papers, letters] fajo *m*. - **2.** [of corn, grain] gavilla *f*; [of arrows] haz *m*.

shear [ʃɪəʳ] (*pt* **sheared**, *pp* **sheared** OR **shorn** [ʃɔːn] ◇ *vt* - **1.** [sheep] esquilar. - **2.** [metal] cizallar. - **3.** [bolt, rod, pin] quebrar, romper. - **4.** *phr*: **to be shorn of sthg** estar privado(da) OR despojado(da) de algo. ◇ *vi* quebrarse, romperse.

◆ **shears** *npl* - **1.** [for garden] tijeras *fpl* de podar. - **2.** [for dressmaking] tijeras *fpl*.

◆ **shear off** ◇ *vt fus* romper, quebrar. ◇ *vi* romperse, quebrarse.

shearing [ˈʃɪərɪŋ] *n* [process] esquileo *m*.

◆ **shearings** *npl*: **~ of wool** vellón *m*.

sheath [ʃiːθ] (*pl* **sheaths** [ʃiːðz]) *n* - **1.** [covering for knife] funda *f*, vaina *f*. - **2.** *Br* [condom] preservativo *m*, condón *m*.

sheath dress *n* vestido *m* tubular OR de tubo.

sheathe [ʃiːð] *vt* - **1.** [put away] envainar, enfundar. - **2.** [cover]: **to ~ sthg in** envolver algo en.

sheathing [ˈʃiːðɪŋ] *n* CONTR cubierta *f*.

sheath knife *n* cuchillo *m* de monte.

sheave [ʃiːv] *vt* agavillar.

sheaves [ʃiːvz] *pl* → **sheaf**.

Sheba [ˈʃiːbə] *n* Saba; **the Queen of ~** la reina de Saba.

shebang [ʃɪˈbæŋ] *n inf*: **the whole ~** todo el asunto.

she-cat *n lit* gata *f*; *fig* furia *f*.

shed [ʃed] (*pt & pp* **shed**, *cont* **shedding**) ◇ *n* cobertizo *m*, galpón *m Amér*. ◇ *vt* - **1.** [skin] mudar de; [leaves] despojarse de; [water] verter. - **2.** [discard] deshacerse de. - **3.** [accidentally lose] perder; **the truck ~ its load** el camión perdió la mercancía que transportaba. - **4.** [tears, blood] derramar; **to ~ blood** derramar sangre.

she'd [*weak form* ʃɪd, *strong form* ʃiːd] *contr* = **she had, she would**.

she-devil *n* diabla *f*, diablesa *f*.

sheen [ʃiːn] *n* brillo *m*, lustre *m*.

sheep [ʃiːp] (*pl inv*) *n* [animal] oveja *f*; *fig* [person] borrego *m*, cordero *m*; **to separate the ~ from the goats** *fig* separar el grano de la paja.

sheepcote [ˈʃiːpkəʊt] *n Br* aprisco *m*, redil *m*.

sheep-dip *n* baño *m* desinfectante (para ovejas).

sheepdog [ˈʃiːpdɒg] *n* perro *m* pastor.

sheepfold [ˈʃiːpfəʊld] *n* aprisco *m*, redil *m*.

sheepish [ˈʃiːpɪʃ] *adj* avergonzado(da).

sheepishly [ˈʃiːpɪʃlɪ] *adv* tímidamente.

sheepshearer [ˈʃiːpˌʃɪərər] *n* [person] esquilador *m*, -ra *f*; [machine] esquiladora *f*.

sheepshearing [ˈʃiːpˌʃɪərɪŋ] *n* esquila *f*, esquileo *m*.

sheepskin [ˈʃiːpskɪn] *n* piel *f* de carnero.

sheepskin jacket *n* zamarra *f*, pelliza *f*.

sheepskin rug *n* alfombra *f* de piel de carnero.

sheer [ʃɪər] *adj* - **1.** [absolute] puro(ra); **by ~ strength** a fuerza viva. - **2.** [very steep - cliff] escarpado(da); [- drop] vertical. - **3.** [delicate] diáfano(na).
◆ **sheer off** *vi* [ship] desviarse, guiñar; [person] desviarse.

sheerness [ˈʃɪənɪs] *n* [of fabric] transparencia *f*.

sheet [ʃiːt] *n* - **1.** [for bed] sábana *f*; **as white as a ~** *fig* blanco como el papel. - **2.** [of paper] hoja *f*. - **3.** [of glass, metal, wood] lámina *f*. - **4.** [of ice, snow] capa *f*; [of rain] cortina *f*.
◆ **sheet down** *vi* [rain, snow] caer chuzos de punta.

sheet feed *n* COMPUT alimentación *f* automática de papel.

sheet feeder *n* COMPUT alimentador *m* automático de papel.

sheet ice *n* capa *f* de hielo.

sheeting [ˈʃiːtɪŋ] *n* (U) chapas *fpl*.

sheet lightning *n* (U) fucilazo *m*, relámpago *m*.

sheet metal *n* (U) chapa *f* de metal.

sheet music *n* (U) partituras *fpl* sueltas.

sheet steel *n* chapa *f* de acero.

sheik(h) [ʃeɪk] *n* jeque *m*.

sheik(h)dom [ˈʃeɪkdəm] *n* territorio *m* de un jeque.

sheila [ˈʃiːlə] *n Austr inf* titi *f*, tía *f*.

shekel [ˈʃekl] *n* shekel *m*.

shelf [ʃelf] (*pl* **shelves** [ʃelvz]) *n* estante *m*; **to buy sthg off the ~** *fig* comprar algo que está en stock; **to be left on the ~** *fig* quedarse para vestir santos.

shelf life *n* periodo *m* de conservación.

shell [ʃel] ◇ *n* - **1.** [of egg, nut] cáscara *f*. - **2.** [of tortoise, crab] caparazón *m*; [of snail, mussels] concha *f*. - **3.** [on beach] concha *f*. - **4.** [of building] esqueleto *m*; [of boat] casco *m*; [of car] armazón *m*, chasis *m inv*. - **5.** MIL [missile] proyectil *m*. - **6.** *phr*: **to come out of one's ~** salir (uno) de su concha OR caparazón. ◇ *vt* - **1.** [peas] desvainar; [nuts, eggs] quitar la cáscara a. - **2.** MIL [fire shells at] bombardear.
◆ **shell out** *inf* ◇ *vt sep* aflojar, soltar. ◇ *vi*: **to ~ out for** aflojar la pasta para.

she'll [ʃiːl] *contr* = **she will, she shall**.

shellac [ʃəˈlæk] (*pt & pp* **shellacked**) ◇ *n* laca *f*. ◇ *vt* lacar, laquear.

shellacking [ʃəˈlækɪŋ] *n Am inf* paliza *f*.

shelled [ʃeld] *adj* [peas] pelado(da), desvainado(da); [nut] sin cáscara; [shellfish] pelado(da).

shellfire [ˈʃelfaɪər] *n* bombardeo *m*, cañoneo *m*.

shellfish [ˈʃelfɪʃ] (*pl inv*) *n* - **1.** [creature] crustáceo *m*. - **2.** (U) [food] mariscos *mpl*.

shell game *n Am juego de manos que se hace con tres cubiletes*.

shelling [ˈʃelɪŋ] *n* MIL bombardeo *m*.

shellproof [ˈʃelpruːf] *adj* MIL blindado(da), a prueba de bombas.

shellshock [ˈʃelʃɒk] *n* (U) trauma *m* de guerra.

shell-shocked *adj* que padece fatiga de combate OR trauma de guerra; **I'm still feeling pretty ~ by it all** *fig* todavía estoy un poco conmocionada por todo lo ocurrido.

shell suit *n Br* chándal *m* (de nailon).

shelter [ˈʃeltər] ◇ *n* - **1.** [building, protection] refugio *m*; **to take ~** ponerse a cubierto, refugiarse. - **2.** [place to live] techo *m*. ◇ *vt* - **1.** [protect]: **to be ~ed by/from** estar protegido(da) por/de. - **2.** [provide place to live for] dar asilo OR cobijo a. - **3.** [hide] proteger, esconder. ◇ *vi*: **to ~ from/in** resguardarse de/en, protegerse de/en.

sheltered [ˈʃeltəd] *adj* - **1.** [place, existence] protegido(da). - **2.** [accommodation, housing]: **~ housing** *conjunto de viviendas especialmente diseñado para ancianos o minusválidos*.

shelve [ʃelv] ◇ *vt* dar carpetazo a. ◇ *vi* descender en pendiente.

shelves [ʃelvz] *pl* → **shelf**.

shelving [ˈʃelvɪŋ] *n* (U) estantería *f*.

shenanigans [ʃɪˈnænɪgənz] *npl inf* - **1.** [trickery] tejemanejes *mpl*. - **2.** [mischief] travesuras *fpl*.

shepherd [ˈʃepəd] ◇ *n* pastor *m*; **the Good Shepherd** BIBLE el Buen Pastor. ◇ *vt fig* acompañar.

shepherd boy *n* pastorcillo *m*.

shepherdess [ˌʃepəˈdes] *n* pastora *f*.

shepherd's pie *n carne picada cubierta de puré de patatas*.

sherbet [ˈʃɜːbət] *n* - **1.** *Br* [sweet powder] sidral *m*. - **2.** *Am* [sorbet] sorbete *m*.

sheriff [ˈʃerɪf] *n Am* sheriff *m*.

sherry [ˈʃerɪ] (*pl* **sherries**) *n* jerez *m*.

she's [ʃiːz] *contr* = **she is, she has**.

Shetland [ˈʃetlənd] *n* las (islas) Shetland.

Shetlander [ˈʃetləndər] *n natural o habitante de las islas Shetland*.

Shetland Islands *npl*: **the ~** las (islas) Shetland.

Shetland sheepdog *n* perro pastor *m* de las islas Shetland.

shibboleth [ˈʃɪbəˌleθ] *n* - **1.** [custom, tradition] costumbre *f* antigua; [idea, principle] doctrina *f* antigua. - **2.** [catchword] lema *m*.

shield [ʃiːld] ◇ *n* - **1.** [armour, sports trophy] escudo *m*. - **2.** [protection]: **~ against** protección *f* contra. ◇ *vt*: **to ~ sb (from)** proteger a alguien (de); **to ~ o.s. (from)** protegerse (de).

shift [ʃɪft] ◇ *n* - **1.** [slight change] cambio *m*. - **2.** [period of work, workers] turno *m*; **to work ~s** trabajar por turnos; **in ~s** por turnos. - **3.** [dress] traje *m* recto. - **4.** *phr*: **to make ~ (with sthg)** *dated* apañárselas (con algo). ◇ *vt* - **1.** [furniture etc] cambiar de sitio, mover; **~ yourself!** ¡muévete! - **2.** [attitude, belief] cambiar de. - **3.** [transfer]: **to ~ the blame (on to sb)** echar la culpa (a alguien). - **4.** *inf* [stain] quitar. - **5.** *Br inf* [sell] colocar, vender. - **6.** *Am* [change]: **to ~ gears** cambiar de marcha. ◇ *vi* - **1.** [person] moverse; [wind, opinion] cambiar. - **2.** *Am* AUT cambiar de marcha; **to ~ into third gear** meter la tercera. - **3.** *inf* [stain] quitarse. - **4.** *inf* [travel fast] ir que se las pela. - **5.** [manage]: **to ~ for o.s.** arreglárselas solo(la).
◆ **shift over, shift up** *vi inf* correrse, hacerse a un lado.

shifter [ˈʃɪftər] *n* = **shift stick**.

shiftily [ˈʃɪftɪlɪ] *adv* de un modo furtivo.

shifting [ˈʃɪftɪŋ] *adj* [ideas, opinions] mudable, cambiante; [alliances] inestable; [ground, sand] movedizo(za).

shift key *n* tecla *f* de mayúsculas.

shiftless [ˈʃɪftlɪs] *adj* vago(ga), remolón(ona).

shift lock *n* tecla *f* de bloqueo de mayúsculas.

shift stick *n Am* cambio *m* de marchas.

shift work *n* trabajo *m* por turnos; **she does ~** hace turnos.

shift worker *n* persona *f* que trabaja por turnos.

shifty [ˈʃɪftɪ] (*compar* **shiftier**, *superl* **shiftiest**) *adj inf* [person] con pinta deshonesta; [behaviour] sospechoso(sa); [look] huidizo(za).

Shiite [ˈʃiːaɪt] ◇ *adj* chiíta. ◇ *n* chiíta *mf*.

shill [ʃɪl] *n v inf* compinche *mf*, cómplice *mf*.

shilling [ˈʃɪlɪŋ] *n* chelín *m*.

shilly-shally [ˈʃɪlɪˌʃælɪ] (*pt & pp* **shilly-shallied**) *vi* titubear, vacilar.

shim [ʃɪm] (*pt & pp* **shimmed**, *cont* **shimming**) ◇ *n* calce *m*. ◇ *vt* calzar.

shimmer [ˈʃɪməʳ] ◇ *n* resplandor *m* trémulo. ◇ *vi* rielar, brillar con luz trémula.

shimmering [ˈʃɪmərɪŋ] *adj* [light] trémulo(la); [jewellery, silk] reluciente.

shimmy [ˈʃɪmɪ] (*pt & pp* **shimmied**) ◇ *n* - **1.** [dance] shimmy *m*. - **2.** AUT trepidación *f* oscilante. ◇ *vi* oscilar.

shin [ʃɪn] (*pt & pp* **shinned**, *cont* **shinning**) *n* espinilla *f*.
◆ **shin up** *Br vt fus* trepar.

shinbone [ˈʃɪnbəʊn] *n* espinilla *f*.

shindig [ˈʃɪndɪg] *adj inf* fiesta *f* bulliciosa, guateque *m*.

shine [ʃaɪn] (*pt & pp vi and vt sense 1* **shone** [ʃɒn], *pt & pp vt sense 2* **shined**) ◇ *n* brillo *m*; **to take a ~ to sb** *inf fig* coger cariño a alguien. ◇ *vt* - **1.** [torch, lamp] dirigir. - **2.** [polish] dar brillo a. ◇ *vi* - **1.** [gen] brillar. - **2.** [excel]: **to ~ at** despuntar en.
◆ **shine down** *vi* brillar; **the hot sun shone down on us** el sol pegaba fuerte (sobre nuestras cabezas).
◆ **shine out**, **shine through** *vi* [light] brillar con fuerza; [courage, skill] destacar.
◆ **shine up to** *vt fus Am inf* dar coba a.

shiner [ˈʃaɪnəʳ] *n inf* [black eye] ojo *m* a la funerala OR a la virulé.

shingle [ˈʃɪŋgl] *n* - **1.** (U) [on beach] guijarros *mpl*. - **2.** CONSTR tablilla *f*.
◆ **shingles** *n* (U) herpes *m inv*.

shingler [ˈʃɪŋgləʳ] *n* tejador *m*, -ra *f*.

shingly [ˈʃɪŋglɪ] *adj* [ground] guijarroso(sa); [beach] de guijarros.

shinguard [ˈʃɪngɑːd] *n* = **shinpad**.

shininess [ˈʃaɪnɪnɪs] *n* brillo *m*.

shining [ˈʃaɪnɪŋ] *adj* - **1.** [gleaming] brillante, brilloso(sa) *Amér*. - **2.** [outstanding] excepcional.

shinny [ˈʃɪnɪ] *Am* (*pt & pp* **shinnied**) ◆ **shinny up** *vt fus* trepar.

shinpad [ˈʃɪnpæd] *n* espinillera *f*.

Shinto [ˈʃɪntəʊ] *n* sintoísmo *m*.

Shintoist [ˈʃɪntəʊɪst] ◇ *adj* sintoísta. ◇ *n* sintoísta *mf*.

shiny [ˈʃaɪnɪ] (*compar* **shinier**, *superl* **shiniest**) *adj* brillante.

ship [ʃɪp] (*pt & pp* **shipped**, *cont* **shipping**) ◇ *n* barco *m*, buque *m*; **to jump ~** saltar del barco ❑ **when one's ~ comes in** *fig* cuando lleguen las vacas gordas. ◇ *vt* - **1.** [send by ship] enviar por barco. - **2.** [send by any means] enviar. - **3.** [oars] desarmar; **to ~ water** hacer agua.
◆ **ship off** *vt sep inf* mandar, enviar.

shipboard [ˈʃɪpbɔːd] *n*: **on ~** a bordo.

ship broker *n* agente marítimo *m*, agente marítima *f*, consignatario *m*, -ria *f* de buques.

shipbuilder [ˈʃɪpˌbɪldəʳ] *n* constructor *m*, -ra *f* de naves.

shipbuilding [ˈʃɪpˌbɪldɪŋ] *n* construcción *f* naval.

ship canal *n* canal *m* de navegación.

shipload [ˈʃɪpləʊd] *n* carga *f*, cargamento *m*.

shipmaster [ˈʃɪpˌmɑːstəʳ] *n* capitán *m* de un barco mercante.

shipmate [ˈʃɪpmeɪt] *n* compañero *m*, -ra *f* de tripulación.

shipment [ˈʃɪpmənt] *n* envío *m*.

shipowner [ˈʃɪpˌəʊnəʳ] *n* naviero *m*, armador *m*.

shipper [ˈʃɪpəʳ] *n* compañía *f* naviera.

shipping [ˈʃɪpɪŋ] *n* (U) - **1.** [transport] envío *m*, transporte *m*. - **2.** [ships] barcos *mpl*, buques *mpl*.

shipping agent *n* agente marítimo *m*, agente marítima *f*.

shipping clerk *n* expedidor *m*, -ra *f*.

shipping company *n* compañía *f* naviera.

shipping forecast *n* predicción *f* del estado de la mar.

shipping lane *n* ruta *f* marítima.

shipshape [ˈʃɪpʃeɪp] *adj* en orden.

ship's papers *n* patente *f* de navegación.

shipwreck [ˈʃɪprek] ◇ *n* - **1.** [destruction of ship] naufragio *m*. - **2.** [wrecked ship] barco *m* náufrago. ◇ *vt*: **to be ~ed** naufragar.

shipwrecked [ˈʃɪprekt] *adj* náufrago(ga); **a ~ sailor** marinero *m* náufrago.

shipwright [ˈʃɪpraɪt] *n* carpintero *m* de ribera, calafate *m*.

shipyard [ˈʃɪpjɑːd] *n* astillero *m*.

shire [ˈʃaɪəʳ] *n* [county] condado *m*.
◆ **Shire** *n*: **the Shires** los condados centrales de Inglaterra.

shire horse *n* percherón *m*, caballo *m* de tiro.

shirk [ʃɜːk] *vt* eludir.

shirker [ˈʃɜːkəʳ] *n* vago *m*, -ga *f*.

shirr [ʃɜːʳ] ◇ *vt* [in dressmaking] fruncir. ◇ *n* frunce *m*.

shirt [ʃɜːt] *n* camisa *f*; **keep your ~ on!** ¡tranquilízate!, ¡no te sulfures!; **to lose one's ~** *fig* perder hasta la camisa.

shirtdress [ˈʃɜːtdres] *n* camisola *f*.

shirtfront [ˈʃɜːtfrʌnt] *n* pechera *f*.

shirtsleeves [ˈʃɜːtsliːvz] *npl*: **to be in (one's) ~** ir en mangas de camisa.

shirttail [ˈʃɜːteɪl] *n* faldón *m*.

shirtwaister *Br* [ˈʃɜːtˌweɪstəʳ], **shirtwaist** *Am* [ˈʃɜːtweɪst] *n* vestido *m* camisero.

shirty [ˈʃɜːtɪ] (*compar* **shirtier**, *superl* **shirtiest**) *adj Br inf* de mala uva.

shish kebab [ˈʃɪʃkəˌbæb] *n* kebab *m*.

shit [ʃɪt] (*pt & pp* **shit** OR **shitted** OR **shat** [ʃæt], *cont* **shitting**) *vulg* ◇ *n* - **1.** [excrement] mierda *f*; **to have** OR **take a ~** cagar ❑ **I don't give a ~!** me importa tres cojones, me la trae floja; **to beat** OR **kick** OR **knock the ~ out of sb** romperle la cara a alguien; **when the ~ hits the fan** cuando estamos con la mierda hasta el cuello; **tough ~!** ¡que te/le *etc* den por ahí! - **2.** (U) [nonsense] gilipolleces *fpl*; **to be full of ~** no decir más que gilipolleces. - **3.** [person] hijo *m*, -ja *f* de puta. ◇ *vi* cagar. ◇ *vt*: **he was shitting himself** estaba cagado de miedo. ◇ *excl* ¡mierda!

shithouse [ˈʃɪthaʊs, *pl* -haʊzɪz] *n vulg* cagadero *m*.

shitless [ˈʃɪtlɪs] *adj vulg*: **to be scared ~** estar cagado(da) de miedo; **to be bored ~** estar aburrido(da) que te cagas.

shit-scared *adj vulg*: **to be ~** estar cagado(da) de miedo.

shitty [ˈʃɪtɪ] (*compar* **shittier**, *superl* **shittiest**) *adj vulg* - **1.** [worthless] de mierda. - **2.** [mean] asqueroso(sa).

shiver [ˈʃɪvəʳ] ◇ *n* escalofrío *m*, estremecimiento *m*; **to give sb the ~s** dar escalofríos a alguien. ◇ *vi* - **1.** [tremble]: **to ~ (with)** [fear] temblar OR estremecerse de); [cold] tiritar (de). - **2.** [splinter] hacerse añicos OR astillas.

shivery [ˈʃɪvərɪ] *adj* tembloroso(sa).

shoal [ʃəʊl] *n* banco *m*.

shoat [ʃəʊt] *n* cochinillo *m*, lechón *m*.

shock [ʃɒk] ◇ *n* - **1.** [unpleasant surprise, reaction, emotional state] susto *m*; **I got a real ~** me dio un vuelco el corazón; **it came as a ~** fue un duro golpe. - **2.** (U) MED: **to be suffering from ~** estar en un estado de shock. - **3.** [impact] choque *m*. - **4.** [electric shock] descarga *f* OR sacudida *f* (eléctrica). - **5.** [thick mass] mata *f*. ◇ *vt* - **1.** [upset] conmocionar. - **2.** [offend] escandalizar. ◇ *vi* escandalizar.

shock absorber *n* amortiguador *m*.

shocked [ʃɒkt] *adj* - **1.** [upset] horrorizado(da). - **2.** [offended] escandalizado(da), ofendido(da).

shocker [ˈʃɒkəʳ] *n inf* - **1.** [thing] escándalo *m*, cosa *f* horrible. - **2.** *hum* [person] bribón *m*, -ona *f*, sinvergüenza *mf*.

shockheaded [ˈʃɒkhedɪd] *adj* greñudo(da).

shocking [ˈʃɒkɪŋ] *adj* - **1.** [very bad] pésimo(ma). - **2.** [behaviour, film] escandaloso(sa); [price] de escándalo.

shockingly [ˈʃɒkɪŋlɪ] *adv* - **1.** [as intensifier] horriblemente, terriblemente; **the weather has been ~ bad lately** últimamente ha hecho un tiempo espantoso. **- 2.** [extremely badly] muy mal, terriblemente.

shocking pink ◇ *n* rosa *m* chillón. ◇ *adj* rosa chillón.

shockproof ['ʃɒkpruːf] *adj* a prueba de choques.

shock tactics *npl* MIL & *fig* táctica *f* de choque.

shock therapy, **shock treatment** *n* tratamiento *m* a base de electrochoques.

shock troops *npl* tropas *fpl* de asalto.

shock wave *n* [intense heat, pressure] onda *f* expansiva; *fig* oleada *f* de turbación.

shod [ʃɒd] ◇ *pt & pp* → **shoe**. ◇ *adj* calzado(da).

shoddily ['ʃɒdɪlɪ] *adv* **- 1.** [built, made] chapuceramente. **- 2.** [meanly, pettily] de un modo mezquino.

shoddy ['ʃɒdɪ] (*compar* **shoddier**, *superl* **shoddiest**) *adj* [work] chapucero(ra); [goods] de pacotilla; *fig* [treatment] vil, despreciable.

shoe [ʃuː] (*pt & pp* **shod** [ʃɒd] OR **shoed**, *cont* **shoeing**) ◇ *n* **- 1.** [for people] zapato *m*; **I wouldn't like to be in his ~s** *fig* no me gustaría estar en su lugar OR su pellejo; **put yourself in my ~s** *fig* ponte en mi lugar; **to step into** OR **fill sb's ~s** *fig* ocupar el lugar de alguien, llenar el vacío dejado por alguien. **- 2.** [horseshoe] herradura *f*. **- 3.** [brake shoe] zapata *f*. ◇ *vt* [horse] herrar.

shoe box *n* caja *f* de zapatos.

shoebrush ['ʃuːbrʌʃ] *n* cepillo *m* para los zapatos.

shoe cleaner *n* betún *m* líquido.

shoehorn ['ʃuːhɔːn] *n* calzador *m*.

shoelace ['ʃuːleɪs] *n* cordón *m* del zapato, pasador *m* Amér.

shoe leather *n* cuero *m* para zapatos, piel *f* de zapato.

shoemaker ['ʃuːˌmeɪkə'] *n* zapatero *m*, -ra *f*.

shoemaking ['ʃuːˌmeɪkɪŋ] *n* zapatería *f*.

shoe polish *n* betún *m*.

shoe repairer *n* zapatero (remendón) *m*, zapatera (remendona) *f*.

shoeshine ['ʃuːʃaɪn] *n* **- 1.** [act of polishing] limpiado *m* de zapatos; **to get a ~** limpiarse los zapatos. **- 2.** *inf* = **shoeshine boy**.

shoeshine boy *n* limpiabotas *m inv*.

shoe shop *n* zapatería *f*.

shoe size *n* número *m* (de zapato).

shoestring ['ʃuːstrɪŋ] ◇ *adj* muy reducido (muy reducida). ◇ *n fig*: **on a ~** con cuatro cuartos, con muy poco dinero.

shoetree ['ʃuːtriː] *n* horma *f*.

shone [ʃɒn] *pt & pp* → **shine**.

shoo [ʃuː] ◇ *vt* [animal] espantar, ahuyentar; [person] mandar a otra parte. ◇ *excl* ¡fuera!

shook [ʃʊk] *pt* → **shake**.

shook-up *adj* Am *inf* perturbado(da).

shoot [ʃuːt] (*pt & pp* **shot** [ʃɒt]) ◇ *n* **- 1.** Br [hunting expedition] cacería *f*. **- 2.** [new growth] brote *m*, retoño *m*. **- 3.** Am = **chute**. **- 4.** Am [rapid] rápido *m*. ◇ *vt* **- 1.** [fire gun at] disparar contra, abalear Amér; [injure] herir a tiros; [kill] matar a tiros; [execute] fusilar; **she was shot in the arm/leg** le dispararon en el brazo/la pierna; **to ~ o.s.** pegarse un tiro. **- 2.** Br [hunt] cazar. **- 3.** [gun, bullet, arrow] disparar; [rocket, missile] lanzar. **- 4.** [direct - glance] lanzar, echar; [- question] disparar. **- 5.** CINEMA rodar, filmar; PHOT fotografiar. **- 6.** Am [play]: **to ~ pool** jugar al billar americano. **- 7.** [score] marcar. **- 8.** [bolt] correr. **- 9.** *drugs sl* [inject] chutarse. **- 10.** *phr*: **to ~ the breeze** OR **(the) bull** Am *inf* darle a la sinhueso, charlar. ◇ *vi* **- 1.** [fire gun]: **to ~ (at)** disparar (contra); **to ~ to kill** tirar a matar. **- 2.** Br [hunt] cazar; **to go ~ing** ir de cacería. **- 3.** [move quickly]: **to ~ in/out/past** entrar/salir/pasar disparado(da). **- 4.** CINEMA rodar, filmar. **- 5.** SPORT chutar. ◇ *excl* Am *inf* **- 1.** [go ahead] ¡venga!, ¡vamos! **- 2.** [damn] ¡ostras!

◆ **shoot down** *vt sep* **- 1.** [plane] derribar. **- 2.** [person] matar a tiros. **- 3.** *fig* [reject] echar por tierra.

◆ **shoot for** *vt fus* Am tratar de lograr.

◆ **shoot out** *vt sep*: **to ~ it out** resolverlo a tiros.

◆ **shoot up** *vi* **- 1.** [child, plant] crecer rápidamente. **- 2.** [prices] dispararse. **- 3.** *drugs sl* [take drugs] chutarse.

shooter ['ʃuːtə'] *n* Br *v inf* [gun] arma *f* de fuego.

shooting ['ʃuːtɪŋ] ◇ *n* **- 1.** [killing] asesinato *m* (*a tiros*). **- 2.** (U) [hunting] caza *f*, cacería *f*. **- 3.** CINEMA rodaje *m*. ◇ *adj* [pain] punzante.

shooting brake *n* Br ranchera *f*, coche *m* familiar.

shooting gallery *n* [at fair] barraca *f* de tiro al blanco.

shooting iron *n* Am *v inf* arma *f* de fuego.

shooting range *n* campo *m* de tiro.

shooting star *n* estrella *f* fugaz.

shooting stick *n* bastón que sirve de asiento.

shoot-out *n* tiroteo *m*.

shop [ʃɒp] (*pt & pp* **shopped**, *cont* **shopping**) ◇ *n* **- 1.** [store] tienda *f*; **all over the ~** *fig* [everywhere] por todas partes; [in disorder] en desorden, patas arriba; **to set up ~** [start in business] montar OR poner un negocio; **to shut up ~** [cease activity] cesar toda actividad; **to talk ~** hablar del trabajo. **- 2.** [workshop] taller *m*. ◇ *vi* comprar; **to go shopping** ir de compras.

◆ **shop around** *vi* comparar precios.

shop assistant *n* Br dependiente *m*, -ta *f*.

shopfitter ['ʃɒpˌfɪtə'] *n* Br escaparatista *mf*.

shop floor *n*: **the ~** el personal, los obreros.

◆ **shopfloor** *adj* [opinion, support] de base; **~ worker** obrero *m*, -ra *f*.

shopfront ['ʃɒpfrʌnt] *n* Br escaparate *m*.

shopgirl ['ʃɒpgɜːl] *n* Br dependienta *f*.

shopkeeper ['ʃɒpˌkiːpə'] *n* tendero *m*, -ra *f*.

shoplift ['ʃɒplɪft] *vt* robar en una tienda.

shoplifter ['ʃɒpˌlɪftə'] *n* ladrón *m*, -ona *f* en una tienda.

shoplifting ['ʃɒpˌlɪftɪŋ] *n* (U) robo *m* en una tienda.

shopper ['ʃɒpə'] *n* comprador *m*, -ra *f*.

shopping ['ʃɒpɪŋ] *n* (U) **- 1.** [purchases] compras *fpl*. **- 2.** [act of shopping] compra *f*.

shopping bag *n* bolsa *f* de la compra.

shopping basket *n* cesta *f* de la compra.

shopping centre Br, **shopping mall** Am **shopping plaza** Am *n* centro *m* comercial.

shopping list *n* lista *f* de la compra.

shopping mall Am, **shopping plaza** Am *n* = **shopping centre**.

shopping trolley *n* carrito *m*.

shopsoiled Br ['ʃɒpsɔɪld], **shopworn** Am ['ʃɒpwɔːn] *adj* deteriorado(da).

shop steward *n* enlace *mf* sindical.

shoptalk ['ʃɒptɔːk] *n* conversación *f* sobre el trabajo.

shopwalker ['ʃɒpˌwɔːkə'] *n* Br jefe *m*, -fa *f* de sección.

shop window [ʃɒp'wɪndəʊ] *n* escaparate *m*.

shopworn *adj* Am = **shopsoiled**.

shore [ʃɔː'] *n* **- 1.** [of sea, lake, river] orilla *f*. **- 2.** [land]: **on ~** en tierra.

◆ **shore up** *vt sep* apuntalar.

shore bird *n* pájaro *m* que habita costas o playas.

shore leave *n* permiso *m* para bajar a tierra.

shoreline ['ʃɔːlaɪn] *n* orilla *f*.

shore patrol *n* Am (patrulla *f*) guardacostas *m inv*, patrulla *f* costera.

shoreward(s) ['ʃɔːwəd(z)] *adv* hacia la costa.

shoring ['ʃɔːrɪŋ] *n* **- 1.** [propping up] apuntalamiento *m*. **- 2.** (U) [shores] puntales *mpl*.

shorn [ʃɔːn] ◇ *pp* → **shear**. ◇ *adj* [grass, hair] corto(ta); [head] rapado(da).

short [ʃɔːt] ◇ *adj* **- 1.** [gen] corto(ta); **she made a ~ speech** hizo un breve discurso; **it's only a ~ distance from here** está a poca distancia de aquí; **a ~ time** OR **while later** poco (tiempo) después; **the days are getting ~er** los días se están haciendo más cortos; **the skirt is two**

inches too ~ la falda tiene dos pulgadas de menos; **he gave a ~ laugh** soltar una risita ❑ **~ and sweet** *inf* [gen] corto(ta) y bueno(na), corto(ta) y bueno(na); [answer, speech] directo(ta) y al grano. **- 2.** [not tall] bajo(ja). **- 3.** [curt]: **to be ~ (with sb)** ser seco(ca) (con alguien). **- 4.** [lacking] escaso(sa); **to be ~ on sthg** no andar sobrado(da) de algo; **to be ~ of** estar OR andar mal de; **we're a chair/pound ~** nos falta una silla/libra; **to be ~ of breath** estar sin aliento; **to be ~ of staff** andar mal OR escaso(sa) de personal; **to be ~ of sleep** andar falto(ta) de sueño; **time is getting ~** se acaba el tiempo. **- 5.** [be shorter form]: **to be ~ for** ser el diminutivo de. ◇ *adv* **- 1.** [out of]: **we are running ~ of water** se nos está acabando el agua; **to go ~ of sthg** andar escaso(sa) OR corto(ta) de algo. **- 2.** [suddenly, abruptly]: **to stop ~** parar en seco OR de repente ❑ **to bring** OR **pull sb up ~** hacer a alguien parar en seco; **to be taken** OR **caught ~** *Br inf* tener ganas de ir al wáter; **to cut sthg ~** interrumpir algo. **- 3.** FIN: **to sell ~** vender al descubierto. ◇ *n* **- 1.** *Br* [alcoholic drink] licor *m*. **- 2.** [film] cortometraje *m*. ◇ *vt & vi inf* = **short-circuit**.

◆ **shorts** *npl* **- 1.** [gen] pantalones *mpl* cortos, shorts *mpl*. **- 2.** *Am* [underwear] calzoncillos *mpl*.

◆ **for short** *adv* para abreviar.

◆ **in short** *adv* en resumen, en pocas palabras.

◆ **nothing short of** *prep*: **it was nothing ~ of madness/a disgrace** fue una auténtica locura/vergüenza.

◆ **short of** *prep* **- 1.** [just before] cerca de; **just ~ of the cliff** casi al bordo del precipicio. **- 2.** [without]: **~ of asking, I can't see how you'll find out** salvo que preguntes, no sé cómo lo vas a averiguar.

shortage [ˈʃɔːtɪdʒ] *n* falta *f*, escasez *f*.

short back and sides *n Br* pelo corto a los lados y en la nuca.

shortbread [ˈʃɔːtbred] *n* especie de torta hecha de azúcar, harina y mantequilla.

shortcake [ˈʃɔːtkeɪk] *n* **- 1.** *Br* = **shortbread**. **- 2.** *Am* [cake] torta *f* de frutas.

short-change *vt* [in shop] dar mal el cambio a; *fig* [reward unfairly] estafar, engañar.

short circuit *n* cortocircuito *m*.

◆ **short-circuit** ◇ *vt* provocar un cortocircuito en. ◇ *vi* tener un cortocircuito.

shortcomings [ˈʃɔːtˌkʌmɪŋz] *npl* defectos *mpl*.

shortcrust pastry [ˈʃɔːtkrʌst-] *n* pasta *f* quebrada.

short cut *n* **- 1.** [quick way] atajo *m*. **- 2.** [quick method] método *m* rápido.

short division *n* división *f* hecha mentalmente.

shorten [ˈʃɔːtn] ◇ *vt* acertar. ◇ *vi* acortarse.

shortening [ˈʃɔːtnɪŋ] *n* CULIN grasa vegetal o animal utilizada para hacer masas pasteleras.

shortfall [ˈʃɔːtfɔːl] *n*: **~ (in** OR **of)** déficit *m* (de).

short-haired *adj* [person] de pelo corto; [animal] pelicorto(ta), de pelo corto.

shorthand [ˈʃɔːthænd] *n* **- 1.** [writing system] taquigrafía *f*. **- 2.** [short form]: **~ (for)** una forma breve (de decir).

shorthanded [ˌʃɔːtˈhændɪd] *adj*: **to be ~** estar falto(ta) de personal.

shorthand typist *n Br* taquimecanógrafo *m*, -fa *f*.

short-haul *adj* que cubre distancias cortas.

shorthorn [ˈʃɔːthɔːn] *n* raza de ganado bovino.

short list *n Br* [for job] lista *f* de candidatos seleccionados; [for prize] relación *f* de finalistas.

◆ **short-list** *vt*: **to be short-listed (for)** [job] estar entre los candidatos (para); [prize] estar entre los finalistas (a).

short-lived [ˈʃɔːtˈlɪvd] *adj* efímero(ra).

shortly [ˈʃɔːtlɪ] *adv* **- 1.** [soon] dentro de poco; **~ before/after** poco antes/después de. **- 2.** [curtly] secamente, bruscamente.

shortness [ˈʃɔːtnɪs] *n* **- 1.** [in time] brevedad *f*. **- 2.** [in height] baja estatura *f*; [in length] cortedad *f*.

short order *n Am* plato de preparación rápida (en un restaurante).

short-range *adj* [aircraft] de corto radio de acción; [missile] de corto alcance; [weather forecast] a corto plazo.

short shrift *n*: **to give sb ~** prestar poca atención a alguien.

shortsighted [ˌʃɔːtˈsaɪtɪd] *adj* **- 1.** [myopic] miope, corto(ta) de vista. **- 2.** *fig* [lacking foresight] corto(ta) de miras.

shortsightedness [ˌʃɔːtˈsaɪtɪdnɪs] *n* **- 1.** [myopia] miopía *f*. **- 2.** *fig* [lack of foresight] falta *f* de perspicacia OR de previsión, miopía *f*.

short-sleeved *adj* de manga corta.

short-staffed [ˈstɑːft] *adj*: **to be ~** estar falto(ta) de personal.

short-stay *adj*: **~ car park** aparcamiento *m* de tiempo limitado; **~ patient** paciente *m* ingresado por poco tiempo.

short story *n* cuento *m*.

short-tempered *adj* de mal genio, de genio vivo.

short-term *adj* a corto plazo.

short time *n Br*: **to be on ~** trabajar con jornada reducida.

short ton *n 907,18 kg*, ≈ tonelada *f* corta.

short wave *n (U)* onda *f* corta.

short-winded [ˈwɪndɪd] *adj* [short of breath] de respiración corta, corto(ta) de resuello.

Shostakovich [ˌʃɒstəˈkəʊvɪtʃ] *n* Shostakóvich.

shot [ʃɒt] ◇ *pt & pp* → **shoot**. ◇ *n* **- 1.** [gunshot] tiro *m*, disparo *m*; **to fire a ~** pegar un tiro, disparar ❑ **like a ~** [quickly] en el acto; **a ~ across the bows** *lit & fig* un cañonazo de advertencia; **a ~ in the dark** una conjetura al azar. **- 2.** [marksman] tirador *m*, -ra *f*. **- 3.** [in football] chut *m*, tiro *m*; [in golf, tennis] golpe *m*; **to call the ~s** *fig* llevar la voz cantante. **- 4.** [photograph] foto *f*. **- 5.** CINEMA plano *m*, toma *f*. **- 6.** *inf* [try, go] intento *m*; **to have** OR **take a ~ at sthg** tratar de hacer algo, intentar algo. **- 7.** [injection] inyección *f*; **a ~ in the arm** *fig* un estímulo. **- 8.** [of alcohol] trago *m*. **- 9.** SPORT: **to put the ~** lanzar el peso. ◇ *adj* **- 1.** [fabric] tornasolado(da). **- 2.** *Am inf* [day] perdido(da). **- 3.** [clothes] gastado(da); **her nerves are ~** tiene los nervios destrozados.

shotgun [ˈʃɒtɡʌn] *n* escopeta *f*.

shotgun wedding *n* matrimonio *m* de penalti; **to have a ~** casarse de penalti.

shot put *n*: **the ~** el lanzamiento de peso.

shot putter *n* lanzador *m*, -ra *f* de peso.

should [ʃʊd] *aux vb* **- 1.** [be desirable]: **we ~ leave now** deberíamos irnos ya OR ahora. **- 2.** [seeking advice, permission]: **~ I go too?** ¿voy yo también? **- 3.** [as suggestion]: **I ~ deny everything** yo lo negaría todo. **- 4.** [indicating probability]: **she ~ be home soon** tiene que llegar a casa pronto. **- 5.** [have been expected]: **they ~ have won the match** tendrían que OR deberían haber ganado el partido. **- 6.** [indicating intention, wish]: **I ~ like to come with you** me gustaría ir contigo. **- 7.** (*as conditional*): **you ~ go if you were invited** tendrías que OR deberías ir si te han invitado. **- 8.** (*in 'that' clauses*): **we decided that you ~ do it** decidimos que lo hicieras tú. **- 9.** [expressing uncertain opinion]: **I ~ think he's about 50 (years old)** yo diría que tiene unos 50 (años).

shoulder [ˈʃəʊldər] ◇ *n* **- 1.** [part of body, clothing] hombro *m*; **to look over one's ~** mirar hacia atrás; **~ to ~** hombro con hombro ❑ **a ~ to cry on** un paño de lágrimas; **to rub ~s with** codearse con. **- 2.** CULIN espaldilla *f*. **- 3.** [along road] arcén *m*, orilla *f*. **- 4.** [of hill] rellano *m*. ◇ *vt* **- 1.** [load] echarse al hombro. **- 2.** [responsibility] cargar con. **- 3.** [push] empujar; **he ~ed his way through the crowd** se abrió paso a empujones entre la muchedumbre.

shoulder bag *n* bolso *m* de bandolera.

shoulder blade *n* omóplato *m*.

shoulder-high ◇ *adj* a la altura del hombro. ◇ *adv*: **to carry sb ~** llevar a alguien a OR en hombros.

shoulder holster *n* pistolera *f*, bandolera *f*.

shoulder-length *adj* que llega hasta los hombros.

shoulder pad *n* hombrera *f*.

shoulder strap *n* - **1.** [on dress] tirante *m*. - **2.** [on bag] correa *f*, bandolera *f*.

shouldn't ['ʃʊdnt] *contr* = **should not**.

should've ['ʃʊdəv] *contr* = **should have**.

shout [ʃaʊt] ◇ *n* grito *m*. ◇ *vt* gritar. ◇ *vi*: **to ~ (at)** gritar (a) ❏ **it's nothing to ~ about** *fig* no es nada del otro mundo.

◆ **shout down** *vt sep* acallar a gritos.

◆ **shout out** *vt sep* gritar.

shouter ['ʃaʊtə'] *n* vocinglero *m*, -ra *f*.

shouting ['ʃaʊtɪŋ] *n (U)* gritos *mpl*.

shove [ʃʌv] ◇ *n*: **(to give sthg/sb) a ~** (dar a algo/alguien) un empujón. ◇ *vt* empujar; **to ~ sthg/sb in** meter algo/a alguien a empujones; **to ~ sthg/sb out** sacar algo/a alguien a empujones; **to ~ sthg/sb about** empujar algo/a alguien.

◆ **shove off** *vi* - **1.** [in boat] alejarse del muelle, la orilla etc. - **2.** *inf* [go away] largarse.

shovel ['ʃʌvl] (*Br pt & pp* **shovelled**, *cont* **shovelling**, *Am pt & pp* **shoveled**, *cont* **shoveling**) ◇ *n* pala *f*. ◇ *vt* remover con la pala OR a paletadas; **to ~ food into one's mouth** *fig* zamparse la comida.

shoveler ['ʃʌvlə'] *n* ZOOL espátula *f* común.

shovelful ['ʃʌvlfʊl] *n* pala *f*, paletada *f*.

show [ʃəʊ] (*pt* **showed**, *pp* **shown** [ʃəʊn] OR **showed**) ◇ *n* - **1.** [display, demonstration] demostración *f*; [pretence] alarde *m*; **~ of strength** demostración de fuerza; **for ~** para impresionar; **to put on** OR **make a ~ of sthg/doing sthg** hacer gala OR alarde de. - **2.** [piece of entertainment - at theatre] espectáculo *m*; [- on radio, TV] programa *m*; **to steal the ~** *fig* llevarse todos los aplausos, ser la sensación. - **3.** [performance] función *f*. - **4.** [exhibition] exposición *f*; [trade fair] feria *f*; [fashion show] pase *m* de modelos; **on ~** expuesto. - **5.** *inf* [business, affair] rollo *m*, asunto *m*; **it's up to you, it's your ~** tú decides, es cosa tuya ❏ **to run the ~** llevar la voz cantante. - **6.** *inf* [effort] esfuerzo *m*; **the team put up a good/poor ~** el equipo dio un buen/pobre espectáculo ❏ **good ~**! *dated* ¡muy bien!, ¡olé!, ¡ole! ◇ *vt* - **1.** [gen] mostrar; **to ~ sb sthg**, **to ~ sthg to sb** enseñar OR mostrar a alguien algo; **to ~ sb how to do sthg** enseñar OR mostrar a alguien cómo hacer algo; **he has nothing to ~ for all his efforts** todos sus esfuerzos han sido en balde; **three months' work, and what have we got to ~ for it?** tres meses de trabajo y ¿qué es lo que tenemos?; **to ~ sb the way** indicarle a alguien el camino, - **2.** [escort]: **to ~ sb to sthg** llevar OR acompañar a alguien hasta algo; **to ~ sb out** acompañar a alguien a la puerta; **~ him in** hazle pasar. - **3.** [make visible, reveal] dejar ver; **to ~ o.s.** dejarse ver. - **4.** [demonstrate, prove] demostrar, probar; **that ~s how little you know** eso demuestra lo poco que sabes; **it just goes to ~ that...** viene a demostrar que... - **5.** [increase, profit, loss] arrojar, registrar. - **6.** [broadcast - film] proyectar; [- TV programme] emitir. - **7.** [exhibit] exponer. ◇ *vi* - **1.** [be visible] verse, notarse. - **2.** [film] proyectarse. - **3.** [indicate, make clear] indicar, mostrar. - **4.** *Am inf* [arrive] aparecer.

◆ **show around** *vt sep* = **show round**.

◆ **show off** ◇ *vt sep* - **1.** [display proudly] lucir, presumir de. - **2.** [set off, highlight] (hacer) resaltar. ◇ *vi* presumir.

◆ **show round** *vt sep*: **to ~ sb round the flat** enseñarle a alguien el piso nuevo.

◆ **show through** *vi* transparentarse.

◆ **show up** ◇ *vt sep* poner en evidencia. ◇ *vi* - **1.** [stand out] resaltar. - **2.** [turn up] aparecer.

show bill *n* cartel *m*.

showbiz ['ʃəʊbɪz] *n inf* mundo *m* del espectáculo.

showboat ['ʃəʊbəʊt] *n* barco donde se dan espectáculos.

show business *n (U)* mundo *m* del espectáculo.

showcase ['ʃəʊkeɪs] ◇ *n* - **1.** [glass case] vitrina *f*. - **2.** *fig* [advantageous setting] escaparate *m*, plataforma *f*. ◇ *vt* servir de escaparate a.

showdown ['ʃəʊdaʊn] *n*: **to have a ~ with** enfrentarse abiertamente a OR con.

shower ['ʃaʊə'] ◇ *n* - **1.** [device] ducha *f*, regadera *f* Amér. - **2.** [wash]: **to have** OR **take a ~** ducharse. - **3.** [of rain] chubasco *m*, chaparrón *m*; [of snow] nevada *f*; [of leaves] **scattered ~s** chubascos *mpl* OR chaparrones *mpl* aislados. - **4.** [stream] lluvia *f*. - **5.** *Am* [party] fiesta con regalos organizada en honor de una mujer por sus amigas. ◇ *vt* - **1.** [sprinkle] rociar. - **2.** [bestow]: **to ~ sb with sthg**, **to ~ sthg on** OR **upon sb** [presents, compliments] colmar a alguien de algo; [insults] acribillar a alguien a algo. ◇ *vi* ducharse.

shower bath *n* ducha *f*, baño *m* con ducha.

shower cap *n* gorro *m* de baño.

shower curtain *n* cortina *f* de ducha.

shower gel *n* gel *m* de ducha.

showerproof ['ʃaʊəpruːf] *adj* impermeable.

showery ['ʃaʊərɪ] *adj* lluvioso(sa).

showgirl ['ʃəʊgɜːl] *n* corista *f*.

showground ['ʃəʊgraʊnd] *n* recinto *m* ferial.

show house *n* casa *f* piloto.

showily ['ʃəʊɪlɪ] *adv* [behave] ostentosamente; [dress] llamativamente.

showing ['ʃəʊɪŋ] *n* [of film] pase *m*, proyección *f*; [of paintings] exposición *f*.

showing off *n*: **I've had enough of his ~** estoy harto de su chulería.

show jumper *n* [rider] jinete (amazona) que participa en un concurso hípico de salto; [horse] caballo *m* de salto.

show jumping *n* concurso *m* hípico de salto.

showman ['ʃəʊmən] (*pl* **showmen** [-mən]) *n* - **1.** [at fair, circus] empresario *m*. - **2.** *fig* [publicity-seeker] showman *m*.

showmanship ['ʃəʊmənʃɪp] *n* teatralidad *f*, talento *m* teatral.

showmen ['ʃəʊmən] *pl* → **showman**.

shown [ʃəʊn] *pp* → **show**.

show-off *n inf* presumido *m*, -da *f*.

show of hands *n*: **to have a ~** votar a mano alzada.

showpiece ['ʃəʊpiːs] *n* pieza *f* de mayor interés.

showroom ['ʃəʊrʊm] *n* salón *m* OR sala *f* de exposición.

showstopper ['ʃəʊˌstɒpə'] *n* actuación *f* genial OR soberbia.

show trial *n* juicio que se lleva a cabo para demostrar el poder del Estado sobre el individuo.

showy ['ʃəʊɪ] (*compar* **showier**, *superl* **showiest**) *adj* [person] ostentoso(sa); [clothes, colour] llamativo(va).

shrank [ʃræŋk] *pt* → **shrink**.

shrapnel ['ʃræpnl] *n* metralla *f*.

shred [ʃred] (*pt & pp* **shredded**, *cont* **shredding**) ◇ *n* - **1.** [small piece - of material] jirón *m*; [- of paper] trocito *m*, pedacito *m*; **to tear sthg to ~s** [piece of paper] hacer trizas algo; *inf fig* [argument] echar abajo OR hacer pedazos algo; [novel] poner algo por los suelos. - **2.** *fig* [scrap] ápice *m*, pizca *f*. ◇ *vt* [paper] hacer trizas; [food] rallar.

shredder ['ʃredə'] *n* [for paper] destructora *f*; [for food] rallador *m*.

shrew [ʃruː] *n* - **1.** ZOOL musaraña *f*. - **2.** *literary & pej* [woman] mujer *f* regañona.

shrewd [ʃruːd] *adj* astuto(ta), abusado(da) Amér.

shrewdly ['ʃruːdlɪ] *adv* con astucia, astutamente.

shrewdness ['ʃruːdnɪs] *n* astucia *f*.

shrewish ['ʃruːɪʃ] *adj literary & pej* regañón(ona), de mal genio.

shriek [ʃriːk] ◇ *n* chillido *m*, grito *m*. ◇ *vt* chillar, gritar. ◇ *vi*: **to ~ (with** OR **in)** chillar (de); **to ~ with laughter** reírse a carcajadas.

shrill [ʃrɪl] *adj* [high-pitched] estridente, agudo(da).

shrillness ['ʃrɪlnɪs] *n* lo agudo.

shrilly ['ʃrɪlɪ] *adv* [say, sing] con voz aguda; [whistle] con un sonido estridente.

shrimp [ʃrɪmp] *n* camarón *m*, quisquilla *f*.

shrine [ʃraɪn] *n* santuario *m*.

shrink [ʃrɪŋk] (*pt* **shrank** [ʃræŋk], *pp* **shrunk** [ʃrʌŋk]) ◇ *vt* encoger. ◇ *vi* - **1.** [become smaller] encoger. - **2.** *fig* [contract, diminish] disminuir. - **3.** [recoil]: **to ~ away from** retroceder OR arredrarse ante. - **4.** [be reluctant]: **to ~ from sthg** eludir algo. ◇ *n inf pej* [psychiatrist] psiquiatra *mf*.

shrinkage [ʃrɪŋkɪdʒ] *n* [loss in size] encogimiento *m*; *fig* [contraction] reducción *f*.

shrinking violet [ʃrɪŋkɪŋ-] *n hum* persona *f* encogida OR apocada.

shrink-wrap *vt* precintar o envasar con plástico termorretráctil.

shrive [ʃraɪv] (*pt* **shrove** [ʃrəʊv] OR **shrived**, *pp* **shriven** [ʃrɪvn]) *arch* ◇ *vt* - **1.** [hear confession of] confesar a. - **2.** [obtain absolution for] obtener la absolución para. ◇ *vi* [make confession] confesarse.

shrivel [ʃrɪvl] (*Br pt & pp* **shrivelled**, *cont* **shrivelling**, *Am pt & pp* **shriveled**, *cont* **shriveling**) ◇ *vt*: **to ~ (up)** secar, marchitar. ◇ *vi*: **to ~ (up)** secarse, marchitarse.

shriven [ʃrɪvn] *pp* → **shrive**.

shroud [ʃraʊd] ◇ *n* - **1.** [cloth] mortaja *f*, sudario *m*. - **2.** *fig* [of mist, mystery] velo *f*. ◇ *vt*: **to be ~ed in sthg** estar envuelto(ta) en.

shrove [ʃrəʊv] *pt* → **shrive**.

Shrovetide [ʃrəʊvtaɪd] *n* carnestolendas *fpl*.

Shrove Tuesday *n* martes *m inv* de carnaval.

shrub [ʃrʌb] *n* arbusto *m*.

shrubbery [ʃrʌbərɪ] *n* (zona *f* de) arbustos *mpl*.

shrubby [ʃrʌbɪ] *adj* - **1.** [full of shrubs] lleno(na) de arbustos. - **2.** [like a shrub] parecido(da) a un arbusto.

shrug [ʃrʌg] (*pt & pp* **shrugged**, *cont* **shrugging**) ◇ *n*: **to give a ~** encogerse de hombros; **with a ~** encogiéndose de hombros. ◇ *vt*: **to ~ one's shoulders** encogerse de hombros. ◇ *vi* encogerse de hombros.

◆ **shrug off** *vt sep* [disregard] quitar importancia a; **she just shrugged off her failure** no se dejó abatir por el fracaso.

shrunk [ʃrʌŋk] *pp* → **shrink**.

shrunken [ʃrʌŋkn] *adj* [person] encogido(da); [fruit] seco(ca).

shuck [ʃʌk] *Am* ◇ *n* [of nut] cáscara *f*; [of maize] espata *f*; [of peas] vaina *f*; [of oyster] concha *f*. ◇ *vt* [nuts] pelar; [maize] quitar la espata de; [peas] desvainar; [oysters] desbullar.

◆ **shucks** *excl Am inf* - **1.** [it was nothing] ¡no es nada! - **2.** [damn] ¡ostras!

shudder [ʃʌdəʳ] ◇ *n* escalofrío *m*, estremecimiento *m*. ◇ *vi* - **1.** [tremble]: **to ~ (with)** estremecerse (de); **I ~ to think** me entran escalofríos sólo con pensar. - **2.** [shake] temblar, dar sacudidas.

shuffle [ʃʌfl] ◇ *n* - **1.** [of feet]: **to walk with a ~** andar arrastrando los pies. - **2.** [of cards]: **to give the cards a ~** barajar las cartas. ◇ *vt* - **1.** [feet] arrastrar. - **2.** [cards] barajar. ◇ *vi* - **1.** [walk by dragging feet]: **to ~ in/out/along** entrar/salir/andar arrastrando los pies. - **2.** [fidget] moverse nerviosamente.

shun [ʃʌn] (*pt & pp* **shunned**, *cont* **shunning**) *vt* rehuir, esquivar.

shunt [ʃʌnt] *vt* - **1.** RAIL cambiar de vía; *fig* [move] llevar (de un sitio a otro). - **2.** ELEC derivar.

shunter [ʃʌntəʳ] *n* RAIL [engine] guardagujas *mf inv*.

shunting [ʃʌntɪŋ] ◇ *n* - **1.** RAIL maniobras *fpl*. - **2.** ELEC derivación *f*. ◇ *comp* [engine, track] de maniobras.

shush [ʃʊʃ] *excl* ¡chis!, ¡chitón!

shut [ʃʌt] (*pt & pp* **shut**, *cont* **shutting**) ◇ *adj* cerrado(da). ◇ *vt* cerrar; **he ~ his fingers in the door** se pilló los dedos con la puerta ❏ **~ your mouth** OR **face!** *v inf* ¡cierra el pico! ◇ *vi* - **1.** [close] cerrarse. - **2.** [close for business] cerrar.

◆ **shut away** *vt sep* guardar bajo llave; **to ~ o.s. away** encerrarse.

◆ **shut down** *vt sep & vi* cerrar.

◆ **shut in** *vt sep* encerrar; **to ~ o.s. in** encerrarse.

◆ **shut off** *vt sep* - **1.** [water, electricity] cortar. - **2.** [isolate] aislar.

◆ **shut out** *vt sep* - **1.** [person, cat] dejar fuera a; [light, noise] no dejar entrar. - **2.** [thought, feeling] bloquear.

◆ **shut up** ◇ *vt sep* - **1.** *inf* [silence] hacer callar. - **2.** [close] cerrar. - **3.** [lock up] encerrar. ◇ *vi inf* callarse.

shutdown [ʃʌtdaʊn] *n* cierre *m*.

shut-eye *n inf*: **I've got to get some ~** me hace falta una siesta OR un sueñecito.

shutoff [ʃʌtɒf] *n* - **1.** [device] válvula *f* de cierre. - **2.** [action] interrupción *f*, cierre *m*.

shutout [ʃʌtaʊt] *n* IND [lockout] cierre *m* patronal, lock-out *m*.

shutter [ʃʌtəʳ] *n* - **1.** [on window] postigo *m*, contraventana *f*. - **2.** [in camera] obturador *m*.

shuttered [ʃʌtəd] *adj* [with shutters fitted] con contraventanas; [with shutters closed] con las contraventanas cerradas.

shutter speed *n* tiempo *m* de exposición.

shuttle [ʃʌtl] ◇ *n* - **1.** [plane] avión *m* (de puente aéreo). - **2.** [space shuttle] transbordador *m* espacial. - **3.** [on weaving loom, sewing machine] lanzadera *f*. ◇ *comp*: **~ service** [of planes] puente *m* aéreo; [of buses, trains] servicio *m* regular. ◇ *vt* transportar. ◇ *vi* ir y venir.

shuttlecock [ʃʌtlkɒk] *n* volante *m*.

shuttle diplomacy *n mediación diplomática llevada a cabo por el representante de un país entre dos gobernantes enemigos*.

shy [ʃaɪ] (*pt & pp* **shied**) ◇ *adj* - **1.** [timid] tímido(da). - **2.** [wary]: **to be ~ of doing sthg** no atreverse a hacer algo ❏ **to fight ~ of sthg/doing sthg** intentar evitar algo/hacer algo. - **3.** [animal] asustadizo(za). ◇ *vi* asustarse, espantarse.

◆ **shy away from** *vt fus*: **to ~ away from sthg** huir de algo; **to ~ away from doing sthg** negarse a hacer algo.

Shylock [ʃaɪlɒk] *n pej* usurero *m*, -ra *f*.

shyly [ʃaɪlɪ] *adv* tímidamente, con timidez.

shyness [ʃaɪnɪs] *n* timidez *f*.

shyster [ʃaɪstəʳ] *n Am inf* picapleitos *mf inv*.

SI (*abbr of* **Système International**) *n* SI *m*; **~ unit** unidad *f* del SI.

Siam [saɪˈæm] *n* Siam.

Siamese [saɪəˈmiːz] (*pl inv*) ◇ *adj* siamés(esa). ◇ *n* - **1.** [person] siamés *m*, -esa *f*. - **2.** ZOOL: **~ (cat)** (gato *m*) siamés *m*.

Siamese twins *npl* hermanos *mpl* siameses.

SIB (*abbr of* **Securities and Investment Board**) *n organismo regulador de inversiones bursátiles*.

Siberia [saɪˈbɪərɪə] *n* Siberia.

Siberian [saɪˈbɪərɪən] ◇ *adj* siberiano(na). ◇ *n* siberiano *m*, -na *f*.

sibilance [sɪbɪləns] *n* silbido *m*.

sibilant [sɪbɪlənt] *adj* sibilante, silbante.

sibilate [sɪbɪleɪt] ◇ *vt* pronunciar de un modo sibilante. ◇ *vi* silbar.

sibling [sɪblɪŋ] *n* hermano *m*, -na *f*.

sibyl [sɪbl] *n* sibila *f*.

sibylline [sɪbəlaɪn] *adj literary* sibilino(na).

sic [sɪk] *adv* sic.

Sicilian [sɪˈsɪljən] ◇ *adj* siciliano(na). ◇ *n* [person] siciliano *m*, -na *f*.

Sicily [sɪsɪlɪ] *n* Sicilia.

sick [sɪk] *adj* - **1.** [ill] enfermo(ma); **to be off ~** estar ausente por enfermedad; **to worry o.s. ~ about sthg** preocuparse muchísimo por algo; **to feel ~** at heart *literary* estar desesperado(da). - **2.** [nauseous]: **to feel ~** marearse. - **3.** *Br* [vomiting]: **to be ~** devolver, vomitar. - **4.** [fed up]: **to be ~ of sthg/of doing sthg** estar harto(ta) de algo/de hacer algo. - **5.** [angry, disgusted]: **to make sb ~** *fig* poner enfermo(ma) a alguien. - **6.** [offensive] de mal gusto.

♦ **sick up** *vt sep Br inf* vomitar, devolver.

sick-bag *n* bolsa *f* para el mareo *(en avión)*.

sickbay ['sɪkbeɪ] *n* enfermería *f*.

sickbed ['sɪkbed] *n* cama *f* (donde yace un enfermo).

sick building syndrome *n* síndrome que afecta a las personas que trabajan en oficinas con aire acondicionado.

sick call *n Am* = **sick parade**.

sicken ['sɪkn] ◇ *vt* poner enfermo(ma), asquear. ◇ *vi Br*: **to be ~ing for sthg** estar cogiendo algo.

sickening ['sɪknɪŋ] *adj* - **1.** [disgusting] asqueroso(sa), repugnante. - **2.** [infuriating] exasperante.

sickeningly ['sɪknɪŋlɪ] *adv*: **he's ~ pious** es tan beato que da asco; **she's ~ successful** *hum* tiene tanto éxito que da asco.

sickle ['sɪkl] *n* hoz *f*.

sick leave *n (U)* baja *f* por enfermedad.

sickle moon *n* media luna *f* (fina).

sick list *n* lista *f* de enfermos; **to be on the ~** estar enfermo(ma).

sickly ['sɪklɪ] *(compar* **sicklier**, *superl* **sickliest)** *adj* - **1.** [unhealthy] enfermizo(za). - **2.** [unpleasant] nauseabundo(da).

sick-making *adj inf* asqueroso(sa).

sickness ['sɪknɪs] *n* - **1.** [illness] enfermedad *f*. - **2.** *Br* [nausea, vomiting] mareo *m*.

sickness benefit *n* subsidio *m* por enfermedad.

sick note *n* justificante *m* de baja.

sicko ['sɪkəʊ] *adj Am inf* psicópata *mf*.

sick parade *Br*, **sick call** *Am* n MIL visita *f* médica; **to go on ~** estar enfermo(ma).

sick pay *n* paga *f* por enfermedad.

sickroom ['sɪkrʊm] *n* habitación *f* de un enfermo.

side [saɪd] ◇ *n* - **1.** [gen] lado *m*; **at** OR **by one's ~**; **at** OR **by every ~**, **on all ~s** por todos los lados; **from ~ to ~** de un lado a otro; **~ by ~** juntos, uno al lado de otro ❑ **to put sthg to** OR **on one ~** *fig* poner algo a un lado. - **2.** [of person] costado *m*; [of animal] ijada *f*; **to sleep on one's ~** dormir de costado OR lado. - **3.** [edge] lado *m*, borde *m*. - **4.** [of hill, valley] falda *f*, ladera *f*. - **5.** [bank] orilla *f*. - **6.** [page] cara *f*. - **7.** [participant - in war, game] lado *m*, bando *m*; [- in sports match] equipo *m*. - **8.** [viewpoint] punto *m* de vista; **he's told me his ~ of the story** me dio su versión de la historia; **there are two ~s to every argument** las cosas se pueden ver de muchas formas; **to take sb's ~** ponerse del lado OR de parte de alguien; **to take ~s** tomar partido; **to change ~s** cambiar de bando; **to be on sb's ~** estar del lado OR de parte de alguien; **whose ~ are you on?** ¿de parte de quién estás tú?; **time is on their ~** el tiempo está de su parte OR lado. - **9.** [line of parentage]: **on my father's ~** por parte de mi padre. - **10.** [aspect] aspecto *m*. - **11.** *phr*: **to be on the safe ~** para estar seguro(ra); **on the large/small ~** algo grande/pequeño; **to do sthg on the ~** hacer algo para sacarse un dinero extra; **to get on the right ~ of sb** granjearse la simpatía de alguien, ganarse el favor de alguien; **to keep** OR **stay on the right ~ of sb** no llevarle la contraria a alguien. ◇ *adj* lateral.

♦ **side with** *vt fus* ponerse de parte de.

sidearm ['saɪdɑːm] *n* arma blanca o de fuego que se puede transportar colgada del cinturón.

sideboard ['saɪdbɔːd] *n* aparador *m*.

sideboards *Br*, **sideburns** *Am* ['saɪdbɜːrnz] *npl* patillas *fpl*.

sidecar ['saɪdkɑːr] *n* sidecar *m*.

side dish *n* acompañamiento *m*, guarnición *f*.

side drum *n* tambor *m*, caja *f*.

side effect *n* MED & *fig* efecto *m* secundario.

side glance *n lit* [look] mirada *f* de soslayo; *fig* [allusion] alusión *f*.

side issue *n* cuestión *f* secundaria OR marginal.

sidekick ['saɪdkɪk] *n inf* compinche *mf*, secuaz *mf*.

sidelight ['saɪdlaɪt] *n* luz *f* lateral.

sideline ['saɪdlaɪn] *n* - **1.** [extra business] negocio *m* suplementario. - **2.** [on tennis court] línea *f* lateral; [on football pitch] línea *f* de banda. - **3.** [periphery]: **on the ~s** al margen.

sidelong ['saɪdlɒŋ] *adj & adv* de reojo OR soslayo.

sideman ['saɪdmən] *(pl* **sidemen** [-mən]) *n* músico *m* acompañante.

side-on ◇ *adj* lateral. ◇ *adv* de lado.

side order *n Am* ración *f* (como guarnición); **I'd like a ~ of fries** para acompañar quiero una ración de patatas fritas.

side plate *n* platillo *m* de pan.

sidereal [saɪ'dɪərɪəl] *adj* sideral, sidéreo(a).

side road *n* calle *f* lateral.

sidesaddle ['saɪd,sædl] *adv*: **to ride ~** montar a sentadillas OR mujeriegas.

side salad *n* ensalada *f* (de guarnición).

sideshow ['saɪdʃəʊ] *n* - **1.** [at fair, circus] barraca *f* OR caseta *f* de feria. - **2.** *fig* [minor event] acontecimiento *m* secundario OR marginal.

sideslip ['saɪdslɪp] *(pt & pp* **sideslipped**, *cont* **sideslipping)** *vi* - **1.** [skid, slide] resbalar OR patinar hacia un lado. - **2.** AERON deslizarse hacia un lado.

sidesplitting ['saɪd,splɪtɪŋ] *adj* divertidísimo(ma), tronchante.

sidestep ['saɪdstep] *(pt & pp* **sidestepped**, *cont* **sidestepping)** ◇ *vt* - **1.** [in football, rugby] regatear. - **2.** *fig* [problem, question] eludir, esquivar. ◇ *vi* - **1.** [in football, rugby] hacer un regate; [in boxing] evitar OR esquivar el golpe. - **2.** *fig* [be evasive] eludir la cuestión.

side street *n* calle *f* lateral.

sidestroke ['saɪdstrəʊk] *n*: **to swim ~** nadar de costado.

sideswipe ['saɪdswaɪp] ◇ *n* golpe *m* de refilón. ◇ *vt Am* golpear de refilón.

side table *n* [gen] mesa *f* pequeña; [for dishes] trinchero *m*; [beside bed] mesilla *f* de noche.

sidetrack ['saɪdtræk] *vt*: **to be ~ed** desviarse OR salirse del tema.

sidewalk ['saɪdwɔːk] *n Am* acera *f*; **to hit the ~s** *inf fig* buscar trabajo.

sidewalk café *n Am* bar *m* con terraza.

sideward ['saɪdwəd] *adj* lateral, de lado.

sideways ['saɪdweɪz] ◇ *adj* [movement] de lado, hacia un lado; [glance] de soslayo. ◇ *adv* [move] de lado; [look] de reojo; **the news really knocked him ~** *inf fig* [astounded him] la noticia lo dejó pasmado; [upset him] la noticia lo trastornó por completo.

side-wheel *n* rueda *f* de paleta de un vapor.

side-wheeler *n Am* vapor *m* de ruedas.

side-whiskers *npl* patillas *fpl*.

sidewinder ['saɪd,waɪndər] *n* - **1.** ZOOL serpiente *f* de cascabel (de reptación lateral). - **2.** *Am* [in boxing] fuerte golpe *m* lateral.

siding ['saɪdɪŋ] *n* apartadero *m*, vía *f* muerta.

sidle ['saɪdl] ♦ **sidle up** *vi*: **to ~ up to** acercarse furtivamente a.

SIDS *n written abbr of* **sudden infant death syndrome**.

siege [siːdʒ] *n* - **1.** [by army] sitio *m*, asedio *m*; **to lay ~ to** sitiar, asediar. - **2.** [by police] cerco *m* policial.

sienna [sɪ'enə] *n* - **1.** [earth] tierra *f* de Siena; **raw/burnt ~** tierra de Siena natural/quemada. - **2.** [colour] siena *m*. ◇ *adj* siena.

sierra [sɪ'erə] *n* sierra *f*.

Sierra Leone [sɪ'erəlɪ'əʊn] *n* Sierra Leona.

Sierra Leonean [sɪ'erəlɪ'əʊnjən] ◇ *adj* sierraleonés(esa). ◇ *n* sierraleonés *m*, -esa *f*.

siesta [sɪ'estə] *n* siesta *f*; **to have** OR **take a ~** echarse una siesta.

sieve [sɪv] ◇ *n* [utensil] colador *m*; **to have a head** OR **memory like a ~** *fig* tener muy mala memoria. ◇ *vt* [soup] colar; [flour, sugar] tamizar, cerner.

sift [sɪft] ◇ *vt* - **1.** [sieve] tamizar, cerner. - **2.** *fig* [examine carefully] examinar cuidadosamente. ◇ *vi*: **to ~ through sthg** examinar cuidadosamente algo.

◆ **sift out** *vt sep* - **1.** [with sieve] tamizar, cribar. - **2.** *fig* [distinguish] seleccionar, separar.

sifter ['sɪftəʳ] *n* tamiz *m*, cedazo *m*.

sifting ['sɪftɪŋ] *n* - **1.** [of flour, powder, soil] tamización *f*. - **2.** [of seed, gravel, ore] criba *f*.

◆ **siftings** ['sɪftɪŋz] *npl* cerniduras *fpl*.

sigh [saɪ] ◇ *n* suspiro *m*; **to heave a ~ of relief** respirar aliviado. ◇ *vi* suspirar.

sighing ['saɪɪŋ] *n (U)* [of person] suspiros *mpl*; [of wind] susurro *m*; [of trees] susurro *m*.

sight [saɪt] ◇ *n* - **1.** [vision] vista *f*. - **2.** [act of seeing]: **her first ~ of the sea** la primera vez que vio el mar; **at first ~** a primera vista ❑ **a ~ for sore eyes** *inf* una visión celestial; **in ~** a la vista; **out of ~** fuera de la vista; **to catch ~ of sthg/sb** alcanzar a ver algo/a alguien; **to come into ~** aparecer; **to disappear out of ~** perderse de vista; **to keep out of ~** esconderse; **to know sb by ~** conocer a alguien de vista; **to lose ~ of** *lit & fig* perder de vista; **to shoot on ~** disparar sin esperar; **you're a ~ for sore eyes!** ¡dichosos los ojos que te ven!; **out of ~, out of mind** *proverb* ojos que no ven, corazón que no siente *proverb*; **to hate the ~ of sb** no poder ver a alguien; **~ unseen** sin haberlo visto, a ciegas. - **3.** [something seen] imagen *f*; **a beautiful ~** una vista preciosa. - **4.** [on gun] mira *f*; **to set one's ~s on sthg** *fig* echarle el ojo a algo. - **5.** [small amount]: **a ~ better/worse** mucho mejor/peor. ◇ *vt* divisar, avistar.

◆ **sights** *npl* atracciones *fpl* turísticas; **to see the ~s** ir a ver la ciudad.

sight draft *n Am* letra *f* a la vista.

sighted ['saɪtɪd] *adj* de vista normal, que ve.

sighting ['saɪtɪŋ] *n*: **there had been only two ~s of the bird** esta especie de pájaro sólo ha sido vista dos veces.

sightless ['saɪtlɪs] *adj* [blind] ciego(ga).

sightline ['saɪtlaɪn] *n* visual *f*; **to block sb's ~** taparle la vista a alguien.

sightliness ['saɪtlɪnɪs] *n* vistosidad *f*, hermosura *f*.

sightly ['saɪtlɪ] *(compar* **sightlier**, *superl* **sightliest**) *adj* agradable a la vista, hermoso(sa).

sight-read [-riːd] *vt & vi* MUS repentizar, ejecutar a primera vista.

sightseeing ['saɪtˌsiːɪŋ] ◇ *n*: **to go ~** ir a ver la ciudad *(monumentos, lugares de interés etc)*. ◇ *comp*: **~ tour** recorrido *m* turístico.

sightseer ['saɪtˌsiːəʳ] *n* turista *mf*.

sigma ['sɪgmə] *n* sigma *f*.

sign [saɪn] ◇ *n* - **1.** [written symbol] signo *m*. - **2.** [gesture] señal *f*; **to make the ~ of the cross** hacer la señal de la cruz. - **3.** [of pub, shop] letrero *m*; [on road] señal *f*; [notice] cartel *m*. - **4.** [indication] señal *f*, indicio *m*; **there's no ~ of him** no se le ve por ninguna parte; **to show ~s of sthg** dar muestras de algo. ◇ *vt* firmar; **to ~ one's name** firmar.

◆ **sign away** *vt sep* ceder.

◆ **sign for** *vt fus* - **1.** [sign receipt for] firmar acusando recibo de. - **2.** [sign contract for] fichar por.

◆ **sign in** *vi* firmar en el registro.

◆ **sign off** *vi* RADIO & TV cerrar la programación, dejar de emitir.

◆ **sign on** *vi* - **1.** [enrol, register]: **to ~ on (for)** [army] alistarse (en); [job] firmar el contrato (de); [course] matricularse (en). - **2.** [register as unemployed] firmar para cobrar el paro.

◆ **sign out** *vi* firmar al marcharse (de un hotel o club).

◆ **sign over** *vt sep* ceder legalmente OR oficialmente.

◆ **sign up** ◇ *vt sep* [employee] contratar; [recruit] alistar. ◇ *vi*: **to ~ up (for)** [army] alistarse (en); [job] firmar el contrato (de); [course] matricularse (en).

signal ['sɪgnl] *(Br pp & pt* **signalled**, *cont* **signalling**, *Am pp & pt* **signaled**, *cont* **signaling**) ◇ *n* señal *f*. ◇ *vt* - **1.** [indicate] indicar. - **2.** [tell]: **to ~ sb (to do sthg)** hacer señas a alguien (para que haga algo). - **3.** *fig* [change, event] señalar. ◇ *adj fml* [triumph] señalado(da); [failure] estrepitoso(sa). ◇ *vi* - **1.** AUT señalizar. - **2.** [indicate]: **to ~ to sb (to do sthg)** hacer señas a alguien (para que haga algo); **to ~ for sthg** pedir algo por señas.

signal box *Br*, **signal tower** *Am n* puesto *m* de mando.

signalling *Br*, **signaling** *Am* ['sɪgnəlɪŋ] ◇ *n* señalización *f*. ◇ *comp* [error, equipment] de señalización; **~ flag** NAUT & MIL bandera *f* de señales.

signally ['sɪgnəlɪ] *adv fml* [fail] estrepitosamente.

signalman ['sɪgnlmən] *(pl* **signalmen** [-mən]) *n* RAIL guardavía *m*.

signal tower *n Am* = **signal box**.

signatory ['sɪgnətrɪ] *(pl* **signatories**) *n* signatario *m*, -ria *f*, firmante *mf*; **Spain is a ~ to** OR **of the agreement** España ha ratificado el acuerdo.

signature ['sɪgnətʃəʳ] *n* - **1.** [name] firma *f*. - **2.** [signing] firma *f*, signatura *f*.

signature tune *n* sintonía *f*.

signboard ['saɪnbɔːd] *n* [gen] tablero *m*, panel *m*; [for notices] tablón *m* de anuncios; [for ads] cartel *m*.

signer ['saɪnəʳ] *n* firmante *mf*, signatario *m*, -ria *f*.

signet ['sɪgnɪt] *n* sello *m*.

signet ring *n* (anillo *m* de) sello *m*.

significance [sɪg'nɪfɪkəns] *n* trascendencia *f*, importancia *f*.

significant [sɪg'nɪfɪkənt] *adj* - **1.** [considerable, meaningful] significativo(va). - **2.** [important] trascendente.

significantly [sɪg'nɪfɪkəntlɪ] *adv* - **1.** [considerably, meaningfully] de manera significativa. - **2.** [importantly]: **~, he was absent** fue muy significativo que no estuviera.

significative [sɪg'nɪfɪkətɪv] *adj* significativo(va).

signify ['sɪgnɪfaɪ] *(pt & pp* **signified)** ◇ *vt* - **1.** [mean] significar. - **2.** *fml* [express] expresar, hacer notar. ◇ *vi* tener importancia.

signing ['saɪnɪŋ] *n Br* SPORT fichaje *m*.

sign language *n* lenguaje *m* por señas; **to speak in ~** hablar por señas.

signpost ['saɪnpəʊst] *n* letrero *m* indicador.

signposting ['saɪnpəʊstɪŋ] *n* señalización *f*.

signwriter ['saɪnˌraɪtəʳ] *n* rotulista *mf*.

Sikh [siːk] ◇ *adj* sij. ◇ *n* [person] sij *mf*.

Sikhism ['siːkɪzm] *n* sijismo *m*.

silage ['saɪlɪdʒ] *n* ensilaje *m*.

silence ['saɪləns] ◇ *n* silencio *m*; **to pass over sthg in ~** pasar por alto algo ❑ **~ is golden** *proverb* el silencio es oro *proverb*. ◇ *vt* [person, critic] acallar; [gun] hacer callar, silenciar.

silencer ['saɪlənsəʳ] *n* silenciador *m*.

silent ['saɪlənt] *adj* - **1.** [gen] silencioso(sa). - **2.** [not revealing anything]: **to be ~ about** no decir nada respecto a. - **3.** CINEMA & LING mudo(da). - **4.** [unspoken - prayer] en silencio; [- emotion] mudo(da), callado(da); [- assent] tácito(ta).

silently ['saɪləntlɪ] *adv* - **1.** [without speaking] en silencio. - **2.** [noiselessly] silenciosamente.

silent majority *n* mayoría *f* silenciosa.

silent partner *n Am* socio comanditario *m*, socia comanditaria *f*.

silex ['saɪleks] *n* sílex *m inv*.

silhouette [ˌsɪluːˈet] ◇ *n* silueta *f*. ◇ *vt*: **to be ~d against** perfilarse OR destacarse sobre.

silica ['sɪlɪkə] *n* sílice *f*.

silicate ['sɪlɪkɪt] *n* silicato *m*.

silicon ['sɪlɪkən] *n* silicio *m*.

silicon chip *n* chip *m* de silicio.

silicone ['sɪlɪkəʊn] *n* silicona *f*.

Silicon Valley *n zona industrial californiana en la que se concentra la producción electrónica estadounidense*, Silicon Valley *m*.

silk [sɪlk] ◇ *n* - **1.** [fabric] seda *f*. - **2.** *Br* JUR: **to take ~** tomar la toga, hacerse abogado(da). ◇ *comp* de seda.

silk cotton n seda f vegetal.

silk-cotton tree n ceiba f de lana, árbol m de algodón.

silken ['sɪlkn] adj literary - **1.** [smoothe] sedoso(sa). - **2.** [made of silk] de seda.

silk hat n sombrero m de copa, chistera f.

silk screen printing n serigrafía f.

silkworm ['sɪlkwɜːm] ◇ n gusano m de seda. ◇ comp: ~ **breeding** sericultura f.

silky ['sɪlkɪ] (compar **silkier**, superl **silkiest**) adj [hair, dress, skin] sedoso(sa); [voice] aterciopelado(da).

sill [sɪl] n [of window] alféizar m.

silliness ['sɪlɪnɪs] n estupidez f.

silly ['sɪlɪ] (compar **sillier**, superl **silliest**) adj estúpido(da), sonso(sa) Amér.

silly season n PRESS: **the** ~ periodo veraniego de poca actividad política durante el cual los periodistas escriben sobre trivialidades.

silo ['saɪləʊ] (pl **silos**) n silo m.

silt [sɪlt] n cieno m, légamo m.

◆ **silt up** vi cegarse.

silver ['sɪlvəʳ] ◇ adj [in colour] plateado(da). ◇ n - **1.** [metal, silverware] plata f. - **2.** (U) [coins] monedas fpl plateadas. - **3.** = **silver medal.** ◇ comp de plata; ~ **ore** mineral m argentífero.

silver age n Edad f de Plata.

silver birch n abedul m.

silvered ['sɪlvəd] adj literary plateado(da).

silver fir n [gen] abeto m blanco; [ornamental] abeto m plateado.

silverfish ['sɪlvəfɪʃ] (pl inv OR **silverfishes**) n [insect] lepisma f, pececito m de plata.

silver foil n (U) papel m de plata OR de aluminio.

silver fox n zorro m plateado.

silver grey n gris m plateado.

◆ **silver-grey** adj gris plateado.

silver-haired adj de pelo entrecano.

silver jubilee n (celebración f del) vigésimo quinto aniversario m; **the Queen's** ~ el vigésimo quinto aniversario de la subida al trono de la reina.

silver medal n SPORT medalla f de plata.

silver paper n = **silver foil.**

silver plate n [tableware] vajilla f de plata, platería f.

silver-plated ['-pleɪtɪd] adj - **1.** bañado(da) de plata. - **2.** [process] plateado(da).

silverplating n [process] plateado m; [layer] baño m de plata.

silver screen n inf: **the** ~ el cine, las películas.

silversmith ['sɪlvəsmɪθ] n platero m, -ra f.

silver spoon n riqueza f heredada.

silverware ['sɪlvəweəʳ] n - **1.** (U) [dishes etc] plata f. - **2.** Am [cutlery] cubertería f de plata.

silver wedding n bodas fpl de plata.

silvery ['sɪlvərɪ] adj [voice, sound] argentino(na).

simian ['sɪmɪən] ◇ adj símico(ca), simiesco(ca). ◇ n simio m.

similar ['sɪmɪləʳ] adj - **1.** [showing resemblance]: ~ **(to)** parecido(da) OR similar (a). - **2.** GEOM [triangles] semejante.

similarity [ˌsɪmɪˈlærətɪ] (pl **similarities**) n: ~ **(between/to)** parecido m (entre/con), semejanza f (entre/con); **similarities and differences** similitudes fpl y diferencias.

similarly ['sɪmɪləlɪ] adv - **1.** [likewise] asimismo. - **2.** [equally] igualmente.

simile ['sɪmɪlɪ] n símil m.

similitude [sɪˈmɪlɪtjuːd] n fml similitud f, semejanza f.

simmer ['sɪməʳ] vt & vi hervir a fuego lento.

◆ **simmer down** vi inf calmarse.

simon-pure ['saɪmən-] adj [authentic] auténtico(ca), puro(ra).

simony ['saɪmənɪ] n simonía f.

simper ['sɪmpəʳ] ◇ n sonrisa f boba. ◇ vi sonreír con cara de tonto(ta).

simpering ['sɪmpərɪŋ] adj [person] que sonríe con cara de tonto(ta); [smile] bobo(ba).

simple ['sɪmpl] adj - **1.** [gen] sencillo(lla). - **2.** [feebleminded] simple. - **3.** [plain - fact] mero(ra); [- truth] puro(ra).

simple fraction n fracción f ordinaria.

simple-hearted adj [person] inocente, ingenuo(nua); [wisdom, gesture] sencillo(lla).

simple interest n interés m simple.

simple-minded adj simple.

Simple Simon [-ˈsaɪmən] n bobalicón m, -ona f, simplón m, -ona f.

simpleton ['sɪmpltən] n dated simplón m, -ona f.

simplex ['sɪmpleks] adj COMPUT & TELEC símplex inv.

simplicity [sɪmˈplɪsətɪ] n sencillez f.

simplification [ˌsɪmplɪfɪˈkeɪʃn] n simplificación f.

simplify ['sɪmplɪfaɪ] (pt & pp **simplified**) vt simplificar.

simplistic [sɪmˈplɪstɪk] adj simplista.

simplistically [sɪmˈplɪstɪklɪ] adv de un modo simplista.

simply ['sɪmplɪ] adv - **1.** [merely] sencillamente, simplemente. - **2.** [for emphasis]: **you** ~ **must go and see it!** ¡no puedes perdértelo!; ~ **dreadful/wonderful** francamente terrible/maravilloso; **I** ~ **can't believe it!** ¡no me lo puedo creer! - **3.** [in a simple way] de manera sencilla.

simulacrum [ˌsɪmjʊˈleɪkrəm] (pl **simulacra** [-krə]) n arch simulacro m.

simulate ['sɪmjʊleɪt] vt simular.

simulated ['sɪmjʊleɪtɪd] adj - **1.** [gen] simulado(da). - **2.** [fur, leather etc] sintético(ca).

simulation [ˌsɪmjʊˈleɪʃn] n - **1.** [gen & COMPUT] simulación f. - **2.** [feigning] simulacro m.

simulator ['sɪmjʊleɪtəʳ] n simulador m.

simulcast [Br 'sɪmlkaːst, Am 'saɪməlkæst] vt transmitir simultáneamente por radio y televisión.

simultaneity [ˌsɪməltəˈniːɪtɪ] n simultaneidad f.

simultaneous [Br ˌsɪməlˈteɪnjəs, Am ˌsaɪməlˈteɪnjəs] adj simultáneo(a); ~ **translation** traducción f simultánea.

simultaneously [Br ˌsɪməlˈteɪnjəslɪ, Am ˌsaɪməlˈteɪnjəslɪ] adv simultáneamente.

simultaneousness [Br ˌsɪməlˈteɪnjəsnɪs, Am ˌsaɪməlˈteɪnjəsnɪs] n = **simultaneity.**

sin [sɪn] (pt & pp **sinned**, cont **sinning**) ◇ n pecado m; **to live in** ~ vivir en pecado; **for my** ~**s, I'm the person in charge her** fig & hum para desgracia mía, soy el responsable aquí. ◇ vi: **to** ~ **(against)** pecar (contra).

Sinai ['saɪnaɪ] n [region] Sinaí; **the** ~ **(Desert)** el desierto del Sinaí.

Sinbad ['sɪnbæd] n: ~ **the Sailor** Simbad el Marino.

sin bin n inf SPORT banquillo m para los expulsados.

since [sɪns] ◇ adv desde entonces; **long** ~ hace mucho tiempo. ◇ prep desde; **he has worked here** ~ **1975** trabaja aquí desde 1975. ◇ conj - **1.** [in time] desde que; **it's ages** ~ **I saw you** hace siglos que no te veo; **how long has it been** ~ **you last saw Hal?** ¿cuánto hace que no ves a Hal? - **2.** [because] ya que, puesto que.

sincere [sɪnˈsɪəʳ] adj sincero(ra).

sincerely [sɪnˈsɪəlɪ] adv sinceramente; **Yours** ~ [at end of letter] atentamente.

sincerity [sɪnˈserətɪ] n sinceridad f; **in all** ~ con toda sinceridad.

sine [saɪn] n MATH seno m.

sinecure ['saɪnɪkjʊəʳ] n sinecura f.

sine die [ˌsaɪnɪˈdaɪiː] adv fml sine die, indefinidamente.

sine qua non [ˌsaɪnɪkweɪˈnɒn] n fml condición f indispensable.

sinew ['sɪnjuː] n tendón m.

sinewy ['sɪnjuːɪ] adj: **a** ~ **man** un hombre que es pura fibra.

sinful ['sɪnfʊl] *adj* - **1.** [person] pecador(ra). - **2.** [thought, act] pecaminoso(sa).

sing [sɪŋ] (*pt* **sang** [sæŋ], *pp* **sung** [sʌŋ]) ◇ *vi* cantar. ◇ *vt* cantar; **to ~ a baby to sleep** arrullar a un niño.

◆ **sing along** *vi* cantar todos juntos (todas juntas) OR a coro.

◆ **sing out** *vi* cantar fuerte.

sing-along *n* coros *mpl*.

Singapore [,sɪŋə'pɔː] *n* Singapur.

Singaporean [,sɪŋə'pɔːrɪən] ◇ *adj* singapurense. ◇ *n* [person] singapurense *mf*.

singe [sɪndʒ] (*cont* **singeing**) ◇ *n* chamusco *m*. ◇ *vt* chamuscar.

singer ['sɪŋə'] *n* cantante *mf*.

Singhalese [,sɪŋhə'liːz] ◇ *adj* cingalés(esa). ◇ *n* - **1.** [person] cingalés *m*, -esa *f*. - **2.** [language] cingalés *m*.

singing ['sɪŋɪŋ] ◇ *adj* de canto. ◇ *n* (U) canto *m*.

singing telegram *n* telegrama *m* cantado.

single ['sɪŋgl] ◇ *adj* - **1.** [only one] único(ca); **not one ~ time** ni una sola vez. - **2.** [individual]: **every ~ day** todos los días. - **3.** [unmarried] soltero(ra). - **4.** *Br* [one-way] de ida. ◇ *n* - **1.** *Br* [one-way ticket] billete *m* de ida. - **2.** MUS [record] sencillo *m*, single *m*.

◆ **singles** ◇ *npl* TENNIS (partido *m*) individual *m*. ◇ *comp* - **1.** [club, magazine] de OR para solteros. - **2.** TENNIS: **the men's ~ champion** el campeón individual masculino.

◆ **single out** *vt sep*: **to ~ sb out (for)** escoger a alguien (para).

single bed *n* cama *f* individual.

single-breasted [-'brestɪd] *adj* recto(ta), sin cruzar.

single combat *n* combate *m* singular.

single cream *n* *Br* crema *f* de leche, nata *f* líquida.

single-decker (bus) *n* *Br* autobús *m* de un piso.

single-engined *adj* [plane] monomotor.

single entry *n* [in bookkeeping] partida *f* simple.

Single European Market *n*: **the ~** el Mercado Único Europeo.

single file *n*: **in ~** en fila india.

single-handed *adv* sin ayuda.

single-handedly [-'hændɪdlɪ] *adv* - **1.** [on one's own] sin ayuda. - **2.** [with one hand] con una sola mano.

single-minded *adj* resuelto(ta); **to be ~ about** tener un objetivo muy claro respecto a.

single-mindedly [-'maɪndɪdlɪ] *adv* con resolución.

single-parent family *n* familia *f* monoparental.

single quotes *npl* comillas *fpl* simples.

single room *n* habitación *f* individual.

singles bar *n* bar *m* de solteros.

single-seater *n* AERON (avión *m*) monoplaza *m*.

single-sex *adj*: **~ school** colegio *m* no mixto.

single-space *vt* [on typewriter] escribir a un solo espacio.

singlet ['sɪŋglɪt] *n* *Br* camiseta *f* sin mangas.

single ticket *n* *Br* billete *m* de ida.

singleton ['sɪŋgltən] *n* [card] única carta *f* de un palo; [in bridge] semifallo *m*.

single track *n* RAIL vía *f* única.

◆ **single-track** *adj* RAIL de vía única.

singly ['sɪŋglɪ] *adv* - **1.** [alone] solo(la). - **2.** [individually] individualmente, separadamente.

singsong ['sɪŋsɒŋ] *inf* ◇ *adj* cantarín(ina). ◇ *n* *Br* reunión *f* para cantar.

singular ['sɪŋgjʊlə'] ◇ *adj* singular. ◇ *n* singular *m*.

singularity [,sɪŋgjʊ'lærətɪ] (*pl* **singularities**) *n* singularidad *f*.

singularly ['sɪŋgjʊləlɪ] *adv* singularmente.

Sinhalese [,sɪnhə'liːz] *adj* & *n* = **Singhalese**.

sinister ['sɪnɪstə'] *adj* siniestro(tra).

sink [sɪŋk] (*pt* **sank** [sæŋk], *pp* **sunk** [sʌŋk]) ◇ *n* - **1.** [in

kitchen] fregadero *m*. - **2.** [in bathroom] lavabo *m*. ◇ *vt* - **1.** [cause to go under water] hundir; **to be sunk in thought** *fig* estar sumido(da) en sus pensamientos. - **2.** [cause to penetrate]: **to ~ sthg into** [knife, claws] clavar algo en; [teeth] hincar algo en. - **3.** [plans, hopes] hundir, desbaratar. - **4.** [well, mine shaft] cavar, excavar. - **5.** [invest] invertir. - **6.** [debt] pagar. ◇ *vi* - **1.** [ship, sun] hundirse; **to ~ or swim** *fig* hundirse o salir a flote; **to leave sb to ~ or swim** dejar a alguien que se las componga solo. - **2.** [slump] hundirse; **to ~ to one's knees** caer de rodillas. - **3.** [decrease] bajar. - **4.** [become quieter]: **her voice sank** bajó la voz. - **5.** *fig* [into poverty, despair]: **to ~ into** hundirse en; **I sank into a deep sleep** caí en un profundo sueño. - **6.** [become depressed]: **his heart** OR **spirits sank** se le cayó el alma a los pies. - **7.** [penetrate]: **to ~ into** penetrar en.

◆ **sink in** *vi* hacer mella.

sink board *n* *Am* escurridero *m*.

sinker ['sɪŋkə'] *n* [weight] plomo *m*.

sinkhole ['sɪŋkhəʊl] *n* sumidero *m*.

sinking ['sɪŋkɪŋ] *n* hundimiento *m*.

sinking feeling *n*: **to have a ~** sentir un vuelco en el estómago.

sinking fund *n* fondo *m* de amortización.

sink tidy *n* recipiente para estropajos, jabón etc.

sink unit *n* fregadero *m* (con mueble debajo).

sinless ['sɪnlɪs] *adj* inmaculado(da), exento(ta) de pecado.

sinner ['sɪnə'] *n* pecador *m*, -ra *f*.

Sinn Féin [,ʃɪn'feɪn] *n* Sinn Fein *m*, *rama política del IRA*.

sinuosity [,sɪnjʊ'ɒsətɪ] *n* sinuosidad *f*.

sinuous ['sɪnjʊəs] *adj* sinuoso(sa).

sinus ['saɪnəs] (*pl* **sinuses**) *n* seno *m*.

sinusitis [,saɪnə'saɪtɪs] *n* sinusitis *f inv*.

Sioux [suː] ◇ *adj* sioux (*inv*), siux (*inv*); **the ~ Indians** los indios sioux OR siux. ◇ *n* - **1.** [person] sioux *mf inv*, siux *mf inv*. - **2.** [language] sioux *m*, siux *m*.

sip [sɪp] (*pt* & *pp* **sipped**, *cont* **sipping**) ◇ *n* sorbo *m*. ◇ *vt* beber a sorbos.

siphon ['saɪfn] ◇ *n* sifón *m*. ◇ *vt* - **1.** [liquid] sacar con sifón. - **2.** *fig* [funds] desviar.

◆ **siphon off** *vt sep* - **1.** [liquid] sacar con sifón. - **2.** *fig* [funds] desviar.

sir [sɜː'] *n* - **1.** [form of address] señor *m*. - **2.** [in titles]: **Sir Philip Holden** Sir Philip Holden.

sire ['saɪə'] *n* - **1.** [of horse] padre *m*. - **2.** [form of address - to monarch] Majestad; *arch* [- to lord] mi Señor.

siren ['saɪərən] *n* [alarm] sirena *f*.

siren song *n* canto *m* de sirena.

sirloin (steak) ['sɜːlɔɪn-] *n* solomillo *m*.

sirrah ['sɪrə] *n* *arch* señoritingo *m*.

sis [sɪs] *n* *inf* hermana *f*.

sisal ['saɪsl] *n* pita *f*, sisal *m*.

sissified ['sɪsɪfaɪd] *adj* *inf* afeminado(da).

sissy ['sɪsɪ] (*pl* **sissies**) *n* *inf* mariquita *m*.

sister ['sɪstə'] ◇ *adj* [organization, newspaper] hermano(na); [ship] gemelo(la). ◇ *n* - **1.** [gen] hermana *f*. - **2.** *Br* [senior nurse] enfermera *f* jefe.

sisterhood ['sɪstəhʊd] *n* hermandad *f* (entre mujeres).

sister-in-law (*pl* **sisters-in-law** OR **sister-in-laws**) *n* cuñada *f*.

sisterly ['sɪstəlɪ] *adj* de buena hermana.

Sistine Chapel ['sɪstiːn-] *n*: **the ~** la Capilla Sixtina.

sit [sɪt] (*pt* & *pp* **sat** [sæt], *cont* **sitting**) ◇ *vi* - **1.** [be seated, sit down] sentarse; **~ still!** ¡siéntate (y no te muevas)!; **~!** [to dog] ¡siéntate!, ¡abajo!; **to ~ at home** quedarse en casa. - **2.** [be member]: **to ~ on** ser miembro de. - **3.** [be in session] reunirse, celebrar sesión. - **4.** [be situated] estar emplazado(da); **the letter sat unopened** la carta estaba sin abrir. - **5.** [fit] sentar; **the jacket ~s well on you** la chaqueta le sienta bien. - **6.** ART & PHOT posar. - **7.** [perch] posarse. - **8.**

phr: **to ~ tight** quedarse quieto(ta). ◇ *vt* - **1.** *Br* [exam] presentarse a. - **2.** [place] sentar.

◆ **sit about, sit around** *vi* estar sentado(da) sin hacer nada.

◆ **sit back** *vi* cruzarse de brazos.

◆ **sit down** ◇ *vt sep* sentar. ◇ *vi* sentarse.

◆ **sit in on** *vt fus* estar presente en *(sin tomar parte).*

◆ **sit in for** *vt fus* reemplazar a.

◆ **sit on** *vt fus inf* - **1.** [suppress, quash] ocultar, retener. - **2.** [rebuke] reprender.

◆ **sit out** *vt sep* - **1.** [tolerate] aguantar (hasta el final). - **2.** [not participate in] no tomar parte en.

◆ **sit through** *vt fus* aguantar (hasta el final).

◆ **sit up** *vi* - **1.** [sit upright] incorporarse; **~ up straight!** ¡siéntate derecho! ❏ **to ~ up and take notice** *inf fig* empezar a reaccionar OR calentarse. - **2.** [stay up] quedarse levantado(da).

sitar [sɪˈtɑːʳ] *n* sitar *m*.

sitcom [ˈsɪtkɒm] *n inf* comedia *f* de situación.

sit-down ◇ *adj* [meal] con los comensales sentados a la mesa; **~ strike** huelga *f* de brazos caídos. ◇ *n Br inf*: **to have a ~** sentarse un rato.

site [saɪt] ◇ *n* [place] sitio *m*, lugar *m*; [of construction work] obra *f*. ◇ *vt* situar.

sit-in *n* sentada *f*.

siting [ˈsaɪtɪŋ] *n*: **the ~ of the nuclear plant is highly controversial** el emplazamiento de la central nuclear ha provocado grandes polémicas; **access is important in the ~ of the stadium** la facilidad de acceso es un factor importante al escoger el emplazamiento del estadio.

sitter [ˈsɪtəʳ] *n* - **1.** ART modelo *mf*. - **2.** [babysitter] canguro *mf*.

sitting [ˈsɪtɪŋ] *n* - **1.** [serving of meal] turno *m* (para comer). - **2.** [session] sesión *f*.

sitting duck *n inf* blanco *m* fácil.

sitting room *n* sala *f* de estar.

sitting target *n Br* blanco *m* fácil.

sitting tenant *n Br* inquilino *m*, -na *f* legal.

situate [ˈsɪtjʊeɪt] *vt* - **1.** [locate] situar, emplazar. - **2.** [put in context] poner en contexto.

situated [ˈsɪtjʊeɪtɪd] *adj* [located]: **to be ~** estar situado(da).

situation [ˌsɪtjʊˈeɪʃn] *n* - **1.** [gen] situación *f*. - **2.** [job] colocación *f*, empleo *m*; **'Situations Vacant'** *Br* 'ofertas de trabajo'.

situation comedy *n* comedia *f* de situación.

sit-up *n* abdominal *m*.

six [sɪks] ◇ *num adj* seis *(inv)*; **she's ~ (years old)** tiene seis años. ◇ *num n* - **1.** [the number six] seis *m inv*; **my favourite number is ~** mi número favorito es el seis; **~ comes before seven** el seis va antes que el siete; **two hundred and ~** doscientos seis. - **2.** [in times]: **it's ~ (thirty)** son las seis (y media); **we arrived at ~** llegamos a las seis. - **3.** [in temperatures]: **it's ~ below** estamos a seis grados bajo cero. - **4.** [in addresses]: **~ Peyton Place** Peyton Place número seis, el seis de Peyton Place. - **5.** [referring to group of six] seis *m inv*; **we sell them in ~es** se venden de seis en seis; **we need one more to make a ~** necesitamos uno más para ser seis; **to form into ~es** formar en grupos de (a) seis ❏ **to be at ~es and sevens** [place] estar manga por hombro; [person] estar hecho(cha) un lío. - **6.** [in scores]: **~-nil** seis a cero. - **7.** [in cards] seis *m*; **to lay** OR **play a ~** jugar un seis. ◇ *num pron* seis *mf*; **groups of ~** grupos de seis; **I want ~** quiero seis; **~ of us** seis de nosotros; **there are ~ of us** somos seis.

Six Counties *npl*: **the ~** los seis condados que constituyen Irlanda del Norte.

sixfold [ˈsɪksfəʊld] ◇ *adj* séxtuplo(pla). ◇ *adv* seis veces.

six-gun *n* revólver *m* de seis tiros.

six-pack *n* paquete *m* de seis *(botellas o latas).*

sixpence [ˈsɪkspəns] *n* [coin] (antigua) moneda *f* de seis peniques.

sixpenny [ˈsɪkspənɪ] *adj* - **1.** [worth sixpence] de seis peniques. - **2.** *fig* [paltry] barato(ta).

six-shooter *n Am* revólver *m* de seis tiros.

sixteen [ˌsɪksˈtiːn] *num* dieciséis; **she was sweet ~** era una encantadora jovencita de dieciséis abriles; *see also* **six**.

sixteenth [ˌsɪksˈtiːnθ] *num* decimosexto(ta); *see also* **sixth**.

sixteenth note *n Am* semicorchea *f*.

sixth [sɪksθ] ◇ *num adj* sexto(ta). ◇ *num adv* sexto(ta). ◇ *num pron* sexto *m*, -ta *f*. ◇ *n* - **1.** [fraction]: **a ~** OR **one ~ of** un sexto de, la sexta parte de. - **2.** [in dates]: **the ~** el (día) seis; **the ~ of September** el seis de septiembre.

sixth form *n Br* SCH curso optativo de dos años de enseñanza secundaria con vistas al examen de ingreso a la universidad, ≃ COU *m*.

sixth form college *n Br* centro público para alumnos de 16 a 18 años donde se preparan para los 'A levels' o para exámenes de formación profesional.

sixth former *n Br* SCH alumno que cursa el último o el penúltimo curso del bachillerato inglés.

sixthly [ˈsɪksθlɪ] *adv* en sexto lugar.

sixth sense *n* sexto sentido *m*.

sixtieth [ˈsɪkstɪəθ] *num* sexagésimo(ma); *see also* **sixth**.

sixty [ˈsɪkstɪ] *(pl* **sixties)** *num* sesenta; *see also* **six**.

◆ **sixties** *npl* - **1.** [decade]: **the sixties** los años sesenta. - **2.** [in ages]: **to be in one's sixties** tener más de sesenta años. - **3.** [in temperatures]: **the temperature was in the sixties** estábamos a más de sesenta grados (Fahrenheit).

size [saɪz] ◇ *n* - **1.** [gen] tamaño *m*. - **2.** [of clothes] talla *f*; [of shoes] número *m*; **what ~ are you?** ¿qué talla usas?; **what ~ shoes do you take?** ¿qué número calza usted?; **to try sth on for ~** probarse algo. - **3.** [for paper, cloth] apresto *m*, cola *f*. - **4.** *phr*: **to cut sb down to ~** bajarle los humos a alguien; **that's about the ~ of it** *inf* es más o menos eso. ◇ *vt* - **1.** [sort] clasificar según el tamaño. - **2.** [make] hacer de un tamaño. - **3.** [paper, cloth] aprestar, encolar.

◆ **size up** *vt sep* [situation] evaluar; [person] juzgar.

-size [saɪz] *in cpds* = **-sized**.

sizeable [ˈsaɪzəbl] *adj* considerable.

sizeably [ˈsaɪzəblɪ] *adv* considerablemente.

-sized [saɪzd] *in cpds*: **a child~ motorbike** una moto para niños; **giant~** de tamaño gigante.

sizing [ˈsaɪzɪŋ] *n* = **size** *sense 3*.

sizzle [ˈsɪzl] *vi* chisporrotear.

sizzler [ˈsɪzləʳ] *n inf* día *m* de calor achicharrante.

sizzling [ˈsɪzlɪŋ] ◇ *adj* - **1.** [sputtering] chisporroteante. - **2.** *inf* [hot] muy caliente. ◇ *adv inf*: **~ hot** de un calor sofocante OR abrasador.

SK *written abbr of* **Saskatchewan**.

skate [skeɪt] *(pl sense 2 only inv* OR **skates)** ◇ *n* - **1.** [ice skate, roller skate] patín *m*. - **2.** [fish] raya *f*. ◇ *vi* [on skates] patinar.

◆ **skate over, skate round** *vt fus* [problem] eludir.

skateboard [ˈskeɪtbɔːd] *n* monopatín *m*.

skateboarder [ˈskeɪtbɔːdəʳ] *n* aficionado a ir en monopatín.

skateboarding [ˈskeɪtbɔːdɪŋ] *n*: **to go ~** ir en monopatín.

skater [ˈskeɪtəʳ] *n* patinador *m*, -ra *f*.

skating [ˈskeɪtɪŋ] *n* patinaje *m*.

skating rink *n* pista *f* de patinaje.

skedaddle [skɪˈdædl] *vi inf* salir pitando.

skeet shooting [skiːt-] *n* tiro *m* al plato.

skein [skeɪn] *n* madeja *f*.

skeletal [ˈskelɪtl] *adj* [emaciated] esquelético(ca).

skeleton [ˈskelɪtn] ◇ *adj* mínimo(ma). ◇ *n* - **1.** ANAT esqueleto *m*; **to have a ~ in the cupboard** *fig* guardar un secreto vergonzante. - **2.** CONSTR armadura *f*, armazón *m*. - **3.** [outline] bosquejo *m*, esquema *f*.

skeleton key *n* llave *f* maestra.

skeleton staff *n* personal *m* mínimo.

skeptic *etc Am* = **sceptic** *etc*.

sketch [sketʃ] ◇ *n* - **1.** [drawing, brief outline] esbozo *m*, bosquejo *m*. - **2.** [humorous scene] sketch *m*. ◇ *vt* esbozar. ◇ *vi* hacer esbozos OR bosquejos.

◆ **sketch in** *vt sep* dar una idea rápida de.

◆ **sketch out** *vt sep* dar una idea rápida de.

sketchblock ['sketʃblɒk] *n* bloc *m* de dibujo.

sketchbook ['sketʃbʊk] *n* cuaderno *m* de dibujo.

sketchily ['sketʃɪlɪ] *adv* [describe, report] por encima, a grandes rasgos.

sketchpad ['sketʃpæd] *n* bloc *m* de dibujo.

sketchy ['sketʃɪ] (*compar* **sketchier**, *superl* **sketchiest**) *adj* incompleto(ta), poco detallado (poco detallada).

skew [skjuː] ◇ *n Br* : **on the** ~ torcido(da). ◇ *vt* torcer. ◇ *vi* [vehicle] desviar OR virar bruscamente.

skewer ['skjʊəʳ] ◇ *n* brocheta *f*, broqueta *f*. ◇ *vt* ensartar en una brocheta.

skew-whiff [skjuːˈwɪf] *adj Br inf* torcido(da).

ski [skiː] (*pt & pp* **skied**, *cont* **skiing**) ◇ *n* esquí *m*. ◇ *comp* de esquí, de esquiar. ◇ *vi* esquiar.

ski boots *npl* botas *fpl* de esquí.

skid [skɪd] (*pt & pp* **skidded**, *cont* **skidding**) ◇ *n* - **1.** AUT patinazo *m*, derrape *m*. - **2.** [wedge] calzo *m*. - **3.** [on aircraft] patín *m*. - **4.** *phr* : **to be on the** ~**s** *inf* estar de capa caída; **to put the** ~**s under sb** *inf* buscarle la ruina a alguien. ◇ *vi* patinar, derrapar.

skid-lid *n Br inf* casco *m* de moto.

skid mark *n* huella *f* de un derrape.

skidpan ['skɪdpæn] *n Br* pista para hacer prácticas de derrape con un coche.

skidproof ['skɪdpruːf] *adj* antideslizante.

skid row *n Am inf* barrio *m* bajo.

skier ['skiːəʳ] *n* esquiador *m*, -ra *f*.

skies [skaɪz] *pl* → **sky**.

skiff [skɪf] *n* esquife *m*.

skiffle ['skɪfl] *n* skiffle *m*, estilo musical de los años 50 que se toca con guitarra e instrumentos de percusión.

skiing ['skiːɪŋ] ◇ *n (U)* esquí *m*. ◇ *comp* [holiday, accident] de esquí; [enthusiast] del esquí.

ski instructor *n* monitor *m*, -ra *f* de esquí.

ski jump *n* - **1.** [slope] pista *f* para saltos de esquí. - **2.** [event] saltos *mpl* de esqui.

skilful, **skillful** *Am* ['skɪlfʊl] *adj* hábil.

skilfully, **skillfully** *Am* ['skɪlfʊlɪ] *adv* hábilmente, con habilidad.

skilfulness, **skillfulness** *Am* ['skɪlfʊlnɪs] *n* habilidad *f*, maña *f*.

ski lift *n* telesilla *m*.

skill [skɪl] *n* - **1.** [expertise] habilidad *f*, destreza *f*. - **2.** [craft, technique] técnica *f*.

skilled [skɪld] *adj* - **1.** [skilful] habilidoso(sa); **to be** ~ **(in OR at doing sthg)** ser experto(ta) (en hacer algo). - **2.** [trained] cualificado(da), especializado(da).

skillet ['skɪlɪt] *n Am* sartén *f*.

skillful *etc Am* = **skilful** *etc*.

skim [skɪm] (*pt & pp* **skimmed**, *cont* **skimming**) ◇ *vt* - **1.** [remove - cream] desnatar, sacar la nata a; [- grease] espumar. - **2.** [fly above] volar rozando. - **3.** [glance through] hojear, leer por encima. ◇ *vi* : **to** ~ **through sthg** hojear algo, leer algo por encima.

◆ **skim off** *vt sep* [cream, froth] quitar.

skim(med) milk [skɪm(d)-] *n* leche *f* desnatada.

skimmer ['skɪməʳ] *n* - **1.** ZOOL rayador *m*, picotijera *m*. - **2.** [for skimming liquids] espumadera *f*.

skimming ['skɪmɪŋ] *n* despumación *f*, descremado *m*.

skimp [skɪmp] ◇ *vt* [gen] escatimar; [work] hacer deprisa y corriendo. ◇ *vi* : **to** ~ **on sthg** [gen] escatimar algo; [work] hacer algo deprisa y corriendo.

skimpily ['skɪmpɪlɪ] *adv* [scantily]: ~ **dressed** ligero(ra) de ropa.

skimpy ['skɪmpɪ] (*compar* **skimpier**, *superl* **skimpiest**) *adj* [clothes] muy corto y estrecho (muy corta y estrecha); [meal, facts] escaso(sa).

skin [skɪn] (*pt & pp* **skinned**, *cont* **skinning**) ◇ *n* - **1.** [gen] piel *f*; [on face] cutis *m*; **to be nothing but** ~ **and bones** estar hecho(cha) un esqueleto, estar en los huesos; **to be soaked to the** ~ estar calado(da) hasta los huesos; **to do sthg by the** ~ **of one's teeth** hacerse algo por los pelos; **to get under sb's** ~ *inf* [irritate] poner negro(gra) OR frenético(ca) a alguien; [be an obsession] ser una obsesión para alguien; **to have a thick** ~ ser insensible; **to jump out of one's** ~ *Br* llevarse un susto de muerte; **it makes my** ~ **crawl** me pone la carne de gallina; **it's no** ~ **off my nose** ni me va ni me viene, me trae sin cuidado; **to save one's** ~ salvar el pellejo; **under the** ~ en el fondo. - **2.** [on milk, pudding] nata *f*; [on paint] capa *f*, película *f*. ◇ *vt* - **1.** [animal] despellejar, desollar; [vegetable] pelar; **to** ~ **sb alive** *inf fig* arrancar la piel a tiras a alguien, hacer picadillo a alguien. - **2.** [knee, elbow etc] rasguñarse. - **3.** *Br inf* [rob] pelar, desplumar.

skin-deep *adj* superficial.

skin-dive *vi* bucear.

skin diver *n* submarinista *mf*.

skin diving *n* buceo *m*, submarinismo *m* (sin traje ni escafandra).

skinflint ['skɪnflɪnt] *n* agarrado *m*, -da *f*, roñoso *m*, -sa *f*.

skinful ['skɪnfʊl] *n Br inf*: **he's had a** ~ está como una cuba.

skin graft *n* injerto *m* de piel.

skinhead ['skɪnhed] *n Br* cabeza *m* rapada, skinhead *m*.

-skinned [skɪnd] *in cpds* : **she's dark**~ tiene la piel morena, es de piel morena.

skinner ['skɪnəʳ] *n* peletero *m*, -ra *f*.

skinny ['skɪnɪ] (*compar* **skinnier**, *superl* **skinniest**) *adj inf* flaco(ca).

skint [skɪnt] *adj Br v inf* pelado(da), sin un duro.

skin test *n* cutirreacción *f*, dermorreacción *f*.

skin-tight *adj* muy ajustado (muy ajustada).

skip [skɪp] (*pt & pp* **skipped**, *cont* **skipping**) ◇ *n* - **1.** [little jump] brinco *m*, saltito *m*. - **2.** *Br* [large container] contenedor *m*, container *m*. ◇ *vt* saltarse; ~ **it!** *inf fig* ¡olvídalo! ◇ *vi* - **1.** [move in little jumps] ir dando brincos. - **2.** *Br* [jump over rope] saltar a la comba.

◆ **skip off** *vi inf* - **1.** [disappear] largarse. - **2.** [go] darse una escapada.

◆ **skip over** *vt fus* [omit] saltarse, pasar por alto.

ski pants *npl* pantalones *mpl* de esquí.

ski plane *n* avión *m* con esquís.

ski pole *n* bastón *m* para esquiar.

skipper ['skɪpəʳ] *n* NAUT & SPORT capitán *m*, -ana *f*.

skipping ['skɪpɪŋ] *n Br* (el) saltar a la comba.

skipping rope *n Br* comba *f*, cuerda *f* de saltar.

ski resort *n* estación *f* de esquí.

skirmish ['skɜːmɪʃ] ◇ *n lit & fig* escaramuza *f*. ◇ *vi* MIL. sostener una escaramuza; *fig* [argue] tener una agarrada.

skirmisher ['skɜːmɪʃəʳ] *n* contrincante *mf*.

skirt [skɜːt] ◇ *n* falda *f*, pollera *f Amér*. ◇ *vt* - **1.** [border] rodear, bordear. - **2.** [go round - obstacle] sortear; [- person, group] esquivar. - **3.** [avoid dealing with] evitar, eludir.

◆ **skirt round** *vt fus* - **1.** [obstacle] sortear. - **2.** [issue, problem] evitar, eludir.

skirting board ['skɜːtɪŋ-] *n Br* zócalo *m*, rodapié *m*.

ski run *n* pista *f* de esquí.

ski stick *n* bastón *m* para esquiar.

skit [skɪt] *n*: ~ **(on)** parodia *f* (de).

ski tow *n* telesquí *m*, remonte *m*.

skitter ['skɪtəʳ] *vi* - **1.** [skim] pasar rozando. - **2.** [small animal] corretear.

skittish ['skɪtɪʃ] *adj* - **1.** [person] frívolo(la). - **2.** [animal] asustadizo(za).

skittle ['skɪtl] *n Br* bolo *m*.

◆ **skittles** *n (U)* bolos *mpl*.

skittle alley *n* bolera *f*.

skive [skaɪv] *vi Br inf*: **to ~ (off)** escaquearse.

skiver ['skaɪvəʳ] *n Br inf* vago *m*, -ga *f*.

skivvy ['skɪvɪ] (*pl* **skivvies**, *pt & pp* **skivvied**) *Br inf n* fregona *f*.

◆ **skivvies** ◇ *npl Am inf*: **to be in one's skivvies** estar en paños menores. ◇ *vi*: **to ~ (for sb)** sacar la porquería (a alguien).

skulduggery [skʌl'dʌgərɪ] *n (U)* chanchullos *mpl*.

skulk [skʌlk] *vi* esconderse.

skull [skʌl] *n* [gen] calavera *f*; ANAT cráneo *m*; **~ and crossbones** calavera *f* y tibias cruzadas *(en bandera pirata, veneno)*.

skullcap ['skʌlkæp] *n* [of priest] solideo *m*; [of Jew] casquete *m*.

skullduggery [skʌl'dʌgərɪ] *n* = **skulduggery**.

skunk [skʌŋk] ◇ *n* - **1.** ZOOL mofeta *f*, zorrillo *m* Amér. - **2.** *inf* [person] canalla *mf*. ◇ *vt Am inf* [defeat] arrollar, dejar KO OR fuera de combate.

sky [skaɪ] (*pl* **skies**) *n* cielo *m*; **the ~'s the limit** *inf fig* todo es posible.

◆ **skies** *npl* tiempo *m*, cielo *m*; **to praise sthg/sb to the skies** poner algo/a alguien por las nubes.

sky blue *n* (azul *m*) celeste *m*.

◆ **sky-blue** *adj* (azul) celeste.

skycap ['skaɪkæp] *n Am* mozo *m* de equipaje *(en un aeropuerto)*.

skydive ['skaɪdaɪv] *vi* practicar el paracaidismo de estilo.

skydiver ['skaɪ,daɪvəʳ] *n* paracaidista *mf* de estilo.

skydiving ['skaɪ,daɪvɪŋ] *n* paracaidismo *m* de estilo.

sky-high *inf* ◇ *adj* por las nubes. ◇ *adv*: **to blow sthg ~** [blow up] volar algo; [destroy] echar por tierra algo; **to go ~** ponerse por las nubes.

skyjack ['skaɪdʒæk] *vt* secuestrar (en vuelo).

skylark ['skaɪlɑːk] *n* alondra *f*.

skylight ['skaɪlaɪt] *n* claraboya *f*, tragaluz *m*.

skyline ['skaɪlaɪn] *n* perfil *m* de la ciudad.

skyrocket ['skaɪ,rɒkɪt] *vi inf* dispararse.

skyscape ['skaɪskeɪp] *n* ART & PHOT cielo *m*.

skyscraper ['skaɪ,skreɪpəʳ] *n* rascacielos *m inv*.

skyward ['skaɪwəd] ◇ *adj* dirigido(da) hacia el cielo. ◇ *adv* hacia el cielo.

skyway ['skaɪweɪ] *n* - **1.** [air lane] ruta *f* aérea. - **2.** [highway] autopista *f* elevada.

skywriting ['skaɪ,raɪtɪŋ] *n formación de palabras en el aire con la estela de un avión*.

slab [slæb] *n* [of stone] losa *f*; [of cheese] trozo *m*, pedazo *m*; [of chocolate] tableta *f*.

slack [slæk] ◇ *adj* - **1.** [rope, cable] flojo(ja). - **2.** [business] inactivo(va). - **3.** [careless] descuidado(da). ◇ *n* [in rope] parte *f* floja; **to take up the ~ in a rope** tensar una cuerda. ◇ *vi* hacer el vago, escaquearse.

◆ **slacks** *npl dated* pantalones *mpl* (de esport).

slacken ['slækn] ◇ *vt*: **to ~ (off)** [speed, pace] reducir; [rope] aflojar. ◇ *vi* [speed, pace]: **to ~ (off)** reducirse.

slackening ['slækɪŋ] *n* [in speed, interest, standards] disminución *f*; [in demand] reducción *f*; [in knot, rope] aflojamiento *m*.

slacker ['slækəʳ] *n* vago *m*, -ga *f*, haragán *m*, -ana *f*.

slackly ['slæklɪ] *adv* [work] de un modo descuidado; [hang] flojamente.

slackness ['slæknɪs] *n* - **1.** [of rope, cable] flojedad *f*. - **2.** [of business] inactividad *f*. - **3.** [of person] negligencia *f*, descuido *m*.

slag [slæg] (*pt & pp* **slagged**, *cont* **slagging**) *n* [waste material] escoria *f*.

◆ **slag off** *vt sep Br inf* poner verde OR a parir a.

slagheap ['slæghiːp] *n* escorial *m*.

slain [sleɪn] *pp* → **slay**.

slake [sleɪk] *vt literary* [thirst] aplacar.

slalom ['slɑːləm] *n* eslálom *m*.

slam [slæm] (*pt & pp* **slammed**, *cont* **slamming**) ◇ *vt* - **1.** [shut] cerrar de golpe; **to ~ the door** dar un portazo. - **2.** *inf* [criticize] vapulear, descuerar Amér. - **3.** [place with force]: **to ~ sthg on** OR **onto sthg** dar un golpe con algo contra algo violentamente. ◇ *vi* [shut] cerrarse de golpe. ◇ *n* [of door] portazo *m*.

slam dunk *n* mate *m* espectacular.

slammer ['slæməʳ] *n v inf* [jail] chirona *f*, talego *m*.

slander ['slɑːndəʳ] ◇ *n* calumnia *f*, difamación *f*. ◇ *vt* calumniar, difamar.

slanderer ['slɑːndərəʳ] *n* calumniador *m*, -ra *f*, difamador *m*, -ra *f*.

slanderous ['slɑːndrəs] *adj* calumnioso(sa), difamatorio(ria).

slang [slæŋ] ◇ *adj* de argot. ◇ *n* argot *m*, jerga *f*.

slanging match ['slæŋɪŋ-] *n Br inf* intercambio *m* de insultos.

slangy ['slæŋɪ] (*compar* **slangier**, *superl* **slangiest**) *adj* argótico(ca).

slant [slɑːnt] ◇ *n* - **1.** [diagonal angle] inclinación *f*; **on** OR **at a ~** inclinado(da), ladeado(da). - **2.** [perspective] enfoque *m*. ◇ *vt* [bias] dar un enfoque a. ◇ *vi* inclinarse.

slanting ['slɑːntɪŋ] *adj* inclinado(da).

slap [slæp] (*pt & pp* **slapped**, *cont* **slapping**) ◇ *n* [in face] bofetada *f*; [on back] palmada *f*; **a ~ in the face** *fig* una bofetada; **to have a bit of ~ and tickle** *Br inf fig* pegarse un revolcón. ◇ *vt* - **1.** [person, face] abofetear; [back] dar una palmada a. - **2.** [place with force]: **to ~ sthg on** OR **onto** dar un golpe con algo contra. ◇ *adv inf* [directly] de narices; **~ in the middle of...** justo en medio de...

slapdash ['slæpdæʃ], **slaphappy** ['slæp,hæpɪ] *adj inf* chapucero(ra).

slapjack ['slæpdʒæk] *n Am* CULIN torta *f*, crepe *f*.

slapstick ['slæpstɪk] ◇ *n (U)* payasadas *fpl*. ◇ *comp*: **~ comedy** astracanada *f*.

slap-up *adj Br inf*: **~ meal** comilona *f*.

slash [slæʃ] ◇ *n* - **1.** [long cut] raja *f*, tajo *m*. - **2.** *esp Am* [oblique stroke] barra *f* oblicua. ◇ *vt* - **1.** [material] rasgar; [wrists] cortar. - **2.** *inf* [prices etc] recortar drásticamente.

slashing ['slæʃɪŋ] *adj* [critical] mordaz, áspero(ra).

slat [slæt] *n* tablilla *f*.

slate [sleɪt] ◇ *n* - **1.** [rock, roofing tile, for writing] pizarra *f*; **to wipe the ~ clean** *fig* hacer borrón y cuenta nueva. - **2.** *Am* POL lista *f* de candidatos. ◇ *vt* [criticize] poner por los suelos.

slate-grey *adj* gris (de) pizarra.

slater ['sleɪtəʳ] *n* [roofer] pizarrero *m*, -ra *f*.

slather ['slæðəʳ] *vt Am inf* - **1.** [lavish] usar en gran cantidad. - **2.** [spread] extender en gran cantidad.

slatted ['slætɪd] *adj* de tablillas.

slattern ['slætən] *n dated & pej* mujer *f* desaliñada.

slaty ['sleɪtɪ] *adj* [in colour] de color pizarra; [in appearance, texture] pizarroso(sa).

slaughter ['slɔːtəʳ] ◇ *n lit & fig* matanza *f*. ◇ *vt* matar, carnear *Amér*.

slaughterhouse ['slɔːtəhaʊs, *pl* -haʊzɪz] *n* matadero *m*.

Slav [slɑːv] ◇ *adj* eslavo(va). ◇ *n* eslavo *m*, -va *f*.

slave [sleɪv] ◇ *n* esclavo *m*, -va *f*; **a ~ to** *fig* un esclavo de. ◇ *vi* [work hard]: **to ~ (over)** trabajar como un negro (una negra) (en).

slave driver *n* negrero *m*, -ra *f*.

slaveholder ['sleɪv,həʊldəʳ] *n* negrero *m*, -ra *f*.

slave labour *n (U)* - **1.** [slaves] esclavos *mpl*. - **2.** *lit & fig* [work] trabajo *m* de esclavos.

slaver[1] ['sleɪvəʳ] *n* - **1.** [trader] traficante *mf* de esclavos, negrero *m*, -ra *f*. - **2.** [ship] barco *m* negrero, buque *m* traficante de esclavos.

slaver[2] ['slævə'] vi [salivate] babear.

slavery ['sleɪvərɪ] n lit & fig esclavitud f.

Slave State n estado m esclavista en EE UU.

slave trade n: **the** ~ el comercio OR tráfico de esclavos.

slave trader n traficante m de esclavos, negrero m.

Slavic ['slɑːvɪk] ◇ adj eslavo(va). ◇ n eslavo m, -va f.

slavish ['sleɪvɪʃ] adj pej [imitation, person] servil; [obedience, devotion] ciego(ga).

slavishly ['sleɪvɪʃlɪ] adv [work] como un negro (una negra); [copy, worship] de un modo servil.

Slavonic [slə'vɒnɪk] adj & n = **Slavic**.

slaw [slɔː] n ensalada f de col.

slay [sleɪ] (pt **slew** [sluː], pp **slain** [sleɪn]) vt literary asesinar, matar.

slayer ['sleɪə'] n asesino m, -na f.

sleazeball ['sliːzbɔːl] n inf pájaro m, -ra f, granuja mf.

sleazy ['sliːzɪ] (compar **sleazier**, superl **sleaziest**) adj [disreputable] de mala muerte.

sledge Br [sledʒ], **sled** Am [sled] ◇ n trineo m. ◇ vi ir en trineo.

sledgehammer ['sledʒˌhæmə'] n almádena f.

sledging ['sledʒɪŋ] n [in sports] intimidación verbal del contrario.

sleek [sliːk] adj - 1. [hair] suave y brillante; [fur] lustroso(sa). - 2. [shape] de línea depurada.

sleekly ['sliːklɪ] adv [glossily]: **its fur shone** ~ tenía un pelaje lustroso.

sleep [sliːp] (pt & pp **slept** [slept]) ◇ n sueño m; **in one's** ~ en sueños, durante el sueño; **to have a good night's** ~ dormir bien; **to talk in one's** ~ hablar en sueños; **to walk in one's** ~ ser sonámbulo(la) ❏ **to go to** ~ [doze off] dormirse; **my foot has gone to** ~ [become numb] se me ha dormido el pie; **to lose** ~ **over sthg** perder el sueño por algo; **to put to** ~ [animal] matar (a un animal que es viejo o está enfermo); **to send sb to** ~ hacer que alguien se duerma. ◇ vt [accommodate] tener cabida para, poder alojar. ◇ vi dormir.

◆ **sleep around** vi inf pej acostarse con medio mundo.

◆ **sleep in** vi dormir hasta tarde, levantarse tarde.

◆ **sleep off** vt sep: **to** ~ **off a hangover** dormir la borrachera.

◆ **sleep on** vt fus: **to** ~ **on it** consultarlo con la almohada.

◆ **sleep through** vt fus no despertarse con.

◆ **sleep together** vi acostarse, tener relaciones sexuales.

◆ **sleep with** vt fus acostarse con.

sleeper ['sliːpə'] n - 1. [person]: **to be a heavy/light** ~ tener el sueño profundo/ligero. - 2. [sleeping compartment] coche-cama m. - 3. [train] tren m nocturno (con literas). - 4. Br [on railway track] traviesa f. - 5. inf [unexpected success] éxito m inesperado.

sleepily ['sliːpɪlɪ] adv soñolientamente.

sleep-in adj que duerme donde trabaja, interno(na).

sleepiness ['sliːpɪnɪs] n somnolencia f.

sleeping ['sliːpɪŋ] adj durmiente, dormido(da).

sleeping bag n saco m de dormir, bolsa f Amér.

sleeping berth n RAIL & NAUT litera f.

sleeping car n coche-cama m.

sleeping partner n Br socio comanditario m, socia comanditaria f.

sleeping pill n pastilla f para dormir.

sleeping policeman n Br inf rompecoches m inv, badén m.

sleeping sickness n enfermedad f del sueño.

sleeping tablet n pastilla f para dormir.

sleepless ['sliːplɪs] adj en blanco, sin dormir.

sleeplessness ['sliːplɪsnɪs] n insomnio m.

sleepwalk ['sliːpwɔːk] vi [be a sleepwalker] ser sonámbulo(la); [walk in one's sleep] andar mientras uno duerme.

sleepwalker ['sliːpˌwɔːkə'] n sonámbulo m, -la f.

sleepwalking ['sliːpˌwɔːkɪŋ] n sonambulismo m.

sleepy ['sliːpɪ] (compar **sleepier**, superl **sleepiest**) adj - 1. [person] soñoliento(ta). - 2. [place] muerto(ta), poco animado (poco animada).

sleepyhead ['sliːpɪhed] n inf dormilón m, -ona f.

sleet [sliːt] ◇ n aguanieve f. ◇ v impers: **it's** ~**ing** cae aguanieve.

sleeve [sliːv] n - 1. [of garment] manga f; **to have sthg up one's** ~ fig guardar una carta en la manga; **to laugh up one's** ~ fig reírse (uno) para sus adentros. - 2. [for record] cubierta f. - 3. [TECH - for joints] manguito m; [- for lining] camisa f.

sleeveless ['sliːvlɪs] adj sin mangas.

sleigh [sleɪ] n trineo m.

sleight of hand [slaɪt-] n (U) lit & fig juego m de manos.

slender ['slendə'] adj - 1. [thin] esbelto(ta). - 2. [scarce] escaso(sa).

slenderize ['slendəraɪz] vi Am inf adelgazar, perder peso.

slenderness ['slendənɪs] n esbeltez f.

slept [slept] pt & pp → **sleep**.

sleuth [sluːθ] n inf hum sabueso m, detective mf.

sleuthhound ['sluːθhaʊnd] n - 1. [dog] sabueso m. - 2. inf [detective] sabueso m, detective mf.

sleuthing ['sluːθɪŋ] n inf hum trabajo m de detective.

slew [sluː] ◇ pt → **slay**. ◇ vi girar bruscamente. ◇ n inf: **a** ~ **of**, ~**s of** un montón de, montones de.

slewed [sluːd] adj Br inf [drunk] mamado(da).

slice [slaɪs] ◇ n - 1. [of bread] rebanada f; [of cheese] loncha f; [of sausage] raja f; [of lemon] rodaja f; [of meat] tajada f. - 2. [of market, glory] parte f. - 3. [utensil] paleta f. - 4. TENNIS golpe m con efecto bajo. ◇ vt [gen] cortar; [bread] rebanar; **any way you** ~ **it!** Am inf fig por muchas vueltas que le des. ◇ vi: **to** ~ **through** OR **into sthg** cortar algo.

◆ **slice off** vt sep cortar.

sliced bread [slaɪst-] n (U) pan m de molde en rebanadas.

slice-of-life adj como la vida misma, realista.

slicer ['slaɪsə'] n [machine] máquina f de cortar.

slick [slɪk] adj - 1. [smooth, skilful] logrado(da). - 2. pej [superficial - talk] aparentemente brillante; [- person] de labia fácil. - 3. [slippery] resbaladizo(za).

◆ **slick back, slick down** vt sep: **to** ~ **one's hair back** OR **down** alisarse el pelo.

slicker ['slɪkə'] n Am [raincoat] impermeable m.

slickly ['slɪklɪ] adv [answer] con habilidad; [perform] de un modo brillante.

slide [slaɪd] (pt & pp **slid** [slɪd]) ◇ n - 1. [decline] descenso m. - 2. PHOT diapositiva f. - 3. [in playground] tobogán m. - 4. [for microscope] portaobjetos m inv. - 5. Br [for hair] pasador m. ◇ vt deslizar. ◇ vi - 1. [slip] resbalar. - 2. [glide] deslizarse. - 3. [decline gradually] caer; **to let things** ~ dejar que las cosas empeoren.

◆ **slide off** vi - 1. [fall] resbalar, caerse. - 2. [go away] irse discretamente.

slide projector n proyector m de diapositivas.

slide rule n regla f de cálculo.

slide show n diaporama m, proyección f de diapositivas.

sliding ['slaɪdɪŋ] ◇ adj [part] que se desliza; [movement] deslizante; [door] corredero(ra); [panel] móvil. ◇ n deslizamiento m.

sliding door n puerta f corredera.

sliding roof n AUT techo m corredizo OR deslizante.

sliding scale n escala f móvil.

slight [slaɪt] ◇ adj - 1. [improvement, hesitation etc] ligero(ra); [wound] superficial; **not in the** ~**est** en absoluto. - 2. [slender] menudo(da), de aspecto frágil. ◇ n desaire m. ◇ vt menospreciar, desairar.

slighting ['slaɪtɪŋ] adj menospreciativo(va).

slightly ['slaɪtlɪ] adv - 1. [to small extent] ligeramente. - 2. [slenderly]: ~ **built** menudo(da).

slightness ['slaɪtnɪs] n - 1. [trifle] insignificancia f. - 2. [slenderness] menudez f, aspecto m frágil.

slim [slɪm] (*compar* **slimmer**, *superl* **slimmest**, *pt & pp* **slimmed**, *cont* **slimming**) ◇ *adj* - **1.** [person, object] delgado(da). - **2.** [chance, possibility] remoto(ta). ◇ *vi* (intentar) adelgazar.

◆ **slim down** *vi* - **1.** [person] adelgazar. - **2.** *fig* [industry] racionalizar.

slime [slaɪm] *n* [in pond etc] lodo *m*, cieno *m*; [of snail, slug] baba *f*.

slimeball ['slaɪmbɔːl] *n inf* pájaro *m*, -ra *f*, granuja *mf*.

sliminess ['slaɪmɪnɪs] *n* - **1.** [muddiness] fangosidad *f*. - **2.** [stickiness] viscosidad *f*.

slimline ['slɪmlaɪn] *adj* [butter] bajo(ja) en calorías; [milk, cheese] desnatado(da); [soft drink] light *(inv)*.

slimmer ['slɪmə'] *n* persona *f* que intenta adelgazar.

slimming ['slɪmɪŋ] *n* adelgazamiento *m*.

slimness ['slɪmnɪs] *n* delgadez *f*, esbeltez *f*.

slimy ['slaɪmɪ] (*compar* **slimier**, *superl* **slimiest**) *adj* - **1.** [pond etc] fangoso(sa); [snail] baboso(sa). - **2.** *pej* [servile] empalagoso(sa), zalamero(ra).

sling [slɪŋ] (*pt & pp* **slung** [slʌŋ]) ◇ *n* - **1.** [for injured arm] cabestrillo *m*. - **2.** [for carrying things] honda *f*, braga *f*. - **3.** [weapon] honda *f*. ◇ *vt* - **1.** [hang roughly] colgar descuidadamente. - **2.** *inf* [throw] tirar. - **3.** [hang by both ends] colgar.

◆ **sling out** *vt sep Br inf* - **1.** [unwanted items] tirar a la basura. - **2.** [person] lanzar, tirar.

slingback ['slɪŋbæk] *n zapato abierto en la parte del tacón*.

slingshot ['slɪŋʃɒt] *n Am* tirachinas *m inv*.

slink [slɪŋk] (*pt & pp* **slunk** [slʌŋk]) *vi*: **to ~ (away OR off)** escabullirse.

slinky ['slɪŋkɪ] (*compar* **slinkier**, *superl* **slinkiest**) *adj inf* [dress] ajustado(da), ceñido(da).

slip [slɪp] (*pt & pp* **slipped**, *cont* **slipping**) ◇ *n* - **1.** [mistake] descuido *m*, desliz *m*; **a ~ of the pen/tongue** un lapsus. - **2.** [of paper - gen] papelito *m*; [- form] hoja *f*. - **3.** [underskirt] enaguas *fpl*. - **4.** *phr*: **a ~ of a girl** *inf dated* una chiquilla; **to give sb the ~** *inf* dar esquinazo a alguien. ◇ *vt* - **1.** [put, pass] deslizar, pasar; **to ~ sthg into** meter algo rápidamente en; **~ the key under the door** pasa la llave por debajo de la puerta; **to ~ sb a note** pasarle una nota a alguien; **to ~ sthg on/off** [clothes] ponerse/quitarse rápidamente algo. - **2.** [escape] soltarse de; **the dog slipped its lead** *Br* el perro se soltó de la correa; **it slipped my memory** se me fue de la memoria, se me pasó. - **3.** AUT [clutch] mantener pisado(da). - **4.** *phr*: **to ~ one over on sb** *inf* pegársela a alguien, hacer una mala pasada a alguien. ◇ *vi* - **1.** [lose one's balance] resbalar, patinar. - **2.** [slide] escurrirse, resbalar; **the cup slipped out of my hands** la taza se me escurrió de (entre) las manos; **my foot slipped** se me fue el pie. - **3.** [go gradually] ir pasando; **the patient slipped into a coma** el paciente cayó en coma; **to ~ into a habit** adquirir una costumbre. - **4.** [go discreetly or unnoticed] deslizarse; **she slipped quietly into the room** entró en la habitación sin hacer ruido; **why don't you ~ through the kitchen?** ¿por qué no te cuelas por la cocina?; **a few mistakes have slipped into the text** se han colado algunos errores en el texto; **I'll ~ into something cooler** [clothes] voy a ponerme algo más fresco. - **5.** [decline] empeorar; **to let things ~** dejar que las cosas empeoren; **you're slipping!** ¡vas a peor! - **6.** *phr*: **to let sthg ~** decir algo sin querer; **to let ~ an opportunity** dejar escapar una oportunidad.

◆ **slip away** *vi* [person] escabullirse; [time] pasar volando.

◆ **slip by** *vi* [time] pasar.

◆ **slip out** *vi* [escape] escaparse; **the word slipped out before he could stop himself** la palabra se le escapó antes de que pudiera controlarse.

◆ **slip through** *vi* [mistake] colarse, deslizarse.

◆ **slip up** *vi* cometer un error (poco importante).

slipcase ['slɪpkeɪs] *n* [for books, records] estuche *m*.

slipcover ['slɪpkʌvə'] *n Am* [for furniture] funda *f*.

slipknot ['slɪpnɒt] *n* nudo *m* corredizo.

slip-on *adj* sin cordones.

◆ **slip-ons** *npl* zapatos *mpl* sin cordones.

slippage ['slɪpɪdʒ] *n* bajón *m*.

slipped disc [slɪpt-] *n* hernia *f* discal.

slipper ['slɪpə'] *n* zapatilla *f*.

slippery ['slɪpərɪ] *adj* resbaladizo(za).

slippy ['slɪpɪ] (*compar* **slippier**, *superl* **slippiest**) *adj* [slippery] resbaladizo(za).

slip road *n Br* [for joining motorway] acceso *m*; [for leaving motorway] salida *f*.

slipshod ['slɪpʃɒd] *adj* descuidado(da), chapucero(ra).

slipstream ['slɪpstriːm] *n* estela *f*.

slip-up *n inf* fallo *m* poco importante.

slipway ['slɪpweɪ] *n* grada *f*.

slit [slɪt] (*pt & pp* **slit**, *cont* **slitting**) ◇ *n* ranura *f*, hendidura *f*. ◇ *vt* abrir, cortar (a lo largo); **to ~ sb's throat** degollar a alguien.

slither ['slɪðə'] *vi* deslizarse.

slithery ['slɪðərɪ] *adj* [surface] resbaladizo(za); [snake] ondulante.

sliver ['slɪvə'] *n* [of glass] esquirla *f*; [of wood] astilla *f*; [of cheese, ham] tajada *f* muy fina.

Sloane [sləʊn] *n inf*: **~ (Ranger)** *persona de la alta burguesía británica, generalmente una mujer joven, que viste siempre a la moda y afectada,* pijo *m*, -ja *f*.

Sloaney ['sləʊnɪ] *adj inf* pijo(ja).

slob [slɒb] *n inf* guarro *m*, -rra *f*.

slobber ['slɒbə'] *vi* babear.

slobbery ['slɒbərɪ] *adj* [kiss] baboso(sa).

sloe [sləʊ] *n* - **1.** [berry] endrina *f*. - **2.** [tree] endrino *m*.

sloe-eyed *adj* con ojos achinados OR rasgados.

sloe gin *n* ginebra *f* de endrinas.

slog [slɒg] (*pt & pp* **slogged**, *cont* **slogging**) *inf* ◇ *n* - **1.** [work] curro *m*, trabajo *m* pesado. - **2.** [journey] viaje *m* pesado. ◇ *vi* - **1.** [work]: **to ~ (away) at** trabajar sin descanso en. - **2.** [move] caminar con dificultad. ◇ *vt Br* - **1.** [ball] golpear con fuerza. - **2.** [person] atizar un golpe a; **to ~ it out** [fight] darse una tunda.

slogan ['sləʊgən] *n* eslogan *m*.

sloop [sluːp] *n* balandro *m*.

slop [slɒp] (*pt & pp* **slopped**, *cont* **slopping**) ◇ *vt* derramar. ◇ *vi* derramarse. ◇ *n (U) pej* - **1.** [watery food] aguachirle *f*. - **2.** [sentimental writing] sensiblerías *fpl*.

◆ **slops** *npl* [for feeding to animals] bazofia *f*.

◆ **slop about**, **slop around** *inf* ◇ *vi* [be lazy] hacer el vago. ◇ *vt fus*: **he ~s about the house doing nothing** se pasea por la casa sin hacer nada.

◆ **slop out** *vi* [prisoner] vaciar el orinal.

slop basin *n Br recipiente para echar los posos del té*.

slop bucket *n Br* [gen] cubo *m* de la basura; [in prison] orinal *m*.

slope [sləʊp] ◇ *n* - **1.** [hill] cuesta *f*, pendiente *f*; [mountainside] falda *f*, ladera *f*; [of roof] vertiente *f*, agua *f*; **to be on a slippery ~** *fig* estar en un callejón sin salida. - **2.** [degree of inclination] inclinación *f*. ◇ *vi* inclinarse; **the garden ~s down to the road** el jardín baja en pendiente hasta la carretera.

◆ **slope off** *vi inf* marcharse, escabullirse.

sloping ['sləʊpɪŋ] *adj* [gen] inclinado(da); [ground] en pendiente.

sloppily ['slɒpɪlɪ] *adv* - **1.** [work] chapuceramente; [dress] desaliñadamente. - **2.** *Br inf* [sentimentally] con sensiblería.

sloppiness ['slɒpɪnɪs] *n* - **1.** [carelessness] dejadez *f*, descuido *m*. - **2.** [dirtiness] suciedad *f*; [slovenliness] desaliño *m*, desgarbo *m*. - **3.** *inf* [sentimentality] sensiblería *f*.

sloppy ['slɒpɪ] (*compar* **sloppier**, *superl* **sloppiest**) *adj* - **1.** [person] descuidado(da); [work] chapucero(ra); [appearance] dejado(da). - **2.** *inf* [sentimental] sensiblero(ra).

sloppy joe *n inf* - **1.** *Br* [sweater] jersey *m* grande. - **2.** *Am* [hamburger] hamburguesa *f*.

slosh [slɒʃ] ◇ *vt* agitar. ◇ *vi* chapotear.

sloshed [slɒʃt] *adj inf* como una cuba.

slot [slɒt] (*pt & pp* **slotted**, *cont* **slotting**) *n* - **1.** [gen & COMPUT] ranura *f.* - **2.** [groove] muesca *f.* - **3.** [place in schedule] espacio *m.*
◆ **slot in** ◇ *vt sep* [into slot] introducir en la ranura; [into timetable etc] hacer un hueco a. ◇ *vi* [fit neatly] encajar.
◆ **slot together** ◇ *vt sep* encajar, ensamblar. ◇ *vi* encajar.

sloth [sləυθ] *n* - **1.** [animal] perezoso *m.* - **2.** *fml* [laziness] pereza *f.*

slothful ['sləυθfυl] *adj fml* perezoso(sa), indolente.

slot machine *n* - **1.** [vending machine] máquina *f* automática *(de bebidas, cigarrillos etc).* - **2.** [arcade machine] máquina *f* tragaperras.

slot meter *n Br* contador *m* que funciona con monedas.

slotted spatula ['slɒtɪd-] *n Am* paleta *f*, espátula *f.*

slotted spoon ['slɒtɪd-] *n* espumadera *f.*

slouch [slaυtʃ] ◇ *n* - **1.** [in posture]: **to walk with a ~** andar con los hombros caídos. - **2.** *inf* [person]: **he's no ~** no pierde el tiempo, es muy espabilado. ◇ *vi* ir con los hombros caídos.

slouch hat *n* sombrero *m* de ala flexible.

slough [slaυ] ◆ **slough off** *vt sep* [shed] mudar; *fig* [get rid of] deshacerse de.

Slovak ['sləυvæk] ◇ *adj* eslovaco(ca). ◇ *n* - **1.** [person] eslovaco *m*, -ca *f.* - **2.** [language] eslovaco *m.*

Slovakia [slə'vækɪə] *n* Eslovaquia.

Slovakian [slə'vækɪən] ◇ *adj* eslovaco(ca). ◇ *n* eslovaco *m*, -ca *f.*

sloven ['slʌvn] *n* dejado *m*, -da *f.*

Slovene ['sləυviːn] ◇ *adj* esloveno(na). ◇ *n* - **1.** [person] esloveno *m*, -na *f.* - **2.** [language] esloveno *m.*

Slovenia [slə'viːnjə] *n* Eslovenia.

Slovenian [slə'viːnjən] ◇ *adj* esloveno(na). ◇ *n* esloveno *m*, -na *f.*

slovenliness ['slʌvnlɪnɪs] *n* [of dress] desaliño *m*; [of habits] dejadez *f*; [of work] descuido *m.*

slovenly ['slʌvnlɪ] *adj* [unkempt] desaliñado(da); [careless] descuidado(da).

slow [sləυ] ◇ *adj* - **1.** [not fast] lento(ta). - **2.** [not prompt]: **to be ~ to do sthg** tardar en hacer algo; **to be ~ to anger** no ser dado(da) a enfadarse. - **3.** [clock etc] atrasado(da); **my watch is five minutes ~** mi reloj va cinco minutos atrasado. - **4.** [business, place] poco activo (poco activa). - **5.** [not intelligent] corto(ta) (de alcances). ◇ *vt* aminorar, ralentizar. ◇ *vi* ir más despacio. ◇ *adv* despacio, lentamente; **to go ~** [workers] hacer huelga de celo.
◆ **slow down, slow up** ◇ *vt sep* [growth] retrasar; [car] reducir la velocidad de. ◇ *vi* [walker] ir más despacio; [car] reducir la velocidad.

slow-acting *adj* de efectos retardados.

slow burn *n Am*: **to do a ~** montar en cólera.

slowcoach ['sləυkəυtʃ], **slow-poke** *Am n inf* cachazudo *m*, -da *f*, parsimonioso *m*, -sa *f.*

slowdown ['sləυdaυn] *n* - **1.** [in work, economy etc] ralentización *f.* - **2.** *Am* [go-slow] huelga *f* de celo.

slow handclap *n* aplauso lento y rítmico de protesta.

slow lane *n* AUT [when driving on left] carril *m* de la izquierda; [when driving on right] carril *m* de la derecha.

slowly ['sləυlɪ] *adv* despacio, lentamente; **~ but surely** lento pero seguro.

slow motion *n*: **in ~** a cámara lenta.
◆ **slow-motion** *adj* a cámara lenta; **slow-motion replay** repetición *f* a cámara lenta.

slow-moving *adj* [person, car] lento(ta); [film, plot] lento(ta); [market] estancado(da); **~ target** blanco *m* que se mueve lentamente.

slowness ['sləυnɪs] *n* lentitud *f.*

slow-poke *n Am* = **slowcoach**.

slow-witted [-'wɪtɪd] *adj* lento(ta), de pocas luces.

slowworm ['sləυwɜːm] *n* lución *m.*

SLR (*abbr of* **single-lens reflex**) *n* réflex de un objectivo.

sludge [slʌdʒ] *n (U)* [mud] fango *m*, lodo *m*; [sewage] aguas *fpl* residuales.

slue [sluː] *vi & n Am* = **slew**.

slug [slʌg] (*pt & pp* **slugged**, *cont* **slugging**) ◇ *n* - **1.** [animal] babosa *f.* - **2.** *inf* [of alcohol] lingotazo *m.* - **3.** *Am inf* [bullet] bala *f.* ◇ *vt inf* pegar un puñetazo a; **to ~ it out** darse una tunda.

sluggard ['slʌgəd] *n* holgazán *m*, -ana *f.*

slugger ['slʌgə'] *n inf* luchador *m*, -ra *f.*

sluggish ['slʌgɪʃ] *adj* [movement, activity] lento(ta); [feeling] aturdido(da).

sluggishly ['slʌgɪʃlɪ] *adv* [slowly] con lentitud; [lethargically] con pereza; **the market reacted ~** el mercado reaccionó muy débilmente.

sluice [sluːs] ◇ *n* [passage] canal *m* de desagüe; [gate] compuerta *f.* ◇ *vt* [rinse]: **to ~ sthg down** OR **out** lavar algo con mucha agua.

sluice gate, **sluice valve** *n* compuerta *f.*

sluiceway ['sluːsweɪ] *n* - **1.** [of reservoir] aliviadero *m.* - **2.** [channel] canal *m.*

slum [slʌm] (*pt & pp* **slummed**, *cont* **slumming**) ◇ *n* [area] barrio *m* bajo. ◇ *vt*: **to ~ it** *inf* instalarse de cualquier manera por un tiempo. ◇ *vi inf* visitar los barrios bajos.
◇ *comp*: **~ dwelling** cuchitril *m.*

slumber ['slʌmbə'] *literary* ◇ *n* sueño *m.* ◇ *vi* dormir.

slumberer ['slʌmbərə'] *n literary* dormilón *m*, -ona *f.*

slumberous ['slʌmbərəs] *adj literary* [sleepy] soñoliento(ta).

slumber party *n Am* reunión de amigas adolescentes para charlar, ver películas y pasar la noche juntas.

slum clearance *n Br* erradicación *f* del chabolismo.

slumlord ['slʌmlɔːd] *n Am inf* dueño de viviendas pobres (especialmente uno que permite su deterioro).

slump [slʌmp] ◇ *n* - **1.** [decline]: **~ (in)** bajón *m* (en). - **2.** ECON crisis *f* económica. ◇ *vi* - **1.** [fall in value] dar un bajón. - **2.** [person] desplomarse, dejarse caer.

slung [slʌŋ] *pt & pp* → **sling**.

slunk [slʌŋk] *pt & pp* → **slink**.

slur [slɜː'] (*pt & pp* **slurred**, *cont* **slurring**) ◇ *n* - **1.** [insult] agravio *m*, afrenta *f.* - **2.** MUS ligado *m.* ◇ *vt* mascullar.

slurp [slɜːp] *vt* sorber ruidosamente.

slurred [slɜːd] *adj* indistinto(ta).

slurry ['slʌrɪ] *n* [manure] mezcla *f* de estiércol y agua.

slush [slʌʃ] *n* nieve *f* medio derretida.

slush fund, **slush money** *Am n* fondos utilizados para actividades corruptas.

slushy ['slʌʃɪ] (*compar* **slushier**, *superl* **slushiest**) *adj* - **1.** [snow] medio derretido (medio derretida). - **2.** [book, film] sensiblero(ra), sentimentaloide.

slut [slʌt] *n* - **1.** *inf* [dirty or untidy woman] marrana *f.* - **2.** *v inf* [sexually immoral woman] ramera *f*, fulana *f.*

sluttish ['slʌtɪʃ] *adj pej* [appearance] sucio(cia); [morals] depravado(da); [behaviour] disoluto(ta).

sly [slaɪ] (*compar* **slyer** OR **slier**, *superl* **slyest** OR **sliest**) ◇ *adj* - **1.** [look, smile] furtivo(va), pícaro(ra). - **2.** [person] astuto(ta), ladino(na). ◇ *n*: **on the ~** a escondidas.

slyly ['slaɪlɪ] *adv* [look, smile] furtivamente; [act] astutamente.

slyness ['slaɪnɪs] *n (U)* [of person] astucia *f.*

S & M (*abbr of* **sadism and masochism**) *n* sado-maso.

smack [smæk] ◇ *n* - **1.** [slap] cachete *m*, cachetada *f Amér.* - **2.** [impact] golpe *m.* - **3.** *inf* [kiss] beso *m* sonoro. - **4.** [boat] pequeño barco *m* velero de pesca. - **5.** *drugs sl* [heroin] caballo *m.* ◇ *vt* - **1.** [slap] pegar, dar un cachete a. - **2.** [place violently] tirar de golpe. - **3.** *phr*: **to ~ one's lips** relamerse. ◇ *vi*: **to ~ of sthg** oler a algo. ◇ *adv inf* [directly]: **~ in the middle** justo en medio.

smack-dab *adv inf* justo.

smacker ['smækə'] *n inf* - **1.** [kiss] beso *m* sonoro. - **2.** [banknote - dollar] dólar *m*; [- pound] libra *f* (esterlina).

smacking ['smækɪŋ] *adj* fresco(ca).

small [smɔ:l] ◇ *adj* [gen] pequeño(ña); [person] bajo (ja); [matter, attention] de poca importancia; [importance] poco(ca); **it's too ~ for you** te queda pequeño; **in a ~ way** a pequeña escala; **to feel ~** sentir vergüenza; **to make sb look** OR **feel ~** achicar a alguien ❑ **~ businesses** los pequeños comercios. ◇ *adv*: **to cut sthg up ~** cortar algo en trozos pequeños. ◇ *n*: **the ~ of the back** la zona lumbar.
◆ **smalls** *npl Br dated* paños *mpl* menores.

small ads *npl Br* anuncios *mpl* clasificados.

small arms *npl* armas *fpl* portátiles OR de mano.

small beer *n Br inf*: **it's ~** es muy poca cosa; **we're very ~ in the advertising world** en el mundo de la publicidad somos muy poca cosa.

small-bore *adj* de bajo calibre.

small change *n* cambio *m*, suelto *m*.

small-claims court *n juzgado de demandas menores.*

small fry *n* - **1.** [unimportant people] gente *f* de poca monta. - **2.** [children] gente *f* menuda.

small game *n* caza *f* menor.

smallholder ['smɔ:l,həʊldə'] *n Br* minifundista *mf.*

smallholding ['smɔ:l,həʊldɪŋ] *n* minifundio *m.*

small hours *npl* primeras horas *fpl* de la madrugada.

small intestine *n* intestino *m* delgado.

small letter *n* minúscula *f.*

small-minded *adj* mezquino(na).

smallness ['smɔ:lnɪs] *n* [gen] pequeñez *f*; [of rise, amount] escasez *f.*

small potatoes *npl Am inf* - **1.** [person] don *m* nadie. - **2.** [thing] insignificancia *f*, poca cosa *f.*

smallpox ['smɔ:lpɒks] *n* viruela *f.*

small print *n*: **the ~** la letra pequeña.

small-scale *adj* en pequeña escala.

small screen *n*: **the ~** la pequeña pantalla.

small talk *n* (U) conversación *f* trivial.

small-time *adj* de poca monta.

small-town *adj* provinciano(na).

smarm [smɑ:m] *Br inf pej* ◇ *vt* dar coba a, camelar; **you won't ~ your way out of this one!** ¡de ésta no te saldrás con zalamerías! ◇ *vi*: **to ~ up to sb** dar coba OR camelar a alguien. ◇ *n* coba *f*; **full of ~** cobista.

smarmy ['smɑ:mɪ] (*compar* **smarmier**, *superl* **smarmiest**) *adj* cobista.

smart [smɑ:t] ◇ *adj* - **1.** [neat, stylish] elegante. - **2.** *esp Am* [clever] inteligente; [witty] ingenioso(sa). - **3.** [fashionable, exclusive] distinguido(da), elegante. - **4.** [quick, sharp] rápido(da). ◇ *n* [pain] punzada *f.* ◇ *vi* - **1.** [eyes, wound] escocer. - **2.** [person] sentir resquemor.

smart aleck, **smartarse** *Br* ['smɑ:tɑ:s], **smartass** *Am* ['smɑ:rtæs] *n inf* sabihondo *m*, -da *f*, sabelotodo *mf inv.*

smart bomb *n* bomba *f* teledirigida, misil *m* inteligente.

smart card *n* tarjeta *f* inteligente, tarjeta *f* con chip.

smarten ['smɑ:tn] ◆ **smarten up** *vt sep* arreglar.

smartly ['smɑ:tlɪ] *adv* - **1.** [neatly, stylishly] elegantemente. - **2.** [cleverly] inteligentemente. - **3.** [quickly, sharply] rápidamente.

smart money *n inf*: **all the ~ is on him to win the presidency** los más enterados apuestan por él para que gane las elecciones presidenciales.

smartness ['smɑ:tnɪs] *n* - **1.** [elegance] elegancia *f.* - **2.** [cleverness] inteligencia *f.*

smarty ['smɑ:tɪ] (*pl* **smarties**) *n inf* sabelotodo *mf*, listillo *m*, -lla *f.*

smarty-pants (*pl inv*) *n inf*: **you're a real ~, aren't you?** te crees muy listo, ¿verdad?

smash [smæʃ] ◇ *n* - **1.** [sound] estrépito *m.* - **2.** *inf* [car crash] accidente *m.* - **3.** *inf* [success] éxito *m.* - **4.** TENNIS mate

m, smash *m.* ◇ *vt* - **1.** [break into pieces] romper, hacer pedazos. - **2.** [hit, crash]: **to ~ one's fist into sthg** dar un puñetazo en algo. - **3.** *fig* [defeat] aplastar. ◇ *vi* - **1.** [break into pieces] romperse, hacerse pedazos. - **2.** [crash, collide]: **to ~ through sthg** romper algo atravesándolo; **to ~ into sthg** chocar violentamente con algo.
◆ **smash up** *vt sep* romper, hacer pedazos.

smash-and-grab (raid) *Br n robo rápido después de romper un escaparate.*

smashed [smæʃt] *adj inf* [drunk] cocido(da), trompa.

smasher ['smæʃə'] *n Br inf* [thing] maravilla *f*; [person] bombón *m.*

smash hit *n* gran éxito *m.*

smashing ['smæʃɪŋ] *adj inf* fenomenal, estupendo(da).

smash-up *n* choque *m* violento, colisión *f.*

smatter(ing) ['smætə'(ɪŋ)] *n* nociones *fpl*; **he has a ~ of Spanish** habla cuatro palabras de español.

SME (*abbr of* **small and medium-sized enterprise**) *n* PYME *f.*

smear [smɪə'] ◇ *n* - **1.** [dirty mark] mancha *f.* - **2.** MED frotis *m.* - **3.** [slander] calumnia *f*, difamación *f.* ◇ *vt* - **1.** [smudge] manchar. - **2.** [spread]: **to ~ sthg onto sthg** untar algo con algo. - **3.** [slander] calumniar, difamar.

smear campaign *n* campaña *f* difamatoria.

smear test *n* citología *f.*

smeary ['smɪərɪ] (*compar* **smearier**, *superl* **smeariest**) *adj* pringoso(sa), lleno(na) de marcas.

smell [smel] (*pt & pp* **smelled** OR **smelt** [smelt]) ◇ *n* - **1.** [odour] olor *m.* - **2.** [sense of smell] olfato *m*; **to have a good sense of ~** tener buen olfato. ◇ *vt lit & fig* oler. ◇ *vi* - **1.** [gen] oler; **to ~ of/like** oler a/como; **to ~ good/bad** oler bien/mal. - **2.** [smell unpleasantly] oler mal, apestar.
◆ **smell out** *vt sep* olfatear.

smelling salts ['smelɪŋ-] *npl* sales *fpl* aromáticas.

smelly ['smelɪ] (*compar* **smellier**, *superl* **smelliest**) *adj* maloliente, apestoso(sa).

smelt [smelt] ◇ *pt & pp* → **smell**. ◇ *vt* fundir. ◇ *n* [fish] eperlano *m.*

smelter ['smeltə'] *n* - **1.** [person] fundidor *m*, -ra *f.* - **2.** [plant] fundición *f.*

smidgin, smidgen ['smɪdʒɪn] *n inf* pizca *f*, poquito *m.*

smile [smaɪl] ◇ *n* sonrisa *f*; **to give sb a ~** sonreír a alguien ❑ **to be all ~s** estar todo contento (toda contenta); **to wipe the ~ off sb's face** quitarle a alguien las ganas de reír. ◇ *vi* sonreír. ◇ *vt* [agreement, approval] mostrar con una sonrisa.

smiling ['smaɪlɪŋ] *adj* sonriente.

smirk [smɜ:k] ◇ *n* sonrisa *f* desdeñosa. ◇ *vi* sonreír desdeñosamente.

smite [smaɪt] (*pt* **smote** [sməʊt], *pp* **smitten** ['smɪtn]) *vt* - **1.** [afflict]: **to be smitten with sthg** *literary* [fear, remorse] verse abrumado(da) por algo; [illness] estar aquejado(da) de algo. - **2.** *arch* [strike] contundir, golpear.

smith [smɪθ] *n* herrero *m*, -ra *f.*

smithereens [,smɪðə'ri:nz] *npl inf*: **to be smashed to ~** hacerse añicos.

smithy ['smɪðɪ] (*pl* **smithies**) *n* herrería *f.*

smitten ['smɪtn] ◇ *pp* → **smite**. ◇ *adj inf hum*: **to be ~ (with sb)** estar colado(da) (por alguien); **to be ~ (with sthg)** estar entusiasmado(da) (con algo).

smock [smɒk] *n* blusón *m.*

smocking ['smɒkɪŋ] *n* fruncido *m.*

smog [smɒg] *n* niebla *f* baja, smog *m.*

smoggy ['smɒgɪ] (*compar* **smoggier**, *superl* **smoggiest**) *adj*: **it's ~** hay una nube espesa de contaminación.

smoke [sməʊk] ◇ *n* - **1.** [gen] humo *m*; **to go up in ~** *inf* quedar en nada; **there's no ~ without fire** *proverb* cuando el río suena, agua lleva *proverb*. - **2.** [act of smoking]: **to have a ~** fumar. ◇ *vt* - **1.** [cigarette, cigar] fumar. - **2.** [fish, meat, cheese] ahumar. ◇ *vi* - **1.** [smoke tobacco] fumar. - **2.** [give off smoke] echar humo.

◆ **smoke out** *vt sep* - **1.** [from den, hiding place] ahuyentar OR desalojar con humo. - **2.** *fig* [discover] descubrir.

smoke bomb *n* bomba *f* de humo.

smoked [sməʊkt] *adj* ahumado(da).

smoke detector *n* detector *m* de humos.

smoke-dried *adj* ahumado(da).

smoke-filled [-fɪld] *adj* lleno(na) de humo.

smokeless fuel ['sməʊklɪs-] *n* combustible *m* no contaminante.

smokeless zone ['sməʊklɪs-] *n* zona en la que se prohíbe el uso de combustible contaminante.

smoker ['sməʊkə'] *n* - **1.** [person] fumador *m*, -ra *f*. - **2.** RAIL [compartment] compartimiento *m* de fumadores.

smokescreen ['sməʊkskriːn] *n fig* cortina *f* de humo.

smoke shop *n Am* estanco *m*.

smoke signal *n* señal *f* de humo; **to send ~s** enviar señales de humo.

smokestack ['sməʊkstæk] *n* chimenea *f*.

smokestack industry *n Am* industria *f* pesada.

smoking ['sməʊkɪŋ] *n*: **~ is bad for you** fumar es malo; **'no ~'** 'prohibido fumar'.

smoking compartment *Br*, **smoking car** *Am n* compartimiento *m* de fumadores.

smoking jacket *n* batín *m*.

smoking room *n* salón *m* para fumadores.

smoky ['sməʊkɪ] (*compar* **smokier**, *superl* **smokiest**) *adj* - **1.** [full of smoke] lleno(na) de humo. - **2.** [taste, colour] ahumado(da).

smolder *etc Am* = **smoulder** *etc*.

smooch [smuːtʃ] *vi inf* besuquearse.

smooth [smuːð] ◇ *adj* - **1.** [surface] liso(sa); [skin] terso(sa). - **2.** [mixture] sin grumos. - **3.** [movement, taste] suave. - **4.** [flight, ride] tranquilo(la). - **5.** *pej* [person, manner] meloso(sa). - **6.** [trouble-free] sin problemas. ◇ *vt* alisar; **to ~ the way** *fig* allanar el camino.

◆ **smooth out** *vt sep* [cloth] alisar; [difficulties] suavizar.

◆ **smooth over** *vt fus*: **to ~ things over** limar asperezas.

smooth-faced *adj lit* barbilampiño(ña); [after shaving] recién afeitado (recién afeitada); *fig & pej* adulador(ra).

smoothie ['smuːðɪ] *n pej*: **he's a real ~** [in manner] es un zalamero; [in speech] tiene mucha labia.

smoothly ['smuːðlɪ] *adv* - **1.** [evenly] suavemente. - **2.** [suavely] sin alterarse. - **3.** [without problems] sin problemas.

smoothness ['smuːðnɪs] *n* - **1.** [of surface] lisura *f*. - **2.** [of movement, mixture] suavidad *f*. - **3.** [comfort] tranquilidad *f*. - **4.** *pej* [of person] melosidad *f*.

smooth-running *adj* [machine, engine] que funciona bien; [car] cómodo(da); [business, organization] que funciona bien; [plan, operation] que se desarrolla según lo esperado.

smooth-shaven *adj* recién afeitado (recién afeitada).

smooth-spoken *adj* bien hablado (bien hablada).

smooth-talk *vt*: **don't let him ~ you** no te dejes embaucar OR engatusar por él; **she was ~ed into accepting the job** la engatusaron para que aceptara el trabajo.

smooth-talking [-ˌtɔːkɪŋ] *adj* que tiene mucha labia.

smooth-tongued *adj* zalamero(ra).

smoothy ['smuːðɪ] *n* = **smoothie**.

smorgasbord ['smɔːgəsbɔːd] *n* bufé frío al estilo escandinavo.

smote [sməʊt] *pt* → **smite**.

smother ['smʌðə'] *vt* - **1.** [cover thickly]: **to ~ sthg in** OR **with** cubrir algo de. - **2.** [kill] asfixiar. - **3.** [extinguish] sofocar, apagar. - **4.** *fig* [control] controlar, contener. - **5.** [suffocate with love] abrumar de afecto.

smoulder *Br*, **smolder** *Am* ['sməʊldə'] *vi* - **1.** [fire] arder sin llama. - **2.** *fig* [person, feelings] arder.

smouldering *Br*, **smoldering** *Am* ['sməʊldərɪŋ] *adj* [fire] que arde lentamente; [anger, passion] latente; [embers, ruins] humeante; [eyes] ardiente.

smudge [smʌdʒ] ◇ *n* [dirty mark] mancha *f*; [ink blot] borrón *m*. ◇ *vt* [by blurring] emborronar; [by dirtying] manchar.

smudge pot *n Am* recipiente *m* para ahumar.

smudgy ['smʌdʒɪ] (*compar* **smudgier**, *superl* **smudgiest**) *adj* - **1.** [dirty] manchado(da). - **2.** [blurred] emborronado(da).

smug [smʌg] (*compar* **smugger**, *superl* **smuggest**) *adj pej* pagado de sí mismo (pagada de sí misma).

smuggle ['smʌgl] *vt* - **1.** [across frontiers] pasar de contrabando. - **2.** [against rules]: **to ~ sthg in/out** pasar/sacar algo.

smuggler ['smʌglə'] *n* contrabandista *mf*.

smuggling ['smʌglɪŋ] *n* (U) contrabando *m*.

smugly ['smʌglɪ] *adv* con suficiencia.

smugness ['smʌgnɪs] *n pej* presunción *f*.

smut [smʌt] *n* - **1.** [dirty mark] tiznón *m*, tiznadura *f*. - **2.** (U) *inf pej* [lewd matter] guarrerías *fpl*.

smuttiness ['smʌtɪnɪs] *n inf pej* guarrería *f*.

smutty ['smʌtɪ] (*compar* **smuttier**, *superl* **smuttiest**) *adj inf pej* guarro(rra).

snack [snæk] ◇ *n* bocado *m*, piscolabis *m inv*, botana *f Amér*; **to have a ~** picar algo, tomar un piscolabis. ◇ *vi Am* picar.

snack bar *n* bar *m*, cafetería *f*.

snaffle ['snæfl] ◇ *vt* - **1.** *Br inf* [get] agenciarse; [steal] afanar. - **2.** [horse] poner un bridón a. ◇ *n* [for horse]: **~ (bit)** bridón *m*.

snafu [snæ'fuː] *military sl* ◇ *adj* embrollado(da). ◇ *n* embrollo. ◇ *vt Am* embrollar.

snag [snæg] (*pt & pp* **snagged**, *cont* **snagging**) ◇ *n* - **1.** [problem] pega *f*. - **2.** [tear] enganchón *m*, desgarrón *m*. ◇ *vt* engancharse. ◇ *vi*: **to ~ (on)** engancharse (en).

snail [sneɪl] *n* caracol *m*.

snake [sneɪk] ◇ *n* [large] serpiente *f*; [small] culebra *f*; **~ in the grass** *fig* traidor *m*, -ra *f*. ◇ *vi* serpentear.

snakebite ['sneɪkbaɪt] *n* - **1.** [bite] mordedura *f* de serpiente. - **2.** [drink] cerveza *f* (rubia) con sidra.

snake charmer *n* encantador *m*, -ra *f* de serpientes.

snake oil *n* potingue *m*.

snakes and ladders *n* ≃ juego *m* de la oca.

snakeskin ['sneɪkskɪn] *n* piel *f* de serpiente.

snaky ['sneɪkɪ] (*compar* **snakier**, *superl* **snakiest**) *adj* [winding] serpenteante, serpentino(na).

snap [snæp] (*pt & pp* **snapped**, *cont* **snapping**) ◇ *adj* repentino(na). ◇ *n* - **1.** [act or sound] crujido *m*, chasquido *m*. - **2.** *inf* [photograph] foto *f*. - **3.** [card game] ≃ guerrilla *f*. - **4.** *inf* [energy] brío *m*, energía *f*; **put some ~ into it!** *Am* ¡venga! - **5.** *Am inf* [easy task]: **it's a ~!** ¡está chupado!, ¡es pan comido! - **6.** CULIN [biscuit] galleta *f*. ◇ *vt* - **1.** [break] partir (en dos). - **2.** [move with a snap]: **to ~ sthg open** abrir algo de golpe. - **3.** [speak sharply] decir bruscamente OR de mala manera. ◇ *vi* - **1.** [break] partirse (en dos). - **2.** [move with a snap]: **to ~ into place** colocarse con un golpe seco. - **3.** [attempt to bite]: **to ~ at sthg/sb** intentar morder algo/a alguien. - **4.** [speak sharply]: **to ~ (at sb)** contestar bruscamente OR de mala manera a alguien. - **5.** *phr*: **to ~ out of it** animarse de repente.

◆ **snap up** *vt sep* - **1.** [bargain, opportunity] no dejar escapar. - **2.** *phr*: **~ it up!** *Am inf* ¡muévete!, ¡espabila!

snap bean *n Am* judía *f* verde.

snapdragon ['snæpˌdrægən] *n* BOT dragón *m*.

snap fastener *n esp Am* automático *m*, corchete *m*.

snap-on *adj* [collar, cuffs, hood] separable (con automáticos).

snapper ['snæpə'] (*pl inv* OR **snappers**) *n* - **1.** [fish] cubera *f*. - **2.** = **snapping turtle**.

snapping turtle ['snæpɪŋ] *n* tortuga *f* mordedora.

snappish ['snæpɪʃ] *adj* irritable.

snappy ['snæpɪ] (*compar* **snappier**, *superl* **snappiest**) *adj inf* - **1.** [stylish] con estilo. - **2.** [quick] rápido(da); **look ~!**

¡muévete!, ¡espabila!; **make it** ~! ¡date prisa! - **3.** [bad-tempered] irritable.

snapshot ['snæpʃɒt] n foto f.

snare [sneəʳ] ◇ n - **1.** [trap] trampa f. - **2.** [on drum] bordón m. ◇ vt [animal] cazar con trampa; [person] hacer caer en la trampa.

snare drum n tambor m, caja f.

snarl [snɑːl] ◇ n gruñido m. ◇ vi - **1.** [animal, person] gruñir. - **2.** [become tangled] enmarañarse, enredarse. ◇ vt [entangle] enmarañar, enredar.

◆ **snarl up** vt sep: **to be** ~**ed up** [gen] estar enredado(da); [traffic] estar atascado(da) OR embotellado(da).

snarl-up n [gen] embrollo m; [of traffic] atasco m.

snatch [snætʃ] ◇ n - **1.** [of conversation, song] fragmento m. - **2.** inf [kidnapping] secuestro m. - **3.** [in weightlifting] arrancada f. ◇ vt - **1.** [grab] agarrar; **to** ~ **sthg (away) from sb** arrancarle OR arrebatarle algo a alguien. - **2.** [take as time allows]: **to** ~ **some sleep** sacar tiempo para dormir; **to** ~ **an opportunity/a few moments** aprovechar una oportunidad/unos minutos. - **3.** inf [kidnap] secuestrar. ◇ vi: **to** ~ **at sthg** intentar agarrar algo.

◆ **snatch up** vt sep coger rápidamente.

snatcher ['snætʃəʳ] n arrebatador m, -ra f.

snatch squad n Br grupo de policías formado para detener a los cabecillas de una manifestación.

snazzy ['snæzɪ] (compar **snazzier**, superl **snazziest**) adj inf [stylish] chulo(la); [showy] llamativo(va).

sneak [sniːk] (Am pt **snuck** [snʌk]) ◇ n Br inf acusica mf, chivato m, -ta f. ◇ vt colar, pasar a escondidas; **to** ~ **a look at** echar una mirada furtiva a. ◇ vi: **to** ~ **in/out** entrar/salir a escondidas.

◆ **sneak away**, **sneak off** vi escabullirse.

◆ **sneak up** vi acercarse sigilosamente; **to** ~ **up on sb** acercarse a alguien sigilosamente.

sneakers ['sniːkərz] npl Am zapatos mpl de lona.

sneaking ['sniːkɪŋ] adj secreto(ta).

sneak preview n pase m privado (de una película aún no estrenada).

sneak thief n ratero m, -ra f.

sneaky ['sniːkɪ] (compar **sneakier**, superl **sneakiest**) adj inf solapado(da).

sneer [snɪəʳ] ◇ n mueca f de desprecio. ◇ vi - **1.** [smile unpleasantly] sonreír con desprecio. - **2.** [ridicule]: **to** ~ **(at)** burlarse (de).

sneering ['snɪərɪŋ] ◇ adj burlón(ona), socarrón(ona). ◇ n (U) risas fpl burlonas OR socarronas.

sneeze [sniːz] ◇ n estornudo m. ◇ vi estornudar; **it's not to be** ~**d at** inf no es de despreciar.

sneezing ['sniːzɪŋ] n (U) estornudos mpl.

snick [snɪk] ◇ n [notch] muesca f. ◇ vt [wood] hacer una muesca en; [cloth] hacer un cortecito en.

snicker ['snɪkəʳ] vi Am reírse por lo bajo.

snide [snaɪd] adj sarcástico(ca).

sniff [snɪf] ◇ n: **to give a** ~ sorber por la nariz. ◇ vt - **1.** [smell] oler. - **2.** [drug] esnifar. ◇ vi - **1.** [to clear nose] sorberse los mocos; [to smell] olfatear. - **2.** [to show disapproval]: **to** ~ **at sthg** desdeñar algo.

◆ **sniff out** vt sep - **1.** [detect by sniffing] olfatear. - **2.** inf [seek out] descubrir.

sniffer dog ['snɪfəʳ-] n perro entrenado para olfatear drogas o explosivos.

sniffle ['snɪfl] vi [during a cold] sorberse los mocos; [when crying] sorberse las lágrimas.

◆ **sniffles** npl inf: **to have the** ~**s** estar resfriado(da).

sniffy ['snɪfɪ] (compar **sniffier**, superl **sniffiest**) adj inf despreciativo(va), desdeñoso(sa).

snifter ['snɪftəʳ] n - **1.** Am [glass] copa f de coñac. - **2.** Br inf [drink] trago m, chupito m.

snigger ['snɪgəʳ] ◇ n risa f disimulada. ◇ vi reírse por lo bajo.

sniggering ['snɪgərɪŋ] ◇ n (U) risas fpl disimuladas; [sarcastic] risas fpl burlonas. ◇ adj burlón(ona), socarrón(ona).

snip [snɪp] (pt & pp **snipped**, cont **snipping**) ◇ n inf [bargain] ganga f. ◇ vt cortar con tijeras.

◆ **snip off** vt sep cortar con tijeras, dar un tijeretazo a.

snipe [snaɪp] ◇ vi - **1.** [shoot]: **to** ~ **(at)** disparar (a). - **2.** [criticize]: **to** ~ **at sb** criticar a alguien. ◇ n ZOOL agachadiza f.

sniper ['snaɪpəʳ] n francotirador m, -ra f.

snippet ['snɪpɪt] n retazo m, fragmento m.

snippy ['snɪpɪ] (compar **snippier**, superl **snippiest**) adj inf [brusque] seco(ca), brusco(ca).

snit [snɪt] n inf pronto m, arranque m de cólera.

snitch [snɪtʃ] inf ◇ n [informer] chivato m, -ta f, soplón m, -na f. ◇ vt [steal] birlar, mangar. ◇ vi [inform] chivarse, dar el soplo.

snivel ['snɪvl] (Br pt & pp **snivelled**, cont **snivelling** Am pt & pp **sniveled**, cont **sniveling**) vi lloriquear.

snivelling Br, **sniveling** Am ['snɪvlɪŋ] ◇ adj llorón(ona). ◇ n (U) [crying] lloriqueo m; [because of cold] moqueo m, sorbidos mpl; **stop your** ~ [tears] ¡para ya de lloriquear!; [sniffling] ¡para ya de sorberte los mocos!

snob [snɒb] n esnob mf.

snobbery ['snɒbərɪ] n esnobismo m.

snobbish ['snɒbɪʃ], **snobby** ['snɒbɪ] (compar **snobbier**, super **snobbiest**) adj esnob.

snog [snɒg] (pt & pp **snogged**, cont **snogging**) Br inf ◇ vi pegarse el lote, morrearse. ◇ vt pegarse el lote OR morrearse con. ◇ n: **to have a** ~ pegarse el lote, morrearse.

snogging ['snɒgɪŋ] n Br inf: **there was a lot of** ~ **going on** se estaban pegando el lote OR morreando.

snood [snuːd] n redecilla f.

snook [snuːk] n Br: **to cock a** ~ **at sb** hacer burla a alguien con la mano.

snooker ['snuːkəʳ] ◇ n snooker m, juego parecido al billar. ◇ vt Br inf: **to be** ~**ed** estar con las manos atadas.

snoop [snuːp] vi inf fisgonear.

snooper ['snuːpəʳ] n inf fisgón m, -ona f.

snoopy ['snuːpɪ] (compar **snoopier**, superl **snoopiest**) adj inf cotilla, fisgón(ona).

snoot [snuːt] n v inf [nose] napia f.

snooty ['snuːtɪ] (compar **snootier**, superl **snootiest**) adj engreído(da).

snooze [snuːz] ◇ n cabezada f. ◇ vi dormitar.

snore [snɔːʳ] ◇ n ronquido m. ◇ vi roncar.

snorer ['snɔːrəʳ] n persona f que ronca.

snoring ['snɔːrɪŋ] n (U) ronquidos mpl.

snorkel ['snɔːkl] n tubo m respiratorio (para bucear).

snorkelling Br, **snorkeling** Am ['snɔːklɪŋ] n buceo m con tubo.

snort [snɔːt] ◇ n resoplido m. ◇ vi resoplar. ◇ vt drugs sl esnifar.

snot [snɒt] n inf - **1.** (U) [in nose] mocos mpl. - **2.** [person] sabandija mf, mequetrefe m.

snotty ['snɒtɪ] (compar **snottier**, superl **snottiest**) adj inf fig [snooty] engreído(da), altivo(va).

snotty-nosed adj inf lit & fig mocoso(sa).

snout [snaʊt] n hocico m.

snow [snəʊ] ◇ n - **1.** METEOR nieve f ❑ **as pure as the driven** ~ puro(ra) y virginal. - **2.** [on screen] nieve f, interferencia f. - **3.** drugs sl [cocaine] nieve f, coca f. ◇ v impers nevar. ◇ vt Am inf [flatter] adular, dorar la píldora a; [deceive] embaucar.

◆ **snow in** vt sep fig: **to be** ~**ed in** estar bloqueado(da) por la nieve.

◆ **snow under** vt sep fig: **to be** ~**ed under (with)** estar inundado(da) (de).

snowball ['snəʊbɔːl] ◇ n bola f de nieve. ◇ vi fig aumentar rápidamente.

snowbank ['snəʊbæŋk] *n* banco *m* de nieve.

snow-blind *adj*: **to be** ~ estar cegado(da) por el reflejo de la nieve.

snow blindness *n* ceguera *f* de la nieve.

snow-boot *n* descanso *m*, après-ski *m inv*.

snowbound ['snəʊbaʊnd] *adj* bloqueado(da) por la nieve.

snowcap ['snəʊkæp] *n* capa *f* de nieve.

snow-capped [-kæpt] *adj* de cumbres nevadas.

snowcat ['snəʊkæt] *n* motonieve *f*.

snowdrift ['snəʊdrɪft] *n* ventisquero *m*, montón *m* de nieve.

snowdrop ['snəʊdrɒp] *n* campanilla *f* blanca.

snowfall ['snəʊfɔːl] *n* nevada *f*.

snow fence *n* valla *f* paranieves.

snowfield ['snəʊfiːld] *n* campo *m* nevado OR de nieve.

snowflake ['snəʊfleɪk] *n* copo *m* de nieve.

snow job *n Am v inf* trola *f*, bola *f*.

snowline ['snəʊlaɪn] *n* límite *m* de las nieves perpetuas.

snowman ['snəʊmæn] (*pl* **snowmen** [-men]) *n* muñeco *m* de nieve.

snowmobile ['snəʊməbiːl] *n vehículo automotor para ir por la nieve*.

snow pea *n Am* guisante *m* mollar.

snowplough *Br*, **snowplow** *Am* ['snəʊplaʊ] *n* - **1**. [vehicle] quitanieves *m inv*. - **2**. [in skiing] cuña *f*.

snowshoe ['snəʊʃuː] *n* raqueta *f* de nieve.

snowslide ['snəʊslaɪd] *n* alud *m* de nieve.

snowstorm ['snəʊstɔːm] *n* tormenta *f* de nieve.

snowsuit ['snəʊsuːt] *n* traje *m* para la nieve.

snow tyre *n* neumático *m* para nieve.

snow-white *adj* blanco(ca) como la nieve.

snowy ['snəʊɪ] (*compar* **snowier**, *superl* **snowiest**) *adj* [day, weather] de mucha nieve, nevoso(sa); [countryside, roads] nevado(da).

SNP *n written abbr of* **Scottish National Party**.

Snr, snr (*abbr of* **senior**) sén.

snub [snʌb] (*pt & pp* **snubbed**, *cont* **snubbing**) ◇ *n* desaire *m*. ◇ *vt* desairar.

snub-nosed *adj* de nariz chata.

snuck [snʌk] *pt Am* → **sneak**.

snuff [snʌf] ◇ *n* [tobacco] rapé *m*. ◇ *vt* - **1**. [candle] despabilar. - **2**. [sniff] olfatear. - **3**. *phr*: **to ~ it** *inf* estirar la pata.
◆ **snuff out** *vt sep* - **1**. [candle] despabilar. - **2**. *fig* [rebellion] sofocar.

snuffbox ['snʌfbɒks] *n* tabaquera *f* de rapé.

snuffer ['snʌfəʳ] *n*: **(candle)** ~ apagavelas *m inv*.

snuffle ['snʌfl] *vi* [during a cold] sorberse los mocos; [when crying] sorberse las lágrimas.

snuff movie *n* película porno con un asesinato como desenlace.

snug [snʌg] (*compar* **snugger**, *superl* **snuggest**) ◇ *adj* - **1**. [person] cómodo y calentito (cómoda y calentita); [feeling] de bienestar. - **2**. [place] acogedor(ra). - **3**. [close-fitting] ajustado(da), ceñido(da). ◇ *n Br* [in pub] ≃ reservado *m*.

snuggle ['snʌgl] ◇ *vi*: **to ~ up to sb** arrimarse a alguien; **to ~ down** acurrucarse. ◇ *vt* [child, kitten] apretar, acurrucar.

snugly ['snʌglɪ] *adv* - **1**. [cosily] cómodamente. - **2**. [in fit]: **to fit** ~ ajustarse perfectamente.

so [səʊ] ◇ *adv* - **1**. [to such a degree] tan; ~ **difficult (that)** tan difícil (que); **don't be** ~ **stupid!** ¡no seas bobo!; **I've never seen** ~ **much money/many cars** nunca he visto tanto dinero/tantos coches; **he's not** ~ **stupid as he looks** no es tan bobo como parece; **we're** ~ **glad you could come** estamos contentísimos de que estés aquí. - **2**. [in referring back to previous statement, event etc]: ~ **what's the point then?** entonces ¿qué sentido tiene?; ~ **you knew already?** ¿así que ya lo sabías?; **I don't think** ~ no creo, me parece que no; **I hope** ~ eso espero; **I'm afraid** ~ me temo que sí; **I told you** ~ te lo dije; **if** ~ si es así, de ser así; **is that** ~? ¿es cierto?; ~ **he says** eso dice él.

- **3**. [also] también; ~ **can I** y yo (también puedo); ~ **do I** y yo (también); **she speaks French and** ~ **does her husband** ella habla francés y su marido también; **as with children** ~ **with adults** igual que con los niños, también con los adultos; **just as some people like family holidays** ~ **others prefer to holiday alone** igual que hay gente a la que le gustan las vacaciones familiares, otros las prefieren pasar solos. - **4**. [in such a way]: **(like)** ~ así, de esta forma; **it was** ~ **arranged as to look impressive** estaba dispuesto de tal manera que pareciera impresionante. - **5**. [in expressing agreement]: ~ **there is!** ¡pues (sí que) es verdad!, ¡sí que lo hay, sí!; ~ **I see** ya lo veo. - **6**. [unspecified amount, limit]: **how much water do I need? - about** ~ **much** ¿cuánta agua necesito? - un tanto así; **it's not** ~ **much the money as the time involved** no es tanto el dinero como el tiempo que conlleva; **or** ~ o así; **a year/week or** ~ **ago** hace un año/una semana o así. ◇ *conj* - **1**. [with the result that, therefore] así que, por lo tanto; **he said yes and** ~ **we got married** dijo que sí, así que nos casamos. - **2**. [to introduce a statement] (bueno) pues; ~ **what have you been up to?** bueno, ¿y qué has estado haciendo?; ~ **that's who she is!** ¡esa es! ❑ ~ **what?** *inf* ¿y qué?; ~ **there** *inf* ¡(y si no te gusta), a chinchas!
◆ **and so on, and so forth** *adv* y cosas por el estilo.
◆ **so as** *conj* para; **we didn't knock** ~ **as not to disturb them** no llamamos para no molestarlos.
◆ **so that** *conj* para que; **he lied** ~ **that she would go free** mintió para que ella quedara en libertad.

SO *written abbr of* **standing order**.

soak [səʊk] ◇ *vt* - **1**. [leave immersed] poner en remojo. - **2**. [wet thoroughly] empapar, ensopar *Amér*; **to be ~ed with** estar empapado(da) de. - **3**. *inf* [overcharge] timar. ◇ *vi* - **1**. [become thoroughly wet]: **to leave sthg to** ~, **to let sthg** ~ dejar algo en remojo. - **2**. [spread]: **to** ~ **into** OR **through** sthg calar algo. ◇ *n* - **1**. [in water] remojo *m*; [of person] remojón *m*. - **2**. *inf* [heavy drinker] borrachín *m*, -ina *f*.
◆ **soak up** *vt sep* [liquid] empapar, absorber; **to** ~ **up the sun** disfrutar del sol.

soaked [səʊkt] *adj* empapado(da), calado(da); **to be** ~ **through** estar empapado OR calado hasta los huesos.

soaking ['səʊkɪŋ] *adj* empapado(da), calado(da); **I'm** ~ **wet** estoy empapado OR calado hasta los huesos.

so-and-so *n inf* - **1**. [to replace a name] fulano *m*, -na *f* de tal. - **2**. [annoying person] hijo *m*, -ja *f* de tal.

soap [səʊp] ◇ *n* - **1**. *(U)* [for washing] jabón *m*. - **2**. TV culebrón *m*, telenovela *f*; RADIO serial *m* radiofónico, radionovela *f*. ◇ *vt* enjabonar.
◆ **soap down** *vt sep* enjabonar.

soapbox ['səʊpbɒks] *n* [for speaker] tribuna *f* improvisada.

soap bubble *n* pompa *f* de jabón.

soapdish ['səʊpdɪʃ] *n* jabonera *f*.

soap flakes *npl* escamas *fpl* de jabón.

soap opera *n* - **1**. TV culebrón *m*, telenovela *f*. - **2**. RADIO serial *m* radiofónico, radionovela *f*.

soap powder *n* detergente *m* en polvo.

soapstone ['səʊpstəʊn] *n* esteatita *f*.

soapsuds ['səʊpsʌdz] *npl* espuma *f* de jabón, jabonaduras *fpl*.

soapy ['səʊpɪ] (*compar* **soapier**, *superl* **soapiest**) *adj* - **1**. [full of soap] jabonoso(sa). - **2**. [taste] a jabón; [texture] de jabón.

soar [sɔːʳ] *vi* - **1**. [bird] remontar el vuelo. - **2**. [rise into the sky] elevarse. - **3**. [increase rapidly] alcanzar cotas muy altas. - **4**. *literary* [be impressively high] elevarse. - **5**. [rise in volume or pitch] subir de volumen.

soaring ['sɔːrɪŋ] *adj* - **1**. [rapidly increasing, rising] cada vez más alto (cada vez más alta). - **2**. [impressively high] altísimo(ma).

sob[1] [sɒb] (*pt & pp* **sobbed**, *cont* **sobbing**) ◇ *n* sollozo *m*. ◇ *vt* decir sollozando. ◇ *vi* sollozar.

sob[2], **SOB** ['esəʊbiː] *n Am inf written abbr of* **son of a bitch**.

sobbing ['sɒbɪŋ] *n (U)* sollozos *mpl*.

sober ['səʊbəʳ] *adj* - **1.** [gen] sobrio(bria). - **2.** [serious] serio(ria).
◆ **sober up** *vi* pasársele a uno la borrachera.
sobering ['səʊbərɪŋ] *adj* que hace reflexionar.
soberly ['səʊbəlɪ] *adv* [act, speak] con sobriedad OR moderación; [dress] con sobriedad OR discreción; **he said** ~ [calmly] dijo en tono comedido; [solemnly] dijo con seriedad.
sobersides ['səʊbəsaɪdz] (*pl inv*) *n inf* persona *f* muy seria.
sobriety [səʊ'braɪətɪ] *n fml* sobriedad *f*.
sobriquet ['səʊbrɪkeɪ] *n literary* apodo *m*, sobrenombre *m*.
sob story [sɒb-] *n inf pej* historia *f* lacrimógena.
Soc. *written abbr of* **Society**.
so-called [-kɔːld] *adj* - **1.** [misleadingly named] mal llamado (mal llamada), supuesto(ta). - **2.** [widely known as] así llamado (así llamada).
soccer ['sɒkəʳ] ◇ *n* (U) fútbol *m*. ◇ *comp* [match, team] de fútbol; ~ **hooligan** hincha *m* violento.
sociability [,səʊʃə'bɪlətɪ] *n* sociabilidad *f*.
sociable ['səʊʃəbl] ◇ *adj* sociable. ◇ *n Am* = **social**.
social ['səʊʃl] ◇ *adj Am* social. ◇ *n* reunión *f* social.
social chapter *n* capítulo *m* social.
Social Charter *n* Carta *f* Social Europea.
social climber *n pej* arribista *mf*.
social club *n* club *m* social.
social conscience *n* conciencia *f* social.
social contract *n* contrato *m* social.
social democracy *n* social democracia *f*.
social democrat *n* socialdemócrata *mf*.
social democratic *adj* socialdemócrata.
Social Democratic Party *n* Partido *m* Socialdemócrata.
social disease *n euph* [venereal disease] enfermedad *f* venérea.
social drinker *n*: **he's purely a** ~ sólo bebe cuando está con amigos.
social engineering *n* política *f* social.
social event *n* - **1.** [at work etc] acto *m* social. - **2.** [in village etc] acontecimiento *m* social.
social fund *n* en Gran Bretaña, fondo de prestaciones en casos de extrema necesidad.
social insurance *n* seguridad *f* social.
socialism ['səʊʃəlɪzm] *n* socialismo *m*.
socialist ['səʊʃəlɪst] ◇ *adj* socialista. ◇ *n* socialista *mf*.
socialite ['səʊʃəlaɪt] *n persona que lleva una intensa vida social*.
socialize, -ise ['səʊʃəlaɪz] ◇ *vi*: **to** ~ **(with)** alternar (con). ◇ *vt* POL socializar.
socialized medicine ['səʊʃəlaɪzd-] *n Am asistencia médica estatal financiada mediante impuestos*.
social life *n* vida *f* social.
socially ['səʊʃəlɪ] *adv* - **1.** [towards society] socialmente; ~ **acceptable** socialmente aceptable, aceptable para la sociedad. - **2.** [outside business] fuera del trabajo.
social order *n* orden *m* social.
social outcast *n* paria *mf*.
social science *n* - **1.** (U) [in general] ciencias *fpl* sociales. - **2.** [individual science] ciencia *f* social.
social scientist *n* especialista *mf* en ciencias sociales.
social security *n* seguridad *f* social.
social services *npl* servicios *mpl* sociales.
social studies *n* (ciencias *fpl*) sociales *fpl*, estudios *mpl* sociales.
social work *n* trabajo *m* OR asistencia *f* social.
social worker *n* asistente *m*, -ta *f* social.
societal [sə'saɪətl] *adj* social.
society [sə'saɪətɪ] (*pl* **societies**) *n* - **1.** [gen] sociedad *f*. - **2.** [club, organization] sociedad *f*, asociación *f*. - **3.** *literary* [company] compañía *f*.

sociocultural [,səʊsɪəʊ'kʌltʃərəl] *adj* sociocultural.
socioeconomic [,səʊsɪəʊ,iːkə'nɒmɪk] *adj* socioeconómico(ca).
sociolinguistic [,səʊsɪəʊlɪŋ'gwɪstɪk] *adj* sociolingüístico(ca).
sociolinguistics [,səʊsɪəʊlɪŋ'gwɪstɪks] *n* (U) sociolingüística *f*.
sociological [,səʊsjə'lɒdʒɪkl] *adj* sociológico(ca).
sociologist [,səʊsɪ'blədʒɪst] *n* sociólogo *m*, -ga *f*.
sociology [,səʊsɪ'blədʒɪ] *n* sociología *f*.
sociopath [,səʊsɪəʊ'pæθ] *n* persona *f* antisocial.
sociopolitical [,səʊsɪəʊpə'lɪtɪkl] *adj* sociopolítico(ca).
sock [sɒk] ◇ *n* calcetín *m*; **to pull one's** ~**s up** *inf fig* hacer un esfuerzo; **put a** ~ **in it!** *Br inf* ¡cierra el pico! ◇ *vt inf* [hit] dar un puñetazo OR una castaña a.
socket ['sɒkɪt] *n* - **1.** ELEC [for bulb] casquillo *m*; [for plug] enchufe *m*. - **2.** [of eye] cuenca *f*; [of joint] glena *f*; [of tooth] alveolo *m*.
socket set *n* juego *m* de casquillos.
socking ['sɒkɪŋ] *adv Br inf* [as intensifier] enormemente.
socle ['sɒkl] *n* zócalo *m*.
Socratic [sɒ'krætɪk] *adj* socrático(ca).
sod [sɒd] *n* - **1.** [of turf] tepe *m*. - **2.** *v inf* [person] cabroncete *m*.
◆ **sod off** *vi Br v inf* pirarse; ~ **off!** ¡vete al carajo!
soda ['səʊdə] *n* - **1.** [gen] soda *f*. - **2.** *Am* [fizzy drink] gaseosa *f*.
soda ash *n* carbonato *m* de sodio anhidro, sosa *f* comercial.
soda biscuit *n Br* galleta *f* salada.
soda bread *n* pan *m* con levadura química.
soda cracker *n* galleta *f* salada.
soda fountain *n Am* - **1.** [soda siphon] sifón *m*. - **2.** [counter] *mostrador donde se despachan refrescos en una tienda*.
soda jerk *n Am inf* dependiente *mf* de una heladería.
soda lime *n* hidróxido *m* sódico-cálcico OR potásico-cálcico.
sodality [sə'dælətɪ] (*pl* **sodalities**) *n* - **1.** RELIG cofradía *f*, hermandad *f*. - **2.** *fml* [fellowship] asociación *f*.
sod all *n Br*: **he does** ~ **around the house** no pega golpe en casa.
soda pop *n Am inf* refresco *m* con burbujas.
soda siphon *n* sifón *m*.
soda split *n Am* botellín *m* de gaseosa.
soda water *n* soda *f*.
sodden ['sɒdn] *adj* empapado(da).
sodding ['sɒdɪŋ] *Br v inf* ◇ *adj* puñetero(ra). ◇ *adv* [very] terriblemente, enormemente; [as intensifier]: **you can** ~ **well do it yourself** ¿y por qué leches no lo haces tú mismo?
sodium ['səʊdɪəm] *n* sodio *m*.
sodium bicarbonate *n* bicarbonato *m* de sodio.
sodium chloride *n* cloruro *m* de sodio.
Sodom ['sɒdəm] *n* Sodoma.
sodomite ['sɒdəmaɪt] *n* sodomita *m*.
sodomize, -ise ['sɒdəmaɪz] *vt* sodomizar.
sodomy ['sɒdəmɪ] *n* sodomía *f*.
sofa ['səʊfə] *n* sofá *m*.
sofa bed *n* sofá cama *m*.
soffit ['sɒfɪt] *n* sofito *m*.
Sofia ['səʊfjə] *n* Sofía.
soft [sɒft] ◇ *adj* - **1.** [pliable, not stiff] blando(da). - **2.** [smooth, gentle, not bright] suave. - **3.** [caring] de buen corazón. - **4.** [lenient] blando(da), indulgente; **to be** ~ **on sb** ser blando con alguien. - **5.** [weak] blando(da), débil. - **6.** [water] blando(da). - **7.** *inf* [fond]: **to be** ~ **on sb** estar enamorado(da) de alguien. - **8.** *inf* [mentally]: **to be** ~ **in the head** estar mal de la cabeza. - **9.** *inf* [job, life] fácil; ~ **option** salida *f* fácil. - **10.** LING [consonant] suave. ◇ *adv* suavemente.

softball ['sɒftbɔːl] n [game] versión del béisbol que se juega con un pelota menos dura en un terreno más reducido.

soft-boiled [-bɔɪld] adj pasado(da) por agua.

soft-centred adj [chocolate, sweet] con relleno blando.

soft coal n hulla f grasa, carbón m bituminoso.

soft-core adj [pornography] blando(da).

soft drink n refresco m.

soft drugs npl drogas fpl blandas.

soften ['sɒfn] ⋄ vt suavizar. ⋄ vi - **1.** [substance] ablandarse. - **2.** [expression] suavizarse, dulcificarse.

◆ **soften up** vt sep inf ablandar.

softener ['sɒfnəʳ] n [for clothes] suavizante m; [for water] purificador m, descalcificador m.

softening ['sɒfnɪŋ] n ablandamiento m, reblandecimiento m; ~ **of the brain** reblandecimiento cerebral.

soft focus n difuminado m; **in** ~ en difuminado.

soft fruit n (U) ≃ baya f roja.

soft furnishings npl Br (tela f para) tapicería f.

soft goods n Br mercería f.

softheaded [sɒft'hedɪd] adj inf tonto(ta), bobo(ba).

softhearted [sɒft'hɑːtɪd] adj de buen corazón.

softie, softy ['sɒftɪ] (pl **softies**) n inf - **1.** [weak] blandengue mf; [coward] gallina mf. - **2.** [softhearted] sensiblero m, -ra f.

soft landing n aterrizaje m suave.

softly ['sɒftlɪ] adv - **1.** [gently] con delicadeza. - **2.** [quietly, not brightly] suavemente. - **3.** [leniently] con indulgencia.

softly-softly Br ⋄ adv con cuidado. ⋄ adj prudente; **try a** ~ **approach** acércate con cuidado.

softness ['sɒftnɪs] n - **1.** [gen] suavidad f. - **2.** [pliability] blandura f. - **3.** [lenience] indulgencia f.

soft palate n velo m del paladar.

soft-pedal inf ⋄ vi: **to** ~ **on sthg** quitar importancia a algo. ⋄ vt quitar importancia a.

soft porn n porno m blando.

soft sell n inf sistema de venta en el que no se presiona al posible comprador.

soft-shell, **soft-shelled** adj de concha blanda.

soft-shoe adj: ~ **shuffle** zapateado ejecutado con zapatos sin chapas de metal.

soft shoulder n arcén m (de tierra).

soft soap n inf [flattery] peloteo m, adulación f.

◆ **soft-soap** vt inf hacer la pelota a.

soft-spoken adj de voz suave.

soft top n inf AUT (coche m) descapotable m.

soft touch n Br inf primo m, -ma f; **he's a real** ~ [easily fooled] se deja engañar muy fácilmente; [for money] se deja timar muy fácilmente.

soft toy n muñeco m de peluche.

soft verge n [on road] arcén m (de tierra).

software ['sɒftweəʳ] n COMPUT software m.

software package n COMPUT paquete m de software.

softwood ['sɒftwʊd] n [wood] madera f blanda; [tree] árbol m de madera blanda.

softy ['sɒftɪ] (pl **softies**) n = **softie**.

soggy ['sɒgɪ] (compar **soggier**, superl **soggiest**) adj inf empapado(da).

Soho ['səʊhəʊ] n zona del centro de Londres famosa por sus restaurantes y su vida nocturna.

soil [sɔɪl] ⋄ n - **1.** [earth] tierra f, suelo m. - **2.** fig [territory] territorio m. ⋄ vt - **1.** [dirty] ensuciar. - **2.** fig [reputation] manchar.

soilage ['sɔɪlɪdʒ] n (U) cebada f verde.

soiled [sɔɪld] adj sucio(cia).

sojourn ['sɒdʒɜːn] literary ⋄ n residencia f temporal. ⋄ vi residir temporalmente.

sol [sɒl] (pl **sols** OR **soles** ['səʊlez]) n FIN sol m.

solace ['sɒləs] literary ⋄ n solaz m. ⋄ vt consolar.

solar ['səʊləʳ] adj solar.

solar cell n pila f solar.

solar collector n colector m de radiación solar.

solar energy n energía f solar.

solarium [sə'leərɪəm] (pl **solariums** OR **solaria** [-rɪə]) n solárium m.

solar panel n panel m solar.

solar plexus n: **the** ~ el plexo solar.

solar-powered [-'paʊəd] adj que funciona con energía solar.

Solar System n: **the** ~ el sistema solar.

sold [səʊld] pt & pp → **sell**.

solder ['sɒldəʳ, Am 'sɒdər] ⋄ n (U) soldadura f. ⋄ vt soldar.

soldering iron ['sɒldərɪŋ-, Am 'sɒdərɪŋ-] n soldador m.

soldier ['səʊldʒəʳ] ⋄ n - **1.** [person] soldado m. - **2.** [ant] obrera f. ⋄ vi servir como soldado.

◆ **soldier on** vi Br seguir adelante a pesar de las dificultades.

soldiering ['səʊldʒərɪŋ] n carrera f militar.

soldierly ['səʊldʒəlɪ] adj militar, marcial.

soldier of fortune n mercenario m, -ria f.

soldiery ['səʊldʒərɪ] n literary [soldiers] tropa f; pej soldadesca f.

sold-out adj agotado(da); **the play was** ~ se agotaron las localidades.

sole [səʊl] (pl sense 3 only inv OR **soles**) ⋄ adj - **1.** [only] único(ca). - **2.** [exclusive] exclusivo(va). ⋄ n - **1.** [of foot] planta f. - **2.** [of shoe] suela f. - **3.** [fish] lenguado m. ⋄ vt [shoes] poner suela a.

solecism ['sɒlɪsɪzm] n - **1.** GRAMM solecismo m. - **2.** fml [violation of good manners] incorrección f, falta f de educación.

-soled [səʊld] in cpds: **rubber**~ **shoes** zapatos mpl con suelas de goma.

solely ['səʊllɪ] adv únicamente.

solemn ['sɒləm] adj solemne.

solemnity [sə'lemnətɪ] (pl **solemnities**) n solemnidad f.

solemnize, -ise ['sɒləmnaɪz] vt fml [gen] solemnizar; [marriage] celebrar.

solemnly ['sɒləmlɪ] adv solemnemente, con solemnidad.

solenoid ['səʊlɪnɔɪd] n solenoide m.

soles [səʊlez] pl → **sol**.

sole-trader n Br comercio m individual.

sol-fa [sɒl'fɑː] n solfeo m.

solfeggio [sɒl'fedʒɪəʊ] n solfeo m.

solicit [sə'lɪsɪt] ⋄ vt fml [request] solicitar. ⋄ vi [prostitute] ofrecer sus servicios.

solicitation [sə,lɪsɪ'teɪʃn] n fml solicitación f.

soliciting [sə'lɪsɪtɪŋ] n [by prostitute] práctica f de la prostitución en la calle (ofreciéndose a los clientes).

solicitor [sə'lɪsɪtəʳ] n Br JUR abogado que lleva casos administrativos y legales, pero que no acude a los tribunales superiores.

solicitor general (pl **solicitors general**) n - **1.** [in UK] ≃ procurador m, -ra f de la corona. - **2.** [in US - undersecretary] ≃ subsecretario m, -ria f de Justicia; [- law officer] ≃ procurador m, -ra f general (de un estado).

solicitous [sə'lɪsɪtəs] adj fml solícito(ta); ~ **about** OR **of** OR **for** preocupado(da) por.

solicitude [sə'lɪsɪtjuːd] n fml [attention] solicitud f; [worry] preocupación f.

solid ['sɒlɪd] ⋄ adj - **1.** [gen] sólido(da). - **2.** [rock, wood, gold] macizo(za). - **3.** [reliable, respectable] serio(ria), formal. - **4.** [without interruption] continuo(nua), sin interrupción. - **5.** Am [of one colour] uniforme. - **6.** [unanimous] unánime. ⋄ n sólido m.

◆ **solids** npl [solid food] alimentos mpl sólidos.

solidarity [sɒlɪ'dærətɪ] n solidaridad f.

solid fuel n combustible m sólido.

solid geometry n geometría f tridimensional, geometría f del espacio.

solidification [sə,lɪdɪfɪˈkeɪʃn] *n* solidificación *f*.

solidify [səˈlɪdɪfaɪ] (*pt & pp* **solidified**) ◇ *vi* solidificarse. ◇ *vt* solidificar.

solidity [səˈlɪdətɪ] *n* solidez *f*.

solidly [ˈsɒlɪdlɪ] *adv* - **1.** [sturdily] sólidamente; ~ **built** [construction] sólidamente construido (sólidamente construida); [person] fornido(da). - **2.** [completely, definitely] enteramente. - **3.** [without interruption] sin interrupción; **they drove ~ for eight hours** estuvieron conduciendo sin parar durante ocho horas. - **4.** [unanimously] unánimemente.

solid-state *adj* - **1.** PHYS de sólidos. - **2.** ELECTRON de componentes sólidos.

soliloquize, -ise [səˈlɪləkwaɪz] *vi* soliloquiar, monologar.

soliloquy [səˈlɪləkwɪ] (*pl* **soliloquies**) *n* soliloquio *m*.

solipsism [ˈsɒlɪpsɪzm] *n* solipsismo *m*.

solitaire [ˌsɒlɪˈteəʳ] *n* - **1.** [jewel, board game] solitario *m*. - **2.** *Am* [card game] solitario *m*.

solitary [ˈsɒlɪtrɪ] (*pl* **solitaries**) ◇ *adj* - **1.** [person, place, activity] solitario(ria). - **2.** [single] único(ca), solo(la). ◇ *n* - **1.** *inf* = **solitary confinement. - 2.** [person] solitario *m*, -ria *f*.

solitary confinement *n* incomunicación *f*, aislamiento *m*; **to be in ~** estar incomunicado(da) (en la cárcel).

solitude [ˈsɒlɪtjuːd] *n* soledad *f*.

solo [ˈsəʊləʊ] (*pl* **solos**) ◇ *adj & adv* a solas. ◇ *n* - **1.** MUS solo *m*. - **2.** [card game] = **solo whist**.

soloist [ˈsəʊləʊɪst] *n* solista *mf*.

Solomon Islands [ˈsɒləmən-] *npl*: **the ~** las islas Salomón.

solo whist *n* whist para cuatro jugadores no emparejados.

solstice [ˈsɒlstɪs] *n* solsticio *m*.

solubility [ˌsɒljʊˈbɪlətɪ] *n* solubilidad *f*.

soluble [ˈsɒljʊbl] *adj* soluble.

solute [ˈsɒljuːt] *n* soluto *m*.

solution [səˈluːʃn] *n* - **1.** [answer]: ~ **(to)** solución *f* (a). - **2.** CHEM & PHARM solución *f*.

solvable [ˈsɒlvəbl] *adj* soluble.

solve [sɒlv] *vt* resolver.

solvency [ˈsɒlvənsɪ] *n* FIN solvencia *f*.

solvent [ˈsɒlvənt] ◇ *adj* - **1.** FIN solvente. - **2.** CHEM disolvente. ◇ *n* disolvente *m*.

solvent abuse *n* aspiración por la nariz de pegamentos o colas.

Som. (*abbr of* **Somerset**) *condado inglés*.

Somali [səˈmɑːlɪ] ◇ *adj* somalí. ◇ *n* - **1.** [person] somalí *mf*. - **2.** [language] somalí *m*.

Somalia [səˈmɑːlɪə] *n* Somalia.

Somalian [səˈmɑːlɪən] *adj & n* = **Somali**.

Somali Democratic Republic *n* República *f* Democrática de Somalia.

Somaliland [səˈmɑːlɪlænd] *n* término con el que se designaba a la región somalí formada actualmente por Somalia, Yibuti y parte de Etiopía; **British/Italian ~** Somalia *f* británica/italiana.

somatic [səˈmætɪk] *adj* somático(ca).

somatology [ˌsəʊməˈtɒlədʒɪ] *n* somatología *f*.

sombre *Br*, **somber** *Am* [ˈsɒmbəʳ] *adj* sombrío(a).

sombrero [sɒmˈbreərəʊ] (*pl* **sombreros**) *n* sombrero *m* mexicano.

some [sʌm] ◇ *adj* - **1.** [a certain amount, number of]: **give me ~ money** dame algo de dinero; **I bought ~ socks** [one pair] me compré unos calcetines; [more than one pair] me compré calcetines; **there are ~ good articles in it** tiene algunos artículos buenos; **would you like ~ coffee?** ¿quieres café? - **2.** [fairly large number or quantity of]: **I've known him for ~ years** lo conozco desde hace bastantes años; **we still have ~ way to go** nos queda un buen trecho todavía; **I had ~ difficulty getting here** me costó lo mío llegar aquí. - **3.** (*contrastive use*) [certain] algunos(as), ciertos(as); ~ **jobs are better paid than others** algunos trabajos están mejor pagados que otros; ~ **people say**

that... los hay que dicen que... - **4.** [in imprecise statements] algún(una); **there must be ~ mistake** debe haber un OR algún error; **she married ~ writer or other** se casó con no sé qué escritor. - **5.** *inf* [very good] menudo(da); **that's ~ car he's got** ¡menudo coche tiene!; ~ **help you are!** *iro* [not very good] ¡menuda OR valiente ayuda me das! ◇ *pron* - **1.** [a certain amount]: **can I have ~?** [money, milk, coffee etc] ¿puedo coger un poco?; **I've already had ~** ya he tomado; ~ **of** parte de. - **2.** [a certain number] algunos(as); **can I have ~?** [sweets, potatoes etc] ¿puedo coger algunos?; ~ **(of them) left early** algunos se fueron temprano; ~ **say he lied** hay quien dice que mintió. ◇ *adv* unos(as); **there were ~ seven thousand people there** habría unas siete mil personas.

somebody [ˈsʌmbədɪ] ◇ *pron* alguien. ◇ *n*: **he really thinks he's ~** se cree que es alguien.

someday [ˈsʌmdeɪ] *adv* algún día.

somehow [ˈsʌmhaʊ], **someway** *Am* [ˈsʌmweɪ] *adv* - **1.** [by some action] de alguna manera, de algún modo. - **2.** [for some reason] por alguna razón.

someone [ˈsʌmwʌn] *pron* alguien; ~ **or other** alguien, no sé quién.

someplace *adv Am* = **somewhere**.

somersault [ˈsʌməsɔːlt] ◇ *n* [in air] salto *m* mortal; [on ground] voltereta *f*; [by car] vuelta *f* de campana. ◇ *vi* [in air] dar un salto mortal; [on ground] dar una voltereta; [subj: car] dar una vuelta de campana.

something [ˈsʌmθɪŋ] ◇ *pron* algo; **he's forty ~** tiene cuarenta y tantos OR y pico años; **I've thought of ~** se me ha ocurrido una cosa, tengo una idea; **they all want ~ for nothing** todos quieren algo a cambio de nada; **there must be ~ in all these rumours** algo tiene que haber detrás de todos esos rumores; **she's ~ of a poet** ella es un poco poeta; **it came as ~ of a surprise to me** me pilló un poco por sorpresa; **would you like a little ~ to drink?** ¿te apetece alguna cosita para beber?; **he has a certain ~** tiene un no sé qué; **I think you've got ~ there** creo que razón no te falta; **or ~** *inf* o algo así; ~ **or other** algo, no sé qué; **his name's John ~ or other** su nombre es Juan (y) no sé qué (más); **that's ~ (at least)** ya es algo ❑ **to be really ~** ser de lo que no hay, ser increíble. ◇ *adv*: ~ **like**, ~ **in the region of** algo así como.

sometime [ˈsʌmtaɪm] ◇ *adj* antiguo(gua). ◇ *adv* en algún momento; ~ **next week** durante la semana que viene.

sometimes [ˈsʌmtaɪmz] *adv* a veces.

someway *adv Am* = **somehow**.

somewhat [ˈsʌmwɒt] *adv fml* algo.

somewhere *Br* [ˈsʌmweəʳ], **someplace** *Am* [ˈsʌmpleɪs] *adv* - **1.** [unknown place - with verbs of position] en alguna parte, en algún lugar; [- with verbs of movement] a alguna parte, a algún lugar; **I left it ~ or other** lo dejé por ahí; ~ **in the city** en alguna parte de la ciudad; **it's ~ else** está en otra parte; **shall we go ~ else?** ¿nos vamos a otra parte? - **2.** [in approximations]: ~ **between five and ten** entre cinco y diez; ~ **around 20** alrededor de 20. - **3.** *phr*: **to be getting ~** avanzar, ir a alguna parte.

somnambulant [sɒmˈnæmbjʊlənt] ◇ *adj* sonámbulo(la). ◇ *n* sonámbulo *m*, -la *f*.

somnambulism [sɒmˈnæmbjʊlɪzm] *n fml* sonambulismo *m*.

somnambulist [sɒmˈnæmbjʊlɪst] *n* sonámbulo *m*, -la *f*.

somniferous [sɒmˈnɪfərəs] *adj fml* somnífero(ra).

somnolence [ˈsɒmnələns] *n fml* somnolencia *f*.

somnolent [ˈsɒmnələnt] *adj fml* somnoliento(ta), soñoliento(ta).

son [sʌn] *n* - **1.** [male child, descendant] hijo *m*; ~ **and heir** heredero *m*. - **2.** *inf* [term of address] chaval *m*, muchacho *m*. ◆ **Son** *n* RELIG: **the Son** el Hijo.

sonar [ˈsəʊnɑːʳ] *n* sonar *m*.

sonata [səˈnɑːtə] *n* sonata *f*.

song [sɒŋ] *n* - **1.** [gen] canción *f*; **they burst into ~** se pusieron a cantar ❑ **for a ~** *inf* [cheaply] por cuatro cuartos;

he gave me that old ~ **and dance about his unhappy childhood** *inf* me soltó el rollo de lo desgraciada que había sido su infancia; **to make a ~ and dance about sth** *inf* armar la de Dios es Cristo por OR sobre algo; **to sing the same old ~** *inf* andar con la misma canción OR cantinela (de siempre). **- 2.** [of bird] canto *m*.

songbird ['sɒŋbɜːd] *n* pájaro *m* cantor, ave *f* canora.

songbook ['sɒŋbʊk] *n* cancionero *m*.

Song of Songs, Song of Solomon [-'sɒləmən] *n*: **the ~** el Cantar de los Cantares.

songster ['sɒŋstəʳ] *n literary* **- 1.** [person] cantante *mf*. **- 2.** [bird] ave *f* canora.

song thrush *n* zorzal *m* común.

songwriter ['sɒŋ,raɪtəʳ] *n* [of lyrics] autor *m*, -ra *f* de la letra; [of music] compositor *m*, -ra *f*.

sonic ['sɒnɪk] *adj* sónico(ca).

sonic barrier *n* = **sound barrier**.

sonic boom *n* estampido *m* OR boom *m* sónico.

son-in-law (*pl* **sons-in-law** OR **son-in-laws**) *n* yerno *m*.

sonnet ['sɒnɪt] *n* soneto *m*.

sonneteer [,sɒnɪ'tɪəʳ] *n* sonetista *mf*.

sonny ['sʌnɪ] (*pl* **sonnies**) *n inf* hijo *m*, chico *m*.

son-of-a-bitch (*pl* **sons-of-bitches**) *n Am vulg* cabrón *m*, hijo *m* de puta.

son-of-a-gun (*pl* **sons-of-guns**) *n Am inf*: **you old ~!** ¡qué granuja eres!

sonority [sə'nɒrətɪ] *n* sonoridad *f*.

sonorous ['sɒnərəs] *adj* sonoro(ra).

soon [suːn] *adv* pronto; **how ~ will it be ready?** ¿para cuándo estará listo?; **~ after** poco después; **as ~ as** tan pronto como, en cuanto; **as ~ as possible** cuanto antes, lo más pronto OR lo antes posible; **I'd just as ~...** igual me daría..., no me importaría...

sooner ['suːnəʳ] *adv* **- 1.** [in time] antes; **no ~ had he arrived than...** apenas había llegado cuando... □ **or later** (más) tarde o (más) temprano; **the ~ the better** cuanto antes mejor. **- 2.** [expressing preference] **I'd ~...** preferiría...

soot [sʊt] *n* hollín *m*, tizne *m*.

sooth [suːθ] *n arch*: **in ~** en verdad.

soothe [suːð] *vt* **- 1.** [pain] aliviar. **- 2.** [nerves etc] calmar.

soothing ['suːðɪŋ] *adj* **- 1.** [pain-relieving] calmante. **- 2.** [calming] sedante, relajante.

soothsayer ['suːθ,seɪəʳ] *n* adivino *m*, -na *f*.

sooty ['sʊtɪ] (*compar* **sootier**, *superl* **sootiest**) *adj* cubierto(ta) de hollín, tiznado(da).

sop [sɒp] *n pej*: **~ (to)** compensación *f* de poca monta (para).

SOP (*abbr of* **standard operating procedure**) *n* procedimiento habitual.

sophism ['sɒfɪzm] *n* sofisma *m*.

sophist ['sɒfɪst] *n* sofista *mf*.

sophisticate [sə'fɪstɪkeɪt] *n* persona *f* sofisticada.

sophisticated [sə'fɪstɪkeɪtɪd] *adj* **- 1.** [gen] sofisticado(da). **- 2.** [intelligent] inteligente.

sophistication [sə,fɪstɪ'keɪʃn] *n* **- 1.** [gen] sofisticación *f*. **- 2.** [intelligence] inteligencia *f*.

sophistry ['sɒfɪstrɪ] (*pl* **sophistries**) *n* **- 1.** [argumentation] sofistería *f*. **- 2.** [argument] sofisma *m*.

sophomore ['sɒfəmɔːʳ] *n Am* estudiante *mf* de segundo curso.

soporific [,sɒpə'rɪfɪk] ◇ *adj* soporífero(ra), soporífico(ca). ◇ *n* soporífero *m*, soporífico *m*.

sopping ['sɒpɪŋ] *adj*: **~ (wet)** chorreando.

soppy ['sɒpɪ] (*compar* **soppier**, *superl* **soppiest**) *adj inf pej* sentimentaloide.

soprano [sə'prɑːnəʊ] (*pl* **sopranos**) *n* soprano *f*.

sorbet ['sɔːbeɪ] *n* sorbete *m*.

sorbic acid ['sɔːbɪk-] *n* ácido *m* sórbico.

sorcerer ['sɔːsərəʳ] *n* mago *m*, brujo *m*.

sorceress ['sɔːsərɪs] *n* maga *f*, bruja *f*.

sorcery ['sɔːsərɪ] *n* brujería *f*, hechicería *f*.

sordid ['sɔːdɪd] *adj* **- 1.** [immoral] obsceno(na), sórdido(da). **- 2.** [dirty, unpleasant] sórdido(da).

sore [sɔːʳ] ◇ *adj* **- 1.** [painful] dolorido(da); **to have a ~ throat** tener dolor de garganta. **- 2.** *Am* [upset] enfadado(da); **to be ~ at sb** estar enfadado con alguien; **to get ~** enfadarse. **- 3.** *literary* [dire, great] enorme. ◇ *n* llaga *f*, úlcera *f*.

sorehead ['sɔːhed] *n Am inf* cascarrabias *mf*.

sorely ['sɔːlɪ] *adv literary* enormemente.

soreness ['sɔːnɪs] *n* [pain] dolor *m*.

sorghum ['sɔːgəm] *n* sorgo *m*.

sorority [sə'rɒrətɪ] *n Am* club de estudiantes universitarias.

sorrel ['sɒrəl] *n* **- 1.** BOT & CULIN acedera *f*. **- 2.** [horse] alazán *m*.

sorrow ['sɒrəʊ] ◇ *n* pesar *m*, pena *f*. ◇ *vi literary* sentir pesar OR pena.

sorrowful ['sɒrəʊful] *adj* [person, look, smile] apesadumbrado(da), apenado(da); [news] doloroso(sa).

sorrowfully ['sɒrəʊflɪ] *adv* apesadumbradamente, con pesar.

sorrowing ['sɒrəʊɪŋ] *adj* entristecido(da), afligido(da).

sorry ['sɒrɪ] (*compar* **sorrier**, *superl* **sorriest**) ◇ *adj* **- 1.** [expressing apology]: **to be ~ about sth** sentir OR lamentar algo; **I'm ~ for what I did** siento lo que hice; **I'm ~ lo** siento; **I'm ~ if I'm disturbing you** OR **to disturb you** siento molestarte. **- 2.** [expressing shame, disappointment]: **to be ~ that** sentir que; **we were ~ about his resignation** sentimos que dimitiera; **we're ~ to see you go** sentimos que te vayas. **- 3.** [expressing regret]: **I'm ~ to have to say that...** siento tener que decir que...; **you'll be ~!** ¡te arrepentirás! **- 4.** [expressing pity]: **to be** OR **feel ~ for sb** sentir lástima por alguien; **to be** OR **feel ~ for o.s.** sentir lástima de uno mismo (una misma). **- 5.** [expressing polite disagreement]: **I'm ~, but...** perdón, pero... **- 6.** [poor, pitiable] lamentable, penoso(sa); **a ~ sight** un triste OR lamentable espectáculo. ◇ *excl* **- 1.** [pardon] **~?** ¿perdón? **- 2.** [to correct oneself]: **a girl, ~, a woman** una chica, perdón, una mujer. **- 3.** [expressing apology]: **~!** ¡perdón!, ¡lo siento!

sort [sɔːt] ◇ *n* **- 1.** [type] tipo *m*, clase *f*; **it's a strange ~ of film** es un tipo de película un poco raro; **she's not the ~ (of woman) to let you down** no es de las que defraudan; **they're not our ~ (of people)** son gente muy distinta a nosotros; **I know your ~!** ¡conozco a la gente como tú!; **I said nothing of the ~!** ¡yo no dije nada parecido!; **good luck, and all that ~ of thing!** ¡buena suerte y todo eso (que se suele decir)! □ **are you pleased to be home? - well, yes, ~ of** ¿estás contento de estar en casa? - pues, sí, más o menos; **I ~ of knew you'd call** tenía la impresión de que llamarías; **a ~ of** una especie de; **all ~s of** todo tipo de; **I've heard all ~s of good things about you** he oído hablar muy bien de ti □ **it takes all ~s (to make a world)** de todo hay en el mundo. **- 2.** *inf* [person] tío *m*, -a *f*; **she's a good ~** es una tía maja. **- 3.** [act of sorting] selección *f*, clasificación *f*; **I've had a ~ through all the winter clothes** he estado seleccionando la ropa de invierno. ◇ *vt* clasificar.
◆ **sorts** *npl*: **a lawyer of ~s** una especie de abogado; **to be out of ~s** estar bajo(ja) de tono.
◆ **sort out** *vt sep* **- 1.** [classify] clasificar. **- 2.** [put in order] ordenar. **- 3.** [solve] solucionar, resolver; **things will ~ themselves out in the end** al final se arreglarán las cosas; **have you ~ed out how to do it?** ¿has encontrado la forma de hacerlo?, ¿has descubierto cómo hacerlo?; **she needs to get her personal life ~ed out** necesita solucionar su vida personal; **she needs time to ~ herself out** necesita tiempo para aclararse.
◆ **sort through** *vt fus* ordenar, clasificar.

sorta ['sɔːtə] *contr inf* = **sort of**.

sort code *n* BANK número *m* de sucursal.

sorter ['sɔːtə'] *n* - **1.** [person] clasificador *m*, -ra *f*. - **2.** [machine] clasificadora *f*.

sortie ['sɔːtiː] *n* MIL salida *f*.

sorting office ['sɔːtɪŋ-] *n* oficina de clasificación del correo.

sort-out *n Br inf* [tidy-up] limpieza *f* a fondo.

SOS (*abbr of* **save our souls**) *n* SOS *m*.

so-so *adj & adv inf* así así.

sot [sɒt] *n literary* borracho *m*, -cha *f*.

sottish ['sɒtɪʃ] *adj lit* embrutecido(da) (por el alcohol).

soufflé ['suːfleɪ] ◇ *n* soufflé *m*, suflé *m*. ◇ *comp*: ~ **dish** fuente *f* de soufflé.

sough [saʊ] *literary* ◇ *vi* susurrar, murmurar. ◇ *n* susurro *m*, murmullo *m*.

sought [sɔːt] *pt & pp* → **seek**.

sought-after *adj* solicitado(da), buscado(da).

soul [səʊl] *n* - **1.** [gen] alma *f*; **there wasn't a ~ in sight** no se veía un alma; **she's a good ~** es buena persona; **poor ~!** ¡pobrecito! - **2.** [of nation etc] espíritu *m*. - **3.** [music] música *f* soul. - **4.** [perfect example] modelo *m*, personificación *f*; **to be the ~ of discretion** ser el colmo de la discreción.

soul-destroying [-dɪˌstrɔɪɪŋ] *adj* desmoralizador(ra).

soul food *n* comida tradicional de los negros del sur de EE UU.

soulful ['səʊlfʊl] *adj* lleno(na) de sentimiento.

soulless ['səʊllɪs] *adj* desangelado(da).

soul mate *n* alma *f* gemela.

soul music *n* música *f* soul.

soul-searching *n (U)* examen *m* de conciencia.

sound [saʊnd] ◇ *adj* - **1.** [healthy] sano(na). - **2.** [sturdy] sólido(da); [in good condition] en buen estado, en buenas condiciones. - **3.** [reliable] fiable, seguro(ra). - **4.** [sensible, well-founded - advice, strategy] coherente, sensato(ta); [- argument, claim] válido(da), bien fundado (bien fundada). - **5.** [defeat, hiding] en toda regla. - **6.** [sleep] profundo(da). ◇ *adv*: **to be ~ asleep** estar profundamente dormido (profundamente dormida). ◇ *n* - **1.** [gen] sonido *m*; **to the ~ of** al son de. - **2.** [particular noise] ruido *m*. - **3.** [impression]: **I don't like the ~ of it** no me gusta nada; **by the ~ of it** por lo que parece. - **4.** MED [probe] sonda *f*. - **5.** GEOGR [channel] estrecho *m*; [inlet] brazo *m* de mar. ◇ *vt* - **1.** [bell, alarm] hacer sonar, tocar; [wind instrument] tocar; **to ~ a note of warning** lanzar una advertencia. - **2.** [pronounce] pronunciar. - **3.** MED [chest, lungs] auscultar; [cavity, passage] sondear. - **4.** NAUT sondear, escandallar. ◇ *vi* - **1.** [bell, alarm] sonar; **it ~s like Spanish** suena español; **she ~ed very annoyed** (por la voz) parecía muy enfadada. - **2.** [give impression]: **it ~s like fun** suena divertido; **he ~s like a nice man** parece un hombre simpático.

◆ **sound off** *vi inf* [complain]: **to ~ off (about sthg)** protestar a voz en grito (por algo).

◆ **sound out** *vt sep*: **to ~ sb out (on OR about)** sondear a alguien (sobre).

sound archives *npl* fonoteca *f*; **a recording from the BBC ~** una grabación de los archivos de la BBC.

sound barrier *n* barrera *f* del sonido.

sound bite *n* frase lapidaria pronunciada por políticos etc en los medios de comunicación.

sound camera *n* cámara *f* con equipo de sonido.

sound effects *npl* efectos *mpl* sonoros.

sound engineer *n* ingeniero *m*, -ra *f* de sonido.

sounder ['saʊndə'] *n* - **1.** [device] sonda *f*. - **2.** [person] sondista *mf*.

sounding ['saʊndɪŋ] *n* - **1.** NAUT sondeo *m* marino. - **2.** [of bell, alarm, horn] sonido *m*.

◆ **soundings** *npl fig* [investigations] sondeos *mpl*.

-sounding ['saʊndɪŋ] *in cpds*: **a foreign~ name** un nombre que suena extranjero.

sounding board *n lit & fig* caja *f* de resonancia.

soundless ['saʊndlɪs] *adj* - **1.** [silent] silencioso(sa). - **2.** *literary* [deep] insondable.

soundly ['saʊndlɪ] *adv* - **1.** [beat, defeat] totalmente, en toda regla. - **2.** [sleep] profundamente.

soundness ['saʊndnɪs] *n* [reliability] solidez *f*.

soundproof ['saʊndpruːf] ◇ *adj* insonorizado(da). ◇ *vt* insonorizar.

soundproofing ['saʊndpruːfɪŋ] *n* insonorización *f*.

sound stage *n* estudio *m* para filmar con sonido.

sound system *n* [hi-fi] equipo *m* de sonido OR música; [PA system] sistema *m* de megafonía.

soundtrack ['saʊndtræk] *n* banda *f* sonora.

sound wave *n* onda *f* sonora.

soup [suːp] *n* [thick] sopa *f*; [clear] caldo *m*, consomé *m*; **from ~ to nuts** *Am inf fig* de cabo a rabo; **to be in the ~** *inf fig* estar en un apuro OR en apuros.

◆ **soup up** *vt sep inf* [car, engine] trucar.

soup kitchen *n* comedor *m* de beneficencia.

soup plate *n* plato *m* hondo OR sopero.

soup spoon *n* cuchara *f* sopera.

soupy ['suːpɪ] (*compar* **soupier**, *superl* **soupiest**) *adj* - **1.** [thick] espeso(sa). - **2.** *Am inf* [sentimental] muy sentimental.

sour ['saʊə'] ◇ *adj* - **1.** [acidic] ácido(da). - **2.** [milk, person, reply] agrio(gria); [smell] acre, rancio(cia). - **3.** *phr*: **to go OR turn ~** *fig* [evening, plans] irse al traste; [relationship] agriarse. ◇ *vt* agriar. ◇ *vi* [wine, character, relationship] agriarse; [milk] cortarse.

source [sɔːs] *n* - **1.** [gen] fuente *f*. - **2.** [cause] origen *m*. - **3.** [of river] nacimiento *m*. - **4.** MED: **~ of infection** foco *m* de infección.

source language *n* - **1.** LING lengua *f* de partida OR de origen. - **2.** COMPUT lenguaje *m* fuente.

source material *n* documentación *f*.

sour cream *n* nata *f* agria.

sourdough ['saʊədəʊ] *n* levadura *f*.

sour grapes *n (U) inf*: **it's just ~!** ¡las uvas están verdes!

sourness ['saʊənɪs] *n* - **1.** [acidity] acidez *f*. - **2.** [of milk] agrura *f*. - **3.** [of persons, relations] acritud *f*.

sousaphone ['suːzəfəʊn] *n* helicón *m*.

souse [saʊs] *vt* - **1.** CULIN [in vinegar] escabechar, conservar en vinagre; [in brine] conservar en salmuera. - **2.** [immerse] sumergir; [drench] empapar. - **3.** *inf* [make drunk] emborrachar.

south [saʊθ] ◇ *n* - **1.** [direction] sur *m*. - **2.** [gen]: **the South** el sur; [in US] los estados del sur. ◇ *adj* del sur. ◇ *adv*: **~ (of)** al sur (de); **to travel ~** viajar hacia el sur.

South Africa *n*: **(the Republic of) ~** (la República de) Suráfrica.

South African ◇ *adj* surafricano(na). ◇ *n* [person] surafricano *m*, -na *f*.

South America *n* Sudamérica.

South American ◇ *adj* sudamericano(na). ◇ *n* [person] sudamericano *m*, -na *f*.

South Bank *n*: **the ~** complejo cultural en la ribera sur del Támesis con museos, teatros, salas de conciertos etc.

southbound ['saʊθbaʊnd] *adj* con rumbo al sur.

South Carolina *n* Carolina del Sur.

South Dakota *n* Dakota del Sur.

southeast [ˌsaʊθˈiːst] ◇ *n* - **1.** [direction] sudeste *m*. - **2.** [region]: **the Southeast** el sudeste. ◇ *adj* del sudeste. ◇ *adv*: **~ (of)** hacia el sudeste (de).

Southeast Asia *n* el sureste asiático.

southeasterly [ˌsaʊθˈiːstəlɪ] *adj* del sudeste; **in a ~ direction** hacia el sudeste.

southeastern [ˌsaʊθˈiːstən] *adj* del sudeste.

southeastwards [ˌsaʊθˈiːstwədz] *adv* hacia el sudeste.

souther ['saʊðə'] *n* sur *m*, austro *m*.

southerly ['sʌðəlɪ] (*pl* **southerlies**) ◇ *adj* del sur; **in a ~ direction** hacia el sur. ◇ *n* viento *m* del sur.

southern ['sʌðən] *adj* del sur, sureño(ña).

Southern Africa *n* África austral.

Southern Alps *npl*: **the ~** los Alpes del Sur OR Neozelandeses.

Southern Cross *n*: **the** ~ la Cruz del Sur.

Southerner ['sʌðənəʳ] *n* sureño *m*, -ña *f*, meridional *mf*.

southern hemisphere *n*: **the** ~ el hemisferio austral OR sur.

Southern Ireland *n* Irlanda del Sur.

southern lights *npl*: **the** ~ la aurora austral.

southernmost ['sʌðənməʊst] *adv* más al sur.

south-facing *adj* [house, wall] orientado(da) hacia el sur.

South Korea *n* Corea del Sur.

South Korean ◇ *adj* surcoreano(na). ◇ *n* surcoreano *m*, -na *f*.

southpaw ['saʊθpɔ:] *n Am inf* [left-handed person] zurdo *m*, -da *f*.

South Pole *n*: **the** ~ el polo Sur.

South Sea Bubble *n*: **the** ~ *periodo de gran especulación y crisis financiera en 1720 en Inglaterra.*

South Seas *npl*: **the** ~ los mares del Sur.

south-southeast ◇ *n* sudsudeste *m*. ◇ *adj* del sudsudeste. ◇ *adv* hacia el sudsudeste.

south-southwest ◇ *n* sursudoeste *m*. ◇ *adj* del sursudoeste. ◇ *adv* hacia el sursudoeste.

South Vietnam *n* (el) Vietnam del Sur.

South Vietnamese ◇ *adj* survietnamita. ◇ *n* survietnamita *mf*.

southward ['saʊθwəd] ◇ *adj* sur. ◇ *adv* = **southwards**.

southwards ['saʊθwədz] *adv* hacia el sur.

southwest [saʊθ'west] ◇ *n* - **1.** [direction] suroeste *m*. - **2.** [region]: **the Southwest** el suroeste. ◇ *adj* del suroeste. ◇ *adv*: ~ **(of)** hacia el suroeste (de).

southwesterly [saʊθ'westəlɪ] *adj* del suroeste; **in a** ~ **direction** hacia el suroeste.

southwestern [saʊθ'westən] *adj* del suroeste.

southwestwards [saʊθ'westwədz] *adv* hacia el suroeste.

South Yemen *n* (el) Yemen del Sur.

souvenir [,su:və'nɪəʳ] *n* recuerdo *m*.

sou'wester [saʊ'westəʳ] *n* [hat] sueste *m*.

sovereign ['sɒvrɪn] ◇ *adj* soberano(na). ◇ *n* - **1.** [ruler] soberano *m*, -na *f*. - **2.** [coin] soberano *m*.

sovereignty ['sɒvrɪntɪ] *n* soberanía *f*.

soviet ['səʊvɪət] *n* soviet *m*.

◆ **Soviet** ◇ *adj* soviético(ca). ◇ *n* [person] soviético *m*, -ca *f*.

Soviet Union *n*: **the (former)** ~ la (antigua) Unión Soviética.

sow[1] [səʊ] (*pt* **sowed**, *pp* **sown** [səʊn] OR **sowed**) *vt lit & fig* sembrar.

sow[2] [saʊ] *n* cerda *f*, puerca *f*.

sower ['səʊəʳ] *n* - **1.** [person] sembrador *m*, -ra *f*. - **2.** [machine] sembradora *f*.

sowing ['səʊɪŋ] *n* siembra *f*.

sown [səʊn] *pp* → **sow**.

sox [sɒks] → **bobby sox**.

soya ['sɔɪə] *n* soja *f*.

soya bean ['sɔɪə-] *n* semilla *f* de soja.

soy bean *n* = **soya bean**.

soy sauce *n* salsa *f* de soja.

sozzled ['sɒzld] *adj Br inf* trompa, mamado(da).

spa [spɑː] *n* balneario *m*.

space [speɪs] ◇ *n* espacio *m*; **in the** ~ **of an hour** en el espacio OR intervalo de una hora; **to take up a lot of** ~ ocupar mucho sitio OR espacio ☐ **to stare into** ~ tener la mirada perdida. ◇ *comp* espacial. ◇ *vt* espaciar.

◆ **space out** *vt sep* [arrange with spaces between] espaciar.

space age *n*: **the** ~ la era espacial.

◆ **space-age** *adj* [futuristic] de la era espacial.

space bar *n* [on computer, typewriter] espaciador *m*.

space blanket *n* funda *f* de vivac, *manta de plástico termoaislante utilizada en alpinismo.*

space capsule *n* cápsula *f* espacial.

spacecraft ['speɪskrɑːft] (*pl inv*) *n* nave *f* espacial, astronave *f*.

-spaced [speɪst] *in cpds* - **1.** [gen]: **the buildings are closely/widely** ~ los edificios están muy pegados los unos a los otros/bastante alejados los unos de los otros. - **2.** TYPO: **single/double** ~ a un/doble espacio.

spaceflight ['speɪsflaɪt] *n* vuelo *m* espacial.

space heater *n* radiador *m*.

Space Invaders® *npl* ≃ marcianitos *mpl* (*juego*).

spacelab ['speɪslæb] *n* laboratorio *m* espacial.

spaceman ['speɪsmæn] (*pl* **spacemen** [-men]) *n inf* astronauta *m*.

space platform *n* = **space station**.

spaceport ['speɪspɔːt] *n* estación *f* de lanzamiento de naves espaciales.

space probe *n* sonda *f* espacial.

space race *n* carrera *f* espacial.

space rocket *n* cohete *m* espacial OR interplanetario.

space-saving *adj* que ocupa poco espacio.

spaceship ['speɪsʃɪp] *n* nave *f* espacial, astronave *f*.

space shot *n* lanzamiento *m* espacial.

space shuttle *n* transbordador *m* espacial.

space sickness *n* enfermedad *f* del espacio.

space station *n* estación *f* espacial.

spacesuit ['speɪssuːt] *n* traje *m* espacial.

space travel *n* (U) viajes *mpl* espaciales.

space walk ◇ *n* paseo *m* espacial. ◇ *vi* caminar por el espacio.

spacewoman ['speɪs,wʊmən] (*pl* **spacewomen** [-,wɪmɪn]) *n* astronauta *f*.

spacing ['speɪsɪŋ] *n* - **1.** TYPO espacio *m*; **in double/single** ~ a doble/un espacio. - **2.** [between trees, columns, buildings] espaciamiento *m*.

spacious ['speɪʃəs] *adj* espacioso(sa).

spade [speɪd] *n* - **1.** [tool] pala *f*; **to call a** ~ **a** ~ *fig* llamar al pan pan y al vino vino; **to have sthg in** ~**s** *Am inf fig* tener algo de sobra OR en cantidades industriales. - **2.** [playing card] pica *f*.

◆ **spades** *npl* picas *fpl*; **the six of** ~**s** el seis de picas.

spadework ['speɪdwɜːk] *n inf* trabajo *m* previo.

spaghetti [spə'getɪ] *n* (U) espaguetis *mpl*.

Spaghetti Junction *n* *apelativo popular de un nudo de carreteras en la M6 hacia el norte de Birmingham.*

spaghetti western *n* espagueti *m* western.

Spain [speɪn] *n* España *f*.

Spam® [spæm] *n* *carne de cerdo en conserva.*

span [spæn] (*pt & pp* **spanned**, *cont* **spanning**) ◇ *pt* → **spin**. ◇ *n* - **1.** [in time] lapso *m*, periodo *m*. - **2.** [range] gama *f*. - **3.** [of wings, arms] envergadura *f*. - **4.** [of bridge, arch] ojo *m*; [of dome] anchura *f*. - **5.** [unit of measurement] palmo *m*, cuarta *f*. - **6.** [pair of oxen] yunta *f*; [- of horses] pareja *f*. ◇ *vt* - **1.** [in time] abarcar. - **2.** [subj: bridge etc] cruzar, atravesar.

spandex ['spændeks] *n Am* fibra *f* de poliuretano.

spandrel, spandril ['spændrəl] *n* enjuta *f*.

spangle ['spæŋgl] ◇ *n* lentejuela *f*. ◇ *vt* adornar con lentejuelas.

spangled ['spæŋgld] *adj*: ~ **(with)** adornado(da) (con).

Spaniard ['spænjəd] *n* español *m*, -la *f*.

spaniel ['spænjəl] *n* perro *m* de aguas.

Spanish ['spænɪʃ] ◇ *adj* español(la). ◇ *n* [language] español *m*, castellano *m*. ◇ *npl* [people]: **the** ~ los españoles.

Spanish America *n* Hispanoamérica.

Spanish American ◇ *adj* - **1.** [in US] hispano(na). - **2.** [in Latin America] hispanoamericano(na). ◇ *n* - **1.** [in US] hispano *m*, -na *f*. - **2.** [in Latin America] hispanoamericano *m*, -na *f*.

Spanish Armada n: **the** ~ la Armada Invencible.
Spanish fly n - **1.** [insect] cantárida f, mosca f de España. - **2.** [product] polvo m de cantárida.
Spanish guitar n guitarra f española.
Spanish Inquisition n: **the** ~ la Inquisición española.
Spanish Main n [sea]: **the** ~ el mar Caribe OR de las Antillas.
Spanish-speaking adj hispanoparlante, hispanohablante.
spank [spæŋk] ◇ n azote m, guantazo m (en las nalgas). ◇ vt dar unos azotes a, zurrar. ◇ vi: **to be** OR **go** ~**ing along** ir deprisa OR de prisa.
spanking ['spæŋkɪŋ] ◇ n zurra f, azotes mpl (en las nalgas). ◇ adj [pace] vivo(va). ◇ adv inf: ~ **new** flamante; ~ **clean** limpísimo(ma).
spanner ['spænəʳ] n llave f inglesa; **to throw** OR **put a** ~ **in the works** fig fastidiar las cosas.
spar [spaːʳ] (pt & pp **sparred**, cont **sparring**) ◇ n - **1.** NAUT palo m, verga f. - **3.** AERON larguero m. - **3.** MIN espato m. ◇ vi - **1.** BOXING: **to** ~ (**with**) entrenarse (con). - **2.** [verbally]: **to** ~ (**with**) discutir amistosamente (con).
spare [speəʳ] ◇ adj - **1.** [surplus] de sobra; ~ **cash** dinero m sobrante. - **2.** [not occupied, available] libre. - **3.** [kept in reserve] de repuesto, de recambio. - **4.** [lean] delgado(da), enjuto(ta). ◇ n - **1.** [spare object] (pieza f de) recambio m, repuesto m. - **2.** inf [tyre] neumático m de recambio. - **3.** inf [part] pieza f de recambio OR repuesto. ◇ vt - **1.** [make available - time] conceder; [- money] dejar; **we can't** ~ **any time/money** no tenemos tiempo/dinero; **to** ~ **a thought for** pensar en ❑ **to** ~ de sobra. - **2.** [not harm - person, life] perdonar; [- company, city] salvar; **to** ~ **sb's feelings** no herir los sentimientos de alguien. - **3.** [not use, not take]: **to** ~ **no expense/effort** no escatimar gastos/esfuerzos. - **4.** [save from]: **to** ~ **sb sthg** ahorrarle a alguien algo; **to** ~ **o.s. sthg** ahorrarse algo. - **5.** [do without] prescindir de; **are you sure you can** ~ **it?** ¿seguro que no lo necesitas?
spare part n AUT pieza f de recambio OR repuesto, refacción f Amér.
spareribs [speə'rɪbz] npl costillas fpl de cerdo.
spare room n habitación f de invitados.
spare time n tiempo m libre.
spare tyre n - **1.** AUT neumático m de recambio. - **2.** hum [fat waist] michelines mpl.
spare wheel n rueda f de recambio.
sparing ['speərɪŋ] adj: ~ **with** OR **of** parco(ca) en.
sparingly ['speərɪŋlɪ] adv con moderación.
spark [spaːk] ◇ n lit & fig chispa f; **to give off** ~**s** echar chispas. ◇ vt provocar. ◇ vi echar chispas.
◆ **spark off** vt sep provocar.
sparking plug ['spaːkɪŋ-] n Br = **spark plug**.
sparkle ['spaːkl] ◇ n - **1.** [of diamond] destello m; [of eyes] brillo m; [of star] centelleo m. - **2.** [style] brillo m, brillantez f. ◇ vi - **1.** [star, jewels] centellear; [eyes] brillar. - **2.** fig [person, work] brillar, ser brillante. - **3.** [wine, cider, mineral water] burbujear.
sparkler ['spaːkləʳ] n - **1.** [firework] bengala f. - **2.** Br v inf [diamond] diamante m.
sparkling ['spaːklɪŋ] ◇ adj - **1.** [jewel, glass, star] centelleante, brillante; [sea, lake] brillante; [eyes] chispeante, brillante. - **2.** [person, conversation, wit, performance] brillante, vivaz. - **3.** [soft drink, mineral water] burbujeante, con gas. ◇ adv: ~**clean/white** de una limpieza/blancura resplandeciente.
sparkling wine n vino m espumoso.
spark plug n bujía f.
sparring partner ['spaːrɪŋ-] n - **1.** [in boxing] sparring m. - **2.** fig [in argument] contertulio m, -lia f, adversario m, -ria f.
sparrow ['spærəʊ] n gorrión m.
sparrowhawk ['spærəʊhɔːk] n gavilán m.
sparse [spaːs] adj escaso(sa).

sparsely ['spaːslɪ] adv [wooded, populated] poco, escasamente; **the room was** ~ **furnished** la habitación tenía pocos muebles.
Sparta ['spaːtə] n Esparta.
spartan ['spaːtn] adj espartano(na).
◆ **Spartan** ['spaːtn] HIST ◇ adj espartano(na). ◇ n espartano m, -na f.
spasm ['spæzm] n - **1.** MED [state] espasmo m; [attack] acceso m. - **2.** [of emotion] ataque m.
spasmodic [spæz'mɒdɪk] adj espasmódico(ca).
spasmodically [spæz'mɒdɪklɪ] adv de un modo intermitente OR irregular.
spastic ['spæstɪk] MED ◇ adj espástico(ca). ◇ n espástico m, -ca f.
spat [spæt] ◇ pt & pp → **spit**. ◇ n - **1.** [gaiter] polaina f. - **2.** inf [quarrel] trifulca f.
spate [speɪt] n - **1.** [of attacks, burglaries] cadena f, serie f; [of letters, visitors] aluvión m, avalancha f; [of abuse, insults] torrente m. - **2.** Br [flood] crecida f, avenida f.
spatial ['speɪʃl] adj fml espacial.
spatiotemporal [ˌspeɪʃɪəʊ'temprəl] adj espacio-temporal.
spatter ['spætəʳ] ◇ vt salpicar. ◇ vi: **to** ~ **on sthg** salpicar algo. ◇ n salpicadura f.
spatula ['spætjʊlə] n espátula f.
spavin ['spævɪn] n esparaván m.
spawn [spɔːn] ◇ n (U) - **1.** [of fish] huevas fpl, freza f; [of frogs] huevos mpl. - **2.** [of mushrooms] micelio m. - **3.** fig & pej [offspring] engendro m. ◇ vt - **1.** fig [produce] engendrar. - **2.** [subj: fish] poner. ◇ vi desovar, frezar.
spawning ['spɔːnɪŋ] n desove m, freza f.
spay [speɪ] vt esterilizar (un animal hembra).
SPCA (abbr of **Society for the Prevention of Cruelty to Animals**) n sociedad estadounidense protectora de animales, ≃ SPA f.
SPCC (abbr of **Society for the Prevention of Cruelty to Children**) n organización estadounidense para la prevención de malos tratos a los niños.
speak [spiːk] (pt **spoke** [spəʊk], pp **spoken** ['spəʊkn]) ◇ vt - **1.** [say] decir; **to** ~ **ill of** hablar mal de. - **2.** [language] hablar; **'English spoken'** 'se habla inglés'. ◇ vi - **1.** [gen] hablar; **Kate Smith** ~**ing** [on phone] soy Kate Smith; **to** ~ **about** OR **of** hablar de; **to** ~ **to** OR **with sb (about)** hablar con alguien (de); **to** ~ **to sb (on)** [give speech] hablar ante alguien (sobre algo); **she isn't** ~**ing to me** no me habla, no me dirige la palabra; **I don't know them to** ~ **to** nunca he hablado con ellos, los conozco sólo de vista; **to** ~ **well** OR **highly of sb** hablar bien de; **it seems I spoke too soon** me parece que me he precipitado al hablar; **nobody/nothing to** ~ **of** nadie/nada especial; **there's no wind/mail to** ~ **of** apenas hay viento/correo; **his paintings** ~ **of a terrible loneliness** sus cuadros expresan una tremenda soledad; **to** ~ **out of turn** hablar cuando a uno no le toca. - **2.** literary [sound - trumpet] sonar; [- gun] sonar, retumbar.
◆ **so to speak** adv como quien dice, por así decirlo.
◆ **speak for** vt fus [represent] hablar en nombre de; ~ **for yourself!** ¡eso lo dirás tú!; **it** ~**s for itself** es evidente.
◆ **speak out** vi: **to** ~ **out (against/in favour of)** hablar claro (en contra de/a favor de).
◆ **speak up** vi - **1.** [speak out]: **to** ~ **up for** salir en defensa de. - **2.** [speak louder] hablar más alto.
-speak [spiːk] in cpds pej: **computer**~ jerga f informática.
speakeasy ['spiːkiːzɪ] (pl **speakeasies**) n bar clandestino durante la ley seca.
speaker ['spiːkəʳ] n - **1.** [person talking] persona f que habla. - **2.** [person making a speech - at meal etc] orador m, -ra f; [- at conference] conferenciante mf. - **3.** [of a language] hablante mf. - **4.** [of radio] altavoz m. - **5.** POL presidente m, -ta f de la cámara legislativa; **the Speaker (of the House of Commons)** el presidente de la Cámara de los Comunes.
Speakers' Corner n esquina en el noreste de Hyde Park en la que la gente expresa públicamente sus opiniones sobre tribunas improvisadas.

speakership ['spiːkəʃɪp] *n* presidencia *f* de una asamblea legislativa.

speaking ['spiːkɪŋ] ◇ *adv*: **generally** ~ en general; **legally** ~ desde una perspectiva legal; ~ **as** [in the position of] hablando como; ~ **of** [on the subject of] hablando de. ◇ *n* oratoria *f*. ◇ *adj* [robot, machine, doll] que habla, parlante.

-speaking ['spiːkɪŋ] *in cpds* - **1.** [person]: **they're both German/Spanish**~ los dos son germanohablantes/hispanohablantes, los dos hablan alemán/español. - **2.** [country]: **French**~/**English**~ **countries** países de habla francesa/inglesa, países francófonos/anglófonos; **the Arab**~ **world** los países de lengua árabe.

speaking clock *n Br* información *f* horaria.

spear [spɪə'] ◇ *n* - **1.** [gen] lanza *f*; [for hunting] jabalina *f*. - **2.** [of asparagus etc] brote *m*, punta *f*. ◇ *vt* - **1.** [animal, enemy] atravesar; [fish] arponear. - **2.** [piece of food] pinchar.

speargun ['spɪəgʌn] *n* arpón *m* (*para pesca submarina*).

spearhead ['spɪəhed] ◇ *n* punta *f* de lanza, abanderado *m*, -da *f*. ◇ *vt* encabezar.

spearmint ['spɪəmɪnt] *n* menta *f* verde, hierbabuena *f*.

spec [spek] *n Br inf*: **to do sthg on** ~ hacer algo por probar; **to buy sthg on** ~ comprar algo sin garantías.

special ['speʃl] ◇ *adj* - **1.** [gen] especial. - **2.** [particular, individual] particular. ◇ *n* - **1.** [on menu] especialidad *f*; **today's** ~ plato *m* del día. - **2.** [TV programme] programa *m* especial. - **3.** [train] tren *m* especial. - **4.** [PRESS issue] edición *f* especial, número *m* extraordinario; [- feature] especial *m*. - **5.** *Am* COMM oferta *f* especial.

special agent *n* agente *mf* especial.

Special Air Service *n* *regimiento del ejército británico que realiza operaciones clandestinas.*

Special Branch *n* *departamento de policía británico encargado de la seguridad del Estado.*

special constable *n Br* guardia *mf* auxiliar.

special correspondent *n* enviado *m*, -da *f* especial.

special delivery *n* correo *m* urgente.

special effects *npl* efectos *mpl* especiales.

specialism ['speʃəlɪzm] *n* especialización *f*, especialidad *f*; **my** ~ **is maths** me he especializado en matemáticas.

specialist ['speʃəlɪst] ◇ *adj* [doctor] especialista; [literature] especializado(da). ◇ *n* especialista *mf*.

speciality [,speʃɪˈælətɪ] (*pl* **specialities**), **specialty** *Am* ['speʃltɪ] (*pl* **specialties**) *n* especialidad *f*.

specialization [,speʃəlaɪˈzeɪʃn] *n* especialización *f*.

specialize, -ise ['speʃəlaɪz] *vi* [company, restaurant, student] especializarse; **to** ~ **in sthg** especializarse en algo.

special licence *n Br* licencia que permite contraer matrimonio sin necesidad de correr las amonestaciones; **to be married by** ~ casarse sin necesidad de correr las amonestaciones.

specially ['speʃəlɪ] *adv* especialmente.

special offer *n* oferta *f* especial.

special relationship *n* lazos *mpl* especiales de amistad (entre EE UU y el Reino Unido).

special school *n* escuela *f* especial (*para disminuidos físicos o psíquicos*).

specialty *n Am* = **speciality**.

specie ['spiːʃiː] *n* metálico *m*, efectivo *m*; **in** ~ en metálico.

species ['spiːʃiːz] (*pl inv*) *n* especie *f*.

specific [spəˈsɪfɪk] *adj* - **1.** [particular] determinado(da). - **2.** [precise] específico(ca). - **3.** [unique]: ~ **to** específico(ca) de.
◆ **specifics** *npl* datos *mpl* específicos.

specifically [spəˈsɪfɪklɪ] *adv* - **1.** [particularly] expresamente. - **2.** [precisely] específicamente.

specification [,spesɪfɪˈkeɪʃn] *n* [plan] especificación *f*.
◆ **specifications** *npl* [of machine etc] datos *mpl* técnicos, descripción *f* técnica.

specific gravity *n* peso *m* específico.

specify ['spesɪfaɪ] (*pt & pp* **specified**) *vt* especificar; **to** ~ **that** especificar que.

specimen ['spesɪmən] *n* - **1.** [example] espécimen *m*, ejemplar *m*. - **2.** [sample] muestra *f*.

specimen copy *n* ejemplar *m* de muestra.

specimen signature *n* muestra *f* de firma.

specious ['spiːʃəs] *adj* especioso(sa).

speck [spek] *n* - **1.** [small stain] manchita *f*. - **2.** [small particle] mota *f*. ◇ *vt* motear.

speckle ['spekl] ◇ *n* mota *f*. ◇ *vt* motear.

speckled ['spekld] *adj*: ~ **(with)** moteado(da) (de), con manchas (de).

specs [speks] *npl Br inf* [glasses] gafas *fpl*.

spectacle ['spektəkl] *n* - **1.** [gen] espectáculo *m*. - **2.** [person] facha *f*; **to make a** ~ **of o.s.** dar el espectáculo, ponerse en ridículo.
◆ **spectacles** *npl Br* gafas *fpl*.

spectacled ['spektəkld] *adj* [gen] con gafas; ZOOL de anteojos.

spectacular [spekˈtækjulə'] ◇ *adj* espectacular. ◇ *n* espectáculo *m*.

spectacularly [spekˈtækjuləlɪ] *adv* [big, beautiful] espectacularmente; **it went** ~ **wrong** salió fatal, no podría haber salido peor.

spectate [spekˈteɪt] *vi* asistir como espectador.

spectator [spekˈteɪtə'] *n* espectador *m*, -ra *f*.

spectator sport *n* deporte *m* de masas.

specter *n Am* = **spectre**.

spectra ['spektrə] *pl →* **spectrum**.

spectral ['spektrəl] *adj* espectral.

spectre *Br*, **specter** *Am* ['spektə'] *n lit & fig* fantasma *m*.

spectrogram ['spektrəgræm] *n* espectrograma *m*.

spectrograph ['spektrəgrɑːf] *n* espectrógrafo *m*.

spectrometer [spekˈtrɒmɪtə'] *n* espectrómetro *m*.

spectroscope ['spektrəskəup] *n* espectroscopio *m*.

spectroscopy [spekˈtrɒskəpɪ] *n* espectroscopia *f*.

spectrum ['spektrəm] (*pl* **spectra** [-trə]) *n* - **1.** [gen] espectro *m*. - **2.** *fig* [variety] gama *f*, abanico *m*.

specula ['spekjulə] *pl →* **speculum**.

speculate ['spekjuleɪt] *vi* especular.

speculation [,spekjuˈleɪʃn] *n* especulación *f*.

speculative ['spekjulətɪv] *adj* especulativo(va).

speculator ['spekjuleɪtə'] *n* FIN especulador *m*, -ra *f*.

speculum ['spekjuləm] (*pl* **speculums** OR **specula** [-lə]) *n* - **1.** MED espéculo *m*. - **2.** [in optical instrument] espejo *m*.

sped [sped] *pt & pp →* **speed**.

speech [spiːtʃ] *n* - **1.** [gen] habla *f*. - **2.** [formal talk] discurso *m*; **to give** OR **make a** ~ **(on sthg to sb)** pronunciar un discurso (sobre algo a alguien). - **3.** THEATRE parlamento *m*. - **4.** [manner of speaking] manera *f* de hablar. - **5.** [dialect] dialecto *m*, habla *f*.

speech day *n Br* día *m* de la entrega de premios.

speech defect *n* defecto *m* en el habla.

speechify ['spiːtʃɪfaɪ] (*pt & pp* **speechified**) *vi pej* perorar.

speech impediment *n* defecto *m* en el habla.

speechless ['spiːtʃlɪs] *adj*: **to be** ~ **(with)** enmudecer (de).

speechmaker ['spiːtʃ,meɪkə'] *n* orador *m*, -ra *f*.

speechmaking ['spiːtʃ,meɪkɪŋ] *n (U)* discursos *mpl*; *pej* palabrería *f*.

speech pattern *n* estructura *f* lingüística OR del discurso.

speech processing *n* tratamiento *m* de voz.

speech synthesizer *n* sintetizador *m* de voz.

speech therapist *n* logopeda *mf*.

speech therapy *n* logopedia *f*.

speechwriter ['spiːtʃ,raɪtə'] *n* persona *f* que escribe discursos; **she's the mayor's** ~ ella es la que escribe los discursos del alcalde.

speed [spiːd] (*pt & pp* **speeded** OR **sped** [sped]) ◇ *n* - **1.** [rate of movement] velocidad *f*; **at** ~ a gran velocidad; **at top** ~ a toda velocidad. - **2.** [rapidity] rapidez *f*. - **3.** [gear]

marcha *f*, velocidad *f*. **- 4.** PHOT [of film] sensibilidad *f*; [of shutter] tiempo *m* de apertura. **- 5.** *(U) drugs sl* [amphetamine] anfetas *fpl*, speed *m*. ◇ *vi* **- 1.** [move fast]: **to ~ (along/away/by)** ir/alejarse/pasar a toda velocidad. **- 2.** AUT [go too fast] conducir con exceso de velocidad.

◆ **speed up** ◇ *vt sep* [gen] acelerar; [person] meter prisa a. ◇ *vi* [gen] acelerarse; [person] darse prisa.

speedboat ['spiːdbəʊt] *n* lancha *f* motora.

speed bump *n* rompecoches *m inv*, badén *m*.

speeder ['spiːdə'] *n* [fast driver] automovilista *mf* que va a gran velocidad.

speedily ['spiːdɪlɪ] *adv* [quickly] rápidamente; [promptly] enseguida; [soon] pronto.

speeding ['spiːdɪŋ] *n (U)* exceso *m* de velocidad.

speed limit *n* límite *m* de velocidad.

speedo ['spiːdəʊ] *(pl* **speedos)** *n Br inf* = **speedometer**.

speedometer [spɪ'dɒmɪtə'] *n* velocímetro *m*.

speed-reading *n* lectura *f* rápida.

speed restriction *n* límite *m* de velocidad.

speedster ['spiːdstə'] *n* **- 1.** [car] deportivo *m*, bólido *m*. **- 2.** [driver] automovilista *mf* que va a gran velocidad.

speed trap *n* control *m* policial de velocidad.

speedway ['spiːdweɪ] *n* **- 1.** SPORT [racing] *(U)* carreras *fpl* de moto; [track] circuito *m* para carreras de motos. **- 2.** *Am* [road] autopista *f*.

Speedwriting® ['spiːd,raɪtɪŋ] *n método de taquigrafía.*

speedy ['spiːdɪ] *(compar* **speedier**, *superl* **speediest)** *adj* [rapid] rápido(da); [prompt] pronto(ta).

speleology [spiːlɪ'ɒlədʒɪ] *n fml* espeleología *f*.

spell [spel] *(Br pt & pp* **spelt** [spelt] OR **spelled**, *Am pt & pp* **spelled)** ◇ *n* **- 1.** [of time] temporada *f*; [of weather] racha *f*; [of duty] turno *m*; [of bad temper] acceso *m*; [of illness] ataque *m*; **a cold ~** una ola OR una racha de frío; **to go through a good/bad ~** pasar una buena/mala racha. **- 2.** [enchantment] hechizo *m*; **to be under a ~** estar hechizado(da); **to cast** OR **put a ~ on sb** hechizar a alguien. **- 3.** [magic words] conjuro *m*, sortilegio *m*. ◇ *vt* **- 1.** [write] escribir, deletrear; [aloud] deletrear; **how do you ~ his name?** ¿cómo se escribe su nombre? **- 2.** *fig* [signify] significar; **it ~s ruin for us** significa la ruina para nosotros. **- 3.** [worker, colleague] relevar. ◇ *vi* escribir correctamente.

◆ **spell out** *vt sep* **- 1.** [read aloud] deletrear. **- 2.** [explain]: **to ~ sthg out (for** OR **to sb)** decir algo por las claras (a alguien).

spellbinding ['spel,baɪndɪŋ] *adj* hechizante, cautivador(ra).

spellbound ['spelbaʊnd] *adj* hechizado(da), embelesado(da).

spell-check ◇ *n* revisión *f* ortográfica; **to do** OR **run a ~ on a document** revisar la ortografía de un documento. ◇ *vt* revisar la ortografía de.

spell-checker *n* corrector *m* ortográfico.

speller ['spelə'] *n* **- 1.** [person]: **to be a good/bad ~** tener buena/mala ortografía. **- 2.** [book] manual *m* de ortografía.

spelling ['spelɪŋ] *n* ortografía *f*; **~ mistake** falta *f* de ortografía.

spelling bee *n Am* concurso *m* de ortografía.

spelling-checker *n* = **spell-checker**.

spelt [spelt] ◇ *Br pt & pp* → **spell**. ◇ *n* BOT espelta *f*, escanda *f*.

spelunker [spɪ'lʌŋkə'] *n Am* espeleólogo(ga).

spelunking [spɪ'lʌŋkɪŋ] *n Am* espeleología *f*.

spend [spend] *(pt & pp* **spent** [spent]) ◇ *vt* **- 1.** [money, energy] gastar; **to ~ sthg on** gastar algo en. **- 2.** [time, life] pasar. **- 3.** [exhaust, use up] agotar. ◇ *vi* gastar dinero.

spendable ['spendəbl] *adj* gastable.

spender ['spendə'] *n* gastador *m*, -ra *f*.

spending ['spendɪŋ] *n (U)* gasto *m*, gastos *mpl*.

spending money *n* dinero *m* para pequeños gastos.

spending power *n* poder *m* adquisitivo.

spending spree *n*: **we went on a ~** nos pusimos a gastar como locos.

spendthrift ['spendθrɪft] ◇ *n* derrochador *m*, -ra *f*, despilfarrador *m*, -ra *f*. ◇ *adj* derrochador(ra), despilfarrador(ra).

spent [spent] ◇ *pt & pp* → **spend**. ◇ *adj* [matches, ammunition] usado(da); [patience] agotado(da).

sperm [spɜːm] *(pl inv* OR **sperms)** *n* **- 1.** [semen] esperma *m*, semen *m*. **- 2.** [cell] espermatozoide *m*.

spermaceti [,spɜːmə'setɪ] *n* esperma *m* de ballena.

spermatophyte ['spɜːmətəʊ,faɪt] *n* espermafito *m*, espermatofito *m*.

spermatozoon [,spɜːmətəʊ'zəʊɒn] *(pl* **spermatozoa** [-'zəʊə]) *n* espermatozoo *m*, espermatozoide *m*.

sperm bank *n* banco *m* de esperma.

spermicidal [,spɜːmɪ'saɪdl] *adj* espermicida.

spermicidal cream *n* crema *f* espermicida.

spermicide ['spɜːmɪsaɪd] *n* espermicida *m*.

sperm oil *n* esperma *m* de ballena.

sperm whale *n* cachalote *m*.

spew [spjuː] ◇ *vt* **- 1.** [hurl out] arrojar, escupir. **- 2.** *v inf* [vomit] devolver, vomitar. ◇ *vi* **- 1.** [burst out]: **flames ~ed out of the volcano** el volcán arrojaba llamas. **- 2.** *v inf* [vomit] devolver, vomitar.

sphere [sfɪə'] *n* **- 1.** [gen] esfera *f*; **~ of influence/activity** esfera de influencia/actividad. **- 2.** [of people] círculo *m*.

spherical ['sferɪkl] *adj* esférico(ca).

sphincter ['sfɪŋktə'] *n* esfínter *m*.

sphinx [sfɪŋks] *(pl* **sphinxes)** *n* esfinge *f*.

◆ **Sphinx** *n*: **the ~** la Esfinge.

spic [spɪk] *n Am v inf término ofensivo para designar a un estadounidense de habla hispana, especialmente puertorriqueño.*

spicate ['spaɪkeɪt] *adj* espigado(da).

spice [spaɪs] ◇ *n* **- 1.** CULIN especia *f*. **- 2.** *fig* [excitement] sabor *m*. ◇ *vt* **- 1.** CULIN: **to ~ sthg (with)** condimentar algo (con). **- 2.** *fig* [add excitement to]: **to ~ sthg (up)** dar sabor a algo.

spice rack *n* especiero *m*.

spiciness ['spaɪsɪnɪs] *n* **- 1.** [of food] picante *m*. **- 2.** *fig* [of story, adventure] sabor *m*, interés *m*.

spick-and-span ['spɪkən,spæn] *adj* impecable, inmaculado(da).

spicule ['spɪkjuːl] *n* espícula *f*.

spicy ['spaɪsɪ] *(compar* **spicier**, *superl* **spiciest)** *adj* CULIN & *fig* picante, picoso(sa) *Amér*.

spider ['spaɪdə'] *n* **- 1.** ZOOL araña *f*. **- 2.** *Br* [for luggage] pulpo *m*. **- 3.** *Am* CULIN trébedes *fpl*.

spider monkey *n* mono *m* araña.

spider plant *n* cinta *f*.

spider's web, **spiderweb** *Am* ['spaɪdə,web] *n* telaraña *f*.

spidery ['spaɪdərɪ] *adj* [handwriting] de rasgos largos y finos.

spiel [ʃpiːl] *inf* ◇ *n* rollo *m*. ◇ *vi* soltar un rollo.

spiffy ['spɪfɪ] *(compar* **spiffier**, *superl* **spiffiest)** *adj Am* estupendo(da).

spigot ['spɪɡət] *n* **- 1.** [in cask] espita *f*. **- 2.** *Am* [tap] grifo *m*.

spike [spaɪk] ◇ *n* **- 1.** [on railing etc] punta *f*; [on wall, track shoes] clavo *m*. **- 2.** [on plant] pincho *m*, púa *f*; [of hair] pelo *m* de punta. **- 3.** [of grain] espiga *f*. ◇ *vt* **- 1.** [impale] empalar, atravesar. **- 2.** *inf* [drink] mezclar *(con un licor)*. **- 3.** [article, story] rechazar.

◆ **spikes** *npl Br* zapatillas *fpl* con clavos.

spiked [spaɪkt] *adj* [railings] con puntas de hierro; [shoes] claveteado(da); [tyre] con clavos.

spikenard ['spaɪknɑːd] *n* nardo *m*.

spiky ['spaɪkɪ] *(compar* **spikier**, *superl* **spikiest)** *adj* puntiagudo(da); [hair] erizado(da), en punta.

spill [spɪl] *(Br pt & pp* **spilt** [spɪlt] OR **spilled**, *Am pt & pp* **spilled)** ◇ *vt* derramar, verter. ◇ *vi* **- 1.** [liquid, salt etc] derramarse, verterse. **- 2.** [crowd]: **to ~ out of** salir en masa de. ◇ *n* - **1.** [of liquid] derrame *m*, derramamiento *m*. - **2.** [fall] caída *f*; **to take a** ~ sufrir una caída. - **3.** [for lighting fire] pajuela *f*. - **4.** = **spillway**.

spillage ['spɪlɪdʒ] *n* derrame *m*.

spillover ['spɪlˌəʊvəʳ] *n* - **1.** [act of spilling] derramamiento *m*; [quantity spilt] cantidad *f* derramada. - **2.** [excess] excedente *m*. - **3.** ECON repercusiones *fpl* del gasto público en la economía.

spillway ['spɪlweɪ] *n* aliviadero *m*.

spilt [spɪlt] *pt & pp Br* → **spill**.

spin [spɪn] (*pt* **span** [spæn] OR **spun** [spʌn], *pp* **spun**, *cont* **spinning**) ◇ *n* - **1.** [turn] vuelta *f*, giro *m*. - **2.** AERON barrena *f*; **to go into a** ~ entrar en barrena. - **3.** *inf* [in car] vuelta *f*; **to go for a** ~ dar una vueltecita en coche. - **4.** *fig* [mental confusion] aturdimiento *m*, confusión *f*; **to be in a** ~ estar aturdido(da). - **5.** SPORT [on ball] efecto *m*; **to put** ~ **on a ball** dar efecto a una pelota. - **6.** [in spin-dryer] centrifugado *m*. ◇ *vt* - **1.** [cause to rotate] girar, dar vueltas a. - **2.** [clothes, washing] centrifugar. - **3.** [wool, yarn] hilar; [subj: spider, silkworm] tejer. - **4.** [tale] contar. ◇ *vi* - **1.** [rotate] girar, dar vueltas; **the wheels were spinning in the mud** las ruedas patinaban en el barro. - **2.** [feel dizzy]: **my head is spinning** me da vueltas la cabeza. - **3.** [make thread, wool, cloth] hilar.

◆ **spin out** *vt sep* [story] alargar, prolongar; [money] estirar; [food] hacer durar.

◆ **spin round** *vi* [person] girarse, darse la vuelta.

spina bifida [ˌspaɪnəˈbɪfɪdə] *n* espina *f* bífida.

spinach ['spɪnɪdʒ] *n (U)* espinacas *fpl*.

spinal ['spaɪnl] *adj* [nerve, muscle] espinal; [ligament] vertebral; [disc] intervertebral.

spinal column *n* columna *f* vertebral.

spinal cord *n* médula *f* espinal.

spinal meningitis *n* meningitis *f inv*.

spindle ['spɪndl] *n* - **1.** [machine rod] eje *m*; [in lathe] mandril *m*. - **2.** [for spinning] huso *m*.

spindly ['spɪndlɪ] (*compar* **spindlier**, *superl* **spindliest**) *adj* larguirucho(cha).

spin doctor *n pej* persona encargada de las relaciones con la prensa o de manipular y filtrar la información que se le proporciona.

spin-dry *vt Br* centrifugar.

spin-dryer *n Br* centrifugadora *f*.

spine [spaɪn] *n* - **1.** ANAT espina *f* dorsal. - **2.** [of book] lomo *m*. - **3.** [spike, prickle] espina *f*, púa *f*. - **4.** *Am fig* [will power] fuerza *f* de voluntad, espíritu *m*.

spine-chilling *adj* escalofriante, espeluznante.

spineless ['spaɪnlɪs] *adj* - **1.** [feeble] pobre de espíritu. - **2.** ZOOL invertebrado(da). - **3.** BOT sin espinas.

spinet [spɪ'net] *n* espineta *f*.

spinnaker ['spɪnəkəʳ] *n* velón *m*, vela *f* balón.

spinner ['spɪnəʳ] *n* - **1.** [person] hilandera *f*. - **2.** [in fishing] cucharilla *f*.

spinneret ['spɪnəret] *n* ZOOL & TECH hilera *f*.

spinney ['spɪnɪ] *n Br* soto *m*, bosquecillo *m*.

spinning ['spɪnɪŋ] *n* hilado *m*.

spinning top *n* peonza *f*.

spinning wheel *n* rueca *f*.

spin-off *n* [by-product] resultado *m* OR efecto *m* indirecto.

spinose ['spaɪnəʊs] *adj* espinoso(sa).

spinster ['spɪnstəʳ] *n* soltera *f*.

spiny ['spaɪnɪ] (*compar* **spinier**, *superl* **spiniest**) *adj* espinoso(sa).

spiny lobster *n* langosta *f*.

spiral ['spaɪərəl] (*Br pt & pp* **spiralled**, *cont* **spiralling**, *Am pt & pp* **spiraled**, *cont* **spiraling**) ◇ *adj* en espiral. ◇ *n* - **1.** [curve] espiral *f*. - **2.** [increase] escalada *f*; **the inflationary** ~ la espiral inflacionista. - **3.** [decrease] descenso *m* rápido. ◇ *vi* - **1.** [move in spiral curve] moverse en espiral. - **2.** [increase rapidly]: **to** ~ **(up)** subir vertiginosamente. - **3.** [decrease rapidly]: **to** ~ **downwards** bajar vertiginosamente.

spiral binding *n* encuadernación *f* con espiral.

spiral galaxy *n* galaxia *f* espiral.

spiral staircase *n* escalera *f* de caracol.

spire ['spaɪəʳ] *n* ARCHIT aguja *f*.

spirit ['spɪrɪt] ◇ *n* - **1.** [gen] espíritu *m*; **the** ~ **of the age/of the law** el espíritu de la época/de la ley; **in a friendly** ~ de manera amistosa, con espíritu amistoso; **to enter into the** ~ **of** entrar OR meterse en el ambiente de; **that's the** ~! ¡así se hace!; **to take sthg in the right/wrong** ~ tomarse algo bien/a mal; **the** ~ **is willing but the flesh is weak** la carne es débil. - **2.** [vigour] vigor *m*, energía *f*; [courage] determinación *f*, valor *m*. - **3.** CHEM esencia *f*, alcohol *m*. ◇ *vt*: **to** ~ **sb in/out** meter/sacar a alguien a escondidas.

◆ **spirits** *npl* - **1.** [mood] humor *m*; **to be in high/low** ~**s** estar exultante/alicaído; **to keep one's** ~**s up** no perder el ánimo; **to raise sb's** ~**s** levantar el ánimo a alguien. - **2.** [alcohol] licores *mpl*.

◆ **spirit away**, **spirit off** *vt sep* llevarse a escondidas.

spirited ['spɪrɪtɪd] *adj* - **1.** [lively - person, performance, debate] animado(da), enérgico(ca); [- horse, rhythm] brioso(sa). - **2.** [courageous] valeroso(sa).

spirit gum *n* pegamento *m* (*para barbas, bigotes postizos etc*).

spiritism ['spɪrɪtɪzm] *n* espiritismo *m*.

spirit lamp *n* lámpara *f* de alcohol.

spiritless ['spɪrɪtlɪs] *adj* [depressed] desanimado(da).

spirit level *n* nivel *m* de burbuja de aire.

spirit stove *n* hornillo *m* de alcohol.

spiritual ['spɪrɪtʃʊəl] ◇ *adj* espiritual; ~ **adviser** consejero *m*, -ra *f* espiritual. ◇ *n*: **(Negro)** ~ espiritual *m* (negro).

spiritualism ['spɪrɪtʃʊəlɪzm] *n* espiritismo *m*.

spiritualist ['spɪrɪtʃʊəlɪst] *n* espiritista *mf*.

spiritualistic [ˌspɪrɪtʃʊəˈlɪstɪk] *adj* espiritista.

spirituality [ˌspɪrɪtʃʊˈælətɪ] *n* espiritualidad *f*.

spiritualize, -ise ['spɪrɪtʃʊəlaɪz] *vt* espiritualizar.

spiritually ['spɪrɪtʃʊəlɪ] *adv* espiritualmente.

spirochete ['spaɪrəʊkiːt] *n* espiroqueta *f*.

spit [spɪt] (*Br pt & pp* **spat** [spæt], *cont* **spitting**, *Am pt & pp* **spit**, *cont* **spitting**) ◇ *n* - **1.** [saliva] saliva *f*; ~ **and polish** *fig* pulcritud *f*. - **2.** [skewer] asador *m*, espetón *m*. - **3.** [of insects] espuma *f*. - **4.** GEOGR punta *f*. ◇ *vi* - **1.** [person] escupir. - **2.** [hot fat] chisporrotear, saltar. ◇ *vt lit & fig* escupir. ◇ *v impers Br* [rain lightly]: **it's spitting** está chispeando.

◆ **spit out** *vt sep lit & fig* escupir.

spit curl *n* caracol *m*, rizo *m*.

spite [spaɪt] ◇ *n* rencor *m*; **to do sthg out of** OR **from** ~ hacer algo por despecho. ◇ *vt* fastidiar, molestar.

◆ **in spite of** *prep* a pesar de; **I did it in** ~ **of myself** [unintentionally] lo hice muy a pesar mío.

spiteful ['spaɪtfʊl] *adj* [person, behaviour] rencoroso(sa); [action, remark] malintencionado(da).

spitefully ['spaɪtfʊlɪ] *adv* rencorosamente, con OR por rencor.

spitfire ['spɪtfaɪəʳ] *n inf* persona *f* colérica.

spit roast *n* carne *f* asada con brocheta.

◆ **spit-roast** *vt* asar con brocheta.

spitting ['spɪtɪŋ] *n*: **'no** ~' 'prohibido escupir' ❑ **he was within** ~ **distance of me** *inf* estaba a dos pasos de mí.

spitting image *n*: **to be the** ~ **of** ser el vivo retrato de.

spittle ['spɪtl] *n* saliva *f*.

spittoon [spɪ'tuːn] *n* escupidera *f*.

spiv [spɪv] *n Br inf* ratero *m*.

splash [splæʃ] ◇ *n* - **1.** [sound] chapoteo *m*. - **2.** [small quantity]: **a** ~ **of lemonade** un chorrito de limonada. - **3.** [of colour, light] mancha *f*. - **4.** [of mud, paint etc] salpicadura *f*. - **5.** *inf fig* [sensation]: **to make a** ~ causar sensación. ◇ *vt* [with mud, paint etc] salpicar. ◇ *vi* - **1.** [person]: **to** ~ **about** OR **around** chapotear. - **2.** [water, liquid]: **to** ~ **on** OR **against sthg** salpicar algo.

◆ **splash down** *vi* [spaceship] amerizar.

splash out ◇ *vt sep*: **to ~ money out on** gastar dinero en. ◇ *vi inf*: **to ~ out (on sthg)** gastar un dineral (en algo).

splashback ['splæʃbæk] *n* revestimiento *m (encima de lavabo o fregadero)*.

splashdown ['splæʃdaʊn] *n* amerizaje *m*.

splashguard ['splæʃgɑːd] *n Am* alfombra *f* salpicadero.

splashing ['splæʃɪŋ] *n (U)* salpicaduras *fpl*.

splashy ['splæʃɪ] *(compar* **splashier**, *superl* **splashiest)** *adj Am inf* llamativo(va), ostentoso(sa).

splat [splæt] *n* ruido *m* sordo *(como de algo que cae y es aplastado)*.

splatter ['splætəʳ] ◇ *vt & vi* salpicar. ◇ *n* salpicadura *f*.

splay [spleɪ] ◇ *vt* extender, estirar. ◇ *vi*: **to ~ (out)** extenderse, estirarse.

splayfoot ['spleɪfʊt] *n* pie *m* plano y torcido.

spleen [spliːn] *n* **- 1.** ANAT bazo *m*. **- 2.** *fig* [anger] cólera *f*.

splendid ['splendɪd] *adj* **- 1.** [marvellous] espléndido(da). **- 2.** [magnificent, beautiful] magnífico(ca).

splendidly ['splendɪdlɪ] *adv* **- 1.** [marvellously] maravillosamente. **- 2.** [magnificently] magníficamente.

splendor *n Am* = **splendour**.

splendorous ['splendrəs] *adj literary* esplendoroso(sa).

splendour *Br*, **splendor** *Am* ['splendəʳ] *n* esplendor *m*.

splenetic [splɪ'netɪk] *adj lit* [ill-humoured] atrabiliario(ria), malhumorado(da).

splice [splaɪs] ◇ *vt* **- 1.** [rope] empalmar; [tape, film] montar. **- 2.** *Br inf hum* [marry]: **to get ~d** casarse. ◇ *n* empalme *m*.

splicer ['splaɪsəʳ] *n* encoladora *f*.

spline [splaɪn] *n* **- 1.** [projection] lengüeta *f*; [groove] ranura *f*. **- 2.** [slat] tablilla *f*.

splint [splɪnt] ◇ *n* tablilla *f*. ◇ *vt* entablillar.

splinter ['splɪntəʳ] ◇ *n* astilla *f*. ◇ *vt*: **to be ~ed** estar astillado(da). ◇ *vi* astillarse.

splinter group *n* grupo *m* disidente.

split [splɪt] *(pt & pp* **split**, *cont* **splitting)** ◇ *n* **- 1.** [crack - in wood, rock] grieta *f*; [- in garment] raja *f*, desgarrón *m*. **- 2.** [division]: ~ **(in)** escisión *f* (en). **- 3.** [difference]: ~ **(between)** diferencia *f* (entre). **- 4.** [share] parte *f*. **- 5.** *Am* [of mineral water, soda] botellín *m*. ◇ *vt* **- 1.** [tear] desgarrar, rasgar; [crack] agrietar. **- 2.** [break in two] partir, romper. **- 3.** [party, organization] escindir; [family] separar, dividir. **- 4.** [share] repartir, dividir; **to ~ the difference** partir la diferencia. **- 5.** CHEM descomponer. **- 6.** PHYS desintegrar. **- 7.** *phr*: **to ~ one's sides (laughing)** partirse de risa. ◇ *vi* **- 1.** [break up - road] bifurcarse; [- object] partirse, romperse. **- 2.** [party, organization] escindirse; [family, group of travellers] separarse, dividirse; [couple, friends] separarse, romper. **- 3.** [wood] partirse, agrietarse; [fabric] desgarrarse, rasgarse; [leather] reventarse. **- 4.** *Am inf* [leave] largarse. **- 5.** *Br inf* [inform]: **to ~ on sb** chivarse de. ◇ *adj* [lip] partido.

◆ **splits** *npl*: **to do the ~s** hacer el espagat, abrirse de piernas.

◆ **split off** ◇ *vt sep* [break off]: **to ~ sthg off (from)** separar algo (de). ◇ *vi* [break off]: **to ~ off (from)** desprenderse (de).

◆ **split up** ◇ *vt sep* [divide]: **to ~ sthg up (into)** dividir algo (en). ◇ *vi* [couple, friends] separarse, romper; [group of travellers] separarse, dividirse

split ends *npl* puntas *fpl* abiertas.

split infinitive *n* GRAMM infinitivo con una palabra o frase intercalada entre 'to' y el verbo.

split-level *adj* de dos niveles.

split pea *n* guisante *m* seco.

split personality *n* desdoblamiento *m* de personalidad.

split screen *n* COMPUT pantalla *f* partida.

split second *n* fracción *f* de segundo.

◆ **split-second** *adj* [reaction, timing] de una fracción de segundo.

split shift *n* turno *m* partido.

splitting ['splɪtɪŋ] *adj* [headache] insoportable.

split-up *n* [gen] ruptura *f*, separación *f*; POL escisión *f*.

splodge [splɒdʒ], **splotch** *Am* [splɒtʃ] *inf* ◇ *n* **- 1.** [splash - of paint, colour] mancha *f*; [- of ink] borrón *m*. **- 2.** [dollop] cucharada *f* colmada. ◇ *vt* salpicar, manchar. ◇ *vi* manchar.

splurge [splɜːdʒ] ◇ *n* **- 1.** [spending spree] derroche *m*. **- 2.** [display] exhibición *f*, fachenda *f*. ◇ *vt* [spend] derrochar.

splutter ['splʌtəʳ] ◇ *n* [of person] balbuceo *m*. ◇ *vi* **- 1.** [person] balbucear, farfullar. **- 2.** [fire, oil] chisporrotear.

spoil [spɔɪl] *(pt & pp* **spoiled** OR **spoilt** [spɔɪlt]) ◇ *vt* **- 1.** [ruin] estropear, echar a perder. **- 2.** [child etc] mimar, regalonear *Amér*; **to ~ o.s.** darse un capricho. ◇ *vi* [fruit, food] estropearse, echarse a perder. ◇ *n (U)* [earth, diggings] escombros *mpl*.

◆ **spoils** *npl* **- 1.** [loot] botín *m*. **- 2.** *Am* POL prebendas *fpl*.

◆ **spoil for** *vi*: **to be ~ing for a fight/argument** tener unas ganas enormes de pelea/de discutir.

spoilage ['spɔɪlɪdʒ] *n (U)* [spoilt matter] desechos *mpl*, desperdicios *mpl*.

spoiler ['spɔɪləʳ] *n* **- 1.** AUT spoiler *m*. **- 2.** AERON alerón *m*.

spoilsport ['spɔɪlspɔːt] *n* aguafiestas *mf inv*.

spoils system *n Am* tráfico *m* de influencias.

spoilt [spɔɪlt] ◇ *pt & pp* → **spoil**. ◇ *adj* [child] mimado(da), consentido(da).

spoke [spəʊk] ◇ *pt* → **speak**. ◇ *n* **- 1.** [of wheel] radio *m*. **- 2.** [of ladder] peldaño *m*.

spoken ['spəʊkn] ◇ *pp* → **speak**. ◇ *adj* hablado(da), oral. **-spoken** ['spəʊkn] *in cpds*: **soft~** que habla con suavidad; **well~** que habla bien.

spokeshave ['spəʊkʃeɪv] *n* raedera *f*.

spokesman ['spəʊksmən] *(pl* **spokesmen** [-mən]) *n* portavoz *m*.

spokesperson ['spəʊkspɜːsn] *n* portavoz *mf*.

spokeswoman ['spəʊks,wʊmən] *(pl* **spokeswomen** [-,wɪmɪn]) *n* portavoz *f*.

sponge [spʌndʒ] *(Br cont* **spongeing**, *Am cont* **sponging)** ◇ *n* **- 1.** [for cleaning, washing] esponja *f*; **to throw in the ~** tirar la toalla. **- 2.** [cake] bizcocho *m*. **- 3.** ZOOL esponja *f*. ◇ *vt* **- 1.** [wipe, soak up] limpiar con una esponja. **- 2.** *inf* [cadge] gorronear, conseguir de gorra. ◇ *vi inf*: **to ~ off** vivir a costa de.

sponge bag *n Br* neceser *m*.

sponge bath *n* lavado *m* con una esponja húmeda.

sponge cake *n* bizcocho *m*.

sponge-down *n* pasada *f* de esponja.

sponge finger *n* galleta *f* de bizcocho, soletilla *f*.

sponge pudding *n Br* pudín *m* de bizcocho hecho al baño maría.

sponger ['spʌndʒəʳ] *n inf pej* gorrón *m*, -ona *f*.

sponge rubber *n* gomaespuma *f*.

spongy ['spʌndʒɪ] *(compar* **spongier**, *superl* **spongiest)** *adj* esponjoso(sa).

sponsor ['spɒnsəʳ] ◇ *n* [gen] patrocinador *m*, -ra *f*; [of student, would-be club member] padrino *m*, madrina *f*; [for loan, business] fiador *m*, -ra *f*, garante *mf*. ◇ *vt* **- 1.** [gen] patrocinar. **- 2.** [student, would-be club member] apadrinar. **- 3.** [support] respaldar. **- 4.** [loan, borrower] avalar, ser garante de.

sponsored walk ['spɒnsəd-] *n* marcha *f* benéfica.

sponsorship ['spɒnsəʃɪp] *n* patrocinio *m*.

spontaneity [,spɒntə'neɪətɪ] *n* espontaneidad *f*.

spontaneous [spɒn'teɪnjəs] *adj* espontáneo(a).

spontaneous combustion *n* combustión *f* espontánea.

spontaneous generation *n* generación *f* espontánea, abiogénesis *f inv*.

spontaneously [spɒn'teɪnjəslɪ] *adv* espontáneamente.

spoof [spuːf] ◇ *n*: ~ **(of** OR **on)** parodia *f* (de). ◇ *vt* parodiar.

spook [spuːk] *inf* ◇ *vt Am* - **1.** [frighten] asustar. - **2.** [haunt] aparecer en. ◇ *n* - **1.** [ghost] fantasma *m*. - **2.** *Am* [spy] espía *mf*.

spooky ['spuːkɪ] (*compar* **spookier**, *superl* **spookiest**) *adj inf* - **1.** [eerie] escalofriante, estremecedor(ra). - **2.** *Am* [easily frightened] asustadizo(za).

spool [spuːl] ◇ *n* [gen & COMPUT] bobina *f*. ◇ *vi* COMPUT tratar en diferido. ◇ *vt* enrollar.

spoon [spuːn] ◇ *n* - **1.** [piece of cutlery] cuchara *f*; **to be born with a silver ~ in one's mouth** haberlo tenido todo hecho desde la cuna, venir de buena familia. - **2.** [spoonful] cucharada *f*. - **3.** [for fishing] cuchara *f*. - **4.** [golf club] cucharilla *f*, cuchara *f*. ◇ *vt*: **to ~ sthg onto** OR **into** poner una cucharada de algo en.

spoonerism ['spuːnərɪzm] *n trastocamiento inintencionado de las sílabas de una o más palabras que resulta en un frase graciosa.*

spoon-fed *adj* - **1.** [fed with spoon] alimentado(da) con cuchara. - **2.** [coddled] mimado(da), al que se le dan todo hecho.

spoon-feed *vt* - **1.** [feed with spoon] dar de comer con cuchara a. - **2.** *fig* [facts, information] dar masticado(da).

spoonful ['spuːnful] (*pl* **spoonfuls** OR **spoonsful** ['spuːnzful]) *n* cucharada *f*.

spoor [spɔːʳ] *n* rastro *m*.

sporadic [spəˈrædɪk] *adj* esporádico(ca).

sporadically [spəˈrædɪklɪ] *adv* esporádicamente.

spore [spɔːʳ] *n* espora *f*.

sporophyte ['spɔːrəʊfaɪt] *n* esporofito *m*.

sporran ['spɒrən] *n bolsa que llevan los escoceses sobre la falda.*

sport [spɔːt] ◇ *n* - **1.** [game, physical exercise] deporte *m*; **she's good at ~** se le dan muy bien los deportes. - **2.** *dated* [cheerful person] persona *f* amable; **be a ~!** ¡pórtate! - **3.** [good loser]: **to be a (good) ~** ser buen perdedor (buena perdedora). - **4.** *literary* [fun]: **to make ~ of** burlarse de. ◇ *vt* lucir, llevar.

◆ **sports** ◇ *npl Br* [sports day] día *m* dedicado a los deportes. ◇ *comp* deportivo(va).

sporting ['spɔːtɪŋ] *adj lit & fig* deportivo(va); **to give sb a ~ chance** dar a alguien la oportunidad de ganar.

sportingly ['spɔːtɪŋlɪ] *adv* deportivamente.

sportive ['spɔːtɪv] *adj literary* juguetón(ona).

sports car *n* coche *m* deportivo.

sportscast ['spɔːtskɑːst] *n Am* programa *m* deportivo.

sportscaster ['spɔːts,kɑːstəʳ] *n Am* comentarista deportivo *m*, comentarista deportiva *f*.

sports day *n Br* SCH reunión deportiva anual a la que asisten los padres.

sports field *n* campo *m* de deportes.

sports jacket *n* chaqueta *f* de esport.

sportsman ['spɔːtsmən] (*pl* **sportsmen** [-mən]) *n* - **1.** [player of sport] deportista *m*. - **2.** [person who plays fair] jugador *m* muy deportivo OR muy caballero.

sportsmanlike ['spɔːtsmənlaɪk] *adj* deportivo(va).

sportsmanship ['spɔːtsmənʃɪp] *n* deportividad *f*.

sportsmen ['spɔːtsmən] *pl →* **sportsman**.

sports pages *npl* sección *f* OR páginas *fpl* de deportes.

sportsperson ['spɔːts,pɜːsn] (*pl* **sportspeople** [-,piːpl]) *n* deportista *mf*.

sports personality *n* personalidad *f* del deporte.

sportswear ['spɔːtsweəʳ] *n* ropa *f* deportiva.

sportswoman ['spɔːts,wʊmən] (*pl* **sportswomen** [-,wɪmɪn]) *n* deportista *f*.

sportswriter ['spɔːts,raɪtəʳ] *n* cronista deportivo *m*, cronista deportiva *f*.

sporty ['spɔːtɪ] (*compar* **sportier**, *superl* **sportiest**) *adj inf* - **1.** [fond of sports] aficionado(da) a los deportes. - **2.** [flashy] llamativo(va).

spot [spɒt] (*pt & pp* **spotted**, *cont* **spotting**) ◇ *n* - **1.** [stain] mancha *f*, mota *f*; [dot] punto *m*; **I had ~s before my eyes** los ojos me hacían chiribitas. - **2.** [pimple] grano *m*; **he came out in ~s** le salieron granos. - **3.** [drop] gota *f*. - **4.** *inf* [bit, small amount] pizca *f*, miaja *f*; **I'm having a ~ of bother with the neighbours** he tenido algún problemilla con los vecinos. - **5.** [place] lugar *m*; **on the ~** [on site] en el lugar; **to do sthg on the ~** [immediately] hacer algo en el acto; **to put sb on the ~** poner a alguien en un aprieto OR contra las cuerdas. - **6.** RADIO & TV espacio *m*; [for advertising] spot *m* publicitario. - **7.** *inf* [spotlight] foco *m*, reflector *m*. - **8.** *phr*: **to be in a ~** *inf* estar en un aprieto OR apuro; **to have a soft ~ for sb** tener debilidad por alguien; **to knock ~s off sb/sthg** darle cien vueltas a alguien/algo; **that hits the ~!** *inf* ¡eso sí que viene bien! ◇ *vt* [notice] notar, ver; **well spotted!** ¡bien visto, sí señor! ◇ *vi*: **it's spotting with rain** está empezando a chispear.

spot check *n* control *m* aleatorio.

◆ **spot-check** *vt* hacer un control aleatorio de, inspeccionar al azar.

spotless ['spɒtlɪs] *adj* [thing] inmaculado(da); [reputation] intachable.

spotlessly ['spɒtlɪslɪ] *adv*: **~ clean** impecable, como los chorros del oro.

spotlessness ['spɒtlɪsnɪs] *n* limpieza *f* perfecta.

spotlight ['spɒtlaɪt] (*pt & pp* **spotlit** ['spɒtlɪt]) ◇ *n* [of car] faro *m* auxiliar; [in theatre] foco *m*, reflector *m* de luz; [in home] foco *m*; **to be in the ~** *fig* ser el centro de atención. ◇ *vt* - **1.** [in theatre] iluminar con focos. - **2.** *fig* [focus attention on, pinpoint] destacar.

spotlit ['spɒtlɪt] *adj* iluminado(da) con focos.

spot-on *adj Br inf* exacto(ta), preciso(sa).

spot price *n* precio *m* por entrega inmediata.

spotted ['spɒtɪd] *adj* de lunares, moteado(da).

spotted dick *n Br* pudding con frutos secos.

spotter ['spɒtəʳ] *n Br* [enthusiast]: **plane ~** persona apasionada por los aviones.

spotty ['spɒtɪ] (*compar* **spottier**, *superl* **spottiest**) *adj* - **1.** *Br* [skin] con granos. - **2.** *Am* [patchy] irregular. - **3.** [stained] manchado(da). - **4.** [patterned] de lunares, moteado(da).

spouse [spaʊs] *n* cónyuge *mf*.

spout [spaʊt] ◇ *n* - **1.** [of kettle, teapot] pitorro *m*; [of jug] pico *m*; [of pipe] caño *m*. - **2.** [jet - of water, lava] chorro *m*; [- of flame] lengua *f*, columna *f*. ◇ *vt* - **1.** *pej* [churn out] soltar. - **2.** [water, oil] chorrear; [fire, smoke] echar. ◇ *vi* - **1.** [gush]: **to ~ from** OR **out of** [liquid] salir a chorros de; [smoke, flames] salir incesantemente de. - **2.** *pej* [talk] soltar un rollo.

sprain [spreɪn] ◇ *n* torcedura *f*. ◇ *vt* torcerse; **to ~ one's wrist/ankle** torcerse la muñeca/el tobillo.

sprang [spræŋ] *pt →* **spring**.

sprat [spræt] *n* espadín *m*.

sprawl [sprɔːl] ◇ *n* - **1.** [of city]: **urban ~** desorganización *f* urbana. - **2.** [position] postura *f* desgarbada. ◇ *vi* - **1.** [sit] repantigarse, arrellanarse; [lie] echarse, tumbarse. - **2.** [cover large area] extenderse. ◇ *vt*: **to be ~ed in an armchair** estar repantigado(da) en un sillón.

sprawling ['sprɔːlɪŋ] *adj* de urbanización caótica.

spray [spreɪ] ◇ *n* - **1.** [small drops - of liquid] rociada *f*; [- of sea] espuma *f*; [- of aerosol] pulverización *f*. - **2.** [pressurized liquid] líquido *m* pulverizado, espray *m*. - **3.** [can, container - gen] atomizador *m*; [- for garden] pulverizador *m*. - **4.** [of flowers] ramo *m*. ◇ *vt* [apply - water] rociar, vaporizar; [- insecticide] fumigar. ◇ *vi* - **1.** [liquid]: **water ~ed all over the room** el agua salpicó toda la habitación. - **2.** [against crop disease] fumigar.

◆ **spray on** *vt sep* aplicar con un atomizador.

spray can *n* aerosol *m*, espray *m*.

sprayer ['spreɪəʳ] *n* vaporizador *m*, pulverizador *m*.

spray gun *n* pistola *f* (para pulverizar).

spraying ['spreɪɪŋ] *n* pulverización *f*.

spray-on *adj* en aerosol OR espray; **~ deodorant** desodorante *m* en espray.

spray paint *n* pintura *f* en aerosol.

◆ **spray-paint** *vt* [with can] pintar con espray; [with gun] pintar con pistola.

spread [spred] (*pt & pp* **spread**) ◇ *n* - **1.** [soft food]: **cheese** ~ queso *m* para untar; **chocolate** ~ crema *f* de cacao; **salmon** ~ paté *m* de salmón. - **2.** [diffusion - of fire, disease] propagación *f*; [- of ideas, religión] difusión *f*. - **3.** [range - of ideas, interests] variedad *f*; [- of products] gama *f*, surtido *m*. - **4.** PRESS: **two-page** ~ doble página *f*. - **5.** [expanse] extensión *f*. - **6.** *inf* [meal] comida *f*, banquete *m*. - **7.** *Am inf* [ranch] rancho *m*. - **8.** *Am* [bedspread] colcha *f*. ◇ *vt* - **1.** [rug, tablecloth] extender; [map] desplegar. - **2.** [legs, fingers, arms] estirar, extender; [wings] extender, desplegar. - **3.** [butter, jam] untar, extender; [glue] repartir; [paint] extender to ~ **sthg over sthg** extender algo por algo ❑ **to** ~ **o.s. too thinly** *fig* dedicarse a muchas actividades, intentar abarcar demasiado. - **4.** [disease, fire] propagar; [news] difundir, diseminar; [rumour, panic] sembrar. - **5.** [in time]: **to be** ~ **over** tener una duración de. - **6.** [wealth, work] repartir equitativamente. ◇ *vi* - **1.** [disease, fire] propagarse, extenderse; [news] difundirse, propagarse; [rumour, panic] propagarse. - **2.** [gas, cloud] esparcirse; [stain] extenderse. - **3.** [butter, jam] untarse; [glue] repartirse.

◆ **spread out** ◇ *vt sep* - **1.** [disperse]: **to be** ~ **out** [far apart] estar diseminado(da); [sprawling] extenderse. - **2.** [rug, tablecloth] extender; [map] desplegar; [legs] estirar, extender. ◇ *vi* - **1.** [disperse] diseminarse, dispersarse. - **2.** [town, forest] extenderse.

spread eagle *n* figura de águila con las alas extendidas.

spread-eagled [-ɪːgld] *adj* despatarrado(da).

spreader ['spredəʳ] *n* esparcidora *f*.

spreadsheet ['spredʃiːt] *n* COMPUT hoja *f* de cálculo electrónica.

spree [spriː] *n* jarana *f*; **to go on a shopping** ~ hacer un montón de compras.

sprig [sprɪg] *n* ramita *f*.

sprightly ['spraɪtlɪ] (*compar* **sprightlier**, *superl* **sprightliest**) *adj* animado(da).

spring [sprɪŋ] (*pt* **sprang** [spræŋ], *pp* **sprung** [sprʌŋ]) ◇ *n* - **1.** [season] primavera *f*; **in** ~ en primavera; ~ **is in the air** ya está aquí la primavera. - **2.** [coil] muelle *m*. - **3.** [jump] salto *m*. - **4.** [water source] manantial *m*, vertiente *f* Amér. - **5.** [resilience] elasticidad *f*; **to walk with a** ~ **in one's step** caminar con paso ágil y decidido. ◇ *comp* primaveral. ◇ *vt* - **1.** [make known suddenly]: **to** ~ **sthg on sb** soltar OR decir de repente algo a alguien; **to** ~ **a surprise on sb** darle una sorpresa a alguien. - **2.** [develop]: **to** ~ **a leak** empezar a hacer agua. - **3.** [trap] hacer funcionar; [mine] hacer estallar. - **4.** [jump over] saltar, pasar de un salto. - **5.** *inf* [prisoner] soltar. ◇ *vi* - **1.** [jump] saltar; **to** ~ **at** OR **upon sb** abalanzarse sobre alguien. - **2.** [move suddenly] moverse de repente; **she sprang to her feet** se levantó de un salto; **to** ~ **into action** OR **to life** ponerse en marcha; **to** ~ **back** volver a su posición original; **to** ~ **open/shut** abrirse/cerrarse de un golpe; **to** ~ **to sb's defence** correr en defensa de alguien. - **3.** [originate]: **to** ~ **from** derivar OR surgir de; **where did he** ~ **from?** ¿de dónde ha salido? - **4.** [warp] combarse, alabearse.

◆ **spring up** *vi* - **1.** [problem, friendship, building] surgir de repente. - **2.** [wind] levantarse de repente. - **3.** [grow - in size] hacerse grande, crecer; [- in height] espigarse, crecer.

Spring Bank Holiday *n Br* día festivo que se celebra el último lunes de mayo en Inglaterra, Gales e Irlanda del Norte.

spring binding *n* encuadernación *f* con muelles.

springboard ['sprɪŋbɔːd] *n lit & fig* trampolín *m*.

spring chicken *n* - **1.** *Am* pollo *m* joven. - **2.** [young person]: **he's no** ~ ya no es un niño.

spring-clean ◇ *vt* limpiar a fondo. ◇ *vi* hacer una limpieza general.

spring-cleaning *n* limpieza *f* general.

spring fever *n* agitación *f* primaveral.

spring greens *npl* cogollo *m* de col.

spring lock *n* cerradura *f* de golpe.

spring mattress *n* colchón *m* de muelles.

spring onion *n Br* cebolleta *f*.

spring roll *n Br* rollito *m* de primavera.

spring tide *n* marea *f* viva.

springtime ['sprɪŋtaɪm] *n*: **in (the)** ~ en primavera.

springy ['sprɪŋɪ] (*compar* **springier**, *superl* **springiest**) *adj* [carpet, mattress, grass] mullido(da); [rubber] elástico(ca).

sprinkle ['sprɪŋkl] ◇ *vt* rociar, salpicar; **to** ~ **sthg over** OR **on sthg, to** ~ **sthg with sthg** rociar algo sobre algo. ◇ *n* [small amount] pizca *f*.

sprinkler ['sprɪŋkləʳ] ◇ *n* - **1.** [for watering plants] aspersor *m*. - **2.** [fire extinguisher] extintor *m* de rociado automático. ◇ *comp*: ~ **truck** camión *m* de riego.

sprinkling ['sprɪŋklɪŋ] *n* [of water, sand] pizca *f*; **a** ~ **of people** unas cuantas personas.

sprint [sprɪnt] ◇ *n* SPORT esprint *m*; [fast run] carrera *f*. ◇ *vi* SPORT esprintar; [run fast] correr a toda velocidad.

sprinter ['sprɪntəʳ] *n* corredor *m*, -ra *f* de velocidad, esprínter *mf*.

◆ **Sprinter**® *n Br* [train] tren *m* de cercanías.

sprit [sprɪt] *n* NAUT - **1.** [pole] verga *f*. - **2.** [bowsprit] bauprés *m*.

sprite [spraɪt] *n* [female] hada *f*; [male] duende *m*.

spritzer ['sprɪtsəʳ] *n* vino blanco *m* con soda.

sprocket ['sprɒkɪt] *n* [wheel] rueda *f* dentada OR catalina.

sprog [sprɒg] *n Br inf* - **1.** [child] crío *m*, -a *f*. - **2.** MIL [novice] novato *m*, -ta *f*.

sprout [spraʊt] ◇ *n* - **1.** [vegetable]: **(Brussels)** ~**s** coles *fpl* de Bruselas. - **2.** [shoot] brote *m*, retoño *m*. ◇ *vt* - **1.** [subj: plant] echar. - **2.** [subj: person, animal]: **he has** ~**ed a beard** le ha salido barba. ◇ *vi* - **1.** [plants, vegetables] crecer. - **2.** [leaves, shoots] brotar. - **3.** [hairs, feathers, horns] salir. - **4.** [appear]: **to** ~ **(up)** aparecer rápidamente.

spruce [spruːs] ◇ *adj* pulcro(cra). ◇ *n* picea *f*.

◆ **spruce up** *vt sep* arreglar; **to** ~ **o.s. up** arreglarse.

sprucely ['spruːslɪ] *adv* [painted, polished, starched] impecablemente; ~ **dressed** de punta en blanco.

sprung [sprʌŋ] *pp* → **spring**.

spry [spraɪ] (*compar* **sprier**, *superl* **spriest**) *adj* ágil, activo(va).

spryly ['spraɪlɪ] *adv* con agilidad.

SPUC [spʌk] (*abbr of* **Society for the Protection of the Unborn Child**) *n* asociación contra el aborto.

spud [spʌd] *n* - **1.** *inf* [potato] patata *f*, papa *f*. - **2.** [gardening tool] escarda *f*.

spume [spjuːm] *literary* ◇ *n* espuma *f*. ◇ *vi* espumar, hacer espuma.

spun [spʌn] *pt & pp* → **spin**.

spun glass *n* lana *f* de vidrio.

spunk [spʌŋk] *n* (*U*) - **1.** *inf* [courage] agallas *fpl*. - **2.** *Br vulg* [semen] leche *f*, semen *m*.

spunky ['spʌŋkɪ] (*compar* **spunkier**, *superl* **spunkiest**) *adj inf* valiente.

spun silk *n* seda *f* hilada.

spun yarn *n* meollar *m*.

spur [spɜːʳ] (*pt & pp* **spurred**, *cont* **spurring**) ◇ *n* - **1.** [incentive]: ~ **(to sthg)** estímulo *m* (para conseguir algo). - **2.** [on rider's boot] espuela *f*. - **3.** GEOGR [ridge] estribación *f*, risco *m*. - **4.** RAIL [siding] apartadero *m*, vía *f* muerta. ◇ *vt* - **1.** [encourage]: **to** ~ **sb to do sthg** animar a alguien a hacer algo. - **2.** [horse] espolear.

◆ **on the spur of the moment** *adv* sin pensarlo dos veces.

◆ **spur on** *vt sep* - **1.** [encourage]: **to** ~ **sb on** animar a alguien. - **2.** [horse] espolear.

spurious ['spʊərɪəs] *adj* falso(sa), espurio(ria).

spurn [spɜːn] *vt* rechazar, desdeñar.

spurred [spɜːd] *adj* [boots] con espuelas.

spurt [spɜːt] ◇ *n* - **1.** [of water] chorro *m*; [of flame] llamarada *f*. - **2.** [of activity, effort] arranque *m*. - **3.** [of speed] acelerón *m*; **to put on a** ~ acelerar. ◇ *vi* - **1.** [gush]: **to** ~ **(out of** OR **from)** [liquid] salir a chorros de; [flame] salir incesantemente de. - **2.** [run] acelerar. ◇ *vt* echar.

Sputnik ['sputnɪk] *n* Sputnik *m*.

sputter ['spʌtə^r] ◇ *vi* [engine] renquear; [fire, oil] chisporrotear; [person] farfullar. ◇ *n* [of engine] renqueo *m*; [of fire] chisporroteo *m*.

sputtering ['spʌtərɪŋ] *n* chisporroteo *m*.

sputum ['spjuːtəm] *n* esputo *m*.

spy [spaɪ] (*pl* **spies**, *pt & pp* **spied**) ◇ *n* espía *mf*. ◇ *vt inf* divisar. ◇ *vi*: **to** ~ **(on)** espiar (a), aguaitar (a) *Amér*.

spyglass ['spaɪɡlɑːs] *n* catalejo *m*.

spyhole ['spaɪhəʊl] *n* mirilla *f*.

spying ['spaɪɪŋ] *n* espionaje *m*.

spymaster ['spaɪˌmɑːstə^r] *n* jefe *m* del servicio de espionaje.

spy satellite *n* satélite *m* espía.

Sq., sq. *written abbr of* **square**.

squab [skwɒb] *n* [young pigeon] pichón *m*.

squabble ['skwɒbl] ◇ *n* riña *f*. ◇ *vi*: **to** ~ **(about** OR **over)** reñir (por).

squabbling ['skwɒblɪŋ] *n (U)* peleas *fpl*, riñas *fpl*.

squad [skwɒd] *n* - **1.** [of police] brigada *f*. - **2.** MIL pelotón *m*. - **3.** [SPORT - of club] plantilla *f*, equipo *m* completo; [- of national team] seleccionado *m*.

squad car *n* coche *m* patrulla.

squaddy ['skwɒdɪ] (*pl* **squaddies**) *n Br inf* MIL soldado *m* raso, guripa *m*.

squadron ['skwɒdrən] *n* [of planes] escuadrilla *f*; [of warships] escuadra *f*; [of soldiers] escuadrón *m*.

squadron leader *n Br* ≃ comandante *m* de aviación.

squalid ['skwɒlɪd] *adj* - **1.** [filthy] miserable, sórdido(da). - **2.** [unpleasant] sórdido(da), desagradable.

squall [skwɔːl] ◇ *n* - **1.** [storm] turbión *m*. - **2.** [argument] riña *f*. - **3.** [bawling] berrido *m*, chillido *m*. ◇ *vi* [bawl] berrear, chillar.

squally ['skwɔːlɪ] (*compar* **squallier**, *superl* **squalliest**) *adj* [wind, rain] racheado(da); **the weather will be** ~ habrá borrascas.

squalor ['skwɒlə^r] *n (U)* miseria *f*.

squander ['skwɒndə^r] *vt* [opportunity] desaprovechar; [money] despilfarrar; [time, resources] malgastar.

square [skweə^r] ◇ *adj* - **1.** [in shape] cuadrado(da). - **2.** [not owing money]: **we're** ~ **now** ya estamos en paz. - **3.** MATH cuadrado(da); **15** ~ **feet** 15 pies cuadrados. - **4.** [at right angles] en ángulo recto. ◇ *n* - **1.** [shape] cuadrado *m*. - **2.** [in town, city] plaza *f*. - **3.** *inf* [unfashionable person] carroza *mf*. - **4.** [in crossword, board game, matrix] casilla *f*, cuadro *m*. - **5.** MATH [multiple] cuadrado *m*. - **6.** [tool, instrument] escuadra *f*. - **7.** *phr* : **to be back to** ~ **one** haber vuelto al punto de partida; **to be on the** ~ *inf* ser honrado(da) OR de fiar. ◇ *vt* - **1.** MATH elevar al cuadrado. - **2.** [balance, reconcile]: **how can you** ~ **that with your principles?** ¿cómo encajas esto con tus principios? - **3.** [make square - stone, log] hacer cuadrado(da); [- pile of paper] igualar; [- shoulders] cuadrar. - **4.** [settle - account, debt] saldar, liquidar; [- books] cuadrar. - **5.** SPORT empatar. ◇ *vi* [balance, be reconciled]: **it doesn't** ~ **with the facts** no cuadra con los hechos. ◇ *adv* - **1.** *inf* [directly] justo, exactamente; **to look sb** ~ **in the eye** mirar a alguien a la cara. - **2.** [at right angles] en ángulo recto.

◆ **square away** *vt sep Am inf* dejar en orden.

◆ **square off** *vi* [opponents, boxers] ponerse en guardia.

◆ **square up** *vi* [settle up]: **to** ~ **up with** saldar cuentas con.

◆ **square up to** *vt fus* [confront] hacer frente a.

square bracket *n* TYPO corchete *m*; **in** ~**s** entre corchetes.

square-cut *adj* [gem, rock] cortado(da) en ángulo recto; [log] labrado(da) a escala; [jaw] cuadrado(da).

squared [skweəd] *adj* cuadriculado(da).

square dance *n* baile *m* de figuras.

square deal *n* trato *m* justo.

square knot *n Am* nudo *m* de rizo OR envergue.

squarely ['skweəlɪ] ◇ *adv* - **1.** [directly] justo, exactamente. - **2.** [honestly] abiertamente, honradamente. ◇ *adv* [firmly] firmemente.

square meal *n* comida *f* satisfactoria.

square measure *n* medida *f* de superficie.

Square Mile *n*: **the** ~ área de una milla cuadrada al este de Londres donde se encuentra la 'City', el distrito financiero.

squareness ['skweənɪs] *n* forma *f* cuadrada.

square number *n* cuadrado *m*.

square rig *n* aparejo *m* con velas cuadradas.

square rigger *n* buque *m* de cruz.

square root *n* raíz *f* cuadrada.

squash [skwɒʃ] ◇ *n* - **1.** [game] squash *m*. - **2.** *Br* [drink] zumo *m*. - **3.** *Am* [vegetable] cucurbitácea *f*. - **4.** [crush of people] tropel *m*, gentío *m*. ◇ *vt* - **1.** [squeeze, flatten] aplastar. - **2.** [cram, stuff] apretar. - **3.** [silence, suppress - gen] callar; [- rebellion] sofocar, aplastar; [- argument, hopes] aplastar. ◇ *vi* [fruit, package] aplastarse.

◆ **squash together** ◇ *vt sep* apretujar, apiñar. ◇ *vi* apretujarse, apiñarse.

squashy ['skwɒʃɪ] (*compar* **squashier**, *superl* **squashiest**) *adj* [fruit, package] blando(da); [cushion, sofa] mullido(da); [ground] blando(da), cenagoso(sa).

squat [skwɒt] (*compar* **squatter**, *superl* **squattest**, *pt & pp* **squatted**, *cont* **squatting**) ◇ *adj* achaparrado(da). ◇ *n* - **1.** *Br* [building] vivienda *f* ocupada. - **2.** [crouch] postura *f* en cuclillas. ◇ *vi* - **1.** [crouch]: **to** ~ **(down)** agacharse, ponerse en cuclillas. - **2.** [be a squatter] vivir en una casa ocupada. ◇ *vt* [building] ocupar (ilegalmente).

squatter ['skwɒtə^r] *n Br* ocupante *mf* ilegal, squatter *mf*.

squaw [skwɔː] *n* india *f* norteamericana.

squawk [skwɔːk] ◇ *n* [of bird] graznido *m*, chillido *m*. ◇ *vi* - **1.** [bird] graznar, chillar. - **2.** *inf* [complain] quejarse.

squeak [skwiːk] ◇ *n* - **1.** [of animal] chillido *m*. - **2.** [of hinge, chalk] chirrido *m*; [of floorboard] crujido *m*. ◇ *vi* - **1.** [animal] chillar. - **2.** [hinge, chalk] chirriar; [floorboard] crujir.

◆ **squeak by, squeak through** *vi inf* [succeed narrowly] conseguirlo por los pelos.

squeaky ['skwiːkɪ] (*compar* **squeakier**, *superl* **squeakiest**) *adj* [voice] chillón(ona); [hinge] chirriante.

squeaky clean *adj inf* - **1.** [hands, hair] impecable. - **2.** [reputation] intachable.

squeal [skwiːl] ◇ *n* - **1.** [of person, animal] chillido *m*, grito *m*. - **2.** [of brakes, tyres] chirrido *m*. ◇ *vi* - **1.** [person, animal] chillar, gritar. - **2.** [brakes, tyres] chirriar. - **3.** *v inf* [inform] chivarse, dar el chivatazo.

squealer ['skwiːlə^r] *n v inf* [informer] chivato *m*, -ta *f*, soplón *m*, -ona *f*.

squeamish ['skwiːmɪʃ] *adj* aprensivo(va), remilgado(da).

squeegee ['skwiːdʒiː] *n* enjugador *m*.

squeeze [skwiːz] ◇ *n* - **1.** [pressure] apretón *m*; [hug] abrazo *m*; **profit** ~ reducción *f* de los márgenes de beneficios. - **2.** *inf* [squash]: **it was a real** ~ estábamos totalmente apiñados. - **3.** *inf* [difficult situation] aprieto *m*. - **4.** *phr*: **to put the** ~ **on sb** *inf* presionar a alguien. ◇ *vt* - **1.** [press firmly] apretar; [orange, lemon] exprimir; [sponge] estrujar. - **2.** [force out - toothpaste] sacar (estrujando); [- juice] exprimir. - **3.** [cram]: **to** ~ **sthg into sthg** [into place] conseguir meter algo en algo; [into time] arreglárselas para hacer algo en algo. - **4.** [constrain - profits, budget] reducir; [- taxpayer, workers] exprimir, presionar. ◇ *vi*: **to** ~ **into/through** conseguir meterse en/por.

◆ **squeeze in** ◇ *vi* [get in] lograr entrar. ◇ *vt sep* [into schedule] lograr meter.

◆ **squeeze out** ◇ *vi* [get out] lograr salir. ◇ *vt sep* - **1.** [sponge, wet clothes] estrujar. - **2.** [water, juice] sacar. - **3.**

[competitor, candidate] sacar, excluir. **- 4.** *fig* [extract]: **to ~ sthg out of sb** arrancar algo a alguien.

◆ **squeeze up** *vi* apretujarse.

squeezebox ['skwiːzbɒks] *n Br* acordeón *m*.

squeezer ['skwiːzə'] *n* exprimidor *m*.

squelch [skweltʃ] ◇ *vi*: **to ~ through mud** cruzar el barro chapoteando. ◇ *vt* [crush] aplastar. ◇ *n* [sound] chapoteo *m*.

squib [skwɪb] *n* **- 1.** [firework] petardo *m*; **to be a damp ~** *fig* ser un chasco. **- 2.** [piece of satire] pasquín *m*.

squid [skwɪd] (*pl inv* OR **squids**) *n* **- 1.** ZOOL calamar *m*. **- 2.** (*U*) [food] calamares *mpl*.

squidgy ['skwɪdʒɪ] (*compar* **squidgier**, *superl* **squidgiest**) *adj Br inf* esponjoso(sa).

squiffy ['skwɪfɪ] (*compar* **squiffier**, *superl* **squiffiest**) *adj Br inf dated* achispado(da).

squiggle ['skwɪgl] *n* garabato *m*.

squiggly ['skwɪglɪ] *adj inf* serpenteante.

squinch [skwɪntʃ] *vt Am inf*: **to ~ one's eyes** entrecerrar los ojos.

squint [skwɪnt] ◇ *n* **- 1.** MED estrabismo *m*, bizquera *f*. **- 2.** *inf* [glance] ojeada *f*, mirada *f*. ◇ *vi* **- 1.** [half-close one's eyes]: **to ~ at** mirar con los ojos entrecerrados. **- 2.** MED bizquear.

squire ['skwaɪə'] *n* **- 1.** [landowner] terrateniente *mf*. **- 2.** [for knight] escudero *m*.

squirm [skwɜːm] ◇ *vi* **- 1.** [wriggle] retorcerse. **- 2.** [wince]: **to ~ (with)** sentirse violento(ta) (por). ◇ *n* retorcimiento *m*.

squirrel [*Br* 'skwɪrəl, *Am* 'skwɜːrəl] *n* ardilla *f*.

squirt [skwɜːt] ◇ *vt* **- 1.** [force out] sacar. **- 2.** [cover with liquid]: **to ~ the plants with water** echar agua en las plantas. ◇ *vi*: **to ~ out of** salir a chorro. ◇ *n* **- 1.** [of juice, ink, water] chorro *m*; [of oil, perfume] chorrito *m*. **- 2.** *inf pej* [person] mequetrefe *m*; [child] mocoso *m*, -sa *f*.

squish [skwɪʃ] *inf* ◇ *vt Am* [squash] aplastar. ◇ *vi* **- 1.** *Am* [squash] aplastarse. **- 2.** [make squelching sound] chapotear.

squishy ['skwɪʃɪ] (*compar* **squishier**, *superl* **squishiest**) *adj inf* [fruit, wax, chocolate] blandengue, blando (da); [ground] enlodado(da).

Sr - 1. *written abbr of* **senior**. **- 2.** *written abbr of* **sister**.

SRC *n* **- 1.** (*abbr of* **Students' Representative Council**) consejo estudiantil. **- 2.** (*abbr of* **Science Research Council**) consejo británico de investigación científica.

Sri Lanka [ˌsriːˈlæŋkə] *n* Sri Lanka.

Sri Lankan [ˌsriːˈlæŋkn] ◇ *adj* esrilanqués(esa). ◇ *n* [person] esrilanqués *m*, -esa *f*.

SRN (*abbr of* **State Registered Nurse**) *n Br* enfermero diplomado *m*, enfermera diplomada *f*.

SS (*abbr of* **steamship**) barco de vapor.

SSA (*abbr of* **Social Security Administration**) *n* organismo estadounidense de la seguridad social.

ssh [ʃ] *excl* ¡chiss!

SSSI (*abbr of* **site of special scientific interest**) *n* en Gran Bretaña, lugar de especial interés científico.

st *written abbr of* **stone**.

St - 1. (*written abbr of* **saint**) Sto. (Sta.). **- 2.** (*written abbr of* **Street**) c/.

ST (*abbr of* **Standard Time**) hora oficial.

stab [stæb] (*pt & pp* **stabbed**, *cont* **stabbing**) ◇ *n* **- 1.** [with knife] puñalada *f*. **- 2.** *inf* [attempt]: **to have a ~ (at sthg)** probar (a hacer algo). **- 3.** [twinge] punzada *f*. ◇ *vt* **- 1.** [with knife] apuñalar; **to ~ sb to death** matar a alguien a puñaladas. **- 2.** [jab] pinchar. ◇ *vi*: **to ~ at sthg** señalar algo con movimientos bruscos del dedo índice.

stabber ['stæbə'] *n* apuñalador *m*, -ra *f*.

stabbing ['stæbɪŋ] ◇ *adj* punzante. ◇ *n* apuñalamiento *m*.

stability [stəˈbɪlətɪ] *n* estabilidad *f*.

stabilization [ˌsteɪbəlaɪˈzeɪʃn] *n* estabilización *f*.

stabilize, -ise ['steɪbəlaɪz] ◇ *vt* estabilizar. ◇ *vi* estabilizarse.

stabilizer ['steɪbəlaɪzə'] *n* estabilizador *m*.

stabilizing ['steɪbɪˌlaɪzɪŋ] *adj* estabilizador(ra).

stable ['steɪbl] ◇ *adj* **- 1.** [unchanging] estable. **- 2.** [not moving] fijo(ja). **- 3.** MED [condition] estacionario(ria); [mental health] equilibrado(da). **- 4.** CHEM & PHYS estable. ◇ *n* **- 1.** [building, of racehorses] cuadra *f*. **- 2.** *fig* [team] equipo *m*. ◇ *vt* meter en una cuadra.

stable door *n* puerta *f* de dos hojas; **to shut** OR **close the ~ after the horse has bolted** *fig* acordarse de santa Bárbara sólo cuando truena.

stable lad *n* mozo *m* de cuadra.

stablemate ['steɪblmeɪt] *n* **- 1.** [horse] compañero *m* de cuadra. **- 2.** *fig* [person - at work] compañero *m*, -ra *f* de trabajo; [- from same school] compañero *m*, -ra *f* de estudios OR colegio.

stabling ['steɪblɪŋ] *n* (*U*) cuadras *fpl*.

staccato [stəˈkɑːtəʊ] *adj* entrecortado(da).

stack [stæk] ◇ *n* **- 1.** [pile] pila *m*. **- 2.** *inf* [a lot, lots]: **~s** OR **a ~ of** montones OR un montón de. **- 3.** [of hay, straw] almiar *m*. **- 4.** [chimney] chimenea *f*. **- 5.** MIL [of rifles] pabellón *m*. **- 6.** [in library]: **the ~** OR **~s** los estantes. ◇ *vt* **- 1.** [pile up] apilar. **- 2.** [fill]: **to be ~ed with** estar atiborrado(da) OR amontonado(da) de. **- 3.** [hay, straw] hacinar. **- 4.** *phr*: **to ~ the cards** OR **the deck** hacer trampas.

◆ **stack up** *vi Am inf* estar a la altura.

stacked [stækt] *adj v inf* [woman] (de cuerpo) escultural.

stacker ['stækə'] *n* [worker] manipulador *m*, -ra *f*; [pallet, truck] carretilla *f* elevadora.

stadium ['steɪdjəm] (*pl* **stadiums** OR **stadia** [-djə]) *n* estadio *m*.

staff [stɑːf] ◇ *n* **- 1.** [employees] empleados *mpl*, personal *m*; [servants] servidumbre *f*; **to be on the ~** estar en plantilla; **to join the ~** entrar en plantilla. **- 2.** MIL plana *f* mayor. **- 3.** [stick] palo *m*; [flagpole] asta *f*; [walking stick] bastón *m*; [for shepherd] cayado *m*; [for bishop] báculo *m*; [of command] bastón *m* de mando; *Br* [in surveying] mira *f*; **the ~ of life** el alimento básico. **- 4.** MUS pentagrama *m*. ◇ *vt* proveer de personal; **the shop is ~ed by women** la tienda está regentada por una plantilla de mujeres.

staff college *n* MIL escuela *f* militar superior.

staffer ['stɑːfə'] *n* PRESS redactor *m*, -ra *f*.

staffing ['stɑːfɪŋ] *n* contratación *f* de personal.

staff nurse *n Br* enfermero titulado *m*, enfermera titulada *f*.

staff officer *n* MIL oficial *m* de Estado Mayor.

staff room *n* sala *f* de profesores.

Staffs (*abbr of* **Staffordshire**) condado inglés.

stag [stæg] (*pl inv* OR **stags**) *n* ciervo *m*, venado *m*.

stag beetle *n* ZOOL ciervo *m* volante.

stage [steɪdʒ] ◇ *n* **- 1.** [part of process, phase] fase *f*, etapa *f*; [of illness, disease] fase *f*; **by** OR **in ~s** por etapas. **- 2.** [part of journey] etapa *f*. **- 3.** [in theatre, hall] escenario *m*, escena *f*; **on ~** en escena; **to come on ~** salir a escena ❑ **to set the ~ for** *fig* preparar el terreno para. **- 4.** [acting profession]: **the ~** el teatro. **- 5.** [of rocket] cuerpo *m*, módulo *m*. **- 6.** [platform] estrado *m*, plataforma *f*; [scaffolding] andamio *m*. **- 7.** [on microscope] platina *f*, portaobjeto *m*. **- 8.** [stagecoach] diligencia *f*. **- 9.** ELECTRON elemento *m*, unidad *f*. ◇ *vt* **- 1.** THEATRE representar. **- 2.** [event, strike] organizar.

stagecoach ['steɪdʒkəʊtʃ] *n* diligencia *f*.

stagecraft ['steɪdʒkrɑːft] *n* arte *m* escénico.

stage designer *n* escenógrafo *m*, -fa *f*.

stage direction *n* THEATRE acotación *f*.

stage door *n* entrada *f* de artistas.

stage effect *n* efecto *m* teatral OR escénico.

stage fright *n* miedo *m* al público.

stagehand ['steɪdʒhænd] *n* tramoyista *mf*.

stage-manage *vt* **- 1.** THEATRE dirigir. **- 2.** *fig* [orchestrate] urdir, maquinar.

stage manager *n* regidor *m*, -ra *f* (de escena).

stage name *n* nombre *m* artístico.

stager ['steɪdʒəʳ] *n* [veteran]: **old** ~ perro *m* viejo.

stage set *n* THEATRE decorado *m*.

stagestruck ['steɪdʒstrʌk] *adj* apasionado(da) por el teatro.

stage version *n* versión *f* escénica.

stage whisper *n* aparte *m*.

stagflation [stæg'fleɪʃn] *n* ECON estanflación *f*.

stagger ['stægəʳ] ◇ *vt* - **1.** [astound] dejar atónito(ta). - **2.** [arrange at different times] escalonar. ◇ *vi* tambalearse. ◇ *n* tambaleo *m*.

staggering ['stægərɪŋ] *adj* asombroso(sa).

staghound ['stæghaʊnd] *n* (perro *m*) sabueso *m*.

staging ['steɪdʒɪŋ] *n* - **1.** THEATRE puesta *f* en escena, montaje *m*. - **2.** [of event] organización *f*. - **3.** [scaffolding] andamio *m*.

staging area *n* MIL zona *f* de estacionamiento (de tropas).

stagnancy ['stægnənsɪ] *n* estancamiento *m*.

stagnant ['stægnənt] *adj lit & fig* estancado(da).

stagnate [stæg'neɪt] *vi* estancarse, paralizarse.

stagnation [stæg'neɪʃn] *n* estancamiento *m*, paralización *f*.

stag party *n* despedida *f* de soltero.

stagy ['steɪdʒɪ] (*compar* **stagier**, *superl* **stagiest**) *adj* teatral.

staid [steɪd] *adj* recatado y conservador (recatada y conservadora).

staidly ['steɪdlɪ] *adv* [sit, watch] con recato; [walk, dance] con dignidad; [dress] con sobriedad.

stain [steɪn] ◇ *n* - **1.** [mark] mancha *f*. - **2.** *fig* [on character, reputation] mancha *f*, estigma *m*. - **3.** [dye] tinte *m*, tintura *f*. ◇ *vt* - **1.** [soil, mark] manchar. - **2.** *fig* [character, reputation] manchar, mancillar. - **3.** [dye] teñir; [colour] colorar. ◇ *vi* [become marked] mancharse.

stained [steɪnd] *adj* - **1.** [marked] manchado(da). - **2.** [wood] teñido(da).

-stained [steɪnd] *in cpds*: **his sweat~ shirt** su camisa manchada de sudor; **nicotine~** amarillento(ta) por la nicotina.

stained glass *n (U)* vidrio *m* de color.

stained-glass window *n* vidriera *f*.

stainless ['steɪnlɪs] *adj* - **1.** [clean] limpio(pia). - **2.** [rust-resistant] inoxidable. - **3.** *fig* [unblemished] inmaculado(da).

stainless steel *n* acero *m* inoxidable.

stain remover *n* quitamanchas *m inv*.

stair [steəʳ] *n* peldaño *m*, escalón *m*.

◆ **stairs** *npl* escaleras *fpl*, escalera *f*.

staircase ['steəkeɪs] *n* escalera *f*.

stair-rod *n* varilla *f* para sujetar la alfombra de la escalera.

stairway ['steəweɪ] *n* escalera *f*.

stairwell ['steəwel] *n* hueco *m* OR caja *f* de la escalera.

stake [steɪk] ◇ *n* - **1.** [share]: **to have a** ~ **in** tener intereses en. - **2.** [wooden post] estaca *f*; [for plant] guía *f*, rodrigón *m*; [for tent] clavija *f*, estaca *f*; **to (pull) up** ~**s** *fig* [leave] levantar el campamento, irse. - **3.** [in gambling] apuesta *f*. - **4.** [for execution]: **the** ~ la hoguera; **to die/be burned at the** ~ morir/ser quemado(da) en la hoguera. ◇ *vt* - **1.** [risk]: **to** ~ **sthg (on** OR **upon)** arriesgar OR jugarse algo (en); **to** ~ **one's life on sthg** jugarse la vida en algo. - **2.** [in gambling] apostar. - **3.** [state]: **to** ~ **a claim to sthg** reivindicar algo. - **4.** *Am* [aid financially] financiar, invertir en. - **5.** [fasten] sujetar con estacas; [plant] sujetar con guías, rodrigar; [boat, animal] amarrar a un poste.

◆ **stakes** *npl* - **1.** [prize] premio *m*. - **2.** [contest] contienda *f*.

◆ **at stake** *adv*: **to be at** ~ estar en juego.

◆ **stake out** *vt sep* - **1.** [lay claim to] defender. - **2.** *Am* [keep watch on] vigilar.

stakeout ['steɪkaʊt] *n esp Am* [police surveillance] vigilancia *f*.

stalactite ['stæləktaɪt] *n* estalactita *f*.

stalagmite ['stæləgmaɪt] *n* estalagmita *f*.

stale [steɪl] ◇ *adj* - **1.** [bread] duro(ra); [food] rancio(cia), pasado(da); [air] viciado(da). - **2.** [athlete] agotado(da); [artist etc] falto(ta) de ideas. - **3.** [news] viejo(ja), pasado(da); [idea, joke] trillado(da). ◇ *vi literary* perder interés.

stalemate ['steɪlmeɪt] ◇ *n* - **1.** [deadlock] punto *m* muerto. - **2.** CHESS tablas *fpl*. ◇ *vt* - **1.** CHESS hacer tablas con. - **2.** [deadlock] llevar a un punto muerto.

staleness ['steɪlnɪs] *n* [of bread] dureza *f*; [of food] rancidez *f*, deterioro *m*; [of air] lo viciado.

Stalingrad ['stɑːlɪŋgræd] *n* Stalingrado.

Stalinism ['stɑːlɪnɪzm] *n* estalinismo *m*.

Stalinist ['stɑːlɪnɪst] ◇ *adj* estalinista. ◇ *n* estalinista *mf*.

stalk [stɔːk] ◇ *n* - **1.** [of flower, plant] tallo *m*. - **2.** [of leaf, fruit] pecíolo *m*, rabillo *m*. ◇ *vt* [hunt] acechar, seguir sigilosamente. ◇ *vi*: **to** ~ **in/out** entrar/salir con paso airado.

stalker ['stɔːkəʳ] *n* cazador *m*, -ra *f*.

stalking horse ['stɔːkɪŋ-] *n* - **1.** [in hunting] buey *m* de cabestrillo OR de caza. - **2.** *fig* [pretext] tapadera *f*.

stall [stɔːl] ◇ *n* - **1.** [in market] puesto *m*, caseta *f*; [at trade fair] estand *m*. - **2.** [for animal] pesebre *m*. - **3.** [cubicle] cabina *f*, caseta *f*. - **4.** [in church] sitial *m*. - **5.** *Am* [in parking lot] (plaza *f* de) estacionamiento *m*. - **6.** AERON pérdida *f* de velocidad. - **7.** *fig* [delaying tactic] evasiva *f*, pretexto *m*. ◇ *vt* - **1.** AUT calar. - **2.** [delay - event] retrasar, retardar; [- person] retener. ◇ *vi* - **1.** AUT calarse. - **2.** AERON perder velocidad. - **3.** [delay] andar con evasivas; **come on, quit** ~**ing!** vamos, déjate de tantos rodeos.

◆ **stalls** *npl Br* platea *f*.

stallholder ['stɔːl,həʊldəʳ] *n Br* propietario *m*, -ria *f* de un puesto (en un mercado).

stalling ['stɔːlɪŋ] ◇ *n (U)* dilaciones *fpl*, maniobras *fpl* dilatorias. ◇ *adj*: ~ **tactic** táctica *f* dilatoria.

stallion ['stæljən] *n* semental *m*.

stalwart ['stɔːlwət] ◇ *adj* - **1.** [loyal] leal, incondicional. - **2.** [uncompromising] firme. ◇ *n* partidario *m*, -ria *f* incondicional.

stamen ['steɪmən] *n* estambre *m*.

stamina ['stæmɪnə] *n* resistencia *f*.

staminate ['stæmɪnɪt] *adj* estaminífero(ra).

stammer ['stæməʳ] ◇ *n* tartamudeo *m*. ◇ *vi* tartamudear.

stammerer ['stæmərəʳ] *n* tartamudo *m*, -da *f*.

stammering ['stæmərɪŋ] *n* tartamudeo *m*.

stamp [stæmp] ◇ *n* - **1.** [postage stamp] sello *m*, estampilla *f* Amér. - **2.** [fiscal stamp] timbre *m*. - **3.** *fig* [hallmark] sello *m*; **to leave/put one's** ~ **on sthg** dejar/poner (uno) su impronta personal en algo. - **4.** [tool - rubber stamp] tampón *m*; [- for metal] prensa *f* de estampar, cuño *m*; [- for leather] punzón *m*. - **5.** [mark - gen] sello *m*; [- on metal] estampa *f*, acuñación *f*; [- on leather] estampa *f*, motivo *m*. ◇ *vt* - **1.** [mark - document] estampar, timbrar; [- metal, leather] estampar, imprimir. - **2.** [stomp]: **to** ~ **one's feet** patear. - **3.** [envelope, document] sellar, poner un sello en. - **4.** *fig* [identify, mark]: **to** ~ **sthg/sb as** identificar algo/a alguien como. ◇ *vi* - **1.** [stomp] patalear, dar patadas; **to** ~ **on sthg** pisar algo. - **2.** [tread heavily]: **to** ~ **on sthg** pisotear OR pisar algo.

◆ **stamp out** *vt sep* [custom] erradicar; [fire, revolution] sofocar.

stamp album *n* álbum *m* de sellos.

stamp book *n* - **1.** [of postage stamps] librillo *m* de sellos (de distintos valores). - **2.** [for trading stamps] talonario *m* de cupones.

stamp-collecting *n* filatelia *f*.

stamp collector *n* coleccionista *mf* de sellos.

stamp duty *n Br* póliza *f*, impuesto *m* del timbre.

stamped [stæmpt] *adj* [letter, envelope] sellado(da).

stamped addressed envelope *n Br* sobre con sus señas y franqueo.

stampede [stæm'piːd] ◇ *n lit & fig* estampida *f*, desbandada *f*. ◇ *vi* salir de estampida. ◇ *vt* - **1.** [animals] espantar. - **2.** *fig* [people] infundir terror a, sembrar el pánico entre.

stamping ground ['stæmpɪŋ-] *n inf* lugar *m* predilecto.

stamp machine *n* máquina *f* expendedora de sellos.

stance [stæns] *n* - **1.** [way of standing] postura *f*. - **2.** [attitude]: ~ **(on)** postura *f* (ante).

stanch [stɑːntʃ] *vt* = **staunch**.

stanchion ['stænʃn] *n* poste *m*, puntal *m*.

stand [stænd] (*pt & pp* **stood** [stʊd]) ◇ *n* - **1.** [stall] puesto *m*; [selling newspapers] quiosco *m*. - **2.** [in trade fair] caseta *f*, estand *m*; [bigger] pabellón *m*. - **3.** [supporting object] soporte *m*; **coat** ~ perchero *m*; **music** ~ atril *m*. - **4.** SPORT tribuna *f*. - **5.** [platform] plataforma *f*. - **6.** [taxi stand] parada *f* de taxis. - **7.** [act of defence]: **to make a** ~ resistir al enemigo. - **8.** [publicly stated view] postura *f*; **to take a** ~ **on sthg** adoptar una postura ante OR hacia algo. - **9.** *Am* JUR estrado *m*; **to take the** ~ subir al estrado. - **10.** [of trees] arboleda *f*. ◇ *vt* - **1.** [place upright] colocar (verticalmente). - **2.** [withstand, tolerate] soportar; **he doesn't** ~ **comparison with Bogart** no tiene ni punto de comparación con Bogart; **she can't** ~ **Wagner** no soporta a Wagner; **she can't** ~ **waiting** no soporta tener que esperar. - **3.** [treat]: **to** ~ **sb sthg** invitar a alguien a algo. - **4.** JUR: **to** ~ **trial** ser procesado(da). ◇ *vi* - **1.** [be upright - person] estar de pie; [- object] estar *(en posición vertical)*; **don't** ~ **too close** no te acerques OR arrimes mucho; **she was so tired she could hardly** ~ estaba tan cansada que apenas se tenía en pie; **you're** ~**ing on my foot** me estás pisando; **to** ~ **still** estarse quieto(ta), no moverse ⬜ **to** ~ **in sb's way** *lit* ponerse delante de alguien; *fig* estorbar a alguien; **if that's what you want to do, I'm not going to** ~ **in your way** si eso es lo que quieres, no seré yo quien te lo impida; **their foreign debt** ~**s in the way of economic recovery** la deuda económica externa frena la recuperación económica; **to** ~ **or fall** *fig* mantenerse a flote o hundirse; **united we** ~, **divided we fall** *proverb* la unión hace la fuerza *proverb*. - **2.** [get to one's feet] ponerse de pie, levantarse. - **3.** [liquid, dough] reposar. - **4.** [still be valid] seguir vigente OR en pie. - **5.** [be in particular state]: **unemployment** ~**s at three million** la cifra de desempleados es de tres millones; **as things** ~ tal como están las cosas; **he's not happy with the contract as it** ~**s** el contrato no le parece bien tal y como está ahora; **I'd like to know where I** ~ **with you** me gustaría saber qué opinas de mí. - **6.** [have attitude]: **where do you** ~ **on...?** ¿cuál es tu postura ante...? - **7.** [be likely]: **I** ~ **to win/lose** es probable que gane/pierda; **they** ~ **to make a huge profit if the sale goes ahead** si la venta sale adelante van a conseguir grandes beneficios. - **8.** *Br* POL [be a candidate] presentarse; **to** ~ **for Parliament** presentarse para las elecciones al Parlamento. - **9.** *Am* AUT: **'no** ~**ing'** 'prohibido aparcar'. - **10.** *inf* [treat to] invitar a.

◆ **stand about**, **stand around** *vi* andar por ahí, merodear.

◆ **stand aside** *vi* hacerse a un lado.

◆ **stand back** *vi* - **1.** [move back] echarse para atrás. - **2.** [take mental distance] adquirir perspectiva, distanciarse.

◆ **stand by** ◇ *vt fus* - **1.** [person] seguir al lado de. - **2.** [promise, decision] mantener. ◇ *vi* - **1.** [in readiness]: **to** ~ **by (for sthg/to do sthg)** estar preparado(da) (para algo/para hacer algo); ~ **by!** ¡preparados! - **2.** [remain inactive] quedarse sin hacer nada.

◆ **stand down** *vi* [resign] retirarse.

◆ **stand for** *vt fus* - **1.** [signify] significar. - **2.** [represent] representar; **I detest him and everything he** ~**s for** lo aborrezco a él y a todo lo que él representa. - **3.** [tolerate] aguantar, tolerar.

◆ **stand in** *vi*: **to** ~ **in for sb** sustituir a alguien.

◆ **stand off** *vi* - **1.** [move away] apartarse, mantenerse a distancia. - **2.** NAUT mantenerse a distancia (de la costa).

◆ **stand out** *vi* sobresalir, destacarse; **that day** ~**s out in my memory** aquel día no se me borra de la memoria.

◆ **stand over** *vt fus* estar encima de, vigilar de cerca.

◆ **stand to** *vi* MIL ponerse en guardia.

◆ **stand up** ◇ *vt sep inf* [boyfriend etc] dejar plantado(da). ◇ *vi* - **1.** [rise from seat] levantarse, pararse *Amér*; **to** ~ **up and be counted** decir a las claras lo que uno piensa. - **2.**

[stay upright] estar de pie. - **3.** [claim, evidence] ser convincente; **his evidence won't** ~ **up in court** su testimonio sería desestimado en un tribunal de justicia.

◆ **stand up for** *vt fus* salir en defensa de; **to** ~ **up for o.s.** defenderse.

◆ **stand up to** *vt fus* - **1.** [weather, heat etc] resistir. - **2.** [person] hacer frente a.

stand-alone *adj* TECH automático(ca).

standard ['stændəd] ◇ *adj* - **1.** [normal - gen] corriente; [- model, type, size] estándar. - **2.** [measure] estándar. - **3.** [text, work] clásico(ca), fundamental. - **4.** *Am* [gear shift] manual. ◇ *n* - **1.** [acceptable level] nivel *m*. - **2.** [point of reference - moral] criterio *m*; [- technical] norma *f*. - **3.** [flag] bandera *f*, estandarte *m*. - **4.** [model] patrón *m*, modelo *m*.

◆ **standards** *npl* [principles] valores *mpl* morales.

standard-bearer *n fig* portaestandarte *mf*, abanderado *m*, -da *f*.

standard deviation *n* desviación *f* típica, desviación *f* cuadrática media.

standard gauge *n* RAIL vía *f* normal.

standardization [ˌstændədaɪˈzeɪʃn] *n* - **1.** [gen] normalización *f*; [of dimensions, terms etc] estandarización *f*. - **2.** TECH [verification] uniformación *f*, estandarización *f*.

standardize, -ise ['stændədaɪz] *vt* [gen] normalizar; [dimensions, terms etc] estandarizar.

standard lamp *Br*, **standing lamp** *Am n* lámpara *f* de pie.

standard of living (*pl* **standards of living**) *n* nivel *m* de vida.

standard time *n* hora *f* oficial.

standby ['stændbaɪ] (*pl* **standbys**) ◇ *n* [thing] recurso *m*; [person] sustituto *m*, -ta *f*; **on** ~ preparado(da). ◇ *comp*: ~ **ticket** billete *m* en lista de espera; ~ **list** lista *f* de espera.

stand-in *n* [stuntman] doble *mf*; [temporary replacement] sustituto *m*, -ta *f*; THEATRE suplente *mf*.

standing ['stændɪŋ] ◇ *adj* - **1.** [permanent] permanente; **a** ~ **joke** la broma de siempre; ~ **invitation** invitación *f* abierta. - **2.** [upright] de pie. - **3.** [stationary] fijo(ja). - **4.** [stagnant] estancado(da). ◇ *n* - **1.** [reputation] reputación *f*. - **2.** [duration] duración *f*; **friends of 20 years'** ~ amigos desde hace 20 años; **an employee of long** ~ un empleado de mucha antigüedad.

standing army *n* ejército *m* permanente.

standing committee *n* comité *m* permanente.

standing lamp *n Am* = **standard lamp**.

standing order *n* domiciliación *f* de pago.

standing ovation *n* ovación *f* calurosa en pie.

standing room *n* (*U*) [on bus] plataforma *f*; [at theatre, sports ground] localidades *fpl* de pie.

standing stone *n* menhir *m*.

standoff ['stændɒf] *n* POL & SPORT empate *m*.

standoffish [ˌstændˈɒfɪʃ] *adj* distante.

standout ['stændaʊt] *n Am* persona *f* que destaca.

standpipe ['stændpaɪp] *n* - **1.** [in pumping system] tubo *m* vertical. - **2.** [in street] *tubería conectada a la red general que se instala en la calle en casos de emergencia*.

standpoint ['stændpɔɪnt] *n* punto *m* de vista.

standstill ['stændstɪl] *n*: **at a** ~ [not moving] parado(da); *fig* [not active] en un punto muerto, estancado(da); **to come to a** ~ [stop moving] pararse; *fig* [cease] llegar a un punto muerto, estancarse.

stand-up *adj* [collar] tieso(sa); [meal] tomado(da) de pie; ~ **comic** OR **comedian** *humorista que actúa solo frente al público y basa su actuación en chistes y juegos de palabras*; ~ **counter** OR **diner** *Am* quiosco *m*; **a** ~ **fight** [physical] una batalla campal; [verbal] una discusión violenta.

stank [stæŋk] *pt* → **stink**.

Stanley knife® ['stænlɪ-] *n* cútter *m*.

stanza ['stænzə] *n* estrofa *f*.

staphylococcus [ˌstæfɪləʊˈkɒkəs] (*pl* **staphylococci** [-ˈkɒksaɪ]) *n* estafilococo *m*.

staple ['steɪpl] ◇ *adj* [principal] básico(ca), de primera necesidad. ◇ *n* - **1.** [item of stationery] grapa *f*, corchete *m* Amér. - **2.** [principal commodity] producto *m* básico OR de primera necesidad. - **3.** [raw material] materia *f* prima. - **4.** TEXTILES fibra *f* artificial. ◇ *vt* grapar.

staple diet *n* dieta *f* básica.

staple gun *n* grapadora *f* industrial.

stapler ['steɪplə'] *n* grapadora *f*, corchetera *f* Amér.

staple remover *n* quitagrapas *m inv*.

star [stɑːʳ] (*pt & pp* **starred**, *cont* **starring**) ◇ *n* - **1.** [gen & ASTRON] estrella *f*; **to see** ~s *fig* ver las estrellas; **to thank one's lucky** ~s *fig* dar (las) gracias a Dios. - **2.** [asterisk] asterisco *m*. - **3.** [on animal] estrella *f*, lucero *m*. ◇ *comp* - **1.** CINEMA & THEATRE estelar. - **2.** [salesman, pupil etc] mejor, principal. ◇ *vt* - **1.** CINEMA & THEATRE: **the film** ~s **Kevin Costner** la película está protagonizada por Kevin Costner. - **2.** [mark with asterisk] poner un asterisco en. - **3.** *literary* [adorn with stars] sembrar de estrellas. ◇ *vi*: **to** ~ **(in)** hacer de protagonista (en).
◆ **stars** *npl* [horoscope] horóscopo *m*.

-star [stɑːʳ] *in cpds*: **a four**~ **general** un general de cuatro estrellas; **a two**~ **hotel** un hotel de dos estrellas; **four**~ **petrol** *Br* gasolina *f* súper; **two**~ **petrol** *Br* gasolina *f* normal.

star attraction *n* atracción *f* principal.

starboard ['stɑːbəd] ◇ *adj* de estribor. ◇ *n*: **to** ~ a estribor.

starch [stɑːtʃ] ◇ *n* - **1.** [gen] almidón *m*. - **2.** [in potatoes etc] fécula *f*. - **3.** [formality] rigidez *f*. ◇ *vt* almidonar.

starched [stɑːtʃt] *adj* almidonado(da).

starchy ['stɑːtʃi] (*compar* **starchier**, *superl* **starchiest**) *adj* - **1.** [foods] feculento(ta). - **2.** *inf pej* [person] tieso(sa), rígido(da).

stardom ['stɑːdəm] *n* estrellato *m*.

stardust ['stɑːdʌst] *n* (U) [illusions] quimeras *fpl*, ilusiones *fpl*; [sentimentality] sentimentalismo *m*; **to have** ~ **in one's eyes** [be deluded] hacerse ilusiones; [be a romantic] ser un/una sentimental.

stare [steəʳ] ◇ *n* mirada *f* fija. ◇ *vi*: **to** ~ **(at sthg/sb)** mirar fijamente (algo/a alguien).
◆ **stare out** *Br*, **stare down** *Am vt sep* hacer bajar la vista a.

starfish ['stɑːfɪʃ] (*pl inv* OR **starfishes**) *n* estrella *f* de mar.

stargaze ['stɑːgeɪz] *vi* - **1.** [look at stars] mirar las estrellas. - **2.** [daydream] pensar en las musarañas.

stargazer ['stɑːgeɪzəʳ] *n* - **1.** [astronomer] astrónomo *m*, -ma *f*. - **2.** [astrologer] astrólogo *m*, -ga *f*. - **3.** [daydreamer] soñador *m*, -ra *f*.

stargazing ['stɑːgeɪzɪŋ] *n* (U) - **1.** [astronomy] observación *f* de las estrellas; [astrology] astrología *f*. - **2.** [daydreaming] ensoñación *f*.

staring ['steərɪŋ] ◇ *adj* [bystanders] curioso(sa); **with** ~ **eyes** [fixedly] con la mirada fija; [wide-open] con los ojos desorbitados; [blank] con la mirada vacía. ◇ *adv* → **stark**.

stark [stɑːk] ◇ *adj* - **1.** [bare - landscape] desolado(da); [- decoration, room] austero(ra). - **2.** [harsh - reality] crudo(da); [- fact] sin tapujos. - **3.** [utter] total, absoluto(ta). ◇ *adv*: ~ **naked** en cueros; ~ **staring mad** como una chota.

starkers ['stɑːkəz] *adj & adv Br inf* en cueros.

starkly ['stɑːkli] *adv* [describe] crudamente; [tell] directamente, sin rodeos; [stand out] claramente, distintamente.

starkness ['stɑːknɪs] *n* [of landscape, scene] desolación *f*; [of decoration, room] austeridad *f*.

starless ['stɑːlɪs] *adj* sin estrellas.

starlet ['stɑːlɪt] *n* actriz *f* joven.

starlight ['stɑːlaɪt] *n* luz *f* de las estrellas.

starling ['stɑːlɪŋ] *n* estornino *m*.

starlit ['stɑːlɪt] *adj* iluminado(da) por las estrellas.

Star of David *n*: **the** ~ la estrella de David.

starry ['stɑːri] (*compar* **starrier**, *superl* **starriest**) *adj* - **1.** [adorned with stars] estrellado(da), lleno(na) de estrellas. - **2.** [sparkling] brillante.

starry-eyed *adj* [optimism etc] iluso(sa); [lovers] encandilado(da).

Stars and Stripes *n*: **the** ~ la bandera de las barras y estrellas.

star sapphire *n* zafiro *m* estrellado.

star shell *n* MIL bengala *f*.

star sign *n* signo *m* del horóscopo.

Star-Spangled Banner *n*: **the** ~ [flag] la bandera estadounidense; [anthem] el himno estadounidense.

star-studded *adj*: ~ **cast** reparto *m* estelar.

star system *n* - **1.** CINEMA & THEATRE reparto *m* estelar. - **2.** ASTRON sistema *m* estelar.

start [stɑːt] ◇ *n* - **1.** [beginning] principio *m*, comienzo *m*; **at the** ~ **of the year** a principios de año; **to get off to a good** ~ empezar bien; **to give sb a** ~ ayudar a alguien; **to make a** ~ **(on sthg)** comenzar (con algo); **to make a good/bad** ~ tener un buen/mal comienzo; **to make an early** ~ empezar pronto; **to make a fresh** ~ empezar de nuevo; **for a** ~, **for** ~**s** *Am* para empezar; **from the** ~ desde el principio; **from** ~ **to finish** de principio a fin, desde el principio hasta el final. - **2.** [jerk, jump] sobresalto *m*, susto *m*; **to give sb a** ~ dar un susto a alguien; **she woke with a** ~ se despertó sobresaltada. - **3.** [starting place] salida *f*. - **4.** [time advantage] ventaja *f*; **to have a** ~ **on sb** llevar ventaja a alguien. ◇ *vt* - **1.** [begin] empezar, comenzar; **to** ~ **doing** OR **to do sthg** empezar a hacer algo; **to get** ~**ed (on sthg)** empezar (con algo); **I need a coffee to get me** ~**ed in the morning** por los las mañanas necesito un café para empezar a funcionar; **once he gets** ~**ed there's no stopping him** una vez que empieza no hay quién lo pare. - **2.** [instigate, cause - discussion] empezar; [- rumour] propagar; [- fashion] crear, empezar; **to** ~ **a fire** [coal fire etc] prender un fuego; [forest fire] provocar un incendio; **are you trying to** ~ **something?** *inf* ¿buscas pelea o qué? - **3.** [turn on - machine, engine] poner en marcha; [- vehicle] arrancar. - **4.** [set up] formar, crear; [business] montar; **to** ~ **a family** tener hijos, formar un hogar. - **5.** [give signal for]: **to** ~ **a race** dar salida a una carrera. ◇ *vi* - **1.** [begin] empezar, comenzar; ~**ing (from) next week** empezando desde la próxima semana; **to** ~ **by doing sthg** empezar por hacer algo; **to** ~ **with sthg** empezar por algo; **to** ~ **with, I was really nervous** al principio estaba muy nerviosa; **it won't work; to** ~ **with, we don't have enough time** no va a funcionar; para empezar, no tenemos tiempo suficiente. - **2.** [machine, tape] ponerse en marcha; [vehicle] arrancar. - **3.** [begin journey] salir, ponerse en camino. - **4.** [jerk, jump] asustarse, sobresaltarse. - **5.** *inf* [be annoying]: **don't** ~! ¡no empieces!
◆ **start back** *vi* emprender el regreso.
◆ **start off** ◇ *vt sep* [discussion, rumour] desencadenar; [meeting] empezar; [person]: **this should be enough to** ~ **you off** con esto tienes suficiente trabajo para empezar; **if you mention that, it'll only** ~ **her off again** mencionando eso lo que vas a conseguir es que empiece a dar la tabarra otra vez; **to** ~ **sb off laughing/crying** hacer que alguien se eche a reír/llorar. ◇ *vi* - **1.** [begin] empezar, comenzar; **to** ~ **off by doing sthg** empezar por hacer algo; **I** ~**ed off as a clerk** empecé de oficinista. - **2.** [leave on journey] salir, ponerse en camino.
◆ **start on** *vt fus* - **1.** [begin] empezar con. - **2.** [attack] meterse con, emprenderla con.
◆ **start out** *vi* - **1.** [originally be] empezar, comenzar. - **2.** [leave on journey] salir, ponerse en camino. - **3.** [begin career] empezar; **when she** ~**ed out there were only a few women lawyers** cuando (ella) empezó había muy pocas abogadas.
◆ **start over** *vt sep & vi Am* volver a empezar.
◆ **start up** ◇ *vt sep* - **1.** [business] montar; [shop] establecer, poner; [association] crear, formar. - **2.** [car, engine] arrancar, poner en marcha. ◇ *vi* - **1.** [begin] empezar. - **2.** [car, engine] arrancar, ponerse en marcha.

starter ['stɑːtəʳ] *n* - **1.** *Br* [of meal] primer plato *m*, entrada *f*; **for** ~**s** *lit & fig* para empezar. - **2.** AUT (motor *m* de) arranque *m*. - **3.** [person participating in race] participante *mf*, competidor *m*, -ra *f*. - **4.** SPORT [official] juez *mf* de salida; **to be under** ~'**s orders** estar en espera de la señal de salida.

starter home *n* primera vivienda *f (de persona o pareja)*.

starter motor *n* (motor *m* de) arranque *m*.

starter pack *n* paquete *m* de iniciación.

starter set *n* *Am* [dishes] vajilla *f* de seis piezas.

starting ['stɑːtɪŋ] *n* comienzo *m*.

starting block *n* puesto *m* de salida.

starting gate *n* SPORT [for horse] cajón *m* de salida; [for skier] puerta *f* en la línea de salida.

starting grid *n* [in motor racing] parrilla *f* de salida.

starting handle *n* *Br* AUT manivela *f* de arranque.

starting line *n* SPORT línea *f* de salida.

starting pistol *n* pistola *f* del juez de salida.

starting point *n* *lit & fig* punto *m* de partida.

starting post *n* SPORT línea *f* de salida.

starting price *n* precio al que se pagan las apuestas al comienzo de una carrera.

starting salary *n* sueldo *m* inicial.

startle ['stɑːtl] *vt* asustar.

startled ['stɑːtld] *adj* [person] asombrado(da); [expression, shout, glance] de sorpresa; [animal] espantado(da), asustado(da).

startling ['stɑːtlɪŋ] *adj* sorprendente, asombroso(sa).

start-up *n* puesta *f* en marcha.

starvation [stɑːˈveɪʃn] ◇ *n* hambre *f*, inanición *f*. ◇ *comp*: ~ **diet** dieta *m* de hambre; ~ **wages** salario *m* de hambre.

starve [stɑːv] ◇ *vt* - **1.** [deprive of food] privar de comida, no dar de comer a. - **2.** [deprive]: **to** ~ **sb of sthg** privar a alguien de algo. - **3.** [cause to die] matar de hambre. ◇ *vi* - **1.** [have no food] pasar hambre. - **2.** *inf* [be hungry]: **I'm starving!** ¡me muero de hambre! - **3.** [die] morirse de hambre.

◆ **starve out** *vt sep* [rebels, inmates] esperar a que el hambre obligue a rendirse a.

starveling ['stɑːvlɪŋ] *n* hambriento *m*, -ta *f*, muerto *m*, -ta *f* de hambre.

starving ['stɑːvɪŋ] *adj* hambriento(ta).

Star Wars *n* guerra *f* de las galaxias *(programa espacial militar estadounidense)*.

stash [stæʃ] *inf* ◇ *vt* esconder. ◇ *n* - **1.** [hiding place] escondrijo *m*. - **2.** [of drugs] alijo *m*.

◆ **stash away** *vt sep inf* = **stash**.

stasis ['steɪsɪs] *n* estasis *f*.

state [steɪt] ◇ *n* - **1.** [gen] estado *m*; **not to be in a fit** ~ **to do sthg** no estar en condiciones de hacer algo ❏ **to be in a** ~ tener los nervios de punta. - **2.** [pomp] pompa *f*, boato *m*; **to lie in** ~ estar en la capilla ardiente. ◇ *comp* [ceremony] oficial, de Estado; [control, ownership] estatal. ◇ *vt* - **1.** [gen] indicar; [reason, policy] plantear; [case] exponer. - **2.** [time, date, amount] fijar.

◆ **State** *n*: **the State** el Estado; **the State Opening of Parliament** *apertura anual del Parlamento presidida por la reina*.

◆ **States** *npl*: **the States** los Estados Unidos.

state apartments *npl* *residencia donde se alojan los monarcas o altos funcionarios*.

state control *n* control *m* estatal; [doctrine] estatismo *m*; **to be put** OR **placed under** ~ ser nacionalizado(da).

state-controlled *adj* controlado(da) por el Estado.

statecraft ['steɪtkrɑːft] *n* arte *m* de gobernar.

stated ['steɪtɪd] *adj* [amount, date, aim] fijado(da); [limit] prescrito(ta); **it will be finished within the** ~ **time** estará acabado en el plazo previsto; **at the** ~ **price** al precio acordado.

State Department *n* *Am* ≃ Ministerio *m* de Asuntos Exteriores.

state education *n* *Br* enseñanza *f* pública.

statehood ['steɪthʊd] *n* condición *f* de estado.

Statehouse ['steɪthaʊs, *pl* -haʊzɪz] *n* sede de la asamblea legislativa de un estado de EE UU.

stateless ['steɪtlɪs] *adj* apátrida.

stateliness ['steɪtlɪnɪs] *n* majestuosidad *f*.

stately ['steɪtlɪ] (*compar* **statelier**, *superl* **stateliest**) *adj* majestuoso(sa).

stately home *n* *Br* casa grande de campo abierta al público.

statement ['steɪtmənt] *n* - **1.** [gen & JUR] declaración *f*. - **2.** [from bank] extracto *m* OR estado *m* de cuenta.

Staten Island ['stætn-] *n* Staten Island, *isla y barrio neoyorquino*.

state of affairs *n* situación *f*.

state of emergency *n* estado *m* de emergencia.

state of mind (*pl* **states of mind**) *n* estado *m* de ánimo.

state of the art *n* vanguardia *f*, últimos adelantos *mpl*.

◆ **state-of-the-art** *adj* vanguardista.

State of the Union address *n*: **the** ~ el discurso sobre el estado de la Unión.

state-owned *adj* estatal.

state prison *n* *Am* prisión *f* estatal OR del Estado.

stateroom ['steɪtrʊm] *n* NAUT camarote *m* de lujo; RAIL compartimento *m* privado.

state school *n* escuela *f* pública.

state secret *n* secreto *m* de estado.

state's evidence *n* *Am*: **to turn** ~ *testificar un delincuente ante un tribunal en contra de otros a cambio de una reducción de condena*.

States General *npl* Estados *mpl* generales.

stateside ['steɪtsaɪd] *Am* ◇ *adj* estadounidense. ◇ *adv* [travel] hacia Estados Unidos; [live] en Estados Unidos.

statesman ['steɪtsmən] (*pl* **statesmen** [-mən]) *n* estadista *m*, hombre *m* de Estado.

statesmanlike ['steɪtsmənlaɪk] *adj* [protest, reply] propio(pia) de un estadista; [solution] de mucha envergadura; [caution] ponderado(da).

statesmanship ['steɪtsmənʃɪp] *n* arte *m* OR habilidad *f* de gobernar.

statesmen ['steɪtsmən] *pl* → **statesman**.

stateswoman ['steɪts,wʊmən] (*pl* **stateswomen** [-,wɪmɪn]) *n* estadista *f*.

state trooper *n* *Am* ≃ policía *mf* estatal.

state university *n* *Am* universidad perteneciente a un estado de EE UU.

state visit *n* POL visita *f* oficial; **he's on a** ~ **to Japan** está en visita oficial en el Japón.

state-wide *adj* *Am* en todo el estado.

static ['stætɪk] ◇ *adj* estático(ca). ◇ *n (U)* - **1.** RADIO & TELEC interferencias *fpl*, parásitos *mpl*. - **2.** ELEC electricidad *f* estática. - **3.** *Am inf* [aggravation] insolencias *fpl*.

static electricity *n* electricidad *f* estática.

station ['steɪʃn] ◇ *n* - **1.** [gen] estación *f*. - **2.** RADIO emisora *f*; TV cadena *f*. - **3.** [centre of activity] centro *m*, puesto *m*. - **4.** *fml* [rank] rango *m*; **to have ideas above one's** ~ tener delirios de grandeza. - **5.** MIL [base] base *f*. ◇ *vt* - **1.** [position] situar, colocar. - **2.** MIL estacionar, apostar.

stationary ['steɪʃnərɪ] *adj* - **1.** [not moving] inmóvil. - **2.** [fixed] fijo(ja).

station break *n* *Am* pausa *f* publicitaria *(para emisoras o cadenas locales)*.

stationer ['steɪʃnəʳ] *n* papelero *m*, -ra *f*; ~'**s (shop)** papelería *f*.

stationery ['steɪʃnərɪ] *n (U)* [gen] objetos *mpl* de escritorio OR papelería; [writing paper] papel *m* de carta.

station house *n* *Am* comisaría *f* (de policía).

stationmaster ['steɪʃn,mɑːstəʳ] *n* jefe *m* de estación.

station wagon *n* *Am* ranchera *f*, coche *m* familiar.

statistic [stə'tɪstɪk] *n* [science] estadística *f*.
◆ **statistics** *n (U)* [science] estadística *f*.
statistical [stə'tɪstɪkl] *adj* estadístico(ca).
statistically [stə'tɪstɪklɪ] *adv* estadísticamente.
statistician [,stætɪ'stɪʃn] *n* estadístico *m*, -ca *f*.
stator ['steɪtəʳ] *n* estator *m*.
stats [stæts] *n (U) inf* = **statistics**.
statuary ['stætʃʊərɪ] *n* - **1.** [statues] estatuas *fpl*. - **2.** [art] estatuaria *f*.
statue ['stætʃuː] *n* estatua *f*; **the Statue of Liberty** la Estatua de la Libertad.
statuesque [,stætʃʊ'esk] *adj* escultural.
statuette [,stætʃʊ'et] *n* figurilla *f*.
stature ['stætʃəʳ] *n* - **1.** [height] estatura *f*, talla *f*. - **2.** [importance] talla *f*, categoría *f*.
status ['steɪtəs] *n (U)* - **1.** [position, condition] condición *f*, estado *m*. - **2.** [prestige] prestigio *m*, estatus *m inv*. - **3.** JUR estado *m*.
status quo [,steɪtəs'kwəʊ] *n*: **the** ~ el statu quo.
status symbol *n* símbolo *m* de posición social.
statute ['stætjuːt] *n* estatuto *m*.
statute book *n Br* código *m* de leyes; **the new law is not yet on the** ~ la nueva ley todavía no ha entrado en vigor.
statute law *n* derecho *m* escrito.
statute mile *n* milla *f* terrestre.
statute of limitations *n* ley *f* de prescripción.
statutory ['stætjʊtrɪ] *adj* estatutario(ria), reglamentario(ria).
statutory offence *m* delito *m* tipificado legalmente.
statutory rape *n Am* corrupción *f* de menores.
statutory sick pay *n* indemnización por enfermedad que paga la empresa.
staunch [stɔːntʃ] ◇ *adj* fiel, leal. ◇ *vt* restañar.
staunchly ['stɔːntʃlɪ] *adv* [loyally] con lealtad OR devoción; [unswervingly] con constancia OR firmeza; **their house is in a** ~ **Republican area** viven en un barrio declaradamente republicano.
stave [steɪv] (*pt & pp* **staved** OR **stove** [stəʊv]) *n* - **1.** MUS pentagrama *m*. - **2.** [stanza] estrofa *f*. - **3.** [part of barrel] duela *f*.
◆ **stave in** *vt sep* romper.
◆ **stave off** *vt sep* [disaster, defeat] retrasar; [hunger, illness] aplacar temporalmente.
stay [steɪ] ◇ *vi* - **1.** [not move away] quedarse, permanecer; **to** ~ **at home** quedarse en casa; **to** ~ **put** permanecer en el mismo sitio, quedarse quieto(ta); ~ **put!** ¡no te muevas!; **it is here to** ~ se ha establecido. - **2.** [as visitor] alojarse, estar; **to** ~ **with sb** estar en casa de alguien. - **3.** [continue, remain] permanecer; **to** ~ **away from sb/somewhere** no acercarse a alguien/algún sitio; **to** ~ **out of sthg** mantenerse al margen de algo. - **4.** Scot [reside] vivir. - **5.** literary [stop, pause] detenerse. ◇ *vt* - **1.** [stop] detener. - **2.** [prop up] afianzar. ◇ *n* - **1.** [sojourn] estancia *f*, permanencia *f*. - **2.** JUR aplazamiento *m*. - **3.** [support, prop] apoyo *m*. - **4.** [in corset] ballena *f*. - **5.** NAUT estay *m*.
◆ **stays** *npl dated* corsé *m*.
◆ **stay behind** *vi* quedarse.
◆ **stay in** *vi* quedarse en casa.
◆ **stay on** *vi* permanecer, quedarse.
◆ **stay out** *vi* - **1.** [from home] quedarse fuera, no volver a casa. - **2.** [strikers] permanecer en huelga. - **3.** [remain outside] quedarse fuera.
◆ **stay over** *vi* [stay the night] pasar la noche.
◆ **stay up** *vi* quedarse levantado(da); **to** ~ **up (very) late** quedarse levantado hasta (muy) tarde.
◆ **stay with** *vt fus inf*: **just** ~ **with it, you can do it!** sigue, que lo conseguirás.
stay-at-home *inf pej* ◇ *n* persona *f* casera. ◇ *adj* casero(ra).
stayer ['steɪəʳ] *n Br* [horse] caballo *m* resistente; [person] persona *f* resistente.

staying power ['steɪɪŋ-] *n* resistencia *f*.
staysail ['steɪseɪl] *n* vela *f* de estay.
St Bernard [Br -'bɜːnəd, Am -bərˈnɑːrd] *n* (perro *m*) San Bernardo *m*.
STD *n* - **1.** (*abbr of* **subscriber trunk dialling**) sistema de llamadas telefónicas directas de larga distancia. - **2.** (*abbr of* **sexually transmitted disease**) ETS *f*.
stead [sted] *n*: **in sb's** ~ *fml* en lugar de alguien ❑ **to stand sb in good** ~ servir de mucho a alguien.
steadfast ['stedfɑːst] *adj* - **1.** [supporter] fiel, leal; [resolve] inquebrantable. - **2.** [gaze] fijo(ja), imperturbable.
steadfastly ['stedfɑːstlɪ] *adv* de un modo constante OR firme.
steadily ['stedɪlɪ] *adv* - **1.** [gradually] constantemente. - **2.** [regularly] normalmente. - **3.** [calmly - look] fijamente; [-speak] con tranquilidad. - **4.** [non-stop] sin cesar, sin interrupción. - **5.** [firmly] firmemente.
steadiness ['stedɪnɪs] *n* - **1.** [stability] estabilidad *f*. - **2.** [firmness] firmeza *f*. - **3.** [continuity] continuidad *f*.
steady ['stedɪ] (*compar* **steadier**, *superl* **steadiest**, *pt & pp* **steadied**) ◇ *adj* - **1.** [gradual] gradual. - **2.** [regular, constant] constante, continuo(nua). - **3.** [not shaking] firme. - **4.** [voice] sereno(na); [stare] fijo(ja). - **5.** [relationship] estable, serio(ria); [boyfriend, girlfriend] formal; **a** ~ **job** un trabajo fijo. - **6.** [reliable, sensible] sensato(ta). ◇ *vt* - **1.** [stabilize] estabilizar, mantener firme; **he steadied his hand** dejó de temblar; **to** ~ **o.s.** dejar de temblar. - **2.** [nerves, voice] dominar, controlar; **to** ~ **o.s.** controlar los nervios. ◇ *vi* [boat, prices, stock market] estabilizarse; [pulse, breathing] normalizarse. ◇ *excl*: ~ **(on)**! [be careful] ¡cuidado!; [calm down] ¡calma!
steak [steɪk] *n* - **1.** *(U)* [meat] bistec *m*, filete *m*, bife *m Amér*; ~ **and kidney pie** pastel de carne y riñones cocido al horno; ~ **and kidney pudding** pastel de carne y riñones cocido al vapor. - **2.** [piece of meat, fish] filete *m*.
steakhouse ['steɪkhaʊs, *pl* -haʊzɪz] *n* restaurante *m* especializado en bistecs.
steak knife *n* cuchillo *m* de carne.
steak tartare [-tɑː'tɑːʳ] *n* steak *m* tartare.
steal [stiːl] (*pt* **stole** [stəʊl], *pp* **stolen** ['stəʊln]) ◇ *vt* [gen] robar; [idea] apropiarse de; **to** ~ **sthg from sb** robar algo a alguien; **to** ~ **a glance at** echar una mirada furtiva a. ◇ *vi* - **1.** [take illegally] robar, hurtar. - **2.** [move secretly] moverse sigilosamente; **to** ~ **in/out** entrar/salir sigilosamente. ◇ *n Am inf* [bargain] ganga *f*, chollo *m*.
◆ **steal away** *vi* escabullirse.
stealer ['stiːləʳ] *n* ladrón *m*, -ona *f*.
stealing ['stiːlɪŋ] *n* robo *m*.
stealth [stelθ] *n* cautela *f*, sigilo *m*; **by** ~ furtivamente.
stealthily ['stelθɪlɪ] *adv* cautelosamente, sigilosamente.
stealthy ['stelθɪ] (*compar* **stealthier**, *superl* **stealthiest**) *adj* cauteloso(sa), sigiloso(sa).
steam [stiːm] ◇ *n (U)* [vapour] vapor *m*; [condensation] vaho *m* ❑ **at full** ~ a toda velocidad, a todo vapor; **full** ~ **ahead!** ¡a todo vapor!; **to let off** ~, **to blow off** ~ desfogarse, desahogarse; **to run out of** ~ quemarse, quedarse sin fuerzas. ◇ *comp* de vapor. ◇ *vt* CULIN cocer al vapor. ◇ *vi* - **1.** [water, food] echar vapor, humear. - **2.** [train, ship] moverse echando vapor.
◆ **steam up** ◇ *vt sep* [mist up] empañar. ◇ *vi* empañarse.
steam bath *n* baño *m* de vapor.
steamboat ['stiːmbəʊt] *n* buque *m* de vapor.
steam boiler *n* caldera *f* de vapor.
steam-driven *adj* de vapor.
steamed-up [stiːmd-] *adj inf* [angry] acalorado(da); **to get** ~**ed up about sthg** mosquearse por algo.
steam engine *n* máquina *f* de vapor.
steamer ['stiːməʳ] *n* - **1.** [ship] buque *m* OR barco *m* de vapor. - **2.** CULIN [basket inside pan] tipo de colador para hacer verduras etc al vapor; [pan] olla *f* de vapor.

steamer trunk *n* baúl *m* (de camarote).

steamfilter [ˈstiːmˌfiltəʳ] *n* montador *m*, -ra *f* de calderas de vapor.

steaming [ˈstiːmɪŋ] ◇ *adj* - **1.** [very hot] humeante. - **2.** *inf* [angry] furioso(sa). ◇ *adv:* ~ **hot** muy caliente.

steam iron *n* plancha *f* de vapor.

steamroll [ˈstiːmrəʊl] *vt* [road] apisonar.

steamroller [ˈstiːmˌrəʊləʳ] ◇ *n lit & fig* apisonadora *f*. ◇ *vt fig* [opposition, obstacle] arrollar, aplastar.

steamship [ˈstiːmʃɪp] *n* buque *m* OR barco *m* de vapor.

steam shovel *n Am* excavadora *f*.

steam turbine *n* turbina *f* de vapor.

steamy [ˈstiːmɪ] (*compar* **steamier**, *superl* **steamiest**) *adj* - **1.** [full of steam] lleno(na) de vaho. - **2.** *inf* [erotic] caliente, erótico(ca).

stearin [ˈstɪərɪn] *n* estearina *f*.

steed [stiːd] *n literary* corcel *m*.

steel [stiːl] ◇ *n* - **1.** [alloy] acero *m*; **nerves of** ~ nervios *mpl* de acero. - **2.** [for sharpening knives] chaira *f*, eslabón *m*. - **3.** *literary* [sword] acero *m*. ◇ *comp* de acero. ◇ *vt*: **to** ~ **o.s.** **(for sthg)** armarse de valor (para algo).

steel band *n* MUS *orquesta típica del Caribe que utiliza bidones de metal como instrumentos de percusión.*

steel blue *n* azul *m* acero.

◆ **steel-blue** *adj* azul acero *(inv)*.

steel engraving *n* grabado *m* en acero.

steel industry *n* industria *f* del acero, industria *f* siderúrgica.

steel mill *n* fábrica *f* de acero, acería *f*.

steel wool *n* estropajo *m* de acero.

steelworker [ˈstiːlˌwɜːkəʳ] *n* obrero *m*, -ra *f* de la siderurgia.

steelworks [ˈstiːlwɜːks] *(pl inv)* *n* fundición *f* de acero, planta *f* siderúrgica.

steely [ˈstiːlɪ] (*compar* **steelier**, *superl* **steeliest**) *adj* - **1.** [steel-coloured] acerado(da). - **2.** [strong, determined] inflexible, duro(ra).

steelyard [ˈstiːljɑːd] *n* romana *f* (balanza).

steep [stiːp] ◇ *adj* - **1.** [hill, road] empinado(da); [cliff] escarpado(da), abrupto(ta). - **2.** [increase, fall] importante, considerable. - **3.** *inf* [expensive] muy caro (muy cara), abusivo(va). ◇ *vt* [soak] remojar; CULIN empapar.

steeped [stiːpt] *adj fig:* ~ **in sthg** empapado(da) OR sumido(da) en algo.

steepen [ˈstiːpn] *vi* [hill, road] empinarse.

steeple [ˈstiːpl] *n* [spire] aguja *f* (de un campanario); [tower] campanario *m*, torrecilla *f*.

steeplechase [ˈstiːpltʃeɪs] *n* carrera *f* de obstáculos.

steeplejack [ˈstiːpldʒæk] *n* reparador *m*, -ra *f* de campanarios y chimeneas.

steeply [ˈstiːplɪ] *adv lit & fig* vertiginosamente.

steepness [ˈstiːpnɪs] *n* pendiente *f*.

steer [stɪəʳ] ◇ *n* buey *m*. ◇ *vt* - **1.** [vehicle] conducir; [boat] gobernar. - **2.** [person, discussion etc] dirigir. ◇ *vi:* **the car** ~**s well** el coche se conduce bien; **the bus** ~**ed into a ditch** el autobús se desvió y fue a parar a la cuneta ❏ **to** ~ **clear of sthg/sb** evitar algo/a alguien.

steerage [ˈstɪərɪdʒ] *n dated & NAUT* tercera clase *f*, entrepuente *m*.

steering [ˈstɪərɪŋ] *n* AUT dirección *f*; NAUT gobierno *m*.

steering column *n* columna *f* de dirección.

steering committee *n* comité *m* de dirección.

steering lock *n* [turning circle] capacidad *f* de giro.

steering wheel *n* - **1.** AUT volante *m*, timón *m Amér.* - **2.** NAUT rueda *f* del timón.

steersman [ˈstɪəzmən] *(pl* **steersmen** [-mən]*)* *n* timonel *m*, piloto *m*.

stein [staɪn] *n* bock *m*, jarra *f* de cerveza (con tapadera).

stele [ˈstiːlɪ] *(pl* **steles** OR **stelae** [ˈstiːliː]*)* *n* estela *f*.

stellar [ˈsteləʳ] *adj* estelar.

stellate [ˈstelɪt] *adj* estrellado(da), radiado(da).

stem [stem] *(pt & pp* **stemmed**, *cont* **stemming)** ◇ *n* - **1.** [of plant] tallo *m*; [of leaf, fruit] rabillo *m*. - **2.** [of glass] pie *m*. - **3.** [of tobacco pipe] tubo *m*. - **4.** GRAMM raíz *f*. - **5.** [vertical stroke - of letter] grueso *m*; [- of musical note] rabo *m*. - **6.** NAUT: **from** ~ **to stern** de proa a popa. - **7.** BIBLE [family, stock] estirpe *f*. ◇ *vt* - **1.** [flow] contener; [blood] detener, restañar; **they are trying to** ~ **the tide of protest** intentan contener la ola de protestas. - **2.** [in skiing]: **to** ~ **one's skis** hacer cuña. ◇ *vi* [in skiing] hacer cuña.

◆ **stem from** *vt fus* derivarse de, ser el resultado de.

stem glass *n* copa *f*.

-stemmed [stemd] *in cpds* - **1.** [gen]: **a long/short**~ **glass** una copa con el pie largo/corto. - **2.** BOT: **a long/short/ thin**~ **plant** una planta de tallolargo/corto/delgado.

stemware [ˈstemweəʳ] *n (U)* cristalería *f*.

stench [stentʃ] *n* hedor *m*, peste *f*.

stencil [ˈstensl] *(Br pt & pp* **stencilled**, *cont* **stencilling**, *Am pt & pp* **stenciled**, *cont* **stenciling)** ◇ *n* [template] plantilla *f*; [pattern] estarcido *m*. ◇ *vt* estarcir.

Sten gun [sten-] *n* metralleta *f* ligera.

stenograph [ˈstenəɡrɑːf] *n* - **1.** [machine] máquina *f* de taquigrafía. - **2.** [shorthand character] signo *m* taquigráfico.

stenographer [stəˈnɒɡrəfəʳ] *n Am* taquígrafo *m*, -fa *f*.

stenography [stəˈnɒɡrəfɪ] *n Am* taquigrafía *f*.

stenotype [ˈstenətaɪp] *n* estenotipia *f*.

stentorian [stenˈtɔːrɪən] *adj literary* estentóreo(a).

step [step] *(pt & pp* **stepped**, *cont* **stepping)** ◇ *n* - **1.** [gen] paso *m*; **a heavy** ~ una pisada fuerte; **one** ~ **forward** un paso adelante; **to take a** ~ dar un paso; **to retrace one's** ~**s** volver (uno) sobre sus pasos ❏ ~ **by** ~ paso a paso; **to be in/out of** ~ llevar/no llevar el paso; *fig* estar/no estar al tanto; **a** ~ **in the right direction** un paso adelante, una medida positiva; **to watch one's** ~ mirar por donde pisa uno; *fig* andarse con cuidado. - **2.** [action] medida *f*; **to take** ~**s to do sthg** tomar medidas para hacer algo. - **3.** [stair, rung] escalón *m*, peldaño *m*. - **4.** *Am* MUS tono *m*. ◇ *vi* - **1.** [move foot] dar un paso; **he stepped off the bus** se bajó del autobús; **watch where you** ~! ¡mira dónde pisas! - **2.** [tread]: **to** ~ **on sthg** pisar algo; **to** ~ **in sthg** meter el pie en algo ❏ ~ **on it!** *inf* ¡date prisa! - **3.** [walk, go] ir; ~ **this away, please** pase por aquí, por favor; **to** ~ **back** retroceder.

◆ **steps** *npl* - **1.** [stairs - indoors] escaleras *fpl*; [- outside] escalinata *f*. - **2.** *Br* [stepladder] escalera *f* de tijera.

◆ **step aside** *vi* - **1.** [move away] apartarse, hacerse a un lado. - **2.** [leave job] renunciar.

◆ **step back** *vi* [pause to reflect] detenerse a pensar.

◆ **step down** *vi* [leave job] renunciar.

◆ **step forward** *vi lit & fig* dar un paso adelante.

◆ **step in** *vi* [intervene] intervenir.

◆ **step up** *vt sep* [pressure, activity] aumentar; [pace] acelerar.

step aerobics *n* steps *m*, step *m*.

stepbrother [ˈstepˌbrʌðəʳ] *n* hermanastro *m*.

stepchild [ˈsteptʃaɪld] *(pl* **stepchildren** [-ˌtʃɪldrən]*)* *n* hijastro *m*, -tra *f*.

stepdaughter [ˈstepˌdɔːtəʳ] *n* hijastra *f*.

step-down *adj* reductor(ra).

stepfather [ˈstepˌfɑːðəʳ] *n* padrastro *m*.

stepladder [ˈstepˌlædəʳ] *n* escalera *f* de tijera.

stepmother [ˈstepˌmʌðəʳ] *n* madrastra *f*.

stepparent [ˈstepˌpeərənt] *n* - **1.** [father] padrastro *m*. - **2.** [mother] madrastra *f*.

steppe [step] *n* estepa *f*.

stepped-up [stept-] *adj* - **1.** [accelerated] acelerado(da). - **2.** [increased] aumentado(da).

stepping-stone [ˈstepɪŋ-] *n* - **1.** [in river] pasadera *f*. - **2.** *fig* [to success] trampolín *m*.

stepsister ['step,sɪstə'] n hermanastra f.

stepson ['stepsʌn] n hijastro m.

step-up n - **1.** [acceleration] aceleración f. - **2.** [increase] aumento m.

stepwise ['stepwaɪz] ◇ adj progresivo(va). ◇ adv paso a paso.

stere [stɪə'] n estéreo m, metro m cúbico.

stereo ['sterɪəʊ] (pl stereos) ◇ adj estéreo (inv). ◇ n - **1.** [record player] equipo m estereofónico. - **2.** [stereo sound] estéreo m.

stereography [,sterɪ'ɒgrəfɪ] n estereografía f.

stereophonic [,sterɪə'fɒnɪk] adj fml estereofónico(ca).

stereopticon [,sterɪ'ɒptɪkn] n estereóptico m, linterna f mágica.

stereoscope ['sterɪəʊskəʊp] n estereoscopio m.

stereoscopic [,sterɪə'skɒpɪk] adj estereoscópico.

stereoscopy [,sterɪ'ɒskəpɪ] n estereoscopia f.

stereotype ['sterɪətaɪp] ◇ n estereotipo m. ◇ vt estereotipar.

stereotyped ['sterɪəʊtaɪpt] adj estereotipado(da).

stereotyping ['sterɪəʊ,taɪpɪŋ] n: **we want to avoid sexual ~** queremos evitar los estereotipos sexuales.

stereotypy ['sterɪəʊ,taɪpɪ] n estereotipia f.

steric ['sterɪk] adj estérico(ca).

sterile ['steraɪl] adj - **1.** [germ-free] esterilizado(da). - **2.** [unable to produce offspring] estéril. - **3.** pej [unimaginative] improductivo(va).

sterility [ste'rɪlətɪ] n - **1.** [gen] esterilidad f. - **2.** pej [lack of imagination] improductividad f.

sterilization [,sterəlaɪ'zeɪʃn] n esterilización f.

sterilize, -ise ['sterəlaɪz] vt esterilizar.

sterilized milk ['sterəlaɪzd-] n leche f esterilizada.

sterilizer ['sterəlaɪzə'] n esterilizador m.

sterling ['stɜːlɪŋ] ◇ adj - **1.** [of British money] esterlina. - **2.** [excellent] excelente. ◇ n (U) [currency] libra f esterlina. ◇ comp en libras esterlinas.

sterling silver n plata f de ley.

stern [stɜːn] ◇ adj severo(ra). ◇ n popa f.

sterna ['stɜːnə] pl → **sternum**.

sternly ['stɜːnlɪ] adv reprobadoramente.

sternum ['stɜːnəm] (pl **sternums** OR **sterna** [-nə]) n esternón m.

steroid ['stɪərɔɪd] n esteroide m.

sterol ['stɪərɒl] n esterol m.

stertorous ['stɜːtərəs] adj literary estertóreo(a).

stet [stet] n TYPO vale m.

stethoscope ['steθəskəʊp] n estetoscopio m.

stetson ['stetsn] n sombrero m de vaquero.

stevedore ['stiːvədɔː'] n estibador m, -ra f.

stew [stjuː] ◇ n estofado m, guisado m; **vegetable ~** menestra f de verduras ❑ **to be in a ~** Br inf [bothered] estar agitado(da) OR nervioso(sa); [in a mess] estar metido(da) en un buen lío. ◇ vt [meat, vegetables] estofar, guisar; [fruit] hacer una compota de. ◇ vi [meat] guisarse; [fruit] cocerse; **to let sb ~** fig hacer sufrir a alguien.

steward ['stjʊəd] n - **1.** [on plane] auxiliar m de vuelo; [on ship, train] camarero m. - **2.** Br [at meeting, demonstration] ayudante mf de organización. - **3.** [at race, sports event] comisario m, -ria f. - **4.** [of property, estate, finances] administrador m, -ra f.

stewardess ['stjʊədɪs] n auxiliar f de vuelo, azafata f.

stewardship ['stjʊədʃɪp] n gerencia f, administración f.

stewbeef n Am = **stewing steak**.

stewed [stjuːd] adj - **1.** [cooked] guisado(da). - **2.** inf [drunk] como una cuba, curda.

stewing steak Br ['stjuːɪŋ-], **stewbeef** Am ['stjuːbiːf] n carne f para guisar OR estofar.

St. Ex. written abbr of **Stock Exchange**.

stg written abbr of **sterling**.

stick [stɪk] (pt & pp **stuck** [stʌk]) ◇ n - **1.** [of wood, for playing sport] palo m. - **2.** [of dynamite] cartucho m; [of liquorice, rock] barra f; [of chalk] tiza f; [of celery, rhubarb] rama f. - **3.** [walking stick] bastón m. - **4.** (U) Br inf [harsh treatment] palos mpl, críticas fpl; **to give sb ~** cantarle las cuarenta a alguien; **to come in for** OR **get a lot of ~** llevarse muchos palos. - **5.** Br inf dated [person] menda mf. - **6.** phr: **to be in a cleft ~** estar entre la espada y la pared; **to get the wrong end of the ~** entender al revés; **~s and stones may break my bones but words will never hurt me** proverb a palabras necias, oídos sordos proverb. ◇ vt - **1.** [push]: **to ~ sthg in** OR **into sthg** [knife, pin] clavar algo en algo; [finger] meter algo en algo; **to ~ sthg through sthg** atravesar algo con algo. - **2.** [make adhere]: **to ~ sthg (on** OR **to sthg)** pegar algo (en algo); **to ~ sthg together** pegar algo. - **3.** inf [put] meter; **~ it!** v inf ¡te lo puedes quedar!, ¡métetelo por donde te quepa! - **4.** Br inf [tolerate] soportar, aguantar; **to ~ it** aguantarlo, soportarlo. ◇ vi - **1.** [adhere]: **to ~ (to)** pegarse (a). - **2.** [jam] atrancarse. - **3.** [remain] quedarse, permanecer; **to ~ in one's mind** permanecer en la mente de uno. - **4.** [become accepted]: **they started calling him 'the Professor' and the name has stuck** empezaron llamándolo 'el Profesor' y con ese nombre se ha quedado. - **5.** inf [be upheld]: **to make a charge ~** hacer que una acusación se sostenga. - **6.** [extend, project] sobresalir; **a pen was ~ing out of his pocket** de su bolsillo sobresalía un bolígrafo.

◆ **sticks** npl inf: **the ~s** el campo.

◆ **stick around** vi inf quedarse.

◆ **stick at** vt fus - **1.** [persevere] perseverar en. - **2.** phr: **to ~ at nothing** no reparar en nada.

◆ **stick by** vt fus [person] ser fiel a; [what one has said] reafirmarse en.

◆ **stick down** vt sep - **1.** [flap, envelope] pegar. - **2.** Br [write down] anotar. - **3.** inf [put] meter, poner.

◆ **stick on** vt sep inf [shoes, coat] ponerse, plantarse.

◆ **stick out** ◇ vt sep - **1.** [make protrude] sacar. - **2.** inf [endure] aguantar. ◇ vi - **1.** [protrude] sobresalir. - **2.** inf [be noticeable] llamar la atención, cantar.

◆ **stick out for** vt fus Br insistir hasta conseguir.

◆ **stick to** vt fus - **1.** [follow closely] seguir. - **2.** [principles] ser fiel a; [promise, agreement] cumplir con; [decision] atenerse a; **if I were you, I'd ~ to French** yo que tú, me limitaría al francés; **~ to the facts** limítate a los hechos; **that's his story and he's ~ing to it** esa es su versión y la mantiene.

◆ **stick together** vi [friends etc] apoyarse mutuamente.

◆ **stick up** ◇ vt sep - **1.** [attach] pegar OR poner en la pared. - **2.** [with gun] robar a mano armada. ◇ vi salir, sobresalir.

◆ **stick up for** vt fus defender.

◆ **stick with** vt fus - **1.** [not change from] seguir con. - **2.** [follow closely] seguir.

sticker ['stɪkə'] n - **1.** [piece of paper] pegatina f. - **2.** inf [determined person] persona f tenaz.

stickiness ['stɪkɪnɪs] n pegajosidad f.

sticking plaster ['stɪkɪŋ-] n esparadrapo m, curita f Amér.

stick insect n insecto m palo.

stick-in-the-mud n inf carroza mf.

stickleback ['stɪklbæk] n espinoso m.

stickler ['stɪklə'] n: **~ for sthg** maniático m, -ca f de algo.

stick-on adj adhesivo(va).

stickpin ['stɪkpɪn] n Am alfiler m de corbata.

stick shift n Am palanca f de cambios.

stick-up n inf atraco m a mano armada.

sticky ['stɪkɪ] (compar **stickier**, superl **stickiest**) adj - **1.** [tacky] pegajoso(sa). - **2.** [adhesive] adhesivo(va). - **3.** inf [awkward] engorroso(sa). - **4.** [humid] bochornoso(sa). - **5.** phr: **to come to a ~ end** acabar mal.

sticky tape n cinta f adhesiva.

stiff [stɪf] ◇ adj - **1.** [inflexible] rígido(da), tieso(sa). - **2.** [door, drawer] atascado(da). - **3.** [aching] agarrotado(da), anquilosado(da); **to be** ~ tener agujetas; **to have a** ~ **neck** tener tortícolis. - **4.** [formal - person, manner] estirado(da); [- smile] rígido(da). - **5.** [severe, intense - penalty] severo(ra); [- opposition, resolve] firme, tenaz; [- competition] duro(ra). - **6.** [difficult] duro(ra). - **7.** *inf* [strong in alcohol] cargado(da), fuerte. - **8.** [breeze] fuerte. - **9.** [thick] espeso(sa). ◇ *n v inf* [corpse] fiambre *m*. ◇ *adv inf*: **bored/frozen** ~ muerto(ta) de aburrimiento/frío.

stiffen ['stıfn] ◇ *vt* - **1.** [make inflexible - gen] poner rígido(da); [- clothes] almidonar. - **2.** [make more severe, intense] reforzar, intensificar. ◇ *vi* - **1.** [become inflexible] endurecerse. - **2.** [bones] entumecerse; [muscles] agarrotarse. - **3.** [become more severe, intense] intensificarse, endurecerse. - **4.** [wind] volverse más fuerte.

stiffener ['stıfnə'] *n* [in collar] varilla *f*.

stiffening ['stıfnıŋ] *n* endurecimiento *m*.

stiffly ['stıflı] *adv* - **1.** [rigidly]: ~ **starched** muy almidonado (muy almidonada); **he stood** ~ **to attention** se puso firme cuando le dieron la orden de cuadrarse. - **2.** [painfully] con rigidez. - **3.** [coldly] con frialdad.

stiff-necked *adj fig* terco(ca), obstinado(da).

stiffness ['stıfnıs] *n (U)* - **1.** [inflexibility] rigidez *f*. - **2.** [inability to move freely] atasco *m*. - **3.** [aching] entumecimiento *m*, anquilosamiento *m*. - **4.** [severeness, intensity] endurecimiento *m*. - **5.** [difficulty] dureza *f*, dificultad *f*. - **6.** [thickness] consistencia *f*, espesor *m*.

stifle ['staıfl] ◇ *vt* - **1.** [prevent from breathing] ahogar, sofocar. - **2.** [prevent from happening] reprimir. ◇ *vi* ahogarse, sofocarse.

stifling ['staıflıŋ] *adj* agobiante, sofocante.

stigma ['stıgmə] *n lit & fig* estigma *m*.

stigmata [stıg'mɑːtə] *npl* RELIG estigmas *mpl*.

stigmatic [stıg'mætık] *adj* PHYS estigmático(ca).

stigmatize, -ise ['stıgmətaız] *vt* estigmatizar.

stile [staıl] *n* - **1.** [over fence] escalones *mpl* para pasar una valla. - **2.** [turnstile] torno *m*, torniquete *m*. - **3.** CONSTR montante *m*.

stiletto [stı'letəu] (*pl* **stilettos**) *n* [knife] estilete *m*.
◆ **stilettos** *npl* [shoes] zapatos *mpl* de tacón de aguja.

stiletto heel *n Br* tacón *m* de aguja.

still [stıl] ◇ *adv* - **1.** [up to now, up to then, even now] todavía. - **2.** [to emphasize remaining amount] aún; **I've** ~ **got two left** aún me quedan dos. - **3.** [nevertheless, however] sin embargo, no obstante. - **4.** [with comparatives] aún; ~ **bigger** aún mas grande. - **5.** [motionless] sin moverse; **sit** ~! ¡siéntate y no te muevas!; **stand** ~! ¡quédate quieto! ◇ *adj* - **1.** [not moving] inmóvil. - **2.** [calm, quiet] tranquilo(la), sosegado(da). - **3.** [not windy] apacible. - **4.** [not fizzy] sin gas. ◇ *n* - **1.** PHOT fotograma *m*, vista *f* fija. - **2.** [for making alcohol] alambique *m*. - **3.** *literary* [silence] silencio *m*. ◇ *vt literary* - **1.** [silence] callar. - **2.** [allay] aplacar, apaciguar.

stillbirth ['stılbɜːθ] *n* [birth] parto *m* de un mortinato; [foetus] feto *m* muerto al nacer.

stillborn ['stılbɔːn] *adj* nacido muerto (nacida muerta).

still life (*pl* **still lifes**) *n* bodegón *m*, naturaleza *f* muerta.

stillness ['stılnıs] *n* - **1.** [calm] quietud *f*. - **2.** [silence] silencio *m*. - **3.** [motionlessness] inmovilidad *f*.

stilted ['stıltıd] *adj* [style, conversation] forzado(da); [person] afectado(da).

Stilton® ['stıltn] *n* queso *m* de Stilton.

stilts [stılts] *npl* - **1.** [for person] zancos *mpl*. - **2.** [for building] pilotes *mpl*.

stimulant ['stımjulənt] *n* - **1.** PHYSIOL estimulante *m*. - **2.** [stimulus] estímulo *m*.

stimulate ['stımjuleıt] *vt* [gen] estimular; [interest] excitar.

stimulating ['stımjuleıtıŋ] *adj* [physically] estimulante; [mentally] interesante.

stimulation [stımju'leıʃn] *n* estímulo *m*.

stimulative ['stımjulətıv] *adj* estimulante.

stimulus ['stımjuləs] (*pl* **stimuli** [-laı, -liː]) *n* estímulo *m*.

sting [stıŋ] (*pt & pp* **stung** [stʌŋ]) ◇ *n* - **1.** [of bee, scorpion - wound, pain] picadura *f*; [- organ] aguijón *m*. - **2.** [of nettle] aguijón *m*, pelo *m* (urticante). - **3.** [sharp pain] escozor *m*. - **4.** *inf* [trick] timo *m*, estafa *f*. - **5.** *phr*: **to have a** ~ **in the tail** [story] tener un desenlace inesperado; **to take the** ~ **out of sthg** suavizar algo. ◇ *vt* - **1.** [subj: bee, scorpion, nettle] picar. - **2.** [cause sharp pain to] escocer. - **3.** *fig* [subj: remark, joke, criticism] herir. - **4.** *inf* [cheat] timar, clavar. ◇ *vi* picar.

stinger ['stıŋə'] *n* - **1.** [for stinging] aguijón *m*. - **2.** [cocktail] cóctel de crema de menta y coñac.

stinginess ['stındʒınes] *n inf* [of person] tacañería *f*; [of amount, helping] racanería *f*.

stinging ['stıŋıŋ] *adj* - **1.** [wound, pain] punzante; [bite] que pica; [eyes] que pica, irritado(da); [lash, rain] azotador(ra). - **2.** [remark, joke, criticism] mordaz.

stinging nettle *n Br* ortiga *f*.

stingray ['stıŋreı] *n* pastinaca *f*.

stingy ['stındʒı] (*compar* **stingier**, *superl* **stingiest**) *adj inf* [person] tacaño(ña), roñoso(sa); [amount, helping] rácano(na).

stink [stıŋk] (*pt* **stank** [stæŋk] OR **stunk** [stʌŋk], *pp* **stunk**) ◇ *n* - **1.** [stench] peste *f*, hedor *m*. - **2.** *inf* [fuss] jaleo *m*, follón *m*; **to make** OR **raise a** ~ armar un buen escándalo. ◇ *vi* - **1.** [have unpleasant smell] apestar, heder. - **2.** *inf fig* [be worthless] no valer nada, no valer un duro; **his performance stank** su actuación fue espantosa.
◆ **stink out** *vt sep inf* - **1.** [drive away] ahuyentar por el olor. - **2.** [fill with bad smell] apestar.

stink-bomb *n* bomba *f* fétida.

stinker ['stıŋkə'] *n inf* - **1.** [unpleasant person] canalla *mf*. - **2.** [unpleasant thing]: **the exam was a real** ~! ¡el examen fue un palo!

stinking ['stıŋkıŋ] *inf* ◇ *adj* - **1.** *fig* [unpleasant] asqueroso(sa). - **2.** [smelly] apestoso(sa). ◇ *adv fig* increíblemente; **they're** ~ **rich** están podridos de dinero.

stint [stınt] ◇ *n* [period of work] periodo *m* (de trabajo); [share of work] tarea *f*, trabajo *m*. ◇ *vi*: **to** ~ **on sthg** escatimar algo.

stipend ['staıpend] *n* estipendio *m*, remuneración *f*.

stipendiary [staı'pendjərı] (*pl* **stipendiaries**) ◇ *adj* [work, person] remunerado(da). ◇ *n* - **1.** [clergyman] *cura que cobra un sueldo*. - **2.** [magistrate] *juez municipal que cobra un sueldo*.

stipple ['stıpl] *vt* puntear.

stippled ['stıpld] *adj* moteado(da); ~ **with yellow** con motas amarillas.

stipular ['stıpjulə'] *adj* estipulante.

stipulate ['stıpjuleıt] *vt* estipular.

stipulation [stıpju'leıʃn] *n* - **1.** [stating of conditions] estipulación *f*. - **2.** [condition] condición *f*.

stipule ['stıpjuːl] *n* estípula *f*.

stir [stɜː'] (*pt & pp* **stirred**, *cont* **stirring**) ◇ *n* - **1.** [act of stirring]: **to give sthg a** ~ remover algo. - **2.** [public excitement] revuelo *m*, sensación *f*; **to cause** OR **create a** ~ causar revuelo OR sensación. - **3.** [movement] movimiento *m*. - **4.** *Am crime sl* [prison] talego *m*, trullo *m*. ◇ *vt* - **1.** [mix] remover. - **2.** [move gently] agitar, mover. - **3.** [move emotionally] impresionar, conmover. - **4.** [move]: **to** ~ **o.s.** moverse. - **5.** [rouse, excite] despertar; **her words stirred forgotten memories** sus palabras despertaron OR evocaron recuerdos olvidados. ◇ *vi* - **1.** [move gently] moverse, agitarse. - **2.** [feeling, idea] despertar; **something stirred inside him** algo ocurría en su interior.
◆ **stir in** *vt sep* CULIN añadir sin dejar de remover.
◆ **stir up** *vt sep* - **1.** [cause to rise] levantar. - **2.** [cause] provocar; **to** ~ **things up** liar las cosas.

stir-crazy *adj Am v inf* chiflado(da).

stir-fry *vt* freír rápidamente en aceite muy caliente y removiendo constantemente.

stirrer ['stɜːrə'] *n* - **1.** *inf* [person] agitador *m*, -ra *f*. - **2.** [implement] agitador *m*.

stirring ['stɜːrıŋ] ◇ *adj* conmovedor(ra). ◇ *n* indicio *m*.

stirrup ['stɪrəp] *n* estribo *m*.

stirrup pump *n* bomba *f* de mano.

stitch [stɪtʃ] ◇ *n* - **1.** SEWING puntada *f*. - **2.** [in knitting] punto *m*. - **3.** MED punto *m* (de sutura). - **4.** [stomach pain]: **to have a** ~ sentir pinchazos (en el estómago). - **5.** *phr*: **to be in** ~**es** partirse de risa; **without a** ~ **on** *inf* en cueros; **a** ~ **in time saves nine** *proverb* más vale prevenir que curar *proverb*. ◇ *vt* - **1.** SEWING coser. - **2.** MED suturar, poner puntos. - **3.** [in bookbinding] encuadernar.

◆ **stitch up** *vt sep inf* - **1.** [deal] cerrar, finiquitar. - **2.** [frame]: **he reckons the police** ~**ed him up** cree que la policía le ha tendido una trampa.

stitching ['stɪtʃɪŋ] *n* costura *f*.

stoa ['stəʊə] (*pl* **stoae** ['stəʊiː] OR **stoas**) *n* pórtico *m*.

stoat [stəʊt] *n* armiño *m*.

stock [stɒk] ◇ *n* - **1.** [supply] reserva *f*. - **2.** (U) COMM [reserves] existencias *fpl*; [selection] surtido *m*; **in** ~ en existencia, en almacén; **out of** ~ agotado(da). - **3.** FIN [of company] capital *m*; **government** ~ papel *m* del estado; ~**s and shares** acciones *fpl*, valores *mpl*. - **4.** [ancestry] linaje *m*, estirpe *f*; **to come from good** ~ ser de una buena familia. - **5.** CULIN caldo *m*. - **6.** [livestock] ganado *m*, ganadería *f*. - **7.** *fig* [repertoire] repertorio *m*. - **8.** *fig* [value, credit] importancia *f*; **to put** ~ **in sthg** darle importancia a algo. - **9.** [tree trunk] tronco *m*. - **10.** [handle, butt - of gun] culata *f*; [- of tool, whip] mango *m*; [- of plough] mancera *f*; [- of lathe] cabezal *m*. - **11.** *phr*: **to take** ~ **(of sthg)** hacer una evaluación (de algo). ◇ *adj* - **1.** [common, typical] estereotipado(da); **a** ~ **phrase** una frase hecha; **a** ~ **answer** una respuesta manida OR trillada. - **2.** COMM [kept in stock] en existencia. - **3.** AGR [for breeding] reproductor(ra). - **4.** THEATRE [play] de repertorio. ◇ *vt* - **1.** COMM abastecer de, tener en el almacén. - **2.** [shelves] llenar; [lake] repoblar. - **3.** [supply] abastecer, surtir.

◆ **stocks** *npl* - **1.** [instrument of punishment] picota *f*. - **2.** NAUT grada *f* de construcción; **on the** ~**s** en construcción, en los astilleros.

◆ **stock up** *vi*: **to** ~ **up (with** OR **on)** abastecerse (de).

stockade [stɒ'keɪd] ◇ *n* - **1.** [enclosure] estacada *f*, empalizada *f*. - **2.** *Am* MIL [prison] prisión *f* militar. ◇ *vt* empalizar, vallar.

stockbreeder ['stɒk,briːdə^r] *n* ganadero *m*, -ra *f*.

stockbreeding ['stɒk,briːdɪŋ] *n* ganadería *f*.

stockbroker ['stɒk,brəʊkə^r] *n* corredor *m*, -ra *f* de bolsa.

stockbroking ['stɒk,brəʊkɪŋ] *n* corretaje *m* de bolsa.

stockcar ['stɒk,kɑː^r] *n* - **1.** AUT stock-car *m* (*coche adaptado para carrera de obstáculos*). - **2.** *Am* RAIL vagón *m* de ganado.

stock certificate *n Am* título *m* (de acciones).

stock company *n Am* ≃ sociedad *f* anónima.

stock control *n* control *m* de existencias.

stock cube *n Br* pastilla *f* de caldo.

stock exchange *n* bolsa *f*.

◆ **stock-exchange** *comp* de la bolsa, bursátil; **stock-exchange prices** cotizaciones *fpl* en bolsa.

stockholder ['stɒk,həʊldə^r] *n Am* accionista *mf*.

Stockholm ['stɒkhəʊm] *n* Estocolmo.

stockily ['stɒkɪlɪ] *adv*: ~ **built** de complexión robusta.

stocking ['stɒkɪŋ] *n* - **1.** [for woman] media *f*; **a pair of** ~**s** unas medias. - **2.** *dated* [sock] calcetín *m*.

stocking cap *n* gorro en forma de cono y con borla.

stock-in-trade *n* [thing important for work] cosa o cualidad indispensable para el trabajo; **that joke is part of his** ~ ese chiste es parte de su repertorio.

stockist ['stɒkɪst] *n Br* distribuidor *m*, -ra *f*.

stockjobber ['stɒk,dʒɒbə^r] *n Br* - **1.** [broker's agent] agente *mf* de corredores de bolsa. - **2.** *Am* [broker] corredor *m*, -ra *f* de bolsa.

stockman ['stɒkmən] (*pl* **stockmen** [-mən]) *n* [cowherd] vaquero *m*, -ra *f*; [breeder] ganadero *m*, -ra *f*.

stock market *n* bolsa *f*, mercado *m* de valores.

◆ **stock-market** *comp* de la bolsa, bursátil; **stock-market prices** cotizaciones *fpl* en bolsa.

stockmen ['stɒkmən] *pl* → **stockman**.

stockpile ['stɒkpaɪl] ◇ *n* reservas *fpl*. ◇ *vt* almacenar, acumular.

stockpiling ['stɒkpaɪlɪŋ] *n*: **to accuse sb of** ~ [food] acusar a alguien de acaparar comida; [weapon] acusar a alguien de almacenar armas.

stockroom ['stɒkrʊm] *n* almacén *m*.

stock-still *adv* inmóvil.

stocktaking ['stɒk,teɪkɪŋ] *n* - **1.** COMM inventario *m*. - **2.** *fig* [of situation] balance *m*.

stocky ['stɒkɪ] (*compar* **stockier**, *superl* **stockiest**) *adj* corpulento(ta), robusto(ta).

stockyard ['stɒkjɑːd] *n* corral *m* de ganado.

stodge [stɒdʒ] *n* (U) *Br inf* - **1.** [food] comida *f* indigesta OR pesada; **the canteen food is pure** ~ la comida de la cantina es muy indigesta. - **2.** [writing] literatura *f* pesada.

stodgy ['stɒdʒɪ] (*compar* **stodgier**, *superl* **stodgiest**) *adj* - **1.** [indigestible] indigesto(ta). - **2.** *pej* [uninteresting] pesado(da).

stogy (*pl* **stogies**), **stogie**, **stogey** ['stəʊgɪ] *n* [cigar] tagarnina *f*, cigarro *m* puro barato.

stoic ['stəʊɪk] ◇ *adj* estoico(ca). ◇ *n* estoico *m*, -ca *f*.

stoical ['stəʊɪkl] *adj* estoico(ca).

stoically ['stəʊɪklɪ] *adv* estoicamente, con estoicismo.

stoicism ['stəʊɪsɪzm] *n* estoicismo *m*.

stoke [stəʊk] *vt* [fire] avivar, alimentar.

◆ **stoke up** ◇ *vt sep* = **stoke**. ◇ *vi Br inf* [fill one's stomach] atiborrarse.

stokehold ['stəʊkhəʊld], **stokehole** ['stəʊkhəʊl] *n* NAUT cuarto *m* de calderas.

stoker ['stəʊkə^r] *n* fogonero *m*, -ra *f*.

stole [stəʊl] ◇ *pt* → **steal**. ◇ *n* estola *f*.

stolen ['stəʊln] *pp* → **steal**.

stolid ['stɒlɪd] *adj* impasible, imperturbable.

stolidly ['stɒlɪdlɪ] *adv* de un modo impasible.

stoma ['stəʊmə] (*pl* **stomata** [-mətə] OR **stomas**) *n* estoma *m*.

stomach ['stʌmək] ◇ *n* - **1.** [organ] estómago *m*; **on an empty** ~ con el estómago vacío; **to turn the** ~ dar asco, revolver las tripas. - **2.** [abdomen] vientre *m*. - **3.** *fig* [appetite] apetito *m*; [desire] ganas *fpl*; **to have no** ~ **for sthg** no estar con ganas de algo. ◇ *vt* tragar, aguantar.

stomachache ['stʌməkeɪk] *n* dolor *m* de estómago.

stomachic [stə'mækɪk] *adj* estomacal.

stomach pump *n* bomba *f* estomacal.

stomach ulcer *n* úlcera *f* de estómago.

stomach upset *n* trastorno *m* gástrico.

stomata ['stəʊmətə] *pl* → **stoma**.

stomp [stɒmp] ◇ *vi*: **to** ~ **in/out** entrar/salir pisando fuerte. ◇ *n* - **1.** [tread] paso *m* firme. - **2.** [dance] *baile de jazz tradicional caracterizado por un fuerte zapateado*.

stone [stəʊn] (*pl sense 4 only inv* OR **stones**) ◇ *n* - **1.** [mineral] piedra *f*; [piece of rock] piedra *f*; [pebble] guijarro *m*; **to cast the first** ~ *fig* lanzar OR arrojar la primera piedra; **to leave no** ~ **unturned** *fig* remover Roma con Santiago; **a** ~**'s throw from** *fig* a tiro de piedra de. - **2.** [jewel] piedra *f* preciosa. - **3.** [seed] hueso *m*, carozo *m* Amér. - **4.** *Br* [unit of measurement] = 6,35 *kilos*. - **5.** [tombstone] lápida *f*. - **6.** MED cálculo *m*. ◇ *comp* de piedra. ◇ *vt* - **1.** [person, car] apedrear; [as punishment] lapidar. - **2.** [fruit, olive] deshuesar, quitar el hueso a.

Stone Age *n*: **the** ~ la Edad de Piedra.

stone-blind *adj* completamente ciego (completamente ciega).

stone-broke *adj* = **stony-broke**.

stonechat ['stəʊntʃæt] *n* tarabilla *f* común.

stone-cold *adj* helado(da).

stonecutter ['stəʊnˌkʌtə[r]] n - 1. [person] cantero m, -ra f, picapedrero m, -ra f. - 2. [machine] máquina f para labrar piedra.

stoned [stəʊnd] adj v inf - 1. [drunk] mamado(da). - 2. [affected by drugs] colocado(da), puesto(ta).

stone-dead adj totalmente sin vida.

stone-deaf adj sordo(da) como una tapia.

stone-ground adj molido(da) con piedra de molino.

stonemason ['stəʊnˌmeɪsn] n albañil m.

stonewall [ˌstəʊn'wɔːl] vi - 1. [stall] ganar tiempo. - 2. SPORT jugar a la defensiva. - 3. [avoid questions] andarse con evasivas.

stoneware ['stəʊnweə[r]] n cerámica f de gres.

stonewashed ['stəʊnwɒʃt] adj lavado(da) a la piedra.

stonework ['stəʊnwɜːk] n mampostería f.

stonily ['stəʊnɪlɪ] adv con frialdad.

stony ['stəʊnɪ] (compar **stonier**, superl **stoniest**) adj - 1. [covered with stones] pedregoso(sa). - 2. [unfriendly] muy frío (muy fría), glacial. - 3. [stone-like] pétreo(a).

stony-broke adj Br inf sin blanca.

stony-faced adj con el rostro impasible.

stood [stʊd] pt & pp → **stand**.

stooge [stuːdʒ] n - 1. inf [manipulated person] monigote mf. - 2. [in comedy act] comparsa f.

stool [stuːl] n - 1. [seat] taburete m; **to fall between two ~s** fig no ser ni chicha ni limoná, quedarse a medio camino. - 2. MED deposición m. - 3. BOT [stump] planta f madre; [shoot] tallo m.

stoolpigeon ['stuːlˌpɪdʒn] n Am inf [informer] soplón(ona), delator(ra).

stoop [stuːp] ◇ n - 1. [bent back]: **to walk with a ~** caminar encorvado(da). - 2. Am [of house] umbral m con escaleras. ◇ vi - 1. [bend] inclinarse, agacharse. - 2. [hunch shoulders] encorvarse. - 3. fig [debase oneself]: **to ~ to sthg** rebajarse a algo. - 4. [condescend] condescender, dignarse. - 5. [bird of prey] caer en picado OR arrojarse sobre la presa. ◇ vt encorvar.

stooping ['stuːpɪŋ] adj [back, shoulders, figure] encorvado(da).

stop [stɒp] (pt & pp **stopped**, cont **stopping**) ◇ n - 1. [gen] parada f; **our first ~ was Brussels** nuestra primera parada fue en Bélgica; **we made several ~s to pick up passengers** hicimos varias paradas para recoger pasajeros; **to come to a ~** [vehicle] pararse; fig [negotiations, activity] detenerse, paralizarse; **to make a ~** [halt] detenerse; [pause] hacer una pausa; **to put a ~ to sthg** poner fin a algo. - 2. [full stop] punto m. - 3. [on organ] registro m; **to pull out all the ~s** fig tocar todas las teclas. - 4. [blocking device] tope m. ◇ vt - 1. [gen] parar; **to ~ doing sthg** dejar de hacer algo; **~ it!** ¡basta!, ¡vale ya! - 2. [prevent] impedir; **to ~ sb/sthg from doing sthg** impedir que alguien/algo haga algo. - 3. [cause to stop moving] detener; **to ~ thief!** ¡al ladrón! - 4. [not pay - wages] suspender; [- cheque] anular, invalidar. - 5. [block] tapar, taponar; **to ~ one's ears** taparse las orejas. - 6. MUS [string] pisar; [hole] tapar. ◇ vi - 1. [gen] pararse; [rain, music] cesar; **he doesn't know when to ~** no sabe decir basta. - 2. Br inf [stay] quedarse; **I'm late, I can't ~** llego tarde, no puedo entretenerme ▢ **to ~ at nothing (to do sthg)** no reparar en nada (para hacer algo).

◆ **stop by, stop around** Am vi inf hacer una visita corta, acercarse.

◆ **stop in** vi - 1. = **stop by**. - 2. Br inf [stay at home] quedarse en casa.

◆ **stop off** vi hacer una parada.

◆ **stop over** vi pasar la noche.

◆ **stop up** ◇ vt sep [block] taponar, tapar. ◇ vi Br inf [not go to bed] quedarse levantado(da).

stop-and-go adj Am = **stop-go**.

stopcock ['stɒpkɒk] n llave f de paso.

stopgap ['stɒpgæp] n [thing] recurso m provisional; [person] sustituto m, -ta f.

stop-go, stop-and-go Am adj: **~ policy** política económica que propugna medidas alternas de enfriamiento o expansión de acuerdo con la inflación y otros factores, política f de 'stop and go'.

stoplight ['stɒplaɪt] n - 1. [traffic light] semáforo m en rojo. - 2. Br [brake-light] luz f de freno.

stop-off n alto m, parada f.

stopover ['stɒpˌəʊvə[r]] n [gen] parada f; [of plane] escala f.

stoppage ['stɒpɪdʒ] n - 1. [strike] paro m, huelga f. - 2. Br [deduction] retención f. - 3. [halting, stopping] parada f.

stopper ['stɒpə[r]] ◇ n [for bottle, jar etc] tapón m; TECH obturador m. ◇ vt taponar.

stopping distance ['stɒpɪŋ-] n distancia f de frenado.

stopping train ['stɒpɪŋ-] n Br ≈ tren m tranvía.

stop press n noticias fpl de última hora.

stop sign n (señal f de) stop m.

stopwatch ['stɒpwɒtʃ] n cronómetro m.

storage ['stɔːrɪdʒ] n - 1. [putting into store] almacenamiento m. - 2. [place] almacén m, depósito m; [fee] almacenaje m. - 3. ELEC acumulación f.

storage battery, storage cell n acumulador m.

storage heater n Br radiador m de acumulación.

storage space n espacio m para almacenar.

storage tank n [for fuel] tanque m (de almacenamiento); [for rainwater] cisterna f.

store [stɔː[r]] ◇ n - 1. esp Am [shop] tienda f. - 2. [supply] provisión f, reserva f. - 3. [place of storage] almacén m, depósito m. - 4. [abundance] abundancia f, acopio m. - 5. phr: **to set great ~ by** OR **on sthg** valorar mucho algo. ◇ vt - 1. [gen & COMPUT] almacenar; [heat, electricity] acumular. - 2. [keep] guardar.

◆ **stores** npl [provisions] provisiones fpl.

◆ **in store** adv: **there's a surprise in ~ for you** te espera una sorpresa; **to have sthg in ~ for sb** tener algo preparado OR guardado para alguien.

◆ **store away** vt sep guardar.

◆ **store up** vt sep [provisions, goods] almacenar; [information] acumular.

store-bought adj Am inf de tienda.

store detective n guardia mf de seguridad.

storehouse ['stɔːhaʊs, pl -haʊzɪz] n - 1. esp Am [warehouse] almacén m, depósito m. - 2. fig [mine] mina f.

storekeeper ['stɔːˌkiːpə[r]] n Am tendero m, -ra f.

storeman ['stɔːmən] (pl **storemen** [-mən]) n Br almacenero m, -ra f.

storeroom ['stɔːrʊm] n [gen] almacén m; [for food] despensa f.

storey Br (pl **storeys**), **story** Am (pl **stories**) ['stɔːrɪ] n planta f.

stork [stɔːk] n cigüeña f.

storm [stɔːm] ◇ n - 1. [bad weather] tormenta f; **a ~ in a teacup** Br fig una tormenta en un vaso de agua; **to ride out** OR **weather the ~** fig capear el temporal. - 2. [violent reaction] torrente m. - 3. [shower, outburst]: **a ~ of protest** un vendaval OR torrente de protestas. - 4. [upheaval] tumulto m, conmoción f. - 5. MIL asalto m; **to take by ~** tomar al asalto; **the film took Hollywood by ~** fig la película arrasó en Hollywood. ◇ vt MIL asaltar. ◇ vi - 1. [go angrily]: **to ~ in/out** entrar/salir echando pestes. - 2. [say angrily] vociferar.

stormbound ['stɔːmbaʊnd] adj detenido(da) por la tormenta.

storm cellar n refugio m contra los ciclones.

storm cloud n lit nubarrón m.

storm door n Am contrapuerta f.

storminess ['stɔːmɪnɪs] n - 1. [of weather] tiempo m tempestuoso. - 2. [of meeting, argument] atmósfera f caldeada.

storming ['stɔːmɪŋ] n asalto m; **the ~ of the Bastille** la toma de la Bastilla.

storm lantern n farol m.

stormproof ['stɔːmpruːf] *adj* resistente a las tormentas.

storm trooper *n* [gen] soldado *m* de asalto; [Nazi soldier] miliciano *m* nazi.

◆ **stormtrooper** *adj* [tactics] brutal, implacable.

storm troops *npl* tropas *fpl* de asalto.

storm window *n* contraventana *f.*

stormy ['stɔːmɪ] (*compar* **stormier**, *superl* **stormiest**) *adj* - **1.** [weather] tormentoso(sa). - **2.** [meeting] acalorado(da); [relationship] tempestuoso(sa).

story ['stɔːrɪ] (*pl* **stories**) *n* - **1.** [tale] cuento *m*, relato *m*; **but that's another** ~ pero eso es otra historia OR no viene al caso; **it's a long** ~ es una historia muy larga de contar; **it's the (same) old** ~ es la misma historia de siempre; **it's not the whole** ~ eso no lo explica todo; **that's the** ~ **of my life** siempre me pasa lo mismo; **to cut a long** ~ **short** en resumidas cuentas, para abreviar. - **2.** [history] historia *f.* - **3.** [plot] trama *f*, argumento *m*. - **4.** [account] narración *f*, historia *f*; [version] versión *f*. - **5.** [news article] artículo *m.* - **6.** *euph* [lie] cuento *m*; **that's a likely** ~! ¡vaya cuento! - **7.** *Am* = **storey.**

storybook ['stɔːrɪbʊk] ◇ *adj* de novela, de cuento. ◇ *n* libro *m* de cuentos.

story line *n* argumento *m*, trama *f.*

storyteller ['stɔːrɪˌteləʳ] *n* - **1.** [teller of story] narrador *m*, -ra *f*, cuentista *mf*. - **2.** *euph* [liar] cuentista *mf.*

stout [staʊt] ◇ *adj* - **1.** [rather fat] corpulento(ta), gordo(da). - **2.** [strong, solid] fuerte, sólido(da). - **3.** [resolute] firme. - **4.** [brave] valiente. ◇ *n (U)* cerveza *f* negra.

stouthearted [ˌstaʊtˈhɑːtɪd] *adj literary* valiente.

stoutly ['staʊtlɪ] *adv* - **1.** [solidly] con solidez. - **2.** [bravely] con valor. - **3.** [firmly, resolutely - resist, defend, oppose] con vigor OR fuerza; [- support] con fidelidad OR lealtad.

stoutness ['staʊtnɪs] *n* [portliness] corpulencia *f.*

stove [stəʊv] ◇ *pt & pp* → **stave.** ◇ *n* - **1.** [for heating] estufa *f.* - **2.** [for cooking] cocina *f*; [portable] infiernillo *m*. - **3.** IND [kiln] horno *m.*

stovepipe ['stəʊvpaɪp] *n* - **1.** [pipe] tubo *m* de estufa. - **2.** *inf* [hat]: ~ **(hat)** chistera *f.*

stow [stəʊ] *vt* - **1.** [store]: **to** ~ **sthg (away)** guardar algo. - **2.** [fill] llenar, atestar.

◆ **stow away** ◇ *vi* viajar de polizón. ◇ *vt sep Br inf* [food] zamparse.

stowage ['stəʊɪdʒ] *n* [storage] almacenamiento *m.*

stowaway ['stəʊəweɪ] *n* polizón *m.*

strabismus [strəˈbɪzməs] *n* estrabismo *m.*

straddle ['strædl] ◇ *vt* - **1.** [subj: person] sentarse a horcajadas sobre. - **2.** [subj: bridge, town] atravesar, cruzar. - **3.** MIL [target] encuadrar. ◇ *vi Am inf fig* [sit on the fence] nadar entre dos aguas.

strafe [strɑːf] *vt* MIL bombardear.

straggle ['strægl] *vi* - **1.** [sprawl] desparramarse. - **2.** [dawdle] rezagarse.

straggler ['strægləʳ] *n* rezagado *m*, -da *f.*

straggling ['stræglɪŋ] *adj* [vine, plant] que crece en desorden; [houses, trees] diseminado(da); [village, street] que se extiende a lo largo; [beard] descuidado(da).

straggly ['stræglɪ] (*compar* **stragglier**, *superl* **straggliest**) *adj* desordenado(da).

straight [streɪt] ◇ *adj* - **1.** [not bent] recto(ta). - **2.** [hair] liso(sa). - **3.** [honest, frank] franco(ca), sincero(ra); **to give sb a** ~ **answer** darle una respuesta franca a alguien; **to do some** ~ **talking** hablar con franqueza. - **4.** [tidy] arreglado(da); **to put** OR **set sthg** ~ arreglar algo. - **5.** [choice, swap] simple, fácil; **a** ~ **fight** [election] una lucha entre dos. - **6.** [alcoholic drink] solo(la), sin mezclar. - **7.** *inf* [conventional] ordinario(ria). - **8.** THEATRE [serious, not comic] serio(ria), dramático(ca). - **9.** *gay sl* [heterosexual] heterosexual. - **10.** *Am* [consecutive]: **he got** ~ **As all term** sacó todo sobresalientes en la evaluación; **he worked 12** ~ **hours** trabajó doce horas seguidas. - **11.** [in cards] en escalera. ◇ *adv* - **1.** [in a straight line - horizontally] directamente; [- vertically]

recto; **I can't think** ~ **with this noise** no puedo concentrarme con este ruido; **I couldn't see** ~ no veía bien; ~ **ahead** todo recto. - **2.** [directly] directamente; [immediately] inmediatamente. - **3.** [frankly] francamente; **to tell sb sthg** ~ decirle algo a alguien sin rodeos. - **4.** [tidy] en orden. - **5.** [undiluted] solo(la). - **6.** *phr*: **let's get this** ~ vamos a aclarar las cosas; **to go** ~ [criminal] dejar la mala vida; **to set** OR **put sb** ~ **about sthg** aclararle algo a alguien. ◇ *n* - **1.** [of race track]: **the** ~ la recta final. - **2.** *phr*: **the** ~ **and narrow** el buen camino.

◆ **straight off** *adv* en el acto.

◆ **straight out** *adv* sin tapujos.

◆ **straight up** *adv Br inf* de verdad, por éstas.

straightaway [ˌstreɪtəˈweɪ] ◇ *adv* enseguida. ◇ *adj Am* recto(ta), derecho(cha). ◇ *n Am* (línea *f*) recta *f.*

straightedge ['streɪtedʒ] *n* regla *f.*

straighten ['streɪtn] ◇ *vt* - **1.** [tidy - room] ordenar; [- hair, dress] arreglar. - **2.** [make straight - horizontally] poner recto(ta); [- vertically] enderezar. ◇ *vi*: **to** ~ **(up)** enderezarse, ponerse recto(ta).

◆ **straighten out** *vt sep* [mess] arreglar; [problem] resolver.

straight face *n*: **to keep a** ~ aguantar la risa.

straight-faced *adj* impasible.

straight flush *n* escalera *f* de color.

straightforward [ˌstreɪtˈfɔːwəd] *adj* - **1.** [easy] sencillo(lla). - **2.** [frank - answer] directo(ta); [- person] abierto(ta), sincero(ra).

straightforwardly [ˌstreɪtˈfɔːwədlɪ] *adv* - **1.** [honestly] con franqueza. - **2.** [without complication] con sencillez.

straightlaced [streɪtˈleɪst] *adj* = **straitlaced.**

straight-line *adj* - **1.** [machine] de variación lineal. - **2.** [in accounting] a plazos.

straight man *n* comparsa *m.*

straight-out *adj Am inf* - **1.** [forthright] directo(ta); [refusal] categórico(ca). - **2.** [utter - liar, hypocrite] consumado(da); [- lie, dishonesty] absoluto(ta); [- opponent, supporter] incondicional.

straight razor *n* navaja *f* de afeitar.

straightway ['streɪtweɪ] *adv arch* al punto, enseguida.

strain [streɪn] ◇ *n* - **1.** [weight] peso *m*; [pressure] presión *f*; [tension] tensión *f.* - **2.** [mental stress] tensión *f* nerviosa. - **3.** [exhaustion] agotamiento *m*. - **4.** [physical injury] distensión *f*, torcedura *f*; **eye** ~ vista *f* cansada. - **5.** [worry, difficulty] esfuerzo *m*. - **6.** [variety] tipo *m*, variedad *f*. - **7.** [streak, tendency] tendencia *f*, toque *m*. - **8.** [style] tono *m*; **to speak in an angry** ~ hablar en un tono enojado. ◇ *vt* - **1.** [overtax - budget, resources] estirar; [- economy, ceiling] forzar; [- enthusiasm] agotar. - **2.** [rope, cable] tensar, estirar. - **3.** [use hard]: **to** ~ **one's eyes/ears** aguzar la vista/el oído; **to** ~ **one's voice** forzar la voz. - **4.** [injure - eyes] cansar; [- muscle, back] distender, torcerse; [- shoulder] dislocar. - **5.** [drain] colar. ◇ *vi* - **1.** [strive]: **to** ~ **to do sthg** esforzarse por hacer algo. - **2.** [rope, cable] tensarse, estirarse.

◆ **strains** *npl literary* [of music] acordes *mpl*, compases *mpl.*

◆ **strain off** *vt sep* escurrir, colar.

strained [streɪnd] *adj* - **1.** [worried] preocupado(da). - **2.** [unfriendly] tirante, tenso(sa). - **3.** [insincere] forzado(da).

strainer ['streɪnəʳ] *n* colador *m.*

strait [streɪt] *n* estrecho *m.*

◆ **straits** *npl* apuros *mpl*, aprietos *mpl*; **in dire** OR **desperate** ~**s** en un serio aprieto.

straitened ['streɪtnd] *adj fml*: **in** ~ **circumstances** en circunstancias apuradas.

straitjacket ['streɪtˌdʒækɪt] *n* [garment] camisa *f* de fuerza.

straitlaced [streɪtˈleɪst] *adj pej* mojigato(ta), estrecho(cha).

Strait of Gibraltar *n*: **the** ~ el estrecho de Gibraltar.

Strait of Hormuz, **Strait of Ormuz** *n*: **the** ~ el estrecho de Ormuz.

strand [strænd] ◇ *n* - **1.** [thin piece - of hair, wool] hebra *f*; [- of wire] filamento *m*; **a** ~ **of hair** un pelo del cabello. - **2.**

[theme, element] cabo *m*. - **3.** *literary* [beach] playa *f*; [shore] costa *f*. ◇ *vt* - **1.** [ship] varar, encallar; [whale] varar. - **2.** [person] dejar colgado(da).

stranded ['strændɪd] *adj* - **1.** [ship] varado(da), encallado(da). - **2.** [person] colgado(da).

strange [streɪndʒ] *adj* - **1.** [unusual] raro(ra), extraño(ña). - **2.** [unfamiliar] extraño(ña), desconocido(da).

strangely ['streɪndʒlɪ] *adv* - **1.** [in an odd manner] de manera extraña. - **2.** [unexpectedly] inesperadamente. - **3.** [surprisingly]: ~ **(enough)** aunque parezca extraño.

strangeness ['streɪndʒnɪs] *n* - **1.** [gen] lo extraño, lo raro. - **2.** PHYS extrañeza *f*.

stranger ['streɪndʒəʳ] *n* - **1.** [unfamiliar person] extraño *m*, -ña *f*, desconocido *m*, -da *f*; **to be a/no ~ to sthg** *fig* no estar/estar familiarizado(da) con algo. - **2.** [outsider] forastero *m*, -ra *f*.

strangle ['stræŋgl] *vt* - **1.** [kill] estrangular. - **2.** *fig* [stifle] ahogar, reprimir.

strangled ['stræŋgld] *adj* [cry, voice] ahogado(da).

stranglehold ['stræŋglhəʊld] *n* - **1.** [round neck] collar *m* de fuerza. - **2.** *fig* [strong influence] dominio *m* absoluto.

strangler ['stræŋgləʳ] *n* estrangulador *m*, -ra *f*.

strangling ['stræŋglɪŋ] *n* estrangulación *f*, estrangulamiento *m*.

strangulate ['stræŋgjʊleɪt] *vt* estrangular.

strangulation [,stræŋgjʊ'leɪʃn] *n* estrangulamiento *m*.

strap [stræp] (*pt & pp* **strapped**, *cont* **strapping**) ◇ *n* - **1.** [of handbag, rifle] bandolera *f*. - **2.** [of watch, case] correa *f*; [of dress, bra] tirante *m*; [of hat, helmet] barboquejo *m*, cinta *f*; [of sandal, on ski pants] tira *f*. - **3.** [whip] látigo *m*. - **4.** [razor strop] suavizador *m* (de navajas), asentador *m*. ◇ *vt* [fasten] atar con correa.

◆ **strap in** *vt sep* [with seatbelt] poner el cinturón (de seguridad).

◆ **strap on** *vt sep* atar.

straphanger ['stræp,hæŋəʳ] *n* *Br inf* pasajero *m*, -ra *f* de pie *(en transportes urbanos)*.

strapless ['stræplɪs] *adj* sin tirantes.

strapped [stræpt] *adj inf*: **to be ~ for cash** estar sin blanca OR sin un duro.

strapping ['stræpɪŋ] *adj* robusto(ta), fornido(da).

Strasbourg ['stræzbɜːg] *n* Estrasburgo.

strata ['strɑːtə] *pl* → **stratum**.

stratagem ['strætədʒəm] *n* estratagema *f*.

strategic [strə'tiːdʒɪk] *adj* estratégico(ca).

strategically [strə'tiːdʒɪklɪ] *adv* estratégicamente.

strategist ['strætɪdʒɪst] *n* estratega *mf*.

strategy ['strætɪdʒɪ] (*pl* **strategies**) *n* estrategia *f*.

stratification [,strætɪfɪ'keɪʃn] *n* estratificación *f*.

stratified ['strætɪfaɪd] *adj lit & fig* estratificado(da).

stratify ['strætɪfaɪ] (*pt & pp* **stratified**) ◇ *vt* estratificar. ◇ *vi* estratificarse.

stratocumulus [,strætəʊ'kjuːmjʊləs] (*pt* **stratocumuli** [-laɪ]) *n* estratocúmulo *m*.

stratosphere ['strætə,sfɪəʳ] *n*: **the ~** la estratosfera.

stratum ['strɑːtəm] (*pl* **strata** [-tə]) *n lit & fig* estrato *m*.

straw [strɔː] ◇ *n* - **1.** AGR paja *f*. - **2.** [for drinking] pajita *f*, paja *f*, pitillo *m* *Amér*. - **3.** *phr*: **to clutch at ~s** agarrarse a un clavo ardiendo; **to draw ~s** echar suertes; **he drew** OR **got the short ~** le tocó la peor parte OR la china; **I don't care a ~** OR **two ~s** *Br inf* me importa un comino; **the last ~** el colmo; **a ~ in the wind** un indicio. ◇ *comp* de paja.

strawberry ['strɔːbərɪ] (*pl* **strawberries**) ◇ *n* fresa *f*, frutilla *f Amér*. ◇ *comp* de fresa.

strawberry blonde ◇ *adj* rubio rojizo (rubia rojiza). ◇ *n* mujer *f* de pelo rubio rojizo.

strawberry mark *n* antojo *m* *(en la piel)*.

straw-coloured *adj* pajizo(za).

straw hat *n* sombrero *m* de paja.

straw man *n* - **1.** [front man] testaferro *m*, hombre *m* de paja. - **2.** [nonentity] pelele *m*, don nadie *m*.

straw mattress *n* colchón *m* de paja.

straw poll, **straw vote** *Am n* sondeo *m* de opinión.

stray [streɪ] ◇ *adj* - **1.** [animal - without owner] callejero(ra); [- lost] extraviado(da). - **2.** [bullet] perdido(da); [example] aislado(da); [whisp of hair] suelto(ta). ◇ *n* - **1.** [animal] animal *m* callejero. - **2.** [child] niño abandonado *m*, niña abandonada *f*. ◇ *vi* - **1.** [from path] desviarse; [from group] extraviarse; [from herd] descarriarse. - **2.** [thoughts, mind] perderse; **to ~ from the point** desviarse del tema, divagar.

streak [striːk] ◇ *n* - **1.** [of hair] mechón *m*; [of lightning] rayo *m*; [of grease] raya *f*. - **2.** [in character] vena *f*; **to have a mean ~** tener una vena malvada, tener un lado malo. - **3.** [period]: **a lucky ~** una racha de (buena) suerte. - **4.** MIN veta *f*. ◇ *vi* [move quickly] ir como un rayo. ◇ *vt* - **1.** [smear] manchar. - **2.** [stripe] vetear, rayar.

streaked [striːkt] *adj* [marked]: ~ **with** [colour] veteado(da) de; [grease, dirt] manchado(da) de.

streaking ['striːkɪŋ] *n* streaking *m*, *correr desnudo por un lugar público*.

streaky ['striːkɪ] (*compar* **streakier**, *superl* **streakiest**) *adj* rayado(da), veteado(da).

streaky bacon *n Br* bacon *m* entreverado.

stream [striːm] ◇ *n* - **1.** [small river] riachuelo *m*, arroyo *m*, quebrada *f Amér*. - **2.** [of liquid, smoke] chorro *m*; [of light] raudal *m*; [of tears] torrente *m*. - **3.** [current] corriente *f*; **to go against the ~** *lit & fig* ir contra corriente; **to go with the ~** *lit & fig* seguir la corriente. - **4.** [of people, cars] torrente *m*. - **5.** [continuous series] sarta *f*, serie *f*. - **6.** *Br* SCH grupo *m*. ◇ *vi* - **1.** [liquid, smoke, light] fluir; **to ~ into** entrar a raudales en; **to ~ out of** brotar de. - **2.** [people, cars]: **to ~ into** entrar atropelladamente en; **to ~ out of** salir atropelladamente de. - **3.** [flutter] ondear, flotar. ◇ *vt Br* SCH agrupar de acuerdo con el rendimiento escolar.

streamer ['striːməʳ] *n* - **1.** [for party] serpentina *f*. - **2.** [pennant] gallardete *m*. - **3.** PRESS titular *m*.

streaming ['striːmɪŋ] ◇ *n Br* SCH *división en grupos según aptitudes, notas etc.* ◇ *adj* [surface, windows, windscreen] que chorrea; **I've got a ~ cold** *Br* tengo un catarro espantoso.

streamline ['striːmlaɪn] *vt* - **1.** [make aerodynamic] dar línea aerodinámica a. - **2.** [make efficient] racionalizar.

streamlined ['striːmlaɪnd] *adj* - **1.** [aerodynamic] aerodinámico(ca). - **2.** [efficient] racional.

streamlining ['striːmlaɪnɪŋ] *n* - **1.** AUT & AERON línea *f* aerodinámica. - **2.** [of business, organisation] racionalización *f*; [of industry] reestructuración *f*.

street [striːt] *n* calle *f*; **to be on easy ~** *inf fig* vivir acomodadamente; **to be on the ~** [homeless, unemployed, at liberty] estar en la calle; *inf fig* [as prostitute] hacer la calle; **to be right up one's ~** *Br inf fig* ser justo lo que a uno le interesa; **to be ~s ahead of sb** *Br inf fig* estar muy por delante de alguien; **to walk the ~s** *inf fig* [as prostitute] hacer la calle.

street café *n Br* bar *m* con terraza.

streetcar ['striːtkɑːʳ] *n Am* tranvía *m*.

street cleaner *n* [person] barrendero *m*, -ra *f*.

street-credibility, **street-cred** [-kred] *n (U) inf* imagen *f*, aceptación *f (entre la gente joven)*.

street door *n* puerta *f* principal OR de la calle.

street guide *n* callejero *m*, guía *f* de calles.

street lamp, **street light** *n* farola *f*.

street lighting *n* alumbrado *m* público.

street map *n* plano *m* (de la ciudad).

street market *n* mercado *m* callejero.

street party *n fiesta popular callejera organizada para celebrar algún acontecimiento nacional*.

street plan *n* plano *m* (de la ciudad).

street sweeper *n* [person] barrendero *m*, -ra *f*; [machine] barrendera *f*.

street theatre *n* teatro *m* en la calle.

street trader, **street vendor** *Am n* vendedor *m*, -ra *f* ambulante.

street urchin *n* niño *m*, -ña *f* de la calle, golfillo *m* -lla *f*.

street value *n* precio *m* OR valor *m* en la calle.

street vendor *n Am* = **street trader**.

street walker *n dated* prostituta *f*.

streetwise ['striːtwaɪz] *adj inf* espabilado(da).

strength [streŋθ] *n* - **1.** [physical or mental power] fuerza *f*; ~ **of character** entereza *f*, firmeza *f*. - **2.** [power, influence] poder *m*; **to go from** ~ **to** ~ tener cada vez más éxito, prosperar. - **3.** [quality] punto *m* fuerte. - **4.** [of material, structure] solidez *f*. - **5.** [intensity - of feeling, smell, wind] intensidad *f*; [- of accent, wine] fuerza *f*; [- of drug] potencia *f*. - **6.** [credibility, weight] peso *m*, fuerza *f*; **on the** ~ **of** a partir de, en base a. - **7.** *(U)* [in numbers - gen] número *m*; [- army] efectivos *mpl*; **in** ~ en gran número; **to be at/below full** ~ estar/no estar al completo. - **8.** [of currency] valor *m*.

strengthen ['streŋθn] ◇ *vt* - **1.** [gen] fortalecer. - **2.** [reinforce] reforzar. - **3.** [intensify] acentuar, intensificar. - **4.** [make closer] estrechar. ◇ *vi* - **1.** [sales, currency] fortalecerse. - **2.** [intensify] acentuarse, intensificarse. - **3.** [become closer] estrecharse.

strengthener ['streŋθənəʳ] *n* refuerzo *m*.

strengthening ['streŋθənɪŋ] ◇ *n* - **1.** [physical - of body, muscle, voice] fortalecimiento *m*; [- of hold, grip] estrechamiento *m*. - **2.** [of emotion, effect, desire] intensificación *f*. - **3.** [of character, friendship, position] consolidación *f*; [of wind, current] intensificación *f*. - **4.** [of structure, building] refuerzo *m*. - **5.** FIN consolidación *f*. ◇ *adj* [gen] fortificante; MED tonificante.

strenuous ['strenjʊəs] *adj* - **1.** [activity, exercise] agotador(ra), extenuante. - **2.** [opposition, support, protest] enérgico(ca).

strenuously ['strenjʊəslɪ] *adv* - **1.** [play, swim, work] con mucho esfuerzo. - **2.** [fight, oppose, resist] enérgicamente, de un modo enérgico.

strep throat [strep-] *n inf dated* inflamación *f* de la garganta.

streptococcus [ˌstreptəˈkɒkəs] *(pl* **streptococci** [-ˈkɒksaɪ]) *n* estreptococo *m*.

streptomycin [ˌstreptəˈmaɪsɪn] *n* estreptomicina *f*.

stress [stres] ◇ *n* - **1.** [emphasis]: ~ **(on)** hincapié *m* OR énfasis *m inv* (en); **to lay** ~ **on sthg** hacer hincapié en, poner énfasis en. - **2.** [tension, anxiety] estrés *m*, tensión *f* nerviosa; **to be under** ~ estar estresado(da). - **3.** [physical pressure]: ~ **(on)** presión *f* (en). - **4.** LING [on word, syllable] acento *m* (tónico). ◇ *vt* - **1.** [emphasize] recalcar, subrayar. - **2.** LING [word, syllable] acentuar. - **3.** CONSTR & TECH someter a una presión.

stressed [strest] *adj* [anxious] estresado(da).

stressed-out *adj inf* estresado(da).

stressful ['stresfʊl] *adj* estresante.

stressor ['stresəʳ] *n* elemento *m* de tensión.

stretch [stretʃ] ◇ *adj* elástico(ca). ◇ *n* - **1.** [of land, water] extensión *f*; [of road, river] tramo *m*, trecho *m*; [of racetrack] recta *f*. - **2.** [of time] periodo *m*. - **3.** [effort]: **by no** ~ **of the imagination** ni por asomo. - **4.** [act of stretching] estiramiento *m*. - **5.** [elasticity] elasticidad *f*. ◇ *vt* - **1.** [gen] estirar; [garment, shoes] ensanchar; **to** ~ **o.s.** estirarse, desperezarse ❑ **to** ~ **it** *fig* exagerar. - **2.** [overtax, strain] sobrecargar. - **3.** [challenge] hacer rendir al máximo. - **4.** MED [muscle, tendon] distender. ◇ *vi* - **1.** [area]: **to** ~ **over/from... to** extenderse por/desde... hasta. - **2.** [person, animal] estirarse. - **3.** [be pulled taut] dar de sí. - **4.** [become longer] alargarse; [become wider, looser] ensancharse.

◆ **at a stretch** *adv* de un tirón, sin parar.

◆ **stretch out** ◇ *vt sep* [foot, leg] estirar; [hand, arm] alargar. ◇ *vi* - **1.** [lie down] tumbarse. - **2.** [reach out] estirarse.

stretcher ['stretʃəʳ] *n* - **1.** MED camilla *f*. - **2.** [for canvas] bastidor.

stretcher-bearer *n* camillero *m*, -ra *f*.

stretcher case *n* herido o enfermo que tiene que ser trasladado en camilla.

stretcher party *n* camilleros *mpl*.

stretching ['stretʃɪŋ] *n* estiramiento *m*.

stretchmarks ['stretʃmɑːks] *npl* estrías *fpl*.

stretchy ['stretʃɪ] *(compar* **stretchier**, *superl* **stretchiest**) *adj* elástico(ca).

strew [struː] *(pt* **strewed**, *pp* **strewn** [struːn] OR **strewed**) *vt*: **to be strewn on/over** estar esparcido (da) sobre/por; **to be strewn with** estar cubierto(ta) de.

strewth [struːθ] *excl Br inf dated* ¡Dios mío!

stria ['straɪə] *(pl* **striae** ['straɪiː]) *n* estría *f*.

striate ['straɪt] ◇ *adj* estriado(da). ◇ *vt* estriar.

striated [straɪˈeɪtɪd] *adj* estriado(da).

striation [straɪˈeɪʃn] *n* estriado *m*.

stricken ['strɪkn] *adj*: **to be** ~ **by** OR **with** [illness] estar aquejado(da) de; [grief] estar afligido(da) por; [doubts, horror] estar atenazado(da) por.

strict [strɪkt] *adj* - **1.** [gen] estricto(ta). - **2.** [precise] exacto(ta), estricto(ta). - **3.** [faithful, disciplined] riguroso(sa).

strictly ['strɪktlɪ] *adv* - **1.** [severely] severamente. - **2.** [absolutely - prohibited] terminantemente; [- confidential] absolutamente, totalmente. - **3.** [exactly] exactamente; ~ **speaking** estrictamente hablando. - **4.** [exclusively] exclusivamente.

strictness ['strɪktnɪs] *n* [severity, rigidity] severidad *f*.

stricture ['strɪktʃəʳ] *n fml* - **1.** [criticism] crítica *f* severa, censura *f*. - **2.** [restriction] limitación *f*, restricción *f*. - **3.** MED estrechez *f*, estrechamiento *m*.

stride [straɪd] *(pt* **strode** [strəʊd], *pp* **stridden** ['strɪdn]) ◇ *n* zancada *f*; **to take sthg in one's** ~ *fig* tomarse algo con calma. ◇ *vi* andar a zancadas. ◇ *vt* cruzar a zancadas.

◆ **strides** *npl*: **to make** ~**s** hacer progresos.

stridency ['straɪdənsɪ] *n* - **1.** [harshness] estridencia *f*. - **2.** [urgency] exaltación *f*.

strident ['straɪdnt] *adj* - **1.** [harsh] estridente. - **2.** [vociferous] exaltado(da).

stridently ['straɪdntlɪ] *adv* [call, cry, sing] con voz estridente; [sound, ring] con estridencia; [demand] con vehemencia.

stridulate ['strɪdjʊleɪt] *vi* estridular, chirriar.

strife [straɪf] *n (U) fml* conflictos *mpl*.

strife-torn *adj* destrozado(da) por los conflictos.

strike [straɪk] *(pt & pp* **struck** [strʌk]) ◇ *n* - **1.** [refusal to work etc] huelga *f*; **to be (out) on** ~ estar en huelga; **to call a** ~ convocar una huelga; **to go on** ~ declararse en huelga. - **2.** MIL ataque *m*. - **3.** [find] descubrimiento *m*; **a gold** ~ el hallazgo de un yacimiento de oro ❑ **it was a lucky** ~ fue un golpe de suerte. - **4.** [in baseball] strike *m*. - **5.** [by fish] mordida *f*, picada *f*. ◇ *comp* de huelga; **to threaten** ~ **action** amenazar con ir a la huelga. ◇ *vt* - **1.** *fml* [hit, deal a blow] golpear, pegar; **she struck him across the face** le pegó una bofetada; **a wave struck the side of the boat** una ola golpeó el costado del barco; **to** ~ **a blow** asestar un golpe. - **2.** [bump into, collide with] chocar contra; **she fell and struck her head** cayó y se dio un golpe en la cabeza. - **3.** [subj: bullet, missile] dar en, alcanzar. - **4.** [subj: light] caer OR dar en. - **5.** [subj: disaster, earthquake] asolar; [subj: lightning] fulminar, alcanzar. - **6.** [subj: thought, idea] ocurrírsele a. - **7.** [give impression]: **to** ~ **sb as sthg** parecer a alguien algo; **how did Tokyo/the film** ~ **you?** ¿qué te pareció Tokio/la película? - **8.** [impress]: **what struck me was the silence** lo que me impresionó fue el silencio; **to be struck by** OR **with sthg** estar impresionado(da) por OR ante algo; **I wasn't very struck with his colleague** su compañero no me causó muy buena impresión. - **9.** [chime] dar; **the clock struck six** el reloj dio las seis. - **10.** [deal, bargain] cerrar. - **11.** [match] encender. - **12.** [find] encontrar; [gold] descubrir, hallar; **to** ~ **a balance (between)** llegar a un punto medio (entre). - **13.** [attitude, pose] adoptar, tomar. - **14.** MIL atacar. - **15.** [coin] acuñar. - **16.** MUS [note, chord] tocar; **to** ~ **a serious note** *fig* tener un tono de seriedad. - **17.** [delete] tachar. - **18.** *phr*: **to be struck blind/dumb** quedarse ciego(ga)/mudo(da); **to** ~

fear OR **terror into sb** infundir temor en alguien; **to ~ (it) lucky** tener suerte; **to ~ it rich** hacerse rico(ca). ◇ *vi* - **1.** [stop working] estar en huelga. - **2.** *fml* [hit accidentally]: **to ~ against** chocar contra. - **3.** [hurricane, disaster] sobrevenir; [lightning] caer. - **4.** *fml* [attack] atacar; [snake] morder; **the murderer has struck again** el asesino ha vuelto a atacar; **this latest incident ~s right at the heart of government policy** este último incidente golpea OR perjudica directamente a la política del gobierno. - **5.** [chime] dar la hora. - **6.** [set out] dirigirse.

◆ **strike back** *vi* devolver el golpe.

◆ **strike down** *vt sep* fulminar.

◆ **strike off** *vt sep*: **to be struck off** ser inhabilitado(da).

◆ **strike on** *vt fus Br* dar con.

◆ **strike out** ◇ *vt sep* tachar. ◇ *vi* - **1.** [go] partir, ponerse en camino; [swim] ponerse a nadar. - **2.** [do something different] hacer algo diferente; **to ~ out on one's own** establecerse uno por su cuenta.

◆ **strike through** *vt sep* tachar.

◆ **strike up** ◇ *vt fus* - **1.** [friendship] trabar; [conversation] entablar. - **2.** [tune] empezar a tocar. ◇ *vi* empezar a tocar.

◆ **strike upon** *vt fus* = **strike on**.

strikebound ['straıkbaʊnd] *adj* paralizado(da) por la huelga.

strikebreaker ['straık,breıkə'] *n* esquirol *mf*.

strike pay *n* (U) subsidio *m* de huelga.

striker ['straıkə'] *n* - **1.** [person on strike] huelguista *mf*. - **2.** FTBL delantero *m*, -ra *f*. - **3.** [of gun] percutor *m*.

striking ['straıkıŋ] *adj* - **1.** [noticeable, unusual] chocante, sorprendente. - **2.** [attractive] llamativo(va), atractivo(va).

striking distance *n*: **to be within ~ (of)** estar a corta distancia (de).

strikingly ['straıkıŋlı] *adv* sorprendentemente; **a ~ beautiful woman** una mujer de una belleza sorprendente.

string [strıŋ] (*pt & pp* **strung** [strʌŋ]) ◇ *n* - **1.** [thin rope] cuerda *f*, piolín *m Amér*; **a (piece of) ~** un cordón ❑ (**with) no ~s attached** sin ninguna condición OR ningún compromiso; **to have sb on a ~** *inf* tener a alguien en un puño; **to have two ~s** OR **another ~ to one's bow** tocar varias teclas; **to pull ~s** utilizar uno sus influencias. - **2.** [of beads, pearls] sarta *f*; [of onions, sausages] ristra *f*. - **3.** [series] serie *f*, sucesión *f*; **a ~ of victories** una serie OR sucesión de triunfos. - **4.** [of musical instrument] cuerda *f*. ◇ *comp* de cuerda. ◇ *vt* - **1.** [guitar, racket] encordar. - **2.** [beads, pearls] ensartar.

◆ **strings** *npl* MUS: **the ~s** los instrumentos de cuerda.

◆ **string along** *inf* ◇ *vt sep* [deceive] dar falsas esperanzas a. ◇ *vi* [tag along]: **to ~ along with sb** acompañar a alguien.

◆ **string out** *vt fus*: **to be strung out** alinearse.

◆ **string together** *vt sep* enlazar, unir.

◆ **string up** *vt sep inf* [kill by hanging] colgar.

string bean *n* - **1.** [vegetable] judía *f* verde. - **2.** *inf* [person] larguirucho *m*, -cha *f*.

stringcourse ['strıŋkɔːs] *n* hilada *f* volada, cordón *m* saliente.

stringed instrument [strıŋd-] *n* instrumento *m* de cuerda.

stringency ['strındʒənsı] *n* [severity] severidad *f*; [of economic conditions] austeridad *f*.

stringent ['strındʒənt] *adj* [severe] estricto(ta), severo(ra); [policy, conditions] austero(ra).

stringer ['strıŋə'] *n* - **1.** [beam] travesaño *m*. - **2.** [in staircase] riostra *f*. - **3.** [journalist] corresponsal *mf* a tiempo parcial.

string-pulling [-,pʊlıŋ] *n* enchufismo *m*, amiguismo *m*.

string quartet *n* cuarteto *m* de cuerda.

stringy ['strıŋı] (*compar* **stringier**, *superl* **stringiest**) *adj* - **1.** [meat, vegetable] fibroso(sa), lleno(na) de hebras. - **2.** [slender] enjuto(ta).

strip [strıp] (*pt & pp* **stripped**, *cont* **stripping**) ◇ *n* - **1.** [narrow piece] tira *f*; **to tear a ~ off sb, to tear sb off a ~** *Br* echarle una bronca a alguien. - **2.** [narrow area] franja *f*.

- **3.** *Br* SPORT camiseta *f*, colores *mpl*. - **4.** [airstrip] pista *f* de aterrizaje. ◇ *vt* - **1.** [undress] desnudar. - **2.** [paint, wallpaper] quitar, arrancar; [wall, door] rascar, limpiar; [tree] desnudar, despojar. - **3.** [bed] deshacer. - **4.** [engine, gun] desmontar. - **5.** [take away from]: **to ~ sb of sthg** despojar a alguien de algo. - **6.** TECH [screw, bolt] estropear (la rosca de); [gear] romper (el engranaje de). ◇ *vi* - **1.** [undress] desnudarse. - **2.** [do a striptease] hacer un striptease.

◆ **strip down** *vt sep* - **1.** [bed] deshacer. - **2.** [engine, mechanism] desmontar.

◆ **strip off** ◇ *vt sep* [gen] quitar; [one's clothes, shirt] quitarse. ◇ *vi* desnudarse.

strip cartoon *n Br* historieta *f*, tira *f* cómica.

strip club *n* club *m* de striptease.

stripe [straıp] ◇ *n* - **1.** [band of colour] raya *f*, franja *f*. - **2.** [sign of rank] galón *m*. - **3.** [kind] calaña *f*, clase *f*. - **4.** [lash] latigazo *m*. ◇ *vt* rayar.

striped [straıpt] *adj* a rayas.

stripey ['straıpı] *adj* = **stripy**.

strip light *n* (tubo *m*) fluorescente *m*.

strip lighting *n* alumbrado *m* fluorescente.

stripling ['strıplıŋ] *n literary & hum* mozalbete *m*, joven *m*.

strip mine *n* mina *f* a cielo abierto.

◆ **strip-mine** *vt* explotar una mina a cielo abierto.

stripped [strıpt] *adj* [wood] sin barniz, lijado(da); **~ pine furniture** muebles *mpl* de madera de pino natural.

stripper ['strıpə'] *n* - **1.** *inf* [striptease artist] artista *mf* de striptease. - **2.** [paint stripper] disolvente *m*.

strip poker *n juego de póquer en el que quien pierde una apuesta se ha de quitar una prenda de ropa, strip poker m.*

strip-search ◇ *n registro policial de una persona haciéndole desnudarse.* ◇ *vt registrar a alguien haciéndole desnudarse.*

strip show *n* espectáculo *m* de striptease.

striptease ['strıptiːz] *n* striptease *m*.

striptease artist *n* artista *mf* de striptease.

stripy ['straıpı] (*compar* **stripier**, *superl* **stripiest**) *adj* a rayas, de rayas.

strive [straıv] (*pt* **strove** [strəʊv], *pp* **striven** ['strıvn]) *vi fml*: **to ~ for sthg** luchar por algo; **to ~ to do sthg** esforzarse por hacer algo.

strobe (light) [strəʊb-] *n* luz *f* de discoteca, luz *f* estroboscópica.

stroboscope ['strəʊbəskəʊp] *n* estroboscopio *m*.

strode [strəʊd] *pt* → **stride**.

stroke [strəʊk] ◇ *n* - **1.** MED apoplejía *f*, derrame *m* cerebral. - **2.** [of pen] trazo *m*; [of brush] pincelada *f*. - **3.** [in swimming] brazada *f*; [in rowing] palada *f*. - **4.** [style of swimming] estilo *m*. - **5.** [in tennis, golf etc] golpe *m*; **to put sb off her/ his ~** *fig* hacer que alguien se desconcentre. - **6.** [of clock] campanada *f*; **on the ~ of** al dar las... - **7.** *Br* TYPO [oblique] barra *f*. - **8.** [piece]: **a ~ of genius** una genialidad; **a ~ of luck** un golpe de suerte; **not to do a ~ (of work)** no dar (ni) golpe ❑ **at a ~** de una vez, de golpe. ◇ *vt* acariciar.

stroll [strəʊl] ◇ *n* paseo *m*. ◇ *vi* pasear. ◇ *vt* dar un paseo por.

stroller ['strəʊlə'] *n* - **1.** *Am* [baby buggy] sillita *f* (de niño). - **2.** [walker] paseante *mf*.

strolling ['strəʊlıŋ] *adj* [player, musician] ambulante.

strong [strɒŋ] *adj* - **1.** [gen] fuerte; [lens, magnet] potente; **~ language** lenguaje *m* fuerte ❑ **to be still going ~** [person] conservarse bien; [group] seguir en la brecha; [object] funcionar bien. - **2.** [in health - person etc] sano(na), fuerte; [- heart] fuerte; [- eyesight, memory] bueno(na); **to need a ~ stomach to do sthg** *fig* necesitar tener mucho estómago para hacer algo. - **3.** [material, structure] sólido(da), resistente. - **4.** [feeling, belief] profundo(da); [opposition, denial] firme; [support] acérrimo(ma); [accent] marcado(da). - **5.** [discipline, policy] estricto(ta). - **6.** [argument, evidence] convincente. - **7.** [in numbers]: **the crowd was 2,000 ~** la multitud constaba de 2.000 personas. - **8.** [good, gifted]: **I've never been ~ at sums** las sumas nunca han sido mi fuerte; **one's ~ point** el punto fuerte de uno. **- 9.** [concentrated] concentrado(da), fuerte.

strongarm ['strɒŋɑːm] *adj inf*: **to use ~ tactics** recurrir a la mano dura.

◆ **strong-arm** *vt inf* recurrir a la mano dura con.

strongbox ['strɒŋbɒks] *n* caja *f* fuerte.

stronghold ['strɒŋhəʊld] *n* **- 1.** *fig* [bastion] bastión *m*, baluarte *m*. **- 2.** MIL fortaleza *f*.

strongly ['strɒŋlɪ] *adv* **- 1.** [sturdily] fuertemente. **- 2.** [in degree] intensamente. **- 3.** [fervently]: **to support/oppose sthg ~** apoyar/oponerse a algo totalmente.

strong man *n* forzudo *m*, hércules *m inv*.

strong-minded *adj* firme, decidido(da).

strong room *n* cámara *f* acorazada.

strong-willed [-'wɪld] *adj* tozudo(da).

strontium ['strɒntɪəm] *n* estroncio *m*.

strop [strɒp] (*pt & pp* **stropped**, *con* **stropping**) ◇ *n* suavizador *m* (de navajas), asentador *m*. ◇ *vt* [razor] suavizar, asentar.

strophe ['strəʊfɪ] *n* estrofa *f*.

stroppy ['strɒpɪ] (*compar* **stroppier**, *superl* **stroppiest**) *adj Br inf* con mala uva; **to get ~** cabrearse.

strove [strəʊv] *pt* → **strive**.

struck [strʌk] ◇ *pt & pp* → **strike**. ◇ *adj Am* [factory] cerrado(da) por la huelga.

structural ['strʌktʃərəl] *adj* estructural.

structuralism ['strʌktʃərəlɪzm] *n* estructuralismo *m*.

structuralist ['strʌktʃərəlɪst] ◇ *n* estructuralista *mf*. ◇ *adj* estructuralista.

structurally ['strʌktʃərəlɪ] *adv* estructuralmente.

structural steel *n* acero *m* para la construcción.

structure ['strʌktʃəʳ] ◇ *n* **- 1.** [arrangement] estructura *f*. **- 2.** [building] construcción *f*. ◇ *vt* estructurar.

structured ['strʌktʃəd] *adj* estructurado(da).

struggle ['strʌgl] ◇ *n* **- 1.** [great effort]: **~ (for sthg/to do sthg)** lucha *f* (por algo/por hacer algo). **- 2.** [fight, tussle] forcejeo *m*. **- 3.** [difficult task]: **it will be a ~ to do it** hacerlo supondrá un gran esfuerzo. ◇ *vi* **- 1.** [make great effort]: **to ~ (for sthg/to do sthg)** luchar (por algo/por hacer algo); **he ~d to be the best** se esforzó por ser el mejor. **- 2.** [to free o.s.]: **to ~ free** forcejear para soltarse. **- 3.** [fight]: **to ~ (with sb)** pelearse (con alguien). **- 4.** [move with difficulty]: **to ~ with sthg** llevar algo con dificultad; **to ~ through sthg** [meal, book] acabar algo a duras penas; **to ~ to one's feet** lograr levantarse a duras penas.

◆ **struggle on** *vi*: **to ~ on (with sthg)** continuar a duras penas (con algo).

struggling ['strʌglɪŋ] *adj* [likely to lose, fail] con dificultades.

strum [strʌm] (*pt & pp* **strummed**, *cont* **strumming**) ◇ *vt & vi* rasguear. ◇ *n* rasgueo *m*.

strumpet ['strʌmpɪt] *n arch & hum* mujer *f* de la vida OR de vida alegre.

strung [strʌŋ] *pt & pp* → **string**.

strung-out *adj drugs sl*: **to be ~** [addicted] estar enganchado(da); [high] ir ciego(ga); [suffering withdrawal symptoms] estar con el mono.

strung-up *adj inf* tenso(sa), nervioso(sa).

strut [strʌt] (*pt & pp* **strutted**, *cont* **strutting**) ◇ *n* **- 1.** CONSTR puntal *m*. **- 2.** AERON montante *m*. **- 3.** [gait] pavoneo *m*. ◇ *vi* andar pavoneándose. ◇ *vt inf*: **to ~ one's stuff** [dance] mover el esqueleto.

strychnine ['strɪkniːn] *n* estricnina *f*.

stub [stʌb] (*pt & pp* **stubbed**, *cont* **stubbing**) ◇ *n* **- 1.** [of cigarette] colilla *f*; [of pencil] cabo *m*; [of tree] tocón *m*; [of tail] muñón *m*. **- 2.** [of ticket] resguardo *m*; [of cheque] matriz *f*, talón *m*. ◇ *vt*: **to ~ one's toe on** darse con el pie en, tropezar con.

◆ **stub out** *vt sep* apagar.

stubble ['stʌbl] *n* **- 1.** (U) [in field] rastrojo *m*. **- 2.** [on chin] barba *f* incipiente OR de tres días.

stubborn ['stʌbən] *adj* **- 1.** [person, animal] terco(ca), testarudo(da). **- 2.** [stain] rebelde, difícil; [cold, cough] persistente. **- 3.** [opposition, refusal, insistence] tenaz.

stubbornly ['stʌbənlɪ] *adv* tercamente, obstinadamente.

stubbornness ['stʌbənnɪs] *n* **- 1.** [of person] terquedad *f*, testarudez *f*. **- 2.** [of resistance] tenacidad *f*.

stubby ['stʌbɪ] (*compar* **stubbier**, *superl* **stubbiest**) *adj* rechoncho(cha).

stucco ['stʌkəʊ] ◇ *n* estuco *m*. ◇ *vt* estucar.

stuck [stʌk] ◇ *pt & pp* → **stick**. ◇ *adj* **- 1.** [jammed - lid, window] atascado(da); [- finger] pillado(da). **- 2.** [unable to progress] atascado(da). **- 3.** [stranded] colgado(da). **- 4.** [in a meeting, at home] encerrado(da). **- 5.** *inf* [burdened]: **to be ~ with sb/sthg** tener que cargar con alguien/algo; **I got ~ with the job of writing the letter** me endosaron la tarea de escribir la carta.

stuck-up *adj inf pej* engreído(da), que se lo tiene creído.

stud [stʌd] *n* **- 1.** [metal decoration] tachón *m*, tachuela *f*. **- 2.** [earring] pendiente *m*. **- 3.** *Br* [on boot, shoe] taco *m*. **- 4.** [horse] semental *m*. **- 5.** [reproduction] cría *f* caballar; **to be put out to ~** ser utilizado como semental. **- 6.** [support post] montante *m*. **- 7.** [spindle] espiga *f*, husillo *m*. **- 8.** = **stud farm. - 9.** *v inf* [man] semental *m*.

studded ['stʌdɪd] *adj*: **~ (with)** tachonado(da) (con).

stud earring *n* pendiente *m*.

student ['stjuːdnt] ◇ *n* **- 1.** [at college, university] estudiante *mf*, alumno *m*, -na *f*; **a medical ~** un estudiante de medicina. **- 2.** [scholar] estudioso *m*, -sa *f*. ◇ *comp* estudiantil.

student body *n* estudiantado *m*.

student card *n* carné *m* de estudiante.

student grant *n* beca *f*.

student hostel *n* residencia *f* universitaria.

student loan *n* préstamo *m* estatal para estudiantes.

student nurse *n* estudiante *mf* de enfermería.

studentship ['stjuːdntʃɪp] *n Br* beca *f*.

students' union *n* **- 1.** [organization] sindicato *m* de estudiantes. **- 2.** [building] lugar donde se reúnen los estudiantes.

student teacher *n* [in primary school] maestro *m*, -tra *f* en prácticas; [in secondary school] profesor *m*, -ra *f* en prácticas.

stud farm *n* cuadra *f*.

studied ['stʌdɪd] *adj* [look, smile] estudiado(da); [answer] premeditado(da).

studio ['stjuːdɪəʊ] (*pl* **studios**) *n* estudio *m*.

studio apartment *n Am* = **studio flat**.

studio audience *n* público *m* invitado (al estudio).

studio couch *n* sofá *m* cama.

studio flat *Br*, **studio apartment** *Am n* estudio *m*.

studious ['stjuːdjəs] *adj* estudioso(sa).

studiously ['stjuːdjəslɪ] *adv* cuidadosamente.

study ['stʌdɪ] (*pl* **studies**, *pt & pp* **studied**) ◇ *n* **- 1.** [act of studying] estudio *m*. **- 2.** [room] estudio *m*, despacho *m*. **- 3.** ART, MUS & PHOT estudio *m*. **- 4.** [piece of research] investigación *f*; **to make a ~ of sthg** hacer un estudio de investigación sobre algo. ◇ *vt* **- 1.** [learn] estudiar. **- 2.** [examine] examinar, estudiar. ◇ *vi* estudiar; **to ~ to be an architect** estudiar para arquitecto; **to ~ for an exam** prepararse un examen; **to ~ under sb** ser alumno(na) de alguien, estudiar con alguien.

◆ **studies** *npl* SCH & UNIV estudios *mpl*.

study group *n* grupo *m* de trabajo.

study skills *npl* técnicas *fpl* de estudio.

stuff [stʌf] ◇ *n* (U) **- 1.** *inf* [things, belongings] cosas *fpl*; **get that ~ out of here!** ¡saca esa porquería de aquí! ❏ **and all that ~** y todo eso; **to be hot ~** ser guay OR fenomenal; **to do one's ~** hacer lo que es debido; **do your ~!** ¡muestra lo que sabes!; **to know one's ~** saber uno lo que se hace, conocer el percal. **- 2.** *inf* [substance]: **this whisky is good ~** este whisky es del bueno; **what's that ~ in your pocket?** ¿qué es eso que llevas en el bolsillo? **- 3.** *inf pej* [rubbish, nonsense] chorradas *fpl*, disparates *mpl*; **don't give me that**

~ no me vengas con (esas) chorradas; **~ and nonsense!** ¡pamplinas! **- 4.** *v inf* [drugs] material *m*, drogas *fpl*. **- 5.** *arch* [fabric] género *m*, tejido *m*. ◇ *vt* **- 1.** [push, put] meter. **- 2.** [fill, cram]: **to ~ sthg (with)** [box, room] llenar algo (de); [pillow, doll] rellenar algo (de). **- 3.** *inf* [with food]: **to ~ o.s. (with** OR **on)** atiborrarse OR hartarse (de). **- 4.** CULIN rellenar. **- 5.** [plug] taponar. **- 6.** [in taxidermy] disecar. **- 7.** *Am* POL [ballot box] poner votos falsos en. **- 8.** *Br v inf* [expressing anger, refusal]: **he can ~ his rotten job!** ¡que se meta el trabajo donde le quepa!

stuffed [stʌft] *adj* **- 1.** [filled, crammed]: **~ with** atestado(da) de. **- 2.** *inf* [with food] lleno(na), inflado(da). **- 3.** CULIN relleno(na). **- 4.** [animal] disecado(da). **- 5.** *phr*: **get ~!** *Br v inf* ¡vete al cuerno!

stuffed shirt *n* persona *f* estirada OR pretenciosa.

stuffed-up *adj* tapado(da), taponado(da).

stuffily ['stʌfɪlɪ] *adv* [say, reply] con un tono desaprobador.

stuffing ['stʌfɪŋ] *n (U)* relleno *m*.

stuffy ['stʌfɪ] (*compar* **stuffier**, *superl* **stuffiest**) *adj* **- 1.** [atmosphere] cargado(da); [room] mal ventilado (mal ventilada). **- 2.** [old-fashioned] retrógrado(da), carca. **- 3.** [formal] pomposo(sa). **- 4.** [dull] tedioso(sa). **- 5.** [nose] taponado(da), congestionado(da).

stultify ['stʌltɪfaɪ] (*pt & pp* **stultified**) *vt fml* [person] atontar, embrutecer; [creativity, talent] ahogar, anular.

stultifying ['stʌltɪfaɪɪŋ] *adj* [work] embrutecedor(ra); [atmosphere] sofocante, opresivo(va).

stumble ['stʌmbl] ◇ *vi* **- 1.** [trip] tropezar. **- 2.** [make mistake in speech] equivocarse; **to ~ at** OR **over sthg** trabársele la lengua con algo; **to ~ through sthg** decir algo sin parar de equivocarse. ◇ *n lit & fig* tropiezo *m*, traspié *m*.

◆ **stumble across**, **stumble on** *vt fus* [thing] dar con; [person] encontrarse con.

stumbling block ['stʌmblɪŋ-] *n* obstáculo *m*, escollo *m*.

stump [stʌmp] ◇ *n* **- 1.** [of tree] tocón *m*; [of limb] muñón *m*; [of tooth] fragmento *m*, raigón *m*; [of pencil, blade etc] cabo *m*, punta *f*. **- 2.** *Am* POL tribuna *f*, estrado *m*. ◇ *vt* **- 1.** [subj: question, problem] dejar perplejo(ja); **I'm ~ed** [don't know answer] no sé qué responder; [don't know what to do] no sé qué hacer. **- 2.** *Am* POL [constituency, state] hacer campaña electoral en. ◇ *vi* caminar con paso fuerte.

◆ **stumps** *npl* CRICKET estacas *fpl*.

◆ **stump up** *vt fus Br inf* apoquinar.

stumpy ['stʌmpɪ] (*compar* **stumpier**, *superl* **stumpiest**) *adj* [person, arms, legs] rechoncho(cha).

stun [stʌn] (*pt & pp* **stunned**, *cont* **stunning**) *vt lit & fig* aturdir.

stung [stʌŋ] *pt & pp* → **sting**.

stun grenade *n* granada *f* de estampida.

stun gun *n pistola que dispara un proyectil que inmoviliza a la víctima.*

stunk [stʌŋk] *pt & pp* → **stink**.

stunned [stʌnd] *adj* **- 1.** [knocked out] sin sentido, sin conocimiento; [dazed] aturdido(da). **- 2.** *fig* [astounded] pasmado(da), estupefacto(ta); **she was ~ by the news** la noticia la dejó estupefacta.

stunner ['stʌnəʳ] *n inf* [woman] bombón *m*, mujer *f* de bandera; [car] maravilla *f*.

stunning ['stʌnɪŋ] *adj* **- 1.** [very beautiful] imponente. **- 2.** [shocking] pasmoso(sa).

stunningly ['stʌnɪŋlɪ] *adv* increíblemente, sorprendentemente; **~ beautiful** de una belleza despampanante.

stunt [stʌnt] ◇ *n* **- 1.** [for publicity] truco *m* publicitario. **- 2.** CINEMA escena *f* arriesgada OR peligrosa. **- 3.** [feat] proeza *f*. ◇ *vt* [growth, development] impedir. ◇ *comp*: **~ driver** conductor *m*, -ra *f* especialista (*en cine*); **~ pilot** especialista *mf* OR doble *mf* de acrobacia aérea.

stunted ['stʌntɪd] *adj* esmirriado(da).

stunt man *n* especialista *m*, doble *m*.

stunt woman *n* especialista *f*, doble *f*.

stupefaction [ˌstjuːpɪˈfækʃn] *n fml* **- 1.** [tiredness] aturdimiento *m*, atontamiento *m*. **- 2.** [surprise] estupefacción *f*.

stupefied ['stjuːpɪfaɪd] *adj* estupefacto(ta).

stupefy ['stjuːpɪfaɪ] (*pt & pp* **stupefied**) *vt* **- 1.** [tire, bore] aturdir, atontar. **- 2.** [surprise] dejar estupefacto(ta).

stupefying ['stjuːpɪfaɪɪŋ] *adj* asombroso(sa).

stupendous [stjuːˈpendəs] *adj inf* [wonderful] estupendo(da); [very large] enorme.

stupid ['stjuːpɪd] ◇ *adj* **- 1.** [foolish] estúpido(da), baboso(sa) *Amér.* **- 2.** *inf* [annoying] puñetero(ra). ◇ *n inf* estúpido *m*, -da *f*.

stupidity [stjuːˈpɪdətɪ] *n (U)* estupidez *f*.

stupidly ['stjuːpɪdlɪ] *adv* estúpidamente, tontamente.

stupor ['stjuːpəʳ] *n* estupor *m*, atontamiento *m*.

sturdily ['stɜːdɪlɪ] *adv* **- 1.** [solidly] con solidez; **to be ~ built** [person] ser de constitución fuerte OR robusta; [toys, furniture, equipment] ser sólido(da); [house] ser de construcción sólida. **- 2.** [deny, refuse, oppose] enérgicamente.

sturdiness ['stɜːdɪnɪs] *n* **- 1.** [strength] fortaleza *f*, robustez *f*. **- 2.** [firmness] firmeza *f*.

sturdy ['stɜːdɪ] (*compar* **sturdier**, *superl* **sturdiest**) *adj* **- 1.** [person, shoulders] fuerte, robusto(ta); [furniture, bridge] firme, sólido(da). **- 2.** [denial, defence, voice] firme, enérgico(ca).

sturgeon ['stɜːdʒən] (*pl inv*) *n* esturión *m*.

stutter ['stʌtəʳ] ◇ *n* tartamudeo *m*. ◇ *vi & vt* tartamudear.

stuttering ['stʌtərɪŋ] ◇ *n* tartamudeo *m*. ◇ *adj* tartamudo(da).

sty [staɪ] (*pl* **sties**) *n* **- 1.** [pigsty] pocilga *f*. **- 2.** = **stye**.

stye [staɪ] *n* orzuelo *m*.

Stygian ['stɪdʒɪən] *adj literary* [dark] tenebroso(sa).

style [staɪl] ◇ *n* **- 1.** [characteristic manner] estilo *m*; **in the ~ of** al estilo de. **- 2.** *(U)* [smartness, elegance] clase *f*, estilo *m*; **in ~** con clase, con estilo. **- 3.** [design] modelo *m*. **- 4.** [vogue, fashion] moda *f*; **in ~** de moda. **- 5.** *phr*: **to cramp sb's ~** *inf* cortar (las alas) a alguien. ◇ *vt* **- 1.** [hair] peinar. **- 2.** [dress, jewel, house] diseñar. **- 3.** [call] nombrar, titular.

-style [staɪl] *in cpds*: **baroque~ architecture** arquitectura *f* barroca OR de estilo barroco.

styling gel ['staɪlɪŋ-] *n* gel *m* moldeador.

styling mousse ['staɪlɪŋ-] *n* espuma *f* (moldeadora).

stylish ['staɪlɪʃ] *adj* elegante, con estilo.

stylishly ['staɪlɪʃlɪ] *adv* [dress] con elegancia OR estilo; [live] a lo grande.

stylishness ['staɪlɪʃnɪs] *n* elegancia *f*, estilo *m*.

stylist ['staɪlɪst] *n* **- 1.** [hairdresser] peluquero *m*, -ra *f*, estilista *mf*. **- 2.** [designer] diseñador *m*, -ra *f*. **- 3.** ART & LITER estilista *mf*.

stylistic [staɪˈlɪstɪk] *adj* estilístico(ca).

stylistically [staɪˈlɪstɪklɪ] *adv* desde el punto de vista estilístico.

stylistics [staɪˈlɪstɪks] *n (U)* estilística *f*.

stylize, **-ise** ['staɪlaɪz] *vt* estilizar.

stylized ['staɪlaɪzd] *adj* estilizado(da).

stylograph ['staɪləʊɡrɑːf] *n* estilógrafo *m*.

stylus ['staɪləs] (*pl* **styluses**) *n* **- 1.** [on record player] aguja *f*. **- 2.** [tool] punzón *m*.

stymie ['staɪmɪ] *vt inf* [plan] fastidiar; [person] desconcertar.

styptic ['stɪptɪk] ◇ *adj* astringente. ◇ *n* astringente *m*.

styptic pencil *n* lápiz *m* hemostático.

styrene ['staɪriːn] *n* estireno *m*.

Styria ['stɪrɪə] *n* Estiria.

styrofoam® ['staɪrəˌfəʊm] *n Am* poliestireno *m*.

Styx [stɪks] *n*: **the (River) ~** el río Estigio.

suable ['suːəbl] *adj* demandable.

suasion ['sweɪʒn] *n* persuasión *f*.

suave [swɑːv] *adj* [well-mannered] afable, amable; [obsequious] zalamero(ra).

suavely ['swɑːvlɪ] *adv* [politely, charmingly] con cortesía OR afabilidad; [obsequiously] con melosidad OR zalamería.

suaveness ['swɑːvnɪs], **suavity** ['swɑːvətɪ] *n* [politeness, charm] cortesía *f*, afabilidad *f*; [obsequiousness] melosidad *f*, zalamería *f*.

sub [sʌb] *n inf* - **1.** *abbr of* **substitute**. - **2.** *abbr of* **submarine**. - **3.** *abbr of* **subscription**. - **4.** *Am* [sandwich] bocadillo largo y con relleno variado.

sub- [sʌb] *prefix* sub-.

subaltern ['sʌbltən] ◇ *n* - **1.** *Br* MIL ≈ alférez *m*. - **2.** [subordinate] subordinado *m*, -da *f*, subalterno *m*, -na *f*. ◇ *adj* subordinado(da), subalterno(na).

sub-aqua [-'ækwə] *adj* subacuático(ca).

subaquatic [ˌsʌbə'kwætɪk] *adj* subacuático(ca).

subarctic [ˌsʌb'ɑːktɪk] *adj* subártico(ca).

subatomic [ˌsʌbə'tɒmɪk] *adj* subatómico(ca).

subcategory ['sʌbˌkætəgərɪ] (*pl* **subcategories**) *n* subcategoría *f*.

subclass ['sʌbklɑːs] *n* subclase *f*.

subclinical [ˌsʌb'klɪnɪkl] *adj* subclínico(ca), en fase latente.

subcommittee ['sʌbkəˌmɪtɪ] *n* [gen] subcomité *m*; POL subcomisión *f*.

subcompact [ˌsʌbkəm'pækt] *n Am* [car] utilitario *m* pequeño.

subconscious [ˌsʌb'kɒnʃəs] ◇ *adj* subconsciente. ◇ *n*: **the ~** el subconsciente.

subconsciously [ˌsʌb'kɒnʃəslɪ] *adj* de forma subconsciente.

subcontinent [ˌsʌb'kɒntɪnənt] *n* subcontinente *m*.

subcontract [*vb* ˌsʌbkən'trækt, *n* sʌb'kɒntrækt] ◇ *vt* subcontratar. ◇ *n* subcontrato *m*.

subcontractor [ˌsʌbkən'træktər] *n* subcontratista *mf*.

subculture ['sʌbˌkʌltʃər] *n* - **1.** [gen & SOCIOL] subcultura *f*. - **2.** BIOL subcultivo *m*.

subcutaneous [ˌsʌbkjuː'teɪnjəs] *adj* subcutáneo(a).

subdivide [ˌsʌbdɪ'vaɪd] ◇ *vt* subdividir. ◇ *vi* subdividirse.

subdivision [ˌsʌbdɪ'vɪʒn] *n* subdivisión *f*.

subdominant [ˌsʌb'dɒmɪnənt] *n* BIOL & MUS subdominante *f*.

subdue [səb'djuː] *vt* - **1.** [enemy, nation] someter, sojuzgar. - **2.** [feelings] contener, dominar. - **3.** [light, colour] atenuar, suavizar.

subdued [səb'djuːd] *adj* - **1.** [person] apagado(da). - **2.** [emotion] ligero(ra). - **3.** [colour, light] tenue.

subedit [ˌsʌb'edɪt] ◇ *vt* corregir, revisar. ◇ *vi* trabajar de redactor.

subeditor [ˌsʌb'edɪtər] *n* redactor *m*, -ra *f*.

subentry [ˌsʌb'entrɪ] (*pl* **subentries**) *n* subentrada *f*.

subequatorial ['sʌbˌekwə'tɔːrɪəl] *adj* subecuatorial.

subfreezing [ˌsʌb'friːzɪŋ] *adj* debajo del punto de congelación.

subgenus [ˌsʌb'dʒiːnəs] (*pl* **subgenera** [-'dʒenərə]) *n* subgénero *m*.

subgroup ['sʌbgruːp] *n* subgrupo *m*.

subhead ['sʌbhed], **subheading** ['sʌbˌhedɪŋ] *n* [title] subtítulo *m*; [division] párrafo *m*.

subhuman [ˌsʌb'hjuːmən] *adj pej* infrahumano(na).

subject [*n, adj & prep* 'sʌbdʒekt, *vb* səb'dʒekt] ◇ *adj* - **1.** [not independent] subyugado(da). - **2.** [affected]: **~ to sthg** [taxes, changes, law] sujeto(ta) a algo; [illness] proclive a algo. ◇ *n* - **1.** [topic] tema *m*; **a ~ for discussion** un tema de discusión; **on the ~ of** a propósito de; **to keep off a ~** no tocar un tema; **to change the ~** cambiar de tema. - **2.** GRAMM & PHILOS sujeto *m*. - **3.** SCH & UNIV asignatura *f*. - **4.** [citizen] súbdito *m*, -ta *f*. - **5.** ART & PHOT motivo *m*, tema *m*. - **6.** [cause] motivo *m*, sujeto *m*; [of gossip, criticism] objeto *m*. ◇ *vt* - **1.** [bring under control] someter, dominar. - **2.** [force to experience]: **to ~ sb to sthg** someter a alguien a algo. ◆ **subject to** *prep* dependiendo de; **~ to approval** previa aprobación.

subject catalogue ['sʌbdʒekt-] *n* catálogo *m* de materias.

subjection [səb'dʒekʃn] *n* sometimiento *m*, dominación *f*.

subjective [səb'dʒektɪv] *adj* subjetivo(va).

subjectively [səb'dʒektɪvlɪ] *adv* de forma subjetiva.

subjectiveness [səb'dʒektɪvnɪs] *n* subjetividad *f*.

subjectivism [səb'dʒektɪvɪzm] *n* subjetivismo *m*.

subjectivity [ˌsʌbdʒek'tɪvətɪ] *n* subjetividad *f*.

subject matter ['sʌbdʒekt-] *n (U)* tema *m*, contenido *m*.

subjoin [ˌsʌb'dʒɔɪn] *vt* añadir, anexar.

sub judice [-'dʒuːdɪsɪ] *adj* JUR sub júdice.

subjugate ['sʌbdʒugeɪt] *vt fml* - **1.** [conquer] subyugar, sojuzgar. - **2.** [treat as less important] supeditar.

subjugation [ˌsʌbdʒu'geɪʃn] *n* subyugación *f*, dominación *f*.

subjugator ['sʌbdʒugeɪtər] *n* dominador *m*, -ra *f*.

subjunctive [səb'dʒʌŋktɪv] *n* GRAMM: **~ (mood)** (modo *m*) subjuntivo *m*.

sublease [ˌsʌb'liːs] ◇ *vt* subarrendar. ◇ *n* subarriendo *m*.

sublet [ˌsʌb'let] (*pt & pp* **sublet**, *cont* **subletting**) *vt & vi* subarrendar.

sublimate ['sʌblɪmeɪt] *vt* sublimar.

sublimation [ˌsʌblɪ'meɪʃn] *n* sublimación *f*.

sublime [sə'blaɪm] *adj* [wonderful] sublime; **from the ~ to the ridiculous** de lo sublime a lo ridículo.

sublimely [sə'blaɪmlɪ] *adv* absolutamente, completamente.

subliminal [ˌsʌb'lɪmɪnl] *adj* subliminal.

sublimity [sə'blɪmətɪ] *n* sublimidad *f*.

submachine gun [ˌsʌbmə'ʃiːn-] *n* metralleta *f*, ametralladora *f*.

submarine [ˌsʌbmə'riːn] ◇ *n* submarino *m*. ◇ *adj* submarino(na).

submariner [ˌsʌb'mærɪnər] *n* submarinista *mf*.

submerge [səb'mɜːdʒ] ◇ *vt* - **1.** [in water] sumergir; [flood] inundar. - **2.** *fig* [in activity]: **to ~ o.s. in sthg** dedicarse de lleno a algo. ◇ *vi* sumergirse.

submerged [səb'mɜːdʒd] *adj* sumergido(da).

submerse [səb'mɜːs] *vt* sumergir, hundir.

submersible [səb'mɜːsəbl] ◇ *adj* sumergible. ◇ *n* sumergible *m*.

USAGE ▶ Changing the subject

In conversation

Cambiando de tema, ¿qué os parece...?
Por cierto, ¿qué sabes de Juan?
¿Por qué no hablamos de otra cosa?
A propósito, me estaba preguntando si...
Lo que yo quería decir antes es que...
Antes de que se me olvide: recuerdos de Luisa.
Esto que acabas de decir me recuerda que...
Y ¿qué me dices de OR sobre...?
Volviendo a lo de antes: ...

More formally

Volviendo a nuestro planteamiento inicial...

Si no hay nada más que añadir, podemos pasar ahora al punto siguiente del orden del día.
Ahora me gustaría introducir un nuevo elemento de discusión: ...
Con respecto a la otra cuestión...
En otro orden de cosas, podríamos afirmar que...
Dejando de lado la cuestión de si..., podríamos también preguntarnos si...
A continuación, sería interesante abordar el siguiente tema: ...
Y pasamos sin más dilación a conectar con nuestra unidad número 3, en directo desde el lugar de los acontecimientos. [*on radio, television*]

submersion [səb'mɜːʃn] *n* - **1.** [in liquid] inmersión *f*, sumersión *f*; [of submarine] inmersión *f*. - **2.** [flooding] inundación *f*.

submission [səb'mɪʃn] *n* - **1.** [capitulation] sumisión *f*. - **2.** [presentation] presentación *f*.

submissive [səb'mɪsɪv] *adj* sumiso(sa).

submissively [səb'mɪsɪvlɪ] *adv* con sumisión OR docilidad.

submissiveness [səb'mɪsɪvnɪs] *n* sumisión *f*, docilidad *f*.

submit [səb'mɪt] (*pt & pp* **submitted**, *cont* **submitting**) ◇ *vt* - **1.** [present] presentar. - **2.** *fml* [say, suggest]: **to ~ that** sugerir que. - **3.** *fml* [yield]: **to ~ o.s. to sthg** someterse a algo. ◇ *vi*: **to ~ (to sb)** rendirse (a alguien); **to ~ (to sthg)** someterse (a algo).

subnormal [ˌsʌb'nɔːml] *adj* subnormal.

suborbital [ˌsʌb'ɔːbɪtl] *adj* suborbital.

subordinate [*n* sə'bɔːdɪnət, *vt* sə'bɔːdɪneɪt] ◇ *adj fml* [less important]: **~ (to)** subordinado(da) (a). ◇ *n* subordinado *m*, -da *f*. ◇ *vt fml* subordinar.

subordinate clause [sə'bɔːdɪnət-] *n* oración *f* subordinada.

subordination [səˌbɔːdɪ'neɪʃn] *n*: **~ (of sthg to sthg)** subordinación *f* (de algo a algo).

suborn [sʌ'bɔːn] *vt fml* sobornar.

subplot ['sʌbˌplɒt] *n* trama *f* secundaria.

subpoena [sə'piːnə] (*pt & pp* **subpoenaed**) JUR ◇ *n* citación *f*. ◇ *vt* citar.

sub-postmaster *n Br* jefe *m* de una estafeta de correos.

sub-postmistress *n Br* jefa *f* de una estafeta de correos.

sub-post office *n Br* estafeta *f* de correos semiprivada.

sub rosa [-'rəʊzə] *adv* en secreto, confidencialmente.

subroutine ['sʌbruːˌtiːn] *n* COMPUT subrutina *f*.

sub-Saharan *adj* subsahariano(na); **~ Africa** el África negra OR subsahariana.

subscribe [səb'skraɪb] ◇ *vi* - **1.** [to magazine, newspaper]: **to ~ (to)** suscribirse (a). - **2.** [to belief]: **to ~ to** estar de acuerdo con. ◇ *vt* donar.

subscriber [səb'skraɪbə'] *n* - **1.** [to magazine, newspaper] suscriptor *m*, -ra *f*. - **2.** [to service] abonado *m*, -da *f*. - **3.** [to charity] donante *mf*.

subscript ['sʌbskrɪpt] ◇ *adj* subíndice. ◇ *n* subíndice *m*.

subscription [səb'skrɪpʃn] *n* - **1.** [to magazine] suscripción *f*; [to service] abono *m*; [to society, club] cuota *f*. - **2.** [to fund, share issue] suscripción *f*.

subsection ['sʌbˌsekʃn] *n* apartado *m*.

subsequent ['sʌbsɪkwənt] *adj* subsiguiente, posterior.

subsequently ['sʌbsɪkwəntlɪ] *adv* posteriormente.

subserve [səb'sɜːv] *vt* ayudar, promover.

subservience [səb'sɜːvjəns] *n* - **1.** [servility] servilismo *m*. - **2.** [subjugation] subordinación *f*.

subservient [səb'sɜːvjənt] *adj* - **1.** [servile]: **~ (to sb)** servil (ante alguien). - **2.** [less important]: **~ (to sthg)** subordinado(da) (a algo).

subset ['sʌbset] *n* MATH subconjunto *m*.

subside [səb'saɪd] *vi* - **1.** [anger] apaciguarse; [pain] calmarse; [grief, danger] pasarse. - **2.** [storm, wind] amainar. - **3.** [noise] apagarse. - **4.** [river] bajar, descender; [building, ground] hundirse.

subsidence [səb'saɪdns, 'sʌbsɪdns] *n* CONSTR hundimiento *m*.

subsidiarity [sʌbˌsɪdɪ'ærɪtɪ] *n* subsidiariedad *f*.

subsidiary [səb'sɪdjərɪ] (*pl* **subsidiaries**) ◇ *adj* secundario(ria). ◇ *n*: **~ (company)** filial *f*.

subsidize, -ise ['sʌbsɪdaɪz] *vt* subvencionar.

subsidy ['sʌbsɪdɪ] (*pl* **subsidies**) *n* subvención *f*.

subsist [səb'sɪst] *vi*: **to ~ (on sthg)** subsistir (a base de algo).

subsistence [səb'sɪstəns] *n* subsistencia *f*.

subsistence allowance *n* (*U*) *Br* dietas *fpl*.

subsistence farming *n* agricultura *f* de autoabastecimiento.

subsistence level *n* nivel *m* mínimo de subsistencia.

subsoil ['sʌbsɔɪl] *n* subsuelo *m*.

subsonic [ˌsʌb'sɒnɪk] *adj* subsónico(ca).

subspecies ['sʌbˌspiːʃiːz] (*pl inv*) *n* subespecie *f*.

substance ['sʌbstəns] *n* - **1.** [gen] sustancia *f*. - **2.** [essence] esencia *f*; **in ~** en esencia, en lo esencial. - **3.** *fml* [wealth] riqueza *f*, caudal *m*; **a man of ~** un hombre acaudalado.

substance abuse *n fml* consumo *m* de estupefacientes.

substandard [ˌsʌb'stændəd] *adj* deficiente.

substantial [səb'stænʃl] *adj* - **1.** [large, considerable] sustancial, considerable; [meal] abundante. - **2.** [solid] sólido(da).

substantially [səb'stænʃəlɪ] *adv* - **1.** [quite a lot] sustancialmente, considerablemente. - **2.** [fundamentally] esencialmente; [for the most part] en gran parte.

substantiate [səb'stænʃɪeɪt] *vt fml* justificar.

substantiation [səbˌstænʃɪ'eɪʃn] *n fml* justificación *f*.

substantive [*n* 'sʌbstəntɪv, *adj* sʌb'stæntɪv] ◇ *adj fml* - **1.** [meaningful] sustancial, sustancioso(sa). - **2.** GRAMM sustantivo(va). ◇ *n* GRAMM sustantivo *m*.

substation ['sʌbˌsteɪʃn] *n* subestación *f*.

substitute ['sʌbstɪtjuːt] ◇ *n* - **1.** [person]: **~ (for)** sustituto *m*, -ta *f* (de); **to be no ~ (for)** ser un pobre remedo (de). - **2.** SPORT suplente *mf*, reserva *mf*. - **3.** [thing] sustituto *m*. ◇ *vt*: **to ~ sthg/sb for** sustituir algo/a alguien por. ◇ *vi*: **to ~ for sb/sthg** sustituir a alguien/algo.

substitute teacher *n Am* profesor *m*, -ra *f* suplente.

substitution [ˌsʌbstɪ'tjuːʃn] *n* sustitución *f*.

substratum [sʌb'strɑːtəm] (*pl* **substrata** [-tə]) *n* sustrato *m*.

substructure ['sʌbˌstrʌktʃə'] *n* infraestructura *f*.

subsume [səb'sjuːm] *vt fml* incluir.

subtemperate [ˌsʌb'tempərət] *adj* semitemplado(da).

subtenant [ˌsʌb'tenənt] *n* subarrendatario *m*, -ria *f*.

subtend [səb'tend] *vt* subtender.

subterfuge ['sʌbtəfjuːdʒ] *n* - **1.** [art of deception] engaño *m*. - **2.** [trick] subterfugio *m*.

subterranean [ˌsʌbtə'reɪnjən] *adj* subterráneo(a).

subtitle ['sʌbˌtaɪtl] ◇ *n* subtítulo *m*. ◇ *vt* subtitular.

subtitled ['sʌbˌtaɪtld] *adj* subtitulado(da).

subtitling ['sʌbˌtaɪtlɪŋ] *n* subtítulos *mpl*.

subtle ['sʌtl] *adj* - **1.** [gen] sutil; [taste, smell] delicado(da). - **2.** [plan, behaviour] ingenioso(sa).

subtlety ['sʌtltɪ] *n* - **1.** [gen] sutileza *f*, sutilidad *f*; [of taste, smell] delicadeza *f*. - **2.** [of plan, behaviour] ingenio *m*.

subtly ['sʌtlɪ] *adv* - **1.** [not obviously] sútilmente. - **2.** [cleverly] ingeniosamente.

subtopic ['sʌbˌtɒpɪk] *n* subtema *m*.

subtotal ['sʌbˌtəʊtl] *n* subtotal *m*.

subtract [səb'trækt] *vt*: **to ~ sthg (from)** restar algo (de).

subtraction [səb'trækʃn] *n* resta *f*.

subtractive [səb'træktɪv] *adj* que resta.

subtrahend ['sʌbtrəhend] *n* sustraendo *m*.

subtropical [ˌsʌb'trɒpɪkl] *adj* subtropical.

subtropics [ˌsʌb'trɒpɪks] *npl* regiones *fpl* subtropicales.

suburb ['sʌbɜːb] *n* barrio *m* residencial.

◆ **suburbs** *npl*: **the ~s** las afueras.

suburban [sə'bɜːbn] *adj* - **1.** [of suburbs] de los barrios residenciales. - **2.** *pej* [boring] convencional, burgués(esa).

suburbanite [sə'bɜːbənaɪt] *n inf* habitante *mf* de un barrio residencial.

suburbia [sə'bɜːbɪə] *n (U)* barrios *mpl* residenciales.

subvention [səb'venʃn] *n* subvención *f*.

subversion [səb'vɜːʃn] *n* subversión *f*.

subversive [səb'vɜːsɪv] ◇ *adj* subversivo(va). ◇ *n* subversivo *m*, -va *f*.

subvert [səb'vɜːt] *vt* [gen] subvertir; [state, institution] derribar.

subway ['sʌbweɪ] *n* - **1.** *Br* [underground walkway] paso *m* subterráneo. - **2.** *Am* [underground railway] metro *m*.

sub-zero *adj* bajo cero.

succeed [sək'si:d] ◇ *vt* suceder a. ◇ *vi* - **1.** [gen] tener éxito. - **2.** [achieve desired result]: **to ~ in sthg/in doing sthg** conseguir algo/hacer algo. - **3.** [plan, tactic] dar (buen) resultado, salir bien. - **4.** [go far in life] triunfar.

succeeding [sək'si:dɪŋ] *adj fml* siguiente, sucesivo(va).

success [sək'ses] *n* - **1.** [gen] éxito *m*; **to be a ~** tener éxito; **to make a ~ of sthg** hacer de algo un éxito; **to meet with ~** tener éxito ❑ **nothing succeeds like ~** el éxito llama al éxito. - **2.** [in career, life] triunfo *m*.

successful [sək'sesful] *adj* [gen] de éxito; [attempt] logrado(da), fructuoso(sa); [politician] próspero(ra), popular.

successfully [sək'sesfulɪ] *adv* con éxito.

succession [sək'seʃn] *n* sucesión *f*; **in ~** seguido(da); **to follow in quick OR close ~** sucederse rápidamente.

successive [sək'sesɪv] *adj* sucesivo(va), consecutivo(va).

successively [sək'sesɪvlɪ] *adv* [in turn] sucesivamente, consecutivamente.

successor [sək'sesəʳ] *n* sucesor *m*, -ra *f*.

success story *n* éxito *m*.

succinct [sək'sɪŋkt] *adj* sucinto(ta).

succinctly [sək'sɪŋktlɪ] *adv* sucintamente.

succour *Br*, **succor** *Am* ['sʌkəʳ] *literary* ◇ *n* socorro *m*, auxilio *m*. ◇ *vt* socorrer, auxiliar.

succubus ['sʌkjubəs] (*pl* **succubi** [-baɪ]) *n* súcubo *m*.

succulence ['sʌkjuləns] *n* suculencia *f*.

succulent ['sʌkjulənt] ◇ *adj* - **1.** [tasty] suculento(ta). - **2.** BOT carnoso(sa). ◇ *n* planta *f* carnosa.

succumb [sə'kʌm] *vi* - **1.** [yield]: **to ~ (to)** sucumbir (a). - **2.** *fml* [die] sucumbir, morir.

such [sʌtʃ] ◇ *adj* - **1.** [like that] semejante, tal; **have you ever heard ~ a thing?** ¿has oído cosa igual?; **I said no ~ thing** yo no dije tal cosa; **~ stupidity** OR semejante estupidez; **there's no ~ thing as the 'correct' way of doing it** eso que se conoce como la forma 'correcta' de hacerlo no existe. - **2.** [like this]: **have you got ~ a thing as a tin opener?** ¿no tendrás un abrelatas por casualidad?; **~ words as 'duty' and 'honour'** palabras (tales) como 'deber' y 'honour'. - **3.** [whatever]: **I've spent ~ money as I had** he gastado el poco dinero que tenía. - **4.** [so great, so serious]: **there are ~ differences that...** las diferencias son tales que...; **~... that** tal... que; **he was in ~ pain that he fainted** le dolía tanto que se desmayó. ◇ *adv* tan; **~ a good car** un coche tan bueno; **~ a long time** tanto tiempo; **~ a lot of books** tantos libros; **~ nice people** una gente tan amable. ◇ *pron*: **~ were my thoughts at that time** eso era lo que yo pensaba entonces; **~ is his generosity** tal es su generosidad; **~ is life!** así es la vida; **and ~ (like)** y otros similares OR por el estilo ❑ **this is my car, ~ as it is** este es mi coche, aunque no sea gran cosa; **have some wine, ~ as there is** sírvete vino, si es que aún queda.
◆ **as such** *adv* - **1.** [strictly speaking] propiamente dicho (propiamente dicha). - **2.** [in itself] en sí, de por sí. - **3.** [as what one is] como tal.
◆ **such and such** *adj*: **at ~ and ~ a time** a tal hora.

suchlike ['sʌtʃlaɪk] ◇ *adj* de este tipo, por el estilo. ◇ *pron* [things] cosas por el estilo; [people] gente de este tipo.

suck [sʌk] ◇ *vt* - **1.** [by mouth] chupar. - **2.** [subj: machine] aspirar. - **3.** *fig* [involve]: **to be ~ed into sthg** verse envuelto(ta) en algo. ◇ *vi* - **1.** [by mouth] chupar. - **2.** *Am v inf* [be disgusting] ser asqueroso(sa). ◇ *n* [act of sucking] chupada *f*.
◆ **sucks** *excl v inf dated*: **(ya boo) ~s to you!** ¡que te den pomada!
◆ **suck up** *vi inf*: **to ~ up (to)** hacer la pelota (a).

sucker ['sʌkəʳ] ◇ *n* - **1.** [of animal] ventosa *f*. - **2.** *inf* [gullible person] primo *m*, -ma *f*, ingenuo *m*, -nua *f*. - **3.** *Br* [suction pad] ventosa *f*. - **4.** BOT chupón *m*. - **5.** *Am* [lollipop] pirulí *m*, piruleta *f*. ◇ *vt Am v inf* engañar, embaucar.

sucking pig ['sʌkɪŋ-] *n* lechón *m*, cochinillo *m* de leche.

suckle ['sʌkl] ◇ *vt* - **1.** [feed] amamantar. - **2.** *fig* [raise] criar. ◇ *vi* mamar.

suckling ['sʌklɪŋ] *n* [child] niño *m* de pecho; [animal] animal *m* de leche.

sucre ['su:kre] *n* sucre *m*.

sucrose ['su:krəʊz] *n* sacarosa *f*.

suction ['sʌkʃn] *n* [gen] succión *f*; [by machine] aspiración *f*.

suction pad *n* ventosa *f*.

suction pump *n* bomba *f* de aspiración.

Sudan [su:'dɑːn] *n* (el) Sudán.

Sudanese [ˌsu:də'ni:z] ◇ *adj* sudanés(esa). ◇ *n* sudanés *m*, -esa *f*. ◇ *npl*: **the ~** los sudaneses.

sudden ['sʌdn] *adj* [quick] repentino(na), súbito(ta); [unforeseen] inesperado(da); **all of a ~** de repente.

sudden death *n* SPORT muerte *f* súbita.

sudden infant death syndrome *n* muerte *f* súbita del recién nacido.

suddenly ['sʌdnlɪ] *adv* de repente, de pronto.

suddenness ['sʌdnnɪs] *n* [quickness] lo repentino; [unexpectedness] lo inesperado.

sudorific [ˌsu:də'rɪfɪk] *adj* sudorífero(ra).

suds [sʌdz] *npl* [foam] espuma *f* del jabón; [soapy water] jabonaduras *fpl*.

sue [su:] ◇ *vt*: **to ~ sb (for)** demandar a alguien (por). ◇ *vi* - **1.** JUR entablar acción judicial. - **2.** *fml* [solicit]: **to ~ for sthg** solicitar algo, pedir algo.

suede [sweɪd] ◇ *n* [for jacket, shoes] ante *m*; [for gloves] cabritilla *f*. ◇ *comp* [jacket, shoes] de ante; [gloves] de cabritilla.

suet ['su:ɪt] *n* sebo *m*.

suet pudding *n* pudin de sebo salado o dulce.

Suez ['su:ɪz] *n* Suez.

Suez Canal *n*: **the ~** el canal de Suez.

Suez crisis *n*: **the ~** el conflicto (del canal) de Suez.

suffer ['sʌfəʳ] ◇ *vt* - **1.** [gen] sufrir; **to ~ a defeat** sufrir una derrota. - **2.** *fml* [stand, put up with] aguantar, soportar; **she doesn't ~ fools gladly** no tiene paciencia con la gente tonta. - **3.** *arch* [allow] permitir, tolerar. ◇ *vi* - **1.** [gen] sufrir. - **2.** [experience negative effects] salir perjudicado(da). - **3.** MED: **to ~ from** [illness] sufrir OR padecer de.

sufferable ['sʌfrəbl] *adj* soportable.

sufferance ['sʌfrəns] *n*: **on ~** por tolerancia.

sufferer ['sʌfrəʳ] *n* enfermo *m*, -ma *f*.

suffering ['sʌfrɪŋ] *n* [gen] sufrimiento *m*; [pain] dolor *m*.

suffice [sə'faɪs] *fml* ◇ *vi* ser suficiente, bastar; **~ it to say (that)...** basta OR baste (con) decir que... ◇ *vt* ser suficiente, bastar.

sufficiency [sə'fɪʃnsɪ] *n fml* - **1.** [quantity] cantidad *f* suficiente. - **2.** [state] desahogo *m*, holgura *f*.

sufficient [sə'fɪʃnt] *adj fml* suficiente, bastante.

sufficiently [sə'fɪʃntlɪ] *adv fml* suficientemente, bastante.

suffix ['sʌfɪks] ◇ *n* sufijo *m*. ◇ *vt* añadir como sufijo.

suffocate ['sʌfəkeɪt] ◇ *vt* - **1.** [kill] asfixiar, ahogar. - **2.** *fig* [repress, inhibit] sofocar, reprimir. ◇ *vi* asfixiarse, ahogarse.

suffocating ['sʌfəkeɪtɪŋ] *adj* - **1.** [heat, room] sofocante, asfixiante; [smoke, fumes] asfixiante. - **2.** *fig* [atmosphere etc] asfixiante, agobiante.

suffocation [ˌsʌfə'keɪʃn] *n* asfixia *f*, ahogo *m*.

suffrage ['sʌfrɪdʒ] *n* sufragio *m*.

suffragette [ˌsʌfrə'dʒet] *n* sufragista *f*.

suffragist ['sʌfrədʒɪst] *n* sufragista *mf*.

suffuse [sə'fju:z] *vt*: **~d with** bañado(da) de.

suffusion [sə'fju:ʒn] *n* difusión *f*.

Sufi ['su:fɪ] *n* sufí *m*.

sugar ['ʃʊɡəʳ] ◇ *n* - **1.** [gen & CHEM] azúcar *m o f*. - **2.** *Am inf* [form of address] cariño *mf*. ◇ *vt* echar azúcar a.

sugar basin *n Br* azucarero *m*.

sugar beet *n* remolacha *f* (azucarera).

sugar bowl *n* azucarero *m*.

sugar candy *n* azúcar *m o f* candi OR cande.

sugarcane ['ʃʊgəkeɪn] *n (U)* caña *f* de azúcar.

sugar-coat *vt* **- 1.** [coat with sugar] cubrir con una capa de azúcar. **- 2.** [make more pleasant] endulzar, suavizar.

sugar-coated [-ˌkəʊtɪd] *adj* [sweets] cubierto(ta) de azúcar; [almonds] garrapiñado(da).

sugar cube *n* terrón *m* de azúcar.

sugar daddy *n inf* hombre viejo que mantiene a una querida joven.

sugared ['ʃʊgəd] *adj* **- 1.** [with sugar] azucarado(da), con azúcar. **- 2.** *fig* [made appealing] suavizado(da), endulzado(da).

sugared almond *n* peladilla *f*.

sugar-free *adj* sin azúcar.

sugar loaf *n* pan *m* de azúcar.

sugar lump *n* terrón *m* de azúcar.

sugar maple *n* arce *m* azucarero.

sugar pea *n* tirabeque *m*, guisante *m* mollar.

sugarplum ['ʃʊgəplʌm] *n* confite *m*.

sugar refinery *n* refinería *f* de azúcar.

sugar syrup *n* CULIN jarabe *m* OR sirope *m* de azúcar.

sugary ['ʃʊgəri] *adj* **- 1.** [high in sugar] azucarado(da), dulce. **- 2.** *pej* [sentimental] empalagoso(sa), sensiblero(ra).

suggest [sə'dʒest] *vt* **- 1.** [propose] sugerir, proponer; **to ~ that sb do sthg** sugerir que alguien haga algo. **- 2.** [imply] insinuar; **his work ~s a lack of care** su trabajo hace pensar que no se preocupa lo suficiente. **- 3.** [evoke] hacer pensar en, evocar.

suggestible [sə'dʒestəbl] *adj* sugestionable.

suggestion [sə'dʒestʃn] *n* **- 1.** [proposal] sugerencia *f*. **- 2.** [implication] insinuación *f*. **- 3.** PSYCH sugestión *f*. **- 4.** [trace, hint] rastro *m*, indicio *m*.

suggestive [sə'dʒestɪv] *adj* **- 1.** [implying sexual connotation] provocativo(va), insinuante. **- 2.** [implying a certain conclusion]: **~ (of)** indicativo(va) (de). **- 3.** [reminiscent]: **~ of** evocador(ra) (de).

suicidal [suːɪ'saɪdl] *adj lit & fig* suicida.

suicide ['suːɪsaɪd] *n lit & fig* suicidio *m*; **to commit ~** suicidarse.

suicide attempt *n* intento *m* de suicidio.

sui generis [ˌsuːaɪ'dʒenərɪs] *adj fml* sui generis.

suit [suːt] ◇ *n* **- 1.** [clothes - for men] traje *m*, tenida *f Amér*; [- for women] traje. **- 2.** [in cards] palo *m*. **- 3.** JUR pleito *m*; **to bring** OR **file a ~ against sb** entablar juicio OR pleito contra alguien. **- 4.** *literary* [courtship] cortejo *m*, galanteo *m*. **- 5.** *phr*: **to follow ~** seguir el ejemplo, hacer lo mismo. ◇ *vt* **- 1.** [look attractive on] favorecer, sentar bien a, embonar *Amér*. **- 2.** [be convenient or agreeable to] convenir, venir bien a; **~ yourself!** ¡como quieras! **- 3.** [be appropriate to] ser adecuado(da) para; **that job ~s you perfectly** ese trabajo te va de perlas. **- 4.** [adapt]: **to ~ sthg to sthg** adaptar OR ajustar algo a algo. ◇ *vi*: **does that ~?** ¿te va bien?

suitability [ˌsuːtə'bɪlətɪ] *n* [aptness] idoneidad *f*; [convenience] conveniencia *f*.

suitable ['suːtəbl] *adj* adecuado(da); **the most ~ person** la persona más indicada.

suitably ['suːtəblɪ] *adv* adecuadamente; **I was ~ impressed** como era de esperar, estaba impresionado.

suitcase ['suːtkeɪs] *n* maleta *f*, petaca *f Amér*.

suite [swiːt] *n* **- 1.** [of rooms] suite *f*. **- 2.** [of furniture] juego *m*; **dining-room ~** comedor *m*. **- 3.** MUS suite *f*. **- 4.** [staff, followers] séquito *m*.

suited ['suːtɪd] *adj*: **~ to/for** adecuado(da) para; **the couple are ideally ~** forman una pareja perfecta.

suit of armour *n* armadura *f*.

suitor ['suːtəʳ] *n* **- 1.** *dated* [wooer] pretendiente *m*. **- 2.** JUR demandante *mf*.

sulfate *n Am* = **sulphate**.

sulfide *n Am* = **sulphide**.

sulfite *n Am* = **sulphite**.

sulfur etc *Am* = **sulphur etc**.

sulk [sʌlk] ◇ *n*: **he went into a ~** le entró un arrebato de mal humor. ◇ *vi* estar de mal humor, enfurruñarse.

sulkily ['sʌlkɪlɪ] *adv* de un modo enfurruñado, malhumoradamente.

sulky ['sʌlkɪ] (*compar* **sulkier**, *superl* **sulkiest**) *adj* malhumorado(da).

sullen ['sʌlən] *adj* **- 1.** [person, expression] hosco(ca), antipático(ca); [reply] brusco(ca). **- 2.** *literary* [sky] plomizo(za); [clouds] amenazador(ra).

sullenly ['sʌlənlɪ] *adv* [behave] de un modo hosco; [answer, look, refuse] malhumoradamente; [agree, obey] de mala gana, a regañadientes.

sullenness ['sʌlənnɪs] *n* [temperament] malhumor *m*, hosquedad *f*; [of appearance] expresión *f* malhumorada.

sully ['sʌlɪ] (*pt & pp* **sullied**) *vt fml, lit & fig* manchar.

sulphate *Br*, **sulfate** *Am* ['sʌlfeɪt] *n* sulfato *m*.

sulphide *Br*, **sulfide** *Am* ['sʌlfaɪd] *n* sulfuro *m*.

sulphite *Br*, **sulfite** *Am* ['sʌlfaɪt] *n* sulfito *m*.

sulphur *Br*, **sulfur** *Am* ['sʌlfəʳ] *n* azufre *m*.

sulphur dioxide *n* dióxido *m* de azufre.

sulphuric acid *Br*, **sulfuric acid** *Am* [sʌl'fjʊərɪk-] *n* ácido *m* sulfúrico.

sulphurize *Br*, **-ise** *Br*, **sulfurize** *Am* ['sʌlfjʊəraɪz] *vt* **- 1.** [impregnate] azufrar. **- 2.** AGR & CHEM sulfurar.

sulphurous *Br*, **sulfurous** *Am* ['sʌlfərəs] *adj* **- 1.** CHEM sulfuroso(sa). **- 2.** *fig & literary* [hot-tempered] sulfurado(da).

sulphurous acid *n* ácido *m* sulfuroso.

sultan ['sʌltən] *n* sultán *m*.

sultana [səl'tɑːnə] *n* **- 1.** *Br* [fruit] pasa *f* de Esmirna. **- 2.** [person] sultana *f*.

sultanate ['sʌltənət] *n* sultanato *m*.

sultriness ['sʌltrɪnɪs] *n* **- 1.** [of weather] bochorno *m*, calor *m* sofocante. **- 2.** [sensuality] sensualidad *f*.

sultry ['sʌltrɪ] (*compar* **sultrier**, *superl* **sultriest**) *adj* **- 1.** [hot] bochornoso(sa), sofocante. **- 2.** [sexual] sensual.

sum [sʌm] (*pt & pp* **summed**, *cont* **summing**) ◇ *n* **- 1.** [amount of money] suma *f*. **- 2.** [total] suma *f*, total *m*. **- 3.** [calculation] cuenta *f*. **- 4.** *phr*: **in ~** *fml* en resumen. ◇ *vt* sumar.

◆ **sum up** *vt sep & vi* [summarize] resumir.

sumach *Br*, **sumac** *Am* ['suːmæk] *n* zumaque *m*.

Sumatra [sʊ'mɑːtrə] *n* Sumatra.

USAGE ▶ Making suggestions

Direct

Vente con nosotros, si te apetece.
Vamos a casa, ¿de acuerdo?
¡Venga, todo el mundo al agua!
¿Comemos juntos?
Voy a dar un paseo, ¿te vienes?
¡Hagámoslo ahora mismo!
Tengo una idea: ¿por qué no llamamos a Irene y nos vamos todos a cenar?
¿Os apetece un helado?

Less direct

¿Qué os parece si alquilamos una barca?
¿Y si no fuéramos hoy a clase?
¿Qué me decís de entrar a ver esta película? [*informal*]
Si quieres, podemos ir al teatro esta tarde.
Podríamos ir a la piscina.
Si te parece bien, podemos regalarle un reloj por su cumpleaños.
¿Has pensado en disculparte?
¿Puedo hacer una sugerencia?

Sumatran [sʊˈmɑːtrən] ◇ *adj* sumatrino(na). ◇ *n* sumatrino *m*, -na *f*.

Sumerian [suːˈmɪərɪən] *adj* sumerio(ria).

summa cum laude [ˈsʌməˌkʊmˈlaʊdeɪ] *adj & adv Am* (summa) cum laude.

summarily [ˈsʌmərəlɪ] *adv* sumariamente.

summarize, -ise [ˈsʌməraɪz] *vt & vi* resumir.

summary [ˈsʌmərɪ] (*pl* **summaries**) ◇ *adj fml* sumario(ria). ◇ *n* resumen *m*.

summation [sʌˈmeɪʃn] *n* - **1.** [sum] suma *f*. - **2.** [summary] resumen *m*.

summer [ˈsʌməʳ] ◇ *n* - **1.** [season] verano *m*; **in** ~ en verano. - **2.** *literary* [year of age]: **a girl of 15** ~**s** una chica de 15 abriles. ◇ *comp* de verano. ◇ *vi*: **to** ~ (**at/in**) veranear (en).

summer camp *n Am* colonia *f* de verano.

summerhouse [ˈsʌməhaʊs, *pl* -haʊzɪz] *n* cenador *m*.

summersault [ˈsʌməsɔːlt] *n & vi* = **somersault**.

summer school *n* escuela *f* de verano.

summer solstice *n* solsticio *m* de verano.

summer squash *n Am* calabaza *f*.

summer term *n* tercer trimestre *m* del año académico.

summertime [ˈsʌmətaɪm] ◇ *adj* veraniego(ga), de verano. ◇ *n*: (**the**) ~ (el) verano.

◆ **Summer Time** *n Br* hora *f* de verano.

summerweight [ˈsʌməweɪt] *adj* ligero(ra), de verano.

summery [ˈsʌmərɪ] *adj* veraniego(ga), estival.

summing-up [ˌsʌmɪŋ-] (*pl* **summings-up**) *n* JUR resumen *m*.

summit [ˈsʌmɪt] *n* - **1.** [mountain-top] cima *f*, cumbre *f*. - **2.** [meeting] cumbre *f*. - **3.** [of glory, power, happiness] apogeo *m*, cumbre *f*.

summit conference *n* conferencia *f* en la cumbre.

summon [ˈsʌmən] *vt* - **1.** [person] llamar; [meeting] convocar. - **2.** JUR citar, emplazar.

◆ **summon up** *vt sep* - **1.** [courage] armarse de; **to** ~ **up one's strength** reunir fuerzas. - **2.** [memories, thoughts] evocar.

summons [ˈsʌmənz] (*pl* **summonses**) JUR ◇ *n* citación *f*. ◇ *vt* citar.

sumo [ˈsuːməʊ] *n* = **sumo wrestling**.

sumo wrestler *n* luchador *m* de sumo.

sumo wrestling *n* sumo *m*.

sump [sʌmp] *n* - **1.** *Br* AUT cárter *m*. - **2.** [cesspool] pozo *m* negro.

sumptuous [ˈsʌmptʃʊəs] *adj* suntuoso(sa).

sumptuously [ˈsʌmptʃʊəslɪ] *adv* con suntuosidad, suntuosamente.

sum total *n* suma *f* total.

sun [sʌn] (*pt & pp* **sunned**, *cont* **sunning**) ◇ *n* sol *m*; **in the** ~ al sol ❑ **everything under the** ~ todo lo que se puede imaginar; **there's nothing new under the** ~ no hay nada nuevo bajo el sol, ya nada puede sorprendernos; **to catch the** ~ ponerse moreno(na). ◇ *vt*: **to** ~ **o.s.** tomar el sol.

◆ **Sun** *n* PRESS: **the Sun** diario sensacionalista británico.

Sun. (*written abbr of* **Sunday**) dom.

sunbaked [ˈsʌnbeɪkt] *adj* - **1.** [roads, earth etc] cuarteado(da) (por el sol). - **2.** [beach, shores etc] bañado(da) por el sol. - **3.** [brick] cocido(da) al sol.

sunbath [ˈsʌnbɑːθ, *pl* -bɑːðz] *n* baño *m* de sol.

sunbathe [ˈsʌnbeɪð] *vi* tomar el sol.

sunbather [ˈsʌnbeɪðəʳ] *n* persona *f* que toma el sol.

sunbathing [ˈsʌnˌbeɪðɪŋ] *n* (U) baños *mpl* de sol.

sunbeam [ˈsʌnbiːm] *n* rayo *m* de sol.

sunbed [ˈsʌnbed] *n* camilla *f* de rayos ultravioletas.

sunbelt, Sunbelt [ˈsʌnbelt] *n Am*: **the** ~ los estados del sur y suroeste de EE UU.

sunblind [ˈsʌnblaɪnd] *n Br* èstor *m*.

sun block *n* crema *f* solar de protección total, pantalla *f* solar.

sunbonnet [ˈsʌnˌbɒnɪt] *n* cofia *f*, papalina *f*.

sunburn [ˈsʌnbɜːn] *n* (U) quemadura *f* de sol.

sunburned [ˈsʌnbɜːnd], **sunburnt** [ˈsʌnbɜːnt] *adj* quemado(da) por el sol.

sunburst [ˈsʌnbɜːst] *n* - **1.** [through clouds] rayo *m* de sol. - **2.** [brooch] broche *m* en forma de sol.

sun cream *n* crema *f* solar.

sundae [ˈsʌndeɪ] *n* helado con fruta y nueces.

Sunday [ˈsʌndɪ] *n* domingo *m*; **the** ~ **roast** OR **joint** pieza de carne asada que se toma tradicionalmente los domingos ❑ ~ **lunch** comida del domingo que generalmente consiste en rosbif, patatas asadas etc; *see also* **Saturday**.

Sunday best *n* traje *m* de los domingos.

Sunday paper *n Br* (periódico *m*) dominical *m*.

Sunday school *n* catequesis *f* inv.

Sunday trading *n* apertura *f* de locales comerciales en domingo; ~ **laws** legislación que regula los horarios comerciales en domingo.

sun deck *n* [of house] terraza *f*; NAUT cubierta *f* superior.

sunder [ˈsʌndəʳ] *vt arch* separar.

sundial [ˈsʌndaɪəl] *n* reloj *m* de sol.

sundown [ˈsʌndaʊn] *n* ocaso *m*, anochecer *m*.

sundrenched [ˈsʌndrentʃt] *adj* inundado(da) de sol.

sundress [ˈsʌndres] *n* vestido *m* de tirantes.

sun-dried *adj* secado(da) al sol.

sundry [ˈsʌndrɪ] ◇ *adj fml* diversos(sas). ◇ *pron*: **all and** ~ todos sin excepción.

◆ **sundries** *npl fml* [gen] artículos *mpl* diversos; FIN gastos *mpl* diversos.

sunfast [ˈsʌnfɑːst] *adj Am* que no pierde el color al sol.

sunfish [ˈsʌnfɪʃ] (*pl inv* OR **sunfishes**) *n* pez *m* luna.

sunflower [ˈsʌnˌflaʊəʳ] *n* girasol *m*.

sung [sʌŋ] ◇ *pp* → **sing**. ◇ *adj*: ~ **Mass** misa *f* cantada.

sunglasses [ˈsʌnˌglɑːsɪz] *npl* gafas *fpl* de sol.

sun god *n* dios *m* del sol.

sunhat [ˈsʌnhæt] *n* pamela *f*.

sunk [sʌŋk] *pp* → **sink**.

sunken [ˈsʌŋkən] *adj* hundido(da).

sunlamp [ˈsʌnlæmp] *n* lámpara *f* de rayos ultravioletas.

sunless [ˈsʌnlɪs] *adj literary* umbrío(a), sin sol.

At end of meeting or talk

Para terminar, diré que no hay otra solución.
Resumiendo todo lo anterior, podemos llegar a la conclusión de que los datos no son del todo negativos.
En resumen/En conclusión, queda claro que esto está fuera de nuestras posibilidades.
Para no extenderme más, me limitaré a señalar lo siguiente: …
Todo esto nos lleva a concluir que durante el año pasado los beneficios han sido satisfactorios.

In conversation

En el fondo, puede que tengas razón.
Total, que te has venido sin el dinero, ¿no? [*informal*]
Y ¿qué quieres decir con todo eso? ¿Que no vas a venir?
En resumidas cuentas, me cae bien.
Para decirlo en pocas OR en dos palabras: no puedo ir.
Dicho en otras palabras, que no tiene justificación lo que ha hecho.
A fin de cuentas, no ha salido tan mal.

sunlight ['sʌnlaɪt] *n* luz *f* solar, luz *f* del sol.

sunlit ['sʌnlɪt] *adj* iluminado(da) por el sol.

sun lotion *n* crema *f* bronceadora.

sun lounge *n Br* solárium *m*, solana *f*.

sunlounger ['sʌn,laʊndʒəʳ] *n Br* tumbona *f*.

Sunni ['sʌnɪ] (*pl* **Sunnis**) *n* - **1.** [doctrine] sunna *f*. - **2.** [person] sunnita *mf*.

sunny ['sʌnɪ] (*compar* **sunnier**, *superl* **sunniest**) *adj* - **1.** [day] de sol; [room] soleado(da). - **2.** [cheerful] alegre. - **3.** *phr:* ~ **side up** *Am* [egg] frito.

sunray ['sʌnreɪ] *adj* de rayos ultravioletas.

sunray lamp *n* lámpara *f* de rayos ultravioletas.

sunray treatment *n* helioterapia *f*.

sunrise ['sʌnraɪz] *n* - **1.** [time of day] amanecer *m*. - **2.** [event] salida *f* del sol.

sunrise industry *n* industria *f* puntera.

sunroof ['sʌnruːf] *n* [on car] techo *m* corredizo.

sunscreen ['sʌnskriːn] *n* [lotion] crema *f* de protección solar.

sunset ['sʌnset] *n* - **1.** [time of day] ocaso *m*, anochecer *m*. - **2.** [event] puesta *f* de sol.

sunshade ['sʌnʃeɪd] *n* - **1.** [parasol] sombrilla *f*. - **2.** [on cap] visera *f*.

sunshine ['sʌnʃaɪn] *n* - **1.** [sunlight] (luz *f* del) sol *m*, luz *f* solar. - **2.** *fig* [happiness] alegría *f*.

sunspecs ['sʌnspeks] *npl inf* gafas *fpl* de sol.

sunspot ['sʌnspɒt] *n* ASTRON mancha *f* solar.

sunstroke ['sʌnstrəʊk] *n (U)* insolación *f*.

suntan ['sʌntæn] ◇ *n* bronceado *m*. ◇ *comp* bronceador(ra).

suntanned ['sʌntænd] *adj* bronceado(da).

suntrap ['sʌntræp] *n* lugar *m* muy soleado.

sunup ['sʌnʌp] *n Am inf* salida *f* del sol.

sun visor *n* [on cap, for eyes] visera *f*; AUT parasol *m*, quitasol *m*.

sun-worshipper *n* - **1.** RELIG adorador *m*, -ra *f* del sol. - **2.** *fig* fanático *m*, -ca *f* del bronceado.

sup [sʌp] (*pt & pp* **supped**, *cont* **supping**) ◇ *vi arch* [have supper] cenar. ◇ *vt* sorber. ◇ *n* sorbo *m*.

super ['suːpəʳ] *adj* - **1.** *inf* [wonderful] estupendo(da), fenomenal. - **2.** [superior] superior.

superabundance [,suːpərə'bʌndəns] *n* superabundancia *f*.

superabundant [,suːpərə'bʌndənt] *adj fml* superabundante.

superannuated [,suːpə'rænjʊeɪtɪd] *adj fml* - **1.** [person] jubilado(da). - **2.** [object] anticuado(da).

superannuation ['suːpə,rænjʊ'eɪʃn] *n (U)* jubilación *f*, pensión *f*.

superb [suː'pɜːb] *adj* excelente, magnífico(ca).

superbly [suː'pɜːblɪ] *adv* de manera excelente.

Super Bowl *n Am:* **the** ~ la Super Bowl, *la final del campeonato estadounidense de fútbol americano.*

supercargo ['suːpə,kaːgəʊ] (*pl inv* OR **supercargoes**) *n* sobrecargo *m*.

supercharge ['suːpətʃɑːdʒ] *vt* [engine] sobrealimentar.

supercilious [,suːpə'sɪlɪəs] *adj* altanero(ra).

superciliously [,suːpə'sɪlɪəslɪ] *adv* con desdén OR arrogancia.

superconductivity ['suːpə,kɒndʌk'tɪvətɪ] *n* superconductividad *f*.

supercool [,suːpə'kuːl] *vt* sobreenfriar, someter a sobrefusión.

super-duper [-'duːpəʳ] *adj inf* estupendo(da), fenomenal.

superego [,suːpər'iːgəʊ] (*pl* **superegos**) *n* superego *m*.

supererogation ['suːpər,erə'geɪʃn] *n fml* supererogación *f*.

superficial [,suːpə'fɪʃl] *adj* superficial.

superficiality ['suːpə,fɪʃɪ'ælətɪ] *n* superficialidad *f*.

superficially [,suːpə'fɪʃəlɪ] *adv* superficialmente.

superfine ['suːpəfaɪn] *adj* [sugar, goods etc] extrafino(na), superfino(na).

superfluity [,suːpə'fluːətɪ] *n fml* [excess] superabundancia *f*.

superfluous [suː'pɜːfluəs] *adj* superfluo(flua).

superfluously [suː'pɜːfluəslɪ] *adv* de un modo superfluo.

superglue ['suːpəgluː] *n* cola *f* de contacto.

supergrass ['suːpəgrɑːs] *n confidente de la policía que está muy bien situado en el ambiente criminal.*

supergroup ['suːpəgruːp] *n* supergrupo *m*, *conjunto de rock cuyos miembros ya son famosos por haber pertenecido a otro grupo.*

superheat [,suːpə'hiːt] *vt* sobrecalentar.

superhero ['suːpə,hɪərəʊ] (*pl* **superheroes**) *n* superhéroe *m*, superhombre *m*.

superhigh frequency ['suːpəhaɪ-] *n* frecuencia *f* superalta.

superhighway ['suːpə,haɪweɪ] *n Am* autopista *f*.

superhuman [,suːpə'hjuːmən] *adj* sobrehumano(na).

superimpose [,suːpərɪm'pəʊz] *vt:* **to** ~ **sthg on** superponer OR sobreponer algo a.

superintend [,suːpərɪn'tend] *vt* supervisar.

superintendent [,suːpərɪn'tendənt] *n* - **1.** *Br* [of police] ≈ subjefe *m*, -fa *f* (de policía). - **2.** *fml* [of department] supervisor *m*, -ra *f*. - **3.** *Am* [of apartment building] conserje *mf*, portero *m*, -ra *f*.

superior [suː'pɪərɪəʳ] ◇ *adj* - **1.** [gen]: ~ **(to)** superior (a). - **2.** *pej* [arrogant] altanero(ra), arrogante. ◇ *n* superior *mf*.

superiority [suː,pɪərɪ'ɒrətɪ] *n* - **1.** [gen] superioridad *f*. - **2.** *pej* [arrogance] altanería *f*, arrogancia *f*.

superiority complex *n* complejo *m* de superioridad.

superlative [suː'pɜːlətɪv] ◇ *adj* [of the highest quality] supremo(ma). ◇ *n* GRAMM superlativo *m*.

superman ['suːpəmæn] (*pl* **supermen** [-men]) *n* superhombre *m*.

◆ **Superman** *n* [comic book hero] Supermán *m*.

supermarket ['suːpə,mɑːkɪt] *n* supermercado *m*.

supermen ['suːpəmen] *pl* → **superman**.

supernatural [,suːpə'nætʃrəl] ◇ *adj* sobrenatural. ◇ *n:* **the** ~ lo sobrenatural.

supernaturalism [,suːpə'nætʃrəlɪzm] *n* sobrenaturalismo *m*.

supernumerary [,suːpə'njuːmərərɪ] (*pl* **supernumeraries**) ◇ *adj fml* - **1.** [extra] supernumerario(ria). - **2.** [superfluous] superfluo(flua). ◇ *n* - **1.** *fml* [extra person] supernumerario(ria). - **2.** THEATRE figurante *mf*; CINEMA & TV extra *mf*.

superphosphate [,suːpə'fɒsfeɪt] *n* superfosfato *m*.

superpose [,suːpə'pəʊz] *vt* superponer, sobreponer.

superpower ['suːpə,paʊəʳ] *n* superpotencia *f*.

supersaturate [,suːpə'sætʃəreɪt] *vt* supersaturar, sobresaturar.

superscript ['suːpəskrɪpt] ◇ *adj* volado(da). ◇ *n* - **1.** TYPO carácter *m* volado. - **2.** MATH índice *m*, exponente *m*.

supersede [,suːpə'siːd] *vt* suplantar.

supersensitive [,suːpə'sensɪtɪv] *adj* hipersensible.

supersonic [,suːpə'sɒnɪk] *adj* supersónico(ca); ~ **bang** OR **boom** estruendo *m* OR estampido *m* supersónico.

superstar ['suːpəstɑːʳ] *n* superestrella *f*.

superstition [,suːpə'stɪʃn] *n* superstición *f*.

superstitious [,suːpə'stɪʃəs] *adj* supersticioso(sa).

superstitiously [,suːpə'stɪʃəslɪ] *adv* de un modo supersticioso, supersticiosamente.

superstore ['suːpəstɔːʳ] *n* hipermercado *m*.

superstructure ['suːpə,strʌktʃəʳ] *n* superestructura *f*.

supertanker ['suːpə,tæŋkəʳ] *n* superpetrolero *m*.

supertax ['suːpətæks] *n* impuesto *m* adicional.

supervene [,suːpə'viːn] *vi fml* sobrevenir.

supervise ['suːpəvaɪz] *vt* [person] vigilar; [activity] supervisar.

supervision [ˌsuːpəˈvɪʒn] *n* supervisión *f*.

supervisor [ˈsuːpəvaɪzəʳ] *n* [gen] supervisor *m*, -ra *f*; [of thesis] director *m*, -ra *f*.

supervisory [ˈsuːpəvaɪzərɪ] *adj* [role] supervisor(ra); [task] de supervisión; ~ **post** cargo *m* de supervisor.

superwoman [ˈsuːpəˌwʊmən] (*pl* **superwomen** [ˌ-wɪmɪn]) *n* supermujer *f*, superwoman *f*.

supine [ˈsuːpaɪn] *adj literary* - **1.** [on one's back] supino(na). - **2.** [passive] indolente.

supper [ˈsʌpəʳ] *n* - **1.** [evening meal] cena *f*; **to have** ~ cenar. - **2.** [before bedtime] *tentempié tomado antes de acostarse.*

supper club *n Am* discoteca *f* con restaurante.

suppertime [ˈsʌpətaɪm] *n* hora *f* de cenar.

supplant [səˈplɑːnt] *vt fml* suplantar, reemplazar.

supple [ˈsʌpl] *adj* flexible.

supplement [*n* ˈsʌplɪmənt, *vb* ˈsʌplɪment] ◇ *n* suplemento *m*. ◇ *vt* complementar.

supplementary [ˌsʌplɪˈmentərɪ] *adj* suplementario(ria).

supplementary benefit *n antiguo nombre dado al subsidio social del gobierno para personas con bajos ingresos, ahora llamado 'income support'.*

supplementation [ˌsʌplɪmənˈteɪʃn] *n* suplemento *m*.

suppleness [ˈsʌplnɪs] *n* flexibilidad *f*.

supplicant [ˈsʌplɪkənt] *fml* ◇ *n* suplicante *mf*. ◇ *adj* suplicante.

supplicate [ˈsʌplɪkeɪt] *vt & vi fml* suplicar.

supplication [ˌsʌplɪˈkeɪʃn] *n fml* súplica *f*.

supplier [səˈplaɪəʳ] *n* proveedor *m*, -ra *f*, suministrador *m*, -ra *f*.

supply [səˈplaɪ] ◇ *n* - **1.** [gen] suministro *m*; [of jokes etc] surtido *m*; **water/electricity** ~ suministro de agua/electricidad; **to be in short** ~ escasear. - **2.** *(U)* ECON oferta *f*; **(the law of)** ~ **and demand** (la ley de) la oferta y la demanda. ◇ *vt* - **1.** [provide] ~ **sthg (to)** suministrar OR proveer algo (a); **to** ~ **sb (with)** proveer a alguien (de); **she supplied us with vital information** nos proporcionó información de vital importancia; **to** ~ **sthg with sthg** suministrar a algo de algo. - **2.** *fml* [satisfy] satisfacer. ◇ *comp* [convoy, train, route] de suministro, de abastecimiento; ~ **ship** barco *m* nodriza.
◆ **supplies** *npl* MIL pertrechos *mpl*; [food] provisiones *fpl*; **office supplies** material *m* de oficina.

supply teacher *n Br* profesor *m*, -ra *f* suplente.

support [səˈpɔːt] ◇ *n* - **1.** [physical, moral, emotional] apoyo *m*. - **2.** [financial] ayuda *f*; **in** ~ **of** a beneficio de. - **3.** [backing] respaldo *m*. - **4.** TECH soporte *m*. ◇ *vt* - **1.** [physically] sostener; **to** ~ **o.s.** apoyarse, sostenerse. - **2.** [emotionally, morally, intellectually] apoyar. - **3.** [financially - one's family] mantener; [- company, organization] financiar; **to** ~ **o.s.** ser independiente económicamente. - **4.** SPORT seguir. - **5.** [substantiate, give weight to] corroborar, confirmar. - **6.** *fml* [endure] soportar.

supportable [səˈpɔːtəbl] *adj fml* soportable.

supporter [səˈpɔːtəʳ] *n* - **1.** [political, moral] partidario *m*, -ria *f*. - **2.** SPORT hincha *mf*, seguidor *m*, -ra *f*.

supporting [səˈpɔːtɪŋ] *adj* - **1.** [pillar, structure] de soporte; ~ **beam** viga *f* maestra; ~ **wall** pared *f* maestra. - **2.** [role] secundario(ria); [actor] de reparto, secundario(ria). - **3.** [substantiating] confirmador(ra); **do you have any** ~ **evidence?** ¿puedes demostrarlo OR probarlo?

supportive [səˈpɔːtɪv] *adj* comprensivo(va).

suppose [səˈpəʊz] ◇ *vt* suponer; **I** ~ **you're right** supongo que tienes razón; **let's** ~**...** supongamos que...; **I don't** ~ **you could help me** [in polite request] ¿crees que podrías ayudarme, por favor?; **you don't** ~ **she's ill, do you?** [asking opinion] no estará enferma, ¿verdad?; **I** ~ **so/not** supongo que sí/no. ◇ *conj* si; ~ **your father found out?** ¿y si se entera tu padre?; ~ **we dine together** ¿y si cenáramos juntos?, ¿qué tal si cenamos juntos?

supposed [səˈpəʊzd] *adj* - **1.** [doubtful, alleged] supuesto(ta). - **2.** [intended]: **he was** ~ **to be here at eight** debería haber estado aquí a las ocho. - **3.** [reputed]: **it's** ~ **to be very good** se supone OR se dice que es muy bueno.

supposedly [səˈpəʊzɪdlɪ] *adv* según cabe suponer.

supposing [səˈpəʊzɪŋ] *conj* suponiendo que, en el supuesto de que; ~ **your father found out?** ¿y si se entera tu padre?

supposition [ˌsʌpəˈzɪʃn] *n* suposición *f*.

suppository [səˈpɒzɪtrɪ] (*pl* **suppositories**) *n* supositorio *m*.

suppress [səˈpres] *vt* - **1.** [uprising] reprimir. - **2.** [information] ocultar. - **3.** [emotions] contener. - **4.** [withdraw from publication] prohibir. - **5.** [delete] suprimir. - **6.** PSYCH reprimir, inhibir. - **7.** MED detener, parar.

suppression [səˈpreʃn] *n* - **1.** [gen] represión *f*. - **2.** [of information] ocultación *f*. - **3.** [of emotions] contención *f*. - **4.** PSYCH represión *f*, inhibición *f*.

suppressor [səˈpresəʳ] *n* ELEC supresor *m*.

suppurate [ˈsʌpjureɪt] *vi* supurar.

suppuration [ˌsʌpjʊˈreɪʃn] *n* supuración *f*.

supra [ˈsuːprə] *adv* más arriba.

supranational [ˌsuːprəˈnæʃənl] *adj* supranacional.

supremacist [sʊˈpreməsɪst] *n* persona que cree en la supremacía de un grupo.

supremacy [sʊˈpreməsɪ] *n* supremacía *f*.

supreme [sʊˈpriːm] *adj* supremo(ma).

Supreme Being *n* Ser *m* Supremo.

Supreme Court *n*: **the** ~ [in US] el Tribunal Supremo; **the** ~ **of Judicature** [in UK] *tribunal supremo de Gales e Inglaterra cuyas decisiones pueden ser apeladas ante la Cámara de los Lores.*

supremely [sʊˈpriːmlɪ] *adv* sumamente.

Supreme Soviet *n* soviet *m* supremo.

supremo [sʊˈpriːməʊ] (*pl* **supremos**) *n Br inf* jefe supremo *m*, jefa suprema *f*.

Supt. *written abbr of* **superintendent**.

surcease [sɜːˈsiːs] *n arch* cesación *f*.

surcharge [ˈsɜːtʃɑːdʒ] ◇ *n*: ~ **(on)** recargo *m* (en). ◇ *vt*: **to** ~ **sb (on)** cobrar un recargo a alguien (en).

surd [sɜːd] ◇ *n* - **1.** LING sorda *f*. - **2.** MATH número *m* irracional. ◇ *adj* - **1.** LING sordo(da). - **2.** MATH irracional.

sure [ʃʊəʳ, ʃɔːʳ] ◇ *adj* - **1.** [gen] seguro(ra); **I'm** ~ **I know him** estoy seguro de que lo conozco; **to be** ~ **of** poder estar seguro de; **it's** ~ **to happen** (es) seguro que pasará; **make** ~ **(that) you do it** asegúrate de que lo haces; **be** ~ **to lock the door!** ¡no te olvides de cerrar la puerta! - **2.** [confident]: **to be** ~ **of o.s.** tener seguridad en uno mismo (una misma). - **3.** [firm, steady]: **with a** ~ **hand** con mano firme. ◇ *adv* - **1.** *esp Am inf* [yes] pues claro. - **2.** *Am* [really] realmente.
◆ **for sure** *adv* con seguridad, a ciencia cierta.
◆ **sure enough** *adv* efectivamente.
◆ **to be sure** *adv* sin duda, indudablemente.

surefire [ˈʃʊəfaɪəʳ] *adj inf* seguro(ra).

surefooted [ˈʃʊəfʊtɪd] *adj* [steady on one's feet] de pie firme.

surely [ˈʃʊəlɪ] *adv* - **1.** [undoubtedly] seguro, sin duda; ~ **you remember him?** ¡no me digas que no te acuerdas de él!; ~ **not!** ¡no puede ser! - **2.** *Am* [of course] por supuesto.

sureness [ˈʃʊənɪs] *n* seguridad *f*.

sure thing [ʃʊə-] *excl Am inf* ¡por supuesto!, ¡claro!

surety [ˈʃʊərətɪ] *n* - **1.** *(U)* [pledge] fianza *f*. - **2.** [guarantor] garante *mf*.

surf [sɜːf] ◇ *n* - **1.** [foam] espuma *f (de las olas)*. - **2.** [waves] oleaje *m*. ◇ *vi* hacer surf.

surface [ˈsɜːfɪs] ◇ *n* - **1.** [gen] superficie *f*; **to rise to the** ~ salir a la superficie. - **2.** *fig* [immediately visible part]: **on the** ~ a primera vista; **below** OR **beneath the** ~ debajo de las apariencias. - **3.** *phr*: **to scratch the** ~ **of sthg** tocar algo por encima. ◇ vi - **1.** [gen] salir a la superficie. - **2.** inf hum [person] aparecer. ◇ vt [road] revestir, asfaltar. ◇ adj - **1.** [superficial] superficial. - **2.** [work, workers] de superficie.

surface area n superficie f.

surface mail n correo m por vía terrestre/marítima.

surface tension n tensión f superficial.

surface-to-air adj tierra-aire (inv).

surface-to-air missile n misil m tierra-aire OR superficie-aire.

surface-to-surface adj tierra-tierra.

surfacing ['sɜːfɪsɪŋ] n - **1.** [finish] acabado m. - **2.** [coating] revestimiento m. - **3.** [of road] asfaltado m, firme m.

surfactant [sɜːˈfæktənt] n agente m flotador.

surfboard ['sɜːfbɔːd] n plancha f OR tabla f de surf.

surfboarding ['sɜːfbɔːdɪŋ] n surf m.

surfeit ['sɜːfɪt] fml ◇ n exceso m. ◇ vt saciar, hartar.

surfer ['sɜːfəʳ] n surfista mf.

surfing ['sɜːfɪŋ] n surf m.

surge [sɜːdʒ] ◇ n - **1.** [of waves, people] oleada f; [of electricity] sobrecarga f momentánea. - **2.** [of emotion] arranque m, arrebato m. - **3.** [of interest, support, sales] aumento m súbito. ◇ vi - **1.** [people, vehicles] avanzar en masa; [sea] encresparse; **the blood ~d to his head** la sangre se le subió a la cabeza. - **2.** [emotion]: **anger ~d inside him** la rabia se apoderó de él. - **3.** [prices, current] aumentar súbitamente.

surgeon ['sɜːdʒən] n cirujano m, -na f.

surgeon general (pl **surgeons general**) n - **1.** MIL jefe del servicio médico en el ejército. - **2.** Am ADMIN jefe del servicio de sanidad pública.

surgery ['sɜːdʒərɪ] (pl **surgeries**) n - **1.** [MED surgical treatment] cirugía f; **to perform ~ on sb** operar a alguien. - **2.** Br MED [place] consultorio m; [consulting period] consulta f. - **3.** Br POL consultorio de un diputado para atender los problemas de los vecinos.

surgical ['sɜːdʒɪkl] adj - **1.** [gen] quirúrgico(ca). - **2.** [stocking, boot etc] ortopédico(ca).

surgical dressing n vendaje m quirúrgico.

surgically ['sɜːdʒɪklɪ] adv quirúrgicamente, mediante cirugía.

surgical spirit n Br alcohol m de 90°.

surging ['sɜːdʒɪŋ] adj [crowd, waves] agitado(da); [water] que fluye OR corre a raudales.

Surinam [ˌsʊərɪˈnæm] n Surinam.

Surinamese [ˌsʊərɪnæˈmiːz] ◇ adj surinamés(esa). ◇ n surinamés m, -esa f.

surly ['sɜːlɪ] (compar **surlier**, superl **surliest**) adj hosco(ca), malhumorado(da).

surmise [sɜːˈmaɪz] fml ◇ vt conjeturar. ◇ n conjetura.

surmount [sɜːˈmaunt] vt - **1.** [overcome] superar, vencer. - **2.** fml [top] coronar.

surname ['sɜːneɪm] n apellido m.

surpass [səˈpɑːs] vt fml [exceed] superar, sobrepasar.

surpassing [səˈpɑːsɪŋ] adj literary incomparable, sin igual.

surplice ['sɜːplɪs] n sobrepelliz f.

surplus ['sɜːpləs] ◇ adj excedente, sobrante; **you are ~ to requirements** ya no requerimos tus servicios. ◇ n [gen] excedente m, sobrante m; [in budget] superávit m.

surprise [səˈpraɪz] ◇ n sorpresa f; **much to my ~** para gran sorpresa mía, sorprendentemente; **to spring a ~ on sb** darle una sorpresa a alguien ❏ **to take sb by ~** coger a alguien desprevenido(da). ◇ comp - **1.** [visit, present, party] sorpresa (inv). - **2.** [attack] por sorpresa. - **3.** [announcement] inesperado(da). ◇ vt sorprender; **to be ~d at sthg** sorprenderse de algo.

surprised [səˈpraɪzd] adj [person, expression] asombrado(da); **I wouldn't be ~ if she came** no me extrañaría que viniera.

surprising [səˈpraɪzɪŋ] adj sorprendente.

surprisingly [səˈpraɪzɪŋlɪ] adv sorprendentemente.

surreal [səˈrɪəl] adj surrealista.

USAGE ▶	Surprise

Reacting with surprise

¡Qué sorpresa!
¿De verdad? ¡No me digas!
¡Qué me dices!
¿Cómo?
¡Por favor!
Me sorprende que lo digas.
No me lo puedo creer.
Pero, ¿es posible?
¡Anda!
¡Caramba! [informal]

▶ at good news:

¡Qué alegría!
¡Es fantástico!
¡Menuda sorpresa!
¡Me alegro muchísimo!
¡Qué sorpresa tan agradable!

▶ at bad news:

¡Es terrible!
¡No sé qué decir!
¡Vaya disgusto!
¡Qué noticia tan desagradable!
¡Qué mala suerte!

▶ expressing incredulity:

¡No!

¡Es increíble!
¡No puede ser!
¡No puedo creerlo!
¡Estás bromeando!
¿No lo dirás en serio?
¿Cómo es posible?
Si no lo veo, no lo creo.
Si me lo cuentan, no me lo creo.
¡Anda! ¡Venga ya!
No te lo crees ni tú. [informal]

Describing one's surprise later

Ha sido una sorpresa.
No nos lo esperábamos.
No podía creer lo que veían mis ojos.
Ha sido increíble cómo ha salido volando el coche.
Nos quedamos boquiabiertos.
Fue totalmente inesperado.
Me ha dejado impresionada.
Nunca me hubiera imaginado una cosa igual.
¡Quién lo iba a pensar!
Me ha cogido por sorpresa.

▶ at an unexpected event:

Para mi sorpresa, ella estaba de acuerdo.
Sorprendentemente, no se ha quejado.
Es sorprendente que no haya dicho nada.

surrealism [sə'rɪəlɪzm] *n* surrealismo *m*.

surrealist [sə'rɪəlɪst] ◇ *adj* surrealista. ◇ *n* surrealista *mf*.

surrealistic [sə,rɪəl'ɪstɪk] *adj lit & fig* surrealista.

surrender [sə'rendəʳ] ◇ *n* **- 1.** [capitulation] rendición *f*. **- 2.** [of weapons, passport] entrega *f*; [of possessions, territory] cesión *f*. **- 3.** [of hopes] abandono *m*; [of claim, right] renuncia *f*. ◇ *vt* **- 1.** [weapons, passport] rendir, entregar; [possessions, territory] ceder. **- 2.** [claim, right] renunciar a; [hopes] abandonar; **to ~ o.s.** rendirse. ◇ *vi lit & fig*: **to ~ (to)** rendirse OR entregarse (a).

surreptitious [,sʌrəp'tɪʃəs] *adj* subrepticio(cia).

surrey ['sʌrɪ] *n* carruaje de dos plazas y cuatro ruedas.

surrogacy ['sʌrəgəsɪ] *n* alquiler *m* de úteros.

surrogate ['sʌrəgeɪt] ◇ *adj* sustitutorio(ria). ◇ *n* **- 1.** [substitute] sustituto *m*, -ta *f*. **- 2.** *Am* JUR juez *mf* de testamentarías.

surrogate mother *n* madre *f* de alquiler.

surround [sə'raʊnd] ◇ *n* borde *m*. ◇ *vt lit & fig* rodear.

surrounding [sə'raʊndɪŋ] *adj* **- 1.** [area, countryside] circundante. **- 2.** [controversy, debate] relacionado(da).

surroundings [sə'raʊndɪŋz] *npl* [physical] alrededores *mpl*; [social] entorno *m*.

surtax ['sɜːtæks] *n* recargo *m* (en los impuestos).

surveillance [sɜː'veɪləns] *n* vigilancia *f*.

survey [*vb* sə'veɪ, *n* 'sɜːveɪ] ◇ *n* **- 1.** [of public opinion, population] encuesta *f*, estudio *m*. **- 2.** [of land] medición *f*; [of building] inspección *f*, reconocimiento *m*. **- 3.** [overview] vista *f*, panorama *m*. **- 4.** *Br* [of house, property] tasación *f*. ◇ *vt* **- 1.** [contemplate] contemplar. **- 2.** [investigate statistically] hacer un estudio de; [poll] encuestar. **- 3.** [examine - land] medir; [- building] inspeccionar. **- 4.** *Br* [house, property] tasar.

surveying [sə'veɪɪŋ] *n* **- 1.** [measuring] agrimensura *f*. **- 2.** *Br* [of house, property] tasación *f*.

surveyor [sə'veɪəʳ] *n* **- 1.** *Br* [of property] perito *m* tasador de la propiedad. **- 2.** [of land] agrimensor *m*, -ra *f*.

survival [sə'vaɪvl] *n* **- 1.** [gen] supervivencia *f*. **- 2.** [relic] reliquia *f*, vestigio *m*.

survive [sə'vaɪv] ◇ *vt* sobrevivir a. ◇ *vi* **- 1.** [person] sobrevivir; [custom, project] perdurar; **to ~ on** ir tirando con. **- 2.** *inf* [cope successfully]: **how will you ~?** ¿cómo te las arreglarás?

surviving [sə'vaɪvɪŋ] *adj* superviviente; **his only ~ son** el único hijo que le queda.

survivor [sə'vaɪvəʳ] *n* **- 1.** [person who escapes death] superviviente *mf*, sobreviviente *mf*. **- 2.** [resilient person] persona *f* que siempre sale adelante.

survivorship [sə'vaɪvəʃɪp] *n* supervivencia *f*.

susceptibility [sə,septə'bɪlətɪ] *n* **- 1.** [to illness] propensión *f*. **- 2.** [to pressure, flattery] sensibilidad *f*. **- 3.** [sensitivity] susceptibilidad *f*.
◆ **susceptibilities** *npl* [feelings] susceptibilidades *fpl*.

susceptible [sə'septəbl] *adj* **- 1.** [to pressure, flattery]: **~ (to)** sensible (a). **- 2.** MED: **~ (to)** propenso(sa) (a). **- 3.** [sensitive, impressionable] susceptible. **- 4.** *fml* [capable]: **~ of** susceptible de.

sushi ['suːʃɪ] *n* sushi *m*, tipo de comida japonesa; **~ bar** bar donde sirven sushi.

suspect [*vb* sə'spekt, *n & adj* 'sʌspekt] ◇ *adj* sospechoso(sa). ◇ *n* sospechoso *m*, -sa *f*. ◇ *vt* **- 1.** [distrust] sospechar de. **- 2.** [think likely] imaginar, sospechar; **I ~ed as much!** ¡ya me lo imaginaba! **- 3.** [consider guilty]: **to ~ sb (of)** considerar a alguien sospechoso(sa) (de).

suspected [sə'spektɪd] *adj* [terrorist, murderer] presunto(ta); **he's undergoing tests for a ~ tumor** le están haciendo pruebas porque sospechan que tiene un tumor.

suspend [sə'spend] *vt* [gen] suspender; [payments, work, trial] interrumpir; [schoolchild] expulsar temporalmente.

suspended animation [sə'spendɪd-] *n* muerte *f* aparente.

suspended sentence [sə'spendɪd-] *n* condena *f* condicional.

suspender belt [sə'spendəʳ-] *n Br* liguero *m*.

suspenders [sə'spendəz] *npl* **- 1.** *Br* [for stockings] ligas *fpl*. **- 2.** *Am* [for trousers] tirantes *mpl*.

suspense [sə'spens] *n* [gen] incertidumbre *f*; CINEMA suspense *m*; **to keep sb in ~** mantener a alguien en vilo.

suspension [sə'spenʃn] *n* **- 1.** [gen & AUT] suspensión *f*. **- 2.** [from job, school] expulsión *f* temporal.

suspension bridge *n* puente *m* colgante.

suspensive [sə'spensɪv] *adj* suspensivo(va).

suspensory [sə'spensərɪ] (*pl* **suspensories**) *n* MED suspensorio *m*.

suspicion [sə'spɪʃn] *n* **- 1.** [gen] sospecha *f*; [distrust] recelo *m*; **above ~** fuera de toda sospecha; **on ~ of** como sospechoso(sa) de; **under ~** bajo sospecha. **- 2.** [small amount] pizca *f*.

suspicious [sə'spɪʃəs] *adj* **- 1.** [having suspicions] receloso(sa). **- 2.** [causing suspicion] sospechoso(sa).

suspiciously [sə'spɪʃəslɪ] *adv* **- 1.** [behave] sospechosamente. **- 2.** [ask, look at] con recelo.

suspiciousness [sə'spɪʃəsnɪs] *n* **- 1.** [causing of suspicion] lo sospechoso. **- 2.** [having suspicions] suspicacia *f*, desconfianza *f*.

suss [sʌs] ◆ **suss out** *vt sep Br inf* [person] calar; [thing] pillar el tranquillo a; **to ~ out how to do sthg** descubrir cómo hacer algo.

sustain [sə'steɪn] *vt* **- 1.** [gen] sostener. **- 2.** [subj: food, drink] sustentar. **- 3.** *fml* [injury, damage, defeat] sufrir.

sustainable [sə'steɪnəbl] *adj* sostenible.

sustained [sə'steɪnd] *adj* [effort, attack] continuo(nua); [discussion] prolongado(da); [economic growth] sostenido(da).

sustaining [sə'steɪnɪŋ] *adj* nutritivo(va).

sustainment [sə'steɪnmənt] *n* sostenimiento *m*.

sustenance ['sʌstɪnəns] *n fml* sustento *m*.

susurration [,sjuːsə'reɪʃn] *n fml* susurro *m*, murmullo *m*.

suture ['suːtʃəʳ] ◇ *n* sutura *f*. ◇ *vt* suturar.

suzerain ['suːzəreɪn] *n* **- 1.** HIST señor *m* feudal. **- 2.** [state] estado *m* protector.

suzerainty ['suːzəreɪntɪ] *n* soberanía *f*.

svelte [svelt] *adj* esbelto(ta).

Svengali [sveŋ'gɑːlɪ] *n* persona que domina y manipula a otra.

SW - 1. (*written abbr of* **short wave**) OC. **- 2.** (*written abbr of* **south-west**) SO.

swab [swɒb] (*pt & pp* **swabbed**, *cont* **swabbing**) ◇ *n* **- 1.** MED [piece of cotton] (trozo *m* de) algodón *m*; [specimen] muestra *f*. **- 2.** [mop] fregona *f*. ◇ *vt* **- 1.** MED [clean] limpiar con algodón. **- 2.** [mop] fregar.

Swabia ['sweɪbjə] *n* Suabia *f*.

swaddle ['swɒdl] *vt* [wrap] envolver.

swaddling clothes ['swɒdlɪŋ-] *npl arch & BIBLE* mantillas *fpl*.

swag [swæg] *n Br inf* [booty] botín *m*.

swage [sweɪdʒ] ◇ *n* tas *m* de estampar. ◇ *vt* forjar, estampar.

swagger ['swægəʳ] ◇ *n* **- 1.** [walk] pavoneo *m*. **- 2.** [manner] jactancia *f*. ◇ *vi* **- 1.** [strut] pavonearse. **- 2.** [boast] vanagloriarse.

swaggering ['swægərɪŋ] ◇ *adj* [gait, attitude] arrogante; [person] fanfarrón(ona). ◇ *n* [proud gait] pavoneo *m*; [boasting] jactancia *f*.

swagger stick *n* bastón *m* de mando.

Swahili [swɑː'hiːlɪ] ◇ *adj* suahili. ◇ *n* [language] suahili *m*.

swain [sweɪn] *n arch* [young man] mozo *m*; [lover] pretendiente *m*.

SWALK [swɔːlk] (*abbr of* **sealed with a loving kiss**) *inf* expresión utilizada en cartas de amor que indica que la carta está sellada con un beso.

swallow ['swɒləʊ] ◇ *n* **- 1.** [bird] golondrina *f*. **- 2.** [of food] bocado *m*; [of drink] trago *m*; **at** OR **with one ~** de un trago. ◇ *vt* **- 1.** [food, drink] tragar. **- 2.** *fig* [accept, hold back] tragarse. ◇ *vi* tragar.

◆ **swallow up** *vt sep* tragar, engullir.

swam [swæm] *pt* → **swim**.

swamp ['swɒmp] ◇ *n* pantano *m*, ciénaga *f*. ◇ *vt* - **1**. [flood - boat] hundir; [- land] inundar, anegar. - **2**. [overwhelm]: **to ~ sthg (with)** [office] inundar algo (de); **to ~ sb (with)** agobiar a alguien (con).

swampland ['swɒmplænd] *n* ciénaga *f*.

swampy ['swɒmpɪ] (*compar* **swampier**, *superl* **swampiest**) *adj* pantanoso(sa), cenagoso(sa).

swan [swɒn] *n* cisne *m*.

swan dive *n Am* SPORT salto *m* del ángel.

swank [swæŋk] *inf* ◇ *vi* darse humos, fanfarronear. ◇ *n* - **1**. *Br* [boasting] fanfarroneo *m*. - **2**. *Br* [boastful person] fanfarrón *m*, -ona *f*. - **3**. *Am* [luxury] lujo *m*, elegancia *f*. ◇ *adj* lujoso(sa), elegante.

swanky ['swæŋkɪ] (*compar* **swankier**, *superl* **swankiest**) *adj inf* lujoso(sa), elegante.

swansdown ['swɒnzdaʊn] *n* - **1**. [feathers] plumón *m* de cisne. - **2**. TEXTILES muletón *m*.

swansong ['swɒnsɒŋ] *n* canto *m* del cisne.

swap [swɒp] (*pt & pp* **swapped**, *cont* **swapping**) ◇ *n* cambio *m*, intercambio *m*. ◇ *vt* - **1**. [one thing]: **to ~ sthg (for/with)** cambiar algo (por/con). - **2**. [two things]: **to ~ sthg (over OR round)** [hats, chairs] cambiarse algo. - **3**. *fig* [stories, experiences] intercambiar algo; **to ~ places** cambiarse de sitio. ◇ *vi* hacer un intercambio.

swap meet *n Am* mercadillo *m* de segunda mano.

SWAPO ['swɑːpəʊ] (*abbr of* **South West Africa People's Organization**) *n* SWAPO *f*.

sward [swɔːd] *n arch & literary* césped *m*.

swarm [swɔːm] ◇ *n* - **1**. [of bees] enjambre *m*; [of ants] hormiguero *m*. - **2**. *fig* [of people] multitud *f*, tropel *m*. ◇ *vi* - **1**. [bees] enjambrar. - **2**. *fig* [people] ir en tropel; [place]: **to be ~ing (with)** estar abarrotado(da) (de).

swarthy ['swɔːðɪ] (*compar* **swarthier**, *superl* **swarthiest**) *adj* moreno(na).

swash [swɒʃ] ◇ *n* [sound] chapoteo *m*. ◇ *vt & vi* chapotear.

swashbuckler ['swɒʃˌbʌklə'] *n* [swordsman] espadachín *m*; [adventurer] aventurero *m*; [swaggerer] bravucón *m*.

swashbuckling ['swɒʃˌbʌklɪŋ] *adj* - **1**. [person] intrépido(da). - **2**. [film] de aventuras.

swastika ['swɒstɪkə] *n* esvástica *f*, cruz *f* gamada.

swat [swɒt] (*pt & pp* **swatted**, *cont* **swatting**) ◇ *vt* aplastar. ◇ *n* [gen] golpe *m* repentino; [with hand] manotazo *m*.

swatch [swɒtʃ] *n* muestra *f*.

swathe [sweɪð] ◇ *n* - **1**. [large area] extensión *f*; **to cut a ~ through sthg** arrasar OR asolar algo. - **2**. AGR ringlera *f*. - **3**. [strip of cloth] venda *f*. ◇ *vt esp literary* [gen] envolver; [in bandages] vendar.

swathed [sweɪðd] *adj esp literary*: **~ (in)** envuelto(ta) (en).

swatter ['swɒtə'] *n* matamoscas *m inv*.

sway [sweɪ] ◇ *vt* - **1**. [cause to sway] balancear. - **2**. [influence] convencer, persuadir. ◇ *vi* [move back and forth] balancearse; [from tiredness, drink] tambalearse. ◇ *n* - **1**. *fml* [influence]: **to hold ~ (over sthg/sb)** dominar (algo/a alguien); **to come under the ~ of** estar bajo el dominio de. - **2**. [rocking] balanceo *m*, oscilación *f*.

swayback ['sweɪbæk] *n* lomo *m* hundido.

Swazi ['swɑːzɪ] *n* [person] suazi *mf*.

Swaziland ['swɑːzɪlænd] *n* Suazilandia.

swear [sweə'] (*pt* **swore** [swɔː'], *pp* **sworn** [swɔːn]) ◇ *vt*: **to ~ (to do sthg)** jurar (hacer algo); **to ~ an oath** prestar juramento; **to ~ loyalty to sb** jurar fidelidad a alguien. ◇ *vi* - **1**. [state emphatically] jurar; **to ~ to sthg** jurar algo, afirmar algo bajo juramento; **to ~ by all that is holy** jurar por lo más sagrado. - **2**. [use swearwords] decir tacos, jurar; **to ~ at sb** insultar a alguien.

◆ **swear by** *vt fus inf* [method, remedy] confiar totalmente en.

◆ **swear in** *vt sep* JUR tomar juramento a.

◆ **swear off** *vt fus Br inf* prometer renunciar a.

swearword ['sweəwɜːd] *n* palabrota *f*, taco *m*.

sweat [swet] ◇ *n* - **1**. [perspiration] sudor *m*. - **2**. *inf* [hard work] trabajo *m* duro. - **3**. *inf* [state of anxiety]: **to be in a ~ about sthg** estar neura con algo ❑ **to be in a cold ~** sentir un sudor frío; **no ~** no es (ningún) problema, sin problemas. - **4**. *inf* [person]: **(old) ~** veterano *m*, -na *f*. ◇ *vi* - **1**. [perspire] sudar. - **2**. *inf* [worry] estar neura. - **3**. [work hard, suffer] sudar tinta china OR la gota gorda. - **4**. [ooze] rezumar. ◇ *vt* - **1**. [cause to perspire] hacer sudar. - **2**. [exude] sudar.

◆ **sweat out** *vt sep* [sudar]: **to ~ it out** *inf* pasar un mal trago.

sweatband ['swetbænd] *n* [for head] banda *f*; [for wrist] muñequera *f*.

sweatbox ['swetbɒks] *n* - **1**. [box] tina *f* de apelambrar. - **2**. [room] sudadero *m*.

sweated ['swetɪd] *adj*: **~ labour** [staff] mano de obra *f* explotada OR mal pagada; [work] explotación *f*.

sweater ['swetə'] *n* jersey *m*, suéter *m*, chompa *f Amér*.

sweat gland *n* glándula *f* sudorípara.

sweating ['swetɪŋ] *n* sudor *m*, transpiración *f*.

sweatshirt ['swetʃɜːt] *n* sudadera *f*.

sweatshop ['swetʃɒp] *n* fábrica donde se explota al obrero.

sweat suit *n* chándal *m*.

sweaty ['swetɪ] (*compar* **sweatier**, *superl* **sweatiest**) *adj* - **1**. [skin, person] sudoroso(sa); [clothes] sudado(da). - **2**. [room, atmosphere] cargado(da); [activity] agotador(ra).

swede [swiːd] *n Br* nabo *m* sueco.

Swede [swiːd] *n* sueco *m*, -ca *f*.

Sweden ['swiːdn] *n* Suecia.

Swedish ['swiːdɪʃ] ◇ *adj* sueco(ca). ◇ *n* [language] sueco *m*. ◇ *npl*: **the ~** los suecos.

sweep [swiːp] (*pt & pp* **swept** [swept]) ◇ *n* - **1**. [movement - of broom] barrido *m*; [- of arm, hand] movimiento *m* OR gesto *m* amplio; **in** OR **at one ~** de una vez ❑ **to make a clean ~** hacer tabla rasa, hacer borrón y cuenta nueva. - **2**. [by police] redada *f*. - **3**. [chimney sweep] deshollinador *m*, -ra *f*. - **4**. [curved line or area] curva *f*. - **5**. [range] gama *f*; [reach] alcance *m*. - **6**. [of electronic beam] rastreo *m*. ◇ *vt* - **1**. [with brush] barrer. - **2**. [with electronic beam] rastrear; [with eyes] recorrer. - **3**. [subj: ideas, disease] extenderse rápidamente por. - **4**. [for bugs or bombs] registrar. - **5**. [subj: sea, wave, wind] arrastrar; **the wind swept tiles from the roof** el viento arrancó tejas del tejado. - **6**. [push]: **she swept the papers off her desk** apartó los papeles de su escritorio. ◇ *vi* - **1**. [wind, rain]: **to ~ over** OR **across sthg** azotar algo. - **2**. [vehicle]: **to ~ along** ir a toda marcha. - **3**. [emotion, laughter, rumour]: **to ~ through sthg** extenderse por algo. - **4**. [person]: **to ~ past** pasar como un rayo. - **5**. [with brush] barrer.

◆ **sweep aside** *vt sep* [objections] rechazar.

◆ **sweep away** *vt sep* - **1**. [destroy] destruir completamente. - **2**. [carry away] arrastrar. - **3**. [clean] barrer.

◆ **sweep up** *vt sep & vi* barrer.

sweeper ['swiːpə'] *n* FTBL líbero *m*.

sweeping ['swiːpɪŋ] *adj* - **1**. [effect, change] radical, de gran envergadura. - **2**. [statement] demasiado general. - **3**. [curve, gesture] amplio(plia).

◆ **sweepings** *npl* basura *f*.

sweepstake ['swiːpsteɪk] *n* ≃ quiniela *f* hípica.

sweet [swiːt] ◇ *adj* - **1**. [gen] dulce; [sugary] azucarado(da). - **2**. [feelings] placentero(ra). - **3**. [smell] fragante, perfumado(da). - **4**. [sound, voice] melodioso(sa). - **5**. [kind, generous] amable; **to keep sb ~** *Br* tener contento(ta) a alguien. - **6**. [air, breath, water] fresco(ca). - **7**. [cute] encantador(ra), adorable. - **8**. *inf dated* [in love]: **to be ~ on sb** estar enamorado(da) de alguien. - **9**. *phr*: **to go one's own ~ way** hacer lo que a uno le viene en gana OR le da la real gana. ◇ *n* - **1**. *Br* [candy] caramelo *m*, golosina *f*. - **2**. *Br* [dessert] postre *m*. - **3**. [term of address]: **my ~** mi amor, cariño.

sweet-and-sour *adj* agridulce.

sweetbread ['swiːtbred] *n* mollejas *fpl*.

sweetbrier [ˌswiːt'braɪəʳ] *n* eglantina *f*.

sweet chestnut *n* castaño *m*.

sweet cider *n Br* sidra *f* dulce.

sweet corn *n* maíz *m*.

sweeten ['swiːtn] *vt* - **1.** [food, drink] endulzar. - **2.** [mollify, soften] suavizar, aplacar. - **3.** *inf* [bribe] untar la mano a, sobornar.

sweetener ['swiːtnəʳ] *n* - **1.** [substance] edulcorante *m*. - **2.** *inf* [bribe] especie *f* de soborno.

sweetening ['swiːtnɪŋ] *n* - **1.** [substance] edulcorante *m*. - **2.** [process] endulzamiento *m*.

sweet FA *n v inf Br* : **he does ~ around the house** no hace ni el huevo en casa.

sweetheart ['swiːthɑːt] *n* - **1.** [term of endearment] cariño *m*. - **2.** [boyfriend or girlfriend] amor *m*, novio *m*, -via *f*.

sweetie ['swiːtɪ] *n inf* - **1.** [darling] cielo *m*; **he's a real ~** es un encanto. - **2.** *Br baby talk* [sweet] caramelo *m*.

sweetiepie ['swiːtɪpaɪ] *n* = **sweetie** *sense 1*.

sweetly ['swiːtlɪ] *adv* - **1.** [pleasantly, kindly] con dulzura; [cutely] de un modo gracioso OR simpático; **she smiled at him ~** le sonrió con dulzura. - **2.** [smoothly] con suavidad; [accurately] con precisión. - **3.** [musically] de un modo armonioso OR melódico; **she sings very ~** tiene una voz muy melódica.

sweetmeat ['swiːtmiːt] *n arch* dulce *m*, confitura *f*.

sweetness ['swiːtnɪs] *n* - **1.** [gen] dulzura *f*. - **2.** [of taste] dulzor *m*. - **3.** [of smell] fragancia *f*. - **4.** [of sound] melodía *f*.

sweet pea *n* guisante *m* de olor.

sweet pepper *n* pimiento *m* morrón.

sweet potato *n* batata *f*, boniato *m*.

sweet shop *n Br* confitería *f*.

sweet talk *n* (U) *inf* lisonjas *fpl*, palabras *fpl* bonitas.
◆ **sweet-talk** *vt* lisonjear, engatusar; **he ~ed her into doing it** la engatusó para que lo hiciera.

sweet tooth *n inf*: **to have a ~** ser goloso(sa).

sweet william *n* minutisa *f*.

swell [swel] (*pt* **swelled**, *pp* **swollen** ['swəuln] OR **swelled**) ◇ *vi* - **1.** [become larger] hincharse; **to ~ with pride** llenarse de orgullo. - **2.** [balloon, sails] inflarse. - **3.** [population, membership, crowd] aumentar. - **4.** [sound] aumentar, subir. - **5.** [tide, river] subir, crecer. ◇ *vt* - **1.** [numbers etc] aumentar. - **2.** [distend] hinchar. ◇ *n* [of sea] oleaje *m*. ◇ *adj Am inf* estupendo(da), fenomenal.
◆ **swell out** ◇ *vi* inflarse. ◇ *vt sep* inflar.
◆ **swell up** *vi* [eyes, joint] hincharse.

swelled head [sweld-] *n* = **swollen head**.

swelling ['swelɪŋ] *n* - **1.** MED hinchazón *f*. - **2.** [increase] aumento *m*.

swelter ['sweltəʳ] *vi* sofocarse de calor, achicharrarse.

sweltering ['sweltərɪŋ] *adj* - **1.** [weather] abrasador(ra), sofocante. - **2.** [person] achicharrado(da).

swept [swept] *pt & pp* → **sweep**.

swept-back *adj* AERON en flecha.

swerve [swɜːv] ◇ *vi* [car, driver, runner] virar bruscamente; [ball] desviarse. ◇ *n* [of car, runner] viaje *m* brusco; [of ball] desviación *f*.

swift [swɪft] ◇ *adj* - **1.** [fast] rápido(da). - **2.** [prompt] pronto(ta). ◇ *n* [bird] vencejo *m*.

swift-footed *adj literary* raudo(da).

swiftly ['swɪftlɪ] *adj* - **1.** [quickly] rápidamente. - **2.** [promptly] prontamente, con prontitud.

swiftness ['swɪftnɪs] *n* - **1.** [quickness] rapidez *f*, ligereza *f*. - **2.** [promptness] prontitud *f*.

swig [swɪg] (*pt & pp* **swigged**, *cont* **swigging**) *inf* ◇ *vt* beber a grandes tragos. ◇ *n* trago *m*.

swill [swɪl] ◇ *n* [pig food] bazofia *f*. ◇ *vt* - **1.** *Br* [wash] enjuagar. - **2.** *inf* [drink] beber a tragos.

swim [swɪm] (*pt* **swam** [swæm], *pp* **swum** [swʌm], *cont* **swimming**) ◇ *n* baño *m*; **to go for a ~** ir a nadar OR a darse un baño □ **to be in the ~** *fig* estar al día. ◇ *vi* - **1.** [in water] nadar; **to ~ across sthg** atravesar algo a nado; **to go swimming** ir a nadar. - **2.** [head, room] dar vueltas. - **3.** [be soaked] nadar, estar bañado(da); [float] flotar; **the salad was swimming in oil** la ensalada nadaba en aceite. ◇ *vt* - **1.** [river, lake] atravesar a nado. - **2.** [distance] nadar. - **3.** [a particular stroke] nadar a.

swim bladder *n* vejiga *f* natatoria.

swimmer ['swɪməʳ] *n* nadador *m*, -ra *f*.

swimming ['swɪmɪŋ] ◇ *n* natación *f*. ◇ *comp* [club, gala] de natación; [cap] de baño.

swimming baths *npl Br* piscina *f* municipal.

swimming cap *n* gorro *m* de baño.

swimming costume *n Br* bañador *m*, traje *m* de baño.

swimmingly ['swɪmɪŋlɪ] *adv Br inf* a las mil maravillas, espléndidamente.

swimming pool *n* piscina *f*, alberca *f Amér*.

swimming trunks *npl* bañador *m*.

swimsuit ['swɪmsuːt] *n* bañador *m*, traje *m* de baño.

swimwear ['swɪmweəʳ] *n* (U) trajes *mpl* de baño.

swindle ['swɪndl] ◇ *n* estafa *f*, timo *m*, calote *m Amér*. ◇ *vt* estafar, timar; **to ~ sb out of sthg** estafar a alguien algo.

swindler ['swɪndləʳ] *n* estafador *m*, -ra *f*, timador *m*, -ra *f*.

swine [swaɪn] *n inf pej* [person] cerdo *m*, -da *f*, canalla *mf*.

swineherd ['swaɪnhɜːd] *n* porquero *m*, -ra *f*.

swing [swɪŋ] (*pt & pp* **swung** [swʌŋ]) ◇ *n* - **1.** [child's toy] columpio *m*; **it's ~s and roundabouts** *fig* lo comido por lo servido; **what you lose on the ~s you gain on the roundabouts** *fig* lo que se pierde por un lado se gana por el otro. - **2.** [change] cambio *m* brusco; POL viraje *m*. - **3.** [sway] meneo *m*, balanceo *m*; [of pendulum] oscilación *f*, balanceo *m*; **a ~ to the right/left** un giro a la derecha/izquierda. - **4.** MUS [rhythm] ritmo *m*; [in jazz] swing *m*. - **5.** *inf* [blow]: **to take a ~ at sb** intentar golpear a alguien. - **6.** *phr* : **to be in full ~** estar en plena marcha; **to get into the ~ of** cogerle la marcha a; **to go with a ~** [business, party] ir OR marchar sobre ruedas. ◇ *vt* - **1.** [move back and forth] balancear. - **2.** [move in a curve - car etc] hacer virar bruscamente; [- steering wheel] girar. - **3.** [move in sweeping motion]: **she swung her jacket over her shoulder** se echó la chaqueta al hombro; **I swung myself into the saddle** me subí a la silla de un salto. - **4.** *inf* [manage] lograr, hacerse con. ◇ *vi* - **1.** [move back and forth] balancearse, oscilar; [on swing] columpiarse. - **2.** [move in a curve] girar; **to ~ open** abrirse. - **3.** [turn]: **to ~ round** volverse, girarse. - **4.** [hit out]: **to ~ at sb** intentar golpear a alguien. - **5.** [change] virar, cambiar; **to ~ into action** ponerse en acción. - **6.** *inf dated* [be hanged] ser colgado(da); **you'll ~ for this!** ésta la vas a pagar. - **7.** *inf dated* [be fashionable] estar de moda. - **8.** *inf* [party] animarse. - **9.** *inf* [music, band] tener ritmo.
◆ **swing to** *vi* [door, gate] cerrarse.

swingboat ['swɪŋbəut] *n* columpio en forma de barca que hay en las ferias y parques de atracciones.

swing bridge *n* puente *m* giratorio.

swing door *n* puerta *f* oscilante.

swingeing ['swɪndʒɪŋ] *adj esp Br* severo(ra).

swinger ['swɪŋəʳ] *n inf dated* [fashionable person] persona *f* que está a la última (moda).

swinging ['swɪŋɪŋ] *adj* - **1.** *inf* [lively] alegre. - **2.** *inf* [uninhibited] liberal. - **3.** [rhythmic] rítmico(ca). - **4.** *inf dated* [fashionable] a la última (moda), supermoderno(na).

swinish ['swaɪnɪʃ] *adj* cochino(na).

swipe [swaɪp] ◇ *n*: **to take a ~ at sthg** intentar golpear algo. ◇ *vt* - **1.** *inf* [steal] birlar. - **2.** [hit] dar un tortazo a, golpear. ◇ *vi*: **to ~ at sthg** intentar golpear algo.

swirl [swɜːl] ◇ *n* remolino *m*. ◇ *vt* dar vueltas a. ◇ *vi* arremolinarse.

swish [swɪʃ] ◇ *n* [of curtains, dress] crujido *m*, frufrú *m*; [of tail] meneo *m*; [of whip] chasquido *m*. ◇ *vt* [tail] agitar, menear. ◇ *ví* [curtains, dress] crujir; [whip] dar un chasquido. ◇ *adj Br inf* [smart] elegante, de postín.

Swiss [swɪs] ◇ *adj* suizo(za). ◇ *n* [person] suizo *m*, -za *f*. ◇ *npl*: **the** ~ los suizos.

Swiss cheese *n* queso *m* suizo *(gruyere, emmenthal etc)*.

Swiss Guard *n* - **1.** [papal bodyguard] guardia *f* suiza. - **2.** HIST [in France] miembro *m* de las tropas suizas; **the** ~ las tropas suizas.

swiss roll *n Br* brazo *m* de gitano.

switch [swɪtʃ] ◇ *n* - **1.** [control device] interruptor *m*, suiche *m Amér.* - **2.** [change] cambio *m* completo, viraje *m*. - **3.** *Am* RAIL aguja *f*. - **4.** [flexible stick] látigo *m*. - **5.** [hairpiece] postizo *m*. - **6.** ZOOL [hair on tail] mechón *m*. ◇ *vt* - **1.** [change] cambiar de; **to** ~ **one's attention to sthg** dirigir la atención a OR hacia algo. - **2.** [swap] intercambiar. - **3.** *Am* RAIL desviar. ◇ *vi*: **to** ~ **(to/from)** cambiar (a/de); **to** ~ **from oil to gas** cambiar de aceite a gas.

◆ **switch off** ◇ *vt sep* [light, radio etc] apagar; [engine] parar, apagar; [current] desconectar. ◇ *vi* [stop concentrating] *inf* desconectar, dejar de prestar atención.

◆ **switch on** *vt sep* [light, radio etc] encender; [engine] poner en marcha; [current] conectar.

◆ **switch over** *vi* - **1.** = **switch.** - **2.** [change TV channel] cambiar de canal.

◆ **switch round** ◇ *vt sep* cambiar de sitio. ◇ *vi* cambiarse de sitio.

switchback ['swɪtʃbæk] *n* - **1.** [road] carretera *f* en zigzag. - **2.** *Br* [roller coaster] montaña *f* rusa.

switchblade ['swɪtʃbleɪd] *n Am* navaja *f* automática.

switchboard ['swɪtʃbɔːd] *n* - **1.** TELEC centralita *f*, conmutador *m Amér.* - **2.** ELEC tablero *m* OR cuadro *m* de distribución.

switchboard operator *n* telefonista *mf*.

Switch (card)® *n Br* tarjeta *f* de débito; **to pay by** ~ pagar con tarjeta de débito.

switched-on [swɪtʃt-] *adj inf* al día, a la última.

switchgear ['swɪtʃɡɪər] *n* dispositivos *mpl* de distribución.

switch-hitter *n Am* - **1.** SPORT bateador *m* ambidiestro. - **2.** *inf* [bisexual] bisexual *mf*.

switchman ['swɪtʃmən] *(pl* **switchmen** [-mən]) *n Am* guardagujas *m inv*.

switchover ['swɪtʃəʊvər] *n* [to another method, system] cambio *m*.

switchyard ['swɪtʃjɑːd] *n Am* patio *m* de maniobras.

Switzerland ['swɪtsələnd] *n* Suiza.

swivel ['swɪvl] *(Br pt & pp* **swivelled,** *cont* **swivelling,** *Am pt & pp* **swiveled,** *cont* **swiveling)** ◇ *vt* hacer girar. ◇ *vi* girar. ◇ *n* pivote *m*.

swivel chair *n* silla *f* giratoria.

swiz(z) [swɪz] *n Br inf* robo *m*, timo *m*; **what a** ~! ¡vaya robo!

swizzle ['swɪzl] *n* - **1.** *Br inf* = **swiz(z).** - **2.** *Am* [cocktail] cóctel *m* (en vaso mezclador).

swizzle stick *n* agitador *m*, varilla *f* de cóctel.

swollen ['swəʊln] ◇ *pp* → **swell.** ◇ *adj* [ankle, leg etc] hinchado(da); [river] crecido(da).

swollen head *n*: **to get a** ~ **about sthg** engreírse por algo.

swollen-headed *adj inf* creído(da).

swoon [swuːn] ◇ *vi* - **1.** *literary & hum* [become ecstatic] deshacerse. - **2.** *dated* [faint] desvanecerse, desmayarse. ◇ *n* desmayo *m*, desvanecimiento *m*.

swoop [swuːp] ◇ *n* - **1.** [of bird] calada *f*; [of plane] descenso *m* en picado; **in one fell** ~ de un golpe. - **2.** [raid] redada *f*. ◇ *vi* - **1.** [move downwards] caer en picado. - **2.** [move quickly] atacar por sorpresa.

swoosh [swuːʃ] *vi inf* [water] salir a chorros; [vehicle, tyres] silbar; [whip, cane] silbar.

swop [swɒp] *(pt & pp* **swopped,** *cont* **swopping)** *n, vt & vi* = **swap.**

sword [sɔːd] *n* espada *f*; **to put sb to the** ~ pasar a cuchillo a alguien ❑ **to cross** ~**s (with)** habérselas (con); **he who lives by the** ~ **dies by the** ~ quien a hierro mata a hierro muere; **to turn** ~**s into ploughshares** hacer las paces.

sword dance *n* danza *f* de las espadas.

sword-fight *n* [between two people] duelo *m* con espadas; [between several people] lucha *f* con espadas.

swordfish ['sɔːdfɪʃ] *(pl inv* OR **swordfishes)** *n* pez *m* espada.

swordplay ['sɔːdpleɪ] *n* esgrima *f*.

swordsman ['sɔːdzmən] *(pl* **swordsmen** [-mən]) *n* espadachín *m*.

swordsmanship ['sɔːdzmənʃɪp] *n* arte *m* de la esgrima, manejo *m* de la espada.

swordsmen ['sɔːdzmən] *pl* → **swordsman.**

swordstick ['sɔːdstɪk] *n* bastón *m* de estoque.

sword-swallower *n* tragasables *mf inv*.

swore [swɔːr] *pt* → **swear.**

sworn [swɔːn] ◇ *pp* → **swear.** ◇ *adj* - **1.** [committed]: **to be** ~ **enemies** ser enemigos implacables. - **2.** JUR jurado(da).

swot [swɒt] *(pt & pp* **swotted,** *cont* **swotting)** *Br inf* ◇ *n pej* empollón *m*, -ona *f*. ◇ *vi*: **to** ~ **(for)** empollar (para).

◆ **swot up** *inf* ◇ *vt sep* empollar. ◇ *vi*: **to** ~ **up (on sthg)** empollar (algo)..

swum [swʌm] *pp* → **swim.**

swung [swʌŋ] *pt & pp* → **swing.**

swung dash *n* tilde *f*.

sybarite ['sɪbəraɪt] *n literary* sibarita *mf*.

sycamore ['sɪkəmɔːr] *n* sicomoro *m*.

sycophancy ['sɪkəfənsɪ] *n* adulación *f*.

sycophant ['sɪkəfænt] *n* adulador *m*, -ra *f*.

sycophantic [ˌsɪkəˈfæntɪk] *adj* [person] adulador(ra); [behaviour, approval, praise] obsequioso(sa).

Sydney ['sɪdnɪ] *n* Sidney.

syllabi ['sɪləbaɪ] *pl* → **syllabus.**

syllabic [sɪˈlæbɪk] *adj* silábico(ca).

syllabicate [sɪˈlæbɪkeɪt] *vt* silabear, dividir en sílabas.

syllabication [sɪˌlæbɪˈkeɪʃn] *n* silabeo *m*.

syllabify [sɪˈlæbɪfaɪ] *(pt & pp* **sillabified)** *vt* = **syllabicate.**

syllable ['sɪləbl] *n* sílaba *f*.

syllabub ['sɪləbʌb] *n* postre de nata o leche y claras de huevo.

syllabus ['sɪləbəs] *(pl* **syllabuses** OR **syllabi** [-baɪ]) *n* programa *m* (de estudios).

syllogism ['sɪlədʒɪzm] *n* silogismo *m*.

syllogistic [ˌsɪləˈdʒɪstɪk] *adj* silogístico(ca).

sylph [sɪlf] *n* sílfide *f*.

sylphlike ['sɪlflaɪk] *adj literary* [figure] de sílfide, grácil; [woman] grácil.

sylvan ['sɪlvən] *adj literary* selvático(ca).

symbiosis [ˌsɪmbaɪˈəʊsɪs] *n lit & fig* simbiosis *f inv*.

symbiotic [ˌsɪmbaɪˈɒtɪk] *adj lit & fig* simbiótico(ca).

symbol ['sɪmbl] *n* símbolo *m*.

symbolic [sɪmˈbɒlɪk] *adj* simbólico(ca); **to be** ~ **of** ser un símbolo de.

symbolically [sɪmˈbɒlɪklɪ] *adv* simbólicamente.

symbolic language *n* lenguaje *m* simbólico.

symbolic logic *n* cálculo *m* simbólico.

symbolism ['sɪmbəlɪzm] *n* simbolismo *m*.

symbolist ['sɪmbəlɪst] ◇ *adj* simbolista. ◇ *n* simbolista *mf*.

symbolization [ˌsɪmbəlaɪˈzeɪʃn] *n* simbolización *f*.

symbolize, -ise ['sɪmbəlaɪz] *vt* simbolizar.

symmetrical [sɪˈmetrɪkl] *adj* simétrico(ca).

symmetrically [sɪˈmetrɪklɪ] *adv* simétricamente.

symmetry ['sɪmətrɪ] *n* simetría *f*.

sympathetic [ˌsɪmpəˈθetɪk] *adj* - **1.** [understanding] comprensivo(va). - **2.** [willing to support] favorable; ~ **to** bien dispuesto(ta) hacia. - **3.** [likable] agradable. - **4.** [compassionate] compasivo(va). - **5.** ANAT simpático(ca).

sympathetically [ˌsɪmpəˈθetɪklɪ] *adv* - **1.** [compassionately] con compasión OR lástima. - **2.** [with approval] con benevolencia. - **3.** ANAT por simpatía.

sympathize, -ise [ˈsɪmpəθaɪz] *vi* - **1.** [feel sorry]: **to** ~ **(with)** compadecerse (de). - **2.** [understand]: **to** ~ **(with sthg)** comprender (algo). - **3.** [support]: **to** ~ **with sthg** apoyar algo.

sympathizer, -iser [ˈsɪmpəθaɪzə'] *n* simpatizante *mf*.

sympathy [ˈsɪmpəθɪ] *n* - **1.** [understanding]: ~ **(for)** comprensión *f* (hacia). - **2.** [compassion]: ~ **(for)** compasión *f* (por). - **3.** [agreement] solidaridad *f*; **in** ~ **(with)** de acuerdo (con). - **4.** [support]: **in** ~ **(with)** en solidaridad (con), a favor (de).
◆ **sympathies** *npl* - **1.** [support] simpatías *fpl*; **her sympathies lie with the Communists** simpatiza con los comunistas. - **2.** [to bereaved person] pésame *m*.

sympathy strike *n* huelga *f* de solidaridad.

symphonic [sɪmˈfɒnɪk] *adj* sinfónico(ca).

symphony [ˈsɪmfənɪ] (*pl* **symphonies**) *n* sinfonía *f*.

symphony orchestra *n* orquesta *f* sinfónica.

symposium [sɪmˈpəʊzjəm] (*pl* **symposiums** OR **symposia** [-zjə]) *n fml* simposio *m*.

symptom [ˈsɪmptəm] *n lit & fig* síntoma *m*.

symptomatic [ˌsɪmptəˈmætɪk] *adj fml*: ~ **of sthg** sintomático(ca) (de).

synaeresis [sɪˈnɪərəsɪs] (*pl* **synaereses** [-siːz]) *n* = **syneresis**.

synagogue [ˈsɪnəɡɒɡ] *n* sinagoga *f*.

synapse [ˈsaɪnæps] *n* sinapsis *f inv*.

synaptic [sɪˈnæptɪk] *adj* sináptico(ca).

sync [sɪŋk] *inf* ◇ *n*: **out of** ~ desincronizado(da); **in** ~ sincronizado(da). ◇ *vt* sincronizar. ◇ *vi* ser sincrónico(ca).

synchromesh gearbox [ˈsɪŋkrəʊmeʃ-] *n* caja *f* de cambios sincronizada.

synchronic [sɪŋˈkrɒnɪk] *adj* sincrónico(ca).

synchronism [ˈsɪŋkrənɪzm] *n* sincronismo *m*.

synchronization [ˌsɪŋkrənaɪˈzeɪʃn] *n* sincronización *f*.

synchronize, -ise [ˈsɪŋkrənaɪz] ◇ *vt*: **to** ~ **sthg (with)** sincronizar algo (con). ◇ *vi* ser sincrónico(ca).

synchronized swimming [ˈsɪŋkrənaɪzd-] *n* ballet *m* acuático.

synchronizer [ˈsɪŋkrəʊnaɪzə'] *n* sincronizador *m*.

synchronous [ˈsɪŋkrənəs] *adj* - **1.** [simultaneous] sincrónico(ca). - **2.** ELEC & TECH síncrono(na).

syncline [ˈsɪŋklaɪn] *n* sinclinal *m*.

syncopate [ˈsɪŋkəpeɪt] *vt* sincopar.

syncopated [ˈsɪŋkəpeɪtɪd] *adj* sincopado(da).

syncopation [ˌsɪŋkəˈpeɪʃn] *n* síncopa *f*.

syncretism [ˈsɪŋkrɪtɪzm] *n* sincretismo *m*.

syndicalism [ˈsɪndɪkəlɪzm] *n* sindicalismo *m*.

syndicalist [ˈsɪndɪkəlɪst] ◇ *n* sindicalista revolucionario *m*, sindicalista revolucionaria *f*. ◇ *adj* sindicalista revolucionario (sindicalista revolucionaria).

syndicate [*n* ˈsɪndɪkət, *vb* ˈsɪndɪkeɪt] ◇ *n* - **1.** COMM & FIN sociedad *f*, sindicato *m*. - **2.** PRESS agencia *f* de prensa. ◇ *vt* - **1.** COMM & FIN [loan] sindicar. - **2.** [sell & PRESS] vender a través de agencia. ◇ *vi* asociarse, sindicarse.

syndication [ˌsɪndɪˈkeɪʃn] *n* sindicalización *f*.

syndrome [ˈsɪndrəʊm] *n* síndrome *m*.

syneresis [sɪˈnɪərəsɪs] (*pl* **synereses** [-siːz]) *n* sinéresis *f inv*.

synergy [ˈsɪnədʒɪ] (*pl* **synergies**) *n* sinergia *f*.

synfuel [ˈsɪnfjʊəl] *n* combustible *m* sintético.

synod [ˈsɪnəd] *n* sínodo *m*.

synodic [sɪˈnɒdɪk] *adj* sinódico(ca).

synonym [ˈsɪnənɪm] *n*: ~ **(for** OR **of)** sinónimo *m* (de).

synonymous [sɪˈnɒnɪməs] *adj*: ~ **(with)** sinónimo(ma) (de).

synonymy [sɪˈnɒnɪmɪ] *n* sinonimia *f*.

synopsis [sɪˈnɒpsɪs] (*pl* **synopses** [-siːz]) *n* sinopsis *f inv*.

synoptic [sɪˈnɒptɪk] *adj* sinóptico(ca).

syntactic [sɪnˈtæktɪk] *adj* sintáctico(ca).

syntactically [sɪnˈtæktɪklɪ] *adv* sintácticamente.

syntactics [sɪnˈtæktɪks] *n (U)* sintaxis *f inv*.

syntax [ˈsɪntæks] *n* sintaxis *f inv*.

synthesis [ˈsɪnθəsɪs] (*pl* **syntheses** [-siːz]) *n* síntesis *f inv*.

synthesize, -ise [ˈsɪnθəsaɪz] *vt* sintetizar.

synthesizer [ˈsɪnθəsaɪzə'] *n* sintetizador *m*.

synthetic [sɪnˈθetɪk] ◇ *adj* - **1.** [man-made] sintético(ca). - **2.** *pej* [insincere] artificial. ◇ *n* material *m* sintético.
◆ **synthetics** *npl* [clothing] prendas *fpl* de fibra sintética.

synthetically [sɪnˈθetɪklɪ] *adv* sintéticamente.

syphilis [ˈsɪfɪlɪs] *n* sífilis *f inv*.

syphilitic [ˌsɪfɪˈlɪtɪk] ◇ *adj* sifilítico(ca). ◇ *n* sifilítico *m*, -ca *f*.

syphon [ˈsaɪfn] *n* = **siphon**.

Syria [ˈsɪrɪə] *n* Siria.

Syrian [ˈsɪrɪən] ◇ *adj* sirio(ria). ◇ *n* [person] sirio *m*, -ria *f*.

Syrian Desert *n*: **the** ~ el desierto sirio.

syringa [sɪˈrɪŋɡə] *n* jeringuilla *f*, celinda *f*.

USAGE ▶ Sympathy

Reacting sympathetically

Lo siento mucho.
Si hay algo que pueda hacer...
¡Qué pena!
¡Qué mala suerte!
¡(No sabes) cuánto lo siento!
Te compadezco.
¡Pobre hombre/mujer!

When someone is ill

▶ *written style:*
Confiamos en su pronta recuperación.

▶ *spoken style:*
¡Que te mejores!
¡Cuídate!
¡Que te recuperes pronto!

When someone has died

▶ *written style:*
Queremos hacerle llegar nuestro más sentido pésame por el fallecimiento de su querido padre.
Hemos recibido con mucho dolor la noticia del fallecimiento de su padre.
Le expreso mis más sinceras condolencias en estos momentos tan difíciles.
Es causa de verdadero pesar para todos nosotros la noticia del fallecimiento de su querida esposa.
Reciba mi más sincero pésame por la muerte de su hermano.

▶ *written/spoken style:*
Le acompaño en el sentimiento.
Mi más sincero pésame.
Lo siento mucho.
Lamento mucho lo de su padre.

syringe [sɪˈrɪndʒ] (*cont* **syringeing**) ◇ *n* jeringa *f*, jeringuilla *f*. ◇ *vt* jeringar.

syrup [ˈsɪrəp] *n (U)* - **1.** CULIN almíbar *m*. - **2.** MED jarabe *m*.

systaltic [sɪˈstæltɪk] *adj* sistáltico(ca).

system [ˈsɪstəm] *n* - **1.** [gen] sistema *m*; [of central heating etc] instalación *f*; **digestive** ~ aparato *m* digestivo; **all** ~**s go!** ¡esto marcha! - **2.** [network] red *f*; **transport** ~ red de transportes. - **3.** [human body] organismo *m*; **to get sthg out of one's** ~ *inf fig* sacarse algo de encima.

systematic [ˌsɪstəˈmætɪk] *adj* sistemático(ca).

systematically [ˌsɪstəˈmætɪklɪ] *adv* sistemáticamente, de un modo sistemático.

systematization [ˌsɪstɪmətaɪˈzeɪʃn] *n* sistematización *f*.

systematize, -ise [ˈsɪstəmətaɪz] *vt* sistematizar.

system disk *n* COMPUT disco *m* del sistema.

systemic [sɪsˈtemɪk] *adj* sistémico(ca).

systemize, -ise [ˈsɪstəmaɪz] *vt* = **systematize**.

systems analyst [ˈsɪstəmz-] *n* COMPUT analista *mf* de sistemas.

systems engineer [ˈsɪstəmz-] *n* COMPUT ingeniero *m*, -ra *f* de sistemas.

system software *n* COMPUT software *m* del sistema.

systole [ˈsɪstəlɪ] *n* sístole *f*.

T

t (*pl* **t's** OR **ts**), **T** (*pl* **T's** OR **Ts**) [tiː] *n* [letter] t *f*, T *f*; **to a T** a la perfección; **to fit to a T** quedar como anillo al dedo.

ta [tɑː] *excl Br inf* ¡gracias!

TA *n written abbr of* **Territorial Army**.

tab [tæb] *n* - **1.** [of cloth] etiqueta *f*. - **2.** [of metal, card etc] lengüeta *f*. - **3.** *Am* [bill] cuenta *f*; **to pick up the** ~ *fig* pagar los platos rotos. - **4.** COMPUT (*abbr of* **tabulator**) tab. - **5.** AERON aleta *f*. - **6.** *phr:* **to keep** ~**s on sb** vigilar de cerca a alguien.

Tabasco sauce® [təˈbæskəʊ-] *n* tabasco® *m*.

tabby [ˈtæbɪ] (*pl* **tabbies**) *n:* ~ **(cat)** gato *m* atigrado.

tabernacle [ˈtæbənækl] *n* - **1.** BIBLE tabernáculo *m*. - **2.** [place of worship] templo *m*, santuario *m*. - **3.** [box to hold Eucharist] tabernáculo *m*.

tab key *n* COMPUT (tecla *f* del) tabulador *m*.

tablature [ˈtæblətʃəʳ] *n* notación *f* cifrada, entabladura *f*.

table [ˈteɪbl] ◇ *n* - **1.** [piece of furniture] mesa *f*; [small] mesilla *f*; **to set** OR **lay the** ~ poner la mesa; **to clear the** ~ quitar la mesa. - **2.** [people seated] mesa *f*; [for meal] comensales *mpl*. - **3.** *fml & dated* [food] mesa *f*, comida *f*; **to keep a good** ~ dar muy bien de comer. - **4.** [diagram] tabla *f*; SPORT clasificación *f*, tabla *f* □ ~ **of contents** índice *m* (de materias). - **5.** GEOGR meseta *f*. - **6.** BIBLE: **the Tables of the Law** las Tablas de la Ley. - **7.** *phr:* **under the** ~ *inf* [covertly] bajo cuerda; **to be under the** ~ *inf* estar borracho(cha) como una cuba; **to drink sb under the** ~ *inf* aguantar la bebida más que alguien; **to turn the** ~**s on sb** volver las tornas a alguien. ◇ *vt* - **1.** *Br* [propose] presentar; **to** ~ **a motion** presentar una moción. - **2.** *Am* [postpone] aplazar, posponer; **to** ~ **a bill** aplazar la discusión de un proyecto de ley. - **3.** [tabulate] tabular.

tableau [ˈtæbləʊ] (*pl* **tableaux** [-bləʊz] OR **tableaus**) *n* cuadro *m* viviente.

tableau vivant [-viˈvɑ̃] *n* cuadro *m* vivo.

tablecloth [ˈteɪblklɒθ] *n* mantel *m*.

table d'hôte [ˈtɑːblˌdəʊt] *n:* **the** ~ el menú.

table lamp *n* lámpara *f* de mesa.

tableland [ˈteɪblænd] *n* - **1.** [plateau] meseta *f*. - **2.** [elevated region] altiplano *m*.

table licence *n licencia para la venta de bebidas alcohólicas sólo con la comida.*

table linen *n* mantelería *f*.

table manners *npl* modales *mpl* en la mesa.

tablemat [ˈteɪblmæt] *n* salvamanteles *m inv*.

Table Mountain *n* Montaña *f* de la Tabla.

table salt *n* sal *f* de mesa.

tablespoon [ˈteɪblspuːn] *n* - **1.** [spoon] cuchara *f* grande (*para servir*). - **2.** [spoonful] cucharada *f* (grande).

tablespoonful [ˈteɪblˌspuːnful] *n* cuchara *f* (grande).

tablet [ˈtæblɪt] *n* - **1.** [of soap] pastilla *f*; [of chocolate] tableta *f*. - **2.** [pill] pastilla *f*. - **3.** [of stone - for memorial] lápida *f*; [- for writing] tableta *f*, tablilla *f*. - **4.** [notepad] bloc *m*.

table talk *n* conversación *f* de sobremesa.

table tennis *n* tenis *m* de mesa, ping-pong *m*.

table top *n* tablero *m* de mesa.

tableware [ˈteɪblweəʳ] *n* servicio *m* de mesa, vajilla *f*.

table wine *n* vino *m* de mesa.

tabloid [ˈtæblɔɪd] *n:* **the** ~**s** los periódicos sensacionalistas; ~ **(newspaper)** tabloide *m*.

taboo [təˈbuː] (*pl* **taboos**) ◇ *adj* tabú. ◇ *n* tabú *m*.

tabor [ˈteɪbəʳ], **tabour** *n* tamboril *m*.

tabular [ˈtæbjʊləʳ] *adj* tabular.

tabula rasa [ˌtæbjʊləˈrɑːzə] (*pl* **tabulae rasae** [ˈtæbjʊliːˈrɑːziː]) *n* tábula *f* rasa, tabla *f* rasa.

tabulate [ˈtæbjʊleɪt] *vt* tabular.

tabulation [ˌtæbjʊˈleɪʃn] *n* tabulación *f*.

tabulator [ˈtæbjʊleɪtəʳ] *n* tabulador *m*.

tachograph [ˈtækəgrɑːf] *n* tacógrafo *m*.

tachometer [tæˈkɒmɪtəʳ] *n* tacómetro *m*.

tacit [ˈtæsɪt] *adj fml* tácito(ta).

tacitly [ˈtæsɪtlɪ] *adv* de un modo tácito, tácitamente.

taciturn [ˈtæsɪtɜːn] *adj fml* taciturno(na).

tack [tæk] ◇ *n* - **1.** [nail] tachuela *f*. - **2.** NAUT bordada *f*. - **3.** *fig* [course of action] táctica *f*; **to change** ~ cambiar de táctica. - **4.** *Br* SEWING hilván *m*. ◇ *vt* - **1.** [fasten with nail] fijar con tachuelas. - **2.** SEWING hilvanar. ◇ *vi* NAUT virar.

◆ **tack on** *vt sep inf* [add] añadir.

tackily [ˈtækɪlɪ] *adv* [shoddily] de un modo lastimoso; [in bad taste] con mal gusto.

tackle [ˈtækl] ◇ *n* - **1.** FTBL entrada *f*. - **2.** RUGBY placaje *m*. - **3.** *(U)* [equipment] equipo *m*, aparejos *mpl*; **fishing** ~ aparejos *mpl* OR avíos *mpl* de pescar. - **4.** [for lifting] aparejo *m*.

- 5. NAUT [rigging] aparejo *m*, jarcias *fpl.* ◇ *vt* **- 1.** [deal with - job] emprender; [- problem] abordar. **- 2.** FTBL entrar, hacer una entrada a. **- 3.** RUGBY placar. **- 4.** [attack] atacar, arremeter. **- 5.** [talk to]: **to ~ sb about** OR **on sthg** discutir algo con alguien. ◇ *vi* **- 1.** FTBL hacer una entrada. **- 2.** RUGBY hacer un placaje.

tackling ['tæklɪŋ] *n* **- 1.** SPORT placaje *m.* **- 2.** [of problem, job] modo *m* de abordar.

tacky ['tæki] (*compar* **tackier**, *superl* **tackliest**) *adj* **- 1.** *inf* [cheap and nasty] cutre; [ostentatious and vulgar] hortera. **- 2.** [sticky] pegajoso(sa).

taco ['tækəu] (*pl* **tacos**) *n* taco *m.*

tact [tækt] *n* tacto *m*, discreción *f.*

tactful ['tæktful] *adj* discreto(ta).

tactfully ['tæktfuli] *adv* discretamente.

tactic ['tæktɪk] *n* táctica *f.*

◆ **tactics** *n (U)* MIL táctica *f.*

tactical ['tæktɪkl] *adj* [gen] estratégico(ca); [weapons] táctico(ca).

tactically ['tæktɪkli] *adv* tácticamente, desde el punto de vista táctico; **to vote ~** dar un voto útil.

tactical voting *n Br* voto *m* útil, votación *f* táctica.

tactician [tæk'tɪʃn] *n* táctico *m*, -ca *f.*

tactile ['tæktaɪl] *adj* táctil.

tactless ['tæktlɪs] *adj* indiscreto(ta), falto(ta) de tacto.

tactlessly ['tæktlɪsli] *adv* indiscretamente.

tactlessness ['tæktlɪsnɪs] *n* indiscreción *f*, falta *f* de tacto.

tactual ['tæktjuəl] *adj* táctil.

tad [tæd] *n Am inf* [small bit]: **the coat is a ~ expensive** el abrigo es un pelín caro.

tadpole ['tædpəul] *n* renacuajo *m.*

Tadzhik [tɑː'dʒiːk] *n* tayik *mf*, tadzhik *mf.*

Tadzhiki [tɑː'dʒiːki] ◇ *adj* tayik, tadzhik. ◇ *n* tayik *mf*, tadzhik *mf.*

Tadzhikistan [tɑːdʒɪkɪ'stɑːn] *n* (el) Tayikistán.

taffeta ['tæfɪtə] *n* tafetán *m.*

taffrail ['tæfreɪl] *n* **- 1.** [rail] pasamanos *m inv.* **- 2.** [upper part of transom] coronamiento *m.*

taffy ['tæfi] (*pl* **taffies**) *n Am* caramelo *m* de melaza.

Taffy ['tæfi] *n inf pej & hum* término despectivo o humorístico para designar a un galés.

tag [tæg] (*pt & pp* **tagged**, *cont* **tagging**) ◇ *n* **- 1.** [of cloth, paper] etiqueta *f.* **- 2.** [game] pillapilla *f*, corre-que-te-pillo *m*, pillarse *m Amér.* **- 3.** COMPUT código *m*, etiqueta *f.* **- 4.** [on shoelace] herrete *m.* **- 5.** [quotation] cita *f*; [cliché] tópico *m*, cliché *m.* ◇ *vt* **- 1.** [package, garment] etiquetar; [animal] identificar; *fig* [person] etiquetar. **- 2.** *Am* [follow] seguir de cerca.

◆ **tag along** *vi inf* pegarse, engancharse.

◆ **tag on** *vt sep* añadir, agregar. ◇ *vi inf*: **to ~ on to sb** seguir a alguien.

tagliatelle [tæljə'teli] *n (U)* tallarines *npl.*

tag line *n* **- 1.** [punchline] gracia *f*, punto *m.* **- 2.** [slogan] eslogan *m.*

tag question *n* coletilla *f* interrogativa.

Tagus ['teɪgəs] *n*: **the ~** el Tajo.

tahini [tə'hiːni] *n* CULIN tahín *m*, pasta de semillas de sésamo.

Tahiti [tɑː'hiːti] *n* Tahití.

Tahitian [tɑː'hiːʃn] ◇ *adj* tahitiano(na). ◇ *n* tahitiano *m*, -na *f.*

tail [teɪl] ◇ *n* **- 1.** [of animal] cola *f*; **to be on sb's ~** *fig* [subj: police] seguir el rastro a alguien; **to turn ~** *fig* poner pies en polvorosa; **with one's ~ between one's legs** *fig* [person] con el rabo entre las piernas. **- 2.** [of coat, shirt] faldón *m.* **- 3.** [of kite, comet, aircraft] cola *f.* **- 4.** [end - of storm, journey, procession] final *m*; [- of queue] final *m.* **- 5.** *inf* [follower] espía *mf.* **- 6.** *Am inf* [buttocks] trasero *m.* ◇ *comp* trasero(ra). ◇ *vt* **- 1.** *inf* [follow] seguir de cerca. **- 2.** [animal] cortar la cola a, desrabar.

◆ **tails** *npl* **- 1.** [formal dress] frac *m.* **- 2.** [side of coin] cruz *f.*

◆ **tail back** *vi* [traffic] formar una caravana.

◆ **tail off** *vi* **- 1.** [voice] ir debilitándose; [sound] ir disminuyendo. **- 2.** [interest, sales etc] ir descendiendo.

tail assembly *n* AERON ensamblaje *m* de cola.

tailback ['teɪlbæk] *n Br* cola *f*, caravana *f.*

tailboard ['teɪlbɔːd] *n* portón *m.*

tailcoat [ˌteɪl'kəut] *n* frac *m.*

tail end *n* [of story, summer] parte *f* final; [of procession] parte *f* trasera.

tail feather *n* pena *f*, pluma *f* grande.

tailgate ['teɪlgeɪt] ◇ *n* [of hatchback car] portón *m.* ◇ *vt inf* pegarse demasiado a.

taillight ['teɪllaɪt], **tail lamp** *n* luz *f* trasera, piloto *m.*

tailor ['teɪlə'] ◇ *n* sastre *m.* ◇ *vt* **- 1.** [system, policy] adaptar. **- 2.** [garment] confeccionar a medida.

tailored ['teɪləd] *adj* **- 1.** [skirt, dress] entallado(da). **- 2.** [tailor-made] hecho(cha) a medida.

tailoring ['teɪlərɪŋ] *n* **- 1.** [craft] sastrería *f.* **- 2.** [act] corte *m*, confección *f.*

tailor-made *adj* (hecho(cha)) a medida.

tailpiece ['teɪlpiːs] *n* [speech] coletilla *f*; [document] apéndice *m*; [in letter] posdata *f.*

tail pipe *n Am* tubo *m* de escape.

tailplane ['teɪlpleɪn] *n* plano *m* fijo de cola.

tail section *n* AERON (sección *f* de) cola *f.*

tailspin ['teɪlspɪn] *n* AERON barrena *f.*

tailwind ['teɪlwɪnd] *n* viento *m* de cola.

taint [teɪnt] ◇ *n* mancha *f*, mancilla *f.* ◇ *vt* **- 1.** [minds, morals] viciar; [honour, reputation] manchar, mancillar. **- 2.** [food, water] contaminar; [air] viciar.

tainted ['teɪntɪd] *adj* **- 1.** [reputation] manchado(da). **- 2.** *Am* [food] estropeado(da).

Taiwan [ˌtaɪ'wɑːn] *n* Taiwán.

Taiwanese [ˌtaɪwə'niːz] ◇ *adj* taiwanés(esa). ◇ *n* taiwanés *m*, -esa *f.*

Taj Mahal [ˌtɑːdʒmə'hɑːl] *n*: **the ~** el Taj Mahal.

take [teɪk] (*pt* **took** [tuk], *pp* **taken** ['teɪkən]) ◇ *vt* **- 1.** [gen] tomar; **~ a seat!** ¡siéntate!; **is this seat taken?** ¿está ocupado este asiento?; **to ~ a bath** bañarse; **to ~ control/command** tomar el control/el mando; **to ~ offence** ofenderse; **to ~ a photo** hacer OR tomar una foto; **to ~ pity on sb** compadecerse de alguien; **to ~ a test** hacer un examen; **to ~ things as they come** tomar las cosas como vienen; **to ~ a walk** dar un paseo. **- 2.** [bring, carry, accompany] llevar; **this bus/road ~s you to the station** este autobús/esta calle le lleva a la estación; **her job frequently ~s her abroad** tiene que viajar al extranjero a menudo por su trabajo; **he took the matter to his boss** le planteó el asunto a su jefe. **- 3.** [steal] quitar, robar. **- 4.** [remove]: **to ~ sthg off sthg** quitar algo de algo; **~ your feet off the table** quita los pies de (encima de) la mesa; **I'll ~ the sheets off the bed** voy a quitar las sábanas de la cama ❑ **to ~ it** OR **a lot out of one** *inf* agotar a uno. **- 5.** [buy] coger, quedarse con; [rent] alquilar. **- 6.** [receive] recibir; [prize] ganar. **- 7.** [take hold of, pick] coger; **let me ~ your coat** déjeme que le coja el abrigo; **he took the tray from her** le cogió la bandeja; **the figures are taken from the company's annual report** las cifras se han extraído del informe anual de la empresa; **to ~ sb prisoner** capturar a alguien. **- 8.** [accept - offer, cheque, criticism] aceptar; [- advice] seguir; [- responsibility, blame] asumir; **the machine only ~s 50p pieces** la máquina sólo admite monedas de 50 peniques; **~ that!** ¡toma!; **~ my word for it** créeme. **- 9.** [have room for] tener cabida para. **- 10.** [endure, tolerate] soportar, aguantar; **he won't ~ any nonsense** no es de los que aguantan las tonterías; **to be hard to ~** ser bastante insoportable. **- 11.** [require - time, courage] requerir; [- money] costar; **it will ~ a week/three hours** llevará una semana/tres horas; **this won't ~ long** esto no va a llevar mucho tiempo; **it took us an hour to get there** tardamos una hora en llegar allí;

it took four people to hold him down hicieron falta cuatro personas para sujetarlo; **the climate ~s some getting used to** lleva un tiempo acostumbrarse al clima ❏ **to have what it ~s** tener lo que hay que tener. - **12.** [bus, train, route etc] tomar, coger. - **13.** [wear - shoes] calzar; [- clothes] usar. - **14.** [consider] considerar; **what or who do you ~ me for?** ¿por quién me has tomado?; **he took me for somebody else** me confundió con otra persona. - **15.** [assume]: **I ~ it (that)...** supongo que... - **16.** [interpret, react to] tomarse; **I'm not sure how to ~ that** no sé muy bien cómo tomarme esto; **to ~ sthg badly/seriously** tomarse algo a mal/en serio; **to ~ sthg literally/as a compliment** tomarse algo al pie de la letra/como un cumplido. - **17.** [phone call, order] coger, tomar; [dictation, letter] tomar (nota de). - **18.** [exam] tener; **she took Greek at university** se examinó de griego en la universidad. - **19.** [subtract]: **~ 14 from 80** a 80 quítale 14. - **20.** GRAMM: **to ~ the subjunctive/a direct object** llevar subjuntivo/complemento directo. - **21.** [earn, bring in] ganar; **the bookstore ~s about $3.000 a day** la librería ingresa unos 3.000 dólares diarios. - **22.** inf [swindle] timar; **they took him for every penny he was worth** le timaron hasta el último penique. ◇ vi - **1.** [dye] coger; [vaccine, fire] prender; [plant] arraigar, prender. - **2.** [fish] picar. ◇ n - **1.** CINEMA toma f. - **2.** Am inf [receipts] ingresos mpl, caja f. - **3.** [in hunting] presa f; [in fishing] pesca f.

◆ **take aback** vt sep [astonish] dejar atónito(ta); [disconcert] desconcertar; **to be taken aback** [astonished] estar atónito; [disconcerted] quedarse desconcertado(da).

◆ **take after** vt fus parecerse a.

◆ **take apart** vt sep [dismantle] desmontar.

◆ **take away** vt sep - **1.** [remove] quitar. - **2.** [from restaurant] llevar. - **3.** [deduct] restar, sustraer.

◆ **take away from** vt fus [detract from] quitar valor a, restar mérito a.

◆ **take back** vt sep - **1.** [return] devolver. - **2.** [faulty goods] aceptar la devolución de. - **3.** [admit as wrong] retirar. - **4.** [remind of past] transportar al pasado; **this song ~s me back** esta canción me trae muchos recuerdos.

◆ **take down** vt sep - **1.** [dismantle] desmontar. - **2.** [write down] escribir, tomar nota de. - **3.** [lower - trousers] bajarse; [- picture] bajar.

◆ **take in** vt sep - **1.** [deceive] engañar. - **2.** [understand] comprender, asimilar. - **3.** [include] incluir, abarcar; **she took in the cathedral while in Burgos** cuando estuvo en Burgos se pasó también a ver la catedral. - **4.** [provide accommodation for] acoger. - **5.** [water, food] ingerir; [air] inhalar.

◆ **take off** ◇ vt sep - **1.** [clothes, glasses] quitarse; [lid, label] quitar. - **2.** [have as holiday] tomarse; **to ~ time off** tomarse tiempo libre. - **3.** Br inf [imitate] imitar. - **4.** inf [go away suddenly]: **to ~ o.s. off** irse, marcharse. ◇ vi - **1.** [plane] despegar, decolar Amér. - **2.** inf [go away suddenly] irse, marcharse. - **3.** [career] consolidarse; [idea, fashion] cuajar.

◆ **take on** ◇ vt sep - **1.** [accept - work, job] aceptar; [- responsibility] asumir. - **2.** [employ] emplear, coger. - **3.** [confront] desafiar. ◇ vi [get upset] disgustarse.

◆ **take out** vt sep - **1.** [from container, pocket] sacar. - **2.** [delete] suprimir. - **3.** [go out with]: **to ~ sb out** invitar a salir a alguien. - **4.** Am [from restaurant] llevar. - **5.** [subscription] realizar; [insurance] sacar. - **6.** inf [destroy] liquidar, eliminar.

◆ **take out on** vt sep [feelings, anger] descargar contra; **don't ~ it out on me!** ¡no la tomes conmigo!

◆ **take over** ◇ vt sep - **1.** [company, business] absorber, adquirir; [country, government] apoderarse de. - **2.** [job] tomar, asumir. ◇ vi - **1.** [take control] tomar el poder. - **2.** [in job] entrar en funciones.

◆ **take to** vt fus - **1.** [feel a liking for - person] coger cariño a; [- activity] aficionarse a. - **2.** [begin]: **to ~ to doing sthg** empezar a hacer algo; **to ~ to drink** darse a la bebida. - **3.** [head for, take refuge in] irse a; **to ~ to one's bed** meterse en la cama.

◆ **take up** vt sep - **1.** [begin - job] aceptar, tomar; [- activity]: **to ~ up singing** dedicarse a cantar. - **2.** [continue] reanu-

dar. - **3.** [discuss] discutir. - **4.** [use up time, space] ocupar; [- effort] requerir; **the afternoon was taken up with meetings** las reuniones ocuparon toda la tarde.

◆ **take upon** vt sep: **to ~ it upon o.s. to do sthg** cargar con la responsabilidad de hacer algo.

◆ **take up on** vt sep - **1.** [accept offer, advice of]: **to ~ sb up on an offer** aceptar una oferta de alguien. - **2.** [ask to explain]: **to ~ sb up on sthg** pedir que alguien se explique acerca de algo.

◆ **take up with** vt fus [befriend] juntarse, hacer migas con.

takeaway Br ['teɪkəˌweɪ], **takeout** ['teɪkaʊt] n Am - **1.** [shop] establecimiento donde se vende comida preparada para llevar. - **2.** [food] comida f para llevar.

takedown ['teɪkdaʊn] adj desarmable, desmontable.

take-home pay n sueldo m neto.

taken ['teɪkn] ◇ pp → **take.** ◇ adj: **~ with** atraído(da) por.

takeoff ['teɪkɒf] n - **1.** [of plane] despegue m, decolaje m Amér. - **2.** inf [imitation] imitación f, parodia f.

takeout n Am = **takeaway**.

takeover ['teɪkˌəʊvə'] n - **1.** [of company] adquisición f. - **2.** [of government] toma f del poder.

takeover bid n OPA f, oferta f pública de adquisición de acciones.

taker ['teɪkə'] n persona f interesada (en comprar algo etc).

takeup ['teɪkʌp] n grado m de aceptación, respuesta f.

taking ['teɪkɪŋ] adj dated atractivo(va).

◆ **takings** npl [of shop] venta f; [of show] recaudación f.

talc [tælk], **talcum (powder)** ['tælkəm-] n talco m.

tale [teɪl] n - **1.** [fictional story] cuento m; **dead men tell no ~s** los muertos no hablan; **he lived to tell the ~** fig vivió para contarlo; **thereby hangs a ~** fig sobre eso hay mucho que contar. - **2.** [anecdote] anécdota f. - **3.** [gossip] chisme m; **to tell ~s** [denounce] contar chismes; [tell lies] decir mentiras.

talent ['tælənt] n talento m; **~ for sthg** talento para algo.

talented ['tæləntɪd] adj con talento.

talent scout n cazatalentos mf inv.

tale-telling n chismorreo m.

tali ['teɪlaɪ] pl → **talus**.

talisman ['tælɪzmən] (pl **talismans**) n talismán m.

talk [tɔːk] ◇ n - **1.** [conversation] conversación f; **to have a ~ with sb about sthg** tener una conversación con alguien sobre algo. - **2.** (U) [rumours, speculation] rumores mpl; [gossip] habladurías fpl; **there's ~ of building a new concert hall** se habla de construir una nueva sala de conciertos ❏ **he's all ~** habla mucho pero luego (no hace) nada; **it's the ~ of the town** es la comidilla del lugar. - **3.** [lecture] charla f, conferencia f; **to give a ~ on or about sthg** dar una conferencia sobre algo. ◇ vi - **1.** [gen] hablar; **people will ~** dará que hablar; **to ~ to/of** hablar con/de; **to ~ on or about** hablar acerca de or sobre; **to ~ to o.s.** hablar solo ❏ **it's easy for you to ~** para ti es fácil decirlo; **now you're ~ing!** ¡así se habla!, ¡eso es hablar!; **~ about luck!** ¡qué suerte!; **to ~ big** fanfarronear, farolear; **to ~ for the sake of ~ing** hablar por hablar; **you can ~!, look who's ~ing!, you're a fine one to ~!** inf ¡mira quién habla! - **2.** [gossip] chismorrear. - **3.** [reveal secrets] hablar, confesar. ◇ vt - **1.** [business, politics] hablar de. - **2.** [language] hablar (en).

◆ **talks** npl conversaciones fpl.

◆ **talk at** vt fus: **to ~ at sb** hablar a alguien.

◆ **talk back** vi replicar.

◆ **talk down** vt sep [pilot, plane] dirigir por radio el aterrizaje de.

◆ **talk down to** vt fus hablar con aires de suficiencia a.

◆ **talk into** vt sep: **to ~ sb into doing sthg** convencer a alguien para que haga algo.

◆ **talk out of** vt sep: **to ~ sb out of doing sthg** disuadir a alguien de que haga algo.

◆ **talk over** vt sep discutir, hablar de.

◆ **talk round** vt sep [persuade] convencer.

talkative ['tɔːkətɪv] *adj* hablador(ra), locuaz.

talkativeness ['tɔːkətɪvnɪs] *n* locuacidad *f*.

talker ['tɔːkəʳ] *n* hablador *m*, -ra *f*.

talkie ['tɔːkɪ] *n inf* película *f* sonora OR hablada.

talking ['tɔːkɪŋ] ◇ *n (U)* charla *f*, conversación *f*. ◇ *adj* [gen] parlante; [film] sonoro(ra).

talking book *n* grabación *f* de un libro *(para ciegos)*.

talking head *n* TV locutor *m*, -ra *f*.

talking point *n* tema *m* de conversación.

talking-to *n inf* bronca *f*, rapapolvo *m*.

talk show *Am* ◇ *n* programa *m* de entrevistas. ◇ *comp* de programa de entrevistas.

talky ['tɔːkɪ] *(compar* **talkier**, *superl* **talkiest)** *adj Am* [film] con demasiado diálogo.

tall [tɔːl] *adj* alto(ta); **a mast 12 feet** ~ un mástil de 12 pies de altura OR de alto; **how** ~ **are you?** ¿cuánto mide usted?; **she's 2 metres** ~ mide 2 metros.

tallboy ['tɔːlbɔɪ] *n* cómoda *f* alta.

tall order *n*: **it's a** ~ es mucho pedir.

tallow ['tæləʊ] ◇ *n* sebo *m*. ◇ *comp*: ~ **candle** vela *f*.

tall ship *n* velero *m* con velas cuadradas.

tall story *n* cuento *m* (increíble).

tally ['tælɪ] *(pl* **tallies**, *pt & pp* **tallied)** ◇ *n* - **1.** [record] cuenta *f*; **to keep a** ~ llevar la cuenta. - **2.** *Am* SPORT [score] tanteo *m*. - **3.** [label] etiqueta *f*, rótulo *m*. - **4.** [counterfoil] talón *m*. ◇ *vi* concordar, casar.

tallyho [,tælɪ'həʊ] *excl* ¡hala! *(en caza)*.

Talmud ['tælmʊd] *n*: **the** ~ el Talmud.

talon ['tælən] *n* garra *f*.

talus ['teɪləs] *(pl* **tali** [-laɪ]) *n* ANAT astrágalo *m*.

tam [tæm] *n* boina *f* escocesa.

tamable ['teɪməbl] *adj* = **tameable**.

tamarind ['tæmərɪnd] *n* tamarindo *m*.

tamarisk ['tæmərɪsk] *n* tamarisco *m*.

tambour ['tæm,bʊəʳ] *n* - **1.** SEWING bastidor. - **2.** [on desk, cabinet] tapa *f* enrollable.

tambourine [,tæmbə'riːn] *n* pandereta *f*.

tame [teɪm] ◇ *adj* - **1.** [domesticated - as pet] doméstico(ca); [- normally wild] domesticado(da). - **2.** *pej* [obedient] dócil. - **3.** *pej* [unexciting] soso(sa), aburrido(da). ◇ *vt* - **1.** [domesticate - as pet] domesticar; [- wild animal] domar. - **2.** [bring under control] dominar.

tameable ['teɪməbl] *adj* [hawk, bear, rabbit] domesticable; [lion, tiger] que se puede domar.

tamely ['teɪmlɪ] *adv* dócilmente, sumisamente.

tameness ['teɪmnɪs] *n* - **1.** [of animal, person] docilidad *f*. - **2.** [of ending, style] insipidez *f*, sosería *f*; [of party, film] falta *f* de interés.

tamer ['teɪməʳ] *n* domador *m*, -ra *f*.

Tamil ['tæmɪl] ◇ *adj* tamil. ◇ *n* - **1.** [person] tamil *mf*. - **2.** [language] tamil *m*.

tam-o'-shanter [,tæmə'ʃæntəʳ] *n* boina *f* escocesa.

tamp [tæmp] *vt* apisonar.

tamper ['tæmpəʳ] ◆ **tamper with** *vt fus* - **1.** [lock] intentar forzar; [records, file] falsear; [machine] manipular. - **2.** *Am* JUR [witness] sobornar.

tampon ['tæmpɒn] *n* tampón *m*.

tan [tæn] *(pt & pp* **tanned**, *cont* **tanning)** ◇ *adj* de color marrón claro. ◇ *n* bronceado *m*. ◇ *vi* broncearse. ◇ *vt* - **1.** [leather, skins] curtir. - **2.** [give suntan] broncear.

tandem ['tændəm] ◇ *n* [bicycle] tándem *m*; **in** ~ conjuntamente, en colaboración. ◇ *adv*: **to ride** ~ ir en tándem.

tandoori [tæn'dʊərɪ] ◇ *n* [cooking method] tandori *m*, método indio de asar la carne en un horno de barro. ◇ *comp* tandori, asado al estilo indio en un horno de barro.

tang [tæŋ] *n* - **1.** [smell] olor *m* fuerte; [taste] sabor *m* fuerte. - **2.** [of tool, sword] espiga *f*.

tangelo ['tændʒələʊ] *(pl* **tangelos)** *n* híbrido de mandarina y pomelo.

tangent ['tændʒənt] *n* GEOM tangente *f*; **to go off at** OR **on a** ~ *fig* salirse por la tangente.

tangential [tæn'dʒenʃl] *adj* tangencial.

tangerine [,tændʒə'riːn] *n* mandarina *f*.

tangibility [,tændʒə'bɪlətɪ] *n* carácter *m* tangible.

tangible ['tændʒəbl] *adj* - **1.** [palpable, real] tangible. - **2.** JUR material.

tangibly ['tændʒəblɪ] *adv* de un modo tangible, tangiblemente.

Tangier [tæn'dʒɪəʳ] *n* Tánger.

tangle ['tæŋgl] ◇ *n* - **1.** [mass] maraña *f*. - **2.** *fig* [mess] enredo *m*, embrollo *m*, entrevero *m* *Amér*. - **3.** [disagreement, argument] discusión *f*. ◇ *vi* enredarse, enmarañarse. ◇ *vt* enredar; **to get** ~**d (up)** enredarse.

◆ **tangle with** *vt fus inf* meterse con.

tangled ['tæŋgld] *adj lit & fig* enredado(da).

tango ['tæŋgəʊ] *(pl* **tangoes)** ◇ *n* tango *m*. ◇ *vi* bailar el tango.

tangy ['tæŋɪ] *(compar* **tangier**, *superl* **tangiest)** *adj* fuerte.

tank [tæŋk] *n* - **1.** [container] depósito *m*, tanque *m*; [for rainwater] cisterna *f*; [fish tank] acuario *m*. - **2.** MIL tanque *m*, carro *m* de combate.

◆ **tank up** *Br* ◇ *vi* AUT llenar el depósito. ◇ *vt sep inf*: **to get** ~**ed up** coger un tablón OR una curda.

tankage ['tæŋkɪdʒ] *n* - **1.** [capacity] capacidad *f*. - **2.** [storage] almacenamiento *m*. - **3.** [fee] tarifa *f*. - **4.** [fertilizer] fertilizante *m* orgánico.

tankard ['tæŋkəd] *n* bock *m*, jarra *f* de cerveza.

tanker ['tæŋkəʳ] *n* - **1.** [ship - gen] barco *m* cisterna, tanque *m*; [- for oil] petrolero *m*. - **2.** [truck] camión *m* cisterna. - **3.** [train] tren *m* cisterna.

tankful ['tæŋkfʊl] *n* depósito *m* lleno; **give me a** ~ lléneme el depósito.

tank top *n* chaleco *m*.

tank trap *n* trampa *f* para tanques OR antitanque.

tanned [tænd] *adj* bronceado(da).

tanner ['tænəʳ] *n* - **1.** [of leather] curtidor *m*, -ra *f*. - **2.** *Br inf* [coin] antigua moneda de seis peniques.

tannery ['tænərɪ] *(pl* **tanneries)** *n* curtiduría *f*, tenería *f*.

tannic ['tænɪk] *adj* tánico(ca).

tannic acid *n* ácido *m* tánico.

tannin ['tænɪn] *n* tanino *m*.

Tannoy® ['tænɔɪ] *n* (sistema *m* de) altavoces *mpl*.

tantalize, -ise ['tæntəlaɪz] *vt* atormentar.

tantalizing ['tæntəlaɪzɪŋ] *adj* tentador(ra).

tantalizingly ['tæntəlaɪzɪŋlɪ] *adv* de un modo tentador; ~ **slow** con una lentitud desesperante.

Tantalus ['tæntələs] *n* MYTH Tántalo *m*.

tantamount ['tæntəmaʊnt] *adj*: ~ **to** equivalente a.

tantrum ['tæntrəm] *(pl* **tantrums)** *n* rabieta *f*.

Tanzania [,tænzə'nɪə] *n* Tanzania.

Tanzanian [,tænzə'nɪən] ◇ *adj* tanzano(na). ◇ *n* tanzano *m*, -na *f*.

Taoiseach ['tiːʃək] *n* título del primer ministro de la República de Irlanda.

Taoism ['taːəʊɪzm] *n* taoísmo *m*.

Taoist ['taːəʊɪst] ◇ *adj* taoísta. ◇ *n* taoísta *mf*.

tap [tæp] *(pt & pp* **tapped**, *cont* **tapping)** ◇ *n* - **1.** [device] grifo *m*; [on barrel] espita *f*; **on** ~ [beer] de barril. - **2.** [light blow] golpecito *m*; [on shoulders, back] palmadita *f*. - **3.** MED drenaje *m*. ◇ *vt* - **1.** [hit] golpear ligeramente; **he tapped his fingers on the table** golpeaba ligeramente la mesa con los dedos. - **2.** [strength, resources] utilizar. - **3.** [phone] pinchar, intervenir. - **4.** [barrel, cask] espitar; [gas, water main] hacer una conexión en; [tree] sangrar. - **5.** MED drenar. - **6.** *Br inf* [get money from] dar un sablazo a. ◇ *vi* [knock] dar un golpecito; **to** ~ **at the door** llamar a la puerta.

◆ **taps** *n Am* MIL toque *m* de queda.

tap dance *n* claqué *m*.

◆ **tap-dance** *vi* bailar claqué.

tap dancer *n* bailarín *m*, -ina *f* de claqué.

tap dancing *n* claqué *m*.

tape [teɪp] ◇ *n* - **1.** [cassette, magnetic tape, strip of cloth] cinta *f*; **I've got that programme on** ~ tengo grabado ese programa. - **2.** SPORT [at finishing line] cinta *f* de llegada. - **3.** [adhesive plastic] cinta *f* adhesiva. - **4.** [measuring tape] cinta *f* métrica. ◇ *vt* - **1.** [on tape recorder, video recorder] grabar. - **2.** [with adhesive tape] pegar con cinta adhesiva. - **3.** *Am* [bandage] vendar. - **4.** *phr*: **to have sb** ~**d** *inf* tener calado(da) a alguien; **to have sthg** ~**d** tenerle cogido el tranquillo a algo.

◆ **tape up** *vt sep* = **tape** *senses 2 and 3*.

tape cleaner *n* limpiador *m* de cabezales.

tape deck *n* pletina *f* del magnetófono.

tape head *n* cabezal *m*, cabeza *f* (lectora).

tape measure *n* cinta *f* métrica.

taper ['teɪpə'] ◇ *n* [candle] vela *f*. ◇ *vi* [stick] afilarse; [column, trouser leg] estrecharse. ◇ *vt* [stick] afilar; [column, trouser leg] estrechar.

◆ **taper off** *vi* ir disminuyendo.

tape-record [-rɪˌkɔːd] *vt* grabar (en cinta).

tape recorder *n* [reel-to-reel] magnetófono *m*; [Dictaphone] grabadora *f*; [cassette recorder] cassette *m* (aparato).

tape recording *n* grabación *f* en cinta.

tapered ['teɪpəd] *adj* ahusado(da).

tapestry ['tæpɪstrɪ] (*pl* **tapestries**) *n* - **1.** [piece of work] tapiz *m*. - **2.** [craft] tapicería *f*. - **3.** *literary* [pattern] cuadro *m*.

tapeworm ['teɪpwɜːm] *n* tenia *f*, solitaria *f*.

tapioca [ˌtæpɪˈəʊkə] *n* tapioca *f*.

tapir ['teɪpə'] (*pl inv* OR **tapirs**) *n* tapir *m*.

tappet ['tæpɪt] *n* TECH excéntrica *f*.

taproom ['tæprʊm] *n Br* bar *m*.

taproot ['tæpruːt] *n* raíz *f* primaria.

tap water *n* agua *f* del grifo.

tar [tɑː'] (*pt & pp* **tarred**, *cont* **tarring**) ◇ *n* - **1.** [substance] alquitrán *m*, brea *f*. - **2.** *inf dated* [sailor] marinero *m*. ◇ *vt* alquitranar, embrear; **to** ~ **and feather sb** embrear y emplumar a alguien como castigo.

taramasalata [ˌtærəməsəˈlɑːtə] *n* taramasalata *f*, *especie de paté de huevas de bacalao u otro pescado de color rosa pálido*.

tarantella [ˌtærənˈtelə] *n* tarantela *f*.

tarantula [təˈræntjʊlə] *n* tarántula *f*.

tardiness ['tɑːdɪnɪs] *n* - **1.** [delay] tardanza *f*. - **2.** [slowness] lentitud *f*.

tardy ['tɑːdɪ] (*compar* **tardier**, *superl* **tardiest**) *adj fml & literary* - **1.** [late] tardío(a). - **2.** [slow] lento(ta).

tare [teə'] *n* - **1.** [weight] tara *f*. - **2.** BOT vicia *f*, algarroba *f*.

◆ **tares** *npl* BIBLE cizaña *f*.

target ['tɑːgɪt] ◇ *n* - **1.** [of missile, bomb] objetivo *m*, blanco *m*. - **2.** [in archery, shooting] blanco *m*. - **3.** [of criticism] blanco *m*; **to be the** ~ **of scorn** ser objeto de burlas OR blanco de las burlas. - **4.** [goal, aim] objetivo *m*, meta *f*; **to be on** ~ [comment, remark] dar en el blanco; [budget, plan] salir como estaba previsto; **to be on** ~ **to do sthg** llevar el ritmo adecuado para hacer algo. - **5.** [in surveying] mirilla *f*. ◇ *vt* - **1.** [aim weapon at] apuntar a. - **2.** [channel]: **to** ~ **funds on** destinar fondos a.

target practice *n* tiro *m* al blanco, prácticas *fpl* de tiro.

tariff ['tærɪf] *n* - **1.** [list of prices] tarifa *f*. - **2.** [customs duty] arancel *m*.

Tarmac® ['tɑːmæk] (*pt & pp* **tarmacked**, *cont* **tarmacking**) *n* - **1.** [on road] asfalto *m*. - **2.** [at airport]: **the tarmac** la pista.

◆ **tarmac** *vt* asfaltar.

Tarmacadam® [ˌtɑːməˈkædəm] *n* = **Tarmac**.

tarn [tɑːn] *n* laguna *f* de montaña.

tarnation [tɑːˈneɪʃn] *excl v inf dated* ¡maldición!

tarnish ['tɑːnɪʃ] ◇ *vt* - **1.** [make dull] deslustrar. - **2.** *fig* [damage] empañar, manchar. ◇ *vi* [become dull] deslustrarse. ◇ *n* falta *f* de lustre, deslustre *m*.

tarnished ['tɑːnɪʃt] *adj* - **1.** [dull] deslustrado(da). - **2.** *fig* [damaged] manchado(da), empañado(da).

taro ['tɑːrəʊ] (*pl* **taros**) *n* taro *m*.

tarot ['tærəʊ] *n*: **the** ~ el tarot.

tarot card *n* carta *f* de tarot.

tarpaper ['tɑːˌpeɪpə'] *n* papel *m* alquitranado.

tarpaulin [tɑːˈpɔːlɪn] *n* lona *f* alquitranada.

tarpon ['tɑːpɒn] (*pl inv* OR **tarpons**) *n* tarpón *m*.

tarragon ['tærəgən] ◇ *n* estragón *m*. ◇ *comp*: ~ **vinegar** vinagre *m* al estragón.

tarry[1] ['tærɪ] (*pt & pp* **tarried**) *vi literary* - **1.** [delay] demorarse. - **2.** [remain] quedarse.

tarry[2] ['tɑːrɪ] (*compar* **tarrier**, *superl* **tarriest**) *adj* alquitranado(da).

tarsal ['tɑːsl] *adj* tarsal, tarsiano(na).

tarsus ['tɑːsəs] (*pl* **tarsi** [-saɪ]) *n* tarso *m*.

tart [tɑːt] ◇ *adj* - **1.** [bitter] agrio (agria). - **2.** [sarcastic] mordaz. ◇ *n* - **1.** [sweet pastry] tarta *f*. - **2.** *v inf* [prostitute] furcia *f*, fulana *f*, cuero *m Amér*.

◆ **tart up** *vt sep Br inf pej* emperejilar; **to** ~ **o.s. up** emperifollarse.

tartan ['tɑːtn] ◇ *n* tartán *m*. ◇ *comp* de tartán.

tartar ['tɑːtə'] *n* [on teeth] sarro *m*.

Tartar ['tɑːtə'] *n* = **Tatar**.

tartar(e) sauce ['tɑːtə'-] *n* salsa *f* tártara.

tartaric acid [tɑːˈtærɪk-] *n* ácido *m* tartárico.

tartarous ['tɑːtərəs] *adj* tartaroso(sa).

Tartary ['tɑːtərɪ] *n* = **Tatary**.

tartly ['tɑːtlɪ] *adv* con mordacidad.

tartness ['tɑːtnɪs] *n* - **1.** [of taste] acidez *f*. - **2.** [of comment] mordacidad *f*, acritud *f*.

tartrate ['tɑːtreɪt] *n* tartrato *m*.

tarty ['tɑːtɪ] (*compar* **tartier**, *superl* **tartiest**) *adj Br inf* vulgar.

task [tɑːsk] *n* tarea *f*; **to take sb to** ~ *fig* reprender a alguien.

task force *n* MIL destacamento *m* de fuerzas.

taskmaster ['tɑːskˌmɑːstə'] *n*: **a hard** ~ un tirano.

Tasmania [tæzˈmeɪnjə] *n* Tasmania.

Tasmanian [tæzˈmeɪnjən] ◇ *adj* tasmanio(nia). ◇ *n* tasmanio *m*, -nia *f*.

tassel ['tæsl] *n* borla *f*.

tasselled *Br*, **tasseled** *Am* ['tæsld] *adj* decorado(da) con borlas.

taste [teɪst] ◇ *n* - **1.** [physical sense, discernment] gusto *m*; **to have good** ~ **in music** tener buen gusto en música; **in bad/good** ~ de mal/buen gusto. - **2.** [flavour] sabor *m* □ **to leave a bitter** ~ **(in one's mouth)** *fig* dejar un sabor amargo. - **3.** [small amount - of food] bocadito *m*; [- of drink] traguito *m*; **have a** ~ pruébalo □ **to give sb a** ~ **of his/her own medicine** pagar a alguien con la misma moneda. - **4.** *fig* [for good food, fast cars etc]: ~ **(for)** afición *f* (a), gusto *m* (por). - **5.** *fig* [experience] experiencia *f*; **a** ~ **of city life** una muestra de lo que es la vida en la ciudad. ◇ *vt* - **1.** [flavour, ingredient] notar un sabor a. - **2.** [test, try] probar. - **3.** *fig* [experience] conocer. - **4.** [sample for quality - food] degustar; [- wine] degustar, catar. ◇ *vi* saber; **it** ~**s sweet** sabe dulce; **to** ~ **of** OR **like** saber a.

taste bud *n* papila *f* gustativa.

tasteful ['teɪstfʊl] *adj* elegante, de buen gusto.

tastefully ['teɪstfʊlɪ] *adv* elegantemente, con gusto.

tasteless ['teɪstlɪs] *adj* - **1.** [offensive, cheap and unattractive] de mal gusto. - **2.** [without flavour] insípido(da), soso(sa).

tastelessly ['teɪstlɪslɪ] *adv* [decorated, dressed] sin gusto.

taster ['teɪstə'] *n* catador *m*, -ra *f*.

tasty ['teɪstɪ] (*compar* **tastier**, *superl* **tastiest**) *adj* sabroso(sa).

tat [tæt] *n (U) Br inf pej* baratijas *fpl*.

Tatar ['tɑːtə'] ◇ *adj* tártaro(ra). ◇ *n* tártaro(ra).

Tatary ['tɑːtərɪ] *n* Tartaria.

tattered ['tætəd] *adj* [clothes, person] andrajoso(sa); [paper] desgastado(da).

tatters ['tætəz] *npl*: **in ~** [clothes] andrajoso(sa); *fig* [confidence, reputation] por los suelos.

tatting ['tætɪŋ] *n* encaje *m* de hilo.

tattle ['tætl] ◇ *n* - **1.** [gossip] chismorreo *m*. - **2.** [chat] charla *f*, parloteo *m*. ◇ *vi* - **1.** [gossip] chismorrear. - **2.** [chat] charlar, cotorrear.

tattler ['tætlə'] *n* - **1.** [gossip] chismoso *m*, -sa *f*. - **2.** [prattler] parlanchín *m*, -ina *f*.

tattletale ['tætl,teɪl] *n Am* - **1.** [gossip] chismoso *m*, -sa *f*. - **2.** [informer] acusón *m*, -ona *f*.

tattoo [tə'tuː] *(pl* **tattoos)** ◇ *n* - **1.** [design] tatuaje *m*. - **2.** [rhythmic beating] repiqueteo *m* de tambores. - **3.** MIL [- display] desfile *m* militar; [- signal] retreta *f*. ◇ *vt* tatuar.

tattooist [tə'tuːɪst] *n* tatuador *m*, -ra *f*.

tatty ['tætɪ] *(compar* **tattier**, *superl* **tattiest)** *adj Br inf pej* desastrado(da).

taught [tɔːt] *pt & pp* → **teach**.

taunt [tɔːnt] ◇ *vt* zaherir a, mofarse de. ◇ *n* pulla *f*.

taunting ['tɔːntɪŋ] ◇ *n (U)* pullas *fpl*, burlas *fpl*. ◇ *adj* burlón(ona).

taupe [təʊp] *n* gris *m* pardo.

Taurus ['tɔːrəs] *n* Tauro *m*; **to be (a) ~** ser Tauro.

taut [tɔːt] *adj* [rope, situation] tenso(sa), tirante; [muscle, expression] tenso(sa).

tauten ['tɔːtn] ◇ *vt* tensar. ◇ *vi* tensarse.

tautological [,tɔːtə'lɒdʒɪkl] *adj* tautológico(ca).

tautology [tɔː'tɒlədʒɪ] *n* tautología *f*.

tavern ['tævn] *n* taberna *f*.

tawdriness ['tɔːdrɪnɪs] *n* mal gusto *m*.

tawdry ['tɔːdrɪ] *(compar* **tawdrier**, *superl* **tawdriest)** *adj pej* de oropel.

tawny ['tɔːnɪ] *adj* leonado(da).

tax [tæks] ◇ *n* impuesto *m*, contribución *f*. ◇ *vt* - **1.** [goods, profits] gravar. - **2.** [business, person] imponer contribuciones a. - **3.** [strain, test] poner a prueba, agotar. - **4.** *fml* [accuse]: **to ~ sb with sthg** acusar a alguien de algo.

taxable ['tæksəbl] *adj* imponible.

taxable income *n* base *f* imponible.

tax adjustment *n* liquidación *f* fiscal.

tax allowance *n* desgravación *f* fiscal.

taxation [tæk'seɪʃn] *n (U)* - **1.** [system] sistema *m* tributario. - **2.** [amount] impuestos *mpl*, contribuciones *fpl*.

tax avoidance *n* evasión *f* fiscal.

tax bracket *n* tipo *m* impositivo.

tax break *n Am* desgravación *f* fiscal.

tax code *n* código *m* fiscal.

tax collector *n dated* recaudador *m*, -ra *f* de impuestos.

tax cut *n* reducción *f* tributaria.

tax-deductible *adj* desgravable, deducible.

tax deduction *n* desgravación *f* fiscal.

tax disc *n Br* pegatina del impuesto de circulación.

tax evasion *n* fraude *m* fiscal, evasión *f* de impuestos.

tax-exempt *adj Am* = **tax-free**.

tax exemption *n* exención *f* de impuestos.

tax exile *n Br* [person] persona que vive en el extranjero para evitar pagar impuestos.

tax form *n* impreso *m* de la declaración de impuestos.

tax-free *Br*, **tax-exempt** *Am adj* exento(ta) OR libre de impuestos.

tax haven *n* paraíso *m* fiscal.

taxi ['tæksɪ] ◇ *n* taxi *m*. ◇ *vi* [plane] rodar por la pista.

taxicab ['tæksɪkæb] *n* taxi *m*.

taxidermist ['tæksɪdɜːmɪst] *n* taxidermista *mf*.

taxidermy ['tæksɪdɜːmɪ] *n* taxidermia *f*.

taxi driver *n* taxista *mf*.

taximeter ['tæksɪ,miːtə'] *n* taxímetro *m*.

tax incentive *n* incentivo *m* fiscal.

taxing ['tæksɪŋ] *adj* [gen] agotador(ra); [problem, exam] abrumador(ra).

tax inspector *n* ≈ inspector *m*, -ra de Hacienda.

taxiplane ['tæksɪpleɪn] *n* avión *m* de alquiler.

taxi rank *n Br* parada *f* de taxis.

taxis ['tæksɪs] *n* - **1.** BIOL taxismo *m*. - **2.** MED taxis *f inv*.

taxi stand *n* parada *f* de taxis.

taxman ['tæksmæn] *(pl* **taxmen** [-men]) *n* - **1.** [tax collector] recaudador *m*, -ra *f* de impuestos. - **2.** *inf* [tax office]: **the ~** ≈ Hacienda *f*, ≈ el Fisco.

taxonomy [tæk'sɒnəmɪ] *(pl* **taxonomies)** *n* taxonomía *f*.

taxpayer ['tæks,peɪə'] *n* contribuyente *mf*.

tax rate *n* tipo *m* impositivo.

tax rebate *n* devolución *f* de impuestos.

tax relief *n* desgravación *f* fiscal.

tax return *n* declaración *f* de renta.

tax shelter *n* inversión *f* exenta de impuestos.

tax system *n* sistema *m* tributario.

tax year *n* año *m* fiscal.

TB *n written abbr of* **tuberculosis**.

T-bar *n* - **1.** [for skiers] telesquí *m*, remonte *m*. - **2.** [wrench] llave *f* de tubo en forma de T; [bar] barra *f* en forma de T.

T-bone steak *n* bistec con hueso en forma de T.

tbs., **tbsp.** *(written abbr of* **tablespoon(ful))** cucharada grande.

TCP® *(abbr of* **trichlorophanoxyacetic acid)** *n* desinfectante para pequeñas heridas o para hacer gárgaras.

TD *n* - **1.** *(abbr of* **Treasury Department)** ministerio estadounidense de economía y hacienda. - **2.** *written abbr of* **touchdown**.

te [tiː] *n* MUS si *m*.

tea [tiː] *n* - **1.** [drink, leaves] té *m*; **not for all the ~ in China** ni por todo el oro del mundo. - **2.** *Br* [afternoon snack] té *m*, merienda *f*. - **3.** *Br* [evening meal] merienda cena *f*. - **4.** [infusion] infusión *f*.

teabag ['tiːbæg] *n* bolsita *f* de té.

tea ball *n Am* bola de metal perforada que, llena de hojas de té, se introduce directamente en agua hirviendo.

tea biscuit *n* galletita *f* de té.

tea boy *n Br* joven empleado encargado de preparar el té para sus compañeros.

tea break *n Br* descanso *m* (durante la jornada laboral).

tea caddy *n* bote *m* del té.

teacake ['tiːkeɪk] *n Br* bollito *m*.

teacart ['tiːkɑːt] *n* carrito *m* del té.

teach [tiːtʃ] *(pt & pp* **taught** [tɔːt]) ◇ *vt* - **1.** [give lessons to] dar clases a, enseñar; **to ~ sb sthg** enseñar algo a alguien; **to ~ sb to do sthg** enseñar a alguien a hacer algo; **to ~ sb that** inculcar a alguien que. - **2.** [give lessons in] dar clases de, enseñar; **I ~ Spanish** doy clases de OR enseño español. - **3.** [advocate, state] preconizar; **to ~ sb sthg**, to ~ sthg to sb predicar a alguien algo. - **4.** [punish]: **that'll ~ you** así aprenderás. ◇ *vi* ser profesor(ra), dar clases.

teacher ['tiːtʃə'] ◇ *n* [at primary school] maestro *m*, -tra *f*; [at secondary school] profesor *m*, -ra *f*. ◇ *comp*: **~ pupil ratio** número *m* de alumnos por profesor.

teachers college *n Am* = **teacher training college**.

teacher's pet *n pej* enchufado *m*, -da *f* de la clase.

teacher training ◇ *n* formación *f* pedagógica. ◇ *comp*: **~ certificate** diploma *m* de magisterio.

teacher training college *Br*, **teachers college** *Am n* ≈ Escuela *f* Universitaria de Magisterio.

tea chest *n* caja *f* de té (para embalaje).

teach-in *n* ≃ seminario *m*.

teaching ['tiːtʃɪŋ] *n* enseñanza *f*; **I've got ten hours of** ~ tengo diez horas de clases.

◆ **teachings** *npl* [of leader, church] enseñanzas *fpl*, doctrina *f*.

teaching aids *npl* material *m* pedagógico.

teaching diploma *n* diploma *m* de magisterio.

teaching hospital *n Br* hospital en el que hacen las prácticas los estudiantes de medicina.

teaching practice *n* (U) prácticas *fpl* de magisterio.

teaching staff *npl* personal *m* docente, profesorado *m*.

tea cloth *n Br* - **1.** [tablecloth] mantel *m*. - **2.** [tea towel] paño *m* de cocina.

tea cosy *Br*, **tea cozy** *Am n* cubretetera *f*.

teacup ['tiːkʌp] *n* taza *f* de té.

tea-drinker *n* bebedor *m*, -ra *f* de té.

teahouse ['tiːhaʊs, *pl* -haʊzɪz] *n* salón *m* de té.

teak [tiːk] ◇ *n* teca *f*. ◇ *comp* de teca.

teakettle ['tiːˌketl] *n* hervidor *m*.

teal [tiːl] (*pl inv* OR **teals**) *n* cerceta *f*.

tea lady *n Br* encargada de hacer y/o servir el té a los empleados de una empresa.

tealeaf ['tiːliːf] (*pl* **tealeaves** [-liːvz]) *n Br hum* [thief] chorizo *m*, -za *f*, mangante *mf*.

◆ **tealeaves** *npl* hojas *fpl* de té; **to read the tealeaves** ≃ leer el porvenir en los posos del café OR té.

team [tiːm] ◇ *n* - **1.** [gen & SPORT] equipo *m*. - **2.** [of horses, oxen etc - pair] yunta *f*; [- more than two] recua *f*. ◇ *vt* - **1.** [workers, players] hacer un equipo con. - **2.** [horses, oxen etc] uncir.

◆ **team up** *vi*: **to** ~ **up (with)** formar equipo (con).

team games *npl* juegos *mpl* de equipo.

teammate ['tiːmmeɪt] *n* compañero *m*, -ra *f* de equipo.

team member *n* miembro *mf* del equipo.

team spirit *n* espíritu *m* de equipo.

teamster ['tiːmstəʳ] *n Am* camionero *m*, -ra *f*.

◆ **Teamster** *n* miembro del sindicato americano de camioneros.

teamwork ['tiːmwɜːk] *n* trabajo *m* en equipo.

tea party *n* reunión *f* para tomar el té.

tea plant *n* (planta *f* del) té *m*.

tea plate *n Br* plato *m* pequeño OR de postre.

teapot ['tiːpɒt] *n* tetera *f*.

tear[1] [teəʳ] *n* lágrima *f*; **in** ~**s** llorando; **to burst into** ~**s** echarse a llorar; **to move sb to** ~**s** hacer llorar OR conmover a alguien; **to shed** ~**s** derramar lágrimas ❑ **to be bored to** ~**s** aburrirse como una ostra; **it brought** ~**s to my eyes** se me llenaron los ojos de lágrimas.

tear[2] [teəʳ] (*pt* **tore** [tɔːʳ], *pp* **torn** [tɔːn]) ◇ *vt* - **1.** [rip] rasgar, romper; **to** ~ **sthg open** abrir algo rasgándolo ❑ **to** ~ **sthg to pieces** *fig* poner algo por los suelos. - **2.** [muscle, ligament] desgarrar, distender. - **3.** [remove roughly] arrancar. - **4.** *fig* [divide]: **to be torn between** vacilar entre. ◇ *vi* - **1.** [rip] romperse, rasgarse. - **2.** [move quickly] ir a toda pastilla ❑ **to** ~ **loose** soltarse de un tirón. ◇ *n* rasgón *m*, desgarrón *m*.

◆ **tear apart** *vt sep* - **1.** [rip up] despedazar. - **2.** *fig* [team, organization] desintegrar. - **3.** [person] desgarrar.

◆ **tear at** *vt fus* tirar de.

◆ **tear away** *vt sep* - **1.** [person]: **to** ~ **o.s. away from** separarse de. - **2.** [wallpaper, wrappings etc] arrancar.

◆ **tear down** *vt sep* - **1.** [building] echar abajo; [poster] arrancar. - **2.** *fig* [argument] echar por tierra, echar abajo.

◆ **tear into** *vt fus* - **1.** [attack, rush at] arremeter contra, lanzarse sobre. - **2.** *fig* [criticize] arremeter contra.

◆ **tear off** *vt sep* [clothes] quitarse precipitadamente; [wrapper, tape] arrancar.

◆ **tear out** *vt sep* arrancar.

◆ **tear up** *vt sep* - **1.** [paper, cheque, letter] hacer pedazos. - **2.** [fence, weeds, surface] arrancar; [tree] sacar de raíz, desarraigar.

tearaway ['teərəˌweɪ] *n Br inf* alborotador *m*, -ra *f*.

teardrop ['tɪədrɒp] *n* lágrima *f*.

tear duct [tɪəʳ-] *n* conducto *m* lacrimal.

tearful ['tɪəfʊl] *adj* - **1.** [person] lloroso(sa). - **2.** [event] lacrimoso(sa).

tearfully ['tɪəfʊlɪ] *adv* llorando, con lágrimas en los ojos.

tear gas [tɪəʳ-] *n* gas *m* lacrimógeno.

tearing ['teərɪŋ] *adj inf*: **at a** ~ **pace** como una bala; **to be in a** ~ **hurry** tener mucha prisa.

tearjerker ['tɪəˌdʒɜːkəʳ] *n hum* dramón *m*.

tearoom ['tiːrʊm] *n* salón *m* de té.

tearstained ['tɪəsteɪnd] *adj* manchado(da) de lágrimas.

tease [tiːz] ◇ *n inf* puñetero *m*, -ra *f*. ◇ *vt* - **1.** [mock]: **to** ~ **sb (about)** tomar el pelo a alguien (acerca de). - **2.** [tantalize] provocar. - **3.** [wool] cardar. - **4.** *Am* [hair] cardar.

teasel ['tiːzl] (*Br pt & pp* **teaselled**, *cont* **teaselling**, *Am pt & pp* **teaseled**, *cont* **teaseling**) ◇ *n* - **1.** BOT cardencha *f*. - **2.** TEXTILES carda *f*. ◇ *vt* [cloth] cardar.

teaser ['tiːzəʳ] *n inf* - **1.** = **tease**. - **2.** [puzzle] rompecabezas *m inv*.

tea service, tea set *n* servicio *m* OR juego *m* de té.

tea shop *n* salón *m* de té.

teasing ['tiːzɪŋ] *adj* guasón(ona), burlón(ona).

teasingly ['tiːzɪŋlɪ] *adv* en broma.

Teasmaid® ['tiːzmeɪd] *n Br* máquina automática de té.

teaspoon ['tiːspuːn] *n* - **1.** [utensil] cucharilla *f*. - **2.** [amount] cucharadita *f* (cantidad).

teaspoonful ['tiːspuːnˌfʊl] *n* cucharadita *f*.

tea strainer *n* colador *m* de té.

teat [tiːt] *n* - **1.** [of animal] tetilla *f*. - **2.** [of bottle] tetina *f*.

teatime ['tiːtaɪm] *n Br* hora *f* del té.

tea towel *n* paño *m* de cocina, repasador *m Amér*.

tea tray *n* bandeja *f* para servir el té.

tea trolley *Br*, **tea wagon** *Am n* carrito *m* de servir té.

tea urn *n* cilindro o barril con grifo para servir té en grandes cantidades.

tea wagon *n Am* = **tea trolley**.

teazel *Br* (*pt & pp* **teazelled**, *cont* **teazelling**), **teazle** *Am* (*pt & pp* **teazeled**, *cont* **teazeling**) ['tiːzl] *n & vt* = **teasel**.

TEC [tek] (*abbr of* **Training and Enterprise Council**) *n* organismo financiado por el gobierno que ayuda a desempleados a formarse para conseguir un empleo o montar su propio negocio, ≃ centro *m* de formación y creación de empresas.

tech [tek] *n inf written abbr of* **technical college**.

technetium [tek'niːsɪəm] *n* tecnecio *m*.

technical ['teknɪkl] *adj* técnico(ca); **a** ~ **point** una cuestión de forma.

technical author *n* redactor técnico *m*, redactora técnica *f*.

technical college *n Br* ≃ centro *m* de formación profesional.

technical drawing *n* (U) dibujo *m* técnico.

technicality [ˌteknɪ'kælətɪ] (*pl* **technicalities**) *n* - **1.** [intricacy, detail] detalle *m* técnico. - **2.** [technical term] tecnicismo *m*. - **3.** JUR cuestión *f* de forma, tecnicismo *m* legal. - **4.** [technical nature] tecnicidad *f*.

technically ['teknɪklɪ] *adv* - **1.** [gen] técnicamente. - **2.** [theoretically] teóricamente, en teoría.

technician [tek'nɪʃn] *n* técnico *m*, -ca *f*.

Technicolor® ['teknɪˌkʌləʳ] *n* tecnicolor® *m*.

technics ['teknɪks] *n* (U) tecnología *f*.

technique [tek'niːk] *n* técnica *f*.

techno ['teknəʊ] *n* MUS tecno *m inv*.

technocracy [tek'nɒkrəsɪ] (*pl* **technocracies**) *n* tecnocracia *f*.

technocrat ['teknəkræt] *n* tecnócrata *mf*.

technocratic [ˌteknə'krætɪk] *adj* tecnócrata.

technological [ˌteknə'lɒdʒɪkl] *adj* tecnológico(ca).

technologist [tek'nɒlədʒɪst] *n* tecnólogo *m*, -ga *f*.
technology [tek'nɒlədʒɪ] (*pl* **technologies**) *n* tecnología *f*.
technology transfer *n* transferencia *f* de tecnología.
tectonic [tek'tɒnɪk] *adj* tectónico(ca).
◆ **tectonics** *n* (U) tectónica *f*.
teddy ['tedɪ] (*pl* **teddies**) *n*: ~ (**bear**) oso *m* de peluche.
teddy boy *n Br* teddy boy *m*.
tedious ['tiːdjəs] *adj* tedioso(sa).
tediously ['tiːdjəslɪ] *adv* [gen] de un modo tedioso; [monotonously] con monotonía.
tediousness ['tiːdjəsnɪs] *n* aburrimiento *m*, tedio *m*.
tedium ['tiːdjəm] *n* tedio *m*.
tee [tiː] ◆ *n* GOLF [peg] tee *m*; [area] salida *f* de hoyo, punto *m* de partida. ◆ *vt* poner en el tee.
◆ **tee off** ◆ *vi* - **1.** GOLF golpear desde el tee. - **2.** *Am inf* [get angry] mosquearse, enojarse. ◆ *vt sep Am inf* [annoy] mosquear, enojar.
tee-hee [-'hiː] *excl* ¡ja! ¡ja!
teem [tiːm] *vi* - **1.** [rain] llover a cántaros. - **2.** [be busy]: **to be ~ing with** estar inundado(da) de.
teeming ['tiːmɪŋ] *adj* - **1.** [streets] bullicioso(sa); [crowds, shoppers] ingente; [ants, insects etc] abundante. - **2.** [rain] torrencial.
teen [tiːn] *adj* adolescente.
◆ **teens** *npl* - **1.** [age] adolescencia *f*; **to be in one's ~** ser adolescente. - **2.** [numbers] las cifras del 13 al 19.
teenage ['tiːneɪdʒ] *adj* adolescente.
teenager ['tiːnˌeɪdʒəʳ] *n* adolescente *mf*, quinceañero *m*, -ra *f*.
teensy(-weensy) [ˌtiːnzɪ('wiːnzɪ)] *adj inf* = **teeny-weeny**.
teeny [ˈtiːnɪ] *adj inf* pequeñito(ta), chiquitín(ina).
teenybopper ['tiːnɪˌbɒpəʳ] *n inf* quinceañero que está a la última en música pop y moda juvenil.
teeny-weeny [-'wiːnɪ] *adj inf inf* pequeñito(ta), chiquitín(ina).
teepee ['tiːpiː] *n* = **tepee**.
tee shirt *n* camiseta *f*.
teeter ['tiːtəʳ] *vi lit & fig* tambalearse.
teeter-totter *n Am* balancín *m*, subibaja *m*.
teeth [tiːθ] *npl* → **tooth**.
teethe [tiːð] *vi* echar los dientes.
teething ['tiːðɪŋ] *n* dentición *f*.
teething ring *n* chupador *m*.
teething troubles *npl fig* problemas *mpl* iniciales.
teetotal [tiː'təʊtl] *adj* abstemio(mia).
teetotaller *Br*, **teetotaler** *Am* [tiː'təʊtləʳ] *n* abstemio *m*, -mia *f*.
TEFL ['tefl] (*abbr of* **teaching (of) English as a foreign language**) *n* enseñanza del inglés para extranjeros.
Teflon® ['teflɒn] ◆ *n* teflón® *m*. ◆ *comp* de teflón®.
tegument ['tegjumənt] *n* tegumento *m*.
te-hee ['tiː'hiː] *excl* = **tee-hee**.
Tehran, Teheran [ˌteəˈrɑːn] *n* Teherán.
tel. (*written abbr of* **telephone**) tel.
Tel-Aviv [ˌteləˈviːv] *n*: ~(**-Jaffa**) Tel Aviv.
tele- ['telɪ] *prefix* tele-.
telecast ['telɪkɑːst] ◆ *n* emisión *f* televisiva. ◆ *vt* emitir por televisión, televisar.
telecom ['telɪkɒm] *n*, **telecoms** ['telɪkɒmz] *npl Br inf abbr of* **telecommunications**.
telecommunications ['telɪkəˌmjuːnɪ'keɪʃnz] *npl* telecomunicaciones *fpl*.
telegenic [ˌtelɪ'dʒenɪk] *adj* telegénico(ca).
telegram ['telɪgræm] *n* telegrama *m*.
telegraph ['telɪgrɑːf] ◆ *n* - **1.** [system] telégrafo *m*. - **2.** [telegram] telegrama *m*. ◆ *vt & vi* telegrafiar.
telegrapher [tɪ'legrəfəʳ] *n* telegrafista *mf*.

telegraphic [ˌtelɪ'græfɪk] *adj* telegráfico(ca).
telegraphist [tɪ'legrəfɪst] *n* telegrafista *mf*.
telegraph pole, telegraph post *Br n* poste *m* de telégrafos.
Telegraph reader *n* PRESS *lector del diario 'Daily Telegraph', considerado representativo del ciudadano británico conservador.*
telegraphy [tɪ'legrəfɪ] *n* telegrafía *f*.
telekinesis [ˌtelɪkaɪ'niːsɪs] *n* telequinesia *f*.
telemarketing ['telɪˌmɑːkɪtɪŋ] *n* telemarketing *m*, venta *f* por teléfono.
telemeter [təˈlemɪtəʳ] *n* telémetro *m*.
telemetry [tɪ'lemɪtrɪ] *n* telemetría *f*.
teleology [ˌtelɪ'ɒlədʒɪ] *n* teleología *f*.
telepathic [ˌtelɪ'pæθɪk] *adj* telepático(ca).
telepathy [tɪ'lepəθɪ] *n* telepatía *f*.
telephone ['telɪfəʊn] ◆ *n* teléfono *m*; **to be on the ~** *Br* [connected to network] tener teléfono; [speaking] estar hablando por teléfono. ◆ *vt & vi* telefonear.
telephone book *n* guía *f* telefónica.
telephone booth *n* teléfono *m* público.
telephone box *n Br* cabina *f* (telefónica).
telephone call *n* llamada *f* telefónica.
telephone directory *n* guía *f* telefónica.
telephone exchange *n* central *f* telefónica.
telephone kiosk *n Br* cabina *f* (telefónica).
telephone number *n* número *m* de teléfono.
telephone operator *n* operador *m*, -ra *f*, telefonista *mf*.
telephone tapping *n* intervención *f* telefónica.
telephonic [ˌtelɪ'fɒnɪk] *adj* telefónico(ca).
telephonist [tɪ'lefənɪst] *n Br* telefonista *mf*.
telephony [tɪ'lefənɪ] *n* telefonía *f*.
telephoto lens [ˌtelɪ'fəʊtəʊ-] *n* teleobjetivo *m*.
teleport ['telɪpɔːt] *vt* desplazar mediante telequinesia.
teleprinter ['telɪˌprɪntəʳ], **teletypewriter** *Am* [ˌtelɪ'taɪpraɪtəʳ] *n* teletipo *m*, teleimpresor *m*.
teleprocessing [ˌtelɪ'prəʊsesɪŋ] *n* teleproceso *m*.
Teleprompter® [ˌtelɪ'prɒmptəʳ] *n* teleapuntador *m*.
telesales ['telɪseɪlz] *npl* ventas *fpl* por teléfono.
telescope ['telɪskəʊp] ◆ *n* telescopio *m*. ◆ *vt* [shorten] condensar. ◆ *vi* plegarse.
telescopic [ˌtelɪ'skɒpɪk] *adj* - **1.** [magnifying] telescópico(ca); ~ **lens** teleobjetivo *m*; ~ **sight** mira *f* telescópica. - **2.** [contracting] plegable.
teletext ['telɪtekst] *n* teletexto *m*.
telethon ['telɪθɒn] *n* programa televisivo de larga duración destinado a recaudar fondos para una obra benéfica.
Teletype® ['telɪtaɪp] *n* teletipo *m*.
teletypewriter *n Am* = **teleprinter**.
televangelist [ˌtelɪ'vændʒəlɪst] *n* evangelista que predica por televisión.
televiewer ['telɪvjuːəʳ] *n* televidente *mf*, telespectador *m*, -ra *f*.
televise ['telɪvaɪz] *vt* televisar.
television ['telɪˌvɪʒn] ◆ *n* televisión *f*; **on ~** en televisión; **to watch ~** ver la televisión. ◆ *comp* - **1.** [camera, station] de televisión. - **2.** [screen] del televisor.
television licence *n Br* documento que prueba el pago del impuesto que da derecho al uso de un televisor.
television programme *n* programa *m* de televisión.
television set *n* televisor *m*, (aparato *m* de) televisión *f*.
teleworking [ˌtelɪ'wɜːkɪŋ] *n* teletrabajo *m*, trabajo *m* a distancia.
telex ['teleks] ◆ *n* télex *m*. ◆ *vt* [message] transmitir por télex; [person] mandar un télex a.
tell [tel] (*pt & pp* **told** [təʊld]) ◆ *vt* - **1.** [gen] decir; **to ~ sb (that)** decir a alguien que; **to ~ sb sthg, to ~ sthg to sb** decir a alguien algo; **to ~ sb about sthg** contarle algo a alguien; **to ~ sb to do sthg** decir a alguien que haga algo; **I told you**

so! ¡ya te lo dije!; **do as you're told!** ¡haz lo que te mandan!, ¡obedece!; **I'll ~ you what,** tengo una idea, ❑ **all told** en total; **you're ~ing me!** *inf* ¿a mí me lo vas a decir?, ¡y que lo digas! **- 2.** [joke, story] contar. **- 3.** [judge, recognize]: **to ~ what sb is thinking** saber en qué está pensando alguien; **to ~ the time** decir la hora; **to ~ one thing from another** distinguir una cosa de otra ❑ **there's no telling...** es imposible saber... ◇ *vi* **- 1.** [have effect] surtir efecto; **to ~ against sb** perjudicar a alguien. **- 2.** [know] saber; **you never can ~** nunca se sabe. **- 3.** [recount]: **to ~ of sthg** contar la historia de algo, hablar de algo.
◆ **tell apart** *vt sep* distinguir, diferenciar.
◆ **tell off** *vt sep* **- 1.** [scold] reñir, reprender. **- 2.** *fml* [select] designar.
◆ **tell on** *vt fus* **- 1.** *inf* [denounce] denunciar, delatar. **- 2.** [have effect on] afectar a.
teller ['telə^r] *n* **- 1.** [of votes] escrutador *m*, -ra *f*. **- 2.** *esp Am* [in bank] cajero *m*, -ra *f*. **- 3.** [of story] narrador *m*, -ra *f*.
telling ['telɪŋ] *adj* **- 1.** [speech, argument] efectivo(va). **- 2.** [remark, incident] revelador(ra).
telling-off (*pl* **tellings-off**) *n inf* bronca *f*.
telltale ['telteɪl] ◇ *adj* revelador(ra). ◇ *n* chivato *m*, -ta *f*, acusica *mf*.
telltale lamp *n* chivato *m*.
tellurian [te'ljʊərɪən] *adj literary* telúrico(ca).
telluric [te'ljʊərɪk] *adj* telúrico(ca).
tellurium [te'ljʊərɪəm] *n* telurio *m*.

telly ['telɪ] (*pl* **tellies**) (*abbr of* **television**) *n Br inf* tele *f*; **on ~** en la tele.
temerity [tɪ'merətɪ] *n* temeridad *f*.
temp [temp] *inf Br* ◇ *n abbr of* **temporary employee**. ◇ *vi*: **she's ~ing** tiene un trabajo eventual por horas.
temp. (*written abbr of* **temperature**) temp.
temper ['tempə^r] ◇ *n* **- 1.** [state of mind, mood] humor *m*; [calm] serenidad *f*; **to keep one's ~** dominarse; **to lose one's ~** enfadarse, perder la paciencia; **to have a short ~** tener genio. **- 2.** [angry state]: **to be in a ~** estar de mal humor. **- 3.** [temperament] temperamento *m*. **- 4.** TECH [of metal] temple *m*. ◇ *vt* **- 1.** *fml* [moderate] templar, suavizar. **- 2.** TECH [metal] templar.
tempera ['tempərə] *n* pintura *f* al temple.
temperament ['temprəmənt] *n* temperamento *m*.
temperamental [,temprə'mentl] *adj* **- 1.** [person, animal] temperamental. **- 2.** [machine, car etc] impredecible, caprichoso(sa).
temperamentally [,temprə'mentəlɪ] *adv* por temperamento, de carácter.
temperance ['temprəns] ◇ *n* **- 1.** [moderation] templanza *f*. **- 2.** [abstinence from alcohol] abstinencia *f* de alcohol. ◇ *comp*: **~ hotel** hotel en el que no se sirven bebidas alcohólicas.
temperate ['temprət] *adj* **- 1.** [climate] templado(da). **- 2.** *fml* [moderate] moderado(da).
Temperate Zone *n* zona *f* templada.

Making a call	**When the correspondent can be reached**	**When the correspondent cannot be reached**
▶ *to a private individual, friend etc:*	▶ *to a private individual, friend etc:*	▶ *to a private individual, friend etc:*
Hola, buenos días, ¿podría hablar con la señora Martínez, por favor?	Sí, soy yo, ¿quién es?	No, se ha debido de equivocar de teléfono.
Hola, soy César, ¿está Ana?	Soy yo. Hola, César.	No, se acaba de marchar. ¿Quieres que le deje algún recado?
▶ *to a company:*	▶ *to a company:*	▶ *to a company:*
Hola, buenos días, ¿editorial Larousse, por favor?	Sí, aquí es, buenos días.	No, lo siento, ha debido de marcar un número equivocado.
¿Podría ponerme con la extensión 347, por favor?	Sí, un momento, por favor.	Está comunicando. ¿Quiere esperar o prefiere llamar dentro de cinco minutos?
Buenos días, quisiera hablar con el director comercial.	Sí, ¿de parte de quién?	En este momento no puede atenderle. Se encuentra reunido. ¿Desea dejar algún mensaje?
¿El señor López, por favor?	Sí, ¿quién le llama?	Acaba de salir en este momento. ¿Quiere dejar algún recado?
▶ *to an operator:*	▶ *to an operator:*	▶ *to an operator:*
Señorita, por favor, póngame con el número 435-55-05 [cuatro-treinta y cinco-cincuenta y cinco-cero-cinco].	Sí, no cuelgue, por favor.	No contesta nadie. ¿Quiere que lo vuelva a intentar?

Continuing a call

Soy Ana. ¿Podría decirle que le he llamado?	Sí, no te preocupes, yo se lo digo.
¿Podría decirle cuando vuelva que me llame?	Sí, ¿sabe ella su número?
Intentaré llamar más tarde.	De acuerdo, adiós

To pick up the telephone

¿Sí?
¿Hola?
¿Sí, dígame?
¡Diga! ¿Con quién hablo?

temperature ['temprətʃəʳ] *n* temperatura *f*; **to take sb's** ~ tomarle a alguien la temperatura; **to have** OR **be running a** ~ tener fiebre.

tempered ['tempəd] *adj* MUS & TECH templado(da).

temper tantrum *n* rabieta *f*; **to have** OR **throw a** ~ coger una rabieta.

tempest ['tempɪst] *n literary* tempestad *f*; **a** ~ **in a teapot** *Am* una tormenta en un vaso de agua.

tempestuous [tem'pestjʊəs] *adj lit & fig* tempestuoso(sa).

tempi ['tempiː] *pl* → **tempo**.

Templar ['templəʳ] *n* templario *m*.

template ['templɪt] *n* plantilla *f*.

temple ['templ] *n* - **1.** RELIG templo *m*. - **2.** ANAT sien *f*.

Temple Bar *n límite oeste de la 'City' de Londres donde el alcalde sale a recibir al monarca.*

templet ['templɪt] *n* = **template**.

tempo ['tempəʊ] (*pl* **tempos** OR **tempi** [-piː]) *n* ritmo *m*, tempo *m*.

temporal ['tempərəl] *adj* - **1.** [gen & GRAMM] temporal. - **2.** [secular] secular.

temporal bone *n* hueso *m* temporal.

temporality [ˌtempəˈrælətɪ] *n* temporalidad *f*.

temporarily [Br 'tempərərəlɪ, Am ˌtempəˈrerəlɪ] *adv* temporalmente, provisionalmente.

temporary ['tempərərɪ] *adj* [gen] temporal, provisional; [improvement, problem] pasajero(ra); [measures] provisional, transitorio(ria).

temporary employee *n* empleado *m*, -da *f* eventual.

temporize, -ise ['tempəraɪz] *vi fml* intentar ganar tiempo.

tempt [tempt] *vt* - **1.** [entice]: **to** ~ **sb (to do sthg)** tentar a alguien (a hacer algo); **to be** OR **feel** ~**ed to do sthg** estar OR sentirse tentado(da) de hacer algo. - **2.** [seduce] tentar, seducir.

temptation [temp'teɪʃn] *n* tentación *f*.

tempter ['temptəʳ] *n* tentador *m*.

tempting ['temptɪŋ] *adj* tentador(ra).

temptress ['temptrɪs] *n literary & hum* mujer *f* tentadora OR seductora.

ten [ten] *num* diez; *see also* **six**.

tenable ['tenəbl] *adj* - **1.** [reasonable, credible] sostenible. - **2.** [job, post]: **the post is** ~ **for one year** el puesto tendrá una duración de un año.

tenacious [tɪ'neɪʃəs] *adj* tenaz.

tenaciously [tɪ'neɪʃəslɪ] *adv* con tenacidad, tenazmente.

tenacity [tɪ'næsətɪ] *n* tenacidad *f*.

tenancy ['tenənsɪ] (*pl* **tenancies**) *n* - **1.** [period - of house] alquiler *m*; [- of land] arrendamiento *m*. - **2.** [possession] ocupación *f*.

tenant ['tenənt] *n* [of house] inquilino *m*, -na *f*; [of pub] arrendatario *m*, -ria *f*.

tenant farmer *n* agricultor arrendatario *m*, agricultora arrendataria *f*.

tenantry ['tenəntrɪ] *n* (U) AGR arrendatarios *mpl*.

tench [tenʃ] (*pl inv*) *n* tenca *f*.

Ten Commandments *npl*: **the** ~ los Diez Mandamientos.

tend [tend] ◇ *vt* - **1.** [have tendency]: **to** ~ **to do sthg** soler hacer algo, tender a hacer algo; **I** ~ **to think...** me inclino a pensar... - **2.** [look after] cuidar. - **3.** *Am* [customer, tables] servir, atender. ◇ *vi* - **1.** [be inclined]: **to** ~ **to** OR **towards sthg** tener tendencia a algo, tender a algo. - **2.** [move] tender, dirigirse. - **3.** [look after]: **to** ~ **to sthg/sb** atender algo/a alguien.

tendency ['tendənsɪ] (*pl* **tendencies**) *n* - **1.** [trend]: ~ **(for sb/sthg to do sthg)** tendencia *f* (de alguien/algo a hacer algo); ~ **towards** tendencia hacia. - **2.** [leaning, inclination] inclinación *f*.

tendentious [ten'denʃəs] *adj fml* tendencioso(sa).

tender ['tendəʳ] ◇ *adj* [gen] tierno(na); [sore] dolorido(da);

at a ~ **age** a tierna edad. ◇ *n* - **1.** COMM propuesta *f*, oferta *f*. - **2.** NAUT [supply boat] buque *m* nodriza. ◇ *vt fml* [resignation] presentar; [apology, suggestion] ofrecer.

tenderfoot ['tendəfʊt] (*pl* **tenderfoots** OR **tenderfeet** [-fiːt]) *n* - **1.** [beginner] principiante *mf*. - **2.** *Am inf* [newcomer] novato *m*, -ta *f*.

tenderhearted [ˌtendəˈhɑːtɪd] *adj* compasivo(va).

tenderize, -ise ['tendəraɪz] *vt* ablandar.

tenderizer ['tendəraɪzəʳ] *n* (condimento *m*) ablandador *m* de carne.

tenderloin ['tendəlɔɪn] *n* lomo *m*.

tenderly ['tendəlɪ] *adv* [caringly] tiernamente, cariñosamente.

tenderness ['tendənɪs] *n* - **1.** [care, compassion] ternura *f*, dulzura *f*. - **2.** [soreness] sensibilidad *f*.

tendon ['tendən] *n* tendón *m*.

tendril ['tendrəl] *n* zarcillo *m*.

tenebrous ['tenɪbrəs] *adj literary* tenebroso(sa).

tenement ['tenəmənt] *n* - **1.** [block of flats] bloque de viviendas modestas. - **2.** [flat] piso *m*, vivienda *f*. - **3.** JUR propiedad *f*.

tenement building *n bloque de viviendas modestas.*

Tenerife [ˌtenəˈriːf] *n* Tenerife.

tenet ['tenɪt] *n fml* principio *m*, dogma *m*.

tenfold ['tenfəʊld] ◇ *adj* décuplo(pla). ◇ *adv* diez veces.

ten-gallon hat *n* sombrero *m* de vaquero OR del oeste (*de copa alta*).

tenner ['tenəʳ] *n Br inf* - **1.** [amount] diez libras *fpl*. - **2.** [note] billete *m* de diez libras.

Tennessee [ˌtenəˈsiː] *n* Tennessee.

tennis ['tenɪs] *n* tenis *m*.

tennis ball *n* pelota *f* de tenis.

tennis court *n* pista *f* de tenis.

tennis elbow *n* (U) codo *m* de tenista.

tennis player *n* tenista *mf*.

tennis racket *n* raqueta *f* de tenis.

tennis shoes *npl* zapatillas *fpl* de tenis.

tennis whites *npl* equipo *m* de tenis (*indumentaria*).

tenon ['tenən] ◇ *n* espiga *f*, barbilla *f*. ◇ *vt* espigar.

tenor ['tenəʳ] ◇ *adj* [part, voice] de tenor; [saxophone] tenor. ◇ *n* - **1.** [singer] tenor. - **2.** [meaning, mood] tono *m*.

tenpin bowling *Br* ['tenpɪn-], **tenpins** *Am* ['tenpɪnz] *n* (U) bolos *mpl*.

tense [tens] ◇ *adj* tenso(sa). ◇ *n* GRAMM tiempo *m*. ◇ *vt* tensar. ◇ *vi* tensarse, ponerse tenso(sa).

tensed up [tenst-] *adj* tenso(sa), nervioso(sa).

tensely ['tenslɪ] *adv* [move, react] con tensión; [speak] con tono tenso; **they waited** ~ **for the doctor to arrive** esperaron la llegada del médico en un estado de gran tensión.

tensile ['tensaɪl] *adj* extensible, dúctil.

tensile strength *n* resistencia *f* a la tensión OR tracción.

tension ['tenʃn] *n* tensión *f*.

tension headache *n* cefalea *f* tensional OR de tensión.

tensor ['tensəʳ] *n* ANAT & MATH tensor *m*.

ten-spot *n Am* billete *m* de diez dólares.

tent [tent] ◇ *n* tienda *f* (de campaña). ◇ *vi* acampar.

tentacle ['tentəkl] *n* tentáculo *m*.

tentacular [ten'tækjʊləʳ] *adj* tentacular.

tentative ['tentətɪv] *adj* - **1.** [person] indeciso(sa); [step, handshake] vacilante. - **2.** [suggestion, conclusion etc] provisional.

tentatively ['tentətɪvlɪ] *adv* - **1.** [hesitantly] con vacilación. - **2.** [not finally] provisionalmente.

tenterhooks ['tentəhʊks] *npl*: **to be on** ~ estar sobre ascuas.

tenth [tenθ] *num* décimo(ma); *see also* **sixth**.

tent peg *n* estaca *f*.

tent pole *n* mástil *m* de tienda.

tenuous ['tenjʊəs] *adj* [argument] flojo(ja), poco convincente; [evidence, connection] débil, insignificante; [hold] ligero(ra); [distinction] sutil, tenue.

tenuously ['tenjʊəslɪ] *adv* ligeramente.

tenure ['tenjəʳ] *n fml* - **1.** [of property] arrendamiento *m*. - **2.** [of job] ocupación *f*, ejercicio *m*.

tenure-tracked *adj Am*: **he's got a ~ job** ocupa un cargo que puede llegar a ser permanente.

tepee ['ti:pi:] *n* tipi *m*, tienda *f* india.

tepid ['tepɪd] *adj* - **1.** [liquid] tibio(bia). - **2.** *pej* [welcome] poco caluroso (poco calurosa); [performance, speech] poco vehemente.

tequila [tɪ'ki:lə] *n* tequila *m*.

Ter. *written abbr of* **Terrace**.

tercentenary [,tɜ:sen'ti:nərɪ] (*pl* **tercentenaries**), **tercentennial** [,tɜ:sen'tenjəl] ◇ *n* tricentenario *m*. ◇ *adj* tricentésimo(ma).

tercet ['tɜ:sɪt] *n* terceto *m*.

Teresa [təˈri:zə] *n*: ~ **of Avila** (santa) Teresa de Ávila.

term [tɜ:m] ◇ *n* - **1.** [word, expression] término *m*; **in no uncertain** ~s muy claramente. - **2.** SCH & UNIV trimestre *m*. - **3.** [of elected official]: ~ **(of office)** mandato *m*. - **4.** [period of time] periodo *m*; **in the long/short** ~ a largo/corto plazo. - **5.** JUR & POL [of court, parliament] periodo *m* de sesiones. - **6.** [deadline] término *m*, fin *m*. - **7.** MED [end of pregnancy] término *m*; **born before** ~ prematuro(ra). - **8.** MATH término *m*. ◇ *vt*: **to** ~ **sthg sthg** calificar algo de algo.
◆ **terms** *npl* - **1.** [of contract, agreement] condiciones *fpl*; **we offer easy** ~s ofrecemos facilidades de pago; **not on any** ~s de ninguna manera, bajo ningún concepto. - **2.** [basis]: **in international/real** ~s en términos internacionales/reales; **on equal** OR **the same** ~s en condiciones de igualdad; **to come to** ~s **with sthg** aceptar algo. - **3.** [relations]: **to be on good** ~s **(with sb)** mantener buenas relaciones (con alguien); **to be on speaking** ~s **(with sb)** hablarse (con alguien). - **4.** [agreement]: **to come to** ~s **(with sb)** llegar a un arreglo OR acuerdo (con alguien).
◆ **in terms of** *prep* por lo que se refiere a; **to think in** ~s **of doing sthg** pensar hacer algo.

termagant ['tɜ:məgənt] *n literary* tarasca *f*, arpía *f*.

terminal ['tɜ:mɪnl] ◇ *adj* - **1.** MED [patient, disease] incurable, terminal; [ward] para enfermos terminales. - **2.** [final] final. ◇ *n* - **1.** [for means of transport] terminal *f*. - **2.** COMPUT terminal *m*. - **3.** ELEC terminal *m*, borne *m*.

terminal leave *n* MIL licencia *f* OR permiso *m* final.

terminally ['tɜ:mɪnəlɪ] *adv*: **to be** ~ **ill** estar deshauciado(da).

terminate ['tɜ:mɪneɪt] ◇ *vt fml* [gen] poner fin a; [pregnancy] interrumpir. ◇ *vi* - **1.** [bus, train] finalizar el trayecto. - **2.** [contract] terminarse. - **3.** *fml* [end] terminar; **the war** ~**ed in the ruin of the city** la guerra tuvo como resultado la ruina de la ciudad.

termination [,tɜ:mɪ'neɪʃn] *n* - **1.** *fml* [ending] finalización *f*, terminación *f*. - **2.** [abortion]: ~ **(of pregnancy)** interrupción *f* del embarazo. - **3.** LING desinencia *f*, terminación *f*.

terminative ['tɜ:mɪnətɪv] *adj* concluyente.

terminator ['tɜ:mɪneɪtəʳ] *n* ASTRON línea *f* divisoria.

termini ['tɜ:mɪnaɪ] *pl* → **terminus**.

terminological [,tɜ:mɪnə'lɒdʒɪkl] *adj* terminológico(ca).

terminologist [,tɜ:mɪ'nɒlədʒɪst] *n* terminólogo *m*, -ga *f*.

terminology [,tɜ:mɪ'nɒlədʒɪ] *n* terminología *f*.

term insurance *n* seguro *m* de plazo fijo.

terminus ['tɜ:mɪnəs] (*pl* **termini** [-naɪ] OR **terminuses**) *n* (estación *f*) terminal *f*, final *m* de trayecto.

termite ['tɜ:maɪt] *n* termita *f*.

termly ['tɜ:mlɪ] ◇ *adj* trimestral. ◇ *adv* por trimestres, trimestralmente.

tern [tɜ:n] *n* golondrina *f* de mar, fumarel *m*.

ternary ['tɜ:nərɪ] *adj* ternario(ria).

Terr. = Ter.

terrace ['terəs] *n* - **1.** [gen, AGR & GEOL] terraza *f*. - **2.** *Br* [of houses] hilera *f* de casas adosadas.
◆ **terraces** *npl* FTBL: **the** ~s las gradas.

terraced ['terəst] *adj* - **1.** [hillside] a terrazas. - **2.** [house, housing] adosado(da).

terraced house *n Br* casa *f* adosada.

terracotta [,terə'kɒtə] *n* terracota *f*.

terra firma [,terə'fɜ:mə] *n literary & hum* tierra *f* firme.

terrain [te'reɪn] *n* terreno *m*.

terrapin ['terəpɪn] (*pl inv* OR **terrapins**) *n* tortuga *f* acuática.

terrarium [tə'reərɪəm] (*pl* **terrariums** OR **terraria** [-rɪə]) *n* terrario *m*.

terrestrial [tə'restrɪəl] *adj fml* terrestre.

terrible ['terəbl] *adj* - **1.** [crash, mess, shame] terrible, espantoso(sa). - **2.** [unwell, unhappy, very bad] fatal.

terribly ['terəblɪ] *adv* - **1.** [sing, play, write] malísimamente. - **2.** [injured, sorry, expensive] horriblemente, terriblemente.

terrier ['terɪəʳ] *n* terrier *mf*.

terrific [tə'rɪfɪk] *adj* - **1.** [wonderful] fabuloso(sa), estupendo(da). - **2.** [enormous] enorme, tremendo(da).

terrifically [tə'rɪfɪklɪ] *adv inf* - **1.** [extremely, enormously] enormemente, tremendamente. - **2.** [very well] maravillosamente, estupendamente.

terrified ['terɪfaɪd] *adj* aterrorizado(da); **to be** ~ **(of)** tener terror (a).

terrify ['terɪfaɪ] (*pt & pp* **terrified**) *vt* aterrorizar.

terrifying ['terɪfaɪɪŋ] *adj* aterrador(ra), espantoso(sa).

terrifyingly ['terɪfaɪɪŋlɪ] *adv* espantosamente, de un modo aterrador OR espantoso.

terrine [te'ri:n] *n* [paté] tarrina *f*.

territorial [,terɪ'tɔ:rɪəl] *adj* territorial.
◆ **Territorial** *n* soldado del ejército voluntario de Gran Bretaña.

Territorial Army *n Br*: **the** ~ el ejército voluntario de Gran Bretaña.

territorialism [,terə'tɔ:rɪəlɪzm] *n* supremacía *f* de los terratenientes.

territoriality [,terɪtɔ:rɪ'ælətɪ] *n* territorialidad *f*.

territorial waters *npl* aguas *fpl* territoriales OR jurisdiccionales.

territory ['terətrɪ] (*pl* **territories**) *n* - **1.** [political area] territorio *m*. - **2.** [terrain] terreno *m*. - **3.** [area of knowledge] esfera *f*, campo *m*. - **4.** [of salesperson, branch] zona *f*. - **5.** ZOOL territorio *m*.

terror ['terəʳ] *n* - **1.** [fear] terror *m*. - **2.** *inf* [rascal] demonio *m*.
◆ **Terror** *n*: **the Terror** HIST el Terror.

terrorism ['terərɪzm] *n* terrorismo *m*.

terrorist ['terərɪst] *n* terrorista *mf*.

terrorize, -ise ['terəraɪz] *vt* aterrorizar, aterrar.

terror-stricken *adj* aterrorizado(da), aterrado(da).

terry(cloth) ['terɪ(klɒθ)] *n* toalla *f* de rizo.

terse [tɜ:s] *adj* seco(ca).

tersely ['tɜ:slɪ] *adv* secamente.

terseness ['tɜ:snɪs] *n* sequedad *f*.

tertiary ['tɜ:ʃərɪ] *adj* terciario(ria).
◆ **Tertiary** GEOL ◇ *adj* terciario(ria). ◇ *n*: **the** ~ el (periodo) Terciario.

tertiary education *n* (U) estudios *mpl* superiores.

Terylene® ['terɪli:n] *n* terylene® *m*.

TES (*abbr of* **Times Educational Supplement**) suplemento de educación del diario 'The Times' que se vende por separado.

TESL ['tesl] (*abbr of* **teaching (of) English as a second language**) *n* enseñanza de inglés para extranjeros.

TESSA ['tesə] (*abbr of* **tax-exempt special savings account**) *n* plan de ahorro que ofrece exención de impuestos sobre el interés del capital depositado a plazo fijo.

tesselated ['tesɪleɪtɪd] *adj* de mosaico, de teselas.

test [test] ◇ *n* - **1.** [trial] prueba *f*; **to put sthg to the ~** poner algo a prueba; **to stand the ~** pasar la prueba; **~ of strength** prueba de fuerza ❑ **to stand the ~ of time** resistir el paso del tiempo. - **2.** [examination] examen *m*, prueba *f*. - **3.** MED [of blood, urine] análisis *m inv*; [of eyes] revisión *f*; **to do ~s onsb/sthg** hacer pruebas a alguien/con algo. ◇ *vt* - **1.** [try out] probar, poner a prueba. - **2.** [examine] examinar; **to ~ sb on** examinar a alguien de. - **3.** MED [urine, blood] analizar; [eyes] revisar; **to ~ sthg for sthg** analizar algo para ver si contiene algo.
◆ **test out** *vt sep* probar, poner a prueba.
testament ['testəmənt] *n* - **1.** [will, in Bible] testamento *m*. - **2.** [proof]: **~ to** testimonio *m* de.
testamentary [,testə'mentəri] *adj* testamentario(ria).
testate ['testeit] *adj* testado(da).
testator [te'steitə^r] *n* testador *m*, -ra *f*.
testatrix [te'steitriks] *n* testadora *f*.
test ban *n* suspensión *f* de pruebas nucleares.
test-bed *n* banco *m* de pruebas.
test card *n Br* carta *f* de ajuste.
test case *n* JUR juicio *m* que sienta jurisprudencia.
test drive (*pt* **test-drove** [-drəʊv], *pp* **test-driven** [-,drivn]) *n* prueba *f* en carretera.
◆ **test-drive** *vt* someter a prueba de carretera.
tester ['testə^r] *n* - **1.** [person testing] probador *m*, -ra *f*. - **2.** [sample] muestra *f* (de perfume etc).
testes ['testi:z] *pl* → **testis**.
test flight *n* vuelo *m* de prueba.
testicles ['testiklz] *npl* testículos *mpl*.
testify ['testifai] (*pt & pp* **testified**) ◇ *vi* - **1.** JUR prestar declaración. - **2.** [be proof]: **to ~ to sthg** dar fe de OR atestiguar algo. ◇ *vt* declarar.
testimonial [,testi'məʊnjəl] ◇ *n* - **1.** [letter] carta *f* de recomendación. - **2.** [certificate] testimonio *m*, atestación *f*. - **3.** [tribute] homenaje *m*. ◇ *adj* testimonial.
testimony [*Br* 'testimənı, *Am* 'testəməʊnı] *n* - **1.** JUR testimonio *m*, declaración *f*. - **2.** [proof, demonstration]: **~ to** testimonio *m* de.
testing ['testiŋ] *adj* duro(ra).
testing ground *n* zona *f* de pruebas.
testis ['testis] (*pl* **testes** [-ti:z]) *n* teste *m*, testículo *m*.
test match *n Br* partido *m* internacional.
testosterone [te'stɒstərəʊn] *n* testosterona *f*.
test paper *n* - **1.** SCH examen *m*, test *m*. - **2.** CHEM papel *m* reactivo.
test pattern *n Am* carta *f* de ajuste.
test piece *n* MUS obra que se toca en un certamen.
test pilot *n* piloto *mf* de pruebas.
test run *n* prueba *f*; **to go for a ~** realizar una prueba.
test tube *n* probeta *f*, tubo *m* de ensayo.
test-tube baby *n* niño(ña) probeta.
testy ['testi] (*compar* **testier**, *superl* **testiest**) *adj* - **1.** [person] irritable, irascible. - **2.** [remark, comment] acre, agresivo(va).
tetanus ['tetənəs] *n* tétanos *m inv*.
tetchily ['tetʃili] *adv* con irritación.
tetchy ['tetʃi] (*compar* **tetchier**, *superl* **tetchiest**) *adj* irritable.
tête-à-tête [,teitɑː'teit] *n* conversación *f* confidencial (entre dos personas).
tether ['teðə^r] ◇ *vt* atar. ◇ *n* [for horse] traílla *f*, correa *f*; **to be at the end of one's ~** estar uno que ya no puede más.
tetrachloride [,tetrə'klɔːraid] *n* tetracloruro *m*.
tetracycline [,tetrə'saikliːn] *n* tetraciclina *f*.
tetrad ['tetræd] *n* - **1.** [group of four] tétrada *f*. - **2.** CHEM elemento *m* tetravalente. - **3.** PHYS átomo *m* tetravalente.
tetragon ['tetrəgən] *n* tetrágono *m*.
tetrahedron [,tetrə'hiːdrən] (*pl* **tetrahedrons** OR **tetrahedra** [-drə]) *n* tetraedro *m*.

tetralogy [te'trælədʒi] (*pl* **tetralogies**) *n* tetralogía *f*.
tetrapod ['tetrəpɒd] *n* tetrápodo *m*.
tetravalent [,tetrə'veilənt] *adj* tetravalente.
Teutonic [tjuː'tɒnik] *adj* teutón(ona), teutónico(ca).
Tex *n* - **1.** *written abbr of* **Texan**. - **2.** *written abbr of* **Texas**.
Texan ['teksn] ◇ *adj* tejano(na). ◇ *n* tejano *m*, -na *f*.
Texas ['teksəs] *n* Texas, Tejas.
Tex-Mex [,teks'meks] *n* - **1.** CULIN *cocina mexicana adaptada a los gustos americanos*. - **2.** [music] música *f* méxico-americana.
text [tekst] *n* - **1.** [gen] texto *m*. - **2.** [textbook] libro *m* de texto.
textbook ['tekstbʊk] *n* libro *m* de texto.
textile ['tekstail] ◇ *n* textil *m*, tejido *m*. ◇ *comp* textil.
◆ **textiles** *npl* industria *f* textil.
textual ['tekstjʊəl] *adj* textual.
textually ['tekstjʊəli] *adv* textualmente, palabra por palabra.
textural ['tekstʃərəl] *adj* de textura.
texture ['tekstʃə^r] *n* textura *f*.
TGIF (*abbr of* **thank God it's Friday!**) *inf* ¡por fin es viernes!
TGWU (*abbr of* **Transport and General Workers' Union**) *n sindicato británico de mayor afiliación que acoge a trabajadores de diversos sectores industriales*.
Thai [tai] ◇ *adj* tailandés(esa). ◇ *n* - **1.** [person] tailandés *m*, -esa *f*. - **2.** [language] tailandés *m*.
Thai boxing *n* boxeo *m* tailandés.
Thailand ['tailænd] *n* Tailandia.
thalamus ['θæləməs] (*pl* **thalami** [-mai]) *n* tálamo *m*.
thalidomide [θə'lidəmaid] *n* talidomida *f*.
thallium ['θæliəm] *n* talio *m*.
Thames [temz] *n*: **the ~** el Támesis.
than [weak form ðən, strong form ðæn] ◇ *prep* que; **you're older ~ me** eres mayor que yo; **more ~ three/once** más de tres/de una vez. ◇ *conj* que; **I'd sooner read ~ sleep** prefiero leer que dormir; **no sooner did he arrive ~ she left** tan pronto llegó él, ella se fue; **rather ~ stay**, he chose to go en vez de quedarse, prefirió irse; **you're older ~ I thought** eres mayor de lo que pensaba.
thane [θein] *n* HIST ≃ barón *m*.
thank [θæŋk] *vt*: **to ~ sb (for sthg)** dar las gracias a alguien (por algo), agradecer a alguien (algo); **she's only got herself to ~** la culpa es sólo de ella ❑ **~ God** OR **goodness** OR **heavens! ¡gracias a Dios!, ¡menos mal!**
◆ **thanks** ◇ *npl* agradecimiento *m*; **that's all the ~s I get** así se me agradece; **to give ~s to sb** dar las gracias a alguien. ◇ *excl* ¡gracias!
◆ **thanks to** *prep* gracias a; **I did it, no ~s to you** lo hice a pesar de ti.
thankful ['θæŋkfʊl] *adj* - **1.** [relieved] aliviado(da). - **2.** [grateful]: **~ (for)** agradecido(da) (por).
thankfully ['θæŋkfʊli] *adv* - **1.** [with gratitude] con agradecimiento. - **2.** [thank goodness] gracias a Dios.
thankfulness ['θæŋkfʊlnis] *n* gratitud *f*, agradecimiento *m*.
thankless ['θæŋklis] *adj* ingrato(ta).
thanksgiving ['θæŋksgiviŋ] *n* acción *f* de gracias.
◆ **Thanksgiving (Day)** *n* Día *m* de Acción de Gracias (fiesta nacional de EE UU que se celebra el cuarto jueves de noviembre).
thanks offering *n fml* acción *f* de gracias.
thank you *excl* ¡gracias!; **~ for** gracias por; **~ very much! ¡muchas gracias!; ~ very much indeed! ¡muchísimas gracias!**
◆ **thankyou** *n* agradecimiento *m*.
thankyou letter ['θæŋkjuː-] *n* carta *f* de agradecimiento.
that [ðæt, *weak form of rel pron and conj* ðət] (*pl* **those** [ðəʊz]) ◇ *pron* - **1.** (demonstrative use: *pl* 'those') ése *m*, ésa *f*, ésos *mpl*, ésas *fpl*; (indefinite) eso; **~ sounds familiar** eso me resulta familiar; **do you like these or those?** ¿te gustan éstos o

ésos?; **who's** ~? [who is it?] ¿quién es?; **what's** ~? ¿qué es eso?; ~**'s a shame** es una pena; **is** ~ **Maureen?** [asking someone else] ¿es ésa Maureen?; [asking person in question] ¿eres Maureen?; ~**'s it, there's no more** ¡ya está! ¡ya no quedan más!; ~**'s it, I'm leaving!** ¡se acabó! ¡me marcho!; ~**'s** ~ punto, se acabó. **- 2.** [further away in distance, time] aquél *m*, aquélla *f*, aquéllos *mpl*, aquéllas *fpl*; *(indefinite* aque-llo; ~ **was the life!** ¡aquello sí que era vida!; **all those who helped me** todos aquellos que me ayudaron. **- 3.** *(to introduce relative clauses)* que; **a path** ~ **led into the woods** un sendero que conducía al bosque; **everything** ~ **I have done** todo lo que he hecho; **the room** ~ **I sleep in** el cuar-to donde OR en (el) que duermo; **the day** ~ **he arrived** el día en que llegó; **the firm** ~ **he's applying to** la empresa a la que solicita trabajo. ◇ *adj (demonstrative: pl 'those')* ese (esa), esos (esas) *(pl)*; [further away in distance, time] aquel (aquella), aquellos (aquellas) *(pl)*; **those chocolates are delicious** esos bombones están exquisitos; **I'll have** ~ **book at the back** yo cogeré aquel libro del fondo; **later** ~ **day** más tarde, ese/aquel mismo día. ◇ *adv* tan; **it wasn't** ~ **bad** no estuvo tan mal; **it doesn't cost** ~ **much** no cuesta tanto; **it was** ~ **big** fue así de grande. ◇ *conj* que; **he recommended** ~ **I phone you** aconsejó que te telefonea-ra; **it's time** ~ **we were leaving** deberíamos irnos ya, ya va siendo hora de irse.
◆ **at that** *adv:* **she's an artist, and a good one at** ~ es ar-tista, y además de las buenas.
◆ **that is** *adv* es decir.

thatch [θætʃ] ◇ *n* - **1.** CONSTR paja *f*, chamiza *f*. **- 2.** *Br inf fig* [hair] pelambrera *f*. ◇ *vt* cubrir de paja, chamizar.

thatched [θætʃt] *adj* con techo de paja.

thatcher [ˈθætʃəʳ] *n* chamicero *m*, -ra *f*.

Thatcherism [ˈθætʃərɪzm] *n* thatcherismo *m*.

Thatcherite [ˈθætʃəraɪt] ◇ *adj* thatcherista. ◇ *n* thatche-rista *mf*.

that's [ðæts] *contr* = **that is**.

thaw [θɔː] ◇ *vt* [snow, ice] derretir; [frozen food] descon-gelar. ◇ *vi* - **1.** [snow, ice] derretirse; [frozen food] descon-gelarse. **- 2.** *fig* [people, relations] distenderse. **- 3.** [hands, feet] entrar en calor. ◇ *n* - **1.** METEOR deshielo *m*. **- 2.** *fig* [in relations] distensión *f*.

the [*weak form* ðə, *before vowel* ðɪ, *strong form* ðiː] *def art* - **1.** [gen] el (la); *(pl* los (las); *(before nouns beginning with stressed 'a' or 'ha'* = 'el'; *'a' + 'el'* = *'al'; 'de' + 'el'* = *'del'):* ~ **boat** el bar-co; ~ **Queen** la reina; ~ **men** los hombres; ~ **women** las mujeres; ~ **(cold) water** el agua (fría); **to** ~ **end of** ~

world al fin del mundo; ~ **highest mountain in** ~ **world** la montaña más alta del mundo; ~ **monkey is a primate** el mono es un primate; **to play** ~ **piano** tocar el piano; ~ **Joneses are coming to supper** los Jones vienen a cenar; **you're not** THE **John Major, are you?** ¿no será usted John Major el político, verdad?; **it's** THE **place to go to in Paris** es el sitio al que hay que ir en París. **- 2.** *(with an adjective to form a noun):* ~ **old/young** los viejos/jóvenes; ~ **impos-sible** lo imposible. **- 3.** [in dates]: ~ **twelfth of May** el 12 de mayo; ~ **forties** los cuarenta. **- 4.** *(in comparisons):* ~ **more I see her,** ~ **less I like her** cuanto más la veo, menos me gusta; ~ **sooner** ~ **better** cuanto antes mejor. **- 5.** [in ti-tles]: **Catherine** ~ **Great** Catalina la Grande; **George** ~ **First** Jorge Primero.

theatre *Br*, **theater** *Am* [ˈθɪətəʳ] *n* - **1.** [for plays etc] teatro *m*. **- 2.** *Br* [in hospital] quirófano *m*, sala *f* de operaciones. **- 3.** *Am* [cinema] cine *m*. **- 4.** [hall] auditorio *m*. **- 5.** *fig* [for impor-tant event] escenario *m*.

theatregoer, **theatergoer** *Am* [ˈθɪətəgəʊəʳ] *n* aficionado *m*, -da *f* al teatro.

theatre in the round *n* teatro *m* circular.

theatreland [ˈθɪətəlænd] *n Br* barrio *m* de teatros.

theatrical [θɪˈætrɪkl] *adj lit & fig* teatral.
◆ **theatricals** *npl* [putting on plays] teatro *m* de aficiona-dos.

thee [ðiː] *pron* BIBLE *or arch* te; [after preposition] ti.

theft [θeft] *n* [serious] robo *m*; [less serious] hurto *m*.

their [*weak form* ðəʳ, *strong form* ðeəʳ] *poss adj* su, sus *(pl)*; ~ **house** su casa; ~ **children** sus hijos; **it wasn't** THEIR **fault** no fue culpa suya OR su culpa; **they washed** ~ **hair** se la-varon el pelo.

theirs [ðeəz] *poss pron* suyo (suya); **that money is** ~ ese dinero es suyo; **our car hit** ~ nuestro coche chocó contra el suyo; **it wasn't our fault, it was** THEIRS no fue culpa nuestra sino suya OR de ellos; **a friend of** ~ un amigo suyo OR de ellos.

theism [ˈθiːɪzm] *n* teísmo *m*.

theist [ˈθiːɪst] ◇ *adj* teísta. ◇ *n* teísta *mf*.

them [*weak form* ðəm, *strong form* ðem] *pers pron pl* - **1.** *(direct)* los *mpl*, las *fpl*; **I know** ~ los conozco; **I like** ~ me gustan; **if I were** OR **was** ~ si (yo) fuera ellos. **- 2.** *(indirect - gen)* les *mfpl*; *(- with other third person direct object prons)* se; **she sent** ~ **a letter** les mandó una carta; **we spoke to** ~ hablamos con ellos; **I gave it to** ~ se lo di (a ellos). **- 3.** *(stressed, after prep, in comparisons etc)* ellos *mpl*, ellas *fpl*; **you can't expect** THEM

Thanking someone immediately

(Muchas) gracias.
Gracias por todo.
Adiós y gracias.
Muy amable.

▶ *more politely:*

Le quedo muy agradecido.
No sabe cuánto se lo agradezco.
Gracias, es usted muy amable.
No hacía falta que se molestara.
Se lo agradezco mucho.
Le estoy muy agradecido.
Es muy amable de su parte.

Thanking someone afterwards

Muchas gracias por echarme una mano.
Te agradezco que te hayas quedado.

▶ *more politely:*

Han sido ustedes muy amables invitándonos a su casa.

No sabe lo agradecido que estoy por sus atenciones.
Quisiera darles las gracias por haber acompañado a mi hijo a casa.

▶ *in writing:*

Quisiera manifestarle mi agradecimiento por su pronta respuesta.
Quisiera expresarles mi gratitud por invitarme a su fiesta.
Le quedo muy agradecido por su cordial bienvenida.

Thanking someone in advance

Agradeciéndoselo por anticipado, se despide atenta-mente... [*in a letter*]
Le damos las gracias de antemano.

Responding to thanks

De nada.
No hay de qué.
No es nada.
Soy yo quien debe darles las gracias.

to do it no esperarás que ellos lo hagan; **with/without** ~ con/sin ellos; **we're not as wealthy as** ~ no somos tan ricos como ellos.

thematic [θɪˈmætɪk] *adj* temático(ca).

theme [θiːm] *n* - **1.** [gen] tema *m*. - **2.** [signature tune] sintonía *f*. - **3.** GRAMM & LING raíz *f*.

theme park *n* parque *m* temático.

theme song *n* - **1.** [from film] tema *m* musical. - **2.** *Am* [signature tune] sintonía *f*.

theme tune *n* - **1.** [from film] tema *m* musical. - **2.** *Br* [signature tune] sintonía *f*.

themselves [ðəmˈselvz] *pron* - **1.** *(reflexive)* se; *(after preposition)* sí; **they enjoyed** ~ se divirtieron. - **2.** *(for emphasis)* ellos mismos *mpl*, ellas mismas *fpl*; **they did it** ~ lo hicieron ellos mismos. - **3.** [alone] solos(las); **they organized it (by)** ~ lo organizaron ellas solas.

then [ðen] *adv* - **1.** [not now] entonces; **it starts at 8 - I'll see you** ~ empieza a las 8 - hasta las 8, entonces; **by** ~ para entonces; ~ **and there** en el acto, al momento. - **2.** [next, afterwards] luego, después. - **3.** [in that case] entonces; **all right** ~ de acuerdo, pues. - **4.** [therefore] entonces, por lo tanto; **you were right** ~! ¡entonces tenías razón! - **5.** [furthermore, also] además. - **6.** [on the other hand]: **they didn't win the election, but** ~ **they never expected to** no ganaron las elecciones, pero lo cierto OR la verdad es que no esperaban conseguirlo.

thence [ðens] *adv dated* - **1.** [from that place] desde allí. - **2.** [from that time] desde entonces.

thenceforth [ðensˈfɔːθ], **thenceforward** [ðensˈfɔːwəd] *adv literary fml* desde entonces.

theocentric [θɪəˈsentrɪk] *adj* teocéntrico(ca).

theocracy [θɪˈɒkrəsɪ] (*pl* **theocracies**) *n* teocracia *f*.

theodolite [θɪˈɒdəlaɪt] *n* teodolito *m*.

theologian [θɪəˈləʊdʒən] *n* teólogo *m*, -ga *f*.

theological [θɪəˈlɒdʒɪkl] *adj* teológico(ca); ~ **college** seminario *m*.

theology [θɪˈɒlədʒɪ] *n* teología *f*.

theorem [ˈθɪərəm] *n* teorema *m*.

theoretical [θɪəˈretɪkl] *adj* teórico(ca).

theoretically [θɪəˈretɪklɪ] *adv* en teoría.

theoretician [θɪərəˈtɪʃn] *n* teórico *m*, -ca *f*.

theorist [ˈθɪərɪst] *n* teórico *m*, -ca *f*.

theorization [θɪəraɪˈzeɪʃn] *n* teorización *f*.

theorize, -ise [ˈθɪəraɪz] *vi*: **to** ~ **(about sthg)** teorizar (sobre algo).

theory [ˈθɪərɪ] (*pl* **theories**) *n* teoría *f*; **in** ~ en teoría.

theosophy [θɪˈɒsəfɪ] *n* teosofía *f*.

therapeutic [θerəˈpjuːtɪk] *adj* terapéutico(ca).

◆ **therapeutics** *n (U)* terapéutica *f*.

therapeutically [θerəˈpjuːtɪklɪ] *adv*: **used** ~ utilizado con fines terapéuticos.

therapist [ˈθerəpɪst] *n* terapeuta *mf*.

therapy [ˈθerəpɪ] *n* terapia *f*.

there [weak form ðəʳ, strong form ðeəʳ] ◇ *pron* - **1.** [indicating existence]: ~ **is/are** hay; ~**'s someone at the door** hay alguien en la puerta; ~ **must be some mistake** debe (de) haber un error; ~ **are five of us** somos cinco. - **2.** *fml (with vb)*: ~ **followed an ominous silence** a continuación hubo un silencio amenazador. ◇ *adv* - **1.** [in existence, available] ahí; **is anybody** ~? ¿hay alguien ahí?; **is John** ~, **please?** [when telephoning] ¿está John? - **2.** [referring to place - near speaker] ahí; [- further away] allí, allá; **I'm going** ~ **next week** voy para allá OR allí la semana que viene; ~ **it is** ahí está; **it's six miles** ~ **and back** hay seis millas entre ir y volver; **over** ~ por allí; **we're getting** ~ ya casi estamos; **I've been** ~ **before** *fig* ya sé lo que es eso, eso no es nada nuevo para mí. - **3.** [on that point] ahí; **I can't agree with you** ~ ahí no estoy de acuerdo contigo. - **4.** *inf phr*: **all/not all** ~ bien/no muy bien de la cabeza. ◇ *excl*: ~, **I knew he'd turn up!** ¡mira! ¡sabía que aparecería!; ~, **(don't cry!)** ¡venga, venga (no llores)!

◆ **there and then, then and there** *adv* en el acto.

◆ **there you are** *adv* - **1.** [handing over something] ahí tienes/tenéis *etc*. - **2.** [emphasizing that one is right] ahí está, ahí lo tienes; ~ **you are, what did I tell you!** ahí lo tienes, ¿qué te dije? - **3.** [expressing reluctant acceptance]: **it's not ideal, but** ~ **you are** no es lo ideal, pero ¿qué le vamos a hacer?

thereabouts [ˈðeərəbaʊts], **thereabout** *Am* [ˈðeərəbaʊt] *adv*: **or** ~ o por ahí; **she was 21 or** ~ tenía 21 años más o menos OR o por ahí.

thereafter [ðeərˈɑːftəʳ] *adv fml* después, a partir de entonces.

thereby [ðeərˈbaɪ] *adv fml* de ese modo.

therefore [ˈðeəfɔːʳ] *adv* por lo tanto, por consiguiente.

therein [ðeərˈɪn] *adv fml* - **1.** [in that place] allí dentro. - **2.** [in that matter]: ~ **lies the problem** ahí radica el problema.

thereof [ðeərˈɒv] *adv arch or* JUR de eso.

thereon [ðeərˈɒn] *adv* - **1.** *arch* [on that] sobre ello. - **2.** = **thereupon**.

there's [ðeəz] *contr* = **there is**.

thereto [ðeəˈtuː] *adv arch or* JUR a ello.

thereunder [ðeərˈʌndəʳ] *adv arch or* JUR debajo.

thereupon [ðeərəˈpɒn] *adv* - **1.** *fml* [then] acto seguido. - **2.** JUR [on that subject] sobre ello.

therewith [ðeəˈwɪð] *adv* - **1.** JUR [with that] con ello; [in addition] además. - **2.** *arch* = **thereupon** *sense 1*.

therm [θɜːm] *n* termia *f*.

thermal [ˈθɜːml] ◇ *adj* - **1.** [gen & PHYS] térmico(ca). - **2.** [spring, stream] termal; ~ **baths** termas *fpl*; ~ **waters** aguas *fpl* termales. ◇ *n* corriente *f* de aire caliente (ascendente).

thermal reactor *n* reactor *m* térmico.

thermal underwear *n* ropa *f* interior térmica.

thermic [ˈθɜːmɪk] *adj* PHYS térmico(ca).

thermion [ˈθɜːmɪən] *n* termión *m*, termoelectrón *m*.

thermochemistry [θɜːməʊˈkemɪstrɪ] *n* termoquímica *f*.

thermocouple [ˈθɜːməʊkʌpl] *n* termopar *m*.

thermodynamic [θɜːməʊdaɪˈnæmɪk] *adj* termodinámico(ca).

◆ **thermodynamics** *n (U)* termodinámica *f*.

thermoelectric [θɜːməʊɪˈlektrɪk] *adj* termoeléctrico(ca).

thermoelectricity [θɜːməʊɪlekˈtrɪsəti] *n* termoelectricidad *f*.

thermometer [θəˈmɒmɪtəʳ] *n* termómetro *m*.

thermonuclear [θɜːməʊˈnjuːklɪəʳ] *adj* termonuclear.

thermoplastic [θɜːməʊˈplæstɪk] ◇ *adj* termoplástico(ca). ◇ *n* termoplástico *m*.

Thermos (flask)® [ˈθɜːməs-] *n* termo *m*.

thermosetting [θɜːməʊsetɪŋ] *adj* termoestable.

thermosphere [ˈθɜːməsfɪəʳ] *n* termosfera *f*.

thermostat [ˈθɜːməstæt] *n* termostato *m*.

thermostatic [θɜːməˈstætɪk] *adj* termostático(ca).

thermostatically [θɜːməˈstætɪklɪ] *adv*: ~ **controlled** controlado(da) con un termostato.

thermotherapy [θɜːməʊˈθerəpɪ] *n* termoterapia *f*.

THES (*abbr of* **Times Higher Education Supplement**) *suplemento de enseñanza universitaria del diario 'The Times' que se vende por separado.*

thesaurus [θɪˈsɔːrəs] (*pl* **thesauruses** [-sɪz]) *n* diccionario *m* de sinónimos y voces afines.

these [ðiːz] *pl* → **this**.

theses [ˈθiːsiːz] *pl* → **thesis**.

Theseus [ˈθiːsjuːs] *n* MYTH Teseo *m*.

thesis [ˈθiːsɪs] (*pl* **theses** [-siːz]) *n* tesis *f inv*.

thespian [ˈθespɪən] *fml & hum* ◇ *adj* dramático(ca). ◇ *n* actor *m*, actriz *f*.

theta [ˈθiːtə] *n* theta *f*.

they [ðeɪ] *pers pron pl* - **1.** [gen] ellos *mpl*, ellas *fpl*; ~**'re pleased** (ellos) están satisfechos; ~**'re pretty earrings** son unos pendientes bonitos; ~ **love fish** les encanta el pescado; THEY **can't do it** ellos no pueden hacerlo; **there** ~ **are** allí están. - **2.** [unspecified people]: ~ **say it's going to snow** dicen que va a nevar; ~**'re going to put petrol up** van a subir la gasolina.

they'd [ðeɪd] *contr* = **they had, they would**.

they'll [ðeɪl] *contr* = **they shall, they will**.

they're [ðeəʳ] *contr* = **they are**.

they've [ðeɪv] *contr* = **they have**.

thiamine [ˈθaɪəmiːn, ˈθaɪəmɪn] *n* tiamina *f*.

thick [θɪk] ◇ *adj* - **1.** [not thin] grueso(sa); **it's 3 cm** ~ tiene 3 cm de grueso; **how** ~ **is it?** ¿qué espesor tiene? - **2.** [dense] espeso(sa); **the air was** ~ **with smoke** el ambiente estaba muy cargado. - **3.** *inf* [stupid] corto(ta), burro(rra). - **4.** [indistinct]: **a voice** ~ **with emotion** una voz velada por la emoción. - **5.** [full, covered]: **to be** ~ **with** estar lleno(na) de. - **6.** [accent] fuerte, marcado(da). - **7.** *inf* [intimate]: **to be** ~ **with sb** estar a partir un piñón con alguien. ◇ *n*: **to be in the** ~ **of** estar en el centro or meollo de; **in the** ~ **of the fighting** en lo más reñido de la pelea. ◇ *adv* - **1.** [slice - bread] a rebanadas gruesas; [- ham] a lonchas gruesas; [- sausage] a rodajas gruesas. - **2.** [spread] a capas gruesas.
◆ **thick and fast** *adv*: **questions came** ~ **and fast** llovían preguntas de todos los lados.
◆ **through thick and thin** *adv* a las duras y a las maduras.

thicken [ˈθɪkn] ◇ *vt* espesar. ◇ *vi* - **1.** [gen] espesarse. - **2.** [forest] hacerse más tupido(da); [smoke, crowd] hacerse más denso(sa). - **3.** *phr*: **the plot** ~**s** la cosa se complica.

thickener [ˈθɪknəʳ] *n* espesante *m*.

thickening [ˈθɪknɪŋ] *n* CULIN espesante *m*.

thicket [ˈθɪkɪt] *n* matorral *m*.

thickhead [ˈθɪkhed] *n inf* burro *m*, -rra *f*, bruto *m*, -ta *f*.

thickheaded [ˌθɪkˈhedɪd] *adj inf* bruto(ta), necio(cia).

thickie [ˈθɪkɪ] (*pl* **thickies**) *n Br inf* bestia *mf*, bruto *m*, -ta *f*.

thickly [ˈθɪklɪ] *adv* - **1.** [slice - bread] a rebanadas gruesas; [- ham] a lonchas gruesas; [- sausage] a rodajas gruesas. - **2.** [spread]: **he spread the butter** ~ untó una buena capa de mantequilla. - **3.** [densely] densamente. - **4.** [indistinctly] con voz poco clara.

thickness [ˈθɪknɪs] *n* espesor *m*.

thickset [ˌθɪkˈset] *adj* fornido(da), robusto(ta).

thick-skinned [-ˈskɪnd] *adj* insensible.

thickwitted [ˌθɪkˈwɪtɪd] *adj inf* bruto(ta), necio(cia).

thief [θiːf] (*pl* **thieves** [θiːvz]) *n* ladrón *m*, -ona *f*; **to be as thick as thieves** *inf* estar a partir un piñón.

thieve [θiːv] *vt & vi* robar, hurtar.

thieves [θiːvz] *pl* → **thief**.

thieving [ˈθiːvɪŋ] ◇ *adj* ladrón(ona). ◇ *n (U)* robo *m*, hurto *m*.

thievish [ˈθiːvɪʃ] *adj* ratero(ra), ladrón(ona).

thigh [θaɪ] *n* muslo *m*.

thighbone [ˈθaɪbəʊn] *n* fémur *m*.

thigh boots, thigh-high boots *npl* botas *fpl* altas *(hasta los muslos)*.

thimble [ˈθɪmbl] *n* dedal *m*.

thimbleful [ˈθɪmblfʊl] *n fig* [of liquid] dedal *m*, gota *f*.

thimblerig [ˈθɪmblrɪg] *n Br* triles *mpl* con cubiletes.

thin [θɪn] (*compar* **thinner**, *superl* **thinnest**, *pt & pp* **thinned**, *cont* **thinning**) ◇ *adj* - **1.** [not thick] delgado(da), fino(na). - **2.** [skinny] delgado(da), flaco(ca); **to get thinner** adelgazar ❑ **to be as** ~ **as a rake** *Br* or **rail** *Am* estar en los huesos, estar hecho(cha) un fideo. - **3.** [watery] claro(ra), aguado(da). - **4.** [sparse - crowd, vegetation, mist] poco denso (poco densa); [- hair, beard] ralo(la), escaso(sa); **to be** ~ **on top** estar quedándose calvo(va). - **5.** [air] enrarecido(da), poco denso (poco densa). - **6.** [excuse, argument]

flojo(ja), débil. - **7.** [voice] débil. ◇ *adv* - **1.** [cut - bread] a rebanadas finas; [- ham] a lonchas finas; [- sausage] a rodajas finas. - **2.** [spread] a capas finas. - **3.** *phr*: **to be wearing** ~ [joke, story] estar perdiendo interés; **my patience is wearing** ~ se me está acabando la paciencia. ◇ *vi* - **1.** [become sparse]: **his hair is thinning** se le está empezando a caer el pelo. - **2.** [crowd] dispersarse; [fog, smoke] disiparse. ◇ *vt* [dilute] diluir, aguar.
◆ **thin down** *vt sep* aclarar.
◆ **thin out** ◇ *vt sep* [plants] podar, aclarar. ◇ *vi* [crowd] dispersarse; [fog, smoke] disiparse.

thin air *n*: **to appear out of** ~ aparecer de la nada; **to disappear into** ~ esfumarse.

thine [ðaɪn] *arch or* BIBLE ◇ *poss adj* tu, tus *(pl)*. ◇ *poss pron* tuyo(ya), tuyos(yas) *(pl)*.

thing [θɪŋ] *n* - **1.** [gen] cosa *f*; **the next** ~ **on the list** lo siguiente de la lista; **the** ~ **to remember** lo que hay que recordar; **you're imagining** ~**s** son imaginaciones tuyas; **the (best)** ~ **to do would be...** lo mejor sería...; **a** ~ **or two** unas cuantas cosas; **to know a** ~ **or two about sthg** saber (uno) lo suyo de algo; **one** ~ **or the other** una de dos ❑ **for another** ~ por otro lado, además; **for one** ~ en primer lugar; **(what) with one** ~ **and another** entre unas cosas y otras; **I have a** ~ **about...** *inf* [like] me gusta muchísimo...; [dislike] no puedo sufrir...; **it's just one of those** ~**s** *inf* son cosas que pasan; **the** ~ **is...** el caso es que...; **to make a** ~ **(out) of sthg** *inf* exagerar algo. - **2.** [anything]: **I can't see a** ~ no veo nada; **not a** ~ nada. - **3.** [person]: **poor** ~! ¡pobrecito! - **4.** *inf* [fashion]: **the** ~ lo último, lo que está de moda. - **5.** *inf* [interest]: **it's not really my** ~ no es lo mío ❑ **to do one's own** ~ hacer lo que uno quiere. - **6.** *inf* [what is needed]: **just the** ~ precisamente lo que hace falta.
◆ **things** *npl* - **1.** [clothes, possessions] cosas *fpl*, corotos *mpl Amér*. - **2.** *inf* [situation, circumstances]: **how are** ~**s?** ¿qué tal (van las cosas)?; **as** ~**s are** OR **stand** tal y como están las cosas.

thingamabob [ˈθɪŋəməˌbɒb], **thingamajig** [ˈθɪŋəmədʒɪg], **thingummy (jig)** *Br* [ˈθɪŋəmɪ(dʒɪg)], **thingie** *Br*, **thingy** *Br* [ˈθɪŋɪ] *n* [thing] chisme *m*; [person] ése *m*, ésa *f*, fulano *m*, -na *f*.

think [θɪŋk] (*pt & pp* **thought** [θɔːt]) ◇ *vt* - **1.** [believe, expect, intend]: **to** ~ **(that)** creer OR pensar que; **he** ~**s he's clever/a good driver** se cree (que es) muy listo/un buen conductor; **who does he** ~ **he is?** ¿quién se ha creído que es?; **I** ~ **I'll go for a walk** creo que me voy a dar un paseo; **anyone would** ~ **you'd never been in a plane before** cualquiera que te viera pensaría que es la primera vez que vas en avión; **you'd** ~ **he might apologize** lo suyo es que se disculpara; **who would have thought it!** ¡quién lo iba a pensar!, ¡quién lo diría!; **it is thought that...** se cree que...; **we thought it necessary/amusing** pensamos que sería necesario/divertido; **you must** ~ **me very foolish** debes pensar que soy un imbécil; **she** ~**s herself a connoisseur** se cree una experta; **the brooch is thought to be over three thousand years old** se cree que el broche tiene más de tres mil años de antigüedad; **I don't know what to** ~ no sé qué pensar; **is £50 too much? what do you** ~? ¿es mucho 50 libras? ¿a ti qué te parece?; **I** ~ **so/not** creo que sí/no; **I thought so** ya me lo imaginaba; **that's what you** ~! *inf* ¡eso es lo que tú te crees!; **what will people** ~? ¿qué pensará la gente? - **2.** [ponder, reflect on] pensar; **what are you** ~**ing?** ¿en qué piensas?; '**that's strange**', **I thought to myself** ¡qué raro!' pensé (para mis adentros); ~ **how lucky you are** piensa (en) la suerte que tienes; **just** ~ **what we could do with all that money!** ¡imagínate lo que podríamos hacer con todo ese dinero!; **and to** ~ **that she did it all by herself!** ¡y pensar que lo hizo todo ella sola. - **3.** [imagine, understand] entender, hacerse una idea de; **I can't** ~ **why he said that** no entiendo por qué dijo eso. - **4.** [remember] recordar. - **5.** [be thoughtful enough]: **to** ~ **to do sthg** tener la delicadeza de hacer algo; **I didn't** ~ **to ask her** no se me ocurrió preguntarle. - **6.** [in polite requests] creer; **do you** ~ **you could help**

me? ¿cree que podría ayudarme? ◊ *vi* - **1.** [use mind] pensar; **it makes you** ~ (te) da que pensar; **I'm sorry, I wasn't** ~**ing** lo siento, se me fue el santo al cielo; **just** ~! ¡imagínate!; **he's rather good-looking, don't you** ~? es bastante guapo, ¿no crees? OR ¿no te parece?; **it's harder than I thought** es más difícil de lo que creía; **to my way of** ~**ing** a mi manera de ver; **let me** ~ vamos a ver; **to** ~ **again** pensarlo dos veces, pensarlo bien; **to** ~ **aloud** pensar en alto; **to** ~ **hard** pensarlo mucho; **to** ~ **for o.s.** pensar (uno) por sí mismo. - **2.** [have stated opinion]: **what do you** ~ **of** OR **about his new film?** ¿qué piensas de su nueva película?; **I don't** ~ **much of him/this wine** él/este vino no me parece gran cosa; **I hope you won't** ~ **badly of me** espero que no pienses mal de mí; **to be well thought of** estar bien considerado (bien considerada); **to** ~ **the best/worst of sb** esperar lo mejor/peor de alguien ❏ **to** ~ **a lot of sthg/sb** tener en mucha estima algo/a alguien. - **3.** *phr*: **to** ~ **better of sthg/doing sthg** pensarse mejor algo/lo de hacer algo; **to** ~ **big** *inf* tener grandes planes; **he** ~**s nothing of doing it** para él es pan comido hacerlo; ~ **nothing of it!** ¡no hay de qué!; **to** ~ **twice** pensárselo dos veces. ◊ *n inf*: **to have a** ~ **(about sthg)** pensarse (algo) ❏ **you've got another** ~ **coming** *inf* ya puedes esperar sentado(da), vas dado(da).

◆ **think about** *vt fus* pensar en; **I'll have to** ~ **about it** tendré que pensarlo; **all he** ~**s about is money** no piensa más que en el dinero; **to** ~ **about doing sthg** pensar en hacer algo.

◆ **think back** *vi* volver la mente atrás; ~ **back to your childhood** vuelve la mente a tu infancia.

◆ **think of** *vt fus* - **1.** [have as tentative plan]: **to** ~ **of doing sthg** pensar en hacer algo. - **2.** [consider, regard] pensar en; **just** ~ **of it!** ¡imagínatelo!; **come to** ~ **of it** pensándolo bien; ~ **of it as an opportunity to learn** tómatelo como una oportunidad para aprender; **he** ~**s of himself as an expert** se tiene por un experto. - **3.** [remember] acordarse de. - **4.** [come up with, conceive] pensar en; **how did you** ~ **of (doing) that?** ¿cómo se te ocurrió (hacer) esto?; **it's the only thing I can** ~ **of** no se me ocurre otra cosa; **whatever will they** ~ **of next?** ¡a saber qué se les ocurre ahora! - **5.** [show consideration for]: **it was kind of you to** ~ **of me** fue muy amable de tu parte que te acordaras de mí; **she only ever** ~**s of herself** sólo piensa en sí misma.

◆ **think out** *vt sep* [plan] elaborar; [problem] examinar; **a carefully thought-out plan** un plan cuidadosamente elaborado.

◆ **think over** *vt sep* pensarse, meditar.

◆ **think through** *vt sep* = **think out**.

◆ **think up** *vt sep* idear.

thinkable ['θɪŋkəbl] *adj* concebible.

thinker ['θɪŋkəʳ] *n* pensador *m*, -ra *f*.

thinking ['θɪŋkɪŋ] ◊ *adj* pensante, racional; **the** ~ **man** el hombre que piensa. ◊ *n* - **1.** (U) [opinion] opinión *f*; **to my way of** ~ en mi opinión. - **2.** [act] pensamiento *m*, reflexión *f*; **I'll have to do some** ~ tendré que pensármelo.

thinking cap *n inf*: **to put on one's** ~ ponerse a cavilar OR reflexionar.

think tank *n* grupo *de expertos*.

thin-lipped *adj* de labios finos OR delgados.

thinly ['θɪnlɪ] *adv* - **1.** [slice - bread] a rebanadas finas; [- ham] a lonchas finas; [- sausage] a rodajas finas. - **2.** [spread]: **he spread the butter** ~ untó una ligera capa de mantequilla. - **3.** [sparsely - forested] escasamente; [- populated] poco.

thinner ['θɪnəʳ] *n* disolvente *m*.

thinness ['θɪnnɪs] *n* delgadez *f*.

thin-skinned [-'skɪnd] *adj* susceptible.

third [θɜːd] ◊ *num adj* tercer(ra); ~ **time lucky** a la tercera va la vencida. ◊ *num n* - **1.** [fraction] tercio *m*, tercera parte *f*; **two** ~**s** dos tercios, dos terceras partes. - **2.** [in order] tercero *m*, -ra *f*. - **3.** *Br* UNIV ≃ aprobado *m*. - **4.** MUS tercera *f*. - **5.** AUT: ~ **(gear)** tercera *f*; *see also* **sixth**.

third class ◊ *n* - **1.** [for travel, accommodation] tercera *f*

(clase *f*). - **2.** *Am* [mail] correo *m* ordinario. ◊ *adv* - **1.** [travel] en tercera (clase). - **2.** *Am* [send] por correo ordinario.

◆ **third-class** *adj* - **1.** [ticket, compartment etc] de tercera (clase). - **2.** *Am* [mail] ordinario(ria). - **3.** *Br* UNIV: ~ **degree** ≃ aprobado *m*.

third degree *n inf*: **to give sb the** ~ [torture] sacudir a alguien; [interrogate] apretar las tuercas a alguien, interrogar a alguien.

third-degree burns *npl* quemaduras *fpl* de tercer grado.

Third Estate *n* HIST: **the** ~ el tercer estado.

thirdly ['θɜːdlɪ] *adv* en tercer lugar.

third party *n* tercero *m*.

third party insurance *n* seguro *m* a terceros.

third person *n* GRAMM: **the** ~ la tercera persona.

third-rate *adj pej* de poca categoría.

third reading *n* [of a bill] *tercera y última lectura de un proyecto de ley en el Parlamento.*

Third World *n*: **the** ~ el Tercer Mundo.

thirst [θɜːst] *n lit & fig*: ~ **(for)** sed *f* (de). ◊ *vi*: **to** ~ **for sthg** *lit & fig* tener sed de algo.

thirsty ['θɜːstɪ] (*compar* **thirstier**, *superl* **thirstiest**) *adj* - **1.** [parched] sediento(ta); **to be** OR **feel** ~ tener sed; **it makes you** ~ te da sed. - **2.** [causing thirst] que da sed. - **3.** [plant, soil] seco(ca). - **4.** *fig* [for knowledge, adventure]: ~ **for sthg** sediento(ta), ávido(da) de algo.

thirteen [,θɜː'tiːn] *num* trece; *see also* **six**.

thirteenth [,θɜː'tiːnθ] ◊ *num adj* decimotercero(ra). ◊ *num n* - **1.** [fraction] treceavo *m*. - **2.** [in order] decimotercero *m*, -ra *f*; *see also* **sixth**.

thirtieth ['θɜːtɪəθ] *num* trigésimo(ma); *see also* **sixth**.

thirty ['θɜːtɪ] (*pl* **thirties**) *num* treinta; *see also* **sixty**.

thirty-something *adj típico de ciertas personas que sobrepasan la treintena y viven desahogadamente.*

this [ðɪs] (*pl* **these** [ðiːz]) ◊ *pron* [gen] éste *m*, ésta *f*, éstos *mpl*, éstas *fpl*; (*indefinite*) esto; ~ **is/these are for you** esto es/éstos son para ti; ~ **can't be true** esto no puede ser cierto; **do you prefer these or those?** ¿prefieres éstos o aquéllos?; ~ **is Daphne Logan** [introducing another person] ésta es OR te presento a Daphne Logan; [introducing oneself on phone] soy Daphne Logan; **what's** ~? ¿qué es eso? ❏ ~ **and that** esto y lo otro. ◊ *adj* - **1.** [gen] este (esta), estos (estas) (*pl*); ~ **country** este país; **these thoughts** estos pensamientos; **I prefer** ~ **one** prefiero éste; ~ **morning/week** esta mañana/semana; ~ **Sunday/summer** este domingo/verano. - **2.** *inf* [a certain] un (una); **there's** ~ **woman I know** hay una tía que conozco. ◊ *adv*: **it was** ~ **big** era así de grande; **you'll need about** ~ **much** te hará falta un tanto así.

thistle ['θɪsl] *n* cardo *m*.

thistledown ['θɪsldaun] *n* vilano *m* del cardo.

thistly ['θɪslɪ] *adj* lleno(na) de cardos.

thither ['ðɪðəʳ] *adv* → **hither**.

tho' [ðəu] *conj & adv* = **though**.

Thomism ['təumɪzm] *n* tomismo *m*.

thong [θɒŋ] *n* - **1.** [of leather] correa *f*. - **2.** *Am* [flip-flop] chancleta *f*. - **3.** *Am & Austr* [G-string] tanga *m*.

thoraces ['θɔːrəsiːz] *pl* → **thorax**.

thoracic [θɔː'ræsɪk] *adj* torácico(ca).

thorax ['θɔːræks] (*pl* **thoraxes** OR **thoraces** [-rəsiːz]) *n* tórax *m inv*.

thorium ['θɔːrɪəm] *n* torio *m*.

thorn [θɔːn] *n* - **1.** [prickle] espina *f*; **to be a** ~ **in sb's flesh** OR **side** ser un engorro para alguien. - **2.** [bush, tree] espino *m*.

thornbush ['θɔːnbuʃ] *n* espino *m*.

thorny ['θɔːnɪ] (*compar* **thornier**, *superl* **thorniest**) *adj lit & fig* espinoso(sa).

thorough ['θʌrə] *adj* - **1.** [investigation etc] exhaustivo(va), completo(ta). - **2.** [person, work] minucioso(sa), concienzudo(da). - **3.** [idiot, waste] completo(ta).

thoroughbred ['θʌrəbred] ◇ *n* - **1.** [horse] pura sangre *mf*. - **2.** [person] persona *f* de alcurnia. ◇ *adj* [animal] de pura sangre.

thoroughfare ['θʌrəfeə'] *n fml* [of town] vía *f* pública; [main road] calle *f* mayor, avenida *f* principal; **'no ~'** [no entry] 'prohibido el paso'; [cul-de-sac] 'calle sin salida'.

thoroughgoing ['θʌrəgəʊɪŋ] *adj* - **1.** [search, investigation] exhaustivo(va), completo(ta). - **2.** [liar, nuisance] auténtico(ca), verdadero(ra).

thoroughly ['θʌrəlɪ] *adv* - **1.** [fully, in detail] a fondo, exhaustivamente. - **2.** [completely, utterly] completamente, totalmente.

thoroughness ['θʌrənɪs] *n* - **1.** [exhaustiveness] exhaustividad *f*. - **2.** [meticulousness] minuciosidad *f*.

those [ðəʊz] *pl* → **that**.

thou[1] [ðaʊ] *pron arch or* BIBLE tú.

thou[2] [θaʊ] (*pl inv* OR **thous**) *n inf* [pounds, dollars] mil *m*.

though [ðəʊ] ◇ *conj* aunque; **difficult ~ it may be** aunque sea difícil; **even ~** aunque □ **as ~** como si. ◇ *adv* sin embargo.

thought [θɔːt] ◇ *pt & pp* → **think**. ◇ *n* - **1.** [notion, idea] idea *f*; **at the ~ of** al pensar en; **I shudder at the very ~ of it** tiemblo sólo de pensarlo; **the mere ~ of it** sólo (de) pensarlo; **that's a ~!** ¡buena idea!; **you're not pregnant, are you? - perish the ~!** ¿no estarás embarazada, no? - ¡Dios me libre! - **2.** [act of thinking] pensamiento *m*, reflexión *f*; **after much ~** después de pensarlo mucho; **to be lost** OR **deep in ~** estar absorto(ta) en la meditación OR los pensamientos; **to give sthg much** OR **a lot of ~** pensar mucho en algo. - **3.** [philosophy, thinking] pensamiento *m*. - **4.** [gesture] detalle *m*; **it's the ~ that counts** la intención es lo que cuenta. - **5.** [consideration] consideración *f*; **he has no ~ for his friends** no tiene consideración con sus amigos.
◆ **thoughts** *npl* - **1.** [reflections] reflexiones *fpl*; **she keeps her ~s to herself** no expresa lo que piensa □ **to collect** OR **gather one's ~s** orientarse, concentrarse; **to read sb's ~s** leerle OR adivinarle el pensamiento a alguien. - **2.** [views] ideas *fpl*, opiniones *fpl*.

thoughtful ['θɔːtfʊl] *adj* - **1.** [pensive] pensativo(va). - **2.** [considerate] considerado(da), atento(ta); **how ~ of you!** ¡qué atento (de su parte)!, ¡es usted muy amable! - **3.** [reasoned - decision, remark] bien pensado (bien pensada); [- essay, study] serio(ria).

thoughtfully ['θɔːtfʊlɪ] *adv* - **1.** [pensively] pensativamente, con aire pensativo. - **2.** [considerately] atentamente.

thoughtfulness ['θɔːtfʊlnɪs] *n* - **1.** [pensiveness] aire *m* pensativo. - **2.** [considerateness] solicitud *f*, consideración *f*.

thoughtless ['θɔːtlɪs] *adj* - **1.** [inconsiderate] desconsiderado(da), desatento(ta). - **2.** [hasty, rash] irreflexivo(va), imprudente.

thoughtlessly ['θɔːtlɪslɪ] *adv* - **1.** [inconsiderately] de un

modo desconsiderado. - **2.** [hastily] de un modo irreflexivo, imprudentemente.

thoughtlessness ['θɔːtlɪsnɪs] *n* desconsideración *f*.

thought-provoking *adj* que hace pensar, estimulante.

thousand ['θaʊznd] *num* mil; **a** OR **one ~** mil; **two ~** dos mil; **in their ~s** en masa, a millares; **~s of** miles de; *see also* **six**.

Thousand Island dressing *n* vinagreta con mayonesa, ketchup y pepinillo picado.

thousandth ['θaʊznθ] ◇ *num adj* milésimo(ma). ◇ *num n* [fraction] milésima *f*; *see also* **sixth**.

thrall [θrɔːl] *n literary* - **1.** [slavery] esclavitud *f*, servidumbre *f*. - **2.** [slave] esclavo *m*, -va *f*, siervo *m*, -va *f*.

thrash [θræʃ] ◇ *vt* - **1.** [as punishment, in games or sports] dar una paliza a. - **2.** [one's arms, legs] sacudir, agitar violentamente. ◇ *vi* agitarse, debatirse. ◇ *n Br inf* [party] fiestón *m*.
◆ **thrash about**, **thrash around** *vi* agitarse violentamente.
◆ **thrash out** *vt sep* darle vueltas a, discutir a fondo.

thrasher ['θræʃə'] *n* ZOOL sinsonte *m*, cenzontle *m*.

thrashing ['θræʃɪŋ] *n* - **1.** [punishment, heavy defeat] paliza *f*. - **2.** AGR trilla *f*.

thread [θred] ◇ *n* - **1.** [of cotton] hilo *m*; **to hang by a ~** *fig* pender de un hilo. - **2.** [of screw] rosca *f*, filete *m*. - **3.** *fig* [of argument, story] hilo *m*; **to pick up/lose the ~** coger/perder el hilo. - **4.** *fig* [of water, light] hilo *m*. ◇ *vt* - **1.** [needle] enhebrar. - **2.** [beads] ensartar. - **3.** [film, tape] cargar, enroscar. - **4.** [screw] filetear, roscar. - **5.** [move]: **to ~ one's way through** [crowd] colarse por entre. ◇ *vi*: **to ~ through** colarse or pasar por; [place] abrirse paso por.

threadbare ['θredbeə'] *adj* - **1.** [clothing, carpet] raído(da), gastado(da). - **2.** [joke, excuse, argument] trillado(da).

threat [θret] *n*: **~ (to/of)** amenaza *f* (para/de).

threaten ['θretn] ◇ *vt* amenazar; **to ~ sb (with)** amenazar a alguien (con); **to ~ to do sthg** amenazar con hacer algo. ◇ *vi* amenazar.

threatening ['θretnɪŋ] *adj* amenazador(ra), amenazante.

threateningly ['θretnɪŋlɪ] *adv* amenazadoramente, amenazantemente.

three [θriː] *num* tres; *see also* **six**.

three-cornered *adj* triangular; **~ discussion** debate *m* entre tres personas; **~ hat** tricornio *m*.

three-D *adj* tridimensional.

three-day event *n* concurso hípico que dura tres días.

three-dimensional [-dɪ'menʃənl] *adj* tridimensional.

threefold ['θriːfəʊld] ◇ *adj* triple. ◇ *adv* tres veces; **to increase ~** triplicarse.

three-legged [-'legɪd] *adj* [stool, table, animal] de tres patas.

three-legged race [-'legɪd-] *n carrera por parejas en la que cada corredor tiene una pierna atada a la de su compañero*.

USAGE ▶ Threats

Direct

Si no dejan de hacer ruido, llamaremos a la policía.
Salgan ahora mismo de mi casa o llamo a la policía.
Te arrepentirás de haber dicho eso.
¡Ni se te ocurra!
Te estás ganando una bofetada. [*informal*]
Te la estás jugando. [*informal*]
Si la cuenta no ha sido saldada en el plazo de una semana, nos veremos obligados a proceder por vía judicial. [*written style*]
'Prohibido fijar carteles bajo multa de 5.000 ptas'. [*in a sign*]

Less direct

Inténtalo y verás.

No querrás que me enfade, ¿verdad?
Si yo fuera tú, me lo pensaría dos veces.
¿Quieres que me enfade?
Te aconsejo que no lo hagas.
Escucha, mi paciencia tiene un límite...
No abuses de mi paciencia.
No te lo repito más...
Es la última vez que te lo digo.
Luego no digas que no te he avisado.

Indirect

¿Qué pensarías tú si yo hiciera lo mismo?
¿Has pensado en las consecuencias que podría tener tu decisión en tu carrera profesional?
Tú verás lo que haces... Yo ya te he avisado.

Three Mile Island *n lugar en EE UU donde se produjo un accidente en una central nuclear en 1979.*

threepenny ['θrepənɪ] *Br* ◇ *comp*: ~ **bit** OR **piece** *antigua moneda de tres peniques.* ◇ *adj* de tres peniques.

three-piece *adj* de tres piezas; ~ **suite** tresillo *m.*

three-ply *adj* [wood] de tres capas; [rope, wool] de tres hebras.

three-point landing *n* aterrizaje *m* en tres puntos.

three-point turn *n Br* AUT: **to do a** ~ hacer la ele.

three-quarter *adj* de tres cuartos.

◆ **three-quarters** *npl* tres cuartos *mpl*, tres cuartas partes *fpl.*

three R's *npl*: **the** ~ la lectura, la escritura y la aritmética.

threescore [,θriː'skɔːʳ] *num arch* sesenta.

three-sided *adj* [shape] de tres lados; [discussion] entre tres.

threesome ['θriːsəm] *n* trío *m.*

three-star *adj* de tres estrellas.

three-way *adj* [discussion, conversation] entre tres; [division] en tercios; [switch] triple.

three-wheeler *n* coche *m* de tres ruedas.

thresh [θreʃ] *vt* trillar.

thresher ['θreʃəʳ] *n* - **1.** [person] trillador *m*, -ra *f.* - **2.** [machine] trilladora *f.*

threshing machine ['θreʃɪŋ-] *n* trilladora *f.*

threshold ['θreʃhəʊld] *n* - **1.** [doorway] umbral *m.* - **2.** [level] límite *m.* - **3.** *fig* [verge]: **to be on the** ~ **of** estar en los umbrales OR a las puertas de.

threshold agreement *n acuerdo concertado entre empresario y empleados para compensar una subida inesperada de la inflación.*

threshold level *n* LING nivel *m* umbral.

threw [θruː] *pt* → **throw.**

thrice [θraɪs] *adv literary & arch* tres veces.

thrift [θrɪft] *n* - **1.** [gen] frugalidad *f*, economía *f.* - **2.** *Am* [savings bank] = **thrift institution.**

thriftiness ['θrɪftɪnɪs] *n* ahorro *m*, economía *f.*

thrift institution *n Am* ≃ caja *f* de ahorros.

thriftless ['θrɪftlɪs] *adj* despilfarrador(ra), derrochador(ra).

thrift shop *n* tienda *f* de gangas.

thrifty ['θrɪftɪ] (*compar* **thriftier**, *superl* **thriftiest**) *adj* [person] ahorrativo(va); [meal] frugal.

thrill [θrɪl] ◇ *n* - **1.** [sudden feeling] estremecimiento *m.* - **2.** [exciting experience]: **it was a** ~ **to see it** fue emocionante verlo. ◇ *vt* entusiasmar. ◇ *vi*: **to** ~ **to** entusiasmarse con.

thrilled [θrɪld] *adj*: ~ **(with sthg/to do sthg)** encantado(da) (de algo/de hacer algo); **to be** ~ **to bits** *inf* estar encantado(da).

thriller ['θrɪləʳ] *n* [novel] novela *f* de suspense; [film] película *f* de suspense.

thrilling ['θrɪlɪŋ] *adj* emocionante.

thrive [θraɪv] (*pt* **thrived** OR **throve** [θrəʊv], *pp* **thrived**) *vi* [plant] crecer mucho; [person] rebosar de salud; [business, businessman] prosperar.

thriving ['θraɪvɪŋ] *adj* [plant] que crece bien.

throat [θrəʊt] *n* garganta *f*; **to clear one's** ~ aclararse la voz ❏; **to be at each other's** ~**s** tirarse los platos a la cabeza; **to cut one's own** ~ *fig* arruinarse OR perjudicarse a sí mismo; **to jump down sb's** ~ *inf* ponerse hecho(cha) una fiera con alguien; **to ram** OR **force sthg down sb's** ~ *fig* hacerle tragar algo a alguien; **to stick in sb's** ~ *fig* atragantársele a alguien.

throaty ['θrəʊtɪ] (*compar* **throatier**, *superl* **throatiest**) *adj* ronco(ca), gutural.

throb [θrɒb] (*pt & pp* **throbbed**, *cont* **throbbing**) ◇ *n* [of heart] latido *m*; [of pulse] palpitación *f*; [of engine, music] vibración *f*; [of pain] punzada *f.* ◇ *vi* - **1.** [heart, pulse] latir. - **2.** [engine, music] vibrar, resonar. - **3.** [with pain] dar punzadas; **his head throbbed** le iba a a estallar la cabeza.

throbbing ['θrɒbɪŋ] *adj* - **1.** [rhythm] marcado(da); [drum] que suena rítmicamente; [engine, machine] vibrante. - **2.** [pain] punzante.

throes [θrəʊz] *npl*: **to be in the** ~ **of** estar en medio de.

thrombi ['θrɒmbaɪ] *pl* → **thrombus.**

thrombin ['θrɒmbɪn] *n* trombina *f.*

thrombosis [θrɒm'bəʊsɪs] (*pl* **thromboses** [-siːz]) *n* trombosis *f inv.*

thrombus ['θrɒmbəs] (*pl* **thrombi** [-baɪ]) *n* trombo *m.*

throne [θrəʊn] *n* trono *m*; **the** ~ el trono.

throne room *n* sala *f* del trono.

throng [θrɒŋ] ◇ *n* multitud *f*, muchedumbre *f.* ◇ *vt* llegar en tropel a. ◇ *vi* llegar en tropel.

throttle ['θrɒtl] ◇ *n* válvula *f* reguladora OR de admisión. ◇ *vt* [strangle] estrangular.

◆ **throttle down, throttle back** *vt sep* reducir la velocidad de, desacelerar.

through [θruː] ◇ *adj* - **1.** [finished]: **to be** ~ **with sthg** haber terminado algo; **she's** ~ **with him** ha terminado con él. - **2.** [direct - train, ticket] directo(ta); [- street] de vía libre, de paso libre; **'no** ~ **road'** *Br*, **'not a** ~ **street'** *Am* 'calle cortada', 'calle sin salida'. ◇ *adv* - **1.** [in place] de parte a parte, de un lado a otro; **they let us** ~ nos dejaron pasar; **please go** ~ **into the lounge** pasen al salón por favor; **I read it** ~ lo leí entero. - **2.** [in time] hasta el final; **we stayed** ~ **till Friday** nos quedamos hasta el viernes. ◇ *prep* - **1.** [relating to place, position] a través de; **to cut/travel** ~ **sthg** cortar/viajar por algo. - **2.** [during] durante. - **3.** [because of] a causa de, por. - **4.** [by means of] gracias a, por medio de; **I got it** ~ **a friend** lo conseguí a través de un amigo. - **5.** *Am* [up to and including]: **Monday** ~ **Friday** de lunes a viernes.

◆ **through and through** *adv* de pies a cabeza; **to know sthg** ~ **and** ~ conocer algo de arriba abajo.

throughout [θruː'aʊt] ◇ *prep* - **1.** [during] a lo largo de, durante todo (durante toda). - **2.** [everywhere in] por todo(da). ◇ *adv* - **1.** [all the time] todo el tiempo. - **2.** [everywhere] por todas partes.

throughway ['θruːweɪ] *n* = **thruway.**

throve [θrəʊv] *pt* → **thrive.**

throw [θrəʊ] (*pt* **threw** [θruː], *pp* **thrown** [θrəʊn]) ◇ *vt* - **1.** [gen] tirar; [ball, hammer, javelin] lanzar, aventar *Amér*; **to** ~ **a six** [in dice] sacar un seis; **she was thrown across the room** salió despedida hacia el otro lado de la habitación; **he threw open the door** abrió la puerta con fuerza; **to** ~ **o.s. into an armchair** tumbarse en un sillón; **to** ~ **one's arms around sb** abrazarse a alguien ❏; **to** ~ **o.s. at sb** [attack] lanzarse sobre alguien; [to start relationship] insinuarse a alguien a las claras; **to** ~ **o.s. into sthg** *fig* meterse de lleno en algo. - **2.** [opponent] derribar, tumbar. - **3.** [subj: horse] derribar, desmontar. - **4.** *fig* [put]: **to be thrown off balance** no saber cómo reaccionar; **to** ~ **sb into prison** meter a alguien en la cárcel; **we were thrown into confusion** nos quedamos desconcertados; **they threw him into the job at short notice** le cargaron con el trabajo sin apenas avisarle. - **5.** [direct, aim look, glance] echar, dirigir; [- accusation, insult] lanzar; [- punch, blow] dar, asestar. - **6.** [cast]: **to** ~ **light/a shadow on sthg** proyectar luz/una sombra sobre algo; **to** ~ **one's voice** proyectar la voz. - **7.** [have suddenly]: **to** ~ **a tantrum/fit** tener una rabieta/un ataque. - **8.** *fig* [confuse] desconcertar. - **9.** [switch, lever] accionar, dar a. - **10.** [pottery] modelar. - **11.** *inf* [race, match] perder adrede OR intencionalmente. ◇ *n* - **1.** [act of throwing] lanzamiento *m*, tiro *m.* - **2.** *inf* [go, turn] tirada *f*; **50p a** ~ a 50 peniques la tirada.

◆ **throw about, throw around** *vt sep* [money] despilfarrar.

◆ **throw away** *vt sep* [discard] tirar; *fig* [waste] desperdiciar, botar *Amér*; **don't** ~ **your money away on expensive toys** no tires el dinero en juguetes caros; **to** ~ **o.s. away** sacrificarse tontamente.

◆ **throw back** *vt sep*: **to be thrown back on sthg** pasar a

depender de algo; **she was thrown back on her own resources** sólo le quedaban sus propios recursos.
◆ **throw down** vt sep [challenge] lanzar.
◆ **throw in** vt sep [extra item] incluir; [remark] intercalar, insertar.
◆ **throw off** vt sep - **1.** [coat, jacket] quitarse (de encima). - **2.** [pursuer] despistar.
◆ **throw on** vt sep [coat, jacket] echarse encima, ponerse rápidamente.
◆ **throw out** vt sep - **1.** [discard] tirar. - **2.** fig [reject] rechazar. - **3.** [force to leave] echar. - **4.** [emit] despedir.
◆ **throw over** vt sep inf dar calabazas a.
◆ **throw together** vt sep - **1.** [assemble hastily] improvisar. - **2.** [cause to become acquainted] hacer conocerse a.
◆ **throw up** ◇ vt sep [dust] levantar. ◇ vi inf [vomit] vomitar, devolver.
throwaway ['θrəʊəweɪ] adj - **1.** [bottle, product] desechable. - **2.** [remark, gesture] hecho(cha) como quien no quiere la cosa, casual.
throwback ['θrəʊbæk] n: ~ (**to**) retroceso m (a).
thrower ['θrəʊə'] n lanzador m, -ra f.
throw-in n Br FTBL saque m de banda.
thrown [θrəʊn] pp → **throw**.
throw rug n alfombra f pequeña.
thru adj, adv & prep Am inf = **through**.
thrum [θrʌm] (pt & pp **thrummed**, cont **thrumming**) ◇ n - **1.** [sound] sonido m monótono. - **2.** [on loom] cabo m de la urdimbre. - **3.** [fringe] fleco m, cairel m. ◇ vi sonar monótonamente.
thrush [θrʌʃ] n - **1.** [bird] tordo m, zorzal m. - **2.** MED [vaginal] hongos mpl (vaginales).
thrust [θrʌst] (pt & pp **thrust**) ◇ n - **1.** [of sword] estocada f; [of knife] cuchillada f; [of troops] arremetida f. - **2.** TECH (fuerza f de) propulsión f, empuje m. - **3.** [main meaning] esencia f. - **4.** [push] empujón m, embestida f. - **5.** fig [drive] ímpetu m, empuje m. - **6.** ARCHIT empuje m. ◇ vt [shove]: **he ~ the knife into his enemy** hundió el cuchillo en el cuerpo de su enemigo; **he ~ the book at me** me dio el libro con un movimiento brusco; **to ~ one's hands into one's pockets** meter las manos en los bolsillos; **she ~ her head out of the window** sacó la cabeza por la ventana; **to ~ one's way** abrirse paso a empujones.
◆ **thrust aside** vt sep - **1.** [push] apartar con brusquedad. - **2.** [reject] rechazar con brusquedad.
◆ **thrust forward** vt sep: **to ~ o.s. forward** ponerse en evidencia.
◆ **thrust out** vt sep [arm, leg] extender con brusquedad; [chin] sacar; **to ~ out one's chest** sacar pecho.
◆ **thrust upon** vt sep: **to ~ sthg upon sb** imponer algo a alguien.
thrusting ['θrʌstɪŋ] adj [aggressive] agresivo(va).
thruway ['θruːweɪ] n Am autopista f.
thud [θʌd] (pt & pp **thudded**, cont **thudding**) ◇ n ruido m sordo. ◇ vi dar un golpe seco.
thug [θʌg] n matón m.
thuggery ['θʌgərɪ] n matonismo m, matonería f.
thulium ['θuːlɪəm] n tulio m.
thumb [θʌm] ◇ n [of hand] pulgar m; **to be all ~s** inf ser un/una manazas; **to twiddle one's ~s** lit dar vueltas a los dedos pulgares; fig tocarse OR rascarse la barriga. ◇ vt - **1.** inf [hitch]: **to ~ a lift** hacer dedo. - **2.** [magazine, pages] manosear.
◆ **thumb through** vt fus hojear.
thumb index n uñeros mpl (de libro).
thumbnail ['θʌmneɪl] n uña f del pulgar.
thumbnail sketch n descripción f breve.
thumbscrew ['θʌmskruː] n - **1.** TECH tornillo m de mariposa OR de orejas. - **2.** [instrument of torture] empulguera f.
thumbs down n: **to get** OR **be given the ~** [plan] ser rechazado(da); [play] ser recibido(da) con descontento.
thumbs up n: **we got** OR **were given the ~** nos dieron luz verde OR el visto bueno.

thumbtack ['θʌmtæk] n Am chincheta f.
thump [θʌmp] ◇ n - **1.** [blow] puñetazo m, porrazo m. - **2.** [thud] golpe m seco. ◇ vt - **1.** [punch] dar un puñetazo a. - **2.** [bang, pound] aporrear, golpear. - **3.** [place heavily]: **he ~ed the books down on the table** dio un golpe contundente con los libros sobre la mesa. ◇ vi - **1.** [person]: **to ~ in/out** entrar/salir con pasos pesados. - **2.** [heart, head] latir con fuerza.
thumping ['θʌmpɪŋ] adj Br inf enorme, colosal.
thunder ['θʌndə'] ◇ n - **1.** (U) METEOR truenos mpl. - **2.** fig [loud sound] estruendo m, estrépito m. ◇ vt vociferar. ◇ v impers METEOR tronar. ◇ vi - **1.** [guns, lorries] retumbar. - **2.** fig [person] vociferar, tronar.
thunderbolt ['θʌndəbəʊlt] n - **1.** METEOR rayo m. - **2.** fig [event etc] bomba; **the news hit us like a ~** la noticia nos cayó como una bomba.
thunderclap ['θʌndəklæp] n trueno m.
thundercloud ['θʌndəklaʊd] n nube f de tormenta, nubarrón m.
thunderhead ['θʌndəhed] n esp Am masa f de nubes.
thundering ['θʌndərɪŋ] adj enorme, descomunal.
thunderous ['θʌndərəs] adj atronador(ra), ensordecedor(ra).
thundershower ['θʌndəʃaʊə'] n borrasca f con truenos y lluvia.
thunderstorm ['θʌndəstɔːm] n tormenta f, tempestad f.
thunderstruck ['θʌndəstrʌk] adj fig atónito(ta).
thundery ['θʌndərɪ] adj tormentoso(sa).
Thur (written abbr of **Thursday**) juev.
thurible ['θjʊərɪbl] n incensario m.
thurifer ['θjʊərɪfə'] n turiferario m.
Thurs = **Thur**.
Thursday ['θɜːzdɪ] n jueves m inv; see also **Saturday**.
thus [ðʌs] adv fml - **1.** [therefore] por consiguiente, así que. - **2.** [in this way] así, de esta manera; **~ far** hasta aquí, hasta ahora.
thwack [θwæk] ◇ n golpe m fuerte y sonoro. ◇ vt golpear.
thwart [θwɔːt] vt [plan] frustrar, desbaratar; [person] frustrar.
thy [ðaɪ] poss adj arch OR BIBLE tu.
thyme [taɪm] n tomillo m.
thymus ['θaɪməs] n timo m.
thyroid ['θaɪrɔɪd] ◇ n tiroides m inv. ◇ adj tiroideo(a).
thyroid gland n (glándula f) tiroides m inv.
thyroxin [θaɪ'rɒksɪn], **thyroxine** [θaɪ'rɒksiːn] n tiroxina f.
thyself [ðaɪ'self] pron - **1.** arch OR BIBLE (as reflexive) te. - **2.** (after preposition) tú mismo(ma).
ti [tiː] n MUS si m.
Tiananmen Square ['tjænənmen-] n la plaza de Tiananmen.
tiara [tɪ'ɑːrə] n - **1.** [headpiece] diadema f. - **2.** [papal crown] tiara f.
Tiber ['taɪbə'] n: **the (River) ~** el (río) Tíber.
Tiberias [taɪ'bɪərɪæs] n Tiberíades; **Lake ~** lago m Tiberíades.
Tibet [tɪ'bet] n (el) Tibet.
Tibetan [tɪ'betn] ◇ adj tibetano(na). ◇ n - **1.** [person] tibetano m, -na f. - **2.** [language] tibetano m.
tibia ['tɪbɪə] (pl **tibiae** ['tɪbɪˌiː] OR **tibias**) n tibia f.
tic [tɪk] n tic m.
tich [tɪtʃ] n Br inf renacuajo m.
tichy ['tɪtʃɪ] adj Br inf minúsculo(la), pequeñajo(ja).
tick [tɪk] ◇ n - **1.** [written mark] marca f OR señal f de visto bueno. - **2.** [sound] tictac m. - **3.** Br inf [moment] instante m, momento m. - **4.** ZOOL garrapata f. - **5.** [covering, case] funda f. - **6.** = **ticking**. ◇ vt marcar (con una señal). ◇ vi - **1.** [make ticking sound] hacer tictac. - **2.** fig [behave in a certain way]: **what makes her ~?** ¿qué es lo que la mueve?
◆ **tick away**, **tick by** vi pasar.

◆ **tick off** *vt sep* - **1.** [mark off] marcar (con una señal de visto bueno). - **2.** *inf* [tell off]: **to ~ sb off (for sthg)** echar una bronca a alguien (por algo). - **3.** *Am inf* [annoy] fastidiar, molestar.

◆ **tick over** *vi* funcionar al ralentí.

ticked ['tɪkt] *adj Am* enfadado(da), molesto(ta).

ticker ['tɪkə'] *n* - **1.** *Am* [printer] teletipo *m*, teleimpresor *m*. - **2.** *inf* [heart] corazón *m*. - **3.** *inf* [watch] reloj *m*.

tickertape ['tɪkəteɪp] *n* cinta de papel que lleva impresa información bursátil.

tickertape parade *n* en EE UU, desfile en el que se da la bienvenida a un héroe nacional con una lluvia de serpentinas.

ticket ['tɪkɪt] ◇ *n* - **1.** [for bus, train etc] billete *m*, boleto *m* Amér, [for cinema, football match] entrada *f*. - **2.** [for traffic offence] multa *f*. - **3.** [receipt] tíquet *m*; [for cloakroom] número *m*. - **4.** [label] etiqueta *f*. - **5.** POL lista *f* de candidatos. - **6.** *inf* [of ship's captain or aircraft pilot] título *m*. - **7.** *phr*: **that's (just) the ~!** ¡eso es justo lo que hace falta! ◇ *vt* - **1.** [label] etiquetar. - **2.** *Am* [sell a ticket to - for bus, train etc] vender un billete a; [- for cinema, football, game] vender una entrada a. - **3.** *Am* [motorist] poner una multa a.

ticket agency *n* agencia de venta de entradas o billetes de tren, avión etc.

ticket collector *n Br* revisor *m*, -ra *f*.

ticket holder *n* poseedor *m*, -ra *f* de entrada.

ticket inspector *n Br* revisor *m*, -ra *f*.

ticket machine *n* máquina *f* automática para la venta de billetes.

ticket office *n* taquilla *f*, boletería *f* Amér.

ticket tout *n Br* revendedor *m*, -ra *f* de entradas.

ticking ['tɪkɪŋ] *n* TEXTILES cotí *m*, cutí *m*.

ticking off (*pl* **tickings off**) *n inf*: **to give sb a ~** echar una bronca a alguien; **to get a ~ (from sb)** recibir una bronca (de alguien).

tickle ['tɪkl] ◇ *vt* - **1.** [touch lightly] hacer cosquillas a. - **2.** *fig* [amuse] divertir; [please] deleitar; **to be ~d pink** estar como un niño con zapatos nuevos. - **3.** *fig* [curiosity, vanity] excitar, picar. ◇ *vi* [blanket, beard] picar; **stop tickling!** ¡no me hagas cosquillas! ◇ *n* [on body] cosquillas *fpl*; [in throat] picor *m*.

tickler ['tɪklə'] *n Am* [memory aid] aviso *m* en la agenda OR el diario.

tickling ['tɪklɪŋ] ◇ *n (U)* [of person] cosquillas *fpl*, cosquilleo *m*; [of blanket] picor *m*. ◇ *adj* [throat] que pica OR irrita; [cough] que irrita la garganta.

ticklish ['tɪklɪʃ] *adj* - **1.** [sensitive to touch]: **to be ~** tener cosquillas. - **2.** *fig* [delicate] delicado(da), peliagudo(da). - **3.** *fig* [touchy] quisquilloso(sa), susceptible.

tickly ['tɪklɪ] *adj inf* [sensation] de cosquilleo; [blanket, beard] que pica.

ticktack ['tɪktæk] *n* - **1.** *Br* [by bookmakers] *lenguaje por señas que utilizan los corredores de apuestas en las carreras de caballos*. - **2.** *Am* [of clock] tictac *m*.

tick-tack man *n* corredor de apuestas de una carrera hípica que se comunica con otros corredores de apuestas por medio de unos gestos especiales.

tick-tack-toe *n Am* tres *m* en raya.

ticktock ['tɪktɒk] *n* tictac *m*.

tidal ['taɪdl] *adj* [current, cycle] de la marea; [river] regulado(da) por la marea.

tidal wave *n* maremoto *m*.

tidbit *n Am* = **titbit**.

tiddledywinks *n Am* = **tiddlywinks**.

tiddler ['tɪdlə'] *n Br* [fish] pececillo *m*.

tiddly ['tɪdlɪ] (*compar* **tiddlier**, *superl* **tiddliest**) *adj Br inf* - **1.** [tipsy] piripi. - **2.** [tiny] pequeñito(ta).

tiddlywinks ['tɪdlɪwɪŋks], **tiddledywinks** *Am* ['tɪdldɪwɪŋks] *n* juego *m* de la pulga.

tide [taɪd] *n* - **1.** [of sea] marea *f*. - **2.** *fig* [of opinion, history] corriente *f*; [of events] curso *m*, marcha *f*; **to swim with the ~** seguir la corriente; **the ~ has turned** el rumbo OR curso de las cosas ha cambiado. - **3.** *fig* [of protest, feeling] oleada *f*.

◆ **tide over** *vt sep* sacar del bache OR de un apuro.

tideland ['taɪdlænd] *n* terreno *m* que cubre la marea.

tidemark ['taɪdmɑːk] *n* - **1.** [of sea] línea *f* de la marea alta. - **2.** *Br* [round bath, neck] cerco *m* de suciedad.

tidewater ['taɪd,wɔːtə'] *n (U)* [water] marea *f*; [land] tierras *fpl* bajas del litoral.

tideway ['taɪdweɪ] *n* [channel] canal *m* de marea; [part of river] parte de un río donde hay marea.

tidily ['taɪdɪlɪ] *adv* ordenadamente.

tidiness ['taɪdɪnɪs] *n* [of room, desk] orden *m*; [of appearance] pulcritud *f*.

tidings ['taɪdɪŋz] *npl literary* nuevas *fpl*, noticias *fpl*.

tidy ['taɪdɪ] (*compar* **tidier**, *superl* **tidiest**, *pt & pp* **tidied**) ◇ *adj* - **1.** [room, desk etc] ordenado(da). - **2.** [dress, hair] arreglado(da). - **3.** [person - in appearance] arreglado(da); [- in character] ordenado(da). - **4.** *inf* [sum] considerable. ◇ *vt* ordenar, arreglar.

◆ **tidy away** *vt sep* poner en su sitio.

◆ **tidy up** *vt sep* ordenar, arreglar; **to ~ o.s. up** arreglarse, acicalarse. ◇ *vi* ordenar las cosas, recoger.

tidy-out *n inf*: **to have a ~** [make tidy] poner orden; [clear out] hacer limpieza.

tie [taɪ] (*pt & pp* **tied**, *cont* **tying**) ◇ *n* - **1.** [necktie] corbata *f*. - **2.** [string, cord] atadura *f*. - **3.** [bond, link] vínculo *m*, lazo *m*. - **4.** [restriction] atadura *f*. - **5.** SPORT [draw] empate *m*. - **6.** *Am* RAIL traviesa *f*. - **7.** CONSTR tirante *m*. ◇ *vt* - **1.** [attach, fasten]: **to ~ sthg (to OR onto sthg)** atar algo (a algo); **to ~ sthg round/with sthg** atar algo a/con algo; **I was fit to be ~d** *Am* [angry] (estaba que) echaba chispas. - **2.** [do up - shoelaces] atar; [- knot] hacer; [- necktie, scarf] anudar. - **3.** *fig* [link]: **to be ~d to** estar ligado(da) a. - **4.** *fig* [limit, restrict]: **to be ~d to** estar atado(da) a. ◇ *vi* - **1.** [draw]: **to ~ (with)** empatar (con). - **2.** [apron, shoelace etc] atarse.

◆ **tie back** *vt sep* - **1.** [hair] recoger. - **2.** [curtains] sujetar.

◆ **tie down** *vt sep fig* [restrict] atar; **to ~ sb down to sthg** hacer que alguien se comprometa a algo.

◆ **tie in with** *vt fus* - **1.** [correspond with] concordar con. - **2.** [be connected with] relacionarse con.

◆ **tie up** *vt sep* - **1.** [gen] atar; [boat] amarrar. - **2.** [traffic] bloquear. - **3.** *fig* [money, resources] inmovilizar. - **4.** *fig* [link]: **to be ~d up with** estar ligado(da) a.

tieback ['taɪbæk] *n* [cord] alzapaño *m*; [curtain] cortina *f* con alzapaño.

tiebreak(er) ['taɪbreɪk(ə')] *n* - **1.** TENNIS muerte *f* súbita, tiebreak *m*. - **2.** [in game, competition] pregunta adicional para romper un empate.

tie clasp, **tie clip** *n* pasador *m* de corbata, pasacorbatas *m inv*.

tied [taɪd] *adj* SPORT [drawn] empatado(da).

tied cottage *n Br* casa que un agricultor alquila a uno de sus trabajadores mientras éste está a su servicio.

tied house *n* - **1.** [pub] 'pub' contratado por una determinada fábrica de cerveza para que venda sus productos en exclusiva. - **2.** [house] alojamiento facilitado por la empresa mientras se trabaje para ella.

tied up *adj* [busy] ocupado(da).

tie-dye *vt* hacerle nudos a una prenda antes de teñirla para lograr un reparto desigual del color.

tie-in *n* - **1.** [link]: **~ between OR with** relación *f* entre. - **2.** [product] libro, disco etc relacionado con una nueva película, serie televisiva etc.

tie line *n* TELEC línea *f* de enlace.

tiepin ['taɪpɪn] *n* alfiler *m* de corbata.

tier [tɪə'] ◇ *n* - **1.** [row] hilera *f*; [in theatre] fila *f*; [in stadium] grada *f*. - **2.** [of cake] piso *m*. ◇ *vt* [seating] disponer en gradas OR filas.

Tierra del Fuego [tɪˌerədel'fweɪgəʊ] *n* Tierra del Fuego.

tie-tack *n Am* alfiler *m* de corbata.

tie-up *n* - **1.** [link]: ~ **between** OR **with** relación *f* estrecha entre. - **2.** *Am* [interruption - in work] interrupción *f* breve; [- in traffic] embotellamiento *m*, atasco *m*.

tiff [tɪf] *n* riña *f*, pelea *f (de poca importancia)*.

tig [tɪg] *n* corre-que-te-pillo *m*, pillapilla *m*.

tiger ['taɪgəʳ] *n* tigre *m*; **to get off the ~** OR **off the ~'s back** *fig* salir del atolladero.

tiger cub *n* cachorro *m* de tigre.

tiger lily *n* lirio *m* naranja, azucena *f* atigrada.

tiger moth *n* mariposa *f* tigre.

tight [taɪt] ◇ *adj* - **1.** [gen] apretado(da); [shoes] estrecho(cha); [tap, lid, drawer] apretado(da), duro(ra); [clothes] apretado(da), ajustado(da); **it's a ~ fit** queda muy justo. - **2.** [string, skin] tirante. - **3.** [painful]: **my chest feels ~** siento una opresión en el pecho. - **4.** [budget] ajustado(da); [money, credit] escaso(sa). - **5.** [rules, restrictions] riguroso(sa), estricto(ta). - **6.** [corner, bend] cerrado(da). - **7.** [match, finish] reñido(da), disputado(da). - **8.** *inf* [drunk] como una cuba. - **9.** *inf* [miserly] agarrado(da), tacaño(ña). ◇ *adv* - **1.** [hold, squeeze] con fuerza; **to hold ~** agarrarse (fuerte); **hold ~!** ¡agárrense bien!; **to shut** OR **close sthg ~** cerrar algo bien. - **2.** [pull, stretch] fuerte, de modo tirante.

◆ **tights** *npl* medias *fpl*.

tight-arsed *Br* [-ɑːst], **tight-assed** *Am* [-æst] *adj* reprimido(da).

tighten ['taɪtn] ◇ *vt* - **1.** [rope, chain] tensar; [knot, screw] apretar; **to ~ one's hold** OR **grip on sthg** coger con más fuerza algo. - **2.** [rules, system] intensificar; [bonds] estrechar. ◇ *vi* - **1.** [rope, chain] tensarse; [knot, screw] apretarse. - **2.** [control, security] intensificarse.

◆ **tighten up** ◇ *vt sep* - **1.** [screw, fastening] apretar; [belt] apretarse. - **2.** [rules, system] intensificar. ◇ *vi*: **to ~ up on sthg** reforzar algo.

tightening ['taɪtnɪŋ] *n* [of screw] apretamiento *m*; [of credit] limitación *f*; [of control, regulation] refuerzo *m*, intensificación *f*.

tightfisted [taɪt'fɪstɪd] *adj inf pej* agarrado(da), tacaño(ña).

tight-fitting *adj* [skirt, trousers] ajustado(da), ceñido(da); [lid] que encaja bien.

tightknit [taɪt'nɪt] *adj* muy unido (muy unida).

tight-lipped [-'lɪpt] *adj* - **1.** [with lips pressed together] con los labios apretados. - **2.** [silent] callado(da).

tightly ['taɪtlɪ] *adv* - **1.** [fit]: **the dress fitted her ~** el vestido le iba muy apretado. - **2.** [hold, squeeze] con fuerza; [fasten] bien. - **3.** [pull, stretch] de modo tirante. - **4.** [pack] apretadamente.

tightness ['taɪtnɪs] *n* - **1.** [gen] estrechez *f*; [of screw, nut, tap] dureza *f*. - **2.** [of budget] lo ajustado. - **3.** [of chest, stomach] opresión *f*. - **4.** [of rules, system] rigor *m*. - **5.** [of bow, rope] tirantez *f*. - **6.** *inf* [stinginess] tacañería *f*.

tightrope ['taɪtrəʊp] *n* cuerda *f* floja, alambre *m*; **to be on** OR **walking a ~** andar OR bailar en la cuerda floja.

tightrope walker *n* funámbulo *m*, -la *f*.

Tigré ['tiːgreɪ] *n* Tigré *m*.

tigress ['taɪgrɪs] *n* ZOOL *& fig* tigresa *f*.

Tigris ['taɪgrɪs] *n*: **the (River) ~** el (río) Tigris.

tilde ['tɪldə] *n* tilde *f*.

tile [taɪl] ◇ *n* - **1.** [on roof] teja *f*; [on floor] baldosa *f*; [on wall] azulejo *m*, baldosín *m*. - **2.** *phr*: **to have a night (out) on the ~s** *inf* irse de juerga OR de parranda nocturna. ◇ *vt* [roof] tejar; [floor] embaldosar; [wall] alicatar.

tiled [taɪld] *adj* [roof] tejado(da); [floor] embaldosado(da); [wall] alicatado *m*.

tiling ['taɪlɪŋ] *n* - **1.** [act of tiling - roof] colocación *f* de tejas; [- floor] embaldosado *m*; [- wall] alicatado *m*. - **2.** [tiled surface - of roof] tejas *fpl*; [- of floor] baldosas *fpl*; [- of wall] azulejos *mpl*, baldosines *mpl*.

till [tɪl] ◇ *prep* hasta; **~ now/then** hasta ahora/entonces. ◇ *conj* hasta que; **wait ~ he arrives** espera hasta que llegue. ◇ *n* caja *f* (registradora); **to catch sb with his/her fingers in the ~** coger a alguien metiendo mano en la caja. ◇ *vt* AGR labrar, cultivar.

tillage ['tɪlɪdʒ] *n* labranza *f*, cultivo *m*.

tiller ['tɪləʳ] *n* NAUT caña *f* del timón.

tilt [tɪlt] ◇ *n* - **1.** [slant] inclinación *f*, ladeo *m*. - **2.** HIST [joust] justa *f*; [lance thrust] lanzada *f*. - **3.** *phr*: **(at) full ~** a toda velocidad; **to have a ~ at sb** arremeter contra alguien. ◇ *vt* inclinar, ladear. ◇ *vi* - **1.** [lean] inclinarse, ladearse. - **2.** HIST [joust] participar en una justa.

◆ **tilt over** *vi* - **1.** [lean] inclinarse, ladearse. - **2.** [overturn] volcarse.

tilth [tɪlθ] *n* - **1.** [cultivation] cultivo *m*, labranza *f*. - **2.** [land] tierra *f* cultivada.

timbal ['tɪmbl] *n* timbal *m*.

timber ['tɪmbəʳ] ◇ *n* - **1.** [wood] madera *f (para la construcción)*. - **2.** (U) [trees] árboles *mpl* (maderables), bosque *m* (maderable). - **3.** [beam - of ship] cuaderna *f*; [- of house] viga *f*. ◇ *vt* [mine] entibar; [tunnel] apuntalar con maderas.

timbered ['tɪmbəd] *adj* [building] enmaderado(da).

timbering ['tɪmbərɪŋ] *n* maderaje *m*, maderamen *m*.

timberland ['tɪmbəlænd] *n* bosque *m* maderable.

timberline ['tɪmbəlaɪn] *n* altura *f* límite de la vegetación arbórea.

timber merchant *n* maderero *m*.

timber wolf *n* lobo *m* gris.

timberwork ['tɪmbəwɜːk] *n* maderaje *m*, maderamen *m*.

timberyard ['tɪmbəjɑːd] *n* almacén *m* de madera.

timbre ['tæmbrə, 'tɪmbəʳ] *n* LING & MUS timbre *m*.

Timbuktu [tɪmbʌk'tuː] *n* Tombuctú, Timbuktú.

time [taɪm] ◇ *n* - **1.** [gen] tiempo *m*; **ahead of ~** temprano; **in good ~** [not late] con tiempo; **all in good ~!** ¡todo a su tiempo!; **in my own good ~** en su momento, cuando esté listo; **on ~** puntualmente; **over ~** con el tiempo; **to take ~** llevar tiempo; **to take one's ~ (doing sthg)** tomarse tiempo (para hacer algo); **to get the ~ to do sthg** tener tiempo para hacer algo; **to make ~ for sthg/to do sthg** encontrar tiempo para algo/para hacer algo ❏ **to have no ~ for** no poder con, no aguantar; **to loose no ~ in doing sthg** no perder el tiempo (en tonterías) y hacer algo; **to make good** ir bien de tiempo; **to make up for lost ~** recuperar el tiempo perdido; **to mark ~** MIL marcar el paso; *fig* [make no progress] hacer tiempo; **to pass the ~** pasar el rato; **to play for ~** intentar ganar tiempo; **take your ~!** ¡tómatelo con calma!; **~ and tide wait for no man** *proverb* el tiempo no espera; **~ flies** el tiempo vuela; **~ is on our side** el tiempo juega a nuestro favor; **~ is money** *proverb* el tiempo es oro *proverb*; **~ will tell** el tiempo dirá; **to be living on borrowed ~** tener los días contados. - **2.** [as measured by clock] hora *f*; **what ~ is it?**, **what's the ~?** ¿qué hora es?; **the ~ is three o'clock** son las tres; **it's five o'clock Tokyo ~** son las cinco, hora de Tokio; **it's ~ for bed** OR **to go to bed** es hora de irse a la cama; **it's about ~ to...** ya es hora de...; **it's high ~...** ya va siendo hora de...; **I'm ready - about ~ too!** estoy listo - ¡ya era hora!; **in a week's/year's ~** dentro de una semana/un año; **to keep ~** ir a la hora; **to lose ~** atrasar ❏ **he wouldn't give you the ~ of day** (ése) ni te daría los buenos días. - **3.** [length of time] rato *m*; **all the ~** todo el rato; **to take a long ~** tardar mucho; **it was a long ~ before he came** tardó un rato largo en llegar; **for a ~** durante un tiempo; **in no ~ at all, in less than no ~** en un abrir y cerrar de ojos, en un momento; **long ~ no see!** *inf* ¡dichosos los ojos! - **4.** [point in time] momento *m*; **it's a good ~ to go** es un buen momento para irse; **now is the ~ to invest** ahora es el momento de invertir; **at all ~s** en todo momento; **at no ~** en ningún momento; **at some ~ or other** en una u otra ocasión, en uno u otro momento; **at the wrong ~** en (un) mal momento; **at the present ~** en la actualidad, en el momento presente; **at the ~ of their wedding** cuando se casaron; **I didn't know that at the ~** por aquel entonces yo no lo sabía; **by the ~ you get this** para cuando recibas esto; **in between ~s** entretanto; **when the ~ comes** cuando llegue el momento ❏ **there's no ~ like the present** no dejes para mañana lo que puedas hacer

hoy *proverb*; **there's a ~ and a place for everything** todo tiene su lugar y su momento; **the ~ is ripe** ha llegado el momento. - **5.** [era] época *f*; **at one ~** en cierta época, hace tiempo; **at that ~** en aquella época; **in ancient ~s** en la antigüedad; **in Victorian ~s/my grandmother's ~** en la época victoriana/de mi abuela; **in my ~** en mis tiempos; **in ~s gone by/to come** en tiempos pasados/venideros; **in ~(s) of need/war** en tiempo(s) de necesidad/guerra; **~s have changed** los tiempos han cambiado ❏ **to be ahead of one's ~** adelantarse a su tiempo; **before my ~** antes de que yo naciera; **to be behind the ~s** estar desfasado(da); **to fall on hard ~s** caer en desgracia; **to keep up with the ~s** estar al tanto de las cosas; **~ was when...** hubo un tiempo en que...- **6.** [occasion] vez *f*; **three ~s a week** tres veces a la semana ❏ **from ~ to ~** de vez en cuando; **~ after ~, ~ and again** una y otra vez; **I don't like children at the best of ~s** ya de entrada no me gustan los niños; **there's always a first ~** siempre hay una primera vez; **give me a good detective story every ~!** a mí lo que me gusta es una buena novela policíaca. - **7.** [experience]: **we had a good/bad ~** lo pasamos bien/mal; **I had a hard ~ making myself understood** me costó mucho hacer que me entendieran ❏ **to give sb a hard ~** hacérselas pasar moradas a alguien; **to have a high old ~** pasarlo en grande. - **8.** MUS compás *m*. - **9.** [season]: **it's hot for the ~ of year** hace calor para esta época del año. - **10.** *Am* COMM: **to buy sthg on ~** comprar algo a plazos. - **11.** *v inf* [in prison]: **to do** OR **serve ~** cumplir condena. - **12.** RADIO & TV: **to buy/sell ~** comprar/vender espacio publicitario. - **13.** [hourly wages]: **to get ~ and a half** recibir el pago establecido más la mitad de éste. ◇ *vt* - **1.** [schedule] programar. - **2.** [race, runner] cronometrar. - **3.** [arrival, remark] elegir el momento oportuno para.
◆ **times** ◇ *n*: **four ~s as much as me** cuatro veces más que yo. ◇ *prep* MATH: **4 ~s 5** 4 por 5.
◆ **at a time** *adv*: **for months at a ~** durante meses seguidos; **one at a ~** de uno en uno.
◆ **at any (one) time** *adv* en cualquier momento.
◆ **at the same time** *adv* al mismo tiempo.
◆ **at times** *adv* a veces.
◆ **for the time being** *adv* de momento.
◆ **in time** *adv* - **1.** [not late]: **in ~ (for)** a tiempo (para). - **2.** [eventually] con el tiempo. - **3.** MUS al compás.

time-and-motion study *n* estudio de métodos para la mejora del rendimiento laboral.

time bill *n* letra de cambio pagadera en un plazo fijo.

time bomb *n* [bomb] bomba *f* de relojería; *fig* [dangerous situation] bomba *f*.

time capsule *n* cápsula enterrada que preserva información de una época para futuras generaciones.

time card *n* ficha *f* de control, tarjeta *f* de fichar.

time chart *n* - **1.** [showing time zones] mapa *m* con uso horario. - **2.** [showing events] cuadro *m* cronológico. - **3.** [showing planning] calendario *m*.

time clock *n* reloj *m* de control, reloj *m* de fichar.

time-consuming *adj* que requiere mucho tiempo.

timed [taɪmd] *adj* cronometrado(da); **well-timed** oportuno(na); **badly-timed** poco oportuno (poco oportuna).

time deposit *n Am* imposición *f* a plazo fijo.

time difference *n* diferencia *f* horaria.

time draft *n* orden *f* de pago a plazo, giro *m* a plazo.

time exposure *n* - **1.** [exposure] exposición *f*. - **2.** [photograph] pose *f* de tiempo.

time frame *n* plazo *m*.

time fuse *n* espoleta *f* con mecanismo de relojería.

time-honoured [-ˌɒnəd] *adj* consagrado(da).

timekeeper [ˈtaɪmˌkiːpəʳ] *n* SPORT cronometrador *m*, -ra *f*.

timekeeping [ˈtaɪmˌkiːpɪŋ] *n* [punctuality] puntualidad *f*.

time lag *n* intervalo *m*.

time-lapse *adj* PHOT: **~ photography** montaje cinematográfico para mostrar en poco tiempo procesos lentos como el crecimiento de una planta.

timeless [ˈtaɪmlɪs] *adj* eterno(na).

time limit *n* límite *m* de tiempo, plazo *m*.

timeliness [ˈtaɪmlɪnɪs] *n* oportunidad *f*.

time loan *n* préstamo *m* a plazo fijo.

time lock *n* cerradura controlada por reloj.

timely [ˈtaɪmlɪ] (*compar* **timelier**, *superl* **timeliest**) *adj* oportuno(na).

time machine *n* máquina *f* del tiempo.

time off *n* tiempo *m* libre; **I'm owed ~ (from) work** me deben algunos días en el trabajo.

time out *n* - **1.** *Am* SPORT tiempo *m* muerto. - **2.** [break]: **to take ~ to do sthg** tomarse tiempo libre para hacer algo.

timepiece [ˈtaɪmpiːs] *n dated* reloj *m*.

timer [ˈtaɪməʳ] *n* temporizador *m*.

time-saver *n*: **a dishwasher is a great ~** un lavavajillas ahorra mucho tiempo.

timesaving [ˈtaɪmˌseɪvɪŋ] *adj* para ahorrar tiempo.

time scale *n* tiempo *m* de ejecución.

timeserver [ˈtaɪmˌsɜːvəʳ] *n* [opportunist] oportunista *mf*.

time-serving ◇ *adj* oportunista. ◇ *n* oportunismo *m*.

time-share *n Br* multipropiedad *f*, copropiedad *f*.

time-sharing *n* - **1.** [of flat, villa] multipropiedad *f*, copropiedad *f*. - **2.** COMPUT tiempo *m* compartido.

time sheet *n* ficha *f* (de asistencia al trabajo).

time signal *n* señal *f* horaria.

time signature *n* compás *m*.

time switch *n* interruptor *m* de reloj.

timetable [ˈtaɪmˌteɪbl] *n* - **1.** [of buses, trains, school] horario *m*. - **2.** [schedule of events] programa *m*.

time travel *n* viaje *m* en el tiempo.

time warp *n*: **it's like living in a ~** es como si se hubiera parado el tiempo.

timework [ˈtaɪmwɜːk] *n* trabajo *m* por horas.

timeworn [ˈtaɪmwɔːn] *adj* - **1.** [object] gastado(da), vetusto(ta). - **2.** *fig* [idea, phrase] trillado(da), trasnochado(da).

time zone *n* huso *m* horario.

timid [ˈtɪmɪd] *adj* tímido(da).

timidity [tɪˈmɪdətɪ] *n* timidez *f*.

timidly [ˈtɪmɪdlɪ] *adv* tímidamente.

timidness [ˈtɪmɪdnɪs] *n* timidez *f*.

timing [ˈtaɪmɪŋ] *n* - **1.** [judgment]: **she made her comment with perfect ~** hizo un comentario en el momento más oportuno. - **2.** [scheduling]: **the ~ of the election is crucial** es crucial que las elecciones se celebren en el momento oportuno. - **3.** [measuring] cronometraje *m*. - **4.** [of musician] compás *m*, ritmo *m*; [of tennis player, etc] ritmo *m*, coordinación *f*. - **5.** AUT regulación *f* de tiempo (en el encendido).

timing device *n* dispositivo *m* de detonación retardada.

timing mechanism *n* [for bomb, in clock] mecanismo *m* de relojería.

timorous [ˈtɪmərəs] *adj* timorato(ta), miedoso(sa).

timothy [ˈtɪməθɪ] *n* fleo *m*.

Timothy [ˈtɪməθɪ] *n* Timoteo *m*.

timpani [ˈtɪmpənɪ] *npl* timbales *mpl*, tímpanos *mpl*.

tin [tɪn] (*pt & pp* **tinned**, *cont* **tinning**) ◇ *n* - **1.** [metal] estaño *m*; **~ plate** hojalata *f*. - **2.** *Br* [can, container] lata *f*. - **3.** [for baking] molde *m*. ◇ *comp* [of tin] de estaño; [of tinplate] de hojalata. ◇ *vt Br* [food] enlatar.

tin can *n* lata *f*.

tincture [ˈtɪŋktʃəʳ] *n* CHEM & PHARM tintura *f*.

tinder [ˈtɪndəʳ] *n* yesca *f*.

tinderbox [ˈtɪndəbɒks] *n* - **1.** [box] yesquero *m*. - **2.** *fig* [explosive place, situation] polvorín *m*.

tine [taɪn] *n* [of fork] diente *m*; [of pitchfork] punta *f*, púa *f*; [of antler] pitón *m*.

tinfoil [ˈtɪnfɔɪl] *n (U)* papel *m* de aluminio.

ting [tɪŋ] ◇ *n* tintín *m*, tintineo *m*. ◇ *vi* tintinear.

ting-a-ling *n* [of phone, doorbell, bike] ring ring *m*.

tinge [tɪndʒ] ◇ *n* - **1**. [of colour] matiz *m*, toque *m*. - **2**. [of feeling] ligera sensación *f*. ◇ *vt* matizar, teñir.

tinged [tɪndʒd] *adj*: ~ **with** con un toque de.

tingle [tɪŋgl] ◇ *n* - **1**. [stinging] hormigueo *m*. - **2**. [quiver] estremecimiento *m*. ◇ *vi*: **my feet are tingling** siento un hormigueo en los pies; **to** ~ **with** estremecerse de.

tingling [tɪŋglɪŋ] *n* cosquilleo *m*, hormigueo *m*.

tingly [tɪŋglɪ] *adj* [sensation] de hormigueo.

tin god *n* persona *f* endiosada, semidiós *m*.

tin hat *n* casco *m* (de acero).

tinhorn [tɪnhɔːn] *n Am inf* fanfarrón *m*, -ona *f* (*esp un jugador*).

tinker [tɪŋkəʳ] ◇ *n Br* - **1**. *pej* [gypsy] gitano *m*, -na *f*. - **2**. [rascal] diablillo *m*, granujilla *mf*. - **3**. [pot mender] calderero *m*, -ra *f*, hojalatero *m*, -ra *f*. - **4**. *phr*: **I don't give a** ~**'s cuss** OR **damn!** *inf* ¡me importa un rábano!; **it's not worth a** ~**'s cuss** OR **damn** *inf* no vale un comino OR pimiento. ◇ *vi* hacer chapuzas; **to** ~ **with** enredar con.

tinkle [tɪŋkl] ◇ *n* - **1**. [sound] tintineo *m*. - **2**. *Br inf* [phone call]: **to give sb a** ~ llamar a alguien (por teléfono). ◇ *vi* [ring] tintinear. ◇ *vt* hacer tintinear.

tinkling [tɪŋklɪŋ] ◇ *n* tintineo *m*. ◇ *adj* tintineante.

tin mine *n* mina *f* de estaño.

tinned [tɪnd] *adj Br* enlatado(da), en conserva.

tinnitus [tɪnaɪtəs] *n (U)* zumbidos *mpl* (en los oídos).

tinny [tɪnɪ] (*compar* **tinnier**, *superl* **tinniest**) *adj* - **1**. [sound] metálico(ca). - **2**. *inf pej* [badly made] poco sólido (poco sólida).

tin opener *n Br* abrelatas *m inv*.

Tin Pan Alley *n* distrito de Nueva York, y por extensión de cualquier ciudad, que constituye el centro neurálgico del mundo de la música popular.

tin plate *n* hojalata *f*.

tin-pot *adj Br pej* [country] de mala muerte; [politician, general] de pacotilla.

tinsel [tɪnsl] *n (U)* oropel *m*; **Tinsel Town** *hum* nombre utilizado para referirse a Hollywood.

tinsmith [tɪnsmɪθ] *n* hojalatero *m*, -ra *f*.

tint [tɪnt] ◇ *n* - **1**. [colour, shade] tinte *m*, matiz *m*. - **2**. [hair dye] tinte *m*. - **3**. [in engraving] media tinta *f*. - **4**. [in printing] fondo *m*. ◇ *vt* [hair] teñir; [windows, glass] ahumar.

tinted [tɪntɪd] *adj* [glasses, windows] tintado(da), ahumado(da).

tintinnabulation [tɪntɪˌnæbjʊleɪʃn] *n fml* tintineo *m*.

tintype [tɪntaɪp] *n* ferrotipo *m*.

tinware [tɪnweəʳ] *n (U)* quincalla *f*, artículos *mpl* de hojalata.

tin whistle *n* flautín *m*.

tinworks [tɪnwɜːks] (*pl inv*) *n* fábrica *f* de estaño.

tiny [taɪnɪ] (*compar* **tinier**, *superl* **tiniest**) *adj* diminuto(ta), pequeñito(ta).

tip [tɪp] (*pt & pp* **tipped**, *cont* **tipping**) ◇ *n* - **1**. [end] punta *f*; [of cigarette] filtro *m*; [on snooker cue] suela *f*; [on walking stick, umbrella] contera *f*, virola *f*; **it's on the** ~ **of my tongue** lo tengo en la punta de la lengua; **that's just the** ~ **of the iceberg** eso no es más que la punta del iceberg. - **2**. *Br* [dump] vertedero *m*; **his room is an absolute** ~ tiene la habitación que parece una leonera. - **3**. [gratuity] propina *f*. - **4**. [piece of advice] consejo *m*; [for race, stock market] dato *m*, pista *f*. ◇ *vt* - **1**. [tilt] inclinar, ladear; **to** ~ **one's hat to sb** saludar a alguien con el sombrero. - **2**. [spill, pour] vaciar, verter. - **3**. [give a gratuity] dar una propina a. - **4**. [overturn] volcar; [topple] derribar. - **5**. [winning horse, candidate] pronosticar. ◇ *vi* - **1**. [tilt] inclinarse, ladearse. - **2**. [spill] derramarse. - **3**. [give a gratuity] dar propina. - **4**. [overturn] volcar. - **5**. *Br* [dump rubbish] verter basura.

◆ **tip off** *vt sep* pasar información a, informar (confidencialmente) a.

◆ **tip out** *vt sep* - **1**. [empty] vaciar. - **2**. [cause to fall] hacer caer.

◆ **tip over** ◇ *vt sep* volcar. ◇ *vi* volcarse.

tip-off *n* soplo *m*.

tipped [tɪpt] *adj* - **1**. [cigarette] con filtro, emboquillado. - **2**. [spear etc]: ~ **with stone/gold** con punta de piedra/oro.

tipper [tɪpəʳ] *n* - **1**. = **tipper truck**. - **2**. [tipping device] volquete *m*. - **3**. [customer]: **he's a generous** ~ deja buenas propinas.

tipper truck *n* volquete *m*.

tippet [tɪpɪt] *n* palatina *f*, esclavina *f*.

Tipp-Ex® [tɪpeks] *Br n* Tipp-Ex® *m*.

◆ **tippex out** *vt sep* corregir con Tipp-Ex®.

tipple [tɪpl] *n inf* copa *f*, bebida *f* alcohólica.

tippler [tɪpləʳ] *n inf* borrachín *m*, -ina *f*.

tipster [tɪpstəʳ] *n* persona que vende información sobre carreras de apuestas.

tipsy [tɪpsɪ] (*compar* **tipsier**, *superl* **tipsiest**) *adj inf* piripi.

tiptoe [tɪptəʊ] ◇ *n*: **on** ~ de puntillas. ◇ *vi* ir de puntillas.

tip-top *adj inf dated* de primera.

tip-up *adj*: ~ **seat** asiento *m* abatible; ~ **truck** *Br* volquete *m*.

TIR (*abbr of* **Transports Internationaux Routiers**) TIR *m*.

tirade [taɪreɪd] *n* diatriba *f*.

Tirana, Tiranë [tɪrɑːnə] *n* Tirana.

tire [taɪəʳ] ◇ *n Am* = **tyre**. ◇ *vt* - **1**. [exhaust] cansar. - **2**. [bore] aburrir, cansar. ◇ *vi*: **to** ~ **(of)** cansarse (de).

◆ **tire out** *vt sep* agotar.

tired [taɪəd] *adj* - **1**. [exhausted, fed up]: ~ **(of sthg/of doing sthg)** cansado(da) (de algo/de hacer algo). - **2**. [hackneyed] trillado(da), aburrido(da).

tiredly [taɪədlɪ] *adv* [say] con voz cansada; [move, walk] con aire cansado.

tiredness [taɪədnɪs] *n* cansancio *m*.

tireless [taɪələs] *adj* incansable.

tirelessly [taɪələslɪ] *adv* infatigablemente, incansablemente.

tiresome [taɪəsəm] *adj* pesado(da).

tiring [taɪərɪŋ] *adj* cansado(da).

tiro [taɪrəʊ] *n* = **tyro**.

Tirol [tɪrəʊl] *n* = **Tyrol**.

'tis [tɪz] *dial & literary contr* = **it is**.

tissue [tɪʃuː] *n* - **1**. [paper handkerchief] pañuelo *m* de papel. - **2**. BIOL tejido *m*. - **3**. [paper] papel *m* de seda. - **4**. TEXTILES tisú *m*. - **5**. *phr*: **a** ~ **of lies** una sarta de mentiras.

tissue paper *n (U)* papel *m* de seda.

tit [tɪt] *n* - **1**. [bird] herrerillo *m*, paro *m*. - **2**. *vulg* [breast] teta *f*; **to get on sb's** ~**s** *vulg* hincharle las pelotas a alguien. - **3**. *phr*: **it's** ~ **for tat** donde las dan las toman.

titanic [taɪtænɪk] *adj* - **1**. [huge] titánico(ca), colosal. - **2**. CHEM de titanio.

titanium [taɪteɪnɪəm] *n* titanio *m*.

titbit *Br* [tɪtbɪt], **tidbit** *Am* [tɪdbɪt] *n* - **1**. [of food] golosina *f*. - **2**. *fig* [of news] noticia *f* breve e interesante.

titch [tɪtʃ] *n* = **tich**.

titchy [tɪtʃɪ] *adv* = **tichy**.

titer *n Am* = **titre**.

tithe [taɪð] *n* HIST & RELIG diezmo *m*.

tithe barn *n* cilla *f*, granero en que se almacenaba el diezmo eclesiástico.

tithing [taɪðɪŋ] *n* cobro o pago del diezmo.

Titian [tɪʃn] *n* Tiziano *m*, Ticiano *m*.

Titicaca [tɪtɪkɑːkɑː] *n*: **Lake** ~ el lago Titicaca.

titillate [tɪtɪleɪt] *vt & vi* excitar.

titillation [ˌtɪtɪleɪʃn] *n* excitación *f*.

titivate [tɪtɪveɪt] *vt*: **to** ~ **o.s.** emperifollarse, ponerse guapo(pa).

title [taɪtl] ◇ *n* título *m*. ◇ *vt* [book, chapter, film] titular.

◆ **titles** *npl* CINEMA & TV créditos *mpl*, títulos *mpl*.

titled ['taɪtld] *adj* con título de nobleza.

title deed *n* título *m* de propiedad.

titleholder ['taɪtl,həʊldə'] *n* SPORT campeón *m*, -ona *f*.

title page *n* portada *f*.

title role *n* papel *m* principal.

title track *n* tema *m* que da título al LP.

titmouse ['tɪtmaʊs] (*pl* **titmice** [-maɪs]) *n* herrerillo *m*, paro *m*.

titrate [*Br* 'taɪtreɪt, *Am* taɪ'treɪt] *vt* titular.

titration [taɪ'treɪʃn] *n* titulación *f*, análisis *m inv* volumétrico.

titre *Br*, **titer** *Am* ['taɪtə'] *n* título *m*, valor *m*.

titter ['tɪtə'] ◇ *vi* reírse por lo bajo OR entre dientes. ◇ *n* risa *f* por lo bajo OR entre dientes.

tittle-tattle [-,tætl] *inf pej* ◇ *n* (U) cotilleo *m*, chismes *mpl*. ◇ *vi* cotillear, chismorrear.

titular ['tɪtjʊlə'] *adj* nominal.

Titus ['taɪtəs] *n* (san) Tito.

tizzy ['tɪzɪ] (*pl* **tizzies**) *n inf*: **to be in a** ~ estar nerviosísimo(ma).

T-junction *n* bifurcación *f* en forma de T.

TLS (*abbr of* **Times Literary Supplement**) *n* suplemento literario semanal del diario 'The Times' que se vende por separado.

TM ◇ *n* (*abbr of* **transcendental meditation**) meditación trascendental. ◇ *written abbr of* **trademark**.

TN *written abbr of* **Tennessee**.

TNT (*abbr of* **trinitrotoluene**) *n* TNT *m*.

to [*strong form* tuː, *weak form before vowel* tʊ, *weak form before consonant* tə] ◇ *prep* - **1.** [indicating place, direction] a; **to go** ~ **Liverpool/Spain/school** ir a Liverpool/España/la escuela; **to go** ~ **the doctor's/John's** ir al médico/a casa de John; **the road** ~ **Glasgow** la carretera de Glasgow; ~ **the left/right** a la izquierda/derecha; ~ **the east/west** hacia el este/oeste. - **2.** [to express indirect object] a; **a threat** ~ **sb** una amenaza para alguien; **we were listening** ~ **the radio** escuchábamos la radio; **to give sthg** ~ **sb** darle algo a alguien; **to talk** ~ **sb** hablar con alguien. - **3.** [as far as] hasta, a; **to count** ~ **ten** contar hasta diez; **we work from nine** ~ **five** trabajamos de nueve a cinco. - **4.** [in expressions of time]: **it's ten/a quarter** ~ **three** son las tres menos diez/cuarto. - **5.** [per] por; **40 miles** ~ **the gallon** un galón (por) cada 40 millas. - **6.** [of] de; [for] para; **the key** ~ **the car** la llave del coche; **a letter** ~ **my daughter** una carta a mi hija. - **7.** [indicating reaction, effect]: ~ **my surprise** para sorpresa mía; **to be** ~ **one's advantage** ir en beneficio de uno; **to be** ~ **sb's liking** ser del gusto de alguien. - **8.** [in stating opinion]: ~ **me, he's lying** para mí que miente; **it seemed quite unnecessary** ~ **me/him** *etc* para mí/él *etc* aquello parecía del todo innecesario. - **9.** [indicating state, process]: **to drive sb** ~ **drink** llevar a alguien a la bebida; **to shoot** ~ **fame** verse catapultado(da) a la fama; **to lead** ~ **trouble** traer problemas. - **10.** [accompanied by]: **we danced** ~ **the sound of guitars** bailamos al son de las guitarras. ◇ *adv* [shut]: **push the door** ~ cierra la puerta. ◇ *with infinitive* - **1.** (*forming simple infinitive*): ~ **walk** andar. - **2.** (*following another verb*): **to begin** ~ **do sthg** empezar a hacer algo; **to try/want** ~ **do sthg** intentar/querer hacer algo; **to hate** ~ **do sthg** odiar tener que hacer algo. - **3.** (*following an adjective*): **difficult** ~ **do** difícil de hacer; **ready** ~ **go** listos para marchar. - **4.** (*indicating purpose*) para; **I'm doing it** ~ **help you** lo hago para ayudarte; **he came** ~ **see me** vino a verme. - **5.** (*substituting for a relative clause*): **I have a lot** ~ **do** tengo mucho que hacer; **he told me** ~ **leave** me dijo que me fuera. - **6.** (*to avoid repetition of infinitive*): **I meant to call him but I forgot** ~ tenía intención de llamarle pero se me olvidó. - **7.** [in comments]: ~ **be honest...** para ser sincero...; ~ **sum up...** resumiendo..., para resumir...

toad [təʊd] *n* - **1.** ZOOL sapo *m*. - **2.** *inf pej* [person] rata *f*.

toad-in-the-hole *n Br* CULIN salchichas rebozadas en harina, leche y huevo.

toadstool ['təʊdstuːl] *n* seta *f* venenosa.

toady ['təʊdɪ] (*pl* **toadies**, *pt & pp* **toadied**) *pej* ◇ *n* pelota *mf*, cobista *mf*. ◇ *vi*: **to** ~ **(to)** hacer la pelota OR dar coba (a).

to-and-fro *adj* de vaivén OR balanceo.

◆ **to and fro** *adv* de aquí para allá.

toast [təʊst] ◇ *n* - **1.** (U) [bread] pan *m* tostado; **a slice of** ~ una tostada. - **2.** [drink] brindis *m inv*; **to drink a** ~ **to** hacer un brindis por. - **3.** [person]: **she was the** ~ **of the town** era la reina de la fiesta. ◇ *vt* - **1.** [bread] tostar; *fig* [hands, feet] calentar, hacer entrar en calor. - **2.** [drink a toast to] brindar por.

toasted sandwich ['təʊstɪd-] *n* sándwich *m* caliente.

toaster ['təʊstə'] *n* tostador *m*, tostadora *f*.

toasting fork ['təʊstɪŋ-] *n* tenedor largo para tostar.

toastmaster ['təʊst,mɑːstə'] *n* maestro *m* de ceremonias (en banquete).

toast rack *n* soporte *m* para tostadas.

tobacco [tə'bækəʊ] *n* tabaco *m*.

tobacconist [tə'bækənɪst] *n* estanquero *m*, -ra *f*; ~**'s (shop)** estanco *m*.

tobacco pouch *n* petaca *f* (de tabaco).

Tobago [tə'beɪgəʊ] → **Trinidad and Tobago**.

-to-be [tuː'biː] *in cpds* futuro(ra); **mother**~ futura madre *f*.

toboggan [tə'bɒgən] ◇ *n* trineo *m*, tobogán *m*. ◇ *vi* deslizarse en trineo OR tobogán.

toboggan run *n* pista *f* de trineos.

toccata [tə'kɑːtə] *n* tocata *f*.

tocsin ['tɒksɪn] *n literary* rebato *m*, campanada *f* de alarma.

tod [tɒd] *n Br inf*: **to be on one's** ~ estar solo(la), estar más solo(la) que la una.

today [tə'deɪ] ◇ *adv* - **1.** [this day] hoy; **a week** ~ de aquí a una semana; **from** ~ desde hoy. - **2.** [nowadays] hoy (en día). ◇ *n* hoy *m*.

toddle ['tɒdl] *vi* dar los primeros pasos.

◆ **toddle off** *vi* [go] irse; [go away] largarse, pirarse.

toddler ['tɒdlə'] *n* niño pequeño *m*, niña pequeña *f* (que empieza a andar).

toddy ['tɒdɪ] (*pl* **toddies**) *n* ponche *m*.

to-do (*pl* **to-dos**) *n inf dated* jaleo *m*, follón *m*.

toe [təʊ] ◇ *n* - **1.** [of foot] dedo *m* (del pie); **big/little** ~ dedo gordo/pequeño del pie ❑ **to be on one's** ~**s** estar alerta OR despierto(ta); **to step** OR **tread on sb's** ~**s** *fig* herir los sentimientos de alguien; **to turn up one's** ~**s** *inf* estirar la pata. - **2.** [of sock] punta *f*; [of shoe] puntera *f*. ◇ *vt* - **1.** [ball] dar un punterazo a. - **2.** *phr*: **to** ~ **the line** acatar las normas.

toe cap *n* puntera *f*; **steel** ~ puntera de acero.

toe dance *n* baile *m* de puntillas.

toehold ['təʊhəʊld] *n* - **1.** [in rock] punto *m* de apoyo. - **2.** *fig* [in market]: **to gain a** ~ **in** ganarse un hueco en.

toeless ['təʊlɪs] *adj* - **1.** ANAT sin dedos de los pies. - **2.** [sock, shoe] sin puntera.

toenail ['təʊneɪl] *n* uña *f* del dedo del pie.

toe-piece *n* [of ski] (estribo *m* de la) puntera *f*.

toerag ['təʊræg] *n Br pej* sinvergüenza *mf*.

toff [tɒf] *n Br inf* señorito *m*.

toffee ['tɒfɪ] *n* toffee *m*, caramelo *m* (de mantequilla).

toffee apple *n Br* manzana *f* acaramelada.

toffee-nosed *adj Br inf* presumido(da), engreído(da).

tofu ['təʊfuː] *n* tofu *m*, *especie de queso hecho de leche de soja*.

tog [tɒg] (*pt & pp* **togged**, *cont* **togging**) *n* [measurement of warmth] *unidad de medida del grado de aislamiento térmico de un tejido, prenda de abrigo etc*; ~ **number** índice *m* del grado de abrigo.

◆ **togs** *npl inf* ropa *f*.

◆ **tog out, tog up** *vt sep inf* vestir.

toga ['təʊgə] *n* toga *f*.

together [tə'geðə^r] ◇ *adv* - **1.** [gen] juntos(tas); **all** ~ todos juntos; **to stick** ~ pegar; **to join** ~ unir; **to go (well)** ~ combinar bien. - **2.** [at the same time] a la vez, juntos(tas); **all** ~ **now!** [pull] ¡todos a la vez!; [sing] ¡todos juntos OR a coro! ◇ *adj inf* organizado(da).
◆ **together with** *prep* junto con.

togetherness [tə'geðənɪs] *n* unión *f*, camaradería *f*.

toggle ['tɒgl] *n* - **1.** SEWING botón *m* de una trenca. - **2.** NAUT cabilla *f*. - **3.** [TECH - pin] fiador *m* atravesado; [- lever] palanca *f* acodada.

toggle joint *n* junta *f* de codillo, articulación *f*.

toggle switch *n* COMPUT & ELECTRON conmutador *m* de palanca.

Togo ['təugəu] *n* Togo.

Togolese [ˌtəugə'liːz] ◇ *adj* togolés(esa). ◇ *n* togolés *m*, -esa *f*.

toil [tɔɪl] *fml* ◇ *n* trabajo *m* duro. ◇ *vi* - **1.** [work] trabajar sin descanso. - **2.** [move] avanzar con dificultad.
◆ **toils** *npl literary* redes *fpl*, trampa *f*.
◆ **toil away** *vi*: **to** ~ **away (at)** trabajar sin descanso (en).

toilet ['tɔɪlɪt] *n* [at home] lavabo *m*, wáter *m*; [in public place] servicios *mpl*, lavabo *m*; **to go to the** ~ ir al lavabo.

toilet bag *n* bolsa *f* de aseo, neceser *m*.

toilet paper *n* papel *m* higiénico.

toiletries ['tɔɪlɪtrɪz] *npl* artículos *mpl* de tocador OR de baño.

toilet roll *n* - **1.** [paper] papel *m* higiénico. - **2.** [roll] rollo *m* de papel higiénico.

toilet seat *n* asiento *m* del retrete.

toilet soap *n* jabón *m* de tocador.

toilette [twɑː'let] *n dated & fml* aseo *m*.

toilet tissue *n* papel *m* higiénico.

toilet-train *vt*: **to** ~ **a child** enseñar a un niño a ir solo al baño.

toilet-trained [-ˌtreɪnd] *adj* [child] que sabe ir solo al baño.

toilet water *n* (agua *f* de) colonia *f*.

to-ing and fro-ing [ˌtuːɪŋən'frəuɪŋ] *n (U)* idas *fpl* y venidas.

token ['təukn] ◇ *adj* simbólico(ca). ◇ *n* - **1.** [voucher] vale *m*; [disk] ficha *f*. - **2.** [symbol] muestra *f*, símbolo *m*; **as a** ~ **of, in** ~ **of** como muestra OR prueba de, en señal de. - **3.** [souvenir] recuerdo *m*.
◆ **by the same token** *adv* del mismo modo.

tokenism ['təukənɪzm] *n política que consiste en tomar medidas puramente simbólicas*.

token payment *n* pago *m* parcial simbólico.

Tokyo ['təukjəu] *n* Tokio.

told [təuld] *pt & pp* → **tell**.

Toledo [tɒ'leɪdəu] *n* Toledo.

tolerable ['tɒlərəbl] *adj* - **1.** [bearable] tolerable. - **2.** [not too bad] pasable.

tolerably ['tɒlərəblɪ] *adv* medio.

tolerance ['tɒlərəns] *n* tolerancia *f*.

tolerant ['tɒlərənt] *adj* tolerante.

tolerantly ['tɒlərəntlɪ] *adv* con tolerancia.

tolerate ['tɒləreɪt] *vt* - **1.** [put up with] soportar, tolerar. - **2.** [permit] tolerar. - **3.** MED tolerar.

toleration [ˌtɒlə'reɪʃn] *n* tolerancia *f*.

toll [təul] ◇ *n* - **1.** [number]: **death** ~ número *m* de víctimas. - **2.** [fee] peaje *m*. - **3.** [of bell] tañido *m*. - **4.** *phr*: **to take its** ~ hacer mella. ◇ *vt* tañer, tocar. ◇ *vi* tocar, doblar.

tollbooth ['təulbuːθ] *n cabina donde se paga el peaje*.

toll bridge *n* puente *m* de peaje.

toll call *n Am* conferencia *f*, llamada *f* de larga distancia.

toll collector *n* cobrador *m*, -ra *f* del peaje.

toll-free *Am* ◇ *adj* gratuito(ta). ◇ *adv*: **to call a number** ~ llamar a un número gratis.

tollgate ['təulgeɪt] *n* barrera *f* de peaje.

toll plaza *n Am* peaje *m*.

tollroad ['təulrəud] *n* carretera *f* de peaje.

toluene ['tɒljuːiːn] *n* tolueno *m*.

tom [tɒm] *n* [cat] gato *m* (macho).

Tom, Dick and Harry *n* Fulano, Mengano y Zutano; **every** ~ cualquiera.

tomahawk ['tɒməhɔːk] *n* hacha *f* de guerra india.

tomato [*Br* tə'mɑːtəu, *Am* tə'meɪtəu] (*pl* **tomatoes**) ◇ *n* tomate *m*. ◇ *comp* [salad, soup] de tomate; ~ **ketchup** catchup *m*; ~ **plant** tomatera *f*; ~ **sauce** salsa *f* de tomate.

tomb [tuːm] *n* tumba *f*, sepulcro *m*.

tombola [tɒm'bəulə] *n esp Br* tómbola *f*.

tomboy ['tɒmbɔɪ] *n* niña *f* poco femenina, marimacho *m*.

tombstone ['tuːmstəun] *n* lápida *f*.

tomcat ['tɒmkæt] *n* gato *m* (macho).

tome [təum] *n literary & hum* - **1.** [volume] tomo *m*. - **2.** [huge book] libraco *m*.

tomfoolery [tɒm'fuːlərɪ] *n* comportamiento *m* tonto.

Tommy ['tɒmɪ] *n inf dated soldado raso británico*.

tommy gun *n inf* ametralladora *f*, metralleta *f*.

tommyrot ['tɒmɪrɒt] *n (U) inf dated* tonterías *fpl*, disparates *mpl*.

tomorrow [tə'mɒrəu] ◇ *adv* mañana. ◇ *n lit & fig* mañana *m*; **the day after** ~ pasado mañana; ~ **night** mañana por la noche □ ~ **is another day** mañana será otro día; **never put off till** ~ **what you can do today** *proverb* no dejes para mañana lo que puedas hacer hoy *proverb*.

tomtit ['tɒmtɪt] *n* herrerillo *m*.

tom-tom *n* tam-tam *m*.

ton [tʌn] (*pl inv* OR **tons**) *n* - **1.** [imperial] *Br* = 1016 kg; *Am* = 907,2 kg, ≈ tonelada *f*. - **2.** [metric] = 1000 kg, tonelada *f* métrica. - **3.** *phr*: **to come down on sb like a** ~ **of bricks** [speak angrily] echar la gran bronca a alguien; [punish severely] dar un buen escarmiento a alguien; **to weigh a** ~ *inf* pesar una tonelada.
◆ **tons** *npl inf*: ~**s (of)** un montón (de).

tonal ['təunl] *adj* tonal.

tonality [tə'nælətɪ] (*pl* **tonalities**) *n* tonalidad *f*.

tone [təun] *n* - **1.** [gen] tono *m*; **to change/lower one's** ~ cambiar/bajar el tono. - **2.** [on phone] señal *f*. - **3.** LING entonación *f*, inflexión *f*; **rising falling** ~ entonación *f* ascendente/descendente. - **4.** *phr*: **to lower the** ~ **of** dar mal tono a.
◆ **tone down** *vt sep* suavizar, moderar.
◆ **tone in** *vi*: **to** ~ **in (with)** ir bien OR armonizar (con).
◆ **tone up** *vt sep* poner en forma.

tone arm *n* brazo *m* del tocadiscos.

tone-deaf *adj* que no tiene (buen) oído.

toneless ['təunlɪs] *adj* [voice] inexpresivo(va); [colour] apagado(da).

tone poem *n* poema *m* sinfónico.

toner ['təunə^r] *n* - **1.** [for photocopier, printer] virador *m*. - **2.** [cosmetic] tónico *m*.

Tonga ['tɒŋə] *n* Tonga.

Tongan ['tɒŋən] ◇ *adj* tongano(na). ◇ *n* - **1.** [person] tongano *m*, -na *f*. - **2.** [language] tongano *m*.

tongs [tɒŋz] *npl* [for coal] tenazas *fpl*; [for sugar] pinzas *fpl*, tenacillas *fpl*.

tongue [tʌŋ] ◇ *n* - **1.** [gen] lengua *f*; **to stick one's** ~ **out (at sb)** sacar la lengua (a alguien); **watch your** ~! ¡cuidado con lo que dices! □ **to say sthg** ~ **in cheek** *inf* decir algo en broma; **to hold one's** ~ *fig* quedarse callado(da); ~**s will wag** seguro que la gente murmurará. - **2.** *fml & literary* [language] lengua *f*, idioma *m*. - **3.** [of shoe] lengüeta *f*; [of bell] badajo *m*. ◇ *vt* - **1.** MUS [note] articular con la lengua. - **2.** [in woodworking] ensamblar, machihembrar.

tongue and groove *n* ensambladura *f* de lengüeta y ranura, machihembrado *m*.

tongue-in-cheek *adj*: **it was only** ~ no iba en serio, lo decía irónicamente.

tongue-lashing *n hum* reprimenda *f*, bronca *f*.

tongue-tied *adj* incapaz de hablar *(por timidez o nervios)*.

tongue twister *n* trabalenguas *m inv*.

tonic ['tɒnɪk] ◇ *n* - **1.** [gen] tónico *m*. - **2.** [tonic water] tónica *f*. - **3.** LING & MUS tónica *f*. ◇ *adj* tónico(ca).

tonicity [tə'nɪsəti] *n* tonicidad *f*.

tonic water *n* agua *f* tónica.

tonight [tə'naɪt] ◇ *n* esta noche *f*. ◇ *adv* esta noche.

tonka bean ['tɒŋkə-] *n* sarapia *f*, haba *f* tonca.

tonnage ['tʌnɪdʒ] *n* tonelaje *m*.

tonne [tʌn] *(pl inv OR* **tonnes***) n* tonelada *f* métrica.

tonsil ['tɒnsl] *n* amígdala *f*.

tonsillectomy [ˌtɒnsɪ'lektəmɪ] *(pl* **tonsillectomies***) n* tonsilectomía *f*, amigdalectomía *f*.

tonsillitis [ˌtɒnsɪ'laɪtɪs] *n (U)* amigdalitis *f inv*.

tonsorial [tɒn'sɔːrɪəl] *adj fml & hum* barberil, propio (pia) de los barberos.

tonsure ['tɒnʃəʳ] *n* tonsura *f*.

tontine [tɒn'tiːn] *n* tontina *f*.

tonus ['təʊnəs] *n* tono *m* muscular.

too [tuː] *adv* - **1.** [also] también. - **2.** [excessively] demasiado; ~ **much** demasiado; ~ **many things** demasiadas cosas ❑ **it finished all** OR **only** ~ **soon** terminó demasiado pronto; **I'd be only** ~ **happy to help** me encantaría ayudarte; **not** ~... no muy... - **3.** [moreover] además; **and it's broken** ~ y además está roto.

toodle-oo [ˌtuːdl'uː], **toodle-pip** [ˌtuːdl-] *excl Br inf dated* ¡adiós!, ¡abur!

took [tʊk] *pt* → **take**.

tool [tuːl] ◇ *n* - **1.** [implement] herramienta *f*; **garden** ~**s** útiles *mpl* del jardín ❑ **to down** ~**s** *Br* [to go on strike] declararse en huelga. - **2.** *fig* [means] instrumento *m*; **the** ~**s of one's trade** los instrumentos de trabajo de uno. ◇ *vt* [wood, stone, leather] trabajar; ~**ed leather** cuero *m* labrado. ◇ *vi inf* conducir.

◆ **tool around** *vi Am inf* perder el tiempo, entretenerse.

◆ **tool up** *vt sep* equipar.

toolbag ['tuːlbæg] *n* bolsa *f* de herramientas.

toolbox ['tuːlbɒks] *n* caja *f* de herramientas.

toolchest ['tuːltʃest] *n* caja *f* de herramientas.

tooling ['tuːlɪŋ] *n* - **1.** [decoration] trabajo *m* ornamental; [on leather] repujado *m*; [in stone] labrado *m*. - **2.** [equipment] montaje *m* OR equipamiento *m* de maquinaria.

tool kit *n* juego *m* de herramientas.

toolmaker ['tuːlˌmeɪkəʳ] *n* fabricante *mf* de herramientas.

toolshed ['tuːlʃed] *n* cobertizo *m* para herramientas.

toot [tuːt] ◇ *n* bocinazo *m*. ◇ *vt* tocar. ◇ *vi* tocar la bocina.

tooth [tuːθ] *(pl* **teeth** [tiːθ]) *n* - **1.** [in mouth] diente *m*; **second teeth** segunda dentición *f*; **a set of teeth** una dentadura; **armed to the teeth** armado(da) hasta los dientes; **to be (a bit) long in the** ~ **for sthg** *Br pej* ser ya (un poco) mayorcito ((un poco) mayorcita) para algo; **to be fed up to the back teeth with sthg** *Br inf* estar hasta la coronilla de algo; **to cut one's teeth** [child] echar los dientes; **to cut one's teeth on sthg** *fig* [novice] foguearse OR iniciarse con algo; **to fight** ~ **and nail** luchar con uñas y dientes OR a brazo partido; **to get one's teeth into sthg** *fig* hincarle el diente a algo; **to grit one's teeth** *fig* apretar los dientes; **to have no teeth** *fig* no tener poder; **to lie through one's teeth** mentir como un bellaco (una bellaca); **to set one's teeth on edge** [sound] darle dentera a uno; **to show one's teeth** *fig* enseñar los dientes; **to take the bit between one's teeth** *fig* entusiasmar(a uno); **in the teeth of fierce opposition** a pesar de la fuerte oposición. - **2.** [of comb] púa *f*. - **3.** [of saw, gear wheel] diente *m*.

toothache ['tuːθeɪk] *n* dolor *m* de muelas.

toothbrush ['tuːθbrʌʃ] *n* cepillo *m* de dientes.

tooth decay *n* caries *f inv*.

toothed [tuːθt] *adj* [wheel] dentado(da).

toothless ['tuːθlɪs] *adj* - **1.** [lacking teeth] desdentado(da). - **2.** *fig* [ineffectual] ineficaz.

tooth mug *n* vaso para poner la dentadura.

toothpaste ['tuːθpeɪst] *n* pasta *f* de dientes, dentífrico *m*.

toothpick ['tuːθpɪk] *n* palillo *m* (de dientes).

tooth powder *n (U)* polvos *mpl* dentífricos.

toothsome ['tuːθsəm] *adj literary & hum* - **1.** [food] sabroso(sa), apetitoso(sa). - **2.** [person] atractivo(va).

toothy ['tuːθɪ] *(compar* **toothier***, superl* **toothiest***) adj* que muestra los dientes.

tootle ['tuːtl] *vi inf* [move unhurriedly]: **to** ~ **off** irse sin prisas.

toots [tʊts] *(pl* **tootses***) n inf* = **tootsie** *sense 2*.

tootsie, **tootsy** ['tʊtsɪ] *(pl* **tootsies***) n inf* - **1.** *baby talk* [foot] pie *m*; [toe] dedo *m* del pie. - **2.** *Am* [term of address] cariño *m*.

top [tɒp] *(pt & pp* **topped***, cont* **topping***)* ◇ *adj* - **1.** [highest - step, floor] de arriba; [- object on pile] de encima. - **2.** [most important, successful] importante; **she got the** ~ **mark** sacó la mejor nota; ~ **management** la cúpula directiva, los altos ejecutivos; **the** ~ **ten** [in pop music charts] los diez más vendidos; [in ranking] los diez mejores. - **3.** [maximum] máximo(ma). ◇ *n* - **1.** [highest point] parte *f* superior OR de arriba; [of list] cabeza *f*, principio *m*; [of tree] copa *f*; [of hill, mountain] cumbre *f*, cima *f*; [of carrots, beets] hojas *fpl*, tallo *m*; **at the** ~ **of the stairs** arriba de las escaleras; **fill it to the** ~ llénelo hasta el borde; **from** ~ **to bottom** de arriba abajo; **on** ~ encima ❑ **to go over the** ~ *Br* pasarse (de la raya); **at the** ~ **of one's voice** a voz en grito; **from** ~ **to toe** *Br* de pies a cabeza; **he's a bit over the** ~ es un poco exagerado, se pasa un poco; **just off the** ~ **of my head** así a bote pronto, así de repente; **she doesn't have much up** ~ *Br inf* tiene la cabeza hueca; **to come out on** ~ salir ganando; **to get a bit thin on** ~ quedarse calvo(va). - **2.** [lid, cap - of jar, box] tapa *f*; [- of bottle, tube] tapón *m*; [- of pen] capuchón *m*. - **3.** [upper side] superficie *f*. - **4.** [blouse] blusa *f*; [T-shirt] camiseta *f*; [of pyjamas] parte *f* de arriba. - **5.** [toy] peonza *f*; **to sleep like a** ~ *Br* dormir como un tronco. - **6.** [most important level] cúpula *f*; **to get to** OR **reach the** ~ llegar a la cima OR lo más alto; **the men/women at the** ~ la gente de las altas esferas. - **7.** [of league, table, scale] cabeza *f*; **this car is the** ~ **of the range** este coche es el mejor de la gama. ◇ *vt* - **1.** [be first in] estar a la cabeza de. - **2.** [better] superar; **that** ~**s the lot!** *Br inf* ¡eso es el colmo! - **3.** [exceed] exceder; **the car topped 100 mph** el coche superó las 100 millas por hora. - **4.** [put topping on] cubrir; **and to** ~ **it all** y para colmo (de males). - **5.** *Br v inf* [kill] cargarse a; **to** ~ **o.s.** suicidarse.

◆ **on top of** *prep* - **1.** [in space] encima de; **we're living on** ~ **of each other** vivimos apretadísimos ❑ **to feel on** ~ **of the world** estar en el séptimo cielo OR en la gloria. - **2.** [in addition to] además de; **on** ~ **of that** por si fuera poco. - **3.** [in control of]: **to be on** ~ **of sthg** tener algo bajo control. - **4.** *phr*: **to get on** ~ **of sb** abrumar a alguien.

◆ **top up** *Br*, **top off** *Am vt sep* volver a llenar.

topaz ['təʊpæz] *n* topacio *m*.

top brass *n inf*: **the** ~ los altos cargos, los mandamases.

topcoat ['tɒpkəʊt] *n* - **1.** [item of clothing] abrigo *m*. - **2.** [paint] última mano *f* (de pintura).

top dog *n inf* mandamás *mf*.

top drawer *n Br inf*: **a family right out of the** ~ una familia de la alta sociedad.

◆ **top-drawer** *adj* - **1.** *Br inf dated* [first-class] de primera, de lo mejorcito. - **2.** [family] de la alta sociedad, de alto copete.

tope [təʊp] *vt & vi* beber con exceso.

top-flight *adj inf* de altos vuelos.

top floor *n* último piso *m*.

topgallant [ˌtɒp'gælənt] *adj* de juanete.

top gear *n* directa *f*.

top hat *n* chistera *f*, sombrero *m* de copa.

top-heavy *adj* - **1.** [unbalanced] demasiado pesado (demasiado pesada) en la parte de arriba; *fig* [organization] con demasiados jefes. - **2.** *inf* [woman] con una buena delantera.

top-hole *adj Br inf dated* estupendo(da), fenomenal.

topiary ['təʊpjərɪ] *n* jardinería *f* ornamental.

topic ['tɒpɪk] *n* tema *m*, asunto *m*.

topical ['tɒpɪkl] *adj* - **1.** [current] de actualidad, actual. - **2.** MED tópico(ca).

topicality [,tɒpɪ'kælətɪ] (*pl* **topicalities**) *n* actualidad *f*.

topknot ['tɒpnɒt] *n* [in hair] moño *m*; [of feathers, bows] copete *m*.

topless ['tɒplɪs] *adj* en topless.

top-level *adj* de alto nivel.

topmast ['tɒpmɑːst] *n* mastelero *m*.

topmost ['tɒpməʊst] *adj* más alto (más alta).

top-notch ['tɒp'nɒtʃ] *adj inf* de primera.

topographer [tə'pɒgrəfə'] *n* topógrafo *m*, -fa *f*.

topography [tə'pɒgrəfɪ] *n* topografía *f*.

topology [tə'pɒlədʒɪ] *n* topología *f*.

toponym ['tɒpənɪm] *n* topónimo *m*.

topped [tɒpt] *adj*: ~ **by** OR **with sthg** con algo encima.

topper ['tɒpə'] *n Br inf* [top hat] sombrero *m* de copa.

topping ['tɒpɪŋ] *n* capa *f*; **with a** ~ **of cream** cubierto (ta) de nata.

topple ['tɒpl] ◇ *vt* [government, pile] derribar; [president] derrocar. ◇ *vi* venirse abajo.

◆ **topple over** *vi* venirse abajo.

top-ranking *adj* de alto nivel.

tops [tɒps] *n inf dated*: **it's the** ~! ¡es lo último!

TOPS [tɒps] (*abbr of* **Training Opportunities Scheme**) *n* *programa de formación profesional.*

topsail ['tɒpsl, 'tɒpseɪl] *n* gavia *f*.

top-secret *adj* sumamente secreto (sumamente secreta), estrictamente confidencial.

top-security *adj* de máxima seguridad.

topside ['tɒpsaɪd] *n Br* [of beef] redondo *m*.

topsoil ['tɒpsɔɪl] *n* capa *f* superficial del suelo.

topspin ['tɒpspɪn] *n* TENNIS liftado *m*.

topsy-turvy [,tɒpsɪ'tɜːvɪ] ◇ *adj* - **1.** [messy] patas arriba (*inv*). - **2.** [haywire] loco(ca). ◇ *adv* [messily] en desorden, de cualquier manera.

top-up *n Br*: **can I give you a** ~? ¿quieres un poco más?, ¿te lleno?

tor [tɔː'] *n esp Br* [hill] *colina alta y rocosa típica del suroeste de Inglaterra.*

Torah ['tɔːrə] *n* Tora *f*.

torch [tɔːtʃ] *n* - **1.** *Br* [electric] linterna *f*. - **2.** [burning] antorcha *f*; **to carry a** ~ **for sb** *fig* estar enamorado(da) de alguien. - **3.** [for welding] soplete *m*.

torchbearer ['tɔːtʃ,beərə'] *n* portador *m*, -ra *f* de la antorcha.

torchlight ['tɔːtʃlaɪt] ◇ *n* luz *f* de antorcha; **by** ~ bajo la luz de las antorchas. ◇ *comp*: **a** ~ **procession** una procesión con antorchas.

torch song *n* canción *f* de amor (*no correspondido*).

tore [tɔː'] *pt* → **tear**[2].

toreador ['tɒrɪədɔː'] *n* torero *m*.

torment [*n* 'tɔːment, *vb* tɔː'ment] ◇ *n* tormento *m*, suplicio *m*. ◇ *vt* - **1.** [worry greatly] atormentar. - **2.** [annoy] fastidiar. - **3.** [torture] torturar.

tormentor [tɔː'mentə'] *n* hostigador *m*, -ra *f*.

torn [tɔːn] *pp* → **tear**[2].

tornado [tɔː'neɪdəʊ] (*pl* **tornadoes** OR **tornados**) *n* tornado *m*.

Toronto [tə'rɒntəʊ] *n* Toronto.

torpedo [tɔː'piːdəʊ] (*pl* **torpedoes**) ◇ *n* - **1.** MIL torpedo *m*. - **2.** *Am* [firework] petardo *m*. ◇ *vt* torpedear.

torpedo boat *n* torpedero *m*.

torpedo tube *n* (tubo *m*) lanzatorpedos *m inv*.

torpid ['tɔːpɪd] *adj fml* - **1.** [person] apático(ca). - **2.** [animal] aletargado(da).

torpor ['tɔːpə'] *n fml* apatía *f*.

torque [tɔːk] *n* par *m* de torsión.

torrent ['tɒrənt] *n* torrente *m*.

torrential [tə'renʃl] *adj* torrencial.

torrid ['tɒrɪd] *adj* - **1.** [hot] tórrido(da). - **2.** *fig* [passionate] apasionado(da), ardiente.

torrid zone *n* GEOGR zona *f* tórrida.

torsion ['tɔːʃn] *n* torsión *f*.

torso ['tɔːsəʊ] (*pl* **torsos**) *n* torso *m*.

tort [tɔːt] *n* agravio *m*, daño *m* indemnizable.

tortilla [tɔː'tiːjə] *n* torta *f* de maíz, tortilla *f* *Amér*.

tortoise ['tɔːtəs] *n* tortuga *f* (de tierra).

tortoiseshell ['tɔːtəsʃel] ◇ *adj*: ~ **cat** gato *m* pardo atigrado. ◇ *n* [material] carey *m*, concha *f*. ◇ *comp* de carey OR concha.

tortuous ['tɔːtjʊəs] *adj* - **1.** [twisting] tortuoso(sa), sinuoso(sa). - **2.** [over-complicated] enrevesado(da), retorcido(da).

tortuously ['tɔːtjʊəslɪ] *adv* de un modo tortuoso.

torture ['tɔːtʃə'] ◇ *n* tortura *f*. ◇ *vt* - **1.** [inflict pain on] torturar. - **2.** [cause mental anguish to] atormentar.

torture chamber *n* cámara *f* OR sala *f* de torturas.

torturer ['tɔːtʃərə'] *n* torturador *m*, -ra *f*.

torturous ['tɔːtʃərəs] *adj* atormentador(ra).

Tory ['tɔːrɪ] (*pl* **Tories**) ◇ *adj* tory, del partido conservador (británico). ◇ *n* tory *mf*, miembro *mf* del partido conservador (británico).

Toryism ['tɔːrɪɪzm] *n* POL conservadurismo *m* (británico).

toss [tɒs] ◇ *vt* - **1.** [throw carelessly] tirar. - **2.** [move from side to side] sacudir. - **3.** [salad] remover, revolver; [pancake] dar la vuelta en el aire. - **4.** [coin]: **to** ~ **a coin** echar a cara o cruz. - **5.** [in a blanket] mantear. ◇ *vi* - **1.** [with coin] echar a cara o cruz. - **2.** [move rapidly]: **to** ~ **and turn** dar vueltas (en la cama). - **3.** [be flung to and fro] agitarse. ◇ *n* - **1.** [of coin] tirada *f*, sorteo *m* a cara o cruz; **to win the** ~ ganar a cara o cruz ❑ **to argue the** ~ *Br* discutir, andar con dimes y diretes. - **2.** [of head] sacudida *f*. - **3.** [throw] lanzamiento *m*.

◆ **toss off** ◇ *vt sep* - **1.** [produce without effort] hacer rápidamente. - **2.** [drink quickly] beber de un trago. ◇ *vi Br* *vulg* [masturbate] hacerse una paja.

◆ **toss up** *vi* jugar a cara o cruz.

tosspot ['tɒspɒt] *n Br vulg* gilipollas *mf inv* *Esp*, pendejo *m*, -ja *f* *Amér*.

toss-up *n inf*: **it's a** ~ **whether they win or lose** igual ganan que pierden.

tot [tɒt] (*pt & pp* **totted**, *cont* **totting**) *n* - **1.** *inf* [small child] niño pequeño *m*, niña pequeña *f*. - **2.** [of drink] trago *m*.

◆ **tot up** *vt sep inf* sumar.

total ['təʊtl] (*Br pt & pp* **totalled**, *cont* **totalling**, *Am pt & pp* **totaled**, *cont* **totaling**) ◇ *adj* total. ◇ *n* total *m*; **in** ~ en total. ◇ *vt* - **1.** [add up] sumar. - **2.** [amount to] ascender a. - **3.** *Am inf* [wreck] cargarse.

totalitarian [,təʊtælɪ'teərɪən] *adj* totalitario(ria).

totalitarianism [,təʊtælɪ'teərɪənɪzm] *n* totalitarismo *m*.

totality [təʊ'tælətɪ] *n* totalidad *f*.

totalizator ['təʊtəlaɪzeɪtə'], **totalizer** ['təʊtəlaɪzə'] *n* - **1.** [adding machine] totalizador *m*. - **2.** *Br* [in betting] sistema *m* de apuestas mutuas.

totally ['təʊtəlɪ] *adv* [entirely] totalmente.

tote [təʊt] ◇ *n* [machine] totalizador *m*. ◇ *comp*: ~ **board** panel *m* electrónico. ◇ *vt inf* [gun] llevar.

tote bag *n Am* bolsa *f* (de la compra).

totem ['təʊtəm] *n* tótem *m*.

totem pole *n* tótem *m*.

toto ['təʊtəʊ] ◆ **in toto** *adv fml* totalmente.

totter ['tɒtə'] *vi lit & fig* tambalearse.

tottering ['tɒtərɪŋ] *adj lit & fig* tambaleante.

toucan ['tuːkən] *n* tucán *m*.

touch [tʌtʃ] ◇ *n* - **1.** [sense, act of feeling] tacto *m*; **soft to the** ~ blando al tacto; **at the** ~ **of a button** con tocar un botón. - **2.** [detail, skill, knack] toque *m*; **to lose one's** ~ perder práctica; **to put the finishing** ~**es to sthg** dar el último toque a algo. - **3.** [contact]: **to get/keep in** ~ **(with)** ponerse/mantenerse en contacto (con); **to lose** ~ **(with)** perder el contacto (con); **to be out of** ~ **with** no estar al tanto de. - **4.** SPORT: **in** ~ fuera de banda. - **5.** [small amount]: **a** ~ un poquito; **a** ~ **of flu** un poco de gripe; **a** ~ **of jealousy** un poquitín de celos. - **6.** [of pianist] tecleo *m*, manera *f* de tocar; [of piano] suavidad *f*. - **7.** *phr*: **to be** ~ **and go** ser dudoso(sa) OR poco seguro (poco segura); **to be a soft** ~ ser muy blando (muy blanda), no saber decir que no. ◇ *vt* - **1.** [gen] tocar; **don't** ~ **anything!** ¡no toques nada!; **I never** ~**ed him!** ¡yo no lo he tocado!; **the law can't** ~ **him** la justicia no tiene suficientes pruebas contra él; **she didn't** ~ **her dinner** no tocó la cena, no probó bocado en la cena. - **2.** [emotionally] conmover. - **3.** [concern] concernir a, afectar a. - **4.** *inf* [rival] compararse, estar a la altura de; **no other cyclist can** ~ **him** ningún otro ciclista se le puede comparar. - **5.** *Am* [phone number]: ~ **645** marque el 645. - **6.** *phr*: **to** ~ **sb for a loan** *inf* gorronearle dinero a alguien. ◇ *vi* - **1.** [with fingers etc] tocar. - **2.** [be in contact] tocarse.

◆ **a touch** *adv* [rather] un poco.

◆ **touch down** *vi* [plane] aterrizar, tomar tierra.

◆ **touch off** *vt sep* - **1.** [cause to explode - gun] disparar; [- explosives, fireworks] hacer estallar. - **2.** [start, cause] desencadenar, provocar.

◆ **touch on** *vt fus* tocar, tratar por encima.

◆ **touch up** *vt sep* - **1.** [painting, photograph] retocar. - **2.** *Br v inf* [sexually] meter mano a.

touch-and-go *adj* dudoso(sa), poco seguro (poco segura).

touchdown ['tʌtʃdaʊn] *n* - **1.** [of plane] aterrizaje *m*. - **2.** [in American football] ensayo *m*.

touché ['tuːʃeɪ] *excl* - **1.** [in fencing] ¡tocado! - **2.** *fig* [good point] ¡touché!

touched [tʌtʃt] *adj* - **1.** [grateful] emocionado(da). - **2.** *inf* [slightly mad] tocado(da), chiflado(da).

touching ['tʌtʃɪŋ] ◇ *adj* conmovedor(ra). ◇ *prep literary* (en lo) tocante a, en cuanto a.

touchingly ['tʌtʃɪŋlɪ] *adv* de un modo conmovedor.

touch judge *n* RUGBY juez *m* de línea.

touchline ['tʌtʃlaɪn] *n* línea *f* de banda.

touchpaper ['tʌtʃˌpeɪpər] *n* mecha *f* (de fuego artificial).

touchstone ['tʌtʃstəʊn] *n* MIN & *fig* piedra *f* de toque.

touch-tone *adj*: ~ **telephone** teléfono *m* digital.

touch-type *vi* mecanografiar al tacto.

touchy ['tʌtʃɪ] (*compar* **touchier**, *superl* **touchiest**) *adj* - **1.** [person] susceptible; **she's** ~ **about what happened** no se puede hablar con ella de ese tema. - **2.** [subject, question] delicado(da).

tough [tʌf] ◇ *adj* - **1.** [resilient] fuerte. - **2.** [hardwearing] resistente. - **3.** [meat] duro(ra). - **4.** [regulations, policies] duro(ra). - **5.** [resolute, unyielding] duro(ra), inflexible; ~ **talk** OR **talking** palabras *fpl* duras. - **6.** [difficult to deal with] difícil. - **7.** [rough - area] peligroso (sa); [- person] duro(ra). - **8.** *inf* [unfortunate] injusto(ta); ~ **luck** mala suerte *f*. ◇ *n inf* matón *m*.

toughen ['tʌfn] ◇ *vt* endurecer. ◇ *vi* endurecerse.

◆ **toughen up** *vt sep & vi* = **toughen**.

toughened ['tʌfnd] *adj* endurecido(da).

toughie ['tʌfɪ] *n inf* - **1.** [person] matón *m*, -ona *f*. - **2.** [problem] rompecabezas *m inv*.

toughly ['tʌflɪ] *adv* [fight] con encarnizamiento; [speak] con dureza.

tough-minded *adj* decidido(da), duro(ra) (de carácter).

toughness ['tʌfnɪs] *n (U)* - **1.** [of material] resistencia *f*. - **2.** [of regulations, policies] dureza *f*. - **3.** [of problem, decision]

dificultad *f*. - **4.** [of meat] dureza *f*. - **5.** [of character - resilience] fortaleza *f*, dureza *f*; [- severity] dureza *f*, inflexibilidad *f*.

toupee ['tuːpeɪ] *n* peluquín *m*.

tour [tʊər] ◇ *n* - **1.** [long journey] viaje *m* largo; ~ **of duty** periodo *m* de servicio. - **2.** [of pop group etc] gira *f*. - **3.** [for sightseeing] recorrido *m*, visita *f*. ◇ *vt* - **1.** [museum] visitar. - **2.** [country] recorrer, viajar por. - **3.** [subj: pop group etc] hacer una gira por. ◇ *vi* estar de gira; **to** ~ **round sthg** viajar por OR recorrer algo.

tourer ['tʊərər] *n* - **1.** [car] coche *m* grande descapotable. - **2.** = **touring bicycle**.

tour guide *n* [person] guía turístico *m*, guía turística *f*; [book] guía *f* turística.

touring ['tʊərɪŋ] ◇ *adj* [exhibition] itinerante; [theatre, group] que va de gira. ◇ *n (U)* viajes *mpl* turísticos; **to go** ~ hacer turismo.

touring bicycle *n* bicicleta *f* de paseo.

tourism ['tʊərɪzm] *n* turismo *m*.

tourist ['tʊərɪst] ◇ *n* turista *mf*. ◇ *comp* [agency, centre, attraction] turístico(ca); [ticket, hotel] de turistas.

tourist class *n* clase *f* turista.

tourist (information) office *n* oficina *f* de turismo.

tourist trade *n* turismo *m*, sector *m* turístico.

touristy ['tʊərɪstɪ] *adj pej* demasiado turístico (demasiado turística).

tourmaline ['tʊəməliːn] *n* turmalina *f*.

tournament ['tɔːnəmənt] *n* torneo *m*.

tourney ['tʊənɪ] *n dated* torneo *m*.

tourniquet ['tʊənɪkeɪ] *n* torniquete *m*.

tour operator *n* touroperador *m*, operador *m* turístico.

tousle ['taʊzl] *vt* [hair] despeinar, alborotar; [clothes] arrugar, desarreglar.

tout [taʊt] ◇ *n* revendedor *m*, -ra *f*. ◇ *vt* - **1.** [tickets, goods] revender. - **2.** [promote] dar publicidad a. ◇ *vi*: **to** ~ **for sthg** solicitar algo.

tow [təʊ] ◇ *n*: **to give sb a** ~ remolcar a alguien; **on** ~ *Br* [car] a remolque; **they arrived with all the kids in** ~ llegaron con todos los niños a cuestas. ◇ *vt* remolcar.

towage ['təʊɪdʒ] *n (U)* - **1.** [act] remolque *m*. - **2.** [fee] derechos *mpl* de remolque.

towards *Br* [tə'wɔːdz], **toward** *Am* [tɔːd] *prep* - **1.** [gen] hacia. - **2.** [for the purpose or benefit of] para; **efforts** ~ **peace** esfuerzos encaminados hacia la paz; **£200** ~ **the new hospital wing** 200 libras para el nuevo pabellón del hospital.

towaway zone ['təʊəweɪ-] *n Am* ≃ zona *f* de estacionamiento prohibido.

towbar ['təʊbɑːr] *n* barra *f* de remolque.

towboat ['təʊbəʊt] *n* remolcador *m*.

towel ['taʊəl] (*Br pt & pp* **towelled**, *cont* **towelling**, *Am pt & pp* **toweled** OR **towelled**, *cont* **toweling** OR **towelling**) ◇ *n* toalla *f*; **to throw in the** ~ SPORT & *fig* tirar la toalla. ◇ *vt* secar con una toalla.

towelling *Br*, **toweling** *Am* ['taʊəlɪŋ] ◇ *n (U)* (tejido *m* de) toalla *f*. ◇ *comp* de toalla.

towel rail *n* toallero *m*.

tower ['taʊər] ◇ *n* torre *f*; **a** ~ **of strength** *Br* un firme apoyo OR pilar. ◇ *vi*: **to** ~ **(above** OR **over**sthg) elevarse (por encima de algo); **to** ~ **above** OR **over sb** ser mucho más alto (mucho más alta) que alguien.

tower block *n Br* bloque *m* (de pisos u oficinas).

towering ['taʊərɪŋ] *adj* - **1.** [very tall] altísimo(ma). - **2.** [outstanding] sobresaliente, destacado(da). - **3.** [intense] extremado(da), intenso(sa); **in a** ~ **rage** con una rabia intensa.

towhead ['təʊhed] *n* rubiales *mf inv*.

towline ['təʊlaɪn] *n* (cable *m* de) remolque *m*, sirga *f*.

town [taʊn] *n* - **1.** [gen] ciudad *f*; [smaller] pueblo *m*; **to be**

out of ~ estar fuera, estar de viaje ❑ **to go out on the** ~ irse de juerga; **to go to** ~ **(on sthg)** *fig* [to put in a lot of effort] emplearse a fondo (en algo); [spend a lot of money] tirar la casa por la ventana (por algo); **to paint the** ~ **red** *inf* correrse una buena juerga. - **2.** [centre of town, city] centro *m* de la ciudad.

town centre *n* centro *m* (de la ciudad).

town clerk *n* secretario *m*, -ria *f* del ayuntamiento.

town council *n* ayuntamiento *m*.

town councillor *n* concejal *m*, -la *f*.

town crier *n* pregonero *m*.

town hall *n* ayuntamiento *m*.

town house *n* - **1.** [fashionable house] casa *f* lujosa *(de un barrio alto)*. - **2.** [residence in town] casa *f* de la ciudad. - **3.** *Am* [terraced house] casa *f* adosada.

town meeting *n Am* concejo *m* municipal.

town plan *n* plano *m* de la ciudad.

town planner *n* urbanista *mf*.

town planning *n* - **1.** [study] urbanismo *m*. - **2.** [practice] planificación *f* urbanística.

townsfolk ['taʊnzfəʊk] *npl*: **the** ~ los habitantes *(de una ciudad)*, los ciudadanos.

township ['taʊnʃɪp] *n* - **1.** [in South Africa] zona urbana asignada por el Gobierno para la población negra. - **2.** [in US] ≅ municipio *m*.

townsman ['taʊnzmən] (*pl* **townsmen** [-mən]) *n* ciudadano *m*.

townspeople ['taʊnzˌpiːpl] *npl* = **townsfolk**.

towpath ['təʊpɑːθ, *pl* -pɑːðz] *n* camino *m* de sirga.

towrope ['təʊrəʊp] *n* cable *m* de remolque.

tow truck *n Am* (coche *m*) grúa *f*.

toxaemia *Br*, **toxemia** *Am* [tɒkˈsiːmɪə] *n* toxemia *f*.

toxic ['tɒksɪk] *adj* tóxico(ca).

toxicant ['tɒksɪkənt] ◇ *adj* tóxico(ca). ◇ *n* tóxico *m*.

toxicity [tɒkˈsɪsətɪ] *n* toxicidad *f*.

toxicologist [ˌtɒksɪˈkɒlədʒɪst] *n* toxicólogo *m*, -ga *f*.

toxicology [ˌtɒksɪˈkɒlədʒɪ] *n* toxicología *f*.

toxin ['tɒksɪn] *n* toxina *f*.

toxoid ['tɒksɔɪd] *n* toxoide *m*.

toy [tɔɪ] ◇ *n* juguete *m*. ◇ *comp* - **1.** [car, gun] de juguete. - **2.** [box, chest] de los juguetes.

◆ **toy with** *vt fus* [idea] acariciar; [food, coin etc] juguetear con; [sb's love, affection] jugar con.

toy boy *n inf* joven amante de una mujer mucho mayor que él.

toy dog *n* perro *m* faldero, perrito *m*.

toymaker ['tɔɪˌmeɪkə'] *n* fabricante *mf* de juguetes.

toy shop *n* juguetería *f*.

toy soldier *n* soldadito *m* de plomo.

trace [treɪs] ◇ *n* - **1.** [evidence, remains] rastro *m*, huella *f*; **without** ~ sin dejar rastro. - **2.** [small amount] pizca *f*; **not a** ~ **of irony** ni pizca de ironía. - **3.** MATH & PHYS traza *f*. - **4.** [drawing] trazado *m*. - **5.** CHEM indicio *m*. - **6.** [strap on harness] tirante *m*, tiradera *f*. ◇ *vt* - **1.** [find] localizar, encontrar. - **2.** [follow progress of] describir. - **3.** [follow trail of] seguir (la pista de). - **4.** [on paper - copy] calcar; [- sketch] trazar.

◆ **trace back** ◇ *vt sep*: **to** ~ **sthg back to its source** descubrir el origen de algo. ◇ *vi Am* - **1.** [go back]: **to** ~ **back to** remontarse a. - **2.** [be due]: **to** ~ **back to** derivar de.

traceable ['treɪsəbl] *adj* localizable, fácil de encontrar.

trace element *n* CHEM oligoelemento *m*.

tracer ['treɪsə'] *n* CHEM indicador *m*.

tracer bullet *n* bala *f* trazadora.

tracery ['treɪsərɪ] (*pl* **traceries**) *n* ARCHIT tracería *f*.

trachea [trəˈkiːə] (*pl* **tracheae** [-ˈkiː] OR **tracheas**) *n* tráquea *f*.

tracheotomy [ˌtrækɪˈɒtəmɪ] (*pl* **tracheotomies**) *n* traqueotomía *f*.

trachoma [trəˈkəʊmə] *n* tracoma *m*.

tracing ['treɪsɪŋ] *n* [on paper] calco *m*.

tracing paper *n (U)* papel *m* de calcar.

track [træk] ◇ *n* - **1.** [path] sendero *m*, camino *m*; **off the beaten** ~ apartado(da), aislado(da). - **2.** SPORT pista *f*; ~ **and field** atletismo *m*. - **3.** RAIL vía *f*; **to jump the** ~**s** descarrilar. - **4.** [mark, trace] rastro *m*, huella *f*; [of wheel] rodada *f*, carril *m*; [of bullet] trayectoria *f*, recorrido *m*; **to be on sb's** ~ OR ~**s** estar sobre la pista de alguien; **to hide** OR **cover one's** ~**s** no dejar rastro. - **5.** [on record, tape] canción *f*, corte *m*. - **6.** *phr*: **to be on the right/wrong** ~ ir por el buen/mal camino; **to keep/lose** ~ **of sb** no perder/perder la pista a alguien; **to lose/keep** ~ **of events** perder el hilo de/seguir los acontecimientos; **I've lost** ~ **of how many times I've told you** ya he perdido la cuenta de las veces que te lo he dicho; **to lose** ~ **of time** perder la noción del tiempo; **to make** ~**s** *inf* pirarse, darse el piro; **to stop dead in one's** ~**s** pararse en seco. ◇ *vt* - **1.** [follow tracks of] rastrear, seguir la pista de. - **2.** [with radar] seguir la trayectoria de. ◇ *vi* [camera etc] hacer un travelling.

◆ **track down** *vt sep* [gen] localizar; [criminal] perseguir y atrapar.

tracked [trækt] *adj* [vehicle] oruga *(inv)*, con orugas.

tracker ['trækə'] *n* [person] perseguidor *m*, -ra *f*; [in hunting] rastreador *m*, -ra *f*.

tracker dog *n* perro *m* rastreador.

track event *n* prueba *f* de atletismo (en pista).

tracking ['trækɪŋ] *n* - **1.** [by radar, radio] seguimiento *m*. - **2.** *Am* SCH división de los alumnos según su rendimiento escolar.

tracking shot *n* CINEMA travelling *m*.

tracking station *n* estación *f* de seguimiento.

trackless ['træklɪs] *adj* sin senderos, sin caminos.

track meet *n Am* encuentro *m* de atletismo.

track record *n* historial *m*.

track shoes *npl* zapatillas *fpl* de atletismo.

tracksuit ['træksuːt] *n* chándal *m*.

tract [trækt] *n* - **1.** [pamphlet] artículo *m* breve, opúsculo *m*. - **2.** [of land, forest] extensión *f*. - **3.** MED: **digestive** ~ aparato *m* digestivo; **respiratory** ~ vías *fpl* respiratorias.

tractable ['træktəbl] *adj* [person, animal] tratable, dócil; [material] maleable, dúctil; [problem] soluble.

tractile ['træktaɪl] *adj* dúctil, maleable.

traction ['trækʃn] *n* tracción *f*; **to have one's leg in** ~ tener la pierna escayolada en alto.

traction engine *n* locomotora *f* de tracción.

tractor ['træktə'] *n* tractor *m*.

tractor-trailer *n Am* camión *m* articulado.

tradable ['treɪdəbl] *adj* negociable.

trade [treɪd] ◇ *n* - **1.** [commerce] comercio *m*; **to be in** ~ ser comerciante, tener un negocio; **to do a good** OR **roaring** ~ hacer un negocio redondo; **Minister of Trade** *Br*, **Secretary of Trade** *Am* ministro *m*, -tra *f* de Comercio. - **2.** [job] oficio *m*; **by** ~ de oficio. - **3.** [illicit dealing] tráfico *m*. - **4.** [exchange] comercio *m*, tráfico *m*. - **5.** [regular customers] clientela *f*. - **6.** *Am* [transaction] transacción *f*. ◇ *comp* [agreement, balance] comercial. ◇ *vt* [exchange]: **to** ~ **sthg (for)** cambiar algo (por). ◇ *vi* - **1.** COMM: **to** ~ **(with)** comerciar (con). - **2.** *Am* [shop]: **to** ~ **at** OR **with** hacer sus compras en.

◆ **trades** *npl* [winds] vientos *mpl* alisios.

◆ **trade off** *vt sep* cambiar, trocar.

◆ **trade in** *vt sep* [exchange] dar como entrada.

◆ **trade on** *vt fus* aprovecharse de, abusar de.

tradeable ['treɪdəbl] *adj* = **tradable**.

trade acceptance *n* letra *f* de cambio.

trade association *n* asociación *f* profesional.

trade barrier *n* barrera *f* comercial.

trade deficit *n* déficit *m* (en la balanza) comercial.

Trade Descriptions Act *n* ley británica contra la publicidad engañosa aprobada en 1968.

trade discount *n* descuento *m* comercial.

trade fair *n* feria *f* de muestras.

trade gap *n* déficit *m* (en la balanza) comercial.

trade-in *n* artículo usado que se entrega como entrada al comprar un artículo nuevo.

trademark ['treɪdmɑːk] ◇ *n* - **1.** COMM marca *f* comercial OR registrada. - **2.** *fig* [characteristic] rasgo *m* característico, sello *m* distintivo. ◇ *vt* [label] poner una marca a; [register] registrar.

trade name *n* - **1.** COMM [of commodity, service] nombre *m* comercial. - **2.** [of firm] razón *f* social.

trade-off *n* - **1.** [balance] equilibrio *m*. - **2.** [exchange] trueque *m*.

trade price *n* precio *m* al por mayor.

trader ['treɪdə^r] *n* - **1.** [dealer] comerciante *mf*. - **2.** [ship] buque *m* mercante. - **3.** *Am* ST EX bolsista *mf*.

trade route *n* ruta *f* comercial.

trade school *n* escuela *f* de artes y oficios.

trade secret *n* secreto *m* comercial.

tradesman ['treɪdzmən] (*pl* **tradesmen** [-mən]) *n* - **1.** [trader] comerciante *m*; [shopkeeper] tendero *m*. - **2.** [craftsman] artesano *m*.

tradespeople ['treɪdz,piːpl] *npl* comerciantes *mpl*.

trade(s) union *n Br* sindicato *m*.

Trades Union Congress *n Br* : **the** ~ *la asociación británica de sindicatos*.

trade(s) unionism *n Br* sindicalismo *m*.

trade(s) unionist *n Br* sindicalista *mf*.

trade wind *n* NAUT viento *m* alisio.

trading ['treɪdɪŋ] *n* (U) comercio *m*.

trading account *n* cuenta *f* comercial.

trading estate *n Br* polígono *m* industrial.

trading post *n* pequeña tienda o comercio abierto en una zona remota.

trading profit *n* beneficios *mpl* de explotación.

trading stamp *n* cupón *m* del ahorro.

tradition [trə'dɪʃn] *n* tradición *f*.

traditional [trə'dɪʃənl] *adj* tradicional.

traditionalism [trə'dɪʃnəlɪzm] *n* tradicionalismo *m*.

traditionalist [trə'dɪʃnəlɪst] ◇ *n* tradicionalista *mf*. ◇ *adj* tradicionalista.

traditionally [trə'dɪʃnəlɪ] *adv* tradicionalmente.

traduce [trə'djuːs] *vt fml* calumniar, difamar.

traffic ['træfɪk] (*pt & pp* **trafficked**, *cont* **trafficking**) ◇ *n* - **1.** [vehicles] tráfico *m*. - **2.** [illegal trade]: ~ **(in)** tráfico *m* (de). - **3.** COMM [trade] tráfico *m*, comercio *m*. - **4.** *Br* [exchange] intercambio *m*. ◇ *vi*: **to** ~ **in** traficar con.

traffic circle *n Am* glorieta *f*.

traffic controller *n* controlador(ra) del tráfico aéreo.

traffic island *n* refugio *m*.

traffic jam *n* embotellamiento *m*, atasco *m*.

trafficker ['træfɪkə^r] *n*: ~ **(in)** traficante *mf* (de).

traffic lights *npl* semáforos *mpl*.

traffic offence *Br*, **traffic violation** *Am n* infracción *f* de tráfico.

traffic police *n* [speeding, safety] policía *f* de tráfico; [point duty] control *m* de tráfico.

traffic policeman *n* [for speeding, safety] policía *m* de tráfico; [on point duty] guardia *m* de (control de) tráfico.

traffic sign *n* señal *f* de tráfico.

traffic signal *n* semáforo *m*.

traffic violation *n Am* = **traffic offence**.

traffic warden *n Br* ≃ guardia *mf* de tráfico.

tragedian [trə'dʒiːdɪən] *n* [author] dramaturgo *m*, autor *m* trágico; [actor] actor *m* trágico.

tragedienne [trə,dʒiːdɪ'en] *n* (actriz *f*) trágica *f*.

tragedy ['trædʒədɪ] (*pl* **tragedies**) *n* tragedia *f*.

tragic ['trædʒɪk] *adj* trágico(ca).

tragically ['trædʒɪklɪ] *adv* trágicamente.

tragic irony *n* ironía *f* trágica.

tragicomedy [,trædʒɪ'kɒmədɪ] (*pl* **tragicomedies**) *n* tragicomedia *f*.

tragicomic [,trædʒɪ'kɒmɪk] *adj* tragicómico(ca).

trail [treɪl] ◇ *n* - **1.** [path] sendero *m*, camino *m*; **to blaze a** ~ *fig* marcar la pauta. - **2.** [trace, track] rastro *m*, huellas *fpl*; **to pick up/lose the** ~ encontrar/perder la pista; **to be on the** ~ **of sb/sthg** seguir la pista de alguien/algo □ **to be hot on sb's** ~ estar sobre la pista de alguien. - **3.** [of blood] rastro *m*; [of smoke] estela *f*; [of comet] cola *f*. ◇ *vt* - **1.** [drag] arrastrar. - **2.** [lose to] ir por detrás de. - **3.** [follow the trail of] seguir la pista de, rastrear. ◇ *vi* - **1.** [drag] arrastrarse. - **2.** [move slowly] andar con desgana; **to** ~ **behind** quedarse a la zaga. - **3.** [lose] ir perdiendo. - **4.** [plant] colgar, trepar.

◆ **trail away**, **trail off** *vi* apagarse.

trailblazer ['treɪl,bleɪzə^r] *n* pionero *m*, -ra *f*.

trailblazing ['treɪl,bleɪzɪŋ] *adj* pionero(ra).

trailer ['treɪlə^r] *n* - **1.** [vehicle for luggage] remolque *m*. - **2.** *esp Am* [for living in] roulotte *m*, caravana *f*. - **3.** CINEMA trailer *m*. - **4.** [end of film roll] película en blanco al final del rollo.

trailer park *n Am* camping *m* para roulottes OR caravanas.

trailing ['treɪlɪŋ] *adj* [gen] rastrero(ra), que se arrastra; [plant] trepador(ra).

trailing edge *n* AERON borde *m* de salida.

train [treɪn] ◇ *n* - **1.** RAIL tren *m*; **to travel by** ~ viajar en tren; **to change** ~**s** cambiar de tren. - **2.** [of dress] cola *f*. - **3.** [of vehicles, animals] fila *f*, caravana *f*; MIL & NAUT convoy *m*. - **4.** *arch* [retinue] séquito *m*, cortejo *m*. - **5.** [of events, actions] sucesión *f*, serie *f* ; **the hurricane brought disaster in its** ~ el huracán trajo consigo el desastre; **in** ~ en marcha; ~ **of thought** hilo *m* del razonamiento; **to lose one's** ~ **of thought** perder el hilo. - **6.** TECH tren *m*; ~ **of gears** tren de engranajes. ◇ *vt* - **1.** [teach]: **to** ~ **sb (to do sthg)** enseñar a alguien (a hacer algo). - **2.** [for job]: **to** ~ **sb (as sthg)** formar OR preparar a alguien (como algo). - **3.** SPORT: **to** ~ **sb (for)** entrenar a alguien (para). - **4.** [voice, mind] educar, trabajar. - **5.** [animal] amaestrar. - **6.** [direct growth of] guiar. - **7.** [aim]: **to** ~ **sthg (on)** [gun] apuntar (a); [camera] enfocar (a OR hacia). ◇ *vi* - **1.** [for job] estudiar, prepararse; **to** ~ **as** formarse OR prepararse como; **to** ~ **as a doctor** estudiar medicina. - **2.** SPORT: **to** ~ **(for)** entrenarse (para).

trainbearer ['treɪn,beərə^r] *n* - **1.** [at official ceremony] persona que sostiene la cola de la toga de un dignatario. - **2.** [at wedding - girl] dama *f* de honor; [- boy] paje *m*.

trained [treɪnd] *adj* - **1.** [person] cualificado(da). - **2.** [animal] amaestrado(da).

trainee [treɪ'niː] ◇ *adj* en periodo de prácticas. ◇ *n* aprendiz *m*, -za *f*, persona *f* que está en periodo de prácticas.

trainer ['treɪnə^r] *n* - **1.** [of animals] amaestrador *m*, -ra *f*; [of lions, tigers] domador *m*, -ra *f*; [of racehorses] preparador *m*, -ra *f*. - **2.** SPORT entrenador *m*, -ra *f*. - **3.** AERON: ~ **(aircraft)** entrenador *m* de pilotaje.

◆ **trainers** *npl Br* zapatillas *fpl* de deporte.

training ['treɪnɪŋ] *n* - **1.** [for job]: ~ **(in)** formación *f* OR preparación *f* (para). - **2.** SPORT entrenamiento *m*. - **3.** [of soldier] instrucción *f*; [of animals] amaestramiento *m*.

Training Agency *n*: **the** ~ organismo creado en 1989 que ofrece cursos de formación permanente.

training camp *n* campamento *m* de instrucción.

training college *n Br* [gen] centro *m* de formación especializada; [for teachers] escuela *f* normal.

training course *n* cursillo *m* de formación.

training shoes *npl Br* zapatillas *fpl* de deporte.

trainload ['treɪnləʊd] *n*: **a** ~ **of** un tren lleno de.

train set *n* tren *m* eléctrico de juguete.

train spotter *n* aficionado a los trenes que en una estación apunta el número de las locomotoras al pasar.

train spotting [-'spɒtɪŋ] *n* pasatiempo consistente en regis-

trar y coleccionar números de locomotoras e información sobre ellas.

train station *n Am* estación *f* de ferrocarril.

traipse ['treɪps] *vi* andar con desgana.

trait [treɪ, treɪt] *n* rasgo *m*, característica *f*.

traitor ['treɪtəʳ] *n*: ~ **(to)** traidor *m*, -ra *f* (a).

traitorous ['treɪtərəs] *adj* traicionero(ra), traidor(ra).

traitress ['treɪtrɪs] *n* traidora *f*.

trajectory [trə'dʒektərɪ] (*pl* **trajectories**) *n* trayectoria *f*.

tra-la(-la) [tɑː'lɑː('lɑː)] *n* la-la-la *m*.

tram [træm], **tramcar** ['træmkɑːʳ] *n Br* tranvía *m*.

tramlines ['træmlaɪnz] *npl Br* - **1.** [for trams] vías *fpl* de tranvía. - **2.** TENNIS líneas *fpl* de banda.

trammels ['træməlz] *npl fig* trabas *fpl*, obstáculos *mpl*.

tramp [træmp] ◇ *n* - **1.** [homeless person] vagabundo *m*, -da *f*. - **2.** *Am inf* [woman] fulana *f*. - **3.** [sound] ruido *m* de pasos. - **4.** [long walk] caminata *f*. - **5.** [ship]: ~ **(steamer)** vapor *m* mercante. ◇ *vt* recorrer pesadamente. ◇ *vi* [walk heavily] andar pesadamente; [hike] caminar.

trample ['træmpl] ◇ *vt* pisar, pisotear. ◇ *vi* - **1.** [tread]: **to** ~ **on sthg** pisar algo. - **2.** *fig* [disregard]: **to** ~ **on sb** pisar OR pisotear a alguien; **to** ~ **on sb's rights** pisotear los derechos de alguien.

trampoline ['træmpəliːn] *n* cama *f* elástica.

tramway ['træmweɪ] *n Br* [rails] carriles *mpl* OR rieles *mpl* (del tranvía); [route] vía *f* de tranvía.

trance [trɑːns] *n* trance *m*; **in a** ~ en trance.

trannie, tranny ['trænɪ] (*pl* **trannies**) *n Br inf* [transistor radio] transistor *m*.

tranquil ['træŋkwɪl] *adj* tranquilo(la), apacible.

tranquility *n Am* = **tranquillity**.

tranquilize *vt Am* = **tranquillize**.

tranquilizer *n Am* = **tranquillizer**.

tranquillity *Br*, **tranquility** *Am* [træŋ'kwɪlɪtɪ] *n* tranquilidad *f*.

tranquillize, -ise *Br*, **tranquilize** *Am* ['træŋkwɪlaɪz] *vt* tranquilizar.

tranquillizer *Br*, **tranquilizer** *Am* ['træŋkwɪlaɪzəʳ] *n* tranquilizante *m*.

transact [træn'zækt] *vt fml* hacer, llevar a cabo.

transaction [træn'zækʃn] *n* - **1.** [deal, operation] transacción *f*. - **2.** [act of transacting] tramitación *f*, negociación *f*.
◆ **transactions** *npl* [minutes] actas *fpl*.

transactional [træn'zækʃənl] *adj* de transacción.

transalpine [,trænz'ælpaɪn] *adj* transalpino(na), trasalpino(na).

transatlantic [,trænzət'læntɪk] *adj* transatlántico(ca).

transceiver [træn'siːvəʳ] *n* transmisor-receptor *m* de radio.

transcend [træn'send] *vt* - **1.** [go beyond] ir más allá de, superar. - **2.** [surpass] superar. - **3.** RELIG & PHILOS trascender.

transcendence [træn'sendəns] *n* trascendencia *f*.

transcendent [træn'sendənt] *adj* trascendente.

transcendental [,trænsen'dentl] *adj* trascendental.

transcendentalism [,trænsen'dentəlɪzm] *n* trascendentalismo *m*.

transcendental meditation *n* meditación *f* trascendental.

transcontinental ['trænz,kɒntɪ'nentl] *adj* transcontinental.

transcribe [træn'skraɪb] *vt* transcribir.

transcriber [træn'skraɪbəʳ] *n* transcriptor *m*, -ra *f*.

transcript ['trænskrɪpt] *n* transcripción *f*.

transcription [træn'skrɪpʃn] *n* transcripción *f*.

transducer [trænz'djuːsəʳ] *n* transductor *m*.

transect [træn'sekt] *vt* seccionar transversalmente.

transept ['trænsept] *n* crucero *m*.

transfer [*vb* træns'fɜːʳ, *n* 'trænsfɜːʳ] (*pt & pp* **transferred**, *cont* **transferring**) ◇ *n* - **1.** [gen] transferencia *f*; [of power] transmisión *f*; [of property] traspaso *m*. - **2.** [for job] trasla-

do *m*. - **3.** SPORT traspaso *m*. - **4.** [design] calcomanía *f*. - **5.** *Am* [ticket] billete válido para transbordar a otro autobús, tren etc.
◇ *vt* - **1.** [from one place to another] trasladar. - **2.** [from one person to another] transferir. - **3.** SPORT traspasar. ◇ *vi* - **1.** [to different job etc]: **he transferred to a different department** lo trasladaron a otro departamento. - **2.** SPORT: **he transferred to Spurs** fichó por el Spurs.

transferable [træns'fɜːrəbl] *adj* transferible.

transferee [,trænsfɜː'riː] *n* cesionario *m*, -ria *f*.

transference ['trænsfərəns] *n fml* transferencia *f*.

transfer fee ['trænsfɜːʳ-] *n Br* SPORT traspaso *m*.

transfer list ['trænsfɜːʳ-] *n Br* lista *f* de traspasos.

transferor [træns'fɜːrəʳ] *n* cesionista *mf*.

transfer passenger ['trænsfɜːʳ-] *n* [between flights] pasajero(ra) en tránsito.

transfer RNA ['trænsfɜːʳ-] *n* transferidor *m* ARN.

transfiguration [,trænsfɪgə'reɪʃn] *n* transfiguración *f*, transformación *f*.

transfigure [træns'fɪgəʳ] *vt* transfigurar.

transfix [træns'fɪks] *vt* - **1.** [immobilize] paralizar; **he was ~ed with fear** estaba paralizado por el miedo. - **2.** [pierce through] traspasar, atravesar.

transform [træns'fɔːm] *vt*: **to** ~ **sthg/sb (into)** transformar algo/a alguien (en).

transformation [,trænsfə'meɪʃn] *n* transformación *f*.

transformer [træns'fɔːməʳ] *n* ELEC transformador *m*.

transfuse [træns'fjuːz] *vt* - **1.** [blood] hacer una transfusión de. - **2.** [patient] hacer una transfusión a.

transfusion [træns'fjuːʒn] *n* transfusión *f*.

transgress [træns'gres] ◇ *vt* [limit] traspasar; [law, rules] transgredir. ◇ *vi* - **1.** [break the rules] cometer una transgresión. - **2.** [sin] pecar.

transgression [træns'greʃn] *n* - **1.** [of law, rules] transgresión *f*. - **2.** [sin] pecado *m*.

transgressor [træns'gresəʳ] *n* - **1.** [offender] transgresor *m*, -ra *f*. - **2.** [sinner] pecador *m*, -ra *f*.

tranship [træns'ʃɪp] (*pt & pp* **transhipped**, *cont* **transhipping**) *vt* = **transship**.

transience ['trænzɪəns] *n* transitoriedad *f*.

transient ['trænzɪənt] ◇ *adj* [fleeting] transitorio(ria), pasajero(ra). ◇ *n Am* [person] viajero *m*, -ra *f* de paso.

transistor [træn'zɪstəʳ] *n* transistor *m*.

transistorize, -ise [træn'zɪstəraɪz] *vt* transistorizar.

transistor radio *n* transistor *m*.

transit ['trænsɪt] ◇ *n* - **1.** [passage] tránsito *m*; **in** ~ de tránsito. - **2.** ASTRON culminación *f*. - **3.** *Am* [transport] transporte *m*. ◇ *vt* - **1.** [gen] transitar. - **2.** ASTRON culminar.

transit camp *n* campamento *m* provisional.

transition [træn'zɪʃn] *n*: ~ **(from sthg to sthg)** transición *f* (de algo a algo); **in** ~ en transición.

transitional [træn'zɪʃənl] *adj* de transición.

transitive ['trænzɪtɪv] *adj* GRAMM transitivo(va).

transitively ['trænzɪtɪvlɪ] *adv* transitivamente.

transit lounge *n* sala *f* de tránsitos.

transitory ['trænzɪtrɪ] *adj* transitorio(ria).

translatable [træns'leɪtəbl] *adj* traducible.

translate [træns'leɪt] ◇ *vt* - **1.** [languages, texts] traducir. - **2.** [transform]: **to** ~ **sthg into** convertir OR transformar algo en. - **3.** RELIG trasladar. ◇ *vi*: **it doesn't** ~ no se puede traducir; **to** ~ **from sthg into** traducir de algo a.

translation [træns'leɪʃn] *n* traducción *f*.

translator [træns'leɪtəʳ] *n* traductor *m*, -ra *f*.

transliterate [trænz'lɪtəreɪt] *vt* transcribir.

translocate [,trænzləʊ'keɪt] *vt* desplazar.

translucent [trænz'luːsnt] *adj* translúcido(da).

translucid [trænz'luːsɪd] *adj* translúcido(da).

transmigrate [,trænzmaɪ'greɪt] *vi* - **1.** [people] emigrar. - **2.** [soul] transmigrar.

transmigration [ˌtrænzmaɪˈɡreɪʃn] *n* - **1.** [of people] emigración *f*. - **2.** [of soul] transmigración *f*.

transmissible [trænzˈmɪsəbl] *adj* transmisible.

transmission [trænzˈmɪʃn] *n* transmisión *f*.

transmit [trænzˈmɪt] (*pt & pp* **transmitted**, *cont* **transmitting**) *vt* transmitir.

transmittance [trænzˈmɪtəns] *n* transmisión *f*.

transmitter [trænzˈmɪtər] *n* - **1.** RADIO & TV emisora *f*. - **2.** TELEC transmisor *m*.

transmitting [trænzˈmɪtɪŋ] ◇ *adj* TELEC transmisor(ra), emisor(ra). ◇ *n* transmisión *f*.

transmogrify [trænzˈmɒɡrɪfaɪ] (*pt & pp* **transmogrified**) *vt hum* metamorfosear, transformar.

transmutation [ˌtrænzmjuˈteɪʃn] *n* transmutación *f*.

transmute [trænzˈmjuːt] *vt* transmutar.

transnational [ˌtrænzˈnæʃənl] *adj* transnacional.

transoceanic [ˈtrænzˌəʊʃiˈænɪk] *adj* transoceánico(ca).

transom [ˈtrænsəm] *n* - **1.** [in window] montante *m*, listón *m*; [above door] travesaño *m*. - **2.** *Am* [fanlight] montante *m* en abanico.

transparency [trænsˈpærənsɪ] (*pl* **transparencies**) *n* - **1.** [quality of being transparent] transparencia *f*. - **2.** [slide] diapositiva *f*; [for overhead projector] transparencia *f*.

transparent [trænsˈpærənt] *adj* - **1.** [see-through] transparente. - **2.** [obvious] claro(ra); **that's a ~ excuse** es claramente una excusa. ·

transpiration [ˌtrænspɪˈreɪʃn] *n fml* transpiración *f*.

transpire [trænˈspaɪər] *fml* ◇ *vt* - **1.** [turn out]: **it ~s that...** resulta que... - **2.** BOT & PHYSIOL transpirar. ◇ *vi* - **1.** [happen] ocurrir, pasar. - **2.** BOT & PHYSIOL transpirar.

transplant [*vb* trænsˈplɑːnt, *n* ˈtrænsˌplɑːnt] ◇ *n* trasplante *m*. ◇ *vt* - **1.** [organ, seedlings] trasplantar. - **2.** [headquarters, workers] trasladar.

transplantation [ˌtrænspløːnˈteɪʃn] *n* trasplante *m*.

transponder [trænˈspɒndər] *n* radiofaro *m* de respuesta.

transport [*n* ˈtrænspɔːt, *vb* trænˈspɔːt] ◇ *n* - **1.** [gen] transporte *m*. - **2.** *literary* [rapture] arrebato *m*. ◇ *vt* transportar.

transportable [trænˈspɔːtəbl] *adj* transportable.

transportation [ˌtrænspɔːˈteɪʃn] *esp Am* ◇ *n* transporte *m*. ◇ *comp*: **~ system** sistema *m* de transportes.

transport cafe [ˈtrænspɔːt-] *n Br* bar *m* de camioneros.

transporter [trænˈspɔːtər] *n* camión *m* para el transporte de vehículos.

Transport House [ˈtrænspɔːt-] *n edificio londinense sede del sindicato TGWU*.

transpose [trænsˈpəʊz] *vt* - **1.** [change round] invertir; TYPO transponer. - **2.** MUS transportar.

transsexual [trænsˈsekʃʊəl] *n* transexual *mf*.

transship [trænsˈʃɪp] (*pt & pp* **transshipped**, *cont* **transshipping**) *vt* transbordar.

Trans-Siberian [ˈtrænz-] *n*: **the ~ (Railway)** el Transiberiano.

transubstantiate [ˌtrænsəbˈstænʃɪeɪt] *vt* transubstanciar.

transubstantiation [ˈtrænsəbˌstænʃɪˈeɪʃn] *n* transubstanciación *f*.

transversal [trænzˈvɜːsl] ◇ *adj* transversal. ◇ *n* travesía *f*.

transverse [ˈtrænzvɜːs] ◇ *adj* transversal. ◇ *n* transversal *f*.

transverse colon *n* colon *m* transverso.

transvestism [trænzˈvestɪzm] *n* travestismo *m*.

transvestite [trænzˈvestaɪt] *n* travestido *m*, -da *f*, travestí *mf*.

Transylvania [ˌtrænsɪlˈveɪnjə] *n* Transilvania.

Transylvanian [ˌtrænsɪlˈveɪnjən] ◇ *adj* transilvano(na). ◇ *n* transilvano *m*, -na *f*.

trap [træp] (*pt & pp* **trapped**, *cont* **tapping**) ◇ *n* - **1.** [snare, trick] trampa *f*; **to set** OR **lay a ~ for sb** tender una trampa a alguien; **to fall into a ~** caer en una trampa. - **2.** [in drain] sifón *m*, bombillo *m*. - **3.** [in dog racing] cajón *m*; [for shooting] lanzaplatos *m inv*. - **4.** = **trapdoor**. - **5.** *v inf* [mouth] pico

m, boca *f*. ◇ *vt* - **1.** [catch] coger con trampa. - **2.** [trick] atrapar, engañar. - **3.** [in place, unpleasant situation]: **to be trapped in** estar atrapado(da) en. - **4.** [energy, heat] almacenar.

trapdoor [ˌtræpˈdɔːr] *n* [gen] trampilla *f*, trampa *f*; THEATRE escotillón *m*.

trapes [treɪps] *vi* = **traipse**.

trapeze [trəˈpiːz] *n* trapecio *m*.

trapeze artist *n* trapecista *mf*.

trapezium [trəˈpiːzjəm] (*pl* **trapeziums** OR **trapezia** [-zjə]) *n* - **1.** GEOM *Br* trapecio *m*; *Am* trapezoide *m*. - **2.** ANAT trapecio *m*.

trapezoid [ˈtræpɪzɔɪd] ◇ *n* - **1.** GEOM *Br* trapezoide *m*; *Am* GEOM trapezoide *m*. - **3.** ANAT trapezoide *m*. ◇ *adj* trapezoidal.

trapper [ˈtræpər] *n* trampero *m*, -ra *f*.

trappings [ˈtræpɪŋz] *npl* - **1.** [of power, success] atributos *mpl*. - **2.** [ornamentation] atavíos *mpl*, adornos *mpl*. - **3.** [for horse] jaeces *mpl*, arreos *mpl*.

Trappist [ˈtræpɪst] ◇ *n* trapense *m*. ◇ *comp* trapense.

trapshooting [ˈtræpˌʃuːtɪŋ] *n* tiro *m* al plato.

trash [træʃ] ◇ *n* (U) - **1.** *Am* [refuse] basura *f*. - **2.** *pej* [goods] morralla *f*, basura *f*. - **3.** [nonsense] bobadas *fpl*, tonterías *fpl*. - **4.** *inf* [people] gentuza *f*, morralla *f*. ◇ *vt inf* - **1.** [reject] desechar. - **2.** [vandalize] destrozar. - **3.** *Am* SPORT [opponent] destrozar. - **4.** *Am* [criticize] poner por los suelos, poner a parir.

trashcan [ˈtræʃkæn] *n Am* cubo *m* de la basura.

trashman [ˈtræʃmæn] (*pl* **trashmen** [-men]) *n Am* basurero *m*.

trashy [ˈtræʃɪ] (*compar* **trashier**, *superl* **trashiest**) *adj inf* malísimo(ma), infame.

trauma [ˈtrɔːmə] *n* trauma *m*.

traumatic [trɔːˈmætɪk] *adj* traumático(ca).

traumatism [ˈtrɔːmətɪzm] *n* traumatismo *m*.

traumatize, -ise [ˈtrɔːmətaɪz] *vt* [shock] traumatizar.

travail [ˈtræveɪl] *arch* ◇ *n* (U) - **1.** [work] fatiga *f*. - **2.** [in childbirth] dolores *mpl* del parto. ◇ *vi* - **1.** [work] afanarse. - **2.** [in childbirth] estar de parto.

travel [ˈtrævl] (*Br pt & pp* **travelled**, *cont* **travelling**, *Am pt & pp* **traveled**, *cont* **traveling**) ◇ *n* (U) viajes *mpl*; **I'm keen on ~** me gusta viajar; **to ~ light** viajar ligero(ra) de OR con poco equipaje. ◇ *vt* [place] viajar por; [distance] recorrer. ◇ *vi* - **1.** [journey] viajar. - **2.** COMM ser viajante (de comercio). - **3.** [news, signal, current] viajar; [light, sound] propagarse; [vehicle] circular. - **4.** [mind, thoughts] transportarse. - **5.** *inf* [go very fast] volar, ir a toda pastilla.
◆ **travels** *npl* viajes *mpl*.

travel agency *n* agencia *f* de viajes.

travel agent *n* empleado *m*, -da *f* de una agencia de viajes; **~'s** agencia *f* de viajes.

travelator [ˈtrævəleɪtər] *n* = **travolator**.

travel book *n* libro *m* de viajes.

travel brochure *n* catálogo *m* turístico.

travel bureau *n* = **travel agency**.

Travelcard [ˈtrævlkɑːd] *n abono temporal para transportes urbanos en Londres*.

traveler *etc Am* = **traveller** *etc*.

travel insurance *n* (U): **to take out ~** sacarse un seguro de viaje.

travelled *Br*, **traveled** *Am* [ˈtrævld] *adj* - **1.** [person] que ha viajado mucho. - **2.** [road, route] muy recorrido (muy recorrida).

traveller *Br*, **traveler** *Am* [ˈtrævlər] *n* - **1.** [person on journey] viajero *m*, -ra *f*. - **2.** [sales representative] viajante *mf* (de comercio).

traveller's cheque *n* cheque *m* de viaje.

travelling *Br*, **traveling** *Am* [ˈtrævlɪŋ] *adj* - **1.** [theatre, showman] ambulante. - **2.** [clock, time, allowance] de viaje.

travelling expenses *npl* gastos *mpl* OR dietas *fpl* de viaje.

travelling library *n* biblioteca *f* ambulante.

travelling people *npl* gentes *fpl* nómadas OR itinerantes.

travelling salesman *n* viajante *m* (de comercio).

travelogue, travelog *Am* ['trævəlɒg] *n* - **1.** [talk] conferencia *f* sobre un viaje. - **2.** [film] documental *m* sobre viajes.

travelsick ['trævəlsɪk] *adj* que se marea al viajar.

travel sickness *n* mareo *m* (del viajero).

traverse ['trævəs, ˌtrə'vɜːs] ◇ *vt fml* atravesar. ◇ *vi* [in climbing, skiing] descender en diagonal. ◇ *n* - **1.** [beam] travesaño *m*. - **2.** [gallery] galería *f* transversal.

travesty ['trævəstɪ] (*pl* **travesties**, *pt & pp* **travestied**) ◇ *n* burda parodia *f*, caricatura *f*. ◇ *vt* parodiar.

travolator ['trævəleɪtəʳ] *n* tapiz *m* OR plataforma *f* deslizante, pasillo *m* mecánico.

trawl [trɔːl] ◇ *n* - **1.** [fishing net] red *f* barredera. - **2.** *Am* [fishing line] palangre *m*. ◇ *vt*: **to ~ sthg (for)** [fish] rastrear algo (en busca de). ◇ *vi*: **to ~ for** [fish] pescar al arrastre en busca de.

trawler ['trɔːləʳ] *n* trainera *f*.

tray [treɪ] *n* bandeja *f*, charola *f* Amér.

traycloth ['treɪklɒθ] *n* mantel *m* (de bandeja).

treacherous ['tretʃərəs] *adj* - **1.** [plan, action] traicionero(ra); [person] traidor(ra). - **2.** [dangerous] peligroso(sa).

treachery ['tretʃərɪ] *n* traición *f*.

treacle ['triːkl] *n Br* melaza *f*.

treacle pudding *n Br* budín *m* de melaza.

treacle tart *n Br* tarta *f* de melaza.

treacly ['triːklɪ] *adv* [sweet] meloso(sa); *fig* [sentimental] sensiblero(ra), meloso(sa).

tread [tred] (*pt* **trod** [trɒd], *pp* **trodden** ['trɒdn]) ◇ *n* - **1.** [on tyre, shoe] banda *f*. - **2.** [sound of walking] pasos *mpl*; [way of walking] pisadas *fpl*, modo *m* de andar. - **3.** [footstep] pisada *f*. - **4.** [of stairs] huella *f*, peldaño *m*. ◇ *vt* - **1.** [crush]: **to ~ sthg into** pisotear algo en. - **2.** [walk on] pisar. - **3.** [trample] pisotear. ◇ *vi* - **1.** [step]: **to ~ on sthg** pisar algo. - **2.** [walk] andar; **to ~ carefully** *fig* andar con pies de plomo.

treadle ['tredl] ◇ *n* pedal *m*. ◇ *vi* pedalear.

treadmill ['tredmɪl] *n* - **1.** [wheel] rueda *f* de molino. - **2.** *fig* [dull routine] rutina *f*.

treas. *written abbr of* **treasurer**.

treason ['triːzn] *n* traición *f*.

treasonable ['triːznəbl], **treasonous** ['triːznəs] *adj* traicionero(ra).

treasure ['treʒəʳ] ◇ *n lit & fig* tesoro *m*. ◇ *vt* [gift, memory] guardar como oro en paño; [friendship] apreciar.

treasure house *n* - **1.** [museum] casa *f* de un tesoro. - **2.** [room, library] mina *f*, tesoro *m*. - **3.** *fig* [person]: **she's a ~ of information** es una mina de información.

treasure hunt *n* juego *m* de la caza del tesoro.

treasurer ['treʒərəʳ] *n* tesorero *m*, -ra *f*.

treasure trove *n* JUR tesoro *m* (sin dueño conocido).

treasury ['treʒərɪ] (*pl* **treasuries**) *n* [room] habitación donde se guarda el tesoro de un castillo, de una catedral etc.

◆ **Treasury** *n*: **the Treasury** ≃ el Ministerio de Hacienda.

treasury bill *n* bono *m* del Tesoro.

treasury note *n* pagaré *m* del Tesoro.

treat [triːt] ◇ *vt* - **1.** [gen] tratar; **to ~ sb as/like** tratar a alguien como; **to ~ sthg as a joke** tomarse algo como si fuera broma. - **2.** [give sthg special]: **to ~ sb (to)** invitar a alguien (a); **to ~ o.s. to sthg** darse el lujo OR el placer de algo. ◇ *vi fml* - **1.** [book etc]: **to ~ of** tratar de OR sobre. - **2.** [negotiate] negociar. ◇ *n* [present] regalo *m*; [delight] placer *m*, lujo *m*; [invitation] invitación *f*; **he took me out to dinner as a ~** me invitó a cenar.

◆ **a treat** *adv Br inf* de maravilla, a las mil maravillas.

treatable ['triːtəbl] *adj* tratable, curable.

treatise ['triːtɪs] *n fml*: **~ (on)** tratado *m* (sobre).

treatment ['triːtmənt] *n* - **1.** MED tratamiento *m*. - **2.** [manner of dealing] trato *m*.

treaty ['triːtɪ] (*pl* **treaties**) *n* - **1.** POL tratado *m*. - **2.** JUR convenio *m*.

treble ['trebl] ◇ *adj* - **1.** MUS de tiple. - **2.** [with numbers] triple. ◇ *n* MUS - **1.** [range, singer] tiple *m*. - **2.** (U) [in hi-fi] agudos *mpl*. ◇ *vt* triplicar. ◇ *vi* triplicarse.

treble clef *n* clave *f* de sol.

trebly ['treblɪ] *adv* tres veces más.

tree [triː] *n* BOT & COMPUT árbol *m*; **the Tree of Knowledge/of Life** el árbol de la ciencia/de la vida ❑ **to be barking up the wrong ~** *fig* equivocarse de medio a medio; **to be up a ~** *Am inf fig* estar en un aprieto; **money doesn't/jobs don't grow on ~s** *inf fig* el dinero no se encuentra/los trabajos no se encuentran así como así.

tree diagram *n* diagrama *m* de árbol.

tree frog *n* rana *f* de zarzal.

treehouse ['triːhaus, *pl* -hauzɪz] *n* cabaña *f* construida en un árbol.

tree-lined *adj* bordeado(da) de árboles.

tree surgeon *n* especialista en el cuidado de los árboles.

treetop ['triːtɒp] *n* copa *f* (de árbol).

tree-trunk *n* tronco *m* (de árbol).

trefoil ['trefɔɪl] *n* - **1.** BOT trébol *m*. - **2.** ARCHIT trébol *m*, trifolio *m*.

trek [trek] (*pt & pp* **trekked**, *cont* **trekking**) ◇ *n* viaje *m* largo y difícil; **it's quite a ~** es toda una caminata. ◇ *vi*: **we trekked round the museums** nos pateamos los museos.

trellis ['trelɪs] ◇ *n* [frame] enrejado *m*, espaldera *f*; [for vine] parra *f*, emparrado *m*. ◇ *vt* [wall, plant] poner un enrejado a; [vine] emparrar.

tremble ['trembl] ◇ *vi* temblar. ◇ *n* (U) temblor *m*.

trembling ['tremblɪŋ] ◇ *adj* tembloroso(sa); **with a ~ voice** [speaker] con voz temblorosa; [singer] con voz vibrante. ◇ *n* (U) temblor *m*, escalofríos *mpl*.

tremendous [trɪ'mendəs] *adj* - **1.** [impressive, large] enorme, tremendo(da). - **2.** *inf* [really good] estupendo(da), magnífico(ca).

tremendously [trɪ'mendəslɪ] *adv* [impressively, hugely] enormemente.

tremolo ['tremələu] (*pl* **tremolos**) *n* MUS trémolo *m*.

tremor ['treməʳ] *n* - **1.** [of person, body, voice] estremecimiento *m*. - **2.** [small earthquake] temblor *m*, remezón *m* Amér.

tremulous ['tremjuləs] *adj literary* [voice] trémulo(la); [smile] tímido(da).

trench [trentʃ] ◇ *n* - **1.** [narrow channel] zanja *f*. - **2.** MIL trinchera *f*. - **3.** [ditch] cuneta *f*. ◇ *vt* - **1.** [field] abrir zanjas en. - **2.** MIL atrincherar.

trenchant ['trentʃənt] *adj* mordaz.

trench coat *n* trinchera *f*.

trench warfare *n* guerra *f* de trincheras.

trend [trend] ◇ *n* [tendency] tendencia *f*; [fashion] moda *f*. ◇ *vi* [prices, opinion] tender, inclinarse.

trendily ['trendɪlɪ] *adv inf* [dress] a la moda.

trendsetter ['trend,setəʳ] *n* iniciador *m*, -ra *f* de modas.

trendsetting ['trend,setɪŋ] ◇ *adj* [person] que inicia una moda; [idea, garment] de vanguardia. ◇ *n* lanzamiento *m* de una moda.

trendy ['trendɪ] (*compar* **trendier**, *superl* **trendiest**, *pl* **trendies**) *inf* ◇ *adj* [person] moderno(na); [clothes] de moda. ◇ *n* moderno *m*, -na *f*.

trepan [trɪ'pæn] (*pt & pp* **trepanned**, *cont* **trepanning**) MED & MIN ◇ *vt* trepanar. ◇ *n* trépano *m*.

trepanation [ˌtrepə'neɪʃn] *n* trepanación *f*.

trepidation [ˌtrepɪ'deɪʃn] *n*: **in** OR **with ~** con ansiedad OR agitación.

trespass ['trespəs] ◇ *vi* - **1.** RELIG pecar. - **2.** JUR entrar ilegalmente; **'no ~ing'** 'prohibido el paso'. ◇ *n* JUR transgresión *f*.

◆ **trespasses** *npl* RELIG [in the Lord's Prayer] pecados *mpl*, deudas *fpl*.

trespasser ['trespəsə'] *n* intruso *m*, -sa *f*; **'~s will be prosecuted'** 'los intrusos serán sancionados por la ley'.

tress [tres] *n literary* [of hair] mechón *m*.

◆ **tresses** *npl literary* cabellera *f*, cabellos *mpl*.

trestle ['tresl] *n* caballete *m*.

trestle table *n* mesa *f* de caballete.

triacid [traɪ'æsɪd] *adj* triácido(da).

triad ['traɪæd] *n* - **1**. [group] tríada *f*, trío *m*. - **2**. MUS acorde *m* perfecto.

trial ['traɪəl] ◇ *n* - **1**. JUR juicio *m*, proceso *m*; **to be** OR **go on ~ (for)** ser procesado(da) (por); **to bring sb to ~** encausar OR enjuiciar a alguien; **to be up for ~** estar pendiente de juicio. - **2**. [test, experiment] prueba *f*; **clinical ~s** ensayos *mpl* clínicos; **on ~** de prueba; **to give sthg/sb a ~** poner algo/a alguien a prueba; **by ~ and error** a base de probar. - **3**. [unpleasant experience] suplicio *m*, fastidio *m*; **~s and tribulations** tribulaciones *fpl*. - **4**. [annoying person] molestia *f*, tormento *m*. ◇ *adj* - **1**. JUR procesal. - **2**. [testing] de prueba.

◆ **trials** *npl* SPORT [competition] concurso *m*; [match] partido *m* de preselección.

trial balance *n* balance *m* de comprobación.

trial balloon *n* [to test public opinion] medida *f* de sondeo.

trial basis *n*: **on a ~** en periodo de prueba.

trial period *n* periodo *m* de prueba.

trial run *n* ensayo *m*.

trial-size(d) *adj* en tamaño de muestra.

triangle ['traɪæŋgl] *n* - **1**. GEOM & MUS triángulo *m*. - **2**. *Am* [set square] escuadra *f*, cartabón *m*.

triangular [traɪ'æŋgjʊlə'] *adj* triangular.

triangulate [traɪ'æŋgjʊleɪt] *vt* triangular.

triangulation [traɪˌæŋgjʊ'leɪʃn] *n* triangulación *f*.

triathlon [traɪ'æθlɒn] (*pl* **triathlons**) *n* triatlón *m*.

triatomic [ˌtraɪə'tɒmɪk] *adj* triatómico(ca).

tribal ['traɪbl] *adj* tribal.

tribalism ['traɪbəlɪzm] *n* sistema *m* tribal.

tribe [traɪb] *n* tribu *f*.

tribesman ['traɪbzmən] (*pl* **tribesmen** [-mən]) *n* miembro *m* de una tribu.

tribulation [ˌtrɪbjʊ'leɪʃn] *n* → **trial**.

tribunal [traɪ'bjuːnl] *n* tribunal *m*.

tribune ['trɪbjuːn] *n* - **1**. HIST tribuno *m*. - **2**. [protector] defensor *m*, -ra *f* de los derechos. - **3**. [platform] tribuna *f*.

tributary ['trɪbjʊtrɪ] (*pl* **tributaries**) ◇ *n* - **1**. GEOGR afluente *m*. - **2**. [person] tributario *m*, -ria *f*. ◇ *adj* tributario(ria).

tribute ['trɪbjuːt] *n* - **1**. [credit] tributo *m*; **to be a ~ to** hacer honor a; **to pay ~ (to)** rendir homenaje (a). - **2**. [payment] tributo *m*.

trice [traɪs] ◇ *n*: **in a ~** en un dos por tres. ◇ *vt* NAUT [sail] izar.

tricentennial [ˌtraɪsen'tenjəl] ◇ *adj* tricentenario(ria). ◇ *n* tricentenario *m*.

triceps ['traɪseps] (*pl inv* OR **tricepses** [-sepsɪz]) *n* tríceps *m*.

triceratops [traɪ'serətɒps] *n* tricerátopo *m*.

trichina [trɪ'kaɪnə] (*pl* **trichinae** [-niː] OR **trichinas**) *n* triquina *f*.

trichloride [traɪ'klɔːraɪd] *n* tricloruro *m*.

trichromatic [ˌtraɪkrəʊ'mætɪk] *adj* tricromático(ca).

trick [trɪk] ◇ *n* - **1**. [to deceive] truco *m*; [to trap] trampa *f*; **to resort to ~s** andar con triquiñuelas. - **2**. [joke] broma *f*; **to play a ~ on sb** gastarle una broma a alguien. - **3**. [in magic] juego *m* (de manos). - **4**. [knack] truco *m*; **there is a ~ to opening this door** hay un truco para abrir esta puerta ❑ **that should do the ~** eso es lo que necesitamos. - **5**. [mannerism] manía *f*, tic *m*. - **6**. [in card games] baza *f*; **to**

make OR **take a ~** ganar una baza. - **7**. *phr*: **to be up to one's old ~s** estar (uno) haciendo de las suyas; **to go back to one's old ~s** volver a las andadas; **she doesn't miss a ~** no pierde una; **to turn ~s** *Am v inf* hacer la calle, ejercer la prostitución. ◇ *vt* [deceive] engañar; [swindle] timar; **to ~ sb into doing sthg** engañar a alguien para que haga algo. ◇ *comp* [joke] de broma.

◆ **trick out, trick up** *vt sep* ataviar.

trick cyclist *n* - **1**. [in circus] ciclista *mf* acróbata. - **2**. *Br inf pej* [psychiatrist] psiquiatra *mf*.

trickery ['trɪkərɪ] *n* (*U*) engaño *m*, fraude *m*.

trickle ['trɪkl] ◇ *n* - **1**. [of liquid] hilo *m*. - **2**. [of people, things] sarta *f*, rosario *m*. ◇ *vi* - **1**. [liquid] resbalar (formando un hilo). - **2**. [people, things]: **to ~ in/out** llegar/salir poco a poco. ◇ *vt* verter poco a poco.

◆ **trickle away** *vi* [liquid] correr OR fluir lentamente.

trickle-down effect *n* efecto *m* de propagación, *incidencia positiva de una fuerte inversión en su entorno geográfico, ámbito comercial etc.*

trick or treat *n costumbre infantil de ir de puerta en puerta la víspera de Todos los Santos en busca de golosinas.*

trick photography *n* trucaje *m* fotográfico.

trick question *n* pega *f*, pregunta *f* capciosa.

trickster ['trɪkstə'] *n* [swindler] timador *m*, -ra *f*.

tricksy ['trɪksɪ] (*compar* **tricksier**, *superl* **tricksiest**) *adj* - **1**. [mischievous] travieso(sa). - **2**. [sly] astuto(ta).

tricky ['trɪkɪ] (*compar* **trickier**, *superl* **trickiest**) *adj* - **1**. [difficult] difícil, embromado(da) *Amér*. - **2**. [sly] astuto(ta).

tricolour *Br*, **tricolor** *Am* ['trɪkələ', 'traɪkʌlə'] *n* bandera *f* tricolor.

tricorn ['traɪkɔːn] *n* tricornio *m*.

tricuspid [traɪ'kʌspɪd] *adj* tricúspide.

tricycle ['traɪsɪkl] *n* triciclo *m*.

trident ['traɪdnt] *n* tridente *m*.

tried [traɪd] ◇ *pt & pp* → **try**. ◇ *adj*: **~ and tested** probado(da).

tried-and-true *adj* - **1**. [tested] probado(da). - **2**. [reliable] seguro(ra).

triennial [traɪ'enjəl] ◇ *adj* trienal. ◇ *n* - **1**. [anniversary] tercer aniversario *m*. - **2**. [period] trienio *m*.

trier ['traɪə'] *n*: **she's a ~** se esfuerza al máximo.

Trier ['trɪə'] *n* Tréveris.

trifle ['traɪfl] *n* - **1**. *Br* CULIN postre de bizcocho con gelatina, crema, frutas y nata. - **2**. [unimportant thing] pequeñez *f*, nadería *f*.

◆ **a trifle** *adv fml* un poco, ligeramente.

◆ **trifle with** *vt fus* tratar sin respeto.

trifler ['traɪflə'] *n* frívolo *m*, -la *f*.

trifling ['traɪflɪŋ] *adj pej* trivial, insignificante.

trifocal [traɪ'fəʊkl] *adj* trifocal.

◆ **trifocals** *npl* lentes *fpl* trifocales.

trifoliate [traɪ'fəʊlɪɪt] *adj* BOT trifoliado(da).

trigger ['trɪgə'] ◇ *n* - **1**. [on gun] gatillo *m*. - **2**. *fig* [initiator] detonador *m*, desencadenador *m*. ◇ *vt* - **1**. [revolution, protest] desencadenar, provocar. - **2**. [mechanism] disparar, poner en funcionamiento.

◆ **trigger off** *vt sep* desencadenar, provocar.

trigger finger *n* índice *m*.

trigger-happy *adj inf* pronto(ta) a disparar, de gatillo fácil.

triglyceride [traɪ'glɪsəraɪd] *n* triglicérido *m*.

trigonometry [ˌtrɪgə'nɒmətrɪ] *n* trigonometría *f*.

trike [traɪk] *n inf* triciclo *m*.

trilby ['trɪlbɪ] (*pl* **trilbies**) *n Br* sombrero *m* flexible OR de fieltro.

trill [trɪl] ◇ *n* - **1**. [by bird, in music] trino *m*. - **2**. LING vibración *f*. ◇ *vi* [bird] trinar, gorjear; [woman] decir con voz cantarina.

trillion ['trɪljən] *n* - **1**. *Am* [a million millions] billón *m*. - **2**. *Br* [a million million millions] trillón *m*.

◆ **trillions** *npl inf:* ~ **(of)** montones *mpl* (de).

trillium [ˈtrɪljəm] *n* lirio *m* del bosque.

trilobite [ˈtraɪləbaɪt] *n* trilobites *m inv.*

trilogy [ˈtrɪlədʒɪ] (*pl* **trilogies**) *n* trilogía *f.*

trim [trɪm] (*compar* **trimmer**, *superl* **trimmest**, *pt & pp* **trimmed**, *cont* **trimming**) ◇ *adj* - **1.** [neat and tidy] limpio y arreglado (limpia y arreglada). - **2.** [slim] esbelto(ta). ◇ *n* - **1.** [of hair] recorte *m*; [of hedge] poda *f.* - **2.** [decoration] adorno *m.* - **3.** [neat state]: **to be in (good)** ~ estar en buenas condiciones OR buen estado. - **4.** [fitness] forma *f*; **to be in good** ~ estar en (buena) forma; **to be out of** ~ estar en baja forma. - **5.** NAUT [of sails] orientación *f.* - **6.** AERON equilibrio *m.* ◇ *vt* - **1.** [nails, moustache, hair] recortar; [branches, hedge] podar; [wood] desbastar, alisar; [candle wick] despabilar; [paper, photo] recortar; [in bookbinding] guillotinar, cortar. - **2.** [decorate]: **to** ~ **sthg (with)** adornar algo (con). - **3.** [budget, costs] recortar. - **4.** AERON & NAUT [plane, ships] equilibrar; [sails] orientar.

◆ **trim away**, **trim off** *vt sep* cortar.

◆ **trim down** *vt sep* [budget, costs] recortar.

trimaran [ˈtraɪməræn] *n* trimarán *m.*

trimester [traɪˈmestər] *n Am* trimestre *m.*

trimmed [trɪmd] *adj:* ~ **with** adornado(da) con.

trimmer [ˈtrɪmər] *n* - **1.** [for timber] desbastador *m*; [for hedges] podadera *f* de setos. - **2.** *pej* [person] oportunista *mf.*

trimmings [ˈtrɪmɪŋz] *npl* - **1.** [on clothing] adornos *mpl.* - **2.** [with food] guarnición *f.* - **3.** [accessories] accesorios *mpl.* - **4.** [scraps] recortes *mpl.*

trimolecular [ˌtraɪməˈlekjʊlər] *adj* trimolecular.

Trinidad [ˈtrɪnɪdæd] *n* Trinidad.

Trinidad and Tobago [-təˈbeɪgəʊ] *n* Trinidad y Tobago.

Trinidadian [ˌtrɪnɪˈdædɪən] ◇ *adj* de o relativo a Trinidad. ◇ *n* natural o habitante de Trinidad.

trinity [ˈtrɪnɪtɪ] (*pl* **trinities**) *n fml & literary* trío *m*, terna *f.*

◆ **Trinity** *n* RELIG: **the Trinity** la Trinidad.

trinket [ˈtrɪŋkɪt] *n* baratija *f.*

trinomial [traɪˈnəʊmjəl] *adj* - **1.** BIOL trinomial. - **2.** MATH de trinomio.

trio [ˈtriːəʊ] (*pl* **trios**) *n* trío *m.*

trioxide [traɪˈɒksaɪd] *n* trióxido *m.*

trip [trɪp] (*pt & pp* **tripped**, *cont* **tripping**) ◇ *n* [gen] & *drugs sl* viaje *m*; **to be away on a** ~ estar de viaje. ◇ *vt* - **1.** [make stumble] hacer la zancadilla a. - **2.** [alarm] hacer sonar, disparar; [catch, spring] disparar. - **3.** *phr:* **to** ~ **the light fantastic** *hum* bailar. ◇ *vi* - **1.** [stumble] tropezar, dar un tropezón; **to** ~ **over sthg** tropezar con algo. - **2.** [move nimbly] andar con ligereza.

◆ **trip up** *vt sep* - **1.** [make stumble] hacer tropezar, hacer la zancadilla a. - **2.** [catch out] coger a, pillar a.

tripartite [ˌtraɪˈpɑːtaɪt] *adj fml* tripartito(ta).

tripe [traɪp] *n (U)* - **1.** CULIN callos *mpl.* - **2.** *inf* [nonsense] tonterías *fpl*, idioteces *fpl.*

triphammer [ˈtrɪpˌhæmər] *n* martinete *m.*

triplane [ˈtraɪpleɪn] *n* triplano *m.*

triple [ˈtrɪpl] ◇ *adj* triple. ◇ *n* triple *m.* ◇ *vt* triplicar. ◇ *vi* triplicarse.

triple jump *n:* **the** ~ el triple salto.

triplet [ˈtrɪplɪt] *n* - **1.** LITER terceto *m.* - **2.** MUS tresillo *m.*

◆ **triplets** *npl* [children] trillizos *mpl*, -zas *fpl*, triates *mpl* Amér.

triple time *n* compás *m* ternario.

triplex [ˈtrɪpleks] *adj* triple.

triplicate [*adj & n* ˈtrɪplɪkət, *vb* ˈtrɪplɪkeɪt] ◇ *adj fml* triplicado(da). ◇ *n* triplicado *m*; **in** ~ por triplicado. ◇ *vt* triplicar.

triply [ˈtrɪplɪ] *adv* triplemente.

tripod [ˈtraɪpɒd] *n* trípode *m.*

Tripoli [ˈtrɪpəlɪ] *n* Trípoli.

tripos [ˈtraɪpɒs] *n* exámenes de licenciatura de la universidad de Cambridge.

tripper [ˈtrɪpər] *n Br* [on day trip] excursionista *mf*; [on holiday] turista *mf.*

trip switch *n* interruptor *m.*

tripthong [ˈtrɪpθɒŋ] *n* triptongo *m.*

triptych [ˈtrɪptɪk] *n* tríptico *m.*

tripwire [ˈtrɪpwaɪər] *n* cable *m* trampa.

trisect [traɪˈsekt] *vt* trisecar.

trite [traɪt] *adj pej* trillado(da), manido(da).

tritium [ˈtrɪtɪəm] *n* tritio *m.*

triton [*sense 1* ˈtraɪtn, *sense 2* ˈtraɪtɒn] *n* - **1.** ZOOL tritón *m.* - **2.** PHYS tritón *m.*

◆ **Triton** *n* MYTH Tritón *m.*

triturate [ˈtrɪtjʊreɪt] *vt* triturar.

triumph [ˈtraɪəmf] ◇ *n* triunfo *m.* ◇ *vi:* **to** ~ **(over)** triunfar (sobre).

triumphal [traɪˈʌmfl] *adj fml* triunfal.

triumphalist [traɪˈʌmfəlɪst] *adj* triunfalista.

triumphant [traɪˈʌmfənt] *adj* [exultant] triunfante.

triumphantly [traɪˈʌmfəntlɪ] *adv* triunfalmente.

triumvir [traɪˈʌmvər] *n* triunviro *m.*

triumvirate [traɪˈʌmvɪrət] *n* HIST triunvirato *m.*

trivalent [traɪˈveɪlənt] *adj* trivalente.

trivet [ˈtrɪvɪt] *n* - **1.** [over fire] trébedes *fpl.* - **2.** [to protect table] salvamanteles *m inv.*

trivia [ˈtrɪvɪə] *n (U)* trivialidades *fpl.*

trivial [ˈtrɪvɪəl] *adj pej* trivial.

triviality [ˌtrɪvɪˈælətɪ] (*pl* **trivialities**) *n* trivialidad *f.*

trivialize, -ise [ˈtrɪvɪəlaɪz] *vt* trivializar.

troche [trəʊʃ] *n* pastilla *f.*

trod [trɒd] *pt* → **tread.**

trodden [ˈtrɒdn] ◇ *pp* → **tread.** ◇ *adj* hollado(da), pisado(da).

troglodyte [ˈtrɒglədaɪt] *n* troglodita *mf.*

troika [ˈtrɔɪkə] *n* troica *f.*

troilism [ˈtrɔɪlɪzm] *n* ménage à trois *m.*

Trojan [ˈtrəʊdʒən] ◇ *adj* HIST troyano(na). ◇ *n* HIST troyano *m*, -na *f*; **to work like a** ~ *fig* trabajar como un negro.

Trojan Horse *n* HIST caballo *m* de Troya.

Trojan War *n* guerra *f* de Troya.

troll [trəʊl] *n* gnomo *m*, duende *m.*

trolley [ˈtrɒlɪ] (*pl* **trolleys**) *n* - **1.** *Br* [for shopping, food, drinks] carrito *m.* - **2.** *Am* = **trolley car.** - **3.** [two-wheeled handcart] carretilla *f.* - **4.** MIN vagoneta *f.*

trolleybus [ˈtrɒlɪbʌs] *n* trolebús *m.*

trolley car *n Am* tranvía *m.*

trollop [ˈtrɒləp] *n dated & pej* - **1.** [untidy woman] puerca *f.* - **2.** [prostitute] ramera *f.*

trombone [trɒmˈbəʊn] *n* trombón *m.*

trombonist [trɒmˈbəʊnɪst] *n* trombón *mf.*

trommel [ˈtrɒməl] *n* tambor *m.*

troop [truːp] ◇ *n* [of people] grupo *m*, bandada *f*; [of animals] manada *f*; [of soldiers] escuadrón *m.* ◇ *vi* ir en grupo.

◆ **troops** *npl* tropas *fpl.*

troop carrier *n* [ship] buque *m* para el transporte de tropas; [plane] avión *m* de transporte militar.

trooper [ˈtruːpər] *n* - **1.** MIL soldado *m* de caballería; **to swear like a** ~ jurar como un carretero. - **2.** *Am* [policeman] *miembro de la policía estatal*; [mounted policeman] *miembro de la policía montada.*

trooping [ˈtruːpɪŋ] *n Br:* ~ **(of) the colour** saludo *m* a la bandera; **Trooping the Colour** *desfile militar que se celebra en Londres el día del cumpleaños de la reina de Inglaterra.*

troopship [ˈtruːpʃɪp] *n* buque *m* de transporte militar.

trope [trəʊp] *n* LITER tropo *m.*

trophy [ˈtrəʊfɪ] (*pl* **trophies**) *n* SPORT trofeo *m.*

tropic [ˈtrɒpɪk] ◇ *n* trópico *m.* ◇ *adj* tropical.

◆ **tropics** *npl:* **the** ~ el trópico.

tropical ['trɒpɪkl] *adj* tropical.

tropic of Cancer *n*: **the** ~ el trópico de Cáncer.

tropic of Capricorn *n*: **the** ~ el trópico de Capricornio.

tropism ['trəʊpɪzm] *n* tropismo *m*.

trot [trɒt] (*pt & pp* **trotted**, *cont* **trotting**) ◇ *n* - **1.** [of horse] trote *m*. - **2.** [of person] paso *m* rápido. ◇ *vi* - **1.** [horse] trotar. - **2.** [person] andar con pasos rápidos. ◇ *vt* [horse] hacer trotar.

◆ **on the trot** *adv inf*: **three times on the** ~ tres veces seguidas.

◆ **trot out** *vt sep pej*: **he trotted out the same old excuses** repitió las mismas excusas manidas.

troth [trəʊθ] *n arch*: **by my** ~! ¡pardiez!; **to plight one's** ~ dar palabra de matrimonio.

Trotskyism ['trɒtskɪɪzm] *n* trotskismo *m*.

trotter ['trɒtəʳ] *n* - **1.** [pig's foot] pie *m* de cerdo; CULIN manita *f* de cerdo. - **2.** [horse] trotón *m*.

troubadour ['truːbədɔːʳ] *n* trovador *m*.

trouble ['trʌbl] ◇ *n* (U) - **1.** [bother] molestia *f*, [difficulty, main problem] problema *m*; **it's no** ~ no es molestia; **would it be too much** ~ **to ask you to...?** ¿tendría inconveniente en...?; **to be worth the** ~ valer la pena; **to be in** ~ tener problemas; **to be in deep** ~ estar metido(da) en un buen lío; **to get into** ~ meterse en líos OR problemas; **to go to a lot of** ~ tomarse muchas molestias; **to have** ~ **(in) doing sthg** tener problemas para hacer algo; **to give sb** ~ causarle problemas a alguien; **to make** OR **create** ~ **for sb** crearle problemas a alguien; **to put sb to** ~ causarle molestias a alguien; **to take the** ~ **to do sthg** tomarse la molestia de hacer algo; **the** ~ **with sb/sthg is...** lo malo de alguien/algo es...; **that's the** ~ eso es lo malo, ése es el problema ❏ **to be asking for** ~ estar buscándose problemas; **here comes** ~! *inf* ¡se va a armar una buena!; **to get a girl into** ~ *Br euph* dejar preñada OR con bombo a una chica. - **2.** (U) [pain] dolor *m*; [illness] enfermedad *f*; **to suffer from back/heart** ~ tener problemas de espalda/corazón. - **3.** (U) [violence, unpleasantness] problemas *mpl*; **to stir up** ~ armar jaleo. ◇ *vt* - **1.** [worry, upset] preocupar. - **2.** [disturb, give pain to] molestar; **I won't** ~ **you with the details** no te voy a aburrir con los detalles; **may I** ~ **you?** *fml* ¿me hace usted el favor? ◇ *vi* - **1.** [bother] molestarse, tomarse la molestia. - **2.** [worry] preocuparse, inquietarse.

◆ **troubles** *npl* - **1.** [problems, worries] problemas *mpl*, preocupaciones *fpl*. - **2.** POL conflicto *m*.

◆ **Troubles** *npl*: **the Troubles** conflicto violento de carácter político vivido en Irlanda del Norte desde finales de los 60.

troubled ['trʌbld] *adj* - **1.** [worried, upset] preocupado(da). - **2.** [disturbed, problematic] agitado(da), turbulento(ta).

trouble-free *adj* sin problemas.

troublemaker ['trʌbl,meɪkəʳ] *n* alborotador *m*, -ra *f*.

troubleshoot ['trʌbl,ʃuːt] *vi* - **1.** [overseer, envoy] solucionar problemas. - **2.** [mechanic] localizar averías.

troubleshooter ['trʌbl,ʃuːtəʳ] *n* - **1.** [for machines] especialista en la localización y reparación de averías. - **2.** [in organizations] persona contratada para resolver problemas.

troublesome ['trʌblsəm] *adj* - **1.** [annoying] molesto(ta), fregado(da) *Amér*. - **2.** [difficult] difícil.

trouble spot *n* lugar *m* OR punto *m* conflictivo.

trough [trɒf] *n* - **1.** [for drinking] abrevadero *m*; [for eating] comedero *m*. - **2.** [on graph, in business cycle] punto *m* más bajo, mínimo *m*. - **3.** [in land] depresión *f*. - **4.** METEOR zona *f* de bajas presiones.

trounce [traʊns] *vt inf* dar una paliza a.

troupe [truːp] *n* compañía *f*.

trouper ['truːpəʳ] *n inf* [actor] actor *m*, actriz *f*.

trouser ['traʊzəʳ] *comp Br* de pantalón.

trouser press *n* prensa *f* para pantalones.

trousers ['traʊzəz] *npl* pantalones *mpl*; **a pair of** ~ unos pantalones, un pantalón.

trouser suit *n Br* traje *m* pantalón.

trousseau ['truːsəʊ] (*pl* **trousseaux** [-səʊz] OR **trousseaus**) *n* ajuar *m*.

trout [traʊt] (*pl inv* OR **trouts**) *n* trucha *f*.

trove [trəʊv] *n* → **treasure trove**.

trowel ['traʊəl] *n* - **1.** [for the garden] desplantador *m*. - **2.** [for cement, plaster] paleta *f*, palustre *m*.

Troy [trɔɪ] *n* Troya.

troy weight *n* sistema de medidas de peso cuya unidad es la libra de 12 onzas.

truancy ['truːənsɪ] *n* (U) novillos *mpl*, absentismo *m* escolar.

truant ['truːənt] *n* [child] alumno *m*, -na *f* que hace novillos; **to play** ~ hacer novillos.

truce [truːs] *n*: ~ **(between)** tregua *f* (entre).

truck [trʌk] ◇ *n* - **1.** *esp Am* [lorry] camión *m*. - **2.** RAIL vagón *m* de mercancías. - **3.** *Am* [trade goods] artículos *mpl* de comercio; [garden produce] hortalizas *fpl*. - **4.** [barter] trueque *m*. - **5.** *phr*: **to have no** ~ **with sb/sthg** no querer tener nada que ver con alguien/algo. ◇ *vt Am* transportar en camión. ◇ *vi* conducir un camión.

truckage ['trʌkɪdʒ] *n Am* transporte *m* por camión.

truck driver *n esp Am* camionero *m*, -ra *f*.

trucker ['trʌkəʳ] *n Am* camionero *m*, -ra *f*.

truck farm *n Am* huerta *f*.

trucking ['trʌkɪŋ] *n Am* transporte *m* por camión.

truck jockey *n inf* camionero *m*, -ra *f*.

truckle ['trʌkl] *vi dated & pej*: **to** ~ **to sb** ser servil con alguien.

truckload ['trʌkləʊd] *n* camión *m* (carga, capacidad).

truck stop *n Am* restaurante *m* de carretera.

truculence ['trʌkjʊləns] *n* agresividad *f*, brutalidad *f*.

truculent ['trʌkjʊlənt] *adj* agresivo(va), pendenciero(ra).

truculently ['trʌkjʊləntlɪ] *adv* con agresividad.

trudge [trʌdʒ] ◇ *n* caminata *f* pesada. ◇ *vi* caminar con dificultad.

true [truː] *adj* - **1.** [gen] verdadero(ra); **a** ~ **story** una historia real; **it's** ~ es verdad, es cierto; **to come** ~ hacerse realidad; **too** ~ ¡ya lo creo!, ¡y que lo digas! - **2.** [genuine] auténtico(ca); [friend] de verdad; [heir] legítimo(ma). - **3.** [exact] exacto(ta). - **4.** [TECH - wheel] centrado(da); [- window frame] nivelado(da). - **5.** MUS [note] afinado(da). - **6.** [faithful]: ~ **(to)** fiel (a).

◆ **out of true** *adj Br* [wheel] descentrado(da); [wall, beam] desnivelado(da).

◆ **true up** *vt sep* [wheel] centrar; [mechanism] rectificar, corregir.

true bill *n* [in US] acta *f* de acusación.

true-blue *adj inf* [loyal] leal.

trueborn ['truːbɔːn] *adj* auténtico(ca).

truebred ['truːbred] *adj* de pura raza.

true-false test *n* test con respuestas del tipo verdadero o falso.

true-life *adj* basado(da) en la realidad.

truelove ['truːlʌv] *n literary* amado *m*, -da *f*.

truffle ['trʌfl] *n* trufa *f*.

truism ['truːɪzm] *n* perogrullada *f*.

truly ['truːlɪ] *adv* verdaderamente; **yours** ~ le saluda atentamente.

trump [trʌmp] ◇ *n* - **1.** [in cards] triunfo *m*; **to hold all the** ~**s** tener todos los triunfos en la mano; **to turn up** OR **come up** ~ *Br* salvar la situación. - **2.** BIBLE [trumpet] trompeta *f*. ◇ *vt* matar con un triunfo.

trump card *n* [in cards] triunfo *m*; *fig* baza *f*.

trumped-up [trʌmpt-] *adj pej* inventado(da).

trumpery ['trʌmpərɪ] (*pl* **trumperies**) *n dated & literary* - **1.** [trinket] baratija *f*. - **2.** [nonsense] tonterías *fpl*.

trumpet ['trʌmpɪt] ◇ *n* - **1.** [instrument] trompeta *f*. - **2.** [of elephant] barrito *m*. ◇ *vi* [elephant] barritar. ◇ *vt* [secret, news] pregonar, anunciar a bombo y platillo.

trumpeter ['trʌmpɪtəʳ] *n* trompetista *mf*, trompeta *mf*.

trumpeting ['trʌmpɪtɪŋ] *n* (U) - **1.** [of elephant] barrito *m*, barritos *mpl*. - **2.** MUS trompetazo *m*, sonido *m* de la trompeta.

truncate [trʌŋ'keɪt] *vt fml* truncar.

truncated [trʌŋ'keɪtɪd] *adj fml* truncado(da).

truncheon ['trʌntʃən] ◇ *n* porra *f*. ◇ *vt* zurrar, aporrear.

trundle ['trʌndl] ◇ *vt* empujar lentamente. ◇ *vi* rodar lentamente.

trunk [trʌŋk] *n* - **1**. [of tree, person] tronco *m*. - **2**. [of elephant] trompa *f*. - **3**. [box] baúl *m*. - **4**. *Am* [of car] maletero *m*, portaequipajes *m inv*, cajuela *f Amér*.
◆ **trunks** *npl* [for swimming] bañador *m* (de hombre).

trunk call *n Br* conferencia *f*, llamada *f* interurbana.

trunk line *n* - **1**. TELEC línea *f* interurbana. - **2**. RAIL línea *f* principal.

trunk road *n* ≃ carretera *f* nacional.

truss [trʌs] ◇ *n* - **1**. MED braguero *m*. - **2**. CONSTR armazón *m o f*. - **3**. [of fruit] racimo *m*; [of hay] haz *m*. ◇ *vt* - **1**. [tie up] atar; [poultry] *sujetar muslos y alas para ensartar en la brocheta*; [hay] agavillar. - **2**. CONSTR apuntalar.

trust [trʌst] ◇ *vt* - **1**. [believe in, have confidence in] confiar en; **to ~ sb to do sthg** confiar en alguien para que haga algo; **to ~ sb with sthg** confiar algo a alguien. - **2**. *fml* [hope] esperar; **I ~ he'll be on time** espero que venga a tiempo. - **3**. [accept as safe, reliable] fiarse de. ◇ *vi* - **1**. [believe] creer. - **2**. [hope] confiar. ◇ *n* - **1**. (*U*) [faith, confidence, responsibility]: **~ (in)** confianza *f* (en); **to take sthg on ~** creer algo sin cuestionarlo; **to put** OR **place one's ~ in** confiar en. - **2**. FIN [group of firms] trust *m*. - **3**. FIN & JUR fideicomiso *m*; **in ~** en fideicomiso. - **4**. [care] custodia *f*, responsabilidad *f*.

trustbuster ['trʌst,bʌstə'] *n Am inf funcionario encargado de disolver monopolios*.

trust company *n* banco *m* fideicomisario.

trusted ['trʌstɪd] *adj* de confianza.

trustee [trʌs'tiː] *n* - **1**. FIN & JUR fideicomisario *m*, -ria *f*; [in bankruptcy] síndico *m*. - **2**. [board member] miembro *m* del consejo de administración.

trusteeship [,trʌs'tiːʃɪp] *n* - **1**. FIN & JUR fideicomiso *m*, administración *f* fiduciaria. - **2**. [position of board member] puesto *m* en el consejo de administración.

trustful ['trʌstful] *adj* confiado(da).

trustfully ['trʌstfulɪ] *adv* con confianza, confiadamente.

trust fund *n* fondo *m* de fideicomiso.

trust hospital *n hospital británico de administración independiente pero que está financiado por el Estado*.

trusting ['trʌstɪŋ] *adj* confiado(da).

trustingly ['trʌstɪŋlɪ] *adv* con confianza, confiadamente.

trust territory *n* territorio *m* en OR bajo fideicomiso.

trustworthy ['trʌst,wɜːðɪ] *adj* digno(na) de confianza.

trusty ['trʌstɪ] (*compar* **trustier**, *superl* **trustiest**, *pl* **trusties**) ◇ *adj hum* fiel. ◇ *n* [prisoner] *preso al que se conceden ciertos privilegios por buena conducta*.

truth [truːθ] *n* verdad *f*; **the ~** la verdad; **in (all) ~** en verdad, verdaderamente; **to tell you the ~** a decir verdad □ **(the) ~ will out** *proverb* antes se coge al mentiroso que al cojo *proverb*.

truth drug *n* suero *m* de la verdad.

truthful ['truːθful] *adj* - **1**. [person] sincero(ra), honesto(ta). - **2**. [story] verídico(ca).

truthfully ['truːθfulɪ] *adv* verazmente.

truthfulness ['truːθfulnɪs] *n* veracidad *f*.

truth serum *n* suero *m* de la verdad.

truth-value *n* veracidad *f* de una proposición.

try [traɪ] (*pt & pp* **tried**, *pl* **tries**) ◇ *vt* - **1**. [attempt] intentar; **to ~ to do sthg** tratar de OR intentar hacer algo; **to ~ one's best/hardest** hacer lo que uno puede OR todo lo posible. - **2**. [sample, test] probar. - **3**. JUR [case] ver; [criminal] juzgar, procesar. - **4**. [put to the test - person] acabar con la paciencia de; [- patience] acabar con. ◇ *vi* intentar; **to ~ for sthg** tratar de conseguir algo; **to ~ and do sthg** intentar hacer algo; **to ~ hard** esforzarse mucho. ◇ *n* - **1**. [attempt] intento *m*, tentativa *f*; **to have a ~ at sthg** intentar

hacer algo. - **2**. [sample, test]: **to give sthg a ~** probar algo. - **3**. RUGBY ensayo *m*.
◆ **try on** *vt sep* probarse; **to ~ it on with sb** *inf fig* ver cuánto aguanta alguien, poner a prueba a alguien.
◆ **try out** *vt sep* [car, machine] probar; [plan] poner a prueba.

trying ['traɪɪŋ] *adj* [difficult, worrying] difícil; [annoying] pesado(da).

try-on *n Br inf*: **it's a ~** es un farol.

try-out *n inf* prueba *f*.

trypsin ['trɪpsɪn] *n* tripsina *f*.

trysail ['traɪsəl] *n* vela *f* cangreja.

try square *n* escuadra *f* de comprobación.

tryst [trɪst] *n literary* cita *f* amorosa.

tsar [zɑː'] *n* zar *m*.

tsarina [zɑː'riːnə] *n* zarina *f*.

tsarist ['zɑːrɪst] ◇ *adj* zarista. ◇ *n* zarista *mf*.

T-section *n* sección *f* en forma de T.

tsetse fly ['tsetsɪ-] *n* mosca *f* tse-tsé.

T-shaped *adj* en forma de T.

T-shirt *n* camiseta *f*.

tsp. *written abbr of* **teaspoon**.

T-square *n* escuadra *f* en forma de T.

TT ◇ *adj written abbr of* **teetotal**. ◇ *n* (*abbr of* **Tourist Trophy**): **~ races** *carrera de motociclismo que se celebra en la isla de Man*.

Tuareg ['twɑːreg] *n* - **1**. [person] tuareg *mf*. - **2**. [language] tuareg *m*.

tub [tʌb] *n* - **1**. [container - small] bote *m*; [- large] tina *f*. - **2**. *inf* [bath] bañera *f*. - **3**. *inf* [boat] carraca *f*.

tuba ['tjuːbə] *n* tuba *f*.

tubal ['tjuːbl] *adj* tubárico(ca), tubario(ria).

tubby ['tʌbɪ] (*compar* **tubbier**, *superl* **tubbiest**) *adj inf* regordete(ta), rechoncho(cha).

tube [tjuːb] *n* - **1**. [cylinder, container] tubo *m*. - **2**. ANAT conducto *m*. - **3**. *Br* RAIL metro *m*; **by ~** en metro. - **4**. [in tyre] cámara *f* (de aire). - **5**. *inf* [television] tele *f*. - **6**. *phr*: **to go down the ~** *inf* irse al garete.

tubeless ['tjuːblɪs] *adj* sin cámara; **~ tyre** neumático *m*.

tuber ['tjuːbə'] *n* tubérculo *m*.

tubercle ['tjuːbəkl] *n* tubérculo *m*.

tubercular [tjuː'bɜːkjulə'] *adj* tuberculoso(sa).

tuberculin [tjuː'bɜːkjulɪn] *n* tuberculina *f*.

tuberculosis [tjuː,bɜːkjʊ'ləʊsɪs] *n* tuberculosis *f inv*.

tuberculous [tjuː'bɜːkjuləs] *adj* tuberculoso(sa).

tube station *n Br* estación *f* de metro.

tubing ['tjuːbɪŋ] *n* (*U*) tubos *mpl*.

Tubuai Islands [,tuːbuː'aɪ-] *npl*: **the ~** las islas Tubuai.

tubular ['tjuːbjulə'] *adj* tubular.

tubular bells *npl* MUS carillón *m*, campanas *fpl* tubulares.

TUC *n written abbr of* **Trades Union Congress**.

tuck [tʌk] ◇ *n* - **1**. SEWING pliegue *m*. - **2**. *Br inf dated* [food] golosinas *fpl*. ◇ *vt* [place neatly] meter.
◆ **tuck away** *vt sep* - **1**. [money etc] guardar. - **2**. [village, house]: **to be ~ed away** estar escondido(da). - **3**. *inf* [food] zamparse.
◆ **tuck in** ◇ *vt sep* - **1**. [in bed] arropar. - **2**. [clothes] meterse. ◇ *vi inf* comer con apetito.
◆ **tuck up** *vt sep* - **1**. [person] arropar. - **2**. [skirt, sleeves] arremangar, remangar.

tuck box *n Br* SCH fiambrera *f* (de colegial).

tucker ['tʌkə'] ◇ *n* [on dress] escote *m*. ◇ *vt Am inf* [exhaust] dejar rendido(da).

tuck shop *n Br* confitería *f* (emplazada cerca de un colegio).

Tudor ['tjuːdə'] ◇ *adj* - **1**. HIST de la dinastía Tudor. - **2**. ARCHIT de estilo Tudor. ◇ *n* Tudor *mf*.

Tue., Tues. (*written abbr of* **Tuesday**) mart.

Tuesday ['tjuːzdɪ] *n* martes *m inv*; *see also* **Saturday**.

tufa ['tjuːfə] *n* toba *f.*

tuft [tʌft] *n* [of hair] mechón *m*; [of grass] manojo *m*; [of feathers] penacho *m.*

tufted ['tʌftɪd] *adj* **- 1.** [bird] copetudo(da). **- 2.** [grass] con motas. **- 3.** [carpet] almohadillado(da).

tug [tʌg] (*pt & pp* **tugged**, *cont* **tugging**) ◇ *n* **- 1.** [pull] tirón *m.* **- 2.** [boat] remolcador *m.* ◇ *vt* tirar de, dar un tirón a. ◇ *vi*: **to ~ (at)** tirar (de).

tugboat ['tʌgbəʊt] *n* remolcador *m.*

tug-of-love *n Br inf* lucha por la custodia de un niño.

tug-of-war *n* **- 1.** SPORT juego *m* de la cuerda (*en el que dos equipos compiten tirando de ella*). **- 2.** *fig* [struggle] lucha *f* encarnizada.

tuition [tjuːˈɪʃn] *n* **- 1.** *Br* [instruction] enseñanza *f*; **private ~** clases *fpl* particulares. **- 2.** UNIV [fee] matrícula *f.*

tulip ['tjuːlɪp] *n* tulipán *m.*

tulle [tjuːl] *n* tul *m.*

tum [tʌm] *n Br inf* barriga *f.*

tumble ['tʌmbl] ◇ *vi* **- 1.** [person] caerse (rodando). **- 2.** [water] caer a borbotones. **- 3.** *fig* [prices] caer en picado. **- 4.** *inf fig* [become involved]: **to ~ into sthg** meterse de cabeza en algo. ◇ *vt* [knock down] derribar, tumbar. ◇ *n* caída *f*; **to take a ~** dar un tumbo, caerse.

◆ **tumble down** *vi* derrumbarse, desplomarse.

◆ **tumble out** *vi* **- 1.** [contents, possessions] salir a montones. **- 2.** [people] salir en desorden.

◆ **tumble to** *vt fus Br inf* caer en la cuenta de, percatarse de.

tumbledown ['tʌmbldaʊn] *adj* ruinoso(sa).

tumble-dry *vt* secar en secadora.

tumble-dryer *n* secadora *f.*

tumbler ['tʌmblə'] *n* [glass] vaso *m.*

tumbleweed ['tʌmblwiːd] *n* planta *f* rodadora.

tumbrel ['tʌmbrəl], **tumbril** ['tʌmbrɪl] *n* carreta *f* (para prisioneros).

tumescent [ˌtjuːˈmesnt] *adj* tumefacto(ta), tumescente.

tumid ['tjuːmɪd] *adj* **- 1.** MED tumefacto(ta), túmido(da). **- 2.** *literary* [style] ampuloso(sa), hinchado(da).

tummy ['tʌmɪ] (*pl* **tummies**) *n inf* barriga *f.*

tumour *Br*, **tumor** *Am* ['tjuːmə'] *n* tumor *m.*

tumuli ['tjuːmjʊlaɪ] *pl* → **tumulus**.

tumult ['tjuːmʌlt] *n fml* tumulto *m.*

tumultuous ['tjuːmʌltjʊəs] *adj fml* tumultuoso(sa).

tumulus ['tjuːmjʊləs] (*pl* **tumuli** [-laɪ]) *n* túmulo *m.*

tun [tʌn] *n* tonel *m.*

tuna [*Br* 'tjuːnə, *Am* 'tuːnə] (*pl inv* OR **tunas**) *n* atún *m.*

tundra ['tʌndrə] *n* tundra *f.*

tune [tjuːn] ◇ *n* **- 1.** [song, melody] melodía *f.* **- 2.** [harmony]: **in ~** MUS afinado(da); **out of ~** MUS desafinado(da); **to be out of/in ~ (with sb/sthg)** *fig* no avenirse/avenirse (con alguien/algo), estar en desacuerdo/de acuerdo (con alguien /algo); **to the ~ of** *fig* por la friolera de ❏ **to change one's ~**, **to sing a different ~** *inf* cambiar de opinión. ◇ *vt* **- 1.** MUS afinar. **- 2.** RADIO & TV sintonizar; **~ the TV to BBC1** pon la BBC1 (en la tele). **- 3.** [engine] poner a punto. ◇ *vi* RADIO & TV: **to ~ to sthg** sintonizar algo.

◆ **tune in** *vi* RADIO & TV: **to ~ in (to sthg)** sintonizar (algo).

◆ **tune out** *Am inf* ◇ *vi* [refuse to listen] no querer escuchar, hacer oídos sordos; [stop listening] dejar de escuchar, desconectar. ◇ *vt sep* ignorar.

◆ **tune up** ◇ *vi* MUS concertar OR afinar los instrumentos. ◇ *vt sep* **- 1.** MUS afinar. **- 2.** [engine] poner a punto.

tuned-in [tjuːnd-] *adj inf* moderno(na).

tuneful ['tjuːnfʊl] *adj* melodioso(sa).

tunefully ['tjuːnfʊlɪ] *adv* melodiosamente.

tuneless ['tjuːnlɪs] *adj* poco melodioso (poco melodiosa).

tunelessly ['tjuːnlɪslɪ] *adv* [with no tune] sin melodía; [out of tune] desafinadamente.

tuner ['tjuːnə'] *n* **- 1.** RADIO & TV sintonizador *m.* **- 2.** MUS afinador *m*, -ra *f.*

tuner amplifier *n* amplificador *m* de audio.

tune-up *n* AUT puesta *f* a punto.

tung oil [tʌŋ-] *n* aceite *m* de palo.

tungsten ['tʌŋstən] ◇ *n* tungsteno *m.* ◇ *comp* de tungsteno.

tunic ['tjuːnɪk] *n* [gen] túnica *f*; MIL guerrera *f.*

tuning ['tjuːnɪŋ] *n* **- 1.** MUS afinamiento *m*, afinación *f.* **- 2.** RADIO & TV sintonización *f.* **- 3.** AUT puesta *f* a punto; TECH reglaje *m.*

tuning fork *n* diapasón *m.*

Tunis ['tjuːnɪs] *n* Túnez (*capital*).

Tunisia [tjuːˈnɪzɪə] *n* Túnez (*país*).

Tunisian [tjuːˈnɪzɪən] ◇ *adj* tunecino(na). ◇ *n* [person] tunecino *m*, -na *f.*

tunnel ['tʌnl] (*Br pt & pp* **tunnelled**, *cont* **tunnelling**, *Am pt & pp* **tunneled**, *cont* **tunneling**) ◇ *n* túnel *m.* ◇ *vi* hacer un túnel. ◇ *vt* [hole, passage] practicar, abrir.

tunnel vision *n* MED visión *f* de túnel; *fig & pej* [narrowmindedness] estrechez *f* de miras.

tunny ['tʌnɪ] (*pl inv* OR **tunnies**) *n* = **tuna**.

tuppence ['tʌpəns] *n Br dated* (moneda *f* de) dos peniques *mpl.*

tuppenny ['tʌpnɪ] *adj Br* de dos peniques.

Tupperware® ['tʌpəweə'] ◇ *n* Tupperware® *m*; **~ party** reunión *f* de Tupperware®. ◇ *comp* de Tupperware®.

turban ['tɜːbən] *n* turbante *m.*

turbid ['tɜːbɪd] *adj* [water] turbio(bia); [clouds] denso(sa).

turbine ['tɜːbaɪn] *n* turbina *f.*

turbo ['tɜːbəʊ] (*pl* **turbos**) *n* turbina *f.*

turbocharged ['tɜːbəʊtʃɑːdʒd] *adj* provisto(ta) de turbina; [car] turbo (*inv*).

turbocharger ['tɜːbəʊtʃɑːdʒə'] *n* turbocompresor *m.*

turbojet [ˌtɜːbəʊˈdʒet] *n* turborreactor *m.*

turboprop [ˌtɜːbəʊˈprɒp] *n* **- 1.** [engine] turbopropulsor *m.* **- 2.** [plane] avión *m* turbopropulsado.

turbot ['tɜːbət] (*pl inv* OR **turbots**) *n* rodaballo *m.*

turbulence ['tɜːbjʊləns] *n* (*U*) *lit & fig* turbulencia *f.*

turbulent ['tɜːbjʊlənt] *adj lit & fig* turbulento(ta).

turd [tɜːd] *n v inf* **- 1.** [excrement] zurullo *m.* **- 2.** [person] mierda *mf.*

tureen [təˈriːn] *n* sopera *f.*

turf [tɜːf] (*pl* **turfs** OR **turves** [tɜːvz]) ◇ *n* **- 1.** [grass surface] césped *m.* **- 2.** [clod] tepe *m.* **- 3.** SPORT: **the ~** carreras *fpl* de caballos. **- 4.** [peat] turba *f.* **- 5.** *Am v inf* [of gang] territorio *m.* ◇ *vt* cubrir con césped.

◆ **turf out** *vt sep Br inf* [person] dar la patada a, echar; [old possessions] tirar.

turf accountant *n Br fml* corredor *m*, -ra *f* de apuestas.

turgid ['tɜːdʒɪd] *adj* **- 1.** *fml* [over-solemn] ampuloso(sa). **- 2.** MED hinchado(da).

Turk [tɜːk] *n* turco *m*, -ca *f.*

Turkestan [ˌtɜːkɪˈstɑːn] *n* (el) Turquestán.

turkey ['tɜːkɪ] (*pl* **turkeys**) *n* **- 1.** CULIN pavo *m.* **- 2.** [bird] pavo *m*, -va *f.* **- 3.** *Am inf* [fool] pavo *m*, -va *f.* **- 4.** *Am inf* [failure - play etc] fracaso *m*, fiasco *m*; [- person] fracasado *m*, -da *f.* **- 5.** *fig*: **to talk ~** *Am inf* no andarse con rodeos.

Turkey ['tɜːkɪ] *n* Turquía.

turkey buzzard *n* zopilote *m*, aura *f.*

turkey cock *n* pavo *m.*

Turkish ['tɜːkɪʃ] ◇ *adj* turco(ca). ◇ *n* [language] turco *m.* ◇ *npl* [people]: **the ~** los turcos.

Turkish bath *n* baño *m* turco.

Turkish coffee *n* café *m* turco OR a la turca.

Turkish delight *n* delicia *f* turca, *dulce de una sustancia gelatinosa, cubierto de azúcar glas.*

Turkistan [ˌtɜːkɪˈstɑːn] *n* = **Turkestan**.

Turkman ['tɜːkmən] ◇ *adj* turcomano(na). ◇ *n* turcomano *m*, -na *f.*

Turkmen ['tɜːkmən] *n* [language] turcomano *m*.

Turkmenian [tɜːk'menɪən] *adj* turcomano(na).

Turkmenistan [ˌtɜːkmenɪ'stɑːn] *n* Turkmenistán.

turmeric ['tɜːmərɪk] *n* cúrcuma *f*.

turmoil ['tɜːmɔɪl] *n* - **1**. [confusion] confusión *f*, alboroto *m*. - **2**. [emotional] agitación *f*.

turn [tɜːn] ◇ *n* - **1**. [in road, river] curva *f*. - **2**. [of knob, wheel] vuelta *f*. - **3**. [change] cambio *m*; **the conversation took a new ~** la conversación cambió de rumbo; **to take a ~ for the worse** empeorar; **that was a strange ~ of events** los acontecimientos tomaron un curso inesperado. - **4**. [in game] turno *m*; **it's my ~** me toca a mí; **to wait one's ~** esperar (uno) a que le toque su turno; **to take (it in) ~s (to do sthg)** turnarse (para hacer algo) ❑ **~ of duty** turno de guardia. - **5**. [of year, decade etc] fin *m*; **at the ~ of the century** con el cambio de siglo. - **6**. [performance] número *m*. - **7**. MED ataque *m*. - **8**. [shock]: **to give sb a ~** pegarle un susto a alguien. - **9**. *phr* : **at every ~** a cada instante, a cada momento; **to do sb a good ~** hacerle un favor a alguien; **to be done to a ~** *Br inf* estar en su punto. ◇ *vt* - **1**. [chair, page, omelette] dar la vuelta a. - **2**. [knob, wheel] girar. - **3**. [corner] doblar. - **4**. [thoughts, attention]: **to ~ one's mind to** dirigir la atención hacia. - **5**. [change]: **to ~ sthg into** convertir OR transformar algo en; **to ~ a book into a film** llevar un libro al cine, convertir un libro en película. - **6**. [cause to become]: **the cold ~ed his fingers blue** se le pusieron los dedos morados del frío; **to ~ sthg inside out** volver algo del revés. - **7**. [in age, time]: **it has ~ed four o'clock** acaban de dar las cuatro; **she has just ~ed 16** acaba de cumplir los 16 años. - **8**. [send away]: **he ~ed the beggar from his door** echó al mendigo de la puerta. - **9**. [transfer from container]: **the mixture onto a plate** pase la mezcla a un plato. - **10**. [milk] cortar, agriar. - **11**. [on lathe] tornear. - **12**. *Am* [sell] vender; [earn] ganar. ◇ *vi* - **1**. [car] girar; [road] torcer; [person] volverse, darse la vuelta; **he/the van ~ed into a side street** él/la camioneta se metió por una bocacalle; **I didn't know which way to ~** *fig* no sabía qué hacer ni a quién acudir. - **2**. [wheel] dar vueltas. - **3**. [turn page over]: **~ to page two** pasen a la página dos. - **4**. [thoughts, attention]: **to ~ to** dirigirse hacia; **let us ~ to another topic** cambiemos de tema. - **5**. [seek consolation]: **to ~ to sb/sthg** buscar consuelo en alguien/algo. - **6**. [dedicate o.s.]: **to ~ to crime/politics** meterse en la delincuencia/en política. - **7**. [change, become]: **to ~ into** convertirse OR transformarse en; **the rain ~ed to snow** la lluvia se convirtió en nieve; **the demonstration ~ed nasty** la manifestación se puso violenta; **it ~ed black** se volvió negro; **a lawyer ~ed politician** un abogado metido a político; **to ~ professional** hacerse profesional. - **8**. [go sour] cortarse, agriarse. - **9**. [tide, weather, luck] cambiar. - **10**. [leaves] cambiar de color.

◆ **in turn** *adv*: **I told Sarah and she in ~ told Paul** yo se lo dije a Sara y ella (a su vez) a Paul; **she interviewed each of us in ~** nos entrevistó a uno después del otro.

◆ **turn against** ◇ *vt fus* ponerse en contra de. ◇ *vt sep* poner en contra de; **you've ~ed my whole family against me** has puesto a toda la familia contra mí.

◆ **turn around** *vt sep & vi* = **turn round**.

◆ **turn away** *vt sep* [refuse entry to] no dejar entrar.

◆ **turn back** ◇ *vt sep* [person, vehicle] hacer volver. ◇ *vi* volver, volverse.

◆ **turn down** *vt sep* - **1**. [offer, person] rechazar. - **2**. [volume etc] bajar.

◆ **turn in** ◇ *vi inf* [go to bed] irse a dormir. ◇ *vt sep* - **1**. [produce] hacer, producir; **he ~s in good work** trabaja bien. - **2**. [hand over] presentar, entregar; [criminal] entregar a la policía.

◆ **turn off** ◇ *vt fus* [road, path] desviarse de, salir de. ◇ *vt sep* - **1**. [radio, heater] apagar; [engine] parar; [gas, tap] cerrar. - **2**. *inf* [fail to interest] hacer perder el interés a; [sexually] quitar las ganas a. ◇ *vi* [leave road] desviarse, salir.

◆ **turn on** ◇ *vt sep* - **1**. [radio, TV, engine] encender; [gas, tap] abrir. - **2**. *inf* [arouse interest in] interesar, llamar la atención a; [excite sexually] excitar, poner cachondo(da).

◇ *vt fus* - **1**. [attack] atacar. - **2**. [depend on] depender de, estribar en.

◆ **turn out** ◇ *vt sep* - **1**. [extinguish] apagar. - **2**. *inf* [produce] producir. - **3**. [eject] echar. - **4**. [empty] vaciar; **~ the cake out onto a plate** desmolde el pastel en un plato. - **5**. [dress]: **to be nicely OR smartly ~ed out** ir muy bien vestido (muy bien vestida). ◇ *vt fus*: **to ~ out to be** resultar ser; **it ~s out that...** resulta que... ◇ *vi* - **1**. [end up] salir; **as it ~s out, we needn't have worried** por lo que se ve no había de qué preocuparse. - **2**. [arrive]: **to ~ out (for)** venir OR presentarse (a).

◆ **turn over** ◇ *vt sep* - **1**. [turn upside down] dar la vuelta a; [page] volver. - **2**. [consider] darle vueltas a. - **3**. *Br* RADIO & TV cambiar. - **4**. [hand over]: **to ~ sthg/ sb over (to)** entregar algo/a alguien (a). ◇ *vi* - **1**. [roll over - person] darse la vuelta; [- vehicle] volcar. - **2**. *Br* RADIO & TV cambiar de canal.

◆ **turn round** ◇ *vt sep* - **1**. [gen] dar la vuelta a. - **2**. [knob, key] dar la vuelta a, hacer girar. - **3**. COMM: **to ~ a company round** sacar a una empresa de un atolladero. ◇ *vi* [person] darse la vuelta, volverse.

◆ **turn up** ◇ *vt sep* - **1**. [volume, heating] subir. - **2**. [find, unearth] descubrir. - **3**. [trousers] subir los bajos a. ◇ *vi inf* - **1**. [arrive, be found] aparecer. - **2**. [happen] ocurrir, pasar.

turnabout ['tɜːnəbaʊt] *n* cambio *m* radical.

turnaround *n Am* = **turnround**.

turnaround time *n* tiempo *m* de ejecución OR de respuesta.

turnbuckle ['tɜːnbʌkl] *n* tensor *m*.

turncoat ['tɜːnkəʊt] *n pej* chaquetero *m*, -ra *f*.

turndown ['tɜːndaʊn] *n* [rejection] rechazo *m*.

turned [tɜːnd] *adj* - **1**. [milk] cortado(da), agriado(da). - **2**. TYPO: **~ comma** comilla *f*; **~ period** ≃ coma *f* (decimal).

turned-on *adj inf* - **1**. [up-to-date] moderno(na). - **2**. [aroused] excitado(da); **to get ~** excitarse, ponerse cachondo(da).

turned-up *adj* - **1**. [nose] respingona. - **2**. [collar] subido(da).

turner ['tɜːnəʳ] *n* - **1**. [lathe operator] tornero *m*, -ra *f*. - **2**. *Am* [gymnast] gimnasta *mf*.

turning ['tɜːnɪŋ] *n* - **1**. *Br* [road] bocacalle *f*. - **2**. *Br* [bend] curva *f*. - **3**. IND tornada *f*.

turning circle, **turning radius** *Am n* diámetro *m* OR ángulo *m* de giro.

turning point *n* momento *m* decisivo.

turning radius *n Am* = **turning circle**.

turnip ['tɜːnɪp] *n* nabo *m*.

turnkey ['tɜːnkiː] *n arch* carcelero *m*, -ra *f*.

turn-off *n* - **1**. [on road] desvío *m*. - **2**. *inf* [loss of interest]: **it's a real ~** se te quitan las ganas.

turn-on *n inf*: **he finds leather a ~** el cuero le vuelve loco OR le pone a cien.

turnout ['tɜːnaʊt] *n* - **1**. [attendance] número *m* de asistentes, asistencia *f*; [at election] (nivel *m* de) participación *f*; **there was a poor ~** no había mucho público. - **2**. [dress] atuendo *m*.

turnover ['tɜːnˌəʊvəʳ] *n (U)* - **1**. [of personnel] movimiento *m* de personal; [of stock] movimiento *m* de mercancías. - **2**. *Br* FIN volumen *m* de ventas, facturación *f*. - **3**. CULIN *especie de empanada*.

turnpike ['tɜːnpaɪk] *n Am* autopista *f* de peaje.

turnround *Br* ['tɜːnraʊnd], **turnaround** *Am* ['tɜːnəraʊnd] *n* - **1**. COMM tiempo *m* de carga y descarga *(de un barco, avión etc)*. - **2**. [change] cambio *m* radical.

turn signal lever *n Am* intermitente *m*.

turnspit ['tɜːnspɪt] *n* asador *m*.

turnstile ['tɜːnstaɪl] *n* torno *m*, torniquete *m*.

turntable ['tɜːnˌteɪbl] *n* - **1**. [on record player] plato *m* (giratorio). - **2**. RAIL plataforma *f* giratoria.

turn-up *n Br* [on trousers] vuelta *f*; **a ~ for the books** *inf fig* una auténtica sorpresa.

turpentine ['tɜːpəntaɪn] n trementina f.

turpitude ['tɜːpɪtjuːd] n fml bajeza f, vileza f.

turps [tɜːps] (abbr of **turpentine**) n Br inf trementina f.

turquoise ['tɜːkwɔɪz] ◇ adj turquesa. ◇ n - **1.** [mineral, gem] turquesa f. - **2.** [colour] turquesa m.

turret ['tʌrɪt] n - **1.** MIL torreta f, torrecilla f. - **2.** ARQUIT torreón m.

turtle ['tɜːtl] n (pl inv OR **turtles**) n tortuga f (marina).

turtledove ['tɜːtldʌv] n tórtola f.

turtleneck ['tɜːtlnek] n - **1.** [neck] cuello m alto, cuello m (de) cisne. - **2.** [sweater] jersey m de cuello alto.

turves [tɜːvz] Br pl → **turf**.

Tuscan ['tʌskən] ◇ adj toscano(na). ◇ n - **1.** [person] toscano m, -na f. - **2.** [language] toscano m.

Tuscany ['tʌskənɪ] n (la) Toscana.

tush [tʌʃ] n Am inf [buttocks] nalgas fpl.

tusk [tʌsk] n colmillo m.

tussle ['tʌsl] ◇ n lucha f, pelea f. ◇ vi: **to ~ (over)** pelearse (por).

tussock ['tʌsək] n mata f de hierba.

tut [tʌt] excl ¡vaya!

tutelage ['tjuːtɪlɪdʒ] n fml tutela f.

tutelary ['tjuːtɪlərɪ] adj fml tutelar.

tutor ['tjuːtəʳ] ◇ n - **1.** [private] profesor particular m, profesora particular f, tutor m, -ra f. - **2.** UNIV profesor universitario m, profesora universitaria f (de un grupo pequeño). - **3.** Scot JUR [guardian] tutor m, -ra f. ◇ vt: **to ~ sb in sthg** dar clases particulares de algo a alguien. ◇ vi dar clases particulares.

tutorial [tjuːˈtɔːrɪəl] ◇ adj: **~ group** grupo reducido de estudiantes que asiste a una clase. ◇ n tutoría f, clase f con grupo reducido.

tutti frutti [ˌtuːtɪˈfruːtɪ] (pl **tutti fruttis**) ◇ n (helado m de) tutti frutti m OR tuttifrutti m. ◇ adj de tutti frutti OR tuttifrutti.

tut-tut excl = **tut**.

tutu ['tuːtuː] n tutú m.

tu-whit tu-whoo [təˈwɪttəˈwuː] n sonido onomatopéyico que imita el canto del búho.

tux [tʌks] n inf abbr of **tuxedo**.

tuxedo [tʌkˈsiːdəʊ] (pl **tuxedos**) n esmoquin m.

TV (abbr of **television**) ◇ n televisión f; **on ~** en la televisión. ◇ comp de televisión.

TV dinner n comida completa precocinada y lista para el horno.

twaddle ['twɒdl] n (U) inf pej tonterías fpl, huevada f Amér.

twain [tweɪn] n arch dos m, par m.

twang [twæŋ] ◇ n - **1.** [of guitar] tañido m; [of string, elastic] sonido m vibrante. - **2.** [accent] gangueo m, acento m nasal. ◇ vt [guitar] tañer; [wire, string] hacer vibrar (tirando y soltando). ◇ vi producir un sonido vibrante.

twangy ['twæŋɪ] adj [voice] gangoso(sa).

'twas [twɒz] contr arch = **it was**.

twat [twæt, twɒt] n vulg - **1.** [female genitals] coño m. - **2.** [fool] gilipollas m inv.

tweak [twiːk] ◇ vt inf [nose, ear] pellizcar, dar un tironcito a. ◇ n pellizco m, tironcito m.

twee [twiː] adj Br pej cursi, siútico(ca) Amér.

tweed [twiːd] ◇ n tweed m. ◇ comp de tweed.
◆ **tweeds** npl [clothes] ropa f de tweed; [suit] traje m de tweed.

tweedy ['twiːdɪ] (compar **tweedier**, superl **tweediest**) adj - **1.** [fabric] parecido(da) al tweed. - **2.** pej [person] que pertenece a la burguesía rural y suele llevar ropa de tweed.

'tween [twiːn] prep arch = **between**.

tweet [twiːt] ◇ vi inf piar, hacer pío pío. ◇ n pío pío m.

tweeter ['twiːtəʳ] n tweeter m, altavoz m de altas frecuencias.

tweezers ['twiːzəz] npl pinzas fpl.

twelfth [twelfθ] num duodécimo(ma); see also **sixth**.

Twelfth Night n Noche f de Reyes.

twelve [twelv] num doce; see also **six**.

twelvemonth ['twelvmʌnθ] n dated año m.

twelve-tone adj MUS dodecafónico(ca); **~ system** sistema m dodecafónico.

twentieth ['twentɪəθ] num vigésimo(ma); see also **sixth**.

twenty ['twentɪ] (pl **twenties**) num veinte; see also **sixty**.

twenty-first n [birthday] vigésimo primer cumpleaños m inv.

twenty-four adj: **~-hour service** servicio m las 24 horas del día; **open ~ hours a day** abierto las 24 horas del día.

twenty-one n [card game] veintiuna f.

twenty-twenty vision n vista f perfecta.

twerp [twɜːp] n inf imbécil mf.

twice [twaɪs] ◇ num adv dos veces; **~ a week** dos veces por semana; **~ as big** el doble de grande; **it costs ~ as much** cuesta el doble □ **I didn't need to be asked ~** no hubo que decírmelo dos veces. ◇ num adj dos veces; **he's ~ the man you are** no le llegas ni a la suela de los zapatos; **she's ~ the woman she was** está muchísimo mejor que antes.

twiddle ['twɪdl] ◇ vt dar vueltas a. ◇ vi: **to ~ with** juguetear con. ◇ n vuelta f.

twig [twɪg] (pt & pp **twigged**, cont **twigging**) ◇ n ramita f. ◇ vt Br inf caer en la cuenta de. ◇ vi Br inf caer en la cuenta.

twilight ['twaɪlaɪt] n - **1.** [in evening] crepúsculo m, ocaso m. - **2.** [half-light] media luz f.

twill [twɪl] n sarga f.

'twill [twɪl] contr arch = **it will**.

twin [twɪn] (pt & pp **twinned**, cont **twinning**) ◇ adj gemelo(la), morocho(cha) Amér. ◇ n gemelo m, -la f, morocho m, -cha f Amér. ◇ vt [towns] hermanar.

twin-bedded [-ˈbedɪd] adj de dos camas.

twin beds npl camas fpl separadas OR gemelas.

twin bill n Am programa m doble.

twin brother n hermano m gemelo.

twin carburettor n motor m de dos carburadores.

twine [twaɪn] ◇ n (U) bramante m. ◇ vt - **1.** [wind]: **to ~ sthg round sthg** enrollar algo en algo. - **2.** [weave] trenzar, entretejer. ◇ vi - **1.** [stem, ivy] enroscarse. - **2.** [path, river] serpentear.

twin-engined [-ˈendʒɪnd] adj bimotor.

twinge [twɪndʒ] n [of pain] punzada f; [of guilt] remordimiento m.

twinkie ['twɪŋkɪ] n Am [cake] pastel relleno de crema.

twinkle ['twɪŋkl] ◇ n [in eye] brillo m. ◇ vi - **1.** [star, light] centellear, parpadear. - **2.** [eyes] brillar. - **3.** [diamond] centellear. ◇ n [of star, diamond, light] centelleo m.

twinkling ['twɪŋklɪŋ] ◇ adj - **1.** [star, diamond, light] centelleante. - **2.** [eyes] brillante. ◇ n - **1.** [of star, diamond, light] centelleo m. - **2.** [in eyes] brillo m; **in the ~ of an eye** en un abrir y cerrar de ojos.

twin room n habitación f con dos camas.

twin-screw adj de dos hélices.

twin set n Br conjunto m de jersey y rebeca.

twin sister n hermana f gemela.

twin town n ciudad f hermanada.

twin tub n lavadora f de doble tambor.

twirl [twɜːl] ◇ vt - **1.** [spin] dar vueltas a. - **2.** [twist] retorcer. ◇ vi dar vueltas rápidamente. ◇ n [whirl] vuelta f, giro m; [of dancers] pirueta f.

twist [twɪst] ◇ n - **1.** [in road] vuelta f, recodo m; [in river] meandro m. - **2.** [of head, lid, knob] giro m. - **3.** [of tobacco] andullo m, rollo m; [of paper] cucurucho m; [of hair] trenza f; [of bread] rosca f. - **4.** [of muscle, face] contorsión f; [of ankle] torcedura f, esguince m. - **5.** [shape] espiral f. - **6.** fig [in plot] giro m imprevisto. - **7.** [dance] twist m. ◇ vt - **1.** [cloth,

rope] retorcer; [hair] enroscar. - **2.** [face, mouth etc] torcer. - **3.** [dial, lid] dar vueltas a; [head] volver. - **4.** [ankle, knee etc] torcerse. - **5.** [misquote] tergiversar. ◇ *vi* - **1.** [person] retorcerse, contorsionarse; [road, river] serpentear, dar vueltas; **to ~ and turn** serpentear. - **2.** [face] contorsionarse; [frame, rail] torcerse. - **3.** [head, hand] volverse.
◆ **twist about**, **twist around** *vi* dar una vuelta repentina.
◆ **twist off** *vt sep* romper retorciendo.
◆ **twist up** *vt sep* enrollar.
twisted ['twɪstɪd] *adj pej* retorcido(da).
twister ['twɪstə'] *n Am* tornado *m*.
twisty ['twɪstɪ] *(compar* **twistier**, *superl* **twistiest)** *adj inf* lleno(na) de curvas.
twit [twɪt] *n Br inf* imbécil *mf*, gil *mf Amér*.
twitch [twɪtʃ] ◇ *n* - **1.** [spasmodic movement] contracción *f* nerviosa; **nervous ~** tic *m* (nervioso). - **2.** [tweak, pull] tirón *m*. ◇ *vt* - **1.** [move spasmodically] mover nerviosamente. - **2.** [tweak, pull] dar un tirón de. ◇ *vi* contorsionarse.
twitchy ['twɪtʃɪ] *adj* [person] nervioso(sa).
twitter ['twɪtə'] ◇ *vi* - **1.** [bird] gorjear. - **2.** *pej* [person] cotorrear, parlotear. ◇ *n* - **1.** [of bird] gorjeo *m*. - **2.** *pej* [of person] cotorreo *m*, parloteo *m*. - **3.** *inf* [nervous excitement]: **to be all of a** OR **in a ~ about sthg** estar muy excitado (muy excitada) por algo.
'twixt [twɪkst] *adv arch* = **betwixt**.
two [tuː] *num* dos; **in ~** en dos; **in ~s**, **~ by ~** de dos en dos ❑ **a thing or ~** unas cuantas cosas; **to put ~ and ~ together** atar cabos; **there are no ~ ways about it** está claro; *see also* **six**.
two-bit *adj Am pej* de tres al cuarto.
two-by-four *n* madera *f* de dos por cuatro.
two-chamber system *n* POL sistema *m* bicameral.
two-dimensional *adj* bidimensional.
two-door *adj* [car] de dos puertas.
two-edged *adj* [sword, policy, argument] de doble filo.
two-faced *adj pej* hipócrita.
twofold ['tuːfəʊld] ◇ *adj* doble; **a ~ increase** un incremento del doble. ◇ *adv*: **to increase ~** duplicarse.
two-handed *adj* [sword, axe] que se usa con las dos manos; [backhand] de OR a dos manos; [saw] para dos (personas).
two-legged [-'legɪd] *adj* bípedo(da).
two-party *adj* [coalition, system] bipartito(ta).
twopence ['tʌpəns] *n Br* (moneda *f* de) dos peniques *mpl*.
twopenny ['tʌpnɪ] *adj Br inf* [costing two pence] de dos peniques; *pej* [cheap] de cuatro perras.
two-piece ◇ *adj* [suit] de dos piezas. ◇ *n* (conjunto *m* de) dos piezas *m inv*.
two-ply *adj* - **1.** [of two layers] de dos capas. - **2.** [of two strands] de dos tramas.
two-seater *n* biplaza *m*.
twosome ['tuːsəm] *n* - **1.** *inf* [couple] pareja *f*. - **2.** [match] partido *m* individual.
two-star ◇ *adj* - **1.** [restaurant, hotel] de dos estrellas. - **2.** *Br* [petrol] normal. ◇ *n Br* [petrol] gasolina *f* normal.
two-step *n* baile de salón con un ritmo de 2/4.
two-storey *adj* de dos plantas OR pisos.
two-stroke ◇ *adj* [engine] de dos tiempos; [oil] para motor de dos tiempos. ◇ *n* motor *m* de dos tiempos.
two-tier *adj* [cake] de dos pisos; [management] de dos niveles.
two-time *vt inf* engañar, poner los cuernos a.
two-timer *n inf* amante *mf* infiel.
two-tone *adj* bicolor.
two-way *adj* - **1.** [traffic] en ambas direcciones; [street] de doble sentido OR dirección. - **2.** [agreement] bilateral; [cooperation] mutuo(tua). - **3.** TELEC: **~ radio** aparato *m* emisor y receptor.

two-way mirror *n* cristal que es transparente por un lado y espejo por el otro.
two-wheeler *n* [motorbike] motocicleta *f*, [bicycle] bicicleta *f*.
TX *written abbr of* **Texas**.
tycoon [taɪ'kuːn] *n* magnate *m*.
tyke [taɪk] *n* - **1.** [dog] chucho *m*. - **2.** *inf* [child] chiquillo *m*, -lla *f*.
tympana ['tɪmpənə] *pl* → **tympanum**.
tympani ['tɪmpənɪ] *npl* = **timpani**.
tympanic [tɪm'pænɪk] *adj* timpánico(ca).
tympanist ['tɪmpənɪst] *n* timbalero *m*, -ra *f*.
tympanum ['tɪmpənəm] *(pl* **tympana** [-nə] OR **tympanums)** *n* tímpano *m*.
type [taɪp] ◇ *n* - **1.** [gen] tipo *m*; **he's/she's not my ~** *inf* no es mi tipo; **to run true to ~** hacer (uno) honor a su condición, estar (uno) en su papel. - **2.** (U) TYPO tipo *m*, letra *f*; **in bold/italic ~** en negrita/cursiva. ◇ *vt* - **1.** [on typewriter] escribir a máquina, mecanografiar. - **2.** [on computer] escribir en el ordenador; **to ~ sthg into a computer** entrar algo en el ordenador. - **3.** MED [blood sample] determinar el grupo sanguíneo de. ◇ *vi* escribir a máquina.
◆ **type out** *vt sep* copiar a máquina.
◆ **type over** *vt fus* COMPUT sobreescribir.
◆ **type up** *vt sep* escribir a máquina, mecanografiar.
typecast ['taɪpkɑːst] *(pt & pp* **typecast)** *vt*: **to ~ sb (as)** encasillar a alguien (como).
typeface ['taɪpfeɪs] *n* tipo *m*, letra *f*.
typeover ['taɪpˌəʊvə'] *n*: **'typeover'** 'sobreescribir'.
typescript ['taɪpskrɪpt] *n* copia *f* mecanografiada.
typeset ['taɪpset] *(pt & pp* **typeset**, *cont* **typesetting)** *vt* componer.
typesetter ['taɪpˌsetə'] *n* [worker] tipógrafo *m*, -fa *f*.
typesetting ['taɪpˌsetɪŋ] *n* composición *f*.
typewriter ['taɪpˌraɪtə'] *n* máquina *f* de escribir.
typewritten ['taɪpˌrɪtn] *adj* mecanografiado(da).
typhoid (fever) ['taɪfɔɪd-] *n* fiebre *f* tifoidea.
typhoon [taɪ'fuːn] *n* tifón *m*.
typhus ['taɪfəs] *n* tifus *m*.
typical ['tɪpɪkl] *adj*: **~ (of)** típico(ca) (de).
typically ['tɪpɪklɪ] *adv* - **1.** [usually] normalmente. - **2.** [characteristically] típicamente.
typify ['tɪpɪfaɪ] *(pt & pp* **typified)** *vt* - **1.** [embody, symbolize] tipificar. - **2.** [be typical of] caracterizar.
typing ['taɪpɪŋ] *n* mecanografía *f*.
typing error *n* error *m* mecanográfico.
typing pool *n* servicio *m* de mecanografía *(en una empresa)*.
typing speed *n* velocidad *f* de mecanografía, ≈ pulsaciones *fpl* por minuto; **I have a ~ of 30 words a minute** escribo treinta palabras por minuto.
typist ['taɪpɪst] *n* mecanógrafo *m*, -fa *f*.
typo ['taɪpəʊ] *n inf* error *m* tipográfico.
typographer [taɪ'pɒɡrəfə'] *n* tipógrafo *m*, -fa *f*.
typographic(al) error [ˌtaɪpə'ɡræfɪk(l)-] *n* error *m* tipográfico.
typography [taɪ'pɒɡrəfɪ] *n* - **1.** [process, job] tipografía *f*. - **2.** [format] composición *f* tipográfica.
typology [taɪ'pɒlədʒɪ] *n* tipología *f*.
tyrannical [tɪ'rænɪkl] *adj* tiránico(ca).
tyrannicide [tɪ'rænɪsaɪd] *n* - **1.** [person] tiranicida *mf*. - **2.** [act] tiranicidio *m*.
tyrannize, -ise ['tɪrənaɪz] ◇ *vt* tiranizar a. ◇ *vi*: **to ~ over sb** tiranizar a alguien.
tyrannosaur [tɪ'rænəsɔː'], **tyrannosaurus** [tɪˌrænə'sɔːrəs] *n* tiranosaurio *m*.
tyrannous ['tɪrənəs] *adj* tiránico(ca).

tyranny ['tɪrənɪ] *n* tiranía *f*.
tyrant ['taɪrənt] *n* tirano *m*, -na *f*.
tyre *Br*, **tire** *Am* ['taɪəʳ] *n* neumático *m*.
tyre pressure *n* presión *f* de los neumáticos.
tyro ['taɪrəʊ] (*pl* **tyros**) *n fml* aprendiz *mf*, principiante *mf*.

Tyrol [tɪ'rəʊl] *n*: **the** ~ el Tirol.
Tyrolean [tɪrə'lɪən], **Tyrolese** [ˌtɪrə'liːz] ◊ *adj* tirolés(esa). ◊ *n* tirolés *m*, -esa *f*.
Tyrrhenian Sea [tɪ'riːnɪən-] *n*: **the** ~ el mar Tirreno.
tzar [zɑːʳ] *n* = **tsar**.

u (*pl* **u's** OR **us**), **U** (*pl* **U's** OR **Us**) [juː] *n* [letter] u *f*, U *f*.
♦ **U** *n* (*abbr of* **universal**) *Br* CINEMA película *f* para todos los públicos.
UAE (*abbr of* **United Arab Emirates**) *n* EAU *mpl*.
UAW (*abbr of* **United Automobile Workers**) *n* sindicato estadounidense de la industria automovilística.
UB40 (*abbr of* **unemployment benefit form 40**) *n* carné de paro en Gran Bretaña.
U-bend *n* sifón *m*.
ubiquitous [juː'bɪkwɪtəs] *adj fml* omnipresente, ubicuo(cua).
ubiquity [juː'bɪkwətɪ] *n fml* omnipresencia *f*, ubicuidad *f*.
U-boat *n* submarino *m* alemán.
UCATT ['ʌkət] (*abbr of* **Union of Construction, Allied Trades and Technicians**) *n* sindicato británico de trabajadores de la construcción.
UCCA ['ʌkə] (*abbr of* **Universities Central Council on Admissions**) *n* organismo central encargado de gestionar las solicitudes de ingreso en las universidades británicas.
UCL (*abbr of* **University College, London**) *n* universidad londinense.
UCNW (*abbr of* **University College of North Wales**) *n* universidad galesa.
UCW (*abbr of* **Union of Communication Workers**) *n* sindicato británico de trabajadores de telecomunicaciones.
UDA (*abbr of* **Ulster Defence Association**) *n* organización paramilitar protestante que defiende la permanencia de Irlanda del Norte en el Reino Unido.
UDC (*abbr of* **Urban District Council**) *n* ayuntamiento de un municipio urbano en Gran Bretaña.
udder ['ʌdəʳ] *n* ubre *f*.
UDI (*abbr of* **unilateral declaration of independence**) *n* declaración unilateral de independencia.
UDM (*abbr of* **Union of Democratic Mineworkers**) *n* sindicato británico de mineros.
UDR (*abbr of* **Ulster Defence Regiment**) *n* fuerzas de seguridad de Irlanda del Norte.
UEFA [juː'eɪfə] (*abbr of* **Union of European Football Associations**) *n* UEFA *f*.
UFC (*abbr of* **Universities Funding Council**) *n* organismo británico gestor de las becas universitarias.
UFO [ˌjuːef'əʊ, 'juːfəʊ] (*abbr of* **unidentified flying object**) *n* OVNI *m*.
Uganda [juː'gændə] *n* Uganda.
Ugandan [juː'gændən] ◊ *adj* ugandés(esa). ◊ *n* [person] ugandés *m*, -esa *f*.
ugh [ʌg] *excl* ¡puf!, ¡uf!
Ugli® ['ʌglɪ] (*pl* **Uglis** OR **Uglies**) *n* cítrico caribeño híbrido de pomelo, naranja y mandarina.

ugliness ['ʌglɪnɪs] *n (U)* - **1.** [unattractiveness] fealdad *f*. - **2.** *fig* [unpleasantness] lo desagradable.
ugly ['ʌglɪ] (*compar* **uglier**, *superl* **ugliest**) *adj* - **1.** [unattractive] feo(a). - **2.** *fig* [unpleasant] desagradable; **to turn** ~ [person] ponerse furioso(sa); [situation] ponerse feo(a); **an** ~ **customer** un hueso de aquí te espero.
ugly duckling *n* patito *m* feo.
UHF (*abbr of* **ultra-high frequency**) UHF.
uh-huh [ʌ'hʌ] *excl inf* - **1.** [as conversation filler] ¡ajá! - **2.** [in assent] ¡sí!
UHT (*abbr of* **ultra heat treated**) UHT.
uh-uh [ʌʌ] *excl inf* [no] ¡no, no!; [in warning] ¡eh!
UK (*abbr of* **United Kingdom**) *n* RU *m*; **the** ~ el Reino Unido.
ukase [juː'keɪz] *n* ucase *m*.
Ukraine [juː'kreɪn] *n*: **the** ~ Ucrania.
Ukrainian [juː'kreɪnjən] ◊ *adj* ucraniano(na), ucranio(nia). ◊ *n* - **1.** [person] ucraniano *m*, -na *f*, ucranio *m*, -nia *f*. - **2.** [language] ucraniano *m*, ucranio *m*.
ukulele [ˌjuːkə'leɪlɪ] *n* ukelele *m*.
Ulan Bator [ʊ'laːn'baːtɔːʳ] *n* Ulan Bator.
ulcer ['ʌlsəʳ] *n* - **1.** MED úlcera *f*. - **2.** *fig* [corruption] cáncer *m*.
ulcerate ['ʌlsəreɪt] ◊ *vt* ulcerar. ◊ *vi* ulcerarse.
ulcerated ['ʌlsəreɪtɪd] *adj* ulceroso(sa).
ulceration [ˌʌlsə'reɪʃn] *n* ulceración *f*.
ulcerous ['ʌlsərəs] *adj* ulceroso(sa).
ulna ['ʌlnə] (*pl* **ulnae** [-niː] OR **ulnas**) *n* cúbito *m*.
Ulster ['ʌlstəʳ] *n* Irlanda del Norte, (el) Úlster.
Ulster Democratic Unionist Party *n* partido político de Irlanda del Norte que defiende la unión con el Reino Unido.
Ulsterman ['ʌlstəmən] (*pl* **Ulstermen** [-mən]) *n* natural o habitante de Irlanda del Norte.
Ulster Unionist Party *n* partido político de Irlanda del Norte que defiende la permanencia de Irlanda del Norte en el Reino Unido.
Ulsterwoman ['ʌlstəˌwʊmən] (*pl* **Ulsterwomen** [-ˌwɪmɪn]) *n* mujer natural o habitante de Irlanda del Norte.
ulterior [ʌl'tɪərɪəʳ] *adj*: ~ **motive** motivo *m* oculto.
ultima ['ʌltɪmə] *n* última sílaba *f* de una palabra.
ultimata [ˌʌltɪ'meɪtə] *pl* → **ultimatum**.
ultimate ['ʌltɪmət] ◊ *adj* - **1.** [final, long-term] final, definitivo(va). - **2.** [most powerful] máximo(ma). - **3.** [basic, fundamental] fundamental, primordial. - **4.** [furthest] último(ma). ◊ *n*: **the** ~ **in** el colmo de; **the** ~ **in space technology** lo último en tecnología espacial.
ultimately ['ʌltɪmətlɪ] *adv* - **1.** [finally, in the long term] finalmente, a la larga. - **2.** [basically] en el fondo, básicamente.

ultimatum [ˌʌltɪ'meɪtəm] (*pl* **ultimatums** OR **ultimata** [-'meɪtə]) *n* ultimátum *m*.

ultra ['ʌltrə] ◇ *adj* ultra, extremista. ◇ *n* ultra *mf*, extremista *mf*.

ultra- ['ʌltrə] *prefix* ultra-.

ultraconservative [ˌʌltrəkən'sɜːvətɪv] ◇ *adj* ultraconservador(ra). ◇ *n* ultraconservador *m*, -ra *f*.

ultrahigh frequency [ˌʌltrə'haɪ-] *n* frecuencia *f* ultraalta.

ultramarine [ˌʌltrəmə'riːn] *adj* azul de ultramar OR ultramarino (*inv*).

ultramodern [ˌʌltrə'mɒdən] *adj* ultramoderno(na).

ultrasonic [ˌʌltrə'sɒnɪk] *adj* ultrasónico(ca).

♦ **ultrasonics** *n* (*U*) estudio *m* de los ultrasonidos.

ultrasound ['ʌltrəsaʊnd] *n* ultrasonido *m*.

ultraviolet [ˌʌltrə'vaɪələt] ◇ *adj* ultravioleta. ◇ *n* luz *f* ultravioleta.

ultraviolet lamp *n* lámpara *f* de rayos ultravioleta.

ululate ['juːljʊleɪt] *vi fml* ulular.

um [ʌm] *excl* ¡humm!, ¡mm!

umbel ['ʌmbl] *n* umbela *f*.

umber ['ʌmbər] ◇ *n* [pigment] tierra *f* de sombra; [colour] pardo *m* oscuro. ◇ *adj* de color pardo oscuro.

umbilical [ʌm'bɪlɪkl] *adj* umbilical.

umbilical cord *n* cordón *m* umbilical.

umbilicus [ʌm'bɪlɪkəs] (*pl* **umbilici** [-saɪ]) *n* MED ombligo *m*.

umbrage ['ʌmbrɪdʒ] *n*: **to take ~ (at)** ofenderse (por).

umbrella [ʌm'brelə] ◇ *n* - **1.** [for rain] paraguas *m inv*. - **2.** [on beach] sombrilla *f*, parasol *m*. - **3.** MIL [air cover] cobertura *f* aérea. - **4.** *fig* [protection] amparo *m*, protección *f*. - **5.** [of jellyfish] umbrela *f*. ◇ *comp* [term] general; [organization] paraguas (*inv*), que engloba a otras.

umbrella stand *n* paragüero *m*.

UMIST ['juːmɪst] (*abbr of* **University of Manchester Institute of Science and Technology**) *n* instituto de ciencia y tecnología de la Universidad de Manchester.

umlaut ['ʊmlaʊt] *n* [written mark] diéresis *f inv*.

umpire ['ʌmpaɪər] ◇ *n* SPORT árbitro *m*; [in tennis] juez *m* de silla. ◇ *vt & vi* arbitrar.

umpteen [ˌʌmp'tiːn] *num adj inf*: **~ times** la tira de veces.

umpteenth [ˌʌmp'tiːnθ] *num adj inf* enésimo(ma); **for the ~ time** por enésima vez.

UMW (*abbr of* **United Mineworkers of America**) *n* sindicato estadounidense de mineros.

UN (*abbr of* **United Nations**) *n*: **the ~** la ONU.

unabashed [ˌʌnə'bæʃt] *adj* imperturbable; **to be ~** no avergonzarse.

unabated [ˌʌnə'beɪtɪd] *adj* incesante.

unable [ʌn'eɪbl] *adj*: **to be ~ to do sthg** no poder hacer algo.

unabridged [ˌʌnə'brɪdʒd] *adj* íntegro(gra).

unaccented [ˌʌnæk'sentɪd] *adj* sin acento, inacentuado(da).

unacceptable [ˌʌnək'septəbl] *adj* inaceptable.

unacceptably [ˌʌnək'septəblɪ] *adv* [noisy, rude] de un modo inaceptable.

unaccompanied [ˌʌnə'kʌmpənɪd] *adj* - **1.** [child] solo(la), que no va a acompañado(da); [luggage] desatendido(da), abandonado(da). - **2.** [song] sin acompañamiento.

unaccomplished [ˌʌnə'kʌmplɪʃt] *adj* - **1.** [unfinished] inacabado(da), incompleto(ta). - **2.** [untalented] mediocre, falto(ta) de aptitudes. - **3.** [unfulfilled] sin realizar, sin cumplir.

unaccountable [ˌʌnə'kaʊntəbl] *adj* - **1.** [inexplicable] inexplicable. - **2.** [not responsible]: **~ (for/to)** que no es responsable (de/ante).

unaccountably [ˌʌnə'kaʊntəblɪ] *adv* inexplicablemente.

unaccounted [ˌʌnə'kaʊntɪd] *adj*: **12 people are ~ for** hay 12 personas aún sin localizar; **£30 is ~ for** hay 30 libras que no aparecen.

unaccustomed [ˌʌnə'kʌstəmd] *adj* - **1.** [unused]: **to be ~ to** no estar acostumbrado(da) a. - **2.** *fml* [not usual] desacostumbrado(da), inusual.

unacknowledged [ˌʌnək'nɒlɪdʒd] *adj* - **1.** [fact, qualities, discovery] no reconocido (no reconocida). - **2.** [letter] no contestado (no contestada).

unacquainted [ˌʌnə'kweɪntɪd] *adj*: **to be ~ with sthg** no conocer algo.

unadopted [ˌʌnə'dɒptɪd] *adj* - **1.** *Br* [road] cuyo mantenimiento no corre a cargo del ayuntamiento sino de los vecinos. - **2.** [resolution, bill] rechazado(da). - **3.** [child] sin adoptar.

unadorned [ˌʌnə'dɔːnd] *adj* sencillo(lla), sin adornos.

unadulterated [ˌʌnə'dʌltəreɪtɪd] *adj* - **1.** [unspoilt] sin adulterar. - **2.** [absolute] completo(ta), absoluto(ta).

unadventurous [ˌʌnəd'ventʃərəs] *adj* poco atrevido (poco atrevida).

unadvertised [ʌn'ædvətaɪzd] *adj* [job] para el cual no se publicó un anuncio; [meeting, visit] privado(da).

unadvisable [ˌʌnəd'vaɪzəbl] *adj* desaconsejable, poco aconsejable.

unaffected [ˌʌnə'fektɪd] *adj* - **1.** [unchanged]: **to be ~ (by)** no verse afectado(da) (por). - **2.** [natural] nada afectado (nada afectada), natural.

unaffiliated [ˌʌnə'fɪlɪeɪtɪd] *adj* [unions] no afiliado (no afiliada).

unafraid [ˌʌnə'freɪd] *adj* sin miedo.

unaided [ʌn'eɪdɪd] *adj & adv* sin ayuda.

unaligned [ˌʌnə'laɪnd] *adj* - **1.** [wheels, posts] que no están alineados. - **2.** POL no alineado (no alineada).

unalike [ˌʌnə'laɪk] *adj* diferente; **they look** OR **seem quite ~** no se parecen en nada.

unallowable [ˌʌnə'laʊəbl] *adj* no permisible, no tolerable.

unalloyed [ˌʌnə'lɔɪd] *adj* TECH & *fig* puro(ra).

unalterable [ʌn'ɔːltərəbl] *adj* inalterable.

unaltered [ʌn'ɔːltəd] *adj* sin alteraciones OR cambios; **the original building remains ~** el edificio original no ha sufrido ninguna modificación.

unambiguous [ˌʌnæm'bɪgjʊəs] *adj* inequívoco(ca).

unambiguously [ˌʌnæm'bɪgjʊəslɪ] *adv* de un modo inequívoco, inequívocamente.

unambitious [ˌʌnæm'bɪʃəs] *adj* sin ambición.

un-American *adj* - **1.** [unlike an American] poco americano (poco americana). - **2.** [anti-American] antiamericano(na).

unanimity [ˌjuːnə'nɪmətɪ] *n fml* unanimidad *f*.

unanimous [juː'nænɪməs] *adj* unánime.

unanimously [juː'nænɪməslɪ] *adv* unánimemente.

unannounced [ˌʌnə'naʊnst] ◇ *adj* no anunciado (no anunciada). ◇ *adv* sin anunciarlo.

unanswerable [ʌn'ɑːnsərəbl] *adj* - **1.** [question] imposible de responder. - **2.** [case, logic] incontestable, irrefutable.

unanswered [ʌn'ɑːnsəd] *adj* sin contestar.

unappealing [ˌʌnə'piːlɪŋ] *adj* desagradable.

unappetizing, -ising [ʌn'æpɪtaɪzɪŋ] *adj* poco apetitoso (poco apetitosa).

unappreciated [ˌʌnə'priːʃɪeɪtɪd] *adj* poco apreciado (poco apreciada).

unappreciative [ˌʌnə'priːʃɪətɪv] *adj* poco apreciativo (poco apreciativa); **to be ~ of sthg** no apreciar algo.

unapproachable [ˌʌnə'prəʊtʃəbl] *adj* inaccesible.

unapproved [ˌʌnə'pruːvd] *adj* no aprobado (no aprobada).

unarguable [ʌn'ɑːgjʊəbl] *adj* incontestable, indiscutible.

unarguably [ʌn'ɑːgjʊəblɪ] *adv* indiscutiblemente.

unarmed [ʌn'ɑːmd] ◇ *adj* - **1.** [soldier] desarmado(da); [combat, vehicle] sin armas. - **2.** BOT & ZOOL inerme. ◇ *adv* a brazo partido.

unarmed combat *n* lucha *f* OR combate *m* a brazo partido.

unashamed [ˌʌnə'ʃeɪmd] *adj* descarado(da).

unashamedly [ˌʌnə'ʃeɪmɪdlɪ] *adv* [brazenly, openly] descaradamente; **he is ~ greedy** es de una codicia descarada.

unasked [ʌn'ɑːskt] ◇ *adj* [question] sin formular; [guest] sin invitación. ◇ *adv* [come] sin ser invitado(da).

unassailable [ˌʌnəˈseɪləbl] *adj* - **1.** [fort, city] inexpugnable. - **2.** [belief, reputation] inquebrantable; [argument] irrefutable.

unassisted [ˌʌnəˈsɪstɪd] *adj* sin ayuda.

unassuming [ˌʌnəˈsjuːmɪŋ] *adj* sin pretensiones.

unassumingly [ˌʌnəˈsjuːmɪŋlɪ] *adv* sin pretensiones.

unattached [ˌʌnəˈtætʃt] *adj* - **1.** [not fastened, linked] independiente; ~ **to** que no está ligado(da) a. - **2.** [without partner] libre, sin compromiso.

unattainable [ˌʌnəˈteɪnəbl] *adj* inalcanzable, inasequible.

unattended [ˌʌnəˈtendɪd] *adj* - **1.** [luggage, vehicle, fire] desatendido(da). - **2.** [person] solo(la).

unattractive [ˌʌnəˈtræktɪv] *adj* poco atractivo (poco atractiva).

unauthorized, **-ised** [ʌnˈɔːθəraɪzd] *adj* no autorizado (no autorizada).

unavailable [ˌʌnəˈveɪləbl] *adj* - **1.** [gen] que no está disponible. - **2.** [out of stock] agotado(da).

unavailing [ˌʌnəˈveɪlɪŋ] *adj* [effort, attempt] infructuoso(sa), vano(na); [method] ineficaz.

unavoidable [ˌʌnəˈvɔɪdəbl] *adj* inevitable, ineludible.

unavoidably [ˌʌnəˈvɔɪdəblɪ] *adj* inevitablemente, ineludiblemente.

unaware [ˌʌnəˈweəʳ] *adj* inconsciente; **to be** ~ **of** no ser consciente de.

unawares [ˌʌnəˈweəz] *adv* - **1.** [by surprise] de improviso; **to catch** OR **take sb** ~ coger a alguien desprevenido(da) OR de improviso. - **2.** [unintentionally] inadvertidamente.

unbalance [ʌnˈbæləns] ◇ *vt* desequilibrar. ◇ *n* desequilibrio *m*.

unbalanced [ʌnˈbælənst] *adj* desequilibrado(da).

unbaptized [ˌʌnbæpˈtaɪzd] *adj* no bautizado (no bautizada), sin bautizar.

unbar [ʌnˈbɑːʳ] (*pt & pp* **unbarred**, *cont* **unbarring**) *vt* - **1.** [unlock] desatrancar. - **2.** *fig* [open] abrir.

unbearable [ʌnˈbeərəbl] *adj* insoportable, inaguantable.

unbearably [ʌnˈbeərəblɪ] *adv* insoportablemente, inaguantablemente.

unbeatable [ʌnˈbiːtəbl] *adj* [gen] insuperable; [prices, value] inmejorable; [champion] invencible.

unbeaten [ʌnˈbiːtn] *adj* - **1.** [fighter, team] invicto(ta). - **2.** [record] imbatido(da).

unbecoming [ˌʌnbɪˈkʌmɪŋ] *adj* - **1.** [dress, colour] poco favorecedor (poco favorecedora). - **2.** [behaviour] indecoroso(sa), impropio(pia).

unbeknown(st) [ˌʌnbɪˈnəʊn(st)] *adv*: ~ **to** sin conocimiento de; ~ **to me** sin saberlo yo.

unbelief [ˌʌnbɪˈliːf] *n* escepticismo *m*.

unbelievable [ˌʌnbɪˈliːvəbl] *adj* increíble.

unbelievably [ˌʌnbɪˈliːvəblɪ] *adv* increíblemente.

unbeliever [ˌʌnbɪˈliːvəʳ] *n* ateo *m*, -a *f*, no creyente *mf*.

unbelieving [ˌʌnbɪˈliːvɪŋ] *adj* - **1.** [incredulous] incrédulo(la). - **2.** [sceptical] escéptico(ca).

unbend [ʌnˈbend] (*pt & pp* **unbent** [-ˈbent]) *vi* - **1.** [relax] relajarse. - **2.** [become straight] enderezarse.

unbending [ʌnˈbendɪŋ] *adj* inflexible.

unbent [ʌnˈbent] *pt & pp* → **unbend**.

unbia(s)sed [ʌnˈbaɪəst] *adj* imparcial.

unbidden [ʌnˈbɪdn] *adj literary*: **to do sthg** ~ hacer algo espontáneamente.

unbind [ʌnˈbaɪnd] (*pt & pp* **unbound** [-ˈbaʊnd]) *vt* desatar.

unblemished [ʌnˈblemɪʃt] *adj fig* intachable, impecable.

unblinking [ʌnˈblɪŋkɪŋ] *adj* - **1.** [impassive, fearless] impasible. - **2.** [eyes, gaze] sin pestañear.

unblock [ʌnˈblɒk] *vt* [pipe] desobstruir, desatascar; [road, tunnel] desbloquear, abrir.

unbolt [ʌnˈbəʊlt] *vt* [door] abrir el cerrojo de.

unbolted [ʌnˈbəʊltɪd] *adj* desatrancado(da).

unborn [ʌnˈbɔːn] *adj* - **1.** [child] no nacido (no nacida) aún. - **2.** [generation etc] venidero(ra), futuro(ra).

unbosom [ʌnˈbʊzəm] *vt literary* revelar, descubrir.

unbound [ʌnˈbaʊnd] ◇ *pt & pp* → **unbind**. ◇ *adj* - **1.** [hands] desatado(da); [prisoner] suelto(ta). - **2.** [book] sin encuadernar.

unbounded [ʌnˈbaʊndɪd] *adj literary* ilimitado(da), sin límites.

unbowed [ʌnˈbaʊd] *adj literary* no subyugado (no subyugada), no sometido (no sometida).

unbreakable [ʌnˈbreɪkəbl] *adj* irrompible.

unbreathable [ʌnˈbriːðəbl] *adj* irrespirable.

unbridled [ʌnˈbraɪdld] *adj* desmesurado(da), desenfrenado(da).

unbroken [ʌnˈbrəʊkn] *adj* - **1.** [line, surface] continuo(nua); [sleep, tradition] ininterrumpido(da). - **2.** [seal] intacto(ta). - **3.** [record] imbatido(da). - **4.** [promise] mantenido(da). - **5.** [horse] salvaje, cerril.

unbuckle [ʌnˈbʌkl] *vt* deshebillar.

unburden [ʌnˈbɜːdn] *vt fml* - **1.** [unload] descargar. - **2.** *fig* [relieve] desahogar.

unbusinesslike [ʌnˈbɪznɪslaɪk] *adj* [unmethodical] poco metódico (poco metódica).

unbutton [ʌnˈbʌtn] *vt* desabrochar, desabotonar.

uncaged [ʌnˈkeɪdʒd] *adj* libre, suelto(ta).

uncalled-for [ʌnˈkɔːld-] *adj* - **1.** [not deserved] injusto(ta), inmerecido(da). - **2.** [unnecessary] innecesario(ria), fuera de lugar.

uncannily [ʌnˈkænɪlɪ] *adv* extrañamente, misteriosamente.

uncanny [ʌnˈkænɪ] (*compar* **uncannier**, *superl* **uncanniest**) *adj* - **1.** [strange] extraño(ña). - **2.** [eerie] misterioso(sa).

uncap [ʌnˈkæp] (*pt & pp* **uncapped**, *cont* **uncapping**) *vt* destapar.

uncared-for [ʌnˈkeəd-] *adj* abandonado(da), desamparado(da).

uncaring [ʌnˈkeərɪŋ] *adj* insensible, falto(ta) de sentimientos.

unceasing [ʌnˈsiːsɪŋ] *adj fml* incesante.

unceasingly [ʌnˈsiːsɪŋlɪ] *adv* incesantemente, sin cesar.

uncelebrated [ʌnˈselɪbreɪtɪd] *adj literary* [obscure] poco conocido (poco conocida), oscuro(ra).

uncensored [ʌnˈsensəd] *adj* sin censurar, íntegro(gra).

unceremonious [ˈʌnˌserɪˈməʊnjəs] *adj* - **1.** [curt] brusco(ca). - **2.** [informal] poco ceremonioso (poco ceremoniosa).

unceremoniously [ˈʌnˌserɪˈməʊnjəslɪ] *adj* sin contemplaciones, sin ceremonias.

uncertain [ʌnˈsɜːtn] *adj* - **1.** [gen] incierto(ta); **to be** ~ **of** **sthg** no estar seguro(ra) de algo. - **2.** [undecided, hesitant] indeciso(sa); **in no** ~ **terms** de forma vehemente.

uncertainly [ʌnˈsɜːtnlɪ] *adv* de un modo vacilante OR indeciso.

uncertainty [ʌnˈsɜːtntɪ] (*pl* **uncertainties**) *n* incertidumbre *f*, duda *f*.

uncertified [ʌnˈsɜːtɪfaɪd] *adj* [copy] sin certificar; [doctor, teacher] sin título.

unchain [ʌnˈtʃeɪn] *vt* quitar la cadena a, desencadenar.

unchallenged [ʌnˈtʃæləndʒd] *adj* - **1.** [authority, opinion, assumption] sin cuestionar. - **2.** JUR no recusado (no recusada).

unchangeable [ʌnˈtʃeɪndʒəbl] *adj* invariable, inalterable.

unchanged [ʌnˈtʃeɪndʒd] *adj* sin alterar.

unchanging [ʌnˈtʃeɪndʒɪŋ] *adj* inmutable, inalterable.

uncharacteristic [ˈʌnˌkærəktəˈrɪstɪk] *adj* inusual, insólito(ta); **it's** ~ **of him** es raro en él, no es propio de él.

uncharacteristically [ˈʌnˌkærəktəˈrɪstɪklɪ] *adv* de un modo inusual OR poco común.

uncharitable [ʌnˈtʃærɪtəbl] *adj* mezquino(na).

uncharted [ʌnˈtʃɑːtɪd] *adj lit & fig* desconocido(da).

unchecked [ʌnˈtʃekt] ◇ *adj* [unrestrained] desenfrenado(da). ◇ *adv* [unrestrained] libremente, sin restricciones.

unchristian [ˌʌnˈkrɪstʃən] *adj fml* poco cristiano (poco cristiana).

uncircumcised [ˌʌnˈsɜːkəmsaɪzd] *adj* no circuncidado.

uncivil [ʌnˈsɪvl] *adj* descortés.

uncivilized, -ised [ʌnˈsɪvɪlaɪzd] *adj* [society] incivilizado(da); [person] inculto(ta).

unclad [ʌnˈklæd] *adj literary* desvestido(da), desnudo(da).

unclaimed [ʌnˈkleɪmd] *adj* [property, reward] sin reclamar, no reclamado (no reclamada).

unclasp [ʌnˈklɑːsp] *vt* - **1.** [hands] separar. - **2.** [buckle, brooch] desabrochar.

unclassified [ʌnˈklæsɪfaɪd] *adj* - **1.** [not secret] no confidencial. - **2.** [not sorted] sin clasificar.

uncle [ˈʌŋkl] *n* tío *m*; **cry** OR **say** ~! *Am inf fig* ¡ríndete!

unclean [ʌnˈkliːn] *adj* - **1.** [dirty] sucio(cia). - **2.** RELIG impuro(ra).

unclear [ʌnˈklɪəʳ] *adj* poco claro (poco clara); **to be ~ about sthg** no tener claro algo.

unclench [ʌnˈklentʃ] *vt* aflojar.

Uncle Sam [-sæm] *n inf* el Tío Sam.

Uncle Tom *n Am v inf pej persona de raza negra que se comporta de forma sumisa con los blancos.*

unclog [ʌnˈklɒg] (*pt & pp* **unclogged**, *cont* **unclogging**) *vt* desatascar.

unclothed [ʌnˈkləʊðd] *adj* desnudo(da).

unclouded [ʌnˈklaʊdɪd] *adj* - **1.** [sky] despejado(da), sin nubes; *fig* [thinking, mind] claro(ra), lúcido(da). - **2.** [liquid] claro(ra), transparente.

uncoil [ʌnˈkɔɪl] ◇ *vt* desenrollar. ◇ *vi* desenrollarse.

uncollectable [ʌnkəˈlektəbl] *adj* incobrable.

uncombed [ʌnˈkəʊmd] *adj* [hair] despeinado(da); [wool] sin peinar.

uncomfortable [ʌnˈkʌmftəbl] *adj* - **1.** [gen] incómodo(da). - **2.** *fig* [fact, truth] inquietante, desagradable.

uncomfortably [ʌnˈkʌmftəblɪ] *adv* - **1.** [in physical discomfort] incómodamente. - **2.** *fig* [uneasily] inquietantemente.

uncommercial [ʌnkəˈmɜːʃl] *adj* poco comercial.

uncommitted [ʌnkəˈmɪtɪd] *adj* no comprometido (no comprometida).

uncommon [ʌnˈkɒmən] *adj* - **1.** [rare] poco común, raro(ra). - **2.** *fml* [extreme] sumo(ma).

uncommonly [ʌnˈkɒmənlɪ] *adv fml* extraordinariamente.

uncommunicative [ʌnkəˈmjuːnɪkətɪv] *adj* poco comunicativo (poco comunicativa), reservado(da).

uncomplaining [ʌnkəmˈpleɪnɪŋ] *adj* que no protesta, resignado(da).

uncompleted [ʌnkəmˈpliːtɪd] *adj* inacabado(da).

uncomplicated [ʌnˈkɒmplɪkeɪtɪd] *adj* sencillo(lla), sin complicaciones.

uncomplimentary [ˈʌnˌkɒmplɪˈmentərɪ] *adj* poco halagador (poco halagadora), poco elogioso (poco elogiosa).

uncomprehending [ˈʌnˌkɒmprɪˈhendɪŋ] *adj* incomprensivo(va).

uncomprehendingly [ˈʌnˌkɒmprɪˈhendɪŋlɪ] *adv* con desconcierto.

uncompromising [ʌnˈkɒmprəmaɪzɪŋ] *adj* inflexible, intransigente.

uncompromisingly [ʌnˈkɒmprəmaɪzɪŋlɪ] *adv* de un modo inflexible OR intransigente.

unconcealed [ʌnkənˈsiːld] *adj* [joy, anger] evidente, palmario(ria).

unconcern [ʌnkənˈsɜːn] *n* - **1.** [indifference] indiferencia *f*. - **2.** [calm] despreocupación *f*.

unconcerned [ʌnkənˈsɜːnd] *adj* - **1.** [uninterested] indiferente. - **2.** [unworried, calm] despreocupado(da).

unconditional [ʌnkənˈdɪʃənl] *adj* incondicional.

unconditionally [ʌnkənˈdɪʃnəlɪ] *adv* [accept, surrender] sin condiciones, incondicionalmente.

unconditioned [ʌnkənˈdɪʃənd] *adj* - **1.** PSYCH natural, no condicionado (no condicionada). - **2.** [unconditional] incondicional. - **3.** [unrestricted] no restringido (no restringida), ilimitado(da).

unconfined [ʌnkənˈfaɪnd] *adj* - **1.** [limitless] ilimitado(da). - **2.** [free] libre, sin trabas OR obstáculos.

unconfirmed [ʌnkənˈfɜːmd] *adj* sin confirmar.

uncongenial [ʌnkənˈdʒiːnjəl] *adj fml* [place] desagradable; [person] antipático(ca).

unconnected [ʌnkəˈnektɪd] *adj* inconexo(xa), sin relación.

unconquerable [ʌnˈkɒŋkərəbl] *adj* [area, country] inconquistable; [opponent] invencible, irreductible; [obstacle, problem] insuperable.

unconquered [ʌnˈkɒŋkəd] *adj* [area, country] no conquistado (no conquistada); [people] invicto(ta).

unconscionable [ʌnˈkɒnʃənəbl] *adj fml* - **1.** [liar] sin escrúpulos, inescrupuloso(sa). - **2.** [demand, time] desmesurado(da), exorbitante.

unconscious [ʌnˈkɒnʃəs] ◇ *adj* inconsciente; **to be ~ of sthg** ser inconsciente de OR ignorar algo. ◇ *n* inconsciente *m*.

unconsciously [ʌnˈkɒnʃəslɪ] *adv* inconscientemente.

unconsciousness [ʌnˈkɒnʃəsnɪs] *n (U)* - **1.** MED [coma] inconsciencia *f*, pérdida *f* del conocimiento; [fainting] desmayo *m*. - **2.** [lack of awareness] inconsciencia *f*.

unconsidered [ʌnkənˈsɪdəd] *adj* [thought, action] irreflexivo(va).

unconstitutional [ˈʌnˌkɒnstɪˈtjuːʃənl] *adj* inconstitucional.

unconsummated [ʌnˈkɒnsəmeɪtɪd] *adj* [marriage] sin consumar, no consumado (no consumada).

uncontested [ʌnkənˈtestɪd] *adj* [decision, judgment] incontestado(da); [seat, election] ganado(da) sin oposición.

uncontrollable [ʌnkənˈtrəʊləbl] *adj* - **1.** [gen] incontrolable. - **2.** [desire, hatred] irrefrenable. - **3.** [laughter] incontenible.

uncontrollably [ʌnkənˈtrəʊləblɪ] *adv* - **1.** [helplessly] de un modo incontrolable; **he was laughing ~** no podía parar de reír; **I shook ~** no podía parar de temblar. - **2.** [out of

---

USAGE ▶ Uncertainty

No sé si funciona.
No estoy seguro de que fuera él.
No te lo puedo decir con seguridad.
Tengo mis dudas.
Dudo de su buena fe
Dudo que venga.
No creo que sea verdad.
Es aún demasiado pronto para decirlo.
Todavía no sé qué hacer.
Aún no me he decidido.
Estoy indecisa.
Lo ignoro.
Puede que sí, puede que no.

¡Quién sabe!
¡(Vete tú) a saber!
Es posible que se quede en casa, pero todavía no es seguro.

Less marked

Creo que está en camino.
Me parece que llega mañana.
Supongo OR Imagino que está al caer.
Aparentemente, todo ha salido como fue planeado.

[N.B.: *See also:* **Certainty (tentative)**]

control]: **the boat rocked** ~ el barco se balanceaba sin control OR fuera de control. - **3**. [fall, increase] de un modo incontrolable.

uncontrolled [ˌʌnkənˈtrəʊld] adj [emotion] desenfrenado(da); [trend] incontrolado(da).

uncontroversial [ˈʌnˌkɒntrəˈvɜːʃl] adj que no es polémico(ca).

unconventional [ˌʌnkənˈvenʃənl] adj poco convencional.

unconventionally [ˌʌnkənˈvenʃnəlɪ] adv [live, think] de un modo original OR poco convencional; [dress] con originalidad, de un modo original.

unconvinced [ˌʌnkənˈvɪnst] adj: **to remain** ~ seguir sin convencerse.

unconvincing [ˌʌnkənˈvɪnsɪŋ] adj poco convincente.

unconvincingly [ˌʌnkənˈvɪnsɪŋlɪ] adv [argue, lie] de un modo poco convincente.

uncooked [ˌʌnˈkʊkt] adj crudo(da), sin guisar.

uncool [ˌʌnˈkuːl] adj inf anticuado(da), pasado(da) de moda.

uncooperative [ˌʌnkəʊˈɒpərətɪv] adj nada servicial, no dispuesto (no dispuesta) a ayudar.

uncoordinated [ˌʌnkəʊˈɔːdɪneɪtɪd] adj - **1**. [movements] descoordinado(da). - **2**. [clumsy] torpe. - **3**. [unorganized] desorganizado(da).

uncork [ˌʌnˈkɔːk] vt - **1**. [bottle] descorchar. - **2**. fig [emotions] dar rienda suelta a.

uncorrected [ˌʌnkəˈrektɪd] adj no corregido (no corregida), sin corregir.

uncorroborated [ˌʌnkəˈrɒbəreɪtɪd] adj sin corroborar.

uncorrupted [ˌʌnkəˈrʌptɪd] adj incorrupto(ta).

uncountable [ˌʌnˈkaʊntəbl] adj - **1**. [numberless] incalculable. - **2**. GRAMM incontable.

uncouple [ˌʌnˈkʌpl] vt [carriage, trailer] desenganchar.

uncouth [ˌʌnˈkuːθ] adj grosero(ra).

uncover [ˌʌnˈkʌvəʳ] vt [reveal] descubrir.

uncovered [ˌʌnˈkʌvəd] adj - **1**. [revealed] descubierto(ta). - **2**. [cheque] sin fondos.

uncritical [ˌʌnˈkrɪtɪkl] adj sin sentido crítico.

uncross [ˌʌnˈkrɒs] vt descruzar.

uncrowded [ˌʌnˈkraʊdɪd] adj con poca gente.

uncrowned [ˌʌnˈkraʊnd] adj sin corona.

unction [ˈʌŋkʃn] n - **1**. [act] unción f, ungimiento m; [ointment] ungüento m, untura f. - **2**. fml & pej [affected charm] untuosidad f.

unctuous [ˈʌŋktjʊəs] adj fml meloso(sa).

uncultivated [ˌʌnˈkʌltɪveɪtɪd] adj - **1**. [land] sin cultivar. - **2**. [person] inculto(ta).

uncultured [ˌʌnˈkʌltʃəd] adj [person] inculto(ta); [accent, speech, manners] poco refinado (poco refinada).

uncurl [ˌʌnˈkɜːl] vi - **1**. [hair] desrizarse; [wire] desenrollarse. - **2**. [animal] desovillarse, desenroscarse.

uncut [ˌʌnˈkʌt] adj - **1**. [film] sin cortes. - **2**. [jewel] sin tallar, en bruto. - **3**. [hair, nails] sin cortar. - **4**. [book, pages] intonso(sa).

undamaged [ˌʌnˈdæmɪdʒd] adj [gen] intacto(ta); [goods] sin desperfectos.

undaunted [ˌʌnˈdɔːntɪd] adj - **1**. [fearless] impávido(da), impertérrito(ta). - **2**. [not discouraged] resuelto(ta).

undeceive [ˌʌndɪˈsiːv] vt fml desengañar.

undecided [ˌʌndɪˈsaɪdɪd] adj - **1**. [person] indeciso(sa). - **2**. [issue] pendiente, sin resolver.

undecipherable [ˌʌndɪˈsaɪfərəbl] adj [writing] indescifrable, ilegible; [code] indescifrable.

undeclared [ˌʌndɪˈkleəd] adj [goods] sin declarar, no declarado (no declarada); [love] no declarado (no declarada).

undefeated [ˌʌndɪˈfiːtɪd] adj invicto(ta).

undefended [ˌʌndɪˈfendɪd] adj - **1**. MIL [fort, town] indefenso(sa). - **2**. JUR [lawsuit] sin defensa.

undefinable [ˌʌndɪˈfaɪnəbl] adj indefinible.

undelivered [ˌʌndɪˈlɪvəd] adj [letter] no entregado (no en-

tregada); **if** ~ **please return to sender** en caso de devolución, se ruega enviar al remitente.

undemanding [ˌʌndɪˈmɑːndɪŋ] adj - **1**. [task] poco absorbente, que requiere poco esfuerzo. - **2**. [person] poco exigente.

undemocratic [ˈʌnˌdeməʊˈkrætɪk] adj antidemocrático(ca).

undemonstrative [ˌʌndɪˈmɒnstrətɪv] adj poco expresivo (poco expresiva), reservado(da).

undeniable [ˌʌndɪˈnaɪəbl] adj innegable.

undeniably [ˌʌndɪˈnaɪəblɪ] adv [true] indiscutiblemente.

under [ˈʌndəʳ] ◇ prep - **1**. [beneath] debajo de. - **2**. [with movement] bajo; **they walked** ~ **the bridge** pasaron por debajo del puente. - **3**. [subject to, undergoing, controlled by] bajo; ~ **the circumstances** dadas las circunstancias; ~ **discussion** en proceso de discusión; **he has 20 men** ~ **him** tiene 20 hombres a su cargo. - **4**. [less than] menos de; ~ **18s** menores (de 18 años). - **5**. [according to] según, conforme a. - **6**. [in headings, classifications]: **he filed it** ~ **'D'** lo archivó en la 'D'. - **7**. [with name, title]: ~ **an alias** bajo seudónimo. - **8**. AGR: ~ **wheat/barley** con cultivos de trigo/cebada. ◇ adv - **1**. [gen] debajo; **to go** ~ [business] irse a pique. - **2**. [less]: **children of 12 years and** ~ niños menores de 13 años; **two hours or** ~ dos horas o menos.

under- [ˈʌndəʳ] prefix - **1**. [beneath] inferior, bajo. - **2**. [lower in rank] sub-, segundo(da). - **3**. [insufficiently] insuficientemente.

underachieve [ˌʌndərəˈtʃiːv] vi rendir por debajo de lo esperado.

underachiever [ˌʌndərəˈtʃiːvəʳ] n persona que no rinde todo lo que puede.

underage [ˌʌndərˈeɪdʒ] adj [person] menor de edad; [sex, drinking] en menores de edad.

underarm [ˈʌndərɑːm] ◇ adj - **1**. [deodorant] corporal, para las axilas. - **2**. [bowling, throw] por debajo del hombro. ◇ adv por debajo del hombro.

underbelly [ˈʌndəˌbelɪ] (pl **underbellies**) n - **1**. [of animals] bajo vientre m. - **2**. fig [weakest part] punto m débil.

underbid [ˌʌndəˈbɪd] (pt & pp **underbid**, cont **underbidding**) vt ofrecer menos que, rebajar.

underblanket [ˈʌndəˌblæŋkɪt] n manta colocada bajo la sábana bajera.

underbody [ˈʌndəˌbɒdɪ] n AUT bajos mpl.

underbrush [ˈʌndəbrʌʃ] n Am maleza f, monte m bajo.

undercarriage [ˈʌndəˌkærɪdʒ] n - **1**. [of aeroplane] tren m de aterrizaje. - **2**. [of vehicle] chasis m inv.

undercharge [ˌʌndəˈtʃɑːdʒ] vt cobrar menos del precio estipulado a.

underclass [ˈʌndəklɑːs] n clase f baja OR inferior.

underclothes [ˈʌndəkləʊðz] npl, **underclothing** [ˈʌndəˌkləʊðɪŋ] n ropa f interior.

undercoat [ˈʌndəkəʊt] n [of paint] primera mano f OR capa f.

undercook [ˌʌndəˈkʊk] vt no guisar suficientemente.

undercover [ˈʌndəˌkʌvəʳ] ◇ adj secreto(ta); ~ **agent** agente secreto m, agente secreta f. ◇ adv en la clandestinidad; **to go** ~ pasar a la clandestinidad.

undercurrent [ˈʌndəˌkʌrənt] n - **1**. fig [feeling] sentimiento m oculto. - **2**. [in sea] corriente f submarina.

undercut [ˌʌndəˈkʌt] (pt & pp **undercut**, cont **undercutting**) ◇ vt - **1**. COMM [competitor] vender más barato que. - **2**. [undermine] socavar. - **3**. SPORT [ball] cortar. ◇ n - **1**. SPORT golpe m cortado. - **2**. Br [tenderloin] solomillo m.

underdeveloped [ˌʌndədɪˈveləpt] adj - **1**. [country, society] subdesarrollado(da). - **2**. [muscle, body] insuficientemente desarrollado (insuficientemente desarrollada). - **3**. PHOT insuficientemente revelado (insuficientemente revelada).

underdog [ˈʌndədɒg] n: **the** ~ [in fight, contest] el que lleva las de perder; [in society] el desvalido, el desamparado.

underdone [ˌʌndəˈdʌn] adj poco hecho (poco hecha).

underdressed [ˌʌndəˈdrest] adj [informally dressed] vestido(da) de forma inapropiada.

underemployed [ˌʌndərɪm'plɔɪd] *adj* subempleado(da).

underemployment [ˌʌndərɪm'plɔɪmənt] *n* subempleo *m*.

underestimate [*vb* ˌʌndər'estɪmeɪt, *n* ˌʌndər'estɪmət] ◇ *n* subestimación *f*, infravaloración *f*. ◇ *vt* subestimar, infravalorar.

underestimation ['ˌʌndərˌestɪ'meɪʃn] *n* subestimación *f*, infravaloración *f*.

underexpose [ˌʌndərɪk'spəʊz] *vt* PHOT subexponer.

underexposed [ˌʌndərɪk'spəʊzd] *adj* PHOT subexpuesto(ta).

underexposure [ˌʌndərɪk'spəʊʒəʳ] *n* PHOT subexposición *f*.

underfeed [ˌʌndə'fiːd] *vt* [undernourish] desnutrir.

underfelt ['ʌndəfelt] *n* aislante grueso colocado entre el suelo y la moqueta.

underfinanced [ˌʌndə'faɪnænst] *adj* insuficientemente financiado (insuficientemente financiada).

underfloor ['ʌndəflɔːʳ] *adj* [pipes, wiring] que está debajo del suelo; ~ **heating** calefacción *f* por suelo.

underfoot [ˌʌndə'fʊt] *adv* debajo de los pies; **it's wet** ~ el suelo está mojado.

underfund [ˌʌndə'fʌnd] *vt* no proveer con fondos suficientes a.

undergarment ['ʌndəgɑːmənt] *n fml & dated* prenda *f* de ropa interior.

underglaze ['ʌndəgleɪz] *n* aplicación *f* antes del vidriado.

undergo [ˌʌndə'gəʊ] (*pt* **underwent** [-'went], *pp* **undergone** [-'gɒn]) *vt* [pain, change, difficulties] sufrir, experimentar; [operation, examination] someterse a.

undergrad ['ʌndəgræd] *n inf* = **undergraduate**.

undergraduate [ˌʌndə'grædʒuət] ◇ *adj* [course, studies] de licenciatura; [gown, prospectus] para estudiantes no licenciados. ◇ *n* estudiante universitario no licenciado *m*, estudiante universitaria no licenciada *f*.

underground [*adj & n* 'ʌndəgraund, *adv* ˌʌndə'graund] ◇ *adj* **- 1.** [below the ground] subterráneo(a); ~ **railway** metro *m*. **- 2.** *fig* [secret, illegal] clandestino(na). **- 3.** [avant-garde] vanguardista, underground *(inv)*. ◇ *adv* **- 1.** [in hiding]: **to go** ~ pasar a la clandestinidad; **to be forced** ~ tener que pasar a la clandestinidad. **- 2.** [below surface] bajo tierra. ◇ *n* **- 1.** *Br* [railway system] metro *m*. **- 2.** [activist movement] resistencia *f*, movimiento *m* clandestino. **- 3.** [avant-garde] vanguardia *f*, underground *m*.

undergrowth ['ʌndəgrəʊθ] *n (U)* maleza *f*, monte *m* bajo.

underhand [ˌʌndə'hænd] ◇ *adj* **- 1.** [methods, action] turbio(bia), poco limpio (poco limpia). **- 2.** SPORT por debajo del hombro. ◇ *adv* SPORT por debajo del hombro.

underhanded [ˌʌndə'hændɪd] *adj* **- 1.** = **underhand** *sense 2*. **- 2.** [shorthanded] falto(ta) OR escaso(sa) de mano de obra.

underinsure [ˌʌndərɪn'ʃɔːʳ] *vt* asegurar por debajo de su valor real.

underinsured [ˌʌndərɪn'ʃɔːd] *adj* que está asegurado por debajo de su valor real.

underlain [ˌʌndə'leɪn] *pp* → **underlie**.

underlay [*vb* ˌʌndə'leɪ, *n* 'ʌndəleɪ] (*pt & pp* **underlaid** [-'leɪd]) ◇ *n* refuerzo *m*. ◇ *vt* reforzar.

underlie [ˌʌndə'laɪ] (*pt* **underlay** [-'leɪ]) (*pp* **underlain** [-'leɪn]) *vt* subyacer bajo, ser la base de.

underline [ˌʌndə'laɪn] *vt lit & fig* subrayar.

underling ['ʌndəlɪŋ] *n pej* [subordinate] subalterno *m*, -na *f*.

underlying [ˌʌndə'laɪɪŋ] *adj* subyacente.

undermanned [ˌʌndə'mænd] *adj* sin suficiente personal.

undermentioned [ˌʌndə'menʃnd] *adj fml* abajo citado (abajo citada).

undermine [ˌʌndə'maɪn] *vt* **- 1.** *fig* [weaken] minar, socavar. **- 2.** [cliff] erosionar, socavar.

undermost ['ʌndəməʊst] *adj* último(ma), más bajo (más baja).

undernamed [ˌʌndə'neɪmd] (*pl inv*) ◇ *n* persona *f* abajo citada OR mencionada. ◇ *adj* abajo citado (abajo citada).

underneath [ˌʌndə'niːθ] ◇ *prep* **- 1.** [beneath] debajo de.

- 2. [with movement] bajo. ◇ *adv* **- 1.** [under, below] debajo. **- 2.** *fig* [fundamentally] por dentro, en el fondo. ◇ *adj inf* inferior, de abajo. ◇ *n* **- 1.** [underside]: **the** ~ la superficie inferior. **- 2.** *fig* [true personality]: **on the** ~ en el fondo.

undernourish [ˌʌndə'nʌrɪʃ] *vt* desnutrir.

undernourished [ˌʌndə'nʌrɪʃt] *adj* desnutrido(da).

undernourishment [ˌʌndə'nʌrɪʃmənt] *n* desnutrición *f*.

underpaid [*adj* 'ʌndəpeɪd, *pt & pp* ˌʌndə'peɪd] ◇ *pt & pp* → **underpay**. ◇ *adj* mal pagado (mal pagada).

underpants ['ʌndəpænts] *npl* calzoncillos *mpl*.

underpass ['ʌndəpɑːs] *n* paso *m* subterráneo.

underpay [ˌʌndə'peɪ] (*pt & pp* **underpaid** [-'peɪd]) *vt* pagar mal.

underperform [ˌʌndəpə'fɔːm] *vi* rendir por debajo de sus posibilidades.

underpin [ˌʌndə'pɪn] (*pt & pp* **underpinned**, *cont* **underpinning**) *vt* **- 1.** *fig* [argument, theory] apoyar, sostener. **- 2.** [wall] apuntalar, sostener.

underpinning [ˌʌndə'pɪnɪŋ] *n* apuntalamiento *m*.
◆ **underpinnings** *npl* [foundation] cimientos *mpl*, estructura *f*.

underplay [ˌʌndə'pleɪ] *vt* **- 1.** [minimize the importance of] minimizar. **- 2.** THEATRE [role] hacer una interpretación floja de.

underpopulated [ˌʌndə'pɒpjʊleɪtɪd] *adj* poco poblado (poco poblada).

underpowered [ˌʌndə'paʊəd] *adj* que le falta potencia.

underprice [ˌʌndə'praɪs] *vt* **- 1.** [for sale] vender por debajo del valor real. **- 2.** [for estimate] subvaluar.

underprivileged [ˌʌndə'prɪvɪlɪdʒd] *adj* desvalido(da), desamparado(da).

underproduce [ˌʌndəprə'djuːs] ◇ *vt* producir una cantidad insuficiente de. ◇ *vi* producir una cantidad insuficiente.

underproduction [ˌʌndəprə'dʌkʃn] *n* producción *f* insuficiente.

underquote [ˌʌndə'kwəʊt] *vt* **- 1.** [goods, securities, services] vender a un precio inferior al del mercado. **- 2.** [competitor] vender más barato que.

underrate [ˌʌndə'reɪt] *vt* subestimar, infravalorar.

underrated [ˌʌndə'reɪtɪd] *adj* subestimado(da), infravalorado(da).

underripe [ˌʌndə'raɪp] *adj* poco maduro (poco madura).

underscore [ˌʌndə'skɔːʳ] *vt lit & fig* subrayar.

undersea ['ʌndəsiː] ◇ *adj* submarino(na). ◇ *adv* bajo la superficie del mar.

underseal ['ʌndəsiːl] *Br* AUT ◇ *n* **- 1.** [product] producto *m* anticorrosivo. **- 2.** [act] tratamiento *m* anticorrosivo. **- 3.** [result] capa *f* anticorrosiva. ◇ *vt* someter a un tratamiento anticorrosivo.

underseas [ˌʌndə'siːz] *adv* = **undersea**.

undersecretary [ˌʌndə'sekrətərɪ] (*pl* **undersecretaries**) *n* subsecretario *m*, -ria *f*.

undersell [ˌʌndə'sel] (*pt & pp* **undersold** [-'səʊld]) *vt* **- 1.** [competitor] vender a precio más bajo que; [goods] malvender, malbaratar. **- 2.** *fig* [underemphasize] no hacer suficiente hincapié en.

undersexed [ˌʌndə'sekst] *adj* con poco deseo sexual.

undershirt ['ʌndəʃɜːt] *n Am* camiseta *f*.

undershorts ['ʌndəʃɔːts] *npl Am* calzoncillos *mpl*.

undershot [ˌʌndə'ʃɒt] *adj* [jaw] prominente, saliente.

underside ['ʌndəsaɪd] *n*: **the** ~ la superficie inferior.

undersigned ['ʌndəsaɪnd] (*pl inv*) *n fml*: **the** ~ el/la abajo firmante.

undersize(d) [ˌʌndə'saɪz(d)] *adj* más pequeño (más pequeña) de lo normal.

underskirt ['ʌndəskɜːt] *n* enaguas *fpl*.

underslung [ˌʌndə'slʌŋ] *adj* colgante, suspendido(da) de las ballestas.

undersold [ˌʌndə'səʊld] *pt & pp* → **undersell**.

understaffed [ˌʌndəˈstɑːft] *adj* falto(ta) de personal.

understand [ˌʌndəˈstænd] (*pt & pp* **understood** [-ˈstʊd]) ◇ *vt* - **1.** [gen] comprender, entender; **do you ~ French?** ¿entiendes francés?; **understood?** ¿entendido?, ¿comprendido?; **to make o.s. understood** hacerse entender. - **2.** [know all about] entender de. - **3.** *fml* [believe, assume]: **to ~ that** tener entendido que; **am I to ~ that you are not coming?** ¿debo entender que tú no vienes?; **I was given to ~ that...** se me dio a entender que...; **it is understood that...** [assumed] se supone que...; [generally agreed] se sobreentiende que; **I wish it to be understood that...** que quede bien claro OR que conste que. ◇ *vi* comprender, entender.

understandable [ˌʌndəˈstændəbl] *adj* comprensible.

understandably [ˌʌndəˈstændəblɪ] *adv* naturalmente, comprensiblemente.

understanding [ˌʌndəˈstændɪŋ] ◇ *n* - **1.** [knowledge] entendimiento *m*, comprensión *f*. - **2.** [sympathy] comprensión *f* mutua. - **3.** [interpretation]: **it is my ~ that** tengo la impresión de que. - **4.** [informal agreement] acuerdo *m*, arreglo *m*; **on the ~ that** a condición de que. - **5.** [intelligence] entendimiento *m*, inteligencia *f*. ◇ *adj* comprensivo(va).

understate [ˌʌndəˈsteɪt] *vt* - **1.** [minimize] minimizar, atenuar; **to ~ one's age** quitarse años. - **2.** [express with restraint] expresar de forma discreta.

understatement [ˌʌndəˈsteɪtmənt] *n* - **1.** [inadequate statement] atenuación *f*; **it's an ~ to say he's fat** decir que es gordo es quedarse corto. - **2.** (U) [quality of understating]: **he's a master of ~** puede quitarle importancia a cualquier cosa.

understood [ˌʌndəˈstʊd] *pt & pp* → **understand**.

understudy [ˈʌndəˌstʌdɪ] (*pl* **understudies**, *pt & pp* **understudied**) ◇ *n* suplente *mf*. ◇ *vt* [role] aprender para una posible suplencia; [actor] aprender un papel para suplir a.

undertake [ˌʌndəˈteɪk] (*pt* **undertook** [-ˈtʊk], *pp* **undertaken** [-ˈteɪkn]) *vt* - **1.** [task, project] emprender; [responsibility, control] asumir, tomar. - **2.** [promise]: **to ~ to do sthg** comprometerse a hacer algo.

undertaker [ˈʌndəˌteɪkəʳ] *n* director *m*, -ra *f* de pompas fúnebres.

undertaking [ˌʌndəˈteɪkɪŋ] *n* - **1.** [task] tarea *f*, empresa *f*. - **2.** [promise] promesa *f*.

under-the-counter *adj inf* bajo cuerda OR mano, clandestino(na).

undertone [ˈʌndətəʊn] *n* - **1.** [quiet voice] voz *f* baja. - **2.** [vague feeling] matiz *m*.

undertook [ˌʌndəˈtʊk] *pt* → **undertake**.

undertow [ˈʌndətəʊ] *n* resaca *f* (marítima).

underuse [ˌʌndəˈjuːz] *vt* infrautilizar.

undervaluation [ˌʌndəˌvæljuˈeɪʃn] *n* subvaloración *f*, infravaloración *f*.

undervalue [ˌʌndəˈvæljuː] *vt* [person] subestimar, menospreciar; [house] subvalorar.

underwater [ˌʌndəˈwɔːtəʳ] ◇ *adj* submarino(na). ◇ *adv* bajo el agua.

underwear [ˈʌndəweəʳ] *n* ropa *f* interior.

underweight [ˌʌndəˈweɪt] *adj* - **1.** [person] flaco(ca), que no pesa lo suficiente. - **2.** [goods] de peso insuficiente.

underwent [ˌʌndəˈwent] *pt* → **undergo**.

underwhelm [ˌʌndəˈwelm] *vt hum* decepcionar, defraudar.

underworld [ˈʌndəˌwɜːld] *n* - **1.** [criminal society]: **the ~** el hampa, los bajos fondos. - **2.** MYTH: **the ~** el otro mundo, los infiernos.

underwrite [ˈʌndəraɪt] (*pt* **underwrote** [-ˈrəʊt], *pp* **underwritten** [-ˈrɪtn]) *vt* - **1.** *fml* [guarantee] suscribir; [support financially] financiar, respaldar. - **2.** [in insurance] asegurar. - **3.** ST EX [shares] suscribir.

underwriter [ˈʌndəˌraɪtəʳ] *n* - **1.** [of insurance] asegurador *m*, -ra *f*. - **2.** ST EX suscriptor *m*, -ra *f*.

underwritten [ˌʌndəˈrɪtn] *pp* → **underwrite**.

underwrote [ˌʌndəˈrəʊt] *pt* → **underwrite**.

undeserved [ˌʌndɪˈzɜːvd] *adj* inmerecido(da).

undeservedly [ˌʌndɪˈzɜːvɪdlɪ] *adv* inmerecidamente.

undeserving [ˌʌndɪˈzɜːvɪŋ] *adj* [person] indigno(na); [cause] de poco mérito; **he is quite ~ of such praise** no se merece tantas alabanzas.

undesirable [ˌʌndɪˈzaɪərəbl] ◇ *adj* indeseable. ◇ *n* indeseable *mf*.

undetected [ˌʌndɪˈtektɪd] *adj* [error] sin detectar, no detectado (no detectada); [disease] no detectado (no detectada); **to go ~** pasar desapercibido(da).

undetermined [ˌʌndɪˈtɜːmɪnd] *adj* - **1.** [unknown] indeterminado(da). - **2.** [hesitant] indeciso(sa).

undeterred [ˌʌndɪˈtɜːd] *adj* sin dejarse intimidar; **she was ~ by this setback** el contratiempo no la desanimó.

undeveloped [ˌʌndɪˈveləpt] *adj* [country] subdesarrollado(da).

undid [ʌnˈdɪd] *pt* → **undo**.

undies [ˈʌndɪz] *npl inf* paños *mpl* menores, calzonarios *mpl* *Amér.*

undigested [ˌʌndɪˈdʒestɪd] *adj* mal digerido (mal digerida), sin digerir.

undignified [ʌnˈdɪgnɪfaɪd] *adj* indecoroso(sa).

undiluted [ˌʌndaɪˈljuːtɪd] *adj* - **1.** [joy etc] puro(ra). - **2.** [liquid] sin diluir.

undiminished [ˌʌndɪˈmɪnɪʃt] *adj* intacto(ta).

undiplomatic [ˌʌndɪpləˈmætɪk] *adj* poco diplomático (poco diplomática), indiscreto(ta).

undirected [ˌʌndɪˈrektɪd] *adj* no dirigido (no dirigida), no gobernado (no gobernada).

USAGE ▶ Saying you have/haven't understood

When you have understood

▶ *initially:*

Ya veo.
Sí, claro.
Entendido.
Vale.
Entiendo (lo que dices).
Ya veo a qué te refieres.
Está muy claro.

▶ *after further explanation:*

Ya lo entiendo, está muy claro.
Ahora lo veo.
Ya caigo. *[informal]*
Por fin lo he entendido.

When you haven't understood

▶ *initially:*

Lo siento, pero no lo entiendo.
No sé a qué te refieres.
No estoy segura de haberlo entendido.
Me temo que me he perdido.
¿Lo que intentas decir es que...?
No lo he cogido. *[informal]*

▶ *after further explanation:*

Decididamente, no lo entiendo.
Como no te expliques con más claridad...
Lo siento, pero no logro entenderlo.
¿Por qué no me lo explicas con otras palabras?

undischarged [ˌʌndɪs'tʃɑːdʒd] *adj* - **1.** [debt] sin liquidar. - **2.** [person]: ~ **bankrupt** *persona en quiebra no rehabilitada.*

undisciplined [ʌn'dɪsɪplɪnd] *adj* indisciplinado(da).

undisclosed [ˌʌndɪs'kləʊzd] *adj* no divulgado (no divulgada); **for an** ~ **sum** por una suma cuya cantidad no ha sido revelada.

undiscovered [ˌʌndɪ'skʌvəd] *adj* no descubierto (no descubierta).

undiscriminating [ˌʌndɪs'krɪmɪneɪtɪŋ] *adj* poco entendido (poco entendida), falto(ta) de sentido crítico.

undisguised [ˌʌndɪs'gaɪzd] *adj* [sincere, open] manifiesto(ta), abierto(ta).

undismayed [ˌʌndɪs'meɪd] *adj* sin desanimarse; **he seems quite** ~ **by his defeat** da la impresión de que su derrota no lo ha desanimado.

undisputed [ˌʌndɪ'spjuːtɪd] *adj* indiscutible.

undistinguished [ˌʌndɪ'stɪŋgwɪʃt] *adj* mediocre.

undisturbed [ˌʌndɪ'stɜːbd] *adj* - **1.** [in peace, calm, untroubled] tranquilo(la). - **2.** [untouched] en su sitio OR lugar, intacto(ta).

undivided [ˌʌndɪ'vaɪdɪd] *adj* entero(ra), íntegro(gra); **his** ~ **attention** toda su atención.

undo [ʌn'duː] (*pt* **undid** [-'dɪd], *pp* **undone** [-'dʌn]) *vt* - **1.** [unfasten - knot] desatar, desanudar; [- button, clasp] desabrochar; [- parcel] abrir; [- zip] bajar, desabrochar. - **2.** [nullify] anular, deshacer. - **3.** [repair] contrarrestar, reparar.

undock [ʌn'dɒk] *vt* desenganchar, desacoplar.

undocumented [ʌn'dɒkjʊmentɪd] *adj* sin documentar.

undoing [ʌn'duːɪŋ] *n fml* ruina *f*, perdición *f*.

undone [ʌn'dʌn] ◇ *pp* → **undo**. ◇ *adj* - **1.** [coat, button] desabrochado(da); [shoes] desatado(da). - **2.** *fml* [not done] por hacer; **to leave sthg** ~ dejar algo por hacer.

undoubted [ʌn'daʊtɪd] *adj* indudable.

undoubtedly [ʌn'daʊtɪdlɪ] *adv fml* indudablemente, sin duda (alguna).

undreamed-of [ʌn'driːmdɒv], **undreamt-of** [ʌn'dremtɒv] *adj* inimaginable.

undress [ʌn'dres] ◇ *vt* desnudar. ◇ *vi* desnudarse.

undressed [ʌn'drest] *adj* desnudo(da); **to get** ~ desnudarse.

undrinkable [ʌn'drɪŋkəbl] *adj* - **1.** [unfit to drink] no potable. - **2.** [disgusting] imbebible.

undue [ʌn'djuː] *adj* indebido(da), excesivo(va).

undulate ['ʌndjʊleɪt] *vi* ondular.

undulation [ˌʌndjʊ'leɪʃn] *n* ondulación *f*.

unduly [ʌn'djuːlɪ] *adv* indebidamente, excesivamente.

undying [ʌn'daɪɪŋ] *adj literary* imperecedero(ra).

unearned [ʌn'ɜːnd] *adj* - **1.** [undeserved] inmerecido(da). - **2.** ECON no ganado (no ganada).

unearned income *n* renta *f* (no salarial).

unearned increment *n* plusvalía *f*.

unearth [ʌn'ɜːθ] *vt* - **1.** [dig up] desenterrar. - **2.** *fig* [discover] descubrir.

unearthly [ʌn'ɜːθlɪ] *adj* - **1.** [ghostly] sobrenatural, misterioso(sa). - **2.** *inf* [hour] intempestivo(va).

unease [ʌn'iːz] *n* malestar *m*.

uneasily [ʌn'iːzɪlɪ] *adv* - **1.** [anxiously] ansiosamente, con inquietud. - **2.** [with embarrassment] incómodamente.

uneasy [ʌn'iːzɪ] (*compar* **uneasier**, *superl* **uneasiest**) *adj* - **1.** [troubled - person] intranquilo(la), inquieto(ta); [- feeling] desasosegante, desagradable. - **2.** [peace, situation] inseguro(ra). - **3.** [embarrassed] incómodo(da).

uneatable [ʌn'iːtəbl] *adj* incomible.

uneaten [ʌn'iːtn] *adj* sin comer.

uneconomic ['ʌnˌiːkə'nɒmɪk] *adj* poco rentable.

uneconomical ['ʌnˌiːkə'nɒmɪkl] *adj* [wasteful] poco rentable.

unedited [ʌn'edɪtɪd] *adj* CINEMA & TV sin montar; [speech, text] sin revisar.

uneducated [ʌn'edjʊkeɪtɪd] *adj* ignorante, inculto(ta).

unelectable [ʌnɪ'lektəbl] *adj* [person] inelegible; [party] incapaz de ganar las elecciones.

unemotional [ʌnɪ'məʊʃənl] *adj* [person, voice] impasible; [statement, report] objetivo(va).

unemployable [ʌnɪm'plɔɪəbl] *adj* que difícilmente puede encontrar trabajo.

unemployed [ʌnɪm'plɔɪd] ◇ *adj* parado(da), desempleado(da). ◇ *npl*: **the** ~ los parados, los desempleados.

unemployment [ʌnɪm'plɔɪmənt] ◇ *n* desempleo *m*, paro *m*. ◇ *comp*: ~ **figures** cifras *fpl* del paro; ~ **insurance** seguro *m* de paro OR de desempleo; ~ **rate** tasa *f* de desempleo OR de paro.

unemployment benefit *Br*, **unemployment compensation** *Am* *n* subsidio *m* de desempleo OR paro.

unencumbered [ʌnɪn'kʌmbəd] *adj* - **1.** JUR libre de gravámenes. - **2.** [person]: ~ **by** sin las trabas de.

unending [ʌn'endɪŋ] *adj* interminable, sin fin.

unendurable [ʌnɪn'djʊərəbl] *adj* insoportable, intolerable.

unenlightened [ʌnɪn'laɪtnd] *adj* [person] ignorante; [practice] anticuado(da).

unenterprising [ʌn'entəpraɪzɪŋ] *adj* [person] poco emprendedor (poco emprendedora); [measure] tímido(da).

unenthusiastic [ʌnɪnˌθjuːzɪ'æstɪk] *adj* poco entusiasta.

unenviable [ʌn'enviəbl] *adj* poco envidiable.

unequal [ʌn'iːkwəl] *adj* - **1.** [unfair, different] desigual. - **2.** *fml* [incapable]: **to be** ~ **to sthg** no estar a la altura de algo.

unequalled *Br*, **unequaled** *Am* [ʌn'iːkwəld] *adj* sin par, inigualado(da).

unequivocal [ʌnɪ'kwɪvəkl] *adj* inequívoco(ca).

unequivocally [ʌnɪ'kwɪvəklɪ] *adv* inequívocamente.

unerring [ʌn'ɜːrɪŋ] *adj* infalible.

UNESCO [juː'neskəʊ] (*abbr of* **United Nations Educational, Scientific and Cultural Organization**) *n* Unesco *f*.

unescorted [ʌnɪs'kɔːtɪd] *adj* sin escolta, solo(la).

unessential [ʌnɪ'senʃl] *adj* innecesario(ria).

unethical [ʌn'eθɪkl] *adj* poco ético (poco ética).

uneven [ʌn'iːvn] *adj* - **1.** [not flat - road] lleno(na) de baches; [- land] escabroso(sa); [- surface] desigual. - **2.** [inconsistent, unfair] desigual. - **3.** [number] impar.

unevenly [ʌn'iːvnlɪ] *adv* - **1.** [divide, spread] de un modo desigual; **the contestants are** ~ **matched** el nivel de los concursantes es muy desigual. - **2.** [cut, draw] de un modo irregular.

unevenness [ʌn'iːvnnɪs] *n* desigualdad *f*, irregularidad *f*.

uneventful [ʌnɪ'ventfʊl] *adj* tranquilo(la), sin incidentes.

uneventfully [ʌnɪ'ventfʊlɪ] *adv* sin incidentes.

unexceptionable [ʌnɪk'sepʃnəbl] *adj fml* irreprochable, intachable.

unexceptional [ʌnɪk'sepʃənl] *adj* normal, corriente.

unexciting [ʌnɪk'saɪtɪŋ] *adj* [life] tedioso(sa); [film] insípido(da); [food] corriente.

unexpected [ʌnɪk'spektɪd] *adj* inesperado(da).

unexpectedly [ʌnɪk'spektɪdlɪ] *adv* inesperadamente.

unexplained [ʌnɪk'spleɪnd] *adj* inexplicado(da).

unexploded [ʌnɪk'spləʊdɪd] *adj* [bomb] sin explotar.

unexploited [ʌnɪk'splɔɪtɪd] *adj* [not developed] no desarrollado (no desarrollada).

unexplored [ʌnɪk'splɔːd] *adj* inexplorado(da), desconocido(da).

unexpressed [ʌnɪk'sprest] *adj* no expresado (no expresada), implícito(ta).

unexpurgated [ʌn'ekspəgeɪtɪd] *adj* sin expurgar, íntegro(gra).

unfailing [ʌn'feɪlɪŋ] *adj* [good humour, optimism] indefectible; [energy, supply] inagotable; [interest, courage] constante, persistente.

unfailingly [ʌn'feɪlɪŋlɪ] *adv* de un modo infalible.

unfair [ʌnˈfeəʳ] *adj* [gen] injusto(ta); [competition] desleal; [play] sucio(cia).

unfair dismissal *n* IND despido *m* improcedente.

unfairly [ʌnˈfeəlɪ] *adv* [treat] injustamente; [compete] de un modo desleal; **to be ~ dismissed** IND ser víctima de un despido improcedente.

unfairness [ʌnˈfeənɪs] *n* injusticia *f*.

unfaithful [ʌnˈfeɪθfʊl] *adj* [sexually] infiel.

unfaithfully [ʌnˈfeɪθfʊlɪ] *adv* de un modo desleal.

unfaithfulness [ʌnˈfeɪθfʊlnɪs] *n* infidelidad *f*, deslealtad *f*.

unfaltering [ʌnˈfɔːltərɪŋ] *adj* [speech, steps] firme, decidido(da).

unfamiliar [ʌnfəˈmɪljəʳ] *adj* - **1.** [not well-known] desconocido(da), nuevo(va). - **2.** [not acquainted] **to be ~ with sthg/sb** desconocer algo/a alguien.

unfamiliarity [ˈʌnfəmɪlɪˈærətɪ] *n* falta *f* de familiaridad.

unfashionable [ʌnˈfæʃnəbl] *adj* [clothes, ideas] pasado(da) de moda; [area of town] poco popular.

unfasten [ʌnˈfɑːsn] *vt* [garment, buttons] desabrochar; [rope, tie] desatar, soltar; [door] abrir.

unfathomable [ʌnˈfæðəməbl] *adj* insondable.

unfavourable *Br*, **unfavorable** *Am* [ʌnˈfeɪvrəbl] *adj* desfavorable.

unfeeling [ʌnˈfiːlɪŋ] *adj* insensible.

unfeigned [ʌnˈfeɪnd] *adj* sincero(ra), no fingido (no fingida).

unfeminine [ʌnˈfemɪnɪn] *adj* poco femenino (poco femenina).

unfettered [ʌnˈfetəd] *adj fml* [action] sin restricciones; [imagination, violence] desbocado(da), desbordado(da); **~ by moral constraints** libre de cualquier restricción moral.

unfinished [ʌnˈfɪnɪʃt] *adj* [gen] sin terminar; [symphony, work of art] inacabado(da), incompleto(ta).

unfit [ʌnˈfɪt] *adj* - **1.** [injured] lesionado(da); [in poor shape] que no está en forma. - **2.** [not suitable - thing] impropio(pia); [- person]: **~ to** incapaz de; **~ for** no apto (no apta) para.

unfitness [ʌnˈfɪtnɪs] *n* - **1.** [physical condition] baja forma *f*. - **2.** [inappropriateness] impropiedad *f*.

unfitted [ʌnˈfɪtɪd] *adj fml* [unprepared] no preparado (no preparada); [unsuitable] no apto (no apta); **to be ~ to do sthg** no ser apto OR no estar capacitado para hacer algo.

unfitting [ʌnˈfɪtɪŋ] *adj* [remarks, behaviour] impropio (pia), fuera de lugar.

unfix [ʌnˈfɪks] *vt* [unfasten] soltar, aflojar.

unflagging [ʌnˈflægɪŋ] *adj* incansable.

unflappable [ʌnˈflæpəbl] *adj esp Br* imperturbable.

unflattering [ʌnˈflætərɪŋ] *adj* poco favorecedor (poco favorecedora).

unfledged [ʌnˈfledʒd] *adj* sin plumas.

unflinching [ʌnˈflɪntʃɪŋ] *adj* impávido(da).

unfold [ʌnˈfəʊld] ◇ *vt* - **1.** [open out] desplegar, desdoblar; [cloth, sheets] desdoblar. - **2.** [explain] exponer, revelar. ◇ *vi* - **1.** [become clear] revelarse. - **2.** [open out] desplegarse, desdoblarse.

unforeseeable [ʌnfɔːˈsiːəbl] *adj* imprevisible.

unforeseen [ʌnfɔːˈsiːn] *adj* imprevisto(ta).

unforgettable [ʌnfəˈgetəbl] *adj* inolvidable.

unforgivable [ʌnfəˈgɪvəbl] *adj* imperdonable.

unforgivably [ʌnfəˈgɪvəblɪ] *adv* de un modo imperdonable.

unforgiving [ʌnfəˈgɪvɪŋ] *adj* implacable.

unforgotten [ʌnfəˈgɒtn] *adj* no olvidado (no olvidada).

unformatted [ʌnˈfɔːmætɪd] *adj* COMPUT no formateado (no formateada).

unformed [ʌnˈfɔːmd] *adj* - **1.** [undeveloped] no formado (no formada). - **2.** [shapeless] informe, sin forma.

unfortunate [ʌnˈfɔːtʃnət] ◇ *adj* - **1.** [unlucky] desgraciado(da), desdichado(da), salado(da) *Amér.* - **2.** [regrettable] lamentable; [decision, remark, joke] inoportuno(na). ◇ *n euph & fml* desgraciado *m*, -da *f*, desdichado *m*, -da *f*.

unfortunately [ʌnˈfɔːtʃnətlɪ] *adv* desgraciadamente, desafortunadamente.

unfounded [ʌnˈfaʊndɪd] *adj* infundado(da).

unframed [ʌnˈfreɪmd] *adj* sin marco, sin enmarcar.

unfreeze [ʌnˈfriːz] (*pt* **unfroze** [-ˈfrəʊz], *pp* **unfrozen** [-ˈfrəʊzn]) ◇ *vt* descongelar. ◇ *vi* descongelarse.

unfrequented [ʌnfrɪˈkwentɪd] *adj fml* poco frecuentado (poco frecuentada).

unfriendliness [ʌnˈfrendlɪnɪs] *n* antipatía *f*, hostilidad *f*.

unfriendly [ʌnˈfrendlɪ] (*compar* **unfriendlier**, *superl* **unfriendliest**) *adj* poco amistoso (poco amistosa).

unfrock [ʌnˈfrɒk] *vt* expulsar de una orden religiosa.

unfroze [ʌnˈfrəʊz] *pt* → **unfreeze**.

unfrozen [ʌnˈfrəʊzn] *pp* → **unfreeze**.

unfruitful [ʌnˈfruːtfʊl] *adj* - **1.** [barren] estéril, infértil. - **2.** *fig* [efforts, search] infructuoso(sa), inútil.

unfulfilled [ʌnfʊlˈfɪld] *adj* - **1.** [not yet realized] incumplido(da), sin realizar. - **2.** [unsatisfied] insatisfecho(cha).

unfunded [ʌnˈfʌndɪd] *adj* - **1.** [without funds] sin fondos. - **2.** [debt] flotante, no consolidado (no consolidada).

unfunny [ʌnˈfʌnɪ] *adj* [experience, joke, situation] que no tiene gracia, desagradable.

unfurl [ʌnˈfɜːl] ◇ *vt* desplegar. ◇ *vi* desplegarse.

unfurnished [ʌnˈfɜːnɪʃt] *adj* sin muebles, desamueblado(da).

ungainly [ʌnˈgeɪnlɪ] *adj* torpe, desgarbado(da).

ungallant [ʌnˈgælənt] *adj* [attitude, conduct, remark] poco caballeroso (poco caballerosa), poco galante.

ungenerous [ʌnˈdʒenərəs] *adj* - **1.** [parsimonious - person] poco generoso (poco generosa); [- amount] miserable. - **2.** [uncharitable] poco caritativo (poco caritativa).

ungentlemanly [ʌnˈdʒentlmənlɪ] *adj* [attitude, conduct, remark] poco caballeroso (poco caballerosa), poco galante.

ungodly [ʌnˈgɒdlɪ] *adj* - **1.** [irreligious] impío(a). - **2.** *inf* [hour] intempestivo(va).

ungovernable [ʌnˈgʌvənəbl] *adj fml* ingobernable.

ungracious [ʌnˈgreɪʃəs] *adj* - **1.** [rude] brusco(ca). - **2.** [unattractive] desagradable.

ungrammatical [ʌnŋrəˈmætɪkl] *adj* incorrecto(ta), agramatical.

ungrateful [ʌnˈgreɪtfʊl] *adj* desagradecido(da), ingrato(ta).

ungratefully [ʌnˈgreɪtfʊlɪ] *adv* de un modo ingrato OR desagradecido.

ungratefulness [ʌnˈgreɪtfʊlnɪs] *n* ingratitud *f*.

unguarded [ʌnˈgɑːdɪd] *adj* - **1.** [not guarded] sin protección. - **2.** [careless]: **in an ~ moment** en un momento de descuido.

unguent [ˈʌŋgwənt] *n literary* ungüento *m*.

ungulate [ˈʌŋgjʊleɪt] ◇ *adj* ungulado(da). ◇ *n* ungulado *m*.

unhampered [ʌnˈhæmpəd] *adj* sin trabas.

unhand [ʌnˈhænd] *vt arch & hum* desasir, soltar.

unhandy [ʌnˈhændɪ] *adj* [unwieldy] incómodo(da), difícil de manejar.

unhappily [ʌnˈhæpɪlɪ] *adv* - **1.** [sadly] tristemente. - **2.** *fml* [unfortunately] lamentablemente, desafortunadamente.

unhappiness [ʌnˈhæpɪnɪs] *n* (U) tristeza *f*, desdicha *f*.

unhappy [ʌnˈhæpɪ] (*compar* **unhappier**, *superl* **unhappiest**) *adj* - **1.** [sad] triste; [wretched] desdichado(da), infeliz. - **2.** [uneasy]: **to be ~ (with OR about)** estar inquieto(ta) (por). - **3.** *fml* [unfortunate] desafortunado(da).

unharmed [ʌnˈhɑːmd] *adj* [person] ileso(sa); [thing] indemne.

unharness [ʌnˈhɑːnɪs] *vt* desenjaezar, quitar los arreos a.

UNHCR (*abbr of* **United Nations High Commission for Refugees**) *n* ACNUR *m*.

unhealthily [ʌnˈhelθɪlɪ] *adv* de un modo malsano.

unhealthy [ʌnˈhelθɪ] (*compar* **unhealthier**, *superl* **unhealthiest**) *adj* - **1.** [in bad health] enfermizo(za). - **2.** [causing bad health] insalubre. - **3.** *fig* [interest etc] morboso(sa).

unheard [ʌnˈhɜːd] *adj*: **to be** OR **go** ~ pasar sin ser oído(da).

unheard-of *adj* - **1.** [unknown, completely absent] inaudito(ta). - **2.** [unprecedented] sin precedente.

unheated [ʌnˈhiːtɪd] *adj* sin calefacción.

unheeded [ʌnˈhiːdɪd] *adj*: **her warning went** ~ nadie hizo caso de su advertencia.

unheeding [ʌnˈhiːdɪŋ] *adj* - **1.** [unconcerned] despreocupado(da). - **2.** [inattentive] desatento(ta).

unhelpful [ʌnˈhelpful] *adj* - **1.** [unwilling to help] poco servicial. - **2.** [not useful] inútil.

unhelpfully [ʌnˈhelpful] *adv* - **1.** [act] sin cooperar. - **2.** [advise, say, suggest] inútilmente.

unhelpfulness [ʌnˈhelpfulnɪs] *n* - **1.** [of information, advice, action] inutilidad *f*. - **2.** [of person] falta *f* de servicialidad.

unheralded [ʌnˈherəldɪd] *adj* [unannounced] sin anunciar; [unexpected] inesperado(da).

unhesitating [ʌnˈhezɪteɪtɪŋ] *adj* - **1.** [belief, person] firme, resuelto(ta). - **2.** [reply] pronto(ta), inmediato(ta).

unhesitatingly [ʌnˈhezɪteɪtɪŋlɪ] *adv* sin titubear, resueltamente.

unhindered [ʌnˈhɪndəd] *adj*: ~ **(by)** no estorbado (no estorbada) (por).

unhinge [ʌnˈhɪndʒ] *vt* - **1.** [door, window] desgoznar. - **2.** *fig* [mind, person] trastornar, desquiciar.

unhitch [ʌnˈhɪtʃ] *vt* desenganchar.

unholy [ʌnˈhəʊlɪ] *adj* - **1.** RELIG profano(na), impío(a). - **2.** *inf* [awful] tremendo(da), infernal.

unhook [ʌnˈhʊk] *vt* - **1.** [unfasten hooks of] desabrochar. - **2.** [remove from hook] descolgar, desenganchar.

unhoped-for [ʌnˈhəʊpt-] *adj* inesperado(da).

unhopeful [ʌnˈhəʊpful] *adj* - **1.** [person] pesimista. - **2.** [situation] poco alentador (poco alentadora).

unhorse [ʌnˈhɔːs] *vt* - **1.** [rider] desmontar, hacer caer del caballo. - **2.** *fig* [from power] derribar.

unhurried [ʌnˈhʌrɪd] *adj* [person, manner] tranquilo(la), sereno(na).

unhurt [ʌnˈhɜːt] *adj* ileso(sa).

unhygienic [ʌnhaɪˈdʒiːnɪk] *adj* antihigiénico(ca).

UNICEF [ˈjuːnɪˌsef] (*abbr of* **United Nations International Children's Emergency Fund**) *n* Unicef *f*.

unicellular [juːnɪˈseljʊlə] *adj* unicelular.

unicorn [ˈjuːnɪkɔːn] *n* unicornio *m*.

unicycle [ˈjuːnɪsaɪkl] *n* monociclo *m*.

unidentifiable [ʌnaɪˈdentɪfaɪəbl] *adj* no identificable.

unidentified [ʌnaɪˈdentɪfaɪd] *adj* sin identificar, no identificado (no identificada).

unidentified flying object *n* objeto *m* volador no identificado.

unification [juːnɪfɪˈkeɪʃn] *n* unificación *f*.

uniform [ˈjuːnɪfɔːm] ◇ *adj* - **1.** [constant, unvarying] uniforme, constante. - **2.** [identical] idéntico(ca). ◇ *n* uniforme *m*.

uniform business rate *n* contribución urbana pagada por empresas, locales comerciales etc en Inglaterra y Gales, ≈ impuesto *m* sobre actividades económicas *Esp*.

uniformed [ˈjuːnɪfɔːmd] *adj* de uniforme, con uniforme.

uniformity [juːnɪˈfɔːmətɪ] *n* uniformidad *f*.

uniformly [ˈjuːnɪfɔːmlɪ] *adv* de modo uniforme.

unify [ˈjuːnɪfaɪ] (*pt & pp* **unified**) *vt* unificar, unir.

unifying [ˈjuːnɪfaɪɪŋ] *adj* unificador(ra).

unilateral [juːnɪˈlætərəl] *adj* unilateral.

unilateralism [juːnɪˈlætərəlɪzm] *n* doctrina a favor del desarme unilateral.

unilateralist [juːnɪˈlætərəlɪst] *n* partidario del desarme unilateral.

unilaterally [juːnɪˈlætərəlɪ] *adv* - **1.** [act, decide] unilateralmente. - **2.** MED: **to be** ~ **paralysed** ser hemipléjico.

unimaginable [ʌnɪˈmædʒɪnəbl] *adj* inimaginable, inconcebible.

unimaginably [ʌnɪˈmædʒɪnəblɪ] *adv* increíblemente.

unimaginative [ʌnɪˈmædʒɪnətɪv] *adj* poco imaginativo (poco imaginativa).

unimaginatively [ʌnɪˈmædʒɪnətɪvlɪ] *adv* de un modo poco imaginativo.

unimpaired [ʌnɪmˈpeəd] *adj* [gen] intacto(ta); [health] inalterado(da).

unimpeachable [ʌnɪmˈpiːtʃəbl] *adj* *fml* [character, reputation] irreprochable, irreprensible; [evidence] irrefutable; [source, witness] irrecusable.

unimpeded [ʌnɪmˈpiːdɪd] *adj* sin estorbos, libre.

unimportant [ʌnɪmˈpɔːtənt] *adj* sin importancia, insignificante.

unimposing [ʌnɪmˈpəʊzɪŋ] *adj* - **1.** [unimpressive] poco impresionante. - **2.** [insignificant] insignificante.

unimpressed [ʌnɪmˈprest] *adj* no impresionado (no impresionada).

unimpressive [ʌnɪmˈpresɪv] *adj* poco impresionante.

uninformative [ʌnɪnˈfɔːmətɪv] *adj* nada informativo (nada informativa).

uninformed [ʌnɪnˈfɔːmd] *adj* desinformado(da).

uninhabitable [ʌnɪnˈhæbɪtəbl] *adj* inhabitable.

uninhabited [ʌnɪnˈhæbɪtɪd] *adj* deshabitado(da), desierto(ta).

uninhibited [ʌnɪnˈhɪbɪtɪd] *adj* desinhibido(da).

uninitiated [ʌnɪˈnɪʃɪeɪtɪd] *npl*: **the** ~ los no iniciados.

uninjured [ʌnˈɪndʒəd] *adj* indemne, ileso(sa).

uninspired [ʌnɪnˈspaɪəd] *adj* falto(ta) de inspiración.

uninspiring [ʌnɪnˈspaɪrɪŋ] *adj* nada inspirador (nada inspiradora).

uninsured [ʌnɪnˈʃɔːd] *adj* no asegurado (no asegurada), sin asegurar.

unintelligent [ʌnɪnˈtelɪdʒənt] *adj* poco inteligente.

unintelligible [ʌnɪnˈtelɪdʒəbl] *adj* ininteligible.

unintended [ʌnɪnˈtendɪd] *adj* no intencionado (no intencionada), involuntario(ria).

unintentional [ʌnɪnˈtenʃənl] *adj* involuntario(ria).

unintentionally [ʌnɪnˈtenʃnəlɪ] *adv* sin querer.

uninterested [ʌnˈɪntrəstɪd] *adj* no interesado (no interesada).

uninteresting [ʌnˈɪntrəstɪŋ] *adj* falto(ta) de interés.

uninterrupted [ˈʌnɪntəˈrʌptɪd] *adj* ininterrumpido(da).

uninterruptedly [ˈʌnɪntəˈrʌptɪdlɪ] *adv* sin interrupción, ininterrumpidamente.

uninvited [ʌnɪnˈvaɪtɪd] *adj* no invitado (no invitada).

uninviting [ʌnɪnˈvaɪtɪŋ] *adj* [place] inhóspito(ta); [house, room] poco acogedor (poco acogedora); [prospect] desalentador(ra), nada atractivo (nada atractiva); [smell] poco atrayente.

union [ˈjuːnjən] ◇ *n* - **1.** [trade union] sindicato *m*. - **2.** [alliance] unión *f*, alianza *f*. - **3.** [marriage] enlace *m*, unión *f*. - **4.** MATH unión *f*. ◇ *comp* [dues, leader, meeting] sindical; [member] del sindicato.
◆ **Union** *n* POL [in US]: **the Union** los estados de la Unión.

union card *n* carné *m* de afiliación sindical.

Union Flag *n* = **Union Jack**.

unionism [ˈjuːnjənɪzm] *n* sindicalismo *m*.

unionist [ˈjuːnjənɪst] *n* sindicalista *mf*.
◆ **Unionist** *n* - **1.** *Am* HIST unionista *mf* (leal a la Unión en la guerra civil de EE UU). - **2.** *Br* POL unionista *mf* (partidario de que Irlanda del Norte siga siendo parte del Reino Unido).

unionize, -ise [ˈjuːnjənaɪz] ◇ *vt* sindicar. ◇ *vi* sindicarse.

Union Jack *n*: **the** ~ la bandera del Reino Unido.

Union of South Africa *n*: **the** ~ la Unión Sudafricana.

Union of Soviet Socialist Republics *n*: **the** ~ la Unión de Repúblicas Socialistas Soviéticas.

union shop *n* *Am* taller, fábrica etc donde todos los empleados tienen que pertenecer a un sindicato.

unipolar [juːnɪ'pəʊləʳ] *adj* unipolar.

unique [juː'niːk] *adj* - **1.** [gen] único(ca). - **2.** *fml* [peculiar, exclusive]: ~ **to** peculiar de.

uniquely [juː'niːklɪ] *adv* - **1.** *fml* [exclusively] exclusivamente. - **2.** [exceptionally] excepcionalmente.

uniqueness [juː'niːknɪs] *n* singularidad *f*, originalidad *f*.

unisex ['juːnɪseks] *adj* unisex *(inv)*.

unison ['juːnɪzn] *n* unísono *m*; **in** ~ [simultaneously] al unísono.

UNISON ['juːnɪzn] *n sindicato que acoge a la gran mayoría de los funcionarios británicos.*

unit ['juːnɪt] *n* - **1.** [gen] unidad *f*. - **2.** [piece of furniture] módulo *m*, elemento *m*. - **3.** TELEC paso *m*.

Unitarian [juːnɪ'teərɪən] ◇ *adj* unitario(ria). ◇ *n* miembro *mf* de la Iglesia unitaria.

unitary ['juːnɪtrɪ] *adj* unitario(ria).

unit charge *n* TELEC precio *m* del paso.

unit cost *n* costo *m* unitario.

unite [juː'naɪt] ◇ *vt* [gen] unir; [country, party] unificar. ◇ *vi* unirse, juntarse.

united [juː'naɪtɪd] *adj* unido(da); **to be** ~ **in** estar todos(das) de acuerdo en.

United Arab Emirates *npl*: **the** ~ los Emiratos Árabes Unidos.

United Arab Republic *n*: **the** ~ la República Árabe Unida.

united front *n*: **to present a** ~ **(on)** hacer frente común (ante).

United Kingdom *n*: **the** ~ el Reino Unido.

United Nations *n*: **the** ~ las Naciones Unidas.

United States *n*: **the** ~ **(of America)** los Estados Unidos (de América).

unit price *n* precio *m* unitario.

unit trust *n* *Br* fondo *m* de inversión mobiliaria.

unity ['juːnətɪ] *(pl* **unities)** *n* - **1.** *(U)* [union] unidad *f*, unión *f*. - **2.** [harmony] acuerdo *m*, armonía *f*. - **3.** THEATRE unidad *f*. - **4.** MATH unidad *f*.

Univ. *written abbr of* **University**.

univalent [juːnɪ'veɪlənt] *adj* univalente.

universal [juːnɪ'vɜːsl] ◇ *adj* universal. ◇ *n* LING & PHILOS universal *m*.

universality [juːnɪvɜː'sælətɪ] *n* universalidad *f*.

universal joint *n* junta *f* universal.

universally [juːnɪ'vɜːsəlɪ] *adv* universalmente; **he is** ~ **liked** OR **admired** todo el mundo lo aprecia OR admira; **a** ~ **held opinion** una opinión que prevalece en todas partes.

universe ['juːnɪvɜːs] *n*: **the** ~ el universo.

university [juːnɪ'vɜːsətɪ] *(pl* **universities)** ◇ *n* universidad *f*. ◇ *comp* universitario(ria); ~ **student** (estudiante) universitario *m*, (estudiante) universitaria *f*.

univocal [juːnɪ'veʊkl] ◇ *adj* [message, term, text] unívoco(ca). ◇ *n* LING palabra *f* unívoca.

unjust [ʌn'dʒʌst] *adj* injusto(ta).

unjustifiable [ʌn'dʒʌstɪfaɪəbl] *adj* injustificable.

unjustifiably [ʌn'dʒʌstɪfaɪəblɪ] *adv* de un modo injustificable.

unjustified [ʌn'dʒʌstɪfaɪd] *adj* injustificado(da).

unjustly [ʌn'dʒʌstlɪ] *adv* injustamente.

unkempt [ʌn'kempt] *adj* [person] desaseado(da); [hair] despeinado(da); [clothes] descuidado(da).

unkind [ʌn'kaɪnd] *adj* - **1.** [uncharitable] poco amable, cruel. - **2.** *fig* [inhospitable] riguroso(sa).

unkindly [ʌn'kaɪndlɪ] *adv* cruelmente.

unknowable [ʌn'nəʊəbl] ◇ *adj* incognoscible. ◇ *n*: **the** ~ lo incognoscible.

unknowing [ʌn'nəʊɪŋ] *adj* - **1.** [ignorant] ignorante. - **2.** [unaware] inconsciente.

unknowingly [ʌn'nəʊɪŋlɪ] *adv* sin darse cuenta.

unknown [ʌn'nəʊn] ◇ *adj* desconocido(da). ◇ *n* - **1.** [thing]: **the** ~ lo desconocido. - **2.** [person] desconocido *m*, -da *f*. - **3.** MATH incógnita *f*.

unknown quantity *n* MATH & *fig* incógnita *f*.

Unknown Soldier, **Unknown Warrior** *n*: **the** ~ el soldado desconocido.

unlace [ʌn'leɪs] *vt* [clothes] deshacer los lazos de; [shoes] desatar los cordones de.

unladen [ʌn'leɪdn] *adj* vacío(a), sin carga; ~ **weight** tara *f*.

unladylike [ʌn'leɪdɪlaɪk] *adj* impropio(pia) de una dama.

unlamented [ʌnlə'mentɪd] *adj* no llorado (no llorada).

unlatch [ʌn'lætʃ] *vt* [door] levantar OR quitar el pestillo de.

unlawful [ʌn'lɔːfʊl] *adj* ilegal, ilícito(ta).

unleaded [ʌn'ledɪd] *adj* sin plomo.

unlearn [ʌn'lɜːn] *(pt & pp* **unlearned** OR **unlearnt** [-'lɜːnt]) *vt* desaprender, olvidar.

unlearnt [ʌn'lɜːnt] *adj* [lesson] sin aprender; [reflex] no aprendido (no aprendida), innato(ta).

unleash [ʌn'liːʃ] *vt* - **1.** [anger, violence etc] desatar, desencadenar. - **2.** [dog] soltar.

unleavened [ʌn'levnd] *adj* ázimo, sin levadura.

unless [ən'les] *conj* a menos que; ~ **I'm mistaken** si no me equivoco; ~ **I say so** a menos que yo lo diga.

unlettered [ʌn'letəd] *adj literary* - **1.** [uneducated] ignorante. - **2.** [illiterate] analfabeto(ta).

unliberated [ʌn'lɪbəreɪtɪd] *adj* sin liberar.

unlicensed, **unlicenced** *Am* [ʌn'laɪsənst] *adj* - **1.** [without a licence - person, vehicle] sin permiso; [- activity] sin licencia. - **2.** [not licensed to sell alcohol] no autorizado (no autorizada) para vender bebidas alcohólicas.

unlikable [ʌn'laɪkəbl] *adj* [person] antipático(ca); [place, thing] desagradable.

unlike [ʌn'laɪk] *prep* - **1.** [different from] distinto(ta) de OR a, diferente de OR a. - **2.** [differently from] a diferencia de. - **3.** [not typical of] impropio(pia) de, poco característico (poco característica) de.

unlikeable [ʌn'laɪkəbl] *adj* = **unlikable**.

unlikelihood [ʌn'laɪklɪhʊd] *n* improbabilidad *f*.

unlikely [ʌn'laɪklɪ] *adj* - **1.** [not probable] improbable, poco probable. - **2.** [bizarre] inverosímil.

unlimited [ʌn'lɪmɪtɪd] *adj* ilimitado(da), sin límites.

unlined [ʌn'laɪnd] *adj* - **1.** [paper] sin rayas. - **2.** [curtain, clothes] sin forro. - **3.** [face] sin arrugas.

unlisted [ʌn'lɪstɪd] *adj* - **1.** *Am* [phone number] que no figura en la guía telefónica. - **2.** [name] que no figura en lista. - **3.** ST EX no cotizado (no cotizada).

unlit [ʌn'lɪt] *adj* - **1.** [not burning] sin encender. - **2.** [dark] no iluminado (no iluminada).

unload [ʌn'ləʊd] ◇ *vt* - **1.** [goods, car] descargar. - **2.** *fig* [unburden]: **to** ~ **sthg on** OR **onto sb** descargar algo en alguien. ◇ *vi* descargar.

unloading [ʌn'ləʊdɪŋ] *n* descarga *f*.

unlock [ʌn'lɒk] ◇ *vt* - **1.** [door, box etc] abrir (con llave). - **2.** *fig* [mystery, secret] descubrir, revelar. ◇ *vi* abrirse.

unlooked-for [ʌn'lʊkt-] *adj* inesperado(da), imprevisto(ta).

unloose [ʌn'luːs] *vt* [anger, violence etc] desatar, desencadenar.

unloosen [ʌn'luːsn] *vt* [shoelaces] desatar; [belt] desabrochar.

unlovable [ʌn'lʌvəbl] *adj* poco amable.

unloved [ʌn'lʌvd] *adj*: **to be/feel** ~ no ser/sentirse querido(da) por nadie.

unlovely [ʌn'lʌvlɪ] *adj* desagradable, sin gracia.

unloving [ʌn'lʌvɪŋ] *adj* poco afectuoso (poco afectuosa).

unluckily [ʌn'lʌkɪlɪ] *adv* desgraciadamente.

unlucky [ʌn'lʌkɪ] *(compar* **unluckier**, *superl* **unluckiest)** *adj* - **1.** [unfortunate] desgraciado(da); [day] aciago(ga); **to be** ~ tener mala suerte. - **2.** [number, colour etc] de la mala suerte, de mal agüero.

unmade [ʌn'meɪd] *adj* - **1.** [bed] sin hacer. - **2.** *Br* [road] sin asfaltar.

unman [ʌn'mæn] (*pt & pp* **unmanned**, *cont* **unmanning**) *vt literary* [deprive of courage] acobardar.

unmanageable [ʌn'mænɪdʒəbl] *adj* [vehicle, parcel] difícil de manejar; [situation] muy difícil, incontrolable.

unmanly [ʌn'mænlɪ] (*compar* **unmanlier**, *superl* **unmanliest**) *adj* - **1.** [cowardly] cobarde. - **2.** [effeminate] afeminado(da), poco viril.

unmanned [ʌn'mænd] *adj* [vehicle, flight] no tripulado (no tripulada).

unmannerly [ʌn'mænəlɪ] *adj fml* descortés, grosero(ra).

unmapped [ʌn'mæpt] *adj* [area] sin cartografiar.

unmarked [ʌn'mɑːkt] *adj* - **1.** [uninjured] ileso(sa), sin un rasguño. - **2.** [unidentified - box, suitcase] sin marcar; [- grave] sin lápida; ~ **police car** coche *m* camuflado de la policía.

unmarketable [ʌn'mɑːkɪtəbl] *adj* invendible, no comerciable.

unmarriageable [ʌn'mærɪdʒəbl] *adj* incasable.

unmarried [ʌn'mærɪd] *adj* que no se ha casado; ~ **mother** madre *f* soltera.

unmask [ʌn'mɑːsk] *vt* [gen] desenmascarar; *fig* [truth etc] descubrir, exponer.

unmatched [ʌn'mætʃt] *adj* incomparable, sin par.

unmentionable [ʌn'menʃnəbl] *adj* que no se puede mencionar.

◆ **unmentionables** *npl euph & hum* [underwear] ropa *f* interior.

unmerciful [ʌn'mɜːsɪful] *adj* despiadado(da).

unmerited [ʌn'merɪtɪd] *adj* [undeserved] inmerecido(da), injusto(ta).

unmindful [ʌn'maɪndful] *adj* - **1.** [forgetful] olvidadizo(za). - **2.** [uncaring] negligente; **to be** ~ **of sthg** hacer caso omiso de algo.

unmistak(e)able [ʌnmɪ'steɪkəbl] *adj* inconfundible.

unmistak(e)ably [ʌnmɪ'steɪkəblɪ] *adv* - **1.** [undeniably] sin lugar a dudas. - **2.** [visibly] claramente, visiblemente.

unmitigated [ʌn'mɪtɪgeɪtɪd] *adj* - **1.** [total] absoluto(ta). - **2.** [undiminished] implacable.

unmourned [ʌn'mɔːnd] *adj*: **he died** ~ nadie lloró su muerte.

unmoved [ʌn'muːvd] *adj*: **to be** ~ **by** permanecer impasible OR indiferente ante.

unmusical [ʌn'mjuːzɪkl] *adj* - **1.** [sound] poco musical. - **2.** [person] con poco oído musical.

unnameable [ʌn'neɪməbl] *adj* innombrable.

unnamed [ʌn'neɪmd] *adj* - **1.** [anonymous] anónimo(ma). - **2.** [having no name] sin nombre.

unnatural [ʌn'nætʃrəl] *adj* - **1.** [unusual, strange] anormal. - **2.** [affected] afectado(da). - **3.** [perverse, against nature] contranatural, contra natura *(inv)*.

unnaturally [ʌn'nætʃrəlɪ] *adv* [behave, laugh, walk] de un modo poco natural.

unnecessarily [*Br* ʌn'nesəsərɪlɪ, *Am* ʌnnesə'serəlɪ] *adv* de un modo innecesario, innecesariamente.

unnecessary [ʌn'nesəsərɪ] *adj* innecesario(ria).

unnerve [ʌn'nɜːv] *vt* desconcertar, turbar.

unnerving [ʌn'nɜːvɪŋ] *adj* desconcertante, turbador(ra).

unnoticeable [ʌn'nəʊtɪsəbl] *adj* imperceptible.

unnoticed [ʌn'nəʊtɪst] *adj* inadvertido(da), desapercibido(da).

unnumbered [ʌn'nʌmbəd] *adj* - **1.** [lacking a number] no numerado (no numerada), sin numerar. - **2.** *fml* [countless] innumerables.

UNO (*abbr of* **United Nations Organization**) *n* ONU *f*.

unobjectionable [ʌnəb'dʒekʃnəbl] *adj* irreprochable.

unobservant [ʌnəb'zɜːvənt] *adj* poco observador (poco observadora).

unobserved [ʌnəb'zɜːvd] *adj* inadvertido(da), desapercibido(da).

unobstructed [ʌnəb'strʌktɪd] *adj* - **1.** [entry, passage, view] despejado(da). - **2.** [activity, progress] sin obstáculos, sin trabas.

unobtainable [ʌnəb'teɪnəbl] *adj* inasequible.

unobtrusive [ʌnəb'truːsɪv] *adj* discreto(ta).

unoccupied [ʌn'bkjupaɪd] *adj* - **1.** [place, seat] libre; [area] despoblado(da); [house] deshabitado(da). - **2.** [person] desocupado(da). - **3.** MIL no ocupado (no ocupada), sin ocupar.

unofficial [ʌnə'fɪʃl] *adj* extraoficial, oficioso(sa); ~ **strike** huelga *f* no oficial.

unofficially [ʌnə'fɪʃəlɪ] *adv* [informally] extraoficialmente; [in private] en privado.

unopened [ʌn'əʊpənd] *adj* sin abrir.

unopposed [ʌnə'pəʊzd] *adj*: **she was elected** ~ la eligieron sin oposición.

unorganized, -ised [ʌn'ɔːgənaɪzd] *adj* - **1.** [lacking order] no organizado (no organizada). - **2.** BIOL sin estructura orgánica. - **3.** [not unionized] sin sindicar.

unoriginal [ʌnə'rɪdʒənl] *adj* falto(ta) de originalidad.

unorthodox [ʌn'ɔːθədɒks] *adj* poco convencional, poco ortodoxo (poco ortodoxa).

unpack [ʌn'pæk] ◇ *vt* - **1.** [box] desempaquetar, desembalar; [suitcases] deshacer. - **2.** [clothes] sacar (de la maleta). ◇ *vi* deshacer las maletas.

unpaid [ʌn'peɪd] *adj* - **1.** [person, job, leave] no retribuido (no retribuida). - **2.** [not yet paid] por pagar.

unpalatable [ʌn'pælətəbl] *adj fml* - **1.** [food] incomible; [drink] imbebible. - **2.** *fig* [difficult to accept] desagradable.

unparalleled [ʌn'pærəleld] *adj* incomparable, sin precedente.

unpardonable [ʌn'pɑːdnəbl] *adj* imperdonable, inexcusable.

unparliamentary ['ʌnˌpɑːlə'mentərɪ] *adj* contrario(ria) a la cortesía parlamentaria.

unpatriotic ['ʌnˌpætrɪ'ɒtɪk] *adj* antipatriótico(ca).

unpaved [ʌn'peɪvd] *adj* [street] sin pavimentar.

unperturbed [ʌnpə'tɜːbd] *adj* impasible, impávido(da); **to be** ~ **by sthg** mantenerse impasible OR impávido ante algo.

unpick [ʌn'pɪk] *vt* descoser.

unpin [ʌn'pɪn] (*pt & pp* **unpinned**, *cont* **unpinning**) *vt* [sewing] quitar los alfileres de; [clothes] desabrochar; [hair] quitar las horquillas de.

unplanned [ʌn'plænd] *adj* imprevisto(ta).

unplayable [ʌn'pleɪəbl] *adj* [pitch] en mal estado; [ball, shot] que no se puede jugar.

unpleasant [ʌn'pleznt] *adj* - **1.** [disagreeable] desagradable. - **2.** [unfriendly, rude - person] antipático(ca); [- remark] mezquino(na).

unpleasantly [ʌn'plezntlɪ] *adv* de un modo desagradable.

unpleasantness [ʌn'plezntnɪs] *n* - **1.** [disagreeableness] lo desagradable. - **2.** [rudeness - of person] antipatía *f*; [- of remark] mezquindad *f*.

unplug [ʌn'plʌg] (*pt & pp* **unplugged**, *cont* **unplugging**) *vt* desenchufar, desconectar.

unplugged [ʌn'plʌgd] *adv* MUS: **Eric Clapton** ~ concierto *m* acústico de Eric Clapton.

unplumbed [ʌn'plʌmd] *adj* [depths, area of knowledge] insondable.

unpolished [ʌn'pɒlɪʃt] *adj* - **1.** [furniture] sin encerar; [shoes] sin lustrar. - **2.** [style etc] tosco(ca).

unpolluted [ʌnpə'luːtɪd] *adj* sin contaminar.

unpopular [ʌn'pɒpjulə] *adj* impopular, poco popular; **he has becomed very** ~ se ha granjeado muchas enemistades.

unpopularity ['ʌnˌpɒpjʊ'lærətɪ] *n* impopularidad *f*.

unpractised [ʌn'præktɪst] *adj* falto(ta) de práctica, inexperto(ta).

unprecedented [ʌn'presɪdəntɪd] *adj* sin precedentes, inaudito(ta).

unpredictable [ʌnprɪ'dɪktəbl] *adj* imprevisible.

unpredictably [ʌnprɪ'dɪktəblɪ] *adv* de un modo imprevisible.

unprejudiced [ʌn'predʒudɪst] *adj* imparcial.

unpremeditated [ʌnprɪ'medɪteɪtɪd] *adj* impremeditado(da).

unprepared [ʌnprɪ'peəd] *adj*: **to be ~ (for)** no estar preparado(da) (para).

unprepossessing ['ʌnˌpriːpə'zesɪŋ] *adj fml* poco atractivo (poco atractiva).

unpretending [ʌnprɪ'tendɪŋ] *adj* modesto(ta), sin pretensiones.

unpretentious [ʌnprɪ'tenʃəs] *adj* sin pretensiones, modesto(ta).

unprincipled [ʌn'prɪnsəpld] *adj* sin principios.

unprintable [ʌn'prɪntəbl] *adj fig* impublicable.

unprocessed [ʌn'prəʊsest] *adj* - **1.** [food, wood] natural. - **2.** PHOT [film] sin revelar. - **3.** [data] sin procesar.

unproductive [ʌnprə'dʌktɪv] *adj* [land, work] improductivo(va); [discussion, meeting] infructuoso(sa).

unprofessional [ʌnprə'feʃənl] *adj* poco profesional.

unprofitable [ʌn'prɒfɪtəbl] *adj* - **1.** [company, product] no rentable. - **2.** *fml* [action, discussions] infructuoso(sa), inútil.

unprompted [ʌn'prɒmptɪd] *adj* espontáneo(a).

unpronounceable [ʌnprə'naʊnsəbl] *adj* impronunciable.

unprotected [ʌnprə'tektɪd] *adj* sin protección, desprotegido(da); **~ sex** sexo *m* sin profilácticos.

unproven [ʌn'pruːvn], **unproved** [ʌn'pruːvd] *adj* no probado (no probada), no demostrado (no demostrada).

unprovoked [ʌnprə'vəʊkt] *adj* no provocado (no provocada).

unpublishable [ʌn'pʌblɪʃəbl] *adj* impublicable.

unpublished [ʌn'pʌblɪʃt] *adj* inédito(ta), no publicado (no publicada).

unpunished [ʌn'pʌnɪʃt] *adj*: **to go ~** escapar sin castigo.

unqualified [ʌn'kwɒlɪfaɪd] *adj* - **1.** [not qualified] sin título, no cualificado (no cualificada). - **2.** [total, complete] incondicional, completo(ta). - **3.** [incompetent] incompetente.

unquenchable [ʌn'kwentʃəbl] *adj literary* [curiosity, desire, thirst] insaciable.

unquestionable [ʌn'kwestʃənəbl] *adj* incuestionable, indiscutible.

unquestioned [ʌn'kwestʃənd] *adj* [leader, principle etc] indiscutido(da).

unquestioning [ʌn'kwestʃənɪŋ] *adj* incondicional.

unquiet [ʌn'kwaɪət] *adj literary* [person, mind] inquieto(ta), agitado(da); [period] turbulento(ta).

unquote [ʌn'kwəʊt] *adv* fin de la cita, cierra comillas.

unravel [ʌn'rævl] (*Br pt & pp* **unravelled**, *cont* **unravelling**, *Am pt & pp* **unraveled**, *cont* **unraveling**) ◇ *vt* - **1.** *fig* [mystery, puzzle] desenmarañar, desentrañar. - **2.** [knots, string] desenmarañar, desenredar; [knitting] deshilachar. ◇ *vi* [knots, string] desenmarañarse, desenredarse; [knitting] deshilacharse.

unread [ʌn'red] *adj* - **1.** [person] que ha leído poco. - **2.** [book, report] sin leer.

unreadable [ʌn'riːdəbl] *adj* - **1.** [difficult, tedious to read] difícil de leer. - **2.** [illegible] ilegible.

unready [ʌn'redɪ] (*compar* **unreadier**, *superl* **unreadiest**) *adj* que no está preparado(da).

unreal [ʌn'rɪəl] *adj* - **1.** [not real] irreal. - **2.** *v inf* [very good] guay *Esp*, chévere *Amér*.

unrealistic [ʌnrɪə'lɪstɪk] *adj* [person] poco realista; [idea, plan] impracticable, fantástico(ca).

unrealistically [ʌnrɪə'lɪstɪklɪ] *adv*: **his hopes were ~ high** las esperanzas que abrigaba eran poco realistas.

unreality [ʌnrɪ'ælətɪ] *n* irrealidad *f*.

unrealizable, -isable [ʌn'rɪəlaɪzəbl] *adj* [aim, dream] irrealizable; [fact, situation, state] inconcebible.

unreason [ʌn'riːzn] *n fml* insensatez *f*.

unreasonable [ʌn'riːznəbl] *adj* - **1.** [person, behaviour, decision] poco razonable. - **2.** [demand, price] excesivo(va).

unreasonably [ʌn'riːznəblɪ] *adv* de un modo insensato.

unreasoning [ʌn'riːznɪŋ] *adj fml* irracional.

unrecognizable [ʌn'rekəgnaɪzəbl] *adj* irreconocible.

unrecognized [ʌn'rekəgnaɪzd] *adj* no reconocido (no reconocida).

unreconstructed [ʌnriːkən'strʌktɪd] *adj* [person, ideas] retrógrado(da).

unrecorded [ʌnrɪ'kɔːdɪd] *adj* no registrado (no registrada).

unreel [ʌn'riːl] *vt* desenrollar.

unrefined [ʌnrɪ'faɪnd] *adj* - **1.** [not processed] no refinado (no refinada). - **2.** [vulgar - person] vulgar; [- manner] poco refinado (poco refinada).

unregenerate [ʌnrɪ'dʒenərɪt] *adj fml & pej* incorregible.

unregistered [ʌn'redʒɪstəd] *adj* - **1.** [luggage] sin facturar; [complaint] sin registrar. - **2.** [mail] sin certificar. - **3.** [car] sin matricular. - **4.** [voter, student] no inscrito (no inscrita); [birth] no registrado (no registrada).

unrehearsed [ʌnrɪ'hɜːst] *adj* improvisado(da).

unrelated [ʌnrɪ'leɪtɪd] *adj* - **1.** [facts, incidents]: **to be ~ (to)** no tener conexión (con). - **2.** [people]: **to be ~** no ser de la misma familia, no tener lazos de parentesco.

unrelenting [ʌnrɪ'lentɪŋ] *adj* implacable, inexorable.

unreliability [ʌnrɪˌlaɪə'bɪlətɪ] *n* - **1.** [of person] informalidad *f*. - **2.** [of method, machine] falta *f* de fiabilidad.

unreliable [ʌnrɪ'laɪəbl] *adj* que no es de fiar, poco fiable.

unrelieved [ʌnrɪ'liːvd] *adj* crónico(ca), constante.

unremarkable [ʌnrɪ'mɑːkəbl] *adj* ordinario(ria), corriente.

unremarked [ʌnrɪ'mɑːkt] *adj* desapercibido(da).

unremitting [ʌnrɪ'mɪtɪŋ] *adj* incesante, continuo(nua).

unrepeatable [ʌnrɪ'piːtəbl] *adj* irrepetible.

unrepentant [ʌnrɪ'pentənt] *adj* impenitente.

unreported [ʌnrɪ'pɔːtɪd] *adj* que no se ha comunicado OR informado.

unrepresentative [ʌnreprɪ'zentətɪv] *adj*: **~ (of)** poco representativo (poco representativa) (de).

unrequited [ʌnrɪ'kwaɪtɪd] *adj* no correspondido (no correspondida).

unreserved [ʌnrɪ'zɜːvd] *adj* - **1.** [wholehearted] incondicional, absoluto(ta). - **2.** [not reserved] libre, no reservado (no reservada).

unreservedly [ʌnrɪ'zɜːvɪdlɪ] *adv* - **1.** [without qualification] sin reservas. - **2.** [frankly] sin reservas.

unresolved [ʌnrɪ'zɒlvd] *adj* sin resolver, pendiente.

unresponsive [ʌnrɪ'spɒnsɪv] *adj*: **to be ~ to** ser insensible a.

unrest [ʌn'rest] *n (U)* malestar *m*, inquietud *f*; **civil ~** malestar *m* social; **industrial ~** conflictos *mpl* laborales.

unrestrained [ʌnrɪ'streɪnd] *adj* incontrolado(da), desenfrenado(da).

unrestricted [ʌnrɪ'strɪktɪd] *adj* [power] sin restricción; [access, use] libre.

unrewarded [ʌnrɪ'wɔːdɪd] *adj* [person] no recompensado (no recompensada); [effort, search] infructuoso(sa).

unrewarding [ʌnrɪ'wɔːdɪŋ] *adj* que no ofrece satisfacción.

unripe [ʌn'raɪp] *adj* verde, que no está maduro(ra).

unrivalled *Br*, **unrivaled** *Am* [ʌn'raɪvld] *adj* incomparable, sin par.

unroll [ʌn'rəʊl] *vt* desenrollar.

unromantic [ʌnrə'mæntɪk] *adj* - **1.** [person - unsentimental] poco romántico (poco romántica); [- down-to-earth] realista. - **2.** [ideas, place] poco romántico (poco romántica).

unruffled [ʌn'rʌfld] *adj* [calm] imperturbable.

unruled [ʌn'ruːld] *adj* blanco(ca), sin rayas.

unruly [ʌn'ruːlɪ] (*compar* **unrulier**, *superl* **unruliest**) *adj* - **1.** [person, behaviour] revoltoso(sa). - **2.** [hair] rebelde.

unsaddle [ʌn'sædl] *vt* [horse] desensillar; [rider] derribar.

unsafe [ʌn'seɪf] *adj* [gen] inseguro(ra); [risky] arriesgado(da).

unsaid [ʌn'sed] ◇ *pt & pp* → **unsay**. ◇ *adj*: **to leave sthg** ~ dejar algo sin decir.

unsal(e)able [ʌn'seɪləbl] *adj* invendible.

unsatisfactory [ˈʌnˌsætɪsˈfæktərɪ] *adj* insatisfactorio(ria).

unsatisfied [ʌn'sætɪsfaɪd] *adj* - **1.** [person - unhappy] insatisfecho(cha); [- unconvinced] nada convencido (nada convencida). - **2.** [desire] insatisfecho(cha).

unsatisfying [ʌn'sætɪsfaɪɪŋ] *adj* - **1.** [activity, task] poco gratificante, ingrato(ta). - **2.** [explanation] poco convincente. - **3.** [meal - insufficient] insuficiente; [- disappointing] decepcionante.

unsaturated [ʌn'sætʃəreɪtɪd] *adj* no saturado (no saturada).

unsavoury, **unsavory** *Am* [ʌn'seɪvərɪ] *adj* desagradable.

unsay [ʌn'seɪ] (*pt & pp* **unsaid** [-'sed]) *vt* retirar, retractarse de.

unscathed [ʌn'skeɪðd] *adj* ileso(sa).

unscheduled [*Br* ʌn'ʃedjuːld, *Am* ʌn'skedʒʊld] *adj* imprevisto(ta).

unschooled [ʌn'skuːld] *adj fml* - **1.** [person] sin instrucción. - **2.** [talent] natural, innato(ta).

unscientific [ˈʌnˌsaɪənˈtɪfɪk] *adj* poco científico (poco científica).

unscramble [ʌn'skræmbl] *vt* [code, message] descifrar.

unscrew [ʌn'skruː] *vt* - **1.** [lid, top] abrir, desenroscar. - **2.** [sign, hinge] desatornillar.

unscripted [ʌn'skrɪptɪd] *adj* sin guión, improvisado(da).

unscrupulous [ʌn'skruːpjʊləs] *adj* desaprensivo(va), poco escrupuloso (poco escrupulosa).

unscrupulously [ʌn'skruːpjʊləslɪ] *adv* sin escrúpulos.

unseal [ʌn'siːl] *vt* romper el sello de, abrir.

unsealed [ʌn'siːld] *adj* abierto(ta).

unseasonable [ʌn'siːznəbl] *adj* [weather] fuera de lo normal (para la época).

unseasoned [ʌn'siːznd] *adj* - **1.** [food] soso(sa). - **2.** [wood] verde.

unseat [ʌn'siːt] *vt* - **1.** [rider] derribar, desarzonar. - **2.** *fig* [depose] deponer.

unseaworthy [ʌn'siːwɜːðɪ] *adj* innavegable.

unsecured [ʌnsɪ'kjʊəd] *adj* - **1.** [door, window - unlocked] que no está cerrado(da) con llave; [- open] mal cerrado (mal cerrada). - **2.** FIN [creditor, loan] sin garantías.

unseeded [ʌn'siːdɪd] *adj* que no es cabeza de serie.

unseemly [ʌn'siːmlɪ] (*compar* **unseemlier**, *superl* **unseemliest**) *adj* impropio(pia), indecoroso(sa).

unseen [ʌn'siːn] *adj* - **1.** [unnoticed] inadvertido(da). - **2.** [invisible] invisible.

unsegregated [ʌn'segrɪgeɪtɪd] *adj* libre de segregación.

unselfconscious [ʌnself'kɒnʃəs] *adj* natural.

unselfish [ʌn'selfɪʃ] *adj* desinteresado(da), altruista.

unselfishly [ʌn'selfɪʃlɪ] *adv* desinteresadamente, altruistamente.

unsettle [ʌn'setl] *vt* - **1.** [person] perturbar, inquietar. - **2.** [stomach] revolver.

unsettled [ʌn'setld] *adj* - **1.** [person] nervioso(sa), intranquilo(la). - **2.** [weather] variable, inestable. - **3.** [argument, matter, debt] pendiente. - **4.** [situation] inestable. - **5.** [stomach] revuelto(ta).

unsettling [ʌn'setlɪŋ] *adj* inquietante, perturbador(ra).

unshak(e)able [ʌn'ʃeɪkəbl] *adj* inquebrantable.

unshaken [ʌn'ʃeɪkən] *adj* firme, inconmovible.

unshaven [ʌn'ʃeɪvn] *adj* sin afeitar.

unsheathe [ʌn'ʃiːð] *vt* desenvainar.

unshockable [ʌn'ʃɒkəbl] *adj* impasible, imperturbable.

unshod [ʌn'ʃɒd] *adj* [horse] sin herraduras.

unsightly [ʌn'saɪtlɪ] *adj* [building] feo(a); [scar, bruise] desagradable.

unsigned [ʌn'saɪnd] *adj* sin firmar.

unsinkable [ʌn'sɪŋkəbl] *adj* [boat] insumergible; *fig* [person] que no se hunde OR desmoraliza fácilmente.

unskilful *Br*, **unskillful** *Am* [ʌn'skɪlfʊl] *adj* [lacking skill] inexperto(ta); [clumsy] torpe.

unskilled [ʌn'skɪld] *adj* [person] no cualificado (no cualificada); [work] no especializado (no especializada).

unskillful *adj Am* = **unskilful**.

unsociable [ʌn'səʊʃəbl] *adj* insociable, poco sociable.

unsocial [ʌn'səʊʃl] *adj*: **to work** ~ **hours** trabajar a horas intempestivas.

unsold [ʌn'səʊld] *adj* sin vender.

unsolicited [ˌʌnsə'lɪsɪtɪd] *adj* no solicitado (no solicitada).

unsolved [ʌn'sɒlvd] *adj* no resuelto (no resuelta), sin resolver.

unsophisticated [ˌʌnsə'fɪstɪkeɪtɪd] *adj* - **1.** [person] ingenuo(nua). - **2.** [method, device] rudimentario(ria).

unsought [ʌn'sɔːt] *adj* gratuito(ta), no requerido (no requerida).

unsound [ʌn'saʊnd] *adj* - **1.** [conclusion, method] erróneo(a). - **2.** [building, structure] defectuoso(sa).

unsparing [ʌn'speərɪŋ] *adj* - **1.** [generous] generoso(sa), pródigo(ga). - **2.** [harsh] cruel, despiadado(da).

unspeakable [ʌn'spiːkəbl] *adj* - **1.** [crime] incalificable, atroz; [pain] indecible. - **2.** *literary* [beauty, joy] indescriptible, inenarrable.

unspeakably [ʌn'spiːkəblɪ] *adv literary* indescriptiblemente.

unspecified [ʌn'spesɪfaɪd] *adj* sin especificar.

unspoiled [ʌn'spɔɪld], **unspoilt** [ʌn'spɔɪlt] *adj* [countryside, area] prácticamente virgen.

unspoken [ʌn'spəʊkən] *adj* - **1.** [not expressed openly] no expresado (no expresada). - **2.** [tacit] tácito(ta).

unsporting [ʌn'spɔːtɪŋ] *adj* poco deportivo (poco deportiva).

unstable [ʌn'steɪbl] *adj* inestable.

unstated [ʌn'steɪtɪd] *adj* no expresado (no expresada).

unstatesmanlike [ʌn'steɪtsmənlaɪk] *adj* indigno(na) de un estadista.

unsteadily [ʌn'stedɪlɪ] *adv* [walk] con paso inseguro; [speak] con voz temblorosa; [hold, write] temblorosamente.

unsteady [ʌn'stedɪ] (*compar* **unsteadier**, *superl* **unsteadiest**) *adj* - **1.** [gen] inestable; [hands, voice] tembloroso(sa); [footsteps] vacilante. - **2.** [rhythm, speed, temperature] irregular, variable.

unstick [ʌn'stɪk] (*pt & pp* **unstuck** [-'stʌk]) ◇ *vt* despegar. ◇ *vi* despegarse.

unstinting [ʌn'stɪntɪŋ] *adj* pródigo(ga).

unstop [ʌn'stɒp] (*pt & pp* **unstopped**, *cont* **unstopping**) *vt* - **1.** [remove stopper from] destapar. - **2.** [unblock] desatascar.

unstoppable [ʌn'stɒpəbl] *adj* irrefrenable, incontenible.

unstrap [ʌn'stræp] (*pt & pp* **unstrapped**, *cont* **unstrapping**) *vt* desabrochar (las correas de).

unstressed [ʌn'strest] *adj* LING sin acento, no acentuado (no acentuada).

unstructured [ʌn'strʌktʃəd] *adj* poco organizado (poco organizada), falto(ta) de estructura.

unstrung [ʌn'strʌŋ] *adj* [distressed] trastornado(da).

unstuck [ʌn'stʌk] ◇ *pt & pp* → **unstick**. ◇ *adj*: **to come** ~ [notice, stamp, label] despegarse, desprenderse; *fig* [plan, system, person] fracasar.

unstudied [ʌn'stʌdɪd] *adj* natural, espontáneo(a).

unsubstantiated [ˌʌnsəb'stænʃɪeɪtɪd] *adj* no corroborado (no corroborada), sin probar.

unsubtle [ʌn'sʌtl] *adj* [person, remark] poco sutil; [joke] grosero(ra).

unsuccessful [ʌnsək'sesfʊl] *adj* [person] fracasado(da); [attempt, meeting, search] infructuoso(sa); [plan, project] sin éxito; **to be** ~ fracasar, no tener éxito.

unsuccessfully [ʌnsək'sesfʊli] *adv* sin éxito, en vano.

unsuitable [ʌn'suːtəbl] *adj* [gen] inadecuado(da), inapropiado(da); [moment, time] inconveniente, inoportuno(na); **he is** ~ **for the job** no es la persona indicada para el trabajo; **I'm afraid 3 o'clock would be** ~ lo siento, pero no me va bien a las 3.

unsuitably [ʌn'suːtəbli] *adv* inadecuadamente, de un modo inapropiado.

unsuited [ʌn'suːtɪd] *adj* - **1.** [not appropriate]: **to be** ~ **to** OR **for** [subj: person] no servir OR valer para; [subj: clothes, tool, method] no ser adecuado(da) para. - **2.** [not compatible]: **to be** ~ **(to each other)** ser incompatibles (uno con el otro).

unsung [ʌn'sʌŋ] *adj* no celebrado (no celebrada); **an** ~ **hero** un héroe olvidado.

unsupported [ʌnsə'pɔːtɪd] *adj* - **1.** [argument, theory] sin pruebas, sin fundamento; [accusation, statement] infundado(da). - **2.** [wall, aperture] sin apoyo. - **3.** [financially, emotionally]: **to be** ~ no recibir apoyo OR ayuda.

unsure [ʌn'ʃɔːʳ] *adj* - **1.** [not confident]: **to be** ~ **of o.s.** sentirse inseguro(ra). - **2.** [not certain]: **to be** ~ **(about** OR **of)** no estar muy seguro (muy segura).

unsurpassed [ʌnsə'pɑːst] *adj* insuperado(da).

unsurprisingly [ʌnsə'praɪzɪŋli] *adv* evidentemente.

unsuspected [ʌnsə'spektɪd] *adj* insospechado(da).

unsuspecting [ʌnsə'spektɪŋ] *adj* desprevenido(da), confiado(da).

unsuspectingly [ʌnsə'spektɪŋli] *adv* sin sospechar nada, con confianza.

unsweetened [ʌn'swiːtnd] *adj* sin azúcar.

unswerving [ʌn'swɜːvɪŋ] *adj* firme, inquebrantable.

unsympathetic ['ʌnsɪmpə'θetɪk] *adj* - **1.** [hostile]: ~ **(to)** hostil (hacia). - **2.** [unfeeling]: ~ **to** indiferente a.

unsympathetically ['ʌnsɪmpə'θetɪkli] *adv* [speak, behave] con indiferencia.

unsystematic [ʌnsɪstə'mætɪk] *adj* poco metódico (poco metódica), sin sistema.

untainted [ʌn'teɪntɪd] *adj* [water] puro(ra); *fig* [reputation] sin tacha.

untamed [ʌn'teɪmd] *adj* - **1.** [animal] indomado(da). - **2.** [place, land] sin cultivar. - **3.** [person] indómito(ta).

untangle [ʌn'tæŋgl] *vt* - **1.** [hair, ropes] desenmarañar. - **2.** *fig* [mystery] desentrañar.

untapped [ʌn'tæpt] *adj* sin explotar.

untarnished [ʌn'tɑːnɪʃt] *adj* - **1.** [silver] sin manchas. - **2.** *fig* [reputation] sin tacha.

untaught [ʌn'tɔːt] *adj* sin instrucción, ignorante.

untaxed [ʌn'tækst] *adj* antes de impuestos.

untenable [ʌn'tenəbl] *adj* insostenible.

untested [ʌn'testɪd] *adj* que no ha sido probado(da).

unthinkable [ʌn'θɪŋkəbl] *adj* impensable, inconcebible.

unthinking [ʌn'θɪŋkɪŋ] *adj* irreflexivo(va).

unthinkingly [ʌn'θɪŋkɪŋli] *adv* sin pensar, irreflexivamente.

unthought-of [ʌn'θɔːtɒv] *adj* inconcebible.

untidily [ʌn'taɪdɪli] *adv* desordenadamente.

untidiness [ʌn'taɪdɪnɪs] *n* [of room, desk] desorden *m*; [of person, appearance] desaliño *m*.

untidy [ʌn'taɪdɪ] (*compar* **untidier**, *superl* **untidiest**) *adj* [room, desk] desordenado(da); [person, appearance] desaliñado(da).

untie [ʌn'taɪ] (*cont* **untying**) *vt* desatar.

until [ən'tɪl] ◇ *prep* hasta; ~ **now/then** hasta ahora/entonces. ◇ *conj* - **1.** [gen] hasta que. - **2.** (*after negative*): **don't**

leave ~ **you've finished** no te vayas hasta que no hayas terminado.

untimely [ʌn'taɪmlɪ] *adj* - **1.** [premature] prematuro(ra). - **2.** [inappropriate] inoportuno(na).

untiring [ʌn'taɪərɪŋ] *adj* incansable.

untiringly [ʌn'taɪərɪŋli] *adv* incansablemente.

untitled [ʌn'taɪtld] *adj* sin título.

unto ['ʌntuː] *prep arch & literary* - **1.** [to] a. - **2.** [until] hasta.

untold [ʌn'təʊld] *adj* - **1.** [damage, wealth] incalculable; [suffering, joy] indecible. - **2.** [tale] jamás contado (jamás contada); [secret] jamás revelado (jamás revelada).

untouchable [ʌn'tʌtʃəbl] ◇ *adj* intocable. ◇ *n* intocable *m*.

untouched [ʌn'tʌtʃt] *adj* - **1.** [scenery, place] no estropeado (no estropeada); [building etc] intacto(ta). - **2.** [food] sin probar.

untoward [ʌntə'wɔːd] *adj* [event, circumstances] adverso(sa); [behaviour] fuera de lugar; [effect] desfavorable.

untrained [ʌn'treɪnd] *adj* - **1.** [person, worker] no cualificado (no cualificada). - **2.** [voice, mind] no educado (no educada).

untrammelled *Br*, **untrammeled** *Am* [ʌn'træməld] *adj fml* - **1.** [unbounded] sin límites. - **2.** [unrestricted]: ~ **by** libre de.

untransferable [ʌntræns'fɜːrəbl] *adj* intransferible.

untranslatable [ʌntræns'leɪtəbl] *adj* intraducible.

untreated [ʌn'triːtɪd] *adj* - **1.** [illness, person] que no ha sido tratado(da). - **2.** [waste, effluent] sin tratar.

untried [ʌn'traɪd] *adj* no probado (no probada).

untrodden [ʌn'trɒdn] *adj* no hollado (no hollada), virgen.

untroubled [ʌn'trʌbld] *adj*: **to be** ~ **by** no estar afectado(da) por.

untrue [ʌn'truː] *adj* - **1.** [not true] falso(sa); [inaccurate] erróneo(a), inexacto(ta). - **2.** [unfaithful]: **to be** ~ **to** ser infiel OR desleal a.

untrustworthy [ʌn'trʌst,wɜːðɪ] *adj* indigno(na) de confianza.

untruth [ʌn'truːθ] *n fml* mentira *f*.

untruthful [ʌn'truːθfʊl] *adj* falso(sa), mentiroso(sa).

untutored [ʌn'tjuːtəd] *adj* - **1.** [person, taste, eye] no educado (no educada). - **2.** [skill, talent] natural.

untwine [ʌn'twaɪn] *vt* desenredar.

unusable [ʌn'juːzəbl] *adj* inútil, inservible.

unused [*sense 1* ʌn'juːzd, *sense 2* ʌn'juːst] *adj* - **1.** [not previously used] nuevo(va), sin usar. - **2.** [unaccustomed]: **to be** ~ **to sthg/to doing sthg** no estar acostumbrado(da) a algo/a hacer algo.

unusual [ʌn'juːʒl] *adj* [rare] insólito(ta), poco común.

unusually [ʌn'juːʒəlɪ] *adv* - **1.** [exceptionally] extraordinariamente. - **2.** [surprisingly] sorprendentemente.

unutterable [ʌn'ʌtərəbl] *adj fml* - **1.** [misery, boredom] indecible. - **2.** [joy] inenarrable.

unutterably [ʌn'ʌtərəblɪ] *adv fml* - **1.** [miserable, tired] extremadamente. - **2.** [happy] extraordinariamente.

unvarnished [ʌn'vɑːnɪʃt] *adj* - **1.** *fig* [straightforward] sin adornos; **the** ~ **truth** la pura verdad. - **2.** [furniture] sin barnizar.

unvarying [ʌn'veərɪŋ] *adj* invariable, uniforme.

unveil [ʌn'veɪl] *vt* - **1.** [statue, plaque] descubrir. - **2.** *fig* [plans, policy] revelar.

unveiling [ʌn'veɪlɪŋ] *n* [of painting, sculpture] inauguración *f*, descubrimiento *m*; [of secret] revelación *f*.

unverified [ʌn'verɪfaɪd] *adj* sin verificar.

unversed [ʌn'vɜːst] *adj fml* poco versado (poco versada); **to be** ~ **in sthg** no estar versado en algo.

unvoiced [ʌn'vɔɪst] *adj* - **1.** [desire, fears] no expresado (no expresada). - **2.** LING sordo(da).

unwaged [ʌn'weɪdʒd] *adj Br* desempleado(da).

unwanted [ʌn'wɒntɪd] *adj* [clothes, furniture] superfluo(flua); [child, pregnancy] no deseado (no deseada).

unwarranted [ʌnˈwɒrəntɪd] *adj* injustificado(da).

unwary [ʌnˈweərɪ] *adj* incauto(ta).

unwashed [ʌnˈwɒʃt] *adj* [dishes, feet] sin lavar; [person] desaseado(da).

unwavering [ʌnˈweɪvərɪŋ] *adj* [determination, feeling] firme, inquebrantable; [concentration] constante; [gaze] fijo(ja).

unwed [ʌnˈwed] *adj fml* soltero(ra).

unwelcome [ʌnˈwelkəm] *adj* [guest, visit] inoportuno(na); [situation, news] desagradable; [advances, attention] molesto(ta).

unwelcoming [ʌnˈwelkəmɪŋ] *adj* [person, look] hostil, frío(a); [place] inhóspito(ta); [house, room] poco acogedor (poco acogedora).

unwell [ʌnˈwel] *adj*: **to be/feel** ~ estar/sentirse mal.

unwholesome [ʌnˈhəʊlsəm] *adj* - **1.** [unhealthy] insalubre. - **2.** [unpleasant, unnatural] malsano(na).

unwieldy [ʌnˈwiːldɪ] (*compar* **unwieldier**, *superl* **unwieldiest**) *adj* - **1.** [object] abultado(da); [tool] poco manejable. - **2.** *fig* [system, organization] poco eficiente.

unwilling [ʌnˈwɪlɪŋ] *adj* no dispuesto (no dispuesta); **to be** ~ **to do sthg** no estar dispuesto a hacer algo, ser reacio(cia) a hacer algo.

unwillingly [ʌnˈwɪlɪŋlɪ] *adv* de mala gana, a disgusto.

unwillingness [ʌnˈwɪlɪŋnɪs] *n* desgana *f*, reticencia *f*.

unwind [ʌnˈwaɪnd] (*pt & pp* **unwound** [-ˈwaʊnd]) ◇ *vt* desenrollar. ◇ *vi* - **1.** *fig* [person] relajarse. - **2.** [ball of yarn, cord] desenrollarse.

unwise [ʌnˈwaɪz] *adj* imprudente, poco aconsejable.

unwisely [ʌnˈwaɪzlɪ] *adv* imprudentemente.

unwitting [ʌnˈwɪtɪŋ] *adj fml* inconsciente, involuntario(ria).

unwittingly [ʌnˈwɪtɪŋlɪ] *adv fml* inconscientemente, sin darse cuenta.

unwonted [ʌnˈwəʊntɪd] *adj fml* inusitado(da), inusual.

unworkable [ʌnˈwɜːkəbl] *adj* impracticable.

unworldly [ʌnˈwɜːldlɪ] *adj* - **1.** [unearthly] poco mundano (poco mundana); [spiritual] espiritual. - **2.** [naive] ingenuo(nua).

unworn [ʌnˈwɔːn] *adj* [clothing] sin estrenar; [carpet] sin usar.

unworthiness [ʌnˈwɜːðɪnɪs] *n* falta *f* de mérito.

unworthy [ʌnˈwɜːðɪ] (*compar* **unworthier**, *superl* **unworthiest**) *adj* [undeserving]: **to be** ~ **of** no ser digno(na) de.

unwound [ʌnˈwaʊnd] *pt & pp* → **unwind**.

unwounded [ʌnˈwuːndɪd] *adj* ileso(sa).

unwrap [ʌnˈræp] (*pt & pp* **unwrapped**, *cont* **unwrapping**) *vt* [present] desenvolver; [parcel] desempaquetar.

unwritten [ʌnˈrɪtn] *adj* [legend, story] no escrito (no escrita); [agreement] verbal, oral.

unwritten law *n* ley *f* no escrita.

unyielding [ʌnˈjiːldɪŋ] *adj* inflexible.

unyoke [ʌnˈjəʊk] *vt* desuncir.

unzip [ʌnˈzɪp] (*pt & pp* **unzipped**, *cont* **unzipping**) ◇ *vt* abrir la cremallera de. ◇ *vi* abrirse.

up [ʌp] (*pt & pp* **upped**, *cont* **upping**) ◇ *adv* - **1.** [towards a higher position] hacia arriba; [in a higher position] arriba; **a house** ~ **in the mountains** una casa arriba en las montañas; **pick it** ~! ¡cógelo!, ¡agárralo! *Amér*; **prices are going** ~ los precios están subiendo; **she's** ~ **in her room** está arriba en su cuarto; **the sun came** ~ el sol salió; **to throw sthg** ~ lanzar algo hacia arriba; **we walked** ~ **to the top** subimos hasta arriba del todo. - **2.** [into an upright position]: **to stand** ~ levantarse; **help me** ~ ayúdame a levantarme; ~ **you get!** ¡arriba! - **3.** [northwards]: **I'm going** ~ **to York next week** voy a subir a York la semana próxima; ~ **north** en el norte. - **4.** [along a road or river] adelante; **their house is 100 metres further** ~ su casa está 100 metros más adelante. - **5.** [close up, towards]: **to come** ~ **to sb** acercarse a alguien. ◇ *prep* - **1.** [towards a higher position]: **I went** ~ **the stairs** subí las escaleras; **we went** ~ **the**

mountain subimos por la montaña. - **2.** [in a higher position] en lo alto de; **halfway** ~ **a mountain** en mitad de la subida a una montaña; ~ **a tree** en un árbol. - **3.** [at far end of] al final de; **they live** ~ **the road from us** viven al final de nuestra calle. - **4.** [against current of river]: ~ **the Amazon** Amazonas arriba. - **5.** [phr]: ~ **yours!** *v inf* ¡que te den morcilla! ◇ *adj* - **1.** [out of bed]: **I was** ~ **till two yesterday** ayer no me acosté hasta las dos; **I was** ~ **at six today** hoy me levanté a las seis. - **2.** [at an end] terminado(da); **time's** ~ se acabó el tiempo. - **3.** [under repair]: **'road** ~' **'carretera en obras'**. - **4.** *inf* [wrong]: **is something** ~? ¿pasa algo?, ¿algo va mal?; **what's** ~? ¿qué pasa? ◇ *n*: ~**s and downs** altibajos *mpl* ❑ **to be on the** ~ **(and up)** ir a más. ◇ *vt* - **1.** *inf* [price, cost] subir. - **2.** [indicating sudden decision]: **she upped and quit the job** cogió y dejó el trabajo.

◆ **up against** *prep*: **we came** ~ **against a lot of opposition** nos enfrentamos con mucha oposición ❑ **to be** ~ **against it** vérselas y deseárselas.

◆ **up and down** ◇ *adv*: **to jump** ~ **and down** saltar para arriba y para abajo; **to walk** ~ **and down** andar para un lado y para otro. ◇ *prep*: **she's** ~ **and down the stairs all day** lleva todo el día subiendo y bajando por las escaleras; **she looked** ~ **and down the ranks of soldiers** inspeccionó las filas de soldados de arriba abajo; **we walked** ~ **and down the avenue** estuvimos caminando arriba y abajo de la avenida.

◆ **up to** *prep* - **1.** [indicating level] hasta; **it could take** ~ **to six weeks** podría tardar hasta seis semanas; **it's not** ~ **to standard** no tiene el nivel necesario. - **2.** [well or able enough for]: **to be** OR **feel** ~ **to doing sthg** sentirse con fuerzas (como) para hacer algo; **my French isn't** ~ **to much** mi francés no es gran cosa; **he wants to go on to advanced level, but he's just not** ~ **to it** quiere pasar al nivel superior, pero no llega. - **3.** *inf* [secretly doing something]: **what are you** ~ **to?** ¿qué andas tramando? - **4.** [indicating responsibility]: **it's not** ~ **to me to decide** no depende de de mí el decidir; **it's** ~ **to you** de ti depende.

◆ **up until** *prep* hasta.

up-and-coming *adj* prometedor(ra), con futuro.

up-and-under *n* [in rugby] patada *f* a seguir.

up-and-up *n* - **1.** *Br* [improving]: **to be on the** ~ ir a mejor. - **2.** *Am* [honest]: **to be on the** ~ ser persona de confianza.

upbeat [ˈʌpbiːt] ◇ *adj* [person, mood] optimista; [music] alegre. ◇ *n* MUS nota *f* no acentuada OR no marcada.

upbraid [ʌpˈbreɪd] *vt*: **to** ~ **sb (for)** reprender a alguien (por).

upbringing [ˈʌpbrɪŋɪŋ] *n* educación *f*.

upcast [ˈʌpkɑːst] *adj* dirigido(da) hacia arriba.

upcoming [ˈʌpkʌmɪŋ] *adj* próximo(ma), futuro(ra).

upcountry [ʌpˈkʌntrɪ] ◇ *adj* del interior. ◇ *n* interior *m*. ◇ *adv* [go, move] hacia el interior, tierra adentro; [live] en el interior, tierra adentro.

update [*vb* ʌpˈdeɪt, *n* ˈʌpdeɪt] ◇ *vt* actualizar, poner al día. ◇ *n* - **1.** [act of updating] actualización *f*, puesta *f* al día. - **2.** [updated information] información *f* actualizada.

updraught *Br*, **updraft** *Am* [ˈʌpdrɑːft] *n* corriente *f* ascendente.

upend [ʌpˈend] *vt* - **1.** [stand on end] volcar. - **2.** [knock down] derribar.

upfront [ʌpˈfrʌnt] ◇ *adj* - **1.** [frank]: **to be** ~ **(about)** ser franco(ca) (sobre). - **2.** [payment] por adelantado. ◇ *adv* [in advance] por adelantado.

upgradable [ʌpˈgreɪdəbl] *adj* COMPUT extensible.

upgrade [*vb* ʌpˈgreɪd, *n* ˈʌpgreɪd] ◇ *vt* [job, status] ascender, subir de categoría; [facilities] realizar mejoras a. ◇ *vi* realizar mejoras. ◇ *n* *Am* - **1.** [slope] rampa *f*, cuesta *f*. - **2.** *phr*: **to be on the** ~ [business, venture] prosperar; [price, salary] ir en alza; [sick person] irse recuperando.

upheaval [ʌpˈhiːvl] *n* [emotional] trastorno *m*; [social, political] agitación *f*.

upheld [ʌpˈheld] *pt & pp* → **uphold**.

uphill [ˌʌp'hɪl] ◇ adj - **1.** [rising] empinado(da), cuesta arriba. - **2.** fig [difficult] arduo(dua), difícil. ◇ adv cuesta arriba.

uphold [ʌp'həʊld] (pt & pp **upheld** [-'held]) vt - **1.** [support] sostener, apoyar; [sustain] defender, sustentar. - **2.** JUR mantener, ratificar.

upholster [ʌp'həʊlstəʳ] vt tapizar.

upholsterer [ʌp'həʊlstərəʳ] n tapicero m, -ra f.

upholstery [ʌp'həʊlstərɪ] n tapicería f, tapizado m.

upkeep [ʌpkiːp] n mantenimiento m.

upland ['ʌplənd] adj de la meseta.

◆ **uplands** npl tierras fpl altas.

uplift [vb ʌp'lɪft, comp 'ʌplɪft] ◇ vt [spiritually] elevar, inspirar; [morally] exaltar, animar. ◇ comp: ~ **bra** sujetador m armado que realza el busto.

uplifting [ʌp'lɪftɪŋ] adj inspirador(ra).

uplighter ['ʌplaɪtəʳ] n lámpara o luz diseñada o colocada de manera que ilumina hacia arriba.

upload ['ʌpləʊd] vt COMPUT cargar por teleproceso, transferir a un ordenador mayor.

up-market adj de clase superior, de categoría.

upmost ['ʌpməʊst] adj = **uppermost**.

upon [ə'pɒn] prep fml en, sobre; ~ **entering the room** al entrar en el cuarto; **question** ~ **question** pregunta tras pregunta 🔲 **summer is** ~ **us** ya tenemos el verano encima.

upper ['ʌpəʳ] ◇ adj - **1.** [higher, top] superior. - **2.** GEOGR alto(ta). ◇ n [of shoe] pala f.

upper atmosphere n atmósfera f superior.

upper case n caja f alta.

◆ **upper-case** adj en mayúsculas.

upper class n: **the** ~ la clase alta.

◆ **upper-class** adj de clase alta.

upper crust n inf: **the** ~ la flor y nata.

uppercut ['ʌpəkʌt] n gancho m, uppercut m.

upper hand n: **to gain/have the** ~ **(in)** empezar a llevar/llevar ventaja (en).

Upper House n: **the** ~ POL la cámara alta.

upper middle class n: **the** ~ la clase media alta.

uppermost ['ʌpəməʊst] adj - **1.** [highest] más alto (más alta). - **2.** [most important]: **to be** ~ **in one's mind** ser lo más importante para uno.

upper sixth n Br SCH último curso de estudios preuniversitarios.

Upper Volta [-'vɒltə] n (el) Alto Volta.

uppity ['ʌpətɪ] adj inf engreído(da), arrogante.

upraise [ʌp'reɪz] vt literary levantar, elevar.

upright ['ʌpraɪt] ◇ adj - **1.** [erect] derecho(cha). - **2.** [standing vertically] vertical. - **3.** fig [honest] recto(ta), honrado(da). ◇ adv erguidamente. ◇ n - **1.** [of goal] poste m; [of door, bookshelf] montante m, listón m. - **2.** [piano]: ~ **piano** piano m vertical.

uprising ['ʌpˌraɪzɪŋ] n sublevación f, alzamiento m.

upriver [ʌp'rɪvəʳ] adj & adv río arriba.

uproar ['ʌprɔːʳ] n - **1.** (U) [commotion] alboroto m, guachafita f Amér. - **2.** [protest] escándalo m.

uproarious [ʌp'rɔːrɪəs] adj - **1.** [laughter] estrepitoso(sa); [film, joke] hilarante. - **2.** [crowd, meeting] tumultuoso(sa).

uproot [ʌp'ruːt] vt - **1.** [person] desplazar, mudar; **to** ~ **o.s.** mudarse. - **2.** BOT [plant] desarraigar.

upset [vb & adj ʌp'set, n 'ʌpset] (pt & pp **upset**, cont **upsetting**) ◇ adj - **1.** [distressed] disgustado(da), afectado(da). - **2.** [annoyed] enfadado(da). - **3.** [worried] preocupado(da). - **4.** MED: **to have an** ~ **stomach** tener el estómago mal. ◇ n - **1.** MED: **she had a stomach** ~ tenía mal el estómago, le dolía el estómago. - **2.** [in plans, situation] vuelco m; [emotional, political] conmoción f. - **3.** [defeat] derrota f. ◇ vt - **1.** [distress] disgustar, perturbar; **the bad news** ~ **me a lot** la mala noticia me afectó mucho. - **2.** [annoy] enfadar. - **3.** [worry] preocupar. - **4.** [make ill] sentar mal a; **white wine** ~**s my stomach** el vino blanco me sienta mal al estómago.

- **5.** [mess up] dar al traste con, estropear. - **6.** [overturn, knock over] volcar.

upset price ['ʌpset-] n Am precio m mínimo de subasta.

upsetting [ʌp'setɪŋ] adj inquietante, perturbador(ra).

upshot ['ʌpʃɒt] n resultado m.

upside ['ʌpsaɪd] n - **1.** [surface] parte f superior. - **2.** [of situation] ventaja f, aspecto m positivo.

upside down ◇ adj - **1.** [inverted] al revés. - **2.** inf [topsy-turvy] patas arriba. ◇ adv - **1.** [in or to inverted position] al revés. - **2.** inf [into confusion]: **to turn sthg** ~ revolver algo, poner patas arriba algo.

upsilon ['ʌpsɪlɒn, juːp'saɪlən] n ypsilon f, ípsilon f.

upstage [ʌp'steɪdʒ] ◇ vt eclipsar a. ◇ adv [move] hacia el fondo del escenario; [enter, exit] por el fondo del escenario; [stand] en el fondo del escenario.

upstairs [ʌp'steəz] ◇ adj de arriba. ◇ adv arriba. ◇ n el piso de arriba.

upstanding [ʌp'stændɪŋ] adj - **1.** [in character] ejemplar. - **2.** fml [on one's feet] de OR en pie; **be** ~ póngase en pie.

upstart ['ʌpstɑːt] n advenedizo m, -za f.

upstate [ʌp'steɪt] Am ◇ adj: ~ **New York** el norte del estado de Nueva York. ◇ adv en/hacia el norte del estado.

upstream [ʌp'striːm] ◇ adj: **to be** ~ **(from)** estar río arriba (de). ◇ adv río arriba, corriente arriba.

upsurge ['ʌpsɜːdʒ] n: ~ **of** OR **in** aumento m considerable de.

upswing ['ʌpswɪŋ] n - **1.** [improvement]: ~ **(in)** mejora f notable OR alza f (en). - **2.** [movement] movimiento m pendular ascendente.

uptake ['ʌpteɪk] n: **to be quick on the** ~ cogerlas al vuelo; **to be slow on the** ~ ser un poco torpe.

uptight [ʌp'taɪt] adj inf - **1.** [tense] tenso(sa), nervioso(sa). - **2.** [prudish] mojigato(ta); [conventional] convencional.

uptime ['ʌptaɪm] n COMPUT tiempo m de funcionamiento.

up-to-date adj - **1.** [modern] moderno(na). - **2.** [most recent] actual, al día. - **3.** [informed]: **to keep** ~ **with** mantenerse al día de.

up-to-the-minute adj de última hora.

uptown [ʌp'taʊn] Am ◇ adj alejado(da) del centro. ◇ adv [live, work] en las afueras; [go] a las afueras. ◇ n las afueras, los barrios residenciales.

upturn [n 'ʌptɜːn, vb ʌp'tɜːn] ◇ n: ~ **(in)** mejora f (de). ◇ vt [turn up] volver hacia arriba; [turn upside down] poner boca abajo; [overturn] volcar.

upturned [ʌp'tɜːnd] adj - **1.** [nose] respingón(ona). - **2.** [upside down] volcado(da).

upward ['ʌpwəd] ◇ adj hacia arriba. ◇ adv Am = **upwards**.

upwardly mobile [ʌpwədlɪ'məʊbaɪl] adj con ganas de mejorar socialmente.

upward mobility n ascenso m social.

upwards ['ʌpwədz], **upward** Am ['ʌpwəd] adv hacia arriba; **tickets cost £10 and** ~ las entradas cuestan de 10 libras para arriba.

◆ **upwards of** prep más de.

upwind [ʌp'wɪnd] adj contra el viento; **to be** ~ estar en el lado de donde sopla el viento.

URA (abbr of **Urban Renewal Administration**) n organismo para la rehabilitación de zonas urbanas desfavorecidas.

uraemia Br, **uremia** Am [juə'riːmjə] n uremia f.

Urals ['juərəlz] npl: **the** ~ los Urales.

uranic [juə'rænɪk] adj uránico(ca).

uraninite [ju'rænɪnaɪt] n uraninita f.

uranium [ju'reɪnjəm] n uranio m.

Uranus ['juərənəs] n Urano m.

urate ['juəreɪt] n urato m.

urban ['ɜːbən] adj urbano(na).

urban area n zona f urbana.

urban district Br n distrito m urbano.

urbane [ɜ:'beɪn] *adj* cortés, urbano(na).

urban guerrilla *n* guerrillero urbano *m*, guerrillera urbana *f*.

urbanite ['ɜ:bənaɪt] *n* urbanita *mf*, habitante *mf* de una ciudad.

urbanity [ɜ:'bænətɪ] *n* urbanidad *f*, civismo *m*.

urbanize, -ise ['ɜ:bənaɪz] *vt* urbanizar.

urban renewal *n* renovación *f* urbana.

urchin ['ɜ:tʃɪn] *n dated* pilluelo *m*, -la *f*, golfillo *m*, -lla *f*.

Urdu ['ʊəduː] *n* urdu *m*.

urea ['jʊərɪə] *n* urea *f*.

uremia *n Am* = **uraemia**.

ureter [jʊə'ri:tə] *n* uréter *m*.

urethane ['jʊərɪθeɪn] *n* uretano *m*.

urethra [jʊə'ri:θrə] (*pl* **urethras** OR **urethrae** [-θri:]) *n* uretra *f*.

urge [ɜ:dʒ] ◇ *n* impulso *m*, deseo *m*; **to have an ~ to do sthg** desear ardientemente hacer algo. ◇ *vt* - **1.** [try to persuade]: **to ~ sb to do sthg** instar a alguien a hacer algo. - **2.** [advocate] recomendar encarecidamente, propugnar.

urgency ['ɜ:dʒənsɪ] *n (U)* urgencia *f*.

urgent ['ɜ:dʒənt] *adj* - **1.** [pressing] urgente. - **2.** [desperate] apremiante.

urgently ['ɜ:dʒəntlɪ] *adv* - **1.** [as soon as possible] urgentemente. - **2.** [desperately] con insistencia.

uric ['jʊərɪk] *adj* úrico(ca).

urinal ['jʊərɪnl] *n* [place] urinario *m*; [vessel] orinal *m*.

urinary ['jʊərɪnərɪ] *adj* urinario(ria).

urinate ['jʊərɪneɪt] *vi* orinar.

urination [,jʊərɪ'neɪʃn] *n* micción *f*.

urine ['jʊərɪn] *n* orina *f*.

urn [ɜ:n] *n* - **1.** [for ashes] urna *f*. - **2.** [for tea, coffee] cilindro o barril con grifo para servir té o café en grandes cantidades.

urology [jʊə'rɒlədʒɪ] *n* urología *f*.

Ursa Major ['ɜ:sə-] *n* la Osa Mayor.

Ursa Minor ['ɜ:sə-] *n* la Osa Menor.

Uruguay ['jʊərəgwaɪ] *n* Uruguay.

Uruguayan [,jʊərʊ'gwaɪən] ◇ *adj* uruguayo(ya). ◇ *n* uruguayo *m*, -ya *f*.

us [ʌs] *pers pron* - **1.** *(direct, indirect)* nos; **can you see/hear ~?** ¿puedes vernos/oírnos?, ¿nos ves/oyes?; **it's ~** somos nosotros; **he sent ~ a letter** nos mandó una carta; **she gave it to ~** nos lo dio. - **2.** *(stressed, after prep, in comparisons etc)* nosotros(tras); **you can't expect** US **to do it** no esperarás que lo hagamos nosotros; **with/without ~** con/sin nosotros; **they are more wealthy than ~** son más ricos que nosotros; **all of ~** todos (nosotros); **some of ~** algunos de nosotros.

US *(abbr of* **United States**) *n* EE UU *mpl*.

USA *n* - **1.** *(abbr of* **United States of America**) EE UU *mpl*. - **2.** *(abbr of* **United States Army**) *fuerzas armadas estadounidenses.*

usable ['ju:zəbl] *adj* utilizable, aprovechable.

USAF *(abbr of* **United States Air Force**) *n fuerzas aéreas estadounidenses.*

usage ['ju:zɪdʒ] *n* - **1.** [gen & LING] uso *m*. - **2.** *fml* [custom, practice] usanza *f*, costumbre *f*.

USCG *(abbr of* **United States Coast Guard**) *n servicio de guardacostas en EE UU.*

USDA *(abbr of* **United States Department of Agriculture**) *n ministerio estadounidense de agricultura.*

USDAW ['ʌzdɔ:] *(abbr of* **Union of Shop, Distributive and Allied Workers**) *n sindicato británico de trabajadores del sector secundario.*

USDI *(abbr of* **United States Department of the Interior**) *n ministerio estadounidense del interior.*

use [*n & aux vb* ju:s, *vt* ju:z] ◇ *n* uso *m*; **to be in ~** usarse; **to be out of ~** no usarse; **'out of ~'** 'no funciona'; **to come into ~** empezar a utilizarse; **to make ~ of sthg** utilizar OR aprovechar algo; **to make good ~ of sthg** hacer buen uso de algo; **he still has the ~ of his legs** todavía le funcionan las piernas; **to let sb have the ~ of sthg** dejar a alguien usar algo; **to find a ~ for sthg** encontrarle un uso a algo; **to have no ~ for sthg** no encontrarle utilidad a algo; **to be of/no ~** ser útil/inútil; **it's no ~ complaining** de nada sirve quejarse; **it's no ~, I can't do it** es inútil, no puedo; **what's the ~ (of doing sthg)?** ¿de qué sirve (hacer algo)? ◇ *aux vb* soler, acostumbrar; **he ~d to be fat** antes estaba gordo; **I ~d to go swimming** acostumbraba a OR solía ir a nadar. ◇ *vt* - **1.** [utilize, employ] usar, emplear; **may I ~ the phone?** ¿puedo hacer una llamada?; **~ your eyes/imagination** usa la vista/imaginación □ **we could all ~ a holiday!** *inf* ¡no nos vendrían nada mal unas vacaciones a todos! - **2.** [exploit] usar, manejar. - **3.** [consume] consumir, utilizar; [finish, use up] agotar, acabar. - **4.** *fml* [treat, behave towards] tratar, portarse con. - **5.** [drugs] tomar.

◆ **use up** *vt sep* agotar.

used [*sense 1* ju:zd *sense 2* ju:st] *adj* - **1.** [dirty, second-hand] usado(da). - **2.** [accustomed]: **to be ~ to** estar acostumbrado(da) a; **to get ~ to** acostumbrarse a.

useful ['ju:sfʊl] *adj* - **1.** [handy] útil, provechoso(sa); **to make o.s. ~** echar una mano □ **to come in ~** servir, ser útil. - **2.** [helpful] valioso(sa).

usefully ['ju:sfʊlɪ] *adv* de un modo útil; **you could ~ devote a further year's study to the subject** te vendría muy bien dedicar otro año a estudiar el tema.

usefulness ['ju:sfʊlnɪs] *n (U)* utilidad *f*, valor *m*; **to outlive its ~** volverse inútil, perdurar inútilmente.

useless ['ju:slɪs] *adj* - **1.** [gen] inútil. - **2.** *inf* [hopeless] incompetente.

uselessly ['ju:slɪslɪ] *adv* inútilmente.

uselessness ['ju:slɪsnɪs] *n (U)* inutilidad *f*.

user ['ju:zə'] *n* - **1.** [gen] usuario *m*, -ria *f*. - **2.** [of drugs] consumidor *m*, -ra *f*.

user-friendly *adj* [gen & COMPUT] fácil de utilizar.

USES *(abbr of* **United States Employment Service**) *n ministerio estadounidense de trabajo.*

usher ['ʌʃə'] ◇ *n* [at wedding, in court] ujier *m*; [at theatre, concert] acomodador *m*, -ra *f*. ◇ *vt*: **to ~ sb in** hacer pasar a alguien; **to ~ sb out** acompañar a alguien hasta la puerta.

◆ **usher in** *vt fus fig* [herald] marcar el comienzo de.

usherette [ʌʃə'ret] *n* acomodadora *f*.

USIA *(abbr of* **United States Information Agency**) *n agencia estadounidense de noticias.*

USM *n* - **1.** *(abbr of* **United States Mail**) *servicio estadounidense de correos.* - **2.** *(abbr of* **United States Mint**) *organismo encargado de la fabricación de billetes y monedas en EE UU,* ≈ Casa *f* de la Moneda.

USN *(abbr of* **United States Navy**) *n armada estadounidense.*

USPHS *(abbr of* **United States Public Health Service**) *n ministerio estadounidense de la seguridad social.*

USS *(abbr of* **United States Ship**) *buque de guerra estadounidense.*

USSR *(abbr of* **Union of Soviet Socialist Republics**) *n*: **the (former) ~** la (antigua) URSS.

usu. *written abbr of* **usually**.

usual ['ju:ʒəl] *adj* habitual; **the ~ thing** lo de siempre; **is it ~ for people to leave tips?** ¿es normal que la gente deje propina?; **more than ~** más de lo normal.

◆ **as usual** *adv* [as normal] como de costumbre; [as often happens] como siempre.

usually ['ju:ʒəlɪ] *adv* por regla general, normalmente; **more than ~** más que de costumbre.

usufruct ['ju:sju:frʌkt] *n* usufructo *m*.

usurer ['ju:ʒərə'] *n fml* usurero *m*, -ra *f*.

usurious [ju:'ʒʊərɪəs] *adj fml* abusivo(va), usurario(ria).

usurp [ju:'zɜ:p] *vt fml* usurpar.

usurper [ju:'zɜ:pə'] *n fml* usurpador *m*, -ra *f*.

usury ['juːʒʊrɪ] *n fml* usura *f*.

UT *written abbr of* **Utah**.

Utah ['juːtɑː] *n* Utah.

utensil [juːˈtensl] *n* utensilio *m*.

uteri ['juːtəraɪ] *pl* → **uterus**.

uterine ['juːtəraɪn] *adj* uterino(na).

uterus ['juːtərəs] (*pl* **uteri** [-raɪ] OR **uteruses**) *n* útero *m*.

utilitarian [juːtɪlɪˈteərɪən] ◇ *adj* - **1**. [gen] utilitario(ria). - **2**. [functional] funcional. - **3**. PHILOS utilitarista. ◇ *n* PHILOS utilitarista *mf*.

utilitarianism [juːtɪlɪˈteərɪənɪzm] *n* utilitarismo *m*.

utility [juːˈtɪlətɪ] (*pl* **utilities**) *n* - **1**. [gen & COMPUT] utilidad *f*. - **2**. [public service] servicio *m* público.

utility room *n* trascocina *f*.

utilizable ['juːtɪlaɪzəbl] *adj* utilizable, usable.

utilization [juːtɪlaɪˈzeɪʃn] *n* utilización *f*.

utilize, -ise ['juːtɪlaɪz] *vt* utilizar.

utmost ['ʌtməʊst] ◇ *adj* - **1**. [greatest] mayor, supremo(ma); **a matter of ~ importance** un asunto de máxima OR de la mayor importancia. - **2**. [farthest] más lejano (más lejana). ◇ *n* máximo *m*; **to do one's ~** hacer lo imposible; **to the ~** al máximo, a más no poder.

utopia [juːˈtəʊpjə] *n* utopía *f*.

utopian [juːˈtəʊpjən] ◇ *adj* utópico. ◇ *n* utopista *mf*.

utopianism [juːˈtəʊpjənɪzm] *n* utopía *f*, idea *f* utópica.

utter ['ʌtəʳ] ◇ *adj* puro(ra), completo(ta). ◇ *vt* - **1**. [word] pronunciar; [sound, cry] emitir. - **2**. JUR [counterfeit money] emitir, poner en circulación.

utterance ['ʌtərəns] *n* - **1**. [statement] pronunciamiento *m*, declaración *f*. - **2**. [expression] expresión *f*.

utterly ['ʌtəlɪ] *adv* completamente, totalmente.

uttermost ['ʌtəməʊst] *adj & n* = **utmost**.

U-turn *n lit & fig* giro *m* de 180°.

UV (*abbr of* **ultra-violet**) UV.

UV-A, UVA (*abbr of* **ultra-violet-A**) UVA.

UV-B, UVB (*abbr of* **ultra-violet-B**) UVB.

uvula ['juːvjʊlə] (*pl* **uvulas** OR **uvulae** [-liː]) *n* campanilla *f*, úvula *f*.

UWIST ['juːwɪst] (*abbr of* **University of Wales Institute of Science and Technology**) *n* instituto de ciencia y tecnología de la Universidad de Gales.

uxorious [ʌkˈsɔːrɪəs] *adj fml* perdidamente enamorado o totalmente sometido a la esposa.

Uzbek ['ʊzbek] ◇ *adj* uzbeko(ka). ◇ *n* - **1**. [person] uzbeko *m*, -ka *f*. - **2**. [language] uzbeko *m*.

Uzbekistan [ʊzˌbekɪˈstɑːn] *n* (el) Uzbekistán.

v¹ (*pl* **v's** OR **vs**), **V** (*pl* **V's** OR **Vs**) [viː] *n* [letter] v *f*, V *f*; **V-8** (**engine**) motor *m* de ocho cilindros en V.

v² - **1**. (*written abbr of* **verse**) v. - **2**. (*written abbr of* **volt**) v. - **3**. (*written abbr of* **vide**) v. - **4**. *written abbr of* **versus**.

VA *written abbr of* **Virginia**.

vac [væk] (*abbr of* **vacation**) *n Br inf* vacas *fpl*, vacaciones *fpl*.

vacancy ['veɪkənsɪ] (*pl* **vacancies**) *n* - **1**. [job, position] vacante *f*. - **2**. [room available] habitación *f* libre; **'no vacancies'** 'completo'. - **3**. [emptiness] vacío *m*, vaciedad *f*. - **4**. [inanity] vaciedad *f*.

vacant ['veɪkənt] *adj* - **1**. [room, chair, toilet] libre. - **2**. [job, post] vacante. - **3**. [look, expression] distraído(da), inexpresivo(va). - **4**. [time, hours] de ocio.

vacant lot *n* solar *m*.

vacantly ['veɪkəntlɪ] *adv* distraídamente.

vacant possession *n*: **apartments sold with ~** se venden pisos libres de inquilinos.

vacate [vəˈkeɪt] *vt* - **1**. [job, post] dejar vacante. - **2**. [room, seat, premises] desocupar.

vacation [vəˈkeɪʃn] ◇ *n* vacaciones *fpl*; **on ~** de vacaciones. ◇ *vi Am* tomar las vacaciones.

vacationer [vəˈkeɪʃənəʳ] *n Am*: **summer ~** veraneante *mf*.

vacation resort *n Am* colonia *f* veraniega.

vaccinate ['væksɪneɪt] *vt*: **to ~ sb (against sthg)** vacunar a alguien (de OR contra algo).

vaccination [ˌvæksɪˈneɪʃn] *n* vacunación *f*.

vaccine [*Br* 'væksiːn, *Am* væk'siːn] *n* vacuna *f*.

vacillate ['væsɪleɪt] *vi*: **to ~ (between)** dudar OR vacilar (entre).

vacillating ['væsəleɪtɪŋ] ◇ *adj* [behaviour] vacilante, titubeante. ◇ *n* vacilación *f*, titubeos *mpl*.

vacuity [væˈkjuːətɪ] (*pl* **vacuities**) *n fml* - **1**. [emptiness] vacuidad *f*. - **2**. [remark] vaciedad *f*.

vacuous ['vækjʊəs] *adj fml* [gen] vacuo(cua); [look] vago(ga), perdido(da); [life] vacío(a).

vacuum ['vækjʊəm] ◇ *n* - **1**. TECH & fig vacío *m*. - **2**. [cleaner] aspiradora *f*. ◇ *vt* pasar la aspiradora por.

vacuum bottle *n* termo *m*.

vacuum cleaner *n* aspiradora *f*.

vacuum flask *n Br* termo *m*.

vacuum gauge *n* manómetro *m* al vacío.

vacuum-packed *adj* envasado(da) al vacío.

vacuum pump *n* bomba *f* neumática.

vacuum tube *n Am* tubo *m* de vacío.

vagabond ['vægəbɒnd] *literary* ◇ *n* vagabundo *m*, -da *f*. ◇ *adj* vagabundo(da).

vagaries ['veɪgərɪz] *npl fml* caprichos *mpl*.

vagina [vəˈdʒaɪnə] *n* vagina *f*.

vaginal [vəˈdʒaɪnl] *adj* vaginal; **~ discharge** flujo *m* (vaginal); **~ smear** frotis *m* vaginal.

vaginitis [ˌvædʒɪˈnaɪtɪs] *n* vaginitis *f inv*.

vagrancy ['veɪgrənsɪ] *n* vagabundeo *m*.

vagrant ['veɪgrənt] ◇ *n* [wanderer, tramp] vagabundo *m*, -da *f*; [beggar] mendigo *m*, -ga *f*. ◇ *adj* [wandering] vagabundo(da).

vague [veɪg] *adj* - **1**. [imprecise] vago(ga), impreciso(sa). - **2**. [person] poco claro (poco clara). - **3**. [feeling] leve. - **4**. [evasive] evasivo(va); **to be ~ about** ser impreciso respecto a. - **5**. [absent-minded] distraído(da). - **6**. [outline] borroso(sa).

vaguely ['veɪglɪ] *adv* - **1.** [imprecisely] vagamente. - **2.** [slightly, not very] levemente. - **3.** [indistinctly]: **I could ~ make out a ship** apenas distinguía un barco a lo lejos; **I ~ remember him** apenas me acuerdo de él.

vagueness ['veɪgnɪs] *n* - **1.** [imprecision] vaguedad *f*, imprecisión *f*. - **2.** [of person] falta *f* de claridad. - **3.** [of feeling] levedad *f*. - **4.** [absent-mindedness] distracción *f*. - **5.** [of outline] borrosidad *f*, poca claridad *f*.

vain [veɪn] *adj* - **1.** *pej* [conceited] vanidoso(sa). - **2.** [futile] vano(na).
◆ **in vain** *adv* en vano.

vainglorious [ˌveɪn'glɔːrɪəs] *adj literary* vanaglorioso(sa).

vainglory [ˌveɪn'glɔːrɪ] *n literary* vanagloria *f*.

vainly ['veɪnlɪ] *adv* - **1.** *pej* [conceitedly] vanidosamente, vanamente. - **2.** [in vain] vanamente.

valance ['væləns] *n* - **1.** [on bed] volante *m*, doselera *f*. - **2.** *Am* [over window - of wood] galería *f* de cortina; [- of cloth] guardamalleta *f*.

vale [veɪl] *n literary* valle *m*.

valediction [ˌvælɪ'dɪkʃn] *n fml* [act] despedida *f*; [speech] discurso *m* de despedida.

valedictory [ˌvælɪ'dɪktərɪ] (*pl* **valedictories**) *fml* ◇ *adj* de despedida. ◇ *n* discurso *m* de despedida.

valence *n Am* = **valency**.

Valencia [və'lenʃɪə] *n* Valencia.

valency *Br* ['veɪlənsɪ] (*pl* **valencies**), **valence** *Am* ['veɪləns] *n* valencia *f*.

valentine ['væləntaɪn] *n* - **1.** [card]: **~ card** *tarjeta que se manda el Día de los Enamorados*. - **2.** [person] novio *m*, -via *f*.

Valentine's Day *n*: **(St)** ~ San Valentín *m*, Día *m* de los Enamorados.

valerian [və'lɪərɪən] *n* valeriana *f*.

valet ['vælɪt, 'væleɪ] *n* - **1.** [manservant] ayuda *m* de cámara. - **2.** [in hotel] mozo *m* (de hotel).

valet parking *n aparcamiento del coche realizado por un mozo*.

valet service *n* - **1.** [for clothes] servicio *m* de lavandería. - **2.** [for cars] lavado *m* y limpieza.

Valetta [və'letə] *n* La Valeta.

valetudinarian [ˌvælɪtjuːdɪ'neərɪən] *n literary* persona *f* valetudinaria OR enfermiza.

Valhalla [væl'hælə] *n* Walhalla.

valiance ['væljəns] *n literary* valentía *f*, bravura *f*.

valiant ['væljənt] *adj* valeroso(sa), valiente.

valiantly ['væljəntlɪ] *adv* valerosamente, con valentía.

valid ['vælɪd] *adj* - **1.** [argument, explanation] válido(da). - **2.** [ticket] valedero(ra), válido(da); [driving licence, contract] en vigor; **to be no longer** ~ estar caducado(da).

validate ['vælɪdeɪt] *vt* validar, dar validez a.

validation [ˌvælɪ'deɪʃn] *n* validación *f*.

validity [və'lɪdətɪ] *n* validez *f*.

valise [*Br* və'liːz, *Am* və'liːs] *n* maleta *f* pequeña, valija *f*.

Valium® ['vælɪəm] *n* valium® *m*.

Valkyrie ['væl'kɪərɪ] *n* valquiria *f*.

Valleta [və'letə] *n* = **Valetta**.

valley ['vælɪ] (*pl* **valleys**) *n* valle *m*.
◆ **Valleys** *n*: **the** ~ *región del sur de Gales*.

valor *n Am* = **valour**.

valorize, **-ise** ['væləraɪz] *vt* valorizar.

valorous ['vælərəs] *adj literary* valeroso(sa), valiente.

valour *Br*, **valor** *Am* ['vælə⁽ʳ⁾] *n* (U) *fml* valor *m*.

valuable ['væljʊəbl] *adj* valioso(sa).
◆ **valuables** *npl* objetos *mpl* de valor.

valuate ['væljʊeɪt] *vt Am* valorar, tasar.

valuation [ˌvælju'eɪʃn] *n* - **1.** [pricing, estimated price] tasación *f*. - **2.** [opinion, judging of worth] valoración *f*.

valuator ['væljʊeɪtə⁽ʳ⁾] *n* tasador *m*, -ra *f*.

value ['væljuː] ◇ *n* valor *m*; **to attach little ~ to sthg** dar poco valor a algo; **to be of (no)** ~ (no) ser valioso(sa); **to put** OR **set a ~ on sthg** estimar el valor de algo; **to place a high ~ on** conceder mucha importancia a; **to be good ~** estar muy bien de precio; **to be ~ for money** estar muy bien de precio ◻ **to take sthg at face ~** tomarse algo en su sentido literal. ◇ *vt* - **1.** [estimate price of] valorar, tasar. - **2.** [cherish] apreciar.
◆ **values** *npl* [morals] valores *mpl* morales, principios *mpl*.

value-added tax *n* impuesto *m* sobre el valor añadido.

valued ['væljuːd] *adj* estimado(da), apreciado(da).

value judg(e)ment *n* juicio *m* de valor.

valueless ['væljʊlɪs] *adj* sin valor.

valuer ['væljʊə⁽ʳ⁾] *n* tasador *m*, -ra *f*.

valve [vælv] *n* - **1.** [in pipe, tube] válvula *f*. - **2.** ANAT válvula *f*. - **3.** BOT & ZOOL valva *f*. - **4.** [on musical instrument] llave *f*, pistón *m*.

valvular ['vælvjʊlə⁽ʳ⁾] *adj* valvular.

vamoose [və'muːs] *vi Am inf* largarse.

vamp [væmp] ◇ *n* - **1.** *inf* [woman] vampiresa *f*. - **2.** MUS acompañamiento *m* improvisado. - **3.** [of shoe] empeine *m*. ◇ *vi inf* hacer el papel de vampiresa.
◆ **vamp up** *vt sep inf* [dress] realzar; [story] adornar.

vampire ['væmpaɪə⁽ʳ⁾] *n* - **1.** [monster] vampiro *m*. - **2.** ZOOL: ~ **(bat)** vampiro *m*. - **3.** *fig* [exploiter] explotador *m*, -ra *f*.

vampirism ['væmpaɪərɪzm] *n* vampirismo *m*.

van [væn] *n* - **1.** AUT furgoneta *f*, camioneta *f*. - **2.** *Br* RAIL furgón *m*. - **3.** MIL vanguardia *f*.

vanadium [və'neɪdɪəm] *n* vanadio *m*.

V and A (*abbr of* **Victoria and Albert Museum**) *n gran museo londinense de artes decorativas*.

vandal ['vændl] *n* [hooligan] vándalo *m*, gamberro *m*, -rra *f*.
◆ **Vandal** *n* HIST vándalo *m*, -la *f*.

vandalism ['vændəlɪzm] *n* vandalismo *m*, gamberrismo *m*.

vandalize, **-ise** ['vændəlaɪz] *vt* destruir, destrozar.

vane [veɪn] *n* - **1.** [weather vane] veleta *f*. - **2.** [of propeller, turbine] paleta *f*; [of windmill] aspa *f*. - **3.** [of feather] barbas *fpl*.

vanguard ['vængɑːd] *n* vanguardia *f*; **in the** ~ **of** a la vanguardia de.

vanilla [və'nɪlə] ◇ *n* vainilla *f*. ◇ *comp* de vainilla; ~ **essence** extracto *m* de vainilla.

vanillin ['vænɪlɪn] *n* vainillina *f*.

vanish ['vænɪʃ] *vi* [gen] desaparecer; [hopes, worries] desvanecerse.

vanishing cream ['vænɪʃɪŋ-] *n* crema *f* de belleza.

vanishing point ['vænɪʃɪŋ-] *n* punto *m* de fuga.

vanity ['vænətɪ] *n* - **1.** *pej* [conceit] vanidad *f*. - **2.** *fml* [futility] futilidad *f*, inutilidad *f*. - **3.** *Am* [dressing table] tocador *m*.

vanity case *n* neceser *m*.

vanity mirror *n* espejo *m* (del parasol) *(en coche)*.

vanity table *n* tocador *m*.

vanity unit *n* lavabo *m* empotrado OR encastrado.

vanquish ['væŋkwɪʃ] *vt literary* vencer.

vanquisher ['væŋkwɪʃə⁽ʳ⁾] *n literary* vencedor *m*, -ra *f*.

vantage ['vɑːntɪdʒ] *n* ventaja *f*.

vantagepoint ['vɑːntɪdʒpɔɪnt] *n* posición *f* ventajosa.

vapid ['væpɪd] *adj fml* insípido(da), soso(sa).

vapidity [væ'pɪdətɪ] *n fml* [of conversation, style] insipidez *f*; [of person] sosería *f*.

vapor *n Am* = **vapour**.

vaporization [ˌveɪpəraɪ'zeɪʃn] *n* vaporización *f*.

vaporize, **-ise** ['veɪpəraɪz] ◇ *vt* vaporizar. ◇ *vi* vaporizarse.

vaporizer ['veɪpəraɪzə⁽ʳ⁾] *n* - **1.** MED vaporizador *m*. - **2.** [spray] pulverizador *m*.

vaporous ['veɪpərəs] *adj* vaporoso(sa).

vapour *Br*, **vapor** *Am* ['veɪpə⁽ʳ⁾] ◇ *n* (U) [gen] vapor *m*; [on window] vaho *m*. ◇ *vi* - **1.** [evaporate] evaporarse. - **2.** *Am inf* [brag] alardear, fanfarronear.

vapour bath *n* baño *m* de vapor.

vapour trail *n* estela *f* de humo.

variability [ˌveərɪə'bɪlətɪ] *n* variabilidad *f*.

variable ['veərɪəbl] ◇ *adj* variable. ◇ *n* variable *f*.

variance ['veərɪəns] *n* - **1.** *fml* [disagreement]: **at ~ (with)** en desacuerdo (con). - **2.** [variation] variación *f*. - **3.** CHEM & MATH variancia *f*.

variant ['veərɪənt] ◇ *adj* variante. ◇ *n* variante *f*.

variation [ˌveərɪ'eɪʃn] *n*: **~ (in/on)** variación *f* (en/sobre).

varicoloured *Br*, **varicolored** *Am* ['veərɪˌkʌləd] *adj* - **1.** [multicoloured] multicolor. - **2.** *fig* [diverse] abigarrado(da), variopinto(ta).

varicose ['værɪkəʊs] *adj* varicoso(sa).

varicose veins *npl* varices *fpl*.

varied ['veərɪd] *adj* variado(da).

variegated ['veərɪgeɪtɪd] *adj* - **1.** [varicoloured] abigarrado(da), jaspeado(da). - **2.** [diversified] variado(da).

variegation [ˌveərɪ'geɪʃn] *n* abigarramiento *m*.

variety [və'raɪətɪ] (*pl* **varieties**) *n* - **1.** [gen] variedad *f*; **in a ~ of colours** en varios colores; **for a ~ of reasons** por razones varias; **a wide ~ of** una gran diversidad de ▢ **~ is the spice of life** *proverb* en la variedad está el gusto *proverb*. - **2.** *(U)* THEATRE variedades *fpl*.

variety show *n* espectáculo *m* de variedades.

variform ['veərɪfɔːm] *adj* diversiforme.

various ['veərɪəs] *adj* - **1.** [several] varios(rias). - **2.** [different] diversos(sas).

variously ['veərɪəslɪ] *adv* [in different ways] de diversas maneras; **he was ~ known as soldier, king and emperor** se le conocía como soldado, rey y emperador a la vez.

varlet ['vaːlɪt] *n arch* - **1.** [rascal] bribón *m*. - **2.** [servant] lacayo *m*.

varmint ['vaːmɪnt] *n inf dated* [animal, person] sabandija *f*.

varnish ['vaːnɪʃ] ◇ *n lit & fig* barniz *m*. ◇ *vt* [with varnish] barnizar; [with nail varnish] pintar.

varnished ['vaːnɪʃt] *adj* barnizado(da).

varnishing ['vaːnɪʃɪŋ] *n* barnizado *m*.

varsity ['vaːsətɪ] (*pl* **varsities**) *n Br dated* universidad *f*.

vary ['veərɪ] (*pt & pp* **varied**) ◇ *vt* variar. ◇ *vi*: **to ~ (in/with)** variar (de/con).

varying ['veərɪŋ] *adj* variado(da), diverso(sa).

vas [væs] (*pl* **vasa** ['veɪsə]) *n* vaso *m*, conducto *m*.

vascular ['væskjʊlə'] *adj* vascular.

vase [*Br* vaːz, *Am* veɪz] *n* [gen] jarrón *m*; [for flowers] florero *m*.

vasectomy [væ'sektəmɪ] (*pl* **vasectomies**) *n* vasectomía *f*.

Vaseline® ['væsəliːn] *n* vaselina® *f*.

vasoconstrictor [ˌveɪzəʊkən'strɪktə'] *n* vasoconstrictor *m*.

vasodilator [ˌveɪzəʊdaɪ'leɪtə'] *n* vasodilatador *m*.

vassal ['væsl] *n* vasallo *m*.

vast [vaːst] *adj* enorme, inmenso(sa).

vastly ['vaːstlɪ] *adv* enormemente.

vastness ['vaːstnɪs] *n* inmensidad *f*.

vat [væt] *n* cuba *f*, tina *f*.

VAT [væt, ˌviːeɪ'tiː] (*abbr of* **value added tax**) *n* IVA *m*.

Vatican ['vætɪkən] *n*: **the ~** el Vaticano.

Vatican City *n* Ciudad del Vaticano.

Vatican council *n*: **the ~** el concilio Vaticano.

vatman ['vætmæn] (*pl* **vatmen** [-men]) *n Br inf*: **the ~** la inspección del IVA.

vaudeville ['vɔːdəvɪl] *n Am* vodevil *m*.

vault [vɔːlt] ◇ *n* - **1.** [in bank] cámara *f* acorazada. - **2.** [in church] cripta *f*. - **3.** [roof] bóveda *f*. - **4.** [jump] salto *m*. - **5.** [cellar] sótano *m*. - **6.** ANAT bóveda *f*. ◇ *vt* - **1.** [jump] saltar. - **2.** ARCHIT abovedar. ◇ *vi*: **to ~ over sthg** saltar por encima de algo.

vaulted ['vɔːltɪd] *adj* abovedado(da).

vaulting ['vɔːltɪŋ] ◇ *n* - **1.** ARCHIT bóveda *f*. - **2.** SPORT salto *m* con pértiga. ◇ *adj* - **1.** SPORT de salto. - **2.** *literary* [ambition, arrogance] desmesurado(da).

vaulting horse *n* potro *m*.

vaunt [vɔːnt] *fml* ◇ *vt* ensalzar, jactarse de. ◇ *vi* jactarse, alardear.

vaunted ['vɔːntɪd] *adj fml*: **much ~** ensalzado(da).

VC *n* - **1.** (*abbr of* **vice-chairman**) ≈ vicepresidente. - **2.** (*abbr of* **Victoria Cross**) (*titular de la*) máxima distinción británica al valor.

VCR (*abbr of* **video cassette recorder**) *n* vídeo *m*.

VD (*abbr of* **venereal disease**) *n* ETS *f*.

VDT (*abbr of* **visual display terminal**) *n* monitor *m*.

VDU (*abbr of* **visual display unit**) *n* monitor *m*.

veal [viːl] *n (U)* ternera *f*.

vector ['vektə'] *n* MATH & MED vector *m*.

vee [viː] *n* objeto *m* en forma de V.

veep [viːp] *n Am inf* vicepresidente *m*, -ta *f*.

veer [vɪə'] ◇ *vi* [ship, vehicle] virar; [road] desviarse; [wind] variar, cambiar. ◇ *vt* - **1.** [ship, vehicle] virar. - **2.** [cable] largar.

veg [vedʒ] *n inf* - **1.** (*abbr of* **vegetable**): **meat and two ~** carne y dos tipos de verdura. - **2.** (*abbr of* **vegetables**) verduras *fpl*.

vegan ['viːgən] *n* vegetariano que no consume ningún producto que provenga de un animal como huevos, leche etc.

vegeburger ['vedʒbɜːgə'] *n* hamburguesa *f* vegetariana.

vegetable ['vedʒtəbl] ◇ *n* - **1.** BOT vegetal *m*. - **2.** [food] hortaliza *f*; **~s** verduras *fpl*. - **3.** *inf fig* [person] vegetal *m*. ◇ *adj* vegetal.

vegetable butter *n* mantequilla *f* vegetal.

vegetable garden *n* huerto *m*.

vegetable knife *n* cuchillo *m* de verdura.

vegetable marrow *n* calabacín *m* grande.

vegetable oil *n* aceite *m* vegetal.

vegetable patch *n* huerto *m*.

vegetal ['vedʒɪtl] *adj* vegetal.

vegetarian [ˌvedʒɪ'teərɪən] ◇ *adj* vegetariano(na). ◇ *n* vegetariano *m*, -na *f*.

vegetarianism [ˌvedʒɪ'teərɪənɪzm] *n* vegetarianismo *m*.

vegetate ['vedʒɪteɪt] *vi pej* vegetar.

vegetation [ˌvedʒɪ'teɪʃn] *n* vegetación *f*.

vegetative ['vedʒɪtətɪv] *adj* vegetativo(va).

veggie ['vedʒɪ] (*abbr of* **vegetarian**) *Br inf* ◇ *adj* vegetariano(na). ◇ *n* vegetariano *m*, -na *f*.

veggieburger *n* = **vegeburger**.

vehemence ['viːɪməns] *n* [of person, language, denial] vehemencia *f*; [of attack, gesture] violencia *f*.

vehement ['viːɪmənt] *adj* [person, language, denial] vehemente; [attack, gesture] violento(ta).

vehemently ['viːɪməntlɪ] *adv* [deny, refuse] con vehemencia; [attack] violentamente.

vehicle ['viːɪkl] *n* - **1.** [for transport] vehículo *m*. - **2.** *fig* [medium]: **a ~ for** un vehículo para. - **3.** PHARM excipiente *m*.

vehicular [vɪ'hɪkjʊlə'] *adj fml* rodado(da).

veil [veɪl] ◇ *n lit & fig* velo *m*; **under a ~ of secrecy** rodeado del más absoluto secreto; **to take the ~** RELIG tomar los hábitos, hacerse monja. ◇ *vt* - **1.** [face] cubrir con un velo, velar. - **2.** *fig* [truth, feelings] velar, disimular.

veiled [veɪld] *adj* velado(da).

vein [veɪn] *n* - **1.** ANAT & BOT vena *f*. - **2.** [of mineral] filón *m*, veta *f*. - **3.** [style, mood] estilo *m*. - **4.** [of insect's wing] nervio *m*. - **5.** [in wood, marble] vena *f*, veta *f*; [in cheese] veta *f*. - **6.** *fig* [streak] vena *f*, rasgo *m*.

veined [veɪnd] *adj* - **1.** [hand, skin] venoso(sa). - **2.** [marble, wood] veteado(da), jaspeado(da); [cheese] veteado(da).

veining ['veɪnɪŋ] *n (U)* - **1.** ANAT venas *fpl*. - **2.** [in marble, wood] veteado *m*, jaspeado *m*; [in cheese] vetas *fpl*.

vela ['viːlə] *pl* → **velum**.

velar ['viːlə^r] *adj* ANAT & LING velar.

Velcro® ['velkrəʊ] *n* velcro® *m*.

veld(t) [velt] *n* veld *m, altiplanicie esteparia sudafricana.*

vellum ['veləm] *n* vitela *f.*

velocipede [vɪ'lɒsɪpiːd] *n* velocípedo *m.*

velocity [vɪ'lɒsətɪ] (*pl* **velocities**) *n* velocidad *f.*

velodrome ['velədrəʊm] *n* velódromo *m.*

velour [ve'lʊə^r] *n* veludillo *m.*

velum ['viːləm] (*pl* **vela** [-lə]) *n* - **1.** BIOL velo *m.* - **2.** ANAT velo *m* del paladar.

velvet ['velvɪt] ◇ *n* terciopelo *m.* ◇ *comp* [curtains, dress] de terciopelo; *fig* [skin, voice] aterciopelado(da).

velveteen ['velvɪ'tiːn] *n* pana *f.*

Velvet Revolution *n*: **the** ~ la revolución de terciopelo.

velvety ['velvɪtɪ] *adj* aterciopelado(da).

venal ['viːnl] *adj* venal.

venality [viː'nælətɪ] *n* venalidad *f.*

venation [viː'neɪʃn] *n* nervadura *f.*

vend [vend] *vt fml* vender.

vendetta [ven'detə] *n* vendetta *f*, enemistad *f* mortal.

vending machine ['vendɪŋ-] *n* máquina *f* expendedora.

vendor ['vendɔː^r] *n* - **1.** [seller] vendedor *m*, -ra *f.* - **2.** [machine] máquina *f* expendedora.

veneer [və'nɪə^r] ◇ *n* - **1.** [of wood] chapa *f.* - **2.** *fig* [appearance] apariencia *f.* ◇ *vt* chapar, chapear.

venerable ['venərəbl] *adj* venerable.

venerate ['venəreɪt] *vt* venerar.

veneration [,venə'reɪʃn] *n* veneración *f.*

venereal [vɪ'nɪərɪəl] *adj* venéreo(a).

venereal disease *n* enfermedad *f* venérea.

Venetian [vɪ'niːʃn] ◇ *adj* veneciano(na). ◇ *n* veneciano *m*, -na *f.*

venetian blind *n* persiana *f* veneciana.

Venezuela [,venɪ'zweɪlə] *n* Venezuela.

Venezuelan [,venɪ'zweɪlən] ◇ *adj* venezolano(na). ◇ *n* venezolano *m*, -na *f.*

vengeance ['vendʒəns] *n* venganza *f*; **to take** ~ **on sb (for sthg)** vengarse de alguien (por algo) ❑ **with a** ~ con creces.

vengeful ['vendʒfʊl] *adj literary* vengativo(va).

venial ['viːnjəl] *adj* venial.

veniality [,viːnɪ'ælətɪ] *n* venialidad *f.*

Venice ['venɪs] *n* Venecia.

venison ['venɪzn] *n* carne *f* de venado.

venom ['venəm] *n* [poison] veneno *m; fig* [spite] malevolencia *f.*

venomous ['venəməs] *adj* [poisonous] venenoso(sa); *fig* [spiteful] malvado(da).

venose ['viːnəʊs] *adj* venoso(sa).

venous ['viːnəs] *adj* venoso(sa).

vent [vent] ◇ *n* [opening] respiradero *m*, abertura *f* de escape; [grille] rejilla *f* de ventilación; [hole] agujero *m*; **to give** ~ **to sthg** dar rienda suelta a algo. ◇ *vt*: **to** ~ **sthg (on)** desahogar algo (contra).

venter ['ventə^r] *n* ANAT vientre *m.*

ventilate ['ventɪleɪt] *vt* - **1.** [room] ventilar. - **2.** *fig & fml* [subject, question, controversy] airear. - **3.** [blood] oxigenar.

ventilation [,ventɪ'leɪʃn] *n* ventilación *f.*

ventilator ['ventɪleɪtə^r] *n* ventilador *m.*

Ventimiglia [ventɪ'mɪljə] *n* Ventimiglia.

ventral ['ventrəl] *adj* ventral.

ventricle ['ventrɪkl] *n* ventrículo *m.*

ventricular [ven'trɪkjʊlə^r] *adj* ventricular.

ventriloquism [ven'trɪləkwɪzm] *n* ventriloquia *f.*

ventriloquist [ven'trɪləkwɪst] *n* ventrílocuo *m*, -cua *f.*

ventriloquy [ven'trɪləkwɪ] *n* = **ventriloquism**.

venture ['ventʃə^r] ◇ *n* empresa *f*; **business** ~ empresa comercial ❑ **at a** ~ al azar. ◇ *vt* - **1.** *fml* [opinion, advice] aventurar. - **2.** [dare]: **to** ~ **to do sthg** aventurarse a hacer algo. - **3.** *fml* [fortune, life] arriesgar; **nothing** ~**d nothing gained** *proverb* el que no arriesga no gana *proverb.* ◇ *vi* - **1.** [go somewhere dangerous]: **she** ~**d outside** se atrevió a salir. - **2.** [take a risk]: **to** ~ **into** lanzarse a.

venture capital *n* capital *m* de riesgo.

Venture Scout *n Br* scout de entre 16 y 20 años, ≈ pionero *m*, -ra *f.*

venturesome ['ventʃəsəm] *adj Am* - **1.** [person] arriesgado(da). - **2.** [action, journey] peligroso(sa).

venue ['venjuː] *n* lugar *m (en que se celebra algo),* emplazamiento *m.*

Venus ['viːnəs] *n* [planet] Venus *m.*

Venus flytrap *n* dionea *f*, atrapamoscas *f inv.*

Venusian [vɪ'njuːzɪən] *adj* venusino(sa).

veracious [və'reɪʃəs] *adj fml* veraz, verídico(ca).

veracity [və'ræsətɪ] *n fml* veracidad *f.*

veranda(h) [və'rændə] *n* porche *m.*

verb [vɜːb] *n* verbo *m.*

verbal ['vɜːbl] *adj* - **1.** [gen & GRAMM] verbal. - **2.** [literal] literal.

verbalism ['vɜːbəlɪzm] *n* expresión *f* verbal.

verbalize, -ise ['vɜːbəlaɪz] *vt* [feelings, ideas] expresar con palabras.

verbally ['vɜːbəlɪ] *adv* verbalmente.

verbal noun *n* GRAMM sustantivo *m* verbal.

verbatim [vɜː'beɪtɪm] ◇ *adj* literal. ◇ *adv* literalmente, palabra por palabra.

verbena [vɜː'biːnə] *n* verbena *f.*

verbiage ['vɜːbɪɪdʒ] *n fml* palabrería *f*, verborrea *f.*

verbose [vɜː'bəʊs] *adj fml* [person] verboso(sa); [report] prolijo(ja).

verdant ['vɜːdənt] *adj literary* verde.

verdict ['vɜːdɪkt] *n* - **1.** JUR veredicto *m*, fallo *m.* - **2.** [opinion]: ~ **(on)** juicio *m* OR opinión *f* (sobre).

verdigris ['vɜːdɪgrɪs] *n* verdín *m*, cardenillo *m.*

verdure ['vɜːdʒə^r] *n literary* verdor *m.*

verge [vɜːdʒ] *n* - **1.** [edge, side] borde *m.* - **2.** [brink]: **on the** ~ **of sthg** al borde de algo; **she was on the** ~ **of tears** estaba a punto de llorar; **on the** ~ **of doing sthg** a punto de hacer algo.

◆ **verge (up)on** *vt fus* [be near to] rayar en; [tend towards] tirar a.

verger ['vɜːdʒə^r] *n* sacristán *m.*

verifiable ['verɪfaɪəbl] *adj* verificable.

verification [,verɪfɪ'keɪʃn] *n* verificación *f*, comprobación *f.*

verifier ['verɪfaɪə^r] *n* verificador *m*, -ra *f.*

verify ['verɪfaɪ] (*pt & pp* **verified**) *vt* - **1.** [check] verificar, comprobar. - **2.** [confirm] confirmar.

verily ['verɪlɪ] *adv arch* en verdad, verdaderamente.

verisimilitude [,verɪsɪ'mɪlɪtjuːd] *n fml* verosimilitud *f.*

veritable ['verɪtəbl] *adj hum & fml* verdadero(ra).

veritably ['verɪtəblɪ] *adv fml* verdaderamente.

verity ['verətɪ] (*pl* **verities**) *n fml* verdad *f.*

vermicelli [,vɜːmɪ'selɪ] *n (U)* fideos *mpl.*

vermicide ['vɜːmɪsaɪd] *n* vermicida *m.*

vermiculate [vɜː'mɪkjʊleɪt] *adj* vermiforme, vermicular.

vermiform appendix ['vɜːmɪfɔːm-] *n* apéndice *m* vermiforme.

vermilion [və'mɪljən] ◇ *adj* bermejo(ja). ◇ *n* bermellón *m.*

vermin ['vɜːmɪn] *npl* - **1.** [insects] bichos *mpl*, sabandijas *fpl.* - **2.** *pej* [people] escoria *f*, chusma *f.*

Vermont ['vɜːmɒnt] *n* Vermont.

vermouth ['vɜːməθ] *n* vermut *m.*

vernacular [və'nækjʊlə^r] ◇ *adj* [language] vernáculo(la); [speech] popular, corriente. ◇ *n*: **the** ~ LING la lengua vernácula; [everyday language] el lenguaje popular OR corriente.

vernal ['vɜːnl] *adj literary* primaveral.

vernal equinox *n* equinoccio *m* de primavera.

verruca [və'ruːkə] (*pl* **verrucas** OR **verrucae** [-kaɪ]) *n* verruga *f*.

versatile ['vɜːsətaɪl] *adj* - **1.** [person] polifacético(ca). - **2.** [machine, tool] polivalente, que tiene muchos usos. - **3.** [mind] flexible, ágil.

versatility [ˌvɜːsə'tɪlətɪ] *n* - **1.** [of person] carácter *m* polifacético. - **2.** [of machine, tool] polivalencia *f*, diversidad *f* de usos. - **3.** [of mind] flexibilidad *f*, agilidad *f*.

verse [vɜːs] *n* - **1.** *(U)* [poetry] versos *mpl*, poesía *f*. - **2.** [stanza] estrofa *f*. - **3.** [in Bible] versículo *m*.

versed [vɜːst] *adj*: **well ~ in** versado(da) en.

versification [ˌvɜːsɪfɪ'keɪʃn] *n* versificación *f*.

versifier ['vɜːsɪfaɪə'] *n pej* versificador *m*, -ra *f*, poetastro *m*.

versify ['vɜːsɪfaɪ] (*pt & pp* **versified**) *vt & vi* versificar.

version ['vɜːʃn] *n* versión *f*.

verso ['vɜːsəʊ] (*pl* **versos**) *n* [of page] verso *m*, página *f* par; [of coin] reverso *m*.

versus ['vɜːsəs] *prep* - **1.** SPORT contra. - **2.** [as opposed to] en oposición a; **conjecture ~ evidence** las conjeturas frente a las pruebas.

vertebra ['vɜːtɪbrə] (*pl* **vertebrae** [-briː]) *n* vértebra *f*.

vertebral ['vɜːtɪbrəl] *adj* vertebral.

vertebral column *n* columna *f* vertebral, espina *f* dorsal.

vertebrate ['vɜːtɪbreɪt] ◇ *n* vertebrado *m*. ◇ *adj* vertebrado(da).

vertex ['vɜːteks] (*pl* **vertexes** OR **vertices** [-tɪsiːz]) *n* - **1.** ANAT & GEOM vértice *m*. - **2.** ASTRON zenit *m*, cenit *m*. - **3.** [apex] ápice *m*, cúspide *f*.

vertical ['vɜːtɪkl] ◇ *adj* vertical. ◇ *n* vertical *f*.

vertical integration *n* COMM integración *f* vertical.

vertically ['vɜːtɪklɪ] *adv* verticalmente.

vertical takeoff ◇ *n* despegue *m* vertical. ◇ *comp*: **~ aircraft** avión *m* de despegue vertical.

vertices ['vɜːtɪsiːz] *pl* → **vertex**.

vertiginous [vɜː'tɪdʒɪnəs] *adj fml* vertiginoso(sa).

vertigo ['vɜːtɪgəʊ] *n* vértigo *m*.

vervain ['vɜːveɪn] *n* verbena *f*.

verve [vɜːv] *n* brío *m*, entusiasmo *m*.

very ['verɪ] ◇ *adv* - **1.** [as intensifier] muy; **he was ~ hungry** tenía mucha hambre; **I ~ nearly fell** estuve a punto de caerme; **I was ~, ~ worried** estaba preocupadísimo. - **2.** [as euphemism]: **not ~ often** OR **much** no mucho; **he's not ~ intelligent** no es muy inteligente ⬜ **is it good? - not ~** ¿es bueno? - no mucho. ◇ *adj* mismísimo(ma); **fighting for his ~ life** luchando por su propia vida; **the ~ same day** ese mismo día; **the ~ thing I was looking for** justo lo que estaba buscando; **the ~ thought makes me ill** sólo con pensarlo me pongo enfermo; **the ~ best** el mejor (de todos); **at the ~ latest** a más tardar, como muy tarde; **at the ~ least** como muy poco ⬜ **a house of my ~ own** mi propia casa.

◆ **very much** *adv* - **1.** [greatly] mucho; **I ~ much hope that...** espero de verdad que... - **2.** [to a large extent] en gran parte; **it's ~ much a matter of opinion** es sobre todo una cuestión de opinión.

◆ **very well** *adv* muy bien; **you can't ~ well stop him now** es un poco tarde para impedírselo.

very high frequency *n* frecuencia *f* muy alta.

very low frequency *n* frecuencia *f* muy baja.

Very Reverend *adj* RELIG: **the ~ Alan Scott** el reverendísimo (padre) Alan Scott.

vesicant ['vesɪkənt] *n* vesicante *m*.

vesicate ['vesɪkeɪt] *vt* ampollar.

vesicle ['vesɪkl] *n* vesícula *f*.

vesicular [ve'sɪkjʊlə'] *adj* vesicular.

vespers ['vespəz] *n (U)* vísperas *fpl*.

vessel ['vesl] *n fml* - **1.** [boat] nave *f*. - **2.** [container] vasija *f*,

recipiente *m*; **empty ~s make most noise** *proverb* los que menos tienen que decir son los que más hablan. - **3.** ANAT & BOT vaso *m*. - **4.** [airship] nave *f* aérea.

vest [vest] ◇ *n* - **1.** *Br* [undershirt] camiseta *f*. - **2.** *Am* [waistcoat] chaleco *m*. ◇ *vt fml*: **to ~ sthg in** [rights, property] conferir algo a; [authority, power] investir OR dotar de algo a.

vestal ['vestl] *n* vestal *f*.

vested interest ['vestɪd-] *n* - **1.** [personal concern]: **to have a ~ in sthg** tener un interés especial por algo. - **2.** [interested person or group] parte *f* interesada.

vestibule ['vestɪbjuːl] *n* - **1.** *fml* [entrance hall] vestíbulo *m*. - **2.** *Am* [on train] fuelle *m*. - **3.** ANAT vestíbulo *m*.

vestige ['vestɪdʒ] *n fml* vestigio *m*.

vestigial [ve'stɪdʒɪəl] *adj* - **1.** *fml* [remaining] sobrante, residual. - **2.** BIOL rudimentario(ria), atrofiado(da).

vestment ['vestmənt] *n* [robe] toga *f*; RELIG vestidura *f* OR vestimenta *f* (sacerdotal).

vest-pocket *adj Am* - **1.** [book, object] de bolsillo. - **2.** *fig* [very small] diminuto(ta).

vestry ['vestrɪ] (*pl* **vestries**) *n* - **1.** [room] sacristía *f*. - **2.** [meeting] junta *f* parroquial.

vesture ['vestʃə'] *n (U) literary* ropas *fpl*, vestimenta *f*.

Vesuvius [vɪ'suːvjəs] *n* Vesubio.

vet [vet] (*pt & pp* **vetted**, *cont* **vetting**) ◇ *n* - **1.** *Br* (*abbr of* **veterinary surgeon**) veterinario *m*, -ria *f*. - **2.** *Am* (*abbr of* **veteran**) excombatiente *mf*. ◇ *vt* someter a una investigación.

vetch [vetʃ] *n* arveja *f*.

veteran ['vetrən] ◇ *adj* veterano(na). ◇ *n* - **1.** [experienced person] veterano *m*, -na *f*. - **2.** MIL veterano *m*, -na *f*, excombatiente *mf*.

veteran car *n Br* coche *m* de época (*de antes de 1905*).

Veteran's Day *n 11* de noviembre, *día en que EE UU conmemora el final de las dos guerras mundiales*.

veterinarian [ˌvetərɪ'neərɪən] *n Am* veterinario *m*, -ria *f*.

veterinary ['vetərɪnrɪ] *adj* veterinario(ria).

veterinary science *n* veterinaria *f*.

veterinary surgeon *n Br fml* veterinario *m*, -ria *f*.

veto ['viːtəʊ] (*pl* **vetoes**, *pt & pp* **vetoed**, *cont* **vetoing**) ◇ *n* veto *m*; **to have the power of ~** tener derecho de veto sobre algo. ◇ *vt* vetar.

vetting ['vetɪŋ] *n (U)* investigación *f (del historial de una persona)*.

vex [veks] *vt* molestar.

vexation [vek'seɪʃn] *n fml* - **1.** [anger] enojo *m*, enfado *m*. - **2.** [annoyance, difficulty] molestia *f*.

vexatious [vek'seɪʃəs] *adj fml* molesto(ta).

vexed [vekst] *adj* - **1.** [annoyed] molesto(ta), enfadado(da). - **2.** [controversial] polémico(ca), controvertido(da).

vexed question *n* manzana *f* de la discordia.

vexing ['veksɪŋ] *adj* - **1.** [annoying] molesto(ta), fastidioso(sa). - **2.** [frustrating] frustrante.

VFD (*abbr of* **voluntary fire department**) *n* cuerpo de bomberos voluntarios.

vg (*written abbr of* **very good**) MB.

vgc (*written abbr of* **very good condition**) m.b.e.

VHF (*abbr of* **very high frequency**) VHF.

VHS (*abbr of* **video home system**) *n* VHS *m*.

VI *written abbr of* **Virgin Islands**.

via [vaɪə] *prep* - **1.** [travelling through] vía. - **2.** [by means of] a través de, por; **~ satellite** vía satélite.

viability [ˌvaɪə'bɪlətɪ] *n* viabilidad *f*.

viable ['vaɪəbl] *adj* viable.

viaduct ['vaɪədʌkt] *n* viaducto *m*.

vial ['vaɪəl] *n* frasco *m* (*pequeño*).

viands ['viːəndz, 'vaɪəndz] *npl arch* viandas *fpl*, manjares *mpl*.

viaticum [vaɪ'ætɪkəm] (*pl* **viatica** [-kə] OR **viaticums**) *n* viático *m*.

vibes [vaɪbz] *npl inf* - **1.** *(written abbr of* **vibraphone**) vibráfono *m.* - **2.** *(written abbr of* **vibrations**) vibraciones *fpl*, rollo *m*; **I get really bad** ~ **from her** me da muy mal rollo, no tengo buen rollo con ella.

vibrancy [ˈvaɪbrənsɪ] *n* - **1.** [of colour, light] fuerza *f*, intensidad *f*. - **2.** [of voice] vibración *f*, resonancia *f*; [of person] dinamismo *m*; [of city, atmosphere] animación *f*.

vibrant [ˈvaɪbrənt] *adj* - **1.** [colour, light] fuerte, vivo(va). - **2.** [voice] vibrante; [person] dinámico(ca); [city, atmosphere] animado(da).

vibraphone [ˈvaɪbrəfəʊn] *n* vibráfono *m.*

vibrate [vaɪˈbreɪt] *vi* - **1.** [shake, thrill] vibrar. - **2.** [resonate] vibrar, resonar. - **3.** PHYS vibrar.

vibration [vaɪˈbreɪʃn] *n* vibración *f.*

◆ **vibrations** *npl inf* [feeling] vibraciones *fpl*, rollo *m*; **good** ~**s** buenas vibraciones, buen rollo.

vibrator [vaɪˈbreɪtəʳ] *n* - **1.** [for massage] vibrador *m*; [dildo] vibrador *m*, consolador *m* eléctrico. - **2.** ELEC vibrador *m.*

vibratory [ˈvaɪbrətrɪ] *adj* vibratorio(ria).

viburnum [vaɪˈbɜːnəm] *n* viburno *m*, mundillo *m.*

vicar [ˈvɪkəʳ] *n* [in Church of England] párroco *m*; [in Roman Catholic Church] vicario *m.*

vicarage [ˈvɪkərɪdʒ] *n* casa *f* del párroco.

vicarious [vɪˈkeərɪəs] *adj* - **1.** [pleasure] indirecto(ta). - **2.** [punishment, suffering] sufrido(da) por otro.

vicariously [vɪˈkeərɪəslɪ] *adv* - **1.** [experience] indirectamente; **she lived** ~ **through her reading** vivía la vida a través de los libros. - **2.** [authorize] por delegación.

vice [*n* vaɪs, *prep* ˈvaɪsɪ] ◇ *n* - **1.** [immorality, moral fault] vicio *m.* - **2.** [tool] torno *m* de banco. ◇ *prep fml* en lugar de.

vice- [vaɪs] *prefix* vice-.

vice-admiral [ˌvaɪs-] *n* vicealmirante *m.*

vice-chairman [ˌvaɪs-] *n* vicepresidente *m.*

vice-chancellor [ˌvaɪs-] *n* - **1.** UNIV rector *m*, -ra *f.* - **2.** JUR [in US] canciller *m* ayudante. - **3.** POL vicecanciller *m.*

vice-consul [ˌvaɪs-] *n* vicecónsul *m.*

vice-presidency [ˌvaɪs-] *n* vicepresidencia *f.*

vice-president [ˌvaɪs-] *n* vicepresidente *m*, -ta *f.*

vice-principal [ˌvaɪs-] *n* SCH subdirector *m*, -ra *f.*

viceregal [ˌvaɪsˈriːgl] *adj* virreinal.

vice regent [ˌvaɪs-] *n* vicerregente *m.*

viceroy [ˈvaɪsrɔɪ] *n* virrey *m.*

viceroyalty [ˌvaɪsˈrɔɪəltɪ] *(pl* **viceroyalties**) *n* virreinato *m.*

vice squad [ˌvaɪs-] *n* brigada *f* antivicio.

vice versa [ˌvaɪsɪˈvɜːsə] *adv* viceversa.

Vichy water [ˈviːʃiː-] *n* agua *f* de Vichy.

vicinity [vɪˈsɪnətɪ] *(pl* **vicinities**) *n*: **in the** ~ **(of)** cerca (de); **in the immediate** ~ en las inmediaciones.

vicious [ˈvɪʃəs] *adj* [dog] furioso(sa); [person, ruler] cruel; [criticism, attack] despiadado(da); [gossip] malicioso(sa).

vicious circle *n* círculo *m* vicioso.

viciously [ˈvɪʃəslɪ] *adv* [attack, beat] ferozmente; [criticize] despiadadamente.

viciousness [ˈvɪʃəsnɪs] *n* [of dog] ferocidad *f*; [of person, system] crueldad *f*, perversidad *f*; [of crime] brutalidad *f.*

vicissitudes [vɪˈsɪsɪtjuːdz] *npl fml* vicisitudes *fpl.*

victim [ˈvɪktɪm] *n* víctima *f*; **to fall** ~ **to sthg** ser víctima de algo; **she fell** ~ **to his charms** sucumbió a sus encantos.

victimization [ˌvɪktɪmaɪˈzeɪʃn] *n* [for beliefs, race, differences] persecución *f*; [reprisals] represalias *fpl*; **there must be no further** ~ **of workers** no se deben tomar más represalias contra los trabajadores.

victimize, -ise [ˈvɪktɪmaɪz] *vt* [retaliate against] tomar represalias contra; [pick on] mortificar.

victor [ˈvɪktəʳ] *n literary* vencedor *m*, -ra *f.*

Victoria Cross [vɪkˈtɔːrɪə-] *n* condecoración *militar británica.*

Victoria Falls [vɪkˈtɔːrɪə-] *npl* las cataratas Victoria.

Victorian [vɪkˈtɔːrɪən] ◇ *adj* victoriano(na). ◇ *n* victoriano *m*, -na *f.*

Victoriana [vɪkˌtɔːrɪˈɑːnə] *n (U)* antigüedades *fpl* victorianas.

victorious [vɪkˈtɔːrɪəs] *adj* victorioso(sa).

victoriously [vɪkˈtɔːrɪəslɪ] *adv* victoriosamente, de un modo triunfal.

victory [ˈvɪktərɪ] *(pl* **victories**) *n*: ~ **(over)** victoria *f* (sobre).

victory sign *n* signo *m* de la victoria.

victualler [ˈvɪtləʳ] *n* abastecedor *m*, -ra *f*, proveedor *m*, -ra *f.*

victuals [ˈvɪtlz] *npl arch* vituallas *fpl.*

vide [ˈvaɪdiː] *v fml* [in text] véase.

video [ˈvɪdɪəʊ] *(pl* **videos**, *pt & pp* **videoed**, *cont* **videoing**) ◇ *n* - **1.** [recording, medium, machine] vídeo *m.* - **2.** [cassette] videocasete *m*, cinta *f* de vídeo. - **3.** *Am inf* [television] tele *f*. ◇ *comp* vídeo. ◇ *vt* - **1.** [using video recorder] grabar en vídeo. - **2.** [using camera] hacer un vídeo de.

video camera *n* videocámara *f.*

video cassette *n* videocasete *m.*

video clip *n* clip *m*, videoclip *m.*

video conference *n* videoconferencia *f.*

videoconferencing [ˌvɪdɪəʊkɒnfrənsɪn] *n (U)* (sistema *m* de) videoconferencias *fpl.*

videodisc *Br*, **videodisk** *Am* [ˈvɪdɪəʊdɪsk] *n* videodisco *m.*

video game *n* videojuego *m*, juego *m* de vídeo.

video machine *n* vídeo *m.*

video nasty *n Br inf* película de vídeo violenta y pornográfica.

videophone [ˈvɪdɪəʊfəʊn] *n* videoteléfono *m.*

video-record *vt* grabar en vídeo.

videorecorder [ˈvɪdɪəʊrɪˌkɔːdəʳ] *n* vídeo *m.*

video recording *n* grabación *f* en vídeo.

video shop *n* tienda *f* de vídeos.

videotape [ˈvɪdɪəʊteɪp] ◇ *n* cinta *f* de vídeo, videocinta *f.* ◇ *vt* grabar en videocinta.

video terminal *n* vídeo *m*, pantalla *f* de ordenador.

videotext [ˈvɪdɪəʊtekst] *n* videotexto *m.*

vie [vaɪ] *(pt & pp* **vied**, *cont* **vying**) *vi*: **to** ~ **(with sb for sthg/to do sthg)** competir (con alguien por algo/para hacer algo).

Vienna [vɪˈenə] *n* Viena.

Viennese [ˌvɪəˈniːz] ◇ *adj* vienés(esa). ◇ *n* vienés *m*, -esa *f.*

Vietcong [ˌvjetˈkɒŋ] *(pl inv)* *n* Vietcong *m.*

Vietnam [*Br* ˌvjetˈnæm, *Am* ˌvjetˈnɑːm] *n* (el) Vietnam.

Vietnamese [ˌvjetnəˈmiːz] ◇ *adj* vietnamita. ◇ *n* - **1.** [person] vietnamita *mf.* - **2.** [language] vietnamita *m.*

Vietnam War *n*: **the** ~ la guerra de(l) Vietnam.

view [vjuː] ◇ *n* - **1.** [opinion] opinión *f*, parecer *m*; **what is your** ~ **on...** ¿cuál es tu opinión sobre...; **in my** ~ en mi opinión; **to take the** ~ **that** pensar que ❑ **to take a dim** OR **poor** ~ **of sthg** ver con malos ojos algo. - **2.** [attitude]: ~ **(of)** actitud *f* (frente a); **our** ~ **of the problem** nuestro enfoque del problema. - **3.** [scene] vista *f*, panorama *m*; **a** ~ **of modern poetry** [fig] un panorama de la poesía moderna. - **4.** [field of vision] vista *f*; **the plane disappeared from** ~ el avión desapareció de la vista; **to come into** ~ aparecer; **to be on** ~ [picture] estar expuesto(ta); **in full** ~ **of sthg/sb** a la vista de algo/alguien. - **5.** [picture, photograph] vista *f.* - **6.** [future, perspective]: **in** ~ a la vista, en perspectiva; **to have sthg in** ~ tener a la vista OR en perspectiva; **with this end in** ~ con este fin. ◇ *vt* - **1.** [consider] ver, considerar; **the problem may be** ~**ed in different ways** el problema puede enfocarse de varias maneras. - **2.** *fml* [examine, look at - slides, painting] observar; [- house, flat] visitar, ver.

◆ **in view of** *prep* en vista de.

◆ **with a view to** *conj* con miras OR vistas a.

viewdata [ˈvjuːˌdeɪtə] *n* videotexto *m.*

viewer [ˈvjuːəʳ] *n* - **1.** [person] espectador *m*, -ra *f.* - **2.** [apparatus] visionador *m.*

viewfinder [ˈvjuːˌfaɪndəʳ] *n* visor *m.*

viewing [ˈvjuːɪŋ] ◇ *n (U)* - **1.** TV programación *f*, programas *fpl*; **late-night** ~ **on BBC 2** programación de noche en la BBC 2; **his latest film makes exciting** ~ su última película es un espectáculo apasionante. **- 2.** [of showhouse, exhibition] visita *f.* **- 3.** ASTRON observación *f.* ◇ *comp* **- 1.** TV [time, patterns] de audiencia; **at peak** ~ **hours** en horas de máxima audiencia; ~ **figures** índice *m* de audiencia; **a young** ~ **audience** telespectadores jóvenes. **- 2.** ASTRON & METEOR [conditions] de observación.

viewpoint ['vju:pɔɪnt] *n* **- 1.** [opinion] punto *m* de vista. **- 2.** [place] mirador *m*.

vigil ['vɪdʒɪl] *n* vigilia *f.*

vigilance ['vɪdʒɪləns] *n* vigilancia *f.*

vigilant ['vɪdʒɪlənt] *adj* vigilante.

vigilante [ˌvɪdʒɪ'læntɪ] *n* miembro *m* de una patrulla urbana, *persona que extraoficialmente patrulla una zona para protegerla.*

vigilantly ['vɪdʒɪləntlɪ] *adv* de un modo vigilante, atentamente.

vignette [vɪ'njet] *n* **- 1.** TYPO viñeta *f.* **- 2.** PHOT retrato *m* de bordes difuminados. **- 3.** LITER bosquejo *m* corto.

vigor ['vɪgə'] *n Am* **- 1.** JUR validez *f.* **- 2.** = **vigour.**

vigorous ['vɪgərəs] *adj* **- 1.** [energetic] enérgico(ca). **- 2.** [strong and healthy] vigoroso(sa). **- 3.** [forceful] enérgico(ca).

vigorously ['vɪgərəslɪ] *adv* de un modo vigoroso, enérgicamente.

vigour *Br,* **vigor** *Am* ['vɪgə'] *n* [vitality, intensity] vigor *m,* energía *f.*

Viking ['vaɪkɪŋ] ◇ *adj* vikingo(ga). ◇ *n* vikingo *m,* -ga *f.*

vile [vaɪl] *adj* [person, act] vil, infame; [food, smell] repugnante; [mood, weather] de perros.

vilify ['vɪlɪfaɪ] (*pt & pp* **vilified**) *vt fml* infamar.

villa ['vɪlə] *n* [in country] casa *f* de campo, villa *f*; [in town] chalé *m.*

village ['vɪlɪdʒ] *n* pueblecito *m.*

village green *n* terreno *m* comunal (del pueblo).

village hall *n centro cultural y social de un pueblo.*

village idiot *n* tonto *m* del pueblo.

villager ['vɪlɪdʒə'] *n* aldeano *m,* -na *f.*

villain ['vɪlən] *n* **- 1.** [of film, book] malo *m,* -la *f.* **- 2.** *dated* [criminal] canalla *mf,* criminal *mf.* **- 3.** THEATRE villano *m.*

villainous ['vɪlənəs] *adj* **- 1.** [act, person] vil, infame. **- 2.** [food, weather] repugnante.

villainy ['vɪlənɪ] (*pl* **villainies**) *n* villanía *f,* infamia *f.*

villein ['vɪlɪn] *n* HIST [unfree] siervo *m,* -va *f* de la gleba; [free] villano *m,* -na *f.*

Vilnius ['vɪlnɪəs] *n* Vilna.

vim [vɪm] *n inf* brío *m,* energía *f.*

VIN (*abbr of* **vehicle identification number**) *n* NIV *m.*

vinaigrette [ˌvɪnɪ'gret] *n* vinagreta *f.*

vindaloo [ˌvɪndə'lu:] *n plato hindú con curry y especias.*

vindicate ['vɪndɪkeɪt] *vt* **- 1.** [justify] justificar; **his decision was** ~**d by the result** el resultado dio la razón a su decisión. **- 2.** [clear] exculpar. **- 3.** [uphold] reivindicar.

vindication [ˌvɪndɪ'keɪʃn] *n* justificación *f.*

vindictive [vɪn'dɪktɪv] *adj* vengativo(va).

vindictively [vɪn'dɪktɪvlɪ] *adv* de un modo vengativo.

vine [vaɪn] *n* **- 1.** [grapevine - on ground] vid *f*; [- against wall] parra *f.* **- 2.** [creeper] enredadera *f.*

vinegar ['vɪnɪgə'] *n* vinagre *m.*

vinegary ['vɪnɪgərɪ] *adj lit & fig* avinagrado(da).

vine grower *n* viticultor *m,* -ra *f.*

vine growing *n* viticultura *f.*

vine leaf *n* hoja *f* de parra.

vinestock ['vaɪnstɒk] *n* cepa *f* (de la vid).

vineyard ['vɪnjəd] *n* viña *f,* viñedo *m.*

viniculture ['vɪnɪkʌltʃə'] *n* viticultura *f.*

vino ['vi:nəʊ] *n inf* vinillo *m.*

vinous ['vaɪnəs] *adj* vinoso(sa).

vintage ['vɪntɪdʒ] ◇ *adj* **- 1.** [wine] añejo(ja). **- 2.** [classic] clásico(ca). ◇ *n* [crop] cosecha *f (de vino);* [season, period] vendimia *f.*

vintage car *n Br* coche *m* de época *(de entre 1919 y 1930).*

vintager ['vɪntɪdʒə'] *n* vendimiador *m,* -ra *f.*

vintage wine *n* vino *m* añejo.

vintage year *n* **- 1.** [for wine] año *m* de cosecha. **- 2.** [for books, films] buen año *m.*

vintner ['vɪntnə'] *n* vinatero *m,* -ra *f.*

vinyl ['vaɪnɪl] ◇ *n* vinilo *m*; **on** ~ [record] en disco, en vinilo. ◇ *comp* de vinilo.

viol ['vaɪəl] *n* viola *f.*

viola [vɪ'əʊlə] *n* **- 1.** MUS viola *f.* **- 2.** BOT viola *f,* violeta *f.*

violate ['vaɪəleɪt] *vt* **- 1.** [law, treaty, rights] violar, infringir. **- 2.** [peace] perturbar; [privacy] invadir. **- 3.** [tomb, grave] profanar. **- 4.** *fml* [rape] violar.

violation [ˌvaɪə'leɪʃn] *n* **- 1.** [of law, treaty, rights] violación *f.* **- 2.** [of peace] perturbación *f*; [privacy] invasión *f.* **- 3.** [of tomb, grave] profanación *f.*

violator ['vaɪəleɪtə'] *n* violador *m,* -ra *f.*

violence ['vaɪələns] *n* violencia *f*; **to do** ~ **to sthg** *fig & fml* violar algo, ir en contra de algo.

violent ['vaɪələnt] *adj* **- 1.** [gen] violento(ta); **to become** ~ ponerse violento. **- 2.** [emotion, anger] intenso(sa). **- 3.** [colour] chillón(ona). **- 4.** [weather] borrascoso(sa).

violently ['vaɪələntlɪ] *adv* **- 1.** [gen] violentamente. **- 2.** [dislike] intensamente. **- 3.** [swear, react] furiosamente.

violet ['vaɪələt] ◇ *adj* violeta, violado(da). ◇ *n* **- 1.** [flower] violeta *f.* **- 2.** [colour] violeta *m.*

violin [ˌvaɪə'lɪn] ◇ *n* violín *m.* ◇ *comp*: ~ **maker** fabricante *mf* de violines.

violinist [ˌvaɪə'lɪnɪst] *n* violinista *mf.*

violist [vɪ'əʊlɪst, 'vaɪəlɪst] *n* intérprete *mf* de viola.

violoncello [ˌvaɪələn'tʃeləʊ] *n* violonchelo *m.*

VIP (*abbr of* **very important person**) *n* celebridad *f.*

viper ['vaɪpə'] *n lit & fig* víbora *f.*

virago [vɪ'rɑ:gəʊ] (*pl* **viragoes** OR **viragos**) *n fml & pej* virago *f,* mujer *f* varonil.

viral ['vaɪrəl] *adj* vírico(ca).

Virgil ['vɜ:dʒɪl] *n* Virgilio *m.*

virgin ['vɜ:dʒɪn] ◇ *adj literary* [spotless] virgen. ◇ *n* virgen *mf.*

◆ **Virgin** *n*: **the Virgin** la Virgen

virginal ['vɜ:dʒɪnl] ◇ *n* MUS espineta *f.* ◇ *adj* virginal.

Virgin birth *n*: **the** ~ la Inmaculada Concepción.

Virginia [və'dʒɪnjə] *n* Virginia.

Virginia creeper *n* enredadera *f* de Virginia.

Virginian [və'dʒɪnjən] ◇ *adj* virginiano(na). ◇ *n* virginiano *m,* -na *f.*

Virginia stock *n* alhelí *m* de Mahón, mahonesa *f.*

Virginia tobacco *n* tabaco *m* rubio.

Virgin Islands *n*: **the** ~ las islas Vírgenes.

virginity [və'dʒɪnətɪ] *n* virginidad *f.*

Virgin Mary *n*: **the** ~ la Virgen María.

Virgo ['vɜ:gəʊ] (*pl* **Virgos**) *n* Virgo *m*; **to be (a)** ~ ser Virgo.

virgule ['vɜ:gju:l] *n* vírgula *f,* virgulilla *f.*

virile ['vɪraɪl] *adj* viril.

virility [vɪ'rɪlətɪ] *n* virilidad *f.*

virology [vaɪ'rɒlədʒɪ] *n* virología *f.*

virtual ['vɜ:tʃʊəl] *adj*: **it's a** ~ **certainty** es casi seguro.

virtual focus *n* foco *m* virtual.

virtually ['vɜ:tʃʊəlɪ] *adv* prácticamente, casi; **it is** ~ **impossible** es casi imposible.

virtual machine *n* máquina *f* virtual.

virtual memory *n* COMPUT memoria *f* virtual.

virtual reality *n* realidad *f* virtual.

virtual storage *n* = **virtual memory**.

virtue ['vɜːtjuː] n - **1.** [morality, good quality] virtud f; **a woman of easy** ~ dated una mujer fácil ❑ **to make a** ~ **of necessity** hacer de la necesidad virtud. - **2.** [benefit] ventaja f; **it has the** ~ **of being practical** tiene la ventaja OR la virtud de ser práctico; **there's no** ~ **in** no hay ninguna ventaja en.
◆ **by virtue of** prep fml en virtud de.

virtuosi [ˌvɜːtjʊ'əʊsi] pl → **virtuoso**.

virtuosity [ˌvɜːtjʊ'ɒsɪti] n virtuosismo m.

virtuoso [ˌvɜːtjʊ'əʊzəʊ] (pl **virtuosos** OR **virtuosi** [-ziː]) ◇ n virtuoso m, -sa f. ◇ adj magistral, propio de un virtuoso.

virtuous ['vɜːtʃʊəs] adj virtuoso(sa).

virulence ['vɪrʊləns] n virulencia f.

virulent ['vɪrʊlənt] adj lit & fig virulento(ta).

virus ['vaɪrəs] n COMPUT & MED virus m inv.

visa ['viːzə] ◇ n visado m. ◇ vt [passport] visar.

visage ['vɪzɪdʒ] n literary rostro m, semblante m.

vis-à-vis [ˌviːzɑː'viː] (pl inv) fml ◇ prep - **1.** [in relation to] con relación a. - **2.** [opposite] frente a, enfrente de. ◇ adv vis a vis, cara a cara. ◇ n [person in front] persona f de enfrente.

viscera ['vɪsərə] npl vísceras fpl.

visceral ['vɪsərəl] adj lit & fig visceral.

viscid ['vɪsɪd] adj viscoso(sa), espeso(sa).

viscose ['vɪskəʊs] ◇ n viscosa f. ◇ adj viscoso(sa).

viscosity [vɪ'skɒsəti] n viscosidad f.

viscount ['vaɪkaʊnt] n vizconde m.

viscountess ['vaɪkaʊntɪs] n vizcondesa f.

viscous ['vɪskəs] adj viscoso(sa).

vise [vaɪs] n Am torno m de banco.

visibility [ˌvɪzɪ'bɪləti] n visibilidad f.

visible ['vɪzəbl] adj - **1.** [gen] visible. - **2.** [evident] visible, manifiesto(ta).

visibly ['vɪzəbli] adv visiblemente.

Visigoth ['vɪzɪˌgɒθ] n visigodo m, -da f.

Visigothic [ˌvɪzɪ'gɒθɪk] adj visigodo(da), visigótico(ca).

vision ['vɪʒn] n - **1.** (U) [ability to see] visión f, vista f. - **2.** fig [foresight] clarividencia f; **a person of** ~ una persona con visión de futuro. - **3.** [impression, dream] visión f. - **4.** (U) TV imagen f. - **5.** [lovely sight] maravilla f, belleza f.

visionary ['vɪʒənri] (pl **visionaries**) ◇ adj con visión de futuro. ◇ n visionario m, -ria f.

visit ['vɪzɪt] ◇ n visita f; **on a** ~ de visita; **to pay a** ~ **to sb** hacerle una visita a alguien, visitar a alguien. ◇ vt - **1.** [gen] visitar; [stay with] pasar una temporada con, hacer una visita a; [inspect] visitar, inspeccionar. - **2.** literary [inflict]: **to** ~ **sthg on** OR **uponsb** infligir algo a alguien. ◇ vi hacer una visita, ir de visita.
◆ **visit with** vt fus Am - **1.** [talk with] hablar OR charlar con. - **2.** [go and see] visitar, ir a ver.

visitation [ˌvɪzɪ'teɪʃn] n - **1.** [official visit] visita f (oficial); [inspection] visita f, inspección f. - **2.** [social visit] visita f. - **3.** fml [affliction] desgracia f, calamidad f.
◆ **Visitation** n RELIG: **the Visitation** la fiesta de la Visitación.

visiting card ['vɪzɪtɪŋ-] n tarjeta f de visita.

visiting hours ['vɪzɪtɪŋ-] npl horas fpl de visita.

visiting lecturer ['vɪzɪtɪŋ-] n conferenciante invitado m, conferenciante invitada f.

visiting nurse ['vɪzɪtɪŋ-] n Am enfermero m, -ra f a domicilio.

visiting professor ['vɪzɪtɪŋ-] n UNIV profesor invitado m, profesora invitada f.

visiting time ['vɪzɪtɪŋ-] n = **visiting hours**.

visitor ['vɪzɪtər] n - **1.** [to one's home, hospital] visita f. - **2.** [to museum, town etc] visitante mf.

visitors' book n libro m de visitas.

visitor's passport n Br pasaporte m provisional.

visor ['vaɪzər] n visera f.

vista ['vɪstə] n - **1.** [view] vista f, perspectiva f. - **2.** fig [wide range] perspectiva f.

VISTA ['vɪstə] (abbr of **Volunteers in Service to America**) n organización de voluntarios establecida por el Gobierno estadounidense para ayudar a los pobres.

visual ['vɪʒʊəl] adj [gen] visual; [of the eyes] ocular.
◆ **visuals** npl medios mpl visuales.

visual aids npl medios mpl visuales.

visual arts npl artes fpl plásticas.

visual display unit n monitor m.

visual field n campo m visual.

visual handicap n disfunción f visual.

visualization [ˌvɪʒʊəlaɪ'zeɪʃn] n visualización f.

visualize, -ise ['vɪʒʊəlaɪz] vt visualizar; **to** ~ **(sb) doing sthg** imaginar (a alguien) haciendo algo.

visually ['vɪʒʊəli] adv visualmente; ~ **handicapped person** persona f con problemas visuales.

vital ['vaɪtl] adj - **1.** [essential] vital, esencial; **of** ~ **importance** de vital importancia, de una importancia fundamental. - **2.** [full of life] enérgico(ca), lleno(na) de vida. - **3.** [BIOL function, organ] vital.
◆ **vitals** npl - **1.** ANAT órganos mpl vitales. - **2.** [essential elements] partes fpl esenciales.

vitalism ['vaɪtəlɪzm] n vitalismo m.

vitality [vaɪ'tæləti] n vitalidad f.

vitally ['vaɪtəli] adv sumamente.

vital signs npl constantes fpl vitales.

vital statistics npl - **1.** inf [of woman] medidas fpl (del cuerpo de la mujer). - **2.** [demographic] estadísticas fpl demográficas, datos mpl demográficos.

vitamin [Br 'vɪtəmɪn, Am 'vaɪtəmɪn] n vitamina f.

vitamin deficiency n insuficiencia f OR carencia f vitamínica.

vitamin pill n comprimido m vitamínico.

vitiate ['vɪʃɪeɪt] vt fml viciar.

viticulture ['vɪtɪkʌltʃər] n viticultura f.

vitreous ['vɪtrɪəs] adj vítreo(a).

vitreous humour n humor m vítreo.

vitrification [ˌvɪtrɪfɪ'keɪʃn] n vitrificación f.

vitrify ['vɪtrɪfaɪ] (pt & pp **vitrified**) vt vitrificar.

vitriol ['vɪtrɪəl] n - **1.** CHEM vitriolo m. - **2.** fig & literary [in language, attack] virulencia f, veneno m.

vitriolic [ˌvɪtrɪ'ɒlɪk] adj fml virulento(ta), mordaz.

vituperate [vɪ'tjuːpəreɪt] vt fml vituperar.

vituperation [vɪˌtjuːpə'reɪʃn] n fml vituperación f.

vituperative [vɪ'tjuːpərətɪv] adj fml vituperante.

viva ['viːvə] n = **viva voce**.

vivacious [vɪ'veɪʃəs] adj vivaz, animado(da).

vivaciously [vɪ'veɪʃəsli] adv con vivacidad.

vivacity [vɪ'væsəti] n vivacidad f.

vivarium [vaɪ'veərɪəm] (pl **vivariums** OR **vivaria** [-rɪə]) n vivero m.

viva voce [ˌvaɪvə'vəʊsi] n examen m oral.

vivid ['vɪvɪd] adj - **1.** [colour] vivo(va). - **2.** [light] intenso(sa). - **3.** [description, memory, imagination] vívido(da).

vividly ['vɪvɪdli] adv - **1.** [brightly] con colores muy vivos. - **2.** [clearly] vívidamente.

vividness ['vɪvɪdnɪs] n - **1.** [of colour] viveza f. - **2.** [of light] brillo m, intensidad f. - **3.** [of description, memory] vivacidad f.

vivify ['vɪvɪfaɪ] (pt & pp **vivified**) vt vivificar.

viviparous [vɪ'vɪpərəs] adj vivíparo(ra).

vivisection [ˌvɪvɪ'sekʃn] n vivisección f.

vivisectionist [ˌvɪvɪ'sekʃənɪst] n - **1.** [practitioner] vivisector m, -ra f. - **2.** [advocate] partidario m, -ria f de la vivisección.

vixen ['vɪksn] n - **1.** [female fox] zorra f. - **2.** fig & pej [woman] arpía f, bruja f.

viz [vɪz] (abbr of **vide licet**) v. gr.

vizier [vɪˈzɪəʳ] *n* visir *m*.

vizor [ˈvaɪzəʳ] *n* = **visor**.

VLF (*abbr of* **very low frequency**) VLF.

V-neck *n* - **1.** [sweater] jersey *m* con cuello de pico. - **2.** [neck] cuello *m* de pico.

V-necked *adj* [pullover] con cuello de pico.

VOA (*abbr of* **Voice of America**) *n* emisora gubernamental estadounidense que promociona la cultura estadounidense en el mundo.

vocab [ˈvəʊkæb] (*abbr of* **vocabulary**) *n inf* vocabulario *m*.

vocabulary [vəˈkæbjʊlərɪ] (*pl* **vocabularies**) *n* vocabulario *m*.

vocal [ˈvəʊkl] ◇ *adj* - **1.** [outspoken] que se hace oír, vociferante. - **2.** [of the voice] vocal. - **3.** [oral] oral, verbal. - **4.** [noisy] ruidoso(sa). - **5.** LING [sound] vocálico(ca); [consonant] sonoro(ra). ◇ *n* LING vocal *f*.
◆ **vocals** *npl* cantante *mf*; **on** ~ cantando.

vocal cords *npl* cuerdas *fpl* vocales.

vocalic [vəˈkælɪk] *adj* vocálico(ca).

vocalist [ˈvəʊkəlɪst] *n* [in orchestra] vocalista *mf*; [in pop group] cantante *mf*.

vocalize, -ise [ˈvəʊkəlaɪz] ◇ *vt* - **1.** [articulate] articular. - **2.** LING [sound] vocalizar. ◇ *vi* vocalizar.

vocation [vəʊˈkeɪʃn] *n* vocación *f*; **to have a** ~ **for** tener vocación de.

vocational [vəʊˈkeɪʃənl] *adj* profesional; ~ **course** curso *m* de formación profesional; ~ **training** formación *f* profesional.

vocationally [vəʊˈkeɪʃnəlɪ] *adv*: ~ **oriented** de vocación profesional; ~ **relevant subjects** asignaturas *fpl* relacionadas con la vocación profesional.

vocative [ˈvɒkətɪv] ◇ *n* vocativo *m*. ◇ *adj* vocativo(va).

vociferate [vəˈsɪfəreɪt] *vi fml* vociferar.

vociferous [vəˈsɪfərəs] *adj fml* ruidoso(sa).

vodka [ˈvɒdkə] *n* [drink] vodka *m*.

vogue [vəʊg] ◇ *n* moda *f*; **there's a** ~ **for...** está de moda...; **in** ~ en boga, de moda. ◇ *adj* de moda.

voice [vɔɪs] ◇ *n* [gen, GRAMM & MUS] voz *f*; **in a loud/ low** ~ en voz alta/baja; **to be in good** ~ estar bien de voz; **to give** ~ **to sthg** expresar algo; **to have a** ~ **in (a matter)** tener voz en (un asunto); **to lose one's** ~ quedarse afónico(ca); **with one** ~ al unísono; **to raise/lower one's** ~ elevar/bajar la voz; **to keep one's** ~ **down** no levantar la voz. ◇ *vt* - **1.** [opinion, emotion] expresar. - **2.** LING [consonant] sonorizar. - **3.** MUS [organ] afinar.

voice box *n* caja *f* laríngea.

voiced [vɔɪst] *adj* LING [consonant] sonoro(ra).

voiceless [ˈvɔɪslɪs] *adj* - **1.** MED mudo(da). - **2.** LING sordo(da).

voice-over *n* voz *f* en off.

voice recognition *n* COMPUT reconocimiento *m* de voz.

voice synthesizer *n* COMPUT sintetizador *m* de voz.

void [vɔɪd] ◇ *adj* - **1.** [invalid] inválido(da), nulo(la), → **null**. - **2.** *fml* [empty]: ~ **of** falto(ta) de. - **3.** [vacant] vacante. ◇ *n literary* vacío *m*. ◇ *vt* - **1.** *fml* [empty] vaciar; [bowels] evacuar. - **2.** JUR invalidar, anular.

voile [vɔɪl] *n* (*U*) gasa *f*.

vol. (*written abbr of* **volume**) vol.

volatile [*Br* ˈvɒlətaɪl, *Am* ˈvɒlətl] *adj* - **1.** [situation] inestable, volátil; [person] voluble, inconstante. - **2.** CHEM volátil.

volatility [ˌvɒləˈtɪlətɪ] *n* - **1.** CHEM volatilidad *f*. - **2.** [of situation] inestabilidad *f*, volatilidad *f*; [of person] volubilidad *f*, inconstancia *f*.

vol-au-vent [ˈvɒləʊvɑ̃] *n* volován *m*.

volcanic [vɒlˈkænɪk] *adj* volcánico(ca).

volcano [vɒlˈkeɪnəʊ] (*pl* **volcanoes** OR **volcanos**) *n* volcán *m*.

vole [vəʊl] *n* campañol *m*.

Volga [ˈvɒlgə] *n*: **the (River)** ~ el (río) Volga.

volition [vəˈlɪʃn] *n fml*: **of one's own** ~ por voluntad propia.

volley [ˈvɒlɪ] (*pl* **volleys**) ◇ *n* - **1.** [of gunfire] ráfaga *f*, descarga *f*; [of stones, arrows] lluvia *f*. - **2.** *fig* [rapid succession] torrente *m*. - **3.** SPORT volea *f*. ◇ *vt* - **1.** SPORT volear. - **2.** MIL lanzar. ◇ *vi* SPORT volear.

volleyball [ˈvɒlɪbɔːl] *n* balonvolea *m*, voleibol *m*.

volt [vəʊlt] *n* voltio *m*.

Volta [ˈvɒltə] *n*: **the** ~ el Volta; **the Black** ~ el Volta Negro; **the White** ~ el Volta Blanco.

voltage [ˈvəʊltɪdʒ] *n* voltaje *m*.

voltaic [vɒlˈteɪk] *adj* voltaico(ca).

voltmeter [vɒlˈtæmɪtəʳ] *n* voltámetro *m*.

voltammeter [ˌvəʊltˈæmiːtəʳ] *n* voltamperímetro *m*.

volt-ampere [ˌvəʊltˈæmpeəʳ] *n* voltamperio *m*.

volte-face [ˌvɒltˈfaːs] *n* cambio *m* radical, giro *m* de 180 grados; **the speech represents a complete** ~ el discurso revela un cambio de opinión radical.

voltmeter [ˈvəʊltˌmiːtəʳ] *n* voltímetro *m*.

voluble [ˈvɒljʊbl] *adj fml* locuaz.

volume [ˈvɒljuːm] *n* [gen & COMPUT] volumen *m*; **to speak** ~**s (for)** *fig* decir muchísimo (de).

volume control *n* botón *m* del volumen.

volumetric [ˌvɒljʊˈmetrɪk] *adj* volumétrico(ca).

voluminous [vəˈluːmɪnəs] *adj fml* voluminoso(sa).

voluntarily [*Br* ˈvɒləntrɪlɪ, *Am* ˌvɒlənˈterəlɪ] *adv* voluntariamente.

voluntary [ˈvɒləntrɪ] ◇ *adj* voluntario(ria); ~ **organization** organización *f* no gubernamental. ◇ *n* - **1.** MUS & RELIG música *f* de órgano. - **2.** [unpaid work] trabajo *m* voluntario.

voluntary agency, **voluntary body** *n* entidad *f* benéfica.

voluntary liquidation *n* liquidación *f* voluntaria.

voluntary redundancy *n Br* despido *m* voluntario.

Voluntary Service Overseas → **VSO**.

voluntary work *n* trabajo *m* voluntario.

voluntary worker *n* (trabajador) voluntario *m*, (trabajadora) voluntaria *f*.

volunteer [ˌvɒlənˈtɪəʳ] ◇ *n* [person who volunteers] voluntario *m*, -ria *f*. ◇ *comp* - **1.** [army, group] de voluntarios. - **2.** [work, worker] voluntario(ria). ◇ *vt* - **1.** [offer of one's free will]: **to** ~ **to do sthg** ofrecerse para hacer algo. - **2.** [information, advice] dar, ofrecer. ◇ *vi* - **1.** [freely offer one's services]: **to** ~ **(for)** ofrecerse (para). - **2.** MIL alistarse como voluntario.

voluptuary [vəˈlʌptjʊərɪ] (*pl* **voluptuaries**) *n literary* voluptuoso *m*, -sa *f*.

voluptuous [vəˈlʌptʃʊəs] *adj* voluptuoso(sa).

volute [vəˈluːt] *n* voluta *f*.

vomit [ˈvɒmɪt] ◇ *n* vómito *m*. ◇ *vt & vi* vomitar.

vomiting [ˈvɒmɪtɪŋ] *n* (*U*) vómitos *mpl*.

voodoo [ˈvuːduː] (*pl* **voodoos**) ◇ *n* vudú *m*. ◇ *adj* vudú (*inv*). ◇ *vt* hechizar mediante vudú.

voracious [vəˈreɪʃəs] *adj* [appetite, eater] voraz; [reader] ávido(da).

voraciously [vəˈreɪʃəslɪ] *adv* [consume, eat] vorazmente, con voracidad; [read] con avidez.

voracity [vɒˈræsətɪ] *n fml* voracidad *f*.

vortex [ˈvɔːteks] (*pl* **vortexes** OR **vortices** [-tɪsiːz]) *n* - **1.** [whirlpool, whirlwind] vórtice *m*, remolino *m*. - **2.** *fig* [of events] torbellino *m*, vorágine *f*.

votary [ˈvəʊtərɪ] (*pl* **votaries**) *n* RELIG & *fig* devoto *m*, -ta *f*.

vote [vəʊt] ◇ *n* - **1.** [gen] voto *m*; ~ **for/against** voto a favor de/en contra de; **by a majority** ~ por una mayoría de votos; **to give one's** ~ votar por. - **2.** [session, ballot, result] votación *f*; **to put sthg to the** ~ someter algo a votación; **to have** OR **take a** ~ **on sthg** poner OR someter algo a votación. - **3.** [votes cast]: **the** ~ los votos. - **4.** [right to vote] derecho *m* al voto. ◇ *vt* - **1.** [person, leader] elegir, vo-

tar; **it was ~d best film of the year** fue votada OR elegida mejor película del año. **- 2.** [choose]: **to ~ to do sthg** votar hacer algo. **- 3.** [motion, law, funds] votar, aprobar por votación. **- 4.** [declare] proclamar, declarar. **- 5.** *inf* [suggest] proponer. ◇ *vi*: **to ~ (for/against)** votar (a favor de/en contra de); **to ~ on sthg** votar algo; **to ~ Labour/Conservative** votar a los laboristas/conservadores.
♦ **vote down** *vt sep* votar en contra de, rechazar.
♦ **vote in** *vt sep* elegir.
♦ **vote out** *vt sep* rechazar.
vote-catcher *n* política *f* electoralista.
vote-loser *n* política *f* impopular.
vote of censure (*pl* **votes of censure**) *n* voto *m* de censura.
vote of confidence (*pl* **votes of confidence**) *n* voto *m* de confianza.
vote of no confidence (*pl* **votes of no confidence**) *n* voto *m* de censura.
vote of thanks (*pl* **votes of thanks**) *n* palabras *fpl* de agradecimiento.
voter ['vəʊtəʳ] *n* votante *mf*.
voting ['vəʊtɪŋ] *n* votación *f*.
voting booth *n* cabina *f* electoral.
voting paper *n* papeleta *f*.
votive ['vəʊtɪv] *adj* votivo(va).
vouch [vaʊtʃ] ♦ **vouch for** *vt fus* **- 1.** [person] responder por. **- 2.** [character, accuracy] dar fe de.
voucher ['vaʊtʃəʳ] *n* **- 1.** [for restaurant, purchase] vale *m*. **- 2.** [receipt] recibo *m*.
vouchsafe [vaʊtʃ'seɪf] *vt fml* dignarse a dar.
vow [vaʊ] ◇ *n* **- 1.** RELIG voto *m*; **to take one's ~s** hacer votos monásticos. **- 2.** [solemn promise] promesa *f* solemne. ◇ *vt*: **to ~ to do sthg** jurar hacer algo; **to ~ that** jurar que.
vowel ['vaʊəl] *n* vocal *f*.

voyage ['vɔɪɪdʒ] ◇ *n* viaje *m*. ◇ *vt fml* cruzar, atravesar. ◇ *vi fml* viajar, hacer un viaje.
voyeur [vwɑː'jɜːʳ] *n* mirón *m*, -ona *f*, voyeur *mf*.
voyeurism [vwɑː'jɜːrɪzm] *n* voyeurismo *m*.
VP *n written abbr of* **vice-president**.
vs *written abbr of* **versus**.
V-sign *n*: **to give the ~** [for victory] hacer el signo de la victoria; **to give sb the ~** *Br* ≃ hacerle un corte de mangas a alguien.
VSO (*abbr of* **Voluntary Service Overseas**) *n organización británica de voluntarios que ayuda a países en vías de desarrollo.*
VSOP (*abbr of* **very special old pale**) *expresión que indica que un licor tiene de 20 a 25 años.*
VT *written abbr of* **Vermont**.
Vt day (*abbr of* **Victory in Europe Day**) *n día de la firma del armisticio, el 8 de mayo de 1945.*
VTOL ['viːtɒl] (*abbr of* **vertical takeoff and landing**) *n aterrizaje y despegue verticales.*
VTR (*abbr of* **video tape recorder**) *n* vídeo *m*.
vulgar ['vʌlgəʳ] *adj* **- 1.** [in bad taste] ordinario(ria), vulgar. **- 2.** [offensive] grosero(ra), vulgar, guarango(ga) *Amér.*
vulgarian [vʌl'geərɪən] *n literary* nuevo rico *m*, nueva rica *f*.
vulgarism ['vʌlgərɪzm] *n* **- 1.** *fml* [vulgarity] vulgaridad *f*. **- 2.** LING vulgarismo *m*.
vulgarity [vʌl'gærətɪ] *n (U)* **- 1.** [poor taste] ordinariez *f*, vulgaridad *f*. **- 2.** [offensiveness] grosería *f*, vulgaridad *f*.
vulgarize, -ise ['vʌlgəraɪz] *vt* vulgarizar.
vulgarly ['vʌlgəlɪ] *adv* vulgarmente, con vulgaridad.
Vulgate ['vʌlgeɪt] *n*: **the ~** la Vulgata.
vulnerability [ˌvʌlnərə'bɪlətɪ] *n* vulnerabilidad *f*.
vulnerable ['vʌlnərəbl] *adj*: **~ (to)** vulnerable (a).
vulture ['vʌltʃəʳ] *n lit & fig* buitre *m*.
vulva ['vʌlvə] (*pl* **vulvas** OR **vulvae** [-viː]) *n* vulva *f*.
vying ['vaɪɪŋ] *n* rivalidad *f*.

W

w (*pl* **w's** OR **ws**), **W** (*pl* **W's** OR **Ws**) ['dʌblju:] *n* [letter] w *f*, W *f*.
♦ **W - 1.** (*abbr of* **west**) O. **- 2.** (*abbr of* **watt**) w.
WA *written abbr of* **Washington**.
WAAF [wæf] (*abbr of* **Women's Auxiliary Air Force**) *en la Segunda Guerra Mundial, sección femenina auxiliar del ejército del aire británico.*
wacky ['wækɪ] (*compar* **wackier**, *superl* **wackiest**) *adj inf* estrafalario(ria).
wad [wɒd] (*pt & pp* **wadded**, *cont* **wadding**) ◇ *n* **- 1.** [of paper] taco *m*. **- 2.** [of banknotes, documents] fajo *m*. **- 3.** [of cotton, cotton wool, tobacco] bola *f*. **- 4.** [of straw] manojo *m*. **- 5.** [for cannon, gun] taco *m*. ◇ *vt* **- 1.** [stuff] rellenar. **- 2.** MIL [barrel, cannon] atacar.
wadding ['wɒdɪŋ] *n* **- 1.** [stuffing] relleno *m*; [for clothes] guata *f*, relleno *m*; [for quilt] acolchado *m*. **- 2.** [in gun, cartridge] taco *m*.
waddle ['wɒdl] ◇ *vi* anadear. ◇ *n* anadeo *m*, contoneo *m*.
wade [weɪd] ◇ *vi* caminar por el agua. ◇ *vt* [river] vadear.

♦ **wade in** *vi Br inf* [in fight, quarrel] entrometerse.
♦ **wade into** *vt fus Br inf* [work, task] acometer; [person] arremeter contra; [meal] atacar.
♦ **wade through** *vt fus fig*: **he was wading through the documents** le costaba mucho leer los documentos.
wader ['weɪdəʳ] *n* ave *f* zancuda.
waders ['weɪdəz] *npl* botas *fpl* altas de agua.
wadge [wɒdʒ] *n Br inf* [of food] tajada *f*; [of papers] fajo *m*; [of cotton wool] bola *f*.
wading bird ['weɪdɪŋ-] *n* ave *f* zancuda.
wading pool ['weɪdɪŋ-] *n Am* **- 1.** [in park] piscina *f* para niños. **- 2.** [inflatable] piscina *f* inflable.
wafer ['weɪfəʳ] ◇ *n* **- 1.** [thin biscuit] barquillo *m*. **- 2.** RELIG hostia *f*. **- 3.** [seal] sello *m* de lacre, oblea *f*. ◇ *vt* lacrar.
wafer-thin *adj* finísimo(ma), delgadísimo(ma).
waffle ['wɒfl] ◇ *n* **- 1.** CULIN gofre *m*. **- 2.** *Br inf* [vague talk] rollo *m*; [writing] paja *f*. ◇ *vi inf* [in speech] enrollarse; [in writing] meter paja.

waffle iron n molde para hacer gofres.

waffler ['wɒflə'] n Br inf rollista mf, plomo m.

waffling ['wɒflɪŋ] n Br inf [spoken] rollo m, palabrería f; [written] paja f.

waft [wɑːft, wɒft] ◇ vi flotar. ◇ vt llevar, mover. ◇ n [of smoke] bocanada f; [of air] soplo m, ráfaga f.

wag [wæg] (pt & pp **wagged**, cont **wagging**) ◇ vt menear. ◇ vi menearse. ◇ n - **1.** [of tail] meneo m. - **2.** Br dated [person] bromista mf.

wage [weɪdʒ] ◇ n [gen] salario m; [daily] jornal m. ◇ vt: **to ~ war** hacer la guerra; **to ~ a fight** librar una lucha; **to ~ a campaign** emprender una campaña.
◆ **wages** npl - **1.** [gen] salario m; [daily] jornal m. - **2.** fig [recompense] frutos mpl.

wage bargaining n (U) negociaciones fpl salariales.

wage claim n reivindicación f salarial.

wage differential n diferencia f salarial.

wage earner n asalariado m, -da f.

wage freeze n congelación f salarial.

wage packet n Br - **1.** [envelope] sobre m de pago. - **2.** fig [pay] paga f.

wager ['weɪdʒə'] ◇ n apuesta f. ◇ vt & vi apostar.

wage restraint n moderación f salarial.

wage rise n Br aumento m de salario.

wage settlement n acuerdo m salarial.

waggish ['wægɪʃ] adj inf [person, mood, behaviour] bromista; [remark] chistoso(sa).

waggle ['wægl] inf ◇ vt menear. ◇ vi menearse. ◇ n meneo m.

waggon ['wægən] n Br = **wagon**.

waggoner ['wægənə] n Br = **wagoner**.

waggon load ['wægənlɒd] n Br = **wagonload**.

Wagnerian [vɑːɡ'nɪərɪən] ◇ adj wagneriano(na). ◇ n wagneriano m, -na f.

wagon ['wægən] n - **1.** [horse-drawn vehicle] carro m. - **2.** Br RAIL vagón m. - **3.** [truck, van] furgoneta f, camioneta f. - **4.** phr : **to be on the ~** inf haberse quitado de la bebida.

wagoner ['wægənə'] n carretero m, -ra f.

wagonload ['wægənlɒd] n RAIL vagón m (carga).

wagon train n caravana f de carretas (en el oeste).

wagtail ['wægteɪl] n aguzanieves f inv, lavandera f.

waif [weɪf] n - **1.** literary [child] expósito m, -ta f, niño abandonado m, niña abandonada f. - **2.** [animal] animal m abandonado.

waiflike ['weɪflaɪk] adj frágil, débil.

wail [weɪl] ◇ n - **1.** [of person, baby] lamento m, gemido m. - **2.** [of wind, siren] aullido m, ulular m. ◇ vi - **1.** [person, baby] lamentarse, gemir. - **2.** [wind, siren] aullar, ulular.

wailing ['weɪlɪŋ] n (U) - **1.** [person, baby] gemidos mpl, lamentos mpl. - **2.** [of wind, siren] ulular m.

Wailing Wall n : **the ~** el Muro de las Lamentaciones.

wainscot ['weɪnskət], **wainsco(t)ting** ['weɪnskətɪŋ] n Br zócalo m de madera.

wainwright ['weɪnraɪt] n carretero m, -ra f.

waist [weɪst] ◇ n cintura f. ◇ comp : **~ measurement** talle m, medidas fpl de la cintura.

waistband ['weɪstbænd] n cinturilla f, pretina f.

waistcoat ['weɪskəʊt] n chaleco m.

waist-deep adj : **he was ~ in water** el agua le llegaba hasta la cintura.

-waisted ['weɪstɪd] in cpds : **a low/high~ dress** un vestido de talle alto/bajo.

waist-high adj = **waist-deep**.

waistline ['weɪstlaɪn] n cintura f, talle m.

wait [weɪt] ◇ n espera f; **to lie in ~ (for)** estar al acecho (de), acechar (a). ◇ vi : **to ~ (for sthg/sb)** esperar (algo/a alguien); **to keep sb ~ing** hacer esperar a alguien ❑ **to be unable to ~ to do sthg** estar impaciente por hacer algo; **everything comes to him who ~s** proverb todo llega al que sabe esperar; **(just) you ~!** ¡me las pagarás!; **to ~ and see** esperar y ver lo que pasa; **~ a minute** OR **second** OR **moment** [interrupting sb] ¡espera un minuto OR segundo OR momento!; [interrupting o.s.] ¡espera! ◇ vt - **1.** Am [delay] retrasar. - **2.** [await] esperar; **I'm ~ing my turn** estoy esperando (a) que me toque.
◆ **wait about, wait around** vi esperar.
◆ **wait behind** vi quedarse esperando.
◆ **wait for** vt fus esperar; **it was worth ~ing for** la espera mereció la pena.
◆ **wait on** vt fus - **1.** [serve food to] servir. - **2.** Am [in restaurant]: **to ~ on tables** servir las mesas.
◆ **wait out** vt sep [concert, film] aguardar OR esperar a que se termine.
◆ **wait up** vi quedarse despierto(ta) esperando; **don't ~ up for me** no me esperes levantado(da).

waiter ['weɪtə'] n camarero m, mesero m Amér.

waiting ['weɪtɪŋ] n espera f; **in ~** de compañía.

waiting game n : **to play a ~** esperar el momento oportuno.

waiting list n lista f de espera.

waiting room n sala f de espera.

waitress ['weɪtrɪs] n camarera f, mesera f Amér.

wait state n COMPUT posición f de espera.

waive [weɪv] vt fml [rule] no aplicar; [claim, right] renunciar a; [condition, requirement] descartar.

waiver ['weɪvə'] n JUR renuncia f.

wake [weɪk] (pt **woke** [wəʊk] OR **waked**, pp **woken** ['wəʊkn] OR **waked**) ◇ n - **1.** [of ship, boat] estela f. - **2.** [vigil] velatorio m; **in its ~** fig tras de sí; **in the ~ of** fig tras. ◇ vt - **1.** [rouse from sleep] despertar. - **2.** [arouse - curiosity, jealousy] despertar; [- memories] resucitar. - **3.** [alert] alertar, llamar la atención de. ◇ vi despertarse.
◆ **wake up** ◇ vt sep - **1.** [rouse from sleep] despertar. - **2.** [alert] espabilar, despabilar. ◇ vi - **1.** [wake] despertarse. - **2.** fig [become aware]: **to ~ up to** darse cuenta de, tomar conciencia de. - **3.** [be alert] espabilarse, despabilarse.

wakeful ['weɪkfʊl] adj - **1.** [sleepless - person] desvelado(da), insomne; [- night] en vela, sin dormir. - **2.** [alert] vigilante, alerta.

waken ['weɪkən] fml ◇ vt despertar. ◇ vi despertarse.

waking hours npl horas fpl de vigilia; **she spends most of her ~ reading** se pasa el día leyendo.

Waldorf salad ['wɔːldɔːf-] n ensalada f Waldorf, ensalada a base de nueces, manzana, apio y mayonesa.

Wales [weɪlz] n (el país de) Gales.

walk [wɔːk] ◇ n - **1.** [way of walking] andar m; [movement, pace] paso m. - **2.** [journey on foot] paseo m; **it's ten minutes' ~ away** está a diez minutos andando; **to go for a ~** dar un paseo; **to take sb for a ~** sacar a alguien a pasear. - **3.** [route for walking] recorrido m; **there are some nice ~s here** por aquí hay unos caminos que están muy bien para dar paseos. - **4.** [promenade] paseo m; [between trees] alameda f. - **5.** Am [sidewalk] acera f. ◇ vt - **1.** [accompany on foot]: **to ~ sb home** acompañar a alguien a casa. - **2.** [dog] pasear, sacar (a pasear). - **3.** [streets] andar por; [distance] recorrer, andar. - **4.** [horse] llevar al paso. ◇ vi - **1.** [move on foot] andar, caminar; **can't you ~ faster?** ¿no puedes andar más deprisa?; **we ~ed along the beach** caminamos por la playa ❑ **to ~ tall** Am andar con la cabeza bien alta. - **2.** [for pleasure] pasear; **to be out ~ing** estar dando un paseo. - **3.** [as opposed to drive, ride] ir a pie; **we ~ed home** volvimos andando a casa.
◆ **walk about, walk around** vi pasear.
◆ **walk away** vi alejarse.
◆ **walk away from** vt fus - **1.** [problems, situation] evitar, dar la espalda a. - **2.** [accident] salir ileso(sa) de. - **3.** Am inf [competidor] dejar atrás.
◆ **walk away with** vt fus inf llevarse.
◆ **walk in on** vt fus [meeting] interrumpir; [person] sorprender.

◆ **walk into** *vt fus* - **1.** [building, room] entrar en. - **2.** [trap] caer en. - **3.** [wall, tree, chair] chocar contra. - **4.** [situation] encontrarse con.

◆ **walk off** ◇ *vt sep* [headache, cramp] aliviar dando un paseo. ◇ *vi* irse.

◆ **walk off with** *vt fus inf* llevarse.

◆ **walk out** *vi* - **1.** [leave suddenly] irse, salir. - **2.** [go on strike] declararse en huelga.

◆ **walk out on** *vt fus* dejar, abandonar.

walkabout ['wɔ:kəˌbaʊt] *n Br* paseo *m* entre la gente; **to go** ~ [Queen, president etc] pasearse entre la gente.

walkaway ['wɔ:kəˌweɪ] *n Am inf* victoria *f* fácil, paseo *m*.

walker ['wɔ:kər] *n* - **1.** [person - stroller] caminante *mf*, paseante *mf*; [- pedestrian] peatón *m*; [- in mountains] senderista *mf*, excursionista *mf*. - **2.** SPORT marchador *m*, -ra *f*. - **3.** [for babies] andador *m*, tacataca *m*.

walkie-talkie [ˌwɔ:kɪˈtɔ:kɪ] *n* walkie-talkie *m*.

walk-in *adj* - **1.** [large]: ~ **cupboard** despensa *f*; ~ **wardrobe** armario *m* americano. - **2.** *Am* [easy] fácil.

walking ['wɔ:kɪŋ] ◇ *n (U)* - **1.** [for sport] marcha *f*; [for pleasure] andar *m*; [in mountains] senderismo *m*. - **2.** [in basketball] pasos *mpl*. ◇ *adj* - **1.** [moving] ambulante, andante. - **2.** [holiday, tour] a pie.

walking frame *n* andador *m* ortopédico.

walking papers *npl Am inf* notificación *f* de despido.

walking shoes *npl* zapatos *mpl* para caminar.

walking stick *n* bastón *m*.

Walkman® ['wɔ:kmən] *n* walkman® *m*.

walk of life (*pl* **walks of life**) *n*: **people from all walks of life** gente *f* de toda condición.

walk-on ◇ *adj* de figurante. ◇ *n* [role] papel *m* de figurante; [person] figurante *mf*.

walkout ['wɔ:kaʊt] *n* [of workers] huelga *f*; [of members, spectators] abandono *m* en señal de protesta.

walkover ['wɔ:kˌəʊvər] *n* victoria *f* fácil.

walk-up *n Am* [building] edificio *m* sin ascensor; [apartment] apartamento *m* en un edificio sin ascensor.

walkway ['wɔ:kweɪ] *n* [on ship, oilrig, machine] pasarela *f*; [between buildings] paso *m*.

wall [wɔ:l] ◇ *n* - **1.** [inside building] pared *f*; [outside building] muro *m*; [of city] muralla *f*; [of garden, cemetery] tapia *f*; **it's like talking to a brick** ~ es como hablarle a las paredes; **to climb the** ~ estar (uno) que se sube por las paredes; **to come up against a brick** ~ llegar a un callejón sin salida; **to drive** OR **push sb to the** ~ poner a alguien en una situación insostenible; **to drive sb up the** ~ sacar a alguien de quicio; **to go up the** ~ ponerse hecho(cha) una furia; **to go to the** ~ irse a pique; **to have one's back to the** ~ estar entre la espada y la pared; ~**s have ears** las paredes oyen. - **2.** [of cell, stomach] pared *f*. - **3.** [of mountain] pared *f*, cara *f*. ◇ *vt* [garden, land] tapiar; [city] amurallar.

◆ **wall in** *vt sep* - **1.** [garden] tapiar. - **2.** [person] emparedar.

◆ **wall off** *vt sep* separar con una pared.

wallaby ['wɒləbɪ] (*pl* **wallabies**) *n* ualabí *m*.

wall bars *npl* espalderas *fpl*.

wallboard ['wɔ:lbɔ:d] *n* madera *f* prensada, panel *m*.

wall bracket *n* soporte *m* mural.

wallchart ['wɔ:ltʃɑ:t] *n* (gráfico *m*) mural *m*.

wall cupboard *n* armario *m* de pared.

walled [wɔ:ld] *adj* amurallado(da).

wallet ['wɒlɪt] *n* cartera *f*, billetera *f*.

walleyed ['wɔ:laɪd] *adj* - **1.** [squinting] bizco(ca), estrábico(ca). - **2.** [having whitish eyes] de ojos albinos. - **3.** [having leucoma] leucomático(ca).

wallflower ['wɔ:lˌflaʊər] *n* - **1.** [plant] alhelí *m*. - **2.** *inf fig* [person] persona tímida que queda al margen de una fiesta.

wall hanging *n* tapiz *m* (mural).

wall lamp, wall light *n* aplique *m*.

Walloon [wɒˈlu:n] ◇ *adj* valón(ona). ◇ *n* - **1.** [person] valón *m*, -ona *f*. - **2.** [language] valón *m*.

wallop ['wɒləp] *inf* ◇ *n* [to person] torta *f*; [to thing] golpazo *m*. ◇ *vt* - **1.** [hit - child] pegar una torta a; [- ball] golpear fuerte. - **2.** [defeat] derrotar, dar una paliza a.

walloping ['wɒləpɪŋ] *inf* ◇ *adj* enorme. ◇ *n* [beating, defeat] paliza *f*.

wallow ['wɒləʊ] ◇ *vi* - **1.** [in liquid] revolcarse. - **2.** [in emotion] sumirse; **to** ~ **in self-pity** revolcarse en la autocompasión. ◇ *n* - **1.** [act] revolcón *m*, revuelco *m*. - **2.** [of animals] bañadero *m*.

wall painting *n* mural *m*.

wallpaper ['wɔ:lˌpeɪpər] ◇ *n* papel *m* pintado OR de empapelar; **to hang** ~ empapelar. ◇ *vt* empapelar.

wall plug *n* enchufe *m*.

wall socket *n* enchufe *m* (en la pared).

Wall Street *n* Wall Street, *zona financiera neoyorquina.*

wall-to-wall *adj*: ~ **carpet** moqueta *f*.

wall unit *n* elemento *m* mural.

wally ['wɒlɪ] (*pl* **wallies**) *n Br inf* majadero *m*, -ra *f*, imbécil *mf*.

walnut ['wɔ:lnʌt] *n* - **1.** [nut] nuez *f*. - **2.** [wood, tree] nogal *m*.

walrus ['wɔ:lrəs] (*pl inv* OR **walruses**) *n* morsa *f*.

walrus moustache *n* mostacho *m* muy poblado.

waltz [wɔ:ls] ◇ *n* vals *m*. ◇ *vi* - **1.** [dance] bailar el vals. - **2.** *inf dated* [walk confidently]: **to** ~ **in/out** entrar/salir tan fresco (tan fresca); **she** ~**ed through the exam** *fig* pasó el examen como si tal cosa.

Walworth Road ['wɒlwəθ-] *n calle de Londres donde se encuentra la sede del Partido Laborista.*

wampum ['wɒmpəm] *n (U)* - **1.** [beads] *cuentas hechas de conchas utilizadas por los indios norteamericanos como dinero o para adorno.* - **2.** *Am inf* [money] pasta *f*, guita *f*.

wan [wɒn] (*compar* **wanner**, *superl* **wannest**) *adj* - **1.** [pale] pálido(da). - **2.** [sad] pesaroso(sa).

WAN [wæn] (*abbr of* **wide area network**) *n* WAN *f*.

wand [wɒnd] *n* varita *f* mágica.

wander ['wɒndər] ◇ *vi* - **1.** [roam] vagar; **my mind kept** ~**ing** se me iba la mente. - **2.** [stray] desviarse; **to** ~ **off the path** alejarse OR apartarse del camino. - **3.** [be incoherent] desvariar. ◇ *vt* vagar por.

◆ **wander about, wander around** *vi* vagar.

wanderer ['wɒndərər] *n* trotamundos *mf inv*.

wandering ['wɒndərɪŋ] *adj* - **1.** [troupe of actors] ambulante; ~ **minstrels** juglares *mpl*. - **2.** [tribe] nómada; **the Wandering Jew** el Judío Errante. - **3.** [distracted] distraído(da). - **4.** [confused - mind, person] delirante, que desvaría; [-thoughts] incoherente.

◆ **wanderings** *npl* vagabundeo *m*, viajes *mpl*.

wanderlust ['wɒndəlʌst] *n* pasión *f* por viajar.

Wandsworth Prison ['wɒnzwəθ-] *n el mayor centro penitenciario de Gran Bretaña.*

wane [weɪn] ◇ *n*: **to be on** ~ [power, empire] estar en declive; [influence, interest] mermar, ir en disminución; [moon] estar menguante. ◇ *vi* - **1.** [power, empire] declinar, entrar en declive; [influence, interest] disminuir, decrecer. - **2.** [moon] menguar.

wangle ['wæŋgl] *vt inf* agenciarse, conseguir.

waning ['weɪnɪŋ] *n* - **1.** [of power, empire] declive *m*. - **2.** [of influence, interest] disminución *f*, decrecimiento *m*. - **3.** [of moon] mengua *f*.

wank [wæŋk] *Br vulg* ◇ *vi* hacerse una paja. ◇ *n* paja *f*; **to have a** ~ hacerse una paja.

wanker ['wæŋkər] *n Br vulg* gilipollas *mf inv*.

wanly ['wɒnlɪ] *adv* - **1.** [answer, smile] lánguidamente. - **2.** [shine] débilmente.

wanna ['wɒnə] *contr esp Am* = **want a**, **want to**.

wanness ['wɒnnɪs] *n* palidez *f*.

want [wɒnt] ◇ *vt* - **1.** [desire] querer; **I** ~ **my money back** quiero que me devuelvan el dinero; **to** ~ **to do sthg** querer hacer algo; **to** ~ **sb to do sthg** querer que alguien haga algo; **I don't ~ you watching me** no quiero que me mires; **he ~s us here by nine** quiere que estemos aquí para las nueve. **- 2.** *inf* [need - subj: person] tener que; [- subj: thing] necesitar, requerir; **the house ~s cleaning** hace falta hacer limpieza en la casa; **what do you ~ with a car that size?** ¿para qué quieres tú un coche de ese tamaño?; **you ~ to be more careful** tienes que tener más cuidado. **- 3.** [require presence of] llamar, reclamar; **the boss ~s you** el jefe quiere hablar contigo; **go away, you're not ~ed** vete, aquí no haces falta; **I know when I'm not ~ed** sé de sobra cuando estoy de más; **you're ~ed in the office** te reclaman en el despacho; **you're ~ed on the phone** te llaman por teléfono, tienes una llamada. **- 4.** [ask, demand] querer, pedir; **she ~s £250 for it** pide 250 libras por ello. **- 5.** *fml* [lack] carecer de. ◇ *n fml* **- 1.** [need] necesidad *f*; **to be in ~ of sthg** tener necesidad de algo. **- 2.** [lack] falta *f*; **for ~ of** por o a falta de; **for ~ of anything better** a falta de nada mejor. **- 3.** [deprivation] indigencia *f*, miseria *f*.

◆ **want for** *vt fus fml* carecer de; **we ~ for nothing** no nos falta de nada.

◆ **want in** *vi inf* querer ser parte, querer participar.

◆ **want out** *vi inf* querer irse, no querer saber nada.

want ad *n Am inf* anuncio *m* por palabras.

wanted ['wɒntɪd] *adj*: **to be ~ (by the police)** ser buscado(da) (por la policía).

wanting ['wɒntɪŋ] *adj fml* **- 1.** [inadequate] deficiente; **to be found ~** ser inadecuado(da), no estar a la altura. **- 2.** [lacking]: **~ (in)** falto(ta) (de), carente (de).

wanton ['wɒntən] ◇ *adj fml* **- 1.** [malicious, unjust] gratuito(ta), sin motivo. **- 2.** [inmoral, lewd] lascivo(va). **- 3.** [uncontrolled] desenfrenado(da), desmesurado(da). ◇ *n literary* libertino *m*, -na *f*.

wantonly ['wɒntənlɪ] *adv fml* **- 1.** [maliciously, without motive] gratuitamente, sin motivo. **- 2.** [immorally] lascivamente.

wantonness ['wɒntənnɪs] *n fml* **- 1.** [licentiousness] libertinaje *m*. **- 2.** [cruelty] crueldad *f*.

Wapping ['wɒpɪŋ] *n* distrito en el este de Londres donde se encuentran las oficinas centrales de varios periódicos propiedad de Rupert Murdoch.

war [wɔːʳ] (*pt & pp* **warred,** *cont* **warring**) ◇ *n lit & fig* guerra *f*; **to be at ~ with sb** estar en guerra con alguien; **to declare ~ on** OR **upon sb** declarar la guerra a alguien; **to go to ~** entrar en guerra; **to make** OR **wage ~ (on sb)** hacer la guerra (a alguien) ❑ **to have been in the ~s** *Br* estar maltrecho(cha). ◇ *comp* [criminal, film, hero] de guerra; **~ effort** esfuerzo *m* bélico; **~ record** pasado *m* militar. ◇ *vi* estar en guerra.

War. (*abbr of* **Warwickshire**) *condado inglés.*

war baby *n* niño nacido durante la guerra.

warble ['wɔːbl] *literary* ◇ *vi* [bird] trinar, gorjear. ◇ *n* [of bird] trino *m*, gorjeo *m*.

warbler ['wɔːblə'] *n* curruca *f*.

warbling ['wɔːblɪŋ] *n* gorjeo *m*.

war bonnet *n* plumaje *m* de indio americano.

war bride *n* novia *f* de la guerra.

war cabinet *n* gabinete *m* de guerra.

war chest *n lit* fondo que se recauda para financiar una guerra; *fig* fondo destinado a un fin concreto.

war correspondent *n* corresponsal *mf* de guerra.

war crime *n* crimen *m* de guerra.

war criminal *n* criminal *mf* de guerra.

war cry *n* [in battle] grito *m* de guerra.

ward [wɔːd] *n* **- 1.** [in hospital] sala *f*. **- 2.** [of prison] pabellón *m*. **- 3.** *Br* POL distrito *m* electoral. **- 4.** [JUR - person] pupilo *m*, -la *f*; [- guardianship] custodia *f*, tutela *f*.

◆ **ward off** *vt fus* **- 1.** [danger, evil spirits] protegerse de. **- 2.** [blow] parar, desviar.

war dance *n* danza *f* guerrera.

warden ['wɔːdn] *n* **- 1.** [of park] guarda *mf*. **- 2.** *Br* [of youth hostel, hall of residence] encargado *m*, -da *f*. **- 3.** [of monu-

ment] guardián *m*, -ana *f*. **- 4.** *Am* [prison governor] director *m*, -ra *f*.

warder ['wɔːdə'] *n* [in prison] carcelero *m*, -ra *f*.

ward of court *n* menor *mf* bajo tutela judicial.

wardress ['wɔːdrɪs] *n Br* celadora *f*, carcelera *f*.

wardrobe ['wɔːdrəʊb] *n* **- 1.** [piece of furniture] armario *m*, guardarropa *m*. **- 2.** [collection of clothes] guardarropa *m*, vestuario *m*. **- 3.** THEATRE vestuario *m*.

wardrobe mistress *n Br* guardarropa *f*.

wardroom ['wɔːdrʊm] *n* [quarters] comedor *m* de oficiales (*salvo el capitán*); [officers] oficiales *mpl* (*salvo el capitán*).

wardship ['wɔːdʃɪp] *n* custodia *f*, tutela *f*.

warehouse [*n* 'weəhaʊs, *pl* -haʊzɪz, *vb* 'weəhaʊz] ◇ *n* almacén *m*, nave *f*. ◇ *vt* almacenar.

warehouseman ['weəhaʊsmən] (*pl* **warehousemen** [-mən]) *n* almacenero *m*.

warehousing ['weəhaʊzɪŋ] *n* almacenamiento *m*.

wares [weəz] *npl literary* mercancías *fpl*.

warfare ['wɔːfeə'] *n* (*U*) guerra *f*.

war game *n* **- 1.** [military exercise] maniobras *fpl*, ejercicio *m* de maniobras. **- 2.** [game of strategy] juego *m* de estrategia militar.

war grave *n* tumba de un soldado que murió en el campo de batalla.

warhead ['wɔːhed] *n* ojiva *f*, cabeza *f*.

warhorse ['wɔːhɔːs] *n* **- 1.** [horse] caballo *m* de guerra. **- 2.** *inf fig* [veteran] vieja *f* gloria, veterano *m*, -na *f*.

warily ['weərɪlɪ] *adv* con cautela, cautelosamente.

wariness ['weərɪnɪs] *n* [caution] prudencia *f*, cautela *f*; [distrust] desconfianza *f*, recelo *m*.

Warks. = **War.**

warlike ['wɔːlaɪk] *adj* belicoso(sa).

warlock ['wɔːlɒk] *n* brujo *m*.

warlord ['wɔːlɔːd] *n* jefe *m* militar, señor *m* de la guerra.

warm [wɔːm] ◇ *adj* **- 1.** [pleasantly hot - gen] caliente; [- weather, day] caluroso(sa); **are you ~ enough?** no tendrás frío, ¿verdad?; **it's/I'm ~** hace/tengo calor; **to get ~** [person] entrar en calor; [thing] calentarse; **the weather is getting ~** empieza a hacer calor; **to keep sthg ~** mantener algo caliente; **to keep sb ~** abrigar a alguien. **- 2.** [lukewarm - gen] tibio(bia), templado(da); [- weather, day] cálido(da). **- 3.** [clothes etc] que abriga. **- 4.** [colour, sound] cálido(da). **- 5.** [friendly - person, atmosphere, smile] afectuoso(sa); [- congratulations] efusivo(va). **- 6.** [enthusiastic - greeting, welcome] caluroso(sa), cordial; [- admirer, support] ardiente, entusiasta. **- 7.** [scent, trail] fresco(ca), reciente. **- 8.** [in guessing games] caliente. ◇ *n inf*: **come into the ~** entra, que aquí está calentito. ◇ *vt* calentar.

◆ **warm over** *vt sep Am* [food] recalentar, calentar; *fig* [idea] insistir en.

◆ **warm to** *vt fus* [person, place] tomar simpatía a; **we ~ed to the idea at once** enseguida nos hizo gracia la idea.

◆ **warm up** ◇ *vt sep* **- 1.** [food] recalentar, calentar; [person, body] hacer entrar en calor; [room, engine] calentar. **- 2.** [audience, atmosphere] calentar, animar. ◇ *vi* **- 1.** [gen] entrar en calor; [weather, room, engine] calentarse; [athlete, dancer] calentar, entrar en calor. **- 2.** [audience, atmosphere] calentarse, animarse.

war machine *n* máquina *f* de guerra.

warm-blooded *adj* **- 1.** ZOOL de sangre caliente. **- 2.** *fig* [ardent] apasionado(da), ardiente.

war memorial *n* monumento *m* a los caídos.

warm front *n* METEOR frente *m* cálido.

warm-hearted *adj* afectuoso(sa), cariñoso(sa).

warming pan ['wɔːmɪŋ-] *n* calentador *m* de cama.

warmly ['wɔːmlɪ] *adv* **- 1.** [in warm clothes]: **to dress ~** vestirse con ropa de abrigo. **- 2.** [in a friendly way] efusivamente, calurosamente.

warmness ['wɔːmnɪs] *n* [friendliness] cordialidad *f*, efusión *f*.

warmonger [ˈwɔːˌmʌŋgəʳ] *n* belicista *mf*.

warmongering [ˈwɔːˌmʌŋgəriŋ] ◇ *n* (U) [activities] actividades *fpl* bélicas; [attitude] belicismo *m*; [propaganda] propaganda *f* bélica. ◇ *adj* belicista.

warmth [wɔːmθ] *n* - **1.** [heat] calor *m*. - **2.** [of clothes] abrigo *m*. - **3.** [friendliness] cordialidad *f*, efusión *f*; [affection] cariño *m*, afecto *m*; [enthusiasm] ardor *m*. - **4.** [of colour] calidez *f*.

warm-up *n* precalentamiento *m*.

warmups [ˈwɔːmʌps] *npl Am* ejercicios *mpl* de calentamiento.

warn [wɔːn] ◇ *vt* - **1.** [inform] prevenir, advertir; **to ~ sb of sthg** prevenir a alguien de algo; **to ~ sb not to do sthg** advertir a alguien que no haga algo. - **2.** [advise] poner sobre aviso, aconsejar. ◇ *vi*: **to ~ of sthg** prevenir contra algo.

◆ **warn off** *vt sep* prevenir, advertir.

warning [ˈwɔːnɪŋ] ◇ *adj* de aviso, de advertencia. ◇ *n* - **1.** [caution, notice] aviso *m*, advertencia *f*; **without ~** sin previo aviso, de repente; **to give sb ~** prevenir a alguien. - **2.** [signal] señal *f* de alarma. - **3.** [advice] consejo *m*.

warning light *n* piloto *m*.

warning triangle *n Br* triángulo *m* de avería.

War Office *n antiguo nombre del ministerio de defensa británico.*

war of nerves *n* guerra *f* de nervios.

warp [wɔːp] ◇ *n* - **1.** [of cloth] urdimbre *f*. - **2.** [in wood] alabeo *m*, combadura *f*. ◇ *vt* - **1.** [wood] alabear, combar. - **2.** [personality] torcer, deformar. ◇ *vi* alabearse, combarse.

war paint *n* - **1.** [of tribal warrior] pintura *f* de guerra. - **2.** *inf* [make-up] maquillaje *m*, pinturas *fpl*.

warpath [ˈwɔːpɑːθ] *n*: **to be** OR **go on the ~** *fig* estar buscando guerra.

warped [wɔːpt] *adj* - **1.** [wood] combado(da), alabeado(da). - **2.** [person] retorcido(da).

warplane [ˈwɔːpleɪn] *n* avión *m* de guerra.

warrant [ˈwɒrənt] ◇ *n* - **1.** JUR orden *f* OR mandamiento *m* judicial. - **2.** COMM & FIN [for payment] orden *f* OR mandamiento *m* de pago. - **3.** [guarantee] garantía *f*. ◇ *vt* - **1.** *fml* [justify] merecer. - **2.** [declare with certainty] garantizar.

warrantee [ˌwɒrənˈtiː] *n persona que recibe una garantía.*

warrant officer *n grado intermedio entre suboficial y oficial.*

warrantor [ˈwɒrəntɔːʳ] *n* garante *m*.

warranty [ˈwɒrəntɪ] (*pl* **warranties**) *n* garantía *f*.

warren [ˈwɒrən] *n* - **1.** [of rabbit] red *f* de madrigueras de conejos. - **2.** *fig* [maze] laberinto *m*. - **3.** *fig* [overcrowded place] colmena *f*.

warring [ˈwɔːrɪŋ] *adj* contendiente.

warrior [ˈwɒrɪəʳ] *n* guerrero *m*, -ra *f*.

Warsaw [ˈwɔːsɔː] *n* Varsovia.

Warsaw Pact *n* Pacto *m* de Varsovia.

warship [ˈwɔːʃɪp] *n* buque *m* de guerra.

Wars of the Roses *n*: **the ~** la guerra de las Dos Rosas.

wart [wɔːt] *n* verruga *f*; **she describes her family, ~s and all** *fig* describe a su familia sin omitir sus defectos OR con pelos y señales.

wart hog *n* jabalí *m* verrugoso.

wartime [ˈwɔːtaɪm] ◇ *adj* de la guerra. ◇ *n* tiempos *mpl* de guerra.

war-torn *adj* destrozado(da) por la guerra.

war-weary *adj* cansado(da) de la guerra.

war widow *n* viuda *f* de guerra.

wary [ˈweərɪ] (*compar* **warier**, *superl* **wariest**) *adj*: **~ (of)** receloso(sa) (de).

was [*weak form* wəz, *strong form* wɒz] *pt* → **be**.

wash [wɒʃ] ◇ *n* - **1.** [act of washing] lavado *m*, lavada *f*; **to give sthg a ~** [floor, dishes] fregar algo; [clothes, hair, car] lavar algo. - **2.** [things to wash] ropa *f* para lavar, ropa *f* sucia. - **3.** [from boat] estela *f*. - **4.** [coating] baño *m*; [of paint]

mano *f*, capa *f*. - **5.** [rush of water, waves] golpe *m* de agua; [sound] rumor *m*. - **6.** = **wash drawing**. - **7.** *phr*: **it will all come out in the ~** *inf* [become known] al final saldrá todo a la luz; [turn out for the best] al final todo se arreglará. ◇ *adj Am* lavable. ◇ *vt* - **1.** [gen] lavar; [dishes] lavar, fregar; [wound, eyes] bañar; **to ~ one's face/hair** lavarse la cara/el pelo; **to ~ o.s.** lavarse. - **2.** [move, carry] arrastrar, llevarse; **to be ~ed ashore** ser arrastrado(da) por la corriente. - **3.** *literary* [flow over] bañar; **the waves ~ing the shore** las olas que bañan la playa. - **4.** [coat, paint - wall] dar una mano a; [- metals] dar un baño a. ◇ *vi* - **1.** [clean oneself] lavarse. - **2.** [waves, oil]: **to ~ over sthg** bañar algo. - **3.** [be washable] ser lavable; **it ~es well** se lava bien. - **4.** *phr*: **it won't ~** *inf* no va a colar; **his story just doesn't ~ with me** yo no me trago esa historia.

◆ **wash away** *vt sep* [subj: water, waves] llevarse, barrer.

◆ **wash down** *vt sep* - **1.** [food] regar, rociar. - **2.** [clean] lavar.

◆ **wash off** ◇ *vt sep* quitar lavando. ◇ *vi* salir en el lavado.

◆ **wash out** *vt sep* - **1.** [stain, dye] quitar lavando. - **2.** [container] enjuagar. - **3.** [clothes] lavar. - **4.** [carry away] arrastrar, llevarse. - **5.** [event] suspender.

◆ **wash up** ◇ *vt sep* - **1.** *Br* [dishes] lavar, fregar. - **2.** [subj: sea, river]: **to ~ up on the shore** arrojar a la playa. ◇ *vi* - **1.** *Br* [wash the dishes] fregar OR lavar los platos. - **2.** *Am* [wash o.s.] lavarse.

washable [ˈwɒʃəbl] *adj* lavable.

wash-and-wear *adj* que no necesita plancha.

washbag [ˈwɒʃbæg] *n* neceser *m*, bolsa *f* de aseo.

washbasin *Br* [ˈwɒʃbeɪsn], **washbowl** *Am* [ˈwɒʃbəʊl] *n* lavabo *m*.

washboard [ˈwɒʃbɔːd] *n* tabla *f* de lavar.

washbowl *n Am* = **washbasin**.

washcloth [ˈwɒʃklɒθ] *n Am* toallita *f* para lavarse la cara.

washday [ˈwɒʃdeɪ] *n* día *m* de la colada.

wash drawing *n* aguada *f*.

washed-out [ˌwɒʃt-] *adj* - **1.** [pale] pálido(da), descolorido(da). - **2.** [exhausted] rendido(da), extenuado(da).

washed-up [ˌwɒʃt-] *adj inf* [person] acabado(da); [business, project] fracasado(da).

washer [ˈwɒʃəʳ] *n* - **1.** TECH arandela *f*; [in tap] zapatilla *f*. - **2.** [washing machine] lavadora *f*.

washer-dryer *n* lavadora-secadora *f*.

washer-up (*pl* **washers-up**) *n Br inf* lavaplatos *mf inv*.

washerwoman [ˈwɒʃəˌwumən] (*pl* **washerwomen** [-ˌwɪmɪn]) *n* lavandera *f*.

washhouse [ˈwɒʃhaus, *pl* -hauzɪz] *n* lavadero *m*.

washing [ˈwɒʃɪŋ] *n* (U) - **1.** [operation] colada *f*; **to do the ~** hacer la colada. - **2.** [clothes - dirty] ropa *f* sucia OR para lavar; [- clean] colada *f*.

washing day *n* = **washday**.

washing line *n* tendedero *m*.

washing machine *n* lavadora *f*.

washing powder *n Br* detergente *m*, jabón *m* en polvo.

washing soda *n* sosa *f* para lavar.

Washington [ˈwɒʃɪŋtən] *n* - **1.** [state]: **~ State** estado *m* de Washington. - **2.** [town]: **~ D.C.** ciudad *f* de Washington.

washing-up *n* - **1.** *Br* [crockery, pans etc] platos *mpl* para fregar. - **2.** [operation] fregado *m*; **to do the ~** fregar los platos.

washing-up liquid *n Br* detergente *m* para vajillas.

wash-leather *n Br* gamuza *f*.

washout [ˈwɒʃaut] *n inf* desastre *m*, fracaso *m*.

washroom [ˈwɒʃrum] *n Am* lavabo *m*, aseos *mpl*.

wash sale *n Am* venta *f* ficticia de acciones.

washstand [ˈwɒʃstænd] *n* - **1.** [table] palangenero *m*, aguamanil *m*. - **2.** [washbasin] lavabo *m*.

washtub [ˈwɒʃtʌb] *n* tina *f* de lavar.

wasn't [ˈwɒznt] *contr* = **was not**.

wasp [wɒsp] *n* [insect] avispa *f*.

Wasp, **WASP** [wɒsp] (abbr of **White Anglo-Saxon Protestant**) n inf persona de raza blanca, origen anglosajón y protestante, WASP mf.

waspish ['wɒspɪʃ] adj - **1.** [reply, remark] mordaz, punzante. - **2.** [person] irritable, irascible.

wassail ['wɒseɪl] n arch - **1.** [drink] bebida hecha con cerveza o vino, manzanas asadas y azúcar. - **2.** [festivity] fiesta f.

wast [weak form wəst, strong form wɒst] contr arch = **(you) were**.

wastage ['weɪstɪdʒ] n desperdicio m.

waste [weɪst] ◇ adj - **1.** [land] yermo(ma), baldío(a); **to lay ~ to** asolar, arrasar. - **2.** [material, fuel] de desecho; [water] residual; [food] sobrante. ◇ n - **1.** [misuse, incomplete use] desperdicio m, derroche m; **to go to ~** perderse; **a ~ of time** una pérdida de tiempo. - **2.** (U) [refuse] desperdicios mpl; [chemical, toxic etc] residuos mpl. - **3.** [land] terreno m yermo OR baldío, erial m. ◇ vt - **1.** [time] perder; [money] malgastar, derrochar; [food, energy, opportunity, talent] desperdiciar; **it would be ~d on me** no sabría aprovecharlo ❑ **~ not, want not** proverb el que no desperdicia no pasa necesidades. - **2.** [wear away] debilitar, minar. - **3.** Am v inf [kill] cargarse a, matar.

◆ **wastes** npl literary yermos mpl.

◆ **waste away** vi debilitarse, consumirse.

wastebasket n Am = **wastepaper basket**.

waste bin n Br [in kitchen] cubo m de (la) basura; [for paper] papelera f.

wasted ['weɪstɪd] adj - **1.** [time] perdido(da); [money] malgastado(da); [food, energy, opportunity] desperdiciado(da); [attempt, effort] en vano, inútil. - **2.** [emaciated - figure, person] demacrado(da); [- limb] debilitado(da). - **3.** drugs sl [drugged] colgado(da).

waste disposal unit n triturador m de basuras.

wasteful ['weɪstfʊl] adj derrochador(ra).

wastefully ['weɪstfʊlɪ] adv pródigamente; **we spend our time so ~** perdemos tanto tiempo.

waste ground n (U) descampados mpl.

wasteland ['weɪst,lænd] n yermo m; **a cultural ~** fig un desierto cultural.

waste paper n papeles mpl viejos OR usados.

wastepaper basket [,weɪst'peɪpə'-], **wastepaper bin**, **wastebasket** Am ['weɪst,bɑːskɪt] n papelera f.

waste pipe n tubo m de desagüe.

waste product n IND producto m de desecho, residuo m industrial; PHYSIOL excrementos mpl.

waster ['weɪstə'] n - **1.** [gen] derrochador m, -ra f, despilfarrador m, -ra f. - **2.** [good-for-nothing] inútil mf.

wasting ['weɪstɪŋ] adj [disease] debilitante.

wastrel ['weɪstrəl] n arch - **1.** [spendthrift] derrochador m, -ra f. - **2.** [idler] holgazán m, -ana f.

watch [wɒtʃ] ◇ n - **1.** [timepiece] reloj m. - **2.** [act of watching]: **to be on the ~ for sb/sthg** tener cuidado de alguien/algo; **to keep ~** estar de guardia; **to keep ~ on sthg/sb** vigilar algo/a alguien. - **3.** MIL [group of people, period of duty] guardia f. - **4.** [person on guard - gen] guarda mf, vigilante mf; [- soldier] centinela mf; [- on ship] vigía mf. ◇ vt - **1.** [look at - gen] mirar, ver; [- sunset] contemplar; [- football match, TV] ver, mirar; [- parade, film] ver; **to ~ sb doing sthg** ver a alguien hacer algo. - **2.** [spy on] vigilar. - **3.** [be careful about] tener cuidado con, vigilar; **~ it!** inf ¡cuidado!, ¡ojo! - **4.** [pay attention to] fijarse en; **~ him!** ¡fíjate en él! - **5.** [guard] vigilar. - **6.** [stand vigil over] velar. ◇ vi - **1.** [observe] mirar, observar. - **2.** [keep vigil] velar.

◆ **watch for** vt fus [opportunity, chance] esperar a.

◆ **watch out** vi tener cuidado, estar atento(ta); **to ~ out for sthg** tener cuidado con algo, estar atento a algo; **~ out!** ¡(ten) cuidado!

◆ **watch over** vt fus [look after] vigilar.

watchband ['wɒtʃ,bænd] n Am correa f de reloj.

watch chain n cadena f de reloj.

watchdog ['wɒtʃdɒg] n - **1.** [dog] perro m guardián. - **2.** fig [organization] comisión f de vigilancia.

watcher ['wɒtʃə'] n [gen] observador m, -ra f; [spectator] espectador m, -ra f; [idle onlooker] mirón m, -ona f.

watchful ['wɒtʃfʊl] adj atento(ta).

watchglass ['wɒtʃglɑːs] n cristal m de reloj.

watchmaker ['wɒtʃ,meɪkə'] n relojero m, -ra f.

watchman ['wɒtʃmən] (pl **watchmen** [-mən]) n vigilante m, guarda m, rondín m Amér.

watch night n nochevieja f.

watchstrap ['wɒtʃstræp] n correa f de reloj.

watchtower ['wɒtʃ,taʊə'] n atalaya f.

watchword ['wɒtʃwɜːd] n - **1.** [slogan] lema m. - **2.** [password] contraseña f.

water ['wɔːtə'] ◇ n - **1.** [gen] agua f; **to be under ~** estar inundado(da); **to make ~** NAUT hacer agua ❑ **a lot of ~ has flowed under the bridge since then** ha llovido mucho desde entonces; **that's ~ under the bridge** eso es agua pasada; **to be in deep ~** estar en un aprieto OR en apuros; **to fish in troubled ~s** pescar en río revuelto; **to hold ~** ser lógico(ca), tener fundamento; **it's like ~ off a duck's back** es como si nada; **to pour OR throw cold ~ on** echar un jarro de agua fría sobre; **to spend money like ~** gastar a manos llenas; **to test the ~(s)** tantear el terreno; **to tread ~** flotar (haciendo la bicicleta). - **2.** [urine]: **to pass ~** orinar. - **3.** MED: **~ on the brain** hidrocefalia f; **~ on the knee** derrame m sinovial. - **4.** [tide] marea f; **at high/low ~** con la marea alta/baja. - **5.** [of fabric, cloth] aguas fpl. ◇ vt - **1.** [plants, land] regar. - **2.** [animals] dar de beber a. - **3.** [alcohol, wine] aguar, diluir. - **4.** [fabric, cloth] tornasolar. ◇ vi - **1.** [eyes]: **my eyes are ~ing** me lloran los ojos. - **2.** [mouth]: **my mouth is ~ing** se me hace la boca agua.

◆ **waters** npl [gen & MED] aguas fpl; **to take the ~s** tomar las aguas; **still ~s run deep** proverb del agua mansa me libre Dios(, que de la brava me libro yo) proverb.

◆ **water down** vt sep - **1.** [dilute] diluir, aguar. - **2.** usu pej [moderate] moderar, suavizar.

water bed n cama f de agua.

water bird n ave f acuática.

water biscuit n tipo de galleta sin azúcar.

water blister n ampolla f.

water bomb n bomba f de agua.

waterborne ['wɔːtəbɔːn] adj - **1.** [disease] transmitido(da) a través del agua. - **2.** [vehicle] flotante. - **3.** [commerce, trade] marítimo(ma).

water bottle n cantimplora f.

water buffalo n búfalo m de agua.

water bug n chinche f de agua.

water cannon n cañón m de agua, manguera f.

water carrier n - **1.** [container] bidón m de agua. - **2.** [person] aguador m, -ra f.

◆ **Water Carrier** n ASTROL & ASTRON: **the Water Carrier** Acuario m.

water cart n [to sprinkle water] camión m de riego; [to sell water] camión m aljibe OR cisterna.

water chestnut n tipo de tubérculo utilizado en la cocina china.

water chute n [in swimming pool] tobogán m.

water clock n reloj m de agua.

water closet n dated wáter m, retrete m.

watercolor n Am = **watercolour**.

watercolorist n Am = **watercolourist**.

watercolour Br, **watercolor** Am ['wɔːtə,kʌlə'] n acuarela f.

watercolourist Br, **watercolorist** Am ['wɔːtə,kʌlərɪst] n acuarelista mf.

water-cooled [-,kuːld] adj refrigerado(da) por agua.

water cooler n refrigerador m del agua.

watercourse ['wɔːtəkɔːs] n [channel] cauce m; [river, stream] curso m de agua.

watercress ['wɔːtəkres] n berro m.

water-diviner *n* zahorí *mf.*

watered-down [ˌwɔːtəd-] *adj usu pej* suavizado(da).

watered silk [ˌwɔːtəd-] *n* muaré *m*, moaré *m.*

waterfall [ˈwɔːtəfɔːl] *n* cascada *f*, salto *m* de agua.

water fountain *n* [for decoration, drinking] fuente *f.*

waterfowl [ˈwɔːtəfaul] (*pl inv* OR **waterfowls**) *n* ave *f* acuática.

waterfront [ˈwɔːtəfrʌnt] *n* [at harbour] muelle *m*; [seafront] ribera *f*, costanera *f.*

water heater *n* calentador *m* de agua, caldera *f.*

water hen *n* polla *f* de agua.

waterhole [ˈwɔːtəhəul] *n* abrevadero *m.*

watering [ˈwɔːtərɪŋ] *n* [of gardens, plants] riego *m*; [of fields, crops] irrigación *f.*

watering can, **watering pot** *Am n* regadera *f.*

watering hole *n* - **1.** = **waterhole**. - **2.** *hum* [pub, bar] bar *m.*

watering place *n* - **1.** = **waterhole**. - **2.** *Br* [spa] balneario *m.*

watering pot *n Am* = **watering can**.

water jump *n* ría *f* (*en carreras de caballos*).

waterless [ˈwɔːtəlɪs] *adj* sin agua, seco(ca).

water level *n* nivel *m* del agua.

water lily *n* nenúfar *m.*

waterline [ˈwɔːtəlaɪn] *n* - **1.** NAUT línea *f* de flotación. - **2.** [level mark] nivel *m* del agua.

waterlogged [ˈwɔːtəlɒgd] *adj* - **1.** [land, soil] inundado(da), anegado(da). - **2.** [ship, football pitch] pesado(da).

Waterloo [ˌwɔːtəˈluː] *n* Waterloo; **the Battle of** ~ la batalla de Waterloo ❏ **to meet one's** ~ conocer el sabor de la derrota.

water main *n* cañería *f* principal.

watermark [ˈwɔːtəmɑːk] ◇ *n* - **1.** [in paper] filigrana *f*. - **2.** [showing water level] marca *f* del nivel del agua. ◇ *vt* imprimir con filigrana.

watermelon [ˈwɔːtəˌmelən] *n* sandía *f.*

water meter *n* contador *m* del agua.

watermill [ˈwɔːtəmɪl] *n* molino *m* de agua.

water nymph *n* náyade *f.*

water ox *n* = **water buffalo**.

water pipe *n* [in house, building] tubería *f* OR cañería *f* del agua.

water pistol *n* pistola *f* de agua.

water polo *n* water-polo *m*, polo *m* acuático.

waterpower [ˈwɔːtəpauəʳ] *n* energía *f* hidráulica.

waterproof [ˈwɔːtəpruːf] ◇ *adj* [gen] impermeable; [watch] sumergible; [wall, container] impermeabilizado(da). ◇ *n* impermeable *m*. ◇ *vt* impermeabilizar.

water rat *n* rata *f* de agua.

water rates *npl Br* tarifa *f* del agua.

water-repellent *adj* que repele el agua, hidrófugo(ga).

water-resistant *adj* resistente al agua, hidrófugo(ga).

watershed [ˈwɔːtəʃed] *n* - **1.** *fig* [event] momento *m* decisivo. - **2.** GEOL línea *f* divisoria (de cauces).

waterside [ˈwɔːtəsaɪd] ◇ *adj* ribereño(ña). ◇ *n*: **the** ~ la orilla.

water ski *n* esquí *m* acuático.

◆ **water-ski** *vi* practicar esquí acuático.

water skiing *n* esquí *m* acuático.

water snake *n* serpiente *f* de agua.

water softener *n* purificador *m* de agua.

water-soluble *adj* soluble en agua.

water sport *n* deporte *m* acuático.

waterspout [ˈwɔːtəspaut] *n* tromba *f* marina.

water supply *n* - **1.** [available water] reserva *f* de agua. - **2.** [system] abastecimiento *m* de agua.

water table *n* nivel *m* hidrostático.

water tank *n* reserva *f* de agua.

watertight [ˈwɔːtətaɪt] *adj* - **1.** [waterproof] hermético(ca). - **2.** *fig* [agreement, plan] perfecto(ta); [argument, excuse] irrefutable, irrebatible.

water torture *n* *tortura consistente en dejar caer gotas de agua sobre la cabeza de la víctima.*

water tower *n* depósito *m* de agua.

water vapour *n* vapor *m* de agua.

water vole *n* rata *f* de agua.

waterway [ˈwɔːtəwei] *n* vía *f* navegable OR de navegación fluvial.

waterwheel [ˈwɔːtəwiːl] *n* rueda *f* hidráulica.

waterwings [ˈwɔːtəwɪŋz] *npl* manguitos *mpl* (de baño).

waterworks [ˈwɔːtəwɜːks] (*pl inv*) ◇ *n* [building] central *f* hidráulica, planta *f* de agua potable; [system] sistema *m* de abastecimiento de aguas. ◇ *npl* - **1.** [fountain] fuente *f*. - **2.** *inf hum* [tears]: **to turn on the** ~ echarse a llorar, soltar el trapo.

watery [ˈwɔːtərɪ] *adj* - **1.** [food, taste] soso(sa); [drink] aguado(da). - **2.** [pale] desvaído(da), pálido(da). - **3.** [ground, soil] acuoso(sa), encharcado(da). - **4.** [eyes] húmedo(da), acuoso(sa).

watt [wɒt] *n* vatio *m.*

wattage [ˈwɒtɪdʒ] *n* potencia *f* en vatios.

watt-hour *n* vatio-hora *m.*

wattle [ˈwɒtl] *n* - **1.** [of bird] carnosidad *f*, barba *f*; [of lizard] gola *f*; [of fish] barbillón *m*. - **2.** CONSTR [sticks] zarzo *m.*

wattmeter [ˈwɒtˌmiːtəʳ] *n* vatímetro *m.*

wave [weiv] ◇ *n* - **1.** [of hand] ademán *m* OR señal *f* (con la mano). - **2.** [of water] ola *f*; **to make** ~s *fig* incordiar, dar la lata. - **3.** [of heat, hot weather] ola *f*. - **4.** [of emotion, nausea, panic] arranque *m*; [of protests, immigrants, crime etc] oleada *f*; **the refugees arrived in** ~s los refugiados llegaban en oleadas. - **5.** PHYS [of light, sound, heat] onda *f*. - **6.** [in hair, on surface] ondulación *f*. ◇ *vt* - **1.** [move about as signal] agitar; [sword, pistol] agitar, blandir. - **2.** [signal to] hacer señales OR señas a; **to** ~ **goodbye (to sb)** decir adios (a alguien). - **3.** [hair] ondular. ◇ *vi* - **1.** [with hand - in greeting] saludar con la mano; [- to say goodbye] decir adiós con la mano; **to** ~ **at** OR **to sb** saludar a alguien con la mano. - **2.** [flag] ondear; [trees] agitarse.

◆ **wave about** *vt sep* agitar.

◆ **wave aside** *vt sep fig* [dismiss] desechar.

◆ **wave away** *vt sep* apartar OR echar a un lado con la mano.

◆ **wave down** *vt sep* hacer señas para que se pare.

wave band *n* banda *f* de frecuencias.

wavelength [ˈweivleŋθ] *n* longitud *f* de onda; **to be on the same** ~ *fig* estar en la misma onda.

wavelet [ˈweivlɪt] *n* ola *f* pequeña.

waver [ˈweivəʳ] *vi* - **1.** [falter - resolution, confidence] flaquear; [- person] vacilar, dudar; **to** ~ **(in)** flaquear (en). - **2.** [fluctuate] oscilar.

waverer [ˈweivərəʳ] *n* indeciso *m*, -sa *f.*

wavering [ˈweivərɪŋ] ◇ *adj* - **1.** [person] indeciso(sa); [confidence, courage] que flaquea. - **2.** [flame, light] oscilante; [steps] inseguro(ra), vacilante; [temperature] oscilante. - **3.** [voice] tembloroso(sa), trémulo(la). ◇ *n* - **1.** [of person] indecisión *f*; [of confidence, courage] desfallecimiento *m*. - **2.** [of flame, light] oscilación *f*; [of temperature] oscilación *f.*

wavy [ˈweivɪ] (*compar* **wavier**, *superl* **waviest**) *adj* ondulado(da).

wavy-haired *adj* de cabello ondulado.

wax [wæks] ◇ *n* [gen] cera *f*; [in ear] cerumen *m*, cerilla *f*. ◇ *vt* - **1.** [floor, table] encerar. - **2.** [to remove hair] hacerse la cera. ◇ *vi* - **1.** *dated or hum* [become] ponerse; **to** ~ **angry** enojarse; **to** ~ **eloquent** hacer uso de la elocuencia. - **2.** [enthusiasm, influence, power] crecer; **to** ~ **and wane** subir y bajar. - **3.** [moon] crecer.

wax crayon *n* lápiz *m* de cera, cera *f.*

waxen ['wæksən] *adj* - **1.** [pale] pálido(da). - **2.** *arch* [made of wax] céreo(a).

waxer ['wæksəʳ] *n* encerador *m*, -ra *f*.

wax paper *n* papel *m* de cera.

waxwing ['wækswɪŋ] *n* ZOOL ampelis *m* europeo.

waxwork ['wækswɜːk] *n* figura *f* de cera.

◆ **waxworks** (*pl inv*) *n* museo *m* de cera.

waxy ['wæksɪ] (*compar* **waxier**, *superl* **waxiest**) *adj* céreo(a).

way [weɪ] ◇ *n* - **1.** [manner, method] manera *f*, modo *m*; **each of these two books is interesting in its own ~** cada uno de estos libros es interesante a su manera; **~s and means** FIN medios *mpl* y arbitrios; **to find a ~ to do sthg/of doing sthg** encontrar la forma OR manera de hacer algo; **in the same ~** del mismo modo, igualmente; **in more ~s than one** en más de un sentido; **in such a ~ that...** de tal forma OR manera OR modo que...; **one ~ or another** de una manera u otra; **this/that ~** así; **in a ~** en cierto modo; **in a big/small ~** a gran/pequeña escala; **she has fallen for him in a big ~** está locamente enamorada de él; **there's no ~ that...** de ninguna forma...; **the ~ things are** tal y como están las cosas; **that's the ~ of the world** así va el mundo ❏ **to get** OR **have one's ~** salirse uno con la suya; **if I had my ~** si me saliera con la mía, si las cosas salieran como yo quiero; **to have everything one's own ~** salirse siempre uno con la suya; **have it your ~** tú verás lo que haces; **no, it was 1492 - have it your ~** no, fue en 1492 - si tú lo dices...; **you can't have it both ~s** no se puede tener todo; **to have a ~ of doing sthg** tener la costumbre de hacer algo; **to have a ~ with people** tener don de gentes; **to have a ~ with words** tener un pico de oro. - **2.** [route, path] camino *m*; **to ask/tell sb the ~ to...** preguntar/decir a alguien cómo se va a...; **to find the/one's ~ to...** encontrar el camino a...; **I'll find my own ~ out/back** yo mismo encontraré la salida/el camino de vuelta; **I wonder how the gun found its ~ into my desk** me pregunto cómo iría a parar la pistola a mi mesa; **to lose one's ~** perderse; **on ~ in** entrada *f*; **~ out** salida *f*; **to find a ~ out of sthg** *fig* saber salir de algo; **it's out of my ~** no me pilla de camino; **I don't want to take you out of your ~** no querría que se desviara de su camino por mí; **it's out of the ~** [place] está algo aislado; **along the ~** por el camino; **on the** OR **on one's ~** de camino; **on the ~ to** para allá; **I'm on my ~** voy para allá; **your cheque is on its ~** su cheque está a punto de llegar; **on the ~ back/out** al volver/salir ❏ **across** OR **over the ~** enfrente; **to be under ~** [ship] estar navegando; *fig* [meeting] estar en marcha; **to get under ~** [ship] zarpar; [meeting] ponerse en marcha; **to be/get in the ~** estar/ponerse en medio; **get out of my ~**! ¡aparta!, ¡quita de en medio!; **to be on the ~ out** *fig* estar en vías de desaparecer; **to fight/push one's ~** abrirse camino peleando/a empujones; **to get sthg out of the ~** [task] quitarse algo de encima; **to go out of one's ~ to do sthg** tomarse muchas molestias para hacer algo; **to keep out of the ~** mantenerse alejado(da); **to make one's ~ to** dirigirse hacia; **to make ~ for** dar paso a; **to stand in sb's ~** *fig* interponerse en el camino de alguien; **to work one's ~ to** conseguir llegar a. - **3.** [direction] dirección *f*; **come this ~** ven por aquí; **go that ~** ve por ahí; **we're going the wrong ~** vamos mal, vamos en dirección equivocada; **which ~ do we go?** ¿hacia dónde vamos?; **this ~ and that** en todas direcciones ❏ **the wrong ~ up** OR **round** al revés; **the right ~ up** OR **round** del derecho; **any job that comes my ~** cualquier trabajo que se me presente; **to go one's own ~** hacer lo que a uno le viene en gana; **everything's going our ~** todo nos va OR nos sale bien; **to look the other ~** hacer la vista gorda. - **4.** [distance]: **all the ~** todo el camino OR trayecto; **we're with you all the ~** *fig* te apoyamos incondicionalmente; **it's a long ~ away** está muy lejos; **a third of the ~ through the book** con una tercera parte del libro leída; **we have a long ~ to go** queda mucho camino por recorrer; **we've come a long ~ since then** *fig* ha pasado mucho tiempo desde entonces; **most of the ~** casi todo el camino OR trayecto ❏ **to go a long ~ towards doing**

sthg *fig* contribuir enormemente a hacer algo; **a little money goes a long ~** un poco de dinero puede cundir mucho. - **5.** *phr*: **to give ~** [under weight, pressure] ceder; **her legs gave ~ (beneath her)** le flaquearon las piernas; **to give ~ to sthg** [surrender to] ceder ante algo; [be replaced by] dar paso a algo; **to give ~ to anger/despair** dejarse llevar por la ira/desesperación; **'give ~'** *Br* AUT 'ceda el paso'; **no ~**! ¡ni hablar! ◇ *adv inf* [far] mucho; **it's ~ too big** es demasiado grande.

◆ **ways** *npl* [customs, habits] costumbres *fpl*, hábitos *mpl*.

◆ **by the way** *adv* por cierto.

◆ **by way of** *prep* - **1.** [via] (pasando) por. - **2.** [as a sort of] a modo de, como.

◆ **in the way of** *prep*: **what do you have in the ~ of wine?** ¿qué vino tienes?

waybill ['weɪbɪl] *n* itinerario *m*, hoja *f* de ruta.

wayfarer ['weɪfeərəʳ] *n literary* caminante *m*.

wayfaring ['weɪfeərɪŋ] *adj literary* caminante, viajero(ra).

waylay [ˌweɪ'leɪ] (*pt & pp* **waylaid** [-'leɪd]) *vt* abordar.

way of life *n* modo *m* de vida.

way-out *adj inf dated* de lo más loco.

Ways and Means Committee *n* comisión presupuestaria de la Cámara de Representantes norteamericana.

wayside ['weɪsaɪd] ◇ *n* [roadside] borde *m* del camino; **to fall by the ~** *fig* quedarse a mitad de camino. ◇ *adj* al borde del camino.

way station *n* Am RAIL apeadero *m*.

wayward ['weɪwəd] *adj* - **1.** [wilful] incorregible. - **2.** [unpredictable] imprevisible.

WBC (*abbr of* **World Boxing Council**) *n* CMB *m*.

WC (*abbr of* **water closet**) WC.

WCC (*abbr of* **World Council of Churches**) *n* asamblea mundial de iglesias.

we [wiː] *pers pron* nosotros *mpl*, -tras *fpl*; WE **can't do it** nosotros no podemos hacerlo; **as ~ say in France** como decimos en Francia; **~ British** nosotros los británicos.

weak [wiːk] *adj* - **1.** [gen & LING] débil. - **2.** [material, structure] frágil. - **3.** [argument, reason] flojo(ja). - **4.** [tea, coffee etc] flojo(ja). - **5.** [lacking knowledge, skill]: **to be ~ on sthg** estar flojo(ja) en algo.

weaken ['wiːkn] ◇ *vt* debilitar. ◇ *vi* - **1.** [become less determined] ceder, flaquear. - **2.** [physically] debilitarse.

weakening ['wiːkənɪŋ] *n* debilitamiento *m*.

weak-kneed [-niːd] *adj inf pej* pusilánime.

weakling ['wiːklɪŋ] *n* - **1.** *pej* [physically] enclenque *mf*. - **2.** [morally] persona *f* apocada.

weakly ['wiːklɪ] *adv* débilmente.

weak-minded *adj* - **1.** [lacking willpower] débil de carácter. - **2.** [not intelligent] falto(ta) de inteligencia.

weakness ['wiːknɪs] *n* - **1.** [gen] debilidad *f*; [of material, structure] fragilidad *f*; **to have a ~ for sthg** tener debilidad por algo. - **2.** [imperfect point] defecto *m*.

weak-willed *n* débil, con poca voluntad.

weal [wiːl] *n* verdugón *m*.

Weald [wiːld] *n* [region]: **the ~** región del sudeste de Inglaterra.

wealth [welθ] *n* - **1.** [riches] riqueza *f*. - **2.** [abundance] profusión *f*, gran cantidad *f*; **a ~ of information** abundancia OR gran cantidad de información.

wealth tax *n* Br impuesto *m* sobre el patrimonio.

wealthy ['welθɪ] (*compar* **wealthier**, *superl* **wealthiest**) *adj* rico(ca), adinerado(da).

wean [wiːn] *vt* - **1.** [from mother's milk] destetar. - **2.** [discourage]: **to ~ sb from** OR **off sthg** apartar gradualmente a alguien de algo; **to ~ o.s. from cigarretes** dejar de fumar.

weapon ['wepən] *n* arma *f*.

weaponry ['wepənrɪ] *n (U)* armamento *m*.

wear [weəʳ] (*pt* **wore** [wɔːʳ], *pp* **worn** [wɔːn]) ◇ *n (U)* - **1.**

[use] uso *m*; **for everyday** ~ para uso diario; **to get a lot of** ~ **out of sthg** sacarle mucho partido a algo ❑ **to be the worse for** ~ [thing] estar deteriorado(da); [person] estar hecho(cha) un trapo. - **2.** [damage] desgaste *m*; ~ **and tear** desgaste *m*, deterioro *m*. - **3.** [type of clothes] ropa *f*; **children's** ~ ropa de niño. - **4.** [durability] resistencia *f*, durabilidad *f*. ◇ *vt* - **1.** [clothes, glasses, make-up, shoes] llevar; [seatbelt] llevar puesto; **I haven't got a thing to** ~ no tengo nada que ponerme; **she** ~**s her hair long** lleva el pelo largo; **to** ~ **red** vestirse de rojo. - **2.** [look, expression] tener; [smile] llevar en los labios, tener. - **3.** [damage] desgastar; [make by rubbing] hacer OR producir por el desgaste; **to** ~ **a hole in sthg** hacer un agujero en algo. ◇ *vi* - **1.** [deteriorate] desgastarse. - **2.** [last]: **to** ~ **well/badly** durar mucho/poco. - **3.** *phr*: **to** ~ **thin** [joke] dejar de ser gracioso(sa); [patience] agotarse.

◆ **wear away** ◇ *vt sep* [soles, metal, wood] desgastar; [rock, cliff] erosionar; [paint, design] borrar. ◇ *vi* [soles, metal, wood] desgastarse; [rock, cliff] erosionarse; [paint, design] borrarse.

◆ **wear down** ◇ *vt sep* - **1.** [reduce size of] desgastar. - **2.** [weaken] agotar. ◇ *vi* - **1.** [be reduced in size] desgastarse. - **2.** [be weakened] debilitarse.

◆ **wear off** ◇ *vi* - **1.** [pain, feeling, effect] desaparecer, disiparse; **once the novelty** ~**s off** cuando se pase la novedad. - **2.** [marks, design] desaparecer, borrarse. ◇ *vt sep* gastar.

◆ **wear on** *vi* transcurrir, pasar lentamente.

◆ **wear out** ◇ *vt sep* - **1.** [shoes, clothes] gastar. - **2.** [person] agotar; **to** ~ **o.s. out** agotarse. - **3.** [patience, strength] agotar. ◇ *vi* gastarse.

◆ **wear through** ◇ *vt sep* agujerear, romper. ◇ *vi* agujerearse, romperse.

wearable ['weərəbl] *adj* que se puede llevar.

wearer ['weərə'] *n*: **good news for** ~**s of glasses** buenas noticias para los que llevan gafas.

wearied ['wɪərɪd] *adj* cansado(da), fatigado(da).

wearily ['wɪərɪlɪ] *adv* [gen] fatigosamente; [say] con voz cansina.

weariness ['wɪərɪnɪs] *n* fatiga *f*, cansancio *m*.

wearing ['weərɪŋ] *adj* [exhausting] fatigoso(sa), agotador(ra).

wearisome ['wɪərɪsəm] *adj* - **1.** [tiring] fatigoso(sa). - **2.** [tedious] aburrido(da).

weary ['wɪərɪ] (*compar* **wearier**, *superl* **weariest**, *pt & pp* **wearied**) ◇ *adj* - **1.** [tired] fatigado(da), cansado(da); **to be** ~ **of sthg/of doing sthg** estar cansado de algo/de hacer algo. - **2.** [tiring] fatigoso(sa), cansado(da). ◇ *vt* [tire] cansar, fatigar; [bore] aburrir; [annoy] fastidiar. ◇ *vi* [get tired] cansarse, fatigarse.

weasel ['wiːzl] ◇ *n* - **1.** ZOOL comadreja *f*. - **2.** *inf pej* [sly person] zorro *m*; [sneak] chivato *m*, -ta *f*. ◇ *vi* Am ser evasivo(va), emplear subterfugios.

weather ['weðə'] ◇ *n* tiempo *m*; ~ **permitting** si el tiempo no lo impide; **in all** ~**s** haga el tiempo que haga, llueva o truene ❑ **to make heavy** ~ **of sthg** complicar algo innecesariamente □ **to be under the** ~ no encontrarse muy bien. ◇ *vt* - **1.** [crisis etc] superar; [storm] capear. - **2.** [wood] exponer a la intemperie. ◇ *vi* deteriorarse; **to** ~ **well** ser resistente.

weather balloon *n* globo *m* sonda.

weather-beaten *adj* - **1.** [face, skin] curtido(da). - **2.** [building, stone] deteriorado(da) (*por la intemperie*).

weatherboard ['weðəbɔːd], **weatherboarding** ['weðə,bɔːdɪŋ] *n* (U) tablas *fpl* superpuestas.

weather-bound *adj* detenido(da) por mal tiempo.

weather bureau *n* Am instituto *m* meteorológico.

weather centre *n* Br centro meteorológico regional.

weathercock ['weðəkɒk] *n lit & fig* veleta *f*.

weathered ['weðəd] *adj* deteriorado(da) (*por la intemperie*).

weather forecast *n* parte *m* meteorológico, pronóstico *m* del tiempo.

weathering ['weðərɪŋ] *n* erosión *f*.

weatherman ['weðəmæn] (*pl* **weathermen** [-men]) *n* hombre *m* del tiempo.

weather map *n* mapa *m* meteorológico OR del tiempo.

weathermen ['weðəmen] *pl* → **weatherman**.

weatherproof ['weðəpruːf] ◇ *adj* [clothing] impermeable; [building] resistente a la intemperie. ◇ *vt* [clothing] impermeabilizar; [building] hacer resistente a la intemperie.

weather report *n* [on radio, TV] parte *m* meteorológico; [in newspaper] información *f* meteorológica.

weather satellite *n* satélite *m* meteorológico.

weather ship *n* barco que informa sobre el estado del tiempo.

weather station *n* estación *f* meteorológica.

weather strip, **weather stripping** ['strɪpɪŋ] *n* burlete *m*.

weather vane *n* veleta *f*.

weave [wiːv] (*pt* **wove** [wəuv], *pp* **woven** ['wəuvn]) ◇ *n* tejido *m*. ◇ *vt* - **1.** [using loom] tejer. - **2.** [move along]: **to** ~ **one's way (through)** colarse (por entre). - **3.** [interlace] entretejer, entrelazar. - **4.** *fig* [plot, scheme] urdir; [story] tejer. ◇ *vi* - **1.** [move along]: **to** ~ **through** colarse por entre. - **2.** [using loom] tejer. - **3.** *phr*: **get weaving!** ¡muévete!

weaver ['wiːvə'] *n* - **1.** [person] tejedor *m*, -ra *f*. - **2.** ZOOL tejedor *m*.

web [web] *n* - **1.** [cobweb] telaraña *f*. - **2.** *fig* [of lies etc] urdimbre *f*, entramado *m*. - **3.** [of fabric] tejido *m*; [of metal] tela *f*. - **4.** ANAT & ZOOL membrana *f*.

webbed [webd] *adj* palmeado(da).

webbing ['webɪŋ] *n* (U) reps *m inv*.

weber ['veɪbə'] *n* wéber *m*.

web-footed ['-fʊtɪd] *adj* palmípedo(da).

wed [wed] (*pt & pp* **wedded** OR **wed**) *literary* ◇ *vt* - **1.** [marry] desposar. - **2.** *fig* [unite] aunar. ◇ *vi* desposarse.

we'd [wiːd] *contr* = **we had**, **we would**.

Wed. (*abbr of* **Wednesday**) miérc.

wedded ['wedɪd] *adj* [committed]: ~ **to sthg** entregado(da) a algo.

wedding ['wedɪŋ] ◇ *n* - **1.** [marriage] boda *f*, casamiento *m*. - **2.** *fig* [bond] enlace *m*, unión *f*. ◇ *comp* - **1.** [night, present] de bodas. - **2.** [ceremony, suite] nupcial.

wedding anniversary *n* aniversario *m* de boda.

wedding band *n* = **wedding ring**.

wedding cake *n* tarta *f* nupcial, pastel *m* de bodas.

wedding day *n* día *m* de la boda; **on their** ~ el día de su boda.

wedding dress *n* traje *m* de novia.

wedding march *n* marcha *f* nupcial.

wedding reception *n* banquete *m* de bodas.

wedding ring *n* alianza *f*, anillo *m* de boda, argolla *f* Amér.

wedge [wedʒ] ◇ *n* - **1.** [for steadying] cuña *f*, calzo *m*; [for splitting] cuña *f*; **to drive a** ~ **between** *fig* dividir a; **the thin end of the** ~ *fig* la punta del iceberg. - **2.** [triangular slice] porción *f*, trozo *m*. - **3.** [golf club] cucharilla *f*. - **4.** [for shoes] cuña *f*. ◇ *vt* - **1.** [make steady] calzar; **to** ~ **sthg open/shut** dejar algo abierto/cerrado con una cuña. - **2.** *fig* [squeeze, push] apretar.

wedlock ['wedlɒk] *n* (U) *literary* desposorio *m*; **to be born out of** ~ nacer fuera del matrimonio.

Wednesday ['wenzdɪ] *n* miércoles *m inv*; *see also* **Saturday**.

wee [wiː] ◇ *adj* Scot pequeño(ña); **a** ~ **bit** un poquito. ◇ *n* *inf* pipí *m*. ◇ *vi* *inf* hacer pipí.

weed [wiːd] ◇ *n* - **1.** [wild plant] mala hierba *f*. - **2.** Br *inf* [feeble person] canijo *m*, -ja *f*. - **3.** *inf* [tobacco] tabaco *m*. - **4.** *drugs sl* [marijuana] yerba *f*, maría *f*. ◇ *vt & vi* desherbar, escardar.

◆ **weeds** *npl* *dated* (ropa *f* de) luto *m*.

◆ **weed out** *vt sep* extirpar, eliminar.

weeder ['wiːdə'] *n* escardador *m*, -ra *f*.

weeding ['wiːdɪŋ] *n* escarda *f*, limpieza *f* de malas hierbas.

weedkiller ['wiːd,kɪlə'] *n* herbicida *m*.

weedy ['wiːdɪ] (*compar* **weedier**, *superl* **weediest**) *adj* - **1.**

[overgrown with weeds] cubierto(ta) de malas hierbas. - **2.** *Br inf* [feeble] enclenque.

Weejun® ['wiːdʒən] *n Am* mocasín *m*.

week [wiːk] *n* [gen] semana *f*; **a ~ on Saturday, Saturday ~** del sábado en ocho días; **a ~ from today** dentro de una semana; **~ in ~ out, ~ after ~** semana tras semana.

weekday ['wiːkdeɪ] *n* día *m* laborable.

weekend [ˌwiːk'end] ◇ *n* fin *m* de semana. ◇ *vi* pasar el fin de semana.

weekend bag *n* (bolsa *f* de) fin *m* de semana.

weekender [ˌwiːk'endə'] *n persona que pasa el fin de semana fuera.*

weekly ['wiːklɪ] (*pl* **weeklies**) ◇ *adj* semanal. ◇ *adv* semanalmente. ◇ *n* semanario *m*, periódico *m* semanal.

weeknight ['wiːkˌnaɪt] *n* noche *f* de entre semana; **I can't go out on ~s** no puedo salir por la noche entre semana.

weenie ['wiːnɪ] *n Am inf* - **1.** [frankfurter] salchicha *f* de Francfort. - **2.** [penis] pito *m*, pilila *f*. - **3.** [person] imbécil *mf*, gil *mf*.

weeny ['wiːnɪ] (*compar* **weenier**, *superl* **weeniest**) *adj Br inf* chiquitín(ina); **a ~ bit** un poquitín.

weep [wiːp] (*pt & pp* **wept** [wept]) ◇ *n*: **to have a ~** llorar. ◇ *vt* derramar. ◇ *vi* - **1.** [person] llorar. - **2.** [wound] supurar. - **3.** [walls] rezumar.

weeping ['wiːpɪŋ] ◇ *adj* - **1.** [person] lloroso(sa). - **2.** [wound] supurante. - **3.** [walls] rezumante. ◇ *n (U)* llanto *m*, lloros *mpl*.

weeping willow *n* sauce *m* llorón.

weepy ['wiːpɪ] (*compar* **weepier**, *superl* **weepiest**) *adj* - **1.** [tearful] lloroso(sa). - **2.** [sad] triste.

weevil ['wiːvl] *n* gorgojo *m*.

wee-wee *n & vi* = **wee**.

weft [weft] *n* trama *f*.

weigh [weɪ] ◇ *vt* - **1.** [gen] pesar. - **2.** [consider carefully] sopesar. - **3.** NAUT: **to ~ anchor** levar anclas. ◇ *vi fml* [influence] pesar, influir; **to ~ with sb** tener importancia para alguien.
◆ **weigh down** *vt sep* - **1.** [physically] sobrecargar. - **2.** [mentally]: **to be ~ed down by** OR **with** estar abrumado(da) de OR por.
◆ **weigh (up) on** *vt fus* abrumar.
◆ **weigh out** *vt sep* pesar.
◆ **weigh up** *vt sep* - **1.** [consider carefully] sopesar. - **2.** [size up] hacerse una idea de.

weighbridge ['weɪbrɪdʒ] *n Br* puente *m* basculante.

weigh in *vi* - **1.** [jockey, boxer] pesarse. - **2.** *inf* [join in] intervenir.
◆ **weigh-in** *n* SPORT pesaje *m*.

weighing ['weɪɪŋ] *n* peso *m*, pesada *f*.

weighing machine *n* báscula *f*.

weight [weɪt] ◇ *n* - **1.** [gen] peso *m*; **the ~ of responsibilities** el peso OR la carga de las responsabilidades; **the ~ of evidence** el peso de la evidencia; **to put on** OR **gain ~** engordar; **to lose ~** adelgazar; **to sell sthg by ~** vender algo al peso ❑ **to be worth one's ~ in gold** valer (uno) su peso en oro; **to carry ~** tener peso; **it's a ~ off my mind** me ha quitado un peso de encima; **to pull one's ~** poner (uno) de su parte; **to take the ~ off one's feet** descansar; **to throw one's ~ about** comportarse de manera autoritaria. - **2.** [metal object] pesa *f*; **~s and measures** pesos *mpl* y medidas. - **3.** SPORT peso *m*. ◇ *vt* - **1.** [hold down]: **to ~ sthg (down)** sujetar algo con un peso. - **2.** [put weights on] cargar. - **3.** [bias] desequilibrar. - **4.** [statistically] ponderar.

weighted ['weɪtɪd] *adj* - **1.** [biased]: **to be ~ in favour of/against** inclinarse a favor/en contra de. - **2.** [in statistics] ponderado(da).

weightiness ['weɪtɪnɪs] *n* importancia *f*, peso *m*.

weighting ['weɪtɪŋ] *n prima por vivir en una ciudad con alto coste de vida.*

weightless ['weɪtlɪs] *adj* ingrávido(da).

weightlessness ['weɪtlɪsnɪs] *n* ingravidez *f*.

weightlifter ['weɪtˌlɪftə'] *n* levantador *m* de pesos.

weightlifting ['weɪtˌlɪftɪŋ] *n* levantamiento *m* de pesos, halterofilia *f*.

weight loss *n* pérdida *f* de peso.

weight training *n* levantamiento *m* de pesos.

weightwatcher ['weɪtˌwɒtʃə'] *n* [person - on diet] persona *f* que sigue un régimen; [- figure-conscious] persona *f* que vigila su peso.

weighty ['weɪtɪ] (*compar* **weightier**, *superl* **weightiest**) *adj* - **1.** [serious] de peso. - **2.** [heavy] pesado(da).

weir [wɪə'] *n* presa *f*, dique *m*.

weird [wɪəd] *adj* raro(ra), extraño(ña).

weirdo ['wɪədəʊ] (*pl* **weirdos**) *n inf* bicho *m* raro.

welcome ['welkəm] ◇ *adj* - **1.** [guest] bienvenido(da); [news, sight] grato(ta); **to make sb ~** acoger bien a alguien. - **2.** [free]: **you're ~ to come** si quieres, puedes venir; **you're ~ to it** es todo tuyo. - **3.** [break, change] bienvenido(da); **to be ~** ser de agradecer. - **4.** [in reply to thanks]: **you're ~** de nada. ◇ *n* bienvenida *f*. ◇ *vt* - **1.** [receive] dar la bienvenida a. - **2.** [approve, support] recibir bien. ◇ *excl* ¡bienvenido(da)!
◆ **welcome back** *vt sep* dar la bienvenida (*a alguien que regresa*).

welcoming ['welkəmɪŋ] *adj* cordial.

weld [weld] ◇ *n* soldadura *f*. ◇ *vt* - **1.** TECH soldar. - **2.** *fig* [unite] unir, juntar. ◇ *vi* soldarse.

welder ['weldə'] *n* soldador *m*, -ra *f*.

welding ['weldɪŋ] *n* soldadura *f*.

welding torch *n* soplete *m*.

welfare ['welfeə'] ◇ *adj* de asistencia social. ◇ *n* - **1.** [state of well-being] bienestar *m*. - **2.** *Am* [income support] subsidio *m* de la seguridad social; **to be on ~** cobrar un subsidio de la seguridad social.

welfare centre *n* ≃ centro *m* de asistencia social.

welfare state *n*: **the ~** el estado de bienestar.

well [wel] (*compar* **better**, *superl* **best**) ◇ *adj* bien; **to be ~** [healthy] estar bien (de salud); **to get ~** ponerse bien; **to look ~** tener buen aspecto; **all is ~** todo va bien ❑ **(that's all) ~ and good** (eso está) muy bien; **(it's) just as ~** menos mal; **all's ~ that ends ~** *proverb* lo importante es que todo acabe bien. ◇ *adv* - **1.** [satisfactorily, thoroughly] bien; **he was ~ annoyed** *inf* tenía un buen cabreo; **they were ~ beaten** fueron ampliamente derrotados; **~ enough** bastante, de sobra; **to go ~** ir bien; **~ done!** ¡muy bien!; **~ and truly** completamente ❑ **to be ~ in with sb** *inf* tener muy buenas relaciones con alguien; **he's ~ in with the boss** está a partir un piñón con el jefe; **to be ~ out of sthg** *inf* tener la suerte de haberse salido de algo; **to be ~ up on** OR **in sthg** *inf* estar muy puesto (muy puesta) en algo; **to do ~ for o.s.** irle bien las cosas a uno; **to do ~ out of sthg** salir bien parado de algo. - **2.** [definitely, certainly] claramente, definitivamente; **it was ~ worth it** sí que valió la pena. - **3.** [as emphasis]: **you know perfectly ~ (that)** sabes de sobra (que). - **4.** [very possibly]: **it could ~ rain** es muy posible que llueva; **I can ~ believe it** no me extraña nada, bien que me lo creo; **she was angry/sorry, and ~ she might be** estaba enfadada/lo sentía, y con razón. - **5.** *phr*: **to be ~ away** *inf* [making good progress] ir muy por delante; [drunk] estar como una cuba. ◇ *n* pozo *m*. ◇ *excl* - **1.** [gen] bueno; **oh ~!** ¡en fin! - **2.** [in surprise] ¡vaya!
◆ **as well** *adv* - **1.** [in addition] también. - **2.** [with same result]: **you may** OR **might as ~ (do it)** ¿y por qué no (lo haces)?
◆ **as well as** *conj* además de.
◆ **well up** *vi* brotar.

we'll [wiːl] *contr* = **we shall, we will**.

well-adjusted *adj* muy integrado (muy integrada).

well-advised *adj* sensato(ta); **you would be ~ to do it** sería aconsejable que lo hicieras.

well-appointed [-ə'pɔɪntɪd] *adj* bien equipado (bien equipada).

well-argued [-'ɑːgjuːd] *adj* bien argumentado (bien argumentada).

well-balanced *adj* equilibrado(da).

well-behaved [-bɪ'heɪvd] *adj* formal, bien educado (bien educada).

wellbeing [,wel'biːɪŋ] *n* bienestar *m*.

well-born *adj dated* bien nacido (bien nacida), de buena familia.

well-bred *adj* - **1.** [person] bien educado (bien educada). - **2.** [animal] de (buena) raza.

well-built *adj* fornido(da).

well-chosen *adj* atinado(da), acertado(da).

well-connected *adj* bien relacionado (bien relacionada).

well-defined [-dɪ'faɪnd] *adj* bien definido (bien definida).

well-deserved [-dɪ'zɜːvd] *adj* merecido(da).

well-developed *adj* - **1.** [person] con buen tipo; [body, muscles] desarrollado(da). - **2.** [scheme] bien desarrollado (bien desarrollada); [idea] bien expuesto (bien expuesta).

well-disposed [-dɪ'spəʊzd] *adj*: **to be ~ to sb/sthg, to be ~ towards sb/sthg** tener buena disposición hacia alguien/para algo.

well-done *adj* - **1.** [thoroughly cooked] muy hecho (muy hecha). - **2.** [work] bien hecho (bien hecha).

well-dressed *adj* bien vestido (bien vestida).

well-earned [-ɜːnd] *adj* bien merecido (bien merecida).

well-educated *adj* culto(ta), instruido(da).

well-endowed [-ɪn'daʊd] *adj euph* [woman] con una buena delantera; [man] bien dotado.

well-established *adj* [custom, tradition] arraigado(da); [company] de sólida reputación.

well-fed *adj* bien alimentado (bien alimentada).

well-founded [-'faʊndɪd] *adj* [doubt, suspicion] con fundamento, fundado(da).

well-groomed *adj* bien arreglado (bien arreglada).

well-grounded *adj* bien versado (bien versada).

wellhead [welhed] *n* manantial *m*.

well-heeled [-hiːld] *adj inf* ricachón(ona).

well-hung *adj* - **1.** [game] bien manido (bien manida). - **2.** *v inf* [man] bien dotado, con un buen paquete.

well-informed *adj*: **to be ~ (about OR on)** estar bien informado (bien informada) (sobre).

Wellington ['welɪŋtən] *n* Wellington.

wellington boots, wellingtons ['welɪŋtənz] *npl* botas *fpl* de agua.

well-intentioned [-ɪn'tenʃnd] *adj* bienintencionado(da).

well-kept *adj* - **1.** [neat, tidy] bien cuidado (bien cuidada). - **2.** [not revealed] bien guardado (bien guardada).

well-known *adj* conocido(da).

well-made *adj* bien hecho (bien hecha).

well-mannered *adj* de buenos modales, educado(da).

well-meaning *adj* bienintencionado(da).

well-meant *adj* bienintencionado(da).

well-nigh *adv* casi.

well-off *adj* - **1.** [rich] acomodado(da), rico(ca). - **2.** [well-provided]: **to be ~ for sthg** tener bastante de algo ❑ **not to know when one is ~** *inf* no saber uno la suerte que tiene.

well-oiled *adj* - **1.** [machinery] bien engrasado (bien engrasada); **the operation ran like a ~ machine** la operación fue sobre ruedas. - **2.** *inf* [drunk] como una cuba.

well-padded *adj inf euph* metido(da) en carnes.

well-paid *adj* bien pagado (bien pagada).

well-preserved [-prɪ'zɜːvd] *adj fig* bien conservado (bien conservada).

well-proportioned [-prə'pɔːʃnd] *adj* bien proporcionado (bien proporcionada).

well-read [-red] *adj* instruido(da), culto(ta).

well-rounded *adj* [varied] completo(ta).

well-spent *adj* bien empleado (bien empleada); **it's money ~** es una buena inversión.

well-spoken *adj* que tiene buen acento.

wellspring ['welsprɪŋ] *n* - **1.** [fountainhead] manantial *m*. - **2.** *fig* [endless supply] fuente *f* inagotable.

well-stacked *adj Br v inf* [woman] con buena delantera, pechugona.

well-thought-of *adj* de buena reputación.

well-thought-out *adj* bien pensado (bien pensada).

well-thumbed [-θʌmd] *adj* [magazine, book] manoseado(da), ajado(da).

well-timed [-'taɪmd] *adj* oportuno(na).

well-to-do *adj* de dinero, adinerado(da).

well-tried *adj* de probada eficacia.

well-trodden *adj*: **~ path** camino *m* trillado.

well-turned *adj* - **1.** [ankle] bien torneado (bien torneada). - **2.** [phrase] bien construido (bien construida), elegante.

well-versed *adj*: **to be ~ in sthg** estar versado(da) en algo.

wellwisher ['wel,wɪʃəʳ] *n* simpatizante *mf* (que da muestras de apoyo).

well-woman clinic *n Br* centro sanitario para la mujer o servicio de consulta para la mujer en ambulatorios.

well-worn *adj* - **1.** [carpet, clothes] usado(da), desgastado(da). - **2.** [path] trillado(da). - **3.** [expression, joke] manido(da), trillado(da).

welly ['welɪ] (*pl* **wellies**) *n Br inf* bota *f* de agua; **give it some ~** *fig* ¡dale caña!

welsh [welʃ] *vi Br inf*: **to ~ on** [debt] evitar pagar; [promise] no cumplir.

Welsh [welʃ] ◇ *adj* galés(esa). ◇ *n* [language] galés *m*. ◇ *npl*: **the ~** los galeses.

Welsh dresser *n* aparador con cajones en la parte inferior y estantes abiertos en la superior.

Welshman ['welʃmən] (*pl* **Welshmen** [-mən]) *n* galés *m*.

Welsh rarebit *n* tostada cubierta de queso fundido.

Welshwoman ['welʃ,wʊmən] (*pl* **Welshwomen** [-,wɪmɪn]) *n* galesa *f*.

welt [welt] *n* - **1.** [on skin] verdugón *m*. - **2.** [on shoe] vira *f*. - **3.** [on garment] vivo *m*, ribete *m*.

welter ['weltəʳ] *n* revoltijo *m*, batiburrillo *m*.

welterweight ['weltəweɪt] *n* peso *m* wélter.

wen [wen] *n* lobanillo *m*, quiste *m* sebáceo.

wench [wentʃ] *n arch & hum* moza *f*.

wend [wend] *vt literary*: **to ~ one's way towards** encaminar (uno) sus pasos hacia.

wendy house ['wendɪ-] *n Br* casita de juguete del tamaño de un niño.

went [went] *pt* → **go**.

wept [wept] *pt & pp* → **weep**.

were [wɜːʳ] *pt* → **be**.

we're [wɪəʳ] *contr* = **we are**.

weren't [wɜːnt] *contr* = **were not**.

werewolf ['wɪəwʊlf] (*pl* **werewolves** [-wʊlvz]) *n* hombre *m* lobo.

west [west] ◇ *n* - **1.** [direction] oeste *m*. - **2.** [region]: **the West** el Oeste. ◇ *adj* del oeste. ◇ *adv*: **~ (of)** al oeste (de) ❑ **to go ~** *inf* [object, machine] cascarse; [plan, chances] irse a pique.
◆ **West** *n* - **1.** POL: **the West** Occidente. - **2.** [in the US]: **the West** el Oeste.

West Africa *n* África Occidental.

West African ◇ *adj* de África Occidental. ◇ *n natural o habitante de África Occidental*.

West Bank *n*: **the ~** Cisjordania.

westbound ['westbaʊnd] *adj* con rumbo al oeste.

West Country *n Br*: **the ~** el sudoeste de Inglaterra.

West End *n Br*: **the ~** zona central de Londres, famosa por sus teatros, tiendas etc.

westerly ['westəlɪ] (*pl* **westerlies**) ◇ *adj* del oeste; **in a ~ direction** hacia el oeste. ◇ *adv* hacia el oeste. ◇ *n* viento *m* del oeste.

western ['westən] ◇ *adj* occidental. ◇ *n* [book] novela *f* del oeste; [film] película *f* del oeste, western *m*.

Westerner ['westənə'] *n* - **1.** POL occidental *mf*. - **2.** [inhabitant of west of country] habitante *mf* del oeste.

Western Europe *n* Europa Occidental.

westernization [,westənaɪ'zeɪʃn] *n* occidentalización *f*.

westernize, -ise ['westənaɪz] *vt* occidentalizar.

Western Sahara *n*: **the** ~ el Sáhara Occidental.

Western Samoa *n* Samoa Occidental.

West German ◇ *adj* de la Alemania Occidental. ◇ *n* [person] alemán *m*, -ana *f* occidental.

West Germany *n*: **(the former)** ~ (la antigua) Alemania Occidental.

West Indian ◇ *adj* antillano(na). ◇ *n* [person] antillano *m*, -na *f*.

West Indies *npl*: **the** ~ las Antillas.

Westminster ['westmɪnstə'] *n* barrio londinense en que se encuentra el Parlamento británico; por extensión, éste.

Westminster Abbey *n* la abadía de Westminster.

west-northwest ◇ *n* oesnoroeste *m*. ◇ *adj* del oesnoroeste. ◇ *adv* hacia el oesnoroeste.

west-southwest ◇ *n* oesudoeste *m*. ◇ *adj* del oesudoeste. ◇ *adv* hacia el oesudoeste.

West Virginia *n* Virginia Occidental.

westward ['westwəd] ◇ *adj* hacia el oeste. ◇ *adv* = **westwards**.

westwards ['westwədz] *adv* hacia el oeste.

wet [wet] *(compar* **wetter**, *superl* **wettest**, *pt & pp* **wet** OR **wetted**, *cont* **wetting**) ◇ *adj* - **1.** [soaked] mojado(da); [damp] húmedo(da); **to be** ~ **though** estar calado(da); **to get** ~ mojarse. - **2.** [rainy] lluvioso(sa). - **3.** [paint, cement] fresco(ca); '~ **paint**' 'recién pintado'. - **4.** [eyes] lleno(na) de lágrimas. - **5.** *Br inf pej* [weak, feeble] ñoño(ña). - **6.** *Am inf* [wrong]: **to be all** ~ estar muy equivocado (muy equivocada). ◇ *n* - **1.** *inf* POL político conservador moderado. - **2.** *Br*: **the** ~ [rain] la lluvia; [damp] la humedad. ◇ *vt* - **1.** [soak] mojar; [dampen] humedecer. - **2.** [urinate in]: **to** ~ **the bed** orinarse en la cama; **to** ~ **o.s.** orinarse encima.

wetback ['wetbæk] *n Am v inf* espalda *mf* mojada, mojado *m*, -da *f*.

wet bar *n Am* pequeño minibar con fregadero.

wet blanket *n inf pej* aguafiestas *mf*.

wet cell *n* pila *f* húmeda.

wet dream *n* polución *f* nocturna.

wether ['weðə'] *n* carnero *m* castrado.

wetland ['wetlənd] *n* tierra *f* pantanosa.

wet-look *adj* brillante.

wetness ['wetnɪs] *n* - **1.** [dampness] humedad *f*. - **2.** *Br inf pej* [feebleness] ñoñez *f*.

wet nurse *n* nodriza *f*, ama *f* de cría.

wet rot *n* pudrimiento de la madera causado por la humedad.

wet suit *n* traje *m* de submarinista.

WEU *(abbr of* **Western European Union)** *n* UEO *f*.

we've [wiːv] *contr* = **we have**.

whack [wæk] *inf* ◇ *n* - **1.** [blow] castañazo *m*, bofetón *m*, cachetada *f Amér.* - **2.** [share] parte *f*. - **3.** [attempt] intento *m*, prueba *f*; **to have a** ~ **at sthg** intentar algo. - **4.** *phr*: **out of** ~ *Am inf* averiado(da). ◇ *vt* [person] pegar, zurrar; [object] dar un porrazo a.

whacked [wækt] *adj Br inf* [exhausted] molido(da), hecho(cha) polvo.

whacking ['wækɪŋ] *inf* ◇ *adj Br* enorme, colosal. ◇ *adv* extremadamente; **a** ~ **great dog** un perro gigantesco; **a** ~ **great house** una casaza enorme. ◇ *n* [beating, defeat]: **to get a** ~ recibir una paliza.

whacky ['wækɪ] *adj* = **wacky**.

whale [weɪl] ◇ *n* [animal] ballena *f*; **to have a** ~ **of a time** *inf fig* pasárselo bomba. ◇ *vi* - **1.** [hunt whales] cazar ballenas. - **2.** *Am inf* [attack] atacar con vehemencia. ◇ *vt Am inf* zurrar, dar una tunda a.

whaleboat ['weɪlbəʊt] *n* bote *m* ballenero.

whalebone ['weɪlbəʊn] *n* (barba *f* de) ballena *f*.

whale oil *n* aceite *m* de ballena.

whaler ['weɪlə'] *n* - **1.** [person] ballenero *m*, -ra *f*. - **2.** [ship] (barco *m*) ballenero *m*.

whaling ['weɪlɪŋ] ◇ *n* caza *f* de ballenas. ◇ *comp*: ~ **ship** (barco *m*) ballenero *m*.

wham [wæm] *(pt & pp* **whammed**, *cont* **whamming)** *inf* ◇ *excl* ¡zas! ◇ *vt* [hit] arrearle con fuerza a.

whammy ['wæmɪ] *(pl* **whammies)** *n Am inf* hechizo *m*.

wharf [wɔːf] *(pl* **wharfs** OR **wharves** ['wɔːvz]) *n* muelle *m*, embarcadero *m*.

what [wɒt] ◇ *adj* - **1.** *(in direct, indirect questions)* qué; ~ **shape is it?** ¿qué forma tiene?; **he asked me** ~ **shape it was** me preguntó qué forma tenía; ~ **colour is it?** ¿de qué color es? - **2.** *(in exclamations)* qué; ~ **a surprise!** ¡qué sorpresa!; ~ **a stupid idea!** ¡qué idea más tonta! ◇ *pron* - **1.** *(interrogative)* qué; ~ **are they doing?** ¿qué hacen?; ~ **are they talking about?** ¿de qué están hablando?; ~ **is it called?** ¿cómo se llama?; ~ **does it cost?** ¿cuánto cuesta?; ~ **is it like?** ¿cómo es?; ~'s **the Spanish for 'book'?** ¿cómo se dice 'book' en español? ❏ ~ **about another drink/going out for a meal?** ¿qué tal otra copa/si salimos a comer?; ~ **about me?** ¿y yo qué?; ~ **if nobody comes?** ¿y si no viene nadie, qué? I **saw** ~ **happened/he did** yo vi lo que ocurrió/hizo; **I don't know** ~ **to do** no sé qué hacer. ◇ *excl* [expressing disbelief] ¿qué?; ~, **no milk!** ¿cómo? ¿que no hay leche?

whatever [wɒt'evə'] ◇ *adj* cualquier; ~ **book you choose** cualquier libro que elijas; **eat** ~ **food you find** come lo que encuentres; **no chance** ~ ni la más remota posibilidad; **nothing** ~ nada en absoluto. ◇ *pron* - **1.** [no matter what]: ~ **they may offer** ofrezcan lo que ofrezcan; ~ **you like** lo que (tú) quieras; ~ **happens** pase lo que pase. - **2.** [indicating surprise]: ~ **do you mean?** ¿qué diablos quieres decir? - **3.** [indicating ignorance]: ~ **that is** OR **may be** sea lo que sea eso; **or** ~ o lo que sea. - **4.** [anything, everything] todo lo que; ~ **we have is yours** todo lo que tenemos es tuyo.

whatnot ['wɒtnɒt] *n* [piece of furniture] rinconera *f*; **and** ~ *inf fig* y cosas por el estilo.

whatshername ['wɒtsəneɪm] *n inf* fulana *f*, ésa *f*.

whatshisname ['wɒtsɪzneɪm] *n inf* fulano *m*, ése *m*.

whatsit ['wɒtsɪt], **whatsitsname** ['wɒtsɪtsneɪm] *n inf* chisme *m*, cosa *f* esa.

whatsoever [,wɒtsəʊ'evə'] *adj*: **nothing** ~ nada en absoluto; **none** ~ ni uno.

wheat [wiːt] *n* trigo *m*; **to separate the** ~ **from the chaff** *fig* separar el grano de la paja.

wheatear ['wiːt,ɪə'] *n* collalba *f* gris.

wheaten ['wiːtn] *adj* - **1.** [bread] de trigo. - **2.** [colour] trigueño(ña).

wheat germ *n* germen *m* de trigo.

wheatmeal ['wiːtmiːl] *n* harina *f* semi-integral.

wheedle ['wiːdl] *vt* decir con zalamería; **to** ~ **sb into doing sthg** camelar OR engatusar a alguien para que haga algo; **to** ~ **sthg out of sb** sonsacarle algo a alguien.

wheedling ['wiːdlɪŋ] ◇ *n* (U) zalamerías *fpl*, engatusamiento *m*. ◇ *adj* zalamero(ra), engatusador(ra); **a** ~ **voice** una voz zalamera.

wheel [wiːl] ◇ *n* - **1.** [gen] rueda *f*; [potter's wheel] torno *m*; **the** ~ **of fortune** *fig* la rueda de la fortuna; **to feel like a fifth** ~ *fig* sentir que uno sobra OR está de más. - **2.** [steering wheel] volante *m*; **to be at the** ~ estar al volante; **to get behind** OR **take the** ~ tomar el volante. - **3.** NAUT timón *m*. - **4.** [of torture] rueda *f*. - **5.** MIL vuelta *f*, giro *f*. - **6.** *Am inf* [important person] personaje *m*. ◇ *vt* empujar *(algo sobre ruedas)*. ◇ *vi* - **1.** [move in circle] dar vueltas. - **2.** [turn round]: **to** ~ **round** darse la vuelta, girar sobre los talones. - **3.** [birds, butterflies] revolotear.

◆ **wheels** *npl* - **1.** [workings] engranajes *mpl*. - **2.** *inf* [car] coche *m*, buga *m*.

wheelbarrow ['wiːl,bærəʊ] *n* carretilla *f*.

wheelbase ['wiːlbeɪs] *n* batalla *f*, distancia *f* entre ejes.

wheel brace *n* llave *f* en cruz.

wheelchair ['wiːlˌtʃeəʳ] *n* silla *f* de ruedas.

wheelclamp ['wiːlklæmp] ◇ *n* cepo *m.* ◇ *vt*: **my car was ~ed** le pusieron un cepo a mi coche.

wheeled ['wiːld] *adj* de ruedas, con ruedas.

-wheeled ['wiːld] *in cpds*: **a three~ vehicle** un vehículo de tres ruedas.

wheeler ['wiːləʳ] *n* [horse] caballo *m* de tronco.

wheeler-dealer *n pej* zorro *m.*

wheelhouse ['wiːlhaʊs, *pl* -haʊzɪz] *n* timonera *f*, caseta *f* del timón.

wheelie bin ['wiːlɪ-] *n* contenedor *m* de basura.

wheeling and dealing ['wiːlɪŋ-] *n (U) pej* tejemanejes *mpl.*

wheelwright ['wiːlraɪt] *n* carretero *m*, -ra *f.*

wheeze [wiːz] ◇ *n* - **1.** [sound] resuello *m.* - **2.** *inf* [joke] chiste *m* viejo. ◇ *vi* resollar.

wheezy ['wiːzɪ] (*compar* **wheezier**, *superl* **wheeziest**) *adj* que resuella.

whelk [welk] *n* buccino *m.*

whelp [welp] *n* - **1.** [animal] cachorro *m.* - **2.** *pej* [youth] granuja *mf.*

when [wen] ◇ *adv (in direct, indirect question)* cuándo; **~ does the plane arrive?** ¿cuándo llega el avión?; **he asked me ~ I would be in London** me preguntó cuándo estaría en Londres. ◇ *conj* cuando; **tell me ~ you've read it** avísame cuando lo hayas leído; **on the day ~ it happened** el día (en) que pasó; **you said it was black ~ it was actually white** dijiste que era negro cuando en realidad era blanco; **how can I buy it ~ I can't afford it?** ¿cómo voy a comprarlo si no tengo dinero?

whence [wens] *arch* ◇ *adv* de dónde. ◇ *conj* de donde.

whenever [wen'evəʳ] ◇ *conj* [no matter when] cuando; [every time] cada vez que; **~ you like** cuando quieras; **I smile ~ I see him** sonrío cada vez que lo veo. ◇ *adv* cuando sea.

where [weəʳ] ◇ *adv (in direct, indirect questions)* dónde; **~ do you live?** ¿dónde vives?; **do you know ~ he lives?** ¿sabes dónde vive?; **~ are we going?** ¿adónde vamos?; **I don't know ~ to start** no sé por dónde empezar. ◇ *conj* - **1.** [referring to place, situation] donde; **this is ~...** aquí es donde...; **go ~ you like** vete (a) donde quieras. - **2.** [whereas]: **children often understand ~ adults don't** los niños a menudo entienden lo que no entienden los adultos.

whereabouts [*adv* ˌweərə'baʊts, *n* 'weərəbaʊts] ◇ *adv* (por) dónde; **~ do you live?** ¿por dónde vives? ◇ *npl* paradero *m*; **his present ~ are unknown** se encuentra en paradero desconocido.

whereas [weər'æz] *conj* - **1.** [while] mientras que. - **2.** JUR [since] considerando que.

whereby [weə'baɪ] *conj fml* según el/la cual, por el/la cual.

wherefore [weə'fɔːʳ] ◇ *adv arch* por qué. ◇ *conj arch* por lo que, por lo cual. ◇ *n →* **why.**

wherein [weər'ɪn] *fml* ◇ *adv* (en) dónde. ◇ *conj* donde, en que.

whereof [weər'ɒv] *pron arch* del que (de la que).

whereto [weə'tuː] *adv arch* adónde.

whereupon [ˌweərə'pɒn] *conj fml* tras OR con lo cual.

wherever [weər'evəʳ] ◇ *conj* [no matter where] dondequiera que; **~ you go** dondequiera que vayas; **sit ~ you like** siéntate donde quieras. ◇ *adv* - **1.** [no matter where] en cualquier parte. - **2.** [indicating surprise]: **~ did you hear that?** ¿dónde diablos habrás oído eso?

wherewithal ['weəwɪðɔːl] *n fml*: **to have the ~ to do sthg** disponer de los medios para hacer algo.

whet [wet] (*pt & pp* **whetted**, *cont* **whetting**) *vt* - **1.** [stimulate]: **to ~ sb's appetite (for sthg)** *fig* despertar el interés de alguien (por algo). - **2.** *dated* [sharpen] afilar.

whether ['weðəʳ] *conj* - **1.** [indicating choice, doubt] si; **I doubt ~ she'll do it** dudo que lo haga. - **2.** [no matter if]: **~ I want to or not** tanto si quiero como si no, quiera o no

quiera; **~ you like it or not** tanto si te gusta como si no, te guste o no.

whetstone ['wetstəʊn] *n* piedra *f* de afilar.

whew [hwjuː] *excl* ¡buf!

whey [weɪ] *n* suero *m.*

which [wɪtʃ] ◇ *adj* - **1.** (in direct, indirect questions) qué; **~ house is yours?** ¿cuál es tu casa?, ¿qué casa es la tuya?; **~ one?** ¿cuál?; **~ ones?** ¿cuáles? - **2.** (to refer back to a noun or clause): **for ~ reason** razón por la cual; **in ~ case** en cuyo caso. ◇ *pron* - **1.** (in direct, indirect questions) cuál, cuáles (*pl*); **do you prefer?** ¿cuál prefieres?; **I can't decide ~ to have** no sé cuál coger; **~ of you did it?** ¿quién de ustedes lo hizo?; **~ is ~?** ¿cuál es cuál? - **2.** (in relative clause replacing noun) que; **the table, ~ was made of wood,** la mesa, que OR la cual era de madera; **the world in ~ we live** el mundo en que OR en el cual vivimos. - **3.** (to refer back to a clause) lo cual; **she denied it, ~ surprised me** lo negó, lo cual me sorprendió; **all of ~** todo lo cual.

◆ **Which?** *n revista de la asociación de consumidores británica, popular por sus análisis comparativos.*

whichever [wɪtʃ'evəʳ] ◇ *adj* - **1.** [no matter which]: **~ route you take** vayas por donde vayas. - **2.** [the one which]: **~ colour you prefer** el color que prefieras. ◇ *pron* - **1.** [no matter which one]: **~ of the methods you choose** cualquiera de los métodos que elijas. - **2.** [the one which] el que (la que), los que (las que) (*pl*); **take ~ you like** coge el que quieras.

whichways [wɪtʃweɪz] *adv Am*: **she left the papers lying every ~** dejó los papeles tirados por todas partes.

whiff [wɪf] *n* - **1.** [smell] olorcillo *m.* - **2.** *fig* [sign] atisbo *m.* - **3.** [gust, waft] soplo *m*; [of smoke] bocanada *f.*

whiffy ['wɪfɪ] (*compar* **whiffier**, *superl* **whiffiest**) *adj inf* maloliente, apestoso(sa).

while [waɪl] ◇ *n* rato *m*; **stay for a little ~** quédate un ratito; **it's a (long) ~ since I saw him** hace mucho que no lo veo; **for a ~** un rato; **after a ~** después de un rato; **in a ~** dentro de poco; **once in a ~** de vez en cuando; **a short** OR **little ~ ago** hace un rato, no hace mucho ❑ **to be worth one's ~** merecerle la pena a uno. ◇ *conj* - **1.** [during the time that] mientras; **it was lovely ~ it lasted** fue fantástico mientras duró. - **2.** [whereas] mientras que; **the walls are grey, ~ the ceiling is white** las paredes son grises, mientras que el techo es blanco. - **3.** [although] aunque; **~ he loves his children, he is strict with them** aunque ama a sus hijos, es estricto con ellos.

◆ **while away** *vt sep* pasar.

whilst [waɪlst] *conj fml* = **while.**

whim [wɪm] *n* capricho *m.*

whimper ['wɪmpəʳ] ◇ *n* gimoteo *m*, gemido *m.* ◇ *vt & vi* gimotear.

whimpering ['wɪmpərɪŋ] ◇ *n (U)* gimoteo *m*, gemidos *mpl.* ◇ *adj* [voice] lloroso(sa); [person] quejica.

whimsical ['wɪmzɪkl] *adj* - **1.** [fanciful - idea, story] fantasioso(sa); [- remark] extravagante, poco usual; [- look] juguetón(ona). - **2.** [capricious] caprichoso(sa).

whimsically ['wɪmzɪklɪ] *adv* extrañamente.

whimsy ['wɪmzɪ] (*pl* **whimsies**) *n* capricho *m.*

whine [waɪn] ◇ *n* gemido *m*, lloriqueo *m.* ◇ *vi* - **1.** [child, dog] gemir; [siren] aullar, ulular. - **2.** [complain]: **to ~ (about)** quejarse (de).

whiner ['waɪnəʳ] *n inf pej* quejica *mf.*

whinge [wɪndʒ] (*cont* **whingeing**) *vi Br*: **to ~ (about)** quejarse (de).

whingeing ['wɪndʒɪŋ] *Br inf* ◇ *n (U)* quejidos *mpl*; *pej* lloriqueo *m*, lamentos *mpl.* ◇ *adj* [person] quejoso(sa); [voice] lastimero(ra).

whining ['waɪnɪŋ] ◇ *n (U)* - **1.** [of person] gemidos *mpl*, gimoteo *m*; *pej* lloriqueos *mpl*, lamentos *mpl*; [of dog] gemidos *mpl.* - **2.** [of machinery] chirrido *m.* ◇ *adj* [person] quejica, llorón(ona); [voice] plañidero(ra); [dog] que gime.

whinny ['wɪnɪ] (*pt & pp* **whinnied**) (*pl* **whinnies**) ◇ *vi* relinchar. ◇ *n* relincho *m.*

whip [wɪp] (*pt & pp* **whipped**, *cont* **whipping**) ◇ *n* - **1.** [for hitting] látigo *m*, guasca *f Amér*; [for horse] fusta *f*; **to crack the** ~ *fig* tener a todo el mundo derecho, hacer chasquear el látigo. - **2.** [dessert] batido *m*. - **3.** *Br* POL *miembro de un partido encargado de asegurar que otros miembros voten en el Parlamento y de mantener la disciplina de partido.* ◇ *vt* - **1.** [gen] azotar; **the snow whipped his face** la nieve le azotaba OR le golpeaba la cara. - **2.** [take quickly]: **to** ~ **sthg out/off** sacar/quitar algo rápidamente. - **3.** [whisk] batir. - **4.** *inf* [defeat] dar una paliza a. - **5.** SEWING sobrecoser, rebatir. - **6.** NAUT izar con el aparejo. ◇ *vi* - **1.** [lash] restallar; **flags whipping in the wind** banderas restallando al viento. - **2.** [move quickly] precipitarse, lanzarse.

◆ **whip away** *vt sep* arrebatar, llevarse de un golpe.

◆ **whip on** *vt sep* [horse] dar latigazos a, fustigar.

◆ **whip round** *vi* [person] volverse de repente, darse la vuelta rápidamente.

◆ **whip through** *vt fus inf* [book] hojear rápidamente; [task] despachar rápidamente.

◆ **whip up** *vt sep* - **1.** [provoke] despertar, levantar. - **2.** *inf* [prepare quickly] preparar por la vía rápida.

whipcord ['wɪpkɔːd] ◇ *n* pana *f*. ◇ *comp* de pana.

whip hand *n*: **to have the** ~ ser el/la que manda.

whiplash ['wɪplæʃ] *n* - **1.** [cord] tralla *f*. - **2.** [blow] latigazo *m*.

whiplash injury *n* lesión *f* de cervicales por efecto de la inercia.

whipped [wɪpt] *adj* [cream] montado(da).

whipped cream *n* nata *f* montada.

whippersnapper ['wɪpəsnæpəʳ] *n inf dated* mequetrefe *m*.

whippet ['wɪpɪt] *n* lebrel *m*.

whipping ['wɪpɪŋ] *n* [beating] paliza *f*; [with whip] azotes *mpl*.

whipping boy *n* cabeza *mf* de turco.

whipping cream *n* nata *f* líquida para montar.

whippoorwill ['wɪp.pʊəwɪl] *n* chotacabras *m inv*, dormilón *m*.

whip-round *n Br inf*: **to have a** ~ hacer una colecta.

whipsaw ['wɪpsɔː] *n* sierra *f* abrazadera, sierra *f* cabrilla.

whipstitch ['wɪpstɪtʃ] *n* sobrehilo *m*.

whipstock ['wɪpstɒk] *n* puño *m* OR mango *m* del látigo.

whir [wɜːʳ] (*pt & pp* **whirred**, *cont* **whirring**) *n & vi* = **whirr**.

whirl [wɜːl] ◇ *n* - **1.** [rotating movement] remolino *m*; **to be in a** ~ *fig* estar aturullado(da). - **2.** *fig* [of activity, events] torbellino *m*. - **3.** *phr*: **let's give it a** ~ *inf* lancémonos. ◇ *vt* - **1.** [spin]: **to** ~ **sb/sthg round** hacer dar vueltas a alguien/algo. - **2.** [dust, leaves] levantar en remolinos. ◇ *vi* - **1.** [move around] arremolinarse; [dancers] girar vertiginosamente. - **2.** *fig* [head, mind] dar vueltas. - **3.** [move quickly]: **to** ~ **along** pasar a toda velocidad.

whirligig ['wɜːlɪgɪg] *n* - **1.** [spinning top] peonza *f*; [toy windmill] molinete *m*. - **2.** [merry-go-round] tiovivo *m*, calesita *f*. - **3.** [of activity, events] torbellino *m*.

whirlpool ['wɜːlpuːl] *n* - **1.** [eddy] remolino *m*. - **2.** *fig* [of activity, events] torbellino *m*; [confusion] vorágine *f*.

whirlwind ['wɜːlwɪnd] ◇ *n* torbellino *m*. ◇ *adj fig* vertiginoso(sa).

whirlybird ['wɜːlɪbɜːd] *n Am inf dated* helicóptero *m*.

whirr [wɜːʳ] ◇ *n* zumbido *m*. ◇ *vi* zumbar.

whisk [wɪsk] ◇ *n* - **1.** CULIN varilla *f*, batidor *m*. - **2.** [sweeping movement] movimiento *m* rápido. - **3.** [brush] cepillo *m*. ◇ *vt* - **1.** [move quickly]: **to** ~ **sthg away/out** llevarse/sacar algo rápidamente. - **2.** CULIN batir. ◇ *vi* moverse con rapidez; **she** ~**ed past** pasó a toda velocidad.

whiskbroom ['wɪskbruːm] *n* cepillo *m* de ropa.

whisker ['wɪskəʳ] *n* (pelo *m* del) bigote *m*; **she won the contest by a** ~ *fig* ganó el concurso por un pelo; **he came within a** ~ **of discovering the truth** *fig* estuvo en un tris de descubrir la verdad.

◆ **whiskers** *npl* [of person] patillas *fpl*; [of cat] bigotes *mpl*.

whiskered ['wɪskəd] *adj* - **1.** [bearded] barbudo(da). - **2.** [with moustache] bigotudo(da).

whisky *Br* (*pl* **whiskies**), **whiskey** *Am & Irish* (*pl* **whiskeys**) ['wɪskɪ] *n* güisqui *m*, whisky *m*.

whisper ['wɪspəʳ] ◇ *n* - **1.** [gen] susurro *m*; [of voices] cuchicheo *m*. - **2.** *Br* [rumour] rumor *m*. ◇ *vt* - **1.** [say quietly] susurrar. - **2.** *Br* [rumour] rumorear. ◇ *vi* - **1.** [person] cuchichear. - **2.** [leaves, water, wind] susurrar, murmurar.

whispering ['wɪspərɪŋ] ◇ *n* - **1.** *(U)* [of voices] cuchicheos *mpl*; [of leaves] susurro *m*. - **2.** *Br* [rumour] rumor *m*. ◇ *adj* susurrante.

whispering gallery *n* galería *f* que tiene eco.

whist [wɪst] *n* whist *m*.

whist drive *n* torneo *m* de whist.

whistle ['wɪsl] ◇ *n* - **1.** [sound] silbido *m*, pitido *m*. - **2.** [device] silbato *m*, pito *m*. - **3.** *phr*: **as clean as a** ~ limpio como una patena; **to wet one's** ~ *hum* beber un trago, mojar el gaznate. ◇ *vt* silbar. ◇ *vi* - **1.** [person] silbar, chiflar *Amér*; [referee] pitar; **to** ~ **for sthg** pedir algo con un silbido ❑ **you can** ~ **for it!** *Br inf* ¡puedes esperar sentado! - **2.** [bird] piar. - **3.** [move quickly]: **to** ~ **past** pasar como un rayo. - **4.** [kettle, train] silbar, pitar.

◆ **whistle up** *vt sep Br* - **1.** [summon] llamar silbando. - **2.** [find] dar con.

whistle-stop *n Am* RAIL apeadero *m*.

whistle-stop tour *n recorrido rápido con múltiples paradas.*

whit [wɪt] *n* ápice *m*, pizca *f*; **there's not a** ~ **of truth in it** no hay ni un ápice de verdad en ello.

white [waɪt] ◇ *adj* - **1.** [gen] blanco(ca); **to go** OR **turn** ~ ponerse blanco ❑ ~**r than** ~ *fig* sin tacha. - **2.** [coffee, tea] con leche. - **3.** [hair, beard] cano(na), blanco(ca). - **4.** [pale] pálido(da), blanco(ca). ◇ *n* - **1.** [colour] blanco *m*. - **2.** [person] blanco *m*, -ca *f*. - **3.** [of egg] clara *f*. - **4.** [of eye] blanco *m*.

◆ **whites** *npl* ropa *f* blanca de deporte.

whitebait ['waɪtbeɪt] *n* [for fishermen] morralla *f*; CULIN chanquetes *mpl*.

white blood cell *n* glóbulo *m* blanco.

whiteboard ['waɪtbɔːd] *n* pizarra *f* blanca, tablero *m* blanco (*para escribir con rotuladores*).

white Christmas *n* Navidad *f* con nieve.

white-collar *adj* de oficina; ~ **worker** oficinista *mf*.

white corpuscle *n* glóbulo *m* blanco, leucocito *m*.

whited sepulchre ['waɪtɪd-] *n literary* sepulcro *m* blanqueado, hipócrita *mf*.

white elephant *n fig* mamotreto *m* (*caro e inútil*).

White Ensign *n bandera de los barcos de la marina británica.*

white-faced *adj* de rostro pálido.

white fish *n* pescado *m* blanco.

white flag *n* bandera *f* blanca.

white gold *n* oro *m* blanco.

white goods *npl* - **1.** [household machines] línea *f* blanca (de electrodomésticos). - **2.** [linen] ropa *f* blanca.

white-haired *adj* canoso(sa), de pelo blanco.

Whitehall ['waɪthɔːl] *n* calle londinense en que se encuentra la Administración británica; por extensión, ésta.

white heat *n* - **1.** PHYS calor *m* blanco, rojo *m* blanco. - **2.** ELEC incandescencia *f*. - **3.** *fig* [frenzy] frenesí *m*.

white hope *n* gran esperanza *f*.

white horses *npl Br* cabrillas *fpl*.

white-hot *adj* - **1.** PHYS al rojo blanco, candente. - **2.** *fig* [intense] al rojo vivo, candente.

White House *n*: **the** ~ la Casa Blanca.

white knight *n persona u organización que invierte en una empresa para evitar que otra la absorba.*

white lie *n* mentira *f* piadosa.

white light *n (U)* luz *f* blanca.

white magic *n* magia *f* blanca.

white meat *n (U)* carnes *fpl* blancas.

whiten ['waɪtn] ◇ *vt* blanquear. ◇ *vi* ponerse blanco(ca).

whitener ['waɪtnəʳ] *n* blanqueador *m*.

whiteness ['waɪtnɪs] *n* blancura *f*.

whitening [ˈwaɪtnɪŋ] *n* - **1.** [substance] blanco *m* de España, albayalde *m*. - **2.** [process - of walls] enjabelgado *m*; [- of linen] blanqueo *m*.

white noise *n* (*U*) ruido *m* blanco.

whiteout [ˈwaɪtaʊt] *n* pérdida total de visibilidad a causa de la nieve.

white owl *n* lechuza *f* blanca del Ártico.

white paper *n* POL libro *m* blanco.

white pepper *n* pimienta *f* blanca.

white pine *n* pino *m* blanco.

white poplar *n* álamo *m* blanco.

white potato *n* patata *f* blanca.

White Russia *n* Bielorrusia.

White Russian ◇ *adj* bielorruso(sa). ◇ *n* - **1.** [person] bielorruso *m*, -sa *f*. - **2.** [language] bielorruso *m*.

white sauce *n* (salsa *f*) bechamel *f*.

White Sea *n*: **the** ~ el mar Blanco.

white slave *n* esclava *f* blanca.

white slavery, white slave trade *n* trata *f* de blancas.

white spirit *n* Br especie de aguarrás.

white sugar *n* azúcar *f* blanquilla, azúcar *f* refinada.

white-tailed deer [-teɪld-] *n* ciervo *m* de Virginia.

white tie *n* [formal clothes] traje *m* de etiqueta (frac y pajarita blanca).

◆ **white-tie** *adj*: ~ **dinner** cena *f* con traje de etiqueta y pajarita blanca.

white trash *n* pej blancos *mpl* pobres.

whitewall [ˈwaɪtwɔːl] *n* neumático *m* de banda blanca.

whitewash [ˈwaɪtwɒʃ] ◇ *n* - **1.** (*U*) [paint] blanqueo *m*, lechada *f* (de cal). - **2.** pej [cover-up] encubrimiento *m*. - **3.** inf [crushing defeat] derrota *f* en toda regla. ◇ *vt* - **1.** [paint] blanquear, encalar. - **2.** pej [cover up] encubrir. - **3.** inf [defeat] derrotar en toda regla.

white water *n* agua *f* espumosa.

whitewater rafting [ˈwaɪtˌwɔːtəʳ-] *n* descenso *m* (de rápidos) en piragua.

white wedding *n* boda *f* de blanco.

whitey [ˈwaɪtɪ] *n* Am v inf blanco *m*, -ca *f*.

whither [ˈwɪðəʳ] *adv* literary [to what place, where] adónde.

whiting [ˈwaɪtɪŋ] (*pl inv* OR **whitings**) *n* - **1.** [fish] pescadilla *f*. - **2.** [colouring agent] blanco *m* (de) España.

whitish [ˈwaɪtɪʃ] *adj* blancuzco(ca), blanquecino(na).

whitlow [ˈwɪtləʊ] *n* panadizo *m*.

Whit Monday [wɪt-] *n* lunes *m* de Pentecostés.

Whitsun [ˈwɪtsn] *n* [day] Pentecostés *m*.

Whit Sunday [wɪt-] *n* domingo *m* de Pentecostés.

Whitsuntide [ˈwɪtsntaɪd] *n* semana *f* de Pentecostés.

whitter [ˈwɪtəʳ] *vi* = **witter**.

whittle [ˈwɪtl] ◇ *vt* - **1.** [reduce]: **to** ~ **down** OR **away** reducir gradualmente. - **2.** [carve] tallar. ◇ *vi* [carve] tallar.

whiz (*pt & pp* **whizzed**, *cont* **whizzing**), **whizz** [wɪz] ◇ *n* - **1.** inf [bright person]: **to be a** ~ **at sthg** ser un genio OR prodigio en algo. - **2.** [sound] zumbido *m*. ◇ *vi* - **1.** [move fast]: **to** ~ **past** OR **by** pasar muy rápido OR zumbando. - **2.** [hiss] zumbar.

whiz(z) kid *n* inf genio *m*, prodigio *m*.

who [huː] *pron* - **1.** (*in direct, indirect questions*) quién, quiénes (*pl*); ~ **are you?** ¿tú quién eres?; ~ **did you see?** ¿a quién viste?; **I didn't know** ~ **she was** no sabía quién era. - **2.** (*in relative clauses*) que; **he's the doctor** ~ **treated me** es el médico que me atendió; **those** ~ **are in favour** los que están a favor.

WHO (*abbr of* **World Health Organization**) *n* OMS *f*.

whoa [wəʊ] *excl* ¡so!

who'd [huːd] *contr* = **who had, who would**.

whodu(n)nit [huːˈdʌnɪt] *n* inf historia *f* policíaca de misterio.

whoever [huːˈevəʳ] *pron* - **1.** [unknown person] quienquiera; (*pl* quienesquiera); ~ **finds it** quienquiera que lo encuen-

tre; **tell** ~ **you like** díselo a quien quieras. - **2.** [indicating surprise, astonishment]: ~ **can that be?** ¿quién podrá ser? - **3.** [no matter who]: **come in,** ~ **you are** pasa, seas quién seas. - **4.** [the person who] el que, quien; ~ **said that is an idiot** el que dijo eso es un imbécil.

whole [həʊl] ◇ *adj* - **1.** [entire, complete] entero(ra); **the** ~ **time we were there** todo el tiempo que pasamos allí; **the** ~ **thing was a farce** fue todo una farsa. - **2.** esp Am [for emphasis]: **a** ~ **lot of** muchísimos(mas); **a** ~ **lot taller** muchísimo más alto (muchísimo más alta); **a** ~ **new idea** una idea totalmente nueva. ◇ *n* - **1.** [all]: **the** ~ **of the school/ summer** el colegio/verano entero. - **2.** [unit, complete thing] todo *m*. ◇ *adv*: **to swallow sthg** ~ tragarse algo entero(ra).

◆ **as a whole** *adv* en conjunto, en su totalidad.

◆ **on the whole** *adv* en general.

wholefood [ˈhəʊlfuːd] *n* Br comida *f* integral.

whole-hearted *adj* [effort] profundo(da); [support, supporter] incondicional; [agreement] sincero(ra).

whole-heartedly [ˌhəʊlˈhɑːtɪdlɪ] *adv* [unreservedly] de todo corazón, sinceramente; **I agree** ~ estoy totalmente de acuerdo.

wholemeal Br [ˈhəʊlmiːl], **whole wheat** Am *adj* integral.

wholemeal bread Br, **whole wheat bread** Am *n* (*U*) pan *n* integral.

whole milk *n* leche *f* entera.

wholeness [ˈhəʊlnɪs] *n* integridad *f*.

whole note *n* Am semibreve *f*.

whole number *n* número *m* entero.

whole rest *n* Am pausa *f* OR silencio *m* de blanca.

wholesale [ˈhəʊlseɪl] ◇ *adj* - **1.** COMM al por mayor. - **2.** pej [indiscriminate] indiscriminado(da). ◇ *adv* - **1.** COMM al por mayor. - **2.** pej [indiscriminately] indiscriminadamente. ◇ *n* venta *f* al por mayor.

wholesaler [ˈhəʊlseɪləʳ] *n* mayorista *mf*.

wholesome [ˈhəʊlsəm] *adj* sano(na), saludable.

whole wheat *adj* Am = **wholemeal**.

who'll [huːl] *contr* = **who will**.

wholly [ˈhəʊlɪ] *adv* completamente, enteramente.

whom [huːm] *pron* - **1.** (*in direct, indirect questions*) fml quién, quiénes (*pl*); **from** ~ **did you receive it?** ¿de quién lo recibiste?; **for/of/to** ~ por/de/a quién. - **2.** (*in relative clauses*) que; **the man** ~ **I saw** el hombre que vi; **the man to** ~ **I gave it** el hombre al que se lo di; **several people came, none of** ~ **I knew** vinieron varias personas, de las que no conocía a ninguna.

whomever [huːmˈevəʳ] *pron* fml a quienquiera.

whoop [wuːp] ◇ *n* - **1.** [shout] grito *m* alborozado. - **2.** MED estertor *m* de la tosferina. ◇ *vi* - **1.** [shout] gritar alborozadamente. - **2.** MED toser ahogándose.

◆ **whoop up** *vt sep* inf: **to** ~ **it up** armar juerga.

whoopee [*excl* wʊˈpiː, *n* ˈwʊpiː] ◇ *excl* ¡yupi! ◇ *n* inf: **to make** ~ [celebrate] armar juerga; [have sex] hacer el amor.

whooping cough [ˈhuːpɪŋ-] *n* tosferina *f*, tos *f* ferina.

whoops [wʊps] *excl* ¡uy!, ¡epa!

whoosh [wʊʃ] inf ◇ *n* [of air] ráfaga *f*; [of water] chorro *m*. ◇ *vi* - **1.** [water]: **to** ~ **out** salir a chorro. - **2.** [car, train]: **to** ~ **past** pasar a toda pastilla.

whop [wɒp] (*pt & pp* **whopped**, *cont* **whopping**) inf ◇ *vt* [defeat] ganar, derrotar. ◇ *n* [blow] golpetazo *m*, porrazo *m*.

whopper [ˈwɒpəʳ] *n* inf - **1.** [big thing] bestialidad *f*. - **2.** [lie] bola *f*, trola *f*.

whopping [ˈwɒpɪŋ] inf ◇ *adj* enorme. ◇ *adv*: **a** ~ **great lorry/lie** un camión/una mentira enorme.

whore [hɔːʳ] pej ◇ *n* zorra *f*, puta *f*, cuero *m* Amér. ◇ *vi* - **1.** [prostitute o.s.] prostituirse. - **2.** [frequent prostitutes] irse de putas.

who're [ˈhuːəʳ] *contr* = **who are**.

whorehouse [ˈhɔːhaʊs, *pl* -haʊzɪz] *n* inf pej casa *f* de putas.

whoremonger [ˈhɔːˌmʌŋgəʳ] *n* arch vicioso *m*, fornicador *m*.

whorl [wɜːl] *n* - **1.** [on shell] espira *f*; [on finger] espiral. - **2.** BOT verticilo *m*.

whortleberry [ˈwɜːtlˌberɪ] (*pl* **whortleberries**) *n* arándano *m*.

whose [huːz] ◇ *pron* - **1.** *(in direct, indirect questions)* de quién; *(pl)* de quiénes; ~ **is this?** ¿de quién es esto?; **I wonder** ~ **they are** me pregunto de quién serán. - **2.** *(in relative clauses)* cuyo(ya), cuyos(yas) *(pl)*; **that's the boy** ~ **father's an MP** ése es el chico cuyo padre es diputado; **the woman** ~ **daughters have disappeared** la mujer cuyas hijas han desaparecido. ◇ *adj* de quién; ~ **car is that?** ¿de quién es ese coche?

whosoever [ˌhuːsəʊˈevəʳ] *pron dated* quienquiera que.

who's who *n* [book] Quién es Quién *m*.

who've [huːv] *contr* = **who have**.

why [waɪ] ◇ *adv* por qué; ~ **did you lie to me?** ¿por qué me mentiste?; ~ **don't you all come?** ¿por qué no venís todos?; ~ **not?** ¿por qué no? ◇ *conj* por qué; **I don't know** ~ **he said that** no sé por qué dijo eso. ◇ *pron:* **there are several reasons** ~ **he left** hay varias razones por las que se marchó; **that's** ~ **she did it** por eso es por lo que lo hizo; **I don't know the reason** ~ no se por qué razón. ◇ *n:* **the** ~**s and wherefores** el cómo y el porqué. ◇ *excl* ¡hombre!, ¡vaya!

◆ **why ever** *adv:* ~ **ever did you do that?** ¿por qué diablos has hecho eso?

WI *n* - **1.** *written abbr of* **Women's Institute**. - **2.** *written abbr of* **West Indies**. - **3.** *written abbr of* **Wisconsin**.

wick [wɪk] *n* mecha *f*; **to get on sb's** ~ *Br inf fig* sacar de quicio a alguien.

wicked [ˈwɪkɪd] ◇ *adj* - **1.** [evil] malvado(da). - **2.** [mischievous, devilish] travieso(sa). - **3.** *inf* [very good] molón(ona), chachi *(inv)*. - **4.** [immoral, indecent] depravado(da), perverso(sa). - **5.** [very bad, awful] espantoso (sa). ◇ *excl inf* ¡guay!, ¡de buten!

wickedness [ˈwɪkɪdnɪs] *n* - **1.** [evil] maldad *f*. - **2.** [immorality, indecency] depravación *f*, perversión *f*. - **3.** [mischievousness] travesura *f*, malicia *f*.

wicker [ˈwɪkəʳ] ◇ *adj* de mimbre. ◇ *n* mimbre *m*.

wickerwork [ˈwɪkəwɜːk] *n (U)* artículos *mpl* de mimbre.

wicket [ˈwɪkɪt] *n* - **1.** [in cricket - stumps] palos *mpl*; [- pitch] *parte del terreno de juego desde donde se lanza hasta donde se batea*; **to be batting on a sticky** ~ *Br fig* verse en un apuro. - **2.** *Am* [window] ventanilla *f*. - **3.** [gate] portillo *m*.

wicket keeper *n* guardián *mf* de los palos.

wide [waɪd] ◇ *adj* - **1.** [broad] ancho(cha); **how** ~ **is it?** ¿cuánto mide de ancho?, ¿qué ancho tiene?; **it's 50 cm** ~ tiene 50 cm de ancho; **to make sthg** ~**r** ensanchar algo. - **2.** [area, plain] extenso(sa). - **3.** [range, choice etc] amplio(plia). - **4.** [gap, difference, implications] grande, considerable. - **5.** [eyes] muy abierto(ta); [smile] amplio(plia). - **6.** [off-target] desviado(da). - **7.** LING [sound] relajado(da). ◇ *adv* - **1.** [broadly]: **to open/spread sthg** ~ abrir/desplegar algo completamente; **the door was open** ~ la puerta estaba abierta de par en par; **open your mouth** ~ abra bien la boca; ~ **apart** muy separados (muy separadas). - **2.** [off target]: **to go** OR **be** ~ salir desviado(da).

wide-angle lens *n* gran angular *m*.

wide area network *n* red *f* de área extendida.

wide-awake *adj* - **1.** [awake] completamente despierto (completamente despierta). - **2.** *fig* [alert] alerta.

wide boy *n* *Br inf pej* pájaro *m* de cuenta.

wide-eyed *adj* - **1.** [surprised, frightened] con los ojos muy abiertos *(de miedo o sorpresa)*. - **2.** [innocent, gullible] inocente, ingenuo(nua).

widely [ˈwaɪdlɪ] *adv* - **1.** [smile, yawn] ampliamente. - **2.** [travel, read] extensamente. - **3.** [believed, loved] generalmente; [available] por todas partes; **a** ~ **read book** un libro muy leído. - **4.** [differ, vary] mucho.

wide-mouthed *adj* boquiabierto(ta).

widen [ˈwaɪdn] ◇ *vt* [gen] ampliar; [road, bridge] ensanchar. ◇ *vi* - **1.** [gen] ampliarse; [river, road] ensancharse. - **2.** [eyes] abrirse mucho.

wide open *adj* - **1.** [window, door] abierto(ta) de par en par; **to be** ~ **to sthg** *fig* quedar expuesto(ta) a algo. - **2.** [eyes] completamente abierto (completamente abierta). - **3.** [spaces] extenso(sa). - **4.** *Am* [town] sin ley. - **5.** [contest] abierto(ta).

wide-ranging [-ˈreɪndʒɪŋ] *adj* [changes, survey, consequences] de gran alcance; [discussion, interests] de gran variedad; [selection] amplio(plia).

widespread [ˈwaɪdspred] *adj* - **1.** [belief, problem] extendido(da), general. - **2.** [arms, wings] extendido(da).

widow [ˈwɪdəʊ] ◇ *n* - **1.** [woman] viuda *f*. - **2.** TYPO viuda *f*, línea *f* quebrada. ◇ *vt:* **to be** ~**ed** enviudar.

widowed [ˈwɪdəʊd] *adj* viudo(da).

widower [ˈwɪdəʊəʳ] *n* viudo *m*.

widowhood [ˈwɪdəʊhʊd] *n* viudedad *f*.

width [wɪdθ] *n* - **1.** [breadth] anchura *f*; **it's 50 cm in** ~ tiene 50 cm de ancho. - **2.** [in swimming pool] ancho *m*.

widthways [ˈwɪdθweɪz] *adv* a lo ancho.

wield [wiːld] *vt* - **1.** [weapon] blandir, esgrimir. - **2.** [tool, implement] manejar. - **3.** [power, influence] ejercer.

wiener [ˈwiːnəʳ] *n* *Am* salchicha *f* de Francfort.

wife [waɪf] (*pl* **wives** [waɪvz]) *n* mujer *f*, esposa *f*.

wifely [ˈwaɪflɪ] *adj* de esposa, de mujer casada.

wife-swapping [-ˈswɒpɪŋ] *n* intercambio *m* de parejas.

wig [wɪg] *n* peluca *f*.

wiggle [ˈwɪgl] *inf* ◇ *n* - **1.** [movement] meneo *m*; [of hips etc] contoneo *m*. - **2.** [wavy line] línea *f* ondulada. ◇ *vt* [gen] menear; [hips etc] contonear. ◇ *vi* [gen] menearse; [hips etc] contonearse.

wiggly [ˈwɪglɪ] (*compar* **wigglier**, *superl* **wiggliest**) *adj inf* - **1.** [line] ondulado(da). - **2.** [tooth, chair leg etc] suelto(ta).

wigmaker [ˈwɪgˌmeɪkəʳ] *n* peluquero *m*, -ra *f*, fabricante *mf* de pelucas.

wigwam [ˈwɪgwæm] *n* tienda *f* india (de campaña).

wild [waɪld] ◇ *adj* - **1.** [animal] salvaje; [plant, flower] silvestre; [bull] bravo(va), chúcaro(ra) *Amér*; **a** ~ **beast** una fiera salvaje; **to grow** ~ [plant] crecer en estado salvaje. - **2.** [landscape, country] agreste. - **3.** [mad] loco(ca); [look, eyes] extraviado(da). - **4.** [weather, sea] borrascoso(sa); [wind] furioso(sa). - **5.** [crowd, laughter, applause] frenético(ca); **to run** ~ descontrolarse. - **6.** [hair] alborotado(da). - **7.** [hope, idea, plan] descabellado(da). - **8.** [guess, exaggeration] extravagante; **to make a** ~ **guess** adivinar al azar. - **9.** *inf* [very enthusiastic]: **to be** ~ **about** estar loco(ca) por. - **10.** *phr:* ~ **and woolly** *inf* [idea, plan] irreflexivo(va), descabellado(da); [place] tosco(ca), salvaje. ◇ *n:* **in the** ~ en libertad, en su hábitat natural; **the call of the** ~ la llamada de la naturaleza.

◆ **wilds** *npl:* **the** ~**s** las tierras remotas.

wild boar *n* jabalí *m*.

wild card *n* - **1.** [in card games] comodín *m*; **to play a** ~ *fig* correr un riesgo, arriesgarse. - **2.** SPORT jugador invitado *m*, jugadora invitada *f*. - **3.** COMPUT comodín *m*.

wildcat [ˈwaɪldkæt] ◇ *n* - **1.** [animal] gato *m* montés. - **2.** *fig* [person] fiera *f*. ◇ *adj* arriesgado(da), descabellado(da).

wildcat strike *n* huelga *f* salvaje.

wildebeest [ˈwɪldɪbiːst] (*pl inv* OR **wildebeests**) *n* ñu *m*.

wilderness [ˈwɪldənɪs] *n* - **1.** [barren land] yermo *m*, desierto *m*. - **2.** [overgrown land] jungla *f*. - **3.** *fig* [unimportant place]: **in the political** ~ en el anonimato político.

wild-eyed *adj* - **1.** [crazed] de mirada furiosa. - **2.** [extremist] extremista.

wildfire [ˈwaɪldˌfaɪəʳ] *n:* **to spread like** ~ propagarse como un reguero de pólvora.

wild flower *n* flor *f* silvestre.

wildfowl [ˈwaɪldfaʊl] *npl* aves *fpl* de caza.

wild-goose chase *n* *inf* búsqueda *f* infructuosa.

wildlife [ˈwaɪldlaɪf] *n (U)* fauna *f*.

wildlife park, **wildlife sanctuary** *n* parque *m* OR reserva *f* natural.

wildly [ˈwaɪldlɪ] *adv* - **1.** [enthusiastically] frenéticamente. - **2.** [without discipline, inaccurately] a lo loco; [randomly] al azar, sin ton ni son. **- 3.** [very] extremadamente; **to be ~ happy** estar loco(ca) de alegría. **- 4.** [menacingly] salvajemente. **- 5.** [violently] furiosamente, salvajemente.

wild man *n* **- 1.** [savage] salvaje *m*. **- 2.** [extremist] radical *m*.

wild oats *npl*: **to sow one's ~** *inf euph* hacer (uno) sus correrías de juventud.

wild rice *n* arroz *m* silvestre.

wild thyme *n* serpol *m*.

wild west *n inf*: **the ~** el salvaje oeste.

wile [waɪl] *n* **- 1.** [trick] ardid *m*, treta *f*. **- 2.** [cunning] astucia *f*.
◆ **wiles** *npl* artimañas *fpl*.

wilful *Br*, **willful** *Am* ['wɪlful] *adj* **- 1.** [stubborn] testarudo(da). **- 2.** [deliberate] deliberado(da), intencionado(da).

wilfully *Br*, **willfully** *Am* ['wɪlfulɪ] *adv* **- 1.** [deliberately] deliberadamente, intencionadamente. **- 2.** [obstinately] obstinadamente, con obstinación.

wilfulness *Br*, **willfulness** *Am* ['wɪlfulnɪs] *n* **- 1.** [of action, damage] intencionalidad *f*, premeditación *f*. **- 2.** [of character, person] obstinación *f*, terquedad *f*.

will¹ [wɪl] ◇ *n* **- 1.** [gen] voluntad *f*; **against one's ~** contra la voluntad de uno ❏ **at ~** a voluntad; **to have a ~ of one's own** ser muy independiente; **with the best ~ in the world** con la mejor voluntad del mundo. **- 2.** [document] testamento *m*. ◇ *vt*: **to ~ sthg to happen** desear mucho que ocurra algo; **to ~ sb to do sthg** desear mucho que alguien haga algo.

will² [wɪl] *modal vb* **- 1.** [to express future tense]: **they say it ~ rain tomorrow** dicen que lloverá OR va a llover mañana; **I'll be arriving at six** llegaré a las seis; **when ~ we get paid?** ¿cuándo nos pagarán?; **~ they come? - yes, they ~** ¿vendrán? - sí. **- 2.** [indicating willingness]: **~ you have some more tea?** ¿te apetece más té?; **I won't do it** no lo haré. **- 3.** [in commands, requests]: **you ~ leave this house at once** vas a salir de esta casa ahora mismo; **close that window, ~ you?** cierra la ventana, ¿quieres?; **~ you be quiet!** ¿queréis hacer el favor de callaros? **- 4.** [indicating possibility, what usually happens]: **the hall ~ hold up to 1,000 people** la sala tiene cabida para 1.000 personas; **this ~ stop any draughts** esto evitará las corrientes; **pensions ~ be paid monthly** las pensiones se abonarán mensualmente. **- 5.** [expressing an assumption]: **that'll be your father** ése será tu padre; **as you'll have gathered, I'm not keen on the idea** como ya os imaginaréis, a mí no me hace gracia la idea. **- 6.** [indicating irritation]: **well, if you ~ leave your toys everywhere...** normal, si vas dejando los juguetes por todas partes...; **she ~ keep phoning me** no para de llamarme.

willful *etc Am* = **wilful** *etc*.

William ['wɪljəm] *n*: **~ of Orange** Guillermo III, príncipe de Orange; **~ the Conqueror** Guillermo el Conquistador.

willies ['wɪlɪz] *npl inf*: **to give sb the ~** poner a alguien los pelos de punta.

willing ['wɪlɪŋ] *adj* **- 1.** [prepared]: **to be ~ (to do sthg)** estar dispuesto(ta) (a hacer algo). **- 2.** [eager] servicial. **- 3.** [compliant] complaciente.

willingly ['wɪlɪŋlɪ] *adv* de buena gana, gustosamente.

willingness ['wɪlɪŋnɪs] *n*: **~ (to do sthg)** disposición *f* (para hacer algo).

will-o'-the-wisp [,wɪlədə'wɪsp] *n* **- 1.** [light] fuego *m* fatuo. **- 2.** *fig* [delusive goal] quimera *f*.

willow ['wɪləu] *n* **- 1.** BOT: **~ (tree)** sauce *m*. **- 2.** [wood] sauce *m*. **- 3.** *inf* [cricket bat] bate *m*.

willow pattern *n* diseño típico de la cerámica inglesa en el que suele aparecer un sauce junto a un río, en azul sobre fondo blanco.

willowy ['wɪləuɪ] *adj* esbelto(ta).

willpower ['wɪl,pauə] *n* fuerza *f* de voluntad.

willy ['wɪlɪ] (*pl* **willies**) *n Br inf* pito *m*.

willy-nilly [,wɪlɪ'nɪlɪ] *adv* quieras o no quieras, pase lo que pase.

wilt¹ [wɪlt] ◇ *vi* [plant] marchitarse; [person] desfallecer, extenuarse. ◇ *vt* [plant] marchitar; [person] debilitar.

wilt² [wɪlt] *arch 2nd pers sg* → **will²**.

Wilts (*abbr of* **Wiltshire**) *condado inglés*.

wily ['waɪlɪ] (*compar* **wilier**, *superl* **wiliest**) *adj* astuto(ta).

wimp [wɪmp] *n inf pej* blandengue *mf*.
◆ **wimp out** *vi inf pej* rajarse.

wimpish ['wɪmpɪʃ] *adj inf pej* blandengue.

wimple ['wɪmpl] *n* griñón *m*.

win [wɪn] (*pt & pp* **won** [wʌn], *cont* **winning**) ◇ *n* victoria *f*, triunfo *m*. ◇ *vt* **- 1.** [gen] ganar; [contract, scholarship] conseguir, obtener; [favour, support] alcanzar, lograr; [friendship, love, sympathy] ganarse, conquistar; [attention] captar, atraer. **- 2.** MIN extraer, sacar. ◇ *vi* ganar; **to ~ at sthg** ganar a OR en algo; **you/I** *etc* **can't ~** no hay manera.
◆ **win back** *vt sep* recuperar.
◆ **win out** *vi* triunfar, salir victorioso(sa).
◆ **win over**, **win round** *vt sep* convencer; **to ~ sb over** ganarse a alguien.
◆ **win through** *vi* conseguir triunfar.

wince [wɪns] ◇ *vi* hacer una mueca de dolor; **to ~ with pain** estremecerse de dolor; **the thought made him ~** se le crispó el rostro sólo de pensarlo. ◇ *n* mueca *f* de dolor.

winceyette *Br* ['wɪnsɪ'et] ◇ *n* fustán *m*. ◇ *adj* [nightdress, pyjamas, sheets] de fustán.

winch [wɪntʃ] ◇ *n* torno *m*. ◇ *vt*: **to ~ sthg up/out** levantar/sacar algo con torno.

Winchester disk ['wɪntʃestə'] *n* COMPUT disquete *m* Winchester.

wind¹ [wɪnd] ◇ *n* **- 1.** METEOR viento *m*; **into the ~** NAUT contra el viento; **the ~ has changed** ha cambiado el viento ❏ **to run like the ~** correr como el viento; **to sail close to the ~** *fig* arriesgarse demasiado, jugársela; **to be scattered to the four ~s** andar disperso(sa) OR desperdigado(da); **to see which way the ~ blows** ver de qué lado sopla el viento; **sow the ~ and reap the whirlwind** *proverb* quien siembra vientos recoge tempestades *proverb*; **to take the ~ out of sb's sails** bajarle los humos a alguien. **- 2.** [breath] aliento *m*, resuello *m*; **to knock the ~ out of sb** dejar sin aliento a alguien; **to get one's second ~** recuperar fuerzas, recobrar el aliento. **- 3.** (U) [in stomach] gases *mpl*; **to break ~** *euph* ventosear. **- 4.** [in orchestra]: **the ~** los instrumentos de viento. **- 5.** *phr*: **to get ~ of sthg** *inf* enterarse de algo; **to get the ~ up** *inf* tener canguelo, estar asustado(da); **to put the ~ up sb** *inf* meterle el miedo en el cuerpo a alguien. ◇ *vt* **- 1.** [knock breath out of] dejar sin aliento. **- 2.** *Br* [baby] hacer que eructe.

wind² [waɪnd] (*pt & pp* **wound**) ◇ *vt* **- 1.** [string, thread] enrollar; **to ~ sthg around sthg** enrollar algo alrededor de algo. **- 2.** [clock, watch] dar cuerda a. **- 3.** *phr*: **the river ~s its way across the plain** el río serpentea a través de la llanura. ◇ *vi* [road, river] serpentear.
◆ **wind back** *vt sep* rebobinar.
◆ **wind down** ◇ *vt sep* **- 1.** [car window] bajar. **- 2.** [business] cerrar poco a poco. ◇ *vi* **- 1.** [clock, watch] pararse. **- 2.** [person] relajarse, descansar.
◆ **wind forward** *vt sep* pasar para adelante.
◆ **wind up** ◇ *vt sep* **- 1.** [finish - activity] finalizar, concluir; [- business] liquidar. **- 2.** [clock, watch] dar cuerda a. **- 3.** [car window] subir. **- 4.** *Br inf* [annoy] vacilar, tomar el pelo a. ◇ *vi inf* [end up] terminar, acabar; **to ~ up doing sthg** acabar haciendo algo.

windbag ['wɪndbæg] *n inf pej* charlatán *m*, -ana *f*.

windbreak ['wɪndbreɪk] *n* protección *f* contra el viento.

windcheater *Br* ['wɪnd,tʃiːtə'], **Windbreaker®** *Am* ['wɪnd,breɪkə'] *n* cazadora *f*.

windchill ['wɪndtʃɪl] *n*: **~ factor** efecto por el cual el viento reduce la temperatura efectiva.

winded ['wɪndɪd] *adj* sin aliento.

winder ['waɪndə'] *n* [for clock] cuerda *f*; [for car window] elevalunas *m inv*; [for thread, yarn] devanadera *f*.

windfall ['wɪndfɔːl] *n* **- 1.** [fruit] fruta *f* caída. **- 2.** [unexpected gift] dinero *m* llovido del cielo.

windfarm ['wɪndfɑːm] *n* parque *m* eólico.

wind gauge [wɪnd-] *n* anemómetro *m*.

winding ['waɪndɪŋ] ◇ *adj* - **1.** [road, river] tortuoso(sa), sinuoso(sa). - **2.** [staircase] de caracol. ◇ *n* - **1.** [process] enrollamiento *m*. - **2.** ELEC bobinado *m*, devanado *m*.

winding sheet *n* mortaja *f*.

winding-up *n* [of account] cierre *m*; [of meeting] conclusión *f*, clausura *f*; [of business] liquidación *f*, cierre *m*.

wind instrument [wɪnd-] *n* instrumento *m* de viento.

windjammer ['wɪndˌdʒæməʳ] *n* [ship] velero *m*, barco *m* de vela.

windlass ['wɪndləs] *n* torno *m*, molinete *m*.

windmill ['wɪndmɪl] *n* - **1.** [building] molino *m* de viento; **to tilt at ~s** *fig* luchar contra molinos de viento. - **2.** [toy] molinete *m*. - **3.** [wind turbine] aerogenerador *m*.

window ['wɪndəʊ] *n* - **1.** [gen & COMPUT] ventana *f*; [at ticket office] ventanilla *f*; [in church] vidriera *f*; [on envelope] ventana *f*, ventanilla *f*; **all our plans have gone out (of) the ~** *inf fig* todos nuestros proyectos se han ido al traste. - **2.** AUT ventanilla *f*. - **3.** [of shop] escaparate *m*. - **4.** [in diary] hueco *m*, momento *m* libre; **~ of opportunity** oportunidad *f*.

window box *n* jardinera *f* (de ventana).

window cleaner *n* limpiacristales *mf inv*.

window display *n* escaparate *m*.

window dresser *n* escaparatista *mf*.

window dressing *n (U)* - **1.** [in shop] escaparatismo *m*. - **2.** *fig* [non-essentials] pura fachada *f*.

window envelope *n* sobre *m* de ventanilla.

window frame *n* marco *m* de ventana.

window ledge *n* alféizar *m*.

window pane *n* cristal *m* (de la ventana).

window seat *n* [in room] asiento *m* junto a una ventana; [in train, plane] asiento *m* junto a la ventanilla.

window shade *n Am* persiana *f*.

window-shopping *n*: **to go ~** ir de escaparates.

windowsill ['wɪndəʊsɪl] *n* alféizar *m*.

windpipe ['wɪndpaɪp] *n* tráquea *f*.

wind power [wɪnd-] *n* energía *f* eólica.

windproof ['wɪndpruːf] *adj* a prueba de viento.

windscreen *Br* ['wɪndskriːn], **windshield** *Am* ['wɪndʃiːld] *n* parabrisas *m inv*.

windscreen washer *n* lavaparabrisas *m inv*.

windscreen wiper *n* limpiaparabrisas *m inv*.

windshield *n Am* = **windscreen**.

wind sleeve [wɪnd-], **windsock** ['wɪndsɒk] *n* manga *f* de aire.

wind speed [wɪnd-] *n* velocidad *f* del viento.

windstorm ['wɪndstɔːm] *n* vendaval *m*, ventarrón *m*.

windsurf ['wɪndsɜːf] *vi* hacer windsurf.

windsurfer ['wɪndˌsɜːfəʳ] *n* - **1.** [person] windsurfista *mf*. - **2.** [board] tabla *f* de windsurf.

windsurfing ['wɪndˌsɜːfɪŋ] *n* windsurf *m*.

windswept ['wɪndswept] *adj* - **1.** [landscape] azotado(da) por el viento. - **2.** [person, hair] despeinado(da).

wind tee [wɪnd-] *n* veleta *f* con forma de T.

wind tunnel [wɪnd-] *n* túnel *m* aerodinámico.

wind turbine *n* aerogenerador *m*, turbina *f* eólica.

wind-up [waɪnd-] ◇ *adj* de cuerda. ◇ *n* [end] final *m*, conclusión *f*.

windward ['wɪndwəd] *adj* de barlovento *m*.

Windward Islands *n*: **the ~** las islas de Barlovento.

windy ['wɪndɪ] (*compar* **windier**, *superl* **windiest**) *adj* - **1.** [day, weather] ventoso(sa), de mucho viento; [place] expuesto(ta) al viento; **it's ~** hace viento. - **2.** *inf* [pompous, verbose] vano(na), verboso(sa). - **3.** [flatulent] flatulento(ta).

wine [waɪn] ◇ *n* vino *m*; **red/white ~** vino tinto/blanco. ◇ *vt*: **to ~ and dine sb** agasajar a alguien. ◇ *vi* beber vino.

wine and cheese evening *n* pequeña fiesta en la que se sirve queso y vino.

wine bar *n Br* bar-bodega de cierta elegancia que suele servir comidas.

wine bottle *n* botella *f* de vino.

wine box *n* especie de cartón de vino con espita.

wine cellar *n* bodega *f*.

wine cooler *n* [container] cubitera *f* (para vino).

wineglass ['waɪnglɑːs] *n* copa *f* (de vino).

winegrower ['waɪnˌgrəʊəʳ] *n* viticultor *m*, -ra *f*.

winegrowing ['waɪnˌgrəʊɪŋ] ◇ *n* viticultura *f*. ◇ *adj* [area] vitícola; [industry] vinícola.

wine list *n* lista *f* de vinos.

wine merchant *n Br* vinatero *m*, -ra *f*.

winepress ['waɪnpres] *n* lagar *m*.

winery ['waɪnərɪ] (*pl* **wineries**) *n Am* bodega *f*.

wineskin ['waɪnskɪn] *n* odre *m*, pellejo *m* de vino.

wine taster *n* [person] catador *m*, -ra *f* de vinos; [cup] catavinos *m inv*.

wine tasting [-ˌteɪstɪŋ] *n* cata *f* de vinos.

wine vinegar *n* vinagre *m* de vino.

wine waiter *n* sommelier *m*.

wing [wɪŋ] ◇ *n* - **1.** [gen, AERON & POL] ala *f*; **on the ~** en pleno vuelo, volando; **to take ~** emprender el vuelo, echar a volar ❑ **to clip sb's ~s** cortarle las alas a alguien; **to stretch** OR **spread one's ~s** ponerse a prueba; **to take sb under one's ~** tomar a alguien bajo la protección de uno. - **2.** [of building] ala *f*. - **3.** AUT guardabarros *m inv*. - **4.** SPORT [side of pitch] banda *f*; [winger] extremo *mf*, ala *m*. - **5.** [of windmill] aspa *f*. ◇ *vt* - **1.** [wound - bird] herir en el ala; [- person] herir en el brazo. - **2.** [arrow] emplumar. - **3.** *phr*: **to ~ it** *inf* improvisar.

◆ **wings** *npl* THEATRE: **the ~s** los bastidores ❑ **to be waiting in the ~s** aguardar (uno) su oportunidad.

wing chair *n* sillón *m* de orejas.

wing commander *n Br* ≃ teniente *m* coronel de aviación.

wingding ['wɪŋdɪŋ] *n inf* [party] fiestorro *m*.

winged [wɪŋd] *adj* - **1.** [having wings] alado(da). - **2.** [wounded - bird] herido(da) en el ala; [- person] herido(da) en el brazo.

winger ['wɪŋəʳ] *n* SPORT extremo *mf*, ala *m*.

wing forward *n* [in rugby] ala *m*.

wing mirror *n* retrovisor *m*.

wing nut *n* palometa *f*, tuerca *f* de mariposa.

wingspan ['wɪŋspæn], **wingspread** ['wɪŋspred] *n* envergadura *f* (de alas).

wing tip *n* punta *f* OR extremo *m* del ala.

wink [wɪŋk] ◇ *n* guiño *m*; **to have forty ~s** *inf fig* echarse un sueñecito; **not to sleep a ~**, **not to get a ~ of sleep** *inf fig* no pegar ojo. ◇ *vi* - **1.** [eye]: **to ~ (at sb)** guiñar (a alguien). - **2.** *literary* [lights, stars] titilar, parpadear. ◇ *vt* guiñar.

winking ['wɪŋkɪŋ] ◇ *adj* [lights] parpadeante, titilante. ◇ *n (U)* - **1.** [of an eye] guiños *mpl*. - **2.** [of lights, stars] parpadeo *m*, titileo *m*.

winkle ['wɪŋkl] *n* bígaro *m*.

◆ **winkle out** *vt sep* extraer.

winkle-pickers *npl Br inf* zapatos *mpl* puntiagudos.

winner ['wɪnəʳ] *n* ganador *m*, -ra *f*.

winning ['wɪnɪŋ] *adj* - **1.** [team, competitor] vencedor(ra), victorioso(sa); [goal, point] de la victoria; [ticket, number] premiado(da). - **2.** [smile] atractivo(va); **to have ~ ways** tener encanto.

◆ **winnings** *npl* ganancias *fpl*.

winning post *n* meta *f*.

Winnipeg ['wɪnɪpeg] *n* Winnipeg.

winnow ['wɪnəʊ] *vt* - **1.** AGR aventar. - **2.** *fig* [separate] separar; [select] pasar por la criba.

wino ['waɪnəʊ] (*pl* **winos**) *n inf* borracho *m*, -cha *f*.

winsome ['wɪnsəm] *adj literary* atractivo(va), encantador(ra).

winter ['wɪntə'] ◇ *n* (U) invierno *m*; **in** ~ en invierno; **the ~ of discontent** el invierno de 1978 a 1979, marcado por un gran malestar social en Gran Bretaña. ◇ *comp* de invierno, invernal; ~ **clothing** ropa *f* de invierno. ◇ *vi fml* pasar el invierno. ◇ *vt* [farm animals] hacer invernar.

wintergreen ['wɪntəgriːn] *n* [plant] gaulteria *f*; [oil] aceite *m* de gaulteria.

winterize, -ise ['wɪntəraɪz] *vt Am* preparar para el invierno.

Winter Olympics *npl*: **the** ~ las olimpiadas de invierno.

winter solstice *n* solsticio *m* de invierno.

winter sports *npl* deportes *mpl* de invierno.

wintertime ['wɪntətaɪm] *n* (U) invierno *m*; **in** ~ en invierno.

winter wheat *n* trigo *m* de invierno.

wint(e)ry ['wɪntrɪ] *adj* - **1.** [gen] de invierno, invernal; [showers] con nieve. - **2.** *fig* [look, smile] glacial.

wipe [waɪp] ◇ *n*: **give the table a** ~ pásale un trapo a la mesa. ◇ *vt* - **1.** [rub to clean] limpiar, pasar un trapo a; [rub to dry] secar; [eyes, forehead] enjugar. - **2.** [delete] borrar.

◆ **wipe away** *vt sep* [tears, sweat] enjugar; [dirt, dust] quitar, sacar.

◆ **wipe off** *vt sep* [remove] quitar, sacar; ~ **that smile off your face!** *fig* ¡borra esa sonrisa de tu cara!

◆ **wipe out** *vt sep* - **1.** [erase] borrar. - **2.** [eradicate] aniquilar.

◆ **wipe up** *vt sep* empapar, limpiar.

wipeout ['waɪpaʊt] *n* [destruction] destrucción *f*, derrota *f*.

wiper ['waɪpə'] *n* [windscreen wiper] limpiaparabrisas *m inv*.

wire ['waɪə'] ◇ *n* - **1.** [gen] alambre *m*; ELEC cable *m*; TELEC hilo *m*; **under the** ~ *Am inf fig* en el último momento; **we got our ~s crossed** *fig* hubo un malentendido. - **2.** *esp Am* [telegram] telegrama *m*; **to send a** ~ enviar OR poner un telegrama. ◇ *comp* de alambre. ◇ *vt* - **1.** [connect]: **to** ~ **sthg to sthg** conectar algo a algo. - **2.** [ELEC - house] hacer la instalación eléctrica de; [- plug] conectar el cable a. - **3.** *esp Am* [send telegram to] telegrafiar, enviar un telegrama a.

wire brush *n* cepillo *m* de raíces.

wire cutters *npl* cortaalambres *m inv*.

wired ['waɪəd] *adj* - **1.** [connected to an alarm] conectado(da) a un dispositivo de alarma. - **2.** *v inf* [with hidden microphone] intervenido(da). - **3.** *v inf* [edgy] sobreexcitado(da).

wire-haired *adj* de pelaje áspero.

wireless ['waɪəlɪs] *n dated* transistor *m*, radio *f*.

wireless operator *n dated* radiotelegrafista *mf*.

wire netting *n* (U) tela *f* metálica.

wirepuller ['waɪəpʌlə'] *n Am* maquinador *m*, -ra *f*, manipulador *m*, -ra *f*.

wire rope *n* cable *m*.

wiretap ['waɪətæp] (*pt & pp* **wiretapped**, *cont* **wiretapping**) ◇ *vt* intervenir. ◇ *vi* intervenir una línea telefónica. ◇ *n* dispositivo *m* de intervención telefónica.

wire-tapping *n* (U) escuchas *f* telefónicas.

wire wool *n Br* estropajo *m* metálico.

wiring ['waɪərɪŋ] *n* (U) instalación *f* eléctrica.

wiry ['waɪərɪ] (*compar* **wirier**, *superl* **wiriest**) *adj* - **1.** [hair] estropajoso(sa). - **2.** [body, person] nervudo(da).

Wisconsin [wɪs'kɒnsɪn] *n* Wisconsin.

wisdom ['wɪzdəm] *n* - **1.** [learning] sabiduría *f*. - **2.** [good sense] sensatez *f*.

wisdom tooth *n* muela *f* del juicio.

wise [waɪz] ◇ *adj* - **1.** [learned] sabio(bia); **to get** ~ **to sthg** *inf fig* caer en la cuenta de algo; **she's no** ~**r** OR **none the** ~**r** *fig* sigue sin entender. - **2.** [sensible] sensato(ta), prudente. ◇ *n fml* modo *m*, manera *f*; **in any** ~ de cualquier modo OR manera; **in no** ~ de ningún modo, de ninguna manera.

◆ **wise up** *esp Am inf* ◇ *vi* enterarse, ponerse al tanto. ◇ *vt sep* poner al tanto.

-wise [waɪz] *in cpds* - **1.** [in the direction of]: **length**~ en sentido longitudinal. - **2.** [in the manner of]: **he edged crab**~ **up to the bar** se fue arrimando hacia el bar igual que OR comoun cangrejo. - **3.** *inf* [as regards]: **money**~ **the job leaves a lot to be desired** desde el punto de vista económico OR en cuanto al dinero, el trabajo deja mucho que desear.

wiseacre ['waɪzˌeɪkə'] *n* sabelotodo *mf*, sabihondo *m*, -da *f*.

wisecrack ['waɪzkræk] *n pej* broma *f*, chiste *m*.

wise guy *n inf pej* sabelotodo *mf*, sabihondo *m*, -da *f*.

wisely ['waɪzlɪ] *adv* - **1.** [with wisdom] sabiamente. - **2.** [sensibly] sensatamente, prudentemente.

wish [wɪʃ] ◇ *n* deseo *m*; **he got his** ~ vio su deseo realizado, tuvo lo que quería; **it was her last** ~ fue su última voluntad; ~ **(for sthg/to do sthg)** deseo (de algo/de hacer algo); **I've no** ~ **to interfere** no deseo OR quiero entrometerme; **to make a** ~ pedir un deseo; **your** ~ **is my command** tus deseos son órdenes. ◇ *vt*: **to** ~ **to do sthg** *fml* desear hacer algo; **I don't** ~ **to appear rude** no quisiera parecer descortés; **to** ~ **sb sthg** desear a alguien algo; **I** ~ **you success** te deseo que triunfes; ~ **me luck!** ¡deséame suerte!; **to** ~ **sb well** desear a alguien buena suerte; **I** ~ **(that) you had told me before!** ¡ojalá me lo hubieras dicho antes!; **I** ~ **(that) I were** OR **was rich** ojalá fuera rico; **I** ~ **you'd shut up** ¿por qué no te callas? ◇ *vi* [by magic]: **to** ~ **for sthg** pedir (como deseo) algo.

◆ **wishes** *npl*: **(with) best** ~**es** [in letter] muchos recuerdos; **give her my best** ~**es** dale recuerdos de mi parte.

◆ **wish away** *vt sep*: **you can't simply** ~ **away the things you don't like** es imposible acabar con lo que no te gusta sólo con tus buenos deseos.

◆ **wish on** *vt sep*: **to** ~ **sthg on sb** desearle algo a alguien; **I wouldn't** ~ **it on my worst enemy** no se lo desearía ni a mi peor enemigo.

wishbone ['wɪʃbəʊn] *n* espoleta *f*.

wishful thinking ['wɪʃful-] *n* (U): **it's just** ~ no son más que (vanas) ilusiones.

USAGE ▶ Wishes

Wishing for something to happen

Me encantaría que me acompañases.
Sería formidable si pudieras quedarte unos días más.
¡Ojalá (que) me aprueben!
Daría cualquier cosa por verle en persona.
Nada me gustaría más que terminar con este asunto.
Sólo quiero una cosa: que me dejes tranquila.
¡Cómo me gustaría estar allí ahora!
Por favor, ¡di que sí!/¡que diga que sí!
Todo lo que quiero es que se marche ahora mismo.
Mi mayor deseo es que se recupere pronto.
Sería un gran placer para nosotros contar con vuestra presencia. [*formal*]

Deseamos fervientemente que sean muy felices. [*formal*]

Wishing that something had not happened

Desearía no habérselo dicho.
¿Por qué habrás tenido que hacerlo?
¡Cómo me gustaría haber dicho que no en su momento!
Si no se lo hubieras mencionado...
Hubiera preferido no haberlo comprado hasta mañana.
No me debería haber cambiado de casa.
¡Lo que daría por no haberme subido a ese autobús!

wishy-washy [ˈwɪʃɪˌwɒʃɪ] *adj inf pej* soso(sa), insípido(da).

wisp [wɪsp] *n* - **1.** [of hair] mechón *m*; [of grass] brizna *f*; [of straw] manojo *m*; **a ~ of a woman** *fig* una mujer menuda. - **2.** [cloud] nubecilla *f*; [of smoke] voluta *f*.

wispy [ˈwɪspɪ] (*compar* **wispier**, *superl* **wispiest**) *adj* [hair] ralo(la) y a mechones.

wisteria [wɪˈstɪərɪə] *n* glicina *f*.

wistful [ˈwɪstfʊl] *adj* triste, melancólico(ca).

wistfully [ˈwɪstfʊlɪ] *adv* con tristeza or melancolía.

wit [wɪt] *n* - **1.** [humour] ingenio *m*, agudeza *f*. - **2.** [funny person] chistoso *m*, -sa *f*. - **3.** [intelligence]: **to have the ~ to do sthg** tener el buen juicio de hacer algo.
♦ **wits** *npl*: **to collect** OR **gather one's ~s** serenarse; **to have** OR **keep one's ~s about one** mantenerse alerta; **to live by one's ~s** vivir (uno) de su ingenio; **to be at one's ~s end** estar a punto de volverse loco(ca); **to be scared out of one's ~s** *inf* estar muerto(ta) de miedo.
♦ **to wit** *adv arch* a saber, es decir.

witch [wɪtʃ] *n* bruja *f*.

witchcraft [ˈwɪtʃkrɑːft] *n* brujería *f*.

witchdoctor [ˈwɪtʃˌdɒktəʳ] *n* hechicero *m*, -ra *f*.

witchery [ˈwɪtʃərɪ] *n* brujería *f*.

witch grass *n* gramilla *f* colorada, pata *f* de perdiz.

witch-hazel *n* - **1.** [liquid] liquidámbar *m*. - **2.** [tree] ocozol *m*.

witch-hunt *n lit & fig* caza *f* de brujas.

witching hour [ˈwɪtʃɪŋ-] *n*: **the ~** la hora de las brujas.

with [wɪð] *prep* - **1.** [in company of] con; **we stayed ~ them for a week** estuvimos con ellos una semana; **I play tennis ~ his wife** juego al tenis con su mujer; **~ me** conmigo; **~ you** contigo; **~ himself/herself** consigo. - **2.** [indicating opposition] con; **the war ~ Germany** la guerra con Alemania; **to argue ~ sb** discutir con alguien. - **3.** [indicating means, manner, feelings] con; **I washed it ~ detergent** lo lavé con detergente; **he filled it ~ wine** lo llenó de vino; **covered ~ mud** cubierto de barro; **she was trembling ~ fear** temblaba de miedo; **'all right', she said ~ a smile** 'vale', dijo con una sonrisa; **~ care** con cuidado. - **4.** [having] con; **a man ~ a beard** un hombre con barba; **the woman ~ the black hair/big dog** la señora del pelo negro/perro grande; **the computer comes ~ a printer** el ordenador viene con impresora. - **5.** [regarding] con; **he's very mean ~ money** es muy tacaño con el dinero; **what will you do ~ the house?** ¿qué haréis con la casa?; **the trouble ~ her is that...** su problema es que... - **6.** [indicating simultaneity]: **I can't do it ~ you watching me** no puedo hacerlo contigo ahí mirándome. - **7.** [because of] con; **~ the weather as it is, we have decided to stay at home** con el tiempo como está hemos decidido quedarnos en casa; **~ my luck, I'll probably lose** con la suerte que tengo seguro que pierdo. - **8.** [indicating understanding]: **are you ~ me?** ¿me sigues?; **I'm sorry, I'm not ~ you** perdona, me he perdido. - **9.** [indicating support] con; **I'm ~ Dad on this** en eso estoy con papá. - **10.** *phr inf*: **to be ~ it** [fashionable] ir a la última; [alert] estar espabilado(da); **I'm not really ~ it this morning** estoy un poco atontada esta mañana.

withal [wɪˈðɔːl] *adv arch* [as well] también; [besides] además.

withdraw [wɪðˈdrɔː] (*pt* **withdrew** [-ˈdruː], *pp* **withdrawn** [-ˈdrɔːn]) ◇ *vt* - **1.** [gen]: **to ~ sthg (from)** retirar algo (de). - **2.** [money] sacar. - **3.** [statement] retirar, retractarse de. ◇ *vi*: **to ~ (from/to)** retirarse (de/a).

withdrawal [wɪðˈdrɔːəl] *n* - **1.** [gen & MIL] retirada *f*. - **2.** [retraction] retractación *f*. - **3.** MED (síndrome *m* de) abstinencia *f*. - **4.** FIN reintegro *m*.

withdrawal symptoms *npl* síndrome *m* de abstinencia.

withdrawn [wɪðˈdrɔːn] ◇ *pp* → **withdraw**. ◇ *adj* [shy, quiet] retraído(da).

withdrew [wɪðˈdruː] *pt* → **withdraw**.

withe [wɪθ, wɪð, waɪð] *n* mimbre *m*, junco *m*.

wither [ˈwɪðəʳ] ◇ *vt* marchitar. ◇ *vi* - **1.** [dry up] marchitarse. - **2.** [become weak] debilitarse, decaer.

withered [ˈwɪðəd] *adj* marchito(ta).

withering [ˈwɪðərɪŋ] *adj* [remark] mordaz; [look] fulminante.

withhold [wɪðˈhəʊld] (*pt & pp* **withheld** [-ˈheld]) *vt* [gen] retener; [consent, permission] negar.

withholding tax [wɪðˈhəʊldɪŋ-] *n Am* retenciones *fpl*, impuesto *m* retenido.

within [wɪˈðɪn] ◇ *prep* - **1.** [gen] dentro de; **~ reach** al alcance de la mano. - **2.** [less than - distance] a menos de; [- time] en menos de; **it's ~ walking distance** se puede ir andando; **he was ~ five seconds of the leader** estaba a cinco segundos del líder; **~ the next six months** en los próximos seis meses; **it arrived ~ a week** llegó en una semana. ◇ *adv* dentro.

without [wɪˈðaʊt] ◇ *prep* sin; **~ sthg/doing sthg** sin algo/hacer algo; **it happened ~ my realizing** pasó sin que me diera cuenta. ◇ *adv*: **to go** or **do ~ sthg** pasar sin algo.

withstand [wɪðˈstænd] (*pt & pp* **withstood** [-ˈstʊd]) *vt* resistir, aguantar.

withy [ˈwɪðɪ] *n* = **withe**.

witless [ˈwɪtlɪs] *adj* estúpido(da), tonto(ta).

witness [ˈwɪtnɪs] ◇ *n* - **1.** [person] testigo *mf*; **to be ~ to sthg** ser testigo de algo. - **2.** [testimony] testimonio *m*; **to bear ~ to sthg** atestiguar algo, dar fe OR testimonio de algo. - **3.** [in court] testigo *mf*; **~ for the prosecution/for the defence** testigo de cargo/de descargo. ◇ *vt* - **1.** [see] presenciar. - **2.** [countersign] firmar (como testigo), atestiguar. ◇ *vi* atestiguar, dar testimonio; **to ~ to sthg** atestiguar algo.

witness box *Br*, **witness stand** *Am n* tribuna *f* (de los testigos).

witter [ˈwɪtəʳ] *vi Br inf pej* parlotear.

witticism [ˈwɪtɪsɪzm] *n* agudeza *f*, ocurrencia *f*.

wittingly [ˈwɪtɪŋlɪ] *adv fml* a sabiendas.

witty [ˈwɪtɪ] (*compar* **wittier**, *superl* **wittiest**) *adj* ingenioso(sa), ocurrente.

wives [waɪvz] *pl* → **wife**.

wiz [wɪz] *n inf* as *m*, genio *m*.

wizard [ˈwɪzəd] ◇ *n* - **1.** [magician] mago *m* (*en cuentos*). - **2.** [skilled person] genio *m*; **she is a ~ at maths** es un genio de las matemáticas. ◇ *adj Br inf dated* excelente.

wizardry [ˈwɪzədrɪ] *n* magia *f*.

wizened [ˈwɪznd] *adj* marchito(ta).

wk (*written abbr of* **week**) sem.

Wm. (*abbr of* **William**) Guillermo.

wo [wəʊ] *excl* = **whoa**.

WO *n written abbr of* **warrant officer**.

woad [wəʊd] *n* glasto *m*, hierba *f* pastel.

wobble [ˈwɒbl] ◇ *vi* [gen] tambalearse; [furniture] bambolearse, cojear; [legs, jelly, voice] temblar. ◇ *vt* [table] bambolear.

wobbly [ˈwɒblɪ] (*compar* **wobblier**, *superl* **wobbliest**) ◇ *adj* [jelly] bamboleante; [flesh] flácido(da); [handwriting, legs, voice] tembloroso(sa); [furniture] cojo(ja); [pile, structure] tambaleante; [line] vacilante. ◇ *n Br inf*: **to throw a ~** coger una rabieta OR un berrinche.

wodge [wɒdʒ] *n Br inf* trozo *m* grande, cacho *m*.

woe [wəʊ] ◇ *n literary* aflicción *f*, pesar *m*. ◇ *excl arch* ¡ay!; **~ is me!** ¡ay OR pobre de mí!
♦ **woes** *npl literary & hum* males *mpl*, penas *fpl*.

woebegone [ˈwəʊbɪgɒn] *adj literary & hum* [sorrowful] triste, melancólico(ca); [run-down] en mal estado, decrépito(ta).

woeful [ˈwəʊfʊl] *adj* - **1.** *literary* [sad - person, look] apenado(da); [- news, situation] penoso(sa); [- scene, tale] tristísimo(ma). - **2.** [deplorable] lamentable.

woefully [ˈwəʊfʊlɪ] *adv* - **1.** [sadly] con aflicción. - **2.** [badly] de un modo lamentable; **our funds are ~ inadequate** nuestra carencia de fondos es lamentable.

woggle ['wɒgl] *n Br* anillo *m* de cuero *(en el pañuelo de los scouts)*.

wok [wɒk] *n* wok *m*.

woke [wəʊk] *pt* → **wake**.

woken ['wəʊkn] *pp* → **wake**.

wold [wəʊld] *n* llanura *f* ondulada.

wolf [wʊlf] (*pl* **wolves** [wʊlvz]) ◇ *n* - **1.** ZOOL lobo *m*; **to cry** ~ dar la alarma sin motivo; **it helps keep the** ~ **from the door** me ayuda a no caer en la miseria OR no morirme de hambre; **to throw sb to the wolves** arrojar a alguien a los leones; **a** ~ **in sheep's clothing** un lobo con piel de oveja, un/una hipócrita. - **2.** *inf* [seducer] don Juan *m*, tenorio *m*. ◇ *vt inf*: **to** ~ (**down**) zamparse, devorar.

wolf cub *n* [animal] lobezno *m*, lobato *m*.

wolfhound ['wʊlfhaʊnd] *n* perro *m* lobo.

wolfish ['wʊlfɪʃ] *adj* [appearance] lobuno(na); [appetite] feroz.

wolf pack *n* manada *f* de lobos.

wolframite ['wʊlfrəmaɪt] *n* volframita *f*.

wolfsbane ['wʊlsbeɪn] *n* luparia *f*, uva *f* lupina.

wolf whistle *n* silbido *m* (*piropo*).

wolverine ['wʊlvəri:n] (*pl inv* OR **wolverines**) *n* ZOOL glotón *m*.

wolves [wʊlvz] *pl* → **wolf**.

woman ['wʊmən] (*pl* **women** ['wɪmɪn]) ◇ *n* - **1.** [female] mujer *f*; ~ **of the world** mujer de mundo ❏ **to make an honest** ~ **of sb** *hum* casarse con alguien. - **2.** [all women] la mujer. - **3.** *inf* [wife] mujer *f*; **the little** ~ la parienta. ◇ *comp*: ~ **doctor** médica *f*; ~ **prime minister** primera ministra *f*.

woman-hater *n* misógino *m*, -na *f*.

womanhood ['wʊmənhʊd] (*U*) *n* - **1.** [adult life] edad *f* adulta (de mujer); **to reach** ~ hacerse mujer. - **2.** [all women] la mujer. - **3.** [female nature] feminidad *f*, femineidad *f*.

womanish ['wʊmənɪʃ] *adj* - **1.** [effeminate] afeminado(da). - **2.** [womanlike] femenino(na), de mujer.

womanize, -ise ['wʊmənaɪz] *vi pej* ser un mujeriego.

womankind [,wʊmən'kaɪnd] *n* las mujeres, la mujer.

womanly ['wʊmənlɪ] *adj* femenino(na).

womb [wu:m] *n* - **1.** ANAT matriz *f*, útero *m*. - **2.** *fig* [origin] seno *m*, cuna *f*.

wombat ['wɒmbæt] *n* wombat *m*, *tipo de oso marsupial*.

women ['wɪmɪn] *pl* → **woman**.

womenfolk ['wʊmənfəʊlk] *npl inf* mujeres *fpl*.

women's group *n* grupo *m* feminista.

Women's Institute *n Br*: **the** ~ *organización cultural para mujeres*.

women's lib, women's liberation *n* liberación *f* de la mujer.

women's movement *n* movimiento *m* de liberación de la mujer.

won [wʌn] *pt & pp* → **win**.

wonder ['wʌndə^r] ◇ *n* - **1.** [amazement] asombro *m*, admiración *f*. - **2.** [cause for surprise]: **it's a** ~ (**that**)... es un milagro que...; **no** OR **little** OR **small** ~... no es de extrañar que...; **the** ~ **of it** lo asombroso (del caso). - **3.** [amazing thing, person] maravilla *f*; **the** ~**s of technology** los milagros de la tecnología; **the seven** ~**s of the world** las siete maravillas del mundo ❏ ~**s will never cease!** *inf hum* ¡vivir para ver!; **to work** OR **do** ~**s** hacer maravillas OR milagros. - **4.** [prodigy] prodigio *m*. ◇ *comp* [drug, detergent] milagroso(sa); **a** ~ **child** un niño prodigio. ◇ *vt* - **1.** [speculate]: **we were** ~**ing what would be best** estábamos pensando qué sería lo mejor; **to** ~ (**if** OR **whether**) preguntarse (si). - **2.** [in polite requests]: **I** ~ **if** OR **whether I could ask you a question?** ¿le importaría que le hiciera una pregunta? ◇ *vi* - **1.** [speculate]: **I was only** ~**ing** (preguntaba) sólo por curiosidad; **his answer set us** ~**ing** su respuesta nos dio que pensar; **to** ~ **about sthg** preguntarse por algo. - **2.** *literary* [be amazed]: **to** ~ **at sthg** quedarse maravillado(da) ante algo.

wonderful ['wʌndəfʊl] *adj* maravilloso(sa), estupendo(da); ~**!** ¡fantástico!, ¡estupendo!

wonderfully ['wʌndəfʊlɪ] *adv* - **1.** [very well] estupendamente. - **2.** [very] extremadamente.

wondering ['wʌndərɪŋ] *adj* [pensive] pensativo(va); [surprised] asombrado(da).

wonderland ['wʌndəlænd] *n* mundo *m* maravilloso.

wonderment ['wʌndəmənt] *n* [wonder] asombro *m*, admiración *f*; [surprise] asombro *m*.

wondrous ['wʌndrəs] *adj literary* maravilloso(sa).

wondrously ['wʌndrəslɪ] *adv literary* extraordinariamente.

wonky ['wɒŋkɪ] (*compar* **wonkier**, *superl* **wonkiest**) *adj Br inf* [table, chair etc] cojo(ja); [picture, tie etc] torcido(da).

wont [wəʊnt] ◇ *adj fml*: **to be** ~ **to do sthg** ser dado(da) a hacer algo, soler hacer algo. ◇ *n dated & literary* costumbre *f*; **as is his/her** *etc* ~ como de costumbre.

won't [wəʊnt] *contr* = **will not**.

wonted ['wəʊntɪd] *adj fml* acostumbrado(da).

woo [wu:] *vt* - **1.** *literary* [court] cortejar. - **2.** [try to win over] granjearse el apoyo de.

wood [wʊd] ◇ *n* - **1.** [timber] madera *f*; [for fire] leña *f*; **touch** ~**!** *fig* ¡toquemos madera! - **2.** [group of trees] bosque *m*; **I can't see the** ~ **for the trees** *Br fig* los árboles no me dejan ver el bosque. - **3.** GOLF (palo *m* de) madera *f*. ◇ *comp* de madera.

◆ **woods** *npl* bosque *m*.

wood alcohol *n* alcohol *m* metílico.

woodbin ['wʊdbɪn] *n* leñera *f*.

woodbine ['wʊdbaɪn] *n* madreselva *f*.

woodblock ['wʊdblɒk] *n* - **1.** [for printing] plancha *f* de madera. - **2.** [for floor] tablilla *f* de parqué.

wood-burning *adj* [stove, boiler] que consume madera.

woodcarving ['wʊd,kɑ:vɪŋ] *n* [craft] tallado *m* en madera.

woodchip ['wʊdtʃɪp] *n* [composite wood] conglomerado *m*.

woodchuck ['wʊdtʃʌk] *n* marmota *f* de Norteamérica.

wood coal *n* - **1.** [charcoal] carbón *m* vegetal. - **2.** [lignite] lignito *m*.

woodcock ['wʊdkɒk] (*pl inv* OR **woodcocks**) *n* becada *f*, chocha *f*.

woodcraft ['wʊdkrɑ:ft] *n Am* - **1.** [woodworking skill] artesanía *f* en madera. - **2.** [for living, hunting etc in woodland] conocimiento *m* del bosque.

woodcut ['wʊdkʌt] *n* plancha *f* de madera.

woodcutter ['wʊd,kʌtə^r] *n* leñador *m*, -ra *f*.

woodcutting ['wʊd,kʌtɪŋ] *n* - **1.** [in forest] tala *f* de árboles. - **2.** [engraving] grabado *m* en madera.

wooded ['wʊdɪd] *adj* arbolado(da).

wooden ['wʊdn] *adj* - **1.** [of wood] de madera; ~ **leg** pata *f* de palo. - **2.** *pej* [actor] enmarado(da).

wood engraving *n* grabado *m* en madera, xilografía *f*.

woodenhead ['wʊdnhed] *n inf* mentecato *m*, -ca *f*, estúpido *m*, -da *f*.

woodenly ['wʊdnlɪ] *adv* [perform, move, smile, speak] envaradamente, con rigidez.

wooden spoon *n inf fig*: **to win** OR **get the** ~ quedar el último.

woodland ['wʊdlənd] *n* bosque *m*, arboleda *f*.

woodlark ['wʊdlɑ:k] *n* totovía *f*.

woodlouse ['wʊdlaʊs] (*pl* **woodlice** [-laɪs]) *n* cochinilla *f*.

wood nymph *n* dríada *f*, ninfa *f* de los bosques.

woodpecker ['wʊd,pekə^r] *n* pájaro *m* carpintero.

wood pigeon *n* paloma *f* torcaz.

woodpile ['wʊdpaɪl] *n* montón *m* de leña.

wood pulp *n* pasta *f* de papel, pulpa *f* de madera.

woodshed ['wʊdʃed] *n* leñera *f*.

woodsman ['wʊdzmən] (*pl* **woodsmen** [-mən]) *n Am* hombre *m* del bosque.

woodsy ['wʊdzɪ] *adj Am* boscoso(sa).

woodwind ['wʊdwɪnd] *n*: **the** ~ los instrumentos de viento de madera.

woodwork ['wʊdwɜːk] *n* - **1.** [craft] carpintería *f*. - **2.** CONSTR carpintería *f*, maderaje *m*. - **3.** *inf* [in soccer] madera *f*.

woodworm ['wʊdwɜːm] *n* carcoma *f*.

woody ['wʊdɪ] (*compar* **woodier**, *superl* **woodiest**) *adj* - **1.** [plant, tissue] leñoso(sa). - **2.** [countryside] arbolado(da), boscoso(sa). - **3.** [taste, smell] a madera.

wooer ['wuːəʳ] *n dated* pretendiente *m*.

woof [wuːf] *n* - **1.** [bark] ladrido *m*; ~! ¡guau! - **2.** TEXTILES trama *f*.

woofer ['wʊfəʳ] *n* amplificador *m* de graves.

wool [wʊl] ◇ *n* lana *f*; **all** ~ **and a yard wide** *Am inf fig* de primera categoría; **to pull the** ~ **over sb's eyes** *inf fig* dar a alguien gato por liebre. ◇ *comp* de lana.

woolen *adj Am* = **woollen**.

woolgathering ['wʊlˌgæðərɪŋ] *n*: **to be** ~ estar pensando en las musarañas.

woollen *Br*, **woolen** *Am* ['wʊlən] *adj* de lana.
◆ **woollens** *npl* prendas *fpl* de lana.

woolly *Br* (*compar* **woollier**, *superl* **woolliest**, *pl* **woollies**), **wooly** *Am* (*compar* **woolier**, *superl* **wooliest**, *pl* **woolies**) ['wʊlɪ] ◇ *adj* - **1.** [woollen] de lana. - **2.** *inf* [fuzzy, unclear] confuso(sa). ◇ *n inf* prenda *f* de lana.

woolly-headed, **woolly-minded** *adj inf pej* tarambana.

woolpack ['wʊlpæk] *n* fardo *m* de lana.

woolsack ['wʊlsæk] *n* POL: **the** ~ *escaño que ocupa el presidente de la cámara de los Lores*.

wooly *adj & n Am* = **woolly**.

woops [wʊps] *excl* = **whoops**.

woozy ['wuːzɪ] (*compar* **woozier**, *superl* **wooziest**) *adj inf* mareado(da).

Worcester sauce ['wʊstə-] *n (U)* salsa *f* Perrins®.

Worcs (*abbr of* **Worcestershire**) *antiguo condado inglés*.

word [wɜːd] ◇ *n* - **1.** LING palabra *f*; **the** ~**s of a song** la letra de una canción; **I don't believe a** ~ **of it** no me creo ni una palabra; **she doesn't speak a** ~ **of French** no habla ni palabra de francés; **in a** ~ en una palabra; **in one's own** ~**s** (uno) con sus propias palabras; **in other** ~**s** en otras palabras; **not in so many** ~**s** no con esas palabras; **too... for** ~**s** de lo más...; ~ **for** ~ palabra por palabra; **without a** ~ sin mediar OR decir palabra; **a** ~ **of advice** un consejo; **to put sthg into** ~**s** expresar algo (con palabras); **by** ~ **of mouth** de palabra; **I couldn't get a** ~ **in edgeways** no pude meter baza; **to eat one's** ~**s** tragarse las palabras; **famous last** ~**s!** ¡eso lo dirás tú!, ¡que te has creído tú eso!; **from the** ~ **go** desde el principio; **to hang on sb's every** ~ estar muy pendiente de todo lo que dice alguien; **to have a** ~ **with sb** hablar con alguien; **to have** ~**s with sb** *inf* tener unas palabritas con alguien; **she doesn't mince her** ~**s** no tiene pelos en la lengua; **to put in a (good)** ~ **for sb** hablar en favor de alguien; **to put** ~**s into sb's mouth** poner palabras en boca de alguien; **just say the** ~ no tienes más que decirlo; **to take the** ~**s out of sb's mouth** quitarle a alguien la palabra de la boca; **to waste one's** ~**s** hablar en vano; **to weigh one's** ~**s** medir (uno) sus palabras. - **2.** *(U)* [news] noticia *f*; **he sent** ~ **to say he had arrived** mandó decir que había llegado. - **3.** [rumour] rumor *m*; ~ **has it that...** según los rumores... - **4.** [promise] palabra *f*; **it's your** ~ **against mine** es tu palabra contra la mía; **you have my** ~ **for it** tienes mi palabra (de honor); **take my** ~ **for it** hazme caso; **to keep one's** ~ cumplir su promesa; **(upon) my** ~! [dated] ¡válgame Dios!, ¡Dios mío! ❑ **to be as good as one's** ~, **to be true to one's** ~ cumplir lo prometido; **to give sb one's** ~ dar (uno) su palabra a alguien; **I give you my** ~ te lo prometo. ◇ *vt* redactar, expresar; **a carefully** ~**ed reply** una contestación muy (bien) medida; **a strongly** ~**ed protest** una protesta en términos muy duros.

word association *n* asociación *f* de ideas a través de las palabras.

word-blind *adj Br* disléxico(ca).

word-blindness *n Br* dislexia *f*.

word game *n* juego a base de *palabras*.

wordiness ['wɜːdɪnɪs] *n* verbosidad *f*, prolijidad *f*.

wording ['wɜːdɪŋ] *n (U)* [of letter, speech] términos *mpl*, forma *f* (de expresión); ADMIN & JUR redacción *f*.

wordless ['wɜːdlɪs] *adj* mudo(da).

wordlist ['wɜːdlɪst] *n* [in notebook, textbook] lista *f* de palabras; [in dictionary] nomenclatura *f*.

word order *n* orden *m* de las palabras, distribución *f* sintáctica.

word-perfect *adj*: **to be** ~ saberse perfectamente el papel.

wordplay ['wɜːdpleɪ] *n (U)* juegos *mpl* de palabras.

word processing *n (U)* procesamiento *m* OR tratamiento *m* de textos.

word processor *n* procesador *m* de textos.

wordsmith ['wɜːdsmɪθ] *n* artífice *mf* de la palabra.

wordwrap ['wɜːdræp] *n* COMPUT salto *m* de línea automático.

wordy ['wɜːdɪ] (*compar* **wordier**, *superl* **wordiest**) *adj pej* prolijo(ja).

wore [wɔːʳ] *pt* → **wear**.

work [wɜːk] ◇ *n* - **1.** *(U)* [employment] trabajo *m*, empleo *m*; **to be in** ~ tener trabajo; **to be out of** ~ estar desempleado(da); **at** ~ en el trabajo. - **2.** [activity, tasks] trabajo *m*; **computers take some of the** ~ **out of filing** los ordenadores ahorran parte de la tarea de archivar; **let's get to** ~! ¡manos a la obra!; **at** ~ trabajando; **there are several factors at** ~ **here** aquí intervienen varios factores; **it's hard** ~ es una ardua tarea; **to go to** ~ **on sthg** ponerse a trabajar en algo; **keep up the good** ~! ¡buen trabajo!, ¡sigue así! ❑ **to have one's** ~ **cut out doing sthg** OR **to do sthg** tenerlo muy difícil para hacer algo; **to make light** OR **short** ~ **of sthg** despachar rápidamente algo; **to put a lot of** ~ **into sthg** dedicar muchas horas de trabajo a algo; **all** ~ **and no play makes Jack a dull boy** *proverb* no sólo de pan vive el hombre *proverb*, también hay que divertirse. - **3.** [of art, literature etc] obra *f*. - **4.** *fml* [act, deed] obra *f*, acto *m*; **the** ~ **of a madman** obra de un loco; **good** ~**s** buenas obras *fpl*. - **5.** PHYS trabajo *m*. - **6.** *phr*: **he's a nasty piece of** ~ es un elemento de cuidado. ◇ *vt* - **1.** [employees, subordinates] hacer trabajar; **you** ~ **yourself too hard** trabajas demasiado. - **2.** [machine] manejar, operar. - **3.** [wood, metal, land] trabajar; [mine, quarry] explotar; [dough] amasar; ~ **the fat into the flour** mezcle bien la manteca con la harina. - **4.** [cause to become]: **to** ~ **o.s. into a frenzy** ponerse frenético. - **5.** [force]: **to** ~ **one's way through** [crowd etc] abrirse camino por; **she** ~**ed her way along the ledge** fue sorteando con dificultad el saliente; **he** ~**ed his way through the crowd** se abrió paso entre la multitud; **to** ~ **one's way up** [in career] llegar a un puesto (alto) a fuerza de trabajo. - **6.** [manage, contrive]: **he** ~**ed it so that...** se las arregló de tal forma que... ◇ *vi* - **1.** [person]: **to** ~ **(on sthg)** trabajar (en algo); **you've got to** ~ **at it** tienes que trabajártelo; **we're** ~**ing for a cleaner environment** trabajamos por un medio ambiente más limpio. - **2.** [machine, system, idea] funcionar. - **3.** [drug] surtir efecto. - **4.** [have effect]: **to** ~ **against sb/sthg** funcionar contra alguien/algo; **circumstances have** ~**ed in their favour** las circunstancias han jugado a su favor. - **5.** [become by movement]: **to** ~ **loose** soltarse; **to** ~ **free** desprenderse. - **6.** [mouth, face] torcerse.
◆ **works** ◇ *n* [factory] fábrica *f*. ◇ *npl* - **1.** [mechanism] mecanismo *m*. - **2.** [digging, building] obras *fpl*. - **3.** *inf* [everything]: **the** ~ todo completo.
◆ **work in** *vt sep* - **1.** [incorporate] añadir. - **2.** [insert, include] meter.
◆ **work off** *vt sep* - **1.** [anger, frustration] desahogar; [energy] desgastar. - **2.** [debt] desembarazarse de.
◆ **work on** *vt fus* - **1.** [pay attention to] trabajar en. - **2.** [take as basis] partir de.

◆ **work out** ◇ *vt sep* - **1.** [plan, schedule] elaborar; **she had it all** ~**ed out** lo tenía todo pensado OR planeado. - **2.** [total, amount] calcular; [answer] dar con; **I can't** ~ **out why he did it** no alcanzo a comprender por qué lo hizo. ◇ *vi* - **1.** [figure etc]: **to** ~ **out at** salir a. - **2.** [turn out] resultar. - **3.** [be successful] salir bien, resultar bien. - **4.** [train, exercise] entrenarse, hacer ejercicio.

◆ **work over** *vt sep* - **1.** *Am* [revise] rehacer. - **2.** *v inf* [beat up] dar una somanta de palos a.

◆ **work up** ◇ *vt sep* - **1.** [excite]: **to** ~ **o.s. up into a frenzy** ponerse frenético(ca); **he gets himself** ~**ed up over nothing** se pone muy nervioso con nada. - **2.** [generate] despertar; **we** ~**ed up a sweat** nos pusimos a sudar; **we** ~**ed up a thirst** nos entró sed. ◇ *vi*: **to** ~ **up to sthg** mentalizarse para algo.

workability [ˌwɜːkə'bɪlətɪ] *n* - **1.** [of plan] viabilidad *f*. - **2.** [of mine] explotabilidad *f*.

workable ['wɜːkəbl] *adj* - **1.** [plan, proposal] factible, viable. - **2.** [mine, field] explotable.

workaday ['wɜːkədeɪ] *adj pej* prosaico(ca), corriente.

workaholic [ˌwɜːkə'hɒlɪk] *n* adicto *m*, -ta *f* al trabajo.

workbag ['wɜːkbæg] *n* bolsa *f* de labores.

workbasket ['wɜːkˌbɑːskɪt] *n* costurero *m*.

workbench ['wɜːkbentʃ] *n* banco *m* de trabajo.

workbook ['wɜːkbʊk] *n* - **1.** SCH libro *m* de ejercicios. - **2.** [manual] manual *m* de instrucciones.

work camp *n* campo *m* de trabajo.

work coat *n Am* bata *f*.

workday ['wɜːkdeɪ] ◇ *n* - **1.** [day's work] jornada *f* de trabajo. - **2.** [not weekend] día *m* laborable. ◇ *adj* = **workaday**.

worked up [ˌwɜːkt-] *adj* nervioso(sa).

worker ['wɜːkə'] *n* - **1.** [person who works] trabajador *m*, -ra *f*; [manual worker] obrero *m*, -ra *f*; **a hard/fast** ~ una persona que trabaja mucho/aprisa. - **2.** ZOOL obrera *f*.

worker ant *n* hormiga *f* obrera.

worker bee *n* abeja *f* obrera.

worker-priest *n* sacerdote *m* OR cura *m* obrero.

work experience *n* experiencia *f* laboral; **the course includes two months'** ~ el curso incluye dos meses de prácticas en una empresa.

workfare ['wɜːkfeə'] *n* plan que obliga a los desempleados a realizar trabajo social o cursos de formación laboral como contraprestación por el subsidio percibido.

workforce ['wɜːkfɔːs] *n* - **1.** [of firm] mano *f* de obra, trabajadores *mpl*. - **2.** [of country] población *f* activa.

workhorse ['wɜːkhɔːs] *n* - **1.** [horse] caballo *m* de tiro. - **2.** *fig* [person] burro *m* de carga, persona *f* muy trabajadora.

workhouse ['wɜːkhaʊs] *n* - **1.** *Br* [poor house] asilo para pobres en la época victoriana. - **2.** *Am* [prison] correccional *m*.

work-in *n* ocupación de una empresa por parte de los trabajadores.

working ['wɜːkɪŋ] *adj* - **1.** [in operation] funcionando; **to be in** ~ **condition** funcionar. - **2.** [having employment] empleado(da); [population] activo(va); [mother, woman] que trabaja. - **3.** [relating to work - gen] laboral; [- clothes, hours] de trabajo. - **4.** [majority] suficiente; [theory, definition] de trabajo.

◆ **workings** *npl* mecanismo *m*.

working capital *n* - **1.** [current assets minus current liabilities] capital *m* líquido. - **2.** [available money] capital *m* disponible.

working class *n*: **the** ~ la clase obrera.

◆ **working-class** *adj* obrero(ra).

working day *n* = **workday**.

working group *n* grupo *m* de trabajo, comisión *f* investigadora.

working knowledge *n* conocimientos *mpl* básicos.

working lunch *n* almuerzo *m* de trabajo.

working man *n* trabajador *m*.

working men's club *n* centro de reunión para los trabajadores de la zona, en el que hay un bar y un pequeño escenario.

working model *n* maqueta *f* operativa.

working order *n*: **to be in (good)** ~ funcionar (bien).

working papers *npl Am* permiso *m* de trabajo.

working party *n* grupo *m* de trabajo, comisión *f* investigadora.

working title *n* título *m* provisional.

working week *Br*, **workweek** *Am n* semana *f* laboral.

working woman *n* - **1.** [worker] obrera *f*, trabajadora *f*. - **2.** [woman with job] mujer *f* trabajadora.

work-in-progress *n* trabajo *m* en curso.

workload ['wɜːkləʊd] *n* cantidad *f* de trabajo.

workman ['wɜːkmən] (*pl* **workmen** [-mən]) *n* obrero *m*; **a bad** ~ **blames his tools** *proverb* lo mal hecho, mal hecho está, y no caben pretextos.

workmanlike ['wɜːkmənlaɪk] *adj* - **1.** [efficient] profesional. - **2.** [well-made] hecho(cha) a conciencia.

workmanship ['wɜːkmənʃɪp] *n* artesanía *f*.

workmate ['wɜːkmeɪt] *n* compañero *m*, -ra *f* de trabajo, colega *mf*.

workmen ['wɜːkmən] *pl* → **workman**.

work of art *n lit & fig* obra *f* de arte.

workout ['wɜːkaʊt] *n* ejercicios *mpl* físicos.

work party *n* [of soldiers] escuadra *f*; [of prisoners] grupo *m* de trabajo.

workpeople ['wɜːkˌpiːpl] *npl* obreros *mpl*.

work permit [-ˌpɜːmɪt] *n* permiso *m* de trabajo.

workplace ['wɜːkpleɪs] *n* lugar *m* de trabajo.

workroom ['wɜːkrʊm] *n* taller *m*.

works band *n* banda de música de una empresa.

works council *n* ≃ comité *m* de empresa.

work-sharing *n* empleo *m* compartido.

workshop ['wɜːkʃɒp] *n* taller *m*.

workshy ['wɜːkʃaɪ] *adj Br* vago(ga), gandul(la).

works manager *n* director *m*, -ra *f* de fábrica.

work space *n* espacio *m* para trabajar.

workstation ['wɜːkˌsteɪʃn] *n* COMPUT estación *f* de trabajo.

work surface *n* superficie *f* de trabajo.

worktable ['wɜːkˌteɪbl] *n* mesa *f* de trabajo.

worktop ['wɜːktɒp] *n Br* [in kitchen] encimera *f*.

work-to-rule *n Br* huelga *f* de celo.

workweek *n Am* = **working week**.

world [wɜːld] ◇ *n* mundo *m*; **to see the** ~ ver OR correr mundo; **the best in the** ~ el mejor del mundo; **nothing in the** ~ **would change my mind** no cambiaría de idea por nada del mundo; **we've got all the time in the** ~ tenemos todo el tiempo del mundo; **what/where/why in the** ~...? ¿qué/dónde/por qué demonios...? ❏ **the** ~ **over** en todo el mundo; **all the** ~ **and his wife** ciento y la madre; **to be dead to the** ~ dormir como un tronco; **to be** OR **mean all the** ~ **to sb** ser todo para alguien; **to be** ~**s apart** estar a años luz (uno del otro); **to bring a child into the** ~ traer un niño al mundo; **to come down in the** ~ venir a menos; **to do sb the** ~ **of good** venirle de maravilla a alguien; **for all the** ~ exactamente, ni más ni menos; **he isn't long for this** ~ *euph & hum* le queda muy poco de vida; **it's a small** ~ el mundo es un pañuelo; **it isn't the end of the** ~ *hum* no es el fin del mundo, no se va a caer el mundo por eso; **to live in a** ~ **of one's own** vivir en un mundo aparte; **to move up in the** ~ prosperar; **not for the** ~ por nada del mundo; **out of this** ~ *inf* increíble, extraordinario(ria); **this novel is not going to set the** ~ **on fire** *iro* esta novela no va a causar sensación; **to think the** ~ **of sb** querer a alguien con locura; **to want the best of both** ~**s** querer estar en misa y repicando; **a** ~ **of difference** una diferencia enorme. ◇ *comp* [champion, record] mundial; [religion, history] del mundo; ~ **affairs** la situación mundial; ~ **opinion** la opinión internacional.

World Bank *n*: **the** ~ el Banco Mundial.

world-class *adj* de primera categoría.

World Cup FTBL ◇ *n*: **the** ~ los mundiales de fútbol. ◇ *comp* de la Copa del Mundo.

World Fair *n* exposición *f* universal.

world-famous *adj* famoso(sa) en el mundo entero.

World Health Organization *n* Organización *f* Mundial de la Salud.

worldliness ['wɜːldlɪnɪs] *n* espíritu *m* mundano, mundanidad *f*.

worldly ['wɜːldlɪ] *adj* - **1.** [not spiritual, material] mundano(na); ~ **goods** bienes *mpl* materiales. - **2.** = **worldly-wise**.

worldly-wise *adj* experimentado(da).

world music *n* música *f* étnica, músicas *fpl* del mundo.

world power *n* potencia *f* mundial.

World Series *n*: **the** ~ *la final de la liga estadounidense de béisbol*.

World Service *n* RADIO emisión *f* de la BBC en el extranjero.

world-shattering *adj* [event, news] turbador(ra), asombroso(sa).

World Trade Organization *n* Organización *f* Mundial de Comercio.

world view *n* cosmovisión *f*.

World War I *n* la Primera Guerra Mundial.

World War II *n* la Segunda Guerra Mundial.

world-weary *adj* hastiado(da), cansado(da) de la vida.

worldwide ['wɜːldwaɪd] ◇ *adj* mundial. ◇ *adv* en todo el mundo, a escala mundial.

worm [wɜːm] ◇ *n* - **1.** [animal] gusano *m*; [earthworm] lombriz *f* (de tierra); **the** ~ **has turned** *Br fig* ha llegado al límite de su paciencia. - **2.** [in body] lombriz *f*. - **3.** *inf pej* [person] gusano *m*. - **4.** *fig* [of conscience, jealousy] gusanillo *m*. - **5.** TECH rosca *f*, filete *m*. ◇ *vt* - **1.** [move]: **to** ~ **one's way into sthg** [move] lograr colarse en algo; [wheedle] lograr atraer para sí algo. - **2.** [dog, sheep] quitar los parásitos a.

◆ **worms** *npl* [parasites] lombrices *fpl*.

◆ **worm out** *vt sep*: **to** ~ **sthg out of sb** sonsacarle algo a alguien.

worm-eaten *adj* - **1.** [apple] agusanado(da), podrido(da); [furniture] carcomido(da). - **2.** *fig* [ancient] anticuado(da), decrépito(ta).

worm gear *n* [engranaje *m* de] tornillo *m* sin fin.

wormhole ['wɜːmhəʊl] *n* agujero *m* de gusano.

worm wheel *n* = **worm gear**.

wormwood ['wɜːmwʊd] *n* - **1.** [plant] ajenjo *m*, absintio *m*. - **2.** *literary* [bitterness] amargura *f*.

worn [wɔːn] ◇ *pp* → **wear**. ◇ *adj* - **1.** [threadbare] gastado(da). - **2.** [tired] ajado(da).

worn-out *adj* - **1.** [old, threadbare]: **to be** ~ estar ya para tirar. - **2.** [tired] agotado(da).

worried ['wʌrɪd] *adj* preocupado(da); **to be** ~ **(sick) about** estar (muy) preocupado(da) por.

worriedly ['wʌrɪdlɪ] *adv* [say] con preocupación.

worrier ['wʌrɪə'] *n*: **to be a** ~ preocuparse por todo.

worrisome ['wʌrɪsəm] *adj* inquietante.

worry ['wʌrɪ] (*pl* **worries**, *pt & pp* **worried**) ◇ *n* preocupación *f*; **to be a** ~ **to sb** preocupar a alguien; **that's the least of my worries** eso es lo de menos. ◇ *vt* - **1.** [trouble] preocupar; **that did not** ~ **me** eso no me preocupaba; **to** ~ **o.s. sick about sthg** morirse de preocupación por algo. - **2.** [toy with] jugar con. ◇ *vi*: **to** ~ **(about)** preocuparse (por) □ **not to** ~! ¡no importa!

worry beads *npl* sarta de cuentas que se toquetean con los dedos para calmar los nervios.

worryguts *Br* ['wʌrɪgʌts], **worrywart** *Am* ['wʌrɪwɔːt] *n inf* persona que se angustia por tonterías.

worrying ['wʌrɪɪŋ] *adj* preocupante.

worryingly ['wʌrɪɪŋlɪ] *adv*: **the project is** ~ **late** el proyecto ha sufrido un retraso preocupante.

worrywart *n Am* = **worryguts**.

worse [wɜːs] ◇ *adj* peor; **to get** ~ empeorar; ~ **than useless** totalmente inútil; **it could have been** ~ podría haber sido peor; **to make things** ~ para colmo de males; ~ **still, what's** ~ peor aún, (y) lo que es peor. ◇ *adv* peor; **you could do** ~ **than accept their offer** harías bien en aceptar su oferta; **you could do** ~ hay cosas peores □ ~ **off** [gen] en peor situación; [financially] peor económicamente. ◇ *n*: ~ **was to come** lo peor estaba aún por venir; **so much the** ~ tanto peor; **for the** ~ para peor.

worsen ['wɜːsn] *vt & vi* empeorar.

worsening ['wɜːsnɪŋ] *adj* cada vez peor.

worship ['wɜːʃɪp] (*Br pt & pp* **worshipped**, *cont* **worshipping**, *Am pt & pp* **worshiped**, *cont* **worshiping**) ◇ *vt lit & fig* adorar. ◇ *vi* venerar. ◇ *n lit & fig*: ~ **(of)** culto *m* (a), adoración *f* (por).

◆ **Worship** *n*: **Your/Her/His Worship** su señoría; **his Worship the Mayor** el Excelentísimo Señor alcalde.

worshiper *n Am* = **worshipper**.

worshipful ['wɜːʃɪpfʊl] *adj Br fml* [in titles] honorable.

worshipper *Br*, **worshiper** *Am* ['wɜːʃɪpə'] *n* RELIG & *fig* devoto *m*, -ta *f*.

worst [wɜːst] ◇ *adj* peor; **the** ~ **thing is...** lo peor es que...; ~ **of all** lo peor de todo, peor aún. ◇ *adv* peor; **the** ~ **affected area** la región más afectada. ◇ *n*: **the** ~ [thing] lo peor; [person] el peor *m*, la peor *f* □ **to bring out the** ~ **in sb** despertar lo peor que hay en alguien; **to do one's** ~ hacer todo el mal que uno quiera; **to get the** ~ **of it** llevarse la peor parte; **if the** ~ **comes to the** ~ en último extremo.

◆ **at (the) worst** *adv* en el peor de los casos.

worsted ['wʊstɪd] ◇ *n* estambre *m*. ◇ *adj* de estambre.

wort [wɜːt] *n* [for making beer] mosto *m* de cerveza.

worth [wɜːθ] ◇ *adj* - **1.** [having the value of]: **it's** ~ **£50** vale 50 libras; **how much is it** ~? ¿cuánto vale?; **they say he's** ~ **over £25 million** dicen que su patrimonio sobrepasa los 25 millones de libras; **it's** ~ **a lot to me** para mí tiene mucho valor OR vale mucho. - **2.** [deserving of] digno(na) de, merecedor(ra) de; **he shouted for all his** ~ gritó con todas sus fuerzas; **it's** ~ **it** merece OR vale la pena; **it's** ~ **a try** vale OR merece la pena intentarlo; **the museum is** ~ **visiting** OR **a visit, it's** ~ **visiting the museum** el museo merece una visita; **for what it's** ~ por si sirve de algo, si es que sirve de algo. ◇ *n* - **1.** [amount]: **£50,000** ~ **of antiques** antigüedades por valor de 50.000 libras; **a month's** ~ **of groceries** provisiones para un mes. - **2.** *fml* [value] valor *m*.

worthily ['wɜːðɪlɪ] *adv* [live, behave] dignamente, con dignidad.

worthiness ['wɜːðɪnɪs] *n* mérito *m*.

worthless ['wɜːθlɪs] *adj* - **1.** [object] sin valor. - **2.** [person] despreciable.

worthlessness ['wɜːθlɪsnɪs] *n* - **1.** [of goods, lands etc] falta *f* de valor. - **2.** [of person] vileza *f*.

worthwhile [wɜːθ'waɪl] *adj* [gen] que vale la pena; [cause] noble, digno(na).

worthy ['wɜːðɪ] (*compar* **worthier**, *superl* **worthiest**, *pl* **worthies**) ◇ *adj* - **1.** [gen] digno(na). - **2.** [good but unexciting] encomiable. ◇ *n* persona *f* ilustre.

wotcha, wotcher ['wɒtʃə] *excl Br inf* ¡hola!

would [wʊd] *modal vb* - **1.** (*in reported speech*): **she said she** ~ **come** dijo que vendría. - **2.** [indicating likelihood]: **what** ~ **you do?** ¿qué harías?; **he** ~ **have resigned** habría dimitido; **there was a woman there - that** ~ **be his wife** había una mujer por allí - (ésa) debía (de) ser su mujer. - **3.** [indicating willingness]: **she** ~**n't go** no quiso/quería ir; **he** ~ **do anything for her** haría cualquier cosa por ella. - **4.** (*in polite questions*): ~ **you like a drink?** ¿quieres beber algo?; ~ **you mind closing the window?** ¿le importaría cerrar la ventana?; **help me shut this suitcase,** ~ **you?** ayúdame a cerrar esta maleta, ¿quieres?; **I'll do it for you - ~ you**? yo te lo hago - ¿sí? **- 5.** [indicating inevitability]: **he WOULD say that, ~n't he**? hombre, era de esperar que dijera eso, ¿no? **- 6.** [expressing opinions]: **I ~ have thought (that) it ~ be easy** hubiera pensado que sería fácil; **I ~ prefer...** preferiría...; **I ~ like...** quisiera..., quiero... **- 7.** [giving advice]: **I ~ report it if I were you** yo en tu lugar lo denunciaría. **- 8.** [indicating habit]: **he ~ smoke a cigar after dinner** solía fumar un puro después de la cena; **she ~ often complain about the neighbours** se quejaba a menudo de los vecinos. **- 9.** *fml* [expressing wishes]: **~ that it were true!** ¡ojalá fuera verdad!

would-be *adj*: **a ~ author** un aspirante a literato.

wouldn't ['wʊdnt] *contr* = **would not**.

wouldst [wʊdst] *arch 2nd pers sg* → **would**.

would've ['wʊdəv] *contr* = **would have**.

wound[1] [wuːnd] ◇ *n* herida *f*; **to lick one's ~s** *fig* compadecerse de uno mismo tras la derrota; **to open up old ~s** *fig* abrir viejas heridas. ◇ *vt lit & fig* herir.

wound[2] [waʊnd] *pt & pp* → **wind**[2].

wounded ['wuːndɪd] ◇ *adj* herido(da). ◇ *npl*: **the ~** los heridos.

wounding ['wuːndɪŋ] *adj* hiriente.

wound-up [waʊnd-] *adj* **- 1.** [clock] al que se ha dado cuerda; [car window] cerrado(da), subido(da). **- 2.** *inf* [person] crispado(da), tenso(sa).

wove [wəʊv] *pt* → **weave**.

woven ['wəʊvn] *pp* → **weave**.

wow [waʊ] *inf* ◇ *excl* ¡anda!, ¡caramba! ◇ *n* [success] exitazo *m*. ◇ *vt* [impress] pasmar, asombrar.

WP - 1. *written abbr of* **word processing**. **- 2.** *written abbr of* **word processor**. **- 3.** *(abbr of* **weather permitting)** si el tiempo lo permite.

WPC *(abbr of* **woman police constable)** *n (mujer del) rango más bajo de la policía británica,* ≃ *agente f;* **~ Roberts** *la agente Roberts.*

wpm *(abbr of* **words per minute)** p.p.m.

WRAC *(abbr of* **Women's Royal Army Corps)** *n sección femenina del ejército británico.*

wrack [ræk] *n* **- 1.** [seaweed] alga *f* marina. **- 2.** = **rack** *sense 5*.

WRAF *(abbr of* **Women's Royal Air Force)** *n sección femenina de las fuerzas aéreas británicas.*

wraith [reɪθ] *n literary* espectro *m*, fantasma *m*.

wraithlike ['reɪθlaɪk] *adj literary* espectral, fantasmal.

wrangle ['ræŋgl] ◇ *n* disputa *f*. ◇ *vi*: **to ~ (with sb over sthg)** discutir OR pelearse (con alguien por algo). ◇ *vt Am* [cattle, horses] rodear.

wrangler ['ræŋglə[r]] *n Am* [cowboy] vaquero *m*.

wrap [ræp] *(pt & pp* **wrapped**, *cont* **wrapping)** ◇ *vt* **- 1.** [cover] envolver; **to ~ sthg in sthg** envolver algo en algo. **- 2.** [twist, wind] enrollar; **to ~ sthg around** OR **round sthg** enrollar OR liar algo alrededor de algo. **- 3.** [encircle]: **he wrapped his hands around it** lo rodeó con sus manos. ◇ *n* [garment] echarpe *m*, manto *m*; **to keep sthg under ~s** *fig* tener algo guardado en secreto.

◆ **wrap up** ◇ *vt sep* **- 1.** [cover] envolver. **- 2.** *inf* [complete] cerrar, finiquitar. **- 3.** *Am* [summarize] resumir. ◇ *vi* [put warm clothes on] abrigarse; **~ up well** OR **warmly** abrígate bien.

wraparound ['ræpə,raʊnd] *n* [coat] capa *f*, manto *m*.

wrapover ['ræp,əʊvə[r]] *adj* [skirt] abierto(ta), cruzado(da); **~ dress** pareo *m*.

wrapped up [,ræpt-] *adj inf*: **to be ~ in sthg** estar absorto(ta) en algo; **to be ~ in sb** estar embelesado(da) con alguien.

wrapper ['ræpə[r]] *n* **- 1.** [cover] envoltorio *m*; [on book] sobrecubierta *f*. **- 2.** [housecoat] bata *f*.

wrapping ['ræpɪŋ] *n* envoltorio *m*.

wrapping paper *n (U)* papel *m* de envolver.

wrap-up *n* resumen *m*.

wrath [rɒθ] *n literary* ira *f*, cólera *f*.

wreak [riːk] *vt* causar; **to ~ havoc** hacer estragos; **to ~ revenge** OR **vengeance** tomar la revancha.

wreath [riːθ] *n* [of flowers, leaves] corona *f* (de flores); [of smoke] espiral *f*.

wreathe [riːð] *literary* ◇ *vt* **- 1.** [shroud] cubrir, envolver. **- 2.** [with flowers] coronar. ◇ *vi* [smoke] subir en espiral.

wreck [rek] ◇ *n* **- 1.** [remains - of car, plane] restos *mpl* del siniestro; [- of ship] restos *mpl* del naufragio. **- 2.** [wrecking - of car, plane] siniestro *m*, accidente *m*; [- of ship] naufragio *m*. **- 3.** *inf* [person] guiñapo *m*; **to look a ~** estar hecho un trapo. **- 4.** *inf* [dilapidated thing] trasto *m* inútil, cascajo *m*. ◇ *vt* **- 1.** [destroy] destrozar; [tear down] derrumbar. **- 2.** NAUT hacer naufragar; **to be ~ed** naufragar. **- 3.** [spoil] dar al traste con; [health] acabar con.

wreckage ['rekɪdʒ] *n (U)* [of plane, car] restos *mpl*; [of ship] restos *mpl* del naufragio; [of building] escombros *mpl*.

wrecker ['rekə[r]] *n* **- 1.** *Am* [vehicle] camión *m* grúa. **- 2.** [destroyer] destructor *m*, -ra *f*. **- 3.** *Am* [demolition crew member] miembro *m* de un equipo de demolición. **- 4.** [salvager] persona *que rescata restos de naufragios.*

wrecking bar ['rekɪŋ-] *n* barra *f* sacaclavos.

wren [ren] *n* chochín *m*.

Wren [ren] *n Br* miembro del WRNS, sección femenina de la armada británica.

wrench [rentʃ] ◇ *n* **- 1.** *Br* [adjustable spanner] llave *f* inglesa; *Am* [spanner] llave *f*; **he threw a (monkey) ~ into the ~** *Am fig* puso muchas trabas. **- 2.** [injury] torcedura *f*. **- 3.** [cause of suffering]: **it was a ~ to leave her** fue doloroso dejarla. **- 4.** [tug, twist] tirón *m* (retorciendo). ◇ *vt* **- 1.** [pull violently]: **to ~ sthg (off)** arrancar algo; **to ~ sthg open** abrir algo de un tirón. **- 2.** [twist and injure] torcer.

wrest [rest] *vt literary*: **to ~ sthg from sb** arrebatarle algo a alguien.

wrestle ['resl] ◇ *vt* luchar con OR contra. ◇ *vi & fig*: **to ~ (with)** luchar (con). ◇ *n* lucha *f*.

wrestler ['reslə[r]] *n* luchador *m*, -ra *f*.

wrestling ['reslɪŋ] *n* lucha *f* libre.

wrest pin *n* clavija *f*.

wretch [retʃ] *n* **- 1.** [unfortunate person] desgraciado *m*, -da *f*, infeliz *mf*. **- 2.** *literary & hum* [scoundrel] canalla *mf*, miserable *mf*. **- 3.** [child]: **little ~** pillín *m*, -ina *f*.

wretched ['retʃɪd] *adj* **- 1.** [miserable] miserable. **- 2.** *inf* [damned] maldito(ta). **- 3.** [abominable, awful] horrible, pésimo(ma). **- 4.** [ill]: **to feel ~** sentirse terriblemente mal.

wriggle ['rɪgl] ◇ *vt* menear. ◇ *vi* **- 1.** [move about] menearse. **- 2.** [twist] escurrirse, deslizarse. ◇ *n* meneo *m*.

◆ **wriggle out of** *vt fus*: **to ~ out of sthg/doing sthg** escaquearse de algo/de hacer algo.

wriggly ['rɪglɪ] *adj* [eel, snake] que se retuerce; [fish] que colea; [person] inquieto(ta).

wring [rɪŋ] *(pt & pp* **wrung** [rʌŋ]*)* *vt* **- 1.** [wet clothes etc] estrujar, escurrir. **- 2.** [hands] retorcerse. **- 3.** [neck] retorcer. **- 4.** *fig* [truth, money, confession]: **to ~ sthg out of sb** sacarle algo a alguien.

◆ **wring out** *vt sep* [clothes] estrujar, escurrir.

wringer ['rɪŋə[r]] *n* escurridor *m*.

wringing ['rɪŋɪŋ] *adj*: **~ (wet)** empapado(da).

wrinkle ['rɪŋkl] ◇ *n* arruga *f*. ◇ *vt* arrugar. ◇ *vi* arrugarse.

wrinkled ['rɪŋkld], **wrinkly** ['rɪŋklɪ] *adj* arrugado(da).

wrist [rɪst] *n* muñeca *f*.

wristband ['rɪstbænd] *n* **- 1.** [of watch - leather] correa *f*; [- metal, plastic] brazalete *m*, pulsera *f*. **- 2.** [on shirt, blouse] puño *m*, bocamanga *f*. **- 3.** [sweat band] muñequera *f*.

wristlet ['rɪstlɪt] *n* pulsera *f*.

wristlock ['rɪstlɒk] *n* llave *f*.

wrist pin *n* pasador *m* de pistón.

wristwatch ['rɪstwɒtʃ] *n* reloj *m* de pulsera.

writ [rɪt] *n* mandato *m* judicial.

write [raɪt] (*pt* **wrote** [rəʊt], *pp* **written** ['rɪtn]) ◇ *vt* - **1.** [gen & COMPUT] escribir; [prescription, cheque] extender, hacer; [will, contract] redactar; [music] componer, escribir; **it was written that they should lose** estaba escrito que perderían; **to ~ sb a letter** escribir una carta a alguien. - **2.** *Am* [person] escribir a. ◇ *vi* [gen & COMPUT] escribir; **to ~ (to sb)** *Br* escribir (a alguien); **to ~ in pencil/ink** escribir a lápiz/con tinta.

◆ **write back** *vt sep & vi* contestar.

◆ **write down** *vt sep* - **1.** [note] apuntar; [put in writing] poner por escrito. - **2.** [FIN - in price] rebajar; [- in value] devaluar.

◆ **write in** ◇ *vi* escribir, mandar cartas; **to ~ in for sthg** escribir pidiendo algo. ◇ *vt sep* [on list, document] intercalar, insertar.

◆ **write into** *vt sep* incluir en, insertar en.

◆ **write off** ◇ *vt sep* - **1.** [plan, hopes] abandonar. - **2.** [debt] cancelar, anular. - **3.** [person] considerar un fracaso. - **4.** *Br inf* [wreck] cargarse, destrozar. ◇ *vi*: **to ~ off (to sb)** escribir (a alguien); **to ~ off for sthg** escribir pidiendo algo.

◆ **write out** *vt sep* [gen] escribir; [cheque] hacer, extender.

◆ **write up** *vt sep* - **1.** [report, impressions] redactar; [notes] poner al día. - **2.** [write a review of] hacer un reportaje sobre. - **3.** [FIN - in price] subir; [- in value] apreciar.

write-in *n Am* voto por escrito a un candidato no oficial.

write-off *n* - **1.** [beyond repair]: **the car was a ~** el coche quedó totalmente destrozado OR para la chatarra. - **2.** [of debt] cancelación *f*.

write-protect COMPUT ◇ *adj* de protección contra la copia. ◇ *vt* proteger contra la copia.

writer ['raɪtə'] *n* - **1.** [as profession] escritor *m*, -ra *f*. - **2.** [of letter, article, story] autor *m*, -ra *f*.

writer's cramp *n* calambre *m* profesional.

write-up *n* - **1.** *inf* [review] reseña *f*. - **2.** *Am* [of assets] apreciación *f*, valorización *f*.

writhe [raɪð] *vi* retorcerse; **to ~ (about) in pain** retorcerse de dolor.

writing ['raɪtɪŋ] *n* - **1.** *(U)* [handwriting] letra *f*, caligrafía *f*; **in one's own ~** del propio puño y letra de uno; **in ~** por escrito. - **2.** [something written] escrito *m* ❑ **the ~ is on the wall** el futuro está escrito. - **3.** [activity] escritura *f*.

◆ **writings** *npl* escritos *mpl*.

writing block *n* bloc *m* de papel de carta.

writing case *n Br* recado *m* de escribir.

writing desk *n* escritorio *m*.

writing pad *n* bloc *m* de notas.

writing paper *n (U)* papel *m* de carta.

written ['rɪtn] ◇ *pp* → **write**. ◇ *adj* - **1.** [not oral] escrito(ta). - **2.** [official] por escrito.

WRNS (*abbr of* **Women's Royal Naval Service**) *n* sección *femenina de la armada británica.*

wrong [rɒŋ] ◇ *adj* - **1.** [not normal, not satisfactory] malo(la); **the clock's ~** el reloj anda mal; **what's ~?** ¿qué pasa?; **there's nothing ~ with me** no me pasa nada. - **2.** [not suitable, not correct] equivocado(da); [moment, time] inoportuno(na); **he read the ~ one** leyó el que no era; **to be ~** [person] equivocarse; [answer, spelling] estar mal; **I**

was ~ about her/the weather me equivoqué con ella/respecto al tiempo; **to be ~ to do sthg** cometer un error al hacer algo; **I got the ~ number** me equivoqué de número; **to be the ~ person/tool for the job** no ser la persona/herramienta adecuada para el trabajo ❑ **I'm on the ~ side of 50** *inf* tengo más de 50 años; **to get on the ~ side of sb** ponerse a malas con alguien; **the biscuit went down the ~ way** se me fue la galleta por el otro lado, se me atragantó la galleta. - **3.** [morally bad] malo(la); **it's ~ to steal/lie** robar/mentir está mal; **what's ~ with being a communist?** ¿qué tiene de malo ser comunista? ◇ *adv* [incorrectly] mal; **to get sthg ~** entender mal algo; **to have it all ~** estar totalmente equivocado (totalmente equivocada); **to go ~** [make a mistake] cometer un error; [stop functioning] estropearse; [turn out badly] salir mal; **you can't go ~** no hay forma de equivocarse ❑ **don't get me ~** *inf* no me malinterpretes; **you've got her all ~** te equivocas de medio a medio con ella. ◇ *n* - **1.** [evil] mal *m*; **to be in the ~** haber hecho mal; **he can do no ~** nada de lo que hace está mal. - **2.** [injustice] injusticia *f*; **to right a ~** rectificar un error, subsanar una injusticia; **two ~s don't make a right** con las represalias nada se consigue. ◇ *vt* ser injusto(ta) con, agraviar.

wrongdoer [ˌrɒŋ'duːə'] *n* delincuente *mf*, maleante *mf*.

wrongdoing [ˌrɒŋ'duːɪŋ] *n* [evil] mal *m*; JUR delito *m*.

wrong-foot *vt Br lit & fig* coger a contrapié a.

wrongful ['rɒŋfʊl] *adj* - **1.** [unlawful - dismissal] improcedente; [- arrest, imprisonment] ilegal. - **2.** [unjust] injusto(ta).

wrongfully ['rɒŋfʊlɪ] *adv* - **1.** [unlawfully] ilegalmente. - **2.** [unjustly] injustamente.

wrongheaded [ˌrɒŋ'hedɪd] *adj* obstinado(da).

wrongly ['rɒŋlɪ] *adv* equivocadamente.

wrote [rəʊt] *pt* → **write**.

wrought [rɔːt] *adj literary* forjado(da), elaborado(da).

wrought iron *n* hierro *m* forjado.

wrought-up *adj* agitado(da), nervioso(sa).

wrung [rʌŋ] *pt & pp* → **wring**.

WRVS (*abbr of* **Women's Royal Voluntary Service**) *n organización británica de mujeres que ayudan voluntariamente a los necesitados y en emergencias.*

wry [raɪ] *adj* - **1.** [amused] irónico(ca). - **2.** [displeased] de asco.

wryly ['raɪlɪ] *adv* irónicamente, con ironía.

wt. *written abbr of* **weight**.

WTO (*abbr of* **World Trade Organization**) *n* OMC *f*.

wurst [wɜːst] *n salchicha alemana grande.*

WV *written abbr of* **West Virginia**.

WW *written abbr of* **World War**.

WWF (*abbr of* **World Wildlife Fund**) *n* WWF *m*.

WY *written abbr of* **Wyoming**.

wych elm [wɪtʃ-] *n* olmo *m* escocés.

Wyoming [waɪ'əʊmɪŋ] *n* Wyoming.

WYSIWYG ['wɪzɪwɪg] (*abbr of* **what you see is what you get**) *n* COMPUT *lo que se ve en la pantalla es lo que aparece en la impresión.*

wyvern ['waɪvən] *n* dragón *m* alado.

x (*pl* **x's** OR **xs**), **X** (*pl* **X's** OR **Xs**) [eks] *n* - **1**. [letter] x *f inv*, X *f inv*. - **2**. [unknown quantity] equis *f inv*; ~ **number of...** un número equis de... - **3**. [in algebra, to mark spot] x *f*. - **4**. [at end of letter]: **XXX** besos.
◆ **X** *n* [unknown name]: **Mr X** el señor X.

xanthate ['zænθeɪt] *n* xantato *m*.

xanthene ['zænθiːn] *n* xanteno *m*.

xanthic acid ['zænθɪk-] *n* ácido *m* xántico.

xanthous ['zænθəs] *adj* xantodermo(ma), xantoso(sa).

x-axis *n* abscisa *f*, eje *m* horizontal.

X certificate *n dated antigua clasificación dada a una película para mayores de 18 años.*

X chromosome *n* cromosoma *m* X.

xenon ['ziːnɒn] *n* xenón *m*.

xenophobia [zenə'fəʊbjə] *n* xenofobia *f*.

xenophobic [zenə'fəʊbɪk] *adj* xenófobo(ba).

xerography [zɪə'rɒgrəfɪ] *n* xerografía *f*.

xerophyte ['zɪərəfaɪt] *n* xerofita *f*.

Xerox® ['zɪərɒks] ◇ *n* - **1**. [machine] fotocopiadora *f*. - **2**. [copy] xerocopia *f*. ◇ *vt* xerocopiar.

XL (*abbr of* **extra-large**) *n* XL.

Xmas ['eksməs, 'krɪsməs] ◇ *n* Navidad *f*. ◇ *comp* de Navidad.

X-rated [-reɪtɪd] *adj dated* [film] no apto (no apta) para menores de 18 años.

X-ray ◇ *n* - **1**. [ray] rayo *m* X. - **2**. [picture] radiografía *f*. ◇ *vt* examinar con rayos X, radiografiar.

xylem ['zaɪləm] *n* xilema *f*.

xylene ['zaɪliːn] *n* xileno *m*.

xylograph ['zaɪləgrɑːf] *n* xilografía *f*.

xylophone ['zaɪləfəʊn] *n* xilofón *m*.

y (*pl* **y's** OR **ys**), **Y** (*pl* **Y's** OR **Ys**) [waɪ] *n* - **1**. [letter] y *f*, Y *f*. - **2**. [in algebra] y *f*.

yacht [jɒt] *n* [gen] yate *m*; [for racing] balandro *m*.

yacht club *n* club *m* náutico.

yachting ['jɒtɪŋ] *n* balandrismo *m*.

yachtsman ['jɒtsmən] (*pl* **yachtsmen** [-mən]) *n* balandrista *m*.

yachtswoman ['jɒts,wʊmən] (*pl* **yachtswomen** [-,wɪmɪn]) *n* balandrista *f*.

yackety-yak [jækətɪ'jæk] *inf* ◇ *n* (U) cotorreo *m*. ◇ *vi* cotorrear.

yahoo [jɑː'huː] *n* bruto *m*, patán *m*.

yak [jæk] (*pt & pp* **yakked**, *cont* **yakking**) ◇ *n* - **1**. ZOOL yak *m*. - **2**. (U) *inf* [chatter] cotorreo *m*, charla *f*. ◇ *vi inf* cotorrear, parlotear.

Yale lock® [jeɪl-] *n* cerradura *f* de molinillo.

y'all [jɑːl] *pron* = **you-all**.

Yalta ['jæltə] *n* Yalta.

Yalta Conference *n*: **the** ~ la Conferencia de Yalta.

yam [jæm] *n* - **1**. *Am* [sweet potato] boniato *m*, batata *f*. - **2**. [tropical plant, vegetable] ñame *m*.

yammer ['jæməʳ] *vi* plañir.

yang [jæŋ] *n* yang *m*.

Yangtze ['jæŋtsɪ] *n*: **the** ~ el Changjiang.

yank [jæŋk] ◇ *vt* dar un tirón a. ◇ *n* tirón *m*.
◆ **yank off** *vt sep* arrancar (de un tirón).
◆ **yank out** *vt sep* arrancar (de un tirón).

Yank [jæŋk] *n inf* término peyorativo que designa a un estadounidense, yanqui *mf*.

Yankee ['jæŋkɪ] *n* - **1**. *Br inf* término peyorativo que designa a un estadounidense, yanqui *mf*. - **2**. *Am* [citizen] yanqui *mf*.

yap [jæp] (*pt & pp* **yapped**, *cont* **yapping**) ◇ *vi* - **1**. [dog] ladrar. - **2**. *pej* [person] parlotear, cotorrear. ◇ *n* [of dog] ladrido *m*.

yard [jɑːd] *n* - **1**. [unit of measurement] = 91,44 cm, yarda *f*. - **2**. [walled area] patio *m*. - **3**. [shipyard] astillero *m*; **builder's/goods** ~ depósito *m* de materiales/ de mercancías. - **4**. *Am* [attached to house] jardín *m*. - **5**. [enclosure for livestock] corral *m*, redil *m*. - **6**. *Am* [winter pasture] apacentadero *m*. - **7**. RAIL cocheras *fpl*, estación *f* de depósito. - **8**. NAUT verga *f*.

yardage ['jɑːdɪdʒ] *n* medida *f* en yardas.

yardarm ['jɑːdɑːm] *n* NAUT penol *m*.

yard goods *npl* tela *f* vendida por yardas, géneros *mpl*.

yard sale *n Am* venta de artículos usados expuestos en el jardín de la casa.

yardstick ['jɑːdstɪk] *n* **- 1.** [standard] criterio *m*, pauta *f*. **- 2.** [instrument] vara *f* de una yarda.

yarmulke ['jɑːmʊlkə] *n* casquete que llevan en la cabeza los judíos.

yarn [jɑːn] ◇ *n* **- 1.** [thread] hilo *m*, hilaza *f*. **- 2.** *inf* [story]: **to spin sb a** ~ contarle una batallita OR un cuento chino a alguien. ◇ *vi inf* contar batallitas OR cuentos chinos.

yarrow ['jærəʊ] *n* milenrama *f*.

yashmak ['jæʃmæk] *n* velo *m* (de musulmana).

yaw [jɔː] ◇ *vi* **- 1.** [ship] guiñar. **- 2.** [plane, missile] desviarse. ◇ *n* **- 1.** [of ship] guiñada *f*. **- 2.** [of plane, missile] desvío *m*.

yawl [jɔːl] *n* **- 1.** [sailing vessel] yola *f*. **- 2.** [ship's boat] bote *m* de remos.

yawn [jɔːn] ◇ *n* **- 1.** [when tired] bostezo *m*. **- 2.** *Br inf* [boring event] rollo *m*. ◇ *vi* **- 1.** [when tired] bostezar. **- 2.** [gap, chasm] abrirse.

yawning ['jɔːnɪŋ] *adj* [gap, chasm] abierto(ta).

yawp [jɔːp] *vi Am inf* **- 1.** [cry] gritar. **- 2.** [yell] chillar, gañir. **- 3.** [talk] parlotear.

yaws [jɔːz] *n* pián *m*.

y-axis *n* ordenada *f*, eje *m* vertical.

Y chromosome *n* cromosoma *m* Y.

yd *written abbr of* **yard**.

ye [jiː] ◇ *def art arch* el (la). ◇ *pers pron arch & BIBLE* vosotros *mpl*, -tras *fpl*.

yea [jeɪ] ◇ *adv arch* **- 1.** [yes] sí. **- 2.** [indeed] incluso. ◇ *n* [in vote] sí *m*.

yeah [jeə] *adv inf* sí.

year [jɪəˈ] *n* **- 1.** [gen] año *m*; ~ **in**, ~ **out** año tras año; **he's 25** ~**s old** tiene 25 años; **£40,000 a** ~ 40.000 libras al año OR anuales; ~ **by** ~ año tras año; **in the** ~ **of our Lord...** en el año de nuestro Señor OR del Señor...; **in** ~**s to come** en los años venideros; **all (the)** ~ **round** todo el año; **next** ~ el año que viene; **the next** ~ al año siguiente ❏ **to put** ~**s on sb** echarle años encima a alguien; **to take** ~**s off sb** quitarle años de encima a alguien; **since the** ~ **dot** *Br*, **since** ~ **one** *Am* desde el año de la nana. **- 2.** SCH curso *m*; **he's in (his) first** ~ está en primero.

◆ **years** *npl* [ages] años *mpl*; **it's** ~**s since I last saw you** hacía siglos que no te veía.

yearbook ['jɪəbʊk] *n* anuario *m*.

year-end ◇ *adj* de fin de año. ◇ *n* FIN fin *m* del año fiscal.

yearling ['jɪəlɪŋ] ◇ *n* potro *m* menor de dos años. ◇ *adj* añal.

yearlong [jɪəˈlɒŋ] *adj* de un año de duración.

yearly ['jɪəlɪ] (*pl* **yearlies**) ◇ *adj* anual. ◇ *adv* **- 1.** [once a year] una vez al año. **- 2.** [every year] cada año. ◇ *n* anuario *m*.

yearn [jɜːn] *vi*: **to** ~ **for sthg/to do sthg** ansiar algo/hacer algo.

yearning ['jɜːnɪŋ] *n*: ~ **(for sb/sthg)** anhelo *m* (de alguien/algo).

year-round *adj* [facility] abierto(ta) todo el año; [sport, activity] que se practica todo el año.

yeast [jiːst] ◇ *n* levadura *f*. ◇ *vi* fermentar.

yeasty ['jiːstɪ] (*compar* **yeastier**, *superl* **yeastiest**) *adj* **- 1.** [in taste] con sabor a levadura. **- 2.** [frothy] espumoso(sa). **- 3.** [trivial] frívolo(la).

yell [jel] ◇ *n* grito *m*, alarido *m*. ◇ *vt & vi* vociferar.

yelling ['jelɪŋ] *n (U)* griterío *m*, gritos *mpl*.

yellow ['jeləʊ] ◇ *adj* **- 1.** [in colour] amarillo(lla); **to go** OR **turn** ~ ponerse amarillo, amarillear. **- 2.** [cowardly] cobarde. ◇ *n* **- 1.** [colour] amarillo *m*. **- 2.** [egg yolk] yema *f*. ◇ *vi* ponerse amarillo(lla), amarillear. ◇ *vt* amarillear.

yellow-bellied [-'belɪd] *adj inf* cobardica, cobarde.

yellow-belly *n inf* cagueta *mf*, gallina *mf*.

yellow card *n* FTBL tarjeta *f* amarilla.

yellow fever *n* fiebre *f* amarilla.

yellowish ['jeləʊɪʃ] *adj* amarillento(ta).

yellow jacket *n Am* avispa *f*.

yellow light *n Am* semáforo *m* OR disco *m* en ámbar.

yellow lines *n* líneas en el pavimento que delimitan las zonas de estacionamiento restringido.

yellowness ['jeləʊnɪs] *n* amarillez *f*.

Yellow Pages® *n*: **the** ~ las páginas amarillas.

Yellow ribbon *n* en EE UU, cinta amarilla atada a un árbol como muestra de patriotismo y en señal de solidaridad con los soldados, presos políticos etc.

Yellow River *n*: **the** ~ el río Huang He.

Yellow Sea *n*: **the** ~ el mar Amarillo.

yelp [jelp] ◇ *n* aullido *m*. ◇ *vi* aullar.

Yeltsin ['jeltsɪn] *n* Yeltsin.

Yemen ['jemən] *n* Yemen; **the** ~ **Republic** la República del Yemen.

Yemeni ['jemənɪ] ◇ *adj* yemení. ◇ *n* yemení *mf*.

yen [jen] (*pl sense 1 inv*) *n* **- 1.** [Japanese currency] yen *m*. **- 2.** [longing]: **to have a** ~ **for sthg/to do sthg** tener muchas ganas de algo/de hacer algo.

yeoman ['jəʊmən] (*pl* **yeomen** [-mən]) *n* HIST [freeholder] pequeño terrateniente *m*.

yeoman of the guard (*pl* **yeomen of the guard**) *n* alabardero de la Casa Real británica.

yeomanry ['jəʊmənrɪ] *n* HIST [freeholders] pequeños terratenientes *mpl*.

yeomen ['jəʊmən] *pl* → **yeoman**.

yep [jep] *adv inf* sí.

yes [jes] ◇ *adv* sí; ~, **please** sí, por favor; ~ **indeed** sí señor, claro que sí; ~ **of course** ¡pues claro!; **to say** ~ decir que sí; **to say** ~ **to sthg** consentir algo; **I didn't do it -** ~, **you did!** ¡yo no lo hice! - ¡vaya que no! ◇ *n* sí *m*.

yes-man *n pej* pelotillero *m*.

yesterday ['jestədɪ] ◇ *adv* ayer; ~ **morning/afternoon** ayer por la mañana/tarde; **the day before** ~ antes de ayer, anteayer. ◇ *n* ayer *m*; **all our** ~ todo nuestro pasado.

yesteryear ['jestəjɪəˈ] *n literary*: **of** ~ de antaño.

yet [jet] ◇ *adv* **- 1.** [gen] todavía, aún; **have you had lunch** ~? ¿has comido ya?; **their worst defeat** ~ la mayor derrota que han sufrido hasta la fecha ❏ **as** ~ de momento, hasta ahora; **not** ~ todavía OR aún no. **- 2.** [even]: ~ **another car** otro coche más; ~ **again** otra vez más; ~ **more** aún más. **- 3.** [in spite of that] pero; **a brief** ~ **fascinating visit** una visita corta pero fascinante. ◇ *conj* pero, sin embargo.

yeti ['jetɪ] *n* yeti *m*.

yew [juː] *n* tejo *m*.

Y-fronts *npl Br* eslip *m*.

YHA (*abbr of* **Youth Hostels Association**) *n* asociación internacional de albergues juveniles.

yid [jɪd] *n* término racista para designar a una persona judía.

Yiddish ['jɪdɪʃ] ◇ *adj* yídish (*inv*). ◇ *n* yídish *m*.

yield [jiːld] ◇ *n* **- 1.** AGR cosecha *f*. **- 2.** FIN [interest] rédito *m*; [profit] beneficio *m*. **- 3.** IND rendimiento *m*, producción *f*. ◇ *vt* **- 1.** [gen] producir, dar; [interest, profit] rendir, dar. **- 2.** [give up] ceder; [town] entregar. ◇ *vi* **- 1.** [shelf, lock etc] ceder. **- 2.** *fml* [person, enemy] rendirse; **to** ~ **to sb/sthg** claudicar ante alguien/algo. **- 3.** *Am* AUT [give way]: **'years' 'ceda el paso'.**

yielding ['jiːldɪŋ] *adj* **- 1.** [flexible] flexible. **- 2.** [docile] dócil.

yin [jɪn] *n* yin *m*.

yippee [*Br* jɪ'piː, *Am* 'jɪpɪ] *excl* ¡yupi!

YMCA (*abbr of* **Young Men's Christian Association**) *n* asociación internacional de jóvenes cristianos.

yo [jəʊ] *excl Am inf* ¡hola!

yob(bo) ['jɒb(əʊ)] *n Br inf* gamberro *m*.

yodel ['jəʊdl] (*Br pt & pp* **yodelled**, *cont* **yodelling**, *Am pt & pp* **yodeled**, *cont* **yodeling**) ◇ *vi* cantar a la tirolesa. ◇ *n* canto *m* tirolés.

yoga ['jəʊgə] *n* yoga *m*.

yogh(o)urt [*Br* 'jɒgət, *Am* 'jəʊgərt] *n* yogur *m*.

yogi ['jəʊgɪ] *n* yogui *mf*.

yogurt [*Br* 'jɒgət, *Am* 'jəʊgərt] *n* = **yogh(o)urt**.

yoke [jəʊk] ◇ *n* - **1.** [for oxen] yugo *m*; [pair of oxen] yunta *f*. - **2.** *fig* [burden, domination] yugo *m*; **under the ~ of tyranny** bajo el yugo de la tiranía. - **3.** [of dress, blouse] canesú *m*. - **4.** [for carrying buckets] percha *f*, balancín *m*. - **5.** CONSTR [clamp] brida *f*, horquilla *f*. ◇ *vt* - **1.** [oxen] uncir. - **2.** [ideas, qualities] unir.

yokel ['jəʊkl] *n pej* palurdo *m*, -da *f*, paleto *m*, -ta *f*.

yolk [jəʊk] *n* yema *f*.

yolk sac *n* membrana *f* vitelina, saco *m* vitelino.

Yom Kippur [jɒm'kɪpə'] *n* Yom Kippur *m*, día *m* de la Expiación.

yon [jɒn] *adj arch* aquese(sa).

yonder ['jɒndə'] *literary* ◇ *adv* acullá. ◇ *adj* aquel(lla).

yonks [jɒŋks] *n Br inf*: **I haven't been there for ~** hace siglos que no voy por allí.

yoohoo ['ju:hu:] *excl* ¡eh!, ¡hola!

YOP [jɒp] (*abbr of* **Youth Opportunities Programme**) *n* programa británico de fomento del empleo juvenil.

yore [jɔ:'] *n literary*: **in days of ~** antaño.

Yorks. (*abbr of* **Yorkshire**) *condado inglés*.

Yorkshire pudding ['jɔ:kʃə'-] *n* masa horneada hecha de harina, huevos y leche que se sirve tradicionalmente con el rosbif.

Yorkshire terrier ['jɔ:kʃə'-] *n* Yorkshire terrier *m*.

you [ju:] *pers pron* - **1.** (*subject - sg*) tú, vos (*+ pl vb*) *Amér*; (*- formal use*) usted; (*- pl*) vosotros *mpl*, -tras *fpl*; (*- formal use*) ustedes (*pl*); **~'re a good cook** eres/usted es buen cocinero; **are ~ French?** ¿eres/es usted francés?; **if I were OR was ~** si (yo) fuera tú/usted, yo en tu/su lugar; **excuse me, Madam, have ~ got the time?** perdone, señora, ¿tiene usted hora?; **there ~ are** [you've appeared] ¡ya estás/está usted aquí!; [have this] ahí tienes/tiene; **that jacket isn't really ~** esa chaqueta no te/le pega; **~ idiot!** ¡imbécil! - **2.** (*direct object - unstressed - sg*) te; (*- pl*) os; (*- formal use*) le *m*, la *f*; (*- pl*) les *mpl*, las *fpl*; **I can see ~** te/os veo; **yes, Madam, I understand ~** sí, señora, la comprendo. - **3.** (*direct object - stressed*): **I don't expect ~ to do it** no espero que seas tú quien lo haga. - **4.** (*indirect object - sg*) te; (*- pl*) os; (*- formal use*) le; (*- pl*) les; **she gave it to ~** te/os lo dio; **can I get ~ a chair, sir?** ¿le traigo una silla, señor? - **5.** (*after prep, in comparisons etc - sg*) ti; (*- pl*) vosotros *mpl*, -tras *fpl*; (*- formal use*) usted; (*- pl*) ustedes; **we shall go with/without ~** iremos contigo/sin ti, iremos con/sin vosotros (*pl*); **I'm shorter than ~** soy más bajo que tú/vosotros. - **6.** [anyone, one] uno; **~ wouldn't have thought so** uno no lo habría pensado; **exercise is good for ~** el ejercicio es bueno.

you-all *pron Am inf* vosotros *mpl*, -tras *fpl*.

you'd [ju:d] *contr* = **you had, you would**.

you-know-what *n inf euph*: **does he know about the ~?** ¿sabe algo de aquello OR de eso que tú y yo sabemos?

you-know-who *n inf euph* aquél (aquélla) OR el (la) que ya sabes.

you'll [ju:l] *contr* = **you will**.

young [jʌŋ] ◇ *adj* [not old] joven; **my ~ brother** mi hermano pequeño; **~ people** la gente joven, los jóvenes; **in my ~er days** cuando era joven ❑ **I'm not as ~ as I used to be** estoy ya viejo(ja); **you're only ~ once** sólo se es joven una vez en la vida. ◇ *npl* - **1.** [young people]: **the ~** los jóvenes. - **2.** [baby animals] crías *fpl*; **to be with ~** estar preñada.

younger ['jʌŋə'] *adj*: **Pitt the ~** Pitt el joven, Pitt hijo.

youngish ['jʌŋɪʃ] *adj* bastante joven.

young lady *n* señorita *f*, chica *f*.

young-looking *adj* de aspecto joven OR juvenil.

young man *n* joven *m*.

youngster ['jʌŋstə'] *n* joven *mf*, chico *m*, -ca *f*.

young woman *n* (mujer *f*) joven *f*.

your [jɔ:'] *poss adj* - **1.** (*everyday use - referring to one person*) tu; (*- referring to more than one person*) vuestro(tra); **~ dog** tu/vuestro perro; **~ children** tus niños; **what's ~ name?** ¿cómo te llamas?; **it wasn't ~ fault** no fue culpa tuya/vuestra; **you didn't wash ~ hair** no te lavaste/os lavasteis el pelo. - **2.** (*formal use*) su; **~ dog** su perro; **what are ~ names?** ¿cuáles son sus nombres? - **3.** (*impersonal - one's*): **~ attitude changes as you get older** la actitud de uno cambia con la edad; **it's good for ~ teeth/hair** es bueno para los dientes/el pelo; **~ average Englishman** el inglés medio.

you're [jɔ:'] *contr* = **you are**.

yours [jɔ:z] *poss pron* - **1.** (*everyday use - referring to one person*) tuyo (tuya); (*- referring to more than one person*) vuestro (vuestra); **that money is ~** ese dinero es tuyo/vuestro; **those keys are ~** esas llaves son tuyas/vuestras; **my car hit ~** mi coche chocó contra el tuyo/el vuestro; **it wasn't her fault, it was** YOURS no fue culpa de ella sino TUYA/VUESTRA; **a friend of ~** un amigo tuyo/vuestro. - **2.** (*formal use*) suyo (suya).

◆ **Yours** *adv* [in letter] un saludo; *see also* **faithfully, sincerely** *etc*.

yourself [jɔ:'self] (*pl* **yourselves** [-'selvz]) *pron* - **1.** (*as reflexive - sg*) te; (*- pl*) os; (*- formal use*) se; **did you hurt ~?** ¿te hiciste/se hizo daño? - **2.** (*after prep - sg*) ti mismo (ti misma); (*- pl*) vosotros mismos (vosotras mismas); (*- formal use*) usted mismo (usted misma); **with ~** contigo mismo/misma. - **3.** (*for emphasis*): **do it ~** hazlo tú mismo; **you ~** tú mismo (tú misma); (*formal use*) usted mismo (usted misma); **you yourselves** vosotros mismos (vosotras mismas); (*formal use*) ustedes mismos (ustedes mismas). - **4.** [without help] solo(la); **did you do it (by) ~?** ¿lo hiciste solo?

youth [ju:θ] *n* - **1.** [gen] juventud *f*. - **2.** [boy, young man] joven *m*.

youth club *n* club *m* juvenil.

youthful ['ju:θfʊl] *adj* juvenil.

youthfulness ['ju:θfʊlnɪs] *n* juventud *f*.

youth hostel *n* albergue *m* juvenil.

youth hostelling *n Br*: **to go ~** ir de vacaciones durmiendo en albergues juveniles.

you've [ju:v] *contr* = **you have**.

yowl [jaʊl] ◇ *n* aullido *m*. ◇ *vi* aullar.

yo-yo ['jəʊjəʊ] *n* - **1.** [toy] yoyó *m*. - **2.** *Am v inf* [fool] memo *m*, -ma *f*.

yr *written abbr of* **year**.

YTS (*abbr of* **Youth Training Scheme**) *n* programa gubernamental de promoción del empleo juvenil en Gran Bretaña.

ytterbium [ɪ'tɜ:bɪəm] *n* iterbio *m*.

yttrium ['ɪtrɪəm] *n* itrio *m*.

Yucatan [ju:kə'tɑ:n] *n* Yucatán.

yucca ['jʌkə] *n* yuca *f*.

yuck [jʌk] *excl inf* ¡puaj!

yucky ['jʌkɪ] (*compar* **yuckier**, *superl* **yuckiest**) *adj inf* asqueroso(sa).

Yugoslav ['ju:gəʊˌslɑːv] *adj & n* = **Yugoslavian**.

Yugoslavia [ju:gəʊ'slɑːvɪə] *n* Yugoslavia.

Yugoslavian [ju:gəʊ'slɑːvɪən] ◇ *adj* yugoslavo(va). ◇ *n* yugoslavo *m*, -va *f*.

Yukon Territory ['ju:kɒn-] *n* Territorio *m* del Yukón.

yule, Yule [ju:l] *n arch & literary* Navidad *f*.

yule log *n* - **1.** [piece of wood] leño que se quema en Nochebuena. - **2.** [cake] pastel de Navidad en forma de leño.

yuletide ['ju:ltaɪd] *n* (*U*) *literary* Navidad *f*.

yummy ['jʌmɪ] (*compar* **yummier**, *superl* **yummiest**) *adj inf* riquísimo(ma), para chuparse los dedos.

yuppie, yuppy ['jʌpɪ] (*pl* **yuppies**) (*abbr of* **young urban professional**) *n* yuppy *mf*.

YWCA (*abbr of* **Young Women's Christian Association**) *n* asociación internacional de jóvenes cristianas.

Z

z (*pl* **z's** OR **zs**), **Z** (*pl* **Z's** OR **Zs**) [*Br* zed, *Am* ziː] *n* [letter] z *f*, Z *f*.

zaffer, zaffre [ˈzæfəʳ] *n* zafre *m*, safre *m*.

Zagreb [ˈzɑːgreb] *n* Zagreb.

Zaïre [zɑːˈɪəʳ] *n* (el) Zaire.

Zaïrean [zɑːˈɪərɪən], **Zaïrese** [zɑːɪəˈriːz] ◇ *adj* zaireño(ña). ◇ *n* zaireño *m*, -ña *f*.

Zambesi, Zambezi [zæmˈbiːzɪ] *n*: **the** ~ el Zambeze.

Zambia [ˈzæmbɪə] *n* Zambia.

Zambian [ˈzæmbɪən] ◇ *adj* zambiano(na). ◇ *n* zambiano *m*, -na *f*.

zany [ˈzeɪnɪ] (*compar* **zanier**, *superl* **zaniest**, *pl* **zanies**) *inf* ◇ *adj* [humour, trick] disparatado(da); [person] chiflado(da), loco(ca). ◇ *n* THEATRE gracioso *m*, bufón *m*.

Zanzibar [ˌzænzɪˈbɑːʳ] *n* Zanzíbar.

zap [zæp] (*pt & pp* **zapped**, *cont* **zapping**) *inf* ◇ *vt* **- 1.** [kill] cargarse, matar. **- 2.** [destroy] destruir. ◇ *vi* **- 1.** [go, rush]: **to** ~ **off (somewhere)** hacer una escapada (a algún sitio). **- 2.** TV hacer zapping. ◇ *excl* ¡zas!

zappy [ˈzæpɪ] (*compar* **zappier**, *superl* **zappiest**) *adj Br inf* marchoso(sa).

z-axis *n* eje *m* Z OR z.

zeal [ziːl] *n fml* celo *m*.

zealot [ˈzelət] *n fml* fanático *m*, -ca *f*.

zealotry [ˈzelətrɪ] *n fml* celo *m* excesivo, fanatismo *m*.

zealous [ˈzeləs] *adj fml* entusiasta, infatigable.

zealously [ˈzeləslɪ] *adv fml* con entusiasmo.

zebra [*Br* ˈzebrə, *Am* ˈziːbrə] (*pl inv* OR **zebras**) *n* cebra *f*.

zebra crossing [ˈzebrə-] *n Br* paso *m* (de) cebra.

zebu [ˈziːbuː] *n* cebú *m*.

zed *Br* [zed], **zee** *Am* [ziː] *n* zeta *f*.

zein [ˈziːɪn] *n* zeína *f*, ceína *f*.

zeitgeist [ˈzaɪtgaɪst] *n* espíritu *m* de la época.

Zen [zen] ◇ *n* zen *m*. ◇ *adj* zen (*inv*); ~ **Buddhism** el budismo zen.

zenith [*Br* ˈzenɪθ, *Am* ˈziːnəθ] *n* ASTRON & *fig* cenit *m*.

zeolite [ˈziːəlaɪt] *n* zeolita *f*, ceolita *f*.

zephyr [ˈzefəʳ] *n* **- 1.** *literary* [wind] céfiro *m*. **- 2.** TEXTILES céfiro *m*.

zeppelin [ˈzepəlɪn] *n* zepelín *m*.

zero [*Br* ˈzɪərəʊ, *Am* ˈziːrəʊ] (*pl inv* OR **zeroes**) ◇ *adj* cero (*inv*), nulo(la). ◇ *n* cero *m*; **below** ~ bajo cero. ◇ *vt* [instrument, gauge] poner en el cero OR a cero.

◆ **zero in on** *vt fus* **- 1.** [subj: weapon] apuntar a. **- 2.** [subj: person] centrarse en.

zero gravity *n* gravedad *f* cero OR nula.

zero hour *n* hora *f* cero.

zero-rated [-ˌreɪtɪd] *adj Br* sin IVA.

zest [zest] *n* (*U*) **- 1.** [excitement, eagerness] entusiasmo *m*. **- 2.** [of orange, lemon] cáscara *f*. **- 3.** [piquancy] sabor *m*.

zestful [ˈzestful] *adj* [person] entusiasta.

zeta [ˈziːtə] *n* zeta *f*.

zibeline [ˈzɪbəlaɪn] *n* **- 1.** [sable] marta *f* cebellina. **- 2.** [fabric] cebellina *f*.

ziggurat [ˈzɪgʊræt] *n* zigurat *m*.

zigzag [ˈzɪgzæg] (*pt & pp* **zigzagged**, *cont* **zigzagging**) ◇ *n* zigzag *m*. ◇ *vi* zigzaguear. ◇ *adj* zigzagueante. ◇ *adv* en zigzag.

zilch [zɪltʃ] *n Am inf* **- 1.** [nothing] nada, na'. **- 2.** [zero] cerapio *m*.

zillion [ˈzɪljən] (*pl inv* OR **zillions**) *n inf*: **we've had ~s of calls** hemos tenido miles OR millones de llamadas.

Zimbabwe [zɪmˈbɑːbwɪ] *n* Zimbabue.

Zimbabwean [zɪmˈbɑːbwɪən] ◇ *adj* zimbabuense. ◇ *n* zimbabuense *mf*.

Zimmer frame® [ˈzɪmə-] *n* andador *m* ortopédico.

zinc [zɪŋk] *n* cinc *m*, zinc *m*.

zincography [zɪŋˈkɒgrəfɪ] *n* cincografía *f*.

zinc ointment *n* ungüento *m* de cinc.

zinc oxide *n* óxido *m* de cinc.

zinc white *n* blanco *m* de cinc.

Zinfandel [ˈzɪnfəndel] *n* vino tinto de *California*.

zing [zɪŋ] *inf* ◇ *n* zumbido *m*. ◇ *vi* zumbar.

zinger [ˈzɪŋəʳ] *n inf* [remark] observación *f* mordaz.

zinnia [ˈzɪnɪə] *n* cinnia *f*.

Zion [ˈzaɪən] *n* Sión.

Zionism [ˈzaɪənɪzm] *n* sionismo *m*.

Zionist [ˈzaɪənɪst] ◇ *adj* sionista. ◇ *n* sionista *mf*.

zip [zɪp] (*pt & pp* **zipped**, *cont* **zipping**) ◇ *n* **- 1.** *Br* [fastener] cremallera *f*, cierre *m* relámpago *Amér*. **- 2.** [sound of bullet] silbido *m*. **- 3.** *inf* [liveliness] marcha *f*, energía *f*. ◇ *vt* [with fastener]: **to** ~ **sthg open/shut** abrir/cerrar algo con cremallera. ◇ *vi*: **he zipped round the city in half an hour** dio la vuelta a la ciudad tan sólo en media hora; **to** ~ **by** pasar como una bala.

◆ **zip up** *vt sep* cerrar la cremallera de.

zip code *n Am* código *m* postal.

zip fastener *n Br* cremallera *f*.

zip-on *adj* [flap, hood] con cremallera.

zipper [ˈzɪpəʳ] *n Am* cremallera *f*.

zippy [ˈzɪpɪ] (*compar* **zippier**, *superl* **zippiest**) *adj* **- 1.** [lively] vivaz, enérgico(ca). **- 2.** [fast] rápido(da), veloz.

zip-up *adj* [bag, coat] con cremallera.

zircon [ˈzɜːkɒn] *n* zircón *m*, circón *m*.

zirconium [zɜːˈkəʊnɪəm] *n* circonio *m*.

zit [zɪt] *n esp Am inf* grano *m*.

zither [ˈzɪðəʳ] *n* cítara *f*.

zizz [zɪz] *n Br inf*: **to have a** ~ echar una cabezada.

zodiac [ˈzəʊdɪæk] *n*: **the** ~ el zodiaco; **sign of the** ~ signo *m* del zodiaco.

zombie [ˈzɒmbɪ] *n lit & fig* zombi *mf*.

zonal [ˈzəʊnl] *adj* zonal.

zone [zəʊn] ◇ *n* zona *f*. ◇ *vt* dividir por OR en zonas.

zonetime [ˈzəʊntaɪm] *n* hora *f* OR horario *m* zonal.

zoning [ˈzəʊnɪŋ] *n* parcelación urbanística del territorio.

zonked [zɒŋkt] *adj inf* **- 1.** [exhausted] rendido(da). **- 2.** [drunk] mamado(da). **- 3.** [drugged] flipado(da), colocado(da).

zoo [zuː] *n* zoo *m*.

zoogeography [ˌzəʊədʒɪˈɒɡrəfɪ] *n* zoogeografía *f*.

zoography [zəʊˈɒɡrəfɪ] *n* zoografía *f*.

zooid [ˈzəʊɔɪd] *n* zooide *m*.

zookeeper [ˈzuːˌkiːpəʳ] *n* guardián *m*, -ana *f* del zoo.

zoological [ˌzəʊəˈlɒdʒɪkl] *adj* zoológico(ca).

zoological garden *n* parque *m* OR jardín *m* zoológico.

zoologist [zəʊˈɒlədʒɪst] *n* zoólogo *m*, -ga *f*.

zoology [zəʊˈɒlədʒɪ] *n* zoología *f*.

zoom [zuːm] ◇ *vi inf* - **1**. [move quickly]: **to ~ past** pasar zumbando. - **2**. [rise rapidly] dispararse. ◇ *n* - **1**. [sound] zumbido *m*. - **2**. PHOT [lens, effect] zoom *m*.

◆ **zoom in** *vi*: **to ~ in (on)** enfocar en primer plano (a).

◆ **zoom off** *vi inf* salir zumbando.

zoom lens *n* zoom *m*.

zoophyte [ˈzəʊəfaɪt] *n* zoófito *m*.

zooplankton [ˌzəʊəˈplæŋtən] *n* zooplancton *m*.

zoospore [ˈzəʊəpɔːˈ] *n* zoospora *f*.

zootechny [ˈzəʊəˌteknɪ] *n* zootecnia *f*.

zoot suit [zuːt-] *n* traje masculino de los años 40 con panta-lones anchos y chaqueta larga con hombreras.

zoster [ˈzɒstəʳ] *n* zoster *m*, herpes *m inv* zoster.

zounds [zaʊndz] *excl arch* ¡cáspita!

zuccheto [tsuːˈketəʊ] (*pl* **zucchetos**) *n* solideo *m*.

zucchini [zuːˈkiːnɪ] (*pl inv*) *n Am* calabacín *m*.

Zulu [ˈzuːluː] ◇ *adj* zulú. ◇ *n* - **1**. [person] zulú *mf*. - **2**. [language] zulú *m*.

Zululand [ˈzuːluːlænd] *n* Zululandia.

Zürich [ˈzjʊərɪk] *n* Zúrich.

zygoma [zaɪˈɡəʊmə] (*pl* **zygomata** [-mətə] OR **zygomas**) *n* cigoma *m*, zigoma *m*.

zygomatic [ˌzaɪɡəʊˈmætɪk] *adj* cigomático(ca), zigomáti-co(ca).

zygomatic arch *n* arco *m* cigomático OR zigomático.

zygospore [ˈzaɪɡəʊˌspɔːˈ] *n* cigóspora *f*, zigóspora *f*.

zygote [ˈzaɪɡəʊt] *n* cigoto *m*, zigoto *m*.

zymase [ˈzaɪmeɪs] *n* zimasa *f*, cimasa *f*.

zymology [zaɪˈmɒlədʒɪ] *n* zimología *f*, cimología *f*.

zymosis [zaɪˈməʊsɪs] *n* zimosis *f*, cimosis *f*.

VERBS
VERBOS

ENGLISH IRREGULAR VERBS

Infinitive	Past Tense	Past Participle
arise	arose	arisen
awake	awoke	awoken
be	was, were	been
bear	bore	born(e)
beat	beat	beaten
become	became	become
befall	befell	befallen
begin	began	begun
behold	beheld	beheld
bend	bent	bent
beseech	besought	besought
beset	beset	beset
bet	bet (also betted)	bet (also betted)
bid	bid (also bade)	bid (also bidden)
bind	bound	bound
bite	bit	bitten
bleed	bled	bled
blow	blew	blown
break	broke	broken
breed	bred	bred
bring	brought	brought
build	built	built
burn	burnt (also burned)	burnt (also burned)
burst	burst	burst
buy	bought	bought
can	could	-
cast	cast	cast
catch	caught	caught
choose	chose	chosen
cling	clung	clung
come	came	come
cost	cost	cost
creep	crept	crept
cut	cut	cut
deal	dealt	dealt
dig	dug	dug
do	did	done
draw	drew	drawn
dream	dreamed (also dreamt)	dreamed (also dreamt)
drink	drank	drunk
drive	drove	driven
dwell	dwelt (also dwelled)	dwelt (also dwelled)
eat	ate	eaten
fall	fell	fallen
feed	fed	fed
feel	felt	felt
fight	fought	fought
find	found	found
flee	fled	fled
fling	flung	flung
fly	flew	flown
forbear	forbore	forbone
forbid	forbade	forbidden
forecast	forecast	forecast
forego	forewent	foregone
foresee	foresaw	foreseen
foretell	foretold	foretold

Infinitive	Past Tense	Past Participle
forget	forgot	forgotten
forgive	forgave	forgiven
forsake	forsook	forsaken
freeze	froze	frozen
get	got	got (*Am* gotten)
give	gave	given
go	went	gone
grind	ground	ground
grow	grew	grown
hang	hung (also hanged)	hung (also hanged)
have	had	had
hear	heard	heard
hide	hid	hidden
hit	hit	hit
hold	held	held
hurt	hurt	hurt
keep	kept	kept
kneel	knelt (also kneeled)	knelt (also kneeled)
know	knew	known
lay	laid	laid
lead	led	led
lean	leant (also leaned)	leant (also leaned)
leap	leapt (also leaped)	leapt (also leaped)
learn	learnt (also learned)	learnt (also learned)
leave	left	left
lend	lent	lent
let	let	let
lie	lay	lain
light	lit (also lighted)	lit (also lighted)
lose	lost	lost
make	made	made
may	might	-
mean	meant	meant
meet	met	met
mistake	mistook	mistaken
mow	mowed	mown (also mowed)
pay	paid	paid
put	put	put
quit	quit (also quitted)	quit (also quitted)
read	read	read
rend	rent	rent
rid	rid	rid
ride	rode	ridden
ring	rang	rung
rise	rose	risen
run	ran	run
saw	sawed	sawn
say	said	said
see	saw	seen
seek	sought	sought
sell	sold	sold
send	sent	sent
set	set	set
shake	shook	shaken
shall	should	-
shear	sheared	shorn (also sheared)
shed	shed	shed
shine	shone	shone
shoot	shot	shot
show	showed	shown
shrink	shrank	shrunk

Infinitive	Past Tense	Past Participle
shut	shut	shut
sing	sang	sung
sink	sank	sunk
sit	sat	sat
slay	slew	slain
sleep	slept	slept
slide	slid	slid
sling	slung	slung
slink	slunk	slunk
slit	slit	slit
smell	smelt (also smelled)	smelt (also smelled)
sow	sowed	sown (also sowed)
speak	spoke	spoken
speed	sped (also speeded)	sped (also speeded)
spell	spelt (also spelled)	spelt (also spelled)
spend	spent	spent
spill	spilt (also spilled)	spilt (also spilled)
spin	spun	spun
spit	spat	spat
split	split	split
spoil	spoiled (also spoilt)	spoiled (also spoilt)
spread	spread	spread
spring	sprang	sprung
stand	stood	stood
steal	stole	stolen
stick	stuck	stuck
sting	stung	stung
stink	stank	stunk
stride	strode	stridden
strike	struck	struck (also stricken)
strive	strove	striven
swear	swore	sworn
sweep	swept	swept
swell	swelled	swollen (also swelled)
swim	swam	swum
swing	swung	swung
take	took	taken
teach	taught	taught
tear	tore	torn
tell	told	told
think	thought	thought
throw	threw	thrown
thrust	thrust	thrust
tread	trod	trodden
upset	upset	upset
wake	woke (also waked)	woken (also waked)
waylay	waylaid	waylaid
wear	wore	worn
weave	wove (also weaved)	woven (also weaved)
wed	wedded	wedded
weep	wept	wept
wet	wet (also wetted)	wet (also wetted)
win	won	won
wind	wound	wound
withdraw	withdrew	withdrawn
withhold	withheld	withheld
withstand	withstood	withstood
wring	wrung	wrung
write	wrote	written

Esta obra se terminó de imprimir y encuadernar en julio de
1996 en Gráficas Monte Albán, S.A. de C.V. Fraccionamiento
Agro-Industrial La Cruz, Querétaro, Qro.

La edición consta de 30 000 ejemplares